le Robert
MAXI

© 2021, Dictionnaires Le Robert-Sejer.
92, avenue de France, 75013 PARIS
www.lerobert.com

contact@lerobert.com

ISBN 978-2-32101-657-1 (Maxi)
978-2-32101-658-8 (Maxi Plus)

Le Robert
MAXI

Le Robert

Édition mise à jour

direction éditoriale
Marie-Hélène Drivaud

rédaction
Bérengère Baucher, Marie-Hélène Drivaud, Édouard Trouillez
avec Michèle Lancina

à partir du texte rédigé par
Danièle Morvan, Françoise Gérardin ; Alain Rey, Gilles Firmin
avec Carl Aderhold, Bruno de Bessé, Sophie Chantreau, Laurence Laporte,
Aliette Lucot (phonétique), Nadine Noyelle et Dominique Vernier-Lopin

documentation
Annick Dehais

lecture-correction
Élisabeth Huault, Maud Dubourg
avec Cécile Chauvin, Anne-Marie Lentaigne, Méryem Puill-Châtillon,
Nathalie Rachline et Muriel Zarka-Richard

informatique éditoriale
Karol Goskrzynski avec Monique Hébrard, Sébastien Pettoello
et Claude Sellin

conception technique et maquette
Maud Dubourg avec Nadine Noyelle

Cet ouvrage est un ouvrage collectif, publié par la société Dictionnaires Le Robert,
représentée par Charles Bimbenet, directeur général.

Préface

par Alain REY

Chaque dictionnaire nouveau se doit d'innover, mais dans un esprit de fidélité aux réussites du passé. Ce *Robert Maxi* illustre cette démarche. D'une part, il respecte le style et les intentions, les méthodes aussi, du *Robert de poche*, apprécié autant par le public que par les enseignants ; d'autre part, il l'enrichit considérablement en nomenclature, pour répondre aux besoins, tant de l'école que de la culture générale.

Face aux défis que représente l'avalanche d'informations plus ou moins contrôlées, plus ou moins pertinentes, et jamais hiérarchisées que déversent nos ordinateurs, nos tablettes et nos téléphones présumés malins *(smart...)*, le cher dico imprimé possède et préserve d'autres atouts : aux éditions Le Robert, c'est plus d'un demi siècle d'expérience, de rigueur, de méthode, de clarté, de simplicité, et surtout de respect des véritables besoins des lecteurs et des lectrices, des élèves d'aujourd'hui, en francophonie, cette patrie mentale. Et ceci, bien au-delà des questions nécessaires mais ponctuelles d'orthographe et de grammaire, auxquelles on doit répondre, mais en y joignant ce que l'ordinateur ne sait pas encore faire : des CHOIX. Des choix faits sans démagogie et qui seuls peuvent donner au flux d'informations de l'ère numérique – flux qui risque de noyer les esprits, lorsqu'il n'est ni canalisé ni orienté – une réunion de données cohérente et utile sur la langue et sur la culture qu'elle peut seule transmettre.

Ce programme, si l'on en croit sa diffusion, le *Robert de poche* l'avait rempli, mais dans les limites de ses dimensions volontairement limitées. La même rigueur qui avait commandé son élaboration a présidé à son considérable enrichissement, dans le respect absolu de ses qualités propres. Rappelons-en quelques-unes : analyse fine des significations, pour les mots que l'on emploie tous les jours, sans toujours en maîtriser les nuances ; définitions aussi précises que dans les plus gros recueils, mais toujours simples ; locutions et associations de mots plus nombreuses que dans les dictionnaires de même ampleur (et prix), difficultés orthographiques et grammaticales signalées et résolues, et, caractéristique exclusive des dictionnaires *Robert*, hypertexte par renvois conduisant des mots connus à l'enrichissement du vocabulaire de chacun, et véritable recueil de synonymes à l'intérieur du dictionnaire.

La maîtrise de la langue, on le sait, est un postulat nécessaire pour l'enseignement de toute discipline, pour l'apprentissage en tous domaines, y compris les mathématiques, les sciences, les langues étrangères, et pour toutes les pratiques culturelles. Et en effet, apprentissage, enrichissement personnel, meilleure connaissance de la langue française et accès à toutes formes de culture sont les thèmes majeurs de ce dictionnaire. C'est au service de tels objectifs qu'une technique de mise en texte a été élaborée par les responsables de cet ouvrage compact. Chaque mot a été pesé, chaque information hiérarchisée, chaque espace évalué pour aboutir à une « substantifique moelle » (formule du maître du gai savoir en français, François Rabelais), cette *quinte essence* que le *big data* s'emploie à dissoudre. La maîtrise des moyens techniques qu'apporte l'informatique, néanmoins, est ici présente, mais mise au service de méthodes, de choix, d'options didactiques raisonnées, en accord avec les besoins contemporains.

Pour en venir aux spécificités de ce dictionnaire, la nomenclature des mots de la langue française a été enrichie au plus près de leur usage contemporain. Usage littéraire, mais aussi familier, parfois usage régional français, belge, suisse, québécois, maghrébin, antillais, africain... Usage scientifique aussi bien que politique ou quotidien. Les *cyanophycées* sont définies, mais aussi les *cyberattaques* ou encore les *selfies*. Des milliers de mots qu'on entend et qu'on lit grâce aux médias, et qui ne figurent pas toujours dans de bien plus gros dictionnaires.

Quant aux noms propres, domaine de l'ouverture sur les cultures du monde entier, où le *Robert de poche* avait innové en abandonnant la mauvaise habitude des listes squelettiques (trois lignes sur Shakespeare ou sur Mozart) et en fournissant en quelques phrases l'envie de connaissance, on a ajouté des centaines d'entrées décrivant des œuvres littéraires, artistiques, musicales, des monuments célèbres, des événements historiques majeurs (traités, conférences, accords...). Et on a célébré les imaginaires culturels par les personnages mythiques, ceux de la littérature, de la mythologie, du cinéma ou de la bédé, plus vivants dans nos expériences que bien des célébrités réelles ; cela va de Frankenstein à Fantômas, de Gulliver à Astérix ou Corto Maltese... Pour la partie plus « classique » de la nomenclature des noms propres, au-delà du simple repérage, les articles consacrés aux grands noms de l'histoire et des cultures, ceux de la géographie soulignent les principales caractéristiques des personnes et des lieux justifiant ainsi leur sélection.

Ainsi, avec l'exigence et le savoir-faire des dictionnaires Le Robert, ce *Robert Maxi* permet au lecteur de hiérarchiser et de mémoriser l'essentiel des moyens d'expression et des références culturelles, de la manière la plus aisée, la plus plaisante possible.

Alain Rey

Tableau des signes conventionnels et abréviations

Ce tableau présente les abréviations utilisées dans le dictionnaire, ainsi que certains des signes conventionnels et symboles. Les termes qui ne sont pas abrégés dans le dictionnaire n'ont pas été repris dans cette liste.

Les informations sur l'usage

Dans le dictionnaire, le marquage d'un mot par un terme en caractères étroits (par exemple fam. « familier ») indique que le mot n'appartient pas à l'usage courant, mais à un usage socialement marqué ; en particulier, les noms de domaines (biol. par exemple) indiquent que le terme dont ils précèdent la définition appartient au vocabulaire des spécialistes de ce domaine. L'absence de tout marquage de cette nature indique que l'emploi du mot est normal dans la langue courante.

Les informations sur la langue

Les informations sur la langue (métalangue) sont présentées par deux types de caractères :
1) un caractère « bâton » pour les informations grammaticales au sens large et les catégories grammaticales ;
2) un caractère plus étroit pour les autres informations sur la langue (remarques, explicitation des sens, attitudes de discours...).

I, II...	numéros généraux correspondant à un regroupement de sens apparentés ou de formes semblables
1, 2...	numéros correspondant à un sens, et éventuellement à un emploi ou un type d'emploi (parfois regroupés sous **I, II...**)
◆	signe de subdivision qui introduit les nuances de sens ou d'emploi à l'intérieur d'un sens, notamment un sens numéroté
◂▸	signe de subdivision qui introduit les nuances déterminées par le contexte, les emplois ou expressions à l'intérieur d'un même sens ou d'une même valeur
■	signe de séparation qui suit, dans certains cas, la rubrique consacrée à l'entrée et l'isole du développement de l'article
–	signe de séparation qui isole les informations dont la mention ne s'inscrit pas dans l'analyse des sens du mot (remarques, présentation d'abréviations, etc.)
▷	signe de séparation qui introduit les sous-articles d'un article (forme pronominale d'un verbe transitif, participe passé à valeur d'adjectif...) ; cette subdivision est indépendante des divisions propres aux emplois décrits avant elle, et peut elle-même être analysée en **I, II...** , etc.
►	signe de séparation qui introduit les sous-entrées d'un article (mots de la même famille, notamment des dérivés)
①	avant une entrée, signale qu'il s'agit d'une forme homographe d'une autre (ex. ① **boucher** et ② **boucher**)
1 (encadré)	pour les verbes, donne le numéro de conjugaison, qui renvoie aux tableaux placés en annexe
[ ]	après une entrée, contient la transcription phonétique d'un mot (ou d'une partie), quand il ne se prononce pas selon les règles générales de la correspondance entre l'écriture et la prononciation *(voir tableau en annexe)*

*	placé avant un mot (notamment un mot commençant par un *h*), signale que ce mot se prononce sans liaison et sans élision
*	placé après un mot, signale qu'on trouvera une information à l'article consacré à ce mot
→	suivi d'un mot en gras, présente un mot qui a un grand rapport de sens : 1) avec le mot traité ; 2) avec l'exemple ou l'expression qui précède
	si le mot qui suit n'est pas en gras, présente un mot de sens comparable, une expression, une locution de même sens, etc.
≠	présente un mot dont l'orthographe, la prononciation ou le sens peuvent prêter à confusion avec le mot qui fait l'objet de l'article
+	présente les constructions (ex. + subj., + adj.)
abrév.	abréviation
absolt	absolument (en construction absolue : sans le complément attendu)
abusivt	abusivement (emploi très critiquable, parfois faux sens ou solécisme)
Acad.	Académie
acoust.	acoustique
adj.	adjectif
adjectivt	adjectivement
admin.	administratif
adv.	adverbe ; adverbial
aéron.	aéronautique
agric.	agriculture
alchim.	alchimie
alg.	algèbre
allus.	allusion
alphab.	alphabétique
alpin.	alpinisme
amér.	américain (variété d'anglais parlé et écrit en Amérique du Nord, notamment aux États-Unis)
anat.	anatomie
anc.	ancien
anciennt	anciennement (présente un mot ou un sens qui désigne une chose du passé disparue)
angl.	anglais
anglic.	anglicisme
anthropol.	anthropologie
Antiq.	Antiquité
apic.	apiculture
appos.	apposition ; apposé
arbor.	arboriculture
archéol.	archéologie
archit.	architecture
arithm.	arithmétique
art.	article
astrol.	astrologie
astron.	astronomie
autom.	automobilisme
aviat.	aviation
biochim.	biochimie
biol.	biologie
bot.	botanique
c.-à-d.	c'est-à-dire
cathol.	catholique
cf.	confer (« comparez »)
chap.	chapitre
chim.	chimie
chir.	chirurgie
chorégr.	chorégraphie
chrét.	chrétien
cin.	cinéma
cit.	citation
class.	classique
comm.	commerce
compar.	comparatif ; comparaison
compl.	complément
comptab.	comptabilité
cond.	conditionnel
confis.	confiserie
conj.	conjonction ; conjonctif
conjug.	conjugaison
contr.	contraire
coord.	coordination
cour.	courant
cout.	couture
cuis.	cuisine
déf.	défini
dém.	démonstratif
démogr.	démographie
dial.	dialecte ; dialectal
dict.	dictionnaire
didact.	didactique
dimin.	diminutif
dir.	direct (dans tr. dir. « transitif direct »)
dr.	droit
ecclés.	ecclésiastique
écol.	écologie
écon.	économie
électr.	électricité
électron.	électronique
ellipt	elliptiquement

embryol.	embryologie
empr.	emprunt
entomol.	entomologie
équit.	équitation
escr.	escrime
ethnogr.	ethnographie
ethnol.	ethnologie
éthol.	éthologie
étym.	étymologie ; étymologique
ex.	exemple
exagér.	exagération
exclam.	exclamation ; exclamatif
expr.	expression
ext.	extension (par ext. : présente une acception ou une valeur plus large, plus étendue que celle qui vient d'être traitée ; s'oppose à spécialt)
f.	féminin
fam.	familier
fém.	féminin
fig.	figuré
fin.	finance
forest.	foresterie
franç.	français
généralt	généralement
géogr.	géographie
géol.	géologie
géom.	géométrie
germ.	germanique
gramm.	grammaire ; grammatical
hippol.	hippologie
hispano-amér.	hispano-américain (espagnol d'Amérique latine)
hist.	histoire
histol.	histologie
hom.	homonyme
horlog.	horlogerie
hortic.	horticulture
hydrogr.	hydrographie
imp.	imparfait
impér.	impératif
impers.	impersonnel
imprim.	imprimerie
improprt	improprement
ind.	indirect (dans tr. ind. « transitif indirect »)
indéf.	indéfini
indic.	indicatif
indir.	indirect
inf.	infinitif
inform.	informatique
interj.	interjection ; interjectif
interrog.	interrogation ; interrogatif
intr.	intransitif
intrans.	intransitif ; intransitivement
invar.	invariable
iron.	ironique ; ironiquement
irrég.	irrégulier
ital.	italien
journal.	journalisme
jurid.	juridique
lang.	langage
ling.	linguistique
littér.	littéraire
littéralt	littéralement (« mot pour mot »)
loc.	locution
loc. adj.	locution adjective
loc. adv.	locution adverbiale
loc. conj.	locution conjonctive
loc. prép.	locution prépositive
loc. verb.	locution verbale
log.	logique
m.	masculin
maçonn.	maçonnerie
maj.	majuscule
mar.	marine
masc.	masculin
math.	mathématique
mécan.	mécanique
méd.	médecine ; médical
menuis.	menuiserie
météorol.	météorologie
milit.	militaire
minér.	minéralogie
mod.	moderne
mus.	musique
mythol.	mythologie ; mythologique
n.	nom
n. f.	nom féminin
n. m.	nom masculin
nat.	naturel (dans sc. nat. « sciences naturelles »)
néerl.	néerlandais
n. pr.	nom propre
océanogr.	océanographie
œnol.	œnologie
off.	officielle (dans recomm. off. « recommandation officielle »)
onomat.	onomatopée ; onomatopéique
oppos.	opposition
opt.	optique
orig.	origine (d'un mot)
orth.	orthographe ; orthographique
p.	page
p.	participe (dans p. p. « participe passé » ; p. prés. « participe présent »)
p.	passé (dans p. p. « participe passé »)

paléont.	paléontologie
pathol.	pathologie
p.-ê.	peut-être
peint.	peinture
péj.	péjoratif
pers.	personne ; personnel
pharm.	pharmacie
philos.	philosophie
phonét.	phonétique
photogr.	photographie
phys.	physique
physiol.	physiologie
pl.	pluriel
plais.	plaisanterie ; plaisant
plur.	pluriel
poét.	poétique
polit.	politique
pop.	populaire
poss.	possessif
pr.	propre (dans n. pr. « nom propre »
préhist.	préhistoire
prép.	préposition ; prépositif
prés.	présent (temps de l'indicatif, du subjonctif... ; et dans p. prés. « participe présent »
probablt	probablement
pron.	pronom ; pronominal
pronom.	pronominal ; pronominalement
prononc.	prononciation
proprt	proprement (« au sens propre »)
prov.	proverbe ; proverbial
psych.	psychiatrie ; psychologie ; psychanalyse
qqch.	quelque chose
qqn	quelqu'un
rad.	radical
récipr.	réciproque
recomm.	recommandation (dans recomm. off. « recommandation officielle » ; terme conforme aux lois et décrets français sur la langue)
réfl.	réfléchi
région.	régional (mot ou emploi particulier au français parlé dans une ou plusieurs régions [France, pays francophones] mais qui n'est pas d'usage général
rel.	relatif
relig.	religion ; religieux
rem.	remarque
rhét.	rhétorique
s.	siècle
sc.	science ; sciences ; scientifique
sc. nat.	sciences naturelles
scol.	scolaire
sing.	singulier
sociol.	sociologie
spécialt	spécialement (présente une acception ou une valeur plus étroite, moins étendue que celle qui vient d'être traitée ; s'oppose à par ext.)
statist.	statistique
subj.	subjonctif
subst.	substantif ; substantivement
suff.	suffixe
superl.	superlatif
sylvic.	sylviculture
symb.	symbole
syn.	synonyme
techn.	technique
télécomm.	télécommunications
télév.	télévision
théol.	théologie
tr.	transitif
trans.	transitif ; transitivement
typogr.	typographie
v.	verbe
v. intr.	verbe intransitif
v. pron.	verbe pronominal
v. tr.	verbe transitif
var.	variante
vén.	vénerie
verb.	verbal
vétér.	vétérinaire
vulg.	vulgaire
vx	vieux (mot, sens ou emploi de l'ancienne langue, peu compréhensible de nos jours)
zool.	zoologie

Dans la partie « noms propres », les abréviations supplémentaires utilisées sont :

anc.	ancien, anciennement
apr.	après
arrond.	arrondissement
auj.	aujourd'hui
env.	environ
J.-C.	Jésus-Christ
s.	siècle
v.	vers

Alphabet phonétique

(Prononciations des mots, placées entre crochets)

VOYELLES

[i]	**il**, **vie**, **lyre**
[e]	**blé**, **jouer**, **chez**
[ɛ]	**lait**, **jouet**, **merci**, **fête**
[a]	**plat**, **patte**
[ɑ]	**bas**, **pâte**
[ɔ]	**mort**, **donner**
[o]	**mot**, **dôme**, **eau** **gauche**, **rose**
[u]	**genou**, **roue**
[y]	**rue**, **vêtu**
[ø]	**peu**, **deux**
[œ]	**peur**, **meuble**
[ə]	**le**, **premier**
[ɛ̃]	**matin**, **plein**, **main**
[ɑ̃]	**sans**, **vent**
[ɔ̃]	**bon**, **ombre**
[œ̃]	**lundi**, **brun**, **parfum**

SEMI-CONSONNES

[j]	**yeux**, **paille**, **pied**
[w]	**oui**, **nouer**, **joua**, **joie**
[ɥ]	**huile**, **lui**

CONSONNES

[p]	**père**, **soupe**
[t]	**terre**, **vite**
[k]	**cou**, **qui**, **sac**, **képi**
[b]	**bon**, **robe**
[d]	**dans**, **aide**
[g]	**gare**, **bague**
[f]	**feu**, **neuf**, **photo**
[s]	**sale**, **celui**, **ça**, **dessous**, **tasse**, **nation**
[ʃ]	**chat**, **tache**, **schéma**, **short**
[v]	**vous**, **rêve**
[z]	**zéro**, **maison**, **rose**
[ʒ]	**je**, **gilet**, **geôle**
[l]	**lent**, **sol**, **aller**
[ʀ]	**rue**, **venir**
[m]	**main**, **flamme**
[n]	**nous**, **tonne**, **animal**
[ɲ]	**agneau**, **vigne**
[h]	**hop** ! (exclamatif)
[']	**haricot** (pas de liaison, ni d'élision) (1)
[ŋ]	mots empruntés à l'anglais, **camping**
[χ]	mots empruntés à l'espagnol, **jota** ; à l'arabe, **khamsin**, etc.

De nombreux signes se lisent sans difficulté (ex. : [b, t, d, f], etc.)

Mais, ATTENTION aux signes suivants :

Ne confondez pas :

[a] :	**patte**	et	[ɑ] :	**pâte**
[ə] :	**premier**	et	[e] :	**méchant**
[e] :	**méchant**	et	[ɛ] :	**père**
[ø] :	**peu**	et	[œ] :	**peur**
[o] :	**mot**, **rose**	et	[ɔ] :	**mort**
[y] :	**lu**	et	[u] :	**loup**
[i] :	**si**	et	[j] :	**ciel**, **yeux**
[u] :	**joue**	et	[w] :	**jouer**
[y] :	**tu**	et	[ɥ] :	**tuer**
[k] :	**cas**	et	[s] :	**se**, **acier**
[g] :	**gai**	et	[ʒ] :	**âge**
[s] :	**poisson**	et	[z] :	**poison**
[s] :	**sa**	et	[ʃ] :	**chat**
[ʒ] :	**âge**, **âgé**	et	[z] :	**aisé**
[n] :	**mine**	et	[ɲ] :	**ligne**
[ɲ] :	**ligne**	et	[ŋ] :	**dancing**

Le signe ~ au-dessus d'une voyelle marque un son nasal :

[ɑ̃] :	**banc**
[ɔ̃] :	**bon**
[œ̃] :	**brun**
[ɛ̃] :	**brin**

(1) REM. Les mots devant lesquels on ne fait ni la liaison ni l'élision sont précédés d'un astérisque (**héros, *ouistiti, *yoga*).

LANGUE FRANÇAISE

A

a [ɑ] n. m. ▪ Première lettre, première voyelle de l'alphabet. ◆ loc. *De A à Z*, du commencement à la fin. *Prouver qqch. par a + b*, de façon certaine, indiscutable.

① **a-** Élément (du latin *ad* «vers, à») qui marque la direction, le but, ou le passage d'un état à un autre (ex. *amener, alunir, adoucir*).

② **a-, an-** Élément (du grec *a-* ou *an-*) qui exprime la négation («pas»), ou la privation («sans») (ex. *anormal, apolitique*).

à prép. ▪ REM. contraction de *à le* en *au*, de *à les* en *aux* **I** introduisant un objet (complément) indirect *Nuire à qqn. Le recours à la force. Fidèle à sa parole.* ◆ *À CE QUE* (+ subj.). *Je tiens à ce qu'il vienne.* **II** rapports de direction **1** Lieu de destination. *Aller à Lyon.* ◆ *DE... À... Du Nord au Sud.* **2** *(De... à...)* Progression dans une série. *Du premier au dernier.* ◆ (temps) *J'irai de 4 à 6 (heures).* ♦ (approximation) *Un groupe de quatre à dix personnes.* **3** Jusqu'à (un extrême). *Courir à perdre haleine.* **4** Destination, but. → **pour.** *Un verre à bière.* **5** Attribution. *Salut à tous !* **III** rapports de position **1** Position dans un lieu. *Un séjour à la mer.* **2** Activité, situation. *Se mettre au travail.* **3** Position dans le temps. *Le train part à midi.* **4** Appartenance. *Ceci est à moi.* ◆ *C'est à moi de l'aider*, il m'appartient de l'aider. **IV** manière d'être ou d'agir **1** Moyen, instrument. *Aller à pied.* **2** Manière. *Acheter à crédit.* **3** Prix. *Je vous le vends à dix francs.* → **pour.** **4** Accompagnement. → **avec.** *Un pain aux raisins.* **5** (avec des nombres) *Ils sont venus à dix.* ◆ *Deux à deux*, deux à la fois. → **par.**

abaca n. m. ▪ Matière textile tirée des feuilles d'un bananier ; ce bananier.

abaissant, ante adj. ▪ Qui abaisse moralement. → **dégradant, humiliant.**

abaisse n. f. ▪ Pâte amincie sous le rouleau à pâtisserie.

abaisse-langue n. m. ▪ méd. Instrument servant à abaisser la langue pour examiner la gorge. *Des abaisse-langues.*

abaisser v. tr. [1] ▪ **1** Faire descendre à un niveau plus bas. → **baisser.** **2** Diminuer la quantité de, faire baisser. *Abaisser un taux.* **3** Humilier (qqn). → **rabaisser.** ▷ v. pron. **s'abaisser** ► **abaissement** n. m.

abaisseur, euse adj. et n. m. ▪ anat. Se dit d'un muscle servant à abaisser une partie du corps.

abajoue n. f. ▪ Poche entre la joue et la mâchoire chez certains animaux, servant de réserve à aliments.

abandon n. m. ▪ **1** Action d'abandonner, de renoncer à (qqch.) ou de laisser (qqch., qqn). *L'abandon d'un projet.* ◆ *À L'ABANDON* : laissé sans soin. ♦ spécialt (en sport) Action d'abandonner (4). **2** Fait de se laisser aller, de se détendre. *Une pose pleine d'abandon.* ♦ *S'épancher avec abandon.* → **confiance.**

abandonner v. tr. [1] ▪ **1** Renoncer à, ne plus vouloir de (qqch.). **2** Quitter, laisser définitivement (qqn envers qui on est lié). **3** Quitter définitivement (un lieu). **4** Renoncer à (une action difficile). ♦ sans compl. *Athlète qui abandonne* (en cours d'épreuve). **5** Cesser d'utiliser. *Abandonner une hypothèse.* ▷ v. pron. **s'abandonner** **1** Se laisser aller (à un sentiment...). *S'abandonner au désespoir.* **2** Se laisser aller, se détendre. ◆ au p. p. *Une pose abandonnée.* **3** Se livrer avec confiance.

abandonnique adj. et n. ▪ psych. Se dit d'un sujet qui manifeste la crainte d'être abandonné.

abaque n. m. ▪ **1** Boulier. **2** math. Graphique donnant la solution d'un calcul.

abasourdir v. tr. [2] ▪ **1** Assourdir, étourdir par un grand bruit. **2** Étourdir de surprise. → **sidérer, stupéfier.** ▷ p. p. **abasourdi, ie** ► **abasourdissant, ante** adj.

abasourdissement n. m. ▪ littér. État d'une personne abasourdie.

abâtardir v. tr. [2] ▪ littér. Faire perdre ses qualités à (qqn, qqch., une œuvre). → **avilir, dégrader.** ► **abâtardissement** n. m.

abat-jour n. m. invar. ▪ Réflecteur qui rabat la lumière d'une lampe.

abats n. m. pl. ▪ Parties comestibles d'animaux, autres que leur chair (cœur, foie...).

abattage n. m. ▪ **I** Action d'abattre. **II** loc. *AVOIR DE L'ABATTAGE*, du brio, de l'entrain.

abattant n. m. ▪ Pièce d'un meuble qu'on peut lever ou abaisser.

abattement n. m. ▪ **I** Diminution d'une somme à payer. **II 1** Grande diminution des forces physiques. **2** Dépression morale.

abatteur, euse n. ▪ Personne qui abat des arbres. ➛ Personne qui abat des animaux de boucherie. ♦ Ouvrier, ouvrière qui extrait le minerai, le charbon.

abattis n. m. pl. ▪ **1** Abats de volaille. **2** fam. Les bras et les jambes (de qqn). loc. *Tu peux numéroter tes abattis !* (menace).

abattoir n. m. ▪ Lieu où l'on abat les animaux de boucherie.

abattre v. tr. [41] ▪ **I** Faire tomber. **1** Faire tomber, jeter à bas. *Abattre un arbre, un mur.* **2** Faire tomber (un être vivant) en donnant un coup mortel. → **tuer.** ➛ *Abattre qqn,* l'assassiner avec une arme à feu. ♦ Détruire (un avion) en vol. **3** *Abattre son jeu* : étaler ses cartes ; fig. dévoiler ses intentions. **4** *Abattre de la besogne,* travailler beaucoup et efficacement. **II 1** Rendre (qqn) faible. → **épuiser.** **2** Ôter l'énergie, l'espoir à (qqn). *Ne vous laissez pas abattre.* ▷ v. pron. **s'abattre** **1** Tomber tout d'un coup. **2** Se laisser tomber (sur qqch.). ▷ adj. **abattu, ue** **1** Très fatigué. **2** Triste et découragé.

abat-vent n. m. invar. ▪ Lame inclinée adaptée à une fenêtre pour protéger du vent.

abbatial, ale, aux adj. ▪ D'une abbaye ; d'un abbé.

abbaye [abei] n. f. ▪ Monastère dirigé par un abbé ou une abbesse. ➛ Bâtiment de cette communauté.

abbé n. m. ▪ **1** Supérieur d'un monastère d'hommes. **2** Titre donné à un prêtre séculier.

abbesse n. f. ▪ Supérieure d'une communauté monastique de religieuses.

abc n. m. invar. ▪ **1** Petit livre pour apprendre l'alphabet. → **abécédaire.** **2** Rudiments (d'un art...). *C'est l'abc du métier.*

s'abcéder v. pron. [6] ▪ méd. Se transformer en abcès.

abcès n. m. ▪ **1** Amas de pus dans une cavité du corps. ➛ *Abcès de fixation,* créé pour localiser une infection ; fig. phénomène qui limite l'extension d'un principe néfaste. **2** fig. *Crever, vider l'abcès,* extirper un mal.

abdiquer v. tr. [1] ▪ **1** littér. Renoncer à (une chose). **2** sans compl. Renoncer au pouvoir suprême. *Le roi abdiqua en faveur de son fils.* **3** sans compl. Renoncer à agir, se déclarer vaincu. ► **abdication** n. f.

abdomen [-ɛn] n. m. ▪ Cavité qui renferme les organes de la digestion, les viscères, à la partie inférieure du tronc. → **ventre.** ► **abdominal, ale, aux** adj.

abducteur, trice adj. ▪ **1** anat. Qui produit l'abduction. **2** techn. *Tube abducteur,* qui recueille les gaz provenant d'une réaction chimique.

abduction n. f. ▪ didact. Mouvement qui écarte de l'axe du corps (opposé à *adduction*).

abécédaire n. m. ▪ Livre pour apprendre l'alphabet. → **abc, alphabet.**

abeille n. f. ▪ Insecte (hyménoptère) vivant en colonie et produisant la cire et le miel **(→ apiculture ; ruche).**

aber [abɛʀ] n. m. ▪ (en Bretagne) Vallée envahie par la mer. → **ria.**

aberrance n. f. ▪ didact. Caractère d'une grandeur qui s'écarte du type normal.

aberrant, ante adj. ▪ **1** didact. Qui s'écarte du type normal. **2** Qui s'écarte de la règle, est contraire à la raison. → **absurde.**

aberration n. f. ▪ **1** didact. Écart par rapport à un type. **2** Déviation du jugement, du bon sens. → **égarement.** ♦ Idée, conduite aberrante.

abêtir v. tr. [2] ▪ Rendre bête, stupide. ▷ v. pron. **s'abêtir** ▷ adj. **abêti, ie**

abêtissant, ante adj. ▪ Qui abêtit.

abêtissement n. m. ▪ **1** Action d'abêtir. **2** État d'une personne abêtie.

abhorrer v. tr. [1] ▪ littér. Avoir en horreur (qqn, qqch.). → **abominer, exécrer, haïr.**

abîme n. m. ▪ **I 1** Gouffre très profond. **2** fig. Grande séparation, grande différence (entre). **3** Situation désespérée. *Être au bord de l'abîme.* **II** loc. EN ABÎME. → **abyme.**

abîmer v. tr. [1] ▪ **1** vx Précipiter dans un abîme. **2** Mettre (qqch.) en mauvais état. **3** fam. Meurtrir (qqn) par des coups. ▷ v. pron. **s'abîmer** **1** Se plonger (dans). *S'abîmer dans sa rêverie.* **2** Se détériorer.

ab intestat [abɛ̃tɛsta] loc. adv. et loc. adj. ▪ dr. Sans testament.

abiotique adj. ▪ biol. Qui est indépendant des organismes vivants (opposé à *biotique*).

abject, ecte [-ɛkt] adj. ▪ Qui mérite le mépris, inspire un dégoût moral. → **ignoble, vil.** ► **abjectement** adv.

abjection n. f. ▪ Caractère de ce qui est abject, ignoble ; comportement, acte abject.

abjurer v. intr. [1] ▪ Renoncer à sa religion. ► **abjuration** n. f.

ablatif n. m. ▪ gramm. Cas de la déclinaison latine, indiquant qu'un substantif sert de point de départ ou d'instrument à l'action.

ablation n. f. ▪ chir. Action d'enlever **(→ -ectomie).** *Ablation d'un rein.*

-able Élément (du latin *-abilis*) qui signifie « qui peut être », ou parfois « enclin à ».

ableret n. m. ▪ Filet de pêche carré. → **carrelet.** – syn. **ablier.**

ablette n. f. ▪ Petit poisson d'eau douce à écailles claires, qui vit en troupes.

ablier → **ableret**

ablutions n. f. pl. ▪ **1** Lavage du corps (purification religieuse). **2** Fait de se laver.

abnégation n. f. ▪ Sacrifice de soi-même, de son intérêt. → **dévouement.**

aboiement n. m. ▪ Cri du chien et de quelques animaux ; action d'aboyer.

aux **abois** loc. adj. ▪ Se dit d'une bête chassée entourée par les chiens. ◆ fig. *Être aux abois*, dans une situation désespérée.

abolir v. tr. ② ▪ **1** Annuler, supprimer (ce qui a un effet juridique). *Abolir une loi.* → **abroger.** **2** Faire disparaître, faire cesser.

abolition n. f. ▪ Fait d'abolir (qqch.) ; son résultat. → **suppression.** *L'abolition de la peine de mort.*

abolitionnisme n. m. ▪ Doctrine des partisans de l'abolition de qqch. ► **abolitionniste** n. et adj.

abominable adj. ▪ **1** Qui inspire l'horreur. *Un crime abominable.* **2** Très mauvais. *Un temps abominable.* ► **abominablement** adv.

abomination n. f. ▪ **1** littér. Horreur ressentie. ◆ loc. *Avoir qqn, qqch. en abomination.* **2** Acte, chose abominable.

abominer v. tr. ① ▪ littér. Détester, haïr.

abondamment adv. ▪ En grande quantité.

abondance n. f. ▪ **1** Grande quantité (supérieure aux besoins). → **profusion.** ◆ loc. adv. *EN ABONDANCE* : abondamment. **2** Ressources supérieures aux besoins. *Vivre dans l'abondance.* ◆ loc. *CORNE D'ABONDANCE*, d'où s'échappent des fruits, des fleurs (emblème de l'abondance). **3** loc. *Parler d'abondance*, avec aisance.

abondant, ante adj. ▪ Qui abonde.

abondement n. m. ▪ admin. Contribution au financement.

abonder v. intr. ① ▪ **1** Être en grande quantité. **2** *ABONDER EN* : être plein de, riche en. **3** loc. *Abonder dans le sens de qqn*, être tout à fait de son avis.

abonnement n. m. ▪ Contrat par lequel on acquiert le bénéfice d'un service régulier.

abonner v. tr. ① ▪ Prendre un abonnement pour (qqn). ▷ v. pron. **s'abonner** *S'abonner à une revue.* ▷ p. p. **abonné, ée** **1** Qui a pris un abonnement. ◆ n. *Liste des abonnés.* **2** fam. *Être abonné à* : être coutumier de.

abord n. m. ▪ **I** au plur. *Les abords d'un lieu* : ce qui l'entoure. → **alentours.** **II** **1** Action d'aborder qqn. *Être d'un abord facile.* ◆ *AU PREMIER ABORD, DE PRIME ABORD* loc. adv. : dès la première rencontre ; tout de suite. **2** *D'ABORD* loc. adv. : en premier lieu ; au préalable. → d'**emblée.** ◆ *Tout d'abord* : avant toute chose. ◆ Avant tout, essentiellement. ◆ fam. *J'irai pas, d'abord !*

abordable adj. ▪ **1** D'un prix raisonnable. **2** (personnes) Que l'on peut aborder (II, 3).

abordage n. m. ▪ **1** Manœuvre consistant à s'amarrer bord à bord avec un navire. **2** Collision de deux navires.

aborder v. ① ▪ **I** v. intr. Arriver au rivage. **II** v. tr. **1** Accoster ou heurter (un navire). → **abordage.** **2** Arriver à (un lieu inconnu, dangereux...). *Aborder un virage.* **3** Aller près de (qqn qu'on ne connaît pas ou peu) pour lui adresser la parole. → **accoster.** **4** fig. En venir à (un sujet...). → **entamer.**

aborigène n. ▪ Autochtone dont les ancêtres sont à l'origine du peuplement.

abortif, ive adj. ▪ Qui fait avorter.

aboucher v. tr. ① ▪ **1** vieilli Mettre en rapport (des personnes). ◆ pronom. *S'aboucher avec qqn.* **2** Faire communiquer (deux conduits). ► **abouchement** n. m.

abouler v. tr. ① ▪ argot Donner.

aboulie n. f. ▪ méd. Diminution pathologique de la volonté. ► **aboulique** adj. et n.

about n. m. ▪ techn. Extrémité d'une pièce de bois, de métal, préparée pour se joindre à une autre.

abouter v. tr. ① ▪ techn. Mettre bout à bout, joindre par le bout. ► **aboutement** n. m.

aboutir v. ② ▪ **I** v. tr. ind. **1** Arriver par un bout ; se terminer (dans). *Le couloir aboutit dans, à une chambre.* **2** fig. *ABOUTIR À...* : conduire à..., en s'achevant dans. *Ce projet n'aboutira à rien.* **II** v. intr. Avoir finalement un résultat. → **réussir.** ▷ adj. **abouti, ie** *Un travail abouti*, bien mené à terme.

aboutissants n. m. pl. ▪ *Les tenants et les aboutissants (d'une affaire)*, tout ce qui s'y rapporte (ses causes, ses prolongements...).

aboutissement n. m. ▪ **1** Fait d'aboutir (II). **2** Résultat à quoi qqch. aboutit.

aboyer v. intr. ⑧ ▪ **1** Pousser un aboiement. **2** fig. (sujet personne) Crier (contre qqn).

aboyeur n. m. ▪ Crieur professionnel ; personne qui annonce en criant.

abracadabra interj. ▪ Mot auquel on attribuait des effets magiques.

abracadabrant, ante adj. ▪ Extraordinaire et incohérent.

abracadabrantesque adj. ▪ littér. ou plais. Extravagant.

abrasif, ive ▪ **1** n. m. Matière qui use, polit (une surface dure). **2** adj. *Poudre abrasive.*

abrasion n. f. ▪ Action d'user par frottement (*abraser* v. tr. ①).

abréaction n. f. ▪ psych. Brusque libération émotionnelle.

abrégé n. m. ▪ Discours, écrit réduit à l'essentiel. ➝ loc. adv. *EN ABRÉGÉ* : en résumé, en passant sur les détails.

abréger v. tr. [3] et [6] ▪ **1** Diminuer la durée de. *Abréger une visite.* ⟶ **écourter. 2** Diminuer la matière de (un écrit...). *Abréger un texte.* **3** *Abréger un mot,* supprimer une partie des lettres **(⟶ abréviation).** ► **abrégement** n. m. - var. **abrègement.**

abreuver v. tr. [1] ▪ **1** Faire boire abondamment (un animal). **2** fig., poét. Arroser, inonder. **3** Donner beaucoup (de qqch.) à (qqn). *Abreuver qqn de compliments.* ▷ v. pron. **s'abreuver** Boire abondamment.

abreuvoir n. m. ▪ Lieu, récipient aménagé pour faire boire les animaux.

abréviatif, ive adj. ▪ Qui sert à abréger. *Point abréviatif.*

abréviation n. f. ▪ **1** Action d'abréger un mot. **2** Mot abrégé.

abri n. m. ▪ **1** Endroit où l'on est protégé (du mauvais temps, du danger). *Chercher un abri sous un arbre.* **2** Construction rudimentaire destinée à protéger. **3** loc. adv. et prép. *À L'ABRI (DE)* : à couvert (de), hors d'atteinte (de). ➝ fig. *Être à l'abri du besoin.*

abribus [-bys] n. m. (nom déposé) ▪ Arrêt d'autobus équipé d'un abri. ⟶ **aubette.**

abricot n. m. ▪ Fruit comestible à noyau, à chair et peau jaune orangé.

abricotier n. m. ▪ Arbre qui produit l'abricot.

abrier v. tr. [7] ▪ (Canada) fam. Couvrir, protéger.

abri-sous-roche n. m. ▪ géol., paléont. Cavité au pied d'une paroi rocheuse, ayant servi d'habitation préhistorique. *Des abris-sous-roche.*

abrité, ée adj. ▪ À l'abri des intempéries.

abriter v. tr. [1] ▪ **1** (sujet personne) Mettre à l'abri. **2** (sujet chose) Protéger. **3** (lieu) Recevoir (des occupants). ⟶ **héberger.** ▷ v. pron. **s'abriter 1** Se mettre à l'abri (des intempéries, du danger). **2** fig. *S'abriter derrière qqn,* lui faire assumer la responsabilité de qqch.

abrogatif, ive adj. ▪ Qui a pour objet d'abroger. *Loi abrogative.* - syn. **abrogatoire.**

abroger v. tr. [3] ▪ Déclarer nul (ce qui avait été établi, institué). ⟶ **abolir, annuler.** *Abroger une loi.* ► **abrogation** n. f.

abrupt, upte adj. ▪ **1** Dont la pente est quasi verticale. *Un sentier abrupt.* **2** fig. (personnes) Brusque, direct. ► **abruptement** adv.

abruti, ie adj. ▪ **1** *Abruti de, par...,* hébété. **2** fam. Sans intelligence. ➝ n. *Espèce d'abruti !*

abrutir v. tr. [2] ▪ **1** littér. Dégrader l'esprit, la raison de (qqn). ♦ Rendre stupide. ⟶ **hébéter. 2** Fatiguer l'esprit de (qqn). ➝ pronom. *S'abrutir de travail.*

abrutissant, ante adj. ▪ Qui abrutit (2).

abrutissement n. m. ▪ Action d'abrutir.

A. B. S. ou **ABS** n. m. (sigle) ▪ techn. Système qui empêche le blocage des roues d'un véhicule lors du freinage.

abscisse n. f. ▪ math. Coordonnée horizontale qui sert (avec l'ordonnée) à définir la position d'un point dans un plan.

abscons, onse adj. ▪ didact. Difficile à comprendre. ⟶ **obscur.**

absence n. f. ▪ **I** contr. *présence* **1** Fait de n'être pas dans un lieu où l'on pourrait ou devrait être. ♦ L'absence des personnes qu'on aime. « *L'absence est le plus grand des maux* » (La Fontaine). **2** Fait de manquer, de ne pas se trouver là où l'on devrait **(⟶ absentéisme). 3** (sujet chose) Fait de ne pas être là. **4** *EN L'ABSENCE DE,* lorsque (qqn) est absent ; à défaut de (qqn qui est absent). **II** Fait de ne plus se rappeler qqch. (⟶ trou de mémoire). *Avoir une absence.*

absent, ente adj. ▪ **I 1** *ABSENT DE,* qui n'est pas dans (le lieu où il, elle pourrait, devrait être). **2** Qui n'est pas là où l'on s'attendrait à le, la trouver. ➝ n. (prov.) *Les absents ont toujours tort.* **3** (choses) *Être absent* : faire défaut, manquer. **II** fig. Qui n'a pas l'esprit à ce qu'il devrait faire. ⟶ **distrait.**

absentéisme n. m. ▪ Comportement d'une personne (*absentéiste* n.) qui est souvent absente alors qu'elle devrait être présente.

s'absenter v. pron. [1] ▪ S'éloigner momentanément (d'un lieu).

abside n. f. ▪ Extrémité en demi-cercle d'une église, derrière le chœur. ⟶ **chevet.** ► **absidial, iale, iaux** ou **absidal, ale, aux** adj.

absidiole n. f. ▪ Petite chapelle en demi-cercle d'une abside.

absinthe n. f. ▪ **1** Plante aromatique, variété d'armoise. **2** Liqueur alcoolique toxique tirée de cette plante.

absolu, ue ▪ **I** adj. **1** Qui ne comporte ni restriction ni réserve. ⟶ **intégral, total.** *Confiance absolue. Monarchie absolue.* **2** (personnes) Qui ne supporte ni la critique ni la contradiction. ⟶ **entier. 3** (opposé à *relatif*) *Majorité* absolue.* **4** gramm. Sans complément. *Verbe en emploi absolu.* **II** n. m. **1** Ce qui existe indépendamment de toute condition ou de tout rapport avec autre chose. **2** *DANS L'ABSOLU* : sans comparer, sans tenir compte des conditions.

absolument adv. ▪ **1** D'une manière absolue. **2** (avec un adj.) Tout à fait. **3** gramm. *Verbe employé absolument* **(⟶ absolu** (I, 4)**).**

absolution n. f. ▪ Effacement d'une faute par le pardon **(⟶ absoudre).**

absolutisme n. m. ▪ Système de gouvernement où le pouvoir du souverain est absolu. ► **absolutiste** adj.

absolutoire adj. ▪ relig. ou dr. Qui absout.

absorbant, ante adj. ▪ **1** Qui absorbe les fluides, etc. **2** fig. Qui occupe l'esprit.

absorber v. tr. [1] ▪ **1** Laisser pénétrer et retenir (un fluide...) dans sa substance. *Le buvard absorbe l'encre.* **2** (êtres vivants) Boire, manger. **3** fig. Faire disparaître en incorporant. **4** Occuper (qqn) totalement. ➝ pronom. *S'absorber dans son travail.*

absorptiométrie [-psjo-] n. f. ▪ Procédé de mesure fondé sur les phénomènes d'absorption d'un rayonnement. ▶ **absorptiométrique** adj.

absorption n. f. ▪ Action d'absorber.

absoudre v. tr. [51] ▪ **1** relig. cathol. Remettre les péchés de (qqn). → **absolution.** **2** (hors contexte relig.) Pardonner à (qqn).

absoute n. f. ▪ relig. cathol. Prières prononcées autour du cercueil.

abstème adj. ▪ didact. Qui ne boit pas d'alcool.

s'abstenir v. pron. [22] ▪ **1** *S'abstenir de* (+ inf.), ne pas faire, volontairement. **2** Ne pas agir. ➝ prov. *Dans le doute, abstiens-toi.* ♦ Ne pas voter. → **abstention.** **3** Se passer volontairement (de qqch.).

abstention n. f. ▪ Fait de ne pas voter.

abstentionnisme n. m. ▪ Attitude de qqn qui ne vote pas. ▶ **abstentionniste** adj. et n.

abstinence n. f. ▪ **1** Privation de certains aliments ou boissons. **2** Continence sexuelle. → **chasteté.**

abstinent, ente adj. et n. ▪ (Personne) qui pratique l'abstinence.

abstract [-tʀakt] n. m. ▪ Résumé d'un texte scientifique ou technique.

abstraction n. f. ▪ **1** Fait de considérer à part une qualité, une relation, indépendamment des objets qu'on perçoit ou qu'on imagine. ♦ Qualité ou relation isolée par l'esprit. → **notion.** *La couleur est une abstraction.* **2** Idée abstraite (opposée à la réalité vécue). **3** *Faire abstraction de,* ne pas tenir compte de (qqch.). **4** Art abstrait (4).

abstraire v. tr. [50] ▪ didact. Considérer à part, par abstraction (un caractère, une qualité). ▷ v. pron. **s'abstraire** S'isoler mentalement du milieu extérieur.

abstrait, aite adj. ▪ **1** Considéré par abstraction, à part de ce qu'on perçoit (opposé à *concret*). **2** Qui utilise l'abstraction. **3** Qui est difficile à comprendre, par manque d'exemples concrets. *Un texte trop abstrait.* **4** *ART ABSTRAIT,* qui ne représente pas le monde visible, sensible (réel ou imaginaire) (opposé à *figuratif*). ➝ *Peintre abstrait.* **5** (n. m.) *DANS L'ABSTRAIT* loc. adv. : sans référence à la réalité concrète.

abstraitement adv. ▪ **1** D'une manière abstraite. **2** Dans l'abstrait.

abstrus, use adj. ▪ didact. Qui est difficile à comprendre. → **abscons, obscur.**

absurde ▪ **I 1** adj. (choses) Contraire à la raison, au bon sens, à la logique. ♦ (personnes) Qui agit, parle sans bon sens. **2** n. m. Ce qui est absurde ; ce qui est faux pour des raisons logiques. *Raisonnement par l'absurde.* **II** philos. adj. Dont l'existence semble gratuite, non justifiée par une fin. ♦ n. m. *Les philosophes de l'absurde.*

absurdement adv. ▪ De manière absurde.

absurdité n. f. ▪ **1** Caractère absurde. **2** Chose absurde. → **ineptie, sottise.**

abus n. m. ▪ **1** Action d'abuser (de qqch.) ; usage excessif. ➝ dr. *Abus de confiance* (délit). ➝ fam. *(Il) y a de l'abus,* de l'exagération. **2** Usage mauvais (établi socialement). → **excès, injustice.**

abuser v. [1] ▪ **1** v. tr. ind. *ABUSER DE,* user mal, avec excès. ➝ sans compl. *Il abuse :* il exagère. ♦ *Abuser de qqn,* le tromper. **2** v. tr. littér. Tromper (qqn). ▷ v. pron. **s'abuser** Se tromper. ➝ loc. *Si je ne m'abuse :* sauf erreur.

abuseur, euse n. et adj. ▪ (Personne) qui abuse, notamment sexuellement.

abusif, ive adj. ▪ **1** Qui constitue un abus. ➝ *Emploi abusif d'un mot,* dans un sens qu'il n'a pas. **2** (personnes) Qui abuse de sa situation. ▶ **abusivement** adv.

abyme n. m. ▪ loc. didact. *EN ABYME,* se dit d'une œuvre qui en contient une autre (récit dans le récit, etc.). - var. en **abîme.**

abyssal, ale, aux adj. ▪ **1** Des abysses. **2** Très profond. → **insondable.**

abysse n. m. ▪ **1** surtout au plur. Fosse sous-marine très profonde. **2** fig., littér. Gouffre, abîme.

abyssin, ine adj. et n. ▪ **1** De l'Abyssinie. - syn. **abyssinien, enne.** ➝ n. *Les Abyssins.* **2** n. m. Chat au pelage fauve et au corps svelte.

Ac ▪ Symbole chimique de l'actinium.

acabit n. m. ▪ péj. *De cet acabit ; du même acabit,* de cette nature ; de même nature.

acacia n. m. ▪ **1** Arbre à branches épineuses, à fleurs en grappes, appelé aussi *faux acacia.* → **robinier.** **2** bot. Plante de la famille des mimosas.

académicien, ienne n. ▪ Membre d'une Académie (spécialt de l'Académie française).

académie n. f. ▪ **1** Société de gens de lettres, savants, artistes. *L'Académie des sciences.* ➝ absolt *L'Académie :* l'Académie française, fondée en 1635 par Richelieu (partie de l'Institut de France). **2** Circonscription universitaire.

académique adj. ▪ **1** D'une Académie (1). **2** en art, etc. Qui suit les règles conventionnelles, avec froideur ou prétention. **3** D'une académie

(2). ◆ *Palmes académiques* (distinction honorifique).

académiquement adv. ■ D'une manière académique (2).

académisme n. m. ■ en art, etc. Observation étroite des traditions ; classicisme étroit.

acadien, ienne adj. et n. ■ De l'Acadie. → aussi cajun (Louisiane).

acajou n. m. ■ **1** Arbre tropical à bois rougeâtre, très dur ; ce bois. **2** Couleur brun rougeâtre. ◆ adj. invar. *Cheveux acajou.*

acalculie n. f. ■ psych. Perte de la capacité à calculer.

acalorique adj. ■ Qui n'apporte pas de calories.

acanthe n. f. ■ Plante à longues feuilles très découpées. ◆ *Feuille d'acanthe* (ornement architectural).

a cappella loc. adv. et adj. ■ *Chanter a cappella,* sans accompagnement instrumental. *Chœur a cappella.*

acariâtre adj. ■ D'un caractère désagréable, difficile. → **grincheux, hargneux.**

acaricide adj. ■ Qui détruit les acariens.

acarien n. m. ■ Arachnide souvent parasite et pathogène (ordre des *Acariens*).

acaule adj. ■ bot. Sans tige apparente.

accablant, ante adj. ■ Qui accable. → **écrasant.** ◆ *Un témoignage accablant.*

accablement n. m. ■ État d'une personne accablée. → **abattement.**

accabler v. tr. [1] ■ **1** Faire supporter à (qqn) une chose pénible. ◆ passif *Être accablé de, par les soucis.* **2** Faire subir à (qqn), par la parole. *Accabler qqn d'injures.*

accalmie n. f. ■ Calme, après l'agitation.

accaparer v. tr. [1] ■ **1** Prendre, retenir en entier. *Accaparer le pouvoir.* ◆ *Son travail l'accapare.* **2** Retenir (qqn). ► **accaparant, ante** adj. ► **accaparement** n. m.

accapareur, euse n. ■ Personne qui accapare (qqch., qqn).

accastillage n. m. ■ mar. Ensemble des aménagements et appareils utilisés sur les superstructures des bateaux.

accédant, ante n. ■ *Accédant à la propriété :* personne qui devient propriétaire (d'un logement).

accéder v. tr. ind. [6] ■ ACCÉDER À **1** Pouvoir pénétrer dans ; avoir accès à. **2** fig. Parvenir à (un état...). ◆ *Accéder à la propriété :* devenir propriétaire (→ **accédant, accession).** **3** Donner satisfaction à. *Accéder aux vœux, aux désirs de qqn.*

accelerando [akseleʀɑ̃do] adv. ■ mus. En accélérant le tempo.

accélérateur n. m. ■ **1** Organe qui commande l'admission du mélange gazeux au moteur. *Appuyer sur l'accélérateur* (sur la pédale). **2** phys. Appareil qui communique à des particules chargées (électrons, etc.) des énergies très élevées. → **cyclotron.**

accélération n. f. ■ Augmentation de la vitesse.

accéléré n. m. ■ au cinéma Procédé qui accélère les mouvements.

accélérer v. [6] ■ **1** v. tr. Rendre plus rapide, augmenter le rythme de (opposé à *ralentir*). **2** v. intr. Augmenter la vitesse d'une voiture ; augmenter la vitesse du moteur.

accéléromètre n. m. ■ techn. Appareil qui mesure les accélérations.

accent n. m. ■ **1** Élévation ou augmentation d'intensité de la voix sur une syllabe. **2** Signe graphique qui sert (en français) à noter des différences dans la prononciation des voyelles ou à distinguer deux mots. *Accent grave (à, è), aigu (é), circonflexe (â, ê...).* **3** Inflexions de la voix exprimant un sentiment. *Un accent plaintif.* **4** Ensemble des caractères phonétiques qui s'écartent de la norme (dans une langue). *L'accent du Midi.* **5** *Mettre l'accent sur :* insister sur.

accenteur n. m. ■ Oiseau passereau chanteur.

accentué, ée adj. ■ **1** Sur quoi porte l'accent. *Syllabe accentué.* **2** Qui porte un accent. *Un* e *accentué* (é, è, ê).

accentuer v. tr. [1] ■ **1** Élever ou intensifier la voix sur (un son). **2** Mettre un accent (2) sur (une lettre). **3** Augmenter, intensifier (qqch.). ◆ pronom. Devenir plus net, plus fort. ► **accentuation** n. f.

acceptable adj. ■ Qui peut convenir. ► **acceptabilité** n. f.

acceptant, ante adj. et n. ■ dr. Qui donne son consentement à une convention.

acceptation n. f. ■ Fait d'accepter.

accepter v. [1] ■ **I** v. tr. **1** Recevoir, prendre volontiers (ce qui est offert, proposé). *Accepter une invitation.* ◆ Consentir à. *Accepter le combat.* **2** Donner son accord à. **3** *Accepter qqn,* l'admettre. ◆ pronom. *S'accepter tel qu'on est.* **4** Se soumettre à ; ne pas refuser. *Accepter une épreuve.* **II 1** v. tr. ind. ACCEPTER DE (+ inf.) : bien vouloir. **2** v. tr. ACCEPTER QUE (+ subj.) : supporter.

acception n. f. ■ Sens particulier (d'un mot). → **signification.** ◆ loc. *Dans toute l'acception du terme :* au sens fort, intégral.

accès n. m. ■ **I 1** Possibilité d'aller dans (un lieu). → **accéder ; entrée.** *Accès interdit au public.* ◆ *Donner accès :* permettre d'entrer ; fig. permettre d'obtenir. **2** Voie qui permet d'entrer. **3** Possibilité d'approcher (qqn). **4** Possibilité de connaître, de participer à (qqch.). *L'accès à la culture.* **5** inform. Recherche et obtention des informations. **II 1** Arrivée ou retour d'un phénomène pathologique. *Accès de fièvre.* **2** Émotion vive et passagère. *Accès de colère.*

accessible adj. ■ **1** Où l'on peut accéder, entrer. **2** fig. Qui ne présente pas d'obstacle. **3** (personnes) Que l'on peut approcher, rencontrer. **4** Sensible (à qqch.). ► **accessibilité** n. f.

accession n. f. ■ Fait d'accéder (à un état, une situation). *Accession à la propriété.*

accessit [-it] n. m. ■ Distinction accordée à ceux qui, sans obtenir de prix, s'en approchent.

accessoire ■ **I** adj. Qui vient avec ou après ce qui est principal, essentiel. → **annexe, secondaire.** ◆ n. m. *Distinguer l'essentiel de l'accessoire.* **II** n. m. **1** Objet nécessaire à une représentation théâtrale, etc. **2** Pièce non indispensable (d'un instrument...). ◆ Élément associé à une toilette (sac, etc.).

accessoirement adv. ■ D'une manière accessoire ; en plus d'une raison principale.

accessoiriser v. tr. [1] ■ Compléter (un vêtement...) par un ou des accessoires.

accessoiriste n. ■ Personne qui dispose les accessoires au théâtre, au cinéma, etc.

accident n. m. ■ **1** philos. Ce qui n'est pas essentiel. **2** Fait accessoire. ◆ loc. *PAR ACCIDENT* : par hasard. → **fortuitement. 3** Événement fâcheux. → **contretemps, ennui ; incident. 4** Événement imprévu et soudain qui entraîne des dégâts, met en danger. *Accident de la route, accident de la circulation. Accident d'avion.* **5** *Accident de terrain* : inégalité du terrain.

accidenté, ée adj. ■ **1** Qui présente des accidents (5). **2** fam. Qui a subi un accident (4). ◆ n. *Les accidentés de la route.*

accidentel, elle adj. ■ **1** Qui est dû au hasard. → **fortuit. 2** *Mort accidentelle,* du fait d'un accident. ► **accidentellement** adv.

accidentologie n. f. ■ Étude des accidents de la circulation. ► **accidentologique** adj. ► **accidentologue** n.

accise n. f. ■ En Belgique, au Canada, Ensemble d'impôts indirects. Toujours au plur. en Belgique.

acclamation n. f. ■ Cri collectif d'enthousiasme pour saluer qqn ou qqch.

acclamer v. tr. [1] ■ Saluer par des acclamations.

acclimatable adj. ■ Que l'on peut acclimater ; qui s'acclimate.

acclimatation n. f. ■ Action d'acclimater (un animal, une plante...). ◆ *JARDIN D'ACCLIMATATION* : jardin zoologique et botanique où vivent des espèces exotiques.

acclimatement n. m. ■ Fait de s'habituer à un milieu différent.

acclimater v. tr. [1] ■ **1** Habituer (un animal, une plante...) à un milieu différent. **2** fig. Introduire quelque part (une idée, un usage). ▷ v. pron. **s'acclimater 1** *Plante qui s'acclimate mal.* **2** (personnes) S'habituer à un nouveau pays, à de nouvelles habitudes.

accointances n. f. pl. ■ *Avoir des accointances* (dans un milieu), y avoir des relations.

accolade n. f. ■ **1** Fait de mettre les bras autour du cou. **2** Signe graphique à double courbure ({), qui sert à réunir des lignes.

accoler v. tr. [1] ■ Réunir, rendre contigu. ◆ au p. p. *Maisons accolées.* ► **accolement** n. m.

accommodant, ante adj. ■ Qui s'accommode facilement des personnes, des circonstances. → **arrangeant, conciliant, sociable.**

accommodat n. m. ■ biol. Modification morphologique ou physiologique qui permet à un être vivant de s'adapter à un nouveau milieu.

accommodation n. f. ■ **1** Fait d'accommoder ou de s'accommoder (1). → **adaptation. 2** physiol. Mise au point faite par l'œil, dans la fonction visuelle.

accommodement n. m. ■ Accord ou compromis à l'amiable.

accommoder v. tr. [1] ■ **1** Disposer ou modifier de manière à faire convenir (à). → **adapter. 2** Préparer (des aliments). *L'art d'accommoder les restes.* **3** intrans. physiol. Effectuer l'accommodation (2). ▷ v. pron. **s'accommoder 1** *S'ACCOMMODER À* : s'adapter à. **2** *S'ACCOMMODER DE* : accepter comme pouvant convenir.

accompagnateur, trice n. ■ **1** mus. Personne qui accompagne la partie principale. **2** Personne qui accompagne et guide un groupe. → **guide.**

accompagnement n. m. ■ **1** Ce qui est servi avec une viande, un poisson. **2** Action de jouer une partie musicale de soutien à la partie principale ; cette partie.

accompagner v. tr. [1] ■ **1** Se joindre à (qqn) pour aller où il va en même temps que lui. ◆ *Accompagner un mourant,* le soutenir. **2** (sujet chose) S'ajouter à, aller avec. **3** Exécuter l'accompagnement (2) de. ▷ v. pron. **s'accompagner** (de) (sujet chose) Être suivi (de), avoir pour conséquence.

accompli, ie adj. ■ **1** Parfait en son genre. **2** Terminé. ◆ *LE FAIT ACCOMPLI* : ce qui est fait, ce sur quoi on ne peut revenir.

accomplir v. tr. [2] ■ **1** Faire (qqch.) jusqu'au bout. → **achever.** ◆ au p. p. *Mission accomplie !* **2** Faire (ce qui est demandé, ordonné, proposé...). *Accomplir son devoir.* ▷ v. pron. **s'accomplir 1** (choses) Se réaliser, avoir lieu. **2** (personnes) Se réaliser pleinement. ► **accomplissement** n. m.

accon, acconage, acconier → **acon, aconage, aconier**

accord n. m. ■ **I 1** État qui résulte d'une communauté ou d'une conformité de pensées, de sentiments. → **entente.** ◆ loc. *D'un commun accord.* **2** D'ACCORD. *Être d'accord,* avoir la même opinion. → s'**entendre.** *Je suis d'accord avec vous.* ◆ (en réponse) *D'accord.* → **oui.** **3** Arrangement entre personnes qui se mettent d'accord. **4** *Donner, refuser son accord.* → **autorisation, permission.** **5** (choses) *En accord avec :* adapté à. **II 1** mus. Association de plusieurs sons (au moins trois) simultanés, selon les lois de l'harmonie. **2** Action d'accorder (II, 2) un instrument. **3** État d'un récepteur réglé sur une fréquence d'émission. **4** gramm. Correspondance entre des formes dont l'une est subordonnée à l'autre.

accordailles n. f. pl. ■ vx Fiançailles.

accordé, ée adj. ■ vx Fiancé, fiancée.

accordéon n. m. ■ **1** Instrument de musique à soufflet et à anches métalliques. **2** *EN ACCORDÉON,* qui forme des plis parallèles.

accordéoniste n. ■ Personne qui joue de l'accordéon.

accorder v. tr. [1] ■ **I 1** Consentir à donner, à laisser ou à permettre. *Accorder un délai.* **2** Attribuer. *Accorder de l'importance à qqch.* → **attacher.** **II 1** rare Mettre d'accord (des personnes). ◆ pronom. S'entendre. *Ils ne s'accordent pas.* **2** Régler (un, des instruments) selon le diapason. ◆ loc. *Accordez vos violons :* mettez-vous d'accord. **3** gramm. Donner à (un élément du discours) un aspect formel en rapport avec sa fonction ou avec la forme d'un élément dominant. ◆ pronom. *Le verbe s'accorde avec son sujet.*

accordeur, euse n. ■ Spécialiste qui accorde les pianos, les orgues, etc.

accordoir n. m. ■ Outil d'accordeur.

① **accore** n. m. ou f. ■ Pièce de bois utilisée pour caler un navire tiré au sec ou en construction.

② **accore** adj. ■ géogr. Se dit d'un rivage à falaises abruptes qui plongent verticalement dans la mer.

accort, accorte adj. ■ vx ou littér. Gracieux.

accoster v. tr. [1] ■ **1** Aborder (qqn) de façon cavalière. **2** (bateau, engin spatial) Se mettre bord à bord avec (le quai, un autre bateau ou engin). ► **accostage** n. m.

accot n. m. ■ hortic. Tas de paille destiné à protéger des semis du gel.

accotement n. m. ■ Espace aménagé entre la chaussée et le fossé. → **bas-côté.**

s'accoter v. pron. [1] ■ S'appuyer d'un côté.

accotoir n. m. ■ Appui (d'un siège) pour les bras, la tête.

accouchée n. f. ■ Femme qui vient d'accoucher. → **parturiente.**

accouchement n. m. ■ **1** Fait d'accoucher ; sortie de l'enfant du corps de sa mère. **2** Opération médicale par laquelle on assiste la femme qui accouche (→ **obstétrique).**

accoucher v. [1] ■ **I** v. tr. ind. **1** *ACCOUCHER DE :* mettre au monde. *Elle a accouché d'une fille.* ◆ sans compl. *Accoucher avant terme.* **2** fig. Élaborer péniblement. ◆ sans compl. fam. S'expliquer. *Alors, tu accouches ?* **II** v. tr. dir. Assister (une femme) dans l'accouchement.

accoucheur, euse n. ■ Personne qui fait des accouchements. → **obstétricien, sage-femme.**

s'accouder v. pron. [1] ■ S'appuyer sur le(s) coude(s).

accoudoir n. m. ■ Appui pour s'accouder.

accouplement n. m. ■ **1** techn. Fait d'accoupler (1). **2** Union sexuelle.

accoupler v. tr. [1] ■ **1** techn. Joindre par deux. **2** Procéder à l'accouplement de (deux animaux). ▷ v. pron. s'**accoupler** S'unir sexuellement (animaux ; péj. personnes). ◆ fig. S'unir.

accourcir v. tr. [2] ■ vx Rendre plus court. → **raccourcir.**

accourir v. intr. [11] auxil. *être* ou (vieilli) *avoir* ■ Venir en courant, en se pressant.

accoutrement n. m. ■ Tenue étrange.

accoutrer v. tr. [1] ■ Habiller ridiculement. ▷ v. pron. s'**accoutrer**

accoutumance n. f. ■ **1** Fait de s'habituer. → **adaptation.** **2** méd. Processus par lequel un organisme tolère de mieux en mieux un agent extérieur. ♦ État dû à l'usage prolongé d'une drogue (besoin de continuer, etc.).

accoutumé, ée adj. ■ **1** Ordinaire, habituel. **2** loc. adv. *À L'ACCOUTUMÉE :* d'ordinaire.

accoutumer v. tr. [1] ■ Faire prendre l'habitude (de). → **habituer.** *Accoutumer qqn à qqch., à faire qqch.* ▷ v. pron. s'**accoutumer** (à)

accouvage n. m. ■ techn. Éclosion des œufs provoquée et contrôlée, en couveuse artificielle.

accréditer v. tr. [1] ■ **1** Donner à (qqn) l'autorité pour agir en qualité de. ► **accréditation** n. f. **2** Rendre (qqch.) plausible.

accréditif, ive adj. ■ Qui accrédite (1).

accrétion n. f. ■ didact. Processus d'agglomération d'éléments inorganiques.

accro adj. (invar. en genre)fam. ■ **1** Dépendant (d'une drogue). **2** Passionné (par), enthousiaste (pour). *Elle est accro à la musique.*

accrobranche ou **acrobranche** n. f. ■ Activité de plein air consistant à se déplacer de branche en branche et d'arbre en arbre dans une forêt spécialement aménagée.

accroc n. m. ■ **1** Déchirure faite par ce qui accroche. **2** Difficulté qui arrête.

accrochage n. m. ▪ **1** Action d'accrocher. ♦ Manière d'exposer (des œuvres d'art). **2** Léger choc entre deux véhicules. **3** milit. Bref combat. **4** fam. Dispute légère.

accroche n. f. ▪ publicité Ce qui accroche l'attention.

accroche-cœur n. m. ▪ Mèche de cheveux en boucle, sur la tempe. *Des accroche-cœurs.*

accroche-plat n. m. ▪ Support pour accrocher un plat ornemental au mur. *Des accroche-plats.*

accrocher v. [1] ▪ **I** v. tr. **1** Retenir, arrêter par un crochet, une chose pointue. ♦ Heurter (un véhicule). → **accrochage** (2). **2** Suspendre à un crochet, etc. *Accrocher son manteau.* ➛ loc. *Avoir le cœur bien accroché :* n'être pas facilement dégoûté. **3** Arrêter, retenir. *Accrocher la lumière.* **4** Retenir l'attention de (qqn). ➛ sans compl. *Un slogan qui accroche.* **5** au p. p. *Être accroché à une drogue,* en être dépendant. - abrév. fam. **accro.** **II** v. intr. **1** Présenter des difficultés. **2** *Ça a bien accroché avec lui,* le contact s'est bien établi. ▷ v. pron. **s'accrocher** **1** Se tenir avec force. → se **cramponner.** ➛ fig. *S'accrocher à ses illusions.* **2** Ne pas céder. **3** *S'accrocher avec qqn,* se disputer.

accrocheur, euse adj. et n. ▪ **1** (personnes) Tenace. **2** (choses) Qui attire l'attention.

accroire v. tr. (seulement inf.) ▪ littér. *Faire accroire qqch. à qqn,* faire croire ce qui n'est pas vrai. ♦ *En faire accroire à qqn,* lui mentir.

accroître v. tr. [55] sauf p. p. *accru, ue* ▪ Rendre plus grand, plus important. → **augmenter.** ▷ v. pron. **s'accroître** Aller en augmentant. ► **accroissement** n. m.

s'**accroupir** v. pron. [2] ▪ S'asseoir sur ses talons. ► **accroupissement** n. m.

accrue n. f. ▪ didact. **1** Augmentation de surface (d'un terrain) par le retrait des eaux. **2** Extension (d'un bois) par rejets naturels.

accueil [akœj] n. m. ▪ **1** Manière de recevoir qqn. *Faire bon accueil à qqn.* ♦ Manière dont qqn accepte (une œuvre...). *Film qui a reçu un accueil enthousiaste.* **2** D'ACCUEIL : organisé pour accueillir. **3** Lieu où l'on accueille des visiteurs.

accueillir v. tr. [12] ▪ **1** Se comporter d'une certaine manière avec (qqn qui se présente). **2** Recevoir bien ou mal (qqch.). **3** Donner l'hospitalité à. ► **accueillant, ante** adj. (personnes ; lieux) → **hospitalier.**

acculer v. tr. [1] ▪ Pousser dans un endroit, fig. dans une situation où tout recul est impossible. ➛ au p. p. *Être acculé à la faillite.*

acculturation n. f. ▪ didact. Processus par lequel qqn, un groupe humain assimile une culture étrangère à la sienne.

accumulateur n. m. ▪ Appareil qui restitue sous forme de courant l'énergie électrique fournie par une réaction chimique. *Batterie d'accumulateurs* (d'un véhicule). ♦ abrév. fam. ACCUS n. m. pl. ➛ loc. fig. *Recharger ses accus :* reconstituer ses forces.

accumulation n. f. ▪ **1** Action d'accumuler. **2** Stockage d'énergie électrique.

accumuler v. tr. [1] ▪ Mettre ensemble en grand nombre. → **amasser.** ♦ fig. *Accumuler des preuves.* ▷ v. pron. **s'accumuler**

accus → **accumulateur**

accusateur, trice ▪ **1** n. Personne qui accuse. **2** adj. Qui constitue une accusation.

accusatif n. m. ▪ gramm. Cas marquant le complément d'objet (langues à déclinaisons).

accusation n. f. ▪ **1** dr. Action en justice par laquelle on désigne comme coupable. **2** Action de signaler (qqn) comme coupable ou (qqch.) comme répréhensible.

accusatoire adj. ▪ dr. Relatif à l'accusation.

accusé, ée ▪ **1** n. Personne à qui on impute un délit. **2** n. m. *ACCUSÉ DE RÉCEPTION :* avis informant que qqch. a été reçu.

accuser v. tr. [1] ▪ **I** **1** Signaler ou présenter (qqn) comme coupable. → **incriminer ;** dr. **citer, poursuivre.** **2** *Accuser le sort, les événements,* rendre responsable (d'un mal). **II** **1** Faire ressortir. → **accentuer, marquer.** ➛ au p. p. *Des traits accusés.* ♦ loc. fam. *Accuser le coup,* montrer qu'on est affecté. **2** *Accuser réception de :* donner avis qu'on a reçu (une lettre...).

ace [ɛs] n. m. ▪ anglic., tennis Balle de service qui fait le point, l'adversaire n'ayant pu la toucher.

-acé, -acés, -acées Éléments entrant dans la formation de mots savants, notamment des noms de familles de plantes.

acéphale adj. ▪ Sans tête.

acerbe adj. ▪ Intentionnellement blessant.

acéré, ée adj. ▪ **1** Dur, tranchant et pointu. **2** fig. → **acerbe, mordant.**

acérer v. tr. [6] ▪ vx Rendre tranchant. → **aiguiser.**

acériculture n. f. ▪ Culture et exploitation de l'érable à sucre (→ **érablière**). ► **acéricole** adj.

acérola n. m. ▪ Petit fruit rouge vif, riche en vitamine C.

acescent, ente adj. ▪ didact. Qui s'aigrit, devient acide. *Une bière acescente.* ► **acescence** n. f.

acétabulaire n. f. ▪ bot. Algue verte recouverte d'une carapace calcaire.

acétabule n. f. ▪ **1** Antiq. Vase qui servait à contenir le vinaigre. **2** anat. Cavité où se place la tête du fémur.

acétal n. m. ■ chim. Composé portant deux fonctions éther-oxyde sur le même atome de carbone.

acétamide n. m. ■ chim. Amide de l'acide acétique.

acétate n. m. ■ chim. Sel ou ester de l'acide acétique. ➝ spécialt Acétate de cellulose.

acétifier v. tr. [7] ■ Convertir (un alcool) en acide acétique. ► **acétification** n. f.

acétique adj. ■ chim. *Acide acétique* : acide du vinaigre, liquide corrosif et incolore.

acétobacter [-ɛʀ] n. m. ■ chim. Bactérie qui provoque la transformation de l'alcool en acide acétique.

acétone n. f. ■ chim. Liquide volatil, inflammable, d'odeur pénétrante (solvant).

acétonémie n. f. ■ méd. Présence d'acétone dans le sang.

acétonurie n. f. ■ méd. Présence d'acétone dans les urines.

acétylcholine [-k-] n. f. ■ biochim. Substance organique intervenant dans la transmission de l'influx nerveux.

acétyle n. m. ■ chim. Radical univalent de formule CH_3-CO-H.

acétylène n. m. ■ Gaz incolore, inflammable et toxique, produit par action de l'eau sur le carbure de calcium. ► **acétylénique** adj.

acétylsalicylique adj. ■ chim. et pharm. *Acide acétylsalicylique* : aspirine.

achalandage n. m. ■ (emploi critiqué) Ensemble des marchandises proposées par un commerçant.

achalandé, ée adj. ■ **1** rare Qui a de nombreux clients **(→ ② chaland). 2** cour. (mais critiqué) Bien approvisionné.

achaler v. tr. [1] ■ (Canada) fam. Déranger, importuner. ► **achalant, ante** adj. et n.

achards n. m. pl. ■ Petits légumes macérés dans du vinaigre. → **pickles.**

acharné, ée adj. ■ Qui fait preuve d'acharnement. ➝ *Un combat acharné.*

acharnement n. m. ■ Ardeur opiniâtre dans la lutte, l'effort. ♦ *Acharnement thérapeutique* : emploi de tous les moyens pour maintenir en vie un malade condamné.

s'acharner v. pron. [1] ■ *S'acharner sur, contre* : combattre ou poursuivre avec fureur. ➝ *S'acharner à* (+ inf.), lutter avec ténacité pour.

achat n. m. ■ **1** Action d'acheter. *Faire l'achat de qqch.* → **acquisition. 2** Ce qu'on a acheté. *Montrez-moi vos achats.*

ache n. f. ■ Plante ombellifère dont une variété est le céleri.

acheminer v. tr. [1] ■ **1** Diriger vers un lieu déterminé. **2** fig. Mettre (qqn) dans la voie qui mène à un but. ▷ v. pron. **s'acheminer** Se diriger. ► **acheminement** n. m.

acheter v. tr. [5] ■ **1** Acquérir (un bien...) contre paiement. **2** péj. Corrompre (qqn). ➝ *Acheter la complicité de qqn.* **3** fig. Obtenir (un avantage) au prix d'un sacrifice.

acheteur, euse n. ■ **1** Personne qui achète. → **acquéreur, client. 2** Agent chargé d'effectuer les achats pour un employeur.

acheuléen n. m. ■ paléont. Période du paléolithique caractérisée par la taille de grands silex en bifaces.

achevé, ée adj. ■ littér. Parfait en son genre. → **accompli.** ➝ péj. *D'un ridicule achevé.*

achèvement n. m. ■ **1** Action d'achever (un ouvrage) ; fin. **2** littér. Perfection.

achever v. tr. [5] ■ **1** Finir en menant à bonne fin. → **terminer.** *Achever le travail commencé.* ♦ (sujet chose) *Achever de* (+ inf.), faire complètement. *Son refus acheva de nous décourager.* **2** Porter le coup de grâce à (qqn, un animal). → **tuer.** ♦ fig. Abattre, anéantir. ▷ v. pron. **s'achever** (choses) Se terminer.

achigan n. m. ■ (Canada) Perche noire.

achillée [-k-] n. f. ■ bot. Plante à longues feuilles très découpées.

acholie [-k-] n. f. ■ méd. Diminution notable de la sécrétion biliaire.

achondroplasie [-k-] n. f. ■ didact. Nanisme d'origine héréditaire et congénitale.

achoppement n. m. ■ loc. *Pierre d'achoppement* : obstacle, écueil.

achopper v. intr. [1] ■ **1** littér. Buter du pied (contre un obstacle). **2** fig. *Achopper à, sur un problème.*

achromat [-k-] n. m. ■ opt. Objectif achromatique.

achromatique [-k-] adj. ■ **1** opt. Se dit d'un système optique dont la réponse est indépendante des radiations incidentes et donc de leur couleur. **2** biol. Se dit d'une cellule vivante qui prend mal les colorants.

achromatiser [-k-] v. tr. [1] ■ opt. Rendre achromatique.

achromatisme [-k-] n. m. ■ opt. Caractère d'un système optique achromatique.

achromatopsie [-k-] n. f. ■ didact. Absence de la perception des couleurs.

achromie [-k-] n. f. ■ méd. Absence ou diminution de la pigmentation de la peau. → **albinisme.**

achylie n. f. ■ méd. Absence de sécrétion d'un suc digestif ou du chyle.

aciculaire adj. ■ didact. En forme d'aiguille.

acidalie n. f. ▪ zool. Petit papillon nocturne aux ailes peu colorées.

acide ▪ **I** adj. **1** Qui est piquant au goût. **2** fig. Acerbe, désagréable. **3** chim. Propre aux acides. **II** n. m. **1** chim. Tout corps capable de libérer des ions hydrogène (H^+), qui donne un sel avec une base et dont le pH est inférieur à 7. *Acide chlorhydrique.* ➝ *Acides nucléiques.* → **ADN, ARN.** **2** argot fam. L. S. D. (voir ce mot).

acidifiant, iante adj. et n. m. ▪ (Produit) qui a la propriété d'acidifier.

acidifier v. tr. [7] ▪ Rendre acide. ► **acidification** n. f.

acidimètre n. m. ▪ chim. Appareil qui permet de mesurer l'acidité (d'une solution). ► **acidimétrie** n. f.

acidité n. f. ▪ **1** Saveur acide. **2** fig. Caractère mordant. **3** chim. Qualité acide (I, 3).

acid jazz n. m. ▪ anglic. Style musical mélangeant le jazz et le hip-hop.

acidophile adj. ▪ biol. **1** Qui fixe les colorants acides. **2** Qui vit dans des conditions de forte acidité.

acidose n. f. ▪ pathol. Augmentation de l'acidité du sang.

acidulé, ée adj. ▪ Légèrement acide.

aciduler v. tr. [1] ▪ Rendre légèrement acide.

acier n. m. ▪ **1** Alliage de fer et de carbone, auquel on donne, par traitement, des propriétés variées (malléabilité, résistance...). *Acier inoxydable.* **2** Industrie de l'acier. → **sidérurgie.** **3** appos. *Gris acier* (couleur). **4** fig. *D'ACIER* : solide.

aciérer v. tr. [6] ▪ techn. Recouvrir (un métal) d'une couche d'acier. ► **aciérage** n. m.

aciérie n. f. ▪ Usine où l'on fabrique l'acier.

acinésie → **akinésie**

acinus n. m. ▪ anat. Petite cavité glandulaire se déversant dans un canal excréteur. *Des acinus* ou *des acini.*

acmé n. f. ▪ didact. Apogée.

acné n. f. ▪ Maladie de la peau due à une inflammation des glandes sébacées.

acnéique adj. et n. ▪ Atteint d'acné.

acolyte n. ▪ **1** relig. cathol. Clerc qui sert à l'autel. **2** péj. Compagnon, complice.

acompte [akɔ̃t] n. m. ▪ **1** Paiement partiel à valoir sur le montant d'une somme due. → **arrhes.** **2** fig., fam. Petit avantage, petit plaisir reçu ou pris en attendant mieux.

acon n. m. ▪ mar. Embarcation à fond plat servant au chargement et au déchargement des navires. – var. **accon.**

aconage n. m. ▪ mar. Opération de chargement ou de déchargement d'un navire au moyen d'acons. – var. **acconage.**

aconier n. m. ▪ mar. Professionnel chargé du transfert des marchandises, de leur entreposage. – var. **acconier.**

aconit [-it] n. m. ▪ Plante vénéneuse à fleurs en forme de casque.

aconitine n. f. ▪ biochim. Alcaloïde tiré d'un aconit, utilisé comme analgésique.

a contrario ▪ loc. adj. didact. Se dit d'un raisonnement qui, partant d'hypothèses opposées, aboutit à des conséquences opposées. ♦ loc. adv. Dans le cas contraire.

s'acoquiner v. pron. [1] ▪ Se lier (à une personne peu recommandable).

acore n. m. ▪ bot. Plante aquatique à saveur amère et poivrée.

à-côté n. m. ▪ **1** Point, problème accessoire. **2** Gain d'appoint. *Des à-côtés.*

à-coup n. m. ▪ Secousse. → **saccade.** ➝ *Par à-coups* : de façon irrégulière, intermittente.

acouphène n. m. ▪ méd. Sensation auditive anormale.

acousticien, ienne n. ▪ didact. Spécialiste de l'acoustique.

acoustique ▪ **I** adj. **1** Qui sert à, concerne la perception des sons. → **auditif.** ♦ *Guitare acoustique* (opposé à *électrique*). **2** Relatif au son. → **sonore.** *Les phénomènes acoustiques.* **II** n. f. **1** Partie de la physique qui traite des sons et des ondes sonores. **2** Qualité (d'un local) quant à la propagation du son.

acquéreur n. m. ▪ Personne qui acquiert (un bien). → **acheteur.** *Elle s'est portée acquéreur* (ou rare *acquéreuse* n. f.).

acquérir v. tr. [21] ▪ **1** Devenir propriétaire de (un bien, un droit), par achat, échange, succession (→ **acquisition**). ➝ prov. *Bien mal acquis ne profite jamais.* **2** Parvenir à posséder (un avantage). *Acquérir des connaissances.* **3** (sujet chose) Procurer (à qqn) la disposition de. → **valoir.** *Sa gentillesse lui a acquis notre sympathie.*

acquêt n. m. ▪ dr. Bien acquis par l'un des époux au cours de la vie conjugale, et qui fait partie des biens communs.

acquiescer v. tr. ind. [3] ▪ *Acquiescer à qqch.*, donner son entier consentement à. ♦ absolt → **approuver.** *Acquiescer d'un signe de tête.* ► **acquiescement** n. m.

acquis, ise ▪ **I** adj. **1** Qui a été acquis par l'individu (par opposition à ce qui a été transmis ou à ce qui est naturel). ➝ biol. *Caractères acquis,* qui apparaissent par adaptation au milieu. **2** Dont qqn peut disposer de façon définitive et sûre. *Droit acquis à qqn.* **3** Reconnu sans contestation. *C'est un fait acquis.* **4** (personnes) *Acquis à* (une idée...) : partisan de. **II** n. m. **1** Savoir acquis, expérience acquise. **2** *Les acquis sociaux* : les avantages sociaux acquis.

acquisitif, ive adj. ▪ dr. Qui appartient, équivaut à l'acquisition.

acquisition n. f. ▪ **1** Action d'acquérir (1 et 2). *Faire l'acquisition de qqch.* **2** Bien acquis.

acquit n. m. ▪ **1** Reconnaissance écrite d'un paiement. ➛ *Pour acquit*, mention attestant un paiement. **2** *PAR ACQUIT DE CONSCIENCE* : pour éviter d'avoir qqch. à se reprocher.

acquit-à-caution n. m. ▪ comm. Permis de faire circuler des marchandises avant d'avoir payé les taxes. *Des acquits-à-caution.*

acquittement n. m. ▪ **I** Action d'acquitter (qqch.). **II** Action d'acquitter (un accusé).

acquitter v. tr. [1] ▪ **I** *Acquitter qqn* **1** Libérer (d'une obligation, d'une dette). **2** Déclarer (par jugement) un accusé non coupable. **II** *Acquitter qqch.* **1** Payer (ce qu'on doit). → **régler.** **2** dr. Revêtir (un document) de la mention «pour acquit» et de sa signature. ▷ v. pron. **s'acquitter** *S'acquitter de* : se libérer de (une obligation).

acra n. m. ▪ (cuisine créole) Beignet de poisson ou de légumes. – var. **akra.**

acre n. f. ▪ **1** Ancienne mesure agraire (en moyenne 52 ares). **2** Mesure agraire, dans les pays anglo-saxons (40,47 ares).

âcre adj. ▪ **1** Irritant au goût ou à l'odorat. **2** fig. Irritant, douloureux. ► **âcreté** n. f.

acridien n. m. ▪ zool. Insecte de la famille du criquet.

acrimonie n. f. ▪ Mauvaise humeur, aigreur. ► **acrimonieux, euse** adj.

acro- Élément, du grec *akros* «qui est à l'extrémité».

acrobate n. ▪ **1** Artiste exécutant des exercices d'équilibre et de gymnastique périlleux. → **équilibriste, funambule, trapéziste.** **2** fig. Personne très habile.

acrobatie n. f. ▪ **1** Exercice d'acrobate. ➛ *Acrobatie aérienne*, manœuvres d'adresse exécutées en avion. **2** fig. Exercice difficile et virtuose. ► **acrobatique** adj.

acrobranche → **accrobranche**

acrocéphalie n. f. ▪ méd. Malformation crânienne donnant à la tête une forme en pain de sucre. ► **acrocéphale** adj. et n.

acrocyanose n. f. ▪ méd. Cyanose des extrémités (mains, pieds).

acroléine n. f. ▪ chim. Liquide volatil d'odeur âcre et suffocante, obtenu par déshydratation de la glycérine.

acromégalie n. f. ▪ méd. Affection caractérisée par une hypertrophie des extrémités et de la tête.

acromion n. m. ▪ anat. Apophyse de l'omoplate s'articulant avec la clavicule. ► **acromial, ale, aux** adj.

acronyme n. m. ▪ Sigle* qui se prononce comme un mot ordinaire (ex. ovni, sida).

acrophobie n. f. ▪ didact. Phobie des lieux élevés.

acropole n. f. ▪ Ville haute, souvent fortifiée, des anciennes cités grecques.

acrostiche n. m. ▪ Poème où les initiales de chaque vers, lues dans le sens vertical, composent un nom ou un mot-clé.

acrotère n. m. ▪ archit. Socle placé aux extrémités ou au sommet d'un fronton.

acrylique adj. ▪ **1** *Acide acrylique* : acide gras de l'éthylène. **2** Se dit de produits dérivés de cet acide. *Peinture acrylique.* ➛ n. m. Tissu de fibres acryliques.

① **acte** n. m. ▪ **I 1** Pièce écrite qui constate un fait, une convention, une obligation. *Acte de vente. Acte d'état civil.* ♦ *PRENDRE ACTE de qqch.*, faire constater légalement ; en prendre bonne note. ➛ *DONT ACTE* : en prenant note de ce qui s'est passé. **2** au plur. Recueil de procès-verbaux, de communications. **II 1** Action humaine considérée dans son aspect objectif plutôt que subjectif ; fait d'agir. → **action.** *Être responsable de ses actes.* ➛ *Passer aux actes* : agir. **2** *FAIRE ACTE DE* : manifester, donner une preuve de.

② **acte** n. m. ▪ **1** Chacune des grandes divisions d'une pièce de théâtre. **2** Phase d'une action comportant des péripéties.

actée n. f. ▪ bot. Plante vivace des bois.

acter v. tr. [1] ▪ dr. Dresser (un acte juridique). ➛ plus cour. Prendre acte de, noter, mentionner.

acteur, trice n. ▪ **1** Artiste dont la profession est de jouer un rôle à la scène ou à l'écran. → **comédien.** **2** Personne qui prend une part active. → **protagoniste.**

① **actif, ive** adj. ▪ **1** Qui agit (personnes), implique une activité (choses). ♦ *Population active* : partie de la population qui est apte à travailler. ➛ n. *Les jeunes actifs.* ♦ gramm. *Voix active d'un verbe*, qui exprime que le sujet est considéré comme agissant. ➛ n. m. *L'actif et le passif.* **2** (choses) Qui agit avec force. **3** (personnes) Qui aime agir. → **dynamique.**

② **actif** n. m. ▪ **1** Ensemble des biens ou droits constituant, avec les dettes, un patrimoine. **2** fig. *Avoir à son actif* : compter parmi ses succès.

actinide n. m. ▪ chim. Élément chimique dont le numéro atomique est compris entre 89 et 103.

actinie n. f. ▪ zool. Animal marin, polype à tentacules, aussi appelé *anémone de mer.*

actinique adj. ▪ didact. Qui se rapporte ou est dû à la lumière.

actinite n. f. ▪ méd. Inflammation de la peau provoquée par les rayons solaires, coup de soleil.

actinium [-jɔm] n. m. ▪ chim. Élément radioactif (symb. Ac, n° at. 89, masse at. 227).

actin(o)- Élément, du grec *aktis, aktinos* «rayon».

actinomètre n. m. ▪ phys. Instrument de mesure de l'intensité d'un rayonnement électromagnétique.

actinomycète n. m. ▪ biol. Bactérie ressemblant aux champignons microscopiques.

actinomycose n. f. ▪ méd. Infection bactérienne caractérisée par des lésions d'aspect tumoral.

actinothérapie n. f. ▪ méd. Traitement par des rayons lumineux artificiels.

① **action** n. f. ▪ **I 1** Ce que fait qqn et par quoi il réalise une intention ou une impulsion. → **acte, fait.** ➛ *Action d'éclat* : exploit. **2** Fait de produire un effet, manière d'agir sur qqn ou qqch. ➛ *En action,* en train d'agir. **3** Exercice de la faculté d'agir (opposé à la pensée, aux paroles). *Passer à l'action.* ➛ *Une femme* D'ACTION. ♦ *Mettre en action,* faire agir. **4** Combat, lutte. *L'action syndicale.* **II** dr. Exercice d'un droit en justice. → **demande, poursuite, recours.** *Intenter une action.* **III 1** Suite d'événements constituant le sujet (d'une œuvre). → **intrigue. 2** Animation tenant aux faits représentés ou racontés. *Film d'action.*

② **action** n. f. ▪ **1** Titre cessible et négociable représentant une fraction du capital social de certaines sociétés. **2** fig., fam. *Ses actions montent,* il a plus de crédit.

actionnaire n. ▪ Propriétaire d'actions (②, 1). ► **actionnariat** n. m.

actionner v. tr. 1 ▪ Mettre en mouvement, faire fonctionner (un mécanisme). ► **actionnement** n. m.

actionneur n. m. ▪ techn. Organe d'un système agissant sur une machine de manière à modifier son état ou son comportement.

action painting [akʃœnpɛntiŋ] n. m. ▪ anglic. Technique de peinture abstraite mettant en évidence le geste du peintre.

activateur, trice adj. et n. m. ▪ (Substance) qui augmente l'activité (d'un photoconducteur, d'une enzyme...).

activation n. f. ▪ **1** chim. Opération consistant à augmenter les propriétés physiques ou chimiques d'une substance. **2** Fait de rendre actif, de devenir actif. *L'activation d'un mouvement social.*

activement adv. ▪ Avec ardeur.

activer v. tr. 1 ▪ **1** Rendre plus prompt (en augmentant l'activité). → **hâter. 2** Rendre plus agissant. ▷ v. pron. **s'activer** S'affairer.

activeur n. m. ▪ chim. Substance qui augmente l'activité d'un catalyseur.

activisme n. m. ▪ Attitude politique qui préconise l'action, la propagande. ► **activiste** n. et adj.

activité n. f. ▪ **1** (choses) Faculté ou fait d'agir. *L'activité d'un virus.* ➛ *Volcan en activité.* **2** Actes coordonnés et travaux humains. *Activité physique, intellectuelle.* **3** Qualité d'une personne active. **4** Situation de qqn qui exerce ses fonctions (s'oppose à *retraite,* à *disponibilité*).

actuaire n. ▪ fin. Spécialiste de la statistique appliquée à la finance.

actualiser v. tr. 1 ▪ **1** philos. Faire passer de l'état virtuel à l'état réel. **2** Moderniser. ♦ Mettre à jour. ► **actualisation** n. f.

actualité n. f. ▪ **1** philos. Caractère de ce qui est actuel (1). **2** Caractère de ce qui est actuel, contemporain. *Ce livre n'est plus* D'ACTUALITÉ, il est dépassé. **3** Ensemble des faits tout récents. **4** *LES ACTUALITÉS,* informations, nouvelles du moment.

actuariat n. m. ▪ Technique de la statistique appliquée à la finance.

actuariel, elle adj. ▪ fin. Relatif aux méthodes des actuaires. *Taux actuariel,* par versements échelonnés.

actuel, elle adj. ▪ **1** philos. Qui est effectif, réalisé (opposé à *virtuel, potentiel*). **2** Qui existe, se passe au moment où l'on parle. → **présent ; contemporain. 3** Qui intéresse notre époque. *Un problème toujours actuel.*

actuellement adv. ▪ **1** philos. Effectivement. **2** Dans les circonstances actuelles. → **aujourd'hui, maintenant,** à **présent.**

acuité n. f. ▪ **1** Caractère aigu, intense. → **intensité. 2** Degré de sensibilité (d'un sens). *Acuité visuelle.* **3** Finesse (de l'esprit). **4** Gravité (d'une crise...).

acuminé, ée adj. ▪ bot. Qui se termine en pointe. *Feuilles acuminées.*

acupuncteur, trice n. ▪ Spécialiste de l'acupuncture. - var. **acuponcteur, trice.**

acupuncture n. f. ▪ Thérapeutique consistant à piquer des aiguilles très fines en des points précis du corps. - var. **acuponcture.**

acutangle adj. ▪ math. *Triangle acutangle,* dont les trois angles sont aigus.

acyclique adj. ▪ géol. *Relief acyclique,* qui ne s'explique pas par un cycle d'érosion.

adage n. m. ▪ Maxime populaire ancienne.

adagio [ada(d)ʒjo] adv. ▪ mus. Indication de mouvement lent. ➛ n. m. Ce mouvement.

adamantin, ine adj. ▪ littér. Qui a la dureté ou l'éclat du diamant.

adamique adj. ▪ didact. D'Adam, propre à Adam.

adaptable adj. ▪ Qui peut s'adapter, qu'on peut adapter. ► **adaptabilité** n. f.

adaptateur, trice ■ **1** n. Auteur d'une adaptation (au cinéma...). **2** n. m. Dispositif pour adapter un appareil à un autre usage.

adaptation n. f. ■ **1** Action d'adapter ou de s'adapter ; modification qui en résulte. spécialt *Adaptation au milieu,* permettant à un organisme de durer et de se reproduire. → **acclimatation. 2** Transformation (d'une œuvre) qui conserve la substance narrative. ♦ Arrangement musical.

adapter v. tr. [1] ■ **1** *Adapter qqch. à qqch.,* réunir, appliquer après ajustement. **2** *Adapter* (qqn, qqch.) *à* (qqn, qqch.), approprier, harmoniser. → **accorder. 3** Faire l'adaptation (2) de. ▷ v. pron. s'**adapter** Se mettre en harmonie (avec le milieu...).

addax [-aks] n. m. ■ Antilope à cornes annelées tordues en spirale.

addenda [adɛ̃da] n. m. invar. ■ Ensemble de notes additionnelles à la fin d'un ouvrage.

addict [adikt] adj. ■ anglic. Dépendant d'une drogue. ➝ fig. *Être addict au poker.* → fam. **accro.**

addictif, ive adj. ■ anglic. Caractérisé par l'addiction.

addiction n. f. ■ anglic. Dépendance extrême, entraînant une conduite compulsive, une perte de la liberté. *Addiction à une drogue.*

addictologie n. f. ■ Étude des comportements addictifs.

additif n. m. ■ **1** Article additionnel. **2** Substance ajoutée à un produit.

addition n. f. ■ **1** Action d'ajouter en incorporant. → **adjonction. 2** Écrit ajouté. → **addenda ; annexe. 3** Opération consistant à réunir des quantités en un seul nombre, en les ajoutant. → **somme. 4** Note présentant le total des dépenses, au café, au restaurant.

additionnel, elle adj. ■ Qui s'ajoute.

additionner v. tr. [1] ■ **1** Modifier, enrichir par addition d'un élément. **2** Faire l'addition (3) de. ▷ v. pron. s'**additionner** S'ajouter.

adducteur adj. m. et n. m. ■ **1** *(Canal) adducteur* : canal d'adduction (1) des eaux. **2** anat. *(Muscle) adducteur.* → **adduction** (2).

adduction n. f. ■ **1** Action de dériver les eaux d'un lieu pour les amener dans un autre. **2** didact. Mouvement qui rapproche de l'axe du corps (opposé à *abduction*).

adénite n. f. ■ méd. Inflammation des ganglions lymphatiques.

adénocarcinome n. m. ■ méd. Tumeur maligne d'origine glandulaire.

adénoïde adj. ■ méd. Qui a rapport au tissu ganglionnaire et à ses affections.

adénome n. m. ■ méd. Tumeur bénigne qui se développe sur une glande.

adénopathie n. f. ■ méd. Affection des ganglions lymphatiques.

adénovirus [-ys] n. m. ■ méd. Virus pathogène de certaines affections respiratoires.

adent n. m. ■ techn. Assemblage de deux pièces de bois à l'aide d'entailles sur leurs faces opposées. → **mortaise.**

adepte n. ■ Fidèle (d'une religion), partisan (d'une doctrine).

adéquat, ate [-kwa(t)] adj. ■ Exactement proportionné à son objet, adapté à son but. → **approprié.** ► **adéquatement** adv. ► **adéquation** n. f.

adhérence n. f. ■ **1** État d'une chose qui adhère à une autre. **2** méd. Union accidentelle d'organes ou de tissus, dans l'organisme.

adhérent, ente ■ **I** adj. Qui adhère à qqch. **II** n. Personne qui adhère (à un parti...).

adhérer v. tr. ind. [6] ■ *ADHÉRER À* **I** Tenir fortement à, par un contact étroit de sa surface. → **coller** à. **II** (personnes) **1** Se déclarer partisan de. **2** S'inscrire (à un parti, etc.).

adhésif, ive adj. ■ Qui reste collé après application. *Ruban adhésif.* ➝ n. m. Matériau adhésif ; substance pour coller.

adhésion n. f. ■ **1** Approbation réfléchie. → **assentiment. 2** Action d'adhérer (II, 2).

ad hoc loc. adj. invar. ■ Destiné à un usage.

ad hominem [-ɛm] loc. adj. invar. ■ didact. *Argument ad hominem,* dirigé contre la personne de l'adversaire.

adiabatique adj. ■ sc. Qui s'effectue sans échange de chaleur.

adiabatisme n. m. ■ sc. Caractère d'un phénomène adiabatique.

adiante n. m. ■ bot. Fougère ornementale.

adiaphorèse n. f. ■ pathol. Diminution ou absence de transpiration.

adieu ■ **I** interj. **1** Formule dont on se sert en prenant congé de qqn qu'on ne doit pas revoir de quelque temps ou qu'on ne doit plus revoir. **2** (compl. chose) *Adieu, la belle vie !* ➝ loc. *DIRE ADIEU À,* renoncer à. **3** région. (Midi) Bonjour. ➝ Au revoir. **II** n. m. Fait de se séparer de qqn.

à-Dieu-va interj. ■ À la grâce de Dieu ; advienne que pourra. - var. **à-Dieu-vat, adieu va.**

adipeux, euse adj. ■ **1** anat. Fait de graisse. **2** cour. Très gras. ► **adiposité** n. f.

adipique adj. ■ chim. *Acide adipique,* provenant de l'oxydation des corps gras par l'acide nitrique.

adip(o)- Élément, du latin *adeps, adipis* « graisse ».

adipocyte n. m. ■ biol. Cellule spécialisée dans le stockage des lipides.

adipolyse n. f. ■ didact. Dissolution des graisses par hydrolyse.

adipopexie n. f. ■ physiol. Fixation des graisses dans les tissus adipeux.

adipose n. f. ■ pathol. État morbide caractérisé par la surcharge graisseuse du tissu cellulaire.

adipsie n. f. ■ méd. Diminution ou perte complète de la soif.

adjacent, ente adj. ■ **1** Qui se trouve dans le voisinage immédiat. → **contigu, voisin.** **2** géom. *Angles adjacents,* de même sommet et de part et d'autre d'un côté commun.

adjectif n. m. ■ **1** Mot susceptible d'accompagner un substantif avec lequel il s'accorde en genre et en nombre, et qui n'est pas un article. *Adjectifs démonstratifs, indéfinis, interrogatifs, possessifs...* ◆ *Adjectif qualificatif* (→ **attribut, épithète).** **2** adj. Qui a une valeur d'adjectif. *Locution adjective.*

adjectival, ale, aux adj. ■ gramm. Qui est de la nature de l'adjectif, qui a une valeur d'adjectif.

adjectivement adv. ■ En fonction d'adjectif. *Participe passé employé adjectivement.*

adjectiver v. tr. [1] ■ gramm. Employer comme adjectif. ◆ au p. p. *Un participe présent adjectivé.*

adjoindre v. tr. [49] ■ **1** Associer (une personne à une autre) pour aider ou contrôler. **2** Joindre, ajouter (une chose à une autre).

adjoint, ointe n. ■ Personne associée à une autre pour l'aider dans ses fonctions.

adjonction n. f. ■ **1** Action d'adjoindre (1 et 2). **2** Chose adjointe.

adjudant, ante n. ■ (en France) Sous-officier qui vient au-dessus du sergent-chef.

adjudicataire n. ■ dr. Bénéficiaire d'une adjudication.

adjudicateur, trice n. ■ dr. Personne chargée d'une adjudication.

adjudicatif, ive adj. ■ dr. Qui adjuge ; relatif à l'adjudication.

adjudication n. f. ■ dr. Acte par lequel on met des entrepreneurs en concurrence. ◆ *Vente par adjudication,* aux enchères.

adjuger v. tr. [3] ■ **1** Décerner. ◆ pronom. → s'**attribuer.** **2** dr. Attribuer par adjudication.

adjuration n. f. ■ Prière instante.

adjurer v. tr. [1] ■ Commander ou demander à (qqn) par une adjuration. → **supplier.**

adjuvant n. m. ■ **1** Produit ajouté à un autre. **2** littér. Ce qui renforce l'action.

adjuvat n. m. ■ méd. Fonction d'aide, d'assistant.

ad libitum [-ɔm] loc. adv. ■ À volonté.

ad litem [-ɛm] loc. adj. ■ dr. En vue d'un procès.

admettre v. tr. [56] ■ **1** Accepter de recevoir (qqn). → **accueillir, agréer.** *Admettre qqn à siéger.* → **autoriser.** ◆ au p. p. *Candidat admis à l'oral.* **2** Considérer comme acceptable par l'esprit. ◆ *ADMETTRE QUE* (+ subj. ou indic.). ◆ *ADMETTONS, EN ADMETTANT QUE* (+ subj.), en supposant que. **3** (surtout en phrase négative) Accepter, permettre. → **tolérer ; supporter.** **4** Laisser entrer. ◆ passif *Les gaz sont admis dans le cylindre.*

adminicule n. m. ■ didact. Commencement de preuve. → **indice.**

administrateur, trice n. ■ **1** Personne chargée de l'administration d'un bien. ◆ Membre d'un conseil d'administration. ◆ inform. Personne chargée de la gestion (d'un réseau...). *Administrateur de site* (sur Internet). **2** Personne qui a les qualités requises pour les tâches d'administration.

administratif, ive adj. ■ **1** Relatif à l'Administration. **2** Chargé de tâches d'administration. ► **administrativement** adv.

administration n. f. ■ **1** Action de gérer un bien, un ensemble de biens. → **gestion.** *L'administration d'une société* (par un *conseil d'administration*). **2** Fonction consistant à assurer l'application des lois et la marche des services publics conformément aux directives gouvernementales. ◆ Ensemble des services et agents chargés de cette fonction. *Entrer dans l'Administration* (→ la fonction publique). ◆ *(Une administration)* Service public.

administré, ée n. ■ Personne soumise à une autorité administrative.

administrer v. tr. [1] ■ **I 1** Gérer (qqch.) en faisant valoir, en défendant des intérêts. **2** Assurer l'administration de (un pays, une circonscription). **II 1** relig. Conférer (un sacrement). **2** Faire prendre (un remède). **3** fam. Donner (des coups).

admirable adj. ■ Digne d'admiration. ► **admirablement** adv. → **merveilleusement.**

admirateur, trice n. ■ Personne qui admire (qqn, une œuvre).

admiratif, ive adj. ■ Qui est en admiration (devant qqn, un spectacle). ◆ *Regard admiratif.* ► **admirativement** adv.

admiration n. f. ■ Sentiment de joie et d'épanouissement devant ce qu'on juge beau ou grand. → **émerveillement.**

admirer v. tr. [1] ■ Considérer avec plaisir (ce qu'on juge supérieur) ; avoir de l'admiration pour. → s'**enthousiasmer.**

admis, ise → **admettre**

admissible adj. ■ **1** (contr. *inadmissible*) Qu'on peut admettre. → **acceptable.** ◆ Tolérable. **2** Qui peut être admis (à un emploi). **3** Admis à subir les épreuves définitives d'un examen. ► **admissibilité** n. f.

admission n. f. ▪ **1** Action d'admettre (qqn) ; fait d'être admis. **2** techn. Fait de laisser entrer (un gaz).

admonester v. tr. [1] ▪ littér. Réprimander sévèrement. ▸ **admonestation** n. f. littér.

ADN ou **A. D. N.** n. m. (sigle de *acide désoxyribonucléique*) ▪ biol. Acide nucléique, constituant essentiel des chromosomes.

ad nutum [adnytɔm] loc. adv. ▪ dr. De manière immédiate, sans formalités.

adobe n. m. ▪ Brique de terre séchée.

adolescence n. f. ▪ Âge qui suit la puberté et précède l'âge adulte.

adolescent, ente n. ▪ Jeune garçon, jeune fille à l'âge de l'adolescence. – abrév. fam. **ado.**

adonide n. f. ▪ Plante aux fleurs rouges ou jaunes.

adonis [-is] n. m. ▪ Jeune homme très beau.

s'adonner v. pron. [1] ▪ S'appliquer ardemment (à une activité). → se **livrer.** ➛ péj. *S'adonner au jeu.*

adonner v. intr. [1] ▪ **1** mar. (vent) Tourner dans un sens favorable. **2** (Canada) fam. *Ça adonne bien, mal* : ça se présente bien, mal.

adoptant, ante adj. et n. ▪ (Personne) qui adopte légalement qqn.

adopter v. tr. [1] ▪ **1** Prendre légalement pour fils ou pour fille. *Adopter un orphelin.* **2** Traiter comme qqn de la famille, comme l'un des siens. **3** (compl. chose) Faire sien en choisissant. **4** Approuver par un vote.

adoptif, ive adj. ▪ **1** Qui est tel par adoption. **2** D'adoption. *Patrie adoptive.*

adoption n. f. ▪ **1** Action d'adopter (qqn) ; acte juridique établissant entre deux personnes (l'*adoptant* et l'*adopté*) des relations de droit analogues à celles résultant de la filiation. **2** loc. *D'ADOPTION* : qu'on reconnaît pour sien. **3** Action d'adopter (qqch.).

adorable adj. ▪ **1** vieilli Digne d'être adoré (1). **2** Digne d'être aimé. ♦ Très joli, touchant, gracieux. ▸ **adorablement** adv.

adorateur, trice n. ▪ **1** Personne qui adore (1) (une divinité). **2** Admirateur empressé.

adoration n. f. ▪ **1** Culte rendu à un dieu. **2** Amour fervent, culte passionné.

adorer v. tr. [1] ▪ **1** Rendre un culte à (un dieu, un symbole divin). ➛ loc. *Brûler ce qu'on a adoré* : renier ses attachements. **2** Aimer (qqn) d'un amour ou d'une affection passionnée. ➛ pronom. *Ils s'adorent.* **3** fam. Avoir un goût très vif pour (qqch.).

ados n. m. ▪ Talus destiné à protéger les cultures des intempéries.

adosser v. tr. [1] ▪ Appuyer en mettant le dos, la face postérieure contre. ▷ v. pron. **s'adosser** (à) S'appuyer sur le dos (contre). ▸ **adossement** n. m.

adouber v. tr. [1] ▪ hist. (au Moyen Âge) Armer (qqn) chevalier. ▸ **adoubement** n. m.

adoucir v. tr. [2] ▪ **1** Rendre plus doux, plus agréable aux sens. ➛ *Adoucir l'eau*, la rendre moins calcaire. **2** Soulager, apaiser. ➛ prov. *La musique adoucit les mœurs.*

adoucissage n. m. ▪ techn. Opération consistant à polir (une glace, un marbre, des métaux).

adoucissant, ante ▪ **1** adj. Qui diminue l'irritation. **2** n. m. Produit utilisé au rinçage pour assouplir le linge.

adoucissement n. m. ▪ **1** Action d'adoucir, fait de s'adoucir. **2** fig. Soulagement.

adoucisseur n. m. ▪ Appareil servant à adoucir l'eau.

ad patres [adpatʀɛs] loc. adv. ▪ fam. *Envoyer qqn ad patres*, le tuer.

adrénaline n. f. ▪ méd. Hormone sécrétée par les glandes surrénales, qui accélère le rythme cardiaque, dilate les bronches, etc.

adrénergique adj. ▪ physiol. Qui agit par l'intermédiaire de l'adrénaline ; stimulé par l'adrénaline.

adressage n. m. ▪ inform. Procédé définissant l'adresse d'une information.

① **adresse** n. f. ▪ **I 1** Indication du nom et du domicile (de qqn). ➛ *Adresse électronique* (au sein d'un réseau...). ♦ *Une bonne adresse*, l'adresse d'un bon fournisseur, etc. ♦ fig. *Se tromper d'adresse* : ne pas s'adresser à qui il faudrait. **2** *À L'ADRESSE DE* : à l'intention de. **3** Signe (mot...) sous lequel est classée une information. ♦ inform. Expression représentant un emplacement de mémoire. **II** Déclaration d'une assemblée politique, adressée au souverain.

② **adresse** n. f. ▪ **1** Qualité physique de qqn qui fait les mouvements les mieux adaptés (jeu, travail, exercice). → **dextérité, habileté. 2** Qualité de qqn qui sait s'y prendre pour obtenir un résultat. → **doigté, finesse.**

adresser v. tr. [1] ▪ **1** Émettre (des paroles) en direction de qqn. ➛ loc. *Adresser la parole à qqn*, lui parler. **2** Faire parvenir à qqn. **3** Diriger (qqn) vers la personne qui convient. **4** inform. Pourvoir d'une adresse (3). ▷ v. pron. **s'adresser** (à) **1** Parler (à qqn) ; aller trouver (qqn). **2** (sujet chose) Être destiné (à).

adret n. m. ▪ géogr. Versant exposé au soleil, en montagne (opposé à *ubac*).

adroit, oite adj. ▪ **1** Qui a de l'adresse (physique). **2** Qui se conduit avec adresse. → **habile.** ➛ *Une manœuvre adroite.* → **rusé.** ▸ **adroitement** adv.

ADSL n. m. (sigle) ▪ anglic., techn. Système permettant la transmission de données par le réseau téléphonique.

adsorber v. tr. 1 ▪ sc. Retenir, fixer à la surface. ► **adsorbant, ante** adj. ► **adsorption** n. f.

adulateur, trice n. ▪ littér. Personne qui flatte bassement. → **flagorneur.**

aduler v. tr. 1 ▪ littér. Combler de louanges. → **encenser.** ◆ Adorer. ► **adulation** n. f.

adulescent, ente n. ▪ Jeune adulte au comportement d'adolescent.

adulte ▪ **1** adj. (êtres vivants) Qui est parvenu au terme de sa croissance. ◆ *Âge adulte.* → **mûr.** **2** n. Homme, femme adulte.

adultère ▪ **1** n. m. Fait d'avoir volontairement des rapports sexuels avec une personne autre que son conjoint. **2** adj. Qui commet un adultère. → **infidèle.**

adultérer v. tr. 6 ▪ rare Altérer la pureté de (qqch.). → **falsifier.**

adultérin, ine adj. ▪ Né d'un adultère.

adultisme n. m. ▪ psych. Caractère du comportement adulte.

ad valorem [-ɛm] loc. adj. ▪ *Droits ad valorem* : droits de douane perçus d'après la valeur des marchandises.

advection n. f. ▪ didact. Déplacement d'une masse d'air dans le sens horizontal.

advenir v. intr. impers. 22 ▪ Arriver, survenir. ◆ loc. prov. *Advienne que pourra,* quoi qu'il en résulte, peu importe.

adventice adj. ▪ Qui s'ajoute. ◆ bot. *Plantes adventices* : mauvaises herbes.

adventiste n. ▪ didact. Membre d'un mouvement religieux protestant qui attend un second avènement du Messie. ◆ adj. *Église adventiste.*

adverbe n. m. ▪ Mot invariable ajoutant une détermination à un verbe, un adjectif, un adverbe ou à une phrase entière.

adverbial, iale, iaux adj. ▪ Qui a fonction d'adverbe. *Locution adverbiale.* ► **adverbialement** adv.

adversaire n. ▪ **1** Personne qui est opposée à une autre dans un conflit, une compétition. **2** Personne hostile (à une doctrine...).

adverse adj. ▪ littér. Opposé. ◆ dr. *La partie adverse,* contre laquelle on plaide.

adversité n. f. ▪ littér. Sort contraire ; situation de détresse. → **malheur.**

ad vitam æternam [advitametɛʀnam] loc. adv. ▪ fam. Pour toujours, indéfiniment.

adynamie n. f. ▪ méd. Extrême faiblesse musculaire. ► **adynamique** adj.

aède n. m. ▪ Antiq. grecque Poète épique.

ægosome ou **égosome** n. m. ▪ zool. Insecte coléoptère dont la larve vit dans le bois des arbres non résineux.

ægypan n. m. ▪ didact. Divinité antique analogue au faune, au satyre. – var. **ægipan, égypan.**

æpyornis ou **épyornis** [-is] n. m. ▪ zool. Oiseau fossile de très grande taille, incapable de voler.

aérage n. m. ▪ Ventilation par de l'air renouvelé et réfrigéré, dans les galeries souterraines.

aérateur n. m. ▪ Appareil servant à aérer.

aéraulique n. f. ▪ phys. Étude de l'écoulement des gaz dans les conduits.

aérer v. tr. 6 ▪ **1** Faire entrer de l'air dans (un lieu clos) ; exposer à l'air. **2** fig. Rendre moins dense, plus léger. ▷ v. pron. **s'aérer** Prendre l'air. ▷ adj. **aéré, ée** *Centre aéré,* qui propose aux enfants des activités de plein air. ► **aération** n. f.

aéricole adj. ▪ bot. (végétal) Qui se développe sans avoir de contact avec le sol (opposé à *terricole*).

aérien, ienne adj. ▪ **I 1** De l'air. **2** Qui est à l'air libre. *Métro aérien.* **3** fig. Léger comme l'air. **II** De l'aviation.

aérifère adj. ▪ physiol. *Les conduits aérifères,* qui portent l'air aux poumons.

aérium [-jɔm] n. m. ▪ Établissement de repos, de vie au grand air. *Des aériums.*

aéro- Élément savant (du grec *aêr, aeros* « air ») désignant soit l'air, soit l'aviation.

aérobic n. f. ▪ anglic. vieilli Méthode de gymnastique effectuée en musique.

aérobie adj. ▪ contr. *anaérobie* **1** (micro-organisme) Qui ne se développe qu'en présence d'air ou d'oxygène. **2** Qui a besoin de l'oxygène de l'air pour fonctionner.

aérobiologie n. f. ▪ Étude des micro-organismes en suspension dans l'atmosphère.

aérobiose n. f. ▪ didact. Vie dans un milieu contenant de l'air ou de l'oxygène (opposé à *anaérobiose*).

aéroclub [-klœb] n. m. ▪ Société réunissant les amateurs de sports aériens.

aérocolie n. f. ▪ méd. Accumulation d'air dans le côlon.

aérocondenseur n. m. ▪ Condenseur refroidi par circulation d'air.

aérodrome n. m. ▪ Terrain pour le décollage et l'atterrissage des avions (→ aéroport).

aérodynamicien, ienne n. ▪ Spécialiste d'aérodynamique.

aérodynamique ▪ **I** n. f. Partie de la physique qui étudie les mouvements des corps dans l'air. **II** adj. Relatif à l'aérodynamique.

♦ Conforme aux lois de l'aérodynamique. *Carrosserie aérodynamique.*

aérodynamisme n. m. ▪ Caractère aérodynamique.

aérodyne n. m. ▪ didact. Appareil volant plus lourd que l'air (opposé à *aérostat*).

aérofrein n. m. ▪ Dispositif de freinage utilisant la résistance de l'air.

aérogare n. f. ▪ Bâtiments d'un aéroport destinés aux voyageurs et aux marchandises.

aérogastrie n. f. ▪ méd. Présence excessive d'air dans l'estomac.

aérogel n. m. ▪ Gel rempli de gaz ou d'air.

aérogénérateur n. m. ▪ Générateur de courant électrique à partir de l'énergie du vent.

aéroglisseur n. m. ▪ Véhicule qui avance (sur l'eau ou sur terre) sur un coussin d'air (équivalent franç. de l'anglic. *hovercraft*).

aérographe n. m. ▪ Pulvérisateur à air comprimé.

aérolithe n. m. ▪ Météorite.

aérologie n. f. ▪ phys. Étude des propriétés des régions inférieures de l'atmosphère. ► **aérologique** adj.

aéromobile adj. ▪ milit. Qui utilise l'espace aérien pour se déplacer. *Division aéromobile.*

aéromodélisme n. m. ▪ Technique des modèles réduits d'avions.

aéromodéliste n. ▪ Personne qui pratique l'aéromodélisme.

aéronaute n. ▪ Pilote ou passager d'un aérostat.

aéronautique ▪ **I** adj. Relatif à la navigation aérienne. **II** n. f. Science de la navigation aérienne ; technique de la construction des appareils volants.

aéronaval, ale, als adj. ▪ Qui appartient à la fois à l'aviation et à la marine.

aéronef n. m. ▪ didact. Appareil capable de se déplacer dans l'air (avion, hélicoptère...).

aéronomie n. f. ▪ phys. Étude des propriétés de l'ionosphère.

aérophagie n. f. ▪ Trouble dû à la pénétration d'air dans l'œsophage et l'estomac.

aéroplane n. m. ▪ vx Avion.

aéroport n. m. ▪ Ensemble d'installations (aérodrome, aérogare, ateliers) nécessaires au trafic aérien. ► **aéroportuaire** adj.

aéroporté, ée adj. ▪ Transporté par air.

aéropostal, ale, aux adj. ▪ Relatif à la poste aérienne.

aéroréfrigérant, ante adj. ▪ techn. (installation, appareil) Où l'eau est refroidie par l'air.

aérosol [-sɔl] n. m. ▪ **1** phys. Suspension de particules dans un gaz. **2** Appareil qui pulvérise et disperse de telles particules.

aérospatial, ale, aux adj. ▪ Qui concerne à la fois l'aéronautique et l'astronautique.

aérostat n. m. ▪ Appareil dont la sustentation est due à un gaz plus léger que l'air. → **ballon, dirigeable.**

aérostation n. f. ▪ Étude, technique et manœuvre des aérostats.

aérostatique ▪ **1** adj. Relatif aux aérostats, à l'aérostation. **2** n. f. Théorie de l'équilibre de l'air et des gaz à l'état de repos.

aérostier, ière n. ▪ Pilote d'un aérostat.

aéroterrestre adj. ▪ Se dit d'une formation militaire composée d'éléments des armées de terre et de l'air.

aérotrain n. m. (nom déposé) ▪ Véhicule sur rail unique, circulant sur coussin d'air.

aérotransporté, ée adj. ▪ Transporté par voie aérienne puis déposé au sol.

æschne [ɛskn] n. f. ▪ zool. Grande libellule à abdomen long et étroit.

æthuse ou **éthuse** n. f. ▪ bot. Plante âpre et toxique, appelée aussi *petite ciguë.*

affable adj. ▪ Qui accueille et écoute de bonne grâce ceux qui s'adressent à lui. ► **affabilité** n. f. → **amabilité, courtoisie.**

affablement adv. ▪ D'une manière affable.

affabulation n. f. ▪ **1** didact. Arrangement des faits, dans une œuvre d'imagination. **2** Récit inventé.

affabuler v. intr. [1] ▪ Fabuler. ► **affabulateur, trice** adj. et n.

affacturage n. m. ▪ techn. Gestion des créances d'une entreprise par un organisme extérieur.

affadir v. tr. [2] ▪ **1** Rendre fade. **2** fig. Priver de saveur, de force. ▷ v. pron. **s'affadir** ► **affadissement** n. m.

affaibli, ie adj. ▪ Qui a perdu de son intensité.

affaiblir v. tr. [2] ▪ Rendre moins fort. ▷ v. pron. **s'affaiblir** *Le malade s'affaiblit.* → **décliner.** ► **affaiblissement** n. m.

affaire n. f. ▪ **I** *(Une, des affaires)* **1** Ce que qqn a à faire, ce qui l'occupe ou le concerne. *J'en fais mon affaire,* je m'en charge. ♦ Ce qui intéresse qqn, lui convient. *Cela doit faire l'affaire,* cela doit convenir. ♦ fam. *Faire son affaire à qqn,* le tuer ; le punir. **2** AFFAIRE DE, affaire où (qqch.) est en jeu. → **question.** *Une affaire de cœur.* **3** Ce qui occupe de façon embarrassante. ➝ *Se tirer d'affaire,* du danger. **4** Ensemble de faits créant une situation où divers intérêts sont aux prises. *Une affaire délicate.* ♦ spécialt Scandale social, politique. ♦ Événement, crime posant une énigme policière. **5** Procès, objet d'un débat judiciaire. **6** Marché conclu ou à conclure avec qqn. *Faire affaire avec qqn.* → **traiter.** ♦ *Faire une affaire,* une affaire avantageuse. **7** Entreprise commerciale ou industrielle. **II** loc. *AVOIR AFFAIRE À qqn,* avoir à traiter, à discuter avec lui. ◆ *Vous aurez affaire à moi !* (menace). **III** au plur. **1** Ensemble des occupations et activités d'intérêt public. *Les affaires publiques.* **2** Situation matérielle, personnelle d'un particulier. **3** Activités économiques (commerciales et financières). ◆ loc. prov. *Les affaires sont les affaires* (titre d'une pièce d'Octave Mirbeau). ◆ *Homme, femme d'affaires.* **4** Objets ou effets personnels. *Ranger ses affaires.*

affairé, ée adj. ▪ Très occupé.

affairement n. m. ▪ État de qqn d'affairé.

s'affairer v. pron. [1] ▪ Se montrer actif, empressé ; s'occuper activement.

affairiste n. ▪ Homme, femme d'affaires sans scrupule. ◆ adj. *Milieu affairiste.* ► **affairisme** n. m.

affaissé, ée adj. ▪ Effondré. *Toiture affaissée.*

s'affaisser v. pron. [1] ▪ **1** Plier, baisser de niveau sous un poids ou une pression. *Le sol s'est affaissé.* **2** (personnes) Tomber en pliant sur les jambes. ► **affaissement** n. m.

affaler v. tr. [1] ▪ mar. Faire descendre (une voile...). ▷ v. pron. **s'affaler** Se laisser tomber. *S'affaler sur un divan.* ► **affalement** n. m.

affamer v. tr. [1] ▪ Faire souffrir de la faim. ▷ p. p. **affamé, ée 1** Qui a très faim. ◆ n. *Des affamés.* **2** fig. Avide (de). *Affamé de gloire.*

affameur, euse n. ▪ Personne qui affame, réduit à la misère (le peuple).

affect [-ɛkt] n. m. ▪ psych. État affectif élémentaire. → **émotion, sentiment.**

① **affectation** n. f. ▪ **1** Action d'affecter (un sentiment...). → **simulation.** *Affectation de franchise.* **2** absolt Manque de naturel.

② **affectation** n. f. ▪ **1** Destination (de qqch.) à un usage déterminé. **2** Désignation (de qqn) à une fonction ; cette fonction.

affecté, ée adj. ▪ Qui manque de sincérité ou de naturel. → **étudié, feint.**

① **affecter** v. tr. [1] ▪ **1** Prendre, adopter (une manière d'être qui n'est pas naturelle) de façon ostentatoire. → **feindre, simuler. 2** (sujet chose) Revêtir (une forme).

② **affecter** v. tr. [1] ▪ **1** Destiner, réserver à un usage ou à un usager déterminé. **2** Procéder à l'affectation (②, 2) de (qqn).

③ **affecter** v. tr. [1] ▪ Toucher par une impression pénible. → **émouvoir, frapper.**

affectif, ive adj. ▪ Qui concerne les affects, les sentiments. ► **affectivement** adv.

affection n. f. ▪ **1** littér. État affectif. → **affect. 2** Sentiment tendre qui attache à qqn. → **attachement, tendresse. 3** méd. Trouble organique ou fonctionnel. → **maladie.**

affectionner v. tr. [1] ▪ **1** Avoir de l'affection pour (qqn). **2** Avoir du goût pour (qqch.). ▷ adj. **affectionné, ée** Plein d'affection.

affectivité n. f. ▪ **1** Ensemble des phénomènes affectifs. → **sensibilité. 2** Aptitude à ressentir plaisir ou douleur.

affectueux, euse adj. ▪ Qui montre de l'affection. → **tendre.** ► **affectueusement** adv.

① **afférent, ente** adj. ▪ **1** didact. Qui se rapporte (à). **2** dr. Qui revient (à).

② **afférent, ente** adj. ▪ physiol. Qui amène vers un organe (opposé à *efférent*).

affermer v. tr. [1] ▪ Louer à ferme (②). ► **affermage** n. m.

affermir v. tr. [2] ▪ **1** Rendre plus ferme. → **consolider, raffermir. 2** fig. Rendre plus assuré, plus fort. → **fortifier, renforcer.** ▷ v. pron. **s'affermir** ► **affermissement** n. m.

afféterie n. f. ▪ littér. Affectation, préciosité.

affichage n. m. ▪ **1** Action d'afficher, de poser des affiches. **2** inform. Présentation de données (sur un écran). → **visualisation.**

affiche n. f. ▪ Feuille imprimée destinée à porter qqch. à la connaissance du public et placardée dans un lieu public. ◆ *Spectacle qui tient l'affiche,* qu'on joue.

afficher v. tr. [1] ▪ **1** Faire connaître par voie d'affiches. *Afficher une vente aux enchères.* **2** sans compl. Poser des affiches. *Défense d'afficher.* **3** fig. Montrer publiquement, faire étalage de. ▷ v. pron. **s'afficher** *S'afficher avec qqn,* se montrer en public avec qqn.

affichette n. f. ▪ Petite affiche.

① **afficheur** n. m. ▪ Personne qui pose ou fait poser des affiches.

② **afficheur** n. m. ▪ Dispositif (d'un appareil électronique) permettant la visualisation de données sur un espace réduit.

affichiste n. ▪ Créateur d'affiches.

affidé, ée n. ▪ littér. Complice, acolyte.

affilé, ée adj. ▪ Tranchant, aiguisé. ◆ loc. *Avoir la langue bien affilée :* être très bavard.

d'affilée loc. adv. ▪ À la file.

affiler v. tr. [1] ▪ Rendre très tranchant (un instrument). → **affûter, aiguiser.** ► **affilage** n. m.

s'affilier v. pron. [7] ▪ Adhérer, s'inscrire (à une association...). ▷ adj. et n. **affilié, ée** → **adhérent, membre.** ► **affiliation** n. f.

affinage n. m. ▪ Action d'affiner (1 et 2).

affine adj. ▪ math. Qui conserve invariantes les transformations (dans le plan...).

affinement n. m. ▪ Fait de s'affiner (3).

affiner v. tr. [1] ▪ **1** Purifier (un métal, le verre...). **2** Achever la maturation (d'un fromage...). **3** Rendre plus fin, plus délicat. ◆ pronom. *Son goût s'est affiné.*

affineur, euse n. ▪ Professionnel chargé de l'affinage.

affinité n. f. ▪ **1** Rapport de ressemblance ; harmonie de sentiments, etc. *J'ai peu d'affinités avec lui.* **2** chim. Aptitude, tendance des corps à se combiner entre eux.

affiquet n. m. ▪ iron. (surtout plur.) Petit bijou agrafé aux vêtements, à la coiffure.

affirmatif, ive ▪ **1** adj. (personnes) Qui affirme. ♦ Qui constitue, exprime une affirmation. *Signe affirmatif.* **2** n. f. *Répondre par l'affirmative,* répondre oui. **3** adv. (milit., etc.) Oui. « *M'entendez-vous ? – Affirmatif.* »

affirmation n. f. ▪ **1** Action d'affirmer un jugement (qu'il soit affirmatif ou négatif) ; jugement ainsi énoncé. → **assertion. 2** Action de manifester (une qualité).

affirmativement adv. ▪ Par l'affirmative.

affirmer v. tr. [1] ▪ **1** Donner (une chose) pour vraie, énoncer (un jugement) comme vrai. → **certifier, soutenir. 2** Manifester de façon indiscutable. *Affirmer sa personnalité.* ◆ pronom. *Son talent s'affirme.* ▷ p. p. **affirmé, ée**

affixe n. m. ▪ ling. Élément susceptible d'être incorporé à un mot, avant, dans ou après le radical, pour en modifier le sens ou la fonction. → **préfixe, suffixe.** ► **affixal, ale, aux** adj.

affleurer v. intr. [1] ▪ **1** Apparaître à la surface (du sol...). **2** fig. Émerger, transparaître. ► **affleurement** n. m.

afflictif, ive adj. ▪ dr. *Peine afflictive,* qui punit physiquement.

affliction n. f. ▪ littér. Peine profonde.

affligeant, ante adj. ▪ **1** Qui afflige, frappe douloureusement. **2** → **lamentable.**

affliger v. tr. [3] ▪ **1** littér. Atteindre, frapper durement. ◆ passif *ÊTRE AFFLIGÉ DE qqch., de qqn,* devoir le supporter. **2** Attrister profondément. → **peiner.** ◆ pronom. *S'affliger de qqch.*

affluence n. f. ▪ Réunion d'une foule de personnes qui vont au même endroit.

affluent n. m. ▪ Cours d'eau qui se jette dans un autre (≠ *effluent*).

affluer v. intr. [1] ▪ **1** (liquide organique) Couler en abondance vers. *Le sang afflue au cerveau.* ♦ par ext. *Les capitaux affluent.* **2** Arriver en grand nombre vers.

afflux n. m. ▪ **1** Fait d'affluer (1). *Un afflux de sang.* **2** Arrivée massive. → **affluence.**

affolant, ante adj. ▪ **1** Qui affole, trouble énormément. **2** fam. Très inquiétant.

affoler v. tr. [1] ▪ **1** Rendre comme fou, sous l'effet d'une émotion violente. → **bouleverser. 2** Rendre fou d'angoisse, d'inquiétude. ▷ v. pron. **s'affoler** ▷ adj. **affolé, ée** ► **affolement** n. m. → **inquiétude, peur.**

affouage n. m. ▪ dr. Droit de prendre du bois de chauffage dans une forêt communale.

affouagiste n. ▪ Personne ayant le droit de ramasser du bois dans une forêt.

affouillement n. m. ▪ Action de creusement des eaux.

affouiller v. tr. [1] ▪ Creuser par affouillement.

affourrager ou **affouragger** v. tr. [3] ▪ Approvisionner en fourrage. ► **affour(r)agement** n. m.

affranchi, ie adj. et n. ▪ **1** (Esclave) rendu libre. **2** Libéré des préjugés, des traditions.

affranchir v. tr. [2] ▪ **I 1** Rendre libre (un esclave, un serf). **2** *S'AFFRANCHIR DE* v. pron. : se délivrer de (ce qui gêne). *S'affranchir des préjugés.* **3** fam. Mettre au courant (en renseignant). **II** Acquitter le port de (une lettre, un envoi) en y apposant des timbres, etc. ► **affranchissement** n. m.

affres n. f. pl. ▪ littér. Angoisse.

affréter v. tr. [6] ▪ Prendre (un navire, un avion) en location. → **noliser.** ► **affrètement** n. m. ► **affréteur, euse** n.

affreusement adv. ▪ **1** D'une manière affreuse. → **atrocement. 2** Extrêmement.

affreux, euse adj. ▪ **1** Qui provoque une réaction d'effroi et de dégoût. *Un cauchemar affreux.* **2** Très laid. → **hideux. 3** Tout à fait désagréable. *Un affreux malentendu.*

affriander v. tr. [1] ▪ vx ou littér. Attirer, allécher.

affriolant, ante adj. ▪ Qui excite l'intérêt, le désir. → **excitant, séduisant.**

affrioler v. tr. [1] ▪ rare Exciter le désir de (qqn).

affront n. m. ▪ **1** Offense faite publiquement avec la volonté de marquer son mépris et d'humilier. → **outrage. 2** Échec humiliant.

affronter v. tr. [1] ▪ Aller hardiment au-devant de (un adversaire, un danger). → **braver.** ▷ v. pron. **s'affronter** Se combattre ; fig. s'opposer. ► **affrontement** n. m.

affubler v. tr. [1] ▪ Habiller bizarrement. ► **affublement** n. m. littér.

affût n. m. ▪ **I** Bâti servant à supporter une arme lourde. *Affût de canon.* **II** Endroit où l'on s'embusque pour attendre le gibier ; l'attente elle-même. ◆ loc. *Être À L'AFFÛT DE :* guetter l'occasion de saisir ou de faire.

affûter v. tr. [1] ▪ Aiguiser (un outil tranchant). ► **affûtage** n. m.

affûteur, euse n. ▪ **1** Spécialiste de l'affûtage des outils. **2** n. f. Machine à affûter les outils.

affûtiaux n. m. pl. ▪ fam., vx Objets de parure sans valeur.

afghan, ane adj. et n. ▪ De l'Afghanistan. *Lévrier afghan,* race de lévrier à poil long. ◆ n. *Les Afghans.* ♦ n. m. *L'afghan* (langue).

afghani n. m. ▪ Unité monétaire de l'Afghanistan.

aficionado n. m. ▪ Amateur passionné.

afin de loc. prép., **afin que** loc. conj. ▪ AFIN DE (+ inf.), AFIN QUE (+ subj.). Marquent l'intention, le but. → **pour.**

afocal, ale, aux adj. ▪ phys., opt. Relatif à un système optique centré dont les foyers sont rejetés à l'infini.

a fortiori loc. adv. ▪ À plus forte raison.

africain, aine adj. et n. ▪ De l'Afrique ; spécialt de l'Afrique subsaharienne.

africaniser v. tr. [1] ▪ Donner un caractère africain à. ► **africanisation** n. f.

africanisme n. m. ▪ Tournure, expression propre au français d'Afrique.

africaniste n. ▪ Spécialiste des langues et civilisations africaines.

afrikaans [-kɑ̃s] n. m. ▪ Variété de néerlandais d'Afrique du Sud (une des onze langues officielles du pays, avec l'anglais).

afrikaner ou **afrikander** [-ɛʀ] n. et adj. ▪ Citoyen de l'Afrique du Sud, d'ascendance néerlandaise. *Les Afrikaners.*

afro adj. ▪ Se dit de cheveux frisés formant une boule volumineuse autour du visage. *Coupes afros.*

afro- Élément (du lat. *afer, afri* «africain») qui signifie «de l'Afrique».

afro-américain, aine adj. ▪ Qui est d'origine africaine, aux États-Unis. ➝ n. *Les Afro-Américains.*

afro-beat [-bit] n. m. ▪ mus. Courant musical mêlant traditions, jazz et rock.

afro-brésilien, ienne adj. ▪ Qui est d'origine africaine, au Brésil. ➝ n. *Les Afro-Brésiliens.*

afro-cubain, aine adj. ▪ Qui est d'origine africaine, à Cuba. ➝ n. *Les Afro-Cubains.*

after [aftœʀ] n. m. invar. (parfois féminin) ▪ anglic. Réunion festive après un spectacle, une soirée.

after-shave [aftœʀʃɛv] n. m. invar. ▪ anglic. Après-rasage.

Ag ▪ Symbole chimique de l'argent.

aga → **agha**

agaçant, ante adj. ▪ Qui agace, énerve.

agace ou **agasse** n. f. ▪ vx ou région. Pie (oiseau).

agacement n. m. ▪ Énervement mêlé d'impatience. → **irritation.**

agacer v. tr. [3] ▪ **1** Mettre dans un état d'agacement. **2** Causer une légère irritation à. **3** Provoquer par des agaceries.

agaceries n. f. pl. ▪ Mines ou paroles inspirées par une coquetterie provocante.

agalactie [-ti] ou **agalaxie** n. f. ▪ méd. Absence de la sécrétion lactée chez les femmes.

agame ▪ **I** adj. et n. bot. Se dit des plantes qui n'ont ni étamine ni pistil. **II** n. m. zool. Genre de reptile tel que le moloch.

agami n. m. ▪ zool. Oiseau échassier d'Amérique du Sud, au plumage noir et roux.

agapanthe n. f. ▪ Plante cultivée pour ses hampes florales bleues ou blanches.

agapes n. f. pl. ▪ plais. Festin.

agar-agar n. m. ▪ Substance mucilagineuse extraite de certaines algues. → **gélose.** *Des agars-agars.*

agaric n. m. ▪ Champignon à chapeau et à lamelles (nom générique).

agasse → **agace**

agate n. f. ▪ **1** Pierre semi-précieuse (calcédoine). **2** Bille en verre imitant l'agate.

agave n. m. ▪ Plante d'origine mexicaine, décorative, dont on tire des fibres textiles (→ **sisal**) et un suc fermenté (→ **pulque**).

âge n. m. ▪ **1** Temps écoulé depuis qu'une personne est en vie. *Quel âge a-t-il ?* ♦ (choses) *L'âge d'un arbre ; d'un vin.* **2** Période de la vie (enfance, adolescence, jeunesse, maturité, vieillesse). ➝ loc. *Âge tendre,* enfance et adolescence. *Troisième âge* (de la retraite), *quatrième âge.* **3** *L'âge :* la vieillesse. **4** Grande période de l'histoire. loc. *Le Moyen Âge.* ➝ (préhistoire) *L'âge du bronze.* **5** L'ÂGE D'OR : époque prospère. *L'âge d'or du cinéma.*

âgé, ée adj. ▪ **1** Qui a tel âge. *Il est âgé de dix ans.* **2** Qui est d'un âge avancé.

agence n. f. ▪ **1** Organisme chargé de coordonner des moyens. **2** Établissement commercial servant d'intermédiaire. ♦ Succursale bancaire. **3** Organisme qui centralise des informations.

agencement n. m. ▪ Action, manière d'agencer ; arrangement, disposition.

agencer v. tr. [3] ▪ Disposer en combinant (des éléments), organiser (un ensemble) par une combinaison d'éléments. ➝ au p. p. *Un appartement bien agencé.*

agenda [aʒɛ̃da] n. m. ▪ **1** Carnet où l'on inscrit jour par jour ce que l'on doit faire. **2** Emploi du temps, programme. ♦ anglic. Ordre du jour.

agender [aʒɛ̃de ; aʒɑ̃de] v. tr. [1] ▪ (Suisse) **1** Noter dans un agenda, un calendrier. **2** Fixer une date pour (qqch.). *Agender une réunion.*

agénésie n. f. ▪ **1** embryol. Arrêt partiel de développement d'un organe au stade embryonnaire. **2** physiol. Incapacité d'engendrer due à la malformation des organes reproducteurs.

s'agenouiller v. pron. [1] ▪ Se mettre à genoux. ► **agenouillement** n. m.

agent, ente ▪ **I** n. m. didact. **1** La personne ou l'entité qui agit (opposé au *patient* qui subit l'action). ➝ gramm. *Complément d'agent :* complément d'un verbe passif, introduit par *par* ou *de,* désignant l'auteur de l'action. **2** Force, corps, etc. intervenant dans la production de phénomènes. *Les agents atmosphériques.* **II** n. **1** Personne chargée des intérêts d'un individu ou d'un groupe, pour le compte duquel elle agit. **2** Personne employée par un service public, une entreprise..., servant d'intermédiaire. *Agent de change.* ➛ *Agent de sécurité.* → ② **vigile.** ♦ *Agent (de police).* → **gardien** de la paix ; fam. **flic.** ♦ *Agent secret.* → **espion.**

ageratum [-ɔm] n. m. ■ Petite plante buissonnante à fleurs bleues.

aggiornamento [a(d)ʒjɔʀnamɛnto] n. m. ■ didact. Adaptation de la tradition de l'Église à la réalité contemporaine.

agglomérat n. m. ■ Ensemble d'éléments agglomérés. → **agrégat, conglomérat.**

agglomération n. f. ■ **1** Action d'agglomérer (des matières). **2** didact. Union, groupement. **3** Ville ou village.

aggloméré n. m. ■ Matériau obtenu en agglomérant des matières diverses.

agglomérer v. tr. 6 ■ techn. Unir en un tout (diverses matières) à l'aide d'un liant.

agglutinant, ante adj. ■ **1** Propre à agglutiner. **2** ling. *Langues agglutinantes,* où des affixes s'ajoutent aux bases.

agglutiner v. tr. 1 ■ Coller ensemble, réunir pour former une masse compacte. ▷ v. pron. s'**agglutiner** ► **agglutination** n. f.

aggravant, ante adj. ■ Qui rend plus grave. *Circonstance aggravante.*

aggravation n. f. ■ Fait de s'aggraver, d'empirer. ♦ dr. Augmentation de peine.

aggravée n. f. ■ Inflammation du pied chez les animaux.

aggraver v. tr. 1 ■ **1** Rendre plus grave, plus condamnable. *Aggraver son cas.* **2** Rendre plus douloureux, plus dangereux. ➛ pronom. *L'état du malade s'aggrave.* → **empirer.** **3** Rendre plus violent, plus profond.

agha n. m. ■ Officier de la cour du sultan, dans l'ancienne Turquie. ➛ En Algérie, Chef au-dessus du caïd. - var. **aga.**

agile adj. ■ **1** Qui a de l'aisance et de la rapidité dans ses mouvements. **2** fig. Prompt dans les opérations intellectuelles. ► **agilement** adv. ► **agilité** n. f.

agio n. m. ■ Intérêt, commission.

a giorno [a(d)ʒɔʀno] loc. adv. ■ Aussi brillamment que par la lumière du jour. *Salle éclairée a giorno.*

agiotage n. m. ■ fin. Spéculation malhonnête ou illicite sur les cours de la Bourse.

agioter v. intr. 1 ■ Pratiquer l'agiotage.

agioteur, euse n. ■ Personne qui pratique l'agiotage.

agir v. intr. 2 ■ **I 1** Faire qqch., avoir une activité qui transforme ce qui est. *C'est le moment d'agir.* **2** Se comporter dans l'action de telle manière. *Agir librement.* **3** (sujet chose) Produire un effet sensible, exercer une influence. *Le remède n'agit plus.* **4** trans. littér. (passif) *Être agi* : subir une influence. **II** *IL S'AGIT DE* v. pron. impers. **1** Marquant ce qui est en question, ce qui intéresse. → il est **question.** *C'est de vous qu'il s'agit.* ➛ *S'agissant de* : à propos de. **2** *Il s'agit de* (+ inf.) : ce qui importe est de. *Il s'agit de faire vite.*

âgisme n. m. ■ Discrimination envers toute personne âgée.

agissant, ante adj. ■ littér. Qui agit.

agissements n. m. pl. ■ péj. Manœuvres.

agitateur, trice ■ **1** n. Personne qui crée ou entretient l'agitation politique ou sociale. **2** n. m. techn. Ce qui sert à agiter, remuer.

agitation n. f. ■ **1** État de ce qui est agité. **2** État d'une personne en proie à des émotions et à des impulsions diverses et qui ne peut rester en repos. → **nervosité.** **3** Mécontentement politique ou social.

agiter v. tr. 1 ■ **1** Remuer vivement en divers sens, par des mouvements irréguliers. ♦ Remuer pour mélanger (un liquide). **2** littér. (sujet chose) Troubler (qqn) en déterminant un état d'agitation. **3** Débattre à plusieurs. → **discuter.** ▷ v. pron. s'**agiter** ▷ adj. **agité, ée** → **nerveux, tourmenté.**

agit-prop [aʒitpʀɔp] n. f. invar. ■ Agitation et propagande politique révolutionnaire.

aglosse n. m. ■ zool. Papillon nocturne sans trompe.

agnat [agna] n. m. ■ dr. romain et ancien Parent par les mâles, descendant d'une même souche masculine.

agneau, agnelle n. ■ **1** Petit de la brebis. ➛ loc. *Doux comme un agneau.* ♦ relig. *L'agneau de Dieu* : Jésus-Christ. **2** Viande d'agneau. **3** Fourrure d'agneau.

agnelée n. f. ■ Portée d'une brebis.

agneler v. intr. 5 ■ Mettre bas, en parlant de la brebis. ► **agnelage** n. m.

agnelet n. m. ■ Petit agneau.

agneline n. f. ■ Laine d'agneau provenant de la première tonte.

agnelle → **agneau**

agnosie [agn-] n. f. ■ méd. Trouble de la reconnaissance des objets. ► **agnosique** adj.

agnostique [agn-] n. ■ Personne qui professe que l'absolu est inconnaissable ; sceptique en matière de métaphysique et de religion. ► **agnosticisme** n. m.

agnus-castus [aɲyskastys ; agnys-] n. m. invar. ■ bot. Arbrisseau des régions méditerranéennes. → **gattilier.**

agnus dei [aɲysdei ; agnys-] n. m. invar. ■ Prière de la messe débutant par ces mots.

-agogue, -agogie Éléments savants, du grec *agôgos* «qui conduit».

agonie n. f. ■ **1** Moments, heures précédant la mort. **2** fig., littér. Déclin précédant la fin.

agonir v. tr. 2 ■ Injurier. ≠ *agoniser.*

agonisant, ante adj. ■ Qui agonise. → **mourant.** ♦ n. Moribond.

agoniser v. intr. 1 ■ **1** Être à l'agonie. **2** fig. Décliner. ≠ *agonir.*

agoniste n. m. ■ méd. Substance qui produit des effets identiques à ceux d'une substance de référence.

agora n. f. ■ Grande place publique (dans la Grèce antique). → aussi forum.

agoraphobie n. f. ■ didact. Phobie des espaces libres et des lieux publics. ► **agoraphobe** adj. et n.

agouti n. m. ■ Rongeur des Antilles et de l'Amérique du Sud.

agrafe n. f. ■ **1** Attache formée d'un crochet qu'on passe dans une boucle. **2** Fil métallique recourbé servant notamment à assembler des papiers. **3** chir. Petite lame servant à fermer une plaie ou une incision. **4** techn. Pièce métallique qui retient.

agrafer v. tr. 1 ■ **1** Attacher avec des agrafes ; assembler, fixer en posant des agrafes. **2** fam. Prendre, arrêter. → **épingler.** ► **agrafage** n. m.

agrafeuse n. f. ■ Instrument pour agrafer.

agraire adj. ■ Qui concerne la surface, le partage, la propriété des terres.

agrammatical, ale, aux adj. ■ ling. Qui n'est pas conforme aux règles de la grammaire.

agrammatisme n. m. ■ didact. Trouble aphasique de l'agencement syntaxique des mots.

agrandir v. tr. 2 ■ **1** Rendre plus grand, plus spacieux, en augmentant les dimensions. **2** Faire paraître plus grand. **3** Rendre plus important. → **développer.** *Agrandir son entreprise.* ▷ v. pron. s'**agrandir**

agrandissement n. m. ■ **1** Action d'agrandir, fait de s'agrandir. **2** Opération consistant à tirer d'un cliché une épreuve agrandie. – Photo ainsi obtenue.

agrandisseur n. m. ■ Appareil utilisé pour faire des agrandissements photographiques.

agraphie n. f. ■ didact. Perte de la capacité d'écrire.

agrarien, ienne n. et adj. ■ hist. **1** Partisan du partage des terres entre ceux qui les cultivent. **2** Se dit des partis politiques qui défendent les intérêts des propriétaires fonciers.

agréable adj. ■ **1** Qui agrée*, fait plaisir (à qqn). **2** Qui procure un sentiment de plaisir. → **plaisant.** ♦ n. m. *Joindre l'utile à l'agréable.* ► **agréablement** adv.

agréation n. f. ■ En Belgique, agrément donné à un acte administratif.

agréer v. tr. 1 ■ **1** v. tr. ind. littér. *AGRÉER À qqn,* être au gré de. → **convenir, plaire.** *Si cela vous agrée.* **2** v. tr. dir. Accueillir avec faveur. ♦ dr. Admettre (qqn) en donnant son agrément. – au p. p. *Fournisseur agréé.*

agrégat n. m. ■ Assemblage hétérogène de substances qui adhèrent solidement.

agrégatif, ive n. ■ Étudiant(e) préparant l'agrégation.

agrégation n. f. ■ **1** Fait d'agréger ; son résultat. → **agrégat. 2** Admission sur concours au titre d'agrégé ; ce concours.

agrégé, ée n. ■ Personne déclarée apte, après avoir été reçue à l'agrégation (2), à être titulaire d'un poste de professeur.

agréger v. tr. 3 et 6 ■ **1** surtout pronom. et p. p. Unir en un tout (des particules solides). **2** Adjoindre (qqn à un groupe).

agrément n. m. ■ **I** Permission, approbation (spécialt d'une autorité). **II 1** Qualité (d'une chose, d'un être) qui rend agréable. → **attrait, charme. 2** (dans des expr.) Plaisir. *Jardin d'agrément* (opposé à *potager*). *Voyage d'agrément* (opposé à *d'affaires*).

agrémenter v. tr. 1 ■ Améliorer en donnant de l'agrément (en ornant, variant...).

agrès n. m. pl. ■ **1** mar. Éléments du gréement (d'un navire). **2** Appareils utilisés en gymnastique (barre fixe, etc.).

agresser v. tr. 1 ■ Commettre une agression sur. – au p. p. *Se sentir agressé* (moralement).

agresseur, euse n. ■ Personne qui commet une agression.

agressif, ive adj. ■ **1** Qui a tendance à attaquer. – *Attitude agressive.* → **menaçant.** ♦ par ext. Combatif. **2** Qui agresse la sensibilité. → **provocant.** ► **agressivement** adv.

agression n. f. ■ **1** Attaque armée d'un État contre un autre, non justifiée par la légitime défense. **2** Attaque violente contre qqn. **3** Attaque (nuisible) par un agent externe. *Agression microbienne.*

agressivité n. f. ■ Caractère agressif.

agreste adj. ■ littér. Champêtre.

agricole adj. ■ **1** Qui se livre à l'agriculture. **2** Relatif à l'agriculture. → **rural.**

agriculteur, trice n. ■ Personne exerçant un des métiers de l'agriculture. → **cultivateur ; éleveur, fermier, paysan, planteur.**

agriculture n. f. ▪ Culture du sol ; ensemble des travaux transformant le milieu naturel pour la production des végétaux et des animaux utiles à l'homme.

agrile n. m. ▪ zool. Insecte coléoptère dont les larves s'attaquent aux végétaux.

agrion n. m. ▪ zool. Libellule appelée communément *demoiselle.*

agriote n. m. ▪ zool. Insecte coléoptère dont la larve s'attaque aux céréales.

agripaume n. f. ▪ bot. Plante dicotylédone à haute tige et à fleurs roses.

agripper v. tr. [1] ▪ Saisir en serrant (pour s'accrocher). ▷ v. pron. **s'agripper** → s'**accrocher.** ► **agrippement** n. m.

agro- Élément savant (du grec *agros* « champ ») qui signifie « de l'agriculture ».

agroalimentaire adj. ▪ Relatif à la transformation par l'industrie alimentaire des produits agricoles. ▪ n. m. *L'agroalimentaire,* cette industrie. - var. **agro-alimentaire.**

agrobiologie n. f. ▪ Ensemble des recherches biologiques applicables à l'agriculture.

agrocarburant n. m. ▪ Carburant obtenu à partir de matériaux organiques non fossiles (à l'inverse du pétrole...), provenant de l'agriculture, de déchets végétaux, etc. → **biocarburant.**

agrochimie n. f. ▪ Chimie agronomique. ► **agrochimiste** n.

agroécologie n. f. ▪ didact. Ensemble des méthodes de production agricole respectueuses de l'environnement. ► **agroécologique** adj.

agro-industrie n. f. ▪ Ensemble des industries en rapport avec l'agriculture (→ **agroalimentaire).** ► **agro-industriel, elle** adj.

agrologie n. f. ▪ Étude scientifique des terres cultivables.

agronomie n. f. ▪ Étude scientifique de l'agriculture (milieu naturel, techniques...). ► **agronome** n. ► **agronomique** adj.

agropastoral, ale, aux adj. ▪ Qui se livre à l'agriculture et à l'élevage.

agrostis [-is] n. f. ▪ bot. Graminée des prairies. - syn. **agrostide.**

agrotis [-is] n. m. ▪ zool. Noctuelle dont la chenille s'attaque aux céréales.

agrotourisme n. m. ▪ Tourisme en zone rurale.

agrumes n. m. pl. ▪ *Les agrumes :* les oranges, citrons, pamplemousses, etc.

agrumiculture n. f. ▪ Culture des agrumes.

aguardiente [agwaʀdjɛnte] n. f. ▪ Eau-de-vie d'Amérique latine.

aguerrir v. tr. [2] ▪ **1** Habituer aux dangers de la guerre. **2** Habituer à des choses pénibles. ▷ v. pron. s'**aguerrir** → s'**endurcir.**

aux **aguets** loc. adv. ▪ En position de guetteur, d'observateur en éveil.

agueusie n. f. ▪ didact. Absence de sensibilité gustative.

aguicher v. tr. [1] ▪ Exciter par des manières provocantes. ► **aguicheur, euse** adj. et n. ► **aguichant, ante** adj. → **provocant.**

***ah** interj. ▪ **1** Marque un sentiment vif. **2** (redoublé) Sert à transcrire le rire. **3** (en loc. exclam. ou interrog.) *Ah bon ! Ah oui ?*

ahan n. m. ▪ vx Effort pénible.

ahaner v. intr. [1] ▪ **1** vx Peiner. **2** Respirer bruyamment sous l'effort.

ahuri, ie ▪ **1** adj. Surpris au point de paraître stupide. **2** adj. et n. → **abruti.**

ahurir v. tr. [2] ▪ Déconcerter complètement. ► **ahurissement** n. m.

ahurissant, ante adj. ▪ **1** Qui ahurit. → **stupéfiant. 2** Scandaleux, excessif.

aï n. m. ▪ Paresseux* (mammifère).

Aïd n. m. ▪ Toute fête religieuse musulmane.

aidant, ante n. ▪ Personne qui assiste une personne dépendante.

① **aide** n. f. ▪ **1** Action d'intervenir en faveur de qqn en joignant ses efforts aux siens. → **appui, assistance, concours, soutien.** *Venir en aide à qqn.* **2** Secours financier. **3** loc. prép. *À L'AIDE DE :* au moyen de.

② **aide** ▪ n. **1** Personne qui en aide une autre dans une opération et travaille sous ses ordres. ▪ devant un nom *Aide-comptable. Aide-soignant(e).* **2** milit. *Aide de camp* (attaché au service d'un chef).

aide-mémoire n. m. invar. ▪ Abrégé ne présentant que l'essentiel d'un sujet.

aider v. tr. [1] ▪ **1** v. tr. dir. Appuyer (qqn) en apportant son aide. ▪ (sujet chose) *Cela m'a beaucoup aidé.* → **servir.** *Le temps aidant,* le temps y contribuant. **2** v. tr. ind. *AIDER À* (qqch.) : faciliter. → **contribuer.** ▷ v. pron. **s'aider 1** réfl. (prov.) *Aide-toi, le ciel t'aidera.* ♦ *S'aider de :* se servir de (qqch.). **2** récipr. S'entraider.

aïe [aj] interj. ▪ Exclamation de douleur.

aïeul, aïeule n. ▪ **1** (plur. *aïeuls, aïeules*) vx Grand-père, grand-mère. **2** au plur. *Les aïeux :* les ancêtres (→ bisaïeul, trisaïeul).

aigle ▪ **I** n. m. **1** Grand rapace diurne, au bec crochu, aux serres puissantes. ▪ *Un regard d'aigle,* perçant. **2** fam. *Ce n'est pas un aigle,* il, elle n'est pas très intelligent(e). **II** n. f. **1** Femelle de l'aigle. **2** Figure héraldique représentant un aigle.

aiglefin n. m. → **églefin**

aiglon n. m. ▪ Petit de l'aigle. ♦ (avec maj.) Surnom du fils de Napoléon Ier.

aigre adj. ▪ **1** D'une acidité désagréable au goût ou à l'odorat. ♦ *Vent aigre,* froid et piquant. ♦ *Une voix aigre,* criarde. **2** Plein d'aigreur (II). → **acerbe.** ▸ n. m. *La discussion tourne à l'aigre,* s'envenime.

aigre-doux, douce adj. ▪ **1** Dont la saveur est à la fois acide et sucrée. **2** Où l'aigreur perce sous la douceur. *Propos aigres-doux.*

aigrefin n. m. ▪ Escroc, voleur.

aigrelet, ette adj. ▪ Légèrement aigre.

aigrement adv. ▪ Avec aigreur.

aigremoine n. f. ▪ bot. Plante herbacée à fleurs jaunes en épis.

aigrette n. f. ▪ **1** Héron blanc aux plumes effilées. **2** Faisceau de plumes surmontant la tête de certains oiseaux. **3** Bouquet (de plumes, etc.) ; faisceau.

aigreur n. f. ▪ **I 1** Saveur aigre. → **acidité. 2** au plur. Sensation d'acidité. *Aigreurs d'estomac.* **II** fig. Mauvaise humeur se traduisant par des paroles désagréables.

aigrir v. [2] ▪ **I** v. tr. **1** Rendre aigre. **2** Remplir d'aigreur. **II** v. intr. Devenir aigre. ▷ v. pron. **s'aigrir** ▷ adj. **aigri, ie**

aigu, uë [egy] adj. ▪ **1** Terminé en pointe ou en tranchant. → **acéré, pointu.** ▸ *Angle aigu,* plus petit que l'angle droit (opposé à *obtus*). **2** En haut de l'échelle des sons (opposé à *grave*). *Une note aiguë.* ▸ n. m. *L'aigu,* les sons aigus. **3** (douleur...) Intense et pénétrant. **4** (maladie) À évolution rapide (opposé à *chronique*). **5** Vif et pénétrant (dans le domaine de l'esprit).

aiguade n. f. ▪ anciennt Approvisionnement en eau douce (d'un navire).

aiguail n. m. ▪ région. Rosée.

aigue-marine n. f. ▪ Pierre semi-précieuse, transparente et bleue. *Des aigues-marines.*

aiguière n. f. ▪ Ancien récipient pour l'eau, muni d'une anse et d'un bec.

aiguillage [-gɥi-] n. m. ▪ **1** Manœuvre des aiguilles (5) des voies ferrées. ♦ Appareil permettant les changements de voie. **2** fig. → **orientation.** *Une erreur d'aiguillage.*

aiguillat [-gɥi-] n. m. ▪ Petit requin comestible, appelé communément *chien de mer.*

aiguille [egɥij] n. f. ▪ **1** Fine tige d'acier pointue à une extrémité et percée à l'autre d'un trou (→ **chas**) où passe le fil. ▸ loc. *Chercher une aiguille dans une botte de foin,* une chose impossible à trouver. *De fil* en aiguille.* **2** *Aiguille à tricoter :* tige pour faire du tricot. **3** méd. Tige effilée servant aux injections, aux piqûres. **4** Tige qui sert à indiquer une mesure, etc. *Les aiguilles d'une montre.* **5** Portion de rail mobile servant à opérer les changements de voie. **6** Sommet effilé d'une montagne. **7** Feuille des conifères (pin...). **8** appos. *Talon* aiguille.*

aiguillée [-gɥi-] n. f. ▪ Longueur de fil nécessaire pour coudre, enfilée sur une aiguille.

aiguiller [-gɥi-] v. tr. [1] ▪ **1** Diriger (un train) par un aiguillage. **2** fig. Orienter (3).

aiguillette [-gɥi-] n. f. ▪ **1** anciennt Cordon à bout de métal. ♦ Ornement militaire fait de cordons tressés. **2** Tranche de filet (de canard). ♦ Partie du romsteck.

aiguilleur, euse [-gɥi-] n. ▪ Personne chargée d'un poste d'aiguillage. ▸ *Aiguilleur, aiguilleuse du ciel,* qui contrôle la navigation aérienne.

aiguillon [-gɥi-] n. m. ▪ **1** Long bâton pour piquer les bœufs. ♦ fig. Ce qui stimule. **2** Dard à venin de certains insectes.

aiguillonner [-gɥi-] v. tr. [1] ▪ **1** Piquer (un animal) avec l'aiguillon. **2** fig. Stimuler.

aiguiser v. tr. [1] ▪ **1** Rendre tranchant ou pointu. → **affûter. 2** Rendre plus vif, plus pénétrant. *Aiguiser l'appétit.* **3** littér. Affiner, polir. ▸ **aiguisage** n. m. (sens 1) ▸ **aiguisement** n. m. (sens 1, 2 et 3).

aiguisoir n. m. ▪ Outil qui sert à aiguiser. - syn. **aiguiseur.**

aïkido n. m. ▪ Art martial d'origine japonaise où l'on neutralise la force adverse par rotation du corps, etc.

ail [aj] n. m. ▪ Plante dont le bulbe (tête) à saveur piquante sert comme condiment. *Gousse d'ail. Des aulx* ou *des ails.*

ailante n. m. ▪ Arbre ornemental d'origine asiatique.

aile n. f. ▪ **I 1** Chacun des organes du vol chez les oiseaux, les chauves-souris, les insectes. ▸ loc. *Avoir des ailes,* aller très vite. *Avoir du plomb dans l'aile :* être compromis (choses). *Avoir un coup dans l'aile,* perdre de sa force ; être ivre. *Voler de ses propres ailes,* être indépendant. **2** Partie charnue d'une volaille comprenant tout le membre qui porte l'aile. **3** Chacun des plans de sustentation (d'un avion). ♦ *Aile libre.* → **deltaplane. 4** Chacun des châssis garnis de toile d'un moulin à vent. **II 1** Partie latérale d'un bâtiment. **2** Partie latérale d'une armée. ▸ sports Côtés de l'attaque d'une équipe (opposé à *centre*). **3** Partie de la carrosserie couvrant les roues d'une voiture. **4** *Ailes du nez :* moitiés inférieures des faces latérales du nez.

ailé, ée adj. ▪ Pourvu d'ailes.

aileron n. m. ▪ **1** Extrémité de l'aile (d'un oiseau). **2** Nageoire (de requin...). **3** Volet articulé à l'arrière de l'aile d'un avion.

ailette n. f. ▪ **1** Petite aile. **2** Lame saillante.

ailier, ière n. ▪ football Chacun des avants situés à droite et à gauche du terrain.

aillade n. f. ▪ région. **1** Sauce vinaigrette à l'ail. **2** Croûton de pain frotté d'ail.

ailler v. tr. [1] ▪ Piquer ou frotter d'ail.

ailleurs adv. ▪ **1** Dans un autre lieu (que celui où l'on est ou dont on parle). *Allons ailleurs. Nulle part ailleurs*, en aucun autre endroit. *Des gens venus d'ailleurs*, d'un endroit lointain. **2** loc. adv. *D'AILLEURS*. → d'autre **part**, du **reste**. ◆ *PAR AILLEURS* : à un autre point de vue. **3** fig. *Être ailleurs* : penser à autre chose, être distrait. → **absent.**

ailloli ou **aïoli** n. m. ▪ Mayonnaise à l'ail.

aimable adj. ▪ Qui cherche à faire plaisir. ◆ *Un mot aimable*. ► **aimablement** adv.

① **aimant, ante** adj. ▪ Affectueux, tendre.

② **aimant** n. m. ▪ Corps ou substance qui a la propriété d'attirer le fer.

aimanter v. tr. [1] ▪ Communiquer à (un métal) la propriété de l'aimant. ◆ au p. p. *Aiguille aimantée*. ► **aimantation** n. f.

aimer v. tr. [1] ▪ **I 1** Avoir un sentiment passionné qui pousse à respecter, à vouloir le bien de (qqn, une entité). *Aimer son pays*. **2** Éprouver de l'affection, de l'amitié*, de la sympathie pour (qqn). → **affectionner, chérir.** *Aimer ses parents*. ◆ (avec un adv., pour distinguer du sens 3) *Je l'aime bien*. **3** Éprouver de l'amour, de la passion pour (qqn). ◆ au p. p. *L'être aimé*. **II 1** Avoir du goût pour (qqch.). *Aimer la musique*. **2** Trouver bon au goût. **3** (+ inf.) Trouver agréable, être content de, se plaire à. *Aimer chanter*. ◆ littér. *AIMER À*. *J'aime à croire que*, je veux croire que. ◆ *AIMER QUE* (+ subj.). → **désirer, souhaiter.** ♦ *AIMER MIEUX* : préférer. ▷ v. pron. **s'aimer 1** (réfl.) Se plaire, se trouver bien. **2** (récipr.) Être mutuellement attachés par l'affection, l'amour.

aine n. f. ▪ Partie du corps entre le haut de la cuisse et le bas-ventre.

aîné, ée ▪ **1** adj. Qui est né le premier (par rapport aux autres enfants). ◆ n. *L'aîné et le cadet*. **2** n. Personne plus âgée (qu'une autre).

aînesse n. f. ▪ hist. *Droit d'aînesse* : droit avantageant l'aîné dans une succession.

ainsi adv. ▪ **1** (manière) De cette façon (comme il a été dit ou comme on va dire). ◆ loc. *Ainsi soit-il*, formule terminant une prière. → **amen.** *Pour ainsi dire* (atténue l'expression employée). **2** (conclusion) *Ainsi rien n'a changé...* **3** (comparaison) De même. ♦ *Ainsi que* loc. conj. → **comme.**

① **air** n. m. ▪ **1** Fluide gazeux formant l'atmosphère, que respirent les êtres vivants, constitué essentiellement d'oxygène et d'azote (→ **aérien, aéro-**). *Air pur*. ♦ loc. *Prendre l'air* : aller se promener. ◆ *Changer d'air*, de milieu, de climat. ◆ fam. *Il ne manque pas d'air !*, il a du culot. **2** *Air conditionné*, amené à une température et un degré hygrométrique déterminés. **3** loc. *En PLEIN AIR* : au-dehors. *Jeux de plein air*. ◆ *Libre comme l'air* : libre de ses mouvements. **4** Espace au-dessus de la terre. → **ciel.** *Transports par air*, par voie aérienne. **5** loc. adv. *EN L'AIR*. *Regarder en l'air*. → en **haut.** ◆ *Promesses en l'air*, pas sérieuses. **6** fig. Atmosphère, ambiance. *L'air du temps*. ◆ *Être dans l'air* (idées, etc.) : commencer à se répandre.

② **air** n. m. ▪ **1** Apparence générale habituelle à une personne. → **allure. 2** Apparence expressive manifestée par le visage, la voix, les gestes, à un moment donné. **3** *AVOIR L'AIR* : présenter telle apparence (physique ou morale). *Elle avait l'air soucieuse* (ou *l'air soucieux*). → **paraître.** ◆ *Avoir l'air de* (+ inf.). → **sembler.**

③ **air** n. m. ▪ Mélodie d'une chanson, d'un morceau de musique. ◆ loc. *L'air et la chanson*, l'apparence et la réalité.

airain n. m. ▪ vx ou littér. Bronze.

airbag n. m. ▪ anglic., techn. Coussin de sécurité, qui se gonfle en cas de choc pour protéger les passagers d'un véhicule.

① **aire** n. f. ▪ **1** Surface plane (d'abord, où l'on battait le grain). ◆ *Aire d'atterrissage*. **2** géom. Portion limitée de surface ; sa mesure. → **superficie. 3** didact. Lieu de certains phénomènes. → **domaine, zone.** *Aire linguistique*.

② **aire** n. f. ▪ didact. Nid (d'un rapace).

airedale [ɛʀdɛl] n. m. ▪ Chien terrier à poil dur.

airelle n. f. ▪ Arbrisseau à baies (myrtilles* et baies semblables) ; cette baie.

airer v. intr. [1] ▪ (oiseau de proie) Faire son nid.

aisance n. f. ▪ **I** *Cabinets, lieux d'aisances* : cabinets, toilettes. ◆ *Fosse* d'aisances*. **II 1** Situation de fortune qui assure une vie facile. *Vivre dans l'aisance*. **2** Facilité naturelle. *S'exprimer avec aisance*.

aise n. f. ▪ **I 1** *Être À L'AISE* : être bien, ne pas être gêné ; être content, détendu. ◆ *Mettre qqn à l'aise, à son aise. Il en prend à son aise* : il ne se gêne pas. *À votre aise !*, comme vous voudrez. **2** au plur. *SES AISES* : son bien-être. *Aimer ses aises*. **II** adj. littér. *(Être) BIEN AISE DE* (+ inf.), très content de.

aisé, ée adj. ▪ **1** Qui vit dans l'aisance. **2** littér. Qui se fait sans peine. → **facile.**

aisément adv. ▪ Facilement.

aisseau n. m. ▪ techn. Petite planche utilisée en construction. → **bardeau.**

aisselle n. f. ▪ Cavité qui se trouve sous la jonction du bras avec l'épaule.

aîtres ou **êtres** n. m. pl. ▪ littér. Disposition des parties (d'une habitation).

ajointer v. tr. [1] ▪ techn. Joindre bout à bout. *Ajointer des tuyaux*.

ajonc [-ʒ̃] n. m. ▪ Arbrisseau épineux des landes atlantiques, à fleurs jaunes.

ajour n. m. ▪ **1** archit. Petite ouverture laissant passer le jour. **2** Jour à l'intérieur d'un motif de broderie.

ajourer v. tr. [1] ▪ Percer de jours (ornementaux). ▷ adj. **ajouré, ée**

ajourner v. tr. [1] ▪ Renvoyer à une date indéterminée. → **différer, remettre.** ► **ajournement** n. m.

ajout n. m. ▪ Élément ajouté. → **addition.**

ajouter v. [1] ▪ **I** v. tr. **1** Mettre en plus ou à côté. *Ajouter du sel.* ♦ Dire en plus. *Permettez-moi d'ajouter un mot.* **2** littér. *Ajouter foi à* : croire à. **II** v. tr. ind. *Ajouter à* : augmenter, accroître. ▷ v. pron. **s'ajouter**

ajusté, ée adj. ▪ Qui serre le corps.

ajustement n. m. ▪ **1** Fait d'être ajusté. **2** (abstrait) Adaptation, mise en rapport.

ajuster v. tr. [1] ▪ **1** Mettre aux dimensions convenables. **2** Viser avec une arme à feu. **3** *AJUSTER À* : mettre en état d'être joint à. ➝ pronom. *Couvercle qui s'ajuste mal au récipient.* **4** Mettre en conformité, adapter.

ajusteur, euse n. ▪ Ouvrier, ouvrière qui façonne des pièces mécaniques.

ajutage n. m. ▪ Dispositif permettant de régulariser le débit d'un liquide ou d'un gaz.

akan n. m. ▪ Langue kwa parlée au Ghana et en Côte d'Ivoire.

akinésie n. f. ▪ didact. Impossibilité pathologique de faire certains mouvements. - syn. **acinésie.**

akkadien, ienne adj. et n. ▪ hist. Du pays d'Akkad, en Mésopotamie. ➝ n. m. *L'akkadien* (langue sémitique).

akra → **acra**

akvavit → **aquavit**

Al ▪ Symbole chimique de l'aluminium.

alacrité n. f. ▪ littér. Vivacité enjouée.

alaire adj. ▪ didact. Relatif à l'aile (d'un animal, d'un avion).

alaise ou **alèse** n. f. ▪ Tissu imperméable pour protéger un matelas, un lit.

alambic n. m. ▪ Appareil servant à la distillation.

alambiqué, ée adj. ▪ Exagérément compliqué et contourné.

alangui, ie adj ▪ Languissant, langoureux.

alanguir v. tr. [2] ▪ Rendre languissant. ▷ v. pron. **s'alanguir** ► **alanguissement** n. m.

alanine n. f. ▪ biochim. Acide aminé naturel, présent dans la plupart des protéines.

alarmant, ante adj. ▪ Qui alarme, inquiète.

alarme n. f. ▪ **1** Signal pour avertir d'un danger. *Donner l'alarme,* avertir d'un danger. ♦ Dispositif d'alarme. **2** Vive inquiétude en présence d'un danger prévu.

alarmer v. tr. [1] ▪ Inquiéter en faisant pressentir un danger. ▷ v. pron. **s'alarmer**

alarmiste n. ▪ Personne qui répand des bruits alarmants. ➝ adj. *Article alarmiste.* ► **alarmisme** n. m.

albacore n. m. ▪ Thon blanc.

albanais, aise adj. et n. ▪ De l'Albanie. ➝ n. *Les Albanais.* ♦ n. m. *L'albanais* (langue).

albâtre n. m. ▪ Minéral formé de gypse ou de calcite. ➝ poét. *D'albâtre* : très blanc.

albatros [-os] n. m. ▪ Grand oiseau de mer, au plumage blanc et gris.

albédo n. m. ▪ didact. Fraction de la lumière que réfléchit ou diffuse un corps non lumineux.

albinisme n. m. ▪ Anomalie des albinos.

albinos [-os] adj. ▪ Dépourvu de pigmentation (peau, système pileux, yeux). ♦ n. Personne albinos. *Un, une albinos.*

albite n. f. ▪ Feldspath de couleur blanche, riche en sodium.

albuginé, ée ▪ histol. **1** adj. De couleur blanchâtre. **2** n. f. Membrane conjonctive qui enveloppe le testicule.

albugo n. m. ▪ méd. **1** Tache blanche de la cornée. **2** Tache blanche des ongles.

album [-ɔm] n. m. ▪ **1** Cahier ou classeur destiné à recevoir des dessins, des photos, etc. **2** Livre où prédominent les illustrations. **3** Réunion de morceaux de musique constituant un ensemble cohérent.

albumen [-ɛn] n. m. ▪ Blanc de l'œuf, contribuant à la nutrition de l'embryon.

albumine n. f. ▪ biochim. **1** Protéine naturelle présente dans le sérum, le lait, etc. ► **albumineux, euse** adj. **2** Albuminurie*.

albuminurie n. f. ▪ pathol. Présence d'albumine dans l'urine. ► **albuminurique** adj. et n.

alcade n. ▪ Magistrat municipal, en Espagne.

alcalescent, ente adj. ▪ Qui a ou prend des propriétés alcalines. ► **alcalescence** n. f.

alcali n. m. ▪ **1** Nom générique des bases et sels basiques que donnent avec l'oxygène les métaux alcalins (potassium, sodium, etc.). **2** comm. Ammoniaque.

alcalimétrie n. f. ▪ Détermination du titre d'une solution alcaline, à l'aide d'un appareil (*alcalimètre,* n. m.).

alcalin, ine adj. ▪ Des alcalis (1). *Propriétés alcalines,* basiques. ► **alcalinité** n. f.

alcaliniser v. tr. [1] ▪ Rendre alcalin.

alcaloïde n. m. ▪ Substance organique d'origine végétale (ex. caféine, morphine), contenant au moins un atome d'azote.

alcalose n. f. ▪ méd. Trouble de l'équilibre entre les acides et le sang.

alcane n. m. ▪ chim. Hydrocarbure saturé (appelé autrefois *paraffine*).

alcarazas [-as] n. m. ▪ Récipient de terre poreuse, dans lequel les liquides se rafraîchissent par évaporation.

alcazar n. m. ▪ Palais arabe fortifié, en Espagne.

alchémille [-k-] n. f. ▪ bot. Herbe vivace, à petites fleurs apétales vert-jaune.

alchimie n. f. ▪ Science occulte en vogue au Moyen Âge, basée sur des techniques chimiques secrètes et des spéculations mystiques. → **hermétisme.** ♦ fig. Transformation mystérieuse. ► **alchimique** adj.

alchimiste n. ▪ Spécialiste d'alchimie.

alcool [alkɔl] n. m. ▪ **I 1** Liquide incolore et inflammable obtenu par distillation du vin et des jus sucrés fermentés. *Alcool à 60 degrés.* **2** Eau-de-vie, spiritueux. **II** chim. Corps organique possédant un groupement hydrogène-oxygène. *Alcool éthylique*.* – *Alcool à brûler* (mélange combustible).

alcoolat n. m. ▪ Médicament obtenu par distillation de l'alcool sur des substances aromatiques.

alcoolature n. f. ▪ Médicament obtenu en faisant macérer de l'alcool et des plantes.

alcoolémie n. f. ▪ Taux d'alcool dans le sang.

alcoolification n. f. ▪ chim. Fermentation alcoolique. → **alcoolisation.**

alcoolique adj. ▪ **I 1** Qui contient de l'alcool. **2** Qui boit trop d'alcool ; atteint d'alcoolisme. – n. *Un alcoolique.* **II** chim. Relatif aux alcools (II).

alcoolisable adj. ▪ Qui peut être converti en alcool.

alcoolisation n. f. ▪ **1** Transformation en alcool. → **alcoolification. 2** Action de mêler de l'alcool à une boisson. **3** Imprégnation de l'organisme en alcool.

alcooliser v. tr. [1] ▪ Additionner d'alcool. – au p. p. *Boisson alcoolisée.* → **alcoolique.**

alcoolisme n. m. ▪ Abus des boissons alcooliques, déterminant un ensemble de troubles ; ces troubles. → **éthylisme.**

alcoolodépendance n. f. ▪ didact. Dépendance due à l'alcoolisme. ► **alcoolodépendant, ante** adj. et n.

alcoologie n. f. ▪ méd. Étude médicale de la consommation d'alcool par les humains. ► **alcoologue** n.

alcoomètre n. m. ▪ Densimètre destiné à mesurer la teneur des liquides en alcool éthylique. ► **alcoométrie** n. f.

alcootest [alkɔtɛst] n. m. (nom déposé) ▪ Appareil, test mesurant l'alcoolémie. → **éthylotest.**

alcôve n. f. ▪ **1** Enfoncement ménagé dans une chambre pour un lit. **2** Lieu des rapports amoureux. *Secrets d'alcôve.*

alcyon n. m. ▪ Oiseau mythique, d'heureux présage en mer.

aldéhyde n. m. ▪ chim. Corps formé en enlevant l'hydrogène d'un alcool. ► **aldéhydique** adj.

al dente [aldɛnte] adv. ▪ *Pâtes cuites al dente,* peu cuites, fermes sous la dent.

aldol n. m. ▪ chim. Produit de la condensation de l'aldéhyde acétique.

aldose n. m. ▪ chim. Ose renfermant une fonction aldéhyde.

aldostérone n. f. ▪ biochim. Hormone corticosurrénale, qui exerce son action sur le métabolisme minéral.

ale [ɛl] n. f. ▪ Bière anglaise blonde.

aléa n. m. ▪ littér. Événement imprévisible.

aléatoire adj. ▪ Lié au hasard. ► **aléatoirement** adv.

alémanique adj. ▪ Propre à la Suisse de langue allemande (dite *Suisse alémanique*).

alêne n. f. ▪ Poinçon pour le cuir. – var. **alène.**

alentir v. tr. [2] ▪ vx → **ralentir.**

alentour adv. ▪ littér. Tout autour.

alentours n. m. pl. ▪ Lieux voisins. ♦ *Aux alentours de* (approximation). → **vers ; environ.**

aleph n. m. ▪ **1** ling. Première lettre de l'alphabet hébraïque. **2** math. Nombre cardinal caractérisant la puissance d'un ensemble fini.

① **alerte** adj. ▪ Vif et leste (malgré l'âge, etc.). – abstrait Éveillé, vif. *Esprit alerte.*

② **alerte** n. f. ▪ **1** Signal prévenant d'un danger et appelant à prendre des mesures de sécurité. *Donner l'alerte.* → **alarme. 2** Indice d'un danger. *Fausse alerte.* **3** inform. Dispositif d'envoi automatique d'informations. – Information ainsi envoyée.

alerter v. tr. [1] ▪ **1** Avertir d'un danger, etc. pour que des mesures soient prises. **2** Faire pressentir un danger à (qqn).

alésage n. m. ▪ **1** Calibrage exact des trous (d'une pièce mécanique). **2** Diamètre intérieur d'un cylindre. ► **aléser** v. tr. [6]

alèse n. f. → **alaise**

aléseuse n. f. ▪ Machine-outil servant à l'alésage.

alésoir n. m. ▪ Outil pour aléser à la main.

aleurode n. m. ▪ Puceron sauteur, dont certaines espèces vivent sur le chou.

alévi, ie n. et adj. ▪ Membre d'un mouvement religieux turc, d'origine chiite, favorable à la laïcité.

alevin n. m. ▪ Jeune poisson.

aleviner v. tr. [1] ▪ Peupler d'alevins. ► **alevinage** n. m.

alevinier n. m. et **alevinière** n. f. ▪ Étang, vivier où l'on élève des alevins.

alexandra n. m. ■ Cocktail fait de crème de cacao et de cognac.

① **alexandrin** n. m. ■ Vers de douze syllabes.

② **alexandrin, ine** adj. ■ D'Alexandrie et de la civilisation hellénistique dont cette ville fut le centre.

alexie n. f. ■ didact. Incapacité de reconnaître à la lecture les éléments du langage.

alezan, ane adj. ■ (cheval, mulet) Dont la robe est brun rougeâtre. ◆ n. m. *Un alezan.*

alfa n. m. ■ **1** Plante herbacée utilisée en vannerie, en papeterie. **2** Papier d'alfa.

alfalfa n. f. ■ Luzerne cultivée.

algarade n. f. ■ Violente réprimande ou dispute.

algazelle n. f. ■ Grande antilope blanche d'Afrique.

algèbre n. f. ■ **1** Ensemble d'opérations substituant des lettres aux valeurs numériques ; par ext. étude de structures abstraites définies sur des ensembles et des lois. **2** fig. Chose difficile à comprendre. ► **algébrique** adj. ► **algébriquement** adv.

algébriste n. ■ Spécialiste de l'algèbre.

algérien, enne adj. et n. ■ D'Algérie. ◆ n. *Les Algériens.*

algide adj. ■ méd. Accompagné de refroidissement. *Sueur algide.* ► **algidité** n. f.

algie n. f. ■ méd. Douleur diffuse, sans relation définie avec une cause organique.

-algie Élément, du grec *algos* «douleur».

algine n. f. ■ chim. Substance azotée visqueuse que l'on trouve dans les plantes marines.

algique adj. ■ méd. Relatif à la douleur physique.

algoculture n. f. ■ techn. Culture d'algues.

algodystrophie n. f. ■ méd. Syndrome douloureux atteignant les articulations des membres supérieurs, dû à un traumatisme ou à des suites opératoires.

algol n. m. ■ inform. Langage de programmation destiné à l'écriture des algorithmes.

algologie n. f. ■ bot. Étude des algues et de leurs utilisations.

algorithme n. m. ■ math. Ensemble des règles opératoires propres à un calcul ; suite de règles formelles. ► **algorithmique** adj.

algothérapie n. f. ■ Traitement médical par les algues.

alguazil [-ga-] n. m. ■ hist. Agent de police ou de justice, en Espagne.

algue n. f. ■ Plante aquatique à chlorophylle. *Algues marines.* → **goémon, varech.**

① **alias** [aljas] ■ **1** adv. Autrement appelé. *Jean-Baptiste Poquelin, alias Molière.* **2** n. m. Pseudonyme.

② **alias** [aljas] n. m. ■ inform. Fichier virtuel créé pour permettre l'accès immédiat à un autre fichier.

alibi n. m. ■ **1** Moyen de défense tiré du fait qu'on était, au moment d'une infraction, dans un autre lieu. **2** fig. Justification.

aliboron n. m. ■ vx **1** Âne. **2** Ignorant.

alicament n. m. ■ Aliment qui aurait un effet actif sur la santé du consommateur.

alidade n. f. ■ Instrument pour déterminer les directions, mesurer les angles.

alien [aljɛn] n. ■ anglic. Extraterrestre.

aliénable adj. ■ dr. Qui peut être aliéné. ► **aliénabilité** n. f.

aliénant, ante adj. ■ Qui aliène, retire à l'individu la libre disposition de lui-même.

aliénation n. f. ■ **I 1** dr. Transmission que qqn fait d'une propriété ou d'un droit. **2** Fait de perdre (un droit, un bien naturel). **3** État de l'individu qui, par suite des conditions extérieures (économiques, politiques, religieuses), perd son humanité. **II** Trouble mental grave. → **démence, folie.**

aliéné, ée n. ■ Personne atteinte d'aliénation mentale.

aliéner v. tr. [6] ■ **1** dr. Céder par aliénation (I, 1). **2** Perdre (un droit, un bien naturel). *Aliéner sa liberté.* **3** Éloigner, rendre hostile. **4** Transformer par l'aliénation (I, 3).

aliéniste n. ■ anciennt Psychiatre.

alignement n. m. ■ **1** Fait d'aligner, d'être aligné. ◆ Rangée (de choses alignées). **2** admin. Limite de la voie publique, fixée par l'Administration. **3** fig. Fait d'aligner sa politique, sa conduite.

aligner v. tr. [1] ■ **1** Ranger sur une ligne droite. **2** Inscrire ou prononcer à la suite. **3** fig. *Aligner* (une politique...) *sur,* rendre conforme à, calquer sur. ▷ v. pron. **s'aligner** ▷ adj. **aligné, ée** (→ non-aligné).

aligot n. m. ■ Plat de purée travaillée avec du fromage.

aligoté n. m. ■ Cépage de Bourgogne. ◆ Vin blanc qu'il produit.

aliment n. m. ■ **1** Substance susceptible de servir à la nutrition d'un être vivant. → **nourriture. 2** fig. Ce qui nourrit l'esprit. **3** dr. au plur. Frais d'entretien (de qqn).

alimentaire adj. ■ **1** Qui peut servir d'aliment. **2** Relatif à l'alimentation. *Intoxication alimentaire.* **3** dr. Qui a rapport aux aliments (3). *Pension alimentaire.* **4** péj. Qui a pour rôle de fournir de quoi vivre.

alimentation n. f. ■ **1** Action ou manière d'alimenter, de s'alimenter. *Varier son alimentation.* **2** Commerce ou industrie des denrées alimentaires. **3** Action d'alimenter (2).

alimenter v. tr. 1 ■ **1** Fournir en aliments. ➛ pronom. → se **nourrir.** **2** Approvisionner en fournissant ce qu'il faut. *Alimenter une ville en eau ; une chaudière.* **3** fig. Entretenir. *Alimenter la conversation.*

alinéa n. m. ■ **1** Renfoncement de la première ligne d'un paragraphe. **2** Passage compris entre deux alinéas (1). → **paragraphe.**

aliphatique adj. ■ chim. Se dit d'un corps gras à chaîne ouverte. *Hydrocarbures aliphatiques.*

aliquante adj. f. ■ math. vx *Partie aliquante,* qui n'est pas contenue un nombre exact de fois dans un tout.

aliquote adj. f. ■ math. vx *Partie aliquote,* qui est contenue un nombre exact de fois dans un tout.

alise n. f. ■ Fruit acidulé de l'alisier.

alisier n. m. ■ Arbre, variété de sorbier.

alisme n. m. ■ Plante à fleurs blanches qui croît dans les lieux humides.

aliter v. tr. 1 ■ Faire prendre le lit à (qqn). ➛ pronom. *Il a dû s'aliter.* ► **alitement** n. m.

alizarine n. f. ■ Matière colorante rouge, extraite autrefois des racines de garance (*alizari,* n. m.).

alizé n. m. ■ Vent régulier soufflant toute l'année de l'est, sur la partie orientale du Pacifique et de l'Atlantique.

alkékenge n. m. ■ Plante vivace à fleurs jaunes, appelée aussi *amour en cage.*

allaitement n. m. ■ Action d'allaiter ; alimentation en lait du nourrisson.

allaiter v. tr. 1 ■ Nourrir de son lait (un nourrisson, un petit) ; donner le sein à.

allant, ante ■ **I** adj. littér. Qui fait preuve d'activité. **II** n. m. Ardeur, entrain.

allécher v. tr. 6 ■ Attirer par la promesse d'un plaisir. → **appâter.** ♦ fig. Attirer, tenter. ► **alléchant, ante** adj. → **tentant.**

allée n. f. ■ **I** *Allée et venue :* fait d'aller et de venir ; au plur. déplacement de personnes qui vont et viennent. **II** Chemin bordé d'arbres, etc. ♦ (dans un édifice) Passage.

allégation n. f. ■ Ce qu'on allègue.

allégé, ée adj. ■ (aliment) Dont on a réduit la teneur en lipides, en sucre.

allégeance n. f. ■ hist. ou dr. Obligation de fidélité. ♦ Soumission fidèle.

alléger v. tr. 6 et 3 ■ **1** Rendre moins lourd, plus léger. **2** (abstrait) Rendre moins pénible (une charge, une peine). ► **allégement** n. m. – var. **allègement.**

allégorie n. f. ■ **1** Suite d'éléments narratifs concrets symbolisant chacun une abstraction. **2** Œuvre dont chaque élément évoque symboliquement les aspects d'une idée. ► **allégorique** adj.

allègre adj. ■ Plein d'entrain, vif.

allégrement adv. ■ **1** Avec entrain. → **vivement.** **2** iron. Avec légèreté ou inconscience. – var. **allègrement.**

allégresse n. f. ■ Joie très vive qui se manifeste publiquement. → **liesse.**

allégro ou **allegro** [a(l)legʀo] n. m. ■ Morceau de musique exécuté dans un tempo assez rapide. ➛ adv. *Jouer allegro.*

alléguer v. tr. 6 ■ **1** Citer comme autorité, pour sa justification. *Alléguer un texte de loi.* **2** Mettre en avant, invoquer. → **prétexter.**

allèle n. m. ■ biol. Chacune des versions possibles d'un même gène.

allélomorphe adj. ■ *Gènes allélomorphes :* allèles.

alléluia [a(l)leluja] ■ **1** interj. Cri d'allégresse (fréquent dans les psaumes). **2** n. m. Chant liturgique chrétien d'allégresse.

allemand, ande adj. et n. ■ De l'Allemagne. → **germanique.** *Le mark, monnaie allemande avant l'euro.* ♦ n. *Un Allemand, une Allemande.* ♦ n. m. *L'allemand* (langue germanique).

① **aller** v. intr. 9 ■ **I** (mouvement) **1** (êtres vivants, véhicules) Se déplacer. *Allons à pied.* ➛ *Aller et venir :* marcher dans des directions indéterminées. **2** (avec un compl. de lieu) → se **rendre.** *Aller à, en, chez...* **3** (avec un compl. de but) *Je vais à mon travail.* ➛ (+ inf.) *Allez donc le voir.* **II** (sans déplacement) **1** (progression dans l'action) *Ce garçon ira loin.* → **réussir.** *Vous allez trop loin !* → **exagérer.** **2** *Y ALLER* (comportement...). *Vous y allez fort !,* vous exagérez. *Il n'y va pas par quatre chemins*.* **3** (+ inf. ; auxiliaire du futur) Être sur le point de. *Il va arriver.* **4** interj. pour exhorter *VA !, ALLONS !, ALLEZ !* **III** (évolution, fonctionnement) **1** Être dans tel état de santé. → se **porter.** *Comment allez-vous ? Je vais mieux.* ➛ *Ça va :* je vais bien. **2** (sujet chose) Être porté dans tel état, tel stade d'une évolution. *Les affaires vont bien.* ♦ loc. *Cela va de soi,* c'est évident. ➛ impers. *Il y va de notre vie,* notre vie est en jeu. ♦ *Laisser aller,* laisser évoluer sans intervenir. ➛ *Se laisser aller,* s'abandonner, se décourager. **3** Être adapté, convenir à (qqn, qqch.). **4** (auxiliaire d'aspect, suivi d'un p. prés.) *Son mal va en empirant.* **IV** *S'EN ALLER* v. pron. **1** Partir du lieu où l'on est. → **partir.** *Je m'en vais. Il s'en est allé.* **2** (choses) Disparaître. **3** (+ inf.) Partir faire qqch. ♦ (auxiliaire de temps) *Je m'en vais tout vous raconter.*

② **aller** n. m. ■ **I** (opposé à *retour*) **1** Trajet fait en allant à un endroit déterminé. **2** Billet valable pour l'aller. ➛ fig., fam. *Un aller et retour :* une paire de gifles. **3** *Match aller et match retour*.* **II** *Pis aller.* → **pis.**

allergène n. m. et adj. ■ méd. (Substance) qui détermine une allergie.

allergie n. f. ■ **1** Modification des réactions d'un organisme à un agent pathogène, après une première atteinte par cet agent. **2** fig. Réaction hostile, fait de ne pas supporter.

allergique adj. ■ **1** Propre à l'allergie. **2** Qui réagit par une allergie (à une substance). **3** fig. Qui supporte mal (qqch.).

allergisant, ante adj. et n. m. ■ méd. Qui peut provoquer des allergies.

allergologie n. f. ■ Médecine des allergies. ► **allergologique** adj. ► **allergologue** n.

alliacé, ée adj. ■ **1** Propre à l'ail. **2** Qui contient de l'ail.

alliage n. m. ■ **1** Produit métallique obtenu en incorporant à un métal un ou plusieurs éléments. **2** fig. Mélange.

alliance n. f. ■ **I 1** Union contractée par engagement mutuel. *Alliance électorale.* **2** Pacte avec Dieu, dans la religion juive. **3** Union de puissances qui s'engagent à se porter secours en cas de guerre. **4** Lien juridique établi par le mariage entre les familles des conjoints. **5** Combinaison d'éléments divers. **II** Anneau de mariage.

allié, ée ■ **1** adj. Uni par un traité d'alliance. *Pays alliés.* ➛ n. hist. *Les Alliés,* les pays alliés contre l'Allemagne au cours des guerres mondiales de 1914-1918 et 1939-1945. **2** n. Personne qui apporte à une autre son appui, prend son parti. **3** n. (au plur.) Personnes unies par alliance (I, 4).

allier v. tr. [7] ■ **1** Combiner par un alliage. **2** fig. Associer (des éléments dissemblables). **3** *S'ALLIER À, AVEC,* s'unir par une alliance.

alligator n. m. ■ Reptile voisin du crocodile.

allitération n. f. ■ Répétition des consonnes dans une série de mots. ► **allitératif, ive** adj.

allo ou **allô** interj. ■ Terme d'appel dans les communications téléphoniques.

allo- Élément, du grec *allos* «autre».

allocataire n. ■ Bénéficiaire d'une allocation. → **prestataire.**

allocation n. f. ■ Fait d'allouer ; somme allouée. → **prestation.**

allochtone [-k-] adj. ■ géol. Qui provient d'un endroit différent (s'oppose à *autochtone*).

allocutaire n. ■ ling. Personne à qui l'on parle.

allocution n. f. ■ Discours familier et bref adressé par une personnalité.

allogamie n. f. ■ bot. Fécondation du pistil d'une fleur par le pollen d'une autre fleur. ► **allogame** adj.

allogène adj. ■ didact. Non autochtone.

allogreffe n. f. ■ méd. Greffe provenant d'un autre individu (contr. *autogreffe*).

allomorphe adj. ■ sc. Qui se présente sous des formes très différentes.

allonge n. f. ■ **1** Pièce servant à allonger. → **rallonge. 2** Longueur de bras d'un boxeur.

allongé, ée adj. ■ **1** Étendu en longueur. **2** Étendu de tout son long. *Rester allongé.* **3** *Café allongé,* auquel on ajoute de l'eau.

allongement n. m. ■ Fait d'allonger, de s'allonger.

allonger v. [3] ■ **I** v. tr. **1** Rendre plus long. → **rallonger ;** opposé à *raccourcir.* **2** Rendre (une sauce...) plus liquide. ➛ loc. fam. *Allonger la sauce,* délayer (un texte...). **3** Étendre (un membre). *Allonger le bras.* ➛ loc. *Allonger le pas,* marcher plus vite. **4** Étendre qqn (sur un lit, etc.). **5** fam. Donner (un coup) en étendant la main, la jambe. **6** fam. Verser (de l'argent). **II** v. intr. Devenir plus long. → **rallonger.** ▷ v. pron. **s'allonger 1** Devenir plus long (dans l'espace ou le temps). **2** S'étendre. **3** fam. Avouer.

allopathie n. f. ■ La médecine classique, quand on l'oppose à l'homéopathie. ► **allopathe** n. ► **allopathique** adj.

allophone n. et adj. ■ didact. (Personne) dont la langue maternelle est une langue étrangère, dans la communauté où elle se trouve.

allotissement n. m. ■ Fait de grouper des marchandises en lots.

allouer v. tr. [1] ■ **1** Attribuer (une somme d'argent). *Allouer une pension à qqn* (→ **allocation**). **2** Accorder (qqch. à qqn).

allumage n. m. ■ **1** Action d'allumer (un feu ; un éclairage). **2** Inflammation du mélange gazeux d'un moteur.

allume-cigare n. m. ■ Instrument à résistance électrique pour allumer les cigarettes, etc. *Des allume-cigares.*

allume-feu n. m. ■ Petite bûche de résine servant à allumer un feu. *Des allume-feux.*

allume-gaz [-gɑz] n. m. invar. ■ Instrument pour allumer le gaz (d'une cuisinière...).

allumer v. tr. [1] ■ **1** Enflammer ; mettre le feu à. *Allumer une cigarette.* ➛ *Allumer le feu.* **2** Éveiller de façon soudaine (une passion). ♦ fam. Aguicher (qqn). **3** Rendre lumineux en enflammant, ou par l'électricité. *Allumer une lampe.* ➛ fam. *Allumer l'électricité.* **4** Faire fonctionner (un appareil électrique). ▷ adj. **allumé, ée 1** *Lampe allumée.* **2** fam. Agité et exalté.

allumette n. f. ■ **1** Brin (de bois, carton, etc.) imprégné à une extrémité d'un produit susceptible de s'enflammer par friction. **2** appos. *Pommes allumettes,* frites très fines.

allumeur, euse ■ **I** n. m. Dispositif d'allumage (d'un moteur). **II** n. f. Femme qui excite le désir des hommes.

allure n. f. ▪ **1** Vitesse de déplacement. *Ralentir l'allure.* **2** Manière de se déplacer, de se tenir. ➛ *Avoir de l'allure,* de la distinction. **3** (choses) Apparence générale. ▷ adj. **alluré, ée** fam. Qui a de l'allure.

allusif, ive adj. ▪ Qui contient une allusion, procède par allusions. ► **allusivement** adv.

allusion n. f. ▪ Manière d'éveiller l'idée de qqch. sans en faire expressément mention. *L'allusion m'échappe.* ♦ Passage célèbre auquel on fait allusion (→ citation).

alluvion n. f. ▪ au plur. Dépôts de sédiments (cailloux, sables, boues, limons) d'un cours d'eau. ► **alluvial, ale, aux** adj.

alluvionnement n. m. ▪ didact. Formation d'alluvions.

almanach [-na] n. m. ▪ Annuaire, publication ayant pour base le calendrier.

almée n. f. ▪ Danseuse égyptienne.

almicantarat n. m. ▪ didact. Cercle de la sphère céleste, parallèle à l'horizon.

aloès [alɔɛs] n. m. ▪ Plante grasse, aux feuilles charnues, contenant un suc amer.

alogique adj. ▪ philos. Étranger aux déterminations de la logique.

aloi n. m. ▪ **1** didact. Titre légal (d'une monnaie). **2** *De bon, de mauvais aloi* loc. adj. : de bonne, de mauvaise qualité.

alopécie n. f. ▪ méd. Chute temporaire des cheveux ou des poils, partielle ou totale.

alors adv. ▪ **I 1** À ce moment-là ; à cette époque-là. ➛ *Les gens d'alors,* de ce temps. *Jusqu'alors,* jusqu'à cette époque. **2** Dans ce cas. *Alors, je renonce.* **II** loc. conj. *ALORS QUE* (+ indic.) **1** vieilli Lorsque. **2** À un moment où au contraire. → **tandis** que.

alose n. f. ▪ Poisson voisin du hareng.

alouate n. m. ▪ Singe hurleur de l'Amérique centrale.

alouette n. f. ▪ Petit passereau des champs, au plumage grisâtre ou brunâtre.

alourdir v. tr. [2] ▪ Rendre lourd, pesant (sens propre et fig.). ► **alourdissement** n. m.

aloyau n. m. ▪ Morceau de bœuf renfermant le filet, le romsteck et le contre-filet.

alpaga n. m. ▪ **1** Mammifère d'Amérique du Sud, voisin du lama. **2** Tissu de laine (à l'origine laine d'alpaga) et de soie.

alpage n. m. ▪ Pâturage de haute montagne.

alpaguer v. tr. [1] ▪ argot Arrêter (qqn).

alpax [-ks] n. m. ▪ techn. Alliage d'aluminium et de silicium affiné.

alpe n. f. ▪ Pâturage des Alpes.

alpestre adj. ▪ Propre aux Alpes. → **alpin.**

alpha n. m. ▪ Première lettre (α) de l'alphabet grec.

alphabet n. m. ▪ **1** Système de signes graphiques (lettres) servant à la transcription des sons (consonnes, voyelles) d'une langue ; série des lettres, rangées dans un ordre traditionnel. ➛ *Alphabet phonétique,* notant les sons (phonèmes). **2** Livre contenant les premiers éléments de la lecture. → **abc, abécédaire.**

alphabétique adj. ▪ **1** De l'alphabet. **2** Dans l'ordre alphabétique. ► **alphabétiquement** adv.

alphabétiser v. tr. [1] ▪ Apprendre à lire et à écrire à (un groupe social qui ignore une écriture). ► **alphabétisation** n. f.

alphanumérique adj. ▪ Qui recourt à la fois à des lettres et à des chiffres.

alpin, ine adj. ▪ **1** Des Alpes. → **alpestre.** ➛ *Chasseurs alpins :* troupes spécialisées dans la guerre de montagne. **2** D'alpinisme. ➛ *Ski alpin* (descente et slalom).

alpinisme n. m. ▪ Sport des ascensions en montagne. ► **alpiniste** n.

alsacien, ienne adj. et n. ▪ De l'Alsace.

altaïque adj. ▪ De l'Altaï. ➛ *Langues altaïques.*

altérable adj. ▪ Qui peut être altéré. ► **altérabilité** n. f.

altérant, ante adj. ▪ **1** Qui donne soif (opposé à *désaltérant*). **2** Qui provoque une altération.

altération n. f. ▪ **I** Changement en mal. **II** Signe de musique modifiant la hauteur de la note (dièse, bémol, bécarre).

altercation n. f. ▪ Échange bref de propos vifs, de répliques désobligeantes.

alter ego [altɛʀego] n. m. invar. ▪ Personne de confiance. ♦ Ami inséparable.

altérer v. tr. [6] ▪ **I 1** Changer en mal. → **détériorer, gâter.** ➛ pronom., fig. *Son visage s'altéra.* **2** Falsifier, fausser. **II 1** Exciter la soif de (qqn). **2** fig. *Être altéré de,* avide de.

altérité n. f. ▪ didact. Caractère de ce qui est autre.

altermondialisation n. f. ▪ Mouvement d'opinion qui s'oppose à la mondialisation libérale. → **antimondialisation.**

altermondialiste adj. ▪ Qui s'oppose à la mondialisation libérale (→ **antimondialisation**), et promeut des échanges plus justes entre les peuples, les sociétés. ► **altermondialisme** n. m.

alternance n. f. ▪ **1** Succession répétée, dans l'espace ou dans le temps, dans un ordre régulier, d'éléments d'une série. *L'alternance des saisons.* **2** Succession au pouvoir de deux tendances politiques.

alternant, ante adj. ▪ Qui alterne.

alternat n. m. ▪ didact. **1** Droit d'occuper tour à tour le premier rang (pour des États, des villes). **2** Rotation (des cultures).

alternateur n. m. ▪ Génératrice de courants alternatifs.

alternatif, ive adj. ▪ **1** Qui présente une alternance. → **périodique.** ◆ *Courant alternatif,* dont l'intensité varie selon une sinusoïde (opposé à *continu*). **2** (emploi critiqué) Qui constitue une alternative (3). → **parallèle.**

① **alternative** n. f. ▪ **1** au plur. Phénomènes ou états opposés se succédant régulièrement. **2** Situation dans laquelle il n'y a que deux partis possibles. *Une alternative délicate.* **3** (emploi critiqué) Solution de remplacement.

② **alternative** n. f. ▪ Cérémonie donnant au jeune novillero le droit d'alterner dans les courses avec les matadors.

alternativement adv. ▪ En alternant.

alterne adj. ▪ didact. Qui présente une alternance d'ordre spatial.

alterner v. 1 ▪ **1** v. intr. Se succéder en alternance. **2** v. tr. Faire succéder (les cultures) par alternance. ▷ adj. **alterné, ée** *Rimes alternées,* croisées. ◆ *Stationnement alterné.*

altesse n. f. ▪ Titre d'honneur donné aux princes et princesses du sang.

althæa [altea] ▪ bot. **1** n. f. Variété de guimauve. ◆ Rose trémière. **2** n. m. Espèce non tropicale de l'hibiscus.

altier, ière adj. ▪ Fier, hautain.

altimètre n. m. ▪ Appareil indiquant l'altitude du lieu où l'on se trouve.

altimétrie n. f. ▪ didact. **1** Méthode de mesure des altitudes. **2** Signes qui représentent le relief, sur une carte. ▶ **altimétrique** adj.

altiport n. m. ▪ Petit terrain d'atterrissage en haute montagne.

altise n. f. ▪ Insecte coléoptère sauteur.

altiste n. ▪ Joueur, joueuse d'alto (2).

altitude n. f. ▪ **1** Élévation (d'un point, d'un lieu) par rapport au niveau de la mer. **2** Grande altitude.

alto n. m. ▪ **1** Voix de contralto. ◆ n. Chanteur (contre-ténor) ou chanteuse (contralto) qui a cette voix. **2** Instrument de la famille des violons, plus grave et un peu plus grand. **3** appos. *Clarinettes alto.*

altocumulus [-ys] n. m. ▪ météorol. Nuage formant une couche de lamelles ou de flocons réguliers.

altostratus [-ys] n. m. ▪ météorol. Nuage formant un voile assez sombre.

altruisme n. m. ▪ Disposition à se dévouer à autrui. ▶ **altruiste** adj. et n.

altuglas [-as] n. m. ▪ Matière synthétique très résistante.

alu n. m. → **aluminium**

aluminate n. m. ▪ chim. Sel où l'alumine joue un rôle d'anhydride d'acide.

alumine n. f. ▪ Oxyde d'aluminium.

aluminer v. tr. 1 ▪ **1** Combiner avec l'alumine. **2** Recouvrir d'aluminium.

aluminerie n. f. ▪ techn. Usine qui produit de l'aluminium.

alumineux, euse adj. ▪ Qui contient de l'alumine ou un composé de l'aluminium.

aluminium [-jɔm] n. m. ▪ Élément (symb. Al, n° at. 13, masse at. 26,982), métal blanc, léger, bon conducteur de l'électricité. – abrév. fam. **alu.**

alun n. m. ▪ Sulfate double de potassium et d'aluminium, utilisé en médecine, etc.

alunir v. intr. 2 ▪ Aborder sur la Lune. ▶ **alunissage** n. m.

alvéole n. m. (vieilli) ou f. ▪ **1** Cellule de cire que fabrique l'abeille. **2** anat. *Alvéoles dentaires :* cavités où sont implantées les racines des dents. ◆ *Alvéoles pulmonaires :* culs-de-sac terminaux des ramifications des bronches. ▶ **alvéolaire** adj. **3** Cavité ayant la forme d'une alvéole (1).

alvéolé, ée adj. ▪ Qui présente des alvéoles.

alvéolite n. f. ▪ méd. Inflammation des alvéoles.

alysse n. f. ▪ bot. Plante à fleurs blanches ou jaunes.

alyte n. m. ▪ zool. Batracien d'Europe, appelé aussi *crapaud accoucheur.*

Am ▪ Symbole chimique de l'américium.

amabilité n. f. ▪ Qualité d'une personne aimable ; manifestation de cette qualité.

amadou n. m. ▪ Substance inflammable venant d'un champignon (l'*amadouvier,* n. m.).

amadouer v. tr. 1 ▪ Amener à ses fins ou apaiser (qqn qui était hostile ou réservé) par des flatteries, des attentions adroites.

amaigrir v. tr. 2 ▪ Rendre maigre, plus maigre. ▷ adj. **amaigri, ie** ▶ **amaigrissant, ante** adj.

amaigrissement n. m. ▪ Fait de maigrir.

amalgame n. m. ▪ **1** Mélange servant à l'obturation des dents. **2** Mélange d'éléments hétérogènes. **3** Fait d'associer artificiellement diverses idéologies, etc., pour les discréditer.

amalgamer v. tr. 1 ▪ Unir dans un mélange. → **mélanger.**

aman n. m. ▪ (islam) Octroi de la vie sauve.

amandaie n. f. ▪ Lieu planté d'amandiers. – syn. **amanderaie.**

amande n. f. ▪ **1** Fruit de l'amandier, dont la graine comestible est riche en huile. ◆ *EN AMANDE :* en forme d'amande. ◆ appos. (invar.) *Vert amande :* vert clair. **2** Graine d'un fruit à noyau. *L'amande de l'abricot.*

amandier n. m. ▪ Arbre dont le fruit est l'amande.

amandine n. f. ▪ Gâteau aux amandes.

amanite n. f. ▪ Champignon à lames dont certaines espèces sont vénéneuses *(amanite tue-mouche)* ou même mortelles *(amanite phalloïde).*

amant, ante n. ▪ **1** vx ou littér. Personne qui aime d'amour et qui est aimée. → **amoureux, soupirant.** **2** n. m. Homme qui a des relations sexuelles avec quelqu'un sans être son mari.

amarante n. f. ▪ Plante ornementale, aux nombreuses fleurs rouges en grappes.

amaretto n. m. ▪ Liqueur italienne à base d'amandes d'abricots.

amareyeur, euse n. ▪ Ouvrier, ouvrière qui travaille dans les parcs à huîtres. → **ostréiculteur.**

amarrage n. m. ▪ Action, manière d'amarrer.

amarre n. f. ▪ Câble, cordage pour retenir un navire, un ballon à un point fixe.

amarrer v. tr. [1] ▪ **1** Maintenir, retenir avec des amarres. **2** → **arrimer.**

amaryllis [-lis] n. f. ▪ Plante bulbeuse, aux fleurs ornementales.

amas n. m. ▪ Réunion d'objets venus de divers côtés. → **amoncellement, tas.**

amasser v. tr. [1] ▪ Réunir en quantité considérable, par additions successives. → **accumuler, amonceler, entasser.**

amateur, trice n. ▪ **1** Personne qui aime, recherche (certaines choses). *La collection d'un amateur* (d'art). ♦ Acheteur éventuel. ▸ loc. *Avis aux amateurs :* avis aux personnes intéressées. **2** Personne qui cultive un art, une science pour son seul plaisir (et non par profession). **3** sports Personne qui pratique un sport sans recevoir de rémunération directe (opposé à *professionnel*). **4** péj. Personne qui exerce une activité de façon fantaisiste.

amateurisme n. m. ▪ **1** Condition de l'amateur, en sport. **2** péj. Caractère d'un travail d'amateur (4) (négligé, etc.).

amaurose n. f. ▪ méd. Perte totale de la vue.

a maxima loc. adj. ▪ dr. *Appel a maxima,* formé par le ministère public pour diminuer la peine.

amazone n. f. ▪ **1** Femme qui monte à cheval. ▸ loc. *Monter en amazone,* les deux jambes du même côté de la selle. **2** Longue jupe pour monter à cheval. **3** fam. Prostituée qui racole en voiture.

ambages n. f. pl. ▪ loc. adv. *Sans ambages :* sans détour, franchement.

ambassade n. f. ▪ **1** Représentation permanente d'un État auprès d'un État étranger. ▸ Personnel, locaux de cette représentation. **2** Mission délicate auprès de qqn.

ambassadeur, drice n. ▪ **1** Représentant(e) permanent(e) d'un État auprès d'un État étranger, le plus élevé dans la hiérarchie diplomatique. **2** Personne chargée d'une mission. **3** Personne qui représente à l'étranger (une activité de son pays).

ambi- Élément, du latin *ambo* « tous les deux ».

ambiance n. f. ▪ Atmosphère matérielle ou morale qui environne qqn, des personnes. ▸ fam. *Il y a de l'ambiance ici,* une atmosphère gaie, pleine d'entrain. ▸ *Musique d'ambiance,* discrète et agréable.

ambianceur, euse n. ▪ (Afrique) Personne qui met de l'animation dans une fête.

ambiant, ante adj. ▪ Qui entoure de tous côtés, constitue le milieu où on se trouve.

ambidextre adj. et n. ▪ Qui possède la même aisance des deux mains.

ambigu, uë [-gy] adj. ▪ Qui présente deux ou plusieurs sens possibles ; dont l'interprétation est incertaine. *Réponse ambiguë.* ♦ Dont la nature est équivoque. *Personnage ambigu.* ▸ **ambigument** adv.

ambiguïté [-gɥi-] n. f. ▪ Caractère de ce qui est ambigu.

ambiophonie n. f. ▪ Ambiance sonore créée par une augmentation de la réverbération des sons. ▸ **ambiophonique** adj.

ambitieux, euse ▪ **1** adj. et n. (Personne) qui a de l'ambition. **2** adj. Qui marque de l'ambition, ou péj. trop d'ambition. ▸ **ambitieusement** adv.

ambition n. f. ▪ **1** Désir ardent d'obtenir ce qui peut flatter l'amour-propre (pouvoir, réussite...). **2** (sens affaibli) Désir, souhait.

ambitionner v. tr. [1] ▪ Rechercher par ambition. → **briguer, convoiter.** ▸ (avec *de* + inf.) Souhaiter vivement.

ambivalence n. f. ▪ Caractère de ce qui a deux composantes de sens contraire, ou de ce qui se présente sous deux aspects. ▸ **ambivalent, ente** adj. → **ambigu.**

amble n. m. ▪ Allure d'un cheval, etc., qui se déplace en levant en même temps les deux jambes du même côté.

amblyopie n. f. ▪ didact. Affaiblissement de la vue, sans lésion organique apparente. ▸ **amblyope** adj. et n.

amblyoscope n. m. ▪ opt. Appareil servant à l'examen complet de la vision binoculaire.

ambon n. m. ▪ didact. Tribune placée à l'entrée du chœur des basiliques chrétiennes.

ambre n. m. ▪ **1** *Ambre gris :* substance provenant des concrétions intestinales du cachalot ; parfum qui en est extrait. **2** *Ambre jaune :* résine fossilisée (transparente).

ambré, ée adj. ▪ **1** Parfumé à l'ambre gris. **2** Qui a un reflet jaune.

ambroisie n. f. ▪ Nourriture des dieux de l'Olympe, source d'immortalité.

ambulacre n. m. ▪ zool. Pied tubulaire rétractile des échinodermes.

ambulance n. f. ▪ Automobile aménagée pour le transport des malades ou des blessés.

ambulancier, ière n. ▪ Personne qui conduit une ambulance.

ambulant, ante adj. ▪ Qui se déplace pour exercer son activité professionnelle.

ambulatoire adj. ▪ méd. **1** Qui concerne la marche. **2** *Traitement ambulatoire*, qui permet au malade de poursuivre ses activités normales.

âme n. f. ▪ **I 1** Principe spirituel de l'être humain, conçu dans la religion comme séparable du corps, immortel et jugé par Dieu. *Attribuer une âme aux choses.* → **animisme.** ◆ *Rendre l'âme* : mourir. **2** Principe de la sensibilité et de la pensée (opposé au corps). *De toute son âme* (→ de tout son cœur). *Être musicien dans l'âme*, profondément. **3** Être vivant, personne. *Un village de cinq cents âmes.* → **habitant.** ◆ loc. *Ne pas trouver* ÂME QUI VIVE : ne trouver personne. ◆ *L'âme sœur* : une personne avec laquelle on a des affinités sentimentales. **4** Personne qui anime une entreprise collective. **5** *Âme damnée* : personne entièrement dévouée à qqn. **II 1** Partie centrale d'un câble. **2** Évidement intérieur d'une arme à feu. **3** mus. Pièce de bois qui réunit la table et le fond d'un instrument à cordes.

amélanchier n. m. ▪ Arbuste des montagnes aux fruits noirs comestibles.

améliorer v. tr. [1] ▪ Rendre meilleur, plus satisfaisant, changer en mieux. ▷ v. pron. **s'améliorer** ► **améliorable** adj. ► **amélioration** n. f.

amen [amɛn] interj. ▪ relig. chrét. Mot par lequel se terminent les prières (traduit par « ainsi soit-il »). ◆ loc. fig. *Dire amen à ce que dit qqn*, acquiescer sans discuter.

aménager v. tr. [3] ▪ **1** Disposer et préparer méthodiquement en vue d'un usage déterminé. **2** Adapter pour rendre plus efficace. ► **aménageable** adj. ► **aménagement** n. m.

aménageur, euse n. ▪ Spécialiste de l'aménagement urbain.

aménagiste n. ▪ Spécialiste de l'aménagement des forêts.

amendable adj. ▪ **1** agric. Qui peut être amendé. **2** polit. Qui peut être modifié par un amendement.

amende n. f. ▪ **1** Peine pécuniaire prononcée en matière civile, pénale ou fiscale. → **contravention.** **2** loc. *Faire amende honorable* : reconnaître ses torts.

amendement n. m. ▪ **1** agric. Opération visant à améliorer un sol ; substance incorporée au sol à cet effet. **2** polit. Modification proposée à un texte soumis à une assemblée délibérante. *Voter un amendement.*

amender v. tr. [1] ▪ **1** littér. Améliorer. ▷ v. pron. **s'amender** **2** agric. Rendre plus fertile (une terre). **3** polit. Modifier par amendement (2).

amène adj. ▪ littér. Agréable, avenant.

amenée n. f. ▪ Action d'amener (l'eau...).

amener v. tr. [5] ▪ **1** Mener (qqn) à un endroit ou auprès d'une personne. ◆ loc. *Quel bon vent* vous amène ?* ◆ *Mandat d'amener* : ordre de comparaître devant un juge. **2** fig. *Amener qqn à* : conduire, entraîner petit à petit à. → **convaincre.** **3** Faire venir à une destination. → **conduire.** **4** (sujet chose) Avoir pour suite assez proche. → **occasionner.** **5** mar. Tirer à soi. ▷ v. pron. **s'amener** fam. Arriver, venir.

aménité n. f. ▪ Amabilité pleine de douceur. *Sans aménité*, durement.

aménorrhée n. f. ▪ méd. Absence de flux menstruel chez une femme en âge d'être réglée.

amenuiser v. tr. [1] ▪ **1** Rendre plus mince. **2** fig. Rendre moins important. ▷ v. pron. **s'amenuiser** → **diminuer.** ► **amenuisement** n. m.

① **amer, ère** adj. ▪ **1** Qui produit au goût une sensation âpre, désagréable ou stimulante. ◆ n. m. Liqueur au goût amer. **2** fig. Qui engendre ou marque l'amertume. ◆ *Il est très amer*, plein de ressentiment.

② **amer** [amɛʀ] n. m. ▪ mar. Objet, construction fixe servant de repère pour la navigation.

amèrement adv. ▪ De manière amère.

américain, aine ▪ **1** adj. De l'Amérique. *Les Indiens américains.* → **amérindien.** **2** adj. et n. Des États-Unis d'Amérique.

américaniser v. tr. [1] ▪ Faire ressembler aux Américains des États-Unis, à leur civilisation. ▷ v. pron. **s'américaniser** ► **américanisation** n. f.

américanisme n. m. ▪ **1** Idiotisme américain (en anglais). ◆ Emprunt à l'américain. **2** Ensemble des études consacrées au continent américain. ► **américaniste** n.

américium [-jɔm] n. m. ▪ Élément chimique artificiel (symb. Am, n° at. 95), de la série des actinides.

amérindien, ienne adj. et n. ▪ Des Indiens d'Amérique. ◆ n. *Les Amérindiens.*

amerloque n. et adj. ▪ fam. et péj. Américain des États-Unis.

amerrir v. intr. [2] ▪ (hydravion...) Se poser à la surface de l'eau. ► **amerrissage** n. m.

amertume n. f. ▪ **1** Saveur amère. **2** fig. Sentiment durable de tristesse mêlée de rancœur, lié à une déception, etc.

améthyste n. f. ▪ Pierre fine violette (quartz).

amétropie n. f. ▪ méd. Trouble oculaire caractérisé par une mauvaise mise au point des images. ► **amétrope** adj. et n.

ameublement n. m. ▪ **1** Ensemble des meubles d'un logement (dans son agencement). **2** Industrie, commerce des meubles.

ameublir v. tr. [2] ▪ Rendre meuble (le sol). ► **ameublissement** n. m.

ameuter v. tr. [1] ▪ **1** Attrouper dans une intention de manifestation hostile. **2** Alerter, inquiéter (des personnes).

amharique n. m. ▪ didact. Langue sémitique parlée dans la majeure partie du haut plateau abyssin.

ami, ie ▪ **I** n. **1** Personne avec laquelle on est lié d'amitié. *Un ami d'enfance.* ◆ loc. *Faire ami-ami avec qqn,* lui faire des démonstrations d'amitié. **2** par euphémisme Amant, maîtresse ; amoureux(euse). ◆ *Petit(e) ami(e)* (même sens). **3** Personne qui est bien disposée envers une autre ou une collectivité. *Ses amis politiques.* ◆ *Les amis du livre,* les bibliophiles. **4** *Faux ami* : mot qui, dans une langue étrangère, présente une similitude trompeuse avec un mot de sa propre langue. **II** adj. **1** Lié d'amitié. ♦ *Être ami de la liberté,* y être attaché. **2** D'un ami ; digne d'amis. → **amical ; accueillant.**

amiable adj. ▪ Qui est fait par voie de conciliation. *Constat amiable.* ♦ loc. adv. *À L'AMIABLE* : par voie de conciliation, sans procès.

amiante n. m. ▪ Silicate se travaillant en fibres ; ces fibres, résistantes au feu.

amibe n. f. ▪ Protozoaire des eaux douces et salées, qui se déplace à l'aide de pseudopodes. ► **amibien, ienne** adj.

amibiase n. f. ▪ méd. Maladie parasitaire due à des amibes.

amiboïde adj. ▪ Qui se rapporte aux amibes.

amical, ale, aux adj. ▪ **1** Qui manifeste, traduit de l'amitié. ♦ *Association amicale* ou n. f. *amicale* (de personnes ayant une même activité). **2** Se dit d'une rencontre sportive qui ne compte pas pour un championnat.

amicalement adv. ▪ De façon amicale.

amict [ami] n. m. ▪ Linge que le prêtre se met sur les épaules avant de revêtir l'aube.

amide n. m. ▪ biochim. Composé organique dérivant de l'ammoniac ou d'une amine par substitution de radicaux acides à l'hydrogène.

amidon n. m. ▪ Glucide emmagasiné par les végétaux, et qui fournit un empois.

amidonner v. tr. [1] ▪ Empeser à l'amidon. ► **amidonnage** n. m.

amidopyrine n. f. ▪ pharm. Médicament qui combat la fièvre et la douleur.

amincir v. tr. [2] ▪ **1** Rendre plus mince. **2** Faire paraître plus mince. ▷ v. pron. **s'amincir** ► **amincissant, ante** adj. ► **amincissement** n. m.

amine n. f. ▪ biochim. Composé organique dérivé de l'ammoniac.

aminé, ée adj. ▪ *Acide aminé* : substance organique possédant les fonctions amine et acide, constituant essentiel des protéines.

a minima loc. adj. ▪ dr. *Appel a minima* : appel que le ministère public interjette lorsqu'il estime la peine insuffisante.

amiral, ale, aux n. ▪ Officier du grade le plus élevé dans la marine.

amirauté n. f. ▪ Corps des amiraux. ◆ Siège du commandement de la marine.

amish n. invar. ▪ Membre d'un mouvement religieux des États-Unis.

amitié [-tje] n. f. ▪ **1** Sentiment réciproque d'affection ou de sympathie qui ne se fonde ni sur la parenté ni sur l'attrait sexuel. ◆ vieilli *Amitié particulière* : liaison homosexuelle. **2** Marque d'affection.

ammi n. m. ▪ bot. Ombellifère du sud et de l'ouest de la France.

ammoniac n. m. ▪ Combinaison gazeuse d'azote et d'hydrogène, gaz à odeur piquante. ► **ammoniacal, ale, aux** adj.

ammoniaque n. f. ▪ Solution d'ammoniac.

ammoniaqué, ée adj. ▪ Qui contient de l'ammoniaque.

ammonite n. f. ▪ Mollusque céphalopode fossile du secondaire, à coquille enroulée.

ammonitrate n. m. ▪ chim. Nitrate d'ammonium (NH_4NO_3).

ammonium [-jɔm] n. m. ▪ chim. Radical monovalent NH_4 jouant le rôle de métal alcalin dans les sels ammoniacaux.

ammophile adj. ▪ didact. Qui vit dans le sable. → **arénicole.**

amnésie n. f. ▪ Perte totale ou partielle de la mémoire. ► **amnésique** adj. et n.

amniocentèse [-sɛ̃-] n. f. ▪ Prélèvement, par ponction, de liquide amniotique.

amnios [amnjos] n. m. ▪ didact. Annexe embryonnaire enveloppant l'embryon de certains vertébrés (mammifères, oiseaux, reptiles). ► **amniotique** adj.

amnioscopie n. f. ▪ didact. Examen du liquide amniotique par endoscopie.

amnistie n. f. ▪ Acte du pouvoir législatif par lequel sont suspendues des sanctions.

amnistier v. tr. [7] ▪ Faire bénéficier d'une amnistie (des délinquants ; des délits). ► **amnistiable** adj. ► **amnistiant, ante** adj.

amocher v. tr. [1] ▪ fam. Blesser. ♦ Abîmer.

amodiation n. f. ▪ dr. Exploitation (d'une terre) moyennant une redevance périodique.

amodier v. tr. [7] ▪ dr. Louer (une terre) par amodiation.

amoindrir v. tr. [2] ▪ Diminuer (la force, la valeur...) ; diminuer l'importance de (qqch.). → **réduire.** ▷ v. pron. **s'amoindrir** → **décroître.** ► **amoindrissement** n. m.

amok n. m. ▪ didact. Forme de folie homicide observée chez les Malais.

amollir v. tr. [2] ▪ Rendre mou. → **ramollir.** ← sans compl. fig. *La paresse amollit.* ▷ v. pron. **s'amollir** ► **amollissement** n. m.

amonceler v. tr. [4] ▪ **1** Réunir en monceau, en tas. → **entasser. 2** fig. Accumuler. *Amonceler des preuves.* ▷ v. pron. **s'amonceler** ► **amoncellement** n. m.

amont n. m. ▪ **1** Partie d'un cours d'eau comprise entre un point et la source (opposé à *aval*). ← loc. prép. *EN AMONT DE* : au-dessus de (tel point d'un cours d'eau). **2** fig. Ce qui vient avant (dans un processus).

amoral, ale, aux adj. ▪ Qui est étranger au domaine de la moralité (≠ *immoral*). ► **amoralité** n. f.

amoralisme n. m. ▪ **1** Conception philosophique de la vie étrangère à toute considération morale. **2** Attitude d'une personne amorale.

amorçage n. m. ▪ Action d'amorcer.

amorce n. f. ▪ **I** Produit jeté dans l'eau pour amorcer le poisson. **II 1** Petite masse de matière détonante servant à provoquer une explosion ; dispositif de mise à feu. → **détonateur. 2** Ce qui amorce (3) qqch. → **début, ébauche.**

amorcer v. tr. [3] ▪ **I** Garnir d'un appât. → **appâter.** ♦ Attirer (le poisson) avec des amorces (I). **II 1** Garnir d'une amorce (II, 1). **2** Mettre (une pompe) en état de fonctionner. **3** fig. Entamer, ébaucher. *Amorcer un geste.*

amoroso adv. ▪ mus. Avec tendresse.

amorphe adj. ▪ **1** (roche) Qui n'a pas de forme cristallisée. **2** Qui n'est pas structuré. **3** Sans réaction, sans énergie. → **apathique.**

amorti n. m. ▪ sports Manière de toucher la balle, en amortissant le coup.

amortir v. tr. [2] ▪ **1** Rendre moins violent, atténuer l'effet de. ♦ fig. Atténuer. **2** Éteindre (une dette) par remboursement. **3** Constater la dépréciation comptable de (un bien). ► **amortissement** n. m.

amortissable adj. ▪ Qui peut être amorti. *Emprunt amortissable sur trois ans.*

amortisseur n. m. ▪ Dispositif qui amortit (1) les chocs, les trépidations, etc.

amour n. m. ▪ **1** Sentiment vif qui pousse à aimer (qqn), à vouloir du bien, à aider en s'identifiant plus ou moins. → **aimer ; affection.** ♦ Ce sentiment, considéré comme naturel entre les membres d'une même famille. *L'amour filial.* **2** Inclination envers une personne, le plus souvent à caractère passionnel, fondée sur l'instinct sexuel, mais entraînant des comportements variés. ♦ au plur. Liaison, aventure amoureuse. *Comment vont tes amours ?* ← littér. au fém. *De brèves amours.* ♦ *FAIRE L'AMOUR* : avoir des relations sexuelles. **3** Personne aimée. *C'est l'amour de sa vie.* **4** Personnification mythologique de l'amour. **5** fam. Chose ou personne aimable. **6** Attachement désintéressé et profond à une valeur. *L'amour de la justice.* ← *Faire qqch. avec amour,* avec soin. **7** Goût très vif pour qqch. qui procure du plaisir. → **passion.**

s'amouracher v. pron. [1] ▪ péj. Tomber amoureux (de qqn). → **s'enticher** de.

amourette n. f. ▪ Amour passager.

amourettes n. f. pl. ▪ cuis. Morceaux de moelle épinière de veau, de bœuf, de mouton.

amoureusement adv. ▪ **1** Avec amour (2), tendrement. **2** Avec un soin particulier.

amoureux, euse adj. ▪ **1** Qui éprouve de l'amour (2), qui aime. ← n. *Deux amoureux.* **2** Propre à l'amour ; qui marque de l'amour. *Passion amoureuse.* **3** Qui a un goût très vif (pour qqch.). → **passionné.**

amour-propre n. m. ▪ Sentiment vif qu'un être a de sa dignité et de sa valeur.

amovible adj. ▪ **1** (fonctionnaire...) Qui peut être déplacé, révoqué. **2** Qu'on peut ôter ou remettre à volonté. ► **amovibilité** n. f.

ampélologie n. f. ▪ didact. Étude scientifique de la vigne.

ampélopsis [-sis] n. m. ▪ Plante grimpante aussi appelée *vigne vierge.*

ampérage n. m. ▪ Intensité de courant électrique (emploi incorrect en sc.).

ampère n. m. ▪ Unité de mesure d'intensité du courant électrique (symb. A).

ampère-heure n. m. ▪ sc. Quantité d'électricité qui traverse en une heure un conducteur quand l'intensité de courant est de 1 ampère (symb. Ah).

ampèremètre n. m. ▪ sc. Instrument destiné à mesurer l'intensité d'un courant électrique. → **galvanomètre.**

amphétamine n. f. ▪ Médicament employé comme excitant du système nerveux central.

amphi n. m. → **amphithéâtre**

amph(i)- Élément (du grec *amphi-*) qui signifie « de deux côtés » ou « autour ».

amphiarthrose n. f. ▪ anat. Articulation peu mobile. → **symphyse.**

amphibie adj. ■ **1** Capable de vivre à l'air ou dans l'eau. **2** Qui peut être utilisé sur terre ou dans l'eau.

amphibien n. m. ■ Animal amphibie à la peau criblée de glandes à sécrétion visqueuse, à respiration surtout cutanée, et qui subit une métamorphose (classe des *Amphibiens*, appelés autrefois *batraciens*).

① **amphibole** n. f. ■ minér. Silicate de fer et de magnésium. ► **amphibolique** adj.

② **amphibole** adj. ■ didact. Qui n'a pas de caractère défini, incertain. *Fièvre amphibole.*

amphibologie n. f. ■ didact. Double sens présenté par une proposition (ex. louer un appartement). ► **amphibologique** adj.

amphictyon n. m. ■ hist. Membre d'une amphictyonie*.

amphictyonie n. f. ■ hist. Association de cités, placée sous le patronage d'un dieu, dans l'Antiquité grecque.

amphigouri n. m. ■ Discours embrouillé. ► **amphigourique** adj.

amphioxus [-ys] n. m. ■ zool. Petit animal marin qui vit enfoui dans le sable près des côtes.

amphisbène n. m. ■ zool. Reptile fouisseur d'Amérique tropicale.

amphithéâtre n. m. ■ **1** Vaste édifice antique, à gradins étagés, occupé au centre par une arène. **2** Salle de cours en gradins dans une université. – abrév. fam. **amphi.**

amphitryon n. m. ■ littér. Hôte qui offre à dîner.

amphore n. f. ■ Vase antique à deux anses, pansu, à pied étroit.

amphotère adj. ■ chim. (substance) Capable de se combiner aux acides comme aux bases.

ample adj. ■ **1** Qui a de l'ampleur. → **large.** **2** fig. Abondant ; qui se développe largement. ► **amplement** adv.

amplectif, ive adj. ■ bot. Qui enveloppe complètement (un autre organe).

ampleur n. f. ■ **1** Largeur importante. **2** Caractère de ce qui a une grande extension ou importance. *Prendre de l'ampleur.*

ampliatif, ive adj. ■ dr. Qui complète un acte précédent. ◆ Qui constitue une ampliation.

ampliation n. f. ■ **1** dr. Copie authentifiée d'un acte notarié ou administratif. **2** physiol. Augmentation du volume de la cage thoracique lors de l'inspiration.

amplificateur, trice ■ **1** n. m. Appareil destiné à augmenter l'amplitude d'un phénomène. ◆ spécialt Élément d'une chaîne acoustique précédant les haut-parleurs. **2** adj. Qui amplifie.

amplifier v. tr. 7 ■ **1** Augmenter les dimensions, l'intensité de. *Amplifier un son.* **2** Développer en ajoutant des détails. ► **amplification** n. f.

amplitude n. f. ■ **1** Grandeur, importance. → **ampleur.** **2** sc. Différence entre les valeurs extrêmes d'une grandeur.

ampoule n. f. ■ **I 1** Petite fiole. **2** Tube de verre effilé contenant une dose de médicament liquide ; son contenu. **3** Globe de verre contenant le filament des lampes à incandescence, des électrodes, ou tout autre élément pouvant produire de la lumière. **II** Cloque de la peau.

ampoulé, ée adj. ■ (style...) Emphatique.

amputation n. f. ■ **1** Opération chirurgicale consistant à couper un membre, une partie saillante, etc. **2** fig. Perte importante.

amputer v. tr. 1 ■ **1** Faire l'amputation de (un membre, etc.). ◆ *Amputer qqn de,* lui enlever (tel membre). **2** fig. Couper, retrancher. → **mutiler.** ▷ adj. et n. **amputé, ée**

s'amuïr v. pron. 2 ■ phonét. (son du langage) Ne plus se prononcer, devenir muet. ► **amuïssement** n. m.

amulette n. f. ■ Petit objet (porte-bonheur) qu'on porte sur soi par superstition.

amure n. f. ■ mar. Côté d'un bateau qui reçoit le vent.

amusant, ante adj. ■ Qui amuse, est propre à distraire. → **divertissant, drôle.**

amuse-gueule n. m. ■ fam. Petit sandwich, biscuit salé, etc., servi en apéritif. *Des amuse-gueule(s).* – syn. **amuse-bouche.**

amusement n. m. ■ Distraction agréable.

amuser v. tr. 1 ■ **1** Détourner l'attention de (qqn). **2** Distraire agréablement ; faire rire ou sourire. → **divertir.** ◆ loc. fam. *Amuser la galerie* : faire rire l'assistance. ▷ v. pron. **s'amuser** ▷ adj. **amusé, ée**

amusette n. f. ■ Passe-temps frivole.

amuseur, euse n. ■ Personne qui amuse, distrait (une société, un public).

amusie n. f. ■ méd. Perte de la capacité de chanter, de jouer ou de reconnaître une musique.

amygdale [-id-] n. f. ■ Chacun des deux organes lymphoïdes situés en arrière du pharynx.

amygdalectomie [-id-] n. f. ■ méd. Ablation des amygdales.

amygdalite [-id-] n. f. ■ Inflammation des amygdales.

amylacé, ée adj. ■ De la nature de l'amidon.

amylase n. f. ■ chim. Enzyme digestive sécrétée par le pancréas et les glandes salivaires.

amyle n. m. ■ chim. Radical ($C_5H_{11}OH$) présent dans les dérivés de l'amidon.

amylène n. m. ■ chim. Hydrocarbure (C_2H_{10}) obtenu par déshydratation de l'alcool amylique.

amylique adj. ▪ *Alcool amylique* : alcool de formule $C_5H_{11}OH$.

amyotrophie n. f. ▪ pathol. Atrophie musculaire. ► **amyotrophique** adj.

an n. m. ▪ **1** Durée conventionnelle, voisine de celle d'une révolution de la Terre autour du Soleil ; cet espace de temps (12 mois consécutifs), utilisé pour mesurer la durée ou l'âge. *Deux fois par an, deux fois l'an. Il a vingt ans.* ◆ loc. *Bon an, mal an,* en moyenne. **2** Année en tant que point du temps. *Le jour, le premier de l'An, le Nouvel An* : le 1er janvier. ◆ loc. *S'en moquer comme de l'an quarante,* complètement.

an- → ②**a-**

ana- Élément (du grec *ana-*) signifiant « de bas en haut », « en arrière », « de nouveau ».

ana n. m. ▪ Recueil de pensées d'une personnalité. *Des ana* ou *anas.*

anabaptiste [-batist] n. ▪ Membre d'une Église protestante qui baptise les enfants à l'âge de raison.

anabolisant, ante n. m. et adj. ▪ Substance entraînant un accroissement du système musculaire. ◆ adj. *Stéroïdes anabolisants.*

anabolisé, ée adj. ▪ (animal) Traité aux anabolisants.

anabolisme n. m. ▪ physiol. Phase du métabolisme comprenant les phénomènes de biosynthèse (opposé à *catabolisme*).

anabolite n. m. ▪ physiol. Substance produite lors de l'anabolisme.

anacarde n. m. ▪ Fruit d'un arbre tropical (l'*anacardier,* n. m.), appelé aussi *noix de cajou.*

anachorète [-kɔ-] n. ▪ didact. Religieux contemplatif solitaire. → **ermite.** ► **anachorétique** adj. → **érémitique.**

anachronique [-kʀɔ-] adj. ▪ **1** Entaché d'anachronisme (1). **2** Qui est déplacé à son époque. → **désuet, périmé.**

anachronisme [-kʀɔ-] n. m. ▪ **1** Confusion de dates. **2** Caractère de ce qui est anachronique (2) ; chose anachronique.

anaclitique adj. ▪ méd. *Dépression anaclitique* : arrêt du développement chez le très jeune enfant brusquement séparé de sa mère.

anacoluthe n. f. ▪ didact. Rupture dans la construction d'une phrase.

anaconda n. m. ▪ Grand serpent d'Amérique du Sud.

anacrouse n. f. ▪ mus. Mesure incomplète par laquelle débute parfois un morceau.

anadrome adj. ▪ didact. Se dit des poissons de mer qui remontent les fleuves pour y pondre.

anaérobie adj. ▪ contr. *aérobie* **1** (micro-organisme) Qui peut vivre sans air. **2** Capable de fonctionner sans air.

anaérobiose n. f. ▪ biol. Vie des organismes anaérobies (opposé à *aérobiose*).

anaglyphe n. m. ▪ didact. Ouvrage sculpté en bas-relief.

anaglyptique adj. ▪ didact. Se dit d'une écriture en relief à l'usage des aveugles.

anagramme n. f. ▪ Mot obtenu par transposition de lettres (ex. Marie-aimer).

anal, ale, aux adj. ▪ De l'anus. ◆ psych. *Stade anal,* stade de la libido antérieur au stade génital, selon Freud. ► **analité** n. f.

analeptique adj. ▪ didact. Qui stimule les fonctions de l'organisme. → **fortifiant, reconstituant.**

analgésie n. f. ▪ Suppression de la douleur.

analgésique adj. ▪ Qui supprime ou atténue la sensibilité à la douleur. → **antalgique.** ◆ n. m. *La morphine est un analgésique.*

anallergique adj. ▪ pharm. Qui ne provoque pas d'allergie. → **hypoallergénique.**

analogie n. f. ▪ Ressemblance établie par l'esprit (association d'idées) entre deux ou plusieurs objets de pensée essentiellement différents. ► **analogique** adj.

analogue adj. ▪ Qui présente une analogie. → **comparable, voisin.** ◆ n. m. → **correspondant, équivalent.**

analphabète adj. et n. ▪ (Personne) qui n'a pas appris à lire et à écrire (≠ *illettré*).

analphabétisme n. m. ▪ didact. État d'analphabète (≠ *illettrisme*).

analysable adj. ▪ Qui peut être analysé.

analysant, ante n. ▪ Personne qui fait une psychanalyse.

analyse n. f. ▪ **1** Opération intellectuelle consistant à décomposer un tout en ses éléments et à en établir les relations. ◆ gramm. Division d'une phrase en mots *(analyse grammaticale),* en propositions *(analyse logique).* ◆ Examen qui tente d'expliquer une situation, un sentiment, etc. ◆ loc. *En dernière analyse,* au fond. **2** Séparation d'un composé pour identification ou dosage de ses composants. *Analyse du sang.* **3** Psychanalyse. **4** Opération logique consistant à remonter d'une proposition à d'autres propositions. **5** math. Étude des fonctions, des limites, etc.

analyser v. tr. [1] ▪ **1** Faire l'analyse de. **2** Psychanalyser.

analyseur n. m. ▪ Appareil permettant de faire des analyses.

analyste n. ▪ **1** Spécialiste d'un type d'analyse. *Analyste financier.* **2** Personne habile en matière d'analyse. **3** Psychanalyste.

analyste-programmeur, euse n. ▪ Spécialiste des problèmes d'analyse informatique et de programmation.

analytique adj. ■ **1** math., log. Qui appartient à l'analyse. **2** Qui procède par analyse. **3** Qui constitue une analyse. *Table analytique.* **4** Psychanalytique.

analytiquement adv. ■ D'une manière analytique.

anamnèse n. f. ■ didact. Retour à la mémoire du passé vécu (s'oppose à *amnésie*).

anamorphose n. f. ■ Image déformée que donne un miroir courbe.

ananas [-a(s)] n. m. ■ Gros fruit écailleux à pulpe parfumée ; plante qui le porte.

anapeste n. m. ■ (métrique anc.) Pied composé de deux brèves et une longue.

anaphase n. f. ■ biol. Troisième stade de la mitose, entre la métaphase* et la télophase*, au cours de laquelle les chromosomes divisés se séparent et migrent vers les deux pôles du fuseau.

anaphore n. f. ■ didact. Répétition d'un mot en tête de plusieurs membres de phrase. ◆ ling. Reprise d'un segment du discours. ► **anaphorique** adj.

anaphrodisiaque adj. ■ didact. Qui diminue le désir sexuel (opposé à *aphrodisiaque*).

anaphrodisie n. f. ■ didact. Absence de désir sexuel.

anaphylaxie n. f. ■ méd. Hypersensibilité à une substance dont l'introduction dans l'organisme entraîne une réaction violente. → **allergie.** ► **anaphylactique** adj.

anaplastie n. f. ■ chir. Réparation d'une partie mutilée du corps.

anar → **anarchiste**

anarchie n. f. ■ **1** Désordre résultant d'une absence ou d'une carence d'autorité. **2** Confusion due à l'absence de règles ou d'ordres précis. **3** Anarchisme.

anarchique adj. ■ Caractérisé par l'anarchie. ► **anarchiquement** adv.

anarchisant, ante adj. ■ Qui a des sympathies pour l'anarchisme.

anarchisme n. m. ■ **1** Conception politique qui tend à supprimer l'État, à éliminer de la société tout pouvoir de contrainte. **2** Refus de toute autorité, de toute règle.

anarchiste n. et adj. ■ **1** Partisan de l'anarchisme (1). → **libertaire.** – abrév. fam. **anar. 2** Personne qui rejette toute autorité.

anarchosyndicalisme [anaRkos-] n. m. ■ Syndicalisme révolutionnaire et antiétatiste. ► **anarchosyndicaliste** adj. et n.

anarthrie n. f. ■ pathol. Trouble de l'articulation due à une lésion cérébrale.

anasarque n. f. ■ méd. Œdème généralisé.

anastatique adj. ■ techn. Qui reproduit à l'identique un texte imprimé.

anastigmat [anastigmat] adj. m. ■ Dépourvu d'astigmatisme (objectif). – var. **anastigmatique.**

anastomose n. f. ■ anat. Communication entre deux vaisseaux, deux nerfs, etc.

anastrophe n. f. ■ didact. Renversement de l'ordre habituel des mots.

anastylose n. f. ■ archit. Reconstruction, à partir d'éléments d'origine, d'un monument en ruine.

anatexie n. f. ■ géol. Phénomène de fusion de terrains rocheux, avec formation de magma.

anathématiser v. tr. [1] ■ didact. Frapper d'anathème. → **excommunier.**

anathème ■ **1** n. m. relig. Excommunication. *Frapper qqn d'anathème* (*anathématiser* v. tr. [1]). ◆ fig. Condamnation totale. **2** n. Personne frappée d'anathème.

anatife n. m. ■ zool. Crustacé marin à pédoncule, qui se fixe aux objets flottants.

anatomie n. f. ■ **1** Étude scientifique de la structure et de la forme des êtres organisés, ainsi que des rapports entre leurs organes. ◆ *Anatomie artistique*, étude des formes du corps en vue de leur représentation par l'art. ◆ Ces formes ; le corps. *Dévoiler son anatomie.* **2** Structure de l'organisme ainsi étudié. ► **anatomique** adj. ► **anatomiste** n.

anatomiquement adv. ■ D'une manière anatomique ; du point de vue de l'anatomie.

anatoxine n. f. ■ didact. Toxine bactérienne traitée, aux propriétés immunisantes.

ancestral, ale, aux adj. ■ **1** Relatif aux ancêtres. **2** Qui remonte très loin.

ancêtre n. m. ■ **1** Personne qui est à l'origine d'une famille, dont on descend. **2** Se dit d'une espèce dont une autre provient. **3** Précurseur lointain. **4** au plur. Les êtres humains des siècles passés.

anche n. f. ■ Languette vibrante du bec des instruments dits *à anche* (clarinette, saxophone, etc.).

anchoïade n. f. ■ Sauce à base d'anchois pilés.

anchois n. m. ■ Petit poisson de mer, qu'on consomme surtout mariné et salé.

ancien, ienne adj. ■ **1** Qui existe depuis longtemps, qui date d'une époque bien antérieure. ◆ loc. *À l'ancienne* : à la manière d'autrefois. **2** Qui est du passé et n'existe plus. ◆ (devant le nom) Qui a été tel et ne l'est plus. → ②**ex-.** *Ancien ministre.* **3** Qui a existé il y a longtemps. *Les peuples anciens*, de l'Antiquité. ◆ n. m. pl. *Les Anciens* : les peuples et les auteurs de l'Antiquité. **4** Qui a un certain âge ou de l'ancienneté.

anciennement adv. ■ Autrefois.

ancienneté n. f. ■ **1** Caractère de ce qui existe depuis longtemps. **2** Temps passé dans une fonction.

ancillaire [-sil-] adj. ■ littér. Qui a rapport aux servantes.

ancolie n. f. ■ Plante ornementale dont les fleurs ont des pétales en éperon.

ancrage n. m. ■ Action, manière d'ancrer.

ancre n. f. ■ Pièce d'acier suspendue à une chaîne, que l'on jette au fond de l'eau pour qu'elle s'y fixe et retienne le navire.

ancrer v. tr. [1] ■ **1** Retenir en jetant l'ancre. **2** fig. Enraciner, affermir. **3** techn. Fixer solidement.

andain n. m. ■ Rangée d'herbe fauchée.

andalou, ouse adj. et n. ■ D'Andalousie. ➝ n. *Les Andalous.*

andante [ɑ̃dɑ̃t ; andante] adv. ■ Indication d'un mouvement modéré, plus vif que l'adagio. ➝ n. m. *L'andante d'une sonate.*

andantino [ɑ̃dɑ̃tino ; andan-] adv. ■ mus. Indication désignant un mouvement un peu plus rapide que l'andante. ➝ n. m. *Des andantinos.*

andésite n. f. ■ minér. Roche éruptive composée de feldspath. ► **andésitique** adj.

andin, ine adj. et n. ■ Des Andes. ➝ n. *Les Andins.*

andouille n. f. ■ **1** Charcuterie faite de boyaux coupés et enserrés dans une partie du gros intestin. **2** fam. Imbécile.

andouiller n. m. ■ Ramification des bois des cervidés (signe de l'âge de l'animal).

andouillette n. f. ■ Petite andouille fraîche.

andro-, -andre, -andrie Éléments, du grec *anêr, andros* «homme, mâle».

androcéphale adj. ■ À tête d'homme. *Décor à taureaux androcéphales.*

androgène adj. ■ méd. (hormone) Qui provoque l'apparition des caractères sexuels masculins (ex. la testostérone).

androgenèse [ɑ̃dʀoʒənɛz] n. f. ■ biol. **1** Développement d'un embryon sans fécondation, à partir d'un gamète mâle. **2** Production dans l'organisme d'hormones mâles. ⟶ **androgénie.** ► **androgénétique** adj.

androgénie n. f. ■ Production dans l'organisme d'hormones mâles. ⟶ **androgenèse.**

androgénique adj. ■ méd. Relatif aux hormones androgènes.

androgyne adj. et n. ■ (Personne) qui présente certains des caractères physiques du sexe opposé. ⟶ **hermaphrodite.** ► **androgynie** n. f.

androïde adj. et n. ■ Se dit d'un robot, etc. qui évoque l'homme. ⟶ **humanoïde.**

andrologie n. f. ■ Discipline médicale traitant de la physiologie et de la pathologie de l'appareil génital masculin. ► **andrologique** adj. ► **andrologue** n.

andropause n. f. ■ Cessation naturelle de la fonction sexuelle chez l'homme âgé.

androstérone n. f. ■ biol. Hormone sexuelle mâle, active au moment de la puberté.

-ane Élément servant à former des noms d'hydrocarbures saturés (opposé à *-ène*).

âne n. m. ■ **1** Mammifère domestique, plus petit que le cheval, à longues oreilles, à robe généralement grise. *L'âne brait.* **2** fig. Individu à l'esprit borné. **3** loc. *Bonnet d'âne* : bonnet de papier dont on affublait les cancres. ♦ DOS D'ÂNE : élévation ou bosse de terrain à deux versants opposés.

anéantir v. tr. [2] ■ **1** Détruire totalement, réduire à néant. **2** Plonger dans un abattement total. ➝ au p. p. *Être anéanti,* épuisé ; consterné. ▷ v. pron. **s'anéantir** ⟶ **disparaître.** ► **anéantissement** n. m.

anecdote n. f. ■ Récit d'un détail historique, d'un fait curieux.

anecdotique adj. ■ **1** Qui contient des anecdotes. **2** Qui ne présente pas d'intérêt général.

anémie n. f. ■ **1** Appauvrissement du sang, caractérisé par la diminution des globules rouges et provoquant un état de faiblesse. **2** fig. Dépérissement, faiblesse.

anémier v. tr. [7] ■ Rendre anémique. ⟶ **affaiblir, épuiser.**

anémique adj. ■ **1** Atteint d'anémie. **2** fig. Dépourvu de fermeté, de force.

anémo- Élément, du grec *anemos* «vent».

anémographe n. m. ■ Anémomètre enregistreur.

anémomètre n. m. ■ Instrument servant à mesurer la vitesse du vent.

anémométrie n. f. ■ Technique de mesure de la vitesse et de la force du vent. ► **anémométrique** adj.

anémone n. f. ■ **1** Plante herbacée vivace, aux fleurs diversement colorées. **2** *Anémone de mer.* ⟶ **actinie.**

anémophile adj. ■ bot. Se dit des plantes dont le pollen est entraîné par le vent. ► **anémophilie** n. f.

anencéphalie n. f. ■ didact. Malformation congénitale caractérisée par l'absence d'encéphale. ► **anencéphale** adj. et n.

anergie n. f. ■ méd. Disparition de l'allergie.

ânerie n. f. ■ Propos ou acte stupide.

anéroïde adj. ■ didact. *Baromètre anéroïde,* formé d'une boîte où l'on a fait le vide.

ânesse n. f. ■ Femelle de l'âne.

anesthésiant, iante adj. et n. m. ■ Qui anesthésie. ⟶ **anesthésique.**

anesthésie n. f. ■ Suppression de la sensibilité et spécialt de la sensibilité à la douleur. *Anesthésie générale, locale.*

anesthésier v. tr. [7] ▪ **1** Provoquer l'anesthésie de (un organisme, un organe), par l'action d'une substance. **2** fig., littér. Apaiser.

anesthésiologie n. f. ▪ méd. Branche de la médecine qui traite de l'anesthésie et de la réanimation. ► **anesthésiologiste** n.

anesthésique adj. et n. m. ▪ Se dit d'une substance qui provoque l'anesthésie. → **anesthésiant.**

anesthésiste n. ▪ Médecin spécialiste de l'anesthésie.

aneth [anɛt] n. m. ▪ Plante dont une variété est utilisée comme condiment.

anévrisme n. m. ▪ méd. Poche résultant de l'altération de la paroi d'une artère. ► **anévrismal, ale, aux** adj.

anfractuosité n. f. ▪ Cavité profonde.

angarie n. f. ▪ dr. international Réquisition, par un État belligérant, des navires neutres se trouvant dans ses eaux territoriales.

ange n. m. ▪ **1** relig. chrét. Être spirituel, intermédiaire entre Dieu et l'homme, messager des volontés divines. ← *Ange déchu* : démon. ♦ *Ange gardien*, appelé à protéger chaque humain ; fig. personne qui protège qqn. ♦ *Être aux anges*, ravi, heureux. ← *Un ange passe*, un silence gêné se produit. **2** Personne parfaite.

angéite n. f. ▪ méd. Inflammation des vaisseaux sanguins ou lymphatiques.

① **angélique** adj. ▪ **1** Propre aux anges. **2** Digne d'un ange ; qui évoque l'innocence.

② **angélique** n. f. ▪ Plante ombellifère aromatique ; sa tige, utilisée en pâtisserie.

angélisme n. m. ▪ Désir de pureté, de perfection, par refus des réalités.

angelot n. m. ▪ Petit ange.

angélus [-ys] n. m. ▪ Prière qui se dit le matin, à midi et le soir.

angevin, ine adj. ▪ D'Angers, de l'Anjou. ← n. *Les Angevins.*

angiectasie n. f. ▪ méd. Dilatation durable d'un vaisseau.

angine n. f. ▪ **1** Inflammation de la gorge. **2** *Angine de poitrine* : douleurs dans la région du cœur accompagnées d'angoisse.

angineux, euse adj. ▪ méd. Qui a rapport à l'angine (1).

angio- Élément savant, du grec *angeion* « capsule ; vaisseau ».

angiocholite [-k-] n. f. ▪ méd. Inflammation des canaux biliaires du foie.

angiographie n. f. ▪ méd. Radiographie des vaisseaux après injection d'un liquide opaque aux rayons X.

angiologie n. f. ▪ méd. Discipline qui étudie les vaisseaux (veines, artères...) de l'organisme.

angiome n. m. ▪ méd. Agglomération de vaisseaux formant une tumeur bénigne.

angioplastie n. f. ▪ méd. Opération visant à réparer ou remodeler un vaisseau.

angiosperme n. f. ▪ Plante phanérogame à ovules enclos et à graines enfermées dans des fruits (sous-embranchement des *Angiospermes*).

angiotensine n. f. ▪ biochim. Hormone peptidique ayant une action hypertensive.

anglais, aise adj. et n. ▪ **1** De l'Angleterre ; abusivt de Grande-Bretagne. → **britannique.** ♦ n. *Les Anglais.* **2** n. m. Langue germanique parlée notamment en Grande-Bretagne, aux États-Unis, et dans l'ancien Empire britannique. **3** loc. *Filer à l'anglaise*, partir discrètement. ← *Pommes de terre à l'anglaise*, cuites à la vapeur. **4** n. f. pl. Longues boucles de cheveux verticales roulées en spirale.

anglaise n. f. ▪ **1** Écriture cursive penchée à droite. **2** au plur. Longues boucles de cheveux roulées en spirales.

angle n. m. ▪ **1** Coin saillant ou rentrant (d'un meuble, d'une construction, d'une rue, etc.). **2** géom. Figure formée par deux lignes ou deux plans qui se coupent, mesurée en degrés. *Angle droit* (90°), *aigu, obtus.* ♦ *Angle mort* : zone sans visibilité. **3** *Sous un certain angle*, d'un certain point de vue.

anglican, ane adj. ▪ Qui appartient à l'Église d'Angleterre. ← n. *Les anglicans.*

anglicanisme n. m. ▪ Religion officielle de l'Angleterre depuis le XVIe siècle, qui emprunte des éléments au calvinisme et au catholicisme.

angliciser v. tr. [1] ▪ Rendre anglais d'aspect. ▷ v. pron. **s'angliciser** ► **anglicisation** n. f.

anglicisme n. m. ▪ **1** Tournure propre à la langue anglaise. **2** Emprunt à la langue anglaise (y compris les américanismes).

angliciste n. ▪ Spécialiste de la langue, de la littérature et de la civilisation anglaises.

anglo- Élément qui signifie « anglais ».

anglo-américain, aine ▪ **1** adj. Relatif à l'Angleterre et aux États-Unis. **2** n. m. Usage de l'anglais des États-Unis.

anglo-arabe n. m. et adj. ▪ (Cheval) issu du croisement de pur-sang anglais et arabe.

anglomanie n. f. ▪ Goût excessif pour tout ce qui est anglais. ► **anglomane** adj. et n.

anglo-normand, ande adj. ▪ Qui réunit des éléments anglais et normands.

anglophilie n. f. ▪ Sympathie pour les Anglais et ce qui est anglais. ► **anglophile** adj. et n.

anglophobie n. f. ▪ Aversion pour les Anglais et ce qui est anglais. ► **anglophobe** adj. et n.

anglophone adj. ▪ Où l'on parle anglais. ♦ Qui parle anglais. ← n. *Des anglophones.*

anglo-saxon, onne adj. ■ Relatif aux peuples de civilisation britannique. ➝ n. *Les Anglo-Saxons.*

angoissant, ante adj. ■ Qui angoisse.

angoisse n. f. ■ Malaise psychique et physique, né du sentiment d'un danger. → **anxiété, inquiétude, peur.** ♦ philos. Inquiétude métaphysique.

angoisser v. tr. [1] ■ Inquiéter au point de faire naître l'angoisse. ▷ v. pron. **s'angoisser** ▷ adj. et n. **angoissé, ée** → **anxieux.**

angon n. m. ■ hist. Javelot des Francs.

angor n. m. ■ méd. Douleur brutale et angoissante.

angora adj. et n. ■ **1** Se dit de races d'animaux (chèvres, chats, lapins) aux poils longs et soyeux. **2** *Laine angora* ou n. m. *angora* : textile fait de ces poils.

angström [ɑ̃gstʀøm] n. m. ■ phys. Unité de mesure de longueur de 1/10000 de micron. - var. vieilli **angstrœm.**

anguiforme adj. ■ Qui a la forme d'un serpent.

anguille n. f. ■ Poisson d'eau douce de forme très allongée, à peau glissante. ♦ loc. *Il y a anguille sous roche,* qqch. qu'on nous cache et que nous soupçonnons.

anguillère n. f. ■ Vivier à anguilles. - var. **anguillière.**

anguillule n. f. ■ zool. Ver parasite des plantes.

angulaire adj. ■ **1** Qui forme un angle. **2** Situé à un angle. **3** loc. fig. *Pierre angulaire* : élément essentiel. **4** Mesurable par un angle.

anguleux, euse adj. ■ Qui présente des angles, des arêtes vives. *Visage anguleux.*

angus [-ys] n. m. ■ Race bovine originaire d'Écosse.

angustura n. f. ■ Écorce de certains arbres d'Amérique du Sud. ♦ Liqueur fabriquée avec cette écorce.

anhidrose n. f. ■ méd. Absence ou diminution importante de la transpiration. - var. **anidrose.**

anhistorique adj. ■ didact. Qui ne tient pas compte du point de vue historique.

anhydre adj. ■ chim. Qui ne contient pas d'eau.

anhydride n. m. ■ chim. Corps qui, combiné avec l'eau, donne un acide.

anhydrite n. f. ■ minér. Sulfate naturel anhydre de calcium.

anhydrobiose n. f. ■ biol. État de vie ralentie produit par la dessiccation.

anicroche n. f. ■ Petite difficulté.

anidrose → **anhidrose**

ânier, ière n. ■ Personne qui mène un âne.

aniline n. f. ■ chim. Produit dérivé du benzène, servant à fabriquer des colorants.

animadversion n. f. ■ littér. Blâme, réprobation.

① **animal, aux** n. m. ■ **1** Être vivant organisé, doué de sensibilité et de motilité (opposé aux végétaux). *L'homme, animal social. Animaux sauvages, domestiques. Étude des animaux.* → **zoologie. 2** fig. (humains) Personne stupide. ➝ injure *Animal !*

② **animal, ale, aux** adj. ■ **1** Qui a rapport à l'animal (opposé au végétal). **2** Qui, en l'homme, est propre à l'animal. ♦ péj. Bestial. **3** Propre à l'animal (l'homme exclu).

animalerie n. f. ■ Élevage d'animaux.

animalier, ière ■ **1** n. m. Peintre, sculpteur d'animaux. **2** adj. Qui concerne les animaux.

animalité n. f. ■ **1** Caractère propre à l'animal. **2** Partie animale de l'homme. → **instinct.**

animateur, trice n. ■ **1** Personne qui anime une collectivité (par son allant, etc.). **2** Personne qui présente un spectacle, une émission (radio, télévision). **3** Personne qui anime certaines activités (notamment culturelles, sportives...).

animation n. f. ■ **I** Action d'animer. **1** Technique cinématographique permettant de donner l'impression du mouvement par une suite d'images fixes (dessins* animés, etc.). **2** Méthodes qui favorisent la participation dynamique à la vie collective, dans un groupe. **II** Caractère de ce qui est animé, plein de vie. → **entrain.**

animé, ée adj. ■ **1** Doué de vie. → **vivant.** ♦ Doué de mouvement. ➝ loc. *Dessins* animés.* **2** Plein de vie, de mouvement. *Rue animée.* **3** Plein de vivacité, d'éclat.

animelles n. f. pl. ■ Testicules (de taureau, de bélier), en cuisine.

animer v. tr. [1] ■ **1** Douer de vie ou de mouvement. **2** Donner l'impulsion à, être responsable de (une activité collective). *Animer un spectacle.* **3** (sujet chose) Donner de l'éclat, de la vivacité à. **4** (sentiments) Inspirer, mener (qqn). ▷ v. pron. **s'animer**

animisme n. m. ■ Attitude consistant à attribuer aux choses une âme analogue à l'âme humaine. ► **animiste** adj. et n.

animosité n. f. ■ Sentiment de malveillance.

anion n. m. ■ phys. Ion négatif (opposé à cation).

anis [-i(s)] n. m. ■ Plante ombellifère cultivée pour ses propriétés aromatiques. *Boisson à l'anis.*

anisé, ée adj. ■ Parfumé à l'anis.

anisette n. f. ■ Liqueur à l'anis.

anisogamie → **hétérogamie**

anisotrope adj. ■ phys. Se dit d'une substance, d'un corps dont les propriétés varient selon la direction considérée. ► **anisotropie** n. f.

ankylose n. f. ▪ Diminution ou impossibilité des mouvements d'une articulation naturellement mobile.

ankyloser v. tr. ① ▪ Paralyser par ankylose. ▷ v. pron. s'**ankyloser** Être atteint d'ankylose. ♦ fig. → se **rouiller.** *Son esprit s'ankylose.*

ankylostome n. m. ▪ zool. Ver parasite de l'intestin grêle provoquant une anémie pernicieuse (l'*ankylostomiase* n. f.).

annal, ale, aux adj. ▪ dr. Qui n'est valable que pendant un an.

annales n. f. pl. ▪ **1** Ouvrage rapportant les événements dans l'ordre chronologique, année par année. ♦ par ext. *Les annales de,* l'histoire de. *Les annales du crime.* **2** Revue, recueil périodique (annuel).

annaliste n. ▪ Auteur d'annales.

annalité n. f. ▪ dr. Caractère de ce qui est annal, annuel.

anneau n. m. ▪ **1** Cercle de matière dure qui sert à attacher ou à retenir. **2** au plur. Agrès faits de cercles suspendus à un portique. **3** Petit cercle que l'on met au doigt. **4** Forme circulaire. **5** zool. Chacun des segments d'un annélide.

année n. f. ▪ **1** Temps d'une révolution de la Terre autour du Soleil (365 jours 1/4). **2** Période de douze mois qui se succèdent (à partir de n'importe quel moment). *Il vient chaque année.* ♦ *Être dans sa vingtième année,* avoir entre 19 et 20 ans. **3** Période de douze mois qui commence le 1er janvier (appelée *année civile*). ♦ *Les années 20,* entre 1920 et 1929. **4** Période d'activité (inférieure à une année), considérée d'année en année. *Année scolaire.*

année-lumière n. f. ▪ Unité astronomique, distance parcourue par la lumière en une année (9 461 milliards de km). *Des années-lumière.* - On dit mieux *année de lumière.*

annelé, ée adj. ▪ Disposé en anneaux.

annélide n. m. ▪ zool. Animal à corps annelé, porteur de soies (embranchement des *Annélides* ; ex. sangsues, lombrics).

annexe ▪ **I** adj. Qui est rattaché à qqch. de plus important, à l'objet principal. → **accessoire, secondaire. II** n. f. Bâtiment, organe ou document annexe.

annexer v. tr. ① ▪ **1** Joindre (qqch.) à un objet principal. **2** Faire passer sous sa dépendance. **3** fig. *S'annexer qqn, qqch.,* se l'approprier.

annexion n. f. ▪ Action d'annexer.

annexionniste adj. ▪ Qui vise à l'annexion d'un territoire. ► **annexionnisme** n. m.

annihiler v. tr. ① ▪ **1** Réduire à rien, rendre sans effet. → **anéantir. 2** Briser la volonté de (qqn). ► **annihilation** n. f.

anniversaire n. m. ▪ Jour qui ramène le souvenir d'un événement arrivé à pareil jour une ou plusieurs années auparavant (donnant lieu généralement à une fête).

annonce n. f. ▪ **1** Avis par lequel on fait savoir qqch. au public, verbalement ou par écrit. – *À l'annonce d'un événement,* au moment où on l'apprend. ♦ aux cartes Déclaration par un joueur de certaines cartes ou du contrat qu'il veut réaliser. **2** Texte, publication qui annonce qqch. – *Petites annonces,* textes brefs insérés dans un journal, offres et demandes. **3** Ce qui annonce qqch. → **indice, présage, signe.**

annoncer v. tr. ③ ▪ **1** Faire savoir, connaître. → **apprendre, communiquer. 2** Signaler (qqn) comme arrivant. *Huissier qui annonce les invités.* **3** Prédire. **4** (sujet chose) Indiquer comme devant prochainement se produire. ▷ v. pron. s'**annoncer 1** Apparaître comme devant prochainement se produire. **2** Se présenter comme un bon ou un mauvais début.

annonceur, euse ▪ **1** n. rare → **annonciateur. 2** n. m. Personne qui paie l'insertion d'une annonce dans un journal ou fait passer un message publicitaire.

annonciateur, trice ▪ **1** n. Personne qui annonce (qqch.). **2** adj. Qui présage (qqch.).

Annonciation n. f. ▪ relig. cathol. Annonce faite par un ange à la Vierge Marie de la conception miraculeuse de Jésus-Christ.

annoncier, ière n. ▪ Personne qui est chargée de l'insertion des annonces dans un journal.

annone n. f. ▪ Antiq. Ravitaillement du peuple romain en denrées. ♦ Impôt payé en nature pour assurer ce ravitaillement.

annotateur, trice n. ▪ Personne qui annote (un texte).

annoter v. tr. ① ▪ Accompagner (un texte) de notes critiques ou de notes personnelles. ► **annotation** n. f. → **note.**

annuaire n. m. ▪ Recueil publié annuellement et qui contient des renseignements variables d'une année à l'autre. *L'annuaire du téléphone.* → **bottin.**

annualiser v. tr. ① ▪ Rendre annuel. – au p. p. *Salaire annualisé.* ► **annualisation** n. f.

annuel, elle adj. ▪ **1** Qui a lieu, revient chaque année. **2** Qui dure un an. – *Plante annuelle* (opposé à *plante vivace*). ► **annualité** n. f.

annuellement adv. ▪ Par an, chaque année.

annuité n. f. ▪ **1** Paiement annuel d'une partie du capital emprunté et des intérêts. **2** Année de service (pour le décompte des pensions).

① **annulaire** n. m. ▪ Quatrième doigt à partir du pouce.

② **annulaire** adj. ▪ En forme d'anneau.

annuler v. tr. [1] ▪ **1** dr. Déclarer ou rendre nul, sans effet. → **abroger, invalider, révoquer.** ◆ cour. *Annuler un rendez-vous.* **2** (sujet chose) Supprimer les effets de. → **anéantir.** ▷ v. pron. **s'annuler** *Ces deux forces s'annulent.* ► **annulation** n. f.

anoblir v. tr. [2] ▪ Conférer un titre de noblesse à (qqn) (≠ *ennoblir*). ► **anoblissement** n. m.

anode n. f. ▪ Électrode d'entrée du courant, dans l'électrolyse (opposé à *cathode*). ► **anodique** adj.

anodin, ine adj. ▪ **1** littér. Inoffensif, sans danger. **2** Sans importance, insignifiant.

anodiser v. tr. [1] ▪ techn. Faire subir une oxydation à (un métal) par un procédé électrique. ► **anodisation** n. f.

anodontie [-si] n. f. ▪ didact. Absence totale ou presque totale de dents. ► **anodonte** adj.

anomal, ale, aux adj. ▪ didact. Aberrant ; irrégulier (≠ *anormal*).

anomale n. m. ▪ zool. Insecte coléoptère dont une espèce est nuisible à la vigne.

anomalie n. f. ▪ **1** didact. Écart par rapport à la normale, à la valeur théorique ; caractère anomal*. **2** Bizarrerie, singularité.

anomie n. f. ▪ didact. Absence d'organisation ou de loi. ► **anomique** adj.

ânon n. m. ▪ Petit de l'âne ; petit âne.

anone n. f. ▪ bot. Arbre d'Amérique tropicale. ◆ Fruit de cet arbre, appelé aussi *pomme cannelle.* → **corossol.**

ânonner v. tr. et intr. [1] ▪ Lire, réciter d'une manière hésitante. ► **ânonnement** n. m.

anonymat n. m. ▪ État d'une personne, d'une chose anonyme. *Garder l'anonymat.*

anonyme adj. ▪ **1** Dont on ignore le nom, ou qui ne fait pas connaître son nom. **2** (choses) Où l'auteur n'a pas laissé son nom, l'a caché. *Lettre anonyme.* ◆ *Société anonyme* : société dont les associés ne sont responsables qu'à hauteur de leurs apports (rémunérés en actions). **3** fig. Impersonnel, neutre.

anonymement adv. ▪ En gardant l'anonymat.

anonymiser v. tr. [1] ▪ Rendre anonyme. *Anonymiser un CV.* ► **anonymisation** n. f.

anonymographe n. ▪ Personne qui écrit des lettres anonymes.

anophèle n. m. ▪ Moustique dont la femelle transmet le paludisme.

anorak n. m. ▪ Veste de sport courte à capuchon, imperméable.

anorexie n. f. ▪ méd. Refus passif ou actif de s'alimenter. ◆ *Anorexie (mentale),* due à des conflits psychiques. ► **anorexique** adj. et n.

anorexigène adj. et n. m. ▪ méd. (Substance) qui supprime momentanément la faim.

anorganique adj. ▪ méd. Se dit d'un trouble qui n'est pas dû à une lésion organique.

anorgasmie n. f. ▪ didact. Absence d'orgasme ; difficulté à avoir des orgasmes.

anormal, ale, aux adj. ▪ **1** Qui n'est pas normal, conforme aux règles ou aux lois reconnues. *Un bruit anormal.* → **inhabituel.** **2** adj. et n. (Personne) dont l'état mental est différent de la norme. ► **anormalement** adv. ► **anormalité** n. f.

anosmie n. f. ▪ méd. Perte complète de l'odorat. ► **anosmique** adj. et n.

anosognosie [-gnozi] n. f. ▪ méd. Trouble neurologique caractérisé par la méconnaissance par le malade de la maladie dont il est atteint.

anoure adj. ▪ zool. Dépourvu de queue. ◆ n. m. pl. Ordre d'animaux amphibies dépourvus de queue à l'âge adulte (crapauds, grenouilles...).

anovulation n. f. ▪ méd. Arrêt de l'ovulation.

anovulatoire adj. ▪ méd. Qui ne présente pas d'ovulation. ◆ Qui empêche l'ovulation.

anoxémie n. f. ▪ méd. Diminution de la quantité d'oxygène contenue dans le sang.

anoxie n. f. ▪ méd. Diminution de la quantité d'oxygène que le sang distribue aux tissus. → **hypoxie.**

anse n. f. ▪ **1** Poignée recourbée et saillante (d'ustensiles). **2** Petite baie peu profonde.

ansé, ée adj. ▪ Qui porte une anse. *Vase ansé.*

ansériforme adj. ▪ didact. Qui a l'apparence de l'oie. *Oiseaux ansériformes.*

ansérine n. f. ▪ bot. **1** Variété de chénopode. **2** Potentille des lieux humides.

antagonique adj. ▪ Qui est en antagonisme. *Intérêts antagoniques.* → **opposé.**

antagonisme n. m. ▪ État d'opposition (de deux forces, de deux principes). → **conflit.**

antagoniste adj. ▪ littér. Opposé, rival. *Des partis antagonistes.* ◆ n. Adversaire.

antalgique adj. ▪ Qui calme la douleur. → **analgésique.** ◆ n. m. *Un antalgique.*

d'antan loc. adj. ▪ littér. D'autrefois.

antarctique adj. ▪ Se dit du pôle Sud et des régions voisines (opposé à *arctique*). ◆ n. m. *L'Antarctique* : le continent antarctique.

ante n. f. ▪ archit. Pilastre carré des temples grecs et romains.

anté- Élément (du latin *ante* «avant») qui indique l'antériorité. → ② **anti-.**

antebois, antébois → **antibois**

antécambrien, enne adj. ▪ géol. Se dit des terrains les plus anciens, sans fossiles. ◆ n. m. *L'antécambrien.* → **précambrien.**

antécédence n. f. ▪ État de ce qui est antécédent.

antécédent n. m. ■ **1** gramm. Mot représenté par le pronom qui le reprend. *Antécédent du pronom relatif* (ex. *le vin* que je bois). **2** plur. Passé de qqn, en relation avec un aspect de sa vie actuelle. **3** méd. (souvent plur.) Faits antérieurs à une maladie.

antéchrist [-kʀist] n. m. ■ théol. Ennemi du Christ qui, selon l'Apocalypse, viendra prêcher une religion hostile à la sienne un peu avant la fin du monde.

antédiluvien, ienne adj. ■ **1** Antérieur au déluge. **2** fig., fam. Très ancien, démodé.

antéhypophyse n. f. ■ anat. Lobe antérieur de l'hypophyse.

antenais, aise adj. et n. ■ agric. Se dit des ovins de dix à dix-huit mois.

anténatal, ale, als adj. ■ méd. Qui concerne la vie utérine. → **prénatal.**

antenne n. f. ■ **I** mar. Vergue longue et mince. **II 1** Appendice sensoriel à l'avant de la tête de certains arthropodes (insectes, crustacés). ♦ loc. (personnes) *Avoir des antennes,* de l'intuition. **2** Poste avancé en liaison avec un centre. *Antenne chirurgicale.* **III** Conducteur aérien destiné à diffuser ou à capter les ondes électromagnétiques. ➛ *Être à l'antenne* (radio, télévision).

antenniste n. ■ Personne, entreprise qui installe ou répare des antennes (III).

antépénultième adj. ■ didact. Qui précède l'avant-dernier.

antéposer v. tr. [1] ■ ling. Placer avant un autre élément de la phrase. ► **antéposition** n. f.

antérieur, eure adj. ■ **1** Qui est avant, qui précède dans le temps (opposé à *ultérieur*). ♦ gramm. *Passé, futur antérieur.* **2** Qui est placé en avant, devant (opposé à *postérieur*).

antérieurement adv. ■ À une époque antérieure ; avant.

antériorité n. f. ■ Caractère de ce qui est antérieur (1).

antérograde adj. ■ méd. *Amnésie antérograde :* perte de la mémoire concernant des faits postérieurs à l'accident ou à la maladie qui en est responsable.

antéversion n. f. ■ anat. Inclinaison vers l'avant de l'axe vertical d'un organe.

anth-, antho-, -anthe Éléments, du grec *anthos* «fleur».

anthelminthique adj. et n. m. ■ méd. Vermifuge.

anthémis [-is] n. f. ■ bot. Plante dont des espèces sont appelées *camomille.*

anthère n. f. ■ bot. Partie terminale de l'étamine.

antho- → **anth-**

anthologie n. f. ■ Recueil de morceaux choisis. → **chrestomathie, florilège.** ➛ loc. adj. *D'anthologie.* → **mémorable.**

anthonome n. m. ■ zool. Charançon des arbres fruitiers.

anthozoaire n. m. ■ zool. Animal marin de l'embranchement des cnidaires (ex. l'anémone de mer).

anthracène n. m. ■ chim. Hydrocarbure extrait du goudron de houille.

anthracite n. m. ■ Charbon à combustion lente. ♦ adj. invar. Gris foncé.

anthracnose n. f. ■ bot. Maladie des végétaux due à un champignon microscopique.

anthracose n. f. ■ méd. Maladie professionnelle due à l'inhalation des poussières de charbon.

anthraquinone n. f. ■ chim. Produit de l'oxydation de l'anthracène, employé dans la fabrication de colorants.

anthrax [-aks] n. m. ■ Tumeur inflammatoire du tissu sous-cutané.

anthrène n. m. ■ zool. Insecte dont la larve se développe dans les fourrures.

-anthrope, anthropo- Éléments, du grec *anthrôpos* «homme, être humain».

anthropique adj. ■ didact. Fait par un être humain ; dû à l'existence et à la présence d'humains.

anthropocentrique adj. ■ Qui fait de l'homme l'élément central de l'univers. ► **anthropocentrisme** n. m.

anthropoïde adj. ■ zool. Qui ressemble à l'homme. *Singe anthropoïde.*

anthropologie n. f. ■ Ensemble des sciences qui étudient l'homme, les groupes humains. ► **anthropologique** adj. ► **anthropologue** n.

anthropométrie n. f. ■ Technique de mensuration du corps humain. ► **anthropométrique** adj.

anthropomorphe adj. ■ didact. Qui a la forme, l'apparence d'un être humain.

anthropomorphisme n. m. ■ **1** Tendance à concevoir la divinité à l'image de l'homme. **2** Tendance à décrire, à se représenter la réalité en termes humains. ► **anthropomorphique** adj.

anthroponyme n. m. ■ didact. Nom de personne.

anthroponymie n. f. ■ didact. Étude des noms de personnes. → **onomastique.** ► **anthroponymique** adj.

anthropophage adj. et n. ■ (êtres humains) Qui mange de la chair humaine. → **cannibale.** ► **anthropophagie** n. f. ► **anthropophagique** adj.

anthropophile adj. ▪ didact. Se dit des végétaux et des animaux qui vivent dans des lieux fréquentés par l'homme.

anthyllis [-is] n. f. ▪ bot. Plante herbacée dont une espèce est fourragère. - var. **anthyllide.**

① **anti-** [ɑ̃ti-] Élément (du grec *anti* «contre») exprimant l'opposition.

② **anti-** [ɑ̃ti-] Élément, du latin *anti-*, var. de *ante* «avant», → **anté-** (ex. *antidater*).

antiadhésif, ive adj. ▪ Qui empêche les substances, notamment alimentaires, d'attacher.

antiaérien, ienne adj. ▪ Qui s'oppose aux attaques aériennes.

anti-âge adj. invar. ▪ Destiné à lutter contre le vieillissement de la peau. → **antirides.**

antiagrégant, ante adj. ▪ méd. Qui empêche la formation d'amas de globules rouges ou de plaquettes.

antialcoolique [ɑ̃tialkɔlik] adj. ▪ Qui combat l'alcoolisme.

antiallergique adj. et n. m. ▪ (Substance) qui prévient ou traite les allergies.

antiaméricanisme n. m. ▪ Attitude hostile à l'égard des États-Unis.

antiatomique adj. ▪ Qui s'oppose aux effets nocifs des radiations atomiques.

antibactérien, ienne adj. ▪ méd. Se dit d'une substance active contre les bactéries.

antibiogramme n. m. ▪ méd. Analyse permettant de déterminer la sensibilité d'une bactérie à divers antibiotiques.

antibiothérapie n. f. ▪ méd. Thérapeutique par les antibiotiques.

antibiotique ▪ **1** adj. Qui s'oppose à la vie de micro-organismes. **2** n. m. Médicament contre les infections microbiennes.

antiblocage adj. ▪ Qui contrôle le freinage d'un véhicule en évitant le blocage des roues. → **ABS.** ◆ *Des systèmes antiblocage(s).*

antibois n. m. ▪ Baguette posée sur le plancher pour préserver les murs du frottement des meubles. - syn. **antebois** ou **antébois.**

antibrouillard adj. ▪ *Phares antibrouillard(s)*, pour temps de brouillard.

antibruit adj. invar. ▪ Qui protège du bruit.

anticalcaire adj. invar. ▪ Qui s'oppose aux dépôts de calcaire.

anticancéreux, euse adj. ▪ Qui combat le cancer.

anticapitaliste adj. et n. ▪ (Personne) qui s'oppose au capitalisme.

anticernes n. m. ▪ Fard destiné à estomper les cernes sous les yeux.

antichambre n. f. ▪ Pièce d'attente à l'entrée d'un appartement, d'un bureau...

antichar adj. ▪ Qui s'oppose à l'action des blindés.

antichoc adj. ▪ Qui protège des chocs.

anticipation n. f. ▪ **1** Exécution anticipée (d'un acte). ◆ *Par anticipation.* → d'**avance. 2** Mouvement de la pensée qui imagine ou vit d'avance un événement. → **prévision.** *Roman, film d'anticipation.* → **science-fiction.**

anticiper v. 1 ▪ **I** v. tr. **1** Exécuter avant le temps déterminé. *Anticiper un paiement.* **2** Imaginer, éprouver à l'avance. → **prévoir. II** v. intr. *Anticiper sur* : entamer à l'avance. ◆ sans compl. *N'anticipons pas* : ne devançons pas l'événement. ▷ adj. **anticipé, ée** Qui se fait avant la date prévue.

anticlérical, ale, aux adj. et n. ▪ Opposé à l'influence, à l'intervention du clergé dans la vie publique. ▶ **anticléricalisme** n. m.

anticlinal, aux n. m. ▪ géol. Pli convexe vers le haut (opposé à *synclinal*).

anticoagulant, ante adj. et n. m. ▪ Se dit d'un produit qui empêche ou retarde la coagulation du sang.

anticolonialisme n. m. ▪ Opposition au colonialisme. ▶ **anticolonialiste** adj. et n.

anticommunisme n. m. ▪ Opposition au communisme. ▶ **anticommuniste** adj. et n.

anticonceptionnel, elle adj. ▪ Qui empêche la conception d'un enfant. *Pilule anticonceptionnelle.* → **contraceptif.**

anticonformisme n. m. ▪ Attitude opposée au conformisme. ▶ **anticonformiste** adj. et n.

anticonjoncturel, elle adj. ▪ écon. Qui est destiné à redresser une mauvaise conjoncture économique.

anticonstitutionnel, elle adj. ▪ Contraire à la Constitution. *Loi anticonstitutionnelle.* ▶ **anticonstitutionnellement** adv.

anticopie adj. ▪ Qui empêche la copie illégale de données.

anticorps [-kɔʀ] n. m. ▪ biol. Substance défensive engendrée par l'organisme pour neutraliser un antigène. → **antitoxine.**

anticorrosion adj. invar. ▪ techn. Qui protège contre la corrosion.

anticriminalité adj. invar. ▪ Qui lutte contre la criminalité. *Brigade anticriminalité (BAC).*

anticryptogamique adj. ▪ Qui agit contre les champignons microscopiques. → **antifongique, fongicide.**

anticyclique adj. ▪ Se dit d'une politique qui tente de remédier aux crises cycliques prévisibles.

anticyclone n. m. ▪ Lieu de hautes pressions atmosphériques (opposé à *dépression*). ▶ **anticyclonal, ale, aux** ou **anticyclonique** adj.

antidater v. tr. [1] ■ Affecter d'une date antérieure à la date réelle. ► **antidate** n. f.

antidéflagrant, ante adj. ■ techn. Qui peut fonctionner dans une atmosphère inflammable sans provoquer d'explosion.

antidémarrage adj. invar. ■ Qui empêche le démarrage d'un véhicule en cas de tentative de vol. ◆ n. m. *Des antidémarrages.*

antidémocratique adj. ■ Opposé à la démocratie ou à l'esprit démocratique.

antidépresseur n. m. ■ Médicament destiné à combattre les états dépressifs.

antidérapant, ante adj. et n. m. ■ (Revêtement) qui empêche le dérapage.

antidétonant, ante adj. ■ Qui résiste à la détonation.

antidiphtérique adj. ■ Propre à combattre la diphtérie.

antidiurétique adj. ■ méd. Qui diminue la sécrétion d'urine.

antidopage adj. ■ Qui s'oppose au dopage, s'exerce contre le dopage.

antidote n. m. ■ **1** Remède contre un poison. → **contrepoison. 2** fig. Remède contre un mal moral.

antidouleur adj. invar. ■ Qui combat, atténue la douleur.

antidrogue adj. ■ Destiné à lutter contre le trafic et l'usage de la drogue.

antiéconomique adj. ■ Qui est contraire aux exigences économiques.

antiémétique adj. ■ méd. Propre à arrêter les vomissements.

antienne [ɑ̃tjɛn] n. f. ■ **1** Refrain liturgique repris par le chœur. **2** fig. vieilli → **refrain.**

antiesclavagiste adj. et n. ■ Opposé à l'esclavage, aux esclavagistes.

antiétatisme n. m. ■ Doctrine politique qui s'oppose à l'étatisme. ► **antiétatiste** adj. et n.

antifading n. m. ■ techn. Dispositif qui empêche les variations dues au fading.

antifasciste [-faʃist] adj. et n. ■ Opposé au fascisme.

antifongique adj. ■ didact. Qui combat les champignons microscopiques.

antifriction adj. invar. ■ techn. Qui réduit les effets du frottement.

antifumée adj. invar. ■ techn. Qui diminue les fumées par une combustion plus complète.

anti-g adj. invar.(pour antigravitationnel, elle) ■ *Combinaison anti-g,* utilisée par les spationautes, les pilotes de chasse.

antigang [-gɑ̃g] adj. ■ *Brigade antigang :* brigade d'intervention de la police.

antigel n. m. ■ Produit qui abaisse le point de congélation de l'eau.

antigène n. m. ■ biol. Substance qui peut engendrer des anticorps. ► **antigénique** adj.

antigivrant, ante adj. et n. m. ■ Qui empêche la formation de givre. ◆ n. m. *Un antigivrant.* - syn. **antigivre.**

antiglisse adj. invar. ■ *Vêtements antiglisse,* conçus pour accrocher la neige et éviter de glisser en cas de chute.

antigouvernemental, ale, aux adj. ■ Qui est contre le gouvernement.

antihalo adj. invar. ■ photogr. Qui supprime ou atténue l'effet de halo.

antihéros n. m. ■ Personnage n'ayant aucune des caractéristiques du héros traditionnel.

antihistaminique adj. et n. m. ■ méd. (Substance) qui combat les effets de l'histamine.

antihygiénique adj. ■ Contraire à l'hygiène.

anti-infectieux, euse adj. ■ méd. Qui combat l'infection.

anti-inflammatoire adj. et n. m. ■ Qui combat l'inflammation.

anti-inflationniste adj. ■ écon. Qui combat l'inflation.

antijeu n. m. ■ Manière de jouer qui ne respecte pas l'esprit sportif.

antillais, aise adj. et n. ■ Des Antilles.

antilope n. f. ■ Mammifère ruminant, au corps svelte, aux hautes pattes grêles.

antimatière n. f. ■ Matière constituée d'antiparticules.

antimilitarisme n. m. ■ Opposition au militarisme. ► **antimilitariste** adj. et n.

antimissile adj. ■ Qui peut détruire les missiles.

antimite adj. et n. m. ■ (Produit) qui protège contre les mites.

antimitotique adj. ■ méd. Qui inhibe certaines phases de la mitose et empêche ainsi la multiplication des cellules.

antimoine n. m. ■ Corps simple (symb. Sb, n° at. 51, masse at. 121,76), solide blanc argenté, cassant.

antimondialisation ■ **1** n. f. Opinion, idéologie, mouvement qui s'oppose à la mondialisation libérale de l'économie, basée sur le capitalisme, et à ses conséquences sociales, écologiques, etc. **2** adj. invar. → **altermondialiste.**

antimondialiste adj. et n. ■ (Personne) hostile à la mondialisation économique.

antimoniate n. m. ■ chim. Sel d'un acide oxygéné dérivé de l'antimoine.

antimonié, ée adj. ■ Qui contient de l'antimoine.

antimoniure n. m. ■ chim. Combinaison de l'antimoine avec un autre corps simple.

antimycosique adj. et n. m. ■ Antifongique.

antinataliste adj. et n. ■ Qui cherche à limiter la natalité. → **malthusien.** ◆ n. Partisan d'une politique antinataliste.

antinational, ale, aux adj. ■ Qui est contraire à l'intérêt national.

antinazi, ie adj. et n. ■ Hostile au nazisme.

antineutron n. m. ■ phys. Antiparticule du neutron.

antinévralgique adj. ■ méd. Qui combat la névralgie.

antinomie n. f. ■ Opposition totale. ► **antinomique** adj. → **contradictoire, contraire.**

antinucléaire adj. et n. ■ Qui est hostile à l'utilisation de l'énergie nucléaire.

antioxydant, ante adj. ■ Qui ralentit ou empêche le processus d'oxydation.

antipaludéen, enne adj. ■ Qui agit sur le paludisme ou qui protège contre lui. – syn. **antipaludique.**

antipape n. m. ■ hist. Pape élu irrégulièrement, et non reconnu par l'Église.

antiparasitaire adj. ■ méd. Qui traite les maladies dues aux parasites.

antiparasite adj. ■ Qui s'oppose à la production et à la propagation des parasites.

antiparlementaire adj. ■ Hostile au parlementarisme.

antiparlementarisme n. m. ■ Opposition au régime parlementaire.

antiparticule n. f. ■ phys. Particule élémentaire associée à une autre particule de mêmes propriétés, leur contact conduisant à leur annihilation.

antipathie n. f. ■ Aversion instinctive.

antipathique adj. ■ Qui inspire de l'antipathie. → **déplaisant.**

antipatriotique adj. ■ Contraire au patriotisme. ► **antipatriotisme** n. m.

antipelliculaire adj. ■ Destiné à lutter contre les pellicules capillaires.

antipersonnel adj. invar. ■ milit. Se dit des armes et engins employés contre les personnes, et non contre le matériel. *Des mines antipersonnel.*

antiphlogistique adj. ■ méd., vieilli Anti-inflammatoire.

antiphonaire n. m. ■ Recueil de chants liturgiques.

antiphrase n. f. ■ Utilisation d'un mot, d'une expression dans un sens contraire au sens exact, par ironie ou euphémisme.

antipiratage adj. invar. ■ Destiné à combattre le piratage sur Internet. *Mesures antipiratage.*

antipode n. m. ■ **1** Lieu de la terre diamétralement opposé à un autre. ◆ loc. *Aux antipodes,* très loin. **2** fig., littér. Chose, personne exactement opposée.

antipodisme n. m. ■ Exercice acrobatique exécuté avec les pieds en étant couché sur le dos. ► **antipodiste** n.

antipoison adj. invar. ■ Qui agit contre un poison. → **antidote.** ◆ *Centre antipoison* : centre médical spécialisé dans les soins contre les produits toxiques.

antipollution adj. invar. ■ Opposé à la pollution. ◆ Destiné à combattre la pollution.

antiprotéase n. f. ■ biochim. Molécule qui agit contre la réplication d'un virus en inhibant la protéase indispensable à sa multiplication.

antiproton n. m. ■ phys. Antiparticule du proton.

antiprurigineux, euse adj. ■ Qui combat les démangeaisons.

antipsychiatrie n. f. ■ Ensemble des théories et des procédés thérapeutiques qui rompent avec la psychiatrie classique. ► **antipsychiatre** n. ► **antipsychiatrique** adj.

antipsychotique adj. ■ méd. Qui est destiné à traiter les états psychotiques.

antipyrétique adj. et n. m. ■ méd. (Remède) qui combat la fièvre. → **fébrifuge.**

antiquaille n. f. ■ Objet ancien sans valeur.

antiquaire n. ■ Marchand d'objets d'art, d'ameublement et de décoration anciens.

antique adj. ■ **1** littér. Qui appartient à un lointain passé. ◆ Très vieux. **2** Qui appartient à l'Antiquité (3).

antiquité n. f. ■ **1** vieilli Ancienneté. **2** littér. Temps très ancien, très reculé. **3** Les plus anciennes civilisations à écritures ; spécialt celles qui sont à la source des cultures occidentales (jusqu'aux premiers siècles de l'ère chrétienne). *L'antiquité grecque.* ◆ (avec maj.) L'antiquité gréco-romaine. **4** au plur. Monuments, œuvres d'art qui restent de l'Antiquité. ◆ Objets d'art, meubles anciens.

antirabique adj. ■ Employé contre la rage.

antiraciste adj. et n. ■ Opposé au racisme. ► **antiracisme** n. m.

antiradar adj. ■ Qui sert à empêcher la détection par radar. ◆ n. m. *Un antiradar.*

antiradiation adj. ■ Qui protège de certains types de radiations.

antireflet adj. ■ Qui diminue les reflets.

antiréglementaire adj. ■ Contraire au règlement.

antirejet adj. invar. ■ Qui s'oppose au rejet d'une greffe. *Médicaments antirejet.*

antireligieux, euse adj. ■ Opposé à la religion.

antirétroviral, ale, aux adj. et n. m. ■ méd. (Médicament) qui agit sur les rétrovirus en bloquant leur multiplication. - abrév. **ARV.**

antirides adj. ■ Qui atténue les rides.

antirouille adj. invar. ■ Qui protège contre la rouille.

antiroulis adj. ■ techn. Se dit d'un dispositif qui diminue l'amplitude du roulis d'un bateau ou d'un avion.

antisatellite [-s-] adj. ■ milit. Qui s'oppose à l'utilisation militaire de satellites artificiels par l'adversaire.

antiscientifique adj. ■ Contraire à l'esprit scientifique.

antisèche [-s-] n. f. ■ fam. Aide-mémoire dont se sert frauduleusement un candidat à un examen.

antiségrégationniste [-s-] adj. ■ Qui s'oppose à la ségrégation raciale.

antisémitisme [-s-] n. m. ■ Hostilité contre les Juifs ; racisme dirigé contre les Juifs. ► **antisémite** adj. et n.

antisepsie [-s-] n. f. ■ Méthodes destinées à prévenir ou à combattre l'infection en détruisant des microbes.

antiseptique [-s-] adj. ■ De l'antisepsie. ◆ n. m. *Le formol est un antiseptique.*

antisionisme [-s-] n. m. ■ Hostilité contre l'État d'Israël. ► **antisioniste** adj. et n.

antisismique [-s-] adj. ■ Conçu pour résister aux tremblements de terre.

antislash n. m. ■ inform. Signe typographique de séparation par une barre oblique (\), en sens inverse de celle du slash*.

antisocial, ale, aux [-s-] adj. ■ **1** Contraire à la société, à ses règles. **2** Qui va contre les intérêts des travailleurs.

anti-sous-marin, ine adj. ■ milit. Qui sert à combattre les sous-marins.

antispasmodique adj. ■ méd. Destiné à empêcher les spasmes, les convulsions.

antispécisme n. m. ■ didact. Opposition au spécisme. ► **antispéciste** adj. et n.

antisportif, ive adj. ■ Hostile au sport ; contraire à l'esprit du sport.

antistatique adj. ■ Qui empêche ou limite la formation de l'électricité statique.

antitabac adj. invar. ■ **1** Qui lutte contre l'usage du tabac. **2** Qui détruit les odeurs de tabac.

antitache adj. ■ Qui empêche la formation des taches ou en facilite l'élimination.

antiterroriste adj. ■ Qui lutte contre le terrorisme, est relatif à cette lutte. ► **antiterrorisme** n. m.

antitétanique adj. ■ Qui combat le tétanos.

antithèse n. f. ■ **1** Opposition de deux pensées, de deux expressions que l'on rapproche dans le discours pour en faire ressortir le contraste. **2** fig. Chose, personne entièrement opposée à une autre ; contraste absolu. **3** philos. Deuxième moment d'une dialectique, entre la thèse et la synthèse. ► **antithétique** adj.

antithyroïdien, ienne adj. ■ méd. Qui combat l'hyperthyroïdie.

antitout adj. invar. et n. invar. ■ fam. (Personne) qui s'oppose à tout.

antitoxine n. f. ■ Anticorps élaboré par l'organisme qui réagit contre les toxines.

antitrust adj. invar. ■ Qui s'oppose à la constitution, à l'action des trusts.

antituberculeux, euse adj. ■ Qui combat la tuberculose.

antitussif, ive adj. ■ Qui combat la toux.

antivariolique adj. ■ méd. Qui combat la variole.

antivenimeux, euse adj. ■ méd. Qui combat l'action des venins.

antiviral, ale, aux adj. ■ méd. Se dit d'une substance active contre les virus.

antivirus n. m. ■ **I** Substance ou organisme qui combat les virus. **II** inform. Logiciel qui détecte la présence de virus informatiques, et peut réparer les fichiers infectés.

antivol n. m. et adj. ■ Dispositif de sécurité destiné à empêcher le vol. ◆ adj. *Portiques antivol(s).*

antonomase n. f. ■ rhét. Désignation d'une personne par un nom ou une périphrase qui la caractérise, ou par le nom d'un personnage typique (ex. un don Juan).

antonyme n. m. ■ Mot qui, par le sens, s'oppose directement à un autre. → **contraire.** ► **antonymie** n. f.

antre n. m. ■ littér. Caverne, grotte (spécialt gîte d'une bête fauve). ♦ fig. Lieu mystérieux.

antrustion n. m. ■ hist. Homme libre attaché à la personne du roi, chez les Francs.

anurie n. f. ■ méd. Absence d'urine (dans la vessie).

anus [anys] n. m. ■ Orifice du rectum qui donne passage aux matières fécales.

anxiété n. f. ■ État d'angoisse (considéré surtout dans son aspect psychique).

anxieux, euse adj. ■ **1** Qui s'accompagne d'anxiété. **2** Qui éprouve de l'anxiété. → **angoissé, inquiet, tourmenté.** ◆ n. *C'est un anxieux.* ► **anxieusement** adv.

anxiogène adj. ■ Qui produit l'anxiété.

anxiolytique adj. et n. m. ■ méd. (Produit) qui combat l'anxiété.

AOC [aose] n. f. (sigle de *appellation d'origine contrôlée*) ■ *Vin AOC*, dont la provenance a été contrôlée.

aoriste n. m. ■ ling. Temps du verbe grec qui correspond à un passé indéterminé.

aorte n. f. ■ Artère qui naît au ventricule gauche du cœur. ► **aortique** adj.

aortite n. f. ■ méd. Inflammation de l'aorte.

août [u(t)] n. m. ■ Huitième mois de l'année.

aoûtat [auta] n. m. ■ Larve d'un insecte (le *trombidion*) qui se loge sous la peau.

aoûtement [(a)utmɑ̃] n. m. ■ **1** Transformation des rameaux en vrai bois à la fin de l'été. **2** Maturation des fruits sous l'effet d'une température estivale.

aoûtien, ienne [ausjɛ̃, jɛn] n. ■ **1** Personne qui prend ses vacances en août. **2** Personne qui reste dans une ville en août.

apache adj. et n. ■ **1** De la tribu des Apaches. ➛ n. *Un(e) Apache.* **2** vx Malfaiteur.

apaisant, ante adj. ■ Qui apaise.

apaisement n. m. ■ **1** Retour au calme. **2** Déclaration destinée à rassurer.

apaiser v. tr. [1] ■ **1** Amener (qqn) à des dispositions plus paisibles. → **calmer.** **2** Rendre (qqch.) moins violent. ▷ v. pron. **s'apaiser** → se **calmer.** *La tempête s'apaise.*

apanage n. m. ■ **1** hist. Partie du domaine royal accordée à un prince qui renonçait à la couronne. **2** Bien exclusif, privilège.

aparté n. m. ■ **1** Parole que dit un acteur, et que le spectateur seul est censé entendre. **2** Entretien particulier, dans une réunion.

apartheid [-tɛd] n. m. ■ Régime de ségrégation systématique qui existait, en Afrique du Sud, entre Blancs et Noirs.

apathie n. f. ■ Incapacité d'être ému ou de réagir (par mollesse, etc.). → **indolence, inertie.** ► **apathique** adj. et n.

apatite n. f. ■ minér. Phosphate de calcium naturel, répandu dans les roches éruptives.

apatride n. et adj. ■ Personne sans nationalité légale. ► **apatridie** n. f. dr.

aperception n. f. ■ psych. Prise de conscience claire.

apercevoir v. tr. [28] ■ **1** Distinguer plus ou moins nettement. ◆ Entrevoir. **2** Saisir par l'esprit. → **appréhender.** ▷ v. pron. **s'apercevoir 1** Prendre conscience (d'un fait). → **remarquer.** **2** (récipr.) Se voir mutuellement. **3** (passif) *Détail qui s'aperçoit mal.*

aperçu n. m. ■ **1** Première idée que l'on peut avoir d'une chose vue rapidement. **2** Exposé sommaire. **3** Remarque, observation qui jette un jour nouveau.

apériteur, trice n. ■ Assureur principal, dans le cas d'une assurance par plusieurs assureurs. ➛ adj. *Société apéritrice.*

apéritif, ive ■ **1** adj. littér. Qui ouvre l'appétit. **2** n. m. Boisson à base de vin ou d'alcool, supposée apéritive, que l'on prend avant le repas. - abrév. fam. **apéro.**

aperture n. f. ■ phonét. Écartement des organes de la phonation lors de l'articulation d'un phonème. *Degré d'aperture.*

apesanteur n. f. ■ Absence de pesanteur.

apétale adj. et n. f. ■ bot. Qui est dépourvu de pétales.

à-peu-près n. m. invar. ■ Approximation grossière. ≠ *à peu près* → **près.**

apeuré, ée adj. ■ En proie à la peur.

apeurer v. tr. [1] ■ littér. Effrayer.

apex [apɛks] n. m. ■ biol. Sommet ou pointe (d'un organe).

aphasie n. f. ■ méd. Perte totale ou partielle de la capacité de parler ou de comprendre le langage parlé ou écrit, due à une lésion cérébrale. ► **aphasique** adj. et n.

aphélie n. m. ■ astron. Point de l'orbite d'une planète situé à la plus grande distance du Soleil (opposé à *périhélie*).

aphérèse n. f. ■ ling. Chute d'un ou plusieurs phonèmes au début d'un mot (opposé à *apocope*) (ex. *car* pour *autocar*).

aphone adj. ■ Qui n'a provisoirement plus de voix. ► **aphonie** n. f.

aphorisme n. m. ■ didact. Bref énoncé renfermant un précepte.

aphrodisiaque adj. et n. m. ■ Se dit d'une substance réputée exciter le désir sexuel.

aphte n. m. ■ Petite ulcération de la muqueuse de la bouche ou du pharynx.

aphteux, euse adj. ■ De l'aphte. ➛ *Fièvre aphteuse*, maladie éruptive des bovidés.

api n. m. ■ *Pomme d'api* : variété de petite pomme d'un rouge vif sur un côté.

à-pic n. m. ■ Versant vertical. *Des à-pics.*

apical, ale, aux adj. ■ didact. Du sommet, de la pointe.

apicole adj. ■ De l'apiculture.

apiculteur, trice n. ■ Personne qui élève des abeilles.

apiculture n. f. ■ Technique de l'élevage des abeilles pour obtenir le miel et la cire.

apion n. m. ■ zool. Petit charançon qui s'attaque aux plantes.

apitoyer v. tr. [8] ■ Toucher de pitié. → **attendrir.** ▷ v. pron. **s'apitoyer** → **compatir.** *S'apitoyer sur qqn.* ► **apitoiement** n. m.

aplanat n. m. ■ opt. Objectif aplanétique.

aplanétique adj. ▪ opt. Qui ne présente pas d'aberration géométrique.

aplanir v. tr. [2] ▪ **1** Rendre plan ou uni. → **niveler.** **2** fig. Lever (une difficulté...). ► **aplanissement** n. m.

aplasie n. f. ▪ méd. **1** Arrêt du développement d'un organe. **2** Diminution de la production des cellules sanguines.

aplat n. m. ▪ peint. Surface de couleur uniforme.

aplati, ie adj. ▪ Dont la courbure ou la saillie est moins accentuée que dans l'état premier ou habituel.

aplatir v. tr. [2] ▪ Rendre plat. ▷ v. pron. **s'aplatir** **1** Devenir plus plat. **2** fam. Tomber à plat ventre. **3** fig. *S'aplatir devant qqn.* → **ramper.** ► **aplatissement** n. m.

aplatisseur n. m. ▪ Machine servant à écraser les grains.

aplomb [aplɔ̃] n. m. ▪ **1** État d'équilibre d'un corps en position verticale. **2** fig. Assurance, confiance en soi. ◆ péj. → **culot, toupet.** **3** loc. adv. *D'APLOMB* : suivant la verticale ; en équilibre stable. ◆ fig. En bon état physique et moral.

apnée n. f. ▪ Suspension momentanée de la respiration. *Plonger en apnée.* ► **apnéique** adj.

apnéiste n. ▪ Personne qui pratique la plongée en apnée.

apo- Élément, du grec *apo* «loin de».

apocalypse n. f. ▪ Fin du monde.

apocalyptique adj. ▪ Qui évoque la fin du monde, de terribles catastrophes.

apocope n. f. ▪ ling. Chute d'un ou plusieurs phonèmes à la fin d'un mot (opposé à *aphérèse*) (ex. *télé* pour *télévision*).

apocryphe adj. ▪ **1** didact. Que l'Église ne reconnaît pas comme canonique. **2** D'authenticité douteuse. *Testament apocryphe.*

apode adj. ▪ zool. Dépourvu de pieds, de pattes, de nageoires.

apodictique adj. ▪ log. Qui a une évidence de droit et non pas seulement de fait.

apogée n. m. ▪ **1** astron. Point où un astre est le plus éloigné de la Terre (opposé à *périgée*). **2** fig. Point le plus élevé, plus haut degré.

apolitique adj. ▪ Qui se tient en dehors de la lutte politique. ► **apolitisme** n. m.

apollinien, ienne adj. ▪ didact. Caractérisé par l'ordre, la mesure, la sérénité (opposé à *dionysiaque*).

apollon n. m. ▪ plais. Homme d'une grande beauté.

apologétique ▪ **I** adj. Qui a un caractère d'apologie. **II** n. f. didact. Théologie de la révélation chrétienne.

apologie n. f. ▪ Discours, écrit visant à défendre, à justifier et par ext. à faire l'éloge de qqn, de qqch. ► **apologiste** n.

apologue n. m. ▪ Petit récit moral.

aponévrose n. f. ▪ anat. Membrane fibreuse qui enveloppe un muscle. ► **aponévrotique** adj.

apophtegme n. m. ▪ didact. Parole mémorable ayant une valeur de maxime.

apophyse n. f. ▪ anat. Éminence à la surface d'un os. ► **apophysaire** adj.

apoplectique adj. ▪ Qui a ou annonce une prédisposition à l'apoplexie.

apoplexie n. f. ▪ Congestion cérébrale.

apoptose n. f. ▪ biol. Processus physiologique de mort cellulaire programmée. ► **apoptotique** adj.

aporétique adj. ▪ didact. Qui se heurte à une contradiction.

aporie n. f. ▪ didact. Difficulté logique insoluble.

apostasie n. f. ▪ Reniement de la foi chrétienne. ◆ fig. Abandon (d'une doctrine).

apostat, ate n. ▪ Personne qui a renié la foi chrétienne. ◆ fig. Traître, renégat.

a posteriori [-te-] ▪ (opposé à *a priori*) **1** loc. adj. invar. Postérieur à l'expérience. **2** loc. adv. Postérieurement à l'expérience.

apostille n. f. ▪ Note en marge d'un texte.

apostolat n. m. ▪ **1** Prédication. **2** Mission qui requiert du désintéressement.

apostolique adj. ▪ **1** Relatif aux apôtres. **2** Qui émane du Saint-Siège.

apostoliquement adv. ▪ Avec zèle.

apostrophe n. f. ▪ **I** **1** littér. Figure de rhétorique par laquelle un orateur interpelle qqn, etc. **2** Interpellation brusque. **3** gramm. *Mot en apostrophe,* en apposition et qui interpelle (ex. *Jean* dans *Jean, tais-toi !*). **II** Signe (') qui marque l'élision d'une voyelle.

apostropher v. tr. [1] ▪ Adresser brusquement la parole à (qqn).

apothéose n. f. ▪ **1** Antiq. romaine Déification des empereurs, des héros après leur mort. **2** Honneurs extraordinaires rendus à qqn. **3** fig. Épanouissement ; partie brillante.

apothicaire n. m. ▪ vx Pharmacien. ◆ fig. *Compte d'apothicaire,* long et compliqué.

apôtre n. m. ▪ **1** Chacun des douze disciples que Jésus-Christ choisit pour prêcher l'Évangile. ◆ par ext. Prédicateur. **2** fig. Personne qui propage une doctrine.

apotropaïque adj. ▪ Qui conjure le mauvais sort.

apparaître v. intr. [57] ▪ **1** Devenir visible, distinct ; se montrer soudain. → se **révéler, surgir.** ◆ fig. *Tôt ou tard, la vérité apparaît.* **2** Commencer d'exister. **3** Se présenter à l'esprit (sous tel aspect). → **paraître.** **4** impers. *IL APPARAÎT QUE* (+ indic.) : il est manifeste que. → il **appert** que.

apparat n. m. ■ **1** Éclat solennel (d'une cérémonie). ➛ *D'APPARAT* : de cérémonie. **2** *Apparat critique* : notes et variantes d'un texte.

apparatchik n. ■ **1** polit. Membre influent du parti communiste soviétique. **2** péj. Homme, femme d'appareil carriériste.

apparaux n. m. pl. ■ **1** mar. Ensemble des appareils de manœuvre, sur un bateau. **2** Ensemble d'appareils de gymnastique. → **agrès.**

appareil n. m. ■ **I 1** vx Préparatifs. ♦ mod. loc. *Dans le plus simple appareil* : tout nu. **2** Ensemble d'éléments qui concourent à un but en formant un tout. *L'appareil des lois.* ➛ *Appareil critique.* → **apparat** (2). ♦ Ensemble d'organismes administratifs. *L'appareil d'un parti.* **3** Ensemble des organes remplissant une même fonction. → **système.** *L'appareil digestif.* **4** Agencement des matériaux (d'une maçonnerie). **II 1** Assemblage de pièces ou d'organes (plus complexe que l'outil, l'ustensile, moins que la machine) réunis en un tout pour une fonction. **2** Dispositif corrigeant les défauts fonctionnels du corps (spécialt des dents).

appareillage n. m. ■ **I** Ensemble d'appareils (II) disposés pour un usage. **II** Action d'appareiller, de quitter le port. **III** Action de munir d'une prothèse.

① **appareiller** v. [1] ■ **I** v. tr. mar. Préparer (un navire). **II** v. intr. (bateau) Quitter le port.

② **appareiller** v. tr. [1] ■ Réunir (des choses semblables ou qui s'accordent). → **assortir.**

③ **appareiller** v. tr. [1] ■ Munir d'un appareil (II, 2), d'une prothèse.

apparemment [-amɑ̃] adv. ■ Selon toute apparence. → **vraisemblablement.**

apparence n. f. ■ **1** Ce qu'on voit (de qqch., qqn), manière dont qqch. se montre. → **air, aspect. 2** Aspect extérieur, considéré comme différent de la réalité. *Ne pas se fier à l'apparence.* ♦ loc. *Sauver les apparences*, préserver sa réputation. ♦ loc. adv. *EN APPARENCE* : autant qu'on peut en juger d'après ce qu'on voit. ♦ *Contre toute apparence* loc. adv. : en dépit de ce qui paraît.

apparent, ente adj. ■ **1** Qui apparaît, se montre aux yeux. **2** abstrait Évident, manifeste. *Sans cause apparente.* **3** Qui n'est pas tel qu'il paraît être ; qui n'est qu'une apparence.

apparenté, ée adj. ■ **1** *Être apparenté à qqn*, de la même famille que lui. **2** Allié par apparentement*. **3** Qui ressemble (à).

apparentement n. m. ■ Alliance électorale entre listes qui groupent leurs voix.

s'apparenter v. pron. [1] ■ *S'APPARENTER À* **1** rare S'allier par mariage avec. **2** (sujet chose) Avoir une ressemblance avec.

apparier v. tr. [7] ■ Unir par paire. ► **appariement** n. m.

appariteur, trice n. ■ Huissier, huissière.

apparition n. f. ■ **I 1** Action, fait d'apparaître. **2** Venue (d'une chose nouvelle). **II 1** Manifestation (d'un être invisible, sous une forme visible). **2** Être imaginaire que l'on croit voir. → **fantôme, spectre.**

appartement n. m. ■ Partie d'une maison, d'un immeuble composée de plusieurs pièces qui servent d'habitation.

appartenance n. f. ■ **1** Fait d'appartenir (à une collectivité). **2** math. Propriété d'être un élément d'un ensemble.

appartenir v. tr. ind. [22] ■ *APPARTENIR À* **1** Être à (qqn) en vertu d'un droit, d'un titre. **2** (sujet personne) Être entièrement soumis à (qqn). ➛ pronom. *S'appartenir* : être libre. **3** (sujet chose) Être propre à (qqn). ➛ impers. *Il appartient aux parents d'élever leurs enfants*, c'est leur rôle. **4** Faire partie de (qqch.). ➛ math. *Élément qui appartient à un ensemble* (→ **appartenance).**

appas n. m. pl. ■ vx Attraits.

appât n. m. ■ **1** Produit qui sert à attirer des animaux pour les prendre. **2** fig. Ce qui pousse à faire qqch. *L'appât du gain.*

appâter v. tr. [1] ■ **1** Garnir d'un appât (1). **2** fig. Attirer (qqn) par une promesse, etc.

appauvrir v. tr. [2] ■ **1** Rendre pauvre. **2** fig. Faire perdre sa fécondité à (qqch.). ▷ v. pron. **s'appauvrir** ► **appauvrissement** n. m.

appeau n. m. ■ Instrument avec lequel on imite le cri des oiseaux pour les attirer.

appel n. m. ■ **I 1** Action d'appeler pour faire venir à soi, pour obtenir une réponse. *Un appel au secours.* ➛ *Appel téléphonique.* **2** Action d'appeler des personnes par leur nom. *Faire l'appel.* **3** milit. Action d'appeler sous les drapeaux. *Appel aux armes.* → **mobilisation. 4** *APPEL DE FONDS* : demande de fonds (à des actionnaires, etc.). **5** Discours ou écrit dans lequel on exhorte le public. *Appel à la révolte.* **6** *FAIRE APPEL À qqn*, demander comme une aide. ➛ *Faire appel à ses souvenirs*, les évoquer. ♦ loc. fig. *Appel du pied* : paroles, allusion constituant une demande. **7** fig. Incitation, invitation. *L'appel du large.* **II 1** *FAIRE APPEL* : recourir à une juridiction supérieure en vue d'obtenir la modification d'un jugement. ➛ *Cour d'appel.* **2** loc. *SANS APPEL* : irrévocable ; irrémédiablement. **III** (mouvement) **1** *Appel d'air* : tirage qui facilite la combustion. **2** sports Appui du pied sur le sol qui donne l'élan.

appelant, ante adj. ■ dr. Qui appelle un jugement. *La partie appelante.* ➛ n. *L'appelant, l'appelante* (opposé à *l'intimé*).

appelé, ée ■ **I** adj. **1** Nommé. **2** Qui est appelé (à). ➛ *APPELÉ À* (+ inf.) : dans la nécessité de. **II** n. Personne incorporée dans l'armée pour son service militaire.

appeler v. tr. [4] ▪ **I 1** S'adresser à (qqn) pour l'inviter à venir, à répondre. *Appeler qqn à l'aide.* **2** Joindre (qqn) par téléphone. **3** Inviter (qqn) à venir. *Appeler un médecin.* ◆ *Appeler un contingent sous les drapeaux* (→ **appel**). **4** *Appeler qqn à une fonction,* le désigner pour. **5** (sujet chose) Demander, exiger, entraîner. → **réclamer. 6** *EN APPELER À :* s'en remettre à. **II** Donner un nom à (qqn ou qqch.). → **nommer.** ◆ loc. *Appeler les choses par leur nom,* ne pas atténuer la vérité. ▷ v. pron. s'**appeler** Avoir pour nom. *Je m'appelle Paul.*

appellatif, ive adj. et n. m. ▪ Se dit d'un mot permettant d'appeler qqn à qui l'on s'adresse (ex. Monsieur, ma jolie).

appellation n. f. ▪ Action, façon d'appeler (II). → **dénomination, désignation.** ♦ Nom donné à qqch., à qqn.

appendice [-pɛ̃-] n. m. ▪ **1** Partie qui prolonge une partie principale. **2** anat. Prolongement en doigt de gant du cæcum. **3** Supplément (notes, etc.) à la fin d'un livre.

appendicectomie [-pɛ̃-] n. f. ▪ chir. Ablation de l'appendice (2).

appendicite [apɛ̃disit] n. f. ▪ Inflammation de l'appendice (2).

appendiculaire [-pɛ̃-] adj. ▪ Qui se rapporte ou ressemble à un appendice.

appentis n. m. ▪ Petit bâtiment à toit à une seule pente, adossé à un mur.

appenzell [apɛnzɛl] n. m. ▪ Fromage suisse voisin du comté*.

il **appert** v. impers. (seulement au présent) ▪ dr. *Il appert que* (+ indic.) : il est évident que.

appertisation n. f. ▪ techn. Procédé de conservation des aliments par stérilisation à la chaleur, dans des récipients hermétiquement clos.

appertiser v. tr. [1] ▪ techn. Traiter par appertisation. ► **appertisé, ée** adj.

appesantir v. tr. [2] ▪ littér. Rendre plus lourd ou moins agile. ▷ v. pron. **s'appesantir 1** Devenir pesant. **2** *S'appesantir sur qqch.,* en parler longuement. ► **appesantissement** n. m.

appétence n. f. ▪ littér. Tendance portant qqn vers ce qui satisfait ses penchants, ses besoins. → **envie.**

appétissant, ante adj. ▪ **1** Dont l'aspect, l'odeur met en appétit. **2** fig. Qui attire.

appétit n. m. ▪ **1** Désir de nourriture, plaisir de manger. **2** Désir pressant (de qqch.). *Appétit de savoir.* **3** Mouvement qui porte à rechercher ce qui peut satisfaire un besoin, un instinct. → **pulsion.**

applaudimètre n. m. ▪ Appareil servant à mesurer l'intensité des applaudissements.

applaudir v. [2] ▪ **1** v. intr. Battre des mains en signe d'approbation, d'enthousiasme. **2** v. tr. ind. littér. *APPLAUDIR À qqch. :* donner son assentiment à. **3** v. tr. Saluer (qqn, qqch.) par des applaudissements. ▷ v. pron. **s'applaudir** (de) → se **féliciter** de.

applaudissement n. m. ▪ Battement des mains (d'approbation ou d'enthousiasme).

appli → **application**

applicable adj. ▪ Qu'on peut appliquer (à). ► **applicabilité** n. f. didact.

applicage n. m. ▪ techn. Action d'appliquer un ornement sur un objet.

applicateur, trice adj. ▪ Qui sert à appliquer (qqch.), à mettre en place.

application n. f. ▪ **I 1** Action d'appliquer (une chose sur une autre). **2** math. Relation établie sur deux ensembles, telle qu'à tout élément du premier corresponde un seul élément du second (→ fonction). **3** Utilisation ; mise en pratique. *Les applications d'une découverte.* **4** inform. Logiciel. – abrév. **appli. II** Action de s'appliquer ; qualité d'une personne appliquée. → **attention, concentration, soin.**

applique n. f. ▪ **1** Ce qui est appliqué sur un objet (pour l'orner ou le rendre solide). **2** Appareil d'éclairage fixé au mur.

appliquer v. tr. [1] ▪ **1** Mettre (une chose) sur une autre de manière à recouvrir, adhérer ou laisser une empreinte. **2** fig. Faire servir, employer (pour un usage). *Appliquer un traitement à une maladie.* ◆ *Appliquer une recette.* ◆ *Appliquer son esprit à qqch.* ▷ v. pron. **s'appliquer 1** Être appliqué. **2** fig. Être adapté (à). → **convenir ; concerner. 3** Apporter une attention soutenue (à qqch.), prendre soin (de faire qqch.). ▷ adj. **appliqué, ée I 1** Placé (sur, contre). **2** Mis en pratique. *Sciences appliquées* (opposé à *pur*). *Recherche appliquée* (opposé à *fondamental*). **II** Qui s'applique (3). → **studieux, travailleur.**

appoggiature [-(d)ʒja-] n. f. ▪ mus. Note placée devant une note principale pour la mettre en valeur. – var. **appogiature.**

appoint n. m. ▪ **1** Complément d'une somme en monnaie. *Faire l'appoint* (par ext. avoir la somme exacte). **2** fig. Ce qu'on ajoute à qqch. ◆ *Chauffage D'APPOINT.*

appointé n. m. ▪ (Suisse) Soldat de première classe.

appointements n. m. pl. ▪ Rétribution fixe attachée à un emploi régulier. ► **appointer** v. tr. [1] → **rétribuer.**

appontement n. m. ▪ Plate-forme le long de laquelle un navire vient s'amarrer.

apponter v. intr. ▪ (avion, hélicoptère) Se poser sur la plate-forme d'un porte-avions. ► **appontage** n. m.

apport n. m. ▪ **1** Action d'apporter. *Apport de capitaux.* **2** Ce qu'on apporte ; bien apporté. **3** fig. Contribution positive.

apporter v. tr. [1] ▪ **I** concret **1** *Apporter qqch. à qqn,* porter (qqch.) au lieu où est qqn. ➛ Porter (qqch.) avec soi en venant. **2** Fournir pour sa part. *Apporter son écot.* **II** abstrait **1** Manifester, mettre. *Il y apporte tout son zèle.* **2** Donner, fournir (un élément de connaissance). *Apporter une nouvelle.* **3** Fournir (ce qu'on a fait naître). *Apporter son appui à qqn.* **4** (sujet chose) Être la cause de (qqch.).

apporteur, euse n. et adj. ▪ fin. (Personne ou entreprise) qui apporte une part de capital dans une société.

apposer v. tr. [1] ▪ dr. Poser, mettre.

apposition n. f. ▪ **1** Action d'apposer. **2** gramm. Procédé par lequel deux termes sont juxtaposés sans lien (ex. vert olive).

appréciable adj. ▪ **1** Qui peut être évalué. **2** Assez important. **3** Digne d'estime. ► **appréciabilité** n. f.

appréciateur, trice adj. et n. ▪ Qui est capable d'apprécier, d'évaluer.

appréciatif, ive adj. ▪ Qui marque l'appréciation.

appréciation n. f. ▪ **1** Action d'apprécier, de déterminer la valeur, etc. (de qqch.). **2** Fait de juger. *Soumettre une décision à l'appréciation de qqn.* ♦ Opinion. *Noter ses appréciations.* → **observation.**

apprécier v. tr. [7] ▪ **1** Déterminer le prix, la valeur de (qqch.). → **estimer, évaluer. 2** Déterminer approximativement, par les sens. *Apprécier une distance.* ♦ (abstrait) Sentir, percevoir. *Apprécier une nuance.* **3** Porter un jugement favorable sur ; aimer, goûter. ➛ au p. p. *Animal à chair appréciée.*

appréhender v. tr. [1] ▪ **I 1** Saisir au corps. → **arrêter. 2** Saisir par l'esprit. **II** Envisager (qqch.) avec crainte.

appréhension n. f. ▪ **I** didact. Fait de saisir par l'esprit. **II** Crainte vague, mal définie.

apprenant, ante n. ▪ Personne qui apprend (une langue).

apprendre v. tr. [58] ▪ **I** (sens subjectif) **1** Être informé de (qqch.). *Apprendre une nouvelle.* **2** Chercher à acquérir (un ensemble de connaissances). **3** *APPRENDRE À* (+ inf.) : se rendre capable de. *Apprendre à lire.* **II** (sens objectif) **1** *Apprendre qqch. à qqn,* porter à sa connaissance. → **avertir ; informer. 2** Donner la connaissance, le savoir, la pratique de (qqch.). → **enseigner. 3** *Apprendre à qqn à* (+ inf.). ➛ loc. *Cela lui apprendra à vivre* : cela lui servira de leçon.

apprenti, ie n. ▪ **1** Personne qui est en apprentissage. **2** Débutant, novice. **3** loc. *APPRENTI SORCIER* : personne qui déchaîne des événements qu'elle ne maîtrise pas.

apprentissage n. m. ▪ **1** Fait d'apprendre un métier manuel ou technique. **2** littér. Premiers essais. *L'apprentissage de l'amour.*

apprêt n. m. ▪ **I 1** vieilli (au plur.) Action d'apprêter (1). **2** techn. Opération que l'on fait subir aux matières premières (cuirs, textiles) avant de les travailler. **3** Substance qui sert à apprêter (enduit...). **II** Manières affectées. → **affectation.**

apprêtage n. m. ▪ techn. Action d'enduire d'apprêt.

apprêté, ée adj. ▪ **1** Enduit d'apprêt (I, 3). **2** Trop étudié, peu naturel. → **affecté.**

apprêter v. tr. [1] ▪ **1** vx ou littér. Rendre prêt, préparer. **2** techn. Soumettre à un apprêt*. ▷ v. pron. **s'apprêter 1** Se préparer, se disposer (à). **2** Préparer sa tenue.

apprivoiser v. tr. [1] ▪ **1** Rendre moins craintif ou moins dangereux (un animal). ➛ au p. p. *Ours apprivoisé.* **2** Rendre (qqn) plus sociable. ▷ v. pron. **s'apprivoiser 1** Devenir moins sauvage (animaux), plus sociable (personnes). **2** fig., littér. *S'apprivoiser à.* → s'**accoutumer,** se **faire** à. ► **apprivoisement** n. m.

approbateur, trice adj. ▪ Qui approuve.

approbatif, ive adj. ▪ Qui marque l'approbation.

approbation n. f. ▪ **1** Fait d'approuver ; accord donné. **2** Jugement favorable.

approchant, ante adj. ▪ Qui se rapproche de. → **semblable, voisin.**

approche n. f. ▪ **I 1** Fait d'approcher, de s'approcher. *Le chat s'enfuit à mon approche.* **2** *D'APPROCHE* : par quoi on s'approche. ➛ loc. *Travaux d'approche,* démarches pour arriver à un but. **3** au plur. Ce qui est près de. → **abord.** *Les approches d'une ville.* **4** Manière d'aborder un sujet ; point de vue. **II** (choses) Fait d'approcher. *L'approche de la nuit.*

approcher v. [1] ▪ **I** v. tr. dir. **1** Mettre près, plus près. **2** Venir près, s'avancer auprès de (qqn). **II** *APPROCHER DE* v. tr. ind. **1** Venir près, plus près de (qqn, qqch.). **2** Être près de, sur le point d'atteindre. *Approcher du but.* **3** intrans. Être imminent, proche. *La nuit approche.* ▷ v. pron. **s'approcher** (de) ▷ adj. **approché, ée** Approximatif.

approfondir v. tr. [2] ▪ **1** Rendre plus profond. **2** fig. Étudier à fond. → **creuser.** *Approfondir un sujet.* ▷ adj. **approfondi, ie** *Examen approfondi.* ► **approfondissement** n. m.

approprier v. tr. [7] ▪ didact. Rendre (qqch.) propre (à un usage). → **adapter.** ▷ v. pron. **s'approprier** Faire sien ; s'attribuer la propriété de (qqch.), spécialt de manière illicite.

▷ adj. **approprié, ée** → **adéquat.** ▶ **appropriation** n. f.

approuver v. tr. [1] ■ **1** Donner son accord à (qqch.). → **accepter ; approbation.** ◆ au p. p. (invar.) *Lu et approuvé* (formule au bas d'un acte). **2** Juger bon, trouver louable. ◆ *Approuver qqn,* être de son opinion.

approvisionnement n. m. ■ **1** Action d'approvisionner. **2** Ensemble de provisions.

approvisionner v. tr. [1] ■ Fournir en provisions. → **ravitailler.** ◆ *Approvisionner un compte en banque,* y déposer de l'argent. ▷ v. pron. **s'approvisionner** → se **fournir.**

approvisionneur, euse n. et adj. ■ Personne qui approvisionne. → **fournisseur.**

approximatif, ive adj. ■ **1** Fait par approximation. **2** Imprécis, vague.

approximation n. f. ■ **1** Détermination approchée. → **évaluation. 2** Valeur approchée.

approximativement adv. ■ À peu près.

appui n. m. ■ **I 1** Action d'appuyer, de s'appuyer sur qqch. ◆ POINT D'APPUI, sur lequel qqch. s'appuie. **2** À L'APPUI DE loc. prép. : pour appuyer, confirmer. *À l'appui de cette hypothèse...* ◆ *Avec preuves à l'appui.* **II 1** Ce qui sert à soutenir. → **soutien, support. 2** fig. Soutien moral ou aide matérielle.

appuie-bras n. m. invar. ■ Support pour appuyer le bras, dans une voiture. → **accoudoir.**

appuie-tête n. m. ■ Dispositif destiné à soutenir la tête. *Des appuie-tête(s).*

appuyer v. [8] ■ **I** v. tr. **1** Soutenir ou faire soutenir, supporter. *Appuyer qqch. par, contre, à, sur qqch.* **2** Soutenir, rendre plus sûr (qqch. d'abstrait). **3** Fournir une protection, un soutien à. → **soutenir.** *Appuyer un candidat ; une demande.* **4** Appliquer, presser (une chose sur, contre une autre). *Appuyer le pied sur la pédale.* **II** v. intr. **1** (sujet chose) Être soutenu ; être posé (sur). **2** Peser plus ou moins fortement (sur). *Appuyez sur le bouton.* **3** Mettre l'accent (sur) ; insister. **4** Prendre la direction de. *Appuyez sur la droite, à droite.* → se **diriger.** ▷ v. pron. **s'appuyer 1** S'aider, se servir comme d'un appui. **2** fig. Compter (sur). → se **fonder. 3** (faux pronom.) fam. Devoir faire, supporter. *S'appuyer une corvée ; qqn.* ▷ adj. **appuyé, ée 1** *Regard appuyé,* insistant. **2** Exprimé avec insistance. *Plaisanterie appuyée.*

apraxie n. f. ■ didact. Incapacité d'exécuter des mouvements adaptés à un but.

âpre adj. ■ **1** Qui a une rudesse désagréable. **2** fig. Dur, pénible. **3** *Âpre au gain* : avide. ▶ **âprement** adv. → **rudement.**

après ■ **I** prép. (opposé à *avant*) **1** (postériorité dans le temps) *Le printemps vient après l'hiver.* ◆ APRÈS QUE loc. conj. (+ indic.) «*Il faut bonne mémoire après qu'on a menti*» (Corneille). ◆ APRÈS COUP loc. adv. : après l'événement. **2** (postériorité dans l'espace) *Tournez après le pont.* ◆ *Traîner qqch. après soi.* ◆ *Courir après qqn.* **3** (mouvement de recherche) *Soupirer après qqch., qqn.* ◆ ÊTRE APRÈS *qqn,* le harceler. **4** (subordination dans un ordre, une hiérarchie) *Venir après qqn.* **5** APRÈS TOUT loc. adv. : après avoir tout considéré. → en **définitive,** au **fond. 6** D'APRÈS loc. prép. : à l'imitation de ; en se référant à. → **selon, suivant. II** adv. (temps) → plus **tard ; ensuite.** *L'année d'après* (→ **suivant).** ◆ (espace) → **derrière.** ◆ CI-APRÈS loc. adv. : plus loin (dans un texte). → ci-**dessous, infra.** ◆ *ET APRÈS ?* (exhortation ; indifférence ou défi).

après-demain adv. ■ Au jour qui suivra demain (→ **surlendemain).**

après-guerre n. m. ■ Période qui suit une guerre.

après-midi n. m. ou f. invar. ■ Partie de la journée entre le déjeuner et le dîner.

après-rasage adj. invar. et n. m. ■ Se dit d'une lotion calmant le feu du rasoir.

après-shampooing [-ʃɑ̃pwɛ̃] n. m. ■ Produit destiné à embellir les cheveux, que l'on applique après le shampooing. *Des après-shampooings.* – var. **après-shampoing.**

après-ski n. m. ■ Botte que l'on chausse lorsqu'on ne skie pas, aux sports d'hiver.

après-soleil n. m. invar. ■ Produit hydratant que l'on applique sur la peau après l'exposition au soleil. ◆ adj. invar. *Des lotions après-soleil.*

après-vente adj. invar. ■ *Service après-vente* (sigle *S. A. V.*) : services d'entretien assurés après la vente d'un appareil, etc.

âpreté n. f. ■ **1** Rudesse désagréable de ce qui est âpre. **2** fig. Caractère dur, pénible.

a priori ■ **1** loc. adv. et adj. invar. En partant de données antérieures à l'expérience (contr. *a posteriori*). ◆ n. m. invar. Idée a priori. **2** loc. adv. Au premier abord.

apriorisme n. m. ■ didact. Idée a priori.

aprioriste adj. ■ didact. Fondé sur des idées a priori. *Jugement aprioriste.*

à-propos n. m. ■ Ce qui vient à propos*. ◆ loc. *Esprit d'à-propos* : présence d'esprit.

apsara n. f. ■ Nymphe hindoue.

apside n. f. ■ astron. *Ligne des apsides* : grand axe de l'orbite elliptique d'une planète.

apte adj. ■ **1** dr. Qui détient une capacité (→ **aptitude** (1)). **2** *Apte à* : qui a des dispositions pour, qui peut (faire qqch.).

aptère adj. ■ didact. Sans ailes.

aptéryx [-iks] n. m. ■ zool. Kiwi (①).

aptitude n. f. ■ **1** dr. Capacité légale, juridique. **2** Disposition naturelle (à). → **penchant, prédisposition. 3** Compétence acquise et reconnue.

apurer v. tr. [1] ■ fin. Reconnaître (un compte) exact. ► **apurement** n. m.

apyrétique adj. ■ Qui n'est pas accompagné de fièvre, n'a pas de fièvre.

apyrexie n. f. ■ méd. Absence de fièvre (entre deux accès).

aqua- [akwa] Élément, du latin *aqua* « eau ».

aquabike [-bajk] n. m. (marque déposée) ■ anglic. Sorte de vélo fixe que l'on immerge pour faire de l'exercice. ♦ Activité ainsi pratiquée. - syn. **aquabiking** [-bajkiŋ]. - recomm. off. *aquacycle.*

aquacole adj. ■ didact. **1** Qui vit dans l'eau. **2** Qui se rapporte à l'aquaculture. - var. **aquicole.**

aquaculture n. f. ■ Élevage commercial d'espèces aquatiques. - var. **aquiculture.** ► **aquaculteur, trice** n. - var. **aqui-.**

aquafortiste n. ■ Graveur à l'eau-forte.

aquagym n. f. (n. déposé) ■ Gymnastique pratiquée dans l'eau.

aquamanile n. m. ■ didact. Aiguière munie d'un bassin pour se laver les mains.

aquanaute n. ■ Spécialiste des expéditions sous-marines. → **océanaute.**

aquaplane n. m. ■ Planche tirée par un canot et sur laquelle on se tient debout en s'aidant d'une corde. ◆ Sport ainsi pratiqué.

aquaplaning n. m. ■ anglic. Perte d'adhérence d'un véhicule sur une chaussée mouillée. - recomm. off. *aquaplanage.*

aquarelle n. f. ■ Peinture sur papier avec des couleurs délayées dans de l'eau.

aquarellé, ée adj. ■ Exécuté ou rehaussé à l'aquarelle.

aquarelliste n. ■ Peintre à l'aquarelle.

aquariophilie n. f. ■ Élevage en aquarium des poissons d'ornement. ► **aquariophile** n. et adj.

aquarium [-jɔm] n. m. ■ Réservoir à parois de verre dans lequel on entretient des plantes et des animaux aquatiques.

aquathlon n. m. ■ Épreuve sportive associant un parcours de natation et une course à pied.

aquatinte n. f. ■ Eau-forte imitant le lavis.

aquatique adj. ■ Qui croît, vit, se fait dans l'eau ou au bord de l'eau.

aquavit [akwavit] n. m. ■ Eau-de-vie scandinave parfumée. - var. **akvavit.**

aquazole n. m. ■ Carburant composé d'une émulsion d'eau et de gazole.

aqueduc n. m. ■ Canal pour conduire l'eau ; ouvrage supportant ce canal.

aqueux, euse adj. ■ sc. De l'eau.

à quia → **quia** (à)

aquicole → **aquacole**

aquiculture → **aquaculture**

aquifère [akɥifɛʀ] adj. ■ Qui contient de l'eau. ◆ n. m. Terrain permettant l'écoulement d'une nappe souterraine et le captage de l'eau.

aquilin adj. m. ■ *Nez aquilin,* fin et busqué.

aquilon n. m. ■ poét. Vent froid du nord.

aquoibonisme n. m. ■ littér. Tendance au défaitisme et à l'abandon. ► **aquoiboniste** n. et adj.

aquosité n. f. ■ sc. État de ce qui est aqueux.

Ar ■ Symbole chimique de l'argon.

ara n. m. ■ Grand perroquet des tropiques, au plumage coloré.

arabe adj. et n. ■ **1** Des peuples originaires de l'Arabie qui se sont répandus avec l'islam autour du bassin méditerranéen. ◆ n. *Les Arabes,* le peuple sémite originaire d'Arabie ; les populations arabophones du Proche-Orient et du nord de l'Afrique. ♦ n. m. *L'arabe* (langue sémitique). **2** Issu de la civilisation arabe. *Chiffres arabes* : les dix signes de la numération (opposé à *romain*).

arabesque n. f. ■ **1** Ornement formé de lettres, de lignes, de feuillages entrelacés. **2** Ligne sinueuse de forme élégante.

arabica n. m. ■ **1** bot. Espèce de caféier originaire d'Arabie. **2** Café produit par ce caféier.

arabique adj. ■ D'Arabie.

arabisant, ante n. ■ Spécialiste de la langue, de la littérature arabes.

arabiser v. tr. [1] ■ Donner un caractère (culturel...) arabe à. ► **arabisation** n. f.

arabisme n. m. ■ **1** ling. Fait linguistique propre à la langue arabe. **2** didact. Idéologie nationaliste arabe.

arable adj. ■ Qui peut être labouré.

arabophone adj. et n. ■ Qui parle arabe.

arachide n. f. ■ Graine d'une plante tropicale ; cette plante. → **cacahouète.**

arachnéen, enne [-k-] adj. ■ **1** didact. Propre à l'araignée. **2** littér. Qui a la légèreté de la toile d'araignée.

arachnide [-k-] n. m. ■ Arthropode sans pattes abdominales (classe des *Arachnides* ; ex. acariens, araignées, scorpions).

arachnoïde [-k-] n. f. ■ anat. Membrane qui enveloppe le cerveau et la moelle épinière des mammifères. ► **arachnoïdien, ienne** adj.

arachnophobie [-k-] n. f. ■ didact. Phobie des araignées. ► **arachnophobe** [-k-] adj. et n.

arack → **arak**

aragonite n. f. ■ Carbonate de calcium d'une variété cristalline.

araignée n. f. ■ **1** Arachnide pourvu de crochets à venin et de glandes productrices de soie. *Toile d'araignée,* réseau que l'animal tisse pour capturer ses proies. **2** loc. fam. *Avoir une* *araignée au plafond* : être un peu fou. **3** *Araignée de mer* : crabe à longues pattes. **4** Morceau prisé de viande de bœuf.

araire n. m. ▪ Charrue simple.

arak n. m. ▪ Alcool de riz ou de canne à sucre. – var. **arack.**

araldite n. f. ou m. ▪ techn. Matière plastique, colle à base de résines époxy.

aralia n. m. ou f. ▪ bot. Arbrisseau à grandes feuilles vertes.

araméen, enne adj. ▪ hist. Des Sémites de Syrie, dans l'Antiquité.

aramide adj. ▪ techn. Se dit de fibres obtenues à partir de résines aromatiques polyamides.

aramon n. m. ▪ Cépage du midi de la France.

araser v. tr. [1] ▪ techn. Mettre de niveau, mettre à ras. ► **arasement** n. m.

aratoire adj. ▪ Qui sert à travailler la terre. *Instruments aratoires.*

araucaria n. m. ▪ Conifère décoratif.

arawak n. m. ▪ ling. Famille de langues amérindiennes.

arbalète n. f. ▪ Ancienne arme de trait, arc d'acier monté sur un fût.

arbalétrier n. m. ▪ **I** Soldat armé d'une arbalète. **II** techn. Poutre oblique portant un des deux versants du toit.

arbitrable adj. ▪ Qui peut être arbitré.

arbitrage n. m. ▪ **1** Règlement d'un différend par un ou des arbitres. **2** Fonction d'arbitre, en sport.

arbitraire adj. ▪ **1** Qui dépend de la seule volonté, n'est pas lié par l'observation de règles. *Choix arbitraire.* ♦ péj. Qui ne tient pas compte de la réalité. → **artificiel. 2** Qui dépend du bon plaisir de qqn. **3** ling. Dont la forme et le sens ne sont pas logiquement liés. ► **arbitrairement** adv.

arbitral, ale, aux adj. ▪ dr. Qui est prononcé par un ou plusieurs arbitres. *Jugements arbitraux.* ♦ Composé d'arbitres. *Tribunal arbitral.* ♦ Qui joue le rôle d'arbitre.

arbitralement adv. ▪ dr. Par arbitres.

① **arbitre** n. ▪ **1** dr. Personne désignée par les parties pour trancher un différend. – cour. Personne prise pour juge dans un débat, une dispute. **2** Personne apte à juger en une matière. **3** Personne désignée pour veiller à la régularité d'une épreuve sportive.

② **arbitre** n. m. ▪ vx Volonté. – mod. → **libre arbitre.**

arbitrer v. tr. [1] ▪ **1** Juger en qualité d'arbitre. *Arbitrer un litige.* **2** Contrôler la régularité de (une épreuve sportive).

arboré, ée adj. ▪ Planté d'arbres. *Jardin arboré.*

arborer v. tr. [1] ▪ **1** Dresser, élever. *Arborer un drapeau.* **2** Porter ostensiblement.

arborescent, ente adj. ▪ Qui a la forme ramifiée d'un arbre. ► **arborescence** n. f.

arboretum [-etɔm] n. m. ▪ Plantation d'arbres d'essences variées.

arbor(i)- Élément, du latin *arbor* « arbre ».

arboricole adj. ▪ didact. **1** Qui vit sur les arbres. **2** Relatif à l'arboriculture.

arboriculture n. f. ▪ Culture des arbres. ► **arboriculteur, trice** n.

arborisation n. f. ▪ Dessin naturel ressemblant à des ramifications.

arborisé, ée adj. ▪ Qui porte des arborisations.

arbouse n. f. ▪ Fruit rouge et aigrelet de l'arbousier.

arbousier n. m. ▪ Arbre méditerranéen à feuilles persistantes.

arbovirose n. f. ▪ méd. Maladie infectieuse provoquée par un arbovirus.

arbovirus [-ys] n. m. ▪ biol. Virus qui se transmet par piqûre de moustique, de tique...

arbre n. m. ▪ **I** Végétal dont la tige ligneuse se ramifie à partir d'une certaine hauteur au-dessus du sol. – loc. prov. *Les arbres cachent la forêt* : les détails empêchent de voir l'ensemble. ♦ *Arbre de Noël* : sapin* de Noël. **II** Axe qui reçoit ou transmet un mouvement de rotation. *Arbre à cames.* **III** (Ce qui a l'apparence d'un arbre) **1** *Arbre généalogique* : figure ramifiée montrant la filiation des diverses branches d'une même famille. **2** didact. Schéma représentant des trajets et des bifurcations.

arbrisseau n. m. ▪ Petit végétal ligneux ramifié dès la base.

arbuste n. m. ▪ Petit arbre au tronc bien différencié. ► **arbustif, ive** adj.

arc n. m. ▪ **I** Arme formée d'une tige souple que l'on courbe au moyen d'une corde attachée aux deux extrémités pour lancer des flèches. – loc. *Avoir plus d'une corde à son arc,* plus d'une ressource pour parvenir à ses fins. **II 1** math. Portion de courbe (spécialt, de cercle) limitée par deux points. **2** Ce qui a la forme d'un arc. **3** Courbe d'une voûte. ♦ *Arc de triomphe* : arcade monumentale sous laquelle passait le général romain triomphateur ; monument commémoratif élevé sur ce modèle.

arcade n. f. ▪ **I 1** Ouverture en arc ; ensemble d'un arc et de ses montants. **2** Ce qui a une forme arquée. *Arcade sourcilière.* **II** anglic. *Jeu d'arcades,* jeu vidéo d'action (à l'origine, pratiqué dans les salles de jeux).

arcane n. m. ▪ **1** alchim. Préparation mystérieuse, réservée aux adeptes. **2** littér. au plur. *Les arcanes de la politique.* → **secret. 3** Carte du jeu de tarot. → ① **lame.**

arcature n. f. ▪ Série de petites arcades décoratives.

arc-boutant n. m. ▪ Arc qui soutient un mur de l'extérieur. *Des arcs-boutants.*

s'**arc-bouter** v. pron. [1] ▪ Prendre appui pour exercer une poussée, un effort.

arc-doubleau n. m. ▪ archit. Arc en saillie sous la partie intérieure d'une voûte. *Des arcs-doubleaux.*

arceau n. m. ▪ **1** Partie cintrée d'une voûte. **2** Objet en forme de petite arche.

arc-en-ciel n. m. ▪ Phénomène météorologique lumineux, en arc, présentant les couleurs du spectre. *Des arcs-en-ciel.*

archaïque [aʀkaik] adj. ▪ **1** Qui est très ancien. ♦ Désuet, périmé. **2** arts Antérieur aux époques classiques.

archaïsant, ante [aʀk-] adj. et n. ▪ littér. Qui fait usage d'archaïsmes.

archaïsme [aʀk-] n. m. ▪ **1** Caractère archaïque. **2** Mot, tour ancien qui n'est plus en usage. *Employer des archaïsmes.*

archal [aʀʃal] n. m. ▪ rare Laiton.

archange [aʀk-] n. m. ▪ relig. cathol. Ange d'un ordre supérieur.

archangélique [aʀk-] adj. ▪ Qui tient de l'archange. *Une grâce archangélique.*

① **arche** n. f. ▪ **1** *Arche (de Noé)* : vaisseau qui permit à Noé d'échapper aux eaux du Déluge. **2** *Arche d'alliance* : coffre où les Hébreux gardaient les tables de la Loi.

② **arche** n. f. ▪ **1** Voûte arquée qui s'appuie sur les culées, les piles d'un pont. **2** Monument en forme d'arc, de grand portail.

archée [-k-] n. f. ▪ biol. Micro-organisme procaryote très différent des bactéries.

archéen, enne [-k-] adj. et n. m. ▪ géol. Antérieur au cambrien. ♦ n. m. *L'archéen* (période). - syn. **archéozoïque.**

archelle n. f. ▪ (Belgique) Étagère munie de crochets pour suspendre des ustensiles à anses.

archéo- [aʀkeo] Élément savant, du grec *arkhaios* «ancien».

archéobactérie n. f. ▪ hist. sc. Archée*.

archéologie n. f. ▪ Étude scientifique des civilisations disparues à partir de leurs vestiges. ► **archéologique** adj.

archéologue n. ▪ Spécialiste d'archéologie.

archéoptéryx [-iks] n. m. ▪ Oiseau fossile du jurassique, le premier connu, encore très proche des reptiles.

archer, ère ▪ **1** n. m. Soldat armé de l'arc. **2** n. Tireur à l'arc.

archère n. f. ▪ Ouverture pratiquée dans les fortifications pour le tir à l'arc, à l'arbalète. → **meurtrière.** - var. **archière.**

archerie n. f. ▪ **1** Art du tir à l'arc. **2** Matériel du tireur à l'arc.

archet n. m. ▪ Baguette droite sur laquelle sont tendus des crins, qui sert à faire vibrer les cordes d'un instrument de musique.

archetier, ière n. ▪ Artisan qui fabrique des archets.

archétype [aʀk-] n. m. ▪ didact. Type primitif ou idéal ; original, modèle. ► **archétypal, ale, aux** ou **archétypique** adj.

archevêché n. m. ▪ **1** Circonscription d'un archevêque. **2** Siège, palais archiépiscopal.

archevêque n. m. ▪ Évêque placé à la tête d'une province ecclésiastique.

archi- [aʀʃi] Élément (du grec → -archie). **1** Exprime la prééminence (ex. *archiduc*). **2** Exprime le degré extrême, sert à former des adjectifs (ex. *archiconnu*).

archiconfrérie n. f. ▪ Confrérie qui groupe des associations charitables.

archidiacre n. m. ▪ Dignitaire ecclésiastique investi d'une sorte de juridiction sur les prêtres du diocèse.

archidiocèse n. m. ▪ Diocèse d'un archevêque. ► **archidiocésain, aine** adj.

archiduc, archiduchesse n. ▪ Titre des princes et princesses de l'ancienne maison d'Autriche.

-archie [aʀʃi], **-arque** [aʀk] Éléments savants (du grec *arkhein* «commander») de mots désignant des gouvernements, des gouvernants.

archiépiscopal, ale, aux adj. ▪ Qui appartient à l'archevêque.

archiépiscopat n. m. ▪ Dignité, fonction d'archevêque.

archière → **archère**

archimandrite n. m. ▪ Supérieur de certains monastères, dans l'Église grecque.

archipel n. m. ▪ Groupe d'îles.

archiprêtre n. m. ▪ Titre honorifique conféré à un prêtre.

architecte n. ▪ **1** Personne diplômée, dont le métier est de concevoir le plan d'un édifice et d'en diriger l'exécution. **2** fig., littér. → **créateur, maître d'œuvre.**

architectonique adj. ▪ didact. Qui a rapport à la technique de l'architecture.

architecture n. f. ▪ **1** Art de construire les édifices. **2** Disposition (d'un édifice). *L'architecture d'une église.* **3** fig. Principe d'organisation, structure. ► **architectural, ale, aux** adj. ► **architecturalement** adv.

architecturer v. tr. [1] ▪ Construire avec rigueur. → **structurer.**

architrave n. f. ▪ archit. Partie inférieure de l'entablement.

archiver v. tr. [1] ■ Classer (un document) dans les archives. ► **archivage** n. m.

archives n. f. pl. ■ **1** Collection de documents anciens, classés à des fins historiques. ➛ au sing. *Une archive sonore.* **2** Lieu où les archives sont conservées.

archiviste n. ■ Spécialiste préposé à la conservation des archives.

archivistique ■ didact. **1** adj. Relatif aux archives. **2** n. f. Science des archives.

archonte [-k-] n. m. ■ Antiq. Magistrat qui gouvernait une cité grecque.

arçon n. m. ■ L'une des deux parties arquées qui forment le corps de la selle.

arctique adj. ■ Des régions polaires du nord (opposé à *antarctique*). → **hyperboréen.**

ardemment [-amɑ̃] adv. ■ Avec ardeur (fig.). → **passionnément.**

ardent, ente adj. ■ **1** littér. Qui est en feu ; qui brûle. *Tisons ardents.* ➛ loc. cour. *Être sur des charbons* ardents.* **2** *Chapelle ardente* : salle mortuaire éclairée de cierges. **3** Qui a la couleur ou l'éclat du feu. *Roux ardent.* **4** littér. Qui dégage une forte chaleur. → **brûlant, torride.** **5** Qui a de l'ardeur. → **passionné.** **6** (sentiments) Très vif ; violent.

ardeur n. f. ■ **1** littér. Chaleur vive. *L'ardeur du soleil.* **2** fig. Énergie pleine de vivacité.

ardillon n. m. ■ Pointe de métal d'une boucle de courroie, de ceinture.

ardoise n. f. ■ **1** Pierre tendre et feuilletée d'un gris bleuâtre, qui sert à la couverture des maisons ; plaque de cette pierre. **2** Plaque sur laquelle on écrit, et qu'on nettoie après usage. **3** fam. Compte de consommations prises à crédit. → **dette.**

ardoisé, ée adj. ■ Qui est de la couleur de l'ardoise.

ardoisier, ière ■ **1** adj. Qui est de la nature de l'ardoise ou contient de l'ardoise. ♦ Qui a rapport à l'ardoise. **2** n. Personne qui exploite une carrière d'ardoise ou y travaille. ♦ (Belgique) Couvreur.

ardoisière n. f. ■ Carrière d'ardoise.

ardu, ue adj. ■ Très difficile.

are n. m. ■ Unité de mesure agraire de surface (symb. a) valant cent mètres carrés.

arec n. m. ■ Aréquier. ➛ *Noix d'arec,* fruit de cet arbre, qui contient du cachou.

aréique adj. ■ géogr. Sans réseau hydrographique permanent. *Région aréique.* ► **aréisme** n. m.

areligieux, euse adj. ■ Sans religion.

aréna n. m. ou f. ■ (Canada) Patinoire couverte.

arène n. f. ■ **1** Aire sablée d'un amphithéâtre où les gladiateurs combattaient ; où ont lieu les courses de taureaux. ➛ loc. *Descendre dans l'arène* : s'engager dans un combat. ♦ fig. *L'arène politique.* **2** au plur. Amphithéâtre romain. ♦ Cirque où se déroulent des corridas.

arénicole ■ **1** adj. Qui vit dans le sable. → **ammophile.** **2** n. f. Ver annélide qui vit dans le sable.

arénisation n. f. ■ Décomposition des roches cristallines en sable grossier.

aréolaire adj. ■ anat. Qui se rapporte à l'aréole (1).

aréole n. f. ■ **1** anat. Cercle pigmenté qui entoure le mamelon du sein. **2** méd. Aire rougeâtre qui entoure un point enflammé.

aréomètre n. m. ■ Instrument pour mesurer la densité d'un liquide. → **densimètre.**

aréopage n. m. ■ **1** Antiq. Tribunal d'Athènes. **2** fig. Assemblée de savants.

aréquier n. m. ■ Palmier d'Asie équatoriale (→ **arec**), dont le bourgeon terminal (cœur de palmier) est comestible.

arête n. f. ■ **1** Tige du squelette des poissons osseux. **2** Intersection de deux plans.

argan n. m. ■ Amande de l'arganier. *Huile d'argan,* riche en vitamine E.

arganier n. m. ■ Arbuste épineux à tronc court.

argent n. m. ■ **I 1** Élément (symb. Ag, n° at. 47, masse at. 107,8682), métal blanc, très ductile et malléable. **2** loc. adj. *D'ARGENT* : qui a la couleur, l'éclat de l'argent. **II** Monnaie métallique, papier-monnaie ; ce qui représente cette monnaie. *Somme d'argent. Argent liquide*.* ♦ loc. *En vouloir ; en avoir pour son argent,* en proportion de ce qu'on a donné. ➛ *Prendre* (qqch.) *pour argent comptant* : croire naïvement. ➛ prov. *L'argent n'a pas d'odeur,* ne garde pas la marque de sa provenance.

argentan n. m. ■ Alliage de cuivre, zinc et nickel imitant l'argent. → **maillechort.**

argenté, ée adj. ■ **I 1** Recouvert d'une couche d'argent. *Métal argenté.* **2** Qui a la couleur de l'argent. *Tempes argentées.* **II** fam. Qui a de l'argent. → **fortuné.**

argenter v. tr. [1] ■ **1** Recouvrir d'une feuille d'argent. **2** fig. Donner la couleur de l'argent à. ► **argentage** n. m.

argenterie n. f. ■ Vaisselle, couverts, ustensiles d'argent ou de métal argenté.

argentier n. m. ■ hist. *Le grand argentier* : le surintendant des finances ; mod., plais. le ministre des Finances.

argentifère adj. ■ Qui contient de l'argent (I). *Minerai argentifère.*

① **argentin, ine** adj. ■ Qui résonne clair.

② **argentin, ine** adj. et n. ■ D'Argentine.

argentique adj. ▪ chim., pharm. Qui contient de l'argent. *Émulsion argentique des pellicules photographiques.* ◆ *Photographie argentique* (opposé à *numérique*).

argenture n. f. ▪ Application d'argent (I).

argile n. f. ▪ Roche terreuse, imperméable, plastique. → **glaise.** ◆ loc. *Colosse aux pieds d'argile* : puissance fragile.

argileux, euse adj. ▪ De la nature de l'argile ; qui évoque l'argile.

arginine n. f. ▪ biochim. Acide aminé naturel jouant un rôle important dans la croissance de l'organisme.

argiope n. f. ▪ zool. Araignée à l'abdomen rayé, qui tisse sa toile près du sol.

argon n. m. ▪ Élément (symb. Ar, n° at. 18, masse at. 39,948), gaz incolore et inodore.

argonaute n. m. (n. pr. mythol.) ▪ Mollusque céphalopode des mers chaudes.

argot n. m. ▪ Vocabulaire et habitudes de langage propres à un milieu fermé (dont certains mots passent dans la langue commune). ▶ **argotique** adj.

argotisme n. m. ▪ ling. Mot, expression argotique.

argousier n. m. ▪ Arbrisseau épineux, des terrains pauvres et des friches.

argousin n. m. ▪ **1** anciennt Bas officier des galères. **2** péj., vieilli Agent de police.

arguer [aʀgɥe] v. [1] ▪ **1** v. tr. dir. littér. *Arguer qqch. de qqch.*, tirer argument, conséquence. → **conclure, inférer. 2** v. tr. ind. *Arguer de qqch.* : mettre (qqch.) en avant, en tirer argument ou prétexte. → **alléguer.**

argument n. m. ▪ **1** Preuve à l'appui ou à l'encontre d'une proposition. *Être à court d'arguments.* ♦ *Arguments de vente.* **2** Exposé sommaire. *L'argument d'un film.*

argumentaire n. m. ▪ Documentation réunissant des arguments de vente.

argumentateur, trice n. et adj. ▪ (Personne) qui se plaît à argumenter.

argumentatif, ive adj. ▪ didact. Relatif à l'argumentation, qui vise à l'argumentation.

argumentation n. f. ▪ Ensemble d'arguments tendant à une même conclusion

argumenter v. intr. [1] ▪ Présenter des arguments ; prouver par arguments.

argus [-ys] n. m. ▪ **1** littér. Surveillant, espion. **2** (avec maj. ; marque déposée) Publication qui fournit des renseignements spécialisés.

argutie [-si] n. f. ▪ péj. (généralt au plur.) Raisonnement pointilleux, trop subtil.

argyrisme n. m. ▪ méd. Intoxication par les sels d'argent.

argyr(o)- Élément savant, du grec *arguros* « argent ».

argyronète n. f. ▪ Araignée aquatique qui tisse dans l'eau une sorte de cloche qu'elle remplit d'air.

① **aria** n. m. ▪ fam., vx Embarras ; tracas.

② **aria** n. f. ▪ mus. Mélodie chantée par une seule voix accompagnée.

aride adj. ▪ **1** Sec, desséché. ◆ Qui ne porte aucun végétal, faute d'humidité. *Sol aride.* **2** fig. Dépourvu d'intérêt, d'attrait. *Sujet aride.* ▶ **aridité** n. f.

ariette n. f. ▪ mus. Air léger.

arille n. m. ▪ bot. Expansion charnue ou membraneuse qui enveloppe certaines graines.

arioso n. m. ▪ mus. Pièce vocale de caractère dramatique.

aristocrate n. ▪ **1** Partisan de l'aristocratie (1). **2** Membre de l'aristocratie (2). → **noble.**

aristocratie n. f. ▪ **1** Forme de gouvernement où le pouvoir appartient à la noblesse. **2** La noblesse. **3** fig. → **élite.**

aristocratique adj. ▪ **1** De l'aristocratie. **2** Digne d'un aristocrate. → **distingué.**

aristoloche n. f. ▪ Plante grimpante, aux fleurs jaunes à corolle tubulaire.

aristotélicien, ienne adj. ▪ didact. Relatif à Aristote, à sa philosophie.

aristotélisme n. m. ▪ didact. Doctrine, philosophie d'Aristote.

arithméticien, ienne n. ▪ Spécialiste de l'arithmétique.

arithmétique ▪ **I** adj. Relatif à l'arithmétique (II). ◆ *Progression arithmétique,* où la différence entre les termes consécutifs est constante (ex. 1, 4, 7, 10, 13...). **II** n. f. Partie des mathématiques qui étudie les propriétés des nombres. ♦ Art du calcul.

arithmétiquement adv. ▪ D'une manière arithmétique.

arithmomancie n. f. ▪ didact. Divination par les nombres. → **numérologie.**

arlequin, ine ▪ **1** n. m. Personnage bouffon de la comédie italienne, au costume fait de pièces triangulaires. **2** n. f. Femme déguisée en arlequin.

arlequinade n. f. ▪ Bouffonnerie, pitrerie.

arlésien, ienne adj. et n. ▪ D'Arles. ◆ loc. *Jouer l'Arlésienne, les Arlésiennes* : ne pas se montrer (allus. à l'opéra de Bizet).

armada n. f. ▪ **1** hist. *L'Invincible Armada,* flotte de Philippe II d'Espagne. **2** fam. *Une armada de* : une grande quantité de.

armagnac n. m. ▪ Eau-de-vie de raisin que l'on fabrique en Armagnac.

armailli n. m. ▪ (Suisse) Homme chargé de soigner les troupeaux dans les alpages et de confectionner le fromage.

armateur, trice n. ■ Personne qui s'occupe de l'exploitation commerciale d'un navire.

armature n. f. ■ 1 Assemblage de pièces qui sert à maintenir les parties d'un ouvrage. 2 fig. Ce qui sert à maintenir, à soutenir.

arme n. f. ■ I 1 Instrument ou dispositif servant à tuer, blesser ou réduire un ennemi. *Armes blanches* (couteaux, épées...). *Armes à feu* (pistolets, fusils...). ➝ loc. *Passer l'arme à gauche* : mourir. ♦ Ensemble de moyens offensifs. *Arme chimique.* 2 (au plur.) loc. *Prendre les armes* : s'apprêter au combat. ➝ *Déposer les armes* : se rendre. ➝ *Passer qqn par les armes,* le fusiller. 3 spécialt *Salle d'armes, maître d'armes,* d'escrime. II 1 Corps de l'armée (infanterie, artillerie...). 2 littér. *LES ARMES* : le métier militaire. *Frères d'armes.* ♦ Combat, guerre. ➝ loc. *Faire ses premières armes* (fig. débuter dans une carrière). III fig. Ce qui peut agir contre un adversaire. → **argument.** IV *ARMES* : signes héraldiques. → **armoiries.**

armée n. f. ■ 1 Réunion importante de troupes. 2 Ensemble des forces militaires d'un État. *Armée active ; de réserve.* 3 Grande unité militaire (réunissant des *corps d'armée*). 4 fig. *Une armée de* : une grande quantité de.

armement n. m. ■ I 1 Action d'armer ; ensemble d'armes. *L'armement d'un soldat.* 2 au plur. Préparatifs, moyens de guerre. *La course aux armements.* 3 Technique des armes. *Ingénieur de l'armement.* II Action d'armer* (un navire). III Action d'armer (une arme à feu ; un appareil).

arménien, ienne adj. et n. ■ De l'Arménie. ➝ n. *Les Arméniens.* ♦ n. m. *L'arménien* : groupe de parlers du Caucase.

armer v. tr. [1] ■ I 1 Pourvoir d'armes. 2 Garnir d'une armure, d'une armature. *Armer le béton.* II mar. *Armer un navire,* l'équiper de ce qu'il faut pour prendre la mer. III 1 Rendre (une arme à feu) prête à tirer. 2 Tendre le ressort de (un mécanisme). *Armer un appareil photo* (l'obturateur). ▷ v. pron. **s'armer** Se munir d'armes. ➝ fig. *S'armer de patience.* ▷ p. p. **armé, ée** 1 Muni d'armes. ➝ *Attaque à main armée.* → **hold-up.** 2 fig. Pourvu de moyens d'action, de défense. 3 Renforcé de métal. *Béton armé.*

armet n. m. ■ ancienn^t^ Petit casque fermé en usage du XIVe au XVIe siècle.

① **armillaire** [-ilɛʀ] adj. ■ *Sphère armillaire* : globe formé de cercles figurant le ciel et les astres, selon l'ancienne astronomie.

② **armillaire** [-ilɛʀ] n. m. ■ bot. Champignon comestible qui pousse en touffes sous les conifères, dont il est un parasite.

armistice n. m. ■ Convention conclue entre belligérants afin de suspendre les hostilités. ➝ *L'Armistice* : l'anniversaire de l'armistice de 1918 (le 11 novembre).

armoire n. f. ■ 1 Haut meuble de rangement fermé par des battants. *Armoire à glace,* dont la porte est un miroir ; fig., fam. personne de forte carrure. 2 *Armoire à pharmacie,* petit meuble fixé au mur.

armoiries n. f. pl. ■ Emblèmes qui distinguent une famille noble ou une collectivité. → **blason ; héraldique.**

armoise n. f. ■ Plante aromatique médicinale.

① **armorial** n. m. ■ Recueil d'armoiries.

② **armorial, ale, aux** adj. ■ Relatif aux armoiries.

armoricain, aine adj. et n. ■ De l'Armorique. ♦ n. m. *L'armoricain* : ensemble des parlers gaéliques de Bretagne occidentale. ♦ loc. *À l'armoricaine,* apprêt culinaire.

armorier v. tr. [7] ■ Orner d'armoiries.

armure n. f. ■ I Harnais protecteur, fait d'un assemblage de plaques, que revêtait un guerrier. II Mode d'entrecroisement des fils de chaîne et de trame.

armurerie n. f. ■ 1 Profession d'armurier. 2 Fabrication, commerce, dépôt d'armes.

armurier, ière n. ■ Personne qui vend ou fabrique des armes.

ARN ou **A. R. N.** [aɛʀɛn] n. m. (sigle de *acide ribonucléique*) ■ biol. Acide nucléique, essentiel dans le transport du message génétique.

arnaque n. f. ■ fam. Escroquerie ; tromperie. ► **arnaquer** v. tr. [1] ► **arnaqueur, euse** n.

arnica n. f. ■ 1 Plante à fleurs jaunes, toxique. 2 Teinture qui en est extraite, utilisée contre les contusions.

arobase n. f. ■ Caractère spécial (@), utilisé dans les adresses électroniques. - var. **arrobase.**

arolle ou **arole** n. m. ou f. ■ (Suisse) Pin montagnard. ➝ Bois de cet arbre.

aromate n. m. ■ Substance végétale odoriférante ; épice, condiment.

aromathérapie n. f. ■ méd. Utilisation médicale des huiles aromatiques. ► **aromathérapeute** n.

aromatique adj. ■ De la nature des aromates. *Plante, substance aromatique.*

aromatisant, ante adj. ■ Qui aromatise.

aromatiser v. tr. [1] ■ Parfumer avec une substance aromatique. ► **aromatisation** n. f.

arôme n. m. ■ 1 Odeur agréable qui émane de certaines substances. 2 Additif destiné à parfumer les aliments.

aronde n. f. ■ vx ou littér. Hirondelle.

arpège n. m. ■ mus. Accord dont on égrène vivement les notes. ► **arpéger** v. tr. [3] et [6]

arpent n. m. ■ Ancienne mesure agraire (de 20 à 50 ares).

arpentage n. m. ▪ Mesure de la superficie (d'un terrain) ; techniques de l'arpenteur.

arpenter v. tr. 1 ▪ **1** Mesurer la superficie de (un terrain). **2** Parcourir à grands pas.

arpenteur, euse n. ▪ **1** Professionnel(le) des techniques géométriques de mesure des surfaces et des relèvements de terrains. **2** n. f. Chenille de la phalène.

arpette n. f. ▪ vieilli Jeune apprentie.

arpion n. m. ▪ fam. Pied.

-arque → **-archie**

arqué, ée adj. ▪ Courbé en arc.

arquebuse n. f. ▪ anciennt Arme à feu qu'on faisait partir au moyen d'une mèche.

arquebusier n. m. ▪ anciennt Soldat armé d'une arquebuse.

arquer v. tr. 1 ▪ Courber en arc.

arrachage n. m. ▪ Action d'arracher.

à l'**arrache** loc. adv. ▪ fam. Très vite et avec effort, sans avoir préparé.

arraché n. m. ▪ sport Action de porter, d'un seul effort, un haltère du sol jusqu'au-dessus de la tête. ➛ *Gagner à l'arraché,* par un effort violent, de justesse.

arrache-clou n. m. ▪ Outil servant à extraire clous et pointes. *Des arrache-clous.*

arrachement n. m. ▪ **1** Action d'arracher. **2** fig. Affliction que cause une séparation.

d'**arrache-pied** loc. adv. ▪ Sans faiblir.

arracher v. tr. 1 ▪ **1** Enlever de terre (une plante qui y tient par ses racines). **2** Détacher avec effort (qqch. qui tient ou adhère). ➛ loc. fig. *S'arracher les cheveux* : être désespéré. **3** Enlever de force à qqn, un animal (ce qu'il retient). **4** Obtenir (qqch.) de qqn avec peine, malgré une résistance. **5** *Arracher qqn de* (un lieu), le lui faire quitter par force. ♦ *Arracher qqn au sommeil.* → **tirer** de. ▷ v. pron. **s'arracher 1** faux pronom. Se disputer (qqch. ; qqn). **2** *S'ARRACHER DE, À* : se détacher avec effort, peine ou regret de.

arracheur, euse n. ▪ **1** Personne qui arrache. ♦ loc. *Mentir comme un arracheur de dents,* effrontément. **2** n. f. agric. Machine servant à arracher (des tubercules, etc.).

arraisonner v. tr. 1 ▪ Arrêter et contrôler (un navire, un avion) pour vérifier son chargement, sa destination, etc. ► **arraisonnement** n. m.

arrangeant, ante adj. ▪ Conciliant.

arrangement n. m. ▪ **1** Action de disposer (qqch., ses éléments) dans un certain ordre. → **disposition ; agencement, installation. 2** mus. Adaptation (d'une composition) à d'autres instruments. **3** Convention tendant à régler une situation juridique. → **accord, compromis.**

arranger v. tr. 3 ▪ **1** Disposer de manière correcte ou qui agrée. *Arranger des fleurs dans un vase.* **2** Mettre sur pied, organiser. **3** Améliorer l'aspect de (qqn, qqch.). ♦ fam. Maltraiter (qqn). **4** Régler par un accord mutuel. *Arranger une affaire.* **5** (sujet chose) Être utile, pratique pour (qqn). → **convenir.** ▷ v. pron. **s'arranger 1** Ajuster sa toilette, etc. **2** (sujet chose) Aller mieux. *Tout va s'arranger.* **3** Prendre ses dispositions (en vue d'un résultat). *S'arranger pour,* faire en sorte de. **4** Se mettre d'accord. **5** *S'ARRANGER DE qqch.* → s'**accommoder** de.

arrangeur, euse n. ▪ Personne qui écrit un arrangement (2), ou de la musique d'après un thème (jazz, rock, variétés).

arrérages n. m. pl. ▪ Montant échu d'une rente, d'une pension.

arrestation n. f. ▪ Action d'arrêter (qqn) pour l'emprisonner.

arrêt n. m. ▪ **1** Action, fait de s'arrêter (dans son mouvement) ; état de ce qui n'est plus en mouvement. ➛ *Chien d'arrêt,* qui s'immobilise quand il sent le gibier. ♦ Interruption ou fin (d'un processus...). *Arrêt des combats.* ♦ loc. adv. *SANS ARRÊT* : sans interruption. **2** Endroit où doit s'arrêter un véhicule. **3** dr. *Mandat d'arrêt* : ordre d'incarcération délivré par le juge d'instruction. ➛ *Maison d'arrêt,* prison. **4** Décision d'une cour souveraine ou d'une haute juridiction. ♦ fig., vx ou littér. *Des arrêts du destin.* → **décret.**

① **arrêté** n. m. ▪ **1** Règlement définitif. **2** Décision écrite d'une autorité.

② **arrêté, ée** adj. ▪ **1** Convenu, décidé. **2** (idées...) Inébranlable, irrévocable.

arrête-bœuf n. m. invar. ▪ Plante épineuse aux racines longues et résistantes.

arrêter v. 1 ▪ **I** v. tr. **1** Empêcher (qqn, qqch.) d'avancer, d'aller plus loin. **2** Interrompre ou faire finir (un processus...). loc. prov. *On n'arrête pas le progrès.* **3** Empêcher (qqn) d'agir. *Rien ne l'arrête.* **4** Faire prisonnier. → **appréhender. 5** fam. (médecin) Prescrire un arrêt de travail à (qqn). **6** Fixer par un choix. *Arrêter une décision.* **7** Prendre un arrêté. *Le ministre arrête que...* **II** v. intr. **1** Cesser d'avancer. **2** Cesser de parler ou d'agir. ➛ *Arrêter de* (+ inf.). → **cesser.** ▷ v. pron. **s'arrêter 1** Interrompre sa marche ; ne pas aller plus loin. **2** (mécanisme) Ne plus fonctionner. **3** (processus...) S'interrompre ou finir. **4** (personnes) Cesser d'agir. ➛ *S'arrêter de fumer.*

arrêtiste n. ▪ dr. Juriste qui recueille, commente les arrêts des cours de justice.

arrhes n. f. pl. ▪ Somme d'argent que l'on verse pour garantir un contrat, etc.

arriération n. f. ▪ *Arriération mentale* : état d'un sujet dont l'âge mental est inférieur à l'âge réel.

① **arrière** ▪ **I** adv. **1** interj. *Arrière !* : allez-vous-en ! **2** (après un nom) *Vent arrière*, en poupe. *Faire marche arrière* (fig. revenir sur une décision). **II 1** loc. adv. *EN ARRIÈRE* : vers le lieu, le côté situé derrière. ♦ À une certaine distance derrière. *Rester en arrière*. **2** loc. prép. *EN ARRIÈRE DE*. → **derrière.**

② **arrière** ▪ **I** n. m. **1** Partie postérieure (de qqch.). *À l'arrière du train*. **2** Territoire en dehors de la zone des opérations militaires (opposé à *front*). ♦ *Les arrières d'une armée*, les lignes de communication. ➝ fig. *Assurer ses arrières* : avoir une solution de rechange. **3** Joueur placé derrière les autres. **II** adj. invar. Qui est à l'arrière. *Les feux arrière d'un camion*.

arrière- Élément (invariable) de noms, qui signifie « qui est derrière » ou « qui est plus loin dans le temps ».

arriéré, ée ▪ **I 1** adj. péj. Qui appartient au passé, n'est pas moderne. → **rétrograde. 2** adj. et n. (Personne) en retard dans son développement mental. **II** n. m. **1** Dette échue et qui reste due. **2** fig. Ce qui est en retard. *Un arriéré de sommeil*.

arrière-ban → **ban**

arrière-boutique n. f. ▪ Pièce de plain-pied située derrière une boutique.

arrière-corps [-kɔʀ] n. m. invar. ▪ archit. Partie d'un bâtiment qui est en retrait sur l'alignement de la façade (opposé à *avant-corps*).

arrière-cour n. f. ▪ Petite cour aménagée à l'arrière d'une maison.

arrière-cuisine n. f. ▪ Petite pièce attenante à la cuisine.

arrière-garde n. f. ▪ **1** Partie d'un corps d'armée qui ferme la marche. **2** fig. *D'arrière-garde*, en retard dans une évolution.

arrière-gorge n. f. ▪ Fond de la gorge.

arrière-goût n. m. ▪ **1** Goût qui reste dans la bouche après l'absorption. **2** fig. État affectif qui subsiste après sa cause.

arrière-grand-mère n. f. ▪ Mère du grand-père ou de la grand-mère.

arrière-grand-oncle [-gʀɑ̃tɔ̃kl] n. m. ▪ Frère de l'arrière-grand-père ou de l'arrière-grand-mère. *Des arrière-grands-oncles*.

arrière-grand-père n. m. ▪ Père du grand-père ou de la grand-mère.

arrière-grands-parents n. m. pl. ▪ Parents des grands-parents. → **bisaïeul.**

arrière-grand-tante n. f. ▪ Sœur de l'arrière-grand-père ou de l'arrière-grand-mère. *Des arrière-grands-tantes*.

arrière-neveu n. m. ▪ Fils du neveu ou de la nièce. → **petit-neveu.**

arrière-nièce n. f. ▪ Fille du neveu ou de la nièce. → **petite-nièce (petit-neveu).**

arrière-pays [-pei] n. m. invar. ▪ Région située en arrière d'une région côtière.

arrière-pensée n. f. ▪ Pensée, intention que l'on dissimule.

arrière-petite-nièce n. f. ▪ Fille d'une petite-nièce ou d'un petit-neveu. *Des arrière-petites-nièces*.

arrière-petit-fils [-fis] n. m., **arrière-petite-fille** n. f. ▪ Fils, fille du petit-fils, de la petite-fille.

arrière-petit-neveu n. m. ▪ Fils d'un petit-neveu ou d'une petite-nièce. *Des arrière-petits-neveux*.

arrière-petits-enfants [-pətizɑ̃fɑ̃] n. m. pl. ▪ Enfants des petits-enfants.

arrière-plan n. m. ▪ **1** Plan le plus éloigné de l'œil du spectateur (opposé à *premier plan*). **2** fig. Position secondaire.

arrière-saison n. f. ▪ Fin de l'automne.

arrière-salle n. f. ▪ Salle située derrière une autre.

arrière-train n. m. ▪ Partie postérieure du corps (d'un quadrupède). ♦ fam. Fesses (d'une personne). → **postérieur.**

arrimer v. tr. [1] ▪ Caler ou fixer avec des liens. ► **arrimage** n. m.

arrimeur, euse n. ▪ mar. Personne qui arrime les marchandises à bord d'un navire. → **docker.**

arrivage n. m. ▪ Arrivée de marchandises ; ces marchandises.

arrivant, ante n. ▪ Personne qui arrive.

arrivé, ée ▪ **1** n. *Premier, dernier arrivé*, personne qui est arrivée la première, la dernière. **2** adj. Qui a réussi (socialement, professionnellement).

arrivée n. f. ▪ **1** Fait d'arriver ; moment où l'on arrive. **2** Passage (d'un fluide) qui arrive quelque part. *Arrivée d'essence*. **3** Lieu où arrivent des voyageurs, etc.

arriver v. intr. [1] ▪ **I 1** mar. Toucher au port, à terre. **2** Toucher au terme d'un trajet ; parvenir au lieu où l'on voulait aller. **3** Approcher, venir vers qqn. *Le voici qui arrive*. → **venir. 4** Atteindre le niveau de, par la taille. ➝ fig. *Il ne lui arrive pas à la cheville*. **5** Parvenir (à un état). *Arriver à un certain âge. Arriver à ses fins*. ➝ *Arriver à comprendre qqch*. **6** Réussir (dans sa carrière...). **7** *EN ARRIVER À* : en venir à. **II** (sujet chose) **1** Parvenir à destination. **2** Parvenir (jusqu'à qqn). **3** Atteindre un certain niveau. *L'eau lui arrivait à la ceinture*. **4** Venir, être sur le point d'être. *La nuit arrive*. **5** (fait...) Se produire. → **survenir.** *Un accident est arrivé*. ➝ impers. *Il est arrivé un accident. Quoi qu'il arrive*, en tout cas.

arriviste n. ▪ Personne qui veut réussir par n'importe quel moyen. ► **arrivisme** n. m.

arrobase n. f. → **arobase**

arroche n. f. ▪ bot. Plante à feuilles triangulaires dont certaines espèces sont comestibles.

arrogamment adv. ▪ littér. Avec arrogance.

arrogance n. f. ▪ Insolence méprisante.

arrogant, ante adj. ▪ Qui manifeste de l'arrogance.

s'**arroger** v. pron. [3] ▪ S'attribuer (un droit, une qualité) sans y avoir droit.

arroi n. m. ▪ littér. *En grand arroi :* avec une suite nombreuse et un brillant équipage.

arrondi, ie ▪ **1** adj. À peu près rond. **2** n. m. Contour arrondi. *L'arrondi d'une joue.*

arrondir v. tr. [2] ▪ **1** Rendre rond. ➝ Donner une forme courbe à. ♦ loc. fig. *Arrondir les angles :* atténuer les oppositions, les dissentiments. **2** Rendre plus important (sa fortune...). ♦ *Arrondir un total,* lui substituer le nombre rond inférieur ou supérieur. ▷ v. pron. **s'arrondir** Devenir rond.

arrondissement n. m. ▪ **I** vx Action, fait d'arrondir, de s'arrondir. **II** Division territoriale ; spécialt, en France, circonscription administrative. ♦ Subdivision administrative dans certaines grandes villes (Paris, Lyon, Marseille).

arrosage n. m. ▪ Action d'arroser.

arrosé, ée adj. ▪ **1** Qui reçoit des précipitations. **2** À travers quoi coule un cours d'eau. **3** (→ arroser, 3) *Un café arrosé.*

arrosement n. m. ▪ Action d'arroser ou fait d'être arrosé. ➝ géogr. Fait d'arroser une région (fleuve).

arroser v. tr. [1] ▪ **1** Mouiller en versant un liquide, de l'eau sur. **2** Couler à travers. *La Seine arrose le Bassin parisien.* **3** Verser de l'alcool dans ; accompagner d'alcool. **4** fig., fam. Soudoyer (qqn). **5** argot milit. Bombarder, mitrailler méthodiquement. **6** Diffuser des informations sur (un secteur). → **couvrir.**

arroseur, euse n. ▪ **I** Personne qui arrose. **II** n. f. Véhicule pour l'arrosage des rues.

arrosoir n. m. ▪ Récipient destiné à l'arrosage, muni d'une anse et terminé par une *pomme* d'arrosoir.*

arrow-root [aʀoʀut] n. m. ▪ anglic. Plante tropicale dont on extrait une fécule ; cette fécule. *Des arrow-roots.*

arroyo [aʀɔjo] n. m. ▪ géogr. Canal ou chenal reliant deux cours d'eau (en pays tropicaux).

ars [aʀ] n. m. ▪ Jonction du poitrail et des membres antérieurs du cheval.

arsenal, aux n. m. ▪ **1** Centre de construction, de réparation et d'armement des navires de guerre. **2** Dépôt d'armes et de munitions. **3** fig. Moyens d'action. *L'arsenal des lois.* **4** fam. Matériel compliqué.

arséniate n. m. ▪ chim. Sel ou ester de l'acide arsénique.

arsenic n. m. ▪ Élément (symb. As, n° at. 33, masse at. 74,92), dont un composé est un poison violent.

arsenical, ale, aux adj. ▪ Qui contient de l'arsenic. - syn. **arsénié, ée.**

arsénieux adj. m. ▪ chim. Se dit de certains composés de l'arsenic trivalent.

arsénique adj. ▪ *Acide arsénique* (H_3AsO_4). *Anhydride arsénique* (As_2O_5).

arsénite n. m. ▪ chim. Sel de l'acide arsénieux.

arséniure n. m. ▪ chim. Tout composé de l'arsenic avec un autre corps simple. *Arséniure d'argent.*

arsine n. f. ▪ chim. Arséniure d'hydrogène, gaz incolore à odeur forte, très toxique (AsH_3).

arsouille n. ▪ vieilli Voyou.

s'**arsouiller** v. pron. [1] ▪ fam. Boire à l'excès.

art n. m. ▪ **I 1** vx ou dans des expr. Moyen d'obtenir un résultat (par l'effet d'aptitudes naturelles) ; ces aptitudes. *Il a l'art de plaire.* **2** Ensemble de connaissances organisées et de règles d'action, dans un domaine particulier. → **technique ; artisan.** *L'art vétérinaire. Les arts ménagers.* ➝ loc. *Dans les règles de l'art,* en utilisant la manière la plus correcte de procéder. ➝ *Un homme de l'art :* un médecin. **3** loc. *Le grand art :* l'alchimie. ➝ *Le noble art :* la boxe. *Les arts martiaux*.* **II 1** Expression, par les œuvres humaines, d'un idéal esthétique ; ensemble des activités humaines créatrices visant à cette expression **(→ artiste).** *Œuvre d'art, objet d'art.* **2** Chacun des modes d'expression de la beauté. → **beaux-arts.** *Les arts plastiques. Le septième art :* le cinéma. **3** Création des œuvres d'art ; ensemble des œuvres propres à une époque, un lieu, un style... *L'art égyptien. Art abstrait ; art figuratif.* ➝ (Styles). *Art nouveau* (en Europe, 1885-1914) ; *arts déco* (1925).

artefact [aʀtefakt] n. m. ▪ anglic., didact. Phénomène d'origine humaine, artificielle.

artémia n. f. ▪ zool. Petit crustacé qui vit dans les étangs salés.

artère n. f. ▪ **1** anat. Vaisseau à ramifications divergentes qui, partant des ventricules du cœur, distribue le sang au corps. *Les artères et les veines.* **2** fig. Rue importante.

artériel, ielle adj. ▪ Des artères.

artéri(o)- Élément, du latin *arteria* «artère».

artériographie n. f. ▪ méd. Radiographie des artères. → **angiographie.**

artériole n. f. ▪ anat. Petite artère.

artériopathie n. f. ▪ méd. Maladie des artères.

artériosclérose n. f. ▪ État pathologique caractérisé par un durcissement progressif des artères. → **athérosclérose.** ► **artério-scléreux, euse** adj.

artérite n. f. ▪ méd. Affection artérielle d'origine inflammatoire. ► **artéritique** adj.

artésien, ienne adj. ▪ De l'Artois. ♦ *PUITS ARTÉSIEN,* d'eau jaillissante.

arthralgie n. f. ▪ méd. Douleur articulaire. ► **arthralgique** adj.

arthrite n. f. ▪ Affection articulaire d'origine inflammatoire.

arthritique adj. ▪ méd. **1** De l'arthrite. **2** adj. et n. (Personne) qui souffre d'arthrite.

arthritisme n. m. ▪ méd. Arthrite accompagnée de divers troubles.

arthro- Élément savant, du grec *arthron* « articulation ».

arthrodèse n. f. ▪ chir. Opération qui consiste à souder les surfaces contiguës d'une articulation pour la bloquer dans une position appropriée.

arthrographie n. f. ▪ méd. Examen radiologique d'une articulation.

arthropathie n. f. ▪ méd. Affection articulaire.

arthroplastie n. f. ▪ chir. Opération ayant pour but de rétablir la forme et la mobilité d'une articulation.

arthropode n. m. ▪ zool. Invertébré au corps formé de segments articulés (embranchement des *Arthropodes* : crustacés, insectes, arachnides...).

arthroscopie n. f. ▪ méd. Examen endoscopique d'une cavité articulaire.

arthrose n. f. ▪ méd. Affection des articulations due à une altération des cartilages. ► **arthrosique** adj.

artichaut n. m. ▪ Plante potagère à capitules comestibles. *Fond d'artichaut,* le réceptacle charnu qui porte les bractées (*« feuilles » d'artichaut*). ♦ loc. fam. *Cœur d'artichaut :* personne inconstante en amour.

article n. m. ▪ **I 1** Partie (numérotée ou non) qui forme une division (d'un texte officiel...). *Article de loi.* ♦ relig. *Article de foi :* point essentiel de croyance. **2** Partie (d'un écrit), du point de vue du contenu. ▸ *Sur cet article,* sur ce sujet. **3** loc. *À l'article de la mort :* sur le point de mourir. **4** Écrit formant un tout, mais faisant partie d'une publication. *Un article de revue.* ▸ *Les articles d'un dictionnaire.* → **entrée. II 1** Objet de commerce. *Articles de sport.* **2** loc. *Faire l'article :* vanter sa marchandise ; fig., péj. faire valoir (qqch., qqn) pour un motif intéressé. **III** Mot qui, placé devant un nom, sert à le déterminer, tout en marquant le genre et le nombre **(→ le ; un, ②des ; ②de, du).**

articulaire adj. ▪ Des articulations.

articulation n. f. ▪ **I 1** anat. Ensemble des parties molles et dures par lesquelles s'unissent deux ou plusieurs os voisins. **2** mécan. Assemblage de plusieurs pièces mobiles les unes sur les autres. **3** (abstrait) Manière dont un tout complexe est organisé ; liaison entre les parties. **II** Action d'articuler (II) les sons d'une langue.

articulatoire adj. ▪ phonét. Qui concerne l'articulation (II).

articulé, ée adj. ▪ **I** Qui s'articule. **II** Formé de sons reconnaissables. *Langage articulé.*

articuler v. tr. [1] ▪ **I** Assembler par une articulation*. **II** Émettre, faire entendre les sons vocaux à l'aide de mouvements des lèvres et de la langue. ▸ sans compl. Prononcer distinctement. ▷ v. pron. **s'articuler** Former une articulation ; être assemblé par une articulation.

articulet n. m. ▪ fam. Petit article de presse.

artifice n. m. ▪ **I 1** Moyen habile, ingénieux. *Un artifice de calcul.* **2** Moyen habile pour déguiser la vérité. → **ruse. II** *Feu d'artifice :* explosifs à effet lumineux qu'on fait brûler en plein air. ▸ fig. Ce qui éblouit par la rapidité ou par des traits brillants.

artificiel, elle adj. ▪ **1** Qui est le produit de l'activité humaine (opposé à *naturel*). *Lac artificiel.* **2** Créé par la vie sociale. *Besoin artificiel.* **3** Créé par l'esprit humain et non lié au réel. **4** Qui manque de naturel. → **affecté.** ► **artificiellement** adv.

artificier, ière n. ▪ **1** Personne qui fabrique ou tire des feux d'artifice. **2** Spécialiste du désamorçage des explosifs.

artificieux, euse adj. ▪ littér. Plein de ruse. ► **artificieusement** adv.

artillerie n. f. ▪ **1** Matériel de guerre comprenant les canons, etc. **2** Corps de l'armée chargé du service de ce matériel.

artilleur, euse n. ▪ Militaire de l'artillerie.

artimon n. m. ▪ mar. Mât arrière d'un navire. ♦ Voile gréée sur ce mât.

artisan, ane n. ▪ rare au fém. **1** Personne qui exerce un métier manuel à son propre compte. **2** fig. *L'artisan de,* la cause de.

artisanal, ale, aux adj. ▪ **1** Relatif à l'artisan. **2** Qui n'est pas industrialisé. ► **artisanalement** adv.

artisanat n. m. ▪ **1** Métier, condition d'artisan. **2** Ensemble des artisans.

artiste ▪ **I** n. **1** Personne qui se voue à l'expression du beau, pratique l'art (II). ♦ spécialt Personne qui crée une œuvre plastique. **2** Professionnel qui interprète une œuvre musicale, théâtrale, etc. → **interprète ; acteur, comédien. II** adj. Qui aime l'art.

artistement adv. ▪ Avec goût.

artistique adj. ▪ **1** Qui a rapport à l'art, aux productions de l'art. **2** Qui est fait, présenté avec art. ► **artistiquement** adv.

artocarpe n. m. ▪ bot. Arbre d'Asie tropicale et d'Océanie, aussi appelé *arbre à pain.*

artothèque n. f. ▪ Organisme pratiquant le prêt d'œuvres d'art ou de reproductions.

art-thérapie n. f. ▪ anglic., didact. Utilisation de la création artistique dans l'accompagnement thérapeutique.

arty adj. invar. ▪ anglic. Qui s'apparente à l'avant-garde artistique.

arum [aʀɔm] n. m. ▪ Plante dont l'inflorescence est entourée d'un cornet blanc.

aruspice n. m. ▪ Antiq. romaine Devin qui tirait des présages des entrailles des victimes. - var. anc. **haruspice.**

ARV → **antirétroviral**

ARVA n. m. (n. déposé ; sigle de *appareil de recherche de victime en avalanche*) ▪ Émetteur-récepteur permettant d'être localisé sous la neige.

aryen, enne n. ▪ Type de la race blanche, selon les racistes. ◆ adj. *Race aryenne.*

aryle n. m. ▪ chim. Radical ou groupement d'atomes dérivé des composés aromatiques.

arythmie n. f. ▪ méd. Irrégularité du rythme cardiaque. ► **arythmique** adj.

as [ɑs] n. m. ▪ **1** Antiq. Unité monétaire romaine. **2** Côté du dé à jouer (ou moitié de domino) marqué d'un seul signe. ♦ Carte à jouer marquée d'un seul signe. ♦ loc. fam. *Être ficelé, fichu comme l'as de pique,* être mal habillé ou mal fait. ◆ *Être plein aux as,* avoir beaucoup d'argent. ◆ *Passer qqch. à l'as,* l'escamoter. **3** Personne qui réussit excellemment dans une activité.

As ▪ Symbole chimique de l'arsenic.

ASA [aza] n. m. invar. (sigle angl. de *American Standards Association*) ▪ photogr. Unité qui désigne les indices de sensibilité des émulsions photographiques. *Une pellicule 400 ASA.*

asana n. f. ▪ (yoga) Posture, position.

asbeste n. m. ▪ didact. Amiante.

asbestose n. f. ▪ méd. Maladie due à l'action de poussières d'amiante sur les poumons.

ascaride n. m. ▪ zool. *Ascaride lombricoïde :* ver parasite de l'intestin de l'homme, du cheval. - var. **ascaris** [-is].

ascaridiose n. f. ▪ méd. Ensemble des troubles causés par l'ascaride. - var. **ascaridiase.**

ascendance n. f. ▪ Ligne généalogique par laquelle on remonte de l'enfant aux parents, aux aïeux ; ensemble des générations dont est issu qqn.

① **ascendant, ante** adj. ▪ Qui va en montant. *Mouvement ascendant.*

② **ascendant** n. m. ▪ **1** astrol. Degré du zodiaque montant à l'horizon au moment de la naissance de qqn. **2** Influence (sur qqn). **3** Parent dont on descend.

ascenseur n. m. ▪ **1** Appareil servant au transport vertical des personnes ; cabine où se tiennent les passagers. ♦ loc. fam. *Renvoyer l'ascenseur :* rendre la pareille. ♦ loc. fig. *Ascenseur social,* ce qui permet de progresser socialement, par les études, la formation... **2** inform. Barre occupant le bord d'une fenêtre*, qui permet de faire défiler le document affiché.

ascension n. f. ▪ **1** (avec maj.) relig. chrét. Élévation miraculeuse de Jésus-Christ dans le ciel ; fête la commémorant. **2** Action de gravir (une montagne). **3** Action de s'élever dans les airs. **4** fig. Montée vers un idéal ou une réussite sociale.

ascensionnel, elle adj. ▪ Qui tend à monter ou à faire monter dans les airs.

ascensionner v. tr. [1] ▪ Escalader par une ascension.

ascensionniste n. ▪ Personne qui fait une ascension en montagne.

ascensoriste n. ▪ Entreprise qui fabrique des ascenseurs. ◆ Technicien(ne) chargé(e) de l'installation et de la maintenance des ascenseurs.

ascèse n. f. ▪ **1** Discipline destinée à libérer l'esprit en vue d'un perfectionnement spirituel ou moral. **2** Privation voulue.

ascète n. ▪ **1** Personne qui s'impose, par piété, des privations, des mortifications, etc. **2** Personne qui mène une vie austère.

ascétique adj. ▪ D'ascète. *Vie ascétique.* ► **ascétiquement** adv.

ascétisme n. m. ▪ **1** Genre de vie religieuse des ascètes. **2** Doctrine de perfectionnement par l'ascèse. **3** Vie austère, frugale.

ascidie n. f. ▪ **1** zool. Animal marin en forme d'outre. **2** bot. Organe en forme d'urne des plantes carnivores.

ASCII [aski] n. (sigle) ▪ anglic., inform. *Code ASCII,* utilisé pour coder des données.

ascite n. f. ▪ méd. Épanchement de sérosité dans le péritoine. ► **ascitique** adj. et n.

asclépiade n. f. ▪ bot. Plante cultivée pour ses fleurs roses odorantes.

ascomycète n. m. ▪ bot. Champignon au thalle cloisonné (ex. morille, truffe).

ascorbique adj. ▪ chim. *Acide ascorbique,* acide de la vitamine C, qui combat le scorbut.

asdic n. m. (sigle angl. de *Allied Submarine Detection Investigation Committee*) ▪ mar. Appareil de détection sous-marine par ultrasons. → **sonar.**

-ase sc. Élément servant à désigner certaines enzymes.

aséismique → **asismique**

asellé n. m. ■ zool. Petit cloporte d'eau douce.

asémantique [-s-] adj. ■ ling. Se dit d'une phrase qui n'a pas de sens. ► **asémanticité** n. f.

asepsie [-s-] n. f. ■ méd. Méthode préventive qui s'oppose aux maladies infectieuses en empêchant l'introduction de microbes dans l'organisme. → **antisepsie.**

aseptique [-s-] adj. ■ Exempt de tout germe infectieux. ► **aseptiquement** adv.

aseptiser [-s-] v. tr. 1 ■ Rendre aseptique. ▷ adj. **aseptisé, ée 1** *Pansement aseptisé.* **2** fig. Débarrassé de tout élément dangereux. ◆ péj. Neutre, sans originalité. ► **aseptisation** n. f.

asexualité [-s-] n. f. ■ biol. État des organismes normalement dépourvus de sexe.

asexué, ée [-s-] adj. ■ **1** Qui n'a pas de sexe. ◆ *Multiplication asexuée,* sans intervention de gamètes. **2** fig. Qui ne semble pas appartenir à un sexe déterminé.

ashkénaze n. et adj. ■ Juif d'Europe centrale (s'oppose à *séfarade*).

ashram [aʃʀam] n. m. ■ (en Inde) Lieu où des disciples se groupent autour d'un gourou.

asialie [-s-] n. f. ■ méd. Absence de salive.

asiate n. et adj. ■ péj. (Personne) originaire d'Asie.

asiatique adj. et n. ■ De l'Asie.

ASIC [ɑzik] n. m. (sigle angl. de *Application Specific Integrated Circuit*) ■ inform. Circuit intégré qui regroupe sur une même puce toutes les fonctions nécessaires à une application spécifique.

asilaire adj. ■ vx Relatif à l'asile de vieillards ou à l'hôpital psychiatrique.

asile n. m. ■ **1** hist. Lieu inviolable où pouvait se réfugier une personne poursuivie. ♦ *Droit d'asile,* accordé aux réfugiés. **2** Lieu où l'on se met à l'abri, en sûreté. **3** littér. Lieu où l'on trouve le calme. → **retraite. 4** vieilli *Asile de vieillards.* → **hospice.** *Asile (d'aliénés)* : hôpital psychiatrique.

asinien, ienne adj. ■ didact. De l'âne.

asismique [-s-] adj. ■ didact. (lieu) Où il n'y a pas d'activité sismique. - syn. **aséismique.**

asociabilité n. f. ■ Inaptitude à vivre en société.

asocial, ale, aux [-s-] adj. ■ Qui n'est pas adapté à la vie sociale. ◆ n. *Des asociaux.*

asparagine n. f. ■ biochim. Amide de l'acide aspartique.

asparagus [-ys] n. m. ■ Plante ornementale au feuillage très fin.

aspartame n. m. ■ pharm. Substance chimique à fort pouvoir édulcorant.

aspartique adj. ■ biochim. *Acide aspartique* : acide aminé naturel possédant une seconde fonction acide.

aspect [-pɛ] n. m. ■ **I 1** littér. *À l'aspect de* : à la vue de. ◆ *Au premier aspect* : en voyant (ou fig. en envisageant) pour la première fois. **2** Manière dont qqn, qqch. se présente aux yeux. → **apparence ; air, allure. 3** Manière dont qqch. se présente à l'esprit. **II** ling. Manière dont l'action exprimée par le verbe est envisagée dans son développement, sa durée, son achèvement.

asperge n. f. ■ **1** Plante vivace à tige souterraine d'où naissent des tiges charnues comestibles ; une de ces tiges. ◆ loc. *L'asperge du pauvre* : le poireau. **2** fig., fam. Personne grande et maigre.

asperger v. tr. 3 ■ *Asperger* (qqn, qqch.) *de* : répandre (un liquide) sur, sous forme de gouttes, de jet. ◆ pronom. *S'asperger de parfum.*

aspergès [-ɛs] n. m. ■ relig. Aspersoir (1).

aspergille [-il] n. f. ■ bot. Moisissure qui se développe sur les substances organiques en décomposition et parfois dans l'organisme.

aspergillose [-il-] n. f. ■ méd. Affection causée par le développement d'aspergilles dans l'organisme.

aspérité n. f. ■ Partie saillante (d'une surface).

aspermatisme n. m. ■ méd. Défaut d'éjaculation.

asperme adj. ■ bot. (fruit) Qui ne produit pas de graines.

aspermie n. f. ■ méd. Absence de production du sperme.

asperseur n. m. ■ Dispositif d'arrosage qui répartit l'eau en fines gouttelettes sur le sol.

aspersion n. f. ■ Action d'asperger.

aspersoir n. m. ■ **1** relig. Goupillon qui sert à asperger d'eau bénite. → **aspergès. 2** hortic. Pomme d'arrosoir à petits trous.

asphalte n. m. ■ **1** sc. Mélange noirâtre naturel de calcaire, de silice et de bitume. **2** Revêtement pour les chaussées, à base de goudron et de gravillons. ♦ Chaussée asphaltée.

asphalter v. tr. 1 ■ Revêtir d'asphalte. ◆ au p. p. *Chaussée asphaltée.* ► **asphaltage** n. m.

asphodèle n. m. ■ Plante vivace à grappes de grandes fleurs étoilées.

asphyxiant, ante adj. ■ Qui asphyxie.

asphyxie n. f. ■ **1** État pathologique déterminé par le ralentissement ou l'arrêt de la respiration. **2** fig. Arrêt du développement (de facultés ; d'un secteur).

asphyxier v. tr. 7 ■ **1** Causer l'asphyxie de (qqn). **2** fig. Étouffer par une contrainte. ▷ v. pron. **s'asphyxier** ▷ adj. et n. **asphyxié, ée**

① **aspic** n. m. ■ Variété de vipère.

② **aspic** n. m. ■ Plat froid en gelée.

aspidistra n. m. ▪ Plante à larges feuilles d'un vert foncé luisant ou panachées.

aspirant, ante ▪ **I** adj. Qui aspire (I). **II** n. m. Grade d'un élève officier qui n'est pas encore sous-lieutenant.

aspirateur n. m. ▪ Appareil qui aspire l'air, les liquides, et spécialt les poussières.

aspiration n. f. ▪ **I** Action d'aspirer (I). **II** Action de porter ses désirs (vers un idéal).

aspiré, ée adj. ▪ **1** *H aspiré*, émis en soufflant de l'air. **2** Se dit du *h* français qui ne permet pas la liaison (ex. le *h* de haie).

aspirer v. [1] ▪ **I** v. tr. **1** Attirer (l'air) dans ses poumons. → **inspirer.** **2** Attirer (qqch.) dans le nez, la bouche. → **humer ; avaler.** **3** Attirer (un fluide) en faisant le vide. → **pomper.** **II** v. tr. ind. ASPIRER À : porter ses désirs vers (un objet). → **souhaiter.**

aspirine n. f. ▪ Acide acétylsalicylique, remède contre la douleur et la fièvre. ♦ Comprimé d'aspirine.

asque n. m. ou f. ▪ bot. Cellule allongée productrice de spores (algues, lichens...).

assa-fœtida [-fe-] n. f. ▪ Gomme-résine à l'odeur désagréable, autrefois utilisée en médecine. - var. **asa fœtida.**

assagir v. tr. [2] ▪ (sujet chose) Rendre plus sage, plus calme. → **calmer, modérer.** ▷ v. pron. **s'assagir** ► **assagissement** n. m.

assai [asaj] adv. ▪ mus. (après un terme désignant un mouvement) Très. *Allegro assai* : très vif.

assaillant, ante ▪ **1** adj. Qui assaille. **2** n. m. Personne qui assaille. → **attaquant.**

assaillir v. tr. [13] ▪ **1** Se jeter sur (qqn) pour l'attaquer (→ **assaut**). **2** Se précipiter en masse sur (qqn). **3** *Assaillir qqn de...* → **accabler, harceler.** **4** (sujet chose) Attaquer brusquement. *Les soucis qui l'assaillent.*

assainir v. tr. [2] ▪ Rendre sain ou plus sain. ♦ fig. *Assainir une monnaie.* → **stabiliser.** ► **assainissement** n. m.

assainisseur n. m. ▪ techn. Produit ou appareil pour supprimer les mauvaises odeurs.

assaisonnement n. m. ▪ **1** Action, manière d'assaisonner (1). **2** Ingrédient non sucré utilisé pour relever le goût des aliments ; préparation qui sert à assaisonner.

assaisonner v. tr. [1] ▪ **1** Accommoder (un mets) avec des ingrédients qui en relèvent le goût. **2** littér. Ajouter du piquant à (un écrit...). **3** fam. Rudoyer (qqn).

assassin, ine ▪ **I** n. m. **1** Personne qui commet un meurtre avec préméditation. **2** Personne qui cause la mort (de qqn). **II** adj. **1** littér. Qui tue. **2** fig. Provocant.

assassinat n. m. ▪ **1** Meurtre commis avec préméditation. → **crime, homicide.** ♦ Exécution (d'un innocent). **2** fig. Destruction.

assassiner v. tr. [1] ▪ **1** Tuer par assassinat. **2** fig. Causer un préjudice à ; détruire.

assaut n. m. ▪ **1** Action d'assaillir, d'attaquer. → **attaque, offensive.** *Char d'assaut.* ♦ loc. fig. *Prendre d'assaut* (un lieu), s'y précipiter nombreux. **2** Combat d'escrimeurs (au fleuret, à l'épée). **3** Compétition, lutte d'émulation. *Faire assaut d'élégance.*

asseau n. m. ▪ techn. Marteau de couvreur. - var. **assette** n. f.

assécher v. tr. [6] ▪ **1** Enlever l'eau, l'humidité de (un sol). **2** Mettre à sec (un réservoir). ► **assèchement** n. m.

assemblage n. m. ▪ **1** Action d'assembler (des éléments) pour former un tout. **2** Réunion (d'éléments assemblés).

assemblé n. m. ▪ danse Saut effectué en lançant une jambe en l'air et où l'on retombe sur les deux pieds réunis.

assemblée n. f. ▪ **1** Personnes réunies en un même lieu pour un motif commun. **2** Réunion des membres d'un corps constitué convoqués pour délibérer ; les membres de ce corps. *L'Assemblée nationale* (en France).

assembler v. tr. [1] ▪ **1** Mettre (des choses ou vieilli des personnes) ensemble. → **réunir ; rassembler.** **2** Faire tenir ensemble (des éléments). ▷ v. pron. **s'assembler** Se réunir (groupe).

assembleur n. m. ▪ inform. Programme traduisant des instructions en langage machine.

assener ou **asséner** [-se-] v. tr. [5] et [6] ▪ **1** Donner (un coup bien appliqué). **2** Dire avec brutalité (qqch. à qqn).

assentiment n. m. ▪ Acte par lequel on acquiesce (expressément ou tacitement) à une opinion, une proposition. → **accord.**

asseoir [aswaʀ] v. tr. [26] ▪ **1** Mettre (qqn) dans la posture d'appui sur le derrière (sur un siège, etc.). ♦ fam. Déconcerter. **2** littér. Fonder sur une base solide ; rendre plus assuré. ▷ v. pron. **s'asseoir** *Asseyez-vous. S'asseoir à une table*, s'attabler.

assermentation n. f. ▪ (Luxembourg, Suisse, Canada) Action de faire prêter ou de prêter serment ; son résultat.

assermenté, ée adj. ▪ Qui a prêté serment.

assertif, ive adj. ▪ **1** *Jugement assertif*, qui exprime une vérité de fait. **2** ling. *Phrase assertive*, qui n'est ni une interrogative ni une exclamative ni une impérative.

assertion n. f. ▪ Proposition que l'on avance et soutient comme vraie. → **affirmation.**

asservir v. tr. [2] ▪ **1** Réduire à la servitude. → **assujettir.** **2** Maîtriser, dompter. **3** sc. Relier par un dispositif d'asservissement.

asservissant, ante adj. ▪ Qui asservit. *Un emploi asservissant.* → **aliénant.**

asservissement n. m. ■ **1** Action d'asservir ; état de ce qui est asservi. **2** sc. Relation entre deux grandeurs physiques dont l'une impose ses variations à l'autre ; dispositif fondé sur cette relation.

assesseur n. ■ **1** Personne qui assiste qqn dans ses fonctions. **2** Magistrat adjoint.

assette → **asseau**

assez adv. ■ **1** En suffisance. → **suffisamment.** ➛ *En voilà assez !*, arrêtez-vous. **2** ASSEZ DE (+ nom) : suffisamment de. *Je n'ai pas assez d'argent.* ➛ EN AVOIR ASSEZ : être fatigué (de). **3** Moyennement. → **plutôt.** *Il est assez gentil.*

assidu, ue adj. ■ **1** Qui est régulièrement présent là où il doit être. **2** Qui est fréquemment (auprès de qqn). **3** (choses) Soutenu, régulier. *Travail assidu.*

assiduité n. f. ■ **1** Présence régulière en un lieu où l'on s'acquitte de ses obligations. **2** Présence fréquente auprès de qqn. ♦ au plur. vieilli Manifestation d'empressement.

assidûment adv. ■ De manière assidue.

assiéger v. tr. 3 et 6 ■ **1** Mettre le siège devant, faire le siège de. *Assiéger une ville.* **2** Entourer ; tenir enfermé dans un lieu. → **encercler.** *Les flammes les assiégeaient.* ♦ (personnes) Se presser à l'entrée de (un lieu). **3** fig., littér. Fatiguer (qqn) de ses assiduités, de ses sollicitations. ♦ (sujet chose) Assaillir, obséder. ▷ adj. **assiégé, ée** ▶ **assiégeant, ante** n.

① **assiette** n. f. ■ **1** Équilibre, tenue du cavalier assis sur sa selle. **2** *Ne pas être dans son assiette* : ne pas se sentir bien (physiquement ou moralement). **3** dr. Base sur laquelle porte un droit. ➛ *Assiette d'un impôt* : matière assujettie à l'impôt.

② **assiette** n. f. ■ **1** Pièce de vaisselle individuelle servant à contenir des aliments. **2** Contenu d'une assiette. ♦ *Assiette anglaise* : assortiment de viandes froides.

assiettée n. f. ■ Contenu d'une assiette (②).

assignat n. m. ■ hist. Papier-monnaie émis en France sous la Révolution.

assigner v. tr. 1 ■ **1** ASSIGNER *qqch. À qqn*, attribuer pour sa part ; destiner ou donner. *Assigner un rôle à qqn.* **2** ASSIGNER *qqch. À qqch.* : fixer, déterminer. **3** dr. *Assigner qqn*, appeler à comparaître en justice. ♦ *Assigner qqn à résidence*, l'obliger à résider en un lieu déterminé. ▶ **assignation** n. f.

assimilable adj. ■ **1** Que l'on peut assimiler (à qqch.). → **comparable. 2** Susceptible d'assimilation (II). *Matière assimilable.* **3** (personnes) Qui peut s'assimiler, s'intégrer.

assimilateur, trice adj. ■ Qui assimile.

assimilation n. f. ■ **I** Acte de l'esprit qui assimile (I). → **identification ; comparaison. II 1** Processus par lequel les êtres organisés transforment en leur substance les matières qu'ils absorbent. **2** Acte de l'esprit qui s'approprie les connaissances. **3** Processus par lequel des hommes, des peuples s'assimilent. → **intégration.**

assimiler v. tr. 1 ■ **I** ASSIMILER *qqch., qqn À*, considérer comme semblable à. **II 1** physiol. Transformer par l'assimilation (II, 1). **2** (abstrait) Faire sien, intégrer (des éléments) à sa vie intellectuelle. *Assimiler ce qu'on apprend.* **3** Rendre semblable au reste d'une communauté. → **intégrer.** ▷ v. pron. **s'assimiler** Être assimilé. ▷ adj. **assimilé, ée**

assis, ise adj. ■ **1** Appuyé sur son séant. ♦ fam. *Il en est resté assis*, déconcerté. **2** *Place assise*, où l'on peut s'asseoir. **3** fig. Assuré, stable. *Une coutume bien assise.*

assise n. f. ■ **1** Rangée de pierres qu'on pose horizontalement pour construire un mur. **2** fig. Base. → **fondation, fondement. 3** Partie d'un siège sur laquelle on s'assoit.

assises n. f. pl. ■ **1** Session de la juridiction appelée *COUR D'ASSISES*, qui juge les crimes et certains délits ; cette cour. **2** Réunion (d'un parti, etc.). → **congrès.**

assistanat n. m. ■ Fonction d'assistant.

assistance n. f. ■ **I** Personnes réunies pour assister à qqch. → **public. II 1** Secours donné ou reçu. → **aide. 2** anciennt (en France) Institution ou administration chargée de l'aide sociale. ➛ *Assistance publique*, qui gère les hôpitaux publics.

assistant, ante n. ■ **I** Personne qui assiste à qqch. **II** Personne qui assiste qqn pour le seconder. ♦ *Assistant(e) social(e)*, fonctionnaire chargé(e) de missions sociales.

assisté, ée adj. ■ **1** Qui reçoit une aide. **2** Pourvu d'un système pour amplifier ou répartir l'effort exercé par l'utilisateur. ♦ *Dessin assisté par ordinateur.*

assister v. 1 ■ **I** v. tr. ind. ASSISTER *À qqch.*, être présent pour voir, entendre. **II** v. tr. ASSISTER *QQN* **1** Se tenir auprès de (qqn) pour le seconder. **2** Aider, secourir. ♦ Être aux côtés de (un mourant).

associatif, ive adj. ■ **1** Qui procède par association. *Mémoire associative.* **2** Qui concerne les associations (3).

association n. f. ■ **1** Action d'associer (qqn à qqch.). → **participation. 2** Réunion durable (de personnes...). → **alliance. 3** Groupement de personnes, en vue d'un but déterminé. *Association de consommateurs.* **4** Réunion, assemblage (de choses). ♦ Fait psychologique par lequel les représentations et les concepts sont susceptibles de s'évoquer mutuellement. *Association d'idées.*

associationnisme n. m. ▪ écon. Doctrine qui prône l'association volontaire de petits groupes de producteurs. ► **associationniste** adj. et n.

associé, ée n. ▪ Personne unie à d'autres par une communauté d'intérêt. ♦ spécialt Personne qui met en commun ses moyens avec d'autres, en vue d'en retirer des avantages.

associer v. tr. [7] ▪ **1** Mettre ensemble. *Associer des idées.* **2** Réunir (des personnes) par une communauté d'intérêt, de sentiment... **3** *ASSOCIER qqn À qqch.*, faire participer à (une activité, etc.). ▷ v. pron. s'**associer** → **adhérer ;** se **grouper,** se **réunir.**

assoiffer v. tr. [1] ▪ Donner soif à (qqn). ▷ p. p. **assoiffé, ée 1** Qui a soif. **2** fig. *Être assoiffé de justice.* → **affamé, avide.**

assolement n. m. ▪ Culture par alternance.

assombri, ie adj. ▪ **1** Rendu sombre. *Un ciel assombri.* **2** Attristé, devenu soucieux.

assombrir v. tr. [2] ▪ **1** Rendre sombre. **2** fig. Rendre triste, soucieux. ▷ v. pron. s'**assombrir 1** *Le ciel s'assombrit.* **2** fig. → se **rembrunir.** ► **assombrissement** n. m.

assommant, ante adj. ▪ fam. Qui ennuie.

assommer v. tr. [1] ▪ **1** Tuer par un coup violent sur la tête. **2** Frapper sur (qqn) de manière à étourdir. **3** Accabler d'ennui.

assommoir n. m. ▪ vx Cabaret populaire.

assomption n. f. ▪ **I** (avec maj.) relig. cathol. Enlèvement miraculeux de la Sainte Vierge au ciel par les anges, célébré le 15 août. **II** didact. Fait d'assumer.

assonance n. f. ▪ Répétition de la voyelle accentuée, à la fin de mots (ex. *belle* et *rêve*).

assonancé, ée adj. ▪ didact. Qui présente une, des assonances. *Vers assonancés.*

assonant, ante adj. ▪ didact. Qui fait assonance.

assorti, ie adj. ▪ **1** Qui est en harmonie. **2** *Assorti de* : accompagné de. **3** vieilli *Magasin bien assorti,* bien approvisionné.

assortiment n. m. ▪ **1** Action d'assortir ; manière dont sont assemblées des choses qui produisent un effet d'ensemble. **2** Assemblage complet de choses qui vont ensemble. *Assortiment de vaisselle.* ♦ Collection de marchandises de même sorte.

assortir v. tr. [2] ▪ **1** Mettre ensemble (des éléments qui se conviennent). → **harmoniser.** **2** *Assortir qqch. de,* accompagner de. ▷ v. pron. s'**assortir 1** Être en harmonie. **2** S'accompagner ; être enrichi (de).

assoupi, ie adj. ▪ **1** À demi endormi. → **somnolent.** **2** fig. (choses) Affaibli, diminué. *Une haine assoupie.*

assoupir v. tr. [2] ▪ **1** Porter à un demi-sommeil. **2** fig. Affaiblir, diminuer. → **engourdir.** *Assoupir une douleur.* ▷ v. pron. s'**assoupir 1** S'endormir à demi. → **somnoler.** **2** fig. → se **calmer.**

assoupissement n. m. ▪ Fait de s'assoupir. ♦ État voisin du sommeil. → **somnolence.**

assouplir v. tr. [2] ▪ **1** Rendre souple, plus souple. **2** (abstrait) Rendre plus malléable, maniable. ► **assouplissement** n. m.

assouplissant n. m. ▪ Produit destiné à assouplir le linge. - syn. **assouplisseur.**

assourdir v. tr. [2] ▪ **1** Causer une surdité passagère à ; rendre comme sourd. **2** fig. Fatiguer par trop de bruit, de paroles. **3** (compl. chose) Rendre moins sonore.

assourdissant, ante adj. ▪ Qui assourdit.

assourdissement n. m. ▪ Action d'assourdir. ♦ État d'une personne assourdie.

assouvir v. tr. [2] ▪ **1** littér. Calmer complètement (un appétit intense). *Assouvir sa faim.* **2** fig. Satisfaire pleinement (un désir, etc.). *Assouvir sa curiosité.* ► **assouvissement** n. m.

assuétude n. f. ▪ didact. Accoutumance de l'organisme aux modifications du milieu. ♦ méd. Grande dépendance à l'égard d'une substance toxique.

assujetti, ie adj. et n. ▪ **1** Asservi, soumis (opposé à *libre*). **2** n. admin. Personne soumise à un impôt. → **contribuable.** **3** Fixé, maintenu. *Un pansement bien assujetti.*

assujettir v. tr. [2] ▪ **1** vx ou littér. Maintenir (qqn) sous sa domination. → **asservir.** **2** *ASSUJETTIR* (qqn) *À* : soumettre à. ♦ pronom. *S'assujettir à une règle.* **3** Rendre (qqch.) fixe, immobile, stable. *Assujettir un chargement.* → **arrimer.** ► **assujettissement** n. m.

assujettissant, ante adj. ▪ (travail) Qui exige beaucoup d'assiduité. → **astreignant.**

assumer v. tr. [1] ▪ **1** Prendre à son compte ; se charger de (→ **assomption** (II)). *Assumer une responsabilité.* **2** Accepter (une situation, ses conséquences). ▷ v. pron. s'**assumer** Se prendre en charge.

assurable adj. ▪ Qui peut être couvert par un contrat d'assurance.

assurage n. m. ▪ alpin. Ensemble des techniques qui permettent d'éviter les chutes.

assurance n. f. ▪ **1** Confiance en soi-même. **2** Promesse ou garantie qui assure qqn de qqch. **3** Contrat par lequel un assureur garantit à l'assuré, moyennant une prime ou une cotisation, le paiement d'une somme en cas de réalisation d'un risque déterminé.

assuré, ée ▪ **I** adj. **1** Certain. → **sûr.** **2** Qui a de l'assurance. **3** Ferme, stable. *Une démarche assurée.* **II** n. Personne garantie par un contrat d'assurance. ➛ *Les assurés sociaux,* affiliés à la Sécurité sociale.

assurément adv. ■ Certainement.

assurer v. tr. 1 ■ **I 1** *ASSURER À qqn QUE*, lui affirmer, lui garantir que. → **certifier.** absolt *C'est vrai, je vous assure.* **2** *ASSURER qqn DE qqch.*, le prier de n'en pas douter. **II 1** Rendre sûr, durable ; mettre à l'abri des accidents, des risques. *Assurer le repos de qqn.* **2** Faire qu'une chose fonctionne, ne s'arrête pas. *Assurer un service.* **3** Garantir par un contrat d'assurance. **4** alpin. Dans une cordée, garantir la sécurité de (qqn). **5** intrans. fam. Être à la hauteur. ▷ v. pron. **s'assurer 1** *S'ASSURER DE, QUE, SI* : devenir sûr (de, que). → **vérifier. 2** *S'ASSURER CONTRE* : contracter une assurance contre.

assureur n. m. ■ Personne, compagnie qui assure par contrat d'assurance. *Elle est assureur* (ou *assureuse* n. f.).

assyrien, ienne adj. et n. ■ De l'Assyrie. ◆ n. *Les Assyriens.* ♦ n. m. *L'assyrien* (langue morte).

assyriologie n. f. ■ didact. Étude de l'antiquité assyrienne et babylonienne.

astaciculture n. f. ■ Élevage des écrevisses.

astasie n. f. ■ méd. Incapacité de se tenir debout.

astate n. m. ■ chim. Élément chimique artificiel, instable et radioactif (symb. At, n° at. 85).

astatique adj. ■ **1** phys. Qui est en équilibre dans toutes les positions. **2** méd. Qui se rapporte à l'astasie ; atteint d'astasie.

aster [-ɛʀ] n. m. ■ bot. Plante à petites fleurs en forme d'étoile.

astéréognosie [-gn-] n. f. ■ méd. Incapacité de reconnaître les objets par le toucher.

astérie n. f. ■ zool. Étoile* de mer.

astérisque n. m. ■ Signe en forme d'étoile (*) qui indique un renvoi, une note, etc.

astéroïde n. m. ■ Petite planète ; météorite.

asthénie n. f. ■ méd. Grande fatigue générale. ► **asthénique** adj. et n.

asthénosphère n. f. ■ géol. Couche géologique peu résistante sur laquelle se déplace la lithosphère. ► **asthénosphérique** adj.

asthmatique [asm-] adj. ■ De l'asthme. ◆ adj. et n. (Personne) qui a de l'asthme.

asthme [asm] n. m. ■ Affection caractérisée par une gêne respiratoire et une suffocation intermittente.

asti n. m. ■ Vin blanc mousseux d'Italie.

asticot n. m. ■ **1** Larve de la mouche à viande (appât). → **ver** blanc. **2** fam. Individu.

asticoter v. tr. 1 ■ fam. Harceler (qqn).

astigmate adj. et n. ■ (Personne) qui a un trouble de la vision dû à un défaut des milieux réfringents de l'œil (*astigmatisme* n. m.).

astiquer v. tr. 1 ■ Faire briller en frottant. ► **astiquage** n. m.

astragale n. m. ■ **I** Os de la rangée postérieure du tarse. **II** archit. Moulure.

astrakan n. m. ■ Fourrure d'agneau bouclée.

astral, ale, aux adj. ■ astrol. Des astres.

astre n. m. ■ **1** Corps céleste naturel visible. → **étoile, planète ; astéroïde, comète, satellite.** ◆ poét. *L'astre du jour*, le soleil. **2** Corps céleste, dans son influence présumée sur les humains (→ **astrologie**).

astreignant, ante adj. ■ Qui constitue une contrainte.

astreindre v. tr. 52 ■ Obliger strictement (qqn à qqch.). → **contraindre, forcer, obliger.** ◆ pronom. *S'astreindre à se lever tôt.*

astreinte n. f. ■ **1** Obligation stricte. **2** dr. Obligation de payer une somme pour chaque jour de retard dans l'exécution d'un contrat.

astringent, ente adj. ■ Qui resserre les tissus vivants. ► **astringence** n. f.

astro- Élément, du grec *astron* « astre ».

astroblème n. m. ■ géol. Reste d'un cratère dû à l'impact d'une météorite.

astrolabe n. m. ■ anciennt Instrument pour mesurer la hauteur des astres sur l'horizon.

astrologie n. f. ■ Art de déterminer le caractère et la destinée par l'étude de l'influence supposée des astres (→ **horoscope**). ► **astrologique** adj. ► **astrologue** n.

astrométrie n. f. ■ didact. Branche de l'astronomie qui détermine la position des astres sur la sphère céleste par des mesures d'angles. ► **astrométrique** adj.

astronaute n. ■ Personne qui se déplace dans un véhicule spatial. → **cosmonaute.**

astronautique n. f. ■ Science qui étudie la navigation spatiale ; cette navigation.

astronef n. m. ■ Vaisseau spatial.

astronome n. ■ Spécialiste d'astronomie.

astronomie n. f. ■ Science des astres, des corps célestes (y compris la Terre) et de la structure de l'univers.

astronomique adj. ■ **1** De l'astronomie. **2** *Prix astronomique*, très élevé. ► **astronomiquement** adv.

astroparticule n. f. ■ astron., phys. **1** Branche de l'astrophysique qui étudie les particules présentes dans l'espace. **2** Particule constituant le rayonnement cosmique.

astrophotographie n. f. ■ Ensemble des techniques photographiques utilisées en astronomie.

astrophysique n. f. ■ Partie de l'astronomie qui étudie les astres, les milieux spatiaux du point de vue physique. ► **astrophysicien, ienne** n.

astuce n. f. ▪ **1** vieilli Ruse. **2** Petite invention qui suppose de l'ingéniosité. **3** Qualité d'une personne ingénieuse et inventive.

astucieux, ieuse adj. ▪ **1** vx Rusé et perfide. **2** mod. Qui a ou dénote une habileté fine. ▸ **astucieusement** adv.

asymétrie [-s-] n. f. ▪ Absence de symétrie. ▸ **asymétrique** adj.

asymptomatique [-sɛ̃p-] adj. ▪ (malade) Qui ne présente pas de symptômes de sa maladie.

asymptote [-sɛ̃p-] n. f. ▪ math. Droite dont une courbe s'approche de plus en plus, sans jamais l'atteindre. ▸ **asymptotique** adj.

asynchrone [-s-] adj. ▪ didact. Qui n'est pas synchrone.

asyndète [-s-] n. f. ▪ didact. Absence de liaison entre deux termes ou groupes de termes en rapport étroit (ex. bon pied bon œil).

asynergie [-s-] n. f. ▪ méd. Trouble de la coordination des mouvements élémentaires.

asystolie [-s-] n. f. ▪ méd. Ensemble des troubles causés par l'insuffisance cardiovasculaire.

At ▪ Symbole chimique de l'astate.

atabeg [-ɛg] n. m. ▪ hist. Titre porté par certains émirs turcs. - var. **atabek.**

ataraxie n. f. ▪ didact. Tranquillité.

atavisme n. m. ▪ **1** biol. Réapparition d'un caractère après plusieurs générations. **2** cour. Hérédité physique ou psychologique. ▸ **atavique** adj. → **héréditaire.**

ataxie n. f. ▪ méd. Trouble de la coordination des mouvements. ▸ **ataxique** adj. et n.

atchoum [atʃum] interj. ▪ Bruit produit par un éternuement.

-ate Élément qui signifie «sel» ou «ester».

atèle n. m. ▪ zool. Singe aux longs membres, d'Amérique du Sud,.

atelier n. m. ▪ **1** Lieu où des artisans, des ouvriers travaillent en commun. **2** Section d'une usine où des ouvriers travaillent en commun ; ces ouvriers. **3** Lieu où travaille un artiste (peintre, sculpteur). ♦ Ensemble d'artistes travaillant avec un maître.

atellane n. f. ▪ Antiq. romaine Petite pièce de théâtre de caractère bouffon.

atémi n. m. ▪ Coup porté avec une partie du corps sur un point sensible, dans les arts martiaux japonais. - var. **atemi.**

a tempera → **a tempera**

atemporel, elle adj. ▪ didact. Qui n'est pas concerné par le temps. ▸ **atemporalité** n. f.

atermoyer v. intr. [8] ▪ littér. Différer de délai en délai, chercher à gagner du temps. → **tergiverser.** ▸ **atermoiement** n. m.

athanor n. m. ▪ alchim. Grand alambic à combustion lente.

athée n. ▪ Personne qui ne croit pas en Dieu. → **incroyant.** ◂ adj. *Une époque athée.*

athéisme n. m. ▪ Attitude de l'athée.

athématique adj. ▪ ling. Qui n'appartient pas à un thème de pensée.

athénée n. m. ▪ (en Belgique) Établissement public d'enseignement secondaire.

athermique adj. ▪ techn. Qui n'est pas conducteur de la chaleur.

athérome n. m. ▪ méd. Lésion de la surface interne des artères. ▸ **athéromateux, euse** adj. et n.

athérosclérose n. f. ▪ méd. Affection associant athérome et artériosclérose.

athétose n. f. ▪ méd. Maladie neurologique caractérisée par des mouvements involontaires lents et sinueux.

athlète ▪ **1** n. m. Antiq. Celui qui combattait dans les jeux publics ; gymnaste. **2** n. Personne qui pratique l'athlétisme. ♦ par ext. Personne bien musclée.

athlétique adj. ▪ **1** Qui a rapport aux athlètes. **2** Fort et musclé.

athlétisme n. m. ▪ Ensemble de sports individuels pratiqués par des athlètes : course, gymnastique, lancer, saut.

athrepsie n. f. ▪ méd. Dépérissement du nouveau-né dû notamment à la diarrhée chronique.

athymie n. f. ▪ didact. Absence d'affectivité.

atlante n. m. ▪ archit. Figure d'homme soutenant un entablement.

atlantique adj. ▪ **1** *L'océan Atlantique* et n. m. *l'Atlantique,* l'océan qui sépare l'Europe et l'Afrique de l'Amérique. **2** Qui a rapport à l'Atlantique, aux pays qui le bordent.

atlantisme n. m. ▪ Politique conforme au Pacte atlantique.

atlas [-ɑs] n. m. (nom du dieu grec qui soutient le ciel) ▪ **I** Recueil de cartes géographiques. **II** anat. Première vertèbre cervicale.

atmosphère n. f. ▪ **1** Couche gazeuse qui entoure le globe terrestre, un astre. **2** Partie de l'atmosphère terrestre proche du sol, où apparaissent les nuages, la pluie, la neige. **3** Air qu'on respire dans un lieu. **4** Milieu où l'on vit ; influence qu'il exerce. **5** sc. Unité de mesure de la pression des gaz.

atmosphérique adj. ▪ De l'atmosphère.

atoca n. m. ▪ (Canada) Baie rouge de saveur acidulée. → **canneberge.**

atoll n. m. ▪ Île en forme d'anneau constituée de récifs coralliens.

atome n. m. ■ **1** hist. des sc. Élément constitutif de la matière, indivisible et homogène (→ **atomisme**). ➙ loc. fig. *Atomes crochus**. ♦ fig. Très petite quantité. *Il n'a pas un atome de bon sens.* **2** sc. Particule d'un élément chimique qui forme la plus petite quantité susceptible de se combiner. *La molécule d'eau* (H_2O) *contient deux atomes d'hydrogène.*

atomicité n. f. ■ chim. Nombre d'atomes constituant la molécule d'un corps.

atomique adj. ■ **1** Qui a rapport aux atomes. **2** Qui concerne le noyau de l'atome et sa désintégration. → **nucléaire.** *Bombe atomique.* **3** Qui utilise les engins atomiques.

atomisé, ée adj. ■ Qui a subi les effets de radiations atomiques.

atomiser v. tr. [1] ■ **I** Détruire par un engin atomique. **II** Réduire (un corps) en particules très ténues. → **pulvériser.** ► **atomisation** n. f.

atomiseur n. m. ■ Flacon qui atomise le liquide qu'il contient.

atomisme n. m. ■ didact. Doctrine philosophique des anciens Grecs qui considère l'univers comme formé d'atomes (1) associés en combinaisons fortuites.

atomiste n. ■ **I** philos. Partisan de l'atomisme. **II** Spécialiste de la physique atomique.

atonal, ale, aux adj. ■ mus. Qui n'est pas organisé selon le système tonal. ► **atonalité** n. f.

atone adj. ■ **I 1** méd. (tissus vivants) Qui manque de tonicité. **2** Qui manque de vitalité. **II** phonét. Qui n'est pas accentué.

atonie n. f. ■ Manque de vitalité.

atopie n. f. ■ Facteur génétique qui prédispose aux allergies.

atours n. m. pl. ■ littér. Parure féminine.

atout n. m. ■ **1** aux cartes Couleur qui l'emporte sur les autres ; carte de cette couleur. **2** fig. Moyen de réussir.

atoxique adj. ■ méd. Qui n'est pas toxique.

atrabilaire adj. et n. ■ vieilli Bilieux (1 et 2).

âtre n. m. ■ Partie dallée de la cheminée où l'on fait le feu ; la cheminée. → **foyer.**

atrésie n. f. ■ méd. Absence ou occlusion d'un conduit ou d'un orifice naturel.

atrium [atʀijɔm] n. m. ■ Cour intérieure de la maison romaine antique.

atroce adj. ■ **1** Horrible, très cruel. **2** Insupportable. **3** fam. Très désagréable. *Un temps atroce.* ► **atrocement** adv.

atrocité n. f. ■ **1** Caractère de ce qui est atroce. → **cruauté.** **2** Action atroce. **3** Propos blessant, calomnie.

atrophie n. f. ■ Diminution de volume (d'un organe, d'un tissu), par maladie, etc. ► **atrophique** adj.

s'atrophier v. pron. [7] ■ **1** Dépérir par atrophie. **2** fig. S'arrêter dans son développement. ▷ adj. **atrophié, ée**

atropine n. f. ■ chim. Alcaloïde extrait de la belladone, utilisé en médecine.

s'attabler v. pron. [1] ■ S'asseoir à table.

attachant, ante adj. ■ Qui attache, retient en touchant la sensibilité.

attache n. f. ■ **1** (dans des loc.) Action d'attacher. À L'ATTACHE ; D'ATTACHE. *Cheval à l'attache. Point d'attache d'un muscle.* **2** Objet servant à attacher (agrafe, épingle...). **3** au plur. Le poignet et la cheville. **4** fig. au plur. Rapports affectifs ou relations d'habitude qui lient une personne à qqn ou à qqch.

attaché, ée ■ **I** adj. **1** Fixé, lié. ♦ Fermé par une attache. **2** ATTACHÉ À : associé, joint à. *Les avantages attachés à un poste.* ♦ (personnes) Lié par un sentiment d'amitié, une habitude, un goût. **3** *Fichier attaché,* envoyé en même temps qu'un message électronique. **II** n. Personne attachée à un service. *Attaché(e) de presse.*

attaché-case [-kɛz] n. m. ■ anglic. Porte-documents rigide. *Des attachés-cases.*

attachement n. m. ■ Sentiment durable qui unit aux personnes ou aux choses.

attacher v. tr. [1] ■ **I 1** Faire tenir (à une chose) au moyen d'une attache, d'un lien. **2** Joindre ou fermer par une attache. **3** (sujet chose) Faire tenir, joindre ou fermer. **4** fig. Unir par un lien affectif ou de dépendance. *Les souvenirs qui l'attachent à son pays.* **5** faux pronom. *S'attacher qqn,* s'en faire aimer. **6** Mettre (qqn) au service de. *Attacher un adjoint à son service.* **II 1** Adjoindre par l'esprit, associer. **2** Attribuer (une qualité à qqch.). *Attacher de l'importance à.* → **accorder.** **III** intrans. Adhérer, coller (spécialt en cuisine). ▷ v. pron. **s'attacher 1** Être attaché (à qqch. ; qqn). **2** S'appliquer (à une chose). *S'attacher à rendre un enfant heureux.*

attagène n. m. ■ zool. Insecte coléoptère dont la larve s'attaque aux fourrures, matelas, tapis.

attaquable adj. ■ Qui est exposé aux attaques. ♦ dr. Qui peut être attaqué en justice.

attaquant, ante n. ■ **1** Personne qui attaque. **2** Joueur, joueuse qui fait partie de la ligne d'attaque dans un sport d'équipe.

attaque n. f. ■ **1** Action d'attaquer, de commencer le combat. → **offensive.** **2** (en sport) Initiative pour dépasser l'adversaire. ♦ Les joueurs qui la réalisent. **3** Acte de violence. *Attaque à main armée.* → **agression.** **4** surtout plur. Parole qui critique durement. **5** Accès brutal (d'une maladie). *Attaque d'apoplexie* ou absolt *attaque.* **6** loc. fam. *Être* D'ATTAQUE, en forme.

attaquer v. tr. [1] ■ **I 1** Porter les premiers coups à (l'adversaire), commencer le combat. **2** Se jeter sur (qqn) en maltraitant, tuant ou volant par force. → **agresser.** **3** dr. Intenter une action judiciaire contre. *Attaquer qqn en justice.* **4** Émettre des jugements qui nuisent à (qqn ou qqch.). *Attaquer qqn ; la réputation de qqn.* **5** S'adresser avec vivacité à (qqn). **II** Détruire la substance de (une matière). *La rouille attaque le fer.* **III** Commencer. → **entreprendre.** ▷ v. pron. **s'attaquer** (à) **1** Diriger une attaque contre (qqn). **2** Chercher à résoudre. *S'attaquer à un problème.*

attardé, ée adj. ▪ **1** Qui s'attarde. *Des passants attardés.* **2** Qui est en retard dans son développement. → **arriéré.** **3** Qui est en retard sur son époque. → **rétrograde.**

s'attarder v. pron. [1] ▪ **1** Se mettre en retard. ◆ par ext. *S'attarder à parler avec qqn.* **2** fig. Ne pas progresser. *S'attarder sur un sujet.*

atteignable adj. ▪ Qu'on peut atteindre. → **accessible.**

atteindre v. tr. [49] ▪ **I** (Parvenir au niveau de) **1** Parvenir à (un lieu). → **arriver** à. **2** Parvenir à toucher, à prendre (qqch.). **3** Parvenir à (un état...). *Atteindre son but.* **4** (sujet chose) Parvenir à (une grandeur, un niveau). *Ce sommet atteint 1000 mètres.* **II** (Parvenir à frapper) **1** Toucher, blesser au moyen d'une arme, d'un projectile. ◆ (sujet chose) *La balle l'atteignit au genou.* **2** Faire du mal à (qqn).

atteint, einte adj. ▪ **1** Touché par un mal. **2** fam. Troublé mentalement.

atteinte n. f. ▪ (Action d'atteindre) **1** *Hors d'atteinte* : qui ne peut être atteint ; fig. inattaquable. **2** Dommage matériel ou moral. *Atteinte à la vie privée.* ◆ loc. *Porter atteinte à...* → **attaquer ; discréditer.** ♦ au plur. Accès (d'une maladie).

attelage n. m. ▪ **1** Action ou manière d'atteler. **2** Ce qui sert à atteler. → **harnais, joug.** **3** Bêtes attelées ensemble.

atteler v. tr. [4] ▪ **1** Attacher (une ou plusieurs bêtes) à une voiture, une charrue. ♦ *Atteler une locomotive à un wagon.* **2** *Atteler une voiture,* y atteler le cheval. **3** pronom. *S'atteler à* (un travail), s'y mettre.

attelle n. f. ▪ Plaque destinée à maintenir immobile un membre fracturé. → **éclisse.**

attenant, ante adj. ▪ Qui tient, touche (à un autre terrain, etc.).

attendre v. tr. [41] ▪ **I** **1** Se tenir, rester en un lieu jusqu'à l'arrivée de (qqn, qqch.). *Attendre le train. On n'attend plus que vous.* **2** *Attendre qqch.*, ne rien faire avant que cette chose ne se produise. *Attendre l'occasion.* ◆ (avec *que* + subj.) *J'attends que ça soit fini* ; (*de* + inf.) *de voir le résultat.* **3** (femmes) *Attendre un enfant* : être enceinte. **4** sans compl. Rester dans un lieu pour attendre (1) qqn ou qqch. «*J'ai failli attendre*» (mot prêté à Louis XIV). **5** (sujet chose) Être prêt pour (qqn). **6** Compter sur (qqn ou qqch.) ; prévoir (un événement). ◆ ATTENDRE *qqch.* DE *qqn, qqch.* → **espérer.** **7** trans. indir. région. *Attendre après qqn*, l'attendre avec impatience. ◆ *Attendre après qqch.*, en avoir besoin. **II** loc. adv. EN ATTENDANT : jusqu'au moment attendu ; quoi qu'il en soit. ◆ *En attendant de* (+ inf.) ; *que* (+ subj.). ▷ v. pron. **s'attendre** *S'attendre à* (qqch.). → **escompter, prévoir.** ◆ S'ATTENDRE À (+ inf.) ; À CE QUE (+ subj.).

attendrir v. tr. [2] ▪ **I** Rendre plus tendre. *Attendrir une viande.* **II** Rendre (qqn) plus sensible. → **émouvoir, toucher.** ◆ pronom. *S'attendrir sur qqn.* ◆ p. p. adj. → **ému.**

attendrissant, ante adj. ▪ Qui porte à une indulgence attendrie. → **touchant.**

attendrissement n. m. ▪ Fait de s'attendrir.

attendrisseur n. m. ▪ Appareil de boucherie pour attendrir la viande.

① **attendu, ue** ▪ **I** adj. Qu'on attend, qu'on a attendu. **II** **1** prép. Étant donné ; étant considéré. → **vu.** **2** loc. conj. ATTENDU QUE (+ indic.) : étant donné que. → **puisque.**

② **attendu** n. m. ▪ dr. *Les attendus d'un jugement* : les motifs.

attentat n. m. ▪ **1** Tentative criminelle contre qqn, un groupe (surtout contexte idéologique). ♦ Acte de terrorisme. **2** Tentative criminelle contre qqch. ◆ dr. anc. *Attentat à la pudeur.*

attentatoire adj. ▪ Qui porte atteinte (à).

attente n. f. ▪ **1** Fait d'attendre ; temps pendant lequel on attend. **2** État de conscience d'une personne qui attend. **3** Fait de compter sur qqch. ou qqn. ◆ *Contre toute attente,* contrairement à ce qu'on attendait.

attenter v. tr. ind. [1] ▪ ATTENTER À : faire une tentative criminelle contre (→ **attentat**). ◆ *Attenter à ses jours* : tenter de se suicider.

attentif, ive adj. ▪ **1** Qui écoute, regarde, agit avec attention. **2** littér. ATTENTIF À : qui se préoccupe avec soin de. **3** Qui marque de la prévenance, des attentions.

attention n. f. ▪ **1** au sing. Concentration de l'activité mentale sur un objet. *Fixer son attention sur...* ◆ *À l'attention de M. Untel* (mention sur un courrier). ♦ FAIRE ATTENTION À *qqch., qqn,* l'observer, s'en occuper ; en avoir conscience. ◆ FAIRE ATTENTION QUE (+ subj.). ♦ interj. *Attention !* **2** au plur. Soins attentifs. → **égard(s), prévenance(s).**

attentionné, ée adj. ▪ Qui est plein d'attentions pour qqn. → **empressé.**

attentisme n. m. ▪ Attitude politique consistant à attendre les événements pour agir. ▶ **attentiste** adj. et n.

attentivement adv. ▪ De manière attentive.

atténuant, ante adj. ▪ *Circonstances atténuantes,* qui atténuent la gravité d'une infraction.

atténuateur n. m. ▪ Dispositif qui sert à diminuer l'amplitude d'un signal électrique (opposé à *amplificateur*).

atténuer v. tr. 1 ▪ Rendre moins grave, moins violent. → **diminuer ; modérer.** ‒ pronom. *La douleur s'atténue.* ► **atténuation** n. f.

atterrage n. m. ▪ mar. **1** Espace marin proche de la terre. **2** Lieu où l'on peut aborder.

atterrer v. tr. 1 ▪ Jeter dans l'abattement, la consternation. ► **atterrant, ante** adj. → **affligeant.**

atterrir v. intr. 2 ▪ **1** mar., vieilli Approcher de la terre, toucher terre (→ **atterrage**). **2** (avion, engin ; passagers) Se poser à terre, au sol. **3** fig., fam. Arriver finalement.

atterrissage n. m. ▪ Action d'atterrir.

atterrissement n. m. ▪ dr. Terres apportées par la mer ou un cours d'eau.

atterrisseur n. m. ▪ aéron. Engin spatial destiné à atterrir sur un corps céleste.

attestation n. f. ▪ Acte, écrit ou pièce qui atteste qqch. → **certificat.**

attester v. tr. 1 ▪ **1** Rendre témoignage de (qqch.). → **certifier, garantir.** **2** (sujet chose) Servir de témoignage. → **prouver.**

attiédir v. tr. 2 ▪ **1** littér. Rendre tiède. **2** fig. Rendre moins vif. ► **attiédissement** n. m.

attifer v. tr. 1 ▪ fam. Habiller d'une manière ridicule. → **accoutrer.** ▷ v. pron. s'**attifer**

attiger v. intr. 3 ▪ fam. Exagérer.

attique ▪ didact. **I** adj. Qui a rapport à l'Attique, à Athènes. **II** n. m. archit. Étage surélevé.

attirail, ails n. m. ▪ fam. Équipement compliqué, encombrant ou ridicule.

attirance n. f. ▪ Force qui attire vers qqn ou qqch. → **attrait, séduction.**

attirant, ante adj. ▪ Qui attire. → **séduisant.**

attirer v. tr. 1 ▪ **1** Tirer, faire venir à soi par une action matérielle. *L'aimant attire le fer* (→ **attraction**). **2** Inciter, inviter, déterminer (un être vivant) à venir. **3** Capter, solliciter (le regard, l'attention). **4** Inspirer à (qqn) un sentiment agréable qui l'incite à vouloir qqch., à se rapprocher de qqn (→ **attrait ; attirance**). **5** *ATTIRER qqch. À, SUR qqn,* lui faire avoir (qqch. d'heureux ou de fâcheux). → **procurer, valoir.** ‒ *Elle s'est attiré des reproches.* → **encourir.**

attiser v. tr. 1 ▪ **1** Aviver (un feu). **2** fig. Rendre plus vif. *Attiser une querelle.*

attitré, ée adj. ▪ **1** Qui est chargé par un titre d'une fonction. **2** Habituel, préféré.

attitude n. f. ▪ **1** Manière de tenir son corps. **2** Comportement qui correspond à une disposition psychologique. → **expression.** **3** Disposition à l'égard de qqn ou qqch., provoquant un comportement.

atto- Préfixe du système international (symb. a) qui divise par 10^{18} l'unité devant laquelle il est placé (ex. *attoseconde*).

attorney n. m. ▪ Homme d'affaires (Grande-Bretagne), homme de loi (États-Unis).

attouchement n. m. ▪ Action de toucher. ♦ Caresse légère (spécialt, sexuelle).

attractif, ive adj. ▪ Qui attire. ► **attractivité** n. f.

attraction n. f. ▪ **I 1** Force qui attire. *La loi de l'attraction universelle.* → **gravitation.** **2** Force qui tend à attirer les êtres vers qqn ou vers qqch. → **attirance.** **II 1** Ce qui attire le public. **2** souvent au plur. Élément d'un spectacle de variétés. ♦ Distractions populaires. *Parc d'attractions.*

attrait n. m. ▪ **1** Ce qui attire agréablement. *L'attrait de la nouveauté.* **2** au plur. littér. *Les attraits d'une femme,* ce qui attire en elle. → **appas.** **3** Fait d'être attiré. → **attirance.**

attrapade n. f. ▪ fam. Réprimande.

attrape n. f. ▪ Objet destiné à tromper qqn pour s'amuser. *Farces et attrapes.*

attrape-couillon n. m. ▪ très fam. Attrape-nigaud. *Des attrape-couillons.*

attrape-gogo n. ▪ fam. Attrape-nigaud. *Des attrape-gogos.*

attrape-mouche n. m. ▪ Plante carnivore qui piège des insectes. *Des attrape-mouches.*

attrape-nigaud n. m. ▪ Ruse grossière. *Des attrape-nigauds.*

attraper v. tr. 1 ▪ **I 1** Rejoindre (qqn, un animal) et s'en saisir. ♦ Surprendre. **2** Tromper par une ruse. → **duper.** ‒ passif et p. p. *Être (bien) attrapé,* avoir subi une déception. **3** fam. Faire des reproches à. → **réprimander.** **II 1** Arriver à prendre, à saisir. **2** Subir (une chose fâcheuse). **3** *Attraper le train,* arriver à temps pour réussir à le prendre. **4** Arriver à saisir par l'esprit, l'imitation. *Attraper un style.*

attrayant, ante adj. ▪ Qui a de l'attrait.

attribuable adj. ▪ Qui peut être attribué.

attribuer v. tr. 1 ▪ **1** Allouer (qqch. à qqn). → **octroyer.** **2** Considérer comme propre (à qqn, à qqch.). *N'attribuons pas aux autres nos défauts.* **3** Rapporter (qqch.) à une cause ; mettre sur le compte de. *À quoi attribuer ce changement ?* ▷ v. pron. s'**attribuer** → s'**adjuger ;** s'**approprier.**

attribut n. m. ▪ **1** Ce qui est propre, appartient particulièrement à un être, à une chose. *La raison, attribut de l'être humain.* **2** Emblème, symbole d'une figure, d'un personnage. *Le sceptre est l'attribut de la royauté.* **3** gramm. Terme relié au sujet ou au complément d'objet par un verbe d'état (ex. il est *médecin ;* elle paraît *grande*).

attributaire n. ■ dr. À qui a été attribué qqch. ◆ n. → **bénéficiaire.**

attributif, ive adj. ■ **1** Qui attribue (un droit). **2** log. Qui indique un attribut. **3** *Verbe attributif* : qui relie l'attribut au sujet (ex. devenir, sembler).

attribution n. f. ■ **1** Action d'attribuer. *L'attribution d'un prix.* **2** gramm. *Complément d'attribution,* désignant ce dans l'intérêt de quoi se fait l'action (ex. prêter vingt euros à *un ami*). **3** au plur. Ce qui est attribué (pouvoir, fonction...). *Cela entre dans ses attributions.*

attrister v. tr. [1] ■ Rendre triste. → **chagriner.** ► **attristant, ante** adj. → **affligeant.**

attrition n. f. ■ **1** didact. Usure (par frottement). **2** relig. Contrition.

attrouper v. tr. [1] ■ Assembler en troupe, en groupe (spécialt de manière à troubler l'ordre public). ▷ v. pron. **s'attrouper** ► **attroupement** n. m. → **rassemblement ; manifestation.**

atypie n. f. ■ Manque de conformité par rapport à un modèle de référence.

atypique adj. ■ Qui diffère d'un type.

au, aux → **à** et ① **le**

Au ■ Symbole chimique de l'or.

aubade n. f. ■ Concert donné le matin, sous les fenêtres de qqn (s'oppose à *sérénade*).

aubaine n. f. ■ **1** Avantage, profit inattendu. **2** région. Vente à prix réduit ; article à prix réduit. → **solde.**

① **aube** n. f. ■ **I 1** Première lueur du soleil levant ; moment de cette lueur. *L'aube précède l'aurore.* **2** fig., littér. Commencement. **II** Vêtement (ecclésiastique...) de lin blanc.

② **aube** n. f. ■ Palette (d'une roue hydraulique, d'une turbine).

aubépine n. f. ■ Arbuste épineux à fleurs odorantes blanches ou roses.

aubère adj. ■ (cheval) Dont la robe est mélangée de poils blancs et de poils rouges.

auberge n. f. ■ **1** anciennt Maison où l'on trouvait à loger et manger en payant. ◆ loc. *Auberge espagnole* : lieu où l'on ne trouve que ce qu'on a apporté. ◆ fam. *On n'est pas sorti de l'auberge,* les difficultés augmentent. ♦ mod. Hôtel restaurant d'apparence rustique. **2** *Auberge de jeunesse* : centre d'accueil hébergeant les jeunes.

aubergine n. f. ■ Plante à fruit oblong ; ce fruit, consommé comme légume.

aubergiste n. ■ Personne qui tient une auberge.

aubette n. f. ■ (Belgique) Abri public ; kiosque. - (France) Recomm. off. pour *abribus.*

aubier n. m. ■ Partie tendre qui se forme chaque année entre le cœur et l'écorce d'un arbre.

auburn [obœʀn] adj. invar. ■ Se dit d'une couleur de cheveux châtain roux.

aucuba n. m. ■ bot. Arbuste ornemental à feuilles persistantes, originaire d'Asie.

aucun, une ■ **I** adj. **1** littér. (positif) *Il l'aime plus qu'aucune autre,* que n'importe quelle autre. **2** (négatif) *Ne... aucun, aucun... ne ; sans aucun.* → **pas** un, **nul.** *Sans aucun doute.* - Pluriel rare, sauf devant un nom sans sing. : *sans aucuns frais.* **II** pron. **1** (positif) *Aucun de,* quiconque parmi. ◆ vx ou littér. *D'AUCUNS* : certains. **2** (négatif ; avec *ne* ou *sans*) *Je n'en ai vu aucun.* ◆ (en réponse) Pas un.

aucunement adv. ■ Pas du tout.

audace n. f. ■ **1** Disposition qui porte à des actions difficiles, dangereuses, au mépris des obstacles. **2** Acte, procédé qui brave les goûts dominants. → **originalité. 3** péj. Hardiesse insolente.

audacieux, ieuse adj. ■ **1** Qui a de l'audace (1). ◆ n. (prov.) *La fortune sourit aux audacieux.* **2** (choses) Qui dénote de l'audace (1). → **hardi.** ► **audacieusement** adv.

au-delà n. m. ■ Ce qui est au-delà de la mort (selon les religions...). *Dans l'au-delà.*

audible adj. ■ Perceptible par l'oreille. ► **audibilité** n. f.

audience n. f. ■ **1** littér. Intérêt porté à qqch. par le public. *Une large audience.* **2** Entretien accordé à qqn. **3** dr. Séance d'un tribunal. **4** Public touché par un média.

audimat [-mat] n. m. invar. (n. déposé) ■ Audimètre utilisé par les chaînes de télévision. ♦ L'audience elle-même. ► **audimatique** adj.

audimètre n. m. ■ Appareil de mesure de l'audience des émissions de radio, de télévision. ► **audimétrie** n. f.

audimutité n. f. ■ Mutité congénitale non associée à une surdité.

audio adj. invar. ■ Qui concerne l'enregistrement ou la transmission des sons. *Fichiers audio.*

audio- Élément, du latin *audire* «entendre».

audioconférence n. f. ■ Téléconférence qui transmet les propos de personnes physiquement éloignées les unes des autres.

audiodescription n. f. ■ Commentaire enregistré décrivant les scènes d'un spectacle, d'un film à l'intention des déficients visuels.

audiofréquence n. f. ■ Fréquence à laquelle une vibration sonore est perceptible par l'oreille humaine.

audiogramme n. m. ■ Représentation de l'acuité auditive (obtenue à partir d'un *audiomètre* n. m.).

audioguide n. m. ■ Appareil fournissant des commentaires explicatifs enregistrés permettant la visite autonome d'un musée.

audiolivre n. m. ▪ Édition sonore d'un livre (d'une œuvre littéraire, d'une conférence...).

audiologie n. f. ▪ méd. Étude de l'audition.

audiomètre n. m. ▪ Appareil permettant de mesurer l'acuité auditive. ► **audiométrie** n. f.

audionumérique adj. ▪ Dont le son est enregistré sous forme de signaux numériques. *Disque audionumérique.*

audiophone n. m. ▪ Petit appareil acoustique pour les malentendants. → **sonotone.**

audioprothésiste n. ▪ Personne qui vend et adapte les appareils de prothèse auditive.

audiovisuel, elle ▪ **1** adj. Qui joint le son à l'image. **2** n. m. Les moyens de communication, d'apprentissage audiovisuels.

audit [odit] n. m. ▪ **1** Examen de la gestion, etc. d'une entreprise. **2** Personne qui pratique l'audit. → **auditeur** (3).

auditeur, trice n. ▪ **1** Personne qui écoute. **2** (en France) Fonctionnaire qui n'est pas encore conseiller (Conseil d'État, Cour des comptes). **3** Personne chargée d'un audit.

auditif, ive adj. ▪ Qui se rapporte à l'ouïe.

audition n. f. ▪ **1** Perception des sons par l'ouïe. *Troubles de l'audition.* **2** Action d'entendre ou d'être entendu. ➛ dr. *L'audition des témoins.* **3** Séance d'essai donnée par un artiste (musicien...). **4** Séance musicale où l'on entend une œuvre.

auditionner v. [1] ▪ **I** v. intr. (artiste) Passer une audition (3). **II** v. tr. **1** Écouter (un artiste) qui donne une audition. **2** Procéder à l'audition de (qqn) pour recueillir sa déposition, sa déclaration. *Auditionner un prévenu.*

auditoire n. m. ▪ Ensemble d'auditeurs (1).

auditorat n. m. ▪ Fonction d'auditeur au Conseil d'État, à la Cour des comptes.

auditorium [-jɔm] n. m. ▪ Salle aménagée pour les concerts, etc.

au fur et à mesure → au **fur et à mesure**

auge n. f. ▪ **1** Mangeoire (surtout du porc). **2** géogr. *Auge glaciaire* : vallée à fond plat.

auget n. m. ▪ Petite auge.

augmentatif, ive adj. ▪ ling. Qui renforce le sens d'un mot (opposé à *diminutif*). *Suffixe augmentatif.*

augmentation n. f. ▪ **1** Action d'augmenter ; son résultat. → **accroissement ; hausse. 2** Accroissement d'appointements.

augmenter v. [1] ▪ **I** v. tr. **1** Rendre plus grand, plus considérable par addition de qqch. de même nature. **2** *Augmenter qqn,* son salaire. **II** v. intr. **1** Devenir plus grand, plus considérable. → **croître.** - syn. s'**augmenter** (de...) v. pron. **2** Devenir plus cher.

augure n. m. ▪ **I** Antiq. Prêtre chargé d'observer certains signes afin d'en tirer des présages. **II 1** Ce qui semble présager qqch. ; signe par lequel on juge de l'avenir. ➛ *Être DE BON AUGURE,* être un présage favorable. **2** loc. *Oiseau de bon, de mauvais augure* : personne qui annonce de bonnes, de mauvaises nouvelles. ► **augural, ale, aux** adj.

augurer v. tr. [1] ▪ littér. *Augurer une chose d'une autre,* en tirer une conjecture. → **présager.** *Que faut-il augurer de tout cela ?*

auguste ▪ **I** adj. littér. ou iron. Qui inspire de la vénération. **II** n. m. Clown au maquillage violent et caricatural.

aujourd'hui adv. ▪ **1** En ce jour même. ➛ n. m. Ce jour même. **2** Au temps où l'on est. ➛ n. m. La période actuelle.

aula n. f. ▪ (Suisse) Grande salle d'une université, d'un musée.

aulnaie [o(l)nɛ] ou **aunaie** n. f. ▪ Lieu planté d'aulnes.

aulne [o(l)n] ou **aune** n. m. ▪ Arbre d'Europe qui croît dans les lieux humides.

aulx → **ail**

aumône n. f. ▪ vieilli Don charitable fait aux pauvres. *Demander l'aumône* : mendier.

aumônier n. m. ▪ Ecclésiastique chargé de la direction spirituelle dans un établissement, un corps. ► **aumônerie** n. f.

aumônière n. f. ▪ Petit sac de femme.

aunaie → **aulnaie**

① **aune** n. f. ▪ Ancienne mesure de longueur (1,18 m). ♦ loc. adv. *À l'aune de* : en prenant pour référence.

② **aune** n. m. → **aulne**

aunée n. f. ▪ bot. Plante des lieux humides, à fleurs jaunes.

auparavant adv. ▪ Avant tel événement, telle action (dans le temps). → **avant.**

auprès de loc. prép. ▪ **1** Tout près de. → à **côté** de, **près** de. **2** En s'adressant à. *S'enquérir de qqch. auprès de qqn.* **3** Dans l'opinion de. *Il passe pour un impoli auprès d'elle.* **4** En comparaison de.

auquel pron. rel. → **lequel**

aura n. f. ▪ littér. Atmosphère qui entoure un être. *Une aura de mystère.*

aurélie n. f. ▪ zool. Méduse des mers tempérées.

auréole n. f. ▪ **1** Cercle qui entoure les représentations de la tête de Jésus-Christ, de la Vierge et des saints. → **nimbe. 2** fig. Gloire, prestige. **3** Trace circulaire laissée par une tache qui a été nettoyée.

auréoler v. tr. [1] ▪ **1** Entourer d'une auréole. **2** fig. Donner de l'éclat, du prestige à. ➛ au p. p. *Auréolé de gloire.*

auréomycine n. f. ■ méd. Antibiotique utilisé sous la forme d'une poudre jaune, actif sur de nombreuses bactéries.

auriculaire ■ **1** adj. Qui a rapport à l'oreille. **2** n. m. Le petit doigt de la main.

auricule n. f. ■ anat. Petit appendice prolongeant les oreillettes du cœur.

auriculothérapie n. f. ■ Traitement par stimulation de points déterminés du pavillon de l'oreille.

aurifère adj. ■ Qui contient de l'or.

aurifier v. tr. 7 ■ Obturer (une dent) avec de l'or. ► **aurification** n. f.

aurige n. m. ■ Antiq. Conducteur de char, dans les courses.

aurique adj. ■ mar. *Voile aurique*, en quadrilatère irrégulier.

aurochs [-ɔk] n. m. ■ Bœuf sauvage de grande taille dont la race est éteinte.

auroral, ale, aux adj. ■ De l'aurore ; de l'aurore boréale. *Tempêtes aurorales.*

aurore n. f. ■ **1** Lueur brillante et rosée qui suit l'aube et précède le lever du soleil ; moment où le soleil va se lever. **2** fig. Aube, commencement. **3** *Aurore polaire* (*boréale* ou *australe*) : arc lumineux qui apparaît dans le ciel des régions polaires.

auscultation n. f. ■ Action d'ausculter en vue d'un diagnostic. *Auscultation au stéthoscope.*

ausculter v. tr. 1 ■ Écouter les bruits de (l'organisme...) par l'auscultation.

auspices n. m. pl. ■ **1** Antiq. Présage tiré du comportement des oiseaux. **2** *Sous d'heureux, de fâcheux auspices.* → **présage.** ♦ *SOUS LES AUSPICES de qqn*, avec son appui.

aussi ■ **I** adv. **1** De la même manière. → **autant.** *Il est aussi grand que vous. Aussi vite que possible.* ♦ D'une manière si importante → **si.** *Je n'ai jamais rien vu d'aussi joli.* **2** De la même façon. → **pareillement.** *C'est aussi mon avis.* **3** Pareillement et de plus. → en **outre.** *Non seulement... mais aussi.* **II** conj. En conséquence de quoi. → c'est **pourquoi.**

aussitôt adv. ■ **1** Dans le moment même, au même instant. → **immédiatement** ; tout de **suite.** **2** *AUSSITÔT QUE* loc. conj. : dès que. ➛ loc. *Aussitôt dit, aussitôt fait* : la chose a été réalisée sans délai.

austère adj. ■ **1** Qui se montre sévère pour soi. **2** Dur, rigoureux. *Une vie austère.* **3** (choses) Sans ornement. → **sévère.** ► **austèrement** adv.

austérité n. f. ■ **1** Caractère de ce qui est austère. **2** Gestion stricte de l'économie, visant à restreindre la consommation.

austral, ale adj. ■ Qui est au sud du globe terrestre (opposé à *boréal*). → **antarctique.**

australopithèque n. m. ■ Hominidé fossile de petite taille, qui vivait il y a environ 4 millions d'années.

autan n. m. ■ Vent orageux du sud.

autant adv. ■ **1** *AUTANT QUE* : en même quantité, au même degré, de la même façon. *Rien ne plaît autant que la nouveauté.* → **comme, tant.** ➛ loc. fam. *Autant pour moi.* → au **temps** pour moi. ➛ *Autant que possible*, dans la mesure du possible. **2** *AUTANT DE* : la même quantité, le même nombre de. ➛ (avec *en*) La même chose. *Tâchez d'en faire autant.* ➛ *Pour autant*, malgré cela. **3** Une telle quantité, un tel nombre de. → **tant.** *Je ne pensais pas qu'il aurait autant de patience.* **4** *AUTANT... AUTANT... Autant il est gentil avec elle, autant il est dur avec nous.* **5** *D'AUTANT* loc. adv. : à proportion. ➛ *D'AUTANT QUE* loc. conj. : vu que. ➛ *D'AUTANT PLUS (MOINS) QUE* : encore plus (moins) pour la raison que. *D'AUTANT PLUS !* loc. adv. : à plus forte raison.

autarcie n. f. ■ État d'un groupe, d'un pays qui se suffit à lui-même ; économie fermée. ► **autarcique** adj.

autel n. m. ■ **1** Antiq. Tertre ou table pour les sacrifices offerts aux dieux. **2** Table où l'on célèbre la messe.

auteur n. m. ■ **1** Personne qui est à l'origine (de qqch.). *L'auteur d'une découverte.* **2** Personne qui écrit (un livre), qui fait (une œuvre d'art). *L'auteur d'un livre.* ♦ absolt Écrivain. ♦ dr. *Droit d'auteur* : droit exclusif d'exploitation qui appartient à l'ayant droit (écrivain, etc.) sur son œuvre. → **copyright.** ➛ *Droits d'auteur*, profits pécuniaires résultant de cette exploitation. **3** Parolier de chansons. ➛ au fém. : *une autrice* ou *une auteure.*

authenticité n. f. ■ Caractère, qualité de ce qui est authentique.

authentifier v. tr. 7 ■ **1** dr. Rendre authentique. **2** Reconnaître comme authentique. ► **authentification** n. f.

authentique adj. ■ **1** dr. *Acte authentique* (opposé à *acte sous seing privé*), qui fait foi par lui-même en raison des formes légales dont il est revêtu. **2** Qui est véritablement de l'auteur auquel on l'attribue. **3** Dont la réalité, la vérité ne peut être contestée. **4** Qui exprime une vérité profonde de l'individu. → **sincère ; vrai.** ► **authentiquement** adv.

authentiquer v. tr. 1 ■ dr. (vieilli) Authentifier (un acte).

autisme n. m. ■ psych. Trouble du développement, détachement de la réalité extérieure, le sujet se repliant sur lui-même.

autiste adj. et n. ■ Atteint d'autisme.

autistique adj. ■ Relatif à l'autisme.

auto n. f. ■ **1** vieilli Voiture automobile. **2** *Autos tamponneuses*.*

① **auto-** Élément, du grec *autos* «soi-même».

② **auto-** Élément tiré de *automobile*.

autoaccusation n. f. ■ Fait de s'accuser soi-même.

autoadhésif, ive adj. ■ Qui adhère sans être humecté. → **autocollant.**

autoallumage n. m. ■ Allumage spontané anormal du mélange carburant dans un cylindre de moteur à explosion.

autoamorçage n. m. ■ Amorçage spontané (d'un processus, d'une machine).

autoberge n. f. ■ Voie sur berge pour les automobiles.

autobiographie n. f. ■ Biographie de qqn faite par lui-même. ► **autobiographique** adj.

autobloquant, ante adj. ■ Qui peut se bloquer, se maintenir dans la même position.

autobronzant, ante adj. ■ (produit) Qui permet de bronzer sans exposition au soleil.

autobus [-bys] n. m. ■ Véhicule automobile pour le transport en commun des voyageurs, dans les villes. → **bus.**

autocar n. m. ■ Grand véhicule automobile pour le transport collectif des personnes (hors des villes). → **car.**

autocaravane n. f. ■ Recomm. off. pour *camping-car*.

autocariste n. ■ Propriétaire ou gérant d'une compagnie d'autocars.

autocastration n. f. ■ didact. Automutilation des organes génitaux.

autocatalyse n. f. ■ chim. Catalyse d'une réaction par un des produits formés au cours de cette réaction.

autocensure n. f. ■ Censure sur soi-même.

autocentré, ée adj. ■ écon. *Développement autocentré*, basé sur les propres ressources du pays.

autocéphale adj. ■ didact. Se dit d'une Église qui refuse de reconnaître un chef unique.

autochenille n. f. ■ Véhicule monté sur chenilles.

autochrome [-kʀ-] adj. ■ Qui reproduit les couleurs. *Plaque photographique autochrome.*

autochtone [-ktɔn ; -kton] adj. ■ Qui est issu du sol où il habite. → **indigène.**

autocinétique adj. ■ didact. Capable de se mouvoir sans recevoir d'impulsion extérieure.

autoclave n. m. ■ Récipient hermétique résistant à des pressions élevées. → **étuve.**

autocollant, ante adj. ■ Qui adhère sans être humecté. ◆ n. m. Image autocollante.

autocommutateur n. m. ■ techn. Commutateur téléphonique automatique.

autoconcurrence n. f. ■ Concurrence que se fait une entreprise à elle-même.

autoconsommation n. f. ■ écon. Consommation de produits par leur producteur.

autocopiant, iante adj. ■ (papier) Qui reproduit un tracé, par pression. *Liasse autocopiante.*

autocopie n. f. ■ Procédé par lequel on reproduit un texte, un dessin à un certain nombre d'exemplaires, par pression ; la copie ainsi obtenue.

autocouchette → **autos-couchettes**

autocrate n. m. ■ Souverain dont la puissance n'est soumise à aucun contrôle. ► **autocratie** n. f. → **absolutisme.** ► **autocratique** adj.

autocritique n. f. ■ Critique de son propre comportement.

autocuiseur n. m. ■ Appareil pour cuire les aliments sous pression.

autodafé n. m. ■ **1** Cérémonie où des hérétiques étaient condamnés au supplice du feu par l'Inquisition. **2** Action de détruire par le feu. *Un autodafé de livres.*

autodéfense n. f. ■ Fait de se défendre sans recourir aux institutions (police...).

autodérision n. f. ■ Fait de se moquer de soi-même.

autodestruction n. f. ■ Destruction de soi (matérielle ou morale) par soi-même. ► **autodestructeur, trice** ou **autodestructif, ive** adj.

autodétermination n. f. ■ Choix du statut politique d'un pays par ses habitants.

s'**autodétruire** v. pron. [38] ■ Se détruire soi-même.

autodictée n. f. ■ Exercice scolaire qui consiste à reproduire de mémoire un texte appris par cœur.

autodidacte adj. ■ Qui s'est instruit lui-même, sans maître. ◆ n. *Un autodidacte.*

autodirecteur n. m. et adj. m. ■ (Dispositif) permettant de guider automatiquement un missile vers son objectif.

autodiscipline n. f. ■ Discipline que s'impose soi-même un individu, un groupe.

autodrome n. m. ■ Piste fermée pour courses automobiles. → **circuit.**

auto-école n. f. ■ École formant à la conduite automobile. *Des auto-écoles.*

autoentrepreneur, euse n. ■ dr. Personne qui crée seule et pour elle-même une entreprise à but commercial, artisanal ou libéral (*autoentreprise* n. f.).

autoérotique adj. ■ didact. Dont l'érotisme est centré sur le sujet même.

autoexcitateur, trice adj. ■ électr. Dont le courant est fourni par l'induit lui-même.

autofécondation n. f. ■ bot. Fécondation par les propres organes (mâles et femelles) de la plante.

autofiction n. f. ▪ didact. Récit mêlant la fiction et l'autobiographie.

autofinancement n. m. ▪ Financement d'une entreprise par ses propres capitaux.

autofinancer v. tr. [3] ▪ Financer (un projet) sur ses fonds propres.

s'**autoflageller** v. pron. [1] ▪ Pratiquer l'autocritique de manière excessive. ► **autoflagellation** n. f.

autofocus [-ys] adj. et n. m. ▪ (Appareil) équipé d'un système de mise au point automatique.

autoformation n. f. ▪ Formation individuelle par téléenseignement.

autogamie n. f. ▪ biol. Mode de reproduction par union de gamètes provenant du même individu. ► **autogame** adj.

autogène adj. ▪ didact. Qui se développe à l'aide de ses éléments propres.

autogéré, ée adj. ▪ Géré par son personnel.

autogestion n. f. ▪ Gestion (d'une entreprise) par le personnel. ► **autogestionnaire** adj.

autogire n. m. ▪ Appareil volant dont le rotor assure la sustentation.

autogoal [-gol] n. m. ▪ (Suisse, Belgique) But marqué contre son camp.

autographe ▪ **1** adj. Qui est écrit de la propre main de qqn. **2** n. m. Texte écrit à la main par une personne célèbre.

autographie n. f. ▪ techn. Procédé de reproduction sur pierre lithographique avec une encre spéciale. ► **autographier** v. tr. [7]

autogreffe n. f. ▪ méd. Greffe dans laquelle le greffon provient de l'individu lui-même (opposé à *allogreffe, hétérogreffe*).

autoguidage n. m. ▪ Procédé par lequel un mobile dirige lui-même son mouvement. ► **autoguidé, ée** adj.

auto-immun, une adj. ▪ *Maladie auto-immune*, qui atteint des personnes qui produisent des anticorps dirigés contre leurs propres constituants. ► **auto-immunisation** n. f.

auto-induction n. f. ▪ électr. Induction produite dans un réseau électrique par les variations du courant qui le parcourt.

auto-infection n. f. ▪ Infection par des éléments déjà présents dans l'organisme.

auto-intoxication n. f. ▪ Troubles produits par une mauvaise élimination des toxines.

autolubrifiant, ante adj. ▪ Se dit d'une pièce mécanique constituée d'un matériau dont la composition assure la lubrification.

autolyse n. f. ▪ biol. Destruction des tissus par leurs enzymes.

automate n. m. ▪ **1** Appareil imitant l'être vivant. **2** fig. Personne qui agit comme une machine.

automaticien, ienne n. ▪ Spécialiste de l'automatique et de l'automatisation.

automation n. f. ▪ anglic. Fonctionnement automatique d'un ensemble productif.

automatique adj. et n. ▪ **I** adj. **1** Qui s'accomplit sans la participation de la volonté. → **inconscient, involontaire.** **2** Qui, une fois mis en mouvement, fonctionne de lui-même ; qui opère par des moyens mécaniques. ➛ n. m. Pistolet automatique. **3** Qui s'accomplit avec une régularité déterminée. *Prélèvement automatique.* **4** fam. Qui doit forcément se produire. **II** n. f. Ensemble des sciences et des techniques des dispositifs automatiques.

automatiquement adv. ▪ D'une manière automatique. ♦ fam. Forcément.

automatiser v. tr. [1] ▪ Rendre automatique (I, 2). ► **automatisation** n. f.

automatisme n. m. ▪ **1** Accomplissement de mouvements, d'actes, sans participation de la volonté. ➛ Acte, geste rendu automatique par l'habitude. **2** Système automatique. **3** Régularité dans le déroulement d'événements.

automédication n. f. ▪ Emploi de médicaments sans prescription médicale.

automitrailleuse n. f. ▪ Automobile blindée armée de mitrailleuses.

automne [ɔtɔn] n. m. ▪ **1** Saison qui succède à l'été et précède l'hiver dans l'hémisphère Nord : du 22 ou 23 septembre *(équinoxe d'automne)* au 21 ou 22 décembre, caractérisée par le déclin des jours, la chute des feuilles. **2** fig. *L'automne de la vie*, la vieillesse. ► **automnal, ale, aux** adj.

automobile ▪ **I** adj. (véhicule) Mû par un moteur. **II 1** n. f. Véhicule automobile à quatre roues (ou plus), à l'exclusion des camions, autobus, autocars. ♦ *L'automobile*, la conduite des automobiles ; l'industrie, la vente des automobiles. **2** adj. Relatif aux véhicules automobiles.

automobilisme n. m. ▪ Ce qui concerne l'automobile ; le sport automobile.

automobiliste n. ▪ Personne qui conduit une automobile.

automoteur, trice ▪ **1** adj. Qui se déplace à l'aide d'un moteur. **2** n. f. Autorail.

automutilation n. f. ▪ Mutilation qu'on s'inflige à soi-même.

autoneige n. f. ▪ Véhicule monté sur chenilles, pour circuler sur la neige.

autonettoyant, ante adj. ▪ Qui réalise son nettoyage. *Four autonettoyant.*

autonome adj. ▪ **1** Qui s'administre lui-même. **2** Qui ne dépend de personne.

autonomie n. f. ▪ **1** Droit, fait de se gouverner par ses propres lois. **2** Faculté d'agir librement. **3** Distance que peut parcourir un véhicule sans être ravitaillé. **4** Durée de fonctionnement indépendant (d'un appareil).

autonomisation n. f. ■ Fait de devenir autonome.

autonomiste n. et adj. ■ Partisan de l'autonomie politique. ► **autonomisme** n. m.

autonyme adj. et n. m. ■ ling. Se dit d'un mot qui se désigne lui-même comme signe dans le discours. *Dans «être est un verbe», «être» est autonyme.* ► **autonymie** n. f. ► **autonymique** adj.

autopalpation n. f. ■ méd. Palpation par soi-même. *Autopalpation des seins,* servant au dépistage du cancer du sein.

autopartage n. m. ■ Utilisation partagée d'un ensemble de véhicules par plusieurs usagers.

autoplastie n. f. ■ Implantation chirurgicale d'un greffon provenant de l'individu greffé lui-même. → **autogreffe.**

autopompe n. f. ■ Camion automobile équipé d'une pompe à incendie.

autopont n. m. ■ Toboggan routier qui enjambe un carrefour urbain, une voie à grande circulation.

autoporteur, euse adj. ■ Dont la stabilité est assurée par la forme (sans support). *Voûte autoporteuse.* - syn. **autoportant, ante.**

autoportrait n. m. ■ Portrait de qqn exécuté par lui-même.

s'**autoproclamer** v. pron. [1] ■ Se décerner (un titre, un statut) de sa propre autorité. ◆ au p. p. *Une élite autoproclamée.*

autoproduction n. f. ■ **1** Production de biens ou de services pour soi-même. **2** Production d'une émission, d'une œuvre par ses propres moyens.

autopropulsé, ée adj. ■ Qui est propulsé par ses propres moyens. ► **autopropulsion** n. f.

autopsie n. f. ■ Examen d'un cadavre (notamment, étude des causes de la mort).

autopsier v. tr. [7] ■ Faire l'autopsie de (un cadavre).

autopunition n. f. ■ Conduite par laquelle une personne s'inflige une punition par sentiment de culpabilité. ► **autopunitif, ive** adj.

autoradio n. m. ■ Poste de radio conçu pour fonctionner dans une automobile.

autorail n. m. ■ Véhicule automoteur sur rails.

autoréglage n. m. ■ Propriété d'un appareil de retrouver son fonctionnement normal après une perturbation.

autorégulation n. f. ■ Régulation (d'une fonction, d'un appareil) sans intervention extérieure. ► **autorégulateur, trice** adj.

s'**autorépliquer** v. pron. [1] ■ biol. Se reproduire à l'identique.

autorisation n. f. ■ **1** Action d'autoriser ; droit accordé par la personne qui autorise. **2** Acte, écrit par lequel on autorise.

autorisé, ée adj. ■ **1** Qui est permis. **2** Qui a reçu une autorisation. **3** Qui fait autorité.

autoriser v. tr. [1] ■ **1** AUTORISER *qqn* À (+ inf.), lui accorder le droit, la permission de. *Je vous autorise à partir.* ◆ (sujet chose) → **permettre.** *Rien ne vous autorise à dire cela.* **2** AUTORISER *qqch.*, rendre licite.

autoritaire adj. ■ **1** Qui aime l'autorité ; qui en use ou en abuse. **2** Qui aime être obéi. *Homme autoritaire.* ◆ *Ton autoritaire.* → **impérieux.** ► **autoritairement** adv.

autoritarisme n. m. ■ **1** Caractère d'un régime, d'un gouvernement autoritaire. **2** Comportement d'une personne autoritaire. ► **autoritariste** adj. et n.

autorité n. f. ■ **1** Droit de commander, pouvoir d'imposer l'obéissance. ◆ loc. adv. *D'AUTORITÉ :* sans tolérer de discussion ; sans consulter personne. **2** Les organes du pouvoir. *L'autorité publique.* ◆ au plur. *LES AUTORITÉS :* les personnes qui exercent l'autorité. **3** Capacité à se faire obéir. **4** Supériorité qui impose l'obéissance, le respect. → **ascendant, empire, influence.** ◆ *FAIRE AUTORITÉ :* s'imposer comme incontestable. **5** Personne qui fait autorité.

autoroute n. f. ■ Large route à chaussées séparées, sans croisements. ◆ par analogie *Les autoroutes de l'information* (réseaux informatiques). ► **autoroutier, ière** adj.

autosatisfaction [-s-] n. f. ■ Satisfaction de soi-même. → **vanité.**

autoscopie n. f. ■ didact. **1** Hallucination par laquelle une personne croit se voir elle-même. **2** Technique pédagogique qui consiste à filmer un sujet pour pouvoir observer son comportement de l'extérieur.

autos-couchettes adj. et n. m. ■ Se dit d'un train de nuit pour des voyageurs et leur voiture. - var. **autocouchette.**

autosome n. m. ■ biol. Tout chromosome non sexuel.

auto-stop n. m. ■ Fait d'arrêter une voiture pour demander de se faire transporter gratuitement. → fam. **stop.** ► **auto-stoppeur, euse** n.

autosuffisance [-s-] n. f. ■ Capacité de subvenir à ses propres besoins. ► **autosuffisant, ante** adj.

autosuggestion [-sygʒɛstjɔ̃] n. f. ■ Action de se suggestionner soi-même.

autotomie n. f. ■ zool. Mutilation réflexe d'une partie du corps, chez certains animaux.

autotour n. m. ■ Forfait proposé par un voyagiste, comprenant la location d'un véhicule et l'hébergement sur un circuit déterminé.

autotracté, ée adj. ■ (engin) Qui possède un système de traction autonome.

autotransfusion n. f. ▪ Injection à une personne de son propre sang conservé.

autotrophe adj. ▪ biol. Capable d'élaborer sa substance à partir d'éléments minéraux.

① **autour** adv. ▪ Dans l'espace qui environne qqn, qqch. → **alentour.** *Mettez du papier autour* (→ **entourer).** ◆ AUTOUR DE loc. prép. *Les planètes gravitent autour du Soleil.* ◆ abstrait *Tourner autour du pot*. Il a autour de quarante ans,* à peu près.

② **autour** n. m. ▪ Rapace voisin de l'épervier.

autovaccin n. m. ▪ Vaccin préparé par culture des propres germes du malade.

autre ▪ **I** adj. (épithète, avant le nom) **1** Qui n'est pas le même, qui est différent, distinct. *Je ne vois aucun autre moyen.* ◆ *L'autre jour,* dans le passé (proche). *L'autre monde,* l'au-delà. **2** AUTRE CHOSE (sans art.) : qqch. de différent. *Parlons d'autre chose.* **3** loc. adv. AUTRE PART : ailleurs. ◆ D'AUTRE PART : par ailleurs. **II** adj. (après le nom ou le pron. ; en attribut) Différent ; différent de ce qu'il était. **III** pron. **1** L'AUTRE, UN(E) AUTRE, LES AUTRES : personne, chose différente. *Prendre qqn pour un autre, une chose pour une autre. Les autres.* → **autrui.** ◆ loc. *J'en ai vu d'autres* (choses étonnantes). *À d'autres !,* allez dire cela à des gens plus crédules. ◆ ENTRE AUTRES : parmi plusieurs (personnes, choses). ◆ RIEN D'AUTRE : rien de plus. **2** L'UN... L'AUTRE ; LES UNS... LES AUTRES. *L'un et l'autre sont venus, est venu.* ◆ (avec une prép.) *Aller de l'un à l'autre.* ◆ loc. *L'un dans l'autre* : tout compte fait. **3** philos. *L'autre* : autrui.

autrefois adv. ▪ Dans un temps passé. → **anciennement, jadis.**

autrement adv. ▪ **1** D'une manière différente. *Faisons autrement.* ◆ AUTREMENT DIT : en d'autres termes. **2** Dans un autre cas, dans le cas contraire. → **sinon. 3** PAS AUTREMENT : pas beaucoup. → **guère. 4** (comparatif de supériorité) → **plus ; beaucoup.** *Elle est autrement mieux que sa sœur.*

autrice n. f. → **auteur**

autrichien, ienne adj. ▪ De l'Autriche. ◆ n. *Un Autrichien, une Autrichienne.*

autruche n. f. ▪ Oiseau coureur de grande taille, à ailes rudimentaires. ◆ loc. *Un estomac d'autruche,* qui digère tout. ◆ *Faire l'autruche,* refuser de voir le danger.

autrui pron. ▪ Un autre, les autres hommes. → **prochain.**

autunite n. f. ▪ minér. Phosphate naturel d'uranium et de calcium.

auvent n. m. ▪ Petit toit en saillie.

auvergnat, ate adj. et n. ▪ D'Auvergne. ◆ n. *Les Auvergnats.* ◆ n. m. *L'auvergnat* (parlers dialectaux).

auxiliaire ▪ **1** adj. Qui aide par son concours (sans être indispensable). *Moteur auxiliaire.* **2** n. Personne qui aide. → **adjoint, assistant. 3** n. Employé recruté à titre provisoire par l'Administration. **4** *Verbe auxiliaire* ou n. m. *un auxiliaire,* verbe qui a la fonction de former les temps composés des verbes (ex. avoir, être).

auxiliairement adv. ▪ D'une manière auxiliaire, accessoire.

auxiliariat n. m. ▪ Situation des auxiliaires (3).

auxine n. f. ▪ biol. Hormone végétale, facteur de croissance.

auxquels, auxquelles → **lequel**

s'avachir v. pron. [2] ▪ **1** Devenir mou, flasque. **2** (personnes) Se laisser aller. ◆ S'affaler. ▷ adj. **avachi, ie** → **flasque ; mou.** ▶ **avachissement** n. m.

① **aval** n. m. sing. ▪ **1** Côté vers lequel descend un cours d'eau (opposé à *amont*). ◆ EN AVAL DE loc. prép. : au-delà de, dans le sens du courant. **2** fig. Ce qui vient après (dans un processus).

② **aval, als** n. m. ▪ Engagement de payer pour qqn, s'il ne peut le faire (→ **avaliser).** ◆ fig. *Donner son aval à qqch.,* son soutien.

avalanche n. f. ▪ **1** Importante masse de neige qui se détache et dévale. **2** fig. *Avalanche de* : grande quantité de.

avalancheux, euse adj. ▪ région. ou techn. **1** Susceptible de provoquer une avalanche. **2** Où il se produit des avalanches.

avaler v. tr. [1] ▪ **1** Faire descendre par le gosier. ◆ loc. fig. *Avoir avalé sa langue,* garder le silence. *Avaler des couleuvres*. Avaler la pilule*.* **2** fig. *Avaler un roman,* le lire avec avidité. **3** Supporter sans réagir. ◆ Croire ; accepter sans critique. → **gober.**

avaleur, euse n. ▪ Personne qui avale (qqch.). ◆ loc. *Avaleur de sabres,* saltimbanque qui introduit une lame dans son tube digestif.

avaliser v. tr. [1] ▪ Donner son aval (②) à.

avaliseur, euse adj. et n. ▪ (Personne) qui donne son aval.

avaloir n. m. ▪ Ouverture le long d'un trottoir servant à évacuer les eaux de ruissellement vers l'égout.

à-valoir n. m. invar. ▪ Paiement partiel d'une somme. → **acompte, arrhes.**

avance n. f. ▪ **1** Action, fait d'avancer. → **marche, progression. 2** Espace parcouru avant qqn, distance qui en sépare. **3** Anticipation sur un moment prévu (s'oppose à *retard*). **4** loc. adv. À L'AVANCE : avant le moment fixé. ◆ D'AVANCE : avant un moment (fixé ou quelconque). ◆ EN AVANCE loc. adj. (en attribut) : avant le temps fixé ; avancé dans son développement (opposé à *en retard*). ◆ loc. adv. littér. PAR AVANCE : à l'avance ; d'avance. **5** Somme versée par anticipation. → **acompte. 6** au plur. Démarches auprès de qqn pour nouer des relations (en général amoureuses).

avancé, ée adj. ■ **1** Qui est en avant. **2** Dont une grande partie est écoulée (temps). ♦ Qui s'approche du terme (travail...). ♦ Qui commence à se gâter. *Viande avancée.* **3** Qui est en avance (sur les autres). → **précoce.** ◆ *Opinions, idées avancées,* progressistes. **4** iron. *Vous voilà bien avancé !,* ce que vous avez fait ne vous a servi à rien.

avancée n. f. ■ **I** Fait d'avancer. → **avance** (1). ♦ fig. Progrès important. **II** Ce qui avance, forme saillie.

avancement n. m. ■ **1** État de ce qui avance. → **progression. 2** Fait de s'élever dans une hiérarchie. → **promotion.**

avancer v. [3] ■ **I** v. tr. **1** Pousser, porter en avant. **2** Mettre en avant, dans le discours. *Avancer une hypothèse.* **3** Faire arriver avant le temps prévu ou normal. *Il a avancé son retour.* **4** Faire progresser (qqch.). *Avancer son travail.* ♦ *À quoi cela vous avancera-t-il ?,* quel avantage en aurez-vous ? **5** Prêter (de l'argent). **II** v. intr. **1** Aller en avant. *Avancer lentement.* **2** Être placé en avant, faire saillie. **3** Avoir déjà fait beaucoup. → **progresser.** *Avancer dans son travail.* **4** (sujet chose) Aller vers son achèvement. **5** S'écouler (temps) ; approcher de sa fin (durée). ♦ (personnes) *Avancer en âge.* **6** (pendules...) Être en avance (opposé à *retarder*). ▷ v. pron. **s'avancer 1** Aller en avant. **2** Prendre de l'avance. **3** fig. Émettre des idées peu sûres. **4** (temps) S'écouler.

avanie n. f. ■ Traitement humiliant.

① **avant** ■ **I** prép. (s'oppose à *après*) **1** (antériorité dans le temps) *Il est arrivé avant moi* (→ plus tôt). ◆ *AVANT DE* (+ inf.) ; *QUE* (+ subj.). **2** (antériorité dans l'espace) *La maison avant l'église.* **3** (priorité dans un ordre) *Faire passer qqn avant les autres.* ◆ *AVANT TOUT* loc. adv. → d'**abord, surtout. II** adv. **1** (temps) Plus tôt (s'oppose à *après*). *Le jour d'avant,* précédent. **2** (espace) → **devant ;** s'oppose à *derrière.* **3** littér. (précédé de *assez, bien, plus, si, trop...*) Marque un éloignement du point de départ. *Je n'irai pas plus avant.* **III 1** *EN AVANT* loc. adv. : vers le lieu, le côté qui est devant, devant soi (s'oppose à *en arrière*). ◆ fig. *Regarder en avant,* vers l'avenir. ♦ *Mettre qqch. en avant,* l'affirmer. ◆ *Mettre qqn en avant,* le mettre en vue. *Se mettre en avant,* se faire valoir. **2** *EN AVANT DE* loc. prép. → **devant.**

② **avant** ■ (s'oppose à *arrière*) **I** n. **1** n. m. Partie antérieure (de qqch.). *L'avant d'une voiture.* **2** n. m. *Aller de l'avant,* avancer (aussi fig.). **3** sport Joueur, joueuse placé(e) devant les autres. **II** adj. invar. Qui est à l'avant. *Roues avant.*

avant- Élément (invariable) de noms, qui signifie « qui est devant, en avant ».

avantage n. m. ■ **I 1** Ce par quoi on est supérieur (qualité ou biens) ; supériorité. *L'avantage de l'expérience.* ◆ *La situation a tourné à son avantage,* à son profit. ◆ *Être à son avantage,* être mieux (spécialt, plus beau) que d'habitude. **2** (dans une lutte) *Avoir, prendre... l'avantage.* → **dessus. 3** (au tennis) Point marqué lorsque la marque est à 40 partout. **II** Ce qui est utile, profitable (opposé à *désavantage*). → **intérêt.**

avantager v. tr. [3] ■ **1** Accorder un avantage à (qqn) ; rendre supérieur. **2** (sujet chose) Faire valoir les qualités de (qqn).

avantageux, euse adj. ■ **1** Qui offre, procure un avantage. *Prix avantageux.* **2** Qui est à l'avantage de qqn ; favorable, flatteur. **3** Prétentieux. ► **avantageusement** adv.

avant-bassin n. m. ■ techn. Partie d'un port qui précède le bassin principal. *Des avant-bassins.*

avant-bras n. m. invar. ■ Partie du bras qui va du coude au poignet.

avant-centre n. m. ■ Joueur placé au centre du terrain.

avant-contrat n. m. ■ Contrat conclu en prélude à la signature d'un contrat ferme. *Des avant-contrats.*

avant-corps [-kɔʀ] n. m. invar. ■ archit. Partie d'un bâtiment qui est en avancée sur l'alignement de la façade (opposé à *arrière-corps*).

avant-coureur adj. m. ■ Annonciateur.

avant-courrier, ière n. ■ littér. Chose qui précède et annonce. → **messager.**

avant-dernier, ière adj. ■ Qui est avant le dernier. → **pénultième.**

avant-garde n. f. ■ **1** Partie d'une armée qui marche en avant. ◆ fig. *Être à l'avant-garde de la mode.* **2** Ensemble des mouvements qui jouent un rôle de précurseur. *Littérature d'avant-garde.* ► **avant-gardisme** n. m. ► **avant-gardiste** adj. et n.

avant-goût n. m. ■ Sensation que procure l'idée d'un événement à venir.

avant-guerre n. m. ou f. ■ Période qui a précédé une guerre.

avant-hier [avɑ̃tjɛʀ] adv. ■ Au jour qui a précédé hier.

avant-midi n. m. ou f. invar. ■ (Belgique, Canada) Matin, matinée.

avant-plan n. m. ■ (Belgique) Premier plan. *Des avant-plans.*

avant-poste n. m. ■ milit. Poste avancé.

avant-première n. f. ■ **1** Réunion etc. pour présenter un spectacle, avant la présentation au public. **2** *En avant-première,* avant la présentation publique.

avant-projet n. m. ■ Rédaction provisoire d'un projet ; maquette, esquisse.

avant-propos n. m. invar. ▪ Courte introduction (présentation, avis au lecteur).

avant-scène n. f. ▪ au théâtre Le devant de la scène. ➛ Loge près de la scène.

avant-texte n. m. ▪ didact. Écrits précédant une œuvre littéraire.

avant-toit n. m. ▪ Saillie d'un toit. → **auvent.** *Des avant-toits.*

avant-train n. m. ▪ Partie antérieure du corps d'un quadrupède (opposé à *arrière-train*).

avant-veille n. f. ▪ Jour qui précède la veille.

avare adj. ▪ **1** Qui a de l'argent et refuse de le dépenser, quitte à se priver. → **avaricieux, chiche, pingre, radin.** ♦ n. *Un vieil avare.* **2** littér. AVARE DE, qui ne prodigue pas. *Il est avare de compliments.*

avarice n. f. ▪ Comportement de l'avare.

avaricieux, ieuse adj. ▪ vx ou plais. Avare.

avarie n. f. ▪ Dommage survenu à un navire ou à sa cargaison. ➛ par ext. Dommage survenu au cours d'un transport.

avarié, ée adj. ▪ **1** Qui a subi une avarie. **2** (choses périssables) Gâté, pourri.

avarier v. tr. [7] ▪ Rendre avarié.

avatar n. m. ▪ **1** (religion hindouiste) Chacune des incarnations du dieu Vishnou. **2** fig. Métamorphose. ♦ Personnage choisi par qqn (un joueur...) pour le représenter dans la réalité virtuelle. **3** abusivt Mésaventure.

à vau-l'eau loc. adv. → à **vau-l'eau**

AVC (sigle) ▪ Accident vasculaire cérébral.

Ave ou **Ave Maria** [ave-] n. m. invar. ▪ Prière à la Sainte Vierge.

avec prép. ▪ **I** (rapport) **1** En compagnie de. *Se promener avec qqn.* ➛ En ayant, en portant (qqch.). ➛ (association) *Être d'accord avec qqn.* **2** (relations entre personnes) *Faire connaissance avec qqn.* ♦ (en tête de phrase) *Avec lui, on peut s'attendre à tout.* **3** (opposition) → **contre.** *Se battre avec qqn.* **II** (simultanéité) **1** En même temps que. *Se lever avec le jour.* **2** → **ainsi** que, **et.** *Du bleu, avec du rouge et du jaune.* **3** Malgré. *Avec tant de qualités, il n'a pas réussi.* **4** (en tête de phrase) Étant donné la présence de. **5** (accompagnement) Garni de, qui comporte. **III 1** (moyen) À l'aide de, grâce à, au moyen de. **2** (manière) *J'accepte avec plaisir.* **IV** adv. fam. (choses) *Il a pris son manteau et il est parti avec.* ➛ *Il faudra bien* FAIRE AVEC, s'en arranger.

aveline n. f. ▪ Noisette oblongue, fruit de l'avelinier.

avelinier n. m. ▪ Variété de noisetier.

Ave Maria → **Ave**

aven [avɛn] n. m. ▪ Gouffre naturel creusé par les eaux dans un terrain calcaire.

avenant, ante ▪ **I** adj. Qui plaît par son bon air, sa bonne grâce. **II 1** n. m. dr. Clause ajoutée à un contrat. **2** loc. adv. *À L'AVENANT* : en accord, en rapport.

avènement n. m. ▪ **1** Accession au trône. **2** fig. Début du règne (de qqch.).

avenir n. m. ▪ **1** Temps à venir (opposé à *passé*). *Penser à l'avenir.* ➛ *À L'AVENIR* loc. adv. → **désormais, dorénavant. 2** État, situation future (de qqn). ➛ *D'AVENIR*, qui promet. ➛ (choses) *Ce projet n'a aucun avenir.*

avent n. m. ▪ relig. cathol. Temps liturgique de préparation à la fête de Noël.

aventure n. f. ▪ **I** vx Destin. ♦ loc. *Dire la* BONNE AVENTURE *à qqn*, lui prédire son avenir par la divination. **II 1** Ce qui arrive d'imprévu, de surprenant ; ensemble d'événements qui concernent qqn. ♦ (en amour) *Avoir une aventure.* → **liaison. 2** Activité, expérience qui comporte du risque et de l'imprévu. *L'attrait de l'aventure.* **3** loc. adv. *À L'AVENTURE* : au hasard. ➛ littér. *D'AVENTURE, PAR AVENTURE* : par hasard.

aventurer v. tr. [1] ▪ Exposer avec un certain risque. → **hasarder, risquer.** ▷ v. pron. **s'aventurer** Se risquer, aller avec un certain risque. ▷ adj. **aventuré, ée** → **risqué.**

aventureux, euse adj. ▪ **1** Qui aime l'aventure. **2** Plein d'aventures. **3** Plein de risques. ▸ **aventureusement** adv.

aventurier, ière n. ▪ **1** (parfois péj.) Personne qui cherche l'aventure. **2** péj. Personne qui vit d'intrigues. → **intrigant.**

aventurine n. f. ▪ minér. Variété de quartz translucide à inclusions de mica.

aventurisme n. m. ▪ Tendance à prendre des décisions hâtives, en politique. ▸ **aventuriste** adj. et n.

avenu, ue adj. ▪ loc. *Nul et non avenu* : inexistant, sans effet.

avenue n. f. ▪ **1** Allée plantée d'arbres menant à une habitation. **2** Large voie urbaine.

avéré, ée adj. ▪ Reconnu vrai. → **certain.**

s'avérer v. pron. [6] ▪ littér. Être avéré. ♦ cour. (+ adj.) → se **révéler.** *Son raisonnement s'est avéré juste.* ➛ abusivt *S'avérer faux.*

avers n. m. ▪ Face avant (d'une pièce, d'une médaille) (opposé à *revers*, à *pile*).

averse n. f. ▪ Pluie soudaine et abondante.

aversion n. f. ▪ Vive répulsion. → **dégoût, horreur.** ➛ littér. *Avoir qqn, qqch. en aversion.* → **détester.**

averti, ie adj. ▪ Qui connaît, est au courant.

avertir v. tr. [2] ▪ **1** Informer (qqn) de qqch. afin qu'il y prenne garde. **2** (menace ou réprimande) *Je vous avertis qu'il faudra obéir.*

avertissement n. m. ▪ **1** Action d'avertir ; appel à la prudence. **2** Petite préface. **3** Réprimande. ➛ Mesure disciplinaire.

avertisseur, euse ▪ **I** n. m. Appareil destiné à avertir. *Avertisseur sonore.* → **klaxon.** **II** adj. Qui avertit.

aveu n. m. ▪ **I** loc. *Homme* SANS AVEU (au Moyen Âge), qui n'était lié à aucun seigneur ; mod. sans scrupule. **II** **1** Action d'avouer ; ce que l'on avoue. **2** au plur. Reconnaissance de sa culpabilité. **3** loc. *DE L'AVEU DE :* au témoignage de.

aveuglant, ante adj. ▪ Qui éblouit. ♦ fig. *Une évidence aveuglante.*

aveugle ▪ **I** adj. **1** Qui est privé du sens de la vue. **2** fig. Dont le jugement est incapable de rien discerner. ♦ (sentiments) *Une confiance aveugle.* ♦ *Attentat aveugle,* qui frappe au hasard. **3** Qui ne laisse pas passer le jour. **II** n. **1** Personne privée de la vue. → **non-voyant.** ➛ prov. *Au royaume des aveugles, les borgnes sont rois :* les médiocres brillent parmi les sots. **2** loc. adv. *EN AVEUGLE :* sans discernement. → à l'**aveuglette, aveuglément.** ♦ *À L'AVEUGLE :* littér. sans voir ; fig. aveuglément.

aveuglement n. m. ▪ État de qqn dont le discernement est troublé. → **égarement.**

aveuglément adv. ▪ Sans réflexion.

aveugler v. tr. [1] ▪ **I** **1** Rendre aveugle. **2** Gêner la vue, éblouir. *Le soleil m'aveugle.* **3** fig. Priver du jugement. ➛ pronom. Se cacher la vérité. **II** Boucher (une ouverture).

à l'**aveuglette** loc. adv. ▪ **1** Sans y voir clair. **2** fig. Au hasard, sans précaution.

aveulir v. tr. [2] ▪ littér. Rendre veule. ► **aveulissement** n. m.

aviaire adj. ▪ didact. Des oiseaux. *Grippe aviaire.*

aviateur, trice n. ▪ Personne qui pilote un avion (→ **pilote**) ou appartient au personnel technique navigant de l'aviation.

aviation n. f. ▪ **1** Navigation aérienne par les engins plus lourds que l'air ; techniques et activités relatives au transport aérien. → **aéronautique.** **2** Armée de l'air. **3** Industrie de la fabrication des avions.

avicole adj. ▪ De l'aviculture.

aviculture n. f. ▪ Élevage des oiseaux, des volailles. ► **aviculteur, trice** n.

avide adj. ▪ **1** Qui a un désir immodéré de nourriture. **2** fig. Qui désire immodérément les biens. → **cupide.** ♦ *AVIDE DE,* qui désire avec passion. **3** Qui exprime l'avidité.

avidement adv. ▪ Avec avidité.

avidité n. f. ▪ Désir ardent, immodéré de qqch. ; vivacité avec laquelle on le satisfait.

avifaune n. f. ▪ didact. Ensemble des oiseaux d'un lieu déterminé.

avilir v. tr. [2] ▪ **1** Rendre vil. → **dégrader, rabaisser.** **2** Abaisser la valeur de. → **déprécier.** ► **avilissement** n. m. ► **avilissant, ante** adj. → **dégradant, déshonorant.**

aviné, ée adj. ▪ Qui a bu trop de vin.

avion n. m. ▪ Appareil capable de se déplacer en l'air, plus lourd que l'air, muni d'ailes et d'un organe propulseur. → vx **aéroplane.** *Avion à réaction.* → ② **jet.**

avionique n. f. ▪ Ensemble des techniques (électronique, informatique, automatique) appliquées à l'aviation. ➛ Ensemble des équipements techniques à bord d'un avion.

avionnerie n. f. ▪ (Canada) Usine de constructions aéronautiques.

avionneur, euse n. ▪ Personne qui construit des avions.

aviron n. m. ▪ **1** mar. Rame. **2** cour. Sport du canotage.

avis n. m. ▪ **1** Ce que l'on pense, ce que l'on exprime sur un sujet. → **opinion, point de vue.** ➛ *À mon avis :* selon moi. **2** Opinion donnée à qqn sur une conduite à tenir. → **conseil.** **3** Ce que l'on porte à la connaissance de qqn. → **annonce, information.** ♦ Écrit qui avertit. *Avis de décès.*

avisé, ée adj. ▪ Qui agit avec réflexion.

① **aviser** v. tr. [1] ▪ **1** Apercevoir inopinément. **2** tr. ind. *AVISER À :* réfléchir, songer à (qqch.). ▷ v. pron. **s'aviser** **1** Faire attention à qqch. que l'on n'avait pas remarqué. → s'**apercevoir.** **2** *S'aviser de* (+ inf.) : être assez audacieux pour.

② **aviser** v. tr. [1] ▪ littér. ou admin. Avertir (qqn de qqch.) par un avis. → **informer.**

aviso n. m. ▪ mar. Petit escorteur.

avitailler v. tr. [1] ▪ **1** Approvisionner (un navire). **2** Ravitailler en carburant (un avion). ► **avitaillement** n. m.

avitailleur n. m. ▪ techn. Dispositif servant à approvisionner un avion en carburant.

avitaminose n. f. ▪ Maladie déterminée par une carence en vitamines.

aviver v. tr. [1] ▪ **1** Rendre plus vif, plus éclatant. **2** fig. Rendre plus fort. → **exciter.** **3** méd. Mettre (une plaie) à vif. ► **avivement** n. m.

avocaillon n. m. ▪ fam. et péj. Piètre avocat.

① **avocat, ate** n. ▪ **1** Personne régulièrement inscrite à un barreau*, qui conseille en matière juridique, assiste ou représente ses clients en justice (→ **défenseur**) (en parlant d'une femme : *Elle est avocat* ou *avocate*). **2** *Avocat général,* qui supplée le procureur général (accusateur). **3** fig. Défenseur (d'une cause, d'une personne). ➛ loc. *L'avocat du diable,* personne qui défend volontairement une mauvaise cause (pour prouver qqch.).

② **avocat** n. m. ▪ Fruit de l'avocatier à peau verte ou violette et à noyau.

avocatier n. m. ▪ Arbre dont le fruit est l'avocat.

avocette n. f. ▪ zool. Petit échassier au bec recourbé vers le haut.

avoine n. f. ▪ Céréale qui sert surtout à l'alimentation animale. *Folle avoine* (stérile).

① **avoir** v. tr. [34] ▪ **I** (possession) **1** *Avoir qqch.*, posséder, disposer de. *Avoir une maison, de l'argent.* ♦ Bénéficier de. *Nous avons eu du soleil. Avoir du temps.* **2** (relations de parenté, etc.) *Avoir des enfants. Avoir des amis.* **3** Entrer en possession de. *Elle a eu son bac.* **4** Mettre (un certain temps) à une action. *J'en ai pour cinq minutes.* **5** fam. Tromper, vaincre (qqn). → **posséder, rouler.** *Se faire avoir.* **II** (manière d'être) **1** Présenter en soi (une partie, un aspect de soi). *Il a de beaux yeux. Quel âge avez-vous ?* **2** Éprouver dans son corps, sa conscience. *Avoir mal à la tête. Avoir faim. Avoir de la peine.* **3** (présentant l'attribut, le complément ou l'adverbe qui détermine un substantif) *Avoir les yeux bleus. Avoir la tête qui tourne. Avoir l'esprit ailleurs.* **4** *EN AVOIR À, APRÈS* (fam.), *CONTRE qqn*, lui en vouloir. **III** (verbe auxiliaire) **1** *AVOIR À* (+ inf.) : être dans l'obligation de. → **devoir.** *Avoir des lettres à écrire.* ➝ (sans compl. direct) *J'ai à lui parler.* ➝ *N'AVOIR QU'À* : avoir seulement à. **2** Auxiliaire des temps composés pour les verbes transitifs, la plupart des intransitifs (pour les autres → être), les verbes *avoir (il a eu...)* et *être (il a été...)*. *J'ai écrit. Il a fini.* **IV** *IL Y A* loc. impers. : (telle chose) existe. *Où y a t-il une pharmacie ?* ➝ *Qu'est-ce qu'il y a ?* : que se passe-t-il ? ➝ (+ adv. de temps) *Il y a longtemps.* vx *Il n'y a guère.* → **naguère.**

② **avoir** n. m. ▪ **1** Ce que l'on possède. → **fortune. 2** Partie d'un compte où l'on porte les sommes dues. → **actif, crédit.**

avoisiner v. tr. [1] ▪ **1** Être dans le voisinage, à proximité de (un lieu). **2** fig. Être proche de, ressembler à. ► **avoisinant, ante** adj. → **proche.**

avortement n. m. ▪ **1** méd. Interruption d'une grossesse, naturelle (→ fausse couche) ou provoquée. ♦ cour. Interruption volontaire de grossesse **(→ I. V. G.). 2** fig. Échec (d'une entreprise, d'un projet).

avorter v. intr. [1] ▪ **1** Accoucher avant terme (naturellement ou par intervention) d'un fœtus ou d'un enfant mort. ➝ trans. Faire subir un avortement à (une femme). **2** fig. (projet...) Ne pas réussir. → **échouer.**

avorteur, euse n. ▪ péj. Personne qui pratique un avortement illégal.

avorton n. m. ▪ Être chétif, mal conformé.

avouable adj. ▪ Qu'on peut avouer.

avoué, ée n. ▪ ancienn Officier ministériel qui était chargé de représenter les parties devant les cours d'appel.

avouer v. tr. [1] ▪ **1** Reconnaître (qu'une chose est ou n'est pas) ; reconnaître pour vrai (avec difficulté). *Avouer ses erreurs ; qu'on s'est trompé.* **2** Faire des aveux. *L'assassin a avoué.* ▷ v. pron. **s'avouer** (+ adj. ou p. p.) Reconnaître qu'on est. *S'avouer vaincu.*

avril n. m. ▪ Quatrième mois de l'année. ➝ *Poisson d'avril*, plaisanterie, mystification traditionnelle du 1er avril.

avulsion n. f. ▪ didact. Arrachement, extraction.

avunculaire [avɔ̃-] adj. ▪ didact. Qui a rapport à un oncle ou à une tante.

awacs [awaks] n. m. (acronyme de l'anglais des États-Unis *airborne warning and control system*) ▪ Système de contrôle et d'alerte installé à bord d'avions spécialisés ; ces avions.

awalé [awale] n. m. ▪ Jeu africain qui consiste à déplacer des pions sur un plateau évidé de douze trous. – syn. **walé.**

axe n. m. ▪ **1** Ligne idéale autour de laquelle s'effectue une rotation. *L'axe de la Terre.* **2** math. Droite sur laquelle un sens a été défini. **3** Pièce allongée qui sert à faire tourner un objet sur lui-même ou à assembler des pièces. → **arbre, essieu, pivot. 4** Ligne qui passe par le centre, dans la plus grande dimension. *L'axe du corps.* ♦ Voie routière importante. **5** fig. Direction générale. *Les grands axes d'une politique.*

axel n. m. ▪ sports Saut où un patineur tourne une fois et demie sur lui-même.

axénique adj. ▪ méd. Qui se développe dans un milieu stérile ; qui est dépourvu de germes susceptibles de contaminer. – syn. **axène.**

axer v. tr. [1] ▪ **1** Diriger, orienter selon un axe. **2** fig. Orienter. ➝ passif *Être axé sur qqch.*

axial, iale, iaux adj. ▪ De l'axe, d'un axe.

axillaire [-il-] adj. ▪ anat. Qui a rapport à l'aisselle.

axiologie n. f. ▪ Science et théorie des valeurs morales.

axiomatique ▪ **I** adj. Relatif aux axiomes. **II** n. f. Recherche et organisation en système des axiomes d'une science.

axiome n. m. ▪ sc. Proposition considérée comme évidente, admise sans démonstration. → aussi **postulat.** ► **axiomatiser** v. tr. [1]

axis [-is] n. m. ▪ anat. Deuxième vertèbre du cou.

axolotl [aksɔlɔtl] n. m. ▪ zool. Larve d'un reptile (salamandre) du Mexique.

axone n. m. ▪ anat. Prolongement de la cellule nerveuse.

ayant ▪ Participe présent du verbe *avoir.*

ayant cause n. m. ▪ dr. Personne qui a acquis d'une autre un droit ou une obligation. *Les ayants cause.*

ayant droit n. m. ▪ Personne qui a des droits à qqch. *Les ayants droit.*

ayatollah [ajatɔla] n. m. ▪ Religieux musulman chiite d'un rang élevé.

aye-aye [ajaj] n. m. ▪ zool. Lémurien de Madagascar. *Des ayes-ayes.*

ayurvéda [ajyrveda] n. m. ▪ Médecine traditionnelle indienne. ► **ayurvédique** adj.

azalée n. f. ▪ Arbuste à fleurs colorées.

azéri n. m. ▪ Langue turque parlée en Azerbaïdjan.

azerole n. f. ▪ Fruit de l'azerolier, ressemblant à une petite pomme.

azerolier n. m. ▪ Variété d'aubépine.

AZERTY adj. invar. ▪ *Clavier AZERTY.* → **clavier.**

azilien, ienne adj. et n. m. ▪ Relatif à un âge du mésolithique caractérisé par de très petits outils de silex de forme régulière.

azimut [-yt] n. m. ▪ **1** astron. Angle formé par le plan vertical d'un astre et le plan méridien du point d'observation. **2** loc. *Tous azimuts :* milit. capable d'intervenir dans toutes les directions ; fig. qui utilise tous les moyens et a des objectifs variés.

azimutal, ale, aux adj. ▪ astron. Qui a rapport aux azimuts.

azimuté, ée adj. ▪ fam. Un peu fou.

azoïque adj. ▪ Dont la molécule renferme le groupement −N=N−.

azoospermie [azoo-] n. f. ▪ méd. Absence de spermatozoïdes dans le sperme.

azotate n. m. ▪ chim., vx Nitrate.

azote n. m. ▪ chim. Corps simple (symb. N, n° at. 7, masse at. 14,008), gaz incolore, inodore, entrant dans la composition de l'atmosphère et des tissus vivants.

azoté, ée adj. ▪ Qui contient de l'azote.

azotobacter [-ɛʀ] n. m. ▪ biol. Bactérie vivant sur des racines et capable d'assimiler l'azote de l'atmosphère.

AZT n. m. (nom déposé ; sigle) ▪ Médicament utilisé dans le traitement du sida.

aztèque adj. et n. ▪ Relatif aux Aztèques.

azulejo [asulexo] n. m. ▪ Carreau de faïence émaillée, à dominante bleue.

azur n. m. ▪ littér. Couleur bleue du ciel, des flots. ◆ *La Côte d'Azur,* de la Méditerranée, entre Menton et Toulon.

azurage n. m. ▪ techn. Opération consistant à parfaire l'effet de blancheur de certaines matières (textiles, papier).

azuré, ée adj. ▪ Couleur d'azur.

azuréen, éenne adj. ▪ De la Côte d'Azur.

azurer v. tr. [1] ▪ Colorer d'un bleu d'azur.

azurite n. f. ▪ minér. Carbonate naturel de cuivre.

azyme adj. ▪ *Pain azyme,* pain sans levain.

B

b [be] n. m. ▪ Deuxième lettre, première consonne de l'alphabet.

B ▪ Symbole chimique du bore.

Ba ▪ Symbole chimique du baryum.

B. A. [bea] n. f. invar. ▪ Abréviation de *bonne action,* dans le langage des scouts.

① **baba** n. m. ▪ Gâteau léger à l'alcool.

② **baba** adj. invar. ▪ fam. Stupéfait.

③ **baba** n. ▪ Personne non violente, marginale, vivant parfois en communauté.

b. a.-ba [beaba] n. m. ▪ Premiers rudiments. → **abc.** *Le b. a.-ba du métier.*

babélisme n. m. ▪ didact. Confusion créée par l'usage de nombreuses langues.

babeurre n. m. ▪ Liquide blanc qui reste du lait après la préparation du beurre.

babil n. m. ▪ littér. Babillage. – Gazouillis.

babillage n. m. ▪ Action de babiller.

babillard, arde ▪ **I** adj. et n. littér. Qui parle beaucoup ; bavard. **II** n. fam. **1** n. f. Lettre (écrite à qqn). → **bafouille. 2** n. m. (Canada) Tableau d'affichage.

babiller v. intr. [1] ▪ Parler beaucoup d'une manière enfantine ou futile.

babines n. f. pl. ▪ **1** Lèvres pendantes (d'animaux). **2** fam. Lèvres. – loc. *S'en lécher les babines :* se réjouir d'une chose agréable.

babiole n. f. ▪ **1** Petit objet de peu de valeur. **2** Chose sans importance. → **broutille.**

babiroussa n. m. ▪ Sanglier de Malaisie.

bâbord n. m. ▪ Côté gauche d'un navire, en se tournant vers l'avant (s'oppose à *tribord*).

babouche n. f. ▪ Pantoufle sans talon.

babouin n. m. ▪ Singe d'Afrique à museau allongé, vivant en société.

babouvisme n. m. ▪ Doctrine de Babeuf, tendant à un communisme égalitaire. ► **babouviste** adj. et n.

baby [babi ; bebi] n. m. ▪ anglic. **1** Whisky d'une demi-dose. **2** Chaussure basse à bride. *Des babies vernis.*

baby-blues [babibluz ; bebi-] n. m. invar. ▪ anglic. État de dépression qui peut suivre l'accouchement.

baby-boom [babibum ; bebi-] n. m. ▪ anglic. Forte augmentation de la natalité. *Des baby-booms.*

baby-boumeur, euse [babi- ; bebi-] n. ▪ anglic. Personne de la génération du baby-boom. *Les baby-boumeurs.* – var. **baby-boomer** [-bumœʀ] n. m.

baby-foot [babifut] n. m. invar. ▪ anglic. Football de table. – La table de jeu.

baby-sitter [babisitœʀ ; bebi-] n. ▪ anglic. Personne rémunérée pour garder de jeunes enfants en l'absence de leurs parents. *Des baby-sitters.* ► **baby-sitting** n. m.

① **bac** n. m. ▪ **I** Bateau à fond plat servant à passer un cours d'eau, un lac. **II** Grand récipient. → **baquet, bassin.** *Bac à sable.* – *Bac d'alimentation* (d'une imprimante). *Bac de vente* (pour des disques...).

② **bac** n. m. ▪ fam. Baccalauréat.

baccalauréat n. m. ▪ Grade universitaire et examen qui terminent les études secondaires (en France). → ② **bac,** ① **bachot.**

baccara n. m. ▪ Jeu de cartes où le dix, appelé *baccara,* équivaut à zéro.

baccarat n. m. ▪ Cristal de la manufacture de Baccarat (Lorraine).

bacchanale [-k-] n. f. ▪ **1** Antiq. au plur. Fêtes en l'honneur de Bacchus. **2** littér. Orgie.

① **bacchante** [-k-] n. f. ▪ Antiq. Prêtresse de Bacchus.

② **bacchante** [-k-] ou **bacante** n. f. ▪ fam. Moustache. *De belles bacchantes.*

bâche n. f. ▪ Pièce de toile imperméable qui sert à préserver qqch. des intempéries.

bachelier, ière n. ▪ Titulaire du baccalauréat.

bâcher v. tr. [1] ▪ Couvrir d'une bâche. ► **bâchage** n. m.

bachi-bouzouk n. m. ▪ hist. Cavalier mercenaire de l'ancienne armée turque.

bachique adj. ▪ didact. De Bacchus.

① **bachot** n. m. ▪ fam., vieilli Baccalauréat.

② **bachot** n. m. ■ Petit bateau à fond plat.

bachoter v. intr. 1 ■ Préparer hâtivement et intensivement un examen en vue du seul succès pratique. ► **bachotage** n. m.

bacillaire [-il-] ■ **1** adj. Dû à un bacille. **2** n. Tuberculeux contagieux.

bacille [-il] n. m. ■ Bactérie en forme de bâtonnet. *Bacille de Koch* (→ tuberculose).

backgammon [-ɔn] n. m. ■ anglic. Jeu de dés proche du jacquet et du trictrac.

bâcle n. f. ■ Barre avec laquelle on ferme de l'intérieur une porte, une fenêtre.

bâcler v. tr. 1 ■ Expédier (un travail) sans soin. ► **bâclage** n. m.

bacon [bekɔn] n. m. ■ anglic. **1** Lard fumé, assez maigre. **2** Filet de porc fumé.

bactéricide adj. ■ Qui tue les bactéries.

bactérie n. f. ■ Micro-organisme unicellulaire, très simple, sans noyau, considéré comme ni animal ni végétal. → **bacille, -coque, vibrion.** ► **bactérien, ienne** adj.

bactériémie n. f. ■ méd. Présence de bactéries dans le sang.

bactériologie n. f. ■ Étude des bactéries. ► **bactériologiste** n.

bactériologique adj. ■ De la bactériologie.

bactériophage adj. et n. m. ■ biol. Se dit d'un virus qui détruit les bactéries.

bactériostatique adj. ■ biol. Qui arrête la prolifération des bactéries. → **antibiotique.**

badaboum [-bum] interj. ■ Onomatopée, bruit d'un corps qui roule avec fracas.

badamier n. m. ■ Arbre exotique dont le fruit renferme une amande comestible.

badaud, aude n. et adj. ■ Personne qui s'attarde à regarder le spectacle de la rue.

bader v. intr. 1 ■ région. (sud de la France) **1** Flâner, faire le badaud. **2** Rester oisif, rêvasser.

baderne n. f. ■ péj. Homme âgé et borné.

badge n. m. ■ anglic. **1** Insigne comportant des inscriptions (humoristiques...). **2** Dispositif à piste magnétique permettant l'accès à des locaux, etc.

badger v. intr. 1 ■ Utiliser un badge (2).

badgeuse n. f. ■ Machine, appareil capable de lire des badges (2).

badiane n. f. ■ Arbuste d'Asie aux graines aromatiques *(anis étoilé)*.

badigeon n. m. ■ Couleur en détrempe à base de chaux, utilisée pour les murs, etc.

badigeonner v. tr. 1 ■ **1** Enduire d'un badigeon. **2** Enduire d'une préparation pharmaceutique. ► **badigeonnage** n. m.

badigoinces n. f. pl. ■ fam., vieilli Lèvres.

badin, ine adj. ■ littér. Qui aime à rire, à plaisanter. → **enjoué.** ♦ *Humeur badine.*

badine n. f. ■ Baguette mince et souple.

badiner v. intr. 1 ■ Plaisanter avec enjouement. « *On ne badine pas avec l'amour* » (pièce de Musset). ► **badinage** n. m.

badinerie n. f. ■ littér. Ce qu'on fait, ce qu'on dit en badinant.

badlands [badlɑ̃ds] n. f. pl. ■ anglic., géogr. Terrains argileux ravinés par l'érosion torrentielle.

badminton [badmintɔn] n. m. ■ anglic. Jeu de volant apparenté au tennis.

BAFA [bafa] n. m. (sigle) ■ Brevet d'aptitude aux fonctions d'animateur.

baffe n. f. ■ fam. Gifle.

baffle n. m. ■ anglic. → ① **enceinte** (3).

bafouer v. tr. 1 ■ littér. Traiter avec un mépris outrageant. → **ridiculiser.**

bafouille n. f. ■ fam. Lettre (écrite à qqn).

bafouiller v. intr. 1 ■ Parler d'une façon embarrassée, parfois incohérente. → **bredouiller.** ► **bafouillage** n. m. ► **bafouilleur, euse** n. et adj.

bâfrer v. intr. 1 ■ fam. Manger avec excès. → s'**empiffrer.** ► **bâfreur, euse** n.

bagad n. m. ■ région. Formation de musique bretonne (bombardes, binious...) jouant de la musique de marche. *Des bagadou* (plur. breton).

bagage n. m. ■ **1** Ce que l'on emporte en déplacement, en voyage. ➝ loc. *Plier bagage* : partir. ♦ Malle, valise, sac... pour le voyage. **2** fig. Ensemble des connaissances acquises.

bagagiste n. ■ Employé chargé de la manutention des bagages (hôtels, etc.).

bagarre n. f. ■ **1** Mêlée de gens qui se battent. **2** fam. Lutte violente ; querelle.

bagarrer v. 1 ■ fam. **1** v. pron. *SE BAGARRER* : se battre ; se quereller. **2** v. intr. Lutter (pour). ► **bagarreur, euse** n. et adj.

bagasse n. f. ■ Résidu des tiges de canne à sucre dont on a extrait le jus.

bagatelle n. f. ■ **1** Chose sans importance. → **broutille. 2** Somme d'argent peu importante. **3** plais. *La bagatelle* : l'amour physique.

bagel [begœl] n. m. ■ (cuisine yiddish) Petit pain en forme d'anneau, à la mie très dense.

baggy n. m. ■ anglic. Pantalon à coupe large. *Des baggys* ou *des baggies.*

bagnard n. m. ■ Forçat d'un bagne.

bagne n. m. ■ **1** ancienn Établissement, lieu où se purgeait la peine des travaux forcés. **2** fig. Lieu où l'on fait un travail pénible.

bagnole n. f. ■ fam. Automobile.

bagout n. m. ■ Disposition à parler beaucoup, souvent en tentant de faire illusion, de tromper. *Avoir du bagout.* – var. **bagou.**

bague n. f. ■ **1** Anneau que l'on met au doigt. **2** Objet de forme annulaire. **3** Anneau, fil métallique enserrant une dent.

baguenaude n. f. ▪ **1** Fruit du baguenaudier. **2** fam. Promenade, flânerie.

baguenauder v. intr. [1] ▪ fam. Flâner.

baguenaudier n. m. ▪ Arbrisseau méditerranéen à fleurs jaunes.

baguer v. tr. [1] ▪ **1** Garnir d'une bague, de bagues. **2** Inciser (un arbre) en enlevant un anneau d'écorce. **3** Munir d'un appareil d'orthodontie fait de bagues. ► **baguage** n. m.

baguette n. f. ▪ **1** Petit bâton mince. ◆ loc. *Mener les gens À LA BAGUETTE,* avec autorité et rigueur. ◆ spécialt *Baguette magique* (des fées, etc.), censée accomplir des prodiges. ◆ fig. *D'un coup de baguette magique,* comme par enchantement. **2** Chacun des deux petits bâtons utilisés pour manger en Extrême-Orient. **3** Petite moulure décorative. **4** Pain long et mince.

baguier n. m. ▪ Coffret, coupe où l'on range des bagues.

bah interj. ▪ Exclamation d'indifférence.

bahut n. m. ▪ **1** Buffet rustique large et bas. **2** fam. Lycée, collège. **3** fam. Taxi, voiture.

bai, baie adj. ▪ (chevaux) Dont la robe est d'un brun rouge.

① **baie** n. f. ▪ Échancrure d'une côte ; petit golfe. → **anse, calanque, crique.**

② **baie** n. f. ▪ Ouverture pratiquée dans un mur, etc. pour faire une porte, une fenêtre.

③ **baie** n. f. ▪ Petit fruit charnu à pépins.

baignade n. f. ▪ **1** Action de se baigner. **2** Endroit d'un cours d'eau, d'un lac où l'on peut se baigner.

baigner v. [1] ▪ **I** v. tr. **1** Mettre et maintenir dans l'eau, dans un liquide pour laver, imbiber. **2** (mer) Entourer, toucher (une côte). ◆ littér. → **envelopper, inonder.** ◆ au p. p. *Pièce baignée de lumière.* **3** → **mouiller.** *Baigner ses yeux.* ◆ au p. p. *Visage baigné de larmes.* **II** v. intr. Être plongé entièrement (dans un liquide ou fig. dans une ambiance). ◆ fam. *Ça baigne (dans l'huile)* : ça va très bien. ▷ v. pron. **se baigner** (plus cour.) **1** Prendre un bain (pour se laver). **2** Prendre un bain (dans la mer...).

baigneur, euse n. ▪ **1** n. Personne qui se baigne (2). **2** n. m. Poupée figurant un bébé.

baignoire n. f. ▪ **I** Grand récipient allongé, pour se baigner (1). **II** Loge de rez-de-chaussée, dans une salle de spectacle.

bail, plur. **baux** n. m. ▪ **1** Contrat par lequel une personne (→ **bailleur**) laisse à une autre (→ **locataire**) le droit de se servir d'une chose pendant un certain temps pour un certain prix (→ **loyer**). **2** loc. fam. *Ça fait un bail* : voilà bien longtemps.

bailler v. tr. [1] ▪ loc. *Vous me la baillez belle* : vous vous moquez de moi.

bâiller v. intr. [1] ▪ **1** Ouvrir involontairement la bouche en inspirant. **2** (sujet chose) Être entrouvert, mal fermé (→ **entrebâiller**). ► **bâillement** n. m.

bailleur, bailleresse n. ▪ **1** dr. Personne qui donne à bail. **2** *Bailleur de fonds* : personne qui fournit des fonds pour une entreprise déterminée. → **commanditaire.**

bailli n. m. ▪ **1** hist. Officier qui rendait la justice. **2** Dignité dans l'ordre de Malte.

bailliage n. m. ▪ hist. Charge d'un bailli.

bâillon n. m. ▪ Ce que l'on met (étoffe...) contre la bouche pour empêcher qqn de crier.

bâillonner v. tr. [1] ▪ **1** Mettre un bâillon à (qqn). **2** fig. Réduire au silence. → **museler.** ► **bâillonnement** n. m.

bain n. m. ▪ **I 1** Action de plonger le corps ou une partie du corps dans l'eau ou un autre liquide (pour laver, soigner). *Prendre un bain.* ◆ *Salle de bains* : pièce pour la toilette, contenant une baignoire. ◆ L'eau, le liquide dans lequel on se baigne. ◆ loc. *Être DANS LE BAIN* : être compromis, ou engagé dans une entreprise. **2** Action d'entrer dans l'eau pour le plaisir, pour nager. **3** *Bain de soleil* : exposition volontaire au soleil. **4** fig. *BAIN DE* : action de se plonger dans, de s'imprégner de. *Bain de foule.* **II** au plur. Établissement, endroit où l'on prend des bains. **III** techn. Préparation liquide dans laquelle on plonge qqch.

bain-marie n. m. ▪ Liquide chaud dans lequel on met un récipient contenant ce que l'on veut faire chauffer. *Des bains-marie.*

baïonnette n. f. ▪ **1** Arme pointue qui s'ajuste au canon d'un fusil. «*Nous n'en sortirons [d'ici] que par la puissance des baïonnettes*» (Mirabeau). **2** *À BAÏONNETTE,* qui se fixe par des ergots dans des crans.

baisable adj. ▪ fam. Sexuellement désirable.

baise n. f. ▪ vulg. Action de baiser (①, II, 1).

baise-en-ville n. m. invar. ▪ fam. Petit sac de voyage.

baisemain n. m. ▪ Fait de baiser la main d'une dame (politesse masculine).

baisement n. m. ▪ vx ou relig. Action de baiser ce qui est sacré. *Le baisement de la croix.*

① **baiser** v. tr. [1] ▪ **I** Donner un baiser à. → **embrasser.** *Baiser les mains de qqn.* **II** fam. **1** Faire l'amour à (qqn). ◆ sans compl. *Il baise bien.* **2** Duper, attraper.

② **baiser** n. m. ▪ Action de poser ses lèvres sur (qqn...), en signe d'affection, de respect. ◆ loc. *Baiser de Judas,* perfide.

baiseur, euse n. ▪ fam. Personne qui aime, recherche les rapports sexuels.

baisodrome n. m. ▪ fam. et plais. Lieu réservé aux ébats amoureux.

baisse n. f. ▪ **1** Fait de baisser de niveau, de descendre à un niveau plus bas. → **diminution.** **2** Diminution de prix, de valeur. ▸ EN BAISSE : en train de baisser.

baisser v. [1] ▪ **I** v. tr. **1** Mettre plus bas. → **descendre.** ♦ Diminuer la hauteur de. **2** Incliner, diriger vers la terre (une partie du corps). ▸ loc. fig. *Baisser les bras* : ne plus lutter. **3** Diminuer la force, l'intensité de (un son...). ▸ fig. *Baisser le ton* : être moins arrogant. **4** Diminuer (un prix). **II** v. intr. **1** Diminuer de hauteur. → **descendre.** **2** Diminuer d'intensité. **3** (personnes) Perdre sa vigueur. → **décliner.** **4** Diminuer de valeur, de prix. **III** v. pron. Incliner le corps.

baissier, ière ▪ Bourse **1** n. Spéculateur, spéculatrice qui joue en Bourse à la baisse. **2** adj. Qui concerne la baisse. *Une tendance baissière.*

bajoue n. f. ▪ **1** Partie latérale inférieure de la tête (d'animaux), de l'œil à la mâchoire. **2** Joue pendante (d'une personne).

bajoyer n. m. ▪ techn. **1** Paroi latérale d'une chambre d'écluse. **2** Mur qui consolide les berges d'une rivière.

bakchich [bakʃiʃ] n. m. ▪ Pourboire ; pot-de-vin.

bakélite n. f. ▪ Matière plastique obtenue en traitant le formol par le phénol.

baklava n. m. ▪ Gâteau oriental à pâte feuilletée avec du miel et des amandes.

bal n. m. ▪ **1** Réunion où l'on danse. ▸ fig. *Mener le bal* : être le moteur d'une action collective. **2** Lieu où se donnent des bals.

balade n. f. ▪ fam. Action de se promener. ♦ Excursion, sortie, voyage. ≠ *ballade.*

balader v. tr. [1] ▪ fam. **1** Promener avec soi. **2** intrans. *Envoyer balader* (qqn, qqch.), rejeter. ▹ v. pron. se **balader** Se promener sans but précis.

baladeur, euse ▪ **I** adj. *Avoir l'humeur baladeuse*, aimer se promener. ♦ fam. *Main baladeuse*, qui s'égare en caresses indiscrètes. **II** n. m. Récepteur radio ou lecteur audio portatif, à écouteurs (recomm. off. pour *walkman*). **III** n. f. Lampe électrique portative munie d'un long fil.

baladin n. m. ▪ littér. Comédien ambulant.

balafon n. m. ▪ Xylophone africain.

balafre n. f. ▪ Longue entaille faite par une arme tranchante, particulièrement au visage. ♦ Cicatrice de cette blessure.

balafrer v. tr. [1] ▪ Blesser par une balafre.

① **balai** n. m. ▪ **1** Ustensile ménager formé d'un long manche et d'une brosse, servant à enlever la poussière, les détritus. ▸ loc. fig. (péj.) *Coup de balai* : licenciement en masse. ♦ *Balai mécanique*, appareil à brosses roulantes. **2** Frottoir établissant un contact. **3** Lame d'un essuie-glace, qui nettoie le pare-brise. **4** fam. Dernier métro ou autobus de la journée. ♦ *Voiture-balai*, qui recueille les coureurs cyclistes qui abandonnent. **5** Accessoire de percussionniste formé d'un manche court et d'un faisceau métallique.

② **balai** n. m. ▪ fam. Année (d'âge).

balai-brosse n. m. ▪ Brosse de chiendent montée sur un manche à balai.

balalaïka n. f. ▪ Instrument de musique russe à cordes pincées, à caisse triangulaire.

balan n. m. ▪ loc. (Suisse) *Être sur le balan*, être dans l'incertitude.

① **balance** n. f. ▪ **I** **1** Instrument qui sert à peser, formé le plus souvent d'une tige mobile (le fléau) et de plateaux dont l'un porte la chose à peser, l'autre les poids marqués. **2** Petit filet pour la pêche aux écrevisses. **3** Septième signe du zodiaque (23 septembre-22 octobre). ▸ *Ils sont Balance.* **II** **1** loc. fig. *Mettre dans la balance ; mettre en balance* (deux choses), examiner en comparant. **2** fig. État d'équilibre. *La balance des pouvoirs.* **3** Compte récapitulatif. *Balance de l'actif et du passif.* → **bilan.** ▸ *Balance commerciale* (d'un pays).

② **balance** n. f. ▪ fam. Dénonciateur, dénonciatrice.

balancé, ée adj. ▪ **1** Équilibré, harmonieux. **2** fam. (personnes) *Être bien balancé*, bien fait.

① **balancelle** n. f. ▪ Fauteuil balançoire de jardin à plusieurs places, à toit en tissu.

② **balancelle** n. f. ▪ Embarcation à avant pointu et relevé.

balancement n. m. ▪ **1** Mouvement alternatif et lent d'un corps, de part et d'autre de son centre d'équilibre. → **oscillation.** **2** Disposition équilibrée. **3** littér. Hésitation.

balancer v. [3] ▪ **I** v. tr. **1** Mouvoir lentement, tantôt d'un côté, tantôt d'un autre. **2** fam. Jeter (qqch.). ♦ Se débarrasser de (qqch., qqn). ♦ Dénoncer. **3** Équilibrer. *Balancer ses phrases*, en soigner le rythme. **4** littér. Comparer. *Balancer le pour et le contre.* → **peser.** **II** v. intr. littér. Être hésitant. ▹ v. pron. se **balancer** **1** Se mouvoir d'un côté et de l'autre. **2** fam. *S'en balancer* : s'en moquer.

balancier n. m. ▪ **1** Pièce dont les oscillations régularisent le mouvement d'une machine. **2** Dispositif (bâton...) utilisé pour maintenir un équilibre.

balançoire n. f. ▪ Bascule ou nacelle suspendue sur laquelle on se balance.

balane n. f. ▪ Petit crustacé qui vit enfermé dans une loge cylindrique calcaire et accroché aux rochers.

balanite n. f. ▪ méd. Inflammation de la muqueuse du gland de la verge.

balayer v. tr. [8] ▪ **I 1** Pousser, enlever avec un balai (la poussière...). **2** (vent...) Entraîner avec soi. **3** fig. Faire disparaître. *Balayer les préjugés.* **II 1** Nettoyer (un lieu) avec un balai. **2** Passer sur (une surface). *Radar qui balaie une zone.* ▶ **balayage** n. m.

balayette n. f. ▪ Petit balai à manche court.

balayeur, euse ▪ **1** n. Personne qui balaie. **2** n. f. Véhicule destiné au balayage des rues.

balayures n. f. pl. ▪ Ce que l'on amasse, enlève avec un balai.

balbutiant, ante adj. ▪ Qui balbutie.

balbutiement n. m. ▪ **1** Action de balbutier. **2** fig. au plur. Débuts maladroits.

balbutier v. [7] ▪ **1** v. intr. Articuler les mots d'une manière hésitante et imparfaite. **2** v. tr. Dire en balbutiant.

balbuzard n. m. ▪ Rapace diurne des étangs.

balcon n. m. ▪ **1** Plate-forme en saillie sur une façade et qui communique avec une pièce. **2** Balustrade d'un balcon. **3** Galerie d'une salle de spectacle, entre les avant-scènes.

balconnet n. m. ▪ Soutien-gorge découvrant le haut des seins.

baldaquin n. m. ▪ **1** Dais garni de rideaux, au-dessus d'un lit, etc. **2** archit. Ouvrage à colonnes couronnant un autel, un trône.

bale → **③balle**

baleine n. f. ▪ **I** Grand mammifère cétacé (jusqu'à 20 m de long), à bouche garnie de fanons. **II** Fanon qui renforçait les corsets. ♦ Lame ou tige flexible (d'acier, etc.).

baleiné, ée adj. ▪ Maintenu par des baleines (II). *Bustier baleiné.*

baleineau n. m. ▪ Petit de la baleine.

baleinier, ière ▪ **I** adj. Relatif à la pêche à la baleine. **II 1** n. m. Navire de pêche à la baleine. **2** n. f. Canot long et étroit.

baleinoptère n. m. ▪ zool. Rorqual*.

balèze adj. ▪ fam. **1** Grand et fort. ← n. m. *Un gros balèze.* **2** Très calé (dans un domaine). - var. **balèse.**

balisage n. m. ▪ Pose de balises, de signaux pour indiquer une route à suivre, etc. ; ces signaux.

①**balise** n. f. ▪ Objet, dispositif, appareil destiné à guider un navigateur, un pilote ou à repérer un navire, un avion.

②**balise** n. f. ▪ Fruit du balisier, petite baie noire.

baliser v. [1] ▪ **I** v. tr. Garnir, jalonner de balises. **II** v. intr. fam. Avoir peur.

baliseur, euse n. ▪ **1** Personne qui pose des balises. **2** n. m. Bateau équipé pour la pose des balises.

balisier n. m. ▪ Plante ornementale à fleurs rouges. → **canna.**

baliste n. f. ▪ hist. Machine de guerre qui servait à lancer des projectiles.

balistique ▪ **I** adj. Relatif aux projectiles. **II** n. f. Science du mouvement des projectiles. ▶ **balisticien, ienne** n.

balivage n. m. ▪ techn. Choix et marquage des baliveaux.

baliveau n. m. ▪ Arbre réservé dans une coupe pour qu'il puisse croître en futaie.

baliverne n. f. ▪ Propos futile, sans intérêt.

balkanique adj. ▪ Des Balkans.

balkanisation n. f. ▪ Morcellement politique d'un État, d'un pays.

balkaniser v. tr. [1] ▪ Faire éclater (une zone) en nombreuses petites unités.

ballade n. f. ▪ **1** Petit poème de forme régulière, avec un refrain et un envoi. **2** Poème de forme libre, d'un genre familier ou légendaire. ≠ *balade.*

ballant, ante ▪ **1** adj. Qui pend, oscille. **2** n. m. Mouvement d'oscillation.

ballast [-ast] n. m. ▪ **1** Réservoir d'eau, sur un navire. ♦ Réservoir de plongée d'un sous-marin. **2** Pierres concassées tassées sous les traverses d'une voie ferrée.

ballaster v. tr. [1] ▪ **1** mar. Équilibrer (un navire) en remplissant ou en vidant les ballasts. **2** Garnir de ballast (une voie ferrée). ▶ **ballastage** n. m.

ballastière n. f. ▪ techn. Carrière de pierres fournissant le ballast.

①**balle** n. f. ▪ **I 1** Petite sphère, boule élastique dont on se sert pour divers jeux. **2** (dans des expr.) Fait de lancer une balle. (au tennis) *Balle de match,* qui décide du match. **3** loc. fig. *Saisir la balle au bond* : saisir une occasion avec à-propos. ← *Renvoyer la balle* : répliquer. **4** fig., fam. Testicule. **5** au plur. fam. Franc. *Prête-moi cent balles.* ← Euro. **II** Projectile métallique dont on charge les armes à feu. **III** loc. *Enfant de la balle* : comédien, artiste élevé dans le métier.

②**balle** n. f. ▪ Gros paquet de marchandises (→ **ballot).**

③**balle** n. f. ▪ Enveloppe des graines de céréales. - var. **bale.**

baller v. intr. [1] ▪ Être ballant (1).

ballerine n. f. ▪ **1** Danseuse de ballet. **2** Chaussure rappelant un chausson de danse.

ballet n. m. ▪ Danse exécutée sur scène par plusieurs personnes. ♦ Ce spectacle de danse. ♦ Musique de cette danse.

①**ballon** n. m. ▪ **I 1** Grosse balle gonflée d'air dont on se sert pour jouer. ♦ Sphère de caoutchouc très mince gonflée de gaz. **2** Jeu de ballon. ← *Le ballon ovale,* le rugby. **3** appos. *Manches ballon,* gonflantes. **II** Aérostat.

→ BALLON-SONDE, utilisé en météorologie. → BALLON D'ESSAI (fig. expérience, test). **III 1** Récipient sphérique, en verre. ♦ Verre à boire, à pied, de forme sphérique. **2** Récipient, bouteille, réservoir (de forme quelconque). *Ballon d'oxygène* (fig. ce qui ranime, maintient en activité). ♦ Chauffe-eau électrique à réservoir.

② **ballon** n. m. ■ Montagne des Vosges.

ballonné, ée adj. ■ (ventre...) Gonflé.

ballonnement n. m. ■ Gonflement de l'abdomen dû à des gaz intestinaux.

ballonnet n. m. ■ Petit ballon (①).

ballon-sonde n. m. ■ Ballon équipé pour l'étude météorologique de la haute atmosphère. *Des ballons-sondes.*

ballot n. m. ■ **I 1** Petite balle (②) de marchandises. **2** Paquet. **II** fam. Imbécile. → adj. m. *C'est ballot :* c'est bête.

ballote n. f. ■ Plante dont une variété est commune le long des chemins, dans les décombres.

ballotin n. m. ■ Emballage de carton pour les confiseries, fermé par quatre rabats.

ballottage n. m. ■ (dans un scrutin majoritaire) Résultat négatif d'un premier tour, aucun des candidats n'ayant recueilli le nombre de voix nécessaire pour être élu.

ballottement n. m. ■ Mouvement d'un corps qui ballotte.

ballotter v. 1 ■ **I** v. tr. Faire aller dans un sens et dans l'autre. ♦ fig. au p. p. *Être ballotté entre des sentiments contraires.* → **tiraillé. II** v. intr. Être agité en tous sens.

ballottine n. f. ■ Mets de viande roulée.

ball-trap [baltʀap] n. m. ■ anglic. Appareil qui lance une cible simulant un oiseau en plein vol. *Des ball-traps.*

balluchon ou **baluchon** n. m. ■ Petit paquet fait d'un carré d'étoffe noué aux quatre coins. → loc. *Faire son balluchon,* partir.

balnéaire adj. ■ Relatif aux bains de mer.

balnéothérapie n. f. ■ Traitement médical par les bains. → **thalassothérapie.**

① **balourd, ourde** adj. ■ Maladroit et grossier. → **lourdaud.** → n. *Un gros balourd.*

② **balourd** n. m. ■ mécan. Déséquilibre (d'une pièce, d'un ensemble) dont le centre de gravité n'est pas sur l'axe de rotation.

balourdise n. f. ■ **1** Caractère balourd. **2** Propos ou action de balourd.

balsa [-z-] n. m. ■ Bois très léger utilisé pour les maquettes.

balsamier [-z-] n. m. ■ Arbuste des régions chaudes qui produit la myrrhe. → **baumier.**

balsamine [-z-] n. f. ■ Plante annuelle, dont la capsule éclate dès qu'on la touche.

balsamique [-z-] adj. ■ Qui a des propriétés comparables à celles du baume. → *Vinaigre balsamique,* vieilli longuement dans une série de fûts.

balte adj. et n. ■ De la mer Baltique ; des pays baltes (Lituanie, Lettonie, Estonie). *Les langues baltes.*

balthazar n. m. ■ Grosse bouteille de champagne équivalant à 16 bouteilles normales. - var. **balthasar.**

baluchon → **balluchon**

balustrade n. f. ■ **1** Rangée de balustres (1). **2** Clôture à hauteur d'appui et à jour.

balustre n. m. ■ **1** Petite colonne renflée supportant un appui. **2** Colonnette ornant le dos d'un siège.

balzane n. f. ■ Tache blanche aux pieds d'un cheval.

bambin n. m. ■ Petit garçon.

bambochade n. f. ■ Tableau ou dessin représentant des scènes champêtres populaires ou burlesques.

bamboche n. f. ■ fam. et vieilli Bombance, ripaille. ► **bambocher** v. intr. 1 ► **bambocheur, euse** n.

bambou n. m. ■ **1** Plante à tige cylindrique ligneuse, à nœuds épais. → *Pousses de bambou,* les bourgeons (comestibles). **2** fam. COUP DE BAMBOU : insolation ; accès de fatigue. ♦ *C'est le coup de bambou :* c'est trop cher.

bamboula ■ fam., vieilli *Faire la bamboula,* la fête, la noce.

bambouseraie n. f. ■ Plantation de bambous.

ban n. m. ■ **1** hist. Convocation des vassaux par le suzerain ; les vassaux convoqués. → loc. fig. *Le ban et l'arrière-ban :* tout le monde. **2** au plur. Proclamation solennelle d'un futur mariage. **3** Roulement de tambour précédant une proclamation, etc. ♦ Applaudissements rythmés. **4** hist. Mesure d'exil proclamée (→ **bannir**). ♦ fig. *Être en rupture de ban,* affranchi des contraintes de son état. → *Mettre* AU BAN DE (la société...), rejeter, dénoncer au mépris public.

banal, ale adj. ■ **I** (plur. *banaux*) hist. Appartenant à la circonscription d'un seigneur. **II** (plur. *banals*) Extrêmement commun, sans originalité. ► **banalement** adv.

banalisé, ée adj. ■ Dépourvu de signes distinctifs. *Voiture de police banalisée.*

banaliser v. tr. 1 ■ Rendre banal (II). ► **banalisation** n. f.

banalité n. f. ■ **1** Caractère banal. **2** Propos, écrit banal. → **cliché, poncif.**

banana split [-it] n. m. ■ Dessert glacé à base de banane, de glace et de crème chantilly. *Des banana(s) splits.*

banane n. f. ■ **I** Fruit du bananier, oblong, à pulpe farineuse, à épaisse peau jaune. *Régime de bananes. Peau de banane* (fig. piège). **II** fig. **1** Hélicoptère allongé. **2** Butoir de pare-chocs. **3** Grosse mèche roulée au-dessus du front. **4** Sac formant ceinture.

bananer v. tr. [1] ■ fam. **1** Tromper, escroquer. **2** Faire échouer. ▷ v. pron. se **bananer** fam. Tomber ; échouer.

bananeraie n. f. ■ Plantation de bananiers.

① **bananier** n. m. ■ **I** Plante arborescente dont le fruit est la banane. **II** Cargo équipé pour le transport des bananes.

② **bananier, ière** adj. ■ **1** Qui concerne la culture des bananes. **2** *République bananière,* pays qui, sous les apparences d'une république, est régi par des intérêts privés.

banc [bɑ̃] n. m. ■ **I 1** Long siège pour plusieurs personnes, avec ou sans dossier. **2** Ce siège, réservé, dans une assemblée. **II** techn. Assemblage de montants et de traverses. → **bâti.** ➛ *BANC D'ESSAI,* pour tester un moteur ; fig. ce par quoi on éprouve les capacités de qqn, de qqch. **III 1** Amas de matières formant une couche horizontale. *Banc de roches. Banc de coraux.* (Canada) *Banc de neige :* amas de neige durci. **2** Grande quantité de poissons d'une espèce, se déplaçant ensemble.

bancable adj. ■ **1** Se dit de titres remplissant les conditions requises pour être réescomptés auprès d'une banque centrale. **2** Susceptible d'être financé par un investisseur. *Un projet bancable.* - var. **banquable.**

bancaire adj. ■ Qui a rapport aux banques.

bancal, ale, als adj. ■ **1** Qui a les jambes torses. **2** (meuble) Qui n'est pas d'aplomb. **3** (abstrait) Qui manque de fondement.

bancarisation n. f. ■ Fait, pour une population, de recourir aux services des banques, d'avoir des comptes en banque.

bancassurance n. f. ■ techn. Distribution d'assurances par les réseaux bancaires.

① **banco** n. m. ■ au jeu *Faire banco :* tenir l'enjeu contre la banque. ♦ interj. *Banco !* (défi).

② **banco** n. m. ■ (Afrique) Matériau de construction traditionnel, pisé fait de terre mêlée de paille.

bancoulier n. m. ■ Grand arbre des îles de la Sonde.

bancroche adj. ■ fam. et vieilli Bancal.

banc-titre [bɑ̃-] n. m. ■ techn. Dispositif pour filmer image par image (titres, etc.).

bandage n. m. ■ **1** Bandes de tissu appliquées sur une partie du corps, pour un pansement, etc. **2** Bande de métal ou de caoutchouc entourant la jante d'une roue.

bandana n. m. ■ Petit foulard carré de coton imprimé.

bandant, ante adj. ■ fam. **1** Qui fait bander (II). **2** Qui donne du plaisir, intéresse. *Un programme bandant.*

① **bande** n. f. ■ **1** Pièce souple plus longue que large (qui sert à lier, maintenir, recouvrir, etc.). *Bande de papier.* ➛ *Bande magnétique.* **2** Partie étroite et allongée (de qqch.). **3** *BANDE DESSINÉE :* suite de dessins qui racontent une histoire, et auxquels sont intégrées les paroles et les pensées des personnages. - syn. **B. D., bédé.** **4** Rebord d'un tapis de billard.

② **bande** n. f. ■ **1** Personnes (notamment malfaiteurs) groupées autour d'un chef. **2** Groupe de personnes (occasionnel ou non). ➛ loc. *Faire BANDE À PART :* se mettre à l'écart d'un groupe. **3** Groupe d'animaux.

③ **bande** n. f. ■ (navire) *Donner de la bande :* pencher sur un bord. → **gîter.**

bandé, ée adj. ■ **1** Couvert d'un bandeau. *Les yeux bandés.* **2** Entouré d'un bandage.

bandeau n. m. ■ **1** Bande qui sert à entourer le front, la tête. **2** Cheveux appliqués contre les tempes. **3** Morceau d'étoffe que l'on met sur les yeux de qqn pour l'empêcher de voir. **4** Surface rectangulaire portant un message publicitaire (livres, pages web...). → **bannière** (II, 2).

bandelette n. f. ■ Petite bande de tissu.

bander v. [1] ■ **I** v. tr. **1** Entourer d'une bande que l'on serre. **2** Couvrir (les yeux) d'un bandeau. **3** Tendre avec effort. **II** v. intr. fam. Être en érection.

banderille n. f. ■ Pique ornée de bandes multicolores que le torero plante sur le garrot du taureau.

banderillero [bɑ̃deʀijeʀo] n. m. ■ Torero qui pose les banderilles.

banderole n. f. ■ **1** Petite bannière. **2** Longue bande de tissu portant une inscription, portée dans les défilés, etc.

bandit n. m. ■ **1** Malfaiteur vivant hors la loi. **2** Homme sans scrupules. ♦ Fripon (2).

banditisme n. m. ■ Activités des bandits.

bandonéon n. m. ■ Petit accordéon hexagonal des orchestres de tango.

bandoulière n. f. ■ Bande, courroie passée sur l'épaule pour soutenir qqch.

bang [bɑ̃g] interj. ■ Bruit d'explosion.

banian n. m. ■ Figuier aux racines aériennes.

banjo [bɑ̃(d)ʒo] n. m. ■ Instrument à cordes, à caisse de résonance formée d'une membrane tendue sur un cercle de bois.

banlieue n. f. ■ Ensemble des agglomérations qui entourent une grande ville.

banlieusard, arde n. ■ Habitant de la banlieue.

banne n. f. ■ **1** Grand panier de vannerie. **2** Bâche protégeant des marchandises.

banneton n. m. ■ Panier d'osier sans anses.

bannette n. f. ■ Petite banne en osier.

banni, ie adj. et n. ■ Qui est banni de son pays.

bannière n. f. ■ **I 1** anciennt Enseigne guerrière des seigneurs. ➛ loc. fig. *Se ranger sous la bannière de qqn,* avec lui, dans son parti. **2** Étendard que l'on porte aux processions. **3** fam. Pan de chemise. **II** (d'après l'anglais) **1** *La bannière étoilée :* le drapeau des États-Unis. **2** Surface rectangulaire portant un message, une publicité, sur Internet. → **bandeau** (4).

bannir v. tr. 2 ■ **1** Condamner (qqn) à quitter un pays, avec interdiction d'y rentrer. → **exiler.** ♦ littér. Éloigner (qqn d'un lieu) en chassant. **2** (compl. chose) Écarter, supprimer. *Bannir un usage.*

bannissement n. m. ■ dr. Peine criminelle interdisant à qqn le séjour dans son pays.

banon n. m. ■ Fromage de chèvre enveloppé dans une feuille de châtaignier.

banquable → **bancable**

banque n. f. ■ **I 1** Commerce de l'argent et des titres, effets de commerce et valeurs de Bourse. **2** Établissement où se fait ce commerce. **3** jeu Somme destinée à payer ceux qui gagnent. **II 1** *Banque du sang, d'organes :* service qui recueille du sang, des organes pour les transfusions, les greffes. **2** *Banque de données :* ensemble d'informations sur un sujet, traitées informatiquement.

banquer v. intr. 1 ■ fam. Payer. → **casquer, raquer.**

banqueroute n. f. ■ Faillite délictueuse.

banqueroutier, ière n. ■ Personne qui a fait banqueroute.

banquet n. m. ■ Grand repas, repas officiel pour de nombreux convives.

banqueter v. intr. 4 ■ **1** Participer à un banquet. **2** Faire un bon repas. → **festoyer.**

banquette n. f. ■ Siège à plusieurs places relativement dur, avec ou sans dossier. *La banquette arrière d'une voiture.*

banquier, ière n. ■ **1** Personne qui fait le commerce de la banque, dirige une banque. **2** jeu Personne qui tient la banque.

banquise n. f. ■ Amas de glaces flottantes formant un immense banc.

bantou, e n. et adj. ■ Membre du peuple des Bantous. ➛ adj. *Les langues bantoues.*

bantoustan n. m. ■ hist. Territoire attribué à une population noire, en Afrique du Sud.

banyuls [banjyls ; -uls] n. m. ■ Vin doux naturel du Roussillon.

baobab [baɔbab] n. m. ■ Arbre des tropiques, à tronc énorme.

baou n. m. ■ (en Provence) Mont escarpé.

baptême [batɛm] n. m. ■ **1** Sacrement destiné à laver le péché originel et à faire qqn chrétien. ➛ *Nom de baptême.* → **prénom. 2** Bénédiction (d'un navire...). **3** loc. *Baptême du feu :* premier combat ; fig. première expérience décisive. *Baptême de l'air :* premier vol en avion.

baptiser [bat-] v. tr. 1 ■ **1** Administrer le baptême à (qqn). **2** Bénir (un navire...) en lui donnant un nom. **3** Donner un nom, une appellation à. → **appeler.**

baptismal, ale, aux [bat-] adj. ■ littér. Du baptême. ➛ *Fonts* baptismaux.*

baptistaire [bat-] adj. ■ relig. Qui constate un baptême. *Registre baptistaire.* ➛ n. m. Extrait de baptême (de qqn).

baptistère [bat-] n. m. ■ Lieu où l'on baptise (1) (édifice, ou chapelle d'une église).

baquet n. m. ■ **1** Récipient de bois à bords bas. **2** Siège de voiture bas et emboîtant.

① **bar** n. m. ■ Poisson marin aussi appelé *loup,* à chair très estimée.

② **bar** n. m. ■ **1** Débit de boissons où l'on peut consommer debout à un comptoir. **2** Comptoir (de bar...). ♦ Meuble analogue.

③ **bar** n. m. ■ Unité de pression atmosphérique valant 10^5 pascals.

baragouin n. m. ■ Langage ou langue inintelligible. → **charabia.**

baragouiner v. tr. 1 ■ Parler mal (une langue). ► **baragouineur, euse** n.

baraka n. f. ■ fam. Chance.

baraque n. f. ■ **1** Construction provisoire en planches. → **cabane. 2** fam. Maison mal bâtie. → **bicoque.** ♦ (non péj.) Maison.

baraqué, ée adj. ■ fam. Bien bâti ; costaud.

baraquement n. m. ■ Ensemble de baraques (surtout militaires).

baratin n. m. ■ Discours abondant (surtout pour tromper, séduire). ► **baratiner** v. tr. 1 ► **baratineur, euse** n.

baratte n. f. ■ Appareil à battre la crème pour faire du beurre.

baratter v. tr. 1 ■ Battre (la crème) dans une baratte. ► **barattage** n. m.

barbacane n. f. ■ **1** (au Moyen Âge) Ouvrage défensif avancé. ♦ Meurtrière. **2** archit. Ouverture étroite pour l'écoulement des eaux.

barbant, ante adj. ■ fam. Ennuyeux.

barbaque n. f. ■ fam. Viande.

barbare adj. ■ **1** Étranger, pour les Grecs et les Romains et, plus tard, pour la chrétienté. ➛ n. *Les barbares.* **2** vieilli Qui n'est pas civilisé. → **primitif, sauvage. 3** Qui choque, est contraire au goût, à l'usage. → **grossier. 4** littér. Cruel, sauvage.

barbaresque adj. et n. ■ hist. Des pays autrefois appelés *Barbarie* (Afrique du Nord).

barbarie n. f. ▪ **1** littér. État d'un peuple considéré comme non civilisé. **2** Absence de goût, grossièreté. **3** Cruauté, sauvagerie.

barbarisme n. m. ▪ Faute grossière de langage, emploi de mots forgés ou déformés. ≠ *solécisme.*

① **barbe** n. f. ▪ **I 1** Poils du menton, des joues et de la lèvre supérieure ; spécialt poils du menton et du bas des joues (à l'exclusion de la moustache et des favoris). *Se faire la barbe* (→ **raser**). ♦ loc. *Rire dans sa barbe,* en se cachant. ➸ *À la barbe de qqn,* devant lui, malgré sa présence. ♦ *BARBE À PAPA* : confiserie formée de filaments de sucre. **2** Longs poils que certains animaux ont à la mâchoire. **3** Pointe effilée de certains épis. **4** Chacun des filaments serrés formant la plume d'un oiseau. **5** au plur. Irrégularités au bord d'une chose coupée. **II** interj. *La barbe !, quelle barbe !,* quel ennui !

② **barbe** n. m. ▪ Cheval d'Afrique du Nord.

barbeau n. m. ▪ **I** Poisson d'eau douce à chair estimée. **II** fam. Souteneur.

barbecue [baʀbəkju ; baʀbəky] n. m. ▪ Gril de plein air au charbon de bois.

barbelé, ée adj. ▪ Garni de pointes. *Fil de fer barbelé* ou n. m. *du barbelé.*

barbelure n. f. ▪ Réseau de pointes disposées en barbes d'épi. *Les barbelures d'une grille de jardin.*

barber v. tr. [1] ▪ fam. Ennuyer.

barbet, ette n. ▪ Chien d'arrêt à poil long.

barbiche n. f. ▪ Petite barbe (I, 1).

barbichette n. f. ▪ Petite barbiche.

barbichu, ue adj. ▪ Qui porte une barbiche.

barbier, ière n. ▪ Personne dont le métier consiste à raser ou à tailler les barbes (1).

barbifier v. tr. [7] ▪ fam. **1** Faire la barbe de (qqn). **2** vieilli Ennuyer. → **barber.**

barbille n. f. ▪ techn. Filament qui subsiste parfois au flan d'une pièce de monnaie.

barbillon n. m. ▪ Filament charnu aux bords de la bouche de certains poissons.

barbital n. m. ▪ pharm. Barbiturique hypnotique et sédatif à action lente. → **véronal.**

barbiturique n. m. ▪ Médicament hypnotique dérivé de l'*acide barbiturique.*

barbiturisme n. m. ▪ méd. Intoxication par les barbituriques.

barbon n. m. ▪ vx ou plais. Vieil homme.

barboter v. [1] ▪ **I** v. intr. **1** S'agiter, remuer dans l'eau, etc. **2** (gaz) Traverser un liquide. **II** v. tr. fam. Voler, prendre. ► **barbotage** n. m.

barboteur, euse n. ▪ **1** Personne qui barbote (II), qui vole. **2** n. m. chim. Appareil où l'on fait barboter un gaz dans un liquide.

barboteuse n. f. ▪ Vêtement de jeune enfant, qui laisse nus les bras et les jambes.

barbotin n. m. ▪ techn. Roue dentée.

barbotine n. f. ▪ Mélange très fluide de ciment et d'eau.

barbouillage n. m. ▪ Action de barbouiller. ♦ spécialt Mauvaise peinture.

barbouiller v. tr. [1] ▪ **I 1** Couvrir d'une substance salissante. **2** Peindre grossièrement ; couvrir de gribouillages. **II** *Barbouiller l'estomac, le cœur,* donner la nausée. ➸ au p. p. *Avoir l'estomac barbouillé.*

barbouilleur, euse n. ▪ Personne qui barbouille. ♦ spécialt Mauvais peintre.

barbouze ▪ fam. **1** n. f. Barbe. **2** n. m. ou f. Agent secret (police, espionnage).

barbu, ue adj. et n. ▪ Qui a de la barbe.

barbue n. f. ▪ Poisson voisin du turbot.

barcarolle n. f. ▪ Chanson des gondoliers vénitiens. ♦ Air sur un rythme berceur.

barcasse n. f. ▪ Grosse barque.

barcelonnette → **bercelonnette**

bard n. m. ▪ Civière (1) sans pieds.

barda n. m. ▪ fam. **1** Équipement du soldat. **2** Bagage, chargement encombrant.

bardage n. m. ▪ **1** Transport de matériaux, sur un chantier. **2** Protection en planches autour d'un ouvrage d'art.

bardane n. f. ▪ Plante dont les capitules s'accrochent aux vêtements.

bardasser ou **berdasser** v. [1] ▪ (Canada) fam. **I** v. intr. **1** Faire du bruit. **2** Ranger, bricoler. **II** v. tr. **1** Secouer, remuer. **2** Réprimander (qqn).

① **barde** n. m. ▪ hist. Poète celtique.

② **barde** n. f. ▪ Fine tranche de lard.

bardeau n. m. ▪ Petite planche épaisse.

① **barder** v. tr. [1] ▪ **1** Couvrir d'une armure. ➸ fig. au p. p. *Être bardé de décorations.* **2** Entourer de bardes (②).

② **barder** v. impers. [1] ▪ fam. Prendre une tournure violente. *Ça va barder !*

bardolino n. m. ▪ Vin rouge italien.

bardot n. m. ▪ Animal né de l'accouplement du cheval et de l'ânesse.

-bare Élément savant, du grec *barus* « lourd ». → **baro-.**

barefoot [bɛʀfut] n. m. ▪ anglic. Sport de glisse comparable au ski nautique, qui se pratique les pieds nus sur l'eau.

barème n. m. ▪ Tableau de calculs. ♦ Répertoire de tarifs, etc.

baresthésie n. f. ▪ didact. Sensibilité à la pesanteur et à la pression.

barge n. f. ▪ Grand bateau à fond plat.

barguigner v. intr. [1] ▪ vieilli Hésiter.

bariatrique adj. ▪ didact. *Chirurgie bariatrique,* qui traite l'obésité.

barigoule n. f. ▪ *Artichauts à la barigoule,* farcis et cuits dans l'huile d'olive.

baril [-ʀi(l)] n. m. ▪ **1** Petit tonneau. **2** Unité anglo-saxonne de mesure de capacité.

barillet [-ijɛ ; -ilɛ] n. m. ▪ **1** Petit baril. **2** Dispositif cylindrique. ➛ Cylindre tournant où sont logées les cartouches (d'un revolver...).

bariolé, ée adj. ▪ À tons vifs et variés.

barioler v. tr. [1] ▪ Peindre de diverses couleurs vives. ▸ **bariolage** n. m.

barista n. ▪ Spécialiste de la préparation du café.

barjaquer v. intr. ▪ région. Bavarder, parler à tort et à travers.

barjo adj. et n. ▪ fam. Fou.

barlong, ongue [baʀlɔ̃, ɔ̃g] adj. ▪ archit. Dont le plus long côté se présente de face.

barlotière n. f. ▪ techn. Traverse de fer d'un châssis de vitrail.

barmaid [-mɛd] n. f. ▪ anglic. Serveuse d'un bar.

barman [-man] n. m. ▪ anglic. Serveur d'un bar. *Des barmans* ou *des barmen.*

bar-mitsvah n. f. invar. ▪ Cérémonie fêtant l'accès d'un jeune homme juif au statut d'adulte.

barn n. m. ▪ Unité de mesure de superficie (symb. b) utilisée en physique nucléaire (10^{-28} m^2).

barnabite n. m. ▪ Religieux de l'ordre des clercs de Saint-Paul.

baro- Élément savant, du grec *baros* « pesanteur » (➝ **bary-**).

barolo n. m. ▪ Vin rouge produit dans le Piémont.

baromètre n. m. ▪ **1** Instrument qui sert à mesurer la pression atmosphérique. **2** fig. Ce qui permet d'apprécier des variations. ▸ **barométrique** adj.

① **baron, onne** ▪ **1** n. m. hist. Grand seigneur féodal. **2** n. Possesseur du titre de noblesse entre celui de chevalier et celui de vicomte. **3** n. m. fam. Personnage important.

② **baron** n. m. ▪ Gigots et lombes d'agneau.

baronnage n. m. ▪ hist. Qualité de baron. ♦ Ensemble des barons.

baronnet n. m. ▪ en Angleterre Chevalier.

baronnie n. f. ▪ **1** hist. Seigneurie d'un baron. **2** fig. Autorité locale qui s'affranchit du pouvoir central.

baroque adj. ▪ **1** Bizarre, étrange. ➝ **biscornu, excentrique.** *Idée baroque.* **2** adj. et n. m. Se dit d'un style (spécialt, architectural) qui s'est développé du XVIe au XVIIIe siècle, caractérisé par la liberté des formes et les ornements. *Les églises baroques de Bavière.* ➛ *Musique baroque* (entre Monteverdi et le début du XVIIIe siècle).

baroquisme n. m. ▪ Caractère baroque d'une œuvre d'art.

baroud [-ud] n. m. ▪ argot milit. Combat. ➛ loc. *BAROUD D'HONNEUR* : dernier combat d'une guerre perdue, pour sauver l'honneur.

baroudeur, euse ▪ fam. **1** n. m. Celui qui aime le baroud. **2** n. Aventurier.

barouf n. m. ▪ fam. Grand bruit.

barque n. f. ▪ Petit bateau, ponté ou non. ➛ loc. fig. *Mener la barque* : diriger. *Bien mener sa barque* : bien conduire ses affaires.

barquette n. f. ▪ **1** Tartelette de forme allongée. **2** Petit récipient rigide et léger pour les denrées alimentaires.

barracuda [-kyda ; -kuda] n. m. ▪ Gros poisson carnivore des mers chaudes.

barrage n. m. ▪ **1** Action de barrer (un passage). ♦ Ce qui barre le passage. **2** fig. Obstacle ; opposition. **3** Ouvrage hydraulique servant à retenir l'eau d'un cours d'eau.

barre n. f. ▪ **1** Pièce longue et rigide. *Barre de fer.* ➛ loc. fam. *C'est le coup de barre* : c'est trop cher. *Avoir un* (ou *le*) *coup de barre* : se sentir soudain épuisé. **2** Traverse horizontale (servant d'appui, etc.). **3** Dispositif au moyen duquel on actionne le gouvernail d'un navire. **4** Lieu où comparaissent les témoins, où plaident les avocats à l'audience. **5** Amas de sable qui barre l'entrée d'un port, d'un fleuve. ♦ Déferlement violent de la houle. **6** au plur. Espace vide de la mâchoire du cheval. **7** Trait droit. ➛ *Code-barre(s).* ➝ **code. 8** inform. Bande réunissant des informations ou des commandes sous forme d'icônes, de boutons... *Barre d'outils.*

barreau n. m. ▪ **1** Barre servant de clôture ou de support. **2** Espace réservé au banc des avocats, dans les salles d'audience. ➝ **barre.** ♦ Profession, ordre des avocats.

① **barrer** v. tr. [1] ▪ **1** Fermer (une voie). ➛ loc. *Barrer la route à qqn,* l'empêcher de passer ; fig. lui faire obstacle. ♦ région. Fermer à clé. **2** Tenir la barre de (une embarcation). **3** Marquer d'une ou plusieurs barres. **4** Annuler au moyen d'une barre. ➝ **biffer, rayer.** ▹ adj. **barré, ée 1** Fermé par une barrière, une barre, etc. **2** Marqué ou rayé d'une ou plusieurs barres. **3** fam. Fou.

② **barrer** v. [1] ▪ fam. **1** *SE BARRER* v. pron. : partir, filer. **2** loc. *Être mal barré* : être mal parti, commencer mal.

① **barrette** n. f. ▪ **1** Ornement en forme de petite barre. **2** Pince à cheveux à fermoir.

② **barrette** n. f. ▪ Toque d'ecclésiastique.

barreur, euse n. ▪ Personne qui tient la barre (3), dans une embarcation.

barricade n. f. ▪ Obstacle fait d'objets divers, dans un combat de rue. ➛ loc. fig. *L'autre côté de la barricade,* le camp opposé.

barricader v. tr. [1] ■ 1 Fermer par une barricade. 2 Fermer solidement. ▷ v. pron. **se barricader** 1 Se retrancher derrière une barricade. 2 S'enfermer soigneusement. ➝ fig. *Se barricader dans le mutisme.*

barrière n. f. ■ 1 Assemblage de pièces de bois, etc. qui ferme un passage, sert de clôture. 2 Obstacle naturel. *Barrière de corail.* 3 fig. Ce qui sépare, fait obstacle.

barrique n. f. ■ Tonneau de 200 litres.

barrir v. intr. [2] ■ (éléphant) Pousser son cri. ► **barrissement** n. m.

① **barrot** n. m. ■ mar. Pièce de charpente transversale, fixée aux membrures et soutenant le bordé du pont. *Hauteur sous barrots.*

② **barrot** n. m. ■ Baril à anchois.

bartavelle n. f. ■ Perdrix rouge du Midi.

bary- Élément savant, du grec *barus* «lourd» (→ **baro-**).

barycentre n. m. ■ sc. Centre de gravité.

barymétrie n. f. ■ didact. Détermination approximative des poids par les mensurations.

baryon n. m. ■ phys. Hadron lourd, particule élémentaire formée de trois quarks.

baryte n. f. ■ chim. Oxyde de baryum.

barytine n. f. ■ Sulfate de baryum ($BaSO_4$).

baryton n. m. ■ Voix d'homme entre le ténor et la basse. ➝ Chanteur qui a cette voix.

baryum [-jɔm] n. m. ■ Élément (symb. Ba, n° at. 56, masse at. 137,34), métal d'un blanc argenté.

barzoï [-zɔj] n. m. ■ Lévrier russe à poil long.

① **bas, basse** ■ (opposé à *haut*) **I** adj. 1 Qui a peu de hauteur. *Maison basse.* 2 Dont le niveau, l'altitude est faible. 3 dans des loc. Baissé. *La tête* basse.* ➝ *Faire MAIN BASSE sur qqch.*, s'en emparer. 4 (intensité) → **faible.** *Basse pression.* ♦ *Notes basses.* → **grave.** 5 (prix) Peu élevé. *À bas prix.* ➝ *AU BAS MOT* : en faisant l'évaluation la plus faible. ♦ *Bas morceaux,* en boucherie les morceaux de qualité inférieure. 6 (hiérarchie) → **inférieur.** *Basse condition.* 7 Moralement méprisable. → **abject, vil.** 8 (temporel) → **proche, récent.** *Le bas latin* (pratiqué pendant le Moyen Âge). **II** n. m. 1 Partie inférieure (de qqch.). 2 loc. *Avoir des hauts* et des bas.* **III** adv. 1 À faible hauteur, à un niveau inférieur. ♦ loc. *Ça vole bas* : c'est médiocre, faible. ➝ *Être bas,* en mauvais état physique ou moral. ♦ *METTRE BAS* (vieilli) : poser à terre. *Mettre bas les armes,* les déposer ; fig. s'avouer vaincu. ➝ sans compl. *Mettre bas* : accoucher (animaux supérieurs). ➝ fam. *Bas les pattes !* : n'y touchez pas ! 2 (Dans un écrit) *Voir plus bas.* → ci-**dessous, infra.** 3 En dessous, dans l'échelle des sons. ➝ *À voix basse.* ➝ *TOUT BAS* : intérieurement, à part soi. 4 *À BAS* (exclamation hostile). *À bas le fascisme !* 5 *EN BAS (DE)* : vers le bas (de) ; en dessous (de).

② **bas** n. m. ■ 1 Vêtement souple couvrant le pied et la jambe. ➝ spécialt Vêtement féminin moulant qui couvre jusqu'au haut des cuisses. ♦ fig. *Bas de laine* : argent économisé. 2 (Canada) Chaussette.

basal, ale, aux adj. ■ 1 didact. Qui concerne ou constitue la base (d'un organe...). → **basilaire.** *Os basal.* 2 Fondamental, essentiel. → ② **basique.**

basalte n. m. ■ Roche volcanique noire. ► **basaltique** adj. *Orgues* basaltiques.*

basane n. f. ■ Peau de mouton tannée.

basané, ée adj. ■ (peau, teint) Brun ; hâlé.

bas-bleu n. m. ■ péj. Intellectuelle pédante.

bas-côté n. m. ■ 1 Nef latérale d'une église, moins haute que la nef principale. 2 Côté d'une voie, où l'on peut marcher. → **accotement.**

basculant, ante adj. ■ Qui peut basculer.

bascule n. f. ■ 1 Pièce ou machine mobile sur un pivot, dont une extrémité se lève quand on abaisse l'autre. ➝ *Fauteuil À BASCULE,* qui permet de se balancer. 2 Appareil à plateforme, pour peser les objets lourds.

basculer v. [1] ■ 1 v. intr. Faire un mouvement de bascule. ♦ Se renverser, tomber. 2 fig. Passer brusquement d'une situation à une autre. 3 v. tr. Faire basculer. ► **basculement** n. m.

basculeur n. m. ■ Appareil qui sert à faire basculer (une charge).

bas-culotte n. m. ■ (Canada) Sous-vêtement féminin réunissant culotte et bas. → **collant.** *Des bas-culottes.*

base n. f. ■ **I** 1 Partie inférieure sur laquelle une chose porte, repose. ♦ (sans idée d'appui) Partie inférieure. *La base du crâne.* 2 géom. Droite ou plan à partir de quoi on mesure perpendiculairement une hauteur. 3 Point d'appui, de ravitaillement, etc. **II** 1 Principal ingrédient (d'un mélange). 2 math. Nombre qui sert à définir un système de numération, etc. 3 chim. Substance susceptible de réagir avec un acide pour former un sel. 4 *Base de données* : ensemble structuré de données informatisées. **III** abstrait Principe fondamental sur lequel repose un raisonnement, un système, une institution. ➝ *Être À LA BASE de qqch.*, à l'origine, à la source. ➝ *DE BASE,* fondamental. *Vocabulaire de base.* **IV** Ensemble des militants (d'un parti, etc.) par rapport aux dirigeants. ♦ Masse des travailleurs.

base-ball [bɛzbol] n. m. ■ Jeu de balle dérivé du cricket.

baselle n. f. ■ Plante grimpante comestible cultivée dans les régions tropicales.

baser v. tr. [1] ■ **I** abstrait Faire reposer sur (une base). ➝ pronom. *Se baser sur* : se fonder sur. **II** Attacher à une base (militaire).

bas-fond n. m. ▪ 1 Partie du fond de la mer, d'un cours d'eau, peu profonde mais navigable. 2 Terrain bas et enfoncé. 3 fig. au plur. Couches misérables de la société.

basic n. m. (sigle) ▪ anglic. Langage informatique simple pour micro-ordinateurs.

baside n. f. ▪ bot. Cellule reproductrice des basidiomycètes.

basidiomycètes n. m. pl. ▪ Classe de champignons supérieurs (ex. amanite, bolet).

basilaire adj. ▪ anat. Qui sert de base, appartient à une base. → **basal.**

① **basilic** n. m. ▪ Grand lézard d'Amérique, à crête dorsale, voisin de l'iguane.

② **basilic** n. m. ▪ Plante à feuilles aromatiques employée comme condiment. *Sauce au basilic.* → **pistou ; pesto.**

basilical, ale, aux adj. ▪ archit. Relatif à une basilique.

basilique n. f. ▪ 1 Antiq. romaine Édifice rectangulaire à plusieurs nefs. 2 Église chrétienne à nefs parallèles. 3 Église privilégiée, dotée d'une dignité particulière.

basin n. m. ▪ 1 Étoffe croisée de fil et coton. 2 Tissu damassé en coton présentant des effets de bandes. *Boubou en basin.* - var. **bazin.**

① **basique** adj. ▪ 1 chim. D'une base (II, 3). → **alcalin.** 2 anglic. De base, fondamental.

② **basique** adj. (anglais des États-Unis *basic,* sigle de *British American Scientific International Commercial*) ▪ anglic. (critiqué) *Anglais, français basique,* de base, fondamental.

① **basket** [-ɛt] ou **basket-ball** [baskɛtbol] n. m. ▪ Jeu entre deux équipes de cinq joueurs qui doivent lancer un ballon dans le panier adverse. ► **basketteur, euse** n.

② **basket** [-ɛt] n. f. ▪ Chaussure de sport haute, souple, à semelle de caoutchouc.

basmati n. m. ▪ Riz indien très parfumé, aux grains longs et fins. ◆ en appos. *Riz basmati.*

basoche n. f. ▪ fam., péj. Gens de justice.

basophile adj. ▪ 1 biol. (cellule, tissu) Qui fixe les colorants basiques. 2 bot. (plante) Qui se plaît dans un sol basique.

basquaise adj. f. et n. f. ▪ Du Pays basque. ◆ *À la basquaise* : avec des tomates, des poivrons et du jambon cru.

① **basque** n. f. ▪ Partie rapportée d'une veste, qui descend sur les hanches. ◆ loc. fam. *Être pendu aux basques de qqn,* ne pas le quitter.

② **basque** adj. et n. ▪ Du Pays basque. ♦ n. m. *Le basque* (langue non indo-européenne, la plus ancienne d'Europe occidentale).

basquine n. f. ▪ Jupe traditionnelle des femmes basques.

bas-relief n. m. ▪ Ouvrage de sculpture en faible saillie sur un fond uni.

basse n. f. ▪ 1 Partie faisant entendre les sons les plus graves des accords de l'harmonie. 2 Voix d'homme la plus grave. ♦ Chanteur qui a cette voix. 3 (jazz, rock) Contrebasse ; guitare basse.

basse-cour n. f. ▪ 1 Cour de ferme réservée à l'élevage de la volaille et des petits animaux. 2 L'ensemble de ces animaux.

basse-fosse → **cul-de-basse-fosse**

bassement adv. ▪ De manière basse, vile.

bassesse n. f. ▪ 1 Caractère bas, vil ; absence de dignité, de fierté. 2 Action basse ou servile. → **lâcheté.**

basset n. m. ▪ Chien courant bas sur pattes.

basse-taille n. f. ▪ mus. anc. → **basse** (2).

bassin n. m. ▪ I 1 Récipient portatif, souvent rond ou ovale. 2 Construction destinée à recevoir de l'eau. 3 Enceinte, partie d'un port où les navires sont à flot. *Bassin de radoub* (que l'on peut assécher). II 1 Territoire arrosé (par un fleuve). 2 Vaste dépression naturelle. *Le Bassin parisien.* 3 Groupement de gisements. III Ceinture osseuse qui forme la base du tronc.

bassine n. f. ▪ Bassin (I, 1) large et profond.

bassiner v. tr. [1] ▪ I Chauffer avec une bassinoire. II fam. Ennuyer, importuner.

bassinet n. m. ▪ vx Petit bassin. ◆ loc. fam. *Cracher au bassinet* : donner de l'argent.

bassinoire n. f. ▪ Bassin rempli de braise qu'on passait dans un lit pour le chauffer.

bassiste n. ▪ 1 (jazz) Contrebassiste. 2 Joueur, joueuse de guitare basse.

basson n. m. ▪ 1 Instrument à vent en bois, à anche double. 2 Musicien qui joue de cet instrument. - syn. **bassoniste** n.

basta interj. ▪ fam. Ça suffit !, assez !

bastaing → **basting**

baster v. intr. [1] ▪ (Suisse) Céder, s'incliner. *Baster devant qqn.*

bastide n. f. ▪ 1 (dans le Midi) Village fortifié. 2 (en Provence) Maison de campagne.

bastidon n. m. ▪ Petite bastide (2).

bastille n. f. ▪ (au Moyen Âge) Ouvrage de fortification ; château fort. ◆ spécialt *La Bastille* (à Paris, qui servit de prison d'État).

basting ou **bastaing** n. m. ▪ techn. Madrier de sapin.

bastingage n. m. ▪ Parapet d'un navire.

bastion n. m. ▪ 1 Ouvrage de fortification en saillie. 2 fig. Ce qui défend, est le soutien (d'une idéologie...).

baston n. m. ou f. ▪ argot Bagarre.

bastonnade n. f. ▪ Coups de bâton.

bastonner v. tr. [1] ▪ fam. Frapper, cogner. *Se faire bastonner.* → **tabasser.** ♦ pronom. Se bagarrer.

bastos [-os] n. f. ▪ fam. Balle de fusil, de revolver.

bastringue n. m. ▪ fam. **1** vieilli Bal de guinguette. **2** Orchestre tapageur. ♦ Tapage, vacarme. **3** Choses, affaires. → **attirail, fourbi.**

bas-ventre n. m. ▪ Partie inférieure du ventre. ➤ par euphémisme Parties génitales.

bât n. m. ▪ Dispositif que l'on met sur le dos des bêtes de somme pour le transport de leur charge. ➤ loc. *C'est là que le bât blesse* : c'est là le point sensible, la difficulté.

bataclan n. m. ▪ fam. Attirail embarrassant. ➤ loc. *Et tout le bataclan* : et tout le reste.

bataille n. f. ▪ **1** Combat entre deux armées. ➤ *Bataille rangée,* où les troupes manœuvrent en rangs ; fig. mêlée générale. ♦ Épisode d'un conflit armé. **2** Échange de coups. → **bagarre.** ♦ fig. Lutte. **3** *EN BATAILLE* : de travers ; en désordre. **4** Jeu de cartes très simple. ➤ *Bataille navale* (jeu de société).

batailler v. intr. [1] ▪ Se battre ; lutter.

batailleur, euse adj. et n. ▪ Qui aime se battre, se quereller. → **belliqueux, querelleur.**

bataillon n. m. ▪ **1** Unité militaire de l'infanterie groupant plusieurs compagnies. ♦ loc. fam. *Inconnu au bataillon* : totalement inconnu. **2** Grand nombre (de...).

bâtard, arde adj. ▪ **1** Né hors mariage. → **naturel ; illégitime.** ➤ n. *Les bâtards de Louis XIV.* ♦ n. fam. Terme d'injure, à l'égard de qqn qu'on méprise. **2** Qui n'est pas de race pure. → **croisé.** *Chien bâtard* ou n. m. *un bâtard.* **3** fig. Qui tient de genres différents. **4** *Pain bâtard* ou n. m. *un bâtard* : pain d'une demi-livre.

batardeau n. m. ▪ Digue provisoire.

bâtardise n. f. ▪ État de bâtard.

batave adj. et n. ▪ vx ou plais. Habitant des Pays-Bas ; néerlandais.

batavia n. f. ▪ Laitue à feuilles ondulées.

bateau n. m. ▪ **1** Construction flottante destinée à la navigation. → **navire ; barque, bâtiment, embarcation, vaisseau.** ➤ *BATEAU-MOUCHE* : bateau qui circule sur la Seine pour faire visiter Paris. *Des bateaux-mouches.* **2** La navigation de plaisance. *Faire du bateau.* **3** appos. En forme de bateau. *Lit bateau.* **4** Dépression du trottoir devant une porte cochère. **5** loc. fam. *Mener qqn en bateau,* inventer une histoire pour le tromper. ➤ *Monter un bateau à qqn* (même sens). **6** adj. invar. Banal, rebattu.

bateleur, euse n. ▪ vieilli Personne qui fait des tours d'adresse, dans les foires, etc.

batelier, ière n. ▪ Personne qui conduit un bateau, sur les rivières et canaux. → **marinier.**

batellerie n. f. ▪ **1** Industrie du transport fluvial. **2** Ensemble des bateaux de rivière.

bâter v. tr. [1] ▪ Mettre un bât à (un animal). ♦ (au p. p.) loc. fig. *Âne bâté* : ignorant.

bat-flanc n. m. invar. ▪ **1** Cloison en bois, dans une écurie. **2** Lit de planches.

bathy- Élément savant, du grec *bathus* « profond ».

bathyal, ale, aux adj. ▪ didact. Qui concerne la zone sous-marine comprise entre 200 et 2 000 m.

bathymétrie n. f. ▪ didact. Mesure des profondeurs marines. ► **bathymétrique** adj.

bathyscaphe n. m. ▪ Appareil habitable pour l'observation des profondeurs marines.

bathysphère n. f. ▪ didact. Submersible relié à la surface de l'eau par un câble, servant à explorer les profondeurs sous-marines.

① **bâti** n. m. ▪ **1** Assemblage de montants et de traverses ; support d'une machine. **2** Couture provisoire à grands points.

② **bâti, ie** adj. ▪ **1** Sur quoi est construit un bâtiment. **2** (personnes) *Bien, mal bâti* : bien, mal fait.

batifoler v. intr. [1] ▪ S'amuser, folâtrer. ► **batifolage** n. m.

batik n. m. ▪ Technique artisanale de décoration des tissus à base de dessins à la cire.

bâtiment n. m. ▪ **1** Ensemble des industries et métiers qui concourent à la construction des édifices. **2** Construction assez grande. → **bâtisse, édifice. 3** Gros bateau.

bâtir v. tr. [2] ▪ **1** Élever sur le sol, à l'aide de matériaux assemblés. → **construire, édifier. 2** Assembler avec un bâti (①, 2). → **faufiler.**

bâtisse n. f. ▪ Grand bâtiment (2).

bâtisseur, euse n. ▪ Personne qui bâtit.

batiste n. f. ▪ Toile de lin très fine.

bâton n. m. ▪ **1** Long morceau de bois rond que l'on peut tenir à la main. ➤ *Bâton de vieillesse,* servant d'appui ; fig. soutien d'un vieillard. ♦ (Servant à frapper) → **gourdin, matraque, trique.** ♦ (Symbole d'autorité) loc. *Bâton de maréchal,* couronnement d'une carrière. **2** loc. *Mener une vie de bâton de chaise,* une vie déréglée. ➤ *Mettre des bâtons dans les roues* : susciter des obstacles. ➤ *Parler À BÂTONS ROMPUS,* de manière peu suivie. **3** Objet en forme de bâton. **4** Trait vertical. **5** fam. Somme de un million de centimes. → **brique.**

bâtonnat n. m. ▪ Fonction, état de bâtonnier de l'Ordre des avocats.

bâtonner v. tr. [1] ▪ Frapper avec un bâton.

bâtonnet n. m. ▪ **1** Petit bâton. **2** physiol. Cellule nerveuse de la rétine.

bâtonnier, ière n. ▪ Avocat(e) élu(e) par ses confrères pour présider l'Ordre.

batoude n. f. ▪ techn. Tremplin très flexible en usage dans les cirques.

batracien n. m. ▪ vieilli → **amphibien.**

battage n. m. ▪ **I** Action de battre (I, 3). **II** fig. Publicité tapageuse, exagérée.

① **battant** n. m. ▪ **1** Pièce métallique à l'intérieur d'une cloche, qui vient frapper ses parois. **2** Partie d'un panneau double (porte...) mobile sur des gonds.

② **battant, ante** adj. ▪ dans des expr. Qui bat. *Pluie battante,* très violente. ➝ *Le cœur battant* : avec émotion. ➝ *Tambour battant* : au son du tambour ; fig. rapidement, rondement.

③ **battant, ante** n. ▪ Personne combative.

batte n. f. ▪ Instrument pour battre, tasser, etc. ♦ (cricket, base-ball...) Bâton pour renvoyer la balle.

battée n. f. ▪ Partie du dormant contre laquelle vient battre une porte quand on la ferme.

battellement n. m. ▪ archit. Double rang de tuiles formant le bord inférieur d'un toit.

battement n. m. ▪ **1** Choc ou mouvement de ce qui bat ; bruit qui en résulte. **2** Mouvement alternatif de contraction et de dilatation du cœur. **3** Intervalle de temps.

batterie n. f. ▪ **I** Réunion de pièces d'artillerie et du matériel nécessaire à leur service ; emplacement destiné à les recevoir. ➝ (au plur.) loc. *Dévoiler ses batteries,* ses intentions cachées. **II 1** *Batterie de cuisine* : ustensiles de métal servant à faire la cuisine. **2** Ensemble, série d'éléments. ♦ Réunion de générateurs de courant électrique. ♦ *Élevage en batterie,* en grand nombre. **III** Ensemble des instruments à percussion d'un orchestre. ➝ Instrument à percussion complexe.

batteur, euse n. ▪ **I** Personne qui tient la batterie, joue de la batterie. **II** n. m. Ustensile ménager pour battre, mêler.

batteuse n. f. ▪ Machine qui sert à égrener des céréales, des plantes fourragères.

battle-dress [batœldʀɛs] n. m. invar. ▪ **1** Tenue de combat composée d'une courte veste de toile et d'un pantalon. **2** Blouson militaire en toile.

battoir n. m. ▪ **1** Instrument qui sert à battre (les tapis...). **2** fig., fam. Main large.

battre v. [41] ▪ **I** v. tr. dir. **1** Frapper à plusieurs reprises (un être vivant). ♦ loc. fig. *Se battre les flancs* : faire des efforts inutiles. ➝ vulg. *Je m'en bats les couilles,* fam. *l'œil* : je m'en moque. **2** Avoir le dessus sur (un adversaire). **3** Frapper (qqch.) avec un instrument. *Battre le blé. Battre l'or* (en feuilles minces). ➝ loc. *Battre le fer pendant qu'il est chaud* : profiter sans tarder d'une occasion favorable. ➝ fig. *Battre froid à qqn,* le traiter avec froideur. *Elle lui bat froid.* **4** Frapper sur ou dans (qqch.) pour remuer, agiter. ➝ *Battre les cartes,* les mélanger. **5** Parcourir pour rechercher, explorer. *Battre la campagne.* ➝ *Battre le pavé* : errer par les rues. **6** *Battre la mesure* : indiquer le rythme. **7** loc. *Battre pavillon* (+ adj.) : naviguer sous un pavillon (de telle nationalité). ➝ *Battre son plein**. **II** v. intr. **1** Produire des mouvements répétés. *Battre des mains.* **2** Être animé de mouvements répétés. *Son pouls bat vite.* ▷ v. pron. **se battre 1** récipr. Lutter, se donner des coups. **2** réfl. Combattre (qqn). ➝ fig. *Se battre pour un idéal.* ▷ adj. **battu, ue 1** Qui a reçu des coups. ♦ fig. *Yeux battus,* cernés. **2** Qui est vaincu. **3** Frappé avec un instrument.

battue n. f. ▪ Action de battre les taillis, les bois pour en faire sortir le gibier.

batture n. f. ▪ (Canada) Partie du rivage que la marée basse laisse à découvert. ⟶ **estran.**

baud [bo] n. m. ▪ techn. Unité de mesure de la vitesse de modulation d'un signal (symb. Bd).

baudet n. m. ▪ fam. Âne.

baudrier n. m. ▪ Bandoulière qui soutient une arme. ♦ Harnais d'alpiniste, etc.

baudroie n. f. ▪ Grand poisson de mer à grosse tête, à chair estimée. ⟶ **lotte.**

baudruche n. f. ▪ **1** Pellicule provenant de l'intestin du bœuf ou du mouton. **2** Fine pellicule de caoutchouc. ♦ Ballon de cette matière. **3** fig. Personne sans consistance.

bauge n. f. ▪ Gîte fangeux (du porc...).

baume n. m. ▪ **1** Résine odoriférante tirée de certaines plantes (⟶ **balsamique). 2** Préparation médicamenteuse calmante et cicatrisante. ♦ fig. Ce qui apaise, réconforte. *Cela me met du baume au cœur.*

baumier n. m. ▪ Balsamier.

bauxite n. f. ▪ Roche siliceuse, principal minerai d'aluminium.

bavard, arde adj. et n. ▪ **1** Qui aime à parler, parle avec abondance. **2** Qui ne sait pas tenir un secret, bavarde (2).

bavardage n. m. ▪ **1** Action de bavarder. **2** Propos de bavard. ⟶ **verbiage ; racontar.**

bavarder v. intr. [1] ▪ **1** Parler beaucoup. **2** Divulguer des choses qu'on devrait taire.

bavarois, oise ▪ **1** adj. et n. De Bavière. **2** *Bavarois(e)* n. m. et f. : entremets froid en gelée.

bavasser v. intr. [1] ▪ fam. et péj. Bavarder.

bave n. f. ▪ **1** Salive qui s'écoule de la bouche, ou de la gueule de certains animaux. **2** Sécrétion visqueuse de certains mollusques. **3** fig. Propos méchant.

baver v. intr. [1] ▪ **1** Laisser couler de la bave. ➝ fig., fam. *Il en bave d'envie.* **2** fam. EN BAVER : peiner, souffrir. **3** *Baver sur,* médire. **4** (sujet chose) Se répandre, couler.

bavette n. f. ▪ **I 1** Bavoir. **2** Haut d'un tablier, etc., qui couvre la poitrine. **3** Partie inférieure de l'aloyau. **II** loc. fam. *Tailler une bavette* : bavarder (avec qqn).

baveux, euse adj. ▪ **1** Qui bave (1). **2** *Omelette baveuse,* peu cuite, moelleuse.

bavoir n. m. ▪ Pièce de lingerie qui protège la poitrine des bébés.

bavolet n. m. ▪ ancienn^t Coiffure de paysanne couvrant les côtés et l'arrière de la tête.

bavure n. f. ▪ **1** Trace laissée par un moule. **2** Trace d'encre sur un dessin, etc. ➛ loc. fam. *Sans bavure(s)* : parfaitement exécuté, impeccable ; impeccablement. **3** Erreur fâcheuse. *Bavure policière.*

bayadère [-aj-] n. f. ▪ Danseuse sacrée de l'Inde.

bayer [baje] v. intr. 1 ▪ littér. → **béer.** ➛ loc. *Bayer aux corneilles* : rêvasser.

bayou [baju] n. m. ▪ (Louisiane) Eaux peu profondes à faible courant ou stagnantes.

bay-window [bɛwindo] n. f. ▪ anglic. Bow-window. *Des bay-windows.*

bazar n. m. ▪ **1** Marché public, en Orient. → **souk. 2** Magasin où l'on vend toutes sortes d'objets. **3** fig., fam. Lieu en désordre.

bazarder v. tr. 1 ▪ fam. Se débarrasser, se défaire rapidement de (qqch.).

bazin n. m. → **basin**

bazooka [-zu-] n. m. ▪ Lance-roquettes antichar.

bazou n. m. ▪ (Canada) Vieille voiture délabrée. → ② **citron.**

B. C. B. G. adj. (sigle) ▪ Bon chic* bon genre.

B. C. G. n. m. (n. déposé ; sigle) ▪ Vaccin antituberculeux.

B. D. n. f. (abrév.) ▪ fam. Bande* dessinée. - var. **BD, bédé.**

Be ▪ Symbole chimique du béryllium.

bé ou **bê** interj. ▪ Onomatopée qui imite le bêlement.

beach-volley [bitʃvolɛ] n. m. ▪ anglic., sports Volley-ball de plage, à deux équipes de deux joueurs.

beagle [bigl] n. m. ▪ Basset à jambes droites.

béant, ante adj. ▪ littér. Grand ouvert. *Bouche béante.* → **bée.** ➛ Qui ouvre grand la bouche. *Béant d'admiration.* ► **béance** n. f. littér.

béarnais, aise ▪ **1** adj. et n. Du Béarn. **2** *Sauce béarnaise* ou n. f. *béarnaise* : sauce épaisse au beurre et aux œufs.

① **beat** [bit] adj. invar. ▪ anglic. Relatif à la « beat generation ». *Allan Ginsberg, écrivain beat.*

② **beat** [bit] n. m. ▪ anglic., mus. Pulsation rythmique, en jazz, musique techno, etc.

béat, ate adj. ▪ Qui exprime une satisfaction tranquille. ► **béatement** adv.

béatification n. f. ▪ Acte pontifical par lequel une personne défunte est mise au rang des bienheureux. ► **béatifier** v. tr. 7

béatifique adj. ▪ relig. Qui procure la béatitude.

béatitude n. f. ▪ **1** théol. Félicité parfaite des élus au paradis. **2** Bonheur parfait.

beatnik [bitnik] n. et adj. ▪ anglic. Personne en révolte contre le conformisme bourgeois et la société de consommation. *Les beatniks des années 1960.* → ③ **baba, hippie.** ➛ adj. *Mouvement beatnik.*

① **beau** (ou **bel** devant voyelle ou *h* muet et dans des locutions), **belle** adj. ▪ **I** Qui fait éprouver une émotion esthétique ; qui plaît à l'œil. → **joli, magnifique, ravissant, splendide, superbe ;** s'oppose à *laid.* **II** Qui fait naître un sentiment d'admiration ou de satisfaction (s'oppose à *mauvais, médiocre*). **1** Remarquable, admirable. *Un beau talent.* ➛ *Un beau geste.* → **bon, généreux. 2** Très satisfaisant, très réussi. *Un beau voyage.* ♦ (temps) Clair, ensoleillé. **3** Qui est grand ou important. *Un beau poulet. Un bel appétit.* **4** iron. Mauvais, vilain. *C'est du beau travail !* **5** *AVOIR BEAU* (+ inf.) : s'efforcer en vain de. ➛ *On a beau dire* : quoi qu'on dise. **6** *BEL ET BIEN* loc. adv. : réellement, véritablement. ➛ *DE PLUS BELLE* : de nouveau et encore plus fort. **III** n. → ② **beau ; belle.**

② **beau** n. m. ▪ **I** Ce qui fait éprouver une émotion esthétique, un sentiment d'admiration. → **beauté. II 1** *Un vieux beau* : un vieil homme coquet. **2** loc. *Faire le beau,* se dresser sur ses pattes postérieures (chien) ; fig. (personnes) frimer.

beaucoup adv. ▪ **1** *Beaucoup de* : un grand nombre, une grande quantité, un haut degré de. **2** nominal De nombreuses choses, personnes. *Beaucoup vinrent. Avoir beaucoup à faire.* ➛ *DE BEAUCOUP* : avec une grande différence. **3** avec un verbe En grande quantité ; intensément. *Travailler beaucoup.* **4** avec un compar. *C'est beaucoup mieux.*

beauf n. ▪ fam. **1** n. m. Beau-frère. **2** péj. Français moyen étroit d'esprit et phallocrate.

beau-fils [-fis] n. m. ▪ **1** Fils que l'autre conjoint a eu précédemment. **2** Gendre.

beaufort n. m. ▪ Fromage de Savoie à pâte cuite.

beau-frère n. m. ▪ **1** Frère du conjoint, pour l'autre conjoint. **2** Mari de la sœur ou de la belle-sœur de qqn.

beaujolais n. m. ▪ Vin du Beaujolais.

beau-parent n. m. ▪ **1** au plur. Les parents du conjoint, pour l'autre conjoint. **2** Celui ou celle qui vit avec un de ses parents, pour un enfant d'une autre union. → **coparent.**

beau-père n. m. ▪ **1** Père du conjoint, pour l'autre conjoint. **2** Second mari de la mère, pour les enfants d'un premier lit.

beaupré n. m. ▪ mar. Mât d'avant, oblique.

beauté n. f. ▪ **I 1** Caractère de ce qui est beau (I). *Étude de la beauté.* → **esthétique. 2** Qualité d'une personne belle. ➛ loc. *La beauté du diable* : la beauté de la jeunesse. **3** *Une beauté* : une femme très belle. **4** au plur. *Les beautés* : les belles choses (d'un lieu, d'une œuvre...).

II Caractère de ce qui est moralement admirable. ➛ *Pour la beauté du geste* : dans un esprit désintéressé.

beaux-arts [boz-] n. m. pl. ■ Arts qui ont pour objet la représentation du beau et, spécialt, du beau plastique (peinture, etc.).

beaux-enfants [boz-] n. m. pl. ■ Enfants que l'autre conjoint a eus d'une autre union, pour un conjoint.

bébé n. m. ■ **1** Enfant très jeune, en bas âge. ➛ loc. *Jeter le bébé avec l'eau du bain* : rejeter en bloc qqch., sans tenir compte d'aspects positifs. **2** Très jeune animal (avec un nom en appos.). *Des bébés phoques.*

bébé-éprouvette n. m. ■ Bébé conçu par fécondation in vitro. *Des bébés-éprouvette.*

bebelle n. f. ■ (Canada, Louisiane) (surtout plur.) fam. **1** Jouet. **2** Chose insignifiante. → **babiole.** - var. **bébelle.**

bébête ■ fam. **1** adj. Un peu bête. **2** n. f. Petite bête.

be-bop [bibɔp] n. m. ■ Style de jazz développé au début des années 1940. *Des be-bops.*

bec n. m. ■ **1** Bouche cornée et saillante des oiseaux, démunie de dents. ♦ Bouche cornée (des tortues, etc.). **2** loc. fam. *Être le bec dans l'eau,* dans l'incertitude. ➛ *Se défendre bec et ongles,* par tous les moyens. ♦ *Ouvrir le bec,* la bouche (pour parler, manger). ➛ *Prise de bec* : dispute. **3** (Belgique, Suisse, Canada) fam. Baiser. **4** Extrémité terminée en pointe. ♦ Embouchure de certains instruments à vent. **5** Brûleur à gaz. ➛ anciennt *BEC DE GAZ* : réverbère à gaz. ➛ loc. fam. *TOMBER SUR UN BEC* : rencontrer un obstacle.

bécane n. f. ■ fam. **1** Machine, spécialt ordinateur. **2** Bicyclette, cyclomoteur ou moto.

bécard n. m. ■ **1** Saumon mâle. **2** Brochet d'une certaine taille.

bécarre n. m. ■ Signe de musique (♮) placé devant une note modifiée par un dièse ou un bémol, pour la rétablir dans un ton naturel.

bécasse n. f. ■ **1** Échassier migrateur, à chair très estimée. **2** fam. Femme sotte.

bécasseau n. m. ■ **1** Petit de la bécasse. **2** Petit échassier des bords des étangs ou de la mer.

bécassine n. f. ■ **1** Échassier migrateur de petite taille, aux pattes dénudées. **2** fam. Jeune fille niaise.

bec-croisé n. m. ■ Passereau dont les mandibules du bec se croisent à la façon de lames de ciseaux. *Des becs-croisés.*

bec-d'âne → **bédane**

bec-de-cane n. m. ■ Pêne d'une serrure qui rentre lorsqu'on manœuvre le bouton, la poignée. ➛ Cette poignée. *Des becs-de-cane.*

bec-de-corbeau n. m. ■ Pince coupante. ➛ Outil tranchant recourbé à une extrémité. *Des becs-de-corbeau.*

bec-de-corbin n. m. ■ techn. **1** Arme ancienne en forme de marteau. **2** Ciseau à fer pointu et recourbé. *Des becs-de-corbin.*

bec-de-lièvre n. m. ■ Malformation congénitale de la face, fissure de la lèvre supérieure. *Des becs-de-lièvre.*

becfigue n. m. ■ Passereau appelé aussi *bec-fin* ; spécialt fauvette.

bêchage n. m. ■ Action de bêcher.

béchamel n. f. ■ Sauce blanche au lait.

bêche n. f. ■ Outil de jardinage fait d'un fer large, plat et tranchant adapté à un manche.

bécher [-ɛʀ] n. m. ■ chim. Gobelet utilisé dans les laboratoires.

bêcher v. tr. [1] ■ Fendre, retourner (la terre) à la bêche.

bêcheur, euse n. ■ Personne prétentieuse.

bécot n. m. ■ fam. Baiser affectueux.

bécoter v. tr. [1] ■ fam. Donner des bécots. ➛ pronom. S'embrasser. - var. **bécotter.**

becquée ou **béquée** n. f. ■ Nourriture qu'un oiseau prend dans son bec.

becquerel n. m. ■ phys. Unité de mesure d'activité radioactive (symb. Bq).

becquet n. m. → **béquet**

becquetance n. f. ■ fam. Nourriture. - var. **bectance.**

becqueter v. tr. [4] ■ **1** Piquer avec le bec. → **picorer. 2** fam. Manger. - var. **becter** [1]

bedaine n. f. ■ fam. Gros ventre.

bed and breakfast [bɛdɛndbʀɛkfœst] n. m. invar. ■ Hébergement chez l'habitant, dans les pays anglo-saxons, incluant chambre et petit-déjeuner.

bédane n. m. ■ techn. Burin étroit dont le tranchant est dans le sens de l'épaisseur. - syn. **bec-d'âne.**

bédé n. f. → **B. D.**

bédéaste ou **bédéiste** n. ■ Auteur de bandes dessinées.

bedeau n. m. ■ Employé laïque préposé au service d'une église. → **sacristain.**

bédéthèque n. f. ■ **1** Collection de bandes dessinées. **2** Lieu où elles sont entreposées.

bedon n. m. ■ fam. Ventre rebondi.

bedonnant, ante adj. ■ fam. Qui a du ventre.

bedonner v. intr. [1] ■ fam. Avoir du ventre.

bédouin, ine n. ■ Arabe nomade du désert.

bée adj. (de *béer*) ■ *Bouche bée* : la bouche ouverte (d'admiration, d'étonnement...).

béer v. intr. [1] ■ littér. Ouvrir grand la bouche.

beffroi n. m. ■ région. Tour, clocher.

bégaiement n. m. ■ Trouble de la parole, répétition de syllabes et arrêt involontaire du débit.

bégayer v. intr. [8] ▪ **1** Souffrir de bégaiement. **2** S'exprimer d'une manière maladroite, hésitante. ◆ trans. *Bégayer une excuse.* → **balbutier.** ► **bégayant, ante** adj.

bégonia n. m. ▪ Plante originaire d'Amérique tropicale, cultivée pour ses fleurs.

bègue adj. et n. ▪ (Personne) qui bégaie.

bégueule adj. et n. ▪ D'une pruderie affectée.

béguin n. m. ▪ **I** anciennt Coiffe (d'abord, de béguine). **II 1** Amour vif et passager. **2** Personne qui en est l'objet.

béguinage n. m. ▪ Couvent de béguines.

béguine n. f. ▪ (en Belgique, aux Pays-Bas) Religieuse qui n'a pas prononcé de vœux perpétuels.

bégum [-ɔm] n. f. ▪ Princesse indienne.

behaviorisme [bievjɔʀism ; beav-] n. m. ▪ didact. Théorie qui limite la psychologie à l'observation du comportement. ► **behavioriste** adj. et n.

beige adj. ▪ D'un brun très clair.

beigeasse adj. ▪ péj. D'un vilain beige. - syn. **beigeâtre.**

beigne ▪ **I** n. f. fam. Coup, gifle. **II** n. m. (Canada) Pâtisserie faite de pâte frite saupoudrée de sucre.

beignet n. m. ▪ Préparation de pâte frite enveloppant un aliment. ♦ Mets sucré fait de pâte frite.

béké n. ▪ Créole né aux Antilles françaises.

bel adj. et adv. → ① **beau**

belcantiste n. ▪ Chanteur, chanteuse de bel canto.

bel canto n. m. invar. ▪ L'art du chant, selon les traditions de l'opéra italien.

bêlement n. m. ▪ **1** Cri du mouton, de la chèvre. **2** Plainte niaise.

bélemnite n. f. ▪ paléont. Mollusque céphalopode fossile, proche de la seiche.

bêler v. intr. [1] ▪ **1** Pousser un bêlement. **2** Se plaindre niaisement. ► **bêlant, ante** adj.

belette n. f. ▪ Petit mammifère carnassier, bas sur pattes, de couleur fauve.

belge adj. et n. ▪ De Belgique. → **flamand, wallon.** ◆ n. *Les Belges.*

belgicisme n. m. ▪ ling. Particularité du français de Belgique.

belgitude n. f. ▪ littér. Ensemble des caractères culturels propres à la Belgique. ◆ Sentiment d'appartenance à la Belgique.

bélier n. m. ▪ **I 1** Mâle non châtré de la brebis. **2** hist. Machine de guerre servant à enfoncer des murailles. **3** techn. Machine à enfoncer les pieux. → **mouton.** ♦ Machine hydraulique. **II** Premier signe du zodiaque (21 mars-20 avril). ◆ *Elles sont Bélier.*

bélière n. f. ▪ Anneau auquel est suspendu le battant d'une cloche. ◆ Anneau d'une montre, d'une médaille.

bélître n. m. ▪ vx Vaurien (terme d'injure).

belladone n. f. ▪ Plante vénéneuse à baies noires, utilisée en médecine.

bellâtre n. m. ▪ Bel homme fat et niais.

belle n. f. ▪ **I** Belle femme ou jeune fille. **II** Partie qui doit départager deux joueurs à égalité. **III** loc. fam. *SE FAIRE LA BELLE :* s'évader.

belle-de-jour n. f. ▪ Liseron. *Des belles-de-jour.*

belle-de-nuit n. f. ▪ Plante à grandes fleurs qui s'ouvrent le soir. *Des belles-de-nuit.*

belle-doche n. f. ▪ fam. et péj. Belle-mère. *Des belles-doches.*

belle-famille n. f. ▪ Famille du conjoint.

belle-fille n. f. ▪ **1** Fille que l'autre conjoint a eue auparavant. **2** Épouse du fils. → **bru.**

belle-mère n. f. ▪ **1** Mère de l'autre conjoint. **2** Seconde femme du père, pour les enfants d'un premier lit. → vx **marâtre.**

belles-lettres n. f. pl. ▪ vieilli La littérature (du point de vue esthétique).

belle-sœur n. f. ▪ **1** Sœur du conjoint, pour l'autre conjoint. **2** Femme du frère ou du beau-frère de qqn.

bellicisme n. m. ▪ Attitude belliciste.

belliciste adj. et n. ▪ Qui pousse à la guerre.

belligérant, ante adj. et n. m. ▪ (État) en guerre. ► **belligérance** n. f.

belliqueux, euse adj. ▪ **1** Qui aime la guerre, excite à la guerre. **2** Agressif.

belluaire n. m. ▪ Antiq. Gladiateur qui combattait des fauves. → ① **bestiaire.**

belon n. m. ▪ Variété d'huître plate, très savoureuse.

belote n. f. ▪ Jeu de cartes à combinaisons.

bélouga ou **béluga** [beluga] n. m. ▪ **1** Mammifère cétacé des eaux arctiques. **2** Variété d'esturgeon. ◆ Caviar de cet esturgeon, très apprécié.

belvédère n. m. ▪ Construction en un lieu élevé, d'où la vue s'étend au loin.

bémol n. m. ▪ Signe musical (♭) baissant d'un demi-ton la note devant laquelle il est placé.

ben [bɛ̃] adv. ▪ **1** rural Bien. **2** fam. Eh bien.

bénard n. m. ▪ fam. Pantalon. - abrév. **ben** [bɛn].

bendir [bɛndiʀ] n. m. ▪ Grand tambour d'Afrique du Nord.

bénédicité n. m. ▪ Prière catholique prononcée avant le repas.

bénédictin, ine n. ▪ **I** Religieux, religieuse de l'ordre de saint Benoît. ◆ loc. *Travail de bénédictin,* qui exige de l'érudition et du soin. **II** n. f.

(nom déposé) Liqueur fabriquée à l'origine dans un couvent de bénédictins.

bénédiction n. f. ■ **1** Grâce, faveur accordée par Dieu. **2** Action du prêtre qui bénit (qqn, qqch.). **3** (Approbation, protection...) *Donner sa bénédiction à qqn.*

bénef n. m. ■ fam. Bénéfice. *C'est tout bénef.*

bénéfice n. m. ■ **I 1** littér. Avantage. ➝ loc. *Le bénéfice du doute* (quand on doute de la culpabilité). ➝ *AU BÉNÉFICE DE :* au profit de. **2** hist. Patrimoine attaché à une dignité ecclésiastique. **3** dr. Faveur, privilège que la loi accorde à qqn. *Le bénéfice des circonstances atténuantes.* **II** Gain réalisé dans une opération, une entreprise. → **profit.**

bénéficiaire ■ **1** n. Personne qui bénéficie (d'un avantage...). **2** adj. Relatif au bénéfice (II).

bénéficier v. [7] ■ *BÉNÉFICIER DE* v. tr. ind. : profiter de (un avantage).

bénéfique adj. ■ Qui fait du bien.

benêt n. m. ■ Homme, garçon niais.

bénévole adj. ■ **1** Qui fait qqch. sans obligation et gratuitement. ➝ n. *Des bénévoles.* **2** Fait gratuitement et sans obligation. ► **bénévolement** adv. ► **bénévolat** n. m.

bengali, ie [bɛ̃-] ■ **I** n. m. Petit oiseau passereau au plumage brun tacheté de couleurs vives. **II** adj. et n. Du Bengale.

béni, ie adj. ■ Qui a été béni (I, 1). ≠ *bénit.*

bénichon n. f. ■ (Suisse) Fête traditionnelle (canton de Fribourg).

bénin, igne adj. ■ **1** littér. Bienveillant, indulgent. **2** Sans conséquence grave. *Tumeur bénigne* (opposé à *maligne*). ► **bénignité** n. f. littér. ou didact.

béni-oui-oui n. m. invar. ■ fam. Personne toujours empressée à approuver les initiatives d'une autorité établie.

bénir v. tr. [2] ■ **I 1** (Dieu) Répandre sa bénédiction sur. **2** Appeler la bénédiction de Dieu sur (qqn, qqch.). **3** Souhaiter solennellement bonheur, etc. à (qqn). **II 1** Louer, glorifier (Dieu). **2** Glorifier, remercier (qqn, qqch.).

bénit, ite adj. ■ (choses) Qui a reçu la bénédiction rituelle du prêtre (≠ *béni*). ➝ loc. *C'est pain bénit :* c'est parfait, mérité.

bénitier n. m. ■ Vasque pour l'eau bénite. ♦ loc. fam. *Grenouille de bénitier :* bigote.

benjamin, ine [bɛ̃-] n. ■ Le, la plus jeune (d'une famille, d'un groupe).

benjoin [bɛ̃-] n. m. ■ Résine balsamique.

benne n. f. ■ **1** Caisse servant au transport de matériaux dans les mines, etc. **2** Partie basculante d'un camion. ➝ Le camion. *Benne à ordures.* **3** Cabine de téléphérique.

benoît, oîte adj. ■ vieilli Doucereux. ► **benoîtement** adv.

benoîte n. f. ■ Plante des bois à fleurs jaunes.

benthique [bɛ̃-] adj. ■ didact. Relatif au fond des eaux ; qui vit au fond des eaux.

benthos [bɛ̃tos] n. m. ■ didact. Ensemble des organismes qui vivent au fond des eaux.

bento [bɛnto]n. m. ■ Repas japonais transporté dans un coffret compartimenté. ♦ Coffret contenant ce repas.

bentonite [bɛ̃-] n. f. ■ géol. Argile absorbante, à grand pouvoir décolorant.

benzène [bɛ̃-] n. m. ■ Hydrocarbure, liquide incolore, inflammable, extrait des goudrons de houille. ► **benzénique** adj.

benzine [bɛ̃-] n. f. ■ Benzol purifié, employé comme détachant.

benzoate [bɛ̃-] n. m. ■ chim. Sel ou ester de l'acide benzoïque.

benzodiazépine [bɛ̃-] n. f. ■ chim. Composé chimique utilisé comme anxiolytique et hypnotique. - abrév. **BZD.**

benzoïque [bɛ̃-] adj. ■ chim. *Acide benzoïque :* acide organique extrait du benjoin ou produit à partir du toluène.

benzol [bɛ̃-] n. m. ■ Mélange d'hydrocarbures (benzène, toluène et xylène).

benzolisme [bɛ̃-] n. m. ■ méd. Intoxication due à la manipulation du benzol.

benzopyrène [bɛ̃-] n. m. ■ chim. Hydrocarbure aromatique produit lors d'une combustion incomplète, cancérigène.

béotien, enne n. et adj. ■ **I** hist. De Béotie. **II** Lourd, grossier, inculte.

béotisme n. m. ■ littér. Lourdeur, grossièreté du béotien.

B. E. P. n. m. (sigle) ■ (en France) Brevet d'études professionnelles.

B. E. P. C. n. m. (sigle) ■ (en France) anciennt Brevet d'études du premier cycle. → **brevet.**

béquée n. f. → **becquée**

béquet ou **becquet** n. m. ■ imprim. Petit papier écrit qu'on ajoute à une épreuve.

béquillard, arde adj. ■ fam. Qui se déplace avec des béquilles. ➝ n. *Une béquillarde.*

béquille n. f. ■ **1** Bâton surmonté d'une traverse sur laquelle on s'appuie pour marcher. **2** Dispositif de soutien, de support.

béquiller v. [1] ■ **1** v. intr. Marcher avec des béquilles. **2** v. tr. Étayer avec une ou des béquilles.

ber [bɛʀ] n. m. ■ mar. Charpente soutenant un bateau en construction.

berbère adj. et n. ■ Du peuple autochtone d'Afrique du Nord (ex. kabyle, touareg). ♦ n. m. Langue sémitique des Berbères.

bercail n. m. sing. ■ plais. Foyer, pays (natal).

berçant, ante adj. ■ (Canada) *Chaise berçante* ou n. f. *berçante :* chaise, fauteuil à bascule. → **rocking-chair.**

berce n. f. ▪ bot. Plante à fleurs blanches des lieux humides.

berceau n. m. ▪ **I 1** Petit lit de bébé (que l'on peut balancer). ♦ littér. La petite enfance. **2** Lieu d'origine (de qqn, d'une institution...). **II 1** archit. Voûte en plein cintre. **2** Support d'un moteur.

bercelonnette n. f. ▪ Berceau monté sur deux pieds en forme de croissants. - var. **barcelonnette.**

bercement n. m. ▪ Action de bercer.

bercer v. tr. [3] ▪ **1** Balancer dans un berceau. ♦ Balancer doucement. **2** passif et p. p. littér. *Être bercé de, par,* imprégné, nourri de (qqch.). **3** littér. Apaiser, consoler. *Bercer sa peine.* **4** littér. Leurrer, tromper.

berceur, euse adj. ▪ Qui berce.

berceuse n. f. ▪ Chanson, musique pour endormir un enfant.

berdasser → **bardasser**

béret n. m. ▪ Coiffure souple, ronde et plate.

bergamasque n. f. ▪ Danse folklorique du XVIIIe s.

bergamote n. f. ▪ **1** Variété de poire fondante. **2** Fruit acide (agrume) du bergamotier. **3** Bonbon à la bergamote (2).

bergamotier n. m. ▪ Arbre dont le fruit est la bergamote.

① **berge** n. f. ▪ Bord relevé (d'un cours d'eau, etc.). → **rive ; talus.**

② **berge** n. f. ▪ fam. Année (d'âge).

berger, ère n. ▪ **1** Personne qui garde les moutons. **2** n. m. Chien de berger.

bergère n. f. ▪ Fauteuil large, à coussin.

bergerie n. f. ▪ **1** Lieu, bâtiment où l'on abrite les moutons. ➛ loc. *Enfermer le loup dans la bergerie,* laisser qqn dans un lieu où il peut faire du mal. **2** Poème pastoral.

bergeronnette n. f. ▪ Passereau à longue queue qui vit au bord de l'eau.

béribéri n. m. ▪ Maladie due au manque de vitamine B.

berimbau [beʀimbo] n. m. ▪ Instrument de musique brésilien, arc que l'on fait résonner en frappant sa corde avec une baguette.

berk ou **beurk** interj. ▪ Interjection exprimant le dégoût. → **pouah.**

berkélium [-jɔm] n. m. ▪ chim. Élément radioactif artificiel (symb. Bk ; n° at. 97 ; masse at. 247).

berline n. f. ▪ **1** Automobile à quatre portes et quatre glaces latérales. **2** Chariot pour le transport de la houille, dans les mines.

berlingot n. m. ▪ **1** Bonbon aromatisé, en forme de tétraèdre. **2** Emballage pour les liquides, de cette forme.

berlue n. f. ▪ fam. *Avoir la berlue,* des visions.

berme n. f. ▪ **1** Chemin laissé entre une levée et le bord d'un canal ou d'un fossé. **2** (Belgique, Suisse) Séparateur axial au centre d'une route.

bermuda n. m. ▪ Short long (au genou).

bernache ou **bernacle** n. f. ▪ **1** Petite oie sauvage. **2** Anatife (crustacé marin).

bernardin, ine n. ▪ Religieux, religieuse de l'ordre de Saint-Benoît, réformé par saint Bernard. → **cistercien.**

bernard-l'hermite ou **bernard-l'ermite** n. m. invar. ▪ Crustacé qui loge dans une coquille vide de gastéropode.

en **berne** loc. adj. ▪ (pavillon) Hissé à mi-mât, en signe de deuil, de détresse. ♦ fig. *Moral en berne,* très bas. ➛ *Croissance en berne,* en baisse.

berner v. tr. [1] ▪ Tromper en ridiculisant.

bernicle ou ① **bernique** n. f. ▪ Patelle.

② **bernique** interj. ▪ vieilli Rien à faire.

bersaglier [bɛʀsaglije ; bɛʀsaljɛʀ] n. m. ▪ Soldat italien de l'infanterie légère.

béryl n. m. ▪ Pierre précieuse, silicate d'aluminium et de béryllium. → **aigue-marine, émeraude.**

béryllium [-jɔm] n. m. ▪ Élément (symb. Be, n° at. 4, masse at. 9,0122), métal gris, dur et léger.

à tout(e) **berzingue** loc. adv. ▪ fam. À toute vitesse.

besace n. f. ▪ Sac long, ouvert par le milieu et dont les extrémités forment deux poches.

besant n. m. ▪ **1** hist. Monnaie byzantine. **2** archit. Ornement en forme de disque saillant.

bésef ou **bézef** adv. ▪ fam. Beaucoup.

besicles [bezikl ; bəzikl] n. f. pl. ▪ vx ou plais. Lunettes. - var. **bésicles.**

besogne n. f. ▪ Travail imposé (par la profession, etc.). ➛ loc. *Aller vite en besogne,* travailler rapidement ; fig. brûler les étapes.

besogner v. intr. [1] ▪ Travailler péniblement.

besogneux, euse adj. ▪ **1** littér. Qui est dans le besoin. **2** Qui travaille péniblement.

besoin n. m. ▪ **I 1** Exigence née de la nature ou de la vie sociale. → **appétit, envie.** *Besoin d'affection.* ➛ *Les besoins naturels,* la nécessité d'uriner, d'aller à la selle. ♦ loc. *Pour les besoins de la cause* (qu'on défend). **2** loc. *AVOIR BESOIN DE qqn, qqch. ; de* (+ inf.) ; *que* (+ subj.) : ressentir la nécessité de. ♦ littér. *Il est besoin de* (+ inf.) : il est nécessaire de. ➛ *Si besoin est :* si cela est nécessaire. ♦ *AU BESOIN* loc. adv. : en cas de nécessité. **II** État de privation. → **dénuement, gêne ; pauvreté.** *Être dans le besoin.*

bessemer [bɛsmɛʀ] n. m. ▪ techn. Convertisseur pour transformer la fonte en acier.

besson, onne n. ▪ région. Jumeau, jumelle.

① **bestiaire** n. m. ▪ Antiq. Gladiateur qui combattait les bêtes féroces. → **belluaire.**

② **bestiaire** n. m. ▪ Recueil de fables, de textes sur les animaux.

bestial, ale, aux adj. ▪ Qui tient de la bête, assimile à la bête. ► **bestialement** adv.

bestialité n. f. ▪ **1** Caractère bestial. **2** vieilli Zoophilie.

bestiaux n. m. pl. ▪ Ensemble des animaux qu'on élève dans une ferme (à l'exclusion des animaux de basse-cour). → **bétail.**

bestiole n. f. ▪ Petite bête ; spécialt insecte.

best of [bɛstɔf] n. m. invar. ▪ anglic. Sélection de succès musicaux, des meilleurs moments (d'une émission...).

best-seller [bɛstsɛlœʀ] n. m. ▪ anglic. Livre qui a obtenu un grand succès. *Des best-sellers.*

① **bêta** n. m. ▪ Deuxième lettre de l'alphabet grec (β, ϐ).

② **bêta, asse** n. et adj. ▪ fam. Niais.

bêtabloquant n. m. ▪ méd. Substance utilisée dans le traitement de l'hypertension.

bétail n. m. sing. ▪ Ensemble des animaux élevés pour la production agricole. → **bestiaux, cheptel.** *Le gros bétail* (bovins, chevaux). *Le petit bétail* (ovins, porcins).

bétaillère n. f. ▪ Véhicule servant à transporter le bétail.

bêtatest [-tɛst] n. m. ▪ Ensemble de tests effectués avant la commercialisation d'un logiciel.

bêtatesteur, euse n. ▪ Personne qui teste un logiciel.

bêtatron n. m. ▪ sc. Accélérateur circulaire de particules.

bête ▪ **I** n. f. **1** Tout être animé, à l'exception de l'homme. → **animal.** ➝ loc. *Bête à bon Dieu :* coccinelle. **2** loc. *Chercher la petite bête,* être critique à l'excès. ➝ *C'est sa bête noire,* il déteste cette personne, cette chose. ➝ *Comme une bête :* avec acharnement. **3** Personne dominée par ses instincts. «*La Bête humaine*» (roman de Zola). **4** Personne inintelligente. **II** adj. **1** Qui manque d'intelligence. → **idiot, imbécile. 2** (choses) Qui indique la bêtise ; stupide.

bétel n. m. ▪ Mélange de feuilles d'un poivrier exotique, de tabac, de noix d'arec, mâché dans les régions tropicales.

bêtement adv. ▪ D'une manière bête, stupide. ♦ loc. *Tout bêtement,* tout simplement.

bêtifier v. intr. [7] ▪ Dire des bêtises. ► **bêtifiant, iante** adj.

bêtise n. f. ▪ **I 1** Manque d'intelligence et de jugement. **2** Action ou parole sotte ou maladroite. **3** Action, parole, chose futile. → **broutille. 4** Action déraisonnable. **II** *Bêtise de Cambrai :* berlingot à la menthe.

bêtisier n. m. ▪ → **sottisier.**

bétoine n. f. ▪ Plante vivace des bois, à fleurs pourpres.

béton n. m. ▪ Matériau de construction, mélange de mortier et de gravier. *Béton armé.* ♦ loc. adj. fig. *EN BÉTON :* inébranlable.

bétonisation n. f. ▪ péj. Construction massive de bâtiments.

bétonner v. tr. [1] ▪ Construire en béton. ♦ fig. Rendre solide, sûr. ▷ adj. **bétonné, ée** ► **bétonnage** n. m.

bétonnière n. f. ▪ Machine à cuve tournante, pour faire le béton. - syn. **bétonneuse.**

bette ou **blette** n. f. ▪ Plante proche de la betterave, dont on mange les feuilles et les côtes.

betterave n. f. ▪ Plante cultivée à racine épaisse. *Betterave fourragère ; potagère* (rouge et sucrée) ; *sucrière.*

betteravier, ière ▪ **1** adj. De la betterave. **2** n. m. Producteur de betteraves sucrières.

bétyle n. m. ▪ didact. Pierre levée à valeur symbolique sacrée au Moyen-Orient.

beu → **beuh**

beuglante n. f. ▪ fam. Protestation, remontrance bruyante. → **gueulante.**

beugler v. intr. [1] ▪ **1** (bovins) Pousser des cris. → **meugler. 2** fig. Produire un son puissant désagréable. ► **beuglement** n. m.

beuh n. f. ▪ fam. Marijuana. - var. **beu.**

beur n. ▪ fam. Personne née en France de parents immigrés maghrébins. ➝ au fém. *Une beur* ou *une beurette.*

beurk → **berk**

beurre n. m. ▪ **1** Corps gras alimentaire onctueux qu'on obtient en battant la crème du lait. ➝ *BEURRE NOIR :* beurre fondu noirci à la cuisson. ➝ loc. *Œil au beurre noir,* poché. ♦ loc. fam. *Mettre du beurre dans les épinards,* améliorer sa situation financière. ➝ *Faire son beurre,* s'enrichir. **2** *Beurre de...,* pâte formée d'une substance mêlée à du beurre. **3** Substance grasse extraite de végétaux.

① **beurré, ée** adj. ▪ **1** Recouvert de beurre. **2** fam. Ivre, soûl.

② **beurré** n. m. ▪ Variété de poire fondante. *Beurré Hardy.*

beurrée n. f. ▪ (Canada) Tartine.

beurrer v. tr. [1] ▪ Recouvrir de beurre. ▷ adj. **beurré, ée 1** *Tartine beurrée.* **2** fam. Ivre.

beurrerie n. f. ▪ **1** Lieu où l'on fait le beurre. **2** Industrie du beurre.

beurrier n. m. ▪ Récipient pour le beurre.

beuverie n. f. ▪ Réunion où l'on s'enivre.

bévue n. f. ▪ Méprise, erreur grossière due à l'ignorance ou à l'inadvertance. → **impair.**

bey n. m. ▪ hist. Titre de souverains vassaux du sultan ou de hauts fonctionnaires turcs.

beylical, ale, aux [beli-] adj. ▪ hist. Qui se rapporte au bey. *Palais beylical.*

beylicat n. m. ▪ Souveraineté du bey.

bézef adv. → **bésef**

Bh ▪ Symbole chimique du bohrium.

Bi ▪ Symbole chimique du bismuth.

bi- Élément, du latin *bis.* → **bis- ; di-.**

biais n. m. ▪ **1** Ligne, direction oblique. ◆ (dans un tissu) Sens de la diagonale par rapport au droit fil. ♦ loc. adv. *DE BIAIS, EN BIAIS* : obliquement, de travers. **2** fig. Côté, aspect. ♦ Moyen détourné, artificieux.

biaiser v. intr. [1] ▪ User de moyens détournés. ▸ **biaisement** n. m.

biathlon n. m. ▪ Épreuve olympique associant une course de ski nordique au tir à la carabine. ▸ **biathlète** n.

bibande adj. ▪ télécomm. (téléphone) Capable de fonctionner sur deux bandes de fréquences distinctes.

bibelot n. m. ▪ Petit objet décoratif.

bibendum [bibɛ̃dɔm] n. m. ▪ fam. Homme corpulent.

biberon n. m. ▪ **I** Bouteille munie d'une tétine, pour nourrir un bébé. **II** vx Ivrogne.

biberonner v. [1] ▪ **I** v. tr. Nourrir au biberon. **II** v. intr. fam. Boire de l'alcool avec excès.

① **bibi** n. m. ▪ fam. Petit chapeau de femme.

② **bibi** pron. ▪ fam. Moi.

bibine n. f. ▪ Mauvaise boisson.

bible n. f. ▪ **1** (avec maj.) Recueil des textes de l'Ancien et du Nouveau Testament. **2** Le livre lui-même. **3** Ouvrage faisant autorité.

biblio- Élément, du grec *biblion* «livre».

bibliobus [-bys] n. m. ▪ Véhicule aménagé en bibliothèque de prêt.

bibliographie n. f. ▪ **1** Liste des écrits relatifs à un sujet. **2** Science des documents écrits, des livres. ▸ **bibliographe** n. ▸ **bibliographique** adj.

bibliologie n. f. ▪ didact. Science générale du livre.

bibliophile n. ▪ Personne qui aime, recherche et conserve avec soin les livres rares, précieux. ▸ **bibliophilie** n. f. ▸ **bibliophilique** adj.

bibliothécaire n. ▪ Personne préposée à une bibliothèque.

bibliothéconomie n. f. ▪ didact. Organisation et gestion des bibliothèques. ▸ **bibliothéconomique** adj.

bibliothèque n. f. ▪ **1** Meuble servant à ranger et classer des livres. **2** Salle, édifice où sont classés des livres, pour la lecture ou pour le prêt. **3** Collection de livres.

biblique adj. ▪ Relatif à la Bible. ◆ loc. *D'une simplicité biblique,* très simple.

bibliste n. m. ▪ Spécialiste de la Bible.

Bic n. m. (marque déposée) ▪ fam. Stylo à bille de cette marque. ◆ abusivt Stylo à bille.

bicaméral, ale, aux adj. ▪ Se dit d'un système politique à deux assemblées représentatives. ▸ **bicaméralisme** ou **bicamérisme** n. m.

bicarbonate n. m. ▪ Carbonate acide. *Bicarbonate de soude* (de sodium).

bicarbonaté, ée adj. ▪ Qui contient du bicarbonate.

bicarburation n. f. ▪ techn. Système permettant à un véhicule d'utiliser alternativement deux types de carburants.

bicentenaire ▪ **1** adj. Qui a deux cents ans. **2** n. m. Deux centième anniversaire.

bicéphale adj. ▪ Qui a deux têtes, ou fig. deux directions, deux chefs. ▸ **bicéphalisme** n. m.

biceps [-ɛps] n. m. ▪ Muscle du bras qui gonfle quand on fléchit celui-ci.

biche n. f. ▪ Femelle du cerf.

bicher v. intr. [1] ▪ fam. et vieilli Se réjouir.

bichette n. f. ▪ rare Petite biche. ◆ **terme d'affection** *Ma bichette.*

bichon, onne n. ▪ Petit chien au nez court, au poil long et soyeux.

bichonner v. tr. [1] ▪ **1** Arranger avec soin et coquetterie. ◆ pronom. *Se bichonner.* **2** Être aux petits soins pour. → **soigner.**

bichromate [-kʀ-] n. m. ▪ chim. Sel de l'acide chromique renfermant le groupe Cr_2O_7.

bichromie [-kʀ-] n. f. ▪ imprim. Impression en deux couleurs.

bicipital, ale, aux adj. ▪ anat. Du biceps.

biclou n. m. ▪ fam. Bicyclette.

bicolore adj. ▪ Qui présente deux couleurs.

biconcave adj. ▪ Qui a deux surfaces concaves (contr. *biconvexe*).

biconvexe adj. ▪ Qui a deux surfaces convexes opposées (contr. *biconcave*).

bicoque n. f. ▪ Petite maison de médiocre apparence. ♦ fam. (non péj.) Maison.

bicorne n. m. ▪ Chapeau à deux pointes.

bicourant adj. invar. ▪ techn. Qui fonctionne avec deux types de courant électrique (alternatif et continu).

bicross n. m. ▪ Vélo tout-terrain sans suspension ni garde-boue ; sport pratiqué avec ce vélo.

biculturel, elle adj. ▪ didact. Qui possède deux cultures. ▸ **biculturalisme** n. m.

bicuspide adj. ▪ anat., bot. Pourvu de deux pointes. ▸ **bicuspidie** n. f.

bicycle n. m. ▪ (Canada) fam. Bicyclette.

bicyclette n. f. ▪ Véhicule à deux roues mû par un système de pédalier. → **vélo.**

bidasse n. m. ▪ fam. Soldat.

bide n. m. ▪ fam. I Ventre. II Échec total.

bidet n. m. ▪ 1 Petit cheval. ◆ plais. Cheval. 2 Cuvette basse pour la toilette intime.

bidimensionnel, elle adj. ▪ didact. À deux dimensions.

bidoche n. f. ▪ fam. Viande.

bidon n. m. ▪ I 1 Récipient portatif pour les liquides, à bouchon ou couvercle. 2 fam. Ventre. II fam. 1 *C'est du bidon,* des mensonges. 2 adj. invar. Faux, simulé.

bidonnant, ante adj. ▪ fam. Qui provoque le rire, l'hilarité.

se **bidonner** v. pron. [1] ▪ fam. Rire.

bidonville [-vil] n. m. ▪ Agglomération de baraques sans hygiène où vit une population misérable, près d'une grande ville.

bidouiller v. tr. [1] ▪ fam. Faire fonctionner de manière ingénieuse, arranger (qqch.) en bricolant. ► **bidouillage** n. m. ► **bidouilleur, euse** n.

bidule n. m. ▪ fam. Objet quelconque. → **machin, truc.**

-bie Élément qui signifie «qui vit». → **bio-.**

bief n. m. ▪ 1 Portion d'un cours d'eau entre deux chutes, d'un canal entre deux écluses. 2 Canal de dérivation des eaux.

bielle n. f. ▪ Tige rigide, articulée à ses extrémités et destinée à la transmission d'un mouvement. ◆ *Couler une bielle.*

biellette n. f. ▪ techn. Petite bielle.

biélorusse adj. et n. ▪ De Biélorussie. ◆ n. *Un, une Biélorusse.* ♦ n. m. *Le biélorusse* : langue slave de Biélorussie.

① **bien** ▪ compar. *mieux* I adv. 1 D'une manière satisfaisante. ◆ loc. *Tant bien que mal ; ni bien ni mal.* → **passablement.** 2 D'une manière conforme à la raison ou à la morale. ◆ *Vous feriez bien de* (+ inf.), vous devriez. 3 Avec force, intensité. → **tout** à fait, **très.** *Écoutez bien. C'est bien simple.* ♦ *BIEN DE, DES* : beaucoup de. 4 Au moins. *Cela vaut bien le double.* 5 (renforçant l'affirmation) *Nous le savons bien.* 6 En fait et en dépit des difficultés. *Cela finira bien un jour.* 7 *EH BIEN !,* marque l'interrogation, l'étonnement. 8 *BIEN QUE* loc. conj. (+ subj. ou p. prés. ; concession) Quoique. II adj. invar. 1 Satisfaisant. ◆ prov. *Tout est bien qui finit bien,* se dit quand qqch. connaît une issue heureuse. 2 Juste, moral. 3 En bonne santé, en bonne forme. 4 Convenable, distingué (→ comme il faut). 5 À l'aise, content. ♦ *ÊTRE BIEN AVEC qqn,* être en bons termes avec lui.

② **bien** n. m. ▪ I 1 Ce qui est avantageux, agréable, utile. *Faire du bien à qqn* (→ **bénéfique, bienfaisant**). *Le bien commun.* → **intérêt.** ◆ *Dire du bien de qqn, qqch.* 2 Chose matérielle que l'on peut posséder. → **capital, fortune, propriété, richesse.** ♦ Produits de l'économie. *Biens de consommation.* II Ce qui possède une valeur morale, qui est juste, honnête. *Discerner le bien du mal.* ◆ fam. *En tout bien tout honneur,* sans mauvaise intention ; spécialt chastement.

bien-aimé, ée [bjɛ̃n-] ▪ 1 adj. Qui est très aimé. 2 n. littér. Personne aimée d'amour.

biénergie [bi-] n. f. ▪ Système de chauffage qui utilise alternativement deux types d'énergie.

bien-être [bjɛ̃n-] n. m. invar. ▪ 1 Sensation agréable procurée par la satisfaction de besoins physiques, l'absence de soucis. 2 Situation d'aisance matérielle. → **confort.**

bienfaisance [-fə-] n. f. ▪ Action de faire du bien dans un intérêt social.

bienfaisant, ante [-fə-] adj. ▪ (choses) Qui fait du bien, apporte un soulagement.

bienfait n. m. ▪ 1 littér. Acte de générosité, bien fait à qqn. 2 Action bienfaisante. *Les bienfaits d'un traitement.*

bienfaiteur, trice n. ▪ Personne qui fait du bien.

bien-fondé n. m. sing. ▪ 1 Conformité au droit. → **légitimité.** 2 Conformité à la raison.

bien-fonds n. m. ▪ dr. Bien immeuble (terre, bâtiment). *Des biens-fonds.*

bienheureux, euse [bjɛ̃n-] adj. et n. ▪ 1 littér. Heureux. 2 Personne béatifiée.

bien-jugé n. m. ▪ dr. Conformité au droit (en parlant d'une décision judiciaire). *Des bien-jugés.*

biennal, ale, aux ▪ 1 adj. Qui dure deux ans. ♦ Qui a lieu tous les deux ans. → **bisannuel.** 2 n. f. Manifestation, exposition qui a lieu tous les deux ans.

bien-pensant, ante adj. ▪ Dont les idées sont conformistes. ◆ n. *Les bien-pensants.*

bienséance n. f. ▪ littér. Conduite sociale en accord avec les usages. → **correction, savoir-vivre.** ♦ au plur. Usages à respecter.

bienséant, ante adj. ▪ vieilli Qu'il est séant* de dire, de faire (opposé à *malséant*).

bientôt adv. ▪ 1 Dans un proche futur. ◆ loc. adv. *À bientôt !* 2 littér. En un court espace de temps. *Un travail bientôt fait.*

bienveillance n. f. ▪ Disposition favorable envers qqn (spécialt un inférieur). → **bonté, indulgence.** ► **bienveillant, ante** adj.

bienvenu, ue ▪ 1 adj. Qui arrive à propos. → **opportun.** 2 n. Personne, chose accueillie avec plaisir. *Soyez la bienvenue.*

bienvenue n. f. ▪ (souhait) Heureuse arrivée de qqn. *Bienvenue à vous !* ♦ Canada Terme de politesse en réponse à *merci.*

① **bière** n. f. ▪ Boisson alcoolisée fermentée, à base d'orge germée et de houblon.

② **bière** n. f. ▪ Cercueil. *Mise en bière.*

biergol → **diergol**

bièvre n. m. ▪ vx Castor.

biface n. m. ▪ didact. → **coup-de-poing** (2).

biffe n. f. ▪ argot milit. Infanterie.

biffer v. tr. [1] ▪ Rayer (ce qui est écrit). ► **biffage** n. m.

biffeton n. m. ▪ fam. Billet de banque. - var. **bifton.**

biffin n. m. ▪ argot **1** vx Chiffonnier. **2** vieilli Fantassin.

biffure n. f. ▪ Trait par lequel on biffe. → **rature.**

bifide adj. ▪ sc. nat. Fendu en deux.

bifidus [-ys] n. m. ▪ Bactérie utilisée dans l'industrie alimentaire comme ferment.

bifocal, ale, aux adj. ▪ opt. Qui a deux foyers. *Lunettes bifocales.*

bifteck n. m. ▪ Tranche de bœuf grillée ou destinée à l'être. ➛ loc. fam. *Gagner son bifteck,* sa vie. *Défendre son bifteck,* ses intérêts.

bifton → **biffeton**

bifurquer v. intr. [1] ▪ **1** Se diviser en deux (en fourche). **2** Abandonner une voie pour une autre (aussi fig.). ► **bifurcation** n. f.

bigame adj. et n. ▪ (Personne) qui a contracté un second mariage sans qu'il y ait dissolution du premier. ► **bigamie** n. f.

bigarade n. f. ▪ Orange amère. ► **bigaradier** n. m. (arbre)

bigarré, ée adj. ▪ **1** Qui a des couleurs variées. → **bariolé. 2** Hétéroclite ; varié.

bigarreau n. m. ▪ Cerise à chair ferme.

bigarrer v. tr. [1] ▪ Marquer de couleurs variées. → **chamarrer.**

bigarrure n. f. ▪ Aspect bigarré.

big band [bigbɑ̃d] n. m. ▪ Grand orchestre de jazz. *Des big bands.*

big bang [bigbɑ̃g] n. m. ▪ anglic. Explosion de matière ayant provoqué la formation de l'univers connu.

big data n. m. ▪ anglic. *Le big data* : les données colossales générées par les nouvelles technologies. - recomm. off. *mégadonnées.*

bigler v. [1] ▪ fam. **1** v. intr. vieilli Loucher. **2** v. tr. Regarder du coin de l'œil.

bigleux, euse adj. et n. ▪ fam. **1** Qui louche. syn. vieilli **bigle. 2** Qui voit mal.

bignonia n. m. ▪ Plante grimpante ornementale.

bigophone n. m. ▪ fam. et vieilli Téléphone. ► **bigophoner** v. intr. [1]

bigorne n. f. ▪ Petite enclume à deux pointes.

bigorneau n. m. ▪ Petit coquillage comestible à coquille grise en spirale.

bigorner v. tr. [1] ▪ **1** Forger sur la bigorne. **2** pop. Endommager. ➛ pronom. *Se bigorner* : se battre.

bigot, ote adj. et n. ▪ Dévot à l'excès.

bigoterie n. f. ▪ Dévotion étroite du bigot.

bigouden, ène [bigudɛ̃, ɛn] ▪ **1** adj. De la région de Pont-l'Abbé. ➛ n. *Les Bigoudens.* **2** n. f. Haute coiffe cylindrique portée dans cette région.

bigoudi n. m. ▪ Rouleau autour duquel on enroule une mèche de cheveux pour la friser.

bigre interj. ▪ vieilli Exclamation de surprise.

bigrement adv. ▪ fam. Très.

bigue n. f. ▪ techn. Appareil de levage pour de lourdes charges.

biguine n. f. ▪ Danse des Antilles.

bihebdomadaire adj. ▪ Qui a lieu, qui paraît deux fois par semaine.

bihoreau n. m. ▪ Oiseau échassier des marais.

bijection n. f. ▪ math. Application qui établit entre deux ensembles une relation telle que tout élément de l'un soit l'image d'un seul élément de l'autre. ► **bijectif, ive** adj.

bijou n. m. ▪ **1** Petit objet ouvragé, précieux par la matière ou le travail et servant à la parure. **2** fig. Ouvrage, objet joli.

bijouterie n. f. ▪ **1** Fabrication, commerce des bijoux. **2** Magasin où on vend des bijoux.

bijoutier, ière n. ▪ Personne qui fabrique, qui vend des bijoux. → **joaillier, orfèvre.**

bikini n. m. (nom déposé) ▪ Maillot de bain deux-pièces.

bilan n. m. ▪ **1** Tableau de la comptabilité (d'une entreprise). ➛ loc. *Déposer son bilan.* → **faillite. 2** État, résultat global. *Faire le bilan d'une expérience.* **3** loc. *Bilan de santé* : ensemble d'examens médicaux systématiques.

bilatéral, ale, aux adj. ▪ **1** Qui a deux côtés ; qui se rapporte à deux côtés. **2** dr. Qui engage les parties l'une envers l'autre. ► **bilatéralement** adv. ► **bilatéralité** n. f.

bilatéralisme n. m. ▪ didact. Système de relations fondé sur des échanges bilatéraux.

bilboquet n. m. ▪ Jouet formé d'un bâton sur lequel on doit enfiler une boule percée.

bile n. f. ▪ **1** Liquide amer sécrété par le foie. **2** loc. *Se faire de la bile,* s'inquiéter.

se **biler** v. pron. [1] ▪ fam. S'inquiéter.

bileux, euse adj. ▪ fam. Soucieux.

bilharzie n. f. ▪ méd. Ver parasite hébergé par des mollusques d'eau.

bilharziose n. f. ▪ méd. Maladie causée par les larves de la bilharzie. → **schistosomiase.**

biliaire adj. ▪ De la bile. ➛ *Vésicule* biliaire.*

bilieux, ieuse adj. ▪ **1** Qui résulte d'un excès de bile. **2** adj. et n. littér. Coléreux.

bilingue adj. ▪ 1 Qui est en deux langues. 2 Où l'on parle deux langues. 3 adj. et n. (Personne) qui parle deux langues.

bilinguisme [-gɥi-] n. m. ▪ 1 Caractère bilingue (2). 2 (personnes) Qualité de bilingue (3).

bilirubine n. f. ▪ biochim. Pigment rouge contenu dans la bile.

bill [bil] n. m. ▪ Projet de loi du Parlement anglais. *Des bills.* ➝ par ext. La loi votée.

billard n. m. ▪ 1 Jeu où l'on fait rouler sur une table spéciale des billes lancées au moyen d'un bâton (queue). ♦ Partie de billard. 2 Table sur laquelle on joue au billard. 3 fam. Table d'opération chirurgicale.

billbergia n. m. ▪ bot. Plante tropicale à fleurs rouges ou roses.

① **bille** n. f. ▪ 1 Boule avec laquelle on joue au billard. ➝ loc. fig. *Bille en tête,* directement, avec audace. ➝ fam. *Toucher sa bille* : être compétent. 2 Petite boule de verre, etc. servant à des jeux d'enfants. ➝ loc. *Reprendre ses billes,* se retirer d'une entreprise. ♦ *Les billes,* ce jeu. 3 techn. Petite sphère métallique. 4 fam. Figure.

② **bille** n. f. ▪ Pièce de bois (tronc...) destinée à être débitée en planches.

billet n. m. ▪ 1 littér. Courte lettre. ➝ *Billet doux,* lettre d'amour. ♦ Article d'un journal, d'un blog. 2 Promesse écrite, engagement de payer. 3 *Billet (de banque),* papier-monnaie. *Un billet de dix euros, de dix dollars.* 4 Petit imprimé donnant accès quelque part. → aussi **ticket.**

billette n. f. ▪ 1 blason Petit rectangle. 2 archit. Ornement, tronçon de tore répété.

billetterie n. f. ▪ 1 Distributeur automatique de billets de banque. 2 Lieu où sont vendus des billets (4).

billevesée [bilvəze] n. f. ▪ littér. Parole vide de sens, idée creuse. → **faribole.**

billion [biljɔ̃] n. m. ▪ Un million de millions, soit 10^{12} (→ **téra-**).

billon n. m. ▪ I anciennt Monnaie de cuivre mêlé ou non d'argent. II agric. Bande de terre entre deux sillons.

billonnage n. m. ▪ agric. Technique du labour en billons.

billot n. m. ▪ 1 Bloc de bois sur lequel on décapitait les condamnés. 2 Masse de bois, etc. sur laquelle on fait un ouvrage.

bilobé, ée adj. ▪ didact. Qui a deux lobes.

bimane adj. ▪ Qui a deux mains.

bimbeloterie n. f. ▪ Fabrication ou commerce de bibelots ; ensemble de bibelots.

bimbelotier, ière n. ▪ Personne qui fabrique ou vend des bibelots.

bimbo [bimbo] n. f. ▪ anglic. Jeune femme à la féminité provocante et stéréotypée.

bimédia adj. ▪ Qui utilise conjointement deux médias ou deux supports.

bimensuel, elle adj. ▪ Qui a lieu, paraît deux fois par mois.

bimestre n. m. ▪ didact. ou admin. Durée de deux mois.

bimestriel, elle adj. ▪ Qui a lieu, paraît tous les deux mois.

bimétallisme n. m. ▪ hist. écon. Système économique dans lequel deux métaux servent d'étalon (opposé à *monométallisme*). ► **bimétalliste** adj. et n.

bimoteur adj. et n. m. ▪ (Avion) à deux moteurs.

binaire adj. ▪ Composé de deux éléments.

binational, ale, aux adj. et n. ▪ Qui possède une double nationalité, qui relève de deux États. ► **binationalité** n. f.

biner v. tr. [1] ▪ Remuer (la terre) pour l'ameublir, etc., avec un outil, une machine. ► **binage** n. m.

① **binette** n. f. ▪ Outil pour biner.

② **binette** n. f. ▪ fam. Visage.

bineuse n. f. ▪ Machine à biner.

bing [biŋ] interj. ▪ Bruit de choc.

bingo [biŋgo] ▪ anglic. I n. m. Jeu de loto public. II interj. *Bingo !* : c'est gagné, c'est parfait.

biniou n. m. ▪ Cornemuse bretonne.

binoclard, arde adj. et n. ▪ fam. (Personne) qui porte des lunettes.

binocle n. m. ▪ anciennt Lunettes sans branches se fixant sur le nez. → **lorgnon.**

binoculaire adj. ▪ 1 Relatif aux deux yeux. 2 (appareil) Muni de deux oculaires.

binôme n. m. ▪ 1 math. Somme algébrique de deux monômes (ex. $5x^3 - 2x$). 2 Ensemble de deux (éléments, personnes).

binomial, ale, aux adj. ▪ math. Relatif à un binôme.

bintje [bintʃ] n. f. ▪ Pomme de terre d'une variété à chair jaune.

binz ou **bin's** [bins] n. m. ▪ fam. Chose, affaire, situation confuse. ➝ Désordre.

bio adj. ▪ fam. De la vie spontanée, naturelle. → **biologique.** *Produits bios,* sans substances chimiques artificielles.

bio- Élément, du grec *bios* «vie». → **-bie.**

biocarburant n. m. ▪ Carburant obtenu à partir de matières végétales (céréales, etc. → **agrocarburant**) ou animales (déchets d'abattoir, etc.).

biocénose n. f. ▪ biol. Ensemble des êtres vivants dans un même milieu (le biotope*). - var. **biocœnose.**

biocénotique adj. et n. f. ▪ biol. Qui se rapporte à la biocénose. ➝ n. f. écol. Discipline qui a pour objet l'étude des êtres vivants d'un biotope.

biochimie n. f. ■ Partie de la chimie qui traite de la matière vivante. ► **biochimique** adj. ► **biochimiste** n.

biocide n. m. et adj. ■ chim. Produit qui détruit les êtres vivants, généralement utilisé contre les micro-organismes.

bioclimatologie n. f. ■ didact. Science qui étudie l'influence des facteurs climatiques sur les êtres vivants. ► **bioclimatique** ou **bioclimatologique** adj.

biocœnose → **biocénose**

biocompatible adj. ■ méd. Qui est toléré par l'organisme. ► **biocompatibilité** n. f.

biodéchet n. m. ■ didact. Déchet biodégradable.

biodégradable adj. ■ Susceptible d'être décomposé par des organismes vivants. ► **biodégradabilité** n. f.

biodégradation n. f. ■ Dégradation de certaines substances par des organismes vivants.

biodiesel [bjodjezɛl] n. m. et adj. ■ Biocarburant à base de mélange d'huile végétale ou animale avec un alcool. ◆ adj. *Un autobus biodiesel.*

biodiversité n. f. ■ biol. Diversité biologique, relativement aux espèces vivantes et au sein des espèces.

biodynamie n. f. ■ Agriculture basée sur une approche globale de la nature et le respect de son équilibre, de ses rythmes. ► **biodynamique** adj.

bioélectricité n. f. ■ sc. Électricité produite par les êtres vivants. ► **bioélectrique** adj.

bioélément n. m. ■ biochim. Élément chimique entrant dans la constitution de la matière vivante.

bioénergie n. f. ■ Énergie renouvelable tirée de la transformation chimique de la biomasse.

bioéthanol n. m. ■ Éthanol tiré de produits agricoles, pouvant être ajouté à l'essence et constituer un biocarburant.

bioéthique n. f. ■ Étude des problèmes moraux que soulèvent la recherche et les techniques biologiques, génétiques. ► **bioéthicien, ienne** n.

biogaz n. m. ■ techn. Gaz produit par la fermentation de matières organiques animales ou végétales (→ **méthanisation**).

biogéographie n. f. ■ écol., géogr. Science qui étudie la répartition de la flore, de la faune dans leurs milieux biologiques. ► **biogéographe** n. ► **biogéographique** adj.

biographie n. f. ■ Ouvrage, texte qui relate la vie (d'une personne). ► **biographe** n. ► **biographique** adj.

bio-indicateur n. m. ■ écol. Organisme dont la présence, l'absence ou l'état renseigne sur les caractéristiques d'un écosystème.

bio-industrie n. f. ■ Industrie fondée sur les biotechnologies. ► **bio-industriel, elle** adj.

bio-informatique n. f. et adj. ■ Informatique appliquée à la recherche en biologie. ► **bio-informaticien, ienne** n.

biologie n. f. ■ Science qui étudie la matière vivante et les êtres vivants.

biologique adj. ■ **1** Relatif à la biologie. **2** Qui a rapport à la vie, aux organismes vivants. **3** De la vie naturelle. *Culture biologique.* ► **biologiquement** adv.

biologiste n. ■ Spécialiste de biologie.

bioluminescence n. f. ■ sc. Production de lumière par un être vivant. ► **bioluminescent, ente** adj.

biomagnétique adj. ■ Qui concerne le magnétisme des êtres vivants.

biomagnétisme n. m. ■ sc. Sensibilité des êtres vivants aux champs magnétiques.

biomasse n. f. ■ biol. Masse de matière vivante (dans un milieu), rapportée à une surface ou un volume.

biomatériau n. m. ■ méd. Matériau toléré par l'organisme, utilisé pour les prothèses, etc.

biomécanique n. f. ■ didact. Discipline qui associe biologie et mécanique.

biomédecine n. f. ■ Ensemble des applications de la recherche et des techniques biologiques à la médecine. ► **biomédical, ale, aux** adj.

biométrie n. f. ■ didact. **1** Science associant biologie et mathématiques. **2** Analyse des caractéristiques physiques uniques d'une personne (voix, iris, empreintes...). ► **biométricien, ienne** n. ► **biométrique** adj.

biomimétisme n. m. ■ didact. Imitation technique des processus mis en œuvre par la nature.

biomoléculaire adj. ■ Relatif aux molécules de la matière vivante, à la biologie moléculaire.

bionique n. f. ■ anglic. Discipline qui applique à l'électronique des dispositifs imités du monde vivant. → **cybernétique.** ► **bionicien, ienne** n.

biophysique n. f. ■ Partie de la physique qui traite de la matière vivante. ► **biophysicien, ienne** n.

biopic n. m. ■ anglic. Film retraçant la vie d'un personnage célèbre.

biopsie n. f. ■ Prélèvement d'un tissu vivant en vue d'un examen microscopique.

biopuce n. f. ■ biochim. Support d'analyse sur lequel sont déposés des fragments de molécules biologiques.

biorythme n. m. ■ Rythme* biologique.

biosciences n. f. pl. ■ Ensemble des sciences traitant de la vie.

biosphère n. f. ■ Ensemble des organismes vivants qui vivent sur la Terre.

biosurveillance [-s-] n. f. ▪ écol. Utilisation d'organismes réactifs à un polluant (→ **bio-indicateur**) pour surveiller la qualité d'un environnement.

biosynthèse [-s-] n. f. ▪ Synthèse d'une substance organique par un être vivant. ► **biosynthétique** adj.

biote n. m. ▪ **1** La flore et la faune. **2** Vie animale et végétale d'un biotope.

biotechnologie [-tɛk-] n. f. ▪ anglic. Technique d'utilisation d'organismes vivants pour l'industrie (agroalimentaire, etc.). ► **biotechnologique** adj.

bioterrorisme n. m. ▪ Utilisation de l'arme biologique* à des fins terroristes. ► **bioterroriste** adj. et n.

biothèque n. f. ▪ Établissement destiné à la conservation du matériel biologique.

biotique adj. ▪ biol. Qui concerne les organismes vivants. *Facteur écologique biotique* (s'oppose à *abiotique*).

biotite n. f. ▪ minér. Silicate de magnésium, de fer, d'aluminium et de potassium, appelé aussi *mica noir*.

biotope n. m. ▪ biol. Milieu biologique présentant des conditions de vie homogènes. *La biocénose* et le biotope forment ensemble un écosystème*.*

biotype n. m. ▪ sc. Type d'une biotypologie.

biotypologie n. f. ▪ biol., psych. Science qui tente d'établir une classification des types humains d'après des caractéristiques physiques. ► **biotypologique** adj.

biovigilance n. f. ▪ didact. Suivi environnemental des cultures de végétaux génétiquement modifiés.

bioxyde n. m. → **dioxyde**

bip [bip] n. m. ▪ **1** Signal sonore. **2** fam. Dispositif (d'alerte...) émettant ce signal.

bipale adj. ▪ techn. À deux pales. *Hélice bipale.*

biparti, ie ou **bipartite** adj. ▪ Composé de deux groupes.

bipartisme n. m. ▪ Système politique qui s'appuie sur la coexistence de deux partis. *Bipartisme aux États-Unis.*

bipartition n. f. ▪ didact. Division en deux parties.

bipède adj. ▪ Qui marche sur deux pieds. ► **bipédie** n. f. didact.

bipenné, ée adj. ▪ bot., zool. Se dit des organes constitués d'éléments répartis symétriquement le long d'un axe. – var. **bipenne.**

biper v. [1] ▪ **I** v. tr. **1** Joindre (qqn) à l'aide d'un bipeur. **2** Lire (un code-barre) à l'aide d'une douchette. **II** v. intr. Produire un signal sonore.

bipeur n. m. ▪ Petit appareil émettant un signal sonore.

biphasé, ée adj. et n. m. ▪ électr. Se dit d'un système formé de deux courants monophasés de même valeur efficace et de signe contraire.

biplace adj. et n. m. ▪ Qui comporte deux places. *Un avion biplace* ou n. m. *un biplace.*

biplan n. m. ▪ Avion à deux plans de sustentation.

bipolaire adj. ▪ **1** Qui a deux pôles. **2** psych. *Trouble bipolaire* : psychose maniacodépressive*. ► **bipolarité** n. f.

bipolarisation n. f. ▪ Regroupement en deux blocs des forces politiques d'un pays.

bique n. f. ▪ fam. **1** Chèvre. **2** péj. *Vieille bique,* vieille femme déplaisante.

biquet, ette n. ▪ Chevreau.

biquotidien, ienne adj. ▪ Qui se fait deux fois par jour.

birbe n. m. ▪ fam., péj. *Un vieux birbe,* un vieillard ennuyeux.

biréacteur n. m. ▪ Avion à deux réacteurs.

biréfringent, ente adj. ▪ phys. Se dit de certains corps transparents qui ont la propriété de diviser en deux le rayon lumineux qui les pénètre. ► **biréfringence** n. f.

birème n. f. ▪ Galère de l'Antiquité.

biriani → **biryani**

birman, ane adj. et n. ▪ De Birmanie. ➝ n. *Les Birmans.* ♦ n. m. *Le birman* (langue).

biroute n. f. ▪ argot Pénis.

birr n. f. ▪ Unité monétaire de l'Éthiopie.

biryani n. m. ▪ Plat indien de riz cuisiné avec des épices et accompagné de viande, de poisson, etc. – var. **biriani.**

① **bis, bise** [bi, biz] adj. ▪ D'un gris tirant sur le brun. ➝ *Pain bis,* contenant du son.

② **bis** [bis] ▪ **1** interj. et n. m. Cri du public pour demander la répétition d'un morceau, etc. **2** adv. mus. Indication d'avoir à répéter une phrase. **3** adv. Indique la répétition du numéro (sur une maison...).

bis- Élément, du latin *bis* «deux fois», qui indique le redoublement. → **bi-.**

bisaïeul, eule n. ▪ littér. Arrière-grand-père, arrière-grand-mère. *Des bisaïeuls.*

bisannuel, elle adj. ▪ **1** Qui a lieu tous les deux ans. → **biennal. 2** (plante) Qui vit deux ans.

bisbille n. f. ▪ fam. Querelle insignifiante.

biscornu, ue adj. ▪ **1** Qui a une forme irrégulière. **2** fam. Compliqué et bizarre.

biscoteau ou **biscoto** n. m. ▪ fam. Biceps.

biscotte n. f. ▪ Tranche de pain de mie séchée au four industriellement.

biscotterie n. f. ▪ Industrie des biscottes. ➝ Fabrique de biscottes.

biscuit n. m. ▪ **I** Gâteau sec (galette, sablé...). **II** Porcelaine blanche non émaillée, imitant le marbre. ♦ Ouvrage de cette matière.

biscuiter v. tr. [1] ▪ techn. Cuire au four (une pièce de poterie) pour faire un biscuit.

biscuiterie n. f. ▪ Fabrication, industrie de gâteaux secs. ➛ Fabrique de biscuits.

① **bise** n. f. ▪ Vent du nord sec et froid.

② **bise** n. f. ▪ fam. Baiser.

biseau n. m. ▪ **1** Bord taillé obliquement. **2** Outil acéré au tranchant ainsi taillé.

biseauter v. tr. [1] ▪ **1** Tailler en biseau. **2** Marquer (des cartes à jouer) d'un signe sur la tranche, pour tricher. ▷ p. p. **biseauté, ée** ► **biseautage** n. m.

① **biser** v. intr. [1] ▪ agric. Devenir bis, gris brun, en parlant des graines qui se détériorent.

② **biser** v. tr. [1] ▪ fam. Donner une bise à (qqn). → **embrasser.**

biset n. m. ▪ Pigeon sauvage de couleur bise.

bisexué, ée [-s-] adj. ▪ biol. Qui porte les organes des deux sexes. → **hermaphrodite.**

bisexuel, elle [-s-] ▪ **1** adj. psych. Qui concerne les deux sexes, dans l'individu humain. **2** adj. et n. À la fois hétérosexuel et homosexuel. ► **bisexualité** n. f.

bismuth n. m. ▪ **1** Élément (symb. Bi, n° at. 83, masse at. 208,98), métal brillant, rougeâtre, très cassant. **2** Composé du bismuth utilisé comme médicament.

bison n. m. ▪ Bœuf sauvage grand et massif, à cornes courtes et à bosse entre les épaules.

bisou n. m. ▪ fam. Bise, baiser.

bisphénol n. m. chim. ▪ *Bisphénol A :* composé organique de synthèse, suspecté d'être toxique.

bisque n. f. ▪ Potage au coulis de crustacés.

bisquer v. intr. [1] ▪ fam. Éprouver du dépit. ➛ *Bisque, bisque, rage !* (formule pour narguer).

bissac n. m. ▪ vx Besace.

bisse n. m. ▪ (Suisse) Long canal d'irrigation conduisant l'eau des montagnes aux terrains cultivés.

bissecteur, trice ▪ géom. **1** adj. Qui divise en deux secteurs. **2** n. f. Droite qui coupe un angle en deux angles égaux.

bissection n. f. ▪ géom. Division en deux parties égales.

bisser v. tr. [1] ▪ **1** Faire répéter par un bis (②, 1). **2** Répéter à la demande du public. **3** région. Redoubler (une année d'études).

bisseur, euse n. et adj. ▪ région. Redoublant(e).

bissextile adj. fém. ▪ *Année bissextile :* année de 366 jours qui revient tous les quatre ans, le jour supplémentaire étant le 29 février.

bistouille n. f. ▪ fam. Mauvais alcool.

bistouri n. m. ▪ Instrument de chirurgie à lame courte, qui sert à faire des incisions.

bistre n. m. et adj. invar. ▪ Brun noirâtre.

bistré, ée adj. ▪ D'un brun noirâtre.

bistrer v. tr. [1] ▪ Donner la couleur du bistre à (qqch.).

bistronomie n. f. ▪ Cuisine s'inspirant des plats classiques du bistrot. ► **bistronomique** adj.

bistrot ou **bistro** n. m. ▪ fam. Café, débit de boissons. ► **bistrotier, ière** n.

bisulfate [-s-] n. m. ▪ chim. Sel acide de l'acide sulfurique.

bisulfite [-s-] n. m. ▪ chim. Sel acide de l'acide sulfureux.

bisulfure [-s-] n. m. ▪ chim. Composé sulfuré qui contient deux atomes de soufre dans sa molécule.

bit [bit] n. m. ▪ inform. Unité élémentaire d'information pouvant prendre deux valeurs distinctes, notées 0 et 1.

bitcoin [-kɔjn] n. m. (marque déposée) ▪ anglic. Unité monétaire en usage sur Internet.

biter ou **bitter** v. intr. [1] ▪ fam. Comprendre. *Je n'y bite rien.*

bitmap [bitmap] n. m. ▪ inform. Codage des images sous la forme d'une multitude de points (pixels).

bitonal, ale, aux ou **als** adj. ▪ didact. Qui comporte deux tons (ou sons). ➛ mus. Qui utilise deux tonalités différentes simultanément.

bitoniau n. m. ▪ fam. Petit objet, partie d'un mécanisme (bouton, etc.). - var. **bitoniot.**

① **bitte** ou **bite** n. f. ▪ fam. et vulg. Pénis.

② **bitte** n. f. ▪ Borne d'amarrage.

① **bitter** [bitɛʀ] n. m. ▪ Boisson apéritive amère, alcoolisée ou non. *Des bitters.*

② **bitter** → **biter**

bitume n. m. ▪ Mélange d'hydrocarbures utilisé comme revêtement des chaussées. ► **bitumer** v. tr. [1] ► **bitumeux, euse** adj.

bitumineux, euse adj. ▪ Qui contient du bitume, qui en a les qualités. *Schistes* bitumineux.*

biturbine adj. ▪ techn. Mû par deux turbines.

biture n. f. ▪ fam. *Prendre une biture :* s'enivrer. ► **se biturer** v. pron. [1]

bivalent, ente adj. ▪ **1** chim. Qui a la valence 2. - syn. **divalent. 2** Qui a deux fonctions, deux usages. ► **bivalence** n. f.

bivalve adj. ▪ Qui a deux valves. ♦ n. m. pl. *Les bivalves :* classe des mollusques bivalves.

bivitellin, ine adj. ▪ embryol. *Jumeaux bivitellins,* provenant de deux œufs différents. → **dizygote.**

bivouac n. m. ▪ Campement provisoire d'une troupe, etc. ► **bivouaquer** v. intr. [1]

biwa n. m. ▪ didact. Luth japonais.

bizarre adj. ▪ **1** Qui est inhabituel ; qu'on s'explique mal. → **curieux, insolite. 2** (personnes) Fantasque, excentrique. → **original.** ► **bizarrement** adv.

bizarrerie n. f. ▪ **1** Caractère bizarre. → **étrangeté. 2** Chose, action bizarre.

bizarroïde adj. ▪ fam. Bizarre.

bizness n. m. → **business**

bizut ou **bizuth** [-y(t)] n. m. ▪ fam. Élève de première année.

bizutage n. m. ▪ Cérémonie d'initiation des bizuts.

bizuter v. tr. [1] ▪ Faire subir le bizutage à (qqn).

Bk ▪ Symbole chimique du berkélium.

blabla n. m. sing. ▪ fam. Bavardage, verbiage sans intérêt. ► **blablater** v. intr. [1]

black n. ▪ anglic., fam. Personne noire. ◆ adj. *Musiciens blacks.*

black-bass [-bas] n. m. invar. ▪ Poisson d'eau douce voisin de la perche.

blackbouler v. tr. [1] ▪ **1** Rejeter par un vote. **2** fam. Écarter, refuser (spécialt à un examen).

black-jack [blak(d)ʒak] n. m. ▪ anglic. Jeu de cartes d'origine américaine. *Des black-jacks.*

black-out [-aut] n. m. invar. ▪ **1** Obscurité totale commandée par la défense passive. **2** fig. Silence gardé (sur une nouvelle, etc.).

black-rot [-ʀɔt] n. m. ▪ Maladie de la vigne due à un champignon. *Des black-rots.*

blafard, arde adj. ▪ Pâle, sans éclat. → **blême.**

blaff n. m. ▪ (cuisine des Caraïbes) Ragoût de poisson épicé.

① **blague** n. f. ▪ Sac souple pour le tabac.

② **blague** n. f. ▪ **1** Histoire inventée pour tromper. ◆ fam. *Blague à part* : pour parler sérieusement. **2** Farce ; plaisanterie.

blaguer v. [1] ▪ fam. **1** v. intr. Dire des blagues. → **plaisanter. 2** v. tr. Railler, taquiner. ► **blagueur, euse** n. et adj.

blair n. m. ▪ fam. Nez.

blaireau n. m. ▪ **I** Petit mammifère carnivore, bas sur pattes, au pelage foncé. **II** Brosse pour faire mousser le savon à barbe. **III** fam. Personnage insignifiant, mesquin.

blairer v. tr. [1] ▪ fam. (surtout négatif) Aimer. *Je ne peux pas le blairer* : je le déteste.

blâmable adj. ▪ Qui mérite le blâme.

blâme n. m. ▪ **1** Jugement par lequel on blâme (1). **2** Sanction disciplinaire.

blâmer v. tr. [1] ▪ **1** Former un jugement moral défavorable sur (qqn ou qqch.). → **condamner. 2** Punir par un blâme (2).

① **blanc, blanche** [blɑ̃, blɑ̃ʃ] ▪ **I** adj. **1** D'une clarté neutre, sans couleur (combinant toutes les couleurs du spectre solaire). *Blanc comme la neige.* **2** D'une couleur pâle voisine du blanc. *Vin blanc.* **3** Se dit de choses claires, par opposition à d'autres plus colorées de même espèce. *Vin blanc.* **4** Qui n'est pas écrit. *Page blanche.* **5** fig. Qui n'a pas les effets habituels. *Nuit blanche,* sans sommeil. **6** Innocent ; non souillé. **II** n. Personne appartenant à un groupe humain caractérisé par une faible pigmentation de la peau. ◆ adj. *Population blanche.*

② **blanc** [blɑ̃] n. m. ▪ **I 1** Couleur blanche. ♦ *EN BLANC* : avec la couleur blanche, ou sans écriture. **2** *À BLANC* : de manière à devenir blanc. *Métal chauffé à blanc.* ◆ *Tirer à blanc,* avec des projectiles inoffensifs. **II 1** Partie blanche (de qqch.). *Blanc d'œuf.* ◆ *Le blanc de l'œil.* **2** Intervalle, espace libre dans un écrit. → **interligne. 3** Linge de maison. **4** Vin blanc.

blanc-bec [blɑ̃bɛk] n. m. ▪ Jeune homme sans expérience et sûr de soi.

blanc-étoc [blɑ̃ketɔk] ou **blanc-estoc** [blɑ̃ kɛstɔk] n. m. ▪ sylvic. Coupe complète d'une forêt. *Des blancs-étocs.*

blanchaille n. f. ▪ pêche Petits poissons blancs.

blanchâtre adj. ▪ (teinte) Tirant sur le blanc.

blanche n. f. ▪ mus. Note valant deux noires.

blancheur n. f. ▪ Couleur blanche ; caractère de ce qui est blanc.

blanchir v. [2] ▪ **I** v. tr. **1** Rendre blanc ou plus blanc. **2** Couvrir d'une couche blanche ; enduire de blanc. **3** Laver, nettoyer (le linge). ► **blanchissage** n. m. **4** fig. Disculper, innocenter (qqn). ♦ Donner une existence légale à (des fonds d'origine frauduleuse ou illicite). ► **blanchiment** n. m. **II** v. intr. Devenir blanc. ► **blanchissement** n. m.

blanchissant, ante adj. ▪ **1** littér. Qui devient blanc. **2** Qui rend plus blanc.

blanchisserie n. f. ▪ Établissement où l'on blanchit et repasse le linge.

blanchisseur, euse n. ▪ Personne dont le métier est de blanchir et repasser le linge.

blanchon n. m. ▪ (Canada) Petit du phoque.

blanc-manger n. m. ▪ Entremets composé de gelée faite avec du lait, des amandes, du sucre. *Des blancs-mangers.*

blanc-seing [-sɛ̃] n. m. ▪ dr. Signature apposée à l'avance sur un document en blanc. *Des blancs-seings.* ◆ fig. *Donner son blanc-seing à qqn,* son autorisation.

blandice n. f. ▪ littér. Ce qui flatte, séduit.

blanquette n. f. ▪ **1** Vin blanc mousseux. **2** Ragoût de viande blanche.

blanquisme n. m. ▪ didact. Théorie révolutionnaire de Louis Auguste Blanqui. ► **blanquiste** n. et adj.

blaps [blaps] n. m. ■ zool. Coléoptère de grande taille qui vit la nuit.

blase ou **blaze** n. m. ■ argot **1** Nom. **2** Nez.

blaser v. tr. [1] ■ littér. Émousser, atténuer (les sensations) ; atténuer les sensations de (qqn). ▷ adj. **blasé, ée** cour. → **dégoûté ; indifférent.**

blason n. m. ■ **1** Ensemble des emblèmes d'une famille noble, d'une collectivité. → **arme(s), armoiries. 2** Art des armoiries. → **héraldique.**

blasphème n. m. ■ Parole qui outrage la divinité, le sacré. ► **blasphématoire** adj.

blasphémer v. intr. [6] ■ Proférer des blasphèmes. ► **blasphémateur, trice** n. et adj.

-blaste, blasto- Éléments savants, du grec *blastos* «germe ; bourgeon».

blastoderme n. m. ■ embryol. Partie de l'œuf des mammifères qui donnera naissance à l'embryon.

blastogenèse n. f. ■ embryol. Premier stade du développement de l'embryon et formation du blastoderme.

blastomère n. m. ■ biol. Cellule du blastoderme provenant des premières divisions de l'œuf fécondé.

blastula n. f. ■ embryol. Stade du développement embryonnaire caractérisé par la formation d'une cavité entre les blastomères.

blatérer v. intr. [6] ■ Crier (chameau, bélier).

blatte n. f. ■ Insecte nocturne au corps aplati. → **cafard, cancrelat.**

blazer [blazɛʀ ; blazœʀ] n. m. ■ Veste de sport.

blé n. m. ■ **I 1** Céréale dont le grain sert à l'alimentation (farine...). → **froment. 2** Ce grain. **3** *Blé noir.* → **sarrasin.** ◆ (Canada) *Blé d'Inde.* → **maïs. II** fam. Argent.

bled [blɛd] n. m. ■ **1** (Afrique du Nord) L'intérieur des terres. **2** fam. Lieu, village isolé.

blème n. m. ■ fam. Problème.

blême adj. ■ Blanc ; très pâle.

blêmir v. intr. [2] ■ Devenir blême. ► **blêmissement** n. m.

blende [blɛ̃d] n. f. ■ minér. Minerai de sulfure de zinc.

blender [blɛndœʀ] n. m. ■ anglic. Mixeur composé d'une base sur laquelle s'emboîte un bol haut.

blennie n. f. ■ Poisson de petite taille, à peau gluante et à grosse tête.

blenno- Élément savant, du grec *blennos* «mucus».

blennorragie n. f. ■ Maladie vénérienne, inflammation des voies génito-urinaires.

blépharite n. f. ■ méd. Inflammation de la paupière.

bléphar(o)- Élément savant, du grec *blepharon* «paupière».

bléser v. intr. [6] ■ Parler avec un défaut de prononciation qui consiste à substituer certaines consonnes à d'autres (ch [ʃ] à s [s], g ou j [ʒ] à z [z]). ► **blèsement** n. m.

blessant, ante adj. ■ Qui blesse, offense.

blesser v. tr. [1] ■ **1** Frapper d'un coup qui cause une blessure. ◆ pronom. *Se blesser en tombant.* ◆ (sujet chose) Occasionner une blessure à ; faire mal à. **2** Causer une impression pénible à. *Blesser la vue.* **3** fig. Heurter les sentiments de (qqn). → **offenser.** ▷ adj. et n. **blessé, ée**

blessure n. f. ■ **1** Lésion faite, involontairement ou pour nuire, aux tissus vivants par un coup, la chaleur, etc. **2** fig. Atteinte morale.

blet, blette adj. ■ (fruits) Qui est trop mûr.

blette n. f. → **bette**

blettir v. intr. [2] ■ Devenir blet. ► **blettissement** n. m.

bleu, bleue ■ **I** adj. **1** De la couleur du ciel pur, de la mer où le ciel se reflète, etc. ◆ *Bifteck bleu,* très saignant. **2** (peau) D'une couleur livide (1). ◆ loc. *Peur, colère bleue,* intense. ◆ *Maladie bleue* (par malformation du cœur). **3** loc. *Sang bleu,* noble. **II** n. m. **1** La couleur bleue. **2** (couleur d'origine du vêtement) Jeune recrue. ◆ Nouvel élève. **3** Marque bleue sur la peau, due à un coup. → **ecchymose. 4** *AU BLEU* : façon de préparer des poissons au court-bouillon. **5** Fromage de vache à moisissures. **6** Combinaison d'ouvrier (souvent en toile bleue).

bleuâtre adj. ■ Qui tire sur le bleu.

bleuet n. m. ■ **I** Centaurée à fleur bleue. **II** (Canada) Variété d'airelle à grosses baies.

bleuetière n. f. ■ (Canada) Terrain à bleuets ou à myrtilles.

bleuir v. [2] ■ **1** v. tr. Rendre bleu. **2** v. intr. Devenir bleu. ► **bleuissement** n. m.

bleuté, ée adj. ■ Qui a une nuance bleue.

bliaud n. m. ■ (Moyen Âge) Longue tunique.

blindage n. m. ■ Protection (d'un abri...) par des plaques de métal ; ces plaques.

blinde n. f. ■ loc. adv. fam. *À toute blinde* : à toute vitesse. → **berzingue.**

blinder v. tr. [1] ■ **1** Protéger par un blindage. **2** fig., fam. Endurcir, armer. ▷ adj. **blindé, ée** *Porte blindée.*

bling-bling adj. invar. ■ fam. De style ostentatoire et clinquant, avec des objets coûteux et voyants. ◆ n. m. *Le bling-bling,* ce style.

blinis [-i(s)] n. m. ■ Crêpe de sarrasin épaisse.

blinquer v. intr. [1] ■ (Belgique) fam. Reluire, étinceler.

blister [-ɛʀ] n. m. ■ anglic. Emballage fait d'une coque de plastique transparent fixée sur du carton.

blitz [blits] n. m. ■ hist. Attaques aériennes allemandes contre la Grande-Bretagne.

blizzard n. m. ▪ Vent accompagné de tourmentes de neige, dans le Grand Nord.

bloc n. m. ▪ **I 1** Masse solide et pesante constituée d'un seul morceau. **2** Feuillets assemblés sur un seul côté. **3** Éléments groupés en une masse homogène. ♦ *Bloc opératoire* (d'un hôpital...), installations pour les opérations. **4** Coalition (politique). ➝ loc. *Faire bloc* : s'unir. **5** *EN BLOC* loc. adv. : en totalité, sans partage. **II** *À BLOC* loc. adv. : en forçant, coinçant. **III** fam. Prison.

blocage n. m. ▪ **1** Action de bloquer (II). *Blocage des prix.* **2** Difficulté d'adaptation à une situation ; brusque inhibition.

bloc-diagramme n. m. ▪ géogr. Représentation d'une zone géographique en perspective et en coupe. *Des blocs-diagrammes.*

blockbuster [-bœstœʀ] n. m. ▪ anglic. **1** Film à gros budget, avec une importante campagne publicitaire. → **superproduction. 2** pharm. Médicament très utilisé.

blockhaus [blɔkos] n. m. ▪ Ouvrage militaire défensif, fortifié de béton.

bloc-moteur → **moteur**

blocus [-ys] n. m. ▪ Investissement (d'une ville, d'un pays...) pour l'isoler. → aussi **embargo.** ➝ *Blocus économique* (→ **boycott).**

blog n. m. ▪ anglic. Journal personnel, chronique d'humeur sur Internet. - recomm. off. *blogue.* ► **blogueur, euse** n.

blogosphère n. f. ▪ Ensemble des personnes qui rédigent des blogs.

bloguer v. intr. 1 ▪ Tenir un journal personnel en ligne (→ **blog).**

blond, onde ▪ **1** adj. D'une couleur claire proche du jaune. ♦ (personnes) Qui a les cheveux blonds. ➝ n. *Un petit blond.* **2** n. m. La couleur blonde.

blondasse adj. ▪ D'un vilain blond.

blondeur n. f. ▪ État de ce qui est blond.

① **blondin, ine** n. ▪ vx Blondinet.

② **blondin** n. m. ▪ techn. Benne à fond mobile pour le transport du béton entre deux pylônes.

blondinet, ette n. ▪ Enfant blond.

blondir v. intr. 2 ▪ Devenir blond.

bloody mary [blɔdimaʀi] n. m. invar. ▪ anglic. Cocktail composé de vodka et de jus de tomate.

bloomer [blumœʀ] n. m. ▪ anglic. Culotte bouffante et serrée en haut des cuisses.

① **bloquer** v. tr. 1 ▪ **I** Réunir, mettre en un bloc. → **grouper. II 1** Empêcher de se mouvoir. → **immobiliser.** ➝ *Bloquer les prix*, en interdire l'augmentation. **2** Boucher, obstruer. **3** Inhiber par un blocage (2).

② **bloquer** v. tr. 1 ▪ (Belgique) fam. Étudier assidûment en vue des examens.

se **blottir** v. pron. 2 ▪ Se ramasser sur soi-même (pour se protéger, etc.). → se **pelotonner.**

blousant, ante adj. ▪ Qui blouse (②).

blouse n. f. ▪ **1** Vêtement de travail que l'on met sur les autres. **2** Chemisier de femme.

① **blouser** v. tr. 1 ▪ fam. Tromper (qqn).

② **blouser** v. intr. 1 ▪ (vêtement) Bouffer (I).

blouson n. m. ▪ Veste courte, sportive.

blue-jean [bludʒin] n. m. ▪ anglic. vieilli Pantalon en jean (d'abord bleu). *Des blue-jeans.*

blues [bluz] n. m. ▪ **I** Forme musicale élaborée par les Noirs des États-Unis, à formule harmonique constante et rythme à quatre temps. **II** fam. Mélancolie, cafard.

bluesman [bluzman] n. m. ▪ anglic. Chanteur, musicien de blues.

bluetooth [blutus] n. m. (marque déposée) ▪ anglic. Technologie de transmission de données sans fil, à courte distance.

bluette n. f. ▪ Œuvre légère empreinte de sentimentalisme.

bluff [blœf] n. m. ▪ Attitude trompeuse destinée à impressionner, intimider. *C'est du bluff.*

bluffant, ante [blœfɑ̃] adj. ▪ fam. Qui impressionne, surprend.

bluffer [blœfe] v. 1 ▪ fam. **1** v. intr. Pratiquer le bluff. ► **bluffeur, euse** n. et adj. **2** v. tr. Abuser (qqn). ♦ Impressionner (qqn).

blu-ray [bluʀɛ] n. m. invar. (marque déposée) ▪ anglic. Format de disque numérique à haute définition. ➝ Disque de ce format.

blush [blœʃ] n. m. ▪ anglic. Fard à joues sec.

bluter v. tr. 1 ▪ Tamiser (la farine) pour la séparer du son (avec un *blutoir* n. m.). ► **blutage** n. m.

BMX n. m. (sigle angl.) ▪ Vélo tout-terrain à cadre court et muni d'un seul frein arrière. ➝ Sport pratiqué avec ce vélo.

boa n. m. ▪ Gros serpent carnassier d'Amérique tropicale, qui étouffe ses proies.

boat people [botpipœl] n. invar. ▪ anglic. Personne fuyant son pays sur un bateau.

bob n. m. ▪ anglic. Chapeau en toile à bords rabattus sur la calotte.

bobard n. m. ▪ fam. Propos, récit fantaisiste et mensonger.

bobèche n. f. ▪ Disque destiné à recueillir la cire qui coule des chandeliers.

bobettes n. f. pl. ▪ (Canada) Caleçon, culotte, slip.

bobeur, euse n. ▪ sports Équipier, équipière d'un bobsleigh.

bobinage n. m. ▪ **1** Action de bobiner (du fil). **2** électr. Fils conducteurs enroulés.

bobine n. f. ▪ **I** Petit cylindre pour enrouler du fil, un film... **II** fam. Figure, tête.

bobineau n. m. ▪ Petite bobine.

bobiner v. tr. [1] ▪ Dévider (un fil, etc.) et l'enrouler sur une bobine.

bobinette n. f. ▪ vx Loquet en bois.

bobineuse n. f. ▪ Machine à bobiner.

bobinier, ière n. ▪ Ouvrier, ouvrière qui effectue les bobinages électriques.

bobinoir n. m. ▪ techn. Bobineuse mécanique.

① **bobo** n. m. ▪ **1** lang. enfantin Douleur physique. **2** Blessure insignifiante.

② **bobo** n. ▪ anglic. Personne d'un milieu aisé et cultivé («bourgeois»), qui se veut attachée à des valeurs à la fois authentiques et anticonformistes («bohème»).

bobonne n. f. ▪ fam., péj. (sans déterminant) Épouse. *Il est venu avec bobonne.*

bobsleigh [bɔbslɛg] n. m. ▪ Traîneau très rapide, pour descendre des pistes de glace.

bobtail [bɔbtɛl] n. m. ▪ Chien de berger au poil long et rêche.

bo bun ou **bobun** [bobun] n. m. ▪ Salade vietnamienne à base de vermicelle, de bœuf sauté et de crudités.

bocage n. m. ▪ **1** Paysage formé de prés clos par des talus plantés d'arbres. **2** littér. Petit bois ; lieu ombragé. ▸ **bocager, ère** adj.

bocal, aux n. m. ▪ Récipient à col très court et à large ouverture.

bocard n. m. ▪ Appareil à broyer le minerai.

bocarder v. tr. [1] ▪ techn. Broyer le minerai de fer au bocard.

boccia [bɔtʃja] n. f. ▪ Handisport proche de la pétanque.

boche n. et adj. ▪ vieilli, péj. (xénophobe) Allemand.

bock n. m. ▪ Verre à bière (moitié d'un demi).

bodega [-de-] n. f. ▪ Petit bistrot en Espagne ou dans le midi de la France.

body n. m. ▪ anglic. Justaucorps.

body art [bɔdiaʀt] n. m. ▪ anglic. Art plastique utilisant ou modifiant le corps humain (tatouages, etc.). *Body art et performance**

bodyboard [bɔdibɔʀd] n. m. ▪ anglic. Courte planche sur laquelle le surfeur se tient allongé ou à genoux.

body-building [bɔdibildiŋ] n. m. ▪ anglic. Culturisme destiné à remodeler le corps.

boëtte [bwɛt] n. f. ▪ pêche Appât pour attirer le poisson. – var. **bouette.**

bœuf [bœf], plur. **bœufs** [bø] n. m. ▪ **I 1** Mammifère ruminant domestique (bovin), lorsqu'il est mâle (opposé à *vache*), castré (opposé à *taureau*) et adulte (opposé à *veau*). **2** Viande de bœuf ou de vache. **3** adj. invar. fam. *Un effet, un succès bœuf,* très grand. **II** mus. Improvisation collective.

bof interj. ▪ Exclamation d'indifférence.

boghead [bɔgɛd] n. m. ▪ anglic., techn. Charbon dur.

boghei n. m. ▪ anciennt Petit cabriolet découvert. → **buggy.** – var. **boguet.**

bogie ou **boggie** [bɔgi] n. m. ▪ anglic. Chariot articulé portant le châssis d'un wagon.

① **bogue** n. f. ▪ Enveloppe piquante de la châtaigne, du marron.

② **bogue** n. m. ▪ anglic., inform. Défaut d'un logiciel causant des anomalies de fonctionnement. → **bug** (anglic.). ▸ **bogué, ée** adj. *Logiciel bogué.*

boguer v. intr. [1] ▪ inform. Présenter des bogues (2). → **bugger** (anglic.). *Logiciel qui bogue.*

boguet → **boghei**

bohème ▪ **1** n. et adj. (Personne) qui mène une vie fantasque, sans règles. **2** n. f. *LA BOHÈME* : l'ensemble des bohèmes.

bohémien, ienne n. ▪ Tsigane nomade.

bohrium [-jɔm] n. m. ▪ chim. Élément atomique transuranien (symb. Bh, n° at. 107, masse at. 264).

boiler [bwalɛʀ ; bɔjlœʀ] n. m. ▪ (Belgique, Luxembourg, Suisse) anglic. Chauffe-eau.

boille n. f. ▪ (Suisse) Récipient pour le transport du lait.

① **boire** v. tr. [53] ▪ **1** Avaler (un liquide). ➛ loc. *Il y a à boire et à manger,* de bonnes et de mauvaises choses. ♦ fig. *Boire les paroles de qqn,* les écouter avec attention et admiration. **2** sans compl. Prendre régulièrement des boissons alcoolisées avec excès. ➛ prov. *Qui a bu boira* : on ne se corrige pas de ses vieux défauts. **3** (corps poreux...) Absorber. *Papier qui boit l'encre.*

② **boire** n. m. ▪ loc. *Le boire et le manger* : l'action de boire et de manger.

bois n. m. ▪ **I** Espace de terrain couvert d'arbres (plus petit que la forêt). **II** Matière ligneuse et compacte des arbres. → **ligni-, xylo-.** ➛ loc. *Montrer de quel bois on se chauffe,* de quoi on est capable (menace). ➛ *N'être pas de bois,* ne pas manquer de sensualité. ➛ fam. *Gueule* de bois.* ➛ *Langue* de bois.* **III 1** *Bois de lit,* cadre en bois qui supporte le sommier. **2** Gravure sur bois. **3** Instrument à vent, muni de trous, en bois (parfois en métal). **4** au plur. Cornes (des cervidés).

boisé, ée adj. ▪ Couvert de bois (I).

boiser v. tr. [1] ▪ **1** Garnir de charpentes en bois. ▸ **boisage** n. m. **2** Planter d'arbres. ▸ **boisement** n. m.

boiserie n. f. ▪ Revêtement en bois.

boisseau n. m. ▪ Ancienne mesure de capacité pour les matières sèches. ➝ loc. *Mettre, laisser qqch. sous le boisseau,* tenir secret.

boissellerie n. f. ▪ Fabrication et commerce d'objets en bois cintré. ► **boisselier, ière** n.

boisson n. f. ▪ **1** Liquide qui se boit. **2** Boisson alcoolique. **3** Alcoolisme.

boîte n. f. ▪ **1** Récipient de matière rigide, transportable, souvent muni d'un couvercle. ➝ loc. fam. *METTRE qqn EN BOÎTE,* se moquer de lui. **2** loc. *Boîte à musique,* dont le mécanisme reproduit des mélodies. ♦ *Boîte aux* (ou *à*) *lettres,* où l'on dépose le courrier. *Boîte postale,* boîte aux lettres réservée, dans un bureau de poste. ➝ *Boîte mail :* espace de mémoire réservé aux messages électroniques. ♦ *BOÎTE NOIRE,* contenant un dispositif d'enregistrement (dans les avions...). **3** Cavité, organe creux. ➝ *Boîte crânienne,* partie du crâne qui renferme le cerveau. ♦ *Boîte de vitesses,* organe renfermant les engrenages des changements de vitesse. **4** fam. Entreprise, lieu de travail ; lycée. **5** *BOÎTE (DE NUIT) :* établissement ouvert la nuit où l'on boit, danse. → **discothèque.**

boiter v. intr. 1 ▪ **1** Marcher en inclinant le corps d'un côté plus que de l'autre, ou alternativement d'un côté et de l'autre. **2** fig. Manquer d'équilibre ; être imparfait.

boiterie n. f. ▪ Infirmité, mouvement d'une personne qui boite. → **claudication.**

boiteux, euse adj. ▪ **1** Qui boite. ➝ n. *Un boiteux.* **2** (choses) Qui n'est pas d'aplomb. → **bancal.** **3** fig. Qui manque d'équilibre, de cohérence. *Un raisonnement boiteux.*

boîtier n. m. ▪ Boîte destinée à recevoir des objets, un mécanisme, etc.

boitiller v. intr. 1 ▪ Boiter légèrement.

boiton n. m. ▪ (Suisse) Porcherie.

boit-sans-soif n. invar. ▪ fam. Ivrogne.

① **bol** n. m. ▪ **I** Pièce de vaisselle, récipient individuel hémisphérique. **II** fam. **1** loc. *Ras* le bol.* **2** Chance. *Avoir du bol.*

② **bol** n. m. ▪ *Bol alimentaire,* masse d'aliments déglutis en une seule fois.

bolchevik n. ▪ hist. Partisan du bolchevisme.

bolchevique adj. ▪ Qui a rapport au bolchevisme.

bolchevisme n. m. ▪ hist. Doctrine léniniste du collectivisme marxiste.

boldo n. m. ▪ bot. Petit arbre du Chili.

bolduc n. m. ▪ Ruban plat servant à ficeler.

bolée n. f. ▪ Contenu (liquide) d'un bol.

boléro n. m. ▪ **1** Danse espagnole à trois temps, de rythme lent. **2** Veste courte.

bolet n. m. ▪ Champignon charnu. → **cèpe.**

bolide n. m. ▪ Véhicule très rapide.

bolier ou **boulier** n. m. ▪ Grand filet de pêche.

bolivar n. m. ▪ **1** ancienn Chapeau haut-de-forme à larges bords. **2** Unité monétaire du Venezuela.

boliviano n. m. ▪ Unité monétaire de la Bolivie.

bollard n. m. ▪ mar. Grosse bitte d'amarrage.

bolognais, aise adj. et n. ▪ De Bologne. ♦ *Sauce bolognaise,* n. f. *bolognaise :* sauce à la viande et à la tomate.

bolonais, aise adj. ▪ De Bologne, ville d'Italie. → **bolognais.** ➝ n. *Les Bolonais.*

bombage n. m. ▪ Action de peindre, d'inscrire à la bombe. ➝ Inscription ainsi faite.

bombance n. f. ▪ *Faire bombance :* faire un repas abondant. → **festoyer.**

bombarde n. f. ▪ **I** (Moyen Âge) Machine de guerre. **II** (en Bretagne) Instrument à anche.

bombarder v. tr. 1 ▪ **1** Attaquer, endommager en lançant des bombes, des obus, etc. **2** *Bombarder de :* lancer des projectiles sur. ➝ fig., fam. *Bombarder qqn de questions.* **3** fam. Nommer brusquement (qqn) à un poste. ► **bombardement** n. m.

bombardier n. m. ▪ Avion, aviateur chargé d'un bombardement.

bombardon n. m. ▪ ancienn Instrument de musique, cuivre très grave à pistons.

① **bombe** n. f. ▪ **1** Projectile creux rempli d'explosif. ➝ *Bombe atomique.* ➝ Tout appareil explosible. *Bombe à retardement.* **2** loc. fam. *Faire l'effet d'une bombe :* surprendre, scandaliser. **3** *Bombe glacée,* glace pyramidale. **4** *Bombe au cobalt,* appareil de traitement médical du cancer. **5** Casquette de cavalier. **6** Atomiseur de grande taille. **7** fam. Personne très sexy.

② **bombe** n. f. ▪ fam. *Faire la bombe,* la noce*.

bombé, ée adj. ▪ Qui est convexe.

bombement n. m. ▪ Fait d'être bombé.

bomber v. 1 ▪ **I** **1** v. tr. Rendre convexe. ➝ *Bomber le torse* (fig. faire le fier). **2** v. intr. Devenir convexe ; gonfler. **II** Peindre, inscrire à la bombe (de peinture).

bombyx [-iks] n. m. ▪ Papillon dont la larve tisse un cocon de soie.

bôme n. f. ▪ mar. Grand espar horizontal sur lequel sont attachées les voiles auriques et triangulaires.

① **bon, bonne** adj. ▪ REM. Le compar. de *bon* est *meilleur ; plus... bon* peut s'employer lorsque les deux mots ne se suivent pas. **I** Qui convient, a une valeur. **1** Qui a les qualités utiles qu'on attend ; qui fonctionne bien. **2** (personnes) Qui fait bien son travail, tient bien son rôle. **3** Qui est bien fait, mérite l'estime. **4** Qui répond aux exigences du bien, de la morale. *Bonnes mœurs.* **5** Agréable ; qui donne du plaisir. **6** Qui convient ; opportun. *C'est le bon moment.* **II** **1** Qui veut du bien, fait du bien à autrui.

→ **généreux. 2** Qui entretient avec autrui des relations agréables. *Un bon garçon.* **3** (actions...) Qui témoigne de bonté. **III 1** Qui atteint largement la mesure exprimée. *Une bonne poignée.* **2** Intense, violent. *Une bonne gifle.* **3** Définitif, total. *Finissons-en une bonne fois.* **IV** n. m. **1** Ce qui est bon. ◆ loc. *AVOIR DU BON :* présenter des avantages. ♦ loc. adv. *POUR DE BON :* réellement, véritablement. **2** *LES BONS :* les personnes bonnes. *Les bons et les méchants.* **V 1** adv. (loc.) *Sentir bon :* avoir une bonne odeur. ◆ *Il fait bon :* le temps est agréable. ◆ *Tenir bon :* ne pas céder. **2** interj. *Bon !*, marque la satisfaction, la surprise, etc., ou sert de ponctuation dans le discours. ♦ loc. *Allons bon !* (étonnement ou mécontentement).

② **bon** n. m. ■ Écrit constatant le droit à une prestation, à une somme d'argent, etc.

bonace n. f. ■ mar. Calme de la mer.

bonapartisme n. m. ■ Attachement aux Bonaparte ou à leur système politique, l'Empire. ► **bonapartiste** adj. et n.

bonard, arde → **bonnard**

bonasse adj. ■ D'une bonté excessive.

bonbec n. m. ■ fam. Bonbon. *Des bonbecs.*

bonbon n. m. ■ Petite friandise faite de sirop aromatisé et parfois coloré.

bonbonne n. f. ■ Gros récipient à col étroit.

bonbonnière n. f. ■ **1** Petite boîte à bonbons. **2** fig. Petit appartement ravissant.

bond n. m. ■ **1** Action de bondir. *Faire un bond* (fig. se précipiter ; augmenter subitement). ◆ fig. *Bond en avant*, progrès soudain et rapide. **2** loc. *Faire FAUX BOND à qqn*, ne pas faire ce qu'on a promis.

bondage n. m. ■ anglic. Pratique sexuelle sadomasochiste dans laquelle l'un des partenaires est attaché.

bonde n. f. ■ **1** Ouverture de fond, destinée à vider l'eau d'un réservoir, d'une baignoire... **2** Trou percé dans un tonneau.

bondé, ée adj. ■ (espace clos) Qui contient le maximum de personnes. → **comble.**

bondérisation n. f. ■ techn. Phosphatation superficielle des produits ferreux pour les protéger de la rouille. ► **bondériser** v. tr. [1]

bondieuserie n. f. ■ péj. **1** Bigoterie. **2** Objet de piété de mauvais goût.

bondir v. intr. [2] ■ **1** S'élever brusquement en l'air par un saut. → **sauter.** ◆ fig. *Cela me fait bondir* (d'indignation...). **2** S'élancer précipitamment. → **courir.** ► **bondissant, ante** adj. ► **bondissement** n. m. → **bond.**

bondon n. m. ■ Morceau de bois qui sert à boucher la bonde d'un tonneau.

bondrée n. f. ■ Rapace diurne, de la taille d'une buse.

bon enfant [bɔn-] adj. invar. ■ Qui a une gentillesse simple et naïve.

bongo n. m. ■ Instrument latino-américain constitué de deux petits tambours.

bonheur [bɔn-] n. m. ■ **I** Chance. ◆ loc. *Porter bonheur* (→ **porte-bonheur**). ◆ *Au petit bonheur :* au hasard. ◆ *PAR BONHEUR :* heureusement. **II** (opposé à *malheur*) **1** État de pleine satisfaction. → **béatitude, bien-être, félicité, plaisir. 2** Ce qui rend heureux. *De grands bonheurs.*

bonheur-du-jour n. m. ■ Bureau ouvragé. *Des bonheurs-du-jour.*

bonhomie [bɔn-] n. f. ■ Simplicité dans les manières, unie à la bonté du cœur.

bonhomme [bɔnɔm], plur. **bonshommes** [bɔ̃zɔm] ■ **I** n. m. **1** fam. Homme, monsieur. **2** (affectueux) Jeune garçon. **3** Figure humaine dessinée ou façonnée grossièrement. *Bonhomme de neige.* **4** loc. *Aller son petit bonhomme de chemin :* poursuivre son action sans hâte, mais sûrement. **II** adj. (plur. *bonhommes*) Qui a de la bonhomie.

boni n. m. ■ **1** fin. Économie de dépense par rapport aux prévisions. **2** Gratification (I).

boniche ou **bonniche** n. f. ■ péj. Bonne (I).

bonification n. f. ■ **I** Action de bonifier. **II 1** Avantage accordé par l'État sur un emprunt. **2** sports Avantage accordé à un concurrent, en fonction d'une performance.

bonifier v. tr. [7] ■ Rendre meilleur ; améliorer le rendement de (qqch.). ▷ v. pron. **se bonifier** S'améliorer.

boniment n. m. ■ **1** Propos destiné à attirer la clientèle. **2** fam. Propos mensonger.

bonimenter v. intr. [1] ■ Faire du boniment. ► **bonimenteur, euse** n. et adj.

bonite n. f. ■ Variété de thon des mers chaudes.

bonjour n. m. ■ Souhait de bonne journée (adressé en arrivant, en rencontrant). ◆ loc. *C'est simple comme bonjour*, très simple.

bon marché adj. invar. ■ → **marché.**

bonnard, arde adj. ■ fam. Bon, satisfaisant. - var. **bonard, arde.**

bonne n. f. ■ **I** vieilli Servante. → **domestique.** *Bonne d'enfants.* → **nurse. II** loc. fam. *AVOIR* (qqn) *À LA BONNE :* avoir de la sympathie pour lui.

bonne femme n. f. ■ fam. Femme. ♦ *Remède* de bonne femme.*

bonne-maman n. f. ■ Grand-mère. *Des bonnes-mamans.*

bonnement adv. ■ *Tout bonnement :* franchement ; tout simplement.

bonnet n. m. ■ **1** Coiffure souple sans bords. ◆ loc. *Avoir la tête près du bonnet*, être coléreux. ◆ *Prendre qqch. sous son bonnet*, le faire de sa propre autorité. ◆ *C'est blanc bonnet et* *bonnet blanc*, cela revient au même. ♦ *Un gros bonnet*, un personnage influent. **2** Chacune des deux poches d'un soutien-gorge. **3** Second estomac d'un ruminant.

bonneteau n. m. ▪ Jeu de trois cartes que le *bonneteur* mélange, le joueur devant deviner où se trouve une de ces cartes.

bonneterie [bɔn(ə)tʀi ; bɔnɛtʀi] n. f. ▪ Industrie, commerce de vêtements en tissu à mailles. ➝ Ces articles (bas, lingerie, etc.).

bonnetier, ière n. ▪ **1** Personne qui fabrique ou vend de la bonneterie. **2** n. f. Petite armoire à une porte.

bonniche n. f. → **boniche**

bonobo n. m. ▪ Chimpanzé de la forêt congolaise.

bon-papa n. m. ▪ Grand-père. *Des bons-papas.*

bonsaï [bɔ̃(d)zaj] n. m. ▪ Arbre nain en pot.

bonsoir n. m. ▪ Salutation du soir (adressée en rencontrant ou en partant).

bonté n. f. ▪ **1** Qualité morale qui porte à être bon (II). → **altruisme, humanité ; gentillesse.** **2** au plur. vieilli Acte de bonté.

bonus [-ys] n. m. ▪ **1** Avantage consenti par un assureur à qqn qui n'a pas d'accidents. **2** Supplément gratuit (d'un CD, d'un DVD...).

bon vivant, bonne vivante n. ▪ Personne d'humeur joviale et qui aime les plaisirs de la vie.

bonze n. m. ▪ Prêtre bouddhiste.

bonzerie n. f. ▪ vieilli Monastère de bonzes.

boogie-woogie [bugiwugi] n. m. ▪ Blues joué au piano sur un rythme rapide.

bookmaker [bukmɛkœʀ] n. m. ▪ anglic. Personne qui, dans les courses de chevaux, prend les paris et les inscrit.

boom [bum] n. m. ▪ Brusque hausse des valeurs ; croissance soudaine.

boomerang [bumʀɑ̃g] n. m. ▪ Arme de jet, pièce de bois dur courbée qui revient à son point de départ si le but est manqué.

① **booster** [bustœr] n. m. ▪ anglic. **1** Propulseur auxiliaire, pour les engins spatiaux. **2** Amplificateur d'un autoradio.

② **booster** [buste] v. tr. [1] ▪ anglic., fam. (critiqué) Accélérer, stimuler.

boots [buts] n. f. pl. ▪ anglic. Bottes courtes.

boqueteau n. m. ▪ Petit bois. → **bosquet.**

bora n. f. ▪ Vent froid et violent des régions septentrionales de l'Adriatique.

borasse n. m. ▪ Palmier dont les bourgeons sont comestibles (cœurs de palmier). → **rônier.** - syn. **borassus.**

borate n. m. ▪ chim. Sel de l'acide borique.

borax [-aks] n. m. ▪ Borate de sodium.

borborygme n. m. ▪ Bruit dû à des gaz dans le tube digestif. → **gargouillement.**

bord n. m. ▪ **I 1** mar. Extrémité supérieure des bordages, de chaque côté d'un navire (→ bâbord, tribord). ♦ dans des loc. Le navire lui-même. *Monter à bord. Journal de bord.* ➝ loc. fig. *Les moyens du bord*, qu'offre la situation. **2** fig. *Être du bord de qqn*, de son parti. **II 1** Contour, limite, extrémité (d'une surface). *Le bord de la route.* **2** loc. *ÊTRE AU BORD DE qqch.*, en être tout près. ♦ fam. *SUR LES BORDS* loc. adv. : légèrement ; un peu.

bordages n. m. pl. ▪ Planches épaisses ou tôles recouvrant la membrure d'un navire.

borde n. f. ▪ région. Métairie.

bordé n. m. ▪ mar. Ensemble des bordages.

bordeaux n. m. ▪ **1** Vin des vignobles de Gironde. **2** n. m. et adj. Rouge foncé.

bordée n. f. ▪ **1** Salve de l'artillerie du bord. ➝ fig. *Une bordée d'injures.* **2** Partie de l'équipage de service à bord. **3** Route parcourue par un navire sans virer. ♦ loc. fam. *Tirer une bordée*, aller de bar en bar.

bordel n. m. ▪ **1** vulg. Maison de prostitution. → **boxon.** **2** fig., fam. Grand désordre. **3** vulg. *Bordel !* (juron).

bordélique adj. ▪ fam. Désordonné.

border v. tr. [1] ▪ **1** Occuper le bord de (qqch.). **2** Garnir (un vêtement) d'une bordure. **3** Plier le bord des draps, des couvertures sous le matelas (d'un lit). **4** mar. Tendre les écoutes pour raidir (une voile).

bordereau n. m. ▪ Relevé des articles ou pièces d'un compte, d'un dossier, etc.

borderie n. f. ▪ région. Petite métairie.

borderline [bɔʀdœʀlajn] adj. et n. invar. ▪ anglic., psych. Qui présente des troubles entre névrose et psychose. ➝ *Des borderline.*

bordier, ière adj. ▪ Situé en bordure.

bordure n. f. ▪ Ce qui borde (notamment en ornant). ➝ *En bordure (de)* : sur le bord (de).

bordurette n. f. ▪ Bordure qui sert à délimiter une voie de circulation réservée.

bore n. m. ▪ chim. Corps simple (symb. B, n° at. 5, masse at. 11), métalloïde, voisin du carbone.

boréal, ale, aux adj. ▪ Qui est au nord du globe terrestre (opposé à *austral*). → **arctique.**

borgne adj. ▪ **1** Qui a perdu un œil ou ne voit que d'un œil. ➝ n. *Un, une borgne.* **2** *Hôtel borgne*, mal famé.

borie n. f. ▪ région. (sud de la France) Hutte en pierres sèches.

borique adj. ▪ chim. Formé d'hydrogène et de bore. *Acide borique.*

bornage n. m. ▪ Opération consistant à délimiter deux propriétés par des bornes.

borne n. f. ■ **1** Pierre ou marque servant notamment à délimiter un champ, une propriété. ◆ *Borne kilométrique*, qui sert de repère le long d'une route. ◆ *Borne d'incendie* : bouche d'incendie formant borne. **2** fam. Kilomètre. **3** Pôle d'un circuit électrique. **4** au plur. fig. Frontières, limites. ◆ *Sans bornes*, illimité. **5** Dispositif de communication, dans un lieu public. *Borne wi-fi.*

borne-fontaine n. f. ■ **1** Fontaine en forme de borne. **2** (Canada) Bouche d'incendie.

borner v. tr. [1] ■ **1** Délimiter (un terrain...). **2** fig. Renfermer dans des limites précises. ▷ v. pron. se **borner** (à) Se limiter (à). ▷ adj. **borné, ée** **1** Qui a (qqch.) comme borne. **2** Dont les capacités intellectuelles sont limitées.

bornoyer v. intr. [8] ■ techn. Regarder d'un œil en fermant l'autre pour vérifier un alignement.

borréliose n. f. ■ méd. Maladie infectieuse due à la transmission de bactéries par des arthropodes.

bortsch [bɔʀtʃ] n. m. ■ Soupe à la betterave (plat ukrainien), au chou (plat russe), à la crème.

borure n. m. ■ chim. Combinaison du bore avec un corps simple. *Borure de magnésium.*

bosco n. m. ■ mar. Maître de manœuvre.

boskoop [-ɔp] n. f. ■ Pomme à peau gris-vert et rouge.

bosniaque adj. et n. ■ De la Bosnie. ◆ n. *Les Bosniaques.* ♦ n. m. *Le bosniaque* (langue slave).

boson n. m. ■ phys. Particule fondamentale, atome dont le nombre de spin est entier ou nul. ◆ *Boson de Higgs*, à l'origine de la matière.

bosquet n. m. ■ Petit bois ; groupe d'arbres.

boss [bɔs] n. m. ■ anglic., fam. Patron, chef.

bossage n. m. ■ archit. Saillie ornementale.

bossa-nova n. f. ■ Musique de danse brésilienne ; cette danse.

① **bosse** n. f. ■ **1** Enflure due à un choc sur une région osseuse. **2** Grosseur dorsale, difformité de la colonne vertébrale **(→ bossu)**. **3** Saillie à la surface d'un os (notamment du crâne). ◆ fam. *Avoir la bosse des maths.* → **don.** **4** Protubérance naturelle sur le dos d'animaux. **5** Partie renflée et arrondie.

② **bosse** n. f. ■ mar. Cordage fin.

bosseler v. tr. [4] ■ Déformer (qqch.) par des bosses. → **cabosser.** ► **bosselure** n. f.

① **bosser** v. [1] ■ fam. **1** v. intr. Travailler. → **boulonner.** **2** v. tr. *Bosser un examen*, le préparer activement. → ② **bûcher.** ► **bosseur, euse** adj. et n.

② **bosser** v. tr. [1] ■ mar. Fixer, retenir avec des bosses (②).

bossoir n. m. ■ mar. Dispositif de levage.

bossu, ue adj. et n. ■ Qui a une, des bosses (①, 2).

bossué, ée adj. ■ Qui présente des bosses.

bossuer v. tr. [1] ■ Rendre inégal (une surface) en formant des bosses.

boston [-ɔn] n. m. ■ Valse lente.

bostryche n. m. ■ zool. Insecte coléoptère dont les larves vivent dans le bois du chêne.

bot adj. ■ *Pied bot*, difforme par rétraction.

botanique ■ **1** adj. Relatif aux végétaux, à leur étude. **2** n. f. Science des végétaux.

botaniste n. ■ Spécialiste de botanique.

bothriocéphale n. m. ■ zool. Ténia parasite de l'intestin, transmis par l'ingestion de poisson insuffisamment cuit.

botox [-ɔks] n. m. (marque déposée) ■ Toxine botulique utilisée en injection locale pour estomper les rides du visage.

① **botte** n. f. ■ Chaussure haute qui enferme le pied et la jambe. ♦ loc. *Être à la botte de qqn*, lui obéir servilement. ◆ *Bruits de bottes* : rumeurs de guerre.

② **botte** n. f. ■ Assemblage de végétaux liés.

③ **botte** n. f. ■ Coup d'épée, de fleuret.

botteler v. tr. [4] ■ Attacher en botte(s). ► **bottelage** n. m.

botteleur, euse n. ■ **1** Personne qui fait des bottes de foin, de paille. **2** n. f. Machine à botteler.

botter v. tr. [1] ■ **I** **1** Chausser de bottes. **2** fam. Donner un coup de pied à. *Botter les fesses à qqn.* ♦ (sans compl.) sports Frapper du pied le ballon. **II** fam. Plaire à (qqn).

bottier, ière n. ■ Artisan qui fabrique des chaussures sur mesure. → **chausseur.**

bottillon n. m. ■ Chaussure montante.

bottin n. m. ■ Annuaire du téléphone.

bottine n. f. ■ Chaussure montante fine.

botulique adj. ■ méd. *Bacille botulique* : bactérie anaérobie, agent du botulisme. ◆ *Toxine botulique*, produite par cette bactérie.

botulisme n. m. ■ Intoxication grave causée par la toxine botulique.

boubou n. m. ■ Tunique ample africaine.

boubouler v. intr. [1] ■ (hibou) Pousser son cri. → **hululer.**

bouc n. m. ■ **1** Mâle de la chèvre. ◆ loc. *Bouc émissaire* : bouc qu'on chargeait des péchés d'Israël ; fig. personne sur laquelle on fait retomber tous les torts. **2** Barbiche.

① **boucan** n. m. ■ fam. Grand bruit.

② **boucan** n. m. ■ (aux Caraïbes) Gril de bois.

boucane n. f. ■ (Canada) Fumée (du feu, de cigarette...).

boucaner v. tr. [1] ■ **1** Faire sécher à la fumée (de la viande, etc.). ► **boucanage** n. m. **2** Dessécher et colorer (la peau).

boucanier n. m. ■ Aventurier, pirate.

boucau n. m. ■ région. Entrée d'un port, dans le sud de la France.

boucaud n. m. ■ région. Crevette grise. - var. **boucot.**

bouchage n. m. ■ Action de boucher.

boucharde n. f. ■ techn. Marteau ou rouleau à aspérités. ► **boucharder** v. tr. [1]

bouche n. f. ■ **1** Cavité située au bas du visage humain, communiquant avec l'appareil digestif et avec les voies respiratoires (→ **buccal).** ♦ Les lèvres et leur expression. *Une jolie bouche.* ➛ loc. *Faire la fine bouche,* le difficile. ♦ (servant à manger) *Avoir la bouche pleine.* ➛ loc. *Garder qqch. pour la bonne bouche,* pour la fin. ➛ *Une fine bouche* : un gourmet. ♦ (servant à parler) loc. *De bouche à oreille* : en confidence. ➛ *Le bouche à oreille* : ce qui se transmet directement, par la parole. ➛ *Bouche cousue !* → **motus. 2** Cavité buccale (d'animaux). → **gueule. 3** Ouverture, orifice arrondi (de qqch., d'une construction). *Bouche de métro. Bouche d'égout.* ➛ *Bouche d'incendie* : arrivée d'eau aménagée pour les pompiers.

bouché, ée adj. ■ **1** Fermé. **2** fig. Obtus.

bouche-à-bouche n. m. invar. ■ Respiration artificielle où l'on insuffle avec sa bouche de l'air dans celle de l'asphyxié.

bouchée n. f. ■ **1** Quantité d'aliment qu'on met dans la bouche en une seule fois. ♦ loc. *Pour une bouchée de pain* : pour un prix dérisoire. ➛ *Ne faire qu'une bouchée de de qqn,* en triompher aisément. ➛ *Mettre les bouchées doubles* : aller plus vite (dans un travail, etc.). **2** *Bouchée à la reine* : croûte feuilletée garnie. **3** Morceau de chocolat fin fourré.

① **boucher** v. tr. [1] ■ **1** Fermer (une ouverture, un récipient...). ♦ *Se boucher le nez* (en le pinçant), pour ne pas sentir. **2** Obstruer (un passage...). **3** loc. fam. *En boucher un coin à qqn,* le rendre muet d'étonnement.

② **boucher, ère** n. ■ **1** Commerçant(e) qui prépare et vend la viande. **2** fig. Individu cruel et sanguinaire. ➛ Chirurgien(ne) maladroit(e).

boucherie n. f. ■ **1** Commerce de la viande crue de bœuf (et veau), de mouton (et agneau), de porc, de cheval. ♦ Magasin du boucher. **2** fig. Tuerie, carnage.

bouche-trou n. m. ■ Ce qui ne sert qu'à combler une place vide. *Des bouche-trous.*

boucholeur → **bouchoteur**

bouchon n. m. ■ **I 1** vx Poignée de paille tordue. **2** région. (Lyonnais) Petit restaurant traditionnel. **II 1** Pièce (spécialt en liège) qui sert à boucher les bouteilles, flacons, etc. **2** Flotteur de ligne de pêche. **3** Embouteillage. **4** Jeu où on lançait des bouchons de liège.

bouchonné, ée adj. ■ *Vin bouchonné,* qui a un goût, une odeur de bouchon.

bouchonner v. [1] ■ **1** v. tr. Frotter vigoureusement (spécialt un cheval). **2** v. intr. fam. Former un embouteillage.

bouchot n. m. ■ Parc à moules, en bois.

bouchoteur, euse n. ■ Personne qui s'occupe de la reproduction des moules. - var. **boucholeur, euse.**

bouclage n. m. ■ Action de boucler (I).

boucle n. f. ■ **1** Anneau ou rectangle métallique muni d'une ou plusieurs pointes (→ **ardillon)** pour tendre une courroie, une ceinture. **2** Objet en forme d'anneau. ♦ *Boucles d'oreilles* : bijoux qu'on fixe aux oreilles. **3** Ligne courbe qui s'enroule. *Boucles de cheveux.* **4** loc. *En boucle,* répété plusieurs fois. **5** inform. Partie d'un programme qui revient à son point de départ.

boucler v. [1] ■ **I** v. tr. **1** Attacher, serrer au moyen d'une boucle. **2** (presse...) *Boucler un numéro* : rassembler les articles prêts à paraître. **3** fam. Fermer (un passage...). ➛ loc. *La boucler,* se taire. ♦ Enfermer, emprisonner (qqn). **4** Parcourir entièrement (un circuit...). **5** Entourer (un lieu) par des troupes. → **cerner, encercler. II** v. intr. Avoir, prendre la forme de boucles. ▷ adj. **bouclé, ée** *Cheveux bouclés.*

bouclette n. f. ■ Petite boucle.

bouclier n. m. ■ **1** Ancienne arme défensive, épaisse plaque portée pour se protéger. ➛ loc. *Levée de boucliers* : démonstration collective d'opposition. **2** fig., littér. Ce qui constitue une défense, une protection. → **rempart. 3** zool. Carapace (de crustacés). **4** géol. Plate-forme de terrains anciens.

boucot → **boucaud**

bouddha n. m. ■ Dans le bouddhisme, Celui qui est parvenu à la sagesse et à la connaissance parfaite.

bouddhisme n. m. ■ Doctrine religieuse fondée en Inde, qui succéda au brahmanisme et se répandit en Asie. ► **bouddhique** adj. ► **bouddhiste** adj. et n.

bouder v. [1] ■ **1** v. intr. Montrer du mécontentement par une attitude maussade. **2** v. tr. Montrer de l'hostilité à (qqn) par cette attitude. ♦ fam. Ne plus rechercher (qqch.). *Bouder les distractions.*

bouderie n. f. ■ Action, fait de bouder.

boudeur, euse adj. ■ Qui boude fréquemment. → **maussade.** ➛ n. *Un boudeur.* ♦ Qui marque la bouderie. *Air boudeur.*

boudi interj. ■ région. (sud de la France), fam. Bon Dieu ! (pour exprimer la surprise, l'admiration...). - var. **boudiou.**

boudin n. m. ■ **1** Boyau rempli de sang et de graisse de porc assaisonnés. ➛ *Boudin blanc,* à base de viandes blanches. ➛ loc. fam. *S'en aller en eau de boudin,* échouer progressivement (affaire). **2** Objet cylindrique. ➛ *Ressort à* *boudin,* hélicoïdal. **3** fam., péj. Fille petite et grosse.

boudinage n. m. ■ Action de boudiner (1).

boudiné, ée adj. ■ **1** Serré dans un vêtement étroit. **2** En forme de boudin.

boudiner v. tr. [1] ■ **1** Tordre en spirale. **2** Serrer (qqn) dans des vêtements étroits.

boudineuse n. f. ■ techn. Machine servant à mouler des matières malléables. → **extrudeuse.**

boudiou → **boudi**

boudoir n. m. ■ **1** Petit salon élégant de dame. **2** Biscuit oblong recouvert de sucre.

boue n. f. ■ **1** Terre, poussière détrempée (dans les chemins...). ➛ loc. *Traîner qqn dans la boue,* l'accabler de propos infamants. **2** Limon imprégné d'éléments minéraux. *Bains de boue.* **3** Déchets, résidus liquides.

bouée n. f. ■ Corps flottant qui signale l'emplacement d'un mouillage, d'un écueil... ou délimite une passe, un chenal. ♦ Anneau d'une matière insubmersible.

① **bouette** → **boëtte**

② **bouette** n. f. ■ (Canada) fam. **1** Boue, vase. → **gadoue. 2** Mélange de neige, de sable et de sel.

① **boueux, euse** adj. ■ **1** Plein de boue. **2** Qui a la consistance, l'aspect de la boue.

② **boueux** n. m. ■ fam. Éboueur.

bouffant, ante adj. ■ Qui bouffe (I).

bouffarde n. f. ■ fam. Grosse pipe.

① **bouffe** adj. ■ *Opéra bouffe,* du genre lyrique léger. → **opérette.**

② **bouffe** n. f. ■ fam. Action de bouffer, de manger. ♦ Nourriture.

bouffée n. f. ■ **1** Souffle exhalé ou inspiré par intermittence par la bouche. **2** Souffle d'air qui arrive. *Une bouffée de parfum.* ♦ Sensation brusque. *Bouffée de chaleur.* **3** fig. → **accès.** *Une bouffée de colère.*

bouffer v. [1] ■ **I** v. intr. (matière souple, légère) Gonfler, augmenter de volume. **II** v. tr. fam. **1** Manger. ➛ sans compl. *Bien bouffer.* ➛ loc. *Se bouffer le nez,* se disputer. **2** fig. Absorber, accaparer. ♦ (machines) Consommer.

bouffetance n. f. ■ fam. Nourriture.

bouffette n. f. ■ Petit nœud bouffant de ruban (ornement).

bouffi, ie adj. ■ **1** Gonflé, enflé de manière disgracieuse. *Yeux bouffis.* **2** fig., péj. *Bouffi de,* rempli de (un sentiment). *Bouffi d'orgueil.*

bouffir v. tr. [2] ■ Déformer par une enflure morbide, disgracieuse. ► **bouffissure** n. f.

bouffissage n. m. ■ techn. Opération qui consiste à faire gonfler et à fumer les harengs.

bouffon, onne ■ **I 1** n. m. ancienn^t Personnage chargé de divertir un prince. → **fou.** ♦ mod. Celui qui amuse. → **pitre. 2** n. fam. Personne niaise, ridicule. **II** adj. D'un comique grotesque. → **burlesque.**

bouffonnerie n. f. ■ **1** Caractère bouffon. **2** Action ou parole bouffonne.

bougainvillée [-vile] n. f. ■ Arbrisseau grimpant à feuilles persistantes, à bractées ornementales. – syn. **bougainvillier** n. m.

bouge n. m. ■ Café, cabaret sordide.

bougeoir n. m. ■ Chandelier bas, sans pied.

bougeotte n. f. ■ fam. Manie, habitude de bouger, de voyager.

bouger v. [3] ■ **I** v. intr. **1** Faire un mouvement. → **remuer.** ♦ Se déplacer ; partir. *Bouger sans cesse.* **2** fam. Changer, évoluer. *Les prix n'ont pas bougé.* **3** S'agiter avec hostilité ; se révolter. **II** v. tr. fam. Remuer, déplacer. *Bouger un meuble.*

bougie n. f. ■ **1** Appareil d'éclairage, mèche tressée enveloppée de cire, etc. **2** Appareil d'allumage (d'un moteur à explosion).

bougnat n. m. ■ fam. et vieilli Marchand de charbon (qui tenait souvent un café).

bougnoule n. ■ fam., péj. (injure raciste) Maghrébin.

bougon, onne adj. et n. ■ fam. Qui a l'habitude de bougonner. ➛ *Un air bougon.*

bougonner v. intr. [1] ■ fam. Exprimer pour soi seul, souvent entre les dents, son mécontentement. ► **bougonnement** n. m.

bougonneux, euse adj. ■ (Canada) Qui bougonne, qui est grognon.

bougre, bougresse n. ■ fam. **1** Personne hardie. → **gaillard.** ♦ Individu. *Un bon bougre.* **2** *Bougre de* : espèce de.

bougrement adv. ■ fam. et vieilli Très.

bouh interj. ■ Exclamation qui exprime le chagrin.

boui-boui n. m. ■ fam. Restaurant médiocre.

bouif n. m. ■ argot vieilli Cordonnier.

bouillabaisse n. f. ■ Plat provençal de poissons bouillis, fortement épicé.

bouillant, ante adj. ■ **1** Qui bout. **2** Très chaud, brûlant. **3** fig. Ardent, emporté.

bouillasse n. f. ■ fam. Boue.

bouille n. f. ■ fam. Figure, tête.

bouilleur, euse n. ■ Distillateur, distillatrice. ➛ *Bouilleur, bouilleuse de cru,* personne qui distille ses récoltes.

bouillie n. f. ■ **1** Aliment fait de lait et de farine bouillis ensemble. **2** *EN BOUILLIE* : écrasé. **3** Liquide pâteux.

bouillir v. intr. 15 ■ **1** (liquide) S'agiter en formant des bulles (ébullition). **2** (viande...) Cuire dans un liquide qui bout. ♦ Être stérilisé, etc. dans l'eau qui bout. **3** fig. S'impatienter, s'emporter. ◆ *Bouillir de colère.* ▷ adj. **bouilli, ie**

bouilloire n. f. ■ Récipient à bec destiné à faire bouillir de l'eau.

bouillon n. m. ■ **1** Bulles qui se forment au sein d'un liquide qui bout. *Bouillir à gros bouillons.* **2** Liquide dans lequel ont bouilli des aliments. **3** *Bouillon de culture* : liquide pour la culture des microbes ; fig. milieu favorable.

bouillonner v. intr. 1 ■ **1** (liquide) Être agité en formant des bouillons. **2** fig. Être en effervescence. ► **bouillonnant, ante** adj. ► **bouillonnement** n. m.

① **bouillotte** n. f. ■ **1** vieilli Bouilloire. **2** Récipient que l'on remplit d'eau bouillante pour se chauffer (dans un lit, etc.).

② **bouillotte** n. f. ■ Ancien jeu de cartes.

bouillotter v. intr. 1 ■ Bouillir doucement.

boulaie n. f. ■ Terrain planté de bouleaux.

① **boulanger, ère** n. ■ Personne qui fait et vend du pain.

② **boulanger** v. tr. 3 ■ Préparer et cuire (le pain). ◆ au p. p. *Du pain bien boulangé.*

boulangerie n. f. ■ **1** Fabrication et commerce du pain. **2** Magasin du boulanger.

boulangisme n. m. ■ hist. Parti politique attaché à la doctrine du général Boulanger. ► **boulangiste** adj. et n.

boulder [-œʀ] n. m. ■ anglic., géol. Gros bloc de pierre arrondi par l'érosion.

boule n. f. ■ **1** Objet sphérique. ◆ *Boule de neige.* loc. fig. *Faire boule de neige* : prendre de l'importance, de l'ampleur. ◆ *Boule de gomme* : bonbon de gomme. **2** *EN BOULE* : en forme de boule. ◆ fig., fam. *Se mettre en boule,* en colère. **3** Corps plein sphérique que l'on fait rouler (jeux). **4** fam. Tête, crâne. ◆ loc. *Perdre la boule,* devenir fou. **5** loc. fam. *Avoir les boules* : être en colère, ou anxieux.

bouleau n. m. ■ Arbre des régions froides et tempérées, à écorce blanche.

boule-de-neige n. f. ■ Arbuste à fleurs blanches en pompons. → **obier.** *Des boules-de-neige.*

bouledogue n. m. ■ Petit dogue.

bouler v. intr. 1 ■ fig., fam. *Envoyer bouler qqn,* le repousser, l'éconduire.

boulet n. m. ■ **1** Projectile sphérique de métal dont on chargeait les canons. ◆ loc. fam. *Comme un boulet de canon,* en trombe. **2** Boule de métal qu'on attachait aux pieds des forçats. ♦ fig. Obligation, charge pénible. **3** Aggloméré (ovoïde) de charbon.

boulette n. f. ■ **1** Petite boule (spécialt d'un aliment). **2** fam. Bévue, gaffe.

boulevard n. m. ■ **1** Rue très large, souvent plantée d'arbres. **2** *Théâtre de boulevard,* d'un comique léger, traditionnel.

boulevardier, ière adj. ■ Qui a l'esprit du théâtre de boulevard.

bouleversant, ante adj. ■ Très émouvant.

bouleverser v. tr. 1 ■ **1** Mettre en grand désordre, par une action violente. **2** Apporter des changements brutaux dans. **3** Causer une émotion intense, un grand trouble à (qqn). ► **bouleversement** n. m.

boulgour n. m. ■ Blé dur concassé.

boulier n. m. ■ Cadre à tringles portant des boules, qui sert à compter. → **abaque.**

① **boulier** → **bolier**

② **boulier** n. m. ■ Cadre portant des tringles sur lesquelles sont enfilées des boules et qui sert à compter. → **abaque.**

boulimie n. f. ■ Faim excessive, pathologique. ♦ fig. *Une boulimie de lecture.* ► **boulimique** adj. et n.

boulin n. m. ■ techn. Trou ménagé dans un mur.

boulingrin n. m. ■ Parterre de gazon.

boulisme n. m. ■ Pratique des jeux de boules.

bouliste n. ■ Personne qui joue aux boules.

boulocher v. intr. 1 ■ (lainage) Former, à l'usage, de petites boules pelucheuses (*bouloche* n. f.).

boulodrome n. m. ■ Terrain aménagé pour le jeu de boules.

boulon n. m. ■ Ensemble constitué par une vis et l'écrou qui s'y adapte.

boulonner v. 1 ■ **1** v. tr. Fixer par des boulons. ► **boulonnage** n. m. **2** v. intr. fam. Travailler.

boulonnerie n. f. ■ Industrie des boulons et accessoires. ◆ Ensemble de ces produits.

① **boulot, otte** adj. et n. ■ Gras et court.

② **boulot** n. m. ■ fam. Travail, activité professionnelle.

boulotter v. intr. 1 ■ fam. Manger.

boum ■ **1** interj. Bruit de ce qui tombe, explose. **2** (n. m.) loc. *En plein boum* : en pleine activité. **3** n. f. Soirée ou après-midi dansante de jeunes gens.

boumer v. intr. 1 ■ fam. *Ça boume,* ça va.

boumeur n. m. ■ Haut-parleur destiné à diffuser les sons graves.

① **bouquet** n. m. ■ **1** Groupe serré (d'arbres). → **boqueteau. 2** Assemblage de fleurs, de feuillages coupés. ♦ *Bouquet garni,* thym, laurier, persil. **3** Fusées qui couronnent un feu d'artifice. ♦ fam. *C'est le bouquet* : c'est le comble. **4** Arôme (d'un vin...).

② **bouquet** n. m. ■ Crevette rose.

bouqueté, ée adj. ■ Qui a du bouquet. *Un vin bouqueté.*

bouquetière n. f. ▪ Celle qui fait et vend des bouquets de fleurs dans les lieux publics.

bouquetin n. m. ▪ Mammifère ruminant à longues cornes annelées (sauvage).

① **bouquin** n. m. ▪ fam. Livre, ouvrage.

② **bouquin** n. m. ▪ **1** vx Vieux bouc. **2** Lièvre, lapin mâle.

③ **bouquin** n. m. ▪ Bec adapté à une corne de bœuf pour en faire une trompe de chasse.

bouquiner v. [1] ▪ fam. **1** v. intr. vieilli Fouiller dans de vieux livres. **2** v. tr. et intr. Lire un livre.

bouquiniste n. ▪ Vendeur de vieux livres.

bourbe n. f. ▪ Boue, dépôt au fond des eaux stagnantes. ► **bourbeux, euse** adj.

bourbier n. m. ▪ **1** Lieu plein de bourbe. **2** fig. Situation très embarrassante.

bourbillon n. m. ▪ méd. Amas de pus et de tissu nécrosé.

bourbon n. m. ▪ Alcool analogue au whisky, à base de maïs, fabriqué aux États-Unis.

bourbonien, ienne adj. ▪ De la famille des Bourbons. ⟶ *Nez bourbonien*, long et busqué.

bourdaine n. f. ▪ Arbuste à écorce laxative.

bourde n. f. ▪ Faute lourde, grossière.

① **bourdon** n. m. ▪ **I 1** Insecte hyménoptère au corps lourd et velu. **2** *Faux bourdon* : mâle de l'abeille. **II 1** Ton grave, dans certains instruments. **2** Grosse cloche à son grave. **III** fam. *Avoir le bourdon* : être mélancolique (→ avoir le cafard).

② **bourdon** n. m. ▪ Long bâton de pèlerin.

③ **bourdon** n. m. ▪ typogr. Faute de composition, omission d'un ou de plusieurs mots figurant sur la copie.

bourdonnement n. m. ▪ **1** Bruit sourd et continu du vol d'insectes (bourdon, mouche...). **2** Murmure sourd, confus.

bourdonner v. intr. [1] ▪ **1** Faire entendre un bourdonnement. ♦ Émettre un son grave, vibrant. **2** Percevoir un bruit confus (oreilles).

bourek n. m. ▪ Feuilleté farci (spécialité orientale).

bourg [buʀ] n. m. ▪ Gros village.

bourgade n. f. ▪ Village.

bourgeois, oise n. ▪ **1** hist. (au Moyen Âge) Citoyen d'une ville. **2** sous l'Ancien Régime Membre du tiers état qui ne travaillait pas de ses mains. **3** mod. Personne de la classe moyenne et dirigeante, qui ne travaille pas manuellement. → **petit-bourgeois.** ♦ adj. Propre à cette classe. **4** adj. péj. Qui est d'un conformisme excessif. **5** n. f. pop. Épouse. ► **bourgeoisement** adv.

bourgeoisie n. f. ▪ **1** hist. État de bourgeois (1). **2** Ensemble des bourgeois (2). **3** Ensemble des bourgeois (3) ; classe dominante.

bourgeon n. m. ▪ Excroissance sur la tige, la branche d'un arbre, contenant en germe les tiges, branches, feuilles, fleurs ou fruits.

bourgeonnant, ante adj. ▪ Qui bourgeonne.

bourgeonner v. intr. [1] ▪ **1** (arbres...) Pousser des bourgeons. **2** fig. (visage...) Se couvrir de boutons. ► **bourgeonnement** n. m.

bourgeron n. m. ▪ anciennt Blouse de toile.

bourgmestre [buʀgmɛstʀ] n. ▪ (Belgique, Suisse) Premier magistrat d'une commune.

bourgogne n. m. ▪ Vin de Bourgogne.

bourgueil [-gœj] n. m. ▪ Vin rouge du Val de Loire.

bourguignon, onne adj. et n. ▪ De Bourgogne. ♦ *Bœuf bourguignon*, au vin rouge.

bourlingue n. f. ▪ fam. Action de bourlinguer (2).

bourlinguer v. intr. [1] ▪ **1** mar. (navire) Avancer péniblement, en roulant. **2** fam. Naviguer ou voyager beaucoup. ► **bourlingueur, euse** n.

bourrache n. f. ▪ Plante à grandes fleurs bleues, employée en tisane.

bourrade n. f. ▪ Poussée donnée à qqn.

bourrage n. m. ▪ **I 1** Action de bourrer. **2** fam. BOURRAGE DE CRÂNE : propagande intensive. **II** Matière servant à bourrer.

bourrasque n. f. ▪ Coup de vent violent.

bourratif, ive adj. ▪ (aliment) Qui bourre.

① **bourre** n. f. ▪ **1** Poils d'animaux ou déchets textiles utilisés pour rembourrer. ♦ loc. fam. *De première bourre* : de première qualité. **2** Duvet des bourgeons de certains arbres.

② **bourre** n. ▪ **I** n. f. fam. Hâte. ⟶ loc. À LA BOURRE : en retard. **II** n. m. argot Policier.

bourré, ée adj. ▪ **1** *Bourré de* : rempli de (qqch.). **2** Bondé, comble. **3** fam. Ivre.

bourreau n. m. ▪ **1** Celui qui exécute les peines corporelles ordonnées par la justice et, spécialt, la peine de mort. **2** Personne qui martyrise qqn. ⟶ plais. *Bourreau des cœurs* : séducteur. **3** *Bourreau de travail*, personne qui travaille beaucoup.

bourrée n. f. ▪ Danse du folklore auvergnat.

bourrelé, ée adj. ▪ *Bourrelé de remords* : tourmenté par le remords.

bourrèlement n. m. ▪ littér. Douleur physique cruelle. ⟶ fig. Torture morale.

bourrelet n. m. ▪ **1** Bande de mousse, etc., qui sert à calfeutrer. **2** Renflement allongé. ⟶ spécialt Pli de chair, de graisse.

bourrelier, ière n. ▪ Artisan qui fait et vend des harnais, des sacs, etc. → **sellier.**

bourrellerie n. f. ▪ Métier du bourrelier.

bourre-pif n. m. ▪ fam. Coup sur le nez, sur le visage. *Des bourre-pifs.*

bourrer v. tr. 1 ▪ I 1 Remplir de bourre. → **rembourrer.** 2 Remplir complètement en tassant. 3 Gaver (qqn) de nourriture. ➛ pronom. *Se bourrer de gâteaux.* ♦ intrans. fam. *Aliment qui bourre,* qui cale l'estomac. → **bourratif.** 4 *Bourrer le crâne à qqn,* essayer de lui en faire accroire. II *Bourrer qqn de coups,* le frapper à coups redoublés. ▷ v. pron. se **bourrer** fam. S'enivrer. ➛ faux pronom. *Se bourrer la gueule* (même sens).

bourriche n. f. ▪ Panier sans anse.

bourrichon n. m. ▪ fam. Tête. ➛ loc. *Se monter le bourrichon* : se faire des illusions.

bourricot n. m. ▪ Petit âne.

bourride n. f. ▪ Plat de poissons bouillis.

bourrin n. m. ▪ fam. Cheval.

bourrique n. f. ▪ 1 Âne, ânesse. ➛ loc. *Faire tourner qqn en bourrique,* l'abrutir de taquineries, etc. 2 fig., fam. Personne têtue.

bourriquet n. m. ▪ Âne de petite espèce. ➛ Ânon. → **bourricot.**

bourru, ue adj. ▪ 1 (choses) Rude, grossier (comme la bourre). 2 (personnes) Brutal, rude.

① **bourse** n. f. ▪ I 1 Petit sac arrondi destiné à contenir des pièces de monnaie. ➛ loc. *Sans bourse délier,* sans rien débourser. 2 Argent dont qqn dispose. *Une maigre bourse.* 3 Pension accordée à un étudiant, etc. II au plur. Enveloppe des testicules. → **scrotum.**

② **Bourse** n. f. ▪ I (avec maj.) 1 Marché des valeurs mobilières ou des marchandises ; lieu où se fait ce marché. ➛ spécialt Bourse des valeurs. 2 Cours de la Bourse. *La Bourse a baissé.* II 1 *Bourse du travail* : réunion de syndicats ouvriers. 2 Lieu où l'on échange certaines marchandises. *Bourse aux livres.*

boursicoter v. intr. 1 ▪ Faire des opérations en Bourse. → **spéculer.** ► **boursicotage** n. m. ► **boursicoteur, euse** n.

① **boursier, ière** n. et adj. ▪ Élève, étudiant qui a obtenu une bourse d'études.

② **boursier, ière** ▪ 1 n. Professionnel de la Bourse (fém. rare). 2 adj. De la Bourse.

boursoufler v. tr. 1 ▪ Faire enfler, gonfler. ▷ adj. **boursouflé, ée** → **bouffi.** ► **boursouflure** n. f.

bouscueil [-kœj] n. m. ▪ (Canada) Mouvement des glaces sous l'action du vent, de la marée ou du courant.

bousculer v. tr. 1 ▪ 1 Pousser, heurter brutalement. 2 Modifier avec brusquerie. *Bousculer la tradition.* 3 Faire se dépêcher (qqn). ➛ au p. p. *Être bousculé,* très occupé de choses urgentes. ► **bousculade** n. f.

bouse n. f. ▪ Excrément des bovins.

bouseux n. m. ▪ fam. et péj. Paysan.

bousier n. m. ▪ Scarabée vivant dans la bouse, qu'il roule en boulettes.

bousiller v. 1 ▪ I v. intr. techn. Maçonner en torchis. II v. tr. fam. 1 Mal faire (un travail...). ♦ Rendre inutilisable. 2 Tuer, massacrer. ► **bousillage** n. m.

bousin n. m. ▪ Tourbe de mauvaise qualité.

boussole n. f. ▪ Appareil à cadran dont l'aiguille marque le nord. ➛ loc. fam. *Perdre la boussole,* être troublé, affolé.

boustifaille n. f. ▪ fam. Nourriture.

boustrophédon n. m. ▪ Écriture ancienne allant de gauche à droite puis inversement.

bout n. m. ▪ I 1 Partie qui termine (un objet) dans le sens de la longueur. → **extrémité.** ➛ *À bout de bras* : au bout du bras tendu. ➛ loc. *On ne sait (pas) par quel bout le prendre,* il est d'une humeur difficile. *Tenir le bon bout,* être en passe de réussir. 2 Extrémité (d'un espace). *À l'autre bout de la ville.* ➛ fig. *À tout bout de champ* : à tout propos. 3 Fin d'une durée, de ce qui se termine, s'épuise. ➛ loc. *Au bout du compte,* finalement. ➛ *Être* À BOUT DE, ne plus avoir de. *Être à bout d'arguments.* ➛ *Être à bout,* être épuisé ou exaspéré. ➛ VENIR À BOUT *d'un travail,* l'achever ; *d'un adversaire,* le vaincre. II 1 Partie, fragment. ➛ *Un bout de* : un peu de. ➛ *Un bon bout de temps,* longtemps. 2 loc. fam. *Mettre les bouts* : partir. III mar. [but] Cordage.

boutade n. f. ▪ Trait d'esprit, plaisanterie.

bout-dehors n. m. ▪ mar. Espar horizontal à l'avant d'un voilier, pour fixer une voile.

boute-en-train n. invar. ▪ Personne enjouée.

boutefas [butfa] n. m. ▪ (Suisse) Variété de saucisson.

boutefeu n. m. ▪ anciennt Bâton garni d'une mèche pour allumer un feu.

bouteille n. f. ▪ I 1 Récipient à goulot étroit, pour les liquides. ➛ loc. *Prendre de la bouteille* : vieillir. ➛ *Être porté sur la bouteille* : s'adonner à la boisson. 2 Récipient métallique pour le gaz sous pression, etc. II appos. *Vert bouteille,* vert sombre.

bouteiller n. m. ▪ hist. Maître échanson.

bouteillerie n. f. ▪ techn. Fabrication des bouteilles. ➛ Fabrique de bouteilles.

bouter v. tr. 1 ▪ vx Pousser, chasser.

bouterolle n. f. ▪ techn. 1 Outil à tête arrondie. 2 Garde de serrure.

boute-selle n. m. invar. ▪ anciennt Sonnerie de trompette pour le départ des cavaliers.

bouteur n. m. → **bulldozer**

boutique n. f. ▪ 1 Petit local où un commerçant, un artisan exerce son activité. → **magasin.** 2 loc. fam. *Parler boutique,* de ses activités professionnelles.

boutiquier, ière n. ▪ péj. Marchand.

boutis n. m. ▪ Broderie effectuée sur deux étoffes superposées, le dessin étant mis en relief par un bourrage ; ouvrage de cette broderie. *Un boutis provençal.*

boutisse n. f. ▪ techn. Pierre, brique placée dans un mur selon sa longueur, de manière à ne montrer qu'un de ses bouts. ➝ en appos. *Pierre boutisse.*

boutoir n. m. ▪ Extrémité du groin du porc, etc. ➝ loc. *Coup de boutoir* : vive attaque.

bouton n. m. ▪ **I** Bourgeon, spécialt bourgeon à fleur. **II** Petite tumeur cutanée. **III 1** Petite pièce cousue sur les vêtements pour les fermer. ➝ *Bouton-pression.* → **pression** (II). **2** Partie saillante (d'un objet) servant à ouvrir, fermer... *Bouton de porte.* → **poignée.** ♦ Petite commande (d'un appareil...) que l'on tourne ou pousse. *Bouton électrique.* → **interrupteur.** ♦ inform. Petite zone rectangulaire (d'un écran), sur laquelle on clique pour déclencher une action.

bouton-d'argent n. m. ▪ Renoncule à fleurs blanches. *Des boutons-d'argent.*

bouton-d'or n. m. ▪ Renoncule sauvage, à fleurs jaune doré. *Des boutons-d'or.*

boutonner v. tr. [1] ▪ Fermer, attacher (un vêtement) au moyen de boutons. ► **boutonnage** n. m. *Boutonnage dans le dos.*

boutonneux, euse adj. ▪ Qui a des boutons (II) sur la peau.

boutonnière n. f. ▪ **1** Petite fente faite à un vêtement pour y passer un bouton. **2** Incision longue et étroite dans les chairs.

bouton-poussoir n. m. ▪ Commutateur électrique que l'on active par pression. *Des boutons-poussoirs.*

bouton-pression → **pression**

boutre n. m. ▪ Petit voilier à poupe élevée.

bout-rimé n. m. ▪ Poésie à rimes imposées.

bouture n. f. ▪ Jeune pousse coupée et plantée pour former une nouvelle plante.

bouturer v. tr. [1] ▪ Reproduire (une plante) par boutures. ► **bouturage** n. m.

bouverie n. f. ▪ agric. Étable à bœufs.

bouvet n. m. ▪ techn. Rabot servant à faire des rainures.

bouveteuse n. f. ▪ techn. Machine servant à faire des rainures.

bouvier, ière ▪ **1** n. Personne qui garde les bœufs. **2** n. m. Chien de bouvier.

bouvière n. f. ▪ Poisson osseux de rivière.

bouvillon n. m. ▪ Jeune bœuf châtré.

bouvreuil n. m. ▪ Oiseau passereau au plumage gris et noir, rouge sur la poitrine.

bouzouki n. m. ▪ Instrument de musique grec de la famille du luth. – var. **buzuki.**

bovarysme n. m. ▪ Tendance à se rêver autre, avec un autre destin (comme Emma *Bovary,* personnage de Flaubert).

bovidés n. m. pl. ▪ Famille de mammifères ongulés ruminants : bovins, ovins, chèvres, antilopes, gazelles et chamois.

bovin, ine ▪ **1** adj. Du bœuf (espèce). ➝ fam. (personnes) *Regard bovin,* stupide. **2** n. m. pl. Les bœufs, vaches, taureaux et veaux.

bowling [buliŋ] n. m. ▪ anglic. Jeu de quilles sur piste. ♦ Salle où l'on y joue.

bow-window [bowindo] n. m. ▪ anglic. Fenêtre en saillie. *Des bow-windows.* → **bay-window.**

① **box** [bɔks] n. m. ▪ anglic. **1** Stalle d'écurie pour un seul cheval. **2** Compartiment cloisonné (d'un garage, d'une salle). ♦ *Le box des accusés,* au tribunal.

② **box** [bɔks] n. m. ▪ anglic. Cuir de veau.

③ **box** [bɔks] n. f. ▪ anglic. Boîtier électronique donnant accès à des services de télécommunication (Internet...).

boxe n. f. ▪ Sport de combat opposant deux adversaires qui se frappent à coups de poing, en portant des gants spéciaux.

① **boxer** v. [1] ▪ **1** v. intr. Pratiquer la boxe. **2** v. tr. fam. Frapper (qqn) à coups de poing.

② **boxer** [-ɛʀ] n. m. ▪ Chien de garde à poil ras, à robe fauve ou tachetée.

③ **boxer** [-ɛʀ] n. m. ▪ anglic. Sous-vêtement (d'homme ou de femme), sorte de short court et collant. → **shorty.**

boxeur, euse n. ▪ Personne, sportif pratiquant la boxe. → **pugiliste.**

box-office n. m. ▪ anglic. (spectacles) Échelle de succès, d'après le montant des recettes.

boxon n. m. ▪ fam. **1** Maison de prostitution. → **bordel. 2** Désordre ; chahut.

boy [bɔj] n. m. ▪ anglic. Domestique indigène, en Extrême-Orient, en Afrique, etc.

boyard [bɔjaʀ] n. m. ▪ hist. Noble russe.

boyau n. m. ▪ **I 1** Intestin d'un animal (ou au plur., fam., de l'homme). **2** Mince corde faite avec l'intestin d'animaux (pour instruments à cordes, raquettes). **II** Chemin, passage étroit. **III** Pneu de bicyclette de course.

boyauderie n. f. ▪ techn. Préparation des boyaux ; lieu où on les prépare.

se **boyauter** v. pron. [1] ▪ fam. Rire beaucoup.

boycott [bɔjkɔt] n. m. ▪ Cessation volontaire de tout échange avec un individu, un pays, etc. ► **boycotter** v. tr. [1]

boycottage [bɔj-] n. m. ▪ Boycott.

boy-scout [bɔjskut] n. m. ▪ **1** vieilli Scout. **2** fam. Idéaliste naïf. *Des boy-scouts.*

BP n. f. (sigle) ▪ Boîte* postale.

bps [bepeɛs] n. m. ▪ inform. Unité de mesure de la vitesse de transfert des données.

Br ▪ Symbole chimique du brome.

brabançon, onne adj. et n. ▪ Du Brabant. ➛ n. *Les Brabançons.* ♦ n. f. *La Brabançonne* : l'hymne national belge.

brabant n. m. ▪ agric. Charrue métallique à avant-train.

bracelet n. m. ▪ Bijou en forme d'anneau porté autour du poignet. ♦ Bande de cuir protégeant le poignet. *Bracelet de force.*

bracelet-montre n. m. ▪ Montre montée sur un bracelet (de cuir, etc.).

brachial, ale, aux [-k-] adj. ▪ didact. Du bras.

brachiosaure [-k-] n. m. ▪ Grand dinosaure de l'ère secondaire.

brachy- [bʀaki] Élément, du grec *brakhus* «court».

brachycéphale adj. ▪ Qui a le crâne arrondi (opposé à *dolichocéphale*).

brachydactyle adj. et n. ▪ anthropol. Qui a les doigts anormalement courts.

braconner v. intr. [1] ▪ Chasser (ou pêcher) sans permis, ou à une période, en un lieu, avec des engins interdits. ► **braconnage** n. m.

braconnier, ière n. ▪ Personne qui braconne.

bractée n. f. ▪ bot. Feuille qui accompagne la fleur (colorée, elle ressemble à une fleur).

brader v. tr. [1] ▪ Vendre à bas prix. ► **bradage** n. m. ► **bradeur, euse** n.

braderie n. f. ▪ Foire publique d'objets usagés. ♦ Liquidation de soldes.

bradycardie n. f. ▪ méd. Ralentissement du rythme cardiaque.

bradype n. m. ▪ zool. Mammifère (édenté) aussi appelé *paresseux* ou *aï*.

braguette n. f. ▪ **1** ancienn Pièce de tissu devant le haut-de-chausses. **2** mod. Ouverture sur le devant (d'un pantalon...).

brahmane n. m. ▪ Membre de la caste sacerdotale, la première des castes traditionnelles de l'Inde.

brahmanisme n. m. ▪ Système social et religieux de l'Inde, caractérisé par la suprématie des brahmanes. ► **brahmanique** adj.

brai n. m. ▪ Résidu pâteux de la distillation des goudrons, des pétroles.

braiement → **braiment**

braies n. f. pl. ▪ ancienn Pantalon ample des Gaulois et des peuples germaniques.

braillard, arde n. et adj. ▪ fam. Personne qui braille. - syn. **brailleur, euse.**

braille n. m. ▪ Système d'écriture (alphabet) en points saillants à l'usage des aveugles.

brailler v. intr. [1] ▪ fam. Crier, parler ou chanter très fort. ➛ (enfants) Pleurer bruyamment. ► **braillement** n. m.

braiment n. m. ▪ Cri de l'âne, du mulet. - var. (vieilli) **braiement.**

brainstorming [bʀɛnstɔʀmiŋ] n. m. ▪ anglic. Recherche collective d'idées dans une réunion (recomm. off. *remue-méninges*).

brain-trust [bʀɛntʀœst] n. m. ▪ anglic. Équipe d'experts assistant une direction.

braire v. intr. [50] ▪ **1** (âne) Pousser son cri. **2** fam. Crier ou pleurer bruyamment.

braise n. f. ▪ Bois réduit en charbons ardents. ♦ *Des yeux de braise,* brillants.

braiser v. tr. [1] ▪ Faire cuire à feu doux et à l'abri de l'air. ➛ au p. p. *Bœuf braisé.*

braisière n. f. ▪ **1** Étouffoir pour la braise. **2** Récipient de fonte pour braiser les viandes.

braisiller v. intr. [1] ▪ (braises) Luire.

bramer v. intr. [1] ▪ **1** (cervidé) Pousser son cri. **2** fam. Crier fort ou en se lamentant. ► **brame** et **bramement** n. m.

bran ou **bren** n. m. ▪ vx **1** Partie la plus grossière du son. **2** Excrément.

brancard n. m. ▪ **1** Bras d'une civière. ♦ Civière. **2** Barre de bois pour atteler une bête de trait. ➛ loc. *Ruer* dans les brancards.*

brancarder v. tr. [1] ▪ Transporter (qqn) sur un brancard.

brancardier, ière n. ▪ Personne qui porte un brancard, une civière.

branchage n. m. ▪ **1** Ensemble des branches (d'un arbre). → **ramure. 2** au plur. Branches coupées.

branche n. f. ▪ **I 1** Ramification latérale du tronc d'un arbre. ♦ Toute ramification d'une plante. **2** Chacune des divisions (d'un organe, d'un appareil, d'un schéma, etc.), qui partent d'un axe ou d'un centre. **3** fig. Division (d'un système complexe). *Les branches de l'économie.* → **secteur. II** fam., vieilli *Vieille branche* : vieux camarade.

branché, ée adj. ▪ fam. À la mode ; au courant des dernières nouveautés. *Le public branché ;* n. *les branchés.*

branchement n. m. ▪ **1** Action de brancher. **2** Conduite, galerie, voie secondaire.

brancher v. tr. [1] ▪ **1** Rattacher (un circuit) à un circuit principal. **2** fig. Orienter, diriger (la conversation ; qqn). **3** fam. Mettre au courant ; intéresser (qqn). **4** fam. Draguer (qqn).

branchie n. f. ▪ Organe respiratoire des poissons, etc. ► **branchial, ale, aux** adj.

branchu, ue adj. ▪ Qui a beaucoup de branches.

brandade n. f. ▪ Plat de morue émiettée.

brande n. f. ▪ Plantes des sous-bois.

brandebourg [-buʀ] n. m. ▪ Passementerie, galon ornant une boutonnière.

brandir v. tr. [2] ■ **1** Lever de façon menaçante (une arme). **2** Agiter en élevant.

brandon n. m. ■ **1** Débris enflammé. **2** loc. *Brandon de discorde* : source de discorde.

brandy n. m. ■ anglic. Eau-de-vie de raisins.

branlant, ante adj. ■ Qui branle (II).

en **branle** loc. adv. ■ **1** En oscillation. **2** *Mettre en branle* : donner une impulsion à.

branle-bas n. m. invar. ■ **1** *Branle-bas de combat* : préparation au combat, sur un navire. **2** Agitation précédant l'action.

branlée n. f. ■ fam. Fait d'être battu, écrasé. → **raclée.**

branler v. [1] ■ **I** v. tr. (loc.) *Branler la tête,* la remuer. → **hocher, secouer.** ► **branlement** n. m. **II** v. intr. Être instable, mal fixé. ➝ loc. *Branler dans le manche* : être précaire. **III** vulg. **1** Masturber. ♦ pronom. Se masturber. ➝ fig. *S'en branler* : s'en moquer. **2** *Qu'est-ce qu'il branle ?* → **fabriquer.**

branlette n. f. ■ fam. Masturbation.

branleur, euse n. ■ fam. Personne oisive.

branque adj. et n. m. ■ fam. Sot, imbécile. ➝ Un peu fou. → **braque.**

branquignol n. m. et adj. m. ■ fam. Imbécile, incapable ; fou, loufoque.

brante n. f. ■ (Suisse) Hotte en bois pour transporter la vendange.

braquage n. m. ■ **I** Action de braquer (II). **II** Attaque à main armée.

braque ■ **I** n. m. Chien de chasse à poil ras. **II** adj. fam. Un peu fou, écervelé.

braquemart n. m. ■ **1** ancienn*t* Poignard, épée courte. **2** fam. Pénis.

braquer v. [1] ■ **I** v. tr. **1** *Braquer sur* : tourner (une arme à feu, un instrument d'optique...) dans la direction de. **2** Mettre en joue (qqn) ; attaquer à main armée. **3** fig. *Braquer qqn contre,* l'amener à s'opposer à. ➝ pronom. → se **buter. II** v. intr. Faire tourner un véhicule (au maximum).

braquet n. m. ■ Rapport entre le pignon et le plateau d'une bicyclette.

braqueur, euse n. ■ Personne qui commet un vol à main armée.

bras n. m. ■ **1** Segment du membre supérieur compris entre l'épaule et le coude. *Le bras et l'avant-bras.* ♦ cour. Membre supérieur, de l'épaule à la main. ♦ loc. *BRAS DE FER* : jeu où deux adversaires mesurent la force de leur bras ; fig. épreuve de force. ➝ *BRAS D'HONNEUR,* geste injurieux du bras (simulacre d'érection). ➝ *Les bras m'en tombent* : je suis stupéfait. ➝ *Baisser les bras* : abandonner. ➝ *Accueillir qqn à bras ouverts,* avec effusion. ➝ *Avoir le bras long,* de l'influence. **2** Personne qui agit, travaille, combat. ➝ *Le BRAS DROIT de qqn,* son adjoint. ♦ fam. *Un bras cassé* : une personne inefficace ou incompétente. ➝ *Un gros bras* : un dur ; un homme de main. **3** *À BRAS* loc. adv. : à l'aide des seuls bras (sans machine). ♦ *Se jeter sur qqn à bras raccourcis,* avec violence. **4** Partie du membre antérieur du cheval, entre le genou et l'épaule. ♦ Tentacule (des céphalopodes). **5** par analogie Pièce allongée. *Les bras d'une brouette.* ➝ Partie mobile (d'un dispositif). ➝ Accoudoir (d'un siège). ♦ sc. *Bras de levier* : distance d'une force à son point d'appui. **6** Division d'un cours d'eau. ➝ *Bras de mer* : détroit, passage.

braser v. tr. [1] ■ techn. Souder en interposant un métal ou un alliage fusible. ► **brasage** n. m.

brasero [bʀɑzeʀo] n. m. ■ Bassin de métal à pieds, rempli de charbons ardents.

brasier n. m. ■ Matières, objets en complète combustion du fait d'un incendie.

brasiller v. intr. [1] ■ Scintiller. ♦ Braisiller. ► **brasillement** n. m.

à **bras-le-corps** [-kɔʀ] loc. adv. ■ Avec les bras et par le milieu du corps. ♦ fig. Énergiquement.

brassage n. m. ■ **1** Action de brasser (spécial*t* la bière). **2** fig. Mélange (de peuples...).

① **brassage** n. m. ■ **1** Action de brasser (spécial*t* la bière). **2** Mélange. ➝ fig. *Brassage culturel.*

② **brassage** n. m. ■ mar. Opération qui consiste à orienter un espar en agissant sur ses bras.

brassard n. m. ■ **1** Pièce d'armure qui couvrait le bras. **2** Insigne porté au bras. **3** Bouée qui se porte autour du bras.

brasse n. f. ■ **I** Ancienne mesure de longueur ; mesure de profondeur (environ 1,60 m). **II** Nage ventrale réalisée en pliant et détendant bras et jambes.

brassée n. f. ■ Ce que les bras peuvent contenir, porter. *Brassée de fleurs.*

brasser v. tr. [1] ■ **1** *Brasser la bière* : préparer le moût en faisant macérer le malt dans l'eau. **2** Remuer en mêlant. **3** fig. Mélanger, mêler. **4** Manier, traiter en quantité. *Brasser des affaires.*

brasserie n. f. ■ **1** Fabrique de bière. ♦ Industrie de la bière. **2** Grand café-restaurant.

① **brasseur, euse** n. ■ **1** Personne, entreprise qui fabrique ou vend de la bière. **2** *Brasseur, brasseuse d'affaires* : personne qui s'occupe de nombreuses affaires.

② **brasseur, euse** n. ■ Nageur, nageuse de brasse.

brassière n. f. ■ **1** Chemise de bébé, à manches longues, qui se ferme dans le dos. **2** Sous-vêtement féminin destiné à soutenir la poitrine, constitué d'une bande de tissu et d'une paire de bretelles. ♦ (Canada) Soutien-gorge.

brassin n. m. ■ techn. Cuve où l'on brasse la bière.

bravache n. m. et adj. ■ Fanfaron.

bravade n. f. ▪ **1** Ostentation de bravoure. **2** Action ou attitude de défi insolent.

brave adj. et n. ▪ **1** (après le nom) Courageux au combat. **2** (avant le nom) Honnête et bon avec simplicité. **3** attribut D'une bonté ou d'une gentillesse un peu naïve.

bravement adv. ▪ **1** Avec bravoure. **2** D'une manière décidée. → **résolument.**

braver v. tr. [1] ▪ **1** Défier orgueilleusement. **2** Affronter sans crainte (qqch. de redoutable). ♦ Oser ne pas respecter. *Braver les règles.*

bravissimo interj. ▪ Exclamation exprimant un très grand contentement.

bravo ▪ **1** interj. Exclamation pour approuver. **2** n. m. Applaudissement, acclamation.

bravoure n. f. ▪ **1** Qualité d'une personne brave (1). **2** *Morceau de bravoure* : passage (d'une œuvre) particulièrement brillant.

① **break** [bʀɛk] n. m. ▪ anglic. **1** anciennt Voiture à quatre roues, ouverte, à siège de cocher élevé et banquettes longitudinales. **2** mod. Fourgonnette à arrière vitré.

② **break** [bʀɛk] n. m. ▪ anglic. **1** sports Écart entre deux adversaires. **2** mus. Interruption du jeu, créant une attente. **3** (critiqué) Pause.

break dance [bʀɛkdɑ̃ns] n. f. ▪ Danse acrobatique exécutée sur une musique hip-hop.

breakfast [bʀɛkfœst] n. m. ▪ anglic. Petit déjeuner à la manière anglo-saxonne.

brebis n. f. ▪ **1** Femelle du mouton. **2** loc. *Brebis galeuse* : personne qu'on rejette.

① **brèche** n. f. ▪ **1** Ouverture dans un mur, une clôture. ➛ Percée dans une enceinte fortifiée, un front. ♦ loc. fig. *Être toujours sur la brèche,* en pleine activité. ➛ *Battre en brèche,* attaquer, ruiner (un argument, etc.). **2** Petite entaille à un objet, etc. **(→ ébrécher).** ➛ fig. *Faire une brèche à ses économies.*

② **brèche** n. f. ▪ Roche formée d'éléments pointus agglomérés.

bréchet n. m. ▪ Sternum saillant (oiseaux).

bredouille adj. ▪ *Être, rentrer bredouille,* sans avoir rien pris, obtenu ou trouvé.

bredouiller v. [1] ▪ **1** v. intr. Parler vite et peu distinctement. **2** v. tr. Dire en bredouillant. ▸ **bredouillement** ou **bredouillis** n. m.

① **bref, brève** ▪ **I** adj. De peu de durée. → **court ; concis, succinct.** ♦ ling. *Syllabe, voyelle brève,* de courte durée d'émission. → **brève. II** adv. **1** Pour résumer en peu de mots. **2** littér. *EN BREF* loc. adv. : en peu de mots.

② **bref** n. m. ▪ Courte lettre du pape.

bréhaigne adj. f. ▪ (femelle) Stérile.

breitschwanz [bʀɛtʃvɑ̃ts] n. m. ▪ Variété d'astrakan.

brelan n. m. ▪ (cartes) Réunion de trois cartes de même valeur. ➛ (dés) Coup amenant trois faces semblables.

brêle ou **brèle** n. f. ▪ fam. Personne incompétente, nulle.

breloque n. f. ▪ **1** Petit bijou de fantaisie qu'on suspend. **2** loc. vieilli *Battre la breloque* : fonctionner mal ; être un peu fou.

brème n. f. ▪ Poisson d'eau douce au corps plat.

brême n. f. ▪ argot fam. Carte à jouer.

bren → **bran**

brésil n. m. ▪ Bois d'un arbre d'Amérique du Sud.

brésilien, ienne adj. et n. ▪ Du Brésil. ➛ n. *Les Brésiliens.* ♦ n. m. *Le brésilien* : portugais parlé au Brésil.

brésiller v. tr. [1] ▪ techn. ou littér. Réduire en menus morceaux, pulvériser.

bretèche n. f. ▪ Petite loge en saillie sur une façade (ouvrage défensif).

bretelle n. f. ▪ **1** Courroie que l'on passe sur les épaules pour porter un fardeau. → **bandoulière. 2** Bande qui retient aux épaules certains vêtements. ➛ loc. fam. *Remonter les bretelles à qqn,* le réprimander. **3** Voie de raccordement. *Bretelle d'autoroute.*

breton, onne adj. et n. ▪ De Bretagne. ♦ n. m. *Le breton* (langue celtique).

bretonnant, ante adj. ▪ Qui parle breton.

brette n. f. ▪ Ancienne épée longue et étroite.

bretteur, euse n. ▪ anciennt Personne qui aime se battre à l'épée. → ① **ferrailleur.**

bretzel [bʀɛtzɛl] n. m. ▪ Biscuit salé, au cumin.

breuvage n. m. ▪ littér. Boisson.

brève n. f. ▪ **1** ling. Voyelle, syllabe brève. **2** journal. Information brièvement annoncée.

brevet n. m. ▪ Titre ou diplôme délivré par l'État, donnant certains droits. ➛ spécialt (en France) Examen final du premier cycle de l'enseignement secondaire. ♦ *Brevet d'invention,* conférant un droit d'exploitation.

brevetable adj. ▪ Susceptible d'être protégé par un brevet. ▸ **brevetabilité** n. f.

breveté, ée adj. ▪ **1** Qui a obtenu un brevet. **2** Garanti par un brevet. *Procédé breveté.*

breveter v. tr. [4] ▪ Protéger par un brevet. ▸ **brevetage** n. m.

bréviaire n. m. ▪ Livre de prières du prêtre.

bréviligne adj. ▪ didact. Qui a les membres courts, l'aspect trapu.

briard, arde adj. et n. ▪ De la Brie. ➛ *Chien briard* ou n. m. *briard* : berger à poils longs.

bribe n. f. ▪ Petit morceau, petite quantité.

bric-à-brac n. m. invar. ▪ Amas hétéroclite.

bricelet n. m. ▪ (Suisse) Gaufre très mince et croustillante.

de **bric et de broc** loc. adv. ▪ Avec des éléments de toute provenance, au hasard.

① **brick** n. m. ■ Deux-mâts à voiles carrées.

② **brick** n. m. ■ Beignet salé à pâte fine.

bricolage n. m. ■ Action de bricoler ; travail de bricoleur. ♦ Travail rapide, improvisé.

bricole n. f. ■ **1** Courroie du harnais passée sur la poitrine du cheval. ➛ Bretelle de porteur. **2** Petit objet. → **babiole.** ♦ loc. fam. *Il va lui arriver des bricoles,* des ennuis.

bricoler v. [1] ■ **I** v. intr. **1** Gagner sa vie en faisant de petites besognes. **2** Se livrer à des travaux manuels (réparations, etc.). **II** v. tr. Installer, aménager en amateur et avec ingéniosité. ♦ Arranger, réparer tant bien que mal. ► **bricoleur, euse** adj. et n.

bride n. f. ■ **1** Pièce du harnais fixée à la tête du cheval pour le diriger. ♦ loc. *Avoir la bride sur le cou :* être libre. ➛ *À bride abattue :* très vite. **2** Lien servant à retenir ou à relier.

bridé, ée adj. ■ *Yeux bridés,* présentant un repli qui retient la paupière supérieure ; par ext. aux paupières étirées latéralement.

brider v. tr. [1] ■ **1** Mettre la bride à (un cheval). ♦ Serrer avec une bride. **2** fig. Contenir, réprimer, limiter.

① **bridge** n. m. ■ Jeu de cartes qui se joue à deux contre deux. ► **bridger** v. intr. [3]

② **bridge** n. m. ■ Appareil de prothèse dentaire prenant appui sur des dents solides.

bridgeur, euse n. ■ Joueur, joueuse de bridge.

bridon n. m. ■ Bride légère à mors articulé.

brie n. m. ■ Fromage fermenté à pâte molle et croûte moisie.

brief [bRif] n. m. ■ anglic. Présentation des informations nécessaires à la réalisation d'un travail.

briefer [bRife] v. tr. [1] ■ anglic. Informer par un briefing, communiquer des instructions à (qqn).

briefing [bRifiŋ] n. m. ■ anglic. Réunion d'information.

brièvement adv. ■ En peu de mots.

brièveté n. f. ■ Caractère bref.

briffer v. [1] ■ fam. et vieilli Manger.

brigade n. f. ■ **1** Unité militaire tactique. **2** Équipe (de travailleurs).

brigadier, ière n. ■ **1** Chef d'une brigade. **2** n. m. (au théâtre) Bâton pour frapper les trois coups.

brigand n. m. ■ vieilli **1** Malfaiteur qui se livre au brigandage. → **bandit. 2** Homme malhonnête.

brigandage n. m. ■ Vol ou pillage commis à main armée, généralement en bande.

brigantin n. m. ■ mar. Ancien navire à deux mâts.

brigantine n. f. ■ mar. Voile trapézoïdale de l'arrière d'un navire.

brigue n. f. ■ littér. Manœuvre, intrigue.

briguer v. tr. [1] ■ Chercher à obtenir (qqch.).

brillamment adv. ■ De manière brillante.

brillance n. f. ■ Caractère brillant.

brillant, ante ■ **I** adj. **1** Qui brille (1). *Des yeux brillants.* **2** fig. Qui sort du commun, s'impose par sa qualité. ♦ spécialt Qui réussit avec éclat (intellectuellement...). ♦ (avec une négation) *Ce n'est pas brillant,* c'est médiocre. **II** n. m. **1** Éclat, caractère brillant. **2** Diamant taillé à facettes.

brillanter v. tr. [1] ■ techn. **1** Tailler (une pierre précieuse) en brillant. **2** Donner un aspect brillant à.

brillantine n. f. ■ Cosmétique pour faire briller les cheveux. ► **brillantiner** v. tr. [1]

briller v. tr. [1] ■ **1** Émettre ou réfléchir une lumière vive. → **étinceler, luire, resplendir. 2** fig. Se distinguer avec éclat. *Briller en société.* ➛ iron. *Briller par son absence.*

brimade n. f. ■ Épreuve vexatoire imposée aux nouveaux dans les régiments, etc. ♦ par ext. Vexation.

brimbaler v. tr. et intr. [1] ■ vieilli Bringuebaler.

brimborion n. m. ■ vieilli Menu objet sans valeur.

brimer v. tr. [1] ■ Soumettre à des brimades. ♦ Soumettre à des vexations.

brin n. m. ■ **1** Filament qui constitue un fil, une corde. **2** Tige, jeune pousse (d'un végétal). **3** Petite partie longue et mince (de qqch.). **4** fig. *Un brin de :* quantité infime de. ➛ loc. adv. *UN BRIN :* un peu.

brindezingue adj. ■ fam., vieilli **1** Ivre. **2** Un peu fou.

brindille n. f. ■ Menue branche.

① **bringue** n. f. ■ fam. et péj. *Une grande bringue,* une grande fille dégingandée.

② **bringue** n. f. ■ fam. *Faire la bringue,* la fête.

bringuebalant, ante adj. ■ Qui bringuebale. *Charrette bringuebalante.*

bringuebaler v. [1] ■ **1** v. tr. Secouer. **2** v. intr. Osciller brusquement. – var. **brinquebaler.**

brio n. m. ■ Technique brillante, en musique. → **maestria.** ♦ Talent brillant, virtuosité.

brioche n. f. ■ **1** Pâtisserie légère, souvent ronde, de pâte levée. **2** fam. Ventre rebondi.

brioché, ée adj. ■ Qui a le goût de brioche.

brique n. f. ■ **1** Matériau de construction fabriqué avec de la terre argileuse façonnée et séchée (souvent en parallélépipède). ♦ adj. invar. D'un rouge brun. **2** Matière compacte moulée en parallélépipède. ♦ Emballage parallélépipédique pour les liquides. **3** fam. Somme de un million de centimes (d'anciens francs).

briquer v. tr. [1] ■ Nettoyer en frottant.

① **briquet** n. m. ▪ Petit appareil pouvant produire du feu à répétition.

② **briquet** n. m. ▪ Petit chien de chasse.

briqueter v. tr. 4 ▪ **1** Construire en briques. **2** Peindre en figurant des briques. *Briqueter une façade.* ► **briquetage** n. m.

briqueterie [bʀik(ə)tʀi ; bʀikɛtʀi] n. f. ▪ Fabrique de briques. ► **briquetier, ière** n.

briquette n. f. ▪ Petite brique (combustible).

bris n. m. ▪ Action de briser, de se briser. – dr. *Bris de scellés* (délit).

brisant n. m. ▪ Rocher sur lequel la mer se brise et déferle. → **écueil, récif.**

briscard n. m. ▪ Vieux soldat de métier. ♦ Homme expérimenté. – var. **brisquard.**

brise n. f. ▪ Vent peu violent.

brise-bise n. m. invar. ▪ Petit rideau garnissant le bas d'une fenêtre.

brisées n. f. pl. ▪ **1** Branches que le veneur casse pour marquer la voie de la bête. **2** loc. *Aller, marcher sur les brisées de qqn,* entrer en concurrence avec lui sur son terrain.

brise-fer [-fɛʀ] n. invar. ▪ Personne qui casse les objets les plus solides. → **brise-tout.**

brise-glace n. m. ▪ Navire à étrave renforcée pour briser la glace. *Des brise-glaces.*

brise-jet n. m. ▪ Embout adapté à un robinet pour diriger le jet. *Des brise-jets.*

brise-lames n. m. invar. ▪ Digue protégeant contre les vagues du large.

brisement n. m. ▪ Action de briser.

brise-mottes n. m. invar. ▪ Rouleau servant à écraser les mottes de terre.

briser v. tr. 1 ▪ **1** littér. ou région. Casser. ♦ fig. *Briser le cœur,* affliger profondément. – *Briser qqn.* → **abattre, anéantir. 2** fig. Rendre inefficace ; interrompre, détruire. – *Briser une grève,* la faire échouer. ▷ v. pron. **se briser 1** Se casser. **2** (mer) Déferler. ▷ adj. **brisé, ée 1** Cassé. – fig. *Cœur brisé.* **2** *Ligne brisée,* composée de segments formant des angles. – archit. *Arc brisé,* formant un angle au faîte (opposé à *en plein cintre*). **3** *Pâte brisée,* pâte à tarte non feuilletée.

brise-tout n. invar. ▪ Personne maladroite qui casse tout ce qu'elle touche. → **brise-fer.**

briseur, euse n. ▪ loc. *Briseur, briseuse de grève* : personne qui ne fait pas la grève lorsqu'elle a été décidée, ou qui remplace un gréviste.

brise-vent n. m. invar. ▪ Obstacle abritant les cultures du vent.

brisquard → **briscard**

bristol n. m. ▪ **1** Papier satiné fort et blanc. **2** vieilli Carte de visite ou d'invitation.

brisure n. f. ▪ Cassure, fêlure.

britannique adj. et n. ▪ De la Grande-Bretagne. → **anglais, anglo-saxon.**

brize n. f. ▪ Plante herbacée, à épillets verts ou roussâtres.

broc [bʀo] n. m. ▪ Récipient profond à anse, à bec évasé, pour les liquides.

brocante n. f. ▪ Métier, commerce du brocanteur.

brocanter v. 1 ▪ **1** v. intr. Faire commerce d'objets anciens. **2** v. tr. Vendre en tant que brocanteur.

brocanteur, euse n. ▪ Personne qui fait commerce d'objets anciens, de curiosités.

① **brocard** n. m. ▪ vx Petit trait moqueur, raillerie.

② **brocard** n. m. ▪ Chevreuil d'un an.

brocarder v. tr. 1 ▪ vx ou littér. Railler.

brocart n. m. ▪ Riche tissu de soie broché.

brocatelle n. f. ▪ techn. Brocart à petits dessins.

broccio [bʀɔtʃ(j)o] n. m. ▪ Fromage frais de chèvre ou de brebis, fabriqué en Corse. – syn. **brocciu** [bʀɔtʃ(j)u], **bruccio** [bʀutʃ(j)o].

broche n. f. ▪ **1** Tige de fer qu'on passe au travers d'une viande à rôtir. ♦ chir. Tige fixant un os fracturé. **2** Bijou à épingle et fermoir. **3** au plur. Défenses du sanglier.

brocher v. tr. 1 ▪ **1** Relier sommairement, avec couverture de papier. **2** Tisser en entremêlant des fils d'or, etc., avec des dessins en relief. ▷ adj. **broché, ée 1** *Livre broché* (opposé à *relié*). **2** *Tissu broché.* ► **brochage** n. m.

brochet n. m. ▪ Long poisson d'eau douce carnassier, aux dents aiguës.

brochette n. f. ▪ **1** Petite broche (1) pour préparer des morceaux d'aliments ; ces morceaux. **2** Petite broche servant à porter des décorations. **3** fig. Groupe disposé en ligne.

brocheur, euse n. ▪ **1** Ouvrier, ouvrière qui broche (des tissus, des livres). **2** n. f. Machine pour le brochage des livres.

brochure n. f. ▪ **1** Décor d'un tissu broché. **2** Livret broché. *Brochure publicitaire.*

brocoli n. m. ▪ Petit chou-fleur vert.

brodequin n. m. ▪ **1** Chaussure montante de marche. **2** Antiq. Chaussure des personnages de comédie. **3** au plur. hist. Instrument de supplice, pour serrer les pieds.

broder v. 1 ▪ **1** v. tr. Orner de broderies. ♦ Exécuter en broderie. **2** v. intr. fig. Amplifier ou exagérer à plaisir. ▷ adj. **brodé, ée**

broderie n. f. ▪ **1** Ouvrage consistant en points recouvrant un motif dessiné sur un tissu. **2** Technique, commerce du brodeur.

brodeur, euse n. ▪ **1** Ouvrier, ouvrière en broderie. **2** n. f. Métier, machine à broder.

broiement n. m. ▪ rare Broyage.

brol n. m. ▪ (Belgique) fam. Désordre, fouillis.

bromate n. m. ■ chim. Sel de l'acide bromique.

① **brome** n. m. ■ Élément (symb. Br, n° at. 35, masse at. 79,90), gaz suffocant très toxique.

② **brome** n. m. ■ bot. Plante herbacée (graminée), utilisée comme fourrage ou gazon.

bromique adj. ■ Qui contient du brome.

bromure n. m. ■ **1** Composé du brome avec un corps simple. ◆ *Bromure (de potassium)*, puissant sédatif. **2** (industrie graphique) Épreuve sur papier au bromure d'argent.

bronca n. f. ■ Concert de huées. → **tollé.**

bronche n. f. ■ Chacun des deux conduits partant de la trachée et se ramifiant dans les poumons. ► **bronchique** adj.

broncher v. intr. [1] ■ **1** vieilli Trébucher. **2** Réagir. *Se faire insulter sans broncher.*

bronchiole n. f. ■ Ramification terminale des bronches.

bronchiolite n. f. ■ méd. Inflammation des bronchioles. *Bronchiolite du nourrisson*, infection d'origine virale, très contagieuse.

bronchite n. f. ■ Inflammation des bronches. ► **bronchitique** et **bronchiteux, euse** adj. et n.

broncho- [bʀɔ̃ko] Élément savant, du grec *bronkhia* «bronches».

bronchodilatateur, trice adj. ■ méd. Qui relâche les muscles des voies respiratoires, facilitant la ventilation pulmonaire.

bronchopathie n. f. ■ méd. Maladie des bronches, aiguë ou chronique (bronchite...).

bronchopneumonie n. f. ■ Inflammation du poumon et des bronches.

bronchopulmonaire adj. ■ Relatif aux bronches et aux poumons. *Infection bronchopulmonaire.*

bronchoscopie n. f. ■ méd. Examen endoscopique de l'intérieur des bronches.

brontosaure n. m. ■ Reptile fossile gigantesque de l'ère secondaire.

bronzage n. m. ■ **1** techn. Action de bronzer (un métal). **2** Fait de bronzer (3) ; son résultat. → **hâle.**

bronzant, ante adj. ■ Qui facilite, provoque le bronzage.

bronze n. m. ■ **1** Alliage de cuivre et d'étain → **airain.** ◆ *L'âge du bronze* : période préhistorique de diffusion de la technique du bronze (environ IIe millénaire avant J.-C.). **2** Objet d'art en bronze.

bronzer v. [1] ■ **1** v. tr. techn. Recouvrir d'une couche de bronze ou imitant le bronze. **2** v. tr. (soleil...) Brunir (qqn). → **hâler.** **3** v. intr. (peau...) Brunir. ▷ adj. **bronzé, ée**

bronzette n. f. ■ fam. Action de se faire bronzer au soleil.

bronzier, ière n. ■ Personne qui fabrique des bronzes d'art.

brosse n. f. ■ **1** Ustensile de nettoyage, filaments fixés sur une monture. ◆ loc. fam. *Manier la brosse à reluire* : être servilement flatteur. **2** *Cheveux en brosse*, coupés court et droit. **3** Pinceau de peintre. **4** (insectes) Poils pour recueillir le pollen.

brosser v. tr. [1] ■ **1** Nettoyer, frotter avec une brosse. ► **brossage** n. m. **2** Peindre à la brosse. ◆ fig. Décrire à grands traits.

brosserie n. f. ■ Fabrication, commerce des brosses et analogues (balais, etc.). ► **brossier, ière** n.

brou n. m. ■ **1** bot. Péricarpe externe de divers fruits. **2** BROU DE NOIX : teinture brune faite avec le brou de la noix.

brouet n. m. ■ vx Potage. ◆ Mets grossier.

brouette n. f. ■ Petit véhicule à une roue muni de deux brancards, qui sert à transporter (*brouetter* v. tr. [1]) des fardeaux.

brouettée n. f. ■ Contenu d'une brouette.

brouetter v. tr. [1] ■ Transporter dans une brouette.

brouhaha n. m. ■ Bruit confus d'une foule.

brouillage n. m. ■ Trouble introduit dans la réception des ondes de radio, etc.

brouillamini n. m. ■ vieilli Embrouillamini.

① **brouillard** n. m. ■ Phénomène naturel, fines gouttelettes d'eau en suspension dans l'air, qui limitent la visibilité.

② **brouillard** n. m. ■ Livre de commerce où on note les opérations au fur et à mesure.

brouillasser v. impers. [1] ■ Faire du brouillard.

brouille n. f. ■ Mésentente, fâcherie.

brouiller v. tr. [1] ■ **1** Mêler en agitant, en dérangeant. **2** Rendre trouble. ◆ Troubler par brouillage. **3** fig. Rendre confus. → **embrouiller.** **4** Désunir en provoquant une brouille. ◆ au passif *Ils sont brouillés.* ◆ fam. *Être brouillé avec* (qqch.), ne rien y comprendre. ▷ v. pron. **se brouiller** **1** Devenir trouble ou confus. **2** Cesser d'être ami(s). ▷ adj. **brouillé, ée** **1** Mêlé, mélangé. ◆ *Œufs brouillés.* **2** fig. Confus, peu net.

brouilleur n. m. ■ Émetteur qui brouille la réception d'un signal, d'une détection radar.

① **brouillon, onne** adj. ■ Qui brouille (3) tout, n'a pas de méthode. → **désordonné.**

② **brouillon** n. m. ■ Première rédaction d'un écrit qu'on mettra au net par la suite.

brouilly n. m. ■ Vin rouge du Beaujolais.

broussaille n. f. ■ **1** au plur. Végétation touffue des terres incultes. **2** fig. *Cheveux en broussaille*, emmêlés. ► **broussailleux, euse** adj.

broussard, arde n. ■ fam. Personne qui vit en brousse.

① **brousse** n. f. ■ **1** Végétation arbustive des pays tropicaux. **2** Zone éloignée des villes, des villages, en Afrique. → **bled.**

② **brousse** n. f. ▪ Fromage frais de chèvre ou de brebis, en Provence.

brout n. m. ▪ agric. Pousse de printemps.

broutage n. m. ▪ Action de brouter. – syn. **broutement.**

broutard n. m. ▪ Jeune bovin de trois à dix mois environ, sevré et mis au pâturage.

broutement → **broutage**

brouter v. [1] ▪ **1** v. tr. (animaux) Manger en arrachant sur place (l'herbe, etc.). **2** v. intr. Fonctionner par saccades (outil...).

broutille n. f. ▪ Objet, élément sans valeur. → **babiole, bagatelle, bricole, vétille.**

brownie [bʀoni] n. m. ▪ anglic. Gâteau moelleux au chocolat et aux noix de pécan, servi coupé en carrés.

brownien, ienne [bʀonjɛ̃, jɛn] adj. ▪ phys. *Mouvement brownien* : agitation des particules dans les liquides ou les gaz.

browning [bʀoniŋ] n. m. ▪ Pistolet automatique à chargeur.

broyat n. m. ▪ Ce qui a été broyé.

broyer v. tr. [8] ▪ **1** Réduire en parcelles très petites, par pression ou choc. ♦ loc. *Broyer du noir* : être triste, déprimé. **2** Écraser. *La machine lui a broyé la main.* ► **broyage** n. m.

broyeur, euse ▪ **1** adj. Qui broie. **2** n. m. ou n. f. Machine à broyer.

brrr interj. ▪ Exprime le frisson.

bru n. f. ▪ vieilli ou région. Belle-fille (2).

bruant n. m. ▪ Petit passereau des champs.

bruccio → **broccio**

brucella n. f. ▪ méd. Bacille responsable de la brucellose.

brucelles n. f. pl. ▪ Pince fine à ressort.

brucellose n. f. ▪ méd. Maladie infectieuse due à des bacilles, transmise à l'homme par les animaux domestiques.

bruche n. m. ▪ Petit coléoptère dont la larve parasite le pois et le haricot.

brucine n. f. ▪ biochim. Alcaloïde extrait de la noix vomique.

brugnon n. m. ▪ Variété de pêche à peau lisse et noyau adhérent. → aussi **nectarine.**

bruine n. f. ▪ Petite pluie très fine et froide, due à la condensation du brouillard.

bruiner v. impers. [1] ▪ Faire de la bruine. ► **bruineux, euse** adj.

bruire v. intr. [2] seulement inf., 3es pers. prés. et imp., p. prés. ▪ littér. Produire un bruit léger et confus. ► **bruissement** n. m.

bruisser v. intr. [1] ▪ Bruire.

bruit n. m. ▪ **1** Sensation perçue par l'oreille. → ② **son.** *Les bruits de la nature.* – *Bruit de fond*, auquel se superpose un autre bruit. ♦ loc. fig. *Faire grand bruit, faire du bruit*, avoir un grand retentissement. **2** Nouvelle répandue, propos rapportés. → **rumeur ; on-dit. 3** phys. Perturbation qui se superpose à un signal utile.

bruitage n. m. ▪ Reconstitution des bruits accompagnant l'action (au cinéma, etc.).

bruiter v. tr. [1] ▪ techn. Faire le bruitage de. *Bruiter une scène.*

bruiteur, euse n. ▪ Spécialiste du bruitage.

brûlage n. m. ▪ Action de brûler.

brûlant, ante adj. ▪ **1** Très ou trop chaud. – fig. *Un terrain brûlant* : un sujet à éviter. **2** Affecté d'une sensation de chaleur intense. **3** fig. Ardent, passionné.

brûle-gueule n. m. ▪ Pipe à tuyau très court. *Des brûle-gueule(s).*

brûle-parfum n. m. ▪ Cassolette à parfums. *Des brûle-parfums.*

à **brûle-pourpoint** loc. adv. ▪ (après un verbe de déclaration) Sans préparation, brusquement.

brûler v. [1] ▪ **I** v. tr. **1** Détruire par le feu. *Brûler des mauvaises herbes.* ♦ Consumer (de l'énergie) pour éclairer, chauffer... **2** Altérer par l'action du feu, de la chaleur... *Brûler un gâteau.* **3** Produire les mêmes effets qu'une brûlure. **4** Passer sans s'arrêter à (un point d'arrêt prévu). *Brûler un feu rouge.* **II** v. intr. **1** Se consumer par le feu. ♦ Être calciné. *Le rôti a brûlé.* ♦ Se consumer en éclairant. **2** Ressentir une sensation de brûlure. ♦ fig. *BRÛLER DE* (+ inf.) : être impatient de. **3** (devinettes) Être tout près du but. ▷ v. pron. **se brûler 1** S'immoler par le feu. **2** Subir une brûlure partielle. ▷ **brûlé, ée I** p. p. **1** Qui a brûlé, a été brûlé. **2** loc. fig. *Une tête brûlée* : un exalté. **3** Démasqué ; qui a perdu tout crédit. **II 1** n. m. Odeur, goût d'une chose qui brûle ou a brûlé. *Ça sent le brûlé* (fig. l'affaire tourne mal). → **roussi. 2** n. Personne atteinte de brûlures.

brûlerie n. f. ▪ **1** Distillerie d'eau-de-vie. **2** Atelier de torréfaction du café.

brûleur n. m. ▪ Appareil qui met en présence un combustible et un comburant afin de permettre une combustion.

brûlis n. m. ▪ Défrichement par le feu. ♦ Terrain ainsi traité.

brûloir n. m. ▪ Appareil de torréfaction. → **torréfacteur.**

brûlot n. m. ▪ **1** anciennt Navire chargé de combustibles, pour incendier les bâtiments ennemis. **2** fig. Journal ou article polémique.

brûlure n. f. ▪ **1** Lésion produite sur une partie du corps par le feu, la chaleur ou une substance corrosive. ♦ Marque à l'endroit où qqch. a brûlé. **2** Sensation d'irritation dans l'organisme. *Brûlures d'estomac.*

brumaire n. m. ▪ Deuxième mois du calendrier républicain (22 octobre-21 novembre).

brume n. f. ■ **1** Brouillard léger. **2** fig. État de confusion (de la pensée).

brumeux, euse adj. ■ **1** Chargé de brume. **2** fig. Qui manque de clarté. → **confus.**

brumisateur n. m. (marque déposée) ■ Atomiseur pour les soins de la peau.

brun, brune ■ **1** adj. De couleur sombre, entre le roux et le noir. → **bistre, marron, tabac.** ♦ Qui a les cheveux bruns. ➛ n. *Une jolie brune.* **2** n. m. Cette couleur.

brunante n. f. ■ (Canada) Tombée de la nuit.

brunâtre adj. ■ Tirant sur le brun.

brunch [bʀœnʃ] n. m. ■ anglic. Repas copieux pris dans la matinée. *Des brunch(e)s.*

à la **brune** loc. adv. ■ littér. Au crépuscule.

brune n. f. ■ littér. loc. adv. *À la brune* : au crépuscule.

brunet, ette n. ■ Petit brun, petite brune.

bruni n. m. ■ techn. Partie polie (d'un métal).

brunir v. [2] ■ **I** v. tr. **1** techn. Polir (un métal). ► **brunissage** n. m. **2** Rendre brun. → **hâler.** **II** v. intr. Devenir brun, prendre une teinte brune. ► **brunissement** n. m.

brunissoir n. m. ■ techn. Outil servant à brunir les métaux.

brunoise n. f. ■ Légume coupé en très petits dés. → ① **julienne.**

brushing [bʀœʃiŋ] n. m. ■ anglic. Mise en plis à la brosse et au séchoir à main.

brusque adj. ■ **1** Qui agit avec rudesse et d'une manière soudaine. → **abrupt, brutal, rude.** **2** Qui est soudain, que rien ne laisse prévoir. → **inattendu, subit.** ► **brusquement** adv.

brusquer v. tr. [1] ■ **1** Traiter de manière brusque. → **malmener.** **2** Précipiter (qqch. de lent, d'éloigné). → **hâter.**

brusquerie n. f. ■ **1** Façons brusques envers autrui. **2** Soudaineté, précipitation.

brut, brute [bʀyt] adj. ■ **1** vx À l'état le plus primitif. *Force brute* (→ brutal). **2** Qui est à l'état naturel, n'a pas encore été élaboré par l'homme. ♦ Qui résulte d'une première élaboration (avant d'autres transformations). ➛ *Champagne brut,* sans ajout de sucre. **3** Qui n'a subi aucune élaboration intellectuelle. *Fait brut. À l'état brut.* ART BRUT, spontané, échappant aux normes. **4** Évalué avant déduction des frais (opposé à *net*). *Salaire brut.* ➛ *Poids brut,* poids total.

brutal, ale, aux adj. ■ **1** Qui use volontiers de violence, qui est rude et grossier. ♦ Sans ménagement. *Franchise brutale.* **2** Soudain et violent. ► **brutalement** adv.

brutaliser v. tr. [1] ■ Traiter de façon brutale. → **maltraiter.**

brutalité n. f. ■ **1** Caractère d'une personne brutale. ♦ Acte brutal, violence. *Brutalités policières.* **2** Caractère inattendu et violent.

brute n. f. ■ **1** littér. L'animal, dans ce qu'il a de plus éloigné de l'homme. **2** Personne grossière, sans esprit. **3** Personne brutale.

bruxomanie n. f. ■ méd. Manie de grincer* des dents.

bruyant, ante [bʀyj- ; bʀɥij-] adj. ■ **1** Qui fait beaucoup de bruit. **2** Où il y a beaucoup de bruit. ► **bruyamment** adv.

bruyère [bʀyjɛ- ; bʀɥijɛ-] n. f. ■ **1** Arbrisseau des landes à fleurs variant du blanc au pourpre. **2** Racine de cette plante. *Pipe de bruyère.* **3** *Terre de bruyère,* légère, siliceuse.

bryo- Élément, du grec *bruon* «mousse».

bryone n. f. ■ bot. Plante des haies, à baies rouges ou noires.

bryophytes n. f. pl. ■ bot. Embranchement du règne végétal comprenant les mousses.

BTP ou **B. T. P.** n. m. (sigle) ■ Secteur économique du bâtiment et des travaux publics.

BTS ou **B. T. S.** n. m. (sigle) ■ (en France) Brevet de technicien supérieur.

bu, bue ■ Participe passé de *boire.*

buanderie n. f. ■ Local réservé à la lessive.

bubale n. m. ■ Grande antilope d'Afrique aux cornes en forme de lyre.

bubon n. m. ■ Inflammation et gonflement des ganglions lymphatiques, dans certaines maladies (peste, etc.). ► **bubonique** adj.

buccal, ale, aux adj. ■ didact. De la bouche.

buccin n. m. ■ **1** Antiq. Trompette. **2** Bulot.

bucco- Élément, du latin *bucca* «bouche».

buccodentaire adj. ■ didact. Qui se rapporte à la bouche et aux dents. *Hygiène buccodentaire.*

buccogénital, ale, aux adj. ■ didact. Qui concerne la bouche et les parties génitales. *Relations sexuelles buccogénitales.* → **cunnilingus, fellation.**

bûche n. f. ■ **I** Morceau de bois de chauffage. ➛ *Bûche de Noël,* pâtisserie en forme de bûche. ♦ loc. *Dormir comme une bûche,* très profondément. → **souche.** **II** fam. *Prendre, ramasser une bûche* : tomber.

① **bûcher** n. m. ■ **1** Local où l'on range le bois à brûler. **2** Amas de bois sur lequel on brûlait les condamnés, etc.

② **bûcher** v. tr. et intr. [1] ■ **I** techn. ou région. Couper (du bois) ; abattre des arbres. **II** fam. Travailler avec acharnement. ► **bûcheur, euse** n. et adj.

bûcheron, onne n. ■ Personne dont le métier est d'abattre du bois, des arbres dans une forêt. ► **bûcheronner** v. intr. [1]

bûcheronnage n. m. ■ Travail du bûcheron.

bûchette n. f. ■ **1** Petite bûche. **2** Petit sachet tubulaire. *Bûchette de sucre.*

bucolique ▪ **1** n. f. Poème pastoral. **2** adj. Relatif à la poésie pastorale. ♦ Qui a rapport à la vie de la campagne.

bucrane n. m. ▪ didact. Motif sculpté représentant une tête de bœuf. – var. **bucrâne.**

buddleia [bydleja] n. m. ▪ bot. Arbuste aux fleurs violettes ou mauves en grappes.

budget n. m. ▪ Acte par lequel sont prévues et autorisées les recettes et dépenses annuelles (de l'État, d'une entreprise...). ♦ par ext. *Budget familial.* ► **budgétaire** adj.

budgétiser v. tr. [1] ▪ Inscrire au budget. ► **budgétisation** n. f.

budgétivore adj. ▪ fam. Qui grève un budget.

buée n. f. ▪ Vapeur condensée en gouttes.

buffet n. m. ▪ **1** Meuble servant à ranger la vaisselle, le linge de table, des provisions. **2** Table garnie de mets froids, de boissons à l'occasion d'une réception ; l'ensemble de ces mets et boissons. **3** Café-restaurant d'une gare. **4** *Buffet d'orgue,* sa menuiserie. **5** fam. Ventre, estomac.

buffle n. m. ▪ Mammifère ruminant, voisin du bœuf, aux longues cornes arquées (femelle : *bufflonne* ou *bufflesse* n. f.).

buffleterie [byflətʀi ; byflɛtʀi] n. f. ▪ Équipement en cuir soutenant des armes.

bug [bœg] n. m. ▪ anglic. → ② **bogue.**

bugger [bœge] v. intr. [1] ▪ anglic. inform. Boguer.

buggy n. m. ▪ **1** ancienn Petit cabriolet découvert. → **boghei. 2** Voiture tout-terrain découverte. *Des buggys* ou *des buggies.*

bugle n. m. ▪ Instrument à vent à pistons.

bugne n. f. ▪ région. Beignet poudré de sucre.

bugrane n. f. ▪ Plante épineuse à fleurs roses ou jaunes.

building [b(ɥ)ildiŋ] n. m. ▪ anglic. Vaste immeuble moderne, à nombreux étages.

buire n. f. ▪ archéol. Vase en forme de cruche.

buis n. m. ▪ Arbuste à feuilles persistantes vert foncé. ♦ Son bois, jaunâtre et dur.

buisson n. m. ▪ Touffe d'arbrisseaux sauvages. ► **buissonneux, euse** adj.

buisson-ardent n. m. ▪ Arbuste méditerranéen ornemental à baies écarlates. *Des buissons-ardents.*

buissonner v. intr. [1] ▪ Pousser en buisson. ► **buissonnant, ante** adj.

buissonnier, ière adj. ▪ *Faire l'école buissonnière :* flâner au lieu d'aller en classe.

bulbaire adj. ▪ anat. D'un bulbe (2).

bulbe n. m. ▪ **1** Organe de réserve souterrain, renflé, de certaines plantes. → **oignon. 2** anat. Renflement arrondi. **3** Coupole renflée au faîte en pointe.

bulbeux, euse adj. ▪ **1** bot. Qui a un bulbe. **2** En forme de bulbe.

bulgare adj. et n. ▪ De Bulgarie. – *Les Bulgares.* ♦ n. m. *Le bulgare* (langue slave).

bullaire adj. ▪ méd. Qui présente des bulles.

bulldozer [byldɔzɛʀ ; buldozœʀ] n. m. ▪ anglic. **1** Engin de terrassement, tracteur à chenilles très puissant. – recomm. off. *bouteur* n. m. **2** fig., fam. Personne décidée.

① **bulle** n. f. ▪ **I 1** hist. Boule de métal attachée à un sceau ; ce sceau. **2** Lettre du pape portant son sceau. **II 1** Petite sphère remplie d'air ou de gaz qui s'élève à la surface d'un liquide, etc. – loc. fam. *Coincer la bulle,* ne rien faire. ♦ Sphère formée d'une pellicule remplie d'air. *Bulle de savon.* **2** Enceinte stérile où sont placés les enfants atteints de déficience immunitaire. ♦ Espace protégé, où l'on se sent en sécurité. **3** Espace où sont inscrites les paroles, les pensées, dans une bande dessinée.

② **bulle** n. m. ▪ Papier jaunâtre, de qualité médiocre. – adj. m. invar. *Papier bulle.*

bullé, ée adj. ▪ techn. Qui présente, contient des bulles.

buller v. intr. [1] ▪ fam. Ne rien faire, paresser.

bulletin n. m. ▪ **1** Information émanant d'une autorité et communiquée au public. → **communiqué.** ♦ Article de journal, dans un domaine. *Bulletin de l'étranger.* – *Bulletin d'information* (radio, télévision). ♦ Rapport contenant les notes d'un élève. **2** Certificat ou récépissé. **3** *Bulletin de vote,* papier indicatif d'un vote, que l'électeur dépose dans l'urne.

bulleux, euse adj. ▪ méd. Qui présente des bulles, des cloques. *Dermatose bulleuse.*

bull-terrier [bul-] n. m. ▪ Chien ratier d'une race anglaise. *Des bull-terriers.*

bulot n. m. ▪ Gros mollusque gastéropode comestible, appelé aussi *buccin.*

bun [bœn] n. m. ▪ anglic. Petit pain au lait rond.

buna n. m. ▪ techn. Caoutchouc synthétique obtenu à partir du butadiène.

bungalow [bœ̃galo] n. m. ▪ **1** Maison indienne basse entourée de vérandas. **2** Petit pavillon en rez-de-chaussée.

① **bunker** [bunkœʀ ; -kɛʀ] n. m. ▪ Casemate construite par les Allemands pendant la Seconde Guerre mondiale.

② **bunker** [bœnkœʀ] n. m. ▪ anglic. Sable situé autour d'un green, en golf.

bunraku [bunʀaku] n. m. ▪ Théâtre traditionnel de marionnettes, au Japon.

bupreste n. m. ▪ Insecte coléoptère dont la larve mange le bois.

buraliste n. ▪ Personne préposée à un bureau de recette, de poste, etc. – Personne qui tient un bureau de tabac.

bure n. f. ▪ Grossière étoffe de laine brune.

bureau n. m. ▪ **I 1** Table sur laquelle on écrit, on travaille ; meuble de travail où l'on peut ranger des papiers, etc. → **secrétaire. 2** Pièce où est installée cette table. **3** inform. Plan de travail représenté par l'écran d'un ordinateur. **II 1** Lieu de travail du personnel (d'une administration, etc.). ♦ Établissement ouvert au public et où s'exerce un service. *Bureau de poste.* **2** Personnel d'un bureau. ♦ *Les bureaux* : l'administration (→ **bureaucratie). 3** Membres dirigeants d'une assemblée, élus par leurs collègues.

bureaucrate n. ▪ **1** Fonctionnaire imbu de son importance et abusant de son pouvoir sur le public. **2** péj. Employé de bureau.

bureaucratie n. f. ▪ **1** Pouvoir politique des bureaux ; influence abusive de l'Administration. **2** L'ensemble des fonctionnaires. ► **bureaucratique** adj.

bureaucratiser v. tr. [1] ▪ Transformer par la mise en place d'une bureaucratie. ► **bureaucratisation** n. f.

bureautique n. f. (nom déposé) ▪ Techniques visant à automatiser les travaux de bureau.

burette n. f. ▪ **1** Flacon destiné à contenir les saintes huiles, ou l'eau et le vin de la messe. **2** Petit flacon à goulot étroit.

burgau n. m. ▪ Coquillage univalve nacré.

burger [bœʀgœʀ] n. m. ▪ anglic. Hamburger*.

burgrave n. m. ▪ hist. Commandant d'une ville, d'une citadelle, dans le Saint Empire.

burin n. m. ▪ Ciseau d'acier qui sert à graver, à couper les métaux.

burinage n. m. ▪ techn. Action de buriner (les métaux).

buriner v. tr. [1] ▪ Graver, travailler au burin. ▷ adj. **buriné, ée 1** Gravé au burin. **2** fig. *Visage buriné,* marqué et énergique.

burlat n. f. ▪ Gros bigarreau rouge foncé.

burlesque ▪ **1** adj. D'un comique extravagant et déroutant. *Film burlesque.* ♦ Ridicule et absurde. → **grotesque.** *Idée burlesque.* **2** n. m. Caractère burlesque. ♦ Genre (littéraire...) burlesque. ♦ Strip-tease humoristique dans l'esprit des spectacles de cabaret.

burnous [-u(s)] n. m. ▪ Grand manteau de laine à capuchon, au Maghreb.

burn-out [bœʀnaut] n. m. invar. ▪ anglic. Épuisement causé par le stress au travail.

buron n. m. ▪ région. En Auvergne, Petite cabane de berger.

burqa ou **burka** [burka] n. f. ▪ Voile couvrant le corps entier, ajouré au niveau des yeux, prescrit aux femmes dans certaines sociétés islamiques.

burrata [bu-] n. f. ▪ Fromage italien proche de la mozzarella.

burrito [bu-] n. m. ▪ Tortilla de blé garnie de viande, de légumes et de guacamole.

① **bus** [bys] n. m. ▪ Autobus.

② **bus** [bys] n. m. ▪ inform. Ensemble des conducteurs mettant en communication les différents composants d'un ordinateur. *Bus interne, externe.*

busard n. m. ▪ Rapace diurne des marais.

busc n. m. ▪ ancienn Baleine de corset.

① **buse** n. f. ▪ **1** Rapace diurne, aux formes lourdes. **2** fig., fam. Personne sotte, ignorante.

② **buse** n. f. ▪ Conduit, tuyau.

bush [buʃ] n. m. ▪ Végétation des pays secs formée de buissons serrés et d'arbres isolés.

bushidô [buʃido] n. m. ▪ hist. Préceptes qui constituent la morale du guerrier japonais féodal.

business [biznɛs] n. m. ▪ anglic., fam. **1** Travail ; affaires. **2** Chose, truc. – var. **bizness.**

businessman [biznɛsman] n. m. ▪ anglic. Homme d'affaires. *Des businessmans* ou *des businessmen.*

businesswoman [biznɛswuman] n. f. ▪ anglic. Femme d'affaires. *Des businesswomans* ou *des businesswomen.*

busqué, ée adj. ▪ (nez) Qui présente une courbure convexe. → **aquilin.**

busserole n. f. ▪ Arbuste, sorte d'arbousier.

buste n. m. ▪ **1** Partie supérieure du corps humain, de la tête à la ceinture. → **torse. 2** Sculpture représentant la tête et le haut du buste.

bustier n. m. ▪ Sous-vêtement féminin ou corsage sans bretelles qui moule le buste.

but [by(t)] n. m. ▪ **1** Point visé, objectif. → **cible.** ➛ loc. *De but en blanc* : brusquement. **2** Point que l'on se propose d'atteindre. → **terme.** *Le but d'un voyage.* **3** sports Espace que doit franchir le ballon pour qu'un point soit marqué. ♦ Le point marqué. **4** fig. Ce que l'on se propose d'atteindre. *Se donner un but.* ➛ loc. *Toucher au but* : être près de réussir.

butadiène n. m. ▪ chim. Hydrocarbure éthylénique employé dans la fabrication du buna.

butane n. m. ▪ Hydrocarbure saturé employé comme combustible.

butée n. f. ▪ **1** Massif de maçonnerie destiné à supporter une poussée. → **culée. 2** Organe, pièce limitant un mouvement.

butène n. m. ▪ chim. Hydrocarbure éthylénique.

① **buter** v. [1] ▪ **I** v. intr. **1** Heurter le pied (contre qqch. de saillant). ➛ fig. *Buter sur, contre une difficulté.* **2** S'appuyer, être calé. **II** v. tr. Acculer (qqn) à une position de refus entêté. → **braquer.** ▷ v. pron. **se buter** S'entêter. ▷ adj. **buté, ée** Entêté, obstiné.

② **buter** v. tr. [1] ▪ fam. Tuer, assassiner.

buteur, euse n. ▪ (football, rugby) Joueur, joueuse qui marque des buts.

butin n. m. ▪ **1** Ce qu'on prend aux ennemis, pendant une guerre, après la victoire. **2** Produit d'un vol, d'un pillage. **3** littér. Produit, récolte résultant d'une recherche.

butiner v. 1 ▪ **1** v. intr. (abeille) Visiter les fleurs pour y chercher la nourriture de la ruche. **2** v. tr. *Les abeilles butinent les fleurs.* – fig. *Butiner des renseignements.* → **glaner.**

butineur, euse adj. ▪ Qui butine. *Une abeille butineuse* ou *une butineuse* n. f.

butô [byto] n. m. ▪ Spectacle issu de la tradition japonaise, caractérisé par la nudité des corps peints en blanc et des mouvements très lents.

butoir n. m. ▪ **1** Pièce ou dispositif servant à arrêter. **2** fig. *Date butoir* : dernier délai. → **limite.**

butome n. m. ▪ Plante aquatique, appelée communément *jonc fleuri.*

butor n. m. ▪ **1** Échassier aux formes lourdes. **2** fig. Grossier personnage. → **malappris, rustre.**

butte n. f. ▪ **1** Tertre où l'on adosse une cible. *Butte de tir.* ♦ loc. fig. *Être* EN BUTTE À : être exposé à. **2** Petite éminence de terre.

butter v. tr. 1 ▪ Garnir (une plante) de terre qu'on élève autour du pied. ► **buttage** n. m.

butternut [bœtœʀnœt] n. m. ▪ anglic. Courge en forme de poire, à la saveur douce.

buttoir n. m. ▪ agric. Petite charrue employée au buttage.

butyle n. m. ▪ chim. Radical univalent de formule C_4H_9.

butylique adj. ▪ chim. Se dit des alcools, esters et composés contenant le radical butyle.

butyreux, euse adj. ▪ didact. Qui a l'apparence ou les caractères du beurre.

butyrine n. f. ▪ chim. Corps gras présent dans le beurre.

butyrique adj. ▪ didact. Qui se rapporte au beurre.

butyr(o)- Élément savant, du latin *butyrum,* du grec *bouturon* «beurre».

butyromètre n. m. ▪ Appareil servant à mesurer la richesse du lait en matière grasse.

buvable adj. ▪ **1** Qui peut se boire. **2** fam. (en tournure négative) Supportable.

buvard n. m. ▪ Papier qui boit l'encre.

buvette n. f. ▪ Petit local ou comptoir où l'on sert à boire.

buveur, euse n. ▪ **1** Personne qui aime boire du vin, des boissons alcoolisées. **2** Personne qui est en train de boire. ♦ *Buveur de,* qui a l'habitude de boire (telle boisson).

buzuki → **bouzouki**

buzz [bœz] n. m. ▪ anglic. Vif retentissement (2), notamment sur Internet. ► **buzzer** v. intr. 1 *Ça buzze sur le Net.*

bye-bye [bajbaj] interj. ▪ anglic., fam. Au revoir. → **salut.** – abrév. **bye.**

by-pass [bajpas] n. m. invar. ▪ anglic. **1** techn. Canal de dérivation. **2** chir. → **pontage.**

byssus [-ys] n. m. ▪ zool. Faisceau de filaments qui permet à certains mollusques (moules, etc.) de se fixer.

byte [bajt] n. m. ▪ inform. Ensemble de plusieurs bits.

byzantin, ine adj. ▪ **1** De Byzance. **2** Oiseux par excès de subtilité et de formalisme.

byzantinisme n. m. ▪ Tendance aux discussions byzantines.

byzantinologie n. f. ▪ Étude de l'histoire et de la civilisation byzantines. ► **byzantiniste** ou **byzantinologue** n.

BZD → **benzodiazépine**

bzzz... interj. ▪ Onomatopée, bruit de sifflement continu. → **zzz.**

C

c [se] n. m. ■ Troisième lettre, deuxième consonne de l'alphabet. – REM. C cédille *(ç)* se prononce toujours [s] : *garçon.* ♦ C, chiffre romain (cent).

C ■ Symbole chimique du carbone. CO_2 : dioxyde de carbone.

Ca ■ Symbole chimique du calcium.

CA [sea] n. m. (abrév.) ■ **1** Chiffre* d'affaires. **2** Conseil* d'administration.

① **ça** pron. dém. ■ **1** fam. Cela, ceci. ➛ *Il y a de ça :* c'est assez vrai. *Sans ça :* sinon. **2** (approbation) *C'est ça !* ♦ (étonnement...) *Ça, alors !*

② **ça** n. m. ■ psych. L'une des trois instances de la personnalité (selon Freud), ensemble des pulsions inconscientes.

çà adv. de lieu ■ *ÇÀ ET LÀ :* de côté et d'autre.

cab [kab] n. m. ■ anciennt Cabriolet où le cocher est placé derrière.

cabale n. f. ■ **I** vx → **kabbale. II** Entente secrète dirigée contre (qqn, qqch.).

cabalistique adj. ■ **1** De la science occulte. **2** Mystérieux, incompréhensible.

caban n. m. ■ Manteau court en drap de laine (porté à l'origine par les marins).

cabane n. f. ■ **1** Petite habitation grossière. **2** *Cabane à lapins.* → **clapier. 3** fam. *Mettre qqn en cabane,* en prison.

cabaner v. tr. [1] ■ mar. Renverser (une embarcation).

cabanon n. m. ■ **1** Cachot où l'on enfermait les fous dangereux. **2** Cabane de jardin.

cabaret n. m. ■ **1** vieilli Établissement où l'on sert des boissons. **2** Établissement de spectacle où les clients peuvent souper, danser.

cabaretier, ière n. ■ vieilli Personne qui tient un cabaret (1).

cabas n. m. ■ Grand sac porté au bras.

cabécou n. m. ■ Petit fromage de chèvre rond et plat.

cabernet n. m. ■ Cépage à petits grains. ➛ Vin issu de ce cépage.

cabestan n. m. ■ Treuil à axe vertical.

cabiai n. m. ■ Mammifère semi-aquatique d'Amérique du Sud. → **capybara.**

cabillaud n. m. ■ Morue fraîche.

cabine n. f. ■ **1** Petite chambre, sur un navire. **2** Petit local à usage déterminé. *Cabine de pilotage* (d'un avion). ➛ *Cabine d'ascenseur.*

cabinet n. m. ■ **I 1** Petite pièce située à l'écart. ➛ *Cabinet de toilette :* petite salle d'eau. ➛ *Cabinet de travail.* → **bureau. 2** Lieu d'exercice de professions libérales (médecin...). **3** *Cabinet* ou *cabinets.* → **toilette(s), waters, W.-C. II 1** Le gouvernement. **2** Service d'un ministère, d'une préfecture.

câblage n. m. ■ **1** Action de câbler. **2** techn. Fils de montage d'un appareil électrique.

câble n. m. ■ **1** Faisceau de fils. → **corde.** ➛ Gros cordage en acier. **2** *Câble électrique,* fil conducteur protégé. ♦ *Télévision par câble.* → **câblodistribution.** ➛ *Le câble :* la télévision par câble.

câbleau → **câblot**

câbler v. tr. [1] ■ **1** Assembler (des fils) en un câble. **2** Équiper de câbles.

câblerie n. f. ■ techn. **1** Fabrication de câbles. **2** Fabrique de câbles.

câbleur, euse n. ■ techn. Personne qui effectue la pose et le montage de câbles électriques.

câblier n. m. ■ **1** Fabricant de câbles. **2** Navire qui pose des câbles sous-marins.

câbliste n. ■ Agent chargé de manipuler les câbles d'une caméra, lors de ses déplacements dans une prise de vues.

câblodistribution n. f. ■ Diffusion par câbles d'émissions télévisées. → **câble** (le câble).

câblo-opérateur n. m. ■ Société exploitant un réseau de câblodistribution.

câblot n. m. ■ mar. Câble de grosseur moyenne. – var. **câbleau.**

cabochard, arde adj. et n. ■ fam. Entêté.

caboche n. f. ■ fam. Tête. → **ciboulot.**

cabochon n. m. ■ Pierre précieuse ou pièce de cristal polie, non taillée en facettes.

cabosse n. f. ▪ bot. Fruit du cacaoyer contenant les fèves de cacao.

cabosser v. tr. [1] ▪ Faire des bosses à.

① **cabot** n. m. ▪ fam. Chien.

② **cabot** n. m. ▪ Cabotin.

caboter v. intr. [1] ▪ Naviguer près des côtes. ► **cabotage** n. m.

caboteur n. m. ▪ Navire de cabotage.

cabotin, ine n. ▪ **1** Mauvais acteur. **2** Personne qui cherche à se faire remarquer.

cabotiner v. intr. [1] ▪ Agir en cabotin. ► **cabotinage** n. m.

caboulot n. m. ▪ fam., vieilli Café mal famé.

cabrer v. [1] ▪ **I** *SE CABRER* v. pron. **1** (animaux) Se dresser sur les pattes de derrière. **2** fig. (personnes) Se révolter. → se **braquer,** se **buter.** **II** v. tr. Faire se dresser (un animal...). ► **cabrage** n. m.

cabri n. m. ▪ Chevreau.

cabriole n. f. ▪ **1** Bond léger. **2** Pirouette.

cabrioler v. intr. [1] ▪ Faire des cabrioles.

cabriolet n. m. ▪ anciennt Voiture à cheval, à deux roues, à capote mobile. ← mod. Automobile décapotable.

cabus adj. m. ▪ *Chou cabus,* à tête ronde et à feuilles lisses.

caca n. m. ▪ **1** fam. Excrément. ♦ Chose sans valeur. **2** *Caca d'oie :* jaune verdâtre.

cacahouète ou **cacahuète** [kakawɛt] n. f. ▪ Fruit de l'arachide, qui se mange grillé.

cacaille n. f. ▪ (Belgique) fam. Objet de mauvaise qualité. → **camelote, pacotille.**

cacao n. m. ▪ **1** Graine du cacaoyer, qui sert à fabriquer le chocolat. **2** Poudre de cette graine.

cacaoté, ée adj. ▪ Qui contient du cacao.

cacaoui n. m. ▪ (Canada) Petit canard sauvage.

cacaoyer [-ɔje] n. m. ▪ Arbre d'Amérique du Sud dont les fruits (appelés *cabosses*) contiennent le cacao. – syn. **cacaotier.**

cacaoyère [-ɔjɛʀ] n. f. ▪ Plantation de cacaoyers. – syn. **cacaotière.**

cacarder v. intr. [1] ▪ (oie) Pousser son cri.

cacatoès [-ɔɛs] n. m. ▪ Perroquet à huppe colorée. – var. anc. **kakatoès.**

cacatois n. m. ▪ Petite voile carrée au-dessus du perroquet.

cachaça n. f. ▪ Alcool extrait du jus fermenté de la canne à sucre (le vesou).

cachalot n. m. ▪ Mammifère marin (cétacé) de la taille de la baleine, à dents.

① **cache** n. f. ▪ région. Cachette.

② **cache** n. m. ▪ Papier destiné à cacher, masquer une partie d'une surface.

cache-cache n. m. invar. ▪ Jeu d'enfants où l'un des joueurs doit découvrir les autres qui sont cachés.

cache-cœur n. m. ▪ Petit gilet de femme, croisé sur la poitrine. *Des cache-cœurs.*

cache-col n. m. invar. ▪ Écharpe qui entoure le cou. → **cache-nez.**

cachectique adj. ▪ méd. Relatif à la cachexie. ♦ adj. et n. Atteint de cachexie.

cachemire n. m. ▪ Tissu fin en poil de chèvre et laine. – var. (anglic.) **cashmere.**

cache-misère n. m. invar. ▪ Vêtement sous lequel on cache des habits usés.

cache-nez n. m. invar. ▪ Grosse écharpe couvrant le bas du visage. → **cache-col.**

cache-pot n. m. invar. ▪ Vase décoratif qui sert à cacher un pot de fleurs.

cache-prise n. m. invar. ▪ Dispositif de sécurité pour les prises de courant.

cacher v. tr. [1] ▪ **1** Soustraire (qqch.) à la vue ; empêcher d'être vu. → **dissimuler. 2** (sujet chose) Empêcher de voir. **3** Empêcher (qqch.) d'être su ; ne pas exprimer. *Cacher son émotion.* ▷ v. pron. se **cacher 1** Se soustraire, être soustrait à la vue. **2** *SE CACHER DE qqn,* lui cacher ce que l'on fait ou dit. ▷ adj. **caché, ée**

cache-radiateur n. m. invar. ▪ Revêtement cachant un radiateur d'appartement.

cache-sexe n. m. invar. ▪ Très petit slip.

cachet n. m. ▪ **I 1** anciennt Cylindre pour imprimer une marque (sur de la cire). → **sceau.** ← hist. *Lettre de cachet :* lettre au cachet du roi, contenant un ordre (d'exil, etc.). **2** Marque apposée à l'aide d'un cachet, d'un tampon. **3** fig. Marque caractéristique ; originalité. *Avoir du cachet.* **4** Rétribution d'un artiste, pour un engagement. **II 1** Enveloppe de pain azyme contenant un médicament en poudre. **2** abusivt Comprimé.

cache-tampon n. m. invar. ▪ Jeu où l'on cache un objet à découvrir.

cacheter v. tr. [4] ▪ **1** Fermer avec un cachet (I, 1) ; marquer d'un cachet (I, 2). **2** Fermer (une enveloppe). ► **cachetage** n. m.

cachetonner v. intr. [1] ▪ fam. Courir le cachet (artiste).

cachette n. f. ▪ **1** Endroit retiré propice à (se) cacher. **2** loc. adv. *EN CACHETTE :* en se cachant.

cachexie n. f. ▪ Amaigrissement et fatigue généralisée dus à une grave maladie, etc.

cachot n. m. ▪ Cellule obscure, dans une prison. → **geôle.**

cachotterie n. f. ▪ Petit secret.

cachottier, ière n. et adj. ▪ (Personne) qui aime à faire des cachotteries.

cachou n. m. ▪ **1** Extrait d'un acacia ou de la noix d'arec. **2** Pastille au cachou.

cachucha [katʃutʃa] n. f. ▪ Danse andalouse.

cacique n. m. ▪ **1** Chef indien (en Amérique centrale). **2** Premier à un concours. → **major.**

caco- Élément, du grec *kakos* « mauvais ».

cacochyme adj. ▪ vx En mauvaise santé.

cacolet n. m. ▪ Bât à deux sièges.

cacophonie n. f. ▪ Rencontre ou répétition discordante de voix, de sons. ► **cacophonique** adj.

cacou n. m. ▪ région. (sud de la France) Homme, jeune homme qui fait le fanfaron.

cactée n. f. ▪ bot. Plante à tige charnue et à épines de la famille du cactus.

cactus [-ys] n. m. ▪ **1** Plante grasse à tige charnue, riche en sucs. **2** fam. Difficulté.

c.-à-d. [sɛtadiʀ] ▪ Abrév. de *c'est-à-dire*.

cadastre n. m. ▪ Registre public où est relevée la surface des propriétés foncières. ► **cadastral, ale, aux** adj.

cadastrer v. tr. [1] ▪ Inscrire au cadastre.

cadavérique adj. ▪ littér. Qui tient du cadavre. *Un teint cadavérique.*

cadavre n. m. ▪ **I** Corps mort (des êtres humains et des gros animaux). **II** fam. Bouteille vidée.

① **caddie** n. m. ▪ golf Garçon qui porte le matériel du joueur.

② **caddie** n. m. (nom déposé) ▪ Petit chariot métallique.

cade n. m. ▪ Genévrier des régions méditerranéennes.

cadeau n. m. ▪ Objet que l'on offre. → **don, présent.** ◆ loc. fam. *Ne pas faire de cadeau à qqn,* être dur avec lui (en affaires, etc.).

cadenas n. m. ▪ Serrure mobile, à arceau.

cadenasser v. tr. [1] ▪ Fermer avec un cadenas. ◆ pronom. S'enfermer.

cadence n. f. ▪ **1** Rythme de l'accentuation, en poésie ou en musique. **2** mus. Fin d'une phrase musicale sur un accord consonant. **3** loc. adv. EN CADENCE : d'une manière rythmée. **4** Rythme (du travail, etc.).

cadencer v. tr. [3] ▪ Donner une cadence à. → **rythmer.** ▷ adj. **cadencé, ée** *Pas cadencé.*

cadenette n. f. ▪ Petite tresse.

cadet, ette n. ▪ **1** Personne qui, par ordre de naissance, vient après l'aîné. ◆ adj. *Sœur cadette.* **2** Personne moins âgée. **3** loc. *C'est le cadet de mes soucis :* je ne m'en soucie pas. **4** anciennt Gentilhomme qui servait comme soldat. **5** Sportif, sportive classé(e) entre les minimes et les juniors.

cadi n. m. ▪ Magistrat musulman.

cadmium [-jɔm] n. m. ▪ Corps simple (symb. Cd, n° at. 48, masse at. 112,40), métal blanc utilisé en alliage.

cador n. m. ▪ argot **1** Chien. **2** Individu puissant ; chef. → **caïd.**

cadran n. m. ▪ **1** *Cadran solaire :* surface indiquant l'heure par la position de l'ombre d'une tige. **2** Cercle sur lequel se déplacent les aiguilles (d'une montre, etc.). **3** Surface plane, divisée (d'un appareil).

cadrat n. m. ▪ imprim. Petit lingot de métal, employé par les typographes pour laisser des blancs.

cadratin n. m. ▪ imprim. Cadrat de l'épaisseur du caractère. ◆ Espace correspondant à un cadratin.

cadre n. ▪ **I** n. m. **1** Bordure entourant une glace, un tableau. → **encadrement. 2** Châssis fixe. ◆ *Cadre de bicyclette.* **II** n. m. fig. **1** Ce qui entoure un espace, une action. *Cadre de vie.* ◆ LE CADRE DE : les limites prévues par. **2** milit. Ensemble des officiers et sous-officiers. **3** Tableau des emplois et du personnel. ◆ *Être rayé des cadres,* être libéré ou licencié. **III** Personne qui a des fonctions d'encadrement, de direction.

cadrer v. [1] ▪ **1** v. intr. (abstrait) Aller bien (avec qqch.). **2** v. tr. Mettre en place (l'image), en photo, etc. ► **cadrage** n. m.

cadreur, euse n. ▪ Personne qui utilise la caméra (recomm. off. pour *caméraman*).

caduc, uque adj. ▪ **1** littér. Qui n'a plus cours. → **dépassé, périmé.** ► **caducité** n. f. littér. **2** *Feuilles caduques,* qui tombent en hiver (opposé à *persistant*).

caducée n. m. ▪ Attribut de Mercure, baguette entourée de deux serpents entrelacés (symbole du corps médical).

cæcum [sekɔm] n. m. ▪ Première partie du gros intestin, fermée à sa base et communiquant avec le côlon droit et l'iléon. ► **cæcal, ale, aux** adj.

cafard, arde n. ▪ **I** vieilli Personne qui dénonce les autres. → **mouchard. II** n. m. Blatte. **III** n. m. fam. *Avoir le cafard,* des idées noires.

cafarder v. intr. [1] ▪ **I** Faire le cafard (I). ► **cafardage** n. m. **II** Avoir le cafard.

cafardeux, euse adj. ▪ Qui a le cafard (III). ◆ Qui donne le cafard. → **déprimant.**

① **café** n. m. ▪ **1** Graine du caféier. ◆ Ces graines torréfiées. **2** Boisson obtenue par infusion de grains de café torréfiés et moulus. ◆ fam. *C'est fort de café,* exagéré.

② **café** n. m. ▪ Lieu public où l'on consomme des boissons. → ② **bar, bistrot.**

café-concert n. m. ▪ anciennt Café où l'on écoutait de la musique.

caféier n. m. ▪ Arbuste tropical dont le fruit contient les grains de café.

caféière n. f. ▪ Plantation de caféiers.

caféine n. f. ▪ Alcaloïde du café, du thé.

caféiné, ée adj. ▪ Qui contient de la caféine.

caféisme n. m. ▪ Intoxication à la caféine.

cafetan ou **caftan** n. m. ▪ Vêtement oriental, ample et long.

cafeter → **cafter**

cafétéria ou **cafeteria** [kafeteʀja] n. f. ▪ Lieu public où l'on sert du café, des boissons, des plats simples, etc.

café-théâtre n. m. ▪ Petite salle de spectacle.

cafetier, ière n. ▪ vieilli Personne qui tient un café.

cafetière n. f. ▪ **1** Récipient pour préparer le café. → aussi **percolateur.** **2** fam. Tête.

cafouiller v. intr. [1] ▪ fam. Agir de façon désordonnée ; fonctionner mal. ► **cafouillage** et **cafouillis** n. m. ► **cafouilleux, euse** adj.

caftan → **cafetan**

cafter v. tr. [1] ▪ fam. Dénoncer. → **cafarder.** - var. **cafeter.**

cage n. f. ▪ **I** Endroit clos (par des barreaux...) servant à enfermer des animaux vivants. *Cage à poules* (fig. logement exigu). **II** (Espace clos) **1** *Cage d'escalier, d'ascenseur,* où se trouve l'escalier, l'ascenseur. **2** *Cage thoracique,* ensemble formé par les vertèbres, les côtes et le sternum.

cageot n. m. ▪ Emballage à claire-voie.

cagette n. f. ▪ Petit cageot.

cagibi n. m. ▪ Petite pièce de rangement.

cagna n. f. ▪ argot milit. Abri militaire.

cagnard n. m. ▪ fam. Soleil brûlant.

cagne → **khâgne**

① **cagneux, euse** adj. ▪ Qui a les genoux tournés en dedans.

② **cagneux** → **khâgneux**

cagnotte n. f. ▪ Caisse commune (jeu...).

cagole n. f. ▪ région. (sud de la France) Jeune fille, jeune femme qui affiche une féminité provocante et vulgaire.

cagot, ote n. ▪ littér. Faux dévot ; hypocrite.

cagouille n. f. ▪ région. Escargot, petit-gris.

cagoule n. f. ▪ **1** Manteau de moine, sans manches, à capuchon. **2** Passe-montagne.

cagoulé, ée adj. ▪ Qui porte une cagoule.

caguer v. intr. [1] ▪ région. (sud de la France), fam. Déféquer.

cahier n. m. ▪ **1** Feuilles de papier assemblées et munies d'une couverture. **2** *Cahier des charges* : liste des clauses et conditions pour l'exécution d'un contrat.

cahin-caha adv. ▪ fam. Tant bien que mal.

cahors n. m. ▪ Vin rouge produit dans la région de Cahors.

cahot n. m. ▪ Saut que fait un véhicule en roulant sur un terrain inégal.

cahoter v. [1] ▪ **1** v. tr. Secouer par des cahots. **2** v. intr. Être secoué par des cahots. ► **cahotement** n. m.

cahoteux, euse adj. ▪ Qui fait éprouver des cahots. *Chemin cahoteux.*

cahute n. f. ▪ Petite hutte.

caïd n. m. ▪ **1** (en Afrique du Nord) Fonctionnaire musulman qui a des fonctions de juge, d'administrateur, etc. **2** fam. Chef de bande.

caïeu ou **cayeu** [kajø] n. m. ▪ bot. Bourgeon secondaire, sur un bulbe.

caillasse n. f. ▪ fam. Cailloux, pierraille.

caillasser v. tr. [1] ▪ fam. Attaquer, endommager à coups de pierres. ► **caillassage** n. m.

caille n. f. ▪ Oiseau voisin de la perdrix.

caillé n. m. ▪ Partie coagulée du lait caillé. → **caillebotte.**

caillebotis n. m. ▪ Lattes ou rondins servant de passage (sur un sol boueux, etc.).

caillebotte n. f. ▪ **1** Masse de lait caillé. **2** Fromage frais non salé du Poitou.

cailler v. [1] ▪ **1** v. tr. Faire prendre en caillots. → **coaguler, figer.** ◆ au p. p. *Lait caillé.* **2** v. intr. fam. Avoir froid.

caillette n. f. ▪ Quatrième compartiment de l'estomac des ruminants.

caillot n. m. ▪ Masse de sang coagulé.

caillou n. m. ▪ **1** Pierre de petite dimension. **2** fam. Pierre précieuse. **3** fam. Crâne, tête.

cailloutage n. m. ▪ Ouvrage de cailloux.

caillouter v. tr. [1] ▪ Garnir de cailloux (1).

caillouteux, euse adj. ▪ Couvert de cailloux.

cailloutis n. m. ▪ Amas ou ouvrage de cailloux concassés.

caïman n. m. ▪ Crocodile d'Amérique à museau large et court.

caïpirinha [kajpiʀiɲa] n. f. ▪ Cocktail à base de cachaça, de sucre de canne et de citron vert.

caïque n. m. ▪ Embarcation légère et étroite de la mer Égée et du Bosphore.

cairn n. m. ▪ didact. Monticule, tumulus.

caisse n. f. ▪ **I 1** Grande boîte (souvent en bois) utilisée pour l'emballage, le transport ou le rangement. ◆ loc. fam. *En faire des caisses* : exagérer. **2** techn. Dispositif rigide (de protection, etc.). → **caisson.** ◆ Carrosserie d'automobile (opposé à *châssis*). ◆ fam. Voiture. loc. *À fond la caisse* : à toute allure. **3** *Caisse du tympan* : cavité du fond de l'oreille. **II** mus. Instrument de la famille du tambour. **III 1** Coffre dans lequel on dépose de l'argent, des valeurs. **2** Bureau, guichet où se font les paiements, les versements. **3** Argent en caisse. **4** *Caisse d'épargne* : établissement où l'on dépose de l'argent pour l'économiser.

caissette n. f. ▪ Petite caisse (I, 1).

caissier, ière n. ■ Personne qui tient la caisse (III).

caisson n. m. ■ **I 1** anciennt Chariot à munitions. **2** Caisse métallique. **3** loc. fam. *Se faire sauter le caisson* : se tirer une balle dans la tête. **II** archit. Compartiment creux d'un plafond, orné de moulures.

cajoler v. tr. 1 ■ Avoir envers (qqn) des manières tendres et caressantes. ► **cajolerie** n. f. ► **cajoleur, euse** adj. et n.

cajou n. m. ■ Fruit de l'anacardier, dont l'amande *(noix de cajou)* se mange.

cajun n. et adj. ■ Acadien de Louisiane.

cake [kɛk] n. m. ■ anglic. Gâteau garni de raisins secs, de fruits confits.

cake-walk [kɛkwɔk] n. m. ■ Danse noire américaine, en vogue en Europe vers 1900. *Des cake-walks.*

① **cal** n. m. ■ Épaississement et durcissement de l'épiderme produits par frottement.

② **cal** ■ Symbole de la calorie.

calade n. f. ■ région. Voie pentue pavée de galets.

caladium [-jɔm] n. m. ■ Plante d'ornement à larges feuilles colorées.

calage n. m. ■ **1** Action de fixer, d'étayer avec une cale. **2** Opération de réglage (d'une machine). **3** imprim. Ultime mise au point avant l'impression.

calamar → **calmar**

calambac n. m. ■ Bois d'aloès utilisé en tabletterie. - syn. **calambour.**

calame n. m. ■ Antiq. Roseau pour écrire.

calamine n. f. ■ **1** Silicate ou minerai de zinc. **2** Résidu de la combustion, dans un moteur à explosion. ► **calaminé, ée** adj.

calamite n. f. ■ paléont. Plante fossile répandue dans les terrains houillers.

calamité n. f. ■ Grand malheur. → **catastrophe, désastre, fléau.**

calamiteux, euse adj. ■ littér. Désastreux.

calandre n. f. ■ **1** Machine à cylindres, pour lisser, lustrer les étoffes, glacer les papiers, etc. **2** Garniture de radiateur d'automobile.

calandrer v. tr. 1 ■ Faire passer (une étoffe, un papier) à la calandre (1). → **lisser, lustrer.** ► **calandrage** n. m.

calanque n. f. ■ Crique, en Méditerranée.

calao n. m. ■ Oiseau des forêts tropicales d'Afrique et d'Asie, au bec énorme et recourbé.

calathéa n. m. ■ Plante tropicale à feuilles bigarrées.

calc- → **calci(o)-**

calcaire ■ **I** adj. Qui contient du carbonate de calcium. **II** n. m. Roche formée surtout de carbonate de calcium **(→ craie, marbre).**

calcanéum [-ɔm] n. m. ■ anat. Os du tarse qui forme le talon. ► **calcanéen, enne** adj.

calcédoine n. f. ■ Pierre précieuse (silice cristallisée). → **agate, cornaline, jaspe, onyx.**

calcémie n. f. ■ méd. Teneur du sang en calcium.

calcéolaire n. f. ■ Plante ornementale à fleurs en forme de sabot.

calci- → **calci(o)-**

calcicole adj. ■ bot. Qui pousse bien en sol calcaire (contr. *calcifuge*).

calcif n. m. ■ fam. Caleçon (1).

calciférol n. m. ■ biochim. Forme de la vitamine D (vitamine D2), qui prévient le rachitisme.

calcification n. f. ■ Dépôt de sels calcaires dans les tissus organiques, normal (ossification) ou pathologique.

calcifié, ée adj. ■ Qui a subi une calcification.

calcifier v. tr. 7 ■ Rendre calcaire. ➛ pronom. *Se calcifier.*

calcifuge adj. ■ bot. Qui pousse mal en sol calcaire (contr. *calcicole*).

calcin n. m. ■ techn. Débris de verre recyclés réintroduits dans le circuit de production du verre.

calcination n. f. ■ Opération par laquelle on modifie la structure d'un corps en le soumettant à une haute température.

calciner v. tr. 1 ■ Brûler, griller.

calci(o)-, calc(o)- Éléments, du latin *calx, calcis* «chaux», signifiant «calcium» ou «calcaire».

calcique adj. ■ Qui se rapporte au calcium ou à ses composés.

calcite n. f. ■ Calcaire cristallisé.

calcitonine n. f. ■ physiol. Hormone thyroïdienne contrôlant les échanges de calcium dans le corps.

calcium [-jɔm] n. m. ■ Élément (symb. Ca, n° at. 20, masse at. 40,08), métal blanc et mou.

calciurie n. f. ■ physiol. Quantité de calcium présente dans l'urine.

calco- → **calci(o)-**

calcschiste [kalkʃist] n. m. ■ Schiste riche en calcaire.

① **calcul** n. m. ■ Concrétion pierreuse qui se forme dans l'organisme.

② **calcul** n. m. ■ **1** sc. Opérations sur des symboles représentant des grandeurs **(→ algèbre, arithmétique ; mathématique). 2** cour. Action de calculer, opération numérique. ➛ *Calcul mental,* effectué de tête. **3** Appréciation, estimation. **4** Moyens combinés pour arriver à un but. ◆ péj. *Agir par calcul,* d'une manière intéressée.

calculable adj. ■ Qui peut se calculer. ► **calculabilité** n. f.

calculateur, trice ■ **I 1** n. Personne qui sait calculer. **2** adj. et n. (Personne) habile à combiner des plans. **II** n. m. Ordinateur de calcul.

calculatrice n. f. ■ Machine à calculer.

calculer v. tr. [1] ■ **1** Déterminer par le calcul. *Calculer un bénéfice.* ◆ absolt → **compter.** *Machine à calculer.* **2** Apprécier, évaluer (qqch.). → **estimer. 3** Décider ou faire après avoir prémédité, réglé. → **combiner.**

calculette n. f. ■ Petite machine à calculer.

calculeux, euse adj. ■ méd. Qui a rapport aux calculs (①).

caldarium [-jɔm] n. m. ■ Antiq. Étuve des bains romains (opposé à *frigidarium*).

caldera [-ɛʀa] n. f. ■ géol. Grande dépression formée par l'effondrement de la partie supérieure du cône d'un volcan. - var. **caldeira** [kal dejʀa].

caldoche n. ■ fam. Européen de la Nouvelle-Calédonie.

① **cale** n. f. ■ **1** Espace entre le pont et le fond d'un navire. **2** Quai en pente. **3** Bassin que l'on peut mettre à sec.

② **cale** n. f. ■ Ce que l'on place sous un objet pour lui donner de l'aplomb.

calé, ée adj. ■ fam. **1** (personnes) Savant, instruit. **2** (choses) Difficile.

calebasse n. f. ■ Fruit du calebassier, qui peut servir de récipient.

calebassier n. m. ■ bot. Arbre d'Amérique tropicale.

calèche n. f. ■ Voiture à cheval, découverte, à quatre roues, munie d'une capote à l'arrière, et d'un siège surélevé à l'avant.

caleçon n. m. ■ **1** Sous-vêtement masculin, culotte courte et légère. **2** Pantalon de maille très collant, pour femmes.

calédonien, enne adj. et n. ■ **1** De Calédonie (ancien nom de l'Écosse). **2** De Nouvelle-Calédonie.

cale-étalon n. m. ■ techn. Instrument servant à la vérification des calibres de contrôle. *Des cales-étalons.*

calembour n. m. ■ Jeu de mots fondé sur des ressemblances de sons.

calembredaine n. f. ■ vieilli Propos extravagant.

calendaire adj. ■ Du calendrier. *Année calendaire,* du 1er janvier au 31 décembre.

calendes n. f. pl. ■ Antiq. Premier jour de chaque mois, chez les Romains. ◆ loc. *Renvoyer qqch.* AUX CALENDES GRECQUES, à un temps qui ne viendra jamais (les Grecs n'avaient pas de calendes).

calendos [-os] n. m. ■ pop. Camembert.

calendrier n. m. ■ **1** Système de division du temps en années, en mois et en jours. → **chronologie.** *Calendrier républicain,* utilisé en France de 1793 (an I) à 1806. **2** Emploi du temps ; programme. **3** Tableau présentant les mois et les jours d'une année.

calendula n. m. ■ bot. Plante herbacée appelée couramment *souci.*

cale-pied n. m. ■ Petit butoir adapté à la pédale d'une bicyclette. *Des cale-pieds.*

calepin n. m. ■ Petit carnet de poche.

① **caler** v. tr. [1] ■ **1** Mettre d'aplomb au moyen d'une cale. **2** Rendre fixe ou immobile. ◆ par ext. *Caler une réunion,* en fixer la date. **3** fam. *Je suis calé :* j'ai l'estomac plein.

② **caler** v. intr. [1] ■ **I** S'arrêter, s'immobiliser brusquement. *Moteur qui cale.* **II** (personnes) Céder, renoncer ; s'arrêter.

caleter ou **calter** v. intr. [1] ■ fam. S'en aller en courant ; s'enfuir.

calfat n. m. ■ Ouvrier qui calfate.

calfater v. tr. [1] ■ Garnir d'étoupe goudronnée les interstices de la coque de (un navire). → **caréner, radouber.** ► **calfatage** n. m.

calfeutrer v. tr. [1] ■ **1** Boucher les fentes avec un bourrelet (pour arrêter l'air). ► **calfeutrage** n. m. **2** SE CALFEUTRER v. pron. S'enfermer (confortablement...).

calibre n. m. ■ **I 1** Diamètre intérieur (d'un tube, etc.). ◆ Grosseur (d'un projectile). **2** Diamètre (d'un fruit...). **3** Instrument servant à mesurer un diamètre, etc. **II** fig., fam. Importance, envergure.

calibrer v. tr. [1] ■ **1** Donner le calibre convenable à. **2** Mesurer le calibre de. ◆ Trier selon le calibre. ► **calibrage** n. m.

calibreur n. m. et **calibreuse** n. f. ■ Appareil, machine pour calibrer.

① **calice** n. m. ■ **1** Vase sacré pour le vin de messe. **2** loc. *Boire le calice jusqu'à la lie*.*

② **calice** n. m. ■ Enveloppe de la fleur.

caliche n. m. ■ Mélange naturel de sels alcalins dont on extrait le nitrate de sodium et l'iode.

calicot n. m. ■ **1** Toile de coton grossier. **2** Bande de tissu portant une inscription.

califat n. m. ■ Dignité de calife. ◆ Territoire soumis à un calife.

calife n. m. ■ Souverain musulman.

californium [-jɔm] n. m. ■ chim. Élément atomique artificiel transuranien (symb. Cf, n° at. 98).

à **califourchon** loc. adv. ■ Une jambe d'un côté, la deuxième de l'autre. → à **cheval.**

câlin, ine ■ **I** adj. Qui aime câliner, être câliné. **II** n. m. Échange de caresses, de baisers. ♦ fam. Acte sexuel.

câliner v. tr. [1] ■ Traiter avec douceur, tendresse. → **cajoler.** ► **câlinerie** n. f.

calisson n. m. ■ Petit gâteau d'amandes.

calleux, euse adj. ■ **1** Dont la peau est durcie et épaissie (→ **cal). 2** anat. *Corps calleux,* joignant les hémisphères du cerveau.

call-girl [kolgœʀl] n. f. ■ anglic. Prostituée qu'on joint par téléphone. *Des call-girls.*

calli- Élément, du grec *kallos* «beauté».

calligramme n. m. ■ Poème dont le texte forme un dessin.

calligraphe n. ■ Spécialiste de la calligraphie.

calligraphie n. f. ■ Art de bien former les caractères d'écriture ; écriture formée selon cet art. ► **calligraphique** adj.

calligraphier v. tr. [7] ■ Former avec application, art et soin (les caractères écrits).

callipyge adj. ■ arts Qui a de belles fesses.

callosité n. f. ■ Épaississement et durcissement de l'épiderme. → ① **cal, cor, durillon.**

calmant, ante ■ **1** adj. Qui calme la douleur ; qui apaise, tranquillise. **2** n. m. Remède calmant. → **sédatif, tranquillisant.**

calmar n. m. ■ Céphalopode comestible, voisin de la seiche. → **encornet.** - var. **calamar.**

① **calme** n. m. ■ **1** Absence d'agitation, de bruit. **2** Immobilité de l'atmosphère, de la mer. **3** État d'une personne qui n'est ni agitée ni énervée. → **quiétude, sérénité.** ◆ *Garder son calme.* → **sang-froid.**

② **calme** adj. ■ Qui n'est pas troublé, agité. → **serein ; tranquille.** ► **calmement** adv.

calmer v. tr. [1] ■ **1** Rendre calme ; apaiser, diminuer (la douleur, les passions). **2** Rendre (qqn) plus calme. ▷ v. pron. **se calmer**

calmir v. intr. [2] ■ mar. Devenir calme. *Le vent calmit.*

calo n. m. ■ ling. Argot espagnol moderne.

calomel n. m. ■ Sel de mercure (purgatif).

calomnie n. f. ■ Accusation fausse qui attaque la réputation, l'honneur. → **diffamation.** ► **calomnieux, euse** adj.

calomnier v. tr. [7] ■ Attaquer (qqn) par des calomnies. ► **calomniateur, trice** n.

caloporteur adj. m. ■ *Fluide caloporteur,* qui évacue la chaleur d'une machine thermique.

calor(i)- Élément savant, du latin *calor* «chaleur».

calorie n. f. ■ **1** Ancienne unité de mesure de quantité de chaleur. **2** Unité de mesure de la valeur énergétique des aliments.

calorifère n. m. ■ vieilli Appareil de chauffage domestique. → **chaudière.**

calorifique adj. ■ Qui donne de la chaleur.

calorifuge adj. et n. m. ■ Qui empêche la déperdition de la chaleur (→ **isolant).**

calorifuger v. tr. [3] ■ Isoler par un calorifuge. ► **calorifugeage** n. m.

calorimètre n. m. ■ Instrument destiné à mesurer les échanges de chaleur.

calorimétrie n. f. ■ phys. Mesure des échanges de chaleur entre les corps. ► **calorimétrique** adj.

calorique adj. ■ Qui apporte des calories.

① **calot** n. m. ■ Coiffure militaire sans bords.

② **calot** n. m. ■ Grosse bille à jouer.

calotin n. m. ■ fam. et péj. Ecclésiastique. ◆ Partisan des prêtres.

calotte n. f. ■ **I 1** Petit bonnet rond qui couvre le sommet de la tête. **2** péj. *La calotte :* le clergé, les prêtres. **II** fig. **1** Partie supérieure de la boîte crânienne. **2** géogr. *Calotte glaciaire :* glacier qui recouvre tout le relief. **III** fam. Tape sur la tête.

calotter v. tr. [1] ■ fam. Gifler.

calque n. m. ■ **1** Copie, reproduction calquée. ◆ *Papier-calque* ou *calque :* papier transparent pour calquer. **2** fig. Imitation ; plagiat.

calquer v. tr. [1] ■ **1** Copier un modèle sur une surface contre laquelle il est appliqué. → **décalquer. 2** fig. Imiter ; plagier. ► **calquage** n. m.

calter → **caleter**

calumet n. m. ■ Pipe de cérémonie, à long tuyau, des Indiens d'Amérique.

calvados [-os] n. m. ■ Eau-de-vie de cidre.

calvaire n. m. ■ **1** relig. *Le Calvaire :* la colline où Jésus fut crucifié. ◆ *Un calvaire :* représentation de la passion du Christ. **2** fig. Épreuve longue et douloureuse. → **martyre.**

calvinisme n. m. ■ Doctrine de Calvin. ► **calviniste** adj. et n. → aussi **protestant.**

calvitie n. f. ■ Absence totale ou partielle de cheveux. → **alopécie ; chauve.**

calypso n. m. ■ Danse à deux temps, originaire de la Jamaïque.

camaïeu n. m. ■ Peinture où l'on n'emploie qu'une couleur avec des tons différents.

camail n. m. ■ **1** (au Moyen Âge) Armure de tête en mailles. **2** Pèlerine d'ecclésiastique.

camarade n. ■ **1** Personne qui a les mêmes occupations qu'une autre et des liens de familiarité avec elle. ► **camaraderie** n. f. **2** Appellation, dans les partis communistes.

camard, arde ■ littér. **1** adj. Qui a le nez plat. → **camus. 2** n. f. *La camarde,* la mort.

cambiaire adj. ▪ Relatif aux opérations de change. - var. **cambial, ale, aux.**

cambiste n. ▪ fin. Spécialiste des opérations de change (I, 2).

cambium [-jɔm] n. m. ▪ bot. Tissu qui donne naissance au bois, au liège.

cambouis n. m. ▪ Graisse, huile noircie par l'usage.

cambré, ée adj. ▪ Qui forme un arc.

cambrer v. tr. [1] ▪ Courber en forme d'arc. → **arquer, infléchir.** ▷ v. pron. se **cambrer** Se redresser en creusant les reins.

cambrien, enne adj. et n. m. ▪ géol. Se dit de la première période de l'ère primaire.

cambrioler v. tr. [1] ▪ Dévaliser en pénétrant par effraction. ► **cambriolage** n. m.

cambrioleur, euse n. ▪ Voleur qui cambriole.

cambrousse n. f. ▪ fam. et péj. Campagne.

cambrure n. f. ▪ **1** État de ce qui est cambré. **2** Partie courbée (du pied...).

cambuse n. f. ▪ **1** mar. Magasin du bord, sur un bateau. **2** fam. Chambre mal tenue.

cambusier n. m. ▪ mar. Membre de l'équipage responsable de la cambuse.

① **came** n. f. ▪ Pièce qui transmet le mouvement d'un mécanisme. *Arbre à cames.*

② **came** n. f. ▪ fam. **1** Drogue. **2** Marchandise. → **camelote.**

camé, ée adj. et n. ▪ fam. Drogué.

camée n. m. ▪ Pierre fine sculptée en relief.

caméléon n. m. ▪ Petit reptile d'Afrique et d'Inde, doué de mimétisme.

camélia n. m. ▪ Arbrisseau à feuilles persistantes, à belle floraison ; sa fleur.

camélidé n. m. ▪ zool. Mammifère de la famille du chameau, du dromadaire, du lama.

camelle n. f. ▪ techn. Tas de sel, dans un marais salant.

camelot n. m. ▪ Marchand ambulant d'objets de pacotille. ♦ hist. *Camelot du roi* : vendeur de journaux de propagande royaliste.

camelote n. f. ▪ fam. **1** Marchandise de mauvaise qualité. **2** Toute marchandise.

camembert n. m. ▪ **1** Fromage de vache, de forme ronde, à croûte blanche. **2** fig. Graphique circulaire divisé en secteurs.

se **camer** v. pron. [1] ▪ fam. Se droguer.

caméra n. f. ▪ Appareil de prise de vues.

caméraman [-man] n. ▪ anglic. → **cadreur.** *Des caméramans.*

camérier n. m. ▪ Prélat attaché au service du pape.

camériste n. f. ▪ vx Femme de chambre.

caméscope n. m. (nom déposé) ▪ Caméra vidéo avec un magnétoscope intégré.

camion n. m. ▪ Gros véhicule automobile transportant des marchandises. → **poids** lourd ; **semi-remorque.**

camion-citerne n. m. ▪ Camion pour le transport des liquides en vrac. *Des camions-citernes.*

camionner v. tr. [1] ▪ Transporter par camion. ► **camionnage** n. m.

camionnette n. f. ▪ Véhicule utilitaire, plus petit que le camion.

camionneur, euse n. ▪ **1** Personne qui conduit un camion. → ① **routier.** **2** Personne qui possède, gère une entreprise.

camisole n. f. ▪ **1** anciennt Vêtement court porté sur la chemise. **2** *Camisole de force* : chemise paralysant les mouvements, utilisée pour maîtriser des malades mentaux. ♦ fig. *Camisole chimique* : traitement médicamenteux puissant utilisé pour calmer certains malades mentaux.

camomille n. f. ▪ **1** Plante odorante, à fleurs. **2** Tisane de fleurs de cette plante.

camoufler v. tr. [1] ▪ Rendre méconnaissable ou invisible. → **dissimuler, maquiller.** ► **camouflage** n. m.

camouflet n. m. ▪ Vexation humiliante.

camp n. m. ▪ **I 1** Lieu où des troupes s'installent. ← *Lit de camp,* transportable. **2** Terrain où sont groupées des personnes. *Camp de réfugiés.* ← *Camp de concentration,* où un pouvoir enferme ceux qu'il veut neutraliser. ← *Camps d'extermination (nazis),* où furent suppliciés et exterminés certains groupes ethniques, politiques et sociaux. **3** loc. fig. *Lever le camp,* fam. *ficher, foutre le camp.* → **décamper.** **II** Groupe qui s'oppose à un autre.

campagnard, arde ▪ **1** adj. De la campagne. **2** adj. et n. Qui vit à la campagne.

campagne n. f. ▪ **I** Ensemble des terres cultivées, des lieux fertiles, hors des villes (s'oppose à *ville* ; à *mer, montagne...*). **II 1** Manœuvres des troupes ; opération de guerre. ♦ loc. *Faire campagne pour, contre qqn,* militer pour, contre lui. **2** Période d'activité, d'affaires. *Campagne électorale.*

campagnol n. m. ▪ Mammifère rongeur, au corps ramassé, à queue courte et poilue.

campanaire adj. ▪ didact. Relatif aux cloches, spécialt à leur usage musical.

campaniforme adj. ▪ didact. En forme de cloche.

campanile n. m. ▪ Clocher isolé de l'église.

campanule n. f. ▪ Plante à clochettes.

campé, ée adj. ▪ Solidement placé, planté. *Bien campé sur ses jambes.*

campêche n. m. ▪ Arbre tropical à bois dur, renfermant un colorant rouge.

campement n. m. ■ **1** Action de camper. **2** Lieu, installations où l'on campe.

camper v. [1] ■ **I** v. intr. **1** S'installer, être installé dans un camp. **2** Faire du camping. **3** S'installer provisoirement (quelque part). **II** v. tr. **1** Placer, poser (qqch.) avec décision. → **planter.** **2** fig. Représenter avec vigueur (par l'écriture, etc.). ▷ v. pron. se **camper** Se tenir dans une posture hardie.

campeur, euse n. ■ Personne qui pratique le camping.

camphre n. m. ■ Substance aromatique, blanche, d'une odeur vive, provenant du camphrier. ► **camphré, ée** adj.

camphrier n. m. ■ Arbuste d'Extrême-Orient, appelé aussi *laurier du Japon*.

camping n. m. ■ **1** Activité touristique consistant à vivre en plein air, sous une tente, dans une caravane... **2** Terrain aménagé pour cette activité.

camping-car n. m. ■ anglic. Camionnette aménagée pour le camping. *Des camping-cars.* – recomm. off. *autocaravane.*

camping-gaz [kɑ̃piŋgɑz] n. m. invar. (nom déposé) ■ Réchaud portatif.

campus [-ys] n. m. ■ Ensemble des bâtiments d'une université, hors d'une ville.

camus, use adj. ■ littér. Camard (1).

canada n. f. ■ Variété de pomme.

canadair n. m. (nom déposé) ■ Avion équipé de réservoirs d'eau, contre les incendies de forêt.

canadianisme n. m. ■ Mot, tournure propre au français parlé au Canada.

canadien, ienne adj. et n. ■ Du Canada.

canadienne n. f. ■ (en France) **1** Veste chaude, doublée. **2** Petite tente de camping.

canaille n. f. ■ **1** Ensemble de gens méprisables. → **racaille.** **2** Personne malhonnête. **3** adj. Fripon. *Un air canaille.*

canal, aux n. m. ■ **I 1** Cours d'eau artificiel. **2** Bras de mer. → **détroit.** **II 1** Conduit permettant le passage d'un fluide. → **canalisation.** **2** Cavité allongée ou conduit de l'organisme (autre que les artères et les veines). → **vaisseau.** **III** fig. **1** Agent ou moyen de transmission. *Par le canal d'un ami.* → **intermédiaire.** **2** Fréquence occupée par une chaîne de télévision. **3** *Canal de distribution* : circuit de commercialisation.

canalicule n. m. ■ anat. Petit canal, petit conduit de l'organisme. ► **canaliculaire** adj.

canalisateur, trice adj. ■ Qui empêche de se disperser, qui dirige dans un sens déterminé.

canalisation n. f. ■ Ensemble des conduits distribuant l'eau, le gaz, ou de l'énergie.

canaliser v. tr. [1] ■ **1** Rendre (un cours d'eau) navigable. ♦ Sillonner (une région) de canaux. **2** fig. Diriger, concentrer, grouper. ► **canalisable** adj.

canapé n. m. ■ **1** Long siège à dossier pour plusieurs personnes. **2** Tranche de pain sur laquelle on dispose un mets.

canaque → **kanak**

canard n. m. ■ **I** Oiseau palmipède, au bec large. ♦ loc. *Marcher comme un canard.* → se **dandiner.** – *Canard boiteux* : personne inadaptée. **II 1** Morceau de sucre trempé dans une liqueur, du café. **2** Fausse note. **3** fam. Fausse nouvelle. ♦ péj. Journal.

canardeau n. m. ■ Jeune canard (plus âgé que le caneton).

canarder v. tr. [1] ■ Tirer sur (qqn, qqch.) d'un lieu où l'on est à couvert.

canardière n. f. ■ Mare à canards.

① **canari** n. m. ■ Serin jaune olivâtre.

② **canari** n. m. ■ (Afrique) Récipient de terre cuite.

canasson n. m. ■ fam. Cheval.

canasta n. f. ■ Jeu de cartes qui consiste à réaliser des séries de sept cartes.

① **cancan** n. m. ■ Bavardage médisant. → **potin, ragot.** ► **cancaner** v. intr. [1] ► **cancanier, ière** adj.

② **cancan** n. m. ■ Danse excentrique, spectacle traditionnel du Montmartre de 1900.

cancer [-ɛʀ] n. m. ■ **I** Quatrième signe du zodiaque (22 juin-22 juillet). – *Elles sont Cancer.* **II 1** Tumeur maligne, maladie grave causée par une multiplication anarchique de cellules. **2** fig. Ce qui ronge, détruit.

cancéreux, euse adj. ■ **1** Du cancer (II, 1). **2** Atteint d'un cancer. – n. *Un cancéreux.*

cancérigène adj. ■ Qui cause ou peut causer le cancer. → **carcinogène, oncogène.** – syn. **cancérogène.**

se **cancériser** v. pron. [1] ■ Se transformer en cancer. ► **cancérisation** n. f.

cancérogène → **cancérigène**

cancérologie n. f. ■ Étude, médecine du cancer. → **carcinologie, oncologie.** ► **cancérologique** adj. ► **cancérologue** n.

canche n. f. ■ Graminée des prairies utilisée comme fourrage.

cancoillotte [-kwajɔt] n. f. ■ Fromage de Franche-Comté.

cancre n. m. ■ fam. Élève paresseux et nul.

cancrelat n. m. ■ Blatte d'Amérique.

candela n. f. ■ Unité de mesure d'intensité lumineuse (symb. cd).

candélabre n. m. ■ Grand chandelier à plusieurs branches.

candeur n. f. ▪ Qualité d'une personne pure et innocente. → **ingénuité, naïveté.**

candi adj. m. ▪ *Sucre candi*, épuré et cristallisé.

candida n. m. ▪ méd. Levure d'une famille à laquelle appartient un champignon responsable d'une infection de la peau et des muqueuses (la *candidose* n. f.).

candidat, ate n. ▪ Personne qui postule une place, un poste, un titre.

candidater v. tr. ind. [1] ▪ Se porter candidat. *Candidater à un poste.* → **postuler.**

candidature n. f. ▪ État de candidat.

candide adj. ▪ **1** littér. Blanc. **2** Qui a ou exprime de la candeur. ▸ **candidement** adv.

candidose n. f. ▪ méd. Infection de la peau causée par une levure. → **muguet ; mycose.**

candir v. tr. [2] ▪ techn. Faire fondre et réduire (le sucre) jusqu'à cristallisation. ▸ **candisation** n. f.

candomblé n. m. ▪ Culte d'origine africaine, pratiqué au Brésil ; lieu de ce culte.

cane n. f. ▪ Femelle du canard.

canéficier n. m. ▪ bot. Cassier des Antilles.

canepetière n. f. ▪ Petite outarde à collier blanc.

caner v. intr. [1] ▪ fam. Mourir.

caneton n. m. ▪ Petit du canard.

① **canette** n. f. ▪ Jeune cane.

② **canette** ou **cannette** n. f. ▪ Bobine recevant le fil de trame ou du fil à coudre.

③ **canette** n. f. ▪ **1** Petite bouteille de bière. **2** anglic. Boîte métallique contenant une boisson.

canevas n. m. ▪ **1** Toile ajourée qui sert de support aux ouvrages de tapisserie à l'aiguille. **2** Ébauche (d'un ouvrage). → **plan.**

canezou n. m. ▪ anciennt Corsage sans manches.

cangue n. f. ▪ anciennt Carcan pour le cou et les poignets, en Extrême-Orient.

caniche n. m. ▪ Chien d'agrément à poil frisé.

canicule n. f. ▪ Grande chaleur de l'atmosphère. ▸ **caniculaire** adj.

canidé n. m. ▪ zool. Mammifère de la famille du chien, du loup, du renard, etc.

canier n. m. ▪ région. Lieu où poussent les roseaux. → **cannaie.**

canif n. m. ▪ Petit couteau de poche à lames qui se replient dans le manche.

canin, ine adj. ▪ Relatif au chien.

canine n. f. ▪ Dent pointue, située entre les incisives et les prémolaires.

caninette n. f. ▪ Moto équipée d'un dispositif pour aspirer les excréments des chiens. → **motocrotte.**

canisse n. f. ▪ région. Canne utilisée pour faire des claies. - var. **cannisse.**

canitie [-si] n. f. ▪ méd. État des cheveux devenus blancs.

caniveau n. m. ▪ Bordure d'une rue, le long d'un trottoir, pour l'écoulement des eaux.

canna n. m. ▪ Balisier.

cannabique adj. ▪ didact. Relatif au cannabis.

cannabis [-is] n. m. ▪ Chanvre* indien.

cannage n. m. ▪ Action de canner (un siège). ➛ Partie cannée.

cannaie n. f. ▪ Plantation de cannes à sucre ; lieu planté de roseaux.

canne n. f. ▪ **I** Tige droite de certaines plantes (roseau, bambou...). ➛ CANNE À SUCRE, cultivée pour son sucre. **II 1** Bâton sur lequel on s'appuie. **2** CANNE À PÊCHE : gaule portant une ligne de pêche.

canneberge n. f. ▪ Airelle des marais.

cannelé, ée adj. ▪ Orné de cannelures.

cannelier [kanəlje] n. m. ▪ Laurier dont l'écorce constitue la cannelle.

① **cannelle** n. f. ▪ Écorce aromatique du cannelier utilisée en cuisine.

② **cannelle** n. f. ▪ techn. Petit tube, robinet que l'on adapte à une cuve, un pressoir, un tonneau.

cannelloni n. m. ▪ Pâte alimentaire en forme de tube, garnie d'une farce.

cannelure n. f. ▪ Sillon longitudinal (creusé dans du bois, de la pierre, etc.).

canner v. tr. [1] ▪ Garnir le fond, le dossier de (un siège) avec du jonc, du rotin.

cannette → ② **canette**

canneur, euse n. ▪ Personne qui canne les sièges.

cannibale adj. et n. ▪ Anthropophage. ▸ **cannibalisme** n. m.

cannibaliser v. tr. [1] ▪ anglic. **1** Démonter (un objet fabriqué) pour en récupérer les pièces. **2** comm. Concurrencer (un produit) du même producteur.

cannisse → **canisse**

canoë [kanɔe] n. m. ▪ Embarcation de sport, légère, manœuvrée avec une pagaie simple. → aussi **kayak.** ▸ **canoéiste** n.

canoë-kayak n. m. ▪ Ensemble des sports de la navigation des canoës et des kayaks, ou sports de la pagaie.

① **canon** n. m. ▪ **I 1** Pièce d'artillerie servant à lancer des projectiles lourds (obus). ♦ loc. *Chair à canon* : les soldats exposés à être tués. ➛ péj. *Marchand de canons*, d'armes. **2** Tube (d'une arme à feu). **II** anciennt Ornement qu'on attachait au-dessous du genou. **III** fam. Verre de vin.

② **canon** n. m. ■ 1 Loi ecclésiastique. ➛ adj. *Droit canon* : droit ecclésiastique. 2 Ensemble des livres reconnus comme appartenant à la Bible. ♦ Partie de la messe qui va de la Préface au Notre Père. 3 Règles déterminant un idéal (de beauté). 4 Composition musicale à plusieurs voix répétant le même chant.

cañon [kaɲɔn] ou **canyon** [kanjɔ̃ ; kanjɔn] n. m. ■ Gorge, vallée profonde.

canonial, iale, iaux adj. ■ 1 Qui est réglé par les canons. 2 Relatif aux chanoines.

canonicat n. m. ■ Dignité de chanoine.

canonique adj. ■ 1 didact. Conforme à un canon (②). 2 fam. *Être d'un âge canonique*, respectable. 3 didact. Qui correspond à une règle, une norme. ► **canoniquement** adv.

canoniser v. tr. 1 ■ Mettre au nombre des saints. ► **canonisable** adj. ► **canonisation** n. f.

canonnade n. f. ■ Tirs de canons.

canonner v. tr. 1 ■ Tirer au canon sur (un objectif). ► **canonnage** n. m.

canonnier, ière n. ■ Militaire qui sert un canon.

canonnière n. f. ■ Petit navire armé de canons.

canope n. m. ■ didact. Vase funéraire égyptien dont le couvercle figure une tête.

canopée n. f. ■ géogr. Partie supérieure (branches, feuilles) des arbres d'une forêt.

canot n. m. ■ Petite embarcation sans pont (à aviron, moteur...). → **barque, chaloupe.**

canoter v. intr. 1 ■ Se promener en canot, en barque. ► **canotage** n. m.

canoteur, euse n. ■ Personne qui fait du canot. - syn. (vx) ① **canotier, ière.**

② **canotier** n. m. ■ Chapeau de paille à fond et bords plats.

cantabile [-bile] adj. et adv. ■ mus. (d'un mouvement lent) Chantant.

cantal n. m. ■ Fromage de lait de vache fabriqué dans le Cantal.

cantaloup [-lu] n. m. ■ Melon rugueux.

cantate n. f. ■ Poème lyrique destiné à être mis en musique ; cette musique.

cantatrice n. f. ■ Chanteuse professionnelle d'opéra ou de chant classique.

cantharide n. f. ■ Coléoptère vert doré.

cantilène n. f. ■ Texte lyrique et épique, ou mélancolique.

cantilever [-ləvɛʀ ; -levœʀ] adj. invar. et n. m. ■ Qui est suspendu en porte-à-faux (sans câbles). *Pont cantilever.*

cantine n. f. ■ 1 Restaurant d'une collectivité. 2 Malle de voyage.

cantinier, ière n. ■ Personne qui travaille dans une cantine.

cantinière n. f. ■ anciennt Gérante d'une cantine militaire. → **vivandière.**

cantique n. m. ■ Chant d'action de grâces.

canton n. m. ■ I (en Suisse) État de la Confédération helvétique. II (en France) Division territoriale de l'arrondissement. III (au Canada) Division cadastrale.

à la **cantonade** loc. adv. ■ *Parler à la cantonade* : sans s'adresser à qqn de précis.

cantonais, aise adj. et n. ■ De Canton. *Riz cantonais* : plat de riz mélangé de légumes, jambon, œufs. ➛ n. *Les Cantonais.* ➛ n. m. *Le cantonais* (dialecte).

cantonal, ale, aux adj. ■ Du canton. ➛ (en France) *Élections cantonales*, des conseils généraux (jusqu'en 2011).

cantonner v. tr. 1 ■ 1 Établir, faire séjourner (des troupes) en un lieu. 2 Établir (qqn) d'autorité dans une situation. → **reléguer.** ▷ v. pron. **se cantonner** Se retirer (dans un lieu) sans sortir. ➛ fig. Se limiter (à une activité...). ► **cantonnement** n. m.

cantonnier n. m. ■ Ouvrier qui travaille à l'entretien des routes.

cantonnière n. f. ■ Bande d'étoffe qui masque le haut des rideaux.

canular n. m. ■ fam. Blague, farce.

canule n. f. ■ Tube servant à introduire un liquide dans un conduit de l'organisme.

canuler v. tr. 1 ■ fam., vieilli Importuner.

canut, canuse n. ■ Ouvrier, ouvrière de l'industrie de la soie (à Lyon).

canyon → **cañon**

canyoning [kanjɔniŋ] ou **canyonisme** n. m. ■ Sport associant la marche, l'escalade et la nage en eau vive. ► **canyoniste** n.

C. A. O. [seao] n. f. (sigle) ■ Conception assistée par ordinateur.

caodaïsme n. m. ■ didact. Religion philosophique issue du bouddhisme et du taoïsme.

caoua n. m. ■ fam. Café (la boisson). - var. **kawa.**

caouane ou **caouanne** n. f. ■ Grande tortue de mer. → ② **caret.**

caoutchouc [kautʃu] n. m. ■ 1 Substance élastique, imperméable, provenant du latex, ou synthétique. 2 Vêtement caoutchouté (→ imperméable). ➛ Ruban élastique. 3 Ficus à feuilles épaisses et brillantes.

caoutchouter v. tr. 1 ■ Enduire de caoutchouc. ➛ au p. p. *Tissu caoutchouté.* ► **caoutchoutage** n. m.

caoutchouteux, euse adj. ■ Qui a la consistance du caoutchouc.

cap n. m. ■ I loc. DE PIED EN CAP : des pieds à la tête. II 1 Pointe (de terre) qui s'avance dans la mer. → **promontoire.** 2 loc. fig. *Franchir,* *dépasser un cap*, un seuil, une limite (avec l'idée de difficulté). **3** Direction d'un navire. *Mettre le cap sur* : se diriger vers.

C. A. P. [seape] n. m. (sigle) ■ (en France) Certificat d'aptitude professionnelle ; certificat d'aptitude pédagogique.

capable adj. ■ **1** *Capable de qqch.* : qui est en état, a le pouvoir d'avoir (une qualité), de faire (qqch.). → **apte** à. **2** absolt Qui a de l'habileté, de la compétence.

capacimètre n. m. ■ électr. Appareil pour la mesure des capacités électriques.

capacitaire n. et adj. ■ Se dit d'une personne titulaire de la capacité en droit.

capacité n. f. ■ **I** Propriété de contenir une quantité de substance. → **contenance, volume.** **II** **1** Qualité d'une personne capable de comprendre, de faire (qqch.). → **aptitude, faculté ; compétence.** **2** *Capacité en droit*, diplôme délivré après deux ans d'études.

caparaçon n. m. ■ Harnais d'ornement pour les chevaux. ► **caparaçonner** v. tr. [1]

cape n. f. ■ **I** **1** Vêtement de dessus, sans manches, qui enveloppe le corps et les bras. ➝ loc. *Roman, film* DE CAPE ET D'ÉPÉE, aux héros chevaleresques. **2** loc. fig. *RIRE SOUS CAPE*, en cachette. **II** mar. *À la cape* : en réduisant la voilure.

capé, ée adj. ■ sport Qui a remporté de nombreuses victoires.

capelage n. m. ■ mar. Ensemble des boucles qui fixent les cordages du gréement.

capelan n. m. ■ Poisson de mer osseux.

capeline n. f. ■ Large chapeau de femme.

CAPES ou **C. A. P. E. S.** [kapɛs] n. m. (sigle) ■ (en France) Certificat d'aptitude au professorat de l'enseignement secondaire.

capésien, ienne [kapesjɛ̃, jɛn] adj. et n. ■ Titulaire du CAPES.

CAPET ou **C. A. P. E. T.** [kapɛt] n. m. (sigle) ■ (en France) Certificat d'aptitude au professorat de l'enseignement technique.

capharnaüm [-aɔm] n. m. ■ fam. Lieu qui renferme beaucoup d'objets en désordre.

capillaire [-il-] ■ **I** adj. **1** Fin comme un cheveu. ➝ adj. et n. m. Se dit des vaisseaux sanguins les plus fins. **2** Relatif aux cheveux. **II** n. m. bot. Fougère à pétioles très fins.

capillarité [-il-] n. f. ■ sc. Phénomènes qui se produisent à la surface des liquides.

en **capilotade** loc. adv. ■ En piteux état.

capitaine n. ■ **1** littér. Chef militaire. **2** (en France) Officier commandant une compagnie. **3** Officier commandant un navire de commerce. **4** Chef (d'une équipe sportive).

capitainerie n. f. ■ mar. Bureau du capitaine de port.

① **capital, ale, aux** adj. ■ **1** Qui est le plus important. → **essentiel, fondamental.** **2** *Peine capitale* : peine de mort.

② **capital, aux** n. m. ■ **1** Somme constituant une dette (opposé à *intérêt*). **2** Biens que l'on fait valoir dans une entreprise. **3** Richesses possédées. **4** écon. Richesse destinée à produire un revenu ou de nouveaux biens.

capitale n. f. ■ **1** Ville qui occupe le premier rang dans un État, etc. **2** Majuscule.

capitalisable adj. ■ Qui peut être capitalisé.

capitaliser v. [1] ■ **1** v. tr. Transformer en capital (②). **2** v. intr. Amasser de l'argent. → **thésauriser.** ► **capitalisation** n. f.

capitalisme n. m. ■ Régime économique et social dans lequel les principaux capitaux, source de revenu, sont propriété privée.

capitaliste adj. et n. ■ **1** (Personne) qui possède des capitaux. **2** adj. Relatif au capitalisme.

capitalistique adj. ■ écon. Relatif au capital.

capital-risque n. m. ■ Prise de participation dans le financement d'une entreprise à risque.

capital-risqueur n. m. ■ Investisseur qui pratique le capital-risque. *Les capital-risqueurs.*

capitation n. f. ■ hist. Impôt, taxe levée par individu jusqu'en 1789.

capiteux, euse adj. ■ Qui monte à la tête. → **enivrant, excitant.** *Parfum capiteux.*

capitole n. m. ■ Édifice public où se concentre la vie municipale, dans certaines villes.

capiton n. m. ■ **1** Bourre de soie ou de laine. **2** Division d'un siège capitonné. **3** Amas graisseux.

capitonner v. tr. [1] ■ Rembourrer en piquant d'espace en espace. ➝ au p. p. *Fauteuil capitonné.* ► **capitonnage** n. m.

capitulaire ■ **1** adj. Relatif à un chapitre (de religieux). **2** n. m. hist. Ordonnance des rois et empereurs francs.

capitulard, arde n. et adj. ■ péj. Partisan de la capitulation.

capitule n. m. ■ bot. Inflorescence formée de fleurs insérées les unes à côté des autres.

capituler v. intr. [1] ■ **1** Se rendre à un ennemi par un pacte. **2** fig. S'avouer vaincu, céder. ► **capitulation** n. f.

capo → **kapo**

capodastre n. m. ■ mus. Accessoire que l'on adapte au manche d'une guitare, pour en modifier la tonalité.

capoeira n. f. ■ Danse brésilienne associant acrobaties et mouvements de lutte. ► **capoeiriste** n.

capon, onne adj. et n. ■ vx Peureux.

caporal, ale, aux n. ■ Militaire gradé du grade le moins élevé. ➝ *Le Petit Caporal* : Napoléon Ier.

caporalisme n. m. ▪ Militarisme borné.

① **capot** n. m. ▪ Couverture métallique mobile protégeant un moteur.

② **capot** adj. invar. ▪ Battu (au jeu).

capotage n. m. ▪ 1 Fait de capoter, de se renverser (véhicule). 2 Échec. *Le capotage d'un projet.*

capote n. f. ▪ 1 Grand manteau militaire. 2 Couverture mobile de certains véhicules. 3 fam. Préservatif masculin.

capoter v. intr. [1] ▪ 1 (bateau...) Se retourner. 2 fig. Échouer.

cappuccino [kaputʃino] n. m. ▪ Café noir serré nappé de crème mousseuse.

câpre n. f. ▪ Bouton à fleur du câprier, que l'on confit dans le vinaigre (condiment).

capricant, ante adj. ▪ didact. Inégal, saccadé.

capriccio [kapʀitʃjo] n. m. ▪ mus. Morceau instrumental de caractère folklorique. *Des capriccios.*

caprice n. m. ▪ 1 Envie subite et passagère. *Suivre son caprice.* → **fantaisie.** ▸ Amour passager. ▸ (enfants) Exigence accompagnée de colère. 2 au plur. (choses) Changements fréquents. *Les caprices de la mode.*

capricieux, ieuse adj. ▪ 1 Qui a des caprices. → **fantasque.** ▸ n. *Un capricieux.* 2 (choses) Dont la forme, le mouvement varie. → **irrégulier.** ► **capricieusement** adv.

capricorne n. m. ▪ 1 Animal fabuleux, chèvre et poisson. ♦ Dixième signe du zodiaque (21 décembre-19 janvier). ▸ *Elles sont Capricorne.* 2 Grand coléoptère.

câprier n. m. ▪ Arbre épineux (→ **câpre).**

caprin, ine adj. ▪ didact. Relatif à la chèvre.

caprique adj. ▪ chim. *Acide caprique :* acide gras saturé à dix atomes de carbone.

caprylique adj. ▪ chim. *Acide caprylique :* acide gras saturé à huit atomes de carbone.

capselle n. f. ▪ bot. Plante herbacée des chemins, appelée aussi *bourse-à-pasteur.*

capside n. f. ▪ biol. Coque protéique qui entoure le matériel génétique d'un virus.

capsule n. f. ▪ 1 anat. Membrane, cavité en forme de sac. ♦ bot. Fruit à enveloppe sèche et dure. 2 Petite pièce de métal, ronde. 3 *Capsule spatiale,* petit engin spatial.

capsuler v. tr. [1] ▪ Fermer, boucher avec une capsule. ► **capsulage** n. m.

captage n. m. ▪ Action de capter.

captation n. f. ▪ dr. Manœuvre répréhensible en vue de pousser qqn à consentir une donation.

capter v. tr. [1] ▪ 1 Chercher à obtenir (qqch. d'abstrait). *Capter l'attention.* 2 Recueillir pour utiliser. *Capter une source.* 3 Recevoir ou intercepter (une émission...).

capteur n. m. ▪ sc. Dispositif pour détecter (→ **détecteur),** capter. *Capteur solaire.*

captieux, euse adj. ▪ littér. Qui cherche à tromper. → **fallacieux, spécieux.**

captif, ive adj. ▪ 1 littér. Qui a été fait prisonnier (spécialt au cours d'une guerre). ▸ n. *Des captifs.* 2 (animaux) Privé de liberté. 3 fig. *Être captif de ses passions.* → **esclave.**

captiver v. tr. [1] ▪ Attirer et fixer (l'attention) ; retenir (qqn) en séduisant. ► **captivant, ante** adj. → **passionnant, séduisant.**

captivité n. f. ▪ Situation d'une personne, d'un animal captif.

capture n. f. ▪ 1 Action de capturer. 2 Ce qui est pris. *Une belle capture.* 3 inform. Enregistrement d'une image affichée à l'écran.

capturer v. tr. [1] ▪ 1 S'emparer de (un être vivant). → **arrêter, prendre.** 2 inform. Enregistrer (une image affichée à l'écran).

capuce n. m. ▪ didact. Capuchon en pointe.

capuche n. f. ▪ Petit capuchon.

capuchon n. m. ▪ 1 Large bonnet attaché à un vêtement. 2 Bouchon fileté.

capucin, ine n. ▪ Religieux, religieuse d'une branche de l'ordre des franciscains.

capucine n. f. ▪ Plante à feuilles rondes et à fleurs orangées ou rouges ; cette fleur.

capybara n. m. ▪ Mammifère semi-aquatique d'Amérique du Sud. → **cabiai.**

caque n. f. ▪ Barrique à harengs salés. ▸ prov. *La caque sent toujours le hareng,* on porte toujours la marque de ses origines.

caquelon n. m. ▪ Poêlon (en terre...).

caquet n. m. ▪ 1 Cri de la poule qui pond. 2 loc. *Rabattre le caquet à qqn,* le faire taire.

caqueter v. intr. [5] ▪ 1 (poule) Glousser au moment de pondre. 2 Bavarder de façon indiscrète, désagréable. ► **caquetage** n. m.

① **car** conj. ▪ Conjonction de coordination qui introduit une explication de la proposition qui précède. → **parce que, puisque.**

② **car** n. m. ▪ Autocar.

carabe n. m. ▪ Insecte coléoptère, à reflets métalliques.

carabin n. m. ▪ fam. Étudiant en médecine.

carabine n. f. ▪ Fusil léger à canon court.

carabiné, ée adj. ▪ fam. Fort, violent.

carabinier n. m. ▪ 1 vx Soldat armé d'une carabine. 2 (en Italie) Gendarme. ♦ (en Espagne) Douanier.

carabistouille n. f. ▪ région. (Nord, Belgique) fam. Baliverne, calembredaine.

caracal n. m. ▪ Petit lynx des savanes d'Afrique et d'Asie du Sud. *Des caracals.*

caraco n. m. ■ **1** vieilli Corsage de femme droit et assez ample. **2** mod. Sous-vêtement féminin couvrant le buste.

caracoler v. intr. [1] ■ Faire des voltes.

caractère n. m. ■ **I** Marque, signe gravé ou écrit, élément d'une écriture. → **lettre, symbole ; idéogramme, pictogramme. II 1** Trait distinctif propre à qqn, qqch. → **attribut, caractéristique, particularité.** *Caractères héréditaires.* **2** Air original. *Cette maison a du caractère.* → **cachet. III 1** Ensemble des manières habituelles de sentir et de réagir de qqn. *Avoir bon caractère.* **2** *Avoir du caractère*, un caractère énergique. → **fermeté, volonté.** **3** Personne, considérée dans son individualité. → **personnalité.**

caractériel, ielle adj. ■ **1** didact. Du caractère (III, 1). **2** Qui présente des troubles du caractère. ➝ n. *Un caractériel.*

caractérisé, ée adj. ■ Dont le caractère est nettement marqué.

caractériser v. tr. [1] ■ **1** Indiquer avec précision les caractères distinctifs de (qqn, qqch.). **2** Constituer le, un caractère de. → **définir, déterminer.** *La générosité qui la caractérise.* ► **caractérisation** n. f.

caractéristique ■ **1** adj. Qui permet de caractériser, de distinguer. **2** n. f. Ce qui sert à caractériser. → **particularité.**

caractérologie n. f. ■ Étude (psychologique) des types de caractères. ► **caractérologique** adj.

caracul [-yl] n. m. ■ **1** Mouton de l'Asie centrale dont les agneaux ont une toison bouclée. **2** Fourrure de ces agneaux. → **astrakan.** - var. **karakul.**

carafe n. f. ■ **1** Récipient de verre à base large et col étroit. **2** loc. fam. *Rester* EN CARAFE : être oublié, laissé de côté. **3** fam. Tête (d'une personne).

carafon n. m. ■ **1** Petite carafe. **2** fam. Tête (d'une personne). *Recevoir un coup sur le carafon.*

caraïbe adj. et n. ■ Des Caraïbes (îles...).

carambolage n. m. ■ **1** (billard) Coup dans lequel une bille en touche deux autres. **2** Série de chocs désordonnés (entre véhicules). ► **caramboler** v. [1]

carambole n. f. ■ Fruit du carambolier, d'un jaune orangé, aux côtes saillantes.

carambolier n. m. ■ Arbuste originaire de l'Inde.

carambouillage n. m. ■ Escroquerie consistant à revendre une marchandise non payée. - syn. **carambouille** n. f.

caramel n. m. ■ **1** Produit brun, brillant, obtenu en faisant fondre du sucre. **2** Bonbon au caramel. **3** adj. invar. Roux clair.

caraméliser v. tr. [1] ■ **1** Transformer (du sucre) en caramel. **2** Enduire de caramel. ► **caramélisation** n. f.

carapace n. f. ■ **1** Organe dur, qui protège le corps de certains animaux (tortues...). **2** fig. → **cuirasse.** *La carapace de l'égoïsme.*

se **carapater** v. pron. [1] ■ fam. S'enfuir.

caraque n. f. ■ didact. Ancien navire à voiles, de fort tonnage.

carassin n. m. ■ Poisson d'eau douce, semblable à la carpe.

carat n. m. ■ **1** Chaque vingt-quatrième d'or fin contenu dans une quantité d'or. **2** Unité de poids (0,2 g) des pierres précieuses. **3** loc. fam. *Dernier carat* : dernière limite.

caravagisme n. m. ■ arts Courant pictural issu du Caravage et caractérisé par les contrastes de lumière et d'ombre. ► **caravagiste** adj. et n.

caravane n. f. ■ **I 1** Groupe de voyageurs réunis pour franchir une région désertique. ➝ prov. *Les chiens aboient, la caravane passe*, il faut laisser crier les envieux. **2** Groupe de personnes qui se déplacent. **II** Remorque d'automobile servant de logement.

caravanier n. m. ■ Conducteur d'une caravane (I, 1).

caravaning n. m. ■ anglic. Voyage et séjour en caravane. - recomm. off. n. m. *caravanage.*

caravansérail n. m. ■ **1** (en Orient) Halte pour les caravanes (I, 1). **2** Lieu très animé.

caravelle n. f. ■ Ancien navire à voiles.

carbet n. m. ■ (Antilles) Grande case collective. ♦ Abri pour embarcations.

carb(o)- Élément, du latin *carbo* «charbon».

carbochimie n. f. ■ techn. Chimie industrielle de la houille et de ses dérivés. ► **carbochimique** adj.

carbonade n. f. ■ (Belgique) surtout au plur. Plat de bœuf braisé. - var. **carbonnade.**

carbonarisme n. m. ■ Principes, doctrine des carbonari. ➝ Mouvement politique des carbonari.

carbonaro n. m. ■ hist. Membre des sociétés secrètes italiennes qui luttaient au XIXe siècle pour la liberté nationale. *Des carbonari.*

carbonate n. m. ■ chim. Sel ou ester de l'acide carbonique.

carbonater v. tr. [1] ■ chim. Transformer en carbonate. ➝ Additionner de carbonate. ► **carbonatation** n. f.

carbone n. m. ■ **1** Corps simple (symb. C, n° at. 6, masse at. 12,01), métalloïde qui se trouve dans tous les corps vivants. ➝ *CARBONE 14* : isotope radioactif du carbone qui permet de dater les restes animaux ou végétaux. **2** *PAPIER CARBONE*, chargé de couleur, pour obtenir des doubles.

carboné, ée adj. ▪ chim. Qui contient du carbone.

carbonifère ▪ **1** adj. Qui contient du charbon. *Terrain carbonifère.* **2** n. m. géol. Époque de la fin de l'ère primaire.

carbonique adj. ▪ *Anhydride carbonique* ou *gaz carbonique* : gaz incolore (CO_2), présent dans l'atmosphère, combinaison du carbone et de l'oxygène, appelé aussi *dioxyde de carbone.*

carboniser v. tr. [1] ▪ Transformer en charbon. → **brûler, calciner.** ♦ Cuire à l'excès. ► **carbonisation** n. f.

carbonnade → **carbonade**

carbonyle n. m. ▪ chim. Radical bivalent composé d'un atome de carbone et d'un atome d'oxygène.

carburant n. m. ▪ Combustible liquide qui, mélangé à l'air **(→ carburation),** s'utilise dans un moteur à explosion (ex. essence).

carburateur n. m. ▪ Appareil qui, dans un moteur à explosion, sert à effectuer la carburation.

carburation n. f. ▪ Formation d'un mélange gazeux inflammable composé d'air et de carburant.

carbure n. m. ▪ Composé du carbone avec un autre corps simple (→ hydrocarbure).

carburé, ée adj. ▪ chim. Enrichi en carbone.

carburer v. intr. [1] ▪ **1** Effectuer la carburation (moteur). **2** fam. Aller, fonctionner.

carburol n. m. ▪ Carburant à base de gaz, de charbon ou de végétaux.

carcajou n. m. ▪ Mammifère carnivore des régions boréales, au corps trapu. *Des carcajous.*

carcan n. m. ▪ **1** anciennt Collier de fer fixé à un poteau. → **pilori. 2** fig. Ce qui entrave la liberté. → **contrainte, joug.**

carcasse n. f. ▪ **1** Ensemble d'ossements décharnés. → **squelette. 2** fam. Le corps humain. **3** Charpente (d'un appareil...) ; assemblage des pièces soutenant un ensemble.

carcéral, ale, aux adj. ▪ De la prison.

carcino- Élément (du grec *karkinos* «crabe ; chancre») qui signifie «crabe» ou «cancer».

carcinogène adj. ▪ didact. → **cancérigène.**

carcinologie n. f. ▪ didact. **1** Étude des crustacés. **2** → **cancérologie.** ► **carcinologique** adj.

carcinome n. m. ▪ Tumeur cancéreuse (épithélium, glandes). ► **carcinomateux, euse** adj.

cardamine n. f. ▪ Plante (crucifère) des herbages humides.

cardamome n. f. ▪ Plante d'Asie à graine aromatique. ◆ Cette graine.

cardan n. m. ▪ Système de suspension conservant une position invariable au corps suspendu. ♦ *Cardan* ou *joint de cardan* : articulation transmettant un mouvement entre deux arbres d'axes liés.

carde n. f. ▪ **I** Peigne, machine pour carder. **II** Côte comestible de cardon, de bette.

cardé, ée adj. ▪ Dont les fibres ne sont pas rectilignes (opposé à *peigné*). *Coton cardé.*

carder v. tr. [1] ▪ Peigner, démêler (des fibres textiles). ► **cardage** n. m.

cardeur, euse ▪ **1** n. Personne qui carde la laine. **2** n. f. Machine à carder.

cardia n. m. ▪ anat. Orifice supérieur de l'estomac (près du cœur). ► **cardial, ale, aux** adj.

cardiaque adj. et n. ▪ **1** Du cœur. **2** adj. et n. Atteint d'une maladie de cœur.

cardigan n. m. ▪ Veste de tricot à manches longues, boutonnée devant.

① **cardinal, ale, aux** adj. ▪ **1** littér. Qui sert de pivot, de centre. → **capital, essentiel, fondamental. 2** *Nombre cardinal* (opposé à *ordinal*), désignant une quantité (ex. *trois* dans *trois pièces*). **3** *Points cardinaux*, nord, est, sud, ouest. → **rose** des vents.

② **cardinal, aux** n. m. ▪ **1** Prélat, électeur et conseiller du pape. **2** Passereau d'Amérique au plumage rouge foncé.

cardinalat n. m. ▪ Dignité de cardinal.

cardinalice adj. ▪ didact. Relatif aux cardinaux.

cardio- Élément, du grec *kardia* «cœur».

cardiogramme n. m. ▪ méd. Enregistrement des mouvements du cœur (au moyen d'un *cardiographe* n. m.).

cardioïde adj. ▪ didact. En forme de cœur.

cardiologie n. f. ▪ Étude du cœur et de ses affections. ► **cardiologique** adj. ► **cardiologue** n.

cardiomégalie n. f. ▪ Augmentation du volume du cœur.

cardiopathie n. f. ▪ méd. Maladie du cœur.

cardiopulmonaire adj. ▪ méd. Relatif au cœur et aux poumons.

cardiorespiratoire adj. ▪ méd. Qui concerne le cœur et les poumons.

cardiotonique adj. ▪ méd. Qui augmente la tonicité du cœur.

cardiotraining n. m. ▪ anglic. Exercices destinés à renforcer les capacités cardiaques.

cardiovasculaire adj. ▪ méd. Relatif à la fois au cœur et aux vaisseaux sanguins.

cardon n. m. ▪ Plante potagère dont on mange la côte médiane (carde) des feuilles.

carême n. m. ▪ relig. chrét. Période de pénitence qui va du mercredi des Cendres à Pâques. ♦ loc. fam. *Face de carême*, triste.

carénage n. m. ▪ **1** Action de caréner. **2** Lieu où l'on carène. **3** Carrosserie carénée.

carence n. f. ▪ **1** Incapacité à faire face à ses responsabilités. **2** Absence ou insuffisance d'éléments indispensables à l'organisme. ♦ psych. *Carence affective.*

carencé, ée adj. ▪ méd., psych. Souffrant d'une carence.

carène n. f. ▪ mar. Partie immergée de la coque (d'un navire).

caréner v. tr. [6] ▪ **1** Nettoyer la carène de (un navire). → **radouber.** **2** Donner un profil aérodynamique à (une carrosserie).

carentiel, ielle adj. ▪ méd. Relatif à une carence.

caressant, ante adj. ▪ Tendre, affectueux.

caresse n. f. ▪ Manifestation physique de tendresse. ♦ spécialt Attouchement érotique.

caresser v. tr. [1] ▪ **1** Toucher en signe de tendresse. **2** (sujet chose) Effleurer agréablement. **3** fig. Entretenir complaisamment (une idée...). *Caresser un rêve.*

① **caret** n. m. ▪ techn. Dévidoir des cordiers. ➛ *Fil de caret :* gros fil de chanvre.

② **caret** n. m. ▪ Tortue des mers chaudes.

carex [-ɛks] n. m. ▪ bot. Plante herbacée des bords de l'eau. → **laîche.**

car-ferry [-feʀi ; -feʀe] n. m. ▪ anglic. → **ferry-boat.** *Des car-ferries* (ou *-ys*). – abrév. **ferry.**

cargaison n. f. ▪ **1** Marchandises chargées sur un navire, un avion, etc. → **chargement, fret.** **2** fig., fam. Grande quantité.

cargo n. m. ▪ Navire destiné au transport des marchandises.

carguer v. tr. [1] ▪ mar. Serrer (une voile) contre un espar avec des cordages (*cargue* n. f.).

cari → **curry**

cariacou n. m. ▪ zool. Cerf le plus commun d'Amérique du Nord.

cariatide n. f. ▪ archit. Statue de femme soutenant une corniche sur sa tête.

caribe n. m. ▪ Famille de langues d'Amérique du Sud et des Antilles.

caribou n. m. ▪ Renne du Canada.

caricatural, ale, aux adj. ▪ **1** Qui tient de la caricature, qui y prête. **2** Qui déforme en exagérant, en ridiculisant.

caricature n. f. ▪ **1** Représentation qui, par la déformation, l'exagération de détails, tend à ridiculiser le modèle. → **charge.** **2** Ce qui évoque (qqch.) sous une forme déplaisante ou ridicule. → **simulacre, parodie.**

caricaturer v. tr. [1] ▪ Faire la caricature de (qqn ; qqch.).

caricaturiste n. ▪ Artiste en caricature.

carie n. f. ▪ Lésion qui détruit l'émail et l'ivoire de la dent en formant une cavité.

carier v. tr. [7] ▪ Attaquer par la carie.

carillon n. m. ▪ **1** Ensemble de cloches de différents tons. **2** Sonnerie (d'une horloge). **3** Sonnerie de cloches vive et gaie.

carillonner v. intr. [1] ▪ **1** Sonner en carillon. ➛ trans. *Carillonner une fête.* **2** fam. Sonner bruyamment (à une porte...).

cariogène adj. ▪ didact. Qui provoque la carie dentaire.

cariste n. ▪ techn. Conducteur, conductrice de chariot automoteur.

caritatif, ive adj. ▪ Inspiré par la charité. ➛ Qui aide les défavorisés.

carlin n. m. ▪ Petit chien au museau aplati.

carline n. f. ▪ Plante sauvage à feuilles épineuses, à grandes fleurs entourées de bractées vertes ou argentées.

carlingue n. f. ▪ **1** Pièce renforçant la carène (d'un navire). **2** Partie habitable (d'un avion).

carmagnole n. f. ▪ Ronde révolutionnaire.

carme n. m. ▪ Religieux du Carmel.

carmel n. m. ▪ Couvent de carmes, de carmélites (ordre du Carmel).

carmélite n. f. ▪ Religieuse du Carmel.

carmin n. m. ▪ Colorant ou couleur rouge vif. ♦ adj. invar. *Étoffes carmin.* → **carminé.**

carminé, ée adj. ▪ Rouge vif.

carnage n. m. ▪ Fait de tuer en nombre (des hommes, des animaux). → **massacre.**

carnassier, ière adj. ▪ Qui se nourrit de viande, de chair crue. → **carnivore.**

carnassière n. f. ▪ Sac à gibier.

carnation n. f. ▪ Couleur, aspect de la chair d'une personne. → **teint.**

carnaval, als n. m. ▪ **1** Période de réjouissances précédant le carême. **2** Divertissements publics (bals, défilés...) de cette période. ► **carnavalesque** adj. ► **carnavalier, ière** n. et adj.

carne n. f. ▪ fam. **1** Mauvaise viande. **2** Mauvais cheval. ♦ (personnes) → **rosse.**

carné, ée adj. ▪ Composé de viande.

carneau n. m. ▪ techn. Conduit qui va d'un foyer au conduit d'évacuation.

carnet n. m. ▪ **1** Petit cahier de poche. *Carnet de notes.* **2** Assemblage de feuillets, de timbres, etc. détachables.

carnier n. m. ▪ Petite carnassière.

carnivore adj. ▪ Qui se nourrit de chair. → **carnassier.** *Animaux, plantes carnivores.* ♦ n. m. (animaux) *L'ordre des carnivores.*

carnotset n. m. ▪ (Suisse) Local aménagé pour manger et boire entre amis.

carolingien, ienne adj. ▪ De Charlemagne, de son époque, de sa dynastie.

carolus [-ys] n. m. ▪ Monnaie frappée sous Charles VIII.

caronade n. f. ▪ Ancien canon court.

caroncule n. f. ▪ anat. Petite excroissance charnue.

carotène n. m. ▪ Matière colorante jaune ou rouge que l'on trouve dans certains tissus végétaux (carottes) et animaux.

carotide n. f. ▪ Chacune des deux artères qui conduisent le sang du cœur à la tête. ► **carotidien, ienne** adj.

carotte n. f. ▪ **I 1** Plante potagère à racine rouge orangé comestible. ♦ Cette racine. ⁃ loc. fam. *Les carottes sont cuites* : tout est perdu. **2** adj. invar. *Cheveux carotte.* → **roux.** **II** Échantillon cylindrique tiré du sol.

carotter v. tr. [1] ▪ **I** fam. Prendre (qqch.) par ruse ; escroquer (qqn). **II** Extraire une carotte (II) de (un sol). ► **carottage** n. m.

caroube n. f. ▪ Fruit du caroubier, longue gousse renfermant une pulpe sucrée.

caroubier n. m. ▪ Arbre méditerranéen qui produit un fruit sucré.

carpaccio [-tʃ(j)o] n. m. ▪ Plat fait de fines tranches de bœuf cru, assaisonné.

① **carpe** n. f. ▪ **1** Gros poisson d'eau douce à larges écailles. **2** loc. *Saut de carpe,* où l'on se rétablit sur les pieds d'une détente.

② **carpe** n. m. ▪ anat. Double rangée de petits os qui soutiennent le poignet.

carpelle n. m. ▪ Chaque élément du pistil.

carpette n. f. ▪ **1** Petit tapis. → **descente** de lit. **2** fig., fam. Personnage plat et servile.

carpiculture n. f. ▪ Élevage de carpes.

carpien, ienne adj. ▪ anat. Relatif au carpe (②).

carpocapse n. m. ou f. ▪ Petit papillon dont la chenille se développe dans les fruits.

carpophore n. m. ▪ bot. Partie aérienne des champignons supérieurs.

carquois n. m. ▪ Étui à flèches.

carrare n. m. ▪ Marbre blanc très estimé.

carre n. f. ▪ **1** Angle entre les faces d'un objet. **2** Baguette bordant une semelle de ski.

carré, ée ▪ **I** adj. **1** Qui a quatre angles droits et quatre côtés égaux. ⁃ *Mètre carré* : unité de mesure de surface (symb. m^2), surface d'un carré ayant un mètre de côté. ♦ *Racine* carrée.* **2** Qui a à peu près cette forme. **3** fig. Dont le caractère est nettement tranché. **II** n. m. **1** Quadrilatère à quatre angles droits et quatre côtés égaux. **2** Figure, objet, etc. ayant cette forme. **3** Pièce d'un navire servant de salon. **4** math. Produit d'un nombre par lui-même. **5** jeux Réunion de quatre cartes semblables.

carreau n. m. ▪ **I 1** Pavé plat, de forme carrée. **2** Sol pavé de carreaux. → **carrelage.** ⁃ loc. *Rester sur le carreau,* vaincu, tué... ; abandonné. **3** Plaque de verre pour les fenêtres, etc. → **vitre.** **II 1** Dessin carré (d'un assemblage). **2** (cartes à jouer) Série dont la marque est un losange rouge. **3** loc. *Se tenir À CARREAU,* sur ses gardes.

carreauté, ée adj. ▪ région. À carreaux. *Tissu carreauté.*

carrée n. f. ▪ fam. Chambre.

carrefour n. m. ▪ **1** Endroit où se croisent plusieurs voies. → **croisement.** **2** fig. Situation où l'on doit choisir entre diverses voies. **3** Lieu de rencontre, d'échange.

carrelage n. m. ▪ **1** Action de carreler. **2** Pavage fait de carreaux.

carreler v. tr. [4] ▪ **1** Paver avec des carreaux. **2** Quadriller (une feuille, etc.).

carrelet n. m. ▪ **1** Poisson plat quadrangulaire. → **plie.** **2** Filet de pêche carré.

carreleur, euse n. ▪ Spécialiste de la pose des carrelages.

carrément adv. ▪ **1** (modifiant un verbe) D'une façon nette, décidée ; sans détours. **2** (modifiant un adj.) Complètement.

carrer v. tr. [1] ▪ **I** Donner une forme carrée à (qqch.). **II** argot Mettre, fourrer. ♦ fam. *Je n'en ai rien à carrer* : je m'en moque. ▷ v. pron. **se carrer** *Se carrer dans un fauteuil,* s'y installer confortablement.

carrick n. m. ▪ anciennt Redingote ample à plusieurs collets étagés.

carrier n. m. ▪ Exploitant d'une carrière.

① **carrière** n. f. ▪ **1** vx Terrain pour les courses de chars. **2** littér. Voie, entreprise où l'on s'engage. **3** Métier, profession qui présente des étapes, une progression. ⁃ *FAIRE CARRIÈRE* : réussir dans une profession. ⁃ *Militaire DE CARRIÈRE,* de métier.

② **carrière** n. f. ▪ Lieu d'où l'on extrait de la pierre, etc., à ciel ouvert (s'oppose à *mine*).

carriériste adj. et n. ▪ péj. Qui cherche avant tout la réussite sociale, professionnelle. ► **carriérisme** n. m.

carriole n. f. ▪ Petite charrette.

carrossable adj. ▪ Où peuvent circuler des voitures. → **praticable.**

carrosse n. m. ▪ Ancienne voiture à chevaux, de luxe, à quatre roues et couverte.

carrosser v. tr. [1] ▪ Munir (un véhicule) d'une carrosserie. ► **carrossage** n. m.

carrosserie n. f. ▪ **1** Industrie, commerce des carrossiers. **2** Caisse d'un véhicule automobile (capot, toit, portes, ailes...).

carrossier, ière n. ▪ Spécialiste de la construction et de la réparation des carrosseries d'automobiles.

carrousel n. m. ■ **1** Parade équestre. **2** Dispositif tournant. **3** Succession (d'impressions, de sensations...).

carroyage n. m. ■ techn. **1** urbanisme Quadrillage de voies. **2** Quadrillage pour reproduire un dessin. ► **carroyer** v. tr. 8

carrure n. f. ■ **1** Largeur du dos, d'une épaule à l'autre. **2** fig. Force, valeur (de qqn). → **envergure, stature.**

carry → **curry**

cartable n. m. ■ Sac, sacoche d'écolier.

carte n. f. ■ **I 1** Rectangle ou carré de papier, de carton. ◆ loc. *Donner* CARTE BLANCHE *à qqn,* le laisser libre (de choisir...). **2** *CARTE (À JOUER) :* carton rectangulaire illustré, utilisé dans des jeux. ◆ loc. fig. *Brouiller les cartes :* obscurcir une situation. *Jouer sa dernière carte :* tenter sa dernière chance. *Jouer* CARTES SUR TABLE *:* agir franchement. ◆ *Tirer les cartes à qqn* (→ **cartomancie**). **3** Liste des plats, des consommations avec leur prix. **4** *CARTE (DE VISITE) :* petit carton imprimé (nom, adresse, etc.). **5** *CARTE (POSTALE) :* carte illustrée dont une face sert à la correspondance. **6** Document personnel établissant certains droits. *Carte d'identité.* **7** Pièce rectangulaire, en plastique, permettant des opérations automatiques (notamment financières). *Carte bancaire. Carte à puce.* **II 1** Représentation à échelle réduite (d'un terrain). *Carte routière.* **2** Document décrivant la répartition (d'une chose). *La carte scolaire.*

cartel n. m. ■ **I** Encadrement décoratif de certaines pendules. ◆ Cette pendule. **II 1** Entente entre entreprises d'activités proches. **2** Association de groupements (politiques, syndicaux...).

cartellisation n. f. ■ Groupement (d'entreprises) en cartel.

carter [-ɛʀ] n. m. ■ Enveloppe de métal servant à protéger un mécanisme.

carterie n. f. ■ Commerce de cartes postales.

cartésianisme n. m. ■ Philosophie de Descartes et de ses disciples.

cartésien, ienne adj. ■ **1** Relatif à Descartes, à sa philosophie. **2** Logique, rationnel.

carthame n. m. ■ bot. Plante appelée aussi *faux safran,* cultivée pour ses graines oléagineuses.

cartilage n. m. ■ Tissu animal résistant et souple qui, chez les vertébrés supérieurs, recouvre l'extrémité des os, forme la charpente d'organes (nez, oreille) et le squelette des embryons. ► **cartilagineux, euse** adj.

cartographie n. f. ■ Technique des cartes (II) et plans. ► **cartographe** n. ► **cartographique** adj.

cartographier v. tr. 7 ■ Établir la carte de.

cartomancie n. f. ■ Pratique consistant à prédire l'avenir par l'interprétation des cartes, des tarots. ► **cartomancien, ienne** n.

carton n. m. ■ **1** Feuille épaisse faite de pâte à papier. *Carton-pâte,* fait de vieux papiers. **2** Boîte en carton fort. **3** *Carton à dessin,* grand dossier pour ranger des dessins, etc. **4** *Faire un carton :* tirer à la cible ; fig. réussir.

cartonnage n. m. ■ **1** Fabrication d'objets en carton. **2** Reliure ou emballage en carton.

cartonné, ée adj. ■ (livre) Recouvert d'une reliure en carton (opposé à *broché* et à *relié*).

cartonner v. 1 ■ **1** v. tr. Relier (un livre) en carton. **2** v. intr. fam. Faire un carton*.

cartonnerie n. f. ■ **1** Industrie du carton. **2** Usine où l'on fabrique du carton.

cartonneux, euse adj. ■ Qui a l'aspect du carton.

cartonnier, ière n. ■ **1** Fabricant, marchand de carton. **2** n. m. Meuble de bureau à tiroirs en carton épais, servant à classer des dossiers.

carton-pâte n. m. ■ Carton fait de vieux papiers. ◆ fig. *DE, EN CARTON-PÂTE :* factice.

cartoon [-tun] n. m. ■ anglic. Film de dessins animés.

cartophile n. ■ Personne qui collectionne les cartes postales. ► **cartophilie** n. f.

① **cartouche** n. f. ■ **1** Enveloppe contenant la charge d'une arme à feu. ◆ loc. fig. *Les dernières cartouches :* les dernières réserves. **2** Petit étui cylindrique. **3** Paquets de cigarettes emballés et vendus ensemble.

② **cartouche** n. m. ■ **1** Ornement en forme de carte à demi déroulée. **2** Encadrement ovale de hiéroglyphes (noms, etc.).

cartoucherie n. f. ■ Fabrique de cartouches (①).

cartouchière n. f. ■ Sac à cartouches (①).

carvi n. m. ■ Plante sauvage qui produit des fruits aromatiques utilisés comme condiment.

caryotype n. m. ■ biol. Arrangement des chromosomes d'une cellule.

① **cas** n. m. ■ **I 1** Ce qui arrive. → **circonstance, événement, fait.** *Un cas étrange.* ◆ *Dans le cas présent.* → **situation.** ◆ *EN CAS DE* loc. prép. : dans l'hypothèse de. *En cas de besoin.* **2** *AU CAS OÙ* loc. conj. (+ cond.) : en admettant que. → **si.** ◆ *EN AUCUN CAS.* → **jamais.** ◆ *EN TOUT CAS* loc. adv. : de toute façon. **3** *Faire* GRAND CAS DE, accorder de l'importance à. *Faire peu de cas, ne faire aucun cas de qqn, qqch.* **II 1** Situation envisagée par la loi pénale. **2** *Cas de conscience :* difficulté sur un point de morale, etc. → **scrupule.** ◆ *Cas de figure :* situation envisagée comme hypothèse. **3** État d'un sujet (du point de vue médical, etc.). ◆ *Cas social :* personne dont la situation sociale est difficile.

② **cas** n. m. ▪ (langues à déclinaisons) Forme d'un mot correspondant à une fonction grammaticale dans la phrase. → **désinence.**

casanier, ière adj. ▪ Qui aime à rester chez soi.

casaque n. f. ▪ **1** Veste des jockeys. **2** loc. *TOURNER CASAQUE* : fuir ; changer d'opinion.

casbah n. f. ▪ Citadelle arabe ; son quartier.

cascade n. f. ▪ **1** Chute d'eau. **2** Suite saccadée (de rires...). **3** Acrobatie des cascadeurs.

cascadeur, euse n. ▪ Artiste qui tourne les scènes acrobatiques d'un film.

cascara n. f. ▪ Arbre tropical dont l'écorce a des vertus purgatives.

cascatelle n. f. ▪ littér. Petite cascade.

case n. f. ▪ **I** Habitation traditionnelle, en Afrique, etc. → **hutte, paillote. II 1** Carré ou rectangle dessiné sur un damier, etc. **2** Compartiment (d'un meuble...). **3** fam. *Il a une case en moins,* il est fou.

caséeux, euse adj. ▪ didact. De la nature du fromage.

caséification n. f. ▪ didact. Transformation en fromage. – syn. **caséation.**

caséine n. f. ▪ Protéines du lait.

casemate n. f. ▪ Abri militaire enterré.

caser v. tr. 1 ▪ **1** Mettre à la place qu'il faut ; dans une place qui suffit. **2** fig., fam. Établir (qqn) dans une situation.

caserne n. f. ▪ Bâtiment destiné au logement des militaires.

casernement n. m. ▪ Locaux, constructions d'une caserne.

caserner v. tr. 1 ▪ Loger dans une caserne.

caseyeur n. m. ▪ Bateau équipé de casiers (3) pour la pêche aux crustacés.

cash adv. ▪ anglic. fam. *Payer cash,* comptant.

casher ou **kascher** [-ɛʀ] adj. invar. ▪ (aliment) Conforme aux rites juifs. ♦ (lieu) Où l'on prépare des aliments casher.

cash-flow [kaʃflo] n. m. ▪ anglic., comptab. Solde comptable indiquant la capacité d'autofinancement d'une entreprise.

cashmere → **cachemire**

casier n. m. ▪ **1** Ensemble de cases formant meuble. **2** *Casier judiciaire* : relevé des condamnations prononcées contre qqn. **3** Nasse pour capturer les crustacés.

casino n. m. ▪ Établissement de spectacle où les jeux d'argent sont autorisés.

casoar n. m. ▪ **1** Grand oiseau coureur qui porte sur le front une sorte de casque. **2** Plumet de la coiffure des saint-cyriens.

casque n. m. ▪ **1** Coiffure rigide qui protège la tête. ◆ loc. *Les Casques bleus* : la force militaire de l'O. N. U. **2** Ensemble de deux écouteurs reliés par un serre-tête. **3** Séchoir à cheveux qui couvre la tête.

casqué, ée adj. ▪ Coiffé d'un casque.

casquer v. intr. 1 ▪ fam. Payer.

casquette n. f. ▪ Coiffure ronde à visière.

cassable adj. ▪ Qui peut se casser.

cassage n. m. ▪ Action de casser.

Cassandre n. f. invar. ▪ Prophète de mauvais augure.

cassant, ante adj. ▪ **1** Qui se casse facilement. **2** Dur et autoritaire.

cassate n. f. ▪ Glace aux fruits confits.

① **cassation** n. f. ▪ Annulation (d'une décision) par une cour compétente. *Cassation d'un testament.* ◆ *LA COUR DE CASSATION* : la juridiction suprême de l'ordre judiciaire français.

② **cassation** n. f. ▪ mus. Divertissement écrit pour instruments à vent, à cordes, destiné à être exécuté en plein air.

cassave n. f. ▪ Galette de farine de manioc.

① **casse** n. f. ▪ imprim. Boîte à casiers pour les caractères typographiques en plomb.

② **casse** n. f. ▪ **1** Action de casser. → **bris. 2** fam. Violence ; dégâts. **3** *Mettre une voiture à la casse,* à la ferraille.

③ **casse** n. m. ▪ argot Cambriolage.

cassé, ée adj. ▪ **1** → **casser. 2** *Voix cassée,* rauque, voilée. **3** *Col cassé,* à coins rabattus. **4** Courbé, voûté (par l'âge). **5** *Blanc cassé,* mêlé d'une faible quantité d'une autre couleur.

casseau n. m. ▪ imprim. Moitié de casse à grands compartiments et servant de réserve pour différents caractères.

casse-cou ▪ **1** n. m. invar. *Crier casse-cou à qqn,* l'avertir d'un danger. **2** n. et adj. invar. fam. Qui s'expose au danger sans réflexion.

casse-couilles n. invar. ▪ vulg. Personne importune, énervante.

casse-croûte n. m. invar. ▪ **I** fam. Repas léger rapide. **II** (Canada) Restaurant où l'on sert rapidement des repas simples.

casse-dalle n. m. invar. ▪ fam. Repas sommaire.

casse-gueule adj. invar. ▪ fam. Dangereux, risqué.

casse-noisettes n. m. invar. ▪ Pince pour casser des noisettes, des noix.

casse-noix n. m. invar. ▪ Instrument qui sert à casser des noix.

casse-pieds n. invar. et adj. invar. ▪ fam. Insupportable, ennuyeux. → **importun.**

casse-pierre n. m. ▪ Pariétaire*. *Des casse-pierres.*

casse-pipe n. m. invar. ▪ fam. Guerre.

casser v. [1] ▪ **I** v. tr. **1** Mettre en morceaux, diviser (une chose rigide) d'une manière soudaine, par choc, coup, pression. ♦ loc. fam. *Casser la croûte* : manger (→ casse-croûte). ◆ *Casser sa pipe* : mourir (→ casse-pipe). ◆ *Se casser la tête* : s'acharner, se faire du souci (→ casse-tête). **2** Rompre l'os de (un membre, etc.). *Elle s'est cassé la jambe.* ◆ fig., fam. *Casser les pieds à qqn*, l'importuner (→ casse-pieds). **3** Endommager (un appareil...). **4** fam. *Ça ne casse rien* : ça n'a rien d'extraordinaire. **5** loc. adv. fam. *À TOUT CASSER* : tout au plus ; loc. adj. extraordinaire. **6** dr. Annuler (une décision) (→ **cassation**). **7** fig. *Casser les prix*, les baisser brusquement. **8** Dégrader (un officier). **II** v. intr. Se rompre, se briser. ▷ v. pron. **se casser** **1** (passif) *Le verre se casse facilement.* **2** fam. Se fatiguer. **3** fam. S'en aller.

casserole n. f. ▪ Ustensile de cuisine de forme cylindrique, à manche. ♦ loc. fam. *Passer à la casserole* : être contraint à une épreuve pénible ; vulg. à l'acte sexuel.

casse-tête n. m. invar. ▪ **1** Massue grossière ; matraque. **2** Travail compliqué qui fatigue l'esprit. **3** Jeu d'assemblage complexe.

cassette n. f. ▪ **1** anciennt Petit coffre pour l'argent, les bijoux. **2** Petit boîtier contenant une bande magnétique pour l'enregistrement de sons, d'images, etc.

casseur, euse n. ▪ **I** **1** Personne qui casse (qqch.). **2** n. m. Personne qui vend des pièces des voitures mises à la casse. **3** n. m. Personne qui endommage volontairement des biens. **II** n. m. argot Cambrioleur.

cassier n. m. ▪ Arbre tropical, qui produit une gousse aux vertus laxatives et purgatives.

① **cassis** [-si(s)] n. m. ▪ Groseillier à baies noires. ♦ Son fruit. ◆ Liqueur de ce fruit.

② **cassis** [-si(s)] n. m. ▪ Rigole ou dépression en travers d'une route.

cassitérite n. f. ▪ minér. Oxyde d'étain naturel (SnO_2).

cassolette n. f. ▪ **1** Réchaud pour brûler des parfums. **2** Petit récipient allant au four.

casson n. m. ▪ techn. **1** Débris de verre destiné à être refondu pour la fabrication du verre. → **calcin.** **2** Pain de sucre informe.

cassonade n. f. ▪ Sucre roux.

cassoulet n. m. ▪ Ragoût de viande (confit, charcuterie...) et de haricots blancs assaisonnés.

cassure n. f. ▪ **1** Endroit où qqch. a été cassé. **2** fig. (abstrait) Coupure, rupture.

castagne n. f. ▪ fam. Bagarre.

castagner v. tr. [1] ▪ argot Battre, frapper. ♦ pronom. Se bagarrer.

castagnettes n. f. pl. ▪ Petit instrument de musique espagnol fait de deux pièces de bois que l'on fait claquer l'une contre l'autre.

castard ou **castar, arde** adj. ▪ (Belgique) fam. **1** Fort, vigoureux. **2** Solide, résistant.

caste n. f. ▪ **1** Classe sociale fermée (d'abord en Inde). **2** péj. Groupe fermé. → **clan.**

castel n. m. ▪ Petit château.

caster v. tr. [1] ▪ anglic. Faire passer un casting à (qqn).

castillan, ane adj. et n. ▪ De la Castille. ♦ n. m. Dialecte espagnol, devenu la langue officielle de l'Espagne. → **espagnol.**

castine n. f. ▪ techn. Pierre calcaire que l'on mélange au minerai de fer pour en faciliter la fusion.

casting n. m. ▪ anglic. Sélection des acteurs, des personnes qui figurent dans un spectacle. ♦ fig. loc. *Erreur de casting* : mauvaise distribution des rôles (dans la société...).

castor n. m. ▪ **1** Mammifère rongeur amphibie, à large queue plate. **2** Sa fourrure.

castorette n. f. ▪ Peau traitée de manière à évoquer la fourrure du castor.

castoréum [-ɔm] n. m. ▪ Substance obtenue à partir des glandes sexuelles du castor.

castrat n. m. ▪ Homme castré (spécialt chanteur qui conservait la voix de soprano).

castrateur, trice adj. ▪ psych. Qui provoque un complexe de castration*.

castration n. f. ▪ **1** Opération par laquelle on prive un individu de la faculté de se reproduire. ► **castrer** v. tr. [1] → **châtrer.** **2** psych. *Complexe de castration*, lié à la présence ou non du pénis selon les sexes. **3** fig. *Castration chimique*, arrêt de pulsions sexuelles par traitement médicamenteux.

casuarina n. m. ▪ Grand arbre d'Australie et de Malaisie au bois très dur. → **filao.**

① **casuel, elle** ▪ **1** adj. didact. Qui peut arriver ou non. → **contingent, éventuel.** **2** n. m. vx Profit, revenu incertain et variable d'un office, d'un emploi.

② **casuel, elle** adj. ▪ ling. Relatif aux cas. *Langues casuelles*, qui comportent des cas. → **flexionnel.**

casuistique n. f. ▪ **1** relig. Partie de la théologie morale qui s'occupe des cas de conscience. **2** péj. Subtilité excessive (en morale). ► **casuiste** n.

casus belli [kazysbɛlli ; -beli] n. m. invar. ▪ didact. Acte de nature à motiver une guerre.

cata- Élément, du grec *kata* «en dessous, en arrière».

catabolique adj. ▪ physiol. Relatif au catabolisme.

catabolisme n. m. ▪ physiol. Phase du métabolisme qui comprend les processus de dégradation des composés organiques.

catabolite n. m. ▪ physiol. Substance formée au cours du catabolisme.

catachrèse [-kʀɛz] n. f. ▪ Figure de rhétorique détournant un mot de son sens.

cataclysme n. m. ▪ 1 Grande catastrophe naturelle. 2 fig. Désastre, calamité.

cataclysmique adj. ▪ Qui a le caractère d'un cataclysme.

catacombe n. f. ▪ Cavité souterraine ayant servi de sépulture.

catadioptre n. m. ▪ Dispositif réfléchissant la lumière et rendant visible un obstacle. - syn. **cataphote.** ► **catadioptrique** adj.

catafalque n. m. ▪ Estrade décorée sur laquelle on place un cercueil.

cataire n. f. ▪ Plante des décombres, dont l'odeur forte attire les chats. - syn. **chataire.**

catalan, ane adj. et n. ▪ De Catalogne. ♦ n. m. *Le catalan* (langue romane).

catalepsie n. f. ▪ méd. Suspension du mouvement volontaire des muscles. → **léthargie, paralysie.** ► **cataleptique** adj. et n.

catalogne n. f. ▪ (Canada) Étoffe dont la trame est faite de bandes de tissus multicolores.

catalogue n. m. ▪ 1 Liste méthodique accompagnée d'explications. → **index, inventaire.** 2 Liste d'objets à vendre.

cataloguer v. tr. [1] ▪ 1 Classer, inscrire par ordre. 2 Classer en jugeant. ► **catalogage** n. m.

catalpa n. m. ▪ Arbre décoratif d'Amérique, à grandes feuilles.

catalyse n. f. ▪ chim. Accélération ou ralentissement d'une réaction chimique sous l'effet d'une substance (→ **catalyseur**) qui ne subit aucune transformation.

catalyser v. tr. [1] ▪ 1 chim. Agir comme catalyseur sur. 2 fig. Déclencher, par sa présence (une réaction, un processus).

catalyseur n. m. ▪ 1 chim. Substance qui catalyse. 2 fig. Élément qui catalyse (2).

catalytique adj. ▪ *Pot catalytique* : pot d'échappement antipollution utilisant la catalyse.

catamaran n. m. ▪ Bateau à deux coques.

cataménial, iale, iaux adj. ▪ méd. Relatif à la menstruation.

cataphote n. m. (nom déposé) ▪ → **catadioptre.**

cataplasme n. m. ▪ Bouillie médicinale que l'on applique sur une partie du corps.

cataplexie n. f. ▪ pathol. Perte soudaine de tonicité musculaire. ► **cataplectique** adj.

catapulte n. f. ▪ 1 Ancienne machine de guerre qui lançait de lourds projectiles. → **baliste.** 2 Dispositif de lancement des avions à bord d'un porte-avions.

catapulter v. tr. [1] ▪ 1 Lancer par catapulte (2). 2 Lancer violemment. ♦ Promouvoir subitement (qqn). ► **catapultage** n. m.

cataracte n. f. ▪ I Grande chute d'eau. II Opacité du cristallin ou de sa membrane, entraînant des troubles de la vision.

catarrhe n. m. ▪ méd. Inflammation des muqueuses provoquant une sécrétion excessive. ► **catarrheux, euse** adj. et n.

catastrophe n. f. ▪ I 1 Malheur effroyable et brusque ; sinistre causant de nombreux morts. *Catastrophe naturelle* (inondation, etc.). *Catastrophe aérienne.* - *Catastrophe écologique.* - loc. EN CATASTROPHE : d'urgence. 2 fam. (par exagér.) Événement fâcheux. II sc. *Théorie des catastrophes,* qui, à partir de phénomènes discontinus, recherche un modèle continu.

catastrophé, ée adj. ▪ fam. Abattu, annihilé.

catastropher v. tr. [1] ▪ fam. Consterner, atterrer.

catastrophique adj. ▪ 1 Qui a le caractère d'une catastrophe. → **effroyable.** 2 fam. Désastreux ; très mauvais.

catastrophisme n. m. ▪ Pessimisme outré, excessif. ► **catastrophiste** adj.

catatonie n. f. ▪ psych. État de passivité, d'inertie motrice et psychique. ► **catatonique** adj. et n.

catch n. m. ▪ Lutte libre de caractère spectaculaire.

catcher v. intr. [1] ▪ Lutter au catch. ► **catcheur, euse** n.

catéchèse n. f. ▪ Instruction religieuse. ► **catéchétique** adj. didact.

catéchiser v. tr. [1] ▪ 1 Instruire dans la religion chrétienne. 2 fig. Endoctriner. ► **catéchisation** n. f.

catéchisme n. m. ▪ Enseignement de la doctrine et de la morale chrétiennes.

catéchiste n. ▪ Personne qui enseigne le catéchisme.

catéchistique adj. ▪ didact. Du catéchisme ; de la catéchèse.

catéchuménat [-ky-] n. m. ▪ didact. État du catéchumène.

catéchumène [-ky-] n. ▪ Personne qu'on prépare au baptême.

catégorie n. f. ▪ 1 philos. *Les catégories de l'être,* ses attributs généraux. 2 Classe dans laquelle on range des objets de même nature. → **espèce, famille, genre, groupe, ordre, série.** ♦ *Catégories grammaticales,* qui classent les mots (ex. verbe, nom, adverbe). ♦ (personnes) *Catégories socioprofessionnelles.*

catégoriel, elle adj. ▪ Propre à une catégorie de travailleurs.

catégorique adj. ▪ Qui ne souffre pas de discussion. ► **catégoriquement** adv.

catégoriser v. tr. [1] ▪ didact. Classer par catégories. ► **catégorisation** n. f.

caténaire n. f. ▪ Dispositif soutenant le fil conducteur d'une voie de chemin de fer.

catgut [katgyt] n. m. ▪ Fil résorbable employé en chirurgie.

cathare adj. ▪ Des Cathares (secte chrétienne hérétique du Moyen Âge).

catharisme n. m. ▪ Religion des cathares.

catharsis [-is] n. f. ▪ didact. Apaisement des passions (selon Aristote). ♦ Libération affective. ► **cathartique** adj.

cathédral, ale, aux adj. ▪ didact. Du siège de l'autorité épiscopale.

cathédrale n. f. ▪ **1** Église épiscopale d'un diocèse. **2** appos. *Verre cathédrale*, translucide, à la surface inégale.

cathèdre n. f. ▪ Chaise gothique à haut dossier.

catherinette n. f. ▪ Jeune fille qui fête la Sainte-Catherine (fête des ouvrières de la mode, etc., non mariées à 25 ans).

cathéter [-ɛʀ] n. m. ▪ méd. Tige que l'on introduit dans un canal, un orifice.

cathétérisme n. m. ▪ méd. Sondage par cathéter.

cathétomètre n. m. ▪ phys. Appareil servant à mesurer la distance verticale de deux points.

cathode n. f. ▪ Électrode de sortie du courant, dans l'électrolyse (opposé à *anode*). ♦ Source d'électrons, dans un tube cathodique.

cathodique adj. ▪ **1** Qui provient de la cathode. *Rayons cathodiques*. – *Tube cathodique*, à rayons cathodiques. **2** Relatif à l'image des rayons cathodiques focalisée sur un écran. ♦ fig. → **télévisuel.**

catholicisme n. m. ▪ Religion chrétienne dans laquelle le pape exerce l'autorité en matière de dogme et de morale.

catholique adj. ▪ **1** Du catholicisme. – adj. et n. Qui le professe. **2** fam. *Pas très catholique*, louche.

en **catimini** loc. adv. ▪ En cachette.

catin n. f. ▪ vieilli Prostituée.

cation [katjɔ̃] n. m. ▪ phys. Ion positif (opposé à *anion*).

catir v. tr. [2] ▪ techn. Donner du lustre à (une étoffe) en la pressant. ► **catissage** n. m.

catleya → **cattleya**

catoblépas n. m. ▪ Animal légendaire à long cou grêle, dont la tête traîne à terre.

catogan n. m. ▪ Nœud, etc. qui attache les cheveux sur la nuque. ♦ Cette coiffure.

catoptrique ▪ **1** adj. Relatif à la réflexion de la lumière. **2** n. f. Partie de l'optique qui étudie la réflexion.

cattleya n. m. ▪ Orchidée à grandes fleurs richement colorées. – var. **catleya.**

cauchemar n. m. ▪ **1** Rêve pénible dont l'élément dominant est l'angoisse. **2** fam. Ce qui effraie, obsède. ► **cauchemardesque** adj.

cauchemarder v. intr. [1] ▪ Faire des cauchemars.

caudal, ale, aux adj. ▪ De la queue.

caudataire n. m. ▪ didact. **1** Celui qui porte la traîne d'un prélat, etc. **2** Vil flatteur.

caudé, ée adj. ▪ didact. Pourvu d'une queue.

caulerpe n. f. ▪ Algue verte d'origine tropicale.

cauri ou **cauris** [-i(s)] n. m. ▪ Coquillage du groupe des porcelaines.

causal, ale, als adj. ▪ Qui concerne la cause, lui appartient, ou la constitue.

causalgie n. f. ▪ méd. Vive douleur des extrémités donnant une sensation de brûlure.

causalité n. f. ▪ Rapport de la cause à son effet.

causant, ante adj. ▪ fam. Qui aime causer.

cause n. f. ▪ **I** Ce qui produit un effet. **1** Ce par quoi un événement arrive, une action se fait. → **origine ; motif, raison.** – loc. prép. *À CAUSE DE :* par l'action, l'influence de. – *Magasin fermé POUR CAUSE DE décès.* – *ET POUR CAUSE :* pour une raison connue (qu'on ne rappelle pas). **2** didact. Ce qui fait qu'une chose existe. → **fondement, origine. 3** littér. Ce pour quoi on fait qqch. – loc. *Pour la bonne cause*, pour des motifs honorables. **II 1** dr. Affaire, procès qui se plaide. ♦ loc. *Plaider une cause.* → **défendre.** – *Obtenir GAIN* DE CAUSE.* – *EN TOUT ÉTAT DE CAUSE :* de toute manière. ♦ *Être EN CAUSE*, être l'objet du débat, de l'affaire. *Mettre qqn en cause.* → **accuser.** *Mettre hors de cause.* → **disculper. 2** Ensemble d'intérêts à soutenir. *Une cause juste.*

① **causer** v. tr. [1] ▪ Être la cause de.

② **causer** v. intr. [1] ▪ S'entretenir (avec qqn). → **bavarder.** ♦ fam. Parler (à qqn).

causerie n. f. ▪ **1** Entretien familier. **2** Discours, conférence sans prétention.

causette n. f. ▪ fam. *Faire la causette, un brin de causette :* bavarder familièrement.

causeur, euse adj. et n. ▪ Qui aime causer.

causeuse n. f. ▪ Canapé à deux places.

causse n. m. ▪ Plateau calcaire, dans le centre et le sud-ouest de la France.

caustique adj. ▪ **1** Qui attaque, brûle les tissus vivants. → **corrosif. 2** fig. D'une moquerie mordante. → **acerbe.** ► **causticité** n. f.

cauteleux, euse adj. ▪ Hypocrite et habile.

cautère n. m. ▪ Instrument qui brûle les tissus, pour cicatriser. ➛ loc. *Un cautère sur une jambe de bois :* un remède inefficace.

cautériser v. tr. [1] ▪ Brûler au cautère. ► **cautérisation** n. f.

caution n. f. ▪ **1** Garantie d'un engagement. ➛ Somme versée pour servir de garantie. **2** *SUJET, SUJETTE À CAUTION :* sur qui, sur quoi l'on ne peut compter. → **douteux. 3** Personne qui fournit une garantie. → **garant.**

cautionnement n. m. ▪ Somme d'argent destinée à servir de garantie.

cautionner v. tr. [1] ▪ **1** dr. Se rendre caution pour (qqn). **2** Se porter garant de (une idée...) en la soutenant. → **soutenir.**

cavaillon n. m. ▪ Bande de terre entre les pieds de vigne, que la charrue ne peut labourer.

cavalcade n. f. ▪ **1** Chevauchée animée. **2** fam. Agitation, bousculade.

cavalcader v. intr. [1] ▪ Courir en groupe bruyamment.

① **cavale** n. f. ▪ littér. Jument de race.

② **cavale** n. f. ▪ argot Évasion (de prison).

cavaler v. intr. [1] ▪ fam. **1** Courir ; fuir. **2** Chercher des aventures érotiques. ► **cavaleur, euse** n.

cavalerie n. f. ▪ **1** Ensemble de troupes à cheval. ➛ loc. fig. *C'est de la grosse cavalerie :* cela manque de finesse. **2** Corps de troupes, à cheval à l'origine, aujourd'hui motorisées. **3** Ensemble de chevaux. → **écurie.**

① **cavalier, ière** n. ▪ **I 1** Personne qui est à cheval. **2** n. m. Militaire de la cavalerie. **II** Celui, celle avec qui l'on forme un couple dans un bal, etc. ➛ loc. *Faire cavalier seul :* agir isolément. **III** n. m. **1** Pièce du jeu d'échecs. **2** Clou en U.

② **cavalier, ière** adj. ▪ **I** Destiné aux cavaliers. **II** Désinvolte, sans égards. ► **cavalièrement** adv. (sens II).

cavatine n. f. ▪ mus. Pièce vocale assez courte dans un opéra.

① **cave** n. f. ▪ **1** Local souterrain, sous une habitation. **2** Vins (conservés dans une cave). **3** Coffret (à liqueurs...).

② **cave** adj. ▪ **1** (œil...) Enfoncé. **2** *Veines caves,* grosses veines qui amènent au cœur le sang du corps par l'oreillette droite.

③ **cave** n. m. ▪ argot Niais, dupe.

④ **cave** n. f. ▪ Fonds d'argent que chaque joueur met devant soi, à certains jeux. → **enjeu, mise ;** ② **caver.**

caveau n. m. ▪ **1** Petite cave. **2** Construction souterraine servant de sépulture.

caveçon n. m. ▪ Mors (de cheval).

cavée n. f. ▪ région. Chemin creux.

① **caver** v. tr. ▪ vx ou région. Creuser, miner.

② **caver** v. intr. ▪ Miser une somme d'argent, à certains jeux.

caverne n. f. ▪ **1** Cavité naturelle creusée dans la roche. → **grotte.** ➛ *L'âge des cavernes :* la préhistoire. **2** méd. Cavité pathologique.

caverneux, euse adj. ▪ **1** anat. *Corps caverneux,* susceptible de gonfler fortement. **2** cour. *Voix caverneuse.* → **grave, sépulcral.**

cavernicole adj. ▪ Qui vit dans l'obscurité.

caviar n. m. ▪ Œufs d'esturgeon préparés.

caviarder v. tr. [1] ▪ Biffer à l'encre noire. ➛ Supprimer (un passage) dans un texte. → **censurer.** ► **caviardage** n. m.

caviste n. ▪ Personne chargée des soins de la cave, des vins. → **sommelier.**

cavitaire adj. ▪ méd. Qui se rapporte à une caverne pulmonaire.

cavité n. f. ▪ Espace vide à l'intérieur d'un corps solide. → **creux, trou, vide.**

① **CB** ou **C. B.** [sibi] n. f. (sigle) ▪ anglic. Bande publique de fréquences radio.

② **CB** n. f. (sigle) ▪ fam. (à l'oral) Carte bancaire ; carte bleue.

CCP ou **C. C. P.** n. m. (sigle) ▪ Compte chèques postal.

Cd ▪ Symbole chimique du cadmium.

CD n. m. (sigle) ▪ anglic. Disque* compact. → **CD-ROM, DVD.**

CDD ou **C. D. D.** n. m. (sigle) ▪ Contrat (de travail) à durée déterminée (opposé à *CDI*).

CDI ou **C. D. I.** n. m. (sigle) ▪ Contrat (de travail) à durée indéterminée (opposé à *CDD*).

CD-ROM [sedeʀɔm] n. m. (sigle) ▪ anglic. Disque optique numérique à lecture seule, où sont stockées des données (texte, son, images). - var. **CD-Rom, cédérom.** - recomm. off. *disque optique compact.*

① **ce, cette, ces** adj. dém. (*ce* prend la forme *cet* devant voyelle ou *h* muet) ▪ Devant un nom, sert à montrer la personne ou la chose désignée par le nom, ou à indiquer un temps rapproché. ➛ (renforcé par *-ci* et *-là*, après le nom) *Ce livre-ci. Cet homme-là.*

② **ce** pron. dém. (*ç'* devant les formes des verbes *être* et *avoir* commençant par *a*, *c'* devant celles qui commencent par *e*) ▪ **I** Désignant la chose que la personne qui parle a dans l'esprit. → **ça. 1** *C'EST ; CE DOIT, CE PEUT ÊTRE. C'est fini. C'est à vous. Ce sont eux* (mais *c'est vous*). **2** en phrase interrog. *Est-ce vous ? Qui est-ce ?* **3** *C'EST... QUI, C'EST... QUE,* sert à détacher un élément. *C'est une bonne idée que vous avez là.* **II** suivi d'un pronom relatif *Ce que je crois. Ce dont on parle.* ♦ fam. *CE QUE :* combien, comme. *Ce que c'est beau !* **III** loc. (*ce* compl. direct) *Ce me semble :* il me semble. *Ce faisant. Pour ce faire.* ➛ *Sur ce :* là-dessus.

Ce ▪ Symbole chimique du cérium.

céans adv. ▪ vx Ici, dedans. ◆ loc. *Le maître de céans* : le maître de maison.

cébette n. f. ▪ région. Oignon nouveau.

cébiste → **cibiste**

ceci pron. dém. ▪ **1** (opposé à *cela*) Désigne la chose la plus proche, ce qui va suivre. **2** Cette chose. → **cela ; ça.** *Regardez ceci.*

cécidie n. f. ▪ bot. Galle des végétaux.

cécité n. f. ▪ **1** État d'une personne aveugle. **2** fig. Incapacité à comprendre, à sentir.

cédant, ante n. ▪ dr. Personne qui cède un droit.

céder v. [6] ▪ **I** v. tr. **1** Abandonner, laisser (qqch.) à qqn. *Céder son tour.* ◆ *Céder du terrain,* reculer. **2** dr. Transporter la propriété de (qqch.) à une autre personne. → **vendre ; cessible, cession. II** v. tr. ind. **1** *CÉDER À* : ne plus résister à. ♦ sans compl. → **capituler, renoncer. 2** (choses) Plier, se casser. **3** (abstrait) Disparaître, cesser.

cédérom → **CD-ROM**

cédétiste adj. et n. ▪ De la Confédération française démocratique du travail (C. F. D. T.).

cedex [sedɛks] n. m. ▪ Sigle de *courrier d'entreprise à distribution exceptionnelle.*

cédille n. f. ▪ Signe que l'on place sous la lettre c *(ç)* suivie des voyelles a, o, u pour indiquer qu'elle doit être prononcée [s].

cédraie n. f. ▪ Forêt de cèdres.

cédrat n. m. ▪ Fruit (agrume) à peau épaisse.

cédratier n. m. ▪ Citronnier sauvage.

cèdre n. m. ▪ Grand conifère originaire d'Afrique et d'Asie, à branches en étages.

cédrière n. f. ▪ (Canada) Terrain planté de cèdres blancs ou thuyas.

cégep [seʒɛp] n. m. ▪ (au Québec) Collège d'enseignement général et professionnel.

cégétiste adj. et n. ▪ De la Confédération générale du travail (C. G. T.).

ceindre v. tr. [52] ▪ **1** littér. Entourer, serrer. **2** Mettre autour du corps, de la tête.

ceinture n. f. ▪ **I 1** Bande servant à ajuster les vêtements à la taille ; partie d'un vêtement (jupe, robe, pantalon) qui l'ajuste autour de la taille. ◆ loc. fam. *Se serrer la ceinture* : se priver. ♦ (judo...) Bande tissée dont la couleur symbolise un grade. **2** Dispositif entourant la taille. *Ceinture de sécurité* (dans une voiture...). **II** → **taille.** *Nu jusqu'à la ceinture.* **III** Élément qui entoure.

ceinturer v. tr. [1] ▪ **1** Entourer d'une ceinture, d'une enceinte. **2** sports Prendre (qqn) par la taille, en le serrant.

ceinturon n. m. ▪ Grosse ceinture.

céiste n. ▪ Canoéiste.

cela pron. dém. ▪ **1** (opposé à *ceci*) Désigne ce qui est plus éloigné, ce qui précède. **2** Cette chose. → **ceci ; ça.** *Cela ne fait rien.*

céladon ▪ **1** adj. invar. Vert pâle. **2** n. m. Porcelaine chinoise de cette couleur.

célébrant n. m. ▪ Prêtre qui célèbre la messe.

célébration n. f. ▪ Action de célébrer.

célèbre adj. ▪ Très connu. → **illustre.**

célébrer v. tr. [6] ▪ **1** Accomplir solennellement (une action publique). **2** Marquer (un événement) par une cérémonie. → **fêter. 3** littér. Faire publiquement l'éloge de. → **glorifier, vanter.**

célébrité n. f. ▪ **1** Grande réputation. → **notoriété, renom. 2** Personne célèbre.

celer [səle ; sele] v. tr. [5] ▪ littér. Cacher.

céleri n. m. ▪ Plante dont on mange les côtes *(céleri en branches)* ou la racine *(céleri-rave).*

célérité n. f. ▪ littér. Grande rapidité (dans l'action...).

célesta n. m. ▪ Instrument de musique à percussion et à clavier.

céleste adj. ▪ **1** Relatif au ciel. *La voûte céleste* : le ciel. **2** Du ciel, séjour de la divinité, etc. **3** Merveilleux, surnaturel. *Beauté céleste.*

célibat n. m. ▪ État d'une personne en âge d'être mariée et qui ne l'est pas, ne l'a jamais été. ► **célibataire** adj. et n.

celle → **celui**

cellier n. m. ▪ Lieu aménagé pour y conserver du vin, des provisions.

cellophane n. f. (nom déposé) ▪ Feuille d'emballage transparente obtenue à partir de la cellulose.

cellulaire adj. ▪ **1** biol. De la cellule vivante. **2** Qui présente des alvéoles, des pores. **3** *Téléphone cellulaire,* téléphone mobile. **4** Relatif aux cellules de prison, à la prison.

cellular n. m. ▪ Tissu de coton ajouré à mailles lâches.

cellulase n. f. ▪ chim. Enzyme qui hydrolyse la cellulose.

cellule n. f. ▪ **I** Pièce utilisée pour isoler ou enfermer qqn. **II 1** Cavité, alvéole. **2** biol. Élément fondamental de tous les organismes vivants. → **cyt(o)-. 3** Structures d'un avion (ailes, fuselage). **4** sc. Unité productrice d'énergie. **III** abstrait Élément isolable, constitutif d'un ensemble. *Cellule familiale.*

cellulite n. f. ▪ Gonflement du tissu conjonctif sous-cutané. ► **cellulitique** adj.

celluloïd n. m. (nom déposé) ▪ Matière plastique flexible, inflammable.

cellulose n. f. ▪ Matière contenue dans la membrane des cellules végétales. ► **cellulosique** adj.

celtique adj. ▪ Des Celtes. - syn. **celte.** ♦ n. m. *Le celtique* (langues indo-européennes : breton, gaulois, irlandais...).

celui, celle, ceux, celles pron. dém. ▪ Désigne la personne ou la chose dont il est question dans le discours.

celui-ci, celle-ci, ceux-ci, celles-ci et **celui-là, celle-là, ceux-là, celles-là** pron. dém. ▪ Marquent la même opposition que *ceci* et *cela*.

cément n. m. ▪ **1** techn. Substance qui, chauffée au contact d'un métal, lui fait acquérir de nouvelles propriétés. ► **cémentation** n. f. **2** anat. Substance osseuse recouvrant l'ivoire à la racine des dents.

cénacle n. m. ▪ **1** relig. Salle de la Cène*. **2** littér. Réunion d'intellectuels, etc.

cendre n. f. ▪ **1** Poudre qui reste quand on a brûlé certaines matières organiques. ◆ loc. *Réduire en cendres*, détruire par le feu. **2** Matière pulvérulente. *Cendres volcaniques.* **3** *Les cendres des morts*, leurs restes ; leur mémoire. **4** relig. cathol. *Les Cendres*, symbole de la dissolution du corps.

cendré, ée adj. ▪ Qui a la couleur grisâtre de la cendre.

cendrée n. f. ▪ Mélange de mâchefer et de sable, revêtement de pistes d'athlétisme.

cendreux, euse adj. ▪ Qui contient de la cendre ; qui a l'aspect de la cendre.

cendrier n. m. ▪ **1** Partie d'un foyer où tombent les cendres. **2** Récipient destiné à recevoir les cendres de tabac.

Cène n. f. ▪ **1** relig. chrét. Dernier repas de Jésus avec ses apôtres, lors duquel il institua l'Eucharistie. **2** Communion sous les deux espèces, chez les protestants.

cenelle n. f. ▪ Baie rouge de l'aubépine et du houx.

cenellier ou **senellier** n. m. ▪ (Canada) Aubépine.

cénesthésie n. f. ▪ didact. Impression générale de bien-être ou de malaise résultant de l'ensemble des sensations internes. ► **cénesthésique** adj.

cenne n. f. ▪ (Canada) fam. Pièce de monnaie valant un cent **(→ ② cent).**

cénobite n. m. ▪ relig. Moine qui vivait en communauté (s'oppose à *anachorète*). ► **cénobitique** adj.

cénotaphe n. m. ▪ Monument à la mémoire d'un mort (qui ne contient pas son corps).

cénozoïque adj. et n. m. ▪ didact. *Ère cénozoïque* : période géologique regroupant les ères tertiaire et quaternaire. ◆ n. m. *Le cénozoïque.*

cens [sɑ̃s] n. m. ▪ hist. **1** Antiq. Dénombrement des citoyens romains (→ recensement). **2** Redevance due au seigneur d'un fief. **3** Montant de l'impôt nécessaire pour être électeur ou éligible **(→ censitaire).**

censé, ée adj. ▪ (+ inf.) Supposé, réputé (être...). ► **censément** adv. → **apparemment.**

censeur n. ▪ **I** n. m. hist. Magistrat romain qui contrôlait les mœurs. **II 1** littér. Personne qui contrôle, critique. **2** Personne qui applique la censure. **3** ancienn Personne chargée de la discipline, dans un lycée.

censier, ière adj. ▪ hist. Qui recevait ou payait le cens, à l'époque féodale.

censitaire adj. ▪ hist. *Suffrage censitaire*, réservé à ceux qui payaient le cens (3).

censorial, iale, iaux adj. ▪ Relatif à la censure.

censure n. f. ▪ **I** hist. Charge de censeur (I). **II 1** littér. Action de critiquer, de condamner. **2** Examen des publications, des spectacles..., exigé par les pouvoirs publics avant d'autoriser leur diffusion. **3** Sanction d'un gouvernement, votée par une assemblée. **4** psych. Refoulement dans l'inconscient d'éléments psychiques que le surmoi ne tolère pas.

censurer v. tr. [1] ▪ Interdire (une publication, un spectacle...).

① **cent** ▪ **I** REM. Liaison avec les mots commençant par une voyelle ou un *h* muet, sauf *un, une, unième, onze, onzième.* **1** adj. numéral cardinal invar. (sauf s'il est précédé d'un nombre qui le multiplie et n'est pas suivi d'un autre adj. numéral : *deux cents*, mais *deux cent un*) Dix fois dix (100). → **hect(o)-.** ◆ loc. *Faire les cent pas*, aller et venir. **2** adj. numéral ordinal invar. Centième. *Page trois cent.* **II** n. m. Le numéro, le nombre cent. ◆ loc. *Gagner des mille et des cents*, beaucoup d'argent. ♦ *POUR CENT* (précédé d'un numéral) : pour une quantité de cent unités **(→ pourcentage).** *Cinquante pour cent* (50%), la moitié. ◆ *Chemise cent pour cent coton* (→ entièrement).

② **cent** [sɛnt] n. m. ▪ Centième du dollar. → fam. **cenne.**

③ **cent** [sɑ̃] n. m. ▪ Centième de l'euro. → **centime** (d'euro). *Une pièce de dix cents.*

centaine n. f. ▪ Groupe de cent unités *(le chiffre des centaines)*, ou environ.

centaure n. m. ▪ Être imaginaire, moitié homme, moitié cheval.

centaurée n. f. ▪ Plante aux nombreuses espèces, dont le bleuet.

centavo [sɛn-] n. m. ▪ Centième partie de l'unité monétaire, dans les pays d'Amérique du Sud.

centenaire ▪ **1** adj. Qui a au moins cent ans. → **séculaire.** ◆ n. Personne qui a cent ans. **2** n. m. Centième anniversaire.

centennal, ale, aux adj. ▪ Qui se produit, revient tous les cent ans.

centésimal, ale, aux adj. ▪ Dont les parties sont des centièmes ; divisé en cent.

centi- Élément qui signifie «centième» (2).

centième [sɑ̃tjɛm] ▪ **1** adj. Qui a le numéro cent pour rang. ♦ n. *Le, la centième.* **2** adj. et n. m. Se dit d'une partie d'un tout divisé également en cent.

centigrade adj. ▪ Divisé en cent degrés.

centigramme n. m. ▪ Centième du gramme (symb. cg).

centile n. m. ▪ didact. Chacune des cent parties égales d'un ensemble statistique ordonné.

centilitre n. m. ▪ Centième du litre (symb. cl).

centime n. m. ▪ **1** Centième du franc. **2** *Centime d'euro.* → ③ **cent.**

centimètre n. m. ▪ **1** Centième du mètre (symb. cm). *Centimètre carré* (cm^2), *cube* (cm^3). **2** Ruban gradué. → **mètre** (2).

centon n. m. ▪ littér. Texte, morceau de musique fait de fragments empruntés.

centrage n. m. ▪ Action de centrer (qqch.).

① **central, ale, aux** adj. ▪ **1** Qui est au centre, qui a rapport au centre. **2** Qui constitue l'organe principal. – *Prison centrale* ou n. f. *centrale,* pour les détenus purgeant une longue peine. – *École centrale* ou n. f. *Centrale.* → **centralien.**

② **central** n. m. ▪ Lieu où aboutissent les éléments d'un réseau (téléphonique...).

centrale n. f. ▪ **1** Usine productrice d'électricité. **2** Groupement de syndicats. **3** Organisme qui centralise. **4** → ① **central** (2).

centralien, ienne n. ▪ En France, Élève ou ancien élève de l'École centrale.

centraliser v. tr. [1] ▪ Réunir dans un même centre. ► **centralisation** n. f. ► **centralisateur, trice** adj. et n.

centralisme n. m. ▪ Système qui centralise (en politique, en économie).

centre n. m. ▪ **1** Point (intérieur) situé à égale distance de tous les points d'un cercle, d'une sphère. **2** Milieu approximatif. *Le centre de la France.* **3** phys. *Centre de gravité* (d'un corps), point où s'applique la résultante des forces exercées par la pesanteur sur ce corps. ♦ *Centres nerveux,* constitués de substance grise et reliés par les nerfs aux organes. **4** Lieu caractérisé par l'importance de ses activités. ♦ Organisme qui coordonne des activités. *Centre national de la recherche scientifique* (C. N. R. S.). **5** abstrait Point principal, essentiel. *Centre d'intérêt.* **6** Courant politique modéré.

centrer v. tr. [1] ▪ **1** Ramener, disposer au centre. **2** abstrait *CENTRER SUR :* donner comme centre (d'intérêt...). **3** absolt (sports) Ramener le ballon vers l'axe du terrain.

centreur n. m. ▪ Dispositif de centrage sur une machine-outil.

centrifuge adj. ▪ Qui tend à éloigner du centre (opposé à *centripète*).

centrifuger v. tr. [3] ▪ Séparer par une rotation très rapide (des éléments de densité différente). ► **centrifugation** n. f.

centrifugeur n. m. et **centrifugeuse** n. f. ▪ Appareil qui centrifuge.

centripète adj. ▪ Qui tend à rapprocher du centre (opposé à *centrifuge*).

centrisme n. m. ▪ Position des personnes qui sont politiquement au centre. ► **centriste** adj. et n.

centriste adj. et n. ▪ Du centre politique.

centrophylle n. f. ▪ bot. Gros chardon à feuilles profondément divisées.

centuple adj. ▪ Cent fois plus grand. ♦ n. m. *Le centuple.* – *AU CENTUPLE :* cent fois plus.

centupler v. [1] ▪ **1** v. tr. Multiplier par cent. **2** v. intr. Être porté au centuple.

centurie n. f. ▪ Subdivision administrative, dans la Rome antique. ♦ Unité militaire de cent hommes, dans l'armée romaine.

centurion n. m. ▪ Antiq. romaine Officier qui commandait une centurie.

cénure ou **cœnure** n. m. ▪ zool. Larve de certains vers plats (parasite).

cep [sɛp] n. m. ▪ Pied (de vigne).

cépage n. m. ▪ Variété de vigne cultivée.

cèpe n. m. ▪ Bolet brun très apprécié.

cépée n. f. ▪ sylvic. Touffe de jeunes tiges de bois, de rejets qui sortent d'une souche.

cependant adv. ▪ Exprime une opposition, une restriction. → **néanmoins, toutefois.**

céphalée n. f. ▪ méd. Mal de tête.

céphalique adj. ▪ didact. De la tête.

céphal(o)-, -céphale Éléments savants, du grec *kephalê* «tête».

céphalopode n. m. ▪ Mollusque marin à tentacules munis de ventouses (ex. la seiche).

céphalorachidien, ienne adj. ▪ méd. Qui concerne à la fois l'encéphale et le rachis.

céphalosporine n. f. ▪ chim. Antibiotique fongique.

céphalothorax [-aks] n. m. ▪ Partie antérieure du corps de certains arthropodes, tête et thorax soudés.

céphéide n. f. ▪ astron. Étoile variable en éclat, température et grosseur.

cérambyx [-iks] n. m. ▪ zool. Coléoptère rongeur de bois.

cérame n. m. ▪ archéol. Vase grec en terre cuite.

céramide n. m. ▪ biochim. Molécule organique, élément de lipides de la membrane cellulaire.

céramique n. f. ▪ **1** Technique et art du potier, de la fabrication des objets en terre cuite (poteries, faïences, grès, porcelaine). **2** Matière dont sont faits ces objets. **3** Objet en céramique.

céramiste n. ▪ Artiste en céramique.

céraste n. m. ▪ zool. Vipère cornue.

cérat n. m. ▪ pharm. Mélange de cire et d'huile.

cerbère n. m. ▪ Portier, gardien sévère.

cercaire n. m. ▪ zool. Larve de la douve.

cerce n. f. ▪ techn. Cercle de bois.

cerceau n. m. ▪ **1** Cercle (de bois, métal...). **2** Arceau servant de support.

cercle n. m. ▪ **I 1** Courbe plane fermée dont tous les points sont à égale distance d'un point (le centre). **2** (impropre en sc.) Surface plane limitée par un cercle. **3** Objet ou disposition circulaire. **4** Groupe de personnes réunies habituellement ; leur local. *Cercle littéraire.* **II** abstrait **1** Domaine qu'on embrasse, parcourt. → **étendue.** *Le cercle de ses connaissances.* **2** *Cercle vicieux :* log. raisonnement faux où l'on utilise ce qu'il faut démontrer ; cour. situation dans laquelle on est enfermé.

cercler v. tr. [1] ▪ Entourer, munir de cercles, de cerceaux... ► **cerclage** n. m.

cercopithèque n. m. ▪ zool. Singe d'Afrique.

cercueil [-kœj] n. m. ▪ Longue caisse dans laquelle on met un mort.

céréale n. f. ▪ **1** Plante dont les grains servent de base à l'alimentation (avoine, blé, maïs, riz, seigle, etc.). **2** au plur. Flocons de céréales. ► **céréalier, ière** adj.

céréaliculture n. f. ▪ didact. Culture des céréales.

cérébelleux, euse adj. ▪ anat. Du cervelet.

cérébral, ale, aux adj. ▪ **1** Qui a rapport au cerveau. *Les hémisphères cérébraux,* les deux moitiés du cerveau. **2** Qui concerne l'esprit, l'intelligence. **3** adj. et n. (personnes) Qui vit surtout par la pensée, par l'esprit.

cérébrospinal, ale, aux adj. ▪ méd. Relatif au cerveau et à la moelle épinière.

cérémonial, als n. m. ▪ Ensemble de règles observées lors d'une cérémonie.

cérémonie n. f. ▪ **1** Actes solennels accompagnant un culte religieux. **2** Formes extérieures (gestes, décor...) destinées à marquer un événement de la vie sociale. **3** Politesse excessive, dans la vie privée.

cérémoniel, elle adj. ▪ didact. Qui concerne les cérémonies.

cérémonieux, euse adj. ▪ Qui fait trop de cérémonies (3). ► **cérémonieusement** adv.

cerf [sɛʀ] n. m. ▪ Animal ruminant vivant en troupeaux ; spécialt le mâle adulte, aux longues cornes ramifiées **(→ bois).**

cerfeuil n. m. ▪ Plante herbacée aromatique (condiment).

cerf-volant [sɛʀ-] n. m. ▪ **I** Gros insecte volant (coléoptère) aux pinces dentelées. → **lucane.** **II** Armature tendue de papier ou de tissu, qui peut s'élever en l'air. *Des cerfs-volants.*

cerf-voliste [sɛʀ-] ou **cervoliste** n. ▪ Amateur de cerfs-volants. → **lucaniste.** *Des cerfs-volistes.*

cerisaie n. f. ▪ Lieu planté de cerisiers.

cerise n. f. ▪ **1** Petit fruit charnu à noyau, à peau brillante, rouge, parfois jaune pâle, produit par le cerisier. **2** adj. invar. *Rouge cerise,* vif.

cerisier n. m. ▪ Arbre fruitier à fleurs blanches, qui produit la cerise ; son bois.

cérithe ou **cérite** n. m. ▪ zool. Mollusque gastéropode à coquille en hélice.

cérium [-jɔm] n. m. ▪ chim. Élément chimique (symb. Ce, n° at. 58, masse at. 140,1), métal du groupe des lanthanides.

cerne n. m. ▪ **1** Cercle bistre ou bleuâtre qui entoure parfois les yeux, une contusion... **(→ bleu).** **2** Trace d'une tache. → **auréole.** **3** Chacun des cercles concentriques visibles sur le tronc coupé d'un arbre.

cerné, ée adj. ▪ Entouré d'un cerne (1).

cerneau n. m. ▪ Chair de la noix épluchée.

cerner v. tr. [1] ▪ **1** Entourer par des troupes. → **encercler.** **2** Entourer d'un trait. **3** fig. → **circonscrire.** *Cerner une question.*

certain, aine ▪ **I** adj. (épithète après le nom) **1** Qui est effectif, sans aucun doute. → **assuré, incontestable, indubitable.** **2** Qui ne peut manquer de se produire. → **inévitable, sûr.** **3** (personnes) Qui considère une chose pour vraie. → **convaincu.** *J'en suis certain.* **II** adj. (avant le nom) **1** (précédé de l'art. indéf.) Imprécis, difficile à fixer. *Un certain temps.* **2** au plur. Quelques-uns parmi d'autres. *Dans certains cas.* **3** *Un certain* (et nom de personne), exprime le dédain, etc. **III** pron. plur. *CERTAINS :* certaines personnes.

certainement adv. ▪ **1** D'une manière certaine. → **sûrement.** **2** (affirmation) → **certes, évidemment.** *Cela en vaut-il la peine ? – Certainement.* **3** Très probablement.

certes adv. ▪ littér. **1** Certainement (2). *Certes, c'est vrai.* **2** (concession) *Certes, mais...*

certificat n. m. ▪ **1** Écrit qui émane d'une autorité et atteste un fait. **2** Acte attestant la réussite à un examen ; cet examen.

certification n. f. ▪ Certificat de conformité aux normes et règlements en vigueur.

certifié, iée adj. et n. ▪ Titulaire du CAPES.

certifier v. tr. [7] ▪ **1** Assurer qu'une chose est vraie. **2** dr. Garantir par un acte. ◆ au p. p. *Copie certifiée conforme* (à l'original).

certitude n. f. ▪ **1** Caractère certain, indubitable ; ce qui est certain. **2** État de l'esprit qui ne doute pas.

céruléen, éenne adj. ▪ littér. Bleu ciel.

cérumen [-ɛn] n. m. ▪ Matière jaune sécrétée dans le conduit auditif externe.

céruse n. f. ▪ Colorant blanc très toxique (aujourd'hui interdit). *Blanc de céruse.*

cérusé, ée adj. ▪ (bois) Dont les pores sont remplis d'une résine blanche (autrefois de céruse).

cerveau n. m. ▪ **I** concret **1** Masse nerveuse contenue dans le crâne de l'être humain (cerveau (2), cervelet, bulbe, pédoncules cérébraux). → **encéphale.** **2** anat. Partie antérieure et supérieure de l'encéphale des vertébrés (deux hémisphères cérébraux, méninges). **II** abstrait **1** Le siège de la vie psychique et des facultés intellectuelles. → **esprit, tête ; cervelle.** ♦ Personne, quant à l'esprit. *C'est un grand cerveau,* absolt *un cerveau,* qqn d'une grande intelligence. **2** fig. Organe de direction.

cervelas n. m. ▪ Gros saucisson cuit, épicé.

cervelet n. m. ▪ Partie postérieure et inférieure de l'encéphale.

cervelle n. f. ▪ **1** Substance nerveuse constituant le cerveau. ➛ loc. *Se brûler la cervelle :* se tuer d'une balle dans la tête. ♦ Cerveau comestible de certains animaux. **2** Les facultés mentales. *Tête sans cervelle.* → **écervelé.**

cervical, ale, aux adj. ▪ **1** Relatif au cou. **2** Relatif au col (de l'utérus, etc.).

cervicalgie n. f. ▪ méd. Douleur localisée à la nuque.

cervidé n. m. ▪ Mammifère ongulé dont le mâle porte des bois (cerf, chevreuil...).

cervier → **loup-cervier**

cervoise n. f. ▪ anciennt Bière d'orge, de blé.

cervoliste → **cerf-voliste**

ces → ① **ce**

C. E. S. [seøɛs] n. m. (sigle) ▪ (en France) Collège d'enseignement secondaire.

césalpinée n. f. ▪ bot. Plante légumineuse des régions tropicales.

césar n. m. ▪ **1** Titre d'empereur romain. **2** (avec une cap.) Récompense cinématographique française.

césarienne n. f. ▪ Opération chirurgicale, incision dans la paroi abdominale pour extraire l'enfant de l'utérus de la mère.

césarisme n. m. ▪ Gouvernement d'un dictateur s'appuyant sur le peuple.

césium [-jɔm] n. m. ▪ Élément (symb. Cs, n° at. 55, masse at. 132,9054), métal mou, jaune pâle.

cessant, ante adj. ▪ loc. *Toute(s) chose(s), toute(s) affaire(s) cessante(s) :* en interrompant tout le reste, en priorité.

cessation n. f. ▪ Fait de prendre fin ou de mettre fin à qqch.

cesse n. f. ▪ **1** Fait de cesser (sans art. et dans des loc.). *Sans cesse ni repos.* ➛ *N'avoir de cesse que* (+ subj.) : ne pas arrêter avant que... **2** *SANS CESSE* loc. adv. : constamment.

cesser v. ⓵ ▪ **1** v. intr. Se terminer ou s'interrompre. → s'**arrêter, finir.** ➛ *FAIRE CESSER :* mettre fin à. **2** v. tr. ind. *CESSER DE* (+ inf.). → s'**arrêter** de. **3** v. tr. (sujet animé) littér. Faire finir. → **arrêter.** *Cesser le travail.*

cessez-le-feu n. m. invar. ▪ Arrêt officiel des combats.

cessible adj. ▪ dr. Qui peut être cédé. → **négociable.** ► **cessibilité** n. f.

cession n. f. ▪ Action de céder (un bien...).

cessionnaire n. ▪ dr. Bénéficiaire d'une cession.

c'est-à-dire [sɛt-] loc. conj. ▪ **1** Annonce une explication ou une qualification (abrév. *c.-à-d.*). **2** Annonce une restriction.

ceste n. m. ▪ Antiq. Courroie garnie de plomb dont les pugilistes s'entouraient les mains.

cestode n. m. ▪ zool. Ver parasite de l'intestin des vertébrés.

césure n. f. ▪ Repos à l'intérieur d'un vers après une syllabe accentuée.

cet, cette → ① **ce**

cétacé n. m. ▪ Grand mammifère aquatique à nageoires antérieures et nageoire caudale horizontale (ex. la baleine).

cétane n. m. ▪ chim. Hydrocarbure saturé ($C_{16}H_{34}$), constituant du pétrole.

cétérach [-ak] ou **cétérac** n. m. ▪ bot. Fougère qui pousse entre les pierres des vieux murs.

cétoine n. f. ▪ Coléoptère vert doré.

cétologie n. f. ▪ didact. Étude des cétacés. ► **cétologique** adj. ► **cétologue** ou **cétologiste** n.

cétone n. f. ▪ Corps chimique de constitution analogue à celle de l'acétone. ► **cétonique** adj.

ceux → **celui**

Cf ▪ Symbole chimique du californium.

cf. [kɔ̃fɛʀ] ▪ Indication invitant le lecteur à se référer à ce qui suit.

CFA [seɛfa] n. et adj. (sigle de *Communauté financière africaine*) ▪ *Franc CFA :* unité monétaire en circulation dans certains États africains.

C. F. C. n. m. (sigle) ▪ chim. Composé du chlore et du fluor (*chlorofluorocarbone* n. m.), utilisé dans les aérosols, comme réfrigérant... (interdit depuis 2000).

C. G. S. adj. (sigle) ▪ *Système C. G. S. :* ancien système d'unités de mesure (centimètre, gramme, seconde).

chabichou n. m. ▪ Fromage de chèvre du Poitou.

chabin, ine n. et adj. ▪ (Antilles, Haïti) Métis aux traits de type africain, aux cheveux blonds ou roux et à la peau claire.

chablis n. m. ▪ Vin blanc sec de Chablis.

chablon n. m. ▪ (Suisse) **1** Pochoir. **2** Pièces qui composent le mouvement d'une montre.

chabot n. m. ▪ Poisson à grosse tête.

chabrol ou **chabrot** n. m. ▪ *Faire chabrol, chabrot* : verser du vin dans le fond de son assiette de soupe et boire le mélange.

chacal, als n. m. ▪ Mammifère carnivore d'Asie et d'Afrique, voisin du renard.

cha-cha-cha [tʃatʃatʃa] n. m. ▪ Danse dérivée de la rumba et du mambo.

chachlik n. m. ▪ Brochette de mouton marinée, spécialité du Caucase.

chaconne ou **chacone** n. f. ▪ Danse lente à trois temps apparue en Espagne au XVIᵉ s.

chacun, une pron. indéf. ▪ **1** Personne ou chose prise individuellement dans un ensemble. *Chacun des deux* : l'un et l'autre. *Chacun son tour.* **2** Toute personne. ➛ *TOUT UN CHACUN* : n'importe qui, tout le monde.

chadburn [ʃadbœʀn] n. m. ▪ mar. Transmetteur d'ordres, sur un navire.

chafouin, ine adj. ▪ Rusé, sournois.

① **chagrin, ine** adj. ▪ Triste, morose.

② **chagrin** n. m. ▪ État moralement douloureux. *Avoir du chagrin.* ♦ Peine ou déplaisir causé par un événement précis.

③ **chagrin** n. m. ▪ Cuir grenu utilisé en reliure. ➛ loc. fig. *C'est une peau de chagrin* : cela ne cesse de rétrécir (allus. à Balzac).

chagriner v. tr. [1] ▪ Faire de la peine à (qqn).

chahut n. m. ▪ Agitation bruyante.

chahuter v. [1] ▪ **I** v. intr. Faire du chahut dans une classe. **II** v. tr. Manifester contre (qqn) par un chahut ; taquiner (qqn).

chahuteur, euse n. et adj. ▪ (Personne) qui chahute.

chai n. m. ▪ Lieu en rez-de-chaussée où l'on garde les alcools, les vins en fûts.

chaîne n. f. ▪ **I 1** Suite d'anneaux entrelacés, servant à orner, manœuvrer, transmettre un mouvement, etc. **2** Cette suite d'anneaux, pour attacher un animal ou une personne. ♦ fig. *Briser ses chaînes* : s'affranchir. **II** Objet (concret ou abstrait) composé d'éléments successifs liés. **1** Ensemble des fils d'un tissu, suivant sa longueur (opposé à *trame*). **2** Suite d'accidents du relief. *Chaîne de montagnes.* **3** chim. Suite d'atomes de carbone. **4** Ensemble d'appareils assurant la transmission de signaux. *Chaîne hi-fi* : système de reproduction du son formé d'éléments séparés. ♦ Émetteurs et organisme diffusant un programme de radio, de télévision. **5** Organisation de postes successifs de travail. *Travail à la chaîne.* **6** Réseau d'entreprises associées. **7** *Chaîne du froid* : moyens de conservation frigorifique des denrées périssables. **8** *Réaction en chaîne* : série de phénomènes déclenchés les uns par les autres. **III** Ensemble de personnes qui se transmettent qqch. de l'une à l'autre.

chaîné, ée adj. ▪ *Pneu chaîné*, muni de chaînes antidérapantes.

chaînette n. f. ▪ Petite chaîne.

chaînon n. m. ▪ **1** Anneau d'une chaîne. **2** Élément d'une suite (logique, etc.).

chair n. f. ▪ **I 1** Substance molle du corps humain ou animal (muscles et tissu conjonctif). ➛ loc. *EN CHAIR ET EN OS* : en personne. ➛ *Être BIEN EN CHAIR* : avoir de l'embonpoint. **2** Aspect de la peau. ➛ *Avoir LA CHAIR DE POULE*, la peau qui se hérisse (de peur...). **II 1** relig. La nature humaine, le corps. **2** littér. Les instincts ; les sens. **III 1** Partie comestible (de certains animaux). → **viande.** ♦ *Chair à saucisse* : préparation de porc haché. **2** Partie comestible (d'animaux non mammifères, de fruits...).

chaire n. f. ▪ **1** Siège d'un pontife. **2** Tribune du prédicateur, dans une église. **3** Poste de professeur de l'enseignement supérieur.

chaise n. f. ▪ **I 1** Siège à dossier et sans bras pour une personne. ➛ loc. *Être assis ENTRE DEUX CHAISES* : être dans une situation incertaine. **2** anciennt *Chaise percée*, dans laquelle s'encastrait un pot de chambre. **3** *Chaise longue*, à inclinaison réglable, permettant de s'allonger. **4** anciennt *Chaise électrique* : siège sur lequel on électrocutait les condamnés à mort, aux États-Unis. **II** anciennt **1** *Chaise à porteurs* : petit abri muni d'un siège, dans lequel on se faisait porter. **2** Véhicule hippomobile.

chaisier, ière n. ▪ **1** Personne qui fabrique des chaises. **2** Loueur de chaises.

chakra n. m. ▪ Dans le yoga, Chacun des sept points du corps où se concentre l'énergie vitale.

① **chaland** n. m. ▪ Bateau à fond plat pour le transport des marchandises. → **péniche.**

② **chaland, ande** n. ▪ vx Client, cliente.

chalandage n. m. ▪ Promenade dans les magasins. → **lèche-vitrine.** – recomm. off. pour *shopping*.

chalandise n. f. ▪ comm. *Zone de chalandise* : aire sur laquelle se trouvent les clients virtuels d'un magasin, d'une localité.

chalazion n. m. ▪ méd. Petite tumeur au bord de la paupière. → **orgelet.**

chalco- [kalko] Élément savant, du grec *khalkos* « cuivre ».

chalcographie n. f. ▪ arts **1** Gravure sur métal. **2** Collection de planches gravées.

chalcopyrite n. f. ▪ minér. Sulfure double naturel de fer et de cuivre ($CuFeS_2$).

chalcosine n. f. ■ minér. Sulfure naturel de cuivre (Cu_2S).

chaldéen, enne [ka-] adj. et n. ■ hist. Qui se rapporte à la Chaldée. ◆ n. *Les Chaldéens.* ♦ n. m. *Le chaldéen* (langue sémitique).

châle n. m. ■ Grande pièce d'étoffe que l'on drape sur les épaules.

chalenge n. m. → **challenge**

chalet n. m. ■ Maison de bois des pays de montagne européens.

chaleur n. f. ■ **I 1** Température élevée de la matière (par rapport au corps humain) ; sensation produite par un corps chaud. ♦ Température de l'air qui donne à l'organisme une sensation de chaud. **2** sc. Phénomène physique qui se traduit notamment par l'élévation de la température (→ **calorifique, thermique**). **3** *Chaleur animale* : chaleur naturelle de l'organisme. **II** État des femelles des mammifères quand elles acceptent l'approche du mâle. → **rut. III** fig. Animation, ardeur, passion.

chaleureux, euse adj. ■ Qui manifeste de la chaleur (III). ► **chaleureusement** adv.

châlit n. m. ■ Cadre de lit.

challenge [ʃalɑ̃ʒ ; tʃalɛnʒ] n. m. ■ anglic. **1** Épreuve sportive dont le titre est remis en jeu. **2** Situation où la difficulté stimule. → **défi.** – recomm. off. *chalenge* (forme de l'anc. franç.). ► **challengeur, euse** n. ou **challenger** n. m.

chaloir v. impers. ■ loc. vieilli *Peu me* (ou *m'en*) *chaut* : peu m'importe.

chaloupe n. f. ■ Grand canot.

chaloupé, ée adj. ■ (démarche...) Balancé.

chalumeau n. m. ■ **1** Tuyau (de paille...). **2** Outil qui produit un jet de gaz enflammé.

chalut n. m. ■ Filet en forme d'entonnoir, remorqué par un bateau.

chalutage n. m. ■ Pêche au chalut.

chalutier n. m. ■ **1** Bateau de pêche au chalut. **2** Marin qui sert sur un chalutier.

chamade n. f. ■ **1** vx Signal de reddition. **2** loc. *Battre la chamade* (cœur), très fort.

chamærops → **chamérops**

se **chamailler** v. pron. 1 ■ fam. Se quereller pour des raisons futiles. ► **chamaillerie** n. f. ► **chamailleur, euse** n. et adj.

chamallow [-lo] n. m. (marque déposée) ■ Marshmallow.

chaman [ʃaman] n. m. ou **chamane** n. ■ Être capable d'interpréter les signes et de communiquer avec les esprits. ► **chamanique** adj. ► **chamanisme** n. m.

chamarrer v. tr. 1 ■ Rehausser d'ornements aux couleurs éclatantes. ▷ adj. **chamarré, ée** ► **chamarrure** n. f.

chambard n. m. ■ fam. Désordre ; chahut.

chambarder v. tr. 1 ■ Bouleverser ; changer brutalement. ► **chambardement** n. m. ◆ loc. *Le grand chambardement* : la révolution.

chambellan n. m. ■ hist. Gentilhomme chargé du service de la chambre d'un prince. ► **chambellanie** n. f. (au Maroc).

chambertin n. m. ■ Vin rouge de Bourgogne.

chambouler v. tr. 1 ■ fam. Bouleverser, mettre sens dessus dessous. ► **chamboulement** n. m.

chambranle n. m. ■ Encadrement d'une porte, d'une fenêtre, d'une cheminée.

chambranler v. intr. 1 ■ (Canada) fam. Vaciller, chanceler.

chambray n. m. ■ Toile d'un bleu doux, d'apparence délavée.

chambre n. f. ■ **I 1** Pièce où l'on couche. **2** *Travailler* EN CHAMBRE, chez soi (artisan). ◆ *Musique* de chambre.* **3** Pièce, à bord d'un navire. **4** Pièce spécialement aménagée. *Chambre froide*, réfrigérée. ♦ *Chambre à gaz*.* **II 1** Section d'une cour, d'un tribunal. **2** Assemblée législative. *La Chambre des députés* : l'Assemblée nationale. **3** Assemblée s'occupant des intérêts d'un corps. *Chambre de commerce.* **III** (Cavité) **1** *Chambre noire* : enceinte percée d'une ouverture, et fournissant une image. **2** Enceinte (où se produit un phénomène). *Chambre de combustion.* **3** *Chambre à air* : enveloppe de caoutchouc gonflée d'air, dans un pneumatique. **4** anat. *Chambre de l'œil*, espace entre l'iris et la cornée.

chambrée n. f. ■ Personnes (spécialt soldats) couchant dans une même pièce.

chambrer v. tr. 1 ■ **1** Mettre (du vin) à la température de la pièce (s'oppose à *frapper*). **2** Taquiner, se moquer de (qqn).

chambrette n. f. ■ Petite chambre.

chambrière n. f. ■ **1** vx Femme de chambre. **2** Long fouet de manège.

chambriste n. ■ Musicien spécialiste de musique de chambre.

chameau n. m. ■ **1** Grand ruminant à une ou deux bosses, à pelage laineux ; spécialt chameau à deux bosses d'Asie (par oppos. à *dromadaire*). **2** fig., fam. Personne méchante.

chamelier n. m. ■ Personne qui conduit et soigne les chameaux, les dromadaires.

chamelle n. f. ■ Femelle du chameau.

chamelon n. m. ■ Petit du chameau.

chamérops ou **chamærops** [kameʀɔps] n. m. ■ Palmier dont une variété est le *palmier nain*.

chamois n. m. ■ **1** Ruminant à cornes recourbées qui vit dans les montagnes. **2** Peau du chamois. ♦ adj. Jaune clair.

chamoiser v. tr. 1 ■ techn. Préparer (une peau) pour la rendre souple. ► **chamoisage** n. m.

chamoisine n. f. ■ Petit torchon duveteux.

champ n. m. ▪ **I 1** Étendue de terre propre à la culture. **2** *LES CHAMPS* : toute étendue rurale. → **campagne.** ◆ *À travers champs* : hors des chemins. **3** (Terrain, espace ; dans des loc.). *Champ de courses.* ◆ *Champ de bataille* : terrain où se livre la bataille. *Champ d'honneur**. ◆ *Champ clos,* où avaient lieu les tournois. ◆ loc. fig. *PRENDRE DU CHAMP,* du recul. *Laisser LE CHAMP LIBRE,* donner toute liberté. **II** fig. **1** Domaine d'action. → **sphère.** *Élargir le champ de ses connaissances.* **2** loc. adv. *SUR-LE-CHAMP.* → **aussitôt, immédiatement.** ◆ *À TOUT BOUT* DE CHAMP.* **III** (Espace limité) **1** Secteur couvert (par un instrument d'optique, etc.). **2** *Champ opératoire* : zone dans laquelle une opération chirurgicale est pratiquée. **3** phys. Zone où se manifeste un phénomène. *Champ magnétique.*

champagne n. m. ▪ Vin mousseux produit dans la région délimitée de Champagne.

champagniser v. tr. [1] ▪ Rendre mousseux (les vins de Champagne) par seconde fermentation en bouteille. ► **champagnisation** n. f.

champart n. m. ▪ Mélange de froment, de seigle et d'orge.

champêtre adj. ▪ littér. Des champs.

champi, isse n. ▪ vx Enfant trouvé dans les champs.

champignon n. m. ▪ **1** Végétal sans feuilles, formé souvent d'un pied surmonté d'un chapeau, à nombreuses espèces comestibles ou vénéneuses. **2** Ce qui a la forme d'un champignon à chapeau. ◆ fam. Pédale d'accélérateur. **3** bot. au plur. Classe de végétaux comprenant les champignons (1), les moisissures, les levures... (→ **mycologie).**

champignonnière n. f. ▪ Lieu où l'on cultive des champignons (1).

champion, ionne n. ▪ **1** n. m. anciennt Celui qui combattait en champ clos, pour soutenir une cause. **2** fig. Défenseur (d'une cause). **3** Sportif qui remporte un championnat. **4** fig., fam. Personne remarquable. ◆ adj. Extraordinaire.

championnat n. m. ▪ Épreuve sportive dont le vainqueur obtient un titre.

champlever [ʃɑ̃l(ə)ve] v. tr. [5] ▪ techn. Enlever au burin ce qu'il y a autour d'une figure, pour obtenir des reliefs.

champlure ou **champleure** n. f. ▪ (Canada) Robinet.

chamsin → **khamsin**

chançard, arde adj. ▪ fam. Chanceux.

chance n. f. ▪ **I 1** Manière (favorable ou défavorable) dont un événement se produit. → **hasard.** *Bonne chance !* ◆ *La chance* : le sort. **2** Possibilité de se produire par hasard. *Calculer ses chances de succès.* **II** *La chance* : la bonne chance (opposé à *malchance*).

chanceler v. intr. [4] ▪ **1** Vaciller sur sa base, pencher de côté et d'autre. **2** fig. Être menacé de ruine, de chute. ◆ Hésiter. ► **chancelant, ante** adj. → **incertain, fragile.**

chancelier, ière n. ▪ **1** Personne chargée de garder les sceaux. **2** Premier ministre (Autriche, Allemagne).

chancelière n. f. ▪ Sac fourré pour tenir les pieds au chaud.

chancellerie n. f. ▪ **1** Services d'un chancelier. **2** (en France) Ministère de la Justice.

chanceux, euse adj. ▪ Qui a de la chance.

chancre n. m. ▪ **1** Ulcération de la peau, d'une muqueuse. **2** fig. Ce qui ronge, détruit.

chancrelle n. f. ▪ méd. Maladie vénérienne caractérisée par une ulcération de la verge ou de la vulve.

chandail, ails n. m. ▪ Gros tricot de laine qu'on enfile par la tête.

Chandeleur n. f. ▪ Fête de la présentation de Jésus-Christ au Temple et de la purification de la Vierge (2 février).

chandelier n. m. ▪ Support destiné à recevoir des chandelles, cierges, bougies.

chandelle n. f. ▪ **1** anciennt Appareil d'éclairage fait d'une mèche tressée enveloppée de suif. **2** loc. *Devoir une fière chandelle à qqn,* lui être redevable d'un grand service rendu. ◆ *Économies de bouts de chandelles,* insignifiantes. ◆ *Brûler la chandelle par les deux bouts* : gaspiller son argent, sa santé. ◆ *En voir trente-six chandelles* : être étourdi par un coup. **3** Montée verticale (d'un avion...).

① **chanfrein** n. m. ▪ Partie de la tête du cheval qui va du front aux naseaux.

② **chanfrein** n. m. ▪ techn. Biseau obtenu en abattant l'arête d'une pierre, etc.

chanfreiner v. tr. [1] ▪ techn. Tailler en chanfrein (②).

change n. m. ▪ **I 1** loc. *Gagner, perdre au change,* à l'échange. **2** Échange de deux monnaies de pays différents ; taux auquel se fait cette opération. **II** loc. *DONNER LE CHANGE à qqn,* lui faire prendre une chose pour une autre. **III 1** Couche-culotte jetable. **2** Tenue de rechange.

changeable adj. ▪ Qui peut être changé.

changeant, ante adj. ▪ **1** Qui est sujet à changer. → **incertain, variable. 2** Dont l'aspect, la couleur change suivant la lumière.

changement n. m. ▪ **1** Fait de changer (quant à un caractère). **2** Fait de quitter une chose, un état pour un(e) autre. **3** État de ce qui évolue, se modifie. **4** Dispositif permettant de changer. *Changement de vitesse.*

changer v. [3] ▪ **I** v. tr. **1** Céder (une chose) contre une autre. → **échanger.** **2** Remplacer (qqch., qqn) par une chose, une personne (de même nature). *Changer une roue.* **3** *CHANGER qqch., qqn DE :* faire subir une modification quant à. *Changer qqch. de place.* **4** Rendre autre ou différent. → **modifier.** *Changer ses habitudes.* ♦ *CHANGER qqch., qqn EN.* → **transformer.** **II** v. tr. ind. *CHANGER DE :* abandonner, quitter (une chose, une personne ; un état) pour un(e) autre du même genre. **III** v. intr. Devenir autre, différent. → **évoluer.** ▷ v. pron. se **changer** Mettre d'autres vêtements.

changeur, euse n. ▪ **1** Personne qui effectue des opérations de change. **2** n. m. Machine, dispositif permettant de changer.

chanlatte n. f. ▪ techn. Latte mise de chant au bas du versant d'un toit.

channe n. f. ▪ (Suisse) Broc à vin en étain.

chanoine n. m. ▪ Dignitaire ecclésiastique.

chanoinesse n. f. ▪ Religieuse de certaines communautés.

chanson n. f. ▪ **I 1** Texte mis en musique, souvent divisé en couplets et refrain, destiné à être chanté. **2** Bruit harmonieux. **3** fig., fam. Propos rebattus. **II** Poème épique du Moyen Âge, divisé en strophes. *Chanson de geste*.*

chansonnette n. f. ▪ Chanson populaire.

chansonnier, ière n. ▪ **1** n. m. Recueil de chansons. **2** Auteur de chansons, de sketchs.

① **chant** n. m. ▪ **1** Émission de sons musicaux par la voix humaine ; technique, art de la musique vocale. **2** Composition musicale destinée à la voix. **3** Bruit harmonieux. **4** Poésie lyrique ou épique.

② **chant** n. m. ▪ Face étroite d'un objet. ➛ *Mettre, poser une pierre DE CHANT,* de sorte que sa face longue soit horizontale.

chantage n. m. ▪ Action d'extorquer à qqn de l'argent, un avantage sous la menace d'une révélation compromettante. ➛ par ext. Pression psychologique. *Chantage au suicide.*

chantant, ante adj. ▪ **1** Qui chante. **2** (voix...) Mélodieux. **3** Où l'on chante.

chantefable n. f. ▪ littér. Récit médiéval où alternent la prose et les vers.

chanter v. [1] ▪ **I** v. intr. **1** Former avec la voix une suite de sons musicaux (chant). **2** (oiseaux...) Crier. → **gazouiller, siffler.** **3** *FAIRE CHANTER qqn,* exercer un chantage sur lui. **4** loc. fam. *Si ça te chante,* si ça te convient. **II** v. tr. **1** Exécuter (un morceau de musique vocale). **2** fam. *Que me chantes-tu là ?* → **dire, raconter.** **3** littér. Célébrer, exalter.

① **chanterelle** n. f. ▪ Corde la plus fine et la plus aiguë, dans un instrument à cordes.

② **chanterelle** n. f. ▪ Champignon jaune à bords ondulés, appelé aussi *girolle.*

chanteur, euse ▪ **1** n. Personne qui chante, fait métier de chanter. **2** adj. *Oiseau chanteur.*

chantier n. m. ▪ **1** Lieu où se fait un vaste travail collectif sur des matériaux. **2** Travail, projet de grande envergure. ➛ loc. *Mettre* (un travail, etc.) *en chantier,* le commencer. **3** fam. Lieu en désordre.

chantignole n. f. ▪ techn. Brique de demi-épaisseur.

chantilly n. f. ▪ Crème fouettée sucrée.

chantonner v. [1] ▪ Chanter à mi-voix. → **fredonner.** ► **chantonnement** n. m.

chantoung → **shantung**

chantourner v. tr. [1] ▪ techn. Découper suivant un profil donné.

chantre n. m. ▪ **1** Chanteur dans un service religieux. **2** littér. *Le chantre de :* personne qui célèbre (qqn, qqch.).

chanvre n. m. ▪ **1** Plante dont la tige fournit un textile. ♦ Ce textile. **2** *Chanvre indien,* qui produit le haschisch.

chanvrier, ière n. ▪ Personne qui travaille le chanvre. ♦ adj. *L'industrie chanvrière.*

chaos [kao] n. m. ▪ **1** Confusion, désordre grave. **2** Entassement naturel et désordonné de rochers. ► **chaotique** [ka-] adj.

chaource n. m. ▪ Fromage de vache, fabriqué en Champagne.

chaparder v. tr. [1] ▪ fam. Dérober, voler (de petites choses). ► **chapardage** n. m. ► **chapardeur, euse** adj. et n.

chapati [(t)ʃa-] n. m. ▪ Crêpe indienne à pâte non levée.

chape n. f. ▪ **1** Long manteau de cérémonie, sans manches. **2** Objet recouvrant qqch.

chapeau n. m. ▪ **I** Coiffure de forme élaborée, souvent rigide. ➛ loc. fig. *Coup de chapeau :* hommage rendu à qqn. *Chapeau bas !* → **bravo.** **II 1** Partie supérieure d'un champignon. **2** Partie qui protège. *Chapeau de roue.* → **enjoliveur.** ➛ fam. *Démarrer SUR LES CHAPEAUX DE ROUES,* très vite. **3** Texte court qui surmonte un article de journal.

chapeauter v. tr. [1] ▪ **1** Coiffer d'un chapeau. **2** fig. Exercer un contrôle sur.

chapelain n. m. ▪ Prêtre d'une chapelle.

chapelet n. m. ▪ **1** Objet formé de grains enfilés que l'on fait glisser entre ses doigts en récitant des prières ; ces prières. **2** Succession de choses identiques alignées.

chapelier, ière n. ▪ **1** Personne qui fait ou vend des chapeaux. **2** adj. Qui concerne les chapeaux. *L'industrie chapelière.*

chapelle n. f. ▪ **1** Lieu consacré au culte (dans une demeure...). **2** Église n'ayant pas le titre de paroisse. **3** Partie d'une église où se dresse un autel secondaire. **4** Chanteurs et instrumentistes d'une église. ◆ *Maître de chapelle,* celui qui les dirige. **5** fig. Groupe fermé. → **clan, coterie.**

chapellenie n. f. ■ relig. Dignité du chapelain.

chapellerie n. f. ■ Industrie, commerce des chapeaux.

chapelure n. f. ■ Pain séché émietté, dont on saupoudre **(→ paner)** certains mets.

chaperon n. m. ■ anciennt **1** Capuchon. **2** fig. Personne qui accompagnait et surveillait une jeune fille. ◆ Personne qui en accompagne une autre pour la surveiller.

chaperonner v. tr. [1] ■ Accompagner (une jeune fille) en qualité de chaperon.

chapiteau n. m. ■ **1** Partie élargie qui couronne une colonne. **2** Tente (d'un cirque...).

chapitre n. m. ■ **I 1** Chacune des parties d'un livre. **2** Division (d'un budget). **3** fig. Sujet dont on parle. **II 1** Assemblée délibérante de religieux, de chanoines **(→ capitulaire). 2** loc. *Avoir* VOIX AU CHAPITRE, le droit de donner son avis.

chapitrer v. tr. [1] ■ Sermonner (qqn).

chapka n. f. ■ Coiffure de fourrure.

chapon n. m. ■ Jeune coq châtré engraissé.

chaponner v. tr. [1] ■ Châtrer (un jeune coq). ► **chaponnage** n. m.

chapska n. m. ou f. ■ Coiffure des lanciers français du Second Empire. - var. **schapska.**

chaptaliser v. tr. [1] ■ Ajouter du sucre à (un moût) avant la fermentation. ► **chaptalisation** n. f.

chaque adj. indéf. sing. ■ **1** Qui fait partie d'un tout et qui est considéré à part. **2** Chacun.

① **char** n. m. ■ **1** vieilli Voiture rurale à quatre roues, tirée par un animal. **2** Antiq. Voiture à deux roues utilisée dans les combats, les jeux. → **quadrige. 3** Voiture décorée, pour les fêtes publiques. **4** Engin blindé et armé, monté sur chenilles.

② **char** n. m. ■ argot Bluff, blague. ◆ loc. fam. *Arrête ton char !* - var. **charre.**

charabia n. m. ■ fam. Langage, style incompréhensible ou incorrect.

charade n. f. ■ Jeu où l'on doit retrouver un mot par la définition de ses syllabes.

charançon n. m. ■ Coléoptère nuisible.

charançonné, ée adj. ■ Attaqué par les charançons. *Blé charançonné.*

charbon n. m. ■ **I 1** Combustible solide, noir, d'origine végétale, tiré du sol ou obtenu par combustion du bois. **2** loc. (fam.) *Aller au charbon,* au travail. ◆ *Être sur des charbons ardents :* être très impatient ou inquiet. **3** Fusain (à dessiner). **II 1** Maladie infectieuse de l'homme et des animaux. **2** Maladie cryptogamique des végétaux.

charbonnage n. m. ■ Exploitation de la houille. ◆ au plur. Mines de houille.

charbonner v. [1] ■ **1** v. tr. Noircir avec du charbon. **2** v. intr. Se réduire en charbon.

charbonneux, euse adj. ■ **1** Qui a l'aspect du charbon. **2** Qui est noir de charbon.

charbonnier, ière ■ **I 1** n. Personne qui fait ou vend du charbon. ◆ loc. *La foi du charbonnier :* la foi naïve de l'homme simple. **2** n. m. Cargo pour le transport du charbon. **II** adj. **1** Relatif au charbon. **2** *Mésange charbonnière,* à tête et cou noirs.

charcutaille n. f. ■ fam. Charcuterie.

charcuter v. tr. [1] ■ fam. **1** Opérer (qqn) maladroitement. **2** Abîmer, saccager.

charcuterie n. f. ■ **1** Industrie et commerce de la viande de porc, des préparations à base de porc. **2** Spécialité à base de viande de porc. **3** Boutique de charcutier.

charcutier, ière n. ■ Personne qui apprête et vend du porc, de la charcuterie, etc.

chardon n. m. ■ Plante à feuilles et bractées épineuses.

chardonnay n. m. ■ Variété de pinot. ◆ Vin blanc fait avec ce cépage.

chardonneret n. m. ■ Oiseau chanteur au plumage coloré.

charentaise n. f. ■ Pantoufle fourrée.

charge n. f. ■ **I 1** Ce qui pèse sur (qqch., qqn) ; ce que porte ou peut porter qqn, un animal, un véhicule, un bâtiment... **2** Quantité de poudre, etc. que l'on met dans une arme. **3** Quantité d'électricité. *Charge négative, positive.* **II** abstrait (Ce qui pèse) **1** Ce qui cause de l'embarras. *Une charge pénible.* **2** Ce qui fait faire des dépenses. ◆ *Être* À LA CHARGE DE *qqn. Foyer avec deux enfants* À CHARGE. ◆ *Charges sociales,* versées par les employeurs. **3** Fonction dont qqn a le soin. **4** Responsabilité. ◆ loc. PRENDRE *qqn, qqch.* EN CHARGE, sous sa responsabilité. **5** Fait qui pèse sur un accusé. *Témoin* À CHARGE, qui accuse. **6** littér. Exagération, caricature. **III** Attaque rapide et violente. → **assaut.** ◆ loc. *Revenir à la charge :* insister (pour obtenir qqch.).

chargement n. m. ■ Action de charger (I). ◆ Ce qui est chargé.

charger v. tr. [3] ■ **I 1** Mettre sur (qqn, un animal, un véhicule, un bâtiment...) des objets à transporter. *Charger un camion.* **2** Placer, disposer pour être porté. *Charger des valises.* **3** Mettre dans (une arme) ce qui est nécessaire au tir. ◆ Munir (un appareil) de ce qui est nécessaire à son fonctionnement. **4** Accumuler de l'électricité dans. **5** *Charger de :* garnir abondamment de. **II** abstrait **1** CHARGER *qqch., qqn* DE : faire porter (une accusation ; une charge) sur. **2** Revêtir qqn de (une responsabilité, etc.). **3** CHARGER *qqn,* l'attaquer ; le calomnier.

III Attaquer avec impétuosité. *Charger l'ennemi.* ▷ v. pron. se **charger 1** Prendre pour transporter. **2** Assumer, endosser. ▷ **chargé, ée I** p. p. et adj. **1** *Bras chargés de paquets.* **2** *Fusil chargé.* **3** Alourdi, embarrassé. *Estomac chargé.* **II** n. Personne chargée (de qqch.). *Chargé d'affaires. Chargée de mission.*

chargeur n. m. ■ **1** Personne qui charge (qqch.). **2** Entreprise de transports. **3** Dispositif pour charger (une arme ; un appareil).

chargeuse n. f. ■ techn. Appareil pour charger des matériaux, alimenter une machine.

charia n. f. ■ Loi islamique, qui fixe les devoirs des croyants. - var. **sharia.**

chariot n. m. ■ **1** Voiture à quatre roues ou appareil pour le transport des fardeaux. **2** Partie d'une machine qui se déplace.

charisme [ka-] n. m. ■ **1** théol. Don conféré par grâce divine. **2** Qualité d'une personnalité qui plaît, s'impose, dans la vie publique. ► **charismatique** [ka-] adj.

charitable adj. ■ **1** Qui a de la charité. **2** Inspiré par la charité. ► **charitablement** adv.

charité n. f. ■ **1** Amour du prochain (vertu chrétienne). **2** Bienfait envers les pauvres.

charivari n. m. ■ **1** ethnol. Tumulte organisé (acte rituel). **2** Grand bruit, tumulte.

charlatan n. m. ■ **1** anciennt Vendeur ambulant qui débitait des drogues, etc. **2** Imposteur qui exploite la crédulité publique. ► **charlatanesque** adj. ► **charlatanisme** n. m. (sens 2).

charleston [ʃaʀlɛstɔn] n. m. ■ Danse rapide (à la mode v. 1920-1925).

charlot n. m. ■ fam. Personne peu sérieuse.

charlotte n. f. ■ **I** Entremets à base de fruits ou de crème et de biscuits. **II** Ancienne coiffure de femme, froncée. ♦ par ext. Bonnet à bord élastique pour protéger, recouvrir les cheveux. **III** Pomme de terre ronde à chair jaune clair.

charmant, ante adj. ■ **1** Qui a un grand charme, qui plaît beaucoup. **2** Très agréable (à regarder, à fréquenter...). ♦ iron. Désagréable. *Charmante soirée !*

① **charme** n. m. ■ **1** littér. Enchantement ; action magique. *Jeter un charme.* → **sort.** - fig. *Être sous le charme,* séduit. - *Se porter comme un charme,* très bien. **2** Qualité de ce qui attire, plaît. → **séduction. 3** *Faire du charme :* essayer de plaire. **4** vieilli ou iron. *Les charmes d'une femme.* → **appas.**

② **charme** n. m. ■ Arbre à bois blanc.

charmer v. tr. [1] ■ Plaire par son charme.

charmeur, euse n. ■ **1** Personne qui charme, séduit. → **séducteur.** - adj. *Un sourire charmeur.* **2** *Charmeur de serpents :* personne qui fait un numéro avec des serpents.

charmille n. f. ■ Allée (de charmes...).

charnel, elle adj. ■ **1** Qui a trait aux choses de la chair (opposé à *spirituel*). **2** Relatif à l'instinct sexuel. ► **charnellement** adv.

charnier n. m. ■ **1** anciennt Ossuaire. **2** Lieu où sont entassés des cadavres.

charnière n. f. ■ **1** Assemblage articulé de deux pièces métalliques réunies par un axe. **2** fig. Point de jonction, de transition.

charnu, ue adj. ■ Bien fourni de chair.

charognard n. m. ■ **1** Animal qui se nourrit de charognes (vautour, etc.). **2** (injure) Exploiteur impitoyable.

charogne n. f. ■ **1** Cadavre en putréfaction. **2** fam. (injure) → **ordure, saleté.**

charolais, aise adj. et n. ■ Du Charolais. ♦ spécialt (bovins) Élevé dans le Charolais. - n. *Un charolais.*

charpentage n. m. ■ techn. Travail, construction de la charpente.

charpente n. f. ■ **1** Assemblage de pièces de bois ou de métal soutenant une construction. **2** Parties osseuses (du corps humain). → **ossature. 3** Plan (d'un ouvrage).

charpenter v. tr. [1] ■ **1** Tailler (des pièces de bois) pour une charpente. **2** fig. Organiser, construire. ▷ adj. **charpenté, ée** *Homme solidement charpenté.* → **bâti.**

charpenterie n. f. ■ Technique des charpentes de bois.

charpentier, ière n. ■ Personne qui fait des travaux de charpente.

charpie n. f. ■ **1** anciennt Fils tirés de vieilles toiles, servant à faire des pansements. **2** loc. *Réduire* EN CHARPIE : déchiqueter.

charre → ② **char**

charretée n. f. ■ Contenu d'une charrette.

charretier, ière n. ■ Personne qui conduit une charrette. - *Jurer comme un charretier,* grossièrement.

charreton n. m. ■ Petite charrette.

charrette n. f. ■ **1** Voiture à deux roues, à ridelles, servant à transporter des fardeaux. **2** Groupe de personnes licenciées. **3** fam. Période de travail intensif.

charrier v. tr. [7] ■ **I** (rivière...) Entraîner dans son cours. **II** fam. Se moquer de (qqn). - intrans. *Tu charries !* → **exagérer.**

charroi n. m. ■ Transport par chariot.

charron n. m. ■ Fabricant de chariots.

charrue n. f. ■ Instrument pour labourer. - loc. *Mettre la charrue avant les bœufs :* faire d'abord ce qui devrait être fait ensuite.

charte n. f. ■ **1** (au Moyen Âge) Titre de privilège, etc. ♦ *L'École des chartes,* préparant des spécialistes des documents anciens. **2** hist. Constitution établie par un souverain. **3** Lois fondamentales d'une organisation.

charter [-ɛʀ] n. m. ▪ anglic. Avion affrété.

chartériser v. tr. 1 ▪ anglic. Affréter, noliser.

chartiste n. ▪ Élève de l'École des chartes.

chartreuse n. f. ▪ **I** Couvent de chartreux. **II** (marque déposée) Liqueur aux herbes.

chartreux, euse n. ▪ Religieux, religieuse de l'ordre de Saint-Bruno.

chas n. m. ▪ Trou (d'une aiguille).

chasse n. f. ▪ **I 1** Action de chasser, de poursuivre les animaux pour les prendre ou les tuer. ➛ CHASSE À COURRE, avec des chiens, sans armes à feu. → **vénerie. 2** Terre réservée pour la chasse. *Chasse gardée* (fig. activité que l'on se réserve). **II** Poursuite ; action de poursuivre. **III** CHASSE D'EAU : dispositif pour nettoyer la cuvette des W.-C.

châsse n. f. ▪ **1** Coffre où l'on garde les reliques d'un saint. **2** argot Œil.

chassé n. m. ▪ danse Pas où une jambe exécute un pas glissé tandis que l'autre se rapproche.

chasse-clou n. m. ▪ techn. Outil servant à enfoncer profondément les clous. *Des chasse-clous.*

chassé-croisé n. m. ▪ **1** Mouvement par lequel deux danseurs se croisent. **2** Échange réciproque et simultané (de situation...). *Des chassés-croisés.*

chasselas n. m. ▪ Raisin de table blanc.

chasse-mouches n. m. invar. ▪ Petit instrument pour écarter les mouches.

chasse-neige n. m. invar. ▪ **1** Engin pour ôter la neige. **2** ski Position de freinage.

chassepot n. m. ▪ hist. Fusil à aiguille.

chasser v. 1 ▪ **I** v. tr. **1** Poursuivre (les animaux) pour les prendre ou les tuer. **2** Mettre dehors ; faire sortir de force. ♦ → **éliminer.** *Chasser l'ennui.* **II** v. intr. Être poussé, entraîné ; déraper.

chasseresse n. f. ▪ littér. Femme qui chasse.

chasse-roue n. m. invar. ▪ Borne ou arc métallique placé à l'angle d'une porte, d'un mur, pour en écarter les roues des voitures.

chasseur, euse n. ▪ le fém. ne s'emploie qu'au sens 1 → aussi chasseresse **1** Personne qui pratique la chasse (surtout au fusil). ♦ fig. *Chasseur de têtes,* recruteur de cadres. **2** n. m. Domestique en livrée. **3** n. m. Membre de certains corps de troupes. *Chasseurs alpins.* **4** n. m. Avion de combat léger et rapide.

chassie n. f. ▪ Matière gluante s'accumulant au bord des paupières. ► **chassieux, euse** adj.

châssis n. m. ▪ **1** Cadre maintenant en place des planches, du tissu... **2** Encadrement (d'une ouverture, d'un vitrage). **3** Charpente, bâti (de machines, de véhicules).

chaste adj. ▪ **1** Qui s'abstient des plaisirs sexuels. **2** (actions...) Dénué d'érotisme. *Amour chaste.* ► **chasteté** n. f. ► **chastement** adv.

chasuble n. f. ▪ **1** Manteau sans manches que le prêtre revêt pour célébrer la messe. **2** Vêtement qui a cette forme.

① **chat, chatte** n. ▪ **I 1** Petit mammifère familier à poil doux, aux yeux oblongs, à oreilles triangulaires, aux griffes rétractiles. **2** (au masc.) prov. *La nuit, tous les chats sont gris* : on confond tout dans l'obscurité. ➛ *Quand le chat n'est pas là, les souris dansent* : les gens agissent librement quand il n'y a plus de surveillance. ➛ *Chat échaudé craint l'eau froide* : une mésaventure rend prudent. ➛ *À bon chat, bon rat* : la défense vaudra l'attaque. ♦ loc. *Avoir un chat dans la gorge* : être enroué. ➛ *Il n'y a pas un chat,* absolument personne. ➛ *Donner sa langue* au chat.* **3** adj. *Elle est chatte,* câline. **4** n. m. Personne qui poursuit les autres (à un jeu). **5** Mammifère carnivore dont le chat (1) est le type. *Chats sauvages.* → **chat-tigre, haret, ocelot. II** CHAT À NEUF QUEUES : fouet à neuf lanières.

② **chat** [tʃat] ou **tchat** n. m. ▪ anglic. Communication en temps réel sur Internet, par échange de messages écrits. ► **chatter** [tʃ-] ou **tchat(t)er** v. intr. 1 ► **chatteur, euse** [tʃ-] ou **tchat(t)eur, euse** n.

châtaigne n. f. ▪ **I** Fruit comestible du châtaignier. **II** fam. Coup de poing.

châtaigneraie n. f. ▪ Lieu planté de châtaigniers.

châtaignier n. m. ▪ Arbre de grande taille, vivace, dont le fruit est la châtaigne.

châtain adj. ▪ Brun clair. *Cheveux châtains.*

chataire → **cataire**

château n. m. ▪ **1** CHÂTEAU (FORT) : demeure féodale fortifiée. **2** Habitation seigneuriale ou royale. ➛ loc. *Vie de château,* vie oisive et opulente. **3** loc. *Faire des châteaux en Espagne,* des projets chimériques. **4** CHÂTEAU D'EAU : grand réservoir à eau. **5** Propriété productrice de vins de Bordeaux.

chateaubriand ou **châteaubriant** n. m. ▪ Épaisse tranche de filet de bœuf grillé.

châtelain, aine n. ▪ **1** Seigneur, dame d'un château (1). **2** Propriétaire d'un château.

châtellenie n. f. ▪ hist. Seigneurie et juridiction d'un châtelain.

chat-huant n. m. ▪ → **hulotte.**

châtier v. tr. 7 ▪ littér. **1** Infliger une peine à (qqn) pour corriger. → **punir. 2** Rendre (son style) plus correct et plus pur.

chatière n. f. ▪ Petite ouverture (passage pour les chats, trou d'aération...).

châtiment n. m. ▪ Peine, punition sévère.

chatoiement n. m. ▪ Reflet changeant.

① **chaton** n. m. ▪ Jeune chat.

② **chaton** n. m. ▪ Tête d'une bague où s'enchâsse une pierre ; cette pierre.

③ **chaton** n. m. ▪ Assemblage de fleurs de certains arbres, épi duveteux.

chatou → **chatrou**

chatouille n. f. ▪ fam. Action de chatouiller.

chatouillement n. m. ▪ **1** Action de chatouiller. → **chatouille. 2** Picotement.

chatouiller v. tr. [1] ▪ **1** Faire des attouchements légers et répétés sur la peau, qui provoquent le rire. **2** Faire éprouver un léger picotement à. → **gratter** (3). **3** littér. Exciter doucement, agréablement. → **charmer, flatter.**

chatouilleux, euse adj. ▪ **1** Sensible au chatouillement. **2** Qui se fâche aisément.

chatouillis n. m. ▪ fam. Petit chatouillement.

chatoyer v. intr. [8] ▪ Changer de couleur, avoir des reflets selon le jeu de la lumière. ► **chatoyant, ante** adj.

châtrer v. tr. [1] ▪ Rendre (un homme, un animal mâle) impropre à la reproduction en mutilant les testicules. → **castrer.**

chatrou n. m. ▪ (Antilles) Poulpe (en cuisine). - var. **chatou.**

chatte n. f. → ① **chat**

chattemite n. f. ▪ loc. vieilli *Faire la chattemite,* affecter la douceur, pour tromper.

chatter v. intr. → ② **chat**

chatterie n. f. ▪ **1** Caresse, câlinerie. **2** au plur. Choses délicates à manger.

chatterton [ʃatɛʀtɔn] n. m. ▪ Ruban de toile isolant et très adhésif.

chatteur, euse n. → ② **chat**

chat-tigre n. m. ▪ Chat sauvage. *Des chats-tigres.*

chaud, chaude ▪ **I** adj. **1** (opposé à *froid, frais*) Qui est à une température plus élevée que celle du corps ; qui donne une sensation de chaleur. ♦ adv. *Boire chaud.* **2** Qui réchauffe ou garde la chaleur. *Vêtement chaud.* **3** fig. Animé, passionné. → **ardent. 4** Qui évoque la chaleur. *Une voix chaude,* grave. *Tons chauds.* **5** (Sensuel). loc. *Chaud lapin**. - *Quartier chaud* (prostitution). **II** n. m. **1** *Le chaud,* la chaleur. - *Un chaud et froid :* un refroidissement. **2** *AU CHAUD :* en conservant la chaleur. **3** nominal *Il fait chaud.* - *J'ai eu chaud !,* j'ai eu peur. - loc. *Cela ne me fait ni chaud ni froid,* m'est indifférent. **4** loc. adv. *À CHAUD :* en chauffant. - *Opérer à chaud,* en pleine crise.

chaudeau n. m. ▪ cuis. ou région. **1** Bouillon chaud. **2** Lait chaud.

chaudement adv. ▪ **1** De manière à conserver sa chaleur. **2** Avec chaleur (III).

chaude-pisse n. f. ▪ fam. Blennorragie. *Des chaudes-pisses.*

chaud-froid n. m. ▪ Plat de volaille ou de gibier cuit et servi froid. *Des chauds-froids.*

chaudière n. f. ▪ Récipient où l'on transforme de l'eau en vapeur, pour fournir de l'énergie thermique (chauffage), etc.

chaudrée n. f. ▪ région. Plat de poissons et de pommes de terre dans leur bouillon de cuisson. → **cotriade.**

chaudron n. m. ▪ Récipient métallique à anse mobile, qui va au feu.

chaudronnerie n. f. ▪ Industrie, commerce des récipients métalliques ; ces objets.

chaudronnier, ière ▪ **1** n. Artisan en chaudronnerie. **2** adj. De la chaudronnerie.

chauffage n. m. ▪ **1** Action de chauffer. **2** Installations qui chauffent.

chauffagiste n. ▪ Spécialiste des installations de chauffage.

chauffant, ante adj. ▪ Qui chauffe.

chauffard, arde n. ▪ Mauvais conducteur.

chauffe n. f. ▪ Fait de chauffer. - *Bleu de chauffe,* combinaison de chauffeur (I).

chauffe-assiettes n. m. invar. ▪ Appareil pour chauffer les assiettes.

chauffe-bain n. m. ▪ Appareil qui produit de l'eau chaude. *Des chauffe-bains.*

chauffe-biberon n. m. ▪ Appareil pour chauffer les biberons. *Des chauffe-biberons.*

chauffe-eau n. m. invar. ▪ Appareil producteur d'eau chaude, pour l'hygiène.

chauffe-plats n. m. invar. ▪ Réchaud qui tient les plats au chaud pendant le repas.

chauffer v. [1] ▪ **I** v. tr. Élever la température de ; rendre chaud. **II** v. intr. **1** Devenir chaud. *Faire chauffer de l'eau.* **2** Produire de la chaleur. **3** fam. *Ça va chauffer.* → **barder.** ▷ v. pron. **se chauffer 1** S'exposer à la chaleur. **2** Chauffer sa maison. - loc. fig. *Montrer de quel bois on se chauffe* (menace). **3** (sportifs...) → s'**échauffer.**

chaufferette n. f. ▪ Petit appareil pour se chauffer les pieds, etc.

chaufferie n. f. ▪ Endroit (d'une usine, d'un navire) où sont les chaudières.

chauffeur, euse n. ▪ **I** Personne chargée de veiller sur une chaudière. **II** Personne qui conduit un véhicule automobile.

chauffeuse n. f. ▪ Siège, fauteuil bas.

chauler v. tr. [1] ▪ **1** Traiter par la chaux. **2** Blanchir à la chaux. ► **chaulage** n. m.

chaume n. m. ▪ **1** Partie de la tige des céréales qui reste après la moisson. → **paille. 2** Paille qui couvre le toit des maisons.

chaumière n. f. ▪ Maison à toit de chaume.

chaussant n. m. ▪ Façon dont une chaussure convient au pied.

chaussée n. f. ▪ **1** Partie d'une voie où circulent les voitures. **2** Talus, levée de terre.

chausse-pied n. m. ■ Lame incurvée utilisée pour se chausser. *Des chausse-pieds.*

chausser v. tr. [1] ■ **I 1** Mettre (des chaussures) à ses pieds. ♦ *Chausser du 40,* avoir cette pointure. **2** Mettre des chaussures à (qqn). ➛ pronom. *Se chausser.* **II 1** Entourer de terre le pied (d'une plante). **2** Garnir de pneus (une voiture).

chausses n. f. pl. ■ vx Culotte (→ haut-de-chausses) ou bas.

chausse-trape n. f. ■ **1** Trou recouvert (piège). **2** fig. Embûche. *Des chausse-trapes.*

chaussette n. f. ■ Vêtement de maille qui couvre le pied et le bas de la jambe. ➛ loc. fam. *Jus de chaussette :* mauvais café.

chausseur, euse n. ■ Personne qui fabrique ou vend des chaussures. → **bottier.**

chausson n. m. ■ **1** Chaussure souple (d'intérieur...). **2** Pâtisserie fourrée de compote.

chaussure n. f. ■ **1** Partie du vêtement qui protège le pied. **2** Chaussure (1) solide, basse et fermée (s'oppose à *chausson, botte,* etc.). → **soulier.** ➛ loc. *Trouver chaussure à son pied,* ce qui convient. **3** Industrie des chaussures.

chaut (peu me chaut) → **chaloir**

chauve adj. ■ Qui n'a plus de cheveux.

chauve-souris n. f. ■ Mammifère à ailes membraneuses. *Des chauves-souris.*

chauvin, ine adj. et n. ■ D'un nationalisme partial. ► **chauvinisme** n. m.

chaux n. f. ■ Oxyde de calcium (blanc), obtenu par calcination de calcaires (marbre, craie). *Chaux vive* (sans eau). ➛ loc. *Être bâti à chaux et à sable,* très robuste.

chavirement n. m. ■ (navire) Fait de chavirer. - syn. **chavirage.**

chavirer v. [1] ■ **I** v. intr. Se retourner (navire) ; se renverser. ♦ fig. → **sombrer. II** v. tr. Faire chavirer. ♦ fig. Émouvoir, perturber.

chayote ou **chayotte** [ʃaj-] n. f. ■ Plante grimpante du Mexique, au fruit en forme de poire ; ce fruit.

cheap [tʃip] adj. invar. ■ anglic., fam. Bon marché et d'une qualité douteuse.

chèche n. m. ■ (au Maghreb) Longue écharpe.

chéchia n. f. ■ Coiffure en forme de calotte portée dans certains pays d'Islam.

check-list [(t)ʃɛklist] n. f. ■ anglic. Liste de vérification (recomm. off.). *Des check-lists.*

check-up [(t)ʃɛkœp] n. m. invar. ■ anglic. Bilan* de santé.

cheddar [(t)ʃedaʀ] n. m. ■ Fromage de vache à pâte dure, souvent colorée.

cheddite n. f. ■ techn. Explosif à base de chlorate et d'un dérivé nitré du toluène.

cheeseburger [(t)ʃizbœʀgœʀ] n. m. ■ anglic. Hamburger au fromage.

cheesecake [(t)ʃizkɛk] n. m. ■ anglic. Gâteau au fromage blanc.

chef n. m. ■ **I 1** vx Tête (→ couvre-chef). **2** loc. *DE SON (PROPRE) CHEF :* de sa propre initiative. ♦ (dr.) *CHEF D'ACCUSATION,* point sur lequel elle se fonde. ♦ *AU PREMIER CHEF :* essentiellement. **II 1** Personne qui est à la tête, qui dirige, commande, gouverne. **2** spécialt *Chef d'orchestre :* personne qui dirige l'orchestre ; fig. personne qui organise. ♦ *Chef (cuisinier) ;* absolt *chef :* cuisinier. ♦ appos. *Médecin-chef.* ➛ (avec un n. fém.) *Infirmière-chef.* **3** fam. Personne remarquable. **4** *EN CHEF :* en qualité de chef ; en premier. *Rédacteur en chef.*

chefaillon n. m. ■ fam. Responsable sans envergure.

chef-d'œuvre [ʃɛdœvʀ] n. m. ■ **1** Œuvre capitale d'un compagnon (2), réalisée pour passer maître dans son métier. **2** La meilleure œuvre (d'un créateur). **3** Œuvre très remarquable. *Des chefs-d'œuvre.*

chefferie n. f. ■ Territoire sur lequel s'exerce l'autorité d'un chef (en Afrique).

chef-lieu n. m. ■ (en France) Ville qui est le centre d'une circonscription administrative. *Des chefs-lieux.*

cheftaine n. f. ■ Jeune fille, jeune femme responsable d'un groupe de scouts.

cheik n. m. ■ Chef de tribu arabe.

chelem [ʃlɛm] n. m. ■ **1** (cartes) Réunion, dans la même main, de toutes les levées. **2** sports *Grand chelem :* série de victoires.

chélidoine [ke-] n. f. ■ Plante herbacée à fleurs jaunes.

chéloïde [ke-] n. f. ■ méd. Boursouflure qui se forme sur la peau à l'endroit d'une cicatrice.

chelou, e adj. ■ fam. Douteux ; bizarre. *Des mecs chelous.*

chemin n. m. ■ **I 1** Bande déblayée assez étroite, en général non revêtue, qui suit les accidents du terrain. → **piste, sentier. 2** *CHEMIN DE RONDE :* couloir aménagé au sommet de fortifications. **3** Distance, espace à parcourir d'un lieu à un autre. → **parcours, trajet.** ♦ loc. *Faire du chemin :* aller loin ; fig. progresser. *Chemin faisant :* pendant le trajet. ➛ *En chemin :* en cours de route. **4** Direction, voie d'accès. *Demander son chemin.* ➛ loc. *Le chemin des écoliers,* le plus long. ♦ *Le chemin de (la) croix,* suivi par Jésus portant sa croix. **II** abstrait Conduite à suivre pour atteindre un but. ➛ loc. *Ne pas y aller par quatre chemins :* agir franchement.

chemin de fer n. m. ■ **1** Moyen de transport utilisant la voie ferrée. → **train. 2** Entreprise exploitant des lignes de chemin de fer. **3** Jeu, sorte de baccara.

chemineau n. m. ■ vx Vagabond.

cheminée n. f. ▪ **1** Construction comprenant un espace aménagé pour faire du feu et un tuyau d'évacuation. **2** Encadrement du foyer. **3** Partie supérieure du conduit qui évacue la fumée. **4** *Cheminée d'un volcan,* par où passent les matières volcaniques. **5** alpin. Couloir de montagne vertical et étroit. **6** Trou, conduit cylindrique.

cheminer v. intr. [1] ▪ **1** Faire du chemin, spécialt un chemin pénible. **2** fig. (choses) Avancer lentement. ► **cheminement** n. m.

cheminot, ote n. ▪ Employé(e) des chemins de fer.

chemise n. f. ▪ **I 1** Vêtement couvrant le torse (à même la peau). ➛ *En manches de chemise :* sans veston. ♦ *CHEMISE DE NUIT :* long vêtement de nuit. **2** Chemise d'uniforme de formations paramilitaires ; ces formations. *Chemises noires :* fascistes. *Chemises brunes :* nazis. **3** loc. fam. *Être comme cul et chemise,* inséparables. **II 1** Dossier léger pour classer des papiers. **2** techn. Revêtement de protection.

chemiser v. tr. [1] ▪ techn. Garnir d'un revêtement protecteur. ► **chemisage** n. m.

chemiserie n. f. ▪ Industrie et commerce des chemises et sous-vêtements d'homme.

chemisette n. f. ▪ Chemise, blouse ou corsage à manches courtes.

chemisier, ière n. ▪ **I** Personne qui fabrique ou vend des articles de chemiserie. **II** n. m. Chemise de femme.

chênaie n. f. ▪ Plantation, bois de chênes.

chenal, aux n. m. ▪ Passage navigable entre des obstacles (entre des rochers...).

chenapan n. m. ▪ vx ou plais. → **vaurien.**

chêne n. m. ▪ Grand arbre à feuilles lobées, aux fruits à cupules (→ **gland**). ➛ Son bois. ♦ *CHÊNE VERT.* → **yeuse.**

chéneau n. m. ▪ Conduit qui longe le toit et recueille les eaux de pluie. → **gouttière.**

chêne-liège n. m. ▪ Variété de chêne à feuillage persistant, qui fournit le liège. *Des chênes-lièges.*

chenet n. m. ▪ Une des pièces jumelles sur lesquelles on pose les bûches, dans un foyer.

chènevière n. f. ▪ Champ où croît le chanvre.

chènevis n. m. ▪ Graine de chanvre.

chenil [ʃ(ə)nil] n. m. ▪ **I** Abri, élevage de chiens. **II** (Suisse) Désordre.

chenille n. f. ▪ **I** Larve des papillons, à corps allongé formé d'anneaux. **II** Dispositif articulé permettant à un véhicule de se déplacer sur tous les terrains.

chenillé, ée adj. ▪ Muni de chenilles (II).

chenillette n. f. ▪ Petit véhicule à chenilles.

chénopode [ke-] n. m. ▪ bot. Plante sauvage répandue dans les décombres.

chenu, ue adj. ▪ littér. Blanc (de vieillesse).

cheptel [ʃɛptɛl ; ʃtɛl] n. m. ▪ Ensemble des bestiaux (d'une exploitation ; d'une région).

chèque n. m. ▪ Écrit par lequel qqn (le tireur) donne l'ordre de remettre une somme à prélever sur un compte.

chéquier n. m. ▪ Carnet de chèques.

cher, chère adj. ▪ **I 1** Qui est aimé ; pour qui l'on éprouve une vive affection. **2** (amitié, politesse...) *Cher Monsieur.* ➛ n. *Mon cher, ma chère.* **3** (choses) *CHER À :* précieux pour. *Son souvenir nous est cher.* **II** (attribut ou après le nom) **1** D'un prix élevé. → **coûteux, onéreux. 2** Qui exige de grandes dépenses. *Vie chère.* **3** Qui pratique des prix élevés. **III** adv. À haut prix. *Coûter cher.*

chercher v. tr. [1] ▪ **1** S'efforcer de découvrir, de trouver (qqn ou qqch.). **2** Essayer de découvrir (une solution, une idée...). **3** *CHERCHER À* (+ inf.) : essayer de parvenir à. **4** Essayer d'obtenir. *Chercher un emploi.* **5** (à l'inf.) Venir prendre (qqn ou qqch.). *Aller chercher qqn à la gare.* **6** fam. Provoquer (qqn). **7** (choses) fam. Atteindre (un prix). *Ça va chercher dans les cent euros.*

chercheur, euse ▪ **I** n. **1** dans des loc. Personne qui cherche (qqch.). *Chercheur d'or.* **2** Personne qui se consacre à la recherche. → **savant, scientifique. II** adj. *Tête* chercheuse.*

chère n. f. ▪ littér. Nourriture. ➛ loc. *FAIRE BONNE CHÈRE :* bien manger.

chèrement adv. ▪ **1** Affectueusement, tendrement. **2** À haut prix. → **cher** (adv.).

chergui n. m. ▪ Vent chaud et sec qui souffle du sud-est (au Maroc). → **sirocco.**

chérif n. m. ▪ Prince, dans plusieurs pays d'Islam.

chérir v. tr. [2] ▪ **1** Aimer tendrement. **2** Être attaché à (qqch.). ▷ adj. et n. **chéri, ie**

chérot adj. m. ▪ fam. Trop cher, coûteux.

cherry n. m. ▪ anglic. Liqueur de cerise. ≠ *sherry.*

cherté n. f. ▪ Prix élevé. *Cherté des prix.*

chérubin n. m. ▪ **1** Ange. **2** Bel enfant.

chester [-ɛʀ] n. m. ▪ Fromage anglais au lait de vache.

chétif, ive adj. ▪ De faible constitution.

chevaine → **chevesne**

cheval, aux n. m. ▪ **I 1** Grand mammifère (équidé) à crinière, domestiqué par l'homme comme animal de trait et de transport ; spécialt le mâle adulte (opposé à *jument, poulain*). **2** *À CHEVAL :* sur un cheval. ♦ À califourchon. ➛ fig. Une partie d'un côté, une partie de l'autre. ➛ *Être à cheval sur qqch.,* y tenir rigoureusement. **3** Équitation. **4** loc. *Fièvre de cheval,* très forte. ➛ *Monter sur ses grands chevaux :* s'emporter. ♦ *Cheval de retour :* récidiviste.

♦ *Cheval de bataille* : sujet favori. → fam. **dada.** **II** Figure représentant un cheval. *Cheval de bois.* ➛ *Cheval d'arçons* : appareil de gymnastique, gros cylindre rembourré sur pieds. **III** *CHEVAL-VAPEUR* (symb. ch) : ancienne unité de puissance équivalant à 736 watts. ♦ *Cheval fiscal* (symb. CV) : unité de calcul de cylindrée d'un véhicule.

chevalement n. m. ▪ techn. Assemblage de poutres qui soutiennent une construction.

chevaler v. tr. [1] ▪ techn. Soutenir par un chevalement. → **étayer.**

chevaleresque adj. ▪ Digne d'un chevalier (1) (courageux, dévoué, généreux).

chevalerie n. f. ▪ **1** hist. Ordre militaire d'un caractère religieux, propre à la noblesse féodale. **2** Distinction honorifique.

chevalet n. m. ▪ **1** Support tenant un objet sur lequel on travaille. **2** Pièce de bois soutenant les cordes, sur la table d'un instrument.

chevalier, ière n. ▪ **1** (au Moyen Âge) n. m. Noble admis dans l'ordre de la chevalerie. ♦ fig. *Chevalier servant* : homme dévoué à une femme. **2** Membre d'un ordre honorifique. **3** Titre de noblesse (au-dessous du baron). **4** n. m. *Chevalier d'industrie* : homme qui vit d'expédients.

chevalière n. f. ▪ Bague à large chaton plat sur lequel sont gravées des armoiries, des initiales.

chevalin, ine adj. ▪ **1** Du cheval. → **équin.** **2** Qui évoque le cheval. *Visage chevalin.*

chevauchée n. f. ▪ Promenade à cheval.

chevauchement n. m. ▪ Position de choses qui se chevauchent.

chevaucher v. [1] ▪ **1** v. intr. littér. Aller à cheval. **2** v. tr. Être à cheval, à califourchon sur. **3** v. intr. (choses) Se recouvrir en partie. ▷ v. pron. **se chevaucher** *Tuiles qui se chevauchent.*

chevêche n. f. ▪ Petite chouette.

chevelu, ue adj. ▪ **1** Garni de cheveux. *Le cuir chevelu.* **2** Qui a de longs cheveux.

chevelure n. f. ▪ **1** Ensemble des cheveux. **2** Traînée lumineuse (d'une comète).

chevesne [ʃ(ə)vɛn] n. m. ▪ Poisson d'eau douce à dos brun. - var. **chevaine.**

chevet n. m. ▪ **I 1** Partie du lit où l'on pose la tête. ➛ loc. *Livre DE CHEVET*, de prédilection. **2** *AU CHEVET de qqn*, auprès de son lit. **II** Partie (d'une église) qui se trouve à la tête de la nef, derrière le chœur. → **abside.**

cheveu n. m. ▪ **1** Poil qui recouvre le crâne humain. → **chevelure.** **2** loc. fig. *S'arracher les cheveux* : être furieux et désespéré. ➛ *C'est tiré par les cheveux*, amené d'une manière forcée et peu logique. ➛ *Couper les cheveux en quatre* : pinailler. ➛ *À un cheveu près* : à très peu de chose près. ➛ *Comme un cheveu sur la soupe* : mal à propos.

chevillard n. m. ▪ Boucher en gros.

cheville n. f. ▪ **I 1** Tige rigide servant à boucher un trou, assembler des pièces. ♦ *Cheville ouvrière* : grosse cheville de l'avant-train d'une voiture ; fig. agent essentiel (d'un organisme...). ♦ loc. fam. *Être EN CHEVILLE avec qqn*, associé secrètement avec lui. **2** Pièce servant à tendre les cordes d'un instrument. **3** Crochet pour suspendre la viande. ➛ *Viande vendue à la cheville*, en gros (→ chevillard). **II** Saillie des os de l'articulation du pied ; partie située entre le pied et la jambe. ➛ loc. fig. *Ne pas arriver À LA CHEVILLE DE qqn*, lui être inférieur. **III** Terme de remplissage (en poésie...).

cheviller v. tr. [1] ▪ Joindre, assembler avec des chevilles. ♦ (au p. p.) loc. *Avoir l'âme chevillée au corps* : avoir la vie dure.

chevillère n. f. ▪ Bandage qui protège la cheville.

chevillette n. f. ▪ vx Petite cheville.

cheviotte n. f. ▪ Laine de mouton d'Écosse.

chèvre n. f. ▪ **I 1** Mammifère ruminant, à cornes arquées, à pelage fourni, apte à grimper et à sauter ; spécialt la femelle adulte (opposé à *bouc*). *Fromage de chèvre* ; n. m. *un chèvre.* **2** loc. *Faire devenir chèvre* : faire enrager. ➛ *Ménager la chèvre et le chou*, deux camps, sans prendre parti. **II** Appareil de levage. ♦ Chevalet, support.

chevreau n. m. ▪ **1** Petit de la chèvre. **2** Peau de chèvre ou de chevreau tannée.

chèvrefeuille n. m. ▪ Plante grimpante à fleurs jaunes très parfumées.

chevrette n. f. ▪ Jeune chèvre.

chevreuil n. m. ▪ **1** Mammifère sauvage à robe fauve. **2** (Canada) Cerf de Virginie.

chevrier, ière n. ▪ Berger, bergère qui mène paître les chèvres.

chevron n. m. ▪ **1** Pièce de bois sur laquelle on fixe des lattes qui supportent la toiture. **2** Galon en V renversé (uniformes). ♦ Motif décoratif en zigzag.

chevronné, ée adj. ▪ Expérimenté.

chevrotain n. m. ▪ zool. Petit ruminant d'Asie et d'Afrique, sans cornes ni bois.

chevrotant, ante adj. ▪ Qui chevrote.

chevroter v. intr. [1] ▪ Parler, etc. d'une voix tremblante. ▸ **chevrotement** n. m.

chevrotin n. m. ▪ **1** techn. Peau de chevreau corroyée. **2** Petit fromage de chèvre.

chevrotine n. f. ▪ Gros plomb de chasse.

chewing-gum [ʃwiŋgɔm] n. m. ▪ anglic. Gomme à mâcher. *Des chewing-gums.*

chez prép. ▪ **1** Au logis de (qqn). *Venez chez moi. Aller chez le dentiste.* ➛ *Faites comme chez vous* : mettez-vous à l'aise. **2** Dans la nation de. *Chez les Anglais.* **3** Dans l'esprit, les œuvres, etc. de (qqn). *On trouve ceci chez Voltaire.* → **dans.**

chez-moi, chez-toi, chez-soi n. m. invar. ■ Domicile personnel (avec valeur affective).

chiader v. tr. [1] ■ fam. Travailler (un examen) ; fignoler (un travail). ▷ adj. **chiadé, ée**

chialer v. intr. [1] ■ fam. Pleurer.

chiant, ante adj. ■ fam. et vulg. Ennuyeux.

chianti [kjɑ̃ti] n. m. ■ Vin rouge du Chianti (région d'Italie, en Toscane).

chiasma [kjasma] n. m. ■ anat. Entrecroisement de nerfs. ► **chiasmatique** adj.

chiasme [kjasm] n. m. ■ didact. Figure de rhétorique consistant à inverser deux groupes de mots.

chiasse n. f. ■ vulg. Colique, diarrhée.

chibani n. m. ■ Immigré âgé, venu travailler en France entre 1945 et 1975.

chibouque n. f. ou m. ■ Pipe turque à long tuyau. – var. **chibouk** n. m.

chic ■ **I** n. m. **1** vieilli Adresse, habileté. ➝ *Avoir le chic pour* (+ inf.) : faire (qqch.) avec facilité. **2** Élégance hardie. *Elle a du chic.* ➝ loc. adj. *Bon chic, bon genre* : d'une élégance bourgeoise. → fam. **B. C. B. G. II** adj. invar. **1** Élégant. **2** fam. et vieilli Beau, agréable. ♦ Sympathique, généreux. **III** interj. fam. et vieilli Marque la satisfaction.

chicane n. f. ■ **I 1** Incident suscité dans un procès. ♦ péj. La procédure. **2** Querelle de mauvaise foi. **II** Passage en zigzag.

chicaner v. [1] ■ **1** v. intr. Chercher querelle sur des riens. → **ergoter. 2** v. tr. Chercher querelle à (qqn). ► **chicanier, ière** ou **chicaneur, euse** adj. et n.

chicano [(t)ʃi-] n. (invar. en genre) ■ souvent péj. Mexicain(e) établi(e) aux États-Unis.

chicha n. f. ■ Pipe orientale reliée à un flacon d'eau chaude aromatisée. → **narguilé.**

① **chiche** adj. ■ *Pois chiche.* → **pois.**

② **chiche** adj. ■ **1** vieilli Avare. ➝ mod., fig. *Il est chiche de compliments.* **2** littér. Peu abondant. ► **chichement** adv.

③ **chiche** ■ fam. **1** interj. Exclamation de défi. **2** (adj.) *Être* CHICHE DE (+ inf.) : être capable de.

chiche-kebab [-kebab] n. m. ■ Brochette de mouton. *Des chiches-kebabs.* – var. **chiche-kébab.**

chichi n. m. ■ Comportement maniéré. → **affectation, minauderie.** ► **chichiteux, euse** adj. et n. fam.

chiclé [(t)ʃikle] n. m. ■ Latex utilisé dans la préparation des chewing-gums.

chicon n. m. ■ région. (Nord, Belgique) Endive.

chicorée n. f. ■ **1** Plante herbacée qui se mange en salade. **2** Racine torréfiée de la chicorée ; boisson chaude qu'on en tire.

chicot n. m. ■ Dent cassée, usée.

chicoter v. tr. [1] ■ (Canada) fam. Tracasser, inquiéter.

chicotin n. m. ■ Suc très amer d'un aloès.

chié, chiée adj. ■ fam. Réussi. *C'était chié !* ➝ Incroyable, étonnant.

chiée n. f. ■ fam. Grande quantité. *Il a une chiée d'amis.*

chien n. m. ■ **I 1** Mammifère domestique, issu du loup, dont de nombreuses races sont élevées ; spécialt le mâle adulte (opposé à *chienne, chiot*). → **canin, cyn(o)-.** *Chien de race* (→ **pedigree**). **2** loc. *Se regarder en chiens de faïence,* avec hostilité. ➝ *Comme chien et chat,* en se disputant constamment. ➝ *Entre chien et loup* : au crépuscule. ➝ *Nom d'un chien !* (juron faible). ➝ prov. *Qui veut noyer son chien l'accuse de la rage* : on juge sévèrement ce dont on ne veut plus. *Les chiens aboient, la caravane* passe.* ♦ *Avoir un mal de chien,* rencontrer des difficultés. ➝ DE CHIEN : très pénible. ♦ *Traiter qqn comme un chien,* très mal. ➝ *Malade comme un chien,* très malade. **3** loc. *Les chiens écrasés* : les faits divers (dans un journal). **4** péj. Personne méprisable. ♦ adj. Dur, méchant ; avare. **II** Pièce coudée d'une arme à feu qui guide le percuteur. ♦ loc. fig. *Être couché* EN CHIEN DE FUSIL, les genoux repliés. **III** Charme, allure. *Elle a du chien.*

chien-assis n. m. ■ archit. Lucarne en charpente, en saillie sur le toit d'une maison. *Des chiens-assis* [ʃjɛ̃asi].

chiendent n. m. ■ **1** Mauvaise herbe vivace, commune. **2** Racine de chiendent séchée.

chienlit [ʃjɑ̃li] n. f. ■ littér. Mascarade, déguisement. ♦ Désordre (social).

chien-loup n. m. ■ Berger allemand (chien). *Des chiens-loups.*

chienne n. f. ■ **1** Femelle du chien. **2** péj. (injure) Femme détestable ou lubrique.

chier v. intr. [7] ■ fam. et vulg. **1** Déféquer. **2** *Faire chier qqn,* l'embêter, l'importuner.

chierie n. f. ■ très fam. Chose très ennuyeuse ou contraignante.

chieur, chieuse n. ■ très fam. Personne qui embête, ennuie. → **emmerdeur.**

chiffe n. f. ■ **1** vx Chiffon. **2** fam. *Chiffe molle* : personne d'un caractère faible.

chiffon n. m. ■ **1** Morceau de vieille étoffe. **2** fam. *Parler chiffons,* de vêtements, de mode.

chiffonnade n. f. ■ cuis. Lanières de salade fondues au beurre. ➝ *Chiffonnade de jambon* : jambon coupé en tranches très fines.

chiffonner v. tr. [1] ■ **1** Froisser, friper. **2** fig. *Cela me chiffonne.* → **contrarier.** ▷ adj. **chiffonné, ée 1** Froissé. **2** fig. (visage) Fatigué.

chiffonnette n. f. ■ Carré de matière textile pour essuyer ou nettoyer.

chiffonnier, ière n. ▪ **1** Personne qui vend des objets de rebut. **2** loc. *Se battre comme des chiffonniers,* violemment.

chiffrable adj. ▪ Qu'on peut chiffrer.

chiffrage n. m. ▪ **1** Évaluation en chiffres. **2** Action de chiffrer (II). - syn. **chiffrement.**

chiffre n. m. ▪ **I 1** Chacun des caractères qui représentent les nombres. *Chiffres arabes* (1, 2, 3, 4, 5, 6, 7, 8, 9, 0). *Chiffres romains* (I, V, X, L, C, D, M). **2** Nombre représenté par les chiffres. *Chiffre de la population.* ➛ *Chiffre d'affaires* : total des ventes d'une année. **II 1** Signe servant à coder des messages ; ensemble de ces signes. → **code. 2** Entrelacement d'initiales (d'un nom). → **monogramme.**

chiffrer v. [1] ▪ **I 1** v. tr. Noter à l'aide de chiffres. ♦ Évaluer en chiffres. **2** v. intr. (sujet chose) Atteindre un prix élevé. **II** v. tr. Écrire (un message) en chiffre (II, 1).

chiffreur, euse n. ▪ Personne qui chiffre des messages.

chignole n. f. ▪ Perceuse.

chignon n. m. ▪ **1** Chevelure relevée et ramassée derrière ou sur la tête. **2** loc. fam. *Se crêper le chignon* : se battre, se disputer.

chihuahua [ʃiwawa] n. m. ▪ Très petit chien à poil ras, originaire du Mexique.

chiisme [ʃiism] n. m. ▪ Doctrine religieuse des chiites. - var. **shiisme.**

chiite [ʃiit] adj. ▪ Du courant islamique des partisans d'Ali et de ses descendants. ➛ n. *Les chiites et les sunnites.* - var. **shiite.**

chikungunya [ʃikungunja] n. m. ▪ Maladie infectieuse causée par un virus transmis par les moustiques.

chili [(t)ʃili] n. m. ▪ Piment fort. ➛ *Chili con carne* [kɔnkaʀne] : ragoût pimenté de viande hachée et de haricots rouges (plat mexicain).

chilienne n. f. ▪ Chaise longue en toile, sans accoudoirs.

chimère n. f. ▪ **1** Monstre imaginaire (lion et dragon) qui crache des flammes. **2** Idée illusoire. → **rêve.** ► **chimérique** adj.

chimie n. f. ▪ Science qui étudie les constituants de la matière et leurs interactions.

chimio → **chimiothérapie**

chimiorécepteur n. m. ▪ physiol. Récepteur sensible aux stimulations chimiques.

chimiosynthèse n. f. ▪ biochim. Synthèse de substances organiques sous l'effet d'une source d'énergie chimique.

chimiothérapie n. f. ▪ méd. Traitement par des substances chimiques. - abrév. fam. **chimio.** ► **chimiothérapique** adj.

chimique adj. ▪ Relatif à la chimie, aux corps qu'elle étudie. ► **chimiquement** adv.

chimiquier n. m. ▪ Navire pour le transport des produits chimiques.

chimiste n. ▪ Spécialiste de chimie.

chimpanzé n. m. ▪ Grand singe anthropoïde arboricole d'Afrique.

chinchard n. m. ▪ Poisson marin voisin du maquereau.

chinchilla [-ila] n. m. ▪ **1** Petit mammifère rongeur d'Amérique du Sud. **2** Sa fourrure gris clair.

① **chine** n. m. ▪ **1** Porcelaine de Chine. **2** Papier de luxe.

② **chine** n. f. ▪ Brocante. ➛ Ensemble des chineurs.

chiné, ée adj. ▪ (étoffe...) Fait de fils de couleurs alternées.

chiner v. tr. [1] ▪ **I** Chercher (des objets) chez les brocanteurs, etc. **II** Taquiner (qqn).

chinetoque n. et adj. ▪ fam. et péj. (injure raciste) Chinois, Chinoise.

chineur, euse n. ▪ fam. Brocanteur. ♦ Amateur qui aime à chiner (I).

chino n. m. ▪ Pantalon léger en coton.

chinois, oise ▪ **I 1** adj. De Chine. → **sin(o)-.** ➛ n. *Les Chinois.* ♦ fig. Subtil, raffiné. *Casse-tête chinois.* **2** n. m. Ensemble des langues parlées en Chine, écrites en idéogrammes ; spécialt le mandarin (région de Pékin). ♦ fig. *C'est du chinois,* c'est incompréhensible. **II** n. m. Passoire conique fine.

chinoiser v. intr. [1] ▪ Discuter de façon pointilleuse.

chinoiserie n. f. ▪ **1** Bibelot dans le goût chinois. **2** Complication inutile.

chinon n. m. ▪ Vin de Loire de la région de Chinon.

chinook [-uk] n. m. ▪ Vent chaud et sec des montagnes Rocheuses.

chintz [ʃints] n. m. ▪ Toile de coton imprimée, utilisée pour l'ameublement.

chiot n. m. ▪ Jeune chien.

chiottes n. f. pl. ▪ fam. Cabinets, W.-C.

chiourme n. f. ▪ anciennt Rameurs d'une galère ; forçats d'un bagne (→ garde-chiourme).

chiper v. tr. [1] ▪ fam. Dérober, voler.

chipie n. f. ▪ Femme, fille désagréable.

chipiron n. m. ▪ région. (Sud-Ouest) Calmar.

chipolata n. f. ▪ Saucisse longue et mince.

chipoter v. intr. [1] ▪ **1** Manger par petits morceaux, sans plaisir. **2** Discuter sur des vétilles. ► **chipotage** n. m. ► **chipoteur, euse** n. et adj.

chips [ʃips] n. f. pl. ▪ Pommes de terre frites en très fines rondelles croustillantes.

chique n. f. ▪ I Morceau de tabac à mâcher. ♦ loc. fam. *COUPER LA CHIQUE à qqn*, l'interrompre brutalement. II Puce dont la femelle s'enfonce dans la chair.

chiqué n. m. ▪ fam. Attitude prétentieuse.

chiquenaude n. f. ▪ 1 Coup donné avec un doigt que l'on détend brusquement. → **pichenette.** 2 fig. Petite impulsion ; poussée.

chiquer v. tr. [1] ▪ Mâcher (du tabac).

chiral, ale, aux [ki-] adj. ▪ sc. Se dit d'un objet qui n'est pas superposable à son image dans un miroir plan. ► **chiralité** n. f.

chir(o)- [kiʀo] Élément savant, du grec *kheir* «main».

chiromancie n. f. ▪ Divination d'après les lignes de la main. ► **chiromancien, ienne** n.

chiropraxie n. f. ▪ Thérapeutique par manipulation des vertèbres. ► **chiropracteur, trice** n.

chirurgie n. f. ▪ Partie de la médecine qui comporte une intervention manuelle et instrumentale (surtout à l'intérieur du corps). ► **chirurgical, ale, aux** adj. ► **chirurgicalement** adv.

chirurgien, ienne n. ▪ 1 Spécialiste en chirurgie. 2 *Chirurgien dentiste.* → **dentiste.**

chistera [(t)ʃisteʀa] n. f. ou m. ▪ Instrument d'osier, recourbé, qui sert à lancer la balle à la pelote basque.

chitine [ki-] n. f. ▪ Substance organique (téguments des arthropodes, etc.). ► **chitineux, euse** adj.

chiton [ki-] n. m. ▪ I Tunique grecque, dans l'Antiquité. II zool. Mollusque qui adhère aux rochers grâce à son pied large et plat.

chiure n. f. ▪ Excrément d'insectes.

chlamyde [kla-] n. f. ▪ Antiq. Manteau court et fendu, agrafé sur l'épaule.

chlamydia [kla-], plur. **chlamydiae** n. f. ▪ méd. Bactérie responsable de multiples affections chez l'être humain.

chlass(e) → ① **schlass**

chleuh n. et adj. ▪ fam. et péj. Allemand, Allemande (pendant la Seconde Guerre mondiale). - var. **schleu.**

chlinguer → **schlinguer**

chloasma [kl-] n. m. ▪ méd. Taches pigmentées du visage, observées notamment pendant la grossesse.

chlorate [kl-] n. m. ▪ chim. Sel de l'acide chlorique.

chloration [kl-] n. f. ▪ Purification de l'eau par adjonction de chlore.

chlore [klɔʀ] n. m. ▪ Corps simple (symb. Cl, n° at. 17, masse at. 35,453), gaz jaune-vert d'odeur suffocante.

chloré, ée [kl-] adj. ▪ Qui contient du chlore.

chlorelle [kl-] n. f. ▪ bot. Algue verte qui se développe dans les conduits.

chlorer [kl-] v. tr. [1] ▪ 1 Transformer en chlorure. → **chlorurer.** 2 Mêler de chlore.

chlorhydrate [kl-] n. m. ▪ chim. Sel hydraté de l'acide chlorhydrique.

chlorhydrique [kl-] adj. ▪ *Acide chlorhydrique* : solution du *gaz chlorhydrique* (chlorure d'hydrogène [HCl]) dans l'eau, liquide incolore, fumant, corrosif.

chlorique [kl-] adj. ▪ chim. Du chlore.

chlorofluorocarbone n. m. → **C. F. C.**

chloroforme [kl-] n. m. ▪ Liquide incolore, anesthésique. ► **chloroformer** v. tr. [1]

chlorophylle [kl-] n. f. ▪ Pigment vert des végétaux, au rôle essentiel dans la photosynthèse. ► **chlorophyllien, ienne** adj.

chlorose [kl-] n. f. ▪ 1 méd. Anémie due au manque de fer. ► **chlorotique** adj. et n. 2 bot. Étiolement et jaunissement des végétaux dus au manque de chlorophylle.

chlorpromazine [kl-] n. f. ▪ pharm. Tranquillisant qui prévient également les vomissements.

chlorure [kl-] n. m. ▪ 1 Sel de l'acide chlorhydrique. *Chlorure de sodium* (sel marin). 2 *Chlorures (décolorants)* : mélanges industriels utilisés pour le blanchiment, la désinfection, etc.

chloruré, ée [kl-] adj. ▪ Qui contient un chlorure.

chlorurer [kl-] v. tr. [1] ▪ Combiner avec le chlore pour obtenir un chlorure. → **chlorer.**

chnoque → **schnock**

chnouf → **schnouf**

choane [kɔan] n. f. ▪ anat. Chacun des orifices postérieurs des fosses nasales.

choc n. m. ▪ 1 Entrée en contact de deux corps qui se rencontrent violemment ; ébranlement qui en résulte. → **heurt.** 2 Rencontre violente (d'hommes). - *Unités DE CHOC.* → **commando.** 3 (abstrait) Rencontre brutale. *Choc de caractères.* → **conflit, opposition.** 4 Émotion brutale. → **traumatisme.** ♦ *Choc opératoire, anesthésique.*

chochotte adj. et n. f. ▪ fam. D'une sensibilité exagérée. - n. f. *Quelle chochotte, ce type !*

chocolat n. m. ▪ 1 Substance alimentaire (pâte solidifiée) à base de cacao. ♦ Friandise au chocolat. 2 Boisson au cacao. 3 n. m. et adj. invar. Brun foncé. 4 fam. *Être chocolat* : être privé de qqch. sur quoi on comptait.

chocolaté, ée adj. ▪ Parfumé au chocolat.

chocolaterie n. f. ▪ Fabrique de chocolat.

chocolatier, ière ▪ 1 n. Personne qui fabrique ou vend du chocolat. - adj. *Industrie chocolatière.* 2 n. f. Récipient pour le chocolat (2).

chocolatine n. f. ▪ région. (Sud-Ouest) Pain au chocolat.

chocottes n. f. pl. ■ loc. fam. *Avoir les chocottes :* avoir peur.

choéphore [kɔe-] n. ■ Antiq. grecque Personne qui portait les offrandes aux morts.

chœur [kœʀ] n. m. ■ **I 1** Réunion de chanteurs qui exécutent un morceau ensemble. **2** Composition musicale destinée à être chantée par plusieurs personnes. **3** (théâtre antique) Troupe de personnes qui dansent et chantent ensemble. **4** *Le chœur des mécontents,* l'ensemble qui s'exprime. **5** *EN CHŒUR :* ensemble. **II** Partie de la nef d'une église, devant le maître-autel.

choir v. intr. surtout : *je chois, tu chois, il choit ; je chus ; chu, chue* au p. p. ■ littér. Tomber.

choisi, ie adj. ■ Excellent ; de qualité.

choisir v. tr. 2 ■ **1** Prendre de préférence, faire choix de. **2** Se décider entre deux ou plusieurs partis ou plusieurs solutions.

choix n. m. ■ **1** Action de choisir. → **sélection.** **2** Pouvoir, liberté de choisir (actif) ; existence de plusieurs partis entre lesquels choisir (passif). ◆ loc. *L'embarras* du choix.* **3** Ensemble de choses parmi lesquelles on peut choisir. → **assortiment.** **4** Ensemble de choses choisies pour leurs qualités. *Choix de poésies.* ♦ *DE CHOIX :* de prix, de qualité.

cholagogue [kɔ-] adj. ■ méd. Qui facilite l'évacuation de la bile.

chol(é)- [kɔle] Élément savant, du grec *kholê* « bile ».

cholécystectomie n. f. ■ chir. Ablation de la vésicule biliaire.

cholécystite n. f. ■ méd. Inflammation de la vésicule biliaire.

cholécystotomie n. f. ■ méd. Incision de la vésicule biliaire.

cholédoque adj. m. ■ *Canal cholédoque,* qui conduit la bile au duodénum.

cholémie n. f. ■ méd. **1** Passage d'éléments de bile dans le sang. **2** Taux de bile dans le sang.

choléra [kɔ-] n. m. ■ Très grave maladie intestinale épidémique. ► **cholérique** adj.

cholérétique adj. ■ méd. Qui stimule la sécrétion de la bile.

cholestérol [kɔ-] n. m. ■ Substance grasse présente dans l'organisme. ♦ cour. *Avoir du cholestérol,* un taux de cholestérol élevé.

cholestérolémie [kɔ-] n. f. ■ physiol. Taux de cholestérol dans le sang.

cholurie [kɔ-] n. f. ■ méd. Présence dans l'urine d'éléments de bile.

chômable adj. ■ Qui peut ou doit être chômé. → **férié.**

chômage n. m. ■ **1** vx Interruption du travail. **2** Inactivité forcée (des personnes) due au manque de travail, d'emploi.

chômer v. intr. 1 ■ **1** vx Suspendre son travail pendant les jours fériés. ◆ mod. trans. (au p. p.) *Jours chômés,* où l'on ne travaille pas. **2** Ne pas avoir de travail, par manque d'emploi. **3** loc. *Ne pas chômer,* travailler beaucoup.

chômeur, euse n. ■ Personne qui se trouve involontairement privée d'emploi.

chondriome [kɔ̃-] n. m. ■ biol. Ensemble des mitochondries de la cellule.

chondroblaste [kɔ̃-] n. m. ■ biol. Cellule du cartilage.

chondrocalcinose [kɔ̃-] n. f. ■ méd. Infiltration calcaire des cartilages.

chope n. f. ■ Verre à anse, pour la bière.

choper v. tr. 1 ■ fam. **1** Arrêter, prendre (qqn). **2** Attraper. *Il a chopé un rhume.*

chopine n. f. ■ fam. (rural) Bouteille (de vin).

chopper [(t)ʃɔpœʀ] n. m. ■ anglic. Moto de sport avec un guidon très haut.

chop suey [ʃɔpswi ; -sɥɛ] n. m. ■ Plat chinois à base de légumes frits dans l'huile de sésame.

choquant, ante adj. ■ Qui choque (2).

choquer v. tr. 1 ■ **1** Faire se heurter (des choses). **2** Contrarier ou gêner en heurtant les goûts, les bienséances. **3** Faire une impression désagréable sur (un sens).

choral, ale [kɔʀal] ■ **I** (plur. *choraux*) adj. Qui a rapport aux chœurs. **II** (plur. *chorals*) n. m. Chant religieux. **III** n. f. Groupe qui interprète des chœurs.

chorba n. f. ■ Soupe algérienne.

chorée [kɔ-] n. f. ■ Contractions musculaires pathologiques.

chorégraphe [kɔ-] n. ■ Personne qui compose des ballets.

chorégraphie [kɔ-] n. f. ■ Art de composer des ballets, d'en régler les figures et les pas. ♦ Enchaînement de figures et de pas ainsi réglés. ► **chorégraphique** adj.

chorégraphier [kɔ-] v. tr. 7 ■ Faire la chorégraphie de (une œuvre).

choréique [kɔ-] adj. ■ Relatif à la chorée ; atteint de chorée.

choreute [kɔ-] n. m. ■ Antiq. Membre d'un chœur, dans le théâtre grec.

chorion [kɔ-] n. m. ■ biol. Membrane extérieure de l'embryon des mammifères.

choriste [kɔ-] n. ■ Personne qui chante dans un chœur.

chorizo [ʃɔʀizo ; tʃɔʀiso] n. m. ■ Saucisson espagnol pimenté.

choroïde [kɔ-] n. f. ■ anat. Membrane de l'œil, entre la sclérotique et la rétine. ► **choroïdien, ienne** adj.

chorten [-ɛn] n. m. ■ Monument religieux des pays lamaïstes.

chorus [kɔʀys] n. m. ■ **I** *FAIRE CHORUS* : approuver d'autres personnes. **II** jazz Improvisation d'un soliste sur le thème.

chose n. f. ■ **I 1** Réalité (concrète ou abstraite) perçue ou concevable comme un objet unique (→ **être, événement, objet**). ◆ *De deux choses l'une* : il existe deux possibilités. **2** *Les choses* : le réel. *Regarder les choses en face.* **3** spécialt Réalité matérielle non vivante. → **objet.** *Les êtres et les choses.* **4** surtout plur. Ce qui a lieu, se fait, existe. *Les choses de la vie.* **5** *La chose* : ce dont il s'agit. **6** (avec *dire, répéter,* etc.) Paroles, discours. **7** dr. *La chose jugée.* → **cause. II** loc. **1** *AUTRE* CHOSE.* **2** *QUELQUE CHOSE* loc. indéf. masc. *Chercher quelque chose.* **3** *PEU DE CHOSE* : un acte, un objet peu important. **III** (Ce qu'on ne nomme pas précisément) **1** n. m. → **machin, truc. 2** n. f. (euphémisme) *La chose* : la sexualité. **3** (adj.) loc. *Se sentir TOUT CHOSE* : éprouver un malaise difficile à analyser.

chosifier v. tr. [7] ■ philos. Rendre semblable à une chose. → **réifier.** ▸ **chosification** n. f.

chott [ʃɔt] n. m. ■ Lac salé, dans un désert.

chou n. m. ■ **1** Plante crucifère à variétés cultivées pour l'alimentation. **2** loc. fam. *Feuille de chou* : journal de peu de valeur. ◆ *C'est bête comme chou,* facile à comprendre. ◆ *Être dans les choux,* avoir échoué. ◆ *Rentrer dans le chou* : attaquer. ◆ *Faire ses choux gras de qqch.,* en tirer profit. **3** Expression de tendresse. *Mon chou* (→ **chouchou**). ◆ *Bout de chou,* petit enfant. **4** Pâtisserie légère en *pâte à choux. Chou à la crème.* **5** argot Tête.

chouan n. m. ■ Insurgé royaliste de l'ouest de la France (Révolution). ▸ **chouannerie** n. f.

choucas n. m. ■ Petite corneille noire.

chouchen [-ɛn] n. m. ■ Hydromel breton. - var. **chouchenn.**

chouchou, oute ■ n. **1** fam. Favori, préféré. *Les chouchous.* **2** n. m. Ruban froncé, pour les cheveux.

chouchouter v. tr. [1] ■ Dorloter, gâter.

choucroute n. f. ■ Plat de choux découpés en rubans, légèrement fermentés et que l'on fait cuire avec de la charcuterie.

① **chouette** n. f. ■ Oiseau rapace nocturne.

② **chouette** ■ fam. **1** adj. Agréable, beau ; sympathique. **2** interj. → **chic.**

chou-fleur n. m. ■ Chou dont on mange les fleurs qui forment une masse blanche. *Des choux-fleurs.*

chouïa n. m. ■ fam. *Un chouïa* : un peu. - var. **chouya.**

chouiner v. intr. [1] ■ région. ou fam. Pleurnicher, geindre.

chouleur n. m. ■ techn. Engin monté sur chenilles ou sur pneus, muni d'une benne mécanique.

chou-navet n. m. ■ Chou dont la racine a l'apparence d'un gros navet. *Des choux-navets.*

chouquette n. f. ■ Petit chou (4) décoré de grains de sucre.

chou-rave n. m. ■ Chou cultivé pour sa racine. *Des choux-raves.*

chouraver v. tr. [1] ■ fam. Voler. - abrév. **chourer.**

chouya → **chouïa**

chow-chow [ʃoʃo] n. m. ■ Chien d'origine chinoise, à abondant pelage de couleur fauve. *Des chows-chows.*

choyer v. tr. [8] ■ Soigner avec tendresse.

chrême [kʀɛm] n. m. ■ Huile consacrée.

chrestomathie [kʀɛst-] n. f. ■ didact. Anthologie de textes anciens ou classiques.

chrétien, ienne [kʀetjɛ̃, jɛn] ■ **I** adj. **1** Qui professe la foi en Jésus-Christ. **2** Du christianisme. ◆ *Ère chrétienne,* qui commence à la naissance de Jésus-Christ. **II** n. Personne qui professe le christianisme.

chrétiennement [kʀe-] adv. ■ Conformément à la religion chrétienne.

chrétienté [kʀetjɛ̃te] n. f. ■ Ensemble des peuples, des pays chrétiens.

christ [kʀist] n. m. ■ **1** (avec maj.) Nom donné à Jésus de Nazareth. **2** Représentation du Christ sur la croix. → **crucifix.**

christe-marine → **criste-marine**

christiania [kʀist-] n. m. ■ Technique de virage en skis, les skis restant parallèles.

christianiser [kʀist-] v. tr. [1] ■ Rendre chrétien. ▸ **christianisation** n. f.

christianisme [kʀist-] n. m. ■ Religion fondée sur l'enseignement, la personne et la vie de Jésus-Christ.

christique [kʀist-] adj. ■ didact. Qui a rapport au Christ.

chromage [kʀ-] n. m. ■ Action de chromer ; son résultat.

chromate [kʀ-] n. m. ■ chim. Sel de l'acide chromique.

chromatine [kʀ-] n. f. ■ biol. Complexe d'ADN et de protéines, localisé dans le noyau cellulaire.

chromatique [kʀ-] adj. ■ **1** mus. Qui procède par demi-tons (opposé à *diatonique*). **2** Relatif aux couleurs. **3** biol. Du chromosome.

chromatisme [kʀ-] n. m. ■ **1** Ensemble de couleurs. **2** mus. Caractère chromatique.

chromatopsie [kʀ-] n. f. ■ physiol. Vision des couleurs.

chrome [kʀom] n. m. ■ **1** Corps simple (symb. Cr, n° at. 24, masse at. 51,9961), métal gris, brillant, dur, utilisé en alliages. **2** Pièce métallique chromée.

chromer [kʀ-] v. tr. 1 ▪ Recouvrir (un métal) de chrome. → au p. p. *Acier chromé.*

chromique [kʀ-] adj. ▪ chim. Qui contient un composé oxygéné du chrome.

chromiste [kʀ-] n. ▪ Spécialiste des couleurs.

chromite [kʀ-] n. f. ▪ minér. Oxyde de chrome contenant du fer et du manganèse.

chromo [kʀ-] n. m. (ou f.) ▪ **1** Chromolithographie. **2** Image en couleur de mauvais goût.

chromo- [kʀomo], **-chrome** [kʀom] Éléments savants, du grec *khrôma* «couleur».

chromolithographie n. f. ▪ Lithographie en couleur.

chromosome n. m. ▪ Élément du noyau cellulaire, de forme caractéristique et en nombre constant (23 paires chez l'être humain). *Les chromosomes sont le support des gènes.* ► **chromosomique** adj.

chromosphère n. f. ▪ astron. Partie superficielle extérieure de la couronne solaire.

chronicité n. f. ▪ didact. État de ce qui est chronique.

① **chronique** [kʀɔnik] adj. ▪ **1** (maladie) Qui dure longtemps, se développe lentement (opposé à *aigu*). **2** (chose nuisible) Qui dure. ► **chroniquement** adv.

② **chronique** [kʀɔnik] n. f. ▪ **1** Recueil de faits historiques. **2** Ensemble des nouvelles qui circulent. → loc. *Défrayer* la chronique.* **3** Partie (d'un journal...) consacrée à un sujet particulier. ► **chroniquer** [kr-] v. tr. et intr. 1

-chronique, -chronisme Éléments, du grec *khronos* «temps». → **chrono-.**

chroniqueur, euse [kʀ-] ▪ **1** n. m. Auteur de chroniques historiques. → **mémorialiste. 2** n. Personne chargée d'une chronique (3).

chrono → **chronomètre**

chrono- [kʀɔno], **-chrone** [kʀon] Éléments savants, du grec *khronos* «temps».

chronobiologie n. f. ▪ biol. Étude des rythmes* biologiques.

chronographe n. m. ▪ techn. Appareil qui enregistre des durées. → **chronomètre.**

chronologie n. f. ▪ **1** Science de la fixation des dates des faits historiques. **2** Ouvrage décrivant une évolution dans l'ordre temporel. **3** Succession des événements dans le temps. ► **chronologique** adj. ► **chronologiquement** adv.

chronomètre n. m. ▪ Montre de précision. - abrév. fam. **chrono.**

chronométrer v. tr. 6 ▪ Mesurer avec un chronomètre. ► **chronométrage** n. m.

chronométreur, euse n. ▪ Personne qui chronomètre (une course, etc.).

chronométrie n. f. ▪ didact. Science de la mesure du temps.

chronométrique adj. ▪ Relatif à la mesure exacte du temps.

chronophage adj. ▪ Qui demande beaucoup de temps.

chrysalide [kʀiz-] n. f. ▪ État intermédiaire par lequel passe la chenille avant de devenir papillon. → **nymphe.**

chrysanthème [kʀiz-] n. m. ▪ Plante ornementale qui fleurit en automne ; sa fleur.

chryséléphantin, ine [kʀiz-] adj. ▪ didact. Qui contient de l'or et de l'ivoire.

chryso- [kʀizo] Élément savant, du grec *khrusos* «or».

chrysobéryl n. m. ▪ Pierre fine de couleur verte, appelée aussi *œil-de-chat.*

chrysocale n. m. ▪ Alliage de cuivre, de zinc et d'étain, imitant l'or.

chrysolithe ou **chrysolite** n. f. ▪ Pierre fine de couleur dorée.

chrysomèle n. f. ▪ zool. Insecte coléoptère, voisin du doryphore.

chrysope n. f. ▪ zool. Insecte aux ailes diaphanes, prédateur des pucerons.

chrysoprase n. f. ▪ Calcédoine verte.

chtarbé, ée adj. ▪ fam. Fou.

chtimi ou **ch'timi** n. et adj. ▪ Français du Nord. *Les chtimis.* - abrév. **chti.**

chtonien, ienne [kt-] adj. ▪ Relatif aux divinités infernales. *Les puissances chtoniennes.*

chtouille n. f. ▪ argot Blennorragie ou syphilis.

C. H. U. [seaʃy] n. m. (sigle) ▪ Centre hospitalier universitaire.

chuchoter v. 1 ▪ **1** v. intr. et tr. Parler, dire bas, indistinctement. **2** v. intr. Produire un bruit indistinct. ► **chuchotement** n. m.

chuinter v. intr. 1 ▪ **1** (choses) Produire un sifflement assourdi. **2** Prononcer *s* et *z* comme *ch* et *j*. ► **chuintant, ante** adj. ► **chuintement** n. m.

churro [(t)ʃu-] n. m. ▪ Beignet espagnol allongé et cannelé.

chut [ʃyt] interj. ▪ Se dit pour demander le silence.

chute n. f. ▪ **I** Fait de tomber. **1** *Faire une chute dans un escalier.* ♦ (choses) *Chute de neige.* → *CHUTE LIBRE,* d'un corps soumis à l'accélération de la pesanteur. ♦ loc. *CHUTE D'EAU,* entre deux parties consécutives d'un cours d'eau. → **cascade. 2** Action de se détacher (de son support naturel). *La chute des feuilles.* **3** abstrait Fait d'échouer. *La chute d'un régime.* ♦ Action de tomber moralement. → **déchéance. 4** (choses) Diminution de valeur ou d'intensité. → **baisse. II 1** Partie où une chose se termine, s'arrête. *La chute des reins* : le bas du dos. **2** Reste inutilisé (tombé en coupant qqch.).

chuter v. intr. 1 ▪ **1** Subir un échec. **2** fam. Tomber, choir. **3** Diminuer brusquement.

chutney [ʃœtnɛ] n. m. ▪ Condiment aigre-doux, composé de fruits ou de légumes épicés, confits dans du vinaigre.

chva → **schwa**

chyle [ʃil] n. m. ▪ Produit de la digestion, contenu dans l'intestin grêle.

chymotrypsine n. f. ▪ biochim. Enzyme sécrétée par le pancréas.

chypre n. m. ▪ Parfum à base de bergamote et de santal. ► **chypré, ée** adj.

chypriote adj. et n. ▪ De Chypre. ◆ n. *Les Chypriotes.*

① **ci** adv. ▪ **I 1** (dans des loc.) Ici. *Ci-inclus, incluse ; ci-joint, jointe.* → **inclus ;** ① **joint.** ♦ *CI-GÎT.* → **gésir. 2** (après un nom précédé de *ce, cette, ces, celui, celle*) *Ce livre-ci. Celle-ci.* **II** loc. adv. *CI-DESSUS* : plus haut ; *CI-DESSOUS* : plus bas ; *CI-CONTRE* : en face. ◆ *DE-CI DE-LÀ* : de côté et d'autre. ◆ *PAR-CI PAR-LÀ* : en divers endroits.

② **ci** pron. dém. ▪ (employé avec *ça*) *Demander ci et ça.* ◆ fam. *Comme* ci, comme ça.*

ciao [tʃao] interj. ▪ fam. Au revoir. – var. **tchao.**

cibiche n. f. ▪ fam. et vieilli Cigarette.

cibiste n. ▪ Utilisateur de la CB. – recomm. off. *cébiste.*

cible n. f. ▪ **1** But que l'on vise et contre lequel on tire. **2** fig. Objet de critiques (→ point de mire). **3** comm. Objectif ou public visé.

cibler v. tr. [1] ▪ comm. Viser (un public). *Ce modèle cible les jeunes.* ► **ciblage** n. m.

ciboire n. m. ▪ Vase pour les hosties.

ciboule n. f. ▪ Variété d'ail.

ciboulette n. f. ▪ Plante à petits bulbes aux feuilles utilisées comme condiment.

ciboulot n. m. ▪ fam. Tête. → **caboche.**

cicatrice n. f. ▪ **1** Marque laissée par une plaie après la guérison. **2** fig. Trace d'une souffrance morale. ► **cicatriciel, ielle** adj.

cicatrisant, ante adj. et n. m. ▪ Qui aide à cicatriser.

cicatrisation n. f. ▪ Processus par lequel se réparent les plaies, les blessures.

cicatriser v. tr. [1] ▪ Faire guérir, se refermer (une plaie...). ▷ v. pron. **se cicatriser**

cicérone n. m. ▪ littér. Guide.

cicindèle n. f. ▪ Coléoptère carnassier, à élytres verts ou bruns tachetés de jaune.

ciclosporine n. f. ▪ méd. Médicament immunodépresseur, utilisé lors des greffes, pour éviter les rejets. – var. **cyclosporine.**

ci-contre → ① **ci**

cicutine n. f. ▪ chim. Alcaloïde extrait de la ciguë, utilisé comme antispasmodique. → **conicine.**

-cide Élément, du latin *caedere* «abattre» qui signifie «qui tue ; meurtre (de...)».

ci-dessous, ci-dessus → ① **ci**

cidre n. m. ▪ Boisson obtenue par la fermentation alcoolique du jus de pomme.

cidrerie n. f. ▪ Lieu où l'on fabrique le cidre.

Cie [kɔ̃paɲi] ▪ Abrév. de *compagnie* (3).

ciel, plur. **cieux** et **ciels** n. m. ▪ (plur. *ciels* : multiplicité ; *cieux* : collectif ou sens religieux) **I 1** Espace visible limité par l'horizon. → **firmament.** ◆ loc. *À ciel ouvert* : en plein air. ◆ *Tomber du ciel* : arriver à l'improviste. ◆ *Remuer ciel et terre*.* ♦ (qualifié ; plur. *des ciels*) *Ciel bleu ; nuageux.* ◆ *Bleu ciel* : bleu clair. **2** Apparence de l'espace extraterrestre, vu de la Terre ; voûte où semblent se mouvoir les astres. ♦ loc. *Être au septième ciel,* dans le ravissement. **II** (plur. *cieux*) **1** Séjour des dieux, de Dieu. → **au-delà. 2** Séjour des bienheureux, des élus. → **paradis. 3** La divinité, la providence. prov. *Aide-toi, le ciel t'aidera.* ◆ interj. *Ciel !* (surprise désagréable). **III** fig. (plur. *ciels*) **1** *Ciel de lit* : baldaquin d'un lit. **2** Voûte, plafond (d'une excavation).

cierge n. m. ▪ **1** Longue chandelle de cire, en usage dans les églises. **2** Plante grasse qui forme de hautes colonnes verticales.

cigale n. f. ▪ Insecte à quatre ailes membraneuses. *La cigale stridule.*

cigare n. m. ▪ Petit rouleau de feuilles de tabac, à fumer. *Petit cigare* (*cigarillo* n. m.).

cigarette n. f. ▪ Petit rouleau de tabac haché et enveloppé dans un papier fin. ♦ *Cigarette électronique* : petit appareil produisant de la vapeur destinée à être inhalée. → fam. **vapoteuse.**

cigarettier, ière n. ▪ Fabricant(e) de cigarettes.

cigarier, ière n. ▪ Ouvrier, ouvrière qui fabrique les cigares à la main.

cigarillo n. m. ▪ Petit cigare.

ci-gît → ① **ci ; gésir**

cigogne n. f. ▪ Oiseau échassier migrateur à longues pattes, à bec long et rouge.

ciguë [sigy] n. f. ▪ Plante toxique ; poison extrait de la variété appelée *grande ciguë.*

cil n. m. ▪ **1** Chacun des poils garnissant le bord libre des paupières et protégeant le globe oculaire. **2** biol. Filament fin du cytoplasme de certains organismes (bactéries...) qui assure leur déplacement. ► **ciliaire** adj.

cilice n. m. ▪ Chemise, ceinture rugueuse portée par pénitence, par mortification.

cilié, ée adj. ▪ Muni de poils, de cils.

ciller v. intr. [1] ▪ Battre des cils. ◆ loc. *Ne pas ciller* : rester imperturbable. ► **cillement** n. m.

cimaise n. f. ▪ Moulure (d'une corniche...) ; spécialt pour accrocher des tableaux.

cime n. f. ▪ Extrémité pointue (d'un arbre, d'une montagne...). → **faîte, sommet.**

ciment n. m. ▪ Matière calcaire qui, mélangée avec un liquide, forme une pâte durcissant à l'air ou dans l'eau.

cimenter v. tr. [1] ▪ **1** Enduire, lier avec du ciment. **2** fig. Rendre plus ferme, solide. ► **cimentation** n. f.

cimenterie n. f. ▪ Fabrique de ciment.

cimeterre n. m. ▪ Sabre oriental, à lame large et recourbée. → **yatagan.**

cimetière n. m. ▪ Lieu où l'on enterre les morts. → **nécropole, ossuaire.** ♦ fig. *Cimetière de voitures* (→ ② **casse).**

cimier n. m. ▪ Ornement qui forme la partie supérieure d'un casque.

cinabre n. m. ▪ **1** Sulfure de mercure naturel. **2** littér. Sa couleur rouge.

cinchonine [-k-] n. f. ▪ chim. Alcaloïde extrait du quinquina, voisin de la quinine.

cincle n. m. ▪ Passereau d'Europe et d'Asie.

ciné n. m. ▪ fam. Cinéma.

cinéaste n. ▪ Auteur, réalisateur de films.

ciné-club [-klœb] n. m. ▪ Club d'amateurs de cinéma. *Des ciné-clubs.*

cinéma n. m. ▪ **1** Procédé permettant d'enregistrer photographiquement et de projeter des vues animées. **2** Salle de projections. **3** Art de composer et de réaliser des films (→ le septième art). ♦ Ensemble de films ; industrie cinématographique. **4** fam. *C'est du cinéma,* de la comédie (II).

cinémascope n. m. (marque déposée) ▪ Cinéma sur écran large par anamorphose.

cinémathèque n. f. ▪ Endroit où l'on conserve les films de cinéma.

cinématique ▪ sc. **1** n. f. Étude scientifique du mouvement. **2** adj. Du mouvement.

cinématographe n. m. ▪ **1** hist. Appareil des frères Lumière, reproduisant le mouvement par une suite de photographies. **2** vx Cinéma.

cinématographie n. f. ▪ didact. Technique ou art du cinéma. ► **cinématographique** adj.

cinéphage adj. et n. ▪ fam. Qui voit de nombreux films.

cinéphile n. ▪ Amateur de cinéma. ► **cinéphilie** n. f.

cinéraire ▪ **1** adj. Qui renferme les cendres d'un mort. *Urne cinéraire.* **2** n. f. Plante herbacée aux feuilles cendrées.

cinétique adj. ▪ Relatif au mouvement.

cinghalais, aise adj. et n. ▪ Se dit des habitants de religion bouddhiste du sud du Sri Lanka. ➛ n. m. *Le cinghalais* (langue).

cinglant, ante adj. ▪ **1** Qui cingle. **2** fig. Qui blesse. → **acerbe.** *Repartie cinglante.*

cinglé, ée adj. et n. ▪ fam. Un peu fou.

① **cingler** v. intr. [1] ▪ (navire) Faire voile (dans une direction).

② **cingler** v. tr. [1] ▪ **1** Frapper avec un objet flexible (baguette...). **2** (vent, pluie, neige) Fouetter.

cinnamome n. m. ▪ Arbrisseau aromatique (camphrier, cannelier).

cinoche n. m. ▪ fam. Cinéma.

cinoque → **sinoque**

cinq [sɛ̃k] ▪ **I** ([sɛ̃] devant consonne) adj. numéral invar. **1** (cardinal) Quatre plus un (5). ♦ loc. *Dans cinq minutes :* bientôt. ➛ fam. *EN CINQ SEC :* très rapidement. **2** (ordinal) Cinquième. *Page cinq. Charles V.* **II** n. m. invar. [sɛ̃k] Le chiffre, le nombre, le numéro cinq.

cinquantaine n. f. ▪ Nombre de cinquante ou environ.

cinquante ▪ **I** adj. numéral invar. **1** (cardinal) Dix fois cinq (50 ; L). *Cinquante pages.* **2** (ordinal) Cinquantième. *Page cinquante.* **II** n. m. invar. Le nombre, le numéro cinquante. ► **cinquantième** adj.

cinquantenaire n. m. ▪ Cinquantième anniversaire.

cinquième ▪ **1** adj. Qui suit le quatrième (5e). ♦ n. *Le, la cinquième.* **2** adj. et n. m. Se dit d'une partie d'un tout divisé également en cinq. ► **cinquièmement** adv.

cintre n. m. ▪ **I 1** Courbure de la surface intérieure (d'un arc...). ➛ *EN PLEIN CINTRE :* dont la courbure est un demi-cercle. **2** techn. Échafaudage en arc de cercle. **3** au théâtre Partie supérieure de la scène, où l'on remonte les décors. **II** Barre à crochet, pour suspendre les vêtements.

cintrer v. tr. [1] ▪ **1** Bomber, courber. **2** Rendre (un vêtement) ajusté à la taille. ▷ adj. **cintré, ée** ► **cintrage** n. m.

cipaye [-aj] n. m. ▪ ancienn Soldat hindou au service d'une armée étrangère.

cipolin n. m. ▪ Marbre de teinte claire, formé de cristaux de calcite enchevêtrés.

cippe n. m. ▪ archéol. Petite stèle.

cirage n. m. ▪ **1** Action de cirer. **2** Produit pour lustrer le cuir. ♦ loc. fam. *Être dans le cirage :* ne plus rien voir ou comprendre.

circadien, ienne adj. ▪ biol. Dont la période est voisine de 24 heures.

circaète n. m. ▪ Rapace diurne d'assez grande taille, appelé aussi *milan blanc.*

circassien, ienne adj. ▪ Relatif au cirque.

circoncire v. tr. [37] ▪ Exciser le prépuce de (un garçon). ▷ adj. m. **circoncis**

circoncision n. f. ▪ Excision rituelle du prépuce (judaïsme, islam, animisme).

circonférence n. f. ▪ **1** vieilli Cercle. ➛ mod. Périmètre d'un cercle. **2** Pourtour.

circonflexe adj. ▪ *Accent circonflexe :* signe (ˆ) placé sur certaines voyelles longues (pâte) ou comme signe distinctif (dû/du).

circonlocution n. f. ▪ Manière de s'exprimer d'une façon indirecte. → **périphrase.**

circonscription n. f. ▪ Division légale (d'un territoire).

circonscrire v. tr. [39] ▪ **1** Décrire une ligne qui limite tout autour. **2** fig. Enfermer dans des limites. → **délimiter ; enrayer.**

circonspect, ecte [-ɛ(kt), -ɛkt] adj. ▪ Attentif et prudent. ► **circonspection** n. f.

circonstance n. f. ▪ **1** Particularité qui accompagne un événement, une situation. *Circonstances atténuantes**. **2** Ce qui constitue le moment présent. *En raison des circonstances...* ▬ *Concours* de circonstances.* ♦ *DE CIRCONSTANCE :* adapté à la situation.

circonstancié, ée adj. ▪ Qui comporte les circonstances, les détails (récit).

circonstanciel, ielle adj. ▪ D'une circonstance. ▬ gramm. Qui apporte une détermination exprimant les circonstances. *Complément circonstanciel de lieu, de temps...*

circonvallation n. f. ▪ Tranchée fortifiée.

circonvenir v. tr. [22] ▪ Agir sur (qqn) avec ruse pour obtenir ce que l'on souhaite.

circonvoisin, ine adj. ▪ littér. Qui est situé autour, tout près de.

circonvolution n. f. ▪ **1** Enroulement autour d'un point central. **2** anat. *Circonvolutions cérébrales,* replis sinueux du cortex.

circuit n. m. ▪ **I 1** Distance à parcourir pour faire le tour (d'un lieu). **2** Chemin (long et compliqué) parcouru pour atteindre un lieu. ♦ Parcours organisé. *Circuit touristique.* ♦ Itinéraire en boucle de certaines courses (auto...). **3** techn. Suite de conducteurs électriques. ▬ *Circuit intégré :* circuit électronique sur une plaquette semi-conductrice. → **microprocesseur, puce.** ♦ loc. fig. *ÊTRE HORS CIRCUIT :* ne pas être impliqué, au courant. **4** Ensemble de conduits pour les fluides. **II** fig. Mouvement d'aller et retour (des biens...). *Circuit de distribution.*

circulaire ▪ **I** adj. **1** Qui décrit un cercle. **2** Qui a ou rappelle la forme d'un cercle. → **rond.** **3** Dont l'itinéraire ramène au point de départ. **II** n. f. Lettre adressée à plusieurs personnes à la fois.

circulairement adv. ▪ D'une manière circulaire.

circularité n. f. ▪ didact. Caractère de ce qui est circulaire.

circulation n. f. ▪ **1** Déplacement utilisant les voies de communication. → **trafic** (II). **2** Véhicules qui circulent. **3** Mouvement des fluides, notamment physiologiques. *Circulation du sang.* **4** Mouvement (des biens, des produits). *Circulation des capitaux.* **5** *Mettre EN CIRCULATION :* diffuser, répandre.

circulatoire adj. ▪ Relatif à la circulation du sang. *L'appareil circulatoire.*

circuler v. intr. [1] ▪ **1** Aller et venir ; se déplacer sur les voies de communication. **2** (fluides) Passer dans un circuit ; se renouveler. **3** Passer de main en main. **4** (information...) Se propager, se répandre.

circum- [siʀkɔm] Élément, du latin *circum* «autour».

circumduction n. f. ▪ didact. Mouvement de rotation autour d'un axe central ou d'un point central.

circumnavigation n. f. ▪ didact. Voyage maritime autour d'un continent.

circumpolaire adj. ▪ didact. Qui a lieu autour d'un pôle.

cire n. f. ▪ **1** Matière molle, jaunâtre, produite par les abeilles. **2** Préparation à base de cire pour l'entretien du bois. → **encaustique.** **3** *Cire à cacheter* (à base de résine, etc.).

ciré, ée ▪ **I** adj. **1** Enduit de cire ou de cirage. **2** *Toile cirée,* enduite d'un vernis. **II** n. m. Imperméable de tissu plastifié.

cirer v. tr. [1] ▪ **1** Enduire de cire, d'encaustique. **2** Enduire de cirage.

cireur, euse ▪ **1** n. Personne chargée de cirer. **2** n. f. Appareil qui cire les parquets.

cireux, euse adj. ▪ Qui a la consistance, l'aspect blanc jaunâtre de la cire.

ciron n. m. ▪ vx ou littér. Insecte minuscule.

cirque n. m. ▪ **I 1** hist. Amphithéâtre pour les jeux publics (Rome antique...). **2** Amphithéâtre naturel d'origine glaciaire. **II 1** Édifice ou tente où sont présentés des numéros d'équilibre, des scènes comiques (clowns, augustes), etc. **2** Ce spectacle. **3** fam. Activité désordonnée, agitation.

cirre ou **cirrhe** n. m. ▪ zool. Appendice fin, chez certains animaux.

cirrhose n. f. ▪ Maladie du foie due à des granulations. ► **cirrhotique** adj. et n.

cirrocumulus [-ys] n. m. ▪ Nuage formant de petits flocons séparés.

cirrostratus [-ys] n. m. ▪ Nuage blanchâtre presque translucide.

cirrus [-ys] n. m. ▪ Nuage élevé, en flocons ou filaments.

cis [sis] adj. ▪ chim. *Isomère cis,* dans lequel atomes ou radicaux sont situés du même côté du plan de la molécule (opposé à *trans-*).

cis- [siz] Élément, du latin *cis* «en deçà».

cisaille n. f. ▪ Gros ciseaux ou pinces pour couper les métaux, élaguer les arbres.

cisailler v. tr. [1] ▪ Couper aux cisailles. ► **cisaillement** n. m.

cisalpin, ine adj. ■ Situé en deçà des Alpes (opposé à *transalpin*).

ciseau n. m. ■ **I** Outil d'acier en biseau, qui sert à tailler. **II** au plur. Instrument pour couper, formé de deux branches d'acier tranchantes croisées sur un pivot.

ciseler v. tr. 5 ■ Travailler (un ouvrage) avec un ciseau (1). ▷ adj. **ciselé, ée** ► **cisèlement** n. m.

ciselet n. m. ■ techn. Petit ciseau.

ciseleur, euse n. ■ Personne dont le métier est de ciseler.

ciselure n. f. ■ Ornement ciselé.

① **ciste** n. m. ■ Arbrisseau aromatique.

② **ciste** n. f. ■ Antiq. Corbeille portée dans les mystères, contenant les objets du culte.

cistercien, ienne adj. ■ De l'ordre religieux de Cîteaux (réformé par saint Bernard).

cistude n. f. ■ zool. Tortue d'eau douce.

citadelle n. f. ■ **1** Forteresse qui commandait une ville. **2** fig. → **bastion** (2).

citadin, ine ■ **1** adj. didact. De la ville. **2** n. Habitant d'une grande ville.

citation n. f. ■ **1** Passage cité (d'un auteur, d'une personnalité). **2** dr. Sommation de comparaître en justice. **3** Mention honorable d'un militaire, etc. qui s'est distingué.

cité n. f. ■ **I 1** Antiq. Fédération autonome de tribus. **2** Ville importante (sous son aspect de personne morale). ♦ Partie ancienne d'une ville. *L'île de la Cité* (à Paris). **3** Groupe d'immeubles ayant une unité. *Cité ouvrière.* **II** loc. *Avoir* DROIT DE CITÉ, être admis dans, faire partie de (qqch.).

citer v. tr. 1 ■ **1** Rapporter (ce qu'a dit ou écrit qqn). **2** Alléguer. *Citer un exemple.* **3** Désigner comme digne d'attention. *Citer un exploit.* **4** dr. Sommer (qqn) à comparaître en justice. **5** Décerner une citation (3) à.

citerne n. f. ■ **1** Réservoir d'eau de pluie. **2** Cuve contenant un liquide, un carburant.

cithare n. f. ■ Instrument de musique à cordes tendues sur une caisse de résonance sans manche. ≠ *sitar.* ► **cithariste** n.

citoyen, enne ■ **I** n. **1** Individu, du point de vue de ses droits politiques, spécialt dans une république. **2** sous la Révolution Appellatif pour monsieur, etc. **3** fam. Individu. **II** adj. Qui agit en citoyen, qui fait preuve d'esprit civique ; conforme au sens civique.

citoyenneté n. f. ■ Qualité de citoyen.

citrate n. m. ■ chim. Sel de l'acide citrique.

citrin, ine adj. ■ littér. De la couleur du citron.

citrine n. f. ■ Pierre semi-précieuse, appelée aussi *fausse topaze.*

citrique adj. ■ chim. *Acide citrique* : acide extrait de certains fruits (citron, groseille...).

① **citron** n. m. ■ **1** Fruit jaune du citronnier, agrume acide. ♦ *Citron vert.* → ② **lime.** **2** fam. Tête. **3** adj. invar. Jaune clair.

② **citron** n. m. ■ (Canada) fam. Véhicule délabré.

citronnade n. f. ■ Boisson au citron.

citronné, ée adj. ■ Qui sent le citron. ➝ Où l'on a mis du jus de citron.

citronnelle n. f. ■ Plante contenant une essence à odeur de citron. → **mélisse.**

citronnier n. m. ■ Arbre qui produit le citron (jaune ou vert). ♦ Son bois.

citrouille n. f. ■ **1** Courge volumineuse d'un jaune orangé. **2** fam. Tête.

citrus [-ys] n. m. ■ bot. Arbre qui produit les agrumes.

cive n. f. ■ Ciboule.

civet n. m. ■ Ragoût (de lièvre, lapin, gibier) au vin rouge.

civette n. f. ■ **1** Petit mammifère au pelage gris. **2** Parfum sécrété par cet animal.

civière n. f. ■ **1** Dispositif à bras, pour porter des fardeaux. **2** spécialt Ce dispositif, pour transporter les malades, les blessés.

civil, ile adj. ■ **I 1** Relatif à l'ensemble des citoyens. ➝ *Guerre civile,* entre citoyens d'un même État. ➝ *Droits civils,* garantis à tous les citoyens. ➝ *État* civil.* **2** dr. Relatif aux rapports entre les individus (opposé à *criminel*). *Code civil.* ♦ *Se porter* PARTIE CIVILE : demander des dommages-intérêts pour un préjudice. **3** Qui n'est pas militaire. ➝ n. *Les militaires et les civils.* **4** Qui n'est pas religieux. *Mariage civil,* à la mairie. **II** vieilli Qui observe les usages. → **poli.**

civilement adv. ■ **I 1** dr. En matière civile. **2** (opposé à *religieusement*) *Se marier civilement.* **II** Avec civilité.

civilisateur, trice adj. et n. ■ Qui répand la civilisation.

civilisation n. f. ■ **1** Ensemble des caractères et acquisitions des sociétés humaines complexes (opposé à *nature, barbarie*). **2** Ensemble des phénomènes sociaux (moraux, esthétiques, scientifiques...) d'une grande société. *La civilisation chinoise.* ► **civilisationnel, elle** adj. didact.

civiliser v. tr. 1 ■ **1** Faire passer (une collectivité) à un état social plus complexe (moral, intellectuel...). **2** fam. Rendre plus poli. ▷ adj. et n. **civilisé, ée**

civiliste n. ■ Spécialiste de droit civil.

civilité n. f. ■ vieilli ou littér. Politesse.

civique adj. ■ Relatif au citoyen (≠ *civil*). ➝ *Sens civique,* des responsabilités et des devoirs du citoyen. *Esprit civique.*

civisme n. m. ■ Sens civique.

cl → **centilitre**

Cl ▪ Symbole chimique du chlore.

clabauder v. intr. [1] ▪ littér. Crier, protester sans motif. ► **clabaudage** n. m.

clac ▪ Interjection imitant un bruit sec.

clafoutis n. m. ▪ Gâteau cuit au four, à base de lait, d'œufs et de fruits.

claie n. f. ▪ Treillage en bois, en fer...

clair, aire ▪ **I** adj. **1** Qui a l'éclat du jour, reçoit beaucoup de lumière. **2** Faiblement coloré (opposé à *foncé*). **3** Peu serré ; peu dense. *Sauce trop claire.* **4** Pur et transparent. *Eau claire.* **5** (sons) Net et pur. *Voix claire.* **II** adj. abstrait **1** Simple, facile à comprendre. **2** Manifeste, évident. *C'est clair !* **III** n. m. (dans des expr.) **1** *CLAIR DE LUNE :* lumière que donne la Lune. **2** *Tirer AU CLAIR :* éclaircir, élucider (une affaire). ♦ *Dépêche EN CLAIR,* en langage ordinaire (opposé à *chiffré, codé*). ➛ *En clair :* exprimé clairement. ♦ *LE PLUS CLAIR de :* la plus grande partie de. **IV** adv. **1** D'une manière claire. *Essayons d'y voir clair,* de comprendre. **2** *Parler clair.* → **franchement.**

claire n. f. ▪ Bassin dans lequel se fait l'affinage des huîtres *(fines de claire).*

clairement adv. ▪ **1** D'une manière claire. → **distinctement. 2** D'une manière claire à l'esprit. → **explicitement ; franchement.**

clairet, ette adj. ▪ Un peu clair. *Vin clairet.*

clairette n. f. ▪ Cépage blanc du Midi.

claire-voie n. f. ▪ **1** Clôture à jour. **2** loc. *À CLAIRE-VOIE :* qui présente des jours.

clairière n. f. ▪ Endroit dégarni d'arbres dans un bois, une forêt.

clair-obscur n. m. ▪ **1** peint. Opposition des lumières et des ombres. **2** Lumière douce. *Des clairs-obscurs.*

clairon n. m. ▪ **1** Instrument à vent sans piston ni clé. **2** Personne qui joue du clairon.

claironner v. [1] ▪ **1** v. intr. Parler d'une voix aiguë et forte. **2** fig. Annoncer avec éclat, affectation. ► **claironnant, ante** adj.

clairsemé, ée adj. ▪ **1** Qui est peu serré. *Arbres clairsemés.* **2** fig. Peu dense. → **rare.**

clairvoyance n. f. ▪ Vue claire, lucide des choses. ► **clairvoyant, ante** adj. → **lucide.**

clam [klam] n. m. ▪ Mollusque marin bivalve.

clamecer → **clamser**

clamer v. tr. [1] ▪ Manifester par des cris.

clameur n. f. ▪ Ensemble de cris confus.

clamp [klɑ̃p] n. m. ▪ anglic., chir. Pince occlusive à deux branches. ► **clamper** v. tr. [1]

clampin n. m. ▪ fam. Traînard, fainéant.

clamser [klamse] v. intr. [1] ▪ fam. Mourir. – var. **clamecer** [3]

clan n. m. ▪ **1** Tribu (Écosse et Irlande). ♦ ethnol. Groupe ayant à l'origine un ancêtre unique. **2** Groupe fermé de personnes.

clandestin, ine adj. ▪ Qui se fait en cachette et a un caractère illicite. ➛ *Passager clandestin,* sans billet. ➛ *Travailleur clandestin,* sans statut légal. ► **clandestinement** adv.

clandestinité n. f. ▪ Caractère clandestin.

clanique adj. ▪ ethnol. D'un clan.

clanisme n. m. ▪ ethnol. Organisation d'une ethnie en clans.

clap [klap] n. m. ▪ anglic. Petit tableau muni d'un claquoir signalant le début de chaque tournage d'un plan.

clapet n. m. ▪ **1** Soupape en forme de couvercle. **2** fam. *Ferme ton clapet :* tais-toi.

clapier n. m. ▪ Abri où on élève des lapins.

clapot n. m. ▪ Succession de vagues courtes et irrégulières.

clapoter v. intr. [1] ▪ (surface liquide) Être agité de petites vagues au bruit caractéristique. ► **clapotement** et **clapotis** n. m.

clapper v. intr. [1] ▪ Produire un bruit sec avec la langue. ► **clappement** n. m.

claquage n. m. ▪ Distension d'un ligament.

claquant, ante adj. ▪ fam. Qui fatigue.

claque n. f. ▪ **1** Coup donné avec le plat de la main. → **gifle.** ➛ loc. fam. *Tête à claques,* visage déplaisant ; personne déplaisante. **2** Public d'un spectacle payé pour applaudir. **3** fam. *En avoir sa claque :* en avoir assez.

claquement n. m. ▪ Fait de claquer ; choc, bruit de ce qui claque.

claquemurer v. tr. [1] ▪ Tenir enfermé. ▷ v. pron. se **claquemurer** Rester chez soi.

claquer v. [1] ▪ **I** v. intr. **1** Produire un bruit sec et sonore. ➛ *Claquer des dents* (de froid...). **2** fam. *L'affaire lui a claqué dans les doigts,* lui a échappé. **3** fam. Mourir. **II** v. tr. **1** Donner une claque à (qqn). **2** Faire claquer. *Claquer la porte.* **3** fam. Dépenser en gaspillant. **4** fam. Éreinter, fatiguer. **5** *Se claquer un muscle* **(→ claquage).**

claquette n. f. ▪ **1** Petit instrument articulé servant à donner un signal (en claquant). → **clap** (anglic.). **2** au plur. Lames de métal fixées aux semelles qui permettent de marquer le rythme en dansant. ♦ Cette danse.

claquoir n. m. ▪ Claquette.

clarifier v. tr. [7] ▪ **1** Rendre plus pur en éliminant les substances étrangères. **2** fig. Rendre plus clair, facile à comprendre. → **éclaircir, élucider.** ► **clarification** n. f.

clarine n. f. ▪ Clochette au cou du bétail.

clarinette n. f. ▪ Instrument de musique (bois) à anche simple. ► **clarinettiste** n.

clarisse n. f. ▪ Religieuse de l'ordre de Sainte-Claire.

clarté n. f. ■ **I 1** Lumière ; caractère de ce qui est clair. **2** Transparence, limpidité. **II** abstrait **1** Qualité de ce qui est intelligible. **2** au plur. littér. Connaissances, notions.

clash n. m. ■ anglic. Conflit violent.

clasher v. impers. [1] ■ anglic. fam. Donner lieu à un conflit. *Ça a failli clasher !*

classable adj. ■ Qui peut être classé.

classe n. f. ■ **I 1** (dans une société) Ensemble de personnes qui ont en commun une fonction, une idéologie et surtout un niveau social. **2** Ensemble d'individus ou d'objets qui ont des caractères communs. → **catégorie. 3** biol. Division inférieure à l'embranchement. **4** (hiérarchie) Grade, rang. *Première classe.* ♦ *DE CLASSE* : de grande qualité. ➝ *Avoir de la classe,* de la distinction. **II 1** Ensemble d'élèves groupés selon un degré d'études. **2** Enseignement donné. ♦ Salle de classe. **III** Contingent des conscrits nés la même année.

classement n. m. ■ **1** Action de ranger dans un ordre ; façon dont un ensemble est classé. **2** Place, dans une compétition.

classer v. tr. [1] ■ **1** Diviser en classes, en catégories. **2** Ranger (dans une classe). **3** Mettre dans un ordre, à son ordre. ♦ fig. *Classer une affaire,* la considérer comme terminée, ne plus s'en occuper.

classeur n. m. ■ Dossier ou meuble qui sert à classer des papiers.

classicisme n. m. ■ **1** Caractères propres aux œuvres classiques. **2** Caractère classique.

classieux, ieuse adj. ■ fam. Qui a de la classe, de l'allure.

classification n. f. ■ Action de ranger par classes. ► **classificateur, trice** adj. et n.

classifier v. tr. [7] ■ Répartir selon une classification. ➝ absolt Établir des classifications.

classique adj. ■ **I 1** (écrivain, texte) Qui fait autorité ; digne d'être imité. **2** Qui appartient à l'Antiquité gréco-latine. **3** Relatif aux grands auteurs du XVIIe siècle, imitateurs des Anciens (opposé à *romantique*). **4** *Musique classique,* de la tradition occidentale (s'oppose à *folklorique, de variétés...*). ♦ n. m. *Aimer le classique.* **5** Conforme aux usages, aux habitudes. **II** n. m. Auteur classique ; œuvre classique ou importante, reconnue.

classiquement adv. ■ De manière classique.

claudiquer v. intr. [1] ■ Boiter. ► **claudication** n. f. littér.

clause n. f. ■ Disposition particulière (d'un acte). *Les clauses d'un contrat.* ➝ dr. *Clause de style,* habituelle aux contrats de même nature ; fig., cour. disposition toute formelle.

claustra n. m. ou f. ■ Cloison légère, ajourée.

claustral, ale, aux adj. ■ Relatif au cloître ou qui l'évoque. → **monacal, religieux.**

claustrer v. tr. [1] ■ Enfermer, isoler (surtout pronom. et p. p.). → **cloîtrer.** ► **claustration** n. f. littér.

claustrophobie n. f. ■ Angoisse d'être enfermé. ► **claustrophobe** adj. et n.

clavardage n. m. ■ (Canada) Fait de dialoguer entre internautes. → ② **chat.** ► **clavarder** v. intr. [1]

claveau n. m. ■ archit. Pierre taillée en coin.

clavecin n. m. ■ Instrument à claviers et à cordes pincées. ► **claveciniste** n.

claveter v. tr. [4] ■ techn. Fixer avec une clavette. ► **clavetage** n. m.

clavette n. f. ■ Petite cheville servant à immobiliser (un boulon, une cheville).

clavicorde n. m. ■ Instrument à cordes frappées, ancêtre du piano-forte.

clavicule n. f. ■ Os très allongé (partie antérieure de l'épaule). ► **claviculaire** adj.

clavier n. m. ■ Ensemble des touches de certains instruments de musique (piano, clavecin, orgue...), sur lesquelles on appuie les doigts pour obtenir les sons. ♦ Ensemble des touches (d'un appareil), disposées sur plusieurs rangs. *Le clavier d'une machine à écrire, d'un ordinateur. Clavier AZERTY, QWERTY* (selon l'ordre des touches). *Raccourci* clavier.* ➝ Bloc compact rassemblant les touches d'un ordinateur. *Acheter un nouveau clavier.*

clavériste n. ■ **1** Personne qui joue d'un instrument à clavier. **2** rare Claviste (1).

claviste n. ■ **1** Personne qui saisit un texte sur ordinateur. **2** Claviériste (1).

clayère n. f. ■ Parc à huîtres.

clayette n. f. ■ Support à claire-voie.

claymore n. f. ■ hist. Grande épée des guerriers écossais.

clayon n. m. ■ Petite claie.

clayonnage n. m. ■ Assemblage de pieux et de branches, pour soutenir des terres.

clayonner v. tr. [1] ■ techn. Garnir de clayonnages.

clé ou **clef** n. f. ■ **I 1** Instrument de métal faisant fonctionner le mécanisme d'une serrure. ➝ loc. *Mettre la clé sous la porte* : partir ; déménager. *Clés en main* : prêt à être utilisé. ♦ loc. *La clé des champs* : la liberté. **2** *Clé USB*.* **II 1** Outil servant à serrer ou à démonter des pièces. *Clé à molette.* **2** *CLEF* (ou *CLÉ*) *DE VOÛTE* : claveau central maintenant une voûte. ➝ fig. Partie essentielle (d'un système...). **3** mus. Pièce qui commande l'ouverture des trous du tuyau (d'un instrument à vent). **III** fig. **1** Signe de référence placé au début d'une portée musicale, et qui indique la hauteur des notes. *Clef de sol.* ♦ loc. *À LA CLÉ* (ou *CLEF*) : avec, à la fin de l'opération. *Récompense à la clé.* **2** Ce qui permet de comprendre (qqch.). **3** appos. Qui commande l'accès (concret et abstrait). *Position-clé.*

clean [klin] adj. invar. ▪ anglic., fam. **1** Qui a un air propre, soigné. **2** Qui ne prend pas ou plus de drogue.

clébard n. m. ▪ fam. Chien. – syn. **clebs.**

clématite n. f. ▪ Plante grimpante à fleurs.

clémence n. f. ▪ **1** littér. Vertu qui consiste à pardonner les offenses et à adoucir les châtiments. **2** fig. Douceur (du climat...).

clément, ente adj. ▪ **1** Qui manifeste de la clémence. **2** fig. *Un hiver clément.* → **doux.**

clémentine n. f. ▪ Mandarine à peau fine.

clémenvilla [-il-] n. f. ▪ Agrume à peau fine, hybride de clémentine et de tangelo.

clenche n. f. ▪ Levier du loquet d'une porte.

clepsydre n. f. ▪ didact. Horloge à eau.

cleptomane ; cleptomanie → **kleptomane ; kleptomanie**

clerc [klɛʀ] n. m. ▪ **1** Homme qui est entré dans l'état ecclésiastique (→ **clergé ;** opposé à *laïc*). **2** vx Lettré, savant. ◂ loc. *Il est GRAND CLERC en la matière,* très compétent. **3** Employé d'une étude d'officier public ou ministériel. *Clerc de notaire.*

clergé n. m. ▪ Ensemble des ecclésiastiques.

clergyman [klɛʀʒiman] n. m. ▪ Pasteur anglo-saxon. *Des clergymen* (ou *-mans*).

clérical, ale, aux ▪ **1** adj. Relatif au clergé. **2** adj. et n. Partisan de l'intervention du clergé dans la vie publique. ▸ **cléricalisme** n. m.

cléricature n. f. ▪ didact. État, condition des clercs, des ecclésiastiques.

clic n. m. ▪ **I** Bruit sec, bref. **II** Action de presser le bouton de la souris d'un ordinateur. *Double clic.* → **double-clic.**

clic-clac ▪ **1** interj. Onomatopée exprimant un claquement sec et répété. **2** n. m. invar. Canapé-lit qui se plie en deux.

cliché n. m. ▪ **1** Image négative (d'une photo). ♦ Photographie. **2** péj. Idée ou expression trop souvent utilisée. → **poncif. 3** imprim. Plaque en relief pour l'impression.

client, ente [klijɑ̃, ɑ̃t] n. ▪ **1** Personne qui achète ou requiert des services moyennant rétribution. ♦ Acheteur (d'un fournisseur). **2** n. m. écon. Consommateur, importateur.

clientèle n. f. ▪ **I 1** Protégés, partisans d'un homme politique. **2** Ensemble de clients. **II** Fait d'être client, d'acheter.

clientélisme n. m. ▪ (pour un politicien, un parti) Fait de chercher à élargir son influence en attribuant des privilèges. ▸ **clientéliste** adj. et n.

cligner v. [1] ▪ **1** v. tr. Fermer à demi ou fermer et ouvrir rapidement (les yeux). ♦ v. tr. ind. *CLIGNER DE L'ŒIL* (pour faire un signe). **2** v. intr. (yeux, paupières) Se fermer et s'ouvrir. ▸ **clignement** n. m.

clignotant, ante ▪ **I** adj. Qui clignote (1 et 2). **II** n. m. (véhicules) Lumière intermittente, qui sert à indiquer la direction.

clignoter v. intr. [1] ▪ **1** (yeux...) Cligner rapidement et involontairement. **2** Éclairer et s'éteindre alternativement à brefs intervalles. → **scintiller.** ▸ **clignotement** n. m.

clignoteur n. m. ▪ (Belgique) Clignotant (II).

climat n. m. ▪ **1** Ensemble de circonstances atmosphériques et météorologiques (humidité, températures...) propres à une région. **2** fig. Atmosphère morale.

climatique adj. ▪ Relatif au climat (1). *Changements climatiques.*

climatisation n. f. ▪ Techniques et appareils maintenant, dans un local, une atmosphère constante (température, humidité).

climatiser v. tr. [1] ▪ Équiper de la climatisation. ▹ adj. **climatisé, ée**

climatiseur n. m. ▪ Appareil de climatisation.

climatologie n. f. ▪ Étude des phénomènes climatiques. ▸ **climatologique** adj. ▸ **climatologue** n.

climatosceptique adj. et n. ▪ didact. (Personne) qui met en doute les théories répandues concernant le réchauffement climatique.

climax [-aks] n. m. ▪ didact. Point culminant.

clin n. m. ▪ techn. Panneau à recouvrement partiel dans un revêtement extérieur.

clin d'œil [-œj] n. m. ▪ **1** Mouvement rapide de la paupière pour faire signe (→ **cligner).** *Des clins d'œil, d'yeux.* **2** loc. adv. *En un clin d'œil :* en un temps très court.

clinfoc n. m. ▪ mar. Voile légère, à l'avant du navire.

clinicien, ienne n. ▪ Médecin praticien.

clinique ▪ **I 1** adj. Qui concerne les manifestations observables de la maladie. ▸ **cliniquement** adv. **2** n. f. Enseignement médical donné au chevet des malades. **II** n. f. Établissement de soins privé.

clinquant, ante ▪ **I** adj. Qui brille d'un éclat trop voyant. **II** n. m. **1** Mauvaise imitation de pierreries, etc. **2** fig. Éclat trompeur.

① **clip** [klip] n. m. ▪ anglic. Bijou qui se fixe par une pince. ◂ Fixation par pince à ressort. – var. **clips** [klips] n. m. ▸ **clipper** ou **clipser** v. tr. [1]

② **clip** [klip] n. m. ▪ anglic. Court film vidéo promotionnel. – syn. **vidéoclip** n. m.

cliquable adj. ▪ inform. Sur lequel il est possible de cliquer afin d'activer un lien hypermédia.

clique n. f. ▪ **1** Groupe de personnes peu estimables. **2** Ensemble des tambours et des clairons d'une musique militaire.

cliquer v. intr. [1] ▪ anglic. Actionner le bouton d'une souris (d'ordinateur).

cliques n. f. pl. ▪ fam. *Prendre ses cliques et ses claques* : s'en aller en emportant ce que l'on possède.

cliquet n. m. ▪ Pièce servant à empêcher une roue dentée de tourner dans le sens contraire à son mouvement.

cliqueter v. intr. [4] ▪ Produire un cliquetis.

cliquetis n. m. ▪ Série de bruits secs produits par des corps qui se choquent.

clisse n. f. ▪ Petite claie d'osier.

clitocybe n. m. ▪ Champignon basidiomycète à lames qui descendent sur le pied.

clitoridectomie n. f. ▪ didact. Ablation rituelle du clitoris. → **excision.**

clitoris [-is] n. m. ▪ Petit organe érectile de la vulve. ► **clitoridien, ienne** adj.

cliver v. tr. [1] ▪ **1** Fendre (un minéral) dans le sens naturel de ses couches. **2** fig. Séparer par niveaux, par plans. ► **clivage** n. m. ► **clivant, ante** adj.

cloacal, ale, aux adj. ▪ **I** Qui évoque un cloaque (I). **II** zool. Du cloaque (II).

cloaque n. m. ▪ **I 1** Lieu destiné à recevoir les immondices, les eaux usées. **2** Lieu malpropre. **II** zool. Orifice des cavités urinaire, intestinale et génitale (oiseaux...).

clochard, arde n. ▪ Personne socialement inadaptée, dans les villes. - abrév. fam. **clodo.**

clochardiser v. tr. [1] ▪ Réduire à l'état de clochard. ◆ pronom. *Un vagabond en train de se clochardiser.* ► **clochardisation** n. f.

① **cloche** n. f. ▪ **1** Instrument creux, évasé, en métal sonore (bronze...), dont on tire des vibrations retentissantes en en frappant les parois. ◆ loc. *N'entendre qu'un son de cloche*, qu'une opinion. ◆ fam. *Sonner les cloches à qqn*, le réprimander fortement. **2** Objet creux qui recouvre, protège.

② **cloche** n. f. ▪ fam. **I** Personne niaise et incapable. **II** *La cloche* : les clochards.

à cloche-pied loc. adv. ▪ En tenant un pied en l'air et en sautant sur l'autre.

① **clocher** n. m. ▪ **1** Bâtiment élevé d'une église, où l'on place les cloches. **2** loc. *Querelles de clocher*, purement locales, insignifiantes. ◆ *Esprit de clocher* : chauvinisme.

② **clocher** v. intr. [1] ▪ Être défectueux, aller de travers.

clocheton n. m. ▪ Petit clocher.

clochette n. f. ▪ **1** Petite cloche. **2** Fleur, corolle en forme de petite cloche.

clodo → **clochard**

cloison n. f. ▪ **1** Paroi qui limite les pièces (d'une maison...). **2** Ce qui divise l'intérieur (d'une cavité). **3** fig. Barrière, séparation.

cloisonné, ée adj. ▪ Divisé par des cloisons. ◆ fig. *Une société cloisonnée.*

cloisonner v. tr. [1] ▪ Séparer par des cloisons (sens propre et fig.). ► **cloisonnage** et **cloisonnement** n. m.

cloître n. m. ▪ **1** Partie d'un monastère interdite aux profanes. → **clôture.** **2** (dans un monastère...) Galerie à colonnes qui encadre une cour ou un jardin carré.

cloîtrer v. tr. [1] ▪ **1** Enfermer comme religieux, religieuse dans un monastère. **2** fig. Enfermer, mettre à l'écart (qqn).

clone n. m. ▪ biol. Individu provenant de la reproduction d'un individu unique. ► **cloner** v. tr. [1] ► **clonage** n. m.

clonie n. f. ▪ méd. Secousse musculaire brève et involontaire.

clonus [-ys] n. m. ▪ méd. Succession de contractions musculaires.

clope n. f. ▪ fam. Cigarette.

cloper v. intr. [1] ▪ fam. Fumer une, des cigarettes.

clopin-clopant loc. adv. ▪ En clopinant.

clopiner v. intr. [1] ▪ Marcher avec peine, en traînant le pied. → **boiter.**

clopinettes n. f. pl. ▪ fam. *Des clopinettes* : rien.

cloporte n. m. ▪ **1** Arthropode qui vit sous les pierres. **2** fig. Personnage ignoble.

cloque n. f. ▪ **1** Poche cutanée pleine de sérosité. → **ampoule.** **2** Boursouflure (d'une surface). **3** loc. vulg. *Être en cloque*, enceinte.

cloquer v. intr. [1] ▪ Former des cloques.

clore v. tr. [45] ▪ **1** vx Fermer. **2** Terminer ; déclarer terminé. ▷ p. p. adj. ① **clos, ose**

② **clos** n. m. ▪ Terrain cultivé et clos.

close-combat n. m. ▪ anglic. Combat corps à corps. *Des close-combats.*

closerie n. f. ▪ Petit clos comprenant une maison d'habitation.

clostridie n. f. ▪ biol. Bactérie anaérobie de la flore intestinale, responsable de certaines maladies (tétanos, botulisme).

clôture n. f. ▪ **1** Ce qui sert à fermer un passage, à enclore un espace. **2** Enceinte où des religieux vivent cloîtrés. → **cloître.** **3** Action de déclarer la fin de qqch.

clôturer v. tr. [1] ▪ **1** Fermer par une clôture. **2** Déclarer terminé.

clou n. m. ▪ **I 1** Petite tige de métal pointue, souvent à tête, qui sert à fixer, assembler, suspendre. **2** *Les clous.* → passage **clouté.** **3** loc. fam. *Ça ne vaut pas un clou* : cela ne vaut rien. **II 1** *Clou de girofle**. **2** fam. Furoncle. **III 1** fam. Mont-de-piété. **2** *Le clou du spectacle* : ce qui accroche l'attention. **3** Mauvais véhicule.

clouer v. tr. [1] ▪ **1** Fixer, assembler (avec des clous...). **2** fig. Immobiliser. ◆ passif *Rester cloué sur place.* **3** loc. *Clouer le bec à qqn*, le réduire au silence. ► **clouage** n. m.

cloueuse n. f. ■ Machine automatique à clouer.

clouté, ée adj. ■ **1** Garni de clous. **2** *Passage clouté* : passage pour piétons (autrefois limité par des clous) (→ les clous).

clouter v. tr. [1] ■ Garnir de clous. ► **cloutage** n. m.

clovisse n. f. ■ région. Palourde.

clown [klun] n. m. ■ **1** Comique de cirque qui, grotesquement accoutré, fait des scènes de farce. **2** Farceur, pitre.

clownerie [klunʀi] n. f. ■ Pitrerie.

clownesque [klunɛsk] adj. ■ Qui a rapport au clown. ♦ Digne d'un clown.

club [klœb] n. m. ■ **I 1** Société culturelle, sportive, politique... **2** Cercle où des habitués (membres) se retrouvent. **II** Large fauteuil de cuir. **III** Crosse de golf.

club-house [klœbaus] n. m. ■ anglic. Bâtiment réservé aux membres d'un club sportif et mettant à leur disposition divers services (bar, restaurant, etc.). *Des club-houses.*

clubiste [klœb-] n. ■ Membre d'un club.

cluse n. f. ■ Gorge perpendiculaire, dans une chaîne de montagnes.

cluster [klœstœʀ] n. m. ■ anglic. didact. Groupement (d'un petit nombre d'objets).

clystère n. m. ■ vx Lavement.

cm → **centimètre**

Cm ■ Symbole chimique du curium.

cnidaires n. m. pl. ■ zool. Embranchement d'animaux comprenant les méduses, les coraux (ancien nom : *cœlentérés* n. m. pl.).

Co ■ Symbole chimique du cobalt.

co- Élément, du latin *cum* «avec». → **con-.**

coaccusé, ée n. ■ Personne accusée en même temps qu'une autre.

coach [kotʃ] n. m. ■ anglic. **1** Entraîneur (d'un sportif). **2** Personne qui conseille qqn, pour développer ses performances professionnelles.

coacher [kotʃe] v. tr. [1] ■ **1** Entraîner, diriger (un sportif). **2** Accompagner dans la réussite de ses projets. ► **coaching** [kotʃiŋ] n. m.

coadjuteur n. m. ■ Adjoint d'un prélat.

coagulant, ante adj. et n. m. ■ (Substance) qui favorise la coagulation.

coaguler v. [1] ■ **1** v. tr. Transformer (un liquide organique) en masse solide. **2** v. intr. Se figer. ► **coagulation** n. f.

coalisé, ée adj. et n. ■ Engagé dans une coalition. ➝ n. *Les coalisés.*

coaliser v. [1] ■ **I** *SE COALISER* v. pron. **1** Former une coalition. **2** S'unir, s'entendre (contre qqn). **II** v. tr. Unir (contre).

coalition n. f. ■ **1** Réunion momentanée (de puissances...) dans la poursuite d'un intérêt commun. → **alliance, entente, ligue. 2** fig. Union. *Une coalition d'intérêts.*

coaltar [kɔltaʀ ; koltaʀ] n. m. ■ Goudron de houille. ♦ fam. *Être dans le coaltar,* ahuri.

coasser v. intr. [1] ■ (grenouille...) Pousser son cri (≠ *croasser*). ► **coassement** n. m.

coassocié, iée n. ■ Personne associée à d'autres.

coati n. m. ■ Mammifère carnivore d'Amérique du Sud.

coauteur n. m. ■ Personne qui a écrit un livre en collaboration avec une autre.

cob [kɔb] n. m. ■ équit. Cheval demi-sang, utilisé comme cheval de selle ou d'attelage.

cobalt [-alt] n. m. ■ Élément (symb. Co, n° at. 27, masse at. 58,933), métal dur, blanc à reflets. *Cobalt radioactif.*

cobaye [-aj] n. m. ■ Mammifère rongeur, appelé aussi *cochon d'Inde.* ♦ fam. Sujet d'expérience.

cobée n. f. ■ Plante grimpante à grandes fleurs bleues.

cobelligérant, ante adj. et n. m. ■ (Pays) qui est en guerre en même temps qu'un autre contre un ennemi commun.

cobol n. m. (sigle angl. de *common business oriented language*) ■ inform. Langage de programmation évolué.

cobra n. m. ■ Serpent venimeux à cou dilatable, appelé aussi *serpent à lunettes.* → **naja.**

coca ■ **1** n. m. ou f. Arbrisseau dont les feuilles contiennent des alcaloïdes (→ **cocaïne). 2** n. f. Substance extraite de ces feuilles.

coca-cola n. m. invar. (marque amér.) ■ Boisson à base de coca et de cola. - abrév. **coca.**

cocagne n. f. ■ **1** *PAYS DE COCAGNE* : pays imaginaire où l'on a tout en abondance. **2** *MÂT DE COCAGNE,* au sommet duquel sont suspendus des objets à décrocher.

cocaïne n. f. ■ Alcaloïde extrait du coca (analgésique...). ➝ Cet alcaloïde, utilisé comme stupéfiant.

cocaïnomane n. et adj. ■ Personne dépendante à la cocaïne. ► **cocaïnomanie** n. f.

cocarde n. f. ■ **1** Insigne aux couleurs d'une nation. **2** Nœud décoratif.

cocardier, ière adj. ■ Chauvin, militariste.

cocasse adj. ■ fam. D'une étrangeté comique. ► **cocasserie** n. f. ► **cocassement** adv.

coccidie n. f. ■ Parasite des cellules de l'épithélium de certains animaux.

coccinelle n. f. ■ Coléoptère au corps rouge tacheté de noir, appelé aussi *bête à bon Dieu.*

coccus [-ys] n. m. ■ biol. Bactérie de forme arrondie. *Des coccus* ou *des cocci.*

coccyx [kɔksis] n. m. ■ Petit os situé au bas de la colonne vertébrale (sacrum*). ▶ **coccygien, ienne** adj. anat.

① **coche** n. f. ■ Encoche ; entaille.

② **coche** n. m. ■ **1** ancienn^t Grande voiture à chevaux, pour le transport des voyageurs. ➝ loc. *La mouche* du coche.* ♦ *Coche d'eau* (chaland). **2** fig. *Manquer, rater le coche* : perdre l'occasion de faire une chose profitable.

cochenille n. f. ■ Insecte dont on tirait une teinture rouge écarlate.

① **cocher** v. tr. 1 ■ Marquer d'un signe.

② **cocher** n. m. ■ Celui qui conduit une voiture à cheval. *Cocher de fiacre.*

côcher v. tr. 1 ■ Couvrir la femelle, en parlant des oiseaux.

cochère adj. f. ■ *Porte cochère,* dont la taille permet l'entrée d'une voiture.

① **cochléaire** [-kl-] n. f. ■ Plante crucifère des rivages atlantiques, à fleurs blanches.

② **cochléaire** [-kl-] adj. anat. ■ Relatif à la cochlée. *Implant cochléaire,* pour remédier à la surdité.

cochlée [-kle] n. f. ■ Partie de l'oreille interne enroulée en spirale, contenant les terminaisons du nerf auditif.

cochon ■ **I** n. m. **1** Porc élevé pour l'alimentation (mâle, opposé à *truie*; châtré, opposé à *verrat*). *Cochon de lait* : jeune cochon. ♦ loc. *Manger comme un cochon,* malproprement. ➝ *Tête de cochon,* mauvais caractère. **2** *COCHON D'INDE* : cobaye. **II 1** n. fam. *COCHON, COCHONNE* : personne malpropre ou grossière. **2** adj. *Histoire cochonne,* licencieuse.

cochonceté n. f. ■ fam. Action, propos obscène.

cochonnaille n. f. ■ fam. Charcuterie.

cochonner v. tr. 1 ■ fam. Faire (qqch.) mal.

cochonnerie n. f. ■ **1** fam. Saleté. **2** Chose mal faite, sans valeur. **3** Acte obscène.

cochonnet n. m. ■ Petite boule servant de but aux joueurs de boules.

cochylis [kɔkilis] n. m. ■ Papillon dont la chenille est très nuisible à la vigne. - var. **conchylis.**

cocker [kɔkɛʀ] n. m. ■ Chien de chasse à longues oreilles pendantes.

cockney [kɔknɛ] n. et adj. ■ Londonien au langage populaire (de l'est de la ville).

cockpit [kɔkpit] n. m. ■ aviat. Cabine de pilote.

cocktail [kɔktɛl] n. m. ■ **1** Mélange de boissons. **2** Réunion mondaine où l'on boit. **3** *Cocktail Molotov* : bouteille emplie d'un liquide inflammable (projectile incendiaire).

① **coco** n. m. ■ Fruit du cocotier, aussi appelé *noix de coco.*

② **coco** n. m. ■ **1** (enfantin) Œuf. **2** Terme d'affection. *Mon coco.* **3** Individu bizarre.

③ **coco** n. ■ fam. Communiste.

cocon n. m. ■ Enveloppe formée d'un fil de soie enroulé, dont certaines chenilles s'entourent pour se transformer en chrysalide.

cocooner [-ku-] v. intr. 1 ■ anglic. Rechercher un confort douillet.

cocooning [kɔkuniŋ] n. m. ■ anglic. Situation de sécurité, de confort douillet.

cocorico n. m. ■ Chant du coq. - var. **coquerico.**

cocoter → **cocotter**

cocoteraie n. f. ■ Plantation de cocotiers.

cocotier [-tje] n. m. ■ Palmier au tronc élancé, qui produit la noix de coco.

① **cocotte** n. f. ■ **1** (enfantin) Poule. ➝ *Cocotte en papier* : papier plié en forme d'oiseau. **2** vieilli Femme de mœurs légères. **3** Terme d'affection. *Ma cocotte.*

② **cocotte** n. f. ■ Marmite en fonte.

cocotter v. intr. 1 ■ fam. Sentir mauvais. → **puer.** - var. **cocoter.**

coction n. f. ■ didact. Digestion des aliments dans l'estomac.

cocu, ue n. et adj. ■ fam. (Personne) dont le conjoint est infidèle. ♦ loc. *Une veine de cocu,* extraordinaire.

cocuage n. m. ■ fam. État de cocu.

cocufier v. tr. 7 ■ fam. Faire cocu.

cocyclique adj. ■ math. Situé sur un même cercle. *Des points cocycliques.*

coda n. f. ■ mus. Conclusion d'un morceau.

codage n. m. ■ Action de coder.

code n. m. ■ **1** Ensemble de lois (et de dispositions légales). *Code pénal.* **2** Décret ou loi réglant un domaine particulier. *Code de la route.* ➝ *Phares code* ou *codes,* à puissance réduite. **3** Ensemble de règles, de prescriptions. **4** Système de symboles destinés à représenter une information. ➝ *Code-barre(s)* : fines barres parallèles imprimées permettant l'identification d'un produit. ♦ biol. *Code génétique* : mécanismes transmettant l'information génétique.

codec n. m. ■ inform. Programme qui convertit un fichier audio ou vidéo dans un autre format.

codéine n. f. ■ chim. Alcaloïde dérivé de la morphine, extrait de l'opium.

coder v. tr. 1 ■ Mettre en code (4).

codétenu, ue n. ■ Personne qui est détenue avec une ou plusieurs autres personnes.

codeur, euse n. ■ **1** n. m. techn. Dispositif servant à coder une information. **2** n. Personne qui fait du codage informatique.

codex [-ɛks] n. m. ■ Recueil officiel des médicaments. → **pharmacopée.**

codicillaire [-sil-] adj. ■ didact. Contenu dans un codicille. *Clause codicillaire.*

codicille [-sil] n. m. ■ Acte ajouté à un testament pour le modifier.

codicologie n. f. ■ Étude des livres manuscrits en tant qu'objets matériels. ► **codicologique** adj. ► **codicologue** n.

codificateur, trice adj. ■ Qui codifie.

codifier v. tr. [7] ■ **1** Réunir (des dispositions légales) dans un code. **2** Ériger en système organisé. ► **codification** n. f.

codirecteur, trice n. et adj. ■ Se dit d'une personne qui partage avec d'autres la responsabilité d'une direction.

coédition n. f. ■ Édition (d'un livre) par plusieurs éditeurs. ► **coéditer** v. tr. [1] ► **coéditeur, trice** n.

coefficient n. m. ■ **1** Nombre multipliant une quantité. **2** phys. Nombre caractérisant une propriété. *Coefficient de dilatation.*

cœlacanthe [selakɑ̃t] n. m. ■ zool. Grand poisson osseux, très primitif.

cœlentérés → **cnidaires**

cœliaque [se-] adj. ■ anat. Qui a rapport à la cavité abdominale.

cœlioscopie [se-] n. f. ■ méd. Examen de la cavité abdominale par endoscopie.

coentreprise n. f. ■ écon. Association d'entreprises. → anglic. **joint-venture.**

cœnure → **cénure**

coépouse n. f. ■ Chacune des épouses d'un polygame, par rapport aux autres épouses.

coéquipier, ière n. ■ Personne qui fait équipe avec d'autres.

coercitif, ive adj. ■ didact. Qui exerce une contrainte.

coercition n. f. ■ didact. Fait de contraindre.

cœur [kœʀ] n. m. ■ **I 1** Organe central de l'appareil circulatoire (animaux supérieurs) ; chez l'homme viscère musculaire conique situé entre les deux poumons (→ **cardiaque, cardio-**). **2** Poitrine. *Serrer qqn contre son cœur.* **3** *Avoir* MAL AU CŒUR, des nausées (→ écœurer). **II 1** Ce qui a la forme d'un cœur. ♦ aux cartes Série dont la marque est un cœur. **2** Partie centrale (de qqch.). *Cœur de laitue.* **3** Point essentiel. *Le cœur du problème.* **III 1** Siège des sensations et émotions. *Avoir le cœur gros,* de la peine. **2** dans des loc. Siège du désir, de l'humeur. *DE BON CŒUR* : avec plaisir. ← *Prendre qqch. À CŒUR,* y prendre un vif intérêt. **3** Siège des sentiments, des passions ; de l'amour. **4** Bonté, sentiments altruistes. *Avoir du cœur, bon cœur.* **5** littér. Qualités de caractère ; fierté, courage. **6** Pensée intime. *Ouvrir son cœur* : se confier. **7** loc. *PAR CŒUR* : de mémoire.

coexister v. intr. [1] ■ Exister ensemble, en même temps. ► **coexistence** n. f.

coffrage n. m. ■ Dispositif qui moule et maintient le béton que l'on coule ; sa pose.

coffre n. m. ■ **I 1** Meuble en forme de caisse, à couvercle. **2** Caisse où l'on range des choses précieuses. **3** Espace de rangement, dans une voiture. → **malle. II** fam. Thorax. ← *Avoir du coffre,* de la résistance.

coffre-fort n. m. ■ Coffre de sûreté, en acier. *Des coffres-forts.*

coffrer v. tr. [1] ■ **1** fam. Emprisonner (qqn). **2** techn. Munir d'un coffrage.

coffret n. m. ■ Boîte ; emballage rigide.

cofinancer v. tr. [3] ■ Financer à plusieurs. ► **cofinancement** n. m.

cofondateur, trice n. ■ Personne qui fonde, a fondé (une entreprise) avec d'autres.

cogérance n. f. ■ Gérance exercée en commun par plusieurs personnes. ► **cogérant, ante** n. ► **cogérer** v. tr. [6]

cogestion n. f. ■ Administration, gestion en commun.

cogiter v. intr. [1] ■ plais. Réfléchir. ► **cogitation** n. f.

cogito n. m. ■ Base de la philosophie de Descartes : « je pense » (donc je suis).

cognac n. m. ■ Eau-de-vie de Cognac.

cognassier n. m. ■ Arbre qui produit les coings.

cogne n. m. ■ vx et pop. Agent de police.

cognée n. f. ■ Grosse hache. ← loc. *Jeter le manche après la cognée* : se décourager.

cognement n. m. ■ Fait de cogner. ♦ Bruit de ce qui cogne.

cogner v. [1] ■ **I** v. tr. dir. **1** Heurter (qqch.). **2** fam. Battre, rosser (qqn). **II** v. tr. ind. Frapper fort, à coups répétés. *Cogner sur, à la porte.* **III** v. intr. Frapper ; heurter.

cogniticien, ienne [-gn-] n. ■ Spécialiste de l'intelligence* artificielle.

cognitif, ive [-gn-] adj. ■ didact. Qui concerne la cognition.

cognition [-gn-] n. f. ■ didact. Faculté, acte de connaître. ♦ physiol. Processus par lequel un organisme acquiert la conscience des événements et objets de son environnement.

cognitivisme [-gn-] n. m. ■ didact. Ensemble de théories portant sur les processus d'acquisition des connaissances. ► **cognitiviste** adj. et n.

cohabitation n. f. ■ **1** Fait d'habiter, de vivre ensemble. **2** (en France) Coexistence d'un président et d'un gouvernement de tendances opposées. ► **cohabiter** v. intr. [1]

cohérent, ente adj. ■ Fait de parties liées et harmonisées. ► **cohérence** n. f.

cohéritier, ière n. ■ Chacune des personnes appelées à partager le même héritage.

cohésif, ive adj. ■ didact. Qui joint, unit, resserre. *Force cohésive.*

cohésion n. f. ▪ **1** phys. Force qui unit les parties d'un corps (molécules). **2** Caractère d'un ensemble uni, harmonieux.

cohorte n. f. ▪ **1** Antiq. Dixième partie de la légion romaine. **2** fam. Groupe, troupe.

cohue n. f. ▪ Foule agitée ; bousculade.

coi, coite adj. ▪ loc. *Se tenir coi*, silencieux.

coiffage n. m. ▪ Action de coiffer.

coiffant, ante adj. ▪ **1** Qui couvre bien la tête. *Un chapeau coiffant.* **2** Qui sert à arranger, à fixer les cheveux. *Gel coiffant.*

coiffe n. f. ▪ Coiffure féminine traditionnelle (régionale).

coiffé, ée adj. ▪ **1** loc. *Être né coiffé* : avoir de la chance. **2** Dont les cheveux sont arrangés.

coiffer v. tr. [1] ▪ **1** Couvrir la tête de (qqn). ◆ loc. *Coiffer sainte Catherine* (→ **catherinette).** **2** Recouvrir, surmonter (qqch.). **3** Arranger les cheveux de (qqn). ➛ pronom. *Se coiffer.* **4** Être à la tête de. → **chapeauter.** **5** Dépasser (un concurrent) à l'arrivée.

coiffeur, euse n. ▪ Personne qui fait métier de couper et soigner les cheveux.

coiffeuse n. f. ▪ Table munie d'un miroir.

coiffure n. f. ▪ **1** vieilli Ce qui sert à couvrir ou orner la tête (chapeau, etc.). **2** Arrangement des cheveux. **3** Métier de coiffeur.

coin n. m. ▪ **I 1** Instrument triangulaire pour fendre ou assujettir. **2** Morceau d'acier gravé en creux, pour frapper les monnaies, etc. **II 1** Angle rentrant ou saillant. ➛ *Regard en coin*, oblique. **2** Petit espace. ➛ loc. *Un coin de terre.* ◆ Endroit retiré. → **recoin.** ➛ fam. *Le PETIT COIN* : les W.-C.

coincer v. tr. [3] ▪ **1** Assujettir, fixer en immobilisant. ➛ pronom. *Se coincer* : se bloquer, cesser de fonctionner. **2** fig., fam. Mettre (qqn) dans l'impossibilité de se mouvoir, d'agir, de répondre. ▷ adj. **coincé, ée 1** Bloqué, immobilisé. **2** fam. Complexé, inhibé. ► **coincement** n. m.

coinche n. f. ▪ région. (Lyonnais) Variété de belote avec enchères.

coïncidence n. f. ▪ Fait de coïncider. ◆ Événements arrivant ensemble par hasard.

coïncident, ente adj. ▪ didact. Qui coïncide.

coïncider v. intr. [1] ▪ **1** Se produire en même temps. **2** (figures) Se recouvrir exactement. **3** Correspondre exactement, s'accorder.

coin-coin n. m. invar. ▪ Cri du canard.

coïnculpé, ée n. ▪ dr. Personne inculpée en même temps que d'autres, pour le même délit.

coing [kwɛ̃] n. m. ▪ Fruit du cognassier, en forme de poire, de couleur jaune.

coït [kɔit] n. m. ▪ Accouplement (2). ► **coïter** v. intr. [1] → **copuler.**

① **coke** n. m. ▪ Charbon issu de la carbonisation ou de la distillation de houilles grasses.

② **coke** n. f. ▪ fam. Cocaïne.

cokéfier v. tr. [7] ▪ techn. Transformer (la houille) en coke (①). ► **cokéfaction** n. f.

cokerie n. f. ▪ Usine où l'on produit, où l'on traite le coke (①).

col n. m. ▪ **I** vx ou littér. Cou. ➛ loc. *Se pousser du col* : prendre de grands airs. **II 1** Partie étroite (d'un récipient). → **goulot. 2** anat. Partie rétrécie (d'une cavité : *col de l'utérus* ; d'un os : *col du fémur*). **III** Passage entre deux sommets de montagne. **IV 1** Partie du vêtement qui entoure le cou. ➛ fam. *COL BLANC* : employé de bureau. **2** *FAUX COL* : mousse (d'un verre de bière).

col- → **con-**

cola ou **kola** ▪ **1** n. m. Arbre d'Afrique (appelé aussi *colatier* ou *kolatier*), qui produit la *noix de cola.* **2** n. m. ou f. Produit stimulant extrait de cette noix (→ coca-cola).

colback n. m. ▪ fam. *Il l'a attrapé par le colback*, par le col, le collet.

colbertisme n. m. ▪ Système économique fondé sur le protectionnisme et l'interventionnisme d'État dans le commerce et l'industrie. ► **colbertiste** adj.

colchique n. m. ▪ Plante des prés humides, vénéneuse, qui fleurit en automne.

colcotar n. m. ▪ Oxyde ferrique artificiel (Fe_2O_3) utilisé pour le polissage du verre.

cold-cream [kɔldkʀim] n. m. ▪ anglic Crème pour la peau, faite de blanc de baleine, de cire blanche, d'huile d'amandes douces.

col-de-cygne n. m. ▪ Tuyau, robinet à double courbe. *Des cols-de-cygne.*

-cole Élément, du latin *colere* «cultiver, habiter» qui signifie «culture» (ex. *viticole*) ou «habitat» (ex. *arboricole*).

colégataire n. ▪ dr. Légataire, avec d'autres personnes, d'un même testateur.

coléoptère n. m. ▪ zool. Insecte à quatre ailes dont deux (les élytres) sont cornées. *L'ordre des coléoptères.*

colère n. f. ▪ **1** Violent mécontentement accompagné d'agressivité. **2** Accès, crise de colère. ► **coléreux, euse** et **colérique** adj. et n. → **irascible.**

coleslaw [kɔlslo] n. m. ▪ Salade de chou blanc émincé et de carottes râpées assaisonnée de mayonnaise.

coléus [-ys] n. m. ▪ Plante des régions tropicales, cultivée pour son feuillage richement coloré.

colibacille [-sil] n. m. ▪ Bactérie intestinale qui peut devenir pathogène.

colibacillose [-sil-] n. f. ▪ méd. Infection due au colibacille.

colibri n. m. ▪ Oiseau de très petite taille, à plumage éclatant. → **oiseau-mouche.**

colifichet n. m. ▪ Objet, bijou de fantaisie.

colimaçon n. m. ▪ **1** vieilli Escargot. **2** *Escalier EN COLIMAÇON :* en hélice.

colin n. m. ▪ Poisson de mer à dos noir.

colin-maillard n. m. ▪ Jeu où un joueur, les yeux bandés, doit chercher les autres à tâtons, en saisir un et le reconnaître.

colique n. f. ▪ **1** Douleur au niveau des viscères abdominaux. → **colite, entérite.** *Colique néphrétique* (due à un calcul). **2** Diarrhée.

colis n. m. ▪ Paquet destiné à être expédié.

colistier, ière n. ▪ Chacun des candidats inscrits sur une même liste électorale.

colite n. f. ▪ méd. Inflammation du côlon.

collaborateur, trice n. ▪ **1** Personne qui collabore à une œuvre. **2** (en 1940-1944) Français partisan de l'entente avec les Allemands. - abrév. fam. **collabo.**

collaboratif, ive adj. ▪ Destiné à un travail en commun, sur Internet. - *Site collaboratif.* → **wiki.** ♦ par ext. Fondé sur le partage (des équipements, des services).

collaboration n. f. ▪ **1** Action de collaborer (1). **2** Politique, attitude des collaborateurs (2).

collaborationniste adj. et n. ▪ Partisan d'une politique de collaboration (2). ► **collaborationnisme** n. m.

collaborer v. [1] ▪ **1** v. tr. ind. Travailler en commun (à qqch. ; avec qqn). **2** v. intr. Agir en collaborateur (2).

collage n. m. ▪ **1** Action de coller. **2** Œuvre faite d'éléments collés.

collagène n. m. ▪ biochim. Protéine fibreuse du tissu conjonctif.

collant, ante adj. ▪ **1** Qui adhère, qui colle. **2** Qui s'applique exactement sur une partie du corps. → **ajusté, moulant.** ♦ n. m. Vêtement réunissant culotte et bas. **3** fam. (personnes) Ennuyeux, importun.

collapsus [-ys] n. m. ▪ méd. **1** Malaise soudain, intense, accompagné d'une chute de tension. **2** Affaissement d'un organe.

collatéral, ale, aux adj. ▪ **1** didact. Qui est sur le côté. **2** dr. *Parents collatéraux,* descendant d'un même ancêtre sans descendre les uns des autres (ex. frères, cousins...). **3** *Dommages collatéraux :* conséquences non maîtrisées d'une opération militaire.

collation n. f. ▪ Repas léger.

collationner v. tr. [1] ▪ Comparer (des versions d'un texte) pour les vérifier. ► **collationnement** n. m.

colle n. f. ▪ **I 1** Matière gluante adhésive. **2** fig. *POT DE COLLE :* personne dont on ne peut se débarrasser. **II 1** loc. adv. fam. et vieilli *À la colle :* en concubinage. **2** argot scol. Interrogation. - Question difficile. ♦ Consigne (punition).

collecte n. f. ▪ **1** Action de recueillir des dons. → **quête. 2** Action de réunir (des produits, des éléments) en vue d'un traitement. ► **collecter** v. tr. [1] ► **collectage** n. m.

collecteur, trice ▪ **1** n. Personne qui fait une collecte. **2** n. m. Dispositif qui recueille (des gaz, des liquides...). ♦ adj. Qui recueille.

collectif, ive ▪ **I** adj. **1** Qui concerne un ensemble de personnes. **2** ling. Se dit d'un terme singulier représentant un ensemble (ex. foule). **II** n. m. **1** Projet de loi de finances. *Collectif budgétaire.* **2** Équipe, groupe ayant un objectif commun.

collection n. f. ▪ **1** Réunion d'objets (spécialt précieux, intéressants). **2** Série de publications ayant une unité. **3** Ensemble de modèles présentés en même temps.

collectionner v. tr. [1] ▪ **1** Réunir pour faire une collection (1). **2** fig. Accumuler.

collectionneur, euse n. ▪ Personne qui fait une, des collections.

collectivement adv. ▪ De façon collective.

collectiviser v. tr. [1] ▪ Mettre (les moyens de production) en possession de la collectivité. ► **collectivisation** n. f.

collectivisme n. m. ▪ Système fondé sur la propriété collective des moyens de production. → **communisme.** ► **collectiviste** adj. et n.

collectivité n. f. ▪ **1** Groupe de personnes. → **communauté, société.** *Vie en collectivité.* **2** Circonscription administrative dotée de la personnalité morale. *Collectivités locales.*

collector n. m. ▪ anglic. Objet produit en série qui devient un objet de collection (disque...).

collège n. m. ▪ **I** Réunion de personnes ayant la même dignité, la même fonction. ♦ *Collège électoral,* ensemble d'électeurs. **II** Établissement d'enseignement secondaire du premier cycle. ♦ *Le Collège de France* (enseignement supérieur).

collégial, iale, iaux adj. ▪ **1** D'un collège (I) de chanoines. *Église collégiale.* **2** Exercé par un collège, un groupe. ► **collégialité** n. f.

collégialement adv. ▪ De manière collégiale, collective.

collégien, ienne n. ▪ Élève de collège (II).

collègue n. ▪ **1** Personne qui exerce la même fonction qu'une autre. **2** région. Ami.

coller v. [1] ▪ **I** v. tr. **1** Joindre et faire adhérer avec de la colle. **2** (sujet chose) Faire adhérer. *La sueur collait ses cheveux.* **3** inform. Insérer (du texte...) dans un document. *Copier et coller.* → **copier-coller. 4** Appliquer étroitement (le corps... contre). **5** fam. Donner ; mettre. *Il lui a collé une gifle.* **6** fam. Infliger une colle (II, 2) à. ♦ Refuser (qqn) à un examen. **II** v. intr. **1** Adhérer. ♦ Être gluant. **2** fam. *Ça colle :* ça fonctionne. **III** v. tr. ind. *COLLER À :* s'adapter étroitement à.

collerette n. f. ▪ **1** Tour de cou plissé. → **fraise.** **2** Objet en forme de couronne.

collet n. m. ▪ **I 1** vx Col (d'un vêtement). ♦ loc. *COLLET MONTÉ :* prude, austère. ➛ *Prendre qqn AU COLLET,* l'arrêter. **2** Cou (d'animal). **II** Nœud coulant pour prendre des animaux (au cou). **III** Partie (d'une dent) entre la couronne et la gencive.

se **colleter** v. pron. [4] ▪ Se battre, lutter.

colleur, euse ▪ **1** n. Personne qui colle (des affiches...). **2** n. f. Appareil pour coller.

colley n. m. ▪ Chien de berger écossais.

collier n. m. ▪ **1** Objet passé autour du cou d'un animal pour l'attacher ou le harnacher. ➛ loc. fig. *Reprendre le collier :* se remettre au travail. ➛ *Donner un coup de collier :* fournir un gros effort. **2** Bijou, ornement porté autour du cou. **3** Barbe courte et fine. **4** techn. Cercle de renfort.

colliger v. tr. [3] ▪ didact. Recueillir, réunir (des textes, des informations...).

collimateur n. m. ▪ Dispositif de visée (d'une arme...). ➛ loc. *Avoir qqn dans le collimateur,* guetter le moment de l'attaquer.

colline n. f. ▪ Élévation de terrain arrondie.

collision n. f. ▪ **1** Choc de deux corps qui se rencontrent. **2** fig. Conflit, opposition.

collisionneur n. m. ▪ phys. Accélérateur de particules sans cible fixe, où se produisent des collisions frontales.

collocation n. f. ▪ ling. Association fréquente de deux éléments dans le discours. → **cooccurrence.**

colloïdal, ale, aux adj. ▪ sc. Se dit de corps qui ressemblent à une gelée.

colloïde n. m. ▪ sc. Soluté d'une solution colloïdale à demi liquide.

colloque n. m. ▪ Réunion de spécialistes pour débattre de questions théoriques, etc.

collusion n. f. ▪ Entente secrète au préjudice d'un tiers.

collusoire adj. ▪ dr. Fait par collusion.

collutoire n. m. ▪ Médicament liquide destiné à agir sur la cavité buccale.

collyre n. m. ▪ Médicament liquide qu'on instille dans l'œil.

colmater v. tr. [1] ▪ Boucher, fermer. ♦ fig. *Colmater un déficit.* ► **colmatage** n. m.

colo- Élément, tiré de *côlon,* qui sert à former des mots de médecine (ex. *coloscopie* n. f. «*examen du côlon*»).

colocase n. f. ▪ Plante tropicale cultivée pour son rhizome féculent. → **taro.**

colocataire n. ▪ Personne qui loue un logement avec d'autres locataires. ► **colocation** n. f.

colombage n. m. ▪ Mur à charpente apparente en bois. ➛ Cette charpente.

colombe n. f. ▪ littér. Pigeon (symbole de douceur, de pureté, de paix).

colombier n. m. ▪ littér. Pigeonnier.

① **colombin, ine** adj. et n. m. ▪ **1** vx Relatif à la colombe, au pigeon. **2** *Pigeon colombin* (ou *colombin* n. m.) : pigeon sauvage d'Europe et d'Asie.

② **colombin** n. m. ▪ **1** techn. Rouleau de pâte servant à confectionner des poteries. **2** fam. Étron.

colombo n. m. ▪ cuisine antillaise Mélange d'épices d'origine indienne (coriandre, piment...) ; plat (de viande, de poisson) préparé avec ce mélange.

colombophile adj. et n. ▪ Qui élève des pigeons voyageurs. ► **colombophilie** n. f.

colon n. m. ▪ **I** Personne qui est allée peupler, exploiter une colonie ; habitant d'une colonie. **II** Enfant d'une colonie (II).

côlon n. m. ▪ Portion moyenne du gros intestin, entre le cæcum et le rectum.

colón [kɔlɔn] n. m. ▪ Unité monétaire du Salvador et du Costa Rica.

colonel, elle n. ▪ Officier supérieur qui commande un régiment, etc.

colonial, ale, aux ▪ **1** adj. Relatif aux colonies (I, 1). **2** n. m. Militaire de l'armée coloniale. ♦ n. Habitant d'une colonie. → **colon. 3** n. f. anciennt Les troupes coloniales.

colonialisme n. m. ▪ Doctrine, système légitimant l'occupation, la domination et l'exploitation de territoires par un pays colonisateur. ► **colonialiste** adj. et n.

colonie n. f. ▪ **I 1** Établissement fondé dans un pays moins développé par une nation dominante ; ce pays, placé sous la dépendance du pays occupant, qui en tire profit. **2** Population des colons d'une colonie. **II 1** anciennt *Colonie pénitentiaire :* établissement pour jeunes délinquants. **2** *Colonie de vacances :* groupe d'enfants réunis pour un séjour de vacances. **III 1** Personnes originaires d'un même lieu, qui en habitent un autre. *La colonie chinoise de Paris.* **2** Réunion d'animaux vivant en commun.

coloniser v. tr. [1] ▪ **1** Faire de (un pays) une colonie (I, 1) ; exploiter comme colonie. **2** fig. Envahir ; être omniprésent dans (un lieu, un domaine). ▷ adj. et n. **colonisé, ée** ► **colonisation** n. f. ► **colonisateur, trice** adj. et n.

colonnade n. f. ▪ archit. File de colonnes.

colonne n. f. ▪ **I 1** Support vertical d'un édifice, souvent cylindrique. → **pilastre, pilier. 2** Monument formé d'une colonne. **II 1** *Colonne vertébrale*, axe articulé formé par les vertèbres (33 chez l'homme), soutien du squelette et axe nerveux des vertébrés. **2** Masse verticale (d'un fluide). *Colonne d'air.* **3** *Colonne montante :* maçonnerie groupant les canalisations d'un immeuble. **4** Section divisant verticalement une page. **5** Corps de troupe disposé en profondeur. ♦ loc. *Cinquième colonne :* services secrets d'espionnage ennemi sur un territoire. **6** File (de personnes, etc.).

colonnette n. f. ▪ Petite colonne.

colopathie n. f. ▪ méd. Affection du côlon.

colophane n. f. ▪ Résine servant à frotter les crins des archets (de violons, etc.).

coloquinte n. f. ▪ Plante (cucurbitacée) dont le fruit rond, amer donne un purgatif.

colorant, ante ▪ **1** adj. Qui colore. **2** n. m. Substance colorée qui peut se fixer à une matière pour la teindre. → **teinture.**

coloration n. f. ▪ Action de colorer.

colorature n. f. ▪ mus. **1** Musique vocale très ornée. **2** Chanteuse de ce style.

-colore Élément, du latin *color* «couleur».

colorectal, ale, aux adj. ▪ méd. Qui concerne le côlon et le rectum.

colorer v. tr. [1] ▪ **1** Revêtir de couleur, donner une teinte à. → **teindre, teinter. 2** fig. → **teinter** (fig.). ▷ adj. **coloré, ée**

colorier v. tr. [7] ▪ Appliquer des couleurs sur (une surface...). ► **coloriage** n. m.

colorimétrie n. f. ▪ Mesure de l'intensité de coloration de certains corps. ► **colorimétrique** adj.

coloris n. m. ▪ **1** Effet qui résulte du choix et de l'emploi des couleurs (dans un tableau...). **2** Couleur (du visage ; d'objets).

coloriser v. tr. [1] ▪ Mettre en couleur électroniquement (un film en noir et blanc). ► **colorisation** n. f.

coloriste n. ▪ **1** Peintre qui s'exprime surtout par la couleur. **2** Spécialiste des couleurs.

coloscopie n. f. ▪ méd. Examen visuel de l'intérieur du côlon à l'aide d'un endoscope.

colossal, ale, aux adj. ▪ Très grand ; très important. → **énorme, immense.** ► **colossalement** adv.

colosse n. m. ▪ **1** Statue d'une grandeur extraordinaire. **2** Homme très fort.

colostomie n. f. ▪ méd. Création d'un anus artificiel.

colostrum [-ɔm] n. m. ▪ physiol. Premier lait d'une accouchée.

colporter v. tr. [1] ▪ **1** Transporter avec soi (des marchandises) pour vendre. **2** Propager, répandre (une information) (souvent péj.). ► **colportage** n. m.

colporteur, euse n. ▪ Marchand(e) ambulant(e) qui vend de porte en porte.

colposcopie n. f. ▪ méd. Examen du col de l'utérus au moyen d'un appareil optique.

colt [kɔlt] n. m. (marque déposée) ▪ Revolver ; pistolet automatique.

coltan n. m. ▪ Minerai composé de niobium et de tantale.

coltiner v. tr. [1] ▪ **1** Porter (un lourd fardeau). **2** fam. SE COLTINER v. pron. : exécuter (un travail ingrat...). *Se coltiner la vaisselle.*

columbarium [kɔlɔ̃baʀjɔm] n. m. ▪ Édifice où l'on place les urnes funéraires.

colvert n. m. ▪ Espèce commune de canard sauvage.

colza n. m. ▪ Plante à fleurs jaunes cultivée comme fourrage, et pour ses graines.

com- → **con-**

coma n. m. ▪ Perte prolongée de la conscience, de la sensibilité, dans de graves états pathologiques. ➛ *Coma dépassé* (mort cérébrale). ► **comateux, euse** adj.

comater v. intr. [1] ▪ fam. Somnoler.

combat n. m. ▪ **1** Action d'adversaires armés, d'armées qui se battent. ➛ *Être mis* HORS DE COMBAT, dans l'impossibilité de poursuivre la lutte. **2** Lutte organisée. *Combat de boxe.* **3** fig., littér. Lutte, opposition.

combatif, ive adj. ▪ Qui est porté au combat, à la lutte. ► **combativité** n. f.

combattant, ante ▪ **I** n. **1** Personne qui prend part à un combat. **2** fam. Personne qui se bat à coups de poing. **II** n. m. **1** Poisson d'Extrême-Orient, de couleurs vives. **2** Échassier migrateur.

combattre v. [41] ▪ **I** v. tr. **1** Se battre contre ; faire la guerre à (qqn). **2** S'opposer à, lutter contre (qqn, qqch.). **II** v. tr. ind. Livrer un combat ; lutter (contre un danger...). ➛ absolt *Combattre avec courage.*

combe n. f. ▪ région. Vallée profonde.

combien adv. ▪ **1** Dans quelle mesure, à quel point. → **comme.** *Si vous saviez combien je l'aime !* **2** COMBIEN DE : quelle quantité, quel nombre de. *Depuis combien de temps ?* ➛ sans compl. *Combien vous dois-je ?*

combinaison n. f. ▪ **1** Assemblage d'éléments dans un arrangement déterminé. **2** sc. Union des corps qui forment un composé. **3** souvent péj. Organisation précise de moyens en vue du succès d'une entreprise (→ **combine**). **4** Sous-vêtement féminin réunissant un haut et un jupon. ♦ Vêtement réunissant veste et pantalon. **5** Système d'ouverture d'un coffre-fort.

combinard, arde adj. et n. ■ péj. (Personne) qui utilise la combine.

combinat n. m. ■ hist. (en U. R. S. S.) Unité industrielle groupant des industries connexes.

combinateur n. m. ■ techn. Appareil coordonnant les circuits de moteurs électriques.

combinatoire ■ **1** adj. Relatif aux combinaisons (1). **2** n. f. Arrangement d'éléments ; analyse des combinaisons possibles.

combine n. f. ■ fam. Combinaison (3) astucieuse et souvent déloyale.

combiné n. m. ■ **1** vieilli Partie mobile d'un téléphone fixe (écouteur et microphone). **2** Épreuve sportive complexe.

combiner v. tr. [1] ■ **1** Réunir (des éléments) dans un arrangement déterminé. **2** Organiser en vue d'un but précis. *Combiner un mauvais coup.* → **manigancer.**

combishort [-ʃɔʀt] n. m. ■ Vêtement d'une seule pièce couvrant le tronc et le haut des cuisses.

comblanchien n. m. ■ techn. Calcaire dur utilisé en construction, en décoration.

① **comble** n. m. ■ **I** Le plus haut degré. *Être au comble de la joie.* ➤ *C'est le comble ; c'est un comble !,* il ne manquait plus que cela. **II 1** Construction supportant le toit d'un édifice. **2** au plur. Partie la plus haute d'une construction. **3** loc. *DE FOND EN COMBLE :* de bas en haut ; complètement.

② **comble** adj. ■ **1** Rempli de monde. **2** loc. *La mesure est comble :* cela suffit.

comblement n. m. ■ Action de combler.

combler v. tr. [1] ■ **1** Remplir (un vide, un creux). **2** fig. *Combler une lacune.* **3** *COMBLER qqn DE,* lui donner (qqch.) à profusion. ♦ *Combler qqn,* le satisfaire pleinement. ▷ adj. **comblé, ée** → **heureux, satisfait.**

combo n. m. ■ anglic. **1** Petit ensemble musical. **2** techn. Petit moniteur de contrôle intégré.

comburant, ante adj. et n. m. ■ Se dit d'un corps qui, se combinant avec un combustible, opère la combustion de celui-ci.

combustible ■ **1** adj. Qui a la propriété de brûler. **2** n. m. Corps dont la combustion, la désintégration produit de l'énergie. ► **combustibilité** n. f.

combustion n. f. ■ Fait de brûler entièrement. ♦ chim. → **oxydation.**

come-back n. m. invar. ■ anglic. Retour (d'une personnalité) dans l'actualité.

comédie n. f. ■ **I 1** vx Théâtre. **2** Pièce de théâtre ayant pour but de divertir en représentant les ridicules d'une société. ♦ *Comédie musicale :* spectacle chanté et dansé. **3** Le genre comique. **II** Affectation (de sentiment...). ♦ Caprice (d'un enfant).

comédien, enne n. ■ **1** Acteur (de théâtre...). **2** fig. Personne qui se compose une attitude. **3** (opposé à *tragédien*) Acteur comique.

comédogène adj. ■ Susceptible de provoquer des comédons.

comédon n. m. ■ Amas de matière sébacée qui bouche un pore de la peau (→ point noir).

comestible ■ **1** adj. Qui peut servir d'aliment humain. **2** n. m. pl. Denrées alimentaires. ► **comestibilité** n. f.

cométaire adj. ■ astron. Des comètes. *Système cométaire.*

comète n. f. ■ **1** Astre qui parcourt le système solaire, présentant un noyau brillant (tête) et une traînée gazeuse (chevelure et queue). **2** loc. *Tirer des plans sur la comète :* faire des projets chimériques.

comice n. m. ■ **I** Antiq. romaine Assemblée du peuple. **II 1** *COMICE AGRICOLE :* réunion de cultivateurs. **2** n. f. Poire fondante.

comics [-iks] n. m. pl. ■ anglic. Bande dessinée américaine de science-fiction.

coming out [kɔmiŋaut] n. m. ■ anglic. critiqué Révélation publique par qqn de son homosexualité.

comique adj. ■ **I 1** De la comédie. **2** n. Acteur comique. **3** n. m. Le genre comique. **II** Qui provoque le rire. → **drôle.**

comiquement adv. ■ De manière risible.

comité n. m. ■ **1** Réunion de personnes choisies pour traiter certaines affaires. **2** *En petit comité :* entre intimes.

comitial, iale, iaux adj. ■ méd. Relatif à l'épilepsie.

comitialité n. f. ■ méd. Épilepsie.

commandant, ante n. ■ **1** Personne qui a un commandement militaire. **2** Officier supérieur (quatre galons). **3** Personne qui commande (un navire, un avion).

commande n. f. ■ **I** Ordre par lequel un client demande une marchandise ou un service. ♦ loc. *SUR COMMANDE :* à la demande ou sur ordre. ➤ *DE COMMANDE.* → **affecté, artificiel.** *Amabilité de commande.* **II** Organe capable de déclencher, arrêter, régler des mécanismes. ♦ loc. *Tenir les commandes :* diriger une affaire.

commandement n. m. ■ **1** Ordre bref, donné à voix haute. **2** Règle de conduite édictée par une Église, etc. **3** Pouvoir, droit de commander. *Prendre le commandement.* ♦ Autorité militaire qui détient le commandement des forces armées.

commander v. [1] ■ **I** v. tr. **1** Exercer son autorité sur (qqn) en lui dictant sa conduite. ➤ Détenir l'autorité hiérarchique sur. **2** Donner l'ordre de (qqch.) ; diriger (une action). **3** (sujet chose) Rendre absolument nécessaire. → **exiger, nécessiter.** **4** Demander à qqn par une commande (I). **II** v. tr. ind. *COMMANDER À* **1** Donner à (qqn) ordre de ; exercer son autorité sur. **2** fig. *Commander à ses instincts*, les dominer. **III** v. intr. Exercer son autorité. **IV** v. tr. (sujet et compl. n. de chose) **1** Dominer en empêchant l'accès de. **2** Faire fonctionner.

commanderie n. f. ▪ hist. Résidence d'un commandeur.

commandeur, euse n. ▪ **1** n. m. Chevalier d'un ordre (militaire...). **2** Grade honorifique au-dessus de l'officier. **3** n. m. hist. *Commandeur des croyants* : calife.

commandite n. f. ▪ Société formée d'associés *(commanditaires)* qui avancent des fonds à d'autres (*commandités* ou gérants), seuls responsables de la gestion.

commanditer v. tr. [1] ▪ **1** Fournir des fonds à (une société). **2** Financer (un acte criminel). ► **commanditaire** n.

commando n. m. ▪ Groupe de combat employé pour les opérations isolées.

comme ▪ **I** conj. **1** (comparaison) De la même manière que, au même degré que. *Il écrit comme il parle.* ♦ *C'est TOUT COMME* : c'est la même chose. ♦ fam. *COMME TOUT.* → **extrêmement.** *Joli comme tout.* **2** (addition) Ainsi que. *Cela comme le reste.* **3** (manière) De la manière que. *Comme il vous plaira.* **4** *COMME CELA*, fam. *COMME ÇA.* → **ainsi.** ← fam. *Comme ci, comme ça*, ni bien ni mal. → **couci-couça. 5** Tel (telle) que. *Une intelligence comme la sienne.* **6** (attribution, qualité) En tant que, pour. *Comme directeur, il est efficace.* **II** conj. **1** cause → **parce que, puisque. 2** temps (simultanéité) → **alors** que, **tandis que. III** adv. **1** Marque l'intensité. → **combien, que.** *Comme c'est beau !* **2** en subordonnée → **comment.** *Regardez comme il court !*

commedia dell'arte [kɔmedjadɛlaʀt(e)] n. f. ▪ Genre de comédie italienne dans lequel les acteurs improvisaient.

commémoraison n. f. ▪ relig. cathol. Mention faite d'un saint, le jour de sa fête.

commémorer v. tr. [1] ▪ Rappeler par une cérémonie le souvenir de (qqn, un événement). ► **commémoration** n. f. ► **commémoratif, ive** adj.

commencement n. m. ▪ **1** Ce qui vient d'abord (dans une durée, un processus) ; première partie. → **début. 2** Partie que l'on voit avant les autres (dans l'espace). **3** au plur. Premiers développements, débuts.

commencer v. [3] ▪ **I** v. tr. **1** Faire la première partie de (qqch.) ; faire exister (le premier temps d'une activité). → **entamer, entreprendre. 2** Être au commencement de. **3** v. tr. ind. *COMMENCER DE, À* (+ inf.) : être aux premiers instants de. *Commencer de, à parler.* **II** v. intr. Entrer dans son commencement.

commensal, ale, aux n. ▪ didact. Personne qui mange à la même table qu'une autre.

commensurable adj. ▪ didact. (grandeur) Qui a une commune mesure avec une autre.

comment ▪ **I** adv. De quelle manière ; par quel moyen. **1** (interrog. dir.) *Comment allez-vous ?* **2** (interrog. indir.) *Je ne sais pas comment il va.* **II** n. m. invar. La manière. *Le pourquoi et le comment.* **III** adv. (étonnement, indignation) → **quoi.** *Comment ! tu es encore ici ?* ♦ *Comment donc !* (approbation).

commentaire n. m. ▪ Ensemble d'explications, de remarques à propos de qqch.

commentateur, trice n. ▪ Personne qui commente (un texte, un événement).

commenter v. tr. [1] ▪ Faire des remarques, des observations sur (un fait...).

commérage n. m. ▪ fam. Racontar.

commerçant, ante ▪ **1** n. Personne qui fait du commerce. → **marchand, négociant. 2** adj. Qui a le sens du commerce. ♦ Où il y a de nombreux commerces.

commerce n. m. ▪ **I 1** Opération de vente, ou d'achat et de revente d'une marchandise, d'une valeur ; prestation de ce type de service. **2** Les commerçants. *Le petit commerce.* **3** Magasin de détail. **4** loc. vieilli *Faire commerce de ses charmes* : se prostituer. **II** littér. Relations avec autrui, dans la société. loc. *Être d'un commerce agréable.*

commercer v. intr. [3] ▪ Faire du commerce.

commercial, iale, iaux adj. ▪ **1** Qui a rapport au commerce. **2** péj. Conçu pour plaire au grand public. ► **commercialement** adv.

commercialisable adj. ▪ Qui peut être commercialisé.

commercialiser v. tr. [1] ▪ **1** Faire de (qqch.) l'objet d'un commerce. **2** Mettre en vente. ► **commercialisation** n. f.

commère n. f. ▪ Personne qui sait et colporte toutes les nouvelles.

commettant, ante n. ▪ dr. Personne qui confie à une autre **(→ commissionnaire)** le soin de ses intérêts. → **mandant.**

commettre v. tr. [56] ▪ **1** Accomplir, faire (une action blâmable ou regrettable). *Commettre une maladresse ; un crime* **(→ perpétrer). 2** littér. *Commettre qqn à* (une fonction), le désigner pour (cette fonction). ← au p. p. *Avocat COMMIS D'OFFICE* (à la défense de qqn). ▷ v. pron. **se commettre** littér. Compromettre sa réputation, ses intérêts.

comminatoire adj. ▪ Destiné à intimider.

commis n. m. ▪ **1** Agent subalterne (administration...). ♦ loc. *Les GRANDS COMMIS de l'État* : les hauts fonctionnaires. **2** vieilli *COMMIS VOYAGEUR* : représentant de commerce.

commisération n. f. ▪ Pitié, compassion.

commissaire n. ■ **1** Fonctionnaire, etc. chargé de fonctions spéciales. **2** *Commissaire aux comptes,* mandaté pour vérifier les comptes d'une société. **3** *Commissaire (de police),* fonctionnaire de police (supérieur à l'inspecteur).

commissaire-priseur, euse n. ■ Officier ministériel chargé de l'estimation des objets mobiliers et de leur vente aux enchères. *Des commissaires-priseurs.*

commissariat n. m. ■ **1** Fonction de commissaire. **2** Bureau d'un commissaire de police.

commission n. f. ■ **I 1** didact. Charge, mandat. **2** Pourcentage qu'un intermédiaire perçoit pour sa rémunération. **3** Marchandise achetée, message transmis pour qqn d'autre. ♦ au plur. Provisions pour l'usage quotidien. **4** (enfantin) *Faire la grosse, la petite commission,* aller à la selle, uriner. **II** Réunion de personnes déléguées pour étudier un projet, préparer ou contrôler un travail. → **comité.**

commissionnaire n. ■ **1** Personne qui agit pour le compte d'une autre, dans une opération commerciale. **2** → ② **coursier.**

commissionner v. tr. [1] ■ **1** dr. Attribuer une fonction à (qqn). **2** Donner à (qqn) commission d'acheter ou de vendre. ► **commissionnement** n. m.

commissoire adj. ■ dr. Qui entraîne l'annulation d'un contrat.

commissure n. f. ■ Point de jonction (des lèvres, des paupières). ► **commissural, ale, aux** adj. anat.

commodat n. m. ■ dr. Prêt à usage, entraînant l'obligation de rendre après avoir utilisé.

① **commode** adj. ■ **1** Adapté à l'usage qu'on en fait. → **pratique. 2** Facile, simple. *Un moyen commode.* **3** (personnes) *PAS COMMODE :* bourru, sévère. ► **commodément** adv.

② **commode** n. f. ■ Meuble de rangement à hauteur d'appui, muni de tiroirs.

commodité n. f. ■ **1** Qualité de ce qui est commode. **2** au plur. Ce qui rend la vie plus confortable, plus agréable.

commodore n. m. ■ Officier de marine néerlandais, britannique ou américain.

commotion n. f. ■ **1** Ébranlement violent (de l'organisme...) par un choc direct ou indirect. → **traumatisme. 2** Violente émotion.

commotionner v. tr. [1] ■ (sujet chose) Frapper (qqn) d'une commotion.

commuer v. tr. [1] ■ dr. Changer (une peine) en une peine moindre (→ **commutation**). ► **commuable** adj.

commun, une adj. ■ **I 1** Qui appartient, qui s'applique à plusieurs personnes ou choses (opposé à *particulier, individuel*). **2** Qui se fait ensemble, à plusieurs. → **collectif.** ♦ *EN COMMUN :* ensemble. – *Mettre en commun :* partager. **3** Du plus grand nombre. → **général, public, universel.** *Le bien commun.* ♦ *Nom commun :* nom de tous les individus de la même espèce, correspondant à un concept (opposé à *nom propre*). ♦ (n. m.) loc. *Le commun des mortels,* la majorité. **II 1** Ordinaire (opposé à *exceptionnel*). ♦ (n. m.) *Hors du commun,* extraordinaire. **2** Qui se rencontre fréquemment. – loc. *Lieu* commun.* **3** Quelconque, vulgaire. **III** n. m. pl. Dépendances d'une propriété.

communal, ale, aux adj. ■ D'une commune. ♦ n. f. *La communale,* l'école communale.

communaliser v. tr. [1] ■ dr. Mettre sous la dépendance de la commune. ► **communalisation** n. f.

communard, arde n. et adj. ■ hist. Partisan de la Commune de Paris, en 1871.

communautaire adj. ■ D'une communauté ; propre à une communauté.

communautarisme n. m. ■ Tendance à favoriser sa communauté, au sein d'un ensemble plus vaste. ► **communautariste** adj. et n.

communauté n. f. ■ **I 1** Groupe social dont les membres vivent ensemble, ou ont des intérêts communs. ♦ Groupe d'États. *La Communauté européenne.* **2** Groupe (de religieux) vivant ensemble. **II** État, caractère de ce qui est commun. *Communauté d'intérêts.* **III** dr. Régime matrimonial où certains biens des époux sont communs.

commune n. f. ■ **1** La plus petite subdivision administrative du territoire français. → **municipalité. 2** hist. *La Commune de Paris,* la municipalité qui devint Gouvernement révolutionnaire (en 1789, en 1871). ♦ *Chambre des communes,* chambre élective, en Grande-Bretagne.

communément adv. ■ Suivant l'usage commun, ordinaire, habituel.

communiant, ante n. ■ Personne qui communie (1).

communicable adj. ■ Qui peut être communiqué. ► **communicabilité** n. f.

communicant, ante adj. ■ Qui communique (III). *Vases* communicants.*

communicateur, trice ■ **1** adj. Qui met en communication. **2** n. Personne habile en communication (I, 4).

communicatif, ive adj. ■ **1** Qui se communique facilement. *Rire communicatif.* **2** (personnes) → **expansif, exubérant.**

communication n. f. ■ **I 1** Fait de communiquer, d'établir une relation avec (qqn, qqch.). ♦ sc. Échange de signes, de messages entre un émetteur et un récepteur. **2** Action de communiquer qqch. à qqn ; résultat de cette action. → **information. 3** Moyen technique par lequel des personnes communiquent. **4** Ensemble des techniques médiatiques d'information et de publicité. ‖ Ce qui permet de communiquer (III) dans l'espace ; passage. *Moyens de communication.* → **transport.**

communicationnel, elle adj. ▪ didact. Qui concerne la communication.

communier v. intr. [7] ▪ **1** relig. chrét. Recevoir le sacrement de l'eucharistie. **2** Être en accord (→ **communion** (3)).

communion n. f. ▪ **1** relig. chrét. Fait de communier. **2** Union de ceux qui ont la même religion. **3** Accord, union (des esprits...). *Être EN COMMUNION d'idées avec qqn.*

communiqué n. m. ▪ Avis au public.

communiquer v. [1] ▪ **I** v. tr. **1** Faire connaître (qqch. à qqn). *Communiquer un renseignement à qqn.* **2** Faire partager. *Il nous a communiqué sa joie.* **3** (sujet chose) Transmettre (qqch.). **II** v. intr. **1** Être, se mettre en relation. *Communiquer par mail.* **2** Exercer les techniques de communication (4). **III** v. intr. (choses) Être en rapport avec, par un passage. *Chemins qui communiquent.*

communisant, ante adj. et n. ▪ Qui sympathise avec les communistes.

communisme n. m. ▪ **1** vx Organisation fondée sur la propriété collective. → **collectivisme.** **2** (marxisme) Système où les biens de production appartiennent à la communauté et qui tend à la disparition des classes sociales. **3** Idéologie communiste.

communiste adj. ▪ **1** Du communisme. **2** Qui se réclame du marxisme. **3** adj. et n. Partisan du communisme. ➝ Membre d'un parti communiste.

communs n. m. pl. → **commun** (III)

commutable adj. ▪ Qui peut être commuté.

commutateur n. m. ▪ Appareil permettant de modifier un circuit électrique ou les connexions entre circuits. → **interrupteur.**

commutatif, ive adj. ▪ **1** dr. Fondé sur l'échange. *Contrat commutatif.* **2** math. Se dit d'une opération dont le résultat est invariable quel que soit l'ordre des facteurs. *L'addition est commutative.*

commutation n. f. ▪ **1** didact. Substitution. **2** dr. *Commutation de peine* (→ **commuer**).

commuter v. intr. [1] ▪ Modifier, changer par une commutation (1).

compact, e [-akt] adj. ▪ **1** Qui est formé de parties serrées. → **dense.** **2** (appareils) D'un faible encombrement relatif. ♦ *Disque* compact.* ▶ **compacité** n. f. didact.

compactable adj. ▪ Qui peut être compacté.

compact-disc n. m. ▪ anglic. Disque* compact.

compacter v. tr. [1] ▪ Faire réduire de volume en comprimant. ▶ **compactage** n. m.

compacteur n. m. ▪ Engin servant à compacter les sols.

compagne n. f. ▪ **1** Camarade (femme). **2** Épouse, concubine, maîtresse.

compagnie n. f. ▪ **1** Présence auprès de qqn, fait d'être avec qqn. ➝ *EN COMPAGNIE de :* avec. ➝ *Fausser compagnie à qqn.* → **quitter.** *Tenir compagnie à qqn,* rester auprès de lui. ➝ *Dame de compagnie,* qui reste auprès de qqn. **2** vx Réunion, assemblée. ➝ loc. fam. *Salut la compagnie !* **3** Association de personnes que rassemblent des statuts communs. → **entreprise, société.** ♦ Troupe de spectacle permanente. **4** milit. Unité d'infanterie commandée par un capitaine. ♦ *Compagnies républicaines de sécurité,* forces chargées du maintien de l'ordre. → **C. R. S.**

compagnon n. m. ▪ **1** Camarade (homme). ♦ Époux, concubin, amant. **2** Celui qui n'est plus apprenti et n'est pas maître, dans certains métiers.

compagnonnage n. m. ▪ Organisation d'ouvriers, d'artisans caractérisée par la formation professionnelle et la solidarité.

comparable adj. ▪ Qui peut être comparé. → **analogue.** ▶ **comparabilité** n. f.

comparaison n. f. ▪ **1** Fait d'envisager ensemble (des objets de pensée) pour les comparer. ➝ *Adverbes de comparaison* (ex. comme, plus, moins, autant). **2** Rapport établi entre un objet et un autre terme, dans le langage. → **image, métaphore.**

comparaître v. intr. [57] ▪ dr. Se présenter par ordre. *Comparaître en justice.*

comparatif, ive adj. ▪ Qui contient ou établit une comparaison. ♦ n. m. gramm. *Comparatif de supériorité* (→ **plus**), *d'égalité* (→ **aussi**), *d'infériorité* (→ **moins**).

comparatisme n. m. ▪ didact. Ensemble des études comparées.

comparatiste adj. ▪ didact. Relatif aux études comparées. ➝ n. Spécialiste de ces études.

comparativement adv. ▪ Par comparaison, par rapport.

comparé, ée adj. ▪ Qui étudie les rapports entre des objets d'étude. *Littérature comparée,* étudiant les échanges entre littératures.

comparer v. tr. [1] ▪ **1** Examiner les rapports de ressemblance et de différence (entre des choses ou personnes). **2** Mettre en parallèle. *Comparer la vie à un roman.*

comparse n. ▪ Personnage dont le rôle est insignifiant.

compartiment n. m. ▪ **1** Division pratiquée dans un espace pour ranger en séparant. *Tiroir à compartiments.* ♦ Division d'une voiture de chemin de fer (voyageurs), délimitée par des cloisons. **2** Subdivision (d'une surface) par des figures régulières.

compartimenter v. tr. [1] ▪ **1** Diviser en compartiments. → **cloisonner. 2** Diviser en catégories. ► **compartimentage** n. m. et **compartimentation** n. f.

comparution n. f. ▪ Action de comparaître.

compas n. m. ▪ **1** Instrument à deux branches mobiles, pour prendre des mesures ou tracer des cercles. ◆ loc. *Avoir le compas dans l'œil* : estimer avec précision. **2** Instrument de navigation indiquant le nord et la direction du bateau. → **boussole.**

compassé, ée adj. ▪ Affecté et guindé.

compassion n. f. ▪ Sentiment qui porte à plaindre autrui et à partager sa douleur. ► **compassionnel, elle** adj.

compatible adj. ▪ Qui peut s'accorder avec autre chose, exister en même temps. → **conciliable.** ► **compatibilité** n. f.

compatir v. tr. ind. [2] ▪ *COMPATIR À* : avoir de la compassion pour (une souffrance). ► **compatissant, ante** adj. → **humain, sensible.**

compatriote n. ▪ Personne originaire du même pays qu'une autre.

compendieux, ieuse adj. ▪ Concis, laconique. ► **compendieusement** adv.

compendium [kɔ̃pɛ̃djɔm] n. m. ▪ didact. Abrégé. *Des compendiums.*

compensateur, trice adj. ▪ Qui compense. *Indemnité compensatrice.* → **compensatoire.**

compensation n. f. ▪ **1** Avantage qui compense (un désavantage). → **dédommagement. 2** Action, fait de compenser. *Compensation entre les gains et les pertes.*

compensatoire adj. ▪ Qui compense.

compensé, ée adj. ▪ Équilibré. ◆ *Semelle compensée*, formant un bloc avec le talon.

compenser v. tr. [1] ▪ Équilibrer (un effet, souvent négatif, par un autre).

compère n. m. ▪ **1** fam. et vieilli Ami, camarade. **2** Complice d'une supercherie.

compère-loriot n. m. ▪ Orgelet. *Des compères-loriots.*

compétence n. f ▪ **1** Connaissance approfondie et reconnue (dans une matière). **2** dr. Aptitude légale (à instruire, à juger...).

compétent, ente adj. ▪ **1** Qui a de la compétence. **2** dr. Qui a la compétence (2).

compétiteur, trice n. ▪ Personne qui entre en compétition. → **concurrent.**

compétitif, ive adj. ▪ Qui supporte la concurrence du marché. ► **compétitivité** n. f.

compétition n. f. ▪ **1** Recherche simultanée par des personnes d'un même résultat, d'un même avantage. → **concurrence. 2** Épreuve sportive entre des concurrents.

compétitionner v. intr. [1] ▪ (Québec) Participer à une compétition. *Compétitionner avec, contre qqn.*

compilateur, trice ▪ **I** n. **1** didact. Personne qui réunit des documents. **2** péj. Plagiaire. **II** n. m. inform. Programme qui en traduit un autre en «langage machine».

compilation n. f. ▪ **1** didact. Rassemblement de documents. **2** inform. Traduction (d'un programme) par un compilateur. **3** Enregistrement réunissant des morceaux à succès. – syn. fam. **compil** ou **compile** n. f.

compiler v. tr. [1] ▪ **I** Rassembler (des documents) pour former un recueil. **II** inform., anglic. Traduire en «langage machine».

complainte n. f. ▪ **1** vx ou littér. Plainte. **2** Chanson populaire de caractère plaintif.

complaire v. tr. ind. [54] ▪ **1** littér. *Complaire à qqn*, lui être agréable. **2** *SE COMPLAIRE (À, DANS)* v. pron. : trouver son plaisir à, dans.

complaisance n. f. ▪ **1** Disposition à s'accommoder aux goûts, aux sentiments d'autrui pour lui plaire. ◆ péj. *Certificat DE COMPLAISANCE*, délivré à qqn qui n'y a pas droit. **2** Satisfaction ou faiblesse vaniteuse.

complaisant, ante adj. ▪ **1** Qui a de la complaisance (1). → **empressé, prévenant.** ◆ péj. Trop indulgent. **2** Qui a ou témoigne de la complaisance (2). ► **complaisamment** adv.

complément n. m. ▪ **1** Ce qui s'ajoute ou doit s'ajouter à une chose pour qu'elle soit complète. **2** Mot ou proposition rattaché(e) à un(e) autre pour en compléter ou préciser le sens. *Complément du nom, du verbe...* **3** géom. *Complément d'un angle*, ce qu'on ajoute pour obtenir un angle droit.

complémentaire adj. ▪ **1** Qui apporte un complément. **2** géom. Qui constitue un complément (3). **3** *Couleurs complémentaires*, dont la combinaison donne la lumière blanche. ► **complémentarité** n. f.

complémenter v. tr. [1] ▪ Rendre complet par un complément. → **compléter.** ► **complémentation** n. f.

complet, ète ▪ **I** adj. **1** Auquel ne manque aucun des éléments qui doivent le constituer. *Œuvres complètes.* ◆ *Pain complet*, au son. **2** Qui a un ensemble achevé de caractères, de qualités. *Destruction complète.* → **total. 3** *C'est un complet idiot.* → **parfait. 4** Tout à fait réalisé. *Obscurité complète.* → **absolu.** ◆ Écoulé. *Dix années complètes.* **5** Qui n'a plus de place disponible. *Train complet.* **II** n. m. **1** *AU (GRAND) COMPLET* : en entier. → **intégralement. 2** vieilli Vêtement masculin en pièces assorties. → **costume.** – On dit aussi *complet-veston.*

complètement adv. ▪ **1** D'une manière complète. → **entièrement. 2** Tout à fait.

compléter v. tr. 6 ■ 1 Rendre complet. *Compléter une collection.* 2 v. pron. (récipr.) Se parfaire en s'associant (→ **complémentaire**). ➝ (passif) Être complété.

complétif, ive adj. et n. f. ■ (Proposition) qui joue le rôle d'un complément.

complétude n. f. ■ Caractère complet.

complexe ■ I adj. 1 Qui contient, réunit des éléments différents. *Réflexion complexe.* ♦ math. *Nombre complexe,* à partie réelle et partie imaginaire. 2 Difficile, compliqué. II n. m. psych. Ensemble des traits personnels, acquis dans l'enfance, doués d'une puissance affective et généralement inconscients. *Complexe d'Œdipe,* attachement érotique de l'enfant au parent du sexe opposé. ♦ cour. Sentiment d'infériorité ; inhibition. III n. m. Grand ensemble de bâtiments.

complexé, ée adj. ■ Timide, inhibé.

complexer v. tr. 1 ■ fam. Donner des complexes (II), un sentiment d'infériorité à (qqn). → **inhiber.**

complexifier v. tr. 7 ■ Rendre complexe. ► **complexification** n. f.

complexion n. f. ■ littér. Constitution, tempérament. *Complexion délicate.* → **nature.**

complexité n. f. ■ État, caractère de ce qui est complexe. → **complication, difficulté.**

complication n. f. ■ 1 Caractère de ce qui est compliqué. 2 Circonstances amenant des difficultés. 3 au plur. Phénomènes morbides nouveaux, au cours d'une maladie.

complice ■ I adj. 1 Qui participe avec qqn à une action répréhensible. 2 Qui favorise qqch. ➝ *Sourire complice.* → **amical ; entendu.** II n. *Les complices du crime.*

complicité n. f. ■ 1 Participation au délit, etc. commis par un autre. 2 Entente profonde, spontanée entre personnes.

complies n. f. pl. ■ relig. cathol. Dernière heure de l'office divin (après les vêpres).

compliment n. m. ■ 1 Paroles louangeuses que l'on adresse à qqn pour le féliciter. → **éloge.** 2 Paroles de politesse. 3 Petit discours à qqn, pour lui faire honneur.

complimenter v. tr. 1 ■ Faire un compliment, des compliments à. → **féliciter.** ► **complimenteur, euse** adj. → **louangeur.**

compliqué, ée adj. ■ 1 Qui possède de nombreux éléments difficiles à analyser. → **complexe ; confus.** 2 Difficile à comprendre. 3 Qui aime la complication.

compliquer v. tr. 1 ■ Rendre compliqué.

complot n. m. ■ Projet concerté secrètement (contre qqn, une institution).

comploter v. 1 ■ 1 v. tr. ind. COMPLOTER DE (+ inf.) : préparer par un complot. 2 v. tr. dir. Préparer secrètement, à plusieurs. → **manigancer.** *Que complotez-vous ?* 3 v. intr. Conspirer. ► **comploteur, euse** n.

complotiste adj. et n. ■ (Personne) qui défend la théorie d'un complot organisé pour manipuler l'opinion. → **conspirationniste.** ► **complotisme** n. m.

compogravure n. f. ■ imprim. Activité regroupant la composition et la photogravure.

componction n. f. ■ Gravité affectée.

comportement n. m. ■ 1 Manière de se comporter. → **attitude, conduite.** 2 psych. Ensemble des réactions observables. ► **comportemental, ale, aux** adj.

comportementalisme n. m. ■ → **behaviorisme.** ► **comportementaliste** n. et adj.

comporter v. tr. 1 ■ 1 Inclure en soi ou être la condition de. → **contenir, impliquer.** 2 concret Comprendre en soi. → **avoir ;** se **composer** de. ▷ v. pron. se **comporter** Se conduire, agir d'une certaine manière.

composant, ante ■ 1 adj. Qui entre dans la composition de qqch. 2 n. m. chim. Élément d'un corps composé. ♦ techn. Élément d'un circuit électronique.

composante n. f. ■ Élément (d'un ensemble complexe). *Les composantes d'une idée.*

composé, ée adj. ■ 1 Formé de plusieurs éléments. ♦ chim. *Corps composé,* formé par la combinaison d'atomes différents. ➝ n. m. *Composé chimique.* ♦ ling. *Mot composé,* formé de plusieurs mots ou d'un élément (préfixe, etc.) et d'un mot (ex. antigel, chou-fleur). ♦ *Temps composé,* formé d'un auxiliaire et du participe passé. 2 n. m. Ensemble formé de parties différentes.

composées n. f. pl. ■ bot. Famille de plantes aux fleurs groupées en capitules (ex. pâquerette, pissenlit...).

composer v. 1 ■ I v. tr. 1 Former par la réunion d'éléments. *Composer un menu. Composer un poème.* → **créer.** 2 imprim. Assembler des caractères pour former (un texte). → **photocomposer.** 3 Élaborer, adopter (une apparence...). *Composer son attitude.* 4 (sujet chose) Constituer en tant qu'élément. II v. intr. 1 S'accorder (avec qqn ou qqch.) en faisant des concessions. 2 Faire une composition scolaire. ▷ v. pron. se **composer** (de) Être formé de.

composeuse n. f. ■ Machine à composer, en imprimerie.

composite adj. ■ Formé d'éléments très différents.

compositeur, trice n. ■ I Personne qui compose (I, 1) des œuvres musicales. II Personne qui compose (I, 2) un texte.

composition n. f. ■ **I 1** Action ou manière de former un tout en assemblant des éléments ; disposition des éléments. *La composition d'un mélange ; d'une assemblée.* **2** imprim. Action de composer (I, 2) un texte. **II 1** Action, manière de composer (une œuvre d'art) ; cette œuvre. **2** Exercice scolaire de français et de littérature. → **dissertation, rédaction.** ◆ vieilli Devoir sur table. → **contrôle. III** vieilli Accord (entre personnes). ➛ loc. mod. *Être de bonne composition,* accommodant.

compost [kɔ̃pɔst] n. m. ■ Engrais obtenu par la fermentation de résidus organiques et minéraux.

① **compostage** n. m. ■ Processus de transformation (des matières organiques) en compost. *Cuve de, à compostage.* → ① **composteur.**

② **compostage** n. m. ■ Action de perforer au composteur (②).

① **composter** v. tr. [1] ■ Transformer en compost. ▶ **compostable** adj.

② **composter** v. tr. [1] ■ Perforer, valider à l'aide d'un composteur. *Composter son billet de train.*

① **composteur** n. m. ■ Bac où l'on dépose des matières organiques pour en faire du compost.

② **composteur** n. m. ■ Appareil mécanique servant à perforer ou marquer des titres de transport, etc.

compote n. f. ■ **1** Fruits écrasés, cuits avec de l'eau et du sucre. → **marmelade. 2** fam. *Avoir les membres en compote,* douloureux.

compotée n. f. ■ Préparation culinaire à la consistance de compote.

compotier n. m. ■ Plat en forme de coupe.

compréhensible adj. ■ **1** Qui peut être compris. → **intelligible. 2** Qui s'explique facilement. *Réaction compréhensible.*

compréhensif, ive adj. ■ Qui comprend autrui. → **bienveillant, indulgent, tolérant.**

compréhension n. f. ■ **I 1** Faculté de comprendre, de percevoir par l'esprit. **2** (choses) Possibilité d'être compris. **II** Qualité par laquelle on comprend autrui.

comprendre v. tr. [58] ■ **I 1** (sujet chose) Contenir en soi. → **comporter, se composer** de. **2** (sujet personne) Faire entrer dans un ensemble. → **intégrer. II** (sujet personne) **1** Avoir une idée de ; saisir le sens de. *Comprendre une explication.* ➛ *Comprendre qqn,* ce qu'il dit, écrit. **2** Se faire une idée claire des motifs de (qqch.). **3** Se rendre compte de (qqch.). → **voir.** *Il comprit la gravité de la situation.* **4** Avoir une attitude compréhensive envers (qqch., qqn). *Personne ne me comprend.* ▷ v. pron. **se comprendre**

comprenette n. f. ■ fam. Intelligence.

compresse n. f. ■ Morceau de linge fin que l'on applique sur une partie malade.

compresser v. tr. [1] ■ Serrer, presser. → **comprimer.** ◆ inform. Réaliser la compression de (un fichier).

compresseur ■ **1** n. m. Appareil qui comprime un gaz. **2** adj. m. *Rouleau* compresseur.*

compressible adj. ■ **1** Qui peut être comprimé. *L'air est compressible.* **2** fig. Qui peut être diminué. ▶ **compressibilité** n. f.

compression n. f. ■ **1** Action de comprimer (1). **2** Réduction forcée.

comprimé, ée ■ **I** adj. Diminué de volume par pression. *Air comprimé.* **II** n. m. Pastille pharmaceutique (poudre comprimée).

comprimer v. tr. [1] ■ **1** Exercer une pression sur (qqch.) et en diminuer le volume. **2** vieilli Empêcher de se manifester. *Comprimer ses larmes.* → **refouler, retenir. 3** Réduire (une dépense ; un effectif).

compris, ise adj. ■ **1** Contenu dans qqch. → **inclus.** *Service compris.* ➛ *Il s'est fâché avec sa famille,* Y COMPRIS *sa sœur (sa sœur y comprise* ou *sa sœur comprise).* **2** Dont le sens, les raisons, les idées sont saisis.

compromettre v. tr. [56] ■ **1** Mettre dans une situation critique (en exposant au jugement d'autrui). ➛ au p. p. *Être compromis dans une affaire.* **2** Mettre en péril, nuire à. ▶ **compromettant, ante** adj. *Document compromettant.*

compromis n. m. ■ Arrangement dans lequel on se fait des concessions mutuelles.

compromission n. f. ■ **1** Action par laquelle qqn est compromis. **2** Acte par lequel on transige avec ses principes.

compromissoire adj. ■ dr. Relatif au compromis.

comptabiliser [kɔ̃t-] v. tr. [1] ■ Inscrire dans la comptabilité. ◆ fig. Évaluer. ▶ **comptabilisation** n. f.

comptabilité [kɔ̃t-] n. f. ■ **1** Tenue des comptes ; comptes tenus selon les règles. **2** Service chargé d'établir les comptes.

comptable [kɔ̃t-] ■ **I** adj. **1** littér. Qui a des comptes à rendre. **2** De la comptabilité. **II** n. Professionnel qui tient les comptes.

comptage [kɔ̃t-] n. m. ■ Fait de compter.

comptant [kɔ̃t-] ■ **1** adj. m. Que l'on peut compter immédiatement ; disponible. *Argent comptant,* payé immédiatement et en espèces. ➛ loc. *Prendre qqch. pour argent* comptant.* **2** n. m. loc. *Au comptant* : en réglant d'un seul coup la somme due. **3** adv. *Payer, régler comptant,* au comptant.

compte [kɔ̃t] n. m. ■ **1** Action d'évaluer une quantité ; cette quantité. **2** Énumération, calcul des recettes et des dépenses (→ **comptabilité).** ➛ prov. *Les bons comptes font les bons amis.* ◆ État de l'avoir et des dettes d'une personne, dans une banque... **3** Argent dû. *Pour solde de* *tout compte.* ♦ loc. fig. *Régler son compte à qqn,* lui faire un mauvais parti. ➝ *Son compte est bon :* il aura ce qu'il mérite. **4** loc. *À BON COMPTE :* à bon prix ; fig. sans trop de dommage. ♦ *Trouver son compte à qqch.* → **avantage, profit. 5** loc. *À CE COMPTE-LÀ :* d'après ce raisonnement. *AU BOUT DU COMPTE :* tout bien considéré. *EN FIN DE COMPTE :* après tout. ➝ *Être LOIN DU COMPTE :* se tromper de beaucoup. ➝ *TOUT COMPTE FAIT :* tout bien considéré. **6** loc. *Au compte de, pour le compte de qqn,* pour lui. *Travailler à son compte :* être son propre patron. **7** *TENIR COMPTE DE :* prendre en considération. **8** Explication, information. *Demander, rendre des comptes.* ➝ *RENDRE COMPTE de :* rapporter, relater **(→ compte rendu).** ➝ *SE RENDRE COMPTE.* → s'**apercevoir, comprendre.**

compte-fils [-fil] n. m. ■ Forte loupe.

compte-gouttes n. m. ■ Petite pipette pour doser des médicaments. *Des compte-gouttes.* ➝ loc. *Au compte-gouttes :* avec parcimonie.

compter [kɔ̃te] v. 1 ■ **I** v. tr. **1** Déterminer (une quantité) par le calcul ; établir le nombre de. → **chiffrer, dénombrer, évaluer. 2** Mesurer avec parcimonie. *Compter l'argent que l'on dépense.* **3** Prévoir, évaluer (une quantité, une durée). **4** Comprendre dans un compte, un total. → **inclure. 5** (+ inf.) Avoir l'intention de. → **espérer, penser.** ➝ *Compter que* (+ indic.). → s'**attendre** à. **6** *COMPTER* (qqn, qqch.) *POUR :* considérer comme. ♦ *SANS COMPTER QUE :* sans considérer que. **II** v. intr. **1** Calculer. *Compter sur ses doigts.* **2** *COMPTER AVEC qqn, qqch.,* tenir compte de. **3** *COMPTER SUR :* s'appuyer sur. *Comptez sur moi.* **4** Avoir de l'importance. → **importer. 5** Être (parmi). *Compter parmi, au nombre de.* → **figurer. 6** *À COMPTER DE :* à partir de.

compte rendu n. m. ■ Texte par lequel on rend compte, on expose. *Des comptes rendus.*

compte-tours n. m. invar. ■ Appareil comptant les tours de l'arbre d'un moteur.

compteur [kɔ̃t-] n. m. ■ Appareil servant à compter, à mesurer. *Compteur de vitesse. Compteur Geiger* (de radioactivité). ♦ loc. fig. et fam. *Au compteur :* dans son existence. *Avoir cinq victoires au compteur.*

comptine [kɔ̃t-] n. f. ■ Formule enfantine, chantée, parlée ou scandée.

comptoir [kɔ̃t-] n. m. ■ **1** Support long et étroit sur lequel le marchand reçoit l'argent, etc. ➝ (cafés) → **bar, zinc. 2** hist. Installation commerciale dans un pays éloigné. **3** Entente entre producteurs pour la vente ; entreprise commerciale, financière.

compulser v. tr. 1 ■ Consulter, feuilleter.

compulsif, ive adj. ■ Qui constitue une compulsion. ► **compulsivement** adv.

compulsion n. f. ■ psych. Acte que le sujet est forcé d'accomplir sous peine d'angoisse, de culpabilité.

compulsionnel, elle adj. ■ psych. De la compulsion.

comput [-yt] n. m. ■ hist. ou relig. Calcul du calendrier des fêtes mobiles.

comtal, ale, aux adj. ■ De comte, de comtesse.

comte n. m. ■ Titre de noblesse (après le marquis et avant le vicomte).

① **comté** n. m. ■ **1** Domaine qui conférait le titre de comte. **2** Circonscription administrative, dans les pays anglo-saxons.

② **comté** n. m. ■ Fromage de Franche-Comté voisin du gruyère. - var. **conté.**

comtesse n. f. ■ Femme possédant un comté. ➝ Femme d'un comte.

comtois, oise adj. et n. ■ De Franche-Comté. ➝ n. *Les Comtois.*

con, conne ■ fam. et vulg. **I** n. m. Sexe de la femme. **II 1** n. et adj. Imbécile, idiot. **2** *À LA CON* loc. adj. : mal fait, inepte.

con- Élément, du latin *cum* «avec». → **co-.** - var. **col-, com-, cor-.**

conard, arde adj. et n. ■ vulg. Con (II, 1). - var. **connard, arde.**

conasse n. f. ■ très fam. Femme idiote et désagréable. - var. **connasse.**

conatif, ive adj. ■ didact. Qui exprime l'idée d'effort.

conation n. f. ■ didact. Impulsion déterminant un acte, un effort.

concassée n. f. ■ Purée de légumes grossièrement écrasés.

concasser v. tr. 1 ■ Réduire (un solide) en petits fragments. ► **concassage** n. m.

concasseur n. m. ■ Machine servant à concasser.

concaténation n. f. ■ didact. Enchaînement (de termes).

concave adj. ■ Courbé en creux (opposé à *convexe*). ► **concavité** n. f.

concéder v. tr. 6 ■ **I** Accorder (qqch.) à qqn comme une faveur. **II** Céder sur (un point). → **concession** (II).

concélébrer v. tr. 6 ■ relig. Célébrer à plusieurs (un office religieux).

concentrateur n. m. ■ inform. Appareil qui concentre les données de plusieurs machines pour les transmettre par un unique canal. - recomm. off. pour *hub.*

concentration n. f. ■ **I 1** Réunion dans un même lieu. → **accumulation.** ➝ *Camp* de concentration.* **2** chim. Proportion d'un composant dans un mélange. **II** Application de l'effort intellectuel sur un seul objet.

concentrationnaire adj. ■ Relatif aux camps de concentration.

concentrer v. tr. [1] ▪ **I 1** Réunir en un point (ce qui était dispersé). **2** Augmenter la concentration (I, 2) de. **II** Appliquer avec force sur un seul objet. *Concentrer son énergie, son attention.* ▷ v. pron. se **concentrer** ▷ adj. **concentré, ée** **I** *Lait concentré.* ➝ n. m. *Concentré de tomate.* **II** → **attentif.**

concentrique adj. ▪ **1** (cercles, sphères...) Qui a un même centre. **2** (mouvement) → **centripète.** ► **concentriquement** adv.

concept [-ɛpt] n. m. ▪ Idée générale ; représentation abstraite d'un objet ou d'un ensemble d'objets ayant des caractères communs. → **notion.** *Le concept de liberté.*

concepteur, trice n. ▪ Personne chargée de trouver des idées nouvelles (publicité...).

conception n. f. ▪ **I** Formation d'un nouvel être dans l'utérus maternel à la suite de la réunion d'un spermatozoïde et d'un ovule ; moment où un enfant est conçu. → **fécondation. II** Action de concevoir (II). ♦ Manière de concevoir qqch., d'en juger.

conceptualiser v. [1] ▪ didact. **1** v. intr. Élaborer des concepts. **2** v. tr. Organiser en concepts. ► **conceptualisation** n. f.

conceptuel, elle adj. ▪ **1** Du concept. **2** *Art conceptuel,* privilégiant l'idée.

concernant prép. ▪ À propos, au sujet de.

concerner v. tr. [1] ▪ **1** (sujet chose) Avoir rapport à, s'appliquer à. ➝ *En ce qui concerne...* → **quant** à. **2** passif et p. p. Être intéressé, touché (par qqch.).

concert n. m. ▪ **I** Séance musicale. *Un concert de rock.* **II 1** loc. adv. *DE CONCERT :* en accord. → de **conserve. 2** *Un concert de louanges :* des louanges nombreuses.

concertant, ante adj. ▪ mus. Qui exécute une partie. ♦ *Symphonie concertante :* concerto à plusieurs solistes.

concertation n. f. ▪ Fait de se concerter.

concerter v. tr. [1] ▪ **1** Projeter ensemble, en discutant. → **organiser. 2** Décider après réflexion. → **calculer.** ▷ v. pron. se **concerter** S'entendre pour agir de concert.

concertina n. m. ▪ Instrument de musique voisin de l'accordéon.

concertino n. m. ▪ mus. Bref concerto.

concertiste n. ▪ Musicien, instrumentiste qui donne des concerts.

concerto n. m. ▪ Composition de forme sonate, pour orchestre et instrumentiste.

concessif, ive adj. ▪ gramm. Qui indique une opposition, une restriction.

concession n. f. ▪ **I** Action de concéder (un droit, une terre, spécialt du domaine public) ; droit concédé. ➝ (dans un cimetière) *Concession à perpétuité.* **II 1** Fait d'abandonner à son adversaire un point de discussion. **2** gramm. Opposition, restriction (par des termes dits *concessifs*).

concessionnaire n. ▪ **1** Personne qui a obtenu une concession. ➝ adj. *Société concessionnaire.* **2** Intermédiaire qui a reçu un droit exclusif de vente dans une région.

concevable adj. ▪ Qu'on peut concevoir (II).

concevoir v. tr. [28] ▪ **I** Former (un enfant) par la conception* ; devenir, être enceinte. **II 1** Former (une idée, un concept). « *Ce que l'on conçoit bien s'énonce clairement* » (Boileau). **2** Avoir une idée claire de. → **comprendre, saisir. 3** Créer par l'imagination. → **inventer. 4** littér. Éprouver (un état affectif). *Concevoir de l'amitié pour qqn.*

conchier v. tr. [7] ▪ fam. et vulg. Souiller d'excréments.

conchoïde [-k-] adj. ▪ minér. En forme de coquille. – syn. **conchoïdal, ale, aux.**

conchyliculture n. f. ▪ didact. Élevage des coquillages comestibles. ► **conchyliculteur, trice** n.

conchyli(o)- [kɔ̃ki-] Élément savant, du grec *kogkhulion* « coquillage ».

conchyliologie n. f. ▪ didact. Partie des sciences naturelles consacrée à l'étude des coquillages.

conchylis → **cochylis**

concierge n. ▪ **1** Personne qui a la garde d'un immeuble. **2** Employé(e) d'un grand hôtel qui accueille les clients.

conciergerie n. f. ▪ Logement de concierge (d'un château...). ♦ Réception d'un hôtel.

concile n. m. ▪ Assemblée d'évêques.

conciliable adj. ▪ Que l'on peut concilier.

conciliabule n. m. ▪ Conversation où l'on chuchote (pour se confier des secrets...).

conciliaire adj. ▪ D'un concile.

conciliation n. f. ▪ **1** Action de concilier (des personnes, des opinions, des intérêts). **2** Règlement amiable d'un conflit.

conciliatoire adj. ▪ dr. Propre à concilier.

concilier v. tr. [7] ▪ **1** Faire aller ensemble, rendre harmonieux (ce qui était très différent, contraire). **2** littér. Mettre d'accord (des personnes). **3** *SE CONCILIER qqn,* le disposer favorablement envers soi. ► **conciliant, ante** adj. → **accommodant.** ► **conciliateur, trice** n. → **arbitre, médiateur.**

concis, ise adj. ▪ Qui s'exprime en peu de mots. ► **concision** n. f.

concitoyen, enne n. ▪ Citoyen du même État, d'une même ville (qu'un autre).

conclave n. m. ▪ Assemblée des cardinaux pour élire un nouveau pape.

concluant, ante adj. ▪ Qui apporte une preuve irréfutable. → **probant.**

conclure v. tr. [35] ▪ **I** v. tr. dir. **1** Amener à sa fin par un accord. ➝ au p. p. *Marché conclu !* **2** Terminer, achever. **3** Tirer (une conséquence) de. → **déduire. II** v. tr. ind. *CONCLURE À :* tirer (une conclusion, un enseignement). *On conclut à l'assassinat.*

conclusif, ive adj. ▪ Qui exprime, qui indique une conclusion.

conclusion n. f. ▪ **1** Arrangement final (d'une affaire). **2** Fin, achèvement. ♦ Ce qui termine (un ouvrage...). **3** Jugement qui suit un raisonnement. *Tirer une conclusion de qqch.* ➝ loc. adv. *EN CONCLUSION :* pour conclure.

concocter v. tr. [1] ▪ plais. Élaborer.

concombre n. m. ▪ Plante rampante (cucurbitacée) ; son fruit (légume).

concomitance n. f. ▪ didact. Rapport de simultanéité.

concomitant, ante adj. ▪ Qui coïncide avec (un autre fait). → **simultané.** ► **concomitamment** adv.

concordance n. f. ▪ **1** Fait d'être semblable, de tendre au même résultat. → **accord, correspondance. 2** gramm. *Concordance des temps :* règle subordonnant le choix du temps du verbe dans certaines complétives à celui de la proposition complétée (ex. je veux qu'il vienne ; je voulais qu'il vînt).

concordant, ante adj. ▪ Qui concorde.

concordat n. m. ▪ Accord écrit (spécialt entre le pape et un État). ► **concordataire** adj.

concorde n. f. ▪ littér. Paix qui résulte de la bonne entente ; union des volontés.

concorder v. intr. [1] ▪ **1** Être semblable ; correspondre au même contenu. **2** Pouvoir s'accorder. *Nos projets concordent.*

concourant, ante adj. ▪ géom. *Droites concourantes,* qui se coupent en un même point.

concourir v. [11] ▪ **I** v. tr. ind. *CONCOURIR À :* tendre à (un but commun). **II** v. intr. **1** didact. (directions) Converger. **2** (personnes) Entrer en compétition (→ **concurrent).**

concours n. m. ▪ **I** Fait d'aider, de participer. *Prêter son concours à un projet.* **II** loc. *Concours de circonstances :* rencontre de circonstances (heureuse ou non). → **coïncidence. III** Épreuve, compétition pour un nombre limité de places.

concret, ète ▪ **I** adj. **1** Qui peut être perçu par les sens ou imaginé ; qui correspond à un élément de la réalité (s'oppose à *abstrait*). ♦ *Des avantages concrets.* → **réel. 2** *Musique concrète,* faite d'éléments sonores préexistants. **II** n. m. Qualité de ce qui est concret ; ensemble des choses concrètes. → **réel.**

concrètement adv. ▪ **1** Relativement à ce qui est concret. **2** En fait, en pratique.

concrétion n. f. ▪ Agrégation en un corps solide ; ce corps. *Concrétion calcaire.*

concrétiser v. tr. [1] ▪ Rendre concret (ce qui était abstrait). ▻ v. pron. **se concrétiser** → **se réaliser.** ► **concrétisation** n. f.

conçu, ue ▪ Participe passé de *concevoir.*

concubin, ine n. ▪ Personne qui vit en concubinage (avec qqn).

concubinage n. m. ▪ État de personnes vivant en couple sans être mariées. → **union** libre.

concupiscence n. f. ▪ **1** relig. Désir des biens et plaisirs terrestres. **2** vieilli ou plais. Désir sexuel. ► **concupiscent, ente** adj.

concurremment [-amɑ̃] adv. ▪ Conjointement, de concert.

concurrence n. f. ▪ **I 1** littér. Rivalité entre des personnes, des forces poursuivant un même but. **2** Rapport entre producteurs, commerçants qui se disputent une clientèle. ➝ *Prix défiant toute concurrence,* très bas. ♦ L'ensemble des concurrents. **II** loc. *Jusqu'à concurrence de :* jusqu'à ce qu'une somme en égale une autre.

concurrencer v. tr. [3] ▪ Être en concurrence avec, faire concurrence à (qqn, qqch.).

concurrent, ente n. ▪ **1** Personne en concurrence avec d'autres. **2** Fournisseur, commerçant en concurrence avec d'autres. ➝ adj. *Entreprises concurrentes.*

concurrentiel, ielle adj. ▪ Où la concurrence (2) s'exerce. ♦ *Prix concurrentiels.* → **compétitif.**

concussion n. f. ▪ Malversation d'un fonctionnaire. ► **concussionnaire** adj.

condamnable [-dɑn-] adj. ▪ Qui mérite d'être condamné. → **blamâble, répréhensible.**

condamnation [-dɑn-] n. f. ▪ **1** Décision de justice qui condamne qqn. **2** Action de blâmer (qqn ou qqch.).

condamnatoire [-dɑn-] adj. ▪ dr. Qui condamne.

condamné, ée [-dɑn-] adj. ▪ **1** Que la justice a condamné. ➝ n. *Un(e) condamné(e).* **2** Qui n'a aucune chance de guérison. **3** Obligé (à).

condamner [-dɑn-] v. tr. [1] ▪ **I 1** Frapper (qqn) d'une peine par un jugement. **2** Obliger (à une chose pénible). *Condamner qqn au silence.* **3** Interdire formellement. *La loi condamne la bigamie.* **4** Blâmer avec rigueur. → **réprouver. II** Faire en sorte qu'on n'utilise pas (un lieu, un passage).

condé n. m. ▪ argot Policier.

condensateur n. m. ▪ Appareil accumulant de l'énergie électrique. → **accumulateur.**

condensation n. f. ▪ Phénomène par lequel un gaz, une vapeur se condense.

condenser v. tr. [1] ■ **1** Rendre (un fluide) plus dense. ➛ pronom. *L'humidité se condense en buée.* **2** fig. Ramasser (l'expression de la pensée). ▷ adj. **condensé, ée 1** *Lait condensé.* → **concentré. 2** *Texte condensé.*

condenseur n. m. ■ techn. Appareil où se fait une condensation.

condescendance n. f. ■ Supériorité bienveillante mêlée de mépris. ► **condescendant, ante** adj. → **hautain.**

condescendre v. tr. ind. [41] ■ *CONDESCENDRE À :* daigner consentir à.

condiment n. m. ■ Substance de saveur forte, pour relever le goût des aliments.

condisciple n. m. ■ Compagnon d'études.

condition n. f. ■ **I 1** Rang social. **2** Situation où se trouve un être vivant (notamment l'être humain). «*La Condition humaine*» (roman de Malraux). **3** État passager, relativement au but visé. *Être en bonne condition pour,* dans un état favorable à. **4** loc. *Mettre EN CONDITION :* préparer (qqn), spécialt par la propagande. → **conditionner. II 1** État, situation, fait dont l'existence est indispensable pour qu'un autre existe. *Condition nécessaire.* ➛ *Dicter ses conditions.* → **exigence.** ➛ *Se rendre SANS CONDITION :* sans restriction. ➛ *SOUS CONDITION :* en respectant certaines conditions. ♦ *À CONDITION DE* loc. prép. ; *À CONDITION QUE* loc. conj. → **si ; moyennant, pourvu** que. **2** au plur. Ensemble de faits dont dépend qqch. → **circonstance.** *Conditions de vie.* ➛ *Dans ces conditions :* dans ce cas. ➛ *Conditions* (de paiement) *avantageuses.*

conditionné, ée adj. ■ **I 1** Soumis à des conditions. **2** Qui a subi un conditionnement. **II** anglic. *Air* conditionné.*

conditionnel, elle ■ **1** adj. Qui dépend de certaines conditions. **2** n. m. gramm. Mode du verbe exprimant un état, etc. subordonné à une condition (ex. j'*irais* si vous le vouliez). ➛ La même forme, exprimant le futur du passé, dans la concordance des temps (ex. j'affirmais qu'il *viendrait*).

conditionnellement adv. ■ Sous condition.

conditionner v. tr. [1] ■ **1** Préparer, traiter (un produit) selon des règles, avant de le proposer au public. ♦ spécialt Emballer pour la vente. **2** (sujet chose) Être la condition de. **3** Déterminer le comportement de ; influencer moralement ou intellectuellement. ► **conditionnement** n. m.

conditionneur n. m. ■ **1** Climatiseur. **2** Produit destiné à améliorer l'aspect des cheveux.

condoléances n. f. pl. ■ Expression de la part que l'on prend à la douleur de qqn.

condom [-ɔm] n. m. ■ vx Préservatif masculin.

condominium [-jɔm] n. m. ■ anglic. Souveraineté exercée par deux ou plusieurs États sur un même pays.

condor n. m. ■ Grand vautour des Andes.

condottiere [kɔ̃dɔ(t)tjɛʀ] n. m. ■ (au Moyen Âge) Chef de mercenaires, en Italie. *Des condottieres,* ou plur. ital. *condottieri.* ♦ fig. Aventurier.

conductance n. f. ■ phys. Inverse de la résistance électrique d'un conducteur.

conducteur, trice ■ **I** n. **1** littér. Personne qui dirige (des hommes). → **chef. 2** Personne qui conduit (des animaux ; un véhicule). **3** *Conducteur, conductrice de travaux :* technicien qui dirige des travaux. **II** adj. **1** Qui conduit. *Idée conductrice.* **2** Qui conduit l'électricité. ➛ n. m. *Les métaux sont de bons conducteurs.*

conductibilité n. f. ■ sc. Propriété qu'ont les corps de transmettre la chaleur, l'électricité.

conduction n. f. ■ Transmission de la chaleur, de l'électricité ; de l'influx nerveux.

conductivité n. f. ■ électr. Grandeur inverse de la résistivité*.

conduire v. tr. [38] ■ **I 1** Mener (qqn) quelque part. → **emmener. 2** Diriger (un animal ; un véhicule). **3** (choses) Faire passer, transmettre. *Corps conduisant l'électricité* (→ **conducteur). 4** (sujet chose) Faire aller quelque part. *Mes pas m'ont conduit jusqu'à vous.* **II 1** Faire agir, mener en étant à la tête. → **diriger. 2** Entraîner (à un sentiment...). *Conduire qqn à l'erreur.* ▷ v. pron. se **conduire** Se comporter.

conduit n. m. ■ Canal étroit, tuyau.

conduite n. f. ■ **I 1** Action de conduire qqn ou qqch. ; son résultat. **2** Action de diriger, de commander. **3** Manière de se comporter. → **attitude. II** Canalisation (→ conduit).

condyle n. m. ■ anat. Extrémité articulaire arrondie. ► **condylien, ienne** adj.

condylome n. m. ■ méd. Petite tumeur, sur la muqueuse génitale ou anale.

cône n. m. ■ **1** Figure engendrée par une droite passant par un point fixe (sommet) et dont la base est une courbe fermée. **2** (Ce qui a la forme d'un cône). *Cône volcanique.* ➛ Fruit des conifères.

confection n. f. ■ **1** Préparation (d'un plat...). **2** Industrie des vêtements qui ne sont pas faits sur mesure. → **prêt-à-porter.**

confectionner v. tr. [1] ■ Faire, préparer.

confédération n. f. ■ **1** Union d'États s'associant en gardant leur souveraineté. **2** Groupement (d'associations, de fédérations). ► **confédéral, ale, aux** adj.

confédéré, ée n. ■ **1** Qui fait partie d'une confédération. **2** hist. *Les Confédérés,* les Sudistes (guerre de Sécession).

confédérer v. tr. [6] ■ Réunir en confédération.

confer → **cf.**

conférence n. f. ■ **1** Assemblée de personnes discutant d'un sujet important. **2** Discours en public sur une question. **3** *Conférence de presse :* réunion où une personnalité s'adresse aux journalistes.

conférencier, ière n. ■ Personne qui parle en public, qui fait des conférences (2).

conférer v. [6] ■ **I** v. tr. Accorder (qqch. à qqn) en vertu d'un pouvoir qu'on a. ♦ fig. *La sagesse que confère l'âge.* **II** v. tr. ind. ou intr. littér. S'entretenir (de qqch. avec qqn).

confesse n. f. ■ *Aller à confesse,* se confesser.

confesser v. tr. [1] ■ **I 1** Déclarer (ses péchés) à un prêtre. ➛ pronom. *Se confesser à un prêtre.* **2** Déclarer, reconnaître pour vrai (qqch. qu'on a réticence à confier). *Confesser son erreur.* **3** littér. Proclamer (sa croyance). **II** Entendre (qqn) en confession.

confesseur n. m. ■ Prêtre qui confesse qqn.

confession n. f. ■ **I 1** Aveu de ses péchés à un prêtre. **2** Déclaration que l'on fait (d'un acte blâmable). → **aveu.** ♦ Action de se confier. **II** Religion, croyance.

confessionnal, aux n. m. ■ Lieu fermé où le prêtre entend le fidèle en confession.

confessionnalisme n. m. ■ Caractère confessionnel. ► **confessionnaliste** adj. et n.

confessionnel, elle adj. ■ D'une confession (II).

confetti n. m. ■ Rondelle de papier coloré qu'on lance par poignées pendant les fêtes.

confiance n. f. ■ **1** Espérance ferme, assurance d'une personne qui se fie à qqn ou à qqch. *On peut lui faire confiance.* ➛ *Personne* DE CONFIANCE, à qui l'on peut se fier. → **sûr. 2** Sentiment de sécurité d'une personne qui se fie à elle-même. → **assurance. 3** Sentiment collectif de sécurité. ➛ polit. *Vote de confiance,* d'approbation.

confiant, ante adj. ■ **1** Qui a confiance (en qqn ou en qqch.). **2** Qui a confiance en soi. **3** Enclin à la confiance, à l'épanchement.

confidence n. f. ■ **1** Communication d'un secret qui concerne soi-même. **2** loc. *DANS LA CONFIDENCE :* dans le secret. ➛ loc. adv. *EN CONFIDENCE :* secrètement.

confident, ente n. ■ Personne qui reçoit les plus secrètes pensées de qqn.

confidentialité n. f. ■ Maintien du secret d'informations (dans une administration...).

confidentiel, ielle adj. ■ **1** Qui se dit, se fait sous le sceau du secret. **2** Qui s'adresse à peu de gens. ► **confidentiellement** adv.

confier v. tr. [7] ■ **1** Remettre (qqn, qqch...) aux soins d'un tiers dont on est sûr. **2** Communiquer (qqch. de personnel) sous le sceau du secret. ➛ pronom. (réfl.) Faire des confidences.

configuration n. f. ■ **1** didact. Forme extérieure (d'une chose). **2** inform. Ensemble des éléments d'un système informatique.

configurer v. tr. [1] ■ didact. Donner une forme, une configuration à.

confiner v. tr. [1] ■ **1** v. tr. ind. *Confiner à :* toucher aux limites de **(→ confins). 2** v. tr. dir. Forcer à rester dans un espace limité (concret ; abstrait). ▷ v. pron. **se confiner** → s'**isoler ;** se **cantonner.** ▷ adj. **confiné, ée** ► **confinement** n. m.

confins n. m. pl. ■ Parties (d'un territoire) situées à l'extrémité. ♦ Espace éloigné.

confiote n. f. ■ fam. Confiture.

confire v. tr. [37] ■ Mettre (des aliments) dans un élément qui les conserve **(→ confit).**

confirmand, ande n. ■ relig. Personne qui va recevoir le sacrement de confirmation.

confirmatif, ive adj. ■ dr. Qui confirme.

confirmation n. f. ■ **I** Ce qui rend une chose plus certaine. *La confirmation d'une nouvelle.* **II** Sacrement catholique qui confirme dans la grâce du baptême.

confirmer v. tr. [1] ■ **I 1** *CONFIRMER qqn DANS :* rendre plus ferme, plus assuré. *Nous l'avons confirmé dans sa résolution.* **2** Affirmer l'exactitude, l'existence de (qqch.). → **assurer, certifier, corroborer.** ➛ pronom. *La nouvelle se confirme.* **II** Conférer le sacrement de la confirmation (II) à.

confiscation n. f. ■ Action de confisquer.

confiserie n. f. ■ **1** Commerce, magasin, usine du confiseur. **2** Produits à base de sucre, fabriqués par les confiseurs.

confiseur, euse n. ■ Personne qui fabrique, vend des sucreries. ➛ loc. *La trêve des confiseurs* (trêve politique entre Noël et le nouvel an).

confisquer v. tr. [1] ■ **1** Prendre (ce qui appartient à qqn) par une mesure de punition. **2** Prendre (qqch.) à son profit.

confit, ite ■ **I** adj. **1** *Fruits confits,* préparés et conservés dans du sucre. **2** *Être confit en dévotion,* très dévot. **II** n. m. Viande cuite et conservée dans sa graisse. *Confit d'oie.*

confiteor [-teɔʀ] n. m. ■ relig. Prière de contrition de la liturgie catholique.

confiture n. f. ■ Fruits frais qu'on a fait cuire dans du sucre pour les conserver (au sens large, inclut marmelades et gelées).

confiturerie n. f. ■ **1** Industrie, commerce de la confiture. **2** Établissement où l'on fabrique les confitures.

confiturier n. m. ■ Récipient dans lequel on sert les confitures.

conflagration n. f. ■ Bouleversement de grande portée ; spécialt conflit international.

conflictualité n. f. ■ Caractère conflictuel.

conflictuel, elle adj. ▪ Qui constitue un conflit, est source de conflits.

conflit n. m. ▪ **1** Guerre ou opposition entre États. **2** Rencontre d'éléments contraires, qui s'opposent. *Conflit des générations.*

confluence n. f. ▪ **1** Jonction de cours d'eau. **2** fig. Convergence, rencontre.

confluent n. m. ▪ Endroit où deux cours d'eau se joignent.

confluer v. intr. [1] ▪ géogr. *Confluer avec* : rejoindre. *L'Allier conflue avec la Loire.* ▸ *L'Allier et la Loire confluent près de Nevers.*

confondant, ante adj. ▪ Très étonnant.

confondre v. tr. [41] ▪ **I 1** littér. Remplir d'un grand étonnement. → **déconcerter.** ▸ au p. p. *Rester confondu.* **2** Réduire (qqn) au silence, en prouvant ses torts. *Confondre un menteur.* **II 1** littér. Réunir, mêler pour ne former qu'un tout. **2** Prendre une personne, une chose pour une autre. ▷ v. pron. **se confondre 1** littér. *Se confondre en excuses* : multiplier les excuses. **2** Se mêler, s'unir.

conformation n. f. ▪ Disposition des différentes parties (d'un corps organisé). *Vice de conformation.* → **malformation.**

conforme adj. ▪ (avec *à*) **1** Dont la forme est semblable (à celle d'un modèle). ▸ sans compl. *Copie conforme* (à l'original). **2** Qui convient. *Une vie conforme à ses goûts.* **3** sans compl. Conventionnel, conformiste.

conformément adv. ▪ D'après, selon.

conformer v. tr. [1] ▪ littér. Rendre conforme (à qqch.). *Conformer son attitude à sa morale.* ▷ v. pron. **se conformer** Devenir conforme (à). ▷ p. p. **conformé, ée** Qui a telle conformation. *Être bien, mal conformé.*

conformisme n. m. ▪ Fait de se conformer aux normes, aux usages ; attitude passive qui en résulte. ▶ **conformiste** adj. et n.

conformité n. f. ▪ Caractère de ce qui est conforme. → **accord.** ▸ *Agir* EN CONFORMITÉ AVEC *ses principes,* conformément à.

confort n. m. ▪ **I** Ce qui contribue au bien-être, à la commodité matérielle. **II** *Médicament de confort,* qui permet de mieux supporter un mal (sans agir sur la cause).

confortable adj. ▪ **1** Qui procure, présente du confort. **2** (quantité) Assez important. ▶ **confortablement** adv.

conforter v. tr. [1] ▪ Donner de la force à.

confraternel, elle adj. ▪ De confrère ou de consœur. *Salutations confraternelles.*

confraternité n. f. ▪ didact. Bonnes relations entre confrères et consœurs.

confrère n. m. ▪ Celui qui appartient à une société, à une compagnie, considéré par rapport aux autres membres (→ consœur).

confrérie n. f. ▪ Association pieuse.

confronter v. tr. [1] ▪ **1** Mettre en présence (des personnes) pour comparer leurs affirmations. **2** ÊTRE CONFRONTÉ À, AVEC, se trouver en face de. **3** Comparer point par point. ▶ **confrontation** n. f.

confucianisme n. m. ▪ didact. Doctrine de Confucius. ▶ **confucianiste** adj. et n.

confus, use adj. ▪ **I** (personnes) Qui est embarrassé par pudeur, par honte. **II** (choses) **1** Dont les éléments sont mêlés, impossibles à distinguer. → **indistinct. 2** Qui manque de clarté. *Une situation confuse.*

confusément adv. ▪ Indistinctement.

confusion n. f. ▪ **I** Trouble d'une personne confuse (I). → **embarras, gêne. II 1** État de ce qui est confus. → **désordre. 2** (abstrait) Manque de clarté. ▸ psych. *Confusion mentale* (→ **démence). 3** Action de confondre (II, 2). *Confusion de noms, de dates.*

confusionnel, elle adj. ▪ De la confusion mentale.

conga n. f. ▪ **1** Danse cubaine d'origine africaine. **2** Tambour cubain aux sonorités sourdes.

congé n. m. ▪ **1** Permission de s'absenter, de quitter un service, un travail, etc. ▸ *Congés payés* (des salariés). **2** *Donner son congé à qqn,* le renvoyer. **3** PRENDRE CONGÉ *de qqn,* le saluer avant de le quitter.

congédier v. tr. [7] ▪ **1** Inviter à se retirer, à s'en aller. → **éconduire. 2** Renvoyer, licencier. ▶ **congédiement** n. m.

congélateur n. m. ▪ Appareil servant à congeler les aliments.

congeler v. tr. [5] ▪ **1** Faire passer (un liquide) à l'état solide par l'action du froid. ▸ pronom. *L'eau se congèle à 0 °C.* **2** Soumettre (un produit) au froid (– 18 °C) pour conserver. ▸ au p. p. *Viande congelée.* → aussi **surgelé.** ▶ **congélation** n. f.

congénère adj. ▪ didact. (animal...) Qui appartient au même genre, à la même espèce. ♦ n. fam. (personnes) → **semblable.**

congénital, ale, aux adj. ▪ **1** (opposé à *acquis*) Présent à la naissance (sans être génétique). **2** fam. Inné. *Optimisme congénital.*

congère n. f. ▪ Neige entassée par le vent.

congestion n. f. ▪ Afflux de sang dans une partie du corps. ▶ **congestif, ive** adj.

congestionner v. tr. [1] ▪ Produire une congestion dans. ▸ au p. p. *Visage congestionné.*

conglomérat n. m. ▪ **1** Roche formée de fragments agglomérés. **2** Assemblage informe. **3** Concentration d'entreprises offrant des produits différents.

conglomérer v. tr. [6] ▪ didact. Réunir en masse compacte. ♦ fig. Assembler, réunir. ▶ **conglomération** n. f.

conglutiner v. tr. [1] ▪ littér. **1** Faire adhérer. **2** Rendre visqueux. ► **conglutination** n. f.

congolais, aise ▪ **1** adj. et n. Du Congo. **2** n. m. Gâteau à la noix de coco.

congratuler v. tr. [1] ▪ (souvent iron.) Faire des compliments à. ► **congratulation** n. f.

congre n. m. ▪ Long poisson de mer au corps cylindrique, sans écailles, appelé aussi *anguille de mer.*

congrégation n. f. ▪ Compagnie de prêtres, de religieux, de religieuses. ► **congréganiste** adj. et n.

congrès n. m. ▪ **1** Réunion diplomatique. **2** (avec maj.) Corps législatif des États-Unis d'Amérique. **3** Importante réunion d'échange d'idées, de connaissances.

congressiste n. ▪ Participant à un congrès.

congru, ue adj. ▪ littér. Qui convient, est approprié. ◆ loc. *Portion congrue* : ressources à peine suffisantes pour subsister.

congruent, ente adj. ▪ Qui convient, qui s'applique bien. *Solution congruente à la situation.* ► **congruence** n. f.

congrûment adv. ▪ littér. D'une manière congrue.

conicine n. f. ▪ chim. Cicutine.

conicité n. f. ▪ didact. Caractère, forme conique.

conifère n. m. ▪ Arbre résineux aux organes reproducteurs coniques et aux aiguilles souvent persistantes (ex. pin, sapin).

conique ▪ **1** adj. En forme de cône. **2** n. f. Courbe, section d'un cône par un plan.

conjecture n. f. ▪ Opinion fondée sur des probabilités. → **hypothèse, supposition.** ≠ *conjoncture.* ► **conjectural, ale, aux** adj.

conjecturer v. tr. [1] ▪ littér. Croire, juger par conjecture. → **présumer, supposer.**

conjoindre v. tr. [49] ▪ vx ou littér. Joindre.

conjoint, ointe ▪ **I** adj. Joint avec ; uni. **II** n. Personne unie (à une autre) par le mariage, un pacs ; personne qui vit en couple.

conjointement adv. ▪ Ensemble.

conjoncteur n. m. ▪ électr. Interrupteur automatique fermant un circuit.

conjonctif, ive adj. ▪ **1** anat. *Tissu conjonctif,* qui occupe les intervalles entre les organes. **2** gramm. *Locution conjonctive,* au rôle de conjonction (ex. après que).

conjonction n. f. ▪ **I** Action de joindre. → **rencontre, réunion.** **II** gramm. Mot qui sert à joindre deux mots ou groupes de mots. *Conjonctions de coordination* (union [et], opposition [mais], etc.). *Conjonctions de subordination,* qui établissent une dépendance (comme, quand, que...).

conjonctive n. f. ▪ Membrane muqueuse qui joint le globe de l'œil aux paupières. ► **conjonctival, ale, aux** adj.

conjonctivite n. f. ▪ Inflammation de la conjonctive.

conjoncture n. f. ▪ Situation qui résulte d'une rencontre de circonstances. ≠ *conjecture.* ► **conjoncturel, elle** adj.

conjoncturiste n. ▪ écon. Spécialiste des problèmes de conjoncture économique.

conjugaison n. f. ▪ Ensemble des formes verbales suivant les voix, les modes, les temps, les personnes, les nombres.

conjugal, ale, aux adj. ▪ Relatif à l'union entre époux. ► **conjugalement** adv. → **maritalement.**

conjugateur n. m. ▪ Logiciel qui fournit la conjugaison des verbes.

conjuguer v. tr. [1] ▪ **I** littér. Joindre ensemble. → **unir.** *Conjuguons nos efforts.* **II** Donner la conjugaison de (un verbe).

conjuration n. f. ▪ **1** Action secrète d'un groupe de personnes (contre qqn ou qqch.). → **complot, conspiration.** **2** Rite, formule pour chasser les démons, etc.

conjuratoire adj. ▪ Destiné à conjurer, à écarter le mauvais sort.

conjuré, ée n. ▪ Membre d'une conjuration.

conjurer v. tr. [1] ▪ **I 1** Dissiper (une menace), écarter (un danger). **2** Chasser (les démons...). **II** littér. Adjurer, implorer.

connaissance n. f. ▪ **I 1** Fait ou manière de connaître. → **conscience ; compréhension.** *Connaissance expérimentale.* ◆ *Avoir connaissance de* : être informé de. ◆ *Prendre connaissance de* : s'informer de. ◆ *À ma connaissance* : autant que je sache. **2** Fait de sentir, d'être conscient. ◆ loc. *Perdre connaissance.* → **s'évanouir.** **3** au plur. Ce que l'on sait, pour l'avoir appris. → **culture, savoir.** **II 1** *FAIRE CONNAISSANCE* : entrer en relation (avec qqn) la première fois. ◆ *DE CONNAISSANCE* : connu. **2** Personne que l'on connaît.

connaissement n. m. ▪ comm. Reçu de marchandises expédiées par mer.

connaisseur, euse n. et adj. ▪ Personne experte, compétente.

connaître v. tr. [57] ▪ Avoir présent à l'esprit ; être capable de former l'idée, l'image de. **I** *CONNAÎTRE qqch.* **1** Se faire une idée claire de. → **savoir.** **2** Avoir l'expérience de. *Connaître son métier.* **3** Avoir présent à l'esprit ; pouvoir utiliser. ◆ *SE CONNAÎTRE à, S'Y CONNAÎTRE en* (qqch.), être compétent. **4** Éprouver. *Connaître l'amour ; le succès.* **II** *CONNAÎTRE qqn.* **1** Être conscient de l'existence de (qqn). ◆ Être capable de reconnaître. *Connaître qqn de vue.* **2** Avoir des relations sociales avec. ◆ pronom. *Ils se sont connus en Italie.* **3** Se faire une idée de la personnalité de (qqn). ➛ pronom. «*Connais-toi toi-même*» (trad. de Socrate). ▷ adj. **connu, ue** Notoire, célèbre.

connard, arde → **conard**

connasse → **conasse**

conne → **con** (II)

connecté, ée adj. ■ *Objets connectés*, qui offrent certains services en communiquant avec d'autres systèmes connectés à Internet. *Montre, maison connectée.*

connecter v. tr. [1] ■ Unir par une connexion ; mettre en liaison (des éléments électriques ; des appareils). ▷ v. pron. se **connecter** *Se connecter à un serveur, à Internet.*

connecteur n. m. ■ Dispositif, pièce mécanique qui connecte.

connectif n. m. ■ anat. Nerf réunissant des ganglions.

connectique n. f. ■ techn. Ensemble des techniques et des procédés utilisés pour établir des liaisons électriques, informatiques...

connement adv. ■ fam. Bêtement.

connerie n. f. ■ fam. **1** Imbécillité, bêtise. **2** Action, parole inepte, absurde.

connétable n. m. ■ hist. (Ancien Régime) Chef suprême de l'armée.

connexe adj. ■ Qui a des rapports étroits avec autre chose. ► **connexité** n. f.

connexion n. f. ■ **1** Fait d'être connexe. → **affinité, analogie. 2** Liaison à un circuit électrique (→ **connecter**). **3** inform. Liaison d'un ordinateur avec un réseau. *Connexion à Internet.*

connivence n. f. ■ Accord tacite.

connivent, ente adj. ■ didact. Qui tend à se rapprocher.

connotatif, ive adj. ■ ling. Qui constitue une connotation.

connotation n. f. ■ Effet de sens (d'un mot...) en rapport avec le contexte.

connoter v. tr. [1] ■ Évoquer par connotation.

connu, ue → **connaître**

conoïde adj. ■ sc. Qui a la forme d'un cône.

conque n. f. ■ Coquillage de grande taille.

conquérant, ante n. ■ **1** Personne qui fait des conquêtes par les armes. ➛ adj. *Nation conquérante.* **2** Personne qui séduit. **3** adj. fam. *Un air conquérant*, un peu fat.

conquérir v. tr. [21] ■ **1** Acquérir par les armes, soumettre par la force. *Conquérir un pays.* → **vaincre.** ♦ Obtenir en luttant. *Conquérir un marché.* **2** Acquérir une forte influence sur (qqn). ▷ p. p. **conquis, ise**

conquête n. f. ■ **I 1** Action de conquérir. ♦ fig. *La conquête de l'espace.* **2** Ce qui est conquis. *Les conquêtes de la science.* **II 1** Action de séduire (qqn). **2** fam. Personne séduite, conquise.

conquistador n. m. ■ Conquérant espagnol de l'Amérique. *Des conquistador(e)s.*

consacrant adj. m. ■ relig. *Prêtre consacrant*, qui dit la messe.

consacré, ée adj. ■ Qui est de règle, normal dans une circonstance.

consacrer v. tr. [1] ■ **1** Rendre sacré en dédiant à Dieu. **2** *CONSACRER qqch. À*, destiner à, affecter. ▷ v. pron. se **consacrer** *Se consacrer à une œuvre.*

consanguin, ine adj. ■ **1** Parent du côté du père. **2** Qui a un ascendant commun.

consanguinité [-g(ɥ)i-] n. f. ■ didact. Lien entre parents consanguins.

consciemment [-jamɑ̃] adv. ■ D'une façon consciente.

conscience [-jɑ̃s] n. f. ■ Faculté humaine de connaître sa propre réalité et de la juger. **I 1** Connaissance de sa propre activité psychique (s'oppose à *inconscience*). **2** Connaissance immédiate, spontanée. *Avoir conscience de sa force.* **II 1** Faculté ou fait de porter des jugements de valeur sur ses propres actes. ➛ *Avoir qqch. SUR LA CONSCIENCE*, qqch. à se reprocher. ➛ *EN CONSCIENCE* : honnêtement. ➛ *En mon âme et conscience* (formule de serment). **2** *BONNE CONSCIENCE* : état de qqn qui estime n'avoir rien à se reprocher. ➛ *Avoir MAUVAISE CONSCIENCE* (→ **culpabilité**). **3** *Conscience professionnelle* : honnêteté, soin dans son travail.

consciencieux, ieuse [-jɑ̃-] adj. ■ **1** Qui fait son devoir avec soin. **2** Qui est fait avec soin. ► **consciencieusement** adv.

conscient, ente [-jɑ̃] adj. ■ **1** (personnes) Qui a conscience (I) de soi (s'oppose à *inconscient*). **2** (choses) Dont on a conscience (I).

conscientiser [-jɑ̃-] v. tr. [1] ■ didact. Faire prendre conscience à (qqn). ► **conscientisation** n. f.

conscription n. f. ■ Inscription pour le service militaire (suspendue en France en 1997).

conscrit, ite n. ■ Soldat nouvellement recruté.

consécration n. f. ■ **I** Action de consacrer à Dieu. **II** Action de sanctionner, de rendre durable. *La consécration du succès.*

consécutif, ive adj. ■ **1** au plur. Qui se suit dans le temps. **2** *CONSÉCUTIF A* : qui suit, résulte de. **3** gramm. (proposition) Qui exprime une conséquence. ► **consécution** n. f. ► **consécutivement** adv. → **successivement.**

conseil n. m. ■ **I 1** Opinion donnée à qqn sur ce qu'il doit faire. *Demander conseil à qqn. Être de bon conseil.* **2** Incitation qui résulte de qqch. ➛ prov. *La nuit porte conseil.* **3** appos. *Avocat-conseil, ingénieur-conseil* (qui donnent des avis). ♦ *Conseil juridique.* → **avocat. II** Réunion de personnes qui délibèrent, donnent leur avis sur des affaires publiques ou privées.

→ **assemblée.** ♦ (institutions françaises) *Conseil d'État* (tribunal administratif suprême). ➛ *Conseil des ministres* (sous la présidence du chef de l'État). → **gouvernement.** ➛ *Conseil constitutionnel.* ➛ *Conseils généraux,* dans chaque département. *Conseils municipaux* (→ **municipalité).** ♦ (institutions internationales) *Le Conseil de sécurité* (de l'O. N. U.). ➛ *Le Conseil de l'Europe.* ♦ *Conseil d'administration* : réunion d'actionnaires (d'une société anonyme) pour gérer les affaires. ➛ *Conseil de classe,* réunion des professeurs, parents d'élèves et délégués d'une classe.

① **conseiller, ère** n. ■ **I** Personne qui donne des conseils. ➛ prov. *La colère est mauvaise conseillère.* **II** Membre d'un conseil.

② **conseiller** v. tr. [1] ■ **1** Indiquer à qqn (ce qu'il doit faire, ne pas faire). → **recommander, suggérer.** ♦ v. tr. ind. *Conseiller à qqn de faire qqch.* **2** Guider (qqn) en lui indiquant ce qu'il doit faire. *Conseiller un ami.*

conseilleur, euse n. ■ littér. Personne qui donne des conseils. → ① **conseiller.**

consensus [kɔ̃sɛ̃sys] n. m. ■ Accord entre personnes. ► **consensuel, elle** adj.

consentant, ante adj. ■ Qui consent. ➛ spécialt Qui accepte une relation sexuelle.

consentement n. m. ■ Acquiescement donné à un projet. → **accord, permission.**

consentir v. tr. [16] ■ **I** v. tr. ind. *CONSENTIR À,* accepter qu'une chose se fasse. **II** v. tr. dir. **1** *Consentir que* (+ subj.). → **permettre.** **2** Accorder (un avantage) à qqn.

conséquemment [-amɑ̃] adv. ■ littér. Par conséquent.

conséquence n. f. ■ **1** Suite qu'une action, un fait entraîne. → **effet, résultat.** ➛ *Sans conséquence* : sans suite fâcheuse. **2** loc. adv. *EN CONSÉQUENCE* : comme il convient.

conséquent, ente adj. ■ **I 1** Qui agit ou raisonne avec logique. **2** loc. adv. *PAR CONSÉQUENT* : comme suite logique. → **ainsi, donc. II** fam. (critiqué) Important, considérable.

conservateur, trice ■ **I** n. Personne qui a la charge de conserver des choses (précieuses...). **II** adj. (en politique) Qui veut préserver ce qui existe (l'ordre social, les valeurs traditionnelles...). ➛ n. *Les conservateurs et les réformateurs.* **III** n. m. **1** Produit pour la conservation des aliments. **2** Congélateur.

conservation n. f. ■ **1** Action de conserver. ➛ *Instinct de conservation* (de sa propre vie). **2** État de ce qui est conservé.

conservatisme n. m. ■ Esprit conservateur.

① **conservatoire** adj. ■ dr. Destiné à conserver. *Mesure conservatoire.*

② **conservatoire** n. m. ■ **1** École de musique. ♦ École qui forme des comédiens. **2** *Conservatoire national des arts et métiers,* établissement de recherche et d'enseignement français (sciences et techniques).

conserve n. f. ■ **I** Substance alimentaire stérilisée et conservée dans un récipient hermétique. **II** loc. adv. *DE CONSERVE* : ensemble ; en accord. → de **concert.**

conserver v. tr. [1] ■ **1** Maintenir en bon état, préserver de l'altération, de la destruction. **2** Ne pas laisser disparaître. → **garder.** *Conserver une tradition.* **3** Ne pas perdre, garder (avec soi). *Conserver son calme.* **4** Ne pas jeter. *Conserver des lettres.* ▷ p. p. **conservé, ée** (spécialt) *Être bien conservé,* ne pas paraître son âge.

conserverie n. f. ■ **1** Usine de conserves alimentaires. **2** Industrie des conserves.

conserveur, euse n. ■ Industriel(le) de la conserverie.

considérable adj. ■ Très important. ► **considérablement** adv. → **beaucoup.**

considération n. f. ■ **1** Motif, raison que l'on considère pour agir. *Considérations d'honneur.* **2** Fait de considérer, d'envisager. ♦ *Prendre EN CONSIDÉRATION* : tenir compte de. **3** Estime que l'on porte à qqn.

considérer v. tr. [6] ■ **1** Regarder attentivement. → **observer. 2** Envisager par un examen attentif, critique. ➛ (au p. p.) loc. *Tout bien considéré* (→ tout bien pesé). **3** Faire cas de (qqn). → **estimer. 4** *CONSIDÉRER COMME.* → **juger, tenir** pour. ➛ pronom. *Il se considère comme un génie.* **5** *CONSIDÉRER QUE* (+ indic.). → **estimer, penser.** ▷ adj. **considéré, ée** *Il est très considéré,* très estimé.

consignataire n. ■ **1** Dépositaire d'une somme consignée. ♦ admin. Préposé à la garde des dépôts et consignations. **2** Négociant qui reçoit des marchandises en dépôt.

consignation n. f. ■ Fait de consigner.

consigne n. f. ■ **I 1** Instruction stricte. **2** Défense de sortir par punition. **II 1** Service, endroit de garde provisoire des bagages. **2** Somme remboursable versée à qqn qui consigne un emballage.

consigner v. tr. [1] ■ **1** Remettre en dépôt (une somme...). **2** Mentionner, rapporter par écrit. → **enregistrer. 3** Empêcher (qqn) de sortir par mesure d'ordre, par punition. **4** Interdire l'accès de. **5** Mettre à la consigne (II, 1). **6** Facturer (un emballage) en s'engageant à reprendre et à rembourser.

consistance n. f. ■ **1** Degré plus ou moins grand de solidité ou d'épaisseur (d'un corps). ➛ (liquide) *Prendre consistance,* épaissir. **2** fig. État de ce qui est ferme, solide.

consistant, ante adj. ▪ **1** Qui est ferme, épais. **2** Qui nourrit. *Un repas consistant.* → **copieux.** **3** (abstrait) Ferme, solide.

consister v. tr. ind. [1] ▪ Être constitué par. ◆ CONSISTER EN, DANS : se composer de. ◆ CONSISTER À (+ inf.). *La sagesse consiste maintenant à patienter.*

consistoire n. m. ▪ **1** Assemblée de cardinaux. **2** Assemblée de ministres du culte protestants ou israélites. ▸ **consistorial, ale, aux** adj.

consœur n. f. ▪ Celle qui appartient à une société, à une compagnie, considérée par rapport aux autres membres (→ confrère).

consolant, ante adj. ▪ Propre à consoler.

consolateur, trice adj. et n. ▪ Qui console.

consolation n. f. ▪ Soulagement apporté à la douleur, à la peine de qqn. → **réconfort.**

console n. f. ▪ **1** archit. Support saillant en forme de S. **2** Table adossée contre un mur. **3** Meuble qui porte les claviers, etc. (d'un orgue). **4** Périphérique (écran et clavier) d'un ordinateur. → **terminal.** ◆ Pupitre d'enregistrement sonore.

consoler v. tr. [1] ▪ **1** Soulager (qqn) dans son chagrin, sa douleur. **2** Apporter un réconfort, une compensation à (une peine...).

consolider v. tr. [1] ▪ Rendre (qqch.) plus solide, plus stable. → **renforcer.** ◆ fig. *Consolider sa position.* ▸ **consolidation** n. f.

consommable ▪ **1** adj. Qui peut être consommé. → **mangeable. 2** n. m. Produit qu'il faut fréquemment renouveler lors de l'utilisation d'un ordinateur, d'une imprimante...

consommateur, trice n. ▪ **1** Personne qui consomme (des marchandises...). **2** Personne qui consomme dans un café.

consommation n. f. ▪ **I** vx ou littér. Accomplissement ; fin. **II 1** Usage (de qqch.). *Consommation d'essence.* ◆ Utilisation de biens, de services (s'oppose à *production*). **2** Ce qu'un client consomme au café.

consommé, ée ▪ **I** adj. littér. Parvenu à un degré élevé de perfection. → **accompli. II** n. m. Bouillon de viande concentré.

consommer v. tr. [1] ▪ **I** littér. Mener (qqch.) à son accomplissement. ➛ *Consommer un forfait.* → **perpétrer. II 1** Amener (qqch.) à destruction en utilisant sa substance. *Consommer des aliments ; de l'électricité.* **2** intrans. Prendre une consommation au café. **3** (sujet chose) User (du combustible, etc.).

consomptible adj. ▪ dr. Dont on ne peut se servir sans le détruire. *Produits consomptibles.*

consomption n. f. ▪ vieilli Amaigrissement et dépérissement, dans une longue maladie.

consonance n. f. ▪ **1** Ensemble de sons (accord) considéré comme agréable à l'oreille. **2** Uniformité ou ressemblance du son final de mots. → **assonance, rime. 3** Succession, ensemble de sons. *Consonances harmonieuses.* ▸ **consonant, ante** adj.

consonantique adj. ▪ Des consonnes.

consonne n. f. ▪ **1** Phonème produit par le passage de l'air à travers la gorge, la bouche, formant obstacles (≠ *voyelle*). **2** Lettre représentant une consonne.

consort ▪ **1** n. m. pl. *Un tel* ET CONSORTS, et ceux qui agissent avec lui ; (péj.) et les gens de même espèce. **2** adj. m. *Prince consort* : époux d'une reine, quand il ne règne pas.

consortial, ale, aux adj. ▪ D'un consortium.

consortium [-sjɔm] n. m. ▪ Groupement d'entreprises. *Des consortiums d'achat.*

consoude n. f. ▪ Plante des fossés humides aux grandes tiges velues.

conspiration n. f. ▪ **1** Accord secret contre le pouvoir établi. → **complot, conjuration. 2** Entente contre qqn ou qqch.

conspirationniste adj. et n. ▪ (Personne) qui défend la théorie d'une conspiration organisée pour manipuler l'opinion. → **complotiste.** ▸ **conspirationnisme** n. m.

conspirer v. [1] ▪ **1** v. intr. S'entendre secrètement contre qqn, qqch. ▸ **conspirateur, trice** n. **2** v. tr. ind. (sujet chose) CONSPIRER À : contribuer à (un même effet).

conspuer v. tr. [1] ▪ Manifester bruyamment et en groupe contre (qqn). → **huer.**

constamment adv. ▪ D'une manière constante. → sans **cesse.**

constance n. f. ▪ **1** littér. Force morale, courage. **2** Persévérance, obstination. ◆ fam. Patience. **3** didact. Caractère constant (2).

constant, ante adj. ▪ **1** littér. Qui a de la constance. **2** (choses) Qui persiste dans l'état où il se trouve. *Qualité constante.* **3** n. f. Élément qui ne varie pas. ➛ sc. *Constante physique.*

constantan n. m. ▪ Alliage de cuivre et de nickel dont la résistance électrique varie peu avec la température.

constat n. m. ▪ **1** Procès-verbal décrivant un état de fait. *Constat amiable.* **2** Ce par quoi on constate (qqch.). *Constat d'échec.*

constater v. tr. [1] ▪ Établir par expérience directe la réalité de. ▸ **constatable** adj. ▸ **constatation** n. f.

constellation n. f. ▪ Groupe d'étoiles.

consteller v. tr. [1] ▪ Couvrir d'étoiles, de points brillants. → **parsemer.**

consternant, ante adj. ▪ Qui consterne.

consterner v. tr. [1] ▪ **1** Jeter brusquement (qqn) dans un abattement profond. **2** Attrister en étonnant. ▸ **consternation** n. f.

constipation n. f. ▪ Difficulté dans l'évacuation des selles.

constiper v. tr. [1] ▪ Causer la constipation de (qqn). ▷ adj. **constipé, ée** (fig.) fam. Anxieux, contraint, embarrassé. → **coincé.**

constituant, ante adj. ▪ **1** Qui entre dans la composition (de). **2** *Assemblée constituante,* chargée d'établir une Constitution (II). – n. f. hist. *La Constituante* (1789).

constituer v. tr. [1] ▪ **1** dr. Établir (qqn) dans une situation légale. – pronom. *Se constituer partie civile.* **2** dr. Créer (qqch.) à l'intention de qqn. **3** (sujet chose) Concourir à former (un tout). **4** Organiser, créer (une chose complexe). *Constituer un gouvernement.* **5** passif *Être bien constitué :* avoir une bonne constitution (I, 2).

constitutif, ive adj. ▪ **1** dr. Qui constitue ou établit qqch. **2** → **constituant** (1).

constitution n. f. ▪ **I 1** Action, manière de constituer. **2** Ensemble des caractères congénitaux (d'un individu). *Robuste constitution.* **II** (souvent avec maj.) Textes fondamentaux qui déterminent la forme du gouvernement d'un pays.

constitutionnaliser v. tr. [1] ▪ Donner un caractère constitutionnel à (un texte législatif).

constitutionnel, elle adj. ▪ **I** Qui constitue, forme l'essence (de qqch.). ♦ Qui tient à la constitution (I, 2). **II 1** Relatif ou conforme à une constitution. **2** *Droit constitutionnel,* qui étudie le pouvoir politique. ► **constitutionnalité** n. f.

constitutionnellement adv. ▪ D'une manière conforme à la Constitution.

constricteur adj. m. ▪ anat. Qui resserre. ♦ zool. *Boa constricteur,* qui étreint sa proie dans ses anneaux. - syn. **constrictor.**

constrictif, ive adj. ▪ méd. Qui donne une sensation douloureuse de resserrement.

constriction n. f. ▪ didact. Action de serrer, de resserrer. ♦ Fait de se resserrer.

constructeur, trice n. et adj. ▪ Qui construit.

constructible adj. ▪ Où l'on a le droit de construire un édifice.

constructif, ive adj. ▪ Capable de construire, d'élaborer, de créer. → **créateur.** ♦ Qui aboutit à des résultats positifs.

construction n. f. ▪ **1** Action de construire. ♦ Techniques qui permettent de construire. **2** Ce qui est construit, bâti. → **bâtiment, édifice. 3** fig. Élaboration (d'une chose abstraite). ♦ gramm. Place relative des mots dans la phrase (→ **syntaxe).**

constructivisme n. m. ▪ Mouvement artistique né en Russie, basé sur des lignes et des plans assemblés, construits. ► **constructiviste** n. et adj.

construire v. tr. [38] ▪ **1** Bâtir suivant un plan déterminé. → **édifier.** *Construire un pont.* **2** Faire exister (un système complexe) en organisant des éléments mentaux. → **concevoir, élaborer.** *Construire une théorie.* ♦ Tracer (une figure) selon un schéma. **3** Disposer (un énoncé) selon un ordre.

consubstantialité n. f. ▪ théol. chrét. Unité et identité de substance de la Trinité.

consubstantiel, ielle adj. ▪ théol. chrét. Qui est unique par la substance. ♦ littér. *Consubstantiel à :* inséparable de.

consul, e n. ▪ **I** n. m. hist. **1** Antiq. romaine L'un des deux magistrats qui exerçaient l'autorité suprême. **2** L'un des trois chefs suprêmes du Consulat (2). **II** Agent chargé par un État de la défense des intérêts de ses nationaux dans un pays étranger.

consulaire adj. ▪ D'un consul.

consulat n. m. ▪ **1** Charge de consul. **2** (avec maj.) Gouvernement des consuls (1799-1804), en France. **3** Services d'un consul (II).

consultable adj. ▪ Que l'on peut consulter.

consultant, ante n. ▪ Personne qui donne des consultations. → **conseil** (I, 3).

consultatif, ive adj. ▪ Qui donne des avis.

consultation n. f. ▪ **1** Action de prendre avis. **2** Fait de recevoir des patients.

consulter v. [1] ▪ **I** v. tr. **1** Demander avis, conseil à (qqn). **2** Regarder (qqch.) pour y chercher des renseignements. **II** v. intr. (médecin) Donner des consultations (2).

consumer v. tr. [1] ▪ **1** littér. Épuiser les forces de (qqn). – pronom. *Se consumer d'amour.* **2** Détruire par le feu. → **brûler.**

consumérisme n. m. ▪ anglic. **I** Protection du consommateur. **II** Propension à consommer. ♦ Mode de vie basé sur la consommation. ► **consumériste** adj. et n.

contact [-akt] n. m. ▪ **1** Position, état relatif de corps qui se touchent. – *Être* EN CONTACT, se toucher. – *Lentilles* de contact.* **2** *Contact électrique,* entre conducteurs, permettant le passage du courant. ♦ Dispositif d'allumage d'un moteur à explosion. **3** Relation entre personnes. – *Entrer* EN CONTACT *avec qqn,* en relation. ♦ Personne avec laquelle on est en contact.

contacter v. tr. [1] ▪ (emploi critiqué) Entrer en contact (3) avec (qqn).

contacteur n. m. ▪ Dispositif qui permet d'établir ou de couper un courant électrique.

contactologie n. f. ▪ didact. Partie de l'ophtalmologie qui traite des lentilles de contact.

contagieux, euse adj. ▪ **1** Qui se communique par contagion. **2** Qui est un agent de contagion. **3** fig. → **communicatif** (1).

contagion n. f. ▪ **1** Transmission d'une maladie par contact. **2** Imitation involontaire.

contagiosité n. f. ▪ méd. Caractère contagieux.

container → **conteneur**

contaminateur, trice adj. et n. ■ Qui transmet une maladie.

contaminer v. tr. [1] ■ Transmettre une maladie à. ♦ Polluer (par la radioactivité, des micro-organismes, etc.). ➛ au p. p. *Sang contaminé* (par un virus). ► **contamination** n. f.

conte n. m. ■ **1** Récit de faits imaginaires destiné à distraire. **2** Histoire invraisemblable.

contemplatif, ive adj. ■ **1** Qui aime la contemplation. **2** relig. Voué à la méditation.

contemplation n. f. ■ **1** Fait de s'absorber dans l'observation attentive (de qqn, qqch.). **2** Concentration de l'esprit sur des sujets intellectuels ou religieux.

contempler v. tr. [1] ■ Considérer, observer attentivement.

contemporain, aine adj. ■ **1** *CONTEMPORAIN DE* : qui est de la même époque que. ➛ n. *Nos contemporains.* **2** Du temps actuel. ► **contemporanéité** n. f. littér.

contempteur, trice n. ■ littér. Personne qui méprise, dénigre (qqn, qqch.).

contenance n. f. ■ **I** Quantité qu'un récipient peut contenir. → **capacité. II** Manière de se tenir. ♦ loc. *Faire bonne contenance* : garder son sang-froid. ➛ *Perdre contenance* : se troubler **(→ décontenancé).**

contenant n. m. ■ Ce qui contient qqch.

conteneur n. m. ■ Caisse pour le transport des marchandises. – syn. **container** [-ɛʀ] anglic.

contenir v. tr. [22] ■ **1** Avoir, comprendre en soi, dans sa capacité, son étendue, sa substance. → **renfermer. 2** Avoir une capacité de. **3** Empêcher (des personnes) d'avancer. *Contenir la foule.* **4** Empêcher (un sentiment...) de se manifester. ▷ v. pron. se **contenir** Se dominer, se retenir. ▷ adj. **contenu, ue** *Émotion contenue,* que l'on retient.

content, ente adj. ■ **I** Satisfait. **1** *Content de qqch.* → **ravi.** ♦ *NON CONTENT DE* (+ inf.) (→ non seulement). **2** *Être content que* (+ subj.). → **heureux. 3** *Content de qqn.* ➛ *Content de soi* : vaniteux. **4** absolt Gai, joyeux. **II** n. m. *Avoir SON CONTENT de qqch.*, être comblé.

contenter v. tr. [1] ■ Rendre (qqn) content en lui donnant ce qu'il désire. → **combler, satisfaire.** ▷ v. pron. se **contenter** (de) Être satisfait de (qqch.). ► **contentement** n. m.

contentieux n. m. ■ Ensemble de litiges. ♦ Service qui s'occupe des litiges.

contentif, ive adj. ■ méd. Qui maintient en place. *Bandage contentif.*

contention n. f. ■ **I 1** littér. Tension de l'esprit. **2** Effort physique intense. **II** chir. Maintien, immobilisation d'organes accidentellement déplacés.

① **contenu, ue** adj. → **contenir**

② **contenu** n. m. ■ **1** Ce qui est dans un contenant. **2** fig. Ce qui est exprimé (dans un texte...). → **teneur.** *Contenu d'un rêve.*

conter v. tr. [1] ■ **1** Dire (un conte...) pour distraire. **2** vieilli Dire (qqch.) pour tromper. ➛ loc. *EN CONTER à qqn* : le tromper.

contestable adj. ■ Qui peut être contesté.

contestataire adj. et n. ■ Qui conteste.

contestation n. f. ■ **1** Fait de contester qqch. ; controverse. **2** littér. Vive opposition. **3** Remise en cause de l'ordre établi.

sans **conteste** loc. adv. ■ Sans discussion possible. → **incontestablement.**

contester v. tr. [1] ■ **1** Mettre en discussion (le droit, les prétentions de qqn). **2** Mettre en doute. → **nier.** ➛ au p. p. → **controversé.**

conteur, euse n. ■ Personne qui compose, dit ou écrit des contes.

contexte n. m. ■ **1** Ensemble du texte qui entoure un élément de la langue (mot, phrase...). **2** Ensemble des circonstances en relation avec un fait. → **situation.**

contextualisation n. f. ■ didact. Mise en contexte. ► **contextualiser** v. tr. [1]

contextuel, elle adj. ■ didact. Relatif au contexte.

contexture n. f. ■ Manière dont se présentent les éléments d'un tout complexe (notamment organique). → **structure.**

contigu, uë [-gy] adj. ■ Qui touche (à qqch.). → **attenant, voisin.** ► **contiguïté** n. f.

① **continent, ente** adj. ■ Qui s'abstient du plaisir charnel. → **chaste.** ► **continence** n. f.

② **continent** n. m. ■ **1** Grande étendue de terre limitée par des océans. **2** Partie du monde. *Les six continents* (Europe, Asie, Afrique, Amérique, Océanie, pôles). **3** *Le continent,* la terre, par rapport à une île. ► **continental, ale, aux** adj.

continentalité n. f. ■ didact. Ensemble des caractères du climat continental.

contingence n. f. ■ **1** philos. Caractère de ce qui est contingent. **2** au plur. Ce qui peut changer, n'a pas une importance capitale.

contingent, ente ■ **I** adj. philos. Qui peut se produire ou non. **II** n. m. **1** Effectif des appelés au service militaire pour une période. **2** Part que chacun apporte ou reçoit. **3** Quantité de marchandises dont l'importation ou l'exportation est autorisée.

contingenter v. tr. [1] ■ Fixer un contingent (3) à ; limiter, restreindre. ► **contingentement** n. m.

continu, ue adj. ■ **1** Qui n'est pas interrompu dans le temps. ➛ *Courant continu* (opposé à *alternatif*). ♦ (n. m.) *EN CONTINU* : sans interruption. **2** Fait de parties non séparées.

continuateur, trice n. ▪ Personne qui continue ce qu'une autre a commencé.

continuation n. f. ▪ Action de continuer.

continuel, elle adj. ▪ Qui dure sans interruption ou se répète à intervalles rapprochés. ► **continuellement** adv.

continuer v. 1 ▪ I v. tr. 1 Faire ou maintenir plus longtemps ; ne pas interrompre. *Continuer ses études.* ▸ tr. ind. (+ inf.) *Continuer à, de parler.* 2 Prolonger (qqch.) dans l'espace. II v. intr. (sujet chose) 1 Ne pas s'arrêter. 2 S'étendre plus loin.

continuité n. f. ▪ Caractère de ce qui est continu. ▸ loc. *Solution* de continuité.*

continûment adv. ▪ De manière continue.

continuo n. m. ▪ mus. Basse continue.

continuum [-nɥɔm] n. m. ▪ 1 phys. Ensemble d'éléments homogènes. ▸ *Le continuum espace*-temps.* 2 didact. Phénomène progressif dont on ne peut considérer une partie que par abstraction.

contondant, ante adj. ▪ didact. Qui blesse, meurtrit sans couper ni percer.

contorsion n. f. ▪ 1 Attitude anormale par torsion des membres, du corps. 2 Attitude affectée. ► se **contorsionner** v. pron. 1

contorsionniste n. ▪ Acrobate spécialisé(é) dans les contorsions.

contour n. m. ▪ Limite extérieure (d'un objet ; du corps). → **courbe, forme, galbe.**

contourné, ée adj. ▪ 1 Qui a un contour compliqué. 2 Affecté et compliqué.

contourner v. tr. 1 ▪ Faire le tour, passer autour de. ♦ fig. *Contourner une difficulté.* → **éviter.** ► **contournement** n. m.

contra- Élément, du latin *contra* «contre».

contraceptif, ive adj. ▪ (produit, dispositif) Qui empêche les rapports sexuels d'aboutir à la conception. ▸ n. m. *Un contraceptif.*

contraception n. f. ▪ Moyens employés pour rendre les rapports sexuels inféconds.

contractant, ante adj. ▪ dr. Qui s'engage par contrat. ▸ n. *Les contractants.*

contracté, ée adj. ▪ 1 Tendu, crispé. ♦ Inquiet, nerveux. 2 ling. Formé de deux éléments réunis. *«Au», forme contractée de «à le».*

① **contracter** v. tr. 1 ▪ I S'engager par contrat à faire, à respecter. ♦ *Contracter des dettes :* s'endetter. II 1 Prendre, acquérir (une habitude, un sentiment...). *Contracter une manie.* 2 Attraper (une maladie).

② **contracter** v. tr. 1 ▪ Réduire dans sa longueur, son volume. ▸ *Contracter ses muscles.* → **raidir.** ▷ v. pron. se **contracter**

contractile adj. ▪ Qui peut se contracter. ► **contractilité** n. f. didact.

contraction n. f. ▪ Fait de (se) contracter. ▸ spécialt *Contractions* (utérines) *de l'accouchement.*

contractualiser v. tr. 1 ▪ Attribuer à (qqn) le statut d'agent contractuel.

contractuel, elle adj. ▪ 1 Stipulé par contrat. 2 *Agent contractuel :* agent public non fonctionnaire. ♦ n. Auxiliaire de police chargé de surveiller le stationnement.

contracture n. f. ▪ méd. Contraction musculaire prolongée.

contradicteur n. m. ▪ Personne qui contredit.

contradiction n. f. ▪ 1 Action de contredire qqn, de se contredire. ▸ *Esprit de contradiction :* disposition à contredire. 2 log. Réunion d'éléments incompatibles.

contradictoire adj. ▪ 1 Qui contredit qqch. → **contraire.** 2 Où il y a contradiction, discussion. 3 au plur. Qui implique contradiction. ► **contradictoirement** adv.

contraindre v. tr. 52 ▪ *Contraindre qqn à faire qqch.,* le lui imposer contre sa volonté. → **forcer, obliger.** ▸ au passif *Être contraint de* (+ inf.). ▷ adj. **contraint, ainte** Gêné, mal à l'aise. ► **contraignant, ante** adj. → **astreignant.**

contrainte n. f. ▪ 1 Violence exercée contre qqn ; entrave à la liberté d'action. 2 Règle, exigence. *Les contraintes d'un métier.* 3 Gêne, retenue. *Parler sans contrainte.* 4 dr. *Contrainte par corps :* emprisonnement pour obtenir le paiement d'une dette. 5 phys. Forces qui tendent à déformer un corps.

contraire ▪ I adj. 1 Qui présente la plus grande différence possible (en parlant de deux choses du même genre) ; qui s'oppose (à qqch.). *Opinions contraires.* 2 Qui, en s'opposant, gêne le cours de qqch. II n. m. 1 Ce qui est opposé (logiquement). ♦ Mot de sens contraire. *«Rapide» est le contraire de «lent».* 2 loc. adv. *AU CONTRAIRE :* d'une manière opposée. ► **contrairement** adv.

contralto n. m. ▪ La plus grave des voix de femme. ♦ Femme qui a cette voix.

contrapuntique [-pɔ̃tik] adj. ▪ mus. Du contrepoint.

contrariant, ante adj. ▪ 1 Qui est porté à contrarier. 2 (choses) Qui contrarie.

contrarié, ée adj. ▪ 1 Ennuyé ou fâché. 2 Combattu, freiné ou arrêté. *Projets contrariés.* ♦ *Gaucher contrarié,* que l'on a obligé à se servir de sa main droite.

contrarier v. tr. 7 ▪ 1 Avoir une action contraire, s'opposer à (qqch.). → **contrecarrer, résister** à. 2 Causer du dépit, du mécontentement à (qqn). ♦ (sujet chose) Rendre inquiet, mal à l'aise.

contrariété n. f. ▪ Déplaisir causé par ce qui contrarie. → **mécontentement.**

contraste n. m. ▪ **1** Opposition de deux choses dont l'une fait ressortir l'autre. **2** Variation de l'ombre et de la lumière (d'une image). ← méd. *Produit DE CONTRASTE* (utilisé en radiographie).

contrasté, ée adj. ▪ Qui présente, comporte des contrastes.

contraster v. intr. [1] ▪ Être en contraste.

contrastif, ive adj. ▪ Qui produit un, des contrastes.

contrat n. m. ▪ **1** Convention par laquelle une ou plusieurs personnes s'obligent à donner, faire ou ne pas faire qqch. **2** Acte qui enregistre cette convention.

contravention n. f. ▪ dr. Infraction punie d'une amende. ♦ Cette amende. ♦ Procès-verbal de cette infraction.

contravis n. m. ▪ Avis contraire au précédent.

contre ▪ **I** prép. et adv. **1** (proximité, contact) → **près** de. *Pousser le lit contre le mur.* ♦ adv. *Tout contre* : très près. **2** À l'opposé de. *Nager contre le courant.* ← loc. adv. (critiqué) *PAR CONTRE* : en revanche. **3** En dépit de. → **malgré.** *Contre toute apparence.* **4** En opposition à (surtout avec *lutter*, etc.). *Se battre contre qqn.* → **avec.** **5** Pour se protéger de. *S'assurer contre l'incendie.* **6** (proportion...) *Parier à cent contre un.* **7** En échange de. *Envoi contre remboursement.* **II** n. m. **1** *LE POUR* ET LE CONTRE.* **2** Riposte, parade.

contre- Élément qui signifie «opposé, contraire» (reste invar. dans les composés).

contre-alizé n. m. ▪ Vent qui souffle en sens inverse de l'alizé.

contre-allée n. f. ▪ Allée latérale.

contre-amiral, aux n. m. ▪ Officier général de la marine, au-dessous du vice-amiral.

contre-attaque n. f. ▪ Riposte offensive à une attaque. ► **contre-attaquer** v. tr. [1]

contrebalancer v. tr. [3] ▪ **I 1** Faire équilibre à. **2** Compenser en étant égal à. **II** v. pron. fam. *SE CONTREBALANCER (DE)* : se moquer éperdument (de).

contrebande n. f. ▪ Introduction clandestine de marchandises dans un pays ; ces marchandises. ► **contrebandier, ière** n.

en **contrebas** loc. adv. ▪ À un niveau inférieur.

contrebasse n. f. ▪ **1** Le plus grand et le plus grave des instruments à archet. **2** Musicien qui joue de la contrebasse. - syn. **contrebassiste** n. → **bassiste.**

contrebraquer v. intr. [1] ▪ Braquer les roues avant d'un véhicule dans le sens inverse de la direction du train arrière.

contrecarrer v. tr. [1] ▪ S'opposer à.

contrechamp n. m. ▪ cin. Prise de vues dans le sens opposé à celui de la précédente.

contre-chant n. m. ▪ mus. Contrepoint sur les harmonies du thème.

contrechoc n. m. ▪ Choc en retour. → **contrecoup.**

à **contrecœur** [-kœʀ] loc. adv. ▪ Malgré soi, avec répugnance.

contrecoller v. tr. [1] ▪ Coller (des feuilles, des plaques) entre elles.

contrecoup [-ku] n. m. ▪ Événement qui est la conséquence indirecte d'un autre.

contre-courant n. m. ▪ **1** Courant contraire (au courant principal). **2** loc. adv. *À CONTRE COURANT* : dans le sens opposé.

contre-culture n. f. ▪ Courant culturel opposé à la culture dominante.

contredanse n. f. ▪ **I** Danse ancienne par couples. **II** fam. Contravention.

contredire v. tr. [37] 2e pers. du plur. *vous contredisez* ▪ **1** S'opposer à (qqn) en disant le contraire de ce qu'il dit. **2** (choses) Aller à l'encontre de. ▷ v. pron. se **contredire** Dire successivement des choses contradictoires.

sans **contredit** loc. adv. ▪ Sans conteste*.

contrée n. f. ▪ Étendue de pays. → **région.**

contre-électromotrice adj. f. ▪ électr. *Force contre-électromotrice* (abrév. *f. c. e. m.* ou *f. c. é. m.*), qui s'oppose au courant direct.

contre-emploi n. m. ▪ Rôle qui ne correspond pas au style d'un acteur.

contre-enquête n. f. ▪ Enquête destinée à vérifier les résultats d'une autre.

contre-épreuve n. f. ▪ **1** Épreuve tirée sur une estampe. **2** Second essai pour vérifier.

contre-espionnage n. m. ▪ Organisme de surveillance des espions ; cette surveillance.

contre-exemple n. m. ▪ Exemple qui contredit une affirmation, une thèse.

contre-expertise n. f. ▪ Expertise destinée à en contrôler une autre.

contrefaçon n. f. ▪ Imitation frauduleuse.

contrefacteur, trice n. ▪ dr. Personne coupable de contrefaçon. → **faussaire.**

contrefaire v. tr. [60] ▪ **1** Imiter pour tourner en dérision. **2** Imiter frauduleusement. **3** Feindre (un état...) ; changer l'apparence de (qqch.) pour tromper.

contrefait, aite adj. ▪ Difforme, mal bâti.

contre-feu n. m. ▪ Feu allumé pour arrêter un incendie en créant un espace vide. *Des contre-feux.*

contrefiche n. f. ▪ techn. Pièce de charpente placée obliquement pour servir d'étai à une pièce verticale.

se **contreficher** ou se **contrefiche** v. pron. [1] ▪ fam. Se moquer complètement (de). - syn. (très fam.) se **contrefoutre.**

contre-filet n. m. ▪ Morceau de bœuf correspondant aux lombes. → **faux-filet.**

contrefort n. m. ▪ **1** Pilier, mur servant d'appui à un mur. **2** Montagne latérale.

se **contrefoutre** → se **contreficher**

en **contrehaut** loc. adv. ▪ À un niveau supérieur.

contre-indication n. f. ▪ méd. Circonstance où il serait dangereux d'employer un traitement, un médicament.

contre-indiqué, ée adj. ▪ Qui ne convient pas, est dangereux (dans un cas précis).

contre-interrogatoire n. m. ▪ Interrogatoire (d'un témoin...) par la partie adverse.

contre-jour n. m. ▪ Éclairage qui vient du côté opposé à celui d'où l'on regarde (*à contre-jour* loc. adv.).

contre-la-montre n. m. invar. ▪ Course contre la montre*.

contremaître, contremaîtresse n. ▪ Chef d'une équipe d'ouvriers.

contre-manifestation n. f. ▪ Manifestation pour faire échec à une autre.

contremarche n. f. ▪ Partie verticale de chaque marche d'un escalier.

contremarque n. f. ▪ Ticket donné à qqn qui sort momentanément d'une salle de spectacle.

contre-mesure n. f. ▪ Mesure contraire à une autre mesure.

contre-mur n. m. ▪ Petit mur bâti contre un autre.

contre-offensive n. f. ▪ → **contre-attaque.**

contrepartie n. f. ▪ **1** Avis contraire. **2** Chose qui s'oppose à une autre en la complétant ou en l'équilibrant. ◆ *En contrepartie* loc. adv. → en **échange,** en **revanche.**

contre-performance n. f. ▪ Mauvais résultat (de qqn dont on attendait le succès).

contrepet n. m. ▪ Art d'inventer des contrepèteries et de les résoudre.

contrepèterie n. f. ▪ Interversion des lettres ou des syllabes d'un ensemble de mots, produisant un sens burlesque.

contre-pied [-pje] n. m. ▪ Ce qui est opposé à (une opinion, un comportement).

contreplacage n. m. ▪ techn. Fabrication du contreplaqué.

contreplaqué n. m. ▪ Matériau fait de plaques de bois minces collées, à fibres opposées.

contre-plongée n. f. ▪ cin. Prise de vues faite de bas en haut (s'oppose à *plongée*).

contrepoids n. m. ▪ **1** Poids qui fait équilibre à un autre. **2** fig. Ce qui équilibre.

contrepoint n. m. ▪ **1** mus. Art de composer en superposant des dessins mélodiques. **2** fig. Motif secondaire superposé à qqch.

contrepoison n. m. ▪ Substance destinée à neutraliser l'effet d'un poison. → **antidote.**

contre-porte n. f. ▪ Face intérieure d'une porte (de voiture, etc.), aménagée.

contre-pouvoir n. m. ▪ Pouvoir qui s'oppose ou fait équilibre à l'autorité établie.

contre-productif, ive adj. ▪ Qui produit l'effet inverse de l'effet recherché.

contre-projet ou **contreprojet** n. m. ▪ Projet que l'on oppose à un autre.

contre-propagande n. f. ▪ Propagande destinée à détruire les effets d'une autre propagande.

contre-proposition n. f. ▪ Proposition qu'on fait pour l'opposer à une autre.

contre-publicité n. f. ▪ **1** Action (publicité...) qui nuit à son objet. **2** Publicité destinée à lutter contre une autre publicité.

contrer v. [1] ▪ **1** v. tr. fam. S'opposer avec succès à. **2** v. intr. aux cartes S'opposer à l'annonce d'un joueur.

Contre-Réforme n. f. ▪ hist. Mouvement catholique qui s'opposa à la Réforme.

contre-révolution n. f. ▪ Mouvement destiné à combattre une révolution. ▸ **contre-révolutionnaire** adj. et n.

contrescarpe n. f. ▪ anciennt Pente du mur extérieur d'un fossé qui entoure une fortification.

contreseing [-sɛ̃] n. m. ▪ dr. Deuxième signature destinée à authentifier la signature principale.

contresens [-sɑ̃s] n. m. ▪ **I 1** Interprétation contraire à la signification véritable. **2** fig. Erreur dans un choix, etc. **II** Sens, direction contraire. ◆ loc. adv. *À CONTRESENS* : dans un sens contraire au sens normal.

contresigner v. tr. [1] ▪ Apposer un contreseing. ▸ **contresignataire** n.

contretemps [-tɑ̃] n. m. ▪ **1** mus. Action d'attaquer un son sur un temps faible. **2** Événement, circonstance qui s'oppose à ce que l'on attendait. ◆ loc. adv. *À CONTRETEMPS* : au mauvais moment.

contre-ténor n. m. ▪ → **haute-contre.**

contre-terrorisme n. m. ▪ Lutte contre le terrorisme, par les mêmes méthodes.

contre-torpilleur n. m. ▪ → **destroyer.**

contretype n. m. ▪ Cliché négatif inversé. ◆ Copie d'une épreuve ou d'un cliché photographique.

contre-ut [kɔ̃tʀyt] n. m. invar. ▪ mus. Ut d'une octave au-dessus de l'ut supérieur d'un registre normal.

contre-valeur n. f. ▪ fin. Valeur échangée.

contrevenir v. tr. ind. [22] ▪ *CONTREVENIR À* : agir contrairement à (une obligation...). → **enfreindre.** ▸ **contrevenant, ante** n.

contrevent n. m. ▪ Volet extérieur en bois.

contrevérité ou **contre-vérité** n. f. ▪ Assertion visiblement contraire à la vérité.

contre-visite n. f. ▪ méd. Visite destinée à contrôler les résultats d'une autre.

à contre-voie loc. adv. ▪ Du côté du train où n'est pas le quai.

contribuable n. ▪ Personne qui paie des impôts.

contribuer v. tr. ind. [1] ▪ *CONTRIBUER À* : aider à l'exécution de (une œuvre) ; avoir part à (un résultat). → **concourir.**

contributif, ive adj. ▪ À quoi chacun peut contribuer. → **participatif.**

contribution n. f. ▪ **1** Part que chacun donne pour une charge, une dépense commune. → **quote-part. 2** souvent au plur. Impôts et taxes. *Contributions directes* (impôt sur le revenu...), *indirectes.* ◆ (en France) *Contribution sociale généralisée (C. S. G.),* perçue sur tous les revenus. ◆ Administration chargée des impôts. → **fisc. 3** Collaboration à une œuvre commune. ◆ loc. *Mettre À CONTRIBUTION* : utiliser les services de (qqn, qqch.).

contrister v. tr. [1] ▪ littér. Affliger (qqn).

contrit, ite adj. ▪ Qui marque le repentir.

contrition n. f. ▪ **1** relig. Douleur d'avoir offensé Dieu. **2** littér. Remords, repentir.

contrôlable adj. ▪ Qui peut être contrôlé.

contrôle n. m. ▪ **1** Vérification (d'actes, de droits, de documents). **2** Devoir scolaire. **3** Examen de l'état, du fonctionnement (de qqch.). **4** Fait de maîtriser. ◆ *Contrôle de soi.* → **maîtrise. 5** *Contrôle des naissances* : maîtrise de la fécondité (par ex. grâce aux méthodes contraceptives).

contrôler v. tr. [1] ▪ **1** Soumettre à un contrôle. **2** Maîtriser, dominer ; surveiller.

contrôleur, euse n. ▪ **1** Personne qui exerce un contrôle. **2** n. m. Appareil de contrôle.

contrordre n. m. ▪ Ordre qui annule un ordre précédent.

controuvé, ée adj. ▪ littér. Inventé ; mensonger.

controverse n. f. ▪ Discussion, polémique.

controversé, ée adj. ▪ Qui fait l'objet d'une controverse. *Théorie controversée.*

controverser v. tr. [1] ▪ Débattre (une question) dans une controverse. ◆ absolt → **polémiquer.**

contumace n. f. ▪ dr. Refus de comparaître devant un tribunal. ♦ loc. *Être condamné PAR CONTUMACE,* sans être présent.

contumax [-aks] adj. et n. ▪ dr. Se dit de l'accusé en état de contumace.

contus, use adj. ▪ didact. Qui présente une contusion. *Plaie contuse.*

contusion n. f. ▪ Meurtrissure sans déchirure, due à un choc. ► **contusionner** v. tr. [1]

conurbation n. f. ▪ Grand ensemble urbain.

convaincre v. tr. [42] ▪ **1** Amener (qqn) à reconnaître la vérité, la nécessité d'une proposition ou d'un fait. → **persuader. 2** *Convaincre* (qqn) *de* (qqch.), donner des preuves de (sa culpabilité...). ◆ passif *Être convaincu d'imposture.* ▷ adj. **convaincu, ue** → **certain, sûr.** ◆ n. *Prêcher un convaincu.* ► **convaincant, ante** adj. → **probant.**

convalescence n. f. ▪ Période de transition entre la fin d'une maladie et le retour à la santé. ► **convalescent, ente** adj. et n.

convecteur n. m. ▪ Appareil de chauffage où l'air est chauffé par convection.

convectif, ive adj. ▪ techn. Produit ou caractérisé par des phénomènes de convection.

convection n. f. ▪ phys. Transport de chaleur dans un fluide. – var. **convexion.**

convenable adj. ▪ **1** littér. Qui convient. **2** Suffisant, acceptable. **3** Conforme à la bienséance. ► **convenablement** adv.

convenance n. f. ▪ **1** littér. Caractère de ce qui convient. **2** Ce qui convient à qqn. *Vivre à sa convenance.* **3** au plur. Ce qui est en accord avec les usages. → **bienséance.**

convenir v. tr. ind. [22] ▪ **I** (auxiliaire *avoir*) **1** *CONVENIR À* (qqch.) : être approprié à. **2** *CONVENIR À* (qqn), être agréable ou utile à. **3** impers. *IL CONVIENT (de..., que...),* il est conforme aux usages, aux besoins, etc. **II** (auxiliaire *être* [littér.] ou *avoir*) *CONVENIR DE* **1** (sujet sing.) Reconnaître la vérité de. *J'en conviens volontiers.* **2** (sujet plur.) S'accorder sur. *Ils ont convenu* (littér. *sont convenus*) *d'une date ; d'y aller.* ◆ loc. *COMME CONVENU* : comme prévu.

convent n. m. ▪ didact. Assemblée générale de francs-maçons.

① **convention** n. f. ▪ **1** Accord portant sur un fait. ◆ *Convention collective* (entre salariés et employeurs). **2** au plur. Ce qu'il est convenu de faire, etc. dans une société. **3** loc. adj. *DE CONVENTION* : admis par convention.

② **convention** n. f. ▪ **1** Assemblée réunie pour établir ou modifier la constitution d'un État (→ **constituant** (2)). ◆ hist. (en France) *La Convention* (1792-1795). **2** anglic. (aux États-Unis) Congrès d'un parti.

conventionnalisme n. m. ▪ didact. Caractère conventionnel.

conventionné, ée adj. ▪ Régi par une convention, spécialt avec la Sécurité sociale.

① **conventionnel, elle** adj. ▪ **1** Qui résulte d'une convention. **2** Conforme aux conventions (2). **3** anglic. Traditionnel, classique. *Armement conventionnel,* non nucléaire. ► **conventionnellement** adv.

② **conventionnel** n. m. ▪ hist. Membre de la Convention (②).

conventionnement n. m. ▪ (en France) Fait pour un médecin d'adhérer à la convention nationale conclue avec la Sécurité sociale.

conventuel, elle adj. ▪ D'un couvent.

convenu, ue adj. ▪ **1** Qui est le résultat d'un accord. **2** péj. Conventionnel, artificiel.

convergent, ente adj. ▪ **1** Qui converge. ♦ *Lentille convergente,* qui fait converger les rayons lumineux. **2** Qui tend au même résultat. ► **convergence** n. f.

converger v. intr. [3] ▪ contr. *diverger* **1** Se diriger (vers un point). **2** fig. Tendre au même résultat ; aller en se rapprochant.

conversation n. f. ▪ **1** Échange spontané de propos. *Sujet de conversation.* **2** Manière de parler, propos (de qqn). ◆ fam. *Avoir de la conversation,* parler avec aisance.

conversationnel, elle adj. ▪ anglic. Qui permet de dialoguer avec un ordinateur.

converser v. intr. [1] ▪ Parler avec (qqn, des personnes) d'une manière spontanée.

conversion n. f. ▪ **1** Fait de se convertir (1). **2** Fait de convertir (2).

convertibilité n. f. ▪ fin. Qualité de ce qui est convertible.

convertible adj. ▪ **1** fin. Qui peut être converti (2). **2** (meubles) Transformable. *Canapé convertible* (en lit).

convertir v. tr. [2] ▪ **1** Amener (qqn) à adopter une croyance, une religion (considérée comme vraie). ◆ pronom. *Se convertir.* ♦ Faire adhérer (à une opinion). **2** (compl. chose) Transformer, changer. *Convertir ses biens en espèces.* ▷ adj. et n. **converti, ie** Qui s'est converti. ◆ loc. *Prêcher un converti,* vouloir convaincre qqn qui l'est déjà.

convertissage n. m. ▪ techn. Transformation de la fonte en acier au convertisseur.

convertisseur n. m. ▪ techn. Appareil qui effectue une transformation.

convexe adj. ▪ Arrondi vers l'extérieur (opposé à *concave*). ► **convexité** n. f.

convexion → **convection**

conviction n. f. ▪ **1** Certitude fondée sur des preuves. **2** loc. *Pièce* à conviction.* **3** Opinion ferme. *Agir selon ses convictions.*

convier v. tr. [7] ▪ **1** Inviter (qqn) à (un repas, une réunion...). **2** fig. Inviter, engager (qqn) à (une activité).

convive n. ▪ Personne invitée à un repas en même temps que d'autres.

convivial, ale, aux adj. ▪ anglic. **1** didact. Relatif à la nourriture prise en commun et avec plaisir. **2** Relatif aux rapports positifs entre personnes, dans la société. **3** inform. D'emploi aisé. ► **convivialité** n. f.

convocation n. f. ▪ **1** Action de convoquer. **2** Feuille, lettre de convocation.

convoi n. m. ▪ **1** Ensemble de véhicules militaires, de navires faisant route sous escorte. **2** Groupe de véhicules, de personnes se déplaçant. **3** Train. **4** Cortège funèbre.

convoiement → **convoyage**

convoiter v. tr. [1] ▪ Désirer avec avidité.

convoitise n. f. ▪ Fort désir de posséder.

convoler v. intr. [1] ▪ plais. Se marier.

convoluté, ée adj. ▪ bot. Roulé sur soi-même ou autour de qqch.

convolvulus [-ys] n. m. ▪ bot. Liseron.

convoquer v. tr. [1] ▪ **1** Faire se réunir (un groupe). **2** Faire venir (qqn) auprès de soi.

convoyer v. tr. [8] ▪ Escorter ; transporter. ► **convoyage** ou **convoiement** n. m. ► **convoyeur, euse** n.

convulser v. [1] ▪ **I** v. tr. Agiter, tordre par des convulsions. **II** v. intr. Être pris de convulsions. ▷ v. pron. se **convulser**

convulsif, ive adj. ▪ **1** méd. Caractérisé par des convulsions. **2** Qui a le caractère mécanique, involontaire et violent des convulsions. ► **convulsivement** adv.

convulsion n. f. ▪ **1** Contraction violente, involontaire des muscles. → **spasme. 2** abstrait Agitation violente ; trouble soudain.

convulsionner v. tr. [1] ▪ méd. Donner des convulsions à (→ **convulser).**

cooccupant, ante adj. et n. ▪ dr. Qui occupe (un lieu) en même temps que d'autres.

cooccurrence n. f. ▪ ling. Présence simultanée de plusieurs éléments dans le même énoncé. → **collocation.**

① **cookie** [kuki] n. m. ▪ anglic. Biscuit sec contenant des éclats de chocolat.

② **cookie** [kuki] n. m. ▪ anglic. Petit fichier déposé à son insu sur l'ordinateur d'un internaute lors d'une connexion.

cool [kul] adj. invar. ▪ anglic. **1** *Jazz cool,* aux sonorités douces. **2** fam. Calme, détendu. **3** fam. (intensif) Remarquable, très agréable.

coolie [kuli] n. m. ▪ (en Orient) Porteur.

coopérant, ante n. ▪ Spécialiste envoyé au titre de la coopération (2) dans un pays.

coopérateur, trice n. ▪ didact. **1** Personne qui travaille avec qqn. → **collaborateur. 2** Membre d'une coopérative.

coopératif, ive adj. ▪ **1** Fondé sur la coopération (1). **2** anglic. Qui aide volontiers.

coopération n. f. ▪ **1** Fait de participer à une œuvre commune. **2** Politique d'échanges entre États ; spécialt aide au développement de nations moins développées.

coopératisme n. m. ▪ écon. Système économique qui attribue un rôle important aux coopératives. → **mutualisme.**

coopérative n. f. ▪ Entreprise où les droits de chaque associé sont égaux et où le profit est réparti.

coopérer v. intr. [6] ▪ **1** Agir, travailler conjointement (avec qqn). → **collaborer. 2** anglic. Aider, être coopératif (2).

cooptation n. f. ▪ Nomination d'un membre nouveau d'une assemblée par ceux qui en font partie. ► **coopter** v. tr. [1]

coordinateur, trice adj. et n. ▪ Qui coordonne. - syn. **coordonnateur, trice.**

coordination n. f. ▪ **1** Agencement logique des parties d'un tout en vue d'obtenir un résultat. **2** gramm. Construction liant des mots ou des propositions de même nature ou fonction. *Conjonction* de coordination.*

coordonnateur, trice → **coordinateur, trice**

coordonnée n. f. ▪ **1** math. Chacun des éléments qui déterminent la position d'un point par rapport à un système de référence (→ **abscisse, ordonnée, cote).** ♦ *Coordonnées géographiques* : latitude et longitude. **2** au plur. fig., fam. Renseignements permettant de joindre qqn (adresse, etc.).

coordonner v. tr. [1] ▪ **1** Organiser (les parties d'un ensemble) pour former un tout efficace ou harmonieux. **2** Relier (des mots, des propositions) par une conjonction de coordination. ▷ adj. **coordonné, ée**

copahu n. m. ▪ Substance résineuse extraite du copayer.

copain, copine n. ▪ fam. Camarade. ➛ adj. *Ils sont très copains.* → **ami.**

copal n. m. ▪ Résine utilisée dans la fabrication des vernis.

coparent n. m. ▪ didact. Personne qui exerce l'autorité parentale avec une autre. ► **coparental, ale, aux** adj. ► **coparentalité** n. f.

copartage n. m. ▪ dr. Partage entre plusieurs personnes.

coparticipation n. f. ▪ dr. Participation commune de plusieurs personnes.

copayer [-aje] n. m. ▪ Grand arbre des régions tropicales.

copeau n. m. ▪ Éclat, mince ruban (de bois, etc.) détaché par un instrument tranchant.

copernicien, ienne adj. et n. ▪ Relatif à Copernic. *Révolution copernicienne* : bouleversement des théories astronomiques par les travaux de Copernic.

copiage n. m. ▪ Action, fait de copier.

copie n. f. ▪ **I 1** Reproduction (d'un écrit). *L'original et la copie.* **2** Texte (d'un ouvrage...), servant de référence. → **manuscrit. 3** Devoir rédigé sur une feuille. ➛ Cette feuille. **II 1** Reproduction (d'une œuvre d'art). **2** Imitation (d'une œuvre). **III** Reproduction (d'un film de cinéma). ➛ Double d'un enregistrement. ➛ inform. *Copie de sauvegarde.*

copier v. tr. [7] ▪ **1** Reproduire (une œuvre). **2** Imiter (spécialt frauduleusement). **3** inform. Effectuer une copie de. *Copier un fichier.*

copier-coller v. tr. (à l'inf.) ▪ inform. Copier puis insérer (des données) à un autre endroit. ➛ n. m. invar. *Faire des copier-coller.*

copieur, euse ▪ **I** n. Personne qui copie en fraude. **II** n. m. Photocopieur.

copieux, euse adj. ▪ Abondant. *Un repas copieux.* ► **copieusement** adv.

copilote n. ▪ Pilote en second (d'un avion).

copinage n. m. ▪ fam., péj. Favoritisme.

copine n. f. → **copain**

copiner v. intr. [1] ▪ fam. Avoir des relations de camaraderie.

copinerie n. f. ▪ fam. Relations de copains.

copion n. m. ▪ (Belgique) argot scol. Antisèche.

copiste n. ▪ **1** anciennt Professionnel qui copiait des manuscrits, etc. **2** → **plagiaire.**

coplanaire adj. ▪ géom. Situé dans un même plan. *Droites coplanaires.*

coppa n. f. ▪ Charcuterie italienne roulée.

copra ou **coprah** n. m. ▪ Amande de la noix de coco, produisant de l'huile.

coprésidence n. f. ▪ Présidence assurée conjointement par les représentants de plusieurs organismes ou gouvernements. ► **coprésident, ente** n.

coprin n. m. ▪ Champignon qui pousse sur les déchets organiques.

copro- Élément, du grec *kopros* « excrément ».

coproculture n. f. ▪ biol. Culture des microorganismes présents dans les selles.

coproduction n. f. ▪ Production (d'un film...) par plusieurs producteurs *(coproducteurs).* ► **coproduire** v. tr. [38]

coprolalie n. f. ▪ méd. Tendance morbide à utiliser des mots orduriers et scatologiques.

coprolithe n. m. ▪ paléont. Excrément fossile.

coprologie n. f. ▪ didact. Étude des matières fécales. ► **coprologique** adj.

coprophage adj. ▪ didact. Qui se nourrit d'excréments (insecte...). ► **coprophagie** n. f.

coprophile adj. ▪ **1** biol. (bactérie) Qui vit dans les excréments. **2** psych. Qui trouve du plaisir dans la manipulation des excréments. ► **coprophilie** n. f.

copropriété n. f. ▪ Propriété de plusieurs personnes sur un bien. ► **copropriétaire** n.

copte adj. et n. ▪ Des chrétiens d'Égypte. ♦ n. m. Langue liturgique des Coptes.

copulatif, ive adj. ▪ gramm. Qui marque une liaison.

copule n. f. ▪ didact. Mot qui relie le sujet au prédicat*. *Le verbe « être » est une copule.*

copuler v. intr. [1] ▪ didact. S'unir charnellement. ► **copulation** n. f. → **coït.**

copyright [kɔpiʀajt] n. m. ▪ Droit exclusif d'exploiter une œuvre (symb. ©).

① **coq** [kɔk] n. m. ▪ **I 1** Oiseau de basse-cour, mâle de la poule. **2** loc. *Comme un* COQ EN PÂTE, dorloté. ♦ *Passer du coq à l'âne.* → **coq-à-l'âne. II** Mâle d'autres espèces de gallinacés (*coq de bruyère* : tétras ; etc.).

② **coq** n. m. ▪ Cuisinier, à bord d'un navire.

coq-à-l'âne n. m. invar. ▪ Passage sans transition, sans motif d'un sujet à un autre.

coquard n. m. ▪ fam. Tuméfaction de l'œil. – var. **coquart.**

coque n. f. ▪ **I 1** Enveloppe rigide (de certains fruits). **2** Coquillage comestible très commun. **3** *Œuf* À LA COQUE, cuit dans sa coquille et encore mou. **II 1** Ensemble de la membrure et du revêtement extérieur (d'un navire). **2** Bâti rigide remplaçant le châssis et la carrosserie (d'automobiles).

-coque Élément savant, du grec *kokkos* « grain » (ex. *staphylocoque, streptocoque*).

coquecigrue n. f. ▪ littér. Baliverne, absurdité.

coquelet n. m. ▪ cuis. Jeune coq.

coquelicot n. m. ▪ Petit pavot des champs à fleur rouge vif.

coqueluche n. f. ▪ **1** Maladie contagieuse, caractérisée par une toux convulsive. **2** *Être la coqueluche de* : être admiré de.

coquemar n. m. ▪ Bouilloire à anse.

coquerelle n. f. ▪ (Canada) Blatte, cafard.

coqueret n. m. ▪ bot. Physalis. → **alkékenge.**

coqueron n. m. ▪ (Canada) fam. Logement très modeste.

coquet, ette adj. ▪ **I 1** Qui cherche à plaire, à séduire. – n. *Faire le coquet.* **2** Qui a le goût de la toilette, de l'élégance. **3** (choses) Plaisant et soigné. **II** (somme...) Important.

coquetier n. m. ▪ Petite coupe dans laquelle on sert un œuf à la coque.

coquetière n. f. ▪ cuis. Ustensile où l'on met à cuire les œufs à la coque.

coquettement adv. ▪ D'une manière coquette (I).

coquetterie n. f. ▪ **1** Souci de plaire, de séduire. ♦ Légère affectation. ♦ loc. fam. *Avoir une coquetterie dans l'œil* : loucher légèrement. **2** Goût de la toilette, souci d'élégance.

coquillage n. m. ▪ **1** Mollusque marin comestible à coquille. **2** La coquille.

coquillard n. m. ▪ loc. fam. *S'en tamponner le coquillard* : s'en moquer.

coquillart n. m. ▪ minér. Calcaire renfermant des coquilles fossiles.

coquille n. f. ▪ **I 1** Enveloppe calcaire dure qui recouvre le corps de la plupart des mollusques et d'autres animaux aquatiques. – loc. *Rentrer dans sa coquille* : se replier sur soi. ♦ COQUILLE SAINT-JACQUES : mollusque marin très apprécié. → **peigne. 2** Objet représentant ou évoquant une coquille. **II 1** Enveloppe dure (des noix, etc.) ; enveloppe calcaire (des œufs d'oiseaux). **2** fig. *Coquille de noix* : petit bateau. **III** imprim. Lettre substituée à une autre.

coquillette n. f. ▪ Pâte alimentaire en forme de petit tube courbe.

coquillier, ière adj. ▪ Qui concerne les coquillages comestibles. *L'industrie coquillière.*

coquin, ine n. ▪ **1** vx Bandit, canaille. **2** Personne espiègle. **3** adj. Grivois, égrillard.

coquinerie n. f. ▪ vx ou littér. Acte digne d'un coquin, d'une canaille.

cor n. m. ▪ **I 1** anciennt Corne, trompe (→ **olifant). 2** Instrument à vent en métal, contourné en spirale et à extrémité évasée. *Cor de chasse.* → **trompe.** ♦ COR ANGLAIS : hautbois alto. **3** loc. À COR ET À CRI : en insistant bruyamment. **II 1** Petite excroissance dure et douloureuse du pied. **2** au plur. Ramifications des bois du cerf.

corail, aux n. m. ▪ **1** Animal marin des mers chaudes, qui sécrète un squelette calcaire (→ **polypier**) de couleur rouge ou blanche. **2** Matière calcaire qui forme les coraux. **3** Partie rouge d'une coquille Saint-Jacques.

corailleur, euse n. ▪ Pêcheur de corail.

corallien, ienne adj. ▪ Formé de coraux.

corallifère adj. ▪ didact. Qui porte des coraux.

coralline n. f. ▪ Algue marine qui forme des buissons roses.

coran n. m. ▪ Livre sacré des musulmans. ► **coranique** adj.

corbeau n. m. ▪ **I 1** Grand oiseau à plumage noir ou gris (→ **choucas, corneille, freux**) ; spécialt le grand corbeau (à plumage noir). **2** Auteur de lettres anonymes. **II** Pierre, poutre en saillie sur un mur, soutenant une corniche, etc. (→ **encorbellement**).

corbeille n. f. ▪ **I** Panier léger. **II 1** Massif de fleurs rond ou ovale. **2** Espace réservé aux agents de change, à la Bourse. **3** → **mezzanine.**

corbillard n. m. ▪ Voiture mortuaire.

cordage n. m. ▪ **1** Lien servant au gréement, à la manœuvre. **2** Cordes d'une raquette.

corde n. f. ▪ **I 1** Réunion de brins d'une matière textile tordus ensemble. ♦ loc. *Avoir plusieurs cordes à son arc,* plusieurs moyens pour parvenir à ses fins. **2** géom. Segment joignant deux points d'une courbe. **3** Lien servant à pendre qqn. – Supplice de la pendaison. ♦ loc. *Se mettre la corde au cou,* dans une situation de dépendance (spécialt se marier). – *Parler de* *corde dans la maison d'un pendu* : commettre un impair. **4** Trame d'une étoffe. **5** (courses) *La corde* : l'intérieur de la piste. **6** Fil tendu sur lequel on fait des exercices. ➛ loc. *Être sur la corde raide*, dans une situation délicate. **7** boxe *Les cordes*, qui limitent le ring. **8** loc. *Il pleut des cordes*, très fort. **II 1** Boyau, crin, fil métallique tendu qui produit les sons sur certains instruments (dits *à cordes* ; ellipt *les cordes*). **2** loc. *Faire vibrer la corde sensible* : parler à qqn de ce qui le touche le plus. **III 1** *Cordes vocales* : replis du larynx produisant les sons de la voix. **2** loc. *Ce n'est pas dans mes cordes*, de ma compétence.

cordé, ée adj. ▪ didact. Qui a la forme d'un cœur schématisé.

cordeau n. m. ▪ **1** Corde tendue pour obtenir une ligne droite. **2** Mèche de mise à feu.

cordée n. f. ▪ Groupe d'alpinistes attachés ensemble pour faire une ascension.

cordelette n. f. ▪ Corde fine.

cordelier n. m. ▪ Religieux franciscain. ♦ hist. Membre d'un club révolutionnaire.

cordelière n. f. ▪ Corde tressée, à nœuds.

corder v. tr. [1] ▪ **1** Lier avec une corde. **2** Garnir de cordes (une raquette de tennis).

corderie n. f. ▪ Industrie de la fabrication des cordes et cordages.

cordial, iale, iaux adj. ▪ **I** vx Qui stimule le cœur. ♦ n. m. mod. Boisson alcoolisée. **II** Chaleureux et sincère. ► **cordialement** adv. ► **cordialité** n. f.

cordier, ière n. ▪ Personne qui fabrique ou vend des cordes, des cordages.

cordiforme adj. ▪ En forme de cœur. → **cordé.**

cordillère n. f. ▪ Chaîne de montagnes.

cordite n. f. ▪ techn. Poudre explosive à base de nitroglycérine.

cordon n. m. ▪ **I 1** Petite corde (attache, ornement...). ➛ loc. *Tenir les cordons de la bourse* : régler les dépenses. **2** Cordeau (2). **II** Ruban servant d'insigne (ordres honorifiques). **III 1** *Cordon ombilical*, rattachant l'embryon au placenta. **2** Série (de choses ou de personnes). *Cordon sanitaire* (postes de surveillance sanitaire). **3** *Cordon littoral* : bande de terre émergée, près d'une côte.

cordon-bleu n. m. ▪ Cuisinier, cuisinière habile. *Des cordons-bleus.*

cordonnerie n. f. ▪ Commerce, métier, atelier du cordonnier.

cordonnet n. m. ▪ Petit cordon (I).

cordonnier, ière n. ▪ Artisan qui répare, entretient les chaussures.

cordophone n. m. ▪ mus. Instrument de musique à cordes.

coréalisateur, trice n. ▪ Réalisateur qui travaille en collaboration avec d'autres.

coréen, enne adj. et n. ▪ De Corée. ➛ n. *Les Coréens.* ♦ n. m. *Le coréen* (langue).

coreligionnaire n. ▪ Personne qui professe la même religion qu'une autre.

coréopsis [-sis] n. m. ▪ bot. Plante à fleurs richement colorées.

coresponsable adj. et n. ▪ Se dit d'une personne qui est responsable de qqch. avec d'autres. ► **coresponsabilité** n. f.

coriace adj. ▪ **1** (viande...) Très dur. **2** (personnes) Qui ne cède pas.

coriandre n. f. ▪ Plante au fruit aromatique, utilisé surtout comme condiment.

coricide n. m. ▪ Préparation qu'on met sur les cors aux pieds, pour les détruire.

corindon n. m. ▪ Pierre précieuse très dure (ex. aigue-marine, rubis, saphir).

corinthien, ienne adj. et n. m. ▪ Se dit d'un ordre d'architecture grecque (succédant au dorique et à l'ionique) caractérisé par des chapiteaux ornés de feuilles d'acanthe.

corium [-jɔm] n. m. ▪ phys. Magma formé de combustible et de métaux fondus résultant de la fusion du cœur d'un réacteur nucléaire.

cormier n. m. ▪ Sorbier cultivé.

cormoran n. m. ▪ Oiseau palmipède au plumage sombre, bon plongeur.

cornac n. m. ▪ Personne qui mène un éléphant.

cornaline n. f. ▪ Calcédoine rouge.

cornaquer v. tr. [1] ▪ fam. Servir de guide à (qqn).

corne n. f. ▪ **I 1** Excroissance épidermique, dure et pointue, sur la tête de certains animaux (bœuf, vache, chèvre...). ♦ loc. *Prendre le taureau par les cornes*, affronter une difficulté. ➛ fam. *Porter des cornes*, être trompé (mari, femme). **2** Appendice comparé à une corne. *Les cornes* (pédicules oculaires) *d'un escargot.* **3** Corne d'animal évidée. ♦ *Corne de gazelle*, gâteau oriental. **4** Instrument sonore fait d'une corne creuse. **5** Angle saillant, coin. **II 1** Substance qui constitue les productions dures de l'épiderme (ongles, cornes, etc.). → **kératine.** **2** Callosité de la peau.

corné, ée adj. ▪ Qui a la consistance dure de la corne (II).

corned-beef [kɔʀnɛdbif ; kɔʀnbif] n. m. invar. ▪ Viande de bœuf en conserve.

cornée n. f. ▪ Enveloppe antérieure et transparente de l'œil.

cornéen, enne adj. ▪ De la cornée. ➛ *Lentilles cornéennes*, verres de contact.

corneille n. f. ▪ Oiseau du genre corbeau, à queue arrondie et plumage terne.

cornélien, ienne adj. ▪ Qui appartient à Pierre Corneille, évoque ses tragédies.

cornemuse n. f. ▪ Instrument à vent fait d'un sac de cuir et de tuyaux percés de trous.

① **corner** v. [1] ▪ **I** v. tr. Plier en forme de corne (I, 4). *Corner les pages d'un livre.* **II** v. intr. Faire fonctionner une corne (I, 4), une trompe. ♦ trans. fam. Dire bruyamment (qqch.).

② **corner** [-ɛʀ] n. m. ▪ anglic. Faute d'un footballeur qui envoie le ballon derrière la ligne de but de son équipe.

cornet n. m. ▪ **I** Objet en forme de corne ; récipient conique. **II** Petite trompe. ♦ *CORNET (À PISTONS)* : cuivre plus court que la trompette.

cornette n. f. ▪ **1** Coiffure de certaines religieuses. **2** ancienn Étendard de cavalerie.

cornettiste n. ▪ Joueur, joueuse de cornet.

corn flakes [-flɛks] n. m. pl. ▪ anglic. Flocons de maïs grillés et croustillants.

corniaud n. m. ▪ **1** Chien bâtard. **2** fam. Imbécile, sot.

corniche n. f. ▪ **1** Partie saillante qui couronne un édifice. ➝ Ornement en saillie sur un mur, un meuble, etc. **2** Saillie naturelle surplombant un escarpement. ➝ Route en surplomb.

cornichon n. m. ▪ **1** Petit concombre conservé dans du vinaigre. **2** fam. Niais.

cornier, ière adj. ▪ Qui est à l'angle.

cornière n. f. ▪ Pièce cornière, en équerre.

cornique adj. ▪ De Cornouailles. *Légendes corniques.* ➝ n. m. *Le cornique* (dialecte celtique).

corniste n. ▪ Personne qui joue du cor.

cornouille n. f. ▪ région. Fruit du cornouiller.

cornouiller n. m. ▪ Arbre commun dans les haies, les bois.

cornu, ue adj. ▪ **1** Qui a des cornes. **2** Qui a la forme d'une corne.

cornue n. f. ▪ Récipient à col étroit, long et courbé, qui sert à distiller.

corollaire n. m. ▪ didact. **1** Proposition dérivant d'une autre. **2** Conséquence, suite.

corolle n. f. ▪ Ensemble des pétales d'une fleur. ➝ *En corolle,* évasé.

coron n. m. ▪ Ensemble d'habitations de mineurs (nord de la France, sud de la Belgique).

coronaire adj. ▪ anat. Disposé en couronne. ➝ *Artères coronaires,* qui irriguent le cœur. ► **coronarien, ienne** adj.

coronal, ale, aux adj. ▪ astron. De la couronne solaire. *Les gaz coronaux.*

coronarite n. f. ▪ méd. Affection des artères coronaires.

coronarographie n. f. ▪ Radiographie des artères coronaires.

coronavirus [-ys] n. m. ▪ biol. Genre de virus à ARN responsable d'infections respiratoires et digestives.

coronelle n. f. ▪ Serpent du genre couleuvre.

coroner [-ɛʀ] n. ▪ Officier de police judiciaire, dans les pays anglo-saxons.

coronographe n. m. ▪ astron. Lunette permettant d'examiner la couronne solaire.

corossol n. m. ▪ Gros fruit tropical aussi appelé *anone.*

corozo n. m. ▪ Matière blanche tirée de la noix d'un palmier et dite *ivoire végétal.*

corporal, aux n. m. ▪ relig. cathol. Linge consacré étendu sur l'autel.

corporatif, ive adj. ▪ Des corporations.

corporation n. f. ▪ **1** hist. Association d'artisans, groupés en vue de réglementer leur profession. **2** Ensemble des personnes qui exercent la même profession.

corporatisme n. m. ▪ Doctrine préconisant les groupements du type des corporations. ► **corporatiste** adj. et n.

corporel, elle adj. ▪ Relatif au corps.

corps [kɔʀ] n. m. ▪ **I** Partie matérielle des êtres animés. **1** L'organisme humain (opposé à l'esprit, à l'âme). ♦ *CORPS À CORPS* : en serrant qqn contre soi (dans la lutte). ➝ *CORPS ET ÂME* : tout entier, sans restriction. ➝ *Se jeter À CORPS PERDU* (dans une entreprise), avec impétuosité. **2** Cadavre. **3** Le tronc humain (par opposition à la tête et aux membres). **4** (Individu) *Garde* du corps.* **II** Partie principale. *Le corps d'un bâtiment.* ➝ loc. *Navire perdu CORPS ET BIENS,* le navire lui-même et les marchandises. **III** Objet matériel. **1** *Les corps célestes.* → **astre, satellite.** **2** Objet matériel caractérisé par ses propriétés physiques. *Corps solide.* **3** Élément anatomique (organe, etc.). **IV** **1** Épaisseur, consistance. **2** loc. *PRENDRE CORPS* : devenir réel ; commencer à s'organiser. ➝ *FAIRE CORPS AVEC,* adhérer, ne faire qu'un. **V** abstrait **1** Institution. *Les corps constitués* (administration, justice). **2** Compagnie, groupe organisé. *Le corps enseignant.* **3** Unité militaire (bataillon, régiment). ➝ *Corps d'armée,* formé de plusieurs divisions.

corpulence n. f. ▪ Ampleur du corps humain (grosseur...). ➝ absolt → **embonpoint.**

corpulent, ente adj. ▪ De forte corpulence.

corpus [-ys] n. m. ▪ didact. Ensemble limité de textes contenant de l'information.

corpuscule n. m. ▪ **1** Petit organe. **2** phys., vx → **particule.** ► **corpusculaire** adj.

corral n. m. ▪ Enclos à bétail (en Espagne...).

corrasion n. f. ▪ géogr. Érosion par le vent chargé de grains de sable.

correct, ecte [-ɛkt] adj. ▪ **I** (s'oppose à *incorrect*) **1** Qui respecte les règles. *Syntaxe correcte.* **2** Conforme aux usages ; à la morale. **3** loc. anglic. *Politiquement* correct.* **II** fam. Acceptable, sans être remarquable.

correctement adv. ▪ D'une manière correcte. → **convenablement.**

correcteur, trice n. ▪ **1** Personne qui corrige (un texte) en jugeant. **2** Professionnel(le) qui corrige les épreuves d'imprimerie. **3** n. m. inform. *Correcteur orthographique* : logiciel vérifiant l'orthographe des textes saisis.

correctif, ive ▪ **I** adj. Qui a le pouvoir de corriger. **II** n. m. Contrepartie qui atténue.

correction n. f. ▪ **I** (Action de corriger (I)) **1** Changement apporté pour améliorer. ♦ spécialt Rectification des erreurs sur les épreuves d'imprimerie. ➛ Action de corriger des devoirs, etc. **2** anciennt *Maison de correction*, où des mineurs délinquants étaient détenus. **II** Châtiment corporel ; coups. **III 1** Qualité de ce qui est correct. **2** Comportement correct (I, 2).

correctionnaliser v. tr. [1] ▪ dr. Poursuivre (un crime) devant le tribunal correctionnel en le qualifiant de délit. ► **correctionnalisation** n. f.

correctionnel, elle adj. ▪ Relatif aux actes qualifiés de délits par la loi. *Tribunal correctionnel* ou n. f. *la correctionnelle*.

corregidor [-ʀe-] n. m. ▪ hist. Premier magistrat d'une ville espagnole dans laquelle ne résidait pas de gouverneur. - var. **corrégidor.**

corrélat n. m. ▪ Terme d'une corrélation.

corrélation n. f. ▪ Lien logique, rapport réciproque. ► **corrélatif, ive** adj.

corréler v. tr. [6] ▪ didact. Établir une corrélation entre (deux phénomènes) ; être en corrélation avec (qqch.).

correspondance n. f. ▪ **I** Rapport logique entre un terme et un ou plusieurs autres déterminés par le premier ; rapport de conformité. → **relation. II 1** Relation par écrit entre deux personnes ; lettres échangées. **2** Liaison entre deux moyens de transport.

correspondant, ante ▪ **I** adj. Qui correspond à qqch. **II** n. **1** Personne avec qui l'on correspond (II). **2** Journaliste qui transmet des nouvelles d'un lieu éloigné.

correspondre v. [41] ▪ **I** *CORRESPONDRE À* v. tr. ind. Être en rapport de conformité ou d'équivalence avec (qqch.), se rapporter à. **II** v. intr. **1** Avoir des relations par lettres, par téléphone, par mail, etc. (avec qqn). **2** (sujet chose) Être en communication, en relation (avec).

corrida n. f. ▪ **1** Course de taureaux. **2** fam. Dispute, agitation.

corridor n. m. ▪ Passage couvert reliant plusieurs pièces d'un même étage.

corrigé n. m. ▪ Devoir donné comme modèle.

corrigeable adj. ▪ Qui peut être corrigé. → **corrigible.**

corriger v. tr. [3] ▪ **I 1** Ramener à la règle (qqn ou qqch. qui s'en écarte). ➛ pronom. *Se corriger d'un défaut.* **2** Supprimer (les fautes, les erreurs...). → **remanier. 3** Lire (un texte) en vue de donner une note, ou d'améliorer. *Corriger des devoirs.* **4** Rendre exact ou plus exact ; améliorer, rectifier. **II** Infliger un châtiment corporel, donner des coups à. → **battre.**

corrigible adj. ▪ Qui peut être corrigé. → **corrigeable.**

corroborant, ante adj. ▪ Qui corrobore, confirme.

corroborer v. tr. [1] ▪ Donner appui à (une opinion...). → **confirmer, renforcer.** ► **corroboration** n. f.

corroder v. tr. [1] ▪ Détruire lentement, progressivement, par une action chimique. ► **corrodant, ante** adj.

corroi n. m. ▪ techn. Corroyage.

corrompre v. tr. [41] ▪ **I** vieilli Altérer en décomposant. **II** fig. **1** littér. Altérer, gâter (ce qui était pur, bon ; honnête). **2** Engager (qqn) par des dons, des promesses, etc. à agir contre son devoir. → **acheter, soudoyer ; corruption.** ▷ adj. **corrompu, ue** → **pourri ; dépravé ; vénal.**

corrosif, ive adj. ▪ **1** Qui corrode. **2** (abstrait) Qui attaque avec violence.

corrosion n. f. ▪ Action, fait de corroder.

corroyer v. tr. [8] ▪ Apprêter (le cuir), l'assouplir. ► **corroyage** n. m. ► **corroyeur, euse** n.

corrupteur, trice ▪ **1** n. Personne qui corrompt. **2** adj. littér. Qui corrompt.

corruptible adj. ▪ Qui peut être corrompu. *Personne corruptible.* ► **corruptibilité** n. f. littér.

corruption n. f. ▪ **I** vieilli Altération par décomposition. **II 1** littér. Altération (du jugement, du goût ; de la morale). **2** Moyens pour corrompre (II, 2) qqn ; fait de se laisser corrompre.

corsage n. m. ▪ Vêtement féminin qui recouvre le buste.

corsaire n. m. ▪ **1** anciennt Navire armé par qqn, et autorisé à attaquer les navires d'autres pays. ♦ Capitaine de ce navire. **2** Aventurier, pirate.

corse adj. et n. ▪ De la Corse. ♦ n. m. *Le corse* (dialecte italien).

corsé, ée adj. ▪ **1** Fort (au goût). **2** Compliqué. **3** Scabreux. → **salé.**

corselet n. m. ▪ **I** anciennt Vêtement féminin serrant la taille et lacé sur le corsage. **II** Partie antérieure du thorax (insectes).

corser v. tr. [1] ▪ **1** Rendre plus fort (un aliment). **2** Accroître l'intérêt de. ➛ pronom. *L'affaire se corse*, se complique.

corset n. m. ▪ **1** anciennt Gaine baleinée serrant la taille et le ventre des femmes. **2** Appareil orthopédique pour le tronc.

corseté, ée adj. ▪ Raide, guindé.

corseter v. tr. [5] ▪ Revêtir d'un corset.

corsetier, ière n. ▪ Personne qui fait ou vend des corsets.

corso n. m. ▪ Défilé de chars, lors d'une fête.

cortège n. m. ■ **1** Personnes qui en accompagnent une autre lors d'une cérémonie. **2** Groupe organisé qui avance.

cortès [-ɛs] n. f. pl. ■ Parlement espagnol formé de deux chambres.

cortex [-ɛks] n. m. ■ physiol. Partie périphérique externe d'un organe ; spécialt, du cerveau. ► **cortical, ale, aux** adj.

corticoïdes n. m. pl. ■ biol. Hormones stéroïdes produites par le cortex surrénal. ◆ chim. Produit similaire obtenu par synthèse.

corticosurrénal, ale, aux [-s-] adj. ■ Relatif au cortex surrénal.

cortisone n. f. ■ Hormone du cortex des glandes surrénales (anti-inflammatoire...).

corton n. m. ■ Vin rouge de Bourgogne.

coruscant, ante adj. ■ littér. Éclatant.

corvéable adj. ■ hist. Assujetti à la corvée. *Serf taillable et corvéable à merci.*

corvée n. f. ■ **1** hist. Travail gratuit dû au seigneur. **2** Obligation ou travail pénible et inévitable. **3** Travail que font à tour de rôle les membres d'une communauté.

corvette n. f. ■ Ancien navire d'escorte.

corvidé n. m. ■ zool. Oiseau de la famille des corbeaux, corneilles, geais, pies, etc.

coryphée n. m. ■ **1** (théâtre antique) Chef de chœur. **2** littér. Chef (dans un parti...).

coryza n. m. ■ Inflammation de la muqueuse des fosses nasales, rhume de cerveau.

cosaque n. m. ■ Cavalier de l'armée russe.

cosigner [-s-] v. tr. [1] ■ Signer avec d'autres. ► **cosignataire** n. ► **cosignature** n. f.

cosinus [kɔsinys] n. m. ■ math. Sinus* du complément d'un angle.

cosmétique n. m. et adj. ■ (Produit) destiné aux soins de beauté.

cosmétologie n. f. ■ Étude de ce qui a trait aux produits cosmétiques. ► **cosmétologique** adj.

cosmique adj. ■ **1** Du cosmos (2). **2** *RAYONS COSMIQUES* : rayonnement de grande énergie, d'origine cosmique (étudié par ses effets sur l'atmosphère : ionisation).

cosm(o)- Élément savant, du grec *kosmos* « univers ».

cosmodrome n. m. ■ Base de lancement d'engins spatiaux (en U. R. S. S.).

cosmogonie n. f. ■ didact. Théorie expliquant la formation de l'univers, des objets célestes. ► **cosmogonique** adj.

cosmographie n. f. ■ Astronomie descriptive. ► **cosmographique** adj.

cosmologie n. f. ■ Science des lois de l'univers. ► **cosmologique** adj. ► **cosmologiste** ou **cosmologue** n.

cosmonaute n. ■ Voyageur de l'espace (contexte soviétique). → **astronaute.**

cosmopolite adj. ■ **1** Qui s'accommode de tous les pays ou civilisations. **2** Qui comprend des personnes de tous les pays. *Ville cosmopolite.* ► **cosmopolitisme** n. m.

cosmos [-os] n. m. ■ **1** philos. L'univers considéré comme un système bien ordonné. **2** Espace extraterrestre.

① **cosse** n. f. ■ fam. Paresse. ► **cossard, arde** n. et adj.

② **cosse** n. f. ■ Enveloppe qui renferme les graines de certaines légumineuses.

cossu, ue adj. ■ Riche, aisé.

cossus [-ys] n. m. ■ Grand papillon nocturne aux ailes brunes.

costal, ale, aux adj. ■ anat. Des côtes.

costard n. m. ■ fam. Costume d'homme.

costaud, aude adj. ■ fam. **1** Fort, robuste. ◆ n. *Un gros costaud.* **2** (choses) Solide.

costière n. f. ■ techn. Trappe dans le plancher d'une scène de théâtre.

costume n. m. ■ **1** Pièces d'habillement formant un ensemble. *Costume de théâtre.* **2** Vêtement d'homme composé d'une veste, d'un pantalon et parfois d'un gilet.

costumer v. tr. [1] ■ Revêtir d'un déguisement. ◆ pronom. *Se costumer en Pierrot.* ▷ adj. **costumé, ée** Déguisé. ◆ *Bal costumé.*

costumier, ière n. ■ Personne qui fait, vend ou loue des costumes de scène.

① **cosy** adj. invar. ■ Confortable, agréable. *Un endroit cosy.* → **douillet.** *Une ambiance cosy.*

② **cosy** n. m. ■ anglic., vx Divan muni d'une étagère et que l'on place généralement dans l'encoignure d'une pièce. *Des cosys.*

cotangente n. f. ■ math. Rapport du cosinus au sinus (d'un angle, d'un arc) ; tangente du complément (de cet angle, de cet arc).

cotation n. f. ■ Action de coter.

cote n. f. ■ **1** Montant d'une cotisation, d'un impôt. ♦ loc. fig. *Cote mal taillée* : compromis. **2** Constatation officielle des cours (d'une valeur, d'une monnaie). **3** Appréciation. *Cote de popularité.* ◆ fam. *Avoir la cote* : être estimé. **4** Chiffre servant à classer, ou indiquant un niveau. ♦ Troisième coordonnée* d'un point. ♦ *Cote d'alerte* : niveau au-delà duquel commence une inondation ; fig. point critique.

① **côte** n. f. ■ **I 1** Os plat du thorax, courbe, qui s'articule sur la colonne vertébrale et le sternum. ◆ loc. *Se tenir les côtes* : rire beaucoup. ♦ *Côte de bœuf, d'agneau* (→ **côtelette ; entrecôte**). **2** loc. *CÔTE À CÔTE* : l'un à côté de l'autre. **II** Partie saillante.

② **côte** n. f. ■ **1** Pente formant un côté d'une colline. → **coteau. 2** Route en pente.

③ **côte** n. f. ■ Rivage de la mer.

coté, ée adj. ▪ Qui a une cote (2 et 3).

côté n. m. ▪ **1** Région des côtes (de l'aisselle à la hanche). ➛ loc. *Point* de côté.* ♦ Partie droite ou gauche de tout le corps. **2** (choses) Partie qui est à droite ou à gauche **(→ latéral). 3** Ligne ou surface qui constitue la limite (d'une chose). *Les quatre côtés d'un carré. Les deux côtés d'une feuille de papier* (recto, verso). **4** fig. Aspect. *Le bon côté des choses.* **5** (après *de, du*). *De ce côté-ci ; de ce côté-là :* par ici, par là. *De tous côtés :* partout. ➛ *DU CÔTÉ DE :* dans la direction de ; aux environs de. ♦ fig. *De mon côté :* pour ma part. ➛ *Du côté de.* → **parti, camp.** ♦ loc. adv. *DE CÔTÉ. Se jeter de côté,* faire un écart. *Laisser de côté,* à l'écart. *Mettre de côté,* en réserve. **6** loc. adv. *À CÔTÉ :* à une distance proche. ➛ loc. prép. *À CÔTÉ DE* → **auprès** de, **près** de ; fig. en **comparaison** de. ➛ *Être à côté de la question,* en dehors.

coteau n. m. ▪ Petite colline ; son versant.

côtelé, ée adj. ▪ (tissu) À côtes (①, II).

côtelette n. f. ▪ Côte des animaux de boucherie de taille moyenne (mouton, porc).

coter v. tr. [1] ▪ **1** Marquer d'une cote, de cotes. **2** Indiquer le cours de (une valeur...).

coterie n. f. ▪ péj. Réunion de personnes soutenant ensemble leurs intérêts.

côtes-du-rhône n. m. invar. ▪ Vin des Côtes du Rhône. *Un côtes-du-rhône.*

coteur, euse n. ▪ Bourse Personne qui enregistre les cotes atteintes par les valeurs.

cothurne n. m. ▪ Chaussure montante à semelle épaisse (théâtre antique).

côtier, ière adj. ▪ Relatif aux côtes (③).

cotignac n. m. ▪ Confiture, pâte de coings.

cotillon n. m. ▪ **I** anciennt Jupon. **II 1** Réunion festive avec accessoires (confettis, etc.). **2** (au plur.) Ces accessoires.

cotisation n. f. ▪ Action de (se) cotiser ; somme à verser par chacun.

cotiser v. [1] ▪ **1** *SE COTISER* v. pron. : contribuer à réunir une somme en vue d'une dépense commune. **2** v. intr. (même sens) *Cotiser pour un cadeau.* ♦ Verser une somme régulière (à un organisme...). ► **cotisant, ante** adj. et n.

coton n. m. ▪ **1** Filaments soyeux qui entourent les graines du cotonnier. ♦ Fil de coton. ♦ Tissu de coton. **2** *Coton hydrophile* (purifié). → **ouate.** ♦ loc. *Avoir les jambes en coton :* être très faible. **3** loc. *Filer un mauvais coton :* être dans une situation dangereuse. **4** adj. invar. fam. Difficile.

cotonéaster [-ɛʀ] n. m. ▪ bot. Arbrisseau cultivé pour ses baies rouges décoratives. → **buisson-ardent.**

cotonnade n. f. ▪ Étoffe de coton.

se **cotonner** v. pron. [1] ▪ Se couvrir d'un léger duvet. *Lainage qui se cotonne.*

cotonnerie n. f. ▪ **1** Culture du coton. **2** Champ de coton. **3** Lieu où l'on travaille le coton.

cotonneux, euse adj. ▪ Dont l'aspect évoque le coton, la ouate.

cotonnier, ière ▪ **I** n. m. Arbrisseau aux graines entourées de poils soyeux **(→ coton). II** adj. Qui a rapport au coton.

coton-poudre n. m. ▪ Explosif formé de nitrocellulose. *Des cotons-poudres.*

coton-tige n. m. (nom déposé) ▪ Fin bâtonnet aux extrémités recouvertes de coton, pour nettoyer les oreilles, le nez. *Des cotons-tiges.*

côtoyer v. tr. [8] ▪ **1** Aller, se trouver le long de. **2** Vivre à côté, près de (qqn). **3** fig. → **frôler.** *Cela côtoie le ridicule.*

cotre n. m. ▪ Navire à voiles à un seul mât.

cotriade n. f. ▪ région. Plat de poissons et de pommes de terre. → **chaudrée.**

cottage n. m. ▪ anglic. Petite maison de campagne élégante, de style rustique.

cotte n. f. ▪ **1** anciennt *Cotte de mailles :* armure à mailles métalliques. **2** vieilli Vêtement de travail **(→ salopette).**

cotuteur, trice n. ▪ dr. Personne chargée avec d'autres de la tutelle de qqn.

cotylédon n. m. ▪ bot. Feuille ou lobe qui naît sur l'axe de l'embryon d'une plante.

cotyloïde adj. ▪ anat. En forme de cupule.

cou n. m. ▪ **1** Partie du corps (de vertébrés, dont l'homme) qui unit la tête au tronc. ♦ loc. *Se jeter au cou de qqn,* l'embrasser avec effusion. ➛ *Se rompre le cou,* se blesser grièvement. ➛ *Prendre ses jambes à son cou,* fuir en courant. ➛ *Jusqu'au cou,* complètement. **2** Goulot (d'une bouteille). → **col.**

couac n. m. ▪ Son faux et discordant.

couard, arde adj. ▪ littér. Qui est lâchement peureux. → **poltron.** ► **couardise** n. f.

couchage n. m. ▪ **1** Action de (se) coucher. **2** *Sac de couchage,* qui sert au coucher.

couchant, ante ▪ **I** adj. **1** *Chien couchant,* chien d'arrêt qui se couche quand il sent le gibier. **2** *Soleil couchant,* qui disparaît à l'horizon. **II** n. m. Côté de l'horizon où le soleil se couche (opposé à *levant*). → **ouest.**

couche n. f. ▪ **I 1** vx Lit. **2** Garniture absorbante dont on enveloppe les fesses des bébés. **II** au plur. État de la femme qui accouche ; enfantement. ♦ → aussi **fausse couche. III 1** Substance étalée sur une surface. ➛ loc. fam. *En tenir une couche :* être stupide. **2** Disposition en zones superposées. *Couches géologiques.* **3** Catégorie, classe. *Les couches sociales.*

couché, ée adj. ▪ **1** Étendu, allongé. *Rester couché.* **2** Penché ou placé à l'horizontale. *Écriture couchée.*

① **coucher** v. [1] ■ **I** v. tr. **1** Mettre (qqn) au lit. ➝ *Coucher qqn sur un brancard,* l'étendre. **2** Rapprocher de l'horizontale (ce qui est vertical). **3** Mettre par écrit. *Coucher qqn sur son testament.* **II** v. intr. **1** S'étendre pour se reposer, dormir. *Coucher tout habillé.* **2** Loger, passer la nuit. *Coucher sous les ponts.* ➝ loc. *Un nom À COUCHER DEHORS,* difficile à prononcer. **3** *Coucher avec qqn,* partager son lit ; avoir des relations sexuelles avec lui, elle. ▷ v. pron. **se coucher I 1** Se mettre au lit (pour se reposer, dormir). **2** S'étendre. → s'**allonger. 3** Se courber (sur qqch.). **II** (Soleil, astre) Descendre vers l'horizon.

② **coucher** n. m. ■ **I** Action de se coucher. **II** Moment où un astre (spécialt le Soleil) descend et se cache sous l'horizon.

coucherie n. f. ■ fam. et péj. Rapports sexuels.

couche-tard n. et adj. invar. ■ Qui se couche souvent tard.

couche-tôt n. et adj. invar. ■ Qui se couche souvent tôt.

couchette n. f. ■ Lit sommaire (navires, trains...).

coucheur, euse n. ■ loc. *Mauvais coucheur :* personne de caractère difficile.

couchis n. m. ■ techn. Lit de sable et de terre sur lequel on dispose un pavage.

couci-couça loc. adv. ■ fam. Ni bien ni mal.

coucou n. m. ■ **I 1** Oiseau grimpeur au plumage gris, dont la femelle pond ses œufs dans le nid d'autres oiseaux. **2** Pendule à sonnerie imitant le cri du coucou. **II** Plante sauvage à fleurs jaunes. **III** hist. Avion (1914-1918). ◆ fam. Vieil avion. **IV** interj. Cri de qqn qui annonce son arrivée, etc.

coucoumelle n. f. ■ région. Oronge blanche.

coude n. m. ■ **I 1** Partie extérieure du bras, à l'endroit où il se plie. ◆ loc. *Lever le coude,* boire beaucoup. ➝ *L'huile de coude,* l'énergie physique. ➝ *Garder un dossier SOUS LE COUDE,* en attente. ➝ *Se tenir les coudes,* s'entraider. **2** Partie d'une manche qui recouvre le coude. **II** Angle saillant. ◆ Tuyauterie formant un angle.

coudé, ée adj. ■ Qui a un coude (II).

coudée n. f. ■ **1** Ancienne mesure de longueur (50 cm). **2** loc. *Avoir ses, les COUDÉES FRANCHES,* la liberté d'agir.

cou-de-pied n. m. ■ Dessus du pied. *Des cous-de-pied.*

couder v. tr. [1] ■ Plier en forme de coude.

coudière n. f. ■ Dispositif protégeant le coude.

coudoyer v. tr. [8] ■ **1** Passer près de. **2** Être en contact avec. ► **coudoiement** n. m.

coudraie n. f. ■ Terrain planté de coudriers.

coudre v. tr. [48] ■ Assembler au moyen d'un fil et d'une aiguille. ➝ au p. p. → **cousu.**

coudrier n. m. ■ Noisetier.

couenne [kwan] n. f. ■ Peau de porc.

couenneux, euse [kwa-] adj. ■ De la nature de la couenne ; qui ressemble à la couenne.

① **couette** n. f. ■ **1** anciennt Lit de plumes. **2** mod. Édredon que l'on met dans une housse amovible.

② **couette** n. f. ■ Touffe de cheveux retenue par un lien de chaque côté de la tête.

couffin n. m. ■ **1** région. Panier souple. **2** Corbeille souple servant de berceau.

coufique adj. et n. m. ■ Se dit d'une écriture arabe ornementale (calligraphie, etc.).

cougar n. f. ■ anglic. Femme mûre qui recherche et séduit des hommes beaucoup plus jeunes.

couguar ou **cougouar** [kugwaʀ] n. m. ■ Puma.

couic interj. ■ Onomatopée, cri étranglé.

couille n. f. ■ fam. et vulg. **1** Testicule. **2** *Une couille :* une erreur, un ennui.

couillon, onne n. et adj. ■ très fam. Imbécile.

couillonnade n. f. ■ très fam. Bêtise.

couillonner v. tr. [1] ■ très fam. Tromper.

couillu, ue adj. ■ fam. Courageux, audacieux.

couiner v. intr. [1] ■ fam. **1** Pousser de petits cris. **2** (choses) Grincer. ► **couinement** n. m.

coulage n. m. ■ Action de couler (I). *Coulage d'un métal.*

coulant, ante ■ **I** adj. **1** *Nœud coulant,* formant une boucle qui se resserre quand on tire. **2** Qui semble se faire aisément, sans effort. **3** fam. (personnes) Accommodant. **II** n. m. Pièce qui coulisse le long de qqch.

à la **coule** loc. adj. ■ fam. et vieilli Au courant, averti.

coulée n. f. ■ **1** Écoulement. *Coulée de lave.* **2** Matière en fusion que l'on coule (I, 2).

coulemelle n. f. ■ cour. Champignon comestible (lépiote).

couler v. [1] ■ **I** v. tr. **1** Faire passer (un liquide) d'un lieu à un autre. → **transvaser. 2** Jeter (une matière en fusion) dans le moule. ◆ *Couler une bielle,* la détériorer. **3** *Couler des jours heureux.* → **passer. II** v. intr. **1** (liquide) Se déplacer naturellement. **2** S'en aller rapidement. *L'argent lui coule des doigts.* **3** loc. *Couler de source :* être évident. **4** Laisser échapper un liquide. **III 1** v. intr. S'enfoncer dans l'eau (objet flottant...). **2** v. tr. Faire sombrer (un navire). ◆ fig. Ruiner (qqn, une entreprise). ▷ v. pron. **se couler** Passer sans faire de bruit. → se **glisser.**

couleur n. f. ■ **I 1** Qualité de la lumière renvoyée par la surface d'un objet, selon l'impression visuelle qu'elle produit ; propriété de produire une telle impression. → **coloris, nuance, teinte, ton ; chromo-.** *Les couleurs du* *spectre* (violet, indigo, bleu, vert, jaune, orangé, rouge). ♦ loc. *En voir de toutes les couleurs,* subir des choses désagréables. **2** au plur. Zones colorées d'un drapeau. **3** Chacune des quatre marques, aux cartes (carreau, cœur, pique, trèfle). ♦ loc. fig. *Annoncer la couleur :* dire ses intentions. **4** Teinte naturelle (de la peau humaine). ♦ vieilli *Homme, femme* DE COULEUR, qui n'est pas blanc (se dit surtout des Noirs). **5** en art Teintes, coloris. ♦ loc. fig. *Couleur locale :* traits extérieurs caractérisant un endroit. **II** Couleur du spectre (excluant le blanc, le noir, le gris) ; couleur vive. *Film* EN COULEURS (opposé à *en noir et blanc*). **III** Substance colorante. → **colorant, pigment ; peinture, teinture. IV** fig. **1** Aspect que prennent les choses. *Couleur politique.* → **tendance. 2** loc. prép. SOUS COULEUR DE : sous le prétexte de. **3** fam. *Ne pas voir la couleur de qqch.,* en être privé.

couleuvre n. f. ■ **1** Serpent non venimeux d'Europe. **2** loc. *Avaler des couleuvres :* subir des affronts ; tout croire.

couleuvreau n. m. ■ Petit de la couleuvre.

couleuvrine n. f. ■ anciennt Long canon fin.

coulis ■ **I** (adj. m.) loc. *Vent coulis :* courant d'air. **II** n. m. Sauce concentrée tamisée.

coulissant, ante adj. ■ Qui coulisse.

coulisse n. f. ■ **I 1** Support à rainure le long duquel une pièce peut glisser ; cette pièce. **2** Ourlet pour passer un cordon de serrage. **3** (regard) EN COULISSE : en coin. **II** (surtout au plur.) **1** Partie d'un théâtre située sur les côtés et en arrière de la scène. **2** fig. Le côté secret. *Les coulisses de la mode.* **3** au sing. vx (Bourse) Marché des valeurs non cotées.

coulisser v. [1] ■ **1** v. intr. Glisser sur des coulisses. **2** v. tr. Garnir de coulisses (I, 2). ► **coulissement** n. m.

couloir n. m. ■ **1** Passage étroit et long, pour aller d'une pièce à l'autre. ♦ loc. *Bruits de couloir :* rumeurs. ♦ *Couloir de la mort,* où sont incarcérés les condamnés à mort (aux États-Unis). **2** Passage étroit. *Couloir d'avalanche.* ◆ *Couloir aérien* (itinéraire).

coulomb [-ɔ̃] n. m. ■ phys. Unité de mesure de quantité d'électricité ou de charge électrique égale à la quantité d'électricité transportée en une seconde par un courant de un ampère (symb. C).

coulommiers n. m. ■ Fromage de lait de vache à pâte molle.

coulpe n. f. ■ loc. *Battre sa coulpe,* témoigner son repentir ; s'avouer coupable.

coulure n. f. ■ Traînée de qqch. qui a coulé.

coumarine n. f. ■ didact. Substance odorante extraite du tonka*.

country [kuntʀi] n. f. ou m. invar. ■ anglic. Musique américaine issue du folklore.

coup [ku] n. m. ■ **I 1** Mouvement par lequel un corps matériel vient en heurter un autre ; impression produite par ce qui heurte. ♦ Choc brutal que l'on fait subir à qqn pour faire mal, blesser. *Coup de poing.* ◆ *Coup bas,* donné plus bas que la ceinture ; fig. procédé déloyal. **2** Décharge (d'une arme à feu) ; ses effets. ◆ loc. fig. COUP DOUBLE : double résultat par un seul effort. **3** fig. Acte, action qui attaque, frappe qqn. *Un coup du sort.* ◆ loc. TENIR LE COUP : résister, supporter. **II** (souvent *coup de...*) **1** Mouvement (d'une partie du corps de l'homme ou d'un animal). *Coup d'aile.* ♦ loc. COUP DE MAIN : aide, appui ; attaque à l'improviste. **2** Mouvement (d'un objet, d'un instrument). *Coup de chapeau* (salut). ◆ *Coup de téléphone.* **3** Bruit (d'un appareil sonore). *Coup de sifflet.* **4** Action brusque ou violente (du temps...) ; impression qu'elle produit. *Coup de froid.* **5** Fait de lancer (les dés) ; action d'un joueur (jeux de hasard, d'adresse...). ◆ *Coup de dé*.* ◆ *Coup franc*.* **6** Quantité absorbée en une fois. *Boire un coup.* **III 1** Action subite et hasardeuse. *Coup de chance.* ♦ *(Mauvais) coup :* action malhonnête. **2** loc. fam. *Être* DANS LE COUP, participer à qqch. ◆ *Être* AUX CENT COUPS, très inquiet. ◆ *Faire les* QUATRE CENTS COUPS : se livrer à des excès. **3** loc. (Action rapide, faite en une fois) *D'un seul coup.* ◆ *Coup sur coup :* sans interruption. ◆ *Sur le coup :* immédiatement. ◆ *Après coup :* après. ◆ *À coup sûr :* infailliblement. ◆ *Tout d'un coup, tout à coup :* brusquement, soudain.

coupable adj. ■ **1** Qui a commis une faute. ◆ n. *Un coupable.* **2** (actions...) Blâmable.

coupage n. m. ■ **1** rare Action de couper. **2** Action de couper (III, 1) des liquides.

coupailler v. tr. [1] ■ Couper irrégulièrement, maladroitement.

coupant, ante adj. ■ **1** Qui coupe. **2** Autoritaire. *Un ton coupant.* → **impérieux.**

coup-de-poing [-pwɛ̃] n. m. ■ **1** Arme de main, masse métallique percée de trous pour les doigts. *Des coups-de-poing.* **2** didact. Silex taillé servant d'arme. → **biface.**

① **coupe** n. f. ■ **1** Verre à pied, plus large que profond. ◆ prov. *Il y a loin de la coupe aux lèvres,* d'un plaisir projeté à sa réalisation. **2** Prix qui récompense le vainqueur d'une compétition sportive. ◆ La compétition.

② **coupe** n. f. ■ **I 1** Action de couper, de tailler. **2** Abattage des arbres en forêt ; étendue de forêt à abattre. COUPE SOMBRE, où on laisse une partie des arbres ; fig. suppression importante. ◆ loc. fig. *Mettre en* COUPE RÉGLÉE, exploiter (qqn, une population). **3** Manière dont on taille l'étoffe, le cuir... pour en assembler les pièces. **II 1** Contour, forme de ce qui est coupé ; endroit où qqch. a été coupé. **2** Dessin d'un objet supposé coupé par un plan. **3** Légère pause dans une phrase. **III 1** Division d'un jeu de cartes en deux paquets. **2** loc. *Être* SOUS LA COUPE *de qqn,* sous sa dépendance.

coupé n. m. ▪ Voiture à deux portes.

coupe-chou n. m. ▪ **1** fam. Sabre court. **2** Rasoir à longue lame. *Des coupe-choux.*

coupe-cigare n. m. ▪ Instrument pour couper les bouts des cigares. *Des coupe-cigares.*

coupe-circuit n. m. invar. ▪ Appareil qui interrompt un circuit électrique **(→ fusible),** lorsque le courant est trop important.

coupe-coupe n. m. invar. ▪ **→ machette.**

coupée n. f. ▪ Ouverture d'un navire qui permet l'entrée ou la sortie du bord.

coupe-faim n. m. invar. ▪ Substance destinée à diminuer l'appétit.

coupe-feu n. m. invar. ▪ Espace libre ou obstacle destiné à interrompre la propagation d'un incendie. ◂ appos. *Porte coupe-feu.*

coupe-file n. m. ▪ **1** Carte de priorité. **2** Billet donnant un accès prioritaire à une manifestation. *Des coupe-files.*

coupe-gorge n. m. invar. ▪ Lieu dangereux, fréquenté par des malfaiteurs.

coupe-légume n. m. ▪ Instrument pour couper les légumes . *Des coupe-légumes.*

coupellation n. f. ▪ techn. Opération par laquelle on isole l'or ou l'argent contenu dans un alliage au moyen de la coupelle.

coupelle n. f. ▪ Petite coupe.

coupe-ongle n. m. ▪ Pince pour couper les ongles. *Des coupe-ongles.*

coupe-papier n. m. invar. ▪ Instrument, lame pour couper le papier.

couper v. tr. [1] ▪ **I** concret **1** Diviser (un corps solide) avec un instrument tranchant ; séparer en tranchant. *Couper du bois.* ♦ Préparer des pièces de tissu à assembler. **→ tailler. 2** Enlever une partie de (qqch.) avec un instrument tranchant. *Couper de l'herbe.* **3** intrans. Être tranchant. *Couteau qui ne coupe plus.* **4** Faire une entaille à la peau. ◂ pronom. *Se couper en se rasant.* **II 1** Diviser en plusieurs parties. **→ partager.** *Cette haie coupe le champ.* **2** Passer au travers de (qqch.). **→ croiser. 3** Enlever (une partie d'un texte, etc.). ◂ inform. Enlever (du texte...) pour insérer ailleurs. **4** Interrompre. *Couper la parole à qqn.* ◂ *Ça m'a coupé l'appétit.* **5** Arrêter, barrer. ◂ *Couper les ponts**. **6** Interrompre le passage de. *Couper l'eau.* **III 1** Mélanger à un autre liquide. *Couper son vin,* l'additionner d'eau. **2** Diviser (un jeu de cartes) en deux. ♦ Jouer avec l'atout. **IV** v. tr. ind. **1** fam. *COUPER À.* **→ éviter. 2** loc. *Couper court** (II, 2) *à qqch.* ▷ v. pron. se **couper** Se contredire ; se trahir.

coupe-racine n. m. ▪ Instrument servant à trancher les racines. *Des coupe-racines.*

couper-coller v. tr. (à l'inf.) ▪ inform. Sélectionner puis déplacer (des données) à un autre endroit. ◂ n. m. invar. *Faire des couper-coller.*

couperet n. m. ▪ **1** Large couteau pour trancher la viande. **2** Lame de guillotine.

couperose n. f. ▪ Inflammation chronique de la peau du visage, caractérisée par des taches rougeâtres. ▸ **couperosé, ée** adj.

coupeur, euse n. ▪ **1** *Coupeur de,* personne qui coupe (qqch.). **2 → tailleur.**

coupe-vent n. m. invar. ▪ **1** Dispositif à angle aigu, pour réduire la résistance de l'air. **2** Blouson qui protège du vent.

couplage n. m. ▪ Fait de coupler ; assemblage (de pièces mécaniques, etc.).

couple n. m. ▪ **I 1** Deux personnes unies par des relations sentimentales, physiques. **2** (animaux) Le mâle et la femelle. **II** sc. Système de deux forces parallèles, égales et de sens contraire.

couplé n. m. ▪ Mode de pari où l'on parie sur deux chevaux.

coupler v. tr. [1] ▪ Assembler deux à deux.

couplet n. m. ▪ **1** Chacune des parties d'une chanson séparées par le refrain. **2** fam. Propos répété, ressassé.

coupleur n. m. ▪ techn. Dispositif de couplage.

coupole n. f. ▪ Voûte hémisphérique d'un dôme.

coupon n. m. ▪ **1** Pièce d'étoffe. **2** Partie détachable d'un document. *Coupon-réponse.*

coupure n. f. ▪ **I 1** Blessure faite par un instrument tranchant. **→ entaille. 2** abstrait Séparation nette, brutale. **→ cassure, fossé. 3** Suppression d'une partie (d'un ouvrage, d'un film...). **4** Interruption (du gaz, de l'eau...). **II 1** *Coupures de journaux,* articles découpés. **2** Billet de banque.

couque n. f. ▪ région. (Nord, Belgique) Pâtisserie briochée ou feuilletée.

cour n. f. ▪ **I** Espace découvert et clos, dépendant d'une habitation. ◂ *Cour de récréation.* **II 1** Résidence du souverain et de son entourage ; cet entourage **(→ courtisan).** ◂ loc. fig. *Être bien en cour* (auprès de qqn d'important). **2** fig. Personnes empressées auprès d'une autre. ◂ loc. *FAIRE LA COUR à qqn,* chercher à lui plaire. **→ courtiser. III** Tribunal. ◂ (en France) *Cour d'appel. Cour d'assises.* ◂ *Cour des comptes,* chargée de contrôler la comptabilité publique. ◂ *La* HAUTE COUR *de justice,* tribunal chargé de juger le président et les ministres.

courage n. m. ▪ **1** Force morale ; fait d'agir malgré les difficultés, énergie dans l'action. **→ ardeur, volonté. 2** Fait de ne pas avoir peur ; force devant le danger ou la souffrance (s'oppose à *lâcheté, peur*). **→ bravoure.**

courageux, euse adj. ■ **1** Qui a du courage. **2** (acte...) Qui manifeste du courage. ► **courageusement** adv.

courailler v. intr. [1] ■ fam. **1** Courir en tous sens. **2** Courir les femmes. → **cavaler.**

couramment adv. ■ **1** Avec aisance. **2** D'une façon habituelle. → **communément.**

① **courant, ante** adj. ■ **I 1** Qui court. *Chien* (de chasse) *courant.* **2** *Eau courante,* distribuée par tuyaux. **3** loc. *Main* courante.* **4** (temps, action) Qui s'écoule, se fait au moment où l'on parle. → en **cours ; actuel. II** Qui a cours d'une manière habituelle.

② **courant** n. m. ■ **1** Mouvement de l'eau, d'un liquide. *Suivre, remonter le courant* (d'une rivière...). ◆ par ext. *Courants atmosphériques.* **2** *Courant d'air :* passage d'air froid. **3** *Courant (électrique) :* déplacement d'électricité dans un conducteur. **4** Déplacement orienté. *Courants de populations* (émigration...). ◆ fig. *Les courants de l'opinion.* → **mouvement. 5** *Dans le courant de la semaine,* pendant. **6** *AU COURANT :* informé.

courante n. f. ■ **I** Ancienne danse à trois temps ; sa musique. **II** fam. Diarrhée.

courbaril n. m. ■ Arbre des régions tropicales, dont le bois est utilisé en ébénisterie.

courbatu, ue adj. ■ littér. Extrêmement las.

courbature n. f. ■ Sensation de fatigue douloureuse (effort prolongé, fièvre...).

courbaturer v. tr. [1] ■ Donner une courbature à. ▷ adj. **courbaturé, ée**

courbe adj. ■ **I** Qui change de direction sans former d'angles ; qui n'est pas droit. → **arrondi, incurvé, recourbé. II** n. f. **1** Ligne courbe. **2** Ligne représentant un phénomène (→ **graphique).**

courbé, ée adj. ■ Rendu ou devenu courbe.

courber v. tr. [1] ■ **1** Rendre courbe (ce qui est droit). → **arrondir, incurver. 2** Pencher en abaissant. → **incliner.** ◆ loc. fig. *Courber la tête :* obéir. **3** intrans. Devenir courbe. → **ployer.** ▷ v. pron. se **courber**

courbette n. f. ■ Action de s'incliner exagérément, avec une politesse obséquieuse.

courbure n. f. ■ Forme courbe.

courcaillet n. m. ■ Cri de la caille. ◆ Appeau imitant ce cri.

courée n. f. ■ région. (Nord, Flandre) Petite cour commune à plusieurs immeubles.

courette n. f. ■ Petite cour.

coureur, euse n. ■ **I 1** Personne qui court. ◆ adj. *Oiseaux coureurs.* **2** Athlète qui participe à une course. **II** Personne constamment à la recherche d'aventures amoureuses.

courge n. f. ■ **1** Plante potagère cultivée pour son fruit : courge, citrouille... **2** Fruit d'une variété de courge. **3** fam. Imbécile.

courgette n. f. ■ Courge allongée (verte).

courir v. [11] ■ **I** v. intr. **1** Se déplacer par une suite d'élans, en reposant alternativement le corps sur l'une puis l'autre jambe, et d'une allure, la course*, plus rapide que la marche. **2** Aller vite. → se **dépêcher.** ◆ fig. *Courir à sa perte, à sa ruine.* ◆ fam. *Courir après qqn,* le rechercher avec assiduité. *Courir après qqch.,* essayer de l'obtenir. **3** (choses) Se mouvoir avec rapidité. **4** Être répandu, passer de l'un à l'autre. → **circuler,** se **propager,** se **répandre.** *Le bruit court que...* **5** (temps) Suivre son cours, passer. ◆ loc. *Par les temps qui courent :* actuellement. ◆ *L'intérêt court à partir de tel jour,* sera compté à partir de ce jour. **II** v. tr. **1** vx ou dans des loc. Poursuivre. *Courir deux lièvres* à la fois.* **2** Participer à (une épreuve de course). **3** Aller au-devant de. ◆ *Courir un danger,* y être exposé. *Courir sa chance.* → **essayer, tenter. 4** Parcourir. ◆ loc. *Ça court les rues :* c'est banal. **5** Fréquenter assidûment. *Courir les filles.*

courlis n. m. ■ Oiseau échassier migrateur, à long bec, qui vit près de l'eau.

couronne n. f. ■ **I 1** Cercle que l'on met autour de la tête (parure, marque d'honneur). *Couronne de laurier*.* **2** Cercle de métal posé sur la tête (insigne d'autorité). **3** Royauté, souveraineté. *L'héritier de la couronne.* **II 1** *EN COURONNE :* en cercle. **2** Objet circulaire ; choses disposées en cercle. ◆ spécialt Partie visible d'une dent. ◆ Capsule de métal, de porcelaine, dont on recouvre une dent. **III** Unité monétaire du Danemark, de la Norvège, de la Suède, etc.

couronné, ée adj. ■ **1** Qui porte une couronne. *Les têtes couronnées :* les souverains. **2** Qui a reçu un prix. *Roman couronné par l'Académie française.*

couronnement n. m. ■ **I** Cérémonie par laquelle on couronne un souverain. → **sacre. II 1** Ce qui termine et orne le sommet (d'un édifice...). **2** abstrait Ce qui achève.

couronner v. tr. [1] ■ **I 1** Coiffer (qqn) d'une couronne. ◆ Décerner un prix à (qqn, qqch.). **2** Proclamer (qqn) souverain. **II** Orner, entourer comme fait une couronne. **III** abstrait Achever en complétant.

courre v. tr. seulement inf. ■ *Chasse à courre,* avec des chiens courants et à cheval.

courriel n. m. ■ Courrier* électronique. → **e-mail, mail.**

courrier n. m. ■ **I** anciennt Homme qui portait les lettres. **II 1** Transport des lettres, journaux, etc. → **poste.** ◆ *Courrier électronique* (par un réseau informatique, télématique). → **messagerie. 2** Ensemble des lettres, journaux, etc. reçus ou expédiés. **3** Article, chronique d'un journal, sur un sujet.

courriériste n. ■ Journaliste qui fait une chronique. → **chroniqueur.**

courroie n. f. ▪ Bande étroite d'une matière souple et résistante servant à lier, à attacher. ➝ *Courroie de transmission* (fig. intermédiaire).

courroucer v. tr. [3] ▪ littér. Mettre en colère, irriter. ▷ adj. **courroucé, ée**

courroux n. m. ▪ littér. Violente irritation.

cours n. m. ▪ **I** Écoulement continu (de l'eau des rivières, etc.). ➝ loc. fig. *Donner* LIBRE COURS *à sa douleur, sa joie,* ne plus contenir. ♦ *Cours d'eau.* → **fleuve, rivière, ruisseau, torrent.** **II 1** Suite continue dans le temps. → **déroulement, succession.** *Le cours des saisons.* ➝ *Suivre son cours :* évoluer normalement. ♦ loc. AU, EN COURS DE. → **durant, pendant.** **2** Enseignement sur une matière déterminée. ♦ Degré d'études. ♦ Établissement d'enseignement privé. **III 1** Prix auquel sont négociées des marchandises, des valeurs. → **cote, taux.** *Les cours de la Bourse.* **2** AVOIR COURS : avoir valeur légale. ➝ fig. Être reconnu, utilisé. **IV** loc. AU LONG COURS : à longue distance sur mer (→ **long-courrier).** **V** Avenue servant de promenade.

course n. f. ▪ **I 1** Action de courir, mode de locomotion plus rapide que la marche. ➝ loc. *Au pas de course :* en marchant très vite. **2** Épreuve de vitesse. ➝ au plur. Courses de chevaux. *Champ de courses :* hippodrome. ♦ DE COURSE : destiné à la course. **3** *Course de taureaux.* → **corrida.** **II 1** Action de parcourir un espace. → **parcours, trajet.** **2** au plur. Déplacement pour porter, aller chercher qqch. *Garçon de courses.* → ② **coursier.** ♦ Achats. *Faire des courses.* **3** (choses) littér. Mouvement plus ou moins rapide. *La course d'un projectile.*

courser v. tr. [1] ▪ fam. Poursuivre (qqn).

① **coursier** n. m. ▪ littér. Beau cheval.

② **coursier, ière** n. ▪ Personne chargée des courses (II, 2) pour une entreprise, etc.

coursive n. f. ▪ Couloir étroit d'un navire.

① **court, courte** ▪ **I** adj. (contr. *long*) **1** Qui a peu de longueur d'une extrémité à l'autre (relativement à la normale ou par comparaison). **2** Qui a peu de durée. → **bref.** ♦ Peu développé. *Un court récit.* **3** Qui est rapproché dans le temps. ➝ loc. À COURT TERME : dans un avenir rapproché. **4** De fréquence rapide. *Ondes courtes.* ♦ *Avoir le souffle court,* s'essouffler. **II** adv. **1** De manière à rendre court. *Se couper les cheveux très court.* **2** loc. COUPER COURT À (un entretien), l'interrompre au plus vite. ➝ TOURNER COURT : ne pas aboutir. **3** TOUT COURT : sans rien d'autre. **4** *Prendre qqn* DE COURT, à l'improviste. **5** À COURT DE. *Être à court d'idées,* en manquer.

② **court** n. m. ▪ Terrain pour le tennis.

courtage n. m. ▪ **1** Profession de courtier. **2** Commission, rémunération de courtier.

court-bouillon n. m. ▪ Bouillon aromatisé dans lequel on fait cuire du poisson. *Des courts-bouillons.*

court-circuit n. m. ▪ Interruption du courant par fusion des plombs. *Des courts-circuits.*

court-circuiter v. tr. [1] ▪ **1** Mettre en court-circuit. **2** fig., fam. Laisser de côté (un intermédiaire) pour atteindre un but. ▸ **court-circuitage** n. m.

courtepointe n. f. ▪ Couverture de lit ouatée et piquée.

courtier, ière n. ▪ Agent qui met en rapport vendeurs et acheteurs pour des opérations de Bourse ou de commerce. → **agent, représentant, V. R. P.**

courtilière n. f. ▪ Insecte fouisseur appelé aussi *taupe-grillon.*

courtine n. f. ▪ **1** Rideau de lit ; tenture. **2** Mur de fortification.

courtisan n. m. ▪ **1** Homme qui fréquente la cour d'un souverain. **2** fig. Personne qui cherche à plaire aux gens influents.

courtisane n. f. ▪ vieilli Femme entretenue, d'un rang social assez élevé.

courtiser v. tr. [1] ▪ Faire la cour à (qqn).

court-jus n. m. ▪ fam. Court-circuit. *Des courts-jus.*

courtois, oise adj. ▪ **1** Qui est d'une politesse raffinée. ▸ **courtoisement** adv. **2** *Littérature, poésie courtoise* (du Moyen Âge), qui exalte l'amour d'une manière raffinée.

courtoisie n. f. ▪ Politesse raffinée.

court-vêtu, ue adj. ▪ Dont le vêtement est court. *Des femmes court-vêtues.*

couru, ue adj. ▪ **1** Recherché. *Un spectacle très couru.* **2** fam. *C'était couru,* prévu.

couscous [kuskus] n. m. ▪ **1** Semoule de blé dur. **2** Plat de cette semoule, avec de la viande, des légumes et du bouillon.

couscoussier n. m. ▪ Marmite pour la cuisson du couscous.

cousette n. f. ▪ vx Jeune couturière.

couseur, euse n. ▪ techn. **1** Personne qui coud. **2** n. f. Machine à coudre industrielle.

① **cousin, ine** n. ▪ Enfant, descendant de l'oncle ou de la tante.

② **cousin** n. m. ▪ Moustique.

cousinade n. f. ▪ Réunion festive de personnes descendant d'un ancêtre commun.

cousinage n. m. ▪ fam. Ensemble des parents, des cousins.

cousiner v. intr. [1] ▪ Bien s'entendre avec qqn.

coussin n. m. ▪ **1** Pièce souple rembourrée, servant à supporter une partie du corps. **2** *Coussin d'air :* support d'air comprimé.

coussinet n. m. ■ **1** Petit coussin. **2** Partie charnue sous la patte (d'un chat, etc.).

cousu, ue adj. ■ Joint par une couture. ◆ loc. *Être* COUSU D'OR, très riche.

coût n. m. ■ Somme que coûte une chose. → **montant, prix.**

coûtant adj. m. ■ loc. *Prix coûtant :* prix qu'une chose a coûté. *Revendre qqch. à, au prix coûtant.*

couteau n. m. ■ **1** Instrument tranchant servant à couper, composé d'une lame et d'un manche. *Couteau de poche.* → **canif.** ◆ *Couteau à cran d'arrêt* (arme). ♦ loc. *Être à couteaux tirés,* en guerre ouverte. ◆ *Mettre le couteau sous la gorge,* contraindre par la menace. ♦ *Deuxième, second couteau :* personnage de second plan. **2** Outil, instrument tranchant. ♦ Petite truelle de peintre. **3** Arête du prisme qui porte le fléau (d'une balance). **4** Mollusque à coquille allongée.

couteau-scie n. m. ■ Couteau à dents.

coutelas n. m. ■ Couteau à lame large.

coutellerie n. f. ■ **1** Fabrication des couteaux et instruments tranchants. ♦ Ces produits. **2** Usine, atelier de cette industrie. ► **coutelier, ière** n. et adj.

coûter v. [1] ■ **I** v. intr. et tr. ind. *Coûter à qqn* **1** Nécessiter le paiement d'une somme pour être obtenu. → **valoir ; coût, prix.** *Les vingt euros que ce livre m'a coûté.* **2** *Coûter cher :* entraîner des dépenses. ◆ fig. *Cela pourrait vous coûter cher,* vous attirer des ennuis. **II** fig. **1** v. tr. Causer (une peine, un effort) à qqn. ♦ Causer (une perte). *Cela lui a coûté la vie :* il en est mort. **2** v. intr. et tr. ind. COÛTER À : être pénible, difficile pour. *Cet effort me coûte.* ◆ prov. *Il n'y a que le premier pas qui coûte.* **3** loc. adv. COÛTE QUE COÛTE : à n'importe quel prix. → **absolument.**

coûteux, euse adj. ■ Qui coûte cher. → **cher, onéreux.** ► **coûteusement** adv.

coutil [-ti] n. m. ■ Toile croisée et serrée.

coutre n. m. ■ techn. Tranchant d'un soc.

coutume n. f. ■ **1** Manière à laquelle la plupart se conforment, dans un groupe social. → **tradition, usage ; mœurs.** *Us* et coutumes.* **2** vx ou dans des loc. Habitude. *Une fois n'est pas coutume :* on peut faire une exception. ◆ AVOIR COUTUME DE, l'habitude de. ◆ loc. adv. DE COUTUME : d'habitude, d'ordinaire.

coutumier, ière ■ **I** adj. **1** littér. Habituel, ordinaire. **2** *Droit coutumier :* règles juridiques que constituent les coutumes. **3** loc. *Être* COUTUMIER DU FAIT, avoir déjà fait la même chose (répréhensible). **4** Qui suit la loi ancestrale (par ex. en Afrique). **II** n. m. didact. Recueil de coutumes.

couture n. f. ■ **I 1** Action de coudre. **2** Confection professionnelle des vêtements. ◆ Profession de couturier. ◆ HAUTE COUTURE (de vêtements uniques). **II 1** Assemblage réalisé avec du fil et une aiguille. **2** loc. *Examiner sous toutes les coutures,* très attentivement. ◆ *Battre à plate couture,* complètement. **3** Cicatrice.

couturé, ée adj. ■ Marqué de cicatrices.

couturier n. m. ■ Personne qui dirige une maison de couture, crée des modèles.

couturière n. f. ■ Celle qui coud, qui exécute des vêtements.

couvain n. m. ■ Amas d'œufs (d'abeilles...).

couvaison n. f. ■ Temps pendant lequel les oiseaux couvent leurs œufs.

couvée n. f. ■ **1** Œufs couvés par un oiseau. **2** Petits qui viennent d'éclore. → **nichée.**

couvent n. m. ■ **1** Maison dans laquelle des religieux(euses) vivent en commun ; ces religieux. → **communauté, monastère. 2** Pensionnat religieux de jeunes filles.

couver v. [1] ■ **I** v. tr. **1** (oiseaux) Se tenir sur des œufs pour les faire éclore. **2** *Couver qqn,* l'entourer de soins attentifs. ◆ *Couver des yeux :* regarder avec convoitise, tendresse... **3** abstrait Entretenir, préparer en secret. **4** *Couver une maladie,* porter en soi les germes (→ **incubation). II** (sujet chose) v. intr. Être entretenu sourdement. ◆ Se préparer secrètement.

couvercle n. m. ■ Pièce mobile s'adaptant à l'ouverture (d'un récipient) pour le fermer.

① **couvert** n. m. ■ **I 1** vx Logement. ♦ loc. *Le vivre et le couvert :* la nourriture et le logement. **2** loc. prép. et adv. À COUVERT (DE) : dans un lieu où l'on est protégé. **3** SOUS (LE) COUVERT DE : sous la responsabilité de (qqn) ; sous le prétexte de (qqch.). **II 1** Ce que l'on dispose pour le repas. **2** Ustensiles de table pour une personne ; spécialt, cuiller, fourchette et couteau.

② **couvert, erte** adj. ■ **I 1** Qui a un vêtement. ♦ *Restez couvert :* gardez votre chapeau. **2** Qui a sur lui (qqch.). *Couvert de boue.* ♦ *Ciel couvert,* nuageux. **3** À MOTS COUVERTS : en termes voilés. **II** Protégé (par qqn). *Il est couvert par le directeur.* ◆ *Être couvert contre le vol,* assuré.

couverture n. f. ■ **I** concret **1** Pièce de toile, etc. pour recouvrir. ♦ spécialt Pièce de laine, etc. qu'on place sur les draps d'un lit. ♦ loc. fig. *Tirer la couverture à soi :* s'approprier la meilleure part. **2** Ce qui recouvre un livre, un cahier. **3** Toit. **II** abstrait **1** Ce qui sert à couvrir (II), à protéger. *Couverture sociale,* protection des assurés sociaux. **2** fig. Affaire dissimulant une activité secrète. **3** Garantie d'une dette. → **provision. 4** Fait de couvrir (III, 2) (un événement).

couveuse n. f. ■ **1** Poule qui couve. **2** Étuve où l'on fait éclore des œufs. ♦ Enceinte où l'on place les prématurés fragiles.

couvoir n. m. ■ Local où se fait l'incubation des œufs.

couvrant, ante adj. ■ Qui couvre, recouvre sans aucune transparence. *Peinture très couvrante.*

couvre-chaussure n. m. ■ (Canada) Protection imperméable qui se met sur les chaussures. *Des couvre-chaussures.*

couvre-chef n. m. ■ plais. Ce qui couvre la tête. → **chapeau, coiffure.** *Des couvre-chefs.*

couvre-feu n. m. ■ **1** Signal indiquant l'heure de rentrer chez soi. *Des couvre-feux.* **2** Interdiction de sortir (mesure de police).

couvre-lit n. m. ■ Couverture légère servant de dessus de lit. *Des couvre-lits.*

couvre-livre n. m. ■ Protection souple recouvrant un livre. *Des couvre-livres.*

couvre-objet n. m. ■ techn. Mince lame de verre servant à recouvrir les objets que l'on observe au microscope. *Des couvre-objets.*

couvre-pied n. m. ou **couvre-pieds** n. m. invar. ■ Couverture qui recouvre une partie du lit, à partir des pieds.

couvre-plat n. m. ■ Couvercle ou cloche qui recouvre un plat. *Des couvre-plats.*

couvre-sol adj. invar. et n. m. invar. ■ *Plante couvre-sol,* qui pousse en formant un tapis végétal.

couvreur, euse n. ■ Professionnel(le) qui fait ou répare les toitures des maisons.

couvrir v. tr. [18] ■ Revêtir pour cacher, orner, protéger... **I 1** Garnir (un objet) en disposant qqch. dessus. → **recouvrir.** ➛ (sujet chose) Être disposé sur. **2** Habiller chaudement. **3** Parsemer d'une grande quantité de. ◆ fig. *On l'a couvert d'éloges.* ➛ pronom. *Il s'est couvert de ridicule.* ◆ (choses) Être répandu sur. → **joncher.** ➛ pronom. *Le ciel se couvre* (de nuages). **4** Cacher en mettant qqch. par-dessus, autour. **II 1** Protéger par qqch. *Couvrir qqn de son corps.* **2** Abriter (qqn) par sa protection. ➛ passif *Être couvert par son chef.* **3** Fournir une garantie, ou la somme nécessaire. **III 1** Parcourir (une distance). **2** Informer sur (un événement).

covalence n. f. ■ chim. Liaison de deux atomes par mise en commun de deux électrons célibataires. ► **covalent, ente** adj.

covelline n. f. ■ minér. Sulfure naturel de cuivre (CuS).

cover-girl [kɔvœʀgœʀl] n. f. ■ anglic., vieilli Jeune femme qui pose pour des photographies de mode. *Des cover-girls.*

covoiturage n. m. ■ Transport de plusieurs personnes sur le même trajet au moyen d'une voiture individuelle, en partageant les frais. ► **covoiturer** v. intr. [1]

cow-boy [kobɔj ; kaobɔj] n. m. ■ anglic. Gardien de troupeaux à cheval (États-Unis).

cox [kɔks] n. f. ■ Pomme à chair juteuse et acidulée.

coxal, ale, aux adj. ■ didact. De la hanche.

coxalgie n. f. ■ méd. Douleur de la hanche. ► **coxalgique** adj.

coxarthrose n. f. ■ méd. Arthrose de la hanche.

coyote [kɔj-] n. m. ■ Mammifère carnivore d'Amérique, voisin du chacal.

C. Q. F. D. [sekyɛfde] ■ Abrév. de *ce qu'il fallait démontrer* (fin d'une démonstration).

Cr ■ Symbole chimique du chrome.

crabe n. m. ■ Crustacé marin à corps arrondi, à cinq paires de pattes (étrille, tourteau, etc.). ◆ loc. *Marcher* EN CRABE, de côté. ➛ *Panier de crabes :* groupe d'individus cherchant à se nuire.

crabier n. m. ■ Héron qui se nourrit de crabes.

crac interj. ■ Imite un bruit sec (choc...).

crachat n. m. ■ Salive, mucosité rejetée par la bouche.

tout craché loc. adj. invar. ■ (après un nom, un pron.) Très ressemblant. *C'est sa mère tout craché.*

craché adj. invar. ■ *TOUT CRACHÉ* (après un n., un pron.) : très ressemblant. *C'est sa mère tout craché.*

crachement n. m. ■ **1** Action de cracher. **2** Projection (de gaz...). **3** → **crachotement** (2).

cracher v. [1] ■ **I** v. intr. **1** Projeter de la salive, des mucosités par la bouche. → **expectorer.** ➛ loc. fam. *Cracher dans la soupe :* critiquer ce dont on profite. **2** fig., fam. *Cracher sur qqch., qqn,* exprimer un violent mépris. **3** *Ce stylo crache,* l'encre en jaillit. **4** Émettre des crépitements. → **crachoter. II** v. tr. **1** Lancer (qqch.) de la bouche. **2** fig. *Cracher des injures.* → **proférer. 3** fam. Donner (de l'argent). **4** Émettre en lançant. *Volcan qui crache de la lave.*

cracheur, euse n. ■ Personne qui crache.

crachin n. m. ■ Pluie fine et serrée.

crachiner v. impers. [1] ■ Faire du crachin.

crachoir n. m. ■ Récipient dans lequel on peut cracher. ➛ loc. fam. *Tenir le crachoir :* parler sans arrêt.

crachotement n. m. ■ **1** Action de crachoter. **2** Bruit de ce qui crachote.

crachoter v. intr. [1] ■ **1** Cracher un peu. **2** Émettre des crépitements.

crachouiller v. tr. et intr. [1] ■ fam. Crachoter.

① **crack** n. m. ■ **1** Cheval qui gagne des courses. **2** fam. Personne remarquable. → **as, champion.**

② **crack** n. m. ■ argot Dérivé cristallisé de la cocaïne, fumable, très toxique.

① **cracker** [-œʀ] n. m. ■ anglic. Petit biscuit salé croustillant.

② **cracker** [-œʀ] n. m. ■ anglic. Personne qui déjoue un système de protection informatique pour voler ou nuire. → **pirate ; hackeur.**

cracking n. m. ▪ anglic. → **craquage.**

cracra adj. ▪ fam. Crasseux.

crado ou **cradoque** adj. ▪ fam. Très sale. - syn. **crade, cradingue.**

craie n. f. ▪ **1** Calcaire naturel. **2** Calcaire moulé (en bâtons) pour écrire.

craignos [-os] adj. ▪ fam. Qui craint (II) ; pénible ou désagréable.

crailler v. intr. [1] ▪ Crier (corneille).

craindre v. [52] ▪ **I** v. tr. **1** Envisager (qqn, qqch.) comme dangereux, nuisible, et en avoir peur. → **redouter. 2** (plantes...) Être sensible à, ne pas supporter. **II** v. intr. fam. *Ça craint* : c'est pénible, dangereux.

crainte n. f. ▪ **1** Sentiment par lequel on craint (qqn ou qqch.) ; appréhension inquiète. **2** *DE CRAINTE DE ; PAR CRAINTE DE* loc. prép. (devant un n. de chose ou un inf.). ◆ *DE CRAINTE QUE* (+ subj., avec *ne* explétif) loc. conj. *De crainte qu'on ne nous entende.*

craintif, ive adj. ▪ Qui est sujet à la crainte. → **inquiet, peureux.** ◆ Qui manifeste de la crainte. ► **craintivement** adv.

crambe n. m. ▪ bot. Plante cultivée pour ses pétioles comestibles et appelée aussi *chou marin.*

cramer v. [1] ▪ fam. **1** v. tr. Brûler (qqch.) légèrement. **2** v. intr. Brûler.

cramique n. m. ▪ région. Pain aux raisins.

cramoisi, ie adj. ▪ **1** Rouge foncé, presque violet. **2** (teint...) Très rouge.

crampe n. f. ▪ Contraction douloureuse et passagère des muscles. ◆ *Crampe d'estomac.*

crampillon n. m. ▪ techn. Clou recourbé à deux pointes parallèles.

crampon n. m. ▪ **I 1** Pièce de métal pour attacher, etc. (agrafe, crochet). ◆ *Chaussures à crampons,* pour éviter de glisser. **2** Organe de fixation d'une plante grimpante. **II** fig., fam. Personne importune et tenace.

se **cramponner** v. pron. [1] ▪ S'accrocher, se tenir fermement (à). ► **cramponnement** n. m.

cramponnet n. m. ▪ techn. Pièce de métal où se déplace le pêne d'une serrure.

cran n. m. ▪ **I 1** Entaille faite à un corps dur et destinée à accrocher, à arrêter qqch. ◆ fig. *Monter, baisser d'un cran* : passer à qqch. de supérieur, d'inférieur. **2** Entaille servant de repère. **3** Trou d'une sangle, d'une ceinture... **4** Ondulation (notamment des cheveux). **II 1** fam. Audace, courage. **2** *Être À CRAN,* prêt à se fâcher.

cranberry [kʀan-] n. f. ▪ anglic. Canneberge.

① **crâne** n. m. ▪ **1** Boîte osseuse renfermant le cerveau. **2** Tête ; sommet de la tête.

② **crâne** adj. ▪ vieilli Courageux, décidé. ► **crânement** adv.

crâner v. intr. [1] ▪ fam. **1** Affecter la bravoure. **2** Prendre un air vaniteux. ► **crâneur, euse** n. et adj. → **prétentieux.**

craniectomie n. f. ▪ méd. Détachement d'un volet osseux du crâne. - syn. **craniotomie.**

crânien, ienne adj. ▪ Du crâne.

crani(o)- Élément, du grec *kranion* « crâne ».

craniologie n. f. ▪ Étude du crâne humain sous tous ses aspects.

craniotomie → **craniectomie**

cranter v. tr. [1] ▪ Faire des crans à (qqch.). ► **crantage** n. m.

crapahuter v. intr. [1] ▪ fam. Marcher, progresser en terrain difficile.

crapaud n. m. ▪ **I** Batracien au corps trapu, à peau verruqueuse. **II** fig. **1** Défaut dans un diamant, etc. **2** Petit piano à queue. **3** appos. *Fauteuil crapaud,* bas et large.

crapaudine n. f. ▪ bot. Plante annuelle ou vivace de la garrigue, à fleurs roses.

crapauduc n. m. ▪ Petit conduit sous une route, permettant le passage des batraciens.

crapette n. f. ▪ Jeu de cartes qui se joue à deux.

crapoter v. intr. [1] ▪ fam. Tirer sur une cigarette sans vraiment fumer.

crapoteux, euse adj. ▪ fam. Très sale.

crapule n. f. ▪ **I** vx Débauche. **II 1** vieilli Ensemble de débauchés. **2** Individu malhonnête. ► **crapuleux, euse** adj. *Crime crapuleux.* → **sordide.** ► **crapuleusement** adv.

craquage n. m. ▪ Procédé de raffinage du pétrole.

craquant, ante adj. ▪ **1** Qui craque. **2** fam. Qui fait craquer (I, 5), est très tentant.

craque n. f. ▪ fam. Mensonge, exagération.

craqueler v. tr. [4] ▪ Fendiller (une surface polie). ► **craquelure** n. f. → **fêlure.**

craquelin n. m. ▪ Biscuit dur et croquant.

craquement n. m. ▪ Bruit de ce qui craque.

craquer v. [1] ▪ **I** v. intr. **1** Produire un bruit sec, bref. **2** Céder, se déchirer brusquement. ◆ loc. fig. *PLEIN À CRAQUER.* → **bondé. 3** fig. Être ébranlé, menacer ruine. **4** S'effondrer nerveusement. **5** fam. Céder à une envie ; être séduit. **II** v. tr. Allumer (une allumette) en la frottant.

craqueter v. intr. [4] ▪ **1** Produire des craquements. **2** (cigogne...) Crier. ► **craquètement** ou **craquettement** n. m.

crash n. m. ▪ anglic. Atterrissage forcé, souvent brutal (d'un avion).

se **crasher** v. pron. [1] ▪ anglic. (engins aériens) S'écraser au sol.

crash test [-tɛst] n. m. ▪ anglic. Essai de chocs réalisé en laboratoire sur un véhicule, pour en tester la résistance. *Des crash tests.*

crassane n. f. ▪ Poire fondante.

crasse ▪ **I** adj. f. *Ignorance, bêtise... crasse,* totale. **II** n. f. **1** Couche de saleté. **2** fam. Indélicatesse. → **vacherie.**

crasseux, euse adj. ▪ Couvert de crasse ; très sale. → fam. **cracra, crado.**

crassier n. m. ▪ Amoncellement des scories de hauts fourneaux. → **terril.**

-crate, -cratie [kʀasi], **-cratique** [kʀatik] Éléments, du grec *kratos* «pouvoir».

cratère n. m. ▪ **1** Vase antique à deux anses. **2** Dépression d'un volcan par laquelle s'échappent des matières en fusion.

craterelle n. f. ▪ bot. Trompette*-de-la-mort.

cratériforme adj. ▪ didact. En forme de coupe.

cravache n. f. ▪ Badine de cavalier.

cravacher v. [1] ▪ **1** v. tr. Frapper d'une cravache. **2** v. intr. fam. Aller vite, travailler dur.

cravate n. f. ▪ **1** Bande d'étoffe que l'on noue et qui passe sous le col de chemise. **2** Insigne de haute décoration.

cravater v. tr. [1] ▪ **1** Mettre une cravate à (qqn). **2** fam. Attaquer (qqn) en le serrant par le cou. ♦ Prendre, attraper (qqn).

crave n. m. ▪ zool. Oiseau des montagnes, voisin du choucas.

crawl [kʀol] n. m. ▪ anglic. Nage rapide avec un battement continu des jambes et une rotation des bras. ► **crawler** v. intr. [1] ► **crawleur, euse** n.

crayeux, euse adj. ▪ **1** De la nature de la craie. **2** De la couleur (blanche) de la craie.

crayon n. m. ▪ **I 1** Petite baguette, souvent en bois, enfermant une longue mine. ♦ par ext. *Crayon à bille. Crayon feutre.* **2** Bâtonnet (de fard). **II** Dessin au crayon.

crayonné n. m. ▪ Esquisse d'une illustration.

crayonner v. tr. [1] ▪ Dessiner, écrire au crayon. ► **crayonnage** n. m.

créance n. f. ▪ **I** vx Croyance, foi. **II** Droit en vertu duquel qqn (le créancier) peut exiger qqch., de l'argent de qqn.

créancier, ière n. ▪ Titulaire d'une créance ; personne à qui de l'argent est dû.

créateur, trice ▪ **I 1** n. m. Puissance qui crée. → **dieu ; démiurge. 2** n. Auteur, inventeur (de qqch.). ♦ Premier interprète (d'un rôle). ♦ Personne qui conçoit et vend sous sa marque (un produit nouveau, spécialt des vêtements). **II** adj. Qui crée. *Pensée créatrice.*

créatif, ive adj. ▪ Inventif, imaginatif.

créatine n. f. ▪ biochim. Substance azotée qui joue un rôle important dans l'énergétique musculaire.

créatinine n. f. ▪ biochim. Anhydride de la créatine.

création n. f. ▪ **I 1** Action de créer (I, 1). *La création du monde.* → **genèse. 2** Le monde, considéré comme l'œuvre d'un créateur. **II 1** Action de faire, d'organiser (qqch. qui n'existait pas). ♦ Fait de créer (une œuvre). **2** Ce qui est créé. → **œuvre.** ♦ Nouvelle fabrication ; modèle inédit.

créationnisme n. m. ▪ didact. Doctrine selon laquelle les espèces vivantes ont été créées telles qu'elles existent aujourd'hui. → **fixisme.** ► **créationniste** adj. et n.

créativité n. f. ▪ Pouvoir de création.

créature n. f. ▪ **1** Être qui a été créé (opposé à *créateur* I, 1). **2** *Créature humaine :* être humain. ♦ Femme. *Une superbe créature.* **3** Personne qui tient sa position de qqn. → **protégé.**

crécelle n. f. ▪ **1** Moulinet de bois produisant un bruit sec et aigu. **2** fig. *Voix de crécelle,* aiguë, désagréable.

crécerelle n. f. ▪ Faucon à longue queue.

crèche n. f. ▪ **I 1** Mangeoire où Jésus fut placé à sa naissance, dans l'étable de Bethléem, selon la tradition de Noël. **2** Représentation de cette étable, de la Nativité. **II** Établissement qui reçoit dans la journée les enfants de moins de trois ans.

crécher v. intr. [6] ▪ fam. Habiter, loger.

crédence n. f. ▪ Buffet à tablettes superposées, pour poser les plats, la verrerie.

crédibiliser v. tr. [1] ▪ Rendre crédible.

crédible adj. ▪ anglic. Digne de confiance. → **fiable.** ► **crédibilité** n. f.

crédirentier, ière n. et adj. ▪ dr. Créancier d'une rente.

crédit n. m. ▪ **I 1** vx Confiance inspirée par qqn, qqch. (→ accréditer). **2** littér. Influence due à cette confiance. **II** (Confiance dans la solvabilité de qqn) **1** loc. *À CRÉDIT :* sans paiement immédiat (opposé à *au comptant*). **2** Opération par laquelle qqn met une somme d'argent à la disposition d'un autre ; cette somme. → **prêt ; avance.** ♦ Établissement de crédit. → **banque. 3** au plur. Sommes allouées sur un budget pour un usage. **4** Partie d'un compte où sont inscrites les sommes remises. → **avoir.**

crédit-bail n. m. ▪ Leasing*. *Des crédits-bails.*

créditer v. tr. [1] ▪ Porter au crédit de (qqn ; son compte) (opposé à *débiter*).

créditeur, trice n. ▪ Personne qui a des sommes à son crédit. ← adj. *Solde créditeur.*

credo [kʀedo] n. m. ▪ **1** relig. chrét. (avec maj.) Articles fondamentaux de la foi. **2** Principes sur quoi on fonde sa conduite.

crédule adj. ▪ Qui a une confiance excessive et naïve. ► **crédulité** n. f.

créer v. tr. [1] ■ **I** (sens fort) **1** relig. Donner l'existence à ; tirer du néant. **2** Faire, réaliser (qqch. qui n'existait pas encore). → **concevoir, inventer.** **II** (sens faible) **1** Établir ou organiser. *Créer des emplois.* **2** *Créer un rôle,* en être le premier interprète. **3** Fabriquer (un produit nouveau). **4** Être la cause de. → **provoquer, susciter.**

crémaillère n. f. ■ **1** Tige de fer à crans d'une cheminée, pour suspendre une marmite. ➝ loc. *PENDRE LA CRÉMAILLÈRE* : célébrer son installation dans un nouveau logement. ➝ *(Pendaison de) crémaillère* : fête organisée à cette occasion. **2** Pièce munie de crans. ➝ Rail denté.

crémant n. m. ■ Vin pétillant à mousse légère.

crémation n. f. ■ Action de brûler le corps d'un mort. → **incinération.**

crématoire adj. ■ *Four crématoire,* où l'on réduit les corps en cendres.

crématorium [-jɔm] n. m. ■ Lieu où l'on incinère les morts. - var. **crematorium.**

crème n. f. ■ **I 1** Matière grasse du lait, dont on fait le beurre. **2** fam. *C'est la crème des hommes,* le meilleur des hommes. **3** Entremets composé surtout de lait et d'œufs. **4** Potage velouté. **5** Liqueur épaisse (sucrée). **6** Préparation pour les soins de la peau. **II** adj. invar. D'une couleur blanche légèrement teintée de jaune.

crémerie n. f. ■ Magasin de crémier. ♦ loc. fam. *Changer de crémerie* : aller ailleurs.

crémeux, euse adj. ■ **1** Qui contient beaucoup de crème (I, 1). **2** Qui a la consistance, l'aspect de la crème.

crémier, ière n. ■ Commerçant qui vend des produits laitiers, des œufs, etc.

crémone n. f. ■ Espagnolette*.

créneau n. m. ■ **I** Ouverture pratiquée au sommet d'un rempart, pour la défense. ➝ loc. fig. *Monter au créneau* : s'engager dans une lutte (politique, etc.). **II 1** Manœuvre pour se garer, en marche arrière. **2** comm. Place disponible (sur un marché...). **3** Temps disponible.

crénelé, ée adj. ■ **1** Garni de créneaux. *Mur crénelé.* **2** sc. nat. Dont le bord est découpé. *Feuille crénelée.*

créneler v. tr. [4] ■ **1** Munir de créneaux. **2** Entailler de crans.

crénelure n. f. ■ Découpure en forme de créneaux. → **dentelure.**

crénothérapie n. f. ■ méd. Traitement par les eaux de source.

créole ■ **1** n. Personne d'ascendance européenne née dans une des anciennes colonies intertropicales (Antilles...). ➝ par ext. Toute personne née dans ces territoires. ♦ adj. *Culture créole.* **2** n. m. Langue provenant du contact des langues de colonisation avec des langues locales ou importées (africaines).

créoliser v. tr. [1] ■ Donner un caractère créole à. ➝ pronom. *Langue qui se créolise.* ► **créolisation** n. f.

créosote n. f. ■ Liquide huileux extrait de goudrons, désinfectant.

crêpage n. m. ■ Action de crêper (1).

① **crêpe** n. f. ■ Fine galette d'une pâte faite de lait, de farine et d'œufs, cuite à la poêle.

② **crêpe** n. m. ■ **I** Tissu léger de soie, de laine. ♦ Morceau de crêpe noir (signe de deuil). **II** Caoutchouc séché. *Semelles de crêpe.*

crêpelé, ée adj. ■ (cheveux) Frisé à très petites ondulations. → **crépu.**

crêper v. tr. [1] ■ **1** Rebrousser, faire gonfler (les cheveux). **2** loc. fam. *Se crêper le chignon*.*

crêperie n. f. ■ Lieu où l'on fait, où l'on vend, où l'on consomme des crêpes.

crépi n. m. ■ Couche de plâtre, de ciment d'aspect raboteux, dont on revêt un mur.

crêpier, ière ■ **I** n. Personne qui fait des crêpes pour les vendre. **II** n. f. Appareil ou poêle pour faire des crêpes.

crépine n. f. ■ boucherie Membrane qui entoure les viscères de certains animaux.

crépinette n. f. ■ Saucisse plate entourée de crépine.

crépir v. tr. [2] ■ Garnir d'un crépi. ► **crépissage** n. m.

crépiter v. intr. [1] ■ Faire entendre une succession de bruits secs. ► **crépitement** n. m. et **crépitation** n. f.

crépon n. m. ■ **1** Crêpe épais. **2** appos. *Papier crépon* : papier gaufré décoratif.

crépu, ue adj. ■ (cheveux...) Très frisé.

crépuscule n. m. ■ **1** Lumière incertaine qui succède au coucher du soleil. **2** fig., littér. Déclin, fin. ► **crépusculaire** adj.

crescendo [kʀeʃɛndo ; -ʃɛ̃do] ■ mus. **1** adv. En augmentant progressivement l'intensité sonore. ♦ loc. *Aller crescendo,* en augmentant. **2** n. m. Son d'intensité croissante.

crésol n. m. ■ chim. Phénol dérivé du toluène et utilisé comme désinfectant.

cresson [kʀesɔ̃ ; kʀə-] n. m. ■ Plante herbacée à petites feuilles rondes comestibles (souvent cultivée dans des bassins).

cressonnette n. f. ■ Cardamine des prés, dite aussi *cresson des prés.*

cressonnière n. f. ■ Lieu où l'on cultive le cresson.

crésus [-ys] n. m. ■ Homme très riche.

crésyl n. m. ■ Désinfectant formé d'un mélange de phénols.

crêt n. m. ■ Escarpement rocheux bordant une combe.

crétacé, ée adj. et n. m. ■ géol. Se dit d'une période de la fin du secondaire, correspondant à la formation des terrains à craie.

crête n. f. ■ **I** Excroissance charnue, rouge, dentelée, sur la tête de certains gallinacés. **II 1** Ligne de faîte. **2** Arête supérieure (d'une vague).

crêté, ée adj. ■ zool. Qui a une crête.

crête-de-coq n. f. ■ Nom courant de plusieurs plantes à feuilles dentelées. *Des crêtes-de-coq.*

crételle n. f. ■ Graminée fourragère.

crétin, ine n. ■ **1** méd. Personne atteinte de crétinisme (1). **2** cour. Personne stupide.

crétinerie n. f. ■ Action de crétin.

crétiniser v. tr. [1] ■ Rendre crétin (2). ► **crétinisant, ante** adj.

crétinisme n. m. ■ **1** méd. Arriération mentale grave. **2** Grande bêtise.

crétois, oise adj. et n. ■ De l'île de Crète. ➛ n. *Les Crétois.* ♦ n. m. *Le crétois* (langue).

cretonne n. f. ■ Toile de coton très forte.

cretons n. m. pl. ■ (Canada) Pâté de viande de porc avec des oignons.

creuser v. [1] ■ **I** v. tr. **1** Rendre creux en enlevant de la matière ; faire un, des trous dans (qqch.). → **évider, trouer.** ➛ loc. *L'exercice m'a creusé (l'estomac),* donné faim. ➛ *Se creuser la tête, la cervelle :* faire un effort de réflexion. **2** Donner une forme concave à. **3** fig. → **approfondir.** *Creuser une idée.* **II** v. tr. Faire (qqch.) en enlevant de la matière. *Creuser un trou.* **III** v. intr. Faire, approfondir un trou. ▷ v. pron. se **creuser 1** Devenir creux. **2** (trou) Se former. ➛ fig. *Un fossé s'est creusé entre eux.* ► **creusage** et **creusement** n. m.

creuset n. m. ■ **1** Récipient qui sert à faire fondre ou calciner certaines substances. **2** littér. Lieu où diverses choses se mêlent.

creux, creuse ■ **I** adj. **1** Qui est vide à l'intérieur. ♦ *Son creux,* celui d'un objet creux sur lequel on frappe. ➛ adv. *Sonner creux.* **2** (texte...) Vide de sens. **3** *Heures creuses,* de faible activité. **4** Qui présente une concavité. ➛ *Chemin creux,* en contrebas. ➛ *Joues creuses.* → **maigre. II** n. m. **1** Vide intérieur (dans un corps). → **cavité, trou.** ➛ fam. *Avoir un creux* (à l'estomac) : avoir faim. **2** Partie concave. *Le creux de la main.* ➛ *Le creux d'une vague* (opposé à crête). loc. *Être dans le creux de la vague,* dans une période difficile.

crevaison n. f. ■ Fait de crever (pneu...).

crevant, ante adj. ■ fam. Qui exténue.

crevard, arde n. et adj. ■ fam. **1** Personne malingre. **2** Personne avide.

crevasse n. f. ■ **1** Fente profonde à la surface (de qqch.). ♦ Cassure étroite et profonde dans un glacier. **2** Petite fente de la peau (froid, etc.). → **engelure, gerçure.**

crevasser v. tr. [1] ■ Faire des crevasses à.

crève n. f. ■ fam. *Attraper la crève,* attraper froid. ➛ *Avoir la crève* (rhume, grippe).

crevé, ée adj. ■ **1** (animaux, plantes) Mort. *Un chien crevé.* **2** fam. (personnes) Très fatigué.

crève-cœur n. m. ■ Peine profonde mêlée de regret. *Des crève-cœurs.*

crève-la-faim n. invar. ■ fam. Miséreux.

crever v. [5] ■ **I** v. intr. **1** S'ouvrir en éclatant, par excès de tension. **2** (personnes) Être trop rempli (de). ➛ *C'est à crever de rire,* à éclater de rire. **3** (animaux, plantes ; (fam.) personnes) Mourir. ➛ par ext., fam. *Crever de faim ; d'ennui.* **II** v. tr. **1** Faire éclater (une chose gonflée ou tendue). ➛ au p. p. *Pneu crevé.* **2** loc. *Crever les yeux :* être bien en vue ; être évident. ➛ *Crever le plafond :* dépasser la limite supérieure. **3** Exténuer (un animal ; fam. qqn) par un effort excessif.

crevette n. f. ■ Petit crustacé marin, dont certaines espèces sont très appréciées.

crevettier n. m. ■ Bateau qui fait la pêche à la crevette.

cri n. m. ■ **1** Son perçant émis par la voix. **2** Paroles prononcées très fort, sur un ton aigu. ➛ loc. *Jeter les hauts cris,* protester avec véhémence. *À cor* et à cri.* ♦ fig., fam. *Le dernier cri* (de la mode), les nouveautés. **3** Opinion manifestée hautement. **4** *Cri du cœur,* expression non maîtrisée d'un sentiment sincère. **5** Son émis par les animaux.

criailler v. intr. [1] ■ Crier, se plaindre sans cesse. → **geindre.** ► **criaillement** n. m.

criaillerie n. f. ■ Plainte criarde et répétée. → **jérémiade, récrimination.**

criant, criante adj. ■ Évident, flagrant.

criard, criarde adj. ■ **I 1** Qui crie désagréablement. **2** (son...) Aigu et désagréable. **II** Qui choque la vue. *Couleur criarde* (vive).

criblage n. m. ■ techn. Action de passer au crible, de trier par grosseur. → **calibrage, triage.**

crible n. m. ■ **1** Instrument percé de trous, qui sert à trier des objets de grosseur inégale. → **tamis. 2** abstrait *Passer* (une idée...) *au crible,* examiner avec soin. ➛ *Au crible de :* du point de vue de.

cribler v. tr. [1] ■ **1** Trier avec un crible. **2** Percer de nombreux trous. ♦ (au p. p.) loc. *Être criblé de dettes,* en avoir beaucoup.

cric n. m. ■ Appareil pour soulever à une faible hauteur des fardeaux très lourds.

cricket [-ɛt] n. m. ■ Sport d'équipe britannique, qui se pratique avec des battes.

cricoïde adj. ■ anat. *Cartilage cricoïde :* anneau cartilagineux à la partie inférieure du larynx.

cricri n. m. ■ fam. Grillon.

criée n. f. ▪ *Vente à la criée* ou *criée* : vente publique aux enchères.

crier v. [7] ▪ **I** v. intr. **1** Produire un ou plusieurs cris. **2** Parler fort, élever la voix. ➝ *CRIER À* (qqch.), dénoncer *(crier au scandale)* ou proclamer *(crier au miracle)*. ♦ Protester violemment. **3** (choses) → **grincer.** **II** v. tr. **1** Dire d'une voix forte. *Crier un slogan.* ♦ Faire connaître avec force. → **affirmer, clamer, proclamer.** ➝ *N'allez pas le crier sur les toits,* restez discret. **2** loc. *Crier famine,* se plaindre de la faim. ➝ *Crier vengeance,* réclamer la vengeance.

crieur, euse n. ▪ **1** Marchand ambulant qui annonce ce qu'il vend. **2** *Crieur public,* qui faisait les proclamations publiques.

crime n. m. ▪ **1** dr. Infraction grave, que les lois punissent d'une peine de réclusion ou de détention d'au moins dix ans (opposé à *contravention, à délit*). **2** cour. Assassinat, meurtre. **3** Action blâmable.

criminaliser v. tr. [1] ▪ dr. Faire passer de la juridiction civile ou correctionnelle à la juridiction criminelle. ♦ Ériger (un délit) en crime.

criminaliste n. ▪ dr. Spécialiste du droit criminel. → **pénaliste.**

criminalistique n. f. ▪ dr. Application des techniques d'investigation policière à la recherche des preuves.

criminalité n. f. ▪ **1** Ensemble des actes criminels. **2** Le milieu des criminels.

criminel, elle ▪ **I** n. Personne coupable d'un crime ; assassin, meurtrier. ➝ *Criminel de guerre,* qui commet des atrocités au cours d'une guerre. **II** adj. **1** Qui constitue un crime. **2** dr. Relatif aux crimes et à leur répression (→ **pénal). 3** fam. (acte...) Très regrettable. ▶ **criminellement** adv.

criminogène adj. ▪ Qui contribue à l'extension de la criminalité.

criminologie n. f. ▪ Science de la criminalité (causes, manifestations...).

criminologue n. ▪ Spécialiste de criminologie. - syn. **criminologiste.**

crin n. m. ▪ Poil long et rude qui pousse au cou (→ **crinière)** et à la queue de certains animaux (chevaux, lions, etc.). ➝ par ext. *Crin végétal.* ♦ loc. *À TOUS CRINS* (ou *à tout crin*) : complet ; ardent, énergique.

crincrin n. m. ▪ fam. Mauvais violon.

crinière n. f. ▪ **1** Ensemble des crins du cou (d'animaux). **2** fam. Chevelure abondante.

crinoline n. f. ▪ anciennt Armature que l'on portait pour faire bouffer les jupes.

criocère n. m. ▪ zool. Insecte coléoptère, dont la larve est nuisible aux plantes.

crique n. f. ▪ Petite baie. → **anse, calanque.**

criquet n. m. ▪ Insecte volant et sauteur, gris ou brun, vorace. *Le criquet stridule.*

crise n. f. ▪ **1** Manifestation brutale ou aggravation brusque d'une maladie. → **accès, attaque. 2** Manifestation soudaine et violente (d'émotions). *Crise de colère.* ➝ loc. *Crise de nerfs*.* ➝ par ext. *Une crise d'autorité.* **3** Phase grave dans une évolution. *Crise économique.* → **dépression.**

criser v. intr. [1] ▪ fam. Perdre le contrôle de ses nerfs.

crispant, ante adj. ▪ Qui crispe (2).

crispation n. f. ▪ **1** Contraction brève des muscles. **2** Mouvement d'agacement.

crisper v. tr. [1] ▪ **1** Contracter les muscles de. → **convulser.** *La douleur lui crispait le visage.* **2** fam. Causer une vive irritation à (qqn). → **agacer, impatienter.** ▷ adj. **crispé, ée** *Poings crispés.* ➝ *Sourire crispé,* tendu.

crispin n. m. ▪ **1** anciennt Type de valet de comédie. **2** Manchette de cuir pour protéger le poignet.

criss → **kriss**

crisser v. intr. [1] ▪ Produire un bruit aigu de frottement. ▶ **crissement** n. m.

cristal, aux n. m. ▪ **I 1** Minéral naturel transparent et dur. *Cristal de roche.* **2** Verre très limpide. ♦ fig. (symbole de pureté...) *Une voix de cristal.* **II** sc. Forme géométrique définie prise par des substances minérales ou solidifiées. ♦ *Cristal liquide* (utilisé pour l'affichage électronique).

cristallerie n. f. ▪ Fabrication, fabrique d'objets en cristal (I, 2).

cristallin, ine ▪ **I** adj. **1** Clair, transparent comme le cristal. ➝ (son) Pur et clair. **2** sc. Relatif à un état solide où la disposition des atomes *(réseau cristallin)* produit des formes géométriques définies (opposé à *amorphe*). → **cristal** (II). **II** n. m. Partie transparente de l'œil, en arrière de la pupille.

cristallinien, ienne adj. ▪ anat. Du cristallin (II).

cristallisable adj. ▪ Susceptible de cristalliser.

cristallisant, ante adj. ▪ didact. Qui provoque la cristallisation.

cristalliser v. [1] ▪ **I 1** v. tr. Faire passer (un corps) à l'état de cristaux (II). **2** v. intr. et pron. Passer à l'état cristallin. **II** fig., littér. **1** v. tr. Rassembler (des éléments épars) en un tout cohérent. **2** v. intr. (sentiments...) Se préciser. ▶ **cristallisation** n. f.

cristallisoir n. m. ▪ chim. Récipient de laboratoire en verre, à bords bas.

cristallite n. f. ▪ Ensemble des cristaux élémentaires contenus dans la cellulose.

cristallo- Élément, du grec *krustallos* « cristal ».

cristallogenèse n. f. ▪ didact. Formation d'un cristal.

cristallographie n. f. ▪ Science qui étudie les cristaux. ► **cristallographe** n. ► **cristallographique** adj.

criste-marine n. f. ▪ Petite plante à feuilles charnues qui pousse dans les fentes des rochers littoraux. *Des cristes-marines.* – var. **christe-marine.** – syn. **crithme.**

critère n. m. ▪ Ce qui sert de base à un jugement. → **référence.**

critérium [-jɔm] n. m. ▪ sports Épreuve servant à classer, à éliminer des concurrents.

crithme n. m. ▪ → **criste-marine.**

criticailler v. intr. [1] ▪ fam., péj. Critiquer sans raison ou pour le plaisir.

criticisme n. m. ▪ philos. Doctrine fondée sur la critique de la valeur de la connaissance. ► **criticiste** adj. et n.

critiquable adj. ▪ Qui mérite d'être critiqué. → **discutable ; blâmable.**

① **critique** adj. ▪ **1** Qui a rapport à une crise (1) ; qui correspond à un seuil. *Phase critique d'une maladie.* **2** Qui décide du sort de qqn ou de qqch. → **décisif ; crucial.** ◆ *Situation critique.* → **dangereux, grave. 3** phys. Où se produit un changement dans l'état ou les propriétés d'un corps.

② **critique** ▪ **I** n. f. **1** Examen en vue de porter un jugement. *Critique de soi-même.* → **autocritique. 2** spécialt Art de juger les ouvrages de l'esprit, les œuvres d'art. ♦ Analyse, examen d'une œuvre. **3** Action de critiquer (II) ; jugement défavorable. **II 1** n. Professionnel de la critique (I, 2). **2** n. f. L'ensemble des critiques. **III** adj. **1** Qui décide de la valeur des œuvres. *Analyse critique.* **2** Qui examine la valeur d'une assertion, l'authenticité d'un texte, etc. ◆ loc. *Esprit critique,* qui n'accepte rien sans s'interroger sur sa valeur. **3** Qui critique (II). *Être critique à l'égard de qqn, envers qqn.*

critiquer v. tr. [1] ▪ **I** Examiner (les ouvrages d'art ou d'esprit) par la critique. **II** Émettre un jugement négatif sur.

critiqueur, euse n. ▪ Qui critique (II) volontiers.

croasser v. intr. [1] ▪ (corbeau...) Pousser son cri (≠ *coasser*). ► **croassement** n. m.

croate adj. et n. ▪ De la Croatie. ◆ n. *Les Croates.*

crobard n. m. ▪ fam. Croquis.

croc [kʀo] n. m. ▪ **1** Instrument, bâton muni d'un crochet. **2** Dent pointue de certains animaux (→ **canine).** ◆ loc. fam. *Avoir les crocs,* extrêmement faim.

croc-en-jambe [kʀɔk-] n. m. ▪ Fait de déséquilibrer qqn en lui tirant une jambe à l'aide du pied. → **croche-pied.** *Des crocs-en-jambe.*

① **croche** n. f. ▪ Note de musique qui vaut la moitié d'une noire.

② **croche** adj. ▪ (Canada, Louisiane) **1** Recourbé à son extrémité. → **crochu, tordu. 2** Tordu, de travers. *Une règle croche.* **3** fig. Malhonnête, faux.

croche-pied n. m. ▪ Croc-en-jambe. *Des croche-pieds.* – syn. fam. **croche-patte.**

crocher v. [1] ▪ **I** v. tr. région. Attraper ; accrocher. **II** v. intr. mar. S'agripper.

crochet n. m. ▪ **I 1** Pièce de métal recourbée, pour prendre ou retenir qqch. ♦ loc. *Vivre aux crochets de qqn,* à ses dépens. **2** Instrument à extrémité recourbée (spécialt pour le tricot, la dentelle). **3** zool. Dent à pointe recourbée. **II** fig. **1** Signe graphique, parenthèse à extrémités en angle droit : [ ]. **2** Tournant brusque. ♦ Détour. **3** boxe Coup de poing vers l'intérieur.

crocheter v. tr. [5] ▪ Ouvrir (une serrure) avec un crochet. ► **crochetable** adj. ► **crochetage** n. m.

crochu, ue adj. ▪ **1** Recourbé en forme de crochet. *Nez crochu.* **2** loc. *Avoir des* ATOMES CROCHUS *avec qqn,* des affinités.

crocodile n. m. ▪ **1** Grand reptile à fortes mâchoires, à quatre courtes pattes, qui vit dans les fleuves des régions chaudes. ◆ loc. *Larmes de crocodile,* hypocrites. **2** Peau de crocodile.

crocus [-ys] n. m. ▪ Plante à bulbe dont une espèce est le safran ; sa fleur.

croire v. [44] p. p. *cru, crue* ▪ **I** v. tr. dir. **1** Penser que (qqch.) est véritable, donner une adhésion de principe à. *Il ne croit que ce qu'il voit.* **2** *Croire qqn,* penser que ce qu'il dit est vrai. **3** littér. *EN CROIRE,* s'en rapporter à (qqn). *Si vous m'en croyez...* ◆ loc. *Ne pas en croire ses yeux, ses oreilles,* s'étonner de ce qu'on voit, entend. **4** *CROIRE QUE :* considérer comme vraisemblable ou probable. **5** (+ inf.) Sentir, éprouver comme vrai. **6** (+ attribut) → **estimer, supposer.** *On l'a cru mort.* ◆ pronom. *Il se croit le plus malin.* **II** v. tr. ind. **1** *CROIRE À qqch. :* tenir pour réel, vraisemblable ou possible. **2** *CROIRE EN qqn, qqch. :* avoir confiance en. → **compter** sur, se **fier** à. **3** (avec *à, en*) Être persuadé de l'existence et de la valeur de (tel dogme, tel être religieux ou mythique). **III** v. intr. **1** Avoir une attitude d'adhésion intellectuelle. **2** Avoir la foi religieuse (→ **croyant).**

croisade n. f. ▪ **1** hist. Expédition entreprise par les chrétiens coalisés pour délivrer les lieux saints qu'occupaient les musulmans. **2** fig. Lutte d'opinion, campagne.

① **croisé** n. m. ▪ Celui qui participait à une croisade.

② **croisé, ée** adj. ▪ **I 1** Disposé en croix ; qui se croisent. *Rester les bras croisés* (fig. rester à ne rien faire). ◆ (vêtement) Dont les bords se croisent. *Veste croisée.* **2** *Rimes croisées,* qui alternent. ♦ *Mots* croisés.* **II** Qui est le résultat d'un croisement. → **hybride.**

croisée n. f. ■ **1** *La croisée des chemins*, l'endroit où ils se coupent. → **croisement.** **2** Châssis vitré d'une fenêtre ; la fenêtre.

croisement n. m. ■ **I 1** Action de disposer en croix, de faire se croiser ; disposition croisée. **2** Point où se coupent des voies. → **croisée, intersection ; carrefour. II** Hybridation, métissage (d'animaux...).

croiser v. [1] ■ **I** v. tr. **1** Disposer (deux choses) l'une sur l'autre, en forme de croix. *Se croiser les bras* (fig. rester dans l'inaction). **2** *Croiser le fer* : se battre à l'épée. **3** Passer au travers de. → **couper, traverser.** *La voie ferrée croise la route.* ➡ Passer à côté de, en allant en sens contraire. *Croiser qqn dans la rue.* **II** v. tr. Faire un croisement (d'animaux, de plantes d'espèces différentes). **III** v. intr. **1** (bords d'un vêtement) Passer l'un sur l'autre. **2** (navire) Aller et venir dans les mêmes parages. ▷ v. pron. **se croiser 1** Être ou se mettre en travers l'un de l'autre. **2** Passer l'un près de l'autre en allant dans une direction différente.

croisette n. f. ■ bot. Espèce de gaillet.

croiseur n. m. ■ Navire de guerre rapide.

croisière n. f. ■ **1** Voyage sur un paquebot, un navire de plaisance. **2** loc. *Vitesse de croisière* : (bateau, avion) allure moyenne ; fig. rythme normal d'activité.

croisiériste n. ■ **1** Touriste qui effectue une croisière. **2** Organisateur de croisières.

croisillon n. m. ■ **1** Traverse d'une croix. ♦ archit. Moitié du transept d'une église. **2** Barre qui partage un châssis de fenêtre.

croissance n. f. ■ **1** (organisme) Fait de croître, de grandir. **2** (choses) → **développement.** *Croissance économique.*

① **croissant** n. m. ■ **I 1** Forme échancrée de la partie éclairée de la Lune (pendant qu'elle croît, décroît). **2** Forme analogue. ♦ *Le Croissant rouge*, équivalent islamique de la Croix-Rouge. **II** Petite pâtisserie feuilletée (en forme de croissant).

② **croissant, ante** adj. ■ Qui croît.

croissanterie n. f. ■ Boutique qui propose de la viennoiserie.

croître v. intr. [55] p. p. *crû, crue, crus* ■ **1** Grandir progressivement jusqu'au terme du développement normal. ♦ loc. *Ne faire que croître et embellir*, se dit d'une chose qui augmente en bien, et iron. en mal. **2** (choses) Devenir plus grand, plus nombreux.

croix n. f. ■ **1** Poteau muni d'une traverse sur lequel on attachait des condamnés pour les faire mourir ; spécialt celui où Jésus fut mis à mort. ➡ loc. fig. *Porter sa croix* : supporter ses épreuves avec résignation. **2** Représentation de la croix de Jésus-Christ. → **calvaire, crucifix.** ♦ loc. fam. *C'est la croix et la bannière*, c'est toute une histoire. **3** Décoration, insigne d'un ordre honorifique. *Croix de guerre.* **4** *La* CROIX-ROUGE : organisation humanitaire internationale et apolitique. **5** Marque formée par deux traits croisés. ➡ loc. fig. *Faire une croix sur qqch.*, y renoncer définitivement. **6** *EN CROIX* : à angle droit (ou presque). **7** *La Croix du Sud* : constellation de l'hémisphère austral.

crolle n. f. ■ région. (Nord, Belgique) Boucle de cheveux frisés. ► **crollé, ée** adj.

cromalin n. m. ■ imprim. Épreuve de contrôle en couleur.

cromlech [kʀɔmlɛk] n. m. ■ archéol. Monument mégalithique formé de menhirs placés en cercle.

cromorne n. m. ■ mus. Instrument à vent ancien, en bois et à anche. ➡ Jeu de l'orgue.

crooner [kʀunœʀ] n. m. ■ anglic. Chanteur de charme, dans le style des chanteurs américains des années 1950.

① **croquant** n. m. ■ hist. Paysan révolté, sous Henri IV et Louis XIII. ♦ péj. Paysan.

② **croquant, ante** adj. ■ Qui croque (I).

à la **croque au sel** loc. adv. ■ Cru, avec du sel.

croque-madame n. m. invar. ■ Croque-monsieur servi surmonté d'un œuf frit.

croquembouche n. m. ■ Pièce montée formée de petits choux à la crème caramélisés.

croquemitaine n. m. ■ Personnage imaginaire évoqué pour effrayer les enfants. ♦ Personne qui fait peur.

croque-monsieur [-məsjø] n. m. invar. ■ Sandwich chaud fait de pain de mie grillé, au jambon et au fromage.

croque-mort ou **croquemort** n. m. ■ fam. Employé des pompes funèbres chargé du transport des morts. *Des croque(-)morts.*

croquenot n. m. ■ fam. Gros soulier.

croquer v. [1] ■ **I** v. intr. Faire un bruit sec (en parlant des choses que l'on broie avec les dents). **II** v. tr. **1** Broyer sous la dent (ce qui fait un bruit sec). *Croquer une pomme* ; intrans. *dans une pomme.* **2** *Croquer un héritage.* → **dilapider. III** v. tr. **1** Prendre sur le vif en un dessin rapide (→ **croquis**). *Croquer une silhouette.* **2** fam. *Jolie À CROQUER*, très jolie.

① **croquet** n. m. ■ région. Biscuit mince, sec et croquant, aux amandes.

② **croquet** n. m. ■ Jeu consistant à faire passer des boules de bois sous des arceaux au moyen d'un maillet, selon un trajet déterminé.

③ **croquet** n. m. ■ Petit galon décoratif formant des dents.

croquette n. f. ■ **1** Boulette de pâte, de hachis, frite dans l'huile. **2** au plur. Aliment pour animaux, déshydraté, en boulettes.

croqueuse n. f. ■ fam. *Croqueuse de diamants* : femme qui dilapide l'argent de ses amants.

croquignole n. f. ■ Petit biscuit croquant.

croquignolet, ette adj. ▪ fam. Mignon.

croquis n. m. ▪ Dessin, esquisse rapide.

croskill [kRɔskil] n. m. ▪ agric. Rouleau denté qui sert à briser les mottes de terre. → **brise-mottes.**

crosne [kRon] n. m. ▪ Plante originaire du Japon, aux petits tubercules comestibles.

cross [kRɔs] n. m. ▪ **1** Course à pied en terrain varié. - syn. vieilli **cross-country. 2** Cyclo-cross. **3** Moto-cross.

crosse n. f. ▪ **I 1** Bâton (d'évêque...) à extrémité recourbée en volute. **2** Bâton recourbé utilisé dans certains jeux pour pousser la balle. **3** Extrémité recourbée. *La crosse de l'aorte.* ◆ *Les crosses des fougères.* **II** Partie postérieure (d'une arme à feu portative).

crossé adj. m. ▪ relig. Qui a le droit de porter la crosse. *Abbé crossé.*

crosses n. f. pl. ▪ loc. fam. *Chercher des crosses à qqn,* lui chercher querelle.

crotale n. m. ▪ **I** Antiq. Instrument à percussion. **II** Serpent venimeux dont la queue vibre avec bruit, appelé aussi *serpent à sonnette.*

croton n. m. ▪ Arbuste tropical à feuilles persistantes bordées de rouge.

crotte n. f. ▪ **I 1** Excrément solide. ♦ fam. Chose sans valeur. **2** fam. *Crotte !* (dépit). **3** *Crotte en chocolat* (bonbon). **II** vx Boue.

crotté, ée adj. ▪ vieilli Couvert de boue.

crotter v. [1] ▪ **I** v. tr. vieilli Salir de boue. **II** v. intr. fam. Déféquer.

crottin n. m. ▪ **1** Excrément (du cheval...). **2** Petit fromage de chèvre.

croulant, ante ▪ **1** adj. Qui menace ruine. **2** n. fam. Personne âgée ou d'âge mûr.

croule n. f. ▪ Chasse à la bécasse.

crouler v. intr. [1] ▪ **1** (édifice...) Tomber en s'affaissant. ♦ fig. *La salle croule sous les rires.* **2** fig. S'effondrer, échouer.

croup [kRup] n. m. ▪ méd., vieilli Laryngite diphtérique très grave.

croupade n. f. ▪ équit. Saut d'école consistant en une ruade avec extension des membres postérieurs.

croupe n. f. ▪ **1** Partie postérieure arrondie qui s'étend des hanches à la queue de certains animaux (cheval, âne...). ◆ *EN CROUPE :* à cheval et derrière la personne en selle. ♦ (personnes) fam. → **derrière, fesse(s). 2** Sommet arrondi (d'une colline...).

à **croupetons** loc. adv. ▪ En étant accroupi.

croupier, ière n. ▪ Employé(e) d'une maison de jeu qui tient le jeu, paie et encaisse.

croupière n. f. ▪ Longe de cuir qui passe sous la queue du cheval. ◆ loc. *Tailler des croupières à qqn,* lui créer des ennuis.

croupion n. m. ▪ (oiseaux) Extrémité postérieure du corps, portant les plumes de la queue.

croupir v. intr. [2] ▪ **1** (personnes) Demeurer longtemps (dans un état pénible...). → **moisir. 2** Rester sans couler et se corrompre (liquide) ; rester dans l'eau stagnante. ► **croupissant, ante** adj. ► **croupissement** n. m.

croupon n. m. ▪ techn. Partie d'un cuir qui correspond au dos et à la croupe de l'animal.

croustade n. f. ▪ Croûte feuilletée garnie.

croustillant, ante adj. ▪ **1** Qui croustille. **2** Léger, grivois. *Des détails croustillants.*

croustiller v. intr. [1] ▪ Croquer sous la dent.

croustilles n. f. pl. ▪ (Canada) Pommes de terre frites en minces rondelles. → **chips.**

croûte n. f. ▪ **I 1** Partie extérieure du pain, durcie par la cuisson. **2** loc. fam. *Casser la croûte,* manger. ◆ *Gagner sa croûte,* sa vie. **3** Pâte feuilletée garnie (pâté, vol-au-vent...). **4** Partie superficielle du fromage. **II 1** Couche superficielle durcie. ◆ *Croûte terrestre.* → **écorce.** ♦ Plaque qui se forme sur une plaie (→ **escarre). 2** fam. Mauvais tableau. **3** Côté chair d'un cuir (opposé à *fleur*).

croûter v. intr. [1] ▪ fam. Manger.

croûteux, euse adj. ▪ Qui présente une croûte, des croûtes.

croûton n. m. ▪ **I** Extrémité d'un pain long. ♦ Morceau de pain frit utilisé en cuisine. **II** fam. Personne bornée. *Un vieux croûton.*

croyable adj. ▪ (choses) Qui peut être cru (surtout négatif). *C'est à peine croyable.*

croyance n. f. ▪ **1** Action, fait de croire une chose vraie, vraisemblable ou possible. → **certitude, conviction. 2** Ce que l'on croit (surtout en matière religieuse).

croyant, ante adj. ▪ Qui a une foi religieuse. ◆ n. *Les croyants.* → **fidèle.**

C. R. S. n. m. (sigle) ▪ (en France) Agent des compagnies* républicaines de sécurité.

① **cru** n. m. ▪ **I 1** Vignoble. ◆ *Un grand cru.* → **vin. 2** loc. *Un vin DU CRU,* du terroir. **II** loc. *DE SON CRU :* de son invention.

② **cru, crue** adj. ▪ **1** (aliment) Qui n'est pas cuit. **2** (lumière...) Que rien n'atténue. **3** Exprimé sans ménagement. ♦ adv. *Je vous le dis tout cru.* → **crûment. 4** *Monter À CRU :* monter à cheval sans selle.

cruauté n. f. ▪ **1** Tendance à faire souffrir. → **férocité, méchanceté. 2** Caractère de ce qui est très nuisible. → **rigueur.** *La cruauté du sort.* **3** Action cruelle. → **atrocité.**

cruche n. f. ▪ **1** Récipient pansu, à bec et à anse. ◆ prov. *Tant va la cruche à l'eau qu'à la fin elle se casse :* à s'exposer à un danger, on finit par le subir. **2** fam. Personne niaise, bête et ignorante.

cruchon n. m. ▪ Petite cruche. → **pichet.**

cruci- Élément, du latin *crux, crucis* «croix».

crucial, ale, aux adj. ▪ **I** didact. En forme de croix. **II 1** didact. Qui permet de choisir entre des hypothèses. **2** Fondamental, très important. → **capital, décisif.**

crucifère adj. ▪ bot. Aux fleurs à pétales en croix. ➝ n. f. *La giroflée est une crucifère.*

crucifiement n. m. ▪ Supplice de la croix. → **crucifixion.**

crucifier v. tr. [7] ▪ Attacher (un condamné) sur la croix pour l'y faire mourir.

crucifix [-fi] n. m. ▪ Croix sur laquelle est représenté Jésus crucifié.

crucifixion n. f. ▪ Crucifiement du Christ. ♦ Sa représentation en arts.

cruciforme adj. ▪ En forme de croix.

cruciverbiste n. ▪ Amateur de mots croisés.

crudité n. f. ▪ **I** au plur. Légumes consommés crus. **II** Caractère cru (②, 2 et 3).

crue n. f. ▪ Élévation du niveau d'un cours d'eau, d'un lac.

cruel, elle adj. ▪ **1** Qui prend plaisir à faire, à voir souffrir. → **féroce, inhumain, méchant. 2** Qui témoigne de cruauté. **3** littér. Dur, inflexible. **4** (choses) Qui fait souffrir. *Un sort cruel.* → **pénible.**

cruellement adv. ▪ **1** Avec cruauté. **2** D'une façon douloureuse, pénible.

cruenté, ée adj. ▪ méd. Qui saigne. *Plaie cruentée,* à vif.

cruiser [kʀuzœʀ] n. m. ▪ anglic. Petit yacht pour la croisière en mer.

crumble [kʀœmbœl] n. m. ▪ anglic. Pâtisserie à base de fruits et de pâte sablée émiettée.

crûment adv. ▪ **1** De manière crue (②, 3). **2** *Éclairer crûment,* d'une lumière crue.

crural, ale, aux adj. ▪ didact. De la cuisse.

crustacé n. m. ▪ **1** zool. Animal arthropode à carapace, dont les segments sont munis chacun d'une paire d'appendices. **2** cour. Cet animal aquatique et comestible (crabe, crevette, écrevisse, homard, langouste...).

cruzado et **cruzeiro** [kʀu-] n. m. ▪ Nom de deux anciennes monnaies du Brésil. → **réal.**

cryo- Élément, du grec *kruos* «froid».

cryochimie n. f. ▪ Domaine de la chimie relevant des très basses températures. ► **cryochimique** adj.

cryochirurgie n. f. ▪ Utilisation du froid en chirurgie.

cryoclastie n. f. ▪ géol. Fragmentation des roches due à la succession des gels et dégels.

cryoconducteur, trice adj. ▪ électr. Dont on diminue la résistivité à très basse température.

cryoconservation n. f. ▪ biol. Conservation par le froid de tissus ou d'organismes vivants (embryons...).

cryogène adj. ▪ phys. Qui produit du froid.

cryogénie n. f. ▪ phys. Production des très basses températures. ► **cryogénique** adj.

cryolithe n. f. ▪ Fluorure naturel d'aluminium et de sodium. - var. **cryolite.**

cryologie n. f. ▪ Domaine de connaissance concernant les très basses températures. ► **cryologique** adj.

cryométrie n. f. ▪ phys. Mesure des températures de congélation. ► **cryométrique** adj.

cryophysique n. f. ▪ Physique des basses températures.

cryoscopie n. f. ▪ Partie de la physique qui étudie les lois de la congélation des solutions. ► **cryoscopique** adj.

cryostat n. m. ▪ phys. Récipient permettant de maintenir des produits à basse température.

cryotechnique n. f. ▪ didact. Techniques de production et d'utilisation des très basses températures.

cryotempérature n. f. ▪ techn. Température inférieure à –153 °C.

cryothérapie n. f. ▪ méd. Traitement local par le froid.

cryoturbation n. f. ▪ géol. Modification du sol sous l'effet du gel et du dégel.

crypte n. f. ▪ Tombeau souterrain, dans certaines églises. ♦ Chapelle souterraine.

crypter v. tr. [1] ▪ Coder, rendre incompréhensible (un message ; un signal) pour protéger son caractère secret. ► **cryptage** n. m.

cryptique adj. ▪ didact. **I** Qui vit, se trouve dans les grottes. **II** Caché, secret. → **occulte.**

crypto- Élément, du grec *kruptos* «caché».

cryptocommuniste n. et adj. ▪ polit. Partisan occulte du communisme. ► **cryptocommunisme** n. m.

cryptogame adj. ▪ bot. (plante) Qui a les organes de la fructification peu apparents (s'oppose à *phanérogame*). ➝ n. m. pl. *Les cryptogames.* ► **cryptogamie** n. f.

cryptogamique adj. ▪ Se dit de maladies des végétaux dues à des champignons.

cryptogénétique adj. ▪ méd. Dont on ne connaît pas la cause. *Cirrhose cryptogénétique.* - syn. **cryptogénique.**

cryptogramme n. m. ▪ Ce qui est écrit en caractères secrets, en langage chiffré.

cryptographie n. f. ▪ Code graphique secret. ► **cryptographique** adj.

cryptologie n. f. ▪ didact. Science des messages secrets. ► **cryptologique** adj.

cryptomère n. m. ▪ Grand conifère à fût élancé.

cryptophyte n. f. ▪ Plante enfouie durant l'hiver.

cryptorchidie [-kidi] n. f. ▪ méd. Rétention pathologique des testicules dans l'abdomen. ▸ **cryptorchide** adj. et n.

Cs ▪ Symbole chimique du césium.

csardas → **czardas**

C. S. G. n. f. → **contribution**

Cu ▪ Symbole chimique du cuivre.

cubage n. m. ▪ Évaluation d'un volume.

cubature n. f. ▪ géom. Transformation (d'un volume) en un cube de volume égal.

cube n. m. ▪ **1** géom. Solide à six faces carrées égales. ♦ Objet cubique. **2** appos. Se dit d'une mesure qui exprime le volume. *Mètre cube* (m^3). **3** math. *Cube d'un nombre* : produit de trois fois ce nombre **(→ puissance).**

cubèbe n. m. ▪ Arbuste voisin du poivrier.

cuber v. [1] ▪ **I** v. tr. Évaluer en unités de volume. **II** v. intr. Avoir un volume de (+ nombre).

cuberdon n. m. ▪ (Belgique) Bonbon contenant une gelée sucrée.

cubilot n. m. ▪ techn. Fourneau pour la préparation de la fonte de seconde fusion.

cubique adj. ▪ **1** Du cube. ◆ En forme de cube. **2** *Racine cubique d'un nombre n* : nombre qui, élevé au cube, donne n.

cubisme n. m. ▪ Mouvement artistique qui se proposait de décomposer les formes en éléments géométriques. ▸ **cubiste** adj. et n.

cubitainer [-ɛʀ] n. m. (nom déposé) ▪ Récipient en plastique, cubique, pour les liquides.

cubitière n. f. ▪ Pièce de l'armure qui protégeait le coude.

cubitus [-ys] n. m. ▪ Le plus gros des deux os de l'avant-bras, articulé avec l'humérus. → **ulna.** ▸ **cubital, ale, aux** adj.

cuboïde ▪ **I** n. m. anat. Os du tarse, du côté externe du cou-de-pied, en avant du calcanéum. **II** adj. Qui a la forme d'un cube. → **cubique.**

cuboméduse n. f. ▪ Méduse de forme plus ou moins cubique, dotée de quatre tentacules.

cucul [kyky] adj. invar. ▪ fam. Niais.

cucurbitacée n. f. ▪ Plante de la famille du concombre, de la courge, du melon, etc.

cucurbite n. f. ▪ Partie inférieure de l'alambic, à panse renflée.

cueillaison [kœj-] n. f. ▪ Époque où l'on cueille les fruits.

cueillette [kœj-] n. f. ▪ **1** Action de cueillir. **2** Ce qui est cueilli (fleurs, fruits).

cueilleur, euse [kœj-] n. ▪ Personne qui cueille.

cueillir [kœjiʀ] v. tr. [12] ▪ **1** Détacher (une partie d'un végétal) de la tige. **2** littér. Prendre. *Cueillir un baiser.* **3** fam. Prendre (qqn) au passage. ◆ *Cueillir un voleur.* → **pincer.**

cueilloir [kœj-] n. m. ▪ Instrument armé de cisailles pour couper et recueillir les fruits des hautes branches.

cuesta [kwɛsta] n. f. ▪ géogr. Plateau, forme de relief à double pente asymétrique.

cui-cui interj. et n. m. invar. ▪ fam. Pépiement d'oiseau.

cuillère ou **cuiller** [kɥijɛʀ] n. f. ▪ **1** Ustensile formé d'un manche et d'une partie creuse, qui sert à transvaser ou à porter à la bouche les aliments liquides ou peu consistants. ♦ loc. *Faire qqch. en deux coups de cuillère à pot,* très vite. ◆ *Ne pas y aller avec le dos de la cuillère* : agir sans modération. **2** Ustensile, pièce de forme analogue. **3** loc. fam. *Serrer la cuillère à qqn,* lui serrer la main.

cuillerée [kɥijʀe ; kɥijeʀe] n. f. ▪ Contenu d'une cuillère.

cuilleron n. m. ▪ Partie creuse d'une cuillère.

cuir n. m. ▪ **I 1** Peau des animaux séparée de la chair, tannée et préparée. → **basane, box, chagrin, maroquin, vélin. 2** *Le cuir chevelu* : la peau du crâne. **3** Peau épaisse. **II** fam. Faute de langage, liaison incorrecte.

cuirasse n. f. ▪ **1** Partie de l'armure qui recouvre le buste. ◆ loc. fig. *Le défaut de la cuirasse* : le point faible, le côté sensible. **2** Revêtement d'acier des navires. **3** fig. Défense, protection. → **carapace.**

cuirassé n. m. ▪ Grand navire de guerre blindé et armé d'artillerie lourde.

cuirasser v. tr. [1] ▪ Armer, revêtir d'une cuirasse. ▷ v. pron. **se cuirasser 1** Se revêtir d'une cuirasse. **2** fig. Se protéger (contre), s'endurcir. ▸ **cuirassement** n. m.

cuirassier n. m. ▪ anciennt Soldat d'un régiment de grosse cavalerie.

cuire v. [38] p. p. *cuit**, *cuite* ▪ **I** v. tr. **1** Rendre propre à l'alimentation par le feu, la chaleur **2** Transformer par l'action du feu. *Cuire une poterie* (→ terre cuite*). **II** v. intr. **1** Devenir propre à l'alimentation par l'action du feu. **2** fam. Avoir très chaud. **3** Produire une sensation de brûlure. ◆ loc. *Il vous en cuira* : vous vous en repentirez.

cuisant, ante adj. ▪ Qui provoque une douleur, une peine très vive.

cuiseur n. m. ▪ Récipient où l'on fait cuire des aliments en grande quantité. *Cuiseur à riz.*

cuisine n. f. ▪ **I** Pièce d'une habitation dans laquelle on prépare les aliments. **II 1** Préparation des aliments ; art de cette préparation **(→ culinaire). 2** fam. Manœuvre, intrigue louche. **III** Aliments servis aux repas.

cuisiné, ée adj. ▪ Préparé par la cuisine (II, 1).

cuisiner v. [1] ▪ **1** v. intr. Faire la cuisine. **2** v. tr. Préparer (un mets). **3** v. tr. fig., fam. Interroger (qqn) pour obtenir des aveux.

cuisinette n. f. ▪ Partie de pièce servant de cuisine (recomm. off. pour l'anglic. *kitchenette*).

cuisinier, ière n. ▪ Personne qui a pour métier de faire la cuisine. ♦ Personne qui sait faire la cuisine.

cuisinière n. f. ▪ Fourneau de cuisine servant à chauffer, à cuire les aliments.

cuisiniste n. ▪ Professionnel(le) qui conçoit, vend ou installe le mobilier de cuisine.

cuissage n. m. ▪ hist. *Droit de cuissage :* droit du seigneur féodal de poser sa jambe nue sur le lit de la nouvelle mariée, et, parfois, de passer la nuit des noces avec elle.

cuissard, arde ▪ **1** n. m. Protection de la cuisse. **2** n. f. pl. Bottes montant jusqu'aux cuisses.

cuisse n. f. ▪ **1** Partie du membre inférieur qui s'articule à la hanche et va jusqu'au genou. ➝ (animaux) *Cuisse de poulet* (pilon), *de mouton* (gigot)... **2** loc. fam. *Se croire sorti de la cuisse de Jupiter :* être très orgueilleux.

cuisseau n. m. ▪ Partie du veau dépecé, du dessous de la queue au rognon. ≠ *cuissot.*

cuissettes n. f. pl. ▪ (Suisse) Short de sport.

cuisson n. f. ▪ **1** Action de cuire (I, 1) les aliments. **2** Préparation par le feu. *Cuisson de la porcelaine.* **3** Vive douleur.

cuissot n. m. ▪ Cuisse (du gros gibier). *Cuissot de chevreuil.* ≠ *cuisseau.*

cuistance n. f. ▪ fam. Cuisine (II, 1 et III).

cuistax [-aks] n. m. ▪ (Belgique) Véhicule à pédales utilisé sur les plages, les digues.

cuistot n. m. ▪ fam. Cuisinier professionnel.

cuistre n. m. et adj. ▪ littér. Pédant vaniteux et ridicule. ► **cuistrerie** n. f.

cuit, cuite adj. ▪ **1** Qui a subi la cuisson (1) (opposé à *cru*). **2** Qui a subi la cuisson (2). *Terre cuite.* **3** fam. *Être cuit,* pris, vaincu. ➝ *C'est du tout cuit,* c'est réussi d'avance.

cuite n. f. ▪ fam. *Prendre une cuite :* s'enivrer.

se **cuiter** v. pron. [1] ▪ fam. S'enivrer.

cuit-vapeur n. m. invar. ▪ Ustensile permettant de cuire les aliments à la vapeur.

cuivre n. m. ▪ **I** Élément (symb. Cu, n° at. 29, masse at. 63,546), métal rouge, très malléable, bon conducteur électrique. **II** au plur. **1** Ensemble d'ustensiles, d'objets en cuivre. **2** Ensemble des instruments à vent en cuivre d'un orchestre.

cuivré, ée adj. ▪ **1** De la couleur rougeâtre du cuivre. **2** (son) D'un timbre éclatant.

cuivrer v. tr. [1] ▪ **1** techn. Recouvrir de cuivre. **2** Donner une teinte de cuivre à. ► **cuivrage** n. m.

cuivreux, euse adj. ▪ chim. Se dit d'un composé de cuivre monovalent.

cuivrique adj. ▪ chim. Se dit d'un composé de cuivre bivalent. *Chlorure cuivrique* ($CuCl_2$).

cul [ky] n. m. ▪ **1** fam. Derrière, postérieur humain. ♦ loc. fig. *En rester sur le cul,* être très étonné. ➝ *Être comme cul et chemise**. ➝ *Tirer au cul :* paresser. ♦ vulg. Anus. ➝ loc. *En avoir plein le cul,* en avoir assez. **2** *FAUX CUL :* anciennt tournure portée par les femmes. ♦ mod. n. et adj. Hypocrite. **3** par analogie (non vulg.) Fond de certains objets. ⟶ **cul-de-...** (à l'ordre alphab.). ➝ *Faire CUL SEC* (en buvant), vider le verre d'un trait.

culasse n. f. ▪ **1** Extrémité postérieure du canon d'une arme à feu. **2** (moteur) Partie du cylindre où les gaz sont comprimés.

cul-blanc n. m. ▪ Oiseau à croupion blanc. *Des culs-blancs.*

culbute n. f. ▪ **1** Tour qu'on fait en mettant la tête en bas et les jambes en haut, de façon à retomber de l'autre côté. ⟶ **galipette. 2** Chute à la renverse. ➝ fig., fam. *Faire la culbute :* être ruiné. **3** comm. *Faire la culbute,* revendre au double du prix d'achat.

culbuter v. [1] ▪ **I** v. intr. Faire une culbute (2). ⟶ **dégringoler. II** v. tr. **1** Faire tomber (qqn). ♦ vulg. Posséder sexuellement (qqn). **2** Bousculer, pousser. ► **culbutage** n. m.

culbuteur n. m. ▪ techn. **1** Appareil qui sert à faire basculer un wagon, etc. pour le vider. **2** (moteur à explosion) Levier oscillant servant à ouvrir et à fermer les soupapes.

cul-de-basse-fosse n. m. ▪ Cachot souterrain. *Des culs-de-basse-fosse.*

cul-de-four n. m. ▪ Voûte formée d'une demi-coupole. *Des culs-de-four.*

cul-de-jatte n. et adj. ▪ Infirme qui n'a plus de jambes. *Des culs-de-jatte.*

cul-de-lampe n. m. ▪ Vignette à la fin d'un chapitre d'un livre. *Des culs-de-lampe.*

en **cul-de-poule** loc. adv. ▪ *Bouche en cul-de-poule,* qui s'arrondit en une moue.

cul-de-sac n. m. ▪ **1** Rue sans issue. *Des culs-de-sac.* **2** fig. Entreprise sans issue.

culée n. f. ▪ Massif de maçonnerie destiné à contenir la poussée d'une voûte, etc.

culer v. intr. [1] ▪ mar. Aller en arrière. ⟶ **reculer.**

culinaire adj. ▪ Qui a rapport à la cuisine.

culminant, ante adj. ▪ Qui atteint sa plus grande hauteur. ♦ *Point culminant,* qui domine. ➝ fig. Apogée, sommet, zénith.

culmination n. f. ▪ astron. Passage d'un astre à son point culminant.

culminer v. intr. [1] ▪ **1** Atteindre la plus grande hauteur. *Pic qui culmine.* ⟶ **dominer. 2** fig., littér. Atteindre son apogée.

culot n. m. ▪ **I 1** Partie inférieure (de certains objets). → **fond. 2** Résidu au fond d'un creuset, d'une pipe. **II** fam. Audace.

culotte n. f. ▪ **1** ancienn Vêtement masculin de dessus qui couvre de la ceinture aux genoux. – mod. *Culottes courtes.* → **short.** ♦ loc. *Porter la culotte* : commander (dans un ménage). **2** Sous-vêtement (féminin) qui couvre les fesses et le bas du ventre. → **slip. 3** fam. Perte importante au jeu.

culotté, ée adj. ▪ fam. Qui a du culot (II).

① **culotter** v. tr. [1] ▪ **1** Fumer (une pipe) jusqu'à ce que son fourneau soit couvert d'un dépôt noir. – au p. p. *Pipe culottée.* **2** Noircir par l'usage. – au p. p. *Théière culottée.* ▶ **culottage** n. m.

② **culotter** v. tr. [1] ▪ Mettre une culotte à.

culottier, ière n. ▪ Professionnel de la confection des culottes, des pantalons.

culpabilisant, ante adj. ▪ Qui donne un sentiment de culpabilité. – syn. **culpabilisateur, trice.**

culpabiliser v. tr. [1] ▪ Donner un sentiment de culpabilité à (qqn). ▶ **culpabilisation** n. f.

culpabilité n. f. ▪ État d'une personne qui est coupable. – *Sentiment de culpabilité,* par lequel on se sent coupable.

culte n. m. ▪ **1** Hommage religieux rendu à la divinité ou à qqn. **2** Pratiques réglées par une religion. – *Ministre du culte,* prêtre. **3** Service religieux protestant. **4** Admiration mêlée de vénération. ♦ en appos. Qui fait l'objet d'une très grande admiration. *Un film-culte.*

cul-terreux n. m. ▪ péj. et injurieux Paysan. *Des culs-terreux.*

cultisme n. m. ▪ hist. littér. Préciosité du style de certains écrivains espagnols au XVIIe s. → **gongorisme.**

cultivable adj. ▪ Qui peut être cultivé.

cultivar n. m. ▪ agric., bot. Variété d'une espèce végétale obtenue artificiellement pour être cultivée.

cultivateur, trice ▪ **I** n. Personne qui cultive la terre, exploite une terre. → **agriculteur, paysan. II** n. m. Machine qui fait un labourage superficiel.

cultivé, ée adj. ▪ Qui a de la culture (II, 1).

cultiver v. tr. [1] ▪ **I 1** Travailler (la terre) pour lui faire produire des végétaux utiles à l'homme (→ **agriculture**). **2** Soumettre (une plante) à divers soins; faire pousser. **II 1** Former par l'éducation, l'instruction. **2** S'intéresser à (qqch.), s'y adonner. *Cultiver les arts.* **3** Entretenir (une relation avec qqn). ▷ v. pron. **se cultiver** Cultiver son esprit.

cultuel, elle adj. ▪ didact. Du culte.

cultural, ale, aux adj. ▪ Relatif à la culture des terres, du sol.

culturalisme n. m. ▪ didact. Doctrine qui considère comme primordiale l'influence du milieu culturel sur l'individu. ▶ **culturaliste** adj. et n.

culture n. f. ▪ **I 1** Action de cultiver (la terre) pour la production de végétaux (à l'exception des arbres forestiers). **2** au plur. Terres cultivées. **3** Action de cultiver (un végétal). *Culture de la vigne* (viticulture), *culture fruitière* (arboriculture)... **4** biol. Méthode consistant à faire croître des micro-organismes, etc. pour les étudier. *Bouillon* de culture.* **II 1** Développement de l'esprit par des exercices intellectuels appropriés ; ensemble des connaissances acquises. *Culture générale,* dans les domaines considérés comme nécessaires à tous (en dehors des spécialités, des métiers). **2** Ensemble des aspects intellectuels, artistiques d'une civilisation. *La culture orientale.* ♦ didact. Ensemble des formes acquises de comportement dans les sociétés humaines. *Nature et culture.* **3** CULTURE PHYSIQUE : développement méthodique du corps. → **éducation** physique, **gymnastique.**

culturel, elle adj. ▪ Relatif à la culture (II, 2). ▶ **culturellement** adv.

culturisme n. m. ▪ Culture physique destinée à développer certains muscles. → **musculation.** ▶ **culturiste** adj. et n.

cumin n. m. ▪ Plante aromatique ; sa graine, utilisée comme assaisonnement.

cumul n. m. ▪ Action de cumuler.

cumulable adj. ▪ Que l'on peut cumuler.

cumulard, arde n. ▪ fam., péj. Personne qui cumule des avantages. ♦ Élu(e) qui cumule des mandats.

cumulatif, ive adj. ▪ Qui s'ajoute, ajoute.

cumuler v. tr. [1] ▪ Avoir à la fois (plusieurs activités, avantages ou caractères).

cumulonimbus [-ys] n. m. ▪ météorol. Nuage épais à la base gris sombre.

cumulus [-ys] n. m. ▪ **I** Gros nuage de beau temps, à sommet arrondi. **II** Réservoir d'eau chaude.

cunéiforme adj. ▪ didact. Qui a la forme d'un coin. – *Écriture cunéiforme* (des Assyriens, des Mèdes, des Perses), constituée de signes en forme de clous, de coins.

cunnilingus [-lɛ̃gys] n. m. ▪ Pratique sexuelle, caresses buccales du sexe féminin (→ aussi fellation). – syn. **cunnilinctus.**

cupcake [kœpkɛk] n. m. ▪ anglic. Petit gâteau recouvert d'un glaçage.

cupide adj. ▪ Avide d'argent. ▶ **cupidement** adv.

cupidité n. f. ▪ Désir immodéré de l'argent.

cupri-, cupro- Éléments savants, du latin *cuprum* « cuivre ».

cuprifère adj. ▪ didact. Qui renferme du cuivre.

cuprique adj. ■ didact. Relatif au cuivre ; de la nature du cuivre.

cuprite n. f. ■ minér. Oxyde de cuivre (Cu_2O), de couleur rouge.

cuproalliage n. m. ■ techn. Alliage à base de cuivre.

cupronickel n. m. ■ techn. Alliage de cuivre et de nickel.

cupule n. f. ■ bot. Organe en forme de coupe qui enserre certains fruits (ex. le gland).

curable adj. ■ Qui peut être guéri. ► **curabilité** n. f.

curaçao [kyʀaso] n. m. ■ Liqueur à base d'eau-de-vie et d'écorces d'oranges.

curage n. m. ■ Action de curer.

curare n. m. ■ Poison végétal paralysant.

curarisation n. f. ■ méd. Traitement par le curare. ♦ Intoxication par le curare.

curatelle n. f. ■ dr. Charge du curateur.

curateur, trice n. ■ **1** dr. Personne qui a la charge d'assister une personne majeure incapable*. **2** Personne chargée de concevoir une exposition artistique.

curatif, ive adj. ■ Relatif au traitement d'une maladie.

curcuma n. m. ■ bot. Grande herbe vivace dont le rhizome entre dans la composition du curry.

① **cure** n. f. ■ **I 1** Traitement médical d'une certaine durée ; méthode thérapeutique. ♦ Traitement dans une station thermale. **2** Usage abondant (de qqch.) par hygiène, etc. *Une cure de grand air.* **II** loc. *N'AVOIR CURE DE qqch.*, ne pas s'en soucier.

② **cure** n. f. ■ **1** Fonction de curé. **2** Résidence du curé. → **presbytère.**

curé n. m. ■ **1** Prêtre placé à la tête d'une paroisse. **2** fam. (souvent péj.) Prêtre catholique. – *Les curés,* le clergé.

cure-dent n. m. ■ Petit bâtonnet pointu pour se curer les dents. *Des cure-dents.*

curée n. f. ■ **1** vén. Portion de la bête tuée donnée aux chiens. **2** fig. Ruée, lutte âpre.

cure-ongle n. m. ■ Instrument pour nettoyer le dessous des ongles. *Des cure-ongles.*

cure-oreille n. m. ■ Instrument pour nettoyer l'intérieur de l'oreille. *Des cure-oreilles.*

cure-pipe n. m. ■ Instrument pour nettoyer un fourneau de pipe. *Des cure-pipes.*

curer v. tr. [1] ■ Nettoyer (qqch.) en raclant.

curetage n. m. ■ méd. Opération consistant à nettoyer avec une curette une cavité naturelle (utérus...) ou accidentelle (abcès). ► **cureter** v. tr. [4]

cureton n. m. ■ fam., péj. Prêtre, curé.

curette n. f. ■ **1** Outil à partie tranchante, pour racler. **2** méd. Instrument chirurgical en forme de cuiller (→ **curetage**).

① **curie** n. f. ■ **1** Antiq. romaine Subdivision de la tribu. **2** Gouvernement du Saint-Siège.

② **curie** n. m. ■ Ancienne unité de mesure d'activité d'une substance radioactive.

curiethérapie n. f. ■ méd. Emploi thérapeutique des éléments radioactifs.

curieusement adv. ■ Bizarrement.

curieux, euse adj. ■ **I 1** Qui est désireux (de voir, de savoir). *Être curieux de tout.* **2** absolt Qui cherche à connaître ce qui ne le regarde pas. → **indiscret. 3** n. Personne qui s'intéresse à qqch. par curiosité. *La foule des curieux.* → **badaud.** ♦ Amateur d'objets, collectionneur. **II** Qui attire et retient l'attention. → **bizarre, étrange, singulier.**

curiosité n. f. ■ **I 1** Tendance qui porte à apprendre des choses nouvelles ou cachées. **2** Désir de savoir les secrets d'autrui. → **indiscrétion. II** Chose curieuse (II).

curiste n. ■ Patient en cure thermale.

curium [-jɔm] n. m. ■ chim. Élément (symb. Cm, n° at. 96), fortement radioactif, de la série des actinides.

curling [kœʀliŋ] n. m. ■ anglic. Sport de glace consistant à lancer un lourd palet.

curriculum vitæ [-ɔmvite] n. m. invar. ■ Liste d'indications relatives à l'état civil, aux capacités, aux diplômes et aux activités (de qqn). – abrév. **curriculum ; C. V.**

curry n. m. ■ Assaisonnement indien fait de piment et d'autres épices. ♦ Plat préparé au curry. – var. anc. **carry, cari.**

curseur n. m. ■ **1** Repère qui glisse dans une coulisse graduée. **2** Repère mobile, sur un écran d'ordinateur, qui matérialise le point d'insertion des données.

cursif, ive adj. ■ *Écriture cursive,* tracée rapidement. ♦ Rapide, bref. *Lecture cursive.*

cursus [-ys] n. m. ■ Ensemble des études à poursuivre dans une matière donnée.

curule adj. ■ Antiq. *Chaise curule :* siège d'ivoire des premiers magistrats de Rome.

curv(i)- Élément savant, du latin *curvus* « courbe, recourbé ».

curviligne adj. ■ Formé de lignes courbes.

curvimètre n. m. ■ Instrument servant à mesurer la longueur des lignes courbes.

cuscute n. f. ■ Plante herbacée parasite.

cuspide n. f. ■ **1** bot. Pointe aiguë et allongée. **2** anat. Éminence des molaires et des prémolaires.

custode n. f. ■ **1** relig. Boîte où le prêtre place l'hostie. **2** techn. Panneau latéral arrière d'une carrosserie de voiture.

customiser v. tr. [1] ▪ anglic. Adapter (un objet de série) selon son goût, en le personnalisant. ► **customisation** n. f.

cutané, ée adj. ▪ De la peau.

cuticule n. f. ▪ **1** zool. Membrane externe (insectes, crustacés), qui contient de la chitine. **2** bot. Pellicule luisante (tiges...). **3** anat. Mince couche de peau.

cuti-réaction ou **cuti** n. f. ▪ Test médical pour déceler certaines maladies (tuberculose...). *Des cuti-réactions. Des cutis.* ♦ loc. fig., fam. *Virer sa cuti* : changer radicalement sa façon de vivre, de penser ; spécialt changer d'orientation sexuelle.

cutter [kœtœʀ ; kytɛʀ] n. m. ▪ anglic. Instrument tranchant à lame coulissante.

cuvage n. m. ▪ (vin) Fermentation du moût de raisin dans les cuves. - syn. **cuvaison.**

cuve n. f. ▪ **1** Grand récipient pour la fermentation du raisin. **2** Grand récipient. → **citerne.** *Cuve à mazout.*

cuvée n. f. ▪ **1** Quantité de vin qui se fait à la fois dans une cuve. **2** Produit d'une vigne. *La cuvée (de) 1981.*

cuveler v. tr. [4] ▪ techn. Consolider les parois de (un puits de mine, de pétrole...). ► **cuvelage** n. m.

cuver v. [1] ▪ **I** v. intr. (vin) Séjourner dans la cuve pendant la fermentation. **II** v. tr. *Cuver son vin* : dissiper son ivresse en dormant, etc. - *Cuver sa colère* : se calmer.

cuvette n. f. ▪ **1** Récipient portatif large et peu profond. ♦ Partie (d'un lavabo, des W.-C.) où coule l'eau. **2** géogr. Dépression fermée.

cuvier n. m. ▪ anciennt Cuve pour la lessive.

① **CV** ou **C. V.** n. m. (sigle) ▪ → **curriculum vitæ.**

② **CV** ▪ Symbole du cheval* fiscal.

cyan [sjɑ̃] n. m. et adj. invar. ▪ techn. Couleur primaire bleu-vert.

cyanhydrique adj. ▪ chim. *Acide cyanhydrique*, acide (HCN), poison violent.

cyan(o)- [sjano] Élément savant, du grec *kuanos* «bleu sombre».

cyanobactérie n. f. ▪ biol. Bactérie photosynthétique, appelée autrefois *algue bleu-vert.*

cyanogène ▪ **1** n. m. chim. Gaz toxique, composé d'azote et de carbone. **2** adj. méd. Qui provoque une cyanose.

cyanose n. f. ▪ méd. Coloration bleue ou noirâtre de la peau (troubles circulatoires, etc.). ► **cyanoser** v. tr. [1]

cyanuration n. f. ▪ techn. Extraction de l'or par dissolution dans une solution de cyanure de potassium.

cyanure n. m. ▪ chim. Sel de l'acide cyanhydrique. - *Cyanure (de potassium)*, poison violent.

cyber- Élément, de même origine que *cybernétique*, servant à former des composés en rapport avec le multimédia, Internet, le web.

cyberattaque n. f. ▪ Acte de piratage informatique sur Internet.

cybercafé n. m. ▪ Café qui met à la disposition de ses clients des ordinateurs connectés à Internet.

cybercriminalité n. f. ▪ Activités illégales effectuées par l'intermédiaire d'Internet.

cyberculture n. f. ▪ Culture des utilisateurs d'Internet.

cyberdépendance n. f. ▪ Dépendance à Internet (jeux en ligne, réseaux sociaux...).

cyberespace n. m. ▪ didact. Espace de communication créé par l'interconnexion mondiale des ordinateurs.

cybermonde n. m. ▪ Cyberespace ; monde virtuel.

cybernéticien, ienne n. ▪ Spécialiste de cybernétique.

cybernétique n. f. ▪ Science des communications et de la régulation (êtres vivants, machines). ♦ adj. De la cybernétique.

cyborg [sibɔʀg] n. ▪ Personnage de science-fiction dont les capacités physiques sont décuplées par des éléments mécaniques, électroniques.

cycas [sikas] n. m. ▪ bot. Plante exotique à port de palmier.

cyclable adj. ▪ Réservé aux cycles (②).

cyclamen [-ɛn] n. m. ▪ Plante à fleurs roses.

① **cycle** n. m. ▪ **1** Suite de phénomènes se renouvelant sans arrêt dans un ordre immuable. *Le cycle des saisons.* - sc. Série de changements subis par un système, qui le ramène à son état primitif. ♦ chez la femme *Cycle menstruel* : déroulement régulier des phénomènes physiologiques permettant la reproduction **(→ menstrues, règle(s)). 2** Série d'œuvres à même sujet et mêmes personnages. **3** Division de l'enseignement regroupant plusieurs années d'études.

② **cycle** n. m. ▪ Véhicule à deux roues, sans moteur **(→ bicyclette)** ou avec un petit moteur **(→ cyclomoteur).**

cycline n. f. ▪ méd. *Les cyclines* : famille d'antibiotiques utilisés contre diverses maladies.

cyclique adj. ▪ **I** D'un cycle ; qui se produit selon un cycle. **II** chim. Se dit de composés dont la molécule forme une chaîne fermée.

cycliquement adv. ▪ D'une manière cyclique.

cyclisme n. m. ▪ Pratique ou sport de la bicyclette. → **vélo.**

cycliste ▪ **1** adj. Qui concerne le cyclisme. **2** n. Personne qui va à bicyclette.

cyclo- Élément, du grec *kuklos* «cercle».

cyclo-cross [-kRɔs] n. m. ▪ Épreuve de cyclisme en terrain accidenté. → **cross** (2).

cycloïde n. f. ▪ géom. Courbe décrite par un point d'un cercle qui roule sur une droite. ► **cycloïdal, ale, aux** adj.

cyclomoteur n. m. ▪ Bicyclette à moteur (moins de 50 cm^3). ► **cyclomotoriste** n.

cyclone n. m. ▪ **1** Tempête violente à vents tourbillonnants. *L'œil* d'un cyclone.* **2** Zone de basses pressions. **3** fig. Personne, événement qui bouleverse tout.

cyclonique adj. ▪ Qui accompagne un cyclone. *Vents cycloniques.*

cyclope n. m. ▪ **1** mythol. grecque Géant n'ayant qu'un œil au milieu du front. **2** Petit crustacé d'eau douce à œil unique.

cyclopéen, enne adj. ▪ **1** mythol. Des cyclopes. **2** fig., littér. Énorme, gigantesque.

cyclopousse n. m. ▪ Pousse-pousse tiré par un cycliste.

cyclorameur n. m. ▪ Tricycle dirigé avec les pieds et mû par la traction que les bras exercent sur le guidon.

cyclosporine → **ciclosporine**

cyclothymie n. f. ▪ méd. Trouble psychique faisant alterner des périodes d'excitation et de dépression. ► **cyclothymique** adj. et n.

cyclotourisme n. m. ▪ Tourisme à bicyclette. ► **cyclotouriste** adj. et n.

cyclotron n. m. ▪ phys. Accélérateur circulaire de particules lourdes.

cygne n. m. ▪ **1** Grand palmipède à plumage blanc (rarement noir), à long cou flexible. **2** loc. *Le chant du cygne* : le dernier chef-d'œuvre (de qqn). **3** Duvet de cygne.

cylindre n. m. ▪ **1** géom. Solide engendré par une droite tournant autour d'un axe (parallèle). **2** Rouleau exerçant une pression uniforme. **3** Enveloppe dans laquelle se meut le piston d'un moteur à explosion.

cylindrée n. f. ▪ Volume des cylindres (d'un moteur à explosion).

cylindrer v. tr. [1] ▪ **1** Faire passer (qqch.) sous un rouleau. **2** Donner la forme d'un cylindre à (qqch.). ► **cylindrage** n. m.

cylindrique adj. ▪ En forme de cylindre.

cymbalaire n. f. ▪ bot. Linaire à feuilles rondes lobées, à fleurs violettes.

cymbale n. f. ▪ Disque de métal composant un instrument de musique à percussion. ► **cymbalier, ière** ou **cymbaliste** n.

cymbalum [-ɔm] n. m. ▪ Instrument de musique à cordes d'acier tendues, frappées par de petits maillets.

cyme n. f. ▪ bot. Inflorescence comportant un axe principal et des ramifications.

cynégétique adj. ▪ didact. De la chasse.

cynips [-ps] n. m. ▪ zool. Insecte hyménoptère qui forme sur les feuilles de chêne des galles sphériques.

cynique adj. et n. ▪ **1** hist. philos. D'une doctrine de l'Antiquité qui cherchait le retour à la nature par le rejet des conventions sociales. **2** Qui exprime des opinions contraires à la morale reçue. ► **cyniquement** adv.

cynisme n. m. ▪ **1** Doctrine des philosophes cyniques. **2** Attitude cynique (2).

cyn(o)- Élément, du grec *kuôn* «chien».

cynocéphale n. m. ▪ Singe à museau allongé (ex. babouin, mandrill).

cynodrome n. m. ▪ Piste aménagée pour les courses de lévriers.

cynoglosse n. f. ▪ bot. Plante vénéneuse des décombres, appelée aussi *langue-de-chien.*

cynophile adj. et n. ▪ didact. (Personne) qui aime les chiens. ♦ milit. *Brigade cynophile,* qui dresse des chiens.

cynorhodon n. m. ▪ bot. Réceptacle rouge renfermant les fruits (→ **gratte-cul**) du rosier et de l'églantier. – var. **cynorrhodon.**

cyphoscoliose n. f. ▪ méd. Déformation de la colonne vertébrale associant cyphose et scoliose.

cyphose n. f. ▪ méd. Déviation de la colonne vertébrale qui rend le dos convexe.

cyprès n. m. ▪ Arbre (conifère) à feuillage vert sombre, à forme droite et élancée.

cyprin n. m. ▪ Poisson de la famille de la carpe. ➝ *Cyprin doré* : poisson rouge.

cyprine n. f. ▪ didact. Sécrétion vaginale.

cyrillique [-ilik] adj. ▪ Se dit de l'alphabet slave (attribué à saint Cyrille).

cyst-, cysti-, cysto- Éléments savants, du grec *kustis* «vessie ; sac».

cystectomie n. f. ▪ chir. Ablation de la vessie.

cystéine n. f. ▪ biochim. Acide aminé soufré, présent dans de nombreuses protéines.

cystine n. f. ▪ biochim. Forme oxydée de la cystéine.

cystique adj. ▪ anat. Relatif à la vésicule biliaire. ➝ Relatif à la vessie.

cystite n. f. ▪ Inflammation de la vessie.

cystographie n. f. ▪ méd. Radiographie de la vessie.

cystoscope n. m. ▪ méd. Instrument permettant d'examiner l'intérieur de la vessie.

cystotomie n. f. ▪ chir. Incision de la vessie.

cytise n. m. ▪ Arbrisseau vivace aux fleurs en grappes jaunes.

cyt(o)-, -cyte Éléments savants (du grec *kutos* «cavité») qui signifient «cellule».

cytobactériologique adj. ▪ méd. *Examen cytobactériologique des urines* (abrév. ECBU) : analyse d'urine comportant un examen macroscopique, une recherche d'éléments anormaux et de bactéries.

cytodiagnostic n. m. ▪ méd. Diagnostic établi après examen de liquides organiques.

cytogénétique n. f. ▪ biol. Partie de la génétique qui étudie les chromosomes. ► **cytogénéticien, ienne** n.

cytokines n. f. pl. ▪ biol. Substances élaborées par le système immunitaire, réglant la prolifération de cellules.

cytologie n. f. ▪ Biologie de la cellule vivante. ► **cytologique** adj. ► **cytologiste** ou **cytologue** n.

cytolyse n. f. ▪ biol. Destruction d'une cellule vivante par dissolution des éléments dont elle est formée.

cytomégalovirus [-ys] n. m. ▪ biol. Virus pouvant provoquer des affections graves chez des sujets immunodéprimés.

cytoplasme n. m. ▪ biol. Partie de la cellule qui entoure le noyau. ► **cytoplasmique** adj.

cytosine n. f. ▪ biol. Constituant des acides nucléiques (ADN et ARN).

cytosol n. m. ▪ biol. Partie liquide du cytoplasme.

cytosquelette n. m. ▪ biol. Squelette filamenteux formé dans le cytoplasme.

cytotoxique adj. et n. m. ▪ biol. Se dit d'une substance toxique pour une espèce de cellule. ► **cytotoxicité** n. f.

czardas ou **csardas** [gzaʀdas ; tsaʀdas] n. f. ▪ Danse hongroise formée d'une partie lente et d'une partie rapide ; sa musique.

D

d [de] n. m. ■ **1** Quatrième lettre, troisième consonne de l'alphabet. **2** fam. *Le système D* : la débrouille. **3** *D* : cinq cents, en chiffres romains. **4** *2D, 3D* : deux, trois dimensions. *Film en 3D.*

d' prép. élidée ou art. élidé → **de**

① **dab** [dab] n. m. ■ argot Père. ♦ au plur. Parents. - var. **dabe.**

② **DAB** [dab] n. m. (sigle) ■ Distributeur automatique de billets. → **billetterie.**

d'abord loc. adv. → **abord**

da capo loc. adv. ■ mus. Indication qu'il faut reprendre un morceau depuis le début.

dacron n. m. ■ Fibre de polyester. → **tergal.**

dactyle n. m. ■ didact. (poésie) Pied formé d'une syllabe longue suivie de deux brèves.

dactylo ■ **1** n. vieilli Personne dont la profession est de taper des textes à la machine à écrire ou sur un ordinateur. **2** n. f. Dactylographie.

dactylo-, -dactyle Éléments savants, du grec *daktulos* « doigt ».

dactylogramme n. m. ■ didact. Empreinte digitale.

dactylographe n. ■ vieilli Dactylo (1).

dactylographie n. f. ■ Technique d'écriture mécanique, à la machine à écrire ou sur un ordinateur. ► **dactylographique** adj. ► **dactylographier** v. tr. [7] ◆ au p. p. *Texte dactylographié.* → **tapuscrit.**

dactylologie n. f. ■ Langage gestuel (digital) à l'usage des sourds-muets. ► **dactylologique** adj.

dactyloscopie n. f. ■ Procédé d'identification par les empreintes digitales.

① **dada** n. m. ■ fam. **1** (enfantin) Cheval. **2** Sujet favori, auquel on revient sans cesse.

② **dada** n. m. et adj. invar. ■ Se dit d'un mouvement artistique et littéraire révolutionnaire créé en 1916. → **dadaïsme.**

dadais n. m. ■ Garçon niais et gauche.

dadaïsme n. m. ■ L'école, le mouvement dada.

dadaïste adj. et n. ■ Qui se rapporte au mouvement dada. ◆ Qui appartient à l'école dada.

dague n. f. ■ Épée courte.

daguerréotype n. m. ■ Procédé primitif de la photographie (image sur une plaque).

daguet n. m. ■ Jeune cerf ou jeune daim.

dahlia n. m. ■ Plante à tubercules, aux fleurs ornementales.

dahu n. m. ■ Animal imaginaire à l'affût duquel on poste une personne crédule.

daigner v. tr. [1] ■ Consentir à (faire qqch.). ◆ (formule de politesse) *Daignez agréer...*

daim n. m. ■ **1** Cervidé aux andouillers en palette et à robe tachetée. **2** Cuir suédé.

daïmio n. m. ■ hist. Membre de l'aristocratie militaire au Japon. - var. **daimyo.**

daine n. f. ■ Femelle du daim.

daïquiri n. m. ■ Cocktail fait de rhum blanc, de citron vert et de sucre.

dais n. m. ■ **1** Ouvrage (de bois, de tissu) qui s'étend au-dessus d'un autel, d'une chaire ou d'un lit. → **baldaquin. 2** Voûte saillante au-dessus d'une statue.

dalaï-lama n. m. ■ Souverain spirituel et temporel du Tibet. *Des dalaï-lamas.*

daleau → **dalot**

dallage n. m. ■ Action de daller ; ensemble de dalles.

① **dalle** n. f. ■ **1** Plaque (de pierre dure, de béton, etc.), dont on pave le sol. **2** fam. Gorge, gosier (dans des loc.). *Se rincer la dalle* : boire. ◆ *Avoir la dalle* : avoir faim.

② que **dalle** loc. ■ fam. Rien.

daller v. tr. [1] ■ Revêtir de dalles.

dalleur, euse n. ■ Ouvrier, ouvrière qui pose des dalles.

dalmate adj. et n. ■ De Dalmatie. ◆ n. *Les Dalmates.* ♦ n. m. *Le dalmate* (langue romane).

dalmatien, ienne n. ■ Chien, chienne à robe blanche tachetée de sombre.

dalmatique n. f. ■ **1** anciennt Tunique des empereurs romains. **2** relig. Chasuble réservée aux diacres.

dalot ou **daleau** n. m. ■ Trou dans la paroi d'un navire, pour l'écoulement des eaux.

daltonien, ienne adj. et n. ■ Atteint de daltonisme.

daltonisme n. m. ■ Anomalie héréditaire de la vue (non-perception ou confusion de certaines couleurs).

dam [dɑ̃ ; dam] n. m. ■ littér. *Au grand dam de qqn*, à son détriment.

damage n. m. ■ techn. Action de damer (le sol).

damalisque n. m. ■ Antilope d'Afrique.

daman n. m. ■ Petit mammifère d'Afrique et du Proche-Orient.

damas [-a(s)] n. m. ■ Tissu dont les dessins brillants sur fond mat à l'endroit se retrouvent mats sur fond brillant à l'envers.

damasquiner v. tr. [1] ■ Incruster un filet d'or, d'argent formant un dessin. ► **damasquinage** n. m.

damassé, ée adj. ■ Tissé comme le damas.

damasser v. tr. [1] ■ Fabriquer à la manière du damas.

damassine n. f. ■ (Suisse) Petite prune ronde dont on tire une eau-de-vie.

① **dame** n. f. ■ **I 1** hist. Suzeraine ; châtelaine. ◆ *Le chevalier et sa dame* (qui règne sur son cœur). **2** vx ou hist. Femme de haute naissance. ♦ mod. *Agir en grande dame*, avec noblesse. **3** vieilli Femme mariée. **4** Femme. *Une vieille dame.* **II** *Jeu de dames*, qui se joue à deux avec des pions sur un damier. ♦ cartes Carte où est figurée une reine. ♦ échecs La reine. **III** Masse de paveur. → **hie.**

② **dame** interj. ■ fam. et vieilli Assurément, pardi.

dame-d'onze-heures n. f. ■ Plante en ombelle dont les fleurs s'épanouissent vers onze heures du matin.

dame-jeanne n. f. ■ Bonbonne. *Des dames-jeannes.*

damer v. tr. [1] ■ **I** loc. *Damer le pion à qqn*, l'emporter sur lui. **II** techn. Tasser.

dameuse n. f. ■ Engin qui sert à damer la neige.

damier n. m. ■ Surface divisée en cent carreaux (cases) tour à tour blancs et noirs.

damnation [dɑn-] n. f. ■ Condamnation aux peines de l'enfer ; ces peines.

damner [dɑne] v. tr. [1] ■ **1** Condamner aux peines de l'enfer. **2** Conduire à la damnation. *Damner son âme.* ▷ v. pron. **se damner** fam. *Se damner pour qqn, qqch.* : être prêt à tout pour qqn, qqch. ▷ adj. **damné, ée 1** Condamné aux peines de l'enfer. ◆ n. *Les damnés.* **2** (avant le nom) fam. → **maudit.**

damoiseau n. m. ■ anciennt Jeune gentilhomme (pas encore chevalier).

damoiselle n. f. ■ anciennt Jeune fille noble ou femme d'un damoiseau.

dan [dan] n. m. ■ Chacun des grades de la ceinture noire (arts martiaux).

danaïde n. f. ■ Papillon des tropiques aux couleurs éclatantes.

dance [dɑ̃ns] n. f. ■ anglic. Style de musique très rythmée, issue du disco.

dancing n. m. ■ vieilli Établissement public où l'on danse.

se **dandiner** v. pron. [1] ■ Se balancer gauchement (debout). ► **dandinement** n. m.

dandinette n. f. ■ Technique de pêche à la ligne où l'on attire le poisson par le va-et-vient d'un leurre.

dandy n. m. ■ Homme très élégant (type social et moral du XIXe siècle).

dandysme n. m. ■ Attitude du dandy.

danger n. m. ■ Ce qui menace la sûreté, l'existence de qqn ou de qqch. → **péril.** ◆ (personnes) *Cet automobiliste est un danger public.*

dangereux, euse adj. ■ **1** Qui constitue ou présente un danger. *Virage dangereux.* **2** (personnes ; animaux) Qui est capable de nuire. ► **dangereusement** adv. ► **dangerosité** n. f.

danois, oise ■ **1** adj. et n. Du Danemark. ◆ n. *Les Danois.* ◆ n. m. *Le danois* (langue germanique). **2** n. m. Grand chien de garde, à poil court.

dans prép. ■ Préposition indiquant la situation d'une personne, d'une chose par rapport à ce qui la contient. **1** (lieu) À l'intérieur de. *Monter dans une voiture.* → **en.** ◆ fig. *Cette idée est dans Descartes.* → **chez. 2** (manière, situation) *Agir dans les règles.* **3** (temps) Pendant. *Dans son enfance.* ◆ (futur) *Dans un instant* : bientôt. **4** *DANS LES* : environ. *Cela coûte dans les cent euros.*

dansant, ante adj. ■ **1** Qui danse. **2** Qui fait danser. **3** Où l'on danse.

danse n. f. ■ **1** Suite de mouvements rythmés du corps (le plus souvent au son d'une musique) ; art, technique qui règle ces mouvements (→ **chorégraphie). 2** Musique sur laquelle on danse. **3** loc. *Entrer dans la danse*, participer à qqch. ◆ péj. *Mener la danse* : diriger une action collective. **4** *Danse de Saint-Guy.* → **chorée.**

danser v. [1] ■ **I** v. intr. Exécuter une danse. *Il danse bien.* ◆ loc. fam. *Ne pas savoir sur quel pied danser*, hésiter. **II** v. tr. Exécuter (une danse). *Danser la valse.*

danseur, euse n. ■ **1** Personne dont la profession est la danse. ◆ *Danseur, danseuse de corde.* → **funambule.** ♦ fig. *La danseuse de qqn*, ce à quoi il, elle consacre par plaisir beaucoup d'argent. **2** *EN DANSEUSE* : en pédalant debout et balançant le corps. **3** Personne qui danse.

dansoter v. intr. [1] ■ Danser à peine, par petits mouvements irréguliers. – var. **dansotter.**

dantesque adj. ■ Qui a le caractère sombre et sublime de l'œuvre de Dante.

daphné n. m. ■ Arbuste des régions montagneuses, à feuilles persistantes et à fleurs rouges ou blanches.

daphnie n. f. ■ Petit crustacé d'eau douce.

daraise n. f. ■ techn. Déversoir d'un étang.

darbouka ou **derbouka** n. f. ■ Tambour arabe fait d'une peau tendue sur l'extrémité évasée d'un corps cylindrique.

dard n. m. ■ **1** Organe servant à piquer, à inoculer un venin. → **aiguillon.** *Dard d'abeille.* **2** Langue (inoffensive) des serpents.

darder v. tr. [1] ■ Jeter, lancer.

dare-dare loc. adv. ■ fam. En toute hâte.

dariole n. f. ■ Flan léger au beurre et aux œufs.

darique n. f. ■ Monnaie d'or des anciens Perses.

darjeeling [daʀ(d)ʒiliŋ] n. m. ■ Thé indien à l'arôme délicat.

darne n. f. ■ Tranche de gros poisson.

daron, onne n. ■ argot Père, mère. ➝ *Les darons* : les parents ; les adultes (pour des jeunes).

darse n. f. ■ Bassin à l'intérieur d'un port.

dartre n. f. ■ Desquamation de l'épiderme, accompagnée de rougeurs.

darwinien, ienne [daʀwinjɛ̃, jɛn] adj. ■ Relatif au darwinisme.

darwinisme [daʀwinism] n. m. ■ Théorie de Darwin (évolution des espèces selon les lois de la sélection* naturelle). ► **darwiniste** adj. et n.

dasyure n. m. ■ Petit marsupial d'Océanie à queue velue.

D. A. T. ou **DAT** n. m. (sigle) ■ inform. Procédé d'enregistrement du son sous forme numérique sur un support magnétique.

datable adj. ■ Que l'on peut dater.

datation n. f. ■ Action de dater (qqch.).

datcha n. f. ■ Maison de campagne russe.

date n. f. ■ **1** Indication du jour, du mois et de l'année où s'est produit un fait. *Date de naissance.* ➝ loc. *Prendre date* : fixer avec qqn la date d'un rendez-vous. **2** Époque, moment où un événement s'est produit. *Science des dates.* → **chronologie.** ♦ loc. FAIRE DATE : marquer un moment important.

dater v. [1] ■ **I** v. tr. **1** Mettre la date sur. **2** Déterminer la date de. *Dater un fossile.* ♦ passif *Être daté,* démodé. **II** v. intr. **1** DATER DE : avoir commencé d'exister à (telle époque). → **remonter** à. ♦ loc. prép. *À dater de* : à partir de. **2** Faire date*. **3** Être démodé.

dateur, euse ■ **1** adj. Qui sert à dater. **2** n. m. Dispositif qui indique la date.

datif n. m. ■ gramm. Cas marquant le complément d'attribution (langues à déclinaisons).

dation n. f. ■ dr. Action de donner en paiement. ➝ spécialt Possibilité d'acquitter un impôt en œuvres d'art ; ces œuvres.

datte n. f. ■ Fruit comestible du dattier.

dattier n. m. ■ Palmier qui porte les dattes.

datura n. m. ■ Plante toxique originaire de l'Inde.

daube n. f. ■ **1** Manière de faire cuire certaines viandes à l'étouffée. ➝ Viande ainsi cuite. **2** fam. Réalisation de mauvaise qualité. *Ce film est une daube.*

dauber v. tr. et intr. [1] ■ littér. Dénigrer.

① **dauphin** n. m. ■ Cétacé carnivore dont la tête se prolonge en forme de bec.

② **dauphin** n. m. ■ **1** hist. *Le Dauphin* : le fils aîné du roi de France. **2** Successeur choisi par une personnalité importante.

dauphine n. f. ■ **1** Femme du Dauphin. **2** appos. *Pommes dauphine* : boulettes à base de pommes de terre, frites dans l'huile.

dauphinelle n. f. ■ Plante ornementale appelée communément *pied d'alouette.* → **delphinium.**

dauphinois, oise adj. et n. ■ Du Dauphiné. *Gratin dauphinois,* à base de pommes de terre et de lait.

daurade ou **dorade** n. f. ■ Poisson marin à reflets dorés ou argentés.

davantage adv. ■ **1** Plus. *En vouloir davantage.* **2** Plus longtemps.

davier n. m. ■ Pince servant notamment à l'extraction des dents.

dazibao [da(d)zibao] n. m. ■ (en Chine...) Journal mural affiché dans les lieux publics.

dB ■ Symbole du décibel.

Db ■ Symbole chimique du dubnium.

D. C. A. n. f. (sigle de *défense contre avions*) ■ Défense antiaérienne.

D. D. T. n. m. (sigle) ■ Insecticide organique, toxique pour les animaux à sang chaud.

① **de, du** (pour *de le*), **des** (pour *de les*) prép. ■ *de* s'élide en *d'* devant une voyelle ou un *h* muet **I** après un v. ou un n. Préposition qui marque l'origine (lieu, provenance ; temps ; cause ; moyen ; manière ; mesure ; agent, auteur). *Sortir de chez soi. Mourir de faim. Être armé d'un bâton. D'heure en heure. Être aimé de tous.* **II** Marquant des relations d'appartenance, de détermination. *Le style de Jarry. Les membres du jury.* **III** (fonctions grammaticales) *Se souvenir de qqn. La pensée de la mort.* ➝ avec les v. *traiter, qualifier Traiter qqn de menteur.* ➝ devant adj., pron., adv. (facultatif) *Avoir trois jours (de) libres.* (obligatoire) *Quoi de neuf ?*

② **de, du** (pour *de le*), **de la, des** (pour *de les*) art. partitif ▪ Article précédant les noms de choses qu'on ne peut compter. **1** devant un nom concret *Boire du vin.* ➛ (valeur d'une espèce) *Manger du lapin.* **2** devant un nom abstrait *Jouer de la musique.* ➛ *C'est du Bach.*

③ **de** art. indéf. → ② **des**

① **dé** n. m. ▪ **1** Petit cube dont chaque face est marquée de un à six points. ♦ loc. *Coup de dé(s)* : tentative hasardeuse. **2** Petit cube.

② **dé** n. m. ▪ *Dé (à coudre)* : étui rigide pour protéger le doigt qui pousse l'aiguille. ➛ fig., fam. *Dé à coudre* : très petit verre.

① **dé-, des-, dés-** Élément qui indique la négation, la privation, la séparation.

② **dé-, des-, dés-** Élément à valeur intensive (ex. *découper*).

DEA [deøɑ] n. m. (sigle de *diplôme d'études approfondies*) ▪ Diplôme de troisième cycle (remplacé par le master).

deal [dil] n. m. ▪ anglic., fam. Marché, arrangement (entre personnes...). *Conclure un deal.*

dealer [dile] v. tr. 1 ▪ anglic., fam. Trafiquer, revendre (de la drogue).

dealeur, euse n. ou **dealer** [dilœʀ] n. m. ▪ anglic. Revendeur de drogue.

déambulateur n. m. ▪ Cadre à pieds qui sert aux malades d'appui pour marcher.

déambulatoire n. m. ▪ didact. Galerie entourant le chœur d'une église.

déambuler v. intr. 1 ▪ Marcher sans but précis. ► **déambulation** n. f.

débâcle n. f. ▪ **1** Rupture subite de la couche de glace (d'un cours d'eau). **2** fig. Fuite soudaine (d'une armée). → **déroute.** ➛ Effondrement soudain. → **faillite, ruine.**

débâcler v. intr. 1 ▪ v. intr. Dégeler brusquement, en parlant d'un cours d'eau.

débâillonner v. tr. 1 ▪ **1** Ôter le bâillon de (qqn). **2** fig. Rendre la liberté de parole à.

déballastage n. m. ▪ mar. Vidange des ballasts.

déballer v. tr. 1 ▪ **1** Sortir et étaler. *Déballer ses affaires.* **2** fig., fam. Exposer sans retenue. *Déballer ses petits secrets.* ► **déballage** n. m.

débandade n. f. ▪ **1** Fait de se disperser rapidement et en tous sens. **2** loc. adv. *À LA DÉBANDADE* : dans la confusion.

① **débander** v. 1 ▪ **1** v. tr. Ôter la bande de. **2** v. tr. Détendre (ce qui est bandé). **3** v. intr. fam. Cesser d'être en érection.

② **se débander** v. pron. 1 ▪ Se disperser.

débaptiser [-bat-] v. tr. 1 ▪ Changer le nom de. *Débaptiser une rue.*

débarbouiller v. tr. 1 ▪ Nettoyer la figure de (qqn). ▷ v. pron. se **débarbouiller** ► **débarbouillage** n. m.

débarbouillette n. f. ▪ (Canada) Petit carré en tissu éponge, pour se laver.

débarcadère n. m. ▪ Lieu aménagé pour l'embarquement et le débarquement des navires. → **embarcadère, ponton.**

débarder v. tr. 1 ▪ **1** mar. Décharger (du bois, des marchandises) à quai. **2** techn. Transporter (du bois) hors du lieu de la coupe. ► **débardage** n. m.

débardeur, euse n. ▪ **1** Personne qui décharge et charge un navire, une voiture. → **docker.** **2** n. m. Tricot sans manches, très échancré. → fam. **marcel.**

débarquement n. m. ▪ **1** Action de débarquer. **2** Opération militaire consistant à débarquer en territoire ennemi. ➛ spécialt *Le débarquement,* celui des Alliés en Normandie en 1944.

débarquer v. 1 ▪ **I** v. tr. Faire sortir d'un navire, mettre à terre. **II** v. intr. **1** Quitter un navire, descendre à terre. ➛ par ext. *Débarquer du train.* **2** fam. *Débarquer chez qqn,* arriver à l'improviste. **3** fam. Ignorer des faits récents. *Tu débarques !*

débarras n. m. ▪ **1** fam. Délivrance de qui embarrassait. *Bon débarras !* **2** Endroit où l'on remise les objets qui encombrent.

débarrasser v. tr. 1 ▪ Dégager de ce qui embarrasse. ➛ *Débarrasser la table,* enlever le couvert. ▷ v. pron. se **débarrasser** *Se débarrasser d'un objet inutile.* ➛ *Se débarrasser de qqn,* l'éloigner ; le faire mourir.

débarrer v. tr. 1 ▪ **1** techn. ou région. Ôter la barre de. *Débarrer une porte.* **2** région. (Ouest ; Canada) Déverrouiller.

débat n. m. ▪ **1** Action de débattre une question. ➛ Discussion organisée. **2** au plur. Discussion des assemblées politiques. *Débats parlementaires.* ➛ Phase d'un procès.

débattre v. tr. 41 ▪ Examiner contradictoirement avec un ou plusieurs interlocuteurs. → **discuter ; négocier.** ➛ tr. ind. *Débattre d'une affaire.* ▷ v. pron. se **débattre** Lutter, en faisant beaucoup d'efforts.

débauchage n. m. ▪ Fait de débaucher (I) des employés.

débauche n. f. ▪ **1** Usage excessif des plaisirs sensuels. **2** fig. Abus, excès ; profusion. *Une débauche de couleurs.*

débaucher v. tr. 1 ▪ **I 1** Détourner (qqn) de ses occupations. **2** Renvoyer (qqn) faute de travail. → **licencier.** **II** Entraîner (qqn) à l'inconduite, notamment sexuelle. → **dépraver.** ▷ adj. et n. **débauché, ée**

débecter v. tr. 1 ▪ fam. Dégoûter. *Ça me débecte.*

débet n. m. ▪ fin. Ce qui reste dû après l'arrêté d'un compte.

débile ■ **1** adj. littér. Qui manque de force physique. **2** n. *Débile mental(e),* personne atteinte de débilité (2). **3** adj. fam. Idiot.

débilité n. f. ■ **1** État d'une personne débile (1). **2** *Débilité mentale :* déficience de l'intelligence (pour un adulte, âge mental de 7 à 10 ans). → **arriération.**

débiliter v. tr. [1] ■ **1** littér. Rendre débile (1), faible. **2** fig. Démoraliser, déprimer. ► **débilitant, ante** adj.

débillarder v. tr. [1] ■ techn. Couper (une pièce de bois) en diagonale.

débine n. f. ■ fam. et vieilli Pauvreté.

① **débiner** v. tr. [1] ■ Dénigrer, médire de.

② se **débiner** v. pron. [1] ■ fam. Se sauver.

débirentier, ière n. ■ dr. Débiteur d'une rente.

① **débit** n. m. ■ **1** Écoulement des marchandises par la vente au détail. **2** (dans des loc.) Magasin. ➝ *Débit de boissons,* bar, café. **3** Manière d'énoncer. *Un débit monotone.* **4** Volume écoulé par unité de temps. ♦ Quantité fournie, produite, par unité de temps. ➝ inform. *Réseau à haut débit.*

② **débit** n. m. ■ Compte des sommes dues. ♦ Partie d'une comptabilité où figurent les sommes déboursées.

① **débitable** adj. ■ Que l'on peut découper en morceaux (bois).

② **débitable** adj. ■ Que l'on peut porter au débit (du compte de qqn). *Somme débitable.*

débitage n. m. ■ Action de débiter (du bois).

débitant, ante n. ■ Personne qui tient un débit (2). *Débitant de tabac.*

① **débiter** v. tr. [1] ■ **I** Découper en morceaux. **II 1** Écouler (une marchandise) par la vente au détail. **2** Dire à la suite (des choses sans intérêt). ➝ Réciter mécaniquement. *Débiter un compliment.* **3** Faire s'écouler (un volume...) en un temps donné.

② **débiter** v. tr. [1] ■ Porter au débit de (qqn). *Débiter qqn d'une somme.* ♦ par ext. *Débiter un compte de telle somme.*

débiteur, trice n. ■ **1** Personne qui doit qqch. (spécialt de l'argent) à qqn. *Créancier et débiteur.* ➝ adj. *Solde débiteur d'un compte* (dont le débit est supérieur au crédit). **2** fig. Personne qui a une dette morale.

débitmètre [-bi-] n. m. ■ techn. Instrument pour mesurer le débit (d'un fluide).

déblai n. m. ■ **1** Action de déblayer. **2** au plur. Terres, décombres déblayés.

déblatérer v. intr. [6] ■ Parler longuement et avec violence (contre qqn, qqch.). → **médire** de, **vitupérer.** ➝ trans. *Déblatérer des injures.*

déblayer v. tr. [8] ■ **1** Débarrasser (un lieu) de ce qui encombre. **2** loc. fig. *Déblayer le terrain :* faire disparaître les obstacles avant d'agir. ► **déblaiement** n. m.

déblocage n. m. ■ Action de débloquer.

débloquer v. [1] ■ **I** v. tr. **1** Remettre (une chose bloquée) en marche. **2** Remettre en circulation, en exercice. *Débloquer des crédits.* ➝ Libérer. *Débloquer les prix.* **II** v. intr. fam. Divaguer, déraisonner. ▷ v. pron. se **débloquer** Se dégager d'un blocage.

débobiner v. tr. [1] ■ Dérouler (ce qui était en bobine).

déboguer v. tr. [1] ■ Supprimer les bogues de (un programme). ► **débogage** n. m.

déboire n. m. ■ littér. Impression pénible de déception. ♦ Événement fâcheux.

déboiser v. tr. [1] ■ Dégarnir (un terrain) de ses arbres. ► **déboisement** n. m.

déboîter v. [1] ■ **I** v. tr. **1** Faire sortir de ce qui emboîte. **2** Sortir (un os) de l'articulation. → **démettre. II** v. intr. (véhicule) Sortir d'une file. ► **déboîtement** n. m.

débonder v. tr. [1] ■ Ouvrir en retirant la bonde.

débonnaire adj. ■ D'une bonté douce. ► **débonnairement** adv.

débord n. m. ■ **1** région. Action de déborder, crue. **2** Liseré qui dépasse le bord dans la doublure d'un vêtement.

débordant, ante adj. ■ Qui déborde.

débordé, ée adj. ■ Submergé ; dépassé.

débordement n. m. ■ **1** Action de déborder. **2** fig. Fait de se répandre ; excès.

déborder v. [1] ■ **I** v. intr. **1** Répandre une partie de son contenu liquide par-dessus bord. ➝ loc. *La goutte d'eau qui fait déborder le vase,* la chose pénible qui fait que l'ensemble devient insupportable. ♦ *DÉBORDER DE :* être rempli de. *Déborder de vie.* **2** Se répandre par-dessus bord. *Le lait a débordé.* ♦ fig. *Sa joie déborde.* **II** v. tr. **1** Dépasser (le bord), aller au-delà de. **2** Défaire (ce qui était bordé). *Déborder un lit ; un malade.*

débosseler v. tr. [4] ■ techn. Supprimer les bosses de. ► **débosselage** n. m.

débotté n. m. ■ *Au débotté :* au moment où l'on arrive, sans préparation.

débotter v. tr. [1] ■ Retirer les bottes de (qqn). ▷ v. pron. se **débotter** Quitter ses bottes.

débouché n. m. ■ **1** Issue vers un lieu ouvert. *Débouché d'une vallée.* **2** Lieu où l'on vend un produit. **3** fig. Perspective de carrière.

① **déboucher** v. tr. [1] ■ **1** Débarrasser de ce qui bouche. **2** Débarrasser de son bouchon. ► **débouchage** n. m.

② **déboucher** v. intr. [1] ■ (personnes ; voie, passage) Passer d'un lieu resserré dans un lieu plus ouvert. ♦ fig. *Des discussions qui ne débouchent sur rien.* → **mener** à.

déboucheur n. m. ■ Produit utilisé pour déboucher un conduit.

débouchoir n. m. ■ Instrument qui sert à déboucher.

déboucler v. tr. [1] ■ **1** Ouvrir la boucle de. **2** Défaire les boucles (de cheveux).

déboulé n. m. ■ **1** chasse loc. adv. *Au déboulé :* à la sortie du gîte, du terrier. *Tirer un lapin au déboulé.* **2** sports Course, charge rapide et puissante.

débouler v. intr. [1] ■ **1** Tomber en roulant. **2** fam. Faire irruption. **3** Fuir (gibier).

déboulonner v. tr. [1] ■ **1** Démonter (ce qui était boulonné). **2** fam. Déposséder (qqn) de sa place, de son prestige. ► **déboulonnage** ou **déboulonnement** n. m.

débouquer v. intr. [1] ■ mar. Sortir de l'embouchure d'un canal.

débourber v. tr. [1] ■ techn. Débarrasser de sa bourbe. *Débourber un étang.* ► **débourbage** n. m.

débourrer v. tr. [1] ■ **1** Ôter la bourre de. **2** *Débourrer une pipe,* en ôter le tabac. **3** Habituer (un cheval) à être monté. ► **débourrage** n. m.

débours n. m. ■ Somme déboursée.

débourser v. tr. [1] ■ Tirer de son avoir (une certaine somme). → **dépenser.** ► **déboursement** n. m.

déboussoler v. tr. [1] ■ fam. Désorienter, déconcerter (qqn). ▷ adj. **déboussolé, ée** → **désemparé.**

debout adv. ■ **1** (choses) Verticalement ; sur l'un des bouts. *Mettre des livres debout.* **2** (personnes) Sur ses pieds (opposé à *assis, couché*). ♦ *Être debout dès l'aube,* levé. **3** *Tenir debout :* être solide. – *Ne pas tenir debout :* être malade, épuisé ou ivre ; fig. (choses) être incohérent, invraisemblable. **4** mar. *Vent debout :* de face. – fig. *Être vent debout contre (qqn, qqch.),* s'y opposer vivement.

débouté, ée ■ dr. **1** n. m. Rejet d'une demande en justice. **2** n. Personne qui en fait l'objet.

débouter v. tr. [1] ■ dr. Rejeter par jugement ou arrêt la demande en justice de (qqn). ► **déboutement** n. m.

déboutonner v. tr. [1] ■ Ouvrir en dégageant les boutons de la boutonnière. ▷ v. pron. se **déboutonner 1** Déboutonner ses vêtements. **2** fig. Se confier librement.

débraillé, ée adj. ■ **1** Dont les vêtements sont en désordre. ♦ n. m. → **laisser-aller. 2** fig. Libre, sans retenue.

débrancher v. tr. [1] ■ Supprimer le branchement de (un appareil électrique). ► **débranchement** n. m.

débrayer v. [8] ■ **1** v. tr. Interrompre la liaison entre un mécanisme et l'arbre moteur. **2** v. intr. fam. Cesser le travail, se mettre en grève. ► **débrayage** n. m.

débrider v. tr. [1] ■ **1** Ôter la bride à (un animal). **2** Dégager de ce qui serre. *Débrider un abcès* (en l'incisant). ▷ adj. **débridé, ée** → **déchaîné.** *Imagination débridée.*

débriefer [debʀife] v. tr. [1] ■ anglic. **1** Interroger (qqn) pour faire le point sur une opération. **2** Faire le bilan de. *Débriefer un match.*

débriefing [debʀifiŋ] n. m. ■ anglic. Réunion pour commenter une situation, faire le bilan d'une opération.

débris n. m. ■ Reste (d'un objet...).

débrocher v. tr. [1] ■ **1** Retirer (une volaille, une viande) de la broche. **2** Défaire la brochure de (un livre). ► **débrochage** n. m.

débrouillard, arde adj. et n. ■ fam. (Personne) qui sait se débrouiller.

débrouillardise n. f. ■ fam. Qualité d'une personne débrouillarde.

débrouille n. f. ■ fam. Art de se tirer d'affaire.

débrouiller v. tr. [1] ■ **1** Démêler (ce qui est embrouillé). **2** fig. Tirer de la confusion. → **élucider.** ▷ v. pron. se **débrouiller** Se comporter habilement, se tirer d'affaire.

débroussaillant, ante adj. et n. m. ■ (Produit) qui sert à débroussailler.

débroussailler v. tr. [1] ■ **1** Débarrasser (un terrain) des broussailles. → **défricher. 2** fig. Éclairer (ce qui est confus). ► **débroussaillage** n. m. ► **débroussailleuse** n. f. (machine)

débrousser v. tr. [1] ■ (Afrique) Défricher (un terrain de brousse) pour le cultiver.

débuché ou **débucher** n. m. ■ Moment où la bête débusque (II).

débureaucratiser v. tr. [1] ■ Faire disparaître la bureaucratie de. *Débureaucratiser une administration.* ► **débureaucratisation** n. f.

débusquer v. [1] ■ **I** v. tr. **1** Chasser (le gibier) du bois. **2** fig. *Débusquer qqn,* le chasser de sa position. **II** v. intr. Sortir du bois (gibier). – syn. (sens I, 1 et II) **débucher** v. [1]

début n. m. ■ **1** Commencement. **2** *Les débuts de qqn,* ses premiers essais.

débuter v. intr. [1] ■ **1** Faire ses premiers pas dans une carrière, une activité. **2** (choses) Commencer. *Le livre débute par une préface.* ► **débutant, ante** adj. et n.

déca n. m. ■ fam. Café décaféiné.

déca- Élément, du grec *deka* «dix». ≠ *déci-.*

deçà adv. ■ loc. prép.et adv. *EN DEÇÀ (DE) :* de ce côté-ci (de) (opposé à *au-delà*). – fig. *Rester en deçà de la vérité,* ne pas l'atteindre.

décacheter v. tr. [4] ■ Ouvrir (ce qui est cacheté). *Décacheter une lettre.* ► **décachetage** n. m.

décade n. f. ■ **1** Durée de dix jours. **2** (anglic. critiqué) Durée de dix ans. → **décennie.**

décadence n. f. ■ Acheminement vers la ruine. → **déclin.** ♦ hist. Derniers siècles de l'Empire romain. ► **décadent, ente** adj. et n.

décaèdre adj. et n. m. ■ géom. (Solide) qui a dix faces.

décaféiné, ée adj. ■ Dont on a enlevé la caféine. ◆ n. m. Café décaféiné. → fam. **déca.**

décagone n. m. ■ géom. Polygone à dix côtés. ► **décagonal, ale, aux** adj.

décaisser v. tr. 1 ■ Tirer (une somme d'argent) d'une caisse. ► **décaissement** n. m.

décalage n. m. ■ **1** Fait de décaler ; écart temporel ou spatial. *Décalage horaire* (entre deux pays). **2** fig. Défaut de concordance. → **écart.**

décalaminer v. tr. 1 ■ Ôter la calamine de (une surface mécanique). ► **décalaminage** n. m.

décalcifier v. tr. 7 ■ Priver d'une partie de son calcium. ▷ v. pron. se **décalcifier** ► **décalcification** n. f.

décalcomanie n. f. ■ Procédé de transfert d'images colorées sur un support ; ces images.

décalé, ée adj. ■ Qui n'est pas conforme au contexte, aux attentes. *Un ton décalé.*

décaler v. tr. 1 ■ Déplacer un peu de la position normale (dans l'espace ; dans le temps).

décalitre n. m. ■ Mesure de dix litres.

décalogue n. m. ■ relig. Les dix commandements reçus de Dieu par Moïse.

décalotter v. tr. 1 ■ **1** Enlever la calotte de. **2** *Décalotter le gland,* le découvrir en dégageant le prépuce.

décalquer v. tr. 1 ■ Reporter le calque de (un dessin, etc.) sur un support. ► **décalquage** et **décalque** n. m.

décalvant, ante adj. ■ didact. Qui rend chauve.

décamètre n. m. ■ Mesure de dix mètres. ► **décamétrique** adj.

décamper v. intr. 1 ■ S'en aller en hâte.

décan n. m. ■ Chacune des trois dizaines de degrés de chaque signe du zodiaque.

décanal, ale, aux adj. ■ didact. Relatif au doyen, au décanat.

décanat n. m. ■ didact. Dignité, fonction de doyen. ♦ Durée de cette fonction.

décaniller v. intr. 1 ■ fam. Partir, s'en aller ; s'enfuir.

décanter v. 1 ■ Séparer (un liquide) des matières en suspension en les laissant se déposer. → **clarifier.** ▷ v. pron. se **décanter** Devenir plus clair (aussi fig.). ► **décantage** n. m. ou **décantation** n. f.

décanteur n. m. ■ Appareil qui sert à décanter.

décapant, ante adj. ■ Qui décape. ♦ fig. *Un humour décapant.* → **corrosif.**

décapeler v. tr. 4 ■ mar. Dépouiller (les mâts, les vergues) de leur gréement.

décaper v. tr. 1 ■ Débarrasser (une surface) des dépôts, des matières qui y adhèrent fortement. ♦ fig. (sans compl.) *Une satire qui décape.* ► **décapage** n. m.

décapeuse n. f. ■ Engin de terrassement qui racle les surfaces.

décapiter v. tr. 1 ■ **1** Trancher la tête de (qqn). ♦ par analogie *Décapiter un arbre.* **2** fig. Détruire ce qui est à la tête de, ce qui est essentiel. ► **décapitation** n. f.

décapode ■ **1** adj. Qui a cinq paires de pattes. **2** n. m. Crustacé à cinq paires de pattes (crevette, crabe, etc.).

décapotable adj. ■ Qui peut être décapoté. *Voiture décapotable ;* n. f. *décapotable.*

décapoter v. tr. 1 ■ Enlever ou ouvrir la capote, le toit mobile de.

décapsuler v. tr. 1 ■ Ôter la capsule de. ► **décapsulage** n. m.

décapsuleur n. m. ■ Ustensile faisant levier, pour ôter les capsules de bouteilles.

décapuchonner v. tr. 1 ■ Ôter le capuchon de. *Décapuchonner un stylo.*

décarboner v. tr. 1 ■ didact. Réduire l'émission de carbone relative à (une activité). ◆ au p. p. *Économie décarbonée.*

décarburer v. tr. 1 ■ techn. Enlever à (un métal) le carbone qu'il contient. ► **décarburation** n. f.

se **décarcasser** v. pron. 1 ■ fam. Se donner beaucoup de mal. → se **démener.**

décasyllabe [-si(l)lab] adj. et n. m. ■ (Vers) qui a dix syllabes.

décathlon n. m. ■ Ensemble de dix épreuves masculines disputées par les mêmes athlètes. ► **décathlonien** n. m.

décatir v. tr. 2 ■ techn. Débarrasser (une étoffe) du lustre que lui ont donné les apprêts. ▷ v. pron. se **décatir** Perdre sa fraîcheur ; vieillir. ▷ adj. **décati, ie** [-ti]

decauville [-vil] n. m. ■ Chemin de fer à voie étroite employé dans les mines.

décavaillonnage n. m. ■ agric. Labour entre les ceps de vigne, où n'est pas passée la charrue vigneronne.

décavaillonner v. tr. 1 ■ agric. Labourer (les cavaillons).

décavaillonneuse n. f. ■ agric. Petite charrue pour le décavaillonnage.

décaver v. tr. 1 ■ jeux Gagner toute la cave de (un joueur).

décéder v. intr. 6 ■ (personnes) Mourir. *Il est décédé depuis peu.* ▷ adj. **décédé, ée** *Un ami décédé.*

déceler v. tr. 5 ■ **1** Découvrir (ce qui était celé, caché). ◆ Détecter. → **repérer. 2** (sujet chose) Laisser voir. ► **décelable** adj.

décélérer v. intr. 6 ■ Ralentir (véhicule ; conducteur). ► **décélération** n. f.

décembre n. m. ■ Douzième et dernier mois de l'année.

décemment [-amɑ̃] adv. ■ 1 D'une manière décente. 2 Raisonnablement.

décemvir [desɛmviʀ] n. m. ■ Antiq. romaine Membre d'un collège composé de dix personnes. ♦ Magistrat chargé d'administrer la justice en l'absence du préteur.

décemvirat [desɛm-] n. m. ■ Antiq. romaine Dignité de décemvir. ♦ Période pendant laquelle Rome fut soumise au gouvernement des décemvirs.

décence n. f. ■ 1 Respect de ce qui touche les convenances. 2 Discrétion, retenue.

décennal, ale, aux adj. ■ 1 Qui dure dix ans. 2 Qui a lieu tous les dix ans.

décennie n. f. ■ Période de dix ans.

décent, ente adj. ■ 1 Conforme à la décence. → **bienséant, convenable.** 2 Acceptable.

décentraliser v. tr. 1 ■ 1 Rendre plus autonome (ce qui dépend d'un pouvoir central). → **régionaliser.** 2 → **délocaliser.** ► **décentralisation** n. f. ► **décentralisateur, trice** adj. et n.

décentrer v. tr. 1 ■ Déplacer le centre de. ► **décentrage** n. m.

déception n. f. ■ 1 Fait d'être déçu. 2 Ce qui déçoit. *Une cruelle déception.*

décercler v. tr. 1 ■ techn. Enlever les cercles de (un tonneau, une cuve).

décérébrer v. tr. 6 ■ 1 sc. Enlever l'encéphale de (un animal). 2 fig. Priver d'intelligence, de raison. ► **décérébration** n. f.

décerner v. tr. 1 ■ 1 dr. Ordonner, décréter. 2 Accorder à qqn (une distinction...).

décerveler v. tr. 4 ■ fam. 1 Faire sauter la cervelle de (qqn). 2 fig. Priver de ses facultés intellectuelles. ► **décervelage** n. m.

décès n. m. ■ Mort (d'une personne).

décevant, ante adj. ■ Qui déçoit.

décevoir v. tr. 28 ■ Tromper (qqn) dans ses espoirs, son attente. → **désappointer.**

déchaîner v. tr. 1 ■ Donner libre cours à (une force). ▷ v. pron. se **déchaîner** Se déclencher avec violence. *La tempête se déchaîne.* ◆ Se mettre en colère, s'emporter (contre qqn, qqch.). ▷ adj. **déchaîné, ée** *Mer déchaînée.* → **démonté.** ◆ *Cet enfant est déchaîné,* très excité. ► **déchaînement** n. m.

déchant n. m. ■ mus. Mélodie en contrepoint écrite au-dessus du plain-chant.

déchanter v. intr. 1 ■ Abandonner ses espérances, perdre ses illusions.

décharge n. f. ■ I Lieu où l'on jette les ordures, les décombres. II 1 Libération d'une obligation, d'une dette. *Signer une décharge.* 2 À DÉCHARGE : qui lève les charges pesant sur qqn. *Témoin à décharge.* ◆ *Il faut dire, à sa décharge...,* pour l'excuser. III 1 Tir d'armes à feu. → **fusillade, salve.** 2 Brusque perte d'une charge électrique.

déchargement n. m. ■ Fait de décharger.

décharger v. tr. 3 ■ I 1 Débarrasser de sa charge (une personne, un navire, etc.). 2 Enlever (un chargement). *Décharger une cargaison.* 3 *Décharger une arme,* en enlever la charge. ◆ *Décharger son arme sur...* → **tirer.** 4 Diminuer la charge électrique de. II fig. 1 Débarrasser ou libérer (qqn) d'une charge, d'une obligation, d'une responsabilité. → **dispenser.** 2 Libérer d'une accusation. 3 *Décharger sa conscience,* avouer.

décharné, ée adj. ■ 1 Qui n'a plus de chair. 2 Très maigre. → **émacié.**

déchaumer v. tr. 1 ■ agric. Débarrasser (le sol) du chaume par un labour superficiel. ► **déchaumage** n. m.

déchaumeuse n. f. ■ agric. Charrue légère pour déchaumer.

déchaussé, ée adj. ■ 1 Qui n'a plus de chaussure. 2 Qui s'est déchaussé (2). *Une dent déchaussée.*

déchaussement n. m. ■ Action de se déchausser (dent).

déchausser v. tr. 1 ■ 1 Enlever les chaussures de (qqn). ♦ sans compl. Enlever ou perdre ses skis. 2 techn. Dégarnir à la base. ▷ v. pron. se **déchausser** 1 Enlever ses chaussures. 2 *Dent qui se déchausse,* qui bouge.

déchaux adj. m. ■ relig. Se dit de religieux qui ont les pieds nus dans des sandales. *Carmes déchaux.*

dèche n. f. ■ fam. Manque d'argent.

déchéance n. f. ■ 1 Fait de déchoir. → **chute, disgrâce.** ◆ *Déchéance physique.* → **décrépitude.** 2 Perte d'un droit (sanction). *Déchéance de l'autorité parentale.*

déchet n. m. ■ 1 Perte qu'une chose subit dans l'emploi qui en est fait. *Il y a du déchet.* 2 Résidu inutilisable. 3 fig. Personne déchue, méprisable.

déchetterie n. f. (nom déposé) ■ Lieu aménagé pour recueillir les déchets à recycler. – var. **déchèterie.**

déchiffrable adj. ■ Qui peut être déchiffré.

déchiffrer v. tr. 1 ■ 1 Lire (ce qui est chiffré), traduire en clair. → **décrypter.** *Déchiffrer un message codé.* 2 Parvenir à lire, à comprendre. *Déchiffrer des hiéroglyphes.* 3 *Déchiffrer de la musique,* la lire à première vue. ► **déchiffrement** (sens 1) et **déchiffrage** n. m.

déchiqueté, ée adj. ■ En lambeaux, en pièces.

déchiqueter v. tr. [4] ▪ Déchirer en morceaux irréguliers, en lambeaux. ► **déchiquetage** n. m.

déchiqueteur n. m. et **déchiqueteuse** n. f. ▪ techn. Appareil, machine à déchiqueter.

déchirant, ante adj. ▪ Qui déchire le cœur, émeut vivement.

déchirement n. m. ▪ **1** Action de déchirer ; son résultat. **2** fig. Grande douleur morale.

déchirer v. tr. [1] ▪ **1** Séparer en morceaux par des tractions opposées. ◆ *Se déchirer un muscle* (se rompre des fibres). **2** Faire un accroc à. **3** Rompre par un son éclatant. *Un cri déchira le silence.* **4** Causer une vive douleur à. ♦ fig. *Déchirer le cœur.* → **fendre. 5** Troubler par de tragiques divisions. → **diviser.** *La guerre civile déchire le pays.*

déchirure n. f. ▪ **1** Fente faite en déchirant. → **accroc. 2** Rupture ou ouverture irrégulière dans les tissus, les chairs.

déchoir v. [25] pas d'imp. ni de p. prés. ▪ **1** v. intr. Tomber dans un état inférieur à celui où l'on était. **2** v. tr. *Déchoir qqn de* (un droit...), l'en priver à titre de sanction. ◆ au p. p. *Être déchu de ses droits civiques.*

déchoquage n. m. ▪ méd. Traitement d'urgence de l'état de choc.

déchristianiser [-kʀ-] v. tr. [1] ▪ Éloigner du christianisme.

déchu, ue adj. ▪ Qui n'a plus (une position supérieure). ♦ relig. Privé de l'état de grâce.

déci n. m. ▪ (Suisse) Décilitre (de vin) pour la consommation.

déci- Élément (du latin *decimus* «dixième») qui signifie «dixième partie». ≠ *déca-*.

décibel n. m. ▪ Unité de puissance sonore.

décidé, ée adj. ▪ **1** Qui n'hésite pas pour prendre un parti. → **déterminé. 2** Arrêté par décision. *C'est (une) chose décidée.*

décidément adv. ▪ En définitive.

décider v. [1] ▪ **I** v. tr. dir. **1** Prendre la décision de. *Décider une opération.* ◆ sans compl. *C'est moi qui décide.* **2** Amener (qqn à agir). → **convaincre, persuader.** *Je l'ai décidé à rester.* **II** v. tr. ind. *DÉCIDER DE qqch.* : disposer en maître par son action ou son jugement. ◆ (choses) *Le hasard décide de tout.* ▷ v. pron. se **décider 1** Être décidé. *Ça s'est décidé hier.* **2** *Se décider à* : prendre la décision de. ◆ sans compl. *Il n'arrive pas à se décider* (→ **indécis). 3** *Se décider pour* : donner la préférence à. → **opter** pour.

décideur, euse n. ▪ Personne ayant le pouvoir de décision.

décidu, ue adj. ▪ bot. Qui se détache et tombe selon un rythme saisonnier. → **caduc.**

décidual, ale, aux adj. ▪ anat. *Membrane déciduale* : partie de la muqueuse utérine expulsée avec le placenta à la fin de l'accouchement.

décigramme n. m. ▪ Dixième du gramme.

décile n. m. ▪ statist. Chacune des dix parties, d'effectif égal, d'un ensemble statistique ordonné.

décilitre n. m. ▪ Dixième du litre.

décimal, ale, aux adj. ▪ Qui procède par dix ; qui a pour base le nombre dix. *Système décimal. Nombre décimal,* pouvant s'écrire sous la forme d'une fraction dont le dénominateur est une puissance de 10. ◆ n. f. Chiffre placé après la virgule, dans un nombre décimal. *3,25 a deux décimales.*

décime ▪ **1** n. f. hist. Sous l'Ancien Régime, Taxe perçue par le roi sur les revenus du clergé. **2** n. m. Majoration d'un dixième sur un impôt, une amende.

décimer v. tr. [1] ▪ Faire périr un grand nombre de personnes de (un groupe).

décimètre n. m. ▪ Dixième partie d'un mètre. ◆ Règle graduée en centimètres. *Un double décimètre.* ► **décimétrique** adj.

décisif, ive adj. ▪ (choses) Qui résout une difficulté, tranche un débat. *Argument décisif.* ◆ Qui conduit à un résultat définitif, capital. *Moment décisif.*

décision n. f. ▪ **1** Jugement qui apporte une solution. *Décision judiciaire.* **2** Fin de la réflexion dans l'acte volontaire de faire ou ne pas faire (une chose). → **parti, résolution.** *Prendre une décision ; la décision de...* **3** Qualité qui consiste à ne pas hésiter ou changer sans motif ce qu'on a décidé.

décisionnaire ▪ **1** n. Personne qui exerce un pouvoir de décision. → **décideur. 2** adj. Qui concerne la prise de décision. *Instances décisionnaires.*

décisionnel, elle adj. ▪ didact. Relatif à la décision. *Pouvoir décisionnel.*

décisoire adj. ▪ dr. Qui entraîne la décision dans un procès.

déclamation n. f. ▪ **1** Art de déclamer. **2** péj. Emploi de phrases emphatiques.

déclamatoire adj. ▪ Emphatique.

déclamer v. tr. [1] ▪ Dire en rythmant ou avec emphase. *Déclamer des vers.*

déclarant, ante n. et adj. ▪ dr. (Personne) qui fait une déclaration à un agent de l'administration.

déclaratif, ive adj. ▪ **1** Qui donne déclaration de qqch. **2** gramm. *Verbe déclaratif,* qui énonce une simple communication.

déclaration n. f. ▪ Action de déclarer ; discours ou écrit par lequel on déclare. ♦ spécialt *Déclaration d'amour.* ◆ *Déclaration de* *revenus,* ou abusivt *déclaration d'impôts.* ◆ *Déclaration de guerre.*

déclaratoire adj. ■ dr. Qui déclare juridiquement.

déclarer v. tr. [1] ■ **1** Faire connaître d'une façon claire, manifeste, ou d'une façon officielle. *Déclarer ses sentiments à qqn.* ◆ *Déclarer la guerre à un pays.* ♦ (avec attribut) *On l'a déclaré coupable.* ♦ DÉCLARER QUE. → **assurer, prétendre. 2** Faire connaître (à une autorité) l'existence de. *Déclarer ses revenus* (au fisc). *Déclarer un enfant à la mairie.* ▷ v. pron. **se déclarer 1** Donner son avis. ♦ (avec attribut) Se dire (tel). *Se déclarer satisfait.* ♦ Déclarer son amour. **2** (danger, maladie...) Commencer à se manifester. ▷ adj. **déclaré, ée** *Être l'ennemi déclaré de qqn.* → **juré.**

déclasser v. tr. [1] ■ **I** Faire passer dans une classe, une catégorie inférieure. **II** Déranger (des objets classés). ▷ adj. **déclassé, ée** *Athlète déclassé.* ► **déclassement** n. m.

déclassifier v. tr. ■ Rendre accessible (ce qui était classé secret).

déclenchement n. m. ■ Fait de (se) déclencher. *Le déclenchement des hostilités.*

déclencher v. tr. [1] ■ **1** Déterminer le fonctionnement de (un système) par un mécanisme. *Déclencher une alarme.* **2** Déterminer brusquement (une action...). → **entraîner, provoquer.** ▷ v. pron. **se déclencher**

déclencheur, euse n. m. et adj. ■ Ce qui déclenche qqch. ◆ adj. *Élément déclencheur.* ♦ techn. Pièce qui déclenche un mécanisme.

déclic n. m. ■ **1** Mécanisme qui déclenche. ◆ fam. *Avoir un déclic* : comprendre soudainement. **2** Bruit sec de ce qui se déclenche.

déclin n. m. ■ État de ce qui diminue, commence à régresser. *Être dans son déclin.*

déclinable adj. ■ Susceptible d'être décliné.

déclinaison n. f. ■ **1** astron. Distance angulaire d'un astre au plan équatorial. **2** gramm. Ensemble des formes (→ **désinence**) que prennent les noms, pronoms et adjectifs des langues à flexion, suivant les nombres, les genres et les cas. *Les cinq déclinaisons du latin.*

déclinant, ante adj. ■ Qui est sur son déclin.

décliner v. [1] ■ **I** v. tr. **1** Repousser (ce qui est proposé, attribué). → **rejeter. 2** gramm. Donner toutes ses désinences à (→ **déclinaison**). **3** comm. Donner plusieurs formes à (un produit). **4** Dire à la suite. → **énumérer. II** v. intr. **1** astron. Approcher de l'horizon (astre). **2** Être dans son déclin. → **diminuer.**

déclinisme n. m. ■ didact. Théorie selon laquelle un pays serait en déclin. ► **décliniste** adj. et n.

déclive adj. ■ Qui est incliné, en pente.

déclivité n. f. ■ État de ce qui est en pente.

décloisonner v. tr. [1] ■ Ôter les cloisons (3) administratives, etc., pour faciliter la communication. ► **décloisonnement** n. m.

déclouer v. tr. [1] ■ Défaire (ce qui est cloué).

① **décocher** v. tr. [1] ■ **1** Lancer par une brusque détente. **2** fig. *Décocher une œillade, une méchanceté.*

② **décocher** v. tr. [1] ■ *Décocher une case,* enlever le signe qui figure dans cette case.

décoction n. f. ■ Action de faire bouillir dans l'eau une substance pour en extraire les principes solubles ; liquide ainsi obtenu.

décoder v. tr. [1] ■ Analyser le contenu de (un message) selon un code. → **décrypter.** ► **décodage** n. m.

décodeur n. m. ■ Dispositif de décodage (spécialt d'un signal de télévision).

décoffrer v. tr. [1] ■ techn. Enlever le coffrage de (un ouvrage en béton). ► **décoffrage** n. m.

décoiffer v. tr. [1] ■ **1** Déranger la coiffure de (qqn). **2** sans compl. fam. Déranger, surprendre. *Un slogan qui décoiffe.*

décoincer v. tr. [3] ■ **1** Dégager (ce qui est coincé). **2** fig., fam. Détendre (qqn).

décolérer v. intr. [6] ■ *Ne pas décolérer* : ne pas cesser d'être en colère.

décollage n. m. ■ Action de décoller (III).

décollation n. f. ■ littér. Action de couper la tête (de qqn). → **décapitation.**

décollement n. m. ■ Action de décoller (I) ; état de ce qui est décollé, n'adhère plus.

décoller v. [1] ■ **I** v. tr. dir. Détacher (ce qui est collé). **II** v. tr. ind. (avec *de*) **1** fam. S'en aller, partir. **2** Se détacher de. **III** v. intr. Quitter le sol (avion). → s'**envoler.** ♦ fig. Prendre son essor. ▷ adj. **décollé, ée** *Oreilles décollées,* qui s'écartent de la tête.

décolleter v. tr. [4] ■ Couper (un vêtement) de sorte qu'il dégage le cou et une partie de la gorge, du dos. → **échancrer.** ▷ **décolleté, ée 1** adj. *Robe décolletée.* **2** n. m. Bords, échancrure d'un vêtement décolleté. ◆ Partie laissée nue par le décolleté.

décolonisation n. f. ■ Cessation, pour un pays, de l'état de colonie ; processus par lequel une colonie devient indépendante. ► **décoloniser** v. tr. [1]

décolorant, ante adj. ■ Qui décolore.

décolorer v. tr. [1] ■ Altérer, effacer la couleur de. ▷ v. pron. **se décolorer 1** Perdre sa couleur. **2** Décolorer ses cheveux. ▷ adj. **décoloré, ée** *Cheveux décolorés.* ◆ fam. *Une blonde décolorée.* ► **décoloration** n. f.

décombres n. m. pl. ■ Amas de matériaux provenant d'un édifice détruit. → **gravats.**

décommander v. tr. 1 ■ **1** Annuler la commande de (une marchandise). **2** Annuler (une invitation). ➝ pronom. *Se décommander* : annuler un rendez-vous.

décompensation n. f. ■ **1** méd. Aggravation brutale de l'état d'un organe ou d'un organisme, quand il ne parvient plus à compenser les effets de la maladie. **2** psych. Fait de décompenser (2).

décompenser v. intr. 1 ■ **1** méd. Subir une décompensation (1). **2** psych. (personnes) S'effondrer nerveusement, après un choc, un stress.

décomplexer v. tr. 1 ■ fam. Libérer (qqn) de ses inhibitions, de ses complexes. ▷ adj. **décomplexé, ée**

décomposable adj. ■ Qui peut être décomposé.

décomposer v. tr. 1 ■ **I** Diviser, séparer en éléments constitutifs. *Le prisme décompose la lumière solaire.* ♦ Effectuer lentement pour montrer les éléments. *Décomposer un pas de danse.* **II 1** Altérer chimiquement (une substance organique). → **pourrir, putréfier. 2** Altérer passagèrement (les traits du visage). ➝ au p. p. *Visage décomposé.* ▷ v. pron. se **décomposer**

décomposeur n. m. ■ Organisme qui se nourrit de matières organiques. → **détritivore.**

décomposition n. f. ■ **I** Action de décomposer (I). **II** Altération (d'une substance) suivie de putréfaction. ♦ fig. *La décomposition d'une société.*

décompresser v. intr. 1 ■ fam. Relâcher sa tension nerveuse, après un effort intense.

décompression n. f. ■ Action de décomprimer. ➝ *Accident de décompression,* provoqué chez les plongeurs par un retour brutal à la pression atmosphérique.

décomprimer v. tr. 1 ■ Faire cesser ou diminuer la compression de (un gaz).

décompte [dekɔ̃t] n. m. ■ **1** Ce qu'il y a à déduire sur une somme qu'on paie. → **déduction, réduction. 2** Décomposition (d'une somme...) en ses éléments.

décompter [-kɔ̃t-] v. tr. 1 ■ **1** Déduire, soustraire. **2** → **compter, dénombrer.**

déconcentrer v. tr. 1 ■ **1** Diminuer la concentration de. **2** Cesser de concentrer (son attention). ► **déconcentration** n. f.

déconcerter v. tr. 1 ■ Faire perdre contenance à (qqn) ; jeter dans l'incertitude. → **décontenancer.** ► **déconcertant, ante** adj.

déconditionnement n. m. ■ **1** méd. Défaillance des mécanismes de régulation de l'organisme. **2** Extinction d'une habitude ou d'un automatisme.

déconfit, ite adj. ■ Penaud, dépité.

déconfiture n. f. ■ **1** fam. Échec, défaite morale. **2** Ruine financière.

décongeler v. tr. 5 ■ Ramener (ce qui est congelé) à une température supérieure à 0 °C. ► **décongélation** n. f.

décongestif, ive adj. et n. m. ■ méd. Qui atténue ou fait disparaître une congestion.

décongestion n. f. ■ Action de décongestionner.

décongestionner v. tr. 1 ■ **1** Faire cesser la congestion de. **2** fig. Dégager, faciliter la circulation dans. → **désencombrer.**

déconnade n. f. ■ fam. Fait de déconner (1).

déconnecter v. tr. 1 ■ **1** Supprimer la connexion électrique de. → **débrancher. 2** fig. Séparer. ➝ au p. p. *Être déconnecté* : ne plus être intéressé, concerné.

déconner v. intr. 1 ■ fam. **1** (personnes) Dire, faire des absurdités, des bêtises. ♦ Plaisanter. **2** (choses) Mal fonctionner.

déconneur, euse adj. et n. ■ fam. Qui aime plaisanter, s'amuser.

déconnexion n. f. ■ Action de déconnecter ; son résultat.

déconseiller v. tr. 1 ■ Conseiller de ne pas faire. → **dissuader.**

déconsidérer v. tr. 6 ■ Priver (qqn) de la considération, de l'estime d'autrui. ► **déconsidération** n. f. littér. → **discrédit.**

déconstruire v. tr. 38 ■ Défaire complètement (ce qui a été construit). ► **déconstruction** n. f.

décontaminer v. tr. 1 ■ Éliminer ou réduire les effets d'une contamination sur (qqn, qqch.). ► **décontamination** n. f.

décontenancer v. tr. 3 ■ Faire perdre contenance à. → **déconcerter, dérouter.**

décontracter v. tr. 1 ■ **1** Faire cesser la contraction musculaire de. → **relâcher.** *Décontracter ses muscles.* **2** fam. Aider (qqn) à se détendre. ▷ v. pron. se **décontracter** ▷ adj. **décontracté, ée**

décontraction n. f. ■ **1** Relâchement du muscle. **2** Détente du corps. → **relaxation. 3** fig. Aisance, désinvolture.

déconvenue n. f. ■ Désappointement causé par un insuccès. → **déception.**

décor n. m. ■ **1** Ce qui sert à décorer (un édifice, un intérieur). *Décor Louis XV.* **2** Représentation figurée du lieu où se passe l'action (théâtre...). ➝ loc. fig. *Faire partie du décor* : passer inaperçu. **3** Cadre, environnement. ➝ loc. fam. *Foncer dans le décor,* quitter accidentellement la route.

décorateur, trice n. ■ Personne qui conçoit des décors, ou des travaux de décoration.

décoratif, ive adj. ■ **1** Destiné à décorer. ➝ *Arts décoratifs.* → **design. 2** Agréable, mais accessoire. *Un rôle décoratif.*

décoration n. f. ■ **I 1** Action, art de décorer. **2** Ce qui décore. **II** Insigne d'un ordre honorifique (→ cordon, croix, médaille, palme, rosette, ruban).

décorer v. tr. [1] ■ **I** Pourvoir d'accessoires destinés à embellir. → **orner. II** Remettre à (qqn) une décoration (II).

décortiqué, ée adj. ■ Dont on a enlevé l'enveloppe, la carapace. *Crevettes décortiquées.*

décortiquer v. tr. [1] ■ **1** Dépouiller de son écorce ; séparer de son enveloppe. **2** fig. Analyser à fond. → **éplucher.** *Décortiquer un texte.* ► **décorticage** n. m.

décorum [-ɔm] n. m. sing. ■ Ensemble des règles de bienséance d'une société.

décote n. f. ■ **1** Abattement d'impôt. **2** Baisse du cours, de la valeur (d'un titre, d'une monnaie). ♦ fig. *La décote d'un homme politique.*

décoter v. tr. [1] ■ Faire baisser la cote de (un titre, une monnaie).

découcher v. intr. [1] ■ Coucher hors de chez soi.

découdre v. tr. [48] ■ **1** Défaire (ce qui est cousu). **2** *EN DÉCOUDRE :* se battre.

découler v. intr. [1] ■ S'ensuivre par développement naturel. → **émaner, résulter.**

découpage n. m. ■ **1** Action de découper. **2** Image à découper. **3** cin. Division du scénario en séquences et plans.

découpe n. f. ■ **1** Action de découper. **2** Morceau d'étoffe rapporté (décoratif).

découper v. tr. [1] ■ **1** Diviser en morceaux, en coupant ou en détachant. **2** Couper régulièrement suivant un tracé. ▷ v. pron. se **découper** *Se découper sur :* se détacher nettement de. ▷ adj. **découpé, ée 1** Qu'on a découpé. **2** → **dentelé.** *Rivage découpé.*

découpeur, euse n. ■ techn. **1** Ouvrier, ouvrière qui découpe. **2** n. f. Machine à découper (le bois, le tissu).

découplage n. m. ■ électron. Élimination des perturbations produites par le couplage parasite de systèmes électroniques.

découplé, ée adj. ■ *Bien découplé :* qui a un corps souple, agile ; bien bâti.

découpler v. tr. [1] ■ électron. Réaliser le découplage de (deux systèmes électroniques).

découpoir n. m. ■ techn. Lame d'une machine à découper.

découpure n. f. ■ État, forme de ce qui est découpé ; bord découpé.

découragement n. m. ■ État d'une personne découragée. → **abattement.**

décourager v. tr. [3] ■ **1** Rendre (qqn) sans courage, sans énergie ni envie d'action. → **abattre, démoraliser. 2** *Décourager qqn de* (+ inf.), lui ôter l'envie de. → **dissuader. 3** Diminuer, arrêter l'élan de. *Décourager le zèle de qqn.* ▷ v. pron. se **décourager** ► **décourageant, ante** adj.

décours n. m. ■ **1** astron. Période de décroissement (de la Lune). **2** méd. Période de déclin (d'une maladie).

décousu, ue adj. ■ **1** Dont la couture a été défaite. **2** fig. Sans suite, incohérent.

① **découvert, erte** adj. ■ Qui n'est pas couvert. ➝ loc. fig. *À visage* découvert.*

② **découvert** n. m. ■ Montant d'une dette excédant les disponibilités de qqn.

à **découvert** loc. adv. ■ **1** Dans une position qui n'est pas protégée. **2** *Compte bancaire à découvert,* dont le solde est débiteur.

découverte n. f. ■ **1** Action de découvrir ce qui était ignoré, inconnu, caché. ➝ *Partir À LA DÉCOUVERTE,* afin de découvrir. ♦ spécialt Connaissances nouvelles (sur qqch.), en sciences. **2** Ce qu'on a découvert.

découvreur, euse n. ■ Personne qui découvre. *Un découvreur de talents.*

découvrir v. tr. [18] ■ **I** (concret) **1** Dégarnir de ce qui couvre, protège. **2** Laisser voir, montrer. *Robe qui découvre le dos.* **II** (abstrait) **1** Faire connaître (ce qui est caché). → **révéler.** ➝ *Découvrir son jeu* (aux cartes), le montrer ; loc. fig. laisser connaître ses intentions. **2** Apercevoir. *Découvrir un paysage.* **3** Arriver à connaître (ce qui était resté caché ou ignoré). → **trouver.** *Découvrir un trésor.* **4** Parvenir à connaître (ce qui était délibérément caché). → **surprendre.** ▷ v. pron. se **découvrir 1** Ôter ce dont on est couvert. ♦ Enlever son chapeau. **2** (temps) Devenir moins couvert. **3** Être découvert. **4** Déclarer sa pensée. → se **confier. 5** Apprendre à se connaître.

décrasser v. tr. [1] ■ Débarrasser de la crasse. → **nettoyer.** ► **décrassage** n. m.

décrédibiliser v. tr. [1] ■ Rendre moins crédible.

décrêper v. tr. [1] ■ Rendre lisses (des cheveux crêpés ou crépus). ► **décrêpage** n. m.

décrépir v. tr. [2] ■ Dégarnir du crépi. ➝ au p. p. *Façade décrépie.* ► **décrépissage** n. m.

décrépit, ite adj. ■ **1** Dans une extrême déchéance physique. **2** Qui menace ruine. *Maison décrépite.*

décrépitude n. f. ■ Déchéance, décadence.

decrescendo [dekʀeʃɛndo ; -ʃɛ̃do] adv. ■ mus. En diminuant l'intensité d'un son.

décret n. m. ■ **1** Décision écrite émanant du pouvoir exécutif. → **arrêté, ordonnance. 2** littér. Décision (d'une puissance supérieure).

décrétale n. f. ■ relig. Lettre du pape répondant à une consultation de discipline ou d'administration.

décréter v. tr. [6] ▪ **1** Ordonner par un décret. **2** Décider avec autorité.

décreuser v. tr. [1] ▪ techn. Lessiver (le fil de soie grège) pour ôter la séricine. - syn. **décruer, décruser.** ► **décreusage** ou **décreusement** n. m.

décrier v. tr. [7] ▪ littér. Attaquer, rabaisser dans sa réputation. ▷ adj. **décrié, ée** Critiqué.

décrire v. tr. [39] ▪ **1** Représenter dans son ensemble, par écrit ou oralement. *Décrire une plante.* **2** Tracer ou suivre (une ligne).

décrisper v. tr. [1] ▪ Détendre (les rapports sociaux, etc.). ► **décrispation** n. f.

décrochement n. m. ▪ État de ce qui est décroché. ◆ Forme de ce qui est en retrait.

décrocher v. [1] ▪ **I** v. tr. **1** Détacher (ce qui était accroché). ◆ *Décrocher le téléphone* (opposé à raccrocher). **2** fig., fam. Obtenir. *Décrocher un prix.* **3** fig. Distancer. **II** v. intr. fam. **1** Renoncer à poursuivre un effort. ♦ Abandonner la fréquentation scolaire. **2** Cesser de se droguer. ► **décrochage** n. m.

décroiser v. tr. [1] ▪ Faire cesser d'être croisé. *Décroiser les bras.*

décroissance n. f. ▪ **1** État de ce qui décroît. **2** Projet politique remettant en cause la croissance économique.

① **décroissant, ante** adj. ▪ Qui décroît. *Par ordre décroissant.*

② **décroissant, ante** adj. et n. ▪ Partisan de la décroissance (2).

décroissement n. m. ▪ Mouvement de ce qui décroît.

décroît n. m. ▪ astron. Décroissement de la Lune. → **décours.**

décroître v. intr. [55] sauf p. p. : *décru* ▪ Diminuer progressivement. → **baisser.** *Ses forces décroissent.*

décrotter v. tr. [1] ▪ Nettoyer de la boue. ► **décrottage** n. m.

décrottoir n. m. ▪ Lame de fer ou petite grille servant à décrotter les chaussures.

décrue n. f. ▪ Baisse du niveau des eaux (après une crue).

décruer ; décruser → **décreuser**

décrypter v. tr. [1] ▪ **1** Traduire en clair (un message chiffré dont on ignore la clé). → **déchiffrer, décoder. 2** Restituer le sens de (qqch.). → **analyser.** ► **décryptage** n. m.

déçu, ue adj. ▪ **1** Qui n'est pas réalisé. *Espoir déçu.* **2** Qui a éprouvé une déception.

décubitus [-ys] n. m. ▪ didact. Position couchée.

décuivrer v. tr. [1] ▪ techn. Débarrasser (une surface) d'un dépôt de cuivre.

de cujus [dekyjys ; -kujus] n. m. invar. ▪ dr. Personne dont la succession est ouverte.

déculasser v. tr. [1] ▪ techn. Enlever la culasse de (une arme à feu).

déculottage n. m. ▪ Action de déculotter, de se déculotter.

déculottée n. f. ▪ fam. Défaite humiliante.

déculotter v. tr. [1] ▪ Enlever la culotte, le pantalon de (qqn). ▷ v. pron. **se déculotter** **1** Enlever sa culotte, son pantalon. **2** fig., fam. Avoir une attitude servile ; se soumettre.

déculpabiliser v. tr. [1] ▪ **1** Ôter à (qqn) un sentiment de culpabilité. **2** Ôter à (qqch.) son caractère de faute. ► **déculpabilisation** n. f.

déculturation n. f. ▪ ethnol. Perte de l'identité culturelle (d'un groupe ethnique).

décuple adj. et n. m. ▪ Qui vaut dix fois (la quantité désignée).

décupler v. [1] ▪ **1** v. tr. Rendre dix fois plus grand. ◆ fig. *La colère décuplait ses forces.* **2** v. intr. Devenir dix fois plus grand. ► **décuplement** n. m.

décurie n. f. ▪ Antiq. romaine Groupe de dix soldats, etc. dont le chef était le *décurion.*

décurion n. m. ▪ Antiq. romaine Chef d'un groupe de dix soldats ou de dix citoyens.

décuver v. tr. [1] ▪ techn. Mettre (le raisin, le vin) hors de la cuve. ► **décuvage** n. m.

dédaignable adj. ▪ Qu'on peut négliger.

dédaigner v. [1] ▪ **1** v. tr. dir. Considérer avec dédain. → **mépriser. 2** v. tr. ind. littér. *DÉDAIGNER DE* (+ inf.) : ne pas daigner.

dédaigneux, euse adj. ▪ **1** Qui a ou exprime du dédain. **2** littér. *DÉDAIGNEUX DE* (+ inf.) : qui ne daigne pas. ► **dédaigneusement** adv.

dédain n. m. ▪ Fait de dédaigner. → **arrogance, mépris.**

dédale n. m. ▪ **1** Lieu où l'on risque de s'égarer à cause de la complication des détours. → **labyrinthe. 2** fig. Ensemble de choses embrouillées. ► **dédaléen, enne** adj.

dedans ▪ **I** adv. **1** À l'intérieur. *Vous attendrai-je dehors ou dedans ?* ♦ *Rentrer dedans,* heurter. ◆ *Il va lui rentrer dedans,* l'attaquer. **2** loc. *LÀ-DEDANS* : à l'intérieur de ce lieu. ◆ fig. *Il y a du vrai là-dedans.* ♦ *DE DEDANS* : de l'intérieur. ◆ *EN DEDANS* : à l'intérieur. **II 1** n. m. *Le dedans.* → **intérieur. 2** loc. adv. *AU(-)DEDANS* : à l'intérieur.

dédicace n. f. ▪ **1** Hommage qu'un auteur fait de son œuvre à qqn (le ou la *dédicataire* n.), par une inscription imprimée (→ **dédier**). **2** Formule manuscrite sur un livre, etc. pour en faire hommage à qqn. → **envoi.** ► **dédicacer** v. tr. [3]

dédicataire n. ▪ Personne à qui est adressée une dédicace.

dédié, iée adj. ▪ anglic., inform. Affecté à un usage particulier. *Serveur dédié.*

dédier v. tr. 7 ▪ I 1 Mettre (un ouvrage) sous le patronage de qqn par une dédicace (1). 2 littér. Consacrer, vouer. *Dédier ses efforts à une œuvre.* II anglic. critiqué, inform. Affecter à un usage spécifique.

dédire v. 37 ▪ vx Contredire, démentir. ▷ v. pron. **se dédire** mod. Se rétracter. ◆ loc. fam. *Cochon qui s'en dédit* (formule de serment).

dédit n. m. ▪ 1 Action de se dédire. 2 dr. Faculté de ne pas exécuter un engagement (souvent contre indemnité). ◆ Cette indemnité.

dédommager v. tr. 3 ▪ 1 Indemniser (qqn) d'un dommage subi. *Dédommager qqn d'une perte.* 2 Donner une compensation à (qqn). ► **dédommagement** n. m. → **indemnisation ; compensation.**

dédorer v. tr. 1 ▪ Ôter la dorure de. ► **dédorage** n. m.

dédouaner v. tr. 1 ▪ 1 Libérer (une marchandise) des droits de douane en les acquittant. 2 fig. Relever (qqn) du discrédit dans lequel il était tombé. → **disculper, réhabiliter.** ► **dédouanement** n. m.

dédoubler v. tr. 1 ▪ Partager en deux. ◆ *Dédoubler un train,* en faire partir deux au lieu d'un. ▷ v. pron. **se dédoubler** Se séparer en deux. ► **dédoublement** n. m.

dédramatiser v. tr. 1 ▪ Ôter à (qqch.) son caractère dramatique. ► **dédramatisation** n. f.

déductible adj. ▪ Que l'on peut déduire (d'un revenu, d'un bénéfice). ► **déductibilité** n. f.

déductif, ive adj. ▪ philos. Qui procède par déduction. → **démonstratif, discursif.**

déduction n. f. ▪ I Fait de déduire (I). II Raisonnement par lequel on déduit, on conclut. ≠ induction.

déduire v. tr. 38 ▪ I Retrancher (une certaine somme) d'un total à payer. ◆ au p. p. *Tous frais déduits.* II Conclure, trouver (qqch.) par un raisonnement, à titre de conséquence (opposé à *induire*).

déesse n. f. ▪ Divinité féminine.

de facto [de-] loc. adv. ▪ dr. De fait.

défaillance n. f. ▪ 1 Diminution importante et momentanée des forces physiques. → **malaise.** 2 Faiblesse, incapacité ; fonctionnement défectueux.

défaillant, ante adj. ▪ 1 Qui défaille, décline. 2 dr. *Témoin défaillant,* qui fait défaut.

défaillir v. intr. 13 ▪ 1 Tomber en défaillance (1). → se trouver **mal.** 2 S'affaiblir, décliner, diminuer.

défaire v. tr. 60 ▪ 1 Réduire à l'état antérieur ou à l'état d'éléments (ce qui était construit, assemblé). *Défaire un nœud.* 2 Supprimer l'ordre, l'arrangement de (qqch.). *Défaire son lit.* 3 littér. Mettre en déroute. *Défaire une armée.* → **vaincre ; défaite.** ▷ v. pron. **se défaire** 1 Cesser d'être fait, arrangé. *Ton lacet s'est défait.* 2 *Se défaire de :* se débarrasser de. ▷ adj. **défait, aite** 1 Qui n'est plus fait, arrangé. 2 Qui semble épuisé. 3 Vaincu, battu.

défaite n. f. ▪ 1 Perte d'une bataille ; d'une guerre. 2 Échec. *Défaite électorale.*

défaitisme n. m. ▪ Attitude de ceux qui préconisent l'abandon de la lutte. ◆ par ext. Pessimisme. ► **défaitiste** adj. et n.

défalquer v. tr. 1 ▪ Retrancher d'une somme. → **déduire.** ► **défalcation** n. f.

défatiguer v. tr. 1 ▪ Dissiper la fatigue de. → **délasser.**

① **défausser** v. tr. 1 ▪ techn. Redresser (ce qui a été faussé). *Défausser une clé.*

② se **défausser** v. pron. 1 ▪ 1 jeux Se débarrasser d'une carte inutile ou dangereuse à conserver. 2 fig. Se décharger (d'une responsabilité, d'une corvée). ► **défausse** n. f.

défaut n. m. ▪ I 1 Absence de ce qui serait nécessaire ou désirable. → **manque.** ◆ *FAIRE DÉFAUT :* manquer. ◆ dr. *Jugement PAR DÉFAUT.* → par **contumace.** 2 *Être EN DÉFAUT :* manquer à ses engagements ; commettre une erreur. 3 loc. prép. *À DÉFAUT DE :* faute de. II 1 Imperfection physique. 2 Partie imparfaite, défectueuse*. *Défaut de fabrication.* 3 Imperfection morale. → **faiblesse, travers.** 4 Ce qui est imparfait, insuffisant (dans une œuvre...).

défaveur n. f. ▪ → **discrédit, disgrâce.**

défavorable adj. ▪ Qui n'est pas favorable. ► **défavorablement** adv.

défavoriser v. tr. 1 ▪ Priver (qqn) d'un avantage. → **désavantager.** ▷ adj. **défavorisé, ée** *Les classes sociales défavorisées.*

défécation n. f. ▪ didact. Expulsion des matières fécales.

défectif, ive adj. ▪ gramm. (verbe) Dont certaines formes de conjugaison sont inusitées (ex. choir, quérir).

défection n. f. ▪ 1 Abandon (par qqn) d'une cause, d'un parti. *Faire défection :* abandonner. 2 Fait de ne pas venir là où l'on était attendu.

défectueux, euse adj. ▪ Qui présente des imperfections, des défauts.

défectuosité n. f. ▪ 1 État de ce qui est défectueux. 2 Défaut, malfaçon.

défendable adj. ▪ 1 Qui peut être défendu (I, 1 et 2). 2 Qui peut se défendre (3).

défendeur, deresse n. ▪ dr. Personne contre laquelle est intentée une action.

défendre v. tr. 41 ▪ I 1 Protéger (qqn, qqch.) contre une attaque en se battant. ◆ loc. *À son corps défendant :* malgré soi. 2 fig. Soutenir (qqn, qqch.) contre des attaques. *L'avocat défend son client.* → **plaider** pour. ◆ Justifier. *Défendre une opinion.* 3 (sujet chose) *Défendre* *de* : préserver, protéger de. **II** *DÉFENDRE qqch. À qqn ; DÉFENDRE À qqn DE* (+ inf.), interdire, proscrire. *Le médecin lui défend l'alcool, de boire de l'alcool.* ▷ v. pron. **se défendre** **1** Résister à une attaque. → se **battre, lutter.** ◆ fig., fam. *Il se défend bien en affaires.* **2** Se justifier. ♦ littér. Nier. *Il se défend d'être avantagé.* **3** passif (choses) Être justifiable. *Cela se défend.* **4** *SE DÉFENDRE DE, CONTRE,* se protéger, se préserver. **5** *SE DÉFENDRE DE* (+ inf.). → s'**interdire.**

défends → **défens**

défenestrer v. tr. [1] ■ Précipiter d'une fenêtre. ► **défenestration** n. f.

défens [defɑ̃] n. m. ■ dr. *Bois en défens,* interdit au pâturage, les arbres étant trop jeunes. - var. **défends.**

① **défense** n. f. ■ **I 1** Action de défendre (un lieu) contre des ennemis. ◆ *Défense nationale* : ensemble des moyens visant à assurer l'intégrité d'un territoire contre des agressions de l'étranger. ◆ *Défense passive* : moyens de protection de la population civile contre les bombardements. **2** fig. Action de défendre, de soutenir (qqn, qqch.). **3** Fait de se défendre, de résister (au moral et au physique). ◆ dr. *Légitime défense,* fait enlevant son caractère illégal à un homicide, etc. lorsqu'il a été commandé par la nécessité de se défendre ou de défendre autrui. **4** Action de défendre qqn ou de se défendre contre une accusation. ♦ Représentation en justice des intérêts des parties (→ **avocat, défenseur**). **II** Fait de défendre (II), d'interdire. → **interdiction.**

② **défense** n. f. ■ Longue dent saillante de certains mammifères (sanglier, éléphant...).

défenseur n. ■ **1** Personne qui défend qqn ou qqch. contre des agresseurs. **2** fig. Personne qui soutient une cause. **3** Personne chargée de soutenir les intérêts d'une partie, devant le tribunal. → ① **défense** (I, 4).

défensif, ive adj. ■ Fait pour la défense.

défensive n. f. ■ Disposition à se défendre sans attaquer. ◆ *Être SUR LA DÉFENSIVE,* prêt à répondre à toute attaque.

déféquer v. intr. [6] ■ didact. Expulser les matières fécales (→ **défécation**).

défèrement n. m. ■ dr. Présentation (d'une affaire, d'un prévenu) devant l'autorité juridique compétente.

déférence n. f. ■ Considération très respectueuse que l'on témoigne à qqn.

déférent, ente adj. ■ **I** didact. Qui conduit vers l'extérieur. ◆ anat. *Canal déférent* : canal excréteur des testicules. **II** Qui a, témoigne de la déférence. → **respectueux.**

déférer v. [6] ■ **1** v. tr. Porter (une affaire), traduire (un prévenu) devant l'autorité judiciaire compétente. **2** v. tr. ind. littér. *Déférer à,* céder par respect à (qqn ; qqch.).

déferlant, ante ■ **I** adj. Qui déferle. **II** n. f. **1** Vague déferlante. **2** fig. Essor massif et rapide.

déferler v. intr. [1] ■ Se briser en écume en roulant sur le rivage (vagues). ◆ fig. Se répandre avec force. ► **déferlement** n. m.

déferrer v. tr. [1] ■ Ôter les fers de. ► **déferrage** n. m.

défet n. m. ■ Feuille superflue et dépareillée d'un ouvrage imprimé.

défeuiller v. tr. [1] ■ littér. Dépouiller de ses feuilles. ► **défeuillaison** n. f.

défi n. m. ■ **1** Fait de défier (①, 1) ; invitation au combat. **2** Fait de provoquer qqn en le déclarant incapable de faire qqch. *Mettre qqn au défi de* (+ inf.). **3** Refus de se soumettre. → **bravade, provocation.** ◆ *C'est un défi au bon sens.* → **insulte.**

défiance n. f. ■ Sentiment d'une personne qui se défie. → **méfiance, suspicion.** ► **défiant, ante** adj. → **méfiant.**

défibrer v. tr. [1] ■ techn. Dépouiller de ses fibres. ► **défibrage** n. m.

défibreur, euse n. ■ techn. **1** Ouvrier, ouvrière qui défibre le bois. **2** n. m. Machine à défibrer le bois.

défibrillateur n. m. ■ méd. Appareil électrique servant à réaliser une défibrillation.

défibrillation n. f. ■ méd. Intervention visant à rétablir un rythme cardiaque normal chez un patient atteint de fibrillation.

déficeler v. tr. [4] ■ Enlever la ficelle qui attache, entoure (qqch.).

déficience [-jɑ̃s] n. f. ■ Insuffisance organique ou mentale. ► **déficient, ente** adj. et n.

déficit [-it] n. m. ■ **1** Ce qui manque pour équilibrer les recettes avec les dépenses. **2** Manque, insuffisance. *Déficit immunitaire.* → **immunodéficience.** ► **déficitaire** adj.

① **défier** v. tr. [7] ■ **1** Inviter (qqn) à venir se mesurer comme adversaire. **2** Mettre (qqn) au défi (de faire qqch.). **3** (choses) Ne pas être menacé par. *Des prix défiant toute concurrence.* **4** fig. Refuser de se soumettre à. → **affronter, braver.** *Défier le danger.*

② se **défier** v. pron. [7] ■ littér. Avoir peu de confiance en. → se **méfier.**

défigurer v. tr. [1] ■ **1** Altérer l'aspect de (qqch.). ♦ Abîmer le visage de. **2** fig. Dénaturer, travestir. *Défigurer les faits.* ► **défiguration** n. f.

défilé n. m. ■ **I** Couloir naturel encaissé et étroit. **II** Manœuvre des troupes qui défilent. ♦ Marche de personnes, etc. disposées en file. ◆ Succession ininterrompue. *Un défilé de visiteurs.*

① **défilement** n. m. ■ milit. Art d'utiliser les accidents de terrain pour se cacher de l'ennemi ; protection, mise à couvert.

② **défilement** n. m. ■ techn. Passage, déroulement continu à l'intérieur d'un appareil. *Défilement d'une bande magnétique.* ♦ inform. Fait de faire défiler (des informations) dans une fenêtre.

① **défiler** v. intr. [1] ■ **1** Marcher en file, en colonne. **2** Se succéder sans interruption. **3** (choses) Passer de manière continue. ➛ inform. *Faire défiler le contenu d'une fenêtre.*

② se **défiler** v. pron. [1] ■ fam. Se dérober.

défini, ie adj. ■ **1** Qui est défini (→ **définir** (1)). **2** Déterminé, précis. **3** *Article défini,* qui se rapporte (en principe) à un objet particulier, déterminé (→ ① **le**).

définir v. tr. [2] ■ **1** Déterminer par une formule précise (→ **définition**) les caractères de (un concept, une idée générale). *Définir un mot,* en donner le, les sens. **2** Caractériser. *Sensation difficile à définir.* **3** Préciser l'idée de. *Conditions à définir.*

définissable adj. ■ Que l'on peut définir.

définitif, ive adj. ■ **1** Qui est défini, fixé une fois pour toutes. **2** loc. adv. *EN DÉFINITIVE :* tout bien considéré, finalement. ► **définitivement** adv. → **irrémédiablement, irrévocablement.**

définition n. f. ■ **1** Opération par laquelle on détermine le contenu d'un concept en énumérant ses caractères. **2** Formule qui donne le ou les sens d'un mot, d'une expression et qui vise à être synonyme de ce qui est défini. **3** Grandeur caractérisant le degré de finesse d'une image de télévision.

défiscaliser v. tr. [1] ■ admin. Libérer de tout impôt. ► **défiscalisation** n. f.

déflagrateur n. m. ■ techn. Dispositif destiné à mettre le feu à des matières déflagrantes. → **détonateur.**

déflagration n. f. ■ Explosion.

déflagrer v. intr. [1] ■ chim., techn. S'enflammer en explosant. ► **déflagrant, ante** adj.

déflation n. f. ■ écon. Freinage de l'inflation.

déflationniste adj. ■ **1** De la déflation. **2** Partisan de la déflation.

déflecteur n. m. ■ Petit volet orientable d'une vitre de portière d'automobile.

défloquer v. tr. [1] ■ techn. Débarrasser (un bâtiment) des substances appliquées par flocage. ► **déflocage** n. m.

défloraison n. f. ■ bot. Chute des fleurs.

déflorer v. tr. [1] ■ **1** Faire perdre sa virginité à (une fille). ► **défloration** n. f. **2** fig. Enlever la fraîcheur, l'originalité de.

défluent n. m. ■ géogr. Bras formé par division d'un cours d'eau.

défluviation n. f. ■ géogr. Changement de lit d'un fleuve, d'un défluent.

défoliant, ante adj. ■ (produit) Qui provoque la défoliation. ➛ n. m. *Un défoliant.*

défoliation n. f. ■ **1** bot. Chute naturelle des feuilles. **2** Destruction artificielle massive de la végétation au moyen de défoliants. ► **défolier** v. tr. [7]

défonce n. f. ■ fam. Perte de conscience ou délire, après l'absorption de drogue.

défoncement n. m. ■ Action de défoncer ; son résultat. - syn. **défonçage.**

défoncer v. tr. [3] ■ **1** techn. Enlever le fond de. **2** Briser, abîmer par enfoncement. *Défoncer une porte.* → **enfoncer. 3** Creuser profondément. **4** fam. (drogue) Provoquer chez (qqn) un état hallucinatoire. ▷ v. pron. se **défoncer** fam. **1** Se droguer. **2** Se donner à une activité avec intensité. ▷ adj. **défoncé, ée 1** *Chaise défoncée.* **2** *Chaussée défoncée.* **3** fam. Sous l'effet d'une drogue.

déforcer v. tr. [3] ■ (Belgique) Ébranler, affaiblir (qqn, qqch.).

déforestation n. f. ■ Action de détruire une forêt ; son résultat.

déformant, ante adj. ■ Qui déforme.

déformation n. f. ■ **1** Action de (se) déformer. **2** fig. Altération, falsification. ➛ loc. *Déformation professionnelle :* habitudes prises dans un métier, et conservées abusivement dans la vie courante.

déformé, ée adj. ■ Qui a perdu sa forme.

déformer v. tr. [1] ■ **1** Altérer la forme de. **2** Altérer en changeant. *Tu déformes ma pensée.* → **dénaturer.** ▷ v. pron. se **déformer**

défoulement n. m. ■ Fait de se défouler.

défouler v. tr. [1] ■ fam. (choses) Permettre, favoriser l'extériorisation des pulsions. *Va courir, ça te défoulera.* ▷ v. pron. se **défouler** Se libérer des contraintes, des tensions.

défouloir n. m. ■ Lieu, activité où l'on se défoule. → **exutoire.**

défourner v. tr. [1] ■ techn. Retirer du four.

défragmenter v. tr. [1] ■ inform. Réorganiser les fichiers stockés sur (un support de données) pour en optimiser l'exploitation. ► **défragmentation** n. f.

défraîchir v. tr. [2] ■ Dépouiller de sa fraîcheur. ▷ v. pron. se **défraîchir** (couleur, étoffe...) Perdre l'éclat du neuf. ▷ adj. **défraîchi, ie**

défrayer v. tr. [8] ■ **1** Décharger (qqn) de ses frais. → **indemniser, rembourser.** ► **défraiement** n. m. **2** loc. *Défrayer la chronique :* faire parler de soi (surtout en mal).

défricher v. tr. [1] ■ Rendre propre à la culture (une terre en friche) en détruisant la végétation. ➛ abstrait Déblayer, préparer. ► **défrichement** et **défrichage** n. m.

défricheur, euse n. ■ Personne qui défriche. ➛ fig. → **pionnier.**

défriser v. tr. [1] ■ **1** Défaire la frisure de. ► **défrisage** n. m. **2** fam. Contrarier.

défroisser v. tr. 1 ▪ Remettre en état (ce qui est froissé). ► **défroissable** adj.

défroque n. f. ▪ Vieux vêtements qu'on abandonne. ◆ Habillement bizarre.

défroqué, ée adj. ▪ Qui a abandonné l'état ecclésiastique.

défunt, unte adj. ▪ littér. **1** Qui est mort. ◆ n. *Le défunt.* **2** fig. Passé, révolu.

dégagement n. m. ▪ **1** Action de dégager. ◆ *Itinéraire de dégagement.* → **délestage. 2** Espace libre. **3** (choses) Action de se dégager.

dégager v. tr. 3 ▪ **I 1** Retirer (ce qui était en gage). ◆ fig. *Dégager sa responsabilité.* → **décliner. 2** Libérer de ce qui retient. **3** Rendre disponible (une somme d'argent). *Dégager des crédits.* **4** Laisser échapper (un fluide...). **5** Isoler (un élément) d'un ensemble. → **tirer.** *Dégager une conclusion.* **II 1** *Dégager (qqn) de,* soustraire à. *Dégager qqn de sa promesse.* **2** Débarrasser de ce qui encombre. **3** intrans. fam. Faire de l'effet. ▷ v. pron. se **dégager 1** Libérer son corps (de ce qui le retient). ◆ fig. Se libérer (d'une obligation...). **2** Devenir libre de ce qui encombre. *Le ciel se dégage.* → s'**éclaircir. 3** Sortir d'un corps. *Odeur qui se dégage.* **4** Se faire jour. *La vérité se dégage peu à peu.* ▷ adj. **dégagé, ée 1** Qui n'est pas recouvert, encombré. *Ciel dégagé. Vue dégagée.* **2** Qui a de l'aisance. ◆ *Air dégagé.* → **désinvolte.**

dégaine n. f. ▪ fam. Allure ridicule, bizarre.

dégainer v. tr. 1 ▪ Tirer (une arme) de son étui. ◆ sans compl. Sortir une arme (spécialt un revolver) pour se battre.

se **déganter** v. pron. 1 ▪ Ôter ses gants.

dégarni, ie adj. ▪ Débarrassé de ce qui garnit. ◆ *Front dégarni.*

dégarnir v. tr. 2 ▪ Dépouiller de ce qui garnit. ▷ v. pron. se **dégarnir** Perdre ce qui garnit. ◆ spécialt Perdre ses cheveux.

dégât n. m. ▪ Dommage dû à une cause violente. ◆ loc. *Limiter les dégâts :* éviter le pire.

dégauchir v. tr. 2 ▪ techn. Redresser (une pièce gauchie). ► **dégauchissage** n. m.

dégazer v. 1 ▪ techn. **1** v. tr. Expulser les gaz contenus dans (un liquide, un solide). **2** v. intr. Procéder au nettoyage des résidus d'hydrocarbures (des citernes et soutes d'un pétrolier). ► **dégazage** n. m.

dégazonner v. tr. 1 ▪ Enlever le gazon de. *Dégazonner une pelouse.* ► **dégazonnage** et **dégazonnement** n. m.

dégel n. m. ▪ **1** Fonte naturelle de la glace et de la neige, lorsque la température s'élève. **2** fig. Reprise de l'activité.

dégelée n. f. ▪ fam. Volée (de coups).

dégeler v. 5 ▪ **I** v. tr. **1** Faire fondre (ce qui était gelé). **2** fam. Faire perdre sa réserve à. **3** Débloquer. *Dégeler des crédits.* **II** v. intr. Cesser d'être gelé. *Le lac a dégelé.*

dégêner v. tr. 1 ▪ (Canada) Mettre (qqn) à l'aise.

dégénératif, ive adj. ▪ didact. Qui se rapporte à la dégénérescence. *Maladie dégénérative.*

dégénérer v. intr. 6 ▪ **1** Perdre ses qualités (naturelles). **2** *DÉGÉNÉRER EN :* se transformer en (ce qui est pis). ▷ adj. **dégénéré, ée**

dégénérescence n. f. ▪ Fait de dégénérer.

dégermer v. tr. 1 ▪ Enlever le germe de.

dégingandé, ée [-ʒɛ̃-] adj. ▪ Qui est disproportionné dans sa haute taille.

dégivrer v. tr. 1 ▪ Enlever le givre de. ► **dégivrage** n. m.

dégivreur n. m. ▪ Appareil pour dégivrer.

déglacer v. tr. 3 ▪ cuis. Mouiller et chauffer les sucs de cuisson, pour faire une sauce. ► **déglaçage** n. m.

déglaciation n. f. ▪ géogr. Phase de récession des glaciers.

déglingue n. f. ▪ fam. État de ce qui est en mauvais état. ◆ par ext. Folie, loufoquerie.

déglinguer v. tr. 1 ▪ fam. Détraquer.

déglutir v. tr. 2 ▪ Avaler (la salive, les aliments). ► **déglutition** n. f.

dégobiller v. tr. et intr. 1 ▪ fam. Vomir.

dégoiser v. tr. et intr. 1 ▪ fam. et péj. Dire.

dégommer v. tr. 1 ▪ fam. **1** Faire tomber (qqch.). **2** Destituer. ► **dégommage** n. m.

dégonfler v. tr. 1 ▪ **1** Faire cesser d'être gonflé. ◆ intrans. *Sa paupière a dégonflé.* → **désenfler. 2** fig. Minimiser, amoindrir. ▷ v. pron. se **dégonfler 1** *Pneu qui se dégonfle.* **2** fam. Manquer de courage au moment d'agir. → **flancher.** ▷ **dégonflé, ée 1** adj. *Bouée dégonflée.* **2** adj. et n. fam. → **lâche.** ► **dégonflage** et **dégonflement** n. m.

dégorgeoir n. m. ▪ Issue par laquelle un trop-plein se dégorge.

dégorger v. 3 ▪ **I** v. tr. **1** Faire sortir de soi, déverser. **2** Déboucher. **II** v. intr. Rendre un liquide. *Faire dégorger des concombres,* leur faire rendre leur eau. ► **dégorgement** n. m.

dégoter v. tr. 1 ▪ fam. Trouver. → **dénicher.** *Où as-tu dégoté ça ?* - var. **dégotter.**

dégouliner v. intr. 1 ▪ Couler lentement. ► **dégoulinement** et n. f. (fam.) **dégoulinade** n. m.

dégoupiller v. tr. 1 ▪ Ôter la goupille de.

dégourdir v. tr. 2 ▪ **1** Faire sortir de l'engourdissement. *Se dégourdir les jambes.* ► **dégourdissement** n. m. **2** fig. Débarrasser (qqn) de sa gêne. ▷ v. pron. se **dégourdir** ▷ adj. **dégourdi, ie** → **débrouillard, malin.**

dégoût n. m. ▪ **1** Manque de goût, d'appétit, entraînant de la répugnance. **2** Aversion (pour qqch., qqn). **3** Lassitude (de...).

dégoûtant, ante adj. ▪ **1** Qui inspire du dégoût. **2** (moral) *C'est un type dégoûtant.* → **abject, ignoble.** ♦ fam. Grossier, obscène. ► **dégoûtamment** adv. → **salement.**

dégoûtation n. f. ▪ fam. Dégoût. ◆ Ce qui dégoûte.

dégoûter v. tr. [1] ▪ **1** Inspirer du dégoût, une répugnance (physique, morale) à. **2** *DÉGOÛTER DE* : ôter l'envie de. ▷ adj. **dégoûté, ée** **1** → **délicat, difficile.** ◆ n. *Faire le dégoûté* : se montrer difficile (sans raison). **2** *Dégoûté de.* → **las** de, **lassé** de.

dégoutter v. intr. [1] ▪ **1** Couler goutte à goutte. **2** *Dégoutter de* : laisser tomber goutte à goutte. *Cheveux dégouttant de pluie.*

dégradant, ante adj. ▪ Qui abaisse moralement. → **avilissant.**

① **dégradation** n. f. ▪ **1** Destitution infamante. *Dégradation militaire.* **2** Fait de s'avilir. **3** Détérioration (d'un site...). ♦ fig. *La dégradation du climat international.*

② **dégradation** n. f. ▪ Affaiblissement continu (de la lumière...). → **dégradé** (1).

dégradé n. m. ▪ **1** Affaiblissement ou modification progressive (d'une couleur, d'une lumière). **2** Coupe diminuant progressivement l'épaisseur des cheveux.

① **dégrader** v. tr. [1] ▪ **1** Destituer (qqn) d'une manière infamante de sa dignité, de son grade. **2** littér. Faire perdre sa dignité à (qqn). → **avilir.** **3** Détériorer (un édifice...). ▷ v. pron. **se dégrader**

② **dégrader** v. tr. [1] ▪ **1** Affaiblir progressivement (un ton, une couleur). **2** Couper (les cheveux) en dégradé.

dégrafer v. tr. [1] ▪ Défaire, détacher (ce qui est agrafé). ▷ v. pron. **se dégrafer**

dégrafeur n. m. ▪ Instrument de bureau pour dégrafer des feuilles.

dégraffiter v. tr. [1] ▪ Faire disparaître les graffitis de (un mur...). ► **dégraffitage** n. m.

dégraissant, ante adj. et n. m. ▪ (Produit) qui dégraisse.

dégraisser v. tr. [1] ▪ **1** Enlever la graisse de. **2** fam. Alléger les frais de. *Dégraisser les effectifs d'une entreprise* (par des licenciements). ► **dégraissage** n. m.

dégras n. m. ▪ techn. Mélange de corps gras et d'acide servant au traitement des cuirs et peaux.

dégravoiement n. m. ▪ techn. Déchaussement (d'un mur, d'une construction) par l'action de l'eau. ► **dégravoyer** v. tr. [8]

degré n. m. ▪ **I** littér. Marche (d'un escalier). **II** **1** Niveau dans un ensemble hiérarchisé. → **échelon.** **2** État, dans une évolution. → **stade.** ◆ *AU PLUS HAUT DEGRÉ.* → **extrêmement.** ◆ *PAR DEGRÉ(S).* → **graduellement, progressivement.** **3** État intermédiaire. → **gradation ; nuance.** **4** Niveau d'interprétation. *Prendre une plaisanterie AU PREMIER DEGRÉ,* à la lettre. **III** **1** Proximité relative dans la parenté. *Le père et le fils sont parents au premier degré.* **2** gramm. *Degrés de comparaison.* → **comparatif, superlatif.** **3** math. *Équation du premier, du second degré,* dont l'inconnue est à la puissance 1, à la puissance 2. **IV** (Unité) **1** La 360e partie du cercle (symb. °). *Degrés, minutes et secondes.* ◆ *Angle de 180 degrés* (angle plat), *de 90 degrés* (angle droit). **2** Division d'une échelle de mesure. → **graduation.** ♦ Unité de mesure de la température. ♦ *Degré alcoolique* (proportion d'alcool). *Alcool à 90 degrés. Vin de 11 degrés.*

dégressif, ive adj. ▪ Qui va en diminuant. ◆ *Impôt dégressif,* dont le taux diminue en fonction du revenu. ► **dégressivité** n. f.

dégrever [-gʀə-] v. tr. [5] ▪ Alléger la charge fiscale de. ► **dégrèvement** n. m.

dégriffé, ée adj. ▪ Vendu sans sa griffe d'origine.

dégringoler v. [1] ▪ **1** v. intr. Descendre précipitamment. ♦ fig. *La Bourse dégringole.* **2** v. tr. *Dégringoler l'escalier.* → **dévaler.** ► **dégringolade** n. f. fam. → **chute.**

dégripper v. tr. [1] ▪ Faire cesser le grippage de (un mécanisme). ► **dégrippant** n. m. (produit)

dégriser v. tr. [1] ▪ **1** Tirer (qqn) de l'état d'ivresse. **2** fig. Détruire les illusions, l'enthousiasme, l'exaltation de (qqn). ► **dégrisement** n. m.

dégrossir v. tr. [2] ▪ **1** Donner une première forme à (ce que l'on façonne) en enlevant le plus gros. *Dégrossir un bloc de marbre.* ◆ fig. *Dégrossir un projet.* **2** fam. *Dégrossir qqn,* lui donner des rudiments de formation. ◆ au p. p. (loc.) *MAL DÉGROSSI, IE* : grossier. ► **dégrossissage** n. m.

dégrouper v. tr. [1] ▪ **1** didact. Diviser en groupes ; répartir au sein d'un groupe. ► **dégroupement** n. m. **2** télécomm. Ouvrir l'accès de (une ligne téléphonique) à plusieurs opérateurs. ► **dégroupage** n. m.

déguenillé, ée adj. ▪ Vêtu de guenilles.

déguerpir v. intr. [2] ▪ S'enfuir.

dégueulasse adj. ▪ fam. Sale, répugnant (au physique ou au moral). → **dégoûtant, infect.** ◆ n. *Quel dégueulasse !* → **salaud.** ► **dégueulasser** v. tr. [1] fam. → **salir.**

dégueuler v. tr. [1] ▪ fam. et vulg. Vomir. ► **dégueulis** n. m. → **vomissure.**

déguiser v. tr. 1 ■ **1** Vêtir (qqn) de manière à rendre méconnaissable. ◆ pronom. *Se déguiser en fée.* **2** Modifier pour tromper. *Déguiser sa voix.* **3** littér. Cacher sous des apparences trompeuses. → **dissimuler.** ▷ adj. **déguisé, ée** ► **déguisement** n. m.

dégurgiter v. tr. 1 ■ Restituer intact (ce qu'on avait avalé). → **régurgiter.** ► **dégurgitation** n. f.

dégustateur, trice n. ■ Spécialiste qui goûte les vins.

déguster v. tr. 1 ■ **1** Goûter (un vin, une liqueur) pour juger de la qualité. **2** Savourer (qqch.). **3** absolt fam. Subir un mauvais traitement. ► **dégustation** n. f. (sens 1 et 2)

déhaler v. tr. 1 ■ mar. Déplacer (un navire) au moyen de ses amarres. ► **déhalage** n. m.

se **déhancher** v. pron. 1 ■ **1** Se balancer sur ses hanches en marchant. → se **dandiner.** **2** Faire reposer le poids du corps sur une hanche, en étant debout. ▷ adj. **déhanché, ée** ► **déhanchement** n. m.

déhiscence n. f. ■ bot. Ouverture d'organes déhiscents.

déhiscent, ente adj. ■ bot. Se dit des organes clos qui s'ouvrent d'eux-mêmes.

dehors adv. ■ **I 1** À l'extérieur. ◆ *Jeter qqn dehors,* le chasser, le renvoyer. **2** loc. adv. *EN DEHORS :* vers l'extérieur. ◆ *AU(-)DEHORS :* à l'extérieur. **3** *EN DEHORS DE* loc. prép. : hors de ; excepté. **II** n. m. **1** *Le dehors :* l'extérieur. **2** *LES DEHORS :* l'aspect.

déhoussable adj. ■ Dont on peut enlever la housse.

déicide ■ relig. **1** n. m. Meurtre de Dieu. **2** n. et adj. Meurtrier de Dieu.

déictique adj. et n. m. ■ ling. (Mot) qui désigne un objet (locuteur, lieu, date...) dont le référent dépend de la situation d'énonciation. *«Hier» est un mot déictique.*

déifier v. tr. 7 ■ Considérer comme un dieu ; adorer (qqn, qqch.) comme un être inaccessible. → **diviniser.** ► **déification** n. f.

déisme n. m. ■ Position de ceux qui admettent l'existence d'une divinité, sans accepter de religion. → **théisme.** ► **déiste** n. et adj.

déité n. f. ■ littér. Divinité mythique ; dieu ou déesse.

déjà adv. ■ **1** Dès maintenant. *Il est déjà midi.* ◆ Dès ce moment-là. *Il était déjà parti.* **2** Auparavant, avant. *Tu l'as déjà dit.* **3** fam. *C'est déjà beau :* ce n'est pas si mal. ◆ (pour s'informer...) *Quand partez-vous, déjà ?*

déjanter v. 1 ■ **I** v. tr. Faire sortir (un pneu) de la jante. **II** v. intr. **1** *Le pneu a déjanté.* **2** fam. Devenir un peu fou. ▷ adj. **déjanté, ée** → **cinglé.**

déjauger v. intr. 3 ■ S'élever sur l'eau sous l'effet de la vitesse (navire, hydravion).

déjà-vu → **vu**

déjection n. f. ■ **1** Évacuation d'excréments ; au plur. excréments. **2** Matières rejetées par les volcans.

déjeter v. tr. 4 ■ Écarter de sa position normale. → **dévier.** ▷ adj. **déjeté, ée 1** *Mur déjeté.* **2** (personnes) Diminué physiquement.

① **déjeuner** v. intr. 1 ■ **1** Prendre le petit-déjeuner. → ② **petit-déjeuner.** **2** Prendre le repas du milieu de la journée.

② **déjeuner** n. m. ■ **1** vx ou région. Premier repas du matin. → ① **petit-déjeuner.** **2** (remplace *dîner,* en France, mais non au Québec) Repas pris au milieu du jour. **3** Mets qui composent ce repas.

déjouer v. tr. 1 ■ Faire échouer (les manœuvres de qqn). *Déjouer un attentat.* ◆ *Déjouer la surveillance de l'ennemi.* → **tromper.**

se **déjuger** v. pron. 3 ■ Revenir sur un jugement exprimé, un parti pris.

de jure [deʒyʀe] loc. adv. ■ dr. Selon le droit.

delà prép. et adv. ■ **1** loc. prép. *PAR-DELÀ :* plus loin que, de l'autre côté de. **2** loc. adv. et prép. *AU-DELÀ (DE)* ou *AU DELÀ (DE) :* plus loin (que). **3** n. m. *L'AU-DELÀ.* → **au-delà.**

délabrer v. tr. 1 ■ Mettre en mauvais état. → **détériorer.** ▷ v. pron. se **délabrer** ▷ adj. **délabré, ée** ► **délabrement** n. m.

délacer v. tr. 3 ■ Desserrer ou retirer (une chose lacée).

délai n. m. ■ **1** Temps accordé pour faire qqch. **2** Prolongation de temps accordée pour faire qqch. ◆ *SANS DÉLAI :* sur-le-champ. **3** Temps à l'expiration duquel on sera tenu de faire qqch. *Délai de paiement.* ◆ *Dans les plus brefs délais :* très bientôt.

délainer v. tr. 1 ■ techn. Enlever la laine de (une peau de mouton, de chèvre). ► **délainage** n. m.

délaissement n. m. ■ littér. **1** Abandon (de qqn, de qqch.). **2** État d'une personne délaissée. → **isolement.**

délaisser v. tr. 1 ■ **1** Laisser (qqn) sans secours ou sans affection. → **abandonner.** *Il délaisse ses amis.* **2** Abandonner (une activité, etc.). ▷ adj. **délaissé, ée**

délaiter v. tr. 1 ■ techn. Débarrasser (le beurre) du petit-lait. ► **délaitage** n. m.

délaiteuse n. f. ■ techn. Machine qui sert à délaiter le beurre.

délarder v. tr. 1 ■ techn. Diminuer l'épaisseur de ; enlever l'arête vive de. *Délarder une pièce de bois.* ► **délardement** n. m.

délassant, ante adj. ■ Qui délasse.

délassement n. m. ■ **1** Fait de se délasser. → **détente, loisir, repos.** **2** Ce qui délasse.

délasser v. tr. 1 ▪ Tirer (qqn) de l'état de lassitude, de fatigue. → **détendre, reposer.** ▷ v. pron. se **délasser** Se reposer en se distrayant.

délateur, trice n. ▪ Personne qui dénonce pour des motifs méprisables.

délation n. f. ▪ Dénonciation inspirée par des motifs méprisables.

délavé, ée adj. ▪ Dont la couleur est, ou semble trop étendue d'eau. → **décoloré.** ♦ Éclairci, notamment à l'eau de Javel.

délaver v. tr. 1 ▪ 1 Enlever ou éclaircir avec un liquide (une couleur). 2 Imbiber d'eau, détremper. ► **délavage** n. m.

délayage n. m. ▪ Action de délayer. ‑ fig. → **remplissage, verbiage.**

délayer v. tr. 8 ▪ 1 Mélanger (une substance) à un liquide. 2 fig. Exposer trop longuement, de manière peu claire.

delco n. m. (marque déposée) ▪ Système d'allumage d'un moteur à explosion.

deleatur [deleatyʀ] n. m. invar. ▪ typogr. Signe de correction indiquant qu'il faut supprimer qqch.

délébile adj. ▪ Qui peut s'effacer. *De l'encre délébile.*

délectable adj. ▪ littér. Délicieux.

délectation n. f. ▪ Plaisir, délice.

se **délecter** v. pron. 1 ▪ Prendre un plaisir intense et prolongé (à qqch.).

délégant, ante n. ▪ dr. Personne qui délègue qqch. (opposé à *délégataire*).

délégataire n. ▪ dr. Personne à qui l'on délègue qqch. (opposé à *délégant*).

délégation n. f. ▪ 1 Acte par lequel on délègue. 2 Ensemble de délégués.

délégitimer v. tr. 1 ▪ Rendre illégitime. ► **délégitimation** n. f.

délégué, ée n. ▪ Personne chargée de représenter qqn, un groupe.

déléguer v. tr. 6 ▪ 1 Charger (qqn) d'une fonction, etc. en transmettant son pouvoir. 2 Transmettre, confier (un pouvoir...).

délester v. tr. 1 ▪ 1 Décharger de son lest. 2 fig., iron. Voler. *Elle s'est fait délester de son sac.* 3 Décongestionner (une route), par des déviations. ► **délestage** n. m. (sens 1 et 3)

délétère adj. ▪ Qui met la santé, la vie en danger. ♦ fig., littér. Nuisible, pernicieux.

délétion n. f. ▪ biol. Perte d'un fragment plus ou moins important d'ADN, constituant une cause de mutation. *La délétion d'un gène.*

délibérant, ante adj. ▪ Qui délibère.

délibératif, ive adj. ▪ Qui a qualité pour voter, décider dans une délibération.

délibération n. f. ▪ 1 Action de délibérer avec d'autres personnes. → **débat, discussion.** 2 Examen réfléchi. → **réflexion.**

délibératoire adj. ▪ didact. Relatif à la délibération.

délibérément adv. ▪ De manière délibérée.

délibérer v. intr. 6 ▪ 1 Discuter avec d'autres personnes en vue d'une décision à prendre. *Le jury délibère.* 2 littér. (Avec soi-même). → **réfléchir.** ▷ **délibéré, ée I** adj. 1 Qui a été délibéré. ‑ *De propos délibéré* : exprès. 2 Assuré, décidé. *D'un air délibéré.* **II** n. m. dr. Délibération des magistrats.

délicat, ate adj. ▪ 1 littér. Qui plaît par la qualité, la finesse. *Parfum délicat.* → **raffiné, subtil.** ♦ Qui plaît par la finesse de l'exécution. *Travail délicat.* 2 Que sa finesse rend sensible aux moindres influences extérieures. → **fragile.** *Peau délicate.* ‑ *Santé délicate.* 3 Que sa subtilité, sa complexité rendent difficile. *Question délicate.* 4 Doué d'une grande sensibilité. → **subtil.** ♦ (relations humaines) *Attention délicate,* pleine de tact. 5 Que sa grande sensibilité rend difficile à contenter. → **exigeant.**

délicatement adv. ▪ Avec délicatesse.

délicatesse n. f. ▪ 1 littér. Qualité de ce qui est fin, délicat (1). 2 Finesse et précision dans l'exécution, le toucher. *Faire qqch. avec délicatesse.* 3 Caractère de ce qui est fragile à cause de sa finesse. 4 Aptitude à sentir, à juger, à exprimer finement. → **sensibilité.** 5 Sensibilité morale dans les relations avec autrui. → **discrétion, tact.**

délice ▪ **I** n. f. pl. littér. *DÉLICES* : plaisir qui ravit. **II** n. m. Plaisir vif et délicat.

délicieux, euse adj. ▪ Extrêmement agréable. → **exquis.** ► **délicieusement** adv.

délictueux, euse adj. ▪ dr. Qui a le caractère d'un délit.

① **délié, ée** adj. ▪ 1 littér. Fin, mince. *Taille déliée.* ♦ n. m. Partie déliée d'une lettre (opposé à *plein*). 2 fig. *Un esprit délié.* → **subtil.**

délier v. tr. 7 ▪ 1 Dégager de ce qui lie. → **détacher.** 2 Défaire le nœud de. → **dénouer.** ‑ loc. *Sans bourse délier* : sans rien payer. ‑ fig. *Délier la langue de qqn,* le faire parler. 3 fig. Libérer (d'un engagement). → **dégager.** ▷ adj. ② **délié, ée** *Cordons déliés.* ‑ loc. *Avoir la langue déliée* : être bavard.

délignifier v. tr. 7 ▪ techn. Traiter (le bois) pour supprimer la lignine. ► **délignification** n. f.

délimiter v. tr. 1 ▪ 1 Déterminer les limites de. 2 Former la limite de. 3 abstrait *Délimiter les attributions de qqn.* → **fixer.** ► **délimitation** n. f.

délimiteur n. m. ▪ inform. Caractère, symbole qui limite une suite de caractères.

délinéament n. m. ▪ didact. Contour, ligne, tracé.

délinéer v. tr. [1] ▪ didact. Tracer d'un trait le contour de.

délinquance n. f. ▪ Ensemble des délits, considérés sur le plan social. → **criminalité.**

délinquant, ante n. ▪ Personne qui commet un délit. ➛ adj. *L'enfance délinquante.*

déliquescence n. f. ▪ **1** didact. Propriété qu'ont certains corps de se liquéfier par l'humidité de l'air. **2** fig. Décadence complète. → **décomposition.** ► **déliquescent, ente** adj.

délirant, ante adj. ▪ **1** didact. Qui présente les caractères du délire. **2** fig. Qui manque de mesure, exubérant. *Joie délirante.* ♦ fam. Totalement déraisonnable.

délire n. m. ▪ **1** psych. Trouble psychique de qqn qui perçoit et dit des choses qui ne concordent pas avec la réalité ou l'évidence (quelle que puisse être leur cohérence interne). **2** fig. Enthousiasme exubérant. ♦ fam. Chose excessive, déraisonnable.

délirer v. intr. [1] ▪ **1** Avoir le délire. ♦ fam. Déraisonner. **2** Être en proie à une émotion qui trouble l'esprit. *Délirer de joie.*

delirium tremens [deliʀjɔmtʀemɛ̃s] n. m. invar. ▪ didact. Délire (1) aigu accompagné d'agitation, particulier aux alcooliques.

délit n. m. ▪ **1** (sens large) Fait prohibé ou dont la loi prévoit la sanction par une peine. → **infraction ; crime.** ➛ *Le corps du délit* : l'élément qui constitue le délit. ➛ *FLAGRANT DÉLIT* : infraction en train de se commettre. **2** (sens restreint) *Délit (correctionnel),* infraction punie de peines correctionnelles.

délitage n. m. ▪ techn. Action de déliter une pierre.

délitement n. m. ▪ Fait de se déliter. ♦ fig. *Le délitement de la démocratie.*

déliter v. tr. [1] ▪ Diviser (une pierre) dans le sens des couches de stratification. → **cliver.** ▷ v. pron. **se déliter 1** Se désagréger. **2** fig. Perdre son unité.

délitescence n. f. ▪ didact. Processus par lequel une substance se délite.

délitescent, ente adj. ▪ didact. Qui a la propriété de se déliter.

délivrance n. f. ▪ **I 1** Action de délivrer (I, 1). **2** fig. Fin d'un tourment ; soulagement qui en résulte. **3** méd. Fin de l'accouchement. **II** Action de délivrer (II).

délivrer v. tr. [1] ▪ **I 1** Rendre libre. → **libérer.** *Délivrer un captif.* **2** *Délivrer qqn de.* → **débarrasser.** *Délivrer qqn d'une crainte.* **II** Remettre (qqch.) à qqn. *Délivrer un reçu.*

délocaliser v. tr. [1] ▪ Déplacer (une activité située dans un centre) vers un lieu éloigné. → **décentraliser.** ► **délocalisation** n. f.

déloger v. [3] ▪ **1** v. intr. vieilli Quitter son logement, sa place. **2** v. tr. Faire sortir (qqn) du lieu qu'il occupe. → **expulser.**

déloyal, ale, aux adj. ▪ Qui n'est pas loyal ; de mauvaise foi. ► **déloyalement** adv.

déloyauté n. f. ▪ Manque de loyauté. → mauvaise **foi, fourberie, malhonnêteté.**

delphinarium [-jɔm] n. m. ▪ Aquarium à dauphins.

delphinidé n. m. ▪ zool. Mammifère cétacé de la famille du dauphin, de l'orque, etc.

delphinium [-jɔm] n. m. ▪ Plante herbacée dont une espèce (dauphinelle) est cultivée pour ses fleurs.

delta n. m. ▪ **I** Quatrième lettre de l'alphabet grec (δ ; Δ [majuscule]). **II** Dépôt d'alluvions émergeant à l'embouchure d'un fleuve et la divisant en bras ramifiés.

deltaïque adj. ▪ géogr. Qui a rapport à un delta.

deltaplane n. m. ▪ Aile triangulaire utilisée pour le vol libre ; sport de cet engin.

deltiste n. ▪ Personne qui pratique le deltaplane. → **libériste.**

deltoïde n. m. ▪ anat. Muscle triangulaire de l'épaule. ► **deltoïdien, ienne** adj.

déluge n. m. ▪ **1** Cataclysme consistant en précipitations continues submergeant la Terre ; ce cataclysme raconté dans la Bible. ➛ loc. *Remonter au déluge* : être très ancien **(→ antédiluvien). 2** Pluie très abondante, torrentielle. ➛ fig. *Un déluge de larmes.*

déluré, ée adj. ▪ Qui a l'esprit vif et avisé, qui est habile. ♦ péj. → **effronté.**

délurer v. tr. [1] ▪ Rendre déluré.

délustrer v. tr. [1] ▪ techn. Enlever le lustre, le brillant de (un tissu). ► **délustrage** n. m.

démagnétiser v. tr. [1] ▪ Supprimer le caractère magnétique de. ➛ au p. p. *Carte de crédit démagnétisée.* ► **démagnétisation** n. f.

démagogie n. f. ▪ Politique par laquelle on flatte les masses pour gagner et exploiter leur adhésion. ► **démagogique** adj.

démagogue n. et adj. ▪ (Personne) qui pratique la démagogie.

démailler v. tr. [1] ▪ Défaire en rompant les mailles. ► **démaillage** n. m.

demain adv. et n. m. ▪ **I** Le jour suivant celui où s'exprime la personne qui parle. **1** adv. *Je le verrai demain.* ➛ loc. *Demain il fera jour* : rien ne presse. *Demain on rase gratis* (souligne l'inanité d'un espoir, d'une promesse). **2** n. m. *Demain est jour férié.* ➛ loc. *À DEMAIN* : nous nous reverrons demain. **II 1** adv. Dans un avenir plus ou moins proche. **2** n. m. L'avenir. → **futur.**

démancher v. tr. [1] ▪ **1** Séparer de son manche. **2** fam. Démettre, disloquer. *Se démancher le cou pour voir qqch.* ► **démanchement** n. m.

demande n. f. ■ **I 1** Action de demander (I). *Demande insistante.* **2** *Demande en mariage :* fait de proposer à qqn de l'épouser. **3** Ensemble des biens ou des services demandés par les acheteurs. **4** dr. Action intentée en justice pour faire reconnaître un droit. **5** Annonce d'un contrat, au bridge. **II** Question. *Faire les demandes et les réponses.*

demander v. tr. [1] ■ **I 1** Faire connaître à qqn (ce qu'on désire obtenir de lui) ; exprimer (un souhait). *Demander du feu à qqn. Demander une faveur.* ➛ Indiquer (ce que l'on veut gagner). *Demander X euros de l'heure.* ♦ *DEMANDER À ; DE* (+ inf.). ♦ *Ne pas demander mieux que :* consentir volontiers à. **2** dr. Réclamer par une demande (4) en justice. **3** Prier de donner, d'apporter (qqch.). → **réclamer.** *Demander l'addition.* **4** Faire venir, faire chercher (qqn). *Demander un médecin.* ➛ Rechercher pour un travail. *On demande un coursier.* ♦ *Demander la main de qqn, demander qqn en mariage.* **5** (sujet chose) Avoir pour condition de succès, de réalisation. → **nécessiter, réclamer.** *Votre proposition demande réflexion.* **II** Essayer de savoir (en interrogeant qqn). *Demander son nom à qqn.* ▷ v. pron. se **demander** Se poser une question à soi-même. ▷ adj. **demandé, ée** Qui fait l'objet d'une forte demande.

demandeur n. ■ **1** *DEMANDEUR, DEMANDEUSE :* personne qui demande qqch. *Demandeur d'emploi.* **2** dr. *DEMANDEUR, DEMANDERESSE :* personne qui a l'initiative du procès. → **plaignant.**

démangeaison n. f. ■ **1** Sensation d'irritation au niveau de la peau, qui incite à se gratter. **2** fig., fam. Désir irrépressible.

démanger v. intr. [3] ■ **1** Faire ressentir une démangeaison. **2** fig. loc. *La langue lui démange :* il a grande envie de parler. ➛ trans. *Ça la démange de lui dire ce qu'elle pense.*

démanteler v. tr. [5] ■ **1** Démolir les murailles, les fortifications de. **2** fig. Abattre, désorganiser. ► **démantèlement** n. m.

démantibuler v. tr. [1] ■ fam. Démolir de manière à rendre inutilisable.

démaquillant, ante adj. ■ (produit) Qui sert à démaquiller. ➛ n. m. *Du démaquillant.*

démaquiller v. tr. [1] ■ Enlever le maquillage de. ► **démaquillage** n. m.

démarcatif, ive adj. ■ didact. Qui sert de démarcation.

démarcation n. f. ■ Action de limiter ; ce qui limite. → **délimitation, frontière, séparation.** *Ligne de démarcation :* frontière.

démarchage n. m. ■ Activité commerciale qui consiste à solliciter la clientèle à son domicile. → **courtage.** ► **démarcher** v. tr. [1]

démarche n. f. ■ **I 1** Manière de marcher. **2** fig. Manière dont l'esprit progresse dans son activité. **II** Tentative auprès de qqn pour réussir une entreprise.

démarcheur, euse n. ■ Personne qui fait du démarchage.

démarier v. tr. [7] ■ agric. Éclaircir (un semis) en arrachant certains plants.

démarquer v. tr. [1] ■ **1** Priver de la marque indiquant le possesseur. **2** fig. Copier, plagier en dissimulant l'emprunt (► **démarcage** ou **démarquage** n. m.). **3** Vendre moins cher (un article), notamment en lui enlevant sa marque d'origine (► **démarque** n. f.). ▷ v. pron. **se démarquer** *Se démarquer de qqn,* prendre ses distances par rapport à lui.

démarqueur, euse n. ■ Copiste, plagiaire.

démarrage n. m. ■ Fait de démarrer.

démarrer v. [1] ■ **I** v. tr. **1** mar. Larguer les amarres de. **2** fam. Commencer. **II** v. intr. **1** mar. Partir (navire). **2** Commencer à fonctionner, à rouler. *Démarrer en trombe.* ♦ fig. *Son affaire démarre.*

démarreur n. m. ■ Appareil servant à mettre en marche un moteur.

démasquer v. tr. [1] ■ **1** Enlever le masque de (qqn). **2** fig. Faire connaître (qqn) pour ce qu'il est. → **confondre.** *Démasquer un imposteur.* **3** loc. *Démasquer ses batteries :* dévoiler ses intentions secrètes.

démastiquer v. tr. [1] ■ techn. Débarrasser du mastic. ► **démasticage** n. m.

démâter v. [1] ■ **1** v. tr. Priver (un navire) de ses mâts. **2** v. intr. Perdre ses mâts. ► **démâtage** n. m.

dématérialiser v. tr. [1] ■ **1** Rendre immatériel. **2** fin. Priver (une valeur) de support matériel. ► **dématérialisation** n. f.

dème n. m. ■ Division territoriale et unité administrative de la Grèce antique.

démédicaliser v. tr. [1] ■ Ôter à (qqch.) son caractère médical. ► **démédicalisation** n. f.

démêlant, ante n. m. et adj. ■ (Produit) qui facilite le démêlage des cheveux.

démêlé n. m. ■ Conflit né d'une opposition entre deux parties. → **différend, dispute.** ♦ au plur. Difficultés qui en résultent.

démêler v. tr. [1] ■ **1** Séparer (ce qui était emmêlé). ► **démêlage** n. m. **2** fig. Débrouiller, éclaircir (une chose compliquée). ► **démêlement** n. m. **3** littér. *Avoir qqch. à démêler avec qqn,* à débattre.

démêloir n. m. ■ Peigne à dents espacées servant à démêler les cheveux.

démembrer v. tr. [1] ■ Diviser en parties (ce qui forme un tout, qui devrait rester entier). → **morceler, partager.** *Démembrer un domaine.* ► **démembrement** n. m.

déménagement n. m. ■ Action de déménager ; son résultat.

déménager v. 3 ■ I v. tr. Transporter (des objets) d'un logement à un autre. II v. intr. 1 Changer de logement. 2 fam. Susciter l'intérêt en bousculant. *Ça déménage !*

déménageur, euse n. ■ Personne dont le métier est de faire des déménagements.

démence n. f. ■ 1 Ensemble des troubles mentaux graves. → **aliénation, folie.** ♦ psych. Déchéance irréversible des activités psychiques, mentales. 2 Conduite extravagante. *C'est de la démence !*

se **démener** v. pron. 5 ■ 1 S'agiter violemment. → se **débattre.** 2 fig. Se donner beaucoup de mal pour arriver à un résultat.

dément, ente adj. ■ 1 Atteint de démence. → **aliéné, fou.** ◆ n. *Un regard de dément.* 2 Déraisonnable. ♦ fam. Extraordinaire.

démenti n. m. ■ Action de démentir ; ce qui dément qqch. → **dénégation, désaveu.**

démentiel, ielle adj. ■ 1 De la démence. 2 Absurde, fou.

démentir v. tr. 16 ■ 1 Contredire (qqn) en prétendant qu'il n'a pas dit la vérité. 2 Prétendre (qqch.) contraire à la vérité. → **nier.** 3 (sujet chose) Aller à l'encontre de. → **contredire.** ▷ v. pron. se **démentir** 1 Se contredire. 2 (choses) *Ne pas se démentir* : ne pas cesser de se manifester. → **persister.**

démerdard, arde n. et adj. ■ fam. Débrouillard.

se **démerder** v. pron. 1 ■ fam. Se débrouiller. ► **démerde** n. f. → **débrouillardise.**

démérite n. m. ■ littér. Ce qui fait que l'on démérite. → **faute, tort.**

démériter v. intr. 1 ■ Agir de manière à encourir le blâme, la désapprobation.

démesure n. f. ■ Manque de mesure dans les sentiments, les attitudes. → **excès.**

démesuré, ée adj. ■ 1 Qui dépasse la mesure ordinaire. → **énorme, immense.** 2 D'une très grande intensité. *Ambition démesurée.* ► **démesurément** adv. → **énormément.**

① **démettre** v. tr. 56 ■ Déplacer (un os, une articulation) → **disloquer, luxer.** ◆ *Elle s'est démis l'épaule.* ▷ adj. **démis, ise** (os, articulation) Déplacé, luxé.

② **démettre** v. tr. 56 ■ Retirer (qqn) d'un poste, etc. *On l'a démis de ses fonctions.* ▷ v. pron. se **démettre** Quitter ses fonctions (volontairement ou sous une contrainte).

au **demeurant** loc. adv. ■ littér. D'ailleurs, au fond ; tout bien considéré.

demeure n. f. ■ I dans des loc. (Fait de demeurer, de rester) 1 *MISE EN DEMEURE* : sommation. ◆ *Mettre qqn EN DEMEURE DE* (+ inf.). → **ordonner.** ♦ *Il y a péril en la demeure* : il peut être dangereux de tarder, il faut agir vite. 2 loc. adv. *À DEMEURE* : en permanence. II 1 vieilli Habitation. ♦ mod. Maison (belle ou importante, souvent ancienne). 2 fig., littér. *La dernière demeure* : le tombeau.

demeuré, ée adj. ■ fam. Intellectuellement retardé. ◆ n. *Des demeurés.*

demeurer v. intr. 1 ■ I (auxiliaire *être*) 1 Rester. *Demeurer chez soi.* ◆ *En demeurer là* : ne pas donner suite. 2 littér. Passer du temps (à). → s'**attarder** à. 3 Continuer à être (dans une situation). *Il préfère demeurer inconnu.* 4 (choses) Durer, subsister. II (auxiliaire *avoir*) Habiter, résider.

demi, ie ■ I adj. 1 Qui est la moitié d'un tout (*demi* reste invar. et se rattache au nom qu'il qualifie par un trait d'union → **demi-** et composés). 2 *ET DEMI(E)* (après un nom) : et la moitié. II adv. À moitié, pas entièrement. *Lait demi-écrémé.* III loc. adv. *À DEMI* : à moitié. → **partiellement.** *Ils sont à demi morts.* → **presque.** IV n. 1 Moitié d'une unité. *Un demi* ou *1/2* ou *0,5.* 2 n. m. Verre de bière (au café). 3 n. f. *LA DEMIE* : la fin de la demi-heure (qui suit une heure quelconque). *Je pars à la demie.* 4 sports Joueur, joueuse placé(e) entre les avants et les arrières. ◆ *Demi de mêlée* (au rugby).

demi- ■ Élément invariable (de l'adj. *demi*) qui indique la division par deux *(demi-litre)* ou le caractère incomplet, imparfait *(demi-jour).* → **semi-.**

demi-bouteille n. f. ■ Petite bouteille d'environ 37 cl. – abrév. Une **demie** Vichy.

demi-brigade n. f. ■ Réunion de deux ou trois bataillons sous les ordres d'un colonel.

demi-cercle n. m. ■ Moitié d'un cercle limitée par un diamètre. ► **demi-circulaire** adj. → **semi-circulaire.**

demi-dieu n. m. ■ Personnage mythologique issu d'une mortelle et d'un dieu, d'une déesse et d'un mortel, ou divinisé pour ses exploits. → **héros.** ♦ fig. Personne que l'on traite presque comme un dieu.

demi-douzaine n. f. ■ Moitié d'une douzaine ou six unités. ◆ Environ six.

demi-droite n. f. ■ géom. Portion de droite limitée par un point appelé *origine.*

demi-finale n. f. ■ Avant-dernière épreuve d'une compétition. ► **demi-finaliste** n.

demi-fond n. m. ■ sports *Course de demi-fond,* de moyenne distance.

demi-frère n. m. ■ Frère par le père ou la mère seulement.

demi-gros n. m. invar. ■ Commerce intermédiaire entre le gros et le détail.

demi-heure n. f. ■ Moitié d'une heure.

demi-jour n. m. ■ Clarté faible comme celle de l'aube, du crépuscule. *Des demi-jour(s).*

demi-journée n. f. ■ Moitié d'une journée.

démilitariser v. tr. [1] ■ Priver (une zone, un pays) de sa force militaire. → **désarmer.** ► **démilitarisation** n. f.

demi-litre n. m. ■ Moitié d'un litre.

demi-lune n. f. ■ Espace en demi-cercle (spécialt fortification).

demi-mal n. m. sing. ■ Inconvénient moins grave que celui qu'on prévoyait.

demi-mesure n. f. ■ Moyen insuffisant et provisoire. → **compromis.**

demi-mondaine n. f. ■ anciennt Femme légère fréquentant le monde. → **courtisane.**

demi-monde n. m. ■ anciennt Société de femmes légères et de ceux qui les fréquentent.

demi-mort, morte adj. ■ littér. Très mal en point.

demi-mot n. m. ■ loc. adv. *À DEMI-MOT* : sans qu'il soit nécessaire de tout exprimer.

déminer v. tr. [1] ■ Débarrasser (un lieu) des mines ou engins explosifs. ► **déminage** n. m.

déminéraliser v. tr. [1] ■ **1** méd. Faire perdre des sels minéraux à (l'organisme). **2** Éliminer les sels minéraux de (l'eau). ◆ au p. p. *Eau déminéralisée.* ► **déminéralisation** n. f.

démineur, euse n. ■ Technicien(ne) du déminage.

demi-pause n. f. ■ mus. Silence qui équivaut à la moitié d'une pause.

demi-pension n. f. ■ **1** Pension partielle (un seul repas). **2** Régime scolaire où l'élève déjeune sur place. ► **demi-pensionnaire** n.

demi-pièce n. f. ■ Fût de vin d'environ 110 litres. *Des demi-pièces.*

demi-pointe n. f. ■ **1** danse Position du pied soulevé reposant sur les phalanges à plat. **2** *Des demi-pointes* : chaussons de danse souples.

demi-portion n. f. ■ fam. et péj. Personne petite, insignifiante.

demi-queue adj. ■ *Piano demi-queue,* plus court que le piano à queue. ◆ n. m. *Des demi-queues.*

demi-reliure n. f. ■ Reliure où seul le dos du livre est en peau. *Des demi-reliures.*

démis, ise → ① **démettre**

demi-saison n. f. ■ L'automne ou le printemps. *Vêtement de demi-saison.*

demi-sang [-sɑ̃] n. m. ■ Cheval dont un seul géniteur est de pur sang. *Des demi-sang(s).*

demi-sec adj. m. et n. m. ■ Se dit d'un vin plus sucré qu'un vin sec, mais moins qu'un vin doux. *Des demi-secs.*

demi-sel ■ **1** adj. invar. Qui n'est que légèrement salé. *Beurre demi-sel.* **2** n. m. argot Homme qui feint d'appartenir au milieu.

demi-sœur n. f. ■ Sœur par le père ou la mère seulement.

demi-solde ■ **1** n. f. Solde réduite d'un militaire en non-activité. **2** n. m. invar. Militaire qui touche une demi-solde.

demi-sommeil n. m. ■ État intermédiaire entre le sommeil et la veille. → **somnolence.**

demi-soupir n. m. ■ mus. Silence dont la durée est égale à la moitié d'un soupir.

démission n. f. ■ **1** Acte par lequel on se démet d'une fonction, d'un emploi. *Donner sa démission.* **2** fig. Acte par lequel on renonce à qqch. ; attitude de fuite devant les difficultés. ► **démissionnaire** adj.

démissionner v. intr. [1] ■ **1** Donner sa démission. ◆ trans. fam. Forcer à démissionner. *On l'a démissionné.* **2** fam. Renoncer.

demi-tarif n. m. ■ Tarif réduit de moitié. ◆ adj. invar. *Places demi-tarif.* ◆ Billet à demi-tarif. *Deux demi-tarifs.*

demi-teinte n. f. ■ Teinte ni claire ni foncée. ◆ fig. *En demi-teinte(s)* : tout en nuances.

demi-ton n. m. ■ mus. Le plus petit intervalle entre deux degrés (ex. mi et fa).

demi-tour n. m. ■ **1** Moitié d'un tour que l'on fait sur soi-même. **2** loc. *Faire demi-tour* : retourner sur ses pas.

démiurge n. m. ■ **1** philos. Créateur de l'univers. **2** par ext., littér. Créateur, animateur d'un monde. ► **démiurgique** adj.

demi-vie n. f. ■ phys. Temps au bout duquel une grandeur atteint la moitié de sa valeur initiale.

démo n. f. ■ fam. Démonstration.

démobilisateur, trice adj. ■ Propre à démobiliser (2).

démobiliser v. tr. [1] ■ **1** Rendre à la vie civile (des troupes mobilisées). **2** fig. Priver (les militants...) de toute combativité. → **démotiver.** ► **démobilisation** n. f.

démocrate n. et adj. ■ Partisan de la démocratie. *Une démocrate convaincue.*

démocratie n. f. ■ Forme de gouvernement dans laquelle la souveraineté appartient au peuple ; État ainsi gouverné.

démocratique adj. ■ **1** De la démocratie. **2** Conforme à la démocratie. *Loi démocratique.* ► **démocratiquement** adv.

démocratiser v. tr. [1] ■ **1** Introduire la démocratie dans. **2** Rendre accessible à tous. ► **démocratisation** n. f.

se **démoder** v. pron. [1] ■ N'être plus à la mode. ▷ adj. **démodé, ée** → **vieillot.** ◆ *Procédé démodé.* → **dépassé, désuet.**

démodex [-ɛks] n. m. ■ zool. Petit acarien parasite du système pileux du visage. - var. **demodex.**

démodulateur n. m. ■ électron. Dispositif opérant une démodulation.

démodulation n. f. ▪ électron. Opération destinée à extraire l'information contenue dans un signal modulé. ► **démoduler** v. tr. [1]

démographie n. f. ▪ **1** Étude statistique des populations humaines. **2** État quantitatif (d'une population). ► **démographe** n. ► **démographique** adj. ► **démographiquement** adv.

demoiselle n. f. ▪ **I 1** Femme célibataire. ♦ courtois ou iron. Jeune fille. **2** *Demoiselle d'honneur* : jeune fille ou fillette qui accompagne la mariée. **II** Libellule.

démolir v. tr. [2] ▪ **I** *Démolir qqch.* (opposé à construire). **1** Défaire (une construction) en abattant élément par élément. **2** fig. Détruire entièrement. → **anéantir. 3** Mettre (qqch.) en pièces, en mauvais état. → **abîmer, casser. II** *Démolir qqn.* **1** fam. Frapper avec violence. ♦ Fatiguer, épuiser ; déprimer. **2** Ruiner la réputation de (qqn). ► **démolissage** n. m.

démolisseur, euse n. ▪ **1** Personne qui démolit un bâtiment. **2** fig. Destructeur.

démolition n. f. ▪ **I 1** Action de démolir (une construction). **2** fig. Destruction. **II** au plur. Décombres, gravats.

démon n. m. ▪ **I** mythol. Être surnaturel, bon ou mauvais, attaché à la destinée de qqn, d'une collectivité. → **génie.** *Le démon de Socrate.* **II 1** relig. Ange déchu, révolté contre Dieu (esprit du mal). → **diable, satan.** ➛ *LE DÉMON* : Satan. **2** Personne méchante ou espiègle. **3** *LE DÉMON DE*, personnification d'un défaut. *Le démon du jeu.* ➛ loc. *Le DÉMON DE MIDI* : appétit érotique qui s'empare des humains vers le milieu de leur vie.

démondialisation n. f. ▪ didact. Réorganisation de l'économie s'opposant à la mondialisation libérale.

démonétiser v. tr. [1] ▪ Retirer (une monnaie) de la circulation. ► **démonétisation** n. f.

démoniaque ▪ **1** adj. et n. didact. Possédé du démon. **2** adj. Digne du démon. → **diabolique, satanique.**

démonologie n. f. ▪ didact. Étude du démon, des démons.

démonstrateur, trice n. ▪ Personne qui parle d'un produit pour le faire vendre.

démonstratif, ive adj. ▪ **I 1** Qui démontre. *Preuve démonstrative.* **2** gramm. Qui sert à montrer. *Adjectif, pronom démonstratif.* → ①**ce** ; ②**ce** ; **celui** ; **ceci, cela** ; **ça. II** Qui manifeste vivement ses sentiments (éprouvés ou simulés). → **expansif.**

démonstration n. f. ▪ **1** Opération mentale, raisonnement par lequel on établit la vérité d'une proposition. *La démonstration d'un théorème.* **2** Action de montrer par des expériences les principes d'une science, etc. **3** Signes extérieurs volontaires qui manifestent les intentions, les sentiments. *Des démonstrations de joie.*

démontable adj. ▪ Qui peut être démonté (3).

démonte-pneu n. m. ▪ Levier destiné à déjanter un pneu. *Des démonte-pneus.*

démonter v. tr. [1] ▪ **1** Jeter (qqn) à bas de sa monture. → **désarçonner. 2** fig. Étonner au point de faire perdre l'assurance. **3** Défaire (un tout) en séparant les éléments. ► **démontage** n. m. ▷ v. pron. se **démonter 1** Perdre son sang-froid. **2** passif *Ce lit se démonte.* ▷ adj. **démonté, ée 1** Qu'on a démonté. **2** *Mer démontée,* agitée par la tempête.

démontrer v. tr. [1] ▪ **1** Établir la vérité de (qqch.) d'une manière rigoureuse (→ **démonstration). 2** (sujet chose) Fournir une preuve de. → **indiquer, montrer, prouver.** ► **démontrable** adj.

démoralisant, ante adj. ▪ Qui démoralise.

démoralisateur, trice adj. ▪ littér. Qui fait perdre courage, qui tend à décourager.

démoraliser v. tr. [1] ▪ Affaiblir le moral, le courage de (qqn). ► **démoralisation** n. f.

démordre v. tr. ind. [41] ▪ *DÉMORDRE DE* : renoncer à. *Il ne veut pas en démordre.*

démotique adj. ▪ didact. **1** Se dit de la langue parlée et de l'écriture cursive vulgaire des anciens Égyptiens. **2** Relatif au grec moderne courant, parlé.

démotivant, ante adj. ▪ Qui démotive, décourage.

démotiver v. tr. [1] ▪ Faire perdre à (qqn) toute motivation, toute envie de continuer un travail, une action. ▷ adj. **démotivé, ée** ► **démotivation** n. f.

démouler v. tr. [1] ▪ Retirer (qqch.) du moule. ► **démoulage** n. m.

démoustiquer v. tr. [1] ▪ Débarrasser (un lieu) des moustiques. ► **démoustication** n. f.

démultiplicateur, trice ▪ **1** adj. techn. Qui démultiplie. **2** n. m. mécan. Système de transmission qui assure une réduction de vitesse avec une augmentation de force.

démultiplication n. f. ▪ Rapport de réduction de vitesse.

démultiplier v. tr. [7] ▪ Réduire la vitesse de (un mouvement transmis).

démunir v. tr. [2] ▪ Priver (qqn, qqch. d'une chose essentielle). ▷ v. pron. se **démunir** (de) ▷ adj. **démuni, ie** *Être complètement démuni* (spécialt ne plus avoir d'argent).

démuseler v. tr. [4] ▪ Dégager (un animal) de sa muselière. ➛ fig. Libérer, spécialt la parole.

démutiser v. tr. [1] ▪ didact. Amener (un sourd-muet) à produire et maîtriser ses émissions vocales. ► **démutisation** n. f.

démystifiant, ante adj. ▪ Qui démystifie.

démystifier v. tr. [7] ■ Détromper (les victimes d'une mystification collective, d'un mythe). ► **démystification** n. f. ► **démystificateur, trice** n. et adj.

démythifier v. tr. [7] ■ didact. Supprimer en tant que mythe. ► **démythification** n. f.

dénatalité n. f. ■ Diminution du nombre des naissances.

dénationaliser v. tr. [1] ■ Transférer au secteur privé (une entreprise nationalisée). → **privatiser.** ► **dénationalisation** n. f.

dénaturaliser v. tr. [1] ■ dr. Priver (qqn) des droits acquis par naturalisation. ► **dénaturalisation** n. f.

dénaturé, ée adj. ■ **1** techn. *Alcool dénaturé* (→ **dénaturer** (1)). **2** Altéré dans ses caractères humains. → **dépravé.**

dénaturer v. tr. [1] ■ **1** Altérer la nature de (qqch.). *Dénaturer du vin.* → **frelater. 2** abstrait Donner une fausse apparence à. → **déformer.** *Vous dénaturez ma pensée.* ► **dénaturation** n. f.

dendrite [dɑ̃dʀit ; dɛ̃dʀit] n. f. ■ anat. Prolongement ramifié du neurone. ► **dendritique** adj.

dendro- [dɑ̃dʀo ; dɛ̃dʀo] Élément, du grec *dendron* « arbre ».

dendrochronologie [-kʀ-] n. f. ■ didact. Méthode de datation par l'étude des anneaux de croissance des troncs d'arbres. ► **dendrochronologique** adj.

dénébuler v. tr. [1] ■ techn. Dissiper artificiellement le brouillard de (un lieu). - syn. **dénébuliser.** ► **dénébulation** ou **dénébulisation** n. f.

dénégation n. f. ■ Action de dénier (qqch.). → **démenti, désaveu.** *Geste de dénégation.*

déneiger v. tr. [3] ■ Débarrasser (un lieu) de la neige. ► **déneigement** n. m.

déneigeuse n. f. ■ Chasse-neige.

dénervation n. f. ■ chir. Énervation.

dénerver v. tr. [1] ■ Enlever les nerfs de (une pièce de viande).

dengue [dɛ̃g] n. f. ■ Maladie infectieuse des régions tropicales et subtropicales, transmise par un moustique.

déni n. m. ■ **1** *Déni (de justice)* : refus de rendre justice à qqn. **2** psych. *Déni (de la réalité)* : refus de reconnaître une réalité traumatisante. ◆ *Déni de grossesse.*

déniaiser v. tr. [1] ■ **1** Rendre (qqn) moins niais. → **dégrossir. 2** fam. Faire perdre sa virginité à (qqn). ► **déniaisement** n. m.

dénicher v. tr. [1] ■ **1** Enlever (un oiseau) du nid. ◆ fig. Faire sortir (qqn) de sa cachette. **2** Trouver à force de recherches. ► **dénichage** n. m.

dénicheur, euse n. ■ Personne qui sait découvrir (des choses rares). *Une dénicheuse de talents.*

denier n. m. ■ **1** Ancienne monnaie romaine. **2** Ancienne monnaie française, douzième d'un sou. **3** loc. *Denier du culte* : somme versée par les catholiques pour les besoins du culte. **4** au plur. *DE SES DENIERS* : avec son propre argent. ◆ *Les deniers publics* : les revenus de l'État.

dénier v. tr. [7] ■ **1** Refuser de reconnaître comme sien. → **nier. 2** Refuser injustement d'accorder. *Dénier à qqn le droit de...*

dénigrer v. tr. [1] ■ S'efforcer de diminuer (qqn, qqch.) en disant du mal, en niant les qualités. ► **dénigrement** n. m.

dénigreur, euse adj. et n. ■ Qui dénigre. ◆ n. *D'ardents dénigreurs.*

denim [dənim] n. m. ■ anglic. Toile servant à fabriquer les jeans. → **jean.**

dénitratation n. f. ■ Action d'ôter les nitrates d'un sol, d'une eau.

dénitrifier v. tr. [7] ■ sc. Retirer l'azote de (une substance, un sol). ► **dénitrification** n. f.

dénivelé n. m. ■ Différence de niveau, d'altitude. - syn. **dénivelée** n. f.

déniveler v. tr. [4] ■ Faire cesser d'être de niveau. *Déniveler un terrain.*

dénivellation n. f. ■ Différence de niveau. *Une dénivellation de cent mètres.* → **dénivelé.** - syn. **dénivellement** n. m.

dénombrable adj. ■ Que l'on peut dénombrer, compter.

dénombrer v. tr. [1] ■ Faire le compte de ; énoncer en comptant. → **compter, énumérer, recenser.** ► **dénombrement** n. m.

dénominateur n. m. ■ math. Terme situé sous la barre de fraction, qui indique le diviseur. *Numérateur et dénominateur.* ◆ *DÉNOMINATEUR COMMUN*, diviseur commun à plusieurs fractions ; fig. élément commun.

dénominatif, ive adj. ■ ling. Qui sert à nommer, à désigner.

dénomination n. f. ■ Nom affecté (à une chose, une notion). → **appellation.**

dénommer v. tr. [1] ■ Donner un nom à. → **appeler, désigner, nommer.** ◆ au p. p. *Le dénommé Untel.*

dénoncer v. tr. [3] ■ **1** Annoncer la rupture de. → **annuler, rompre.** *Dénoncer un contrat.* **2** Faire connaître (une chose répréhensible). *Dénoncer des abus.* ◆ Signaler (qqn) comme coupable. ► **dénonciation** n. f. → **annulation ; accusation, délation.** ► **dénonciateur, trice** n. et adj.

dénotation n. f. ■ Le fait de dénoter ; ce qui dénote. ► **dénotatif, ive** adj.

dénoter v. tr. [1] ■ (sujet chose) Indiquer par une caractéristique. *Cela dénote du courage.*

dénouement n. m. ■ **1** Ce qui termine, dénoue une action au théâtre, au cinéma. **2** Manière dont se dénoue une affaire difficile.

dénouer v. tr. 1 ■ **1** Défaire (un nœud, une chose nouée). ➛ loc. *Dénouer la langue* : faire parler. **2** fig. Démêler, résoudre (une difficulté, une intrigue). ▷ v. pron. **se dénouer**

dénoyauter v. tr. 1 ■ Séparer (un fruit) de son noyau. ► **dénoyautage** n. m.

dénoyauteur n. m. ■ Appareil, ustensile servant à dénoyauter.

dénoyer v. tr. 8 ■ techn. Dégager (une galerie, une mine noyée). ► **dénoyage** n. m.

denrée n. f. ■ **1** Produit servant à l'alimentation de l'homme ou du bétail. **2** fig. *Une denrée rare* : une chose, une qualité rare.

dense adj. ■ **1** Qui est compact, épais. *Feuillage dense.* ➛ *Une foule dense* (nombreuse). **2** (écrits...) Qui renferme beaucoup d'éléments en peu de place. **3** Qui a une certaine densité (2). *Le plomb, métal dense.*

densifier v. intr. et tr. 7 ■ Augmenter en densité. ► **densification** n. f.

densimètre n. m. ■ techn. Instrument de mesure des densités des liquides. → **aréomètre.** ► **densimétrie** n. f. ► **densimétrique** adj.

densité n. f. ■ **1** Qualité de ce qui est dense. ♦ *Densité de population* : nombre d'habitants au km². **2** phys. Rapport entre la masse d'un corps et celle d'un même volume d'eau (ou d'air, pour les gaz).

dent n. f. ■ **I 1** Chacun des organes annexes de la bouche, durs et calcaires, implantés sur le bord libre des deux maxillaires. *Les 32 dents de l'homme.* → **dentition ; odonto-.** *Dents de lait* (premières dents). *Dents de sagesse*, les quatre troisièmes molaires. ♦ (animaux) *Les dents d'un chien.* → **croc. 2** loc. fig. *Serrer les dents* : s'apprêter à un dur effort. *Parler entre ses dents*, peu distinctement. ➛ *Montrer les dents* : menacer. ➛ *Avoir, garder une dent contre qqn,* du ressentiment. *Avoir la dent dure* : être sévère dans la critique. ➛ fam. *Avoir la dent* : avoir faim. ➛ *Mordre À BELLES DENTS, À PLEINES DENTS*, vigoureusement. ➛ *Avoir les dents longues*, être ambitieux. *Se casser les dents* : échouer. ➛ *Être SUR LES DENTS*, très occupé. ➛ *Quand les poules auront des dents* : jamais. **II** (Objet ou forme pointue) **1** Découpure pointue (→ **dentelé**). **2** Élément allongé et pointu. *Les dents d'un peigne.* ➛ loc. *En dents de scie* : qui présente des pointes et des creux aigus.

dentaire adj. ■ Relatif aux dents.

dental, ale, aux adj. ■ *Consonnes dentales*, qui se prononcent en appliquant la langue sur les dents ([d], [t]).

dentale n. m. ■ zool. Mollusque à coquille en forme de cornet. – syn. **dentalium** [-ljɔm].

dent-de-lion n. f. ■ Pissenlit. *Des dents-de-lion.*

denté, ée adj. ■ Dont le bord présente des saillies pointues, aiguës. *Roue dentée.*

dentelaire n. f. ■ bot. Plante de rocaille à fleurs bleues.

dentelé, ée adj. ■ Qui présente des pointes et des creux aigus. *Feuille dentelée.*

denteler v. tr. 4 ■ Découper le bord de (qqch.) en forme de petites dents.

dentelle n. f. ■ **1** Tissu fin à motifs ajourés. ➛ loc. fam. *Ne pas faire dans la dentelle* : agir sans délicatesse. **2** appos. (invar.) *Crêpes dentelle*, très fines.

dentellier, ière [-əlje, -əljɛʀ] ■ **1** n. f. Ouvrière ou machine qui fabrique de la dentelle. **2** adj. *Industrie dentellière*, de la dentelle.

dentelure n. f. ■ Découpure dentelée.

denticule n. m. ■ **1** archit. Ornement en forme de dent. **2** méd. Petite dent surnuméraire.

denticulé, ée adj. ■ archit. Garni de denticules.

dentier [-tje] n. m. ■ Prothèse amovible remplaçant tout ou partie des dents.

dentifrice n. m. ■ Préparation, pâte pour nettoyer les dents.

dentine n. f. ■ anat. Ivoire des dents. ► **dentinaire** adj.

dentiste n. ■ Praticien diplômé spécialiste des soins dentaires. → aussi **orthodontiste, stomatologiste.**

dentisterie n. f. ■ didact. Étude et pratique des soins dentaires. → **odontologie.**

dentition n. f. ■ **1** didact. Formation des dents. **2** cour. Ensemble des dents. → **denture.**

denture n. f. ■ Ensemble des dents (d'une personne, d'un animal). → **dentition.**

denturologie n. f. ■ (Canada) Domaine de l'odontologie qui traite des prothèses dentaires. ► **denturologique** adj. ► **denturologiste** n.

dénucléariser v. tr. 1 ■ didact. Diminuer ou interdire les armes nucléaires dans (un pays, une région). ► **dénucléarisation** n. f.

dénudation n. f. ■ Action de dénuder. ♦ cour. État d'un arbre dépouillé de son feuillage.

dénuder v. tr. 1 ■ Mettre à nu ; dépouiller (qqch.) de ce qui recouvre. → **découvrir.** ▷ v. pron. **se dénuder 1** *Cet arbre se dénude*, perd ses feuilles. **2** (personnes) Se déshabiller, se dévêtir. ▷ adj. **dénudé, ée**

dénué, ée adj. ■ *DÉNUÉ DE* : démuni de.

dénuement n. m. ■ État de qqn qui est dénué du nécessaire. → **misère, pauvreté.**

se dénuer v. pron. 1 ■ littér. Se priver (de).

dénutri, ie adj. ■ méd. Atteint de dénutrition.

dénutrition n. f. ■ didact. Ensemble des troubles dus à une alimentation ou une assimilation déficitaire. → **malnutrition.**

déodorant n. m. et adj. ▪ anglic. Désodorisant contre les odeurs corporelles.

déontique adj. ▪ didact. Qui constitue une obligation, une nécessité, un devoir.

déontologie n. f. ▪ didact. Ensemble des règles et devoirs régissant une profession. *Code de déontologie.* ► **déontologique** adj.

dépailler v. tr. [1] ▪ Dégarnir de sa paille. ► **dépaillage** n. m.

dépanner v. tr. [1] ▪ **1** Réparer (un mécanisme en panne). **2** fig., fam. Tirer (qqn) d'embarras, notamment en prêtant de l'argent. ► **dépannage** n. m.

dépanneur, euse ▪ **I 1** n. Professionnel chargé de dépanner. ♦ adj. Qui dépanne. **2** n. f. Voiture de dépannage. **II** n. m. (Québec) Épicerie ouverte tard le soir.

dépaqueter v. tr. [4] ▪ Défaire (un paquet) ; retirer (le contenu) d'un paquet. → **déballer.** ► **dépaquetage** n. m.

dépareiller v. tr. [1] ▪ Rendre incomplet (un ensemble de choses assorties). → **désassortir.** ▷ adj. **dépareillé, ée**

déparer v. tr. [1] ▪ Nuire à la beauté, au bon effet de. → **enlaidir.**

déparier v. tr. [7] ▪ Séparer (deux choses qui forment une paire).

déparler v. intr. [1] ▪ vieilli ou région. Parler à tort et à travers, sans discernement ; divaguer.

① **départ** n. m. ▪ **1** Action de partir. ◆ *Être sur le départ,* prêt à partir. ♦ fig. *Prendre un bon départ dans la vie.* **2** Fait de quitter un lieu, une situation. **3** fig. loc. *AU DÉPART :* au début. ◆ *DE DÉPART :* initial. *L'idée de départ. Point de départ.* → **origine.**

② **départ** n. m. ▪ loc. littér. *Faire le départ entre* (deux abstractions) : distinguer nettement.

départager v. tr. [3] ▪ **1** Séparer (un groupe) en deux parties inégales. *Départager les votes,* pour établir une majorité. **2** Choisir entre (des opinions, des camps). → **arbitrer.** *Venez nous départager.* ◆ Faire cesser d'être à égalité. *Départager des gagnants.*

département n. m. ▪ **1** Division administrative du territoire français dirigée par un préfet et administrée par un conseil départemental. **2** Secteur dont s'occupe un ministre. ♦ Branche spécialisée d'une administration. ► **départemental, ale, aux** adj.

départementaliser v. tr. [1] ▪ admin. Attribuer aux départements une compétence qui relevait antérieurement d'une autre collectivité publique. ► **départementalisation** n. f.

départir v. tr. [16] ▪ littér. Attribuer en partage. → **impartir.** ▷ v. pron. se **départir** *Se départir de :* se séparer de ; abandonner (une attitude). *Sans se départir de son calme.*

départiteur n. m. ▪ dr. Juriste chargé de compléter un tribunal lorsqu'il n'est pas possible d'avoir une majorité.

dépassement n. m. ▪ **1** Action de dépasser. *Dépassement dangereux* (véhicule). **2** Fait de se dépasser.

dépasser v. tr. [1] ▪ **1** Laisser derrière soi en allant plus vite. *Dépasser un cycliste.* → **doubler.** **2** Aller plus loin que. *Dépasser la ligne d'arrivée.* ◆ *Dépasser le temps imparti.* **3** Surpasser (qqn) dans un domaine. **4** Aller au-delà de (certaines limites). → **outrepasser.** ◆ *Cela me dépasse :* c'est trop difficile pour moi ; ou bien je ne peux l'admettre. ▷ v. pron. **se dépasser** Se surpasser. ▷ adj. **dépassé, ée 1** Qui a été dépassé. **2** (choses) Qui n'a plus cours. → **caduc, périmé. 3** Qui ne peut plus maîtriser la situation. *Il est complètement dépassé.*

dépassionner v. tr. [1] ▪ Rendre moins passionné (un sujet...). → **dédramatiser.**

se **dépatouiller** v. pron. [1] ▪ fam. Se débrouiller.

dépaver v. tr. [1] ▪ Dégarnir de pavés. ► **dépavage** n. m.

dépaysant, ante [-pei-] adj. ▪ Qui procure un dépaysement (2).

dépaysement [-pei-] n. m. ▪ **1** État d'une personne dépaysée (2). **2** Changement agréable d'habitudes.

dépayser [-pei-] v. tr. [1] ▪ **1** vx Faire changer (qqn) de pays. **2** Troubler, désorienter par un changement de milieu, d'habitudes.

dépecer v. tr. [5] et [3] ▪ **1** Mettre en pièces (un animal). **2** fig. Morceler. ► **dépeçage** et **dépècement** n. m.

dépeceur, euse n. ▪ Personne qui dépèce.

dépêche n. f. ▪ **1** Lettre concernant les affaires publiques. **2** Communication transmise par voie rapide.

dépêcher v. tr. [1] ▪ Envoyer (qqn) en hâte pour exécuter une mission. ▷ v. pron. se **dépêcher** Se hâter, faire vite.

dépeigner v. tr. [1] ▪ Déranger l'arrangement des cheveux de (qqn).

dépeindre v. tr. [52] ▪ Décrire et représenter par le discours.

dépenaillé, ée adj. ▪ fam. En lambeaux, en loques. ◆ Dont la mise est très négligée.

dépénaliser v. tr. [1] ▪ dr. Soustraire (une infraction, une action) à la sanction du droit pénal. ► **dépénalisation** n. f.

dépendance n. f. ▪ **1** Rapport qui fait qu'une chose dépend d'une autre. → **corrélation, enchaînement. 2** (surtout plur.) Terre, bâtiment dépendant d'un domaine. **3** Fait pour qqn de dépendre de qqn ou de qqch. ♦ spécialt Asservissement à une drogue. **4** État d'une personne qui n'est pas, n'est plus autonome dans la vie quotidienne. ► **dépendant, ante** adj.

① **dépendre** v. tr. ind. 41 ■ *DÉPENDRE DE* **1** Ne pouvoir se réaliser sans l'action ou l'intervention de (qqn, qqch.). → **résulter** de. ♦ impers. *Cela dépend des circonstances.* ◆ (en réponse) *Ça dépend* : peut-être. **2** Faire partie de (qqch.). → **appartenir** à ; **relever** de. **3** Être sous l'autorité de.

② **dépendre** v. tr. 41 ■ Retirer (ce qui est pendu). → **décrocher.**

dépens n. m. pl. ■ **1** *AUX DÉPENS DE* (qqn) : en faisant supporter la dépense par. → à la **charge** de. ♦ fig. → au **détriment** de. *Apprendre qqch. à ses dépens,* par une expérience désagréable. **2** dr. Frais judiciaires à la charge de la personne condamnée.

dépense n. f. ■ **1** Action de dépenser. *S'engager dans des dépenses.* → **frais.** ◆ loc. *Regarder à la dépense* : être économe (→ regardant). ♦ comptab. Sortie d'argent ; compte sur lequel elle est portée (→ **débit**). **2** fig. Emploi (de qqch.). *Dépense d'énergie.*

dépenser v. tr. 1 ■ **1** Employer (de l'argent). *Dépenser une forte somme.* **2** Consommer (une quantité d'énergie). **3** fig. Employer (ses efforts). ▷ v. pron. se **dépenser 1** (passif) *Cent francs, cela se dépense vite.* **2** Faire des efforts. → se **démener.**

dépensier, ière adj. ■ Qui aime dépenser (1).

déperdition n. f. ■ Diminution, perte.

dépérir v. intr. 2 ■ **1** S'affaiblir par consomption graduelle. **2** S'acheminer vers la ruine, la destruction. → **péricliter.** ► **dépérissement** n. m.

déperlant, ante adj. ■ *Tissu déperlant,* sur lequel l'eau glisse sans pénétrer. ► **déperlance** n. f. techn.

dépersonnaliser v. tr. 1 ■ Ôter sa personnalité à ; rendre impersonnel. ▷ v. pron. se **dépersonnaliser** ► **dépersonnalisation** n. f.

dépêtrer v. tr. 1 ■ Dégager de ce qui gêne les mouvements. ♦ fig. Dégager d'une difficulté. ▷ v. pron. se **dépêtrer** (de) → se **libérer.**

dépeupler v. tr. 1 ■ **1** Dégarnir d'habitants (une région...). **2** Dégarnir (un lieu) d'animaux. ▷ v. pron. se **dépeupler** ▷ adj. **dépeuplé, ée** ► **dépeuplement** n. m.

déphasé, ée adj. ■ fam. Qui n'est pas en accord avec la réalité présente ; désorienté.

déphaser v. tr. 1 ■ **1** phys. Produire une différence de phase entre (deux phénomènes alternatifs de même fréquence). **2** fig. Désorienter (qqn). ► **déphasage** n. m.

déphosphater v. tr. 1 ■ Retirer les phosphates de (une eau, un sol). ► **déphosphatation** n. f.

déphosphorer v. tr. 1 ■ techn. Éliminer le phosphore présent dans (une matière). ► **déphosphoration** n. f.

dépiauter v. tr. 1 ■ fam. **1** Dépouiller (un animal) de sa peau. **2** Débarrasser de ce qui recouvre (emballage, etc.).

dépigeonnage n. m. ■ Opération destinée à débarrasser une ville des pigeons.

dépigmentation n. f. ■ biol., méd. Perte ou suppression du pigment (de la peau).

dépilation n. f. ■ didact. Chute des poils.

dépiler v. tr. 1 ■ Provoquer la chute des poils, des cheveux de (qqn). ► **dépilatoire** adj. → **épilatoire.**

① **dépiquer** v. tr. 1 ■ **1** cout. Défaire les piqûres de (une étoffe). → **découdre. 2** agric. Ôter (un plant) d'une couche pour le repiquer en pleine terre.

② **dépiquer** v. tr. 1 ■ agric. Égrener les épis de (une céréale). → **battre.** *Dépiquer le blé, le riz.*

① **dépister** v. tr. 1 ■ **1** Découvrir (le gibier) ou retrouver (qqn) en suivant sa piste. **2** fig. Rechercher et découvrir (ce qui est peu apparent). *Dépister une maladie.* ► **dépistage** n. m.

② **dépister** v. tr. 1 ■ Détourner de la piste.

dépit n. m. ■ **1** Chagrin mêlé de colère, dû à une déception, à un froissement d'amour-propre. → **amertume, rancœur, ressentiment. 2** loc. prép. *EN DÉPIT DE* : sans tenir compte de. → **malgré.**

dépiter v. tr. 1 ■ Causer du dépit à (qqn). → **vexer.** ▷ adj. **dépité, ée**

déplacement n. m. ■ **1** Action de (se) déplacer. **2** Voyage auquel oblige un métier.

déplacer v. tr. 3 ■ **1** Changer (qqch.) de place. ◆ *Déplacer un rendez-vous.* **2** Faire changer (qqn) de poste, de pays... ▷ v. pron. se **déplacer 1** (choses) Changer de place. **2** (êtres vivants) Quitter sa place. ◆ Avancer, marcher. ▷ adj. **déplacé, ée 1** Qu'on a déplacé. **2** Qui n'est pas opportun. **3** → **inconvenant, malséant.**

déplafonner v. tr. 1 ■ Supprimer le plafond, la limite supérieure de (un crédit, une cotisation). ► **déplafonnement** n. m.

déplaire v. tr. indir. 54 ■ *DÉPLAIRE À* **1** Ne pas plaire ; causer du dégoût, de l'aversion à. **2** Causer une irritation passagère à. → **contrarier, fâcher, indisposer. 3** loc. *Ne vous en déplaise* : que cela vous plaise ou non. ▷ v. pron. se **déplaire** Ne pas se plaire (à soi ; là où l'on est).

déplaisant, ante adj. ■ **1** Qui ne plaît pas. **2** Qui contrarie, agace. → **désagréable.**

déplaisir n. m. ■ Impression désagréable. → **contrariété, mécontentement.**

déplanter v. tr. 1 ■ Ôter de terre, spécialt pour planter ailleurs. *Déplanter un arbre.*

déplâtrer v. tr. 1 ■ Ôter le plâtre de. ► **déplâtrage** n. m.

déplétion n. f. ■ didact. Diminution de la quantité (de qqch.).

dépliant, ante ■ **1** n. m. Imprimé que l'on déplie pour le lire. **2** adj. Qui se déplie.

déplier v. tr. [7] ▪ Étendre (ce qui était plié). ▷ v. pron. se **déplier** ▸ **dépliage** n. m.

déplisser v. tr. [1] ▪ Défaire les plis de (une étoffe, un papier...). ▸ **déplissage** n. m.

déploiement n. m. ▪ **1** Action de déployer. **2** fig. Étalage, démonstration.

déplomber v. tr. [1] ▪ Ôter le plombage de. ▸ **déplombage** n. m.

déplorable adj. ▪ **1** littér. Qui mérite d'être déploré. → **attristant, navrant.** **2** Très regrettable. → **fâcheux.** **3** Très mauvais. → **exécrable.** ▸ **déplorablement** adv.

déploration n. f. ▪ didact. ou littér. Fait de manifester de la douleur.

déplorer v. tr. [1] ▪ **1** S'affliger à propos de (qqch.). *Déplorer la perte d'un ami.* → **pleurer.** **2** Regretter beaucoup.

déployer v. tr. [8] ▪ **1** Développer dans toute son extension (une chose qui était pliée). *L'oiseau déploie ses ailes.* ♦ loc. *Rire à gorge déployée,* aux éclats. **2** Disposer sur une grande étendue. ➝ pronom. *Le cortège se déploie.* **3** fig. Montrer dans toute son étendue. *Déployer toute son énergie.*

se **déplumer** v. pron. [1] ▪ Perdre ses plumes. ♦ fam. Perdre ses cheveux.

dépoétiser v. tr. [1] ▪ Priver de tout caractère poétique.

dépoitraillé, ée adj. ▪ fam. Qui porte un vêtement largement ouvert sur la poitrine.

dépolariser v. tr. [1] ▪ sc. Faire cesser la polarisation de. ▸ **dépolarisation** n. f.

dépolir v. tr. [2] ▪ Enlever le poli, l'éclat de. ▷ adj. **dépoli, ie** *Verre dépoli,* qui laisse passer la lumière mais non les images. ▸ **dépolissage** n. m.

dépolitiser v. tr. [1] ▪ Ôter tout caractère politique à. ▸ **dépolitisation** n. f.

dépolluant, ante adj. ▪ Capable d'éliminer ou de diminuer la pollution.

dépolluer v. tr. [1] ▪ Diminuer, supprimer la pollution de (un lieu). ▸ **dépollution** n. f.

déponent, ente adj. ▪ Se dit d'un verbe latin à forme passive et sens actif.

déportation n. f. ▪ **1** dr. (anciennt) Exil définitif d'un condamné. **2** Internement dans un camp de concentration à l'étranger. *La déportation des Juifs par les nazis.*

déporté, ée n. ▪ Personne qui a subi la déportation (spécialt, dans un camp nazi).

déportement n. m. ▪ (véhicule) Fait d'être déporté (II).

déporter v. tr. [1] ▪ **I** Infliger la déportation à (qqn). **II** Dévier de sa direction, de sa trajectoire.

déposant, ante n. ▪ **1** dr. Personne qui fait une déposition en justice. **2** Personne qui fait un dépôt d'argent.

dépose n. f. ▪ techn. Action de déposer, de défaire ce qui a été fixé. *La dépose d'un châssis.*

① **déposer** v. tr. [1] ▪ **I** Dépouiller (qqn) de l'autorité souveraine. → **destituer.** *Déposer un roi.* **II** **1** Poser (une chose que l'on portait). **2** Laisser (qqn) quelque part, après l'y avoir conduit. **3** (sujet chose) Laisser (un dépôt). ➝ pronom. *La poussière se dépose sur les meubles.* **4** Mettre (qqch.) en lieu sûr, en dépôt. ♦ Faire enregistrer. ➝ au p. p. *Marque déposée.* ♦ dr. *Déposer une plainte en justice.* ➝ *Déposer son bilan :* se déclarer en faillite. **5** intrans. Déclarer ce que l'on sait d'une affaire. → **témoigner.**

② **déposer** v. tr. [1] ▪ Ôter (ce qui a été posé, fixé à une place déterminée). → **enlever, ôter.**

dépositaire n. ▪ **1** Personne à qui l'on confie un dépôt. ➝ Commerçant qui a des marchandises en dépôt. **2** fig., littér. *Le, la dépositaire d'un secret.*

déposition n. f. ▪ Déclaration que fait sous la foi du serment la personne qui témoigne en justice. → **témoignage.**

dépositoire n. m. ▪ Lieu servant au dépôt des défunts, dans leur cercueil fermé.

déposséder v. tr. [6] ▪ Priver (qqn) de la possession (d'une chose). → **dépouiller.** ▸ **dépossession** n. f.

dépôt n. m. ▪ **1** Action de déposer ; spécialt de placer en lieu sûr. *Dépôt d'espèces. Mettre qqch. en dépôt.* ♦ *Dépôt légal :* remise à l'Administration d'exemplaires de toute publication. **2** Ce qui est confié au dépositaire. **3** Lieu où l'on dépose certaines choses, où l'on gare du matériel. ♦ Prison où sont gardés les prisonniers de passage. **4** Particules solides qui tombent au fond d'un liquide trouble au repos.

dépoter v. tr. [1] ▪ **1** techn. Transvaser (un liquide). **2** Enlever (une plante) d'un pot pour la replanter. ▸ **dépotage** n. m. **3** intrans. fam. Être efficace. *Ça dépote !*

dépotoir n. m. ▪ Lieu public où l'on dépose des ordures. → **décharge.**

dépôt-vente n. m. ▪ Magasin dans lequel des particuliers déposent ce qu'ils veulent vendre. *Des dépôts-ventes.*

dépouille n. f. ▪ **I** **1** Peau enlevée à un animal. ➝ Peau perdue lors de la mue. **2** littér. *Dépouille (mortelle).* → **cadavre.** **II** au plur. *DÉPOUILLES :* ce qu'on enlève à l'ennemi sur le champ de bataille. → **trophée.**

dépouillement n. m. ▪ **1** État d'une personne privée de tout. → **dénuement.** **2** (choses) Fait d'être débarrassé du superflu, des ornements. **3** Examen minutieux (de documents). *Le dépouillement d'un scrutin.*

dépouiller v. tr. 1 ■ I 1 Enlever la peau de (un animal). 2 Dégarnir (qqn, qqch.) de ce qui couvre. 3 Déposséder (qqn) en lui enlevant ce qu'il a. 4 Analyser, examiner (un document). II littér. 1 Ôter (ce qui couvre). *Dépouiller ses vêtements.* 2 fig. Renoncer à. *Dépouiller tout orgueil.* ▷ v. pron. se **dépouiller** (de) 1 Ôter. ♦ Perdre. 2 Se défaire (de), abandonner. ▷ adj. **dépouillé, ée** Sans ornement. → **sobre.**

dépourvu, ue adj. ■ 1 *DÉPOURVU DE* : qui n'a pas de. → **sans ; dénué** de. 2 loc. adv. *AU DÉPOURVU* : sans qu'on soit averti. → à l'**improviste.** *Votre question me prend au dépourvu.*

dépoussiérer v. tr. 6 ■ 1 Débarrasser de sa poussière par des moyens mécaniques. 2 fig. Rajeunir, rénover. ► **dépoussiérage** n. m.

dépraver v. tr. 1 ■ 1 Amener (qqn) à désirer le mal, à s'y complaire. → **corrompre, pervertir.** 2 littér. Altérer. *Dépraver le jugement.* ▷ adj. et n. **dépravé, ée** ► **dépravation** n. f.

déprécation n. f. ■ relig. Prière faite pour obtenir le pardon d'une faute, pour détourner un malheur.

dépréciateur, trice n. ■ Personne qui déprécie (2). ◆ adj. *Critique dépréciatrice.*

déprécier v. tr. 7 ■ 1 Diminuer la valeur, le prix de. 2 fig. Ne pas apprécier à sa valeur réelle ; chercher à déconsidérer. → **dénigrer.** ▷ v. pron. se **déprécier** 1 Perdre de sa valeur. *Monnaie qui se déprécie.* 2 fig. → se **dévaloriser.** ► **dépréciation** n. f. ► **dépréciatif, ive** adj. didact. → **péjoratif.**

déprédateur, trice adj. et n. ■ littér. (Personne) qui commet des déprédations.

déprédation n. f. ■ Dommage matériel causé aux biens d'autrui, aux biens publics.

se **déprendre** v. pron. 58 ■ littér. (abstrait) Se dégager (de ce qui retient, immobilise).

dépressif, ive ■ 1 adj. Relatif à la dépression (II). 2 adj. et n. Sujet à la dépression.

dépression n. f. ■ I 1 Enfoncement, concavité. → **creux.** *Dépression de terrain.* 2 Baisse de la pression atmosphérique ; zone de basse pression. ► **dépressionnaire** adj. II État mental caractérisé par de la lassitude, du découragement, de la faiblesse, de l'anxiété. III anglic. Crise économique.

dépressuriser v. tr. 1 ■ Faire perdre sa pressurisation à. ► **dépressurisation** n. f.

déprimant, ante adj. ■ Qui déprime.

déprime n. f. ■ fam. Dépression (II).

déprimer v. 1 ■ I v. tr. 1 (concret) Abaisser, incurver par une pression. 2 Affaiblir, abattre (qqn). II v. intr. fam. Être abattu, démoralisé. ▷ adj. **déprimé, ée**

déprise n. f. ■ didact. Action de se déprendre.

dépriser v. tr. 1 ■ littér. Apprécier au-dessous de son prix, de sa valeur. → **déprécier.**

de profundis [depʀɔfɔ̃dis] n. m. invar. ■ Psaume des prières pour les morts.

déprogrammer v. tr. 1 ■ Supprimer d'un programme. ► **déprogrammation** n. f.

dépuceler v. tr. 4 ■ fam. Faire perdre sa virginité, son pucelage à (qqn). → **déflorer.** ► **dépucelage** n. m.

depuis prép. ■ À partir de. I (temps) 1 À partir de (un moment passé). *Depuis hier.* ◆ adv. *Nous ne l'avons plus vu depuis.* ◆ loc. conj. *DEPUIS QUE* (+ indic.). 2 Pendant la durée (passée) écoulée. *Depuis longtemps.* II (espace) 1 *DEPUIS... JUSQU'À* : de tel endroit à tel autre. 2 (provenance) *Depuis la fenêtre, il observait la rue.* III *DEPUIS... JUSQU'À* : exprime une succession dans une série.

dépulper v. tr. 1 ■ Ôter la pulpe de. ◆ spécialt Enlever la pulpe de (une dent). → **dévitaliser.**

dépuratif, ive adj. et n. m. ■ (Produit) qui purifie l'organisme, en favorisant l'élimination.

dépurer v. tr. 1 ■ didact. Rendre plus pur. → **épurer, purifier.** ► **dépuration** n. f.

députation n. f. ■ 1 Envoi de personnes chargées d'une mission ; ces personnes. → **délégation.** 2 Fonction de député.

député, ée n. ■ 1 Personne envoyée en mission. 2 Personne qui fait partie d'une assemblée délibérante. → **représentant.** ◆ Personne élue à une chambre législative. → **élu, parlementaire.**

députer v. tr. 1 ■ Envoyer (qqn) comme député (1). → **déléguer, mandater.**

déqualifier v. tr. 7 ■ 1 Employer (qqn) à un niveau de qualification inférieur au sien. → **sous-employer.** 2 dr. Donner à (une information) une qualification inférieure. ► **déqualification** n. f.

der [dɛʀ] n. ■ fam. *La der des ders* : la dernière des guerres. ◆ *Dix de der* : les dix points que donne la dernière levée, à la belote.

déraciner v. tr. 1 ■ 1 Arracher (ce qui a des racines). 2 fig. Arracher (qqn) de son pays, de son milieu. ► **déracinement** n. m.

déraidir v. tr. 2 ■ Faire perdre sa raideur à. *Déraidir ses membres.*

dérailler v. intr. 1 ■ 1 (wagon, train) Sortir des rails. 2 fig., fam. S'écarter du bon sens. → **déraisonner.** ► **déraillement** n. m.

dérailleur n. m. ■ Mécanisme qui fait changer de pignon à la chaîne d'une bicyclette.

déraison n. f. ■ littér. Manque de raison (dans les paroles, la conduite).

déraisonnable adj. ■ Qui n'est pas raisonnable. → **absurde, insensé.** *Conduite déraisonnable.* ► **déraisonnablement** adv.

déraisonner v. intr. 1 ■ littér. Tenir des propos dépourvus de raison. → **divaguer.**

① **déramer** v. tr. [1] ■ Manipuler (une rame de papier) pour l'aérer.

② **déramer** v. intr. [1] ■ région., mar. Manœuvrer les rames à contresens, en poussant au lieu de tirer.

dérangeant, ante adj. ■ Qui dérange, provoque un malaise.

dérangement n. m. ■ **1** Mise en désordre. **2** Fait de déranger qqn. → **gêne, trouble. 3** *EN DÉRANGEMENT* : qui ne fonctionne pas.

déranger v. tr. [3] ■ **1** Déplacer, mettre en désordre (ce qui était rangé). **2** Troubler le fonctionnement de (qqch.). ➛ au p. p. *Avoir l'estomac dérangé.* **3** Gêner (qqn) dans ses occupations. → **importuner.** ▷ v. pron. se **déranger** Modifier ses occupations.

déraper v. intr. [1] ■ **1** Glisser latéralement sur le sol (automobile...). **2** fig. Effectuer un écart incontrôlé. *La conversation a dérapé.* ► **dérapage** n. m.

déraser v. tr. [1] ■ techn. Abaisser le niveau de. *Déraser un mur.*

dératé n. m. ■ loc. *Courir comme un dératé,* très vite.

dératiser v. tr. [1] ■ Débarrasser (un lieu) des rats. ► **dératisation** n. f.

derbouka → **darbouka**

derby n. m. ■ **1** Course de chevaux annuelle qui a lieu à Epsom, en Angleterre. **2** sports Rencontre entre deux équipes voisines.

derche n. m. ■ argot Derrière. ➛ loc. *Faux derche* : hypocrite (→ faux cul).

derechef [dəʀəʃɛf] adv. ■ littér. Une seconde fois ; encore une fois.

déréférencer v. tr. [3] ■ comm. Supprimer (un produit) de l'assortiment d'une enseigne.

dérèglement n. m. ■ Fait de se dérégler.

déréglementer v. tr. [1] ■ Soustraire à la réglementation. ► **déréglementation** n. f.

dérégler v. tr. [6] ■ **1** Faire que (qqch.) ne soit plus réglé ; mettre en désordre. ➛ pronom. *Le mécanisme s'est déréglé.* **2** fig. Troubler l'ordre moral de. ▷ adj. **déréglé, ée 1** *Pendule déréglée.* ➛ *Estomac déréglé.* **2** fig. Qui est hors de l'équilibre. *Vie déréglée.* **3** Excessif, démesuré.

déréguler v. tr. [1] ■ admin. Supprimer certains des règlements qui encadrent (une activité). ► **dérégulation** n. f.

déréliction n. f. ■ relig. État d'une personne qui se sent abandonnée, privée de secours.

déremboursement n. m. ■ admin. (en France) Arrêt du remboursement (d'un médicament) par la Sécurité sociale. ► **dérembourser** v. tr. [1]

déresponsabiliser v. tr. [1] ■ Ôter toute responsabilité à (qqn). ► **déresponsabilisation** n. f.

dérider v. tr. [1] ■ Rendre moins soucieux, moins triste. → **égayer.** ▷ v. pron. se **dérider** Cesser d'être tendu ; sourire, rire.

dérision n. f. ■ Mépris qui incite à rire, à se moquer de (qqn, qqch.). → **ironie, moquerie, raillerie.**

dérisoire adj. ■ **1** Très faible, insignifiant. **2** (personnes) Qui paraît ridicule par son insignifiance. *Un rival dérisoire.*

dérivatif n. m. ■ Ce qui permet de se distraire de ses préoccupations. → **distraction.**

dérivation n. f. ■ **1** Action de dériver (les eaux). **2** ling. Formation de mots à partir d'une base et d'affixes*. *«Saison» donne «saisonnier» par dérivation.* **3** électr. Communication entre deux points d'un circuit, au moyen d'un second conducteur.

dérive n. f. ■ **I** Déviation d'un navire, d'un avion, sous l'effet des vents ou des courants. ➛ loc. *À LA DÉRIVE* : en dérivant. ♦ fig. *La dérive d'un adolescent.* **II** Dispositif qui empêche un navire, un avion de dériver.

dérivé n. m. ■ **1** Mot qui provient d'une dérivation. **2** Produit dérivé (d'un autre). *Les dérivés de la houille.*

dérivée n. f. ■ math. Limite du rapport de l'accroissement d'une fonction à celui de la variable lorsqu'il tend vers zéro.

① **dériver** v. [1] ■ **I** v.tr. Détourner (des eaux) de leur cours. **II** v. tr. ind. *DÉRIVER DE* : avoir son origine dans. → **provenir** de. ➛ au p. p. *Produit dérivé,* d'une autre nature que le produit original, et exploitant sa marque.

② **dériver** v. intr. [1] ■ **1** S'écarter de sa direction (navire...). ➛ fig. *Une politique qui dérive.* **2** Être sans volonté, sans énergie.

dériveur n. m. ■ Voilier muni d'une dérive.

dermatite ou **dermite** n. f. ■ méd. Inflammation de la peau.

dermato-, derm(o)-, -derme Éléments savants, du grec *derma, dermatos* «peau».

dermatoglyphes n. m. pl. ■ rare au sing. didact. Sillons qui donnent les empreintes digitales et palmaires.

dermatologie n. f. ■ Partie de la médecine qui a trait aux maladies de la peau. ► **dermatologique** adj. ► **dermatologue** n.

dermatose n. f. ■ méd. Maladie de la peau.

derme n. m. ■ Couche profonde de la peau, recouverte par l'épiderme. ► **dermique** adj.

dermeste n. m. ■ zool. Insecte coléoptère dont les larves se nourrissent de matières animales desséchées.

dermite → **dermatite**

dermographe n. m. ■ Appareil électrique servant à réaliser des tatouages.

dermotrope adj. ■ didact. Qui se fixe sur la peau et les muqueuses.

dernier, ière adj. ■ **I 1** adj. (avant le n.) Qui vient après tous les autres (s'oppose à *premier*). *Le dernier mois de l'année.* ➜ *Faire un dernier effort.* → **ultime.** *Avoir le dernier mot*.* ♦ (attribut) *Il est arrivé bon dernier.* **2** n. *Le dernier de la famille ; le petit dernier.* → **benjamin. 3** loc. adv. *EN DERNIER :* à la fin, après tous les autres. **II** Extrême. **1** Le plus haut, le plus grand. *Au dernier degré.* **2** Le plus bas, le pire... *C'est mon dernier prix* (dans un marchandage). **III** Qui est le plus proche du moment présent. → **récent.** *L'an dernier.* ➜ (n. f.) fam. *Tu connais la dernière ?*, l'événement qui vient de se produire.

dernièrement adv. ■ Ces derniers temps. → **récemment.**

dernier-né, dernière-née n. ■ Enfant qui, dans une famille, est né le dernier. → **benjamin.** *Les derniers-nés, les dernières-nées.*

dérobade n. f. ■ Action de se dérober. → **échappatoire, faux-fuyant.**

à la **dérobée** loc. adv. ■ En cachette.

dérober v. tr. [1] ■ **1** littér. Prendre furtivement (ce qui appartient à autrui). → **subtiliser, voler. 2** fig. Obtenir (qqch.) par des moyens peu honnêtes. → **extorquer. 3** (sujet chose) Masquer, dissimuler. **4** littér. Cacher ou éloigner. *Dérober son regard.* ▷ v. pron. se **dérober 1** *SE DÉROBER À.* → se **soustraire** à. **2** Éviter de répondre, d'agir. **3** S'écarter de qqn. ♦ spécialt (cheval) Faire un écart pour éviter l'obstacle. **4** (sujet chose) *Se dérober sous*, s'effondrer. ▷ adj. **dérobé, ée** *Escalier dérobé, porte dérobée*, qui permet de sortir ou d'entrer sans être vu. → **secret.**

dérocher v. tr. [1] ■ Dégager (un terrain) des rochers qui encombrent. ► **dérochement** n. m.

déroctage n. m. ■ techn. Action de briser de gros blocs de pierre.

dérogation n. f. ■ **1** Fait de déroger (à une loi...). **2** Autorisation spéciale, dispense.

dérogatoire adj. ■ Qui contient, qui constitue une dérogation.

déroger v. tr. ind. [3] ■ *DÉROGER À* **1** dr. Ne pas observer, ne pas appliquer (une loi...). *Déroger à la loi.* → **enfreindre. 2** littér. Manquer à (sa situation sociale, ses principes).

dérougir v. intr. [2] ■ (Canada) *Ça ne dérougit pas :* l'activité ne diminue pas.

dérouillée n. f. ■ fam. Volée de coups.

dérouiller v. tr. [1] ■ fam. **1** Exercer, dégourdir. *Se dérouiller les jambes.* **2** Battre. ♦ intrans. Être battu ; souffrir.

déroulant, ante adj. ■ inform. *Menu déroulant*, qui s'affiche à l'écran quand on clique dessus.

déroulé n. m. ■ Succession des étapes (d'un événement, d'un processus). → **déroulement, enchaînement.**

déroulement n. m. ■ Fait de (se) dérouler.

dérouler v. tr. [1] ■ **1** Défaire, étendre (ce qui était roulé). **2** fig. Montrer, développer successivement. ▷ v. pron. se **dérouler 1** *Store qui se déroule.* **2** Avoir lieu (à tel endroit, à tel moment). → se **passer.**

dérouleur n. m. ■ Dispositif pour l'enroulement et le déroulement d'une bande.

dérouleuse n. f. ■ techn. Grosse bobine sur laquelle on enroule et déroule un câble.

déroutage → **déroutement**

déroutant, ante adj. ■ Qui déroute (2).

déroute n. f. ■ **1** Fuite désordonnée de troupes. → **débâcle, débandade. 2** Échec, défaite.

déroutement n. m. ■ Changement de la route (d'un navire, d'un avion). - syn. **déroutage.**

dérouter v. tr. [1] ■ **1** Faire changer d'itinéraire, de destination (un navire, un avion). **2** fig. Déconcerter, démonter (qqn).

derrick n. m. ■ anglic. Bâti métallique qui supporte le trépan servant à forer les puits de pétrole. - recomm. off. *tour de forage.*

① **derrière** ■ Du côté opposé au visage, à la face, au côté visible. **I** prép. **1** En arrière, au dos de. *Derrière le mur.* ➜ loc. prép. *DE DERRIÈRE, PAR-DERRIÈRE.* **2** À la suite de. *Marcher l'un derrière l'autre.* **II** adv. **1** Du côté opposé à la face, à l'endroit ; en arrière. *Il est resté derrière.* **2** loc. adv. *PAR-DERRIÈRE :* par l'arrière.

② **derrière** n. m. ■ **1** Le côté opposé au *devant*, la partie postérieure. → **arrière. 2** Partie du corps qui comprend les fesses. → **arrière-train, postérieur.**

déruralisation n. f. ■ didact. Dépeuplement progressif des campagnes.

derviche n. m. ■ Religieux musulman appartenant à une confrérie mystique. *Les derviches tourneurs* (turcs), qui tournent sur eux-mêmes (danse rituelle).

① **des** → ① et ② **de**

② **des** art. indéf. ■ Pluriel de *un, une. Un livre, des livres.* - REM. *Des* est remplacé par *de* devant un adjectif (*il a de bonnes idées ;* [élidé] *il m'a fait d'amers reproches*) sauf si l'adjectif fait corps avec le nom *(des petits fours).*

des- ou **dés-** → **dé-**

dès prép. ■ **I** (temps) **1** Immédiatement, à partir de. *Être debout dès l'aube.* **2** loc. adv. *DÈS LORS :* dès ce moment, aussitôt ; fig. en conséquence. ♦ loc. conj. *DÈS LORS QUE* (+ indic.) : dès l'instant où ; fig. étant donné que, puisque. **3** loc. conj. *DÈS QUE* (+ indic.) : aussitôt que. **II** (lieu) À partir de, depuis.

désabonner v. tr. [1] ■ Faire cesser d'être abonné. ▷ v. pron. se **désabonner** ► **désabonnement** n. m.

désabusement n. m. ■ littér. Action de désabuser, de se désabuser.

désabuser v. tr. [1] ▪ littér. Tirer (qqn) de l'erreur, de l'illusion qui l'abuse. ▷ adj. **désabusé, ée** cour. Qui a perdu ses illusions.

désacclimater v. tr. [1] ▪ Faire cesser d'être acclimaté.

désaccord n. m. ▪ **1** Fait de n'être pas d'accord ; état de personnes qui s'opposent. → **différend, mésentente. 2** (choses) Fait de ne pas aller ensemble.

désaccorder v. tr. [1] ▪ **1** Détruire l'accord de (un instrument). **2** Rompre l'accord, l'harmonie de. ▷ adj. **désaccordé, ée**

désaccoutumer v. tr. [1] ▪ littér. Faire perdre une habitude (à qqn). ▷ v. pron. se **désaccoutumer** ► **désaccoutumance** n. f.

désacidifier v. tr. [7] ▪ Supprimer l'acidité de (qqch.). ► **désacidification** n. f.

désacraliser [-s-] v. tr. [1] ▪ didact. Retirer son caractère sacré à (qqch., qqn). ► **désacralisation** n. f.

désactiver v. tr. [1] ▪ **1** chim. Supprimer l'activité de (une substance). **2** Faire cesser le fonctionnement de. *Désactiver une carte électronique.* ► **désactivation** n. f.

désadapter v. tr. [1] ▪ didact. Faire cesser l'adaptation de. ► **désadaptation** n. f.

désaffecter v. tr. [1] ▪ Faire cesser, changer l'affectation de (un édifice). ▷ adj. **désaffecté, ée** Qui a perdu sa destination première. ► **désaffectation** n. f.

désaffection n. f. ▪ Perte de l'attachement que l'on éprouvait. → **détachement.**

désaffilier v. tr. [7] ▪ Faire cesser l'affiliation de. ▷ v. pron. se **désaffilier** Se retirer d'une affiliation. ► **désaffiliation** n. f.

désagréable adj. ▪ **1** Qui se conduit de manière à choquer, blesser. **2** (choses) Qui déplaît. → **pénible.** ► **désagréablement** adv.

désagréger v. tr. [3] et [6] ▪ Décomposer (qqch.) en séparant les parties liées. ▷ v. pron. se **désagréger** ► **désagrégation** n. f.

désagrément n. m. ▪ Déplaisir causé par qqch. de désagréable ; sujet de contrariété.

désaimanter v. tr. [1] ▪ Supprimer l'aimantation, le champ magnétique de. → **démagnétiser.** ► **désaimantation** n. f.

désaliéner v. tr. [6] ▪ Faire cesser l'aliénation de.

désaligner v. tr. [1] ▪ Détruire l'alignement de. ► **désalignement** n. m.

désalpe n. f. ▪ (Suisse) Retour des troupeaux qui ont passé l'été dans les pâturages de haute montagne.

désalper v. intr. [1] ▪ (Suisse) Descendre les troupeaux de l'alpage à la fin de l'été.

désaltérer v. tr. [6] ▪ Apaiser la soif de. ▷ v. pron. se **désaltérer** → **boire.** ► **désaltérant, ante** adj.

désambiguïser [-gɥi-] v. tr. [1] ▪ didact. Faire disparaître l'ambiguïté de (un énoncé).

désamianter v. tr. [1] ▪ Débarrasser (un lieu) de l'amiante qu'il contient. ► **désamiantage** n. m. → **déflocage.**

désamidonner v. tr. [1] ▪ Enlever l'amidon de (un tissu).

désamorcer v. tr. [3] ▪ **1** Enlever l'amorce de. **2** Interrompre le fonctionnement de (une pompe...). **3** fig. Empêcher le déclenchement de. *Désamorcer un conflit.* ► **désamorçage** n. m.

désamour n. m. ▪ littér. Fin de l'amour.

désannoncer v. tr. [3] ▪ radio Commenter à l'antenne la fin de la diffusion de (qqch.).

désaper [des-] v. tr. [1] ▪ fam. Déshabiller. ➛ pronom. *Se désaper.*

désappointer v. tr. [1] ▪ Tromper (qqn) dans son attente, dans ses espérances. → **décevoir.** ▷ adj. **désappointé, ée** ► **désappointement** n. m. → **déception, déconvenue.**

désapprendre v. tr. [58] ▪ littér. Oublier (ce qu'on a appris).

désapprobateur, trice adj. ▪ Qui marque la désapprobation.

désapprobation n. f. ▪ Action de désapprouver. → **réprobation.**

désapprouver v. tr. [1] ▪ Juger d'une manière défavorable. → **blâmer, réprouver.**

désapprovisionner v. tr. [1] ▪ Priver d'approvisionnement.

désarçonner v. tr. [1] ▪ **1** Mettre (qqn) hors des arçons, jeter à bas de la selle. **2** fig. Faire perdre son assurance à. → **déconcerter.**

désargenté, ée adj. ▪ fam. Qui n'a plus d'argent.

désargenter v. tr. [1] ▪ Enlever la couche d'argent qui recouvre (un objet).

désarmant, ante adj. ▪ Qui enlève toute sévérité ou laisse sans défense.

désarmé, ée adj. ▪ **1** À qui on a enlevé les armes. **2** fig. Sans défense.

désarmement n. m. ▪ Action de désarmer ; spécialt réduction ou suppression des armements. *Désarmement nucléaire.*

désarmer v. tr. [1] ▪ **I 1** Enlever ses armes à (qqn). **2** Limiter ou supprimer les armements militaires de (un pays...). **3** mar. *Désarmer un navire,* en retirer le matériel et l'équipage. **II** fig. **1** Rendre moins sévère, pousser à l'indulgence. *Sa candeur me désarme.* **2** intrans. Céder (sentiment hostile, violent). *Sa colère ne désarme pas.*

désarroi n. m. ▪ Trouble moral, détresse.

désarticulé, ée adj. ▪ **1** Déboîté, démis. *Épaule désarticulée.* **2** Dont le corps se désarticule. *Pantin désarticulé.*

désarticuler v. tr. [1] ■ **1** Faire sortir (un os) de son articulation. **2** fig. Démonter, disloquer ; défaire. ► **désarticulation** n. f.

désassortir v. tr. [2] ■ Priver (un ensemble de choses assorties) d'une partie de ses éléments. ▷ adj. **désassorti, ie**

désastre n. m. ■ **1** Malheur très grave ; ruine qui en résulte. → **calamité, cataclysme, catastrophe.** **2** Échec entraînant de graves conséquences. *Nous courons au désastre.*

désastreux, euse adj. ■ Malheureux, mauvais ; fâcheux. ► **désastreusement** adv.

désatomiser v. [1] ■ didact. Priver (un pays) de tout armement atomique. → **dénucléariser.**

désavantage n. m. ■ Condition d'infériorité ; élément négatif. → **inconvénient.** *Tourner au désavantage de qqn.* → **détriment.**

désavantager v. tr. [3] ■ Faire subir un désavantage à (qqn). → **handicaper.**

désavantageux, euse adj. ■ Qui cause ou peut causer un désavantage. ► **désavantageusement** adv.

désaveu n. m. ■ Fait de désavouer.

désavouer v. tr. [1] ■ **1** Refuser de reconnaître pour sien. → **renier.** **2** Blâmer.

désaxer v. tr. [1] ■ **1** Faire sortir de l'axe. **2** fig. Faire sortir (qqn) de l'état normal, habituel. ▷ adj. **désaxé, ée** **1** *Roue désaxée.* **2** adj. et n. → **déséquilibré.**

desceller v. tr. [1] ■ Détacher, arracher (ce qui est scellé). ► **descellement** n. m.

descendance n. f. ■ Ensemble des descendants de qqn.

descendant, ante ■ **I** n. Personne qui est issue d'un ancêtre. **II** adj. Qui descend.

descenderie n. f. ■ techn. Galerie de mine creusée en pente.

① **descendeur** n. m. ■ techn. Dispositif servant à faire descendre des objets.

② **descendeur, euse** n. ■ Cycliste, skieur particulièrement brillant en descente.

descendre v. [41] ■ **I** v. intr. (auxiliaire *être*) **1** Aller du haut vers le bas. *Il est descendu à pied.* **2** Aller vers le sud. **3** Loger, au cours d'un voyage. **4** *Descendre de* : cesser d'être sur, dans ; sortir de. *Descendre de voiture.* **5** Faire irruption (→ **descente** (I, 2)). **6** (abstrait) Aller vers ce qui est considéré comme plus bas ou plus profond. **II** (choses) **1** Aller de haut en bas. *Le soleil descend sur l'horizon.* ◆ *La nuit descend.* → **tomber.** **2** S'étendre de haut en bas. *Robe qui descend à la cheville.* **3** Diminuer de niveau. → **baisser.** *La marée descend.* **III** fig. (personnes) *Descendre de* : tenir son origine, être issu de (→ **descendance**). **IV** v. tr. (auxiliaire *avoir*) **1** Aller en bas, vers le bas de. **2** Porter de haut en bas. ◆ fam. Avaler, boire. **3** fam. Faire tomber ; abattre. *Se faire descendre.* → **tuer.** ➝ loc. *Descendre* (qqn, qqch.) *en flammes* : critiquer violemment.

descente n. f. ■ **I** **1** Action de descendre, d'aller d'un lieu élevé vers un autre plus bas. **2** Vive attaque (militaire...) dans le camp adverse. ◆ Irruption soudaine (en vue d'un contrôle...). *Descente de police.* **3** (choses) Déplacement de haut en bas. **II** Action de porter en bas. ➝ *Descente de croix* : représentation de Jésus-Christ qu'on détache de la croix. **III** **1** Chemin par lequel on descend. *Freiner dans les descentes.* **2** *Descente de lit* : petit tapis placé le long du lit. **3** fam. *Avoir une bonne descente* : boire beaucoup.

déscolarisé, ée adj. ■ Dont la scolarité se trouve interrompue ou empêchée. *Des enfants déscolarisés.* ► **déscolarisation** n. f.

descriptible adj. ■ Qui peut être décrit.

descriptif, ive adj. ■ **1** Qui décrit, s'attache à décrire. **2** n. m. Document (plans, schémas...) qui décrit précisément qqch.

description n. f. ■ **1** Action de décrire. **2** dans une œuvre littéraire Passage qui évoque la réalité concrète. *Description vivante.*

désectoriser [des-] v. tr. [1] ■ admin. Cesser de diviser, de répartir en secteurs géographiques. ► **désectorisation** n. f.

désembourber v. tr. [1] ■ Faire sortir de la boue.

désembouteiller v. tr. [1] ■ Faire cesser d'être embouteillé.

désembuer v. tr. [1] ■ Débarrasser (une vitre, etc.) de la buée. ► **désembuage** n. m.

désemparé, ée adj. ■ Qui ne sait plus où il en est, qui ne sait plus que dire, que faire. → **déconcerté, décontenancé.**

désemparer v. intr. [1] ■ loc. littér. *Sans désemparer* : sans faiblir.

désemplir v. intr. [2] ■ (forme négative) *Ne pas désemplir* : être constamment plein.

désenchaîner v. tr. [1] ■ Délivrer de ses chaînes.

désenchanter v. tr. [1] ■ Faire revenir (qqn) de ses illusions. ▷ adj. **désenchanté, ée** → **blasé, déçu.** ► **désenchantement** n. m.

désenclaver v. tr. [1] ■ Faire cesser d'être enclavé ; rompre l'isolement de (une région...).

désencombrer v. tr. [1] ■ Faire cesser d'être encombré. ► **désencombrement** n. m.

désencrasser v. tr. [1] ■ Enlever la crasse de.

désencrer v. tr. [1] ■ techn. Éliminer l'encre d'imprimerie sur (du papier recyclable). ► **désencrage** n. m.

se **désendetter** v. pron. [1] ■ Réduire sa dette. ► **désendettement** n. m.

désenfler v. intr. [1] ■ Cesser d'être enflé.

désenfumer v. tr. 1 ▪ Chasser la fumée de (un lieu). ► **désenfumage** n. m.

désengager v. tr. 3 ▪ Faire cesser d'être engagé ; libérer d'un engagement. ▷ v. pron. se **désengager** ► **désengagement** n. m.

désengluer v. tr. 1 ▪ Faire cesser d'être englué. ◆ pronom. fig. Se dégager de. *Se désengluer de ses vieilles habitudes.*

désengorger v. tr. 3 ▪ Faire cesser d'être engorgé. ► **désengorgement** n. m.

désengourdir v. tr. 2 ▪ Faire cesser l'engourdissement de (un membre, le corps). → **dégourdir.**

désenivrer [dezɑ̃nivʀe] v. tr. 1 ▪ littér. Mettre fin à l'ivresse de (qqn).

désennuyer [-ɑ̃nɥi-] v. tr. 8 ▪ Faire cesser l'ennui de (qqn). ▷ v. pron. se **désennuyer**

désenrayer v. tr. 8 ▪ techn. Remettre en état (un mécanisme enrayé).

désensabler v. tr. 1 ▪ Dégager (ce qui était ensablé). ► **désensablement** n. m.

désensibiliser [des-] v. tr. 1 ▪ **1** méd. Diminuer la sensibilité à l'égard de certaines substances. ♦ *Désensibiliser une dent.* → **dévitaliser. 2** Rendre (qqn) moins sensible à qqch. ► **désensibilisation** n. f.

désensorceler v. tr. 4 ▪ Délivrer d'un ensorcellement. → **désenvoûter.**

désentraver v. tr. 1 ▪ Libérer de ses entraves.

désenverguer v. tr. 1 ▪ Déverguer.

désenvoûter v. tr. 1 ▪ Délivrer d'un envoûtement. → **désensorceler.**

désépaissir v. tr. 2 ▪ Rendre moins épais.

déséquilibre n. m. ▪ **1** Absence d'équilibre. → **instabilité.** ◆ méd. Trouble de l'équilibre ; trouble de la régulation. **2** État psychique qui se manifeste par des difficultés d'adaptation, des changements d'attitude...

déséquilibré, ée adj. et n. ▪ (Personne) qui n'a pas ou n'a plus son équilibre mental.

déséquilibrer v. tr. 1 ▪ **1** Faire perdre l'équilibre à (qqch., qqn). **2** Causer un déséquilibre chez (qqn).

déséquiper v. tr. 1 ▪ Enlever l'équipement de.

① **désert, erte** adj. ▪ **1** Sans habitants. ◆ Peu fréquenté. *Plage déserte.* **2** Privé de ses occupants. → **vide.** *Rue déserte.*

② **désert** n. m. ▪ Zone aride et peu habitée. ♦ loc. *Prêcher, parler dans le désert,* sans être entendu.

déserter v. tr. 1 ▪ **1** Abandonner (un lieu où l'on doit être, etc.). *Déserter son poste.* **2** sans compl. Quitter l'armée sans permission. **3** fig. Renier, trahir. ► **désertion** n. f.

déserteur n. m. ▪ Soldat qui a déserté.

se **désertifier** v. pron. 7 ▪ **1** Se transformer en désert (par le climat...). **2** fig. Se dépeupler. ► **désertification** n. f.

désertique adj. ▪ **1** Relatif au désert. **2** Vide ; inhabité. *Quartier désertique.*

désescalade n. f. ▪ Retour au calme après une escalade* (domaine militaire, etc.).

désespérance n. f. ▪ littér. État d'une personne qui n'a aucune espérance. → **désespoir.**

désespérant, ante adj. ▪ Qui fait perdre espoir, qui lasse. → **décourageant.**

désespéré, ée adj. ▪ **1** Réduit au désespoir. ◆ n. *Un désespéré.* **2** Qui exprime le désespoir. *Regard désespéré.* **3** Extrême ; dicté par le danger. *Tentative désespérée.* **4** Qui ne laisse aucune espérance.

désespérément adv. ▪ **1** Avec désespoir. ♦ Absolument, dans la tristesse. *Être désespérément seul.* **2** Avec acharnement.

désespérer v. 6 ▪ **I 1** v. tr. ind. (avec *de*) Perdre l'espoir en. ◆ littér. *Désespérer que* (+ subj.). **2** v. intr. Cesser d'espérer. **II** v. tr. Réduire au désespoir. ♦ par exagér. Désoler, navrer. ▷ v. pron. se **désespérer**

désespoir n. m. ▪ **1** Perte de tout espoir. ◆ loc. *L'énergie du désespoir* : la force déployée lorsque tout est perdu. **2** Affliction extrême. → **détresse. 3** par exagér. Ce qui cause une grande contrariété. *Faire le désespoir de qqn.* ◆ *Être au désespoir* : regretter vivement. **4** *En désespoir de cause* loc. adv. : comme dernière tentative et sans grand espoir de succès.

désétatiser v. tr. 1 ▪ écon. Réduire la part de gestion et de financement de l'État dans (une entreprise).

désexualiser [des-] v. tr. 1 ▪ Enlever tout caractère sexuel à.

déshabillé n. m. ▪ Léger vêtement d'intérieur féminin.

déshabiller v. tr. 1 ▪ Dépouiller (qqn) de ses vêtements. ▷ v. pron. se **déshabiller** ► **déshabillage** n. m.

déshabituer v. tr. 1 ▪ Faire perdre une habitude à (qqn). → **désaccoutumer.** ▷ v. pron. se **déshabituer** *Se déshabituer de fumer.*

désherbant, ante adj. et n. m. ▪ (Produit) qui détruit les mauvaises herbes.

désherber v. tr. 1 ▪ Enlever les mauvaises herbes de. → **sarcler.** ► **désherbage** n. m.

déshérence n. f. ▪ dr. Absence d'héritiers pour recueillir une succession qui est en conséquence dévolue à l'État.

déshériter v. tr. 1 ▪ **1** Priver (qqn) de l'héritage auquel il a droit. **2** fig. Priver (qqn) des avantages naturels. → **désavantager.** *La nature l'a déshérité.* ▷ adj. **déshérité, ée 1** Privé d'héritage. **2** fig. Défavorisé.

déshonnête adj. ■ littér. Contraire à la pudeur. → **inconvenant.** ≠ *malhonnête.*

déshonneur n. m. ■ Perte de l'honneur.

déshonorant, ante adj. ■ Qui déshonore.

déshonorer v. tr. [1] ■ **1** Porter atteinte à l'honneur de (qqn). → **avilir. 2** vieilli Abuser de, séduire (une femme). ▷ v. pron. se **déshonorer**

déshuiler v. tr. [1] ■ Enlever l'huile contenue dans (une matière).

déshumaniser v. tr. [1] ■ Faire perdre le caractère humain à. ▷ adj. **déshumanisé, ée**

déshydratant, ante adj. ■ Qui déshydrate.

déshydrater v. tr. [1] ■ Enlever l'eau de. → **dessécher ; lyophiliser.** ▷ v. pron. se **déshydrater** Perdre l'eau nécessaire à l'organisme. ▷ adj. **déshydraté, ée 1** *Organisme déshydraté.* **2** fam. Assoiffé. ► **déshydratation** n. f

déshypothéquer v. tr. [6] ■ dr. Faire tomber l'hypothèque sur (un bien). *Déshypothéquer une maison.*

désidérabilité n. f. ■ écon. Utilité économique.

desiderata [dezideʀata] n. m. pl. ■ Choses souhaitées.

design [dizajn ; dezajn] n. m. ■ anglic. Esthétique industrielle appliquée à la recherche de formes nouvelles et adaptées à leur fonction. – recomm. off. *stylique* n. f. ♦ adj. invar. D'une esthétique fonctionnelle. ► **designer** [-œʀ] n. – recomm. off. *stylicien, ienne.*

désignation n. f. ■ **1** Action de désigner ; appellation. **2** Action de choisir, d'élire (qqn).

désigner v. tr. [1] ■ **I 1** Indiquer de manière à faire distinguer, par un geste, une marque, un signe. **2** *DÉSIGNER QQN À,* le signaler à. *Son talent l'a désigné à l'attention du jury.* **3** Être le signe linguistique de. → **représenter.** *Tout ce que désigne le mot «amour».* **II 1** Choisir (qqn) pour une activité, un rôle... **2** (sujet chose) → **destiner** à. *Ses qualités le désignent pour ce rôle.*

désillusion n. f. ■ Perte d'une illusion.

désillusionnement n. m. ■ littér. Action de faire perdre ses illusions à qqn ; fait d'éprouver une désillusion.

désillusionner v. tr. [1] ■ Faire perdre une illusion à. → **décevoir, désappointer.**

désimlocker [-s-] v. tr. [1] ■ Débloquer (un téléphone mobile verrouillé par un opérateur). ► **désimlockage** n. m.

désincarcération n. f. ■ Dégagement d'une personne bloquée à l'intérieur d'un véhicule accidenté. ► **désincarcérer** v. tr. [6]

désincarné, ée adj. ■ Qui néglige les choses charnelles (souvent iron.).

se **désincarner** v. tr. [1] ■ Se dégager de son enveloppe charnelle. ◆ fig. S'éloigner de la réalité.

désincruster v. tr. [1] ■ Retirer (ce qui est incrusté). *Désincruster les salissures.* ► **désincrustant, ante** adj.

désindexer v. tr. [1] ■ écon. Supprimer la relation entre la variation de (une valeur) et un indice déterminé. ► **désindexation** n. f.

désindustrialiser v. tr. [1] ■ Réduire les activités industrielles de (un secteur économique, une région). ◆ pronom. *Région qui se désindustrialise.* ► **désindustrialisation** n. f.

désinence n. f. ■ Élément variable qui s'ajoute au radical d'un mot pour produire les formes des conjugaisons, des déclinaisons. → **flexion, terminaison.**

désinentiel, elle adj. ■ ling. Qui se rapporte à la désinence.

désinfectant, ante adj. ■ Qui sert à désinfecter. ◆ n. m. *Un désinfectant.*

désinfecter v. tr. [1] ■ Procéder à la désinfection de. → **assainir, purifier.**

désinfection n. f. ■ Destruction des germes infectieux, notamment à la surface du corps. → **antisepsie, asepsie, stérilisation.**

désinflation n. f. ■ Réduction de l'inflation. → **déflation.**

désinformation n. f. ■ Utilisation des médias pour cacher ou travestir les faits.

désinformer v. tr. [1] ■ Informer de manière à cacher ou falsifier certains faits.

désinhiber v. tr. [1] ■ Lever l'inhibition de (qqn). → **décomplexer.** ► **désinhibiteur, trice** adj. *L'effet désinhibiteur de l'alcool.* ► **désinhibition** n. f.

se **désinscrire** v. pron. [39] ■ Résilier son abonnement, son inscription à un service. ► **désinscription** n. f.

désinsectiser v. tr. [1] ■ Supprimer les insectes de. ► **désinsectisation** n. f.

désinsertion n. f. ■ Fait de cesser d'être intégré dans un groupe.

désinstaller v. tr. [1] ■ inform. Ôter (un logiciel) d'un ordinateur. ► **désinstallation** n. f.

désintégrer v. tr. [6] ■ **1** phys. Transformer (la matière) en énergie. **2** abstrait Détruire complètement. ▷ v. pron. se **désintégrer** ► **désintégration** n. f.

désintéressé, ée adj. ■ Qui n'agit pas par intérêt personnel. → **altruiste.** ◆ *Avis désintéressé.* ► **désintéressement** n. m.

se **désintéresser** v. pron. [1] ■ (avec *de*) Ne plus porter intérêt à. → **négliger.**

désintérêt n. m. ■ littér. État de l'esprit qui se désintéresse de qqch. → **indifférence.**

désintoxication n. f. ■ Traitement qui a pour but de désintoxiquer.

désintoxiquer v. tr. 1 ▪ Guérir (qqn) d'une intoxication, de l'habitude d'une drogue... ▷ v. pron. se **désintoxiquer**

désinvestir v. tr. 2 ▪ 1 écon. Réduire ou supprimer les investissements dans (une entreprise, un secteur, une région). 2 intrans. Cesser d'être motivé par. ▶ **désinvestissement** n. m.

désinvolte adj. ▪ Qui fait montre d'une liberté un peu insolente, d'une légèreté excessive. → **sans-gêne.** ▶ **désinvolture** n. f.

désir n. m. ▪ 1 Tendance qui porte à vouloir obtenir un objet connu ou imaginé. → **aspiration, envie ; souhait, vœu.** 2 Tendance consciente aux plaisirs sexuels.

désirable adj. ▪ 1 Attrayant ; souhaitable. 2 Qui inspire un désir charnel.

désirer v. tr. 1 ▪ 1 Tendre consciemment vers (ce que l'on aimerait posséder) ; éprouver le désir de. → **souhaiter, vouloir.** 2 *LAISSER À DÉSIRER* : être imparfait. 3 *SE FAIRE DÉSIRER* : se faire attendre (souvent iron.). 4 Éprouver du désir (2) pour (qqn).

désireux, euse adj. ▪ *DÉSIREUX DE* (+ inf.) : qui veut, a envie de. *Désireux de plaire.*

se **désister** v. pron. 1 ▪ Renoncer à une candidature ; se retirer d'une élection. *Se désister en faveur de qqn.* ▶ **désistement** n. m.

desman [dɛsmɑ̃] n. m. ▪ zool. Taupe aquatique d'eau douce au pelage court et velouté.

désobéir v. tr. ind. 2 ▪ *DÉSOBÉIR À* 1 Ne pas obéir à (qqn), en refusant de faire ce qu'il commande ou en faisant ce qu'il défend. 2 (compl. chose) → **contrevenir ; enfreindre, transgresser.** *Désobéir à la loi.* ▶ **désobéissance** n. f. ▶ **désobéissant, ante** adj.

désobliger v. tr. 3 ▪ littér. Indisposer (qqn) par des actions ou des paroles désagréables. ▶ **désobligeance** n. f. littér. ▶ **désobligeant, ante** adj. → **désagréable.**

désobstruer v. tr. 1 ▪ techn. Débarrasser (qqch.) de ce qui obstrue. ▶ **désobstruction** n. f.

désocialiser [des-] v. tr. 1 ▪ Réduire ou supprimer les relations sociales de (qqn). ▶ **désocialisation** n. f.

désodé, ée [des-] adj. ▪ *Régime désodé,* sans sel.

désodorisant, ante adj. ▪ Qui désodorise. ➛ n. m. → **déodorant.**

désodoriser v. tr. 1 ▪ Débarrasser des mauvaises odeurs, au moyen d'un produit.

désœuvré, ée adj. ▪ Qui ne fait rien et ne cherche pas à s'occuper. → **inactif, oisif.** ▶ **désœuvrement** n. m.

désolant, ante adj. ▪ 1 littér. Qui désole. → **affligeant.** 2 cour. Contrariant, ennuyeux.

désolation n. f. ▪ 1 État de ce qui est désolé (1). 2 Extrême affliction. → **détresse.**

désoler v. tr. 1 ▪ 1 littér. Ruiner, dévaster. 2 Causer une affliction extrême à (qqn). → **affliger, consterner.** ▷ adj. **désolé, ée** 1 Désert et triste. 2 Affligé, éploré. *Avoir l'air désolé.* 3 par exagér. *Être désolé* : regretter.

se **désolidariser** [des-] v. pron. 1 ▪ Cesser d'être solidaire (de).

désopilant, ante adj. ▪ Qui fait rire.

désorbiter v. tr. 1 ▪ didact. Faire sortir de son orbite.

désordonné, ée adj. ▪ 1 Mal réglé, sans ordre. *Gestes désordonnés.* 2 Qui manque d'ordre, ne range pas ses affaires. 3 littér. → **déréglé, dissolu.** *Vie désordonnée.*

désordre n. m. ▪ 1 Absence d'ordre. *Chambre en désordre.* 2 Trouble dans un fonctionnement. *Désordre hormonal.* 3 littér. Fait de ne pas respecter les règles, la morale ; débauche. 4 Absence d'ordre ou rupture de l'ordre dans un groupe. → **anarchie.** 5 au plur. Troubles sociaux. → **agitation.**

désorganisateur, trice adj. et n. ▪ Qui désorganise.

désorganiser v. tr. 1 ▪ Détruire l'organisation de. ▶ **désorganisation** n. f.

désorienter v. tr. 1 ▪ 1 Faire perdre la bonne direction à. 2 Rendre hésitant sur le comportement à avoir. → **déconcerter, troubler.** ▷ adj. **désorienté, ée** ▶ **désorientation** n. f.

désormais adv. ▪ À partir du moment actuel. → **dorénavant.**

désosser v. tr. 1 ▪ Ôter l'os, les os de. ▶ **désossement** n. m.

désoxydant, ante adj. ▪ Qui désoxyde.

désoxyder v. tr. 1 ▪ chim. Ôter l'oxyde de. ▶ **désoxydation** n. f.

désoxygéner v. tr. 6 ▪ didact. Priver (une substance) de l'oxygène contenu. ▶ **désoxygénation** n. f.

désoxyribonucléique adj. ▪ biol. *Acide désoxyribonucléique.* → **ADN.**

désoxyribose n. m. ▪ biochim. Glucide (ose) dérivé du ribose, constituant de l'ADN.

desperado [dɛspe-] n. m. ▪ Hors-la-loi prêt à tout.

despote n. m. ▪ 1 Souverain qui gouverne avec une autorité arbitraire et absolue. → **tyran ; dictateur.** ➛ *Despote éclairé* (→ **despotisme** éclairé). 2 fig. *Ce directeur est un despote.* ▶ **despotique** adj.

despotisme n. m. ▪ Pouvoir absolu du despote. ➛ Dictature, tyrannie. ◆ hist. *Despotisme éclairé* : doctrine des philosophes du XVIIIe siècle, selon laquelle le souverain doit gouverner selon les lumières de la raison.

se **desquamer** [-kwa-] v. pron. 1 ▪ (peau) Se détacher par petites lamelles (squames). ▶ **desquamation** n. f.

desquels, desquelles → **lequel**

DESS [deøɛsɛs] n. m. (sigle de *diplôme d'études supérieures spécialisées*) ▪ Diplôme de troisième cycle préparant à la vie professionnelle (remplacé par le master).

dessabler v. tr. [1] ▪ Ôter le sable de. → **désensabler.** ► **dessablement** n. m.

dessaisir v. tr. [2] ▪ *Dessaisir qqn de,* enlever son bien, ses responsabilités. dr. *Dessaisir un tribunal d'une affaire.* ▷ v. pron. se **dessaisir** (de) Se défaire volontairement (de). ► **dessaisissement** n. m. dr.

dessalage n. m. ▪ Action de dessaler ; résultat de cette action. - syn. **dessalement.**

dessaler v. [1] ▪ **I** v. tr. **1** Rendre moins salé. **2** fam. Rendre plus déluré. **II** v. intr. fam. Se renverser, chavirer (bateau).

dessécher v. tr. [6] ▪ **1** Rendre sec (ce qui contient de l'eau). → **déshydrater.** *Le froid dessèche les lèvres.* **2** Rendre insensible. → **endurcir ; appauvrir.** ▷ v. pron. se **dessécher** ► **dessèchement** n. m.

dessein n. m. ▪ Idée que l'on forme d'exécuter qqch. → **but, intention, projet.** ♦ *DANS LE DESSEIN DE* (+ inf.) : dans l'intention de. ♦ *À DESSEIN* : délibérément. → **exprès.**

desseller v. tr. [1] ▪ Ôter la selle de.

desserrer v. tr. [1] ▪ Relâcher (ce qui était serré). ► **desserrage** n. m.

dessert n. m. ▪ Mets sucré, pâtisserie, fruits servis à la fin du repas.

① **desserte** n. f. ▪ Fait de desservir (①).

② **desserte** n. f. ▪ Meuble où l'on pose les plats et couverts, après avoir desservi (②).

desservant n. m. ▪ anciennt Ecclésiastique qui desservait une cure, une paroisse... (→ **curé).**

① **desservir** v. tr. [14] ▪ **1** Assurer le service religieux de (une paroisse...). **2** Faire le service de (un lieu). *Aucun train ne dessert ce village.* **3** Donner dans (un lieu).

② **desservir** v. tr. [14] ▪ **I** Débarrasser (une table) après un repas. **II** Nuire à (qqn). ➡ Faire obstacle à l'exécution de (qqch.).

dessiccateur n. m. ▪ techn. Appareil servant à déshydrater une substance.

dessiccatif, ive adj. ▪ didact. Qui a la propriété de dessécher.

dessiccation n. f. ▪ Élimination de l'humidité d'un corps (→ **dessécher).**

dessiller v. tr. [1] ▪ *Dessiller les yeux de, à qqn,* lui ouvrir les yeux, l'amener à connaître ce qu'il ignorait ou voulait ignorer.

dessin n. m. ▪ **1** Représentation ou suggestion des objets sur une surface, à l'aide de moyens graphiques. *Dessin rapide.* → **croquis, ébauche.** ♦ *DESSIN ANIMÉ* : film composé d'une suite de dessins (film d'animation*). **2** Art, technique du dessin. **3** Représentation linéaire précise des objets. → **épure.** *Dessin industriel.* **4** Aspect linéaire des formes naturelles. → **contour, ligne.** *Le dessin d'un visage.*

dessinateur, trice n. ▪ Personne qui pratique le dessin, qui fait métier de dessiner.

dessiner v. tr. [1] ▪ **1** Représenter ou suggérer par le dessin. **2** (sujet chose) Faire ressortir le dessin de. ➡ Former (un dessin). ▷ v. pron. se **dessiner** Paraître avec un contour net. ➡ fig. Prendre forme, se préciser. ▷ adj. **dessiné, ée** **1** *Visage bien dessiné,* dont la forme est jolie. **2** *Bande* dessinée.*

dessouder v. tr. [1] ▪ Ôter la soudure de.

dessoûler v. [1] ▪ fam. **1** v. tr. Tirer (qqn) de l'ivresse. → **dégriser.** **2** v. intr. Cesser d'être soûl. *Il ne dessoûle jamais.*

① **dessous** [d(ə)su] adv. ▪ Indique la position d'une chose sous une autre (opposé à *dessus*). **I** **1** À la face inférieure, dans la partie inférieure. **2** loc. adv. *PAR-DESSOUS.* ➡ *EN DESSOUS* : contre la face inférieure ; fig. sournoisement. ➡ *CI-DESSOUS* (dans un texte). → **infra.** ➡ *LÀ-DESSOUS* : sous cet objet. fig. *Il y a qqch. là-dessous* : cela cache qqch. **II** loc. prép. *PAR-DESSOUS ; DE DESSOUS.* → **sous.**

② **dessous** [d(ə)su] n. m. ▪ (opposé à *dessus*) **1** Face inférieure (de qqch.) ; ce qui est sous, ou plus bas que qqch. **2** *DESSOUS-DE-...,* nom de certains objets qui se placent sous qqch. (pour isoler, protéger). *Un, des dessous-de-plat.* **3** Ce qui est caché. *Les dessous de la politique.* → **secret.** **4** au plur. Sous-vêtements féminins. **5** loc. *Être dans le trente-sixième dessous,* très mal. ➡ *Avoir le dessous,* être dans un état d'infériorité (lutte, discussion). **6** loc. adv. *AU-DESSOUS* : en bas ; plus bas. ♦ loc. prép. *AU-DESSOUS DE* : plus bas que ; fig. inférieur à. ➡ *Être au-dessous de tout,* n'avoir aucune valeur (personne, œuvre).

dessous-de-plat n. m. invar. ▪ Support sur lequel on pose les plats.

dessous-de-table n. m. invar. ▪ Somme d'argent versée secrètement, illégalement, lors d'une transaction. → **pot-de-vin.**

① **dessus** [d(ə)sy] adv. ▪ Indique la position d'une chose sur une autre (opposé à *dessous*). **I** **1** À la face supérieure (opposé à *dessous*), extérieure (opposé à *dedans*). ➡ fig. *Mettre la main dessus.* → **saisir ; trouver.** **2** loc. adv. *PAR-DESSUS.* ➡ *CI-DESSUS* : plus haut que ce qu'on vient d'écrire. → **supra.** ➡ *LÀ-DESSUS* : sur cela ; alors, sur ce. **II** loc. prép. *PAR-DESSUS.* ➡ fig. *Par-dessus tout.* → **surtout.** ➡ fam. *En avoir par-dessus la tête de* (qqch., qqn), en avoir assez. ➡ *Par-dessus le marché*.*

② **dessus** [d(ə)sy] n. m. ▪ (opposé à *dessous*) **1** Face, partie supérieure (de qqch.). ➡ loc. *Le dessus du panier* : ce qu'il y a de mieux. **2** *DESSUS-DE-...,* nom de certains objets qui se placent sur qqch. (pour protéger, garnir). *Un, des dessus-de-lit.* **3** fig. *Avoir le dessus.* → **avantage.** ◆ *Reprendre le dessus :* surmonter un état pénible. **4** loc. adv. *AU-DESSUS :* en haut ; plus haut. ♦ loc. prép. *AU-DESSUS DE :* plus haut que ; fig. supérieur à. ◆ *Être au-dessus de tout soupçon. Il est au-dessus de cela :* cela ne l'atteint pas.

dessus-de-lit n. m. invar. ■ Grand morceau d'étoffe qui recouvre la literie. → **couvre-lit.**

déstabilisant, ante adj. ■ Qui déstabilise.

déstabiliser v. tr. [1] ■ Rendre moins stable ou instable. ► **déstabilisation** n. f.

destin n. m. ■ **1** Puissance censée fixer de façon irrévocable le cours des événements. → **destinée, fatalité. 2** Ensemble des événements qui composent la vie d'un être humain. → **sort.** *Il a eu un destin tragique.* **3** Ce qu'il adviendra (de qqch.). → **avenir.** *Le destin d'une civilisation.*

destinataire n. ■ Personne à qui s'adresse un envoi. *L'expéditeur et le destinataire.*

destination n. f. ■ **1** Ce pour quoi qqn, qqch. est fait, ce à quoi il est destiné. **2** Lieu où l'on doit se rendre, où qqch. est adressé. → **but.** ◆ *Arriver à destination.*

destinée n. f. ■ **1** Destin (1). **2** Destin (d'un être). ♦ Avenir (de qqch.). **3** littér. Vie, existence. *Unir sa destinée à qqn,* l'épouser.

destiner v. tr. [1] ■ *DESTINER À* **1** Fixer d'avance (pour être donné à qqn). *Il vous destine ce poste.* ◆ passif *Cette remarque vous est destinée,* vous concerne. **2** Réserver (qqch.) pour un usage. → **affecter.** *Destiner une somme à tel achat.* **3** Préparer (qqn) à un emploi, une occupation.

destituer v. tr. [1] ■ Priver (qqn) de sa fonction, de son emploi. → **démettre, limoger, renvoyer, révoquer.** ► **destitution** n. f.

déstocker v. tr. [1] ■ écon. Faire diminuer les stocks de (qqch.) par leur mise en vente. ► **déstockage** n. m.

déstresser v. [1] ■ **1** v. tr. Supprimer le stress de (qqn). ◆ pronom. *Elle fait du yoga pour se déstresser.* **2** v. intr. Perdre son stress, se calmer.

destrier n. m. ■ Cheval de bataille, au Moyen Âge (opposé à *palefroi*).

destroy [dɛstʀɔj] adj. invar. ■ anglic., fam. Relatif à une attitude qui exprime un goût pour la destruction. *Un look destroy.*

destroyer [dɛstʀwaje ; dɛstʀɔjœʀ] n. m. ■ mar. Bâtiment de guerre rapide.

destructeur, trice ■ **1** n. Personne qui détruit. **2** adj. Qui détruit.

destructible adj. ■ Qui peut être détruit.

destructif, ive adj. ■ Qui peut détruire.

destruction n. f. ■ Action de détruire. **1** Action de démolir (une construction). **2** Action d'altérer profondément, de faire disparaître. **3** Action de tuer (des êtres vivants). *Destruction d'un peuple.* → **extermination, génocide. 4** Fait de se dégrader jusqu'à disparaître. *La destruction d'un empire.*

déstructurer v. tr. [1] ■ didact. Faire disparaître la structure de. ▷ v. pron. se **déstructurer** ► **déstructuration** n. f.

désuet, ète [dezɥɛ ; desɥɛ, ɛt] adj. ■ Archaïque, sorti des habitudes, du goût moderne. → **suranné ; vieillot.**

désuétude [desɥetyd ; dezɥetyd] n. f. ■ *Tomber en désuétude :* être abandonné, n'être plus en usage.

désulfurer [des-] v. tr. [1] ■ techn. Débarrasser (une substance) du soufre qu'elle contient. ► **désulfuration** n. f.

désunion n. f. ■ Désaccord, mésentente.

désunir v. tr. [2] ■ **1** Séparer (des choses, des personnes unies). **2** Jeter le désaccord entre. ▷ adj. **désuni, ie** *Famille désunie.*

désyndicalisation [des-] n. f. ■ Baisse du taux de syndicalisation chez les salariés.

détachable adj. ■ Qu'on peut détacher.

détachage n. m. ■ Action de détacher (②).

détachant, ante n. m. et adj. ■ (Produit) pour enlever les taches.

détaché, ée adj. ■ **1** Qui n'est plus attaché. ♦ Séparé d'un tout. ◆ *Pièces détachées,* servant au remplacement des pièces usagées d'un mécanisme. **2** Froid, insensible, indifférent. **3** *Fonctionnaire détaché.* → ① **détacher** (5).

détachement n. m. ■ **I 1** État d'une personne détachée (2). → **indifférence. 2** Situation d'une personne détachée (3). **II** Petit groupe de soldats affecté à un service spécial.

① **détacher** v. tr. [1] ■ **1** Dégager (qqn, qqch.) qui était attaché. **2** Éloigner (qqn, qqch.) de ce avec quoi il était en contact. → **écarter. 3** loc. *Ne pouvoir détacher son regard, sa pensée de...* → **détourner. 4** Faire partir (qqn) pour faire qqch. → **dépêcher, envoyer. 5** Affecter provisoirement (qqn) à un autre service. **6** Ne pas lier. *Détacher nettement les syllabes.* ▷ v. pron. se **détacher 1** (concret) Cesser d'être attaché. ◆ Se séparer. **2** Apparaître nettement sur un fond. *Titre qui se détache en grosses lettres.* **3** Ne plus être attaché (par le sentiment, etc.) à.

② **détacher** v. tr. [1] ■ Débarrasser des taches. → **dégraisser, nettoyer.**

détacheur, euse n. ■ **1** Personne qui nettoie le linge. **2** n. m. → **détachant.**

détail, ails n. m. ■ **1** *LE DÉTAIL :* fait de vendre ou d'acheter des marchandises par petites quantités (opposé à *gros, demi-gros*). *Vente au* *détail.* **2** *LE DÉTAIL DE,* action de considérer qqch. dans ses éléments, ses particularités. ◆ *Raconter qqch. dans le détail, en détail.* ♦ Les éléments. *Se perdre dans le détail.* **3** *(UN, DES DÉTAILS)* Élément non essentiel d'un ensemble ; circonstance particulière.

détaillant, ante n. ▪ Vendeur au détail.

détailler v. tr. [1] ▪ **1** Vendre (une marchandise) au détail. **2** littér. Considérer, exposer (qqch.) avec toutes ses particularités. **3** Examiner (qqn) en détail. ▷ adj. **détaillé, ée** Qui contient beaucoup de détails.

détaler v. intr. [1] ▪ fam. S'en aller très vite.

détartrer v. tr. [1] ▪ Débarrasser du tartre (un conduit ; les dents). ► **détartrage** n. m. ► **détartrant, ante** adj. et n. m.

détartreur n. m. ▪ techn. Appareil qui sert à détartrer.

détaxer v. tr. [1] ▪ Réduire ou supprimer la taxe sur. ► **détaxation** et **détaxe** n. f.

détectable adj. ▪ Qui peut être détecté.

détecter v. tr. [1] ▪ Déceler l'existence de (un objet, un phénomène caché).

détecteur, trice ▪ **1** n. m. Appareil servant à détecter. **2** adj. Qui détecte.

détection n. f. ▪ Action de détecter.

détective n. m. ▪ **1** en Grande-Bretagne Policier enquêteur. **2** *Détective (privé)* : personne chargée d'enquêtes policières privées.

déteindre v. [52] ▪ **1** v. tr. Faire perdre sa teinture à. **2** v. intr. Perdre sa couleur. ♦ fig. *DÉTEINDRE SUR* : avoir de l'influence sur.

dételer v. [4] ▪ **1** v. tr. Détacher (une bête attelée ; l'attelage). **2** v. intr. fam. Cesser de faire qqch. *Sans dételer* : sans s'arrêter.

détendeur n. m. ▪ techn. Appareil servant à détendre un gaz conservé sous pression.

détendre v. tr. [41] ▪ **1** Relâcher (ce qui était tendu, contracté). **2** fig. Faire cesser l'état de tension de (qqn, qqch.). *Chercher à détendre l'atmosphère.* ▷ v. pron. se **détendre** ▷ adj. **détendu, ue**

détenir v. tr. [22] ▪ **1** Garder, tenir en sa possession. *Détenir un objet volé.* → **receler.** ◆ *Détenir le pouvoir.* **2** Garder, retenir (qqn) en captivité (→ **détention ; détenu).**

détente n. f. ▪ **1** Relâchement de ce qui est tendu. ♦ sports Puissance (d'un athlète). **2** (armes à feu) Pièce qui sert à faire partir le coup (≠ gâchette). ◆ loc. fam. *Être DUR À LA DÉTENTE,* avare ; difficile à décider ; lent à comprendre. **3** Expansion (d'un fluide). **4** abstrait Relâchement d'une tension intellectuelle, nerveuse... ; état agréable qui en résulte. ♦ Diminution de la tension internationale. *Politique de détente.*

détenteur, trice n. ▪ Personne qui détient qqch. *Le détenteur d'un titre.* → **tenant.**

détention n. f. ▪ **1** Fait de détenir (qqch.). *Détention d'armes.* **2** Action de détenir (qqn) ; situation d'une personne détenue.

détenu, ue adj. ▪ Maintenu en captivité. ◆ n. → **prisonnier.** *Détenu politique.*

détergence n. f. ▪ Qualité de ce qui nettoie.

détergent, ente adj. ▪ Qui nettoie en entraînant par dissolution les impuretés. → **détersif.** ◆ n. m. *Un détergent.*

déterger v. tr. [3] ▪ techn. Nettoyer avec un détergent.

détériorer v. tr. [1] ▪ **1** Mettre (qqch.) en mauvais état, rendre inutilisable. → **abîmer, dégrader, endommager. 2** fig. *Détériorer sa santé par des excès.* ▷ v. pron. se **détériorer** ► **détérioration** n. f.

déterminable adj. ▪ Qui peut être déterminé.

déterminant, ante ▪ **1** adj. Qui détermine, qui décide d'une chose ou d'une action. → **essentiel, prépondérant. 2** n. m. gramm. Mot qui en détermine un autre.

déterminatif, ive adj. ▪ gramm. Qui détermine, précise le sens d'un mot.

détermination n. f. ▪ **1** Action de déterminer. **2** Résultat d'une décision. → **résolution. 3** Attitude d'une personne qui agit sans hésitation, selon les décisions qu'elle a prises. → **décision, fermeté, ténacité.**

déterminer v. tr. [1] ▪ **1** Indiquer, délimiter avec précision. → **caractériser, définir, fixer, préciser, spécifier.** ♦ gramm. Rapporter à une situation précise (→ **déterminant, déterminatif). 2** Entraîner la décision de (qqn). → **décider. 3** (sujet chose) Être la cause de, être à l'origine de (un phénomène...). → **provoquer.** ▷ v. pron. se **déterminer** *Se déterminer à* : prendre la décision de. ▷ adj. **déterminé, ée 1** Précisé, défini. **2** (personnes) Décidé, résolu.

déterminisme n. m. ▪ Doctrine philosophique suivant laquelle les événements sont liés et déterminés par les événements antérieurs. ► **déterministe** adj. et n.

déterrer v. tr. [1] ▪ Retirer de terre (ce qui s'y trouvait enfoui). → **exhumer.** ▷ p. p. **déterré, ée** ◆ n. fam. *Une mine de déterré,* pâle.

détersif, ive adj. et n. m. ▪ → **détergent.**

détestable adj. ▪ Très désagréable ; très mauvais. ► **détestablement** adv.

détestation n. f. ▪ littér. Fait de détester.

détester v. tr. [1] ▪ **1** Avoir de l'aversion pour. → **abhorrer, exécrer ; haïr. 2** Ne pas pouvoir endurer, supporter (qqch.).

déthéiné, ée adj. ▪ Dont on a enlevé la théine. *Thé déthéiné.*

détonant, ante adj. ▪ Qui peut détoner.

détonateur n. m. ▪ Dispositif qui fait détoner un explosif. ♦ fig. Fait, événement qui déclenche une action.

détonation n. f. ▪ Bruit soudain et violent de ce qui détone.

détoner v. intr. [1] ▪ Exploser avec bruit.

détonique n. f. ▪ Science qui étudie les explosifs.

détonner v. intr. [1] ▪ **1** mus. Sortir du ton ; chanter faux. **2** fig. Ne pas être dans le ton, ne pas être en harmonie avec le reste.

détordre v. tr. [41] ▪ Remettre dans son premier état (une chose tordue). ► **détorsion** n. f.

détors, orse adj. ▪ techn. Qui n'est plus tors. *Fil détors.*

détour n. m. ▪ **1** Tracé qui s'écarte du chemin direct (voie, cours d'eau). ◆ *Au détour du chemin.* → **tournant.** ◆ fig. *Au détour de la conversation.* **2** Action de parcourir un chemin plus long que le chemin direct ; ce chemin. **3** fig. Moyen indirect de dire, de faire ou d'éluder qqch. → **biais, faux-fuyant.** ◆ *Sans détour* : simplement.

détourer v. tr. [1] ▪ photogr. Délimiter le contour de (un sujet) sur un cliché en effaçant le fond. ► **détourage** n. m.

détourné, ée adj. ▪ **1** Qui fait un détour. **2** Qui n'est pas exprimé directement.

détournement n. m. ▪ **1** Action de détourner (I, 1). ◆ *Détournement d'avion* : action de contraindre l'équipage d'un avion de ligne à changer de destination. **2** Action de détourner (qqch.) à son profit. *Détournement de fonds.* **3** *Détournement de mineur* : séduction (punie par la loi) d'une personne mineure par une personne majeure.

détourner v. tr. [1] ▪ **I 1** Changer la direction de (qqch.). ◆ *Détourner un avion* (→ **détournement**). **2** fig. Changer le cours de. *Détourner les soupçons.* **3** Écarter (qqn) du chemin à suivre. **II** Tourner d'un autre côté. *Détourner la tête.* **III** Soustraire à son profit (ce qui a été confié). → **voler.**

détox [-ɔks] adj. ▪ *Régime détox,* qui vise à détoxifier l'organisme.

détoxifier v. tr. [7] ▪ Supprimer les toxines de (l'organisme).

détoxiquer v. tr. [1] ▪ physiol. Supprimer les effets toxiques de (une substance). ► **détoxication** n. f.

détracteur, trice n. ▪ Personne qui cherche à rabaisser le mérite de qqn, la valeur de qqch.

détraction n. f. ▪ littér. Action de rabaisser le mérite de (qqn), la valeur de (qqch.). → **dénigrement.**

détraquer v. tr. [1] ▪ **1** Déranger dans son mécanisme, dans son fonctionnement. **2** fig., fam. *Se détraquer l'estomac.* ▷ adj. **détraqué, ée 1** *Horloge détraquée.* **2** fam. *Avoir le cerveau détraqué.* ◆ n. → **déséquilibré.** ► **détraquement** n. m.

① **détrempe** n. f. ▪ Couleur liée avec de la colle ou de la gomme ; œuvre utilisant ce procédé.

② **détrempe** n. f. ▪ techn. Opération par laquelle on enlève la trempe de l'acier.

① **détremper** v. tr. [1] ▪ Amollir ou délayer en mélangeant avec un liquide. ◆ p. p. adj. *Terrain détrempé,* imbibé d'eau.

② **détremper** v. tr. [1] ▪ techn. Faire perdre sa trempe à (l'acier).

détresse n. f. ▪ **1** Sentiment d'abandon, de solitude, d'impuissance que l'on éprouve dans une situation difficile. → **désarroi. 2** Situation très pénible et angoissante ; spécialt, manque dramatique de moyens matériels. **3** Situation périlleuse (d'un navire, d'un avion). → **perdition.**

détricoter v. tr. [1] ▪ Défaire (ce qui est tricoté). ◆ fig. *Détricoter un projet.*

détriment n. m. ▪ *À (mon, son...) détriment ; au détriment de* : au préjudice de.

détritique adj. ▪ géol. Formé de débris.

détritivore adj. ▪ zool. Qui se nourrit de débris organiques.

détritus [-y(s)] n. m. ▪ Matériaux réduits à l'état de débris ; ordures, déchets.

détroit n. m. ▪ Bras de mer entre deux terres rapprochées.

détromper v. tr. [1] ▪ Tirer (qqn) d'erreur. ▷ v. pron. **se détromper** Revenir de son erreur. *Détrompez-vous* : n'en croyez rien.

détrôner v. tr. [1] ▪ **1** Déposséder de la souveraineté, du trône. **2** fig. Faire cesser la prééminence de. → **éclipser, supplanter.**

détrousser v. tr. [1] ▪ vx ou plais. Dépouiller, dévaliser (qqn), en usant de violence.

détruire v. tr. [38] ▪ **1** Jeter bas, démolir (une construction). → **abattre, raser ; destruction. 2** Altérer jusqu'à faire disparaître. → **anéantir, supprimer.** *Détruire un document.* **3** Supprimer (un être vivant) en ôtant la vie. → **tuer. 4** fig. Défaire entièrement (ce qui est établi, organisé). *Détruire un régime ; une théorie.* **5** sans compl. (opposé à *créer, construire...*) *Le besoin de détruire.* ▷ v. pron. **se détruire 1** Se tuer, se suicider. **2** récipr. S'annuler.

dette n. f. ▪ **1** Argent qu'une personne (→ **débiteur**) doit à une autre. ◆ *Dette publique,* engagements financiers contractés par l'État. → **emprunt. 2** fig. Devoir qu'impose une obligation contractée envers qqn.

détumescence n. f. ▪ méd. Diminution de volume (d'un organe enflé, d'une tumeur).

D. E. U. G. [dœg ; døg] n. m. (sigle de *diplôme d'études universitaires générales*) ▪ Diplôme national de l'enseignement supérieur délivré après validation des deux premières années de licence.

deuil n. m. ▪ **1** Douleur, affliction que l'on éprouve de la mort de qqn. ♦ psych. *Travail du deuil*, par lequel on se détache d'un objet d'attachement disparu. **2** Mort d'un proche. **3** Signes extérieurs du deuil, consacrés par l'usage. *Être en deuil.* **4** fam. *Faire son deuil de qqch.*, se résigner à en être privé.

deus ex machina [deusɛksmakina ; deys-] n. m. invar. ▪ (au théâtre, et fig. dans la vie) Personnage dont l'intervention apporte un dénouement inespéré.

D. E. U. S. T. [dœst] n. m. (sigle) ▪ (en France) Diplôme sanctionnant une formation scientifique ou professionnelle, obtenu en deux ans après le bac.

deutérium [-jɔm] n. m. ▪ chim. Élément atomique (symb. D, n° at. 1, masse at. 2), isotope de l'hydrogène.

deutérocanonique adj. ▪ didact. Se dit de certains livres de la Bible qui ont été intégrés au canon catholique après les autres.

deuton n. m. ▪ phys. Noyau de l'atome de deutérium (un proton et un neutron). – var. **deutéron.**

deux ▪ **I** adj. numéral **1** (cardinal) Un plus un (2). ← loc. *De deux choses l'une* : il n'y a que deux possibilités. ♦ (Indiquant la distance) *L'algèbre et moi, cela fait deux.* ♦ (Indiquant un petit nombre) *C'est à deux pas*, tout près. **2** (ordinal) → **deuxième, second.** *Tome deux.* **II** n. m. Le chiffre, le nombre, le numéro deux. ← loc. fam. *En moins de deux* : très vite. *Ne faire ni une ni deux* : se décider rapidement. *Entre les deux* : ni ceci ni cela ; à moitié.

deuxième adj. numéral ordinal ▪ Qui succède au premier. → **second.** ← n. *Le, la deuxième.* ► **deuxièmement** adv. → **secundo.**

deux-mâts n. m. ▪ Voilier à deux mâts.

deux-pièces n. m. ▪ **I 1** Ensemble comprenant une jupe ou un pantalon et une veste. **2** Maillot de bain formé d'un slip et d'un soutien-gorge. → **bikini. II** Appartement de deux pièces.

deux-points n. m. ▪ Signe de ponctuation formé de deux points superposés (:).

deux-ponts n. m. ▪ Avion gros-porteur possédant deux étages intérieurs.

deux-roues n. m. ▪ Véhicule à deux roues (bicyclette, cyclomoteur, moto...).

deux-temps [-tɑ̃] n. m. ▪ Moteur à deux temps ; véhicule ayant ce moteur.

deuzio adv. ▪ fam. Deuxièmement.

dévaler v. intr. et tr. [1] ▪ Descendre rapidement.

dévaliser v. tr. [1] ▪ Dépouiller (qqn) de tout ce qu'il a sur lui, avec lui. ← par ext. *Dévaliser un appartement.* → **cambrioler.**

dévaloir n. m. ▪ (Suisse) Passage ménagé en montagne pour descendre le bois.

dévaloriser v. tr. [1] ▪ **1** Diminuer la valeur de (spécialt de la monnaie). → **déprécier, dévaluer. 2** fig. Déprécier. *Dévaloriser le talent.* ▷ v. pron. **se dévaloriser 1** Perdre de sa valeur. **2** Se déprécier soi-même. ► **dévalorisant, ante** adj. ► **dévalorisation** n. f.

dévaluer v. tr. [1] ▪ **1** Abaisser la valeur légale de (une monnaie). **2** fig. Dévaloriser. ► **dévaluation** n. f.

devancer v. tr. [3] ▪ **1** Être devant (d'autres qui avancent). → **dépasser, distancer. 2** Être avant, quant au mérite. → **surpasser. 3** Arriver avant (qqn) dans le temps. → **précéder. 4** Aller au-devant de. → **prévenir.** *Devancer une objection.* ► **devancement** n. m. ► **devancier, ière** n. → **prédécesseur.**

① **devant** ▪ **I** prép. **1** Du même côté que le visage d'une personne, que le côté visible ou accessible d'une chose. → en **face** de, **vis-à-vis. 2** En présence de (qqn). ← À l'égard de, face à. *Égaux devant la loi.* **3** Dans la direction qui est en face de qqn, qqch. ; à l'avant de. ← loc. *Avoir de l'argent devant soi*, en réserve. **II** adv. **1** (lieu) Du côté du visage d'une personne, de la face d'une chose ; en avant. ← *PAR-DEVANT* : du côté qui est devant. **2** (temps) vx Auparavant. ← loc. *Être Gros-Jean comme devant* : se retrouver comme avant, avoir été dupé.

② **devant** n. m. ▪ **1** La partie qui est placée devant. ♦ loc. *Prendre les devants* : devancer qqn ou qqch. dans l'action. **2** loc. prép. *AU-DEVANT DE* : à la rencontre de. ← fig. *Aller au-devant des désirs de qqn.* → **devancer.**

devanture n. f. ▪ **1** Façade, revêtement du devant d'une boutique. **2** Étalage des marchandises soit à la vitrine, soit dehors.

dévaster v. tr. [1] ▪ Ruiner, ravager en détruisant systématiquement. ► **dévastation** n. f. ► **dévastateur, trice** adj. et n.

déveine n. f. ▪ fam. Malchance.

développement n. m. ▪ **I** Action de développer (I). **II 1** (organisme, organe) Fait de se développer. → **croissance. 2** Progrès, en extension ou en qualité. ♦ loc. *Pays en voie de développement* (économique). ← *Développement durable* : développement économique qui tend au respect de l'environnement naturel, et ne compromet pas les développements futurs. **3** Suite, prolongement. *Les développements d'un scandale.* **4** Exposition détaillée (d'un sujet). **5** comm. Phase de l'élaboration (d'un produit...) avant la commercialisation.

développer v. tr. [1] ▪ **I 1** Étendre (ce qui était plié) ; donner toute son étendue à. → **déployer. 2** Faire apparaître les images de (une pellicule), au moyen de procédés chimiques. **II 1** Faire croître ; donner de l'ampleur à. **2** Exposer en détail. *Développer une argumentation.* ▷ v. pron. **se développer 1** Se déployer. **2** (êtres vivants) Croître, s'épanouir. **3** Prendre de l'importance. ▷ adj. **développé, ée**

développeur, euse n. ▪ inform. Personne qui crée des logiciels.

① **devenir** v. intr. [22] ▪ **1** Passer d'un état à (un autre), commencer à être (ce qu'on n'était pas). *Il est devenu fou.* **2** (dans des questions, etc.) Être dans un état, avoir un sort nouveau. *Qu'allons-nous devenir ?* ➝ *Qu'est devenu mon sac ?*, où est-il passé ?

② **devenir** n. m. ▪ Passage d'un état à un autre ; suite des changements. → **évolution.**

déverbal, aux n. m. ▪ ling. Nom formé à partir du radical d'un verbe (ex. *pliage* de *plier*), et spécialt sans suffixe (ex. *pli* de *plier*).

dévergondé, ée adj. ▪ **1** Qui ne respecte pas la morale sexuelle admise (s'est surtout dit des femmes). ➝ n. *Une dévergondée.* ♦ *Vie dévergondée.* **2** littér. Excessif, exubérant.

se **dévergonder** v. pron. [1] ▪ Devenir dévergondé. ► **dévergondage** n. m.

déverguer v. tr. [1] ▪ Enlever les vergues à (un navire).

déverrouiller v. tr. [1] ▪ Ouvrir en tirant le verrou. ► **déverrouillage** n. m.

devers prép. ▪ loc. prép. PAR-DEVERS. dr. En présence de. ➝ littér. En la possession de.

dévers n. m. ▪ Inclinaison, pente. ➝ Relèvement du bord extérieur d'un virage.

déverser v. tr. [1] ▪ **1** Faire couler (un liquide) d'un lieu dans un autre. ➝ pronom. → s'**écouler.** **2** Déposer en versant. → **décharger.** **3** fig. Laisser sortir, répandre en grandes quantités. ► **déversement** n. m.

déversoir n. m. ▪ Orifice par lequel s'écoule le trop-plein d'un canal, d'un réservoir.

dévêtir v. tr. [20] ▪ Dépouiller (qqn) de ses vêtements. → **déshabiller.** ▷ v. pron. se **dévêtir** Enlever ses vêtements.

déviant, ante adj. ▪ Qui s'écarte de la règle, de la norme sociale. ➝ n. *Un déviant sexuel.* ► **déviance** n. f.

déviation n. f. ▪ **I** Changement de direction ; changement de position. **II** Action de dévier (un véhicule) ; chemin que doivent prendre les véhicules déviés.

déviationnisme n. m. ▪ Attitude qui s'écarte de la doctrine, dans un parti. ► **déviationniste** n. et adj.

dévider v. tr. [1] ▪ **1** Mettre en écheveau (du fil). ➝ Dérouler. *Dévider un cordage.* ► **dévidage** n. m. **2** Faire passer entre ses doigts. *Dévider son chapelet* (fig. débiter tout ce qu'on a à dire).

dévidoir n. m. ▪ Instrument pour dévider.

dévier v. [7] ▪ **1** v. intr. Se détourner, être détourné de sa direction, de sa voie. *La balle a dévié.* ♦ DÉVIER DE *son chemin*, s'en écarter (aussi fig.). **2** v. tr. Écarter de la direction normale. *Dévier la circulation.*

devin, devineresse n. ▪ Personne qui prétend découvrir ce qui est caché, prédire l'avenir par la divination. → **voyant.**

deviner v. tr. [1] ▪ **1** Parvenir à connaître par conjecture, supposition, intuition. → **découvrir, pressentir, trouver.** **2** Trouver la solution de (une énigme).

devineresse → **devin**

devinette n. f. ▪ Question dont il faut deviner la réponse. *Poser une devinette.*

dévirer v. tr. [1] ▪ mar. Tourner en sens contraire. *Dévirer le cabestan.*

déviriginiser v. tr. [1] ▪ littér. ou plais. Faire perdre sa virginité à (qqn). → **déflorer, dépuceler.**

devis n. m. ▪ État détaillé des travaux à exécuter avec l'estimation des prix.

dévisager v. tr. [3] ▪ Regarder (qqn) avec attention, avec insistance.

devise n. f. ▪ **I 1** Formule qui accompagne l'écu dans les armoiries. **2** Paroles exprimant une pensée, un mot d'ordre. *La devise d'un pays.* ➝ Règle de vie (de qqn). **II** Valeur étrangère négociable dans un pays.

① **deviser** v. intr. [1] ▪ littér. Converser, parler.

② **deviser** v. tr. [1] ▪ Établir le devis de. *Deviser des travaux.*

dévissable adj. ▪ Qui peut être dévissé.

dévisser v. [1] ▪ **1** v. tr. Défaire (ce qui est vissé). **2** v. intr. alpin. Lâcher prise et tomber. ► **dévissage** n. m.

de visu [devizy] loc. adv. ▪ Après l'avoir vu, pour l'avoir vu. *S'assurer de qqch. de visu.*

dévitaliser v. tr. [1] ▪ Priver (une dent) de son tissu vital (pulpe dentaire). ► **dévitalisation** n. f.

dévitaminé, ée adj. ▪ didact. Dont on a enlevé les vitamines. ➝ Qui a perdu ses vitamines.

dévitrifier v. tr. [7] ▪ techn. Ôter à (une substance, le verre) sa transparence par l'action prolongée de la chaleur. ► **dévitrification** n. f.

dévoiement n. m. ▪ Action de détourner du droit chemin.

dévoiler v. tr. [1] ▪ **1** Enlever le voile de (qqn), ce qui cache (qqch.). → **découvrir.** **2** fig. Découvrir, révéler (ce qui était secret). ▷ v. pron. se **dévoiler** ► **dévoilement** n. m.

① **devoir** v. tr. [28] p. p. *dû, due, dus, dues* ▪ **I** DEVOIR *qqch. À qqn.* **1** Avoir à payer (une somme d'argent), à fournir (qqch.) à qqn (→ **dette).** **2** Être redevable (à qqn ou à qqch.) de ce qu'on possède. ➝ *Devoir la vie à qqn*, avoir été sauvé par lui. ➝ passif (sujet chose) *Être dû à* : avoir pour cause. **3** Être tenu à (qqch.) par la loi, les convenances, etc. *Je vous dois des excuses.* **II** (+ inf.) **1** Être dans l'obligation de (faire qqch.). → **avoir** à. *Il doit terminer ce travail ce soir.* ♦ (obligation atténuée) *Je dois avouer que je me suis* *trompé*. **2** (nécessité) *Cela devait arriver*. **3** Avoir l'intention de. *Nous devons partir demain*. **4** (vraisemblance, hypothèse...) *Elle devrait réussir*. ▷ v. pron. se **devoir 1** réfl. Être obligé de se consacrer (à). *Se devoir à ses enfants*. ➛ *Se devoir de* (+ inf.). **2** passif (impers.) *Comme il se doit* : comme il le faut ; fam. comme c'était prévu.

② **devoir** n. m. ▪ **1** *(Le devoir)* Obligation morale générale. *Le sentiment du devoir*. **2** *(Un, des devoirs)* Ce que l'on doit faire, défini par le système moral que l'on accepte, par la loi, les circonstances... → **charge, obligation, responsabilité, tâche.** ➛ *Faire son devoir de citoyen* : voter. **3** au plur. *Présenter ses devoirs à qqn*. → **hommage, respect.** ➛ loc. *Rendre à qqn* LES DERNIERS DEVOIRS, assister à ses funérailles. **4** Exercice scolaire qu'un professeur fait faire à ses élèves.

dévolter v. tr. 1 ▪ techn. Diminuer le voltage de. *Dévolter un circuit*. ▶ **dévoltage** n. m.

dévolu, ue ▪ **1** adj. Acquis, échu par droit. **2** n. m. (loc.) *JETER SON DÉVOLU SUR (qqn, qqch.)* : fixer son choix sur.

devon [devɔ̃] n. m. ▪ pêche Appât articulé ayant l'aspect d'un poisson, d'un insecte, etc.

dévonien, ienne adj. ▪ géol. Qui appartient à la période géologique de l'ère primaire allant du silurien au carbonifère. ➛ n. m. *Le dévonien*, cette période.

dévorant, ante adj. ▪ **1** *Une faim dévorante*, qui pousse à manger beaucoup. **2** Ardent, brûlant, dévastateur.

dévorer v. tr. 1 ▪ **1** Manger en déchirant avec les dents. **2** (personnes) Manger avidement. → **engloutir, engouffrer. 3** fig. Lire avec avidité. **4** *Dévorer qqn, qqch. des yeux* : regarder avec avidité. **5** Faire disparaître rapidement. → **consumer. 6** Faire éprouver un trouble violent à (qqn), tourmenter. *Le mal qui le dévore*. ➛ passif *Être dévoré de remords*. ▶ **dévoreur, euse** n.

dévot, ote adj. ▪ **1** vieilli ou péj. Qui est attaché à une religion et à ses pratiques. → **pieux.** ♦ n. → **bigot. 2** Qui a le caractère de la dévotion. ▶ **dévotement** adv.

dévotion n. f. ▪ **1** Attachement sincère, fervent à une religion (en général monothéiste ; souvent la religion chrétienne), à ses pratiques. → **piété. 2** Culte. *Dévotion à la Vierge*. **3** fig. Adoration, vénération.

dévouement n. m. ▪ **1** Action de sacrifier sa vie, ses intérêts (à qqn, à une cause). **2** Disposition à se dévouer pour qqn.

se **dévouer** v. pron. 1 ▪ **1** *Se dévouer à* : se consacrer entièrement à. ➛ sans compl. Faire une chose pénible (effort, privation) au profit d'une personne, d'une cause. → se **sacrifier. 2** passif *Être (tout) dévoué à qqn*, être prêt à le servir. ▷ adj. **dévoué, ée** → **fidèle ; serviable.** ➛ (politesse épistolaire) *Veuillez croire à mes sentiments dévoués*.

dévoyer v. tr. 8 ▪ littér. Pervertir (qqn). ▷ adj. et n. **dévoyé, ée**

dextérité n. f. ▪ Adresse manuelle. ➛ Habileté dans l'exécution de qqch.

dextre n. f. ▪ vx Main droite (opposé à *sénestre*).

dextrine n. f. ▪ chim. Sucre complexe extrait de l'amidon.

dextr(o)- Élément, du latin *dexter* « qui est à droite ».

dextrocardie n. f. ▪ méd. Position anormale du cœur vers la droite.

dextrorsum [-ɔm] adj. invar. et adv. ▪ didact. Qui va dans le sens des aiguilles d'une montre (contr. *sénestrorsum*).

dey n. m. ▪ hist. Gouverneur (d'Alger).

dézinguer v. tr. 1 ▪ fam. **1** Démolir, mettre hors service. **2** Critiquer sévèrement, mettre à mal. **3** Tuer (qqn). ▶ **dézingage** n. m.

dézipper v. tr. 1 ▪ Ouvrir la fermeture à glissière de (qqch.).

dharma n. m. ▪ didact., relig. Loi régissant la disposition générale des choses dans le bouddhisme et l'hindouisme.

DHEA [deaʃøa] n. f. (sigle) ▪ biochim. Hormone naturelle synthétisée par les glandes surrénales. *Le taux de DHEA dans le sang décroît lentement avec l'âge*.

di- Élément, du grec *dis* « deux fois ». → **bi-.**

dia interj. ▪ Cri pour faire aller un cheval à gauche. ➛ loc. *Tirer à hue* et à dia*.

dia- Élément, du grec *dia* « à travers ».

diabète n. m. ▪ Maladie liée à un trouble de l'assimilation des glucides, avec présence de sucre dans le sang et les urines.

diabétique adj. ▪ Du diabète. ♦ Atteint de diabète. ➛ n. *Un(e) diabétique*.

diabétologie n. f. ▪ didact. Étude du diabète et de ses traitements. ▶ **diabétologique** adj. ▶ **diabétologue** n.

diable n. m. ▪ **I 1** Démon, personnage représentant le mal, dans la tradition populaire chrétienne. *Un diable à pieds fourchus*. **2** *Le diable* : le prince des démons ou des diables. → **démon, satan.** ♦ loc. *Avoir le diable au corps* : avoir de l'énergie (notamment pour faire le mal). ➛ *Tirer le diable par la queue* : avoir peu pour vivre. ➛ *Ce serait bien le diable si...*, ce serait bien étonnant si. **3** fig. *AU DIABLE (VAUVERT)* : très loin. ➛ *À LA DIABLE* : sans soin. ➛ *DU DIABLE* : extrême. ➛ *EN DIABLE* : très, terriblement. **4** interj. Exprime l'étonnement. *Diable ! C'est cher*. **II** fig. **1** Enfant turbulent. **2** *Un pauvre diable* : un homme pitoyable. **3** *DIABLE DE* (+ nom) : drôle de. → **drôle. III 1** Petit chariot bas. **2** Ustensile de cuisson fait de deux poêlons en terre.

diablement adv. ▪ fam. Très. → **rudement.**

diablerie n. f. ▪ Parole, action pleine de turbulence, de malice. → **espièglerie.**

diablesse n. f. ▪ **1** Diable femelle. **2** fig. Femme très active, remuante, pétulante.

diablotin n. m. ▪ Petit diable ; lutin.

diabolique adj. ▪ **1** Qui tient du diable. → **démoniaque.** **2** Qui rappelle le diable. → **satanique ; méchant.** ► **diaboliquement** adv.

diaboliser v. tr. [1] ▪ Faire passer pour diabolique ; présenter sous un jour défavorable. ► **diabolisation** n. f.

diabolo n. m. ▪ **I** Jouet fait d'une bobine que l'on lance et rattrape au moyen d'une ficelle. **II** Boisson, limonade au sirop.

diachronie [-kʀɔni] n. f. ▪ ling. Évolution des faits linguistiques dans le temps (opposé à *synchronie*). ► **diachronique** adj.

diachylon [-k-] n. m. ▪ pharm. Emplâtre employé pour calmer une inflammation.

diacide [dia-] n. m. et adj. ▪ chim. Corps ayant deux fonctions acide.

diaclase n. f. ▪ géol. Fissure d'une roche ou d'un terrain sans déplacement des deux blocs.

diaconat n. m. ▪ relig. Le second des ordres majeurs dans l'Église catholique, inférieur à la prêtrise **(→ diacre).**

diaconesse n. f. ▪ Religieuse protestante se consacrant à des œuvres de charité.

diacoustique n. f. ▪ Partie de l'acoustique qui traite de la réfraction des sons.

diacre n. m. ▪ Clerc qui a reçu le diaconat.

diacritique adj. ▪ ling. Se dit d'un signe graphique (point, accent...) que l'on adjoint à une lettre (ex. les accents sur *à* et *dû*).

diadème n. m. ▪ **1** Antiq. Bandeau orné, insigne du pouvoir monarchique. **2** Bijou féminin qui ceint le haut du front.

diagnostic [-gn-] n. m. ▪ **1** Détermination (d'une maladie, d'un état) d'après ses symptômes. **2** fig. Prévision, hypothèse.

diagnostique [-gn-] adj. ▪ méd. Qui permet de déterminer une maladie.

diagnostiquer [-gn-] v. tr. [1] ▪ Connaître par un diagnostic (sens propre et fig.).

diagonal, ale, aux adj. ▪ géom. Qui joint deux sommets d'une figure qui n'appartiennent pas au même côté **(→ diagonale).**

diagonale n. f. ▪ **1** Ligne diagonale. **2** loc. adv. *EN DIAGONALE* : en biais, obliquement. ➛ fig. *Lire en diagonale* : parcourir.

diagramme n. m. ▪ **1** Schéma montrant la disposition des parties d'un ensemble. **2** Représentation graphique des variations (d'un phénomène). → **courbe, graphique.**

dialcool [dia-] n. m. ▪ chim. Composé possédant deux fonctions alcool. → **glycol.**

dialecte n. m. ▪ Forme régionale, nettement distincte, d'une langue. ► **dialectal, ale, aux** adj.

dialecticien, ienne n. ▪ Personne qui emploie les procédés de la dialectique.

dialectique ▪ **I** n. f. **1** Moyens mis en œuvre dans la discussion en vue de démontrer, réfuter **(→ argumentation, raisonnement).** **2** philos. Marche de la pensée reconnaissant le caractère inséparable des propositions contradictoires (thèse, antithèse), que l'on peut unir dans une synthèse. **II** adj. Qui opère par la dialectique (2). *Raisonnement dialectique.*

dialectologie n. f. ▪ Étude des dialectes. ► **dialectologique** adj. ► **dialectologue** n.

dialectophone adj. et n. ▪ Qui parle un dialecte.

dialogique adj. ▪ didact. Qui est en forme de dialogue. *Écrits dialogiques de Platon.*

dialogue n. m. ▪ **1** Entretien entre deux personnes. → **conversation.** ♦ Contact, discussions entre deux groupes. **2** Ensemble des paroles qu'échangent les personnages d'une pièce, d'un film... **3** Ouvrage littéraire, philosophique, en forme de conversation. *Les dialogues de Platon.*

dialoguer v. [1] ▪ **1** v. intr. Avoir un dialogue (avec qqn). → s'**entretenir.** **2** v. tr. Mettre en dialogue (2).

dialoguiste n. ▪ Auteur des dialogues (d'un film...).

dialyse n. f. ▪ **1** chim. Séparation de substances en solution. **2** méd. Méthode d'épuration du sang lors d'une insuffisance rénale.

dialyser v. tr. [1] ▪ sc. Opérer la dialyse de (une substance). ♦ par ext., méd. *Dialyser un malade.*

dialyseur n. m. ▪ sc. Dispositif pour effectuer la dialyse.

diamant n. m. ▪ **1** Pierre précieuse, la plus brillante et la plus dure de toutes, le plus souvent incolore. **2** techn. Instrument de coupe à pointe de diamant. **3** Pointe de lecture des disques microsillons.

diamantaire n. ▪ Personne qui taille ou vend des diamants. → **joaillier.**

diamanté, ée adj. ▪ Garni de diamants.

diamantifère adj. ▪ Qui contient du diamant.

diamantin, ine adj. ▪ didact. Qui a l'éclat ou la dureté du diamant. → **adamantin.**

diamétral, ale, aux adj. ▪ Relatif au diamètre. ♦ fig. *Opposition diamétrale,* totale.

diamétralement adv. ▪ Selon le diamètre. ♦ fig. *Opinions diamétralement opposées.* → **absolument, radicalement.**

diamètre n. m. ▪ Segment qui joint deux points (d'un cercle, d'une sphère) en passant par le centre. ♦ par ext. *Diamètre d'un tube.* → **calibre.**

diamide n. m. ▪ chim. Corps ayant deux fonctions amide.

diamine n. f. ▪ chim. Corps ayant deux fonctions amine.

diantre interj. ▪ vieilli Juron qui marque l'étonnement, l'admiration... → **diable.**

diapason n. m. ▪ **1** Son de référence utilisé pour l'accord des voix et des instruments. ♦ fig. *Être, se mettre au diapason,* en harmonie avec (qqn, un groupe). **2** Petit instrument qui donne le la lorsqu'on le fait vibrer.

diaphane adj. ▪ **1** Qui laisse passer la lumière sans laisser distinguer les formes. → **translucide. 2** littér. Très pâle, délicat.

diaphragme n. m. ▪ **1** Muscle large et mince qui sépare le thorax de l'abdomen. **2** Contraceptif féminin (capuchon souple). **3** Membrane vibrante (d'appareils acoustiques). **4** Disque opaque à ouverture réglable.

diaphyse n. f. ▪ anat. Tronçon moyen (d'un os long). ► **diaphysaire** adj.

diapir n. m. ▪ géol. Structure plissée résultant de la montée de roches au travers de formations plus denses.

diaporama n. m. ▪ **1** Projection de diapositives. **2** Diffusion séquentielle d'images numériques.

diapositive n. f. ▪ Tirage photographique positif destiné à la projection. – abrév. fam. **diapo.**

diapré, ée adj. ▪ De couleur variée et changeante. ► **diaprure** n. f. littér.

diariste n. ▪ anglic. Auteur d'un journal intime.

diarrhée n. f. ▪ Évacuation de selles liquides. → **colique.** ► **diarrhéique** adj.

diascope n. m. ▪ Instrument d'optique utilisé dans les engins blindés. → **périscope.**

diaspora n. f. ▪ hist. Dispersion des Juifs exilés de leur pays. ♦ par ext. Dispersion (d'une communauté) à travers le monde.

diastase n. f. ▪ biol., vx Enzyme.

diastole n. f. ▪ physiol. Mouvement de dilatation du cœur, qui alterne avec la systole*. ► **diastolique** adj.

diatomée n. f. ▪ Algue unicellulaire.

diatomique [dia-] adj. ▪ chim. Dont la molécule est formée de deux atomes.

diatomite n. f. ▪ minér. Roche constituée par des débris de diatomées.

diatonique adj. ▪ mus. Qui procède par tons et demi-tons (opposé à *chromatique*). ► **diatoniquement** adv.

diatonisme n. m. ▪ mus. Système, structure diatonique.

diatribe n. f. ▪ Critique violente.

dibasique adj. ▪ chim. Qui possède deux fonctions base.

dicaryon n. m. ▪ Cellule où persistent deux noyaux, chez les champignons supérieurs.

dicastère n. m. ▪ **1** relig. Subdivision de la curie romaine. **2** En Suisse, Subdivision d'une administration communale.

dicentra [-sɛn-] n. f. ▪ Plante cultivée pour ses fleurs en forme de cœur.

dichotomie n. f. ▪ didact. Division, opposition. ► **dichotomique** adj.

dicible adj. ▪ Qui peut être dit, exprimé.

dico → **dictionnaire**

dicotylédone adj. et n. f. ▪ (Plante) dont la graine a deux cotylédons.

dictame n. m. ▪ **1** bot. Plante aromatique, variété d'origan. **2** fig., littér. Adoucissement. → **consolation.**

dictaphone n. m. ▪ Magnétophone servant à la dictée du courrier.

dictateur n. m. ▪ **1** Antiq. romaine Magistrat nommé en cas de crise, investi d'un pouvoir illimité. **2** Personne qui s'empare du pouvoir et l'exerce sans contrôle. → **despote, tyran.** ► **dictatorial, iale, iaux** adj.

dictature n. f. ▪ **1** Antiq. romaine Magistrature extraordinaire, la plus élevée de toutes. **2** Concentration de tous les pouvoirs entre les mains d'un individu, d'un parti... **3** fig. Pouvoir absolu. *La dictature des trusts.*

dictée n. f. ▪ **1** Action de dicter. ♦ fig., littér. *Agir sous la dictée des circonstances.* **2** Exercice consistant à transcrire correctement un texte lu à haute voix.

dicter v. tr. [1] ▪ **1** Dire (qqch.) à haute voix en détachant les mots, pour que qqn les écrive. **2** Indiquer à l'avance à qqn (ce qu'il doit dire ou faire). **3** Stipuler et imposer. *Dicter ses conditions.* → **prescrire.**

diction n. f. ▪ Manière de dire, de réciter (un texte, des vers, etc.). → **élocution.**

dictionnaire n. m. ▪ **1** Recueil contenant des mots, des expressions d'une langue, présentés dans un ordre convenu, et qui donne des définitions, des informations sur eux. – *Dictionnaire de langue,* donnant des renseignements sur les mots de la langue commune et leurs emplois. – *Dictionnaire encyclopédique,* donnant des informations sur les choses désignées par les mots, et souvent traitant les noms propres. – *Dictionnaire bilingue,* qui donne la traduction des mots d'une langue dans une autre en tenant compte des emplois. **2** Ensemble des mots différents (d'un groupe...). → **lexique, vocabulaire. 3** fam. *Un dictionnaire vivant,* une personne aux connaissances très étendues. → **encyclopédie.** – abrév. fam. **dico.**

dictionnairique adj. ▪ didact. Qui concerne le dictionnaire. → **lexicographique.**

dicton n. m. ■ Sentence passée en proverbe. → **adage, maxime.**

-didacte Élément, du grec *didaskein* «enseigner».

didacticiel n. m. ■ inform. Logiciel à fonction pédagogique.

didacticien, ienne n. ■ Spécialiste de didactique.

didactique ■ **I** adj. **1** Qui vise à instruire. *Ouvrage didactique.* **2** Qui appartient à la langue des sciences et des techniques. ► **didactiquement** adv. **II** n. f. Théorie de l'enseignement.

didactisme n. m. ■ Caractère didactique.

didactyle adj. ■ zool. Qui a deux doigts.

didascalie n. f. ■ didact. Indication de jeu, dans une œuvre théâtrale, un scénario.

didjeridoo [didʒeʀidu] n. m. ■ Instrument à vent des aborigènes australiens fait d'un long tuyau de bois évidé. – var. **didgeridoo.**

dièdre n. m. ■ géom. Figure formée par deux demi-plans à arête commune.

dieffenbachia [difɛnbakja] n. m. ■ Plante d'ornement, à grandes feuilles tachées de blanc.

diégèse n. f. ■ didact. Espace et temps servant de cadre au récit (d'un film...). ► **diégétique** adj.

diélectrique adj. et n. m. ■ phys. Qui ne conduit pas (ou peu) l'électricité mais laisse s'exercer les forces électrostatiques.

diencéphale n. m. ■ anat. Partie du cerveau formée du thalamus, de l'épiphyse et de l'hypothalamus. ► **diencéphalique** adj.

diérèse n. f. ■ phonét. Prononciation dissociant deux voyelles (ex. pli-er).

diergol [di-] n. m. ■ Propergol composé de deux ergols. – syn. **biergol.**

dièse n. m. ■ **1** mus. Signe (♯) élevant d'un demi-ton chromatique la note devant laquelle il est placé. **2** *Mot-dièse.* → **hashtag.** ► **diéser** v. tr. [6]

diesel [djezɛl] n. m. ■ **1** Moteur à combustion interne, à allumage par compression. **2** Véhicule à moteur diesel.

diéséliste n. ■ techn. Mécanicien spécialisé dans l'étude, l'entretien, etc., des diesels.

dies irae [djɛsiʀe] n. m. invar. ■ Chant de la messe des morts, qui commence par les mots *dies irae.*

diester [-ɛʀ] n. m. ■ Biocarburant élaboré à partir d'huile végétale.

① **diète** n. f. ■ **1** méd. Régime alimentaire particulier. **2** cour. Privation de nourriture pour raison médicale ou hygiénique.

② **diète** n. f. ■ hist. Assemblée politique (en Allemagne, Suède, Suisse...).

diététique ■ **1** n. f. Science de l'hygiène alimentaire. **2** adj. Relatif à la diététique ; préparé selon les règles de la diététique. ► **diététicien, ienne** n. ► **diététiquement** adv.

dieu n. m. ■ Principe d'explication de l'existence du monde, conçu comme un être personnel, selon des modalités particulières aux croyances, aux religions. **I** (dans le monothéisme) **1** Être éternel, unique, créateur et juge. *Croire en Dieu ; ne pas croire en Dieu* (→ **athée**). ➝ avec article *Le Dieu des juifs* (Yahvé, Jéhovah), *des chrétiens* (Dieu), *des musulmans* (Allah). **2** dans des loc. *DIEU SAIT...* (pour insister) *Dieu sait si je dis la vérité.* ➝ (incertitude) *Dieu sait ce que nous ferons demain.* ♦ *À la grâce de Dieu.* ➝ *Dieu vous entende !* **3** interj. *Mon Dieu ! Grand Dieu !* ➝ (jurons) *Nom de Dieu ! Bon Dieu !* **II** (dans le polythéisme) *UN DIEU, LES DIEUX* **1** Être supérieur doué d'un pouvoir sur l'homme et d'attributs particuliers. → **divinité ; idole.** *Histoire des dieux.* → **mythologie.** **2** loc. *Être aimé, béni des dieux,* avoir des atouts, de la chance. *Jurer ses grands dieux :* jurer solennellement.

diffamant, ante adj. ■ Qui diffame, cherche à porter atteinte à la réputation de (qqn).

diffamateur, trice n. ■ Personne qui diffame.

diffamation n. f. ■ **1** Action de diffamer. **2** Écrit, parole qui diffame.

diffamatoire adj. ■ (parole, écrit...) Qui diffame.

diffamer v. tr. [1] ■ Chercher à porter atteinte à la réputation, à l'honneur de (qqn). → **attaquer, calomnier, médire** de.

différé n. m. ■ Fait d'émettre, de diffuser (une émission) après l'enregistrement. ➝ *EN DIFFÉRÉ* (opposé à *en direct*).

différemment [-amɑ̃] adv. ■ D'une manière autre, différente.

différence n. f. ■ **1** Caractère ou ensemble de caractères qui distingue une chose d'une autre, un être d'un autre. → **dissemblance, distinction ; hétéro-.** ➝ loc. prép. *À LA DIFFÉRENCE DE :* contrairement à. ➝ loc. conj. *À LA DIFFÉRENCE QUE* (+ indic.) : avec cette différence que. ♦ *Le droit à la différence* (de culture, de mœurs...). **2** Écart entre deux quantités. *La différence entre 7 et 5 est 2.*

différenciateur, trice adj. ■ didact. Qui différencie.

différenciation n. f. ■ **1** Action de se différencier. *Différenciation des cellules.* **2** Action de différencier (2). → **distinction.**

différencier v. tr. [7] ■ **1** (sujet chose) Rendre différent. → **distinguer. 2** (sujet personne) Établir une différence entre. → **distinguer, séparer.** ▷ v. pron. se **différencier 1** Être caractérisé par telle ou telle différence. → **différer. 2** Devenir différent ou de plus en plus différent.

différend n. m. ■ Désaccord résultant d'une opposition d'opinions, d'intérêts entre des personnes. → **conflit.**

différent, ente adj. ■ **1** Qui diffère, présente une différence. → **autre, dissemblable, distinct. 2** au plur. (avant le nom) Plusieurs et distincts. → **divers.** *Par différents moyens.*

différentiel, elle ■ didact. **I** adj. Qui concerne les différences ; qui établit des différences. ♦ math. *Calcul différentiel* (partie du calcul infinitésimal*). **II** n. m. Combinaison d'engrenages qui permet une différence de vitesse de rotation.

différer v. [6] ■ **I** v. tr. Remettre à un autre temps ; éloigner la réalisation de (qqch.). **II** v. intr. Être différent, dissemblable.

difficile adj. ■ **1** Qui n'est pas facile ; qui ne se fait qu'avec effort, avec peine. → **ardu, dur, laborieux, malaisé. 2** Qui demande un effort, des capacités (pour être compris, résolu). *Problème difficile.* → **compliqué. 3** (passage...) Qui présente un danger. **4** Qui donne du souci, du mal. *Situation difficile.* **5** (personnes) Avec qui les relations ne sont pas aisées. **6** Qui n'est pas facilement satisfait. → **exigeant.**

difficilement adv. ■ Avec difficulté.

difficulté n. f. ■ **1** Caractère de ce qui est difficile ; ce qui rend qqch. difficile. **2** Mal que l'on a à faire qqch. *Se déplacer avec difficulté.* **3** Chose difficile ; embarras, ennui. *Difficultés matérielles.* **4** Raison alléguée, opposition soulevée contre qqch. → **objection.** *Il n'a pas fait de difficultés.* **5** *EN DIFFICULTÉ :* dans une situation difficile.

difficultueux, euse adj. ■ littér. Difficile.

diffluent, ente adj. ■ didact. Qui s'écoule, se répand. ► **diffluence** n. f.

difforme adj. ■ Qui n'a pas la forme et les proportions naturelles (se dit surtout du corps humain). ► **difformité** n. f.

diffraction n. f. ■ phys. Déviation d'un rayonnement au voisinage d'un obstacle. ► **diffracter** v. tr. [1]

diffus, use adj. ■ **1** Qui est répandu dans toutes les directions. *Douleur diffuse.* **2** littér. Qui délaye sa pensée. → **verbeux.**

diffuser v. tr. [1] ■ **1** Répandre dans toutes les directions. → **propager. 2** Transmettre par la radio, la télévision. **3** fig. Répandre dans le public. *Diffuser une nouvelle.* **4** Distribuer (un ouvrage de librairie).

diffuseur n. m. ■ **1** Appareil qui diffuse qqch. **2** Entreprise qui diffuse des livres.

diffusion n. f. ■ **1** Action de diffuser. **2** Fait de se répandre.

digamma n. m. ■ didact. Lettre de l'alphabet grec archaïque (F), qui correspond au son [w].

digérer v. tr. [6] ■ **1** Faire la digestion de. *Digérer son repas.* **2** fig. Mûrir par un travail intellectuel. → **assimiler. 3** fam. Supporter patiemment (qqch. de fâcheux).

digest [dajʒɛst ; diʒɛst] n. m. ■ anglic. Résumé, condensé d'un livre.

digeste adj. ■ (critiqué) Qui se digère facilement. → **digestible.**

digesteur n. m. ■ Installation dans laquelle les boues des eaux usées fermentent en produisant du méthane.

digestible adj. ■ Qui se digère facilement. ► **digestibilité** n. f.

digestif, ive adj. ■ **1** Relatif à la digestion. *L'appareil digestif* (bouche, œsophage, estomac, intestin). *Le tube* digestif.* **2** n. m. Alcool, liqueur pris après le repas.

digestion n. f. ■ **1** Ensemble des transformations subies par les aliments dans le tube digestif avant l'assimilation. **2** fig. Assimilation.

digicode n. m. (marque déposée) ■ anglic. Appareil à code alphanumérique commandant l'ouverture d'une porte.

digit-, digiti-, digito- Élément savant, du latin *digitus* « doigt ».

① **digital, ale, aux** adj. ■ Des doigts.

② **digital, ale, aux** adj. ■ anglic. Basé sur des données numériques. – recomm. off. *numérique.*

digitale n. f. ■ Plante herbacée vénéneuse à fleurs en forme de doigtier.

digitaline n. f. ■ Principe actif très toxique extrait de la digitale, utilisé en cardiologie.

digitaliser v. tr. [1] ■ anglic. → **numériser.** ► **digitalisation** n. f.

digité, ée adj. ■ didact. Qui est découpé en forme de doigts. *Feuille digitée.*

digitiforme adj. ■ didact. Qui a la forme d'un doigt.

digitigrade adj. ■ zool. Qui marche en appuyant sur les doigts (ex. le chat).

digitopuncture [-pɔ̃ktyʀ] n. f. ■ Méthode de soins par pression des doigts sur les points d'acupuncture.

digne adj. ■ **I** *DIGNE DE* **1** Qui mérite (qqch.). *Objet digne d'intérêt.* **2** Qui est en accord, en conformité avec (qqn ou qqch.). **II** Qui a de la dignité. ► **dignement** adv.

dignitaire n. m. ■ Personne revêtue d'une dignité (I).

dignité n. f. ■ **I** Fonction, titre ou charge qui donne à qqn un rang éminent. **II 1** Respect que mérite qqn, qqch. → **grandeur, noblesse. 2** Respect de soi. → **fierté, honneur.**

digramme n. m. ■ ling. Groupe de deux lettres représentant un seul son (ex. ph [f]).

digresser v. intr. [1] ■ Faire des digressions, s'écarter du sujet.

digression n. f. ■ Développement oral ou écrit qui s'écarte du sujet.

digue n. f. ■ Construction destinée à contenir les eaux. → **chaussée, jetée, môle.**

diktat [-at] n. m. ▪ Chose imposée, décision unilatérale. → **oukase.**

dilacérer v. tr. ⑥ ▪ didact. Mettre en pièces. → **déchirer.** ➛ par ext. Détruire avec violence. ► **dilacération** n. f.

dilapider v. tr. ① ▪ Dépenser (des biens) de manière excessive et désordonnée. → **gaspiller.** ► **dilapidation** n. f.

dilatable adj. ▪ Qui peut se dilater. ► **dilatabilité** n. f.

dilatateur, trice adj. ▪ anat. Qui dilate. *Muscles dilatateurs* (opposé à *constricteur*).

dilater v. tr. ① ▪ Augmenter le volume de (qqch.). ➛ au p. p. *Pupilles dilatées,* agrandies. ♦ loc. fam. *Se dilater la rate :* rire beaucoup. ▷ v. pron. se **dilater** ► **dilatation** n. f.

dilatoire adj. ▪ dr. Qui tend à retarder par des délais, à prolonger un procès. ♦ *Réponse dilatoire,* qui vise à gagner du temps.

dilection n. f. ▪ relig. ou littér. Amour pur et spirituel.

dilemme n. m. ▪ Alternative contenant deux propositions contraires ou contradictoires entre lesquelles on doit choisir.

dilettante n. ▪ Personne qui s'occupe de qqch. pour le plaisir. ► **dilettantisme** n. m.

diligemment [-amɑ̃] adv. ▪ D'une manière diligente, avec diligence (I).

diligence n. f. ▪ **I 1** littér. Activité empressée. → **célérité, empressement.** ➛ loc. *Faire diligence :* se dépêcher. **2** dr. *À la diligence de qqn,* sur sa demande. **II** Voiture à chevaux qui servait au transport des voyageurs.

diligent, ente adj. ▪ littér. Qui montre de la diligence. ➛ *Soins diligents.* → **attentif.**

diligenter v. tr. ① ▪ Hâter (qqch.) ; apporter son zèle à (qqch.). *Diligenter une enquête.*

diluant n. m. ▪ Liquide qui sert à diluer.

diluer v. tr. ① ▪ Délayer, étendre (une substance) dans un liquide. ► **dilution** n. f.

diluvien, ienne adj. ▪ **1** Relatif au déluge (1). **2** *Pluie diluvienne,* très abondante.

dimanche n. m. ▪ Septième jour de la semaine, qui succède au samedi. ➛ loc. *DU DIMANCHE,* se dit de qqn qui agit en amateur.

dîme n. f. ▪ hist. Ancien impôt sur les récoltes, prélevé par l'Église.

dimension n. f. ▪ **I 1** Grandeur réelle, mesurable, qui détermine la portion d'espace occupée par un corps. → **étendue, grandeur, grosseur ; taille. 2** Grandeur qui mesure (un objet). **3** math. Nombre associé à un objet. *Espace à deux dimensions* (plan), *à trois dimensions* (géométrie dans l'espace). ♦ *La quatrième dimension* (dans la théorie de la relativité) : le temps. **II** fig. **1** Importance. **2** Aspect significatif (d'une chose). *La dimension politique d'un problème.*

dimensionnel, elle adj. ▪ didact. Relatif aux dimensions.

dimère adj. et n. m. ▪ biochim. (Composé) formé par la liaison de deux molécules, identiques ou non.

diminué, ée adj. ▪ **1** Rendu moins grand. **2** (personnes) Amoindri, affaibli.

diminuendo [diminɥɛndo ; -ɛ̃do] adv. ▪ mus. En diminuant progressivement l'intensité des sons. → **decrescendo.**

diminuer v. ① ▪ **I** v. tr. **1** Rendre plus petit (une grandeur). → **réduire ;** contr. *augmenter.* **2** Rendre moins grand, moins fort. *Diminuer un risque.* **3** Réduire les mérites, la valeur de (qqn). → **déprécier. II** v. intr. Devenir moins grand. → **baisser, décroître.**

diminutif, ive ▪ **1** adj. Qui ajoute une idée de petitesse. *Suffixe diminutif.* **2** n. m. Mot formé d'un radical et d'un suffixe diminutif (ex. tablette sur table). ♦ Nom propre formé par suffixation, etc., ayant une valeur affective (ex. Pierrot sur Pierre).

diminution n. f. ▪ Action de diminuer ; son résultat. → **baisse, réduction.**

dimorphe adj. ▪ didact. Qui peut prendre deux formes différentes. ► **dimorphisme** n. m.

dim sum [dimsum] n. m. ▪ Petite bouchée de pâte farcie, cuite à la vapeur ou frite. *Des dim sum(s).*

dinanderie n. f. ▪ Ensemble des ustensiles de cuivre jaune.

dinar n. m. ▪ Unité monétaire de l'Algérie, de la Tunisie, de l'Irak, etc.

dînatoire adj. ▪ Qui sert de dîner.

dinde n. f. ▪ **1** Femelle du dindon. **2** fig. Femme stupide et prétentieuse.

dindon n. m. ▪ **1** Grand oiseau de basse-cour, dont la tête et le cou sont recouverts d'une membrane rouge violacé ; spécialt le mâle. *Le dindon glougloute.* **2** loc. *Être le dindon de la farce,* la dupe.

dindonneau n. m. ▪ Petit de la dinde.

① **dîner** v. intr. ① ▪ **1** vx ou région. Prendre le repas du milieu du jour. → ① **déjeuner. 2** Prendre le repas du soir. **3** prov. *Qui dort dîne :* le sommeil fait oublier la faim.

② **dîner** n. m. ▪ **1** vx ou région. Repas de la mi-journée. **2** Repas du soir. → **souper.**

dînette n. f. ▪ **1** Petit repas, vrai ou simulé, que les enfants s'amusent à faire entre eux. **2** Service de table miniature (jouet).

dîneur, euse n. ▪ Personne qui dîne.

ding [diŋ] interj. ▪ Onomatopée évoquant un tintement. ➛ *Ding, ding, dong* (carillon).

dinghy [diŋgi] n. m. ▪ anglic. Canot pneumatique. *Des dinghys* ou *des dinghies.*

① **dingo** n. m. ▪ Chien sauvage d'Australie.

② **dingo** adj. et n. ▪ fam. et vieilli Fou. → **dingue.**

dingue adj. ▪ fam. 1 Fou. ➝ n. *Mener une vie de dingue.* 2 Extraordinaire. → **dément.**

dinguer v. intr. [1] ▪ fam. Tomber, être projeté. *Envoyer dinguer qqn* (fig. l'éconduire).

dinornis [-is] n. m. ▪ paléont. Oiseau fossile, coureur de très grande taille qui vivait en Australie.

dinosaure [-zɔʀ] n. m. ▪ Très grand reptile fossile quadrupède de l'ère secondaire.

dinosaurien n. m. ▪ paléont. Reptile fossile caractéristique de l'ère secondaire. *L'ordre des dinosauriens* (diplodocus, stégosaure...).

dinothérium [-jɔm] n. m. ▪ paléont. Mammifère fossile du miocène, sorte d'éléphant à grandes défenses.

diocèse n. m. ▪ Circonscription d'un évêque ou d'un archevêque. ► **diocésain, aine** adj.

diode n. f. ▪ phys. Composant électronique utilisé pour transformer un courant alternatif en courant de sens constant.

diodon n. m. ▪ zool. Poisson au corps armé d'épines érectiles, qui se gonfle en cas d'alerte.

dioïque adj. ▪ bot. Dont les individus ne portent qu'un type de gamète mâle ou femelle (opposé à *monoïque*).

dionée n. f. ▪ Plante carnivore d'Amérique, dont la feuille emprisonne les insectes.

dionysiaque adj. ▪ 1 Relatif à Dionysos, dieu du vin. 2 Caractérisé par l'inspiration, l'enthousiasme exubérant.

dionysien, ienne adj. ▪ didact. Relatif à Dionysos. → **dionysiaque.**

dionysies n. f. pl. ▪ hist. Fêtes en l'honneur de Dionysos. → **bacchanale.**

dioptrie n. f. ▪ sc. Unité de convergence ou de divergence d'un système optique.

dioptrique n. f. ▪ didact. Partie de l'optique qui traite de la réfraction. ➝ adj. *Le système dioptrique de l'œil.*

diorama n. m. ▪ Tableau que l'on soumet à des jeux d'éclairage (à la mode au XIXe s.).

diorite n. f. ▪ géol. Roche plutonique grenue, proche de l'andésite.

dioxine n. f. ▪ Sous-produit d'un dérivé du phénol, très toxique.

dioxyde n. m. ▪ chim. Oxyde contenant deux atomes d'oxygène.

dioxygène n. m. ▪ chim. Gaz incolore et inodore dont la molécule est formée de deux atomes d'oxygène (O_2).

diphasé, ée adj. ▪ Relatif à deux courants électriques présentant un déphasage de 90°.

diphénol n. m. ▪ chim. Corps possédant deux fois la fonction phénol.

diphényle n. m. ▪ chim. Hydrocarbure aromatique utilisé comme conservateur alimentaire (agrumes).

diphtérie n. f. ▪ Maladie contagieuse due à un bacille, et provoquant des étouffements. → **croup.** ► **diphtérique** adj. et n.

diphtongue n. f. ▪ Voyelle qui change de timbre en cours d'émission.

diphtonguer v. tr. [1] ▪ Faire devenir diphtongue ; donner la valeur d'une diphtongue à. ► **diphtongaison** n. f.

dipl(o)- Élément savant, du grec *diploos* «double».

diplocoque n. m. ▪ biol. Bactérie sphérique groupée en paire avec une autre identique.

diplodocus [-ys] n. m. ▪ Reptile dinosaurien herbivore.

diploïde adj. ▪ biol. Se dit d'une cellule qui possède un jeu double de chromosomes semblables (opposé à *haploïde*).

diplômant, ante adj. ▪ Qui permet d'obtenir un diplôme. *Stage diplômant.*

diplomate ▪ I 1 n. Personne chargée par un gouvernement de fonctions diplomatiques. 2 n. et adj. fig. (Personne) qui sait mener une affaire avec tact. II n. m. Gâteau à base de biscuits et de fruits confits.

diplomatie n. f. ▪ 1 Partie de la politique qui concerne les relations entre États : représentation des intérêts d'un gouvernement à l'étranger, négociations entre États, etc. (→ **ambassade, légation ; consulat).** ♦ Carrière diplomatique. 2 fig. Habileté, tact dans la conduite d'une affaire. → **doigté.**

diplomatique adj. ▪ 1 Relatif à la diplomatie. ♦ *Maladie diplomatique,* invoquée pour se dérober à une obligation. 2 fig. (actions...) → **adroit, habile.** ► **diplomatiquement** adv.

diplôme n. m. ▪ 1 Acte qui confère et atteste un titre, un grade. 2 Examen, concours passé pour obtenir un diplôme.

diplômé, ée adj. et n. ▪ (Personne) qui a obtenu un diplôme.

diplômer v. tr. [1] ▪ Décerner un diplôme à (qqn).

diplopie n. f. ▪ méd. Trouble de la vue, perception de deux images pour un seul objet.

dipôle n. m. ▪ 1 phys. Ensemble formé par deux charges électriques égales et de signes opposés, situées à faible distance. 2 électron. Circuit électrique possédant seulement deux bornes.

diptère ▪ 1 n. m. Insecte à métamorphoses complètes, à deux ailes et à trompe (ex. la mouche). 2 adj. Qui a deux ailes (insecte).

diptyque n. m. ▪ 1 Tableau pliant formé de deux volets. 2 Œuvre en deux parties.

① **dire** v. tr. 37 ▪ **I** Émettre (les sons, les éléments signifiants d'une langue). *Dire un mot, quelques paroles.* → **articuler, énoncer, prononcer.** **II** Exprimer (la pensée, les sentiments, les intentions) par la parole. **1** Exprimer, communiquer ; formuler. *Dire la vérité. Dire oui.* ♦ loc. *À ce qu'il dit* : selon ses paroles. – *À vrai dire* : véritablement. – *C'est beaucoup dire* : c'est exagéré. – *Pour tout dire* : en somme, en résumé. – *Cela va sans dire* : la chose est évidente. – *Entre nous soit dit* : confidentiellement. – *Ce disant* : en disant cela. *Ceci dit* : ayant dit ces mots. – *CECI DIT* ou *CELA DIT* : malgré tout. **2** Décider, convenir de (qqch.). – *Tenez-vous le pour dit* : considérez que c'est un ordre. – *Aussitôt* dit, aussitôt fait.* **3** Exprimer (une opinion ; un jugement). *Que vont en dire les gens ?* → **qu'en-dira-t-on.** ♦ *DIRE QUE* (en tête de phrase), exprime l'étonnement, l'indignation... *Dire qu'il n'a pas encore vingt ans !* ♦ *ON DIRAIT* : on croirait, il semble. **4** Raconter (un fait, une nouvelle). – *Je me suis laissé dire que* : j'ai entendu que. **5** *DIRE À qqn DE, QUE* : exprimer (sa volonté). → **commander, ordonner.** *Dites-lui de venir ; qu'il vienne.* **6** (dans des loc.) Énoncer une objection. → **objecter.** prov. *Bien faire et laisser dire* : il faut faire ce qu'on croit bien sans se soucier des critiques. **7** Lire, réciter. *Dire un poème.* **8** pronom. *SE DIRE* : être employé (tournure, expression). *Cela ne se dit plus.* **III** Exprimer par le langage (écrit ou oral). *Avoir des choses à dire.* **1** Exprimer par écrit. → **écrire.** – *La loi dit que.* → **stipuler.** **2** (avec un adv. ou une loc. adv.) → **exprimer.** *C'est très bien dit.* – loc. *Il ne croit pas si bien dire* : il ne sait pas que ce qu'il dit correspond tout à fait à la réalité. – *Pour ainsi dire* ; fam. *COMME QUI DIRAIT.* **3** Employer (telles formes linguistiques) pour exprimer qqch. *Il faut dire « se souvenir de qqch. » et non pas « se rappeler de qqch. ».* **4** (auteur) Exprimer, révéler (qqch. de personnel...). **IV** (sujet chose) **1** Faire connaître, exprimer par un signe, une manifestation quelconque. *Son silence en dit long.* – *Que dit le baromètre ?* → **indiquer.** ♦ *CELA ME DIT, NE ME DIT RIEN*, me tente, ne me tente pas. **2** *VOULOIR DIRE.* → **signifier.** ♦ *C'EST DIRE* : cela montre.

② **dire** n. m. ▪ **1** Ce qu'une personne dit, rapporte. *Au dire de, selon le(s) dire(s) de* : d'après. **2** dr. Déclaration juridique.

direct, ecte [-ɛkt] ▪ **I** adj. **1** Qui est en ligne droite. **2** fig. Sans détour. *Être franc et direct.* **3** Qui se fait sans intermédiaire. *Vente directe.* ♦ gramm. *Complément direct*, construit sans préposition. *Verbe transitif direct.* – *Discours direct*, rapporté dans sa forme originale, après un verbe de parole (ex. Il m'a dit : « J'étais là hier »). **4** Qui ne s'arrête pas (ou peu). *Train direct.* **II** n. m. **1** boxe Coup droit. **2** *EN DIRECT* (radio...) : transmis au moment même (opposé à *en différé*).

directement adv. ▪ **1** En droite ligne, sans détour. **2** Sans intermédiaire.

directeur, trice ▪ **I** n. **1** Personne qui dirige (une entreprise...). → **chef, patron, président ; directorial.** **2** *Directeur de conscience* : prêtre qui dirige qqn en matière de religion. **3** Membre d'un directoire ; (hist.) du Directoire. **II** adj. Qui dirige. → **dirigeant.** – fig. *L'idée directrice d'un ouvrage.*

directif, ive adj. ▪ **1** Qui décide seul du programme d'action d'un groupe. → **autoritaire.** **2** Conduit de façon prédéterminée. *Entretien directif.* ► **directivité** n. f.

direction n. f. ▪ **I 1** Action de diriger (I). **2** Fonction de directeur ; équipe qui dirige. **3** Services confiés à un directeur. **II 1** Ligne suivant laquelle un corps se meut, une force s'exerce. **2** Voie à suivre pour aller à un endroit ; orientation (aussi fig.). **3** Ensemble des mécanismes qui permettent de guider les roues d'un véhicule.

directionnel, elle adj. ▪ techn. Qui émet ou reçoit dans une seule direction. *Micro directionnel.*

directive n. f. ▪ Indication donnée par une autorité. → **consigne, instruction, ordre.** ♦ *Directive européenne*, fixant à un État membre un résultat à atteindre.

directivisme n. m. ▪ didact. Direction autoritaire imposée par un organisme d'expression collective.

directoire n. m. ▪ **1** hist. *Le Directoire* : dans la Constitution de l'an III, Conseil de cinq membres (directeurs) chargé du pouvoir exécutif ; le régime politique durant cette période (de 1795 à 1799). **2** Organe chargé de la gestion d'une société anonyme.

directorat n. m. ▪ Fonction de directeur ; durée de cette fonction.

directorial, ale, aux adj. ▪ D'un directeur.

dirham [diʀam] n. m. ▪ Unité monétaire du Maroc.

dirigeable adj. et n. m. ▪ *(Ballon) dirigeable* : aérostat qu'on peut diriger.

dirigeant, ante ▪ **1** adj. Qui dirige. *Classes dirigeantes.* **2** n. Personne qui dirige.

diriger v. tr. 3 ▪ **I 1** Conduire, mener (une entreprise, une opération, des affaires...) comme chef responsable. → **administrer, gérer, organiser.** **2** Conduire l'activité de (qqn...). *Diriger un orchestre.* **II** Guider (qqch.) dans une certaine direction (déplacement, mouvement...). *Diriger une voiture.* – *Diriger ses pas vers...* → **aller.** – *Diriger son regard vers qqch.* – fig. (passif) *Cet article est dirigé contre vous.* ▷ v. pron. **se diriger** *Se diriger vers.* → **aller.** ♦ fig. → s'**orienter.** ▷ adj. **dirigé, ée** *Économie dirigée* (→ **dirigisme**).

dirigisme n. m. ▪ Système dans lequel l'État assume la direction de l'économie (dans le cadre de la société capitaliste).

dirigiste adj. et n. ▪ Partisan du dirigisme.

dirimant, ante adj. ▪ dr. *Empêchement dirimant*, qui annule un mariage.

dis- Élément (du latin *dis*) indiquant la séparation, la différence, le défaut.

disaccharide [-sak-] n. m. ▪ biochim. Sucre formé par condensation de deux oses.

discal, ale, aux adj. ▪ anat. Relatif à un disque intervertébral. *Hernie discale*.

discarthrose n. f. ▪ méd. Usure d'un ou de plusieurs disques intervertébraux.

discernable adj. ▪ Qui peut être discerné.

discernement n. m. ▪ Capacité de l'esprit à juger clairement et sainement. → **jugement.**

discerner v. tr. [1] ▪ **1** Percevoir (un objet) par rapport à ce qui l'entoure. → **distinguer, identifier, reconnaître. 2** (abstrait) Se rendre compte de la nature de (qqch.) ; faire la distinction entre (des choses). *Discerner le vrai du faux*.

disciple n. ▪ **1** Personne qui reçoit l'enseignement d'un maître. **2** Personne qui adhère aux doctrines de qqn. → **adepte.**

disciplinaire adj. ▪ Qui se rapporte à la discipline, et spécialt aux sanctions.

discipline n. f. ▪ **1** vx Fouet utilisé pour se mortifier. **2** Règle de conduite d'un groupe ; obéissance à cette règle. **3** Règle de conduite que qqn s'impose. **4** Branche de la connaissance, des études. → **matière.**

discipliner v. tr. [1] ▪ **1** Accoutumer à la discipline. **2** Plier à une discipline (3). ▷ adj. **discipliné, ée** → **obéissant, soumis.**

disc-jockey n. ▪ anglic. Personne qui passe de la musique de variétés à la radio, dans une discothèque. → **D. J.** - var. **disque-jockey.** - recomm. off. *animateur, animatrice*.

disco n. m. ▪ anglic. Musique de danse inspirée du jazz et du rock. ◆ adj. invar. *Albums disco*.

disco- Élément tiré de *disque*.

discobole n. ▪ Athlète lanceur de disque.

discographie n. f. ▪ Répertoire de disques. ► **discographique** adj.

discoïde adj. ▪ sc. Qui a la forme d'un disque. - syn. **discoïdal, ale, aux.**

discontinu, ue adj. ▪ **1** Qui n'est pas continu, qui offre des solutions de continuité. ◆ math. *Quantité discontinue*. → ② **discret. 2** Qui n'est pas continuel. → **intermittent.**

discontinuer v. [1] ▪ **1** v. tr. littér. Ne pas continuer (une chose commencée). **2** (intrans.) loc. *SANS DISCONTINUER* : sans arrêt.

discontinuité n. f. ▪ Absence de continuité.

disconvenance n. f. ▪ littér. Défaut de convenance, de rapport, de proportion.

disconvenir v. tr. ind. [22] ▪ littér. *NE PAS DISCONVENIR DE qqch.*, ne pas le nier.

discopathie n. f. ▪ méd. Affection d'un disque intervertébral.

discophile adj. et n. ▪ Amateur de musique enregistrée ; collectionneur de disques. ► **discophilie** n. f.

discordance n. f. ▪ Défaut d'harmonie.

discordant, ante adj. ▪ Qui manque d'harmonie. ◆ Qui sonne faux ; dissonant.

discorde n. f. ▪ littér. Dissentiment durable entre personnes (s'oppose à *concorde*). ◆ loc. *Pomme de discorde* : sujet de division.

discorder v. intr. [1] ▪ mus. Être discordant.

discothécaire n. ▪ Personne chargée du fonctionnement d'une discothèque de prêt.

discothèque n. f. ▪ **1** Collection de disques. ♦ Organisme de prêt de disques. **2** Lieu de réunion où l'on peut danser.

discount [diskunt ; -kaunt] n. m. ▪ anglic. **1** Rabais sur un prix. - recomm. off. *ristourne*. **2** Vente à bas prix.

① **discounter** [diskuntœʀ ; -kauntœʀ] n. m. ▪ anglic. Commerçant ou magasin qui pratique des prix bas. - var. **discounteur.**

② **discounter** [diskunte] v. tr. [1] ▪ Vendre avec un rabais.

discourir v. tr. [11] ▪ péj. Parler sur un sujet en le développant longuement. → **pérorer.** ► **discoureur, euse** n. péj.

discours n. m. ▪ **1** vieilli Propos que l'on tient. ◆ mod., péj. *Assez de discours !* → **bavardage. 2** Développement oratoire fait en public. **3** Écrit didactique sur un sujet. « *Discours de la méthode* » (de Descartes). **4** Expression verbale de la pensée. → **parole ; langage.** ◆ *Les parties du discours* : les catégories grammaticales traditionnelles. ♦ ling. Ensemble des énoncés, des messages parlés ou écrits (par opposition au système abstrait que constitue la langue). → **parole.**

discourtois, oise adj. ▪ littér. Qui n'est pas courtois. → **impoli.** ► **discourtoisie** n. f.

discrédit n. m. ▪ Perte du crédit, de l'estime, de la considération. → **défaveur.**

discréditer v. tr. [1] ▪ **1** Diminuer fortement la valeur, le crédit de (qqch.). **2** Porter atteinte à la réputation de (qqn).

① **discret, ète** adj. ▪ **1** Qui témoigne de retenue, se manifeste peu dans les relations sociales, n'intervient pas dans les affaires d'autrui. → **réservé.** ♦ (choses) *Tenue discrète*. ◆ *Endroit discret*, retiré. **2** Qui garde les secrets. ► **discrètement** adv.

② **discret, ète** adj. ▪ didact. (quantité) Qui ne peut prendre qu'un ensemble fini ou dénombrable de valeurs. → **discontinu.**

discrétion n. f. ▪ **I 1** Qualité d'une personne discrète. → **délicatesse, réserve, tact. 2** Qualité consistant à savoir garder les secrets. **II** vx Discernement ; pouvoir de décider. ♦ mod. loc. *Être À LA DISCRÉTION de qqn,* dépendre de lui. ◆ loc. adv. *À DISCRÉTION :* comme on le veut. → **à volonté.**

discrétionnaire adj. ▪ Qui est laissé à la discrétion (II) de qqn.

discriminant, ante adj. ▪ didact. Qui établit une distinction, une discrimination (1).

discriminatif, ive adj. ▪ didact. Relatif à la discrimination (1).

discrimination n. f. ▪ **1** littér. Action de discerner, de distinguer (les choses les unes des autres) avec précision. **2** Traitement inégal et défavorable appliqué à certaines personnes. → **ségrégation.** ◆ *Sans discrimination :* de manière égalitaire. ♦ loc. *Discrimination positive :* réaction contre une discrimination, qui favorise le groupe qui la subit (en établissant des quotas...).

discriminatoire adj. ▪ Qui tend à créer une discrimination (2), à distinguer (un groupe...) à son détriment.

discriminer v. tr. [1] ▪ littér. Faire la discrimination (1) entre. → **distinguer.**

disculper v. tr. [1] ▪ Prouver l'innocence de (qqn). ▻ v. pron. se **disculper** Se justifier, s'excuser. ► **disculpation** n. f.

discursif, ive adj. ▪ **1** Qui procède par raisonnements successifs (opposé à *intuitif*). **2** ling. Relatif au discours.

discussion n. f. ▪ **1** Action de discuter, d'examiner (qqch.). **2** Fait de discuter (qqch.), de s'y opposer. **3** Échange d'arguments, de vues contradictoires.

discutable adj. ▪ **1** Qu'on peut discuter, contester. → **contestable. 2** Plutôt mauvais. → **douteux.**

discutailler v. intr. [1] ▪ péj. Discuter de façon oiseuse et interminable. → **ergoter.**

discuté, ée adj. ▪ Qui soulève des discussions. → **contesté, controversé, critiqué.**

discuter v. [1] ▪ **I** v. tr. **1** Examiner (qqch.) par un débat, en étudiant le pour et le contre. → **débattre.** *Discuter un point litigieux.* **2** Mettre en question, considérer comme peu fondé. → **contester. 3** Opposer des arguments à (une décision), refuser d'exécuter. *Discuter un ordre.* **4** loc. fam. *Discuter le coup :* discuter (II). **II** v. intr. Parler avec d'autres en échangeant des idées, des arguments sur un sujet. *Discuter (de) politique.* ▻ v. pron. se **discuter** *Cela se discute,* on peut en faire l'objet d'une discussion.

disert, erte adj. ▪ littér. Qui parle avec facilité et élégance. → **éloquent.** ► **disertement** adv.

disette n. f. ▪ Manque de vivres. → **famine.**

diseur, diseuse n. ▪ **1** *Diseur de :* personne qui dit habituellement (telles choses). **2** *Diseur, diseuse de bonne aventure :* personne qui prédit l'avenir.

disgrâce n. f. ▪ **1** Perte des bonnes grâces, de la faveur d'une personne dont on dépend ; état qui en découle. → **défaveur. 2** vx Événement malheureux. → **infortune.**

disgracié, ée adj. ▪ **1** Qui est tombé en disgrâce. **2** fig. Peu favorisé. → **défavorisé.**

disgracier v. tr. [7] ▪ littér. Priver (qqn) de la faveur qu'on lui accordait.

disgracieux, euse adj. ▪ Qui n'a aucune grâce. ► **disgracieusement** adv.

disharmonie n. f. ▪ littér. Absence d'harmonie. → **discordance.**

disjoindre v. tr. [49] ▪ **1** Écarter les unes des autres (des parties jointes). **2** fig. Séparer ; traiter isolément. ▻ adj. **disjoint, ointe 1** Qui n'est plus joint. **2** → **distinct.**

disjoncter v. [1] ▪ **I** v. tr. Interrompre (le courant). **II** v. intr. fam. **1** Se mettre en position d'interruption du courant. **2** Perdre le contact avec la réalité.

disjoncteur n. m. ▪ Interrupteur automatique de courant électrique.

disjonctif, ive adj. ▪ didact. Qui disjoint, isole deux éléments.

disjonction n. f. ▪ **1** didact. Action de disjoindre (des idées) ; son résultat (s'oppose à *conjonction*). **2** dr. Séparation (de causes).

dislocation n. f. ▪ **1** Fait de se disloquer. **2** Séparation des membres (d'un groupe). *La dislocation d'un cortège.* → **dispersion.**

disloquer v. tr. [1] ▪ **1** Déplacer violemment (les parties d'une articulation). → **démettre, désarticuler. 2** Séparer violemment (les parties d'un ensemble) ; séparer les éléments de. → **casser, démolir.** ▻ v. pron. se **disloquer** ▻ adj. **disloqué, ée**

disparaître v. intr. [57] ▪ **I** Ne plus être vu ou visible. **1** Cesser d'être visible. *Il a disparu dans la foule.* **2** S'en aller. → **fuir, partir. 3** Être introuvable. *Mes gants ont disparu.* **4** *FAIRE DISPARAÎTRE qqn, qqch.,* le soustraire à la vue, le cacher. **II** Cesser d'être, d'exister. **1** (êtres vivants) → s'**éteindre, mourir. 2** *Navire qui disparaît en mer.* → **sombrer. 3** abstrait *Ses soucis ont disparu.* → s'**évanouir. 4** *FAIRE DISPARAÎTRE qqch. ; qqn.* → **détruire, effacer ; supprimer, tuer.**

disparate adj. ▪ Qui n'est pas en harmonie avec ce qui l'entoure ; dont la diversité est gênante. → **discordant, hétéroclite.**

disparité n. f. ▪ Caractère disparate.

disparition n. f. ▪ **1** Fait de n'être plus visible. **2** Action de partir d'un lieu ; absence inexplicable. **3** Fait de disparaître en cessant d'exister. → **mort ; extinction.**

disparu, ue adj. ■ **1** Qui a cessé d'être visible. **2** Qui est parti ; introuvable. **3** Qui a cessé d'exister. ♦ n. Mort, défunt.

dispatcher v. tr. 1 ■ anglic. Répartir, distribuer.

dispendieux, ieuse adj. ■ Qui exige une grande dépense. → **coûteux.** ► **dispendieusement** adv.

dispensable adj. ■ Dont on peut se passer.

dispensaire n. m. ■ Établissement où l'on donne des consultations, des soins médicaux.

dispensateur, trice n. ■ Personne qui dispense, qui distribue.

dispense n. f. ■ Autorisation spéciale qui décharge d'une obligation.

dispenser v. tr. 1 ■ **I** littér. (personnes ; réalités...) Distribuer. → **accorder, prodiguer. II** *DISPENSER* (qqn) *DE* **1** Libérer (qqn) de (une obligation). → **exempter.** *Dispenser un élève de gymnastique.* ♦ (sujet chose) *Ton succès ne te dispense pas de travailler.* **2** iron. *Dispensez-moi de vos réflexions.* → **épargner.**

disperser v. tr. 1 ■ **1** Jeter, répandre çà et là. → **éparpiller. 2** Répartir çà et là, en divers endroits. ➛ fig. *Disperser son attention,* ne pas la concentrer. **3** Faire se séparer (des personnes). ▷ v. pron. **se disperser 1** *Les manifestants se dispersent.* **2** S'occuper à des activités trop diverses. ▷ adj. **dispersé, ée** *Habitat dispersé.* → **clairsemé.**

dispersif, ive adj. ■ sc. Qui provoque la dispersion d'une radiation.

dispersion n. f. ■ **1** Action de (se) disperser ; état de ce qui est dispersé. ♦ phys. Décomposition (d'un rayonnement). **2** fig. *Dispersion des efforts.* → **éparpillement.**

disponibilité n. f. ■ État de ce qui est disponible, d'une personne disponible. ♦ spécialt au plur. Fonds dont on peut disposer.

disponible adj. ■ **1** Dont on peut disposer. → **libre.** *Appartement disponible.* **2** *Officier, fonctionnaire disponible,* qui n'est pas en activité, mais demeure à la disposition de l'armée, de l'Administration. **3** Qui n'est lié ou engagé par rien ; qui peut disposer de son temps. → **libre.**

dispos, ose adj. ■ En bonne disposition pour agir. → en **forme.** ➛ loc. *FRAIS ET DISPOS.*

disposer v. 1 ■ **I** v. tr. **1** Arranger, mettre dans un certain ordre. **2** *DISPOSER* (qqn) *À,* préparer psychologiquement (qqn) à (qqch.). *Disposer un malade à mourir, à la mort.* **II** v. tr. ind. *DISPOSER DE* **1** Avoir à sa disposition, avoir la possession, l'usage de. **2** *Disposer de qqn,* s'en servir comme on le veut. ➛ *Le droit des peuples à disposer d'eux-mêmes* (→ **liberté**). ➛ sans compl. *Vous pouvez disposer :* partez (se dit à un inférieur). **III** v. intr. Décider, décréter. prov. *L'homme propose, Dieu dispose.* ▷ v. pron. **se disposer** (à) Être sur le point (de) ; se préparer (à). ▷ adj. **disposé, ée 1** Arrangé, placé. **2** *Être disposé à :* être préparé à, avoir l'intention de. **3** *Être bien, mal disposé envers qqn,* lui vouloir du bien, du mal. ➛ absolt *Être bien, mal disposé,* de bonne, de mauvaise humeur.

dispositif n. m. ■ **1** dr. Énoncé final (d'un jugement). **2** Manière dont sont disposées les pièces d'un appareil ; le mécanisme lui-même. *Dispositif de commande.* **3** Ensemble de moyens disposés conformément à un plan. *Dispositif de défense.*

disposition n. f. ■ **I 1** Action de disposer, de mettre dans un certain ordre ; son résultat. **2** au plur. Moyens, précautions par lesquels on se dispose à qqch. → **mesure, préparatifs. II 1** *DISPOSITION À* (+ inf.) : tendance à. → **prédisposition. 2** État d'esprit passager. ♦ au plur. (qualifié) Intentions envers qqn. **3** Aptitude à faire qqch. → **don. 4** *(À... DISPOSITION).* Faculté de disposer, pouvoir de faire ce que l'on veut (de qqn, de qqch.). *Je mets ma voiture ; je me mets à votre disposition.* **5** Clause d'un acte juridique (contrat...). ♦ Point réglé par une loi, un arrêté, etc.

disproportion n. f. ■ Défaut de proportion, différence excessive (entre des choses).

disproportionné, ée adj. ■ Qui n'est pas proportionné (à qqch.). ➛ sans compl. → **démesuré.**

dispute n. f. ■ Échange violent de paroles (arguments, reproches...) entre personnes qui s'opposent. → **altercation, querelle.**

disputer v. 1 ■ **I** v. tr. ind. littér. *DISPUTER DE* **1** Discuter de. → **débattre. 2** Rivaliser de. **II** v. tr. **1** littér. *Le disputer en :* rivaliser de. **2** Lutter pour la possession ou la conservation de (qqch.). *Disputer un poste à un rival.* ♦ *Disputer un combat* (en vue de la victoire). **3** fam. Réprimander (qqn). ▷ v. pron. **se disputer 1** → **se quereller. 2** *Le match s'est disputé hier.*

disquaire n. ■ Marchand(e) de disques.

disqualifier v. tr. 7 ■ **1** Exclure d'une épreuve, en raison d'une infraction au règlement. **2** littér. Discréditer. ▷ v. pron. **se disqualifier** ► **disqualification** n. f.

disque n. m. ■ **I 1** Palet que des athlètes (→ **discobole**) lancent en pivotant sur eux-mêmes. **2** Surface visible (de certains astres). *Le disque du Soleil.* **3** Objet de forme ronde et plate. ➛ *Freins à disques* (à mâchoires serrant un disque). ➛ anat. *Disque intervertébral,* séparant deux vertèbres. **II 1** Plaque circulaire sur laquelle sont enregistrés des sons dans la gravure d'un sillon spiralé (→ **microsillon**). *Disque noir, disque vinyle.* ➛ loc. fam. *Changer de disque :* parler d'autre chose. ♦ *Disque optique :* disque de petite taille sur lequel les informations enregistrées peuvent être lues par un système optique (rayon laser). ➛ *Disque compact :* disque optique destiné au grand public, permettant la reproduction de sons. ➛ On emploie aussi *CD* et l'anglic. *compact-disc* (marque déposée). ◆ *Disque optique compact* (sigle *D. O. C.*). → **CD-ROM.** ◆ *Disque numérique à usages multiples.* → **DVD. 2** Support magnétique d'information. *Le disque dur d'un ordinateur.*

disque-jockey → **disc-jockey**

disquette n. f. ■ Petit disque (II, 2) destiné à s'insérer dans le lecteur d'un ordinateur.

disruptif, ive adj. ■ électr. *Décharge disruptive,* produisant une étincelle qui dissipe une grande partie de l'énergie accumulée.

disruption n. f. ■ électr. Ouverture brusque (d'un circuit électrique).

dissection n. f. ■ Action de disséquer.

dissemblable adj. ■ Se dit de personnes ou de choses qui ne sont pas semblables, bien qu'ayant des caractères communs.

dissemblance n. f. ■ Caractère de ce qui est dissemblable.

dissémination n. f. ■ **1** Action de disséminer ; son résultat. **2** Éparpillement.

disséminer v. tr. [1] ■ **1** Répandre en de nombreux points assez écartés. → **disperser, éparpiller, semer. 2** Disperser. *Disséminer des troupes.* ▷ v. pron. se **disséminer**

dissension n. f. ■ Division profonde de sentiments, d'intérêts, de convictions.

dissentiment n. m. ■ Différence dans la manière de voir, qui crée des heurts.

disséquer v. tr. [6] ■ **1** Diviser les parties de (un organisme) en vue de l'étudier. *Disséquer une grenouille.* **2** fig. Analyser minutieusement. *Disséquer un texte.*

dissertation n. f. ■ **1** vieilli Texte où l'on disserte. **2** Exercice scolaire écrit sur des sujets littéraires, philosophiques, etc.

disserter v. intr. [1] ■ Faire un développement, le plus souvent oral (sur un sujet).

dissidence n. f. ■ Action ou état de ceux qui se séparent d'une communauté politique, etc. ◆ Groupe de dissidents.

dissident, ente adj. et n. ■ Qui est en dissidence, qui fait partie d'une dissidence.

dissimulateur, trice n. et adj. ■ (Personne) qui dissimule (1). → **hypocrite.**

dissimulation n. f. ■ **1** Action de dissimuler. **2** Comportement d'une personne qui dissimule. ♦ péj. Hypocrisie.

dissimuler v. tr. [1] ■ **1** Ne pas laisser paraître (ce qu'on pense, ce qu'on sait), ou chercher à en donner une idée fausse. → **cacher, taire ; déguiser. 2** Empêcher de voir (une chose concrète). → **masquer.** ♦ Camoufler, cacher ; tenir secret. ▷ v. pron. se **dissimuler** Cacher sa présence. ▷ adj. **dissimulé, ée 1** *Une joie non dissimulée.* **2** (personnes) → **dissimulateur.**

dissipateur, trice n. et adj. ■ (Personne) qui dissipe son bien.

dissipation n. f. ■ **I 1** Fait de (se) dissiper (I). **2** Action de dissiper en dépensant. **II 1** Manque d'attention ; agitation (spécialt d'un écolier). → **indiscipline. 2** littér. Débauche.

dissipé, ée adj. ■ **1** Qui manque d'application. **2** littér. → **dissolu.** *Vie dissipée.*

dissiper v. tr. [1] ■ **I 1** Faire cesser, faire disparaître. → **chasser.** ◆ fig. *Dissiper un malentendu.* **2** Dépenser follement. *Dissiper une fortune.* → **dilapider. II** littér. *Dissiper qqn,* le détourner de ses occupations sérieuses, du devoir. ▷ v. pron. se **dissiper 1** *La brume se dissipe.* **2** Devenir dissipé.

dissociable adj. ■ Qui peut être dissocié. ► **dissociabilité** n. f.

dissocier v. tr. [7] ■ **1** Séparer (des éléments qui étaient associés). **2** Distinguer, séparer. *Dissocier deux questions.* ► **dissociation** n. f.

dissolu, ue adj. ■ Qui vit dans la débauche. ◆ *Mœurs dissolues.* → **dépravé, déréglé.**

dissolution n. f. ■ **I 1** Décomposition, désagrégation. ♦ dr. Action de mettre fin légalement. → **rupture ; dissoudre.** *Dissolution d'une assemblée.* **2** vieilli Débauche. **II 1** Passage à l'état de solution. ♦ Liquide résultant de la dissolution. → **solution. 2** Colle au caoutchouc.

dissolvant, ante ■ **1** adj. Qui dissout (1), forme une solution avec un corps. **2** n. m. Produit qui dissout (un corps). → **solvant.**

dissonance n. f. ■ **1** Réunion désagréable de sons. ♦ mus. Intervalle, accord qui appelle une consonance. **2** fig. Manque d'harmonie, discordance. ► **dissonant, ante** adj.

dissoner v. intr. [1] ■ Faire une dissonance ; produire des dissonances.

dissoudre v. tr. [51] ■ **1** Désagréger (un corps solide ou gazeux) au moyen d'un liquide dans lequel ses molécules se dispersent (→ **diluer).** ◆ pronom. *Le sel se dissout dans l'eau* (→ **soluble). 2** Mettre légalement fin à (une association...).

dissuader v. tr. [1] ■ *DISSUADER qqn DE,* l'amener à renoncer à (faire qqch.).

dissuasif, ive adj. ■ **1** Propre à dissuader. **2** Propre à dissuader l'ennemi d'attaquer.

dissuasion n. f. ■ Action de dissuader ; son résultat. ◆ *Force de dissuasion* : force de frappe dissuasive.

dissyllabique adj. ■ Qui a deux syllabes (mot, vers). – syn. **dissyllabe.**

dissymétrie n. f. ■ Défaut de symétrie. → **asymétrie.** ► **dissymétrique** adj.

distal, ale, aux adj. ■ didact. Le plus éloigné d'un point de référence.

distance n. f. ■ **1** Longueur qui sépare une chose d'une autre. *Parcourir de grandes distances. Distance de la Terre à la Lune.* ◆ loc. adv. *À DISTANCE* : de loin. **2** Espace qui sépare deux personnes. ♦ loc. *Prendre ses distances :* s'aligner en étendant le bras horizontalement ; fig. se tenir dans la réserve vis-à-vis de qqn. *Garder ses distances* (même sens). **3** Écart dans le temps. → **intervalle. 4** fig. Différence notable. → **abîme.**

distancer v. tr. [3] ▪ Dépasser (ce qui avance). → **devancer.** ♦ fig. → **surpasser.**

distanciation n. f. ▪ Recul, détachement pris par rapport à qqn, qqch. (spécialt, au théâtre, par rapport à la situation).

se **distancier** v. pron. [7] ▪ Mettre une distance (fig.) entre soi et qqn, qqch.

distant, ante adj. ▪ **1** Qui est à une certaine distance. → **éloigné, loin. 2** Qui garde ses distances. → **froid, réservé.**

distendre v. tr. [41] ▪ Augmenter les dimensions de (qqch.) par la tension. → **étirer, ①tendre.** ▷ v. pron. se **distendre** Être moins tendu, serré ; se relâcher.

distension n. f. ▪ Action de se distendre.

disthène n. m. ▪ Minéral, silicate anhydre d'alumine ($Al_2O_2SiO_2$).

distillat [-il-] n. m. ▪ sc. Produit d'une distillation.

distillateur, trice [-il-] n. ▪ Personne qui distille des produits et les vend ; spécialt fabricant(e) d'eau-de-vie.

distillation [-il-] n. f. ▪ Procédé de purification par ébullition puis condensation de la vapeur dans un autre récipient.

distiller [-il-] v. [1] ▪ **I** v. tr. **1** Laisser couler goutte à goutte. → **sécréter.** ➛ fig. *Distiller des informations.* **2** Soumettre (qqch.) à la distillation. ➛ au p. p. *Eau distillée,* absolument pure. **II** v. intr. Se séparer (d'un mélange) par distillation.

distillerie [-il-] n. f. ▪ Lieu où l'on fabrique les produits de la distillation.

distinct, incte [-ɛ̃(kt), ɛ̃kt] adj. ▪ **1** Qui ne se confond pas avec qqch. d'analogue. **2** Qui se perçoit nettement. *Une voix distincte.* → **clair, net.** ► **distinctement** adv.

distinctif, ive adj. ▪ Qui permet de distinguer. → **caractéristique, typique.**

distinction n. f. ▪ **1** Action de distinguer, de reconnaître pour différent. **2** Fait d'être distinct, séparé. **3** vieilli Supériorité qui place au-dessus du commun. **4** Marque d'estime, d'honneur. *Distinction honorifique.* **5** Élégance, délicatesse et réserve dans la tenue et les manières (→ **distingué).**

distingué, ée adj. ▪ **1** littér. Remarquable par son rang, son mérite. → **éminent.** ♦ (dans des formules de politesse) Particulier, spécial. **2** Qui a de la distinction (5).

distinguer v. tr. [1] ▪ **1** (le sujet désigne un trait caractéristique) Permettre de reconnaître (une personne ou une chose d'une autre). → **différencier. 2** Reconnaître (une personne ou une chose) pour distincte (d'une autre). → **discriminer, séparer.** *Distinguer le vrai du faux.* → **discerner. 3** Mettre (qqn) à part, en le remarquant comme supérieur. **4** Percevoir d'une manière nette. ▷ v. pron. se **distinguer 1** Être ou se rendre distinct, différent. **2** Se faire remarquer. → s'**illustrer. 3** Être perçu, discerné.

distinguo n. m. ▪ Distinction subtile.

distique n. m. ▪ Groupe de deux vers.

distomatose n. f. ▪ méd. Maladie parasitaire provoquée par des distomes.

distome n. m. ▪ biol. Ver parasite. → ②**douve.**

distordre v. tr. [41] ▪ Déformer par une torsion. ➛ au p. p. *Bouche distordue.*

distorsion n. f. ▪ **1** méd. État d'une partie du corps qui se tourne d'un seul côté. **2** Défaut d'un système qui déforme ce qu'il doit reproduire. **3** fig. Déséquilibre entraînant une tension. → **décalage, disparité.**

distractif, ive adj. ▪ didact. Avec quoi l'on peut se distraire. → **récréatif.**

distraction n. f. ▪ **I** Action de distraire (I) ; son résultat. → **prélèvement. II 1** Manque d'attention aux choses dont on devrait normalement s'occuper, l'esprit étant absorbé par un autre objet. → **inattention.** ➛ UNE DISTRACTION. → **étourderie, oubli. 2** Diversion apportée par une occupation propre à délasser l'esprit en l'amusant. ➛ Cette occupation. → **divertissement**

distraire v. tr. [50] ▪ **I** littér. Séparer d'un ensemble. **II 1** Détourner (qqn) de l'objet auquel il s'applique, de ce qui l'occupe. ➛ *Distraire l'attention.* **2** Faire passer le temps agréablement à (qqn). → **amuser, divertir.** ▷ v. pron. se **distraire** S'amuser, se détendre.

distrait, aite adj. ▪ **1** Absorbé par autre chose. → **absent. 2** Qui est, par caractère, sujet à la distraction. → **étourdi.**

distraitement adv. ▪ De façon distraite.

distrayant, ante adj. ▪ Avec quoi l'on peut se distraire. → **amusant, divertissant.**

distribuer v. tr. [1] ▪ **1** Donner à plusieurs personnes prises séparément (une partie de qqch.). → **partager, répartir.** *Distribuer à chacun sa ration.* **2** Donner à diverses personnes, au hasard. *Distribuer des poignées de main.* **3** (sujet chose) Répartir dans plusieurs endroits. → **amener, conduire. 4** Répartir d'une manière particulière. → **arranger. 5** Assurer la distribution de (un produit...). ▷ p. p. **distribué, ée** *Appartement bien distribué.* → **agencé.**

distributaire adj. et n. ▪ dr. (Personne) qui a reçu qqch. en distribution.

distributeur, trice ■ **1** n. Personne qui distribue (qqch. ; spécialt un produit). **2** n. m. Appareil servant à distribuer.

distributif, ive adj. ■ **1** Qui distribue. **2** gramm. Qui désigne en particulier (opposé à *collectif*). *«Chaque» est un adjectif distributif.*

distribution n. f. ■ **1** Répartition à des personnes. *La distribution du courrier.* **2** Ensemble d'opérations et de circuits qui mettent un produit à la disposition des acheteurs. **3** Répartition à des endroits différents. **4** Arrangement selon un certain ordre. → **agencement.** **5** Ensemble des interprètes (d'un film...).

distributionnel, elle adj. ■ ling. *Analyse distributionnelle,* qui étudie la structure hiérarchique des énoncés.

district [-ikt] n. m. ■ Subdivision administrative territoriale.

distyle adj. ■ archit. À deux colonnes. *Porte distyle.*

dit, dite ■ **I** adj. **1** Surnommé. **2** dr. (joint à l'article défini) *Ledit, ladite, lesdits, lesdites,* dont on vient de parler. **3** Fixé, convenu. **II** n. m. Pièce de vers, au Moyen Âge.

dithyrambe n. m. ■ littér. Éloge.

dithyrambique adj. ■ Très élogieux.

dito adv. ■ comm. (dans un devis) Déjà dit, de même. - abrév. **d°.**

diurèse n. f. ■ méd. Excrétion de l'urine.

diurétique adj. ■ Qui augmente la sécrétion urinaire. ◆ n. m. *Un diurétique.*

diurnal, aux n. m. ■ relig. Livre de prières qui renferme l'office du jour.

diurne adj. ■ **1** didact. Qui dure vingt-quatre heures. **2** (opposé à *nocturne*) Qui se montre le jour ; du jour.

diva n. f. ■ Cantatrice célèbre.

divaguer v. intr. [1] ■ **1** Errer çà et là. **2** fig. Ne pas raisonner correctement. → **déraisonner.** ► **divagation** n. f.

divalent, ente → **bivalent**

divan n. m. ■ **I** hist. Conseil du Sultan. **II** Siège sans dossier ni bras qui peut servir de lit.

dive adj. f. ■ loc. *La dive bouteille* : le vin.

divergence n. f. ■ **1** Situation de ce qui diverge (1). **2** fig. Grande différence.

divergent, ente adj. ■ **1** Qui diverge (1). *Strabisme divergent.* **2** fig. Qui ne s'accorde pas. → **opposé.**

diverger v. intr. [3] ■ contr. *converger* **1** Aller en s'écartant de plus en plus. → s'**écarter.** **2** fig. Être en désaccord. → s'**opposer.**

divers, erse adj. ■ **1** littér. au sing. Qui présente plusieurs aspects. → **varié.** *Un pays divers.* **2** au plur. Qui présentent des différences intrinsèques et qualitatives. *Les divers sens d'un mot.* **3** *Les FAITS DIVERS :* les incidents du jour (accidents, crimes, etc.) ; la rubrique qui les regroupe. **4** adj. indéf. (au plur.) → **plusieurs.** *À diverses reprises.*

diversement adv. ■ D'une manière diverse ; de plusieurs manières différentes.

diversifier v. tr. [7] ■ Rendre divers. ▷ v. pron. se **diversifier** ► **diversification** n. f.

diversiforme adj. ■ didact. Dont la forme est variable. → **polymorphe.**

diversion n. f. ■ **1** Opération militaire destinée à détourner l'ennemi d'un point. **2** fig., littér. Ce qui détourne qqn d'une préoccupation. → **distraction.** ◆ *Son arrivée a fait diversion,* a détourné l'attention.

diversité n. f. ■ État de ce qui est divers.

diverticule n. m. ■ méd. Cavité pathologique communiquant avec un organe creux ou un conduit.

divertimento [-mɛnto ; -mɛ̃to] n. m. ■ mus. Petite pièce musicale pour orchestre.

divertir v. tr. [2] ■ **1** vx ou dr. Détourner. *Divertir de l'argent.* **2** vieilli Détourner (qqn) d'une occupation. **3** mod. Distraire en amusant. ▷ v. pron. se **divertir** Se distraire.

divertissant, ante adj. ■ Qui divertit. → **distrayant ; amusant, récréatif.**

divertissement n. m. ■ **1** vx ou dr. Action de divertir (1). **2** vieilli Ce qui détourne l'être humain de l'essentiel. **3** Action de (se) divertir ; moyen de se divertir. **4** Petit opéra ou pièce musicale.

dividende n. m. ■ **1** math. Nombre à diviser par un autre (le diviseur). **2** Part des bénéfices attribuée à chaque actionnaire.

divin, ine adj. ■ **1** Qui appartient à Dieu, aux dieux. ◆ *Droit divin,* considéré comme révélé par Dieu aux hommes. **2** Dû à Dieu, à un dieu. *L'amour divin* (opposé à *profane*). **3** Excellent, parfait. ◆ Délicieux.

divinateur, trice adj. ■ Qui devine l'avenir.

divination n. f. ■ **1** Art de découvrir ce qui est caché par des moyens qui ne relèvent pas d'une connaissance naturelle. → **devin ; -mancie.** **2** Faculté, action de deviner, de prévoir. → **intuition, prescience.**

divinatoire adj. ■ Relatif à la divination.

divinement adv. ■ D'une manière divine (3), à la perfection. → **parfaitement.**

diviniser v. tr. [1] ■ **1** Mettre au rang des dieux. → **déifier.** **2** Donner une valeur sacrée à (qqn, qqch.). ► **divinisation** n. f.

divinité n. f. ■ **1** Nature, essence divine. **2** Être divin. → **déesse, dieu.** *Les divinités antiques.*

divis, ise adj. ■ dr. Divisé (opposé à *indivis*).

diviser v. tr. 1 ▪ **I 1** Séparer en plusieurs parties. → **fractionner, partager.** *Diviser une somme en plusieurs parts.* ◆ (en parties égales) *Diviser un gâteau en six.* ◆ Calculer combien de fois une quantité est contenue dans une autre (→ **division ; dividende, diviseur).** *Diviser un nombre par six* (opposé à *multiplier*). **2** abstrait Séparer en éléments. **II** Séparer, semer la discorde entre (des personnes, des groupes). *L'affaire Dreyfus divisa la France.* ◆ (sans compl.) loc. prov. *Diviser pour régner.* ▷ v. pron. **se diviser 1** Se séparer en parties. **2** Être en désaccord.

diviseur, euse ▪ **1** n. Ce qui divise (personne...). **2** n. m. math. Nombre par lequel on en divise un autre (le dividende).

divisible adj. ▪ Qui peut être divisé. ◆ *Les nombres pairs sont divisibles* (exactement) *par 2.* ▶ **divisibilité** n. f.

division n. f. ▪ **1** Action de diviser ; état de ce qui est divisé (rare en emploi concret). ♦ Opération par laquelle on divise* une quantité par une autre, pour obtenir le quotient. *Division qui tombe juste,* dont le reste est nul. ♦ *Division du travail* (décomposition et répartition des tâches). **2** Fait de se diviser. *Division cellulaire,* où une cellule donne deux cellules filles. → **mitose. 3** Trait qui divise. **4** Partie d'un tout divisé. **5** Grande unité militaire. ♦ Réunion de services, de groupes... **6** fig. Opposition d'intérêts, de sentiments entre personnes. → **désaccord, discorde, dissension.**

divisionnaire adj. ▪ D'une division (5).

divorce n. m. ▪ **1** Rupture légale du mariage civil, du vivant des époux. **2** Séparation d'intérêts, de sentiments... → **divergence.**

divorcer v. intr. 3 ▪ Se séparer par le divorce (de l'autre époux). ▷ adj. et n. **divorcé, ée**

divulguer v. tr. 1 ▪ Porter à la connaissance du public. → **publier, répandre.** ▶ **divulgation** n. f. ▶ **divulgateur, trice** n.

divulsion n. f. ▪ méd. Arrachement ou rupture des tissus.

dix [dis] ▪ **I** adj. numéral **1** (cardinal) Neuf plus un (10). → **déca-.** ♦ Un grand nombre de. *Répéter dix fois la même chose.* **2** (ordinal) Dixième. *Page dix. Charles X.* **II** n. m. Le nombre, le numéro 10.

dix-huit [dizɥit] ▪ **I** adj. numéral invar. **1** (cardinal) Dix plus huit (18). *Dix-huit ans.* **2** (ordinal) *Louis XVIII.* **II** n. m. invar. Le nombre, le numéro dix-huit. ▶ **dix-huitième** adj. et n.

dixième [diz-] ▪ **1** adj. Qui suit le neuvième (10e). ♦ n. *Le, la dixième.* **2** adj. et n. m. Se dit d'une partie d'un tout divisé également en dix. ▶ **dixièmement** adv.

dixit [diksit] ▪ didact. ou iron. S'emploie devant ou après le nom de qqn dont on rapporte les paroles.

dix-neuf [diznœf] ▪ **I** adj. numéral invar. **1** (cardinal) Dix plus neuf (19). *Dix-neuf ans.* **2** (ordinal) Dix-neuvième. *Page dix-neuf.* **II** n. m. invar. Le nombre, le numéro dix-neuf. ▶ **dix-neuvième** adj. et n.

dix-sept [di(s)sɛt] ▪ **I** adj. numéral invar. **1** (cardinal) Dix plus sept (17). *Dix-sept ans.* **2** (ordinal) Dix-septième. *Louis XVII.* **II** n. m. invar. Le nombre, le numéro dix-sept. ▶ **dix-septième** adj. et n.

dizain n. m. ▪ Pièce de poésie de dix vers.

dizaine n. f. ▪ **1** Groupe de dix unités (nombre). *Le chiffre des dizaines* (ex. 9 dans 298). **2** Réunion de dix personnes, de dix choses ; quantité voisine de dix.

dizygote adj. et n. m. ▪ biol. *Jumeaux dizygotes,* provenant de deux ovules fécondés différents. ◆ n. m. *Dizygotes et monozygotes.*

D. J. [didʒi ; didʒɛ] n. invar. (sigle) ▪ anglic. **1** Disc-jockey. **2** Personne qui crée des effets musicaux en manipulant des disques (de vinyle) en cours de lecture.

djaïn → **jaïn**

djaïnisme → **jaïnisme**

djebel [dʒebɛl] n. m. ▪ Montagne, terrain montagneux, en Afrique du Nord.

djellaba [dʒɛ(l)laba] n. f. ▪ (au Maghreb) Longue robe à manches longues, à capuchon.

djembé [dʒɛmbe] n. m. ▪ Tambour d'Afrique de l'Ouest, creusé dans une bille de bois et recouvert d'une peau de chèvre.

djihad ou **jihad** [dʒi(j)ad] n. m. ▪ Guerre sainte menée pour propager ou défendre l'islam.

djihadiste ou **jihadiste** n. ▪ Partisan, combattant du djihad. → **moudjahid.**

djinn [dʒin] n. m. ▪ Génie (bon ou mauvais), dans le Coran, etc.

do n. m. invar. ▪ Premier son de la gamme naturelle. → **ut.**

doberman [-man] n. m. ▪ Chien de garde haut et svelte, à poil ras.

docile adj. ▪ Qui obéit facilement ; qui se laisse diriger. ▶ **docilement** adv.

docilité n. f. ▪ Comportement soumis.

docimasie n. f. ▪ méd. Épreuves pratiquées sur les organes d'un cadavre pour déterminer les circonstances de la mort.

docimologie n. f. ▪ didact. Étude des moyens de contrôle des connaissances, en éducation.

dock n. m. ▪ anglic. **1** Vaste bassin destiné au chargement et au déchargement des navires. **2** souvent au plur. Hangar, magasin situé en bordure de ce bassin.

docker [dɔkɛʀ] n. m. ▪ anglic. Celui qui charge et décharge les navires. → **débardeur.**

docte adj. ▪ Érudit, savant. ◆ *Un ton docte.* → **doctoral** (2). ▶ **doctement** adv.

docteur n. ▪ **I** (souvent avec un compl.) **1** n. m. relig. Celui qui enseignait des points de doctrine. *Les docteurs de la Loi* (dans le judaïsme). *Les docteurs de l'Église* (→ les Pères de l'Église). **2** Personne promue au plus haut grade universitaire (→ doctorat). *Docteur ès sciences.* **II** Personne qui a le titre de docteur en médecine et qui exerce la médecine ou la chirurgie. → **médecin.**

doctoral, ale, aux adj. ▪ **1** didact. Des docteurs. **2** péj. Grave, solennel, pontifiant.

doctorant, ante n. ▪ Personne qui prépare un doctorat. → **thésard.**

doctorat n. m. ▪ Grade de docteur (I, 2).

doctoresse n. f. ▪ vieilli Femme médecin.

doctrinaire ▪ **1** n. Personne étroitement attachée à une doctrine. **2** adj. Sentencieux.

doctrine n. f. ▪ Ensemble de notions qu'on affirme être vraies et par lesquelles on prétend fournir une interprétation des faits ou diriger l'action. → **dogme, idéologie, théorie.** ► **doctrinal, ale, aux** adj.

docufiction n. m. ▪ techn. Film de fiction intégrant des éléments didactiques (archives...) dans une histoire basée sur des faits réels. - syn. **docudrame** n. m.

document n. m. ▪ **1** Écrit servant de preuve ou de renseignement. ✦ par ext. *Document sonore.* **2** Ce qui sert de témoignage. **3** inform. Fichier créé à partir d'un logiciel. *Ouvrir, enregistrer un document.*

documentaire adj. ▪ **1** Qui a le caractère d'un document, repose sur des documents. ✦ loc. *À titre documentaire,* d'information. **2** n. m. Film didactique présentant des faits authentiques. **3** Relatif à la documentation.

documentaliste n. ▪ Personne qui collecte, gère et diffuse des documents.

documentariste n. ▪ Auteur de documentaires (2).

documentation n. f. ▪ **1** Recherche de documents. **2** Ensemble de documents. **3** Activité de documentaliste.

documenter v. tr. [1] ▪ **1** Fournir des documents à (qqn). **2** Appuyer (un travail) sur des documents. ▷ v. pron. se **documenter** → s'**informer.** ▷ adj. **documenté, ée**

dodéca- Élément savant, du grec *dôdeka* «douze».

dodécaèdre n. m. ▪ Polyèdre à douze faces.

dodécagone n. m. ▪ Polygone à douze côtés.

dodécaphonique adj. ▪ mus. Qui utilise la série de douze sons de la gamme chromatique (→ **sériel**) en dehors des modes et des tons (→ **atonal**).

dodécaphonisme n. m. ▪ mus. Méthode de composition qui utilise la série de douze sons de la gamme chromatique. *Arnold Schoenberg, fondateur du dodécaphonisme.*

dodécastyle adj. ▪ archit. Qui a douze colonnes sur la façade.

dodécasyllabe [-si(l)lab] adj. ▪ (vers) Qui a douze syllabes. ✦ n. m. → **alexandrin.**

dodeliner v. intr. [1] ▪ Se balancer doucement. ► **dodelinement** n. m.

dodine n. f. ▪ cuis. **1** Sauce au blanc dans laquelle on incorpore le jus d'une volaille rôtie. **2** Ballottine.

① **dodo** n. m. ▪ (enfantin) Fait de dormir.

② **dodo** n. m. ▪ anglic. Oiseau disparu d'Afrique australe. → **dronte.**

dodu, ue adj. ▪ Bien en chair. → **gras.**

dogaresse n. f. ▪ hist. Femme d'un doge.

doge n. m. ▪ Chef élu de l'ancienne république de Venise (ou de Gênes).

dogger [dɔgœʀ] n. m. ▪ géol. Jurassique moyen.

dogmatique adj. ▪ **1** didact. Relatif au dogme. ♦ Qui admet certaines vérités ou principes (opposé à *sceptique*). **2** Qui exprime ses opinions d'une manière péremptoire. → **doctrinaire ; doctoral, sentencieux.**

dogmatiser v. intr. [1] ▪ **1** relig. Traiter du dogme. **2** fig. Exprimer son opinion d'une manière sentencieuse.

dogmatisme n. m. ▪ **1** Caractère d'une philosophie, d'une religion qui s'appuie sur un dogme. **2** Caractère dogmatique (2).

dogme n. m. ▪ **1** Point de doctrine établi ou regardé comme une vérité fondamentale, incontestable (dans une religion, une école philosophique). ♦ Opinion émise comme une vérité indiscutable. **2** *LE DOGME :* l'ensemble des dogmes (d'une religion).

dogue n. m. ▪ Chien de garde trapu, à grosse tête, au museau écrasé.

doigt [dwa] n. m. ▪ **I 1** Chacun des cinq prolongements qui terminent la main de l'homme. → **-dactyle.** ♦ loc. *Vous avez mis le doigt sur la difficulté,* vous l'avez trouvée. ✦ *Montrer qqn du doigt,* le désigner ; fig. le ridiculiser. ✦ *Se mordre les doigts de qqch.,* regretter. ✦ *Ils sont comme les deux doigts de la main,* très unis. ✦ *Être obéi au doigt et à l'œil,* exactement. ✦ *Savoir qqch. sur le bout des doigts,* parfaitement. ✦ *Mon petit doigt me l'a dit :* je l'ai appris (se dit à un enfant). ♦ *Doigt de pied.* → **orteil. 2** Extrémité articulée des pieds, des pattes de certains animaux (et de la main du singe). **3** par analogie *Les doigts d'un gant.* **II** Mesure approximative, équivalant à un travers de doigt. ✦ loc. *À un doigt, à deux doigts de,* très près.

doigté [dwate] n. m. ▪ **1** Jeu des doigts dans l'exécution d'un morceau de musique. **2** fig. → **diplomatie, savoir-faire, tact.**

doigtier [dwatje] n. m. ▪ Fourreau servant à protéger un doigt.

doit n. m. ▪ comptab. Partie d'un compte établissant ce que qqn doit (→ ② débit).

dojo n. m. ▪ sports Salle où l'on pratique les arts martiaux.

dol n. m. ▪ dr. Manœuvres frauduleuses destinées à tromper (→ **dolosif**).

dolby n. m. (nom déposé) ▪ Procédé de réduction du bruit de fond (enregistrements sonores).

dolce vita [dɔltʃevita] n. f. ▪ Forme de vie facile et oisive.

doléances n. f. pl. ▪ Plaintes. → **récrimination.**

doleau n. m. ▪ techn. Hachette pour équarrir les ardoises.

dolent, ente adj. ▪ Qui se sent malheureux et cherche à se faire plaindre.

doler v. tr. [1] ▪ techn. Amincir ou aplanir avec un instrument tranchant.

dolic ou **dolique** n. m. ▪ bot. Légumineuse d'Amérique du Sud et d'Afrique.

dolichocéphale [-ko-] adj. ▪ Qui a le crâne long (opposé à *brachycéphale*).

doline n. f. ▪ didact. Dépression fermée de forme circulaire (relief calcaire).

dolique → **dolic**

dollar n. m. ▪ Unité monétaire des États-Unis d'Amérique et de divers autres pays, divisée en 100 cents.

dolman n. m. ▪ anciennt Veste à brandebourgs que portaient les hussards.

dolmen [-ɛn] n. m. ▪ Monument mégalithique fait de pierres brutes agencées en forme de table gigantesque.

doloire n. f. ▪ techn. Hachette de tonnelier.

dolomie n. f. ▪ géol. Roche sédimentaire, formée de dolomite et de calcaire.

dolomite n. f. ▪ minér. Carbonate de calcium et de magnésium.

① **dolomitique** adj. ▪ minér. Qui renferme de la dolomite.

② **dolomitique** adj. ▪ géogr. Des Dolomites. *Les Alpes dolomitiques.*

dolosif, ive adj. ▪ dr. Qui tient du dol.

dom n. m. ▪ **1** Titre donné à certains religieux. **2** Titre donné aux nobles espagnols et portugais. → ② **don.**

D. O. M. [dɔm] n. m. invar. ▪ Département français d'outre-mer. *Les D. O. M.-R. O. M.* : départements et régions d'outre-mer.

domaine n. m. ▪ **1** Terre possédée par un propriétaire. → **propriété, terre.** ♦ *Domaine de l'État* : les biens de l'État. *Domaine public*, biens affectés à l'usage direct du public ou à un service public (→ **domanial**). **2** loc. *Tomber dans le* DOMAINE PUBLIC, se dit des œuvres qui, après un temps déterminé par les lois, cessent d'être la propriété des auteurs ou de leurs héritiers. **3** fig. Ce qu'embrasse (un art, une science, un sujet...). → **champ, discipline, secteur, sphère.** ‑ *Être du domaine de qqn, de qqch.* → **relever** de. ‑ *L'art médiéval est son domaine.* → **spécialité.**

domanial, iale, iaux adj. ▪ Qui appartient à un domaine ; spécialt, au domaine public.

① **dôme** n. m. ▪ Sommet arrondi de certains grands édifices. → **coupole.**

② **dôme** n. m. ▪ Église principale de certaines villes d'Italie et d'Allemagne. *Le dôme de Milan.*

domesticité n. f. ▪ Ensemble des domestiques.

domestique ▪ **I** adj. **1** (dans des expr.) Qui concerne la vie à la maison. *Travaux domestiques.* **2** (animaux) Qui vit auprès de l'homme, et dont l'espèce est depuis longtemps apprivoisée. **II** n. anciennt Employé(e) de maison.

domestiquer v. tr. [1] ▪ **1** Rendre domestique (une espèce ; un animal). → **apprivoiser.** **2** Maîtriser (qqch.) pour utiliser. *Domestiquer un fleuve.* ▶ **domestication** n. f.

domicile n. m. ▪ Lieu ordinaire d'habitation, demeure légale et habituelle. → **logement, résidence.** *Élire domicile* (quelque part), s'y fixer pour y habiter. ♦ loc. adv. *À DOMICILE* : dans la demeure même de qqn. ♦ *Domicile d'une société.* → **siège.**

domiciliaire adj. ▪ dr. *Visite domiciliaire*, au domicile de qqn (par autorité de justice).

domiciliation n. f. ▪ dr. Désignation du domicile où un effet est payable.

domicilier v. tr. [7] ▪ **1** Fixer un domicile à (qqn). ‑ passif *Être domicilié à Lyon.* **2** *Domicilier une traite* (→ **domiciliation**).

dominance n. f. ▪ biol. Prépondérance d'un gène ou d'un caractère dominant.

dominant, ante adj. ▪ **1** Qui exerce l'autorité, domine sur d'autres. ♦ biol. *Gène dominant*, qui se manifeste seul (opposé à *récessif*). **2** Qui est le plus important, l'emporte parmi d'autres. → **prédominant, prépondérant.** **3** Qui domine, surplombe.

dominante n. f. ▪ **1** Ce qui est dominant (2), parmi plusieurs choses. **2** mus. Cinquième degré de la gamme diatonique ascendante (ex. sol dans la gamme de do).

dominateur, trice ▪ **1** n. littér. Personne ou puissance qui domine sur d'autres. **2** adj. Qui aime à dominer. → **autoritaire.**

domination n. f. ▪ **1** Action, fait de dominer ; autorité souveraine. → **suprématie.** **2** Fait d'exercer une influence déterminante.

dominer v. 1 ▪ **I** v. tr. **1** Avoir, tenir sous sa suprématie, sous sa domination. **2** fig. Être plus fort que. *Dominer son trouble.* → **maîtriser.** ♦ *Sa voix dominait le tumulte.* **3** Avoir au-dessous de soi, dans l'espace environnant. → **surplomber.** ♦ fig. *Dominer son sujet,* l'embrasser dans son ensemble. **II** v. intr. **1** littér. Avoir la suprématie. **2** Être le plus apparent, le plus important, parmi plusieurs éléments. *Les femmes dominent dans cette profession,* il y a surtout des femmes. ▷ v. pron. se **dominer** Se maîtriser.

dominicain, aine n. ▪ Religieux, religieuse de l'ordre des Frères prêcheurs, fondé par saint Dominique au XIIIe siècle.

dominical, ale, aux adj. ▪ Du dimanche.

dominion [-njɔn] n. m. ▪ Ancienne colonie britannique, aujourd'hui État indépendant.

domino n. m. ▪ **I** Costume de bal masqué, robe à capuchon. **II** Petite plaque dont le dessus est divisé en deux parties portant chacune de zéro à six points noirs. ♦ *Les dominos :* jeu qui se joue avec ces plaques.

dominoterie n. f. ▪ Fabrication de papiers marbrés et coloriés ; ces papiers.

domisme n. m. ▪ didact. Science de la construction et de l'aménagement de l'habitation.

dommage n. m. ▪ **1** Préjudice subi par qqn. - *Dommages-intérêts* (ou *dommages et intérêts*) : indemnité due à qqn en réparation d'un préjudice. **2** Dégâts matériels causés aux choses. → **ravage.** - *Dommages de guerre.* **3** Chose fâcheuse (dans quelques emplois). *Quel dommage ! C'est (bien) dommage !* - ellipt *Dommage !,* tant pis !

dommageable adj. ▪ Qui cause du dommage. → **nuisible, préjudiciable.**

domotique n. f. ▪ techn. Ensemble des techniques de gestion automatisée appliquées à l'habitation (confort, sécurité...).

domptable [dɔ̃(p)t-] adj. ▪ Qui peut être dompté.

domptage [dɔ̃(p)t-] n. m. ▪ Action de dompter ; son résultat. → **dressage.**

dompter [dɔ̃(p)te] v. tr. 1 ▪ **1** Réduire à l'obéissance (un animal sauvage, dangereux). → **dresser. 2** Soumettre à son autorité. ♦ fig., littér. *Dompter ses passions.*

dompteur, euse [dɔ̃(p)tœʀ, øz] n. ▪ Personne qui dompte des animaux.

① **don** n. m. ▪ **1** Action d'abandonner gratuitement (→ **donner**) à qqn la propriété ou la jouissance de qqch. *Faire don de qqch. à qqn.* ♦ fig. *Le don de soi.* → **dévouement. 2** Ce qu'on abandonne à qqn (sans rien recevoir de lui en retour). → **cadeau, donation, présent. 3** Avantage naturel (considéré comme donné par la nature, Dieu...). → **faveur. 4** Disposition innée pour qqch. → **aptitude, génie, talent.**

② **don** n. m., **doña** [dɔnja] n. f. ▪ Titre d'honneur des nobles d'Espagne. → **dom.**

donacie n. f. ▪ zool. Insecte coléoptère qui vit sur les plantes aquatiques.

donataire n. ▪ Bénéficiaire d'une donation.

donateur, trice n. ▪ **1** Personne qui fait un don, des dons à une œuvre. **2** Personne qui fait une donation.

donation n. f. ▪ Contrat par lequel le *donateur* abandonne un bien en faveur du *donataire* qui l'accepte.

donc [dɔ̃k] conj. ▪ **1** Amenant la conséquence, la conclusion de ce qui précède. → par **conséquent.** *« Si ce n'est toi, c'est donc ton frère »* (La Fontaine). ♦ Pour revenir à un sujet, après une digression. *Je disais donc que...* **2** Exprimant la surprise. → **ainsi.** *Vous habitez donc là ?* ♦ Pour renforcer une injonction. *Taisez-vous donc !*

dondon n. f. ▪ fam. et péj. Grosse femme.

à **donf** loc. adv. ▪ fam. À fond (concret ou abstrait). *Vas-y à donf !*

dong n. m. ▪ Unité monétaire du Viêtnam.

donjon n. m. ▪ Tour principale qui domine un château fort.

don Juan n. m. ▪ Séducteur sans scrupule. ► **donjuanesque** adj. ► **donjuanisme** n. m.

donnant, ante adj. ▪ loc. *Donnant(,) donnant :* en ne donnant qu'à la condition de recevoir en échange.

donne n. f. ▪ **1** Distribution des cartes, au jeu. **2** fig. Répartition (des chances, des forces).

donné, ée adj. ▪ **1** Qui a été donné. **2** *C'est donné :* c'est vendu bon marché. **3** Connu, déterminé. - loc. *À un moment donné :* soudain. **4** loc. prép. *ÉTANT DONNÉ.* → **vu.** *Étant donné* (ou littér. *donnée*) *l'heure, il faut partir.* - loc. conj. *ÉTANT DONNÉ QUE* (+ indic.) : puisque.

donnée n. f. ▪ **1** Ce qui est donné, connu dans l'énoncé d'un problème. **2** Élément qui sert de base à un raisonnement, à une recherche. **3** inform. Représentation d'une information, permettant un traitement automatique. *Données alphanumériques. Banque, base de données.*

donner v. 1 ▪ **I** v. tr. Mettre (qqch.) en la possession de qqn (*DONNER qqch. À qqn*). **1** Abandonner à qqn sans rien demander en retour (une chose que l'on possède ou dont on jouit). → **offrir.** *Donner de l'argent à qqn.* **2** Faire don de. *Donner son sang.* **3** *DONNER qqch. POUR, CONTRE qqch.* : céder en échange d'autre chose. → **échanger, fournir.** ♦ (dans le commerce) Vendre. *Donnez-moi une laitue.* **4** Confier (une chose) à qqn, pour un service. *Donner sa montre à réparer.* **II** v. tr. Mettre à la disposition de qqn (*DONNER À*). **1** Mettre à la disposition, à la portée de. → **fournir, offrir, procurer.** *Donner* *du travail à qqn.* **2** Organiser pour (un public). *Donner un spectacle.* **3** Communiquer, exposer (qqch.) à qqn. *Donner son avis.* ♦ *Donner un cours* (à des élèves). **4** Transmettre, provoquer (une maladie). **5** Accepter de mettre (qqch.) à la disposition, à la portée de qqn. → **accorder, concéder, octroyer.** *Donnez-moi un peu de répit.* **6** fam. Dénoncer à la police. **7** littér. passif *Être donné à* : être possible pour... *Ce n'est pas donné à tout le monde.* **8** Assigner à qqn, à qqch. (une marque, un signe, etc.). *Donner un nom à un enfant.* **9** *DONNER À* (+ inf.). Confier. *On m'a donné cela à faire.* **III** v. tr. Être l'auteur, la cause de. **1** (dans des loc.) *Donner l'alarme. Donner des soins à qqn.* **2** (le compl. exprime un sentiment, etc.) → **causer, susciter.** *Cela me donne envie de dormir.* – loc. *Donner lieu, matière, sujet à,* provoquer. – *Donner à rire, à penser.* → **prêter. 3** (choses concrètes) sans compl. indir. Produire ; rapporter. *L'eau que donne une source.* **4** Appliquer, mettre. *Donner un baiser à qqn.* **5** Conférer (un caractère nouveau) à (qqn, qqch.) en modifiant. *Donner une forme à qqch.* – loc. *Donner la vie à un enfant,* engendrer. *Donner la mort* : tuer. **6** Considérer (un caractère) comme propre à qqn, à qqch. → **accorder, attribuer, prêter, supposer.** *Quel âge lui donnez-vous ?* **7** *DONNER POUR* : présenter comme étant. *Donner une chose pour certaine.* **IV** v. intr. **1** Porter un coup (contre, sur). → **cogner, heurter.** – loc. *Ne plus savoir où donner de la tête*.* **2** Se porter (dans, vers). → se **jeter, tomber.** *Donner dans un piège.* **3** Attaquer, combattre. *Faire donner l'infanterie.* **4** *DONNER SUR* : être exposé, situé ; avoir vue, accès sur. ▷ v. pron. **se donner 1** réfl. Faire don de soi-même. → se **consacrer,** se **vouer.** ♦ *SE DONNER POUR un progressiste,* faire croire qu'on l'est. **2** passif Être donné ; avoir lieu, être représenté. **3** faux pron. Donner à soi-même. *Se donner du mal.* **4** récipr. → **échanger.** – loc. *Se donner le mot* : s'entendre à l'avance. *Ils s'étaient donné le mot.*

donneur, euse n. ▪ **1** *Donneur, donneuse de* : personne qui donne (qqch.). *Un donneur de leçons.* ♦ Personne qui donne (son sang, un organe, etc.). *Donneur de sang.* **2** fam. Personne qui donne (II, 6), dénonce.

don Quichotte n. m. ▪ Homme généreux et naïf qui se pose en redresseur de torts. ▶ **donquichottisme** n. m.

dont pron. ▪ Pronom relatif des deux genres et des deux nombres servant à relier une proposition correspondant à un complément introduit par *de.* → **duquel,** de **qui. I** Exprimant le complément du verbe. **1** (Provenance). *La pièce dont je sors.* **2** (Moyen, instrument, manière). *La manière dont il est habillé.* – (Agent). *La femme dont il est aimé.* **3** (Objet). *L'homme dont je parle.* **4** Au sujet de qui, de quoi. *Cet homme dont je sais qu'il a été marié.* **II** Exprimant le complément de l'adjectif. *Le malheur dont vous êtes responsable.* **III** Exprimant le complément de nom. **1** Possession, qualité, matière. *Un pays dont le climat est doux.* **2** Partie d'un tout. *Des livres dont trois sont reliés.*

donut [-œt] n. m. ▪ anglic. Beignet en forme d'anneau.

donzelle n. f. ▪ Jeune fille prétentieuse.

dopage n. m. ▪ Action de (se) doper. – syn. **doping** n. m. (anglic.).

dopamine n. f. ▪ biochim. Neuromédiateur précurseur de la noradrénaline, et indispensable à l'activité normale du cerveau.

dopant, ante adj. ▪ (produit) Qui dope.

dope n. f. ▪ anglic., fam. Drogue, stupéfiant.

doper v. tr. [1] ▪ Administrer un stimulant à. ▷ v. pron. se **doper** Prendre un stimulant.

doping → **dopage**

doppler [dɔplɛʀ] n. m. ▪ méd. Examen basé sur l'*effet Doppler* (modification de la fréquence d'ondes quand la source de ces ondes et l'observateur sont en mouvement relatif), permettant notamment de déceler des anomalies dans la circulation sanguine.

dorade n. f. → **daurade**

dorage n. m. ▪ Action de dorer ; son résultat.

doré, ée adj. ▪ **1** Recouvert d'une mince couche d'or (ou d'un métal jaune). **2** Qui a l'éclat, la couleur de l'or. **3** *La JEUNESSE DORÉE* : jeunes gens riches et oisifs.

dorénavant adv. ▪ À partir du moment présent, à l'avenir. → **désormais.**

dorer v. tr. [1] ▪ **1** Revêtir (qqch.) d'une couche d'or. **2** loc. *Dorer la pilule à qqn,* lui faire accepter une chose désagréable par des paroles aimables. **3** Donner une teinte dorée à. ♦ pronom. *Se dorer au soleil.* – loc. fam. *Se (faire) dorer la pilule.* → **bronzer.**

d'ores et déjà → **ores**

doreur, euse n. ▪ Personne dont le métier est de dorer (1).

dorique adj. et n. m. ▪ Se dit du premier, du plus simple des trois ordres d'architecture grecque (→ aussi **corinthien, ionique).**

doris [-is] n. f. ▪ zool. Mollusque sans coquille, aux branchies en étoile.

dorloter v. tr. [1] ▪ Entourer de soins ; traiter délicatement (qqn). → **cajoler, choyer.**

dormance n. f. ▪ bot. Repos, arrêt temporaire de la croissance (d'un végétal).

dormant, ante adj. ▪ **1** rare Qui dort. **2** Qui n'est agité par aucun mouvement. *Eau dormante.* → **immobile, stagnant. 3** techn. Qui ne bouge pas. → **fixe.** ♦ n. m. Partie fixe (d'un châssis, d'une porte...).

dormeur, euse n. ▪ **1** Personne qui dort ; qui aime dormir. **2** n. m. Tourteau (crabe).

dormir v. intr. [16] ▪ **1** Être dans l'état de sommeil. ➝ loc. *Ne dormir que d'un œil,* en restant vigilant. *Dormir à poings fermés,* profondément. *Dormir debout,* avoir sommeil. *Une histoire à dormir debout,* invraisemblable. **2** fig. Être dans l'inactivité. ♦ *Laisser dormir un projet,* ne pas s'en occuper. ➝ *Capitaux qui dorment,* ne rapportent pas d'intérêts. **3** littér. Rester caché. *Les souvenirs qui dorment au fond de nous.*

dormitif, ive adj. ▪ vx ou plais. Qui fait dormir. → **soporifique.**

dorsal, ale, aux ▪ **1** adj. Du dos. *L'épine* dorsale.* **2** n. f. Crête d'une chaîne de montagnes. ➝ Chaîne sous-marine.

dorsalgie n. f. ▪ méd. Douleur au dos.

dors(o)- Élément, du latin *dorsum* «dos».

dorsolombaire adj. ▪ anat. Qui concerne le dos et la région lombaire.

dortoir n. m. ▪ **1** Grande salle où dorment les membres d'une communauté. **2** appos. Qui n'est habité que la nuit. *Cité-dortoir.*

dorure n. f. ▪ **1** techn. Action de dorer (1). **2** Mince couche d'or appliquée à un objet. ♦ Ornement doré.

doryphore n. m. ▪ Insecte coléoptère aux élytres rayés de noir, parasite des pommes de terre.

dos n. m. ▪ **I 1** Partie du corps de l'homme qui s'étend des épaules jusqu'aux reins, de chaque côté de la colonne vertébrale. ♦ loc. *Avoir* BON DOS : supporter injustement une responsabilité ; servir de prétexte. ➝ *Tourner le dos :* se présenter de dos. *Tourner le dos à qqch. :* marcher dans une direction opposée ; *à qqn* (fig. cesser de le fréquenter). ➝ *Se mettre qqn* À DOS, s'en faire un ennemi. ➝ DANS LE DOS. *Passer la main dans le dos de qqn,* le flatter. *Donner froid dans le dos :* effrayer. *Agir dans le dos de qqn,* par-derrière (syn. *derrière le dos*). ➝ DE DOS (opposé à *de face*). *Vu de dos.* ➝ DOS À DOS (opposé à *face à face*). *Renvoyer deux adversaires dos à dos :* refuser de donner raison à l'un plus qu'à l'autre. ➝ *Mettre qqch.* SUR LE DOS *de qqn,* l'en accuser. ➝ *Être toujours sur, derrière le dos de qqn,* surveiller ce qu'il fait. **2** Face supérieure du corps des animaux. *Faire le gros dos :* bomber le dos (chat) ; fig. attendre que les choses se passent ou s'améliorent. **II 1** Partie (d'un vêtement) qui couvre le dos. **2** Dossier. **3** Partie supérieure et convexe. *Dos de la main.* → **revers. 4** Côté opposé au tranchant. **5** Partie d'un livre qui unit les deux plats (opposé à *tranche*). **6** Envers d'un papier écrit. → **verso.** *Signer au dos d'un chèque* **(→ endosser).**

dosage n. m. ▪ Action de doser ; son résultat.

dos d'âne n. m. invar. → **âne**

dose n. f. ▪ **1** Quantité d'un médicament qui doit être administrée en une fois. ♦ (stupéfiant) *Dose excessive.* → **overdose** (anglic.), **surdose. 2** Quantité quelconque.

doser v. tr. [1] ▪ **1** Déterminer la dose de (un médicament). **2** Déterminer la proportion des éléments (d'un mélange). ▷ adj. **dosé, ée** *Mélange savamment dosé.*

dosette n. f. ▪ Conditionnement contenant la quantité (d'un produit) nécessaire à une utilisation. → **unidose.**

doseur, euse n. m. et adj. ▪ Instrument donnant la mesure d'une dose. ➝ adj. *Bouchon doseur.*

dossard n. m. ▪ Carré d'étoffe que les concurrents d'une épreuve sportive portent sur le dos et qui indique leur numéro d'ordre.

dosseret n. m. ▪ Tête ou pied de lit indépendants, adaptables à un sommier.

dossier n. m. ▪ **I** Partie d'un siège sur laquelle on appuie le dos. **II** Ensemble des pièces relatives à une affaire ; chemise les contenant. ♦ Les informations du dossier.

dot [dɔt] n. f. ▪ Bien qu'une femme apporte en se mariant. ► **dotal, ale, aux** adj.

dotation n. f. ▪ **1** Revenus assignés à un établissement d'utilité publique. **2** Action de doter d'un équipement, de matériel.

doter v. tr. [1] ▪ **1** Pourvoir d'une dot. **2** Assigner un revenu à (un service, un établissement). **3** Fournir en équipement, en matériel. → **équiper, munir. 4** fig. Pourvoir de certains avantages. ➝ passif *Être doté d'une excellente mémoire.* → **doué.**

douaire n. m. ▪ anciennt Droit de l'épouse survivante sur les biens de son mari. ➝ fig. Pension.

douairière n. f. ▪ péj. Vieille dame de la haute société.

douane n. f. ▪ **1** Administration chargée d'établir et de percevoir les droits imposés sur les marchandises, à la sortie ou à l'entrée d'un pays. *Droits de douane.* **2** Siège de cette administration. **3** Droits de douane.

douanier, ière n. et adj. ▪ **1** n. Membre du service actif de l'administration des douanes. **2** adj. Relatif à la douane.

douar n. m. ▪ Division administrative, en Afrique du Nord.

doublage n. m. ▪ **1** Action de doubler, de mettre en double. **2** Remplacement d'un acteur par une doublure (2). **3** Adaptation des dialogues (d'un film) dans une langue différente.

double ▪ **I** adj. **1** Qui est répété deux fois, qui vaut deux fois (la chose désignée), ou qui est formé de deux choses identiques. *Fermer à double tour* (de clé). **2** Qui a deux aspects dont un est caché. *Phrase à double sens.* ➝ loc.

Mener une DOUBLE VIE : mener, en marge de sa vie habituelle, une existence cachée. **3** Pour deux personnes (opposé à *individuel*). **II** n. m. **1** Quantité qui équivaut à deux fois une autre. **2** Chose semblable à une autre. *L'original et le double d'une facture.* ♦ (personnes) Personne qui ressemble beaucoup à qqn. → **alter ego.** **3** Partie de tennis entre deux équipes de deux joueurs.

double-clic n. m. ▪ anglic. Succession très rapprochée de deux clics (sur la souris d'un ordinateur). ► **double-cliquer** v. intr. [1] anglic.

① **doublement** adv. ▪ De deux manières.

② **doublement** n. m. ▪ Action de doubler.

doubler v. [1] ▪ **I** v. tr. **1** Rendre double. ◆ loc. *Doubler le pas* : accélérer le pas. **2** Mettre (qqch.) en double. **3** Garnir intérieurement de qqch. qui recouvre. *Doubler une veste.* **4** Dépasser en contournant. *Doubler un camion.* **5** Remplacer (un acteur). → **doublure** (2). **6** Faire le doublage (3) de. **II** v. intr. Devenir double. *Les ventes ont doublé.* ▷ v. pron. **se doubler** *Se doubler de* (fig.) : s'accompagner de. ▷ **doublé, ée I** adj. **1** Rendu ou devenu double. **2** Garni d'une doublure. **3** DOUBLÉ DE : qui est aussi. *Un ivrogne doublé d'un menteur.* **4** Qui a subi le doublage (3). **II** n. m. Deux réussites successives (sport, jeu).

doublet n. m. ▪ Chacun des deux mots de même origine, ayant le même étymon, et de forme et de signification différentes (ex. *frêle* et *fragile*, latin *fragilis*).

doublette n. f. ▪ Équipe de deux joueurs, à la pétanque.

doubleur, euse n. ▪ (Belgique) Élève qui redouble une classe.

① **doublon** n. m. ▪ Ancienne monnaie d'or espagnole. → **pistole.**

② **doublon** n. m. ▪ Chose en double exemplaire.

doublonner v. intr. [1] ▪ Faire double emploi.

doublure n. f. ▪ **1** Étoffe, matière qui sert à doubler (I, 3). **2** Personne qui remplace, en cas de besoin, un acteur, une actrice.

douçâtre → **douceâtre**

en **douce** loc. adv. → **doux**

douceâtre adj. ▪ D'une douceur fade. var. **douçâtre.**

doucement adv. ▪ **1** Sans grande énergie, sans hâte, sans violence. *Marcher doucement.* **2** Avec douceur, sans sévérité. **3** fam. Médiocrement ; assez mal. *Ça va doucement.* **4** Interjection pour calmer, modérer.

doucereux, euse adj. ▪ **1** D'une douceur fade. **2** D'une douceur affectée. → **mielleux.** ► **doucereusement** adv.

doucette n. f. ▪ région. Mâche.

doucettement adv. ▪ fam. Très doucement.

douceur n. f. ▪ **1** Qualité de ce qui procure aux sens un plaisir délicat. *La douceur d'une peau.* **2** Qualité de ce qui est sans rudesse, sans heurt. ◆ *En douceur* : sans brusquerie. **3** Impression douce, plaisir modéré et calme. *La douceur de* (+ inf.) : l'agrément qu'il y a à. **4** Qualité morale qui porte à ne pas heurter autrui, à être patient, conciliant. → **bienveillance, bonté, gentillesse, indulgence.** **5** Chose douce ; petit plaisir. ♦ Friandise, sucrerie.

douche n. f. ▪ **1** Projection d'eau qui arrose le corps et produit une action hygiénique. ♦ *DOUCHE ÉCOSSAISE*, alternativement chaude et froide ; fig. paroles, événements désagréables qui en suivent d'autres agréables. **2** Installation pour prendre des douches. **3** Averse que l'on subit ; liquide qui asperge. **4** fig. Ce qui détruit un espoir, une illusion.

doucher v. tr. [1] ▪ **1** Arroser au moyen d'une douche. ◆ pronom. *Se doucher à l'eau froide.* **2** *Se faire doucher* : recevoir une averse ; fig., fam. (vieilli) se faire réprimander. **3** Rabattre l'exaltation de (qqn).

douchette n. f. ▪ **1** Petit appareil analogue à une pomme de douche (pour un évier...). **2** techn. Appareil servant à la lecture des codes-barres.

doucine n. f. ▪ archit. Moulure à deux courbures de mouvement contraire, l'un convexe, l'autre concave.

doucir v. tr. [2] ▪ techn. Polir (une glace brute, un métal). ► **doucissage** n. m.

① **doudou** n. f. ▪ (aux Antilles) Jeune femme ; compagne.

② **doudou** n. m. ▪ fam. Objet qu'un jeune enfant choisit pour « compagnon » (pour jouer, dormir).

doudoune n. f. ▪ Veste en duvet.

doudounes n. f. pl. ▪ fam. Seins.

doué, ée adj. ▪ **1** *DOUÉ DE* : qui possède naturellement. **2** Qui a un don, des dons.

douer v. tr. [1] ▪ (le sujet désigne la nature, etc.) Pourvoir (qqn) de qualités. → **doter.**

douille n. f. ▪ Pièce cylindrique creuse (spécialt, d'une cartouche ; dans laquelle on fixe le culot d'une ampoule électrique).

douiller v. intr. [1] ▪ fam. Payer. ◆ *Ça douille* : ça coûte cher. ♦ par ext. Subir un désagrément. → **morfler.**

douillet, ette adj. ▪ **1** Délicatement moelleux. ♦ (lieu) Confortable et protecteur. **2** (personnes) Trop sensible aux petites douleurs physiques. ► **douillettement** adv.

douillette n. f. ▪ Manteau, vêtement ouaté.

douleur n. f. ▪ **1** Sensation physique pénible. → **-algie.** *Avoir une douleur à la tête.* → **mal ; souffrir.** **2** Sentiment ou émotion pénible résultant d'un manque, d'une peine, d'un événement malheureux. → **affliction, peine, souffrance.**

douloureux, euse adj. ▪ **1** Qui cause une douleur, s'accompagne de douleur physique. **2** Qui est le siège d'une douleur physique. **3** Qui cause une douleur morale. **4** Qui exprime la douleur. *Regard douloureux.* **5** n. f. fam. *LA DOULOUREUSE* : la note à payer. ► **douloureusement** adv.

doum n. m. ▪ Palmier d'Égypte et d'Arabie.

douma n. f. ▪ hist. Assemblée législative, dans la Russie tsariste.

dourine n. f. ▪ vétér. Maladie parasitaire contagieuse des équidés.

doute n. m. ▪ **1** État de l'esprit qui est incertain de la réalité d'un fait, de la vérité de paroles, de la conduite à adopter. → **hésitation, incertitude, perplexité.** ◆ *HORS DE DOUTE* : incontestable. ◆ *METTRE qqch. EN DOUTE* : contester la valeur de. ◆ Position philosophique qui consiste à ne rien affirmer d'aucune chose. → **scepticisme. 2** Jugement par lequel on doute de qqch. *Il n'y a pas de doute, pas l'ombre d'un doute* : la chose est certaine. **3** Manque de confiance en qqn. **4** loc. adv. *SANS DOUTE* : selon toutes les apparences, mais sans certitude. → **apparemment, peut-être, probablement.**

douter v. tr. ind. [1] ▪ *DOUTER DE* **1** Être dans l'incertitude de (la réalité d'un fait, la vérité d'une assertion). *N'en doutez pas* : soyez-en certain. ◆ tr. dir. *DOUTER QUE* (+ subj.). **2** Mettre en doute (des croyances reçues). *Les sceptiques doutent de tout.* **3** loc. *Ne douter de rien* : aller de l'avant sans s'inquiéter des difficultés. **4** Ne pas avoir confiance en. *Douter de soi.* ▷ v. pron. **se douter** *SE DOUTER DE.* → **pressentir, soupçonner.** *Je m'en doutais* : je l'avais prévu. ◆ *SE DOUTER QUE* (+ indic. ou cond.). → **supposer.**

douteusement adv. ▪ D'une manière douteuse, suspecte.

douteux, euse adj. ▪ **1** Dont l'existence ou la réalisation n'est pas certaine. → **incertain.** *Son succès est douteux.* **2** Dont la valeur n'est pas certaine ; sur quoi l'on s'interroge. **3** Dont la qualité est mise en cause. ◆ *D'une propreté douteuse* : plutôt sale. ◆ *Plaisanterie douteuse*, de mauvais goût. **4** Suspect. *Individu douteux.* → ① **louche.**

① **douve** n. f. ▪ **I** Fossé, originellement rempli d'eau, autour d'un château. **II** Planche servant à la fabrication des tonneaux.

② **douve** n. f. ▪ Ver parasite du foie.

doux, douce adj. ▪ **I 1** Qui a un goût faible ou sucré. *Amandes douces. Vin doux*, sucré (opposé à *sec, brut*). ◆ Non salé. *Eau douce.* **2** Agréable au toucher par son caractère lisse, souple. *Peau douce.* **3** Qui épargne les sensations violentes, désagréables. *Climat doux.* ◆ *Voix douce.* **4** fig. Qui procure une jouissance calme et délicate. → **agréable. 5** Qui n'a rien d'extrême, d'excessif. → **faible, modéré.** *Pente douce.* ◆ Qui agit sans effets secondaires néfastes, en utilisant les ressources de la nature. *Énergies douces*, peu polluantes. *Médecines douces.* → **alternatif, parallèle. 6** (personnes) Qui ne heurte, ne blesse personne, n'impose rien, ne se met pas en colère. ◆ loc. *Faire les yeux doux* : regarder amoureusement. **II** adv. **1** loc. *FILER DOUX* : obéir humblement. **2** loc. adv. fam. *EN DOUCE* : avec discrétion.

doux-amer, douce-amère adj. ▪ littér. À la fois plaisant et amer. *Réflexions douces-amères.*

douzain n. m. ▪ **1** anciennt Monnaie française qui valait douze deniers. **2** Poème de douze vers.

douzaine n. f. ▪ **1** Réunion de douze choses de même nature. **2** Quantité d'environ douze.

douze ▪ **I** adj. numéral invar. **1** (cardinal) Dix plus deux (12). → **dodéca-.** *Douze francs.* **2** (ordinal) Douzième. *Louis XII.* ◆ *12 heures* : midi. **II** n. m. invar. Le nombre, le numéro douze. ► **douzième** adj. et n. ► **douzièmement** adv.

doxa n. f. ▪ didact. Ensemble des opinions reçues comme évidentes, dans une civilisation donnée.

dox(o)-, -doxe, -doxie Éléments, du grec *doxa* « opinion ».

doyen, enne n. ▪ **1** Titre de dignité ecclésiastique ou universitaire. **2** Le plus ancien des membres d'un corps. **3** Personne la plus âgée (on dit aussi *doyen d'âge*).

doyenné n. m. ▪ Circonscription ecclésiastique ayant à sa tête un doyen.

Dr ▪ Abréviation graphique de *docteur.*

dracéna n. m. ▪ Arbuste tropical à fleurs en grappes.

drache n. f. ▪ région. (Nord, Belgique) Pluie battante, averse. ► **dracher** v. impers. [1]

drachme [dʀakm] n. f. ▪ **1** (dans la Grèce antique) Monnaie d'argent. **2** Ancienne unité monétaire de la Grèce moderne (avant l'euro).

draconien, ienne adj. ▪ Très sévère.

dragage n. m. ▪ Action de draguer (I).

dragée n. f. ▪ **1** Confiserie, amande ou noisette recouverte de sucre durci. **2** Médicament recouvert de sucre. **3** loc. *Tenir la dragée haute à qqn*, lui tenir tête.

dragéifier v. tr. [7] ▪ Présenter sous forme de dragée. ◆ au p. p. *Comprimé dragéifié.*

drageoir n. m. ▪ Coupe, vase où l'on mettait des dragées.

drageon n. m. ▪ arbor. Pousse aérienne, née sur une racine. ► **drageonner** v. intr. [1]

dragline [dʀaglin ; -lajn] n. f. ▪ anglic., techn. Engin de terrassement qui racle le terrain.

dragon n. m. ■ **I 1** Animal fabuleux représenté avec des ailes, des griffes et une queue de serpent. **2** Gardien vigilant. ◆ plais. loc. *Un dragon de vertu* : une femme affectant une vertu farouche. **3** relig. Figure du démon. **II 1** hist. Soldat de cavalerie. **2** Soldat d'une unité blindée.

dragonne n. f. ■ Cordon de la poignée d'une épée. ◆ Courroie attachée à un objet.

dragonnier n. m. ■ Arbre tropical qui exsude une gomme rouge.

drag-queen [dʀagkwin] n. f. ou m. ■ anglic. Travesti masculin vêtu de manière recherchée et exubérante. *Des drag-queens.*

drague n. f. ■ **I 1** Filet de pêche qui racle le fond. **2** Engin pour curer les fonds des fleuves, etc. **3** Dispositif pour détruire les mines sous-marines. **II** fam. Fait de draguer (II).

draguer v. tr. [1] ■ **I 1** Curer, nettoyer le fond de (une rivière...) à la drague. **2** Enlever les mines sous-marines de (un lieu). **II** fam. Faire la cour à (qqn).

dragueur, euse ■ **I** n. m. Bateau qui drague (I). **II** n. fam. Personne qui drague (II).

draille n. f. ■ région. Piste empruntée par les troupeaux transhumants.

drain n. m. ■ **1** Tuyau pour drainer les sols humides. **2** méd. Tube destiné à favoriser l'écoulement des liquides (pus, etc.).

draine n. f. ■ Grande grive.

drainer v. tr. [1] ■ **1** Débarrasser (un terrain) de son excès d'eau. **2** méd. *Drainer une plaie, un organe,* favoriser l'écoulement des liquides (pus, etc.) en plaçant un drain. **3** fig. Faire affluer en attirant à soi. *Drainer des capitaux.* ► **drainage** n. m.

draineuse n. f. ■ techn. Machine servant aux travaux de drainage.

draisienne n. f. ■ Véhicule à deux roues (ancêtre de la bicyclette) que l'on faisait avancer par l'action des pieds sur le sol.

draisine n. f. ■ Wagonnet léger.

drakkar n. m. ■ hist. Navire des Vikings, à voile carrée et à rames.

dramatique adj. ■ **1** Destiné au théâtre (texte) ; relatif aux ouvrages de théâtre. *Art dramatique* : ensemble des activités théâtrales. ◆ *Auteur dramatique.* → **dramaturge.** **2** *Comédie dramatique,* qui tient du drame (2). **3** Susceptible d'émouvoir le spectateur, au théâtre. **4** fig. (événements réels) Très grave et dangereux ou pénible. **5** n. f. Récit créé pour la télévision ou la radio.

dramatiquement adv. ■ D'une manière dramatique (4), tragique. → **tragiquement.**

dramatisant, ante adj. ■ Qui exagère la gravité d'une situation. *Un ton dramatisant.*

dramatiser v. tr. [1] ■ Présenter (qqch.) sous un aspect dramatique ; accorder une gravité excessive à. ► **dramatisation** n. f.

dramaturge n. ■ Auteur d'ouvrages destinés au théâtre.

dramaturgie n. f. ■ didact. Art de la composition théâtrale. ► **dramaturgique** adj.

drame n. m. ■ **1** didact. Genre littéraire comprenant tous les ouvrages composés pour le théâtre. → **théâtre.** **2** Genre théâtral comportant des pièces dont l'action généralement tragique, pathétique, s'accompagne d'éléments réalistes, comiques ; pièce de théâtre appartenant à ce genre. ◆ Pièce d'un caractère grave (opposé à *comédie*). **3** fig. Événement ou suite d'événements tragiques, terribles.

drap n. m. ■ **1** Tissu de laine dont les fibres sont feutrées par le foulage. ◆ *Drap d'or,* tissé d'or. **2** Pièce de toile rectangulaire servant à isoler le corps du matelas ou des couvertures. ◆ loc. fig. *Dans de beaux draps* : dans une situation critique. ◆ *Drap de bain* : grande serviette éponge.

drapé n. m. ■ Plis formés par un vêtement.

drapeau n. m. ■ **1** Étoffe attachée à une hampe et portant les couleurs, les emblèmes (d'une nation, d'un groupe...) pour servir de symbole, etc. → **étendard, pavillon.** **2** fig. *Être* SOUS LES DRAPEAUX : appartenir à l'armée ; faire son service militaire. **3** Drapeau servant de signal.

draper v. tr. [1] ■ **1** Habiller (qqn) de vêtements aux plis harmonieux. ◆ au p. p. *Indienne drapée dans un sari.* **2** Disposer (une étoffe) en plis harmonieux. ▷ v. pron. **se draper** (loc. fig.) *Se draper dans sa dignité* : affecter une attitude de dignité offensée.

① **draperie** n. f. ■ **1** comm. Tissu de laine. → **lainage.** **2** Étoffe drapée. **3** (peinture, sculpture) Représentation d'un drapé.

② **draperie** n. f. ■ Industrie du drap.

drap-housse [dʀaus] n. m. ■ Drap de dessous aux coins cousus de manière à emboîter le matelas. *Des draps-housses.*

drapier, ière n. ■ Personne qui fabrique ou vend le drap (1).

drastique adj. ■ **1** Qui exerce une action très énergique. *Purgatif drastique.* **2** anglic. *Mesures drastiques.* → **draconien.**

drave n. f. ■ anglic. (Canada) Flottage du bois.

draver v. tr. [1] ■ anglic. (Canada) Diriger le flottage (du bois). ► **draveur, euse** n.

dravidien, ienne adj. ■ didact. De certaines populations du sud de l'Inde.

dreadlocks [dʀɛdlɔks] n. f. pl. ■ anglic. Petites tresses réalisées sur l'ensemble de la chevelure (coiffure des rastas*).

drêche n. f. ■ techn. Résidu de l'orge après soutirage du moût, en brasserie.

① **drège** n. f. ▪ Grand filet pour pêcher au fond de la mer.

② **drège** n. f. ▪ agric. Peigne de métal servant à séparer la graine de lin des tiges.

drelin interj. ▪ Bruit de sonnette.

dressage n. m. ▪ **1** Action de dresser (①, 2). **2** Action de dresser (un animal).

① **dresser** v. tr. [1] ▪ **1** Tenir droit et verticalement. → **lever, redresser.** ➛ loc. *Dresser l'oreille* : écouter attentivement. **2** Faire tenir droit ; installer, ériger. *Dresser une statue.* **3** littér. Disposer comme il le faut. **4** Faire, établir avec soin ou dans la forme prescrite. *Dresser un procès-verbal.* **5** fig. Mettre (qqn) en opposition (contre qqn). → **braquer, monter.** ▷ v. pron. **se dresser 1** Se mettre droit. ♦ Être droit. **2** fig. *Se dresser contre qqn.* → s'**opposer** à.

② **dresser** v. tr. [1] ▪ **1** Habituer (un animal) à faire docilement et régulièrement qqch. **2** fam. Faire céder, plier (qqn). → **mater.**

dresseur, euse n. ▪ Personne qui dresse (des animaux).

dressing n. m. ▪ anglic. Petite pièce installée pour ranger les vêtements.

dressoir n. m. ▪ Étagère, buffet où l'on dresse, dispose de la vaisselle.

drève n. f. ▪ région. (Nord ; Belgique) Allée bordée d'arbres.

dreyfusard, arde adj. et n. ▪ hist. Partisan de Dreyfus (condamné injustement, dans une atmosphère d'antisémitisme).

DRH n. (sigle) ▪ **1** n. f. Direction des ressources humaines (d'une entreprise). **2** Directeur, directrice des ressources humaines (d'une entreprise).

dribble n. m. ▪ anglic. Action de dribbler. - recomm. off. *drible.*

dribbler v. [1] ▪ anglic. **1** v. intr. Courir en poussant devant soi la balle sans en perdre le contrôle. **2** v. tr. Éviter (un joueur) en dribblant. - recomm. off. *dribler.*

drift n. m. ▪ anglic., géol. Dépôt laissé par le recul d'un glacier.

① **drill** n. m. ▪ Grand singe cynocéphale d'Afrique occidentale, aux callosités fessières rouge vif.

② **drill** n. m. ▪ anglic. Méthode d'enseignement programmé fondée sur la répétition d'automatismes.

drille n. m. ▪ *Un joyeux drille* : un joyeux compagnon, un homme jovial. → **luron.**

dring [dʀiŋ] interj. ▪ Onomatopée, bruit de sonnette (surtout électrique).

dringuelle n. f. ▪ (Belgique) Pourboire ; argent de poche.

drisse n. f. ▪ mar. Cordage servant à hisser.

drive [dʀajv] n. m. ▪ anglic. Coup droit, au tennis.

drive-in [dʀajvin] n. m. invar. ▪ anglic. Cinéma en plein air, où l'on peut voir un film dans sa voiture.

drogue n. f. ▪ **1** Médicament confectionné par des non-spécialistes. ♦ péj. Médicament dont on conteste l'efficacité. **2** Substance toxique, stupéfiant. *Drogues dures* (entraînant une dépendance) *et drogues douces.*

droguer v. tr. [1] ▪ **1** Faire prendre à (un malade) beaucoup de médicaments. **2** Administrer une drogue, un somnifère à. ▷ v. pron. **se droguer 1** Prendre de nombreux médicaments. **2** Prendre de la drogue (2). ▷ adj. et n. **drogué, ée** → **toxicomane.**

droguerie n. f. ▪ Commerce des produits chimiques courants, des produits d'hygiène, d'entretien ; magasin où on les vend.

droguiste n. ▪ Personne qui tient une droguerie.

① **droit, droite** ▪ **I** adj. **1** Qui est sans déviation, d'un bout à l'autre. *Tige droite.* ♦ Dont la direction est constante. → **direct, rectiligne.** *Il y a deux kilomètres* EN LIGNE DROITE (→ à vol d'oiseau). ➛ fig. *Ramener qqn dans le droit chemin,* dans la norme. **2** Vertical. *Remettre droit.* → **debout ; dresser, redresser.** ♦ *Veston droit,* bord à bord. *Jupe droite,* sans ampleur. **3** *Angle droit,* de 90°. *À angle droit* (→ **perpendiculaire). 4** fig. Qui ne s'écarte pas d'une norme, d'une règle morale (→ **droiture).** ♦ Qui dénote la franchise. **II** adv. **1** Selon une ligne droite. *Aller droit devant soi.* **2** fig. Par la voie la plus courte, la plus rapide. → **directement.** *Aller droit au but.*

② **droit, droite** ▪ **I** adj. Qui est du côté opposé à celui du cœur de qqn (opposé à *gauche*). *La rive droite d'une rivière* (sens du courant). **II** n. m. boxe Poing droit.

③ **droit** n. m. ▪ **I** UN DROIT, DES DROITS **1** Ce que chacun peut exiger, ce qui est permis, selon une règle morale, sociale. ♦ *Droits de l'homme,* définis notamment par la Constitution de 1789 et considérés comme droits naturels. ♦ AVOIR LE DROIT DE (+ inf.) ; ÊTRE EN DROIT DE (+ inf.). → **permission ; possibilité.** ♦ AVOIR DROIT À (+ n.). *Vous avez droit à des excuses.* **2** Ce qui est exigible ou permis par conformité à une loi, un règlement. *Droits civiques* (électorat, éligibilité, etc.). ➛ *Défendre ses droits devant la justice* (→ **procès).** ➛ *Droit de grève.* **3** Ce qui donne une autorité, une influence considérée comme légitime. → **prérogative, privilège.** *Les droits de l'amitié.* **4** Somme d'argent, redevance exigée. *Acquitter un droit.* **II** LE DROIT **1** Ce qui constitue le fondement des droits des hommes et des femmes vivant en société. → **légalité, légitimité ; justice ; juridique.** *Le droit et la force.* ➛ À BON DROIT loc. adv. : à juste titre. ♦ DROIT DIVIN*. **2** Pouvoir de faire ce que l'on veut. *Le droit du plus fort.* **3** Règles juridiques en vigueur dans un État correspondant à la coutume, à des lois (→ **code**), à des jurisprudences. *Le droit romain.* - *DROIT COMMUN* (règles générales). ♦ loc. *DE DROIT* : d'une manière légale. - *DE PLEIN DROIT* : sans qu'il soit nécessaire de manifester de volonté. - *QUI DE DROIT* : personne habilitée à... ♦ *Droit public et droit privé. Droit civil,* traitant des personnes, des biens, de leur transmission non commerciale. *Droit constitutionnel* : partie du droit public relative à l'organisation de l'État. - *Droit pénal* ou *criminel,* qui a trait aux infractions et aux peines, à la procédure criminelle. **4** La science juridique. *Étudiant en droit.*

① **droite** n. f. ■ Ligne dont l'image est celle d'un fil parfaitement tendu ; (géom.) notion de base de la géométrie élémentaire.

② **droite** n. f. ■ (opposé à *gauche*) **I 1** Le côté droit, la partie droite. - loc. adv. *À DROITE* : du côté droit. **2** Main droite. ♦ Coup de la main droite. **II** Représentants des partis conservateurs. - Fraction conservatrice de l'opinion publique. - *Voter à droite.*

droitier, ière adj. et n. ■ (Personne) qui se sert mieux de la main droite que de la main gauche.

droiture n. f. ■ Qualité d'une personne droite. → **franchise, honnêteté, loyauté.**

drolatique adj. ■ littér. Qui a de la drôlerie.

① **drôle** adj. ■ **I** Comique. **1** Qui prête à rire, fait rire. → **amusant, comique. 2** (personnes) Qui sait faire rire. **II** Bizarre. **1** Anormal, étonnant. → **bizarre, curieux, étrange, singulier.** - *Se sentir tout drôle.* **2** *DRÔLE DE... Un drôle de type,* qui étonne. ♦ fam. (intensif) *Il a une drôle de poigne.* → **rude, sacré. 3** *DE DRÔLES* : des choses curieuses ou désagréables. *En faire voir de drôles à qqn.*

② **drôle, drôlesse** n. ■ **1** vx Coquin, coquine. **2** région. Gamin, gamine.

drôlement adv. ■ **1** Bizarrement. **2** fam. (intensif) → **rudement, sacrément.**

drôlerie n. f. ■ **1** Parole, action drôle. **2** Caractère de ce qui est drôle, cocasse.

drôlet, ette adj. ■ littér. Assez drôle.

dromadaire n. m. ■ Mammifère voisin du chameau, à une seule bosse.

-drome, -dromie Éléments savants, du grec *dromos* « course ; piste ».

drone n. m. ■ anglic. Petit avion de reconnaissance, sans pilote.

droniste n. ■ Personne qui dirige un drone.

dronte n. m. ■ Grand oiseau disparu de l'île Maurice, incapable de voler. → ② **dodo.**

dropage ou **droppage** n. m. ■ milit. Largage (de soldats, de matériel).

① **droper** v. intr. [1] ■ fam., vieilli Filer, courir très vite.

② **droper** ou **dropper** v. tr. [1] ■ milit. Larguer (des soldats, du matériel).

drop-goal [dʀɔpgol] n. m. ■ anglic. (rugby) Coup de pied donné dans le ballon, au rebond. *Des drop-goals.* - abrév. **drop.**

droppage → **dropage**

dropper → ② **droper**

droséra n. m. ■ Plante carnivore des tourbières.

drosophile n. f. ■ Insecte diptère, aussi appelé *mouche du vinaigre.*

drosser v. tr. [1] ■ mar. Entraîner vers la côte. - au p. p. *Navire drossé à la côte.*

dru, drue ■ **1** adj. Qui pousse vigoureusement et en épaisseur. → **épais, touffu.** *Herbe drue.* ♦ *Pluie drue.* **2** adv. *La neige tombe dru.*

drugstore [dʀœgstɔʀ] n. m. ■ anglic., vieilli Ensemble formé d'un bar, d'un café-restaurant, de magasins divers.

druide n. m. ■ Prêtre gaulois ou celte. ► **druidique** adj.

druidesse n. f. ■ Prêtresse gauloise ou celte.

druidisme n. m. ■ didact. Religion, culte des druides.

drupe n. f. ■ bot. Fruit indéhiscent, charnu, à noyau (ex. amande, pêche, cerise).

dry [dʀaj] adj. invar. ■ anglic. Sec (vin).

dryade n. f. ■ mythol. Nymphe des forêts.

du ■ **1** Article défini contracté. *Venir du Portugal.* → ① **de. 2** Article partitif. *Manger du pain.* → ② **de.**

dû, due ■ **I** adj. **1** Que l'on doit. *Somme due.* **2** *DÛ À* : causé par. **3** dr. *Acte EN BONNE ET DUE FORME,* conforme à la loi. **II** n. m. Ce qui est dû. *Réclamer son dû.*

dual, ale, als adj. ■ didact. Double et réciproque. ♦ Caractérisé par le dualisme.

dualisme n. m. ■ didact. **1** Doctrine ou système qui admet la coexistence de deux principes irréductibles. **2** Coexistence de deux éléments différents. → **dualité.** ► **dualiste** adj. et n.

dualité n. f. ■ Caractère ou état de ce qui est double en soi ; coexistence de deux éléments de nature différente. → **dualisme.**

duathlon n. m. ■ Épreuve sportive associant une course à pied et une course cycliste.

dubitatif, ive adj. ■ Qui exprime le doute. ► **dubitativement** adv.

dubnium [-jɔm] n. m. ■ chim. Élément atomique, fortement radioactif (symb. Db ; n° at. 105).

duc n. m. ■ **I 1** hist. Souverain d'un duché. **2** Celui qui porte le titre de noblesse le plus élevé après celui de prince. **II** Rapace nocturne, variété de hibou. *Grand(-)duc.*

ducal, ale, aux adj. ■ D'un duc, d'une duchesse.

ducasse n. f. ■ Fête publique, en Belgique et dans le nord de la France. → **kermesse.**

ducat n. m. ■ Ancienne monnaie d'or.

duc-d'albe n. m. ■ mar. Groupe de pieux enfoncés au fond de l'eau, auquel viennent s'amarrer les navires.

duché n. m. ■ Seigneurie, principauté à laquelle le titre de duc était attaché.

duchesse n. f. ■ **I 1** hist. Femme possédant un duché. **2** Épouse d'un duc. **II** Variété de poire fondante.

ductile adj. ■ Qui peut être allongé, étendu, étiré sans se rompre. ► **ductilité** n. f.

duègne n. f. ■ anciennt Femme âgée chargée de veiller sur la conduite d'une jeune fille ou d'une jeune femme. → **chaperon.**

① **duel** n. m. ■ **1** Combat entre deux personnes dont l'une exige la réparation d'une offense par les armes. **2** fig. Compétition.

② **duel** n. m. ■ gramm. Nombre* des déclinaisons et conjugaisons de certaines langues (arabe, grec...) qui sert à désigner deux personnes, deux choses. *Singulier, duel et pluriel.*

duelliste n. ■ Personne qui se bat en duel.

duettiste n. ■ Interprète d'un duo.

duetto n. m. ■ mus. Petit duo. *Des duettos.*

duffel-coat ou **duffle-coat** [dœfœlkot] n. m. ■ anglic. Manteau trois-quarts à capuchon, en laine. *Des duffel-(duffle-)coats.*

dugong [dygɔ̃g] n. m. ■ Mammifère marin herbivore qui vit dans l'océan Indien.

dulçaquicole adj. ■ biol. Qui vit en eau douce.

dulcinée n. f. ■ plais. Femme aimée.

dulie n. f. ■ théol. Respect et honneur que l'on rend aux anges, aux saints.

dûment adv. ■ Selon les formes prescrites. ◆ iron. *Il l'a dûment sermonné.*

dumper [dœmpœʀ] n. m. ■ anglic. Engin de terrassement équipé d'une benne automotrice basculante. – recomm. off. *tombereau.*

dumping [dœmpiŋ] n. m. ■ anglic. Pratique qui consiste à casser les prix sur les marchés extérieurs.

dune n. f. ■ Butte, colline de sable fin formée par le vent (bord des mers, déserts).

dunette n. f. ■ Large superstructure élevée sur le pont arrière d'un navire.

duo n. m. ■ **1** Composition musicale pour deux voix ou deux instruments. ◆ *Duo comique* (music-hall). **2** fig., fam. *Un duo d'injures* : échange d'injures. **3** fam. Couple.

duodécimal, ale, aux adj. ■ arithm. Qui a pour base le nombre douze.

duodénite n. f. ■ méd. Inflammation du duodénum.

duodénum [-ɔm] n. m. ■ Partie initiale de l'intestin grêle, qui commence au pylore. ► **duodénal, ale, aux** adj.

duodi n. m. ■ hist. Deuxième jour de la décade, dans le calendrier républicain.

dupe ■ **1** n. f. Personne que l'on trompe facilement. ◆ loc. *Marché de dupes,* où l'on est abusé. **2** adj. (seulement attribut) Que l'on abuse facilement.

duper v. tr. [1] ■ littér. Abuser, tromper (qqn).

duperie n. f. ■ littér. Action de duper (qqn).

duplex [-ɛks] n. m. ■ **1** Système de télécommunications qui permet des transmissions simultanées (→ **multiplex**). **2** Appartement sur deux étages.

duplicata n. m. ■ Double d'une pièce ou d'un acte ayant même validité. *Des duplicata(s).*

duplicateur n. m. ■ Appareil servant à reproduire un document.

duplication n. f. ■ Fait de (se) reproduire en double. ◆ Copie (d'un enregistrement).

duplicité n. f. ■ Caractère d'une personne qui feint, qui a deux attitudes. → **hypocrisie.**

dupliquer v. tr. [1] ■ Faire une ou des copies de.

duquel → **lequel**

dur, dure ■ **I** adj. **1** Qui résiste à la pression, au toucher ; qui ne se laisse pas entamer facilement. → **résistant, rigide, solide.** ◆ loc. fig. *Avoir la peau dure* : résister à tout. *Avoir la tête dure* : être obtus ou entêté. **2** Qui résiste ; qui ne cède pas facilement. *Serrure dure.* ◆ loc. *Être dur d'oreille,* un peu sourd. ◆ *Avoir la vie dure* : résister à la mort. fig. *Les préjugés ont la vie dure.* → **tenace.** ◆ DUR À (+ n.) : résistant à. loc. *Être dur à la détente*.* ◆ (+ inf.) → **difficile.** ◆ Difficile, qui résiste à l'effort intellectuel. → **ardu. 3** Pénible à supporter. → **âpre, rigoureux, rude.** ◆ *Avoir les traits* (du visage) *durs,* accusés et sans grâce. **4** Qui manque de cœur, d'humanité, d'indulgence. → **inflexible, inhumain, insensible, sévère. 5** Intransigeant (surtout dans : *pur et dur*). **II** adv. Avec violence. *Cogner dur.* → **fort.** ◆ Avec intensité. *Travailler dur.* **III** n. **1** n. m. Ce qui est dur. *Bâtiment* EN DUR, en matériau dur (opposé à *préfabriqué*). **2** n. f. *Coucher sur* LA DURE, par terre. ◆ À LA DURE : de manière rude. ◆ *En voir de dures* : subir des épreuves pénibles. **3** n. Personne qui n'a peur de rien, ne recule devant rien (aussi loc. : *dur, dure à cuire*). ◆ Politicien, etc. intransigeant.

durabilité n. f. ■ didact. Caractère de ce qui est durable.

durable adj. ■ De nature à durer. *Faire œuvre durable.* ◆ loc. *Développement* durable.* ► **durablement** adv.

dural, ale, aux adj. ■ anat. Relatif à la dure-mère. *Membrane durale.*

duralumin n. m. ■ Alliage léger d'aluminium, cuivre, magnésium et manganèse.

duramen [-ɛn] n. m. ▪ bot. Partie ancienne, lignifiée d'un tronc d'arbre. → **cœur.**

durant prép. ▪ **1** (avant le n.) Pendant la durée de. → **pendant.** *Durant la nuit.* **2** (après le n., dans des loc.) *Parler une heure durant.*

duratif, ive adj. et n. m. ▪ ling. *Aspect duratif* : aspect d'une action considérée dans son développement, sa durée.

durci, ie adj. ▪ Devenu dur.

durcir v. [2] ▪ **I** v. tr. **1** Rendre dur, ferme. **2** fig. Rendre plus ferme, plus intransigeant. **3** Faire paraître dur, plus dur. *Sa coiffure lui durcit les traits.* **II** v. intr. Devenir dur. ▷ v. pron. se **durcir** ► **durcissement** n. m.

durcisseur n. m. ▪ Produit qui, ajouté à un autre, provoque son durcissement.

durée n. f. ▪ **1** Espace de temps qui s'écoule entre le début et la fin (d'un phénomène). **2** Déroulement du temps qui passe. → **temps.**

durement adv. ▪ **1** D'une manière pénible à supporter. **2** Sans bonté, sans humanité.

dure-mère n. f. ▪ anat. La plus superficielle et la plus résistante des trois méninges.

durer v. intr. [1] ▪ **I 1** Avoir une durée de. *Leur entretien a duré deux heures.* ♦ absolt Durer longtemps. **2** Résister contre les causes de destruction, d'usure. → se **conserver, subsister, tenir. II** (personnes) Vivre, exister longtemps.

dureté n. f. ▪ **1** Propriété, caractère de ce qui est dur. **2** fig. *Dureté d'une eau,* teneur en certains sels (de calcium, etc.).

durham [-am] n. et adj. ▪ Race de bovins.

durian n. m. ▪ Grand arbre d'Asie et du sud-est de l'Afrique, au fruit comestible.

durillon n. m. ▪ Callosité qui se forme aux pieds, aux mains. → **cal, cor.**

durit ou **durite** [-it] n. f. ▪ Tuyau en caoutchouc traité pour les raccords de canalisations des moteurs à explosion.

D. U. T. [deyte] n. m. (sigle) ▪ (en France) Diplôme universitaire de technologie, obtenu en deux ans après le bac.

duumvir [dyɔmviʀ] n. m. ▪ Dans la Rome antique, Membre d'un collège de deux magistrats.

duumvirat [dyɔm-] n. m. ▪ hist. Dignité, fonction de duumvir.

duvet n. m. ▪ **I 1** Petites plumes molles et très légères des oisillons, et du ventre et du dessous des ailes des oiseaux adultes. **2** Sac de couchage bourré de duvet ou d'une matière analogue. **II** Poils fins et doux (de certains animaux ou plantes ; chez l'être humain).

duveté, ée adj. ▪ Couvert de duvet.

se **duveter** v. pron. [5] ▪ Se couvrir de duvet.

duveteux, euse adj. ▪ Qui a beaucoup de duvet.

duxelles n. f. ▪ cuis. Hachis de champignons cuits avec de l'ail et des échalotes.

DVD n. m. (sigle) ▪ anglic. Disque optique numérique de très grande capacité.

Dy ▪ Symbole chimique du dysprosium.

dyade n. f. ▪ didact. Ensemble de deux éléments. ► **dyadique** adj.

dyarchie n. f. ▪ polit. Gouvernement simultané de deux rois, deux pouvoirs.

dyke [dik ; dajk] n. m. ▪ géol. Roche éruptive qui affecte la forme d'une muraille ou d'une colonne.

dynam- → **dynam(o)-**

dynamique ▪ **I** adj. **1** phys. Relatif aux forces, à la notion de force (s'oppose à *statique*). **2** didact. Qui considère les choses dans leur mouvement, leur devenir. **3** cour. Qui manifeste une grande vitalité. **II** n. f. **1** Partie de la mécanique qui étudie le mouvement et les forces. **2** Ensemble de forces orientées vers un développement ; leur étude.

dynamiquement adv. ▪ Avec dynamisme.

dynamisant, ante adj. ▪ Qui dynamise. *Atmosphère dynamisante.*

dynamiser v. tr. [1] ▪ anglic. Communiquer du dynamisme à. ► **dynamisation** n. f.

dynamisme n. m. ▪ Énergie, vitalité.

dynamite n. f. ▪ Substance explosive à base de nitroglycérine.

dynamiter v. tr. [1] ▪ **1** Faire sauter à la dynamite. **2** fig. Détruire violemment (un système...). ► **dynamitage** n. m. ► **dynamiteur, euse** n.

dynamo n. f. ▪ Machine transformant l'énergie mécanique en énergie électrique.

dynam(o)- Élément savant, du grec *dunamis* «puissance, force».

dynamoélectrique adj. ▪ électr. Qui transforme l'énergie mécanique en énergie électrique.

dynamographe n. m. ▪ physiol. Instrument servant à enregistrer la force musculaire.

dynamomètre n. m. ▪ Instrument servant à mesurer l'intensité des forces.

dynastie n. f. ▪ **1** Succession de souverains d'une même famille. **2** fig. Succession d'hommes célèbres, dans une même famille. *La dynastie des Bach.* ► **dynastique** adj.

dyne n. f. ▪ Ancienne unité de mesure de force, valant 10^{-5} newton.

dys- [dis] Élément savant (du grec *dus-*) exprimant l'idée de trouble, de manque.

dysacromélie n. f. ▪ méd. Difformité des extrémités des membres.

dysarthrie n. f. ▪ méd. Difficulté d'élocution due à une lésion des centres moteurs du langage. ► **dysarthrique** adj. et n.

dysbarisme n. m. ▪ méd. Ensemble de troubles dus à la baisse brutale de la pression atmosphérique ambiante, lors de voyages en haute altitude.

dysbasie n. f. ▪ méd. Trouble de la marche.

dyscalculie n. f. ▪ didact. Trouble de l'apprentissage du calcul. ► **dyscalculique** adj. et n.

dyschromatopsie n. f. ▪ méd. Trouble de la perception des couleurs.

dyscrasie n. f. ▪ méd. Trouble de la coagulation sanguine.

dysenterie [dis-] n. f. ▪ Maladie infectieuse provoquant des diarrhées graves. ► **dysentérique** [dis-] adj. et n.

dysesthésie [dis-] n. f. ▪ méd. Trouble de la sensibilité. ► **dysesthésique** adj.

dysfonctionnel, elle adj. ▪ didact. Qui présente un dysfonctionnement.

dysfonctionnement n. m. ▪ Trouble dans le fonctionnement. *Dysfonctionnement rénal.*

dysgraphie n. f. ▪ didact. Difficulté dans l'apprentissage de l'écriture. ► **dysgraphique** adj. et n.

dysidrose ou **dyshidrose** n. f. ▪ méd. Trouble de la sécrétion de la sueur. ♦ Sorte d'eczéma siégeant aux mains et aux pieds.

dyskinésie n. f. ▪ méd. Trouble dans l'accomplissement des mouvements ou dans l'activité d'un viscère.

dyslexie n. f. ▪ didact. Trouble de la capacité à lire, ou difficulté à reconnaître et reproduire le langage écrit. ► **dyslexique** adj. et n.

dysménorrhée n. f. ▪ didact. Menstruation difficile et douloureuse.

dysmnésie n. f. ▪ méd. Altération de la mémoire des faits récents.

dysmorphie n. f. ▪ méd. Difformité d'une partie du corps. ► **dysmorphique** adj.

dysorexie n. f. ▪ méd. Trouble de l'appétit. ► **dysorexique** adj.

dysorthographie n. f. ▪ didact. Trouble dans la maîtrise des règles de l'orthographe.

dysosmie n. f. ▪ méd. Trouble de l'olfaction. ► **dysosmique** adj.

dyspareunie n. f. ▪ méd. Douleur éprouvée par certaines femmes lors d'un rapport sexuel. ► **dyspareunique** adj. et n.

dyspepsie n. f. ▪ Digestion difficile et douloureuse (opposé à *eupepsie*). ► **dyspeptique** adj. et n.

dysphagie n. f. ▪ méd. Difficulté à avaler. ► **dysphagique** adj. et n.

dysphasie n. f. ▪ méd. Trouble du langage dû à des lésions des centres cérébraux. ► **dysphasique** adj. et n.

dysphonie n. f. ▪ méd. Troubles de la voix dus à un dysfonctionnement des cordes vocales.

dyspnée n. f. ▪ méd. Difficulté respiratoire.

dyspraxie n. f. ▪ méd. Difficulté à effectuer des mouvements coordonnés. ► **dyspraxique** adj. et n.

dysprosium [-ɔm] n. m. ▪ chim. Métal du groupe des terres rares (symb. Dy ; n° at. 66 ; masse at. 2,5).

dystasie n. f. ▪ méd. Difficulté à se tenir debout. ► **dystasique** adj.

dystocie n. f. ▪ méd. Accouchement laborieux (opposé à *eutocie*). ► **dystocique** adj. *Travail dystocique.*

dystomie n. f. ▪ méd. Ensemble des différents troubles de la prononciation.

dystonie n. f. ▪ méd. Perturbation du tonus musculaire. ► **dystonique** adj.

dystopie n. f. ▪ didact. Récit de fiction qui décrit un monde utopique sombre.

dystrophie n. f. ▪ méd. Trouble de la nutrition ou du développement (d'un organe...). ► **dystrophique** adj.

dysurie n. f. ▪ méd. Difficulté à uriner. ► **dysurique** adj. et n.

dytique n. m. ▪ zool. Insecte coléoptère très carnassier, qui vit dans l'eau.

dzaquillon n. m. ▪ (Suisse) Costume féminin traditionnel du canton de Fribourg.

E

e [ø] n. m. ▪ Cinquième lettre, deuxième voyelle de l'alphabet. *É, è, ê.*

e- [i] ou [ø] Élément (emprunté à l'anglais, de *electronic*) qui sert à construire des composés dont le second élément peut être anglais *(e-business)* ou français *(e-commerce)*, et qui désigne des activités, des produits liés à Internet.

é- Élément (du latin *e(x)* «hors de» → ① ex-) marquant la privation ou l'achèvement (var. *ef-* devant *f*, *es-* devant *s*).

E. A. O. [øao] ▪ Sigle de *enseignement assisté par ordinateur.*

earl grey [œʀlgʀɛ] n. m. invar. ▪ Thé noir parfumé à la bergamote.

eau n. f. ▪ **I 1** Liquide naturel, inodore, incolore et transparent quand il est pur. → **aqua-**, ① **hydr(o)-**. *Eau douce ; eau de mer. Eau minérale.* ◆ loc. fig. *Mettre de l'eau dans son vin* : modérer ses prétentions. ◆ *Prendre l'eau* : (vêtement) être perméable. **2** au plur. Eaux minérales d'une station thermale. *Ville d'eaux.* **3** Étendue ou masse de ce liquide. *Tomber à l'eau* (fig. échouer, être oublié). ◆ loc. fig. *Être sous l'eau* : être débordé. ◆ au plur. *Basses eaux*, niveau le plus bas d'un fleuve. ◆ *Grandes eaux*, jets d'eau d'un parc. **4** Solution aqueuse. *Eau oxygénée.* **5** *Les Eaux et Forêts*.* **II** dans des loc. Sécrétion liquide incolore du corps humain. *Être en eau*, en sueur. *Avoir l'eau à la bouche*, saliver ; fig. être attiré par qqch. ◆ au plur. Liquide amniotique. *Poche des eaux.* **III** Transparence, pureté (des pierres précieuses).

eau-de-vie n. f. ▪ Liquide alcoolique obtenu par distillation de jus fermenté des fruits ou de céréales, etc. *Des eaux-de-vie.*

eau-forte n. f. ▪ **1** Acide dont les graveurs (→ **aquafortiste**) se servent pour attaquer le cuivre. **2** Gravure obtenue par ce procédé.

eaux-vannes n. f. pl. ▪ techn. Eaux usées provenant des toilettes, des bassins de vidange.

ébahi, ie adj. ▪ Très étonné. → **ahuri.** ◆ Qui exprime un grand étonnement. *Un air ébahi.*

ébahir v. tr. [2] ▪ Frapper d'un grand étonnement.

ébahissement n. m. ▪ Fort étonnement.

ébarber v. tr. [1] ▪ Débarrasser des aspérités, des barbes. → **limer.** ► **ébarbage** n. m.

ébarboir n. m. ▪ techn. Outil qui sert à ébarber le métal.

ébarbure n. f. ▪ techn. Partie enlevée par l'ébarbage.

ébats n. m. pl. ▪ littér. Mouvements de qqn qui s'ébat. ◆ *Ébats amoureux* (érotiques).

s'ébattre v. pron. [41] ▪ littér. Se donner du mouvement pour s'amuser. → **folâtrer.**

ébaubi, ie adj. ▪ vx Ébahi, ahuri.

ébauchage n. m. ▪ techn. Action d'ébaucher, de donner la première forme à (une matière).

ébauche n. f. ▪ **1** Première forme, encore imparfaite, que l'on donne à une œuvre. → **esquisse. 2** fig. *L'ébauche d'un sourire.*

ébaucher v. tr. [1] ▪ **1** Donner la première forme à (→ **dégrossir**) ; préparer dans les grandes lignes (→ **esquisser**). **2** Commencer sans aller jusqu'au bout. *Ébaucher un geste.*

ébauchoir n. m. ▪ Outil pour ébaucher.

s'ébaudir v. pron. [2] ▪ vx Se réjouir. – var. **s'esbaudir.**

ébavurer v. tr. [1] ▪ techn. Débarrasser (une pièce de métal) de ses bavures. ► **ébavurage** n. m.

ébène n. f. ▪ Bois de l'ébénier, noir et très dur.

ébénier n. m. ▪ Arbre tropical qui fournit l'ébène.

ébéniste n. ▪ Artisan en ébénisterie.

ébénisterie n. f. ▪ Fabrication des meubles de luxe, ou décoratifs.

éberlué, ée adj. ▪ Ébahi, stupéfait.

éberluer v. tr. [1] ▪ fam. Étonner vivement. → **ébahir.**

éblouir v. tr. [2] ▪ **1** Troubler (la vue ou qqn dans sa vision) par un éclat insoutenable. → **aveugler. 2** fig. Frapper d'admiration. → **émerveiller.**

éblouissant, ante adj. ▪ **1** Qui éblouit. **2** Qui impressionne par sa beauté, ses qualités.

éblouissement n. m. ▪ **1** Fait d'éblouir, d'être ébloui. ♦ Trouble de la vue accompagné de vertige. **2** Émerveillement.

ébonite n. f. ▪ Matière dure et noire, isolante, obtenue par vulcanisation du caoutchouc.

e-book [ibuk] n. m. ▪ anglic. **1** Livre* numérique. *Des e-books.* **2** Liseuse (4).

éborgner v. tr. [1] ▪ Rendre borgne. ► **éborgnement** n. m.

éboueur, euse n. ▪ Personne chargée du ramassage des ordures. → **boueux.**

ébouillanter v. tr. [1] ▪ **1** Passer à l'eau bouillante. **2** Blesser, brûler avec de l'eau très chaude. ▷ v. pron. **s'ébouillanter**

éboulement n. m. ▪ Chute de terre, de rochers, constructions qui s'éboulent.

s'ébouler v. pron. [1] ▪ Tomber par morceaux, en s'affaissant. → s'**effondrer.**

éboulis n. m. ▪ Amas de matériaux éboulés. → **éboulement.**

ébourgeonner v. tr. [1] ▪ arbor. Débarrasser (un arbre fruitier) des bourgeons superflus. ► **ébourgeonnage** n. m.

ébouriffant, ante adj. ▪ fam. Étonnant.

ébouriffé, ée adj. ▪ Dont les cheveux sont en désordre. → **échevelé.**

ébouriffer v. tr. [1] ▪ **1** Mettre (les cheveux) en désordre. **2** fig., fam. Surprendre au point de choquer. ► **ébouriffage** n. m.

ébouter v. tr. [1] ▪ Raccourcir (qqch.) en coupant le bout.

ébrancher v. tr. [1] ▪ Dépouiller (un arbre) de ses branches. → **élaguer, émonder, tailler.** ► **ébranchage** n. m.

ébranchoir n. m. ▪ agric. Serpe à long manche, servant à ébrancher les arbres.

ébranlement n. m. ▪ **1** Oscillation ou vibration produite par un choc ou une secousse. **2** fig. État chancelant. ♦ Choc nerveux, commotion.

ébranler v. tr. [1] ▪ **1** Faire trembler, osciller, vibrer par un choc. **2** fig. Mettre en danger de crise. **3** Rendre peu ferme, incertain. → **affaiblir, troubler.** ▷ v. pron. **s'ébranler** Se mettre en marche.

ébraser v. tr. [1] ▪ archit. Élargir (une baie) en ligne biaise. ► **ébrasement** n. m.

ébrécher v. tr. [6] ▪ **1** Endommager en entamant le bord de. **2** fig. → **écorner** (2).

ébréchure n. f. ▪ Partie ébréchée, petit morceau cassé du bord d'un objet.

ébriété n. f. ▪ (style admin.) Ivresse.

s'ébrouer v. pron. [1] ▪ **1** (cheval) Souffler bruyamment en secouant la tête. **2** Souffler en s'agitant. ► **ébrouement** n. m.

ébruiter v. tr. [1] ▪ Faire circuler (une nouvelle). → **divulguer.** ► **ébruitement** n. m.

ébulliométrie n. f. ▪ sc. Mesure des températures d'ébullition des corps. → **ébullioscopie.** ► **ébulliomètre** n. m.

ébullioscopie n. f. ▪ sc. → **ébulliométrie.** ► **ébullioscope** n. m.

ébullition n. f. ▪ **1** État d'un liquide qui bout. **2** fig. *EN ÉBULLITION :* dans un état de vive agitation. → **effervescence.**

éburnéen, enne adj. ▪ littér. Qui a l'apparence de l'ivoire. - syn. **éburné, ée.**

e-business n. m. ▪ → **e-commerce.**

écaille n. f. ▪ **1** Chacune des petites plaques qui recouvrent la peau (de poissons, de reptiles). ♦ Lame enveloppant certains organes végétaux. **2** Parcelle détachée de qqch. qui se desquame. **3** Matière qui recouvre la carapace de grandes tortues.

écaillé, ée adj. ▪ Qui s'écaille. *Peinture écaillée.*

① **écailler** v. tr. [1] ▪ **1** Enlever, racler les écailles de (un poisson). **2** Ouvrir (une huître). **3** Faire tomber en écailles (2). ➛ pronom. *La peinture s'écaille.* ► **écaillage** et **écaillement** n. m.

② **écailler, ère** n. ▪ Personne qui ouvre et vend des huîtres.

écailleur n. m. ▪ techn. Instrument pour écailler le poisson.

écailleux, euse adj. ▪ **1** Qui a des écailles. **2** Qui se détache par écailles.

écaillure n. f. ▪ Pellicule détachée d'une surface.

écale n. f. ▪ bot. Enveloppe recouvrant la coque des noix, noisettes, amandes, etc.

écaler v. tr. [1] ▪ Enlever l'écale de. ➛ *Écaler des œufs,* en ôter la coquille.

écalure n. f. ▪ techn. Pellicule dure de certaines graines.

écarlate ▪ **1** n. f. Couleur rouge tirée de la cochenille. **2** adj. Très rouge.

écarquiller v. tr. [1] ▪ Ouvrir démesurément (les yeux).

écart n. m. ▪ **1** Distance qui sépare deux choses qu'on écarte ou qui s'écartent. ➛ *Grand écart :* position où les jambes forment un angle de 180°. **2** Différence entre deux grandeurs ou valeurs. **3** Action de s'écarter, de s'éloigner. **4** fig. *Écart de conduite.* → **faute. 5** loc. adv. *À L'ÉCART :* dans un endroit écarté, à distance (d'un groupe).

① **écarté, ée** adj. ▪ **1** Éloigné, isolé. **2** au plur. Éloignés l'un de l'autre.

② **écarté** n. m. ▪ Jeu de cartes où le joueur peut rejeter (→ ② **écarter**) des cartes.

écarteler v. tr. 5 ■ **1** anciennt Déchirer (un condamné) en faisant tirer ses membres par quatre chevaux. **2** fig. (surtout passif et p. p.) → **tirailler.** ► **écartèlement** n. m.

écartement n. m. ■ Espace qui sépare une chose d'une ou plusieurs autres.

① **écarter** v. tr. 1 ■ **1** Mettre (plusieurs choses ou des parties d'une chose) à distance les unes des autres (s'oppose à *rapprocher*). *Écarter les bras.* **2** Mettre à une certaine distance. → **éloigner.** ♦ Repousser. *Écarter un danger.* **3** Éloigner d'une direction. → **détourner.** ▷ v. pron. **s'écarter** Se disperser. ♦ S'éloigner (d'un lieu, d'une direction) ; fig. se détourner (d'une ligne...).

② **écarter** v. tr. 1 ■ aux cartes Rejeter de son jeu (des cartes). → ② **écarté.**

écarteur n. m. ■ chir. Instrument qui sert à écarter les parois d'une cavité.

ecballium [-jɔm] n. m. ■ Plante rampante du Midi *(Cucurbitacées),* aux fleurs jaunes, dont les fruits éclatent à maturité en projetant les graines.

ECBU ou **E. C. B. U.** [øsebey] n. m. (sigle) ■ méd. Examen cytobactériologique* des urines.

ecce homo [ɛkseɔmo] n. m. invar. ■ arts Tableau, sculpture représentant Jésus-Christ portant la couronne d'épines.

ecchymose [eki-] n. f. ■ Tache (noire, jaunâtre...) produite par l'épanchement du sang sous la peau. → **bleu, contusion, hématome.**

ecclésial, iale, iaux adj. ■ didact. Qui concerne l'Église en tant que communauté.

ecclésiastique ■ **1** adj. Relatif à une Église, à son clergé. **2** n. m. Membre d'un clergé (→ **ministre, pasteur, prêtre, religieux).**

ecdysone n. f. ■ Hormone qui stimule la mue des larves d'insectes.

écervelé, ée adj. et n. ■ Qui est sans jugement.

ECG → **électrocardiogramme**

échafaud n. m. ■ Plate-forme en charpente destinée à l'exécution des condamnés. ♦ Peine de mort par décapitation.

échafaudage n. m. ■ **1** Construction temporaire soutenue par une charpente (sur la façade d'un bâtiment à édifier, à réparer). **2** Assemblage de choses posées les unes sur les autres. *Un échafaudage de livres.*

échafauder v. 1 ■ **1** v. intr. Construire un échafaudage. **2** v. tr. fig. Former par des combinaisons fragiles. *Échafauder des projets.*

échalas n. m. ■ Pieu soutenant un arbuste. ◆ fig. Personne grande et maigre.

échalasser v. tr. 1 ■ agric. Garnir (une plante) de supports.

échalier n. m. ■ **1** Échelle rudimentaire. **2** Clôture mobile.

échalote n. f. ■ **1** Variété d'ail dont les bulbes sont utilisés comme condiment. **2** (Canada) Petit oignon vert.

échancrer v. tr. 1 ■ Creuser ou découper en creux. ▷ adj. **échancré, ée** *Corsage échancré.* → **décolleté.** ◆ *Côte échancrée.* → **découpé.**

échancrure n. f. ■ Partie échancrée.

échange n. m. ■ **1** Opération par laquelle on échange ; fait de donner une chose contre une autre. **2** Commerce, opération commerciale. **3** Communication réciproque (de documents, etc.). *Un échange de lettres.* ◆ loc. *Échange de vues*.* **4** sc. Passage de substances entre la cellule et le milieu extérieur. *Échanges gazeux.* **5** *EN ÉCHANGE* loc. adv. → en **contrepartie,** en **retour.**

échangeable adj. ■ Qui peut être échangé.

échanger v. tr. 3 ■ **1** *Échanger qqch. contre,* laisser (qqch.) à qqn en recevant autre chose en contrepartie. ◆ (sujet au plur.) Donner et recevoir (des choses équivalentes). *Ils échangent des timbres.* **2** (abstrait) Adresser et recevoir en retour. ◆ (sujet au plur.) *Ils échangèrent un regard.*

échangeur n. m. ■ **1** Appareil destiné à réchauffer ou refroidir un fluide au moyen d'un autre fluide. **2** Intersection routière à plusieurs niveaux.

échangisme n. m. ■ Pratique qui consiste à échanger ses partenaires sexuels entre couples.

échangiste adj. ■ Qui procède à des échanges ; fondé sur des échanges. ♦ spécialt Qui pratique l'échangisme.

échanson n. m. ■ anciennt Officier d'une cour, dont la fonction était de servir à boire.

échantillon n. m. ■ **1** Petite quantité (d'une marchandise) qu'on montre pour donner une idée. **2** Spécimen remarquable (d'une espèce, etc.). → **exemple, représentant. 3** Fraction représentative d'une population, choisie en vue d'un sondage.

échantillonnage n. m. ■ **1** Action d'échantillonner. **2** Collection d'échantillons.

échantillonner v. tr. 1 ■ **1** Prélever, choisir des échantillons de (tissus, etc.). **2** Choisir un échantillon en vue d'un sondage.

échantillonneur, euse ■ **1** n. Personne chargée de prélever des échantillons. **2** n. m. inform. Dispositif qui permet d'échantillonner des données. *Échantillonneur de sons.* → **sampler.**

échappatoire n. f. ■ Moyen détourné par lequel on cherche à se tirer d'embarras. → **faux-fuyant, subterfuge.**

échappée n. f. ■ **1** Action d'échapper à des poursuivants. ◆ Action menée par un coureur qui lâche le peloton. **2** Espace libre mais resserré (ouvert à la vue, etc.). *Échappée sur la mer.* ♦ littér. Bref moment.

échappement n. m. ▪ **1** Mécanisme d'horlogerie qui règle le mouvement. **2** Dernier temps du cycle d'un moteur pendant lequel les gaz brûlés sont évacués.

échapper v. [1] ▪ **I** *ÉCHAPPER À* v. tr. ind. **1** Cesser d'être prisonnier de (un lieu, qqn). ➛ Se tirer de (un danger). *Échapper à un accident.* → **réchapper.** **2** Cesser d'appartenir à, de subir l'influence de. **3** Être prononcé par inadvertance par (qqn). *Ça m'a échappé.* **4** Éviter (qqn, qqch. de menaçant). **5** (sujet chose) N'être pas touché, contrôlé, compris par. *Son raisonnement m'échappe.* **II** *ÉCHAPPER DE* v. tr. ind. (sujet chose) Cesser d'être tenu, retenu par. *La tasse lui a échappé des mains.* **III** v. tr. **1** loc. *L'ÉCHAPPER BELLE,* échapper de justesse à un danger. **2** région. (centre et est de la France ; Canada) Laisser échapper, laisser tomber involontairement. ▷ v. pron. s'**échapper** (de) **1** S'enfuir ; partir discrètement. **2** (choses) Sortir.

écharde n. f. ▪ Petit fragment de bois qui a pénétré sous la peau par accident.

écharner v. tr. [1] ▪ techn. Débarrasser (une peau) de la chair qui y adhère. ► **écharnage** et **écharnement** n. m.

écharpe n. f. ▪ **1** Large bande d'étoffe servant d'insigne. **2** Bandage passé par-dessus une épaule, qui soutient l'avant-bras. *Avoir un bras en écharpe.* ♦ loc. adv. *EN ÉCHARPE :* en bandoulière ; en oblique. **3** Bande de tissu, de tricot portée autour du cou.

écharper v. tr. [1] ▪ Massacrer.

échasse n. f. ▪ **1** Chacun des deux bâtons munis d'un étrier pour le pied, pour se déplacer dans des terrains difficiles. **2** Oiseau des marais, à longues pattes fines, au plumage noir et blanc.

échassier n. m. ▪ Oiseau des marais à longues pattes fines (ex. la bécasse).

échaudage n. m. ▪ **1** Action de passer à l'eau chaude. **2** agric. Accident qui frappe les céréales, les vignes échaudées.

échaudé, ée adj. ▪ agric. Flétri, desséché par un excès de chaleur. *Du blé échaudé.*

échauder v. tr. [1] ▪ **1** Passer, laver à l'eau chaude. ➛ Tremper dans l'eau bouillante. → **ébouillanter.** ♦ prov. *Chat* échaudé craint l'eau froide.* **2** fig. *Se faire échauder, être échaudé,* être victime d'une mésaventure.

échaudoir n. m. ▪ techn. Grande cuve où l'on échaude les bêtes abattues. ➛ Local réservé à cette opération.

échauffer v. tr. [1] ▪ Rendre chaud par degrés. → **chauffer.** ➛ loc. *Échauffer la bile, les oreilles :* irriter. ▷ v. pron. s'**échauffer** **1** Entraîner ses muscles avant l'effort. **2** S'animer en parlant. ► **échauffement** n. m.

échauffourée n. f. ▪ Courte bagarre.

échauguette n. f. ▪ Guérite d'angle en pierre, pour surveiller.

èche ou **esche** n. f. ▪ Appât fixé à l'hameçon.

échéance n. f. ▪ **1** Date à laquelle expire un délai. ♦ Obligations, paiement dont l'échéance tombe. ♦ fig. Date à laquelle un événement doit se produire. **2** loc. adv. *À longue, à brève échéance :* à long, à court terme.

échéancier n. m. ▪ Registre d'obligations inscrites à leur échéance. ♦ Ensemble de délais à respecter. → **calendrier.**

échéant, ante adj. ▪ **1** dr. Qui arrive à échéance. **2** loc. adv. *LE CAS ÉCHÉANT :* si l'occasion se présente.

échec n. m. ▪ **I** *LES ÉCHECS :* jeu dans lequel deux joueurs font manœuvrer l'une contre l'autre deux séries de 16 pièces (pion, fou, cavalier, tour, roi, reine), sur une tablette divisée en 64 cases (→ **échiquier**). **II** au sing. aux échecs Situation du roi ou de la reine qui se trouve battu. *Échec et mat*.* **III** fig. **1** Fait de ne pas réussir, de ne pas obtenir qqch. ➛ Insuccès, faillite (d'un projet...). *Tentative vouée à l'échec.* **2** *Tenir qqn en échec,* le mettre en difficulté.

échelette n. f. ▪ Oiseau grimpeur du genre passereau.

échelier n. m. ▪ Échelle à un seul montant central.

échelle n. f. ▪ **1** Objet formé de deux montants réunis de distance en distance par des barreaux transversaux (→ **échelon**) servant de marches. ➛ loc. *Faire la COURTE ÉCHELLE à qqn,* l'aider à s'élever en lui offrant comme points d'appui les mains puis les épaules. **2** Suite continue ou progressive. *Échelle sociale,* hiérarchie des conditions. *L'échelle des salaires. Échelle mobile* (selon le coût de la vie). **3** Rapport existant entre une longueur et sa représentation sur la carte ; proportion (d'un plan...). *1 mm représente 100 m à l'échelle de 1/100 000. Carte à grande échelle,* détaillée. ♦ Série de divisions (sur un instrument, etc.). → **graduation.** ♦ fig. *À L'ÉCHELLE (DE) :* à la mesure (de). *À l'échelle mondiale.*

échelon n. m. ▪ **1** Traverse d'une échelle. → **barreau.** **2** fig. Ce par quoi on monte ou descend d'un rang à un autre. ♦ Position hiérarchique d'un fonctionnaire. **3** *À L'ÉCHELON (DE) :* au niveau (d'une administration, etc.).

échelonner v. tr. [1] ▪ **1** Disposer (des choses) à distance les unes des autres, ou par degrés. **2** Distribuer dans le temps, exécuter à intervalles réguliers. ▷ v. pron. s'**échelonner** ► **échelonnement** n. m.

écheniller v. tr. [1] ▪ Débarrasser (un arbre, une haie) des chenilles. ► **échenillage** n. m.

échenilloir n. m. ■ Cisaille fixée à l'extrémité d'une perche et qui sert à écheniller les arbres ou à couper les hautes branches.

écher v. tr. [6] ■ Munir d'une èche. – var. **escher** [1]

écheveau n. m. ■ **1** Assemblage de fils repliés et liés. **2** fig. Situation compliquée.

échevelé, ée adj. ■ **1** Dont les cheveux sont en désordre. **2** Désordonné, effréné.

écheveler v. tr. [4] ■ Mettre en désordre les cheveux de (qqn). ► **échevellement** n. m.

échevin, ine n. ■ **1** n. m. hist. Magistrat municipal. **2** Magistrat adjoint au bourgmestre (Belgique...). ► **échevinal, ale, aux** adj.

échevinage n. m. ■ **1** Fonction d'échevin. → **échevinat.** ◆ Durée de cette fonction. **2** Corps des échevins d'une ville.

échevinat n. m. ■ Charge d'échevin.

échidné [-ki-] n. m. ■ zool. Mammifère d'Australie, ovipare, hérissé de piquants.

échiffre n. m. ■ techn. *Mur d'échiffre* ou *échiffre* : mur qui supporte les marches d'un escalier.

échine n. f. ■ **1** Colonne vertébrale de l'homme et de certains animaux ; région correspondante du dos. ◆ loc. fig. *Courber, plier l'échine,* se soumettre. **2** Partie antérieure de la longe du porc.

s'échiner v. pron. [1] ■ Se donner de la peine.

échinocactus [ekinokaktys] n. m. ■ bot. Cactus à tige trapue arrondie en globe.

échinococcose [-ki-] n. f. ■ méd. Affection provoquée par les échinocoques ou leurs larves qui se développent dans les viscères.

échinocoque [-ki-] n. m. ■ zool. Ver plat parasite des chiens et des herbivores, parfois des hommes.

échinoderme [-ki-] n. m. ■ Invertébré marin à symétrie radiale (embranchement des *Échinodermes :* astéries, oursins, etc.).

échiquéen, enne adj. ■ Relatif au jeu d'échecs.

échiquier n. m. ■ **1** Tableau divisé en 64 cases alternativement blanches et noires sur lequel on joue aux échecs. ◆ Damier, quadrillage. **2** fig. Terrain où s'opposent des intérêts. *L'échiquier international.* **3** (en Grande-Bretagne) *Le chancelier de l'Échiquier,* le ministre des Finances.

écho [eko] n. m. ■ **1** Réflexion du son par un obstacle qui le répercute ; le son répété. **2** fig. Ce qui est répété par qqn. ◆ loc. *Se faire l'écho d'une nouvelle.* → **propager.** ♦ *Les échos d'un journal,* nouvelles mondaines ou locales. **3** Accueil et réaction favorable. *Sa protestation est restée sans écho.*

écho- [eko] Élément, du grec *êkhô* « son répercuté, écho ».

échocardiographie n. f. ■ méd. Échographie du cœur.

échographie n. f. ■ Exploration médicale du corps, au moyen d'ultrasons ; image qui en résulte. ► **échographe** n. m. (appareil) ► **échographier** v. tr. [7] ► **échographique** adj. ► **échographiste** n.

échoir v. intr. défectif : *il échoit, ils échoient, il échut, il échoira* (vx *écherra*), *il échoirait* (vx *écherrait*), *échéant**, *échu** ■ littér. **1** Être dévolu par le sort ou par un hasard. *Le rôle qui m'échoit.* **2** Arriver à échéance.

écholalie n. f. ■ didact. Répétition automatique des paroles de l'interlocuteur, observée dans certaines aphasies. ► **écholalique** adj.

① **échoppe** n. f. ■ Petite boutique.

② **échoppe** n. f. ■ techn. Outil à pointe taillée en biseau. → **burin.**

échopper v. tr. [1] ■ techn. Graver, tailler ou enlever avec une échoppe (②).

échosondeur [ekos-] n. m. ■ techn. Appareil de sondage utilisant la propagation des ondes sonores dans l'eau.

échotier, ière [ekɔ-] n. ■ Journaliste chargé des échos.

échouage n. m. ■ Fait d'échouer (1).

échouement n. m. ■ Arrêt accidentel (d'un navire) par contact avec le fond.

échouer v. intr. [1] ■ **1** (navire) Toucher le fond par accident et être arrêté dans sa marche. *Le navire a échoué* (pronom. *s'est échoué*) *sur la côte.* ◆ Être poussé sur la côte. **2** S'arrêter par lassitude, ou comme par hasard. *Échouer dans un hôtel miteux.* **3** Ne pas réussir (dans une entreprise...). ◆ (sujet chose) *Tous ses essais ont échoué.*

échu, ue adj. ■ Arrivé à échéance.

écimer v. tr. [1] ■ Couper la cime de (un arbre, une plante). ► **écimage** n. m.

éclaboussement n. m. ■ Jaillissement.

éclabousser v. tr. [1] ■ **1** Couvrir d'un liquide salissant qu'on a fait rejaillir. **2** fig. Salir par contrecoup.

éclaboussure n. f. ■ **1** Trace d'un liquide salissant qui a rejailli. **2** fig. Tache morale.

① **éclair** n. m. ■ **1** Lumière intense et brève, formant une ligne sinueuse, provoquée par une décharge électrique pendant un orage. ♦ loc. *Comme l'éclair,* très vite. **2** appos. (invar.) Très rapide. *Visite éclair.* **3** Lumière vive, de courte durée. **4** Manifestation passagère ; bref moment. *Un éclair de génie.*

② **éclair** n. m. ■ Petit gâteau allongé, fourré d'une crème pâtissière et glacé.

éclairage n. m. ▪ **1** Action, manière d'éclairer artificiellement. *Éclairage public.* **2** Distribution de la lumière (naturelle ou artificielle). **3** fig. Manière de décrire, d'envisager. → **angle, aspect, point de vue.**

éclairagisme n. m. ▪ techn. Ensemble de techniques employées pour obtenir un éclairage rationnel.

éclairagiste n. ▪ (théâtre...) Personne qui s'occupe de l'éclairage.

éclairant, ante adj. ▪ Qui a la propriété d'éclairer. ◆ fig. Susceptible d'expliquer. *Un exemple éclairant.*

éclaircie n. f. ▪ Endroit clair dans un ciel nuageux ; brève amélioration du temps. → **embellie.**

éclaircir v. tr. [2] ▪ **1** Rendre plus clair, moins sombre. ◆ faux pronom. *S'éclaircir la gorge,* se racler la gorge. **2** Rendre moins épais, moins dense. **3** fig. Rendre clair pour l'esprit. → **débrouiller, élucider.**

éclaircissant, ante adj. ▪ (produit) Qu'on utilise pour éclaircir la couleur des cheveux.

éclaircissement n. m. ▪ **1** Fait d'éclaircir (1 et 2). **2** Explication, mise au point.

éclairé, ée adj. ▪ Qui a de l'instruction, de l'esprit critique. ◆ loc. *Despotisme* éclairé.*

éclairement n. m. ▪ Durée ou intensité de la lumière ; rapport de cette intensité à la surface éclairée.

éclairer v. tr. [1] ▪ **I 1** Répandre de la lumière sur. ◆ Pourvoir de la lumière nécessaire. **2** Répandre une sorte de lumière sur (le visage). → **illuminer.** ◆ pronom. *Son visage s'éclaira.* **II** fig. **1** Mettre (qqn) en état de voir clair, de discerner le vrai du faux. **2** Rendre clair, intelligible. → **éclaircir.**

éclaireur, euse n. ▪ **1** n. m. Soldat envoyé en reconnaissance. **2** Membre de certaines associations scoutes.

éclampsie n. f. ▪ méd. *Éclampsie puerpérale :* syndrome atteignant des femmes enceintes à la fin de la grossesse, caractérisé par des convulsions accompagnées de coma. ► **éclamptique** adj.

éclat n. m. ▪ **I 1** Fragment d'un corps qui éclate, qu'on brise. *Éclat de verre ; d'obus.* ◆ *Voler EN ÉCLATS,* se briser. **2** Bruit violent et soudain. *Éclat de voix. Éclat de rire.* **3** Scandale, tapage. **II 1** Lumière vive. **2** (couleurs) Vivacité et fraîcheur. **3** Caractère de ce qui est brillant, magnifique. ◆ *D'ÉCLAT :* remarquable, éclatant. *Action, coup d'éclat.*

éclatant, ante adj. ▪ **1** Qui fait un grand bruit. **2** Qui brille avec éclat, dont la couleur a de l'éclat. → **éblouissant. 3** Qui se manifeste de façon frappante. → **remarquable.**

éclaté n. m. ▪ Représentation graphique (d'un objet complexe), qui en montre les éléments invisibles par séparation de ces éléments représentés en perspective.

éclatement n. m. ▪ Fait d'éclater.

éclater v. intr. [1] ▪ **1** Se rompre avec violence et généralement avec bruit, en projetant des fragments, ou en s'ouvrant. → **exploser, sauter. 2** Se diviser en plusieurs éléments. **3** Retentir avec un bruit violent et soudain. ◆ loc. (personnes) *Éclater de rire. Éclater en sanglots.* **4** (sujet chose) Se manifester brutalement. *La guerre a éclaté.* **5** littér. Apparaître de façon manifeste, évidente. ▷ v. pron. **s'éclater** fam. Éprouver un violent plaisir (dans une activité).

éclateur n. m. ▪ électr. Appareil dont les deux électrodes sont disposées de telle sorte qu'une étincelle jaillisse entre elles quand la tension atteint une certaine valeur (pour limiter les surtensions).

éclectique adj. ▪ **1** philos. Qui emprunte des éléments à plusieurs systèmes. **2** Qui n'a pas de goût exclusif. ► **éclectiquement** adv. ► **éclectisme** n. m.

éclimètre n. m. ▪ techn. Instrument d'arpenteur pour mesurer la différence de niveau entre deux points.

éclipse n. f. ▪ **1** Disparition passagère d'un astre, masqué par un autre corps céleste. **2** fig. Période de fléchissement, de défaillance. **3** *À ÉCLIPSES :* intermittent.

éclipser v. tr. [1] ▪ **1** Provoquer l'éclipse de (un autre astre). **2** Empêcher de paraître, de plaire, en brillant soi-même davantage. ▷ v. pron. **s'éclipser** S'en aller à la dérobée.

écliptique n. m. ▪ Grand cercle d'intersection du plan de l'orbite terrestre avec la sphère céleste ; ce plan.

éclisse n. f. ▪ **1** Éclat de bois. ◆ Plaque qui maintient un membre fracturé. **2** Pièce d'acier reliant les rails de chemin de fer.

éclisser v. tr. [1] ▪ chir. Assujettir (un membre) par des éclisses. ◆ techn. Fixer à l'aide d'éclisses (un rail, un aiguillage). ► **éclissage** n. m.

éclopé, ée adj. et n. ▪ Qui marche péniblement (accident, blessure). → **estropié.**

éclore v. intr. [45] ▪ **1** (œuf ; fleur) S'ouvrir. *Les œufs ont* (ou *sont*) *éclos.* **2** fig. Naître, apparaître. ► **éclosion** n. f.

écloserie n. f. ▪ techn. Bassin d'aquaculture, pour la reproduction et l'éclosion des œufs.

écluse n. f. ▪ Espace limité par des portes à vannes, destiné à retenir ou lâcher l'eau.

éclusée n. f. ▪ techn. Quantité d'eau qui coule entre l'ouverture et la fermeture d'une écluse.

écluser v. tr. [1] ▪ Faire passer (un bateau) par une écluse. ► **éclusage** n. m.

éclusier, ière n. ▪ Personne chargée de la manœuvre d'une écluse.

éco- Élément, du grec *oikos* «maison».

écobilan n. m. ▪ didact. Bilan des effets sur l'environnement (d'un objet fabriqué).

écoblanchiment n. m. ▪ didact. Fait, pour une entreprise, de se donner une image responsable à l'égard de l'environnement.

écobuer v. tr. [1] ▪ Enlever les mottes, les racines de (une terre) et les brûler. ► **écobuage** n. m.

écocide n. m. ▪ didact. Destruction de milieux naturels (flore et faune).

écocitoyen, enne adj. ▪ Inspiré par le respect de l'environnement. *Trier ses déchets est un geste écocitoyen.* ► **écocitoyenneté** n. f.

écoconduite n. f. ▪ Style de conduite d'un véhicule visant à l'économie et au respect de l'environnement.

écœurant, ante adj. ▪ Qui écœure.

écœurer v. tr. [1] ▪ **1** Dégoûter au point de donner envie de vomir. **2** fig. Dégoûter, en inspirant indignation ou mépris. **3** Décourager profondément. ► **écœurement** n. m.

écogarde n. ▪ Personne chargée de s'assurer que les visiteurs d'un site respectent l'environnement.

écohabitat n. m. ▪ Habitat conçu pour un respect maximal de l'environnement.

écoinçon n. m. ▪ techn. Pièce en coin.

éco-industrie n. f. ▪ Industrie spécialiste de la protection de l'environnement.

écolabel n. m. ▪ comm. Label européen attribué à un produit dont la production et l'utilisation ne nuisent pas à l'environnement.

écolage n. m. ▪ (Suisse) Frais de scolarité.

école n. f. ▪ **1** Établissement dans lequel est donné un enseignement collectif (général ou spécialisé). ♦ spécialt Établissement d'enseignement maternel et primaire. **2** Instruction, exercice militaire. ◆ loc. *Haute école*, équitation savante. **3** Ce qui est propre à instruire et à former ; source d'enseignement. ◆ *Être à bonne école.* **4** Groupe ou suite de personnes qui se réclament d'un maître ou d'une doctrine. → **mouvement.** ◆ loc. *FAIRE ÉCOLE* : avoir des disciples.

écolier, ière n. ▪ Enfant qui fréquente l'école primaire, un collège. → **élève.**

écolo → **écologiste**

écologie n. f. ▪ **1** sc. Étude des milieux où vivent les êtres vivants et des rapports de ces êtres avec le milieu. **2** cour. Doctrine visant à un meilleur équilibre entre l'homme et l'environnement. ► **écologique** adj.

écologisme n. m. ▪ Doctrine, action des écologistes (2).

écologiste n. ▪ **1** sc. Spécialiste de l'écologie. **2** adj. et n. cour. Partisan de la défense de la qualité de l'environnement. – abrév. fam. **écolo.**

écologue n. ▪ didact. Scientifique spécialiste d'écologie (1).

e-commerce [i-] n. m. ▪ anglic. Commerce électronique, pratiqué par l'intermédiaire du réseau Internet. – syn. **e-business** [ibiznɛs] n. m. anglic. ► **e-commerçant, ante** n.

écomusée n. m. ▪ Musée présentant une activité humaine dans son contexte.

éconduire v. tr. [38] ▪ **1** Repousser (un solliciteur). **2** Congédier, renvoyer.

économat n. m. ▪ Fonction d'économe.

économe ▪ **I** n. Personne chargée de l'administration, dans une communauté, un établissement. → **intendant. II 1** adj. Qui dépense avec mesure. **2** n. m. Épluche-légumes.

économétrie n. f. ▪ Étude statistique des données économiques. ► **économètre** n. ► **économétrique** adj.

économie n. f. ▪ **I 1** didact. Organisation des éléments, des parties (d'un ensemble). *L'économie d'une œuvre.* **2** Science des phénomènes concernant la production, la distribution et la consommation des richesses, des biens matériels, dans un groupe humain. **3** Activité économique. *L'économie française.* **II 1** littér. Gestion où l'on évite toute dépense inutile. **2** Ce que l'on épargne ou évite de dépenser. ◆ loc. *Des économies de bouts de chandelle*.* ◆ fig. *Faire l'économie de*, éviter. **3** au plur. Somme d'argent économisée.

économique adj. ▪ **I** Qui concerne l'économie (I, 2 et 3). **II** (choses) Qui réduit la dépense. ► **économiquement** adv.

économiser v. tr. [1] ▪ **1** Dépenser, utiliser avec mesure. **2** Mettre de côté en épargnant.

économiseur n. m. ▪ **1** techn. Dispositif permettant d'économiser (un produit, une énergie). *Économiseur de carburant.* **2** inform. *Économiseur d'écran* : programme qui modifie l'affichage de l'écran (d'un portable) en cas d'inactivité prolongée.

économisme n. m. ▪ didact. Tendance à interpréter les comportements politiques, sociaux et culturels par une approche uniquement économique.

économiste n. ▪ Spécialiste d'économie (I, 2).

écoparticipation n. f. ▪ Taxe payée par le consommateur sur un appareil électrique ou électronique, destinée à financer le recyclage du produit. ► **écoparticipatif, ive** adj.

écopastille n. f. ▪ (en France) Dispositif de taxation des véhicules polluants.

écope n. f. ▪ Pelle pour écoper.

écoper [1] ■ I v. tr. mar. Vider l'eau de (un bateau) avec l'écope. II v. tr. ind. fam. *Écoper de* : recevoir (un coup, une punition...).

écoperche n. f. ■ techn. Grande perche verticale d'échafaudage.

écoproduit n. m. ■ Produit dont le cycle de vie respecte l'environnement.

écorce n. f. ■ 1 Enveloppe d'un tronc d'arbre et de ses branches, qu'on peut détacher du bois. 2 Enveloppe coriace (de fruits : melon, orange...). 3 *Écorce terrestre*, partie superficielle du globe.

écorcer v. tr. [3] ■ Dépouiller de l'écorce. ► **écorçage** n. m.

écorceur, euse n. ■ 1 agric. Ouvrier, ouvrière procédant à l'écorçage des arbres. 2 n. f. techn. Machine à écorcer les troncs d'arbres coupés.

écorché, ée n. ■ 1 Bête, personne écorchée. ➝ fig. *Écorché vif, écorchée vive* : personne d'une sensibilité et d'une susceptibilité extrêmes. 2 n. m. Statue d'homme, d'animal représenté dépouillé de sa peau.

écorcher v. tr. [1] ■ 1 Dépouiller de sa peau (un corps). 2 Blesser en entamant superficiellement la peau. → **égratigner, griffer.** ➝ par exagér. *Ces cris écorchent les oreilles.* 3 Mal prononcer. ► **écorchage** et **écorchement** n. m.

écorcheur, euse n. ■ Personne qui écorche les bêtes pour la boucherie.

écorchure n. f. ■ Légère déchirure cutanée.

écorecharge n. f. ■ Recharge (d'un produit ménager), à l'emballage réduit.

écoresponsable adj. ■ Qui fait preuve de responsabilité à l'égard de l'environnement. ► **écoresponsabilité** n. f.

écorner v. tr. [1] ■ 1 Casser, abîmer un angle de. 2 fig. Entamer. *Écorner ses économies.*

écornure n. f. ■ Éclat d'une pierre, d'un meuble écorné ; brèche occasionnée par la cassure.

écossais, aise adj. ■ 1 De l'Écosse. ➝ n. *Un Écossais, une Écossaise.* 2 (tissu) À bandes de couleurs croisées.

écosser v. tr. [1] ■ Dépouiller de la cosse. ► **écossage** n. m.

écosystème n. m. ■ Unité écologique de base, formée par le milieu (→ **biotope**) et les organismes qui y vivent (→ **biocénose**).

écot n. m. ■ Quote-part d'un convive.

écotaxe n. f. ■ Impôt sur les activités économiques polluantes (industrie, commerce), visant un effet dissuasif.

écotourisme n. m. ■ Tourisme pratiqué dans le respect de l'environnement.

écotoxicologie n. f. ■ Étude des substances toxiques (pour l'environnement et les humains) et de leurs effets. ► **écotoxicologique** adj.

écotoxique adj. ■ Toxique pour l'environnement. ► **écotoxicité** n. f.

écoulement n. m. ■ Fait d'écouler, de s'écouler ; mouvement de ce qui s'écoule.

écouler v. [1] ■ I S'ÉCOULER v. pron. 1 (liquide) Couler hors d'un endroit. → se **déverser.** ♦ par analogie *La foule s'écoulait lentement.* 2 Disparaître progressivement ; se passer (temps). ➝ au p. p. *Les années écoulées*, passées. II v. tr. Vendre de façon continue jusqu'à épuisement. ➝ *Écouler de faux billets*, les mettre en circulation.

écoumène → **œkoumène**

écourgeon → **escourgeon**

écourter v. tr. [1] ■ 1 Rendre plus court en longueur. → **raccourcir.** 2 Rendre plus court en durée. 3 Abréger ; tronquer.

écoutable adj. ■ Qui peut être écouté ; que l'on peut supporter d'écouter.

écoutant, ante n. ■ Personne qui écoute au téléphone et conseille les personnes en détresse.

① **écoute** n. f. ■ 1 Action d'écouter (qqn). ➝ *Être à l'écoute de qqn*, lui prêter attention. 2 milit. Détection par le son. 3 Action d'écouter (une émission). *Les heures de grande écoute.* ♦ Action d'écouter (une communication téléphonique) à l'insu des personnes qui communiquent. 4 loc. AUX ÉCOUTES de : attentif à.

② **écoute** n. f. ■ Manœuvre, cordage servant à orienter une voile.

écouter v. tr. [1] ■ 1 S'appliquer à entendre, prêter son attention à (des bruits, des paroles). 2 Recevoir, accepter. *Écouter les conseils d'un ami.* → **suivre.** ➝ *N'écouter que son courage*, se laisser guider par lui. ▷ v. pron. s'**écouter** 1 Entendre sa propre voix. 2 Suivre son inspiration. 3 Prêter une trop grande attention à sa personne.

écouteur n. m. ■ Partie du récepteur téléphonique qui sert à écouter.

écoutille n. f. ■ Ouverture rectangulaire dans le pont d'un navire, qui permet l'accès aux étages inférieurs.

écouvillon n. m. ■ Brosse cylindrique pour nettoyer un objet creux. → **goupillon.**

écouvillonner v. tr. [1] ■ techn. et méd. Nettoyer avec un écouvillon. ► **écouvillonnage** n. m.

écrabouiller v. tr. [1] ■ fam. Écraser, réduire en bouillie. → **broyer.** ► **écrabouillage** et **écrabouillement** n. m.

écran n. m. ▪ **1** Enveloppe ou paroi destinée à protéger de la chaleur, d'un rayonnement. **2** Objet interposé qui dissimule ou protège. **3** Surface sur laquelle se reproduit l'image d'un objet. ♦ spécialt Surface blanche pour les projections. ♦ Surface sur laquelle se forme l'image. *L'écran d'un téléviseur.* ➛ *Écran publicitaire.* → anglic. **spot** (3). **4** *L'écran,* l'art cinématographique. ➛ *Le* PETIT ÉCRAN : la télévision.

écrasant, ante adj. ▪ **1** Extrêmement lourd. → **accablant. 2** Qui entraîne l'écrasement de l'adversaire.

écrasé, ée adj. ▪ Très aplati.

écrasement n. m. ▪ **1** Action d'écraser ; fait d'être écrasé. **2** Destruction complète (des forces d'un adversaire).

écrase-merde n. m. ▪ fam. Grosse chaussure. *Des écrase-merdes.*

écraser v. tr. [1] ▪ **1** Aplatir et déformer (un corps) par une forte compression, par un choc violent. **2** Renverser et passer sur le corps de. **3** Dominer par sa masse. ♦ fig. Dominer, humilier. **4** Accabler. *Écraser qqn de travail.* **5** Vaincre, réduire totalement (un ennemi...). → **anéantir. 6** fam. *Écrase !,* n'insiste pas ! **7** inform. Détruire (un fichier) en le remplaçant par un autre. ▷ v. pron. **s'écraser 1** S'aplatir, éclater en tombant. **2** Se faire petit. **3** fam. Ne rien dire.

écrémer v. tr. [6] ▪ **1** Dépouiller (le lait) de la crème, de la matière grasse. **2** fig. Dépouiller (un ensemble) des meilleurs éléments. ► **écrémage** n. m.

écrémeuse n. f. ▪ Machine à écrémer.

écrêter v. tr. [1] ▪ Ôter la crête de (qqch.). ► **écrêtage** et **écrêtement** n. m.

écrevisse n. f. ▪ Crustacé d'eau douce, aux pattes antérieures armées de pinces.

s'écrier v. pron. [7] ▪ Dire d'une voix forte.

écrin n. m. ▪ Boîte ou coffret où l'on range des bijoux, des objets précieux.

écrire v. tr. [39] ▪ **I 1** Tracer (des signes d'écriture, un ensemble organisé de ces signes). ➛ sans compl. *Apprendre à écrire.* ♦ Orthographier. *Je ne sais pas écrire ce mot.* **2** Consigner, noter par écrit. → **inscrire. 3** Rédiger (un message destiné à être envoyé). *Écrire une lettre à qqn.* **4** Annoncer par lettre. **II 1** Composer (un ouvrage littéraire, etc.). *Écrire un roman.* **2** sans compl. Exprimer par l'écriture (littéraire). *Il écrit bien.* → **rédiger. 3** Composer (une œuvre musicale). **III** (passif et p. p.) *C'était écrit,* voulu par la Providence ou le destin, fixé d'avance. → **fatal.**

① **écrit** n. m. ▪ **1** Document écrit. **2** Composition littéraire, etc. → **livre. 3** Épreuves écrites (d'un examen...). *L'écrit et l'oral.* **4** PAR ÉCRIT : par un document écrit.

② **écrit, ite** adj. ▪ **1** Tracé par l'écriture. ➛ Couvert de signes d'écriture. **2** Exprimé par l'écriture. *Langue écrite, langue parlée.*

écriteau n. m. ▪ Surface plane portant une inscription en grosses lettres.

écritoire n. f. ▪ Petit coffret contenant tout ce qu'il faut pour écrire.

écriture n. f. ▪ **1** Système de signes visibles, tracés, représentant le langage. → **grapho-.** *Écriture idéographique, alphabétique.* **2** Caractères adoptés dans un tel système. *Écriture romaine, arabe, russe.* **3** Manière personnelle dont qqn trace les caractères en écrivant ; ces caractères. **4** littér. Manière de s'exprimer par écrit. → **style. 5** Acte d'écrire (un texte, une œuvre) ; activité de l'écrivain. **6** dr., admin. Écrit. **7** *L'Écriture, les Écritures,* les livres saints. → **Bible.**

écrivailleur, euse n. ▪ péj. Homme ou femme de lettres médiocre. - syn. **écrivassier, ière ;** (du masc.) **écrivaillon** n. m. ► **écrivailler** ou **écrivasser** v. tr. [1]

écrivain n. m. ▪ **1** Personne qui compose, écrit des ouvrages littéraires. → **auteur.** ➛ au fém. *une écrivaine.* **2** *Écrivain public :* personne qui écrit, rédige (des lettres, etc.) pour le compte d'autrui.

① **écrou** n. m. ▪ dr. Procès-verbal constatant l'emprisonnement de qqn. ➛ *Levée d'écrou,* constatation de la libération d'un détenu.

② **écrou** n. m. ▪ Pièce percée d'un trou fileté pour le logement d'une vis.

écrouelles n. f. pl. ▪ vx Abcès ganglionnaire. → **scrofule.**

écrouer v. tr. [1] ▪ Incarcérer.

écrouir v. tr. [2] ▪ techn. Travailler (un métal) afin d'améliorer sa résistance à la déformation. ► **écrouissage** n. m.

écroulement n. m. ▪ **1** Fait de s'écrouler. **2** fig. Anéantissement soudain.

s'écrouler v. pron. [1] ▪ **1** Tomber soudainement de toute sa masse. → s'**affaisser, crouler,** s'**effondrer. 2** fig. Subir une destruction, une fin brutale. **3** fam. Se laisser tomber lourdement. → s'**affaler.**

écroûter v. tr. [1] ▪ Dégarnir de sa croûte. *Écroûter le pain.*

écru, ue adj. ▪ **1** Qui n'est pas blanchi (chanvre, soie, toile). **2** De couleur beige.

ecstasy n. f. ▪ anglic. Stupéfiant hallucinogène dérivé de l'amphétamine, à effet désinhibiteur. - abrév. fam. **ecsta** n. f.

ectasie n. f. ▪ méd. Dilatation anormale d'un organe creux.

ecto- Élément, du grec *ektos* « au-dehors ».

ectoblaste n. m. ▪ Ectoderme.

ectoderme n. m. ■ biol. Feuillet externe de l'embryon dont dérivent l'épiderme et le système nerveux chez les animaux. → **ectoblaste.** ► **ectodermique** adj.

-ectomie Élément (du grec *ektomê* « amputation ») qui signifie « ablation ». → **-tomie.**

ectoparasite n. m. ■ zool. Parasite externe (opposé à *endoparasite*).

ectopique adj. ■ anat. (organe) Qui n'est pas à sa place habituelle. ► **ectopie** n. f.

ectoplasme n. m. ■ **1** (occultisme) Émanation visible du corps du médium. **2** Personne inconsistante. → **zombie.**

écu n. m. ■ **1** Bouclier des hommes d'armes, au Moyen Âge. **2** blason Bouclier où sont représentées les armoiries. **3** Ancienne monnaie française.

écubier n. m. ■ Ouverture ménagée à l'avant d'un navire, de chaque côté, pour le passage des câbles ou des chaînes.

écueil [ekœj] n. m. ■ **1** Rocher, banc de sable à fleur d'eau contre lequel un navire risque de se briser ou de s'échouer. → **brisant, récif. 2** fig. Obstacle dangereux.

écuelle n. f. ■ Assiette sans rebord.

éculé, ée adj. ■ **1** Dont le talon est usé, déformé. **2** fig. Usé, ressassé. → **rebattu.**

écumage n. m. ■ Action d'écumer, de débarrasser qqch. de ses impuretés.

écumant, ante adj. ■ **1** Qui écume (I, 1). **2** Qui bave. ◆ fig. *Être écumant de rage.*

écume n. f. ■ **I 1** Mousse blanchâtre qui se forme à la surface des liquides agités, chauffés ou en fermentation. **2** Bave mousseuse (d'animaux ; de malades...). ◆ Sueur blanchâtre (d'un cheval...). **3** Impuretés à la surface des métaux en fusion. **II** *ÉCUME (DE MER)* : silicate naturel de magnésium.

écumer v. 1 ■ **I** v. intr. **1** (mer) Se couvrir d'écume. **2** Baver. ◆ fig. *Écumer (de rage),* être au comble de la fureur. **II** v. tr. **1** Débarrasser (qqch.) de son écume, des impuretés. **2** Parcourir en pillant, en raflant.

écumeur, euse n. ■ *Écumeur (de mer)* : corsaire, pirate.

écumeux, euse adj. ■ Qui écume.

écumoire n. f. ■ Ustensile composé d'un disque percé de trous, servant à écumer.

écurer v. tr. 1 ■ techn. ou région. Curer complètement.

écureuil n. m. ■ Petit mammifère rongeur au pelage généralement roux, à longue queue en panache.

écurie n. f. ■ **1** Bâtiment destiné à loger des chevaux, ânes, mulets. **2** Ensemble des bêtes logées dans une écurie. ◆ Ensemble des chevaux qu'un propriétaire fait courir. ◆ Voitures de course, coureurs, cyclistes courant pour une même marque.

écusson n. m. ■ **1** Petit écu (①, 2). **2** Plaque servant d'enseigne. **3** Morceau d'étoffe décoré, cousu sur un vêtement.

écussonner v. tr. 1 ■ Orner d'un écusson.

écuyer, yère ■ **1** n. m. anciennt Gentilhomme qui était au service d'un chevalier. ◆ Celui qui s'occupait des écuries d'un prince. **2** n. Personne sachant bien monter à cheval. ◆ Personne qui fait des numéros d'équitation.

eczéma [ɛgzema] n. m. ■ Affection cutanée caractérisée par des vésicules et des rougeurs. ► **eczémateux, euse** adj. et n.

édam [edam] n. m. ■ Fromage de Hollande à pâte cuite et à croûte rouge.

édaphique adj. ■ didact. Relatif au sol.

edelweiss [edɛlvɛs ; edɛlvajs] n. m. ■ Plante alpine, couverte d'un duvet blanc.

edelzwicker [edɛltsvikɛʀ] n. m. ■ Vin blanc alsacien, mélange de plusieurs cépages.

éden [edɛn] n. m. ■ *L'Éden* : le Paradis. ◆ fig. Lieu de délices. ► **édénique** adj.

édenté, ée ■ **1** adj. Qui a perdu une partie ou la totalité de ses dents. **2** n. m. Mammifère à dents réduites (ordre des *Édentés* : paresseux, fourmilier, etc.).

édenter v. tr. 1 ■ Casser les dents de.

édicter v. tr. 1 ■ Établir par une loi, un règlement. → **promulguer.** ► **édiction** n. f.

édicule n. m. ■ **1** Dépendance d'un édifice religieux. **2** Petite construction édifiée sur la voie publique (kiosque, urinoir...).

édifiant, ante adj. ■ Qui édifie (II).

édification n. f. ■ Action d'édifier (I et II).

édifice n. m. ■ **1** Bâtiment important. **2** fig. Ensemble vaste et organisé.

édifier v. tr. 7 ■ **I 1** Bâtir (un édifice, un ensemble architectural). **2** abstrait Établir, créer (un vaste ensemble). **II 1** Porter (qqn) à la vertu, par l'exemple ou par le discours. **2** iron. Mettre à même d'apprécier, de juger sans illusion. → **éclairer.**

édile n. m. ■ **1** Antiq. Magistrat romain chargé de l'approvisionnement de la ville, etc. **2** Magistrat municipal d'une grande ville (en style officiel). ► **édilité** n. f.

édit n. m. ■ hist. (Ancien Régime) Acte législatif émanant du roi.

éditer v. tr. 1 ■ **I 1** Publier et mettre en vente (un texte imprimé). *Éditer des romans.* ◆ *Éditer un auteur.* **2** didact. Faire paraître (un texte qu'on présente, etc.). **II** anglic., inform. Présenter (des informations).

éditeur, trice n. ▪ **1** Personne, société qui assure la publication d'ouvrages imprimés. **2** didact. Érudit qui établit un texte.

édition n. f. ▪ **I 1** Reproduction et diffusion (d'une œuvre) par un éditeur (1). **2** Ensemble des exemplaires d'un ouvrage publié édités en une fois. *Édition originale.* ➛ Ensemble des exemplaires (d'un journal) imprimés en une fois. **3** Métier, activité d'éditeur. **II** Action d'éditer (un texte qu'on présente, etc.). ♦ Texte ainsi édité. *Édition critique.* **III** anglic., inform. Matérialisation des informations traitées.

① **éditorial, aux** n. m. ▪ Article (de journal...) qui reflète une orientation générale.

② **éditorial, ale, aux** adj. ▪ Qui concerne l'activité (technique, économique) d'édition.

éditorialiste n. ▪ Personne qui écrit l'éditorial d'un journal, etc.

-èdre Élément, du grec *hedra* «base», qui sert à former des termes de géométrie.

édredon n. m. ▪ Couvre-pied de duvet.

éducable adj. ▪ Apte à être éduqué.

éducateur, trice ▪ **1** n. Personne qui éduque. ♦ Personne spécialisée dans l'éducation de certains groupes (jeunes, handicapés...). **2** adj. Éducatif.

éducatif, ive adj. ▪ Qui a l'éducation pour but ; qui éduque, forme efficacement.

éducation n. f. ▪ **1** Mise en œuvre des moyens propres à assurer la formation et le développement d'un être humain ; moyens pour y parvenir. → **instruction.** ♦ *Éducation physique.* → **gymnastique, sport. 2** Développement méthodique (d'une faculté...). **3** Connaissance et pratique des usages de la société. → **savoir-vivre.**

éducationnel, elle adj. ▪ Relatif à l'éducation.

édulcorant, ante adj. et n. m. ▪ Qui donne une saveur douce. ➛ n. m. *Édulcorant de synthèse :* produit sucrant sans sucre. → **aspartame, saccharine.**

édulcorer v. tr. [1] ▪ **1** Adoucir par addition de sucre, de sirop. **2** fig. Rendre plus faible dans son expression. → **atténuer.** ► **édulcoration** n. f.

éduquer v. tr. [1] ▪ Former par l'éducation.

ef- → **é-**

éfaufiler v. tr. [1] ▪ techn. Défaire (un tissu) en tirant les fils. → **effiler, effilocher.**

efendi → **effendi**

effaçable adj. ▪ Que l'on peut effacer.

effacé, ée adj. ▪ **1** Qui a disparu ou presque. *Une inscription effacée.* **2** Qui ne se fait pas voir, reste dans l'ombre. → **discret.**

effacer v. [3] ▪ v. tr. **1** Faire disparaître sans laisser de trace (ce qui était marqué, écrit). ➛ (sujet chose) Rendre moins visible. **2** Faire oublier. **3** Empêcher de paraître. → **éclipser** (2). **4** Tenir en retrait. *Effacez le ventre.* ▷ v. pron. **s'effacer 1** (choses) Disparaître plus ou moins. → **s'estomper. 2** (personnes) Se tenir de façon à paraître ou à gêner le moins possible. ► **effacement** n. m.

effaceur, euse ▪ **1** n. m. Feutre servant à effacer l'encre. **2** adj. Qui efface.

effarant, ante adj. ▪ Qui effare.

effarer v. tr. [1] ▪ Troubler en provoquant un effroi mêlé de stupeur. → **affoler, effrayer, stupéfier.** ▷ adj. **effaré, ée** → **étonné.** ► **effarement** n. m.

effaroucher v. tr. [1] ▪ **1** Effrayer (un animal) de sorte qu'on le fait fuir. **2** Mettre (qqn) dans un état de crainte ou de défiance. ▷ adj. **effarouché, ée** ► **effarouchement** n. m.

effarvatte n. f. ▪ Petit passereau qui vit dans les roseaux.

① **effectif, ive** adj. ▪ Qui se traduit par un effet réel. → **concret, tangible.**

② **effectif** n. m. ▪ **1** milit. Nombre réglementaire des soldats qui constituent une formation militaire. ➛ au plur. Troupes. **2** Nombre des membres (d'un groupe).

effectivement adv. ▪ **1** D'une manière effective. → **réellement. 2** adv. de phrase → en **effet.** *Effectivement, il s'est trompé.*

effectuer v. tr. [1] ▪ Faire, exécuter (une opération complexe ou délicate, technique).

efféminé, ée adj. ▪ Qui a certains des caractères qu'on prête traditionnellement aux femmes (s'oppose à *viril*).

effendi ou **efendi** [efɛ̃di] n. m. ▪ Ancien titre des dignitaires civils ou militaires, dans l'Empire turc.

efférent, ente adj. ▪ anat. (vaisseau, nerf) Qui sort d'un organe (opposé à ② *afférent*).

effervescence n. f. ▪ **1** Bouillonnement produit par un dégagement de gaz lorsque certaines substances entrent en contact. **2** fig. Agitation, émotion vive mais passagère.

effervescent, ente adj. ▪ **1** Qui est ou peut être en effervescence. *Comprimé effervescent.* **2** fig. *Foule effervescente.* → **tumultueux.**

effet n. m. ▪ **I 1** Ce qui est produit par une cause. → **conséquence, résultat, suite. 2** Phénomène (acoustique, etc.) apparaissant dans certaines conditions. **3** loc. *PRENDRE EFFET :* devenir applicable, exécutoire (loi...). ➛ *EN EFFET :* s'emploie pour confirmer, ou pour introduire un argument. ➛ *À CET EFFET :* en vue de cela. **4** Impression produite (sur qqn). *Faire mauvais effet.* ➛ *FAIRE DE L'EFFET :* produire une forte impression. ➛ *FAIRE L'EFFET DE :* donner l'impression de. **5** Impression esthétique recherchée par l'emploi de certaines techniques. ◆ *Effets spéciaux,* trucages (cinéma...). **6** au plur. Impression recherchée par des gestes, des attitudes. *Faire des effets de voix.* **II** *EFFET (DE COMMERCE)* : titre donnant droit au paiement d'une somme d'argent à une échéance (billet, chèque, traite). ◆ *Effets publics* (émis et garantis par l'État, les collectivités publiques). **III** au plur. Le linge et les vêtements.

effeuillaison n. f. ■ Chute naturelle des feuilles, des pétales. - syn. **effeuillement.**

effeuiller v. tr. [1] ■ **1** Dépouiller de ses feuilles. **2** Dépouiller de ses pétales. ► **effeuillage** n. m.

effeuilleuse n. f. ■ fam. Strip-teaseuse.

① **efficace** adj. ■ **1** (choses) Qui produit l'effet qu'on en attend. *Un remède efficace.* **2** (personnes) Dont la volonté, l'activité produisent leur effet. ► **efficacement** adv.

② **efficace** n. f. ■ didact. Efficacité.

efficacité n. f. ■ **1** Caractère de ce qui est efficace. **2** Capacité de produire un résultat avec le minimum d'effort.

efficience n. f. ■ anglic. Efficacité, capacité de rendement.

effigie n. f. ■ **1** Représentation d'une personne (en arts). **2** Représentation du visage (de qqn), sur une monnaie, une médaille.

① **effilé** n. m. ■ Frange formée en effilant.

② **effilé, ée** adj. ■ Qui va en s'amincissant.

effiler v. tr. [1] ■ **I** Défaire (un tissu) fil à fil. ◆ *Effiler des haricots verts,* en enlever les fils. **II** Rendre effilé. ► **effilage** n. m.

effilocher v. tr. [1] ■ Effiler (des tissus, des chiffons) pour réduire en bourre, en ouate. ▷ v. pron. **s'effilocher** ▷ adj. **effiloché, ée** Qui laisse échapper des fils. ► **effilochage** et **effilochement** n. m.

effilochure n. f. ■ Partie effilochée (d'un tissu).

efflanqué, ée adj. ■ (cheval) Trop maigre.

effleurer v. tr. [1] ■ **1** Toucher légèrement. → **frôler. 2** fig. Examiner superficiellement (un sujet). ◆ (sujet chose) Faire une impression fugitive sur (qqn). ► **effleurement** n. m.

efflorescence n. f. ■ littér. Floraison (d'un art...).

efflorescent, ente adj. ■ littér. En pleine floraison. → **luxuriant.**

effluence n. f. ■ littér. Émanation, effluve.

effluent n. m. ■ **1** Cours d'eau issu d'un lac, d'un glacier (≠ *affluent*). **2** Eaux usées.

effluve n. m. ■ **1** littér. (surtout au plur.) Émanation qui se dégage d'un corps. **2** phys. Décharge électrique faiblement lumineuse.

effondré, ée adj. ■ Très abattu, sans réaction (après un malheur, un échec).

s'effondrer v. pron. [1] ■ **1** Tomber sous le poids ou faute d'appui. → s'**affaisser,** s'**écrouler. 2** fig. S'écrouler, ne plus tenir. **3** (personnes) Tomber comme une masse. ◆ fig. Céder brusquement. → fam. **craquer.** ► **effondrement** n. m.

s'efforcer v. pron. [3] ■ **1** *S'EFFORCER DE* (+ inf.) : faire des efforts, employer toutes ses qualités en vue de (faire, etc.). **2** littér. *S'EFFORCER À, VERS* (+ nom) : vouloir atteindre, réaliser.

effort n. m. ■ **1** Activité d'un être conscient qui emploie ses forces pour vaincre une résistance. *Effort physique ; intellectuel.* ◆ loc. *Je veux bien faire un effort,* faire preuve de bonne volonté. **2** sc. Force exercée.

effraction n. f. ■ Bris de clôture ou de serrure.

effraie n. f. ■ Chouette au plumage clair.

effranger v. tr. [3] ■ Effiler le bord (d'un tissu).

effrayant, ante adj. ■ **1** Qui inspire ou peut inspirer de la frayeur. **2** fam. Extraordinaire, extrême.

effrayé, ée adj. ■ Qui éprouve une grande peur. → **apeuré, terrifié.**

effrayer v. tr. [8] ■ **1** Frapper de frayeur. → **épouvanter, terrifier. 2** Inquiéter.

effréné, ée adj. ■ littér. Qui est sans retenue, sans mesure. → **démesuré, immodéré.**

effriter v. tr. [1] ■ Réduire en poussière. ▷ v. pron. **s'effriter** ► **effritement** n. m.

effroi n. m. ■ Grande frayeur. → **terreur.**

effronté, ée adj. et n. ■ Qui est d'une grande insolence. ► **effrontément** adv.

effronterie n. f. ■ Caractère, attitude d'une personne effrontée. → **insolence.**

effroyable adj. ■ **1** Effrayant. **2** Extrême, énorme. → **effrayant** (2). ► **effroyablement** adv.

effusion n. f. ■ **1** *Effusion de sang* : action de faire couler le sang (violemment). **2** littér. Manifestation sincère d'un sentiment.

éfrit [-it] n. m. ■ Génie malfaisant, dans la mythologie arabe.

s'égailler [egaje ; egeje] v. pron. [1] ■ Se disperser, s'éparpiller.

égal, ale, aux adj. et n. ■ **1** (personnes, choses) Qui est de même quantité, dimension, nature, qualité ou valeur. → **identique, même ; équivalent.** ◆ loc. *Toutes choses égales d'ailleurs,* en supposant que la situation reste la même. ◆ *N'avoir d'égal que,* n'être égalé que par. *Sa sottise n'a d'égale que sa méchanceté.* **2** Qui ne crée pas de différence entre les personnes. **3** (personnes) Qui est sur le même rang ; qui a les mêmes droits ou charges. *Égaux devant la loi.* ♦ n. Personne égale. ◆ loc. *Traiter d'égal à égal avec qqn* (→ sur un pied d'égalité). ◆ *SANS ÉGAL,* inégalable (invar. au masc. plur.). ◆ *À L'ÉGAL DE,* autant que. **4** Qui est toujours le même ; qui ne varie pas. → **constant, régulier.** **5** loc. *Cela m'est (bien, complètement...) égal,* indifférent. ◆ *C'EST ÉGAL* : quoi qu'il en soit.

également adv. ■ **1** D'une manière égale. → **pareillement.** **2** De même, aussi.

égaler v. tr. [1] ■ **1** Être égal à. **2** Être égal en quantité à. *Deux plus trois égalent* (ou *égale*) *cinq* (2 + 3 = 5). **3** Faire une performance égale à. *Égaler un record.*

égalisateur, trice adj. ■ Qui égalise. *Action égalisatrice.*

égaliser v. tr. [1] ■ **1** Rendre égal quant à la quantité ou aux dimensions. ◆ Aplanir, niveler (un terrain...). **2** intrans. (sports) Obtenir le même nombre de points que l'adversaire. ► **égalisation** n. f.

égaliseur n. m. ■ techn. Dispositif permettant de régler le spectre d'un signal sonore pour pallier les défauts de reproduction ou créer des effets.

égalitaire adj. ■ Qui vise à l'égalité (2) entre les hommes. *Socialisme égalitaire.*

égalitarisme n. m. ■ Doctrine ou système égalitaire. ► **égalitariste** adj. et n.

égalité n. f. ■ **1** Caractère de ce qui est égal. ◆ Rapport entre des grandeurs égales. ◆ *Les joueurs sont à égalité* (de points). → **ex æquo.** ◆ gramm. *Comparatif d'égalité* (ex. aussi, autant... que). **2** Rapport entre individus égaux. ◆ loc. *Être sur un pied* d'égalité.* **3** Qualité de ce qui est égal (4).

égard n. m. ■ **1** loc. *AVOIR ÉGARD À* : considérer (qqn, qqch.) avec une attention particulière. ◆ prép. *EU ÉGARD À* : en tenant compte de. ◆ prép. *À L'ÉGARD DE* : envers (qqn). ◆ adv. *À CET ÉGARD* : sous ce rapport. ◆ adv. *À TOUS ÉGARDS* : sous tous les rapports. **2** Considération d'ordre moral, déférence, respect. *Par égard pour son âge.* ◆ au plur. Marques de considération, d'estime.

égaré, ée adj. ■ **1** Qui a perdu son chemin. ◆ Qui a été égaré, perdu. **2** Qui est comme fou ; qui trahit le désordre mental.

égarement n. m. ■ Dérèglement mental.

égarer v. tr. [1] ■ **1** Mettre (qqn) hors du bon chemin. ◆ Mettre (qqch.) à une place qu'on oublie ; perdre momentanément. **2** Écarter (qqn) de la vérité, du bien. *La colère vous égare.* ▷ v. pron. **s'égarer** **1** Se perdre. **2** fig. Faire fausse route ; s'écarter du bon sens.

égayer v. tr. [8] ■ **1** Rendre gai, amuser. → **divertir, réjouir.** **2** (sujet chose) Rendre agréable, gai. ▷ v. pron. **s'égayer** S'amuser. ► **égaiement** ou **égayement** n. m.

égéen, enne adj. ■ Qui concerne les pays baignés par la mer Égée.

égérie n. f. ■ Conseillère, inspiratrice (d'un artiste...). ◆ comm. Personnalité rémunérée par une marque pour être son image publicitaire.

égide n. f. ■ **1** mythol. Bouclier de Zeus, d'Athéna. **2** fig., littér. *SOUS L'ÉGIDE DE* : sous la protection de (une autorité, une loi).

églantier n. m. ■ Rosier sauvage.

églantine n. f. ■ Fleur de l'églantier.

églefin n. m. ■ Poisson de mer, proche de la morue (→ **haddock**). - var. **aiglefin.**

église n. f. ■ **I** *(L'Église)* **1** Ensemble des chrétiens. → **chrétienté.** **2** Ensemble de chrétiens unis dans une communion particulière. *L'Église catholique, orthodoxe ; les Églises réformées.* **3** absolt L'Église catholique. **4** L'ensemble des ecclésiastiques. → **clergé.** **II** *(Une, des églises)* Édifice consacré au culte de la religion chrétienne (surtout catholique).

églogue n. f. ■ Petit poème pastoral.

ego [ego] n. m. ■ philos. Sujet pensant. ◆ psych. Le moi.

égocentrisme n. m. ■ Tendance à tout rapporter à soi, à ne s'intéresser qu'à soi. ► **égocentrique** et **égocentriste** adj. et n. → **égoïste.**

égoïne n. f. ■ Petite scie à main, à poignée.

égoïsme n. m. ■ Attachement excessif à soi-même qui fait rechercher exclusivement son plaisir et son intérêt personnels.

égoïste adj. ■ Qui fait preuve d'égoïsme ; caractérisé par l'égoïsme. ◆ n. *Un, une égoïste.* ► **égoïstement** adv.

égorger v. tr. [3] ■ Tuer en coupant la gorge. ► **égorgement** n. m. ► **égorgeur, euse** n. → **assassin.**

s'égosiller v. pron. [1] ■ **1** Se fatiguer la gorge à parler, à crier. → s'**époumoner.** **2** (oiseaux) Chanter longtemps et très haut.

égosome → **ægosome**

égotisme n. m. ■ littér. Disposition à parler de soi, à s'analyser en détail. ◆ Culte du moi. → **narcissisme.** ► **égotiste** adj. et n.

égout n. m. ■ Canalisation, généralement souterraine, servant à l'écoulement et à l'évacuation des eaux usées.

égoutier, ière n. ■ Personne qui travaille à l'entretien des égouts.

égoutter v. tr. [1] ■ Débarrasser (qqch.) d'un liquide qu'on fait écouler goutte à goutte. ▷ v. pron. s'**égoutter** ► **égouttage** et **égouttement** n. m.

égouttoir n. m. ■ Ustensile pour égoutter.

égoutture n. f. ■ Liquide provenant de ce qui s'égoutte.

égrapper v. tr. [1] ■ Détacher (les fruits) de la grappe. ► **égrappage** n. m.

égrappoir n. m. ■ Appareil servant à égrapper les raisins.

égratigner v. tr. [1] ■ **1** Écorcher, en déchirant superficiellement la peau. → **érafler, griffer.** ◆ Entamer superficiellement (une matière quelconque). **2** fig. Blesser légèrement par un mot, un trait ironique.

égratignure n. f. ■ Blessure superficielle. ◆ Dégradation légère, rayure.

égravillonner v. tr. [1] ■ Débarrasser (les racines d'un arbre) d'une partie de la terre qui se trouve autour.

égrenage [egʀənaʒ ; -gʀe-] n. m. ■ Action d'égrener.

égrènement n. m. ■ Fait de s'égrener.

égrener [egʀəne ; -gʀe-] v. tr. [5] ■ **1** Dégarnir de ses grains (un épi, une cosse, une grappe). **2** *Égrener un chapelet,* en faire passer chaque grain successivement entre ses doigts. **3** Présenter un à un, de façon détachée. *L'horloge égrène les heures.* ▷ v. pron. **s'égrener** Se présenter en une série d'éléments semblables et distincts.

égreneuse n. f. ■ Machine à égrener (1).

égrillard, arde adj. ■ Qui se complaît dans des propos licencieux.

égriser v. tr. ■ techn. Polir par frottement (une gemme, une glace) avec un abrasif en poudre (égrisé). ► **égrisage** n. m.

égrotant, ante adj. ■ littér. Maladif.

égruger v. tr. [3] ■ Réduire en poudre. → **broyer, concasser, écraser.** *Égruger du poivre.*

égypan → **ægypan**

égyptien, ienne ■ **1** adj. et n. De l'Égypte. **2** n. m. *L'égyptien ancien* (écrit en hiéroglyphes). ◆ *L'égyptien moderne* : l'arabe d'Égypte.

égyptologie n. f. ■ Connaissance de l'ancienne Égypte, de sa civilisation.

égyptologue n. ■ Spécialiste d'égyptologie.

***eh** interj. ■ Exclamation, variante de *hé.*

éhonté, ée adj. ■ Qui commet sans honte des actes répréhensibles. → **cynique.** *Un tricheur éhonté.* ➝ *Mensonge éhonté.* ► **éhontément** adv.

eider [ɛdɛʀ] n. m. ■ Grand canard des pays du Nord, fournissant un duvet apprécié.

einsteinium [ɛnstɛnjɔm] n. m. ■ chim. Élément atomique (Es ; n° at. 99), de la série des actinides.

éjaculateur adj. m. ■ Qui sert à l'éjaculation. *Canal éjaculateur.* ➝ n. m. *Éjaculateur précoce* : homme qui éjacule prématurément.

éjaculation n. f. ■ Émission du sperme par la verge. ► **éjaculatoire** adj.

éjaculer v. intr. [1] ■ Émettre le sperme.

éjectable adj. ■ (siège) Qui peut être éjecté hors de l'avion, avec son occupant.

éjecter v. tr. [1] ■ **1** Rejeter en dehors. **2** fam. Renvoyer (qqn). ► **éjection** n. f.

éjecteur n. m. ■ Appareil, mécanisme servant à éjecter, à évacuer.

éjecteur, trice n. m. et adj. ■ Appareil, mécanisme servant à éjecter une pièce, à évacuer un fluide. ➝ adj. *Dispositif éjecteur.*

ektachrome n. m. ■ Film en couleurs inversible pour la photographie en trichromie ; photographie faite avec ce film. – abrév. **ekta.** **plur.** *Des ektas.*

élaboration n. f. ■ **1** Action d'élaborer (1). **2** physiol. Production (d'une substance) par une transformation physiologique.

élaborer v. tr. [1] ■ **1** Préparer mûrement, par un lent travail de l'esprit. **2** physiol. Réaliser l'élaboration de. ▷ adj. **élaboré, ée**

élæis [eleis] → **éléis**

élaguer v. tr. [1] ■ **1** Dépouiller (un arbre) des branches superflues. → **ébrancher.** **2** fig. Débarrasser des détails ou développements inutiles. *Élaguer un exposé.* ➝ Retrancher. → **couper.** ► **élagage** n. m.

élagueur, euse n. ■ Personne qui élague les arbres.

élaiomètre → **oléomètre**

① **élan** n. m. ■ **1** Mouvement par lequel on s'élance. *Prendre son élan.* ◆ Mouvement d'une chose lancée. **2** fig. Mouvement subit, ardent. *Un élan de générosité.*

② **élan** n. m. ■ Grand cerf des pays du Nord, à grosse tête, aux bois aplatis.

élancé, ée adj. ■ Mince et svelte.

élancement n. m. ■ Douleur brusque, aiguë, lancinante.

élancer v. [3] ■ **I** v. tr. vx Lancer ; élever très haut. **II** v. tr. et tr. ind. Causer des élancements (à). ▷ v. pron. **s'élancer** Se lancer en avant avec force et vitesse.

élargir v. tr. [2] ■ **I 1** Rendre plus large. ◆ intrans. Devenir plus large. **2** fig. Rendre plus ample, plus général. → **développer, étendre.** **II** dr. Mettre en liberté (un détenu). → **libérer, relâcher.** ► **élargissement** n. m.

élasthanne n. m. ■ Fibre synthétique, élastomère d'une grande élasticité. – var. **élasthane.**

élasticimétrie n. f. ■ sc. Mesure des contraintes subies par un corps et des déformations qui en résultent.

élasticité n. f. ■ **1** Propriété qu'ont certains corps de reprendre (au moins partiellement) leur forme et leur volume primitifs quand la force qui s'exerçait sur eux cesse d'agir. **2** Souplesse (de l'allure, des mouvements). **3** fig. Possibilité de s'adapter, de varier.

élastine n. f. ■ Protéine présente dans les tissus élastiques de l'organisme.

élastique ■ **I** adj. **1** Qui a de l'élasticité ; qui est fait d'une matière douée d'élasticité. **2** Souple. *Une foulée élastique.* **3** fig. Dont on peut étendre l'application, le sens. ➝ péj. *Une morale élastique,* accommodante. **II** n. m. Tissu souple contenant des fils de caoutchouc. ➝ Ruban d'une matière élastique.

élastomère n. m. ■ Polymère ayant des propriétés voisines de celles du caoutchouc.

elbot n. m. ■ (Belgique) Flétan.

eldorado n. m. ■ Pays merveilleux, lieu d'abondance (→ pays de cocagne).

e-learning [ilœʀniŋ] n. m. ■ anglic. Apprentissage, formation par le moyen d'Internet. recomm. off. : *formation en ligne.*

électeur, trice n. ■ **1** Personne qui a le droit de vote. **2** hist. Prince, évêque de l'Empire germanique qui élisait l'empereur.

électif, ive adj. ■ **1** Qui choisit, élit. **2** Désigné ou conféré par élection.

élection n. f. ■ **1** vx Choix. ➝ mod. loc. *D'ÉLECTION :* qu'on a choisi. *Patrie d'élection.* **2** Désignation (de qqn) par un vote **(→ élire).**

électivement adv. ■ **1** Par voie d'élection. **2** chim. Par affinité naturelle. *L'éosine colore électivement certains leucocytes.*

électivité n. f. ■ **1** Fait d'être désigné par voie d'élection. **2** chim. Propriété qu'ont certaines substances de se fixer de préférence sur un élément particulier.

électoral, ale, aux adj. ■ Des élections.

électoralisme n. m. ■ Tendance à subordonner sa politique à la recherche des succès électoraux. ► **électoraliste** adj. et n.

électorat n. m. ■ **1** Qualité d'électeur. **2** Ensemble des électeurs.

électricien, ienne n. ■ **1** didact. Physicien spécialiste de l'électricité. **2** Spécialiste du matériel et des installations électriques.

électricité n. f. ■ **1** Une des formes de l'énergie, mise en évidence par la structure de la matière ; ensemble des phénomènes causés par une charge électrique. *Électricité statique* (en équilibre). *Électricité dynamique* (courant électrique). ➝ loc. *Il y a de l'électricité dans l'air,* les gens sont nerveux. **2** Cette énergie dans ses usages domestiques, industriels, techniques. ➝ fam. *Allumer, éteindre l'électricité,* l'éclairage électrique.

électrifier v. tr. [7] ■ **1** Faire fonctionner par l'énergie électrique. **2** Pourvoir d'énergie électrique. ► **électrification** n. f.

électrique adj. ■ **1** Propre ou relatif à l'électricité. *Charge, courant électrique.* ➝ *Centrale électrique,* qui produit de l'électricité. **2** Qui utilise l'électricité. **3** fig. Qui évoque les effets de l'électricité. *Atmosphère électrique,* tendue. ➝ *Bleu électrique,* très vif. ► **électriquement** adv.

électrisant, ante adj. ■ Qui électrise (1 et 2).

électriser v. tr. [1] ■ **1** Communiquer à (un corps) des charges électriques. **2** fig. Pousser à l'action. → **galvaniser.** ► **électrisation** n. f.

électro ou **electro** n. f. et adj. ■ Musique électronique. ➝ adj. *Morceaux électros.*

électro- Élément signifiant «électrique».

électroacoustique n. f. ■ Technique de production, d'enregistrement et de reproduction des sons par des moyens électriques. ➝ adj. *Musique électroacoustique.* ► **électroacousticien, ienne** n.

électroaimant n. m. ■ Dispositif produisant un champ magnétique par des bobines parcourues par un courant électrique.

électrobiologie n. f. ■ **1** Étude des phénomènes électriques observés chez les êtres vivants → **électrophysiologie. 2** Emploi de l'électricité dans les études biologiques.

électrocardiogramme n. m. ■ Tracé obtenu par enregistrement des phénomènes électriques du cœur vivant. - abrév. **ECG.**

électrocardiographie n. f. ■ méd. Enregistrement de l'activité électrique du cœur. ► **électrocardiographe** n. m.

électrocautère n. m. ■ méd. Cautère formé d'un fil conducteur porté au rouge par le passage d'un courant électrique.

électrochimie n. f. ■ Étude des transformations réciproques de l'énergie électrique et de l'énergie chimique. ► **électrochimique** adj.

électrochoc n. m. ■ méd. Traitement psychiatrique consistant à faire passer un courant à travers la boîte crânienne.

électrocoagulation n. f. ■ méd. Destruction des tissus vivants obtenue au moyen de courants électriques.

électrocuter v. tr. [1] ■ **1** Tuer (qqn) par une décharge électrique. **2** Commotionner par une décharge électrique. ► **électrocution** n. f.

électrode n. f. ■ Conducteur par lequel le courant arrive ou sort. → **anode, cathode.**

électrodynamique ■ **I** n. f. Science qui traite de l'électricité dynamique (courants électriques). **II** adj. Relatif à cette science.

électroencéphalogramme n. m. ■ méd. Tracé obtenu par enregistrement de l'activité électrique du cerveau (l'*électroencéphalographie* n. f.).

électrogène adj. ■ Qui produit de l'électricité. ➝ *Groupe électrogène,* formé par un moteur et une dynamo.

électrologie n. f. ■ Partie de la physique qui étudie tout ce qui se rapporte à l'électricité.

électroluminescent, ente adj. ▪ Se dit d'un corps qui a la propriété d'émettre de la lumière sous l'action d'un champ électrique. ► **électroluminescence** n. f.

électrolyse n. f. ▪ Décomposition chimique obtenue par le passage d'un courant électrique. ► **électrolyser** v. tr. [1]

électrolyseur n. m. ▪ techn. Appareil destiné à effectuer des électrolyses.

électrolyte n. m. ▪ chim. Corps qui peut être décomposé par électrolyse.

électrolytique adj. ▪ chim. **1** D'un électrolyte. **2** De l'électrolyse.

électromagnétique adj. ▪ Relatif à l'électromagnétisme. → *Ondes électromagnétiques* (ondes hertziennes, lumière visible, rayons X, etc.).

électromagnétisme n. m. ▪ sc. Étude des relations entre électricité et magnétisme.

électromécanique adj. et n. f. ▪ **1** adj. Se dit d'un dispositif mécanique en liaison avec des organes électriques. **2** Application de l'électricité à la mécanique. ► **électromécanicien, ienne** n.

électroménager adj. m. ▪ *Appareils électroménagers* : appareils électriques à usage domestique (aspirateurs, etc.). → n. m. Ces appareils ; industrie qui les produit.

électrométallurgie n. f. ▪ Préparation et affinage des métaux grâce à des procédés électriques.

électromètre n. m. ▪ Appareil servant à mesurer les différences de potentiel. ► **électrométrie** n. f.

électromoteur, trice adj. ▪ Qui développe de l'électricité sous l'action d'un agent mécanique ou chimique.

électron n. m. ▪ phys. Particule chargée d'électricité négative, gravitant normalement autour du noyau atomique.

électronégatif, ive adj. ▪ chim. Se dit d'un élément qui, dans l'électrolyse, capte facilement les électrons (opposé à *électropositif*).

électronicien, ienne n. ▪ Spécialiste de l'électronique.

électronique ▪ **I** adj. **1** Propre ou relatif aux électrons. **2** Qui appartient à l'électronique (II), fonctionne suivant ses lois. → Fait par des procédés électroniques. **II** n. f. **1** Partie de la physique étudiant les phénomènes où sont mis en jeu des électrons à l'état libre. **2** Technique dérivant de cette science. ► **électroniquement** adv.

électronucléaire adj. ▪ Qui produit de l'électricité à partir de la fission nucléaire.

électronvolt [-vɔlt] n. m. ▪ phys. Unité de mesure d'énergie (symb. eV) utilisée en physique des particules et en électronique.

électrophone n. m. ▪ vieilli Appareil de reproduction sonore à partir de disques microsillons.

électrophorèse n. f. ▪ chim. Migration de particules chargées électriquement sous l'effet d'un champ électrique.

électrophysiologie n. f. ▪ Partie de la physiologie qui étudie les propriétés électriques des tissus vivants. → **électrobiologie.**

électropositif, ive adj. ▪ chim. Se dit d'un élément qui cède des électrons, au cours de l'électrolyse (opposé à *électronégatif*).

électropuncture [-pɔ̃ktyʀ] n. f. ▪ méd. Emploi thérapeutique d'aiguilles soumises à un courant électrique.

électroradiologie n. f. ▪ méd. Ensemble des applications médicales de l'électricité et de la radiologie.

électroscope n. m. ▪ techn. Instrument permettant de détecter les charges électriques.

électrosensibilité n. f. ▪ didact. Forte sensibilité aux ondes électromagnétiques, notamment celles de la téléphonie mobile. ► **électrosensible** adj.

électrostatique ▪ **I** adj. De l'électricité statique. **II** n. f. Partie de la physique traitant de l'électricité statique.

électrotechnicien, ienne [-tɛk-] n. ▪ Spécialiste d'électrotechnique.

électrotechnique [-tɛk-] ▪ **I** n. f. Étude des applications techniques de l'électricité. **II** adj. Relatif à cette étude.

électrothérapie n. f. ▪ Emploi thérapeutique des courants électriques.

électrothermie n. f. ▪ techn. Étude des transformations de l'énergie électrique en chaleur.

électrovanne n. f. ▪ techn. Vanne commandée par un électroaimant.

électrum [-ɔm] n. m. ▪ didact. Alliage d'or et d'argent utilisé dans l'Antiquité.

électuaire n. m. ▪ didact. Préparation pharmaceutique molle (poudres dans du miel...).

élégance n. f. ▪ Qualité de ce qui est élégant ; bon goût, délicatesse, raffinement.

élégant, ante adj. ▪ **1** Qui a de la grâce et de la simplicité. **2** Qui a de la délicatesse, du chic. → **distingué. 3** Qui a de la pureté dans l'expression. **4** Qui a de la distinction morale, intellectuelle. ► **élégamment** adv.

élégie n. f. ▪ Poème lyrique exprimant une plainte, de la mélancolie. ► **élégiaque** adj.

élégir v. tr. [2] ▪ techn. Réduire les dimensions de (une pièce de bois).

éléis [eleis] n. m. ▪ Palmier à huile. – var. **élæis.**

élément n. m. ■ **I 1** Chacune des choses dont la combinaison, la réunion forme une autre chose, un tout. → **composant(e), morceau, partie.** ➛ math. Un des «objets» qui constituent un ensemble. ➛ Partie (d'un mécanisme, d'un appareil composé de séries semblables). **2** au plur. Premiers principes sur lesquels on fonde une science, une technique. → **rudiment ; élémentaire. 3** Personne appartenant à un groupe. ➛ (sing. collectif) *L'élément féminin était fortement représenté.* **II 1** *Les quatre éléments* : terre, eau, air, feu. **2** *LES ÉLÉMENTS* : ensemble des forces naturelles qui agitent la terre, la mer, l'atmosphère. **3** Milieu, entourage habituel ou favorable, où qqn est à l'aise. **4** sc. Corps chimique simple. ➛ *Classification périodique des éléments,* qui les répartit en lignes et en colonnes faisant apparaître des propriétés analogues.

élémentaire adj. ■ **I 1** Qui concerne les premiers éléments d'une science, etc. **2** Très simple ; réduit au minimum. **II** sc. D'un élément (II, 4). *Particule élémentaire.*

éléomètre → **oléomètre**

éléphant n. m. ■ **1** Très grand mammifère herbivore, à corps massif, à peau rugueuse, à grandes oreilles plates, au nez allongé en trompe et à défenses d'ivoire. **2** péj. Personne grosse, inélégante. **3** loc. *Pattes d'éléphant* : bas de pantalon évasé. **4** *ÉLÉPHANT DE MER* : phoque de grande taille.

éléphanteau n. m. ■ Très jeune éléphant.

éléphantesque adj. ■ Énorme.

éléphantiasis [-tjazis] n. m. ■ méd. Maladie de la peau, caractérisée par un œdème de certaines parties du corps. ► **éléphantiasique** adj. et n.

éléphantin, ine adj. ■ rare Propre à l'éléphant ou qui lui ressemble.

élevage n. m. ■ **1** Action d'élever (les animaux domestiques ou utiles) ; ensemble des techniques permettant de les faire naître et de veiller à leur entretien, leur reproduction. ➛ absolt Élevage du bétail. **2** Ensemble des animaux élevés ensemble.

élévateur, trice ■ **1** adj. (muscle) Qui élève, relève. **2** n. m. Appareil de levage.

élévation n. f. ■ **1** Action de lever, d'élever ; position élevée. **2** relig. cathol. Moment de la messe où le prêtre élève l'hostie. **3** Fait de s'élever. → **montée ; hausse. 4** Terrain élevé. → **hauteur. 5** Caractère élevé (de l'esprit).

élévatoire adj. ■ techn. Qui sert à élever, au levage. *Pompe élévatoire.*

élève n. ■ **1** Personne qui reçoit ou suit l'enseignement d'un maître (dans un art, une science). → **disciple. 2** Enfant, adolescent qui reçoit l'enseignement donné dans une école, un collège, un lycée... **3** Candidat à un grade militaire.

élevé, ée adj. ■ **I 1** Situé à une certaine hauteur. **2** Qui atteint une grande importance. **3** littér. Supérieur moralement ou intellectuellement. **II** *BIEN, MAL ÉLEVÉ* : qui a reçu une bonne, une mauvaise éducation, est poli, impoli. ➛ n. *Un, une MAL ÉLEVÉ, ÉE.* ➛ fam. *C'est très mal élevé.* → **impoli, incorrect.**

élever v. tr. [5] ■ **I 1** Mettre ou porter plus haut. **2** Faire monter à un niveau supérieur. → **hausser. 3** Construire (en hauteur). *Élever un mur.* **II** fig. **1** Porter à un rang supérieur. → **promouvoir. 2** Porter à un degré supérieur. → **augmenter, relever.** ➛ *Élever la voix,* parler plus haut. **3** Rendre moralement ou intellectuellement supérieur. *Lecture qui élève l'esprit.* **III 1** Amener (un enfant) à son plein développement physique et moral. **2** Faire l'éducation de (qqn). → **éduquer. 3** Faire l'élevage de (un animal). ▷ v. pron. **s'élever 1** Aller plus haut, monter. **2** Se dresser jusqu'à une certaine hauteur. **3** (personnes) *S'ÉLEVER CONTRE* : intervenir contre. **4** (personnes) Arriver à un rang supérieur. **5** (choses mesurables) Augmenter. ➛ *S'élever à* : atteindre.

éleveur, euse n. ■ Personne qui pratique l'élevage.

elfe n. m. ■ (mythol. scandinave) Génie de l'air.

élider v. tr. [1] ■ Effacer (une voyelle) par l'élision. ▷ v. pron. **s'élider**

éligible adj. ■ **1** Qui est dans les conditions requises pour pouvoir être élu. **2** *Être éligible à* : remplir les conditions requises pour bénéficier de (un service, un produit, etc.). ► **éligibilité** n. f.

élimer v. tr. [1] ■ User (un tissu) par le frottement, à force de s'en servir. ▷ adj. **élimé, ée** *Chemise élimée.*

éliminateur, trice adj. ■ Qui élimine, sert à éliminer.

élimination n. f. ■ **1** Action d'éliminer. ➛ *Procéder par élimination,* en écartant des hypothèses. **2** Fait d'être éliminé. **3** Fait d'éliminer (4).

éliminatoire ■ **1** adj. Qui sert à éliminer (1). **2** n. f. Épreuve sportive qui sélectionne les sujets les plus qualifiés.

éliminer v. tr. [1] ■ **1** Écarter à la suite d'un choix, d'une sélection. **2** Supprimer, faire disparaître (ce qui est gênant ou inutile). *Éliminer une erreur.* **3** Faire disparaître en supprimant l'existence. → **détruire, tuer. 4** Évacuer (les déchets, toxines de l'organisme).

élingue n. f. ■ mar. Cordage, câble dont on entoure les fardeaux pour les soulever.

élinguer v. tr. [1] ■ mar. Entourer d'une élingue.

élire v. tr. [43] ■ **1** vx Choisir. ➛ mod. *Élire domicile* quelque part.* **2** Nommer (qqn) à une dignité, à une fonction par voie de suffrages **(→ élection).**

élisabéthain, aine adj. ▪ Qui appartient au règne d'Élisabeth Ire (1533-1603). *Le théâtre élisabéthain* (Shakespeare...).

élision n. f. ▪ Effacement d'une voyelle finale devant une voyelle ou un h muet.

élite n. f. ▪ **1** Ensemble des personnes les plus remarquables (d'un groupe, d'une communauté). ➛ loc. adj. *D'ÉLITE* : éminent, supérieur. **2** *LES ÉLITES* : les personnes qui occupent le premier rang. ► **élitaire** adj.

élitisme n. m. ▪ Fait de favoriser une élite aux dépens de la masse. ► **élitiste** adj.

élixir n. m. ▪ **1** Médicament liquide, mélange de sirop, d'alcool et d'aromates. **2** Boisson magique. → **philtre.**

elle, elles pron. pers. f. ▪ Pronom personnel féminin de la troisième personne.

ellébore n. m. ▪ Herbe dont la racine a des propriétés purgatives et vermifuges.

① **ellipse** n. f. ▪ Procédé d'omission d'un ou plusieurs mots dans une phrase (ex. «chacun pour soi» pour «chacun *agit* pour soi»). ♦ Art du raccourci, du sous-entendu.

② **ellipse** n. f. ▪ géom. Courbe plane fermée dont chaque point est tel que la somme de ses distances à deux points fixes (→ **foyer**) est constante. ♦ Ovale.

ellipsoïde adj. ▪ géom. Qui a la forme d'une ellipse.

① **elliptique** adj. ▪ **1** Qui présente une ellipse (①), des ellipses. **2** Qui ne développe pas toute sa pensée. ► **elliptiquement** adv.

② **elliptique** adj. ▪ De l'ellipse (②).

élocution n. f. ▪ Manière de s'exprimer oralement, d'articuler et d'enchaîner les phrases. ► **élocutoire** adj.

élodée n. f. ▪ bot. Plante aquatique originaire d'Amérique, qui se développe très rapidement. – var. **hélodée.**

éloge n. m. ▪ **1** Discours pour célébrer qqn ou qqch. → **dithyrambe, panégyrique. 2** Jugement favorable (qu'on exprime sur qqn). → **compliment, félicitation, louange.**

élogieux, ieuse adj. ▪ Qui fait, qui renferme un, des éloges. ► **élogieusement** adv.

éloigné, ée adj. ▪ **1** Qui est à une certaine distance, à une assez grande distance (dans l'espace ou dans le temps). **2** Qui a des liens de parenté indirects avec qqn. **3** fig. Différent, divergent.

éloignement n. m. ▪ **1** Fait d'éloigner (qqn). **2** Fait d'être éloigné (dans l'espace ou le temps). **3** littér. Fait de se tenir à l'écart.

éloigner v. tr. [1] ▪ **1** Mettre ou faire aller à une certaine distance, loin (dans l'espace ou dans le temps). **2** fig. Écarter, détourner. ▷ v. pron. **s'éloigner**

élongation n. f. ▪ Lésion produite par un étirement d'un muscle, d'un tendon.

éloquemment [-amɑ̃] adv. ▪ Avec éloquence ; d'une manière éloquente.

éloquence n. f. ▪ **1** Don de la parole, facilité pour bien s'exprimer. **2** Art de toucher et de persuader par le discours. → **rhétorique. 3** Qualité de ce qui (sans parole) est expressif, éloquent (2).

éloquent, ente adj. ▪ **1** Qui a, qui montre de l'éloquence. ➛ Qui convainc (paroles). **2** Qui, sans discours, est expressif, révélateur. *Un geste éloquent.* ➛ Qui parle de lui-même. → **probant.** *Ces chiffres sont éloquents.*

élu, ue adj. ▪ **I 1** relig. Choisi par Dieu. ➛ loc. *Le peuple élu,* le peuple juif. ♦ n. *Les élus,* les personnes destinées à la vie éternelle. **2** n. Personne aimée. *L'élu de son cœur.* **II** Désigné par élection. ➛ n. *Les élus locaux.*

élucider v. tr. [1] ▪ Rendre clair (ce qui présente à l'esprit des difficultés). → **clarifier, éclaircir, expliquer.** *Élucider une énigme.* ► **élucidation** n. f.

élucubration n. f. ▪ péj. Œuvre ou théorie laborieusement édifiée et peu sensée.

élucubrer v. tr. [1] ▪ littér., péj. Produire (des idées) de manière compliquée et peu claire.

éluder v. tr. [1] ▪ Éviter avec adresse, par un artifice, un faux-fuyant. → **escamoter.**

élusif, ive adj. ▪ Qui élude, esquive. → **évasif.**

éluvion n. f. ▪ géol. Produit de la désagrégation des roches resté en place. *Éluvions et alluvions.* ► **éluvial, ale, aux** adj.

élyséen, enne adj. ▪ **1** mythol. De l'Élysée, région des enfers. **2** De l'Élysée, présidence de la République française.

élytre n. m. ▪ Aile dure et cornée des coléoptères, qui recouvre l'aile postérieure.

elzévir n. m. ▪ Caractère d'imprimerie à empattements triangulaires.

em- → **en-**

émaciation n. f. ▪ littér. Amaigrissement, maigreur extrême.

émacié, ée adj. ▪ Très amaigri.

émacier v. tr. [7] ▪ littér. Rendre très maigre. ➛ pron. *Son visage s'est émacié.*

e-mail [imɛl] n. m. ▪ anglic. Courrier* électronique. *Envoyer un document par e-mail.* → **courriel, mail.**

émail, aux n. m. ▪ **1** Vernis constitué par un produit vitreux, coloré, fondu, puis solidifié. **2** au plur. Ouvrages émaillés. **3** Matériau émaillé. **4** Substance transparente et dure qui recouvre l'ivoire de la couronne des dents.

émailler v. tr. [1] ▪ 1 Recouvrir d'émail. ◆ au p. p. *Fonte émaillée.* ► **émaillage** n. m. 2 littér. (sujet chose) Orner de points de couleur. 3 fig. Semer (un ouvrage) d'ornements. ◆ au p. p. iron. *Lettre émaillée de fautes.*

émaillerie n. f. ▪ Art de fabriquer des émaux.

émailleur, euse n. ▪ Personne qui fabrique des émaux ou qui émaille des métaux.

émaillure n. f. ▪ techn. Travail, ouvrage d'émailleur.

émanation n. f. ▪ 1 Ce qui émane (de qqn ou qqch.). → **expression, manifestation.** (relig.) *L'âme, émanation de Dieu.* 2 Émission ou exhalaison de particules ; odeur.

émancipation n. f. ▪ 1 dr. Acte par lequel un mineur est émancipé (1). 2 Action d'affranchir ou de s'affranchir d'une autorité, de servitudes ou de préjugés.

émancipé, ée adj. ▪ 1 dr. Se dit d'un mineur affranchi de l'autorité parentale. 2 Qui a pris des libertés, rompu avec les contraintes morales et sociales. *Une femme émancipée.*

émanciper v. tr. [1] ▪ 1 dr. Affranchir (un mineur) de la puissance parentale ou de la tutelle. 2 Affranchir, libérer (qqn). → **émancipation** (2). ▷ v. pron. s'**émanciper** ► **émancipateur, trice** adj. (sens 2).

émaner v. intr. [1] ▪ 1 Provenir comme de sa source naturelle. → **découler, procéder** de. 2 Provenir (d'une source physique, d'un corps). 3 Provenir comme par rayonnement. *Le charme qui émane de qqn.*

émarger v. tr. [3] ▪ Signer dans la marge (un compte, un état). ◆ sans compl. Toucher son traitement. ► **émargement** n. m.

émasculer v. tr. [1] ▪ 1 Priver (un mâle) des organes de la reproduction. → **castrer, châtrer.** 2 fig. Dépouiller de sa force originelle. ► **émasculation** n. f.

émaux → **émail**

embâcle n. m. ▪ Obstruction du lit d'un cours d'eau par un amas de glace flottante.

emballage n. m. ▪ 1 Action d'emballer. 2 Ce qui sert à emballer.

emballant, ante adj. ▪ fam. Enthousiasmant.

emballement n. m. ▪ Fait de s'emballer.

emballer v. tr. [1] ▪ I 1 Mettre (un objet, une marchandise) dans qqch. qui protège, sert au transport, à la présentation. → **empaqueter, envelopper.** 2 fam. Arrêter (qqn). II 1 Faire tourner (un moteur) trop vite. 2 fam. Enchanter, enthousiasmer. ▷ v. pron. s'**emballer** 1 (cheval) Prendre le mors aux dents. ◆ (moteur...) Prendre un régime trop rapide. 2 (personnes) Céder à l'impatience, à l'enthousiasme.

emballeur, euse n. ▪ Personne spécialisée dans l'emballage.

embarcadère n. m. ▪ Emplacement aménagé dans un port, etc. pour permettre l'embarquement et le débarquement.

embarcation n. f. ▪ Bateau de petite dimension.

embardée n. f. ▪ Brusque changement de direction (d'un bateau, d'un véhicule).

embargo n. m. ▪ 1 Interdiction gouvernementale de laisser partir les navires étrangers ou d'exporter des marchandises. 2 Interdiction de laisser circuler (une nouvelle...).

embarquement n. m. ▪ Action d'embarquer, de s'embarquer.

embarquer v. [1] ▪ I v. tr. 1 Mettre, faire monter dans un navire. ◆ mar. Recevoir par-dessus bord (un paquet de mer). 2 Charger (dans un véhicule). ◆ fam. Arrêter et emmener (qqn). 3 Engager dans une affaire difficile. II v. intr. 1 Monter à bord d'un bateau. 2 mar. Passer par-dessus bord (mer). ▷ v. pron. s'**embarquer** 1 Monter à bord d'un bateau. 2 fig. S'engager (dans une affaire difficile).

embarras n. m. ▪ I 1 vx Encombrement, embouteillage. 2 Encombrement des voies digestives. II 1 Situation difficile et ennuyeuse. *Être dans l'embarras.* 2 Obstacle, gêne. 3 Incertitude de l'esprit. *Vous n'avez que L'EMBARRAS DU CHOIX*, la seule difficulté est de choisir. 4 Malaise pour agir ou parler. 5 loc. *Faire des embarras* : faire des manières.

embarrassant, ante adj. ▪ 1 Qui met dans l'embarras. → **gênant.** 2 Qui encombre.

embarrasser v. tr. [1] ▪ 1 Gêner dans les mouvements ; encombrer. 2 Mettre dans une position difficile. → **gêner.** 3 Rendre hésitant, perplexe. → **déconcerter, troubler.** ▷ v. pron. s'**embarrasser** 1 S'encombrer. 2 Se soucier (de). 3 S'empêtrer. ▷ adj. **embarrassé, ée** 1 Gêné, encombré. 2 Qui éprouve de l'incertitude. → **perplexe.** 3 Qui montre de la gêne. 4 Qui manque d'aisance ou de clarté. → **confus, obscur.**

embase n. f. ▪ techn. Partie renflée (d'un objet) servant d'appui, de support.

embastiller v. tr. [1] ▪ hist. Emprisonner à la Bastille. ◆ mod., plais. Emprisonner. ► **embastillement** n. m.

embauche n. f. ▪ Action d'embaucher. *Offre d'embauche.* – syn. **embauchage** n. m.

embaucher v. tr. [1] ▪ 1 Engager (qqn) en vue d'un travail. 2 fam. Entraîner (qqn) dans une activité (souvent, une corvée).

embauchoir n. m. ▪ Ustensile qui se place dans les chaussures pour garder leur forme.

embaumer v. tr. [1] ▪ I Remplir (un cadavre) de substances qui permettent de le conserver. ◆ fig. Fixer pour préserver. II Remplir d'une odeur agréable. ◆ sans compl. *Ces fleurs embaument.* ► **embaumement** n. m.

embaumeur, euse n. ▪ Personne dont le métier est d'embaumer les morts.

embellie n. f. ▪ **1** Accalmie (sur mer). **2** Brève amélioration du temps. → **éclaircie.**

embellir v. [2] ▪ **I** v. tr. **1** Rendre beau ou plus beau (une personne, un visage). ◆ Orner, décorer (un lieu, une maison...). **2** Faire apparaître sous un plus bel aspect. → **idéaliser, poétiser. II** v. intr. Devenir beau, plus beau. ► **embellissement** n. m.

emberlificoter v. tr. [1] ▪ Entortiller, embrouiller (qqn, notamment pour le tromper). ◆ pronom. → s'**embrouiller.** ◆ au p. p. *Réponse emberlificotée,* embrouillée. ► **emberlificotage** n. m.

embêtant, ante adj. ▪ fam. Qui ennuie. ♦ Qui contrarie. → **fâcheux.** ◆ n. m. *L'embêtant, c'est que...* → **ennui.**

embêtement n. m. ▪ fam. Chose qui donne du souci. → **contrariété, ennui.**

embêter v. tr. [1] ▪ fam. **1** Ennuyer. → **raser. 2** Contrarier. ◆ Importuner. ▷ v. pron. s'**embêter** S'ennuyer. ♦ *Il ne s'embête pas !,* il n'est pas à plaindre.

embiellage n. m. ▪ techn. **1** Assemblage des bielles (d'un moteur). **2** Ensemble des bielles.

emblaver v. tr. [1] ▪ agric. Ensemencer (une terre) en blé, ou toute autre céréale. ► **emblavage** n. m.

emblavure n. f. ▪ agric. Terre ensemencée de blé ou d'une autre céréale.

d'**emblée** loc. adv. ▪ Du premier coup.

emblème n. m. ▪ **1** Figure, ornement symbolique. **2** Attribut destiné à représenter une personne, une autorité, un métier, etc. → **symbole.** ► **emblématique** adj.

embobiner v. tr. [1] ▪ fam. Tromper en embrouillant. - syn. **embobeliner.**

emboîtable adj. ▪ Qui peut s'emboîter.

emboîtage n. m. ▪ **1** Action d'emboîter. **2** Étui d'un livre de luxe.

emboîtement n. m. ▪ Assemblage de deux pièces qui s'emboîtent. → **encastrement.**

emboîter v. tr. [1] ▪ **1** Faire entrer (une chose dans une autre ; plusieurs choses l'une dans l'autre). → **encastrer. 2** Envelopper exactement. **3** loc. *EMBOÎTER LE PAS à qqn,* marcher juste derrière lui ; fig. l'imiter. ▷ v. pron. s'**emboîter** → s'**ajuster.**

embole n. m. ▪ méd. Corps étranger qui obstrue un vaisseau sanguin. - syn. **embolus.**

embolie n. f. ▪ méd. Obstruction brusque d'un vaisseau sanguin par un corps étranger. *Embolie cérébrale.* ► **embolique** adj.

embonpoint n. m. ▪ État d'un corps bien en chair, un peu gras. → **corpulence.**

embosser v. tr. [1] ▪ **I** mar. Amarrer (un navire) de façon à le maintenir dans une direction déterminée. **II** techn. Imprimer en relief. ► **embossage** n. m.

mal **embouché, ée** adj. ▪ Mal élevé.

① **emboucher** v. tr. [1] ▪ **1** Mettre à sa bouche (un instrument à vent). **2** *Emboucher un cheval :* lui mettre le mors.

② **emboucher** v. tr. [1] ▪ agric. Engraisser (le bétail) au pré.

embouchoir n. m. ▪ techn. **1** Partie mobile d'un instrument à vent qui porte l'embouchure. **2** Douille qui joint le canon d'un fusil au fût.

embouchure n. f. ▪ **I 1** Bout ou trou latéral d'un instrument à vent, qu'on met contre les lèvres pour jouer. **2** Ouverture extérieure (d'un récipient). **II** Ouverture par laquelle un cours d'eau se jette dans une mer, un lac.

embouquement n. m. ▪ mar. Entrée d'un passage étroit.

embouquer v. intr. [1] ▪ mar. S'engager dans un passage étroit. ◆ v. tr. *Embouquer un canal.*

embourber v. tr. [1] ▪ Enfoncer dans un bourbier. → **enliser.** ▷ v. pron. s'**embourber** ► **embourbement** n. m.

s'**embourgeoiser** v. pron. [1] ▪ Prendre les habitudes, l'esprit de la bourgeoisie (goût de l'ordre, du confort, respect des conventions...). ► **embourgeoisement** n. m.

embout n. m. ▪ Garniture qui se place au bout (d'une canne, d'un parapluie, etc.).

embouteillage n. m. ▪ Encombrement qui arrête la circulation. → **bouchon.**

embouteiller v. tr. [1] ▪ **1** Mettre en bouteilles. **2** fig. Obstruer (une voie) en provoquant un encombrement.

emboutir v. tr. [2] ▪ **1** techn. Travailler (un métal ; une plaque de métal) pour lui donner une forme. **2** Enfoncer en heurtant violemment. ► **emboutissage** n. m.

emboutisseur, euse n. ▪ techn. **1** Ouvrier, ouvrière chargé(e) de l'emboutissage des métaux. **2** n. f. Machine-outil qui sert à emboutir les métaux.

embranchement n. m. ▪ **1** Subdivision d'une voie, d'une canalisation en une ou plusieurs autres secondaires. → **ramification. 2** Point de jonction de ces voies. → **carrefour, croisement. 3** sc. Chacune des grandes divisions du monde animal ou végétal, partagée en classes.

embrancher v. tr. [1] ▪ Raccorder (une voie...) à une ligne déjà existante.

embraser v. tr. [1] ▪ **1** Enflammer, incendier. **2** Illuminer. **3** fig. Emplir d'une passion ardente. ► **embrasement** n. m.

embrassade n. f. ▪ Geste de personnes qui s'embrassent amicalement. → **accolade.**

embrasse n. f. ▪ Cordelière ou pièce d'étoffe servant à retenir un rideau.

embrassé, ée adj. ▪ *Rimes embrassées* : rimes masculines et féminines se succédant dans l'ordre *abba, cddc*...

embrassement n. m. ▪ littér. Action, fait d'embrasser.

embrasser v. tr. [1] ▪ **I 1** Prendre et serrer entre ses bras (souvent pour marquer son affection). **2** fig., littér. Adopter (une opinion...). ➛ Choisir (une carrière). ➛ prov. *Qui trop embrasse mal étreint* : qui veut trop faire risque de ne rien réussir. **3** Saisir par la vue dans toute son étendue. ♦ fig Appréhender par la pensée. **II** Donner un, des baiser(s) à. ➛ pronom. *S'embrasser sur la bouche.*

embrasure n. f. ▪ Ouverture d'un mur qui reçoit une porte, une fenêtre.

embrayage n. m. ▪ Mécanisme permettant d'embrayer. *Pédale d'embrayage.*

embrayer v. [8] ▪ **1** v. tr. Mettre en communication (une pièce mobile) avec l'arbre moteur. ➛ sans compl. Mettre en communication un moteur et les mécanismes qu'il entraîne. **2** v. intr. fig. (personnes) EMBRAYER SUR, commencer à parler de. ➛ Avoir de l'influence sur.

embrever v. tr. [5] ▪ techn. Assembler obliquement deux pièces de bois. ► **embrèvement** n. m.

embrigader v. tr. [1] ▪ péj. Rassembler sous une autorité, en vue d'une action. → **enrégimenter, enrôler.** ► **embrigadement** n. m.

embringuer v. tr. [1] ▪ fam. Engager de façon fâcheuse. → **embarquer.**

embrocation n. f. ▪ méd. **1** Application d'un liquide calmant. **2** Ce liquide.

embrocher v. tr. [1] ▪ **1** Enfiler (de la viande) sur une broche, des brochettes. **2** fam. Transpercer (qqn) d'un coup d'épée. ► **embrochement** n. m.

embrouillage n. m. ▪ Action d'embrouiller ; confusion. → **embrouillement.**

embrouillamini n. m. ▪ fam. Désordre ou confusion extrême. → **imbroglio.**

embrouille n. f. ▪ fam. **1** Action de tromper. **2** Situation confuse. **3** Querelle.

embrouillé, ée adj. ▪ Extrêmement compliqué et confus.

embrouillement n. m. ▪ Action, fait d'embrouiller. ➛ État de ce qui est embrouillé. → **embrouillage.**

embrouiller v. tr. [1] ▪ **1** Emmêler (des fils). **2** fig. Compliquer, rendre obscur (qqch.). **3** Troubler (qqn) ; tromper. ▷ v. pron. **s'embrouiller** **1** Devenir confus. **2** Se perdre (dans qqch.).

embroussailler v. tr. [1] ▪ Couvrir de broussailles. ▷ adj. **embroussaillé, ée** → **broussailleux.** ♦ fig. *Cheveux embroussaillés,* emmêlés. ► **embroussaillement** n. m.

embrumer v. tr. [1] ▪ **1** Couvrir de brume. **2** fig. Mettre de la confusion dans (les idées...). **3** Rendre triste. ▷ adj. **embrumé, ée**

embrun n. m. ▪ surtout plur. Poussière de gouttelettes formée par les vagues qui se brisent, et emportée par le vent.

embryo- Élément savant, du grec *embruon* « embryon ».

embryogenèse n. f. ▪ sc. Ensemble des transformations par lesquelles passent l'œuf et l'embryon, de la fécondation à l'éclosion (ovipares) ou à la naissance (vivipares). ► **embryogénique** adj.

embryologie n. f. ▪ Science du développement des organismes. → **génétique.** ► **embryologique** adj. ► **embryologiste** n.

embryon n. m. ▪ **1** Organisme en développement dans l'œuf des ovipares, et chez l'animal vivipare ou l'homme, avant d'être un fœtus. ♦ bot. Ensemble de cellules donnant naissance à la jeune tige. **2** fig. Ce qui commence d'être. → **ébauche, germe.**

embryonnaire adj. ▪ **1** Relatif à l'embryon. **2** fig. Qui n'est qu'en germe.

embryopathie n. f. ▪ méd. Maladie qui atteint l'embryon.

embryoscopie n. f. ▪ Examen de l'embryon dans l'utérus à l'aide d'un endoscope.

embu, ue adj. et n. m. ▪ peint. Se dit d'une zone imbibée d'huile, qui a un aspect mat.

embûche n. f. ▪ Difficulté ; traquenard.

embuer v. tr. [1] ▪ Couvrir d'une buée.

embuscade n. f. ▪ Manœuvre par laquelle on dissimule une troupe pour attaquer.

embusqué, ée adj. ▪ En embuscade. *Des hommes embusqués dans un fourré.*

embusquer v. tr. [1] ▪ **1** Mettre en embuscade. **2** Affecter par faveur (un mobilisé) à un poste non exposé.

éméché, ée adj. ▪ fam. Un peu ivre. → **gai.**

émeraude n. f. ▪ **1** Pierre précieuse verte, variété de béryl (ou de corindon). **2** adj. invar. D'un vert qui rappelle celui de l'émeraude.

émergence n. f. ▪ didact. **1** Endroit d'où sort (qqch.). **2** fig. Apparition soudaine (dans une suite d'événements, d'idées).

émerger v. intr. [3] ▪ **1** Sortir d'un milieu liquide de manière à apparaître à la surface. *L'îlot émerge à marée basse.* ♦ Sortir d'un milieu quelconque. → **apparaître.** **2** fig. Se manifester, apparaître clairement. *La vérité émerge.* **3** fam. Devenir actif, attentif. ► **émergent, ente** adj.

émeri n. m. ■ **1** Abrasif fait d'une roche (corindon) réduite en poudre. ➛ *Papier (d')émeri,* enduit de poudre d'émeri. **2** loc. *Bouché à l'émeri,* complètement borné.

émerillon n. m. ■ Petit faucon très vif.

émeriser v. tr. [1] ■ techn. **1** Couvrir de poudre d'émeri. **2** Adoucir le toucher d'un tissu par grattage à l'aide d'émeri.

émérite adj. ■ Qui, par une longue pratique, a acquis une grande compétence. ► **éméritat** n. m.

émersion n. f. ■ Action ou état d'un corps qui émerge d'un fluide, d'un milieu (opposé à *immersion*).

émerveiller v. tr. [1] ■ Frapper d'étonnement et d'admiration. ➛ pronom. *S'émerveiller de qqch.* ➛ au p. p. *Un regard émerveillé.* ► **émerveillement** n. m. → **enchantement.**

émétique adj. et n. m. ■ Vomitif.

émetteur, trice ■ **1** n. Personne, organisme qui émet (des billets, des effets). **2** n. m. *Poste émetteur* ou *émetteur :* dispositifs produisant des ondes électromagnétiques qui transmettent des signaux, des sons et des images.

émettre v. tr. [56] ■ **1** Mettre en circulation, offrir au public (des billets...). ➛ au p. p. *Emprunt émis par l'État.* **2** Faire sortir de soi (un son). ➛ Exprimer (une opinion...). **3** Projeter par rayonnement (des radiations...). ♦ Envoyer sur ondes électromagnétiques.

émeu n. m. ■ Oiseau coureur d'Australie.

émeute n. f. ■ Soulèvement populaire.

émeutier, ière n. ■ Personne qui excite à une émeute ou qui y prend part.

-émie Élément savant, du grec *haima* «sang». → **héma-.**

émietter v. tr. [1] ■ **1** Réduire en miettes ; désagréger en petits morceaux. **2** Morceler à l'excès. ► **émiettement** n. m.

émigrant, ante n. ■ Personne qui émigre.

émigration n. f. ■ **1** Action, fait d'émigrer. **2** Ensemble des émigrés.

émigré, ée n. ■ **1** hist. Personne réfugiée à l'étranger pendant la Révolution française. **2** Personne qui s'est expatriée (pour des raisons politiques, économiques...). ➛ adj. *Populations émigrées.* → **immigré.**

émigrer v. intr. [1] ■ **1** Quitter son pays pour aller s'établir dans un autre, momentanément ou définitivement. → s'**expatrier.** **2** (animaux) Quitter par troupes une contrée (→ **migration**).

émincer v. tr. [3] ■ Couper en tranches minces (une viande...). ► **émincé, ée** adj. et n. m. *Un émincé de volaille.*

éminemment [-amɑ̃] adv. ■ Au plus haut degré. → **supérieurement.**

éminence n. f. ■ **I** Élévation de terrain isolée. **II** Titre honorifique des cardinaux. ♦ loc. *Éminence grise,* conseiller secret.

éminent, ente adj. ■ Remarquable, supérieur.

émir n. m. ■ Titre honorifique du monde musulman.

émirat n. m. ■ Territoire d'un émir.

① **émissaire** n. m. ■ **I** Agent chargé d'une mission. **II** techn. Canal d'évacuation.

② **émissaire** adj. m. → **bouc** émissaire.

émissif, ive adj. ■ phys. D'une émission (3).

émission n. f. ■ **1** physiol. Fait de projeter au-dehors (un liquide physiologique). *Émission d'urine.* **2** Production (de sons vocaux). **3** phys. Production en un point donné et rayonnement dans l'espace (d'ondes, de vibrations, etc.). ♦ spécialt Transmission, à l'aide d'ondes électromagnétiques, de signaux, de sons et d'images. ➛ Ce qui est ainsi transmis. *Émission télévisée.* **4** Mise en circulation (de monnaies, etc.).

émissole n. f. ■ Petit squale comestible, appelé aussi *chien de mer.*

emmagasiner [ɑ̃m-] v. tr. [1] ■ **1** Mettre en magasin, entreposer (des marchandises). → **stocker.** **2** fig. Garder dans l'esprit, dans la mémoire. ► **emmagasinage** n. m.

emmailloter [ɑ̃m-] v. tr. [1] ■ **1** anciennt Envelopper (un bébé) dans un maillot. **2** Envelopper (un corps, un objet...). ► **emmaillotement** n. m.

emmancher [ɑ̃m-] v. tr. [1] ■ **1** Ajuster sur un manche ; engager et fixer dans un support. **2** fig., fam. (surtout pronom.) Engager, mettre en train (un processus...). ► **emmanchement** n. m.

emmanchure [ɑ̃m-] n. f. ■ Chacune des ouvertures d'un vêtement, pour adapter une manche ou laisser passer le bras.

emmarchement [ɑ̃m-] n. m. ■ **1** Disposition ou ensemble des marches d'un escalier. **2** Largeur d'un escalier. **3** Escalier de quelques marches.

emmêlement [ɑ̃m-] n. m. ■ Action d'emmêler ; fait d'être emmêlé.

emmêler [ɑ̃m-] v. tr. [1] ■ **1** Mêler ensemble, de manière désordonnée. ➛ au p. p. *Cheveux emmêlés.* **2** fig. Embrouiller, compliquer. ▷ v. pron. **s'emmêler** → s'**embrouiller.**

emménager [ɑ̃m-] v. intr. [3] ■ S'installer dans un nouveau logement. ► **emménagement** n. m.

emménagogue [ɑ̃m- ; em-] adj. et n. m. ■ méd. Qui provoque ou régularise le cycle menstruel.

emmener [ɑ̃m-] v. tr. [5] ■ **1** Mener avec soi (qqn, un animal) en allant d'un lieu à un autre, en partant. – Avec un compl. désignant un objet, on emploie *emporter.* **2** (sujet chose) Conduire, transporter au loin.

emmental [emɛ̃tal] n. m. ▪ Fromage à pâte cuite, à larges trous.

emmerdant, ante [ɑ̃m-] adj. ▪ fam. Qui contrarie. ➝ Qui fait naître l'ennui.

emmerdement [ɑ̃m-] n. m. ▪ fam. **1** Gros ennui. - syn. fam. **emmerde** n. f. **2** Action d'emmerder ; fait d'être emmerdé.

emmerder [ɑ̃m-] v. tr. [1] ▪ fam. **1** (sujet personne) Importuner (qqn) ; (sujet chose) contrarier (qqn). → **embêter, ennuyer, importuner.** ➝ pronom. Se donner du mal. **2** Faire naître l'ennui. ➝ pronom. *On s'emmerde ferme.* **3** Tenir pour négligeable (par défi).

emmerdeur, euse [ɑ̃m-] n. ▪ fam. Personne ennuyeuse ou agaçante.

emmétrope [ɑ̃m- ; em-] adj. et n. ▪ physiol. Se dit de l'œil dont la vision est normale (opposé à *amétrope*). ► **emmétropie** n. f.

emmitoufler [ɑ̃m-] v. tr. [1] ▪ Envelopper dans des vêtements chauds et moelleux. ➝ pronom. Se couvrir chaudement.

emmotté, ée [ɑ̃m-] adj. ▪ agric. Dont les racines sont entourées d'une motte de terre pour le transport.

emmurer [ɑ̃m-] v. tr. [1] ▪ Enfermer (qqn) dans un cachot muré. ➝ (sujet chose) *L'éboulement les a emmurés.* ♦ fig. (surtout pronom. et p. p.) *S'emmurer, être emmuré dans le silence.* → se **murer.** ► **emmurement** n. m.

émoi n. m. ▪ littér. **1** Agitation, effervescence. **2** Trouble qui naît de l'appréhension, ou d'une émotion sensuelle.

émoji n. m. (marque déposée) ▪ Image utilisée dans un message électronique pour représenter une émotion, une action.

émollient, ente [-ljɑ̃, ɑ̃t] adj. ▪ **1** méd. Qui relâche les tissus. **2** fig. Doux, apaisant.

émoluments n. m. pl. ▪ Rétribution.

émonctoire n. m. ▪ didact. Organe d'élimination, d'excrétion.

émonder v. tr. [1] ▪ Débarrasser (un arbre) des branches inutiles. ► **émondage** n. m.

émondes n. f. pl. ▪ sylvic. Branches inutiles ou nuisibles retranchées d'un arbre.

émondeur, euse n. ▪ Personne qui émonde les arbres.

émondoir n. m. ▪ Outil servant à émonder les arbres.

émoticône ou **émoticon** [-kɔn] n. m. ▪ anglic., inform. → **smiley.**

émotif, ive adj. ▪ **1** Relatif à l'émotion. **2** (personnes) Qui est facilement ému. ➝ n. *Un émotif, une émotive.*

émotion n. f. ▪ **1** État affectif intense, accompagné de troubles divers (pâleur, tremblements, etc.). **2** État affectif, plaisir ou douleur, nettement prononcé. → **sentiment.**

émotionnant, ante adj. ▪ fam. Qui émotionne, cause une vive émotion.

émotionnel, elle adj. ▪ Relatif à l'émotion.

émotionner v. tr. [1] ▪ fam. → **émouvoir.**

émotivité n. f. ▪ Capacité de ressentir des émotions. ♦ Caractère d'une personne émotive.

émotter v. tr. [1] ▪ Débarrasser (un champ) des mottes de terre restées entières après labour. → **ameublir.** ► **émottage** et **émottement** n. m.

émouchet n. m. ▪ Petit rapace diurne.

émoulu, ue adj. ▪ loc. *Frais émoulu de* : récemment sorti de (une école). ➝ fém. *Frais* ou *fraîche émoulue.*

émousser v. tr. [1] ▪ **1** Rendre moins coupant, moins aigu. **2** fig., littér. Rendre moins vif, moins incisif. ➝ pronom. *Son chagrin s'est émoussé.* ▷ adj. **émoussé, ée** ► **émoussement** n. m.

émoustillant, ante adj. ▪ Qui émoustille.

émoustiller v. tr. [1] ▪ Mettre de bonne humeur en excitant.

émouvant, ante adj. ▪ Qui émeut, qui fait naître une émotion désintéressée.

émouvoir v. tr. [27] p. p. *ému, ue* ▪ **1** Agiter (qqn) par une émotion. **2** Toucher en éveillant un intérêt puissant, une sympathie profonde. ▷ v. pron. s'**émouvoir** **1** Se troubler ; s'alarmer. **2** Être touché.

empaffé, ée n. et adj. ▪ fam. Imbécile, maladroit.

empailler v. tr. [1] ▪ **1** Bourrer de paille (la peau d'animaux morts qu'on veut conserver). → **naturaliser ; taxidermie.** **2** Entourer de paille pour protéger. → **pailler.** ► **empaillage** n. m.

empailleur, euse n. ▪ **1** Rempailleur. **2** Taxidermiste.

empaler v. tr. [1] ▪ Soumettre au supplice du pal. ▷ v. pron. s'**empaler** Tomber sur un objet pointu qui traverse le corps. ► **empalement** n. m.

empan n. m. ▪ **1** anciennt Mesure de longueur, espace maximum entre l'extrémité du pouce et du petit doigt. **2** fig. Ampleur, envergure.

empanaché, ée adj. ▪ Orné d'un panache.

empanner v. intr. [1] ▪ mar. Virer de bord en passant par vent arrière. ► **empannage** n. m.

empaqueter v. tr. [4] ▪ Faire un paquet de (linge, etc.). ► **empaquetage** n. m.

s'emparer v. pron. [1] ▪ *S'EMPARER DE* **1** Prendre violemment ou indûment possession de (qqn, qqch.). → se **saisir** de. **2** Se rendre maître de (qqn, une faculté). ➝ (sujet chose) → **envahir, gagner.** *Le sommeil s'empara de lui.*

empâté, ée adj. ▪ Devenu épais. → **bouffi.**

empâter v. tr. [1] ■ **1** Rendre épais ; surcharger. **2** *S'EMPÂTER* v. pron. Épaissir, grossir. ► **empâtement** n. m.

empathie n. f. ■ didact. Capacité de s'identifier à autrui par l'émotivité. ► **empathique** adj.

empattement n. m. ■ **1** Pied, base plus large. **2** Distance entre les essieux d'une voiture.

empêchement n. m. ■ Ce qui empêche d'agir. → **contretemps, difficulté, obstacle.**

empêcher v. tr. [1] ■ **1** *Empêcher qqch.*, faire en sorte que cela ne se produise pas. ♦ loc. *Il N'EMPÊCHE que :* cependant, malgré cela. ➝ fam. *N'empêche* (même sens). **2** *Empêcher qqn de faire qqch.*, faire en sorte qu'il ne puisse pas. ▷ v. pron. **s'empêcher** Se retenir de. *Il ne put s'empêcher de rire.* ▷ adj. **empêché, ée** Retenu par des occupations.

empêcheur, euse n. ■ loc. *Empêcheur, empêcheuse de danser en rond.* → **rabat-joie, trouble-fête.**

empeigne n. f. ■ Dessus (d'une chaussure).

empennage n. m. ■ **1** Ensemble des plumes qui empennent une flèche. - syn. **empenne** n. f. **2** Surfaces à l'arrière des ailes ou de la queue d'un avion, destinées à lui donner de la stabilité. ➝ Ailettes d'un projectile.

empenne n. f. ■ Partie du talon d'une flèche munie de plumes ou d'ailerons destinés à régulariser sa direction.

empenner v. tr. [1] ■ Garnir (une flèche) de plumes pour régulariser sa direction.

empereur n. m. ■ Souverain d'un empire.

emperler v. tr. [1] ■ Couvrir de gouttelettes.

empesage n. m. ■ Action d'empeser ; son résultat. → **amidonnage.**

empeser v. tr. [5] ■ Apprêter en amidonnant. → **amidonner ; empois.** ▷ adj. **empesé, ée 1** *Col empesé.* **2** fig. → **guindé.**

empester v. [1] ■ **1** v. tr. Infester de mauvaises odeurs. **2** v. intr. Sentir mauvais.

empêtré, ée adj. ■ Maladroit, qui manque d'aisance. → **gauche.**

empêtrer v. tr. [1] ■ **1** Entraver (qqn ou les pieds, les jambes) dans qqch. qui retient ou embarrasse. **2** fig. Engager dans une situation difficile (surtout passif et pronom.).

emphase n. f. ■ Ton, style déclamatoire. → **grandiloquence.**

emphatique adj. ■ Plein d'emphase. → **pompeux.** ♦ gramm. Qui marque une certaine intensité dans l'expression. ► **emphatiquement** adv.

emphysème n. m. ■ méd. Gonflement produit par une infiltration gazeuse dans le tissu cellulaire (notamment du poumon). ► **emphysémateux, euse** adj. et n.

emphytéotique adj. ■ dr. *Bail emphytéotique*, de longue durée (18 à 99 ans).

empiècement n. m. ■ Pièce rapportée qui constitue le haut d'un vêtement (robe, etc.).

empierrer v. tr. [1] ■ Couvrir d'une couche de pierres. ► **empierrement** n. m.

empiéter v. intr. [6] ■ **1** *EMPIÉTER SUR* (une propriété, un droit...), en prendre indûment et progressivement une partie. **2** (choses) Déborder sur. ► **empiétement** n. m. - var. **empiètement.**

s'empiffrer v. pron. [1] ■ fam. Manger avec excès, gloutonnement.

empilable adj. ■ Qui peut être empilé.

empile n. f. ■ pêche Petit fil ou crin auquel on attache l'hameçon.

empiler v. tr. [1] ■ **1** Mettre en pile. **2** Entasser (des êtres vivants) dans un petit espace. **3** fam. Tromper (qqn) en le volant. ► **empilement** et **empilage** n. m. ► **empilable.** adj.

empire n. m. ■ **1** Autorité, domination absolue. ➝ *Être SOUS L'EMPIRE de :* sous l'influence de. **2** Autorité d'un empereur ; État ou ensemble d'États soumis à cette autorité. ➝ *Style Empire*, du Premier Empire (Napoléon Ier). **3** Ensemble de territoires colonisés par une puissance.

empirer v. [1] ■ **1** v. intr. (situation, état) Devenir pire. **2** v. tr. Rendre pire. → **aggraver.**

empirique adj. ■ Qui s'appuie principalement sur l'expérience. ► **empiriquement** adv.

empirisme n. m. ■ **1** Méthode empirique. **2** philos. Théorie d'après laquelle les connaissances viennent de l'expérience. ► **empiriste** n. et adj.

emplacement n. m. ■ Lieu choisi (pour une construction...). ♦ Place effectivement occupée par qqch.

emplafonner v. tr. [1] ■ fam. (en parlant de véhicules) Heurter violemment (un autre véhicule ou un obstacle). → **emboutir.**

emplâtre n. m. ■ **1** Médicament externe adhérent. **2** fig. Aliment lourd et bourratif.

emplette n. f. ■ vieilli Achat. ♦ mod. au plur. *Faire des emplettes.* ➝ Objets achetés.

emplir v. tr. [2] ■ **1** littér. Rendre plein. → **remplir. 2** Occuper (un espace).

emploi n. m. ■ **1** Action ou manière d'employer (qqch.) ; ce à quoi sert (qqch.). → **usage, utilisation.** ➝ *MODE D'EMPLOI :* notice expliquant la manière de se servir d'un objet. ➝ *EMPLOI DU TEMPS :* répartition dans le temps de tâches à effectuer. ➝ loc. *Faire DOUBLE EMPLOI :* être superflu. **2** Ce à quoi s'applique une activité rétribuée. *Demandeur d'emploi* (→ **chômeur).** ♦ Travail humain effectivement employé et rémunéré, dans un système économique. *Marché de l'emploi.* **3** Genre de rôle dont est chargé un acteur. ➛ loc. *Avoir la tête de l'emploi*, l'aspect correspondant à ce qu'on fait.

employabilité n. f. ■ Capacité à maintenir les compétences nécessaires pour trouver ou conserver un emploi.

employé, ée n. ■ Salarié non cadre qui effectue un travail non manuel.

employer v. tr. [8] ■ **1** Faire servir à une fin (un instrument, un moyen...). → se **servir** de, **utiliser.** **2** Faire travailler (qqn) contre rémunération. ▷ v. pron. s'**employer** **1** Être en usage. **2** *S'EMPLOYER À.* → se **consacrer** à.

employeur, euse n. ■ Personne, entreprise employant du personnel salarié.

emplumé, ée adj. ■ Couvert de plumes.

empocher v. tr. [1] ■ Recevoir (de l'argent).

empoignade n. f. ■ Altercation.

empoigne n. f. ■ loc. péj. *Foire d'empoigne* : mêlée, affrontement d'intérêts.

empoigner v. tr. [1] ■ **1** Prendre en serrant dans la main. ➛ pronom. Se battre ; fig. se quereller. **2** fig. (sujet chose) Émouvoir.

empois n. m. ■ Colle à base d'amidon employée à l'apprêt du linge (→ **empeser**).

empoisonnant, ante adj. ■ fam. Très ennuyeux, agaçant.

empoisonnement n. m. ■ **1** Grave intoxication. **2** Meurtre par le poison. **3** fam. Ennui, embêtement.

empoisonner v. tr. [1] ■ **1** (sujet personne) Faire mourir, ou mettre en danger de mort (qqn, un animal) en faisant absorber du poison. ♦ Intoxiquer. **2** Mêler, infecter de poison. **3** Remplir d'une odeur infecte. **4** Altérer dans son agrément. → **gâcher.** **5** fam. Importuner (qqn). ▷ v. pron. s'**empoisonner** Absorber du poison. ▷ adj. **empoisonné, ée** *Flèche empoisonnée.* ➛ fig. *Des propos empoisonnés.* → **venimeux.**

empoisonneur, euse n. ■ **1** Criminel(le) qui use du poison. **2** Personne ennuyeuse.

empoissonner v. tr. [1] ■ Peupler de poissons. ► **empoissonnement** n. m.

emporium [-jɔm] n. m. ■ Antiq. romaine Comptoir commercial en pays étranger. *Des emporiums* ou plur. latin *des emporia.*

emport n. m. ■ aéron. *Capacité d'emport* : charge susceptible d'être emportée par un avion.

emporté, ée adj. ■ Qui s'emporte facilement. → **coléreux, irritable, violent.**

emportement n. m. ■ **1** littér. Élan, ardeur. **2** Violent mouvement de colère.

emporte-pièce n. m. invar. ■ **1** Outil servant à découper et à enlever des pièces. **2** loc. fig. *À L'EMPORTE-PIÈCE* : mordant, incisif.

emporter v. tr. [1] ■ **1** Prendre avec soi et porter hors d'un lieu (qqch., qqn). ➛ loc. *Il ne l'emportera pas au paradis*, je me vengerai. **2** (sujet chose) Enlever avec rapidité, violence. ➛ loc. *Autant en emporte le vent* : il n'en restera rien. ♦ (maladie) Faire mourir. **3** S'emparer de (qqch.) par la force. ➛ loc. *Emporter le morceau*, avoir gain de cause. **4** (passion...) Entraîner, pousser. **5** *L'EMPORTER* : avoir le dessus. → **triompher.** ▷ v. pron. s'**emporter** Se laisser aller à la colère.

empoté, ée adj. ■ fam. Maladroit, lent.

empoter v. tr. [1] ■ Mettre en pot. ► **empotage** n. m.

empourprer v. tr. [1] ■ littér. Colorer de pourpre, de rouge (par un phénomène naturel). ♦ pronom. Devenir cramoisi.

empoussiérer v. tr. [6] ■ Recouvrir de poussière. ► **empoussièrement** n. m. rare

empreindre v. tr. [52] ■ Marquer (une forme) par pression sur une surface. ▷ p. p. **empreint, einte** (fig., littér.) Marqué (par).

empreinte n. f. ■ **1** Marque laissée par un corps qu'on presse sur une surface. ♦ Trace naturelle. *Les empreintes d'un animal.* ➛ *Empreintes digitales* : traces laissées par les doigts, qui permettent d'identifier qqn. **2** fig. Marque profonde, durable.

empressé, ée adj. ■ Très zélé.

s'**empresser** v. pron. [1] ■ **1** Mettre de l'ardeur, du zèle à servir qqn ou à lui plaire. **2** *S'EMPRESSER DE* (+ inf.) : se hâter de. ► **empressement** n. m.

emprésurer v. tr. [1] ■ Additionner (le lait) de présure. ► **emprésurage** n. m.

emprise n. f. ■ **1** Domination intellectuelle ou morale. **2** dr. Mainmise de l'Administration sur une propriété privée.

emprisonnement n. m. ■ Action d'emprisonner ; fait d'être emprisonné.

emprisonner v. tr. [1] ■ **1** Mettre en prison. → **incarcérer.** **2** Tenir à l'étroit, serrer.

emprunt n. m. ■ **1** Action d'obtenir une somme d'argent, à titre de prêt ; cet argent. ➛ spécialt Mesure par laquelle l'État, etc. demande des fonds ; ces fonds. **2** fig. Action d'emprunter (2) à un auteur ; ce qui est ainsi pris. ♦ ling. Processus par lequel une langue accueille un élément d'une autre langue ; élément (mot, tour) ainsi incorporé. **3** loc. adj. *D'EMPRUNT* : qui n'appartient pas en propre au sujet, vient d'ailleurs.

emprunté, ée adj. ■ Qui manque d'aisance ou de naturel. → **contraint.**

emprunter v. tr. [1] ■ **1** Obtenir (de l'argent, un objet...) à titre de prêt ou pour un usage momentané. **2** fig. Prendre ailleurs et faire sien (un bien d'ordre intellectuel...). ♦ au p. p. spécialt

Mot emprunté à une langue. → **emprunt** (2). **3** Prendre (une voie). *Emprunter un sens interdit.*

emprunteur, euse n. ■ Personne qui emprunte de l'argent. → **débiteur.**

empuantir v. tr. [2] ■ Remplir (un lieu), gêner (qqn) par une odeur infecte. ► **empuantissement** n. m.

empuse n. f. ■ **1** zool. Insecte voisin de la mante. **2** bot. Champignon parasite de certains insectes.

empyème n. m. ■ méd. Pleurésie purulente.

empyrée n. m. ■ littér. Ciel, paradis.

ému, ue adj. ■ **1** En proie à une émotion. **2** Qui manifeste une émotion.

émulateur n. m. ■ inform. Ordinateur équipé pour émuler un autre ordinateur.

émulation n. f. ■ **1** Sentiment qui porte à égaler ou à surpasser qqn. **2** inform. Action d'émuler, son résultat.

émule n. ■ Personne qui cherche à égaler ou à surpasser qqn en qqch. de louable.

émuler v. tr. [1] ■ inform. Simuler, imiter le fonctionnement de (un programme...).

émulseur n. m. ■ techn. Appareil servant à préparer des émulsions.

émulsif, ive adj. ■ chim. Qui facilite la formation d'une émulsion. ◆ n. m. *Un émulsif.* → **émulsifiant.**

émulsifiable adj. ■ Qui peut être émulsifié.

émulsifiant n. m. ■ Produit qui favorise la formation et la stabilité d'une émulsion.

émulsifier v. tr. [7] ■ Émulsionner.

émulsion n. f. ■ **1** Préparation liquide tenant en suspension, à l'état de particules très fines, un autre liquide. **2** photogr. Couche sensible à la lumière.

émulsionnant, ante adj. ■ Qui permet la formation d'une émulsion. → **émulsif.** ◆ n. m. *Un émulsionnant.*

émulsionner v. tr. [1] ■ Mettre (une substance) à l'état d'émulsion.

① **en** prép. ■ **I** (devant un nom sans art. déf.) Préposition marquant la position à l'intérieur d'un espace, d'un temps, d'un état. **1** Dans. *Monter en voiture.* ◆ (abstrait) *Avoir qqch. en mémoire.* **2** (matière) *Un buste en marbre.* → **de.** **3** Pendant. *En été, en automne, en hiver* (mais *au printemps*). ◆ (espace de temps) *En dix minutes.* **4** (état, manière) *Être en danger.* ◆ (+ nom qui fait fonction d'attribut) → **comme.** *Il parle en connaisseur.* **5** DE... EN... (progression) *De plus en plus.* ◆ (périodicité) *De temps en temps.* **II** (formant des loc. adv.) *En général, en vain.* **III** (devant un p. prés.) *L'appétit vient en mangeant.*

② **en** pron. et adv. ■ De ce..., de cette..., de ces..., de cela (représente une chose, un énoncé, et quelquefois une personne). **I** (compl. d'un verbe) **1** Indique le lieu d'où l'on vient, la provenance, l'origine. *J'en viens.* ◆ (cause, agent) *Je n'en dors plus.* **2** (compl. d'un verbe construit avec *de*) *J'en veux.* **3** (dans des loc. verb.) *Je m'en tiens là.* **II** De (cela). *J'en connais les avantages. Je n'en sais rien !* **III** (compl. d'adj.) *Il en est bien capable.*

en- ou **em-** (devant *b, m, p*) Élément (du latin *in* « dans ») servant à former des verbes à partir d'un substantif (ex. *enterrer, emboîter*).

s'enamourer [ɑ̃n-] v. pron. [1] ■ vieilli ou plais. S'éprendre (de). – var. **s'énamourer** [en-].

énanthème n. m. ■ méd. Taches rouges que l'on observe sur les muqueuses dans certaines maladies infectieuses. → **exanthème.**

énantiomère n. m. ■ chim. Chacun des deux composés chimiques formant une paire, la configuration moléculaire de l'un étant l'image de l'autre dans un miroir.

énantiomorphe adj. ■ didact. Formé de parties identiques disposées dans un ordre inverse. *Le pied droit et le pied gauche sont énantiomorphes.*

énarque n. ■ Ancien(ne) élève de l'École nationale d'administration.

énarthrose n. f. ■ anat. Articulation mobile à surfaces sphériques, qui permet aux os des mouvements dans trois directions.

en-avant [ɑ̃n-] n. m. invar. ■ au rugby Faute commise par un joueur qui envoie le ballon à la main en avant de lui.

en-but [ɑ̃by(t)] n. m. invar. ■ sport Partie du terrain de rugby située derrière la ligne des buts.

encablure n. f. ■ mar. Mesure de longueur d'environ 200 m. – var. **encâblure.**

encadré n. m. ■ Texte encadré.

encadrement n. m. ■ **1** Action d'entourer d'un cadre ; ornement servant de cadre. ◆ Ce qui entoure comme un cadre. *L'encadrement d'une porte.* **2** Action d'encadrer (du personnel...). ◆ Personnes qui encadrent. → **cadre.** **3** Fait de donner un cadre légal à qqch.

encadrer v. tr. [1] ■ **1** Mettre dans un cadre, entourer d'un cadre. ◆ loc. fam. *Ne pas pouvoir encadrer qqn,* le détester. **2** Entourer à la manière d'un cadre. ◆ pronom. Apparaître comme dans un cadre. **3** Pourvoir de cadres (un personnel...) ; diriger pour le travail. **4** Donner un cadre légal à (qqch.).

encadreur, euse n. ■ Artisan qui exécute et pose des cadres (de tableaux, etc.).

encager v. tr. [3] ■ Mettre en cage.

encagoulé, ée adj. et n. ■ Dont le visage est masqué par une cagoule.

encaissable adj. ■ Qui peut être encaissé. *Chèque encaissable en France.*

encaissant, ante adj. ■ géol. Qui enserre. *Vallée encaissante.*

encaisse n. f. ■ Sommes, valeurs qui sont dans la caisse ou en portefeuille.

encaissé, ée adj. ■ Resserré entre deux pentes. *Vallée encaissée,* profonde et étroite.

encaissement n. m. ■ **1** Action d'encaisser (de l'argent...). **2** État de ce qui est encaissé (rivière, voie...).

encaisser v. tr. [1] ■ **1** Recevoir, toucher (de l'argent...). **2** fam. Recevoir (des coups). **3** fam. (surtout contexte négatif) Supporter.

encaisseur, euse n. ■ Employé(e) qui va à domicile encaisser de l'argent.

encalminé, ée adj. ■ mar. Se dit d'un navire à voiles immobilisé par un temps calme.

à l'**encan** loc. ■ vieilli ou région. En vente aux enchères publiques. ➝ fig. Livré au plus offrant.

s'**encanailler** v. pron. [1] ■ Fréquenter des gens de mœurs douteuses. ► **encanaillement** n. m.

encanter v. tr. [1] ■ (Canada) Vendre aux enchères.

encanteur, euse n. ■ (Canada) Personne qui effectue une vente à l'encan. → **commissaire-priseur.**

encapsuler v. tr. [1] ■ Enfermer dans une capsule, un revêtement protecteur. ► **encapsulage** n. m.

encapuchonner v. tr. [1] ■ Couvrir d'un capuchon, comme d'un capuchon.

encart n. m. ■ Feuille volante ou petit cahier que l'on insère dans une brochure.

encarter v. tr. [1] ■ **1** Insérer (un encart). **2** techn. Fixer sur des cartons.

encarteuse n. f. ■ techn. Machine qui fixe des objets sur des cartons de présentation.

en-cas n. m. invar. ■ Repas léger.

encastelure n. f. ■ vétér. Maladie du pied du cheval caractérisée par un rétrécissement du sabot.

encastrer v. tr. [1] ■ Insérer (dans qqch. qui est taillé ou creusé à cet effet) ▷ v. pron. s'**encastrer** ► **encastrable** adj. ► **encastrement** n. m.

encaustique n. f. ■ Préparation à base de cire et d'essence pour faire briller le bois.

encaustiquer v. tr. [1] ■ Passer à l'encaustique. → **cirer.** ➝ au p. p. *Parquet encaustiqué.* ► **encaustiquage** n. m.

encaver v. tr. [1] ■ Mettre en cave (du vin, des fromages). ► **encavement** n. m.

encaveur, euse n. ■ Personne dont le métier est de mettre les vins en cave.

enceindre v. tr. [52] ■ Entourer d'une enceinte.

① **enceinte** n. f. ■ **1** Ce qui entoure un espace et en défend l'accès. **2** Espace ainsi entouré. *L'enceinte du tribunal.* **3** *Enceinte (acoustique)* : ensemble de haut-parleurs. → **baffle** (anglic.).

② **enceinte** adj. ■ En état de grossesse.

enceinter v. tr. [1] ■ (Afrique) Rendre (une femme) enceinte.

encens n. m. ■ Substance résineuse aromatique, qui brûle en parfumant.

encenser v. tr. [1] ■ **1** Honorer en brûlant de l'encens, en agitant l'encensoir. **2** fig. Honorer d'hommages excessifs, flatter. ► **encensement** n. m.

encensoir n. m. ■ Cassolette suspendue à des chaînettes, où on brûle l'encens. ➝ fig., fam. *Manier l'encensoir,* flatter avec excès.

encépagement n. m. ■ vitic. Cépages qui composent une vigne, un vignoble.

encéphale n. m. ■ anat. Ensemble des centres nerveux contenus dans le crâne (le cerveau et ses annexes). ► **encéphalique** adj.

encéphalite n. f. ■ méd. Inflammation de l'encéphale.

encéphal(o)- Élément savant, du grec *enkephalos* « cerveau ».

encéphalogramme n. m. ■ méd. Tracé obtenu par exploration radiographique de l'encéphale. → **électro-encéphalogramme.**

encéphalographie n. f. ■ méd. Exploration radiographique de l'encéphale.

encéphalomyélite n. f. ■ méd. Inflammation du cerveau et de la moelle épinière.

encéphalopathie n. f. ■ Affection du cerveau, d'origine toxique ou liée à une dégénérescence. *Encéphalopathie spongiforme bovine,* causée par un prion.

encercler v. tr. [1] ■ Entourer de toutes parts. → **cerner.** ► **encerclement** n. m.

enchaînement n. m. ■ **1** Série de choses en rapport de dépendance. **2** Rapport entre des éléments. **3** Action d'enchaîner (II).

enchaîner v. [1] ■ **I** v. tr. **1** Attacher avec une chaîne. **2** fig., littér. Mettre sous une dépendance, asservir. **3** Unir par une succession naturelle ou des liens logiques. ➝ pronom. *Idées qui s'enchaînent.* **II** v. intr. Reprendre, continuer (un discours...).

enchanté, ée adj. ■ **1** Qui a un pouvoir d'enchantement (1). ♦ Soumis à un enchantement. **2** (personnes) Très content, ravi.

enchantement n. m. ■ **1** Opération magique consistant à enchanter (1) ; son effet. → **charme, ensorcellement, incantation. 2** État d'une personne enchantée (2), joie très vive. ♦ Sujet de joie, de plaisir.

enchanter v. tr. 1 ▪ **1** Soumettre à une action surnaturelle par magie. → **ensorceler. 2** Remplir d'un vif plaisir. → **ravir.**

enchanteur, teresse ▪ **I** n. Personne qui pratique des enchantements (1). → **magicien, sorcier. II** adj. Qui enchante (2).

enchâsser v. tr. 1 ▪ **1** Mettre (une pierre) dans une monture. → **monter, sertir.** ♦ Encastrer, fixer (dans un châssis...). **2** fig. Insérer, inclure. ► **enchâssement** n. m.

enchâssure n. f. ▪ Ce dans quoi une chose est enchâssée.

enchatonner v. tr. ▪ Enchâsser (une pierre) dans un chaton. → **sertir.** ► **enchatonnement** n. m.

enchère n. f. ▪ **1** Offre d'une somme supérieure, dans une vente au plus offrant. *Vente aux enchères.* → **encan. 2** (cartes) Demande supérieure à celle de l'adversaire.

enchérir v. intr. 2 ▪ **1** Mettre une enchère. **2** fig., littér. → **renchérir** (2).

enchérisseur, euse n. ▪ Personne qui fait une enchère.

enchevaucher v. tr. 1 ▪ techn. Faire joindre par recouvrement (des planches, des ardoises, des tuiles).

enchevêtrement n. m. ▪ **1** Disposition ou amas de choses enchevêtrées. **2** (abstrait) Complication, désordre. → **imbroglio.**

enchevêtrer v. tr. 1 ▪ **1** Engager l'une dans l'autre (des choses) de façon désordonnée ou complexe. **2** fig. Embrouiller, compliquer. ▷ v. pron. s'**enchevêtrer**

enchifrené, ée adj. ▪ vieilli Enrhumé.

enchilada [ɛn(t)ʃi-] n. f. ▪ Plat mexicain fait d'une tortilla fourrée de viande hachée et nappée de sauce tomate pimentée.

enclave n. f. ▪ Terrain, territoire complètement entouré par un autre.

enclaver v. tr. 1 ▪ **1** Contenir, entourer en formant une enclave. **2** Engager (une pièce dans une autre). ▷ adj. **enclavé, ée** ► **enclavement** n. m.

enclenchement n. m. ▪ Dispositif qui enclenche un mécanisme.

enclencher v. tr. 1 ▪ **1** Faire fonctionner (un mécanisme) en rendant les pièces solidaires. **2** Engager (un processus). ▷ v. pron. s'**enclencher**

enclin, ine adj. ▪ littér. Porté, par un penchant naturel et permanent (à) ; sujet (à).

enclore v. tr. 45 ▪ littér. **1** Entourer d'une clôture. **2** Entourer comme une clôture.

enclos n. m. ▪ **1** Espace entouré d'une clôture. **2** Clôture. *Un enclos de pierres sèches.*

enclouage n. m. ▪ chir. Enfoncement d'un clou dans les fragments d'un os fracturé, afin de les maintenir en bonne position. ► **enclouer** v. tr. 1

enclume n. f. ▪ **1** Masse métallique sur laquelle on bat les métaux. ➛ Outil destiné à recevoir des chocs. ➛ loc. *Être entre le marteau et l'enclume,* pris entre deux partis opposés. **2** anat. Un des trois osselets de l'oreille.

encoche n. f. ▪ Petite entaille.

encocher v. tr. 1 ▪ Faire une encoche à. ► **encochage** et **encochement** n. m.

encoder v. tr. 1 ▪ didact. Produire selon un code. ► **encodage** n. m.

encodeur n. m. ▪ didact. Système effectuant une opération d'encodage (opposé à *décodeur*).

encoignure [ɑ̃kɔɲyʀ ; ɑ̃kwaɲyʀ] n. f. ▪ **1** Angle intérieur de deux murs. → **coin. 2** Petit meuble de coin.

encoller v. tr. 1 ▪ Enduire de colle, de gomme, d'apprêt. ► **encollage** n. m.

encolleur, euse n. ▪ techn. Personne travaillant à l'encollage des tissus. ♦ n. f. Machine à encoller les tissus.

encolure n. f. ▪ **1** Partie du corps (du cheval, etc.) qui s'étend entre la tête et le poitrail. ➛ Longueur de cette partie du corps. **2** Dimension du col d'un vêtement. **3** Partie (du vêtement) où passe la tête.

encombrant, ante adj. ▪ **1** Qui encombre. **2** fig. Importun, pesant.

sans **encombre** [sɑ̃z-] loc. adv. ▪ Sans rencontrer d'obstacle, sans incident.

encombré, ée adj. ▪ Où il y a de l'encombrement. *Une rue encombrée.*

encombrement n. m. ▪ **1** État de ce qui est encombré (1). ♦ fig. *L'encombrement d'un marché* (→ surproduction). **2** Amas de choses qui encombrent. ♦ Voitures qui encombrent une voie. → **bouchon, embouteillage. 3** Dimensions, volume (d'un objet).

encombrer v. tr. 1 ▪ **1** Remplir en s'entassant, en faisant obstacle. → **gêner, obstruer. 2** fig. Remplir ou occuper à l'excès, en gênant. ▷ v. pron. s'**encombrer** de Se charger de (qqn, qqch. de gênant).

à l'**encontre** ▪ littér. **1** loc. adv. Contre cela. **2** loc. prép. *À l'encontre de* : contre.

encorbellement n. m. ▪ archit. Position d'une construction en saillie soutenue par des corbeaux ; cette construction.

s'**encorder** v. pron. 1 ▪ alpin. S'attacher avec une corde pour constituer une cordée.

encore adv. – var. vx ou poét. **encor** ▪ **1** adv. de temps Marque la persistance d'une action ou d'un état au moment considéré. *Vous êtes encore là ?* ➛ *PAS ENCORE* : pas au moment présent. **2** Marquant une idée de répétition ou de supplément. *J'en veux encore.* **3** Introduisant une restriction. *Si encore il faisait un effort...* → **seulement** (si seulement). **4** littér. loc. conj. *ENCORE QUE :* quoique.

encorné, ée adj. ■ Qui a des cornes.

encorner v. tr. [1] ■ Frapper, blesser à coups de cornes.

encornet n. m. ■ région. Calmar.

encourageant, ante adj. ■ Qui encourage.

encouragement n. m. ■ **1** Action d'encourager. **2** Acte, parole qui encourage.

encourager v. tr. [3] ■ **1** Donner du courage, de l'assurance à (qqn). → **réconforter, stimuler.** ◆ (avec *à* + inf.) *Encourager qqn à persévérer.* → **inciter. 2** Aider ou favoriser par une protection, des subventions...

encourir v. tr. [11] ■ littér. Se mettre dans la situation de subir (qqch. de fâcheux). → s'**exposer** à, **mériter.**

en-cours ou **encours** n. m. invar. ■ **1** fin. Montant des effets escomptés par une banque, non arrivés encore à échéance. **2** comptab. Ensemble de biens en cours de production, faisant partie du stock.

encrage n. m. ■ **1** Opération consistant à encrer. **2** Manière dont qqch. est encré.

encrasser v. tr. [1] ■ Couvrir d'un dépôt (suie, rouille, saletés diverses) qui empêche le bon fonctionnement. ▷ v. pron. s'**encrasser** ► **encrassement** n. m.

encre n. f. ■ **1** Liquide coloré, utilisé pour écrire. ◆ *Encre sympathique,* qui apparaît sous l'action d'un réactif ou de la chaleur. ♦ loc. fam. *Se faire un sang d'encre,* beaucoup de souci. **2** Liquide noir émis par certains céphalopodes (seiche...) pour se protéger.

encrer v. tr. [1] ■ Enduire d'encre (typographique...).

encreur adj. m. ■ Qui sert à encrer.

encrier n. m. ■ Petit récipient pour l'encre.

encroûter v. tr. [1] ■ **1** Couvrir d'une croûte. **2** fig. (surtout pronom. et p. p.) Enfermer (qqn) dans des habitudes figées, routinières. ► **encroûtement** n. m.

enculage n. m. ■ vulg. Sodomie. ♦ loc. fig., fam. *Enculage de mouches.* → **pinaillage.**

enculer v. tr. [1] ■ vulg. Sodomiser. ◆ fig. *Enculer les mouches.* → **pinailler.** ▷ n. **enculé, ée** (terme injurieux).

enculeur, euse n. ■ vulg. *Enculeur, enculeuse de mouches.* → **pinailleur.**

encuver v. tr. [1] ■ Mettre dans une cuve. ► **encuvage** n. m.

encyclique n. f. ■ Lettre du pape aux évêques.

encyclopédie n. f. ■ **1** Ouvrage où l'on expose méthodiquement les connaissances dans tous les domaines. ◆ Ouvrage analogue qui traite d'un domaine. **2** fig. Personne aux connaissances très étendues et variées.

encyclopédique adj. ■ **1** Qui embrasse l'ensemble des connaissances. **2** De l'encyclopédie. *Dictionnaire* encyclopédique.*

encyclopédiste n. ■ Auteur d'une encyclopédie ; spécialt, auteur qui collabora à l'*Encyclopédie* de Diderot (XVIIIe s.).

endémie n. f. ■ méd. Présence habituelle d'une maladie dans une région déterminée.

endémique adj. ■ **1** méd. Qui a un caractère d'endémie. **2** fig. Qui sévit constamment. *Un chômage endémique.*

endémisme n. m. ■ didact. Caractère endémique.

endetter v. tr. [1] ■ Engager dans des dettes. ▷ v. pron. s'**endetter** ► **endettement** n. m.

endeuiller v. tr. [1] ■ Plonger dans le deuil ; remplir de tristesse.

endiablé, ée adj. ■ D'une grande vivacité.

endiamanté, ée adj. ■ Orné, paré de diamants.

endiguer v. tr. [1] ■ **1** Contenir au moyen de digues. **2** fig. Retenir ; canaliser. ► **endiguement** n. m.

s'**endimancher** v. pron. [1] ■ S'habiller de manière plus soignée que d'habitude, avec une certaine gêne.

endive n. f. ■ Pousse blanche d'une variété de chicorée, obtenue par forçage et étiolement.

endo- Élément savant, du grec *endon* «en dedans» (contr. *exo-*).

endocarde n. m. ■ anat. Tunique interne du cœur.

endocardite n. f. ■ méd. Inflammation de l'endocarde.

endocarpe n. m. ■ Partie interne du fruit.

endocrânien, ienne adj. ■ méd. Qui concerne l'intérieur du crâne.

endocrine adj. f. ■ Se dit des glandes à sécrétion interne, dont les produits sont déversés directement dans le sang (contr. *exocrine*). ► **endocrinien, ienne** adj.

endocrinologie n. f. ■ Discipline médicale qui traite des glandes endocrines et soigne leurs troubles. ► **endocrinologue** n.

endoctriner v. tr. [1] ■ péj. Faire la leçon à (qqn) pour convaincre, faire adhérer à une doctrine. ► **endoctrinement** n. m.

endoderme n. m. ■ biol. Feuillet interne de l'embryon (→ **gastrula**). ► **endodermique** adj.

endogamie n. f. ▪ sociol. Obligation, pour les membres de certaines tribus, de se marier dans leur propre tribu (opposé à *exogamie*). ► **endogame** adj. et n. ► **endogamique** adj.

endogène adj. ▪ didact. Qui provient de l'intérieur, est dû à une cause interne.

endolorir v. tr. [2] ▪ Rendre douloureux. ▷ adj. **endolori, ie** → **douloureux.** ► **endolorissement** n. m.

endomètre n. m. ▪ anat. Muqueuse qui tapisse l'intérieur de l'utérus.

endométriose n. f. ▪ méd. Affection caractérisée par la présence d'endomètre en dehors de la cavité utérine.

endométrite n. f. ▪ méd. Inflammation de l'endomètre.

endommager v. tr. [3] ▪ Causer des dommages, des dégâts à (qqch.). ► **endommagement** n. m.

endoparasite n. m. ▪ biol. Parasite interne (opposé à *ectoparasite*).

endoplasme n. m. ▪ biol. Partie interne du cytoplasme cellulaire. ► **endoplasmique** adj.

endormant, ante adj. ▪ Qui donne envie de dormir à force d'ennui. → **soporifique.**

endormi, ie adj. ▪ **1** En train de dormir. ♦ Où tout semble en sommeil. **2** fig. Dont l'activité est en sommeil. **3** Indolent, inerte.

endormir v. tr. [16] ▪ **1** Faire dormir, amener au sommeil. ▸ (Sommeil artificiel) → **anesthésier.** **2** Donner envie de dormir à (qqn) par ennui. **3** fig., littér. Atténuer, calmer (une sensation, etc. pénible). ▸ Rendre moins vif, moins agissant (un sentiment...). *Endormir les soupçons.* ▷ v. pron. **s'endormir 1** Commencer à dormir. **2** fig., littér. Perdre de sa vivacité, de sa force.

endormissement n. m. ▪ Fait de s'endormir ; début du sommeil.

endorphine n. f. ▪ sc. Substance sécrétée par l'hypophyse, qui lutte contre la douleur.

endos n. m. ▪ Mention au dos (d'une traite, etc.) pour ordonner son paiement.

endoscope n. m. ▪ méd. Instrument servant à l'examen des cavités profondes du corps en les éclairant.

endoscopie n. f. ▪ méd. Examen à l'aide d'un endoscope. ► **endoscopique** adj.

endosser v. tr. [1] ▪ **I 1** Mettre sur son dos (un vêtement). **2** Assumer la responsabilité de. **II** Mettre un endos sur (une traite, etc.). ► **endossement** n. m. → **endos.** ► **endossable** adj. *Chèque endossable.*

endothermique adj. ▪ chim. Accompagné d'une absorption de chaleur (opposé à *exothermique*).

endroit n. m. ▪ **I 1** Partie déterminée d'un espace. → **lieu, place.** *Un bel endroit.* **2** Place déterminée, localisée (d'une chose, du corps). *Trouver l'endroit sensible.* → **point. 3** Passage déterminé (d'un ouvrage). **4** loc. adv. *PAR ENDROITS :* çà et là. ▸ littér. *À L'ENDROIT DE* (qqn) loc. prép. : envers (qqn). **II** Côté destiné à être vu, dans un objet à deux faces. → **recto ;** opposé à *envers.* ▸ loc. adv. *À L'ENDROIT :* du bon côté.

enduction n. f. ▪ techn. Action d'enduire la surface (d'un textile) d'une couche protectrice.

enduire v. tr. [38] ▪ Recouvrir (une surface) d'une matière qui imprègne.

enduit n. m. ▪ Préparation qu'on applique sur une surface pour protéger. → **revêtement.** ▸ Préparation préalable à la peinture.

endurance n. f. ▪ Aptitude à résister à la fatigue, à la souffrance. → **résistance.**

endurant, ante adj. ▪ Qui a de l'endurance.

endurci, ie adj. ▪ **1** Devenu dur, résistant ou insensible. **2** Qui avec le temps s'est figé dans une option. → **invétéré.**

endurcir v. tr. [2] ▪ Rendre (qqn) plus dur, plus résistant (physiquement ou moralement). ▷ v. pron. **s'endurcir** ► **endurcissement** n. m.

endurer v. tr. [1] ▪ Supporter avec patience (ce qui est dur, pénible). → **subir ; supporter.**

enduro n. m. ▪ anglic. Épreuve d'endurance tout-terrain, en moto.

endymion n. m. ▪ bot. Jacinthe des bois.

-ène Élément servant à former des noms d'hydrocarbures non saturés (opposé à *-ane*).

énergéticien, ienne n. ▪ sc., techn. Spécialiste de l'énergétique.

énergétique ▪ **I** adj. Relatif à l'énergie. **II** n. f. Science de l'énergie et de ses transformations.

énergie n. f. ▪ **I** Force et fermeté dans l'action, qui rend efficace. → **détermination, volonté.** ♦ Vitalité physique. → **dynamisme, vigueur.** **II** sc. **1** Caractère d'un système matériel capable de produire du travail. *Énergie électrique, thermique, solaire...* **2** Énergie chimique potentielle de l'organisme vivant. *Dépense d'énergie.*

énergique adj. ▪ **1** Actif, efficace. **2** (personnes ; actions) Qui a ou marque de l'énergie, de la volonté. → **ferme, résolu.** ► **énergiquement** adv. → **fermement.**

énergisant, ante adj. et n. m. ▪ Se dit d'un produit qui stimule, tonifie.

énergivore adj. ▪ Qui consomme de l'énergie, beaucoup d'énergie.

énergumène n. ▪ Personne exaltée qui parle, gesticule avec excès.

énervant, ante adj. ▪ Agaçant, irritant.

énervation n. f. ▪ chir. Ablation ou section d'un nerf, d'un groupe de nerfs. – syn. **dénervation.**

énervé, ée adj. ■ Qui est dans un état de nervosité inhabituel. ♦ Qui marque l'énervement.

énerver v. tr. [1] ■ Agacer, exciter, en provoquant de la nervosité. ▷ v. pron. s'**énerver** Devenir de plus en plus nerveux, agité. ► **énervement** n. m. → **agacement, nervosité.**

enfaîteau n. m. ■ techn. Tuile faîtière.

enfance n. f. ■ **1** Première période de la vie humaine, de la naissance à l'adolescence. **2** (sing. collectif) Les enfants. *Protection de l'enfance.* **3** fig. Première période d'existence (de qqch.). ➛ loc. *C'est l'enfance de l'art,* c'est élémentaire.

enfant n. ■ **I 1** Être humain dans l'âge de l'enfance. ♦ *Enfant de chœur :* enfant qui sert le prêtre pendant les offices ; fig. personne naïve. ♦ loc. *L'enfant terrible* (d'un groupe), un membre qui manifeste de l'indépendance d'esprit. **2** fig. Personne qui a conservé dans l'âge adulte des traits propres à l'enfance. ➛ adj. *Il est resté très enfant.* → **enfantin, puéril.** **II 1** Être humain à l'égard de sa filiation. → **fils, fille.** ➛ *Enfant naturel,* né hors mariage. **2** Descendant (→ **postérité).** ♦ Personne originaire de (un pays, un milieu). *Un enfant du peuple.* **3** fig. littér. Ce qui est produit par qqch.

enfanter v. tr. [1] ■ **1** littér. Mettre au monde (un enfant). **2** fig. Créer, produire (une œuvre). ► **enfantement** n. m.

enfantillage n. m. ■ Comportement peu sérieux, qui ne conviendrait qu'à un enfant.

enfantin, ine adj. ■ **1** Qui est propre à l'enfant, à l'enfance. **2** péj. Qui ne conviendrait qu'à un enfant. → **infantile, puéril.** **3** Très facile. ► **enfantinement** adv.

s'**enfarger** v. pron. [3] ■ (Canada) fam. Trébucher.

enfariné, ée adj. ■ Couvert de farine ou de poudre blanche. ➛ loc. fam. *Venir le bec enfariné,* avec de naïves certitudes.

enfer [ɑ̃fɛʀ] n. m. ■ **I 1** relig. chrét. Lieu destiné au supplice des damnés (→ **infernal).** ➛ prov. *L'enfer est pavé de bonnes intentions :* de bonnes résolutions peuvent n'aboutir qu'à un résultat nul. ♦ loc. adj. *D'ENFER :* qui évoque l'enfer ; fig. très intense ; fam. extraordinaire, fabuleux. **2** fig. Lieu, occasion de souffrance. **3** Endroit (d'une bibliothèque) où sont regroupés les livres licencieux. **II** *LES ENFERS :* lieu souterrain habité par les morts, séjour des ombres (mythol. et diverses religions).

enfermer v. tr. [1] ■ **1** Mettre en un lieu d'où il est impossible de sortir. ➛ *Il est bon à enfermer :* il est fou. ♦ pronom. *S'ENFERMER.* Fermer sa porte pour s'isoler. → se **barricader.** ➛ fig. *S'enfermer dans son silence.* **2** Mettre (qqch.) dans un lieu clos. **3** (sujet chose) Entourer complètement (un espace...). → **enclore.** ► **enfermement** n. m.

s'**enferrer** v. pron. [1] ■ **1** Tomber sur l'épée de son adversaire. **2** fig. Se prendre à ses propres mensonges, ses propres pièges.

enfeu n. m. ■ archéol. Niche funéraire.

enficher v. tr. [1] ■ techn. Introduire (une fiche) dans une douille. ➛ Introduire (un composant électronique) dans un support.

enfiévrer v. tr. [6] ■ littér. Animer d'une sorte de fièvre, d'une vive ardeur. → **exalter, surexciter.** ➛ au p. p. *Une atmosphère enfiévrée.*

enfilade n. f. ■ Suite de choses en file. *Une enfilade de pièces.* ➛ *Des chambres en enfilade.*

enfiler v. tr. [1] ■ **1** Passer un fil, un lien à l'intérieur de (un objet percé). *Enfiler une aiguille.* ➛ *Enfiler des perles,* les réunir par un fil ; loc. fam. perdre son temps à des futilités. **2** Mettre (un vêtement). **3** S'engager tout droit dans (une voie). **4** fam. *S'ENFILER qqch.,* l'avaler. ♦ Avoir à supporter (une corvée). ► **enfilage** n. m.

enfileur, euse n. ■ techn. Personne chargée d'enfiler (des perles, etc.).

enfin adv. ■ **1** Au terme d'une longue attente. *Enfin seuls !* **2** En dernier lieu (dans une succession). **3** En conclusion. **4** (impatience...) *Mais enfin !* **5** (pour rectifier) *Elle est blonde, enfin rousse.*

enflammé, ée adj. ■ **1** En flammes. **2** Dans un état inflammatoire. **3** Plein d'ardeur.

enflammer v. tr. [1] ■ **1** Mettre en flammes. → **allumer.** ♦ fig. Colorer vivement. *Une rougeur enflammait ses joues.* **2** Mettre dans un état inflammatoire. → **irriter.** **3** Remplir d'ardeur, de passion. ▷ v. pron. s'**enflammer** **1** Prendre feu. **2** S'enthousiasmer.

enflé, ée ■ **1** adj. Atteint d'enflure. **2** n. fam. Gros lourdaud, imbécile.

enfler v. [1] ■ **I** v. tr. **1** Faire augmenter de volume. ♦ Provoquer l'enflure de (une partie du corps). **2** Augmenter la force de (un son...). **3** fig. Exagérer, grossir. **II** v. intr. Augmenter anormalement de volume.

enfleurer v. tr. [1] ■ techn. Charger (un corps gras) du parfum de certaines fleurs par macération. ► **enfleurage** n. m.

enflure n. f. ■ **1** État d'un organe, d'une partie du corps qui enfle par suite d'une maladie, d'un accident... **2** (injure) fam. Crétin.

enfoiré, ée ■ vulg. **1** adj. Souillé d'excréments. **2** n. (injure) Imbécile.

enfoncé, ée adj. ■ Qui rentre dans le visage, dans le corps. *Des yeux très enfoncés.*

enfoncement n. m. ■ **1** Action d'enfoncer ; fait de s'enfoncer. **2** Partie située vers le fond ou en retrait. → **renfoncement.**

enfoncer v. [3] ■ **I** v. tr. **1** Faire aller vers le fond, faire pénétrer profondément. ♦ loc. *Enfoncer le clou :* recommencer inlassablement une explication. ➛ *Enfoncer qqch. dans la tête de qqn*, l'en persuader de force. **2** fig. Entraîner, pousser (dans une situation comparable à un fond, un abîme). *Enfoncer qqn dans l'erreur.* **3** Briser, faire plier (une porte, etc.) en poussant, en pesant. ➛ loc. *Enfoncer une porte ouverte* : démontrer une évidence. **4** Forcer (une troupe) à plier. ♦ fam. Surpasser. **II** v. intr. Aller vers le fond, pénétrer jusqu'au fond. ▷ v. pron. s'**enfoncer 1** Aller vers le fond, vers le bas ; pénétrer profondément. **2** (sujet personne) Pénétrer, s'engager dans (un lieu ; une situation).

enfouir v. tr. [2] ▪ **1** Mettre en terre, sous terre, après avoir creusé le sol. **2** *ENFOUIR SOUS, DANS qqch.* : enfoncer, cacher. ► **enfouissement** n. m.

enfourcher v. tr. [1] ▪ Se mettre à califourchon sur (un cheval, une bicyclette). ➛ fig., fam. *Enfourcher son dada*, reprendre son sujet favori.

enfourchure n. f. ▪ cout. Couture qui va du bas de la braguette au milieu de la ceinture dans le dos.

enfourner v. tr. [1] ▪ **1** Mettre dans un four (du pain, un aliment, des poteries). **2** fam. Avaler rapidement. **3** fam. Introduire brutalement dans. → **fourrer.**

enfreindre v. tr. [52] ▪ littér. Ne pas respecter (une loi...). → **transgresser ; infraction.**

s'**enfuir** v. pron. [17] ▪ **1** S'éloigner en fuyant, ou en hâte. **2** poét. S'écouler rapidement. *Le temps s'enfuit.*

enfumer v. tr. [1] ▪ Remplir ou environner de fumée. *Enfumer des abeilles*, pour les neutraliser (n. m. *enfumage*). ➛ au p. p. *Pièce enfumée.*

enfûter v. tr. [1] ▪ techn. Mettre (du vin) en fût. ► **enfûtage** n. m.

engagé, ée adj. et n. ▪ **1** Qui s'est engagé dans l'armée. ➛ n. *Les engagés et les appelés.* **2** Mis par son engagement au service d'une cause. *Un chanteur engagé.*

engageant, ante adj. ▪ Attirant, séduisant.

engagement n. m. ▪ **1** Action de se lier par une promesse ou une convention. *Prendre l'engagement de...* **2** Contrat par lequel un individu s'engage à servir dans l'armée. ♦ Contrat par lequel qqn loue son service. **3** Fait d'être engagé (II, 1). **4** milit. Introduction d'une unité dans la bataille ; combat localisé. **5** sports Coup d'envoi (d'un match...). **6** Acte ou attitude d'une personne qui s'engage politiquement.

engager v. tr. [3] ▪ **I 1** Mettre, donner (qqch.) en gage. **2** Lier par une promesse ou une convention. **3** Recruter (qqn) par engagement. **II 1** Faire entrer (dans qqch. qui retient ; dans un lieu resserré). *Engager la clé dans la serrure.* **2** Mettre en train, commencer. *Engager la conversation.* → **entamer. 3** Faire entrer (dans une entreprise, etc. qui ne laisse pas libre). **III** *ENGAGER qqn À*, tenter d'amener à. → **exhorter, inciter.** ▷ v. pron. s'**engager 1** Se lier par une promesse, une convention. **2** Contracter un engagement (2). **3** Entrer, avancer (dans). **4** (choses) Commencer. **5** Se lancer (dans une entreprise...). **6** Se mettre au service d'une cause politique ou sociale.

engainer v. tr. [1] ▪ Mettre dans une gaine.

engazonner v. tr. [1] ▪ Semer, couvrir de gazon. ► **engazonnement** n. m.

engeance n. f. ▪ Catégorie de personnes méprisables ou détestables.

engelure n. f. ▪ Lésion et enflure douloureuse des extrémités, due au froid.

engendrer v. tr. [1] ▪ **1** littér. Donner la vie à (un enfant). **2** Faire naître, avoir pour effet (qqch.). → **causer, produire. 3** géom. Décrire ou produire (une figure) en se déplaçant. ► **engendrement** n. m.

engin n. m. ▪ **1** Appareil, instrument, machine. ➛ (armes) *Engins sol-sol, sol-air...*, projectiles autopropulsés (nommés d'après leur point de départ et leur objectif). ➛ (véhicules) *Engin blindé.* **2** fam. Objet. → **bidule, machin.**

englober v. tr. [1] ▪ **1** *ENGLOBER* (qqch.) *dans* : faire entrer dans (un ensemble déjà existant). **2** Réunir en un tout (des choses ou personnes). → **amalgamer.**

engloutir v. tr. [2] ▪ **1** Avaler gloutonnement. **2** fig. Dépenser rapidement. → **dissiper. 3** (sujet chose) Faire disparaître brusquement en noyant ou en submergeant. ► **engloutissement** n. m.

engluer v. tr. [1] ▪ **1** Prendre à la glu (un oiseau). ➛ Prendre dans une matière gluante. ♦ fig. *Se laisser engluer* (pronom. *s'engluer*) *dans des ennuis.* **2** Enduire de glu, d'une matière gluante. ► **engluage** et **engluement** n. m.

engobe n. m. ▪ techn. Enduit appliqué sur la pâte céramique, avant cuisson. ► **engober** v. tr. [1]

engommer v. tr. [1] ▪ techn. Enduire de gomme. ► **engommage** n. m.

engoncer v. tr. [3] ▪ (vêtement) Habiller d'une façon disgracieuse, en faisant paraître le cou enfoncé dans les épaules. ► **engoncement** n. m.

engorger v. tr. [3] ▪ **1** Obstruer (un conduit...) par l'accumulation de matières. → **boucher. 2** Obstruer (une voie de communication). ► **engorgement** n. m.

s'**engouer** v. pron. [1] ▪ *S'engouer de* : se prendre d'une passion ou d'une admiration excessive pour (qqn ou qqch.). → s'**enticher** de. ► **engouement** n. m. → **toquade.**

engouffrer v. tr. 1 ▪ **1** littér. Faire disparaître comme dans un gouffre. **2** fam. Manger avidement. ▷ v. pron. **s'engouffrer** Entrer précipitamment (dans).

engoulevent n. m. ▪ Oiseau passereau brun-roux, au bec largement fendu.

engourdir v. tr. 2 ▪ **1** Priver en grande partie (un membre, le corps) de mobilité et de sensibilité. **2** Mettre dans un état général de moindre réaction. ▷ v. pron. **s'engourdir** ▷ adj. **engourdi, ie** *Mains engourdies.* → **gourd.** ► **engourdissement** n. m. → **léthargie, torpeur.**

engrais n. m. ▪ **I** (animaux) *À L'ENGRAIS* : de manière qu'ils engraissent. **II** Substance que l'on mêle au sol pour le fertiliser.

engraisser v. 1 ▪ **I** v. tr. **1** Rendre gras, faire grossir (des animaux). **2** fig. Rendre prospère. **3** Enrichir (une terre) par de l'engrais. → **fertiliser. II** v. intr. Devenir gras, gros. ► **engraissement** n. m.

engraisseur, euse n. ▪ Personne dont le métier est de finir d'élever les bestiaux destinés à être abattus.

engramme n. m. ▪ psych. Trace mémorielle enregistrée par le cerveau.

engranger v. tr. 3 ▪ **1** Mettre (une récolte) en grange. **2** fig., littér. Mettre en réserve. ► **engrangement** n. m.

engraver v. tr. 1 ▪ Échouer (une embarcation) sur un fond de sable, de gravier.

engrenage n. m. ▪ **1** Système de roues dentées, de pignons qui s'engrènent. **2** fig. Enchaînement à caractère mécanique et irréversible. *L'engrenage de la violence.*

① **engrènement** n. m. ▪ Fait d'emplir de grain. ◆ Fait d'engraisser (un animal) avec du grain.

② **engrènement** n. m. ▪ techn. Réalisation d'un engrenage mécanique.

① **engrener** v. tr. 5 ▪ agric. Emplir de grain. ◆ Engraisser avec du grain.

② **engrener** v. tr. 5 ▪ Faire entrer (les dents d'une roue) dans les espaces correspondants d'une autre roue, pour transmettre le mouvement (→ **engrenage**). ◆ pronom. *Les pignons s'engrènent.*

engrosser v. tr. 1 ▪ vulg. Rendre (une femme) enceinte.

engueulade n. f. ▪ fam. **1** Vive réprimande. **2** Dispute, querelle.

engueuler v. tr. 1 ▪ fam. **1** Invectiver grossièrement et bruyamment pour exprimer son mécontentement. ◆ pronom. *Ils se sont engueulés dans la rue.* **2** Réprimander.

enguirlander v. tr. 1 ▪ **I** Orner de guirlandes. **II** fam. Réprimander.

enhardir [ɑ̃aʀdiʀ] v. tr. 2 ▪ Rendre hardi, plus hardi. ▷ v. pron. **s'enhardir**

enharmonie [ɑ̃n-] n. f. ▪ mus. Rapport entre deux notes, deux tonalités enharmoniques.

enharmonique [ɑ̃n-] adj. ▪ mus. Se dit des notes de noms distincts représentées par un son unique dans les instruments à son fixe (ex. do dièse et ré bémol).

énième ou **nième** [enjɛm] adj. et n. ▪ Qui occupe un rang non précisé (mais élevé).

énigmatique adj. ▪ **1** Qui tient de l'énigme. **2** (personnes) Mystérieux, ambigu.

énigme n. f. ▪ **1** Jeu d'esprit où l'on donne à deviner une chose définie ou écrite en termes obscurs. ◆ *Le mot de l'énigme,* l'explication qu'on attendait. **2** Chose difficile à comprendre, à expliquer, à connaître.

enivrant, ante [ɑ̃nivʀɑ̃ ; en-] adj. ▪ Qui remplit d'une sorte d'ivresse. → **grisant.**

enivrement [ɑ̃n- ; en-] n. m. ▪ littér. Exaltation voluptueuse. → **griserie.**

enivrer [ɑ̃n- ; en-] v. tr. 1 ▪ **1** littér. Rendre ivre. → **griser, soûler.** ◆ pronom. Se mettre en état d'ivresse. **2** fig. Remplir d'une sorte d'ivresse, d'une émotion très vive.

s'enjailler v. pron. 1 ▪ fam. Faire la fête.

enjambée n. f. ▪ Grand pas.

enjambement n. m. ▪ Rejet vers le vers suivant d'un ou plusieurs mots nécessaires au sens du vers précédent.

enjamber v. tr. 1 ▪ **1** Franchir (un obstacle) en étendant la jambe. **2** (choses) *Pont qui enjambe une rivière.*

enjeu n. m. ▪ **1** Argent mis en jeu au début d'une partie et qui revient au gagnant. → **mise. 2** par ext. Ce que l'on peut gagner ou perdre. *Les enjeux d'une décision.*

enjoindre v. tr. 49 ▪ littér. *Enjoindre à qqn de* (+ inf.), ordonner (→ **injonction**).

enjôler v. tr. 1 ▪ littér. Abuser par de belles paroles, des flatteries. → **séduire.** ► **enjôlement** n. m. rare

enjôleur, euse ▪ **1** n. Personne habile à enjôler. **2** adj. Charmeur, séduisant.

enjolivement n. m. ▪ Ornement ou ajout destiné à enjoliver.

enjoliver v. tr. 1 ▪ **1** Orner de façon à rendre plus joli. → **embellir. 2** Agrémenter de détails ajoutés (plus ou moins exacts).

enjoliveur n. m. ▪ Garniture métallique des roues de voiture.

enjolivure n. f. ▪ Ornement qui enjolive.

enjoué, ée adj. ▪ Qui a ou marque de l'enjouement. *Caractère enjoué.*

enjouement n. m. ▪ littér. Disposition à la bonne humeur, à la gaieté. → **entrain.**

enkysté, ée adj. ▪ Qui reste isolé dans l'organisme par suite d'un enkystement.

enkystement n. m. ▪ physiol. Formation d'un kyste.

s'enkyster v. pron. [1] ▪ méd. Former un kyste.

enlacer v. tr. [3] ▪ **1** Entourer plusieurs fois en serrant. **2** Serrer (qqn) dans ses bras, ou en passant un bras autour de la taille. → **embrasser** (I, 1), **étreindre.** ▷ v. pron. **s'enlacer** ► **enlacement** n. m. littér.

enlaidir v. [2] ▪ **1** v. tr. Rendre ou faire paraître laid, plus laid. **2** v. intr. Devenir laid. ► **enlaidissement** n. m.

enlevé, ée adj. ▪ Fait avec brio.

enlèvement n. m. ▪ Action d'enlever (II et III). ◆ spécialt → **kidnappage, rapt.**

enlever v. tr. [5] ▪ **I 1** littér. Porter vers le haut. → **lever, soulever. 2** Faire bondir (un cheval). **3** fig. Faire brillamment (→ **enlevé**). **II 1** Faire qu'une chose ne soit plus là où elle était (en déplaçant, séparant, supprimant). → **ôter, retirer ; supprimer. 2** Priver (qqn) de. *Vous m'enlevez tout espoir.* **III 1** Prendre avec soi. → **emporter. 2** S'emparer de. *Enlever une place forte.* ◆ Obtenir facilement (ce qui fait l'objet d'une compétition). **3** Prendre (qqn) avec soi, par force. → **kidnapper.** ◆ fam. Emmener qqn avec soi (fugue amoureuse, etc.). **4** littér. (maladie...) Faire mourir (qqn). ▷ v. pron. **s'enlever 1** S'élever. **2** Se déplacer, se retirer. **3** Disparaître.

enlier v. tr. [7] ▪ techn. Lier (des pierres, des briques) en les engageant les unes dans les autres.

enliser v. tr. [1] ▪ Enfoncer en terrain mouvant ou marécageux. ▷ v. pron. **s'enliser 1** *S'enliser dans le sable.* **2** fig. *S'enliser dans la médiocrité.* ► **enlisement** n. m.

enluminer v. tr. [1] ▪ **1** Orner d'enluminures. **2** Colorer vivement.

enlumineur, euse n. ▪ Artiste spécialisé dans l'enluminure. → **miniaturiste.**

enluminure n. f. ▪ **1** Lettre peinte ou miniature ornant d'anciens manuscrits, des livres religieux. **2** Art des enlumineurs.

ennéade [ene-] n. f. ▪ didact. Groupe de neuf personnes, de neuf choses semblables.

ennéagone [ene-] n. m. ▪ géom. Polygone à neuf angles et neuf côtés. ► **ennéagonal, ale, aux** adj.

enneigé, ée [ɑ̃n-] adj. ▪ Couvert de neige.

enneigement [ɑ̃n-] n. m. ▪ État d'une surface enneigée ; hauteur de la neige.

ennemi, ie n. ▪ **I 1** Personne qui est hostile et cherche à nuire (à qqn). ◆ *Ennemi public* : personne qui présente un danger pour la communauté. ◆ adj. *Des familles ennemies.* **2** Personne qui a de l'aversion (pour qqch.). *Les ennemis du progrès.* **3** (choses) Ce qui est jugé nuisible. **II** (au plur. ou sing. collectif) Ceux contre lesquels on est en guerre, leur nation ou leur armée. ◆ *Passer à l'ennemi* : trahir. ◆ adj. *L'armée ennemie.*

ennoblir [ɑ̃n-] v. tr. [2] ▪ Donner de la noblesse, de la grandeur morale à (qqn, qqch.). ≠ *anoblir.* ► **ennoblissement** n. m.

ennuager [ɑ̃n-] v. tr. [3] ▪ Couvrir de nuages. ◆ pronom. *Le ciel s'ennuage.*

ennui [ɑ̃nɥi] n. m. ▪ **1** vx Tristesse profonde. **2** Peine qu'on éprouve d'une contrariété ; cette contrariété. → **désagrément, souci, tracas.** ◆ *L'ennui, c'est que...*, ce qu'il y a d'ennuyeux. ◆ Mauvais fonctionnement (d'un objet). *Ennuis mécaniques.* **3** au sing. Impression de vide, de lassitude causée par le désœuvrement, par une occupation monotone ou sans intérêt. **4** littér. Mélancolie profonde, désintérêt de tout. → **neurasthénie, spleen.**

ennuyant, ante [ɑ̃n-] adj. ▪ région. Ennuyeux.

ennuyé, ée [ɑ̃n-] adj. ▪ Préoccupé, contrarié. *Il a l'air ennuyé.*

ennuyer [ɑ̃n-] v. tr. [8] ▪ **1** (sujet chose) Causer de la contrariété à (qqn). → **contrarier, préoccuper. 2** (sujet personne) Importuner (qqn). **3** Remplir (qqn) d'ennui (3). ▷ v. pron. **s'ennuyer 1** Éprouver de l'ennui. **2** *S'ennuyer de qqn*, souffrir de son absence.

ennuyeux, euse [ɑ̃n-] adj. ▪ **1** Qui cause de la contrariété, de la gêne. → **contrariant, désagréable. 2** Qui ennuie (3). → **fastidieux, monotone.** ► **ennuyeusement** adv.

énoncé n. m. ▪ **1** Formule, ensemble de formules exprimant (qqch.) de façon précise. **2** ling. Résultat de l'énonciation ; segment de discours (oral ou écrit). → **parole, texte.**

énoncer v. tr. [3] ▪ Exprimer (ce qu'on veut dire) en termes nets. → **formuler.**

énonciatif, ive adj. ▪ didact. Qui sert à énoncer.

énonciation n. f. ▪ **1** Action, manière d'énoncer. **2** ling. Acte de production (individuelle) d'un énoncé.

enorgueillir [ɑ̃nɔʀgœjiʀ] v. tr. [2] ▪ littér. Rendre orgueilleux, flatter (qqn) dans sa vanité. ▷ v. pron. **s'enorgueillir** Devenir orgueilleux ; tirer vanité (de qqch.).

énorme adj. ▪ **1** Qui dépasse ce que l'on a l'habitude d'observer et de juger. → **démesuré, monstrueux.** *Une faute énorme.* **2** Dont les dimensions sont considérables. → **gigantesque, immense.**

énormément adv. ▪ D'une manière énorme (sert de superlatif à *beaucoup*).

énormité n. f. ▪ **1** Importance anormale ou considérable. **2** Très grosse faute ou maladresse. *Dire des énormités*, des sottises.

s'enquérir v. pron. [21] ▪ littér. *S'enquérir de :* chercher à savoir (en examinant, en interrogeant). → s'**informer** de ; se **renseigner.**

enquête n. f. ▪ **1** Recherche de la vérité par l'audition de témoins et l'accumulation d'informations. ➛ Phase de l'instruction criminelle comportant les interrogatoires. **2** Recherche méthodique reposant sur des questions et des témoignages. ➛ Étude d'une question par le rassemblement des avis des intéressés. → **sondage.**

enquêter v. intr. [1] ▪ Faire une enquête.

① **enquêteur, euse** n. ▪ Personne qui mène une enquête (1).

② **enquêteur, trice** n. ▪ Personne qui effectue des sondages, des enquêtes (2).

enquiquinant, ante adj. ▪ fam. Ennuyeux.

enquiquinement n. m. ▪ fam. Ce qui ennuie, donne du souci. → fam. **embêtement.**

enquiquiner v. tr. [1] ▪ fam. Ennuyer.

enquiquineur, euse n. ▪ fam. → **emmerdeur.**

enraciné, ée adj. ▪ Fixé par des racines. ♦ fig. *Des préjugés bien enracinés.*

enraciner v. tr. [1] ▪ **1** Faire prendre racine à (un arbre, une plante). **2** fig. Fixer profondément, solidement (dans l'esprit, le cœur). → **ancrer.** ♦ Établir de façon durable (dans un pays). ► **enracinement** n. m.

enragé, ée adj. ▪ **1** Atteint de la rage. **2** Fou de colère. ♦ Très passionné.

enrageant, ante adj. ▪ → **rageant.**

enrager v. intr. [3] ▪ Éprouver un violent dépit. ➛ *Faire enrager qqn,* l'exaspérer en le taquinant.

enraiement n. m. ▪ Fait d'arrêter (une progression dangereuse). *L'enraiement d'une épidémie.* - var. **enrayement.**

enrayage n. m. ▪ Arrêt accidentel et momentané du fonctionnement (d'une arme à feu).

enrayer v. tr. [8] ▪ **1** Empêcher accidentellement de fonctionner (une arme à feu, un mécanisme). ➛ pronom. *Son fusil s'est enrayé.* **2** fig Arrêter dans son cours (un mal...).

① **enrayure** n. f. ▪ agric. Premier sillon ouvert par la charrue.

② **enrayure** n. f. ▪ techn. Assemblage de pièces de bois rayonnant autour d'un centre.

enrégimenter v. tr. [1] ▪ **1** vieilli Incorporer dans un régiment. **2** péj. → **embrigader.**

enregistrable adj. ▪ Sur lequel on peut enregistrer des données. → **inscriptible.**

enregistré, ée adj. ▪ Dont on a fait l'enregistrement. *Une émission enregistrée* (opposé à *en direct*).

enregistrement n. m. ▪ **1** dr. Transcription sur un registre public, moyennant le paiement d'un droit fiscal (d'actes, de déclarations). ➛ Administration chargée de ce service. ♦ Opération par laquelle on enregistre les bagages. **2** Action de noter par écrit. **3** Action ou manière d'enregistrer (3). ♦ Support sur lequel a été effectué un enregistrement (disque, bande magnétique).

enregistrer v. tr. [1] ▪ **1** Inscrire sur un registre. ➛ dr. Procéder à l'enregistrement de. ♦ Inscrire (les bagages qui ne restent pas avec le voyageur). **2** Consigner par écrit, noter. ➛ Constater avec l'intention de se rappeler. *J'enregistre votre promesse.* **3** Transcrire et fixer sur un support matériel (un phénomène, une information ; des sons, des images). **4** inform. Sauvegarder (des données).

enregistreur, euse adj. et n. m. ▪ Se dit d'un appareil destiné à enregistrer (3) un phénomène **(→ -graphe).**

enrésiner v. tr. [1] ▪ techn. Reboiser (un terrain) avec des arbres résineux. ► **enrésinement** n. m.

enrhumer v. tr. [1] ▪ Causer le rhume de (qqn). ➛ pronom. Attraper un rhume.

enrichir v. tr. [2] ▪ **1** Rendre riche ou plus riche. **2** fig. Rendre plus riche ou plus précieux en ajoutant qqch. *Enrichir une collection.* ➛ fig. *Lectures qui enrichissent l'esprit.* **3** Traiter en augmentant la teneur en une substance. ▷ v. pron. s'**enrichir** ▷ adj. **enrichi, ie 1** Qui est devenu riche. **2** *Minerai enrichi.*

enrichissant, ante adj. ▪ Qui enrichit l'esprit. *Une expérience enrichissante.*

enrichissement n. m. ▪ **1** Fait de devenir riche. **2** Action, manière d'enrichir (une collection, un ouvrage, l'esprit, etc.).

enrobé, ée adj. ▪ fam. Qui a de l'embonpoint, des formes arrondies. → **enveloppé, rondelet.**

enrober v. tr. [1] ▪ **1** Entourer (un produit...) d'une enveloppe ou d'une couche protectrice. **2** fig. Envelopper de manière à masquer ou adoucir. ► **enrobage** et **enrobement** n. m.

enrochement n. m. ▪ techn. Ensemble de roches que l'on entasse pour servir de fondations à des constructions immergées.

enrôlé, ée adj. et n. ▪ Inscrit sur les rôles de l'armée. ➛ n. *Les enrôlés volontaires.* ♦ adj. fig., fam. Amené à entrer dans un groupe. ➛ n. *Une enrôlée.*

enrôler v. tr. [1] ▪ **1** Inscrire sur les rôles (I) de l'armée ; amener à s'engager. → **recruter. 2** fig. → **embrigader.** ▷ v. pron. s'**enrôler** ► **enrôlement** n. m.

enroué, ée adj. ▪ Atteint d'enrouement.

enrouement n. m. ▪ Altération de la voix due à une inflammation du larynx.

enrouer v. tr. [1] ■ Rendre (la voix) voilée, rauque, moins nette. ▷ v. pron. s'**enrouer** Devenir enroué.

enroulement n. m. ■ **1** Disposition de ce qui est enroulé. **2** Ornement en spirale.

enrouler v. tr. [1] ■ **1** Rouler (une chose) sur elle-même. **2** Rouler (qqch.) sur, autour de qqch. ▷ v. pron. s'**enrouler**

enrouleur, euse adj. et n. m. ■ (Dispositif) qui sert à enrouler.

enrubanner v. tr. [1] ■ Garnir de rubans.

ensablement n. m. ■ Dépôt de sable naturel ; état d'un lieu ensablé.

ensabler v. tr. [1] ■ **1** Enfoncer dans le sable. **2** Remplir (un lieu naturel) de sable. ▷ v. pron. s'**ensabler 1** S'enliser. **2** Se remplir de sable. ◆ au p. p. *Port ensablé.*

ensacher v. tr. [1] ■ Mettre en sac, en sachet. ▶ **ensachage** n. m.

ensacheuse n. f. ■ techn. Machine à ensacher des matières pulvérulentes.

ensanglanter v. tr. [1] ■ **1** Tacher de sang. **2** (guerre, etc.) Couvrir, souiller de sang.

enseignant, ante adj. ■ Qui enseigne. *Le corps enseignant* ; n. *les enseignants.*

enseigne ■ **I** n. f. **1** vx Marque, indice. ◆ mod. loc. adv. *À TELLE ENSEIGNE QUE* : si bien que. **2** Signe de ralliement pour les troupes. **3** Panneau portant un emblème, une inscription, etc. qui signale un établissement. ◆ loc. *Être logé À LA MÊME ENSEIGNE que qqn,* être dans la même situation désagréable. **II** n. m. Officier de la marine de guerre.

enseignement n. m. ■ **1** Action, art d'enseigner. → **éducation, instruction, pédagogie.** ◆ Profession des enseignants. **2** surtout plur. littér. Précepte, leçon.

enseigner v. tr. [1] ■ **1** Transmettre à un élève de façon qu'il comprenne et assimile (des connaissances...). → **apprendre. 2** Apprendre à qqn (par l'exemple, etc.).

ensellé, ée adj. ■ *Cheval ensellé,* dont le dos se creuse exagérément au niveau des reins.

ensellure n. f. ■ Cambrure des reins.

ensemble ■ **I** adv. **1** L'un avec l'autre, les uns avec les autres. → en **commun.** *Aller bien ensemble* (→ s'**assortir,** s'**harmoniser**). **2** L'un avec l'autre et en même temps. → **simultanément. II** n. m. **1** Unité tenant au synchronisme des mouvements, à l'harmonie des éléments, etc. **2** Totalité d'éléments constituant un tout. ◆ loc. *Vue d'ensemble,* globale. ◆ loc. adv. *DANS L'ENSEMBLE* : dans les grandes lignes. **3** Groupe de plusieurs personnes ou choses réunies en un tout. *Ensemble vocal.* ◆ *Ensemble architectural.* loc. *GRAND ENSEMBLE* : groupe important d'habitations collectives présentant une unité. ◆ Pièces d'habillement assorties. ◆ math. Collection d'éléments ayant en commun certaines propriétés, et susceptibles d'avoir entre eux des relations.

ensemblier, ière n. ■ **1** Professionnel qui crée des ensembles décoratifs. **2** Assistant du décorateur, au cinéma et à la télévision.

ensemencer v. tr. [3] ■ **1** Pourvoir de semences (une terre). → **semer. 2** Peupler (une rivière) de poisson. → **aleviner. 3** biol. Introduire des germes, des bactéries dans (un milieu). ▶ **ensemencement** n. m.

enserrer v. tr. [1] ■ littér. (sujet chose) Entourer en serrant étroitement, de près.

ensevelir v. tr. [2] ■ **1** littér. Mettre (un mort) au tombeau. → **enterrer.** ◆ Envelopper dans un linceul. **2** (sujet chose) Faire disparaître sous un amoncellement. ▶ **ensevelissement** n. m. littér.

ensiforme adj. ■ didact. En forme d'épée.

ensiler v. tr. [1] ■ Mettre en silo (des produits agricoles) pour conserver. - var. **ensiloter.** ▶ **ensilage** n. m. - var. **ensilotage.**

ensoleillement n. m. ■ **1** État d'un lieu ensoleillé. **2** Temps pendant lequel un lieu est ensoleillé.

ensoleiller v. tr. [1] ■ **1** Remplir de la lumière du soleil. **2** fig., littér. → **illuminer.** ▷ adj. **ensoleillé, ée** Exposé au soleil.

ensommeillé, ée adj. ■ Mal réveillé, encore sous l'influence du sommeil. → **somnolent.**

ensommeiller v. tr. [1] ■ Donner sommeil à (qqn). ▶ **ensommeillement** n. m.

ensorceler v. tr. [4] ■ **1** Soumettre (qqn) à l'action d'un sortilège. → **envoûter. 2** fig. Captiver entièrement, comme par un sortilège. → **charmer, fasciner, séduire.** ▶ **ensorcelant, ante** adj. → **séduisant.**

ensorceleur, euse adj. et n. ■ littér. (Personne) qui ensorcelle.

ensorcellement n. m. ■ **1** Action d'ensorceler (1). ◆ État d'un être ensorcelé. **2** fig. Séduction irrésistible.

ensouple n. f. ■ techn. Cylindre d'un métier à tisser, sur lequel on monte les fils de chaîne.

ensuite adv. ■ **1** Après cela, plus tard. **2** Derrière, en suivant. ◆ fig. En second lieu.

s'**ensuivre** v. pron. [40] inf. et 3e pers. seulement ■ **1** loc. *Et tout ce qui s'ensuit,* et tout ce qui vient après. **2** Survenir en tant qu'effet naturel ou conséquence logique. *Jusqu'à ce que mort s'ensuive.* ◆ impers. *Il s'ensuit que* : il résulte que.

ensuqué, ée adj. ■ région. (sud de la France) Fatigué, abruti, endormi.

ENT [øɛnte] n. m. (sigle) ■ «Espace numérique de travail», permettant aux élèves et aux enseignants d'un établissement de consulter et d'échanger des contenus.

entablement n. m. ■ archit. **1** Saillie au sommet d'un mur, qui supporte la charpente. **2** Partie surmontant une colonnade, comprenant l'architrave, la frise et la corniche.

entabler v. tr. [1] ■ techn. Ajuster (deux pièces) à demi-épaisseur.

entablure n. f. ■ techn. Endroit où se réunissent deux pièces entablées.

entacher v. tr. [1] ■ **1** littér. Marquer d'une tache morale. → **souiller, ternir. 2** *(ÊTRE) ENTACHÉ DE* : gâté par (un défaut).

entaille n. f. ■ **1** Coupure qui enlève une partie, laisse une marque allongée ; cette marque. → **encoche, fente. 2** Incision profonde dans les chairs. ► **entailler** v. tr. [1]

entame n. f. ■ Premier morceau coupé (d'une chose à manger).

entamer v. tr. [1] ■ **I 1** Enlever en coupant une partie à (qqch. dont on n'a encore rien pris). **2** Diminuer (un tout encore intact) en utilisant une partie. *Entamer son capital.* **3** (sujet chose) Couper, pénétrer (la matière). **4** fig. *Rien ne peut entamer sa détermination.* **II** Commencer à faire (qqch.). → **engager, entreprendre.**

entarter v. tr. [1] ■ fam. Agresser (qqn) en jetant une tarte à la crème au visage, pour ridiculiser. ► **entartage** n. m. ► **entarteur, euse** n.

entartrer v. tr. [1] ■ Recouvrir de tartre incrusté. ► **entartrage** n. m.

entassement n. m. ■ **1** Action d'entasser, de s'entasser. **2** Choses entassées. → **tas.**

entasser v. tr. [1] ■ **1** Mettre (des choses) en tas, sans ordre. → **amonceler. 2** Réunir (des personnes) dans un espace trop étroit. **3** Accumuler, amasser.

ente n. f. ■ techn. Jeune branche qu'on prend à un arbre pour le greffer sur un autre. ♦ Greffe ainsi opérée.

entéléchie n. f. ■ philos. Principe qui détermine un être à une existence définie.

entendant, ante n. et adj. ■ Se dit d'une personne qui jouit de ses facultés auditives.

entendement n. m. ■ **1** philos. Faculté de comprendre. **2** Ensemble des facultés intellectuelles. ➛ loc. *Cela dépasse l'entendement* : c'est incompréhensible.

entendeur n. m. ■ loc. *À bon entendeur, salut* : que celui qui comprend en profite.

entendre v. tr. [41] ■ **I** littér. *ENTENDRE QUE* (+ subj.), *ENTENDRE* (+ inf.) : avoir l'intention de. → **vouloir.** ➛ *Faites comme vous l'entendez.* **II 1** littér. Percevoir, saisir par l'intelligence. → **comprendre ; entendement.** ➛ loc. *Laisser entendre*, laisser deviner. → **sous-entendre. 2** (personnes) Vouloir dire. *Qu'entendez-vous par là ?* **III 1** Percevoir par le sens de l'ouïe. ➛ loc. *Il ne l'entend pas de cette oreille*, il n'est pas d'accord. ♦ *ENTENDRE PARLER de qqch., qqn*, apprendre qqch. à ce sujet. *Ne pas vouloir entendre parler d'une chose*, la rejeter sans examen. **2** absolt Percevoir (plus ou moins bien) par l'ouïe. *Il entend mal.* **3** littér. Écouter, prêter attention à. ➛ loc. *Entendre raison*, accepter les conseils raisonnables. ▷ v. pron. **s'entendre 1** littér. Être compris. **2** Être entendu, perçu par l'ouïe. ➛ *Cette expression s'entend encore*, est encore employée. **3** *S'ENTENDRE À, EN* : être habile (dans un domaine). ➛ *S'Y ENTENDRE.* → s'y **connaître. 4** Se mettre d'accord. ♦ Avoir des rapports (bons ou mauvais). *Elles s'entendent très bien.*

entendu, ue adj. ■ **1** Accepté ou décidé après accord. ➛ *Entendu !* → d'**accord.** ♦ loc. adv. *BIEN ENTENDU.* → **évidemment. 2** *Un air, un sourire entendu*, malin, complice.

enténébrer v. tr. [6] ■ littér. Plonger dans les ténèbres. → **assombrir, obscurcir.**

entente n. f. ■ **I** vx Compréhension (→ entendement). ➛ mod. loc. *Une phrase À DOUBLE ENTENTE*, qui a deux significations. → **ambigu. II** Fait de s'entendre, de s'accorder ; état qui en résulte. → **accord.** ♦ Collaboration entre entreprises, entre États... ♦ *(Bonne) entente*, relations amicales entre personnes.

enter v. tr. [1] ■ Greffer. *Enter la vigne.*

entériner v. tr. [1] ■ **1** dr. Rendre définitif, valide (un acte) en l'approuvant juridiquement. → **ratifier, valider. 2** Admettre ou consacrer. ► **entérinement** n. m.

entérique adj. ■ méd. Relatif aux intestins.

entérite n. f. ■ Inflammation intestinale, généralement accompagnée de diarrhée.

entér(o)- Élément savant, du grec *enteron* « intestin ».

entérocolite n. f. ■ méd. Inflammation des muqueuses de l'intestin grêle et du côlon.

entérocoque n. m. ■ méd. Bactérie de l'intestin qui peut être à l'origine d'infections graves.

enterrement n. m. ■ **1** Action d'enterrer un mort. → **inhumation.** ➛ Cérémonies qui s'y rattachent. → **funérailles, obsèques. 2** Cortège funèbre. **3** fig. Abandon (d'un projet...).

enterrer v. tr. [1] ■ **I 1** Déposer le corps de (qqn) dans la terre, dans une sépulture. → **ensevelir, inhumer.** ♦ loc. *Vous nous enterrerez tous* : vous vivrez plus longtemps que nous. ➛ *Enterrer sa vie de garçon* : passer avec ses amis une dernière et joyeuse soirée de célibataire. **2** fig. Abandonner (comme une chose finie). **II 1** Enfouir dans la terre. **2** Recouvrir d'un amoncellement. **3** pronom. fig. Se retirer (dans un lieu).

entêtant, ante adj. ■ Qui entête.

en-tête n. m. ■ Inscription en tête d'un texte (officiel, commercial...).

entêté, ée adj. ■ Qui s'entête. → **têtu.**

entêtement n. m. ▪ Fait de s'entêter. → **obstination.** ♦ Caractère d'une personne têtue.

entêter v. 1 ▪ I v. tr. littér. Incommoder par des émanations qui montent à la tête. II v. pron. *S'ENTÊTER À* (faire qqch.), *DANS* (une opinion, etc.) : persister avec obstination.

enthalpie n. f. ▪ phys. En thermodynamique, Fonction définie par la somme de l'énergie interne d'un système et du produit de sa pression par son volume.

enthousiasmant, ante adj. ▪ Qui enthousiasme. → **passionnant.**

enthousiasme n. m. ▪ **1** didact. (dans l'Antiquité) Délire sacré. ♦ par ext. État d'inspiration exaltée. **2** mod. Émotion vive portant à admirer. **3** Émotion vive et joyeuse.

enthousiasmer v. tr. 1 ▪ Remplir d'enthousiasme. ➝ pronom. *S'enthousiasmer pour qqn, qqch.*

enthousiaste adj. ▪ Qui ressent de l'enthousiasme, marque de l'enthousiasme.

enthymème n. m. ▪ log. Syllogisme dans lequel une partie des prémisses ou la conclusion est sous-entendue.

s'enticher v. pron. 1 ▪ *S'enticher de* : se prendre d'un goût extrême et irraisonné pour. → s'**engouer** de. ► **entichement** n. m. rare

entier, ière adj. ▪ **1** Dans toute son étendue. ➝ *Payer place entière,* sans réduction. ➝ *TOUT ENTIER* : absolument entier. ♦ n. m. *EN, DANS SON ENTIER* : dans sa totalité. ➝ loc. adv. *EN ENTIER* : complètement. **2** À quoi il ne manque rien. → **complet, intact, intégral.** ➝ *Lait entier,* non écrémé. ♦ *Nombre entier,* composé d'unités. **3** (chose abstraite) Sans altération. → **absolu, parfait, total.** ➝ *La question reste entière,* le problème n'a pas reçu un commencement de solution. **4** Qui n'admet aucune demi-mesure. *Un caractère entier.*

entièrement adv. ▪ D'une manière entière. → **complètement, totalement.**

entièreté n. f. ▪ Intégralité, totalité.

entité n. f. ▪ didact. Idée générale, abstraction considérée comme une réalité.

entoiler v. tr. 1 ▪ Fixer sur une toile. ♦ Renforcer d'une toile. ► **entoilage** n. m.

entoir n. m. ▪ techn. Couteau à enter.

entôler v. tr. 1 ▪ argot Voler (qqn). ► **entôlage** n. m.

entolome n. m. ▪ bot. Champignon des bois, à lames roses.

entomo- Élément savant, du grec *entomon* «insecte».

entomologie n. f. ▪ Partie de la zoologie qui traite des insectes. ► **entomologique** adj.

entomologiste n. ▪ Spécialiste d'entomologie.

entomophage adj. ▪ zool. Qui se nourrit d'insectes. → **insectivore.**

entomophile adj. ▪ bot. (plante) Dont la fécondation se fait par l'intermédiaire d'insectes qui transportent le pollen.

① **entonner** v. tr. 1 ▪ **1** Verser dans un tonneau. **2** Avaler, ingurgiter. ► **entonnage** n. m.

② **entonner** v. tr. 1 ▪ **1** Commencer à chanter. **2** fig. *Entonner des louanges.*

entonnoir n. m. ▪ **1** Instrument conique terminé par un tube et servant à verser un liquide dans un récipient étroit. **2** Cavité naturelle qui va en se rétrécissant.

entorse n. f. ▪ **1** Lésion douloureuse d'une articulation, provenant d'une distension violente. → **foulure, luxation. 2** fig. *Faire une entorse à,* ne pas respecter.

entortiller v. tr. 1 ▪ **1** Envelopper (un objet) dans qqch. que l'on tortille ; tortiller (qqch.), notamment autour d'un objet. **2** fig. Persuader, circonvenir (qqn) par la ruse. **3** Compliquer, embrouiller (des propos). ► **entortillage** et **entortillement** n. m.

entour n. m. ▪ littér. au plur. Environs (d'un lieu).

entourage n. m. ▪ **1** Personnes qui vivent dans la familiarité (de qqn). **2** Ornement disposé autour (de certains objets).

entouré, ée adj. ▪ Recherché, admiré ou soutenu par de nombreuses personnes. *Elle est très entourée.*

entourer v. tr. 1 ▪ **1** Garnir de qqch. qu'on met tout autour ; mettre autour de. ➝ fig. *Entourer qqn d'égards.* **2** (sujet chose) Être autour de (qqch., qqn) de manière à enfermer. **3** (personnes ou choses) Être habituellement autour de (qqn) (→ **entourage ; milieu). 4** S'occuper de (qqn), aider ou soutenir. ▷ v. pron. **s'entourer** Réunir, mettre autour de soi.

entourloupette n. f. ▪ fam. Mauvais tour joué à qqn. – syn. fam. **entourloupe** n. f.

entournure n. f. ▪ Partie du vêtement qui fait le tour du bras, là où s'ajuste la manche. → **emmanchure.** ➝ loc. *Être gêné aux entournures,* mal à l'aise, en difficulté.

entr- → **entre-**

s'entraccuser v. pron. 1 ▪ S'accuser réciproquement.

entracte n. m. ▪ **1** Intervalle entre les parties d'un spectacle. **2** fig. Temps de repos.

entraide n. f. ▪ Aide mutuelle.

s'entraider v. pron. 1 ▪ S'aider mutuellement. → s'**épauler.**

entrailles n. f. pl. ▪ **1** Ensemble des organes enfermés dans l'abdomen (hommes, animaux). **2** littér. Les organes de la gestation. → **sein** (littér.) ; **utérus. 3** fig. Partie profonde, intime (de qqch., de qqn).

entrain n. m. ▪ **1** Vivacité et bonne humeur communicatives (→ **boute-en-train**). **2** (actes, paroles) Animation gaie.

entraînant, ante adj. ▪ Qui entraîne à la gaieté, donne de l'entrain.

entraînement n. m. ▪ **I 1** Communication d'un mouvement. *Entraînement par engrenages.* **2** Mouvement par lequel qqn se trouve déterminé à agir, indépendamment de sa volonté. → **impulsion. II** Action d'entraîner (II) qqn, de s'entraîner.

entraîner v. tr. [1] ▪ **I 1** Emmener de force avec soi. ▪ Communiquer son mouvement à. **2** Conduire, mener (qqn) avec soi. → **emmener, mener.** ▪ (En exerçant une pression). *Il se laisse entraîner par ses camarades.* **3** fig. (sujet chose) Pousser (qqn) par un enchaînement. → **emporter, inciter. 4** (sujet chose) Avoir pour conséquence. → **amener, provoquer. II 1** Préparer à une performance (sportive) au moyen d'exercices appropriés. ▪ pronom. *S'entraîner quotidiennement.* **2** → **former.** ▪ pronom. *S'entraîner à prendre la parole en public.*

entraîneur, euse n. ▪ **I** Personne qui entraîne les autres. → **chef, meneur. II** Personne qui entraîne (des chevaux ; des sportifs).

entraîneuse n. f. ▪ Jeune femme employée dans les bars, les boîtes de nuit pour engager les clients à danser, à consommer.

entrant, ante adj. et n. ▪ Qui entre (dans un groupe). ▪ n. *Les entrants et les sortants.*

entrapercevoir v. tr. [28] ▪ Apercevoir à peine, de manière fugitive.

entrave n. f. ▪ **1** Ce qu'on met aux jambes d'un animal pour gêner sa marche. **2** fig. Ce qui retient, gêne, contraint.

entravé, ée adj. ▪ Qui a des entraves. ♦ *Jupe entravée,* très resserrée dans le bas.

① **entraver** v. tr. [1] ▪ **1** Retenir (un animal) au moyen d'une entrave. ▪ au p. p. *Cheval entravé.* **2** fig. Empêcher de se faire, de se développer. → **freiner, gêner.**

② **entraver** v. tr. [1] ▪ fam. Comprendre.

entraxe n. m. ▪ techn. Distance séparant les axes de deux voies de chemin de fer voisines.

entre prép. ▪ **I 1** Dans l'espace qui sépare (des choses, des personnes). *Distance entre deux points.* → **intervalle. 2** Dans le temps qui sépare (deux dates, deux époques...). **3** fig. À égale distance de. *Être entre la vie et la mort.* **II** (Au milieu de) **1** (En tirant d'un ensemble) *Choisir entre plusieurs solutions.* → **parmi. 2** suivi d'un pron. pers. En ne sortant pas d'un groupe. ▪ *Entre nous,* dans le secret. **III 1** (réciprocité) L'un l'autre, l'un à l'autre, avec l'autre. → aussi **entre-.** *Dialogue entre deux personnes.* **2** (comparaison) *Il n'y a rien de commun entre lui et moi.*

entre- Élément (du latin *inter* « entre ») formant des noms et des verbes, avec l'idée d'intervalle, d'action réciproque, d'une action partielle ou interrompue.

entrebâiller v. tr. [1] ▪ Ouvrir très peu (une porte...). → **entrouvrir.** ▪ au p. p. *Porte entrebâillée.* ▸ **entrebâillement** n. m.

entrebâilleur n. m. ▪ Dispositif permettant d'entrebâiller une porte.

entrechat n. m. ▪ **1** danse Saut pendant lequel les pieds passent rapidement l'un devant l'autre. **2** Saut, gambade.

entrechoquer v. tr. [1] ▪ Choquer, heurter l'un contre l'autre. ▷ v. pron. **s'entrechoquer** ▸ **entrechoquement** n. m.

entrecôte n. f. ▪ Morceau de viande de bœuf coupé entre les côtes.

entrecoupé, ée adj. ▪ Interrompu à plusieurs reprises. *Des paroles entrecoupées.*

entrecouper v. tr. [1] ▪ Interrompre par intervalles.

entrecroiser v. tr. [1] ▪ Croiser ensemble plusieurs fois. → **entrelacer.** ▷ v. pron. **s'entrecroiser** ▸ **entrecroisement** n. m.

entrecuisse n. m. ▪ Partie interne du haut des cuisses. ▪ fam. Sexe. → **entrejambe.**

s'**entredéchirer** v. pron. [1] ▪ Se détruire mutuellement.

entre-deux n. m. invar. ▪ **1** État entre deux extrêmes. **2** Bande qui coupe un tissu.

entre-deux-guerres n. m. invar. ▪ Période entre deux guerres (spécialt de 1918 à 1939).

s'**entredévorer** v. pron. [1] ▪ Se dévorer, se détruire mutuellement.

entrée n. f. ▪ **I 1** Passage de l'extérieur à l'intérieur (opposé à sortie). *À son entrée...* → **arrivée.** ▪ abstrait *Entrée en fonctions.* **2** Possibilité d'entrer dans un lieu. → **accès.** *Entrée interdite.* ♦ Titre pour entrer. → **billet, place.** ▪ loc. *Avoir ses entrées chez qqn,* y être reçu. **3** (biens...) Fait d'entrer (dans un pays). **4** *Les entrées,* l'argent qui entre dans un avoir. **5** inform. Passage (des informations) dans un ordinateur. **II 1** Ce qui donne accès ; endroit par où l'on entre. → **porte ; orifice, ouverture. 2** Pièce à l'entrée d'un appartement. → **antichambre, vestibule. 3** *ENTRÉE DE* : ce qui donne accès à. *Entrée d'air.* **4** anglic. Mot faisant l'objet d'un article de dictionnaire. **III** (temporel) loc. *À L'ENTRÉE DE* : au début de. ▪ loc. adv. *D'entrée de jeu* : dès le commencement. **IV** Plat qui est servi avant le plat principal.

s'**entre-égorger** v. pron. [3] ▪ S'égorger mutuellement.

sur ces **entrefaites** loc. adv. ▪ À ce moment. → **alors.**

entrefilet n. m. ▪ Court article de journal.

entregent n. m. ■ Adresse à se conduire en société, à lier d'utiles relations.

entrejambe n. m. ■ 1 fam. Sexe, organes sexuels. → **entrecuisse.** 2 Partie d'un pantalon, d'une culotte, entre les jambes.

entrelacé, ée adj. ■ Entremêlé. *Branches entrelacées.*

entrelacer v. tr. 3 ■ Enlacer l'un dans l'autre ; entrecroiser. ▷ v. pron. s'**entrelacer** ► **entrelacement** n. m.

entrelacs [-la] n. m. ■ Ornement composé de motifs entrelacés.

entrelarder v. tr. 1 ■ 1 Piquer de lardons. → **larder.** 2 fig. Parsemer, truffer.

entremêler v. tr. 1 ■ 1 Mêler (des choses différentes). 2 *ENTREMÊLER DE* : insérer dans. ▷ v. pron. s'**entremêler**

entremets n. m. ■ Préparation servie comme dessert (excluant la pâtisserie).

entremetteur, euse n. ■ 1 vx Personne qui s'entremet. → **intermédiaire.** 2 péj. Intermédiaire dans les intrigues amoureuses.

s'**entremettre** v. pron. 56 ■ Intervenir entre des personnes pour les rapprocher.

entremise n. f. ■ Action d'une personne qui s'entremet. → **intervention, médiation.** ◆ *Par l'entremise de...* → **canal, moyen.**

entrepont n. m. ■ Espace, étage compris entre deux ponts d'un navire.

entreposer v. tr. 1 ■ 1 Déposer dans un entrepôt. ► **entreposage** n. m. 2 Déposer, laisser en garde.

entreposeur n. m. ■ Personne responsable de la gestion d'un entrepôt.

entrepositaire n. et adj. ■ dr. Personne qui entrepose des marchandises pour le compte d'autrui. ◆ adj. *La société entrepositaire.*

entrepôt n. m. ■ Bâtiment, lieu servant d'abri, de dépôt pour les marchandises.

entreprenant, ante adj. ■ 1 Qui entreprend avec audace, hardiesse. 2 adj. m. Hardi auprès des femmes. → **galant.**

entreprenaute n. ■ Créateur d'entreprise sur Internet.

entreprendre v. tr. 58 ■ I Se mettre à faire (qqch.). → **commencer.** II 1 Tâcher de convaincre, de séduire (qqn). 2 *Entreprendre qqn sur qqch.*, commencer à l'en entretenir.

entrepreneur, euse n. ■ 1 Personne, société qui se charge d'un travail (spécialt, de travaux de construction) par un contrat d'entreprise (2). 2 Personne qui dirige une entreprise pour son compte. ► **entrepreneuriat** n. m.

entrepreneurial, iale, iaux adj. ■ anglic., écon. Relatif à l'entreprise, à l'entrepreneur (2).

entreprise n. f. ■ I 1 Ce qu'on se propose d'entreprendre, de faire ; mise à exécution d'un projet. *Son entreprise est difficile.* ◆ *Libre entreprise* : liberté de créer et de gérer des entreprises (3) privées, en régime capitaliste libéral. 2 dr. Fait, pour un entrepreneur, de s'engager à fournir son travail pour un ouvrage, dans des conditions données. 3 Organisation de production de biens ou de services à caractère commercial. → **affaire, commerce, établissement, exploitation, industrie ; firme, société.** II au plur. vieilli Tentatives de séduction.

entrer v. intr. (auxiliaire *être*) et tr. (auxiliaire *avoir*) 1 ■ I v. intr. 1 (êtres vivants) Passer du dehors au dedans. *Entrer dans une maison ; chez un commerçant.* 2 Commencer à être dans (un lieu), à (un endroit). *Entrer dans un pays.* 3 absolt Passer à l'intérieur, dedans. *Défense d'entrer.* 4 (sujet chose) Aller à l'intérieur. → **pénétrer.** 5 Commencer à faire partie de (un groupe...). ◆ Commencer à prendre part à. → **participer.** 6 fig. *ENTRER DANS* : comprendre, saisir (ce que l'esprit pénètre). II v. intr. (temporel) 1 Aborder (une période), commencer à être (dans une période). *Nous entrons dans l'hiver.* 2 *ENTRER EN* : commencer à être dans (un état). *Entrer en ébullition.* ◆ *Entrer en guerre.* III v. intr. 1 Être compris dans. *Entrer dans un tout.* 2 Être un élément de. *De la colère entre dans sa décision.* 3 (sujet chose) Être employé dans la composition ou dans la fabrication de qqch. IV v. tr. 1 Faire entrer (qqch.). 2 Enfoncer.

entrerail ou **entre-rail** n. m. ■ Espace, écartement entre les rails d'une voie ferrée. *Des entrerails, des entre-rails.*

entresol [-s-] n. m. ■ Étage entre le rez-de-chaussée et le premier étage.

entre-temps [-tɑ̃] ■ I adv. Pendant ce temps. II n. m. vx Intervalle de temps.

entretenir v. tr. 22 ■ I 1 Faire durer, faire persévérer. *Entretenir un feu.* ◆ *Entretenir de bons rapports avec ses voisins.* 2 *ENTRETENIR qqn DANS* : maintenir dans (un état affectif ou psychologique). 3 Faire durer en soi (un état). *Entretenir une illusion.* 4 Maintenir en bon état. 5 Fournir ce qui est nécessaire à la subsistance de (qqn). → se **charger** de, **nourrir.** II *ENTRETENIR qqn DE qqch.*, lui en parler. ◆ pronom. Converser (avec qqn).

entretenu, ue adj. ■ 1 Qui reçoit de l'argent pour ses besoins. 2 Tenu en bon état. *Appartement bien entretenu.*

entretien [-tjɛ̃] n. m. ■ I 1 Soins, réparations, dépenses qu'exige le maintien en bon état. *Produits d'entretien.* 2 vieilli Ce qui est nécessaire à l'existence matérielle (d'un individu, d'une collectivité). II Action d'échanger des paroles avec qqn ; sujet dont on s'entretient. → **conversation, discussion.**

entretoise n. f. ■ Pièce qui sert à relier dans un écartement fixe des poutres, etc.

entretoiser v. tr. [1] ■ Maintenir l'écartement (de deux pièces) avec des entretoises.

s'entretuer v. pron. [1] ■ Se tuer mutuellement ; se battre jusqu'à la mort.

entrevoie n. f. ■ Espace entre deux voies de chemin de fer. → **entraxe.**

entrevoir v. tr. [30] ■ **1** Voir à demi. → **apercevoir. 2** Avoir une lueur soudaine de (qqch. d'actuel ou de futur). → **pressentir.**

entrevue n. f. ■ Rencontre concertée entre personnes qui ont à parler, qqch. à régler.

entrisme n. m. ■ polit. Technique d'influence dans (un groupe ou parti) en utilisant des éléments qu'on y fait entrer.

entropie n. f. ■ **1** phys. Fonction exprimant le principe de la dégradation de l'énergie. **2** fig. Augmentation du désordre.

entrouvrir v. tr. [18] ■ Ouvrir à demi. → **entrebâiller.** ▷ v. pron. s'**entrouvrir** ▷ p. p. **entrouvert, erte**

entuber v. tr. [1] ■ fam. Duper, escroquer.

enturbanné, ée adj. ■ Coiffé d'un turban.

enture n. f. ■ techn. **1** Fente où l'on place une greffe. **2** Assemblage bout à bout de deux pièces de bois par entaille.

énucléation n. f. ■ **1** Extraction du noyau (d'un fruit). **2** chir. Extirpation (d'une tumeur ; d'un organe). ► **énucléer** v. tr. [1]

énumérer v. tr. [6] ■ Énoncer une à une (les parties d'un tout). → **détailler.** ► **énumération** n. f. → **dénombrement ; inventaire.** ► **énumératif, ive** adj.

énurésie n. f. ■ méd. Émission involontaire et inconsciente d'urine. → **incontinence.** ► **énurétique** adj.

envahir v. tr. [2] ■ **1** Occuper (un territoire) brusquement et par la force. **2** Occuper (un espace) de manière abusive ou intense. **3** (idée...) Occuper en entier. *La joie l'envahit.*

envahissant, ante adj. ■ **1** (choses) Qui envahit. **2** (personnes) Qui s'introduit dans l'intimité d'autrui. → **indiscret.**

envahissement n. m. ■ **1** Action d'envahir (1). → **invasion. 2** Fait d'envahir (2 et 3).

envahisseur, euse ■ **1** n. Ennemi qui envahit. **2** adj. Qui envahit.

envaser v. tr. [1] ■ **1** Enfoncer dans la vase. **2** Remplir de vase. ▷ v. pron. s'**envaser 1** S'enfoncer dans la vase. → s'**enliser. 2** Se remplir de vase. ► **envasement** n. m.

enveloppant, ante adj. ■ **1** Qui enveloppe. **2** abstrait Qui séduit, captive habilement.

enveloppe n. f. ■ **I 1** Chose qui enveloppe ; étui, gaine. **2** Feuille de papier pliée et collée en forme de poche. **II** littér. Apparence extérieure ; aspect extérieur.

enveloppé, ée adj. ■ (personnes) Qui a un peu d'embonpoint, qui est bien en chair.

envelopper v. tr. [1] ■ **1** Entourer d'une chose souple qui couvre de tous côtés. ♦ (sujet chose) Constituer l'enveloppe de. **2** Entourer complètement. **3** littér. *ENVELOPPER DE :* entourer de qqch. qui cache. → **déguiser, dissimuler.** ► **enveloppement** n. m.

envenimer v. tr. [1] ■ **1** Infecter (une blessure). **2** Rendre plus virulent, plus pénible. *Envenimer une querelle.* ▷ v. pron. s'**envenimer** ► **envenimement** n. m.

enverguer v. tr. [1] ■ mar. Fixer une voile à une vergue.

envergure n. f. ■ **1** Étendue des ailes déployées (d'un oiseau). ♦ La plus grande largeur (d'un avion). **2** (personnes) Ampleur, ouverture (de l'esprit). ➛ (choses) Étendue. *Une entreprise de grande envergure.*

① **envers** prép. ■ **1** À l'égard de (qqn). *Il est bien disposé envers vous.* ➛ À l'égard de (une chose morale). **2** loc. *ENVERS ET CONTRE TOUS :* en dépit de l'opposition générale. ➛ *ENVERS ET CONTRE TOUT :* malgré tout.

② **envers** n. m. ■ **I 1** Côté (d'une chose) opposé à celui qui doit être vu ou qui est vu d'ordinaire. ➛ loc. fig. *L'envers du décor,* les aspects cachés d'une situation. **2** Aspect opposé, mais inséparable. → **contrepartie. II** loc. adv. *À L'ENVERS.* **1** Du mauvais côté, du côté qui n'est pas fait pour être vu. **2** Sens dessus dessous. **3** Dans un sens inhabituel. ➛ *C'est le monde à l'envers !,* c'est aberrant.

à l'envi loc. adv. ■ littér. En rivalisant.

enviable adj. ■ Digne d'envie ; que l'on peut envier. → **désirable, tentant.**

envider v. tr. [1] ■ techn. Tourner (le fil de la trame) autour d'un fuseau, d'une bobine. → **enrouler.**

envie n. f. ■ **I 1** Sentiment de désir mêlé d'irritation, de haine qu'éprouve qqn contre ceux qui ont ce qu'il n'a pas. → **jalousie. 2** Désir de jouir d'un avantage, d'un plaisir égal à celui d'autrui. *Un regard d'envie.* **3** *ENVIE DE :* désir (d'avoir, de faire qqch.). → **besoin, désir, goût.** ➛ Besoin organique. *Envie de dormir.* **4** *AVOIR ENVIE DE* (+ nom ou inf.) ; *AVOIR ENVIE QUE* (+ subj.). → **souhaiter, vouloir.** ➛ *Avoir envie de* (qqn), le désirer sexuellement. ➛ *FAIRE ENVIE :* exciter l'envie. → **tenter. II 1** Tache rouge cutanée de naissance. **2** au plur. Petits filets de peau autour des ongles.

envier v. tr. [7] ■ **1** Éprouver de l'envie (1 ou 2) envers (qqn). **2** Souhaiter pour soi-même (qqch.). → **convoiter, désirer.**

envieux, euse adj. ■ **1** Qui éprouve de l'envie. ♦ n. (loc.) *Faire des envieux,* provoquer l'envie. **2** Qui manifeste de l'envie. ► **envieusement** adv. rare

enviné, ée adj. ■ (récipient) Qui a pris l'odeur du vin.

environ ■ **I** adv. À peu près ; un peu plus, un peu moins (+ nom de nombre). → **approximativement.** **II** n. m. → **environs.**

environnant, ante adj. ■ Qui environne.

environnement n. m. ■ **1** Entourage (de qqn). **2** Ensemble des conditions naturelles et culturelles qui agissent sur les êtres vivants et les activités humaines. ▶ **environnemental, ale, aux** adj.

environnementaliste n. ■ didact. Spécialiste de l'étude de l'environnement.

environner v. tr. [1] ■ **1** Être autour de, dans les environs de. **2** Vivre habituellement auprès de (qqn). ◆ pronom. *S'environner d'amis.*

environs n. m. pl. ■ Les alentours (d'un lieu). ♦ temporel (emploi critiqué) *Aux environs de Noël,* à peu près à Noël.

envisageable adj. ■ Qu'on peut envisager.

envisager v. tr. [3] ■ **1** Considérer sous un certain aspect. *Envisager la situation.* **2** Prendre en considération. → **considérer.** **3** Prévoir comme possible. *Envisager le pire.* **4** *ENVISAGER DE* (+ inf.) : faire le projet de.

envoi n. m. ■ **I** **1** Action, fait d'envoyer. ◆ *COUP D'ENVOI* : au football envoi du ballon qui ouvre le jeu ; fig. ce qui déclenche une action. **2** Ce qui est envoyé. **II** Dernière strophe qui dédie une ballade à qqn.

s'envoiler v. pron. [1] ■ (fer, acier) Se courber au moment de la trempe.

envol n. m. ■ **1** Action de s'envoler. **2** (avion...) Fait de quitter le sol. → **décollage.**

envolée n. f. ■ **1** Action de s'envoler. → **envol.** **2** Élan de l'inspiration (dans le discours). *Une envolée lyrique.*

s'envoler v. pron. [1] ■ **1** Prendre son vol ; partir en volant. **2** fam. Disparaître subitement. **3** Être emporté par le vent, par un souffle. **4** (temps...) Passer rapidement, disparaître.

envoûtant, ante adj. ■ Qui envoûte.

envoûter v. tr. [1] ■ **1** Représenter (qqn) par une figurine pour lui faire subir l'effet magique de ce qui est fait à cette image (incantations...). **2** fig. Exercer sur (qqn) un attrait irrésistible. → **captiver, ensorceler, fasciner.** ▶ **envoûtement** n. m.

envoûteur, euse n. ■ Personne qui pratique l'envoûtement.

envoyé, ée n. ■ Personne qu'on envoie en mission. ◆ loc. *Envoyé(e) spécial(e),* journaliste envoyé(e) à l'occasion d'un événement.

envoyer v. tr. [8] ■ **I** *Envoyer qqn.* **1** Faire aller, partir (qqn quelque part). *Envoyer un enfant à l'école.* **2** Faire aller (qqn) quelque part (afin de faire qqch.). *Envoyer qqn aux nouvelles.* **3** Pousser, jeter (qqn quelque part). *Envoyer son adversaire au tapis.* **II** *Envoyer qqch.* **1** Faire partir, faire parvenir (qqch. à qqn). → **adresser, expédier.** **2** Faire parvenir (qqch.) à, jusqu'à (qqn ou qqch.), par une impulsion matérielle. → **jeter, lancer.** **3** (sujet chose) Faire aller jusqu'à. *Le cœur envoie le sang dans les artères.* **III** fam. *S'ENVOYER qqch.* : prendre pour soi. → s'**enfiler.** ♦ très fam. Posséder sexuellement (qqn).

envoyeur, euse n. ■ Personne qui envoie. *Retour à l'envoyeur.* → **expéditeur.**

enzootie [-zooti] n. f. ■ Maladie épidémique qui frappe une ou plusieurs espèces animales dans une région. → **épizootie.**

enzyme n. f. ou m. ■ Substance organique produite par des cellules vivantes, qui catalyse une réaction chimique. ▶ **enzymatique** adj.

enzymologie n. f. ■ didact. Étude des enzymes.

éocène n. m. ■ géol. Période du début de l'ère tertiaire.

éolien, ienne adj. ■ Mû par le vent.

éolienne n. f. ■ Machine qui capte l'énergie du vent.

éolithe n. m. ■ didact. Silex du quaternaire qui a l'apparence d'un objet taillé par l'homme.

éosine n. f. ■ chim. Matière colorante rouge utilisée notamment comme désinfectant.

épagneul, eule n. ■ Chien, chienne de chasse, à poil soyeux et oreilles pendantes.

épair n. m. ■ techn. Qualité du papier que l'on observe par transparence.

épais, épaisse adj. ■ **I** **1** Qui est de grande dimension, en épaisseur (2) (opposé à *mince*). *Un mur épais.* ◆ *Épais de* : qui mesure (telle dimension) en épaisseur. **2** Dont la grosseur rend les formes lourdes. **3** Qui manque de finesse (au moral). → **grossier, lourd.** **4** Dont les constituants sont nombreux et serrés. → **fourni.** *Feuillage épais.* ◆ n. m. *Au plus épais de,* à l'endroit le plus dense. **5** (liquide) Qui est peu fluide. *Une huile épaisse.* ♦ (gaz, vapeur) Dense. *Brouillard épais.* **II** *ÉPAIS* adv. **1** *Semer épais.* **2** fam. Beaucoup. *Il n'y en a pas épais !*

épaisseur n. f. ■ **1** Caractère de ce qui est épais, gros. **2** Troisième dimension (d'un solide), les deux autres étant la longueur (ou la hauteur) et la largeur. ◆ *Trois épaisseurs de tissu.* → **couche.** **3** Caractère de ce qui est épais (I, 4). **4** Consistance, densité.

épaissir v. [2] ■ **I** v. tr. Rendre plus épais. **II** v. intr. Devenir plus épais. ▷ v. pron. **s'épaissir** ▶ **épaississant, ante** adj. et n. m. ▶ **épaississement** n. m.

épaississeur n. m. ■ techn. Appareil qui sert à concentrer un corps solide en solution dans un liquide.

épamprer v. tr. [1] ▪ techn. Débarrasser (la vigne) des pampres.

épanchement n. m. ▪ **I** méd. Écoulement anormal ou accumulation dans les tissus ou dans une cavité, d'un liquide organique. *Épanchement de synovie.* **II** Action de s'épancher (2). → **confidence, expansion.**

épancher v. tr. [1] ▪ **I** littér. Répandre. **II** Communiquer librement, avec confiance et sincérité. *Épancher ses secrets.* ◆ *Épancher son cœur.* ▷ v. pron. s'**épancher** **1** Se répandre. **2** Communiquer librement ses sentiments, etc. → s'**abandonner,** se **confier.**

épandage n. m. ▪ Action d'épandre. ◆ *Champ d'épandage,* où s'épurent les eaux d'égout ; où l'on verse les ordures.

épandeur n. m. ▪ Machine pour l'épandage.

épandre v. tr. [41] ▪ **1** Étendre en étalant. → **répandre.** *Épandre de l'engrais.* **2** littér. Donner en abondance.

épanouir v. tr. [2] ▪ **1** Ouvrir, déployer. **2** fig. Détendre, en rendant joyeux. → **réjouir.** ▷ v. pron. **s'épanouir** **1** Éclore (fleur). ◆ S'ouvrir comme une fleur. **2** fig. Devenir radieux. **3** Se développer librement dans toutes ses possibilités. ▷ adj. **épanoui, ie** *Fleur épanouie.* ◆ fig. → **radieux.** ▶ **épanouissant, ante** adj. ▶ **épanouissement** n. m. → **éclosion.** ◆ fig. *L'épanouissement d'un talent.*

épar ou **épart** n. m. ▪ Pièce de bois servant à maintenir deux pièces écartées. → **entretoise.** ◆ Barre servant à fermer une porte.

éparchie n. f. ▪ Circonscription civile et territoriale correspondant au diocèse, dans les Églises d'Orient.

épargnant, ante n. ▪ Personne qui épargne (II, 2), met de l'argent de côté.

épargne n. f. ▪ **1** Fait de dépenser moins que ce qu'on gagne. *Plan (d')épargne-logement,* pour financer l'acquisition d'une habitation. ◆ *CAISSE* D'ÉPARGNE.* **2** Ensemble des sommes mises en réserve ou employées à créer du capital. **3** fig. Action de ménager, d'épargner (II, 3).

épargner v. tr. [1] ▪ **I** (compl. personne) **1** Ne pas tuer (qqn), laisser vivre. → **gracier.** **2** Traiter avec ménagement, indulgence. **3** Ménager (en paroles, dans un écrit). **II** (compl. chose) **1** Consommer, dépenser avec mesure, de façon à garder une réserve. → **économiser.** **2** Conserver, accumuler par épargne. → **économiser, thésauriser.** **3** Employer avec mesure. → **compter, ménager.** *Épargner ses forces.* **4** *ÉPARGNER qqch. À qqn,* ne pas imposer. → **éviter.** *Épargnez-moi vos justifications.*

éparpiller v. tr. [1] ▪ **1** Jeter, laisser tomber çà et là (des choses légères ou des parties d'une chose légère). → **disséminer.** **2** Disposer irrégulièrement. → **disperser.** **3** *Éparpiller son attention,* la disperser inefficacement. ▷ v. pron. s'**éparpiller** → se **disperser.** ▶ **éparpillement** n. m.

éparque n. m. ▪ Préfet de Constantinople, dans l'Empire byzantin.

épars, arse adj. ▪ **1** au plur. Placé dans des lieux séparés et au hasard. → **dispersé, éparpillé.** ◆ fig. *Souvenirs épars.* **2** au sing. Dispersé ; dont les éléments sont dispersés.

épart → **épar**

épatant, ante adj. ▪ fam. et vieilli Qui provoque l'admiration, donne un grand plaisir. ▶ **épatamment** adv.

épate n. f. ▪ fam. Action d'épater. → **bluff.**

① **épatement** n. m. ▪ État de ce qui est épaté, aplati et élargi à la base. *L'épatement du nez.*

② **épatement** n. m. ▪ rare État d'une personne épatée, étonnée.

épater v. tr. [1] ▪ **I** vx Écraser, aplatir. **II** fam. Provoquer un étonnement admiratif chez (qqn). → **ébahir, stupéfier.** ▷ adj. **épaté, ée** **1** Élargi à la base. **2** fam. Très étonné.

épaufrer v. tr. [1] ▪ techn. Érafler, écorner (une pierre de taille, une sculpture...).

épaulard n. m. ▪ Mammifère marin à haute nageoire dorsale. → **orque.**

épaule n. f. ▪ **1** Partie supérieure du bras à l'endroit où il s'attache au tronc. *Largeur d'épaules* (→ **carrure**). ◆ loc. *Avoir la tête sur les épaules,* être sensé. **2** Partie de la jambe de devant qui se rattache au corps (d'un quadrupède). ◆ Cette partie découpée pour la consommation.

épaulé, ée adj. ▪ Se dit d'un vêtement à la carrure accentuée par des épaulettes.

épaulé-jeté n. m. ▪ (poids et haltères) Mouvement consistant à amener la barre au niveau des épaules *(épaulé),* puis à la soulever à bout de bras *(jeté). Des épaulés-jetés.*

épaulement n. m. ▪ **1** Mur de soutènement. **2** Escarpement naturel.

épauler v. tr. [1] ▪ **I** *Épauler qqn,* l'aider dans sa réussite. → **assister, soutenir.** ◆ pronom. S'entraider. **II** **1** Appuyer (qqch.) contre l'épaule. *Épauler un fusil* (pour tirer). **2** techn. Amortir la poussée de (un mur...) par une maçonnerie pleine.

épaulette n. f. ▪ **1** Ornement militaire fait d'une patte placée sur l'épaule. **2** Bretelle étroite d'un vêtement féminin. **3** Rembourrage cousu à l'épaule d'un vêtement.

épave n. f. ▪ **I** **1** Coque d'un navire naufragé ; objet abandonné en mer. ◆ Véhicule irréparable. **2** fig. Personne désemparée, qui a des difficultés sociales. **II** dr. Objet mobilier égaré par son propriétaire.

épaviste n. ▪ Personne qui fait le commerce des épaves d'automobiles. → **casseur.**

épeautre n. m. ▪ Blé dur.

épée n. f. ▪ **1** Arme blanche faite d'une lame aiguë et droite, munie d'une poignée à garde. ◆ loc. *Un coup d'épée dans l'eau*, un effort inutile. ◆ *Épée de Damoclès*, danger qui peut s'abattre sur qqn d'un moment à l'autre. **2** Escrime à l'épée.

épeiche n. f. ▪ Variété de pic (oiseau).

épeichette n. f. ▪ Petit pic d'Eurasie à plumage noir et blanc.

épeire n. f. ▪ Araignée très commune, à l'abdomen développé, qui tisse des toiles à réseau concentrique.

épéisme n. m. ▪ Escrime à l'épée. ► **épéiste** n.

épeler v. tr. [4] ▪ Nommer successivement chacune des lettres de (un mot). ► **épellation** n. f. didact.

épendyme [-pɑ̃-] n. m. ▪ anat. Membrane qui tapisse les ventricules cérébraux et le canal central de la moelle épinière.

épépiner v. tr. [1] ▪ Ôter les pépins de (un fruit).

éperdu, ue adj. ▪ **1** Qui a l'esprit troublé par une émotion violente. ◆ *Être éperdu de joie.* **2** (sentiments) Très violent. → **passionné.** **3** Extrêmement rapide.

éperdument adv. ▪ D'une manière éperdue. → **follement.** ◆ *Je m'en moque éperdument*, complètement.

éperlan n. m. ▪ Petit poisson marin.

éperon n. m. ▪ **1** Pièce de métal fixée au talon du cavalier et terminée par une roue à pointes, pour piquer les flancs du cheval. **2** Pointe de la proue (d'un navire). **3** Avancée en pointe. *Éperon rocheux.*

éperonner v. tr. [1] ▪ **1** Piquer avec des éperons (1). **2** fig., littér. Stimuler.

épervier n. m. ▪ **I** Petit rapace diurne. **II** Filet de pêche conique, garni de plomb.

épervière n. f. ▪ Plante herbacée à fleurs jaunes.

épeurant, ante adj. ▪ (Canada) Qui fait peur. → **effrayant.**

éphèbe n. m. ▪ **1** (Grèce antique) Jeune garçon arrivé à l'âge de la puberté. **2** iron. Très beau jeune homme. → **adonis, apollon.**

éphédra n. m. ▪ Arbrisseau à fleurs jaunes et à baies rouges dont on tire l'éphédrine.

éphédrine n. f. ▪ Alcaloïde extrait des rameaux d'éphédra, employé pour dilater les pupilles ou les bronches.

éphélides n. f. pl. ▪ Taches de rousseur.

éphémère ▪ **I** adj. **1** vx Qui ne vit qu'un jour. **2** Qui est de courte durée. **II** n. m. Insecte ressemblant à une petite libellule, dont l'adulte vit quelques heures.

éphéméride n. f. ▪ **1** Calendrier dont on détache chaque jour une feuille. **2** au plur. Tables astronomiques donnant pour chaque jour la position des astres.

éphore n. m. ▪ Antiq. grecque Chacun des cinq magistrats de Sparte, dont les pouvoirs s'exerçaient sur tous les citoyens.

épi n. m. ▪ **I 1** Partie terminale de la tige de certaines graminées (graines serrées). *Un épi de blé, de maïs.* **2** bot. Fleurs disposées le long d'un axe allongé. **3** Mèche de cheveux de direction contraire à celle des autres. **II 1** Ornement sur la crête d'un toit. **2** Ouvrage perpendiculaire ; ramification. **3** *EN ÉPI* : selon une disposition oblique.

épi- Élément savant, du grec *epi* «sur».

épiaire n. m. ▪ Plante dicotylédone des bois et des marais.

épicanthus [-ys] n. m. ▪ anat. Repli cutané de l'angle interne des yeux.

épicarpe n. m. ▪ bot. Enveloppe extérieure du fruit. → **peau.**

épice n. f. ▪ **1** Substance végétale, aromatique ou piquante, pour l'assaisonnement des mets. **2** anc. dr. (au plur.) Cadeau offert au juge ; taxe payée dans un procès.

épicéa n. m. ▪ Conifère à tronc conique.

épicène adj. ▪ didact. **1** (terme) Qui désigne aussi bien le mâle que la femelle (ex. *la souris*). **2** Dont la forme ne varie pas selon le genre. *«Habile» est un adjectif épicène.*

épicentre n. m. ▪ Foyer apparent des ébranlements d'un tremblement de terre.

épicer v. tr. [3] ▪ **1** Assaisonner avec des épices. **2** fig. → **pimenter, relever.** ▷ adj. **épicé, ée 1** *Plat épicé.* **2** fig. → **grivois.**

épicerie n. f. ▪ **1** anciennt Commerce d'épices. **2** Vente de produits d'alimentation courante ; magasin où se fait cette vente. **3** Produits d'alimentation qui se conservent.

épicier, ière n. ▪ Personne qui tient une épicerie.

épicondyle n. m. ▪ anat. Éminence à l'extrémité inférieure de l'humérus. ► **épicondylien, ienne** adj.

épicondylite n. f. ▪ méd. Inflammation de la région épicondylienne.

épicontinental, ale, aux adj. ▪ Qui borde un continent.

épicurien, ienne ▪ **1** adj. philos. Relatif à la doctrine d'Épicure, recherche d'un plaisir maîtrisé. ◆ adj. et n. Partisan de cette doctrine. **2** n. Personne qui ne songe qu'au plaisir.

épicurisme n. m. ▪ **1** philos. Doctrine d'Épicure. **2** cour. Morale qui se propose la recherche du plaisir. → **hédonisme.**

épicycle n. m. ■ astron. Petit cercle décrit par un astre, lorsque le centre de ce cercle décrit lui-même un autre cercle.

épidémie n. f. ■ **1** Apparition et propagation d'une maladie infectieuse contagieuse qui frappe un grand nombre de sujets (personnes...). → **pandémie.** **2** fig. Ce qui touche un grand nombre de personnes en se propageant. ► **épidémique** adj.

épidémiologie n. f. ■ Étude des rapports entre les maladies et les facteurs susceptibles de les causer. ► **épidémiologique** adj. ► **épidémiologiste** n.

épiderme n. m. ■ Couche superficielle de la peau qui recouvre le derme.

épidermique adj. ■ **1** De l'épiderme. → **cutané.** **2** fig. (réaction...) Immédiat, instinctif.

épididyme n. m. ■ anat. Petit corps en forme d'entonnoir sur le bord supérieur du testicule.

épidote n. f. ■ Pierre vert pistache, silicate naturel d'aluminium, de calcium et de fer.

épidural, ale, aux adj. ■ Qui se trouve, ou a lieu à l'extérieur de la dure-mère.

épier v. tr. [7] ■ **1** Observer attentivement et secrètement. → **espionner.** **2** Observer attentivement (qqch.), avant d'agir. → **guetter.** *Épier les réactions de qqn.*

épierrer v. tr. [1] ■ Débarrasser (un lieu) des pierres. ► **épierrage** et **épierrement** n. m.

épierreuse n. f. ■ agric. Machine pour séparer les pierres des grains, des racines.

épieu n. m. ■ Gros bâton terminé par un fer plat, large et pointu.

épieur, euse n. ■ Personne qui épie.

épigastre n. m. ■ anat. Creux de l'estomac. ► **épigastrique** adj.

épigé, ée adj. ■ bot. Qui se développe au-dessus du sol.

épigénie n. f. ■ **1** minér. Remplacement lent, au sein d'une roche, d'un minéral par un autre. **2** géol. Mode de creusement des vallées indépendant de la nature des reliefs. ► **épigénique** adj.

épiglotte n. f. ■ anat. Lame cartilagineuse qui ferme le larynx au moment de la déglutition. ► **épiglottique** adj.

épigone n. m. ■ littér. Successeur, imitateur.

① **épigramme** n. f. ■ **1** Petit poème satirique. **2** Trait satirique contre qqn. ► **épigrammatique** adj.

② **épigramme** n. m. ■ *Épigramme d'agneau* : mince tranche de poitrine.

épigraphe n. f. ■ **1** Inscription sur un édifice qui en indique la date, etc. **2** Courte citation en tête d'un livre, d'un chapitre.

épigraphie n. f. ■ didact. Étude scientifique des inscriptions. ► **épigraphique** adj.

épigraphiste n. ■ didact. Spécialiste de l'épigraphie.

épigyne adj. ■ bot. Qui vient s'insérer au-dessus de l'ovaire.

épilateur n. m. ■ Appareil qui sert à épiler.

épilation n. f. ■ Action d'épiler.

épilatoire adj. ■ Qui sert à épiler.

épilepsie n. f. ■ Maladie nerveuse caractérisée par des phénomènes convulsifs.

épileptique adj. ■ **1** Relatif à l'épilepsie. **2** Atteint d'épilepsie. ➛ n. *Un(e) épileptique.*

épiler v. tr. [1] ■ Arracher les poils de (une partie du corps).

épillet n. m. ■ bot. Chacun des petits épis secondaires groupés sur l'axe central d'un épi composé.

épilobe n. m. ■ bot. Plante à fleurs roses ou mauves, qui pousse dans les lieux humides.

épilogue n. m. ■ **1** Partie qui termine (un ouvrage littéraire). **2** fig. Dénouement.

épiloguer v. tr. ind. [1] ■ *ÉPILOGUER SUR* : faire de longs commentaires sur.

épinard n. m. ■ **1** Plante aux feuilles épaisses d'un vert soutenu. **2** au plur. Feuilles comestibles de cette plante.

épine n. f. ■ **1** vx ou dans des loc. Arbrisseau aux branches armées de piquants. **2** Piquant (d'une plante). ➛ loc. *Enlever, ôter à qqn une épine du pied*, le tirer d'embarras. ♦ (animaux) *Les épines du hérisson.* **3** *ÉPINE DORSALE* : saillie longitudinale que déterminent les vertèbres au milieu du dos. ➛ Colonne vertébrale, qui contient la moelle* épinière.

① **épinette** n. f. ■ Instrument à clavier et cordes pincées, plus petit qu'un clavecin.

② **épinette** n. f. ■ (Canada) Épicéa.

épineux, euse adj. ■ **1** Hérissé d'épines ou de piquants. **2** fig. Plein de difficultés.

épine-vinette n. f. ■ Arbrisseau à fleurs jaunes, à baies rouges comestibles. *Des épines-vinettes.*

épingle n. f. ■ **1** Petite tige de métal, pointue d'un bout, garnie d'une boule (tête) de l'autre, qui sert à attacher, fixer des choses souples. ➛ loc. *Être tiré à quatre épingles* : être vêtu avec soin. ➛ *Tirer son épingle du jeu*, se tirer adroitement d'une situation délicate. **2** Objet servant à attacher, à fixer. *Épingle de cravate.* ➛ loc. *Monter en épingle*, mettre en relief. ♦ *Épingle à cheveux*, à deux branches. ➛ fig. *Virage en épingle à cheveux*, très serré. ♦ *Épingle de sûreté* ou *épingle à nourrice*, munie d'une fermeture.

épingler v. tr. [1] ■ **1** Attacher, fixer avec des épingles. **2** fig., fam. Arrêter (qqn). ♦ Critiquer ; sanctionner.

épinglette n. f. ■ Insigne fixé au moyen d'une épingle (recomm. off. pour *pin's*).

épinier n. m. ■ vén. Fourré d'épines.

épinière adj. f. ■ *Moelle épinière.* → **moelle.**

épinoche n. f. ■ Poisson qui porte de deux à quatre épines sur le dos.

épinochette n. f. ■ Poisson semblable à l'épinoche, aux épines plus nombreuses.

épipaléolithique adj. et n. m. ■ Relatif à la période préhistorique (vers -9000), intermédiaire entre le paléolithique et le néolithique. ◆ n. m. *L'épipaléolithique.*

épipélagique adj. ■ Se dit de la couche sous-marine la plus superficielle.

Épiphanie n. f. ■ **1** Fête catholique qui commémore l'adoration des Rois mages *(jour des Rois).* **2** didact. Manifestation de la divinité ; de qqch. qui était caché.

épiphénomène n. m. ■ didact. Phénomène accessoire lié à un phénomène essentiel.

épiphyse n. f. ■ anat. Extrémité renflée (d'un os long). ► **épiphysaire** adj.

épiphyte adj. ■ bot. Qui croît sur d'autres plantes sans les parasiter.

épiphytie n. f. ■ bot. Épidémie qui frappe les plantes de même espèce.

épiploon [-plɔɔ̃] n. m. ■ anat. Repli du péritoine.

épique adj. ■ **1** Qui raconte en vers une action héroïque (→ **épopée).** ◆ Relatif à l'épopée. **2** Qui a un caractère d'épopée.

épiscopal, ale, aux adj. ■ D'un évêque.

épiscopalien, ienne adj. ■ *Église épiscopalienne :* Église anglicane.

épiscopat n. m. ■ **1** Dignité, fonction d'évêque ; sa durée. **2** Ensemble des évêques.

épiscope n. m. ■ Appareil d'optique à miroirs utilisé à l'intérieur des chars de combat pour observer le terrain. → **périscope.**

épisiotomie n. f. ■ Incision du périnée pratiquée lors de l'accouchement pour éviter les déchirures.

épisode n. m. ■ **1** Action secondaire (dans un roman, un film...). ◆ Division (d'un roman, d'un film...). **2** Fait accessoire. *Ce n'est qu'un épisode dans sa vie.*

épisodique adj. ■ **1** littér. De l'épisode (1). **2** Qui a un caractère secondaire. **3** Qui a lieu irrégulièrement. ► **épisodiquement** adv.

épissure n. f. ■ Jonction, nœud de deux cordages, etc. dont on entrelace les fils.

épistaxis [-is] n. f. ■ méd. Saignement de nez.

épistémè n. f. ■ didact. Ensemble des connaissances propres à un groupe social, à une époque. – var. **épistémé, épistémê.** ► **épistémique** adj.

épistémologie n. f. ■ didact. **1** Étude critique des sciences (de leur origine, leur valeur...). **2** Théorie de la connaissance et de sa validité. ► **épistémologique** adj. ► **épistémologue** ou **épistémologiste** n.

épistolaire adj. ■ Qui a rapport à la correspondance par lettres.

épistolier, ière n. ■ littér. Écrivain, personne qui écrit des lettres.

épitaphe n. f. ■ Inscription funéraire.

épithalame n. m. ■ littér. Poème composé à l'occasion d'un mariage.

épithélioma n. m. ■ méd. Tumeur formée par la prolifération désordonnée d'un épithélium. → **cancer.** – var. **épithéliome.**

épithélium [-jɔm] n. m. ■ biol. Tissu formé de cellules juxtaposées disposées en couches. ► **épithélial, ale, aux** adj.

épithète n. f. ■ **1** Ce qu'on adjoint à un nom, à un pronom pour le qualifier (adjectif qualificatif, nom...). ◆ n. f. et adj. gramm. Se dit d'un adjectif qualificatif qui n'est pas relié au nom par un verbe (opposé à *attribut*). **2** Qualification (1) donnée à qqn.

épitoge n. f. ■ **1** Antiq. romaine Vêtement porté sur la toge. **2** Bande d'étoffe fixée à l'épaule de la robe des magistrats, etc.

épitomé n. m. ■ didact. Abrégé d'histoire.

épître n. f. ■ **1** au plur. Lettres des Apôtres, dans le Nouveau Testament. **2** littér. Lettre.

épizootie [-zooti] n. f. ■ didact. Épidémie qui frappe les animaux. ► **épizootique** adj.

éploré, ée adj. ■ littér. En pleurs.

éployer v. tr. [8] ■ littér. Étendre (les ailes).

épluche-légumes n. m. invar. ■ Couteau à éplucher les légumes, les fruits.

éplucher v. tr. [1] ■ **1** Nettoyer en enlevant les parties inutiles ou mauvaises, en coupant, grattant. ◆ Enlever la peau de. → **peler.** *Éplucher des carottes.* **2** fig. Examiner avec soin pour critiquer. ► **épluchage** n. m.

épluchette n. f. ■ (Canada) Fête où l'on mange des épis de maïs.

éplucheur, euse n. ■ Personne ou instrument qui épluche.

épluchure n. f. ■ Ce qu'on enlève en épluchant.

E. P. O. [øpeo] n. f. ■ Érythropoïétine.

épointer v. tr. [1] ■ Émousser la pointe de. ► **épointage** et **épointement** n. m.

époisses n. m. ■ Fromage de lait de vache, à pâte molle, à saveur relevée.

éponge n. f. ■ **I 1** Substance légère et poreuse (d'abord *éponge,* II), qui peut absorber les liquides et les rejeter à la pression ; objet fait de cette substance (→ **spongieux**). **2** loc. *Passer l'éponge sur* (une erreur, etc.), pardonner. ◆ *Jeter l'éponge,* abandonner un combat. **3** appos. (invar.) *Tissu éponge,* dont les fils dressés absorbent l'eau. **II** Animal marin dont le squelette léger et poreux fournit la matière appelée *éponge* (I, 1).

éponger v. tr. [3] ■ **1** Étancher (un liquide) avec une éponge, un chiffon. **2** Essuyer, sécher. **3** fig. Résorber, absorber (ce qui est en excédent). ◆ *Éponger une dette.*

éponyme adj. ■ didact. Qui donne son nom à. *Athéna, déesse éponyme d'Athènes.*

épopée n. f. ■ **1** Long poème ou récit de style élevé où la légende se mêle à l'histoire pour célébrer un héros ou un fait (→ **épique**). **2** Suite d'événements de caractère héroïque et sublime.

époque n. f. ■ **1** vx Début d'une ère ; moment important. **2** mod. Période historique déterminée par des événements importants ou caractérisée par un état de choses. ◆ loc. *La Belle Époque :* les premières années du XXe siècle. **3** Période caractérisée par un style artistique. ◆ *D'ÉPOQUE :* authentiquement ancien. **4** Période marquée par un fait déterminé. → **moment.** ◆ *À l'époque,* à ce moment-là (passé). **5** Division d'une période géologique.

épouiller v. tr. [1] ■ Débarrasser (un être vivant) de ses poux. ► **épouillage** n. m.

s'**époumoner** v. pron. [1] ■ Parler, crier très fort. ◆ Se fatiguer (en parlant).

épousailles n. f. pl. ■ vx ou plais. Noce.

épouse → **époux**

épouser v. tr. [1] ■ **1** Prendre pour époux, épouse ; se marier avec. **2** fig. S'attacher avec ardeur à (qqch.). *Épouser les idées de qqn.* → **soutenir.** **3** S'adapter exactement à (une forme...). → **mouler.**

épousseter v. tr. [4] ■ Nettoyer en ôtant la poussière. ► **époussetage** n. m.

époussette n. f. ■ vx ou région. Petit balai.

époustoufler v. tr. [1] ■ fam. Jeter (qqn) dans la surprise admirative. → **épater.** ► **époustouflant, ante** adj. → **stupéfiant.**

épouvantable adj. ■ **1** Qui cause ou peut causer de l'épouvante. **2** Inquiétant ; très désagréable. **3** Excessif. *Fracas épouvantable.* → **terrible.** ► **épouvantablement** adv.

épouvantail n. m. ■ **1** Objet (mannequin, etc.) qu'on utilise pour effrayer les oiseaux. **2** fig. Chose, personne laide ou qui inspire d'excessives terreurs.

épouvante n. f. ■ **1** Peur violente et soudaine causée par qqch. de menaçant. → **effroi, frayeur, terreur.** **2** Vive inquiétude.

épouvanter v. tr. [1] ■ **1** Remplir d'épouvante. → **effrayer, terrifier.** **2** Causer de vives appréhensions à. → **inquiéter.**

époux, ouse n. ■ Personne unie à qqn par le mariage. → **femme, mari ; conjoint.**

époxy adj. invar. ■ chim. Se dit d'un composé formé à partir de molécules contenant des époxydes. *Résine époxy.*

époxyde n. m. ■ chim. Groupement fonctionnel de deux atomes de carbone reliés par un atome d'oxygène.

épreintes n. f. pl. ■ méd. Contraction douloureuse dans les inflammations du côlon.

s'**éprendre** v. pron. [58] ■ *S'ÉPRENDRE DE* **1** littér. Être saisi, entraîné (par un sentiment...). **2** Tomber amoureux de (qqn). → **épris.**

épreuve n. f. ■ **I 1** Ce qui permet de juger la valeur de (une idée, qqn, une œuvre...). ◆ *À L'ÉPREUVE. Mettre à l'épreuve.* → **éprouver** (1). ◆ *À TOUTE ÉPREUVE :* inébranlable, résistant. **2** Essai qui permet de juger les qualités de qqch. ◆ *À L'ÉPREUVE DE :* capable de résister à. **3** Acte imposé à qqn et destiné à lui conférer une qualité, une dignité, à le classer. *Les épreuves d'un examen.* **II 1** Texte imprimé, tel qu'il sort de la composition. **2** Exemplaire d'une estampe. ◆ Photographie. **III** Souffrance, malheur, difficulté qui atteint qqn.

épris, ise adj. ■ **1** *Épris de qqch.,* pris de passion pour. **2** *Épris de qqn,* amoureux de (qqn). ◆ sans compl. *Il semble très épris.*

éprouvant, ante adj. ■ Qui éprouve (II, 1).

éprouvé, ée adj. ■ **1** Dont la valeur est confirmée. → **sûr.** *Une technique éprouvée.* **2** Frappé par des épreuves. *Une famille éprouvée.* → **atteint, touché.**

éprouver v. tr. [1] ■ **I 1** Essayer (qqch.) pour vérifier la valeur, la qualité. **2** Apprécier, connaître par une expérience personnelle. → **constater, reconnaître.** **3** Ressentir (une sensation, un sentiment). **II 1** (sujet chose) Faire subir une épreuve (III), des souffrances à (qqn). **2** Subir (qqch. de nuisible ou de désagréable).

éprouvette n. f. ■ Tube allongé fermé à un bout employé dans les expériences de laboratoire. → **tube** à essai.

epsilon [ɛpsilɔn] n. m. ■ *E* bref (E, ε) des Grecs, cinquième lettre de leur alphabet.

ePub [ipœb] n. m. ■ anglic. inform. Format standardisé de livres numériques. ◆ Livre de ce format. *Des ePubs.*

épucer v. tr. [3] ■ Débarrasser des puces.

épuisant, ante adj. ■ Qui épuise (II).

épuisé, ée adj. ■ **1** Qui n'est plus disponible pour la vente. **2** À bout de forces. → **exténué.**

épuisement n. m. ■ **1** Action d'épuiser (I). **2** Absence de forces, grande faiblesse (physique ou morale).

épuiser v. tr. [1] ▪ **I 1** Utiliser (qqch.) jusqu'à ce qu'il ne reste plus rien. → **consommer, dépenser, user.** **2** fig. User jusqu'au bout. *Épuiser la patience de qqn.* – *Épuiser un sujet,* le traiter à fond. **II** Réduire (qqn ; ses forces, sa santé) à un affaiblissement complet. → **exténuer, user.** ♦ Excéder, lasser. *Son bavardage m'épuise.*

épuisette n. f. ▪ Petit filet de pêche monté sur un cerceau et fixé à un manche.

épulon n. m. ▪ Prêtre qui présidait aux festins donnés en l'honneur des dieux de l'Antiquité romaine.

épulpeur n. m. ▪ techn. Appareil qui sert à séparer le jus des pulpes.

épurateur n. m. ▪ Appareil servant à épurer (1).

épuratif, ive adj. ▪ Qui sert à épurer. – var. **épuratoire.**

épuration n. f. ▪ **1** Action d'épurer (1 et 2). → **purification.** **2** Élimination (des membres jugés indésirables) dans un parti, etc. → **exclusion, purge.** – hist. *L'épuration* (des collaborateurs, en 1944).

épure n. f. ▪ **1** Dessin au trait qui donne l'élévation, le plan et le profil d'une figure. → **plan.** **2** fig. Schéma simplifié ; ébauche.

épurement n. m. ▪ Fait d'épurer (2). *L'épurement d'un texte.*

épurer v. tr. [1] ▪ **1** Rendre pur, plus pur. → **purifier.** *Épurer de l'eau ; un minerai.* **2** fig. Rendre meilleur, plus correct. → **améliorer, perfectionner.** **3** Éliminer certains éléments de (un groupe).

épurge n. f. ▪ Euphorbe dont les graines donnent une huile purgative.

épyornis → **æpyornis**

équanimité [ekwa-] n. f. ▪ littér. Égalité d'humeur. → **impassibilité, sérénité.**

équarrir v. tr. [2] ▪ **I** Tailler pour rendre carré, régulier. ♦ au p. p. *Tronc équarri.* – fig. *Mal équarri,* grossier. **II** Couper en quartiers (un animal mort). → équarrissage.

équarrissage n. m. ▪ **I** Action d'équarrir (I). **II** Abattage et dépeçage d'animaux impropres à la consommation alimentaire, pour en retirer ce qui peut être utilisé.

équarrisseur, euse n. ▪ Personne dont le métier est d'équarrir les animaux.

équateur [ekwa-] n. m. ▪ **1** Grand cercle de la sphère terrestre, perpendiculaire à son axe de rotation. **2** Régions comprises dans la zone équatoriale (jusqu'aux tropiques).

équation [ekwa-] n. f. ▪ **1** math. Relation d'égalité qui n'est vérifiée que pour certaines valeurs de la variable (appelée inconnue). **2** Formule d'égalité. – *Équation chimique* (représentation d'une réaction).

équatorial, iale, iaux [ekwa-] ▪ **I** adj. Relatif à l'équateur. **II** n. m. astron. Appareil qui sert à mesurer la position d'une étoile.

équerre n. f. ▪ **1** Instrument destiné à tracer des angles droits. **2** *À L'ÉQUERRE, EN ÉQUERRE ; D'ÉQUERRE :* à angle droit.

équestre adj. ▪ **1** Qui représente une personne à cheval. **2** Relatif à l'équitation.

équeuter v. tr. [1] ▪ Dépouiller (un fruit) de sa queue. ► **équeutage** n. m.

équi- [ekɥi ; eki] Élément savant, du latin *aequus* «égal».

équidé n. m. ▪ Mammifère à pattes terminées par un seul doigt (famille des *Équidés ;* ex. cheval, âne, zèbre).

équidistant, ante [ekɥi-] adj. ▪ Qui est à égale distance (de points, etc. déterminés). ► **équidistance** n. f.

équilatéral, ale, aux [ekɥi-] adj. ▪ Dont tous les côtés sont égaux.

équilibrage n. m. ▪ Action d'équilibrer.

équilibration n. f. ▪ didact. Mise en équilibre.

équilibre n. m. ▪ **I** État de ce qui est soumis à des forces qui se compensent. ♦ spécialt Attitude ou position verticale stable. *Perdre l'équilibre.* **II 1** Juste proportion entre des choses opposées ou juste répartition des parties d'un ensemble ; état qui en résulte. *Équilibre politique.* **2** Harmonie entre les tendances psychiques qui se traduit par un comportement dit normal. **3** Répartition des lignes, des masses, etc. ; agencement harmonieux (en art).

équilibré, ée adj. ▪ **1** En état d'équilibre. → **stable.** **2** Dont les qualités sont dans un rapport harmonieux.

équilibrer v. tr. [1] ▪ **1** Opposer une force à (une autre), de manière à créer l'équilibre. → **compenser, contrebalancer.** **2** Mettre en équilibre ; rendre stable. **3** Répartir harmonieusement. ▷ v. pron. s'**équilibrer** *Ses qualités et ses défauts s'équilibrent.*

équilibriste n. ▪ Personne dont le métier est de faire des tours d'adresse, d'équilibre. → **acrobate.**

équille n. f. ▪ Poisson long et mince qui s'enfouit dans le sable.

équimolaire [ekɥi-] adj. ▪ chim. Qui contient le même nombre de moles de ses différents constituants.

équin, ine adj. ▪ didact. Relatif au cheval.

équinoxe n. m. ▪ L'une des deux périodes de l'année où le jour a une durée égale à celle de la nuit. *Équinoxe de printemps* (21 mars), *d'automne* (23 septembre).

équinoxial, iale, iaux adj. ▪ Qui a rapport à l'équinoxe. *Pays équinoxiaux,* voisins de l'équateur.

équipage n. m. ■ **I 1** Personnel navigant, marins assurant la manœuvre et le service sur un navire. **2** Ensemble des personnes qui assurent la manœuvre et le service, dans un avion. **II** anciennt Voitures, chevaux, personnel (d'un grand personnage).

équipartition [ekɥi-] n. f. ■ didact. Répartition, partage égal.

équipe n. f. ■ **1** Groupe de personnes devant accomplir une tâche commune. ➝ *Esprit d'équipe,* animant une équipe en parfait accord. **2** Groupe de personnes qui agissent, se distraient ensemble. → **bande. 3** sports Groupe de joueurs en nombre déterminé.

équipée n. f. ■ **1** Sortie, promenade. **2** Aventure entreprise à la légère.

équipement n. m. ■ Action d'équiper ; ce qui sert à équiper. → **matériel.**

équipementier n. m. ■ techn. Fabricant d'équipements électriques, électroniques pour l'industrie.

équiper v. tr. [1] ■ Pourvoir des choses nécessaires à une activité. *Équiper une armée ; un navire.* → **armer, fréter.** ➝ *Équiper un local.* → **aménager, installer.**

équipier, ière n. ■ Membre d'une équipe sportive. → **coéquipier.**

équipotentiel, ielle [ekɥi-] adj. ■ phys. Qui a le même potentiel électrique.

équiprobable [ekɥi-] adj. ■ math. Se dit d'événements qui ont les mêmes probabilités.

équitable adj. ■ **1** littér. (personnes) Qui a de l'équité. → **impartial. 2** (choses) Conforme à l'équité. ➝ *Commerce équitable,* basé sur la juste rémunération du travail et le refus de l'exploitation des pays pauvres. ► **équitablement** adv.

équitation n. f. ■ Art de monter à cheval.

équité n. f. ■ **1** Vertu qui consiste à régler sa conduite sur le sentiment naturel du juste et de l'injuste (s'oppose à *iniquité*). → **droiture, justice.** *En toute équité.* **2** dr. Justice spontanée (opposé à *loi*, etc.).

équivalence n. f. ■ Qualité de ce qui est équivalent. → **égalité.** ♦ Assimilation d'un titre, d'un diplôme à un autre.

équivalent, ente ■ **I** adj. **1** Dont la quantité a la même valeur. → **égal.** *Sommes équivalentes.* **2** Qui a la même valeur ou fonction. **II** n. m. Ce qui équivaut, la chose équivalente (en quantité ou en qualité). ➝ *Sans équivalent,* unique.

équivaloir v. tr. ind. [29] rare à l'inf. ■ *ÉQUIVALOIR À* **1** Avoir la même valeur en quantité que. **2** Avoir la même valeur ou fonction que. *Cela équivaut à un refus.*

équivoque ■ **I** adj. **1** Qui peut s'interpréter, s'expliquer de plusieurs manières. → **ambigu.** ♦ Qui semble impliquer un désir sexuel. *Geste équivoque.* **2** Qui n'inspire pas confiance. → **douteux, louche. II** n. f. **1** Caractère de ce qui prête à des interprétations diverses. → **ambiguïté. 2** Incertitude laissant le jugement hésitant. *Dissiper l'équivoque.* ► **équivoquement** adv.

Er ■ Symbole chimique de l'erbium.

érable n. m. ■ Grand arbre dont le fruit est muni de deux ailes membraneuses (→ samare). *Érable faux platane.* → **sycomore.** ➝ *Érable du Canada* ou *érable à sucre,* qui donne un sucre comestible (→ **acériculture).** ♦ Bois d'érable.

érablière n. f. ■ Plantation d'érables.

éradicable adj. ■ Qui peut être éradiqué.

éradiquer v. tr. [1] ■ Arracher, extirper, supprimer. ► **éradication** n. f.

érafler v. tr. [1] ■ **1** Entamer légèrement la peau de. → **écorcher, égratigner. 2** par analogie *Érafler le plâtre d'un mur.* → **rayer.**

éraflure n. f. ■ → **égratignure.**

éraillé, ée adj. ■ **1** Qui présente des déchirures superficielles. **2** *Voix éraillée,* rauque.

érailler v. tr. [1] ■ **1** Déchirer superficiellement. → **érafler, rayer. 2** Rendre rauque (la voix). ► **éraillement** n. m.

éraillure n. f. ■ Marque sur ce qui est éraillé.

érathème n. m. ■ géol. Ensemble de couches géologiques formant une division correspondant à la durée d'une ère.

erbium [-jɔm] n. m. ■ chim. Élément atomique (symb. Er, n° at. 68, masse at. 167,26), métal du groupe des terres rares.

ère n. f. ■ **1** Espace de temps de longue durée, qui commence à un point déterminé. *L'ère chrétienne.* **2** Époque qui commence avec un nouvel ordre de choses. → **âge, époque, période.** *L'ère atomique.* **3** La plus grande division des temps géologiques.

érecteur, trice adj. ■ physiol. Qui produit l'érection (II). *Muscles érecteurs.*

érectile adj. ■ Capable de se dresser.

érection n. f. ■ **I** littér. Action d'ériger. *L'érection d'une statue.* **II** Fait, pour des tissus ou organes (spécialt le pénis), de se redresser en devenant durs et gonflés.

éreintage n. m. ■ Critique très sévère.

éreintant, ante adj. ■ Qui éreinte (1).

éreintement n. m. ■ **1** Fatigue intense. **2** Critique malveillante.

éreinter v. tr. [1] ■ **1** Accabler de fatigue. → **épuiser, harasser. 2** fig. Critiquer de manière à nuire à la réputation de (qqn, qqch.).

érémitique adj. ■ didact. Propre aux ermites.

érémitisme n. m. ▪ didact. Mode de vie des ermites.

-érèse Élément, du grec *hairein* «enlever».

érésipèle → **érysipèle**

éréthisme n. m. ▪ méd. État d'excitabilité accrue (d'un organe).

éreuthophobie n. f. ▪ didact. Crainte pathologique de rougir.

① **erg** [ɛʀg] n. m. ▪ Dunes désertiques.

② **erg** [ɛʀg] n. m. ▪ Ancienne unité de mesure d'énergie valant 10^{-7} joules.

ergastule n. m. ▪ Antiq. romaine Prison souterraine.

-ergie, ergo- Éléments, du grec *ergon* «travail, effort».

ergographe n. m. ▪ sc. Appareil pour la mesure du travail musculaire.

ergol n. m. ▪ sc. Substance employée seule ou comme composant d'un mélange **(→ propergol),** pour fournir de l'énergie.

ergologie n. f. ▪ didact. **1** Partie de la physiologie qui étudie l'activité musculaire. **2** Science qui analyse le travail (en tant qu'activité humaine).

ergométrie n. f. ▪ didact. Mesure du travail fourni par l'organisme. ► **ergométrique** adj.

ergonomie n. f. ▪ didact. Étude des conditions de travail et des relations entre l'homme et la machine. ► **ergonome** n. ► **ergonomique** adj.

ergot n. m. ▪ **I** (chez les gallinacés mâles) Pointe recourbée du tarse servant d'arme offensive. ◂ loc. fig. *Monter sur ses ergots* : prendre une attitude agressive, menaçante. **II** Petit corps oblong et vénéneux formé par un champignon parasite des céréales.

ergotamine n. f. ▪ biochim. Alcaloïde toxique extrait de l'ergot de seigle.

ergoté, ée adj. ▪ didact. **1** (oiseaux) Pourvu d'ergots. **2** Atteint d'ergot. *Blé ergoté.*

ergoter v. intr. [1] ▪ Trouver à redire sur des points de détail. → **chicaner, pinailler.** ► **ergotage** n. m. ► **ergoteur, euse** n. et adj.

ergothérapie n. f. ▪ didact. Traitement de rééducation des infirmes, etc. par le travail manuel. ► **ergothérapeute** n.

ergotisme n. m. ▪ méd. Empoisonnement dû à la consommation de seigle ergoté.

ériger v. tr. [3] ▪ **1** Placer (un monument) en station verticale. → **dresser ; érection.** ♦ Construire, bâtir. *Ériger un temple.* **2** fig. *ÉRIGER qqn, qqch. EN* : donner à (qqn, qqch.) le caractère de. *Ériger qqn en modèle.* ◂ pronom. *S'ÉRIGER EN.* → se **poser** en.

érigéron n. m. ▪ bot. Plante herbacée aux fleurs roses ou blanches, appelée communément *vergerette.*

érigne n. f. ▪ chir. Crochet pointu monté sur un manche.

éristale n. m. ▪ zool. Grosse mouche qui ressemble à l'abeille.

éristique adj. et n. f. ▪ hist. philos. Relatif à la controverse. *Un écrit éristique.* ♦ n. f. *L'éristique* : l'art de la controverse.

erlenmeyer [ɛʀlɛnmejɛʀ] n. m. ▪ Récipient en verre de forme conique avec un col cylindrique, utilisé en laboratoire.

erminette → **herminette**

ermitage n. m. ▪ **1** Habitation d'un ermite. **2** Lieu écarté, solitaire.

ermite n. m. ▪ Religieux retiré dans un lieu désert. → **anachorète.** ◂ *Vivre en ermite,* seul et coupé du monde.

éroder v. tr. [1] ▪ didact. User, détruire par une action lente **(→ érosion).**

érogène adj. ▪ psych. Susceptible de provoquer une excitation sexuelle.

éros [-os] n. m. ▪ didact. Principe du désir, dont l'énergie correspond à la libido*.

érosif, ive adj. ▪ géol. **1** Qui produit l'érosion. ♦ Dû à l'érosion. **2** Qui s'érode facilement.

érosion n. f. ▪ **1** Usure et transformation que les eaux et agents atmosphériques font subir à l'écorce terrestre. **2** fig. Usure, dégradation graduelle.

érotique adj. ▪ **1** didact. Qui a rapport à l'amour. **2** Qui a rapport à l'amour physique, au plaisir. ♦ Qui provoque le désir amoureux. → **excitant.** ► **érotiquement** adv.

érotiser v. tr. [1] ▪ Donner un caractère érotique à. ► **érotisation** n. f.

érotisme n. m. ▪ **1** Caractère érotique. **2** Caractère de ce qui a les activités érotiques pour thème. *Érotisme et pornographie.*

érotologie n. f. ▪ didact. Étude des ouvrages érotiques. ► **érotologique** adj. ► **érotologue** n.

érotomanie n. f. ▪ **1** Obsession caractérisée par des préoccupations d'ordre sexuel. **2** psych. Illusion délirante d'être aimé. ► **érotomane** adj. et n.

erpétologie ou **herpétologie** n. f. ▪ didact. Étude des reptiles. ► **erpétologue** ou **herpétologue** n.

errance n. f. ▪ Action d'errer çà et là.

① **errant, ante** adj. ▪ **1** Qui va de côté et d'autre. → **vagabond. 2** littér. (expression, sourire...) Flottant, incertain.

② **errant, ante** adj. ▪ dans des loc. Qui voyage. *Chevalier errant.*

errata → **erratum**

erratique adj. ▪ **1** didact. Qui n'est pas fixe ; qui n'est pas régulier. **2** géol. *Blocs erratiques,* transportés par les glaciers.

erratum [-ɔm] n. m. ▪ **1** Faute signalée dans un ouvrage imprimé. **2** au plur. *ERRATA* : liste des fautes d'impression d'un ouvrage.

erre n. f. ▪ loc. *Navire qui court sur son erre,* sur sa lancée, par la vitesse acquise.

errements n. m. pl. ▪ littér. Habitude mauvaise ; manière d'agir blâmable.

errer v. intr. [1] ▪ **I 1** Aller au hasard, à l'aventure. → **vagabonder ; rôder. 2** (choses) Se manifester çà et là, ou fugitivement. → **flotter.** *Un sourire errait sur ses lèvres.* **II** fig. Se tromper (→ **erreur ; aberrant).**

erreur n. f. ▪ **I 1** Acte de l'esprit qui tient pour vrai ce qui est faux et inversement. ◆ *FAIRE ERREUR.* → se **méprendre,** se **tromper.** ◆ *SAUF ERREUR* : excepté si l'on se trompe. ◆ *PAR ERREUR* : à la suite d'une confusion. **2** État d'une personne qui se trompe. **3** Assertion, opinion fausse. **4** Action regrettable, maladroite, déraisonnable. → **faute ; bévue, maladresse. II 1** Chose fausse par rapport à une norme (différence par rapport à un modèle ou au réel). → **faute, inexactitude. 2** Chose fausse, élément inexact, dans une opération particulière (→ **erroné).** *Erreur de calcul.* ♦ *Erreur judiciaire* : condamnation injuste.

erroné, ée adj. ▪ Qui contient des erreurs ; qui constitue une erreur. → **faux, inexact ; fautif.** ► **erronément** adv.

ers [ɛʀ] n. m. ▪ agric. Plante herbacée annuelle, cultivée comme fourrage.

ersatz [ɛʀzats] n. m. ▪ **1** Produit alimentaire qui en remplace un autre de qualité supérieure. → **succédané. 2** fig. Ce qui remplace (qqch., qqn) sans le valoir.

① **erse** n. f. ▪ mar. Anneau en cordage. *Petite erse* ou *erseau* n. m.

② **erse** adj. ▪ De haute Écosse. ◆ n. m. *L'erse* : dialecte celtique parlé dans les Highlands. → **gaélique.**

érubescence n. f. ▪ didact. Action de rougir ; son résultat.

érubescent, ente adj. ▪ didact. Qui devient rouge.

éruciforme adj. ▪ zool. Qui a la forme d'une chenille.

éructation n. f. ▪ littér. Renvoi. → fam. **rot.**

éructer v. [1] ▪ **1** v. intr. littér. Renvoyer par la bouche les gaz de l'estomac. → fam. **roter. 2** v. tr. fig. Proférer grossièrement.

érudit, ite ▪ **1** adj. Qui a de l'érudition. → **savant.** ♦ (choses) Relatif à l'érudition. **2** n. Personne érudite. → **lettré.**

érudition n. f. ▪ Savoir approfondi fondé sur l'étude des sources, des documents.

érugineux, euse adj. ▪ didact. Qui a l'aspect, la couleur du vert-de-gris.

éruptif, ive adj. ▪ **1** méd. Qui s'accompagne d'éruption (1). **2** Des éruptions (2).

éruption n. f. ▪ **1** Apparition soudaine (de boutons, etc.) sur la peau. **2** Jaillissement des matières volcaniques ; état d'un volcan qui émet ces matières. **3** *Éruption solaire,* accroissement de l'activité solaire.

érysipèle ou **érésipèle** n. m. ▪ Maladie infectieuse où la peau est enflammée.

érythème n. m. ▪ Affection cutanée caractérisée par une rougeur superficielle. ► **érythémateux, euse** adj.

érythrasma n. m. ▪ méd. Infection cutanée qui touche les plis du corps en formant des taches.

érythrine n. f. ▪ bot. Arbre exotique à bois blanc et à fleurs rouges, appelé aussi *arbre immortel.*

érythr(o)- Élément savant, du grec *eruthros* « rouge ».

érythrocyte n. m. ▪ biol. Hématie. ► **érythrocytaire** adj.

érythrodermie n. f. ▪ méd. Maladie de la peau dont le caractère essentiel est la rougeur.

érythromycine n. f. ▪ biochim., méd. Antibiotique utilisé dans le traitement de certaines maladies bactériennes.

érythropoïèse n. f. ▪ physiol. Formation des globules rouges.

érythropoïétine n. f. ▪ biochim. Hormone qui stimule la formation des érythrocytes (en réponse à une carence en oxygène). - abrév. **E. P. O.** n. f.

érythrose n. f. ▪ méd. Coloration rouge de la peau.

érythrosine n. f. ▪ chim. Matière colorante rouge.

es- → **é-**

Es ▪ Symbole chimique de l'einsteinium.

ès [ɛs] prép. ▪ (devant un nom pluriel) *Docteur ès lettres,* en lettres. *Licence ès sciences.*

E. S. B. ou **ESB** n. f. (sigle) ▪ Encéphalopathie* spongiforme bovine.

s'**esbaudir** → s'**ébaudir**

s'**esbigner** v. pron. [1] ▪ argot Se sauver, s'enfuir.

esbroufe n. f. ▪ fam. Étalage de manières fanfaronnes. ► **esbroufer** v. tr. [1] fam. → **bluffer, épater.**

esbroufeur, euse n. ▪ fam. Personne qui fait de l'esbroufe.

escabeau n. m. ▪ **1** Tabouret. **2** Marchepied à quelques degrés.

escabèche n. f. ▪ Marinade de poissons.

escabelle n. f. ▪ (Belgique) Grand escabeau.

escadre n. f. ▪ **1** Force navale importante. **2** *Escadre aérienne* : division d'avions.

escadrille n. f. ▪ Groupe d'avions de combat.

escadron n. m. ▪ 1 Unité de cavalerie, de blindés, etc. 2 plais. Groupe important.

escagasser v. tr. [1] ▪ région. (Sud-Est) 1 Démolir (qqch.). 2 fig. Fatiguer, agacer. 3 v. pron. *S'escagasser (à faire qqch.)* : s'évertuer (à faire qqch.).

escalade n. f. ▪ 1 Action d'escalader (1). 2 Ascension (d'une montagne...). ✦ *Faire de l'escalade* (sport). 3 fig. Stratégie qui consiste à prendre des mesures de plus en plus graves. ♦ Intensification (d'un phénomène). *L'escalade de la violence.*

escalader v. tr. [1] ▪ 1 Passer par-dessus (une clôture...). → **franchir.** 2 Faire l'ascension de. → **gravir ; grimper** sur. 3 (sujet chose) S'élever le long de.

escalator n. m. ▪ anglic. Escalier mécanique (recommandation offic.).

escale n. f. ▪ 1 Lieu d'arrêt, de ravitaillement (pour un navire, un avion). 2 Fait de s'arrêter pour se ravitailler, pour embarquer ou débarquer des passagers, du fret. *Faire escale.* ♦ Durée de l'arrêt.

escalier n. m. ▪ 1 Suite de degrés qui servent à monter et à descendre. ✦ loc. *Avoir L'ESPRIT DE L'ESCALIER, D'ESCALIER,* un esprit de repartie à retardement. 2 *Escalier mécanique* : escalier articulé et mobile, qui transporte l'usager. → **escalator.**

escalope n. f. ▪ Tranche mince (de viande blanche, de poisson).

escamotable adj. ▪ Qui peut être escamoté (3).

escamotage n. m. ▪ Action d'escamoter.

escamoter v. tr. [1] ▪ 1 Faire disparaître (qqch.) par un tour de main qui échappe à la vue des spectateurs. 2 S'emparer de (qqch.) sans être vu. → **dérober, subtiliser.** 3 Rentrer (un train d'atterrissage...). 4 fig. Éviter habilement, de façon peu honnête. → **éluder, esquiver.** 5 *Escamoter un mot,* le prononcer très vite ou très bas.

escamoteur, euse n. ▪ Personne qui escamote (1 ou 2) qqch. → **illusionniste, prestidigitateur ; pickpocket.**

escampette n. f. ▪ loc. *Prendre la poudre d'escampette* : s'enfuir. → **déguerpir.**

escapade n. f. ▪ Fait d'échapper aux obligations, aux habitudes de la vie quotidienne (par une absence...).

escarbille n. f. ▪ Fragment incandescent qui s'échappe d'un foyer.

escarbot n. m. ▪ vx ou région. Coléoptère (hanneton, bousier).

escarboucle n. f. ▪ vx Grenat rouge foncé.

escarcelle n. f. ▪ 1 anciennt Grande bourse suspendue à la ceinture. 2 plais. Bourse.

escargot n. m. ▪ Mollusque gastéropode terrestre, à coquille arrondie en spirale. → **colimaçon, limaçon.**

escargotière n. f. ▪ 1 techn. Endroit où l'on élève les escargots. 2 Plat à escargots.

escarmouche n. f. ▪ 1 Petit combat entre des soldats ou groupes isolés. → **échauffourée.** 2 fig. Petite lutte ou dispute.

① **escarpe** n. f. ▪ anciennt Talus d'une fortification, au-dessus d'un fossé.

② **escarpe** n. m. ▪ vx Assassin ; voleur dangereux.

escarpé, ée adj. ▪ En pente raide. → **abrupt.**

escarpement n. m. ▪ Pente raide.

escarpin n. m. ▪ Chaussure fine qui laisse le cou-de-pied découvert.

escarpolette n. f. ▪ vieilli Balançoire suspendue par des cordes.

escarre n. f. ▪ Croûte noirâtre formée sur la peau par la nécrose des tissus, après une brûlure, un frottement prolongé, etc.

escarrification n. f. ▪ méd. Formation d'escarres.

eschatologie [ɛska-] n. f. ▪ théol. Étude des fins dernières de l'homme et du monde. ► **eschatologique** adj.

esche ; escher → **èche ; écher**

escient [-jɑ̃] n. m. ▪ loc. adv. *À bon, à mauvais escient* : avec, sans discernement.

s'esclaffer v. pron. [1] ▪ Éclater de rire.

esclandre n. m. ▪ Éclat, scandale.

esclavage n. m. ▪ 1 État, condition d'esclave. → **servitude.** ✦ *Esclavage moderne* : situation où une personne est contrainte de servir qqn, en étant privée de ses droits et de sa liberté. 2 Soumission à une autorité tyrannique. → **asservissement.** 3 Chose qui impose une contrainte.

esclavagiste adj. et n. ▪ Partisan de l'esclavage. ► **esclavagisme** n. m.

esclave n. ▪ 1 Personne qui n'est pas libre, qui est sous la puissance absolue d'un maître. *La traite* des esclaves noirs, aux XVIIe et XVIIIe siècles.* 2 Personne qui se soumet (à qqn, à qqch.), qui se laisse dominer. ✦ adj. *Être esclave de ses habitudes.*

esclavon n. m. ▪ didact. Ensemble des parlers slaves de Serbie et de Croatie.

escogriffe n. m. ▪ Homme dégingandé.

escomptable [-kɔ̃t-] adj. ▪ Qui peut être escompté.

escompte [ɛskɔ̃t] n. m. ▪ 1 fin. Action d'escompter un effet de commerce. 2 Réduction du montant d'une dette lorsqu'elle est payée avant son échéance. ♦ Remise sur le prix de vente.

escompter [-kɔ̃te] v. tr. [1] ■ **I** Payer (un effet de commerce) avant l'échéance, moyennant une retenue. **II** S'attendre à (qqch.), et se comporter en conséquence. → **attendre, compter** sur, **espérer, prévoir.**

escopette n. f. ■ anciennt Arme à feu portative à bouche évasée. → **tromblon.**

escorte n. f. ■ **1** Action d'escorter (qqn, qqch.) pour protéger. *Faire escorte à qqn.* ♦ Troupe chargée d'escorter. **2** Cortège qui accompagne une personnalité.

escorter v. tr. [1] ■ Accompagner pour guider, surveiller, protéger, faire honneur, etc.

escorteur n. m. ■ Petit navire de guerre.

escouade n. f. ■ Petite troupe.

escourgeon ou **écourgeon** n. m. ■ agric. Orge hâtive que l'on sème en automne.

escrime n. f. ■ Exercice par lequel on apprend l'art de manier l'arme blanche (épée, fleuret, sabre).

s'**escrimer** v. pron. [1] ■ **1** vieilli Se battre (comme avec une épée). **2** mod. *S'ESCRIMER À* (+ inf.) : faire avec effort. → s'**évertuer** à.

escrimeur, euse n. ■ Personne qui fait de l'escrime.

escroc [-o] n. m. ■ Personne qui escroque.

escroquer v. tr. [1] ■ **1** Obtenir (qqch. de qqn) en trompant. → **extorquer, soutirer. 2** *Escroquer qqn,* obtenir qqch. de lui en le trompant. → fam. **arnaquer.**

escroquerie n. f. ■ Fait d'escroquer.

escudo [-ky- ; -ku-] n. m. ■ Ancienne unité monétaire du Portugal (avant l'euro).

ésérine n. f. ■ pharm. Alcaloïde toxique utilisé comme stimulant du système parasympathique.

esgourde n. f. ■ argot Oreille.

eskimo → ① **esquimau**

ésotérique adj. ■ **1** (connaissance...) Qui se transmet seulement à des adeptes qualifiés. → **occulte. 2** Incompréhensible pour qui ne fait pas partie des initiés.

ésotérisme n. m. ■ **1** Doctrine ésotérique (ex. alchimie, hermétisme, occultisme). **2** Caractère d'une œuvre impénétrable.

① **espace** n. m. ■ **I** (Milieu où peut se situer qqch.) **1** (espace physique) *L'ESPACE* : étendue qui ne fait pas obstacle au mouvement. ♦ *Espace visuel, tactile.* **2** Portion de ce milieu. → **place.** *Espace vacant.* **3** Milieu géographique. *L'espace urbain.* ♦ *Espace vert* : espace planté d'arbres, entre des espaces construits. ♦ *Espace vital,* revendiqué par un pays ; nécessaire au bien-être d'un individu. **4** Étendue des airs. → **air, atmosphère, ciel.** ♦ Le milieu extraterrestre. → **cosmos.** *La conquête de l'espace* (→ **spatial**). **II** (Milieu abstrait) **1** Système de référence d'une géométrie. *L'espace à trois dimensions de la géométrie euclidienne.* ♦ phys. (relativité) *ESPACE-TEMPS* : milieu à quatre dimensions (les trois de l'espace euclidien, et le temps). **2** Distance qui sépare deux objets. → **espacement, intervalle. 3** Étendue de temps. *En l'espace de dix minutes.*

② **espace** n. f. ■ typogr. Blanc entre deux mots.

espacement n. m. ■ **1** Disposition de choses espacées. **2** Distance, écart.

espacer v. tr. [3] ■ **1** Disposer (des choses) en laissant entre elles un intervalle. **2** Séparer par un intervalle de temps. ▷ v. pron. s'**espacer** Devenir plus distant ; devenir plus rare. ▷ adj. **espacé, ée**

espadon n. m. ■ Grand poisson comestible à mâchoire en forme d'épée.

espadrille n. f. ■ Chaussure de toile à semelle en corde.

espagnol, ole adj. ■ **1** De l'Espagne. → **hispanique, ibérique.** *La peseta, unité monétaire espagnole, avant l'euro.* ♦ n. *Un(e) Espagnol(e).* ♦ n. m. *L'espagnol* (langue romane). → **castillan. 2** loc. *Auberge* espagnole.* ♦ *Parler français comme une vache espagnole,* très mal.

espagnolette n. f. ■ Ferrure à poignée tournante servant à fermer et à ouvrir les châssis d'une fenêtre. → **crémone.**

espalier n. m. ■ **1** Mur le long duquel on plante des arbres fruitiers. **2** Appareil de gymnastique, large échelle fixée à un mur.

espar n. m. ■ Longue pièce de bois, de métal... du gréement d'un navire.

espèce n. f. ■ **I** au plur. vx Apparences sensibles des choses. **1** relig. *Communier sous les deux espèces* (pain et vin). **2** littér. *SOUS LES ESPÈCES DE* : sous la forme de. **II 1** Nature propre à plusieurs personnes ou choses, qui permet de les considérer comme appartenant à une catégorie distincte. → **genre, qualité, sorte, type. 2** *UNE ESPÈCE DE* : personne ou chose qu'on ne peut définir précisément et qu'on assimile à une autre. → **sorte.** *Une espèce de chapeau.* ♦ (personnes) *Espèce d'imbécile !* **3** loc. *CAS D'ESPÈCE,* qui ne rentre pas dans la règle générale. → **particulier.** ♦ *EN L'ESPÈCE,* en ce cas particulier. **III 1** dans une classification Division du genre. *Les caractères d'une espèce* (→ **spécifique**). **2** Ensemble d'individus ayant en commun des caractères distinctifs et pouvant se croiser. *Espèces animales, végétales.* ♦ *L'ESPÈCE HUMAINE* : les humains. **IV** au plur. anciennt Monnaie métallique (opposé à *billet*). ♦ mod. *Payer EN ESPÈCES,* en argent liquide.

espérance n. f. ■ **1** Sentiment qui fait entrevoir comme probable la réalisation de ce que l'on désire. → **espoir. 2** Ce sentiment, appliqué à un objet déterminé. **3** *Espérance de vie* : durée moyenne de la vie humaine, dans une société donnée.

espérantiste ▪ **1** adj. Relatif à l'espéranto. **2** adj. et n. Partisan de l'espéranto.

espéranto n. m. ▪ Langue internationale conventionnelle, créée par Zamenhof vers 1887.

espérer v. 6 ▪ **1** v. tr. Considérer (ce qu'on désire) comme devant se réaliser. → **compter** sur, **escompter ; attendre, souhaiter.** ♦ *Espérer qqn*, sa venue. ♦ (appliqué au passé) *J'espère avoir bien fait.* ♦ (formule de souhait) *Espérons qu'il n'a rien entendu.* **2** v. intr. Avoir confiance. *Il espère encore.* – *Espérer en des temps meilleurs.*

esperluette n. f. ▪ Signe typographique représentant le mot *et* (&).

espiègle adj. ▪ Vif et malicieux. ► **espièglerie** n. f. → **farce, gaminerie.**

espingole n. f. ▪ anciennt Fusil court à canon évasé.

espingouin, ouine n. et adj. ▪ argot, péj. Espagnol, Espagnole.

espion, onne n. ▪ **1** Personne chargée d'épier qqn. **2** Personne chargée de recueillir clandestinement des renseignements secrets sur une puissance étrangère.

espionite n. f. ▪ Manie de voir des espions (2) partout. – var. **espionnite.**

espionnage n. m. ▪ **1** Action d'espionner. → **surveillance.** – *Espionnage industriel* (pour connaître des secrets de fabrication...). **2** Activité des espions (2).

espionner v. tr. 1 ▪ **1** Surveiller secrètement. **2** Faire de l'espionnage (2).

espionnite → **espionite**

esplanade n. f. ▪ Terrain plat aménagé.

espoir n. m. ▪ **1** Fait d'espérer, d'attendre (qqch.) avec confiance. → **espérance.** ♦ Ce qu'on espère. *Ses espoirs se sont réalisés.* ♦ Personne sur laquelle on fonde un espoir. **2** Sentiment qui porte à espérer.

con **espressione** [kɔnɛspʀesjɔne] loc. adv. ▪ mus. D'une manière expressive. → **espressivo.**

espressivo adj. ▪ mus. Expressif. – adv. *Jouer espressivo.*

esprit n. m. ▪ **I 1** Souffle de Dieu. ♦ relig. chrét. *SAINT-ESPRIT* ou *ESPRIT SAINT :* Dieu comme troisième personne de la Trinité, qui procède du Père et du Fils. **2** Inspiration provenant de Dieu. **3** Principe de la vie de l'homme. → **âme.** – littér. *Rendre l'esprit.* → **mourir. II** (Émanation) **1** loc. *Reprendre ses esprits :* reprendre connaissance. **2** *ESPRIT-DE-SEL :* acide chlorhydrique étendu d'eau. *ESPRIT-DE-VIN :* alcool éthylique (→ **spiritueux**). **III 1** Être immatériel, sans corps (→ **spirituel**). **2** Être actif dans les mythes, les légendes (fée, génie...). **3** Âme d'un mort. → **fantôme, revenant ; spiritisme. IV 1** Le principe pensant en général (opposé à l'objet de pensée, à la matière). → **intellect ; pensée. 2** Principe de la vie psychique, affective et intellectuelle (chez qqn). → **âme, conscience, moi.** *L'esprit et le corps.* – loc. *Avoir l'esprit ailleurs :* être distrait. *En esprit :* par la pensée. **3** Ensemble des dispositions, des façons d'agir habituelles. → **caractère.** – *AVOIR L'ESPRIT À :* être d'humeur à. **4** Principe de la vie intellectuelle (opposé à la sensibilité). → **entendement, intelligence, pensée, raison.** *Esprit logique.* – *Dans mon esprit,* selon moi. ♦ La personne qui pense. *Un grand esprit.* **5** Aptitude à l'intelligence, à une activité intellectuelle. *Esprit de synthèse.* **6** Vivacité, ingéniosité dans la façon de concevoir et d'exposer qqch. (→ **finesse, humour ; spirituel**). **7** Attitude, idée qui détermine (une action...). → **intention, volonté.** *Esprit de révolte.* ♦ Fonds d'idées, de sentiments (d'une collectivité). *L'esprit d'une époque.* → **génie. 8** Sens profond (d'un texte). *L'esprit et la lettre.*

-esque Élément joint à des noms propres avec le sens de « à la façon de ».

esquicher v. tr. 1 ▪ région. (Sud-Est) Comprimer, serrer, tasser.

esquif n. m. ▪ littér. Embarcation légère.

esquille n. f. ▪ Petit fragment d'un os.

① **esquimau, aude** ou **eskimo** n. et adj. ▪ vieilli Inuit*.

② **esquimau** n. m. ▪ Glace enrobée de chocolat qu'on tient par un bâtonnet plat.

esquintant, ante adj. ▪ fam. Très fatigant.

esquinter v. tr. 1 ▪ fam. **1** Abîmer (qqch.) ; blesser (qqn). ♦ fig. Critiquer sévèrement. → **éreinter. 2** Fatiguer extrêmement. → **épuiser.** ▷ adj. **esquinté, ée**

esquisse n. f. ▪ **1** Première forme (d'un dessin, d'une statue...), qui sert de guide à l'artiste. → **croquis, ébauche, maquette. 2** Plan, notes indiquant l'essentiel (d'un travail...). → **canevas, projet. 3** Action d'esquisser (3). → **ébauche.**

esquisser v. tr. 1 ▪ **1** Représenter en esquisse (1). **2** Fixer les grands traits de (une œuvre...). **3** Commencer à faire. → **amorcer, ébaucher.** *Esquisser un sourire.*

esquive n. f. ▪ Action d'esquiver un coup.

esquiver v. tr. 1 ▪ Éviter adroitement. *Esquiver un coup.* ♦ fig. → **éluder.** ▷ v. pron. **s'esquiver** S'en aller en évitant d'être vu.

essai n. m. ▪ **I 1** Opération par laquelle on s'assure des qualités, des propriétés (de qqch.) ou de la manière d'utiliser. *Banc* d'essai.* – *Vol, pilote D'ESSAI,* pour essayer les prototypes d'avions. – *À L'ESSAI :* aux fins d'essai. *Mettre qqn à l'essai.* **2** Action faite sans être sûr du résultat. → **tentative.** *Coup d'essai.* – Chacune des tentatives d'un athlète. **3** (au rugby) Avantage obtenu quand un joueur pose le ballon derrière la ligne de but adverse. *Transformer un essai* (en but). **II 1** Résultat d'un essai ; premières productions. **2** Ouvrage littéraire en prose, de facture libre. *Essai philosophique.*

essaim n. m. ■ **1** Groupe d'abeilles, d'insectes. **2** fig. Groupe nombreux.

essaimer v. intr. [1] ■ (abeilles) Quitter la ruche en essaim pour aller s'établir ailleurs. ♦ fig. (collectivité) *Sa famille a essaimé dans toute l'Europe.* ► **essaimage** n. m.

essart n. m. ■ agric. Terre essartée.

essarter v. tr. [1] ■ agric. Débroussailler (un terrain) par arrachage ou brûlage. ► **essartage** n. m.

essayage n. m. ■ Action d'essayer (2).

essayer v. tr. [8] ■ **1** Soumettre (une chose) à une ou des opérations pour voir si elle répond aux caractères qu'elle doit avoir. → **contrôler, examiner, tester ; essai. 2** Mettre (un vêtement, etc.) pour voir s'il va. **3** Employer, utiliser (une chose) pour voir si elle convient. *Essayer un vin.* **4** Employer (qqch.) pour un but particulier. *Essayer une méthode.* ◆ ESSAYER DE (+ inf.). → **chercher** à ; **tenter** de. ▷ v. pron. **s'essayer** (à) Faire l'essai de ses capacités pour (une activité). *S'essayer à la course.* ◆ (+ inf.) *S'essayer à parler en public.*

essayeur, euse n. ■ **1** Personne qui fait essayer les vêtements aux clients. **2** Personne qui essaie, contrôle un matériel, etc.

essayiste n. ■ Auteur d'essais littéraires.

esse n. f. ■ Crochet en forme de S.

essence n. f. ■ **I** philos. **1** Fond de l'être, nature des choses. → **nature, substance.** ◆ (opposé à *existence*) Nature d'un être, opposée au fait d'être. **2** Ce qui fait qu'une chose est ce qu'elle est ; ensemble des caractères constitutifs et invariables (→ **essentiel**). ◆ PAR ESSENCE : par sa nature même. → par **définition. II** Espèce (d'un arbre). *Une forêt d'essences variées.* **III 1** Liquide volatil odorant qu'on extrait des végétaux (→ huile* essentielle). *Essence de lavande.* **2** Extrait concentré (d'aliments). *Essence de café.* **3** Produit liquide, volatil, inflammable, de la distillation du pétrole (utilisé comme carburant).

essentialisme n. m. ■ Philosophie pour laquelle l'essence (I) précède l'existence. ► **essentialiste** adj. et n.

essentiel, ielle ■ **I** adj. **1** philos. ou littér. Qui est ce qu'il est par son essence (I). ◆ Qui appartient à l'essence. → **fondamental. 2** ESSENTIEL À, POUR, absolument nécessaire. → **indispensable. 3** Le plus important, très important (opposé à *secondaire*). → **principal ; capital. 4** *Huiles* essentielles.* **II** n. m. Ce qui est le plus important. → **principal.**

essentiellement adv. ■ **1** Par essence. → **fondamentalement. 2** Avant tout, au plus haut point. → **absolument.**

esseulé, ée adj. ■ littér. Seul, délaissé.

essieu n. m. ■ Pièce transversale d'un véhicule, entrant dans les moyeux des roues.

essor n. m. ■ **1** Élan d'un oiseau qui s'envole. → **envol, envolée. 2** fig. Élan, développement important et fécond.

essorer v. tr. [1] ■ Débarrasser (une chose mouillée) d'une grande partie de l'eau qu'elle contient. ► **essorage** n. m.

essoreuse n. f. ■ Machine pour essorer.

essoriller v. tr. [1] ■ Couper les oreilles.

essoucher v. tr. [1] ■ techn. Débarrasser (un terrain) des souches restées dans le sol. ► **essouchage** et **essouchement** n. m.

essouffler v. tr. [1] ■ Mettre hors d'haleine, à bout de souffle. ▷ v. pron. **s'essouffler 1** Avoir du mal à respirer. **2** fig. Perdre l'inspiration ; ne plus pouvoir suivre un rythme. ► **essoufflement** n. m.

essuie n. m. ■ région. (Champagne ; Belgique) **1** Serviette de toilette. **2** Torchon.

essuie- Élément tiré du verbe *essuyer.*

essuie-glace n. m. ■ Tige de métal munie d'une lame (balai) qui essuie le pare-brise (ou la vitre arrière) d'un véhicule. *Des essuie-glaces.*

essuie-mains n. m. invar. ■ Serviette pour s'essuyer les mains.

essuie-pieds n. m. invar. ■ Paillasson (2).

essuie-tout n. m. invar. ■ Papier absorbant assez résistant, à usage domestique.

essuie-verre n. m. ■ Torchon fin qui sert à essuyer les verres.

essuyage n. m. ■ Action d'essuyer.

essuyer v. tr. [8] ■ **I 1** Sécher (ce qui est mouillé) en frottant avec un linge sec, etc. ◆ loc. fam. (fig.) Subir le premier une situation fâcheuse. ♦ Ôter (ce qui mouille). *Essuyer ses larmes.* **2** Ôter la poussière de (qqch.) en frottant. ♦ Enlever (ce qui salit...). **II** fig. Avoir à supporter (qqch. de fâcheux). → **endurer, subir.**

est [ɛst] n. m. ■ **1** Celui des quatre points cardinaux qui est au soleil levant. ♦ Lieu situé du côté de l'est (→ **oriental**). **2** *L'Est* (en France) : l'Alsace et la Lorraine. ♦ hist. Les pays à l'est de l'Europe.

establishment [ɛstabliʃmɛnt] n. m. ■ anglic. Ensemble des gens en place, attachés à l'ordre établi.

estacade n. f. ■ Barrage, jetée de pieux.

estafette n. f. ■ ancienn Messager. ♦ mod. Militaire agent de liaison.

estafier n. m. ▪ ancienn Laquais qui portait les armes de son maître. ♦ péj. Homme de main.

estafilade n. f. ▪ Entaille faite avec une arme tranchante. → **balafre, coupure.**

estagnon n. m. ▪ région. (sud de la France ; Afrique) Récipient en fer étamé destiné à contenir de l'huile, des essences.

est-allemand, ande adj. et n. ▪ hist. De la République démocratique allemande (RDA), dite *Allemagne de l'Est.*

estaminet n. m. ▪ région. Café populaire.

① **estampe** n. f. ▪ techn. **1** Pièce servant à produire une empreinte. **2** Outil, machine qui sert à estamper.

② **estampe** n. f. ▪ Image imprimée au moyen d'une planche gravée ou par lithographie. → **gravure.**

estamper v. tr. [1] ▪ **1** Imprimer en relief ou en creux sur (un support) une empreinte gravée. **2** fig. fam. Faire payer trop cher (qqn). → **escroquer.** ► **estampage** n. m.

estampeur, euse n. ▪ Personne qui estampe.

estampille n. f. ▪ Empreinte (cachet, poinçon...) qui atteste l'authenticité, l'origine d'un produit, d'un document.

estampiller v. tr. [1] ▪ Marquer d'une estampille. ► **estampillage** n. m.

estancia n. f. ▪ Grande exploitation agricole d'élevage, en Amérique latine.

estarie → **starie**

este n. m. ▪ Langue finno-ougrienne parlée en Estonie. → **estonien.**

① **ester** [ɛste] v. intr. [1] ▪ dr. *Ester en justice* : intenter un procès.

② **ester** [ɛstɛʀ] n. m. ▪ chim. Corps résultant de l'action d'un acide sur un alcool avec élimination d'eau (→ **polyester).**

estérifier v. tr. [7] ▪ chim. Transformer en ester. ► **estérification** n. f.

esterlin n. m. ▪ Ancienne monnaie qui avait cours en Europe au Moyen Âge.

esthésie n. f. ▪ physiol. Aptitude à percevoir des sensations.

esthète n. et adj. ▪ (Personne) qui affecte le culte raffiné de la beauté formelle.

esthéticien, ienne n. ▪ **1** didact. Spécialiste d'esthétique (I, 1). **2** Personne qui donne des soins de beauté (maquillage, etc).

esthétique ▪ **I** n. f. **1** Science du beau dans la nature et dans l'art ; conception particulière du beau. **2** Beauté. *L'esthétique d'un monument.* **3** *Esthétique industrielle.* → anglic. **design. II** adj. **1** Relatif à la beauté, à l'esthétique (I, 1). **2** Qui a un caractère de beauté. **3** *Chirurgie esthétique,* qui change les formes du corps, du visage dans un but esthétique.

esthétiquement adv. ▪ Du point de vue esthétique ; d'une manière esthétique.

esthétisant, ante adj. ▪ péj. Qui donne une place excessive à la beauté formelle.

esthétiser v. [1] ▪ **1** v. intr. péj. Accorder une place excessive à la beauté formelle. **2** v. tr. Rendre esthétique, conforme à un idéal de beauté. ► **esthétisation** n. f.

esthétisme n. m. ▪ **1** Doctrine, école des esthètes. **2** Attitude artistique qui recherche la beauté formelle.

estimable adj. ▪ **1** Digne d'estime. **2** Qui a du mérite, sans être remarquable.

estimatif, ive adj. ▪ Qui contient une estimation. *Devis estimatif.*

estimation n. f. ▪ **1** Action d'estimer (I, 1). → **expertise ; devis. 2** Action d'évaluer (une grandeur). *Selon mes estimations...*

estime n. f. ▪ **I** mar. Calcul de la position d'un navire en estimant le chemin parcouru. ♦ loc. adv. *À L'ESTIME. Naviguer à l'estime,* en utilisant les instruments de navigation. ◆ fig. Approximativement, au jugé. **II 1** Sentiment favorable né de la bonne opinion qu'on a de la valeur (de qqn). → **considération, respect. 2** Sentiment qui attache du prix (à qqch.). *Succès d'estime* (d'une œuvre qui a la faveur de la critique).

estimer v. tr. [1] ▪ **I 1** Déterminer le prix, la valeur de (qqch.) par une appréciation. → **apprécier, évaluer ; estimation. 2** Calculer approximativement. **II 1** Avoir une opinion sur. → **considérer, tenir** pour. *Estimer utile de faire qqch. J'estime avoir fait mon devoir.* **2** Reconnaître la valeur de (qqn ou, moins souvent, qqch.). → **apprécier, considérer ; estime.** ▷ v. pron. s'**estimer** (+ adj. attribut) Se considérer. *Estimons-nous heureux.* ▷ adj. **estimé, ée** Qui jouit de l'estime d'autrui. ◆ (choses) Apprécié.

estival, ale, aux adj. ▪ Propre à l'été.

estivant, ante n. ▪ Vacancier qui passe l'été dans une station de villégiature.

estivation n. f. ▪ zool. État d'engourdissement de certains animaux pendant l'été (opposé à *hibernation*).

estive n. f. ▪ agric. Pâturage d'été en montagne.

estiver v. [1] ▪ Se dit des troupeaux qui passent l'été dans des pâturages de montagne (→ **transhumance).** ► **estivage** n. m.

estoc n. m. ▪ *D'estoc et de taille,* avec la pointe et le tranchant de l'épée.

estocade n. f. ▪ (tauromachie) Coup d'épée, dans la mise à mort du taureau.

estomac [-a] n. m. ▪ **I** Viscère creux, organe de l'appareil digestif. **1** (personnes) Poche musculeuse, située dans la partie supérieure de la cavité abdominale. → **gastéro- ; stomacal.**

◆ loc. *Avoir l'estomac dans les talons* : avoir faim. **2** (animaux) Partie renflée du tube digestif, qui reçoit les aliments. *L'estomac des ruminants* (panse, bonnet, feuillet, caillette). **II** Partie du torse située sous les côtes. *Frapper qqn à l'estomac.* **III** *Avoir de l'estomac,* de l'audace.

estomaqué, ée adj. ■ Ahuri, stupéfait.

estomaquer v. tr. 1 ■ fam. Étonner, surprendre par qqch. de choquant.

estompe n. f. ■ Petit rouleau servant à étendre la trace du crayon, du fusain, etc. sur un dessin.

estomper v. tr. 1 ■ **1** Dessiner, ombrer avec l'estompe. **2** Rendre flou, moins net. → **voiler.** **3** fig. Enlever de son relief à (un sentiment...). → **adoucir, atténuer.** ▷ v. pron. s'**estomper** ► **estompage** n. m.

estonien, ienne adj. ■ De l'Estonie. ◆ n. *Un Estonien, une Estonienne.* ◆ n. m. *L'estonien,* langue finno-ougrienne parlée par les Estoniens.

estoquer v. tr. 1 ■ Tuer par l'estocade.

estouffade n. f. ■ Plat de viande cuite à l'étouffée. - syn. **étouffade.**

estourbir v. tr. 2 ■ fam. Assommer.

① **estrade** n. f. ■ vx Route. ◆ loc. *Battre l'estrade* : courir les chemins.

② **estrade** n. f. ■ Plancher élevé au-dessus du sol ou du parquet.

estradiol → **œstradiol**

estragon n. m. ■ Plante dont la tige et les feuilles servent comme condiment.

estramaçon n. m. ■ Longue épée à deux tranchants, en usage du Moyen Âge au XVIIIe s.

estran n. m. ■ Partie du littoral périodiquement recouverte par la marée.

estrapade n. f. ■ anciennt Supplice qui consistait à laisser tomber un condamné suspendu par une corde à une potence.

estrogène → **œstrogène**

estropier v. tr. 7 ■ **1** Priver d'un membre, mutiler par blessure ou maladie. **2** fig. Modifier, déformer ou tronquer (un mot, etc.). ▷ adj. et n. **estropié, ée** → **infirme.**

estuaire n. m. ■ Embouchure (d'un cours d'eau) dessinant un golfe évasé et profond. ► **estuarien, ienne** adj. didact.

estudiantin, ine adj. ■ Des étudiants.

esturgeon n. m. ■ Grand poisson qui vit en mer et va pondre dans les grands fleuves. *Œufs d'esturgeon.* → **caviar.**

et conj. ■ **I** Conjonction de coordination qui sert à lier les mots, les syntagmes, les propositions ayant même fonction ou même rôle et à exprimer une addition, une liaison. **1** reliant des parties de même nature *Deux et deux font quatre. Du thym, du laurier et du romarin.* **2** reliant deux parties de nature différente et de même fonction *Il chanta, et avec brio.* **3** dans les nombres composés (joignant *un* aux dizaines) *Vingt et un* (mais *quatre-vingt-un*). ◆ devant la fraction *Deux heures et quart* (aussi *un quart*), *et demie.* **II** (en début de phrase) *Et voici que tout à coup...* → **alors.** **III** n. m. **1** Le mot *et. Signe représentant et.* → **esperluette.** **2** math., log. Symbole ou opérateur représentant l'intersection, le produit logique.

êta n. m. invar. ■ Septième lettre de l'alphabet grec (Η, η).

étable n. f. ■ Bâtiment où on loge le bétail, les bovidés (→ **stabulation).**

établi n. m. ■ Table massive sur laquelle on dispose ou fixe la pièce à travailler.

établir v. tr. 2 ■ **I** Mettre, faire tenir (une chose) dans un lieu et d'une manière stable. → **construire, installer.** *Établir un campement.* **II** fig. **1** Mettre en vigueur, en application. → **fonder, instituer.** *Établir un impôt.* ◆ Fonder de manière stable. *Établir sa réputation.* **2** vieilli Pourvoir (qqn) d'une situation, d'un emploi. **3** Fonder sur des arguments. → **appuyer, baser, étayer.** ◆ Faire apparaître comme vrai. → **démontrer, prouver.** **4** Faire commencer (des relations). *Établir des liens avec qqn.* → **nouer.** ▷ v. pron. s'**établir** **1** Se fixer (en un lieu). → s'**installer.** **2** (+ attribut) Se poser en. *S'établir juge des actes d'autrui.* **3** Prendre naissance, s'instaurer. ▷ adj. **établi, ie** → **solide.**

établissement n. m. ■ **I** **1** Action de fonder, d'établir. → **création, fondation, institution.** **2** Fait d'établir (II, 3). → **démonstration, preuve.** **3** Fait de s'établir (1). **II** Ensemble des installations d'une entreprise ; cette entreprise. *Les établissements X.* → **société.** ◆ *Établissement scolaire.*

étage n. m. ■ **I** **1** Espace compris entre deux planchers successifs d'un édifice. *Immeuble de six étages.* **2** Chacun des plans (d'une chose aux parties superposées). *Le terrain descend par étages.* **3** géol. Ensemble de terrains de même âge (subdivision de l'époque). **4** Élément détachable (d'une fusée). **II** loc. *DE BAS ÉTAGE* : de condition médiocre.

étager v. tr. 3 ■ Disposer par étages superposés. → **échelonner, superposer.** ▷ v. pron. s'**étager** ► **étagement** n. m.

étagère n. f. ■ **1** Planche fixée horizontalement. **2** Meuble fait de montants supportant des tablettes horizontales.

① **étai** n. m. ■ Pièce de charpente destinée à soutenir provisoirement (→ **étayer).**

② **étai** n. m. ■ Câble à l'avant d'un navire, soutenant un mât (→ aussi **hauban).**

étaiement → **étayage**

étain n. m. ■ **1** Élément (symb. Sn), métal grisâtre, très malléable. **2** Objet d'étain.

étal, étals ou rare **étaux** n. m. ■ **1** Table où l'on expose les marchandises dans les marchés. → **éventaire.** **2** Table de bois sur laquelle les bouchers débitent la viande.

étalage n. m. ■ **1** admin. Exposition de marchandises qu'on veut vendre. **2** Lieu où l'on expose des marchandises ; marchandises exposées. → **étal ; devanture, vitrine.** **3** fig. Action d'exposer avec ostentation. *Étalage d'érudition.* ◆ *FAIRE ÉTALAGE DE.* → **exhiber.**

étalager v. tr. [3] ■ Mettre (des marchandises) en vitrine.

étalagiste n. ■ Personne dont le métier est de disposer les étalages des magasins.

étale adj. ■ Sans mouvement, immobile. ◆ *Mer étale,* qui ne monte ni ne descend.

étalement n. m. ■ Action d'étaler, de répartir (dans l'espace ou dans le temps).

étaler v. tr. [1] ■ **I** concret **1** Exposer (des marchandises à vendre). **2** Disposer sur une grande surface, notamment pour montrer. *Étaler ses cartes.* ◆ *Étaler un journal.* → **déployer.** **3** Étendre en couche fine. *Étaler du beurre sur du pain.* **4** fam. Faire tomber (qqn). **II** abstrait **1** Montrer avec prétention. *Étaler son savoir.* **2** Montrer, exposer. *Étaler ses amours.* **III** Répartir dans le temps. → **échelonner.** ▷ v. pron. **s'étaler** **1** (passif) *Peinture qui s'étale bien.* **2** S'afficher, s'exhiber. **3** S'étendre (dans le temps). **4** fam. (personnes) Prendre de la place. **5** fam. Tomber.

① **étaler** v. tr. [1] ■ **I** concret **1** Exposer (des marchandises à vendre). **2** Disposer de façon à faire occuper une grande surface, notamment pour montrer. *Il étalait tous ses papiers sur la table.* → **éparpiller.** *Étaler un journal,* l'ouvrir largement. → **déplier, déployer.** ◆ *Étaler son jeu, ses cartes.* → **abattre.** **3** Étendre sur une grande surface en couche fine. *Étaler du beurre sur du pain.* → **tartiner.** **4** fam. (personnes) Faire tomber. ◆ fig. *Il s'est fait étaler à l'examen,* il a échoué. **II** abstrait **1** Faire voir, montrer avec excès, prétention. → **déployer, exhiber, exposer.** « *On les voyait étaler un luxe insolent* » (Flaubert). → **afficher.** **2** Montrer, rendre évident (ce qui était caché). *Étaler un scandale.* → **révéler.** **III** Répartir dans le temps (→ **étalement**). *Étaler des travaux sur plusieurs années. Étaler ses paiements.* → **échelonner.**

② **étaler** v. tr. [1] ■ mar. Résister à. *Étaler le vent, le courant.* ◆ *Étaler la marée :* mouiller sur place en attendant la marée contraire.

étalinguer v. tr. [1] ■ mar. Amarrer (un câble, une chaîne) à une ancre.

① **étalon** n. m. ■ Cheval destiné à la reproduction (opposé à *hongre*).

② **étalon** n. m. ■ **1** Modèle légal de mesure ; représentation matérielle d'une unité de mesure. ◆ appos. *Mètre étalon.* **2** fig. → **modèle, référence.** **3** écon. Métal fondant la valeur d'une monnaie.

étalonner v. tr. [1] ■ **1** Vérifier (une mesure) par comparaison avec un étalon. **2** Graduer (un instrument) conformément à l'étalon. ► **étalonnage** et **étalonnement** n. m.

étambot n. m. ■ Partie d'un navire qui continue la quille à l'arrière.

étamer v. tr. [1] ■ **1** Recouvrir (un métal) d'une couche d'étain. ◆ au p. p. *Tôle étamée :* fer-blanc. **2** Recouvrir (une face d'une glace) de tain*. ► **étamage** n. m.

étameur, euse n. ■ Personne qui étame.

① **étamine** n. f. ■ **1** Étoffe mince, légère. **2** Tissu lâche qui sert à filtrer.

② **étamine** n. f. ■ Organe mâle producteur du pollen, chez les plantes à fleurs.

étampe n. f. ■ Poinçon, outil pour étamper.

étamper v. tr. [1] ■ techn. Imprimer une marque sur (une surface dure). ► **étampage** n. m.

étamperche n. f. ■ techn. Longue perche servant à soutenir un échafaudage. → **écoperche.** - var. **étemperche.**

étampure n. f. ■ techn. Évasement d'un trou percé dans une plaque de métal.

étamure n. f. ■ techn. Matière qui sert à étamer.

étanche adj. ■ Qui ne laisse pas passer les fluides, ne fuit pas. *Toiture étanche.* → **imperméable.** ► **étanchéité** n. f.

étancher v. tr. [1] ■ **1** Arrêter (un liquide) dans son écoulement. → **éponger.** **2** *Étancher sa soif,* l'apaiser en buvant. → se **désaltérer.** ► **étanchement** n. m.

étançon n. m. ■ Grosse pièce de bois de soutien. → **béquille, contrefort, étai.**

étançonner v. tr. [1] ■ techn. Soutenir à l'aide d'étançons. → **étayer.** ► **étançonnement** n. m.

étang [etɑ̃] n. m. ■ Étendue d'eau moins vaste et moins profonde qu'un lac.

étape n. f. ■ **1** Lieu où l'on s'arrête au cours d'un déplacement, d'un voyage. ◆ loc. *Brûler l'étape :* ne pas s'arrêter à l'étape prévue. fig. *Brûler les étapes :* aller plus vite que prévu. **2** Distance pour arriver à une étape (1). *Une longue étape.* **3** fig. Période dans une progression, une évolution. → **moment, phase.** *Par étapes.* → **degré.**

étarquer v. tr. [1] ■ mar. Hisser et tendre le plus possible (une voile).

étasunien, enne → **états-unien**

état n. m. ■ **I** Manière d'être (d'une personne ou d'une chose), considérée dans ce qu'elle a de plus ou moins durable (opposé à *devenir*). *État* *permanent ; momentané.* **1** Manière d'être physique, intellectuelle, morale (d'une personne). ♦ loc. *Être dans tous ses états,* très agité. – *ÉTAT D'ESPRIT :* disposition d'esprit. – *ÉTAT D'ÂME :* disposition des sentiments. *Avoir des états d'âme,* des réactions affectives incontrôlées. ♦ *EN ÉTAT DE, HORS D'ÉTAT DE* (+ inf.) : capable ou non de. **2** Manière d'être (d'une chose). – *En bon, en mauvais état. En état de marche.* – *EN ÉTAT :* dans l'état normal ou antérieur. – *EN L'ÉTAT :* tel quel. – *ÉTAT DE CHOSES :* circonstance. – *EN TOUT ÉTAT DE CAUSE :* dans tous les cas. ♦ (choses abstraites) *L'état de la question.* **3** sc. Manière d'être (d'un corps) résultant de la plus ou moins grande cohésion de ses molécules. *État solide, liquide, gazeux.* **4** *FAIRE ÉTAT DE :* tenir compte de ; mettre en avant. **5** Écrit constatant ou décrivant un fait, une situation à un moment donné. *État des lieux.* **II** Situation (d'une personne) dans la société. **1** littér. Fonction sociale. *L'état religieux.* – *Il est architecte DE SON ÉTAT,* c'est son métier. **2** dr. Ensemble de qualités inhérentes à la personne, auxquelles la loi civile attache des effets juridiques. *État d'époux.* ♦ *ÉTAT CIVIL :* mode de constatation des principaux faits relatifs à l'état des personnes (naissance, mariage, décès...) ; service chargé de constater ces faits. **3** hist. *TIERS ÉTAT :* sous l'Ancien Régime, Troisième état comprenant ceux qui n'appartenaient ni à la noblesse ni au clergé. – au plur. *ÉTATS GÉNÉRAUX :* assemblée des députés des trois états, convoquée par le roi. **III** (avec une maj.) **1** Autorité souveraine s'exerçant sur un peuple et un territoire déterminés. *L'État et la nation.* – *CHEF D'ÉTAT :* personne qui exerce l'autorité souveraine dans un pays. *Le chef de l'État* (même sens). – *HOMME, FEMME D'ÉTAT :* personne qui a ou peut avoir un rôle très important dans l'État. – *COUP D'ÉTAT :* conquête ou tentative de conquête du pouvoir par des moyens illégaux. → **putsch.** – *RAISON D'ÉTAT :* considération d'intérêt public que l'on invoque pour justifier une action. **2** Ensemble des services généraux d'une nation ; pouvoir central. *L'État et les collectivités locales.* **3** Groupement humain fixé sur un territoire déterminé, soumis à une même autorité. → **nation, pays.**

étatique adj. ▪ Qui concerne l'État.

étatiser v. tr. [1] ▪ Transformer en propriété d'État ; faire gérer par l'État. → **nationaliser.** ► **étatisation** n. f.

étatisme n. m. ▪ Doctrine préconisant l'extension du rôle de l'État dans la vie économique et sociale. ► **étatiste** adj. et n.

état-major n. m. ▪ **1** Officiers et personnel attachés à un officier supérieur ou général pour élaborer et transmettre les ordres. → **commandement.** *Des états-majors.* **2** Ensemble des dirigeants (d'un groupe...).

états-unien, ienne adj. et n. ▪ Des États-Unis d'Amérique. → **nord-américain.** – n. *Les États-Uniens.* – var. **étasunien, ienne.**

étau n. m. ▪ **1** Presse formée de deux mâchoires qu'on rapproche de manière à serrer l'objet que l'on veut travailler. **2** loc. fig. *Être pris dans un étau,* dans une situation pénible.

étayage n. m. ▪ Action d'étayer ; opération par laquelle on étaie. – syn. **étaiement.**

étayer v. tr. [8] ▪ **1** Soutenir à l'aide d'étais (①). *Étayer un mur.* **2** fig. Appuyer, soutenir. *Étayer une démonstration.*

et cætera ou **et cetera** [ɛtseteʀa] loc. ▪ Et le reste. – abrév. graphique **etc.**

① **été** ▪ Participe passé (invar.) de *être.*

② **été** n. m. ▪ Saison qui succède au printemps et précède l'automne, et qui, dans l'hémisphère Nord, commence au *solstice d'été* et s'achève à l'équinoxe d'automne. ♦ *L'été indien :* période de beaux jours en automne, en Amérique du Nord.

éteignoir n. m. ▪ **1** Ustensile creux qu'on pose sur une bougie, etc. pour l'éteindre. **2** fig. Ce qui arrête l'élan de l'esprit, de la gaieté. – (personnes) → **rabat-joie.** **3** Cendrier de rue.

éteindre v. tr. [52] ▪ **1** Faire cesser de brûler. *Éteindre un feu* (→ **extinction).** ♦ Faire cesser d'éclairer. *Éteindre une lampe.* ♦ Faire cesser de fonctionner (un appareil). *Éteindre la radio.* **2** fig., littér. Diminuer l'intensité de ; faire cesser d'exister. → **apaiser, calmer, diminuer.** **3** dr. *Éteindre un droit ; une dette.* → **annuler ; acquitter.** ▷ v. pron. **s'éteindre** **1** Cesser de brûler ; cesser d'éclairer. **2** littér. (sons...) Perdre son éclat, sa vivacité. **3** fig. Disparaître, finir. *Souvenir qui s'éteint.* – (personnes) Mourir. ▷ adj. **éteint, einte** **1** Qui ne brûle plus ; qui n'éclaire plus. **2** Qui a perdu son éclat, sa vivacité. **3** fig. Affaibli ; supprimé.

étemperche → **étamperche**

étendage n. m. ▪ **1** Action d'étendre pour faire sécher. **2** Cordes à linge, séchoir.

étendard n. m. ▪ **1** Enseigne de guerre, drapeau. **2** fig. Signe de ralliement ; symbole (d'une cause...). *L'étendard de la liberté.*

étendoir n. m. ▪ → **étendage** (2).

étendre v. tr. [41] ▪ **1** Déployer (un membre, une partie du corps) dans sa longueur (en l'écartant, en le dépliant). **2** Placer à plat ou dans sa grande dimension (ce qui était plié). *Étendre du linge,* pour qu'il sèche. **3** Coucher (qqn) de tout son long. ♦ fig., fam. → **coller, refuser.** *Se faire étendre au bac.* **4** Faire couvrir une surface plus grande à. → **étaler.** **5** Diluer. *Étendre une sauce.* **6** fig. Rendre plus grand. → **accroître.** *Étendre son influence.* ▷ v. pron. **s'étendre** **1** Augmenter en surface ou en longueur. **2** (personnes) → s'**allonger,** se **coucher.**

3 (sujet chose) Occuper un certain espace. 4 Prendre de l'ampleur. 5 *S'étendre sur un sujet*, le développer longuement. ▷ adj. **étendu, ue 1** Qu'on a étendu ou qui s'est étendu. 2 Qui a une grande étendue.

étendue n. f. ■ 1 philos. Propriété des corps d'être situés dans l'espace et d'en occuper une partie. 2 Espace perceptible, visible ; espace occupé par qqch. 3 (voix...) Écart entre le son le plus grave et le son le plus aigu. → **registre.** 4 Espace de temps. → **durée.** 5 fig. Importance, développement.

éternel, elle adj. ■ I 1 Qui est hors du temps, qui n'a pas eu de commencement et n'aura pas de fin. ♦ n. m. *L'ÉTERNEL* : Dieu. ➛ Ce qui a une valeur d'éternité*. 2 Qui est de tous les temps ou qui doit durer toujours. ➛ relig. *La vie éternelle*, après la mort. ➛ *Le repos éternel* : la mort. 3 Qui dure très longtemps ; dont on ne peut imaginer la fin. ➛ *Neiges éternelles*, qui ne fondent pas. II (avant le nom) 1 Qui ne semble pas devoir finir ; qui ennuie par la répétition. → **sempiternel.** ➛ (personnes) *Un éternel mécontent.* 2 Qui se trouve continuellement associé à qqch., à qqn. → **inséparable.** *Avec son éternel chapeau.*

éternellement adv. ■ 1 De tout temps. → **indéfiniment.** 2 Sans cesse. → **toujours.**

éterniser v. tr. [1] ■ 1 littér. Rendre éternel. → **immortaliser, perpétuer.** 2 Prolonger indéfiniment. ▷ v. pron. **s'éterniser 1** Se perpétuer, se prolonger. 2 fam. S'attarder trop longtemps.

éternité n. f. ■ I 1 Durée qui n'a ni commencement ni fin (surtout dans un contexte religieux). 2 Durée ayant un commencement, mais pas de fin ; relig. la vie future. 3 Temps qui semble extrêmement long. 4 loc. adv. *De toute éternité* : depuis toujours. II Caractère de ce qui est éternel. → **pérennité.**

éternuement n. m. ■ Expulsion brusque d'air par le nez et la bouche, provoquée par l'irritation des muqueuses nasales (→ **sternutation**).

éternuer v. intr. [1] ■ Faire un éternuement.

étésien adj. m. ■ didact. *Vents étésiens* : vents qui soufflent l'été du nord sur la Méditerranée.

étêter v. tr. [1] ■ Couper la tête de (un arbre...). ► **étêtage** ou **étêtement** n. m.

éteule n. f. ■ agric. Chaume laissé sur place.

éthane n. m. ■ Gaz combustible, hydrocarbure saturé.

éthanol n. m. ■ Alcool éthylique*.

① **éther** [etɛʀ] n. m. ■ 1 littér. L'air le plus pur ; les espaces célestes. → **air, ciel.** 2 sc. anc. Fluide subtil supposé emplir l'espace.

② **éther** [etɛʀ] n. m. ■ 1 chim. anc. Tout composé volatil résultant de la combinaison d'acides avec des alcools. 2 Oxyde d'éthyle, liquide d'une odeur forte, très volatil.

éthéré, ée adj. ■ 1 Qui est de la nature de l'éther (①). 2 → **aérien, irréel, léger.** *Créature éthérée.* ➛ *Sentiments éthérés.* → **pur.**

éthéromane adj. et n. ■ Toxicomane qui se drogue à l'éther (②, 2). ► **éthéromanie** n. f.

éthicien, ienne n. ■ Spécialiste des problèmes d'éthique.

éthique ■ I n. f. 1 Science de la morale. 2 Ensemble des conceptions morales de qqn, un milieu, une culture. II adj. 1 Qui concerne la morale. → **moral.** 2 Qui intègre des critères moraux dans le fonctionnement social.

ethmoïde n. m. ■ anat. Os de la base du crâne, criblé de petits trous par lesquels passent les nerfs olfactifs. ► **ethmoïdal, ale, aux** adj.

ethnarque n. m. ■ Antiq. Gouverneur d'une province dans l'Empire romain.

ethniciser v. tr. [1] ■ Donner un caractère ethnique à (qqch.).

ethnicité n. f. ■ didact. Identité ethnique (d'un groupe humain).

ethnie n. f. ■ Ensemble de personnes que rapprochent des caractères de civilisation, notamment la langue et la culture.

ethnique adj. ■ 1 Relatif à une ethnie. ➛ loc. *Purification* ethnique.* 2 Qui représente une tradition populaire, notamment non occidentale. *Bijoux ethniques.*

ethno- Élément, du grec *ethnos* « peuple ».

ethnocentrisme n. m. ■ didact. Tendance à privilégier son groupe ethnique. ► **ethnocentrique** adj.

ethnocide n. m. ■ Destruction de la civilisation d'un groupe ethnique.

ethnographie n. f. ■ Étude descriptive des groupes humains (ethnies). ► **ethnographe** n. ► **ethnographique** adj.

ethnologie n. f. ■ Étude théorique des groupes humains (décrits par l'ethnographie). → **anthropologie.** ► **ethnologique** adj. ► **ethnologue** n.

ethnomusicologie n. f. ■ Étude des faits musicaux de caractère traditionnel des différents groupes ethniques.

ethnopsychiatrie n. f. ■ Étude de l'influence des facteurs ethniques sur l'origine et les manifestations des maladies mentales.

éthologie n. f. ■ Étude des comportements animaux. ► **éthologique** adj. ► **éthologue** ou **éthologiste** n.

éthuse → **æthuse**

éthyle n. m. ■ chim. Radical formé de carbone et d'hydrogène.

éthylène n. m. ■ Hydrocarbure gazeux incolore, peu soluble dans l'eau.

éthylénique adj. ▪ *Carbures éthyléniques :* hydrocarbures à chaîne ouverte contenant une liaison double, et dont l'éthylène est le plus simple.

éthylique adj. ▪ **1** chim. *Alcool éthylique :* l'alcool ordinaire. **2** Dû à l'ingestion exagérée d'alcool. ♦ n. Alcoolique, ivrogne.

éthylisme n. m. ▪ méd. Alcoolisme.

éthylomètre n. m. ▪ techn. Appareil qui sert à mesurer le taux d'alcool dans le sang.

éthylotest [-tɛst] n. m. ▪ Appareil servant à mesurer le taux d'alcool dans l'air expiré. → **alcootest.**

étiage [etjaʒ] n. m. ▪ Baisse des eaux (d'un cours d'eau) ; le plus bas niveau des eaux.

étier n. m. ▪ Petit canal par lequel un marais salant communique avec la mer.

étincelant, ante adj. ▪ **1** littér. Qui étincelle. ♦ Qui brille, scintille. **2** D'un ton éclatant. **3** fig. → **brillant.** *Une verve étincelante.*

étinceler v. intr. [4] ▪ **1** Briller au contact d'un rayon lumineux. **2** littér. Produire un éclat vif. **3** littér. (abstrait) Avoir de l'éclat.

étincelle n. f. ▪ **1** Parcelle incandescente qui se détache d'un corps qui brûle, ou qui jaillit au contact ou sous le choc de deux corps. **2** Point brillant ; reflet. ➛ (personnes) *Faire des étincelles,* être brillant. **3** fig. *Une étincelle de raison.* → **lueur.**

étincellement n. m. ▪ Fait d'étinceler ; éclat de ce qui étincelle. → **scintillation.**

étioler [etjɔle] v. tr. [1] ▪ **1** Rendre (une plante) grêle et décolorée, par manque d'air, de lumière. **2** Rendre (qqn) chétif, pâle. **3** fig. Affaiblir, atrophier. ▷ v. pron. **s'étioler** ► **étiolement** n. m.

étiologie [-tjɔ-] n. f. ▪ méd. Étude des causes des maladies. ► **étiologique** adj.

étiopathie n. f. ▪ Thérapie qui cherche à retrouver le point de départ d'un état pathologique et à le traiter par manipulation. ► **étiopathe** n.

étique adj. ▪ littér. D'une extrême maigreur.

étiqueter v. tr. [4] ▪ **1** Marquer d'une étiquette. ► **étiqueteuse** n. f. (machine) **2** fig. Classer (qqn) d'après son origine, ses opinions, etc. ► **étiquetage** n. m.

étiquette n. f. ▪ **I 1** Petit morceau de papier, de carton, fixé à un objet (pour en indiquer la nature, le prix, le possesseur...). **2** fig. Ce qui marque qqn et le classe (dans un parti, une école, etc.). **II** Ordre de préséances ; cérémonial en usage auprès d'un grand personnage. → **protocole.**

étirable adj. ▪ Qui peut être étiré sans se rompre.

étirage n. m. ▪ Action d'étirer.

étirement n. m. ▪ Fait de s'étirer.

étirer v. tr. [1] ▪ Allonger ou étendre par traction. ▷ v. pron. **s'étirer 1** Se tendre, s'allonger. **2** (êtres vivants) Étendre ses membres. **3** S'étendre dans le temps.

étoc n. m. ▪ mar. Tête de rocher voisine des côtes et dangereuse pour la navigation.

étoffe n. f. ▪ **I** Tissu dont on fait des habits, des garnitures d'ameublement. **II 1** Ce qui constitue la nature, les qualités (de qqn ou qqch.). ➛ *Avoir de l'étoffe,* une forte personnalité. **2** Matière, sujet. *Ce roman manque un peu d'étoffe.*

étoffé, ée adj. ▪ Dont le style a de la force et de l'ampleur. → **riche.** *Une description étoffée.*

étoffer v. tr. [1] ▪ Rendre plus abondant, plus riche. → **enrichir.** *Étoffer un roman.* → **nourrir.** ▷ v. pron. **s'étoffer** (personnes) S'élargir. ➛ (choses) Devenir plus consistant.

étoile n. f. ▪ **I 1** cour. Tout astre visible, excepté le Soleil et la Lune ; point brillant dans le ciel, la nuit. *L'étoile Polaire,* située dans la direction du nord. *L'étoile du berger :* la planète Vénus. ➛ *À la belle étoile :* en plein air, la nuit. **2** astron. Astre producteur et émetteur d'énergie. → aussi **nova, supernova. 3** *ÉTOILE FILANTE :* météorite dont le passage dans l'atmosphère terrestre se signale par une traînée de lumière. **II** (dans des expr.) Astre, considéré comme influant sur la destinée de qqn. *Être né sous une bonne étoile.* **III 1** Objet, ornement disposé en rayons (représentation traditionnelle des étoiles). ➛ *Étoile de David,* symbole du judaïsme. *L'étoile jaune,* insigne que les nazis obligeaient les Juifs à porter. ➛ Signe en étoile. → **astérisque. 2** *ÉTOILE DE MER :* échinoderme marin en forme d'étoile à cinq branches. → **astérie. IV** Personne qui a une très grande réputation (dans le monde du spectacle). → **star, vedette.** ➛ appos. *Danseur, danseuse étoile.*

étoilement n. m. ▪ **1** Action d'étoiler, de s'étoiler. **2** Disposition en étoile.

étoiler v. tr. [1] ▪ **1** Parsemer d'étoiles. → **consteller.** ➛ pronom. Se couvrir d'étoiles. **2** Former une étoile (III) sur. **3** Fêler en forme d'étoile. ▷ adj. **étoilé, ée**

étole n. f. ▪ **1** Bande d'étoffe que l'évêque, le prêtre et le diacre portent au cou. **2** Écharpe rappelant la forme de l'étole.

étonnant, ante adj. ▪ **1** Qui surprend par qqch. d'extraordinaire. → **incroyable, surprenant. 2** Qui frappe par un caractère remarquable, réussi. → **épatant, fantastique.** ➛ (personnes) Digne d'admiration ; singulier. ► **étonnamment** adv.

étonnement n. m. ▪ Surprise causée par qqch. d'extraordinaire, d'inattendu.

étonner v. tr. [1] ■ 1 vx Ébranler. 2 Causer de la surprise à (qqn). → **abasourdir, ébahir, surprendre.** ◆ *Cela m'étonnerait*, cela est peu probable. ▷ v. passif : s'**étonner** v. pron., (être) **étonné, ée** trouver étrange, être surpris. ◆ au p. p. *Regard étonné.*

étouffade → **estouffade**

étouffant, ante adj. ■ Qui fait qu'on étouffe. → **asphyxiant, suffocant.**

étouffé, ée adj. ■ 1 Asphyxié par étouffement. 2 (son) Affaibli. *Des bruits étouffés.*

étouffe-chrétien [-kʀetjɛ̃] n. m. ■ plais. Aliment épais, difficile à avaler.

à l'**étouffée** loc. adj. et adv. ■ Se dit d'aliments cuits dans un récipient clos, à la vapeur. – syn. à l'**étuvée.**

étouffement n. m. ■ 1 Action d'étouffer (un être vivant). → **asphyxie.** 2 Difficulté à respirer. 3 fig. Action d'étouffer, d'empêcher de se développer.

étouffer v. [1] ■ I v. tr. 1 Asphyxier ou suffoquer (qqn) en empêchant de respirer. 2 (sujet chose) Gêner (qqn) en rendant la respiration difficile. ◆ fig., fam. *Les scrupules ne l'étouffent pas* : il n'a aucun scrupule. 3 Gêner la croissance de (une plante). 4 Priver de l'oxygène nécessaire à la combustion. → **éteindre.** *Étouffer un foyer d'incendie.* 5 Empêcher (un son) de se propager. ◆ fig. Faire taire. *Étouffer l'opposition.* → **bâillonner, garrotter.** 6 Empêcher de se développer en soi. → **contenir, refouler, réprimer.** *Étouffer ses émotions.* 7 Empêcher de se développer. *Étouffer un scandale.* II v. intr. 1 Respirer avec peine ; ne plus pouvoir respirer. → **suffoquer.** ◆ Avoir très chaud. 2 fig. Être mal à l'aise, ressentir une impression d'oppression. ▷ v. pron. s'**étouffer** Perdre la respiration. ◆ Mourir par asphyxie.

étouffoir n. m. ■ Lieu où l'on étouffe.

étoupe n. f. ■ Partie grossière de la filasse.

étouper v. tr. [1] ■ techn. Garnir d'étoupe.

étoupille n. f. ■ Amorce qui s'enflamme par la friction d'un dispositif à frottement ou par percussion.

étourderie n. f. ■ 1 Acte d'étourdi. 2 Caractère d'une personne étourdie.

étourdi, ie ■ 1 adj. Qui agit sans réflexion, sans attention. → **distrait, irréfléchi, léger.** ◆ Qui oublie, égare facilement ; qui manque d'organisation. 2 n. *Un, une étourdi(e).* 3 loc. adv. À L'ÉTOURDIE. → **étourdiment.**

étourdiment adv. ■ À la manière d'un étourdi. → **inconsidérément.**

étourdir v. tr. [2] ■ 1 Faire perdre à demi connaissance à (qqn). 2 Causer une ivresse, un vertige à (qqn). → **griser.** 3 Fatiguer par le bruit, les paroles. ▷ v. pron. s'**étourdir** Perdre la claire conscience de soi-même. ◆ *S'étourdir de paroles.* → se **griser.**

étourdissant, ante adj. ■ I Qui étourdit par son bruit. II Qui fait sensation.

étourdissement n. m. ■ 1 Trouble caractérisé par une sensation de tournoiement, d'engourdissement. → **faiblesse, vertige.** ◆ État d'une personne grisée. → **griserie.** 2 Action de s'étourdir.

étourneau n. m. ■ 1 Petit oiseau à plumage sombre moucheté de taches blanches. → **sansonnet.** 2 fig. Personne étourdie.

étrange adj. ■ 1 Très différent de ce qu'on a l'habitude de voir, d'apprendre ; qui étonne, surprend. → **bizarre, curieux, drôle, extraordinaire, singulier.** 2 n. m. Caractère étrange (de…). → **étrangeté.** ◆ Ce qui est étrange. *Le goût de l'étrange.* ▶ **étrangement** adv. → **bizarrement, curieusement.**

étranger, ère ■ I adj. 1 Qui est d'une autre nation. ◆ Qui est autre (en parlant d'une nation). 2 Relatif aux rapports avec les autres nations. *Politique étrangère.* 3 Qui n'appartient pas à un groupe (familial, social). 4 (choses) ÉTRANGER À (qqn) : qui n'est pas naturel à (qqn). ◆ Qui n'est pas familier de (qqn). 5 (personnes) ÉTRANGER À (qqch.) : qui se tient à l'écart de (qqch.). ◆ *Être étranger à tout sentiment de pitié*, être incapable d'éprouver ce sentiment. 6 (choses) Qui ne fait pas partie (de) ; qui n'a aucun rapport (avec). → **distinct, extérieur.** 7 *Corps étranger* : chose qui se trouve contre nature dans l'organisme. II n. 1 Personne dont la nationalité n'est pas celle d'un pays donné. 2 Personne qui ne fait pas partie d'un groupe ; personne inconnue. 3 n. m. *L'étranger* : un pays étranger ; les pays étrangers.

étrangeté n. f. ■ 1 Caractère étrange. → **singularité.** 2 littér. Action, chose étrange.

étranglé, ée adj. ■ 1 Privé de respiration par forte compression du cou. ◆ *Voix étranglée*, gênée (par l'émotion). 2 Très serré.

étranglement n. m. ■ 1 Fait d'étrangler (1). → **strangulation.** 2 Fait de se resserrer. 3 fig., littér. Action d'entraver, de freiner.

étrangler v. tr. [1] ■ 1 Priver de respiration (jusqu'à ce que mort s'ensuive, ou non) par une forte compression du cou. ◆ pronom. *S'étrangler en avalant de travers.* → s'**étouffer.** 2 Gêner la respiration de (qqn). *L'émotion l'étranglait.* ◆ pronom. *S'étrangler à force de crier.* 3 fig. Gêner ou supprimer par une contrainte insupportable. 4 (sujet chose) Resserrer, comprimer.

étrangleur, euse ■ 1 n. Personne qui étrangle. 2 adj. Qui étrangle.

étrave n. f. ■ Pièce saillante qui forme la proue d'un navire.

① **être** v. intr. [61] aux temps composés, se conjugue avec *avoir* ■ I 1 Avoir une réalité. → **exister.** ◆ littér. *Il n'est plus* : il est mort. 2 impers. (surtout littér.) *IL EST, EST-IL, IL N'EST PAS... :* il y a, y a-t-il, etc. *Il était une fois...* (début de contes). *Il n'est rien d'aussi beau.* ➛ *Toujours est-il que,* en tout cas. ➛ *Un menteur S'IL EN EST,* un parfait menteur. ♦ (moment dans le temps) *Il est midi.* **II** verbe reliant l'attribut au sujet *La Terre est ronde. Soyez poli.* ➛ *Il est tout pour moi.* → **représenter.** **III** (+ prép. ou adv.) **1** (état) *Être bien, être mal* (relativement au confort, à la santé). → **aller.** **2** (lieu) *Je suis chez des amis.* → **demeurer.** **3** Avoir l'esprit attentif. *Il n'est pas à ce qu'il fait.* ➛ *Y ÊTRE :* comprendre. *Ah ! J'y suis !* **4** (au passé + compl. de lieu ou inf.) Aller. *J'y ai été ; j'ai été la voir* (= je suis allé). **5** (temps) *Quel jour sommes-nous ?* **6** *ÊTRE À. Ceci est à moi,* m'appartient. ➛ *Être à son travail,* occupé par. ♦ *ÊTRE DE :* venir, provenir de. ➛ Participer à. *Être de la fête.* **IV** *C'EST, CE SERA, C'ÉTAIT...* **1** Présentant une personne, une chose ; rappelant ce dont il a été question. *Ce sont mes amis. Qui est-ce ?* **2** Annonçant ce qui suit (mise en relief). *C'est à vous d'agir.* ➛ *SI CE N'ÉTAIT ;* littér. *N'EÛT ÉTÉ :* sans (cette circonstance). ♦ *EST-CE QUE ?,* formule interrogative qui s'emploie concurremment avec l'inversion du sujet (rétablit l'ordre sujet-verbe inversé dans est-il... ?). *Est-ce qu'il est arrivé ?* ➛ fam. (après un adv., un pron. interrog.) *Quand est-ce qu'il vient ? Qu'est-ce qui se passe ?* ♦ *C'EST-À-DIRE.* → **c'est-à-dire.** ➛ *N'EST-CE PAS.* → **n'est-ce pas.** **V** verbe auxiliaire **1** passif des v. tr. *Être aimé.* **2** temps composés de v. intr. *Nous étions partis.* **3** temps composés des v. pron. *Ils se sont aimés, plu.*

② **être** n. m. ■ **I** Fait d'être (→ **existence),** qualité de ce qui est. *Étude de l'être.* → **ontologie.** **II** **1** Ce qui est vivant et animé. *Les êtres et les choses.* ♦ *L'Être suprême,* Dieu. **2** Être humain. → **personne.** *L'être aimé.* ➛ loc. *Désirer qqch. de tout son être.*

étreindre v. tr. [52] ■ **1** Entourer avec les membres, avec le corps, en serrant étroitement. → **enlacer, serrer.** **2** (sentiments) → **oppresser.** *Angoisse qui étreint le cœur.*

étreinte n. f. ■ **1** Action d'étreindre ; pression exercée par ce qui étreint (aussi abstrait). **2** Action de presser (qqn) dans ses bras.

étrenne n. f. ■ **I** vieilli *Avoir l'étrenne de qqch.,* l'utiliser le premier → **primeur.** **II** surtout au plur. Présent ou gratification offert à l'occasion du premier jour de l'année.

étrenner v. [1] ■ **1** v. tr. Être le premier à employer. ➛ Utiliser pour la première fois. **2** v. intr. Être le premier à subir (un inconvénient).

êtres n. m. pl. → **aîtres**

étrésillon n. m. ■ techn. Pièce de bois qui sert à soutenir un mur.

étrésillonner v. tr. [1] ■ techn. Soutenir avec des étrésillons.

étrier n. m. ■ **1** Anneau qui pend de chaque côté de la selle et soutient le pied du cavalier. ➛ loc. *Avoir le pied à l'étrier* (fig. être bien placé pour réussir). ➛ *Le coup de l'étrier :* le dernier verre avant de partir. **2** Un des osselets de l'oreille interne.

étrille n. f. ■ **I** Instrument garni de petites lames dentelées, utilisé pour nettoyer certains animaux (cheval, etc.). **II** Crabe à pattes postérieures aplaties, à la chair très appréciée.

étriller v. tr. [1] ■ **1** Frotter (un animal) avec une étrille. **2** Malmener violemment. ► **étrillage** n. m.

étriper v. tr. [1] ■ Ôter les tripes à (un animal). → **vider.** ▷ v. pron. **s'étriper** fig., fam. Se battre. ► **étripage** n. m.

étriqué, ée adj. ■ **1** (vêtement) Qui est trop étroit. ➛ (personnes) *Il semblait étriqué dans ce vieux manteau.* **2** fig. Sans ampleur. *Un esprit étriqué.* → **étroit, mesquin.**

étriquer v. tr. [1] ■ Rendre étriqué.

étrivière n. f. ■ Courroie par laquelle l'étrier est suspendu à la selle.

étroit, oite adj. ■ **1** Qui a peu de largeur. **2** (espace) De peu d'étendue, petit. → **exigu.** ♦ *Mot pris dans son sens étroit* (opposé à *large*). → **restreint.** **3** fig. Insuffisant par l'ampleur. *Esprit étroit.* → **borné, mesquin.** **4** Qui tient serré. *Nœud étroit.* ♦ fig. Qui unit de près. *Une union étroite.* **5** loc. adv. *À L'ÉTROIT :* dans un espace trop petit.

étroitement adv. ■ **1** Par un lien étroit. **2** De près. **3** Rigoureusement.

étroitesse n. f. ■ **1** (spatial) Caractère de ce qui est étroit. **2** Caractère de ce qui est étroit (3), borné.

étron n. m. ■ Excrément moulé (de l'homme et de certains animaux). → **crotte.**

étrusque adj. et n. ■ De l'Étrurie. *L'art étrusque.* ➛ n. *Les Étrusques.* ♦ n. m. *L'étrusque :* langue des Étrusques.

Ets ■ Abréviation graphique de *Établissements.*

étude n. f. ■ **I** Application méthodique de l'esprit cherchant à apprendre et à comprendre. **1** Effort pour acquérir des connaissances. ♦ au plur. Série ordonnée de travaux et d'exercices nécessaires à l'instruction. *Études primaires, secondaires, supérieures* (→ **enseignement).** ➛ loc. iron. *Renvoyer qqn à ses chères études,* à ses activités antérieures et privées. **2** Effort intellectuel orienté vers l'observation et la compréhension (de qqch.). → **science.** **3** Examen. *Projet de loi à l'étude.* **II** (Ouvrage) **1** Ouvrage littéraire étudiant un sujet. → **essai.** **2** Représentation graphique (dessin, peinture) constituant un essai. **3** Composition musicale écrite pour servir (en principe) à exercer l'habileté. **III** (Lieu) **1** Cabinet de travail. **2** Salle où les élèves travaillent en dehors des heures de cours. **3** Local où travaille un notaire, etc.

étudiant, ante ■ **1** n. Personne qui fait des études supérieures et suit les cours d'une université, d'une grande école. **2** adj. Propre aux étudiants. → **estudiantin.**

étudier v. tr. 7 ■ **1** Chercher à acquérir la connaissance de. *Étudier l'histoire.* **2** Chercher à comprendre par un examen. → **analyser, observer. 3** Examiner afin de décider, d'agir. *Étudier un projet.* ▷ v. pron. **s'étudier 1** Se prendre pour objet d'étude. **2** (récipr.) S'observer l'un l'autre. ▷ adj. **étudié, ée 1** Médité et préparé. **2** Produit de manière voulue (s'oppose à *naturel, spontané*). *Des gestes étudiés.*

étui n. m. ■ Enveloppe, le plus souvent rigide, adaptée à ce qu'elle doit contenir.

étuve n. f. ■ **1** Endroit clos chauffé pour provoquer la sudation. ◆ Lieu où il fait très chaud. **2** Appareil clos destiné à chauffer, stériliser, etc. → **autoclave.**

à l'**étuvée** loc. adj. et adv. ■ → à l'**étouffée.**

étuver v. tr. 1 ■ **1** Faire passer à l'étuve (2). **2** Cuire à l'étuvée. ► **étuvage** n. m.

étuveur n. m. et **étuveuse** n. f. ■ Appareil à étuver.

étymologie n. f. ■ **1** Science de l'origine des mots, reconstitution de leur évolution en remontant à l'état le plus ancien accessible (hors de la langue ou dans la langue). **2** Origine (d'un mot). → **étymon.**

étymologique adj. ■ **1** Relatif à l'étymologie. **2** Conforme à l'étymologie. ► **étymologiquement** adv.

étymologiste n. ■ Linguiste spécialiste d'étymologie.

étymon n. m. ■ Mot, racine qui donne l'étymologie (2) d'un autre mot. *Le latin «pater» est l'étymon de «père».*

eu, eue [y] ■ Participe passé de *avoir.*

Eu ■ Symbole chimique de l'europium.

eu- Élément, du grec *eu* «bien, agréablement».

eubage n. m. ■ Prêtre celte, d'une classe intermédiaire entre les druides et les bardes.

eucalyptol n. m. ■ pharm. Principe actif extrait de l'essence d'eucalyptus.

eucalyptus [-ys] n. m. ■ Arbre originaire d'Australie, à feuilles odorantes.

eucaryote adj. ■ biol. À cellules à noyau structuré (s'oppose à *procaryote*).

eucharistie [økaʀisti] n. f. ■ Sacrement essentiel du christianisme qui commémore et perpétue le sacrifice du Christ. → **communion.** ► **eucharistique** adj.

euclidien, ienne adj. ■ Relatif à Euclide. ◆ *Géométrie euclidienne,* qui repose sur le postulat d'Euclide sur les parallèles (opposé à *non-euclidien*).

eucologe n. m. ■ Livre liturgique contenant l'office des dimanches et fêtes.

eudémis [-is] n. m. ■ Papillon dont la chenille attaque la vigne.

eudiomètre n. m. ■ phys. Appareil servant à l'analyse quantitative des mélanges gazeux et à leur synthèse.

eudiométrie n. f. ■ phys. Analyse des mélanges gazeux avec un eudiomètre. ► **eudiométrique** adj.

eugénate n. m. ■ méd. Pâte à base d'eugénol et d'oxyde de zinc, utilisée en chirurgie dentaire.

eugénique ■ **I** n. f. Étude et mise en œuvre de méthodes censées améliorer l'espèce humaine, fondée sur la génétique. **II** adj. Relatif à l'eugénique.

eugénisme n. m. ■ Eugénique (I). ► **eugéniste** n. et adj.

eugénol n. m. ■ chim. Dérivé du phénol utilisé en parfumerie et comme antiseptique.

euglène n. f. ■ bot. Algue unicellulaire d'eau douce, de couleur verte.

***euh** interj. ■ Marque l'embarras, le doute.

eunecte n. m. ■ zool. Grand serpent aquatique.

eunuque n. m. ■ **1** Homme châtré qui gardait les harems. ♦ méd. Homme castré. → **castrat. 2** fig., fam. (péj.) Homme sans virilité (physique ou morale).

eupatoire n. f. ■ bot. Plante des lieux humides, dont une variété à fleurs roses est appelée *chanvre d'eau.*

eupepsie n. f. ■ didact. Bonne digestion (opposé à *dyspepsie*).

euphémisme n. m. ■ Expression atténuée d'une notion dont l'expression directe aurait quelque chose de déplaisant, de choquant. ► **euphémique** adj.

euphonie n. f. ■ Harmonie de sons agréablement combinés (spécialt dans le mot ou la phrase). ► **euphonique** adj. ► **euphoniquement** adv.

euphorbe n. f. ■ Plante à suc laiteux âcre.

euphorie n. f. ■ Sentiment de bien-être.

euphorique adj. ■ **1** adj. et n. m. → **euphorisant. 2** De l'euphorie. ◆ (personnes) *Se sentir euphorique.*

euphorisant, ante adj. ■ Qui suscite l'euphorie. *Une atmosphère euphorisante.* ◆ *Médicament euphorisant* et n. m. *un euphorisant.*

euphoriser v. tr. 1 ■ Rendre euphorique (qqn).

euphuisme [øfɥism] n. m. ■ didact. Style précieux à la mode en Angleterre, au XVIe s.

eurasien, enne adj. et n. ■ **1** D'Eurasie. **2** Métis d'Européen(ne) et d'Asiatique.

eurêka interj. ■ S'emploie lorsqu'on trouve subitement une solution, une bonne idée.

euro n. m. ■ Monnaie unique européenne (depuis janvier 1999). ➝ *La zone euro*, où l'euro a cours.

eur(o)- Élément tiré de *Europe, européen.*

eurocrate n. ■ Fonctionnaire des institutions européennes.

eurocrédit n. m. ■ Prêt en eurodevises.

eurodéputé, ée n. ■ Député(e) au Parlement européen.

eurodevise n. f. ■ Avoir convertible déposé en Europe hors du pays émetteur.

eurodollar n. m. ■ Avoir en dollars déposé dans des banques européennes.

euromarché n. m. ■ Marché financier européen des eurodollars et des eurodevises.

euromissile n. m. ■ Missile nucléaire de moyenne portée basé en Europe.

euro-obligation n. f. ■ fin. **1** Obligation libellée dans une monnaie autre que celle du pays dans lequel elle est émise. **2** Obligation émise par l'ensemble des pays de la zone euro.

européaniser v. tr. [1] ■ **1** Donner un caractère européen à. **2** Envisager à l'échelle européenne. ▷ v. pron. **s'européaniser** ► **européanisation** n. f.

européanisme n. m. ■ Caractère européen.

européen, éenne ■ **1** adj. et n. De l'Europe. **2** adj. Qui concerne le projet d'une Europe unifiée ; qui en est partisan.

europium [-jɔm] n. m. ■ chim. Élément atomique (symb. Eu, n° atomique 63, masse atomique 151,96), métal argenté très ductile.

eurosceptique adj. et n. ■ Qui doute de l'avenir politique et économique de l'Europe. ► **euroscepticisme** n. m.

euryhalin, ine adj. ■ didact. Qui peut vivre dans des eaux de salinité variable.

eurythmie n. f. ■ didact. Harmonie des proportions (en arts). ► **eurythmique** adj.

euskarien, ienne adj. et n. ■ didact. Du Pays basque. → ②**basque.** – var. **euscarien, ienne.**

eustatique adj. ■ géol. Qui concerne le niveau des mers.

eustatisme n. m. ■ géol. Variation du niveau général des mers.

euthanasie n. f. ■ Usage de procédés qui permettent de hâter ou de provoquer la mort de malades incurables. ► **euthanasier** v. tr. [7] ► **euthanasique** adj.

eutocie n. f. ■ méd. Accouchement qui se déroule normalement (opposé à *dystocie*). ► **eutocique** adj.

eutrophisation n. f. ■ écol. Apport excessif d'éléments nutritifs dans les eaux.

eux pron. pers. (3e pers. masc. plur.) ■ Pronom compl. après une préposition, pluriel de *lui* (→ **lui**). *C'est à eux de parler.* ♦ (insistance) *Ils savent, eux.* ➝ (sujet) *Eux sauront.*

évacher (s') v. pron. [1] ■ (Canada) fam. **1** Rester à ne rien faire. *S'évacher au soleil.* **2** S'avachir.

évacuant, ante adj. ■ Qui agit contre la constipation.

évacuateur, trice ■ **1** adj. Qui sert à évacuer les eaux. **2** n. m. Déversoir d'un barrage en cas de crue.

évacuation n. f. ■ **1** Rejet hors de l'organisme. **2** Écoulement (d'un liquide) hors d'un lieu. **3** Fait d'abandonner en masse (un lieu). **4** Action d'évacuer (des personnes).

évacuer v. tr. [1] ■ **1** Rejeter, expulser de l'organisme. → **éliminer.** **2** Faire sortir (un liquide) d'un lieu. → **vider.** **3** Cesser d'occuper militairement (un lieu). ♦ Quitter (un lieu) en masse, par nécessité ou par ordre. **4** Faire partir (des personnes) en masse, hors d'un lieu dangereux, etc. **5** fig. Se débarrasser de (un souci).

évadé, ée adj. et n. ■ Qui s'est échappé. *Prisonniers évadés.* ➝ n. → **fugitif.**

s'évader v. pron. [1] ■ **1** S'échapper (d'un lieu où l'on était retenu, enfermé). → **s'enfuir, se sauver ; évasion.** **2** Quitter furtivement. **3** fig. Échapper volontairement (à une réalité). → **fuir.**

évagination n. f. ■ didact. Sortie anormale d'un organe hors de sa cavité naturelle. → **hernie.** (S'oppose à *invagination*).

évaluable adj. ■ Dont on peut faire l'évaluation. → **estimable.**

évaluateur, trice n. ■ (Canada) Personne dont le métier est d'évaluer les biens de qqn.

évaluation n. f. ■ **1** Action d'évaluer. **2** Valeur, quantité évaluée. → **mesure.**

évaluer v. tr. [1] ■ **1** Porter un jugement sur la valeur, le prix de. → **estimer** (I, 1). ♦ Déterminer (une quantité) par le calcul sans recourir à la mesure. **2** Fixer approximativement. → **apprécier, juger.** *Évaluer ses chances.*

évanescent, ente adj. ■ **1** littér. Qui s'amoindrit et disparaît graduellement. **2** (personnes, comportements) Délicat et insaisissable. ► **évanescence** n. f. littér.

évangéliaire n. m. ■ Livre contenant les passages des Évangiles lus ou chantés à la messe. → **missel.**

évangélique adj. ■ **1** Relatif ou conforme à l'Évangile. → **chrétien.** **2** De la religion protestante, fondée sur les Évangiles.

évangéliser v. tr. 1 ▪ Prêcher l'Évangile à. → **christianiser.** ► **évangélisateur, trice** adj. et n. ► **évangélisation** n. f.

évangélisme n. m. ▪ 1 Pratique religieuse conforme à l'Évangile. 2 Doctrines des églises évangéliques.

évangéliste n. m. ▪ 1 Auteur de l'un des Évangiles. 2 Prédicateur itinérant de l'Église réformée.

évangile n. m. ▪ 1 (avec maj.) Enseignement de Jésus-Christ. 2 (avec maj.) Chacun des livres de la Bible où la vie et la doctrine de Jésus-Christ ont été consignées. *Les Évangiles synoptiques**. ◆ *L'Évangile* : les quatre Évangiles. ◆ loc. *Parole d'évangile* : chose sûre, indiscutable. 3 Document essentiel (d'une croyance...). → **bible.**

s'**évanouir** v. pron. 2 ▪ 1 Disparaître sans laisser de traces. → s'**effacer.** 2 Perdre connaissance ; tomber en syncope. → **défaillir.** ▷ p. p. **évanoui, ie** 1 *Rêve évanoui*, disparu. 2 Qui est tombé en syncope.

évanouissement n. m. ▪ 1 littér. Disparition complète. 2 Fait de s'évanouir (2).

évaporable adj. ▪ Qui peut s'évaporer.

évaporateur n. m. ▪ 1 Appareil de dessiccation. 2 Appareil qui produit du froid par évaporation d'un fluide.

évaporation n. f. ▪ Fait de s'évaporer (1).

évaporatoire adj. ▪ techn. Qui sert à l'évaporation des liquides.

évaporé, ée adj. ▪ Étourdi, léger.

s'**évaporer** v. pron. ▪ 1 Se transformer lentement en vapeur par sa surface libre. 2 fig., fam. Disparaître brusquement. → s'**évanouir.**

évasement n. m. ▪ Forme évasée.

évaser v. tr. 1 ▪ Élargir (qqch.) à l'orifice, à l'extrémité. ▷ v. pron. **s'évaser** ▷ adj. **évasé, ée** Qui va en s'élargissant.

évasif, ive adj. ▪ Qui cherche à éluder en restant dans l'imprécision. → **ambigu, vague.** ► **évasivement** adv.

évasion n. f. ▪ 1 Action de s'évader (1). 2 fig. Fait d'échapper (à une réalité). *Besoin d'évasion.* → **changement, distraction.** 3 Fuite (de valeurs). *Évasion de capitaux.*

évasure n. f. ▪ Ouverture évasée.

évêché n. m. ▪ 1 Juridiction d'un évêque. → **diocèse.** 2 Palais épiscopal.

éveil n. m. ▪ 1 Action d'éveiller. ◆ *Être* EN ÉVEIL, attentif, sur ses gardes. 2 (facultés...) Action de se révéler, de se manifester. ◆ *Activité d'éveil* (pour stimuler l'observation, la curiosité intellectuelle des enfants). 3 *L'éveil de la nature au printemps.* → **réveil.**

éveillé, ée adj. ▪ 1 Qui ne dort pas. ◆ *Rêve éveillé*, que l'on a sans dormir. 2 (personnes) Plein de vie. → **déluré, vif.**

éveiller v. tr. 1 ▪ 1 littér. Tirer du sommeil. → **réveiller** (plus cour.). 2 Rendre effectif, manifester (une disposition, etc.). *La lecture éveille l'imagination.* 3 Faire naître, apparaître (un sentiment...). → **provoquer, susciter.** *Éveiller la curiosité.* ▷ v. pron. **s'éveiller** 1 Sortir du sommeil. → se **réveiller.** ◆ *S'éveiller à* (un sentiment), l'éprouver pour la première fois. 2 (sentiments...) Naître, se manifester.

événement ou **évènement** n. m. ▪ Ce qui arrive et a de l'importance pour les humains. → **fait.** ◆ loc. *Un heureux événement* : une naissance. ◆ par euphémisme *Les événements d'Algérie* : la guerre d'Algérie.

événementiel, elle ou **évènementiel, elle** adj. ▪ 1 didact. *Histoire événementielle*, qui décrit les événements. 2 Qui constitue un événement. ◆ n. m. *L'événementiel* : secteur d'activité créé autour des événements de communication.

évent n. m. ▪ 1 Narines des cétacés. 2 techn. Conduit pour l'échappement des gaz.

éventail n. m. ▪ 1 Instrument portatif qu'on agite pour produire un courant d'air. ◆ EN ÉVENTAIL : en forme d'éventail ouvert (lignes qui s'écartent d'un point). 2 Ensemble de choses diverses d'une même catégorie qui peut augmenter ou diminuer (comme on ouvre ou ferme un éventail). *Éventail de produits.* → **choix, gamme.**

éventailliste n. ▪ Fabricant d'éventails.

éventaire n. m. ▪ Étalage en plein air, sur la voie publique, sur un marché.

éventé, ée adj. ▪ I Exposé au vent. II 1 Altéré, corrompu par l'air. *Parfum, vin éventé.* 2 Découvert, connu. *Secret éventé.*

éventer v. tr. 1 ▪ I Rafraîchir (qqn) en agitant l'air. II 1 vx Exposer à l'air. ◆ loc. *Éventer la mèche**. 2 Rendre public, faire connaître. *Éventer un complot.* ▷ v. pron. **s'éventer** 1 *S'éventer avec un journal.* 2 Perdre son parfum, son goût, au contact de l'air.

éventration n. f. ▪ 1 Fait d'être éventré. ◆ Hernie ventrale. 2 Action d'éventrer.

éventrement n. m. ▪ Action d'éventrer.

éventrer v. tr. 1 ▪ 1 Déchirer en ouvrant le ventre. 2 Fendre largement (un objet) pour atteindre le contenu. *Éventrer un sac.* ◆ Défoncer (qqch.). *Éventrer un mur.*

éventreur n. m. ▪ Meurtrier qui éventre.

éventualité n. f. ▪ 1 Caractère de ce qui est éventuel. → **possibilité.** 2 Circonstance, événement pouvant survenir. ◆ *Parer à toute éventualité*, prévoir ce qui peut s'opposer à un projet.

éventuel, elle adj. ■ Qui peut ou non se produire. → **possible ; hypothétique.** ◆ (personnes) *Son successeur éventuel.* ► **éventuellement** adv. → le cas échéant*.

évêque n. m. ■ Dignitaire le plus élevé de la prêtrise chrétienne. → **évêché ; épiscopat.**

éversion n. f. ■ méd. Renversement, retournement (d'un organe).

s'évertuer v. pron. [1] ■ *S'évertuer à* : se donner de la peine pour. → s'**escrimer** à.

éviction n. f. ■ Action d'évincer.

évidemment [-amɑ̃] adv. ■ **1** littér. De manière évidente. **2** (affirmation) → **assurément, certainement ; naturellement.**

évidence n. f. ■ **1** Caractère de ce qui s'impose à l'esprit avec une telle force qu'on n'a besoin d'aucune autre preuve pour en connaître la vérité, la réalité. → **certitude.** ◆ loc. *Se rendre à l'évidence* : admettre ce qui est incontestable. ◆ Chose évidente. **2** *EN ÉVIDENCE* : en se présentant de façon à être vu immédiatement. **3** loc. adv. *À l'évidence ; de toute évidence.* → **sûrement.**

évident, ente adj. ■ Qui a un caractère d'évidence. → **certain, incontestable, manifeste.**

évider v. tr. [1] ■ Creuser en enlevant une partie de la matière. ► **évidage** et **évidement** n. m.

évidoir n. m. ■ Outil servant à évider.

évidure n. f. ■ Creux, trou d'un objet évidé.

évier n. m. ■ Bassin d'une cuisine muni d'une alimentation en eau et d'une vidange (servant à la vaisselle, etc.).

évincer v. tr. [3] ■ Déposséder (qqn) d'une affaire, etc., notamment par intrigue. → **chasser, écarter, éliminer** ► **évincement** n. m. rare → **éviction.**

éviscérer v. tr. [6] ■ Enlever les viscères de. ► **éviscération** n. f.

évitable adj. ■ Qui peut être évité.

évitement n. m. ■ Action d'éviter. ◆ *Voie d'évitement,* où l'on gare les trains.

éviter v. tr. [1] ■ **1** Faire en sorte de ne pas heurter en rencontrant (qqn, qqch.). **2** Faire en sorte de ne pas rencontrer (qqn). ◆ pronom. *Ils s'évitent depuis des mois.* **3** Écarter, ne pas subir (ce qui menace). *Éviter le pire.* **4** *ÉVITER DE* (+ inf.). → s'**abstenir,** se **dispenser** de. **5** *ÉVITER qqch. À qqn.* → **épargner.** *Je voulais vous éviter cette fatigue.*

évocateur, trice adj. ■ **1** Qui peut évoquer (2). → **évocatoire. 2** Qui évoque (4 et 5).

évocation n. f. ■ **1** dr. Fait de porter une cause au tribunal. **2** Action d'évoquer (les esprits...) par la magie. → **sortilège. 3** Action de rappeler, de rendre présent à l'esprit. *L'évocation du passé.*

évocatoire adj. ■ Relatif à l'évocation (2).

évolué, ée adj. ■ Qui a subi une évolution.

évoluer v. intr. [1] ■ **I 1** Changer de position par des mouvements réglés. *Danseuse qui évolue sur scène.* **2** Vivre (dans un milieu). **II** Passer par une série de transformations. → **changer,** se **modifier.**

évolutif, ive adj. ■ Qui peut évoluer (II).

évolution n. f. ■ **I** Mouvements réglés. **II 1** Suite de transformations dans un même sens ; transformation graduelle. → **changement.** *L'évolution des mœurs.* **2** Transformation progressive d'une espèce vivante. *Théories de l'évolution.* → **évolutionnisme, transformisme ; darwinisme.**

évolutionnisme n. m. ■ Théorie biologique qui défend l'idée d'évolution (opposé à *fixisme*). ► **évolutionniste** adj. et n.

évolutivité n. f. ■ **1** Caractère évolutif. **2** inform. Capacité d'évolution (d'un système).

évoquer v. tr. [1] ■ **1** dr. Se saisir de (une cause). *Le tribunal qui doit évoquer l'affaire.* **2** Appeler, faire apparaître par la magie. **3** littér. Interpeller dans un discours (l'esprit d'un héros, des choses, en leur prêtant vie). **4** Rappeler à la mémoire. *Évoquer qqn, son souvenir.* **5** Faire apparaître à l'esprit (par des images et des associations d'idées). → **représenter ; décrire.** ◆ (sujet chose) Faire penser à. → **suggérer.**

évulsion n. f. ■ chir. Arrachement, extraction.

evzone n. m. ■ Fantassin grec.

① **ex-** Élément, du latin *ex.* → **é-.**

② **ex-** ■ (+ nom, joint par un trait d'union) Antérieurement. *M. X, ex-député.* → **ancien.** *Son ex-mari, son ex-femme ;* abrév. fam. *son ex.*

exa- Préfixe (symb. E) qui, placé devant une unité, la multiplie par 10^{18}.

ex abrupto [ɛksabʀypto] loc. adv. ■ De manière brusque, immédiate.

exacerber v. tr. [1] ■ **1** Porter (un mal) à son paroxysme. **2** Rendre plus violent. ◆ au p. p. *Orgueil exacerbé.* ► **exacerbation** n. f.

exact, exacte [-a(kt), akt] adj. ■ **1** littér. Scrupuleux, soigneux. **2** Entièrement conforme à la réalité, à la vérité. → **correct, vrai.** *C'est l'exacte vérité ; c'est exact.* ◆ Qui reproduit fidèlement la réalité, le modèle... → **conforme.** *Copie exacte.* **3** (après le nom) Adéquat à son objet. → **juste.** *Un raisonnement exact.* **4** (après le nom) Égal à la grandeur mesurée. *Mesure exacte.* → **précis.** ◆ *Sciences exactes,* celles qui sont constituées par des propositions déterminées quantitativement. **5** (personnes) Qui arrive à l'heure convenue. → **ponctuel.**

exactement adv. ■ D'une manière exacte. ◆ (en réponse) Tout à fait.

exaction n. f. ■ didact. **1** Action d'exiger ce qui n'est pas dû ou plus qu'il n'est dû. **2** au plur. Mauvais traitements, sévices.

exactitude n. f. ▪ Caractère de ce qui est exact ; qualité d'une personne exacte.

ex æquo [ɛgzeko] loc. adv. ▪ À égalité.

exagération n. f. ▪ **1** Action d'exagérer. **2** Propos exagéré. **3** Caractère exagéré.

exagéré, ée adj. ▪ Qui exagère, amplifie. → **excessif ; extrême, outré.** ► **exagérément** adv. → **trop.**

exagérer v. tr. 6 ▪ **1** Présenter (qqch.) comme plus grand, plus important qu'il n'est. → **amplifier, grossir. 2** Accentuer en donnant un caractère (taille, intensité, etc.) qui dépasse la normale. *Exagérer une attitude.* **3** *S'EXAGÉRER qqch.*, se le représenter comme plus important qu'il n'est. **4** sans compl. En prendre trop à son aise. → **abuser.**

exaltant, ante adj. ▪ Qui exalte.

exaltation n. f. ▪ **1** littér. Fait d'exalter (1). **2** Grande excitation de l'esprit. → **ardeur.**

exalter v. tr. 1 ▪ **1** littér. Glorifier, magnifier. **2** littér. Rendre plus fort, plus actif, plus intense. **3** Élever (qqn) au-dessus de l'état d'esprit ordinaire. → **enthousiasmer, passionner, transporter.** ▷ adj. **exalté, ée 1** *Imagination exaltée.* **2** (personnes) → **enthousiaste, passionné.** ◆ n. *Des exaltés.*

examen [-mɛ̃] n. m. ▪ **1** Action d'examiner (1). → **étude, investigation, observation.** ◆ *Examen médical.* **2** *Examen de conscience* : réflexion sur sa propre conduite, du point de vue moral. **3** Épreuve que subit un candidat et où l'admission dépend d'une note à atteindre.

examinateur, trice n. ▪ Personne qui fait passer un examen (3).

examiner v. tr. 1 ▪ **1** Considérer avec attention, avec réflexion. → **observer ; analyser.** *Examiner un projet ; un malade.* **2** Regarder très attentivement. **3** Faire subir un examen (3), une épreuve à (qqn).

exanthème n. m. ▪ Rougeur cutanée qui accompagne certaines maladies (rougeole...). ► **exanthématique** adj.

exarque n. m. ▪ **1** hist. Dans l'empire d'Orient, Haut dignitaire. **2** Dans l'Église orthodoxe, Délégué du patriarche chargé d'une province.

exaspérant, ante adj. ▪ Qui exaspère (2).

exaspération n. f. ▪ **1** littér. Aggravation (d'un mal...). **2** État de violente irritation.

exaspérer v. tr. 6 ▪ **1** littér. Rendre plus intense (un mal physique ou moral ; un sentiment). → **aggraver, exacerber. 2** Irriter (qqn) excessivement. → **crisper, énerver, excéder.** ▷ adj. **exaspéré, ée 1** Très intense. *Douleur exaspérée.* **2** Très irrité, furieux.

exaucer v. tr. 3 ▪ **1** (en parlant de Dieu...) Satisfaire (qqn) en accordant ce qu'il demande. **2** Accueillir favorablement (une demande...). ► **exaucement** n. m.

ex cathedra [-te-] loc. adv. ▪ *Parler ex cathedra*, du haut de la chaire. ◆ plais. D'un ton doctoral, dogmatique.

excavateur n. m. et **excavatrice** n. f. ▪ Machine destinée à creuser le sol. → **bulldozer, pelle, pelleteuse.**

excavation n. f. ▪ **1** Action de creuser le sol. **2** Creux d'un terrain.

excaver v. tr. 1 ▪ didact. Creuser sous terre.

excédant, ante adj. ▪ Qui excède (II).

excédent n. m. ▪ Ce qui est en plus du nombre fixé. → **excès, surplus.** ◆ *En excédent* : en plus. ► **excédentaire** adj.

excéder v. tr. 6 ▪ **I** *EXCÉDER qqch.* **1** Dépasser en nombre, en quantité. ◆ Dépasser en durée. **2** Aller au-delà de (certaines limites ; une capacité). → **outrepasser. II** *EXCÉDER qqn.* Fatiguer en irritant. → **exaspérer.** ◆ au p. p. *Un air excédé.*

excellemment [-amɑ̃] adv. ▪ Parfaitement.

excellence n. f. ▪ **1** littér. Caractère de ce qui est excellent, ne peut être meilleur. → **perfection, supériorité. 2** (avec maj.) Titre honorifique donné aux ambassadeurs, ministres, évêques. **3** loc. adv. *PAR EXCELLENCE* : au plus haut point.

excellent, ente adj. ▪ **1** Très bon. → **admirable, merveilleux, parfait, supérieur. 2** (moralement) Bon et généreux.

excellentissime adj. ▪ Plus qu'excellent.

exceller v. intr. 1 ▪ Être supérieur, excellent. *Exceller dans sa profession.* ◆ *EXCELLER À* (+ n. ou inf.).

excentrer v. tr. 1 ▪ techn. Déplacer le centre de ; mettre loin du centre. ▷ adj. **excentré, ée 1** techn. *Poulie excentrée.* **2** Qui est loin du centre. *Quartier excentré.*

excentricité n. f. ▪ **I** sc. Position, caractère excentrique (I). **II 1** Manière excentrique (II) d'être, de penser. **2** Acte excentrique.

excentrique adj. ▪ **I 1** Qui s'éloigne d'un centre, d'un axe de référence. ◆ n. m. techn. Mécanisme dont l'axe de rotation de la pièce motrice n'occupe pas le centre. **2** Éloigné du centre. *Quartier excentrique.* → **périphérique. II** Dont l'apparence, le comportement s'écarte (volontairement) des habitudes sociales. → **extravagant, original.** ◆ n. *Un, une excentrique.* ◆ (choses) *Des idées excentriques.* ► **excentriquement** adv.

excepté prép. ▪ (placé devant le nom) À l'exception de. → **hormis, hors,** à **part, sauf.**

excepter v. tr. 1 ▪ Ne pas comprendre dans (un ensemble). → **exclure.** *Tous, sans excepter aucun.* → **négliger, oublier.** ◆ au p. p. (après le nom et accordé → excepté) *Tout le journal, la publicité exceptée.*

exception n. f. ■ **1** Action d'excepter. → **dérogation, restriction.** ➤ *D'EXCEPTION* : en dehors de ce qui est courant. *Tribunal d'exception.* ➤ loc. prép. *À L'EXCEPTION DE.* → **excepté, sauf. 2** Ce qui est en dehors de la norme, du commun. → **anomalie, singularité.** *L'exception confirme la règle,* il n'y aurait pas d'exception s'il n'y avait pas de règle.

exceptionnel, elle adj. ■ **1** Qui constitue une exception (1). *Congé exceptionnel.* **2** Qui est hors de l'ordinaire, spécialt par ses qualités. → **extraordinaire ; remarquable, supérieur.**

exceptionnellement adv. ■ **1** Par exception (1). **2** D'une manière exceptionnelle. → **extraordinairement.**

excès n. m. ■ **1** Différence entre deux quantités inégales ; ce qui dépasse une quantité. → **excédent. 2** Trop grande quantité ; dépassement de la mesure normale. *Excès de vitesse.* ➤ *À L'EXCÈS* : excessivement. **3** Chose, action qui dépasse la mesure ordinaire ou permise. → **abus.**

excessif, ive adj. ■ **1** Qui dépasse la mesure souhaitable ou permise ; trop important. → **énorme, exagéré. 2** (critiqué) Très grand (sans idée d'excès). → **extrême. 3** (personnes) Incapable de modération.

excessivement adv. ■ **1** Qui dépasse la mesure. → **trop. 2** (critiqué) Très, tout à fait.

exciper v. tr. ind. [1] ■ littér. *EXCIPER DE* : se servir, faire état de (qqch.) pour sa défense. *Exciper de sa bonne foi.*

excipient [-pjɑ̃] n. m. ■ Substance qui entre dans la composition d'un médicament et qui sert à incorporer les principes actifs.

excise n. f. ■ Impôt indirect sur les produits de consommation, en Grande-Bretagne et aux États-Unis.

exciser v. tr. [1] ■ Enlever par excision.

excision n. f. ■ Ablation d'une partie (d'organe, de tissu). ♦ spécialt Ablation rituelle du clitoris (→ **clitoridectomie)** ou du prépuce (→ **circoncision).**

excitabilité n. f. ■ **I** Caractère excitable (I). **II** physiol. Propriété de réagir aux excitations (II, 1). *Excitabilité musculaire.*

excitable adj. ■ **I** Irritable, nerveux. **II** physiol. Qui répond à l'excitation (II).

excitant, ante adj. ■ **I** Qui excite, éveille des sensations, des sentiments. ♦ spécialt Qui provoque le désir sexuel. **II** Qui excite, stimule l'organisme (s'oppose à *calmant*). ➤ n. m. *Prendre un excitant.*

excitateur, trice n. ■ littér. Personne qui excite (I). *Excitateur de troubles.* → **fauteur.**

excitation n. f. ■ **I 1** État d'une personne excitée ; accélération des processus psychiques. → **agitation, énervement, surexcitation. 2** Action d'exciter (à). *Excitation à la violence.* **II 1** physiol. Modification liée à un stimulus, pouvant déclencher une réponse dans un tissu ou un organe ; cette réponse. **2** phys. Accroissement d'énergie.

excité, ée adj. ■ Qui a une activité psychique anormalement vive. ➤ n. *Une bande d'excités.*

exciter v. tr. [1] ■ **I 1** Faire naître, provoquer (une réaction physique ou, plus cour., morale, mentale). → **éveiller, susciter.** *Exciter la curiosité.* **2** Accroître, rendre plus vif (une sensation, un sentiment...). → **stimuler. 3** *EXCITER À* (+ n. ou inf.) : pousser fortement à (qqch. de difficile ou violent). *Exciter qqn à l'action ; à agir.* → **encourager, inciter. 4** Augmenter l'activité psychique, intellectuelle de (qqn). → **agiter, surexciter.** *La boisson l'excite.* ♦ (personnes) Mettre en colère. ♦ Éveiller le désir sexuel de (qqn). **II** Déclencher l'activité de (un système excitable) par une excitation (II).

exclamatif, ive adj. ■ Qui marque, exprime l'exclamation. *Phrase exclamative.*

exclamation n. f. ■ Fait de s'exclamer ; paroles, cris par lesquels on s'exclame. ➤ *Point d'exclamation,* signe de ponctuation (!) qui suit une phrase exclamative.

s'exclamer v. pron. [1] ■ Proférer des paroles, des cris (→ **exclamation)** en exprimant spontanément une émotion. → s'**écrier.**

exclu, ue adj. ■ **1** (personnes) Renvoyé, refusé. *Les membres exclus.* ♦ Victime d'exclusion (sociale). ➤ n. *Les exclus.* **2** (choses) Qu'on refuse d'envisager. ➤ Non compté (s'oppose à *inclus*). *Jusqu'à mardi exclu.* → **exclusivement.**

exclure v. tr. [35] ■ **1** Renvoyer (qqn) d'un endroit où il était admis, ou refuser d'admettre. → **expulser ; écarter. 2** Ne pas admettre, ne pas employer (qqch.). **3** Refuser d'envisager. **4** (sujet chose) Rendre impossible (qqch.) par son existence même. *La bonté n'exclut pas la sévérité.*

exclusif, ive adj. ■ **1** Qui exclut tout partage. *Droits exclusifs,* qui appartiennent à une seule personne. **2** Qui est produit, vendu par une seule firme. *Modèle exclusif.* ➤ *Concessionnaire exclusif* (d'une marque). **3** Qui exclut tout élément étranger. **4** Absolu dans ses opinions, ses goûts... → **entier.**

exclusion n. f. ■ **1** Action d'exclure (qqn). ♦ *Exclusion (sociale)* : situation de personnes mises à l'écart, qui ne bénéficient pas des avantages minimaux attachés à un type de société. **2** Action d'exclure (qqch.) d'un ensemble. **3** loc. prép. *À L'EXCLUSION DE* : en excluant.

exclusive n. f. ■ Décision d'exclure. *Sans exclusive,* sans rien rejeter ni personne.

exclusivement adv. ■ **I 1** En excluant tout le reste. → **seulement, uniquement. 2** D'une manière exclusive, absolue. **II** (en fin de proposition) En ne comprenant pas. → **exclu ;** s'oppose à *inclusivement.*

exclusivité n. f. ▪ **1** Propriété exclusive ; droit exclusif (de vendre, de publier...). ➛ *EN EXCLUSIVITÉ :* d'une manière exclusive. *Film en exclusivité,* qui sort pour la première fois. **2** Produit vendu, exploité par une seule firme. **3** presse Information importante donnée en exclusivité. → anglic. **scoop.**

excommunier v. tr. [7] ▪ **1** Retrancher (qqn) de la communion de l'Église catholique (sanction). **2** fig. Exclure, rejeter avec force. ► **excommunication** n. f.

excorier v. tr. [7] ▪ didact. Écorcher légèrement. ► **excoriation** n. f.

excrément n. m. ▪ souvent au plur. Matière évacuée du corps par les voies naturelles ; spécialt matière solide évacuée par le rectum. → **déjection, fèces, selle(s) ; crotte, crottin ; fiente, guano.** ► **excrémentiel, ielle** adj.

excrétion n. f. ▪ physiol. **1** Action par laquelle les déchets de l'organisme sont rejetés au-dehors. **2** au plur. Déchets de la nutrition rejetés hors de l'organisme. → **excrément.** ► **excréter** v. tr. [6] ► **excréteur, trice** adj.

excrétoire adj. ▪ didact. Relatif à l'excrétion.

excroissance n. f. ▪ Petite tumeur bénigne de la peau.

excursion n. f. ▪ Action de parcourir une région pour l'explorer, la visiter. → **expédition, tournée.** ► **excursionner** v. intr. [1]

excursionniste n. ▪ vieilli Personne qui fait une excursion.

excusable adj. ▪ Qui peut être excusé.

excuse n. f. ▪ **1** Raison alléguée pour se défendre d'une accusation, d'un reproche, pour expliquer ou atténuer une faute. → **justification. 2** Regret que l'on témoigne à qqn de l'avoir offensé, contrarié, gêné. *J'accepte vos excuses.* **3** Motif allégué pour se dispenser de qqch. → **prétexte.**

excuser v. tr. [1] ▪ **1** S'efforcer de justifier (qqn, qqch.) par des excuses. ➛ (sujet chose) Servir d'excuse à (qqn, qqch.). **2** Décharger (qqn) d'un reproche, en admettant des motifs qui atténuent ou justifient une faute. → **pardonner. 3** Dispenser (qqn) d'une obligation. *Se faire excuser.* **4** (formules de politesse) *Excusez-moi, je vous prie de m'excuser...,* je regrette (de vous gêner, de refuser, etc.). ▷ v. pron. **s'excuser** Exprimer ses regrets (de qqch.). *Je m'excuse d'avoir pris du retard.* ➛ *Je m'excuse* (emploi critiqué pour : *excusez-moi*).

exeat [ɛgzeat] n. m. ▪ vx ou admin. Permission de sortir, billet de sortie. *Des exeat* ou *des exeats.*

exécrable [ɛgz- ; ɛks-] adj. ▪ **1** littér. Qu'on doit exécrer. *Procédé exécrable.* **2** Extrêmement mauvais. *Un temps exécrable.* ► **exécrablement** adv.

exécrer [ɛgz- ; ɛks-] v. tr. [6] ▪ **1** littér. Haïr (qqn) au plus haut point. → **abhorrer, détester. 2** Avoir de l'aversion pour (qqch.). ► **exécration** n. f. littér. → **aversion, horreur.**

exécutable adj. ▪ Qui peut être exécuté.

exécutant, ante n. ▪ **1** Personne qui exécute (un ordre, une tâche...). **2** Interprète d'un ensemble musical.

exécuter v. tr. [1] ▪ **I** *EXÉCUTER qqch.* **1** Mener à accomplissement (un projet ; un ordre). → **accomplir, réaliser. 2** Faire (un ouvrage) d'après un plan, un projet. *Exécuter une commande.* **3** Interpréter, jouer (une œuvre musicale). **4** Faire (un ensemble de gestes). *Exécuter un pas de danse.* **II** *EXÉCUTER qqn.* **1** Faire mourir (qqn) conformément à une décision de justice. **2** Faire mourir sans jugement. → **assassiner.** *Exécuter un otage.* **3** fig. Discréditer (qqn). → **éreinter.** ▷ v. pron. **s'exécuter** Se décider à faire une chose pénible. → **se résoudre.**

exécuteur, trice n. ▪ **I** *Exécuteur, exécutrice testamentaire :* personne chargée de l'exécution d'un testament. **II** n. m. Personne qui exécute un condamné. → **bourreau.**

exécutif, ive adj. ▪ Relatif à la mise en œuvre des lois. *Pouvoir exécutif,* le gouvernement. ➛ n. m. *L'EXÉCUTIF :* le pouvoir exécutif.

exécution n. f. ▪ **I 1** Action d'exécuter (qqch.). → **réalisation.** ➛ *Mettre à exécution :* commencer à exécuter (ce qui a été prévu, décidé...). ♦ dr. Application (d'un jugement, d'un acte juridique). **2** Action, manière d'exécuter (un ouvrage) d'après une règle, un plan. **3** Action, manière d'interpréter une œuvre musicale. → **interprétation. II** Mise à mort (d'un condamné à mort).

exécutoire adj. ▪ dr. Qui peut et doit être mis à exécution.

exèdre n. f. ▪ Antiq. Salle semi-circulaire où l'on conversait.

exégèse n. f. ▪ Interprétation d'un texte dont le sens, la portée sont obscurs. ► **exégétique** adj. didact.

exégète n. ▪ Spécialiste d'exégèse.

① **exemplaire** n. m. ▪ Chacun des objets reproduisant un type commun.

② **exemplaire** adj. ▪ **1** Qui peut servir d'exemple. → **édifiant. 2** Dont l'exemple doit servir de leçon. *Châtiment exemplaire.* ► **exemplairement** adv.

exemplarité n. f. ▪ Caractère d'exemple.

exemple n. m. ■ **I 1** Action, manière d'être qu'on peut imiter. ◆ *Prendre exemple sur qqn,* l'imiter. ◆ loc. prép. littér. *À L'EXEMPLE DE :* pour imiter. → **comme. 2** Personne dont les actes sont dignes d'être imités. → **modèle. 3** Châtiment censé servir de leçon (pour les autres). *Fusillé pour l'exemple.* **II 1** Chose semblable ou comparable à celle dont il s'agit. **2** Cas particulier qui entre dans une catégorie et sert à illustrer, à préciser l'idée. *Donnez-moi un exemple.* ◆ Énoncé que l'on cite pour illustrer l'emploi d'un mot, d'une expression. *Les exemples d'un dictionnaire.* **3** loc. adv. *PAR EXEMPLE :* pour illustrer par un cas. *Considérons par exemple...* ◆ vieilli *Par exemple !* (marque l'étonnement).

exemplifier v. tr. [7] ■ didact. Illustrer d'exemples. ► **exemplification** n. f.

exempt, empte [ɛgzɑ̃(pt), -ɑ̃(p)t] ■ **I** adj. **1** (personnes) *EXEMPT DE,* qui n'est pas obligé d'accomplir (une charge...). ◆ (choses) *Colis exempt de port.* **2** Préservé (d'un mal, etc.). → à l'**abri** de. **3** Qui n'est pas sujet à (un défaut...). *Être exempt de vanité.* ◆ *Calcul exempt d'erreurs.* → **sans. II** n. m. Personne exempte, exemptée (d'une charge, d'un service...).

exempter [-ɑ̃(p)te] v. tr. [1] ■ **1** Rendre exempt (d'une charge...). → **dispenser. 2** littér. (sujet chose) Dispenser, mettre à l'abri de. → **préserver.**

exemption n. f. ■ Dispense (d'une charge, d'un service...).

exercer v. tr. [3] ■ **1** Soumettre à une activité régulière, en vue d'entretenir ou de développer. *Exercer son souffle, sa mémoire.* **2** Soumettre (qqn) à un entraînement. **3** Faire agir (un moyen, une disposition). *Exercer une influence.* **4** Pratiquer (un métier). *Exercer la médecine.* ◆ sans compl. *Il n'exerce plus.* ▷ v. pron. **s'exercer 1** Avoir une activité réglée pour acquérir la pratique. **2** (choses) Se manifester. → se faire **sentir.** ▷ adj. **exercé, ée** Devenu habile à force de s'exercer ou d'être exercé.

exercice n. m. ■ **I 1** littér. Action ou façon de s'exercer. → **apprentissage, étude, travail.** *Acquérir une pratique par un long exercice.* **2** Fait d'exercer son corps par l'activité physique. *Prendre de l'exercice.* **3** Entraînement des soldats à la manœuvre. **4** Activité réglée destinée à exercer qqn dans un domaine particulier. **II 1** Action d'exercer (3) en employant. *L'exercice du pouvoir.* → **pratique. 2** Fait d'exercer (une fonction, un métier). ◆ *EN EXERCICE :* en activité. **3** Fait de pratiquer (un culte). **III** Période (souvent une année) comprise entre deux inventaires, deux budgets.

exerciseur n. m. ■ Appareil de gymnastique destiné à faire travailler les muscles.

exérèse n. f. ■ méd. Ablation, extraction.

exergue n. m. ■ **1** Inscription, dans une œuvre d'art (tableau...) ou en tête d'un texte. **2** *EN EXERGUE :* comme présentation.

exfiltrer v. tr. [1] ■ Assurer le rapatriement de (un agent secret...). ► **exfiltration** n. f.

exfoliant, ante adj. ■ Qui exfolie (la peau).

exfolier v. tr. [7] ■ Détacher par feuilles, par lamelles. ► **exfoliation** n. f.

exhalaison n. f. ■ Ce qui s'exhale.

exhalation n. f. ■ Action d'exhaler. ◆ physiol. Rejet de l'air (opposé à *inhalation*).

exhaler v. tr. [1] ■ **1** Dégager et répandre au-dehors (une chose volatile : odeur, vapeur, gaz...). **2** Laisser échapper de sa bouche (un souffle, un son...). **3** fig., littér. Exprimer (un sentiment). *Exhaler sa douleur.* ▷ v. pron. **s'exhaler** → **émaner.**

exhaure n. f. ■ techn. Action d'évacuer les eaux d'infiltration.

exhausser v. tr. [1] ■ Rendre plus élevé (un bâtiment). ► **exhaussement** n. m.

exhausteur n. m. ■ *Exhausteur de goût :* additif alimentaire destiné à renforcer une saveur.

exhaustif, ive adj. ■ Qui traite complètement un sujet. → **complet.** *Liste exhaustive.* ► **exhaustivement** adv.

exhaustion n. f. ■ log. Méthode d'analyse qui consiste à épuiser toutes les hypothèses possibles dans une question.

exhaustivité n. f. ■ Caractère exhaustif.

exhéréder v. tr. [6] ■ anc. dr. Déshériter. ► **exhérédation** n. f.

exhiber v. tr. [1] ■ **1** Montrer à une autorité. *Exhiber son passeport.* ◆ (À un public) *Exhiber des chiens savants.* **2** péj. Montrer avec ostentation ou impudeur. → **étaler.** ▷ v. pron. **s'exhiber** péj. Se montrer en public.

exhibition n. f. ■ **1** Action d'exhiber (1). → **présentation. 2** Étalage ostentatoire.

exhibitionnisme n. m. ■ **1** psych. Obsession qui pousse qqn à exhiber ses organes génitaux. ♦ par ext. Goût de se montrer nu. **2** fig. Fait d'afficher ses sentiments, sa vie privée, etc. ► **exhibitionniste** n. et adj.

exhortation n. f. ■ Paroles pour exhorter.

exhorter v. tr. [1] ■ *EXHORTER qqn À* (+ n. ou inf.) : s'efforcer par des discours persuasifs de lui faire faire qqch. → **encourager, inciter.**

exhumer v. tr. [1] ■ **1** Retirer (un cadavre) de la terre, de la sépulture. → **déterrer. 2** Retirer (une chose enfouie) du sol, spécialt par des fouilles. **3** fig. Tirer de l'oubli. ► **exhumation** n. f. littér.

exigeant, ante adj. ■ **1** Qui est habitué à exiger beaucoup. **2** (sentiment, activité...) Qui a besoin de beaucoup pour s'exercer. *Profession exigeante.* → **prenant.**

exigence n. f. ■ Action d'exiger ; ce qui est exigé. **1** Ce qui est réclamé comme nécessaire. *Une exigence de clarté.* ♦ au plur. Ce qu'on réclame d'autrui. ➝ spécialt Ce qu'on demande en argent (prix, salaire). → **condition, prétention.** **2** Caractère d'une personne exigeante.

exiger v. tr. [3] ■ **1** Demander impérativement (ce que l'on pense avoir le droit ou la force d'obtenir). → **réclamer.** **2** (sujet chose) Rendre indispensable, obligatoire. → **imposer, nécessiter, requérir.**

exigible adj. ■ Qu'on a le droit d'exiger ; qu'on peut exiger. ► **exigibilité** n. f.

exigu, uë [-gy] adj. ■ (espace...) D'une dimension insuffisante. ► **exiguïté** [-gɥi-] n. f.

exil n. m. ■ **1** Expulsion de qqn hors de sa patrie, avec défense d'y rentrer ; situation de la personne expulsée. → **bannissement ; déportation.** **2** littér. Obligation de séjourner hors d'un lieu, loin de qqn qu'on regrette.

exiler v. tr. [1] ■ **1** Envoyer (qqn) en exil. → **bannir, déporter, expatrier, expulser, proscrire.** **2** Éloigner (qqn) d'un lieu et l'empêcher d'y revenir. ▷ v. pron. **s'exiler** S'installer loin de son pays. ▷ adj. et n. **exilé, ée**

existant, ante adj. ■ **1** didact. Qui existe, qui a une réalité. → **positif, réel.** **2** Qui existe actuellement. → **actuel.**

existence n. f. ■ **I 1** philos. Fait d'exister. → ② **être.** ♦ (opposé à *essence*) La réalité vivante, vécue (d'un être conscient). **2** Fait d'exister (pour un observateur). *J'ignorais l'existence de ce livre.* **II 1** Vie, considérée dans sa durée, son contenu. **2** Mode de vie.

existentialisme n. m. ■ philos. Doctrine selon laquelle l'être humain n'est pas déterminé d'avance par son essence* («l'existence précède l'essence»), mais libre et responsable de son existence. ► **existentialiste** adj. et n.

existentiel, ielle adj. ■ didact. De l'existence en tant que réalité vécue. *Angoisse existentielle.*

exister v. intr. [1] ■ **1** Avoir une réalité. → ① **être.** ➝ Se trouver (quelque part). *Une plante qui n'existe pas en Europe.* ➝ impers. *IL EXISTE...* : il y a... **2** (sujet personne) Vivre. **3** (sens fort) Avoir de l'importance. → **compter.** *Le passé n'existe pas pour elle.*

exit [ɛgzit] v. ■ *Exit (tel personnage)* : il sort (indication scénique). ➝ par ext., fam. *Exit qqn, qqch.*, se dit de qqn, qqch. qui disparaît, à quoi on a mis fin.

ex-libris [-is] n. m. ■ Inscription ou vignette apposée sur un livre pour en indiquer le propriétaire.

ex nihilo adv. et adj. invar. ■ didact. En partant de rien. *Création ex nihilo.*

exo- Élément savant, du grec *exô* «au-dehors» (contr. *endo-*).

exobiologie n. f. ■ didact. Science dont l'objet est l'étude des possibilités de vie dans l'univers extraterrestre.

exocet n. m. ■ **1** Poisson volant. **2** [ɛgzosɛt] n. m. invar. (marque déposée) Missile autoguidé.

exocrine adj. f. ■ Se dit d'une glande qui déverse sa sécrétion à la surface de la peau ou d'une muqueuse (contr. *endocrine*).

exode n. m. ■ Émigration en masse. ♦ *Exode rural,* dépeuplement des campagnes.

exogamie n. f. ■ ethnol. Coutume suivant laquelle les mariages se font entre les membres de tribus différentes (opposé à *endogamie*). ► **exogame** adj. et n. ► **exogamique** adj.

exogène adj. ■ didact. Qui provient de l'extérieur, se produit à l'extérieur.

s'exonder v. pron. [1] ■ géogr. Émerger.

exonérer v. tr. [6] ■ Décharger (qqn de qqch. à payer). ► **exonération** n. f. → **abattement, déduction, dégrèvement, exemption.**

exophtalmie n. f. ■ méd. Saillie anormale du globe oculaire hors de l'orbite. ► **exophtalmique** adj.

exoplanète n. f. ■ astron. Planète qui se trouve hors du système solaire.

exorbitant, ante adj. ■ Qui sort des bornes, qui dépasse la juste mesure. → **excessif.**

exorbité, ée adj. ■ *Yeux exorbités,* qui sortent de l'orbite ; grand ouverts (de peur, etc.).

exorciser v. tr. [1] ■ **1** Chasser (les démons) du corps des possédés à l'aide de formules et de cérémonies. ♦ fig. *Exorciser la peur.* **2** Délivrer (un possédé) de ses démons. ► **exorcisation** n. f. didact.

exorcisme n. m. ■ Pratique pour exorciser.

exorciste n. ■ Personne qui exorcise.

exorde n. m. ■ Première partie (d'un discours). → **introduction, préambule.**

exosphère n. f. ■ didact. Partie la plus élevée de l'atmosphère.

exosquelette n. m. ■ **1** biol. Structure externe et dure que sécrètent certains invertébrés. **2** techn. Appareil motorisé fixé sur le corps humain pour lui redonner sa mobilité ou en augmenter les capacités.

exostose n. f. ■ méd. Production osseuse anormale à la surface d'un os.

exothermique adj. ■ chim. Qui dégage de la chaleur (opposé à *endothermique*).

exotique adj. ■ Qui (dans une perception, notamment la perception occidentale) est perçu comme étrange et lointain et stimule l'imagination ; qui vient de pays lointains.

exotisme n. m. ■ **1** Caractère de ce qui est exotique. **2** Goût des choses exotiques.

expansé, ée adj. ▪ techn. Qui a subi une expansion (1). *Polystyrène expansé.*

expansible adj. ▪ Qui est susceptible d'expansion. ► **expansibilité** n. f.

expansif, ive adj. ▪ **1** didact. Qui tend à s'étendre. **2** cour. Qui s'exprime avec effusion. → **démonstratif, exubérant.**

expansion n. f. ▪ **1** Développement (d'un corps) en volume. *L'expansion des gaz.* **2** Action de s'étendre, de se développer. → **extension. 3** Mouvement par lequel une personne communique ses pensées, etc. → **effusion, épanchement ; expansif.**

expansionnisme n. m. ▪ Politique d'expansion (2) d'un pays. ► **expansionniste** n. et adj.

expansivité n. f. ▪ Caractère expansif.

expatriation n. f. ▪ Action d'expatrier ou de s'expatrier ; son résultat.

expatrier v. tr. [7] ▪ Obliger (qqn) à quitter sa patrie. → **exiler.** ◆ *Expatrier des capitaux,* les placer à l'étranger. ▷ v. pron. **s'expatrier** → **émigrer.** ▷ adj. et n. **expatrié, ée**

expectant, ante adj. ▪ littér. Qui préfère attendre pour agir. → **attentiste.**

expectation n. f. ▪ psych. Fait d'attendre qqch.

expectative n. f. ▪ **1** littér. Attente fondée sur des promesses. **2** Attente prudente.

expectorant, ante adj. ▪ Qui aide à expectorer. ◆ n. m. *Un expectorant.*

expectorer v. tr. [1] ▪ Rejeter (les mucosités des voies respiratoires). → **cracher, tousser.** ► **expectoration** n. f.

① **expédient, ente** [-jɑ̃, ɑ̃t] adj. ▪ littér. Qui convient. → **opportun.**

② **expédient** [-jɑ̃] n. m. ▪ **1** Moyen, méthode pour se tirer d'une difficulté, contourner un obstacle. **2** péj. *Vivre d'expédients,* de moyens peu honnêtes.

expédier v. tr. [7] ▪ **I 1** Faire (qqch.) rapidement, sans attendre ou sans soin. **2** En finir au plus vite avec (qqn) pour s'en débarrasser. **II 1** Faire partir pour une destination. → **envoyer. 2** fam. Envoyer (qqn) au loin.

expéditeur, trice n. ▪ Personne qui expédie. → **envoyeur.** ◆ adj. *Gare expéditrice.*

expéditif, ive adj. ▪ **1** Qui expédie les affaires, son travail. → **rapide. 2** (choses) Qui permet d'expédier les affaires. *Moyen expéditif.* ◆ péj. *Justice expéditive.* → **sommaire.** ► **expéditivement** adv.

expédition n. f. ▪ **I 1** Action d'expédier (I) ce qu'on a à faire. **2** dr. Copie (d'un acte, d'un jugement). **II 1** Action d'expédier (II) (qqch.). → **envoi. 2** Opération militaire exigeant un déplacement de troupes. **3** Voyage d'exploration.

expéditionnaire ▪ **1** n. Employé(e) chargé(e) des expéditions (II, 1). **2** adj. Envoyé en expédition militaire.

expérience n. f. ▪ **I 1** L'EXPÉRIENCE DE *qqch.* : fait d'éprouver qqch., considéré comme un élargissement ou un enrichissement du savoir, des aptitudes. → **pratique, usage.** *Acquérir l'expérience d'un art.* **2** Événement vécu ou pratique prolongée de qqch., apportant un enseignement. *Une expérience amoureuse.* **3** absolt Connaissance acquise par des situations vécues. → **savoir.** *Un débutant sans expérience.* ◆ philos. La connaissance empirique (→ **empirisme). II 1** Fait de provoquer un phénomène dans l'intention de l'étudier, de contrôler une hypothèse. → **épreuve, essai ; expérimentation.** ◆ Méthode scientifique utilisant les expériences. **2** Essai, tentative. *Une expérience de vie commune.*

expérimental, ale, aux adj. ▪ **1** Fondé sur l'expérience scientifique. *Méthode expérimentale. Sciences expérimentales.* **2** Qui constitue une expérience ; fait, construit pour une expérience. ► **expérimentalement** adv.

expérimentateur, trice n. ▪ Personne qui effectue des expériences scientifiques.

expérimentation n. f. ▪ Emploi systématique de l'expérience scientifique.

expérimenté, ée adj. ▪ Qui est instruit par l'expérience (I, 3). → **exercé, expert.**

expérimenter v. tr. [1] ▪ **I** Éprouver, connaître par l'expérience. **II** Pratiquer des expériences (II) pour étudier, juger (qqch.). → **éprouver, essayer, tester, vérifier.**

expert, erte ▪ **I** adj. **1** Qui a acquis une grande habileté par l'expérience, par la pratique. → **expérimenté. 2** inform. *Système expert* : programme d'intelligence artificielle. **II** n. m. Personne choisie pour ses connaissances et chargée de faire des examens, constatations, appréciations.

expert-comptable, experte-comptable [-kɔ̃t-] n. ▪ Personne faisant profession d'organiser, vérifier ou redresser les comptabilités.

expertise n. f. ▪ **I** Examen, étude, estimation par un expert. **II** Compétence d'un expert.

expertiser v. tr. [1] ▪ Soumettre à une expertise. → **estimer, évaluer.**

expiable adj. ▪ Qui peut être expié. *Une faute expiable.*

expiation n. f. ▪ Souffrance imposée ou acceptée à la suite d'une faute et considérée comme une purification. → **rachat, repentir.**

expiatoire adj. ▪ Destiné à une expiation.

expier v. tr. [7] ▪ **1** Réparer par une expiation. **2** *Expier une erreur.* → **payer.**

expirant, ante adj. ▪ **1** Près d'expirer. → **agonisant, mourant. 2** (choses) Qui finit.

expirateur, trice adj. et n. m. ■ anat. Qui sert à produire l'expiration. *Muscles expirateurs.*

expiration n. f. ■ **I** Action d'expirer (I). **II** Moment où (qqch.) se termine. → **terme.**

expiratoire adj. ■ Qui se rapporte à l'expiration.

expirer v. [1] ■ **I** v. tr. Expulser des poumons (l'air inspiré). → **souffler. II** v. intr. **1** littér. Rendre le dernier soupir. → **mourir.** ♦ (choses) Cesser d'être. **2** Arriver à son terme (durée déterminée). → **finir.**

explétif, ive adj. et n. m. ■ Qui est dans une phrase sans être nécessaire au sens. *Le* ne *explétif* (ex. *il craint que je* ne *sois trop jeune*). ➛ n. m. *Un explétif.*

explicable adj. ■ (choses) Qui peut s'expliquer.

explicatif, ive adj. ■ (choses) Qui explique.

explication n. f. ■ **1** Développement destiné à éclaircir le sens de qqch. → **commentaire, éclaircissement. 2** Ce qui rend compte (d'un fait). → **cause, motif, raison.** *Quelle est l'explication de ce phénomène ?* **3** Éclaircissement sur la conduite de qqn. → **justification. 4** Discussion dans laquelle on s'explique (3).

explicitation n. f. ■ Action d'expliciter.

explicite adj. ■ **1** dr. Exprimé, formulé. **2** Clair et précis dans l'énoncé. **3** (personnes) Qui s'exprime avec clarté. ► **explicitement** adv.

expliciter v. tr. [1] ■ **1** Énoncer formellement. **2** Rendre clair et précis.

expliquer v. tr. [1] ■ **1** Faire connaître, faire comprendre nettement en développant. *Expliquer ses projets à qqn.* → **exposer. 2** Rendre clair, faire comprendre (ce qui est ou paraît obscur). ♦ Donner les indications (pour faire qqch.). **3** Faire connaître la raison, la cause de (qqch.). *Expliquer un phénomène.* ♦ (sujet chose) Être la cause, la raison visible de. ▷ v. pron. **s'expliquer 1** Faire connaître sa pensée. **2** Justifier un fait, une opinion. **3** récipr. Avoir une discussion, faire une mise au point. ♦ fam. Se battre. **4** Comprendre la raison, la cause de (qqch.). **5** passif Être rendu intelligible. *Cet accident s'explique par une négligence.*

exploit n. m. ■ **I** Action remarquable. → **prouesse ; performance. II** dr. *Exploit d'huissier* : acte judiciaire signifié par huissier.

exploitable adj. ■ Qui peut être exploité.

exploitant, ante n. ■ **1** Personne (ou société) qui gère une exploitation. **2** Personne qui exploite une salle de cinéma.

exploitation n. f. ■ **1** Action d'exploiter, de faire valoir (une chose) (→ mise en valeur). ♦ inform. *Système d'exploitation* : programme qui gère le fonctionnement d'un ordinateur. **2** Bien exploité ; lieu où se fait la mise en valeur de ce bien. *Exploitation agricole, industrielle, commerciale.* **3** abstrait Utilisation méthodique. *L'exploitation d'une idée.* **4** Action d'abuser (de qqn) à son profit. ♦ (marxisme) *L'exploitation de l'homme par l'homme* : le fait de tirer un profit (plus-value) du travail d'autrui.

exploiter v. tr. [1] ■ **1** Faire valoir (une chose) ; tirer parti de. *Exploiter une mine.* **2** Utiliser d'une manière avantageuse. *Exploiter une situation.* **3** Se servir de (qqn) en n'ayant en vue que le profit **(→ exploitation** (4)**).**

exploiteur, euse n. ■ Personne qui exploite (2 ou 3). → **profiteur.**

explorateur, trice n. ■ Personne qui explore un pays lointain, peu connu.

exploration n. f. ■ **1** Action d'explorer (un lieu). **2** abstrait → **approfondissement. 3** méd. Examen minutieux (d'un organe).

exploratoire adj. ■ Destiné à explorer.

explorer v. tr. [1] ■ **1** Parcourir (un endroit mal connu) en l'étudiant avec soin. ➛ Parcourir (un lieu) en observant. **2** abstrait Faire des recherches sur (qqch.). → **approfondir, étudier.** *Explorer une question.* **3** méd. Observer (un organe, etc.) à l'aide d'instruments ou de procédés spéciaux. → **ausculter, examiner, sonder.**

exploser v. intr. [1] ■ **1** Faire explosion. → **éclater, détoner, sauter. 2** fig. → **éclater.** *Sa colère explosa.* **3** Se développer largement.

exploseur n. m. ■ techn. Appareil permettant de faire exploser à distance un explosif.

explosible adj. ■ didact. → **explosif** (2).

explosif, ive ■ **I** adj. **1** Relatif à l'explosion. **2** Qui peut faire explosion. **3** fig. *Situation explosive*, tendue. ➛ *Tempérament explosif*, sujet à la colère. **II** n. m. Composé ou mélange de corps susceptible d'explosion. ► **explosivité** n. f.

explosion n. f. ■ **1** Fait de se rompre brutalement en projetant des fragments. ♦ sc. Phénomène au cours duquel des gaz sous pression sont produits dans un temps très court. → **déflagration, éclatement.** *L'explosion d'un obus.* ➛ *Explosion nucléaire.* ♦ Rupture violente, accidentelle. **2** *Moteur à explosion*, qui emprunte son énergie à l'expansion d'un gaz, provoquée par la combustion rapide d'un mélange détonant. **3** fig. Manifestation soudaine et violente (de). **4** Expansion soudaine et spectaculaire. *Explosion démographique.*

expo n. f. ■ fam. Exposition (2).

exponentiel, ielle adj. ■ **1** math. Dont la variable est en exposant. **2** Qui augmente de manière continue et rapide. ► **exponentiellement** adv.

export n. m. ■ Exportation. *Ventes à l'export.*

exportable adj. ■ Qui peut être exporté.

exportateur, trice n. ■ Personne qui exporte. ➛ adj. *Pays exportateurs de pétrole.*

exportation n. f. ■ **1** Action d'exporter (des produits). **2** Ce qui est exporté.

exporter v. tr. 1 ■ **1** Envoyer et vendre hors d'un pays (ses produits). ♦ *Exporter des capitaux,* les placer à l'étranger. **2** fig. Transporter à l'étranger (une mode, etc.).

exposant, ante n. ■ **1** Personne dont les œuvres, les produits sont présentés dans une exposition (2). **2** n. m. math. Expression exprimant la puissance à laquelle une quantité est élevée. *Deux est l'exposant du carré.*

exposé n. m. ■ **1** Développement par lequel on expose (des faits, des idées). → **description, rapport, récit.** **2** Bref discours sur un sujet didactique. → **conférence ;** fam. **laïus.**

exposer v. tr. 1 ■ **I 1** Disposer de manière à mettre en vue. → **montrer, présenter.** **2** Placer (des œuvres d'art...) dans un lieu de présentation publique. **3** Présenter en ordre (un ensemble de faits, d'idées). → **décrire, énoncer, raconter.** **4** EXPOSER *qqch.* À : disposer dans la direction de. → **orienter.** **5** Disposer pour soumettre à une action. *Exposer un film à la lumière.* **II 1** EXPOSER *qqn* À, mettre dans une situation dangereuse. **2** Risquer de perdre. *Exposer sa vie.* ▷ v. pron. **s'exposer 1** Se soumettre à l'action de. *S'exposer au soleil.* **2** Se mettre dans la situation de subir. *S'exposer à un péril.* - sans compl. Se mettre en danger.

exposition n. f. ■ **1** Action d'exposer, de mettre en vue (spécialt des choses à vendre). → **étalage.** **2** Présentation publique de produits, d'œuvres d'art ; objets exposés. **3** Action de faire connaître, d'expliquer. → **exposé.** ♦ Partie initiale (d'une œuvre littéraire). *L'exposition d'une tragédie.* **4** Situation par rapport à une direction donnée. → **orientation.** **5** Action de soumettre à l'action de. *Exposition à la lumière.*

① **exprès, esse** [-prɛs] adj. ■ **1** dr. Qui exprime formellement la volonté de qqn. *Défense expresse.* **2** (invar.) *Lettre exprès, colis exprès* (ou n. m. *un exprès*), remis immédiatement au destinataire.

② **exprès** [-prɛ] adv. ■ Avec intention spéciale ; à dessein. → **délibérément, intentionnellement.** - FAIRE EXPRÈS. *Il fait exprès de vous contredire.* - loc. UN FAIT EXPRÈS : une coïncidence (fâcheuse).

① **express** [-prɛs] adj. ■ Qui assure un service rapide. - n. m. vieilli Train express.

② **express** [-prɛs] adj. ■ *Café express* (ou n. m. *un express*), fait à la vapeur. → **expresso.**

expressément adv. ■ En termes exprès (①), formels. → **explicitement, nettement.**

expressif, ive adj. ■ **1** Qui exprime bien ce qu'on veut exprimer, faire comprendre. *Geste expressif.* → **éloquent.** **2** Qui a beaucoup d'expression, de vivacité. → **animé, mobile, vivant.** *Une physionomie expressive.*

expression n. f. ■ **I** vx Action de faire sortir (un liquide) en pressant (→ **exprimer** (I)). **II** Action ou manière d'exprimer ou de s'exprimer. **1** Fait d'exprimer par le langage. - *Liberté d'expression,* d'exprimer ses opinions. - *Au-delà de toute expression* : extrêmement. **2** Manière de s'exprimer. - spécialt Groupe de mots faisant partie de la langue. → **locution, tour, tournure.** **3** math. Formule par laquelle on exprime une valeur, un système. - loc. fig. *Réduire qqch. à sa plus simple expression,* à la forme la plus simple. **4** Fait d'exprimer, de s'exprimer par l'art. - Qualité d'un artiste ou d'une œuvre qui exprime qqch. avec force. **5** Fait d'exprimer (les émotions, les sentiments...) par le comportement. *Une expression indifférente.* **6** absolt Aptitude à manifester ce qui est ressenti. *Un sourire plein d'expression.* **III** Ce par quoi qqn ou qqch. s'exprime, se manifeste. *L'expression d'un besoin.* → **manifestation.** *L'expression d'une volonté.* → **émanation.**

expressionnisme n. m. ■ Forme d'art où prime l'intensité de l'expression (d'abord en peinture). ▶ **expressionniste** adj. et n.

expressivité n. f. ■ Caractère expressif.

expresso n. m. ■ Café express à l'italienne.

exprimable adj. ■ Qu'on peut exprimer.

exprimer v. tr. 1 ■ **I** littér. ou techn. Faire sortir par pression (un liquide). **II** Rendre sensible par un signe (→ **expression**). **1** Faire connaître par le langage. **2** sc. Servir à noter (une relation...). *Le signe = exprime l'égalité.* **3** Rendre sensible, faire connaître par le moyen de l'art. **4** Rendre sensible par le comportement. → **manifester.** ▷ v. pron. **s'exprimer 1** Manifester sa pensée, ses sentiments (par le langage, les gestes, l'art). **2** Se manifester librement, selon des tendances profondes.

exproprier v. tr. 7 ■ Déposséder légalement (qqn) d'un bien. ▶ **expropriation** n. f.

expulsable adj. ■ Qui peut être expulsé.

expulsé, ée adj. et n. ■ Chassé d'un lieu par expulsion.

expulser v. tr. 1 ■ **I 1** Chasser (qqn) du lieu où il était établi. *Expulser qqn de son pays.* → **exiler.** *Expulser des locataires.* **2** Faire sortir (qqn) avec violence. **II** Évacuer (qqch.) de l'organisme. → **éliminer.**

expulsion n. f. ■ **I 1** Action d'expulser (qqn) d'un lieu. **2** Exclusion (d'un groupe...). **II** Action d'expulser (II).

expurger v. tr. 3 ■ Abréger (un texte) en éliminant ce qui est contraire à une morale, à un dogme. ▶ **expurgation** n. f.

exquis, ise adj. ■ **1** D'une délicatesse raffinée. → **délicat.** **2** Agréable par sa délicatesse. → **délicieux.** ▶ **exquisément** adv. littér.

exsangue [ɛksɑ̃g ; ɛgzɑ̃g] adj. ▪ 1 méd. Qui a perdu beaucoup de sang. 2 Très pâle. *Lèvres exsangues.* 3 fig., littér. Vidé de sa substance, de sa force. *Pays exsangue.*

exsudat n. m. ▪ méd. Liquide organique qui suinte au niveau d'une surface enflammée.

exsuder v. [1] ▪ didact. 1 v. intr. Sortir comme la sueur. → **suinter.** 2 v. tr. Émettre par suintement. ► **exsudation** n. f.

extase n. f. ▪ 1 État dans lequel qqn se trouve comme transporté hors de soi et du monde sensible. 2 Exaltation due à une joie ou une admiration extrême. → **ravissement.**

s'extasier v. pron. [7] ▪ Manifester avec enthousiasme son admiration, son émerveillement. → se **pâmer.** ▷ adj. **extasié, ée**

extatique adj. ▪ littér. 1 De l'extase (1). *Vision extatique.* 2 Qui est en extase.

extemporané, ée adj. ▪ didact. Qui se fait à l'instant même.

extenseur ▪ 1 adj. m. Qui sert à étendre. 2 n. m. Appareil pour les exercices d'extension musculaire.

extensible adj. ▪ Qui peut s'étendre. → **élastique ; ductile.** ► **extensibilité** n. f.

extensif, ive adj. ▪ 1 didact. Relatif à l'étendue, à l'extension. 2 (opposé à *intensif*) *Culture extensive,* sur de grandes surfaces (avec un rendement assez faible). 3 Qui marque une extension (3) plus grande.

extension n. f. ▪ 1 Action de donner à qqch. une plus grande dimension ; fait de s'étendre. → **augmentation, développement.** 2 Mouvement par lequel on étend un membre. *Extension et flexion du bras.* 3 fig. Action de donner à qqch. une portée plus générale. ♦ Propriété d'un terme de s'appliquer à plus d'objets. *Extension du sens propre d'un mot.*

in **extenso** → **in extenso**

extensomètre n. m. ▪ techn. Instrument qui mesure les déformations produites dans un corps sous l'effet des contraintes mécaniques.

exténuant, ante adj. ▪ Qui exténue.

exténuer v. tr. [1] ▪ Rendre faible par épuisement des forces. → **épuiser.** ➝ au p. p. *Un air exténué.* ► **exténuation** n. f. littér.

① **extérieur, eure** adj. ▪ I 1 EXTÉRIEUR À : qui est situé dans l'espace hors de (qqch.). → en **dehors** de. ♦ fig. → **étranger** à. *Des considérations extérieures au sujet.* 2 (sans compl.) Qui est dehors ou loin du centre. ♦ Qui concerne les pays étrangers. *Politique extérieure.* 3 Qui existe en dehors d'un individu. *La réalité extérieure.* II 1 (partie) En contact avec l'espace que qqch. n'occupe pas. *Poche extérieure.* 2 Que l'on peut voir du dehors. → **apparent, visible.**

② **extérieur** n. m. ▪ I 1 Partie de l'espace en dehors de qqch. (opposé à *dedans, intérieur*). → **dehors.** 2 cin. Prise de vues hors des studios. II 1 Partie (de qqch.) en contact avec l'espace qui l'environne. *L'extérieur d'un coffret.* 2 littér. Apparence (de qqn, qqch.).

extérieurement adv. ▪ 1 À l'extérieur. 2 En apparence. → **apparemment.**

extérioriser v. tr. [1] ▪ Donner une réalité extérieure, visible à (ce qui n'existait que dans la conscience). → **exprimer, manifester, montrer.** ▷ v. pron. s'**extérioriser** ► **extériorisation** n. f.

extériorité n. f. ▪ didact. Caractère de ce qui est extérieur.

exterminateur, trice adj. ▪ littér. Qui extermine. *L'ange exterminateur,* de la mort.

extermination n. f. ▪ Action d'exterminer. → **massacre ; génocide.**

exterminer v. tr. [1] ▪ Faire périr en nombre et jusqu'au dernier. → **anéantir, détruire, supprimer.**

externaliser v. tr. [1] ▪ Confier (une activité relative à une entreprise) à une entreprise extérieure. *Externaliser la comptabilité.* ► **externalisation** n. f.

externat n. m. ▪ 1 École où l'on ne reçoit que des élèves externes. 2 Fonction, statut d'externe (II).

externe ▪ I adj. Qui est situé en dehors, est tourné vers l'extérieur. *Bord externe.* ➝ *Médicament à usage externe,* à ne pas avaler. II n. 1 Élève qui suit les cours d'une école, mais n'y vit pas en pension. 2 Étudiant(e) en médecine, qui assiste les internes dans les hôpitaux.

exterritorialité n. f. ▪ Privilège par lequel les agents diplomatiques sont censés résider dans le pays qu'ils représentent et ne sont pas soumis à la juridiction du pays où ils exercent leurs fonctions.

extincteur n. m. ▪ Appareil capable d'éteindre un foyer d'incendie.

extinction n. f. ▪ 1 Action d'éteindre. 2 Fait de perdre son existence ou son efficacité. *Espèce en voie d'extinction.* → **disparition.** ➝ loc. *Extinction de voix* : impossibilité momentanée de parler d'une voix claire.

extirpable adj. ▪ Qui peut être extirpé.

extirpateur n. m. ▪ agric. Herse destinée à extirper les mauvaises herbes.

extirpation n. f. ▪ Action d'extirper.

extirper v. tr. [1] ▪ 1 littér. Faire disparaître (qqch. d'abstrait). *Extirper un mal.* 2 Arracher (une plante) avec ses racines. ♦ chir. Enlever complètement. → **extraire.** 3 fam. Faire sortir avec difficulté. → **arracher.**

extorquer v. tr. [1] ▪ Obtenir (qqch.) sans le consentement du détenteur (par la ruse...).

extorsion n. f. ▪ didact. Action d'extorquer. *Extorsion de fonds.*

① **extra** n. ▪ **1** n. m. Chose ajoutée à ce qui est habituel. → **supplément. 2** Employé(e) supplémentaire engagé(e) pour peu de temps.

② **extra** adj. invar. ▪ De qualité supérieure. ♦ fam. Très bien, très agréable.

extra- Élément qui signifie «en dehors (de), au-delà (de)» et «plus que, tout à fait» (ex. *extralucide*). → **super-, ultra-.**

extracommunautaire adj. ▪ Qui ne fait pas partie de la Communauté, de l'Union, européenne.

extraconjugal, ale, aux adj. ▪ Qui a lieu en dehors du mariage.

extracorporel, elle adj. ▪ Qui existe ou se fait à l'extérieur du corps.

extracteur n. m. ▪ Appareil d'extraction (I).

extractible adj. ▪ Qui peut être extrait.

extractif, ive adj. ▪ Relatif à l'extraction.

extraction n. f. ▪ **I** Action d'extraire*. **II** vieilli Origine, lignage.

extrader v. tr. [1] ▪ Livrer par extradition.

extradition n. f. ▪ Procédure permettant à un État de se faire livrer par un autre État un individu poursuivi ou condamné.

extrados n. m. ▪ archit. Surface extérieure d'une voûte, d'un arc.

extra-dry [-dʀaj] adj. invar. ▪ anglic. *Champagne, martini extra-dry,* très sec.

extra-fin, fine adj. ▪ **1** Très fin, très petit. **2** (aliments, confiserie) Supérieur.

extra-fort, forte ▪ **I** adj. Très fort. *Moutarde extra-forte.* **II** n. m. Ruban dont on garnit intérieurement les ourlets, etc.

extragalactique adj. ▪ astron. Qui est en dehors de la Galaxie (celle du Soleil).

extraire v. tr. [50] ▪ **I 1** Tirer (une chose) du lieu dans lequel elle se trouve enfouie ou enfoncée. *Extraire la houille d'une mine.* ♦ Enlever, retirer de l'organisme (un corps étranger, etc.) par une opération. **2** Tirer (un passage → **extrait**) d'un livre, d'un écrit. **3** Faire sortir (qqn) avec difficulté d'un lieu étroit. **II 1** Séparer (une substance) du corps dont elle fait partie. **2** littér. Dégager (un contenu, une idée...). **3** *Extraire la racine carrée d'un nombre,* la calculer.

extrait n. m. ▪ **1** Produit qu'on retire d'une substance par une opération chimique. ♦ Parfum concentré. → **essence.** ♦ Préparation alimentaire concentrée. **2** Passage tiré d'un texte. → **fragment, morceau.** ➝ par ext. *Projeter des extraits d'un film.* **3** Copie conforme (d'un acte officiel).

extrajudiciaire adj. ▪ dr. Qui ne fait pas partie de la procédure d'une instance judiciaire.

extralégal, ale, aux adj. ▪ didact. En dehors de la légalité. → **illégal.**

extralucide adj. ▪ *Voyante extralucide,* réputée voir et prédire l'avenir.

extra-muros [-os] adv. et adj. ▪ Hors de la ville.

extranet [-nɛt] n. m. ▪ inform. Intranet dont l'accès est étendu à certaines personnes extérieures.

extraordinaire adj. ▪ **1** Qui n'est pas selon l'usage ordinaire, selon l'ordre commun. → **exceptionnel, inhabituel.** ➝ PAR EXTRAORDINAIRE : par un événement peu probable. **2** Qui suscite la surprise ou l'admiration par sa rareté, sa singularité. → **bizarre, étonnant, étrange, insolite, singulier. 3** Remarquable dans son genre. → **exceptionnel.** *Une femme extraordinaire.*

extraordinairement adv. ▪ **1** Par l'effet de circonstances extraordinaires. **2** D'une manière étrange, bizarre. **3** D'une manière intense. → **extrêmement, très.**

extraparlementaire adj. ▪ polit. Qui agit hors du Parlement.

extrapatrimonial, iale, iaux adj. ▪ dr. Qui est en dehors du patrimoine.

extrapolable adj. ▪ didact. Qui peut être extrapolé.

extrapoler v. intr. [1] ▪ didact. Appliquer une chose connue à un autre domaine pour en déduire qqch. ► **extrapolation** n. f.

extrascolaire adj. ▪ Qui a lieu en dehors du cadre scolaire.

extrasensible [-s-] adj. ▪ didact. Qui n'est pas perçu par les sens.

extrasensoriel, ielle [-s-] adj. ▪ psych. Qui ne se fait pas par les sens.

extrasolaire [-s-] adj. ▪ astron. Extérieur au système solaire. *Planète extrasolaire.* → **exoplanète.**

extrasystole [-s-] n. f. ▪ méd. Contraction anticipée du cœur.

extratemporel, elle adj. ▪ didact. En dehors du temps.

extraterrestre ▪ **1** adj. Extérieur à la Terre ou à l'atmosphère terrestre. **2** n. Habitant d'une autre planète que la Terre (dans un contexte d'anticipation).

extraterritorial, iale, iaux adj. ▪ fin. Qui est domicilié dans un territoire étranger.

extra-utérin, ine adj. ▪ méd. *Grossesse extra-utérine,* qui se fait, se produit (anormalement) hors de la cavité utérine.

extravagant, ante adj. ▪ **1** Bizarre et déraisonnable. **2** (personnes) Très excentrique. ► **extravagance** n. f. → **excentricité.**

extravaguer v. intr. [1] ▪ littér. Penser, parler, agir de manière extravagante.

extravasation n. f. ▪ didact. Épanchement d'un liquide organique dans les tissus.

extravaser v. tr. [1] ▪ didact. Faire se répandre hors de son contenant naturel.

extraversion n. f. ▪ psych. Attitude d'une personne extravertie. - syn. **extroversion.**

extraverti, ie adj. ▪ Qui est tourné vers le monde extérieur. - syn. **extroverti, ie.**

extrême ▪ **I** adj. **1** (souvent avant le nom) Qui est tout à fait au bout, qui termine (un espace, une durée). *L'extrême limite. L'extrême droite, l'extrême gauche* (politique). **2** littér. Qui est au plus haut point ou à un très haut degré. → **grand, intense.** *Joie extrême.* ◆ *D'extrême urgence.* **3** (après le nom) Qui est le plus éloigné de la moyenne, du juste milieu. → **excessif, immodéré. II** n. m. **1** (surtout plur.) Situation extrême. **2** *Les extrêmes :* les deux limites extrêmes d'une chose. → **contraire, opposé.** ◆ au sing. *Passer d'un extrême à l'autre.* **3** loc. adv. *À L'EXTRÊME :* à la dernière limite ; au-delà de toute mesure.

extrêmement adv. ▪ D'une manière extrême, à un très haut degré. → **très.**

extrême-onction n. f. ▪ relig. cathol. Sacrement destiné aux fidèles en péril de mort.

extrême-oriental, ale, aux [-ʀjɑ̃-] adj. et n. ▪ De l'Extrême-Orient. ◆ n. *Les Extrême-Orientaux.*

in **extremis** → **in extremis**

extrémisme n. m. ▪ Attitude extrémiste.

extrémiste n. ▪ Partisan d'une doctrine, jusqu'à ses limites extrêmes ; personne qui a des opinions extrêmes. ◆ adj. *Parti extrémiste.*

extrémité n. f. ▪ **1** Partie extrême, qui termine une chose. → **bout, fin. 2** au plur. Les pieds et les mains. **3** État très misérable ; situation désespérée. ◆ loc. *Être réduit à la dernière extrémité.* ◆ *Le malade est à la dernière extrémité,* à l'agonie. **4** Décision, action extrême ; excès de violence.

extrinsèque adj. ▪ didact. Qui est extérieur, n'appartient pas à l'essence de qqch. (opposé à *intrinsèque*).

extrospection n. f. ▪ psych. Observation psychologique extérieure.

extroversion n. f. → **extraversion**

extroverti, ie → **extraverti**

extrudé, ée adj. ▪ tech. Obtenu par extrusion. *PVC extrudé.*

extruder v. tr. [1] ▪ techn. Fabriquer par extrusion (2).

extrudeuse n. f. ▪ techn. Machine de transformation des matières par extrusion.

extrusion n. f. ▪ **1** géol. Sortie de lave. **2** techn. Procédé de fabrication consistant à faire passer un matériau fluidifié dans une filière.

exubérance n. f. ▪ **1** État de ce qui est très abondant. → **profusion. 2** Vitalité irrépressible qui se manifeste dans le comportement.

exubérant, ante adj. ▪ **1** Qui a de l'exubérance (1). **2** Qui se comporte ou se manifeste sans retenue.

exulcération n. f. ▪ méd. Ulcération très superficielle d'une muqueuse ou de la peau.

exulter v. intr. [1] ▪ (personnes) Être transporté d'une joie extrême, qu'on ne peut contenir ni dissimuler. → **jubiler.** ► **exultation** n. f. → **allégresse.**

exutoire n. m. ▪ littér. Ce qui permet de se soulager (d'un besoin, d'une envie).

exuvie n. f. ▪ zool. Peau rejetée par un animal lors de la mue. → **dépouille.**

ex vivo loc. adv. ▪ biol., chir. En dehors de l'organisme vivant (opposé à *in vivo*).

ex-voto n. m. invar. ▪ Objet symbolique placé dans une église en accomplissement d'un vœu ou en remerciement.

eye-liner [ajlajnœʀ] n. m. ▪ anglic. Cosmétique liquide, servant à souligner le bord des paupières. *Des eye-liners.*

F

f [ɛf] n. m. ■ **I** Sixième lettre et quatrième consonne de l'alphabet. **II 1** *F1, F2...*, logement de une, deux... pièces principales. **2** *F* : symbole du *franc*. **3** *F* : symbole chimique du fluor.

fa n. m. invar. ■ Note de musique, quatrième degré de la gamme de do.

FAB [ɛfabe] adj. invar. (sigle de *franco à bord*) ■ comm. Se dit d'une transaction dans laquelle les coûts et risques sont à la charge du vendeur. *Le montant FAB d'une marchandise.* – recomm. off. pour *FOB*.

fablab [-ab] n. m. ■ anglic. Atelier mettant à la disposition du public des outils de fabrication d'objets assistée par ordinateur.

fable n. f. ■ **1** littér. Récit de fiction exprimant une vérité générale. → **légende, mythe. 2** Petit récit en vers ou en prose, destiné à illustrer un précepte. *Les Fables d'Ésope.* **3** littér. Mensonge élaboré **(→ fabuler). 4** loc. *Être la fable de*, être un sujet de moquerie pour. → **risée.**

fabliau n. m. ■ Petit récit en vers de huit syllabes (XIIIe et XIVe s.).

fablier n. m. ■ Recueil, ensemble de fables.

fabricant, ante n. ■ Personne qui fabrique, fait fabriquer des produits commerciaux.

fabrication n. f. ■ Art ou action de fabriquer.

fabrique n. f. ■ Établissement industriel de moyenne importance produisant des objets finis. → **manufacture ; usine.**

fabriquer v. tr. [1] ■ **1** Faire (un objet) grâce à un travail exécuté sur une matière. → **confectionner. 2** fam. *Qu'est-ce que tu fabriques ?* → **faire. 3** Produire par des procédés mécaniques, à l'aide de matières premières ou semi-finies (des objets destinés au commerce). **4** Élaborer (pour tromper). *Fabriquer de la fausse monnaie.* ◆ au p. p. *Une histoire fabriquée.* → **faux ; inventé.**

fabuler v. intr. [1] ■ Présenter comme réels des faits imaginés. → **affabuler ; fable.** ► **fabulation** n. f. ► **fabulateur, trice** adj. et n.

fabuleusement adv. ■ D'une manière fabuleuse, incroyable.

fabuleux, euse adj. ■ **1** littér. Qui appartient à la fable, au merveilleux. → **légendaire, mythique, mythologique.** *Animal fabuleux.* **2** Qui paraît fabuleux ; incroyable mais vrai. → **extraordinaire, prodigieux.**

fabuliste n. ■ Auteur de fables.

fac n. f. ■ fam. Faculté ou université.

façade n. f. ■ **1** Face antérieure (d'un bâtiment) où s'ouvre l'entrée principale. **2** fig. Apparence (qui trompe). ◆ *Une amabilité de façade.*

façadier, ière n. ■ Personne qui effectue le traitement technique et esthétique des façades.

face n. f. ■ **1** Partie antérieure de la tête humaine. → **figure, visage ; facial.** ◆ loc. *À LA FACE DE* : devant, en présence de. ◆ *Perdre la face* : perdre toute considération. *Sauver la face* : sauvegarder sa dignité. **2** (médaille...) Côté qui porte une figure (opposé à *pile*, à *revers*). → **avers. 3** Chacun des côtés (d'une chose). *Les faces d'un cube.* **4** fig. Aspect sous lequel une chose se présente. **5** loc. *FAIRE FACE À* : présenter l'avant vers ; fig. réagir efficacement en présence de (une difficulté). **6** loc. prép. *FACE À* : en faisant face à ; fig. en étant confronté à. **7** loc. adv. *EN FACE* : par-devant. *Il le lui a dit en face*, directement. ◆ fig. *Voir les choses en face.* ◆ loc. prép. *EN FACE DE.* → **vis-à-vis** de. **8** loc. adv. *FACE À FACE* : les faces tournées l'une vers l'autre (→ nez à nez, vis-à-vis). **9** *DE FACE* : le visage s'offrant aux regards. *Un portrait de face* (par oppos. à *de profil*). ◆ (par oppos. à *de côté*) *Une loge de face* (au théâtre).

face-à-face n. m. invar. ■ Débat confrontant des personnalités.

face-à-main n. m. ■ Binocle à manche, tenu à la main. *Des faces-à-main.*

facétie n. f. ■ Plaisanterie burlesque.

facétieux, euse adj. ■ Qui aime à dire ou à faire des facéties. ► **facétieusement** adv.

facette n. f. ■ **1** Une des petites faces (d'un corps qui en a beaucoup). *Les facettes d'un diamant.* **2** fig. Chacun des aspects (d'une chose). – *À FACETTES*, à plusieurs aspects. **3** zool. Chacun des éléments de l'œil composé des insectes.

fâché, ée adj. ■ **1** Mécontent. *Vous avez l'air fâché.* – *Fâché de*, qui regrette (qqch.). **2** *Être fâché contre qqn*, en colère contre lui. ♦ *Être fâché avec qqn*, brouillé avec lui.

fâcher v. tr. [1] ■ Mettre (qqn) dans un état d'irritation. → **mécontenter.** ▷ v. pron. **se fâcher** Se mettre en colère. ♦ *Se fâcher avec qqn.* → se **brouiller, rompre.**

fâcherie n. f. ■ Brouille, désaccord.

fâcheux, euse adj. ■ **1** Qui est cause de déplaisir ou de souffrance. *Une fâcheuse nouvelle.* **2** Qui comporte des inconvénients ; qui porte préjudice. *Un contretemps fâcheux.* ► **fâcheusement** adv.

facho adj. et n. ■ fam. Fasciste (2).

facial, ale, aux adj. ■ De la face.

faciès [-jɛs] n. m. ■ didact. Aspect (permanent), expression du visage. → **physionomie.**

facile adj. ■ **1** Qui se réalise, s'accomplit, s'obtient sans effort. → **aisé, commode, élémentaire, enfantin, simple.** **2** *FACILE À* (+ inf.) : qui demande peu d'efforts pour être (fait, réussi). ♦ (personnes) *Être facile à vivre*, d'humeur égale. **3** Qui semble avoir été fait sans effort. → **aisé.** – péj. Sans profondeur. *Une ironie facile.* **4** Accommodant, tolérant. **5** (femme) Qui accepte facilement des relations sexuelles. **6** adv. fam. Pour le moins. *Il faut une heure, facile.*

facilement adv. ■ **1** Sans effort, sans peine. → **aisément.** ♦ Pour peu de chose. *Il se vexe facilement.* **2** Au moins. → **facile** (6).

facilité n. f. ■ **1** Caractère, qualité de ce qui se fait sans peine, sans effort. **2** surtout au plur. Moyen qui permet de réaliser, d'obtenir qqch. sans effort, sans peine. *Facilités de paiement* : délai. **3** Disposition à faire qqch. sans peine, sans effort. → **aisance, aptitude.**

faciliter v. tr. [1] ■ Rendre facile, moins difficile. → **aider, arranger.** ► **facilitation** n. f.

façon n. f. ■ **I** (Action de donner une forme à qqch.) **1** *DE MA, TA, SA... FAÇON. C'est bien une idée de sa façon.* **2** *LA FAÇON* : le travail qui met en œuvre une matière. → **exécution, fabrication ; main-d'œuvre.** – *Travail À FAÇON* (sans fournir la matière première). **3** Manière dont une chose est faite ; forme donnée par l'artiste, l'artisan. ♦ appos. *Reliure façon cuir*, qui imite le cuir. **4** littér. *UNE FAÇON DE*, une espèce, une sorte de. **II** (Manière d'agir) **1** *FAÇON DE* (+ inf.) : manière d'agir, de se comporter. **2** *DE... FAÇON* : de (telle) manière. *De cette façon.* → **ainsi.** *De quelle façon... ?* → **comment.** – *De toute façon*, en tout cas. – *DE FAÇON À, QUE* : pour (que). – *DE TELLE FAÇON QUE* : de sorte que. **3** *À LA FAÇON DE.* → **comme.** – *À MA, TA, SA... FAÇON. Il veut vivre à sa façon.* → à sa **guise.** **III** au plur. Manières particulières (de qqn). *Il a de curieuses façons.* ♦ spécialt *Ne faites pas tant de façons.* → **cérémonie, chichi, simagrée.** ♦ loc. adj. et adv. *SANS FAÇON* : simple ; simplement.

faconde n. f. ■ littér. Élocution facile, abondante (jusqu'à déplaire).

façonné, ée adj. ■ Travaillé, ouvré.

façonnement n. m. ■ Action de façonner, de former (qqn, son esprit) d'une certaine manière.

façonner v. tr. [1] ■ **1** Mettre en œuvre, travailler (une matière...). **2** Faire (un ouvrage), fabriquer en travaillant la matière. **3** littér. Former peu à peu (qqn). ► **façonnage** n. m.

façonnier, ière ■ **1** n. Personne qui travaille à façon. **2** adj. littér. Qui fait des façons (III).

fac-similé n. m. ■ Reproduction à l'identique (d'un dessin...). *Des fac-similés.*

factage n. m. ■ comm. Transport des marchandises au domicile du destinataire ou au dépôt de consignation. – Prix du transport.

① **facteur, trice** n. ■ **I** techn. (mus.) Fabricant (d'instruments). *Facteur d'orgues.* **II** Personne qui distribue le courrier, les colis... envoyés par la poste. → admin. **préposé.**

② **facteur** n. m. ■ **1** math. Chacun des éléments constitutifs d'un produit. **2** biol. Substance qui favorise un processus. *Facteur de croissance.* **3** Élément contribuant à un résultat. – (+ appos.) *Le facteur chance.*

factice adj. ■ **1** Qui est faux, imité. **2** Qui n'est pas naturel. → **artificiel.** ► **facticité** n. f. didact.

factieux, euse ■ **1** adj. Qui exerce contre le pouvoir établi une opposition violente tendant à provoquer des troubles. → **séditieux.** **2** n. → **agitateur, insurgé.**

faction n. f. ■ **I** Groupe se livrant à une activité factieuse (dans un État...) ; cette activité. **II** Service d'un soldat en armes qui surveille les abords d'un poste. – par ext. Surveillance, attente prolongée.

factionnaire n. m. ■ Soldat en faction. → **sentinelle.**

factitif, ive adj. ■ gramm. *Emploi factitif*, dans lequel le sujet du verbe est la cause de l'action, sans agir lui-même (ex. elle *fait construire* une maison).

factoriel, ielle adj. ■ Relatif à un facteur (②). ♦ n. f. math. Produit des nombres entiers inférieurs ou égaux à (un nombre donné). *La factorielle de 3 est* : $3! = 1 \times 2 \times 3$.

factoriser v. tr. [1] ■ math. Écrire (une expression, un nombre) sous la forme d'un produit de facteurs. ► **factorisation** n. f.

factotum [-ɔm] n. m. ▪ littér. Personne dont les fonctions consistent à s'occuper de tout (dans une maison, auprès de qqn).

factuel, elle adj. ▪ didact. Qui est de l'ordre du fait. → **attesté, réel.** *Preuves factuelles.*

factum [-ɔm] n. m. ▪ littér. Pamphlet.

facturation n. f. ▪ **1** Action d'établir une facture (②). **2** Service (d'une entreprise), locaux où ce travail s'effectue.

① **facture** n. f. ▪ didact. **1** Manière dont est faite, réalisée (une œuvre). **2** Fabrication des instruments de musique.

② **facture** n. f. ▪ Écrit (pièce comptable) indiquant la nature, la quantité et le prix de marchandises vendues, de services exécutés. ➛ Note d'une somme à payer.

facturer v. tr. 1 ▪ Porter, compter (une marchandise) sur une facture.

facturette n. f. ▪ Reçu de paiement par carte bancaire.

facturier, ière n. ▪ Personne chargée d'établir les factures comptables.

facultaire adj. ▪ admin. Relatif à une faculté (II). *L'administration facultaire.*

facultatif, ive adj. ▪ Qu'on peut faire, employer, suivre ou non. ► **facultativement** adv.

faculté n. f. ▪ **I 1** Possibilité naturelle ou légale (de faire qqch.). **2** Aptitude, capacité. *Facultés intellectuelles.* **II 1** Corps des professeurs qui, dans une université, sont chargés d'une même discipline ; partie de l'université où se donne cet enseignement. **2** absolt vieilli *La Faculté :* les médecins.

fada adj. et n. ▪ fam. Un peu fou, niais.

fadaise n. f. ▪ Propos sot ou insignifiant.

fadasse adj. ▪ fam. Trop fade.

fade adj. ▪ **1** Qui manque de saveur, de goût. → **insipide.** ♦ Sans éclat. *Une couleur fade.* **2** fig. Sans caractère, sans intérêt. ► **fadement** adv.

fadé, ée adj. ▪ fam. et iron. Réussi (dans son genre).

fadeur n. f. ▪ Caractère de ce qui est fade.

fading [fadiŋ ; fediŋ] n. m. ▪ anglic., télécomm. Évanouissement momentané du son (ou de l'intensité d'un signal).

fado n. m. ▪ Chanson portugaise, mélancolique et nostalgique.

fafiot n. m. ▪ fam. Billet de banque.

fagne n. f. ▪ région. (Ardennes) Petit marais.

fagot n. m. ▪ Faisceau de petit bois, de branchages. ➛ loc. *Bouteille de derrière les fagots,* du meilleur vin (vieilli à la cave).

fagotage n. m. ▪ vx ou région. Ensemble de fagots. ➛ Action de confectionner des fagots.

fagoter v. tr. 1 ▪ **1** vx Mettre en fagots. **2** Habiller mal, sans goût. → **accoutrer, affubler.** ➛ au p. p. *Mal fagoté.* → **ficelé.**

faiblard, arde adj. ▪ fam. Un peu faible.

faible ▪ **I** adj. **1** Qui manque de force, de vigueur physique (opposé à *fort*). **2** (choses) Qui a peu de résistance, de solidité. → **fragile. 3** Qui n'est pas en état de résister, de lutter. *Un État faible.* **4** Qui manque de capacités (facultés intellectuelles). **5** Sans force, sans valeur. *Un argument faible.* **6** Qui manque de force morale, d'énergie. **7** (choses) Qui a peu d'intensité. *Une faible lumière.* **8** Peu considérable. *De faibles revenus.* **9** *Le côté, le point faible* (de qqn, qqch.), ce qu'il y a de faible. → **faiblesse. II** n. **1** Personne faible. ➛ spécialt Personne sans force morale. **2** *Faible d'esprit :* personne dont les facultés intellectuelles sont peu développées. → **simple** d'esprit. **3** n. m. littér. Défaut, partie faible (de qqn, qqch.). ♦ Goût, penchant. *Il a un faible pour le porto.*

faiblement adv. ▪ **1** D'une manière faible. **2** À un faible degré. → **peu.**

faiblesse n. f. ▪ **1** Manque de force, de vigueur physique. ➛ *UNE FAIBLESSE.* → **défaillance, évanouissement. 2** Incapacité à se défendre, à résister. **3** Manque de valeur intellectuelle. **4** Défaut de qualité (d'une œuvre...). → **médiocrité. 5** Manque de force morale. ♦ Défaut, point faible. *Chacun a ses faiblesses.* **6** Manque d'intensité, d'importance. → **petitesse ; insignifiance.**

faiblir v. intr. 2 ▪ **1** Devenir faible. → s'**affaiblir. 2** Perdre de son ardeur. *Travailler sans faiblir.* **3** (choses) Perdre de son intensité. → **diminuer. 4** Ne plus opposer de résistance. → **céder, fléchir. 5** (productions intellectuelles) Devenir moins bon.

faïence [fajɑ̃s] n. f. ▪ Poterie de terre recouverte de vernis ou d'émail.

faïencé, ée adj. ▪ Qui imite la faïence. *Terre cuite faïencée.*

faïencerie [fajɑ̃-] n. f. ▪ **1** Industrie et commerce de la faïence. ➛ Fabrique de faïence. **2** Objets de faïence.

faïencier, ière n. ▪ Fabricant ou marchand de faïence. ➛ adj. *L'industrie faïencière.*

① **faille** n. f. ▪ **1** Fracture de l'écorce terrestre, accompagnée du glissement des parties séparées. **2** fig. Point faible, défaut.

② **faille** n. f. ▪ Tissu de soie à gros grain.

failli, ie n. et adj. ▪ dr. (Commerçant) qui a fait faillite.

faillible adj. ▪ Qui peut se tromper. ► **faillibilité** n. f. didact.

faillir v. intr. [2] ou archaïque : *je faux*, etc. (surtout inf., passé simple et temps composés) ■ **1** littér. *FAILLIR À* : manquer à, négliger. **2** vieilli Commettre une faute ; se tromper. **3** (+ inf.) Indique que l'action était sur le point de se produire. *J'ai failli tomber.*

faillite n. f. ■ **1** Situation d'un commerçant, d'une entreprise qui ne peut pas payer ses dettes, tenir ses engagements. **2** Échec (d'une idée...).

faim n. f. ■ **1** Sensation qui, normalement, accompagne le besoin de manger. *Rester sur sa faim* (après avoir mangé) ; fig. ne pas obtenir ce qu'on attendait. **2** fig. Appétit, aspiration ardente. *Avoir faim de justice.*

faîne ou **faine** n. f. ■ Fruit du hêtre.

fainéant, ante n. et adj. ■ (Personne) qui ne veut rien faire. → **paresseux.** ► **fainéanter** v. intr. [1] ► **fainéantise** n. f. → **paresse ; inaction.**

faire v. tr. [60] ■ **I** (Réaliser [un être : qqch. ou qqn]) **1** Réaliser hors de soi (une chose matérielle). → **construire, fabriquer.** *Faire un outil. Faire le pain.* **2** Réaliser (une chose abstraite). → **élaborer.** *Faire une loi.* **3** (emplois spéciaux) Produire de soi, hors de soi. *Faire un enfant.* → **engendrer, procréer.** *La chatte a fait ses petits.* → **mettre** bas. ♦ Évacuer (les déchets de l'organisme). *Faire ses besoins* (euphémisme). → **déféquer, uriner. 4** Se fournir en ; prendre (qqch.). → s'**approvisionner** en. *Faire de l'essence.* ♦ → **obtenir.** *Faire des bénéfices.* ♦ → **fournir, produire.** *Faire du blé*, le cultiver. **5** Constituer (quant à la quantité, la qualité...). *Deux et deux font quatre.* → **égaler.** ➛ (personnes) *Elle fera une excellente avocate.* **II** (Réaliser [une manière d'être] ; être le sujet de [une activité], la cause de [un effet]) **1** Effectuer (un mouvement). *Faire un pas.* **2** Effectuer (une opération, un travail) ; s'occuper à (qqch.). ➛ *Ce n'est ni fait ni à faire*, c'est très mal fait. ♦ *AVOIR À FAIRE AVEC* (qqn), avoir à faire un travail avec lui. ➛ par ext. *Je n'ai rien à faire avec lui*, je ne veux avoir aucune relation. **3** Exercer (une activité suivie). *Que fait-il dans la vie ?* **4** Accomplir, exécuter (un acte, une action). *Faire une erreur.* ➛ *C'EST BIEN FAIT* : c'est mérité. ♦ intrans. Agir. *Il a bien fait.* ➛ *EN FAIRE à sa tête, à sa fantaisie*, faire ce qui plaît. ♦ *JE, TU... FERAIS BIEN DE, MIEUX DE* (+ inf.) : je, tu devrais... ♦ *NE FAIRE QUE (DE)* (+ inf.). *Ne faire que*, ne pas cesser de. ➛ *Ne faire que, que de*, venir de (passé récent). **5** Exécuter (une prescription). *Faire son devoir.* → s'**acquitter** de. **6** Être la cause de, l'agent de. *Faites-moi plaisir.* ➛ (sujet chose) *Cela ne fait rien*, c'est sans importance. ♦ *FAIRE...* (à qqch.), *Y FAIRE. Cela ne fait rien à l'affaire*, cela ne change rien. ➛ fam. *Savoir y faire*, être habile, débrouillard. ♦ *FAIRE QUE*, suivi d'une complétive. ➛ (souhait → **pourvu que**) *Fasse le ciel qu'il revienne bientôt.* ➛ (avec l'indic.) *Sa négligence a fait qu'il a perdu beaucoup d'argent.* **7** Parcourir (un trajet, une distance). *Faire dix kilomètres à pied.* ♦ fam. Parcourir pour visiter. *Faire la Bretagne.* **8** Exprimer, par la parole. → **dire.** *Chut ! fit-il.* ➛ (geste) *Il fit «non» de la tête.* ♦ (choses) *La pendule fait tic-tac.* **9** Présenter (un aspect). *Tissu qui fait des plis.* ♦ Avoir pour variante morphologique. *«Journal» fait «journaux» au pluriel.* ♦ Avoir pour mesure, pour valeur. *Mur qui fait six mètres de haut.* ➛ impers. *Ça fait huit jours qu'il n'est pas venu.* **10** Subir (un trouble physique). *Faire de la tension.* **III** (Déterminer [qqn, qqch.] dans sa manière d'être) **1** Arranger, disposer (qqch.) comme il convient. *Faire sa chambre.* → **nettoyer, ranger. 2** Former (qqn, qqch.). *École qui fait de bons ingénieurs.* **3** *FAIRE QQN...* → **rendre.** *Il les a faits riches.* ➛ Représenter comme. *Vous le faites plus méchant qu'il n'est.* ♦ fam. Donner un prix à (qqch. qu'on vend). *Je vous le fais cent vingt euros.* **4** *FAIRE* (qqn ; qqch.) *DE* (qqn ; qqch.). → **transformer** en. *Vous en avez fait un enfant heureux.* ♦ *N'AVOIR QUE FAIRE DE*, n'avoir aucun besoin de. ♦ Disposer (de), mettre en un endroit. *Qu'avez-vous fait de mon stylo ?* **5** Jouer un rôle (dans un spectacle...). *Faire Harpagon dans «L'Avare» de Molière.* ♦ Avoir, remplir le rôle de. *Faire l'imbécile.* ♦ → **contrefaire, imiter, simuler.** *Faire le mort.* **6** (+ adj. ou n. sans article [qui reste généralt invar.]) Avoir l'air de, donner l'impression d'être. → **paraître.** *Elle fait vieux, elle fait vieille pour son âge.* ➛ *FAIRE BIEN*, avoir belle allure (dans un décor...). **IV** (+ inf.) Être cause que. *Faire tomber un objet. Faire taire qqn.* – REM. *Fait* reste invar. *Je les ai fait venir.* ➛ *FAIRE FAIRE. Faire faire un costume à* (ou *par*) *son tailleur.* **V** (sujet impers.) **1** Pour exprimer les conditions de l'atmosphère ou du milieu. *Il fait jour. Il fait (du) soleil.* **2** *Il fait bon, beau...* (+ inf.). *Il fait bon vivre ici.* **VI** (employé comme substitut d'autres verbes) littér. (dans une compar.) *On n'agit point comme vous faites.* ➛ (avec *de* ou *pour*) *Il l'embrassa comme il aurait fait d'un ami, pour un ami.* **VII** *SE FAIRE* (emplois spéciaux). **1** Se former. *Fromage qui se fait.* ➛ *Cet homme s'est fait seul.* **2** (+ adj.) → **devenir.** *Se faire vieux. Produit qui se fait rare.* ➛ impers. *Il se fait tard*, il commence à être tard. **3** Devenir volontairement. → se **rendre.** *Elle s'est fait belle.* ➛ *Se faire avocat.* **4** *SE FAIRE À* : s'habituer à. **5** Se procurer. *Se faire des amis.* **6** Former en soi. *Se faire du souci.* ♦ fam. *S'EN FAIRE* : être soucieux. **7** fam. Attaquer, posséder ; spécialt posséder sexuellement. **8** (passif) *Voilà ce qui se fait de mieux.* ➛ *Cela ne se fait pas.* **VIII** passif **1** *ÊTRE FAIT POUR*, destiné à. **2** littér. *C'EN EST FAIT DE* : c'est fini (de...). *C'en est fait de la vie facile.* ➛ *C'en est fait de moi*, je suis perdu.

faire-part n. m. invar. ■ Lettre imprimée qui annonce une nouvelle ayant trait à la vie civile (naissance, etc.).

faire-valoir n. m. invar. ▪ Personne qui met en valeur qqn (→ comparse).

fair-play n. m. invar. ▪ anglic. Acceptation loyale des règles (dans un sport...). - recomm. off. *franc-jeu.* ➛ adj. invar. *Il n'est pas très fair-play* (→ beau joueur).

fairway n. m. ▪ anglic. Partie du parcours de golf où l'herbe est entretenue.

faisable [fə-] adj. ▪ Qui peut être fait. → **possible, réalisable.** ► **faisabilité** n. f.

faisan, ane [fə-] n. ▪ Oiseau gallinacé à plumage coloré, dont la chair est estimée.

faisandage [fə-] n. m. ▪ Opération par laquelle on faisande, on mortifie le gibier.

faisandeau [fə-] n. m. ▪ Jeune faisan. - syn. **faisanneau** [fə-].

faisander [fə-] v. tr. [1] ▪ Soumettre (le gibier) à un début de décomposition, pour faire acquérir du fumet. ▷ adj. **faisandé, ée** 1 *Viande faisandée.* 2 fig. → **corrompu, malsain.**

faisanderie [fə-] n. f. ▪ Élevage de faisans.

faisanneau → **faisandeau**

faisceau n. m. ▪ 1 Assemblage (de choses de forme allongée liées ensemble). ♦ Antiq. romaine *Les faisceaux* : verges liées autour d'une hache (portés par les licteurs ; symbole du pouvoir de l'État). ➛ hist. mod. Emblème du fascisme italien. 2 par analogie *Faisceau lumineux* (ensemble de rayons). ➛ *Faisceau musculaire.* 3 fig. Ensemble (d'éléments abstraits assemblés).

faiseur, euse [fə-] n. ▪ 1 *FAISEUR DE* : personne qui fait, fabrique (qqch.). ➛ absolt *Un bon faiseur.* → **tailleur.** ♦ plais. Personne qui fait habituellement qqch. *Un faiseur d'embarras.* ♦ loc. vieilli *Faiseuse d'anges* : avorteuse. 2 n. m. péj. Celui qui cherche à se faire valoir. → **hâbleur, poseur.**

faisselle n. f. ▪ 1 Récipient percé de trous, pour faire égoutter le fromage. 2 Fromage frais égoutté dans ce récipient.

① **fait, faite** adj. ▪ 1 Qui présente tel aspect. *Être bien fait.* → bien **bâti.** 2 Qui est arrivé à son plein développement. *Un homme fait.* → **mûr.** ♦ *Fromage bien fait.* → à **point.** 3 Fabriqué, composé, exécuté. *Un travail bien fait.* ♦ *TOUT FAIT* : fait à l'avance, tout prêt. ➛ *Idées toutes faites.* → **préjugé.** 4 Maquillé. *Des yeux faits.* 5 (personnes) fam. *Être fait,* pris.

② **fait** n. m. ▪ I 1 *(LE) FAIT DE* : action de faire (qqch.). → **acte, action.** *Le fait de parler.* ➛ *La générosité n'est pas son fait,* n'est pas dans ses habitudes. *Prendre qqn SUR LE FAIT,* au moment où il agit. → flagrant **délit.** ➛ *Les FAITS ET GESTES de qqn,* ses activités. 2 (dans des loc.) Action remarquable. → **exploit, prouesse.** *Fait d'armes ; hauts faits.* 3 dr. Action susceptible de produire un effet juridique. ➛ *VOIE DE FAIT* : coup, violence. ➛ *Prendre FAIT ET CAUSE pour qqn,* prendre son parti. II 1 Ce qui est arrivé, a eu lieu. → **événement.** *Le déroulement des faits.* ➛ *DU FAIT DE* : par suite de. ➛ *DU FAIT QUE.* → **puisque.** ➛ loc. *LE FAIT ACCOMPLI*.* ♦ Information (dans un journal). ➛ *FAITS DIVERS* : nouvelles peu importantes. 2 Ce qui existe réellement (opposé à l'idée, au rêve, etc.). → **réalité, réel.** ♦ loc. adv. *PAR LE FAIT, DE FAIT, EN FAIT* : en réalité. → **effectivement, réellement.** ➛ *TOUT À FAIT.* → ① **tout.** 3 Ce qui est constaté par l'observation (notamment scientifique). *Faits sociaux.* 4 Cas, sujet particulier. *Aller au fait,* à l'essentiel. *Être au fait de,* au courant de. ➛ *AU FAIT* (en tête de phrase) : à propos. ➛ *EN FAIT DE* : en matière de. ➛ *DE CE FAIT.* → par **suite.**

faîtage n. m. ▪ 1 Arête supérieure d'un comble. 2 par ext. Toiture (d'un bâtiment).

faîte n. m. ▪ 1 techn. Faîtage (1). 2 Partie haute (de qqch. d'élevé). → **sommet.**

faîtière adj. f. ▪ techn. Du faîte (d'une toiture). *Tuile faîtière* et n. f. *une faîtière.*

fait-tout (invar.) ou **faitout** n. m. ▪ Grande marmite à deux poignées et à couvercle.

faix n. m. ▪ littér. Lourd fardeau.

fajita [faxita] n. f. ▪ (cuisine mexicaine) Galette de farine de maïs (→ **tortilla**) garnie d'un mélange de viande et de légumes.

fakir n. m. ▪ 1 didact. Ascète. 2 cour. Professionnel présentant des numéros d'insensibilité à la douleur, d'hypnose, etc.

falafel n. m. ▪ (cuisine libanaise) Petit beignet de farine de pois chiches et de fèves.

falaise n. f. ▪ Escarpement rocheux créé par le travail des eaux.

falarique n. f. ▪ archéol. Arme de jet en forme de flèche qui, garnie d'étoupe enflammée, servait d'arme incendiaire.

falbalas n. m. pl. ▪ Ornements excessifs (d'une toilette).

falconidé n. m. ▪ zool. Rapace diurne aux ailes et à la queue pointues (ex. le faucon).

fallacieux, euse adj. ▪ littér. Trompeur ; illusoire. ► **fallacieusement** adv.

falloir v. impers. [29] ▪ I (Manquer) *IL S'EN FAUT (DE),* il manque. *Il s'en faut de beaucoup.* ➛ *Il est perdu ou PEU S'EN FAUT.* → **presque.** II (Être l'objet d'un besoin) *IL FAUT (qqch.) À (qqn). Combien vous faut-il ?* III (Être l'objet d'une nécessité ou d'une obligation) 1 *IL FAUT* (+ inf.). *Il faut l'avertir tout de suite.* ♦ *IL FAUT QUE* (+ subj.). *Il faut qu'il vienne.* ♦ *IL LE FAUT* (le remplaçant l'inf. ou la proposition). *Vous irez le voir, il le faut.* 2 (avec ellipse) *Il fait ce qu'il faut,* ce qui est juste, à propos. 3 *COMME IL FAUT* loc. adv. → **convenablement.** ➛ loc. adj. invar. fam. *Des gens très comme il faut.* IV *IL FAUT* (+ inf.), *IL FAUT QUE*

(+ subj.) : il est nécessaire, selon la logique (que). *Dire cela ! Il faut avoir perdu, que vous ayez perdu l'esprit,* vous avez dû...

① **falot** n. m. ▪ **1** Grande lanterne. → **fanal.** *À la lueur d'un falot.* **2** argot milit. Conseil de guerre.

② **falot, ote** adj. ▪ Insignifiant, terne, sans personnalité. *Un personnage falot.*

falsifiable adj. ▪ Qui peut être falsifié.

falsifier v. tr. 7 ▪ Altérer volontairement, dans le dessein de tromper. *Falsifier un vin.* ► **falsification** n. f. ► **falsificateur, trice** n.

faluche n. f. ▪ anciennt Grand béret de velours noir traditionnel des étudiants.

falun n. m. ▪ techn. Dépôt sédimentaire meuble formé de coquilles.

falzar n. m. ▪ fam. Pantalon.

famé, ée adj. ▪ (lieu) *Mal famé :* qui a mauvaise réputation. – On écrit aussi *malfamé, ée.*

famélique adj. ▪ littér. Qui ne mange pas à sa faim, qui est maigre.

fameux, euse adj. ▪ **1** Qui a une grande réputation. → **célèbre, renommé.** *Région fameuse par* (ou *pour*) *ses crus.* ♦ iron. *C'était le fameux jour où...* **2** (avant le nom) *Une fameuse canaille.* → **beau, rude, sacré. 3** (après le nom) Très bon. → **excellent.** *Un vin fameux.* ► **fameusement** adv.

familial, ale, aux adj. ▪ **1** Relatif à la famille. *Allocations familiales.* **2** Qui concerne une famille. *Fête familiale.*

familiariser v. tr. 1 ▪ Rendre familier (avec). → **accoutumer, habituer.** ▷ v. pron. **se familiariser 1** Devenir familier (avec qqn). **2** *Se familiariser avec* (qqch.), se le rendre familier par la pratique.

familiarité n. f. ▪ **1** Relations familières (comme celles des membres d'une même famille). → **intimité. 2** Manière familière de se comporter. **3** au plur. péj. Façons trop libres. → **liberté, privauté. 4** littér. Manière de parler ou d'écrire qui a le ton de la conversation familière.

familier, ière ▪ **I** n. m. Personne qui est considérée comme un membre de la famille. → **ami, intime.** ♦ Personne qui fréquente (un lieu). → **habitué. II** adj. **1** Qui est bien connu. *Visages familiers.* **2** Qui montre une grande simplicité. ➝ péj. Trop désinvolte. **3** (mot, expression...) Qu'on emploie dans la conversation courante, et même par écrit, mais qu'on évite dans les relations officielles et le style soutenu.

familièrement adv. ▪ D'une manière familière ; avec simplicité.

famille n. f. ▪ **I** didact. Groupe de personnes unies par le sang ou les alliances. **II 1** (sens restreint) Les personnes apparentées vivant sous le même toit et, spécialt, les parents et les enfants. ➝ fam. *Un petit dîner des familles,* sans prétention. ♦ spécialt Les enfants d'un couple, d'un parent. **2** (sens large) L'ensemble des personnes liées entre elles par le mariage ou par la filiation (ou par l'adoption). *Nom de famille.* → **patronyme. 3** Succession des individus qui descendent les uns des autres, de génération en génération. → **descendance, lignée, postérité.** *Une famille de musiciens.* **III** fig. **1** (avec un adj., un déterminatif) Personnes ayant des caractères communs. *Famille littéraire.* **2** *Famille de langues,* groupe de langues ayant une origine commune. ➝ *Famille de mots* (provenant d'une même origine, ou d'un même radical). **3** L'une des grandes divisions de la classification des animaux et des végétaux, qui regroupe des genres.

famine n. f. ▪ Manque d'aliments par lequel une population souffre de la faim. → aussi **disette.** ♦ loc. *Salaire de famine,* très insuffisant.

fan [fan] n. et adj. ▪ anglic. Admirateur, admiratrice enthousiaste (d'une vedette). → **groupie.** ➝ par ext. *Il est fan de musique.* → **fana.**

fana adj. et n. ▪ fam. Amateur passionné (de qqn, de qqch.).

fanage n. m. ▪ Action de faner (①) ; son résultat.

fanal, aux n. m. ▪ Grosse lanterne (signal).

fanatique adj. ▪ **1** Animé envers une religion (et, par ext., une doctrine, qqn), d'une foi absolue et d'un zèle aveugle. ➝ n. *Les excès des fanatiques.* **2** Qui a une passion intense pour qqn, qqch. ➝ n. *Une fanatique de jazz.* ► **fanatiquement** adv.

fanatiser v. tr. 1 ▪ Rendre fanatique.

fanatisme n. m. ▪ **1** Comportement de fanatique (1). **2** Enthousiasme de fanatique (2).

fan-club n. m. ▪ anglic. Association, club d'admirateurs (d'une vedette).

fandango n. m. ▪ Danse espagnole (andalouse), accompagnée de castagnettes.

fane n. f. ▪ surtout au plur. Tiges et feuilles de certaines plantes. *Fanes de radis.*

① **faner** v. tr. 1 ▪ Retourner (un végétal fauché) pour faire sécher. ► **faneur, euse** n.

② **faner** v. tr. 1 ▪ **1** Faire perdre à (une plante) sa fraîcheur. → **flétrir, sécher. 2** littér. Altérer dans sa fraîcheur, son éclat. → **défraîchir.** ▷ v. pron. **se faner** ▷ adj. **fané, ée**

fanfare n. f. ■ **1** Air vif et rythmé, dans le mode majeur, exécuté par des cuivres. *Réveil en fanfare* (fig. réveil brutal). **2** Orchestre de cuivres. → **orphéon.**

fanfaron, onne ■ **1** adj. Qui se vante avec exagération d'exploits réels ou imaginaires. **2** n. → **bravache, matamore.**

fanfaronnade n. f. ■ Propos ou acte de fanfaron. → **rodomontade, vantardise.**

fanfaronner v. intr. [1] ■ littér. Faire des fanfaronnades.

fanfreluche n. f. ■ (souvent péj.) Ornement léger du vêtement ou de l'ameublement.

fange n. f. ■ littér. **1** Boue liquide et sale. **2** fig. Ce qui souille moralement.

fangeux, euse adj. ■ Plein de fange.

fangothérapie n. f. ■ didact. Traitement par bains de boue.

fanion n. m. ■ Petit drapeau.

fanon n. m. ■ **1** Repli de la peau qui pend sous le cou de certains animaux. **2** Chacune des lames cornées qui garnissent la bouche de certains cétacés.

fantaisie n. f. ■ **1** vx Imagination. ♦ mod. *DE FANTAISIE,* se dit de produits dont la valeur réside dans l'originalité. – appos. *Bijoux fantaisie.* **2** Œuvre dans laquelle l'imagination s'est donné libre cours. *Fantaisie littéraire.* **3** Désir, goût passager. → **caprice, désir, envie.** **4** Tendance à agir selon son humeur. *N'en faire qu'à sa fantaisie* (→ à sa guise). **5** Imagination ; originalité amusante.

fantaisiste ■ **I** adj. **1** vieilli Qui s'abandonne à sa fantaisie, à son imagination. **2** Qui agit à sa guise ; qui n'est pas sérieux. → **fantasque, farfelu.** **3** (choses) Qui n'est pas sérieux ; qui est sans fondement. *Une hypothèse fantaisiste.* **4** Qui témoigne de fantaisie. *Une tenue fantaisiste.* **II** n. **1** Personne qui agit par fantaisie, par caprice. **2** vieilli Artiste de music-hall, de cabaret qui chante, imite, etc.

fantasia n. f. ■ Divertissement équestre de cavaliers arabes.

fantasmagorie n. f. ■ Vision fantastique, surnaturelle. ► **fantasmagorique** adj.

fantasmatique adj. ■ Du fantasme ; relatif aux fantasmes.

fantasme ou (vieilli) **phantasme** n. m. ■ Production de l'imaginaire par laquelle le moi cherche à échapper à l'emprise de la réalité. *Fantasmes sexuels.*

fantasmer v. intr. [1] ■ Avoir des fantasmes.

fantasque adj. ■ **1** Dont on ne peut prévoir le comportement. → **changeant, lunatique.** **2** (choses) littér. Bizarre, extravagant.

fantassin n. m. ■ Soldat d'infanterie.

fantastique ■ **I** adj. **1** Qui est créé par l'imagination, ou semble tel. → **imaginaire.** *Une créature fantastique.* **2** Où dominent des éléments surnaturels. *Littérature fantastique.* **3** Qui paraît surnaturel. **4** (intensif) Étonnant, extravagant. **II** n. m. **1** Ce qui est fantastique, irréel. **2** Le genre fantastique, dans l'art. ► **fantastiquement** adv.

fantoche n. m. ■ **1** Marionnette articulée manipulée par des fils. → **pantin.** **2** Personne sans consistance ni volonté. – appos. *Gouvernement fantoche.*

fantomatique adj. ■ Relatif aux fantômes ; semblable à un fantôme.

fantôme n. m. ■ **1** Apparition surnaturelle d'une personne morte. → **revenant.** **2** Personnage ou chose qui hante l'esprit. **3** Idée, être imaginaire. **4** appos. Qui apparaît et disparaît comme un fantôme. ♦ Qui a peu de réalité. *Un pouvoir fantôme.*

fanzine n. m. ■ anglic. Petite revue de bandes dessinées, de science-fiction, de musique, etc., rédigée par des amateurs.

faon [fɑ̃] n. m. ■ Petit du cerf, du daim ou du chevreuil.

FAQ n. f. (sigle) ■ inform. Foire* aux questions (sur Internet...).

faquin n. m. ■ vx ou littér. Individu sans valeur, plat et impertinent.

far n. m. ■ Dessert breton, sorte de flan cuit au four. *Far aux pruneaux.*

farad [-ad] n. m. ■ Unité de mesure de capacité électrique (symb. F).

faraday n. m. ■ Ancienne unité de quantité d'électricité utilisée en électrochimie et valant 96 486,46 coulombs.

faramineux, euse adj. ■ fam. Qui étonne par son étrangeté ou son importance. – var. **pharamineux, euse.**

farandole n. f. ■ Danse provençale rythmée, exécutée par une file de danseurs.

faraud, aude n. ■ vieilli Personne qui affecte l'élégance, qui cherche à se faire valoir. – adj. *Un air faraud.*

① **farce** n. f. ■ Hachis d'aliments (viande ou autres) servant à farcir.

② **farce** n. f. ■ **1** Pièce comique où dominent les jeux de scène. – Genre littéraire de ces pièces. **2** Tour qu'on joue à qqn. ♦ Objet servant à faire des farces. *Farces et attrapes.*

farceur, euse n. et adj. ■ (Personne) qui fait des farces, ou qui raconte des histoires pour mystifier. → **blagueur, plaisantin.**

farci, ie adj. ■ **1** Rempli de farce (①). **2** péj. Rempli (de). *Il est farci de préjugés.*

farcir v. tr. [2] ■ **1** Remplir de farce (①). **2** (abstrait) péj. Remplir, garnir abondamment (de). → **bourrer. 3** fam. SE FARCIR (qqch.) : prendre, consommer. *Se farcir un bon repas.* ➝ Faire (une corvée) ; supporter.

fard n. m. ■ **1** Produit qu'on applique sur le visage pour en changer l'aspect naturel. → **maquillage. 2** fig. SANS FARD : sans artifice. **3** loc. *Piquer un fard* : rougir brusquement.

① **fardage** n. m. ■ comm. Fraude qui consiste à farder sa marchandise, à dissimuler les produits médiocres sous de bons produits.

② **fardage** n. m. ■ mar. Prise donnée au vent par les superstructures d'un navire (et, le cas échéant, par sa coque).

① **farde** n. f. ■ comm. Balle de café de 185 kg.

② **farde** n. f. ■ (Belgique) Chemise, dossier ; liasse de copies. ♦ *Farde de cigarettes,* cartouche de cigarettes.

fardeau n. m. ■ **1** Chose pesante qu'il faut lever ou transporter. **2** fig. Chose pénible (qu'il faut supporter).

farder v. tr. [1] ■ **1** Mettre du fard à. ➝ pronom. *Se farder discrètement.* **2** fig. Déguiser (qqch.) sous une apparence trompeuse.

fardier n. m. ■ anciennt Chariot servant à transporter des fardeaux pesants.

fardoches n. f. pl. ■ (Canada) Broussailles.

faré n. m. ■ Habitation traditionnelle de Tahiti.

farfadet n. m. ■ Esprit follet, lutin d'une grâce vive et légère.

farfalle [faʀfal(e)] n. f. ■ au plur. Pâtes alimentaires en forme de petits papillons. *Des farfalle* ou *des farfalles.*

farfelu, ue adj. ■ fam. Un peu fou, bizarre.

farfouiller v. intr. [1] ■ fam. Fouiller en bouleversant tout.

faribole n. f. ■ Propos vain et frivole.

farigoule n. f. ■ région. (Provence) Thym.

farine n. f. ■ **1** Poudre obtenue par la mouture de grains de céréales. *Farine de maïs.* ♦ absolt Farine de froment. ♦ loc. *De la même farine,* qui ne valent pas mieux l'un(e) que l'autre. ➝ *Rouler qqn dans la farine,* le tromper. **2** Poudre résultant du broyage de certaines denrées (poisson, soja...).

fariner v. tr. [1] ■ Saupoudrer, enrober de farine. *Fariner un poisson avant de le frire.*

farineux, euse adj. ■ **1** Qui contient de la farine et, par ext., de la fécule. ➝ n. m. *Les pois sont des farineux.* **2** Couvert de farine. **3** Qui donne en bouche l'impression de la farine. *Pomme farineuse.*

fario n. f. ■ *Truite fario* ou *fario* : truite de rivière.

farlouche n. f. → **ferlouche**

farlouse n. f. ■ Petit oiseau migrateur à plumage jaune rayé de brun.

farniente [faʀnjɑ̃t ; faʀnjɛnte] n. m. ■ Douce oisiveté.

faro n. m. ■ Bière belge faite avec du malt d'orge additionné de froment non germé et de sucre.

farouche adj. ■ **1** (animaux) Qui n'est pas apprivoisé et s'effarouche facilement. → **sauvage. 2** (personnes) Qui redoute par tempérament le contact avec d'autres personnes (→ **timide**). **3** (personnes) D'une rudesse sauvage. *Un adversaire farouche.* → **acharné. 4** (choses) D'aspect rude et sauvage. *Une côte farouche.* ♦ Qui exprime l'hostilité, la violence. *Un air farouche.* ► **farouchement** adv.

farsi n. m. ■ Langue parlée en Iran, en Afghanistan. → **persan.**

fart [faʀt] n. m. ■ Produit dont on enduit la semelle des skis pour améliorer la glisse.

farter v. tr. [1] ■ Enduire de fart. ► **fartage** n. m.

fascicule n. m. ■ Chaque partie d'un ouvrage publié par fragments. ➝ Petit cahier imprimé.

fasciculé, ée adj. ■ Disposé en faisceau.

fascié, ée adj. ■ sc. nat. Marqué de bandes. *Un coquillage fascié.*

fascinant, ante adj. ■ Qui fascine, charme.

fascinateur, trice n. et adj. ■ vx Qui fascine.

fascination n. f. ■ **1** Action de fasciner (1). **2** Vive influence, irrésistible séduction.

fascine n. f. ■ Fagot serré.

fasciner v. tr. [1] ■ **1** Maîtriser par la seule force du regard (→ **hypnotiser**). **2** Éblouir, captiver par la beauté, le prestige.

fascisant, ante [faʃizɑ̃, ɑ̃t] adj. ■ Qui a des tendances fascistes.

fascisme [faʃism ; fasism] n. m. ■ **1** Doctrine, système politique nationaliste et totalitaire que Mussolini établit en Italie en 1922. **2** Doctrine ou système politique totalitaire du même type. **3** par ext. Attitude politique réactionnaire et autoritaire.

fasciste [faʃist ; fasist] n. ■ **1** Partisan du fascisme italien et, par ext., d'un régime analogue. ➝ adj. *Régime fasciste.* **2** Personne réactionnaire. ➝ adj. *Idées fascistes.*

faseyer [fas- ; faz-] v. intr. [1] ■ mar. (voile) Battre au vent.

fashion [faʃœn] adj. invar. ■ anglic. À la mode. *Des jeans fashion.*

① **faste** n. m. ■ Déploiement de magnificence. → **apparat, luxe, pompe.**

② **faste** adj. ▪ Antiq. (à Rome) *Jour faste* : jour où les auspices étaient favorables ; cour. jour heureux, favorable. - contr. *néfaste*.

fastes n. m. pl. ▪ **1** Antiq. romaine Calendrier des Romains. **2** didact. Registres qui conservent le souvenir d'événements mémorables. → **annales.**

fast-food [fastfud] n. m. ▪ anglic. Commerce de repas rapides, standardisés (recomm. off. *restauration rapide*). ➝ Établissement servant ces repas. *Des fast-foods.*

fastidieux, euse adj. ▪ Qui rebute en provoquant l'ennui. ► **fastidieusement** adv.

fastigié, ée adj. ▪ bot. Qui se dresse (au lieu de s'étaler). *Les branches fastigiées du cyprès.*

fastoche adj. ▪ fam. Facile.

fastueux, euse adj. ▪ Qui aime le faste. ➝ Qui marque le faste. ► **fastueusement** adv.

fat, fate [fa(t), fat] ▪ littér. **1** adj. m. (homme) Qui montre sa prétention de façon déplaisante. → **vaniteux.** ➝ n. m. *Quel fat !* **2** adj. (choses) Qui manifeste de la fatuité.

fatal, ale, als adj. ▪ **1** littér. Du destin ; fixé par le destin. *L'instant fatal,* décisif. **2** Qui doit arriver inévitablement. → **inévitable. 3** Qui est signe de mort ou accompagne la mort. ➝ Qui donne la mort. *Un coup fatal.* **4** Qui a des effets désastreux. ➝ loc. *Femme fatale,* qui séduit et perd les hommes.

fatalement adv. ▪ littér. D'une manière fatale, inévitable.

fatalisme n. m. ▪ Doctrine ou attitude selon laquelle on ne peut modifier le cours des événements (fixés par le destin).

fataliste n. ▪ Personne qui professe le fatalisme, ou qui accepte les événements avec fatalisme. «*Jacques le Fataliste*» (œuvre de Diderot). ➝ adj. *Attitude fataliste.*

fatalité n. f. ▪ **1** Caractère de ce qui est fatal (1 et 2). **2** Force surnaturelle par laquelle, selon certains, tout ce qui arrive est déterminé d'avance. → **destin. 3** Contrainte irrémédiable. *Fatalité historique.* **4** Hasard malheureux.

fatidique adj. ▪ Qui marque un arrêt du destin, une intervention du destin.

fatigable adj. ▪ Sujet à la fatigue. ► **fatigabilité** n. f.

fatigant, ante adj. ▪ **1** Qui cause de la fatigue. → **épuisant, pénible, rude. 2** Qui lasse. → **assommant, ennuyeux.**

fatigue n. f. ▪ **1** Affaiblissement physique dû à un effort excessif ; sensation pénible qui l'accompagne. → **lassitude ; épuisement.** ➝ *Fatigue intellectuelle.* **2** Cause de fatigue.

fatigué, ée adj. ▪ **1** Dont l'activité est diminuée par la fatigue. *Muscle fatigué.* ➝ (personnes) Qui ressent de la fatigue. **2** Qui dénote de la fatigue. *Des traits fatigués.* **3** Qui a beaucoup servi. *Des souliers fatigués.* **4** (personnes) *Fatigué de,* las de.

fatiguer v. [1] ▪ **I** v. tr. **1** Causer de la fatigue à. *Lecture qui fatigue les yeux.* ➝ *Ce travail m'a fatigué.* ♦ fig. *Fatiguer la terre* (en la remuant). **2** Rebuter par l'ennui. → **lasser. II** v. intr. **1** Se donner de la fatigue ; donner des signes de fatigue. → **peiner. 2** (choses) Subir des déformations dues à un effort. ▷ v. pron. **se fatiguer**

fatras n. m. ▪ Ensemble confus, hétéroclite (de choses sans valeur, sans intérêt).

fatrasie n. f. ▪ hist. littér. Pièce satirique du Moyen Âge, d'un caractère absurde.

fatuité n. f. ▪ Satisfaction de soi qui s'étale d'une manière déplaisante ou ridicule.

fatum [-ɔm] n. m. ▪ littér. Fatalité, destin.

fatwa n. f. ▪ didact. (dans l'islam) Consultation juridique sur un point de religion ; décision qui en résulte.

faubourg [-buʀ] n. m. ▪ **1** hist. Partie d'une ville qui déborde son enceinte, ses limites. **2** Quartier populaire périphérique.

faubourien, ienne adj. ▪ Qui appartient aux faubourgs populaires de Paris.

faucard n. m. ▪ agric. Grande faux pour couper les herbes des rivières et des marais.

fauchage n. m. ▪ Action de faucher.

fauchaison n. f. ▪ Action de faucher. ♦ Époque, saison où l'on fauche.

fauche n. f. ▪ fam. **1** Fait d'être fauché, sans argent. **2** Action de faucher (II) ; vol.

fauché, ée adj. et n. ▪ fam. Sans argent.

faucher v. tr. [1] ▪ **I 1** Couper avec une faux, une faucheuse. *Faucher l'herbe.* ♦ fig. *La mort fauche tout.* **2** Faire tomber. → **abattre. II** fam. Voler. → **barboter, chiper.**

faucheur, euse ▪ **I** n. Personne qui fauche (I, 1). ♦ fig. *La Faucheuse, le Faucheur* : la Mort. **II** n. f. Machine agricole pour faucher.

faucheux n. m. ▪ Animal voisin de l'araignée, à pattes longues et fines.

fauchon n. m. ▪ agric. Faux armée d'un râteau, pour la coupe des céréales.

faucille n. f. ▪ Petite faux à manche court, pour couper l'herbe. → **serpe.** ➝ *La faucille et le marteau,* symboles des classes paysanne et ouvrière (et emblème communiste).

faucon n. m. ▪ Oiseau rapace diurne au bec court et crochu.

fauconneau n. m. ▪ Jeune faucon.

fauconnerie n. f. ▪ Art de dresser les oiseaux de proie.

fauconnier n. m. ▪ Personne qui dresse les oiseaux de proie.

faufiler v. tr. [1] ▪ Coudre à grands points pour maintenir (les parties d'un ouvrage). → **bâtir.** ► **faufilage** n. m. ▷ v. pron. **se faufiler** Passer adroitement. *Se faufiler dans, à travers la cohue.*

① **faune** n. m. ▪ Divinité champêtre, à l'image du dieu grec Pan. → **satyre.** ► **faunesque** adj.

② **faune** n. f. ▪ **1** Ensemble des animaux (d'une région, d'un milieu). **2** péj. Ensemble de gens qui fréquentent un lieu. ► **faunique** et **faunistique** adj.

faunesse n. f. ▪ Faune (①) femelle.

faussaire n. ▪ Personne qui fait un faux*.

fausse couche n. f. ▪ Interruption accidentelle de la grossesse entraînant la mort du fœtus.

faussement adv. ▪ **1** Contre la vérité. → **à tort. 2** D'une manière fausse, inexacte. **3** devant un adj. D'une manière affectée.

fausser v. [1] ▪ **I** v. tr. **1** Rendre faux, déformer la vérité, l'exactitude de (une chose abstraite). → **altérer, dénaturer, falsifier. 2** Faire perdre sa justesse à. → **déformer.** *Ses lectures lui ont faussé le jugement.* **3** Déformer (un instrument, un objet...) par une pression excessive. **4** loc. *Fausser compagnie à qqn,* le quitter brusquement ou sans se faire remarquer. **II** v. intr. (Canada) Chanter faux.

fausset n. m. ▪ *Voix de fausset* ou *fausset* : registre vocal aigu, résonnant dans la tête.

fausseté n. f. ▪ **I 1** Caractère d'une chose fausse, contraire à la vérité. **2** Caractère de ce qui manque de justesse. → **inexactitude. II** Défaut qui consiste à dissimuler ses pensées véritables, à mentir.

il **faut** → **falloir**

faute n. f. ▪ **I** Fait de manquer ; manque (dans quelques expr.). loc. prép. *FAUTE DE* : par manque de. ◆ *SANS FAUTE* : à coup sûr. ◆ *Ne pas se faire faute de* : ne pas manquer de. **II 1** Manquement à la règle morale, au devoir ; mauvaise action. → **méfait.** ◆ *Prendre qqn en faute.* **2** dr. Acte ou omission constituant un manquement à une obligation. **3** Manquement à une règle, à un principe (dans une discipline). → **erreur.** ◆ *Faute de langage.* → **incorrection.** ◆ *Faute d'impression.* → **coquille. 4** Manière d'agir maladroite, imprudente. *Une faute de jeunesse.* **5** (dans des expr.) Responsabilité d'une action. *C'est (de) sa faute.*

fauter v. intr. [1] ▪ **1** vx Faire une faute morale. **2** vieilli (jeune fille) Se laisser séduire.

fauteuil n. m. ▪ **1** Siège à dossier et à bras, pour une personne. ◆ loc. fam. *Arriver (comme) dans un fauteuil,* être premier sans peine (dans une compétition). **2** Siège, dans une assemblée. *Fauteuil d'académicien.*

fauteur, trice n. ▪ littér. (surtout au masc.) Personne qui favorise, cherche à provoquer (qqch. de blâmable). *Fauteur de troubles.*

fautif, ive adj. ▪ **1** Qui est en faute. → **coupable.** ◆ n. *C'est lui le fautif.* → **responsable. 2** Qui renferme des fautes, des erreurs, des défauts. ► **fautivement** adv.

fauve ▪ **I** adj. **1** D'un jaune tirant sur le roux. **2** Se dit des grands mammifères féroces (félins). ◆ n. m. *Les grands fauves.* **3** *Odeur fauve* : odeur forte et animale. **II** n. m. arts Peintre appartenant au fauvisme. ◆ adj. *La période fauve de Matisse.*

fauverie n. f. ▪ Lieu où vivent les grands fauves, dans un jardin zoologique, une ménagerie.

fauvette n. f. ▪ Petit oiseau des buissons, au plumage fauve, au chant agréable.

fauvisme n. m. ▪ arts Mouvement pictural français du début du XXe siècle, fondé sur la simplification des formes et l'utilisation de couleurs pures juxtaposées.

① **faux, fausse** ▪ **I** adj. **1** Qui n'est pas vrai, qui est contraire à la vérité (pensable, constatable). *Avoir des idées fausses sur une question.* → **erroné.** ◆ *Faux témoignage.* → **mensonger. 2** (souvent avant le nom) Qui n'est pas vraiment, réellement ce qu'il paraît être. *Fausses perles.* ◆ *Un faux Vermeer.* ◆ abstrait *Une fausse indifférence.* → **simulé. 3** Qui n'est pas ce qu'on le nomme (et pour marquer une désignation approximative ; ex. *faux acacia, fausse oronge, faux-filet, faux frais*). ◆ Qui ne mérite pas son nom. *Un faux champion.* **4** Qui n'est pas ce qu'il veut paraître. *Un faux prophète.* ◆ Hypocrite. *Un homme faux.* **5** Qui n'est pas naturel à qqn. *Une fausse barbe.* **6** Qui n'est pas justifié, fondé. *Fausse alerte.* **7** Qui n'est pas comme il doit être (par rapport à ce qui est normal). *Faire un faux pas.* ◆ *Une situation fausse.* → **équivoque. 8** Qui marque un écart par rapport à ce qui est correct, exact. *Un calcul faux.* **9** (esprit, faculté) Qui juge mal. ◆ adv. *Il raisonne faux.* **10** Qui n'est pas dans le ton juste. *Fausse note.* ◆ adv. *Il chante faux.* **11** *À FAUX* loc. adv. *Accuser à faux.* → **calomnier.** ◆ Hors d'aplomb. *Porter à faux.* → **porte-à-faux. II** n. m. **1** Ce qui est faux. *Le vrai et le faux.* **2** *Un faux* : contrefaçon ou falsification d'une œuvre, d'un objet.

② **faux** n. f. ▪ Instrument formé d'une lame arquée fixée au bout d'un long manche, pour couper le fourrage, les céréales.

faux-bourdon n. m. ▪ mus. Harmonisation à quatre voix de certains psaumes. *Des faux-bourdons.*

faux-filet n. m. ▪ Morceau de bœuf à rôtir, situé à côté du filet (→ contre-filet).

faux-fuyant n. m. ▪ Moyen détourné par lequel on évite de s'expliquer, de se décider, etc. → **échappatoire, prétexte.**

faux-monnayeur n. m. ▪ Personne qui fabrique de la fausse monnaie.

faux-semblant n. m. ▪ littér. Apparence trompeuse. → **simulacre.**

faux sens n. m. ▪ Erreur de compréhension portant sur le sens d'un mot.

favela [favela] n. f. ▪ Bidonville, au Brésil.

faverole → **féverole**

faveur n. f. ▪ **I 1** Disposition à accorder son appui à qqn de préférence aux autres. **2** Considération (de qqn, du public) qui confère une importance sociale à qqn. ◆ *EN FAVEUR :* qui a la faveur de qqn, du public. → en **vogue. 3** Avantage que l'on tire de la préférence de qqn. ◆ littér. *Accorder ses faveurs,* se donner sexuellement (femme). **4** Bienfait, décision indulgente qui avantage qqn. *Solliciter une faveur.* ◆ *DE FAVEUR :* obtenu par faveur. **5** loc. prép. *EN FAVEUR DE :* en considération de. ◆ Au profit, au bénéfice de. *Le jugement a été rendu en votre faveur.* ◆ loc. prép. *À LA FAVEUR DE :* en profitant de. **II** Ruban étroit qui sert d'ornement.

favorable adj. ▪ **1** Qui est animé d'une disposition bienveillante (à l'égard de qqn). *L'opinion lui est favorable.* **2** Qui est à l'avantage de qqn ou de qqch. → **propice.** ► **favorablement** adv.

favori, ite ▪ **I** adj. **1** Qui plaît particulièrement. *C'est sa lecture favorite.* **2** Qui est considéré comme le gagnant probable. **II 1** n. Personne qui a la faveur, la préférence (de qqn, du public...). → **préféré. 2** n. m. hist. Celui qui a la faveur d'un roi, d'un grand personnage. **3** n. f. hist. Maîtresse préférée d'un roi. **4** n. m. Cheval et, par ext., concurrent considéré comme devant gagner une compétition. **5** n. m. inform. Adresse d'une page web mémorisée par le navigateur. → **marque-page, signet. III** n. m. pl. Touffe de poils qu'un homme laisse pousser sur la joue devant chaque oreille.

favorisant, ante adj. ▪ didact. Qui contribue au développement de (un phénomène). *Les facteurs favorisants de l'obésité.*

favoriser v. tr. [1] ▪ **1** Agir en faveur de ; être favorable à (qqn). → **aider ; avantager. 2** Contribuer au succès de (qqch.). ▷ adj. **favorisé, ée** *Les classes* (sociales) *favorisées.*

favoritisme n. m. ▪ Attribution d'avantages par faveur, et non selon la justice.

favouille n. f. ▪ région. (Provence) Petit crabe gris de la Méditerranée.

favus [-ys] n. m. ▪ méd. Maladie parasitaire de la peau caractérisée par des croûtes jaunâtres qui recouvrent des ulcérations suppurantes.

fax [faks] n. m. ▪ anglic. **1** Télécopie. **2** Télécopieur. **3** Document transmis par fax. ► **faxer** v. tr. [1]

fayard [-aj-] n. m. ▪ région. (Centre, Est ; Suisse) Hêtre. - var. **foyard** [fwajaʀ ; fɔjaʀ].

fayot, ote [-aj-] n. ▪ fam. **I** n. m. Haricot blanc. **II** n. Personne qui fait du zèle pour se faire bien voir.

fayoter [-aj-] v. intr. [1] ▪ fam. Faire du zèle. ► **fayotage** n. m.

fazenda [fazɛnda] n. f. ▪ Grande propriété terrienne, au Brésil.

Fe ▪ Symbole chimique du fer.

féal, ale, aux ▪ **1** adj. vx Fidèle à la foi jurée. **2** n. m. littér. Partisan, ami dévoué.

fébricule n. f. ▪ méd. Petite fièvre.

fébrifuge adj. ▪ Qui combat la fièvre. → **antipyrétique.** ◆ n. m. Remède fébrifuge.

fébrile adj. ▪ **1** De la fièvre. ◆ *Se sentir fébrile.* → **fiévreux. 2** Qui manifeste une grande agitation. ► **fébrilement** adv.

fébrilité n. f. ▪ État fébrile, état d'excitation intense. → **fièvre** (2), **nervosité.**

fécal, ale, aux adj. ▪ Des excréments humains. *Matières fécales.* → **fèces.**

fèces [fɛs] n. f. pl. ▪ didact. Excréments solides des humains.

fécond, onde adj. ▪ **1** Capable de se reproduire (contr. *stérile*). **2** (animaux) Qui produit beaucoup de petits. → **prolifique. 3** littér. (terre, sol) Qui produit beaucoup. → **fertile. 4** fig. → **fructueux ; productif.**

fécondable adj. ▪ Qui peut être fécondé.

fécondant, ante adj. ▪ Qui féconde, rend fécond.

fécondateur, trice adj. ▪ Capable de féconder.

fécondation n. f. ▪ Action de féconder (1 et 2) ; résultat de cette action. ◆ *Fécondation in vitro* (sigle F. I. V.).

féconder v. tr. [1] ▪ **1** Transformer en embryon, en œuf. **2** Rendre (une femelle) pleine. **3** Rendre fertile, productif (la terre, le sol). **4** fig. Développer, faire produire.

fécondité n. f. ▪ Faculté, état de ce qui est fécond.

fécule n. f. ▪ Substance composée d'amidon, extraite notamment de tubercules.

féculent, ente adj. ▪ Qui est riche en fécule. ◆ n. m. *Les pois sont des féculents.*

féculerie n. f. ▪ Industrie de la fécule ; usine où l'on extrait de la fécule.

fedayin [fedajin] n. m. ▪ Combattant palestinien menant des opérations de guérilla.

fédéral, ale, aux adj. ▪ **1** Se dit d'un État composé de collectivités politiques autonomes (États fédérés), dans lequel les compétences constitutionnelles sont partagées entre celles-ci et un gouvernement central. ➛ D'un État fédéral. *Armée fédérale.* **2** Relatif au gouvernement central, dans un État fédéral. **3** Relatif à une fédération de sociétés, etc. *Union fédérale de syndicats.*

fédéraliser v. tr. 1 ▪ Organiser en fédération, donner à (un pays) la forme d'un État fédéral.

fédéralisme n. m. ▪ Système politique d'un État fédéral. ► **fédéraliste** adj. et n.

fédérateur, trice adj. ▪ Qui tend à fédérer.

fédératif, ive adj. ▪ Qui constitue une fédération ou un État fédéral.

fédération n. f. ▪ **1** Groupement, union de plusieurs États en un État fédéral. → aussi **confédération.** **2** Association, groupement de sociétés, de syndicats, etc.

fédéré, ée ▪ **1** adj. Qui fait partie d'une fédération. **2** n. m. hist. Insurgé de la Commune de Paris, en 1871 (→ **communard**).

fédérer v. tr. 6 ▪ Réunir en une fédération. ▷ v. pron. se **fédérer**

fée n. f. ▪ **1** Être imaginaire d'apparence féminine auquel la légende attribue un pouvoir surnaturel. **2** loc. *Avoir des doigts de fée :* être d'une grande adresse. ➛ *La fée du logis,* maîtresse de maison très habile.

feed-back ou **feedback** [fidbak] n. m. invar. ▪ anglic., sc. Réaction, action en retour. → **rétroaction.**

feeling [filiŋ] n. m. ▪ anglic. **1** Expressivité musicale (en jazz). **2** fam. Intuition.

féerie [fe(e)ʀi] n. f. ▪ **1** littér. Univers des fées. **2** Spectacle splendide, merveilleux.

féerique [fe(e)ʀik] adj. ▪ **1** Du monde des fées. **2** Magnifique, extraordinaire.

feignant, ante n. et adj. ▪ fam. Paresseux.

feignasse adj. et n. f. ▪ fam. Fainéant(e).

feindre v. tr. 52 ▪ **1** Simuler (un sentiment que l'on n'a pas). → **affecter.** **2** *FEINDRE DE :* faire semblant de. **3** intrans. littér. Cacher à autrui ce qu'on sent, ce qu'on pense.

feint, feinte adj. ▪ Qui n'est pas vrai, pas sincère, est fait pour tromper. *Douleur feinte.*

feinte n. f. ▪ **1** vieilli Action, fait de feindre. **2** Coup simulé par lequel on trompe l'adversaire. **3** fam. Piège ; ruse. ► **feinter** v. 1

feinteur, euse n. ▪ fam. Personne qui trompe avec ruse.

feldspath [fɛldspat] n. m. ▪ Minéral à structure en lamelles, à éclat vitreux. ► **feldspathique** adj.

fêlé, ée adj. ▪ **1** Qui a une fêlure. **2** (voix) Au timbre peu clair. **3** fam. Un peu fou.

fêler v. tr. 1 ▪ Fendre (un objet cassant) sans que les parties se séparent.

félibre n. m. ▪ Écrivain de langue d'oc.

félibrige n. m. ▪ École littéraire provençale, fondée en 1854 pour redonner au provençal un statut de langue littéraire.

félicitation n. f. ▪ au plur. **1** Compliments que l'on adresse à qqn à propos d'un événement heureux. **2** Chaleureuse approbation (de la conduite, etc. de qqn). → **éloge.**

félicité n. f. ▪ littér. **1** Bonheur calme et durable. → **béatitude.** **2** Joie, plaisir.

féliciter v. tr. 1 ▪ **1** Assurer (qqn) de la part qu'on prend à ce qui lui arrive d'heureux. **2** Complimenter (qqn) sur sa conduite. ▷ v. pron. se **féliciter** (de) **1** S'estimer content (de). → se **réjouir.** **2** S'approuver soi-même.

félidé n. m. ▪ Mammifère carnivore digitigrade, à griffes acérées et canines puissantes (ordre des *Félidés ;* ex. le chat, le tigre, le lion, le léopard). → **félin.**

félin, ine adj. ▪ **1** Qui appartient au genre chat. ➛ n. m. *UN FÉLIN :* un carnassier du type chat (puma, tigre, lion, panthère...). **2** Qui a des mouvements souples et gracieux.

félinité n. f. ▪ littér. Caractère (de qqn) qui a la souplesse ou le caractère (ruse, hypocrisie) que l'on prête au chat.

fellaga ou **fellagha** n. m. ▪ Combattant pour l'Algérie indépendante (1954-1962).

fellah n. m. ▪ Paysan (Égypte, etc.).

fellation n. f. ▪ Pratique sexuelle, caresses buccales du sexe masculin (→ aussi cunnilingus).

félon, onne adj. et n. ▪ hist. ou littér. Traître. ► **félonie** n. f.

felouque n. f. ▪ Petit bateau de la Méditerranée, à voile ou à rames.

fêlure n. f. ▪ Fente d'une chose fêlée.

femelle ▪ **I** n. f. Animal du sexe qui reproduit l'espèce en étant fécondé par le mâle. **II** adj. **1** (animaux, plantes) Qui appartient au sexe des femelles. **2** Se dit de pièces destinées à en recevoir une autre, appelée *mâle. Prise femelle.*

féminin, ine adj. ▪ **1** De la femme ; propre à la femme (contr. *masculin, viril*). **2** Qui appartient au sexe féminin. **3** Qui a de la féminité. **4** Qui a rapport aux femmes. *Revendications féminines* (→ féminisme). **5** Qui est composé de femmes. **6** gramm. Qui appartient au genre marqué (opposé à *masculin*). ➛ n. m. *Féminin singulier.* ♦ *Rime féminine,* terminée par un e muet.

féminiser v. tr. [1] ▪ **1** Donner un caractère, un aspect féminin à. **2** Augmenter la proportion de femmes dans (une profession, etc.). **3** gramm. Faire du genre féminin ; donner un féminin à. ▸ **féminisation** n. f.

féminisme n. m. ▪ Doctrine qui préconise l'égalité entre l'homme et la femme, et l'extension du rôle de la femme dans la société. ▸ **féministe** adj. et n.

féminité n. f. ▪ Caractère féminin ; ensemble des caractères correspondant à une image biologique et sociale (charme, douceur...) de la femme (contr. *virilité*).

femme [fam] n. f. ▪ **I** Être humain de sexe féminin. **1** Adulte de sexe féminin. **2** collectif *LA FEMME* : l'ensemble des femmes (au plan biologique, de l'image sociale, etc.). **3** loc. *Femme de tête,* intelligente et efficace. *Maîtresse femme,* qui sait se faire obéir. ➛ *FEMME AU FOYER,* qui n'exerce pas de profession. ➛ *FEMME-OBJET,* considérée comme un objet sexuel et non comme un sujet. ♦ → **bonne femme ; sage-femme. II** Épouse. ➛ *Prendre qqn pour femme,* l'épouser. **III** (dans des expr.) *Femme de chambre ; femme de ménage ; femme de service* (métiers de service, de nettoyage).

femmelette [famlɛt] n. f. ▪ fam. et péj. Homme sans énergie.

femto- [fɛmto] Élément qui, placé devant le nom d'une unité de mesure, la divise par 10^{15}.

fémur n. m. ▪ Os long qui constitue le squelette de la cuisse. ▸ **fémoral, ale, aux** adj.

fenaison n. f. ▪ Coupe et récolte des foins.

fendage n. m. ▪ techn. Action de fendre.

fendant n. m. ▪ Cépage de chasselas à peau fine.

fendiller v. tr. [1] ▪ Faire des fentes à. ▹ v. pron. se **fendiller** ▸ **fendillement** n. m.

fendoir n. m. ▪ techn. Outil qui sert à fendre.

fendre v. tr. [41] ▪ **1** Diviser (un corps solide), le plus souvent dans le sens de la longueur. *Fendre du bois.* ➛ loc. fam. *Se fendre la gueule* : s'amuser. **2** fig. *Fendre le cœur, l'âme* (à qqn), faire éprouver du chagrin, etc. **3** S'ouvrir un chemin à travers. *Fendre la foule.* ▹ v. pron. se **fendre 1** Se couvrir de fentes. **2** fig. *Son cœur se fend.* **3** escr. Porter vivement une jambe en avant. **4** fam. *Se fendre de,* se décider à offrir. ▹ adj. **fendu, ue 1** Coupé. **2** Qui présente une fente. **3** Ouvert en longueur. *Yeux fendus en amande.*

fenestrage → **fenêtrage**

fenestration n. f. ▪ **1** Ouverture percée dans une cloison. **2** méd. Création d'une ouverture dans une cavité organique.

fenêtrage n. m. ▪ Ensemble des fenêtres d'un édifice ; leur disposition sur la façade. – var. **fenestrage.**

fenêtre n. f. ▪ **1** Ouverture (faite dans un mur) pour laisser pénétrer l'air et la lumière ; le dispositif qui la ferme. ➛ loc. *Jeter l'argent par les fenêtres,* le dépenser inconsidérément. **2** par analogie *Enveloppe à fenêtre,* comportant un rectangle découpé. ♦ inform. Zone rectangulaire (d'un écran), constituant l'espace de travail. **3** techn. Intervalle de temps à l'intérieur duquel une opération se fait. *Fenêtre de lancement* (d'une fusée).

fenêtrer v. tr. [1] ▪ **1** Pourvoir de fenêtres. *Fenêtrer un bâtiment.* **2** Pratiquer une ouverture dans. *Fenêtrer un plâtre.*

feng shui [fɛ̃gʃɥi] n. m. invar. ▪ Art de vivre, d'inspiration chinoise, par la recherche d'une harmonie avec l'environnement.

fenil [fəni(l)] n. m. ▪ Grenier à foin.

fennec [fenɛk] n. m. ▪ Mammifère carnivore, à grandes oreilles pointues, aussi appelé *renard des sables.*

fenouil n. m. ▪ Plante à goût anisé, cultivée comme potagère ou aromatique.

fente n. f. ▪ **I 1** Ouverture étroite et longue (à la surface d'un solide). ➛ anat. Séparation étroite. *Fente vulvaire.* **2** Ouverture étroite et allongée (dans l'épaisseur d'une matière). → **interstice. II** Action de fendre (dans quelques emplois). *Bois de fente.*

fenugrec n. m. ▪ Plante aromatique dont les graines sont utilisées pour leurs propriétés médicinales.

féodal, ale, aux ▪ **I** adj. Qui appartient à un fief, à l'ordre politique et social fondé sur l'institution du fief. ♦ Qui rappelle la féodalité. **II** n. m. Grand seigneur féodal. ♦ par analogie Grand propriétaire terrien.

féodalisme n. m. ▪ Caractère féodal.

féodalité n. f. ▪ Forme d'organisation politique, économique et sociale du Moyen Âge, caractérisée par l'existence des fiefs.

fer [fɛʀ] n. m. ▪ **I 1** Élément (symb. Fe, n° at. 26, masse at. 55,847), métal blanc grisâtre très commun. *Industries du fer.* → **métallurgie, sidérurgie.** ➛ *Âge du fer,* période qui succède à l'âge du bronze (vers l'an 1000 av. J.-C.). ♦ loc. *Croire dur comme fer à qqch.,* en être convaincu. **2** loc. adj. fig. *DE FER.* → **résistant, robuste ; inflexible. II** (Objet en fer, en acier) **1** Partie en fer ou métallique (d'un instrument, d'une arme). ➛ fig. *Le fer de lance* (d'une organisation...), l'avant-garde. **2** Objet, instrument en fer, en métal (servant à donner une forme, à marquer...). *Fers de relieur.* ➝ *FER À REPASSER* et absolt *FER. Fer à vapeur.* ➝ *FER ROUGE :* tige de fer que l'on porte au rouge. **3** (dans des loc.) Épée, fleuret. *Croiser le fer,* se battre à l'épée. **4** (Bande de métal formant semelle) *FER À CHEVAL* ou *FER :* pièce de métal qui sert à garnir les sabots des chevaux, etc. ➝ fig. *Tomber les quatre fers en l'air,* à la renverse. ♦ Renfort métallique (d'une semelle). **5** au plur. *LES FERS :* ce qui sert à enchaîner un prisonnier. ➝ littér. *Être dans les fers.* → **captif.**

féra n. f. ▪ Poisson (salmonidé) des lacs suisses.

féralies n. f. pl. ▪ Fêtes annuelles en l'honneur des morts, chez les Romains.

fer-blanc n. m. ▪ Tôle de fer recouverte d'étain.

ferblanterie n. f. ▪ Ensemble des ustensiles en fer-blanc. ➝ Industrie, commerce des objets en fer-blanc.

ferblantier, ière n. ▪ Personne qui fabrique ou vend des objets en fer-blanc.

-fère Élément, du latin *ferre* «porter», qui entre dans la formation de mots savants (ex. *mammifère, somnifère*).

féria n. f. ▪ (en Espagne, etc.) Fête comportant des courses de taureaux.

férie n. f. ▪ **1** Antiq. romaine Jour pendant lequel le travail était interdit par la religion. **2** relig. cathol. Jour de la semaine, à l'exception du samedi et du dimanche.

férié, ée adj. ▪ (jour) Où il y a cessation de travail. → **chômé ;** contr. *ouvrable.*

férir v. tr. (seulement inf.) ▪ loc. *Sans coup férir,* sans rencontrer la moindre résistance.

ferler v. tr. [1] ▪ mar. Serrer (une voile) pli par pli contre un espar.

ferlouche n. f. ▪ (Canada) Mélange de raisins secs et de mélasse, pour garnir une tarte. - var. **farlouche.**

fermage n. m. ▪ Exploitation agricole par ferme (I, 1). *Fermage et métayage.*

① **ferme** ▪ **I** adj. **1** Qui n'est ni mou, ni dur, mais entre les deux. → **compact, consistant.** *Sol ferme.* **2** Qui se tient, qui a de l'assurance. → **solide ; assuré, décidé.** ➝ *DE PIED FERME :* sans bouger ; fig. sans crainte. **3** Qui ne se laisse pas ébranler ou influencer, qui montre une calme autorité. → **déterminé, inflexible.** *Soyez ferme avec lui.* ➝ *Avoir la ferme intention de...* **4** (conventions...) Qui ne change pas. *Prix fermes et définitifs.* **II** adv. **1** Avec force, vigueur. *Frotter ferme.* ➝ *Discuter ferme,* avec ardeur. **2** Beaucoup, intensément. *S'ennuyer ferme.*

② **ferme** n. f. ▪ **I 1** Louage d'une exploitation agricole à qqn. → **fermage.** *Donner une terre À FERME.* **2** hist. (Ancien Régime) Système de perception des impôts indirects dans lequel le fonctionnaire (→ **fermier**) traitait à forfait pour une somme remise d'avance au roi. **II 1** Exploitation agricole. **2** Bâtiments de l'exploitation agricole ; maison de paysans.

fermement adv. ▪ **1** D'une manière ferme, assurée. **2** Avec fermeté, conviction.

ferment n. m. ▪ **1** Substance qui en fait fermenter une autre. **2** fig. Ce qui fait naître (un sentiment, un changement...).

fermentable adj. ▪ Qui peut fermenter. → **fermentescible.**

fermentation n. f. ▪ **1** Transformation (d'une substance organique) sous l'influence d'enzymes produites par des micro-organismes. **2** fig. Agitation fiévreuse (des esprits). → **effervescence.**

fermenté, ée adj. ▪ Qui a subi une fermentation.

fermenter v. intr. [1] ▪ **1** Être en fermentation. **2** fig. (esprits) S'échauffer.

fermentescible adj. ▪ didact. Qui peut entrer en fermentation.

fermenteur n. m. ▪ techn. Récipient dans lequel on cultive des micro-organismes.

fermer v. [1] ▪ **I** v. tr. **1** Appliquer les éléments mobiles de (une ouverture) de manière à boucher le passage entre l'intérieur et l'extérieur (contr. *ouvrir*). *Fermer une porte.* **2** Priver de communication avec l'extérieur, par la mise en place d'un élément mobile. *Fermer un magasin.* **3** Rapprocher, réunir (des éléments mobiles) ; disposer en rapprochant les éléments. *Fermer les yeux. Fermer un livre.* **4** Rendre infranchissable. *Fermer une route.* **5** fam. Arrêter par un mécanisme. **6** abstrait Rendre inaccessible. *Fermer une carrière à qqn.* **7** Mettre une fin à. *Fermer une liste.* → **arrêter, clore. II** v. intr. **1** Être fermé. **2** Pouvoir être fermé. ▷ v. pron. **se fermer** ▷ adj. **fermé, ée 1** Qui ne communique pas avec l'extérieur. *Mer fermée.* **2** Qu'on a fermé. → **clos. 3** Où l'on s'introduit difficilement. *Un milieu fermé.* **4** *Courbe fermée,* qui limite une surface (ex. le cercle). **5** Peu expansif. ➝ *Visage fermé.* **6** *Fermé à,* inaccessible, insensible à.

fermeté n. f. ▪ **1** État de ce qui est ferme. *Fermeté des chairs.* **2** État de ce qui est assuré, décidé. → **vigueur.** ➝ *Fermeté du style.* **3** Qualité d'une personne ferme, déterminée. → **détermination.**

fermette n. f. ▪ Petite ferme.

fermeture n. f. ■ **I** Dispositif servant à fermer. ◆ *Fermeture à glissière*, formée de deux rubans dentelés qui s'engagent l'un dans l'autre. – (marque déposée) *Fermeture Éclair* (même sens). **II** Action de fermer ; état de ce qui est fermé (local, etc.).

fermi n. m. ■ phys. Unité de longueur valant un milliardième de micron.

fermier, ière n. ■ **1** Personne qui exploite un domaine agricole à ferme*. ◆ hist. Personne qui prenait à ferme le recouvrement des impôts. *Les fermiers généraux.* **2** Personne (propriétaire ou non) qui exploite un domaine agricole. → **agriculteur.** **3** en fonction d'adj. Produit dans une ferme, de manière artisanale. *Beurre fermier.*

fermion n. m. ■ phys. Particule fondamentale (électron, nucléon) ou atome dont le nombre de spin est demi-entier ou nul.

fermium [-jɔm] n. m. ■ phys., chim. Élément radioactif artificiel (symb. Fm ; n° at. 100 ; masse at. 248 à 256).

fermoir n. m. ■ Attache ou dispositif destiné à tenir fermé (un sac, un bijou...).

féroce ■ **I** adj. **1** (animaux) Qui est cruel par instinct. **2** (personnes) Cruel et brutal. **3** Très dur, impitoyable. *Une ironie féroce.* **4** par exagér. → **terrible.** *Une faim féroce.* ► **férocement** adv. **II** n. m. Plat antillais à base d'avocat et de morue écrasés, relevé de piment.

férocité n. f. ■ Caractère féroce.

ferrage n. m. ■ Action de ferrer (un animal).

ferraille n. f. ■ **1** Déchets de fer, d'acier. **2** fam. Petite monnaie. → **mitraille.**

ferraillement n. m. ■ Bruit de ferraille.

ferrailler v. intr. [1] ■ Se battre au sabre ou à l'épée.

① **ferrailleur** n. m. ■ péj. Celui qui aime à ferrailler, à se battre à l'épée. → **bretteur.**

② **ferrailleur, euse** n. ■ Marchand(e) de ferraille.

ferrate n. m. ■ chim. Sel d'un acide ferrique (H_2FeO_4) dérivé de l'oxyde ferrique.

ferré, ée adj. ■ **1** De fer ; garni de fer. – *Voie* ferrée.* **2** Qui a des fers. **3** fig. *Être ferré sur, en* (tel domaine), calé, fort.

① **ferrement** n. m. ■ Garniture de fer. → **ferrure.**

② **ferrement** n. m. ■ **1** anciennt Action de ferrer (un forçat). **2** Action de ferrer un cheval. → **ferrage.**

ferrer v. tr. [1] ■ **1** Garnir de fer. **2** Munir de fers. *Ferrer un âne.* **3** Engager le fer d'un hameçon dans les chairs de (un poisson).

ferret n. m. ■ Pièce (de fer, etc.) au bout d'un lacet, d'une aiguillette.

ferreur n. m. ■ Ouvrier qui ferre. *Ferreur de chevaux.*

ferreux, euse adj. ■ Qui contient du fer.

ferrique adj. ■ chim. Se dit de l'oxyde et des sels dans lesquels le fer est trivalent. *Chlorure ferrique.*

ferrite n. f. ■ phys. Oxyde de fer et de divers métaux, utilisé pour ses propriétés magnétiques et électromagnétiques.

ferro- Élément, du latin *ferrum* «fer».

ferromagnétisme n. m. ■ phys. Propriété de certains corps fortement magnétiques.

ferronickel n. m. ■ Alliage de fer et de nickel contenant plus de 25 % de nickel.

ferronnerie n. f. ■ **1** Travail (spécialt, artistique) du fer. **2** Objets, ornements en fer.

ferronnier, ière n. ■ Personne qui fabrique ou vend des objets en fer.

ferronnière n. f. ■ Chaînette ou fin bandeau porté sur le front, orné en son milieu d'un bijou.

ferroprotéine n. f. ■ Protéine qui contient du fer dans sa molécule.

ferroutage [fɛʀʀutaʒ] n. m. ■ Transport associant la route et le chemin de fer.

ferroviaire adj. ■ Relatif aux chemins de fer.

ferrugineux, euse adj. ■ Qui contient du fer (le plus souvent à l'état d'oxyde).

ferrure n. f. ■ Garniture de fer, de métal.

ferry → **car-ferry ; ferry-boat**

ferry-boat [feʀibɔt] n. m. ■ anglic. Navire conçu pour le transport des trains, des véhicules. *Des ferry-boats.* – abrév. **ferry.**

fertile adj. ■ **1** (sol, terre) Qui produit beaucoup de végétation utile. **2** fig. Inventif ; riche (en). *Imagination fertile.*

fertilisable adj. ■ Qui peut être fertilisé.

fertilisant, ante adj. ■ Qui fertilise. – n. m. Produit fertilisant. → **engrais.**

fertiliser v. tr. [1] ■ **1** Rendre fertile (une terre). → **amender.** **2** fig. Rendre capable de produire. ► **fertilisation** n. f.

fertilité n. f. ■ **1** Qualité d'un sol, d'une terre fertile. **2** fig. Capacité à inventer.

féru, ue adj. ■ Qui est très épris, pris d'un vif intérêt. *Être féru de poésie.*

férule n. f. ■ **1** Petite palette avec laquelle on frappait les écoliers. **2** loc. *Être sous la férule de qqn*, dans l'obligation de lui obéir.

fervent, ente adj. ■ **1** Qui a de la ferveur. **2** Où il entre de la ferveur. *Amour fervent.*

ferveur n. f. ■ Ardeur vive et enthousiaste.

fesse n. f. ▪ Chacune des deux masses charnues à la partie postérieure du bassin, dans l'espèce humaine et chez certains mammifères. *Les fesses.* → **derrière ; croupe.** ◆ loc. fam. *Coûter la peau des fesses,* très cher.

fessée n. f. ▪ **1** Tape(s) donnée(s) sur les fesses. **2** fig. Défaite humiliante.

fesse-mathieu n. m. ▪ vx Usurier ; avare.

fesser v. tr. [1] ▪ Battre sur les fesses.

① **fessier** n. m. ▪ fam. Les deux fesses.

② **fessier, ière** adj. ▪ Relatif aux fesses.

fessu, ue adj. ▪ fam. Qui a de grosses fesses.

festif, ive adj. ▪ didact. De la fête.

festin n. m. ▪ Repas somptueux, excellent.

festival, als n. m. ▪ **1** Grande manifestation musicale. ♦ par ext. *Festival de cinéma.* **2** fig. Démonstration remarquable.

festivalier, ière adj. et n. ▪ (Personne) qui fréquente les festivals.

festivité n. f. ▪ Fête, réjouissance.

fest-noz [fɛstnoz] n. m. ▪ région. Fête bretonne traditionnelle, bal breton. *Des fest-noz* ou (plur. breton) *festou-noz.*

feston n. m. ▪ **1** Guirlande de fleurs et de feuilles liées. **2** Bordure, ornement dentelé.

festonner v. tr. [1] ▪ Orner de festons.

festoyer v. intr. [8] ▪ Participer à un festin.

feta [feta] n. f. ▪ Fromage de brebis grec.

fêtard, arde n. ▪ fam. Personne qui aime faire la fête.

fête n. f. ▪ **I** (Solennité à caractère commémoratif) **1** Solennité religieuse célébrée certains jours de l'année. *Jour de fête* (→ **férié**). **2** Jour de la fête du saint dont qqn porte le nom. **3** Réjouissance publique et périodique (civile) en mémoire d'un événement. *La fête nationale.* **4** Réjouissances organisées occasionnellement. *Fête de village.* **5** Réjouissances en famille, entre amis. **6** loc. *FAIRE LA FÊTE* : mener joyeuse vie. **II** (dans des expr.) Bonheur, joie, plaisir. *Se faire une fête de qqch.* ◆ *Avoir le cœur EN FÊTE,* gai. ◆ *Être À LA FÊTE,* heureux, satisfait.

Fête-Dieu n. f. ▪ Cérémonie religieuse catholique en l'honneur du saint sacrement, célébrée le deuxième dimanche après la Pentecôte.

fêter v. tr. [1] ▪ **1** Marquer par une fête. **2** Faire fête à. *Fêter un ami retrouvé.*

fétiche n. m. ▪ **1** Objet de culte des civilisations animistes. **2** Objet auquel on attribue un pouvoir bénéfique. → **amulette.**

féticheur, euse n. ▪ (Afrique) Prêtre, prêtresse des religions animistes.

fétichiser v. tr. [1] ▪ Porter à (qqn, qqch.) une valeur, une admiration excessive.

fétichisme n. m. ▪ **1** Culte des fétiches. **2** Perversion sexuelle centrée sur des objets normalement dénués d'érotisme. ► **fétichiste** adj. et n.

fétide adj. ▪ Qui a une odeur très désagréable. → **nauséabond.** ► **fétidité** n. f.

fettucine [fetutʃin(e)] n. f. ▪ au plur. Pâtes alimentaires en forme d'étroits rubans.

fétu n. m. ▪ Brin de paille.

fétuque n. f. ou m. ▪ Graminée des prés et des bois.

① **feu** n. m. ▪ **I 1** *LE FEU* : combustion dégageant de la chaleur et de la lumière (→ **flamme ; pyr(o)-**). ◆ loc. *Jouer avec le feu,* avec le danger. ◆ *FEU FOLLET*.* **2** Matières rassemblées et allumées (pour produire de la chaleur, etc.). → **foyer.** ◆ prov. *Il n'y a pas de fumée sans feu,* pas d'effet sans cause. ◆ loc. *Feu de paille* : sentiment vif et passager. **3** Source de chaleur (à l'origine, foyer enflammé) pour la cuisson des aliments, etc. ◆ *COUP DE FEU* : action vive du feu ; fig. moment de grande activité. **4** vieilli Foyer, famille. ◆ loc. *N'avoir ni feu ni lieu,* ne pas avoir de domicile fixe. **5** Embrasement ; incendie. *Au feu !* ◆ loc. *Mettre à feu et à sang,* détruire par la guerre. **6** Supplice du bûcher. ◆ fig. *À PETIT FEU,* lentement et cruellement. **7** Ce qui sert à allumer le tabac. **II** (Combustion amenant une déflagration) **1** *COUP DE FEU.* → **détonation.** ◆ *ARME À FEU* : arme lançant un projectile par l'explosion d'une matière fulminante. ♦ fig. *FAIRE LONG FEU* : échouer. ◆ *NE PAS FAIRE LONG FEU* : ne pas durer. **2** Tir d'armes à feu. *Ouvrir le feu.* **3** *FEU D'ARTIFICE*.* **4** fam. Pistolet, revolver. **III 1** Source de lumière (d'abord flamme d'un feu). *Les feux de la ville.* **2** Signal lumineux. ♦ *Feu tricolore,* réglant la circulation. ◆ loc. fig. *Donner le feu vert,* autoriser qqn à agir. **3** poét. *Les feux du couchant.* **4** loc. fig. *N'Y VOIR QUE DU FEU,* ne rien y voir (comme qqn qui est ébloui) ; par ext., n'y rien comprendre. **5** Éclat. *Le feu d'un regard.* **IV 1** Sensation de chaleur intense, de brûlure. *Avoir les joues EN FEU.* **2** Ardeur (des sentiments). *Dans le feu de la colère.* ◆ loc. *Être TOUT FEU TOUT FLAMME,* ardent, passionné.

② **feu, feue** adj. ▪ littér. Qui est mort depuis peu de temps. → **défunt.** *Feu son père. Feu la reine ; la feue reine.*

feudataire n. ▪ hist. Titulaire d'un fief.

feudiste n. ▪ didact. Spécialiste du droit féodal.

feuil n. m. ▪ techn. Revêtement de très faible épaisseur. → **film.** *Feuil de vernis.*

feuillage n. m. ▪ **1** Ensemble des feuilles (d'un arbre...). **2** Rameaux coupés.

feuillaison n. f. ▪ Renouvellement annuel des feuilles.

feuillant, antine n. ▪ **1** Religieux, religieuse d'une congrégation réformée de l'ordre de Cîteaux. **2** n. m. pl. hist. Les constitutionnels modérés, pendant la Révolution, qui siégeaient dans un ancien couvent de feuillants.

feuillard n. m. ▪ techn. **1** Branche flexible fendue en deux qui sert à faire des cerceaux de tonneau. **2** Bande de fer étroite servant à consolider un emballage.

feuille n. f. ▪ **I 1** Partie des végétaux (siège de la photosynthèse) par laquelle ils respirent. **2** Représentation d'une feuille. ➝ *FEUILLE DE VIGNE* : feuille sculptée cachant le sexe des statues nues. **II 1** Morceau de papier rectangulaire. *Feuille blanche.* ♦ (documents) *Feuille de paye. Feuille de soins.* **2** Journal. *Feuille locale.* **III 1** Plaque mince (d'une matière). **2** fam. Oreille.

feuillée n. f. ▪ **I** littér. Abri que forme le feuillage des arbres. **II** au plur. Tranchée servant de latrines.

feuillées n. f. pl. ▪ Tranchée destinée à servir de latrines aux troupes en campagne, aux campeurs.

feuillet n. m. ▪ **I** Chaque partie d'une feuille de papier pliée ; feuille de papier utilisée sur ses deux faces. **II** anat. Troisième poche de l'estomac des ruminants.

feuilletage n. m. ▪ **I** Action de feuilleter de la pâte. ➝ Aspect feuilleté d'une pâte. **II** Action de feuilleter un livre.

feuilleté, ée adj. ▪ **1** Qui présente des feuilles, des lames superposées. **2** *Pâte feuilletée,* faite de fines feuilles superposées. ♦ n. m. Pâtisserie feuilletée.

feuilleter v. tr. [4] ▪ Tourner les pages de (un livre...), en regardant rapidement.

feuilleton n. m. ▪ **1** Chronique régulière, dans un journal. **2** Épisode d'un roman qui paraît régulièrement dans un journal. ➝ Histoire fragmentée (télévision, radio). ♦ *ROMAN-FEUILLETON,* qui paraît par fragments dans un journal. ➝ fig. Histoire invraisemblable.

feuilletoniste n. ▪ Personne qui écrit des feuilletons ou des romans-feuilletons.

feuillette n. f. ▪ Tonneau dont la capacité varie de 114 à 140 litres.

feuillu, ue adj. ▪ **1** Qui a beaucoup de feuilles. **2** Qui porte des feuilles. *Arbre feuillu ;* n. m. *un feuillu,* à feuilles caduques.

feuillure n. f. ▪ techn. Entaille, rainure pratiquée dans un panneau, pour y recevoir une autre pièce.

feuj n. ▪ fam. Juif. *Les feujs et les beurs.*

feulement n. m. ▪ Cri du tigre.

feuler v. intr. [1] ▪ (tigre) Pousser son cri. ➝ (chat) Grogner.

feutre n. m. ▪ **1** Étoffe non tissée obtenue en agglutinant du poil ou de la laine. **2** Chapeau de feutre. ♦ Instrument pour écrire à pointe en feutre ou en nylon.

feutré, ée adj. ▪ **1** Fait, garni de feutre. **2** Qui a l'aspect du feutre. → **pelucheux. 3** Peu sonore. *Marcher à pas feutrés.*

feutrer v. [1] ▪ **I** v. tr. **1** techn. Mettre en feutre (du poil, de la laine). ♦ Garnir de feutre. **2** Amortir (un bruit). **II** *SE FEUTRER* v. pron. ou *FEUTRER* v. intr. Prendre l'aspect du feutre. ► **feutrage** n. m.

feutrine n. f. ▪ Feutre mince.

fève n. f. ▪ **1** Plante légumineuse dont on consomme les graines. ➝ Graine de cette plante. **2** Figurine que l'on met dans la galette de la fête des Rois. **3** (Canada) Haricot. *Fèves jaunes, rouges.*

féverole ou **fèverole** n. f. ▪ Variété de fève à petit grain utilisée pour l'alimentation du bétail. - var. **faverole.**

févier n. m. ▪ Arbre épineux dont le fruit est une longue gousse plate renfermant des graines ressemblant aux fèves.

février n. m. ▪ Second mois de l'année, qui a vingt-huit jours dans les années ordinaires et vingt-neuf dans les années bissextiles.

fez [fɛz] n. m. ▪ Coiffure tronconique de laine. → **chéchia.**

fi interj. ▪ **1** vx Interjection exprimant le dédain. **2** *FAIRE FI DE* : dédaigner, mépriser.

fiabiliser v. tr. [1] ▪ Rendre plus fiable.

fiable adj. ▪ En qui ou en quoi on peut avoir toute confiance, auquel on peut se fier (personne, matériel...). ► **fiabilité** n. f.

fiacre n. m. ▪ anciennt Voiture à cheval louée à la course ou à l'heure.

fiançailles n. f. pl. ▪ **1** Promesse solennelle de mariage entre futurs époux. **2** Temps qui s'écoule entre la promesse et le mariage.

fiancé, ée n. ▪ Personne fiancée.

fiancer v. tr. [3] ▪ Engager par une promesse de mariage. ▷ v. pron. se **fiancer**

fiasco n. m. ▪ **1** Défaillance d'ordre sexuel (chez l'homme). **2** Échec complet.

fiasque n. f. ▪ Bouteille à col long et à large panse garnie de paille.

fiat [fjat] n. m. invar. ▪ philos., psych. Décision volontaire après délibération.

fibranne n. f. ▪ Textile artificiel à fibres courtes.

fibre n. f. ▪ **I 1** Chacun des filaments qui, groupés en faisceaux, constituent certaines substances. *Les fibres du bois. Fibres musculaires.* **2** *Fibre textile,* substance filamenteuse susceptible d'être tissée. *Fibres synthétiques.* ♦ *Fibre de verre* (isolation thermique). ♦ *Fibre optique,* filament conducteur de lumière. **3** Matière fabriquée à partir de fibres. **II** fig., littér. Disposition à ressentir certaines émotions. *Avoir la fibre paternelle.*

fibrer v. tr. [1] ▪ Équiper de la fibre optique. ➛ au p. p. *Immeuble fibré.*

fibreux, euse adj. ▪ Qui a des fibres.

fibrillation [-ij- ; -il-] n. f. ▪ méd. Contractions rapides et désordonnées des fibres musculaires.

fibrille [-ij ; -il] n. f. ▪ Petite fibre. ► **fibrillaire** adj.

fibrine n. f. ▪ biol. Protéine du plasma sanguin qui contribue à la coagulation.

fibrinogène n. m. ▪ biol. Protéine du plasma sanguin qui se transforme en fibrine lors de la coagulation.

fibro- Élément tiré de *fibre.*

fibroblaste n. m. ▪ biol. Cellule jeune, peu différenciée, du tissu conjonctif.

fibrociment n. m. ▪ Matériau de construction fait de ciment renforcé de fibres.

fibroïne n. f. ▪ biol. Protéine constituant la partie essentielle de la soie.

fibromatose n. f. ▪ méd. Développement de tumeurs fibreuses, de fibromes.

fibrome n. m. ▪ Tumeur bénigne formée de tissu fibreux. ► **fibromateux, euse** adj.

fibromyome n. m. ▪ méd. Tumeur bénigne constituée de tissu musculaire et de tissu fibreux.

fibroscope n. m. ▪ méd. Endoscope souple comportant des fibres optiques.

fibroscopie n. f. ▪ méd. Exploration (d'un organe) au fibroscope.

fibrose n. f. ▪ méd. Augmentation anormale de la quantité de tissu conjonctif fibreux.

fibula n. f. ▪ anat. Péroné. ► **fibulaire** adj.

fibule n. f. ▪ Antiq. Agrafe, épingle.

ficaire n. f. ▪ Petite plante à fleurs jaunes.

ficelage n. m. ▪ Action de ficeler.

ficeler v. tr. [4] ▪ **1** Attacher, lier avec de la ficelle. **2** fam. Habiller. **3** fig. Bâtir (un travail intellectuel). ▷ adj. **ficelé, ée 1** *Paquet ficelé.* **2** fam. *Mal ficelé,* mal habillé. → **fagoté. 3** *Un travail bien ficelé,* bien fait.

ficelle n. f. ▪ **I 1** Corde mince. ➛ loc. fig. *Tirer sur la ficelle :* exagérer. **2** fig. *Tirer les ficelles,* faire agir les autres. ♦ *Les ficelles d'un art,* les procédés cachés. **3** Petite baguette (pain). **II** adj. fam. Malin, futé.

ficellerie n. f. ▪ Fabrique de ficelle.

fichage n. m. ▪ Action de ficher (③) des personnes, de noter des renseignements sur elles.

① **fiche** n. f. ▪ **I** Cheville, tige de bois ou de métal destinée à être fichée, enfoncée. **II** Feuille cartonnée sur laquelle on écrit des renseignements en vue d'un classement.

② **fiche** v. tr. → ② **ficher**

① **ficher** v. tr. [1] ▪ Faire pénétrer et fixer par la pointe. → **planter.**

② **ficher** ou **fiche** v. tr. [1] p. p. *fichu, ue* ▪ fam. (équivalent moins fam. de *foutre**) **1** Faire. *Je n'ai rien fichu hier.* **2** Donner, faire subir. *Ça me fiche le cafard.* **3** Mettre. *Je l'ai fichu à la poubelle.* **4** loc. *Se fiche dedans,* se tromper. ➛ *Fiche* (ou *ficher*) *le camp,* décamper, partir. **5** *SE FICHER DE* v. pron. : se moquer de.

③ **ficher** v. tr. [1] ▪ Mettre sur une fiche. ➛ *Ficher qqn,* établir une fiche à son nom.

fichier n. m. ▪ **1** Réunion de fiches. ➛ inform. Ensemble structuré d'informations, qui peut être manipulé et mémorisé. *Fichier (de) programme. Fichier de données.* → **document. 2** Meuble, etc. contenant des fiches.

fichtre interj. ▪ fam., vieilli Interjection qui exprime l'étonnement, l'admiration.

fichtrement adv. ▪ fam., vieilli Extrêmement.

① **fichu, ue** adj. ▪ fam. (équivalent moins fam. de *foutu**) **1** Mauvais. **2** Dans un mauvais état. **3** *BIEN, MAL FICHU :* bien, mal bâti, fait. ➛ (moins fam.) *MAL FICHU :* un peu malade, souffrant. ♦ *Fichu de :* capable de.

② **fichu** n. m. ▪ Pièce d'étoffe triangulaire dont les femmes se couvrent la tête.

fictif, ive adj. ▪ **1** Créé par l'imagination. **2** Qui n'existe qu'en apparence. → **faux, feint. 3** Supposé par convention (→ **fiduciaire**). ► **fictivement** adv.

fiction n. f. ▪ **1** Fait imaginé (opposé à *réalité*) ; construction imaginaire. → **invention. 2** Création de l'imagination, en littérature ; genre littéraire formé par ces œuvres (romans...).

fictionnel, elle adj. ▪ didact. Basé sur une fiction ; de la nature de la fiction.

ficus [-ys] n. m. ▪ Plante d'appartement (du genre *Ficus*), d'origine tropicale.

fidéicommis n. m. ▪ dr. Disposition par laquelle une personne gratifie quelqu'un d'un bien pour qu'elle le remette à un tiers.

fidéicommissaire n. ▪ dr. Personne à qui un bien doit être remis en exécution d'un fidéicommis.

fidéisme n. m. ▪ didact. Doctrine selon laquelle la vérité absolue ne peut être fondée que sur la révélation, la foi. ► **fidéiste** adj. et n.

fidèle ▪ **I** adj. **1** Qui ne manque pas à la foi donnée (à qqn), aux engagements pris (envers qqn). → **dévoué, loyal. 2** Dont les sentiments (envers qqn) ne changent pas. **3** Qui n'a de relations amoureuses qu'avec la personne à laquelle il (elle) a donné sa foi. **4** *Fidèle à* (qqch.) : qui ne manque pas à, qui ne trahit pas. *Être fidèle à ses engagements.* **5** Qui ne s'écarte pas de la vérité. ➝ *Traduction fidèle,* conforme au texte original. ♦ *Mémoire fidèle.* → **fiable. 6** (instrument) Dont les résultats ne changent pas au cours du temps. **II** n. **1** Personne fidèle. **2** Personne unie à une religion par la foi. → **croyant.**

fidèlement adv. ▪ D'une manière fidèle.

fidéliser v. tr. [1] ▪ comm. Rendre fidèle, s'attacher (un client, des consommateurs).

fidélité n. f. ▪ **1** Qualité d'une personne fidèle (à qqn). **2** Constance dans les sentiments, les relations. **3** *Fidélité à* (qqch.) : fait de ne pas manquer à, de ne pas trahir. **4** Conformité à la vérité, à un modèle. → **exactitude, véracité. 5** Qualité d'un instrument fidèle (6). **6** *HAUTE-FIDÉLITÉ* : technique visant à obtenir une restitution très exacte du son enregistré. → anglic. **hi-fi.** ➝ appos. *Chaîne* haute-fidélité.*

fiduciaire adj. ▪ écon. Se dit de valeurs fictives, fondées sur la confiance en celui qui les émet. *Monnaie fiduciaire* (billets...). ♦ *Société fiduciaire,* qui effectue des travaux d'organisation, etc. pour d'autres sociétés.

fiducie adj. et n. ▪ Contrat par lequel un bien est cédé comme garantie à un créancier, lequel devra le restituer au débiteur lorsque celui-ci aura rempli ses obligations.

fief n. m. ▪ **1** Au Moyen Âge, Domaine concédé par le seigneur à son vassal **(→ feudataire),** en contrepartie de certains services. **2** fig. Domaine où qqn est maître.

fieffé, ée adj. ▪ **I** hist. Pourvu d'un fief. **II** Qui possède au plus haut degré un défaut, un vice. *Un fieffé menteur.*

fiel n. m. ▪ **1** Bile des animaux de boucherie, etc. **2** fig., littér. Amertume méchante.

field → **fjeld**

fielleux, euse adj. ▪ Plein de fiel (2). → **haineux, méchant.**

fiente [fjɑ̃t] n. f. ▪ Excrément d'oiseau, de certains animaux. ► **fienter** v. intr. [1]

se fier v. pron. ▪ Accorder sa confiance (à qqn, à qqch.). *Je me fie à vous.*

fier, fière [fjɛʀ] adj. ▪ **1** vieilli Hautain, méprisant. → **arrogant, prétentieux.** ➝ n. *Faire le fier.* **2** Qui a un vif sentiment de sa dignité. **3** *FIER DE* : qui a de la satisfaction de (qqn, qqch.). **4** (avant le nom) vieilli → **fameux.** *Une fière canaille !*

fier-à-bras n. m. ▪ vieilli Fanfaron.

fièrement adv. ▪ D'une manière fière.

fiérot, ote adj. et n. ▪ fam. **1** Prétentieux d'une manière puérile. **2** Fier de qqch. d'une manière enfantine. *Il est tout fiérot de son succès.*

fierté n. f. ▪ **1** vieilli Attitude arrogante. **2** Sentiment élevé de la dignité, de l'honneur. **3** Fait d'être fier de qqn, de qqch. ♦ Ce qui fait concevoir de la fierté. *C'est sa fierté.*

fiesta n. f. ▪ fam. Partie de plaisir, fête.

fièvre n. f. ▪ **1** Élévation anormale de la température du corps **(→ fébrile ; fiévreux).** ♦ Maladie fébrile. *Fièvre jaune* (maladie virale). **2** fig. Vive agitation, état passionné. ♦ *FIÈVRE DE* : désir ardent de.

fiévreux, euse adj. ▪ **1** Qui a ou dénote la fièvre. → **fébrile** (1). **2** Agité, hâtif, inquiet. → **fébrile** (2). ► **fiévreusement** adv.

fifille n. f. ▪ fam. Fille (I). *La fifille à son papa.*

fifre n. m. ▪ **1** Petite flûte en bois. **2** Joueur de fifre. «*Le Fifre*» (tableau de Manet).

fifrelin n. m. ▪ vieilli Chose sans valeur.

fifty-fifty loc. adv. ▪ anglic., fam. Moitié-moitié. *Partager fifty-fifty.*

figaro n. m. ▪ fam. et vx Coiffeur.

figement n. m. ▪ Fait de (se) figer.

figer v. tr. [3] ▪ **1** Coaguler (le sang). **2** Solidifier (un liquide gras) par le froid. **3** Rendre immobile, fixer dans une certaine attitude. ▷ v. pron. **se figer 1** Se coaguler. **2** Se solidifier. **3** S'immobiliser. ▷ adj. **figé, ée** *Huile figée.* ➝ *Regard figé.* ♦ *Expression, locution figée,* dont on ne peut changer aucun des termes et dont le sens global ne peut pas se déduire de celui de ses constituants (ex. prendre le mors aux dents).

fignoler v. tr. [1] ▪ fam. Exécuter avec un soin minutieux jusque dans les détails. ➝ au p. p. *Travail fignolé.* → **léché.** ► **fignolage** n. m.

fignoleur, euse n. ▪ fam. Personne qui fignole.

figue n. f. ▪ **1** Fruit charnu et comestible du figuier, vert ou violacé. **2** *Figue de Barbarie* : fruit comestible de l'oponce. **3** *Mi-figue, mi-raisin* : qui exprime un mélange de satisfaction et de mécontentement.

figuier n. m. ▪ **1** Arbre méditerranéen (Ficus), à feuilles lobées, qui donne les figues. **2** *Figuier de Barbarie* : oponce.

figurant, ante n. ▪ **1** Personnage de théâtre, de cinéma, remplissant un rôle secondaire. **2** Personne dont le rôle est accessoire, dans une réunion, une société.

figuratif, ive adj. ▪ Qui représente la forme de qqch. ◆ *Art figuratif,* attaché à la représentation de l'objet (par oppos. à *art abstrait*).

figuration n. f. ▪ **1** Fait de figurer, de représenter (qqch.), notamment par des moyens graphiques. ♦ *LA FIGURATION* : la peinture figurative. **2** Fait de figurer, dans un spectacle. ♦ Ensemble des figurants.

figure n. f. ▪ **I 1** vx Forme, aspect. ◆ loc. mod. *Ne plus avoir figure humaine* : être si mal en point que l'apparence humaine n'est plus reconnaissable. **2** rare Représentation visuelle (de qqn, qqch.). → **image.** ♦ spécialt Représentation d'un personnage humain. → **effigie, portrait, statue.** ♦ *FIGURE DE PROUE* : buste (d'une personne, d'un animal...) à la proue des anciens navires ; fig. personnalité de premier plan. **3** loc. littér. *FAIRE FIGURE* : être un personnage important. ◆ *Faire bonne, piètre, triste figure,* avoir une apparence (bonne...). ◆ *Faire figure de* : paraître, passer pour. ♦ *PRENDRE FIGURE* : prendre forme. **4** Personnalité marquante. *Les grandes figures d'une époque.* **5** Représentation des objets géométriques (droites, courbes, surfaces...) ; ensemble de points constituant ces objets. ♦ danse, sports Chemin suivi par un danseur, un patineur, suivant une ligne déterminée. **II** (Forme de la face humaine) **1** Apparence momentanée de la face humaine, exprimant une attitude, des sentiments. → **tête ; air, physionomie. 2** Partie antérieure de la tête humaine. → **face, visage.** ♦ (Caractérisant la personne) *Des figures de connaissance.* **III** *Figure de style, de rhétorique* et absolt *figure* : mode d'expression linguistique et stylistique de certaines formes de pensée dans le discours ; transfert de sens (→ sens **figuré**). → **trope.**

figuré, ée adj. ▪ **1** Représenté par une figure. **2** *Sens figuré* (d'un mot), qui résulte d'une figure* de style (transfert sémantique d'une image concrète à des relations abstraites). *Sens propre et sens figuré.*

figurément adv. ▪ Au figuré. *Mot employé figurément.*

figurer v. [1] ▪ **I** v. tr. Représenter sous une forme visible. → **dessiner, peindre, sculpter.** ♦ Représenter d'une manière symbolique ou conventionnelle. **II** v. intr. **1** Jouer un rôle de figurant. **2** Se trouver (quelque part). *Son nom figure sur la liste.* ▷ v. pron. se **figurer** → s'**imaginer,** se **représenter.**

figurine n. f. ▪ Statuette.

fil n. m. ▪ **I 1** Brin long et fin des matières textiles ; réunion de ces brins, tordus et filés (→ **filature, filer).** ◆ *DROIT FIL* : sens des fils d'un tissu (opposé à *biais*) ; fig. ligne de pensée, orientation. ♦ loc. *Malice cousue de fil blanc,* trop apparente. ◆ *De fil en aiguille,* petit à petit. ◆ *Donner du fil à retordre à qqn,* lui créer des difficultés. **2** Brin de matière souple, servant à tenir, à attacher. ◆ loc. *Ne tenir qu'à un fil,* être fragile. ◆ fig. *Le fil d'Ariane,* ce qu'on peut suivre pour se guider. ♦ *FIL À PLOMB* : instrument, masse de plomb fixée à un fil, qui donne la verticale. **3** Morceau d'une matière qui s'étire en brins longs et minces. **4** Matière métallique étirée en un long brin mince. *Fil d'acier.* **5** Conducteur électrique, fil métallique entouré d'une gaine isolante. ◆ loc. fam. *Donner un COUP DE FIL,* un coup de téléphone. **6** Matière produite et filée par quelques animaux (araignée, ver à soie). ◆ loc. *Fils de la Vierge.* → **filandre** (2). **7** Fibre de certaines matières ; sens des fibres. *Le fil du bois.* **8** Filament durci de certains légumes (notamment les haricots). **II** fig. **1** Sens dans lequel un cours d'eau coule. *Au fil de l'eau.* **2** Cours, enchaînement. *Suivre le fil de ses idées.* **III** Partie coupante (d'une lame). ◆ loc. *Être sur le fil du rasoir,* dans une situation instable, dangereuse. ◆ *Passer au fil de l'épée,* tuer à l'épée.

filable adj. ▪ Qui peut être filé, transformé en fil.

fil-à-fil n. m. invar. ▪ Tissu de laine ou de coton, en fils de deux couleurs alternées.

filage n. m. ▪ Action de filer (un textile) à la main.

① **filaire** n. f. ▪ Ver long et fin (nématode), parasite de divers vertébrés. *Parasitose due à une filaire.* → **filariose, onchocercose.**

② **filaire** adj. ▪ télécomm. Dont la transmission se fait par fil (opposé à *sans fil*). *Téléphone filaire.*

filament n. m. ▪ **1** Production organique longue et fine comme un fil. **2** Fil conducteur très fin (ampoules électriques).

filamenteux, euse adj. ▪ Qui a des filaments (1). → **fibreux.**

filandière n. f. ▪ littér. Femme qui file à la main.

filandre n. f. ▪ didact. **1** Fibre coriace (des viandes, légumes). **2** Fil d'araignée qui vole dans l'air (→ fil* de la Vierge).

filandreux, euse adj. ▪ **1** (viande, légumes) Rempli de filandres. **2** fig. Confus.

filant, ante adj. ▪ **1** Qui coule en s'allongeant en une sorte de fil continu. **2** *Pouls filant,* très faible. **3** *Étoile* filante.*

filao n. m. ▪ Arbre tropical, que l'on cultive pour son bois.

filariose n. f. ▪ méd. Maladie due à la présence de filaires dans l'organisme. → **éléphantiasis.**

filasse n. f. ■ **1** Matière textile végétale non encore filée (→ **étoupe**). **2** appos. *Cheveux blond filasse,* et adj. invar. *cheveux filasse,* d'un blond fade, sans éclat.

filateur, trice n. ■ Industriel dirigeant l'exploitation d'une filature.

filature n. f. ■ **I 1** Opérations industrielles qui transforment les matières textiles en fils à tisser. **2** Usine où est fabriqué le fil. **II** Action de filer, de suivre (qqn).

fildefériste n. ■ Équilibriste qui fait des exercices sur un fil métallique.

file n. f. ■ Suite (de personnes, de choses) en rang et l'un derrière l'autre. ➛ fig. *Chef de file,* personne qui dirige. ♦ loc. adv. *EN FILE, À LA FILE :* les uns derrière les autres, l'un derrière l'autre. ♦ *En double file :* à côté d'une première file de voitures.

filé n. m. ■ **1** techn. Fil employé pour le tissage. **2** Fil de métal (or, argent) très fin, entourant un fil de soie, de lin.

filer v. 1 ■ **I** v. tr. **1** Transformer en fil (une matière textile). *Filer de la laine* (→ **filage ; filature**). ♦ *Filer du verre,* l'étirer en fil. **2** (ver à soie, araignée) Faire en sécrétant son fil. *L'araignée file sa toile.* **3** (Dérouler de façon égale et continue) mar. *Filer les amarres.* ➛ *Navire qui file trente nœuds,* qui a une vitesse de trente nœuds. ♦ mus. *Filer une note,* la tenir. ♦ littér. *Filer une métaphore,* la développer. ♦ fam. *Filer le parfait amour,* vivre un amour partagé. **4** Marcher derrière (qqn), suivre pour surveiller. **5** fam. Donner. → **refiler. II** v. intr. **1** (liquide, matière) Former des fils. **2** Se dérouler, se dévider. **3** Aller droit devant soi, très vite. *Filer ventre à terre.* **4** fam. S'en aller très vite.

① **filet** n. m. ■ **1** Ce qui ressemble à un fil fin. ➛ Saillie en hélice (d'une vis...). **2** Écoulement fin et continu. *Un filet d'eau.* ➛ fig. *Un filet de voix,* une voix très faible.

② **filet** n. m. ■ **1** Morceau de viande, partie tendre le long de l'épine dorsale (de quelques animaux). **2** Morceau de chair, de part et d'autre de l'arête (d'un poisson).

③ **filet** n. m. ■ Réseau de filet (①), de fil, fait de mailles. **1** Réseau à larges mailles servant à capturer des animaux. ➛ fig. *Coup de filet,* arrestation de malfaiteurs. **2** Réseau de mailles (pour envelopper, tenir, retenir). ♦ Réseau tendu sous des acrobates. ➛ loc. fig. *Travailler sans filet,* en prenant des risques. ♦ en sports Réseau au-dessus duquel la balle doit passer (tennis, etc.). ➛ fig. *Monter au filet,* s'engager seul, avant son groupe.

filetage n. m. ■ **1** Action de fileter. **2** Ensemble des filets (d'une vis, etc.).

fileté n. m. ■ Tissu dont un fil de chaîne est plus gros et forme de fines rayures en relief.

fileter v. tr. 5 ■ Pratiquer un filet, des filets (①) dans. → **tarauder.** ➛ au p. p. *Tige filetée.*

fileur, euse ■ **I** n. Personne qui file (du textile). **II** adj. (animal) Qui sécrète un fil.

fileyeur n. m. ■ pêche Bateau équipé pour la pêche au filet.

filial, ale, aux adj. ■ Qui émane d'un enfant à l'égard de ses parents. ► **filialement** adv. littér.

filiale n. f. ■ Société jouissant d'une personnalité juridique mais dirigée ou contrôlée par la société mère.

filialiser v. tr. 1 ■ écon. Transformer (une entreprise) en filiale. ➛ Découper (une entreprise) en filiales. ► **filialisation** n. f.

filiation n. f. ■ **1** Lien de parenté unissant l'enfant à son père, à sa mère. **2** fig. Succession, enchaînement.

filière n. f. ■ **1** mar. Filin servant de garde-corps. **2** Instrument, outil destiné à produire des fils, à pratiquer des filets (①). **3** Succession d'étapes avant un résultat.

filiforme adj. ■ Mince, fin comme un fil.

filigrane n. m. ■ **1** Ouvrage de fils de métal (or...). **2** Dessin qui se voit par transparence dans l'épaisseur d'un papier. ➛ loc. *EN FILIGRANE :* d'une manière implicite.

filigrané, ée adj. ■ **1** Façonné en filigrane (1). **2** Qui présente un filigrane (2).

filigraner v. tr. 1 ■ Façonner en filigrane (1).

filin n. m. ■ mar. Cordage.

fille n. f. ■ **I 1** (opposé à *fils*) *LA FILLE DE* qqn, *SA FILLE :* personne du sexe féminin, par rapport à ses parents. **2** littér. Descendante. *Une fille de rois.* ➛ plais. *Fille d'Ève :* femme. **II 1** (opposé à *garçon*) Enfant du sexe féminin. **2** (dans des loc.) *PETITE FILLE :* enfant du sexe féminin jusqu'à l'âge nubile. ➛ *JEUNE FILLE :* fille nubile ou femme jeune non mariée. **3** Jeune fille ; jeune femme. *Une jolie fille.* **4** vieilli Femme non mariée. *Elle est restée fille.* ➛ *FILLE-MÈRE :* mère célibataire. ➛ péj. *VIEILLE FILLE :* femme qui a atteint l'âge mûr sans se marier. **5** Prostituée. ➛ loc. *Fille de joie* (même sens). **6** Nom donné à certaines religieuses.

① **fillette** n. f. ■ Petite fille. ➛ Jeune fille.

② **fillette** n. f. ■ Petite bouteille de vin.

filleul, eule n. ■ Personne qui a été tenue sur les fonts baptismaux, par rapport à ses parrain et marraine.

film [film] n. m. ■ **I 1** Pellicule photographique. ➛ Pellicule cinématographique. **2** Œuvre cinématographique enregistrée sur film (→ **cinéma**). **II** anglic., techn. Couche très mince (d'une matière).

filmage n. m. ■ Action de filmer.

filmer v. tr. [1] ■ **I** Enregistrer (des vues) sur un film cinématographique ; par ext. sur un support magnétique. → **tourner.** ◆ absolt *Filmer en studio.* ◆ au p. p. *Théâtre filmé.* **II** Couvrir d'un film (II).

filmique adj. ■ didact. Relatif aux films de cinéma.

filmographie n. f. ■ didact. Liste des films (d'un auteur, d'un acteur, d'un genre...). ► **filmographique** adj.

filmologie n. f. ■ Étude du cinéma, en tant que phénomène esthétique, social, etc. ► **filmologique** adj.

filmothèque n. f. ■ Collection de microfilms constituée en dépôt d'archives.

filo n. m. ■ *Pâte filo* ou *filo* : pâte très fine utilisée dans la cuisine orientale pour des préparations feuilletées. – var. **phyllo.**

filocher v. intr. [1] ■ fam. Aller vite, filer*.

filon n. m. ■ **1** Masse allongée (de minéraux solides, dans le sol). → **veine. 2** fig. → **mine.** *Ce sujet est un filon.*

filoselle n. f. ■ anciennt Bourre de soie mélangée à du coton et utilisée en bonneterie. *Gants de filoselle.*

filou n. m. ■ Escroc, voleur.

filouter v. tr. [1] ■ vieilli Voler adroitement (qqch. ; qqn). ► **filoutage** n. m. et **filouterie** n. f.

fils [fis] n. m. ■ **I 1** (opposé à *fille*) Personne du sexe masculin, par rapport à ses parents. ◆ loc. péj. *Fils à papa**. **2** relig. chrét. *Fils de Dieu, Fils de l'homme* : Jésus-Christ. **3** Descendant du sexe masculin. **4** fig. *Fils spirituel.* → **disciple. II** Enfant du sexe masculin. → **garçon.**

filtrable adj. ■ Qui peut être filtré.

filtrage n. m. ■ Action de filtrer.

filtrant, ante adj. ■ **1** Qui sert à filtrer. **2** Qui passe faiblement à travers (un obstacle, etc.). *Lumière filtrante.*

filtrat n. m. ■ didact. Liquide filtré.

filtration n. f. ■ didact. **1** Action de filtrer (I). → **filtrage.** *Filtration sous vide.* **2** Passage à travers un filtre, un corps poreux.

filtre n. m. ■ **1** Dispositif (tissu ou réseau, passoire) à travers lequel on fait passer un liquide pour le débarrasser des particules solides qui s'y trouvent. ◆ *Café-filtre,* préparé au moyen d'un filtre. **2** Appareil servant à débarrasser un fluide ou un aérosol de ses impuretés. **3** sc. Dispositif modifiant certaines oscillations. **4** Bout poreux (d'une cigarette). ◆ appos. *Bout filtre.*

filtrer v. [1] ■ **I** v. tr. **1** Faire passer à travers un filtre. **2** fig. *Filtrer la lumière.* → **tamiser. 3** Soumettre à un contrôle, un tri. *Censure qui filtre les nouvelles.* **II** v. intr. **1** S'écouler lentement. **2** (lumière) Passer faiblement.

① **fin** n. f. ■ **I** (Point d'arrêt, arrêt) **1** Moment, instant auquel s'arrête (un phénomène, une période, une action). → **limite, terme.** ◆ loc. adv. *À LA FIN.* → en **définitive, enfin, finalement. 2** Point auquel s'arrête qqch. dont on fait usage. *Arriver à la fin d'un livre.* **3** Derniers éléments (d'une durée), dernière partie (d'une action, d'un ouvrage). *La fin du film.* → **dénouement, épilogue. 4** Disparition (d'un être, d'un phénomène, d'un sentiment). ◆ *METTRE FIN À* : faire cesser. → **terminer.** *Mettre fin à ses jours,* se suicider. ◆ *PRENDRE FIN* : cesser. **5** Cessation par achèvement. → **aboutissement.** *Mener À BONNE FIN un travail.* **II** (But, terme) **1** souvent au plur. Chose qu'on veut réaliser. → **but, objectif.** *En venir à ses fins.* → **réussir.** ◆ philos. *FIN EN SOI,* objective et absolue ; cour. résultat cherché pour lui-même. ◆ loc. *À CETTE FIN,* pour arriver à ce but (→ **afin de**). *À toutes fins utiles* : pour servir le cas échéant. **2** Terme auquel tend un être ou une chose (par instinct, par nature). → **tendance ; finalité. 3** dr. But juridiquement poursuivi. ◆ loc. cour. *Fin de non-recevoir* : refus.

② **fin, fine** adj. ■ **I 1** (dans des loc.) Extrême ; qui est au bout. *Le fin fond de la forêt.* ◆ *Le fin mot de l'histoire,* le dernier mot, celui qui donne la clé. **2** adv. Tout à fait. *Elle est fin prête.* **II 1** Qui est d'une très grande pureté. *Pierres fines.* → **précieux. 2** Qui est de la meilleure qualité. *Vins fins.* ◆ *Eau-de-vie fine* et n. f. *fine* : eau-de-vie naturelle de qualité supérieure. ◆ (n. m.) loc. *Le fin du fin,* ce qu'il y a de mieux dans le genre. **3** D'une grande acuité. → **sensible.** *Avoir l'oreille fine.* **4** Qui marque de la subtilité. *Une remarque fine et spirituelle.* **5** (personnes) Qui excelle dans une activité réclamant du discernement. *Fin limier.* ◆ *Un fin gourmet.* **6** Qui a une habileté proche de la ruse. → **astucieux, malin, rusé.** ◆ *Une fine manœuvre.* **III 1** Dont les éléments sont très petits. *Sel fin* (opposé à *gros sel*). ◆ *Une pluie fine.* **2** Délié, mince. *Taille fine.* **3** Qui est très mince ou aigu (par oppos. à *épais*). **4** Difficile à percevoir. *Une fine nuance.* → **ténu.**

final, ale, als ou (rare) **aux** adj. ■ **1** Qui est à la fin, qui sert de fin (contr. *initial*). ◆ hist. *La solution* finale.* ◆ loc. adv. fam. *AU FINAL* : finalement. **2** philos. Qui marque une fin (II), un but. **3** gramm. *Proposition finale* et n. f. *finale* : subordonnée de but.

① **finale** n. f. ■ **1** Son ou syllabe qui termine (un mot...). **2** Dernière épreuve (d'une coupe...) qui désigne le vainqueur.

② **finale** n. m. ■ Dernière partie (d'un opéra, d'une symphonie...). → **coda.**

finalement adv. ■ À la fin ; en définitive.

finaliser v. tr. [1] ▪ **1** didact. Donner une fin, un but à. **2** anglic. Mettre au point de manière détaillée (un projet...). ► **finalisation** n. f.

finalisme n. m. ▪ didact. Doctrine philosophique qui croit à la finalité comme explication de l'Univers.

finaliste n. ▪ Concurrent(e), équipe qualifié(e) pour une finale.

finalité n. f. ▪ Fait de tendre à un but.

finance n. f. ▪ **1** vx Ressources pécuniaires. ◆ mod. loc. *Moyennant finance* : contre de l'argent. ◆ fam. au plur. *Ses finances vont mal.* **2** au plur. Activité de l'État dans le domaine de l'argent. → **budget, fisc, Trésor.** ◆ *Loi de finances,* fixant le budget de l'État. **3** Grandes affaires d'argent ; activité bancaire, boursière. *Être dans la finance.*

financement n. m. ▪ Action de financer.

financer v. tr. [3] ▪ Soutenir financièrement, procurer des capitaux à (une entreprise).

financier, ière ▪ **I 1** n. m. hist. (Ancien Régime) Celui qui s'occupait des finances publiques. **2** n. Personne qui fait de la finance (3). **II** adj. **1** Relatif à l'argent. **2** Relatif aux finances publiques. **3** Relatif à la finance (3).

financièrement adv. ▪ En matière de finances ; au point de vue financier.

finasser v. intr. [1] ▪ Agir avec une finesse excessive. ► **finasserie** n. f.

finasseur, euse n. ▪ → **finassier.**

finassier, ière n. ▪ vieilli Personne qui finasse. → **finasseur.**

finaud, aude adj. et n. ▪ Qui cache de la finesse sous un air simple. → **matois.**

finauderie n. f. ▪ Caractère ou façon d'agir d'une personne finaude.

fine n. f. → ② **fin** (II, 2)

fine de claire n. f. → **claire**

finement adv. ▪ **1** Avec finesse, subtilité. **2** Avec habileté. **3** D'une manière fine, délicate. *Objet finement ouvragé.*

fines n. f. pl. ▪ techn. Granulat constitué d'éléments de très petites dimensions, utilisé pour augmenter la compacité du béton, d'un sol, etc.

finesse n. f. ▪ **1** Qualité de ce qui est délicat, bien exécuté. **2** (sens) Grande acuité. *Finesse de l'ouïe.* **3** Aptitude à discerner des choses subtiles. → **pénétration. 4** Adresse, habileté. **5** Extrême délicatesse (de matière...). **6** surtout au plur. Plan, action marquant la ruse. ♦ Chose difficile à saisir. → **subtilité.**

finette n. f. ▪ Étoffe de coton pelucheux.

finir v. [2] ▪ **I** v. tr. (Mener à sa fin (I)) **1** Conduire (une occupation) à son terme en faisant ce qui reste à faire. → **achever, terminer ; parachever. 2** Mener (une période) à son terme. *Finir ses jours à la campagne.* **3** Mener (une quantité) à épuisement. *Finir son verre.* **4** Mettre un terme à. → **arrêter, cesser,** mettre **fin** à. ♦ FINIR DE (+ inf.) : cesser de. **II** v. intr. (Arriver à sa fin (I)) **1** Arriver à son terme dans le temps. → s'**achever,** se **terminer ; cesser. 2** Avoir telle fin. *Un film qui finit bien.* ◆ *Ce garçon finira mal.* **3** Arriver à son terme dans l'espace. *Le sentier finit là.* → s'**arrêter. 4** FINIR PAR (+ inf.) : arriver à (tel résultat). *Tout finit par s'arranger.* **III** EN FINIR **1** (personnes) Mettre fin à une chose longue, désagréable. ◆ *En finir avec qqch.* → **régler.** *En finir avec qqn,* se débarrasser de lui. **2** avec une négation Arriver à son terme. *Cela n'en finit plus.* ▷ adj. **fini, ie 1** Qui a été mené à son terme. **2** Dont la finition est bonne. ◆ n. m. *Le fini,* la qualité de ce qui est soigné. ♦ péj. Achevé, parfait en son genre. *Un menteur fini.* **3** Qui est arrivé à son terme. → **révolu. 4** Qui a des limites. ◆ n. m. *Le fini et l'infini.*

finish n. m. ▪ anglic., sports Aptitude à finir (dans une course...). *Gagner au finish.*

finissage n. m. ▪ Action de finir (une fabrication, une pièce). → **finition.**

finissant, ante adj. ▪ En train de finir.

finisseur, euse n. ▪ **1** Personne chargée des travaux de finissage, de finition. **2** Sportif qui finit bien une épreuve.

finition n. f. ▪ **1** Opération ou ensemble d'opérations (finissage, etc.) qui termine la fabrication d'un objet, d'un produit. **2** Caractère de ce qui est plus ou moins bien fini. **3** au plur. Les derniers travaux.

finitude n. f. ▪ didact. Fait d'être fini, borné.

finlandais, aise adj. ▪ De Finlande. *Le mark finlandais, monnaie remplacée par l'euro.* ◆ n. *Les Finlandais.* → **finnois.**

finnois, oise adj. ▪ Du peuple de langue non indo-européenne (→ **finno-ougrien**) qui vit en Finlande. ◆ n. m. *Le finnois,* cette langue.

finno-ougrien, ienne adj. ▪ didact. Se dit d'un groupe de langues comprenant le finnois, le lapon, l'estonien, le hongrois et des langues de Sibérie.

fiole n. f. ▪ **1** Petite bouteille de verre à col étroit. **2** fig., fam. Tête.

① **fion** n. m. ▪ fam. **1** Bonne tournure, cachet final. ◆ loc. *Donner le coup de fion,* la dernière main. **2** région. Remarque blessante.

② **fion** n. m. ▪ fam. Derrière, anus. → **cul.**

fiord → **fjord**

fioriture n. f. ▪ **1** mus. Ornement ajouté à la phrase. **2** Ornement complexe.

fiotte ou **fiote** n. f. ▪ vulg. **1** Homosexuel. **2** Homme lâche.

fioul → **fuel**

firmament n. m. ▪ poét. Voûte céleste.

firman n. m. ▪ hist. Édit, ordre ou permis émanant d'un souverain musulman.

firme n. f. ▪ Entreprise industrielle ou commerciale.

fisc n. m. ▪ Administrations qui s'occupent des impôts. → **contribution(s).**

fiscal, ale, aux adj. ▪ Qui se rapporte au fisc, à l'impôt. ► **fiscalement** adv.

fiscaliser v. tr. 1 ▪ **1** Soumettre à l'impôt. **2** Financer par l'impôt. ► **fiscalisation** n. f.

fiscaliste n. ▪ Spécialiste du droit fiscal.

fiscalité n. f. ▪ Système fiscal.

fish-eye [fiʃaj] n. m. ▪ anglic. Objectif photographique couvrant un angle d'au moins 180°. → **grand-angle.** *Des fish-eyes.*

fissa adv. ▪ argot Vite. *Faire fissa.*

fissible adj. ▪ phys., vieilli → **fissile** (2).

fissile adj. ▪ sc. **1** Qui tend à se fendre. **2** Susceptible de subir la fission.

fission n. f. ▪ phys. Rupture d'un noyau atomique.

fissuration n. f. ▪ techn. Fait de se fissurer, de présenter des petites fentes.

fissure n. f. ▪ Fente fine. → **fêlure, lézarde.**

fissurer v. tr. 1 ▪ Diviser par fissures. ▷ v. pron. **se fissurer**

fiston n. m. ▪ fam. Fils.

fistule n. f. ▪ Canal qui se forme pour donner passage à un liquide physiologique ou pathologique. ► **fistuleux, euse** adj.

fistuline n. f. ▪ Champignon comestible rouge à chapeau épais, appelé couramment *foie-de-bœuf* ou *langue-de-bœuf.*

fitness [fitnɛs] n. m. ▪ anglic. Exercices destinés à restaurer ou entretenir une bonne forme physique.

F. I. V. [fiv ; ɛfive] n. f. (sigle) ▪ Fécondation in vitro, où l'ovule prélevé est fécondé en laboratoire.

fivète n. f. ▪ Méthode de procréation assistée consistant à prélever des ovocytes et à replacer l'œuf dans l'utérus après fécondation in vitro.

fixateur, trice ▪ **I** adj. Qui fixe. **II** n. m. **1** Vaporisateur projetant un fixatif. **2** Substance qui fixe une image photographique, une préparation de cellules, etc.

fixatif n. m. ▪ peint. Vernis fixateur.

fixation n. f. ▪ **1** Action de fixer. **2** Attache. *Fixations de sécurité.* **3** psych. Attachement intense à qqn, qqch.

① **fixe** adj. ▪ **I 1** Qui ne bouge pas, ne change pas de position. → **immobile.** ♦ *Avoir le regard fixe.* **2** interj. *FIXE !* : commandement militaire prescrivant de se tenir immobile. → **garde-à-vous. II 1** Qui ne change pas, reste en l'état. → **immuable, permanent. 2** Réglé d'une façon précise et définitive. *Menu à prix fixe.* **3** loc. *IDÉE FIXE* : idée dominante, dont l'esprit ne peut se détacher. → **obsession. 4** → **assuré, régulier.** *Revenu fixe.* ➝ n. m. *Fixe mensuel.*

② **fixe** n. m. ▪ anglic., argot de la drogue Injection d'un stupéfiant.

fixement adv. ▪ D'un regard fixe.

fixer v. tr. 1 ▪ **I 1** Établir de façon durable à une place déterminée. → **attacher, maintenir.** ♦ pronom. (personnes) S'installer durablement. **2** *Fixer* (qqn) *du regard,* le regarder avec insistance. **3** abstrait *Fixer son attention sur qqch.* **II 1** Rendre stable et immobile (ce qui évolue, change). **2** Faire qu'une personne ne soit plus dans l'indécision ou l'incertitude. ➝ au p. p. *Je ne suis pas encore fixé.* → **décidé. III** Régler d'une façon déterminée, définitive. *Fixer une règle ; un rendez-vous.* ➝ au p. p. *Au jour fixé,* convenu.

fixette n. f. ▪ fam. **1** Fixation (3) sur qqch., qqn. **2** Injection d'une drogue.

fixeur, euse n. ▪ Personne qui sert d'intermédiaire à un journaliste dans une zone peu sûre.

fixie n. m. ▪ anglic. Bicyclette au pignon solidaire de la roue arrière. - recomm. off. *vélo à pignon fixe.*

fixisme n. m. ▪ hist. des sc. Doctrine de la fixité des espèces (opposé à *évolutionnisme*). ► **fixiste** adj.

fixité n. f. ▪ **1** État de ce qui est fixe. **2** didact. Caractère de ce qui est stable, fixé.

fjeld [fjɛld] n. m. ▪ géogr. Plateau rocheux usé par un glacier continental. - var. **field.**

fjord ou **fiord** [fjɔʀ(d)] n. m. ▪ Golfe (ancienne vallée glaciaire) s'enfonçant profondément dans l'intérieur des terres (Scandinavie, Écosse).

flac interj. ▪ Onomatopée, bruit de chute.

flaccidité [-ksi-] n. f. ▪ didact. État de ce qui est flasque.

flacon n. m. ▪ Petit récipient de verre, fermé par un bouchon.

flaconnage n. m. ▪ **1** Fabrication des flacons. **2** Série de flacons.

fla-fla n. m. ▪ fam. Recherche de l'effet. → **chichi, manière(s).** - var. **flafla.**

flag [flag] n. m. ▪ fam. Flagrant délit. *Se faire prendre en flag.*

flagada adj. ▪ fam. Sans force, fatigué.

flagellaire adj. ▪ biol. Relatif au flagelle.

flagellant n. m. ▪ Membre d'une secte religieuse (XIIIe-XIVe s.), qui se flagellait en public.

flagellateur, trice n. et adj. ▪ Personne qui flagelle. ♦ adj. Qui recourt à la flagellation.

flagellation n. f. ▪ Action de flageller ; supplice du fouet.

flagelle n. m. ▪ biol. Filament mobile, organe locomoteur de certains protozoaires, du spermatozoïde.

flagellé, ée adj. ▪ biol. Muni d'un flagelle.

flageller v. tr. 1 ▪ Battre de coups de fouet. → **fouetter.**

flageoler v. intr. 1 ▪ (jambes) Trembler de faiblesse, de fatigue, de peur. ➛ *Flageoler sur ses jambes.* → **chanceler.** ► **flageolant, ante** adj.

① **flageolet** n. m. ▪ Flûte à bec, généralement percée de six trous.

② **flageolet** n. m. ▪ Variété de haricot nain très estimé, qui se mange en grains.

flagorner v. tr. 1 ▪ littér. Flatter bassement. ► **flagorneur, euse** n. et adj.

flagornerie n. f. ▪ Flatterie servile.

flagrance n. f. ▪ dr. État de ce qui est flagrant.

flagrant, ante adj. ▪ **1** Qui est commis sous les yeux de la personne qui le constate. loc. *Flagrant délit**. **2** Qui paraît évident.

flair n. m. ▪ **1** Faculté de discerner par l'odeur. → **odorat. 2** fig. Aptitude à deviner. → **intuition, perspicacité.**

flairer v. tr. 1 ▪ **1** (animaux) Discerner ou chercher par l'odeur. ♦ (personnes) Sentir avec insistance. **2** fig. Discerner (qqch.) par intuition. → **deviner, pressentir.**

flamand, ande ▪ **1** adj. et n. De la Flandre. **2** n. m. Ensemble des parlers néerlandais de Belgique **(→ flamingant).**

flamant n. m. ▪ Oiseau échassier au plumage généralement rose *(flamant rose).*

flambage n. m. ▪ Action de flamber (qqch.).

flambant, ante adj. ▪ **1** Qui flambe. **2** fam. Superbe. ➛ loc. FLAMBANT NEUF : tout neuf.

flambard n. m. ▪ fam. et vieilli *Faire le flambard,* le fanfaron.

flambe n. f. ▪ techn. Épée à lame ondulée.

flambé, ée adj. ▪ **1** Passé à la flamme. **2** Arrosé d'alcool auquel on met le feu.

flambeau n. m. ▪ **1** Mèche enduite de cire, de résine pour éclairer. → **torche. 2** fig. Ce qui éclaire (intellectuellement...). *Le flambeau de la liberté.* **3** Candélabre.

flambée n. f. ▪ **1** Feu vif et assez bref. **2** fig. Explosion (d'un sentiment violent, d'une action). ♦ Brusque hausse (des prix).

flamber v. 1 ▪ **I** v. intr. **1** Brûler avec flammes et production de lumière. **2** Produire une vive lumière, de l'éclat. **3** *Prix qui flambent,* qui augmentent très rapidement. **II** v. tr. **1** Passer à la flamme. *Flamber une aiguille* (pour la stériliser). **2** Arroser (un mets) d'alcool que l'on brûle. **3** fig. Dépenser de manière immodérée. ➛ intrans. fam. Jouer gros jeu (► **flambeur, euse** n.).

flamberge n. f. ▪ vx Longue épée à lame fine. ➛ loc. *Mettre flamberge au vent :* s'apprêter à se battre.

flamboiement n. m. ▪ Éclat de ce qui flamboie.

flamboyant, ante ▪ **I** adj. **1** Qui flamboie. **2** GOTHIQUE FLAMBOYANT (XVe siècle), aux ornements ondulés. **II** n. m. Arbre des régions tropicales, à fleurs rouge vif.

flamboyer v. intr. 8 ▪ **1** Jeter par intervalles des flammes ou des reflets éclatants de lumière. **2** Briller, étinceler.

flamenco [-mɛn-] n. m. ▪ Genre musical traditionnel andalou, caractérisé par son expressivité, qui associe le chant et la danse.

flamiche n. f. ▪ région. (Nord) Tourte aux poireaux.

flamine n. m. ▪ Antiq. romaine Prêtre attaché au service d'une divinité.

flamingant, ante adj. ▪ **1** Qui parle flamand ; où l'on parle flamand. **2** adj. et n. Partisan de la limitation de l'influence française en Flandre belge.

flamme n. f. ▪ **I 1** Production lumineuse et mobile de gaz en combustion **(→ flamber ; flamboyer).** ➛ *En flammes,* qui brûle par incendie. **2** Éclat (du regard...). **3** Animation, passion. *Parler avec flamme.* **4** littér. Passion amoureuse. **II 1** Pavillon long et étroit. → **oriflamme. 2** Marque postale allongée.

flammé, ée adj. ▪ Qui présente des taches en forme de flamme, des tons variés.

flammèche n. f. ▪ Parcelle enflammée qui se détache d'un brasier, d'un foyer.

flammekueche [flamәkyʃә] n. f. ▪ région. (Alsace) Préparation de pâte fine cuite au four, garnie de lardons, d'oignons, de crème, appelée aussi *tarte flambée.* – var. **flammeküche.**

flan n. m. ▪ **I 1** Crème à base de lait, d'œufs, de farine cuite au four. **2** techn. Disque destiné à recevoir une empreinte. **II** loc. fam. **1** *En rester comme deux ronds de flan :* être stupéfait. **2** *C'est du flan,* de la blague. ➛ *Au flan :* au hasard, sans réfléchir.

flânage n. m. ▪ (Canada) **1** Fait de rôder, de traîner dans un lieu public. **2** Flânerie.

flanc [flɑ̃] n. m. ▪ **1** Partie latérale du corps (de l'homme et de certains animaux). ➛ loc. fam. *Tirer au flanc :* paresser (→ **tire-au-flanc**). **2** littér. Côtés du torse, symbole de la vie. → **entrailles, sein. 3** littér. (choses) Partie latérale. ➛ *À FLANC DE :* sur le flanc de. **4** Côté droit ou gauche (d'une armée) (opposé à *front*). → **aile.** ♦ loc. fig. *PRÊTER LE FLANC :* donner prise (à). → s'**exposer.** *Prêter le flanc à la critique.*

flancher v. intr. ① ▪ fam. Céder, faiblir.

flanchet n. m. ▪ Morceau de bœuf, de veau, entre la poitrine et la tranche grasse.

flandricisme n. m. ▪ Emprunt au flamand, dans le français en usage en Belgique et dans le nord de la France.

flandrin, ine ▪ **1** adj. et n. De la Flandre. **2** n. m. Homme grand, d'allure gauche.

flanelle n. f. ▪ Tissu de laine pelucheux.

flâner v. intr. ① ▪ **1** Se promener sans hâte, en s'abandonnant à l'impression du moment. **2** S'attarder, être dans l'inaction.

flânerie n. f. ▪ Action, habitude de flâner.

flâneur, euse n. ▪ Personne qui flâne, ou qui aime flâner. ➛ adj. *Il est un peu flâneur.*

① **flanquer** v. tr. ① ▪ **1** Être sur le côté, sur le flanc de (une construction...). ➛ au p. p. *Château flanqué de tours.* **2** (surtout p. p.) Accompagner ; escorter.

② **flanquer** v. tr. ① ▪ fam. **1** Lancer, jeter brutalement ou brusquement. *Flanquer qqn à la porte.* → **renvoyer. 2** Provoquer brutalement. → **donner.** *Il m'a flanqué la frousse.*

flapi, ie adj. ▪ fam. Épuisé, éreinté.

flaque n. f. ▪ Petite nappe de liquide.

flash n. m. ▪ anglic. **1** Lampe à émission de lumière brève et intense, pour prendre des instantanés. ♦ Éclair produit par cet appareil. ➛ fig. Idée, réminiscence soudaine. **2** Séquence de courte durée. *Flash publicitaire.* **3** Courte nouvelle (presse). **4** fam. Vif plaisir (par la drogue...).

flash-back n. m. invar. ▪ anglic. Retour en arrière, dans un film, un récit.

flash-ball [-bol] n. m. ▪ anglic. Arme à feu défensive, utilisant des balles de caoutchouc durci. *Des flash-balls.*

flashcode n. m. (marque déposée) ▪ Pictogramme représentant un code-barre en deux dimensions, permettant d'accéder à un contenu multimédia avec un smartphone.

flasher v. ① ▪ anglic. **I** v. intr. **1** Produire un éclair (flash). **2** fam. Avoir un flash (4). **3** fam. *Flasher sur* (qqn, qqch.), être très intéressé, séduit... **II** v. tr. **1** Photographier au flash. **2** techn. Produire (une page...) en photocomposition. **3** Enregistrer l'image de (un véhicule) au moyen d'un appareil (radar...).

flasheuse n. f. ▪ techn. Photocomposeuse à laser.

flashy adj. invar. ▪ anglic. Se dit d'une couleur très vive, criarde.

① **flasque** adj. ▪ Qui manque de fermeté.

② **flasque** n. f. ▪ Petite bouteille plate.

flatter v. tr. ① ▪ **I 1** Louer excessivement ou faussement (qqn), pour séduire. → **encenser, flagorner. 2** littér. *Flatter qqn de qqch.*, le lui laisser faussement espérer. **3** Caresser avec la main. *Flatter un chien.* **II** (sujet chose) **1** Faire concevoir de la fierté à. *Cet honneur me flatte.* **2** Faire paraître plus beau que la réalité. → **avantager.** *Ce portrait la flatte.* **III** (compl. chose) **1** Favoriser avec complaisance. *Flatter les vices de qqn.* **2** Affecter agréablement (les sens). *Ce vin flatte le palais.* ▷ v. pron. **se flatter** (de) **1** (+ inf.) Se croire assuré de. **2** (+ n. ou inf.) Tirer orgueil, vanité de. → se **targuer** de.

flatterie n. f. ▪ Action, fait de flatter.

flatteur, euse ▪ **I** n. Personne qui flatte. **II** adj. **1** Qui loue avec exagération ou de façon intéressée. **2** Qui flatte l'amour-propre (→ **élogieux**). **3** Qui flatte (II, 2), embellit. ► **flatteusement** adv.

flatulence n. f. ▪ Accumulation de gaz dans les intestins (se traduisant par un ballonnement intestinal, des flatuosités).

flatulent, ente adj. ▪ Qui s'accompagne de flatulence. ➛ Sujet à la flatulence.

flatuosité n. f. ▪ Gaz accumulé dans les intestins ou expulsé. → **vent ; pet.**

flavescent, ente adj. ▪ littér. Qui tire sur le jaune, le blond.

flaveur n. f. ▪ didact. ou littér. Sensation provoquée conjointement par le goût et l'odeur (d'un aliment).

① **fléau** n. m. ▪ **1** Instrument à battre les céréales, composé de deux bâtons liés bout à bout. **2** ancienn *Fléau d'armes :* arme formée d'une boule cloutée reliée à un manche par une chaîne. **3** Pièce rigide (d'une balance), mobile verticalement.

② **fléau** n. m. ▪ **1** Calamité qui s'abat sur un peuple. **2** Personne, chose nuisible.

flèche n. f. ▪ **I 1** Arme de jet consistant en une tige munie d'une pointe à une extrémité et d'un empennage à l'autre. ➛ loc. *Faire flèche de tout bois :* utiliser tous les moyens disponibles. **2** littér. Trait d'esprit, raillerie. → **pique. 3** loc. *La flèche du Parthe :* trait piquant qui conclut une conversation. **II 1** Signe figurant une flèche, servant à indiquer une direction. **2** Toit pyramidal ou conique d'un clocher, d'une tour. **3** Ce qui avance en pointe. ➛ loc. *Se trouver EN FLÈCHE,* à l'avant-garde.

fléché, ée adj. ▪ **1** Qui porte une flèche ou une pointe de flèche. *Une croix fléchée.* **2** Qui est indiqué par des flèches. *Un parcours fléché.*

flécher v. tr. 6 ▪ Indiquer par des flèches (II, 1). ► **fléchage** n. m.

fléchette n. f. ▪ Petite flèche.

fléchi, ie adj. ▪ ling. Qui a subi une flexion. *Les formes fléchies d'un verbe.*

fléchir v. 2 ▪ **I** v. tr. **1** Faire plier progressivement sous un effort, une pression. → **courber, ployer.** ◆ *Fléchir le genou* : s'agenouiller. **2** fig. Faire céder peu à peu (qqn). **II** v. intr. **1** Plier, se courber peu à peu sous un effort, une pression. **2** fig. Céder ; perdre de sa force.

fléchissement n. m. ▪ **1** Action de fléchir ; état d'un corps qui fléchit. → **flexion.** **2** fig. Fait de céder, de faiblir.

fléchisseur adj. et n. m. ▪ *Muscle fléchisseur,* qui accomplit une flexion (opposé à *extenseur*).

flegmatique adj. ▪ Calme, peu émotif. ► **flegmatiquement** adv.

flegme n. m. ▪ Caractère, comportement calme, non émotif. → **impassibilité, sang-froid.**

flegmon → **phlegmon**

flein n. m. ▪ techn. Petite corbeille servant au conditionnement des fruits ou légumes fragiles.

flemmard, arde adj. et n. ▪ fam. Paresseux.

flemmarder v. intr. 1 ▪ fam. Avoir la flemme ; ne rien faire.

flemmardise n. f. ▪ fam. Comportement, conduite de flemmard. → **flemme.**

flemme n. f. ▪ fam. Grande paresse. *Tirer sa flemme* : paresser.

fléole n. f. ▪ Plante (graminée) herbacée, fourragère. *La fléole des prés.* - var. **phléole.**

flet n. m. ▪ Poisson plat comestible vivant dans les estuaires.

flétan n. m. ▪ Grand poisson plat des mers froides, à chair blanche et délicate.

① **flétrir** v. tr. 2 ▪ **1** Faire perdre sa forme, son port et ses couleurs à (une plante), en privant d'eau. → **faner, sécher.** **2** littér. Dépouiller de son éclat, de sa fraîcheur. → **altérer.** **3** littér. Faire perdre la pureté, l'innocence à. → **avilir, souiller.**

② **flétrir** v. tr. 2 ▪ **1** anciennt Marquer (un criminel) au fer rouge. → **stigmatiser.** **2** littér. Vouer à l'opprobre ; déshonorer.

flétrissement n. m. ▪ Fait de se flétrir.

① **flétrissure** n. f. ▪ **1** État d'une plante flétrie. **2** Altération de l'éclat (du teint...).

② **flétrissure** n. f. ▪ **1** anciennt Marque au fer rouge. **2** littér. Atteinte à l'honneur.

fleur n. f. ▪ **I 1** Production délicate, souvent odorante, des plantes à graines, qui porte les organes reproducteurs (→ **flor(i)-**). ◆ *Des arbres en fleur(s).* ♦ par métaphore «*Les Fleurs du mal*» (poèmes de Baudelaire). **2** Plante qui porte des fleurs (belles, grandes). *Pot de fleurs.* **3** Reproduction, imitation de cette partie du végétal. ◆ *Fleur de lis*.* **4** loc. *Couvrir qqn de fleurs,* de louanges. ♦ loc. adj. invar. *FLEUR BLEUE* : d'une sentimentalité romanesque. ♦ fam. *Comme une fleur* : très facilement. ◆ *Faire une fleur à qqn,* une faveur. **5** *À la, dans la fleur de* : au moment le plus beau de. **6** fam., plais. Virginité. *Elle a perdu sa fleur.* **7** Ce qu'il y a de meilleur. → **crème, élite.** **8** par métaphore Ornement poétique. *Fleurs de rhétorique.* **II** *Fleurs de vin, de vinaigre,* moisissures qui s'y développent. **III 1** loc. prép. *À FLEUR DE* : presque au niveau de, et sur le même plan (→ **affleurer, effleurer**). ◆ *Sensibilité à fleur de peau,* qui réagit à la plus petite excitation. **2** Côté du poil (d'une peau tannée).

fleurdelisé, ée adj. ▪ Orné, décoré de fleurs de lys. ◆ n. m. (Canada) Drapeau du Québec (orné de fleurs de lys).

fleurer v. tr. 1 ▪ littér. Répandre une odeur agréable de. → **embaumer.**

fleuret n. m. ▪ **1** Épée à lame de section carrée, pour s'exercer. **2** Sport du fleuret.

fleurette n. f. ▪ **I 1** Petite fleur. **2** loc. *Conter fleurette à une femme,* la courtiser. **II** appos. *Crème fleurette* : crème très fluide.

fleurettiste n. ▪ Escrimeur, escrimeuse qui pratique le fleuret.

fleuri, ie adj. ▪ **1** En fleur, couvert de fleurs. **2** Garni de fleurs. **3** Orné de fleurs. **4** Qui présente des moisissures (fromage...). **5** Qui a la fraîcheur de la santé. *Un teint fleuri.* **6** plais. Qui a des boutons. *Un nez fleuri.* **7** Très orné, précieux. *Un style fleuri.*

fleurir v. 2 ▪ **I** v. intr. **1** (plantes) Produire des fleurs, être en fleur. **2** plais. (visage...) Se couvrir de boutons. → **bourgeonner.** **3** fig. S'épanouir ; être dans tout son éclat (imparfait *fleurissait* ou littér. *florissait*). → **florissant.** **II** v. tr. Orner de fleurs.

fleurissement n. m. ▪ **1** littér. Floraison. **2** Ornementation florale.

fleuriste n. ▪ Personne qui vend des fleurs.

fleuron n. m. ▪ Ornement en forme de fleur. ◆ fig. *Le plus beau fleuron de* (une collection) : l'élément le plus précieux.

fleuronné, ée adj. ▪ Orné de fleurons. *Une croix fleuronnée.*

fleuve n. m. ▪ **1** Cours d'eau important (remarquable par le nombre de ses affluents, la longueur de son cours...) qui se jette dans la mer.

2 Ce qui coule. *Un fleuve de sang.* ♦ appos. *Roman-fleuve* : roman très long.

flexibiliser v. tr. [1] ▪ Rendre flexible. *Flexibiliser les horaires.*

flexible adj. ▪ **1** Qui fléchit facilement, se laisse plier. *Tige flexible.* **2** fig. Qui s'accommode aux circonstances. *Caractère flexible.* – *Horaire flexible.* ▶ **flexibilité** n. f.

flexion n. f. ▪ **1** Mouvement par lequel une chose fléchit ; état de ce qui est fléchi. → **fléchissement.** *Flexion de la jambe* (opposé à *extension*). **2** ling. Modification d'un mot à l'aide d'éléments **(→ désinence)** qui expriment certains aspects et rapports grammaticaux (ex. conjugaison, déclinaison).

flexionnel, elle adj. ▪ ling. *Langue flexionnelle,* qui exprime les rapports grammaticaux par des flexions.

flexographie n. f. ▪ imprim. Procédé d'impression avec des supports en relief souples.

flexueux, euse adj. ▪ didact. Qui présente des courbures ; qui ondule, serpente. → **sinueux.** ▶ **flexuosité** n. f.

flexure n. f. ▪ géol. Mode de plissement dans lequel les couches se raccordent sans chevauchement ni rupture.

flibuste n. f. ▪ anciennt Piraterie des flibustiers.

flibustier n. m. ▪ anciennt Pirate.

flic n. ▪ fam. **1** Agent de police ; policier. **2** péj. Personne autoritaire.

flicage n. m. ▪ fam. et péj. Surveillance systématique et répressive.

flicaille n. f. ▪ péj. et fam. *La flicaille* : les agents de police.

flic flac interj. ▪ Exprime un clapotement, un bruit d'eau.

flingue n. m. ▪ fam. Pistolet, revolver, etc.

flinguer v. tr. [1] ▪ fam. Tirer sur (qqn) avec une arme à feu.

flingueur, euse adj. et n. ▪ fam. Qui use d'armes à feu.

flint-glass [flintglas] n. m. invar. ▪ anglic. Verre optique à base de plomb, très dispersif. – var. **flint** n. m.

flip [flip] n. m. ▪ fam. Déprime ; angoisse.

flipot n. m. ▪ techn. Pièce rapportée dans un ouvrage de menuiserie pour dissimuler une fente.

① **flipper** [flipœʀ] n. m. ▪ anglic. **1** Dans un billard électrique, Dispositif qui permet de renvoyer la bille. **2** Billard électrique.

② **flipper** [flipe] v. intr. [1] ▪ anglic., fam. Être subitement déprimé ; être angoissé.

fliquer v. tr. [1] ▪ fam. Surveiller (qqn).

flirt [flœʀt] n. m. ▪ anglic. **1** Relation amoureuse plus ou moins chaste. ♦ fig. Rapprochement momentané **(→ flirter,** fig.**). 2** Personne avec laquelle on flirte.

flirter [flœʀte] v. intr. [1] ▪ anglic. Avoir un flirt (avec qqn). ♦ fig. *Flirter avec* : se rapprocher de (notamment en politique).

floc interj. ▪ Onomatopée, chute dans l'eau.

flocage n. m. ▪ techn. Collage de fibres courtes, qui donne un aspect velouté.

floche adj. ▪ techn. (fil) De faible torsion.

flocon n. m. ▪ **1** Petite touffe (de laine, de soie, etc.). **2** Petite masse peu dense (de neige...). **3** Petite lamelle (de céréales).

floconner v. intr. [1] ▪ Former des flocons (2). *Brume qui floconne.*

floconneux, euse adj. ▪ En flocons.

floculation n. f. ▪ chim. Rassemblement en flocons des particules d'une solution colloïdale.

flonflons n. m. pl. ▪ Accords bruyants de certains morceaux de musique populaire.

flop [flɔp] n. m. ▪ fam. Échec. → **bide,** ② **four.** *Le film a fait un flop.*

flopée n. f. ▪ fam. Grande quantité.

floqué, ée adj. ▪ techn. Traité par flocage.

floraison n. f. ▪ Épanouissement des fleurs. ♦ fig. *Une floraison de talents.*

floral, ale, aux adj. ▪ De la fleur.

floralies n. f. pl. ▪ **I** Antiq. Fêtes pour la déesse Flore. **II** Exposition de fleurs.

flore n. f. ▪ **1** Ensemble des plantes (d'une région...). **2** biol. Ensemble des micro-organismes vivant dans les tissus, les organes.

floréal n. m. ▪ hist. Huitième mois du calendrier républicain (20-21 avril au 19-20 mai).

florentin, ine adj. et n. ▪ De Florence. *L'art florentin.* ♦ n. m. *Le florentin* : dialecte italien de la région de Florence.

faire **florès** [-ɛs] loc. verbale ▪ littér. Obtenir des succès. → **briller, réussir.**

flor(i)-, -flore Éléments savants, du latin *flos, floris* «fleur».

floricole adj. ▪ didact. Qui vit sur les fleurs. *Insecte floricole.*

floriculture n. f. ▪ Branche de l'horticulture qui s'occupe des fleurs.

florifère adj. ▪ bot. Qui porte des fleurs. *Une tige florifère.*

florilège n. m. ▪ Recueil de pièces choisies. → **anthologie.**

florin n. m. ▪ **1** anciennt Pièce de monnaie en or. **2** Ancienne unité monétaire des Pays-Bas (avant l'euro).

florissant, ante adj. ■ En plein épanouissement ; en pleine prospérité.

flot n. m. ■ **I 1** au plur. Eaux en mouvement ; spécialt, poét. la mer. ♦ au sing. Eau qui s'écoule. ➛ *Le flot* : la marée montante. **2** Ce qui est ondoyant, se déroule en vagues. *Un flot de rubans.* **3** Grande quantité de liquide versé, répandu. *Des flots de larmes.* **4** Écoulement, mouvement abondant. *Des flots de lumière.* ➛ abstrait *Des flots de paroles.* ♦ *À FLOTS* loc. adv. → **abondamment. II** loc. adj. *À FLOT* : qui flotte. *Navire à flot.* ➛ fig. *Être à flot,* cesser d'être submergé par les difficultés.

flottable adj. ■ **1** techn. (cours d'eau) Sur lequel on peut faire flotter du bois. **2** Qui peut flotter. ► **flottabilité** n. f.

flottage n. m. ■ Transport de bois flotté.

flottaison n. f. ■ Intersection avec le plan de l'eau de la surface d'un navire à flot.

flottant, ante adj. ■ **1** Qui flotte. **2** Qui flotte au gré du vent. **3** Qui n'est pas fixe ou assuré. → **variable. 4** Qui ne s'arrête à rien de précis. *Attention flottante.*

① **flotte** n. f. ■ **1** Réunion de navires naviguant ensemble. → **escadre. 2** Forces navales d'un pays. ♦ par analogie *Flotte aérienne.*

② **flotte** n. f. ■ fam. Eau. ➛ Pluie.

flottement n. m. ■ **1** Mouvement d'ondulation. **2** fig. État incertain ; fluctuation.

① **flotter** v. [1] ■ **I** v. intr. **1** Être porté sur un liquide (notamment l'eau). → **surnager. 2** Être en suspension dans l'air. **3** Bouger, remuer au gré du vent ou d'un mouvement. ♦ Être libre, ample (vêtement). **4** (abstrait) Être instable, variable. **II** v. tr. Lâcher (du bois) dans un cours d'eau pour qu'il soit transporté. ➛ au p. p. *Bois flotté.*

② **flotter** v. impers. [1] ■ fam. Pleuvoir.

flotteur n. m. ■ **1** Objet capable de flotter à la surface de l'eau. **2** Organe qui repose sur l'eau et fait flotter un engin.

flottille n. f. ■ Flotte de petits bâtiments.

flou, floue adj. ■ **1** De contours peu nets. *Photo floue.* ➛ n. m. *Flou artistique* (fig. imprécision volontaire). **2** fig. Incertain, indécis.

flouer v. tr. [1] ■ Voler, tromper (qqn).

flouse → **flouze**

flouter v. tr. [1] ■ techn. Rendre volontairement flou, par altération de la netteté de l'image. *Flouter un visage.*

flouve n. f. ■ Plante (graminée) qui donne au foin son odeur particulière.

flouze n. m. ■ fam. Argent. – var. **flouse.**

flow [flo] n. m. ■ anglic. Débit, style de chant, dans le rap.

fluage n. m. ■ techn. Déformation d'un métal soumis à de très fortes pressions.

fluate n. m. ■ Nom commercial des silicates de fluor.

fluctuant, ante adj. ■ **1** Qui varie, va d'un objet à un autre. → **inconstant ; indécis. 2** Qui subit des fluctuations. → **flottant.**

fluctuation n. f. ■ surtout au plur. Variations successives en sens contraire.

fluctuer v. intr. [1] ■ Être fluctuant.

fluer v. intr. [1] ■ littér. ou méd. Couler, s'écouler.

fluet, ette adj. ■ (personnes...) Mince et frêle. ♦ *Une voix fluette.* → **faible.**

fluide ■ **I** adj. **1** Qui n'est ni solide ni épais, qui coule aisément. **2** fig. Coulant, limpide. *Un style fluide.* **3** Difficile à saisir, à fixer. → **fluctuant. 4** (circulation) Qui se fait aisément. **II** n. m. **1** Tout corps qui épouse la forme de son contenant (les liquides, les gaz) (opposé à *solide*). **2** Influence subtile qui émanerait des êtres, des choses.

fluidifiant, iante adj. ■ didact. Propre à fluidifier.

fluidifier v. tr. [7] ■ didact. Rendre fluide. ► **fluidification** n. f.

fluidique adj. ■ Qui se rapporte au fluide (magnétique, etc.).

fluidité n. f. ■ État de ce qui est fluide.

fluo adj. invar. ■ Fluorescent (2). *Vert fluo. Les couleurs fluo.*

fluocompact, e [-akt] adj. ■ *Ampoule fluocompacte* : tube fluorescent de taille réduite.

fluor n. m. ■ Corps simple (symb. F, n° at. 9, masse at. 18,998), gaz toxique jaune verdâtre.

fluoré, ée adj. ■ Qui contient du fluor.

fluorescence n. f. ■ Propriété de certains corps d'émettre de la lumière sous l'influence d'un rayonnement (→ aussi phosphorescence).

fluorescent, ente adj. ■ **1** Relatif à la fluorescence ; doué de fluorescence. **2** Qui évoque la fluorescence (couleurs ; objets). → fam. **fluo.**

fluorhydrique adj. ■ chim. *Acide fluorhydrique* : acide incolore, fumant et toxique en solution, obtenu à partir de la fluorine.

fluorine n. f. ■ chim. Fluorure de calcium naturel. – syn. **fluorite.**

fluorure n. m. ■ chim. Sel de l'acide fluorhydrique. *Fluorure de sodium.*

flush [flœʃ ; flɔʃ] n. m. ■ anglic. Au poker, Réunion de cinq cartes de la même couleur. *Des flushs* ou *des flushes.*

flûte n. f. ■ **I 1** Instrument à vent formé d'un tube percé de plusieurs trous. ➛ *Flûte de Pan,* à plusieurs tuyaux. **2** Pain de forme allongée. → **baguette. 3** Verre à pied, haut et étroit. **4** au plur. fam. Les jambes. **II** interj. Interjection marquant la déception. → **zut.**

flûté, ée adj. ▪ Proche du son de la flûte.

flûtiau [-tjo] n. m. ▪ Petite flûte rustique.

flûtiste n. ▪ Musicien qui joue de la flûte.

fluvial, ale, aux adj. ▪ Relatif aux fleuves, aux rivières. *Navigation fluviale.*

fluviatile adj. ▪ sc. nat. Qui vit ou pousse dans les eaux douces, les rivières.

fluvioglaciaire adj. ▪ géol. Qui provient à la fois de l'action des cours d'eau et des glaciers. *Cône fluvioglaciaire.*

fluviographe n. m. ▪ sc. → **fluviomètre.**

fluviomètre n. m. ▪ sc. Appareil servant à mesurer les variations du niveau d'un cours d'eau. - syn. **fluviographe.**

fluviométrique adj. ▪ sc. Relatif au niveau de l'eau, à ses variations, dans un cours d'eau.

flux n. m. ▪ **1** didact. Écoulement (d'un liquide organique). ♦ fig. *Un flux de reproches.* **2** Marée montante (opposé à *reflux*). **3** sc. *Flux lumineux,* débit de lumière. **4** écon. Mouvement, déplacement. *Flux monétaires.*

fluxion n. f. ▪ **1** méd. Congestion. ➛ vx *Fluxion de poitrine.* → **pneumonie.** **2** Gonflement inflammatoire des gencives ou des joues.

fluxmètre [flymɛtʀ] n. m. ▪ Galvanomètre qui permet de mesurer des flux d'induction magnétique.

flyer [flajœʀ] n. m. ▪ anglic. Tract, petit prospectus servant à annoncer un spectacle (concert...), un événement.

flysch n. m. ▪ géol. Formation détritique (grès et schistes). *Des flyschs.*

flysurf [flajsœʀf] n. m. ▪ Sport de glisse nautique où la planche de surf et le surfeur sont entraînés par l'action du vent sur un cerf-volant. → **kite-surf.**

Fm ▪ Symbole chimique du fermium.

FM n. f. invar. (sigle de l'angl. *frequency modulation*) ▪ anglic. Modulation* de fréquence. *La bande FM.*

FOB [ɛfobe] adj. invar. (sigle de l'anglais *free on board*) ▪ anglic., comm. → **FAB.**

foc n. m. ▪ Voile triangulaire à l'avant d'un bateau.

focaccia [-tʃja] n. f. ▪ Pain plat italien cuit au four, souvent garni.

focal, ale, aux adj. ▪ Qui concerne le foyer, les foyers d'un instrument d'optique. ➛ *Distance focale* ou n. f. *focale* : distance de la lentille au foyer principal.

focaliser v. tr. [1] ▪ **1** Concentrer (un rayonnement) en un point (→ **foyer). 2** fig. Concentrer, rassembler. ▷ v. pron. se **focaliser** ► **focalisation** n. f.

focus [-ys] n. m. ▪ **1** photogr. Mise au point. **2** fig. *Focus sur la formation.*

foehn [føn] n. m. ▪ Vent chaud des Alpes.

foène n. f. ▪ Gros harpon à plusieurs dents. - var. **foëne.**

fœtal, ale, aux [fe-] adj. ▪ Du fœtus.

fœtus [fetys] n. m. ▪ Produit de la conception encore renfermé dans l'utérus, lorsqu'il n'est plus à l'état d'embryon* et présente les caractères de l'espèce.

fofolle → **foufou**

foggara n. f. ▪ Galerie souterraine servant à l'irrigation, au Sahara.

foi n. f. ▪ **I 1** littér. Assurance donnée d'être fidèle à ses engagements. ♦ loc. *MA FOI* : certes, en effet. *C'est ma foi vrai.* **2** (Garantie résultant d'une promesse) *Sous la foi du serment.* ➛ *Sur la foi des témoins.* ♦ *FAIRE FOI* (sujet chose) : porter témoignage. *Le cachet de la poste faisant foi.* **3** loc. *BONNE FOI* : qualité d'une personne qui parle, agit avec une intention droite, sans ruse. ➛ *MAUVAISE FOI* : déloyauté, duplicité. **II 1** Fait de croire qqn, qqch. *Un témoin digne de foi.* **2** Confiance absolue que l'on met (en qqn, en qqch.) (→ se **fier). 3** Fait de croire en un dieu (spécialt, en la religion dominante), en un dogme par une adhésion profonde. → **croyance.** ➛ *N'avoir ni foi ni loi,* ni religion ni morale.

foie n. m. ▪ **1** Organe situé dans la partie supérieure droite de l'abdomen, qui filtre et renouvelle le sang (→ **hépatique). 2** Cet organe, chez certains animaux, utilisé pour la consommation. ➛ *FOIE GRAS* : foie de canard (ou d'oie) engraissé par gavage. **3** loc. fam. *Avoir les foies* : avoir peur.

foil [fɔjl] n. m. ▪ anglic., techn. Aileron incurvé placé sous une coque, pouvant porter un bateau capable de déjauger (→ **hydrofoil).**

① **foin** n. m. ▪ **1** Herbe des prairies fauchée et séchée pour la nourriture du bétail. → **fourrage. 2** Herbe sur pied destinée à être fauchée. **3** au plur. *Faire les foins* : couper et ramasser les foins. ♦ *Rhume des foins* (coryza chronique saisonnier). **4** Poils soyeux du fond de l'artichaut. **5** fam. *Faire du foin,* du scandale ; protester.

② **foin** interj. ▪ vieilli Interjection de dédain, de mépris. → **fi.**

foirade n. f. ▪ fam. Le fait de foirer, de rater.

foirail n. m. ▪ région. Champ de foire. *Des foirails.* - var. **foiral.**

① **foire** n. f. ■ **1** Grand marché public qui a lieu à des dates et en un lieu fixes. *Foire aux bestiaux.* **2** Grande manifestation commerciale périodique. **3** fam. *FAIRE LA FOIRE :* mener une vie de plaisirs. **4** *Foire aux questions* (pour traduire le sigle angl. *FAQ*) : rubrique, document électronique rassemblant les principales questions posées sur un sujet et leur réponse. – abrév. **FAQ** n. f. *La rubrique FAQ d'un site Internet.*

② **foire** n. f. ■ vulg., vieilli Diarrhée.

foirer v. intr. [1] ■ **1** vulg., vieilli Évacuer des excréments liquides. **2** fam. Mal fonctionner ; échouer lamentablement.

foireux, euse adj. ■ **1** vulg., vieilli Qui a la diarrhée. **2** fam. Qui échoue ; raté.

fois n. f. ■ **I** marquant la fréquence, le retour d'un événement Cas, occasion où un fait se produit, se reproduit. **1** (sans prép.) *Une seule fois. Une bonne fois, une fois pour toutes,* d'une manière définitive. ➝ fam. *DES FOIS.* → **parfois, quelquefois.** **2** (précédé d'une prép.) *Par deux fois :* à deux reprises. ➝ *Pour une fois..., pour cette fois...* → **exceptionnellement.** **3** loc. adv. *À LA FOIS :* en même temps. **4** vx *UNE FOIS :* un certain jour. *Il était une fois* (commencement traditionnel des contes de fées). **5** loc. conj. *UNE FOIS QUE :* dès que, dès l'instant où. ♦ ellipt *Une fois la crise passée...* **II 1** servant d'élément multiplicateur ou diviseur *Deux fois plus grand, plus petit...* **2** littér. Équivalent d'un superlatif. « *Ô jour trois fois heureux !* » (Racine). ➝ cour. *Vous avez mille fois raison.*

foison n. f. ■ **1** vx ou littér. Abondance. **2** mod. *À FOISON* loc. adv. : en grande quantité.

foisonner v. intr. [1] ■ **1** Être en grande abondance, à foison. → **abonder.** **2** *FOISONNER EN, DE :* être pourvu abondamment de. ► **foisonnant, ante** adj. ► **foisonnement** n. m.

fol → ① **fou**

folâtre adj. ■ Qui aime la plaisanterie.

folâtrer v. intr. [1] ■ Jouer ou s'agiter de façon folâtre. → **batifoler.**

foldingue n. et adj. ■ fam. Fou. – var. au fém. **folledingue.**

foliacé, ée adj. ■ didact. En forme de feuille.

foliaire adj. ■ bot. Qui appartient à la feuille.

foliation n. f. ■ didact. Disposition ; développement des feuilles.

folichon, onne adj. ■ *Pas folichon :* pas réjouissant.

① **folie** n. f. ■ **I 1** Trouble mental ; égarement de l'esprit. → **aliénation, démence.** **2** Manque de jugement ; absence de raison. → **déraison ; inconscience.** ➝ loc. *À LA FOLIE.* → **passionnément.** **3** Idée, parole, action déraisonnable. ➝ spécialt Dépense excessive. **II** Danse ancienne (XVIIe siècle).

② **folie** n. f. ■ vx Maison d'agrément.

folié, ée adj. ■ bot. Garni de feuilles.

folio n. m. ■ **1** Feuillet de registre. **2** Chiffre qui numérote chaque page d'un livre.

foliole n. f. ■ bot. Chacune des feuilles qui forment une feuille composée (trèfle...).

folioter v. tr. [1] ■ Numéroter les feuillets, les pages de (un livre). → **paginer.** ► **foliotage** n. m.

folique adj. ■ biochim. *Acide folique :* vitamine B9 présente dans les feuilles d'épinard, le foie, etc.

folk n. f. ou m. et adj. ■ anglic. Musique traditionnelle modernisée (d'abord aux États-Unis). ➝ adj. *Groupes folks* ou *folk* (invar.).

folklore n. m. ■ anglic. **1** Science des traditions, des usages et de l'art populaires (d'un pays...). **2** Ensemble de ces traditions. **3** fam. *C'est du folklore,* ce n'est pas sérieux.

folklorique adj. ■ **1** Relatif au folklore. **2** fam. Pittoresque, mais sans sérieux.

① **folle** n. f. ■ région. (Normandie) Filet fixe à grandes mailles pour la pêche en mer.

② **folle** → ① **fou**

folledingue → **foldingue**

follement adv. ■ D'une manière folle, excessive. ➝ Au plus haut point.

follet, ette adj. ■ **1** Qui a quelque chose de capricieux, d'irrégulier. **2** *FEU FOLLET :* flamme due à une exhalaison de gaz (hydrogène phosphoré) qui brûle spontanément.

① **folliculaire** n. ■ Mauvais journaliste.

follicule n. m. ■ anat. Petit sac membraneux. ► ② **folliculaire** adj.

folliculine n. f. ■ physiol. L'une des hormones produites par le follicule ovarien.

folliculite n. f. ■ méd. Inflammation du follicule pileux.

fomentation n. f. ■ littér. Action de fomenter.

fomenter v. tr. [1] ■ Susciter (qqch. de néfaste). *Fomenter des troubles.* ► **fomentateur, trice** ou **fomenteur, euse** n.

foncé, ée adj. ■ D'une nuance sombre.

foncer v. [3] ■ **I** v. tr. techn. Garnir d'un fond. **II 1** v. tr. Rendre (une teinte) plus sombre. **2** v. intr. Devenir plus foncé. **III** v. intr. **1** Se jeter impétueusement (sur, dans). **2** fam. Aller très vite et tout droit. ➝ fig. Aller hardiment de l'avant (→ **fonceur**).

fonceur, euse n. ■ Personne qui fonce, qui va de l'avant. → **battant.** ➝ adj. *Tempérament fonceur.*

foncier, ière adj. ▪ **1** Qui constitue, est relatif à un bien-fonds. **2** Qui est au fond du caractère de qqn. ► **foncièrement** adv.

fonction n. f. ▪ **I** (personnes) **1** Ce que doit accomplir une personne dans son travail, son emploi. → **activité, office, service, tâche, travail.** **2** Cet emploi, considéré en rapport avec la collectivité. → **charge, métier, poste, situation.** ➝ *Voiture* DE FONCTION, allouée à qqn dans le cadre de sa fonction. ♦ *Fonction publique* : situation de l'agent d'un service public. **II** (choses) **1** (sens général) Action particulière (d'une chose dans un ensemble). → **rôle.** *Faire fonction de* : tenir lieu de. **2** spécialt Ensemble des propriétés actives concourant à un but, chez l'être vivant. *La fonction respiratoire.* ♦ ling. Ensemble des propriétés (d'une unité par rapport aux autres). *Fonctions de l'adjectif* (attribut, épithète). **3** math. Correspondance qui à tout élément d'un ensemble associe au plus un élément d'un autre ensemble. → **application.** **4** loc. *ÊTRE FONCTION DE* : dépendre de. ♦ *EN FONCTION DE* : par rapport à.

fonctionnaire n. ▪ Personne qui a un emploi permanent dans une administration publique.

fonctionnalisme n. m. ▪ didact. Théorie qui accorde une place prépondérante à la fonction des éléments d'un système et au fonctionnement du système. ► **fonctionnaliste** adj. et n.

fonctionnalité n. f. ▪ Caractère de ce qui est fonctionnel, pratique. ♦ (au plur.) Possibilités, fonctions potentielles (d'un système électronique, informatique).

fonctionnariat n. m. ▪ État, profession de fonctionnaire.

fonctionnel, elle adj. ▪ **1** didact. Relatif aux fonctions (II). **2** cour. (choses) Qui est adapté à sa fonction. *Meuble fonctionnel.*

fonctionnellement adv. ▪ D'une manière fonctionnelle.

fonctionner v. intr. [1] ▪ (organe, mécanisme...) Accomplir une fonction. → **marcher.** ➝ *Sa mémoire ne fonctionne plus.* ► **fonctionnement** n. m.

fond n. m. ▪ **I** Partie la plus basse de qqch. de creux, de profond (contr. *dessus ; surface*). **1** Paroi ou partie inférieure (d'un récipient, d'un contenant). *Le fond d'un verre ; d'un sac.* **2** Substance contenue au fond, près du fond. ➝ *Un fond* (de verre, etc.), une petite quantité. **3** Sol où reposent des eaux. → **bas-fond, haut-fond.** ♦ Hauteur d'eau. → **profondeur.** **4** fig. Point le plus bas. *Toucher le fond du désespoir.* **5** Partie basse (d'un paysage). **6** Intérieur de la mine. *Mineur de fond.* **II** (Partie la plus reculée) **1** Partie (d'un lieu) opposée à l'entrée (contr. *bord, entrée*). *Au fond de la cour.* ➝ (Opposée à l'ouverture). *Le fond d'une armoire.* **2** Partie (d'un vêtement) éloignée des bords. *Un fond de culotte.* **3** Partie (d'un organe) opposée à l'orifice. *Le fond de la gorge.* **III** (Partie qui sert d'appui) **1** Ce qui supporte un édifice. ➝ loc. *De fond en comble**. **2** Ce que l'on voit, etc. en arrière-plan. *Rayures noires sur fond rouge.* **3** *FOND DE TEINT* : crème colorée destinée à unifier le teint. **4** loc. fam. *Le fond de l'air*, la température de base. **IV** (abstrait) **1** (pensées, sentiments) *Le fond de son cœur.* → **tréfonds.** **2** Réalité profonde. *Aller au fond des choses.* **3** loc. adv. *AU FOND, DANS LE FOND* : en considérant le fond des choses. → en **réalité.** ♦ *À FOND* → **complètement, entièrement.** **4** Élément essentiel, permanent. *Un fond d'honnêteté.* **5** Ce qui appartient au contenu (d'une œuvre...) (opposé à *forme*). *Je suis d'accord sur le fond.* ➝ *Article DE FOND*, qui fait le point sur un sujet important. **6** Qualités physiques de résistance. *Course de fond, de demi-fond*, disputée sur une longue distance (opposé à *vitesse, sprint*). ➝ *Ski de fond.*

fondamental, ale, aux adj. ▪ **1** Qui sert de fondement ; qui a un caractère essentiel et déterminant. **2** Qui se manifeste avant toute chose et à fond. → **foncier, radical.** **3** *Recherche fondamentale*, théorique. ► **fondamentalement** adv. → **essentiellement.**

fondamentalisme n. m. ▪ Tendance religieuse conservatrice. ♦ Courant religieux intégriste.

fondamentaliste adj. ▪ **1** didact. Qui se livre à la recherche fondamentale. **2** Du fondamentalisme religieux. → **intégriste.** ➝ n. *Les fondamentalistes musulmans.*

fondant, ante adj. ▪ Qui fond (II, 1 et 2 ; spécialt dans la bouche).

fondateur, trice n. ▪ Personne qui fonde (qqch.). ➝ adj. *Membres fondateurs.*

fondation n. f. ▪ **1** (généralt au plur.) Travaux et ouvrages destinés à assurer la stabilité d'une construction à la base. **2** Action de fonder (une ville, une institution...). → **création.** **3** dr. Création par donation ou legs d'une œuvre d'intérêt public ou d'utilité sociale. **4** Œuvre qui recueille des dons ou des legs.

fondé, ée de pouvoir n. ▪ Personne chargée d'agir au nom d'une autre, d'une société.

fondement n. m. ▪ **I** **1** Fait justificatif (d'un discours...). *Vos craintes sont sans fondement.* → **motif, raison.** **2** Point de départ (d'un système d'idées). → **principe.** **II** fam. Derrière ; anus.

fonder v. tr. [1] ▪ **1** Prendre l'initiative d'établir, d'édifier (une ville ; une œuvre). → **créer ; constituer, former.** **2** *FONDER* (qqch.) *SUR* : établir sur (une base déterminée). → **baser.** **3** Constituer le fondement de. → **justifier, motiver.** ♦ au p. p. *Un reproche fondé.* → **juste.** ➝ (personnes) *ÊTRE FONDÉ À* (+ inf.) : avoir de bonnes raisons pour.

fonderie n. f. ▪ Usine où l'on fond le minerai (→ **aciérie, forge**), où l'on coule le métal en fusion.

① **fondeur** n. m. ▪ Personne (technicien...) qui travaille dans une fonderie.

② **fondeur, euse** n. ▪ Personne qui fait du ski de fond.

fondeuse n. f. ▪ techn. Machine employée en fonderie.

fondis → **fontis**

fondoir n. m. ▪ techn. Endroit où l'on fond les suifs, les graisses dans un abattoir.

fondouk n. m. ▪ Dans les pays arabes, Emplacement où se tient le marché ; auberge.

fondre v. 41 ▪ **I** v. tr. **1** Rendre liquide (un corps solide ou pâteux) par l'action de la chaleur. → **liquéfier ; fondu, fonte, fusion. 2** Fabriquer avec une matière fondue. *Fondre une cloche.* **3** fig. Combiner intimement de manière à former un tout. **II** v. intr. **1** (solide) Passer à l'état liquide par l'effet de la chaleur. *La neige a fondu.* ♦ *FONDRE EN. La glace fond en eau.* ◂ fig. *Fondre en larmes.* ♦ fig. S'attendrir. *J'ai fondu devant sa gentillesse.* **2** Se dissoudre dans un liquide. ◂ *Cela fond dans la bouche* (→ **fondant**). **3** fig. Diminuer rapidement. **III** v. intr. *FONDRE SUR :* s'abattre avec violence sur. ▷ v. pron. **se fondre 1** Se liquéfier. **2** S'unir en un tout. → se **confondre, fusionner.** ◂ *Se fondre dans la foule.* → **disparaître,** s'**évanouir.**

fondrière n. f. ▪ Trou, dans un chemin.

fonds n. m. ▪ **I 1** Bien immeuble (domaine ou sol à bâtir). → **bien-fonds ; foncier. 2** *FONDS (DE COMMERCE) :* ensemble des biens mobiliers et des droits appartenant à un commerçant ou un industriel et lui permettant d'exercer sa profession. **II** (souvent au plur.) **1** Capital. ◂ *Bailleur de fonds :* commanditaire. ♦ *Fonds publics :* emprunts d'État ou ressources garanties par l'État. **2** Organisme de financement. *Le Fonds monétaire international* (F. M. I.). **3** Argent comptant. ◂ *ÊTRE EN FONDS :* disposer d'argent. **III** Ressources (en œuvres, documents...).

fondu, ue ▪ **I** adj. **1** Amené à l'état liquide. **2** (couleur, ton) Mélangé, dégradé. **II** n. m. cin. *Fondu enchaîné,* dans lequel une image se substitue à une autre.

fondue n. f. ▪ **1** *Fondue (savoyarde) :* mets à base de fromage fondu, dans lequel on trempe du pain. **2** *Fondue bourguignonne :* plat composé de morceaux de viande crue que l'on trempe dans l'huile bouillante.

fong(i)- Élément savant, du latin *fungus* « champignon ».

fongible adj. ▪ dr. Se dit des choses qui se consomment par l'usage. *Biens fongibles.* ► **fongibilité** n. f.

fongicide adj. et n. ▪ didact. Qui détruit les champignons parasites. → **antifongique.**

fongiforme adj. ▪ didact. Qui a la forme d'un champignon.

fongique adj. ▪ didact. Relatif aux champignons. ◂ Causé par les champignons.

fongosité n. f. ▪ État de ce qui est fongueux. ♦ méd. Excroissance charnue et molle.

fongueux, euse adj. ▪ méd. Qui présente l'aspect d'une éponge ou d'un champignon.

fongus [-ys] n. m. ▪ **1** bot. Champignon. **2** méd. Tumeur qui offre l'aspect d'une éponge ou d'un champignon.

fontaine n. f. ▪ **1** vieilli Source. **2** Construction d'où sortent des eaux amenées par canalisation (souvent avec bassin).

fontainebleau n. m. ▪ Fromage frais à base de lait caillé et de crème fouettée. *Des fontainebleaux.*

fontainier, ière n. ▪ Personne qui s'occupe de la pose, de l'entretien des pompes, machines hydrauliques, conduites d'eau, etc.

fontanelle n. f. ▪ Espace membraneux entre les os du crâne des nouveau-nés, qui s'ossifie au cours de la croissance.

① **fonte** n. f. ▪ **I 1** Fait de fondre, de se liquéfier. **2** Fabrication par fusion et moulage d'un métal. *La fonte d'une statue.* **II** Alliage de fer et de carbone obtenu dans les hauts fourneaux. **III** typogr. Ensemble de caractères d'un même type.

② **fonte** n. f. ▪ Fourreau de cuir attaché à une selle (pour y placer des armes, etc.).

fontis n. m. ▪ géol. Effondrement d'une galerie souterraine naturelle ou artificielle. - var. **fondis.**

fonts n. m. pl. ▪ *Fonts baptismaux :* bassin sur un socle, destiné à l'eau du baptême.

football [futbol] n. m. ▪ Sport opposant deux équipes de onze joueurs, où il faut faire pénétrer un ballon rond dans les buts adverses sans utiliser les mains (au Canada, on dit *soccer*). - abrév. fam. **foot.** *Jouer au foot.* ♦ *Football américain* (sport voisin du rugby ; au Canada, on dit *football*). ► **footballistique** adj.

footballeur, euse [futbolœʀ, øz] n. ▪ Joueur, joueuse de football.

footing [futiŋ] n. m. ▪ anglic. Promenade hygiénique rapide, à pied.

for n. m. ▪ loc. *En, dans mon (son...) FOR INTÉRIEUR :* au fond de soi-même.

forage n. m. ▪ Action de forer.

forain, aine ▪ **1** adj. Qui a son activité sur les marchés et les foires. ♦ *FÊTE FORAINE,* groupant des entrepreneurs forains. **2** n. Personne qui organise des distractions dans les foires et fêtes foraines.

foraminé, ée adj. ▪ didact. Percé de petits trous (coquillages, plantes).

forban n. m. ▪ **1** Pirate qui entreprenait une expédition armée sur mer sans autorisation. **2** littér. Individu sans scrupules.

forçage n. m. ▪ Culture des plantes avant la saison (en châssis, serres...).

forçat n. m. ▪ **1** anciennt Bagnard ; galérien. **2** Condamné aux travaux forcés. **3** fig. Personne réduite à une condition pénible.

force n. f. ▪ **I** au sens individuel **1** Puissance d'action physique. → **vigueur.** *Ne plus avoir la force de marcher.* ♦ au plur. Énergie personnelle. *De toutes ses forces :* le plus fort possible. ♦ *EN FORCE,* en utilisant la force physique. ◆ *DE FORCE :* qui exige de la force. *Épreuve de force :* conflit ouvert. ◆ *Dans la force de l'âge :* mûr, adulte. **2** Capacité de l'esprit ; possibilités intellectuelles et morales. *Force de caractère.* → **courage, énergie, fermeté, volonté.** *Ils sont de la même force en chimie.* → **niveau. II** au sens collectif **1** Pouvoir, puissance. prov. *L'union fait la force.* ◆ *Force de frappe :* ensemble des moyens militaires modernes (missiles, armes nucléaires). *Force de dissuasion**. ◆ comm. *Force de vente :* personnel commercial. ◆ *EN FORCE. Être en force,* avoir des effectifs considérables. **2** au plur. Ensemble des armées. *Les forces de l'ordre :* la police. **III** (choses) **1** Résistance (d'un objet). → **robustesse, solidité. 2** Intensité ou pouvoir d'action ; caractère de ce qui est fort. *La force du vent.* ◆ (abstrait) *La force d'un sentiment.* **IV** (Principe d'action) sc. Cause capable de déformer un corps, ou d'en modifier le mouvement. *Force centrifuge.* ♦ cour. Courant électrique ; spécialt courant triphasé. **V** (Pouvoir de contrainte) **1** Contrainte, violence (individuelle ou collective). *Recourir à la force.* **2** (choses) Caractère irrésistible. ◆ loc. *La force des choses :* la nécessité qui résulte d'une situation. ◆ *Cas de force majeure :* événement imprévisible et inévitable. ◆ *FORCE EST DE* (+ inf.) : on ne peut éviter de. **3** loc. adv. *DE FORCE :* en faisant effort pour surmonter une résistance. *Il obéira de gré ou de force,* qu'il le veuille ou non. ◆ *PAR FORCE :* en recourant ou en cédant à la force. **VI** adv. littér. Beaucoup de. *Il nous a reçus avec force sourires.* ♦ loc. prép. *À FORCE DE :* par, grâce à beaucoup de. ◆ loc. adv. fam. *À FORCE :* à la longue.

forcé, ée adj. ▪ **1** Qui est imposé par la force des hommes ou des choses. *Atterrissage forcé.* ♦ fam. *C'est forcé.* → **inévitable. 2** Qui s'écarte du naturel. *Un sourire forcé.* → **affecté.**

forcement n. m. ▪ Action de forcer (I, 1).

forcément adv. ▪ D'une manière nécessaire, inévitable. → **inévitablement.**

forcené, ée ▪ **I** adj. **1** Qui dépasse la mesure. *Un désir forcené.* **2** Plein de rage. **3** Plein d'une folle ardeur. → **acharné. II** n. Personne en proie à une crise furieuse.

forceps [-ɛps] n. m. ▪ Instrument en forme de pince qui sert à faciliter l'expulsion, lors de certains accouchements.

forcer v. [3] ▪ **I** v. tr. **1** Faire céder (qqch.) par force. *Forcer une porte* (→ **effraction). 2** Faire céder (qqn) par la force ou la contrainte. → **contraindre, obliger.** ◆ *FORCER* (qqn) *À* (+ subst. ou inf.). ◆ littér. *FORCER* (qqn) *DE* (+ inf.). **3** Obtenir, par un effet personnel. *Forcer l'admiration.* **4** Imposer un effort excessif à. **5** Altérer, déformer par une interprétation abusive. → **dénaturer.** *Forcer la vérité.* **II** v. intr. Fournir un grand effort. ▷ v. pron. se **forcer** → se **contraindre.**

forces n. f. pl. ▪ techn. Grands ciseaux pour tondre les moutons, couper le métal, etc.

forcing n. m. ▪ anglic. Attaque sportive soutenue. ◆ fig., fam. Attaque à outrance.

forcir v. intr. [2] ▪ Devenir plus fort ou plus gros.

forclore v. tr. [45] ▪ didact. Exclure, rejeter. ▶ **forclusion** n. f.

fordisme n. m. ▪ écon. Mode d'organisation du travail visant à accroître la productivité.

forer v. tr. [1] ▪ **1** Percer un trou dans (une matière dure) par des moyens mécaniques. **2** Former (un trou) en creusant mécaniquement.

foresterie n. f. ▪ Exploitation des forêts.

forestier, ière ▪ **I** n. Personne qui exerce une charge dans une forêt publique. ◆ adj. *Garde forestier.* **II** adj. Qui est couvert de forêts ; qui appartient à la forêt. *Maison forestière :* habitation du garde forestier.

foret n. m. ▪ Instrument servant à forer. → **perceuse, vilebrequin, vrille.**

forêt n. f. ▪ **1** Vaste étendue de terrain couverte d'arbres ; ensemble de ces arbres. → **bois ; sylv(i)-.** ◆ *Eaux et Forêts :* ancien nom de l'administration française chargée des forêts. **2** fig. Ensemble très dense (d'objets hauts et serrés). *Une forêt de mâts.*

forêt-noire n. f. ▪ Gâteau au chocolat fourré de cerises et de crème Chantilly. *Des forêts-noires.*

foreur, euse n. ▪ **1** Spécialiste du forage. **2** n. f. Machine servant à forer.

forfaire v. intr. [60] ; seult inf., indic. prés. (au sing.) et temps composés ▪ vx ou littér. Agir contrairement à ce qu'on a le devoir de faire. ◆ trans. ind. *Forfaire à :* manquer gravement à.

① **forfait** n. m. ▪ littér. Crime énorme.

② **forfait** n. m. ■ Convention fixant par avance le prix d'un travail, etc. ◆ *À FORFAIT* : à un prix fixé d'avance.

③ **forfait** n. m. ■ Indemnité que doit payer le propriétaire d'un cheval engagé dans une course, s'il ne le fait pas courir. ◆ loc. fig. *Déclarer forfait* : abandonner, renoncer.

forfaitaire adj. ■ Qui a rapport à un forfait (②) ; à forfait. *Prix forfaitaire.* ► **forfaitairement** adv.

forfaiture n. f. ■ 1 hist. Violation du serment féodal. 2 littér. Déloyauté. 3 dr. Crime d'un fonctionnaire qui commet de graves infractions aux devoirs de sa charge.

forfanterie n. f. ■ Vantardise impudente.

forficule n. m. ■ zool. Perce-oreille.

forge n. f. ■ 1 Atelier où l'on travaille les métaux au feu et au marteau. 2 Installation où l'on façonne par traitement mécanique les métaux et alliages. 3 *Maître de forges* : industriel possédant une, des fonderies.

forgeage n. m. ■ Action de forger.

forger v. tr. [3] ■ 1 Travailler (un métal, un alliage) à chaud ou à froid (pour lui donner une forme...). → **battre.** ◆ au p. p. *FER FORGÉ* (servant à fabriquer la ferronnerie d'art). 2 Façonner (un objet de métal) à la forge. 3 fig. Élaborer, inventer.

forgeron, onne n. ■ Personne qui travaille le fer au marteau, au feu de la forge.

forgeur, euse n. ■ techn. Personne qui façonne un objet, un métal à la forge (→ **forgeron).**

forint [-int] n. m. ■ Unité monétaire de la Hongrie.

forjeter v. tr. [4] ■ archit. Construire en saillie, hors d'un alignement.

forlancer v. tr. [3] ■ vén. Faire sortir (une bête) de son gîte.

forlane n. f. ■ Ancienne danse italienne à deux temps, vive et animée. ♦ Musique pour cette danse.

forligner v. intr. [1] ■ vx ou littér. Dégénérer, déchoir.

formage n. m. ■ techn. Opération de mise en forme (d'un objet manufacturé).

① se **formaliser** v. pron. [1] ■ Être choqué (d'un manquement au savoir-vivre, etc.).

② **formaliser** v. tr. [1] ■ didact. Donner à (un ensemble de connaissances) des caractères formels. ► **formalisation** n. f.

formalisme n. m. ■ 1 littér. Attachement aux formes, aux formalités, dans la vie sociale. 2 dr. Système dans lequel la validité des actes est soumise à l'observation de formalités. 3 en art Tendance à rechercher la beauté formelle. 4 philos. Doctrine selon laquelle les vérités sont formelles, reposent sur des conventions. 5 didact. Emploi de systèmes formels (II, 3). ► **formaliste** adj. et n.

formalité n. f. ■ 1 Opération prescrite par la loi, la règle et sans laquelle un acte n'est pas légal, valide. 2 Acte social, geste imposé par le respect des convenances. 3 Acte que l'on doit accomplir, mais qui ne présente pas de difficulté. *Une simple formalité.*

format n. m. ■ 1 Dimension caractéristique d'un imprimé (livre, journal). 2 Dimension type (d'une feuille de papier, etc.). 3 Dimension, taille (d'un objet). 4 inform. Organisation des données d'un support d'information.

formater v. tr. [1] ■ anglic., inform. Préparer (un support) à recevoir des données, selon un format. ► **formatage** n. m.

formateur, trice ■ I n. Personne qui forme, éduque. II adj. Qui forme. *Influence formatrice.*

formatif, ive adj. ■ didact. Qui sert à former.

formation n. f. ■ I Action de former, de se former ; manière dont une chose est formée. → **constitution, création, élaboration.** II (Ce qui est formé) 1 Couche de terrain d'origine définie. *Formations sédimentaires.* 2 Disposition d'une troupe. *Formation en carré.* 3 Groupement (de personnes). *Formation politique.* III 1 Éducation intellectuelle et morale. *La formation du goût.* 2 Ensemble de connaissances (dans un métier...) ; leur acquisition. *Formation professionnelle.*

forme n. f. ■ I (Apparence naturelle) 1 Ensemble des contours (d'un objet, d'un être), en fonction de ses parties. → **configuration, conformation, contour, figure.** *Forme allongée.* 2 Être ou objet confusément aperçu. *Une forme imprécise au loin.* 3 Apparence extérieure (d'un objet, d'un être) ; modèle à reproduire. ◆ *En forme de. Sous (la) forme de* : avec l'apparence de. 4 *Les formes* : les contours du corps humain. 5 Contour considéré d'un point de vue esthétique. → **galbe, ligne, modelé.** *Beauté des formes* (→ **plastique).** II (Réalisation d'un fait, d'une notion) 1 Manière dont une notion, un phénomène se présente. *Les différentes formes de la vie.* → **aspect, état, variété.** 2 Variante grammaticale ; aspect sous lequel se présente un mot, un énoncé (→ **morphologie).** *Les formes du féminin.* 3 Manière dont (une pensée, une idée) s'exprime. → **expression, style.** III (idée de conformité à une norme) 1 Manière de procéder, d'agir selon les règles. → **formalité, norme, règle.** ◆ *Pour la forme ; dans les formes*, en respectant les formes habituelles. 2 Aspect d'un acte juridique. *Contrat EN BONNE ET DUE FORME.* IV Condition physique (d'un sportif, etc.). *Être en pleine forme.* ◆ absolt Bonne condition physique et morale. *Être en forme.* V didact. (Principe interne d'unité) **1** Ce qui règle l'exercice de la pensée. *Forme d'un raisonnement.* **2** Entité organisée considérée dans sa structure*. **VI 1** Ce qui sert à donner une forme déterminée à un produit manufacturé. → **gabarit, modèle, patron.** **2** Moule creux.

-forme Élément tiré de *forme*, qui signifie «en forme de» (ex. *cruciforme, cunéiforme*). → **-morphe.**

formel, elle adj. ■ **I** Dont la précision et la netteté excluent tout malentendu. → **clair, explicite, précis.** *Refus formel.* ◆ *Il a été formel.* **II 1** Qui repose sur la forme, qui privilégie la forme par rapport au contenu. **2** Relatif à la forme (d'une œuvre...). *Beauté formelle.* **3** didact. Qui concerne les formes de la pensée ; qui traite et décrit des structures, des relations entre éléments. *Logique formelle.* ► **formellement** adv.

former v. tr. [1] ■ **I 1** Faire naître dans son esprit. *Former un projet.* **2** Créer (un ensemble, une chose complexe). → **constituer.** **3** (sujet chose) Être la cause de. *Dépôts qui forment des sédiments.* **II 1** Façonner en donnant une forme déterminée. *Bien former ses lettres.* **2** Développer, exercer (une aptitude ; l'esprit de qqn). *Former son goût.* **III 1** Constituer en tant qu'élément. *Les personnes qui forment une assemblée.* **2** Prendre la forme de. *La route forme des courbes.* ▷ v. pron. **se former 1** Acquérir une forme. **2** Prendre une forme déterminée. **3** S'instruire, se cultiver... ▷ p. p. adj. **formé, ée**

formiate n. m. ■ chim. Sel ou ester de l'acide formique.

formica n. m. (nom déposé) ■ Matériau stratifié recouvert d'une résine dure.

formidable adj. ■ **1** vieilli Qui inspire une grande crainte. → **effrayant.** **2** Dont la taille, la force, la puissance est très grande. → **énorme, imposant.** **3** fam. Excellent. → **sensationnel.** ► **formidablement** adv.

formique adj. ■ *Acide formique* : liquide corrosif présent dans l'organisme des fourmis, les orties, etc. ◆ *Aldéhyde formique* (antiseptique). → aussi **formol.**

formol n. m. ■ Solution d'aldéhyde formique, employée comme antiseptique.

formulable adj. ■ Qui peut être formulé.

formulaire n. m. ■ **1** Recueil de formules. **2** Imprimé portant une série de questions auxquelles on répond. → **questionnaire.**

formulation n. f. ■ Action de formuler ; manière dont qqch. est formulé.

formule n. f. ■ **I 1** dr. Modèle selon lequel un acte doit être rédigé. **2** Paroles rituelles prononcées dans certaines circonstances (en religion...). **3** Expression dont la coutume commande l'emploi dans certaines circonstances. *Formules de politesse.* **II 1** Expression concise et générale, souvent symbolique, définissant une relation ou une opération. *Formule algébrique.* **2** Solution type (d'un problème) ; manière de procéder. *Trouver la bonne formule.* → **méthode, procédé.** **3** Expression concise, nette et frappante (d'une idée). → **aphorisme, sentence.** **4** Imprimé destiné à recevoir un texte court. → **formulaire.**

formuler v. tr. [1] ■ **1** didact. Rédiger en formule ; faire d'après une formule. *Formuler un problème.* **2** Énoncer avec précision et netteté. **3** Exprimer (par des mots). *Formuler son opinion ; un souhait.*

fornicateur, trice n. ■ relig. ou plais. Personne qui fornique, qui a des relations sexuelles.

forniquer v. intr. [1] ■ relig. Avoir des relations sexuelles coupables. ► **fornication** n. f.

fors prép. ■ vx Excepté, sauf. → **hormis.** «*Tout est perdu, fors l'honneur*» (attribué à François Ier, après la défaite de Pavie).

forsythia [-sja] n. m. ■ bot. Arbuste décoratif à fleurs jaunes.

① **fort, forte** adj. ■ **I 1** (personnes) Qui a de la force physique. → **robuste, vigoureux.** ◆ *La manière forte*, la force. → **force** (V). **2** Considérable par les dimensions. ◆ (euphémisme pour *gros*) → **corpulent.** **3** Qui a une grande force intellectuelle, de grandes connaissances (dans un domaine). → **doué, habile.** **II 1** (choses) Qui résiste. → **solide.** *Papier fort.* **2** (dans des expr.) Fortifié. *Une place forte. Un château fort.* → ③ **fort** (II). **3** (sur le plan moral) Capable de résister au monde extérieur ou à soi-même. → **courageux, ferme.** **III 1** (mouvement, effort physique) Intense. *Un coup très fort.* ◆ (avant le nom) Qui dépasse la normale. *Une forte fièvre.* **2** Dont l'intensité a une grande action sur les sens. *Voix forte. Moutarde forte.* **3** (abstrait) Intense. *Faire une forte impression sur qqn.* **4** Difficile à croire ou à supporter par son caractère excessif. *C'est un peu fort !* **5** (personnes) Qui a un grand pouvoir d'action, de l'influence. → **puissant.** ◆ loc. *ÊTRE FORT DE* : puiser sa force dans. *Fort de son innocence.* ◆ *SE FAIRE FORT DE* (*fort* invar.) : se dire capable de. → se **targuer** de. **6** Qui a la force (II) et n'hésite pas à l'employer. *Gouvernement fort.* **7** Qui agit efficacement, produit des effets importants (qualités morales ou intellectuelles). «*L'amour est fort comme la mort*» (Bible). **8** *Monnaie forte*, à cours élevé et stable.

② **fort** adv. ■ **I 1** Avec de la force physique, en fournissant un effort. *Frapper fort.* **2** Avec intensité. ◆ *Y ALLER FORT* : exagérer. **II** littér. → **beaucoup.** *J'en doute fort.* ◆ → **très.** *Un homme fort occupé. Fort bien !*

③ **fort** n. m. ▪ **I** (personnes) **1** *Les forts des Halles :* les employés de la Halle de Paris. **2** Personne qui a la force, la puissance (matérielle). → **puissant. 3** Personne qui a de la force morale. **II** Ouvrage fortifié. → **forteresse, fortin. III 1** (après un poss. ; surtout négatif) Ce en quoi qqn est fort, excelle. *Le courage n'est pas son fort.* **2** *AU FORT DE l'été.* → **cœur, milieu.**

forte [fɔʀte] adv. ▪ mus. Fort (opposé à *piano*).

fortement adv. ▪ **1** Avec force. → ②**fort.** – *Espérer fortement.* → **profondément. 2** Très. *Il a été fortement ému.* → **vivement.**

forteresse n. f. ▪ Lieu fortifié pour défendre une ville, etc. → **citadelle,** ③**fort.**

fortiche adj. et n. ▪ fam. Fort ; habile, malin.

fortifiant, ante adj. ▪ Qui fortifie. → **reconstituant, tonique.** – n. m. → **remontant.**

fortification n. f. ▪ **1** Action de fortifier. **2** souvent plur. Ouvrages fortifiés destinés à la défense d'une position, d'une place. → **bastion, citadelle,** ③**fort, forteresse, fortin.** ♦ au plur. Les anciennes fortifications de Paris. – abrév. fam. Les **fortifs.**

fortifier v. tr. [7] ▪ **I** Rendre fort, vigoureux ; donner plus de force à. ♦ fig. *Le temps fortifie l'amitié.* → **renforcer. II** Munir d'ouvrages de défense. – au p. p. *Ville fortifiée.*

fortin n. m. ▪ Petit fort (③, II).

a **fortiori** → **a fortiori**

fortissimo adv. ▪ mus. Très fort.

fortran n. m. ▪ inform. Langage informatique évolué, pour le calcul scientifique.

fortuit, uite adj. ▪ Qui arrive par hasard, de manière imprévue. ▸ **fortuitement** adv.

fortune n. f. ▪ **I 1** littér. → **hasard, sort. 2** (dans des expr.) Événement ou suite d'événements considérés dans ce qu'ils ont d'heureux ou de malheureux. *Bonne, mauvaise fortune.* – *DE FORTUNE :* improvisé pour parer au plus pressé. *Une installation de fortune.* ♦ loc. *À la fortune du pot :* sans préparatifs ni façons (→ à la bonne franquette). **II** Ensemble important des biens, des richesses (de qqn). → **argent, capital, richesse** ♦ par métonymie *Les plus grandes fortunes d'un pays,* les gens les plus fortunés.

fortuné, ée adj. ▪ **1** vx Heureux. **2** Qui a de la fortune (II). → **aisé, riche.**

forum [-ɔm] n. m. ▪ **1** Antiq. Place où se discutaient les affaires publiques à Rome (→ aussi agora). **2** Réunion-débat.

forure n. f. ▪ techn. Trou fait avec un foret.

fosse n. f. ▪ **1** Trou creusé dans le sol et aménagé. – *Fosse d'aisances,* destinée à recevoir les matières fécales. *Fosse septique*.* ♦ *Fosse d'orchestre :* espace devant la scène, en contrebas. **2** Trou creusé en terre pour l'inhumation des morts. → **tombe ; fossoyeur. 3** Cavité naturelle. *Fosses nasales.*

fossé n. m. ▪ **1** Fosse creusée en long dans le sol. **2** fig. Coupure. *Le fossé des générations.*

fossette n. f. ▪ Petit creux dans une partie charnue (joues, menton, etc.).

fossile ▪ **I 1** adj. Se dit des débris ou des empreintes d'espèces disparues, conservés dans les dépôts sédimentaires. **2** n. m. *Science des fossiles.* → **paléontologie. II** adj. fig. Archaïque. ♦ n. m. Personne aux idées archaïques.

fossilifère adj. ▪ géol. Qui contient des fossiles.

fossiliser v. tr. [1] ▪ Rendre fossile ; amener à l'état de fossile. ▹ v. pron. se **fossiliser** ▹ p. p. **fossilisé, ée** ▸ **fossilisation** n. f.

fossoyeur, euse n. ▪ **1** Personne qui creuse les fosses dans un cimetière. **2** littér. Personne qui anéantit qqch. *Les fossoyeurs d'un régime.*

① **fou** (ou **fol**), **folle** ▪ **I** n. **1** Personne atteinte de troubles, de désordres mentaux (ne s'emploie plus en psychiatrie). → **aliéné, dément.** ♦ fig. *«La folle du logis»* (Malebranche) : l'imagination. **2** Personne qui se comporte d'une manière extravagante. **3** fam. *FOLLE* n. f. Homosexuel efféminé. **4** Personne d'une gaieté exubérante. *Faire le fou* (→ **folâtrer). 5** *Un fou de :* un fanatique, un passionné de. **II** adj. (*fol* devant un n. sing. commençant par une voyelle ou un *h* aspiré : *fol espoir, fol hasard ;* sinon par archaïsme) **1** cour. Atteint de désordres mentaux. **2** Qui est hors de soi. *Être fou de joie.* **3** *FOU DE :* qui a un goût extrême pour. → **passionné ; fanatique. 4** Qui agit, se comporte d'une façon peu sensée. → **anormal, bizarre.** *Il est fou à lier.* – *Regard fou.* → **hagard.** *FOU RIRE :* rire que l'on ne peut réprimer. ♦ Contraire à la raison. → **absurde, déraisonnable.** *Idée folle.* **5** (après le n.) Dont le mouvement est irrégulier. *Moteur fou.* fam. *Patte folle :* jambe qui boite. – *Herbes folles.* **6** (après le n.) → **énorme, prodigieux.** *Il y avait un monde fou.* **III** n. m. **1** ancienn Bouffon (d'un roi...). ♦ Personnage parodique qui jouait la déraison. *La fête des fous.* **2** Pièce du jeu d'échecs qui se déplace en diagonale.

② **fou** n. m. ▪ Oiseau marin palmipède plongeur. *Fou de Bassan.*

fouace n. f. ▪ vx ou région. Galette cuite au four. → **fougasse.**

fouacier n. m. ▪ vx Celui qui fait, vend des fouaces.

fouage n. m. ▪ féodalité Redevance qui se payait par foyer.

fouailler v. tr. [1] ▪ littér. **1** Frapper de coups de fouet. **2** fig. Stimuler ou attaquer.

foucade n. f. ▪ littér. Caprice. → **toquade.**

① **foudre** ▪ **I** n. f. **1** Décharge électrique qui se produit par temps d'orage, avec un éclair et une détonation (→ **tonnerre**). **2** *Coup de foudre* : manifestation subite de l'amour dès la première rencontre. **3** au plur. Condamnation, reproches. **II** n. m. vieilli *Un foudre de guerre* : un grand capitaine.

② **foudre** n. m. ▪ techn. Grand tonneau.

foudroiement n. m. ▪ Action de foudroyer ; fait d'être foudroyé.

foudroyer v. tr. 8 ▪ **1** (surtout passif) Frapper, tuer par la foudre (ou par une décharge électrique → **électrocuter**). **2** Tuer, anéantir avec soudaineté. ➝ par exagér. *Foudroyer qqn du regard.* ► **foudroyant, ante** adj.

fouet n. m. ▪ **I 1** Instrument formé d'une lanière de cuir ou d'une cordelette au bout d'un manche (→ **cravache, knout, martinet**). **2** loc. fig. *Coup de fouet* : excitation, impulsion vigoureuse. **3** loc. adv. *De plein fouet* : de face et violemment. **II** Ustensile servant à battre les sauces, etc.

fouettard, arde adj. ▪ *PÈRE FOUETTARD*, personnage dont on menaçait les enfants.

fouetté, ée adj. ▪ *Crème fouettée*, battue vivement. → **chantilly.**

fouettement n. m. ▪ Action de fouetter.

fouetter v. 1 ▪ **I** v. tr. **1** Frapper avec un fouet. ➝ loc. *Avoir d'autres chats à fouetter*, autre chose à faire. **2** (sujet chose) Frapper comme avec un fouet. **3** Battre vivement. **4** fig. Exciter, stimuler. **II** v. intr. **1** Frapper comme le fait un fouet. **2** vulg. Sentir mauvais.

foufou, fofolle adj. ▪ fam. Un peu fou, folle ; léger et folâtre.

foufoune n. f. ▪ fam. Sexe de la femme. ➝ dimin. *FOUFOUNETTE* n. f. fam. (même sens).

fougasse n. f. ▪ région. Galette cuite au four (pâte à pain).

fougeraie n. f. ▪ Lieu où poussent les fougères.

fougère n. f. ▪ Plante cryptogame à tige rampante souterraine, à grandes feuilles très découpées.

fougue n. f. ▪ Ardeur impétueuse. → **élan, enthousiasme.** *La fougue de la jeunesse.*

fougueux, euse adj. ▪ Qui a de la fougue. → **impétueux.** ► **fougueusement** adv.

fouille n. f. ▪ **1** (surtout au plur.) Excavation pratiquée dans la terre pour découvrir et étudier les ruines de civilisations disparues. **2** Excavation faite dans la terre (pour les constructions, etc.). **3** Action d'explorer en vue de découvrir qqch. de caché (→ **fouiller** (I, 2)). **4** fam. Poche.

fouillé, ée adj. ▪ Approfondi dans le détail. *Une étude fouillée.*

fouille-merde n. ▪ fam. Personne qui fouine dans les moindres détails de la vie des autres.

fouiller v. 1 ▪ **I** v. tr. **1** Creuser (un sol, un emplacement), notamment pour mettre à découvert ce qui peut être enfoui. **2** Explorer avec soin. *Fouiller un appartement.* ➝ par ext. *Fouiller qqn.* **3** Travailler les détails de. **II** v. intr. **1** Faire un creux dans le sol (→ **fouir**). **2** Explorer en déplaçant tout ce qui peut cacher ce que l'on cherche. ➝ fig. *Fouiller dans son passé.*

fouillis n. m. ▪ fam. Entassement d'objets disparates réunis pêle-mêle. → **désordre.**

fouine n. f. ▪ Petit mammifère carnivore à corps mince et museau allongé.

fouiner v. intr. 1 ▪ fam. Fouiller indiscrètement. → **fureter.** ► **fouineur, euse** adj. et n.

fouir v. tr. 2 ▪ (animaux dits *fouisseurs*) Creuser (la terre, le sol). → **fouiller.**

fouisseur, euse n. m. et adj. ▪ (animaux) Qui creuse le sol avec facilité.

foulage n. m. ▪ techn. Action de fouler (1).

foulant, ante adj. ▪ **I** Qui élève le niveau d'un liquide par pression. *Pompe aspirante et foulante.* **II** fam. Fatigant.

foulard n. m. ▪ Écharpe ou carré de tissu.

foule n. f. ▪ **1** Multitude de personnes rassemblées en un lieu. → **affluence.** *Foule en désordre.* → **cohue. 2** *LA FOULE* : le commun des humains. → **masse, multitude. 3** *UNE FOULE DE* : un grand nombre de. ♦ *EN FOULE* : en masse, en grand nombre.

foulée n. f. ▪ Appui que le cheval prend sur le sol à chaque temps de sa course ; mouvement effectué à chaque temps de galop. ♦ Enjambée de l'athlète en course. ♦ loc. fig. *DANS LA FOULÉE* : sur son élan.

fouler v. tr. 1 ▪ **1** Presser (qqch.) en appuyant à plusieurs reprises, avec les mains, les pieds, un outil. *Fouler des cuirs, du drap. Fouler le raisin.* **2** littér. Presser (le sol) en marchant dessus. ➝ *FOULER AUX PIEDS.* → **piétiner** (II, 1 et 2). **3** Blesser en donnant une foulure. *Se fouler la cheville.* ♦ pronom. fam. *Ne pas se fouler* : ne pas se fatiguer.

fouloir n. m. ▪ Instrument servant à fouler (1).

foulon n. m. ▪ techn. *Terre à foulon* : argile utilisée pour le dégraissage du drap avant foulage.

foulque n. f. ▪ Oiseau échassier au plumage noir, voisin de la poule d'eau.

foultitude n. f. ▪ fam. Foule, grande quantité.

foulure n. f. ▪ Légère entorse.

① **four** n. m. ■ I 1 Ouvrage de maçonnerie muni d'une ouverture, où l'on fait cuire le pain, la pâtisserie. → **fournil.** 2 Partie fermée d'une cuisinière ou appareil où l'on peut faire cuire les aliments. 3 Appareil dans lequel on soumet des matières à une chaleur intense, pour obtenir des transformations physiques ou chimiques. → **fourneau.** II *Petit four* : petit gâteau.

② **four** n. m. ■ (spectacle) Échec complet.

fourbe adj. ■ Qui trompe ou agit mal en se cachant, en feignant. → **hypocrite, sournois.** ◆ n. *Un fourbe.* ▶ **fourberie** n. f.

fourbi n. m. ■ fam. 1 Les armes, les objets que possède un soldat. → **barda, fourniment.** 2 Les affaires, les effets que possède qqn. 3 Choses en désordre.

fourbir v. tr. 2 ■ Nettoyer (un objet de métal) de façon à rendre brillant. ◆ littér. *Fourbir ses armes* : se préparer au combat. ▶ **fourbissage** n. m.

fourbu, ue adj. ■ Harassé, épuisé.

fourche n. f. ■ 1 Instrument agricole à long manche muni de deux dents ou plus. 2 Disposition en forme de fourche. ◆ *Fourche de bicyclette,* partie du cadre où est fixée la roue. 3 loc. (allus. à l'histoire romaine) *Passer sous les fourches caudines* : subir une cuisante humiliation.

fourchée n. f. ■ agric. Quantité (de foin, paille, etc.) qu'on prend à la fois avec une fourche.

fourcher v. intr. 1 ■ loc. *La langue lui a fourché,* il a dit un mot au lieu d'un autre.

fourchet n. m. ■ vétér. Maladie du pied du mouton et de la vache.

fourchette n. f. ■ I 1 Ustensile de table, à dents, dont on se sert pour piquer les aliments et les porter à la bouche. ◆ loc. *Avoir un bon coup de fourchette,* être gros mangeur. 2 techn. Pièce en forme de fourchette. II Écart entre deux valeurs extrêmes.

fourchon n. m. ■ techn. Dent (d'une fourche, d'une fourchette).

fourchu, ue adj. ■ Qui a la forme, l'aspect d'une fourche ; qui fait une fourche.

① **fourgon** n. m. ■ vieilli Tisonnier.

② **fourgon** n. m. ■ 1 Long véhicule couvert pour le transport de bagages, d'animaux, etc. 2 Wagon servant au transport des bagages.

fourgonner v. intr. 1 ■ 1 vieilli Remuer avec un fourgon (①). 2 Fouiller (dans qqch.) en dérangeant tout. → **fourrager.**

fourgonnette n. f. ■ Petite camionnette.

fourguer v. tr. 1 ■ 1 argot Vendre à un receleur (un *fourgue*). 2 fam. Placer (une mauvaise marchandise). → **refiler.**

fouriérisme n. m. ■ Doctrine sociale et politique de Charles Fourier. ▶ **fouriériste** adj. et n.

fourme n. f. ■ Fromage de lait de vache à pâte ferme, chauffée et pressée.

fourmi n. f. ■ 1 Petit insecte hyménoptère qui vit en colonies nombreuses et organisées dans des fourmilières. 2 loc. *Avoir des fourmis dans les membres,* des picotements. 3 *Un travail de fourmi,* accompli obstinément. ◆ *C'est une fourmi,* une personne laborieuse.

fourmilier n. m. ■ Mammifère à langue visqueuse qui se nourrit de fourmis et de termites (→ **tamanoir**).

fourmilière n. f. ■ 1 Colonie de fourmis. 2 fig. Lieu où s'agite une multitude de personnes.

fourmilion ou **fourmi-lion** n. m. ■ Insecte dont la larve se nourrit des fourmis qui tombent dans un trou qu'elle a creusé.

fourmillant, ante adj. ■ Qui s'agite, qui grouille. → **grouillant.**

fourmillement n. m. ■ 1 Agitation désordonnée et continuelle d'une multitude d'êtres. 2 Sensation comparable à celle de fourmis courant sur la peau.

fourmiller v. intr. 1 ■ 1 S'agiter en grand nombre. → **grouiller, pulluler.** 2 Être le siège d'un picotement. → **démanger.**

fournaise n. f. ■ 1 Feu ardent. 2 Endroit très chaud, surchauffé.

fourneau n. m. ■ 1 Four dans lequel on soumet à un feu violent des substances à fondre, à calciner. ◆ *HAUT FOURNEAU,* destiné à fondre le minerai de fer. 2 Petite cuisinière à bois, à charbon... 3 *Fourneau de mine* : cavité garnie d'explosifs. 4 Partie évasée (d'une pipe) où brûle le tabac.

fournée n. f. ■ 1 Quantité de pain que l'on fait cuire à la fois dans un four. 2 fig. Ensemble, groupe de personnes.

fournil [-ni] n. m. ■ Local où est placé le four du boulanger et se pétrit la pâte.

fourniment n. m. ■ Ensemble des objets composant l'équipement (du soldat, etc.).

fournir v. tr. 2 ■ I v. tr. dir. 1 *Fournir qqn en qqch.,* pourvoir de ce qui est nécessaire. → **approvisionner.** ◆ pronom. → se **ravitailler,** se **servir.** 2 *Fournir qqch. à qqn,* le lui faire avoir. *Je vous en fournirai les moyens.* ◆ Procurer (à un client). → **vendre ; livrer.** 3 Produire. *Fournir un effort.* II v. tr. ind. vieilli *FOURNIR À* : contribuer à. *Fournir à la dépense.* ▷ adj. **fourni, ie** 1 Approvisionné, pourvu. 2 Où la matière abonde. *Barbe fournie.* → **dru.**

fournisseur, euse n. ■ Personne qui fournit des marchandises à un client, à un marchand.

fourniture n. f. ▪ **1** Action de fournir. **2** Ce qu'on fournit, ce qu'on livre (surtout plur.). *Fournitures scolaires.*

fourrage n. m. ▪ Plantes servant à la nourriture du bétail.

① **fourrager, ère** adj. ▪ Qui fournit du fourrage. *Betterave fourragère.*

② **fourrager** v. 3 ▪ **1** v. intr. Chercher en mettant du désordre. *Fourrager dans un tiroir.* **2** v. tr. Mettre en désordre en manipulant. *Fourrager des papiers.*

fourragère n. f. ▪ **I 1** Champ consacré à la production du fourrage. **2** Charrette servant au transport du fourrage. **II** Ornement, insigne formé d'une tresse agrafée à l'épaule.

fourre n. f. ▪ (Suisse) **1** Taie d'oreiller, housse de couette. **2** Enveloppe qui protège un livre, un disque.

① **fourré** n. m. ▪ Massif épais et touffu de végétaux de taille moyenne.

② **fourré, ée** adj. ▪ **1** Doublé de fourrure. **2** Dont on a garni l'intérieur. *Bonbons fourrés.* **3** *COUP FOURRÉ* : coup en traître.

fourreau n. m. ▪ **1** Enveloppe allongée, destinée à recevoir une chose de même forme. → **étui, gaine.** **2** Robe de femme très moulante.

fourrer v. tr. 1 ▪ **I 1** Doubler de fourrure, de ce qui tient chaud. **2** Garnir l'intérieur de (une confiserie...). **II 1** Faire entrer, mettre (dans une chose creuse). *Fourrer ses mains dans ses poches.* **2** Faire entrer brutalement ou sans ordre. → **enfourner, mettre.** *Fourrer des objets dans un sac.* ➛ *Fourrer qqch.* (une idée...) *dans la tête, le crâne de qqn* (pour le lui faire croire, apprendre, etc.). **3** Placer sans soin. *Où ai-je fourré mes lunettes ?* ▷ v. pron. **se fourrer** (personnes) **1** Se mettre, se placer (quelque part). **2** *Se fourrer dans une mauvaise affaire.* → **se jeter.**

fourre-tout n. m. invar. ▪ fam. Endroit, sac où l'on met toutes sortes de choses.

fourreur n. m. ▪ Personne qui confectionne et vend des vêtements de fourrure.

fourrier n. m. ▪ Sous-officier chargé du cantonnement des troupes, des distributions de vivres.

fourrière n. f. ▪ Lieu de dépôt d'animaux, de voitures, saisis et retenus par la police.

fourrure n. f. ▪ **1** Peau d'animal munie de son poil, préparée pour servir de vêtement, etc. (→ **pelleterie**). **2** Pelage épais.

fourvoyer v. tr. 8 ▪ littér. **1** Mettre hors de la voie, détourner du bon chemin. **2** fig. Tromper, égarer. ▷ v. pron. **se fourvoyer** Faire fausse route, se tromper. ▶ **fourvoiement** n. m.

foutaise n. f. ▪ fam. Chose sans intérêt.

foutoir n. m. ▪ fam. Grand désordre.

① **foutre** v. tr. (*je fous, nous foutons ; je foutais ; je foutrai ; je foutrais ; que je foute, que nous foutions ; foutant, foutu* ; inusité aux passés simple et antérieur de l'indic., aux passé et plus-que-parfait du subj.) ▪ **I** vx, vulg. Posséder sexuellement. ➛ mod., fig., fam. *Va te faire foutre !* **II** fam. **1** *Qu'est-ce que ça peut me foutre ?* → **faire.** **2** Donner (avec violence). *Foutre une baffe à qqn.* → **flanquer.** ➛ Mettre. *Il a tout foutu par terre.* ➛ loc. *Foutre le camp,* s'en aller. *Ça la fout mal,* c'est fâcheux. ▷ v. pron. **se foutre** fam. **1** Se mettre. *Se foutre par terre.* ♦ Se donner. *Se foutre un coup.* **2** *Se foutre de..., que...* → **se moquer.**

② **foutre** interj. ▪ vulg. → **fichtre.**

③ **foutre** n. m. ▪ vulg. Sperme.

foutrement adv. ▪ fam. Beaucoup, très.

foutriquet n. m. ▪ fam. Personnage insignifiant, incapable.

foutu, ue adj. ▪ **1** (avant le n.) Mauvais. *Il a un foutu caractère.* **2** (après le n.) Perdu, ruiné. **3** Dans tel ou tel état. → ① **fichu** (3).

fox-hound [fɔksaund] n. m. ▪ Chien courant de grande taille. *Des fox-hounds.*

fox-terrier ou **fox** [fɔks] n. m. ▪ Chien terrier à poils lisses et durs, blancs avec des taches fauves ou noires. *Des fox-terriers.*

fox-trot [fɔkstʀɔt] n. m. invar. ▪ Danse d'origine américaine, d'allure saccadée.

foyard → **fayard**

foyer n. m. ▪ **I 1** Espace aménagé dans une maison pour y faire du feu. → **âtre.** **2** Feu qui brûle dans cet espace. ➛ *Foyer d'incendie,* brasier d'où se propage l'incendie. **3** Partie fermée (d'un appareil de chauffage) où brûle le combustible. **II 1** Lieu où habite la famille. ➛ La famille. *Fonder un foyer.* ➛ au plur. *Rentrer dans ses foyers,* chez soi. **2** Lieu de réunion, d'asile... *Foyer d'étudiants.* **3** Salle d'un théâtre où se retrouvent les spectateurs pendant l'entracte. **III 1** Point d'où rayonne la chaleur, la lumière. ➛ Point où convergent des rayons lumineux (→ **focal**). **2** Point par rapport auquel se définit une courbe. *Foyers d'une ellipse.* **3** Lieu d'origine (d'un phénomène). ➛ *Foyer d'infection.*

Fr ▪ Symbole chimique du francium.

frac n. m. ▪ Habit d'homme, noir et à basques.

fracas n. m. ▪ Bruit violent. ➛ loc. *Avec perte et fracas,* brutalement.

fracassant, ante adj. ▪ **1** Très bruyant. **2** fig. Qui fait sensation. → **retentissant.**

fracasser v. tr. 1 ▪ Mettre en pièces, briser avec violence. ▷ v. pron. **se fracasser**

fractal, ale, als adj. ▪ math. Se dit d'une figure (une *fractale* n. f.) dont le motif se trouve indéfiniment répété à des échelles de plus en plus fines.

fraction n. f. ▪ **I** vx ou relig. Action de briser. **II 1** Nombre rationnel (représenté par un dénominateur et un numérateur). **2** Partie d'une totalité. *Une fraction de seconde.*

fractionnaire adj. ▪ Qui est sous forme de fraction.

fractionnel, elle adj. ▪ Qui tend à diviser.

fractionner v. tr. [1] ▪ Diviser (une totalité) en parties, en fractions. ➝ pronom. *Se fractionner en trois groupes.* → se **scinder.** ► **fractionnement** n. m.

fractionnisme n. m. ▪ polit. Attitude tendant à briser l'unité d'un groupe ou d'un parti politique. ► **fractionniste** n. et adj.

fracturation n. f. ▪ techn. *Fracturation hydraulique :* fissuration des couches productrices d'hydrocarbures par injection d'un fluide à très haute pression.

fracture n. f. ▪ **1** Rupture d'un os. *Fracture ouverte,* avec plaie. **2** Cassure (de l'écorce terrestre...). → **faille. 3** fig. Rupture, cassure (d'un équilibre...). *Fracture sociale* (séparation en groupes cloisonnés).

fracturer v. tr. [1] ▪ **1** Blesser par une fracture. **2** Briser (qqch.) avec effort.

fragile adj. ▪ **1** Qui se casse facilement. → **cassant. 2** (personnes) De constitution faible. → **délicat.** ➝ *Une santé fragile.* ♦ Qui manque de résistance psychique. **3** Facile à ébranler, précaire. *Autorité fragile.*

fragiliser v. tr. [1] ▪ Rendre plus fragile. → **affaiblir.** ➝ fig. Rendre plus précaire. *Gouvernement fragilisé par les scandales.*

fragilité n. f. ▪ **1** Manque de solidité (de qqch.). **2** Faiblesse de constitution. ➝ Manque de résistance psychique. **3** Caractère éphémère. *La fragilité de la vie.*

fragment n. m. ▪ **1** Morceau d'une chose qui a été cassée. → **débris, éclat. 2** Partie (d'une œuvre...). → **extrait, passage.**

fragmentaire adj. ▪ À l'état de fragments.

fragmenter v. tr. [1] ▪ Partager en fragments. → **morceler.** ► **fragmentation.** n. f.

fragon n. m. ▪ Arbrisseau vivace épineux à baies rouges, appelé aussi *petit houx.*

fragrance n. f. ▪ littér. Odeur agréable.

fragrant, ante adj. ▪ littér. Qui exhale une odeur subtile et agréable.

frai n. m. ▪ **1** Ponte des œufs (poissons). **2** Œufs (de batraciens, de poissons).

à la **fraîche** loc. adv. ▪ À l'heure où il fait frais (matin ou soir).

fraîchement adv. ▪ **1** Depuis très peu de temps. → **récemment. 2** Avec une froideur marquée. → **froidement.**

fraîcheur n. f. ▪ **I 1** Propriété de ce qui est frais (I, 1). **2** Température fraîche. ♦ Sensation de fraîcheur. **II 1** Qualité d'un produit frais, non altéré. **2** Qualité de ce qui a un aspect sain, vigoureux, éclatant.

fraîchin n. m. ▪ Odeur de poisson frais, de marée.

fraîchir v. intr. [2] ▪ Devenir frais, ou plus frais. ➝ mar. *Le vent fraîchit.* → **forcir.**

① **frais, fraîche** adj. ▪ **I 1** Un peu froid. *Un vent frais.* ➝ adv. *Il fait frais ce matin.* ➝ n. m. *Prendre le frais,* respirer l'air frais du dehors. **2** fig. Sans chaleur, sans cordialité. **II 1** Qui vient d'arriver, de se produire, d'être fait. → **neuf, nouveau, récent.** *De fraîche date,* récent. ➝ *Peinture fraîche,* pas encore séchée. ➝ adv. → **fraîchement** (1). *Un collègue frais émoulu* de l'université.* **2** Qui est tout nouvellement produit, n'a rien perdu de ses qualités naturelles. *Du pain frais.* **3** Qui a ou garde des qualités d'éclat, de vitalité, de jeunesse. *Être frais et dispos.* ➝ *Avoir le teint frais.* **4** fam. Dans une fâcheuse situation. *Nous voilà frais !* → **propre. 5** En bon état, dans l'aspect du neuf. **6** Qui donne une impression de pureté, de jeunesse. *Couleurs fraîches.*

② **frais** n. m. pl. ▪ **1** Dépenses occasionnées par une opération. ➝ loc. *Rentrer dans ses frais,* en être remboursé par un gain (→ **défrayer**). ♦ *FAUX FRAIS :* dépense supplémentaire accidentelle. **2** loc. *À grands frais,* en dépensant beaucoup ; fig. en se donnant de la peine. *Aux frais de qqn,* les frais étant couverts par lui. ➝ *Se mettre EN FRAIS :* s'engager dans des dépenses ; fig. faire des efforts. ➝ *FAIRE LES FRAIS DE qqch.,* en être la victime. ➝ fam. *Arrêter les frais :* cesser de se donner du mal inutilement.

① **fraise** n. f. ▪ **1** Fruit du fraisier. **2** loc. fam. *Sucrer les fraises,* être agité d'un tremblement (malades...). **3** fam. Figure, visage.

② **fraise** n. f. ▪ **1** techn. Outil pour usiner le bois, le métal. **2** Roulette de dentiste.

③ **fraise** n. f. ▪ **I** Membrane qui enveloppe les intestins du veau, etc. **II** Grand col blanc, plissé et empesé, porté au XVIe siècle.

fraiser v. tr. [1] ▪ techn. Évaser l'orifice de (un trou). ➝ Usiner (un matériau) à l'aide d'une fraise. ► **fraisage** n. m. techn.

fraiseraie n. f. ▪ Plantation de fraisiers.

fraiseur, euse n. ▪ techn. **1** Ouvrier, ouvrière qualifié(e) qui exécute des travaux de fraisage. **2** n. f. Machine-outil servant à fraiser les métaux.

fraisier n. m. ▪ **I** Plante qui produit les fraises. **II** Génoise à la crème et aux fraises.

fraisil n. m. ▪ techn. Cendre de charbon de terre incomplètement brûlé.

fraisure n. f. ■ Évasement conique pratiqué avec une fraise (②, 1).

framboise n. f. ■ 1 Fruit du framboisier, de couleur rouge sombre, très parfumé. 2 Liqueur, eau-de-vie de framboise.

framboisier n. m. ■ Arbrisseau qui produit les framboises.

framée n. f. ■ hist. Long javelot dont se servaient les Francs.

① **franc, franque** [fʀɑ̃, fʀɑ̃k] n. et adj. ■ hist. Membre de peuplades germaniques qui envahirent la Gaule.

② **franc, franche** [fʀɑ̃, fʀɑ̃ʃ] adj. ■ I 1 vx Libre. ➛ mod. (dans des loc.) Sans entrave, ni obligation. *Avoir les coudées* franches.* ➛ CORPS FRANCS (troupes). → **franc-tireur.** ➛ COUP FRANC (football, etc.) : coup tiré sans opposition de l'adversaire, pour sanctionner une faute. 2 Exempt de charges, taxes. *Zone franche.* II 1 Qui s'exprime ou se présente ouvertement, sans artifice. → **droit, honnête, loyal, sincère.** ♦ loc. *Jouer* FRANC JEU : agir loyalement. 2 Qui présente des caractères de naturel. *Couleurs franches,* tranchées. 3 (avant le nom) péj. Qui est véritablement tel. → **vrai.** *Une franche canaille.* 4 adv. *À parler franc,* franchement.

③ **franc** [fʀɑ̃] n. m. ■ 1 Ancienne unité monétaire de la France (avant l'euro), divisée en cent centimes. 2 *Franc (belge), franc (luxembourgeois)* : ancienne unité monétaire de la Belgique, du Luxembourg (avant l'euro). *Franc suisse* : unité monétaire de la Suisse.

français, aise adj. et n. ■ 1 adj. Qui appartient, est relatif à la France et à ses habitants. ➛ n. *Un Français, une Française* : personne de nationalité française, ou qui est originaire de France. 2 n. m. Langue romane parlée en France, Belgique, Suisse, au Luxembourg, au Canada, et comme seconde langue en Afrique, etc. (→ **francophonie**). *Ancien français* (IXe-XIIIe s.) ; *moyen français* (XIVe-XVIe s.) ; *français classique* (XVIIe-XVIIIe s.) ; *français moderne.* ♦ adj. *La grammaire française.*

franc-bord n. m. ■ dr. Terrain libre de propriétaire, en bordure d'une rivière ou d'un canal.

franc-bourgeois n. m. ■ Au Moyen Âge, Habitant d'une ville exempt des charges municipales.

francfort [fʀɑ̃k-] n. f. ■ Saucisse de Francfort.

franchement adv. ■ 1 Sans hésitation. → **carrément.** 2 Sans équivoque, clairement. ➛ (devant un adj.) Indiscutablement. 3 Sans détour, sans dissimulation. → **loyalement.**

franchir v. tr. [2] ■ 1 Passer par-dessus (un obstacle), en sautant, en grimpant. ➛ fig. Surmonter, vaincre (une difficulté). 2 Aller au-delà de (une limite). *Franchir une frontière.* 3 Traverser (un passage).

franchisage n. m. ■ dr. Contrat par lequel une entreprise concède à une autre le droit d'exploiter sa marque moyennant une redevance.

franchise n. f. ■ I 1 anciennt Droit qui limitait l'autorité souveraine au profit d'une ville, etc. 2 *Franchise (d'assurance),* partie des dommages non garantie par l'assureur. ♦ Exemption (d'une taxe). *Franchise postale.* 3 *Commerce en franchise,* dont l'exploitant est lié par contrat à une marque et à ses produits. II Qualité d'une personne franche. → **droiture, loyauté, sincérité.**

franchisé, ée adj. ■ Qui exploite la marque d'une entreprise par un contrat de franchisage. *Magasin franchisé.* ➛ n. *Le franchisé et son franchiseur.*

franchiseur n. m. ■ Entreprise qui met sa marque à la disposition d'une autre entreprise par un contrat de franchisage.

franchissable adj. ■ Qui peut être franchi.

franchissement n. m. ■ Fait de franchir.

franchouillard, arde adj. ■ péj. Caractéristique des défauts du Français moyen.

francien, ienne n. m. et adj. ■ ling. Parler issu des dialectes centraux de langue d'oïl, au Moyen Âge, devenu le noyau de la langue nationale. ♦ adj. *La grammaire francienne.*

francique n. m. ■ ling. 1 Langue germanique des Francs. 2 Dialecte allemand.

franciscain, aine n. ■ Religieux(euse) de l'ordre fondé par saint François d'Assise.

franciser v. tr. [1] ■ Donner une forme française à (un mot). ➛ au p. p. *« Gazole » est un anglicisme francisé.* ► **francisation** n. f.

francisque n. f. ■ 1 Hache de guerre des Francs. 2 Emblème du pétainisme.

francité n. f. ■ didact. Ensemble des caractères propres à la culture française.

francium [-jɔm] n. m. ■ chim. Élément alcalin radioactif (symb. Fr ; n° at. 87 ; masse at. 223).

franc-jeu n. m. et adj. invar. ■ Recomm. off. pour *fair-play.*

franc-maçon, onne [fʀɑ̃-] n. ■ Membre de la franc-maçonnerie. *Les francs-maçons.* ➛ adj. *Association franc-maçonne.*

franc-maçonnerie [fʀɑ̃-] n. f. ■ 1 Association internationale, de caractère mutualiste et philanthropique, de nature initiatique et ésotérique. 2 péj. → **coterie.**

franc-maçonnique adj. ■ Maçonnique. *Symboles franc-maçonniques.*

franco adv. ■ 1 Sans frais de transport. *Franco de port.* 2 fam. Franchement, carrément.

franco- Élément tiré de *français.*

franco-français, aise adj. ▪ **1** Qui concerne les rapports entre groupes de Français. **2** Inhérent aux Français. → **franchouillard. 3** ling. Propre au français de France.

francolin n. m. ▪ Oiseau voisin de la perdrix, très répandu en Afrique.

francophile adj. et n. ▪ Qui aime la France et les Français. ► **francophilie** n. f.

francophobe adj. et n. ▪ Hostile à la France et aux Français. ► **francophobie** n. f.

francophone adj. ▪ **1** Qui parle habituellement le français. ◆ n. *Les francophones d'Afrique.* **2** De la francophonie.

francophonie n. f. ▪ Ensemble des peuples francophones.

franco-provençal, ale, aux n. m. et adj. ▪ Ensemble des dialectes français de la Suisse romande (à l'exception du Jura), de la Savoie, du Dauphiné, de la Vallée d'Aoste, du Lyonnais et de la Bresse. ◆ adj. *Dialectes franco-provençaux.*

franc-parler [fʀɑ̃-] n. m. sing. ▪ Liberté de dire ce qu'on pense.

franc-tireur, euse [fʀɑ̃-] n. ▪ **1** n. m. Combattant qui n'appartient pas à une armée régulière. ◆ Tireur isolé. **2** fig. Personne qui mène une action indépendante.

frange n. f. ▪ **1** Bande de tissu d'où pendent des fils, servant d'ornement. **2** Cheveux coupés couvrant le front. **3** Contour, bordure. *Une frange de lumière.* **4** Limite imprécise entre deux états, deux notions. **5** Minorité marginale (d'un groupe humain).

franger v. tr. [3] ▪ Garnir, orner de franges.

frangin, ine n. ▪ fam. Frère, sœur.

frangipane n. f. ▪ Crème aux amandes.

frangipanier n. m. ▪ Arbrisseau exotique dont les fleurs ont un parfum qui rappelle celui de la frangipane.

franglais n. m. ▪ Usage du français où l'anglicisme est excessif.

à la bonne **franquette** loc. adv. ▪ Sans façon, sans cérémonie. → **simplement.**

franquisme n. m. ▪ hist. Doctrine du régime autoritaire du général Franco (en Espagne). ► **franquiste** adj. et n.

frape → ① **frappe**

frappant, ante adj. ▪ Qui frappe, fait une vive impression. → **impressionnant.**

① **frappe** n. f. ▪ fam. Voyou. – var. **frape.**

② **frappe** n. f. ▪ **1** Action, manière de taper sur un clavier. *Faute de frappe.* **2** Opération militaire.

frappé, ée adj. ▪ fam. Fou.

frappement n. m. ▪ Action de frapper ; bruit de ce qui frappe.

frapper v. [1] ▪ **I** v. tr. dir. **1** Toucher rudement en portant un ou plusieurs coups. → **battre. 2** Marquer (qqch.) d'une empreinte par un choc, une pression. *Frapper la monnaie* (avec le poinçon, etc.). **3** *Frapper du vin,* le refroidir avec de la glace. ◆ au p. p. *Champagne frappé.* **4** Atteindre d'un coup porté avec une arme. **5** Donner, porter (un coup). → **assener. 6** (sujet chose) Atteindre d'un mal. **7** Affecter d'une impression vive et soudaine. → **saisir, surprendre.** ◆ passif *Être frappé de stupeur.* **II** v. tr. ind. Donner un coup, des coups. *Frapper dans ses mains.* **III** SE FRAPPER v. pron. S'inquiéter, se faire du souci.

frappeur, euse adj. ▪ Qui frappe. ◆ loc. *Esprit frappeur* (séances de spiritisme).

frasque n. f. ▪ Écart de conduite. → **fredaine, incartade.**

fraternel, elle adj. ▪ **1** Qui concerne les relations entre frères ou entre frères et sœurs. **2** Propre à des êtres qui se traitent en frères. → **amical, cordial.** ► **fraternellement** adv.

fraterniser v. intr. [1] ▪ Faire acte de fraternité, de sympathie ou de solidarité (avec qqn). ► **fraternisation** n. f.

fraternité n. f. ▪ **1** Lien existant entre personnes considérées comme membres de la famille humaine ; sentiment de ce lien. → **solidarité. 2** Lien particulier établissant des rapports fraternels. → **camaraderie.**

fratricide n. et adj. ▪ **I** n. m. Meurtre d'un frère, d'une sœur. **II 1** n. Personne qui tue son frère ou sa sœur. **2** adj. Du fratricide. ◆ Qui conduit les humains à s'entre-tuer. *Guerre fratricide.*

fratrie n. f. ▪ Ensemble des frères et sœurs de la même famille.

fraude n. f. ▪ Tromperie ou falsification punie par la loi. ◆ EN FRAUDE. → **illégalement.**

frauder v. [1] ▪ **1** v. tr. Commettre une fraude au détriment de. *Frauder le fisc.* **2** v. intr. Être coupable de fraude. ► **fraudeur, euse** n.

frauduleux, euse adj. ▪ Entaché de fraude. *Faillite frauduleuse.* ► **frauduleusement** adv.

frayer v. [8] ▪ **I** v. tr. Tracer ou ouvrir (un chemin) au milieu d'obstacles. *Se frayer un chemin à travers la foule.* **II** v. intr. **1** Se dit de la femelle du poisson qui dépose ses œufs, et du mâle qui les féconde (→ **frai**). **2** (personnes) Avoir des relations familières et suivies (avec qqn). → **fréquenter.**

frayère n. f. ▪ Lieu où les poissons déposent leurs œufs.

frayeur n. f. ▪ Peur très vive.

freak [fʀik] n. ▪ anglic. Jeune qui refuse les valeurs de la société bourgeoise.

fredaine n. f. ▪ surtout au plur. vieilli Écart de conduite sans gravité. → **frasque.**

fredonner v. tr. [1] ▪ Chanter (un air) à mi-voix. ► **fredonnement** n. m.

free-jazz [fʀidʒaz] n. m. invar. ▪ anglic. Style de jazz fondé sur l'improvisation collective et le rejet des contraintes harmoniques traditionnelles.

free-lance [fʀilɑ̃s] adj. invar. et n. ▪ anglic. Qui est indépendant dans sa profession. *Journalistes free-lance.* ➛ n. *Des free-lances.* ♦ n. m. Ce type de travail. *Travailler en free-lance.*

freesia [fʀezja] n. m. ▪ Plante ornementale, aux fleurs très odorantes.

freestyle [fʀistajl] n. m. ▪ anglic. Pratique d'un sport individuel (ski, skate-board...) privilégiant les figures plutôt que la vitesse.

freezer [fʀizœʀ] n. m. ▪ anglic. Compartiment à glace (d'un réfrigérateur).

frégate n. f. ▪ **I 1** Ancien bateau de guerre à trois mâts. **2** Bâtiment de combat, entre la corvette et le croiseur. **II** Oiseau de mer aux grandes ailes fines, au bec long.

frein n. m. ▪ **1** Morceau de la bride qui entre dans la bouche du cheval et permet de l'arrêter. ♦ loc. fig. *Ronger son frein,* contenir difficilement son impatience. **2** Dispositif servant à ralentir, à arrêter le mouvement d'un ensemble mécanique. ➛ *Frein moteur* (résistance opposée par le moteur). **3** fig. Ce qui entrave un développement.

freiner v. [1] ▪ **I** v. tr. **1** Ralentir (qqn, qqch.) dans son mouvement. **2** fig. Ralentir (un essor). **II** v. intr. Ralentir, arrêter la marche d'une machine au moyen de freins. ► **freinage** n. m.

freinte n. f. ▪ comm. Perte de volume ou de poids subie par une marchandise lors de sa fabrication ou de son transport.

frelatage n. m. ▪ Action de frelater ; son résultat.

frelater v. tr. [1] ▪ Altérer la pureté de (→ **falsifier**). ▷ adj. **frelaté, ée 1** *Vin frelaté.* **2** fig. Qui n'est pas pur. → **dénaturé.**

frêle adj. ▪ **1** Dont l'aspect ténu donne une impression de fragilité. **2** (personnes) Délicat, fragile. **3** littér. Fragile, faible. *De frêles espérances.*

frelon n. m. ▪ Grosse guêpe à corselet noir, dont la piqûre est douloureuse.

freluquet n. m. ▪ vieilli Jeune homme frivole et prétentieux. → **godelureau.**

frémir v. intr. [2] ▪ **1** Être agité d'un faible mouvement d'oscillation ou de vibration qui produit un son léger, confus. ➛ (liquide) Être sur le point de bouillir. **2** (personnes) Être agité d'un tremblement. ➛ *Frémir de,* être bouleversé par. *Frémir d'horreur.*

frémissant, ante adj. ▪ **1** Qui frémit. **2** Prompt à s'émouvoir. → **vibrant.**

frémissement n. m. ▪ Action de frémir (1 et 2) ; tremblement léger. → **frisson.** ♦ Léger changement positif (en politique, économie).

frênaie n. f. ▪ Terrain planté de frênes.

french cancan [fʀɛnʃ-] n. m. ▪ → ② **cancan.**

frêne n. m. ▪ Arbre à bois clair et dur.

frénésie n. f. ▪ **1** État d'exaltation violente qui met hors de soi. **2** Ardeur extrême.

frénétique adj. ▪ Qui marque de la frénésie, est poussé jusqu'à la frénésie. *Rythme frénétique.* ► **frénétiquement** adv.

fréon n. m. ▪ Gaz utilisé comme agent frigorifique, notamment dans les aérosols.

fréquemment [-amɑ̃] adv. ▪ D'une manière fréquente. → **souvent.**

fréquence n. f. ▪ **1** Caractère de ce qui se reproduit à intervalles rapprochés. **2** sc. Nombre de périodes ou de cycles complets de variations qui se succèdent en une seconde (spécialt pour le son).

fréquencemètre n. m. ▪ didact. Appareil servant à mesurer la fréquence des phénomènes périodiques.

fréquent, ente adj. ▪ **1** Qui se produit souvent, se répète à intervalles rapprochés. → **nombreux, répété. 2** Dont on voit de nombreux exemples. → **commun, courant.**

fréquentable adj. ▪ Que l'on peut fréquenter. *Un individu peu fréquentable.*

fréquentatif, ive adj. ▪ ling. Qui marque la fréquence, la répétition de l'action (verbe).

fréquentation n. f. ▪ **1** Action de fréquenter (un lieu, qqn). **2** Personne qu'on fréquente.

fréquenter v. tr. [1] ▪ **1** Aller souvent, habituellement dans (un lieu). **2** Avoir des relations habituelles (avec qqn) ; voir fréquemment. **3** Voir (qqn) fréquemment pour des raisons sentimentales ; courtiser. ▷ v. pron. récipr. se **fréquenter** ▷ adj. **fréquenté, ée** Où il y a habituellement du monde. ➛ *Lieu mal fréquenté* (→ mal famé).

fréquentiel, elle adj. ▪ didact. De la fréquence (2).

frère n. m. ▪ **1** Celui qui est né des mêmes parents que qqn, ou du même père ou de la même mère. *Son frère aîné, cadet* (fam. *son grand, son petit frère*). *Ils sont frère et sœur.* ➛ *Frère de lait**. **2** (surtout plur.) Homme, considéré comme membre de la famille humaine. ♦ Fidèle d'une même religion. ➛ Appellation des membres d'ordres religieux. **3** Homme qui a une communauté d'origine, d'idées, etc. (avec d'autres). *Des frères d'armes.* ➛ appos. *Peuples frères.* ➛ *Un faux frère :* un traître.

frérot n. m. ▪ fam. Petit frère.

fresque n. f. ▪ **1** Peinture murale qui utilise des couleurs à l'eau sur un enduit de mortier frais. **2** (abusif en art) Vaste peinture murale. **3** Vaste composition littéraire, tableau d'ensemble d'une époque, etc.

fresquiste n. ▪ Peintre de fresques.

fressure n. f. ▪ Ensemble des gros viscères d'un animal (cœur, foie, rate, poumons).

fret [fʀɛ(t)] n. m. ▪ **1** Prix du transport des marchandises ; leur transport. *Payer le fret. Fret aérien.* **2** Chargement (d'un navire ; d'un avion, d'un camion).

fréter v. tr. 6 ▪ **1** Donner en location (un navire). ♦ Armer (un navire), mettre en état de prendre la mer. **2** → **affréter.**

fréteur n. m. ▪ Personne qui donne en location (un navire). → **armateur.**

frétiller v. intr. 1 ▪ S'agiter par petits mouvements rapides. ◆ *Frétiller de joie.* ► **frétillant, ante** adj. ► **frétillement** n. m.

fretin n. m. ▪ **1** Petits poissons. **2** (dans un groupe) *Fretin, menu fretin :* ce qu'on considère comme négligeable ou insignifiant.

frette n. f. ▪ techn. Cercle métallique servant de renfort.

fretter v. tr. 1 ▪ techn. Garnir d'une frette. ► **frettage** n. m.

freudien, ienne adj. ▪ Propre ou relatif à Freud (créateur de la psychanalyse). ♦ Partisan de Freud, de sa psychanalyse.

freudisme n. m. ▪ Ensemble des théories et méthodes de Freud et de ses disciples.

freux n. m. ▪ Corneille à bec étroit.

friable adj. ▪ Qui peut facilement se réduire en menus fragments, en poudre. ► **friabilité** n. f.

friand, ande ▪ **I** adj. **1** vx Gourmand. **2** fig. Qui recherche (qqch.). *Être friand de compliments.* → **avide. II** n. m. Petit pâté feuilleté à la viande. ♦ Petit gâteau à la pâte d'amandes.

friandise n. f. ▪ Petite pièce de confiserie ou de pâtisserie.

fric n. m. sing. ▪ fam. Argent (II).

fricadelle n. f. ▪ région. (Nord, Belgique) Saucisse panée servie poêlée ou frite.

fricandeau n. m. ▪ Morceau de poisson, de viande cuit dans son jus.

fricassée n. f. ▪ Ragoût de poulet ou de lapin cuit à la casserole. → **gibelotte.**

fricasser v. tr. 1 ▪ Faire cuire en fricassée.

fric-frac n. m. ▪ fam. et vieilli Effraction.

friche n. f. ▪ **1** Terre non cultivée. **2** *EN FRICHE :* inculte. → à **l'abandon.** ◆ fig. *Laisser ses dons en friche,* ne pas les employer.

frichti n. m. ▪ fam. Repas que l'on cuisine.

fricot n. m. ▪ fam. et vieilli **1** Mets grossièrement cuisiné. **2** Nourriture ; repas.

fricoter v. tr. et intr. 1 ▪ fam. Trafiquer. ► **fricotage** n. m.

friction n. f. ▪ **I 1** techn. Résistance au mouvement, entre deux surfaces en contact. → **frottement. 2** fig. Désaccord entre personnes. **II** Fait de frotter vigoureusement une partie du corps pour la masser.

frictionnel, elle adj. ▪ sc. Relatif à la friction, au frottement.

frictionner v. tr. 1 ▪ Administrer une friction (II) à. ▷ v. pron. se **frictionner**

frigidaire n. m. invar. (nom déposé) ▪ Réfrigérateur.

frigidarium [-jɔm] n. m. ▪ Antiq. Partie des thermes où l'on prenait des bains froids (opposé à *caldarium*).

frigide adj. ▪ **1** littér. Froid, insensible. **2** cour. Qui n'éprouve pas le plaisir sexuel.

frigidité n. f. ▪ Absence de plaisir sexuel.

frigo n. m. ▪ fam. Réfrigérateur.

frigorifier v. tr. 7 ▪ **1** Soumettre au froid pour conserver. → **réfrigérer. 2** fam. passif *Être frigorifié,* avoir très froid.

frigorifique adj. ▪ Qui sert à produire le froid. → **réfrigérant.** ◆ *Camion frigorifique,* équipé d'une installation frigorifique.

frigoriste n. ▪ techn. Spécialiste des installations frigorifiques.

frileux, euse adj. ▪ **1** (personnes, animaux) Qui craint le froid, y est très sensible. **2** Qui dénote la crainte du froid. **3** fig. Craintif, apeuré. ► **frileusement** adv.

frilosité n. f. ▪ Caractère frileux.

frimaire n. m. ▪ Troisième mois du calendrier révolutionnaire (21-22 novembre au 20-21 décembre).

frimas n. m. ▪ **1** poét. (surtout plur.) Brouillard givrant. ◆ *Les frimas :* l'hiver. **2** vx *Être poudré à frimas,* avec de la poudre blanche.

frime n. f. ▪ fam. Apparence trompeuse ; comportement trompeur. *C'est de la frime.* → **bluff.** ► **frimer** v. intr. 1 ► **frimour, euse** n.

frimousse n. f. ▪ Visage agréable (d'enfant...). → **minois.**

fringale n. f. ▪ **1** Faim violente et pressante. **2** fig. Désir violent, irrésistible.

fringant, ante adj. ▪ **1** (chevaux) Très vif. **2** (personnes) Dont l'allure vive et élégante dénotent une belle humeur.

fringuer v. tr. 1 ▪ fam. Habiller. ▷ v. pron. se **fringuer**

fringues n. f. pl. ▪ fam. Vêtements.

fripe n. f. ■ Vieux vêtement (surtout plur.). → *La fripe* : les vêtements d'occasion.

friper v. tr. [1] ■ Défraîchir en froissant.

friperie n. f. ■ 1 Vieux habits, linge usagé. 2 Commerce, boutique de fripier.

fripier, ière n. ■ Personne qui revend d'occasion des habits (→ **fripe**), du linge.

fripon, onne n. et adj. ■ 1 vieilli Personne malhonnête. 2 Personne espiègle. 3 adj. Malin et provocant. ► **friponnerie** n. f.

fripouille n. f. ■ 1 vx (collectif) Racaille. 2 Personne malhonnête.

friqué, ée adj. ■ fam. Riche. → **rupin.**

friquet n. m. ■ Moineau des champs.

frire v. ■ 1 v. tr. Faire cuire (qqch.) en plongeant dans un corps gras bouillant. 2 v. intr. Cuire dans la friture. *Mettre des pommes de terre à frire.* ▷ adj. **frit, frite**

frisant, ante adj. ■ *Lumière frisante,* rasante.

frisbee [fʀizbi] n. m. ■ anglic. Disque en plastique qui plane en tournant sur lui-même quand on le lance.

① **frise** n. f. ■ 1 archit. Partie de l'entablement entre l'architrave et la corniche. 2 Ornement en forme de bande continue.

② **cheval de frise** n. m. ■ Pièce de bois ou de fer hérissée de pointes.

frisée n. f. ■ Chicorée frisée.

friselis n. m. ■ littér. Faible frémissement.

friser v. [1] ■ I v. tr. 1 Mettre en boucles (des cheveux, poils, fibres, etc.). 2 Passer au ras de, effleurer. → **frôler, raser.** 3 Approcher de très près. *Friser la quarantaine.* II v. intr. Être ou devenir frisé. ▷ adj. **frisé, ée** *Cheveux frisés.* ♦ *Chou frisé ; chicorée frisée,* aux bords ondulés.

① **frisette** n. f. ■ Boucle de cheveux frisés.

② **frisette** n. f. ■ Ensemble de planches fines de sapin ou de pin.

① **frison, onne** adj. ■ De la Frise. → n. *Les Frisons.* → n. m. *Le frison* : langue germanique dont des dialectes sont parlés en Allemagne, aux Pays-Bas...

② **frison** n. m. ■ Petite mèche de cheveux qui frise près du visage ou sur la nuque. → ① **frisette, frisottis.**

frisotter v. [1] ■ 1 v. tr. Friser en petites boucles serrées. → au p. p. *Cheveux frisottés.* 2 v. intr. Friser (II) en ondulations serrées. ► **frisottant, ante** adj. ► **frisottement** n. m.

frisottis n. m. ■ Petite mèche frisottée. → ① **frisette,** ② **frison.**

frisquet, ette adj. ■ Un peu froid. → **frais.**

frisson n. m. ■ 1 Tremblement irrégulier, accompagné d'une sensation de froid (dû à la fièvre...). 2 Frémissement qui accompagne une émotion. *Donner le frisson* : faire peur. 3 poét. Léger mouvement ; bruit léger (eau, etc.).

frissonnement n. m. ■ littér. Léger frisson.

frissonner v. intr. [1] ■ 1 Être agité de frissons. 2 Être saisi d'un léger tremblement dû à une émotion. 3 (choses) Trembler légèrement. ► **frissonnant, ante** adj.

frisure n. f. ■ 1 Façon de friser ; état des cheveux frisés. 2 Boucle. → ① **frisette.**

frit, frite adj. ■ Cuit dans la friture.

frite n. f. ■ 1 Petit morceau allongé de pomme de terre frite. 2 loc. fam. *Avoir la frite* : se sentir en forme.

se **friter** ou se **fritter** v. pron. [1] ■ fam. Avoir une violente dispute (avec qqn). *Se friter avec ses voisins.* ♦ récipr. *Ils ne cessent pas de se friter.*

friterie n. f. ■ 1 Installation pour la friture des poissons. 2 Échoppe de marchand de frites.

friteuse n. f. ■ Récipient pourvu d'un égouttoir, destiné aux fritures.

fritillaire [-il-] n. f. ■ Plante herbacée à bulbe (liliacée), aux fleurs en forme de cloche.

fritons n. m. pl. ■ Résidus de viande de porc ou d'oie que l'on obtient en faisant fondre la graisse.

fritte n. f. ■ techn. Mélange de sable et de soude obtenu par fusion, employé dans la fabrication du verre, de la céramique.

se **fritter** → se **friter**

friture n. f. ■ I 1 Action, manière de frire un aliment. 2 Matière grasse servant à frire. 3 Aliment frit. → spécialt Petits poissons frits. II Grésillement parasite (radio...).

fritz n. m. ■ fam., vieilli Soldat allemand.

frivole adj. ■ 1 (choses) Qui a peu de sérieux et, par suite, d'importance. → **futile.** 2 (personnes) Qui ne s'occupe que de choses futiles. 3 Inconstant en amour. → **volage.**

frivolité n. f. ■ 1 Caractère d'une personne, d'une action frivole. 2 Chose frivole. → **bagatelle, futilité.** 3 au plur. vieilli Petits articles de mode, de parure.

froc n. m. ■ I vieilli Habit de moine. II fam. Pantalon.

froid, froide ■ I adj. (opposé à *chaud*) 1 Qui est à une température sensiblement plus basse que celle du corps humain (dans l'échelle : *glacial, glacé, froid, frais*). *Un vent froid.* → *Couleurs froides,* qui ont peu d'éclat (bleu, vert...). → *Sueur* froide.* 2 Qui s'est refroidi. *Le moteur est froid.* II adj. 1 Qui ne s'anime ou ne s'émeut pas facilement. → **calme.** → *Une colère froide,* rentrée. **2** Dont la réserve marque de l'indifférence ou de l'hostilité (opposé à *chaleureux*). ➝ loc. *Cela me laisse froid*, indifférent. **3** en art Qui ne suscite aucune émotion, par défaut de sensibilité. ⟶ **inexpressif, terne. 4** loc. *Guerre froide :* tension internationale sans conflit déclaré. **III** loc. adv. *À FROID :* sans mettre au feu, sans chauffer. ➝ *Opérer à froid*, en dehors d'une crise aiguë. ➝ *Plaisanter à froid*, d'une façon distanciée. **IV** n. m. (opposé à *chaleur*) **1** État de la matière, spécialt de l'atmosphère quand elle est froide ; sensation résultant du contact de la peau avec un corps ou un milieu froid. ➝ *Prendre, attraper froid*, un refroidissement. ➝ loc. *N'avoir pas froid aux yeux :* être audacieux, décidé. ♦ *Froid artificiel*, produit par réfrigération ou congélation. ⟶ **cryo-. 2** Sensation comparable à celle donnée par le froid. ➝ loc. *Cela me fait froid dans le dos* (de peur...). *Jeter un froid :* provoquer une gêne. ♦ Absence d'émotion, de chaleur humaine. ➝ loc. *Ils sont EN FROID*, brouillés, fâchés.

froidement adv. ▪ **1** Avec réserve. *On l'a reçu froidement*. **2** Calmement. **3** Avec insensibilité. *Abattre froidement qqn.*

froideur n. f. ▪ **1** Absence relative d'émotivité. ⟶ **impassibilité.** ➝ Manque de sensualité. **2** Indifférence marquée. ⟶ **détachement. 3** en art Défaut de chaleur, d'éclat.

froidure n. f. ▪ Grand froid de l'hiver.

froissable adj. ▪ Qui est facilement froissé.

froissant, ante adj. ▪ Qui froisse, blesse l'amour-propre.

froissement n. m. ▪ Action de froisser ; son résultat. ♦ Bruit de ce qui est froissé.

froisser v. tr. [1] ▪ **I 1** Meurtrir par une pression violente. *Se froisser un muscle.* **2** Comprimer, en écrasant. **3** Faire prendre des faux plis à (une étoffe). **II** fig. Blesser légèrement (qqn) dans son amour-propre, dans sa délicatesse. ⟶ **désobliger, vexer.** ▷ v. pron. se **froisser 1** *Tissu qui ne se froisse pas.* **2** Se vexer. *Ne vous froissez pas.*

frôlement n. m. ▪ Léger et rapide contact d'un objet qui se déplace le long d'un autre.

frôler v. tr. [1] ▪ **1** Toucher légèrement en passant. ⟶ **effleurer. 2** Passer très près de, en touchant presque. ➝ fig. *Frôler le ridicule.*

fromage n. m. ▪ **1** Aliment obtenu par la coagulation du lait, suivie ou non de cuisson, de fermentation ; masse moulée de cet aliment. ♦ loc. fam. *Faire un fromage de qqch.*, en faire toute une histoire. **2** Situation avantageuse. ⟶ **sinécure. 3** *Fromage de tête :* pâté de tête de porc en gelée.

① **fromager, ère** ▪ **1** adj. Relatif au fromage. **2** n. Fabricant ou marchand de fromages.

② **fromager** n. m. ▪ Grand arbre tropical, dont les fruits fournissent le kapok.

fromagerie n. f. ▪ Local où l'on fabrique et où l'on vend en gros des fromages. ➝ Industrie, commerce des fromages.

froment n. m. ▪ Blé. ➝ Grains de blé.

fromental, aux n. m. ▪ Avoine fourragère, appelée aussi *avoine élevée.*

fronce n. f. ▪ Pli court et serré donné à une étoffe en y passant un fil.

froncer v. tr. [3] ▪ **1** Plisser, rider en contractant, en resserrant. *Froncer les sourcils.* ► **froncement** n. m. **2** Plisser (une étoffe) en formant des fronces.

froncis n. m. ▪ Suite de fronces ; bande d'étoffe froncée.

frondaison n. f. ▪ Feuillage (des arbres).

① **fronde** n. f. ▪ bot. Feuille des plantes sans cotylédons. *Les frondes des fougères.*

② **fronde** n. f. ▪ **1** Arme de jet, poche de cuir contenant un projectile (balle ou pierre). **2** Lance-pierres à élastique.

③ **fronde** n. f. ▪ **1** avec maj. Sédition qui éclata contre Mazarin (1648-1653). **2** *Un esprit de fronde, un vent de fronde*, de révolte.

fronder v. [1] ▪ **I** v. intr. hist. Appartenir à la Fronde. **II** v. tr. littér. Attaquer ou railler (ce qui est entouré de respect).

frondeur, euse n. ▪ **1** Personne qui appartenait à la Fronde. **2** Personne qui critique l'autorité, etc. ➝ adj. *Un esprit frondeur.*

fronsac n. m. ▪ Vin rouge produit dans la région de Libourne.

front n. m. ▪ **I 1** Partie supérieure du visage entre les sourcils et la racine des cheveux, s'étendant d'une tempe à l'autre. ♦ Partie antérieure et supérieure de la tête (d'animaux). **2** loc. *Avoir le front de*, l'audace, la prétention de. **II 1** Face antérieure, d'une certaine étendue. ➝ loc. *FRONT DE MER :* avenue en bordure de la mer. **2** Ligne des positions occupées face à l'ennemi. ➝ loc. *FAIRE FRONT :* faire face pour résister. *Sur tous les fronts :* partout. ♦ Zone des batailles (s'oppose à *l'arrière*). **3** Union politique étroite entre des partis, etc. **4** techn. Face, plan vertical. ➝ météorol. Ligne entre des masses d'air. *Front froid.* **5** loc. adv. *DE FRONT :* par-devant. ➝ fig. Directement. ♦ Sur la même ligne, côte à côte. *Chevaux attelés de front.* ➝ fig. *Mener de front plusieurs affaires.*

frontal, ale, aux ▪ **I** adj. anat. Du front. **II** n. m. Pièce couvrant le front.

frontalier, ière n. ▪ Habitant d'une région frontière. ➝ adj. *Ville frontalière.*

fronteau n. m. ▪ **1** Bandeau ou bijou porté sur le front. **2** archit. Petit fronton surmontant une baie.

frontière n. f. ▪ **1** Limite d'un territoire, ou séparant deux États. *Frontière naturelle* (obstacle géographique). ♦ Région près d'une frontière. ➛ appos. *Des villes frontière(s).* ♦ loc. *Sans frontières,* international. **2** fig. Limite, séparation. → **confins.**

frontignan n. m. ▪ Vin blanc produit dans la région de Frontignan.

frontispice n. m. ▪ **1** Grand titre d'un ouvrage. **2** Gravure placée face au titre.

frontiste adj. et n. ▪ Du Front national. ♦ Partisan du Front national. ➛ n. *Les frontistes.*

fronton n. m. ▪ **1** Couronnement vertical d'un édifice. **2** Mur de pelote basque.

frottage n. m. ▪ Action, fait de frotter.

frotté, ée adj. ▪ *Instruments à cordes frottées,* qui vibrent par frottement (archet...).

frottement n. m. ▪ **1** Action de frotter ; contact et friction de deux corps dont l'un se déplace par rapport à l'autre. **2** sc. Force qui s'oppose au glissement. **3** fig. Difficulté.

frotter v. [1] ▪ **I** v. tr. **1** Exercer une pression accompagnée de mouvement. **2** Rendre plus propre en frottant. → **astiquer, briquer.** **3** loc. *Se frotter les mains* (en signe de contentement). **4** *Frotter qqch. de, avec...,* enduire par frottement. **II** v. intr. Produire un frottement. ▷ v. pron. **se frotter 1** Frotter son corps. → **frictionner.** **2** S'enduire (de). **3** *Se frotter à qqn,* se mesurer à lui.

frotteur n. m. ▪ techn. Pièce destinée à produire un frottement. *Frotteur à sabot, à patin.*

frotti-frotta n. m. invar. ▪ fam. Contact érotique entre des personnes qui se frottent l'une à l'autre.

frottis n. m. ▪ **1** peint. Mince couche de couleur. **2** Préparation en couche mince d'une substance organique (pour examen au microscope).

frottoir n. m. ▪ Objet pour frotter.

froufrou ou **frou-frou** n. m. ▪ Bruit léger de frôlement, de froissement (étoffe, etc.).

froufrouter v. intr. [1] ▪ Produire un froufrou. ► **froufroutant, ante** adj. ► **froufroutement** n. m.

froussard, arde adj. et n. ▪ fam. Peureux.

frousse n. f. ▪ fam. Peur. → fam. **trouille.**

fructiculteur, trice → **fruiticulteur**

fructidor n. m. ▪ Douzième mois du calendrier révolutionnaire (18-19 août au 17-18 septembre).

fructifère adj. ▪ bot. Qui porte des fruits ou des organes reproducteurs.

fructifier v. intr. [7] ▪ **1** Produire, donner des récoltes. **2** Produire des bénéfices. *Faire fructifier un capital.* ► **fructification** n. f.

fructose n. m. ▪ Sucre d'origine végétale, isomère du glucose.

fructueux, euse adj. ▪ Qui donne des résultats avantageux. → **profitable, rentable.** ► **fructueusement** adv.

frugal, ale, aux adj. ▪ **1** Qui consiste en aliments simples et peu abondants. *Repas frugal.* **2** *Vie frugale.* → **austère, simple.** ► **frugalité** n. f.

frugivore adj. ▪ Qui se nourrit de fruits.

① **fruit** n. m. ▪ **I 1** Production des plantes qui apparaît après la fleur (surtout comestible et sucrée). **2** loc. *Le fruit défendu* (que Dieu avait défendu à Adam et Ève de manger) : chose qu'on désire et dont on doit s'abstenir. **II** (Produit) **1** littér. *Le fruit d'une union, d'un mariage,* l'enfant. **2** Résultat avantageux. → **avantage, profit.** *Le fruit de l'expérience.* **3** loc. *FRUITS DE MER* : coquillages comestibles, oursins, crustacés.

② **fruit** n. m. ▪ techn. Inclinaison donnée à la face extérieure d'un mur, la face intérieure restant verticale.

fruité, ée adj. ▪ Au goût de fruit frais.

fruiterie n. f. ▪ Commerce de fruits.

fruiticulteur, trice n. ▪ techn. Personne qui cultive les arbres fruitiers. - var. **fructiculteur, trice.**

fruitier, ière ▪ **I** adj. Qui donne des fruits comestibles. **II 1** n. m. Lieu planté d'arbres fruitiers. → **verger.** ♦ Local où l'on garde les fruits. **2** n. Personne qui tient une fruiterie.

fruitière n. f. ▪ région. Fromagerie.

frusques n. f. pl. ▪ fam. Vieux habits ; habits.

fruste adj. ▪ **1** didact. Usé, altéré par le temps. **2** (personnes) Mal dégrossi. → **grossier, primitif.**

frustrant, ante adj. ▪ Qui frustre (2).

frustrer v. tr. [1] ▪ **1** Priver (qqn) d'un bien, d'un avantage sur lequel il comptait. *Frustrer un héritier de sa part.* **2** Priver (qqn) d'une satisfaction. ➛ au p. p. *Être, se sentir frustré.* ► **frustration** n. f.

FTP n. m. (sigle de l'angl. *file transfer protocol*) ▪ inform. Protocole utilisé sur un réseau (Internet...) pour envoyer ou télécharger des fichiers. ➛ en appos. *Des serveurs FTP.*

fuchsia [fyʃja ; fyksja] n. m. ▪ **1** Arbrisseau aux fleurs pourpres, roses, en clochettes. **2** *Fuchsia, rose fuchsia* (couleur).

fuchsine [fyksin] n. f. ▪ Colorant rouge.

fucus [-ys] n. m. ▪ bot. Algue brune.

fudge [fɔdʒ] n. m. ▪ anglic. (Canada) **1** Confiserie fondante au chocolat. **2** → ② **esquimau.**

fuel [fjul] ou **fioul** n. m. ▪ anglic. Mazout.

fugace adj. ▪ Qui disparaît vite, dure très peu. → **éphémère, fugitif.** ► **fugacité** n. f.

-fuge Élément, qui signifie «fuir» (ex. *centrifuge*) ou «faire fuir» (ex. *fébrifuge*).

fugitif, ive adj. ▪ **1** Qui s'enfuit, qui s'est échappé. ◆ n. → **évadé, fuyard.** **2** Qui passe et disparaît rapidement. → **bref, fugace.** ► **fugitivement** adv.

fugu [fugu] n. m. ▪ Poisson comestible dont les viscères contiennent un poison violent.

fugue n. f. ▪ **I** Action, fait de s'enfuir du lieu où l'on vit habituellement. *Enfant qui fait une fugue.* **II** Composition musicale écrite dans le style du contrepoint, basée sur des imitations successives d'un thème.

fugué, ée adj. ▪ mus. De la forme semblable ou comparable à celle de la fugue.

fuguer v. intr. [1] ▪ Faire une fugue (I).

fugueur, euse adj. et n. ▪ (Personne) qui fait des fugues.

fuir v. [17] ▪ **I** v. intr. **1** S'éloigner en toute hâte, partir pour échapper à une difficulté. → s'**enfuir.** ◆ Partir au loin. **2** (sujet chose) S'éloigner ou sembler s'éloigner par un mouvement rapide. ◆ (temps) Passer rapidement. **3** (liquide) S'échapper. **4** Présenter une issue, une fente par où s'échappe ce qui est contenu. *Tonneau qui fuit.* **II** v. tr. **1** Chercher à éviter. *Fuir qqn ; les responsabilités.* **2** (sujet chose) littér. Échapper à, se refuser à (qqn). *Le sommeil me fuit.*

fuite n. f. ▪ **I** (êtres vivants) **1** Action de fuir ; mouvement d'une personne qui fuit. ◆ dr. *Délit de fuite* (après avoir causé un accident). ♦ loc. *Fuite en avant,* accélération risquée d'un processus. **2** Action de se dérober (à un devoir...). **II** (choses) **1** Action de s'éloigner. *Fuite des capitaux* (à l'étranger). ◆ *La fuite du temps.* **2** Écoulement par une issue étroite ou cachée. *Fuite de gaz.* ♦ Cette issue (fissure...). **3** Disparition de documents secrets ; divulgation d'informations destinées à demeurer secrètes.

fuiter v. intr. [1] ▪ fam. **1** Fuir, se sauver. **2** Faire l'objet d'une fuite (II, 3).

fulgurance n. f. ▪ littér. Caractère de ce qui est fulgurant.

fulgurant, ante adj. ▪ **1** Qui jette une lueur vive et rapide. *Clarté fulgurante.* **2** Qui frappe vivement et soudainement l'esprit. *Idée fulgurante.* **3** Très vif, très fort et rapide. *Des progrès fulgurants.* → **foudroyant.**

fulguration n. f. ▪ littér. Lueur fulgurante. ◆ Choc électrique (foudre).

fulgurer v. intr. [1] ▪ littér. Briller vivement.

fuligineux, euse adj. ▪ De la suie ; qui rappelle la suie ; qui en a la couleur noirâtre.

fuligule n. m. ▪ zool. Canard plongeur au corps rond et trapu.

full [ful] n. m. ▪ anglic. (au poker) Ensemble formé par un brelan et une paire.

full-contact [ful-] n. m. ▪ anglic. Sport de combat à mains nues, aussi appelé *boxe américaine.*

fullerène n. m. ▪ chim. Molécule stable formée d'atomes de carbone (60 et plus), troisième variété connue de carbone pur (avec le graphite et le diamant).

fulminant, ante adj. ▪ **1** chim. Qui peut détoner par l'effet de la chaleur ou d'un choc. **2** Qui est en colère et menaçant.

fulminer v. [1] ▪ **I** v. intr. **1** chim. Faire explosion. → **détoner, exploser.** **2** Éclater en menaces, en reproches (contre qqn, qqch.). **II** v. tr. **1** dr. canon Lancer (une condamnation) dans les formes. **2** littér. Formuler avec véhémence. *Fulminer des reproches.* ► **fulmination** n. f.

fulminique adj. ▪ chim. Qui fait détoner.

fumable adj. ▪ Qui peut être fumé (①, III).

① **fumage** n. m. ▪ Action de fumer (des aliments). → ① **fumer** (II). – syn. **fumaison** n. f.

② **fumage** n. m. ▪ Action de fumer (②).

fumagine n. f. ▪ hortic. Maladie des plantes caractérisée par un dépôt couleur de suie sur la tige et les feuilles.

fumaison → ① **fumage**

fumant, ante adj. ▪ **1** Qui émet de la fumée, qui fume (①). **2** Qui émet (ou semble émettre) de la vapeur. *Soupe fumante.* **3** fam. *Un coup fumant,* très bien réussi.

fumasse adj. ▪ fam. Furieux, en colère. → **furax.**

fumé, ée adj. ▪ **1** Préparé par fumage (①). **2** Obscurci comme par de la fumée.

fume-cigarette n. m. ▪ Petit tube au bout duquel on met une cigarette pour la fumer.

fumée n. f. ▪ **1** Produit gazeux, plus ou moins coloré, qui se dégage d'un feu, etc. ◆ prov. *Il n'y a pas de fumée sans feu*.* ◆ loc. *S'en aller EN FUMÉE* : être consommé sans profit. **2** Vapeur qui se dégage d'une surface liquide plus chaude que l'air. **3** au plur. Vapeurs qui sont supposées monter au cerveau, brouiller les idées. *Les fumées de l'ivresse.*

① **fumer** v. [1] ▪ **I** v. intr. **1** Dégager de la fumée (1). **2** Exhaler de la vapeur. **II** v. tr. Exposer, soumettre à l'action de la fumée. → **boucaner.** *Fumer du lard, du poisson* (pour sécher et conserver). **III** v. tr. Faire brûler (du tabac, etc.) en aspirant la fumée par la bouche. ◆ absolt *Défense de fumer.*

② **fumer** v. tr. [1] ▪ Répandre du fumier sur (une terre). → **fumure ; fertiliser.**

fumerie n. f. ▪ Lieu où l'on fume l'opium.

fumerolle n. f. ▪ Émanation de gaz qui s'échappe d'un volcan.

fumeron n. m. ▪ 1 Morceau de charbon de bois fumant. 2 Petite lampe qui fume.

fumet n. m. ▪ 1 Odeur agréable et pénétrante d'un plat. 2 Odeur animale puissante.

fumeterre n. f. ▪ Plante à feuilles très découpées et à fleurs roses.

fumette n. f. ▪ fam. Fait, habitude de fumer de la drogue. *Être porté sur la fumette.*

fumeur, euse n. ▪ Personne qui a l'habitude de fumer (III). ➛ appos. *Espace fumeurs.*

fumeux, euse adj. ▪ 1 Qui répand de la fumée. 2 Qui manque de clarté, de netteté.

fumier n. m. ▪ 1 Mélange des litières et des excréments des animaux d'élevage, utilisé comme engrais. 2 fam. (très injurieux) Personne méprisable.

fumigateur n. m. ▪ techn. Appareil servant à faire les fumigations.

fumigation n. f. ▪ 1 Destruction de germes, etc. par des fumées toxiques. 2 méd. Soin par des vapeurs médicamenteuses.

fumigatoire adj. ▪ Qui sert aux fumigations.

fumigène adj. ▪ Qui produit de la fumée. *Grenade fumigène.* ➛ n. m. *Des fumigènes.*

① **fumiste** n. ▪ Personne qui installe ou répare les cheminées et appareils de chauffage.

② **fumiste** n. et adj. ▪ fam. (Personne) qui ne fait rien sérieusement, sur qui on ne peut compter. → **plaisantin.** ► **fumisterie** n. f.

fumivore adj. ▪ Qui absorbe de la fumée.

fumoir n. m. ▪ Local pour les fumeurs.

fumure n. f. ▪ Amélioration des terres par le fumier, par un fertilisant.

fun [fœn] n. m. invar. ▪ anglic. Amusement, plaisir. ♦ adj. invar. *Elles sont fun !*

funambule n. ▪ Personne qui marche, danse sur la corde raide. → **acrobate.**

funambulesque adj. ▪ 1 Du funambule. 2 fig. Bizarre, extravagant.

funboard [fœnbɔʀd] n. m. ▪ anglic. Planche à voile très courte, permettant de sauter. ➛ Sport pratiqué avec cette planche.

funèbre adj. ▪ 1 Qui a rapport aux funérailles. → **funéraire, mortuaire.** ➛ *Pompes* funèbres.* 2 Qui évoque la mort. ♦ Qui inspire un sentiment de sombre tristesse. → **lugubre, sinistre.**

funérailles n. f. pl. ▪ Ensemble des cérémonies accomplies pour rendre les derniers devoirs à un mort. → **enterrement, obsèques.**

funéraire adj. ▪ Qui concerne le souvenir, la commémoration des morts.

funérarium [-jɔm] n. m. ▪ Établissement qui reçoit le corps des personnes décédées, et où se réunissent les proches avant les obsèques ; chambre funéraire.

funeste adj. ▪ Qui porte avec soi le malheur et la désolation. ➛ *FUNESTE À.* → **fatal** à.

funiculaire n. m. ▪ Chemin de fer tiré par des câbles (sur une voie en forte pente).

funk [fœnk] n. m. et adj. invar. ▪ anglic. Rock des années 70, dont le style est issu du funky. ➛ adj. invar. *Des groupes funk.*

funky [fœnki] n. m. et adj. invar. ▪ anglic. Musique d'origine noire américaine qui tient de la soul et du disco. ➛ adj. invar. *Des musiciens funky.*

furane n. m. ▪ chim. Liquide incolore (C_4H_4O) préparé à partir du furfural et utilisé comme solvant pour les matières plastiques ou les résines. - var. **furanne.**

furax [-aks] adj. ▪ fam. Furieux.

furet n. m. ▪ 1 Petit mammifère carnivore, au pelage blanc et aux yeux rouges. 2 Jeu dans lequel des joueurs se passent rapidement un objet (le *furet*) qu'il faut déceler.

au **fur et à mesure** loc. adv. ▪ En même temps et proportionnellement.

fureter v. intr. [5] ▪ Chercher, s'introduire partout avec curiosité. ► **furetage** n. m.

fureteur, euse n. ▪ Personne curieuse qui cherche partout. ➛ adj. *Des yeux fureteurs.*

fureur n. f. ▪ I 1 littér. Folie poussant à la violence. 2 Colère sans mesure. 3 (choses) Caractère d'extrême violence. II 1 littér. Passion irrésistible. *La fureur de vivre.* 2 loc. *FAIRE FUREUR* : avoir grand succès.

furfuracé, ée adj. ▪ didact. Qui a l'apparence du son.

furfural, als n. m. ▪ chim. Liquide incolore, aldéhyde ($C_5H_4O_2$) utilisé comme solvant.

furia n. f. ▪ Emportement enthousiaste, impétuosité.

furibard, arde adj. ▪ fam. Furibond.

furibond, onde adj. ▪ Qui ressent ou annonce une grande fureur.

furie n. f. ▪ 1 Fureur brutale. 2 mythol. romaine Chacune des trois divinités infernales de la vengeance. ♦ fig. Femme haineuse, méchante, coléreuse.

furieux, euse adj. ▪ 1 En proie à la fureur (I, 1), au délire. *Un fou furieux.* → **forcené.** 2 En proie à une folle colère. 3 (choses) Fort et violent. *Vent furieux.* ► **furieusement** adv.

furioso adj. et adv. ▪ mus. Qui a un caractère violent, impétueux. ➛ adv. *Jouer furioso.*

furoncle n. m. ▪ Abcès fermé, douloureux, dû à un staphylocoque. → **anthrax, clou.** ► **furonculeux, euse** adj.

furonculose n. f. ▪ Éruption de furoncles.

furtif, ive adj. ▪ **1** Qui se fait à la dérobée, qui passe presque inaperçu. *Regard, sourire furtif.* **2** *Avion furtif,* impossible à déceler au radar.

furtivement adv. ▪ D'une manière furtive.

fusain n. m. ▪ **1** Arbrisseau à feuilles sombres et luisantes et à fruits rouges. **2** Charbon à dessiner (fait avec le bois du fusain). **3** Dessin exécuté au fusain.

fusainiste n. ▪ Artiste qui dessine au fusain. - var. **fusiniste.**

fusant, ante adj. ▪ Qui fuse. *Obus fusant.*

① **fuscine** n. f. ▪ Antiq. romaine Fourche à trois dents des pêcheurs, emblème de Neptune. → **trident.** *Gladiateur qui combat avec la fuscine.*

② **fuscine** n. f. ▪ biochim. Pigment noir de la rétine.

fuseau n. m. ▪ **1** Petite toupie allongée qui sert à tordre puis à enrouler le fil, lorsqu'on file à la quenouille. ➔ Petite bobine de fil à broder. **2** EN FUSEAU : de forme allongée, le centre étant légèrement renflé. ♦ *Un fuseau, des fuseaux :* pantalon étroit à sous-pieds. ♦ *Fuseau horaire :* chacun des 24 fuseaux imaginaires à la surface de la Terre, d'un pôle à l'autre, servant à fixer l'heure locale légale.

fusée n. f. ▪ **1** Pièce de feu d'artifice propulsée par de la poudre et qui éclate en dégageant une vive lumière colorée. **2** Engin propulsé par un moteur anaérobie à réaction *(moteur-fusée).* ♦ Véhicule spatial.

fuselage n. m. ▪ Corps d'un avion.

fuselé, ée adj. ▪ En forme de fuseau. ➔ *Doigts fuselés,* longs et minces.

fuseler v. tr. [4] ▪ Donner la forme d'un fuseau à (qqch.). *Une robe qui fusèle la taille.*

fuser v. intr. [1] ▪ **1** techn. Couler en fondant. **2** (explosifs) Brûler sans détoner. **3** Jaillir comme une fusée. *Les rires fusaient.*

fusette n. f. ▪ comm. Petit tube de carton, de matière plastique sur lequel est enroulé du fil, pour la vente au détail.

fusible ▪ **I** adj. didact. Qui peut fondre sous l'effet de la chaleur. ► **fusibilité** n. f. **II** n. m. Petit fil d'un alliage fusible qu'on interpose dans un circuit électrique pour protéger une installation. → **coupe-circuit, plomb.**

fusiforme adj. ▪ En forme de fuseau.

fusil [-zi] n. m. ▪ **I 1** Tige d'acier munie d'un manche, sur laquelle on aiguise les couteaux. **2** *Pierre à fusil :* silex donnant une étincelle par percussion sur une petite pièce d'acier. **II 1** Arme à feu portative à long canon. ♦ *Fusil sous-marin,* arme tirant une flèche, un harpon attaché par un fil. **2** loc. *Changer son fusil d'épaule :* changer de projet. ➔ fam. *Coup de fusil,* addition très élevée, dans un hôtel, etc.

fusilier n. m. ▪ vx Soldat armé d'un fusil. ➔ mod. *Fusilier marin :* marin qui prend part aux combats.

fusillade n. f. ▪ **1** Combat à coups de fusil. **2** Action de fusiller pour exécuter.

fusiller v. tr. [1] ▪ **1** Tuer (un condamné) par une décharge de coups de fusil (→ passer par les armes). **2** fam. *Fusiller qqn du regard.* → **foudroyer.** ▷ adj. et n. **fusillé, ée** (Personne) mise à mort par fusillade.

fusilli [-li] n. m. ▪ au plur. Pâtes alimentaires torsadées.

fusil-mitrailleur [fyzi-] n. m. ▪ Arme collective automatique à chargeur.

fusiniste → **fusainiste**

fusion n. f. ▪ **I 1** Passage d'un corps solide à l'état liquide sous l'action de la chaleur (→ **fondre**). **2** État d'une matière liquéfiée par la chaleur. *Métal en fusion.* **3** *Fusion nucléaire,* dans laquelle deux noyaux atomiques légers s'unissent et libèrent de l'énergie. **II** fig. Union intime. *La fusion des cœurs.* ♦ *Fusion d'entreprises.*

fusionnel, elle adj. ▪ De la fusion (entre personnes). ➔ psych. *La relation fusionnelle entre mère et enfant.*

fusionner v. [1] ▪ **1** v. tr. Unir par fusion (des collectivités). **2** v. intr. S'unir par fusion. ► **fusionnement** n. m.

fustanelle n. f. ▪ Court jupon masculin, tuyauté, du costume national grec.

fustet n. m. ▪ bot. Arbrisseau dont le bois fournit une matière tinctoriale jaune (la *fustine*).

fustiger v. tr. [3] ▪ **1** vx Battre à coups de bâton, etc. **2** littér. Blâmer violemment. ► **fustigation** n. f.

fût n. m. ▪ **I 1** Tronc d'arbre dans sa partie droite et dépourvue de branches. **2** Tige d'une colonne entre la base et le chapiteau. **3** techn. Monture de bois (d'une arme...). **II** Tonneau pour le vin, le cidre, etc. → **baril, futaille.**

futaie n. f. ▪ Forêt de grands arbres aux fûts dégagés.

futaille n. f. ▪ **1** → **fût** (II). **2** (collectif) Tonneaux, fûts. *Ranger la futaille dans un chai.*

futaine n. f. ▪ Tissu à chaîne de fil et trame de coton.

futal n. m. ▪ fam. Pantalon. *Des futals.*

futé, ée adj. ▪ Qui est plein de finesse, de malice. ➔ n. *C'est une futée.*

futée n. f. ▪ techn. Mastic composé de sciure de bois et de colle forte, servant à boucher les trous du bois.

fute-fute adj. invar. ▪ fam. Futé. *Elles ne sont pas très fute-fute.*

futile adj. ▪ **1** Qui est dépourvu d'intérêt, de sérieux. → **insignifiant. 2** (personnes) Qui ne se préoccupe que de choses sans importance. → **frivole, superficiel.** ► **futilement** adv. ► **futilité** n. f.

futon n. m. ▪ Matelas de coton de faible épaisseur, de style japonais.

futur, ure ▪ **I** adj. **1** Qui appartient à l'avenir. → **prochain, ultérieur.** ◆ *Croire en une vie future* (après la mort). **2** (avant le nom) Qui sera tel dans l'avenir. *Vos futurs collègues.* ◆ n. vieilli *Son futur, sa future.* → **fiancé. II** n. m. **1** Partie du temps qui vient après le présent. → **avenir. 2** Ensemble des formes d'un verbe qui expriment qu'une action, un état sont placés dans un moment de l'avenir. *Futur simple* (ex. *je parlerai*) ; *antérieur* (ex. *j'aurai parlé*)...

futurisme n. m. ▪ Mouvement esthétique moderniste né en Italie au début du XXe siècle.

futuriste ▪ **1** adj. et n. Partisan du futurisme. **2** adj. Qui évoque l'état futur de l'humanité tel qu'on peut l'imaginer.

futurologie n. f. ▪ didact. Recherches concernant les évolutions futures. → **prospective.** ► **futurologue** n.

fuyant, ante adj. ▪ **1** littér. Qui fuit, s'éloigne. **2** Qui se dérobe. → **insaisissable.** *Regard fuyant.* **3** en art Qui paraît s'éloigner. *Perspective fuyante.* **4** Dont les lignes s'incurvent vers l'arrière. *Front fuyant.*

fuyard, arde n. ▪ Personne qui s'enfuit. → **fugitif.** ◆ spécialt n. m. Soldat qui fuit devant l'ennemi.

G

g [ʒe] n. m. ▪ **1** Septième lettre, cinquième consonne de l'alphabet. **2** *g* : symbole du *gramme.*

Ga ▪ Symbole chimique du gallium.

GABA n. m. invar. (sigle angl. de *gamma-aminobutyric acid*) ▪ biochim. Principal neurotransmetteur inhibiteur du système nerveux central.

gabardine n. f. ▪ **1** Tissu serré de laine ou de coton. **2** Imperméable en gabardine.

gabare → **gabarre**

gabariage n. m. ▪ techn. Fabrication d'un gabarit ; comparaison avec un gabarit.

gabarier v. tr. [7] ▪ techn. Construire conformément à un gabarit.

gabarit n. m. ▪ **1** techn. Modèle en grandeur réelle d'une pièce de construction. **2** Appareil pour vérifier une forme ou des dimensions. **3** Type, modèle ; taille, stature. ♦ fig. *Du même gabarit.* → **acabit.**

gabarre n. f. ▪ **1** Embarcation plate. **2** Grand filet de pêche. – var. **gabare.**

gabbro n. m. ▪ Roche éruptive grenue.

gabegie n. f. ▪ Désordre ; gaspillage.

gabelle n. f. ▪ hist. Impôt indirect sur le sel (sous l'Ancien Régime, en France).

gabelou n. m. ▪ hist. Commis de la gabelle. ← plais. Douanier.

gabier n. m. ▪ Matelot chargé de l'entretien de la voilure.

gabion n. m. ▪ **1** milit. Cylindre rempli de terre (protection). **2** Abri de chasse.

gable ou **gâble** n. m. ▪ Pignon décoratif.

gâchage n. m. ▪ Action de gâcher.

gâche n. f. ▪ Pièce de métal dans laquelle s'engage le pêne* d'une serrure.

gâcher v. tr. [1] ▪ **1** Délayer (du mortier, du plâtre) avec de l'eau. **2** fig. Faire (un travail) sans soin. ♦ Manquer, gâter, compromettre (qqch.).

gâchette n. f. ▪ **1** techn. Petite gâche. **2** Pièce immobilisant le percuteur d'une arme à feu. ♦ abusivt Détente de cette arme.

gâcheur, euse n. ▪ Personne qui gâche.

gâchis n. m. ▪ **1** Mortier gâché. **2** Amas de choses abîmées. ♦ fig. Désordre, gaspillage.

gadget [gadʒɛt] n. m. ▪ anglic. Objet amusant et nouveau, plus ou moins futile.

gadgétiser v. tr. [1] ▪ Transformer en gadget.

gadin n. m. ▪ fam. Chute (d'une personne).

gadjo n. m. ▪ Pour les Gitans, Homme qui n'appartient pas à leur communauté. *Des gadjos* ou *des gadgé.* fém. *gadgi(e).*

gadolinium [-jɔm] n. m. ▪ chim. Élément chimique (symb. Gd ; n° at. 64 ; masse at. 157,2) de la famille des lanthanides.

gadoue n. f. ▪ Terre détrempée. → **boue.**

gaélique ▪ **1** adj. Des populations celtes du nord de l'Écosse. **2** n. m. Groupe des dialectes celtiques des îles Britanniques.

① **gaffe** n. f. ▪ Perche munie d'un croc.

② **gaffe** n. f. ▪ fam. **1** *FAIRE GAFFE* : faire attention. **2** Maladresse, bévue.

gaffer v. [1] ▪ **I** v. tr. Accrocher avec une gaffe. **II** v. intr. fig., fam. Faire une, des gaffes. *Il a encore gaffé.*

gaffeur, euse n. ▪ fam. Personne qui fait des gaffes. ← adj. *Il est très gaffeur.*

gag [gag] n. m. ▪ anglic. **1** (au cinéma) Brève action comique. **2** Situation burlesque.

gaga adj. et n. ▪ fam. Gâteux.

gage n. m. ▪ **I 1** Bien mobilier remis pour garantir le paiement d'une dette. → **caution, dépôt, garantie. 2** (jeux) Pénitence que le perdant doit exécuter. **3** fig. Ce qui représente une garantie. → **assurance, promesse. II** au plur. **1** Salaire d'un domestique. → **appointements. 2** loc. *Tueur à gages,* payé pour assassiner.

gager v. tr. [3] ▪ **1** littér. *GAGER QUE* (+ indic.) : supposer que. **2** fin. Garantir par un gage.

gageure [-ʒyʀ] n. f. ▪ littér. Projet, opinion qui semble relever d'un défi, d'un pari.

gagiste n. ▪ dr. Personne dont la créance est garantie par un gage.

gagnage n. m. ▪ vx ou région. Pâturage ; champ où le gibier va prendre sa nourriture.

gagnant, ante ▪ s'oppose à *perdant* **1** adj. Qui gagne. **2** n. Le concurrent qui gagne.

gagne n. f. ▪ fam. Volonté de gagner. *Avoir la gagne.*

gagne-pain n. m. invar. ▪ Ce qui permet à qqn de gagner modestement sa vie.

gagne-petit n. invar. ▪ Personne dont le métier rapporte peu.

gagner v. tr. 1 ▪ **I** S'assurer (un profit matériel) **1** (Par une activité). *Gagner sa vie* (en travaillant). **2** (Par un hasard). *Gagner le gros lot.* **II 1** Acquérir, obtenir (un avantage). *Gagner de l'assurance.* ➛ *Gagner du temps* (→ **temporiser**) ; *de la place.* ♦ GAGNER EN, sous le rapport de. *Son style a gagné en force.* ♦ intrans. GAGNER À (+ inf.) : retirer des avantages. *Il gagne à être connu.* **2** Obtenir (les dispositions favorables d'autrui). → s'**attirer, conquérir, mériter.** *Il a gagné l'estime de tous.* ➛ *Gagner qqn à sa cause.* **III** (Dans une compétition, une rivalité ; opposé à *perdre*) **1** Obtenir, remporter (un enjeu, un prix). **2** Être vainqueur dans (la compétition). *Gagner un match.* ➛ *On a gagné !* **3** L'emporter sur (qqn). ➛ *Gagner qqn de vitesse.* → **devancer. 4** *Gagner du terrain sur qqn,* se rapprocher de qqn (si on le poursuit), s'en éloigner (si l'on est poursuivi). ➛ (choses) *L'incendie gagne du terrain.* → s'**étendre. 5** intrans. S'étendre, se propager. *L'obscurité gagne.* **IV** Atteindre (une position). ➛ (En se déplaçant). *Gagner la sortie.* ➛ (En s'étendant). *Le cancer a gagné le foie.* ➛ *Le sommeil le gagne,* s'empare de lui.

gagneur, euse n. ▪ **I** Personne qui gagne. ♦ n. f. argot Prostituée qui rapporte. **II** Personne animée par la volonté de réussir.

gaguesque adj. ▪ fam. Qui tient du gag. *Une situation gaguesque.*

gai, gaie adj. ▪ **I 1** Qui a de la gaieté. → **content, joyeux.** ♦ Dont la gaieté provient d'une légère ivresse. → **éméché. 2** (choses) Qui marque de la gaieté ; où règne la gaieté. **3** Qui inspire de la gaieté. → **amusant, comique, drôle.** ➛ *Couleurs gaies.* → **riant. II** → **gay.**

gaïac n. m. ▪ bot. Arbre à fleurs bleues ornementales et à bois dur et résineux.

gaïacol n. m. ▪ chim. Ester extrait de la résine de gaïac.

gaiement adv. ▪ Avec gaieté. → **joyeusement.** - var. anc. **gaîment.**

gaieté n. f. - var. anc. **gaîté** ▪ **1** Comportement, état d'esprit d'une personne animée par la bonne humeur. → **entrain, joie.** ➛ loc. *De gaieté de cœur :* volontiers. **2** Caractère de ce qui est gai.

gaillac n. m. ▪ Vin de la région de Gaillac.

① **gaillard, arde** ▪ **I** adj. **1** Plein de vie. → **alerte, allègre. 2** D'une gaieté un peu osée. → **grivois. II** n. m. **1** Homme plein de vigueur. **2** fam. Garçon, homme.

② **gaillard** n. m. ▪ mar. Superstructure située sur le pont supérieur d'un navire.

① **gaillarde** n. f. ▪ Danse animée des XVe et XVIe s., de rythme ternaire ; musique pour cette danse.

② **gaillarde** n. f. ▪ bot. Plante herbacée ornementale (composée) à fleurs jaunes ou rouges. - syn. **gaillardie** n. f.

gaillardement adv. ▪ Avec vigueur, entrain.

gaillardise n. f. ▪ Gaieté un peu osée.

gaillet n. m. ▪ bot. Plante herbacée à fleurs jaunes.

gaîment → **gaiement**

gain n. m. ▪ **1** Action, fait de gagner. ➛ loc. *Obtenir* GAIN DE CAUSE, ce qu'on voulait. **2** Ce qu'on gagne. → **bénéfice, profit, revenu. 3** Avantage obtenu. → **fruit, profit.** *Gain de temps.* → **économie.**

gaine n. f. ▪ **1** Enveloppe ayant la forme de ce qu'elle protège. **2** Sous-vêtement féminin élastique enserrant les hanches et la taille. **3** Support (d'une statue) plus étroit à la base. **4** anat. Enveloppe protectrice.

gainer v. tr. 1 ▪ **1** Mettre une gaine à. **2** Mouler comme fait une gaine. ▶ **gainage** n. m.

gainerie n. f. ▪ Commerce du gainier. ♦ Fabrique de gaines.

gainier, ière n. ▪ **I** Personne qui vend ou fabrique des gaines. **II** n. m. Arbre d'ornement aux fleurs roses en bouquets.

gaîté n. f. → **gaieté**

gaize n. f. ▪ Roche siliceuse poreuse, formée en terrain argileux.

gala n. m. ▪ Grande fête. → **cérémonie.**

galactique adj. ▪ D'une galaxie.

galact(o)- Élément savant, du grec *gala, galaktos* «lait».

galactogène adj. ▪ physiol. Qui détermine ou favorise la sécrétion du lait. - syn. anc. **lactogène.**

galactomètre n. m. ▪ techn. Instrument pour mesurer la densité du lait. → **lactomètre.**

galactophore adj. ▪ physiol. *Canaux galactophores,* conduisant le lait vers le mamelon.

galactose n. m. ▪ chim. Sucre obtenu par hydrolyse du lactose.

galago n. m. ▪ zool. Petit primate nocturne des forêts d'Afrique tropicale.

galalithe n. f. ▪ Matière plastique obtenue à partir de la caséine.

galamment adv. ▪ Avec galanterie (1).

galant, ante adj. ▪ **I 1** (homme) Qui cherche à plaire aux femmes. ♦ Attentionné à l'égard des femmes. **2** vx *Un galant homme,* un homme d'honneur. **3** Qui a rapport aux relations amoureuses. **II** n. m. vieilli Amoureux, soupirant.

galanterie n. f. ▪ **1** Courtoisie auprès des femmes. **2** Propos flatteur (à une femme).

galantine n. f. ▪ Charcuterie à base de viande ou de volaille, servie en gelée.

galapiat n. m. ▪ fam. Vaurien.

galaxie n. f. ▪ **1** (avec maj.) La Voie lactée, galaxie (2) où se trouve le Soleil. **2** Vaste amas d'étoiles, l'une des structures essentielles de l'Univers.

galbe n. m. ▪ Contour harmonieux (d'un objet ; d'un corps, d'un visage).

galbé, ée adj. ▪ Dont le contour est courbe et harmonieux.

galber v. tr. 1 ▪ techn. Donner du galbe à.

gale n. f. ▪ **1** Maladie contagieuse de la peau, due à un acarien parasite, et caractérisée par des démangeaisons. ♦ fig. (personnes) *Mauvais comme la gale* : très méchant. **2** Maladie des végétaux.

galéasse n. f. ▪ mar., anc. Grande galère surchargée d'artillerie. - var. **galéace.**

galéjade n. f. ▪ région. (Provence) Blague.

galéjer v. intr. 6 ▪ région. (Provence) Dire des galéjades. → **blaguer.**

galène n. f. ▪ Sulfate naturel de plomb.

galénique adj. ▪ **1** hist. méd. De Galien, de sa doctrine. **2** pharm. *Pharmacie galénique,* qui traite de la mise en forme des produits pharmaceutiques.

galénisme n. m. ▪ hist. méd. Doctrine médicale de Galien.

galéopithèque n. m. ▪ zool. Mammifère de Malaisie et des Philippines, qui possède une membrane parachute lui permettant de planer.

galère n. f. ▪ **1** Grand navire à rames et à voiles (de l'Antiquité au XVIIIe siècle). **2** au plur. Peine de ceux qui étaient condamnés à ramer sur les galères. **3** fig., fam. Métier pénible, situation difficile.

galérer v. intr. 6 ▪ fam. Être dans une situation pénible, difficile.

galerie n. f. ▪ **1** Lieu de passage ou de promenade, couvert, plus long que large. **2** Salle où sont réunies des œuvres d'art. ♦ Magasin où sont vendues des œuvres d'art. **3** (au théâtre) Balcon à plusieurs rangs de spectateurs. ♦ dans des loc. L'assistance. *Amuser la galerie.* **4** Cadre métallique fixé sur le toit d'une voiture. **5** Passage souterrain. *Galeries de mine.*

galérien n. m. ▪ Homme condamné à ramer sur les galères.

galeriste n. ▪ Personne qui tient une galerie d'art.

galerne n. f. ▪ mar. Vent d'ouest-nord-ouest.

galet n. m. ▪ **1** Caillou usé et poli par l'eau. **2** techn. Disque, petite roue.

galetas n. m. ▪ Logement sordide.

galette n. f. ▪ **1** Gâteau plat et rond. ♦ Crêpe de sarrasin ou de maïs. **2** Objet en forme de galette.

galeux, euse adj. ▪ **1** Atteint de la gale. ➛ n. *Un galeux.* **2** méd. De la gale. **3** Dont la surface est sale ou pelée. → **lépreux.**

galgal n. m. ▪ archéol. Tumulus celtique renfermant une crypte. *Des galgals.*

galibot n. m. ▪ anciennt Jeune manœuvre dans les mines de charbon.

galicien, ienne adj. et n. ▪ **I** De la Galice (Espagne). ➛ n. m. Langue romane parlée en Galice, apparentée au portugais. **II** De la Galicie (Pologne).

① **galiléen, enne** adj. et n. ▪ didact. De Galilée, région du nord de la Palestine, dans l'État d'Israël. ➛ *Le Galiléen* : Jésus-Christ.

② **galiléen, enne** adj. ▪ phys. Relatif aux travaux de Galilée, à la physique telle qu'il l'a définie. *Repère galiléen.*

galimatias [-tja] n. m. ▪ Discours confus.

galion n. m. ▪ Ancien navire de commerce.

galiote n. f. ▪ mar. anc. Petite galère.

galipette n. f. ▪ fam. Cabriole, culbute.

galipot n. m. ▪ Matière résineuse qui exsude en hiver des incisions des pins.

galle n. f. ▪ Tumeur d'un tissu végétal due à des insectes parasites.

gallérie n. f. ▪ zool. Papillon dont la chenille occasionne des dégâts dans les ruches.

gallican, ane adj. ▪ Qui concerne l'Église catholique de France. ♦ adj. et n. Partisan des libertés de cette Église (opposé à *ultramontain*).

gallicanisme n. m. ▪ Principes et doctrines de l'Église gallicane.

gallicisme n. m. ▪ **1** Construction, emploi propre à la langue française. **2** Emprunt fait au français par une autre langue.

gallicole adj. ■ didact. Qui vit dans les galles, cause l'apparition de galles.

gallinacé n. m. ■ Oiseau de la famille de la poule et du coq (caille, dindon, faisan...).

gallique adj. ■ chim. *Acide gallique*, provenant de la noix de galle.

gallium [-jɔm] n. m. ■ Corps simple (symb. Ga, n° at. 31, masse at. 69,723), métal proche de l'aluminium.

gallo n. m. ■ Dialecte gallo-roman parlé dans la partie de la Bretagne où le celtique n'est pas en usage.

gallo- Élément, du latin *gallus* «gaulois».

gallois, oise adj. et n. ■ Du pays de Galles. ♦ n. m. *Le gallois* (langue celtique).

gallon n. m. ■ Mesure de capacité des pays anglo-saxons pour les grains et les liquides.

gallo-romain, aine adj. et n. ■ De la civilisation née en Gaule après la conquête par les Romains. ➛ n. *Les Gallo-Romains*.

gallo-roman n. m. ■ Langue romane parlée en Gaule avant le roman.

galoche n. f. ■ Chaussure grossière. ♦ fig., fam. *Menton en galoche*, relevé.

galon n. m. ■ Ruban de tissu épais ; spécialt signe distinctif des grades dans l'armée. ➛ loc. *Prendre du galon* : monter en grade.

galonner v. tr. 1 ■ Orner de galons. ▷ adj. **galonné, ée** *Revers galonnés*. ➛ n. m. fam. Officier ou sous-officier.

galop [-o] n. m. ■ **1** Allure la plus rapide du cheval (et d'animaux de la même famille). **2** loc. *GALOP D'ESSAI* : entraînement, essai. ➛ *AU GALOP* : très vite.

galopade n. f. ■ **1** Chevauchée faite au galop. **2** Course précipitée.

galopant, ante adj. ■ Qui croît très vite.

galoper v. intr. 1 ■ **1** Aller au galop. **2** Courir vite. ♦ fig. *Son imagination galope*.

galopeur, euse n. ■ Cheval spécialisé dans les courses au galop (opposé à *trotteur*).

galopin n. m. ■ vieilli Gamin qui court les rues. ➛ Enfant espiègle, effronté. → **polisson.**

galoubet n. m. ■ Flûte provençale.

galuchat n. m. ■ Peau de certains poissons (squale, raie), traitée et utilisée en maroquinerie.

galurin n. m. ■ fam. Chapeau. - syn. **galure.**

galvanique adj. ■ sc. Relatif aux courants électriques continus de basse tension.

galvaniser v. tr. 1 ■ **1** sc. Électriser au moyen d'un courant galvanique. **2** fig. Animer d'une énergie soudaine, souvent passagère. → **électriser. 3** techn. Recouvrir (un métal) d'une couche d'un autre métal par électrolyse. ► **galvanisation** n. f.

galvanisme n. m. ■ sc. Phénomènes électriques des muscles et des nerfs.

galvanomètre n. m. ■ phys. Instrument mesurant de faibles intensités de courant électrique.

galvanoplastie n. f. ■ techn. Procédé de galvanisation **(→ galvaniser** (3)**)** d'un objet.

galvanotype n. m. ■ techn. Cliché en relief obtenu par galvanotypie.

galvanotypie n. f. ■ techn. Procédé de galvanoplastie qui permet de reproduire des gravures, des caractères d'imprimerie, etc.

galvauder v. tr. 1 ■ Compromettre (un avantage...) par un mauvais usage. → **gâcher.** ▷ adj. **galvaudé, ée** *Une idée galvaudée*. ► **galvaudage** n. m.

gamay n. m. ■ Cépage de la Côte-d'Or.

gambade n. f. ■ Bond joyeux et spontané.

gambader v. intr. 1 ■ Faire des gambades. ➛ fig. *Son esprit gambade*, suit sa fantaisie.

gambas [-as] n. f. pl. ■ Grosses crevettes de la Méditerranée.

gambe → **viole** de gambe

gamberger v. 3 ■ argot fam. **1** v. intr. Réfléchir. **2** v. tr. Combiner. ► **gamberge** n. f.

gambette n. f. ■ fam. Jambe.

gambiller v. intr. 1 ■ fam. Danser.

gambiste n. ■ Instrumentiste qui joue de la viole* de gambe.

gambit n. m. ■ aux échecs Sacrifice d'un pion (pour préparer une attaque, etc.).

gambusie n. f. ■ zool. Poisson des étangs et marais, qui détruit les larves de moustiques.

-game, -gamie Éléments savants, du grec *gamos* «mariage».

gamelan n. m. ■ Orchestre traditionnel indonésien (gongs, tambours...).

gamelle n. f. ■ **1** Récipient individuel pour la nourriture. **2** fam. *Ramasser une gamelle* : tomber ; fig. subir un échec.

gamète n. m. ■ Cellule reproductrice sexuée qui contient un chromosome de chaque paire.

gamétogenèse n. f. ■ biol. Processus de formation des gamètes. → **ovogenèse, spermatogenèse.**

gamin, ine ■ **I 1** n. vieilli Petit garçon, petite fille vivant dans la rue. **2** mod. Enfant. → **gosse. II** adj. Jeune et espiègle. ► **gaminerie** n. f. → **enfantillage.**

gamma n. m. invar. ■ Troisième lettre de l'alphabet grec (Γ, γ), correspondant au g.

gammaglobuline n. f. ▪ biol. Fraction du sérum sanguin contenant des anticorps.

gammagraphie n. f. ▪ **1** techn. Étude de la structure interne des corps opaques, au moyen des rayons gamma. **2** méd. → **scintigraphie.**

gammare n. m. ▪ zool. Petit crustacé appelé couramment *crevette d'eau douce, puce d'eau.*

gammathérapie n. f. ▪ méd. Traitement (des cellules cancéreuses) par rayons gamma*.

gamme n. f. ▪ **1** mus. Suite montante ou descendante de notes* comprises dans une octave. **2** Gradation de couleurs. **3** Série continue (d'objets...). ◆ loc. *HAUT DE GAMME, BAS DE GAMME,* produits les plus chers, les moins chers d'une série.

gammée adj. f. ▪ *Croix gammée,* aux branches en forme de gamma. → **svastika.**

① **ganache** n. f. ▪ fam., vieilli Personne sotte.

② **ganache** n. f. ▪ Crème à base de chocolat fondu et de crème fraîche.

ganaderia [-de-] n. f. ▪ Domaine où l'on élève des taureaux de combat.

gandin n. m. ▪ vx Jeune homme élégant.

gandoura n. f. ▪ Tunique sans manches, portée dans le Maghreb.

gang [gɑ̃g] n. m. ▪ anglic. Bande organisée, association de malfaiteurs.

ganga n. m. ▪ zool. Oiseau d'Europe et d'Asie appelé couramment *gélinotte des Pyrénées.*

gangétique adj. ▪ didact. Qui a rapport au Gange.

ganglion n. m. ▪ Renflement sur le trajet d'un vaisseau lymphatique ou d'un nerf. ► **ganglionnaire** adj.

gangrène n. f. ▪ **1** Putréfaction des tissus vivants. **2** fig. Ce qui pourrit, corrompt.

gangrener [-gʀə- ; -gʀe-] v. tr. [5] ▪ **1** Attaquer par la gangrène (1). **2** fig. → **empoisonner, pervertir.** ▷ adj. **gangrené, ée**

gangreneux, euse [-gʀə- ; -gʀe-] adj. ▪ Qui est de la nature de la gangrène.

gangster [gɑ̃gstɛʀ] n. m. ▪ anglic. Membre d'un gang. → **bandit, malfaiteur.** ◆ Crapule. → **escroc.** ► **gangstérisme** n. m.

gangue n. f. ▪ **1** Matière sans valeur qui entoure un minerai, une pierre précieuse à l'état naturel. ◆ par analogie *Une gangue de boue.* **2** fig. Ce qui enveloppe, dissimule.

ganivelle n. f. ▪ région. Clôture faite de planches ou de piquets de bois.

ganja [gɑ̃dʒa] n. f. ▪ Haschisch, marijuana.

ganoïde adj. et n. m. ▪ zool. *Écailles ganoïdes,* caractérisées par une couche épaisse d'émail brillant.

ganse n. f. ▪ Cordonnet, ruban (ornement).

ganser v. tr. [1] ▪ Garnir d'une ganse.

gant n. m. ▪ **1** Pièce de l'habillement qui s'adapte exactement à la main en couvrant chaque doigt séparément. **2** Objet analogue, qui enveloppe la main sans séparer les doigts. → **moufle.** *Gant de boxe.* ◆ *Gant de toilette.* **3** loc. *Retourner qqn comme un gant,* le faire changer d'avis. ◆ *Aller comme un gant à qqn,* lui convenir parfaitement. ◆ *Jeter le gant* (à qqn), le défier. *Relever le gant,* le défi. ◆ *Prendre des gants :* agir avec ménagement. ◆ littér. *Se donner les gants* (de qqch.), s'en attribuer le mérite.

gantelet n. m. ▪ **1** anciennt Gant (d'une armure). **2** Morceau de cuir pour protéger la main.

ganter v. tr. [1] ▪ Mettre des gants à (qqn).

ganterie n. f. ▪ Métier, commerce du gantier.

gantier, ière n. ▪ Personne qui confectionne ou qui vend des gants.

gap [gap] n. m. ▪ anglic. Décalage entre deux réalités. → **écart.**

garage n. m. ▪ **I** Action de garer. ◆ spécialt Action de ranger des wagons à l'écart. ◆ *Voie de garage,* pour les wagons ; fig. situation sans avenir. **II 1** Abri destiné aux véhicules. **2** Entreprise d'entretien et de réparation des automobiles.

garagiste n. ▪ Personne qui tient un garage (II, 2).

garance adj. invar. ▪ Rouge vif.

garant, ante n. ▪ **1** dr. Personne qui s'engage à répondre (de qqch.). → **responsable.** **2** *Être, se porter garant de :* répondre de. **3** n. m. Ce qui constitue une garantie (2). → **assurance, gage.**

garantie n. f. ▪ **1** dr. Obligation d'assurer à qqn la jouissance d'une chose, d'un droit. ◆ Engagement par lequel un vendeur répond de la qualité de ce qu'il vend. **2** Ce qui garantit, sert à garantir.

garantir v. tr. [2] ▪ **I** Assurer sous sa responsabilité (qqch.) à qqn. **1** dr. Fournir l'assurance, la garantie de (qqch.). ◆ (sujet chose) *Lois garantissant les libertés.* **2** Assurer de la qualité. ◆ au p. p. *Appareil garanti un an.* **3** Donner (qqch.) pour certain, véridique. → **certifier. II 1** dr. Assurer (qqn) par une garantie. **2** Mettre à l'abri (de). → **préserver, protéger.**

garbure n. f. ▪ région. Soupe au chou.

garce n. f. ▪ fam. **1** Fille de mauvaise vie. **2** Femme désagréable. ◆ fig. *Garce de vie !*

garçon n. m. ▪ **I 1** Enfant du sexe masculin. ◆ loc. *Garçon manqué :* fille aux allures de garçon. **2** Jeune homme. ◆ *Mauvais garçon :* voyou. **3** *Vieux garçon :* jeune homme non marié. → **célibataire. II** Aide, commis. ◆ Serveur.

garçonne n. f. ▪ loc. *À la garçonne* : se dit d'une coiffure féminine courte.

garçonnet n. m. ▪ vieilli Petit garçon.

garçonnier, ière adj. ▪ Qui, chez une fille, rappelle les allures d'un garçon.

garçonnière n. f. ▪ Petit appartement pour un homme seul.

① **garde** n. f. ▪ **I 1** Action de conserver ou protéger (qqch.) en surveillant. *Confier à un ami la garde de ses affaires.* ♦ *Vin de garde,* qui peut vieillir longtemps. **2** Action de veiller sur (qqn). *Père divorcé qui a la garde des enfants.* **3** Surveillance. *Faire bonne garde.* ▸ *Être* DE GARDE, chargé de rester à un poste, d'assurer un service. *Le médecin de garde.* ♦ Surveillance militaire. *Monter la garde.* **4** Fait de surveiller, de garder (qqn). ▸ dr. *GARDE À VUE* : mesure judiciaire par laquelle la police retient qqn pendant un délai légal. **II 1** Position de défense (en escrime...). *En garde !* **2** *Mettre qqn EN GARDE,* l'avertir, le prévenir. *Mise en garde* : avertissement. ♦ *Être SUR SES GARDES,* vigilant. → se **méfier. 3** *PRENDRE GARDE* : faire attention. → **veiller. 4** littér. *N'AVOIR GARDE DE,* s'abstenir soigneusement de (faire qqch.). **III 1** Groupe de personnes chargées de veiller sur qqn, qqch. ; spécialt corps de troupe. ♦ loc. *La vieille garde* : les partisans les plus anciens d'un homme politique, etc. **2** Ensemble des soldats en armes qui occupent un poste, exercent une surveillance. ♦ *CORPS DE GARDE* : groupe de soldats chargés de garder un poste. ▸ *Plaisanterie de corps de garde,* grossière. **3** Service de garde. *La garde de nuit.* **IV** (Chose qui protège) **1** Rebord (d'une épée...) placé entre la lame et la poignée. **2** *Pages de garde* : pages vierges placées au début et à la fin d'un livre. **3** techn. *Garde d'une pédale,* espace à parcourir avant qu'elle soit efficace.

② **garde** ▪ **I** n. **1** Personne qui garde (qqch., un lieu). ▸ *Le, la garde des Sceaux* : le, la ministre de la Justice. ▸ *Garde forestier,* chargé de surveiller les forêts. ▸ *Garde champêtre,* préposé à la garde des propriétés rurales. **2** Personne qui a la garde d'un prisonnier. → **gardien. 3** Personne qui veille sur une personnalité. ▸ *Garde du corps,* qui suit qqn pour le protéger. **4** Soldat d'une garde. **II** n. Personne qui garde un malade, un enfant. → **garde-malade.**

garde- Élément tiré du verbe *garder.*

gardé, ée adj. ▪ **1** *CHASSE GARDÉE,* réservée (au propriétaire, à un groupe). **2** loc. *Toutes proportions gardées.* → **garder** (II, 7).

garde-à-vous n. m. invar. ▪ Position immobile du soldat prêt à exécuter un ordre.

garde-barrière n. ▪ Personne qui surveille un passage à niveau. *Des gardes-barrières.*

garde-bœuf n. m. ▪ Petit échassier qui se pose sur de gros animaux pour manger les parasites qu'ils portent. *Des garde-bœufs* [-bø].

garde-boue n. m. invar. ▪ Pièce qui recouvre le dessus d'une roue de bicyclette, etc. pour éviter les éclaboussures.

garde champêtre → ② **garde**

garde-chasse n. ▪ Personne préposé(e) à la garde du gibier. *Des gardes-chasse(s).*

garde-chiourme ▪ n. m. anciennt Surveillant des galériens, des forçats. ▸ n. péj. Surveillant brutal. *Des gardes-chiourme.*

garde-corps [-kɔʀ] → **garde-fou**

garde-côte n. m. ▪ Bateau chargé de la surveillance des côtes. *Des garde-côtes.*

garde-feu n. m. ▪ Grille ou plaque que l'on place devant une cheminée pour se préserver des étincelles. → **pare-feu.** *Des garde-feux.*

garde-fou n. m. ▪ Parapet. *Des garde-fous.* - syn. **garde-corps** n. m. invar.

garde-frontière n. ▪ Militaire chargé(e) de surveiller une frontière. *Des gardes-frontières.*

garde-magasin n. ▪ Militaire chargé de surveiller les magasins d'un corps de troupe. *Des gardes-magasins.*

garde-malade n. ▪ Personne qui garde et soigne les malades. *Des gardes-malades.*

garde-manger n. m. invar. ▪ Petite armoire dans laquelle on conserve des aliments.

garde-meuble n. m. ▪ Lieu où l'on entrepose des meubles. *Des garde-meubles.*

gardénal n. m. ▪ Barbiturique utilisé comme tranquillisant.

gardénia n. m. ▪ Arbuste exotique à feuilles persistantes, à fleurs blanches.

garden-party [gaʀdɛn-] n. f. ▪ anglic., vieilli Réception mondaine donnée dans un jardin. *Des garden-partys* ou *garden-parties.*

garde-pêche n. ▪ **1** Personne chargée de faire observer les règlements sur la pêche. *Des gardes-pêche.* **2** n. m. invar. Navire qui assure le même service.

garde-port n. ▪ comm. Personne qui reçoit et dispose les marchandises, dans un port fluvial. *Des gardes-ports.*

garder v. tr. [1] ▪ **I 1** Prendre soin de (qqn, un animal). → **surveiller, veiller** sur. *Garder des enfants.* **2** Empêcher (qqn) de sortir, de s'en aller. *Garder un prisonnier.* **3** Rester dans (un lieu) pour le surveiller. **4** littér. Protéger, préserver (qqn de qqch.). → **garantir.** *Garder qqn de l'erreur.* ▸ loc. (souhait) *Dieu m'en garde !* **II** (Conserver) **1** Empêcher que (qqch.) ne se gâte, ne disparaisse. *Garder du beurre au frais.* **2** Conserver pour soi. *Garder le double d'une lettre.* **3** Conserver sur soi (un vêtement, un bijou). **4** dans des loc. Ne pas quitter (un lieu). *Garder la chambre, le lit.* **5** Retenir (une personne) avec soi. *Garder qqn à dîner.* **6** Ne pas divulguer. *Garder un secret.* **7** Continuer à avoir. *Garder sa liberté.* ➛ loc. *Toutes proportions gardées :* en tenant compte des différences, dans une comparaison. ♦ (avec un adj. attribut du compl.) *Garder les idées claires.* **III** Mettre de côté, en réserve. → **réserver. IV** Observer avec soin. *Garder le silence.* ▷ v. pron. se **garder 1** vx Se protéger. **2** *Se garder de* (+ n.). → se **méfier.** ➛ *Se garder de* (+ inf.) : s'abstenir de. **3** (passif) Pouvoir être conservé.

garderie n. f. ▪ Local où l'on garde de jeunes enfants.

garde-robe n. f. ▪ **I 1** Armoire où l'on range les vêtements. → **penderie. 2** Ensemble des vêtements d'une personne. *Des garde-robes.* **II** vx Lieu où l'on mettait la chaise percée. → **cabinet(s).**

gardeur, euse n. ▪ Personne qui garde (des animaux). *Gardeuse d'oies.*

garde-voie n. ▪ Employé, soldat chargé de garder la voie. *Des gardes-voies.*

gardian n. m. ▪ Gardien d'un troupeau (→ manade) de gros bétail, en Camargue.

gardien, ienne n. ▪ **1** Personne qui a charge de garder. *Gardien de prison.* ➛ *Gardien(ne) de but :* joueur, joueuse chargé(e) de défendre le but (football, etc.). **2** n. m. ancienn^t *Gardien de la paix :* agent de police.

gardiennage n. m. ▪ Service du gardien.

gardienné, ée adj. ▪ Dont la surveillance est assurée par un gardien.

gardon n. m. ▪ Petit poisson d'eau douce.

① **gare** n. f. ▪ Ensemble des bâtiments et installations établis aux stations des lignes de chemin de fer. ♦ *Gare routière,* pour les cars. ➛ *Gare de fret,* dans un aéroport.

② **gare** interj. ▪ Exclamation pour avertir d'un danger. → **attention.** ➛ loc. *Sans crier gare :* à l'improviste. ➛ (menace) *Gare à toi !*

garenne n. f. ▪ Bois où les lapins vivent à l'état sauvage. ➛ loc. *Lapin de garenne.*

garer v. tr. [1] ▪ Ranger (un bateau, un véhicule...) à l'écart de la circulation, ou dans un lieu abrité. ▷ v. pron. **se garer 1** Garer son véhicule. **2** Se ranger pour laisser passer. **3** *SE GARER DE qqch.,* faire en sorte d'éviter.

gargantua n. m. ▪ Gros mangeur. *Une famille de gargantuas.*

gargantuesque adj. ▪ Digne de Gargantua, personnage de Rabelais (→ pantagruélique). *Repas gargantuesque.*

se gargariser v. pron. [1] ▪ **1** Se rincer la gorge avec un liquide. **2** fig., fam. → se **délecter** de.

gargarisme n. m. ▪ Médicament pour se gargariser. ➛ Fait de se gargariser (1).

gargote n. f. ▪ Restaurant à bon marché.

gargotier, ière n. ▪ Personne qui tient une gargote.

gargouille n. f. ▪ Gouttière sculptée par laquelle s'éjectent les eaux de pluie.

gargouillement n. m. ▪ Bruit analogue à celui de l'eau tombant d'une gargouille. → **glouglou.** ➛ Ce bruit, dans l'organisme. → **borborygme.**

gargouiller v. intr. [1] ▪ Produire un gargouillement.

gargouillis n. m. ▪ fam. Gargouillement.

gargoulette n. f. ▪ région. Vase poreux dans lequel les liquides se rafraîchissent par évaporation.

gargousse n. f. ▪ ancienn^t Charge de poudre à canon dans son enveloppe.

gari n. m. ▪ (Afrique) Farine ou semoule de manioc.

garibaldien, enne adj. et n. ▪ hist. Relatif à Garibaldi. ➛ Partisan de Garibaldi.

gariguette → **garriguette**

garnement n. m. ▪ Garçon turbulent.

garni n. m. ▪ vx → **meublé.**

garniérite n. f. ▪ minér. Silicate de nickel et de magnésium.

garnir v. tr. [2] ▪ **1** Pourvoir d'éléments destinés à protéger ou à renforcer (→ **garniture). 2** Pourvoir de tous les éléments nécessaires ou normaux. → **équiper. 3** Pourvoir d'accessoires ou d'ornements. *Garnir de fleurs.* **4** (sujet chose) Orner en tant que garniture.

garnison n. f. ▪ Corps de troupes caserné dans une ville.

garnissage n. m. ▪ Action de garnir.

garniture n. f. ▪ **1** Ce qui sert à garnir qqch. → **ornement, parure. 2** Pièce destinée à protéger, à renforcer. *Garniture de frein.* **3** Ce qui accompagne (un plat).

garou → **loup-garou**

garrigue n. f. ▪ Terrain acide et calcaire de la région méditerranéenne ; végétation broussailleuse de ce terrain. → **maquis.**

garriguette n. f. ▪ Petite fraise cultivée, précoce, oblongue et parfumée. – var. **gariguette.**

garrocher v. tr. [1] ▪ région., fam. **1** Lancer. *Elle me garrochait des cailloux.* **2** v. pron. Se précipiter. *Se garrocher dans les magasins.*

① **garrot** n. m. ▪ Partie du corps des grands quadrupèdes située au-dessus de l'épaule, qui prolonge l'encolure.

② **garrot** n. m. ▪ **1** Lien servant à comprimer les vaisseaux pour arrêter une hémorragie. **2** Instrument de supplice pour étrangler, collier de fer serré par une vis.

garrotter v. tr. [1] ■ **1** Serrer ou étrangler avec un garrot. **2** Attacher très solidement. ► **garrottage** n. m.

gars [gɑ] n. m. ■ fam. Garçon, homme.

gascon, onne adj. et n. ■ De Gascogne. ➛ loc. *Une promesse de Gascon,* non tenue.

gasconnade n. f. ■ littér. Fanfaronnade.

gas-oil → **gazole**

gaspacho [gaspatʃo] n. m. ■ Potage froid espagnol, à base de tomates.

gaspiller v. tr. [1] ■ Dépenser, consommer inutilement. → **dilapider ; gâcher.** ► **gaspillage** n. m. ► **gaspilleur, euse** adj. et n. → **dépensier.**

gastéro-, gastr(o)-, -gastre Éléments, du grec *gastêr, gastros* «ventre ; estomac».

gastéropode n. m. ■ Mollusque au large pied charnu qui lui sert à ramper (classe des *Gastéropodes ;* ex. escargot, limace, bigorneau).

gastralgie n. f. ■ méd. Douleur à l'estomac. ► **gastralgique** adj.

gastrectomie n. f. ■ méd. Ablation totale ou partielle de l'estomac.

gastrique adj. ■ De l'estomac.

gastrite n. f. ■ méd. Inflammation de la muqueuse de l'estomac.

gastroentérite n. f. ■ Inflammation des muqueuses de l'estomac et de l'intestin. - abrév. fam. **gastro** n. f. ► **gastroentéritique** adj.

gastroentérologie n. f. ■ Médecine du tube digestif (estomac, œsophage, intestins). ► **gastroentérologique** adj. ► **gastroentérologue** n.

gastro-intestinal, ale, aux adj. ■ méd. Qui a rapport à la fois à l'estomac et à l'intestin. *Troubles gastro-intestinaux.*

gastronome n. ■ Amateur de bonne chère.

gastronomie n. f. ■ Art de la bonne chère (cuisine, vins, ordonnance des repas, etc.). ► **gastronomique** adj.

gastroplastie n. f. ■ méd. Réduction chirurgicale du volume de l'estomac, traitement de l'obésité grave.

gastrula n. f. ■ embryol. Stade du développement embryonnaire suivant la blastula, caractérisé par la présence d'une cavité endodermique primitive.

gastrulation n. f. ■ biol. Mise en place des trois feuillets de l'embryon.

gâteau n. m. ■ **I 1** Pâtisserie à base de farine, de beurre et d'œufs, le plus souvent sucrée. *Gâteaux secs,* qui se conservent. ➛ *Gâteau de riz* (entremets). ♦ loc. fam. *Réclamer sa part du gâteau,* du profit. ➛ *C'est du gâteau,* c'est tout simple. **2** *Gâteau de cire, de miel :* ensemble des alvéoles dans lesquelles les abeilles déposent leur miel. → ② **rayon. II** appos. (invar.) fam. Qui gâte les enfants. *Une tata gâteau.*

gâte-bois n. m. invar. ■ Chenille dont la larve mange le bois.

gâter v. tr. [1] ■ **I 1** (surtout passif) Détériorer en pourrissant. → **corrompre ; avarié. 2** Priver de sa beauté, de ses qualités naturelles. → **enlaidir. 3** Enrayer la bonne marche de (qqch.). → **compromettre.** ➛ loc. *Ça ne gâte rien :* c'est un avantage de plus. **4** Diminuer l'effet agréable de (qqch.). **II** Combler (qqn) d'attentions, de cadeaux. ▷ v. pron. **se gâter 1** S'abîmer, pourrir. **2** Se détériorer. ▷ adj. **gâté, ée 1** *Dent gâtée,* cariée. **2** *Enfant gâté,* dont on satisfait tous les désirs.

gâterie n. f. ■ **1** Moyen de gâter (qqn). **2** Petit cadeau (surprise, friandise).

gâte-sauce n. ■ vx Mauvais cuisinier. ♦ mod. Marmiton. *Des gâte-sauces.*

gâteux, euse adj. ■ **1** Dont les facultés intellectuelles sont amoindries par l'âge. ➛ n. *Un vieux gâteux.* **2** Qui devient stupide sous l'effet d'un sentiment (amour...).

gâtifier v. intr. [7] ■ fam. Devenir gâteux.

gâtine n. f. ■ région. Terre marécageuse et stérile.

gâtisme n. m. ■ État d'une personne gâteuse (1 et 2).

gattilier n. m. ■ bot. Arbrisseau des bords de la Méditerranée. → **agnus-castus.**

gauche ■ **I** adj. **1** Qui est de travers, dévié par rapport à une surface plane. **2** (personnes) Maladroit et disgracieux. **II 1** adj. Situé du côté du cœur de qqn (opposé à *droit*). *Main gauche.* **2** n. m. boxe Poing gauche. **3** n. f. Le côté gauche. ➛ loc. fam. *Jusqu'à la gauche :* complètement. ♦ loc. adv. *À GAUCHE :* du côté gauche. ➛ *Mettre de l'argent à gauche,* de côté. **III** n. f. Personnes qui professent des idées politiques avancées, progressistes. ➛ *Voter à gauche.*

gauchement adv. ■ Maladroitement.

gaucher, ère adj. et n. ■ Qui se sert ordinairement de la main gauche.

gaucherie n. f. ■ Maladresse.

gauchir v. [2] ■ **I** v. intr. (choses planes) Perdre sa forme. → se **courber. II** v. tr. **1** Rendre gauche. → **tordre. 2** fig. Altérer, fausser.

gauchisant, ante adj. et n. ■ Dont les idées se rapprochent de celles de la gauche.

gauchisme n. m. ■ Courant politique d'extrême gauche. ► **gauchiste** adj. et n.

gauchissement n. m. ■ Action de gauchir.

gaucho [go(t)ʃo] n. m. ■ en Amérique du Sud Gardien de troupeaux de la pampa.

gaude n. f. ■ bot. Variété de réséda, fournissant une teinture jaune.

gaudriole n. f. ■ fam. **1** Plaisanterie un peu leste. **2** *La gaudriole :* l'amour physique.

gaufrage n. m. ▪ **1** Action de gaufrer. **2** Ornement gaufré.

gaufre n. f. ▪ Gâteau léger cuit entre deux plaques qui lui impriment un relief.

gaufrer v. tr. [1] ▪ Imprimer des motifs en relief ou en creux sur (qqch.).

gaufrette n. f. ▪ Petite gaufre sèche.

gaufreuse n. f. ▪ techn. Machine à gaufrer.

gaufrier n. m. ▪ Moule à gaufres.

gaufroir n. m. ▪ techn. Fer à gaufrer.

gaufrure n. f. ▪ techn. Apprêt, empreinte, résultant du gaufrage.

gaule n. f. ▪ Longue perche pour faire tomber les fruits d'un arbre. ♦ Canne à pêche.

gauleiter [golajtœʀ] n. m. ▪ hist. Chef de district, dans l'Allemagne hitlérienne. *Des gauleiters.*

gauler v. tr. [1] ▪ Faire tomber (des fruits) avec une gaule. ► **gaulage** n. m.

gaulis n. m. ▪ agric. Branche d'un taillis qu'on a laissé croître. ♦ Ensemble forestier dont les pousses, devenues grandes, sont encore minces.

gaullisme n. m. ▪ Courant se réclamant du général de Gaulle. ► **gaulliste** adj. et n.

gaulois, oise ▪ **I** adj. De Gaule. ➝ n. *Les Gaulois.* ➝ n. m. *Le gaulois* (langue celtique). ♦ par ext. Français, en tant que descendant des Gaulois. *Le coq gaulois.* **II** adj. D'une gaieté un peu leste.

gauloisement adv. ▪ Avec une gaieté un peu libre.

gauloiserie n. f. ▪ Propos licencieux.

gaulthérie n. f. ▪ bot. Arbuste d'Amérique du Nord aux feuilles persistantes odorantes.

gaur n. m. ▪ Bœuf sauvage de l'Inde et de la Malaisie.

gauss [gos] n. m. ▪ phys. Ancienne unité CGS d'induction magnétique (symb. G) valant 10^{-4} tesla.

se **gausser** v. pron. [1] ▪ littér. Se moquer ouvertement (de qqn ou de qqch.).

gave n. m. ▪ Torrent pyrénéen.

gaver v. tr. [1] ▪ **1** Faire manger de force et abondamment (les volailles qu'on veut engraisser). **2** *Gaver qqn de,* lui faire manger trop de. ▷ v. pron. se **gaver** Manger énormément (de). ► **gavage** n. m.

gaveur, euse n. ▪ **1** Personne qui gave les volailles. **2** n. f. Appareil pour gaver les volailles.

gavial, als n. m. ▪ Animal voisin du crocodile, à longues mâchoires étroites.

gavotte n. f. ▪ **1** Ancienne danse à deux temps. **2** Danse bretonne collective.

gavroche n. m. ▪ Gamin de Paris, spirituel et moqueur. ➝ adj. *Un air gavroche.*

gay adj. et n. ▪ anglic. Homosexuel. – forme francisée *gai.*

gayal [-aj-] n. m. ▪ Bœuf domestiqué d'Asie du Sud-Est. *Des gayals.*

gaz [gɑz] n. m. ▪ **1** Tout corps qui se présente à l'état de fluide expansible et compressible (état gazeux) dans les conditions normales de température et de pression. ➝ *Gaz rares* (hélium, néon, argon, krypton, xénon, radon). ♦ *Avoir des gaz.* → **flatuosité. 2** Produit gazeux, naturel ou manufacturé, utilisé comme combustible, etc. ➝ loc. fam. *Il y a de l'eau dans le gaz :* l'atmosphère est à la querelle. **3** Mélange gazeux utilisé dans les moteurs. *Mettre les gaz* (pour accélérer). **4** Corps gazeux destiné à produire des effets nocifs sur l'organisme. ➝ *Chambre à gaz,* utilisée dans les camps nazis et pour l'exécution de condamnés à mort.

gazage n. m. ▪ Action d'intoxiquer ou de tuer par un gaz.

gaze n. f. ▪ Tissu léger de soie ou de coton.

gazé, ée adj. ▪ Intoxiqué par les gaz de combat. ➝ n. *Les gazés de la Grande Guerre.*

gazéifier v. tr. [7] ▪ **1** Faire passer à l'état de gaz. **2** Faire dissoudre du gaz carbonique dans. ➝ au p. p. *Boisson gazéifiée.* ► **gazéification** n. f.

gazelle n. f. ▪ Mammifère ruminant d'Afrique et d'Asie, à longues pattes fines.

① **gazer** v. tr. [1] ▪ vx Couvrir d'une gaze.

② **gazer** v. [1] ▪ **I** v. tr. Intoxiquer (qqn) avec un gaz. → **asphyxier. II** v. intr. fam. **1** Aller à toute vitesse. **2** *Ça gaze :* ça va bien.

gazette n. f. ▪ vx ou plais. Journal, revue.

gazeux, euse adj. ▪ **1** Relatif au gaz. **2** Qui contient du gaz carbonique dissous. *Eau gazeuse.* → **pétillant.**

gazier, ière ▪ **1** adj. Relatif au gaz de ville. **2** n. Ouvrier, ouvrière dans une usine à gaz.

gazinière n. f. ▪ Cuisinière à gaz.

gazoduc n. m. ▪ Canalisation qui alimente en gaz sur de très longues distances.

gazogène n. m. ▪ techn. Appareil transformant un combustible en gaz. ➝ (en 1940-1945) Véhicule à gazogène.

gazole n. m. ▪ Produit pétrolier utilisé comme carburant dans les moteurs diesel. – syn. (anglic.) **gas-oil.**

gazoline n. f. ▪ comm. Éther de pétrole.

gazomètre n. m. ▪ Réservoir de gaz.

gazon n. m. ▪ **1** hortic. Motte de terre garnie d'herbe. **2** Herbe courte et fine.

gazonnant, ante adj. ■ Qui pousse en formant du gazon. *Plantes gazonnantes.* – syn. **gazonneux, euse.**

gazonner v. tr. 1 ■ Planter en gazon. ► **gazonnage** et **gazonnement** n. m.

gazouiller v. intr. 1 ■ **1** (oiseaux...) Produire un bruit léger et doux. **2** (nourrisson) Émettre des sons à peine articulés. ► **gazouillement** et **gazouillis** n. m.

Gd ■ Symbole chimique du gadolinium.

Ge ■ Symbole chimique du germanium.

geai n. m. ■ Oiseau passereau de la taille du pigeon, à plumage bigarré. *Le geai jase.*

géant, ante ■ **I** n. **1** Personne dont la taille dépasse anormalement la moyenne **(→ gigantisme). 2** Génie, personne remarquable. *Les géants de l'art.* **II** adj. Dont la taille dépasse de beaucoup la moyenne.

gecko n. m. ■ Lézard des régions chaudes.

geek [gik] n. ■ anglic., fam. Passionné d'informatique et de nouveautés techniques (Internet, etc.).

géhenne n. f. ■ **1** (dans la Bible) Enfer. **2** fig., littér. Torture ; souffrance intolérable.

geignard, arde adj. ■ fam. Qui se lamente à tout propos. ◆ *Un ton geignard.*

geindre v. intr. 52 ■ **1** Faire entendre des plaintes faibles et inarticulées. **2** Se lamenter à tout propos **(→ geignard).** ► **geignement** n. m.

geisha [gɛʃa ; gɛjʃa] n. f. ■ Hôtesse japonaise qui reçoit et divertit les hommes.

gel n. m. ■ **I 1** Temps de gelée. **2** Congélation des eaux (et de la vapeur d'eau atmosphérique). **3** fig. Arrêt, blocage (d'une activité économique...). **II 1** sc. Substance souple obtenue par formation de flocons dans une solution colloïdale. **2** Produit translucide à base d'eau ou d'huile.

gélatine n. f. ■ Substance extraite, sous forme de gelée, de certains tissus animaux. ► **gélatineux, euse** adj.

gélatiné, ée adj. ■ Enduit de gélatine.

gélatinobromure n. m. ■ chim., techn. Composition de bromure d'argent en suspension dans la gélatine.

gélatinochlorure [-kl-] n. m. ■ chim., techn. Composition de chlorure d'argent en suspension dans la gélatine.

gelée n. f. ■ **I** Abaissement de la température au-dessous de zéro, ce qui provoque la congélation de l'eau. ◆ *Gelée blanche,* congélation de la rosée avant le lever du soleil, par nuit claire. **II 1** Suc de substance animale (viande, os) coagulé. **2** Jus de fruits cuit au sucre et coagulé. **3** Corps de consistance gélatineuse.

geler v. 5 ■ **I** v. tr. **1** Transformer en glace. **2** Endommager (des tissus organiques) par le froid. **3** Faire souffrir du froid. **4** fig. Arrêter, bloquer. **II** v. intr. **1** Se transformer en glace. **2** (tissus organiques) Être endommagé par le froid. **3** Souffrir du froid. **III** impers. *Il a gelé cette nuit.* ▷ adj. **gelé, ée** *Étang gelé.* ◆ *Je suis gelé :* j'ai froid.

gélif, ive adj. ■ didact. Susceptible de se fendre sous l'action du gel.

gélifiant n. m. ■ Additif destiné à donner la consistance d'un gel à une préparation.

gélifier v. tr. 7 ■ Transformer en gel (II). ► **gélification** n. f.

gélinotte n. f. ■ Oiseau voisin de la perdrix (communément appelé *coq des marais*).

gélivure n. f. ■ didact. Fente creusée par le gel dans les arbres, les pierres.

gélose n. f. ■ Substance mucilagineuse, extraite de certaines algues. → **agar-agar.**

gélule n. f. ■ Capsule en gélatine dure qui contient un médicament en poudre.

gelure n. f. ■ Lésion grave de la peau causée par le froid.

gémeau, elle adj. et n. ■ **1** vx Jumeau. **2** n. m. pl. Troisième signe du zodiaque (21 mai-21 juin). ◆ *Elle est Gémeaux.*

gémellaire adj. ■ Relatif aux jumeaux.

gémellipare adj. ■ biol. Qui porte des jumeaux. ► **gémelliparité** n. f.

gémellité n. f. ■ **1** Situation de jumeau(x). **2** Caractère de deux choses exactement semblables.

gémination n. f. ■ didact. État de ce qui est disposé par paire. ◆ ling. Redoublement d'un phonème ou d'une syllabe.

géminé, ée adj. ■ Disposé par paires.

géminer v. tr. 1 ■ didact. ou littér. Grouper deux par deux.

gémir v. intr. 2 ■ **1** Exprimer sa souffrance d'une voix plaintive et inarticulée. → **geindre. 2** Se plaindre. *Gémir sur son sort.* **3** (sujet chose) Émettre un son plaintif et prolongé. ► **gémissant, ante** adj. → **plaintif.** ► **gémissement** n. m.

gemmage n. m. ■ techn. Action de gemmer (les pins).

gemmail, aux n. m. ■ Panneau constitué de morceaux de verre translucides colorés, sans sertissage.

gemmation n. f. ■ bot. Développement des bourgeons.

gemme n. f. ■ **1** Pierre précieuse. ◆ adj. *Sel gemme,* qu'on extrait des mines. **2** Résine des pins.

gemmé, ée adj. ■ littér. Orné de gemmes, de pierres précieuses.

gemmer v. tr. [1] ▪ techn. Inciser l'écorce de (un pin) pour recueillir la gemme (2).

gemmeur, euse adj. et n. ▪ arbor. (Personne) qui gemme les pins.

gemmifère adj. ▪ **1** minér. Qui contient des gemmes. **2** arbor. Qui produit de la gemme (2).

gemmiparité n. f. ▪ bot., zool. Mode de reproduction des végétaux et de certains animaux par bourgeons.

gemmologie n. f. ▪ Étude des gemmes (1). ► **gemmologique** adj. ► **gemmologiste** ou **gemmologue** n.

gemmule n. f. ▪ bot. Bourgeon de l'embryon contenu dans la graine.

gémonies n. f. pl. ▪ loc. *VOUER qqn AUX GÉMONIES*, l'accabler publiquement de mépris.

gén- → **gén(o)-**

gênant, ante adj. ▪ Qui gêne.

gencive n. f. ▪ Muqueuse épaisse qui recouvre la base des dents.

gendarme n. ▪ **I** n. m. anciennt Homme de guerre à cheval. **II** Militaire appartenant à la gendarmerie. **III** n. m. fig., fam. **1** Saucisson sec, plat et très dur. **2** Hareng saur.

se **gendarmer** v. pron. [1] ▪ Protester, réagir vivement.

gendarmerie n. f. ▪ **I** anciennt Corps de cavalerie lourde. **II 1** Corps militaire, chargé de maintenir l'ordre et la sécurité publics, et de collaborer à la police judiciaire. **2** Caserne, bureaux des gendarmes.

gendre n. m. ▪ Le mari d'un enfant, par rapport aux parents de celui-ci. → **beau-fils.**

gène n. m. ▪ biol. Unité définie localisée sur un chromosome, grâce à laquelle se transmet un caractère héréditaire.

-gène Élément (du grec *genos* «famille, race» → gén(o)-) qui signifie «origine».

gêne n. f. ▪ **I** vx Torture. **II 1** Malaise, trouble physique. **2** Situation imposant une contrainte, un désagrément. → **dérangement, embarras.** ♦ *Être dans la gêne*, manquer d'argent. **3** Impression désagréable de malaise que l'on éprouve devant qqn. → **confusion, embarras.**

généalogie n. f. ▪ **1** Liste des ancêtres de (qqn). **2** Étude des filiations. ► **généalogique** adj. *Arbre* généalogique.*

généalogiste n. ▪ Spécialiste de généalogie.

génépi n. m. ▪ Armoise, plante des montagnes. ♦ Liqueur faite avec cette plante.

gêner v. tr. [1] ▪ **1** Mettre (qqn) à l'étroit ou mal à l'aise, physiquement. → **serrer ; incommoder, indisposer. 2** Entraver (une action). *Gêner la circulation.* **3** Mettre dans une situation embarrassante, difficile. ♦ Infliger à (qqn) qqch. d'importun. → **déranger, importuner. 4** Mettre mal à l'aise. *Votre question me gêne.* ▷ v. pron. se **gêner** S'imposer une contrainte physique ou morale. ▷ adj. **gêné, ée 1** Qui a, manifeste de la gêne. **2** (personnes) Dans une situation financière difficile.

① **général, ale, aux** adj. ▪ **1** Qui se rapporte à un ensemble de cas ou d'individus. ➛ *En règle générale,* dans la plupart des cas. **2** Qui concerne, réunit la totalité des membres d'un groupe. *Grève générale.* ➛ *Répétition générale,* ou n. f. *GÉNÉRALE* : dernière répétition d'une pièce. ➛ *Culture* générale. Médecine* générale.* **3** Qui concerne ou dirige l'ensemble d'un service, d'une organisation. **4** loc. adv. *EN GÉNÉRAL* (opposé à *en particulier*). → **généralement.**

② **général, ale, aux** n. ▪ **I 1** n. m. Celui qui commande une armée. **2** Personne qui est à la tête d'un ordre religieux. → **supérieur. 3** Officier du plus haut grade commandant une grande unité dans les armées de terre et de l'air. **4** n. m. hist. Directeur d'une administration. **II** n. f. vieilli Femme d'un général.

généralement adv. ▪ **1** D'un point de vue général. **2** Dans la majorité des individus. **3** Dans la plupart des cas.

généralisable adj. ▪ Qui peut être généralisé.

généralisateur, trice adj. ▪ Qui généralise. *Un esprit généralisateur.*

généraliser v. tr. [1] ▪ **1** Étendre, appliquer (qqch.) à l'ensemble ou à la majorité des individus. ➛ pronom. *Mode qui se généralise.* ➛ au p. p. *Crise généralisée.* **2** Tirer une conclusion générale de l'observation d'un cas limité. ► **généralisation** n. f.

généralissime n. m. ▪ Général en chef.

généraliste adj. ▪ **1** Qui pratique la médecine* générale. ➛ n. *Un, une généraliste.* → **omnipraticien. 2** Qui n'est pas spécialisé. *Ingénieur généraliste.* ➛ *Télévision généraliste.*

① **généralité** n. f. ▪ **1** Caractère de ce qui est général (1). → **universalité. 2** Idée, notion générale. **3** *La généralité des...*, le plus grand nombre des (→ la plupart). **4** au plur. Propos vagues et inconsistants.

② **généralité** n. f. ▪ **I** hist. Circonscription dirigée par un *général des finances.* **II** Gouvernement de la province de Catalogne.

générateur, trice adj. ▪ **1** Qui génère. **2** n. m. Appareil, dispositif qui produit qqch.

génératif, ive adj. ▪ ling. *Grammaire générative* : description systématique des lois de production des phrases d'une langue.

génération n. f. ▪ **I** Action d'engendrer. **1** vx Reproduction (I). *Génération spontanée* (à partir de matière non vivante ; théorie ancienne). **2** fig. Fait de faire exister. → **genèse, production. II 1** Ensemble des êtres qui descendent de qqn à chacun des degrés de filiation. *La suite des générations.* **2** Espace de temps d'une trentaine d'années. **3** Ensemble des individus qui, à la même époque, sont dans la même tranche d'âge. **4** Série de produits d'un même niveau de développement.

générationnel, elle adj. ▪ Propre à une génération, à plusieurs générations. *Un conflit générationnel.*

génératrice n. f. ▪ Machine produisant de l'énergie électrique. → **dynamo.**

générer v. tr. 6 ▪ Engendrer, produire.

généreusement adv. ▪ **1** Avec générosité. **2** Abondamment.

généreux, euse adj. ▪ **1** Qui a des sentiments qui le portent au désintéressement, au dévouement. **2** Qui donne sans compter. - *Don généreux.* **3** D'une nature riche, abondante. *Une poitrine généreuse.*

générique ▪ **I** adj. **1** didact. Du genre (II, 1) (opposé à *spécifique*). *Terme générique.* **2** pharm. *Médicament générique,* dont la formule est dans le domaine public. **II** n. m. Partie (d'un film...) où sont indiqués les noms de ceux qui y ont participé.

générosité n. f. ▪ **1** Caractère d'une personne, d'une action généreuse. **2** Qualité qui dispose à sacrifier son intérêt. → **bonté ; altruisme.** ♦ Disposition à donner sans compter. → **libéralité.**

genèse n. f. ▪ **1** Création du monde. **2** Manière dont qqch. se forme, se développe. *La genèse d'une œuvre.*

-genèse ou (vieilli) **-génèse** Élément, du grec *genesis* «création, formation». → **-génie.**

génésique adj. ▪ vx ou didact. De la génération (I, 1). *Instinct génésique.* → **sexuel.**

genet n. m. ▪ Petit cheval de race espagnole.

genêt n. m. ▪ Arbrisseau sauvage, à fleurs jaunes odorantes.

généticien, ienne n. ▪ Spécialiste de la génétique.

génétique ▪ **I** adj. **1** Relatif à une genèse (2). **2** Relatif aux gènes, à l'hérédité. *Patrimoine génétique.* → **génotype. II** n. f. Science des lois de l'hérédité. ► **génétiquement** adv.

génétisme n. m. ▪ philos. Théorie d'après laquelle la perception du monde n'est pas naturelle mais acquise (opposé à *nativisme*). → **empirisme** (2). ► **génétiste** adj. et n.

genette n. f. ▪ Petit mammifère carnivore, à la longue queue rayée.

gêneur, euse n. ▪ Personne qui gêne.

genévrier n. m. ▪ Arbuste à feuilles piquantes, aux baies violettes. → **genièvre.**

génial, ale, aux adj. ▪ **1** Inspiré par le génie. **2** (personnes) Qui a du génie. **3** fam. Extraordinaire. ► **génialement** adv.

génialité n. f. ▪ Qualité d'une personne, d'une chose géniale.

génie n. m. ▪ **I 1** Personnage surnaturel censé influer sur la destinée de qqn. **2** Être allégorique ; sa représentation. *Le génie de la liberté.* **II 1** *LE GÉNIE DE* (qqch.), les caractères distinctifs qui fondent son originalité. *Le génie d'un peuple.* ♦ Disposition naturelle. *Il a le génie des affaires.* **2** Aptitude supérieure de l'esprit qui rend qqn capable de créations, d'inventions qui paraissent extraordinaires. *Le génie et le talent.* - *DE GÉNIE* loc. adj. → **génial** (1 et 2). **3** Personne qui a du génie. **III 1** *Génie militaire :* services de travaux de l'armée. **2** *Génie civil :* art des constructions. ♦ Ensemble de techniques. → **ingénierie.** *Génie génétique.*

-génie Élément, du grec *-geneia* «production, formation». → **-genèse.**

genièvre n. m. ▪ **1** Genévrier. - Son fruit. **2** Eau-de-vie aux baies de genièvre.

génique adj. ▪ biol. Relatif aux gènes. - *Thérapie génique,* par intervention sur les gènes.

génisse n. f. ▪ Jeune vache qui n'a pas encore eu de veau.

génital, ale, aux adj. ▪ Qui se rapporte à la reproduction sexuée des animaux et des hommes. *Organes génitaux.* → **sexe.** - psych. *Stade génital,* dernier stade de la libido, selon Freud.

génitalité n. f. ▪ **1** biol. Capacité de reproduction des organismes sexués. **2** Ensemble des caractères et activités liés aux organes génitaux et au plaisir sexuel.

géniteur, trice ▪ **1** n. plais. Père, mère. **2** n. m. Animal destiné à la reproduction.

génitif n. m. ▪ gramm. Cas qui exprime le plus souvent la dépendance ou l'appartenance.

génito-urinaire adj. ▪ anat. Qui a rapport aux fonctions de la reproduction et à l'excrétion urinaire. → **urogénital.**

gén(o)- Élément (du grec *genos* «famille, race») qui signifie «groupe humain» et «des gènes».

génocide n. m. ▪ Destruction méthodique d'un groupe humain. ► **génocidaire** adj.

génois, oise adj. et n. ▪ **1** De Gênes. **2** *GÉNOISE* n. f. (pâtisserie légère).

génome n. m. ▪ biol. Ensemble des gènes (d'une espèce, d'un individu). ► **génomique** adj.

génothérapie n. f. ▪ biol. Thérapie génique.

génotype n. m. ▪ biol. Patrimoine héréditaire, dépendant de l'ensemble des gènes. *Génotype et phénotype*.* ► **génotypique** adj.

genou n. m. ■ **1** Partie du corps humain où la jambe s'articule avec la cuisse. *Fléchir le genou* (→ **génuflexion**). ♦ fam. *Être sur les genoux*, très fatigué. ♦ loc. adv. *À GENOUX* : sur les genoux posés au sol (→ s'**agenouiller**). ➝ *C'est à se mettre à genoux* : c'est admirable. **2** (quadrupèdes) Articulation du membre antérieur.

genouillère n. f. ■ Ce qu'on met sur le genou pour le protéger.

genre n. m. ■ **I** *Le genre humain* : l'espèce humaine. → **humanité. II** (Ensemble abstrait) **1** didact. Idée générale d'un groupe d'êtres ou d'objets présentant des caractères communs (→ **générique**). ➝ *Du même genre*. → **espèce, sorte. 2** sc. nat. Subdivision de la famille. **3** didact. Construction sociale de l'identité sexuelle. **4** Catégorie d'œuvres (définie par la tradition). **III** Catégorie grammaticale suivant laquelle un nom est dit masculin, féminin ou neutre. **IV 1** *Genre de vie*, habitudes de vie. → **mode. 2** Façons de s'habiller, de se comporter. → **allure, manière(s). 3** loc. *Se donner un genre* : affecter certaines manières.

gens [ʒɑ̃] n. m. pl. et f. pl. l'adj. placé avant *gens* se met au fém. ; ce qui suit reste au masc. ■ **1** Personnes, en nombre indéterminé. *Beaucoup de gens* (mais : *plusieurs personnes*). ➝ *Des gens simples*. ➝ *Vieilles gens* : personnes âgées. *Jeunes gens* : jeunes filles et garçons. ➝ *Les gens* : les humains. **2** *GENS DE* (et activité). *Gens de loi, gens de lettres*. **3** *Le droit des gens* : droit des nations, droit international public.

gent [ʒɑ̃(t)] n. f. ■ littér. ou plais. Espèce.

gentiane n. f. ■ **1** Plante des montagnes à suc amer. **2** Boisson à base de gentiane.

① **gentil** [-ti] n. m. ■ Nom que les juifs et les chrétiens donnaient aux personnes étrangères à leur religion. → **infidèle.**

② **gentil, ille** [-ti, ij] adj. ■ **1** Qui plaît par sa grâce. → **charmant, mignon. 2** Qui plaît par sa délicatesse morale, sa douceur. ♦ (enfants) → **sage. 3** (somme d'argent) D'une certaine importance. → **coquet.**

gentilé n. m. ■ didact. Dénomination des habitants d'un lieu, relativement à ce lieu.

gentilhomme [-ijɔ-] n. m. ■ **1** vieilli Homme d'origine noble. *Des gentilshommes*. **2** Homme généreux, distingué. → **gentleman.**

gentilhommière [-ijɔ-] n. f. ■ Petit château à la campagne.

gentilité n. f. ■ relig. Ensemble des peuples païens.

gentillesse n. f. ■ **1** Qualité d'une personne gentille. → **amabilité. 2** Action, parole pleine de gentillesse. → **attention.**

gentillet, ette adj. ■ Assez gentil.

gentiment adv. ■ D'une manière gentille.

gentleman [ʒɑ̃tləman ; dʒɛntləman] n. m. ■ anglic. Homme distingué, bien élevé. *Des gentlemen* ou (francisé) *gentlemans*.

gentrification [ʒɛn- ; ʒɑ̃-] n. f. ■ sociol. Processus par lequel la population d'un quartier fait place à une couche sociale plus aisée.

gentry [dʒɛntʀi] n. f. ■ Noblesse anglaise non titrée.

génuflexion n. f. ■ Action de fléchir le genou, les genoux (signe de respect, etc.).

géo- Élément savant, du grec *gê* « Terre ».

géobiologie n. f. ■ didact. Science qui étudie les rapports entre l'évolution géologique et celle des organismes vivants.

géocentrique adj. ■ astron. Qui est repéré par rapport à la Terre prise comme centre.

géocentrisme n. m. ■ hist. sc. Théorie faisant de la Terre le centre de l'univers.

géochimie n. f. ■ Science qui étudie la composition chimique de la croûte terrestre. ► **géochimique** adj. ► **géochimiste** n.

géochronologie n. f. ■ didact. Chronologie des événements géologiques.

géode n. f. ■ Pierre arrondie, creuse, dont l'intérieur est tapissé de cristaux.

géodésie n. f. ■ Science qui étudie la forme et les dimensions de la Terre. ► **géodésique** adj.

géodynamique n. f. ■ Étude des modifications de l'écorce terrestre.

géoglyphe n. m. ■ didact. Réseau de lignes creusées dans le sol, formant d'immenses motifs géométriques.

géographie n. f. ■ **1** Science qui a pour objet la description de l'aspect actuel du globe terrestre, au point de vue naturel et humain. **2** La réalité étudiée par cette science. ► **géographe** n.

géographique adj. ■ Relatif à la géographie. *Carte géographique*. ► **géographiquement** adv.

géoïde n. m. ■ didact. Surface théorique de la pesanteur, qui correspond au niveau moyen des mers.

geôle [ʒol] n. f. ■ littér. Cachot, prison. ► **geôlier, ière** n. littér. → **gardien.**

géolocalisation n. f. ■ Localisation précise à la surface de la Terre (d'objets, de personnes). *Géolocalisation par satellite*. → **G. P. S.** ► **géolocaliser** v. tr. [1]

géologie n. f. ■ **1** Science qui étudie la structure et l'évolution de l'écorce terrestre. **2** Terrains, formations que la géologie étudie. ► **géologique** adj. ► **géologue** n.

géomagnétisme n. m. ■ Magnétisme terrestre. ► **géomagnétique** adj.

géomancie n. f. ▪ didact. Divination par l'apparence du sol, des figures sur le sol. ► **géomancien, ienne** n.

géomarketing n. m. ▪ Technique de marketing qui prend en compte le contexte géographique.

géomatique n. f. ▪ didact. Traitement informatique des données géographiques.

géométral, ale, aux adj. ▪ didact. Qui représente un objet avec ses dimensions relatives exactes.

géomètre n. ▪ **1** Spécialiste de géométrie. **2** Professionnel(le) qui relève des plans de terrains. → **arpenteur.**

géométrie n. f. ▪ **1** Science de l'espace ; partie des mathématiques qui a pour objet l'étude des figures dans l'espace. **2** loc. *À géométrie variable :* qui peut varier dans ses dimensions.

géométrique adj. ▪ **1** De la géométrie. ◆ *Progression géométrique,* dont chaque terme s'obtient en multipliant le précédent par un nombre constant (ex. 2, 6, 18, 54...). **2** Simple et régulier. **3** Rigoureux et précis. ► **géométriquement** adv.

géomorphologie n. f. ▪ Étude de la forme et de l'évolution du relief terrestre. ► **géomorphologique** adj. ► **géomorphologue** n.

géophage adj. ▪ didact. Qui mange de la terre. *Poisson géophage.* ► **géophagie** n. f.

géophile n. m. ▪ Arthropode au corps étroit et long, possédant de 40 à 75 anneaux.

géophone n. m. ▪ techn. Instrument utilisé pour écouter les bruits provenant du sol.

géophysique n. f. ▪ Étude des propriétés physiques du globe terrestre (mouvements, magnétisme...). ◆ adj. *Études géophysiques.* ► **géophysicien, ienne** n.

géopolitique n. f. ▪ Étude des rapports entre les données de la géographie et la politique. ◆ adj. *Théories géopolitiques.* ► **géopoliticien, ienne** n.

géorgien, ienne adj. et n. ▪ **1** Relatif à la Géorgie, république caucasienne. ◆ n. *Les Géorgiens.* ◆ n. m. *Le géorgien* (langue). **2** De la Géorgie, État des États-Unis d'Amérique.

géorgique adj. ▪ littér. Qui concerne les travaux des champs. ◆ n. f. pl. Poèmes géorgiques.

géosciences n. f. pl. ▪ didact. Ensemble des disciplines scientifiques dont l'objet est la planète Terre (géographie, géologie, etc.).

géostationnaire adj. ▪ *Satellite géostationnaire,* dont l'orbite est telle qu'il semble immobile vu de la Terre.

géostratégie n. f. ▪ didact. Ensemble des facteurs stratégiques en relation avec la réalité géographique. ► **géostratégique** adj.

géosynchrone [-kʀ-] adj. ▪ didact. Se dit d'un satellite artificiel dont la période de révolution est identique à celle de la rotation de la Terre.

géosynclinal, aux [-s-] n. m. ▪ géol. Vaste dépression caractérisée par une grande épaisseur de sédiments.

géotechnique adj. et n. f. ▪ Qui concerne les applications techniques de recherches géologiques.

géothermie n. f. ▪ Étude de la chaleur des profondeurs de la Terre. ► **géothermique** adj.

géotropisme n. m. ▪ sc. Orientation de la matière vivante sous l'influence de la pesanteur. *Le géotropisme des végétaux.*

géotrupe n. m. ▪ Coléoptère qui creuse son terrier sous les crottins et les bouses.

gérable adj. ▪ Qui peut être géré.

gérance n. f. ▪ Fonction de gérant.

géranium [-jɔm] n. m. ▪ **1** bot. Plante sauvage odorante, souvent ornementale. **2** cour. Pélargonium, plante à feuilles arrondies et velues, à fleurs en ombelles.

gérant, ante n. ▪ Personne qui gère pour le compte d'autrui. *Gérant d'immeuble.* → **syndic.**

gerbage n. m. ▪ Action d'empiler (des marchandises).

gerbant, ante adj. ▪ fam. Qui fait vomir ; qui dégoûte.

① **gerbe** n. f. ▪ **1** Botte de céréales coupées, où les épis sont disposés d'un même côté. **2** Botte de fleurs coupées à longues tiges. **3** (par analogie de forme) *Une gerbe d'eau.*

② **gerbe** n. f. ▪ fam. *Avoir la gerbe :* avoir envie de vomir.

gerber v. [1] ▪ **I** v. tr. **1** Mettre en gerbes. **2** Ranger en hauteur. **II** v. intr. fam. Vomir.

gerbera [ʒɛʀbeʀa] n. m. ▪ Plante cultivée pour ses grandes fleurs orange ou rouges.

gerbeuse n. f. ▪ techn. Engin de levage pour gerber les charges.

gerbier n. m. ▪ Grand tas de gerbes.

gerbille n. f. ▪ Petit rongeur des savanes et des déserts.

gerboise n. f. ▪ Petit rongeur à pattes postérieures et à queue très longues.

gerce n. f. ▪ techn. Fente dans le bois, due au dessèchement.

gercer v. tr. [3] ▪ (froid...) Crevasser l'épiderme. ◆ au p. p. *Lèvres gercées.*

gerçure n. f. ▪ Petite fissure de l'épiderme.

gérer v. tr. [6] ▪ **1** Administrer (les intérêts, les affaires d'un autre). → **gérant. 2** Administrer (ses propres affaires). *Gérer son budget.* **3** *Gérer une crise,* y faire face.

gerfaut n. m. ■ Faucon à plumage gris.

gériatrie n. f. ■ Médecine de la vieillesse et de ses troubles spécifiques. ► **gériatre** n. ► **gériatrique** adj.

① **germain, aine** adj. ■ *COUSINS GERMAINS* : cousins ayant une grand-mère ou un grand-père commun.

② **germain, aine** adj. et n. ■ hist. De la Germanie.

germandrée n. f. ■ Herbe ou arbrisseau aromatique.

germanique adj. ■ **1** Qui a rapport aux Germains, à la Germanie. ← *Langues germaniques* : langues des peuples que les Romains nommaient Germains, et celles qui en dérivent (francique, gotique... ; allemand, anglais, néerlandais, langues scandinaves). **2** De l'Allemagne. → **allemand.**

germanisant, ante adj. et n. ■ (Personne) qui étudie la langue et la culture allemandes. → **germaniste.**

germaniser v. tr. [1] ■ Rendre germanique. ► **germanisation** n. f.

germanisme n. m. ■ Tournure propre à la langue allemande. ♦ Emprunt à l'allemand.

germaniste n. ■ Spécialiste de la langue et de la culture allemandes.

germanium [-jɔm] n. m. ■ Élément (symb. Ge, n° at. 32, masse at. 72,61), métal utilisé en électronique.

germano- Élément, du latin *germanus* «allemand».

germanophile adj. et n. ■ Qui aime les Allemands. ► **germanophilie** n. f.

germanophobe adj. et n. ■ Qui est hostile aux Allemands. ► **germanophobie** n. f.

germanophone adj. ■ Qui parle l'allemand. ← n. *Un, une germanophone.* ♦ Où l'on parle l'allemand. *Les pays germanophones.*

germe n. m. ■ **1** Forme initiale d'un être vivant (terme non sc.). **2** biol. Œuf fécondé. ← Microorganisme capable d'engendrer une maladie. ← bot. Première pousse (d'une plante). **3** fig. Principe, élément de développement (de qqch.). ← *EN GERME* : à l'état latent.

germen [-ɛn] n. m. ■ biol. Ensemble des cellules reproductrices d'un être vivant (opposé à *soma*).

germer v. intr. [1] ■ **1** Pousser son germe au-dehors. *Le blé a germé.* **2** fig. Commencer à se développer.

germicide adj. ■ didact. Qui tue les germes microbiens.

① **germinal** n. m. ■ Septième mois du calendrier républicain (21-22 mars au 18-19 avril).

② **germinal, ale, aux** adj. ■ biol. Relatif au germe ou au germen.

germination n. f. ■ Phénomènes par lesquels une graine se développe et donne une plante. ► **germinatif, ive** adj.

germoir n. m. ■ Lieu où l'on fait germer des semences.

germon n. m. ■ Thon blanc.

géromé n. m. ■ Fromage à pâte molle fabriqué dans les Vosges.

gérondif n. m. ■ **1** en latin Forme verbale, déclinaison de l'infinitif. **2** en français Participe présent généralement précédé de *en*, formant des compléments circonstanciels (ex. en forgeant, on devient forgeron).

géront(o)- Élément savant, du grec *gerôn, gerontos* «vieillard».

gérontocratie n. f. ■ didact. Gouvernement, domination par des vieillards.

gérontologie n. f. ■ Étude des phénomènes de vieillissement de l'organisme humain. → **gériatrie.** ► **gérontologue** n. ► **gérontologique** adj.

gérontophile adj. et n. ■ Qui est attiré sexuellement par les personnes âgées. ← n. *Un(e) gérontophile.* ► **gérontophilie** n. f.

gésier n. m. ■ Troisième poche digestive des oiseaux.

gésine n. f. ■ vx *En gésine* : en train d'accoucher (femme).

gésir v. intr. défectif (*je gis, tu gis, il gît, nous gisons, vous gisez, ils gisent ; je gisais,* etc. ; *gisant*) ■ littér. **1** Être couché, étendu, sans mouvement (→ gisant). ♦ *CI-GÎT, ICI-GÎT* : ici repose (formule d'épitaphe). **2** Se trouver. → **résider.** *C'est là que gît le problème.*

gesse n. f. ■ Plante légumineuse cultivée comme fourragère ou ornementale.

gestaltisme [gɛʃt-] n. m. ■ philos. Théorie selon laquelle les propriétés d'un phénomène ou d'un être résultent des relations entre ses éléments. ► **gestaltiste** adj. et n.

gestalt-thérapie n. f. ■ psych. Thérapie de groupe permettant à l'individu de reconnaître et d'accepter les parties antagonistes de son corps et de sa personnalité.

gestant, ante adj. ■ didact. En gestation. → **gravide.**

gestapiste [gɛs-] n. m. ■ hist. Membre de la Gestapo.

gestation n. f. ■ **1** État d'une femelle vivipare qui porte son petit, jusqu'à la naissance. **2** fig. Lent travail d'élaboration. ► **gestationnel, elle** adj. didact.

① **geste** n. m. ■ **1** Mouvement du corps (surtout des bras, des mains, de la tête), révélant un état d'esprit ou visant à exprimer, à exécuter qqch. → **attitude, mouvement.** *S'exprimer* *par gestes.* **2** fig. *Geste de,* acte, action de. *Un geste de générosité.* ◆ loc. *Les faits* et gestes de qqn. Faire un geste,* une bonne action.

② **geste** n. f. ■ Poèmes épiques du Moyen Âge relatant les exploits d'un héros.

gesticuler v. intr. [1] ■ Faire beaucoup de gestes, trop de gestes. ► **gesticulation** n. f.

gestion n. f. ■ Action, manière de gérer.

gestionnaire ■ **1** adj. Qui concerne la gestion. **2** n. Personne chargée de la gestion d'une affaire.

gestique n. f. ■ didact. Ensemble des gestes, comme moyen d'expression. *La gestique d'un chef d'orchestre.*

gestualité n. f. ■ didact. Ensemble des gestes d'une personne, variable selon les cultures. → **gestuelle.**

gestuel, elle adj. ■ didact. Du geste. *Langage gestuel.* ♦ n. f. Ensemble de gestes.

gewurztraminer [gevyʀtstʀaminɛʀ] n. m. ■ Vin blanc d'Alsace.

geyser [ʒɛzɛʀ] n. m. ■ Source d'eau chaude qui jaillit par intermittence.

ghetto [geto] n. m. ■ **1** Quartier où les Juifs étaient forcés de résider. **2** Quartier où une communauté vit à l'écart.

ghettoïser [ge-] v. tr. [1] ■ Transformer (un lieu) en ghetto. ► **ghettoïsation** n. f.

GI [dʒiaj] n. m. (sigle angl. de *government issue* « fourniture du gouvernement ») ■ anglic. Soldat de l'armée américaine. *Des GI* ou *des GI's.*

gianduja [ʒjɑ̃dyʒa ; ʒjanduja] n. m. ■ Pâte à base de chocolat et de noisettes.

giaour n. m. ■ Terme de mépris qui désigne les non-musulmans en Turquie.

gibbérelline n. f. ■ biochim. Hormone végétale qui stimule la croissance des plantes.

gibbeux, euse adj. ■ didact. **1** Qui a la forme d'une bosse. **2** Qui est pourvu d'une ou plusieurs bosses.

gibbon n. m. ■ Singe d'Asie, sans queue.

gibbosité n. f. ■ littér. Bosse.

gibecière n. f. ■ Sac où le chasseur met son gibier. ♦ Sac en bandoulière.

gibelotte n. f. ■ Fricassée au vin blanc.

giberne n. f. ■ anciennt Cartouchière.

gibet n. m. ■ Potence où l'on exécutait les condamnés à la pendaison.

gibier n. m. ■ **1** Animaux sauvages à chair comestible que l'on prend à la chasse. **2** fig. Personne que qqn cherche à prendre, à attraper, à duper. ◆ loc. *Gibier de potence :* mauvais sujet.

giboulée n. f. ■ Grosse averse.

giboyeux, euse adj. ■ Riche en gibier.

gibus [-ys] n. m. ■ Chapeau haut-de-forme à ressorts, appelé aussi *chapeau claque.*

giclée n. f. ■ Jet de ce qui gicle.

gicler v. intr. [1] ■ **1** (liquide) Jaillir avec force. **2** fam. Être expulsé. ► **giclement** n. m.

gicleur n. m. ■ **1** Petit tube du carburateur servant à doser l'arrivée d'essence. **2** Tube, dispositif qui fait jaillir de l'eau (notamment en cas d'incendie).

gif n. m. ou **GIF** [ʒif] n. m. invar. ■ inform. Format d'images numériques permettant de créer des images animées ou à fond transparent.

gifle n. f. ■ **1** Coup donné de la main sur la joue de qqn. **2** fig. Humiliation, affront.

gifler v. tr. [1] ■ **1** Frapper d'une gifle. **2** (sujet chose) Cingler, fouetter.

giga- Préfixe qui multiplie par 10^9 l'unité (ex. *gigahertz, gigawatt*). ♦ inform. Préfixe qui multiplie par 2^{30} l'unité (ex. *gigaoctet*).

gigantesque adj. ■ **1** Qui dépasse de beaucoup la taille ordinaire ; qui paraît très grand. **2** Qui dépasse la commune mesure. *L'œuvre gigantesque de Balzac.*

gigantisme n. m. ■ Développement excessif de la taille (de qqn, de qqch.).

gigaoctet n. m. ■ inform. Unité de capacité de mémoire valant 2^{30} octets. – abrév. **giga.**

gigogne adj. ■ (épithète) Se dit d'objets qui s'emboîtent les uns dans les autres.

gigolette n. f. ■ **1** Fille délurée. **2** cuis. Cuisse de dinde dont le haut est désossé.

gigolo n. m. ■ fam. Jeune amant d'une femme plus âgée par laquelle il est entretenu.

gigot n. m. ■ **1** Cuisse de mouton, d'agneau, coupée pour être mangée. **2** *Manches gigot,* bouffantes, serrées au coude.

gigoter v. intr. [1] ■ fam. Agiter son corps.

gigoteuse n. f. ■ Sac de couchage pour bébé.

① **gigue** n. f. ■ *Gigue de chevreuil.* → **cuissot.**

② **gigue** n. f. ■ Danse très rythmée.

gilet n. m. ■ **1** Vêtement court sans manches. ♦ *Gilet de sauvetage,* qui permet de flotter. ◆ *Gilet pare-balles.* **2** Tricot à manches longues fermé devant. → **cardigan.**

giletier, ière n. ■ Personne qui fabrique des gilets.

gille ou **gilles** n. m. ■ Personnage bouffon du carnaval de Binche, en Belgique.

gimmick [gimik] n. m. ■ anglic. Procédé accrocheur (en musique, publicité...).

gin [dʒin] n. m. ■ Eau-de-vie de grain aromatisée au genièvre. *Cocktail au gin et au citron* (*gin-fizz* n. m. invar.).

gingembre n. m. ▪ Plante tropicale dont le rhizome est utilisé comme condiment.

gingival, ale, aux adj. ▪ Des gencives.

gingivite n. f. ▪ Inflammation des gencives.

ginkgo [ʒiŋko] n. m. ▪ Grand arbre d'Extrême-Orient.

gin-rummy [dʒinʀœmi ; dʒinʀami] n. m. ▪ anglic. Jeu de cartes proche du rami. – syn. **gin-rami.**

ginseng [ʒinsɛŋ] n. m. ▪ Plante d'Asie dont la racine possède des qualités toniques.

a **giorno** [adʒɔʀno ; -ʒjɔʀ-] loc. adv. ▪ Comme par la lumière du jour.

girafe n. f. ▪ Grand mammifère, à cou très long, au pelage roux. ◆ loc. fam. *Peigner la girafe* : faire un travail inutile ; ne rien faire.

girafon n. m. ▪ Petit de la girafe. – syn. **girafeau.**

girandole n. f. ▪ **1** Gerbe tournoyante de feu d'artifice. **2** Candélabre orné de pendeloques. **3** Guirlande lumineuse.

giration n. f. ▪ Mouvement circulaire.

giratoire adj. ▪ (mouvement) Circulaire. ◆ *Sens giratoire* (autour d'un rond-point).

giraumont n. m. ▪ Courge d'Amérique. – var. **giraumon.**

giravion n. m. ▪ techn. Aéronef dont la sustentation est assurée par des voilures tournantes.

girelle n. f. ▪ Petit poisson des mers chaudes.

girie n. f. ▪ fam. et vx **1** Plainte affectée. → **jérémiade. 2** Manière affectée. → **chichi.**

girl [gœʀl] n. f. ▪ anglic. Jeune danseuse de music-hall faisant partie d'une troupe.

girodyne n. m. ▪ techn. Giravion dont la propulsion n'est pas assurée par les voilures tournantes destinées à la sustentation.

girofle n. m. ▪ *Clou de girofle* : bouton des fleurs du giroflier, utilisé comme condiment.

giroflée n. f. ▪ **1** Plante à fleurs odorantes. **2** fam. *Giroflée à cinq feuilles* : gifle.

giroflier n. m. ▪ Arbre exotique de grande taille, qui produit les clous de girofle.

girolle n. f. ▪ → ② **chanterelle.**

giron n. m. ▪ **1** vx Partie du corps allant de la ceinture aux genoux, chez une personne assise. **2** mod. *Dans le giron de* : au sein de.

girond, onde adj. ▪ fam. (personnes) Bien fait et un peu rond.

girondin, ine adj. et n. ▪ De la Gironde.

gironné, ée adj. ▪ techn. *Marche gironnée* : marche triangulaire d'un escalier tournant.

girouette n. f. ▪ **1** Plaque mobile autour d'un axe vertical, qui indique la direction du vent. **2** fig. Personne versatile.

gisant n. m. ▪ Statue funéraire représentant le défunt étendu.

gisement n. m. ▪ Masse de minerai.

gît → **gésir**

gitan, ane n. et adj. ▪ Tsigane (d'Espagne).

gîte ▪ **I** n. m. **1** littér. Lieu où l'on trouve à se loger, où l'on peut coucher. ◆ cour. *Gîte rural.* **2** Lieu où s'abrite le gibier. **3** Partie inférieure de la cuisse du bœuf (en boucherie). **II** n. f. (navire) *Donner de la gîte* : s'incliner sur un bord. → ③ **bande.**

gîter v. intr. [1] ▪ **I** littér. Avoir son gîte (I, 1 et 2). **II** (navire) Donner de la gîte.

gîtologie n. f. ▪ didact. Étude des gîtes minéraux.

giton n. m. ▪ littér. Jeune homme entretenu par un amant.

givrage n. m. ▪ Formation de givre.

givrant, ante adj. ▪ Qui produit du givre.

givre n. m. ▪ Très fine couche de glace qui se forme par temps brumeux.

givré, ée adj. ▪ **I 1** Couvert de givre. *Arbres givrés.* **2** *Citron givré, orange givrée,* sorbet présenté dans l'écorce du fruit. **II** fam. Fou ; ivre.

givrer v. tr. [1] ▪ **1** Couvrir de givre. **2** Couvrir d'une couche évoquant le givre.

glabelle n. f. ▪ anat. Zone légèrement proéminente, comprise entre les deux sourcils.

glabre adj. ▪ Dépourvu de poils.

glaçage n. m. ▪ Action de glacer (II).

glaçant, ante adj. ▪ Qui glace (fig.).

glace n. f. ▪ **I 1** Eau congelée. ♦ loc. *Rester de glace,* imperturbable. ◆ *Rompre la glace* : dissiper la gêne. **2** Crème glacée ou sorbet. **II 1** Plaque de verre transparente. **2** Vitre (d'une voiture...). **3** → **miroir. 4** *Sucre glace,* en poudre très fine.

glacer v. tr. [3] ▪ **I 1** rare Transformer (un liquide) en glace. → **congeler, geler.** ◆ fig. pronom. *Son sang se glaça dans ses veines.* **2** Causer une vive sensation de froid à. **3** fig. Paralyser, décourager par sa froideur. **4** Frapper d'une émotion violente et profonde, qui paralyse. **II 1** Garnir d'un apprêt, d'un enduit brillant. **2** Couvrir de sucre, de sirop. ▷ adj. **glacé, ée**

glacerie n. f. ▪ **1** Industrie des glaces de verre. → **miroiterie. 2** Commerce du glacier.

glaceuse n. f. ▪ techn. Machine effectuant le glaçage des épreuves photographiques.

glaciaire adj. ▪ Des glaciers. ◆ *Période glaciaire* : période géologique caractérisée par l'extension des glaciers. → **glaciation.**

glacial, ale, als ou (rare) **aux** adj. ▪ **1** Qui est très froid. **2** fig. D'une froideur qui glace, paralyse. *Un accueil glacial.* ▶ **glacialement** adv.

glaciation n. f. ■ géol. Période glaciaire.

① **glacier** n. m. ■ Champ de glace éternelle qui s'écoule très lentement.

② **glacier** n. m. ■ Personne qui prépare ou vend des glaces (I, 2).

glacière n. f. ■ **1** Coffre isotherme refroidi par de la glace, pour conserver les aliments. **2** fig., fam. Lieu très froid.

glaciologie n. f. ■ Étude des glaciers (①). ► **glaciologique** adj. ► **glaciologue** n.

① **glacis** n. m. ■ Talus incliné.

② **glacis** n. m. ■ peint. Vernis coloré.

glaçon n. m. ■ **1** Morceau ou cube de glace. **2** fig., fam. Personne froide.

glaçure n. f. ■ techn. Enduit qui donne à certaines matières un aspect glacé.

gladiateur n. m. ■ Homme qui combattait armé dans les jeux du cirque, à Rome.

glagla interj. ■ Onomatopée qui exprime le fait que l'on tremble de froid.

glaïeul n. m. ■ Plante à feuilles pointues, à grandes fleurs décoratives ; ces fleurs.

glaire n. f. ■ **1** rare Blanc d'œuf cru. **2** Liquide visqueux sécrété par les muqueuses. ► **glaireux, euse** adj.

glaise n. f. ■ Terre grasse compacte et plastique, imperméable. → **argile, marne.** ◄ adj. *Terre glaise.* ► **glaiseux, euse** adj.

glaiser v. tr. [1] ■ techn. **1** Enduire de glaise. **2** Mêler de la glaise à (un sol).

glaisière n. f. ■ techn. Terrain d'où l'on tire de la glaise.

glaive n. m. ■ anciennt Épée de combat à deux tranchants. ♦ littér. Symbole du combat, de la guerre, du châtiment.

glamour n. m. ■ anglic. Charme sophistiqué et sensuel (mode, spectacle...). ► **glamoureux, euse** adj.

glanage n. m. ■ Action de glaner.

gland n. m. ■ **1** Fruit du chêne. **2** Ornement en forme de gland. **3** Extrémité de la verge ; du clitoris. **4** fam. Imbécile.

glande n. f. ■ **1** Organe dont la fonction est de produire une sécrétion. **2** fam. Ganglion lymphatique. **3** loc. fam. *Avoir les glandes* : être énervé, ennuyé ; avoir peur.

glandée n. f. ■ agric. Récolte de glands.

glander v. intr. [1] ■ fam. Ne rien faire, perdre son temps. – syn. **glandouiller.**

glandeur, euse n. ■ fam. Personne qui perd son temps, qui ne fait rien.

glandulaire adj. ■ Des glandes ; d'une glande.

glaner v. tr. [1] ■ **1** Ramasser dans les champs (les épis oubliés), après la moisson. **2** fig. Recueillir par-ci par-là (des éléments). ► **glaneur, euse** n.

glanure n. f. ■ **1** Ce que l'on glane. **2** au plur. fig. Courtes notes sur un sujet scientifique.

glapir v. intr. [2] ■ **1** (animaux) Pousser un cri bref et aigu. *Le renard glapit.* **2** (personnes) Crier d'une voix aigre, aiguë. ► **glapissement** n. m.

glaréole n. f. ■ Petit oiseau des marais, au bec incurvé vers le bas.

glas n. m. ■ Sonnerie de cloches pour annoncer un décès ou un enterrement. ◄ fig. *Sonner le glas de qqch.*, en annoncer la fin, la chute.

glasnost [glasnɔst] n. f. ■ hist. Politique de libre circulation de l'information en U. R. S. S.

glatir v. intr. [2] ■ Crier (aigle).

glaucome n. m. ■ Maladie des yeux (dureté du globe, compression du nerf optique). ► **glaucomateux, euse** adj. et n.

glauque adj. ■ **1** D'un vert qui tire sur le bleu. **2** fig. Triste, lugubre, sordide.

glaviot n. m. ■ fam. Crachat.

glèbe n. f. ■ littér. Terre cultivée.

glène n. f. ■ anat. Cavité arrondie (d'un os) dans laquelle s'emboîte un autre os. ► **glénoïde** ou **glénoïdal, ale, aux** adj.

glie n. f. ■ anat. Névroglie*. ► **glial, gliale, gliaux** adj.

gliome n. m. ■ méd. Tumeur constituée par la prolifération du tissu conjonctif de soutien d'une structure nerveuse (spécialt au niveau du cerveau).

glissade n. f. ■ Action, fait de glisser.

glissage n. m. ■ techn. Opération consistant à faire descendre le bois abattu le long des pentes.

glissant, ante adj. ■ **1** Qui fait glisser. **2** Qui glisse facilement (entre les mains...).

glisse n. f. ■ Aptitude à glisser. ♦ *Sports de glisse* : sports où l'on glisse (ski, surf...).

glissé, ée adj. ■ danse *Pas glissé,* exécuté en effleurant le sol.

glissement n. m. ■ **1** Action de glisser. **2** fig. Changement progressif.

glisser v. [1] ■ **I** v. intr. **1** Se déplacer d'un mouvement continu, sur une surface lisse ou le long d'un autre corps. *Glisser sur une pente raide.* ◄ *Le savon lui a glissé des mains.* → **échapper. 2** Avancer comme en glissant. ♦ fig. Évoluer doucement, graduellement (vers). **3** Passer légèrement (sur). → **effleurer. II** v. tr. Faire passer, introduire adroitement ou furtivement (qqch.). ▷ v. pron. se **glisser** → se **faufiler.**

glissière n. f. ▪ Pièce métallique rainurée dans laquelle glisse une autre pièce. *Fermeture* à glissière.* ♦ *Glissière de sécurité* : bordure de protection, le long d'une route.

glissoir n. m. ▪ techn. Couloir ménagé sur le versant d'une montagne pour l'opération du glissage.

glissoire n. f. ▪ Étendue de glace où l'on peut glisser.

global, ale, aux adj. ▪ Qui s'applique à un ensemble (opposé à *partiel*). → **entier, total.**

globalement adv. ▪ Dans l'ensemble.

globalisation n. f. ▪ **1** Action de globaliser ; son résultat. **2** anglic. Mondialisation*.

globaliser v. tr. [1] ▪ **1** Prendre, présenter d'une manière globale. **2** anglic. Mondialiser*.

globalisme n. m. ▪ **1** philos. Théorie qui considère un sujet de manière globale. → **holisme.** **2** anglic. Mondialisme. ► **globaliste** adj.

globalité n. f. ▪ didact. Caractère global, intégral. → **intégralité, totalité.**

globe n. m. ▪ **1** Boule, sphère. ➛ *Le globe oculaire*, l'œil. **2** *Le globe terrestre ; le globe* : la Terre. ♦ Sphère représentant la Terre. **3** Sphère ou demi-sphère creuse (de verre...).

globe-trotteur, euse n. ▪ vieilli Voyageur qui parcourt la terre. *Des globe-trotteurs.* – var. au masc. **globe-trotter** [-œʀ ; -ɛʀ].

globicéphale n. m. ▪ zool. Grand mammifère marin à tête globuleuse.

globigérine n. f. ▪ Protozoaire marin dont les coquilles constituent des dépôts calcaires.

globine n. f. ▪ biochim. Protéine entrant dans la composition de l'hémoglobine du sang.

globulaire adj. ▪ **1** Qui a la forme d'un globe. **2** Relatif aux globules du sang.

globule n. m. ▪ **1** vx Petit globe. **2** Corps, cellule en suspension dans un liquide organique. *Globules sanguins : globules rouges* (hématies), *blancs* (leucocytes).

globuleux, euse adj. ▪ En globule. ➛ *Œil globuleux*, dont le globe est saillant.

globuline n. f. ▪ biochim. Protéine de poids moléculaire très élevé.

glockenspiel [glɔkœnʃpil] n. m. ▪ Instrument de percussion, sorte de carillon à main.

gloire n. f. ▪ **I 1** Grande renommée répandue dans un très vaste public. → **célébrité, honneur, renom. 2** Honneur acquis par une action, un mérite. ➛ *Se faire gloire de qqch.*, s'en vanter. **3** Personne célèbre. *Il fut une des gloires de son pays.* **II 1** vx Rayonnement, splendeur. ♦ relig. *Rendre gloire à Dieu*, rendre hommage. **2** relig. État de béatitude des élus. **3** arts Auréole enveloppant tout le corps du Christ. ➛ Rayons émanant du triangle de la Trinité.

gloméris [-is] n. m. ▪ Animal arthropode voisin du cloporte.

glomérule n. m. ▪ anat. Amas vasculaire, glandulaire ou nerveux.

gloria n. m. invar. ▪ Hymne de la messe chanté ou récité à la gloire de Dieu.

gloriette n. f. ▪ Petit pavillon (dans un château, un parc).

glorieux, euse adj. ▪ **1** (choses) Qui procure de la gloire ou est plein de gloire. → **célèbre, fameux, illustre, mémorable. 2** Qui s'est acquis de la gloire. **3** vieilli, péj. *Être glorieux de qqch.*, en tirer vanité. **4** n. f. hist. *Les Trois Glorieuses* : les journées révolutionnaires des 27, 28 et 29 juillet 1830 (en France). ► **glorieusement** adv.

glorificateur, trice adj. et n. ▪ littér. Qui glorifie.

glorifier v. tr. [7] ▪ **1** Proclamer la gloire de (qqn, qqch.). → **célébrer, exalter. 2** Rendre gloire à (Dieu). ▷ v. pron. se **glorifier** (de) → se **flatter** de. ► **glorification** n. f.

gloriole n. f. ▪ Vanité futile.

glose n. f. ▪ Note explicative.

gloser v. tr. [1] ▪ **1** Expliquer par une glose. **2** *Gloser sur* (qqn, qqch.), critiquer.

gloss n. m. ▪ anglic. Fard gras qui donne un aspect brillant.

glossaire n. m. ▪ Lexique expliquant des mots mal connus. ♦ Lexique (d'un dialecte, d'un patois...).

glossateur, trice n. ▪ didact. Auteur d'une glose.

-glosse, gloss(o)- Éléments savants, du grec *glôssa* «langue».

glossine n. f. ▪ Mouche africaine qui ne pond pas d'œufs.

glossite n. f. ▪ méd. Inflammation de la langue.

glossolalie n. f. ▪ didact. Langage personnel inventé par certains malades mentaux.

glossopharyngien, ienne adj. ▪ anat. Relatif à la langue et au pharynx.

glotte n. f. ▪ Partie du larynx située entre les cordes vocales inférieures. ► **glottique** adj.

glouglou n. m. ▪ **1** fam. Bruit d'un liquide qui coule. **2** Cri de la dinde, du dindon. ► **glouglouter** v. intr. [1]

glousser v. intr. [1] ▪ **1** Crier (poule...). **2** (personnes) Rire en poussant de petits cris. ► **gloussement** n. m.

glouton, onne ▪ **1** adj. Qui mange avidement, excessivement. ➛ n. *Quel glouton !* **2** n. m. Mammifère carnivore de la toundra.

gloutonnement adv. ▪ Avec gloutonnerie.

gloutonnerie n. f. ▪ Avidité de glouton (1).

glu n. f. ▪ Matière végétale visqueuse et collante. ♦ fig., fam. Personne importune.

gluant, ante adj. ▪ Visqueux et collant.

gluau n. m. ▪ Branche ou planchette enduite de glu pour attraper les petits oiseaux (pratique interdite).

glucagon n. m. ▪ biochim. Hormone pancréatique, sécrétée en réponse à l'hypoglycémie.

glucide n. m. ▪ sc. Composant de la matière vivante formé de carbone, d'hydrogène et d'oxygène. ► **glucidique** adj.

gluc(o)-, glyc(o)- Élément (du grec *glukus* «sucré») qui signifie «sucre, sucré».

glucomètre n. m. ▪ **1** techn. Appareil qui mesure la quantité de sucre des moûts. **2** Appareil qui mesure le taux de glycémie du sang.

glucose n. m. ▪ Glucide à six atomes de carbone, sucre très répandu dans la nature, source d'énergie de l'organisme.

glucoserie n. f. ▪ techn. Fabrique de glucose.

glucoside n. m. ▪ biochim. Substance végétale constituée de glucose lié à une fraction non glucidique. ► **glucosidique** adj.

glume n. f. ▪ bot. Enveloppe de l'épillet des graminées.

glumelle n. f. ▪ bot. Chacune des deux bractées qui enveloppe la fleur des graminées.

gluon n. m. ▪ phys. Élément constitutif des particules lourdes (hadrons), qui assure la cohésion des quarks.

glutamate n. m. ▪ Sel d'un acide aminé, utilisé en cuisine (notamment asiatique).

glutamine n. f. ▪ biochim. L'un des vingt acides aminés constitutifs des protéines.

glutamique adj. ▪ biochim. *Acide glutamique* : diacide aminé des milieux organiques.

gluten [-ɛn] n. m. ▪ Matière visqueuse obtenue après élimination de l'amidon des farines de céréales. ► **glutineux, euse** adj.

glycémie n. f. ▪ méd. Teneur du sang en glucose. ► **glycémique** adj.

glycéride n. f. ▪ chim. Ester du glycérol.

glycérie n. f. ▪ Plante à épillets cylindriques ou aplatis, qui pousse au bord de l'eau.

glycérine n. f. ▪ Liquide incolore, sirupeux, sucré, extrait de corps gras.

glycériner v. tr. [1] ▪ Enduire de glycérine.

glycérique adj. ▪ chim. *Acide glycérique*, obtenu par oxydation de la glycérine.

glycérol n. m. ▪ chim. Glycérine.

glycérophtalique adj. ▪ Se dit d'une résine dérivée du glycérol et de l'acide phtalique.

glycine n. f. ▪ Arbre grimpant, à grappes de fleurs mauves et odorantes.

glyc(o)- → **gluc(o)-**

glycogène n. m. ▪ biochim. Substance glucidique stockée dans le foie et les muscles.

glycogenèse n. f. ▪ biochim. Formation du glucose à partir du glycogène. ► **glycogénique** adj.

glycol n. m. ▪ chim. Corps possédant deux fois la fonction alcool. → **dialcool.**

glycolipide n. m. ▪ biochim. Lipide contenant un glucide.

glycolyse n. f. ▪ biochim. Dégradation du glucose d'un organisme vivant, sous l'action d'enzymes. ► **glycolytique** adj.

glycoprotéine n. f. ▪ biochim. Protéine liée à un oligosaccharide.

glycosurie n. f. ▪ méd. Présence anormale de sucre dans l'urine.

glyphe n. m. ▪ **1** archéol. Trait gravé en creux. **2** typogr. Dessin particulier d'un caractère dans une certaine police.

glyptique n. f. ▪ didact. Art de graver sur pierres fines.

glyptodon n. m. ▪ paléont. Mammifère fossile couvert d'une carapace. - syn. **glyptodonte.**

glyptothèque n. f. ▪ Musée de pierres gravées, de sculptures.

GMT loc. nominale ▪ *Treize heures GMT*, au méridien de Greenwich.

gnac n. f. ▪ fam. Combativité, volonté de gagner. *Avoir la gnac.* - var. **gnaque, niaque.**

gnangnan [ɲɑ̃ɲɑ̃] adj. invar. ▪ fam. Mou, sans énergie ; mièvre.

gnaque → **gnac**

gneiss [gnɛs] n. m. ▪ Roche composée de feldspath, de quartz, de mica. ► **gneisseux, euse** ou **gneissique** adj.

gnète n. f. ▪ Plante ligneuse à grandes feuilles des forêts tropicales.

gniôle → **gnôle**

gniouf → **gnouf**

gnocchi [ɲɔki] n. m. ▪ Boulette de pâte pochée, puis cuite au four.

gnognote ou **gnognotte** n. f. ▪ fam. *C'est de la gnognote*, c'est tout à fait négligeable.

gnôle ou **gniole** n. f. ▪ fam. Eau-de-vie, alcool.

gnome [gnom] n. m. ▪ Petit personnage de contes, laid et difforme.

gnomique [gnɔmik] adj. ▪ didact. Qui exprime un fait général de connaissance.

gnomon [gnɔmɔ̃] n. m. ▪ didact. Tige faisant ombre portée, marquant la marche apparente du Soleil (heures, équinoxes...). ► **gnomonique** adj.

gnon n. m. ▪ Coup. ➛ Marque de coup.

gnose [gnoz] n. f. ▪ didact. Philosophie prétendant à la connaissance des choses divines. ► **gnostique** adj. et n.

-gnose, -gnosie, -gnostique Éléments, du grec *gnôsis* «connaissance».

gnoséologie [gnozeɔlɔʒi] n. f. ▪ philos. Théorie de la connaissance. ► **gnoséologique** adj.

gnosie [gnozi] n. f. ▪ didact. Perception, connaissance élémentaire.

gnosticisme [gnɔstisism] n. m. ▪ hist. Ensemble des doctrines de la gnose des premiers siècles du christianisme.

gnou [gnu] n. m. ▪ Mammifère (antilope) d'Afrique, à tête épaisse et barbue.

gnouf n. m. ▪ argot Prison, poste de police. – var. **gniouf.**

① **go** n. m. ▪ Jeu de stratégie qui se joue avec des pions sur un quadrillage.

② tout de **go** loc. adv. ▪ fam. Directement.

goal [gol] n. ▪ anglic. Gardien(ne) de but.

gobelet n. m. ▪ **1** Récipient pour boire, sans pied. **2** Récipient pour lancer les dés.

gobeleterie [-blɛtʀi] n. f. ▪ Fabrication, commerce de verrerie pour la table. ► **gobeletier, ière** n.

gobelin n. m. ▪ Tapisserie provenant de la manufacture des Gobelins.

gobe-mouches n. m. invar. ▪ **1** Oiseau passereau (se nourrissant d'insectes). **2** fig., vieilli Personne crédule. – var. **gobe-mouche** n. m. *Des gobe-mouches.*

gober v. tr. [1] ▪ **1** Avaler brusquement en aspirant, et sans mâcher. *Gober un œuf cru.* ➛ loc. fam. *Gober les mouches :* rêvasser. **2** fig., fam. Croire sans examen. → **avaler.**

goberge n. f. ▪ (Canada) Poisson comestible de l'Atlantique Nord.

se **goberger** v. pron. [3] ▪ Faire bombance.

gobeur, euse n. ▪ fam. Personne crédule.

gobie n. m. ▪ Poisson du littoral, qui se fixe aux rochers par ses nageoires pectorales.

godailler → **goder**

godasse n. f. ▪ fam. Chaussure.

godelureau n. m. ▪ péj. Jeune élégant.

godemiché n. m. ▪ Phallus artificiel. – abrév. fam. **gode.**

goder v. intr. [1] ▪ Faire des faux plis. – syn. **godailler.**

godet n. m. ▪ **I 1** Petit récipient sans pied ni anse. **2** fam. Verre. *Boire un godet.* **3** Récipient fixé sur certaines machines. **II** Faux pli ou large pli (d'un vêtement...).

godiche adj. et n. ▪ fam. Benêt, maladroit.

godille n. f. ▪ **1** Aviron d'arrière. **2** ski Enchaînement de virages courts. ► **godiller** v. intr. [1]

godillot n. m. ▪ **1** Chaussure militaire à tige courte. **2** fam. Gros soulier.

godiveau n. m. ▪ Hachis de viande en boulettes, pochées à l'eau bouillante.

godron n. m. ▪ **1** Ornement ovoïde. **2** anciennt Gros pli rond et empesé.

goéland n. m. ▪ Oiseau de mer à tête blanche, plus gros que la mouette.

goélette n. f. ▪ Bateau léger à deux mâts.

goémon n. m. ▪ Algues marines.

goémonier, ière ▪ **1** n. Ramasseur, ramasseuse de goémon. **2** adj. Relatif à la récolte du goémon. *La pêche goémonière.*

goétie [-si] n. f. ▪ Antiq. Magie incantatoire par laquelle on invoque les esprits malfaisants.

goglu n. m. ▪ Oiseau chanteur de l'Amérique du Nord.

① à **gogo** loc. adv. ▪ fam. À volonté.

② **gogo** n. m. ▪ fam. Personne crédule.

gogol, e adj. et n. ▪ fam. (Personne) débile, stupide.

goguenard, arde adj. ▪ Narquois.

goguenardise n. f. ▪ vieilli Plaisanterie, raillerie.

goguenots n. m. pl. ▪ fam. et vieilli Lieux d'aisances, toilettes. – abrév. **gogs** ou **gogues.**

goguette n. f. ▪ fam. *En goguette :* émoustillé, légèrement ivre ; d'humeur festive ; en promenade.

goinfre n. ▪ Personne qui mange avec excès et salement. → **glouton, goulu.** ► se **goinfrer** v. pron. [1] → s'**empiffrer.** ► **goinfrerie** n. f.

goitre n. m. ▪ Tumeur de la thyroïde, qui déforme l'avant du cou. ► **goitreux, euse** adj. et n.

goji [-(d)ʒi] n. m. ▪ *(Baie de) goji :* baie d'un arbrisseau originaire d'Asie.

golden [-ɛn] n. f. invar. ▪ Pomme jaune à chair juteuse.

golem [-ɛm] n. m. ▪ Être artificiel animé par un verset biblique (légendes juives).

golf n. m. ▪ **1** Sport consistant à envoyer une balle (au moyen d'un club) dans des trous disposés le long d'un parcours. **2** Terrain gazonné de ce parcours (→ **green**). **3** *Golf miniature,* jeu de jardin ou de salon. **4** *Culottes de golf*, bouffantes, serrées au-dessous du genou.

golfe n. m. ■ Vaste échancrure du littoral.

golfer v. intr. [1] ■ Jouer au golf.

golfeur, euse n. ■ Joueur, joueuse de golf.

golfique adj. ■ Qui concerne le golf.

golmotte n. f. ■ Nom usuel de plusieurs champignons (amanite, lépiote).

gombo n. m. ■ Plante potagère tropicale.

gomina n. f. ■ Pommade pour les cheveux.

se **gominer** v. pron. [1] ■ Enduire ses cheveux de gomina.

gommage n. m. ■ Action de gommer.

gommant, ante adj. ■ Qui effectue un gommage de la peau.

① **gomme** n. f. ■ **I 1** Substance visqueuse et transparente qui suinte de l'écorce de certains arbres (→ **gommier**). *Gomme arabique* (d'un acacia). **2** *Boule de gomme*, bonbon fait à partir d'une gomme (1). ♦ *Gomme à mâcher* (francisation de *chewing-gum*). **II** Petit bloc de caoutchouc ou de plastique servant à effacer. **III** Substance caoutchoutée des pneus. ♦ loc. fam. *Mettre la gomme* : accélérer.

② à la **gomme** loc. adj. ■ Sans valeur.

gommer v. tr. [1] ■ **1** Enduire de gomme, pour coller. ➛ au p. p. *Papier gommé*. **2** Effacer avec une gomme. ➛ fig. *Gommer un souvenir ; le réel.* **3** Nettoyer (la peau) en éliminant les cellules mortes.

gommette n. f. ■ Petit morceau de papier gommé ou adhésif.

① **gommeux** n. m. ■ vieilli Jeune homme désœuvré, d'une élégance ridicule.

② **gommeux, euse** adj. ■ Qui produit la gomme. *Arbre gommeux*. ♦ Qui est de la nature de la gomme.

gommier n. m. ■ Arbre fournissant de la gomme (ex. acacia, mimosa).

gommifère → **gummifère**

gomorrhéen, enne adj. ■ littér. Relatif à l'homosexualité féminine.

gon n. m. ■ métrologie Unité de mesure d'angle plan. *100 gons valent 90°*.

gonade n. f. ■ Organe qui produit les gamètes. *Gonade femelle* (ovaire), *mâle* (testicule). ► **gonadique** adj.

gonadostimuline → **gonadotrophine**

gonadotrope adj. ■ biochim. Qui agit sur les glandes sexuelles.

gonadotrophine ou **gonadotropine** n. f. ■ biochim. Hormone stimulant l'activité des glandes sexuelles. - syn. **gonadostimuline.**

gonarthrose n. f. ■ méd. Arthrose du genou.

gond n. m. ■ **1** Pièce métallique autour de laquelle pivote le battant d'une porte ou d'une fenêtre. → **charnière. 2** loc. *Sortir de ses gonds* : se mettre en colère.

gondolage n. m. ■ Fait de gondoler ; son résultat. - syn. **gondolement.**

gondolant, ante adj. ■ fam. Très amusant. → **tordant.**

gondole n. f. ■ **1** Barque vénitienne à un seul aviron, longue et plate, aux extrémités relevées. **2** Siège à dossier incurvé (style Empire). **3** Comptoir de vente.

gondolement → **gondolage**

gondoler v. intr. [1] ■ Se bomber anormalement dans certaines parties. ▷ v. pron. se **gondoler** fam. Rire beaucoup.

gondolier, ière n. ■ Batelier, batelière d'une gondole.

gone n. m. ■ région. (Lyon), fam. Jeune enfant. → ① **gosse.**

① **-gone** Élément savant, du grec *gônia* « angle ». → **gonio-.**

② **-gone** Élément savant, du grec *gonos* « procréation ».

gonelle → **gonnelle**

gonfalon n. m. ■ (au Moyen Âge) Bannière de guerre faite d'une bandelette à plusieurs pointes.

gonfalonier n. m. ■ anciennt **1** Porteur du gonfalon. **2** Magistrat de certaines municipalités italiennes.

gonflable adj. ■ Qui se gonfle.

gonflage n. m. ■ Action de gonfler d'air.

gonflant, ante adj. ■ **1** Qui gonfle. ➛ n. m. *Le gonflant des cheveux*. **2** fam. Agaçant.

gonflement n. m. ■ Action de (se) gonfler.

gonfler v. [1] ■ **I** v. tr. **1** Distendre en remplissant d'air, de gaz. *Gonfler un pneu*. **2** Faire augmenter de volume. *Gonfler ses muscles*. **3** fig. → **remplir.** *Ses succès l'ont gonflé d'orgueil.* **4** Surestimer volontairement (un chiffre, un fait). → **grossir. 5** fam. Ennuyer, importuner. **II** v. intr. Augmenter de volume. ▷ v. pron. se **gonfler** Augmenter de volume. ➛ fig. *Son cœur se gonfle d'amertume.* ▷ adj. **gonflé, ée** (spécialt) fam. Courageux ; audacieux.

gonflette n. f. ■ fam. et péj. Musculation visant à obtenir un important volume musculaire. → **body-building, culturisme.**

gonfleur n. m. ■ Appareil pour gonfler.

gong [gɔ̃(g)] n. m. ■ Plateau de métal sur lequel on frappe pour qu'il résonne.

gongorisme n. m. ■ didact. Préciosité, recherche dans le style.

gonio- Élément savant, du grec *gônia* « angle ». → ①**-gone.**

goniomètre n. m. ■ Instrument servant à mesurer les angles. → Radiogoniomètre.

goniométrie n. f. ■ Science de la mesure des angles. ► **goniométrique** adj.

gonnelle n. f. ■ Poisson de l'Atlantique et du Pacifique Nord. - var. **gonelle.**

gonochorisme n. m. ■ biol. Séparation complète des sexes dans des individus distincts. ► **gonochorique** adj.

gonococcie [-kɔksi] n. f. ■ méd. Infection provoquée par le gonocoque. → **blennorragie.** ► **gonococcique** adj.

gonocoque n. m. ■ Microbe de la blennorragie.

gonozoïde n. m. ■ zool. Polype reproducteur dans une colonie d'hydraires.

gonze n. m. ■ argot vieilli Homme, individu. → **mec, type.**

gonzesse n. f. ■ fam. Femme, jeune fille. → **nana.**

gordien adj. m. ■ *Nœud gordien,* difficulté, problème quasi insoluble.

gore n. m. et adj. invar. ■ anglic. Se dit d'un genre de films d'épouvante, où beaucoup de sang est versé.

goret n. m. ■ Jeune cochon.

goretex [-ɛks] n. m. ■ anglic. Fibre textile synthétique imperméable, dérivée du téflon.

gorfou n. m. ■ Manchot des mers australes.

gorge n. f. ■ **I 1** Partie antérieure du cou. - loc. *Avoir le couteau sur, sous la gorge :* subir une contrainte (qui oblige à agir). **2** littér. Seins de femme. **II 1** Cavité intérieure du cou, à partir de l'arrière-bouche (larynx, pharynx). → **gosier. 2** loc. *Rendre gorge,* restituer par force ce qu'on a pris. ♦ *Faire des gorges chaudes de qqch.,* s'en moquer. **III** fig. **1** Vallée étroite et encaissée. **2** Partie creuse, cannelure (dans une pièce métallique...).

gorge-de-pigeon adj. invar. ■ D'une couleur à reflets changeants.

gorgée n. f. ■ Quantité de liquide qu'on avale en une seule fois. - *Une gorgée d'alcool.* - syn. fam. **gorgeon** n. m.

gorger v. tr. ③ ■ **1** Remplir (qqn) de nourriture avec excès. **2** Remplir complètement. **3** fig. Pourvoir à profusion (de). ▷ v. pron. **se gorger** (de) → se **gaver.**

gorgerette n. f. ■ anciennt Collerette de femme.

gorgerin n. m. ■ anciennt Partie inférieure (d'un casque) servant à protéger le cou.

gorget n. m. ■ techn. **1** Rabot pour creuser les gorges. **2** Petite gorge (moulure).

gorgone n. f. ■ zool. Animal marin *(Cnidaires),* à polypier formant des ramifications arborescentes.

gorgonzola n. m. ■ Fromage (bleu) italien à moisissures internes.

gorille n. m. ■ **1** Grand singe anthropoïde d'Afrique. **2** fam. Garde du corps.

gosette n. f. ■ (Belgique) Chausson aux fruits.

gosier n. m. ■ Arrière-gorge et pharynx.

gospel n. m. ■ anglic. Musique vocale sacrée des Noirs américains. → **negro-spiritual.**

① **gosse** n. ■ fam. **1** Enfant. → **môme.** - adj. *Elle est toute gosse.* **2** Adolescent(e). *Un beau gosse,* un garçon jeune et beau.

② **gosse** n. f. ■ (Canada) fam. Testicule.

gotha n. m. ■ Ensemble de personnalités considérées du point de vue de leur notoriété.

gothique adj. ■ **I** vx Médiéval. **II** mod. **1** adj. et n. Se dit du style répandu en Europe du XIIe au XVIe siècle, entre le style roman et le style Renaissance. **2** *Écriture gothique,* à caractères droits et anguleux. **III 1** littér. *Roman gothique,* type de récits à thèmes médiévaux, aux XVIIIe-XIXe siècles. **2** Se dit d'un style sombre et romantique, parfois macabre.

gotique n. m. ■ ling. Langue germanique disparue, qui était parlée par les Goths.

gouache n. f. ■ Peinture à l'eau opaque. ♦ Tableau peint par ce procédé.

gouacher v. tr. ① ■ Rehausser de touches de gouache.

gouaille n. f. ■ Attitude insolente et railleuse. - syn. **gouaillerie.**

gouailler v. intr. ① ■ littér. Dire des railleries. ► **gouailleur, euse** adj. → **railleur.**

gouaillerie → **gouaille**

goualante n. f. ■ vieilli Chanson populaire.

goualer v. tr. ① ■ argot, vx Chanter.

goualeuse n. f. ■ fam. et vx Chanteuse des rues.

gouape n. f. ■ argot Voyou.

gouda n. m. ■ Fromage de Hollande à pâte pressée.

goudron n. m. ■ Produit visqueux, brun ou noir, obtenu par distillation de matières végétales ou minérales. → **asphalte, bitume.**

goudronner v. tr. ① ■ Enduire ou imbiber de goudron. - au p. p. *Une route goudronnée.* ► **goudronnage** n. m.

goudronneuse n. f. ■ techn. Machine à goudronner.

goudronneux, euse adj. ■ De la nature du goudron.

gouet n. m. ■ bot. Arum.

gouffre n. m. ▪ **1** Trou vertical, impressionnant par sa profondeur et sa largeur. → **abîme, précipice.** ♦ Cavité naturelle souterraine. → **aven.** **2** Courant qui forme des tourbillons. **3** fig., littér. → **abîme.** ➛ loc. *Être au bord du gouffre,* devant un péril imminent. **4** Ce qui engloutit de l'argent.

gouge n. f. ▪ techn. Outil en demi-tube, servant à creuser. ► **gouger** v. tr. [3]

gougère n. f. ▪ Pâtisserie au fromage.

gougnafier n. m. ▪ fam. **1** Bon à rien. **2** Rustre, goujat.

gouille n. f. ▪ région. Flaque, mare.

gouine n. f. ▪ fam. (injurieux) Homosexuelle.

goujat n. m. ▪ Homme grossier, indélicat (surtout envers les femmes). → **malotru.** ► **goujaterie** n. f. → **muflerie.**

① **goujon** n. m. ▪ Cheville d'assemblage.

② **goujon** n. m. ▪ Petit poisson d'eau douce. ➛ loc. plais. *Taquiner le goujon,* pêcher à la ligne.

goujonner v. tr. [1] ▪ techn. Assembler avec des goujons.

goujonnette n. f. ▪ cuis. Petit filet de poisson.

goujonnière adj. f. ▪ *Perche goujonnière :* grémille.

goulache ou **goulash** n. m. ou f. ▪ Ragoût de bœuf au paprika.

goulafre adj. et n. ▪ région., fam. Goinfre.

goulag [-ag] n. m. ▪ hist. Camp de travail ; système concentrationnaire (en U. R. S. S.).

goulash → **goulache**

goule n. f. ▪ Vampire femelle des légendes orientales.

goulée n. f. ▪ fam. Grande gorgée.

goulet n. m. ▪ **1** Passage étroit dans un relief naturel. **2** Entrée étroite (d'une rade...).

gouleyant, ante adj. ▪ (vin) Frais et léger.

goulot n. m. ▪ Col étroit d'un récipient.

goulotte n. f. ▪ techn. Conduit d'écoulement.

goulu, ue adj. ▪ Qui mange avec avidité. ➛ n. *Un goulu.* ► **goulûment** adv.

goum n. m. ▪ hist. Contingent militaire recruté en Afrique du Nord durant la colonisation. *Soldat d'un goum.* ► **goumier** n. m.

goupil [-i(l)] n. m. ▪ vx Renard.

goupille n. f. ▪ Cheville, broche métallique.

goupiller v. tr. [1] ▪ **1** Fixer avec des goupilles. **2** fam. Arranger, combiner.

goupillon n. m. ▪ **1** Instrument liturgique pour asperger d'eau bénite. ➛ loc. *Le sabre et le goupillon :* l'armée et l'Église. **2** Longue brosse cylindrique pour nettoyer les objets creux.

gour n. m. ▪ géogr. Fragments de plateau isolés par l'érosion éolienne, formant butte.

gourance n. f. ▪ fam. Fait de se gourer, erreur. - syn. **gourante.**

gourbi n. m. ▪ **1** Habitation sommaire, en Afrique du Nord. **2** fam. Habitation sale.

gourd, gourde adj. ▪ Engourdi par le froid. *Avoir les doigts gourds.*

gourde n. f. ▪ **I 1** Variété de courge (pouvant servir de récipient). **2** Bouteille ou bidon pour transporter de la boisson. **II** Personne niaise et maladroite.

gourdin n. m. ▪ Gros bâton solide.

se **gourer** v. pron. [1] ▪ fam. Se tromper.

gourgandine n. f. ▪ vx Femme facile.

gourgane n. f. ▪ (Canada) Plante appelée aussi *fève des marais,* cultivée pour ses graines.

gourmand, ande adj. ▪ **I 1** Qui aime la bonne nourriture, mange par plaisir. ➛ n. *Un gourmand, une gourmande.* **2** Qui dénote le désir, l'avidité. *Un regard gourmand.* ♦ *Son associé est trop gourmand.* **II** techn. *Branche gourmande,* dont la pousse nuit aux rameaux voisins.

gourmander v. tr. [1] ▪ littér. Réprimander.

gourmandise n. f. ▪ **1** Goût de la nourriture. **2** Mets délicieux, friandise.

gourme n. f. ▪ **1** Maladie de peau au visage, au cuir chevelu. **2** Maladie respiratoire du cheval. **3** loc. vieilli *Jeter sa gourme :* faire ses premières frasques.

gourmé, ée adj. ▪ Compassé, guindé.

gourmet n. m. ▪ Personne raffinée en matière de boire et de manger.

gourmette n. f. ▪ **1** Chaînette qui fixe le mors dans la bouche du cheval. **2** Bracelet à mailles de métal aplaties.

gourou n. ▪ **1** n. m. Maître spirituel, dans la religion brahmanique. **2** Maître à penser.

gousse n. f. ▪ **1** Fruit des légumineuses et de quelques plantes, de forme allongée, s'ouvrant par deux fentes. **2** *Gousse d'ail,* chacun des éléments de la tête d'ail.

gousset n. m. ▪ **1** anciennt Petite bourse. **2** Petite poche de gilet, de pantalon...

goût n. m. ▪ **I 1** Sens grâce auquel l'homme et les animaux perçoivent les saveurs des aliments. **2** Saveur. *Goût acide, amer, sucré.* **3** Appétit, envie (s'oppose à *dégoût*). *Le goût de vivre.* **4** *GOÛT DE, POUR qqch. :* penchant. → **disposition, vocation.** ➛ *Prendre goût à,* se mettre à apprécier. ➛ *Être au goût de qqn.* → **plaire. II 1** Aptitude à sentir, à discerner les beautés et les défauts (d'une œuvre, etc.). *Un goût sûr.* ➛ Avis, jugement. *À mon goût...* **2** *LE BON GOÛT ;*

LE GOÛT : jugement sûr en matière esthétique. *Avoir du goût.* **3** au plur. Tendances, préférences. *Être liés par des goûts communs.* **4** *DE* (tel ou tel) *GOÛT* : qui dénote, révèle tel goût. *Une plaisanterie d'un goût douteux.* **5** *DANS LE GOÛT...* → **genre, manière, style.** *Tableau dans le goût classique.*

① **goûter** v. [1] ■ **I** v. tr. **1** Manger ou boire un peu de (qqch.) pour connaître le goût. **2** Éprouver avec plaisir (une sensation, une émotion). → **savourer. 3** littér. Trouver à son goût. **II** v. tr. ind. **1** *GOÛTER À* : prendre un peu de (une chose dont on n'a pas encore bu ou mangé). **2** *GOÛTER DE* : boire ou manger pour la première fois. ➛ fig. Faire l'expérience de. **III** v. intr. Faire une collation, entre le déjeuner et le dîner.

② **goûter** n. m. ■ Collation de l'après-midi.

goûteur, euse n. ■ Personne qui goûte (une boisson, une préparation).

goûteux, euse adj. ■ Qui a beaucoup de goût, qui a bon goût. → région. **goûtu.**

① **goutte** n. f. ■ **I 1** Très petite quantité de liquide de forme arrondie. *Goutte d'eau.* ➛ loc. adv. *GOUTTE À GOUTTE* : une goutte après l'autre. **2** Très petite quantité de boisson. ♦ fam. Petite quantité d'alcool. **3** au plur. Médicament administré en gouttes. **II** Petit objet ou petite tache ronde.

② **goutte** adv. ■ vx *NE... GOUTTE* : ne... pas.

③ **goutte** n. f. ■ Inflammation douloureuse des articulations. → **rhumatisme.**

goutte-à-goutte n. m. invar. ■ Appareil médical permettant une perfusion lente et régulière.

gouttelette n. f. ■ Petite goutte de liquide.

goutter v. intr. [1] ■ Couler goutte à goutte.

gouttereau adj. m. ■ archit. *Mur gouttereau,* surmonté d'une gouttière (édifices gothiques).

goutteux, euse adj. ■ Atteint de la goutte.

gouttière n. f. ■ **1** Canal demi-cylindrique, fixé au bord inférieur des toits, pour l'écoulement des eaux de pluie. **2** Appareil qui sert à immobiliser un membre fracturé.

goûtu, ue adj. ■ région. Qui a du goût, un goût agréable. → **goûteux.**

gouvernable adj. ■ Qui peut être gouverné.

gouvernail n. m. ■ **1** Plan mince orientable qui sert à diriger un bateau. ♦ (avions) → **gouverne. 2** fig. Ce qui sert à diriger.

gouvernance n. f. ■ anglic. Manière de gouverner, d'exercer le pouvoir.

gouvernant n. m. ■ au plur. Personnes qui détiennent et exercent le pouvoir politique (opposé à *gouvernés*).

gouvernante n. f. ■ vieilli **1** Femme à qui on confie la garde et l'éducation d'enfants. **2** Femme chargée du ménage d'un homme.

gouverne n. f. ■ **I** Dispositif externe orientable qui sert à diriger un engin aérien (avion, etc.). → **gouvernail. II** loc. *Pour ma (ta...) gouverne* : pour servir de règle ; pour informer.

gouvernement n. m. ■ **I 1** vx ou littér. Action de diriger. **2** ancienn Direction politique, administrative ; charge de gouverneur. **II** mod. **1** Le pouvoir politique ; les organes de ce pouvoir (exécutif, législatif). → **État. 2** Pouvoir exécutif suprême ; organes qui l'exercent. *Le gouvernement français* (chef de l'État ; conseil des ministres). **3** (régimes parlementaires) Le corps des ministres. **III** Organisation politique de l'État. *Gouvernements démocratiques.*

gouvernemental, ale, aux adj. ■ **1** Relatif au pouvoir exécutif. **2** Relatif au ministère. **3** Qui soutient le gouvernement.

gouverner v. tr. [1] ■ **I** Diriger la conduite de (qqch., qqn). **1** vx ou littér. Exercer une influence déterminante sur. → **commander, guider. 2** gramm. Régir. *En latin, le verbe actif gouverne l'accusatif.* **II** Exercer le pouvoir politique sur. → **conduire, diriger.** ➛ au p. p. subst. *Les gouvernés et les gouvernants.* ♦ sans compl. Diriger les affaires publiques d'un État, détenir et exercer le pouvoir politique, et spécialt le pouvoir exécutif. **III** Diriger (une embarcation, un navire).

gouverneur n. ■ **I 1** n. m. hist. Haut fonctionnaire royal. **2** (fém. *gouverneuse*) Personne qui est à la tête d'une région, d'une institution... **II** n. (Canada) *Gouverneur(e) général(e)* : personne qui représente le souverain britannique au Canada.

goy [gɔj] n. ■ Non-juif, pour les Israélites. *Des goyim* (plur. hébreu) ou *des goys.*

goyave [-ɔj-] n. f. ■ Fruit d'un arbre d'Amérique tropicale (le *goyavier,* n. m.).

GPA n. f. (sigle de *gestation pour autrui*) ■ Méthode de procréation faisant appel à une mère porteuse*.

G. P. L. ou **GPL** (sigle) ■ Gaz de pétrole liquéfié, utilisé notamment comme carburant.

G. P. S. ou **GPS** (sigle) ■ anglic., techn. Système de localisation par satellite (de mobiles).

GR [ʒeɛʀ] n. m. (n. déposé, sigle de *grande randonnée*) ■ (en France) Sentier de grande randonnée.

grabat n. m. ■ Lit misérable.

grabataire adj. et n. ■ (Personne) qui ne peut quitter son lit (maladie, vieillesse...).

grabuge n. m. ■ fam. Dispute, désordre.

grâce n. f. ■ **I 1** Faveur accordée librement à qqn. ➛ *LES BONNES GRÂCES DE qqn,* ses dispositions favorables. **2** Disposition à faire des faveurs, à être agréable à qqn. ♦ loc. *Être EN GRÂCE auprès de qqn*, jouir de sa faveur. ➝ *TROUVER GRÂCE auprès de qqn, aux yeux de qqn*, lui plaire. ➝ *DE GRÂCE* : je vous en prie. ♦ *BONNE, MAUVAISE GRÂCE* : bonne, mauvaise volonté. **3** Titre d'honneur (pays anglo-saxons). **4** La bonté divine ; les faveurs qu'elle dispense. → **bénédiction, faveur.** ♦ loc. *À la grâce de Dieu* : en laissant les choses évoluer. ➝ *An de grâce*, année de l'ère chrétienne. **5** relig. Aide de Dieu qui rend l'homme capable de parvenir au salut. **6** *AVOIR LA GRÂCE*, avoir le don, l'inspiration. **II 1** Pardon, remise de peine, de dette accordée bénévolement. *Demander une grâce.* ➝ *Demander grâce. Crier grâce*, supplier. ➝ *Je vous fais grâce du travail qui reste*, je vous en dispense. **2** *COUP DE GRÂCE*, qui achève qqn (qui est blessé, qui souffre). **III 1** Reconnaissance, remerciements. ➝ *Action de grâce(s)*, témoignage de gratitude envers Dieu. **2** loc. prép. *GRÂCE À qqn, qqch.* : à l'aide, au moyen de (en parlant d'un résultat heureux). **IV 1** Charme, agrément (→ **gracieux).** ♦ au plur. vieilli *Les grâces d'une personne.* → **attrait. 2** (mythol. grecque) *Les Trois Grâces* : les trois déesses personnifiant le don de plaire.

gracier v. tr. [7] ▪ Faire grâce (II) à (qqn).

gracieuseté n. f. ▪ littér. Manière aimable, gracieuse.

gracieux, ieuse adj. ▪ **I** Qui a de la grâce ; qui est aimable (s'oppose à *disgracieux*). **II** Qui est accordé bénévolement. → **gratuit.** ► **gracieusement** adv.

gracile adj. ▪ Mince et délicat.

gracilité n. f. ▪ littér. Minceur délicate.

gracioso adv. ▪ mus. Gracieusement.

gradateur n. m. ▪ techn. Appareil permettant de régler graduellement le passage d'un courant électrique.

gradation n. f. ▪ Progression par degrés.

grade n. m. ▪ **I 1** Degré d'une hiérarchie (surtout militaire). → **échelon.** ➝ *Avancer EN GRADE.* **2** loc. fam. *En prendre pour son grade* : se faire réprimander. **II** Unité de mesure, centième partie d'un quadrant.

-grade Élément (du latin *gradus* «pas ; marche») qui signifie «façon de marcher».

gradé, ée ▪ adj. et n. (Personne) qui a un grade inférieur à celui d'officier.

gradient [-jɑ̃] n. m. ▪ sc. Taux de variation (d'une grandeur).

gradin n. m. ▪ **1** Chacun des étages d'un amphithéâtre. **2** *EN GRADINS* : disposé par paliers successifs. *Cultures en gradins.*

gradualisme n. m. ▪ **1** biol. Théorie selon laquelle l'évolution procède par petites étapes graduelles. **2** didact. Attitude réformatrice modérée, procédant par paliers. ► **gradualiste** adj. et n.

gradualité n. f. ▪ didact. Caractère de ce qui est graduel.

graduat n. m. ▪ (en Belgique) Cycle d'études techniques de l'enseignement supérieur non universitaire ; diplôme sanctionnant ces études.

graduation n. f. ▪ Action de graduer (2). ➝ Échelle graduée (d'un instrument).

graduel, elle adj. ▪ Qui va par degrés. → **progressif.** ► **graduellement** adv.

graduer v. tr. [1] ▪ **1** Augmenter de manière graduelle. **2** Diviser en degrés. → **étalonner ; graduation.** ▷ p. p. **gradué, ée**

graff n. m. ▪ Fresque murale réalisée à la bombe. ► **graffeur, euse** n.

graffiteur, euse n. ▪ Auteur de graffitis.

graffiti n. m. ▪ Inscription, dessin tracé sur un mur. → anglic. **tag.** *Des graffiti(s).* ► **graffiter** v. tr. [1]

grafigne n. f. ▪ (Canada) Égratignure, éraflure. ► **grafigner** v. tr. [1]

graille n. f. ▪ fam. Nourriture.

① **grailler** v. intr. [1] ▪ (corneille) Pousser son cri. → **crailler.**

② **grailler** v. tr. [1] ▪ fam. Manger.

① **graillon** n. m. ▪ **1** au plur. Restes de gras frits. **2** péj. Odeur de graisse brûlée, de mauvaise cuisine.

② **graillon** n. m. ▪ fam. et vulg. Crachat épais. → **mollard.**

graillonner v. intr. [1] ▪ fam. **1** Tousser en crachant. **2** Parler d'une voix grasse.

graillonneux, euse adj. ▪ fam. Qui dégage une odeur de graillon.

grain n. m. ▪ **I 1** Fruit comestible des graminées*. *Grain de blé, de riz.* ➝ *LES GRAINS* ou *LE GRAIN* (collectif) : les grains récoltés des céréales. **2** Semence. → **graine.** *Semer le grain.* **3** Fruit, petite graine arrondie. *Grain de raisin.* **4** Petite parcelle arrondie. *Grain de sable.* **5** *Grain de beauté* : nævus brun. **6** *LE GRAIN* : aspect d'une surface qui a plus ou moins d'aspérités (→ grenu). **7** Très petite quantité. ➝ loc. *Avoir un (petit) grain* : être un peu fou. **8** ancienn Très petite unité de poids (0,053 g). **II 1** Coup de vent soudain, en mer. **2** loc. *Veiller au grain* : être vigilant.

grainage → **grenage**

graine n. f. ▪ **I 1** Partie des plantes à fleurs qui, une fois germée, assure leur reproduction (→ **grain). 2** loc. fig. *Monter en graine*, se dit d'un enfant qui grandit rapidement. ➝ *En prendre de la graine* : tirer un exemple, une leçon (de qqch.). **3** fig., péj. *GRAINE DE* (personnes). *De la graine de voyou.* ➝ *Mauvaise graine* (même sens). **II** loc. fam. *Casser la graine* : manger.

grainer → **grener**

graineterie [gʀɛntʀi ; gʀɛnɛtʀi] n. f. ■ Commerce, magasin du grainetier.

grainetier, ière [gʀɛntje, jɛʀ] n. ■ Personne qui vend des grains, des graines, des bulbes...

grainier, ière ■ **I** adj. Qui concerne les graines. **II** n. m. agric. Local où l'on conserve les graines.

grainothèque n. f. ■ Lieu destiné à la conservation et à l'échange de graines.

graisse n. f. ■ **1** Substance onctueuse répandue en diverses parties du corps de l'homme et des animaux, sous la peau, dans le tissu conjonctif. **2** Cette substance, tirée d'animaux et utilisée dans l'alimentation. → **gras.** **3** Corps gras. *Graisses végétales* (huile...), *animales* (beurre, saindoux...).

graisser v. tr. [1] ■ **1** Enduire, frotter d'un corps gras. **2** loc. fig. *Graisser la patte à qqn*, le soudoyer. ► **graissage** n. m.

graisseur, euse n. ■ **1** Ouvrier, ouvrière qui opère le graissage. **2** n. m. Appareil pour graisser.

graisseux, euse adj. ■ **1** De la nature de la graisse. → **adipeux.** **2** Taché, enduit de graisse. → **gras.**

graminée n. f. ■ Plante à fleurs minuscules groupées en épis, à tige souvent creuse.

grammage n. m. ■ techn. Poids de l'unité de surface (du papier, etc.), en grammes.

grammaire n. f. ■ **1** Ensemble des règles à suivre pour parler et écrire correctement une langue. **2** Partie de la linguistique qui regroupe la phonologie, la morphologie et la syntaxe. ➝ spécialt Syntaxe. **3** Système grammatical (d'une langue). **4** Livre, traité, manuel de grammaire.

grammairien, ienne n. ■ **1** Lettré qui fixe les règles du bon usage d'une langue. **2** Linguiste spécialiste de grammaire.

grammatical, ale, aux adj. ■ **1** Relatif à la grammaire ; de la grammaire. **2** Conforme aux règles de la grammaire. ► **grammaticalement** adv.

grammaticalité n. f. ■ ling. Caractère d'une phrase grammaticale.

gramme n. m. ■ **1** Unité de masse valant un millième de kilogramme (symb. g). **2** fig. Très petite quantité.

-gramme Élément, du grec *gramma* «lettre, écriture». → aussi **-graphe.**

gramophone n. m. ■ anciennt Phonographe à disques, à plateau et pavillon.

grana padano n. m. ■ Fromage italien à pâte dure.

grand, grande adj. ■ **I** dans l'ordre physique (avec possibilité de mesure) [opposé à *petit*] **1** Dont la hauteur, la taille dépasse la moyenne. *De grands arbres.* **2** Qui atteint toute sa taille. ➝ *Les grandes personnes* : les adultes. ➝ n. *Les grands*, les aînés. **3** Dont la longueur dépasse la moyenne. → **long.** *Un grand nez.* **4** Dont la surface dépasse la moyenne. → **étendu, spacieux, vaste.** *Une grande pièce.* **5** Dont le volume, l'ensemble des dimensions dépasse la moyenne. **6** (mesures) *Grand nombre. Grand âge. À grande vitesse.* **7** Très abondant ou très important. → **considérable, nombreux.** ➝ loc. *À grands frais. Au grand air* : en plein air. **II** dans l'ordre qualitatif **1** → **important.** *C'est un grand jour.* ♦ (équivalent d'un superlatif) *Grand blessé*, blessé grave. **2** (personnes) D'une condition sociale ou politique élevée. ➝ n. *Les grands ; les grands de ce monde.* **3** Supérieur en raison de ses talents, de ses qualités, etc. → **illustre, supérieur.** *Un grand homme.* → **génie, héros.** ♦ (actions, qualités...) → **beau, grandiose, magnifique, noble.** *Grandes actions.* **III** dans des expr. *GRAND* (+ n. f.). *La grand-rue* : la rue principale. *Avoir grand-faim. À grand-peine.* **IV 1** adv. *VOIR GRAND* : avoir de grands projets. ♦ *Yeux ouverts tout grand ; grand ouverts* (ou *grands ouverts*). **2** loc. adv. *EN GRAND* : sur de grandes dimensions, un vaste plan. *Il faut voir les choses en grand.*

grand-angle [gʀɑ̃t-] n. m. ■ Objectif photographique couvrant un large champ. *Des grands-angles.* - syn. **grand-angulaire.**

grand-chose ■ **1** pron. indéf. *Cela ne vaut PAS GRAND-CHOSE*, cela vaut peu de chose. **2** n. invar. fam. *UN, UNE PAS GRAND-CHOSE*, personne qui mérite peu d'estime.

grand-croix ■ **1** n. f. invar. Décoration la plus élevée dans l'ordre de la Légion d'honneur. **2** n. m. Titulaire de ce grade. *Des grands-croix.*

grand-duc n. m. ■ **I 1** Titre de princes souverains (fém. *grande-duchesse*). **2** fam. *Faire la tournée des grands-ducs*, la tournée des restaurants, des cabarets. **II** → **duc** (rapace).

grand-ducal, ale, aux adj. ■ D'un grand-duc, d'un grand-duché.

grand-duché n. m. ■ Pays gouverné par un grand-duc, une grande-duchesse.

grandement adv. ■ **1** Beaucoup, tout à fait. *Il s'est grandement trompé.* **2** Dans des proportions qui dépassent l'ordinaire.

grande surface n. f. ■ Grand magasin en libre service. → **hypermarché, supermarché.**

grandeur n. f. ■ **I** (sens absolu) **1** Caractère de ce qui est grand, important. **2** Importance sociale, politique. → **gloire ; pouvoir, puissance.** ➝ au plur. *Folie des grandeurs.* → **méga-**

lomanie. **3** Élévation, noblesse. *Grandeur d'âme.* **II** (sens relatif) **1** Qualité de ce qui est plus ou moins grand. → **dimension, étendue, taille.** **2** loc. adj. invar. *Grandeur nature* : représenté selon ses dimensions réelles. **3** Unité de mesure de l'éclat des étoiles. → **magnitude.** **III** sc. Ce qui est susceptible de mesure. → **quantité.**

grand-guignolesque adj. ▪ D'une outrance ridicule.

grandiloquence n. f. ▪ péj. Forme d'expression affectée, abusant des effets faciles. ► **grandiloquent, ente** adj. → **pompeux.**

grandiose adj. ▪ (choses) Qui impressionne par sa grandeur, son aspect majestueux.

grandir v. [2] ▪ **I** v. intr. **1** Devenir plus grand. **2** Devenir plus intense ; augmenter. **3** Gagner en valeur humaine, en réputation. ➝ au p. p. *Sortir grandi d'une épreuve.* **II** v. tr. **1** Rendre ou faire paraître plus grand. **2** fig. Donner plus de grandeur, de noblesse à.

grandissant, ante adj. ▪ Qui grandit peu à peu, qui va croissant.

grandissement n. m. ▪ opt. Rapport des dimensions d'un objet à celles de son image donnée par un système optique. → **grossissement.**

grandissime adj. ▪ fam. Très grand.

grand-mère n. f. ▪ **1** Mère du père ou de la mère de qqn. *Des grands-mères* (ou vx *grand-mères*). - syn. vieilli **grand-maman.** **2** fam. Vieille femme.

grand-messe n. f. ▪ Messe célébrée solennellement. *Des grands-messes.* ➝ fig. *La grand-messe annuelle d'un parti politique.*

grand-oncle [gʀɑ̃t-] n. m. ▪ Frère du grand-père ou de la grand-mère. *Un de mes grands-oncles.*

à **grand-peine** → **peine**

grand-père n. m. ▪ **1** Père du père ou de la mère de qqn. *Des grands-pères.* - syn. vieilli **grand-papa.** **2** fam. Vieil homme.

grands-parents n. m. pl. ▪ Le grand-père et la grand-mère (du côté paternel ou maternel).

grand-tante n. f. ▪ Sœur du grand-père ou de la grand-mère. *Des grands-tantes.*

grange n. f. ▪ Bâtiment pour abriter la récolte, dans une exploitation agricole.

grangée n. f. ▪ agric. Contenu d'une grange pleine. *Une grangée de paille.*

granit [-it] ou **granite** n. m. ▪ Roche dure, formée de cristaux de feldspath, de quartz, de mica, etc. ► **granitique** et **graniteux, euse** adj.

granité, ée ▪ **I** adj. Qui présente des grains. → **grenu.** **II** n. m. Sorbet granuleux.

graniter v. tr. [1] ▪ techn. Peindre (une surface) de manière à imiter le granit.

granito n. m. ▪ techn. Revêtement contenant des fragments de marbre ou de pierre colorée.

granitoïde adj. ▪ minér. Qui a l'apparence du granit.

granivore adj. ▪ Qui se nourrit de grains.

granny smith [gʀanismis] n. f. invar. ▪ anglic. Pomme verte à chair acidulée.

granulaire adj. ▪ sc. Formé de petits grains.

granulat n. m. ▪ techn. Ensemble de matériaux inertes entrant dans la composition des mortiers, des bétons.

granulation n. f. ▪ Masse granuleuse.

granule n. m. ▪ Petite pilule.

granulé n. m. ▪ Préparation pharmaceutique présentée sous forme de petits grains.

granuler v. tr. [1] ▪ Réduire en granules.

granuleux, euse adj. ▪ Formé de petits grains ; qui présente des petits grains.

granulie n. f. ▪ méd. Forme aiguë de la tuberculose.

granulite n. f. ▪ minér. Roche granitoïde à grain fin, à feldspath alcalin et à mica blanc et noir.

granulocyte n. m. ▪ biol. Leucocyte dont le cytoplasme est chargé de granulations.

granulomatose n. f. ▪ méd. Affection caractérisée par de nombreux granulomes.

granulome n. m. ▪ méd. Tumeur inflammatoire, au sein d'un tissu.

granulométrie n. f. ▪ sc. Mesure de la forme et de la dimension des grains. ► **granulométrique** adj.

grapefruit ou **grape-fruit** [gʀɛpfʀut] n. m. ▪ anglic. Pomélo. *Des grape(-)fruits.*

graphe n. m. ▪ math. Représentation graphique d'une fonction.

-graphe Élément savant, du grec *graphein* « écrire ». → **grapho- ; -gramme.**

graphème n. m. ▪ ling. Lettre ou groupe de lettres correspondant à un phonème.

grapheur n. m. ▪ inform. Logiciel servant à présenter des graphiques.

graphie n. f. ▪ Manière dont un mot est écrit. *Graphie correcte.* → **orthographe.**

graphiose n. f. ▪ arbor. Maladie parasitaire des ormes.

graphique ▪ **I** adj. **1** Qui représente ou suggère qqch. par des lignes, des figures. ➝ *Arts graphiques* : dessin, peinture, gravure, etc. **2** Relatif à une écriture. *L'alphabet est un système graphique.* **II** n. m. Représentation des variations d'un phénomène, à l'aide d'une ligne. → **courbe, diagramme.** ► **graphiquement** adv.

graphisme n. m. ■ **1** Manière de former les lettres, d'écrire. **2** Manière de dessiner, d'écrire, considérée sur le plan esthétique.

graphiste n. ■ Spécialiste en techniques et arts graphiques (dessin, illustration...).

graphite n. m. ■ Carbone cristallisé, gris-noir, dont on se sert pour écrire.

graphiter v. tr. [1] ■ techn. Enduire de graphite ; mélanger à du graphite. ► **graphitage** n. m.

graphiteux, euse adj. ■ géol. Qui contient du graphite. – syn. **graphitique.**

grapho- Élément savant, du grec *graphein* «écrire». → **-graphe.**

graphologie n. f. ■ Étude du graphisme (1) de qqn en relation avec sa personnalité. ► **graphologique** adj. ► **graphologue** n.

graphomane n. ■ méd. Personne qui a la manie d'écrire. ► **graphomanie** n. f. → **graphorrhée.**

graphomètre n. m. ■ techn. Instrument de topographie destiné à la mesure des angles.

graphorrhée n. f. ■ méd. Besoin pathologique d'écrire.

grappa n. f. ■ Eau-de-vie italienne de marc de raisin. *Des grappas.*

grappe n. f. ■ **1** Assemblage de fleurs ou de fruits portés par des pédoncules étagés sur un axe commun. *Grappe de glycine.* ➝ spécialt Grappe de raisin. **2** Assemblage serré (de petits objets ou de personnes).

grappiller v. tr. [1] ■ **1** Prendre de-ci, de-là (des fruits, des fleurs). **2** fig. Prendre, recueillir au hasard. ► **grappillage** n. m.

grappilleur, euse n. ■ Personne qui fait de petits larcins, de petits profits illicites.

grappillon n. m. ■ Partie d'une grappe de raisin ; petite grappe.

grappin n. m. ■ **1** mar. Petite ancre. ➝ Instrument muni de crochets. **2** loc. fig. *Mettre le grappin sur qqn,* l'accaparer.

gras, grasse adj. ■ **I 1** Formé de graisse ; qui contient de la graisse. *Les corps gras,* les graisses*, les lipides. ➝ n. m. *Le gras,* la partie grasse de la viande. **2** *Jour gras,* où l'Église catholique permet aux fidèles de manger de la viande. *Mardi* gras.* **3** (personnes) Qui a beaucoup de graisse. → **adipeux, gros. 4** Enduit, sali de graisse. **II** par analogie **1** Qui évoque la graisse par sa consistance. → **onctueux.** ➝ *Toux grasse,* accompagnée d'expectorations. **2** Important par le volume, l'épaisseur. ♦ *Crayon gras* (à mine tendre). ♦ *Plantes grasses,* à feuilles épaisses et charnues. ♦ n. m. *Le gras de la jambe,* le mollet. **3** fig. → **abondant.** *La prime n'est pas grasse.* ♦ loc. *Grasse matinée*.*

gras-double n. m. ■ Membrane comestible de l'estomac du bœuf.

grassement adv. ■ Abondamment.

grasserie n. f. ■ techn. Maladie virale des vers à soie.

grasseyer v. [1] ■ **1** v. intr. Parler de manière gutturale. **2** v. intr. et tr. Prononcer les *r* sans les rouler. ► **grasseyement** n. m.

grassouillet, ette adj. ■ Gras et potelé.

grateron ou **gratteron** n. m. ■ bot. Plante dont la tige porte des poils en forme de crochets.

graticuler v. tr. [1] ■ techn. Diviser (un dessin...) en carrés égaux que l'on reproduit en réduction, pour conserver les proportions de l'original. ► **graticulation** n. f.

gratifiant, ante adj. ■ Qui gratifie (II).

gratification n. f. ■ **I** Somme donnée à qqn en sus. **II** anglic. Ce qui gratifie (II).

gratifier v. tr. [7] ■ **I** Pourvoir libéralement (qqn) d'un avantage (don, faveur...). **II** anglic. Satisfaire, valoriser (qqn).

gratin n. m. ■ **I 1** *AU GRATIN,* se dit de plats cuits au four après avoir été saupoudrés de chapelure ou de fromage râpé. **2** Croûte dorée qui se forme à la surface d'un plat ainsi préparé ; ce plat. **II** fam. Partie d'une société particulièrement distinguée.

gratiné, ée adj. ■ **I** Cuit au gratin. Soupe à l'oignon gratinée (ou n. f. *gratinée*). **II** fam. Remarquable, par l'excès ou le ridicule.

gratiner v. [1] ■ **1** v. intr. Se couvrir de gratin. **2** v. tr. Faire cuire au gratin.

gratiole [-sjɔl] n. f. ■ bot. Plante herbacée qui croît dans les prés humides.

gratis [-is] adv. ■ fam. Gratuitement. *Entrer gratis.* ➝ adj. *L'entrée est gratis.*

gratitude n. f. ■ Reconnaissance que l'on éprouve envers qqn dont on est l'obligé.

gratos [-os] adv. ■ fam. Gratuitement. ♦ adj. Gratuit. *Un repas gratos.*

gratouiller ou **grattouiller** v. tr. [1] ■ Gratter légèrement. ➝ Démanger.

grattage n. m. ■ Action de gratter.

gratte n. f. ■ fam. **I** Petit profit obtenu en grattant. → **gratter** (I, 5). **II** Guitare. **III** techn. ou région. Grattoir.

gratte-ciel n. m. invar. ■ Immeuble très haut à très nombreux étages. → **tour.**

gratte-cul [-ky] n. m. ■ fam. Fruit du rosier, de l'églantier. *Des gratte-cul(s).*

gratte-dos n. m. invar. ■ Instrument permettant de se gratter le dos.

grattement n. m. ■ Action de (se) gratter. ➝ Bruit de ce qui gratte.

gratte-papier n. ▪ péj. Employé(e) de bureau. → **scribouillard.** *Des gratte-papier(s).*

gratte-pieds n. m. ▪ Grille métallique servant à décrotter les chaussures. - var. **gratte-pied.** *Des gratte-pieds.*

gratter v. [1] ▪ **I** v. tr. **1** Frotter avec qqch. de dur en entamant très légèrement la surface. → **racler. 2** (En employant les ongles, les griffes) *Chien qui gratte le sol.* ◆ *Gratte-moi le dos, il me démange.* **3** fam. Faire éprouver une démangeaison à (qqn). *Ce pull me gratte.* **4** Enlever en grattant. *Gratter un vernis.* **5** fig., fam. Prélever, mettre de côté de petites sommes. **II** v. intr. **1** Faire entendre un grattement. **2** fam. Travailler. ▷ v. pron. se **gratter** Gratter l'endroit qui démange.

gratteron → **grateron**

grattoir n. m. ▪ Instrument pour gratter.

gratton n. m. ▪ région. **I** Petite aspérité (de rocher...). **II** au plur. Morceaux de graisse (de porc, d'oie...) salés et frits.

gratture n. f. ▪ techn. Débris provenant d'un grattage.

gratuit, uite adj. ▪ **1** Que l'on donne sans faire payer ; dont on profite sans payer. **2** Qui n'a pas de fondement, de preuve. → **arbitraire.** *Accusation gratuite.* **3** *Acte gratuit,* sans motif apparent. ► **gratuité** n. f. ► **gratuitement** adv.

grau n. m. ▪ région. Chenal entre un cours d'eau, un étang et la mer.

gravatier, ière n. ▪ techn. Ouvrier, ouvrière qui enlève les gravats.

gravats n. m. pl. ▪ Débris provenant d'une démolition. → **décombres, plâtras.**

grave adj. ▪ **I** vx Lourd, pesant. **II** abstrait **1** Qui se comporte, agit avec réserve et dignité. → **austère, digne, posé, sérieux. 2** (choses) Qui a de l'importance. → **important, sérieux. 3** Susceptible de suites dangereuses. *Maladie grave.* **4** *Blessé grave,* gravement touché. **5** fam. Lourd, pénible (personnes, situations...). ◆ adv. *Il commence à nous fatiguer grave.* **III 1** (son) Qui occupe le bas du registre musical (opposé à *aigu*). ◆ n. m. *Le grave,* les sons graves. **2** *Accent grave,* en français, signe (`) servant à noter le timbre de l'*e* ouvert et à distinguer certains mots de leurs homonymes *(à, où, là).*

graveleux, euse adj. ▪ **I** Qui contient du gravier. **II** fig., littér. Très licencieux.

gravelle n. f. ▪ vx Maladie qui provoque des calculs dans le rein.

gravement adv. ▪ **1** Avec gravité. → **dignement. 2** D'une manière importante ou dangereuse. *Être gravement blessé.*

graver v. tr. [1] ▪ **1** Tracer en creux sur une matière dure, au moyen d'un instrument pointu. **2** Tracer en creux (un dessin, etc.) sur une matière dure, dans le but de reproduire (→ **gravure). 3** Reproduire par la gravure. **4** fig. Rendre durable (dans l'esprit...).

graves n. m. ▪ Vin du Bordelais.

graveur, euse n. ▪ Professionnel(le) de la gravure.

gravide adj. ▪ méd. Qui contient un embryon.

gravidique adj. ▪ méd. Relatif à la grossesse.

gravidité n. f. ▪ méd. État d'une femelle ou d'un utérus gravide.

gravier n. m. ▪ **1** Roche détritique, sable grossier mêlé de cailloux (rivières, bord de la mer). **2** Ensemble de petits cailloux servant de revêtement. **3** Petit caillou.

gravillon n. m. ▪ **1** Fin gravier. *Du gravillon.* **2** Petit caillou du gravillon.

gravillonner v. tr. [1] ▪ techn. Couvrir de gravillon. ► **gravillonnage** n. m.

gravillonneuse n. f. ▪ techn. Machine destinée à répandre le gravillon sur les routes.

gravimétrie n. f. ▪ phys. Mesure de l'intensité de la pesanteur. ► **gravimétrique** adj.

gravir v. tr. [2] ▪ Monter avec effort (une pente). → **escalader.** ◆ fig. *Gravir les échelons de la hiérarchie.*

gravissime adj. ▪ Extrêmement grave.

gravitation n. f. ▪ Phénomène par lequel les corps s'attirent avec une force proportionnelle à leurs masses et inversement proportionnelle au carré de leur distance. ► **gravitationnel, elle** adj.

gravité n. f. ▪ **I 1** Qualité d'une personne grave. → **austérité, dignité. 2** Caractère de ce qui a de l'importance, de ce qui peut entraîner de graves conséquences. **II** Phénomène par lequel un corps subit l'attraction de la Terre. → **pesanteur ; gravitation.** *Centre* de gravité.*

graviter v. intr. [1] ▪ *Graviter autour :* tourner autour (d'un centre d'attraction).

gravure n. f. ▪ **I 1** Action de graver. ◆ Manière dont un objet est gravé. **2** Fait de graver un disque. **II 1** Art, technique de la décoration obtenue en gravant. *Gravure sur métaux.* **2** Art de graver une surface dure pour obtenir une œuvre graphique (spécialt pour reproduire une œuvre). *Gravure sur bois, sur pierre...* **3** Reproduction ainsi obtenue (estampe, lithographie...).

gray [gʀɛ] n. m. ▪ phys. Unité de mesure (symb. Gy) de la dose absorbée lors d'une irradiation par les rayonnements ionisants.

gré n. m. ▪ **1** dans des loc. Ce qui plaît ; ce qui convient. *AU GRÉ DE :* selon le goût de. *Agissez à votre gré.* → **convenance, guise.** ◆ *DE SON PLEIN GRÉ.* → **volontairement.** ◆ *DE BON GRÉ :* de bon cœur. ◆ *DE GRÉ OU DE FORCE :* qu'on le veuille ou non. ➛ *BON GRÉ, MAL GRÉ* : en se résignant, malgré soi. ♦ dr. *DE GRÉ À GRÉ* : à l'amiable. **2** *SAVOIR GRÉ à qqn*, avoir de la reconnaissance pour qqn.

grèbe n. m. ▪ Oiseau palmipède à plumage argenté, duveteux.

grébiche n. f. ▪ techn. **1** imprim. Numéro d'inscription d'un manuscrit sur les registres d'un imprimeur. **2** Garniture métallique du bord d'un vêtement, d'un objet de maroquinerie.

grec, grecque ▪ **1** adj. et n. De Grèce. → **hellénique.** ➛ n. *Les Grecs.* **2** n. m. La langue grecque. *Le grec ancien, le grec moderne.* **3** loc. *À la grecque*, à l'huile d'olive et aux aromates.

gréco-latin, ine adj. ▪ Qui concerne à la fois les civilisations grecque et latine.

gréco-romain, aine adj. ▪ Commun aux civilisations grecque et romaine antiques. ➛ *Lutte gréco-romaine*, excluant les coups.

grecque n. f. ▪ Ornement fait de lignes brisées qui reviennent sur elles-mêmes.

gredin, ine n. ▪ vieilli → **bandit, coquin.**

gréement n. m. ▪ Ensemble du matériel nécessaire à la manœuvre des voiliers ; à l'amarrage et à la sécurité de tous les navires.

green [gʀin] n. m. ▪ anglic. Espace gazonné d'un terrain de golf.

gréer v. tr. [1] ▪ Garnir de gréement. ➛ au p. p. *Navire gréé en goélette.*

greffage n. m. ▪ Action de greffer.

① **greffe** n. m. ▪ Bureau où l'on garde les minutes des actes de procédure.

② **greffe** n. f. ▪ **1** Greffon végétal. ♦ Opération par laquelle on implante un greffon. **2** Opération par laquelle une portion (tissu, organe) d'un organisme est implantée sur une autre partie du corps ou sur un autre organisme (→ receveur).

greffer v. tr. [1] ▪ **1** Soumettre (une plante) à l'opération de la greffe. **2** Implanter (un greffon (2)) sur un sujet. **3** pronom. fig. *SE GREFFER SUR* : s'ajouter à.

greffier, ière n. ▪ Officier du greffe.

greffoir n. m. ▪ agric. Outil, couteau à greffer.

greffon n. m. ▪ **1** Partie d'une plante que l'on insère sur une autre plante pour obtenir un spécimen nouveau. **2** Partie de l'organisme prélevée afin d'être greffée.

grégaire adj. ▪ **1** Qui vit par troupeaux. **2** Relatif au groupement des êtres vivants, à la tendance à vivre en groupe.

grégarine n. f. ▪ zool. Protozoaire parasite des insectes, des crustacés et des vers de terre.

grégarisme n. m. ▪ didact. Instinct grégaire.

grège adj. ▪ *Soie grège*, brute (de couleur beige).

grégorien, ienne adj. ▪ *Chant grégorien* et n. m. *le grégorien* : le plain-chant.

grègues n. f. pl. ▪ anciennt Haut-de-chausses.

① **grêle** adj. ▪ **I 1** D'une longueur et d'une finesse excessives. **2** *L'intestin grêle* : la portion la plus étroite de l'intestin, comprise entre le duodénum et le cæcum. **II** (sons) Aigu et peu intense.

② **grêle** n. f. ▪ **1** Précipitation faite de grains de glace. **2** fig. Ce qui tombe comme la grêle. *Une grêle de balles ; d'injures.*

grêlé, ée adj. ▪ Marqué par de petites cicatrices (dues à la variole, etc.).

grêler v. impers. [1] ▪ *Il grêle* : il tombe de la grêle.

grelin n. m. ▪ mar. Fort cordage (plus mince que le câble).

grêlon n. m. ▪ Grain de glace de la grêle.

grelot n. m. ▪ **1** Sonnette constituée d'une boule de métal creuse contenant un morceau de métal. **2** loc. fam. *Avoir les grelots* : trembler de peur (→ grelotter).

grelotter v. intr. [1] ▪ **I** Émettre un bruit de grelot. **II** Trembler (de froid, de peur...). ▸ **grelottant, ante** adj. ▸ **grelottement** n. m.

greluche n. f. ▪ fam. et péj. Jeune femme stupide.

greluchon n. m. ▪ fam. et péj. Jeune homme insignifiant.

grémil n. m. ▪ Plante herbacée dont une espèce est officinale.

grémille n. f. ▪ Poisson originaire de l'Europe centrale, voisin de la perche.

grenache n. m. ▪ Cépage noir cultivé dans le Languedoc, le Roussillon.

grenadage n. m. ▪ milit. Attaque à la grenade.

grenade n. f. ▪ **I** Fruit comestible du grenadier, grosse baie ronde à la pulpe rouge. **II** Projectile explosif muni d'un détonateur, qui se lance à la main ou au fusil.

grenadeur n. m. ▪ milit. Appareil servant au lancement des grenades sous-marines.

① **grenadier** n. m. ▪ Arbrisseau épineux à fleurs rouges, qui produit les grenades.

② **grenadier** n. m. ▪ **1** vx Soldat chargé de lancer des grenades. **2** hist. Soldat d'élite.

③ **grenadier** n. m. ▪ Poisson marin au corps effilé, à la chair appréciée.

grenadière n. f. ▪ techn. Bague métallique reliant le canon au fût d'un fusil.

grenadille n. f. ▪ Espèce de passiflore dont le fruit rappelle la grenade. ➛ Fruit de cette plante, appelé couramment *fruit de la passion.*

grenadin n. m. ■ I Variété d'œillet rouge. II cuis. Tranche ronde (de veau) entourée d'une barde.

grenadine n. f. ■ Sirop sucré, rouge.

grenage n. m. ■ techn. 1 Action de réduire en grains. 2 Action de donner du grain, du relief à une surface lisse. – var. **grainage.**

grenaillage n. m. ■ techn. Décapage par projection de grenaille.

grenaille n. f. ■ 1 Métal réduit en grains. 2 Pommes de terre de petit calibre.

grenailler v. tr. [1] ■ techn. Réduire en petits grains.

grenaison n. f. ■ agric. Formation du grain des céréales.

grenat n. m. ■ 1 Pierre précieuse, souvent rouge. 2 adj. invar. Rouge sombre.

grené, ée adj. ■ techn. Qui présente une multitude de petits grains très rapprochés. → **grenu.**

greneler [gʀɛnle ; gʀən-] v. tr. [4] ■ techn. Préparer (un cuir, un papier) de telle sorte qu'il paraisse couvert de grains.

grener v. [5] ■ I v. intr. agric. Produire de la graine. *Le blé grène mal cette année.* II v. tr. 1 techn. Réduire en petits grains. 2 Rendre grenu. → **greneler.** – var. **grainer** v. [1]

grenier n. m. ■ 1 Partie d'une ferme, combles où l'on conserve le grain et le fourrage. → **fenil, grange.** 2 Étage supérieur d'une maison, sous les combles (débarras...).

grenouille n. f. ■ Batracien aux pattes arrière palmées, à peau lisse, nageur et sauteur.

grenouiller v. intr. [1] ■ fam. Intriguer, magouiller. ► **grenouillage** n. m.

grenouillère n. f. ■ Combinaison de bébé recouvrant les pieds.

grenouillette n. f. ■ 1 bot. Renoncule d'eau à fleurs blanches. 2 méd. Tumeur bénigne placée sous la langue.

grenu, ue adj. ■ Qui présente des grains.

grenure n. f. ■ techn. État du cuir grené.

grès n. m. ■ 1 Roche sédimentaire dure formée de sable aux grains unis par un ciment. ► **gréseux, euse** adj. 2 Terre glaise mêlée de sable fin dont on fait des poteries.

gréser v. tr. [6] ■ techn. Polir, poncer avec une meule, de la poudre de grès. ► **grésage** n. m.

grésil n. m. ■ Grêle fine, blanche et dure.

① **grésiller** v. impers. [1] ■ rare *Il grésille* : il tombe du grésil.

② **grésiller** v. intr. [1] ■ 1 Produire un crépitement rapide et assez faible. 2 (grillon) Crier. ► **grésillement** n. m.

gressin n. m. ■ Petite flûte de pain séché.

greubons n. m. pl. ■ (Suisse) Petits résidus solides qui se forment quand le lard fond.

① **grève** n. f. ■ Terrain formé de graviers, au bord de la mer ou d'un cours d'eau.

② **grève** n. f. ■ 1 Cessation volontaire et collective du travail décidée par des travailleurs, en vue d'obtenir des avantages. 2 *Grève de la faim*, refus de manger, en manière de protestation.

grever [gʀə-] v. tr. [5] ■ Frapper de charges financières, de servitudes.

gréviste n. ■ Personne qui fait grève.

gribiche adj. ■ *Sauce gribiche* : vinaigrette mêlée d'œuf dur et de condiments.

gribouillage n. m. ■ 1 Dessin confus, informe. → **gribouillis.** 2 Écriture, texte informe, illisible.

gribouille n. ■ Personne naïve qui se jette dans les ennuis qu'elle voulait éviter.

gribouiller v. [1] ■ 1 v. intr. Faire des gribouillages. 2 v. tr. Écrire de manière confuse, peu lisible.

gribouilleur, euse n. ■ Personne qui gribouille. ♦ Mauvais peintre, mauvais écrivain.

gribouillis n. m. ■ Dessin, écriture informe. → **gribouillage.**

grièche → **pie-grièche**

grief n. m. ■ Sujet, motif de plainte. *Avoir des griefs contre qqn.* ◆ loc. *TENIR, FAIRE GRIEF À qqn DE qqch.*, le lui reprocher.

grièvement adv. ■ *Grièvement blessé, brûlé...*, gravement.

griffe n. f. ■ 1 Ongle pointu et crochu de certains animaux. ◆ loc. *Montrer les griffes* : menacer. *Toutes griffes dehors* : avec agressivité. 2 Petit crochet qui maintient une pierre sur un bijou. 3 Empreinte reproduisant une signature. ◆ Marque au nom d'un fabricant, apposée sur ses produits. 4 Marque caractéristique du style (de qqn).

griffer v. tr. [1] ■ Égratigner d'un coup de griffe ou d'ongle.

① **griffon** n. m. ■ I Animal fabuleux, ailé, à corps de lion et à tête d'aigle. II Sortie de l'eau d'une source.

② **griffon** n. m. ■ Chien à poils longs.

griffonnement n. m. ■ arts Ébauche d'une sculpture, en cire ou en terre.

griffonner v. tr. [1] ■ 1 Écrire (qqch.) d'une manière confuse, peu lisible. ◆ sans compl. Tracer des signes informes. 2 Rédiger à la hâte. ► **griffonnage** n. m.

griffonneur, euse n. ■ Mauvais écrivain.

griffu, ue adj. ■ Armé de griffes.

griffure n. f. ■ Égratignure provoquée par un coup de griffe.

grifton → **griveton**

grigner v. intr. 1 ■ cout. Faire des plis, des fronces.

grignoter v. 1 ■ **I** v. intr. **1** Manger en rongeant. *Le hamster grignote.* **2** Manger très peu. **II** v. tr. **1** Manger (qqch.) petit à petit, lentement, en rongeant. **2** fig. Détruire peu à peu. *Grignoter ses économies.* **3** S'approprier, gagner. → **gratter.** ► **grignotement** et **grignotage** n. m.

grignotine n. f. ■ (Canada) (surtout au plur.) Amuse-gueule, biscuit apéritif.

grigou n. m. ■ fam. Homme avare.

grigri → **gris-gris**

gril [gʀil] n. m. ■ Ustensile de cuisine fait d'une grille ou d'une plaque permettant une cuisson à feu vif. ◆ loc. fig. *Être sur le gril,* extrêmement anxieux ou impatient. *Mettre qqn sur le gril,* à l'épreuve.

grill [gʀil] n. m. ■ anglic. Restaurant où l'on mange des grillades.

grillade n. f. ■ **1** Viande grillée. **2** Morceau de porc à griller.

grilladerie n. f. ■ (Canada) Grill.

① **grillage** n. m. ■ **1** Treillis métallique qu'on met aux ouvertures vitrées ou à jour (fenêtres, portes). **2** Clôture en treillis de fils de fer. *Jardin enclos d'un grillage.* **3** Treillage laissant passer l'eau.

② **grillage** n. m. ■ **1** Action de griller. *Le grillage des cacahuètes.* **2** techn. Opération consistant à chauffer au rouge (un minerai). *Grillage des minerais sulfurés du cuivre.*

grillager v. tr. 3 ■ Munir d'un grillage.

grille n. f. ■ **I 1** Assemblage de barreaux entrecroisés ou parallèles fermant une ouverture. **2** Clôture formée de barreaux métalliques verticaux, plus ou moins ouvragés. ◆ Porte en grillage. **3** Châssis soutenant le charbon ou le petit bois dans un fourneau, une cheminée. **II 1** Surface quadrillée. ◆ *Grille de mots croisés.* **2** Tableau présentant une organisation, une répartition chiffrée ; cette organisation.

grille-pain n. m. invar. ■ Appareil servant à griller des tranches de pain.

① **griller** v. 1 ■ **I** v. tr. **1** Faire cuire sur le gril. ◆ au p. p. *Bifteck grillé.* **2** Chauffer à l'excès. **3** Torréfier. **4** fam. *Griller une cigarette,* la fumer. **5** Mettre hors d'usage par un court-circuit ou un courant trop intense. **6** *Griller un feu rouge,* ne pas s'y arrêter. → **brûler.** **7** fam. Dépasser, supplanter (qqn). **II** v. intr. **1** Rôtir sur le gril. **2** fam. Être exposé à une chaleur trop vive. **3** fig. GRILLER DE. → **brûler** de. *Griller d'impatience.*

② **griller** v. tr. 1 ■ Fermer d'une grille.

grilloir n. m. ■ Gril d'un four.

grillon n. m. ■ Insecte sauteur noir.

grimace n. f. ■ **1** Contorsion du visage, faite inconsciemment (→ tic) ou volontairement. ◆ fig. *Faire la grimace :* manifester du mécontentement. ◆ loc. *Soupe à la grimace :* accueil hostile ; attitude maussade. **2** au plur. Mines affectées, hypocrites.

grimacer v. intr. 3 ■ **1** Faire une grimace, des grimaces. **2** Faire un faux pli. ► **grimaçant, ante** adj.

grimacier, ière adj. ■ **1** Qui a l'habitude de faire des grimaces. **2** vx Affecté, maniéré.

grimage n. m. ■ Maquillage de théâtre.

grimaud n. m. ■ vx **1** Jeune écolier ignorant. **2** Maître ignare. ◆ Pédant.

grimer v. tr. 1 ■ Maquiller pour le théâtre, le cinéma, etc. ▷ v. pron. **se grimer**

grimoire n. m. ■ **1** Livre de magie. **2** Écrit illisible ou incompréhensible.

grimpant, ante ■ **I** adj. (plante) Qui s'élève le long d'un support. **II** n. m. fam. Pantalon.

grimpe n. f. ■ fam. Escalade à mains nues.

grimpée n. f. ■ Ascension rude et pénible.

grimper v. 1 ■ **I** v. intr. **1** Monter en s'aidant des mains et des pieds. *Grimper aux arbres.* ◆ n. m. Exercice de montée d'une corde. **2** (plantes) *Le lierre grimpe jusqu'au toit.* **3** Monter sur un lieu élevé, d'accès difficile. **4** S'élever en pente raide. **5** fam. Monter, augmenter rapidement. *Les prix ont grimpé.* **II** v. tr. Gravir.

grimpereau n. m. ■ Oiseau qui s'accroche aux troncs des arbres pour y chercher sa nourriture.

grimpette n. f. ■ fam. Chemin court qui monte raide. ◆ Ascension.

grimpeur, euse adj. ■ **1** (animaux) Qui a l'habitude de grimper. **2** n. Alpiniste. ◆ Coureur qui excelle à monter les côtes.

grimpion, ionne n. ■ (Suisse) Personne ambitieuse, arriviste.

grinçant, ante adj. ■ **1** Qui grince. **2** fig. Acerbe. *Humour grinçant.*

grincement n. m. ■ Action de grincer ; bruit aigre ou strident qui en résulte.

grincer v. intr 3 ■ **1** (choses) Produire un son aigu et prolongé, désagréable. **2** (personnes) loc. *Grincer des dents :* faire entendre un crissement en serrant les mâchoires.

grinche → **gringe**

grincheux, euse adj. ■ Revêche, acariâtre. → **hargneux.** ◆ n. *Un vieux grincheux.*

gringalet n. m. ■ péj. Homme chétif.

gringe ou **grinche** adj. ■ région., fam. Grincheux.

gringo [gʀiŋgo] n. et adj. ■ péj. Étranger, pour les Latino-Américains.

gringue n. m. ▪ loc. fam. *Faire du gringue à qqn,* lui faire la cour.

griot n. m. ▪ (en Afrique noire) Membre d'une caste de poètes musiciens.

griotte n. f. ▪ **1** Cerise à queue courte, à chair acide. **2** Marbre taché de brun.

grippe n. f. ▪ **I 1** Maladie infectieuse, contagieuse, caractérisée par de la fièvre, un abattement général et des symptômes tels que rhume, bronchite, etc. → **influenza.** *Vaccin contre la grippe.* **2** Maladie infectieuse (des animaux), avec lésions bronchopulmonaires. *Grippe porcine. Grippe aviaire* (à l'origine d'une grave pneumopathie chez l'homme). **II** loc. *Prendre en grippe :* avoir une aversion contre (qqn, qqch.). ► **grippal, ale, aux** adj.

grippé, ée adj. ▪ Atteint de la grippe.

gripper v. [1] ▪ **1** v. tr. Coincer, arrêter par manque de lubrifiant. **2** v. intr. *Le moteur risque de gripper* (ou pron. *se gripper*). ► **grippage** n. m.

grippe-sou n. ▪ Personne avare. ◄ *Des grippe-sous.* ◄ adj. *Elle est grippe-sou.*

gris, grise ▪ **I** adj. **1** D'une teinte intermédiaire entre le blanc et le noir. ◄ *Il fait gris,* le ciel est couvert. **2** *Cheveux gris,* mêlés de cheveux blancs. **3** loc. *Faire grise mine* à qqn.* **4** fig. Monotone, morne. → **terne. 5** Légèrement ivre. **II** n. m. Couleur grise.

grisaille n. f. ▪ **1** arts Peinture en camaïeu gris. **2** Teinte grise d'un paysage.

grisant, ante adj. ▪ Qui grise (2).

grisard n. m. ▪ Peuplier à cime majestueuse et feuillage argenté.

grisâtre adj. ▪ Qui tire sur le gris.

grisbi [gʀizbi] n. m. ▪ argot Argent.

grisé n. m. ▪ Teinte grise obtenue par des hachures ou par un pointillé.

griser v. tr. [1] ▪ **1** Rendre un peu ivre. **2** Mettre dans un état d'excitation comparable aux premières impressions de l'ivresse. ▷ v. pron. **se griser 1** S'enivrer. **2** S'exalter (de).

griserie n. f. ▪ Excitation, exaltation.

griset n. m. ▪ **1** Jeune passereau qui a encore le plumage gris. **2** Petit requin de la Méditerranée. **3** Variété de tricholome comestible.

grisette n. f. ▪ vx Jeune ouvrière coquette.

gris-gris ou **grigri** n. m. ▪ Amulette.

① **grison** n. m. ▪ littér. Âne.

② **grison, onne** adj. et n. ▪ **1** Du canton suisse des Grisons. ♦ Habitant ou originaire de ce canton. ◄ n. *Les Grisons.* **2** n. m. rare Langue romane parlée par les Grisons. → **romanche.**

grisonner v. intr. [1] ▪ (poil) Commencer à devenir gris. ◄ Avoir le poil gris par l'effet de l'âge. ► **grisonnant, ante** adj. ► **grisonnement** n. m.

grisou n. m. ▪ Gaz inflammable qui se dégage des mines de houille et explose au contact de l'air *(coup de grisou).*

grisoumètre n. m. ▪ techn. Appareil servant à mesurer la proportion de grisou dans l'air d'une mine.

grisouteux, euse adj. ▪ Qui contient du grisou.

grive n. f. ▪ Oiseau passereau au plumage brunâtre, au chant mélodieux.

grivelé, ée adj. ▪ Tacheté, comme le plumage de la grive.

grivèlerie n. f. ▪ dr. Délit qui consiste à consommer sans payer, dans un café, etc.

griveton n. m. ▪ argot Simple soldat. - var. **grifton.**

grivois, oise adj. ▪ Licencieux. → **égrillard.**

grivoiserie n. f. ▪ **1** Caractère grivois. **2** Action ou propos grivois.

grizzli ou **grizzly** n. m. ▪ Ours des montagnes Rocheuses.

grœnendael [gʀɔ(n)ɛndal] n. m. ▪ Chien de berger à longs poils noirs.

grog [gʀɔg] n. m. ▪ Boisson faite d'eau chaude sucrée, de rhum et de citron.

groggy [gʀɔgi] adj. invar. ▪ anglic. **1** Étourdi par les coups. → **sonné. 2** fam. Assommé (par la fatigue, l'ivresse, etc.).

grognard n. m. ▪ Soldat de la vieille garde, sous Napoléon Ier.

grognasse n. f. ▪ vulg. et péj. **1** Femme laide et d'humeur acariâtre. **2** injurieux Femme.

grogne n. f. ▪ Mécontentement exprimé en grognant.

grognement n. m. ▪ Action de grogner.

grogner v. intr. [1] ▪ **1** (cochon, ours...) Pousser son cri. ♦ (chien...) Émettre un grondement. **2** (personnes) Manifester son mécontentement par de sourdes protestations.

grognon, onne adj. et n. ▪ Qui a l'habitude de grogner (2) ; maussade. ♦ au fém. *Grognon* ou *grognonne.* ◄ n. *Un vieux grognon.*

groin n. m. ▪ Museau du porc, du sanglier, propre à fouir.

groisil [-zi(l)] n. m. ▪ techn. Débris de verre pulvérisés utilisés dans la fabrication des verres communs. → **calcin.**

grolle ou **grole** n. f. ▪ fam. Chaussure.

grommeler v. intr. et tr. [4] ▪ Murmurer entre ses dents. ► **grommellement** n. m.

grondant, ante adj. ▪ Qui gronde.

grondement n. m. ▪ Bruit sourd et prolongé. *Un grondement de tonnerre.*

gronder v. 1 ▪ **I** v. intr. **1** Produire un bruit sourd et menaçant. *Le canon gronde.* **2** fig. Être menaçant, près d'éclater. *La révolte gronde.* **II** v. tr. Réprimander.

gronderie n. f. ▪ Réprimande.

grondeur, euse adj. ▪ Qui gronde.

grondin n. m. ▪ Poisson de mer comestible. ➝ appos. *Rouget grondin.*

groom [gRum] n. m. ▪ Jeune employé en livrée, dans les hôtels, cercles, etc.

groove [gRuv] n. m. ▪ anglic., mus. Qualité rythmique (d'une musique de danse). → **swing.**

gros, grosse ▪ **I** adj. **1** Qui, dans son genre, dépasse la mesure ordinaire. → **grand ; énorme ;** opposé à *petit. Une grosse vague.* **2** (personnes) Qui est plus large et plus gras que la moyenne. → **corpulent, replet. 3** (dimensions relatives) *Gros comme :* qui est de la taille de. **4** Désignant une catégorie de grande taille par rapport à une autre. *Du gros sel. Gros gibier.* **5** Qui est temporairement, anormalement gros. *La mer est grosse,* houleuse. ♦ vieilli *Femme grosse,* enceinte. ♦ loc. *Avoir le cœur gros,* du chagrin. **6** *GROS DE,* qui recèle certaines choses en germe. *Un fait gros de conséquences.* **7** Abondant, important. *De grosses dépenses.* **8** (personnes) Remarquable en tant que tel. *Un gros travailleur.* ♦ Important (par le rang...). *Un gros capitaliste.* **9** Dont les effets sont importants. *Grosse fièvre.* → **violent.** *De gros ennuis.* → **grave. 10** Qui manque de raffinement, de délicatesse. → **grossier, ordinaire ;** opposé à *fin. Grosse plaisanterie.* → **vulgaire.** ➝ *GROS MOT :* mot grossier*. **11** Exagéré, excessif. *C'est un peu gros.* **II** adv. **1** *Écrire gros,* avec de gros caractères. ♦ *En avoir gros sur le cœur* (de chagrin, de dépit). **2** loc. adv. *EN GROS :* en grandes dimensions ; en grande quantité ; dans les grandes lignes (→ grosso modo). **III** n. **1** Personne grosse. ➝ fam. *Un gros plein de soupe*.* **2** fam. *LES GROS,* les personnes riches, influentes. **3** n. m. *LE GROS DE :* la plus importante partie de. **4** *Commerce de gros,* en grandes quantités (opposé à *détail*). **5** Gros poissons. *Pêche au gros.*

gros-bec n. m. ▪ Variété de moineau. *Des gros-becs.*

gros-cul [-ky] n. m. ▪ fam. Poids lourd. *Doubler des gros-culs.*

groseille n. f. ▪ **1** Fruit du groseillier, petite baie acide rouge ou blanche, en grappes. ➝ *Groseille à maquereau* (autre espèce). **2** adj. invar. De la couleur de la groseille rouge.

groseillier n. m. ▪ Arbuste cultivé pour ses fruits, les groseilles.

gros-grain n. m. ▪ Large ruban à côtes, résistant, qui sert à renforcer. *Des gros-grains.*

gros-plant n. m. ▪ Cépage blanc du vignoble nantais. *Des gros-plants.*

gros-porteur n. m. ▪ Avion de transport de grande capacité. *Des gros-porteurs.*

grosse n. f. ▪ **1** dr. Copie exécutoire d'un acte. **2** comm. Douze douzaines.

grosserie n. f. ▪ **1** techn. Les gros ouvrages de taillanderie. **2** Vaisselle d'argent.

grossesse n. f. ▪ État d'une femme enceinte. ➝ *Grossesse nerveuse,* signes évoquant la grossesse (sans embryon).

grosseur n. f. ▪ **1** (sens absolu) État d'une personne grosse. → **corpulence, embonpoint ; obésité. 2** (sens relatif) Volume, dimension. **3** Enflure visible ou sensible au toucher. → **bosse, tumeur.**

grossier, ière adj. ▪ **1** Qui est de mauvaise qualité ou qui est fait de façon rudimentaire. **2** Qui n'est pas assez élaboré, approfondi. **3** Qui manque de finesse, de grâce. → **épais, lourd. 4** Sans éducation ni culture. → **fruste, inculte, primitif.** ♦ Digne d'une personne grossière. **5** Qui est contraire aux bienséances. *Mot grossier* (→ gros mot). **6** Qui manque d'éducation, de politesse.

grossièrement adv. ▪ **1** D'une manière grossière. **2** D'une façon inconvenante.

grossièreté n. f. ▪ **1** Caractère de ce qui est grossier. **2** Ignorance ou mépris des bonnes manières. **3** Mot, propos grossier.

grossir v. 2 ▪ **I** v. intr. **1** (personnes) Devenir gros, plus gros. **2** (choses) Enfler, gonfler. **3** Augmenter en nombre, en importance, en intensité. **II** v. tr. **1** Faire paraître gros, plus gros. *Microscope qui grossit mille fois.* **2** Rendre plus nombreux, plus important. **3** Amplifier, exagérer.

grossissant, ante adj. ▪ Qui grossit (II, 1).

grossissement n. m. ▪ **1** Fait de devenir gros. **2** Accroissement apparent, grâce à un instrument. *Télescope à fort grossissement.* **3** Amplification, exagération. *Le grossissement d'un fait divers.*

grossiste n. ▪ Marchand en gros.

grosso modo loc. adv. ▪ En gros, sans entrer dans le détail.

grotesque ▪ **I** n. f. pl. arts Ornements faits de compositions fantaisistes, de figures caricaturales. **II** adj. **1** Risible par son aspect bizarre. → **burlesque, extravagant. 2** Qui prête à rire (sans idée de bizarrerie). → **ridicule. 3** n. m. Ce qui est grotesque. ▶ **grotesquement** adv.

grotte n. f. ▪ Cavité naturelle de grande taille dans le rocher, le flanc d'une montagne. → **caverne ; spéléo-.**

grouillant, ante adj. ▪ **1** Qui grouille (1). **2** Qui grouille (de...).

grouillement n. m. ▪ État de ce qui grouille.

grouiller v. intr. [1] ▪ **1** Remuer, s'agiter en masse confuse (en parlant d'éléments nombreux). **2** (sujet chose) Présenter une agitation confuse ; être plein (d'éléments qui s'agitent). *Rue qui grouille de monde.* ▷ v. pron. se **grouiller** fam. Se dépêcher.

grouillot n. m. ▪ Garçon de course.

① **groupage** n. m. ▪ Action de réunir des colis ayant une même destination.

② **groupage** n. m. ▪ méd. Détermination du groupe sanguin.

groupal, ale, aux adj. ▪ didact. D'un groupe, relatif au groupe. *Imaginaire groupal.*

groupe n. m. ▪ **1** Réunion de plusieurs personnes dans un même lieu. **2** Ensemble de personnes ayant qqch. en commun. ➝ *Groupe de pression.* → anglic. **lobby.** ♦ Petit orchestre. **3** milit. Unité de combat. **4** Ensemble (de choses) ayant une cohérence. *Groupe de lettres.* ➝ *Groupe scolaire* (bâtiments). ♦ (dans une classification) *Groupes sanguins,* permettant la classification des individus selon la composition de leur sang. ➝ *Les trois groupes des verbes français* (selon leur conjugaison). ♦ math. Ensemble associé à une loi particulière.

groupement n. m. ▪ **1** Action de grouper ; fait d'être groupé. → **assemblage. 2** Réunion importante (de personnes ou de choses). → **association.**

grouper v. tr. [1] ▪ Mettre ensemble. → **assembler, réunir.** ▷ v. pron. se **grouper**

groupie n. ▪ anglic. Jeune admirateur ou (surtout) admiratrice d'un chanteur, d'un groupe, qui le suit dans ses tournées.

groupuscule n. m. ▪ péj. Petit groupe.

grouse n. f. ▪ anglic. Lagopède d'Écosse.

gruau n. m. ▪ **1** Grains de céréales broyés et privés de son. **2** Fine fleur de froment.

grue n. f. ▪ **I 1** Oiseau échassier migrateur qui vole par bandes. ➝ loc. *FAIRE LE PIED DE GRUE :* attendre longtemps debout. **2** fam. Femme vénale. **II 1** Machine de levage et de manutention. **2** Appareil articulé permettant les mouvements de caméra.

gruger v. tr. [3] ▪ **1** littér. Duper, spolier (qqn). **2** (Canada) fam. Grignoter. **3** absolt, fam. Tricher, frauder.

grume n. f. ▪ *Bois de grume,* encore couvert de l'écorce. ♦ Tronc d'arbre non encore équarri.

grumeau n. m. ▪ Petite masse coagulée (dans un liquide, une pâte...). ▶ **grumeleux, euse** adj.

se **grumeler** v. pron. [4] ▪ Se mettre en grumeaux. *Lait qui se grumelle.*

grumier n. m. ▪ techn. Cargo, camion aménagé pour le transport du bois.

grunge [grœnʒ] n. m. et adj. invar. ▪ anglic. Se dit d'un style musical issu du punk et du style vestimentaire sale et négligé qui y est associé.

gruppetto [gʀu-] n. m. ▪ mus. Ornement composé de trois ou quatre notes rapides brodant autour d'une note principale. *Des gruppettos* (ou *des gruppetti*).

gruter v. tr. [1] ▪ Déplacer au moyen d'une grue. ▶ **grutage** n. m.

grutier, ière n. ▪ Conducteur, conductrice de grue (II).

gruyère [gʀyjɛʀ] n. m. ▪ Fromage de lait de vache, à pâte cuite et formant des trous.

gryphée n. f. ▪ zool. Mollusque bivalve, à coquille allongée et irrégulière.

G. S. M. ou **GSM** n. m. ▪ télécomm. Norme de téléphonie mobile (en Europe).

guacamole [gwakamɔl(e)] n. m. ▪ Préparation à base d'avocat, tomates, oignons, épices écrasés en purée.

guanaco [gwa-] n. m. ▪ Lama au poil brun roux.

guanine [gwa-] n. f. ▪ chim. Base azotée entrant dans la composition des acides nucléiques.

guano [gwa-] n. m. ▪ Engrais à base d'excréments d'oiseaux de mer.

guarana [gwa-] n. m. ▪ Liane originaire d'Amazonie. ➝ Substance aux propriétés toniques qui en est tirée.

guarani [gwa-] ▪ **1** adj. (invar. en genre) D'une population indienne du Paraguay. ➝ n. *Les Guaranis.* ♦ n. m. *Le guarani* (langue). **2** n. m. Unité monétaire du Paraguay.

gué n. m. ▪ Endroit d'une rivière où l'on peut traverser à pied (*à gué* loc. adv.).

guèbre n. et adj. ▪ Iranien fidèle de la religion de Zarathoustra.

guède n. f. ▪ **1** bot. Plante herbacée à fleurs jaunes. **2** techn. Couleur bleue que l'on extrayait de la guède.

guéguerre n. f. ▪ fam. Querelle, conflit mineur.

guelte n. f. ▪ vieilli Pourcentage touché par un vendeur.

guenille n. f. ▪ **1** Vêtement vieux et déchiré. → **haillon, loque.** ➝ *En guenilles.* → **déguenillé. 2** fig., littér. Chose vile, méprisable.

guenon n. f. ▪ Femelle du singe.

guépard n. m. ▪ Félin voisin de la panthère, au pelage tacheté de noir, à la course très rapide.

guêpe n. f. ▪ Insecte hyménoptère, dont la femelle porte un aiguillon venimeux. ➝ loc. *Taille de guêpe,* très fine.

guêpier n. m. ▪ **1** Nid de guêpes. **2** fig. Affaire dangereuse, piège.

guêpière n. f. ▪ Corset très serré.

guère adv. ■ *NE... GUÈRE* **1** Pas beaucoup, pas très. **2** Pas longtemps. *La paix ne dura guère.* ➛ Pas souvent. *Il ne vient guère.*

guéret n. m. ■ Terre labourée et non ensemencée. ♦ par ext. Jachère.

guéridon n. m. ■ Petite table ronde ou ovale, généralement à pied central.

guérilla n. f. ■ Guerre de coups de main.

guérillero, guérillera n. ■ Personne qui se bat dans une guérilla.

guérir v. [2] ■ **I** v. tr. **1** Délivrer d'un mal physique ; rendre la santé à (qqn). *Guérir un malade.* ♦ Faire cesser (une maladie). *Guérir une bronchite.* **2** fig. Délivrer d'un mal moral. **II** v. intr. **1** Recouvrer la santé. → se **rétablir.** ♦ (maladie) Disparaître. **2** fig. Être débarrassé (d'un mal moral...). ▷ v. pron. se **guérir** ▷ adj. **guéri, ie**

guérison n. f. ■ Fait de guérir.

guérissable adj. ■ Qui peut être guéri.

guérisseur, euse n. ■ Personne qui soigne les malades sans être médecin, et par des procédés non reconnus par la médecine.

guérite n. f. ■ **1** Abri d'une sentinelle. **2** Baraque aménagée en abri.

guerre n. f. ■ **I 1** Lutte armée entre groupes sociaux, entre États (considérée comme un phénomène historique et social). ➛ *EN GUERRE :* en état de guerre. ➛ *DE GUERRE. Blessé de guerre.* ➛ prov. *À la guerre comme à la guerre :* il faut accepter les inconvénients qu'imposent les circonstances. **2** Les questions militaires ; l'organisation des armées. *Conseil de guerre.* **3** (qualifié) Conflit particulier. *La Grande Guerre, la guerre de 14* (1914). *La drôle de guerre :* la période qui précéda l'invasion allemande en France (septembre 1939-mai 1940). ♦ *Guerre sainte,* menée au nom d'une foi. → **croisade, djihad.** ♦ *Guerre civile,* au sein d'un même État. **4** Lutte n'allant pas jusqu'au conflit armé. ➛ loc. *Guerre des nerfs,* visant à briser le moral de l'adversaire. ➛ *Guerre froide :* état de tension prolongée. **II** Lutte. *Guerre littéraire.* **III** loc. *DE GUERRE LASSE :* en renonçant à résister, par lassitude. ➛ *C'est DE BONNE GUERRE,* légitime, sans hypocrisie.

guerrier, ière ■ **I** n. anciennt Personne dont le métier était de faire la guerre. → **soldat.** ♦ (collectif) *Le guerrier,* le soldat. ➛ loc. *Le repos du guerrier,* de l'homme, auprès d'une femme. **II** adj. **1** Relatif à la guerre. → **militaire. 2** Qui aime la guerre. → **belliqueux.**

guerroyer v. intr. [8] ■ littér. Faire la guerre.

guet n. m. ■ **1** Action de guetter. **2** anciennt Troupe chargée de la police, la nuit.

guet-apens [gɛtapɑ̃] n. m. ■ **1** Fait d'attendre qqn dans un endroit afin de l'attaquer. **2** Piège préparé en vue de nuire gravement à qqn. *Des guets-apens.*

guêtre n. f. ■ Enveloppe qui couvre le haut de la chaussure et le bas de la jambe. ➛ loc. *Traîner ses guêtres* (quelque part), y flâner.

guetter v. tr. [1] ■ **1** Observer en cachette pour surprendre. *Le chat guette la souris.* **2** Attendre avec impatience (qqn, qqch.) en étant attentif. **3** (sujet chose) Menacer. *La ruine le guette.*

guetteur, euse n. ■ Personne chargée de surveiller et de donner l'alerte. → **sentinelle.**

gueulante n. f. ■ fam. Explosion de colère ; clameur de protestation.

① **gueulard** n. m. ■ Ouverture supérieure (d'un haut fourneau, d'une chaudière).

② **gueulard, arde** adj. et n. ■ **I** fam. Qui a l'habitude de parler haut et fort. → **braillard. II** région. Gourmand.

gueule n. f. ■ **I** Bouche (d'animaux, surtout carnassiers). ➛ loc. *Se jeter dans la gueule du loup :* aller au-devant d'un danger, avec imprudence. **II** fam. Bouche humaine. **1** (Servant à parler ou crier) *(Ferme) ta gueule ! :* tais-toi ! *Coup de gueule.* → **engueulade.** ➛ *Une grande gueule :* qqn qui parle avec autorité, ou qui est plus fort en paroles qu'en actes. **2** (Servant à manger) ➛ loc. *Avoir la gueule de bois :* avoir la bouche empâtée après avoir trop bu. ➛ *Une fine gueule,* un gourmet. **III** fam. **1** Figure, visage. → **tête.** *Il a une sale gueule.* ➛ loc. *Faire la gueule :* bouder. ➛ argot milit. *Une gueule cassée :* un mutilé de guerre, blessé au visage. ➛ argot du Nord *Les gueules noires :* les mineurs. **2** fam. Aspect, forme d'un objet. → **allure. IV** Ouverture par laquelle entre ou sort qqch. *La gueule d'un canon.*

gueule-de-loup n. f. ■ Plante ornementale à fleur ouverte (comme une gueule). *Des gueules-de-loup.*

gueulement n. m. ■ fam. Cri.

gueuler v. [1] ■ fam. **I** v. intr. **1** Chanter, crier, parler très fort. → **hurler.** ♦ *Faire gueuler sa radio.* **2** Protester bruyamment. **II** v. tr. Dire en criant. *Gueuler des ordres.*

gueules n. m. ■ blason Couleur rouge.

gueuleton n. m. ■ fam. Très bon repas, copieux, et souvent gai. ► **gueuletonner** v. intr. [1] fam. → **festoyer.**

① **gueuse** n. f. ■ techn. Masse de métal fondu sortant du haut fourneau.

② **gueuse** → **gueuze**

gueux, euse n. ■ **1** vx Personne qui vit d'aumônes. → **mendiant, miséreux. 2** n. f. vieilli Femme de mauvaise vie.

gueuze n. f. ▪ Bière belge, forte et aigre. - var. **gueuse.**

guèze n. m. ▪ ling. Langue sémitique parlée en Éthiopie ancienne.

gugusse n. m. ▪ fam. et péj. Personne qui ne peut être prise au sérieux. → **guignol.**

① **gui** n. m. ▪ Plante parasite à baies blanches qui vit sur certains arbres.

② **gui** n. m. ▪ mar. Forte vergue.

guibolle n. f. ▪ fam. Jambe. - var. **guibole.**

guiche n. f. ▪ Accroche-cœur.

guichet n. m. ▪ **1** Petite ouverture d'une porte, d'un mur par laquelle on peut parler, etc. **2** Ouverture ou comptoir permettant au public de communiquer avec les employés d'un bureau. ♦ *Guichet automatique* (de banque). → **billetterie.**

guichetier, ière n. ▪ Personne préposée à un guichet.

guidage n. m. ▪ Action de guider. ➛ spécialt → **radioguidage.**

guidance n. f. ▪ anglic., psych. Méthode d'assistance aux enfants pour pallier des difficultés d'adaptation.

guide n. ▪ **I 1** Personne qui accompagne pour montrer le chemin. **2** Personne qui conduit qqn dans la vie. → **conseiller.** ♦ Principe directeur suivi par qqn. **3** n. m. Ouvrage contenant des renseignements utiles. ➛ Description (d'une région, d'un pays) à l'usage des voyageurs. **II** n. f. Jeune fille appartenant à un mouvement féminin de scoutisme. **III 1** n. f. Lanière de cuir qui sert à diriger un cheval de trait. **2** n. m. techn. Objet ou système servant à guider.

guideau n. m. ▪ pêche Filet en forme de sac.

guide-fil n. m. ▪ techn. Petit appareil destiné à guider les fils sur les bobines des machines à coudre, etc. *Des guide-fils.*

guider v. tr. [1] ▪ **1** Accompagner (qqn) en montrant le chemin. **2** Faire aller dans une certaine direction. → **diriger, mener. 3** (sujet chose) Mettre sur la voie, le chemin. **4** fig. Entraîner (qqn) dans une certaine direction; aider à choisir. → **conseiller, éclairer, orienter.** ▷ v. pron. se **guider** (sur) Se diriger (d'après un repère).

guidon n. m. ▪ **I 1** vx Étendard. **2** Saillie à l'extrémité du canon d'une arme. **II** Tube de métal qui commande la roue directrice d'une bicyclette, d'une motocyclette.

① **guigne** n. f. ▪ **1** Petite cerise à chair ferme et sucrée. **2** loc. *Se soucier de qqn, qqch. comme d'une guigne,* pas du tout.

② **guigne** n. f. ▪ fam. Malchance.

guigner v. tr. [1] ▪ **1** Regarder à la dérobée. **2** fig. Considérer avec convoitise.

guignier n. m. ▪ région. Cerisier qui produit des guignes (①).

guignol n. m. ▪ **I 1** Marionnette à gaine de la tradition lyonnaise. **2** Personne comique ou ridicule. → **pantin, pitre. II** Théâtre de marionnettes lyonnais.

guignolade n. f. ▪ Situation ou action burlesque.

guignolée n. f. ▪ (Canada) Collecte effectuée en fin d'année en faveur des personnes démunies.

guignolet n. m. ▪ Liqueur de cerises.

guilde n. f. ▪ **1** (au Moyen Âge) Association de secours mutuel entre marchands, bourgeois, etc. **2** Association commerciale.

guili-guili interj. ▪ fam. *Faire guili-guili à qqn,* le chatouiller. ➛ n. m. *Cela me fait des guili-guili(s).*

guillaume n. m. ▪ techn. Rabot servant à faire les rainures, les moulures.

guilledou n. m. ▪ loc. fam. vieilli *Courir le guilledou :* chercher des aventures galantes.

guillemet n. m. ▪ Signe typographique («...») qu'on emploie par paires pour isoler un mot, etc., cité ou mis en valeur. ➛ fig. *Entre guillemets,* prétendu (→ soi-disant).

guillemeter [gijmete] v. tr. [4] ▪ Mettre entre guillemets.

guillemot n. m. ▪ Oiseau palmipède voisin du pingouin.

guilleret, ette adj. ▪ Gai et insouciant.

guillocher v. tr. [1] ▪ Orner de traits gravés en creux et entrecroisés. ► **guillochage** n. m.

guillochis n. m. ▪ techn. Ornement formé de traits gravés entrecroisés avec régularité.

guillotine n. f. ▪ **1** (en France) Instrument de supplice qui servait à trancher la tête des condamnés à mort. **2** *Fenêtre à guillotine,* dont le châssis glisse verticalement entre deux rainures.

guillotiner v. tr. [1] ▪ Faire mourir par le supplice de la guillotine. → **décapiter.**

guillotineur n. m. ▪ Celui qui guillotine, qui fait guillotiner.

guimauve n. f. ▪ **1** Plante des terrains humides, à haute tige, à fleurs d'un blanc rosé. *Guimauve rose :* rose trémière. **2** *(Pâte de) guimauve :* pâte comestible molle et sucrée. **3** fig. Niaiserie sentimentale.

guimbarde n. f. ▪ **1** Petit instrument de musique rudimentaire que l'on fait vibrer dans la bouche. **2** Vieille voiture délabrée.

guimpe n. f. ▪ **1** Pièce de toile qui couvre la tête, encadre le visage des religieuses. **2** Corsage ou plastron léger porté avec une robe décolletée.

guincher v. intr. [1] ▪ fam. Danser.

guindé, ée adj. ■ Compassé, contraint.

guindeau n. m. ■ mar. Treuil à axe horizontal qui sert à manœuvrer les ancres.

guinder v. tr. 1 ■ **1** mar. Hisser (un mât). ♦ Élever (un fardeau) avec une machine. **2** littér. Donner une allure raide.

guinée n. f. ■ Ancienne monnaie anglaise.

de **guingois** loc. adv. ■ fam. De travers.

guinguette n. f. ■ anciennt Café populaire où l'on danse, souvent en plein air.

guiper v. tr. 1 ■ techn. Gainer (un fil électrique) d'un isolant. ► **guipage** n. m.

guipure n. f. ■ Dentelle à mailles larges.

guirlande n. f. ■ Cordon décoratif de végétaux, de papier découpé, etc.

guise n. f. ■ **I** loc. adv. *À SA GUISE* : selon son goût, sa volonté propre. **II** loc. prép. *EN GUISE DE* : pour tenir lieu de.

guitare n. f. ■ Instrument à cordes qu'on pince avec les doigts ou avec un petit instrument (→ médiator, plectre). ◆ *Guitare électrique*, à son amplifié.

guitariste n. ■ Personne, instrumentiste qui joue de la guitare.

guitoune n. f. ■ fam. Tente.

guivre n. f. ■ vx Animal fantastique, serpent ailé.

gujarati [gudʒa-] n. m. ■ Langue parlée au Gujarat, en Inde.

gummifère adj. ■ bot. Qui produit de la gomme. - var. **gommifère.**

gunite n. f. ■ techn. Mélange de sable et de ciment (enduit).

guniter v. tr. 1 ■ techn. Revêtir (une surface) par projection de gunite. ► **gunitage** n. m.

günz [gynz] n. m. ■ géol. Première des quatre grandes glaciations de l'ère quaternaire en Europe, datée d'un million d'années environ.

guppy n. m. ■ Petit poisson d'eau douce, richement coloré. *Des guppys* ou *des guppies*.

gus [gys] n. m. ■ fam. Individu.

gustatif, ive adj. ■ Qui a rapport au goût.

gustation n. f. ■ didact. Perception des saveurs par le goût.

gutta-percha [-ka] n. f. ■ Gomme isolante tirée du latex de certains arbres.

guttural, ale, aux adj. ■ Du gosier. ◆ *Une voix gutturale*, rauque.

① **guyot** n. m. ■ Volcan sous-marin conique, à sommet aplati.

② **guyot** n. f. ■ Variété de poire sucrée.

guzla n. f. ■ Sorte de violon de Dalmatie.

gymkhana [ʒim-] n. m. ■ Course d'obstacles au parcours compliqué.

gymn- [ʒimn] → **gymn(o)-**

gymnase n. m. ■ **1** Établissement pour la pratique de la gymnastique. **2** (en Allemagne, en Suisse) École secondaire.

gymnasial, iale, iaux adj. ■ (Suisse) Relatif au gymnase (2).

gymnasien, ienne n. ■ (Suisse) Élève d'un gymnase (2).

gymnaste n. ■ Athlète qui pratique la gymnastique.

gymnastique n. f. ■ **I** adj. vieilli Des exercices du corps. → **gymnique. II** n. f. **1** Art d'assouplir et de fortifier le corps par des exercices ; ces exercices (→ culture, éducation physique). ◆ *Pas de gymnastique* : pas de course cadencé. **2** Série de mouvements acrobatiques. **3** fig. Exercice intellectuel.

gymnique adj. ■ didact. De gymnastique.

gymn(o)- [ʒimno] Élément savant, du grec *gumnos* «nu ; à nu, non recouvert».

gymnocarpe adj. ■ bot. Se dit d'une plante dont le fruit n'est enveloppé d'aucun organe accessoire.

gymnosophiste n. m. ■ didact. Philosophe d'une ancienne secte hindoue, dont les membres menaient une vie d'ascètes.

gymnosperme n. f. ■ bot. Plante à ovule nu porté par une feuille fertile (sous-embranchement des *Gymnospermes* ; ex. pin, if).

gymnote n. m. ■ zool. Poisson d'eau douce qui paralyse ses proies par des décharges électriques.

-gyne, gynéco- Éléments savants, du grec *gunê, gunaikos* «femme».

gynécée n. m. ■ Antiq. Appartement réservé aux femmes.

gynécologie n. f. ■ Discipline médicale qui a pour objet l'étude de l'appareil génital de la femme. *Gynécologie et obstétrique*. ► **gynécologique** adj. ► **gynécologue** n.

gynécomastie n. f. ■ méd. Développement exagéré des glandes mammaires, chez l'homme.

gyoza [gjɔza] n. m. ■ Ravioli japonais en forme de chausson.

gypaète n. m. ■ zool. Grand oiseau rapace, diurne, qui se nourrit surtout de charognes.

gypse n. m. ■ Roche sédimentaire, sulfate de calcium hydraté (aussi appelé *pierre à plâtre*).

gypseux, euse adj. ■ De la nature du gypse.

gypsomètre n. m. ■ techn. Appareil servant à déterminer la teneur des vins en sulfate de potassium.

gypsophile n. f. ▪ bot. Plante herbacée, à très petites fleurs blanches.

gyre n. m. ▪ océanogr. Tourbillon marin à l'échelle d'un bassin océanique, formé par la réunion d'un ensemble de courants.

gyrin n. m. ▪ zool. Coléoptère au corps noir brillant, qui vit à la surface des eaux stagnantes.

gyro- Élément savant (du grec *guros* «cercle») qui signifie «tourner».

gyrocompas n. m. ▪ techn. Compas utilisant un gyroscope électrique, utilisé dans les avions, les navires.

gyromètre n. m. ▪ techn. Instrument qui mesure les changements de direction d'un avion.

gyrophare n. m. ▪ Phare rotatif placé sur le toit de certains véhicules prioritaires.

gyropode n. m. ▪ Véhicule électrique monoplace constitué d'une plateforme que le conducteur manœuvre debout.

gyroscope n. m. ▪ Appareil tournant autour d'un axe, qui fournit une direction constante. ► **gyroscopique** adj.

gyrostat n. m. ▪ Solide animé d'un mouvement de rotation autour de son axe. → **gyroscope.**

H

***h** [aʃ] n. m. ▪ Huitième lettre, sixième consonne de l'alphabet. ➛ Le *h* dit *aspiré* interdit la liaison et l'élision *(un héros, le héros)* ; cf. dans ce dictionnaire les mots précédés de *. Le *h muet* rend la liaison et l'élision obligatoires *(un homme, l'homme).*

H ▪ Symbole chimique de l'hydrogène.

① ***ha** [a ; ha] interj. ▪ **1** Exprime la surprise, le soulagement. **2** (redoublé) Exprime le rire.

② **ha** ▪ Symbole de l'hectare.

***habanera** [abaneʀa] n. f. ▪ Danse espagnole originaire de La Havane.

habeas corpus [abeaskɔʀpys] n. m. ▪ dr. Institution assurant le respect de la liberté individuelle (en Angleterre, au XVIIe siècle).

habile adj. ▪ **I** vx Capable. **II 1** Qui exécute (qqch.) avec adresse et compétence. ♦ (souvent péj.) Qui trouve les moyens de parvenir à ses fins. **2** Fait avec adresse et intelligence. ► **habilement** adv.

habileté n. f. ▪ **1** Qualité de qqn d'habile, de ce qui est habile. **2** Action habile.

habilité n. f. ▪ dr. Capacité. *Habilité à succéder.*

habiliter v. tr. 1 ▪ Rendre légalement apte à (certains actes...). ► **habilitation** n. f.

habillage n. m. ▪ **I** techn. Action d'habiller (I). **II 1** Action d'habiller (II, 1). **2** Action d'habiller (II, 3). ♦ Ce qui protège (qqch.).

habillement n. m. ▪ **1** Action de (se) pourvoir d'habits. **2** Ensemble des habits. **3** Ensemble des professions du vêtement.

habiller v. tr. 1 ▪ **I** techn. Préparer. *Habiller une bête de boucherie.* **II 1** Couvrir (qqn) de vêtements, d'habits. ➛ *HABILLER EN* (+ n.). → **costumer, déguiser.** ♦ Fournir (qqn) en vêtements. ♦ (sujet vêtement) *Un rien l'habille.* **2** Couvrir, recouvrir (qqch.). ▷ v. pron. **s'habiller 1** Mettre des habits. ➛ *S'HABILLER EN.* → se **déguiser. 2** Se vêtir ; se pourvoir d'habits. ▷ adj. **habillé, ée 1** Couvert de vêtements. **2** Dans une tenue élégante. ➛ par ext. *Robe habillée.*

habilleur, euse n. ▪ Personne qui aide les acteurs, les mannequins à s'habiller.

habit n. m. ▪ **1** au plur. *LES HABITS* : l'ensemble des pièces qui composent l'habillement ; spécialt les vêtements visibles. **2** Vêtement propre à une fonction, à une circonstance. ♦ loc. *Prendre l'habit* : devenir prêtre, moine. ➛ prov. *L'habit ne fait pas le moine* : on ne doit pas juger les gens sur leur aspect. **3** Costume de cérémonie masculin, à longues basques.

habitable adj. ▪ Où l'on peut habiter, vivre, se tenir. ➛ *Surface habitable,* disponible pour être habitée. ► **habitabilité** n. f.

habitacle n. m. ▪ **1** mar. Abri pour le compas, etc. sur un navire. **2** Poste de pilotage (d'un avion...). **3** Intérieur d'une voiture.

habitant, ante n. ▪ **1** Être vivant qui peuple un lieu. **2** Personne qui réside habituellement en un lieu. ➛ (collectif) *Loger chez l'habitant,* chez les gens du pays. **3** Personne qui habite (une maison...). → **occupant. 4** (Québec) Paysan.

habitat n. m. ▪ **1** Milieu propre à la vie d'une espèce animale ou végétale. **2** Mode d'organisation et de peuplement par l'homme du milieu où il vit.

habitation n. f. ▪ **1** Fait d'habiter quelque part. **2** Lieu où l'on habite.

habiter v. 1 ▪ **I** v. intr. Avoir sa demeure. → **demeurer, loger, résider, vivre.** *Habiter à la campagne.* **II** v. tr. **1** Demeurer dans. *Habiter un studio.* ➛ *Habiter la banlieue.* **2** fig. (sujet chose) *La passion qui l'habite.* → **animer.** ▷ adj. **habité, ée** Qui a des habitants.

habituation n. f. ▪ didact. Fait de s'habituer (à qqch.).

habitude n. f. ▪ **1** Manière usuelle d'agir, de se comporter (de qqn). ➛ loc. *Par habitude.* → **machinalement.** ➛ *À son habitude, suivant son habitude* : comme il fait d'ordinaire. ➛ *Avoir, prendre, perdre l'habitude de* (qqch., de faire qqch.). ♦ (collectif) *L'HABITUDE* : l'ensemble des habitudes de qqn. **2** Usage d'une collectivité, d'un lieu. → **coutume, mœurs. 3** Fait d'être accoutumé, par la répétition (à qqn, qqch.). *C'est une question d'habitude.* **4** loc. adv. *D'HABITUDE* : de manière courante. → **généralement.** ➛ *Comme d'habitude* : comme toujours.

habitué, ée n. ▪ Personne qui fréquente habituellement un lieu.

habituel, elle adj. ▪ **1** Passé à l'état d'habitude. → **coutumier. 2** Constant ; fréquent. → **courant, ordinaire.** ► **habituellement** adv.

habituer v. tr. [1] ▪ HABITUER À **1** Faire prendre à (qqn, un animal) l'habitude de. **2** passif ÊTRE HABITUÉ À : avoir l'habitude de. ▷ v. pron. s'**habituer** à Prendre l'habitude de.

habitus [-ys] n. m. ▪ **1** méd. Apparence générale de qqn en tant qu'indication de son état de santé. **2** sociol. Manière d'être d'un individu se manifestant dans son apparence physique.

***hâbleur, euse** n. et adj. ▪ Personne qui parle beaucoup, en exagérant, en se vantant. ► ***hâblerie** n. f.

***hach** → **hasch**

***hachage** n. m. ▪ Action de hacher.

***hache** n. f. ▪ Instrument à lame tranchante, servant à fendre. *Fendre du bois à la hache.* ➛ *Hache de guerre des Indiens* (→ **tomahawk**). loc. *Enterrer, déterrer la hache de guerre* : suspendre, ouvrir les hostilités.

***hache-légumes** n. m. ▪ Hachoir à légumes. – var. ***hache-légume.** *Des hache-légumes.*

***hache-paille** n. m. invar. ▪ agric. Instrument servant à hacher la paille.

***hacher** v. tr. [1] ▪ Couper en petits morceaux avec un instrument tranchant. *Hacher du persil.* ▷ adj. ***haché, ée 1** *Viande hachée* ; n. m. *du haché.* **2** fig. Entrecoupé, interrompu (langage). *Style haché.*

***hachereau** n. m. ▪ techn. Hache de bûcheron ou de charpentier.

***hachette** n. f. ▪ Petite hache.

***hache-viande** n. m. invar. ▪ Hachoir mécanique pour la viande.

***hachis** n. m. ▪ Préparation d'aliments hachés très fin. *Hachis Parmentier* : hachis de bœuf à la purée de pommes de terre.

***hachisch** → **haschisch**

***hachoir** n. m. ▪ Large couteau ou appareil servant à hacher.

***hachure** n. f. ▪ Traits parallèles ou croisés figurant les ombres d'un dessin, etc.

***hachurer** v. tr. [1] ▪ Couvrir de hachures.

hacienda [asjɛnda] n. f. ▪ Grande exploitation rurale, en Amérique latine.

***hackathon** n. m. ▪ anglic. Événement consacré à un projet collaboratif de programmation informatique ou de création numérique.

***hacker** [ake] v. tr. [1] ▪ anglic. Pirater (un système informatique).

***hackeur, euse** n. ou ***hacker** [-œʀ] n. m. ▪ anglic. Passionné(e) d'informatique qui s'infiltre dans un réseau protégé, par malveillance (→ ② **cracker**) ou goût de l'exploit.

hadal, ale, aux adj. ▪ didact. Des grands fonds océaniques (au-delà de 6 000 m).

***haddock** n. m. ▪ Églefin fumé.

***hadith** n. m. ▪ didact. Recueil des actes et paroles de Mahomet.

***hadji** n. m. ▪ Musulman qui a fait le pèlerinage de La Mecque.

hadron n. m. ▪ phys. Particule élémentaire lourde (ex. neutron, proton). ► **hadronique** adj.

***hafnium** [-jɔm] n. m. ▪ chim. Corps simple (symb. Hf, n° at. 72, masse at. 178,49), métal très brillant, ductile.

hagard, arde adj. ▪ Qui a une expression égarée et farouche.

***haggis** [agis] n. m. ▪ cuis. Estomac de mouton farci d'abats (plat écossais).

hagiographie n. f. ▪ didact. **1** Rédaction des vies des saints. **2** Biographie excessivement élogieuse. ► **hagiographe** n. ► **hagiographique** adj.

***haïdouc** ou ***haïdouk** → **heiduque**

***haie** n. f. ▪ **1** Clôture végétale pour limiter, protéger un champ, un jardin. ♦ COURSE DE HAIES, où l'on franchit des barrières. **2** File de personnes formée pour laisser le passage à qqn, un cortège. *Haie d'honneur.*

***haïk** n. m. ▪ Pièce d'étoffe drapée sur les vêtements (vêtement féminin musulman).

***haïku** [ajku ; aiku] n. m. ▪ Poème classique japonais de dix-sept syllabes réparties en trois vers. – syn. (forme anc.) ***haï-kaï.**

***haillon** n. m. ▪ Vieux morceau d'étoffe servant de vêtement.

***haillonneux, euse** adj. ▪ En haillons.

***haine** n. f. ▪ **1** Sentiment violent qui pousse à vouloir du mal à qqn. **2** Aversion profonde pour qqch.

***haineux, euse** adj. ▪ **1** Porté à la haine. → **malveillant, méchant. 2** Qui marque la haine. *Regard haineux.* **3** Inspiré par la haine. → **fielleux.** ► ***haineusement** adv.

***haïr** v. tr. [10] ▪ **1** Avoir (qqn) en haine. → **détester. 2** Avoir (qqch.) en haine.

***haire** n. f. ▪ vx Chemise rugueuse portée par mortification.

***haïssable** adj. ▪ Qui mérite d'être haï. → **détestable, exécrable, odieux.**

***haka** n. m. ▪ Danse et chant rituels des Maoris.

***halage** n. m. ▪ Action de haler un bateau.

***halal** adj. invar. ▪ (viande) Conforme au rite musulman. ♦ Où l'on prépare de la viande halal. – var. ***hallal.**

***halbi** n. m. ▪ région. (Normandie) Boisson faite de pommes et de poires fermentées.

***halbran** n. m. ▪ Jeune canard sauvage.

***hâle** n. m. ■ Couleur brune que prend la peau à l'air et au soleil. → **bronzage.**

haleine n. f. ■ **1** Mélange gazeux qui sort des poumons pendant l'expiration. **2** La respiration (inspiration et expiration). → **souffle.** ♦ loc. *Être hors d'haleine*, à bout de souffle. ➛ loc. adv. *À perdre haleine* : au point de ne plus pouvoir respirer ; fig. sans s'arrêter. **3** (dans des loc.) Intervalle entre deux inspirations. *D'une (seule) haleine.* → d'un **trait.** ➛ *Tenir qqn en haleine*, maintenir dans un état d'attente. ➛ *Travail de longue haleine*, qui exige beaucoup de temps et d'efforts.

***haler** v. tr. 1 ■ **1** Tirer à soi, spécialt à l'aide d'un cordage. **2** Remorquer (un bateau) à l'aide d'un câble tiré du rivage.

***hâler** v. tr. 1 ■ (air, soleil) Rendre (le teint...) brun. → **bronzer.** ▷ adj. ***hâlé, ée**

***haletant, ante** adj. ■ **1** Qui halète. → **essoufflé.** ➛ fig. *Être haletant d'impatience.* **2** Qui tient en haleine. *Intrigue haletante.*

***haleter** v. intr. 5 ■ **1** Respirer à un rythme précipité ; être hors d'haleine. ► ***halètement** n. m. **2** fig. Être tenu en haleine.

***haleur, euse** n. ■ Personne qui hale les bateaux le long des cours d'eau.

***half-track** [alftʀak] n. m. ■ anglic., milit. Véhicule blindé, semi-chenillé. *Des half-tracks.*

halieutique adj. ■ didact. De la pêche.

haliotide n. f. ■ zool. Mollusque marin comestible, couramment nommé *ormeau, oreille-de-mer.*

haliple n. m. ■ zool. Insecte carnivore des eaux douces ou saumâtres.

***hall** [ol] n. m. ■ anglic. **1** Grande salle servant d'entrée, d'accès. **2** Vaste local.

***hallage** n. m. ■ comm. Taxe payée par les marchands pour vendre aux halles, au marché.

***hallal** → ***halal**

hallali n. m. ■ chasse Cri ou sonnerie de cor annonçant que l'animal est aux abois.

***halle** n. f. ■ **1** Vaste emplacement couvert où se tient un marché, un commerce de gros. **2** au plur. *LES HALLES* : emplacement, bâtiment où se tient le marché central de denrées alimentaires d'une ville.

***hallebarde** n. f. ■ anciennt Arme d'hast à fers latéraux, l'un en croissant, l'autre en pointe. ♦ loc. fam. *Il pleut, il tombe des hallebardes* : il pleut à verse.

***hallebardier** n. m. ■ anciennt Homme d'armes portant la hallebarde.

***hallier** n. m. ■ Groupe de buissons serrés.

Halloween [alɔwin] n. f. ■ En Amérique du Nord, Fête (31 octobre) où les enfants, déguisés, quêtent des friandises.

***hallstattien** n. m. ■ sc. Première période de l'âge du fer (1000 à 500 av. J.-C.).

hallucinant, ante adj. ■ Qui a une grande puissance d'évocation. ♦ Incroyable.

hallucination n. f. ■ **1** méd. Perception pathologique de faits, d'objets, de sensations sans rapport avec le réel. **2** Erreur des sens, illusion. ► **hallucinatoire** adj.

halluciné, ée adj. ■ Qui a des hallucinations. ➛ *Un air halluciné.* → **égaré.**

halluciner v. tr. 1 ■ Rendre halluciné.

hallucinogène adj. et n. m. ■ Se dit d'une substance qui donne des hallucinations.

hallucinose n. f. ■ didact. Phénomène hallucinatoire dont le sujet reconnaît l'irréalité (à la différence de l'hallucination).

hallux valgus [alyksvalgys] n. m. ■ méd. Déformation du gros orteil.

***halo** n. m. ■ **1** Auréole lumineuse diffuse. **2** fig. → **auréole.** *Un halo de gloire.*

halo- Élément, du grec *hals, halos* « sel ; mer ».

halogénation n. f. ■ chim. Introduction d'halogènes* dans une molécule.

halogène n. m. ■ **1** chim. Se dit des cinq éléments analogues au chlore (fluor, chlore, brome, iode, astate). **2** *Lampe (à) halogène*, qui contient un halogène.

halogéné, ée adj. ■ chim. Qui contient des halogènes.

halogénure n. m. ■ chim. Sel ou ester obtenu par combinaison d'un halogène avec un autre élément.

***hâloir** n. m. ■ techn. Lieu où l'on sèche le chanvre. ♦ Séchoir où sont déposés les fromages à pâte molle.

halon n. m. ■ chim. Dérivé par halogénation d'hydrocarbures, utilisé comme liquide extincteur et frigorifique.

halophile adj. ■ sc. Qui croît dans les milieux salés. – syn. **halophyte.**

***halte** n. f. ■ **1** Temps d'arrêt consacré au repos, au cours d'une marche, d'un voyage. **2** Lieu où l'on fait halte. **3** interj. Commandement pour ordonner à qqn de s'arrêter.

***halte-garderie** n. f. ■ Crèche accueillant des enfants pour une courte durée. *Des haltes-garderies.*

haltère n. m. ■ Instrument de gymnastique fait de deux boules ou disques de métal réunis par une tige. ♦ *Poids et haltères* : sport consistant à soulever des haltères en exécutant des mouvements.

haltérophilie n. f. ■ Sport des poids et haltères*. ► **haltérophile** n.

***halva** n. m. ■ Confiserie orientale au sésame.

***hamac** n. m. ■ Rectangle de toile ou de filet suspendu, utilisé comme lit.

***hamada** n. f. ■ géogr. Plateau rocheux des déserts sahariens.

hamadryade n. f. ▪ didact. Nymphe des bois identifiée à un arbre qu'elle habite.

hamadryas [-dʀijɑs] n. m. ▪ zool. Grand singe cynocéphale, qui ressemble au babouin.

hamamélis [-is] n. m. ▪ Arbuste dont l'écorce et les feuilles servent en pharmacie.

***hamburger** [ɑ̃bœʀgœʀ ; ɑ̃buʀgœʀ] n. m. ▪ anglic. Bifteck haché servi dans un pain rond.

***hameau** n. m. ▪ Petit groupe de maisons.

hameçon n. m. ▪ **1** Crochet pointu qu'on met au bout d'une ligne et qu'on garnit d'un appât, pour pêcher. **2** fig. Appât ; piège.

***hammam** [amam] n. m. ▪ Établissement de bains de vapeur.

***hammerless** [amɛʀlɛs] n. m. ▪ anglic. Fusil de chasse à percussion centrale, sans chien apparent.

① ***hampe** n. f. ▪ **1** Long manche de bois portant une arme, etc. **2** bot. Tige portant une ou des fleurs. **3** Trait vertical d'une lettre. *La hampe du p.*

② ***hampe** n. f. ▪ Partie supérieure et latérale du ventre du bœuf.

***hamster** [amstɛʀ] n. m. ▪ Petit rongeur roux et blanc.

***han** [ɑ̃ ; hɑ̃] interj. ▪ Onomatopée traduisant le cri de qqn qui fait un effort.

***hanap** [-ap] n. m. ▪ (au Moyen Âge) Grand vase à boire en métal, à pied et couvercle.

***hanche** n. f. ▪ Chacune des deux régions du corps formant saillie sous la taille.

***hancher** v. intr. [1] ▪ Se tenir dans une posture qui fait saillir une hanche. → se **déhancher.**

***handball** [ɑ̃dbal] n. m. ▪ Sport d'équipe qui se joue à la main avec un ballon rond. ▸ ***handballeur, euse** n.

***handicap** [-ap] n. m. ▪ **1** Course de chevaux ou épreuve sportive où l'on impose aux meilleurs certains désavantages au départ. **2** Déficience physique ou mentale, congénitale ou acquise. **3** fig. Désavantage.

***handicapant, ante** adj. ▪ Qui handicape. *Maladie handicapante.* → **invalidant.**

***handicapé, ée** adj. et n. ▪ (Personne) qui présente un handicap physique ou mental.

***handicaper** v. tr. [1] ▪ **1** Soumettre au handicap (1). **2** Donner un handicap (2) à. **3** fig. → **défavoriser, désavantager.**

***handisport** n. m. ▪ Sport pratiqué par les handicapés physiques. ◂ adj. *Jeux olympiques handisports.* → **paralympique.**

***hangar** n. m. ▪ Construction sommaire destinée à abriter du gros matériel, des marchandises. ◂ Vaste garage pour avions.

***hanneton** n. m. ▪ **1** Coléoptère ordinairement roux, au vol lourd et bruyant. **2** loc. fam. *Pas piqué des hannetons.* → **piquer.**

***hannetonner** v. intr. [1] ▪ agric. Détruire les hannetons. ▸ ***hannetonnage** n. m.

***hanse** n. f. ▪ hist. Association de marchands, au Moyen Âge.

***hanséatique** adj. ▪ De la Hanse (germanique).

***hantavirus** [-ys] n. m. ▪ biol. Virus à ARN qui provoque des fièvres hémorragiques.

***hanter** v. tr. [1] ▪ **1** littér. Fréquenter (un lieu) d'une manière habituelle. *Hanter les bars.* **2** (esprits...) Fréquenter (un lieu). ◂ au p. p. *Maison hantée.* **3** fig. Obséder (qqn).

***hantise** n. f. ▪ Tourment constant.

hapax [-aks] n. m. ▪ ling. Mot, emploi dont on ne connaît qu'un exemple.

haplobionte n. m. ▪ biol. Être vivant ne présentant dans son cycle qu'un seul type d'individus indépendants. – syn. **haplonte.**

haploïde adj. ▪ biol. Dont chaque paire de chromosomes est dédoublée (opposé à *diploïde*).

haplonte → **haplobionte**

***happe** n. f. ▪ techn. Crampon qui sert à lier deux pièces de charpente, deux pierres.

***happening** n. m. ▪ anglic. Spectacle où priment l'imprévu et la spontanéité.

***happer** v. tr. [1] ▪ **1** Saisir, attraper brusquement et avec violence. **2** (animaux) Saisir brusquement dans la gueule, le bec. ▸ ***happement** n. m.

***happy end** [apiɛnd] n. m. ou f. ▪ anglic. Heureuse fin (d'un film). *Des happy ends.*

***happy few** [apifju] n. m. pl. ▪ anglic. Les rares privilégiés. *Un public de happy few.*

haptique adj. ▪ didact. Qui concerne le sens du toucher. → **tactile.**

haptonomie n. f. ▪ Communication avec le fœtus par toucher du ventre de la mère. ▸ **haptonomique** adj.

***haquenée** n. f. ▪ vx Cheval ou jument d'allure douce, que montaient les dames.

***haquet** n. m. ▪ Charrette étroite.

***hara-kiri** n. m. ▪ Suicide par éventration, très honorable, au Japon. *Des hara-kiris.*

***harangue** n. f. ▪ **1** Discours solennel. **2** Discours pompeux et ennuyeux.

***haranguer** v. tr. [1] ▪ Adresser une harangue à. ▸ ***harangueur, euse** n.

***haras** n. m. ▪ Établissement destiné à la reproduction et à l'élevage des chevaux.

***harasse** n. f. ▪ techn. Emballage léger pour le transport du verre.

***harasser** v. tr. [1] ▪ Accabler de fatigue. ▹ adj. ***harassé, ée** → **épuisé.** ▸ ***harassant, ante** adj. → **épuisant.** ▸ ***harassement** n. m.

***harcèlement** n. m. ■ Action de harceler (en actes ou paroles). ➛ *Harcèlement sexuel. Harcèlement moral.*

***harceler** v. tr. 5 ■ Soumettre sans répit à de petites attaques. → **assaillir.** ► ***harceleur, euse** adj.

***hard** [aʀd] adj. ■ anglic. Excessif et violent ; pénible. ♦ *Film hard* : film pornographique. → **X.**

***harde** n. f. ■ Troupe de bêtes sauvages.

***hardes** n. f. pl. ■ péj. Vêtements pauvres.

***hardeur, euse** n. ■ Acteur, actrice de films pornographiques.

***hardi, ie** adj. ■ **1** Qui ose ; audacieux, intrépide. **2** péj., vieilli Effronté, insolent. ♦ Provocant. → **osé. 3** Original, nouveau. **4** interj. Formule pour encourager.

***hardiesse** n. f. ■ littér. **1** Qualité d'une personne, d'une action hardie. ♦ péj., vieilli Effronterie. **2** Action, parole, etc. hardie.

***hardiment** adv. ■ Avec hardiesse.

***hard rock** n. m. ■ anglic. Rock d'un style simple et énergique, né dans les années 1970. – var. ***hard-rock.**

***hardware** [-wɛʀ] n. m. ■ anglic., inform. Matériel*.

***harem** [aʀɛm] n. m. ■ Appartement réservé aux femmes (dans l'Islam).

***hareng** [aʀɑ̃] n. m. ■ Poisson de mer vivant en bancs. ➛ *Hareng saur*.*

***harengaison** n. f. ■ pêche Pêche au hareng.

***harengère** n. f. ■ Femme grossière.

***harenguier** n. m. ■ pêche Bateau pour la pêche au hareng.

***haret** adj. m. ■ *Chat haret* ou n. m. *haret* : chat domestique retourné à l'état sauvage.

***harfang** [-ɑ̃] n. m. ■ zool. Rapace nocturne couramment appelé *chouette blanche.*

***hargne** n. f. ■ Mauvaise humeur se traduisant par des propos acerbes, une attitude agressive. ♦ Ténacité rageuse.

***hargneux, euse** adj. ■ Qui est plein de hargne. ► ***hargneusement** adv.

***haricot** n. m. ■ **I** *Haricot de mouton* : ragoût de mouton. **II 1** Plante légumineuse à fruits comestibles. **2** au plur. Gousses de cette plante, qui se mangent vertes ou contenant les graines. ➛ Ces graines, fraîches ou sèches. **3** loc. fig., fam. *C'est la fin des haricots,* la fin de tout. **4** Récipient en forme de graine de haricot, utilisé en chirurgie.

***haridelle** n. f. ■ Mauvais cheval.

***harissa** n. f. ou m. ■ Poudre ou purée de piments utilisée comme condiment.

***harki** n. m. ■ Militaire indigène d'Afrique du Nord qui servait aux côtés des Français.

***harle** n. m. ■ zool. Oiseau aquatique voisin du canard.

harmattan n. m. ■ Alizé chaud et sec qui souffle sur l'Afrique occidentale.

harmonica n. m. ■ Instrument de musique en forme de petite boîte plate, dont on fait vibrer les anches par le souffle.

harmoniciste n. ■ Personne qui joue de l'harmonica.

harmonie n. f. ■ **I 1** littér. Combinaison de sons agréables à l'oreille. **2** mus. Ensemble des principes qui règlent l'emploi et la combinaison des sons simultanés ; science des accords (opposé à *mélodie*). **3** Orchestre de bois, de cuivres et de percussions. **II 1** Rapports entre les parties d'un tout, qui font qu'elles concourent à un effet d'ensemble. ♦ Beauté régulière. **2** Accord entre personnes. → **entente, union.**

harmonieux, euse adj. ■ **1** Agréable à l'oreille. → **mélodieux.** *Voix harmonieuse.* **2** Qui a, qui produit de l'harmonie ; qui est en harmonie. ► **harmonieusement** adv.

harmonique adj. ■ Relatif à l'harmonie (I, 2). ♦ n. m. ou f. Son de fréquence multiple de celle du son fondamental. ► **harmoniquement** adv.

harmoniser v. tr. 1 ■ **1** Mettre en harmonie. **2** mus. Combiner (une mélodie) avec d'autres parties, des accords. ▷ v. pron. **s'harmoniser** → s'**accorder.** ► **harmonisation** n. f.

harmoniste n. ■ Musicien qui accorde de l'importance à l'harmonie (I, 2).

harmonium [-jɔm] n. m. ■ Instrument à clavier et à soufflerie, comme l'orgue, mais muni d'anches libres au lieu de tuyaux.

***harnacher** v. tr. 1 ■ **1** Mettre le harnais à (un animal). **2** Habiller (qqn) de manière incommode. ► ***harnachement** n. m.

***harnais** n. m. ■ **1** ancienn Équipement complet d'un homme d'armes. ➛ loc. *Blanchi sous le harnais* ou (forme anc.) *le harnois* : vieilli dans le métier (des armes...). **2** Équipement d'un animal de selle ou de trait. **3** Système de sangles pour s'attacher.

***harnois** → **harnais**

***haro** n. m. ■ loc. *Crier haro sur le baudet* : condamner publiquement qqn, qqch.

harpagon n. m. ■ littér. Homme d'une grande avarice.

***harpail** n. m. ■ vén. Troupe de biches et de jeunes cerfs. – var. ***harpaille** n. f.

***harpe** n. f. ■ Grand instrument à cordes pincées, à cadre souvent triangulaire.

***harpie** n. f. ■ **1** mythol. Monstre à corps de vautour et à tête de femme. **2** fig. Femme méchante, acariâtre.

***harpiste** n. ■ Personne qui joue de la harpe.

***harpon** n. m. ■ Instrument relié à une ligne, pour prendre les cétacés, etc.

***harponner** v. tr. 1 ■ **1** Accrocher avec un harpon. **2** fig., fam. Arrêter, saisir brutalement. *Harponner un voleur.* ► ***harponnage** et (rare) ***harponnement** n. m.

haruspice → **aruspice**

***hasard** n. m. ■ **I 1** Événement fortuit ; concours de circonstances inattendu et inexplicable. → **aléa. 2** littér. Risque. *Les hasards de la guerre.* **II 1** *LE HASARD* : cause attribuée à des événements apparemment inexplicables. *Les caprices du hasard.* → **destin, fatalité, sort. 2** loc. adv. *AU HASARD* : n'importe où ; n'importe comment. ♦ loc. prép. *AU HASARD DE* : selon les hasards (I, 1) de. ♦ loc. adv. *À TOUT HASARD* : en prévision de tout ce qui pourrait arriver. ♦ loc. adv. *PAR HASARD.* → **accidentellement, fortuitement.** ➛ *Comme par hasard* : comme si c'était un hasard. **3** *Jeu de hasard,* où le calcul, l'habileté n'ont aucune part (dés, loterie...).

***hasarder** v. tr. 1 ■ **1** littér. Livrer (qqch.) au hasard, aux aléas du sort. → **exposer, risquer.** *Hasarder sa réputation.* **2** Entreprendre, dire (qqch.) en courant le risque d'échouer ou de déplaire. → **tenter.** ▷ v. pron. se **hasarder** → s'**aventurer.**

***hasardeux, euse** adj. ■ Périlleux.

***has been** [azbin] n. invar. et adj. invar. ■ anglic. **1** Personne qui a eu de la notoriété et qui n'en a plus. **2** adj. invar. → **démodé.**

***hasch** n. m. ■ fam. Haschisch. - var. ***hach.**

***haschisch** n. m. ■ Chanvre indien, fournissant une drogue ; cette drogue. → **cannabis, marijuana.** - var. **hachisch.**

***hase** n. f. ■ Femelle du lièvre.

***hashtag** [aʃtag] n. m. ■ anglic. inform. Mot-clé précédé du signe dièse (#), permettant de retrouver tous les messages d'un microblog qui le contiennent. - recomm. off. *mot-dièse.*

***hassidisme** n. m. ■ Nom de courants religieux juifs mystiques (dont les fidèles s'appellent des *hassidim* n. m. pl.).

***hassium** [-jɔm] n. m. ■ chim. Élément atomique (symb. Hs, n° at. 108, masse at. 265), métal de transition radioactif.

hast [ast] n. m. ■ anciennt *Arme d'hast* : arme au fer monté sur une longue hampe.

hastaire n. m. ■ Antiq. Soldat romain armé d'une lance.

hasté, ée adj. ■ bot. (feuille) Qui a la forme d'un fer de lance.

***hâte** n. f. ■ Grande promptitude (dans un travail, etc.). → **célérité, empressement.** ➛ *Avoir hâte de* (+ inf.) : être pressé, impatient de. ♦ loc. adv. *EN HÂTE.* → **vite.** *En toute hâte.* ➛ *À LA HÂTE* : avec précipitation.

***hâter** v. tr. 1 ■ **1** littér. Faire arriver plus vite. *Hâter son départ.* **2** Faire évoluer plus vite ; rendre plus rapide. → **accélérer.** *Hâter le pas.* ▷ v. pron. se **hâter** Se dépêcher.

***hâtier** n. m. ■ Grand chenet de cuisine.

***hâtif, ive** adj. ■ **1** Qui est fait trop vite. → **bâclé ; prématuré. 2** De maturité précoce. *Petits pois hâtifs.* ► ***hâtivement** adv.

hatteria [-te-] n. m. ■ zool. Grand lézard de Nouvelle-Zélande. → **sphénodon.**

***hauban** n. m. ■ **1** mar. Câble tenant le mât d'un navire par le travers et par l'arrière (→ aussi **étai). 2** Câble de consolidation.

***haubaner** v. tr. 1 ■ Consolider par des haubans. ► ***haubanage** n. m.

***haubert** n. m. ■ (au Moyen Âge) Chemise de mailles à manches et à capuchon.

***hausse** n. f. ■ **1** techn. Objet ou dispositif qui sert à hausser. **2** Augmentation (d'une grandeur numérique). *La hausse des prix.*

***haussement** n. m. ■ *Haussement d'épaules* : mouvement (→ **hausser**) que l'on fait en signe de dédain, d'irritation, etc.

***hausser** v. tr. 1 ■ **1** Donner plus de hauteur à. *Hausser une maison d'un étage.* **2** Mettre à un niveau plus élevé. *Hausser les épaules* (→ **haussement**). ➛ pronom. *Se hausser sur la pointe des pieds.* ♦ *Hausser les prix.* → **augmenter. 3** Donner plus d'ampleur, d'intensité à. *Hausser le ton.*

***haussier, ière** n. ■ Bourse **1** n. Spéculateur, spéculatrice qui joue à la hausse (opposé à *baissier*). **2** adj. Orienté à la hausse.

***haussière** n. f. ■ mar. Gros cordage servant à touer ou amarrer.

① ***haut, *haute** adj. ■ (opposé à *bas*) **I 1** D'une dimension déterminée *(haut de, comme...)* ou supérieure à la moyenne, dans le sens vertical. ➛ loc. *Haut comme trois pommes* : tout petit. **2** Dans sa position la plus élevée. *Le soleil est haut dans le ciel.* ➛ loc. *La tête* haute.* ➛ *Avoir LA HAUTE MAIN dans, sur qqch.,* en avoir le contrôle. **3** Situé au-dessus. *Le plus haut massif.* → **culminant.** ➛ *Le haut Rhin, la haute Égypte* (région proche de la source ou éloignée de la mer). **4** dans le temps (avant le nom) → **ancien, reculé.** *Le haut Moyen Âge.* **5** en intensité → **fort, grand.** *Haute fréquence.* ➛ *Lire à voix haute.* **II** abstrait (avant le nom) **1** (dans l'ordre de la puissance) → **important.** *La haute société ;* n. f. fam. *la haute.* ➛ *En haut lieu*.* ➛ n. m. *Le Très-Haut,* Dieu. **2** (dans l'échelle des valeurs) → **éminent, supérieur.** *Haute intelligence.* **3** Très grand. → **extrême.** *Tenir qqn en haute estime.*

② ***haut** ■ **I** n. m. **1** Dimension verticale déterminée, de la base au sommet. → **altitude, hauteur.** *Tour de cent mètres de haut.* **2** Position déterminée sur la verticale. *Voler à mille mètres de haut.* **3** Partie, région haute d'une chose. **4** Partie la plus haute. → **sommet. 5** loc. *Avoir des hauts et des bas,* des alternances de bon et de mauvais état. **6** dans des expr. Terrain élevé. *Les hauts de Meuse.* **II** adv. **1** En un point élevé sur la verticale. *Sauter haut.* **2** (adj. à valeur adverbiale) En position haute. *HAUT LES MAINS ! :* sommation faite à qqn de lever les mains ouvertes. ◆ *HAUT LA MAIN :* avec brio, en surmontant les obstacles. **3** En un point reculé dans le temps. → **loin.** ◆ (dans un texte) *Voir plus haut.* → ci-**dessus, supra.** **4** (intensité) À haute voix, d'une voix forte. **5** À un haut degré. *Il vise haut,* il est ambitieux. **III** loc. adv. **1** *DE HAUT :* d'un lieu élevé. ◆ loc. fig. *Tomber de haut :* perdre ses illusions. *Voir les choses de haut,* d'une vue générale. *Le prendre de haut,* réagir avec arrogance. **2** *EN HAUT (DE) :* dans la région haute (de); en direction du haut (de). **3** *D'EN HAUT :* de la région haute. ◆ fig. *Des ordres qui viennent d'en haut,* d'une autorité supérieure.

① ***hautain, aine** adj. ▪ Fier et dédaigneux.

② ***hautain** → **hautin**

***hautbois** n. m. ▪ Instrument de musique à vent, à anche double. ► ***hautboïste** n.

***haut-de-chausses** n. m. ▪ anciennt Partie du vêtement masculin allant de la ceinture aux genoux. *Des hauts-de-chausses.*

***haut-de-forme** n. m. ▪ Chapeau d'homme haut et cylindrique. *Des hauts-de-forme.*

***haute** → ① **haut** (II, 1)

***haute-contre** ▪ **1** n. f. Voix d'homme plus aiguë que celle du ténor. **2** n. m. Chanteur qui a cette voix. → **contre-ténor.** *Des hautes-contre.*

***haute-fidélité** n. f. → **fidélité**

***hautement** adv. ▪ **1** littér. Tout haut. **2** À un degré supérieur, fortement.

***hauteur** n. f. ▪ **I 1** Dimension dans le sens vertical, de la base au sommet. ♦ géom. Droite abaissée perpendiculairement du sommet à la base d'une figure. **2** Position déterminée sur la verticale. *Voler à une grande hauteur.* **3** loc. prép. *À LA HAUTEUR DE :* au niveau de (aussi fig.). ◆ absolt *Être à la hauteur :* faire preuve d'efficacité. **4** Terrain, lieu élevé. **II** fig. **1** Supériorité (morale, intellectuelle). → **grandeur.** **2** péj. Attitude de qqn qui regarde les autres avec mépris.

***haut-fond** n. m. ▪ Sommet sous-marin recouvert de peu d'eau. *Des hauts-fonds.*

***haut fourneau** → **fourneau**

***hautin** n. m. ▪ vitic. Vigne cultivée en hauteur, appuyée sur des arbres ou des échalas. - var. ***hautain.**

***haut-le-cœur** n. m. invar. ▪ Soulèvement de l'estomac. → **nausée.**

***haut-le-corps** [-kɔʀ] n. m. invar. ▪ Mouvement brusque et involontaire du buste vers le haut sous l'effet de la surprise, etc.

***haut-parleur** n. m. ▪ Appareil qui transforme en ondes sonores les courants électriques. *Des haut-parleurs.*

***haut-relief** n. m. ▪ Sculpture présentant un relief très saillant sans se détacher du fond (opposé à *bas-relief*). *Des hauts-reliefs.*

***hauturier, ière** adj. ▪ De la haute mer*.

***havane** ▪ **1** n. m. Tabac de La Havane. ◆ Cigare de ce tabac. **2** adj. invar. Marron clair.

***hâve** adj. ▪ littér. Amaigri et pâli.

***haveneau** n. m. ▪ pêche Filet utilisé pour la pêche à la crevette et aux poissons plats. - syn. ***havenet.**

***haver** v. tr. [1] ▪ techn. Entailler (le charbon) dans une mine. ► ***havage** n. m. ► ***haveuse** n. f. (machine)

***havre** n. m. ▪ **1** vx Petit port bien abrité. **2** fig., littér. Abri, refuge. *Un havre de paix.*

***havresac** [-s-] n. m. ▪ anciennt Sac que le fantassin portait sur le dos, et qui contenait son équipement.

hawaiien, ienne ou **hawaïen, enne** [awajɛ̃, ɛn] adj. et n. ▪ Des îles Hawaii. ◆ spécialt *Chemise hawaïenne,* à gros motifs floraux.

***hayon** [ajɔ̃] n. m. ▪ Partie mobile tenant lieu de porte à l'arrière d'un véhicule. ◆ *Hayon élévateur :* élévateur à l'arrière d'un camion.

He ▪ Symbole chimique de l'hélium.

***hé** [e ; he] interj. ▪ Sert à interpeller. ◆ *Hé ! Hé !* (approbation, ironie, etc.).

***heaume** n. m. ▪ (au Moyen Âge) Casque enveloppant toute la tête du combattant.

hebdomadaire ▪ **1** adj. Qui s'effectue en une semaine. ◆ Qui se fait chaque semaine. **2** n. m. Publication qui paraît chaque semaine. ► **hebdomadairement** adv.

hébéphrénie n. f. ▪ psych. Forme de schizophrénie. ► **hébéphrénique** adj.

héberge n. f. ▪ dr. Partie supérieure du bâtiment le moins élevé de deux bâtiments contigus.

héberger v. tr. [3] ▪ **1** Loger (qqn) chez soi. **2** Accueillir, recevoir sur son sol. *Pays qui héberge des réfugiés.* **3** (lieu) Servir de logement à. ► **hébergement** n. m.

hébergeur n. m. ▪ inform. Serveur Internet dont l'activité consiste à héberger des pages web.

hébertisme n. m. ▪ Méthode d'éducation physique qui consiste en des exercices effectués en plein air.

hébéter v. tr. [6] ▪ Rendre obtus, stupide. ▷ adj. **hébété, ée** → **ahuri.** ► **hébétement** ou **hébètement** n. m.

hébétude n. f. ▪ littér. État d'une personne hébétée. → **abrutissement, stupeur.**

hébraïque adj. ▪ Qui concerne la langue ou la civilisation des Hébreux.

hébraïsant, ante n. et adj. ▪ didact. Spécialiste de la langue hébraïque. - syn. **hébraïste.**

hébreu ■ **I 1** n. Membre du peuple sémitique dont la Bible retrace l'histoire. → **juif. 2** n. m. Langue sémitique parlée autrefois par les Hébreux, et aujourd'hui par les Israéliens. ◆ loc. fig. *C'est de l'hébreu,* c'est inintelligible. **II** adj. m. Se dit du peuple, de la langue des Hébreux. → **hébraïque.**

hécatombe n. f. ■ Massacre, carnage.

hectare n. m. ■ Mesure de superficie équivalant à cent ares (symb. ha).

hectique adj. ■ méd. *Fièvre hectique :* fièvre des états septicémiques graves.

hect(o)- Élément, du grec *hekaton* «cent».

hectolitre n. m. ■ Mesure de cent litres (symb. hl).

hectomètre n. m. ■ Longueur de cent mètres (symb. hm). ► **hectométrique** adj.

hectopascal n. m. ■ météorol. Unité de pression valant cent pascals (symb. hPa). *Mille hectopascals.*

hédonisme n. m. ■ philos. Doctrine qui prend pour principe de la morale la recherche du plaisir. ► **hédoniste** n. et adj.

hégélianisme n. m. ■ philos. Doctrine de Hegel.

hégémonie n. f. ■ Suprématie d'un État sur d'autres. ► **hégémonique** adj.

hégémonisme n. m. ■ didact. Tendance à imposer l'hégémonie.

hégire n. f. ■ Ère des musulmans (qui commence en l'an 622 de l'ère chrétienne).

heiduque [ɛdyk] n. m. ■ anciennt Fantassin de la milice hongroise. - var. ***haïdouc, *haïdouk** [ajduk].

***hein** [ɛ̃ ; hɛ̃] interj. ■ fam. **1** Pour faire répéter ou interrompre qqn. → **comment, pardon. 2** Renforce une phrase interrogative ou exclamative. → **n'est-ce pas.**

hélas [-ɑs] interj. ■ Interjection de plainte, exprimant la douleur, le regret.

***héler** v. tr. [6] ■ Appeler de loin.

hélianthe n. m. ■ Plante d'origine exotique, à grands capitules jaunes.

hélianthème n. m. ■ bot. Plante dont les fleurs jaune d'or sont disposées en épi.

hélianthine n. f. ■ chim. Colorant azoïque utilisé comme réactif.

hélice n. f. ■ **1** math. Courbe engendrée par une droite oblique s'enroulant sur un cylindre. ◆ *Escalier en hélice.* → (abusivt) en **spirale. 2** Appareil de propulsion, de traction ou de sustentation constitué de plusieurs pales solidaires d'un arbre.

héliciculture n. f. ■ Élevage des escargots. ► **héliciculteur, trice** n.

hélicoïdal, ale, aux adj. ■ En forme d'hélice (1). - syn. **hélicoïde.**

hélicon n. m. ■ Tuba contrebasse circulaire que l'on fait reposer sur une épaule.

hélicoptère n. m. ■ Aéronef muni d'une ou de plusieurs hélices horizontales, et qui décolle à la verticale.

héligare n. f. ■ Gare pour les passagers des hélicoptères.

héli(o)-, -hélie Éléments savants, du grec *hêlios* «soleil».

héliocentrique adj. ■ astron. Qui est mesuré avec le Soleil pour centre.

héliocentrisme n. m. ■ astron. Système d'après lequel le Soleil est le centre de l'Univers.

héliographe n. m. ■ météorol. Appareil enregistrant le nombre d'heures d'ensoleillement.

héliographie n. f. ■ **1** astron. Description du Soleil. **2** Procédé photographique de gravure. → **photogravure.**

héliogravure n. f. ■ Procédé de photogravure en creux. ► **héliograveur, euse** n.

héliomarin, ine adj. ■ méd. Qui utilise l'action simultanée du soleil et de l'air marin.

héliomètre n. m. ■ astron. Lunette servant à mesurer le diamètre apparent des corps célestes.

hélion n. m. ■ phys. Noyau d'hélium, particule du rayonnement alpha.

héliosphère n. f. ■ astron. Formation gazeuse due à la progression du vent solaire vers le milieu interstellaire, et correspondant à la zone d'influence du Soleil.

héliostat n. m. ■ phys. Instrument d'optique qui assure, malgré le mouvement apparent du Soleil, la projection en un point fixe des rayons solaires réfléchis.

héliosynchrone [-s-] adj. ■ astron. *Orbite héliosynchrone :* orbite d'un satellite artificiel de la Terre dont le plan fait un angle constant avec la direction Terre-Soleil. ◆ par ext. *Satellite héliosynchrone.*

héliothérapie n. f. ■ Traitement médical par la lumière et la chaleur solaires.

héliotrope n. m. ■ Plante à fleurs odorantes des régions chaudes et tempérées.

héliotropine n. f. ■ chim. Composé aromatique à base d'essence de sassafras.

héliotropisme n. m. ■ biol. Propriété des végétaux de se tourner vers la lumière solaire ou de s'en détourner. → **phototropisme.**

héliport n. m. ■ Aéroport pour hélicoptères.

héliportage n. m. ■ Transport par hélicoptère.

héliporté, ée adj. ■ Transporté par hélicoptère.

hélistation n. f. ■ Aérodrome pour hélicoptères.

hélitreuiller v. tr. [1] ■ Remorquer, hisser dans un hélicoptère au moyen d'un treuil. ► **hélitreuillage** n. m.

hélium [eljɔm] n. m. ■ Élément (symb. He, n° at. 2, masse at. 4), gaz rare le plus léger, ininflammable.

hélix [eliks] n. m. ■ **1** Ourlet du pavillon de l'oreille. **2** zool. Escargot (→ **héliciculture**).

hellène adj. et n. ■ De la Grèce ancienne *(Hellade)* ou moderne. → **grec.**

hellénique adj. ■ Des Hellènes. → **grec.**

helléniser v. tr. [1] ■ Donner un caractère grec à. ► **hellénisation** n. f.

hellénisme n. m. ■ **1** Construction ou emploi propre à la langue grecque. **2** Civilisation grecque (dans son ensemble).

helléniste n. ■ Spécialiste de philologie, de littérature grecques.

hellénistique adj. ■ De la civilisation de langue grecque, après la mort d'Alexandre et jusqu'à la conquête romaine.

***hello** interj. ■ anglic. Interjection pour appeler qqn en le saluant.

helminthe n. m. ■ Ver parasite de l'homme et de certains mammifères. ► **helminthique** adj.

helminthiase n. f. ■ méd. Parasitose causée par les helminthes.

helminthologie n. f. ■ zool. Étude des vers.

hélodée → **élodée**

helvelle n. f. ■ bot. Champignon comestible, dont le chapeau est formé de lobes accolés.

helvète adj. et n. ■ hist. De l'Helvétie. → **suisse.**

helvétique adj. ■ De la Suisse. → **suisse.**

helvétisme n. m. ■ ling. Mot, tournure propre au français de la Suisse romande.

***hem** [ɛm ; hɛm] interj. → **hum**

héma-, hémat(o)-, hémo- Éléments, du grec *haima, haimatos* «sang». → **-émie.**

hémarthrose n. f. ■ méd. Épanchement du sang dans une articulation.

hématémèse n. f. ■ méd. Vomissement de sang.

hématie [-si] n. f. ■ Globule rouge du sang.

hématique adj. ■ méd. D'origine sanguine.

hématite n. f. ■ Minerai de fer rougeâtre.

hémat(o)- → **héma-**

hématocrite n. m. ■ biol. Rapport du volume des hématies au volume sanguin.

hématologie n. f. ■ didact. Étude du sang. ► **hématologique** adj. ► **hématologiste** ou **hématologue** n.

hématome n. m. ■ Accumulation de sang dans un tissu (surtout tissu cutané), due à des lésions vasculaires. → **bleu.**

hématopoïèse n. f. ■ physiol. Formation des cellules sanguines. ► **hématopoïétique** adj.

hématose n. f. ■ physiol. Échanges gazeux qui se produisent lors de la respiration.

hématozoaire n. m. ■ zool. Parasite (protozoaire) vivant dans le sang.

hématurie n. f. ■ méd. Présence anormale de sang dans l'urine.

héméralopie n. f. ■ pathol. Diminution considérable de la vision lorsque l'éclairage est faible. ► **héméralope** adj. et n.

hémérocalle n. f. ■ bot. Plante, appelée aussi *belle-d'un-jour,* dont les fleurs ne durent chacune qu'un jour.

hémi- Élément, du grec *hêmi* «demi».

hémicrânie n. f. ■ méd. Douleur localisée à une moitié du crâne.

hémicycle n. m. ■ **1** Construction en demi-cercle. **2** Gradins disposés en demi-cercle.

hémicylindrique adj. ■ didact. Qui a la forme d'un demi-cylindre.

hémione n. m. ■ zool. Équidé d'Asie.

hémiplégie n. f. ■ Paralysie d'une moitié latérale du corps. ► **hémiplégique** adj. et n.

hémiptère n. m. ■ Insecte suceur (ordre des *Hémiptères* ; ex. pucerons, punaises).

hémisphère n. m. ■ **1** Moitié d'une sphère. **2** Moitié du globe terrestre. **3** *Hémisphères cérébraux* : les deux moitiés latérales du cerveau. ► **hémisphérique** adj.

hémistiche n. m. ■ Moitié d'un vers, marquée par une césure.

hémo- → **héma-**

hémochromatose n. f. ■ pathol. Maladie due à la surcharge de fer de divers tissus et organes.

hémocompatible adj. ■ méd. Dont le groupe sanguin est compatible avec un autre groupe.

hémoculture n. f. ■ didact. Ensemencement d'un milieu de culture avec du sang pour y rechercher des microbes.

hémocyanine n. f. ■ biochim. Protéide contenant du cuivre, pigment respiratoire du sang des crustacés et des mollusques.

hémodialyse n. f. ■ méd. Épuration du sang dérivé hors de l'organisme et restitué au patient après l'élimination des toxiques.

hémodynamique n. f. ■ didact. Étude de la circulation sanguine.

hémoglobine n. f. ■ **1** Protéine contenue dans les hématies, qui donne au sang sa couleur rouge. **2** fam. Sang.

hémoglobinopathie n. f. ■ méd. Maladie due à une anomalie de la structure de l'hémoglobine.

hémogramme n. m. ■ méd. Étude quantitative et qualitative des globules du sang.

hémolymphe n. f. ▪ biol. Fluide jouant le rôle du sang chez les invertébrés.

hémolyse n. f. ▪ Destruction des hématies. ► **hémolytique** adj.

hémolysine n. f. ▪ biol. Substance capable de détruire les hématies.

hémopathie n. f. ▪ méd. Maladie du sang. → **anémie, leucémie.**

hémophile adj. ▪ Atteint d'hémophilie. ◆ n. *Un(e) hémophile.*

hémophilie n. f. ▪ Maladie héréditaire qui se traduit par une incapacité du sang à coaguler. *L'hémophilie se transmet par les femmes ; seuls les hommes en sont atteints.*

hémoptysie n. f. ▪ méd. Crachement de sang provenant des voies respiratoires. ► **hémoptysique** adj. et n.

hémorragie n. f. ▪ **1** Fuite de sang hors d'un vaisseau sanguin. **2** fig. Perte de vies humaines. ♦ Perte, fuite. *L'hémorragie des capitaux.* ► **hémorragique** adj.

hémorroïde n. f. ▪ Varice qui se forme à l'anus et au rectum. ► **hémorroïdaire** adj. et n. ► **hémorroïdal, ale, aux** adj.

hémostase n. f. ▪ méd. Arrêt d'une hémorragie.

hémostatique adj. ▪ Propre à arrêter les hémorragies. ♦ n. m. Médicament hémostatique.

hémovigilance n. f. ▪ didact. Surveillance destinée à assurer la sécurité des transfusions sanguines.

hendéca- [ɛ̃deka] Élément savant, du grec *hendeka* «onze».

hendécasyllabe adj. et n. m. ▪ didact. (Vers) de onze syllabes.

hendiadys [ɛ̃djadis] n. m. ▪ didact. Figure de rhétorique qui consiste à dissocier une expression unique en deux noms coordonnés. - syn. **hendiadyin** [ɛ̃djadin].

***henné** n. m. ▪ Poudre jaune ou rouge d'origine végétale utilisée pour teindre les cheveux, etc. (surtout dans l'Islam).

***hennin** n. m. ▪ anciennt Coiffure féminine du Moyen Âge, bonnet conique très haut.

***hennissement** n. m. ▪ **1** Cri du cheval. **2** Bruit rappelant ce cri. ► ***hennir** v. intr. [2]

***henry** n. m. ▪ phys. Unité de mesure de l'inductance électrique (symb. H). *Des henrys.*

***hep** [ɛp ; hɛp] interj. ▪ Cri pour appeler.

héparine n. f. ▪ Substance acide anticoagulante, abondante dans le foie.

hépatalgie n. f. ▪ méd. Douleur au niveau du foie.

hépatique adj. ▪ **1** Qui a rapport au foie. **2** adj. et n. (Personne) qui souffre du foie.

hépatisation n. f. ▪ méd. État pathologique d'un tissu organique qui prend la coloration et la densité du tissu hépatique.

hépatite n. f. ▪ Inflammation du foie. → **cirrhose, ictère, jaunisse.** *Hépatite virale.*

hépat(o)- Élément, du grec *hêpar, hêpatos* «foie».

hépatocèle n. f. ▪ méd. Hernie partielle du foie.

hépatocyte n. m. ▪ physiol. Cellule du foie.

hépatologie n. f. ▪ méd. Étude du foie et de ses maladies.

hépatomégalie n. f. ▪ méd. Augmentation du volume du foie.

hepta- Élément, du grec *hepta* «sept».

heptane n. m. ▪ chim. Hydrocarbure saturé (C_7H_{16}) de la série des alcanes.

heptasyllabe adj. et n. m. ▪ didact. (Vers) de sept syllabes.

heptathlon n. m. ▪ Discipline de l'athlétisme qui regroupe sept épreuves. ► **heptathlonien, ienne** n.

héraldique ▪ **1** adj. Relatif au blason. **2** n. f. Art des armoiries. → **blason.**

héraldiste n. ▪ Spécialiste du blason.

***héraut** n. m. ▪ **1** (au Moyen Âge) *Héraut (d'armes)* : officier qui transmettait les messages, faisait les proclamations solennelles, etc. **2** fig., littér. → **annonciateur, messager.**

herbacé, ée adj. ▪ bot. De la nature de l'herbe (opposé à *ligneux*).

herbage n. m. ▪ Prairie naturelle dont le bétail consomme l'herbe sur place.

herbager, ère ▪ agric. **1** n. Personne qui s'occupe de l'engraissement des bovins. **2** adj. Caractérisé par des herbages.

herbe n. f. ▪ **1** bot. Végétal non ligneux, dont les parties aériennes meurent chaque année. ♦ cour. Ce végétal, lorsqu'il est de petite taille et souple. ♦ *Fines herbes ; herbes de Provence,* herbes aromatiques utilisées pour l'assaisonnement. **2** Plante herbacée, graminée sauvage. ◆ *Mauvaise herbe* : herbe qui nuit aux cultures. **3** sing. collectif Végétation naturelle de plantes herbacées peu élevées. *Déjeuner sur l'herbe.* ◆ loc. *Couper l'herbe sous les pieds de qqn,* le frustrer d'un avantage. **4** fam. → **haschisch, marijuana.** *Fumer de l'herbe.* **5** EN HERBE, se dit des céréales qui, au début de leur croissance, sont vertes et molles. ◆ loc. *Manger son blé en herbe,* dépenser un capital. ◆ (en parlant d'enfants, de jeunes personnes) *Un cinéaste en herbe.* → **apprenti, futur.**

herbette n. f. ▪ (Suisse) au plur. Herbes aromatiques.

herbeux, euse adj. ▪ Où il y a de l'herbe.

herbicide adj. ▪ Qui détruit les mauvaises herbes. ◆ n. m. → **défoliant, désherbant.**

herbier n. m. ■ Collection de plantes séchées conservées entre des feuillets.

herbivore adj. ■ Qui se nourrit exclusivement de végétaux. ➛ n. m. pl. *Les herbivores* (groupe de mammifères).

herboriser v. intr. [1] ■ Recueillir des plantes dans la nature pour les étudier ou les utiliser. ► **herborisation** n. f.

herboriste n. ■ Personne qui vend des plantes médicinales. ► **herboristerie** n. f.

herbu, ue adj. ■ Où l'herbe foisonne.

herbue n. f. ■ agric. Terre légère et peu profonde qui ne peut servir qu'à faire des pâturages.

***hercher** v. intr. [1] ■ anciennt, techn. Pousser les wagonnets chargés de minerai, au fond d'une mine. - var. ***herscher.** ► ***herchage** ou ***herschage** n. m.

hercule n. m. ■ Homme d'une très grande force physique.

herculéen, éenne adj. ■ Digne d'Hercule.

hercynien, ienne adj. ■ géol. Se dit de plissements datant du carbonifère.

***herd-book** [œʀdbuk] n. m. ■ anglic., agric. Livre généalogique des races bovines et de certaines races porcines. *Des herd-books.*

① ***hère** n. m. ■ loc. *PAUVRE HÈRE* : homme pauvre, misérable.

② ***hère** n. m. ■ vén. Jeune cerf de plus de six mois qui n'est pas encore daguet.

héréditaire adj. ■ **1** Relatif à l'hérédité (I). **2** Qui se transmet par voie de reproduction, des parents aux descendants **(→ hérédité** (II) ;**génétique). 3** Hérité des parents, des ancêtres par l'habitude, la tradition. *Ennemi héréditaire.* ► **héréditairement** adv.

hérédité n. f. ■ **I** Transmission par voie de succession (d'un bien, d'un titre). **II 1** Transmission des caractères d'un être vivant à ses descendants par l'intermédiaire des gènes **(→ génétique). 2** Ensemble des caractères hérités des parents, des ascendants. *Une hérédité chargée,* comportant des tares physiques ou mentales.

hérésiarque n. m. ■ relig. Auteur d'une hérésie ; chef d'une secte hérétique.

hérésie n. f. ■ **1** Doctrine, opinion émise au sein de l'Église catholique et condamnée par elle. **2** Idée, théorie, pratique qui heurte les opinions communément admises.

hérétique adj. ■ **1** Qui soutient une hérésie (1). ➛ n. *Un hérétique.* **2** Entaché d'hérésie. *Doctrine hérétique.* **3** Qui soutient une opinion, etc. contraire aux idées reçues (par un groupe). → **dissident.**

***hérissé, ée** adj. ■ **1** Dressé. *Cheveux hérissés.* **2** Garni de pointes. *Cactus hérissé.* → **épineux.**

***hérissement** n. m. ■ littér. **1** Fait d'être hérissé. **2** Disposition de choses hérissées.

***hérisser** v. tr. [1] ■ **1** (animal) Dresser (ses poils, ses plumes...). ♦ par ext. *Le froid hérisse les poils.* ➛ p. p. adj.*Cheveux hérissés.* **2** *HÉRISSER qqch. DE,* garnir, munir de choses pointues. ♦ fig. → **surcharger.** ➛ au p. p. *Parcours hérissé d'obstacles.* **3** Disposer défavorablement (qqn) en inspirant de la colère, de l'aversion. → **horripiler, irriter.** *Cela me hérisse.* ▷ v. pron. **se hérisser 1** (poils, plumes...) Se dresser. **2** → **se fâcher,** s'**irriter.**

***hérisson** n. m. ■ **1** Petit mammifère au corps recouvert de piquants, qui se nourrit essentiellement d'insectes. **2** fig. Personne d'un abord difficile. **3** techn. Appareil, instrument muni de pointes.

***hérissonne** n. f. ■ **I** rare Femelle du hérisson. **II** Chenille de certains papillons nocturnes.

héritabilité n. f. ■ biol. Probabilité pour qu'une caractéristique d'un individu soit transmise héréditairement par les facteurs génétiques.

héritage n. m. ■ **1** Patrimoine laissé par une personne décédée et transmis par succession. **2** fig. Ce qui est transmis comme par succession. *Héritage culturel.* → **patrimoine.**

hériter v. [1] ■ **1** *HÉRITER DE* v. tr. ind. Devenir propriétaire de (qqch.), titulaire de (un droit) par voie de succession. ♦ fig. *Il a hérité des qualités de son père.* **2** v. tr. dir. Recevoir (un bien, un titre) par voie de succession. ▷ adj. **hérité, ée** *Patrimoine hérité.* ➛ *Mot hérité,* en français, mot issu du latin parlé en Gaule (par oppos. à *emprunt*).

héritier, ière n. ■ **1** Personne qui doit recevoir ou qui reçoit des biens en héritage. → **légataire, successeur. 2** fig. → **continuateur, successeur.**

hermaphrodisme n. m. ■ biol. Caractère d'un organisme capable d'élaborer des gamètes de l'un et de l'autre sexe.

hermaphrodite ■ **I** n. m. **1** Être légendaire auquel on supposait une forme humaine bisexuée. **2** biol. Être humain possédant à la fois ovaire(s) et testicule(s). → **androgyne. II** adj. **1** Doté de caractères des deux sexes. **2** bot. Dont la fleur porte à la fois les organes mâles (étamines) et femelles (pistil). ➛ zool. À la fois mâle et femelle (ex. l'escargot).

herméneutique ■ didact. **1** adj. Qui a pour objet l'interprétation des textes (philosophiques, religieux...). **2** n. f. Étude des signes et de leur sens. → **interprétation.**

hermétique adj. ■ **I** didact. Relatif à l'hermétisme (1). **II 1** Se dit d'une fermeture aussi parfaite que possible. → **étanche.** ♦ fig. *Être hermétique à qqch.*, y être fermé, insensible. **2** Impénétrable, difficile ou impossible à comprendre.

hermétiquement adv. ■ Par une fermeture hermétique.

hermétisme n. m. ■ didact. **1** Ensemble des doctrines ésotériques de l'alchimie. **2** Caractère incompréhensible, obscur.

hermétiste n. ■ Personne versée dans l'hermétisme.

hermine n. f. ■ **1** Mammifère carnivore voisin de la belette. **2** Fourrure de l'hermine.

herminette n. f. ■ Hachette à fer recourbé.

***herniaire** adj. ■ méd. D'une hernie.

***hernie** n. f. ■ **1** Tumeur molle formée par un organe totalement ou partiellement sorti de sa cavité naturelle. **2** Gonflement localisé d'une chambre à air.

***hernié, iée** adj. ■ méd. Sorti par hernie.

héroïcomique adj. ■ Qui tient du genre héroïque et du comique (en littérature).

① **héroïne** n. f. ■ **1** Femme qui fait preuve de vertus exceptionnelles. **2** Principal personnage féminin (d'une œuvre...).

② **héroïne** n. f. ■ Médicament et stupéfiant dérivé de la morphine.

héroïnomane n. et adj. ■ Toxicomane qui se drogue à l'héroïne. ► **héroïnomanie** n. f.

héroïque adj. ■ **1** Qui a trait aux héros anciens, à leurs exploits. ◆ loc. *Temps héroïques* : époque très reculée. **2** littér. Qui célèbre les héros. → **épique. 3** Qui est digne d'un héros. **4** Qui fait preuve d'héroïsme. → **courageux.** ► **héroïquement** adv.

héroïsme n. m. ■ Courage des héros.

***héron** n. m. ■ Grand oiseau échassier à long cou grêle et à très long bec.

***héronnière** n. f. ■ **1** Lieu où les hérons font leur nid. **2** Élevage de hérons.

***héros** n. m. ■ **1** Personnage légendaire auquel on prête un courage et des exploits remarquables. **2** Celui qui se distingue par ses exploits, son courage (notamment dans le domaine des armes). **3** Homme digne de gloire par son courage, son génie, etc. *Les héros de la science.* **4** Personnage principal (d'une œuvre, etc. → ① **héroïne**). ◆ *Le héros du jour* : celui qui occupe le premier rang de l'actualité.

herpès [-ɛs] n. m. ■ Affection cutanée d'origine virale (éruption de vésicules sur une tache congestive). ► **herpétique** adj.

herpétologie → **erpétologie**

herpétologue → **erpétologue**

***herse** n. f. ■ **1** Instrument à dents pour briser les mottes de terre. **2** Grille mobile armée par le bas de fortes pointes, à l'entrée d'un château fort.

***herser** v. tr. ⓵ ■ Soumettre à l'action de la herse. *Herser une terre.* ► ***hersage** n. m.

***herseur, euse** n. ■ agric. **1** Personne qui herse. **2** n. f. Herse mécanique.

***hertz** [ɛʀts] n. m. ■ phys. Unité de mesure de fréquence (symb. Hz).

***hertzien, ienne** [ɛʀtsjɛ̃ ; ɛʀdzjɛ̃] adj. ■ Se dit d'ondes électromagnétiques.

hésitant, ante adj. ■ **1** (personnes) Qui hésite. → **indécis, irrésolu. 2** Qui n'est pas déterminé. *Réponse hésitante.* **3** Qui manque d'assurance, de fermeté. *Pas hésitant.*

hésitation n. f. ■ Fait d'hésiter. ◆ Attitude qui traduit de l'indécision, de l'embarras.

hésiter v. intr. ⓵ ■ **1** Être dans un état d'incertitude, d'irrésolution. *Répondre sans hésiter.* ◆ *Hésiter sur, entre... ; à* (+ inf.). **2** Marquer de l'indécision (par un temps d'arrêt, etc.). *Hésiter en parlant.*

hétaïre n. f. ■ Antiq. grecque Prostituée d'un rang social élevé.

hétairie n. f. ■ anciennt Société politique, en Grèce. – var. **hétérie.**

hétéro → **hétérosexuel**

hétéro- Élément savant, du grec *heteros* «autre, différent» (contr. *homo-*).

hétérochromosome [-kʀo-] n. m. ■ biol. Chromosome qui détermine le sexe.

hétéroclite adj. ■ Fait de parties de styles différents. *Édifice hétéroclite.* ◆ Composé d'éléments variés. *Mélange hétéroclite.*

hétérocycle n. m. ■ chim. Corps chimique à chaîne fermée comprenant au moins un atome autre que du carbone. ► **hétérocyclique** adj.

hétérodonte adj. ■ zool. (animal) Qui possède plusieurs types de dents. ► **hétérodontie** [-si] n. f.

hétérodoxe adj. ■ opposé à *orthodoxe* **1** relig. Qui s'écarte du dogme. **2** didact. Qui n'est pas conformiste. ► **hétérodoxie** n. f.

hétérodyne n. f. ■ électron. Oscillateur local permettant un changement de fréquence.

hétérogamie n. f. ■ biol. Reproduction sexuée par deux gamètes de morphologie différente (par ex. ovule et spermatozoïde).

hétérogène adj. ■ contr. *homogène* **1** Composé d'éléments de nature différente. **2** abstrait Qui n'a pas d'unité. *Œuvre hétérogène.* ► **hétérogénéité** n. f.

hétérogreffe n. f. ■ méd. Greffe entre individus d'espèces différentes. → **allogreffe.**

hétéromorphe adj. ■ sc. Qui présente des formes très différentes au sein d'une même espèce. → **diversiforme.** ► **hétéromorphisme** n. m.

hétéronome adj. ■ philos. Qui reçoit de l'extérieur les lois qui le gouvernent (opposé à *autonome*). ► **hétéronomie** n. f.

hétéroprotéine n. f. ▪ biochim. Composé formé d'une protéine liée à un groupement non protéique (opposé à *holoprotéine*).

hétérosexuel, elle [-s-] adj. ▪ Qui éprouve une attirance sexuelle pour les individus du sexe opposé. ➛ n. *Un hétérosexuel, une hétérosexuelle.* – abrév. fam. **hétéro.** ► **hétérosexualité** n. f.

hétérosis [-is] n. f. ▪ biol. Vigueur améliorée d'une espèce obtenue par croisement ou hybridation.

hétérotherme adj. et n. m. ▪ zool. Se dit des animaux à sang froid, dont la température interne varie avec la température ambiante. ► **hétérothermie** n. f.

hétérotrophe adj. ▪ biol. Qui se nourrit de substances organiques, ne peut effectuer lui-même la synthèse de ses éléments constituants (opposé à *autotrophe*).

hétérozygote adj. ▪ biol. Se dit d'une cellule ou d'un individu qui possède deux gènes différents (récessif et dominant) sur chaque chromosome de la même paire (contr. *homozygote*).

hetman [ɛtmɑ̃ ; ɛtman] n. m. ▪ hist. **1** Chef de l'armée polonaise du XVe au XVIIIe s. **2** Chef élu des clans cosaques, à l'époque de leur indépendance.

***hêtraie** n. f. ▪ Lieu planté de hêtres.

***hêtre** n. m. ▪ Grand arbre forestier à écorce lisse gris clair. ♦ Son bois.

***heu** interj. ▪ Marque l'embarras, la gêne.

heur n. m. ▪ loc. *N'avoir pas l'heur de :* n'avoir pas la chance de.

heure n. f. ▪ **1** Espace de temps égal à la vingt-quatrième partie du jour. *L'heure est subdivisée en 60 minutes.* ➛ *HEURE DE :* heure occupée par. *Une heure de sommeil.* **2** Point précis du jour, chiffré sur la base des 24 divisions du jour (symb. h). *Le train de 20 h 50.* ➛ *0 heure.* → **minuit.** *12 heures.* → **midi.** ➛ *Heure locale* (différente d'un méridien à l'autre). *Heure légale,* déterminée pour chaque pays. ♦ absolt *L'HEURE :* l'heure fixée, prévue. *Commencer à l'heure.* ♦ loc. *À L'HEURE :* exact, ponctuel. *Il n'est jamais à l'heure.* **3** Moment de la journée, selon son emploi ou l'aspect sous lequel il est considéré. *Les heures de pointe. Une heure indue, avancée.* → **tard.** ♦ *À la première heure :* de très bon matin. ➛ fig. *Les combattants de la première heure,* les premiers à avoir combattu. ♦ (avec un possessif) *Il est poète À SES HEURES,* quand ça lui plaît. ♦ loc. adv. *À LA BONNE HEURE :* à propos ; par ext. c'est parfait. **4** spécialt Moment où l'on récite les différentes parties du bréviaire (ex. matines, vêpres). ♦ *Livre d'heures, heures :* recueil de prières. **5** Moment de la vie d'un individu, d'une société. *Des heures heureuses.* ➛ *Sa dernière heure,* ellipt *son heure est venue :* il va bientôt mourir. ♦ (avec un possessif) Moment particulier de la vie. *Avoir son heure de gloire.* ♦ absolt *L'HEURE :* le moment présent. *L'heure est grave.* → **circonstance.** ♦ *L'HEURE H :* l'heure prévue (pour attaquer, etc.). ♦ *Dernière heure,* information récente. **6** loc. *À CETTE HEURE* (région.) : maintenant. ➛ *À TOUTE HEURE :* à tout moment de la journée. ➛ *POUR L'HEURE :* pour le moment. ➛ *SUR L'HEURE :* sur-le-champ. ♦ *TOUT À L'HEURE :* dans un moment. ➛ Il y a très peu de temps. ♦ *D'HEURE EN HEURE :* à mesure que le temps passe. ➛ *D'UNE HEURE À L'AUTRE :* d'un moment à l'autre. ♦ *DE BONNE HEURE :* à une heure matinale (→ **tôt**), ou en avance (→ **précocement**).

heureusement adv. ▪ **1** D'une manière heureuse, avantageuse ; avec succès. **2** Par une heureuse chance, par bonheur.

heureux, euse adj. ▪ **I 1** Qui bénéficie d'une chance favorable, que le sort favorise. *Être heureux au jeu, en amour.* ➛ *S'estimer heureux de* (+ inf.), *que* (+ subj.) : estimer qu'on a de la chance de, que. **2** Favorable. → **avantageux, bon.** *Heureux hasard.* ♦ impers. *C'est heureux pour vous :* c'est une chance pour vous. **3** Qui semble marquer une disposition favorable de la nature. *Un heureux caractère.* **4** (domaine esthétique) Bien trouvé. → **réussi.** *La formule n'est pas très heureuse.* **II 1** Qui jouit du bonheur. ➛ loc. *Être heureux comme un roi, comme un poisson dans l'eau,* très heureux. ➛ *Être heureux de.* → se **réjouir** de. ♦ n. *Faire un heureux :* faire le bonheur de qqn. **2** Qui exprime le bonheur. *Un air heureux.* → **radieux.** **3** Marqué par le bonheur. *Bonne et heureuse année !*

heuristique ▪ didact. **1** adj. Qui sert à la découverte. **2** n. f. Partie de la science qui a pour objet la découverte des faits.

***heurt** n. m. ▪ **1** Action de heurter ; son résultat. → **choc, coup.** **2** Opposition, choc résultant d'un désaccord. → **conflit.**

***heurter** v. [1] ▪ **I** v. tr. dir. **1** Toucher rudement, en entrant brusquement en contact avec. *Heurter un arbre.* ♦ Faire entrer brutalement en contact. *Heurter sa tête contre qqch.* **2** Contrecarrer (qqn) d'une façon qui choque et provoque une résistance. **II 1** v. intr. vieilli *Heurter contre qqch.* → **buter, cogner.** **2** v. tr. ind. *HEURTER À :* frapper avec intention à. *Heurter à la porte.* ▻ v. pron. se ***heurter 1** (réfl.) ▸ se **cogner.** ➛ fig. *Se heurter à un refus.* **2** (récipr.) *Ils se sont heurtés de plein fouet.* ♦ fig. Entrer en conflit ; faire un violent contraste. ▻ adj. ***heurté, ée** Fait de contrastes trop appuyés.

***heurtoir** n. m. ▪ Marteau dont on se sert pour frapper à la porte d'une maison.

hévéa n. m. ▪ Grand arbre originaire de la Guyane, cultivé pour son latex.

hexa- [ɛgza] Élément, du grec *hex* « six ».

hexachlorure [-kl-] n. m. ▪ chim. Chlorure dont la molécule contient six atomes de chlore.

hexacorde n. m. ▪ mus. Système musical fondé sur une gamme de six notes consécutives.

hexadécimal, ale, aux adj. ▪ Se dit d'un système de numération de base 16.

hexaèdre adj. ▪ géom. Qui a six faces planes. - syn. **hexaédrique.** ➛ n. m. *Le cube est un hexaèdre régulier.*

hexafluorure n. m. ▪ chim. Sel dont la molécule contient six atomes de fluor.

hexagone n. m. ▪ **1** Polygone à six côtés. **2** *L'Hexagone :* la France métropolitaine (à cause de la forme de sa carte). ► **hexagonal, ale, aux** adj.

hexamètre adj. et n. m. ▪ Se dit d'un vers qui a six pieds ou six syllabes.

hexapode adj. ▪ zool. Qui a six pattes. ➛ n. m. *Les insectes sont des hexapodes.*

hexose n. m. ▪ biochim. Sucre non hydrolysable possédant dans sa molécule six atomes de carbone.

Hf ▪ Symbole chimique du hafnium.

Hg ▪ Symbole chimique du mercure.

***hi** [i ; hi] interj. ▪ Onomatopée qui, répétée, figure le rire et, parfois, les pleurs.

(*) hiatus [-ys] n. m. ▪ **1** Rencontre de deux voyelles prononcées, à l'intérieur d'un mot (ex. *aérer*), ou entre deux mots (ex. *il a été*). **2** fig. Coupure, discontinuité.

hibernal, ale, aux adj. ▪ didact. Relatif à l'hibernation, à l'engourdissement d'hiver.

hibernation n. f. ▪ État d'engourdissement où sont certains mammifères pendant l'hiver. ♦ *Hibernation artificielle :* refroidissement du corps humain (chirurgie, etc.).

hiberner v. intr. [1] ▪ Passer l'hiver en hibernation. ► **hibernant, ante** adj.

hibiscus [-ys] n. m. ▪ Arbre tropical à grandes fleurs de couleurs vives.

***hibou** n. m. ▪ Oiseau rapace nocturne voisin de la chouette, mais à aigrettes.

***hic** n. m. ▪ fam. Point difficile, délicat.

***hic et nunc** [ikɛtnɔ̃k ; ikɛtnœ̃k] loc. adv. ▪ didact. Sur-le-champ, sans délai.

***hickory** n. m. ▪ Arbre de grande taille, voisin du noyer.

hidalgo n. m. ▪ Noble espagnol.

***hideur** n. f. ▪ littér. Caractère de ce qui est hideux ; laideur extrême.

***hideux, euse** adj. ▪ **1** D'une laideur repoussante, horrible. **2** Moralement ignoble ; répugnant. ► ***hideusement** adv.

***hidjab** ou **hijab** [idʒab] n. m. ▪ Voile, pièce d'étoffe qui couvre les cheveux, les oreilles et le cou, prescrit aux femmes dans certaines communautés musulmanes.

***hie** n. f. ▪ techn. Lourde masse servant à enfoncer (des pavés, etc.). ⟶ **dame.**

hièble ou **yèble** n. f. ▪ Sureau à baies noires. *L'hièble.*

hiémal, ale, aux adj. ▪ didact. De l'hiver.

hier [jɛʀ] adv. ▪ **1** Le jour qui précède immédiatement celui où l'on est. *Hier (au) soir.* ➛ n. m. *Tout hier, il a plu.* **2** Dans un passé récent, à une date récente. ➛ loc. fam. *N'être pas né d'hier :* avoir de l'expérience.

***hiérarchie** n. f. ▪ **1** Organisation sociale fondée sur des rapports de subordination. **2** Organisation d'un ensemble en une série où chaque terme est supérieur au suivant.

***hiérarchique** adj. ▪ Relatif à la hiérarchie. ► ***hiérarchiquement** adv.

***hiérarchiser** v. tr. [1] ▪ Organiser selon une hiérarchie. ➛ p. p. adj. *Société très hiérarchisée.* ► ***hiérarchisation** n. f.

***hiérarque** n. m. ▪ Personnage important dans une hiérarchie (surtout politique).

***hiératique** adj. ▪ **1** didact. Qui concerne les choses sacrées, et spécialt la liturgie. **2** littér. Qui semble réglé par un rite, un cérémonial, une tradition. *Gestes hiératiques.* ► ***hiératiquement** adv.

***hiératisme** n. m. ▪ Caractère hiératique.

***hiér(o)-** Élément savant, du grec *hieros* «sacré».

***hiérodule** n. m. ▪ Antiq. grecque Esclave attaché au service d'un temple.

***hiéroglyphe** n. m. ▪ **1** Caractère, signe des plus anciennes écritures égyptiennes. **2** fig. au plur. Écriture difficile à déchiffrer. ► ***hiéroglyphique** adj.

***hiéronymite** n. m. ▪ Religieux d'un des ordres ayant saint Jérôme pour patron.

***hiérophante** n. m. ▪ **1** Antiq. grecque Prêtre des mystères d'Éleusis. **2** fig. Prêtre.

***hi-fi** n. f. invar. et adj. invar. ▪ anglic. Haute-fidélité. ⟶ **fidélité.**

***highlander** [ajlɑ̃dœʀ] n. m. ▪ Soldat d'un régiment écossais.

***high-tech** [ajtɛk] n. m. invar. ▪ anglic. Technique de pointe. ➛ adj. *Une médecine high-tech.*

higoumène n. m. ▪ didact. Supérieur d'un monastère de rite byzantin.

***hi-han** interj. ▪ Onomatopée évoquant le cri de l'âne. ➛ n. m. invar. ⟶ **braiment.**

hijab ⟶ **hidjab**

hilarant, ante adj. ▪ Qui fait rire.

hilare adj. ▪ Très gai, très content.

hilarité n. f. ▪ Brusque accès de gaieté ; explosion de rires.

***hile** n. m. ▪ anat. Point d'insertion, généralement déprimé, des vaisseaux et des conduits excréteurs sur un organe. ► ***hilaire** adj.

himation [imatjɔn] n. m. ▪ Antiq. grecque Manteau drapé sans manches.

(*)hindi, ie [indi] n. m. et adj. ▪ Langue indo-européenne dérivée du sanskrit. - syn. **hindoustani** n. m. ♦ adj. *La langue hindie.*

hindou, e adj. et n. ▪ De l'Inde et de la civilisation brahmanique. ♦ n. Indien(ne) adepte de l'hindouisme.

hindouisme n. m. ▪ Religion brahmanique pratiquée en Inde. → **brahmanisme.** ► **hindouiste** adj. et n.

hindoustani n. m. ▪ vx → **hindi.**

***hip-hop** n. m. ▪ anglic. Mouvement culturel et artistique (rap, danse acrobatique...), né aux États-Unis.

hipparion n. m. ▪ paléont. Mammifère ongulé, fossile du tertiaire.

***hippie** ou ***hippy** n. et adj. ▪ anglic. Adepte d'un mouvement des années 1970, refusant la société de consommation et prônant liberté des mœurs et non-violence.

hippisme n. m. ▪ Sports pratiqués à cheval ou avec un cheval (course, polo...) et activités en rapport (paris). ► **hippique** adj.

hipp(o)- Élément savant, du grec *hippos* «cheval».

hippocampe n. m. ▪ Petit poisson de mer qui nage en position verticale et dont la tête rappelle celle d'un cheval.

hippocratique adj. ▪ D'Hippocrate.

hippocratisme n. m. ▪ méd. Doctrine inspirée des principes d'Hippocrate.

hippodrome n. m. ▪ Terrain de sport hippique ; champ de courses.

hippogriffe n. m. ▪ Animal fabuleux, monstre ailé moitié cheval, moitié griffon.

hippologie n. f. ▪ didact. Étude du cheval. ► **hippologique** adj.

hippomobile adj. ▪ Tiré par des chevaux.

hippophagie n. f. ▪ didact. Usage alimentaire de la viande de cheval.

hippophagique adj. ▪ (boucherie) Où l'on vend de la viande de cheval. → **chevalin.**

hippopotame n. m. ▪ **1** Gros mammifère amphibie, aux membres trapus à quatre doigts. **2** fig., fam. Personne énorme.

hippopotamesque adj. ▪ Qui évoque l'hippopotame par sa lourdeur.

hippotechnie n. f. ▪ didact. Technique de l'élevage et du dressage des chevaux.

***hipster** [ipstœʀ] n. ▪ anglic. Jeune urbain à contre-courant de la culture de masse.

hiragana n. m. ▪ didact. Signe syllabique japonais **(→ kana).**

hircin, ine adj. ▪ didact. Qui tient ou vient du bouc.

hirondeau n. m. ▪ Petit de l'hirondelle.

hirondelle n. f. ▪ **1** Oiseau migrateur noir et blanc, aux ailes fines, à la queue fourchue. **2** *Hirondelle de mer.* → **sterne. 3** *Nid d'hirondelle :* nid d'un martinet, mets très apprécié en Extrême-Orient.

hirsute adj. ▪ Qui a le poil, le cheveu très fourni et en désordre.

hirsutisme n. m. ▪ méd. Développement excessif du système pileux.

hirudine n. f. ▪ biochim. Substance protéinique sécrétée par la sangsue, aux propriétés anticoagulantes.

hispanique adj. ▪ Qui a trait à l'Espagne.

hispanisant, ante n. ▪ Spécialiste de l'Espagne, de l'espagnol. - syn. **hispaniste.**

hispaniser v. tr. ▪ Faire adopter la langue, les usages espagnols à. ► **hispanisation** n. f.

hispanisme n. m. ▪ ling. Construction ou emploi propre à la langue espagnole.

hispano- Élément, du latin *hispanus* «espagnol».

hispano-américain, aine ▪ **1** adj. Qui a rapport à l'Amérique et à l'Espagne. **2** adj. et n. De l'Amérique où l'on parle espagnol.

hispanophone adj. et n. ▪ Qui parle espagnol. ♦ Où l'on parle espagnol.

hispide adj. ▪ bot. Hérissé de poils rudes et épais.

***hisser** v. tr. [1] ▪ **1** Élever au moyen d'une manœuvre, d'un cordage. *Hisser un mât.* **2** Tirer en haut et avec effort. **3** interj. *OH ! HISSE !* (pour accompagner un effort collectif). ▷ v. pron. **se hisser** S'élever avec effort.

histamine n. f. ▪ Amine présente dans la plupart des tissus animaux, et dont le rôle est important dans les manifestations allergiques. ► **histaminique** adj.

histidine n. f. ▪ biochim. L'un des vingt acides aminés constituants des protéines, qui fournit l'histamine.

histiocyte n. m. ▪ biol. Cellule macrophage libre du tissu conjonctif assurant le remplacement des cellules.

hist(o)- Élément savant, du grec *histos* «tissu».

histochimie n. f. ▪ didact. Étude de la composition chimique des cellules et des tissus.

histocompatibilité n. f. ▪ biol. Compatibilité entre les antigènes tissulaires de deux individus de la même espèce. ► **histocompatible** adj.

histogénèse n. f. ▪ didact. Formation des divers tissus de l'embryon.

histogramme n. m. ▪ statist. Représentation graphique des fréquences ou effectifs relatifs à un caractère quantitatif continu à l'aide d'une série de rectangles dont la base constitue un intervalle de variation des valeurs du caractère et la surface l'effectif correspondant.

histoire n. f. ■ **I 1** Connaissance et récit des événements du passé jugés dignes de mémoire ; faits ainsi relatés. *L'histoire ancienne, contemporaine. Histoire de l'art.* ➛ *Histoire sainte* : les récits de la Bible. ➛ *La petite histoire* : les anecdotes qui se rattachent à une période historique. **2** Étude scientifique d'une évolution. *L'histoire d'un mot.* **3** absolt Science et méthode permettant d'acquérir et de transmettre la connaissance du passé. *Les sources, les documents de l'histoire* (annales, archives, chroniques...). **4** La mémoire des hommes, le jugement de la postérité. *L'histoire jugera.* ♦ La vérité historique. *Mélanger l'histoire et la fiction.* **5** La suite des événements qu'étudie l'histoire. → **passé.** ♦ La partie du passé de l'humanité connue par des écrits (par oppos. à *préhistoire*). **II** vieilli *Histoire naturelle* : sciences naturelles. **III 1** Récit d'actions, d'événements (réels ou imaginaires). *Une histoire vraie.* **2** Histoire inventée, invraisemblable ou destinée à tromper. **3** Succession d'événements concernant qqn. *Une histoire d'argent.* → **question.** ♦ Succession d'événements malencontreux. *Se fourrer dans une sale histoire.* ♦ *Faire des histoires pour rien.* → **embarras, façon, manière.** ♦ loc. fam. *HISTOIRE DE* (+ inf.). → **pour.** *Histoire de rire...*

histologie n. f. ■ Partie de la biologie qui traite des tissus vivants. ► **histologique** adj.

histolyse n. f. ■ biol. Destruction de tissus vivants.

histone n. f. ■ biochim. Protéine basique du noyau cellulaire.

historicisme n. m. ■ Tendance à accorder une place prépondérante à l'histoire dans l'explication des faits humains. ► **historiciste** adj.

historicité n. f. ■ didact. Caractère de ce qui est historique. → **authenticité.**

historié, ée adj. ■ Décoré de scènes à personnages. *Chapiteau historié.*

historien, ienne n. ■ Spécialiste de l'histoire ; auteur de travaux historiques.

historiette n. f. ■ Récit d'événements de peu d'importance.

historiographe n. ■ Écrivain chargé d'écrire l'histoire de son temps.

historiographie n. f. ■ didact. **1** Travail de l'historiographe. **2** Aspect narratif du travail de l'historien. ► **historiographique** adj.

historique adj. ■ **1** Qui a rapport à l'histoire. *Méthode historique.* **2** (opposé à *légendaire*) Réel, vrai. **3** Qui est ou mérite d'être conservé par l'histoire. *Mot historique.* ➛ *Monument historique*, présentant un intérêt au regard de l'histoire, etc. et protégé par l'État. **4** n. m. Exposé chronologique de faits. **5** n. m. inform. Liste des derniers éléments consultés. ► **historiquement** adv.

histrion n. m. ■ littér. et péj. Comédien.

hitlérien, ienne adj. ■ Qui a rapport à Hitler. ➛ n. et adj. Partisan d'Hitler.

hitlérisme n. m. ■ Doctrine d'Hitler. → **national-socialisme, nazisme.**

***hit-parade** [it-] n. m. ■ anglic. vieilli Palmarès des meilleures ventes musicales. *Des hit-parades.* – recomm. off. *palmarès.*

***hittite** adj. et n. ■ Des Hittites. ➛ n. m. *Le hittite* (langue indo-européenne).

***HIV** [aʃive] n. m. ■ anglic. → **V. I. H.**

hiver n. m. ■ La plus froide des quatre saisons de l'année (dans les zones tempérée et polaire), qui suit l'automne (→ **hiémal, hivernal).** *L'hiver commence au solstice d'hiver* (22 décembre) *et s'achève à l'équinoxe de printemps* (20 ou 21 mars).

hivernage n. m. ■ **1** Temps de la mauvaise saison que les navires passent à l'abri ; cet abri. **2** Séjour du bétail à l'étable, l'hiver. **3** Saison des pluies, dans les tropiques.

hivernal, ale, aux adj. ■ Propre à l'hiver.

hivernant, ante n. ■ Personne qui séjourne dans un lieu pendant l'hiver (opposé à *estivant*).

hiverner v. [1] ■ **1** v. intr. Passer l'hiver à l'abri (navires...) ou dans un lieu tempéré (animaux). **2** v. tr. *Hiverner les bestiaux.*

***HLA** [aʃɛla] adj. (sigle angl., de *human leucocyte antigen*) ■ anglic., biol. *Système HLA* : système d'histocompatibilité chez l'homme. *Gènes, antigènes HLA.*

***H. L. M.** n. m. ou (plus correct) n. f. (sigle de *habitation à loyer modéré*) ■ Grand immeuble construit par une collectivité et affecté aux foyers qui ont de petits revenus.

***ho** [o ; ho] interj. ■ Cri pour appeler.

Ho ■ Symbole chimique de l'holmium.

***hoax** [ɔks] n. m. ■ anglic. Information fausse, périmée ou invérifiable propagée par Internet. *Des hoax* ou *des hoaxes.*

***hobby** n. m. ■ anglic. Passe-temps favori. → **violon** d'Ingres. *Des hobbys* ou *des hobbies.*

***hobereau** n. m. ■ Gentilhomme campagnard de petite noblesse.

***hocco** n. m. ■ Oiseau gallinacé qui tient du faisan et du pigeon.

***hochepot** n. m. ■ Ragoût aux navets (spécialité belge).

***hochequeue** n. m. ■ Bergeronnette.

***hocher** v. tr. [1] ■ loc. *Hocher la tête*, la secouer (de haut en bas ou de droite à gauche). ► ***hochement** n. m.

***hochet** n. m. ■ **1** Jouet de bébé qui fait du bruit quand on le secoue. **2** fig., littér. Chose futile qui flatte ou console.

***hockey** n. m. ▪ anglic. Sport d'équipe qui consiste à envoyer une balle dans un but au moyen d'une crosse. ➝ *Hockey sur glace*, joué avec un palet par des patineurs. ▶ ***hockeyeur, euse** n.

hoir n. m. ▪ vx Héritier.

hoirie n. f. ▪ vx Héritage. ➝ mod. *Avancement d'hoirie* : donation faite à un héritier présomptif. ♦ (Suisse) Héritage indivis.

***hoki** n. m. ▪ Poisson de l'hémisphère Sud, appelé aussi *grenadier bleu*.

***holà** [ɔla ; hɔla] ▪ **1** interj. Sert à appeler ou à modérer. *Holà ! Du calme !* **2** (n. m.) loc. *Mettre le holà à* (qqch.), y mettre fin.

***holding** n. m. ou f. ▪ anglic. Société qui détient des participations financières dans d'autres sociétés et les contrôle.

***hold-up** [ɔldœp] n. m. invar. ▪ anglic. Vol à main armée dans un lieu public.

***holisme** n. m. ▪ didact. Théorie selon laquelle l'homme est un tout indivisible qui ne peut être expliqué par ses différentes composantes considérées séparément. ▶ ***holiste** adj. et n.

***holistique** adj. ▪ Qui relève du holisme, qui s'intéresse à son objet dans sa globalité.

***hollandais, aise** adj. et n. ▪ De Hollande ; abusivt des Pays-Bas. → **néerlandais.** ♦ n. m. *Le hollandais* (langue). → **néerlandais.**

***hollande** n. m. ▪ **1** Fromage de Hollande à pâte dure. **2** Papier de luxe.

hollywoodien, ienne [ɔliwudjɛ̃, jɛn] adj. ▪ D'Hollywood. *Star hollywoodienne.*

holmium [-jɔm] n. m. ▪ chim. Élément atomique (symb. Ho, n° at. 67, masse at. 164,93), métal du groupe des terres* rares.

holo- Élément, du grec *holos* «entier».

holocauste n. m. ▪ **1** Sacrifice religieux où la victime était brûlée, chez les Hébreux. ♦ fig. Sacrifice total. **2** *L'Holocauste* : le génocide des Juifs par les nazis. → **shoah.**

holocène n. m. ▪ géol. Période la plus récente du quaternaire*, succédant au pléistocène*.

holocristallin, ine adj. ▪ géol. Se dit d'une roche du sous-sol entièrement cristallisée.

hologramme n. m. ▪ Image obtenue par holographie.

holographe → **olographe**

holographie n. f. ▪ Procédé photographique qui donne une image en relief en utilisant les interférences de deux faisceaux laser. ▶ **holographique** adj.

holoprotéine n. f. ▪ biochim. Protéine constituée exclusivement par des acides aminés (opposé à *hétéroprotéine*).

holothurie n. f. ▪ Animal marin, échinoderme au corps mou et allongé.

holotype n. m. ▪ sc. Spécimen type ayant permis de définir et décrire une catégorie déterminée dans la classification des organismes vivants.

***holster** [-ɛʀ] n. m. ▪ anglic. Étui utilisé pour transporter une arme à feu cachée sous un vêtement.

***homard** n. m. ▪ Grand crustacé marin décapode, aux pattes avant armées de grosses pinces, pêché pour sa chair fine.

***homarderie** n. f. ▪ Parc où l'on élève les homards.

***home** [om] n. m. ▪ anglic. **1** Le foyer, le logis. → **chez-soi. 2** région. *Home d'enfants* : centre d'accueil, foyer pour enfants.

***home cinéma** [om-] n. m. ▪ anglic. Ensemble audiovisuel destiné à créer chez soi des conditions de projection proches de celle d'une salle de cinéma. *Des home cinémas.*

***homeland** [omlɑ̃d] n. m. ▪ anglic. Bantoustan.

homélie n. f. ▪ **1** Discours simple prononcé au cours de la messe. → **sermon. 2** littér. Longue et ennuyeuse leçon de morale.

homéo- Élément savant, du grec *homoios* «semblable». → **homo-.**

homéomorphe adj. ▪ chim. Qui présente des formes cristallines analogues. *Composés homéomorphes.* ▶ **homéomorphisme** n. m.

homéopathe n. ▪ Médecin qui pratique l'homéopathie.

homéopathie n. f. ▪ Méthode thérapeutique qui consiste à administrer à doses infinitésimales des remèdes capables, à doses plus élevées, de produire des symptômes semblables à ceux de la maladie à combattre (s'oppose à *allopathie*).

homéopathique adj. ▪ De l'homéopathie. ♦ fig. *À dose homéopathique*, très faible. ▶ **homéopathiquement** adv.

homéostasie n. f. ▪ physiol. Réglage des constantes physiologiques d'un organisme. ▶ **homéostatique** adj.

homéotherme n. m. et adj. ▪ biol. (Animal) à sang chaud, dont la température moyenne, constante, est indépendante du milieu ambiant. ▶ **homéothermie** n. f.

homéotique adj. ▪ biol. Se dit de gènes contrôlant la mise en place des organes dans le développement d'un organisme.

homérique adj. ▪ **1** Qui a rapport aux textes attribués à Homère. **2** Qui a un caractère épique. ➝ loc. *Colère homérique*, très violente.

***home-trainer** [omtʀɛnœʀ] n. m. ▪ anglic. Appareil fixe qui permet de pratiquer chez soi les mouvements de différents sports. *Des home-trainers.*

① **homicide** ▪ **I** n. littér. Personne qui tue un être humain. **II** adj. Qui cause la mort d'une ou de nombreuses personnes.

② **homicide** n. m. ▪ Action de tuer un être humain. → **assassinat, meurtre ; -cide.**

hominidés n. m. pl. ▪ sc. Famille de primates comprenant l'être humain, le gorille, le chimpanzé, etc. ◆ au sing. *Un hominidé.*

hominiens n. m. pl. ▪ sc. Sous-ordre de primates auquel appartient l'espèce humaine. ◆ au sing. *Un hominien.*

hominisation n. f. ▪ anthropol. Ensemble des processus évolutifs qui caractérisent le passage du primate à l'être humain.

hommage n. m. ▪ **1** hist. Serment du vassal à son seigneur. **2** Acte de courtoisie d'un homme pour une femme. ◆ au plur. (formule de politesse) *Mes hommages, Madame.* **3** (dans des expr.) Témoignage de respect. *Rendre hommage à qqn.* → **honorer. 4** vieilli Don respectueux.

hommasse adj. ▪ péj. (femme) Qui évoque un homme par la carrure, les manières.

homme n. m. ▪ **I 1** Être (mâle ou femelle) appartenant à l'espèce animale, mammifère de la famille des hominidés, seul représentant de son espèce *(Homo sapiens)*, vivant en société, caractérisé par une intelligence développée et un langage articulé. → **anthropo-. 2** L'être humain, en général. *Les hommes* ou (collectif) *l'homme.* → **humanité.** *Les droits de l'homme.* ◆ loc. *Le Fils de l'homme :* le Christ. **II** Être humain mâle. **1** (dans tous les âges de la vie) → **garçon, mâle ; masculin, viril ; andro-.** *Les hommes et les femmes.* **2** Être humain mâle et adulte. ♦ *HOMME DE. Homme d'action.* ◆ (condition) *Homme du monde.* ◆ (profession) *Homme d'affaires.* ♦ *HOMME À. Un homme à idées.* ◆ loc. *Homme à femmes :* séducteur. ◆ *ÊTRE HOMME À* (+ inf.) : être capable de. ♦ (précédé d'un possessif) L'homme qui convient, dont on a besoin. ♦ loc. *D'homme à homme :* directement et en toute franchise. **3** L'homme, considéré en tant qu'adulte responsable, courageux, fort. *Parole d'homme !* **III** Individu considéré comme dépendant d'une autorité. *Équipage de six hommes.* ◆ loc. *Comme un seul homme :* avec un ensemble parfait. **IV** *JEUNE HOMME :* homme jeune ; spécialt homme jeune célibataire. → **garçon.**

homme-grenouille n. m. ▪ Plongeur muni d'un scaphandre autonome, qui travaille sous l'eau. *Des hommes-grenouilles.*

homme-orchestre [-kɛstʀ] n. m. ▪ **1** Musicien qui joue de plusieurs instruments. **2** Personne qui a des fonctions diverses. *Des hommes-orchestres.*

homme-sandwich [-sɑ̃dwitʃ] n. m. ▪ Homme qui porte sur lui des panneaux publicitaires. *Des hommes-sandwichs.*

① **homo** n. m. ▪ sc. Genre de la famille des hominidés auquel appartient l'espèce humaine. ◆ surtout dans des syntagmes latins *Homo faber* (qui fabrique des outils), *sapiens* (capable de pensée).

② **homo** n. et adj. ▪ fam. Homosexuel, homosexuelle. *Des homos. Une homo.* ◆ adj. *Il, elle est homo. Un bar homo, des revues homos.* → **gay.**

homo- Élément savant, du grec *homos* « le même ». → **homéo- ;** contr. *hétéro-.*

homocentrique adj. ▪ géom. Se dit de courbes, de surfaces ayant le même centre.

homochromie [-kʀɔ-] n. f. ▪ didact. Identité de couleur entre un animal et le milieu où il vit.

homocinétique adj. ▪ **1** mécan. *Liaison homocinétique,* qui assure une transmission régulière des vitesses entre deux arbres non alignés. **2** phys. De même vitesse. *Particules homocinétiques.*

homodonte adj. ▪ zool. (animal) Qui ne possède qu'un seul type de dents. ► **homodontie** [-si] n. f.

homogamie n. f. ▪ sociol. Mariage entre personnes d'un même groupe social.

homogène adj. ▪ contr. *hétérogène* **1** Formé d'éléments de même nature ou répartis de façon uniforme. **2** abstrait Qui a une grande unité. ► **homogénéité** n. f.

homogénéiser v. tr. [1] ▪ Rendre homogène. ► **homogénéisation** n. f.

homographe adj. et n. m. ▪ ling. Se dit des mots qui ont même orthographe. « *Son* » (adj.) *et* « *son* » (n. m.) *sont homographes et homophones* (→ **homonyme).** ► **homographie** n. f.

homogreffe n. f. ▪ méd. Greffe entre individus de même espèce.

homologie n. f. ▪ État d'éléments homologues. ► **homologique** adj.

homologue adj. ▪ Équivalent. ◆ n. *Le ministre a salué son homologue allemand.*

homologuer v. tr. [1] ▪ **1** dr. Entériner (un acte) afin de permettre son exécution. **2** Reconnaître, enregistrer officiellement (un record...). ▷ adj. **homologué, ée** ► **homologation** n. f.

homoncule n. m. ▪ **1** Petit être à forme humaine, que les alchimistes disaient fabriquer. **2** vx Petit homme. - var. **homuncule.**

homonyme adj. et n. m. ▪ Se dit des mots de prononciation identique **(→ homophone)** et de sens différents, qu'ils soient de même orthographe **(→ homographe)** ou non (ex. *ceint, sain, sein, seing*). ► **homonymie** n. f. ► **homonymique** adj.

homoparental, ale, aux adj. ▪ *Famille homoparentale,* où un parent est homosexuel. ► **homoparentalité** n. f.

homophobe adj. et n. ▪ (Personne) qui manifeste de l'hostilité à l'égard des homosexuels. ► **homophobie** n. f.

homophone adj. et n. m. ▪ Se dit de mots de même prononciation. → **homonyme.** ► **homophonie** n. f. ► **homophonique** adj.

homosexuel, elle [-s-] adj. ▪ Qui éprouve une attirance sexuelle pour les individus de son propre sexe. ➝ n. *Un homosexuel, une homosexuelle.* - abrév. fam. **homo.** ▶ **homosexualité** n. f.

homosphère n. f. ▪ Couche de l'atmosphère, située entre le sol et une altitude de 100 km.

homothétie [-si] n. f. ▪ géom. Transformation qui fait correspondre à tout point de l'espace un autre point dans un rapport constant, par rapport à un point fixe. ▶ **homothétique** adj.

homozygote adj. ▪ biol. Se dit d'une cellule ou d'un individu qui possède deux gènes identiques sur chaque chromosome de la même paire (contr. *hétérozygote*).

homuncule → **homoncule**

***hongre** adj. ▪ (cheval) Châtré.

***hongrois, oise** adj. et n. ▪ De Hongrie. → **magyar.** ♦ n. m. *Le hongrois* (langue).

***hongroyer** [ɔ̃gʀwaje] v. tr. [8] ▪ Apprêter, préparer (le cuir) au gros sel et à l'alun. ▶ ***hongroyage** n. m.

honnête adj. ▪ **I 1** Qui se conforme aux lois de la probité, du devoir. → **droit, intègre, loyal.** ♦ vieilli (femmes) → **vertueux.** ♦ spécialt Qui respecte le bien d'autrui ; scrupuleux en matière d'argent. **2** (choses) → **bon, louable, moral.** *Intention honnête.* **II 1** (aux XVIIe et XVIIIe siècles) *Honnête homme,* homme de manières et d'esprit agréables. **2** vx ou région. Qui fait preuve de savoir-vivre. **III** Satisfaisant. → **convenable, correct.**

honnêtement adv. ▪ **I 1** Selon le devoir, la vertu, la probité. **2** Franchement. *Honnêtement, qu'en penses-tu ?* **II** Selon des normes raisonnables ; assez bien.

honnêteté n. f. ▪ **1** Qualité d'une personne honnête (I) ou de ce qui est honnête. → **probité.** **2** vieilli Décence. **3** vx Politesse.

honneur n. m. ▪ **I** Dignité morale. **1** Fait de mériter la considération, l'estime (d'autrui et de soi-même) sur le plan moral et selon les valeurs de la société. → **dignité, fierté.** ➝ *Affaire d'honneur,* où l'honneur est engagé. ➝ *Donner sa parole d'honneur :* jurer. ♦ vieilli *L'honneur d'une femme,* réputation liée au caractère irréprochable de ses mœurs. ♦ (collectivité) *L'honneur d'un peuple.* **2** Sentiment qui pousse à obtenir ou préserver l'estime d'autrui ou de soi-même. ➝ *Homme d'honneur :* homme de probité, de vertu. **II** Considération accordée au mérite reconnu. **1** Considération qui s'attache au mérite, à la vertu, aux talents. → **gloire, réputation.** ➝ *Travailler pour l'honneur,* de façon désintéressée. ♦ (sujet chose) *Être EN HONNEUR,* entouré de considération. → **apprécié.** ♦ *Être l'honneur de,* une source d'honneur pour. → **fierté.** ♦ *Champ d'honneur :* champ de bataille, à la guerre. **2** Traitement spécial destiné à honorer qqn. ➝ *À toi l'honneur !,* à toi de commencer. ➝ *Rendre honneur à :* célébrer. ♦ *EN L'HONNEUR DE...,* en vue de célébrer. ➝ fam. *En quel honneur ?,* pourquoi, pour qui ? ♦ *L'HONNEUR DE* (+ inf.). *Il m'a fait l'honneur de me recevoir.* → **faveur, grâce.** ➝ sens affaibli (formules de politesse) *Faites-moi l'honneur d'être mon témoin.* ellipt *À qui ai-je l'honneur* (de parler) ? **3** (après un subst.) *D'HONNEUR* (qui rend ou confère un honneur). *Vin d'honneur. La Légion d'honneur.* ➝ *Président d'honneur.* → **honoraire.** **4** *FAIRE HONNEUR À qqn,* lui valoir de la considération. ♦ *FAIRE HONNEUR À qqch.,* le respecter. **5** *VOTRE HONNEUR :* traduction d'un titre usité en Grande-Bretagne et dans l'ancienne Russie. **III** au plur. **1** Témoignages d'honneur. *Les honneurs dus à son rang.* → **égard.** ➝ *Honneurs militaires :* saluts, salves d'artillerie, sonneries. ♦ *Faire à qqn les honneurs d'une maison,* l'y accueillir et l'y guider soi-même avec politesse. **2** Ce qui confère éclat ou supériorité dans la société. **3** Cartes les plus hautes, à certains jeux.

***honnir** v. tr. [2] ▪ vieilli ou littér. Vouer à la haine et au mépris publics de façon à couvrir de honte. ➝ (au p. p.) loc. (souvent iron.) *Honni soit qui mal y pense !,* honte à qui y voit du mal (devise en français de l'ordre de la Jarretière, en Angleterre).

honorabilité n. f. ▪ Qualité d'une personne honorable.

honorable adj. ▪ **I 1** Qui mérite d'être honoré, estimé. → **estimable, respectable.** **2** Qui honore, attire la considération. **3** Qui sauvegarde l'honneur. **II** (sens affaibli) → **honnête** (III). *Un résultat très honorable.*

honorablement adv. ▪ **1** D'une manière respectable. **2** D'une manière convenable.

honoraire adj. ▪ **1** Qui, ayant cessé d'exercer une fonction, en garde le titre et les prérogatives honorifiques. *Recteur honoraire.* **2** Qui, sans exercer une fonction, en a le titre honorifique. *Président honoraire.*

honoraires n. m. pl. ▪ Rétribution des personnes exerçant une profession libérale.

honorariat n. m. ▪ didact. Dignité d'une personne qui porte un titre honoraire.

honorer v. tr. [1] ▪ **1** Faire honneur à (qqn) (s'oppose à *déshonorer*). *Ces scrupules vous honorent.* **2** Rendre honneur à, traiter avec respect. → **célébrer.** **3** Tenir en haute estime. → **respecter.** **4** Acquitter afin de faire honneur à un engagement. ▷ v. pron. **s'honorer** *S'honorer de :* tirer fierté de. ▷ adj. **honoré, ée 1** Respecté. **2** (politesse) Flatté. ♦ *Mon honoré confrère.* → **estimé, honorable.** **3** n. f. (correspondance commerciale) Lettre. *Votre honorée du trois août.*

honorifique adj. ▪ Qui confère des honneurs. ➝ *À titre honorifique.* → d'**honneur, honoraire ; honoris causa.**

honoris causa [ɔnɔʀiskoza] loc. adj. ■ *Docteur honoris causa* (d'une université), à titre honorifique.

***honte** n. f. ■ **1** Déshonneur humiliant. → **opprobre.** *Couvrir qqn de honte.* ♦ *C'est une honte !*, c'est une chose honteuse. **2** Sentiment pénible d'infériorité ou d'humiliation devant autrui. → **confusion.** ← *AVOIR HONTE* : éprouver de la honte. ← loc. littér. *Avoir toute honte bue* : être insensible au déshonneur. **3** *FAIRE HONTE À qqn*, être pour lui un sujet de honte. **4** Sentiment de gêne éprouvé par scrupule de conscience, crainte du ridicule, etc.

***honteusement** adv. ■ D'une manière honteuse ; avec honte.

***honteux, euse** adj. ■ **1** Qui cause de la honte. → **avilissant, dégradant, déshonorant.** ♦ Dont on a honte. *Pensée honteuse.* ← spécialt, vieilli *Les parties honteuses*, les organes génitaux. *Maladies honteuses.* → **vénérien. 2** Qui éprouve un sentiment de honte. **3** (épithète ; après le n.) Qui se cache d'être (ce qu'il est). *Un gourmand honteux.*

***hooligan** ou ***houligan** [uligan ; uligɑ̃] n. m. ■ Voyou qui exerce la violence, notamment lors de rencontres sportives. ► ***hooliganisme** ou ***houliganisme** n. m.

***hop** [ɔp ; hɔp] interj. ■ Interjection pour stimuler, ou évoquer une action brusque.

hôpital, aux n. m. ■ **1** anciennt Établissement charitable où l'on recevait les gens sans ressources. → **hospice. 2** mod. Établissement public qui reçoit ou traite les malades, les blessés et les femmes en couches.

hoplite n. m. ■ didact. (Antiq. grecque) Fantassin lourdement armé.

***hoquet** n. m. ■ Contraction spasmodique du diaphragme ; bruit qui en résulte.

***hoqueter** v. intr. [4] ■ Avoir le hoquet.

***hoqueton** n. m. ■ anciennt Veste de toile.

horaire ■ **I** adj. **1** Relatif aux heures. **2** Qui correspond à une durée d'une heure. *Vitesse horaire.* **3** Qui a lieu toutes les heures. **II** n. m. **1** Relevé des heures de départ, etc. (transports), d'activité. ← Tableau indiquant un horaire. **2** Emploi du temps.

***horde** n. f. ■ **1** didact. Tribu nomade. **2** Troupe d'hommes indisciplinés.

hordéine n. f. ■ biochim. Protéine simple extraite de l'orge.

***horion** n. m. ■ littér. Coup violent.

horizon n. m. ■ **1** Limite circulaire de la vue, pour un observateur. ← *Ligne d'horizon*, qui semble séparer le ciel de la terre (ou de la mer), à l'horizon. **2** Parties de la surface terrestre (ou de la mer) et du ciel voisines de l'horizon. *Scruter l'horizon.* ← *À L'HORIZON* : au loin. **3** fig. Domaine qui s'ouvre à la pensée, à l'activité. *Des horizons insoupçonnés.* ← *Tour d'horizon* : examen (d'une question).

horizontal, ale, aux ■ **I** adj. Perpendiculaire à la direction de la pesanteur (opposé à *vertical*). **II** n. f. Position horizontale. *Amener ses bras à l'horizontale.* ► **horizontalement** adv. ► **horizontalité** n. f.

horloge n. f. ■ **1** Grand appareil, souvent muni d'une sonnerie, qui indique l'heure. **2** fig. *Horloge interne* ou *biologique* : mécanismes réglant la répartition dans le temps de l'activité de l'organisme. → **rythme** biologique.

horloger, ère ■ **1** n. Personne qui s'occupe d'horlogerie. **2** adj. Relatif à l'horlogerie.

horlogerie n. f. ■ **1** Industrie, commerce des instruments de mesure du temps. ♦ Magasin d'horloger. **2** Ouvrages de cette industrie.

***hormis** prép. ■ littér. Excepté. → **sauf.**

hormone n. f. ■ Substance élaborée par une glande endocrine ou un tissu et qui exerce une action spécifique sur le fonctionnement d'un organe ou sur un processus. ► **hormonal, ale, aux** adj.

hormonothérapie n. f. ■ méd. Traitement médical par les hormones.

***hornblende** [ɔʀnblɛ̃d] n. f. ■ Silicate de fer, d'aluminium et de magnésium.

horo- Élément, du grec *hôra* «heure».

horodaté, ée adj. ■ Qui mentionne l'heure à laquelle il a été établi (document).

horodateur, trice ■ **1** adj. Qui imprime la date et l'heure. **2** n. m. Appareil horodateur.

horokilométrique adj. ■ didact. Relatif à une vitesse exprimée en kilomètres-heure.

horoscope n. m. ■ Étude astrologique de la destinée de qqn, effectuée d'après sa date, son heure et son lieu de naissance.

horreur n. f. ■ **I** (sens subjectif) **1** Impression violente causée par la vue ou la pensée d'une chose qui fait peur ou qui répugne. → **épouvante.** ← *FAIRE HORREUR (À).* → **répugner. 2** Sentiment très défavorable qu'une chose inspire. → **dégoût.** ← *AVOIR HORREUR DE.* → **détester. II** (sens objectif) **1** Caractère de ce qui inspire de l'horreur. → **atrocité. 2** Ce qui inspire un sentiment d'horreur. → **monstruosité.** ♦ au plur. Aspects horribles d'une chose ; choses horribles. **3** au plur. Propos outrageants ou obscènes.

horrible adj. ■ **1** Qui fait horreur. *Une mort horrible.* **2** Très laid ; très mauvais. **3** Excessif, désagréable. *Une chaleur horrible.*

horriblement adv. ■ **1** D'une manière horrible. **2** par exagér. → **extrêmement.**

horrifier v. tr. [7] ■ Remplir d'horreur. ► **horrifiant, ante** adj. → **épouvantable.**

horrifique adj. ■ vx Qui cause de l'horreur.

horripilateur adj. ▪ anat. Se dit du muscle qui redresse chaque poil.

horripilation n. f. ▪ 1 Érection des poils (frisson). 2 Agacement, exaspération.

horripiler v. tr. [1] ▪ Agacer fortement (qqn). → **énerver, exaspérer, impatienter.** ► **horripilant, ante** adj.

***hors** prép. ▪ I En dehors de, à l'extérieur de, au-delà de (dans des expr.). *Hors saison. Talent hors pair.* II loc. prép. HORS DE. 1 À l'extérieur de. 2 loc. *Être hors d'affaire,* tiré d'affaire. ➛ *Hors de prix :* très cher. ➛ HORS DE MOI, SOI... : furieux. *Elle était hors d'elle.*

***horsain** n. m. ▪ (Normandie) Étranger.

***hors-bord** n. m. invar. ▪ 1 Moteur placé en dehors de la coque d'une embarcation. 2 Canot propulsé par un moteur hors-bord.

***hors-champ** n. m. ▪ cinéma Prise de vue hors du champ prévu. *Des hors-champs.*

***hors-d'œuvre** n. m. invar. ▪ Petit plat que l'on sert au début du repas.

***horse-ball** [ɔʀsbol] n. m. ▪ anglic. Sport dans lequel deux équipes de six cavaliers tentent d'envoyer dans les buts adverses un ballon muni d'anses de cuir.

***hors-jeu** n. m. invar. ▪ (sports d'équipe) Faute d'un joueur dont la position sur le terrain est interdite par les règles. ♦ adj. invar. (sans trait d'union) *Joueur hors jeu.*

***hors-la-loi** n. invar. ▪ Personne qui vit en marge des lois. → **bandit.**

***hors-piste** n. m. invar. ▪ Ski pratiqué en dehors des pistes balisées.

***hors-série** n. m. invar. ▪ Journal, magazine qui n'est pas publié aux dates habituelles.

***hors service** adj. invar. ▪ Qui n'est pas ou plus en service (définitivement ou non). – abrév. **H. S.** ➛ fig., fam. (personnes) Très fatigué. *Je suis complètement H. S.*

***hors-sol** adj. invar. ▪ 1 *Élevage hors-sol,* dans lequel la nourriture des animaux ne provient pas de l'exploitation elle-même. 2 *Culture hors-sol,* sans terre. ➛ *Tomates hors-sol.*

***hors-texte** n. m. invar. ▪ Illustration imprimée à part, intercalée dans un livre.

***hors tout** adj. invar. ▪ *Dimensions hors tout,* mesurées sans que rien ne dépasse.

hortensia n. m. ▪ Arbrisseau ornemental aux fleurs groupées en boules ; ces fleurs.

horticole adj. ▪ Relatif à l'horticulture.

horticulture n. f. ▪ Culture des plantes d'ornement ; culture maraîchère. ► **horticulteur, trice** n.

hortillonnage n. m. ▪ (en Picardie) Marais où l'on cultive des légumes.

hosanna n. m. ▪ Chant, cri de joie.

hospice n. m. ▪ 1 Maison où des religieux donnent l'hospitalité aux voyageurs. 2 Établissement où l'on accueillait les personnes âgées démunies.

hospitalier, ière adj. ▪ I Relatif aux hôpitaux. II Qui pratique, où l'on pratique l'hospitalité. → **accueillant.**

hospitaliser v. tr. [1] ▪ Faire entrer, admettre (qqn) dans un hôpital. ► **hospitalisation** n. f.

hospitalisme n. m. ▪ psych. Troubles psychosomatiques présentés par un jeune enfant à la suite d'une hospitalisation prolongée.

hospitalité n. f. ▪ Fait de recevoir qqn sous son toit, de le loger gratuitement. *Demander l'hospitalité.* ♦ Action de recevoir chez soi. *Merci de votre aimable hospitalité.*

hospitalo-universitaire adj. ▪ De l'hôpital, dans la mesure où il y est dispensé un enseignement médical.

hospodar n. m. ▪ hist. Ancien titre des princes vassaux du sultan de Turquie placés à la tête des provinces roumaines.

hostellerie n. f. ▪ comm. Hôtellerie (I, 1).

hostie n. f. ▪ Petite rondelle de pain azyme que le prêtre consacre pendant la messe.

hostile adj. ▪ 1 Qui manifeste de l'agressivité, se conduit en ennemi. *Foule hostile.* ➛ *Nature hostile.* → **inhospitalier.** ♦ HOSTILE À. → **défavorable ; opposé** à. 2 Qui est d'un ennemi, caractérise un ennemi. *Silence hostile.* ► **hostilement** adv.

hostilité n. f. ▪ 1 au plur. Ensemble des opérations de guerre. 2 Disposition hostile, inamicale. → **antipathie, haine.**

hosto n. m. ▪ fam. Hôpital.

***hot** [ɔt] adj. invar. ▪ anglic., fam. Érotique, sensuel. *Les scènes hot d'un film.*

***hot-dog** [ɔtdɔg] n. m. ▪ anglic. Saucisse servie chaude dans du pain. *Des hot-dogs.*

hôte, hôtesse n. ▪ I UN HÔTE, UNE HÔTESSE 1 Personne qui reçoit qqn (→ **hospitalité).** 2 vx Aubergiste, hôtelier. ♦ loc. TABLE D'HÔTE : table commune où l'on mange à prix fixe. 3 n. m. biol. Organisme animal ou végétal qui héberge un parasite. II 1 UN HÔTE, UNE HÔTE. Personne qui est reçue chez qqn. → **invité.** ♦ CHAMBRE D'HÔTE, louée au voyageur par un particulier. 2 littér. *Les hôtes de l'air, des bois :* les oiseaux, les animaux.

hôtel n. m. ▪ 1 Maison meublée où on loge et où l'on trouve les commodités du service (à la différence du *meublé*), pour un prix journalier. 2 Demeure citadine d'un grand seigneur (anciennt) ou d'un riche particulier *(hôtel particulier).* 3 *Maître d'hôtel :* personne qui dirige le service de table, chez un particulier, dans un restaurant. 4 Grand édifice destiné à un établissement public. ➛ *Hôtel de ville.* → **mairie.**

hôtel-Dieu n. m. ▪ anciennt Hôpital principal de certaines villes. *Des hôtels-Dieu.*

hôtelier, ière ▪ **I** n. Personne qui tient un hôtel, une hôtellerie, une auberge. **II** adj. Relatif aux hôtels, à l'hôtellerie (II).

hôtellerie n. f. ▪ **I 1** Hôtel ou restaurant rustique, souvent luxueux. **2** Bâtiment d'une abbaye où l'on reçoit les hôtes laïcs. **II** Métier d'hôtelier ; industrie hôtelière.

hôtesse n. f. ▪ **1** *Hôtesse (de l'air)* : femme chargée de veiller au confort et à la sécurité des passagers d'un avion. **2** Femme chargée de l'accueil de visiteurs, de clients.

***hot-line** [ɔtlajn] n. f. ▪ anglic. Service d'assistance téléphonique. - var. **hot line, hotline.**

***hotte** n. f. ▪ **1** Grand panier qu'on porte sur le dos. **2** Construction se raccordant au bas d'un tuyau de cheminée, etc.

***hottentot, ote** adj. ▪ Des Hottentots.

***hou** [u ; hu] interj. ▪ **1** Sert à railler ou à faire peur. **2** (redoublé) Sert à appeler.

***houblon** n. m. ▪ Plante grimpante dont les fleurs servent à aromatiser la bière.

***houblonner** v. tr. [1] ▪ techn. Aromatiser avec du houblon. ► ***houblonnage** n. m.

***houblonnier, ière** ▪ agric. **1** n. Personne qui cultive le houblon. **2** adj. Qui produit du houblon.

***houblonnière** n. f. ▪ Champ de houblon.

***houdan** n. f. ▪ Poule d'une race élevée à Houdan. *Des houdans.*

***houe** n. f. ▪ Pioche à lame assez large dont on se sert pour biner la terre.

***houille** n. f. ▪ **1** Combustible minéral de formation sédimentaire, noir, à facettes brillantes, à forte teneur en carbone. **2** *Houille blanche* : énergie hydraulique fournie par les chutes d'eau en montagne.

***houiller, ère** adj. ▪ Relatif à la houille.

***houillère** n. f. ▪ Mine de houille.

***houka** n. m. ▪ Pipe orientale à réservoir, sorte de narguilé.

***houla** interj. ▪ Exprime la surprise, une mise en garde.

***houle** n. f. ▪ Mouvement d'ondulation qui agite la mer sans faire déferler les vagues.

***houlette** n. f. ▪ Bâton de berger. ♦ loc. *Sous la houlette de qqn,* sous sa conduite.

***houleux, euse** adj. ▪ **1** Agité par la houle. **2** fig. Agité, mouvementé. *Débat houleux.*

***houligan** → **hooligan**

***houlque** n. f. ▪ Plante herbacée vivace, qui pousse en grosses touffes. - var. ***houque.**

houmous n. m. ▪ Purée de pois chiches à la crème de sésame (cuisine du Proche-Orient). - var. **hoummous.**

***houppe** n. f. ▪ **1** Assemblage de brins (de fil...) formant une touffe. **2** Touffe.

***houppelande** n. f. ▪ anciennt Long vêtement de dessus, chaud et très ample.

***houppette** n. f. ▪ Petite houppe.

***houppier** n. m. ▪ techn. Sommet d'un arbre ébranché. ➛ Cet arbre.

***houque** → ***houlque**

***hourd** n. m. ▪ **1** anciennt Estrade pour les spectateurs d'un tournoi. **2** Charpente en encorbellement au sommet d'une tour, d'une muraille.

***hourder** v. tr. [1] ▪ techn. **1** Garnir de hourds, fortifier. **2** Maçonner grossièrement avec du plâtre. ► **hourdage** n. m.

***hourdis** n. m. ▪ Maçonnerie légère garnissant un colombage.

***houri** n. f. ▪ Beauté céleste du paradis d'Allah. ♦ vx Femme belle et sensuelle.

***hourra** n. m. ▪ Cri de joie, d'acclamation. ➛ interj. *Hip, hip, hip, hourra !*

***hourvari** n. m. ▪ littér. Grand tumulte.

***house music** ou **house** [aus] n. f. ▪ anglic. Style de musique associant la pop et le disco à la manipulation électronique du son.

***houspiller** v. tr. [1] ▪ Réprimander (qqn).

***houssaie** n. f. ▪ région. Lieu planté de houx. - syn. ***houssière.**

***housse** n. f. ▪ Enveloppe souple dont on recouvre certains objets pour les protéger.

***housser** v. tr. [1] ▪ Couvrir d'une housse.

***houssière** → **houssaie**

***houx** n. m. ▪ Arbre ou arbuste à feuilles bordées de piquants, à baies rouge vif.

hovercraft [ɔvœʀkʀaft] n. m. ▪ anglic. → **aéroglisseur.**

***hoyau** [ɔjo ; wajo] n. m. ▪ agric. Petite houe à lame courbe.

Hs ▪ Symbole chimique du hassium.

H. S. adj. ▪ → **hors service.**

***HT** ▪ Abréviation de *hors taxes. Facture HT.*

***HTML** n. m. invar. (sigle) ▪ anglic., inform. Langage de structuration de documents utilisé pour la création de pages web et la définition de liens hypertextes. ➛ appos. *Le langage HTML.*

***HTTP** n. m. (sigle angl. de *hypertext transfer protocol*) ▪ inform. Protocole de transmission permettant à l'utilisateur d'accéder à des pages web par l'intermédiaire d'un navigateur.

***huard** ou ***huart** n. m. ▪ **I** Plongeon (oiseau). **II** (Canada) **1** Pièce de un dollar canadien (où cet oiseau figure). **2** Dollar canadien.

***hub** [œb] n. m. ▪ anglic. **1** inform. → **concentrateur. 2** aéron. Plate-forme, dans un aéroport, réunissant des lignes en correspondance.

***hublot** n. m. ▪ **1** Petite fenêtre étanche, souvent ronde, munie d'un verre épais, sur un navire. ♦ Fenêtre, dans un avion. **2** Partie vitrée de la porte (d'un four, etc.).

***huche** n. f. ▪ Grand coffre de bois rectangulaire à couvercle plat.

***hucher** v. tr. 1 ▪ vx ou vén. Appeler en criant, en sifflant.

***hue** [y ; hy] interj. ▪ Cri pour faire avancer un cheval, ou le faire tourner à droite. ➛ loc. *Tirer à hue et à dia,* aller dans des directions contraires et, fig., contradictoires.

***huée** n. f. ▪ Cri collectif de réprobation.

***huer** v. tr. 1 ▪ Pousser des cris de dérision, des cris hostiles contre (qqn).

***huerta** [wɛʀtà] n. f. ▪ géogr. Plaine irriguée très fertile, en Espagne.

***huguenot, ote** n. ▪ Surnom (péjoratif à l'origine) donné par les catholiques aux calvinistes, en France, du XVIe au XVIIIe siècle. ➛ adj. *Parti huguenot.*

huile n. f. ▪ **1** Liquide gras, inflammable, insoluble dans l'eau, d'origine végétale, animale ou minérale. → **oléi-.** *Huile d'olive.* ➛ *Huile de foie de morue.* ➛ *Huiles minérales :* hydrocarbures liquides. ♦ *Huiles essentielles,* obtenues par distillation de substances aromatiques végétales. → **essence. 2** (emplois spéciaux) Huile comestible. ♦ Huile de graissage. → **lubrifiant.** ♦ Huile de lampe. **3** *Peinture à l'huile,* dont les pigments sont liés avec de l'huile (de lin, etc.). ♦ *Une huile,* tableau peint à l'huile. **4** *Les saintes huiles.* → **chrême. 5** loc. *Mer d'huile,* très calme. ➛ *Faire tache d'huile,* se propager lentement. ➛ *Jeter de l'huile sur le feu,* pousser à la dispute. ➛ fam. *Huile de coude*.* **6** fam. Personnage important.

huiler v. tr. 1 ▪ Frotter avec de l'huile. → **graisser, lubrifier.** ► **huilage** n. m.

huilerie n. f. ▪ **1** Fabrique d'huiles végétales. **2** Industrie des huiles végétales.

huileux, euse adj. ▪ **1** Qui contient de l'huile. **2** Qui évoque l'huile. → **onctueux. 3** Qui est ou semble imbibé d'huile. → **gras.**

① **huilier** n. m. ▪ Ustensile composé de deux flacons pour l'huile et le vinaigre.

② **huilier, ière** adj. ▪ Qui a rapport à la fabrication des huiles.

huis n. m. ▪ **1** vx Porte. *Fermer l'huis.* **2** loc. *À HUIS CLOS :* toutes portes fermées ; dr. sans que le public soit admis. ♦ n. m. **HUIS CLOS. Tribunal qui ordonne le huis clos.*

huisserie n. f. ▪ techn. Bâti formant l'encadrement d'une baie.

huissier, ière n. ▪ **1** n. m. Celui qui a pour métier d'introduire les visiteurs (dans une administration...). **2** Employé(e) préposé(e) au service de certaines assemblées. **3** *Huissier, huissière (de justice),* officier ministériel chargé de signifier les actes de procédure et de mettre à exécution les décisions de justice.

***huit** ▪ **I** adj. numéral invar. (prononcé [ɥi] devant un nom commençant par une consonne ou un *h* aspiré, [ɥit] dans les autres cas) **1** (cardinal) Sept plus un (8). ➛ *HUIT JOURS :* une semaine (bien qu'elle n'ait que sept jours). ➛ *Jeudi EN HUIT :* le jeudi après celui qui vient. **2** (ordinal) Huitième. *Henri VIII.* **II** n. m. invar. [ɥit] Le chiffre, le nombre, le numéro huit. *Huit et deux, dix.*

***huitain** n. m. ▪ didact. Petit poème de huit vers. ➛ Strophe de huit vers.

***huitaine** n. f. ▪ Ensemble de huit (ou d'environ huit) éléments de même sorte.

***huitante** adj. ▪ numéral invar. (Suisse) Quatre-vingts. *Huitante-trois ans.* ► ***huitantième** adj.

***huitième** [-tjɛm] ▪ **1** adj. numéral ordinal Qui suit le septième (8e). ♦ n. *Le, la huitième.* **2** adj. et n. m. Se dit d'une partie d'un tout divisé également en huit. ► ***huitièmement** adv.

huître n. f. ▪ Mollusque bivalve, à coquille rugueuse, comestible (→ **ostréiculture**) ou recherché pour ses sécrétions (nacre, perle).

***huit-reflets** n. m. invar. ▪ Chapeau de soie haut de forme très brillant.

① **huîtrier, ière** adj. ▪ Relatif aux huîtres, à leur élevage. *Industrie huîtrière* (→ **ostréiculture**).

② **huîtrier** n. m. ▪ zool. Oiseau échassier des rivages, appelé aussi *pie de mer,* très friand de coquillages.

huîtrière n. f. ▪ Banc d'huîtres. ♦ Établissement où se fait l'élevage des huîtres.

***hulotte** n. f. ▪ Grande chouette au plumage brun. → **chat-huant.**

***hululer** ou **ululer** v. intr. 1 ▪ Crier (oiseaux de nuit). ► ***hululement** ou **ululement** n. m.

***hum** [œm ; hœm] interj. ▪ Exprime le doute, la réticence. ♦ Note une petite toux.

humain, aine ▪ **I** adj. **1** De l'homme (I), propre à l'homme. *La condition humaine.* ➛ *Être humain.* → **individu, personne. 2** Qui est compréhensif et compatissant. **3** Qui a les caractéristiques de l'homme (opposé à *inhumain, surhumain*). **II** n. m. **1** Ce qui est humain. *L'humain et le divin.* **2** littér. Être humain. *Les humains.*

humainement adv. ▪ **1** En tant qu'être humain. **2** Avec humanité (2).

humaniser v. tr. 1 ▪ Rendre plus humain. ▷ v. pron. s'**humaniser** ► **humanisation** n. f.

humanisme n. m. ▪ **1** philos. Théorie, doctrine centrée sur la personne humaine. **2** hist. Mouvement de la Renaissance, caractérisé par un essor intellectuel et le retour aux sources gréco-latines.

humaniste n. m. ▪ **1** philos. Partisan de l'humanisme. **2** Spécialiste des langues et littératures grecques et latines. ➙ spécialt Lettré de la Renaissance qui se consacrait à l'étude des auteurs antiques.

humanitaire adj. ▪ **1** Qui vise au bien de l'humanité. → **philanthropique. 2** Qui agit pour sauver des vies humaines, dans une situation de conflit. *Action humanitaire.*

humanitarisme n. m. ▪ didact. (souvent péj.) Conceptions humanitaires (jugées utopiques, etc.). ► **humanitariste** adj. et n.

humanité n. f. ▪ **1** philos. Caractère de ce qui est humain ; nature humaine (opposé à *divinité,* à *animalité*). **2** Sentiment de bienveillance, de compassion envers autrui. → **bonté, sensibilité. 3** Le genre humain, en général. **4** didact. *LES HUMANITÉS :* étude des langues et littératures grecques et latines.

humanoïde ▪ **1** adj. Qui rappelle l'homme (I). **2** n. (lang. de la science-fiction) Être vivant ou robot d'apparence humaine. → **androïde.**

humble adj. ▪ **I 1** Qui s'abaisse volontiers, par modestie ou par déférence. → **effacé, modeste. 2** D'une condition sociale modeste. ➙ n. vieilli *Les humbles.* **II** (choses) **1** Qui marque de l'humilité. **2** littér. Sans éclat, sans prétention. *Une humble demeure.*

humblement adv. ▪ De manière humble.

humecter v. tr. [1] ▪ Rendre humide, mouiller légèrement. ► **humectage** n. m.

***humer** v. tr. [1] ▪ Aspirer par le nez (spécialt pour sentir). → **inspirer, respirer.**

humérus [-ys] n. m. ▪ Os long constituant le squelette du bras, de l'épaule au coude. ► **huméral, ale, aux** adj.

humeur n. f. ▪ **I** méd., vx *LES HUMEURS :* les liquides organiques du corps humain (sang, lymphe, etc.). ♦ mod. *Humeur vitrée* de l'œil.* **II 1** Ensemble des tendances dominantes qui forment le tempérament de qqn (attribuées autrefois aux *humeurs* (I) du corps). *Être d'humeur égale.* **2** littér. Ensemble des tendances spontanées. → **fantaisie, impulsion. 3** Disposition momentanée de qqn. *Cela dépendra de mon humeur.* ➙ *Être D'HUMEUR À* (+ inf.). → **disposé, enclin. 4** *Bonne humeur :* disposition à la gaieté, à l'optimisme. ♦ *Mauvaise humeur :* disposition à la tristesse, à la colère. **5** littér. Mauvaise humeur. *Mouvement d'humeur.*

humide adj. ▪ Imprégné d'eau, de liquide.

humidificateur n. m. ▪ Appareil utilisé pour accroître le degré d'humidité de l'air.

humidifier v. tr. [7] ▪ Rendre humide. ► **humidification** n. f.

humidité n. f. ▪ Caractère de ce qui est humide ; eau imprégnant un corps, un lieu.

humification n. f. ▪ didact. Transformation (de matières végétales) en humus.

humiliation n. f. ▪ **1** Action d'humilier, fait d'être humilié ; sentiment qui en découle. **2** Ce qui humilie. → **affront, vexation.**

humilié, ée adj. ▪ Qui a subi une humiliation.

humilier v. tr. [7] ▪ **1** vx ou relig. Rendre humble. **2** Rabaisser d'une manière insultante. **3** (sujet chose) Faire honte à (qqn). ► **humiliant, ante** adj.

humilité n. f. ▪ **1** Sentiment de sa propre insuffisance qui pousse à réprimer son orgueil. → **modestie. 2** littér. Caractère humble (d'une condition sociale...).

humoral, ale, aux adj. ▪ Des humeurs (I).

humoriste n. ▪ Écrivain, dessinateur satirique ou comique.

humoristique adj. ▪ Plein d'humour.

humour n. m. ▪ Forme d'esprit qui consiste à dégager les aspects plaisants et insolites de la réalité, avec un certain détachement. ➙ *Humour noir,* qui s'exerce à propos de situations graves, voire macabres.

humus [-ys] n. m. ▪ Terre provenant de la décomposition des végétaux. → **terreau.**

***hune** n. f. ▪ Plate-forme arrondie fixée au mât d'un navire, à une certaine hauteur.

***hunier** n. m. ▪ Voile carrée du mât de hune.

***huppe** n. f. ▪ **1** Touffe de plumes que certains oiseaux ont sur la tête. → **aigrette. 2** Oiseau passereau qui porte une huppe.

***huppé, ée** adj. ▪ **1** Qui porte une huppe. **2** fam. Haut placé et, spécialt, riche.

***hurdler** [œRdlœR] n. m. ▪ anglic., sports Coureur de haies.

***hure** n. f. ▪ **1** Tête du sanglier, du cochon, et de poissons à tête allongée. **2** Charcuterie à base de morceaux de hure de porc.

***hurlant, ante** adj. ▪ **1** Qui hurle. **2** *Couleurs hurlantes.* → **criard.**

***hurlement** n. m. ▪ **1** Cri aigu et prolongé de certains animaux (loup, chien). **2** (personnes) *Hurlement de rage, de terreur.* **3** par analogie *Les hurlements du vent.*

***hurler** v. [1] ▪ **I** v. intr. **1** (animaux) Pousser des hurlements. ➙ loc. fig. *Hurler avec les loups,* se ranger du côté du plus fort. **2** (personnes) Pousser des cris prolongés et violents. *Hurler de douleur.* **3** Parler, crier, chanter de toutes ses forces. **4** Produire un bruit semblable à un hurlement. **5** fig. Jurer (couleurs). **II** v. tr. Exprimer, dire en hurlant. *Hurler des injures.*

***hurleur, euse** adj. ▪ Qui hurle.

hurluberlu, ue n. ▪ vieilli Personne extravagante, qui agit de manière inconsidérée.

***huron, onne** n. ▪ Membre d'un peuple amérindien du Canada.

***hurricane** [yʀikan ; œʀikan] n. m. ▪ anglic. Cyclone, en Amérique centrale.

***husky** [œski] n. m. ▪ anglic. Chien de traîneau à fourrure beige et noire, aux yeux bleus. *Des huskys* ou *des huskies.*

***hussard** n. m. ▪ anciennt Soldat de la cavalerie légère, dans diverses armées.

***hussarde** n. f. ▪ loc. *À la hussarde* : brutalement, sans retenue ni délicatesse.

***hussite** n. m. ▪ hist. relig. Chrétien de Bohême partisan de Jan Hus.

***hutte** n. f. ▪ Abri rudimentaire.

hyacinthe n. f. ▪ Pierre fine jaune (zircon).

hyalin, ine adj. ▪ Qui a la transparence du verre. *Quartz hyalin* : cristal de roche.

hyalite n. f. ▪ **1** minér. Variété transparente d'opale. **2** méd. Inflammation du corps vitré de l'œil.

hyaloïde adj. ▪ anat. Qui ressemble à du verre. *Membrane hyaloïde*, qui entoure le corps vitré de l'œil.

hybridation n. f. ▪ biol. Croisement entre variétés d'une même espèce, entre espèces.

hybride adj. et n. m. ▪ **1** Issu du croisement de variétés ou d'espèces différentes. ➛ n. m. *Le mulet est un hybride.* **2** ling. *Mot hybride*, formé d'éléments empruntés à des langues différentes. **3** Composé d'éléments de nature, style, etc. différents.

hybrider v. tr. [1] ▪ biol. Pratiquer l'hybridation de. → **croiser.**

hybridisme n. m. ▪ biol. État caractérisant les hybrides.

hybridité n. f. ▪ biol. Caractère d'hybride.

hydarthrose n. f. ▪ méd. Épanchement d'un liquide séreux dans une cavité articulaire.

hydatide n. f. ▪ Forme larvaire de l'échinocoque. ▸ **hydatique** adj.

hydne n. m. ▪ bot. Champignon basidiomycète présentant des aiguillons sous le chapeau. → **pied-de-mouton.**

hydracide n. m. ▪ chim. Acide ne renfermant pas d'oxygène mais de l'hydrogène et des éléments non métalliques.

hydraire n. m. ▪ zool. Cnidaire qui passe par les phases de polype vivant en colonie, puis de méduse libre.

hydramnios [-jɔs] n. m. ▪ pathol. Excès de liquide amniotique pendant la grossesse.

hydrant n. m. et **hydrante** n. f. ▪ (Suisse) Borne d'incendie.

hydrargyrisme n. m. ▪ méd. Intoxication par le mercure ou ses composés. - syn. **hydrargie** n. f.

hydrate n. m. ▪ **1** Composé contenant une ou plusieurs molécules d'eau. **2** vieilli *Hydrate de carbone* : glucide.

hydrater v. tr. [1] ▪ **1** chim. Combiner avec de l'eau. **2** Introduire de l'eau dans (les tissus, l'organisme). ▸ **hydratation** n. f. ▸ **hydratant, ante** adj. *Crème hydratante.*

hydraulique ▪ **I** adj. **1** Mû par l'eau ; qui utilise l'énergie de l'eau. **2** *Énergie hydraulique*, fournie par les cours d'eau, les marées. **3** Relatif à la distribution de l'eau. **II** n. f. Science, technique des liquides en mouvement (▸ **hydraulicien, ienne** n.).

hydravion n. m. ▪ Avion conçu pour décoller et se poser à la surface de l'eau.

hydrazine n. f. ▪ chim. Base liquide formée d'hydrogène et d'azote, utilisée comme combustible dans les fusées.

hydre n. f. ▪ **1** mythol. *L'hydre de Lerne* : serpent à sept têtes qui repoussaient sitôt coupées. **2** littér. Mal qui se renouvelle en dépit des efforts faits pour l'éradiquer.

hydrémie n. f. ▪ méd. Présence d'eau dans le sang. - syn. **hydrohémie.**

hydrie n. f. ▪ archéol. Vase grec à trois anses.

hydrique adj. ▪ didact. De l'eau.

① **hydr(o)-, -hydre** Éléments savants, du grec *hudôr* « eau ».

② **hydr(o)-** Élément savant qui signifie « hydrogène ».

hydroalcoolique adj. ▪ (liquide) Qui contient de l'eau, de l'alcool et un agent antibactérien. *Solution hydroalcoolique* (antiseptique cutané).

hydrobase n. f. ▪ techn. Plan d'eau aménagé pour recevoir les hydravions.

hydrocarbonate n. m. ▪ chim. Carbonate hydraté.

hydrocarboné, ée adj. ▪ chim. Formé de carbone et d'hydrogène.

hydrocarbure n. m. ▪ Composé contenant seulement du carbone et de l'hydrogène.

hydrocèle n. f. ▪ pathol. Épanchement de sérosité dans les bourses.

hydrocéphale adj. et n. ▪ Atteint d'un épanchement de sérosité à l'intérieur du cerveau. ▸ **hydrocéphalie** n. f.

hydrocortisone n. f. ▪ biochim. Hormone corticosurrénale prescrite comme anti-inflammatoire.

hydrocotyle n. f. ▪ bot. Plante vivace qui croît dans les milieux humides.

hydrocraquage n. m. ▪ techn. Procédé de raffinage du pétrole par craquage en présence d'hydrogène.

hydrocution n. f. ▪ Syncope due au contact brutal du corps avec l'eau froide, et pouvant entraîner la mort par noyade.

hydrodynamique n. f. ▪ Partie de la mécanique des fluides qui traite des liquides.

hydroélectricité n. f. ▪ Électricité produite par l'énergie hydraulique. ► **hydroélectrique** adj.

hydrofoil [-fɔjl] n. m. ▪ anglic. Navire rapide à coque munie d'ailerons portants (les foils*). - recomm. off. *hydroptère.*

hydrofuge adj. ▪ didact. Qui préserve de l'eau, de l'humidité.

hydrofuger v. tr. [3] ▪ techn. Rendre hydrofuge.

hydrogène n. m. ▪ Corps simple le plus léger (symb. H, n° at. 1, masse at. 1,00794), gaz inflammable, incolore et inodore. ◆ *Bombe à hydrogène* ou *bombe H.* → **thermonucléaire.**

hydrogéné, ée adj. ▪ Combiné avec l'hydrogène ; qui contient de l'hydrogène.

hydrogéner v. tr. [6] ▪ chim. Combiner avec de l'hydrogène. ► **hydrogénation** n. f.

hydrogéologie n. f. ▪ didact. Partie de la géologie traitant des eaux souterraines. ► **hydrogéologique** adj. ► **hydrogéologue** n.

hydroglisseur n. m. ▪ Bateau à fond plat mû par une hélice aérienne ou un réacteur.

hydrographie n. f. ▪ didact. **1** Partie de la géographie physique qui traite des océans, des mers, des lacs et des cours d'eau. **2** Ensemble des cours d'eau et des lacs d'une région. ► **hydrographe** n. ► **hydrographique** adj.

hydrohémie → **hydrémie**

hydrolase n. f. ▪ biochim. Enzyme qui active des hydrolyses (ex. la pepsine).

hydrolat n. m. ▪ pharm. Eau chargée, par distillation, de principes végétaux volatils.

hydrolien, ienne adj. et n. ▪ **1** adj. Qui utilise la force des courants de marée. ◆ n. m. *L'hydrolien* : l'énergie hydrolienne. **2** n. f. Turbine sous-marine hydrolienne.

hydrologie n. f. ▪ didact. Étude des eaux, de leurs propriétés. ► **hydrologique** adj. ► **hydrologue** n.

hydrolyse n. f. ▪ chim. Décomposition chimique d'un corps par fixation d'eau.

hydrolyser v. tr. [1] ▪ chim. Décomposer par hydrolyse. ► **hydrolysable** adj.

hydromassage n. m. ▪ Massage pratiqué au moyen d'un jet d'eau sous pression.

hydromécanique adj. ▪ didact. Mû par l'eau. → **hydraulique.**

hydromel n. m. ▪ Boisson faite d'eau et de miel, souvent fermentée.

hydrométéore n. m. ▪ météorol. Météore* aqueux (nuages, brouillard, pluie, etc.).

① **hydromètre** n. m. ▪ phys. Instrument qui sert à mesurer la densité, la pression des liquides.

② **hydromètre** n. f. ▪ zool. Insecte appelé communément *araignée d'eau.*

hydrométrie n. f. ▪ phys. Science qui étudie les propriétés physiques des liquides. ► **hydrométrique** adj.

hydrominéral, ale, aux adj. ▪ Relatif aux eaux minérales. → **thermal.**

hydronéphrose n. f. ▪ méd. Distension des cavités excrétrices du rein par accumulation d'urine.

hydronymie n. f. ▪ didact. Étude toponymique des noms de cours d'eau et d'étendues d'eau. ► **hydronymique** adj.

hydrophile adj. ▪ (choses) Qui absorbe l'eau, les liquides. *Coton hydrophile.*

hydrophobe adj. ▪ didact. **1** Qui a une peur morbide de l'eau. ► **hydrophobie** n. f. **2** Que l'eau ne mouille pas.

hydrophone n. m. ▪ techn. Détecteur d'ondes acoustiques dans l'eau.

hydropisie n. f. ▪ méd. Épanchement de sérosité dans une partie du corps (spécialt l'abdomen). ► **hydropique** adj. et n.

hydropneumatique adj. ▪ techn. Qui fonctionne à l'aide d'eau et d'un gaz comprimé.

hydroponique adj. ▪ techn. *Culture hydroponique,* sans le support d'un sol, à l'aide de solutions nutritives.

hydroptère n. m. ▪ Hydrofoil*.

hydropulseur n. m. ▪ Appareil d'hygiène buccodentaire qui projette un jet d'eau sous pression.

hydroquinone n. f. ▪ chim. Diphénol utilisé comme révélateur photographique.

hydrosilicate n. m. ▪ chim. Silicate hydraté.

hydrosoluble adj. ▪ sc. Soluble dans l'eau.

hydrosphère n. f. ▪ géogr. L'élément liquide de la Terre (eau, glaces, vapeur...).

hydrostatique ▪ sc. **1** n. f. Partie de la mécanique qui étudie l'équilibre des liquides. **2** adj. Relatif à l'hydrostatique.

hydrothérapie n. f. ▪ méd. Emploi thérapeutique de l'eau (bains, douches, etc.). ► **hydrothérapique** adj.

hydrothermal, ale, aux adj. ▪ didact. Qui se rapporte aux eaux thermales.

hydrothorax [-aks] n. m. ▪ pathol. Épanchement de liquide dans la plèvre.

hydrotimétrie n. f. ▪ techn. Détermination de la dureté d'une eau.

hydroxyde n. m. ▪ chim. Composé formé par l'union d'un métal avec un ou plusieurs hydroxyles.

hydroxylamine n. f. ▪ chim. Base dérivée de l'ammoniac (NH_2OH).

hydroxyle n. m. ▪ chim. Radical monovalent $-OH$, présent dans l'eau, les hydroxydes, les alcools.

hydrozoaire n. m. ▪ zool. Cnidaire présentant une forme polype et une forme méduse.

hydrure n. m. ▪ chim. **1** Composé que forme l'hydrogène avec un corps simple ou composé. **2** Composé binaire d'un métal avec l'hydrogène.

(*)hyène n. f. ▪ Mammifère carnassier d'Afrique et d'Asie, se nourrissant surtout de charognes. *L'hyène* ou *la hyène*.

hygiaphone n. m. ▪ Plaque transparente perforée équipant un guichet.

hygiène n. f. ▪ Principes et pratiques tendant à préserver, à améliorer la santé. *Précautions d'hygiène.* ♦ spécialt Ensemble des soins visant à la propreté du corps.

hygiénique adj. ▪ **1** Relatif à l'hygiène, spécialt des parties intimes du corps. **2** → **sain.** *Promenade hygiénique.* ▶ **hygiéniquement** adv.

hygiéniste n. ▪ Spécialiste de l'hygiène.

hygro- Élément savant, du grec *hugros* « humide ».

hygroma n. m. ▪ méd. Inflammation des poches membraneuses des articulations.

hygromètre n. m. ▪ Instrument pour mesurer le degré d'humidité de l'air.

hygrométrie n. f. ▪ Mesure du degré d'humidité de l'atmosphère ; cette humidité. ▶ **hygrométrique** adj.

hygrophile adj. ▪ biol. Qui a une préférence pour les lieux humides.

hygrophobe adj. ▪ biol. Qui fuit l'humidité.

hygroscope n. m. ▪ phys. Hygromètre d'absorption indiquant le degré d'humidité de l'air.

hygroscopie n. f. ▪ phys. Hygrométrie. ▶ **hygroscopique** adj.

hygrostat n. m. ▪ techn. Dispositif servant à maintenir dans un local un degré d'humidité constant. → **humidificateur.**

hylozoïsme n. m. ▪ philos. Doctrine attribuant au monde, à la matière, une vie propre.

① **hymen** [-ɛn] n. m. ▪ vx Mariage.

② **hymen** [-ɛn] n. m. ▪ anat. Membrane qui obstrue partiellement l'orifice vaginal, chez une femme vierge.

hyménée n. m. ▪ vx Hymen, noces.

hyménoptère n. m. ▪ Insecte à quatre ailes membraneuses transparentes (ordre des *Hyménoptères* ; ex. les abeilles).

hymne ▪ **1** n. m. ou f. (dans la tradition chrét.) Chant à la gloire de Dieu. **2** n. m. Chant, poème exprimant la joie, l'enthousiasme, célébrant qqn, qqch.

hyoïde adj. ▪ anat. *Os hyoïde* : os en forme de fer à cheval situé au-dessus du larynx.

hypallage n. f. ▪ rhét. Figure de style qui consiste à attribuer à certains mots d'une phrase ce qui convient à d'autres mots de la même phrase (ex. *rendre qqn à la vie* pour *rendre la vie à qqn*).

***hype** [ajp] adj. invar. ▪ anglic. À l'avant-garde de la mode. → **branché.** *Des boutiques hype.*

hyper- [ipɛʀ] ▪ **1** Préfixe qui exprime l'exagération, l'excès, le plus haut degré. – contr. *hypo-*. **2** Préfixe familier de renforcement. → **super-.**

hyperacousie n. f. ▪ méd. Exagération de l'acuité auditive.

hyperactif, ive adj. et n. ▪ (Personne) qui est en état de constante activité. *Enfant hyperactif.* ▶ **hyperactivité** n. f.

hyperappel n. m. ▪ inform. Système permettant d'appeler un logiciel à partir d'un autre.

hyperbare adj. ▪ techn. Se dit d'une enceinte dans laquelle la pression est supérieure à la pression atmosphérique.

hyperbate n. f. ▪ rhét. Figure de style qui consiste à intervertir l'ordre naturel des mots ou à disjoindre deux termes habituellement réunis.

hyperbole n. f. ▪ **I** Figure de style qui consiste à exagérer l'expression pour mettre en relief une idée. **II** math. Courbe formée par l'ensemble des points d'un plan dont la différence des distances à deux points fixes de ce plan (foyers) est constante. ▶ **hyperbolique** adj.

hyperboréen, enne adj. ▪ didact. ou littér. De l'extrême Nord. → **arctique, boréal.**

hypercalcémie n. f. ▪ méd. Augmentation anormale du taux de calcium dans le sang.

hyperchlorhydrie [-klɔ-] n. f. ▪ méd. Excès d'acide chlorhydrique dans le suc gastrique.

hypercholestérolémie [-kɔ-] n. f. ▪ méd. Élévation anormale de la teneur en cholestérol du sang.

hypercorrection n. f. ▪ ling. Le fait de produire des formes linguistiques fautives par souci de manifester une maîtrise du discours.

hyperémie n. f. ▪ méd. Congestion locale due à une cause physique ou chimique.

hyperémotif, ive adj. et n. ▪ Exagérément émotif. ▶ **hyperémotivité** n. f.

hyperesthésie n. f. ▪ méd. Sensibilité exagérée, pathologique.

hyperfocal, ale, aux adj. ▪ photogr. *Distance hyperfocale* : la plus petite distance à laquelle un appareil photographique mis au point sur l'infini donne l'image nette d'un objet.

hyperfréquence n. f. ▪ électron. Fréquence radioélectrique supérieure à 1 000 mégahertz.

hyperglycémiant, ante adj. ▪ méd. Qui provoque une hyperglycémie.

hyperglycémie n. f. ▪ méd. Excès de sucre dans le sang (→ diabète).

hypergol n. m. ▪ Propergol dont les ergols réagissent spontanément entre eux.

hyperkaliémie n. f. ▪ méd. Augmentation anormale du taux de potassium dans le sang.

hyperleucocytose n. f. ▪ méd. Augmentation anormale du nombre de globules blancs.

hyperlien n. m. ▪ inform. Lien hypertexte*.

hyperlipémie n. f. ▪ méd. Excès de lipides dans le sang. - syn. **hyperlipidémie.**

hypermarché n. m. ▪ Magasin à libre service de surface supérieure à 2500 m^2.

hypermédia n. m. ▪ inform. Ensemble des liaisons hypertextes* appliquées à des données multimédias (textes, sons, images). ➛ adj. *Des liens hypermédias.*

hypermétropie n. f. ▪ Défaut de la vision qui fait que l'image se forme en arrière de la rétine (s'oppose à *myopie*). ► **hypermétrope** adj. et n.

hypermnésie n. f. ▪ didact. Fonctionnement anormalement intense de la mémoire.

hypernerveux, euse adj. et n. ▪ Qui est d'une nervosité excessive, pathologique.

hypéron n. m. ▪ phys. nucléaire Baryon de masse supérieure à celle du nucléon, à durée de vie très courte.

hyperonyme n. m. ▪ ling. Mot dont le sens inclut celui d'autres mots plus spécifiques (s'oppose à *hyponyme*). → **générique.** ► **hyperonymie** n. f.

hyperplasie n. f. ▪ pathol. Développement anormal d'un tissu, d'un organe, par multiplication de ses cellules (s'oppose à *hypoplasie*). → **hypertrophie.** ► **hyperplasique** adj.

hyperpuissance n. f. ▪ État dont la puissance est sans égale à l'échelle mondiale.

hyperréalisme n. m. ▪ Courant artistique (peinture, sculpture) né aux États-Unis, caractérisé par un rendu minutieux de la réalité. ► **hyperréaliste** adj. et n.

hypersécrétion n. f. ▪ physiol. Sécrétion excessive (d'une glande).

hypersensible adj. et n. ▪ Qui est d'une sensibilité extrême, exagérée. ► **hypersensibilité** n. f.

hypersomnie n. f. ▪ méd. Sommeil anormalement prolongé ou survenant trop fréquemment. ► **hypersomniaque** adj. et n.

hypersonique adj. ▪ techn. *Vitesse hypersonique,* au moins cinq fois supérieure à celle du son.

hypertenseur adj. m. et n. m. ▪ (Médicament) qui augmente la tension artérielle.

hypertension n. f. ▪ Tension artérielle supérieure à la normale ; augmentation de la tension. ► **hypertendu, ue** et **hypertensif, ive** adj. et n.

hypertexte n. m. ▪ inform. Fonction qui, dans un ensemble de documents informatiques, permet de définir des renvois directs entre des éléments. *L'hypertexte est à la base du web.* ➛ adj. *Un lien hypertexte* (hyperlien). ► **hypertextualité** n. f. inform. ► **hypertextuel, elle** adj. inform.

hyperthermie n. f. ▪ didact. Élévation de la température corporelle au-dessus de la normale (s'oppose à *hypothermie*). → **fièvre.**

hyperthyroïdie n. f. ▪ méd. Augmentation anormale du fonctionnement de la glande thyroïde (s'oppose à *hypothyroïdie*).

hypertonie n. f. ▪ **1** biochim. État d'un milieu dont la concentration moléculaire est supérieure à celle d'un milieu de référence. **2** méd. Augmentation exagérée de la tonicité musculaire (opposé à *atonie, hypotonie*). ► **hypertonique** adj.

hypertrophie n. f. ▪ **1** physiol. Augmentation de volume (d'un organe) avec ou sans altération (s'oppose à *atrophie*). **2** fig. Développement excessif. *Hypertrophie du moi.* ► **hypertrophique** adj.

hypertrophier v. tr. [7] ▪ Produire l'hypertrophie de. ▷ adj. **hypertrophié, ée**

hypervitaminose n. f. ▪ méd. Troubles provoqués par l'apport excessif d'une vitamine (s'oppose à *hypovitaminose*).

hypholome n. m. ▪ bot. Champignon non comestible, possédant une membrane réunissant le haut du pied au bord supérieur du chapeau.

hypnagogique adj. ▪ didact. Qui précède immédiatement le sommeil.

hypne n. f. ▪ bot. Mousse très commune qui pousse dans les sous-bois et sur les troncs d'arbres.

hypn(o)- Élément, du grec *hupnos* «sommeil».

hypnose n. f. ▪ **1** État voisin du sommeil, provoqué par des manœuvres de suggestion (→ **hypnotisme, magnétisme**), ou des moyens chimiques (→ **narcose**). **2** fig. État d'engourdissement de la volonté.

hypnotique ▪ **1** adj. et n. m. méd. Se dit d'une substance qui provoque l'hypnose. → **narcotique, somnifère.** **2** adj. Qui a rapport à l'hypnose, à l'hypnotisme.

hypnotiser v. tr. [1] ▪ **1** Mettre (qqn) sous hypnose. **2** fig. Fasciner ou obséder (qqn).

hypnotiseur, euse n. ▪ Personne qui hypnotise. → **magnétiseur.**

hypnotisme n. m. ▪ **1** Ensemble des procédés (suggestion...) mis en œuvre pour provoquer un état d'hypnose. **2** Science qui traite des phénomènes hypnotiques.

hypo- ▪ Préfixe qui exprime la diminution, l'insuffisance (contr. *hyper-*).

hypoacousie n. f. ▪ méd. Diminution de l'acuité auditive.

hypoallergénique adj. ▪ pharm. Qui minimise les risques d'allergie. → **anallergique.**

hypocagne → **hypokhâgne**

hypocalcémie n. f. ▪ méd. Insuffisance du taux de calcium dans le sang.

hypocalorique adj. ▪ Qui comporte peu de calories.

hypocauste n. m. ▪ archéol. Fourneau souterrain pour chauffer les bains, les chambres.

hypocentre n. m. ▪ géol. Foyer réel d'un séisme, situé dans les profondeurs de la Terre (opposé à *épicentre*).

hypochloreux [-kl-] adj. m. ▪ chim. Se dit d'un acide (HClO) et d'un anhydride (Cl_2O) du chlore.

hypochlorhydrie [-kl-] n. f. ▪ méd. Diminution de la quantité d'acide chlorhydrique dans le suc gastrique. - contr. *hyperchlorhydrie.*

hypochrome [-kʀ-] adj. ▪ méd. *Anémie hypochrome,* caractérisée par une baisse de la teneur en hémoglobine des globules rouges. ► **hypochromie** [-kʀ-] n. f.

hypocondre n. m. ▪ anat. Chacune des parties latérales de la région supérieure de l'abdomen, situées sous les côtes.

hypocondrie n. f. ▪ Anxiété habituelle et excessive (de qqn) à propos de sa santé. ► **hypocondriaque** adj. et n.

hypocoristique adj. ▪ ling. Qui exprime une intention affectueuse (mot).

hypocras [-ɑs] n. m. ▪ anciennt Vin sucré où l'on avait fait infuser de la cannelle, du girofle.

hypocrisie n. f. ▪ **1** Fait de déguiser son caractère, d'exprimer des opinions ou sentiments qu'on n'a pas. → **dissimulation, duplicité, fausseté. 2** Caractère de ce qui est hypocrite. **3** Acte hypocrite.

hypocrite ▪ **I** n. Personne qui fait preuve d'hypocrisie. **II** adj. Qui a de l'hypocrisie. ► **hypocritement** adv.

hypoderme n. m. ▪ **I** anat. Tissu cellulaire de la partie profonde de la peau. **II** zool. Genre d'insectes diptères dont les larves vivent sous la peau des ruminants.

hypodermique adj. ▪ Qui concerne l'hypoderme (I).

hypodermose n. f. ▪ vétér. Affection causée aux bovins par les larves d'hypodermes (II).

hypogastre n. m. ▪ anat. Région médiane inférieure de l'abdomen. → **bas-ventre.** ► **hypogastrique** adj.

hypogé, ée adj. ▪ bot. Qui se développe sous la terre (opposé à *épigé*).

hypogée n. m. ▪ Sépulture souterraine.

hypoglosse adj. et n. m. ▪ anat. Se dit du nerf crânien qui innerve les muscles de la langue.

hypoglycémiant, ante adj. ▪ méd. Qui provoque une hypoglycémie.

hypoglycémie n. f. ▪ méd. Diminution ou insuffisance du taux de glucose du sang. ► **hypoglycémique** adj.

hypogyne adj. ▪ bot. Qui est inséré sous l'ovaire d'une plante.

hypokaliémie n. f. ▪ méd. Diminution du taux de potassium dans le sang.

hypokhâgne ou **hypocagne** n. f. ▪ fam. Classe de préparation à l'École normale supérieure (lettres), précédant la khâgne.

hypomanie n. f. ▪ psych. Forme atténuée de manie, ordinairement sans délire. ► **hypomaniaque** adj.

hyponatrémie n. f. ▪ méd. Diminution du taux de sodium dans le sang.

hyponomeute n. m. ▪ zool. Papillon dont les chenilles causent de grands dégâts. - var. **yponomeute.**

hyponyme n. m. ▪ ling. Mot dont le sens est inclus dans celui d'un autre plus générique (s'oppose à *hyperonyme*). ► **hyponymie** n. f.

hypophosphite n. m. ▪ Sel de l'acide hypophosphoreux.

hypophosphoreux, euse adj. ▪ chim. Se dit de l'acide le moins oxygéné du phosphore (H_3PO_2).

hypophyse n. f. ▪ Glande endocrine située à la base du crâne. ► **hypophysaire** adj.

hypoplasie n. f. ▪ pathol. Développement insuffisant d'un organe, d'un tissu... (s'oppose à *hyperplasie*). → **hypotrophie.** ► **hypoplasique** adj.

hyposodé, ée [-s-] adj. ▪ didact. Qui comporte peu de sel ajouté.

hypostase n. f. ▪ didact. Substance distincte ; spécialt, relig. chacune des trois personnes de la Trinité.

hypostasier v. tr. [7] ▪ didact. Prendre pour un fait, une réalité. *Hypostasier un mythe.*

hypostatique adj. ▪ didact. Relatif à la personne divine, aux formes substantielles.

hypostyle adj. ▪ archéol. Dont le plafond est soutenu par des colonnes.

hyposulfite [-s-] n. m. ▪ chim. vieilli Thiosulfate utilisé en photographie (fixateur).

hyposulfureux, euse [-s-] adj. ▪ chim. vieux Thiosulfurique.

hypotaupe n. f. ▪ fam. Classe de mathématiques supérieures, avant la taupe*.

hypotenseur adj. m. et n. m. ▪ méd. Se dit d'un médicament qui fait baisser la tension artérielle.

hypotension n. f. ▪ Tension artérielle inférieure à la normale ; diminution de la tension. ► **hypotendu, ue** adj. et n. ► **hypotensif, ive** adj.

hypoténuse n. f. ▪ Le côté opposé à l'angle droit, dans un triangle rectangle.

hypothalamus [-ys] n. m. ■ anat. Partie du cerveau, située sous le thalamus*, qui joue un rôle capital dans la régulation des fonctions vitales. ► **hypothalamique** adj.

hypothécable adj. ■ Qui peut être hypothéqué.

hypothèque n. f. ■ **1** Droit accordé à un créancier sur un bien immeuble en garantie d'une dette (sans que le propriétaire en soit dépossédé) (► **hypothécaire** adj.). **2** Difficulté dans l'accomplissement de qqch.

hypothéquer v. tr. [6] ■ **1** Grever d'une hypothèque. ➛ au p. p. *Maison hypothéquée.* ♦ fig. Engager d'une façon compromettante. *Hypothéquer l'avenir.* **2** dr. Garantir par une hypothèque. *Hypothéquer une créance.*

hypothermie n. f. ■ méd. Abaissement de la température du corps au-dessous de la normale (s'oppose à *hyperthermie*).

hypothèse n. f. ■ **I** sc. **1** Proposition admise comme donnée d'un problème ou pour la démonstration d'un théorème. **2** Proposition admise provisoirement avant d'être soumise au contrôle de l'expérience. **II** Conjecture concernant l'explication ou la possibilité d'un événement. → **supposition.** ➛ *Dans l'hypothèse où...* → **éventualité.**

hypothéticodéductif, ive adj. ■ didact. Qui part de propositions hypothétiques et en déduit les conséquences logiques.

hypothétique adj. ■ **1** sc. Qui est de la nature de l'hypothèse. **2** Qui n'est pas certain. → **douteux, incertain.** *Un héritage hypothétique.* ► **hypothétiquement** adv.

hypothyroïdie n. f. ■ méd. Insuffisance de la sécrétion de la thyroïde (s'oppose à *hyperthyroïdie*).

hypotonie n. f. ■ **1** biochim. Caractère d'une solution dont la concentration en soluté est inférieure à celle d'une solution de référence. **2** méd. Insuffisance de tonicité musculaire (opposé à *hypertonie*). → **atonie.** ► **hypotonique** adj.

hypotrophie n. f. ■ physiol. Développement insuffisant d'un organe (s'oppose à *hypertrophie*). → **atrophie.** ► **hypotrophique** adj.

hypovitaminose n. f. ■ méd. Carence d'une ou plusieurs vitamines associées (s'oppose à *hypervitaminose*). → **avitaminose.**

hypoxémie n. f. ■ physiol., méd. Diminution de la quantité d'oxygène contenue dans le sang. → **anoxémie.** ► **hypoxémique** adj.

hypoxie n. f. ■ méd. Diminution de la quantité d'oxygène que le sang distribue aux tissus. → **anoxie.** ► **hypoxique** adj.

hypsomètre n. m. ■ sc. Instrument qui indique l'altitude d'un lieu d'après la température à laquelle l'eau y entre en ébullition.

hypsométrie n. f. ■ sc. **1** Détermination de l'altitude d'un lieu. **2** Représentation des altitudes, du relief sur une carte. → **altimétrie.** ► **hypsométrique** adj.

hysope n. f. ■ Arbrisseau méditerranéen à feuilles persistantes et à fleurs bleues.

hystérectomie n. f. ■ méd. Ablation de l'utérus.

hystérésis [-is] n. f. ■ phys. Retard de l'effet sur la cause dans le comportement des corps soumis à une action physique.

hystérie n. f. ■ **1** psych. Névrose caractérisée par une tendance aux manifestations émotives spectaculaires, qui peut se traduire par des symptômes organiques et des manifestations psychiques pathologiques (délire, angoisse, mythomanie...). *Crise d'hystérie.* **2** cour. Excitation intense. *Hystérie collective.*

hystérique adj. ■ **1** psych. Atteint d'hystérie (1). ➛ n. *Un, une hystérique.* ♦ Relatif à l'hystérie. *Amnésie hystérique.* **2** cour. Exalté, surexcité. *Foule hystérique.* ➛ *Rire hystérique.* ► **hystériquement** adv.

hystérographie n. f. ■ méd. Radiographie de l'utérus.

hystérotomie n. f. ■ méd. Incision de l'utérus.

Hz ■ Symbole du hertz.

I

i [i] n. m. ■ Neuvième lettre, troisième voyelle de l'alphabet. ➛ loc. *Mettre les points sur les i* : préciser. ♦ *I* : un (en chiffres romains).

I ■ Symbole chimique de l'iode.

iambe n. m. ■ didact. **1** Pied composé d'une syllabe brève et d'une longue. **2** Pièce de vers satiriques. - var. **ïambe.** ► **iambique** adj.

iatr(o)- ; -iatre, -iatrie Éléments, du grec *iatros* « médecin ».

iatrogène adj. ■ didact. Se dit d'une manifestation pathologique due à un acte médical, spécialt à un médicament.

ibère adj. et n. ■ didact. Relatif à l'Ibérie (ancien nom de la péninsule Ibérique). ➛ n. *Les Ibères.*

ibéride n. f. ■ Plante ornementale communément appelée *corbeille d'argent.* - syn. **ibéris** [-is] n. m.

ibérique adj. ■ De l'Espagne et du Portugal.

ibéris → **ibéride**

ibidem [-ɛm] adv. ■ didact. Dans le même ouvrage, déjà cité (abrév. *ibid.*).

ibis [ibis] n. m. ■ Échassier d'Afrique et d'Amérique, à bec long, mince et arqué.

ibuprofène n. m. ■ Acide entrant dans la composition de médicaments aux propriétés analogues à celles de l'aspirine.

icaquier n. m. ■ Arbrisseau d'Amérique tropicale.

icarien, ienne adj. ■ didact. **1** Relatif à Icare. **2** De l'Icarie (île de la mer Égée).

ICBM [isebeɛm] n. m. invar. (sigle angl.) ■ anglic. Missile balistique intercontinental. ➛ appos. *Un missile ICBM.*

iceberg [isbɛʀg ; ajsbɛʀg] n. m. ■ Masse de glace flottante, détachée de la banquise. ➛ loc. *La partie cachée de l'iceberg*, partie cachée et importante d'une chose.

icefield [ajsfild] n. m. ■ anglic., didact. Vaste champ de glace des régions polaires.

icelui, icelle, plur. **iceux, icelles** pron. et adj. dém. ■ archaïsme littér. Celui-ci, celle-ci.

ichneumon [-k-] n. m. ■ zool. Hyménoptère dont la larve est parasite des chenilles.

ichty(o)- [iktjo] Élément savant, du grec *ikhthus* « poisson ».

ichtyoïde adj. ■ didact. Qui ressemble à un poisson.

ichtyologie n. f. ■ Partie de la zoologie qui traite des poissons. ► **ichtyologique** adj. ► **ichtyologiste** n.

ichtyophage adj. et n. m. ■ didact. Qui se nourrit de poisson.

ichtyornis [-is] n. m. ■ paléont. Oiseau fossile du crétacé.

ichtyosaure n. m. ■ paléont. Grand reptile marin fossile.

ichtyose n. f. ■ méd. Maladie cutanée héréditaire, caractérisée par une peau rugueuse.

ici adv. ■ **I** (lieu) **1** Dans le lieu où se trouve celui qui parle (opposé à *là, là-bas*). *Il fait frais ici.* ➛ À cet endroit. *Assieds-toi ici.* ♦ *D'ICI* : de ce lieu. ➛ loc. *Je vois ça d'ici* : j'imagine la chose. ♦ *PAR ICI* : par cet endroit ; dans les environs. **2** loc. adv. *ICI-BAS* : dans ce monde ; sur la terre. **3** À l'endroit dont on parle (dans un écrit...). **II** (temps) *Jusqu'ici* : jusqu'à présent. ➛ *D'ICI* (point de départ dans le temps). *D'ici peu* : dans peu de temps.

icone n. m. ou f. ■ **1** didact. Signe qui ressemble à ce qu'il désigne. *L'onomatopée est un icone.* **2** inform. Élément graphique qui représente à l'écran un fichier, un logiciel, une commande, etc. - recomm. off. *icône* n. f. → ② **icône.**

① **icône** n. f. ■ **1** (Église d'Orient) Peinture religieuse exécutée sur un panneau de bois. **2** fig. Personne, personnage qui symbolise (un courant...). *Une icône du rock.*

② **icône** n. f. ■ anglic., inform. Élément graphique, pictogramme qui représente à l'écran un fichier, un logiciel, etc. → **icone.**

iconicité n. f. ■ didact. Caractère d'icone.

iconique adj. ■ **1** Antiq. *Statue iconique*, érigée en l'honneur d'un vainqueur de jeux. **2** didact. De l'image. **3** Qui représente qqch. de manière forte. → **emblématique.**

icon(o)- Élément, du grec *eikôn* « image ».

iconoclasme n. m. ■ hist. Mouvement des iconoclastes, à Byzance (VIIIe et IXe s.).

iconoclaste n. et adj. ■ **1** Qui interdit ou détruit les images saintes et par ext. les œuvres d'art. **2** fig. Hostile aux traditions.

iconographe n. ■ Spécialiste d'iconographie.

iconographie n. f. ■ didact. **1** Étude des représentations figurées d'un sujet. *Iconographie religieuse.* **2** Ensemble des illustrations d'un livre. ► **iconographique** adj.

iconolâtre n. ■ didact. Personne qui rend un culte à des images. ► **iconolâtrie** n. f.

iconologie n. f. ■ didact. Étude des images, des modes de représentation, en art. ► **iconologique** adj. ► **iconologiste** ou **iconologue** n.

iconoscope n. m. ■ télév. Dispositif qui analyse l'image.

iconostase n. f. ■ (dans les églises orthodoxes) Cloison décorée d'images, d'icônes, qui sépare la nef du sanctuaire.

iconothèque n. f. ■ didact. Collection d'images classées (d'un musée, d'une bibliothèque).

icosaèdre n. m. ■ géom. Polyèdre limité par vingt faces. ► **icosaédral, ale, aux** adj.

ictère n. m. ■ méd. Coloration jaune de la peau et des muqueuses, due à la présence de pigments biliaires. → **jaunisse.** ► **ictérique** adj. et n.

ictus [-ys] n. m. ■ pathol. Manifestation morbide soudaine. → **attaque.**

ide n. m. ■ Poisson d'eau douce aux nageoires rouges.

-ide Élément (du grec, de *eidos* «aspect, forme») qui indique une appartenance à un groupe (ex. *glucide*).

idéal, ale, als ou **aux** ■ **I** adj. **1** Qui est conçu et représenté dans l'esprit sans être ou pouvoir être perçu par les sens. → **théorique. 2** Qui atteint toute la perfection que l'on peut concevoir ou souhaiter. → **absolu.** *Beauté idéale.* **3** Parfait en son genre. *Un moyen idéal.* **II** n. m. **1** Ce que l'on se représente ou se propose comme type parfait ou modèle absolu (dans l'ordre pratique, esthétique ou intellectuel). **2** *L'IDÉAL* : ce qui donnerait une satisfaction parfaite. ◆ loc. *Dans l'idéal* : sans tenir compte de la réalité.

idéalement adv. ■ D'une manière idéale ; parfaitement.

idéalisateur, trice adj. et n. ■ Qui idéalise. ◆ n. *Un idéalisateur.*

idéaliser v. tr. [1] ■ Revêtir d'un caractère idéal. ► **idéalisation** n. f.

idéalisme n. m. ■ **1** Système philosophique qui ramène l'être à la pensée, et les choses à l'esprit (s'oppose à *matérialisme*). **2** Attitude d'esprit qui pousse à faire une large place à l'idéal. ► **idéaliste** adj. et n.

idéalité n. f. ■ didact. **1** Caractère de ce qui est idéal. **2** Être, objet idéal.

idéation n. f. ■ didact. Formation et enchaînement des idées.

idée n. f. ■ **1** Représentation intellectuelle (d'un être, d'une manière d'être, d'un rapport). *Idée générale, abstraite.* → **concept, notion.** *L'idée de nombre.* ◆ hist. philos. (chez Platon) Essence éternelle qui rend les choses intelligibles. **2** Toute représentation élaborée par la pensée (qu'il existe ou non un objet qui lui corresponde). *Perdre le fil de ses idées.* **3** Vue élémentaire, approximative. → **aperçu.** ◆ *On n'a pas idée* : c'est inconcevable. ◆ *J'ai idée que* : il me semble que. **4** Conception imaginaire fausse ou irréalisable. → **chimère, rêve.** *Se faire des idées.* **5** Vue originale, dans le domaine de la connaissance, de l'action, de la création. *C'est une bonne idée.* **6** Façon particulière de se représenter le réel. → **opinion.** ◆ *Idée reçue* : opinion courante. ◆ au plur. Ensemble des opinions (d'un individu, d'un groupe). *Des idées avancées.* ◆ absolt *Les idées* : spéculations touchant aux grands problèmes. *Histoire des idées.* **7** Façon d'envisager la réalité. *Avoir des idées noires.* **8** loc. *J'ai dans l'idée que...*, dans l'esprit.

idéel, elle adj. ■ didact. De l'idée, des idées.

idem [idɛm] adv. ■ Le même (être...). - S'emploie (abrév. *id.*) pour éviter une répétition.

identifiable adj. ■ Qui peut être identifié.

identifiant n. m. ■ inform. Nom servant à identifier l'utilisateur d'un service, sur Internet. *Identifiant et mot de passe.*

identification n. f. ■ **1** Action d'identifier ; son résultat. **2** Le fait de s'identifier. ► **identificateur, trice** et **identificatoire** adj.

identifier v. tr. [7] ■ **1** Considérer comme identique, ou comme ne faisant qu'un (avec autre chose). **2** Reconnaître. *Identifier qqn.* ◆ (Du point de vue de l'état civil). *Identifier un cambrioleur.* **3** Reconnaître comme appartenant à une catégorie. → **caractériser.** ▷ v. pron. **s'identifier 1** Se faire ou devenir identique. **2** inform. Indiquer son identifiant.

identique adj. ■ **1** (êtres, objets) Tout à fait semblable, mais distinct. → **pareil.** *Deux couteaux identiques.* ◆ n. m. *Reproduire à l'identique.* **2** Qui reste le même à des moments différents. ► **identiquement** adv.

identitaire adj. ■ Relatif à l'identité personnelle, culturelle. *Une quête identitaire.*

identité n. f. ■ **I 1** Caractère de deux choses identiques. **2** Caractère de ce qui demeure identique à soi-même. *L'identité du moi.* **II** Ce qui permet de reconnaître une personne parmi toutes les autres (état civil, signalement). *Carte d'identité.*

idéo- Élément, du grec *idea* «idée».

idéogramme n. m. ■ Signe graphique qui représente le sens d'un mot (concret ou abstrait), et non les sons qui le composent. *Les idéogrammes chinois.*

idéographique adj. ▪ Se dit d'une écriture, d'un système de signes à idéogrammes. ► **idéographie** n. f. ling.

idéologie n. f. ▪ Ensemble des idées, des croyances et des doctrines propres à qqn, une époque, une société, une classe.

idéologique adj. ▪ Relatif à l'idéologie. ► **idéologiquement** adv.

idéologue n. ▪ Personne qui professe avec foi une idéologie.

idéomoteur, trice adj. ▪ psych. (mouvement) Déclenché directement par une représentation mentale (opposé à *sensorimoteur*).

ides n. f. pl. ▪ Dans le calendrier romain, Division du mois tombant vers son milieu.

-idés Élément servant à former des noms de familles d'animaux.

id est [idɛst] loc. conj. ▪ C'est-à-dire (abrév. *ie*).

IDH [ideaʃ] n. m. (sigle) ▪ écon. Indice de développement humain, évaluant le développement qualitatif (santé, instruction...) d'un pays.

idio- Élément savant, du grec *idios* «particulier, propre».

idiolecte n. m. ▪ ling. Emploi particulier d'une langue par une personne.

idiome n. m. ▪ ling. Langue, envisagée comme ensemble des moyens d'expression propres à une communauté. ► **idiomatique** adj.

idiopathique adj. ▪ méd. *Maladie idiopathique*, qui existe par elle-même, ou dont la cause n'est pas connue (opposé à *symptomatique*).

idiophone n. m. ▪ mus. Instrument à percussion qui produit le son par lui-même (ex. le gong).

idiosyncrasie [-sɛ̃-] n. f. ▪ didact. Tempérament personnel de qqn.

idiot, idiote ▪ **I** adj. Qui manque d'intelligence, de bon sens. → **bête, stupide. II** n. **1** Personne sans intelligence. **2** méd. Personne atteinte d'idiotie.

idiotement adv. ▪ D'une façon idiote.

idiotie n. f. ▪ **1** Manque d'intelligence, de bon sens. **2** Action, parole qui traduit un manque d'intelligence, de bon sens. **3** méd. Grave arriération mentale. → **crétinisme.**

idiotisme n. m. ▪ ling. Forme, locution propre à une seule langue, intraduisible.

idoine adj. ▪ vx ou plais. Adéquat, approprié.

idolâtre adj. ▪ **1** Qui rend un culte aux idoles. **2** littér. Qui voue une adoration (à qqn, à qqch.). ► **idolâtrer** v. tr. [1] littér.

idolâtrie n. f. ▪ **1** Culte rendu à l'image d'un dieu comme si elle était ce dieu. **2** Amour passionné, admiration outrée. ► **idolâtrique** adj.

idole n. f. ▪ **1** Représentation d'une divinité (image, statue...), adorée comme si elle était la divinité elle-même. **2** Personne ou chose qui est l'objet d'une adoration. ♦ Célébrité adulée du public.

idylle n. f. ▪ **1** Petit poème à sujet pastoral et amoureux. → **églogue, pastorale. 2** Aventure amoureuse naïve et tendre. ♦ iron. Situation sans conflit ; bonne entente parfaite. ► **idyllique** adj.

ie → **id est**

if n. m. ▪ Conifère à fruits rouges.

iftar n. m. ▪ didact. Chez les musulmans, Repas du soir pendant le ramadan.

igloo [iglu] n. m. ▪ Abri des Inuits, construit avec des blocs de glace. - var. **iglou.**

igname [iɲam ; ignam] n. f. ▪ Plante tropicale à gros tubercules farineux ; ce tubercule (consommé en Afrique).

ignare adj. et n. ▪ Totalement ignorant.

igné, ée [igne ; iɲe] adj. ▪ **1** littér. Qui est de feu. **2** sc. Produit par le feu.

igni- [iɲi- ; igni-] Élément, du latin *ignis* «feu».

ignifuge adj. ▪ Qui rend ininflammables les objets combustibles.

ignifuger v. tr. [3] ▪ Rendre ininflammable. - au p. p. *Carton ignifugé.* ► **ignifugation** n. f.

ignipuncture [-pɔ̃k-] n. f. ▪ méd. Méthode de cautérisation par une aiguille rougie à blanc. - var. **igniponcture.**

ignition n. f. ▪ didact. État de ce qui est en feu. → **combustion.**

ignoble adj. ▪ **1** Vil, moralement bas. → **abject, infâme. 2** Très laid ou sale. *Un ignoble taudis.* ♦ par exagér. *Un temps ignoble*, très mauvais. ► **ignoblement** adv.

ignominie n. f. ▪ littér. **1** Déshonneur extrême. **2** Caractère de ce qui déshonore. *L'ignominie d'un crime.* **3** Action ignoble.

ignominieux, euse adj. ▪ littér. Qui apporte, cause de l'ignominie. → **abject, honteux.** ► **ignominieusement** adv.

ignorance n. f. ▪ **1** État d'une personne qui ignore qqch. ; fait de ne pas connaître qqch. **2** Manque d'instruction, de savoir, de culture générale. *Combattre l'ignorance.*

ignorant, ante adj. ▪ **1** *IGNORANT DE* : qui n'a pas la connaissance de (une chose) ; qui n'est pas informé de. **2** adj. et n. (Personne) qui manque d'instruction, de savoir.

ignorantin ▪ **1** adj. *Frères ignorantins*, et n. m. *les ignorantins* : religieux de l'ordre de Saint-Jean-de-Dieu. **2** n. m. péj. Frère de la doctrine chrétienne.

ignorer v. tr. [1] ▪ **1** Ne pas connaître, ne pas savoir. *Nul n'est censé ignorer la loi.* ♦ *Ignorer qqn*, le traiter comme si sa personne ne méritait aucune considération. **2** Ne pas avoir l'expérience de. *Un peuple qui ignore la guerre.* ▷ adj. **ignoré, ée** → **inconnu.** ▷ v. pron. **s'ignorer 1** (récipr.) Se traiter avec indifférence ; faire semblant de ne pas se connaître. **2** (réfl.) Ne pas avoir conscience de sa véritable nature.

iguane [igwan] n. m. ▪ Reptile saurien, grand lézard d'Amérique tropicale.

iguanodon [igwa-] n. m. ▪ Reptile fossile du crétacé, à très grosse queue.

ikebana [ike-] n. m. ▪ Art floral japonais.

il, ils pron. pers. m. ▪ **I 1** Pronom personnel masculin de la troisième personne, faisant fonction de sujet. *Il cherche ses clés.* **2** *Ils :* des personnes indéterminées (gouvernement, etc.). → **on.** *Ils vont augmenter les impôts.* **II** au sing. Sert à introduire les verbes impersonnels et les verbes employés impersonnellement. *Il pleut. Il était une fois. Il se fait tard.*

ilang-ilang [ilɑ̃ilɑ̃] n. m. ▪ Arbre cultivé en Indonésie, etc. pour ses fleurs utilisées en parfumerie. - var. **ylang-ylang.**

île n. f. ▪ **1** Étendue de terre ferme émergée d'une manière durable dans les eaux. **2** *Les Îles :* les Antilles. **3** *Île flottante :* entremets composé de blancs d'œufs battus flottant sur de la crème anglaise.

iléal, ale, aux adj. ▪ anat. De l'iléon.

iléite n. f. ▪ méd. Inflammation de l'iléon.

iléocæcal, ale, aux [-se-] adj. ▪ méd. Relatif à la fois à l'iléon et au cæcum.

iléon n. m. ▪ anat. Troisième partie de l'intestin grêle, qui précède le gros intestin.

îlet n. m. ▪ (Antilles) Îlot.

iléus [-ys] n. m. ▪ méd. Occlusion intestinale.

iliaque adj. ▪ *Os iliaque :* os de la hanche.

îlien, îlienne adj. ▪ Qui habite une île. → **insulaire.** ◆ n. *Les îliens de Sein.*

ilion n. m. ▪ anat. Partie supérieure de l'os iliaque.

illégal, ale, aux adj. ▪ Contraire à la loi. → **illicite.** ► **illégalement** adv.

illégalité n. f. ▪ **1** Caractère de ce qui est illégal. ◆ Acte illégal. **2** Situation de qqn qui contrevient à la loi.

illégitime adj. ▪ **1** (enfant) Né hors du mariage. **2** Non conforme au droit moral. → **illégal, irrégulier. 3** Qui n'est pas fondé. *Peur illégitime.* ► **illégitimement** adv. ► **illégitimité** n. f.

illettré, ée adj. ▪ **1** vieilli Inculte. **2** Qui est partiellement ou complètement incapable de lire et d'écrire. → aussi **analphabète.** ◆ n. *Alphabétiser les illettrés.*

illettrisme n. m. ▪ Incapacité de déchiffrer un texte (≠ *analphabétisme*).

illicite adj. ▪ Qui n'est pas licite. ► **illicitement** adv.

illico adv. ▪ fam. Sur-le-champ. ◆ loc. *Illico presto* (même sens).

illimité, ée adj. ▪ **1** Qui n'a pas de limites perceptibles. → **immense, infini. 2** Dont la grandeur n'est pas fixée. → **indéterminé.** *Durée illimitée.*

illisible adj. ▪ **1** Que l'on ne peut pas lire ; très difficile à lire. *Signature illisible.* **2** Dont la lecture est insupportable. ► **illisibilité** n. f. ► **illisiblement** adv.

illogique adj. ▪ Qui n'est pas logique. ► **illogiquement** adv. ► **illogisme** n. m. didact.

illumination n. f. ▪ **I 1** théol. Lumière divine. **2** cour. Inspiration subite. **II** Action d'éclairer, de baigner de lumière. ◆ au plur. Ensemble de lumières en vue d'une fête. **III** (sens anc.) Enluminure. *«Les Illuminations»* (poèmes de Rimbaud).

illuminé, ée ▪ **1** n. Mystique qui se croit inspiré par Dieu. ◆ péj. Visionnaire qui ne doute pas de ses inspirations. **2** adj. Éclairé de nombreuses lumières.

illuminer v. tr. [1] ▪ **1** Éclairer d'une vive lumière. **2** Mettre un éclat lumineux sur. ◆ pronom. *Son visage s'illumina.*

illuminisme n. m. ▪ hist. relig. Doctrine, mouvement des illuminés.

illusion n. f. ▪ **I 1** Interprétation fausse de ce que l'on perçoit. ◆ loc. *Illusion d'optique,* provenant des lois de l'optique ; fig. erreur de point de vue. **2** Apparence dépourvue de réalité. *Illusions dues à des trucages.* **II** Opinion fausse, croyance erronée qui trompe par son caractère séduisant. → **chimère, rêve, utopie.** *Se faire des illusions.* ◆ *FAIRE ILLUSION :* donner une impression favorable trompeuse.

illusionner v. tr. [1] ▪ Tromper par une illusion. ▷ v. pron. **s'illusionner** Se faire des illusions.

illusionnisme n. m. ▪ Art de créer l'illusion par des trucages, etc.

illusionniste n. ▪ Personne qui pratique l'illusionnisme. → **prestidigitateur.**

illusoire adj. ▪ Qui peut faire illusion, mais ne repose sur rien de réel. ► **illusoirement** adv.

illustrateur, trice n. ▪ Artiste spécialisé dans l'illustration (III).

illustration n. f. ▪ **I** vx Action de rendre (qqn, qqch.) illustre. **II** Action d'illustrer (II). **III** Figure (gravure, etc.) illustrant un texte.

illustre adj. ▪ Qui est très connu, du fait d'un mérite ou de qualités extraordinaires. ◆ plais. *Un illustre inconnu.*

illustré, ée ▪ **1** adj. Orné d'illustrations. **2** n. m. Périodique qui comporte de nombreuses illustrations.

illustrer v. tr. [1] ▪ **I** vx ou littér. Rendre illustre, célèbre. ◆ pronom. *S'illustrer par des découvertes.* **II** Rendre plus clair (par des exemples...). **III** Orner (un ouvrage) de figures, d'images en rapport avec le texte.

illustrissime adj. ▪ vx, plais. Très illustre (titre encore donné à certains dignitaires ecclésiastiques).

illuviation n. f. ▪ géol. Processus d'accumulation d'éléments étrangers dans un sol. ► **illuvial, ale, aux** adj. didact.

illuvium [-jɔm] n. m. ▪ géol. Accumulation d'éléments formant un niveau particulier d'un sol.

îlot n. m. ▪ **1** Très petite île. **2** Petit espace isolé. *Îlot de verdure.* ♦ fig. Point isolé. *Îlot de résistance.* **3** Groupe de maisons.

îlotage n. m. ▪ Partage (d'une ville, d'un quartier) en divisions administratives placées sous la surveillance d'un policier.

ilote n. ▪ **1** Antiq. grecque Habitant de Laconie réduit en esclavage par les Spartiates. **2** littér. Personne asservie.

îlotier, ière n. ▪ Policier chargé de la surveillance d'un îlot.

ilotisme n. m. ▪ **1** Antiq. grecque Condition d'ilote, à Sparte. **2** littér. État d'ilote, auquel sont réduits les opprimés d'une société.

I. L. S. [iɛlɛs] n. m. (sigle angl.) ▪ techn. Méthode de radiogoniométrie permettant l'atterrissage des avions sans visibilité.

image n. f. ▪ **I** Reproduction visuelle d'un objet réel. **1** Reproduction inversée (d'un objet qui se réfléchit). *Voir son image dans la glace.* **2** sc. Reproduction (d'un objet) par l'intermédiaire d'un système optique. ♦ Figure qui fait reconnaître ou évoque une réalité (produite par la photographie, le cinéma, la télévision). *Images de synthèse.* **3** Représentation (d'un objet) par les arts graphiques ou plastiques. → **dessin, figure, gravure, illustration.** ◆ *Images d'Épinal* (images naïves du XIXe siècle). **II** fig. **1** Reproduction ou représentation analogique (d'un être, d'une chose). *Il est l'image de son père.* → **portrait.** ◆ *À l'image de.* → **ressemblance.** **2** Ce qui évoque une réalité. *C'est l'image de la vie moderne.* **3** Expression de l'abstrait par le concret, dans le langage. → **figure, métaphore.** **4** math. Élément d'un ensemble qui, par une relation déterminée (application), correspond à un élément d'un premier ensemble. **III 1** philos. Reproduction mentale d'une perception (ou impression) antérieure, en l'absence de l'objet. *Évoquer l'image d'un être.* → **souvenir.** **2** Produit de l'imagination. → **illusion, vision.** **3** loc. *Image de marque* : réputation (d'une entreprise, de qqn).

imagé, ée adj. ▪ (style) Orné d'images.

imagerie n. f. ▪ **1** Ensemble d'images caractéristique d'un genre, d'une époque. *L'imagerie populaire.* **2** didact. Technique permettant d'obtenir des images grâce à des rayonnements. *Imagerie médicale* (échographie, scanographie, I. R. M., etc.).

imagier n. m. ▪ **1** Peintre ou sculpteur du Moyen Âge. **2** Livre d'images.

imaginable adj. ▪ Que l'on peut imaginer.

imaginaire ▪ **I** adj. **1** Qui n'existe que dans l'imagination. → **irréel ; fictif.** **2** Qui n'est tel que dans son imagination. «*Le Malade imaginaire*» (de Molière). **II** n. m. Domaine de l'imagination. *L'imaginaire et le réel.*

imaginal, ale, aux adj. ▪ biol. Qui se rapporte à l'imago (1).

imaginatif, ive adj. et n. ▪ Qui a l'imagination fertile. → **inventif.**

imagination n. f. ▪ **I 1** Faculté que possède l'esprit d'imaginer (1). **2** Faculté de former des images d'objets qu'on n'a pas perçus ou de faire des combinaisons nouvelles d'images ou d'idées. *Avoir de l'imagination.* **II** littér. Chose imaginaire ou imaginée. → **chimère, rêve.**

imaginer v. tr. [1] ▪ **1** Se représenter dans l'esprit. → **concevoir.** *J'imagine très bien la scène.* ◆ IMAGINER QUE. → **penser, supposer.** **2** Inventer. *Imaginer une théorie.* ▷ v. pron. **s'imaginer 1** Se représenter, concevoir. → **se figurer. 2** Croire à tort. *Si tu t'imagines...* ▷ adj. **imaginé, ée** → **inventé.**

imago ▪ **1** n. m ou f. biol. Forme adulte et complète de l'insecte à métamorphoses. **2** n. f. psych. Image inconsciente des personnes de l'entourage du sujet, qui se fixe dans la petite enfance.

imam [imam] n. m. ▪ **1** Chef religieux musulman. **2** Enseignant islamique.

imamat n. m. ▪ Dignité, charge d'imam.

I. M. A. O. [imao] n. m. invar. (sigle) ▪ pharm. Inhibiteur de la monoamine oxydase, utilisé comme antidépresseur.

imbattable adj. ▪ Qui ne peut être battu.

imbécile adj. ▪ **1** Atteint d'imbécillité (1). **2** Qui manifeste de la bêtise. ♦ n. → **idiot.** ◆ loc. *Imbécile heureux*, satisfait de lui. ► **imbécilement** adv.

imbécillité [-ili-] n. f. ▪ **1** Faiblesse d'esprit, arriération mentale. **2** Grave manque d'intelligence. ♦ Acte, parole, idée imbécile. → **ânerie, bêtise, idiotie.**

imberbe adj. ▪ Sans barbe (→ **glabre**).

imbiber v. tr. [1] ▪ Pénétrer, imprégner d'eau, d'un liquide. ▷ v. pron. **s'imbiber** ► **imbibition** n. f.

imbitable adj. ▪ fam. Incompréhensible. *Un texte imbitable.*

imbrication n. f. ▪ Disposition de choses imbriquées.

imbriqué, ée adj. ▪ **1** Se dit de choses qui se recouvrent partiellement. **2** fig. Se dit de choses étroitement liées.

s'imbriquer v. pron. [1] ▪ **1** Se chevaucher. **2** fig. Être étroitement lié.

imbroglio [ɛ̃bʀɔljo ; -glijo] n. m. ■ Situation confuse, embrouillée.

imbrûlé, ée adj. ■ Qui n'a pas complètement brûlé. ➝ n. m. pl. *Les imbrûlés* : les vapeurs d'hydrocarbure restant dans les gaz d'échappement d'un moteur à explosion.

imbu, ue adj. ■ Imprégné, pénétré (de sentiments, d'idées...). ➝ péj. *Être imbu de soi-même* : se croire supérieur aux autres.

imbuvable adj. ■ **1** Qui n'est pas buvable. **2** fam. (personnes) Insupportable.

I. M. C. n. m. (sigle) ■ Indice de masse corporelle, calculé en divisant le poids d'une personne par le carré de sa taille.

imitable adj. ■ Qui peut être imité.

imitateur, trice ■ **I** n. **1** Personne qui imite le comportement d'autrui. ➝ Artiste qui imite des personnages connus. **2** Personne qui imite (les œuvres d'autrui). → **plagiaire, suiveur. II** adj. *Esprit imitateur.*

imitatif, ive adj. ■ Qui imite.

imitation n. f. ■ **1** Action de reproduire volontairement ou de chercher à reproduire (une apparence, un geste, un acte). *Imitation fidèle.* ♦ Reproduction consciente ou inconsciente de gestes, d'actes. *Instinct d'imitation.* **2** Fait de prendre qqn, une œuvre pour modèle. **3** Œuvre imitée d'un modèle. → **plagiat. 4** Reproduction (d'un objet, etc.) qui imite l'original ; objet imité. → **copie, reproduction ; contrefaçon ; simili-.**

imiter v. tr. 1 ■ **1** Chercher à reproduire. *Imiter le cri d'un animal.* ♦ Faire comme (qqn). *Il s'assit et tout le monde l'imita.* **2** Prendre pour exemple. *Imiter un maître.* **3** Prendre pour modèle (l'œuvre d'un autre). → s'**inspirer** de. **4** Reproduire, pour faire passer la reproduction pour authentique. → **contrefaire. 5** (sujet chose) Produire le même effet que. → **ressembler** à.

immaculé, ée adj. ■ **1** relig. chrét. Qui est sans péché. **2** (choses) Sans une tache ; d'une propreté, d'une blancheur parfaite.

immanence n. f. ■ philos. Caractère de ce qui est immanent (s'oppose à *transcendance*).

immanent, ente adj. ■ philos. Qui est contenu dans la nature d'un être (s'oppose à *transcendant*). ♦ *Justice immanente,* qui découle naturellement des actions commises.

immanentisme n. m. ■ philos. Doctrine qui affirme l'immanence de Dieu ou d'un absolu à la nature ou à l'être humain (s'oppose à *transcendantalisme*).

immangeable [ɛ̃m-] adj. ■ Qui n'est pas bon à manger ; très mauvais.

immanquable [ɛ̃m-] adj. ■ **1** Qui ne peut manquer d'arriver. **2** Qui ne peut manquer son but. ► **immanquablement** adv.

immarcescible adj. ■ didact. Qui ne peut se flétrir (propre et fig.). *Une gloire immarcescible.*

immatérialisme n. m. ■ philos. Doctrine qui nie l'existence de la matière. ► **immatérialiste** adj. et n.

immatériel, elle adj. ■ **1** Qui n'est pas formé de matière, ou ne concerne pas les sens. → **spirituel. 2** Qui ne semble pas matériel. *Une finesse immatérielle.* ► **immatérialité** n. f.

immatriculer v. tr. 1 ■ Inscrire sur un registre public. ➝ au p. p. *Voiture immatriculée en Belgique.* ► **immatriculation** n. f.

immature adj. ■ anglic. Qui manque de maturité intellectuelle, affective.

immaturité n. f. ■ Caractère d'une personne immature.

immédiat, ate adj. ■ **1** Qui précède ou suit sans intermédiaire (dans l'espace ou dans le temps). *Le successeur immédiat de qqn.* ♦ philos. Qui agit ou se produit sans intermédiaire (s'oppose à *médiat*). **2** Qui suit sans délai ; qui a lieu tout de suite. → **imminent ; instantané.** ➝ (n. m.) loc. *Dans l'immédiat* : pour le moment.

immédiatement adv. ■ **1** didact. De manière immédiate (1). **2** Tout de suite avant ou après. ♦ À l'instant même.

immédiateté n. f. ■ didact. Qualité de ce qui est immédiat.

immelmann [-man] n. m. ■ Figure de voltige aérienne. *Des immelmanns.*

immémorial, ale, aux adj. ■ Qui remonte à une époque si ancienne qu'elle est sortie de la mémoire. → **ancestral.**

immense adj. ■ **1** Dont l'étendue, les dimensions sont considérables. **2** Très considérable (par la force, l'importance...).

immensément adv. ■ Extrêmement.

immensité n. f. ■ **1** Étendue très vaste. *L'immensité de la mer.* ➝ *L'immensité* : l'infini. **2** Grandeur considérable (de qqch.).

immensurable adj. ■ didact. Impossible à mesurer, à évaluer ; trop grand pour être mesuré (opposé à *mesurable*).

immerger v. tr. 3 ■ Plonger (qqch., qqn dans un liquide). ▷ adj. **immergé, ée** ▷ v. pron. s'**immerger** (fig.) *S'immerger dans un milieu.*

immérité, ée adj. ■ Qui n'est pas mérité.

immersion n. f. ■ Action d'immerger. ► **immersif, ive** adj. techn.

immettable [ɛ̃m-] adj. ■ (vêtement) Que l'on ne peut pas mettre.

immeuble ■ **I** adj. dr. Qui ne peut être déplacé (ou qui est réputé tel par la loi) (opposé à *meuble*). *Biens immeubles.* **II** n. m. Grand bâtiment urbain à plusieurs étages.

immigrant, ante n. ■ Personne qui immigre dans un pays. → **migrant.**

immigration n. f. ■ **1** Fait d'immigrer dans un pays, généralement pour y chercher un emploi. **2** Ensemble d'immigrés.

immigré, ée adj. et n. ■ Qui est venu de l'étranger, souvent d'un pays peu développé, et qui vit dans un pays industrialisé.

immigrer v. intr. [1] ■ Entrer dans un pays étranger pour s'y établir (opposé à *émigrer*).

imminent, ente adj. ■ Qui va se produire dans très peu de temps. → **immédiat, proche.** ► **imminence** n. f.

s'immiscer v. pron. [3] ■ Intervenir mal à propos ou indûment (dans une affaire). ► **immixtion** [-ks-] n. f.

immobile adj. ■ **1** Qui ne se déplace pas, reste sans bouger. ◆ (choses) Que rien ne fait mouvoir. **2** fig. Fixé. → **invariable.**

immobilier, ière adj. ■ **1** dr. Qui est immeuble, composé de biens immeubles. **2** Qui concerne des immeubles. ◆ *Société immobilière,* s'occupant de la construction, de la vente d'immeubles. ◆ n. m. *L'immobilier :* le commerce d'immeubles, de maisons, etc.

immobilisation n. f. ■ **1** Action d'immobiliser. **2** au plur. fin. Les éléments de l'actif (d'une entreprise) qui servent de façon durable à son exploitation.

immobiliser v. tr. [1] ■ Rendre immobile, maintenir dans l'immobilité ou l'inactivité. ▷ v. pron. **s'immobiliser**

immobilisme n. m. ■ Disposition à refuser le mouvement ou le progrès. ► **immobiliste** adj. et n.

immobilité n. f. ■ **1** État de ce qui est immobile. **2** fig. État de ce qui ne change pas.

immodéré, ée adj. ■ Qui n'est pas modéré, qui dépasse la mesure. → **démesuré, excessif.** ► **immodération** n. f. littér. ► **immodérément** adv. littér.

immodeste adj. ■ vieilli Qui manque à la pudeur. ► **immodestie** n. f. vieilli

immoler v. tr. [1] ■ **1** relig. Tuer en sacrifice à une divinité. **2** fig., littér. *Immoler ses intérêts à son devoir.* → **sacrifier.** ▷ v. pron. **s'immoler** Faire le sacrifice de sa vie. ► **immolateur, trice** n. vx ► **immolation** n. f. littér.

immonde adj. ■ **1** littér. Impur selon la loi religieuse. **2** D'une saleté ou d'une laideur qui soulève le dégoût. → **répugnant. 3** Très immoral, révoltant. → **ignoble.**

immondice n. f. ■ **1** vx Chose immonde. **2** au plur. Déchets, détritus. → **ordure.**

immoral, ale, aux adj. ■ Contraire aux principes de la morale établie ; qui viole ces principes. → **corrompu, dépravé.** ► **immoralité** n. f.

immoralisme n. m. ■ Doctrine qui propose des règles d'action différentes, voire inverses de celles qu'admet la morale courante. ► **immoraliste** adj. et n.

immortaliser v. tr. [1] ■ Rendre immortel dans la mémoire des hommes. ► **immortalisation** n. f.

immortalité n. f. ■ **1** Qualité, état de ce qui est immortel. **2** littér. État de ce qui survit sans fin dans la mémoire des hommes.

immortel, elle adj. et n. ■ **1** Qui n'est pas sujet à la mort. ◆ n. littér. *Les immortels :* les dieux. **2** Que l'on suppose ne devoir jamais finir, que rien ne pourra détruire. → **impérissable. 3** Qui survit et doit survivre dans la mémoire des hommes. **4** n. Membre de l'Académie française.

immortelle n. f. ■ Plante dont la fleur desséchée présente une collerette colorée.

immotivé, ée adj. ■ Qui n'a pas de motif. → **gratuit, injustifié.**

immuable adj. ■ **1** didact. Qui reste identique. **2** cour. Qui ne change guère, dure longtemps. → **constant, invariable.** ► **immuabilité** n. f. ► **immuablement** adv.

immun, une adj. ■ didact. Immunisé (sujet, organisme...).

immuniser v. tr. [1] ■ **1** Rendre réfractaire à une maladie. **2** fig. *Immuniser qqn contre,* protéger de. ► **immunisant, ante** adj. ► **immunisation** n. f.

immunitaire adj. ■ méd. De l'immunité (II). *Système immunitaire de l'organisme.*

immunité n. f. ■ **I** Prérogative accordée par la loi à une catégorie de personnes. ◆ *Immunité parlementaire,* protégeant les parlementaires des actions judiciaires. ◆ *Immunité diplomatique,* protégeant les diplomates. **II** Propriété (d'un organisme) de résister à une cause de maladie.

immuno- Élément savant qui signifie «immunité» (II).

immunochimie n. f. ■ didact. Application des techniques biochimiques à l'étude des processus immunitaires.

immunocompétent, ente adj. ■ biol. Se dit de cellules susceptibles d'intervenir dans les processus immunitaires.

immunodéficience [-jɑ̃s] n. f. ■ méd. Déficience immunitaire. *Syndrome d'immunodéficience acquise.* → **sida.** ► **immunodéficitaire** adj. et n.

immunodépresseur adj. m. et n. m. ■ biol. Se dit d'une substance, d'un procédé capable de diminuer ou de supprimer les réactions immunitaires de l'organisme. – syn. **immunosuppresseur** adj. m. et n. m.

immunodépression n. f. ■ méd. Diminution des défenses immunitaires.

immunodéprimé, ée adj. ■ méd. Qui n'a pas des réactions immunitaires normales.

immunofluorescence n. f. ▪ méd. Technique utilisée pour dépister les antigènes grâce à des corps fluorescents.

immunogène adj. ▪ biol. Capable de provoquer la formation d'anticorps.

immunoglobuline n. f. ▪ biochim. Membre d'une famille de protéines présentes dans le plasma, ayant des fonctions d'anticorps.

immunologie n. f. ▪ Étude des phénomènes d'immunité (II). ► **immunologique** adj. ► **immunologiste** n.

immunosuppresseur → **immunodépresseur**

immunothérapie n. f. ▪ méd. Traitement pour provoquer ou augmenter l'immunité (II), par injection d'anticorps ou d'antigènes.

immunotolérant, ante adj. ▪ didact. (organisme) Qui réagit par une production d'anticorps aux antigènes en contact. ► **immunotolérance** n. f.

immunotransfusion n. f. ▪ méd. Transfusion de sang provenant d'un sujet immunisé contre la maladie dont est atteint le malade qui la reçoit.

immutabilité n. f. ▪ didact. Caractère de ce qui ne peut changer.

impact [-akt] n. m. ▪ **1** Collision, heurt. ➝ *Point d'impact,* endroit où un projectile vient frapper ; trace qu'il laisse. **2** fig. Effet produit. *L'impact d'une décision.*

impacter v. tr. [1] ▪ anglic. Avoir un impact, une incidence sur.

impair, aire ▪ **I** adj. Se dit d'un nombre entier qui n'est pas divisible par deux. **II** n. m. Maladresse choquante. → fam. **gaffe.**

impala [impala] n. m. ▪ Petite antilope des savanes de l'est et du sud de l'Afrique.

impalpable adj. ▪ **1** Immatériel, imperceptible au toucher. **2** Dont les éléments séparés sont si petits qu'on ne les sent pas au toucher. *Une poussière impalpable.*

impaludation n. f. ▪ Inoculation du paludisme par la piqûre d'un anophèle. ➝ Inoculation thérapeutique du paludisme.

impaludé, ée adj. ▪ Atteint de paludisme. ♦ *Région impaludée,* où sévit le paludisme.

impanation n. f. ▪ relig. Coexistence du pain et du corps du Christ dans l'Eucharistie (doctrine luthérienne).

imparable adj. ▪ Qu'on ne peut éviter.

impardonnable adj. ▪ Qui ne mérite pas de pardon, d'excuse.

imparfait, aite ▪ **I** adj. **1** littér. Qui n'est pas achevé, pas complet. → **incomplet. 2** Qui présente des défauts, des imperfections. → **inégal. II** n. m. Temps du verbe ayant surtout pour fonction d'énoncer une action en voie d'accomplissement dans le passé et conçue comme non achevée.

imparfaitement adv. ▪ D'une manière imparfaite.

impari- Élément, du latin *impar* «impair».

imparidigité, ée adj. ▪ anat. Dont les doigts sont en nombre impair.

imparisyllabique adj. et n. m. ▪ gramm. (en latin, en grec...) Qui n'a pas le même nombre de syllabes au nominatif et au génitif. *Mot imparisyllabique.*

impartial, ale, aux adj. ▪ Qui est sans parti pris. → **juste, neutre, objectif.** ► **impartialement** adv. ► **impartialité** n. f.

impartir v. tr. [2] seulement inf., indic. prés. et p. p. ▪ littér. Donner en partage. *Les dons que la nature nous a impartis.* ➝ dr. Accorder. *Impartir un délai à qqn.*

impasse n. f. ▪ **1** Rue sans issue. ♦ fig. Situation sans issue. **2** *Impasse budgétaire :* déficit qui sera couvert par l'emprunt, etc. **3** (aux cartes) *Faire l'impasse au roi :* jouer la dame, quand on a l'as. ♦ Partie du programme qu'un élève néglige d'apprendre. ➝ loc. *Faire l'impasse sur qqch.,* ne pas prendre en compte (en prenant un risque).

impassibilité n. f. ▪ Calme, sang-froid.

impassible adj. ▪ Qui n'éprouve ou ne trahit aucune émotion, aucun sentiment. ► **impassiblement** adv.

impatience [-jɑ̃s] n. f. ▪ **1** Manque de patience (habituel, naturel). **2** Incapacité de se contraindre pour supporter, attendre qqch. ou qqn. *Donner des signes d'impatience.*

impatiens [-jɑ̃s] n. f. ▪ Balsamine.

impatient, ente [-jɑ̃, -ɑ̃t] adj. ▪ **1** Qui manque de patience. **2** *Impatient de* (+ inf.) : pressé de. ► **impatiemment** adv.

impatienter [-sjɑ̃-] v. tr. [1] ▪ Faire perdre patience à. → **agacer, énerver.** ▷ v. pron. s'**impatienter**

s'**impatroniser** v. pron. [1] ▪ (personnes) S'établir comme chez soi. ➝ fig. (choses) Être adopté. ► **impatronisation** n. f. rare

impavide adj. ▪ littér. Qui n'éprouve ou ne montre aucune crainte. ► **impavidité** n. f.

impayable adj. ▪ fam. Bizarre et comique.

impayé, ée adj. ▪ Qui n'a pas été payé. ♦ n. m. Effet de commerce impayé.

impeccable adj. ▪ **1** littér. Incapable de commettre une erreur, une faute morale. **2** Sans défaut, parfait. → **irréprochable. 3** D'une propreté, d'une tenue parfaite.

impeccablement adv. ▪ D'une manière impeccable (2 ou 3).

impécunieux, ieuse adj. ▪ littér. Qui manque d'argent. ► **impécuniosité** n. f.

impédance n. f. ▪ électr. Grandeur qui est, pour les courants alternatifs, l'équivalent de la résistance pour les courants continus.

impedimenta [ɛ̃pedimɛ̃ta] n. m. pl. ■ littér. Ce qui entrave l'activité.

impénétrable adj. ■ **1** Où l'on ne peut pénétrer ; qui ne peut être traversé. *Forêt impénétrable.* **2** Difficile à connaître, à expliquer. → **incompréhensible, insondable. 3** Qui ne laisse rien deviner de soi-même. ► **impénétrabilité** n. f. littér.

impénitent, ente adj. ■ **1** relig. Qui ne se repent pas de ses péchés. **2** Qui persiste dans une habitude. → aussi **invétéré.** ► **impénitence** n. f.

impensable adj. ■ Difficile à concevoir.

impense n. f. ■ dr. Dépenses faites par un propriétaire pour la conservation ou l'amélioration d'un immeuble qu'il possède.

impensé, ée adj. ■ didact. Qui n'a pas été pensé. ◂ n. m. *L'impensé.*

impératif, ive ■ **I** n. m. **1** gramm. Mode qui exprime le commandement et la défense. **2** Prescription d'ordre moral, etc. *Les impératifs de la mode.* **II** adj. Qui exprime, impose un ordre. ► **impérativement** adv.

impératrice n. f. ■ **1** Épouse d'un empereur. **2** Souveraine d'un empire.

imperceptible adj. ■ **1** Impossible ou difficile à percevoir par les organes des sens. **2** Difficile à apprécier par l'esprit. *Nuance imperceptible.* ► **imperceptibilité** n. f. didact. ou littér. ► **imperceptiblement** adv.

imperdable adj. ■ Qu'on ne peut, ne devrait pas perdre. *Procès, match imperdable.*

imperfectible adj. ■ Qui ne peut pas être amélioré (opposé à *perfectible*).

imperfectif, ive adj. ■ gramm. *Aspect, verbe imperfectif,* qui exprime la durée (opposé à *perfectif*).

imperfection n. f. ■ **1** État de ce qui est imparfait. **2** Ce qui rend imparfait ; défaut.

imperforation n. f. ■ méd. Occlusion congénitale d'un orifice naturel.

impérial, ale, aux adj. ■ D'un empereur, d'un empire. ♦ Qui évoque un empereur.

impériale n. f. ■ Étage supérieur de véhicules publics. *Autobus à impériale.*

impérialement adv. ■ rare D'une manière impériale, digne d'un empereur.

impérialisme n. m. ■ **1** Politique d'un État visant à réduire d'autres États sous sa dépendance. **2** fig. Caractère dominateur (de qqn, qqch.). ► **impérialiste** adj. et n.

impérieux, euse adj. ■ **1** Qui commande d'une façon qui n'admet ni résistance ni réplique. **2** (choses) Qui force à céder. *Un besoin impérieux.* ► **impérieusement** adv.

impérissable adj. ■ (choses) Qui ne peut périr, qui dure très longtemps.

impéritie n. f. ■ littér. Manque d'aptitude, d'habileté. → **incapacité.**

imperméabiliser v. tr. [1] ■ Rendre imperméable (1). ◂ au p. p. *Tissu imperméabilisé.* ► **imperméabilisation** n. f.

imperméabilité n. f. ■ **1** Caractère de ce qui est imperméable. **2** fig. Insensibilité.

imperméable adj. ■ **1** Qui ne se laisse pas traverser par un liquide, notamment par l'eau. ♦ n. m. Vêtement de pluie en tissu imperméabilisé. **2** fig. Qui ne se laisse pas atteindre ; étranger (à). *Imperméable à l'art.* → **insensible.**

impersonnalité n. f. ■ didact. Caractère impersonnel.

impersonnel, elle adj. ■ **1** gramm. Qui exprime une action sans sujet réel ou déterminé. *Verbes impersonnels* (ex. *pleuvoir*). **2** didact. Qui n'appartient pas, ne s'adresse pas à une personne. *La loi est impersonnelle.* **3** Qui n'a aucune particularité. *Un style impersonnel.* → **neutre.** ► **impersonnellement** adv.

impertinence n. f. ■ **1** Attitude, conduite d'une personne impertinente. **2** Parole, action impertinente.

impertinent, ente adj. ■ Qui montre de l'irrévérence. → **insolent.** ◂ n. *Un impertinent.* ♦ (choses) *Ton impertinent.* ► **impertinemment** [-amɑ̃] adv. rare

imperturbable adj. ■ Que rien ne peut troubler. ◂ (choses) *Une foi imperturbable.* → **inébranlable.** ► **imperturbabilité** n. f. ► **imperturbablement** adv.

impesanteur n. f. ■ phys. Apesanteur.

impétigo n. m. ■ méd. Maladie de la peau caractérisée par la formation de vésicules.

impétrant, ante n. ■ admin. Personne qui a obtenu qqch. (titre, etc.) d'une autorité.

impétrer v. tr. [6] ■ dr. Obtenir de l'autorité compétente, à la suite d'une requête. ► **impétration** n. f.

impétueux, euse adj. ■ **1** littér. Dont l'impulsion est violente et rapide. *Vent impétueux.* **2** (personnes) Ardent, fougueux. ► **impétueusement** adv. ► **impétuosité** n. f.

impie adj. et n. ■ Qui a ou marque le mépris de la religion. ► **impiété** n. f.

impitoyable adj. ■ **1** Qui est sans pitié. → **implacable. 2** Qui juge sans indulgence. → **sévère.** ► **impitoyablement** adv.

implacable adj. ■ **1** littér. Dont on ne peut apaiser la violence. *Une haine implacable.* **2** Qui est sans pitié. → **inflexible. 3** À quoi l'on ne peut se soustraire. *Une logique implacable.* ► **implacabilité** n. f. ► **implacablement** adv.

implant n. m. ■ méd. Comprimé ou objet introduit sous la peau ou dans un tissu organique à des fins thérapeutiques, contraceptives.

implanter v. tr. [1] ■ Introduire et faire se développer d'une manière durable. *Implanter une mode.* ▷ v. pron. **s'implanter** Se fixer, s'établir. ► **implantation** n. f.

implémenter v. tr. [1] ▪ anglic., inform. Réaliser la phase finale d'élaboration de (un système), permettant la mise en fonction. ► **implémentation** n. f. anglic.

implication n. f. ▪ **1** Action d'impliquer qqn. **2** Relation par laquelle une chose en implique une autre. ♦ au plur. Conséquences. → **incidence, retombée.**

implicite adj. ▪ Qui est contenu dans une proposition, un fait, sans être exprimé. *Condition implicite.* ► **implicitement** adv.

impliquer v. tr. [1] ▪ **1** Engager (dans une affaire fâcheuse) ; mettre en cause (dans une accusation). → **compromettre, mêler.** ▸ passif *Être impliqué dans un trafic.* **2** (sujet chose) Entraîner (qqch.) comme conséquence. **3** Engager (dans un processus...). ▸ pronom. *S'impliquer dans son travail.* → s'**investir.**

implorant, ante adj. ▪ littér. Suppliant.

implorer v. tr. [1] ▪ **1** Supplier (qqn) d'une manière humble. **2** Demander (une aide, une faveur) avec insistance. → **solliciter.** ► **imploration** n. f. littér.

imploser v. intr. [1] ▪ Faire implosion.

implosif, ive adj. ▪ phonét. *Consonne implosive,* située à la fin d'une syllabe (opposé à *explosive*).

implosion n. f. ▪ Irruption brutale d'un fluide dans un milieu de pression beaucoup plus faible que la pression extérieure.

impluvium [-jɔm] n. m. ▪ Antiq. romaine Bassin creusé pour les eaux de pluie.

impoli, ie adj. ▪ Qui manque à la politesse. → **incorrect.** *Être impoli envers qqn.* ▸ *Des manières impolies.* ► **impoliment** adv.

impolitesse n. f. ▪ **1** Manque de politesse. **2** Acte, manifestation d'impolitesse.

impondérable adj. ▪ **1** didact. Qui n'a pas de poids mesurable. **2** Dont l'action, quoique effective, ne peut être appréciée ni prévue. ▸ n. m. *Les impondérables de la vie.* ► **impondérabilité** n. f.

impopulaire adj. ▪ Qui déplaît au peuple. ♦ Qui est mal vu (dans un groupe). ► **impopularité** n. f.

① **importable** adj. ▪ Qu'il est permis ou possible d'importer.

② **importable** adj. ▪ (vêtement) Impossible à porter. → **immettable.**

importance n. f. ▪ **1** Caractère de ce qui est important. **2** (personnes) Autorité que confèrent un rang social élevé, des responsabilités. **3** loc. adj. D'IMPORTANCE : important. *L'affaire est d'importance.*

important, ante adj. ▪ **I** (choses) **1** Qui a de grandes conséquences, beaucoup d'intérêt (→ ② **importer**). *Un rôle important.* ▸ n. m. Ce qui importe. *Le plus important est fait.* **2** Considérable. *Une somme importante.* **II** (personnes) Qui a de l'importance (2). ▸ n. péj. *Faire l'important.*

importateur, trice n. ▪ Personne qui importe (①) des produits. ▸ adj. *Pays importateur.*

importation n. f. ▪ **1** Action d'importer (des produits). **2** Ce qui est importé.

① **importer** v. tr. [1] ▪ **1** Introduire sur le territoire national (des produits en provenance de pays étrangers). **2** Introduire (qqch. ; une coutume) dans un pays.

② **importer** v. [1] seulement à l'inf. et aux 3es pers. ▪ **1** v. tr. ind. (choses) IMPORTER À *qqn* : avoir de l'importance pour qqn. → **intéresser.** *Votre opinion nous importe beaucoup.* **2** v. intr. Avoir de l'importance. → **compter.** *C'est la seule chose qui importe.* **3** v. impers. *Il importe de réfléchir, que nous réfléchissions.* **4** loc. pron. indéf. N'IMPORTE QUI, QUOI : une personne, une chose quelconque. ▸ loc. adj. indéf. N'IMPORTE QUEL, QUELLE (chose, personne). *Acheter à n'importe quel prix.* ▸ loc. adv. N'IMPORTE COMMENT, OÙ, QUAND : d'une manière, dans un endroit, à un moment quelconque.

import-export n. m. ▪ anglic. Commerce de produits importés et exportés.

importun, une adj. ▪ **1** Qui ennuie, gêne par sa présence ou sa conduite. ▸ n. *Éviter un importun.* → **gêneur.** **2** (choses) Gênant. ► **importunément** adv. littér. ► **importunité** n. f. littér.

importuner v. tr. [1] ▪ littér. Ennuyer en étant importun. → **déranger, gêner.**

imposable adj. ▪ Qui peut être imposé, assujetti à l'impôt.

imposant, ante adj. ▪ **1** Qui impose le respect. **2** Qui impressionne par l'importance, la quantité. → **considérable.**

imposer v. tr. [1] ▪ **I 1** Faire payer obligatoirement. *Imposer une taxe.* **2** Assujettir (qqn) à l'impôt. **3** IMPOSER *qqch.* À *qqn* : prescrire ou faire subir à qqn (une chose pénible). ♦ Faire admettre (qqch.). *Il a imposé ses vues.* **4** Faire accepter (qqn) par force, etc. *Il nous a imposé son protégé.* **II** tr. ind. EN IMPOSER À *qqn,* faire une forte impression sur lui. **III** *Imposer les mains,* les poser sur qqn (pour bénir...). ▷ v. pron. s'**imposer 1** (sujet chose) Être obligatoire. **2** (personnes) Se faire admettre (par sa valeur...). ▷ adj. **imposé, ée 1** Obligatoire. **2** Soumis à l'impôt.

imposition n. f. ▪ **I 1** Fait d'imposer (une contribution). **2** Impôt, contribution. **II** Action d'imposer (les mains).

impossibilité n. f. ▪ **1** Caractère de ce qui est impossible. **2** Chose impossible.

impossible ▪ **I** adj. **1** Qui ne peut se produire, être réalisé. *Événement impossible.* ▸ *Une idée impossible à admettre,* qu'on ne peut admettre. ♦ impers. *Il est impossible de* (+ inf.) ;

que (+ subj.). **2** Très difficile, très pénible (à faire, imaginer...). **3** fam. Extravagant, invraisemblable. *Il lui arrive toujours des aventures impossibles.* **4** (personnes) Insupportable. → **invivable.** **II** n. m. **1** Ce qui n'est pas possible. *Vouloir l'impossible.* ◆ par exagér. *Nous ferons l'impossible,* tout notre possible. **2** loc. adv. *PAR IMPOSSIBLE :* par une hypothèse peu vraisemblable.

imposte n. f. ▪ **1** archit. Tablette saillante sur un pilier. **2** Partie supérieure (d'une porte, d'une fenêtre).

imposteur n. m. ▪ Personne qui trompe autrui en usurpant une qualité.

imposture n. f. ▪ Tromperie d'un imposteur.

impôt n. m. ▪ Prélèvement que l'État opère sur les ressources des particuliers pour subvenir aux charges publiques ; sommes prélevées. ◆ *Impôts directs,* prélèvement d'une partie du revenu. *Impôts indirects,* taxes.

impotence n. f. ▪ État d'impotent.

impotent, ente adj. ▪ Qui ne peut pas se déplacer, ou se déplace très difficilement. → **infirme, invalide.** ◆ n. *Des impotents.*

impraticable adj. ▪ **1** littér. Que l'on ne peut mettre en pratique. **2** Où l'on passe très difficilement. *Piste impraticable.* ▶ **impraticabilité** n. f.

imprécateur, trice n. ▪ littér. Personne qui profère des imprécations.

imprécation n. f. ▪ littér. Souhait de malheur contre qqn. → **malédiction.** ▶ **imprécatoire** adj. littér.

imprécis, ise adj. ▪ Qui n'est pas précis, manque de netteté. → **flou, vague.**

imprécision n. f. ▪ Manque de précision.

imprédictible adj. ▪ didact. Que l'on ne peut prédire. → **imprévisible.**

imprégner v. tr. [6] ▪ **1** Pénétrer (un corps) de liquide dans toutes ses parties. → **imbiber.** **2** fig. Pénétrer, influencer profondément. ▶ **imprégnation** n. f.

imprenable adj. ▪ **1** Qui ne peut être pris. *Fort imprenable.* **2** *Vue imprenable,* qui ne peut être masquée par des constructions.

impréparation n. f. ▪ Manque de préparation (en sports, avant un examen...).

imprésario [ɛ̃pʀesaʀjo ; -z-] n. ▪ Personne qui s'occupe de l'organisation des spectacles et des engagements d'un artiste.

imprescriptible adj. ▪ Qui ne peut pas être enlevé après un délai (→ **prescription**). ▶ **imprescriptibilité** n. f. dr. et littér.

impression n. f. ▪ **I 1** Procédé de reproduction par pression d'une surface sur une autre qui en garde l'empreinte. **2** Reproduction d'un texte par l'imprimerie. **II 1** Marque, effet qu'une cause produit sur qqn. ◆ *Faire impression :* attirer l'attention. **2** Connaissance élémentaire, immédiate et vague. → **sentiment, sensation.** *Éprouver une impression de gêne.* ◆ *Avoir l'impression de... ; que...* → **croire, imaginer.** **3** psych. État physiologique provoquant une sensation. *Impression tactile.*

impressionnable adj. ▪ Facile à impressionner. → **émotif, sensible.** ▶ **impressionnabilité** n. f.

impressionner v. tr. [1] ▪ **I** Affecter (qqn) d'une vive impression. → **frapper, toucher.** **II** Laisser une image (sur une pellicule photographique). ▶ **impressionnant, ante** adj. → **étonnant, frappant.**

impressionnisme n. m. ▪ **1** Style des peintres impressionnistes (1). **2** Manière littéraire, musicale qui cherche à rendre des impressions fugitives.

impressionniste ▪ **1** adj. et n. Se dit de peintres qui, à la fin du XIXe siècle, s'efforcèrent d'exprimer les impressions que les objets et la lumière suscitent. **2** adj. De l'impressionnisme (2).

imprévisible adj. ▪ Qui ne peut être prévu. ▶ **imprévisibilité** n. f.

imprévision n. f. ▪ **1** littér. Défaut de prévision. **2** dr. *Théorie de l'imprévision,* par laquelle les tribunaux admettent la révision des contrats de longue durée, lorsque des événements imprévisibles sont survenus.

imprévoyance n. f. ▪ Caractère de qqn d'imprévoyant. ◆ Action imprévoyante.

imprévoyant, ante adj. ▪ Qui manque de prévoyance. → **insouciant.**

imprévu, ue adj. ▪ Qui n'a pas été prévu. → **inopiné.** ◆ n. m. *Aimer l'imprévu.*

imprimante n. f. ▪ Machine (périphérique d'ordinateur) qui imprime sur papier des textes ou des éléments graphiques.

imprimatur n. m. invar. ▪ didact. Autorisation d'imprimer (accordée par une autorité).

imprimé, ée adj. ▪ **1** Reproduit par impression ; orné de motifs ainsi reproduits. *Tissu imprimé.* ◆ n. m. *Un imprimé à fleurs.* **2** Reproduit par l'imprimerie. ◆ n. m. Impression ou reproduction sur papier. ◆ Feuille imprimée. *Remplir un imprimé.*

imprimer v. tr. [1] ▪ **I 1** littér. Faire pénétrer (dans l'esprit de qqn). → **inspirer, inculquer.** **2** Communiquer, transmettre (un mouvement...). *Imprimer des secousses à qqch.* **II 1** littér. Faire, laisser (une trace) par pression. ◆ au p. p. *Traces imprimées dans le sable.* **2** Reproduire (une figure, une image) par pression d'une surface sur une autre (→ **impression,** I, 1). **3** Reproduire (un texte) par la technique de l'imprimerie.

imprimerie n. f. ▪ 1 Action d'imprimer (II, 3) ; techniques permettant la reproduction d'un texte par impression de caractères mobiles (→ **typographie**) ou report sur plaques (→ **héliogravure, offset**). 2 Établissement, lieu où l'on imprime (des livres, des journaux...). ♦ Matériel artisanal servant à l'impression.

imprimeur n. m. ▪ 1 Propriétaire, directeur d'une imprimerie. 2 Personne travaillant dans une imprimerie.

improbable adj. ▪ 1 Qui n'est pas probable. *Éventualité improbable.* 2 Étonnant, insolite. *Tenue improbable.* ► **improbabilité** n. f.

improbation n. f. ▪ littér. Action de désapprouver, de condamner (contr. *approbation*). ► **improbateur, trice** adj. vx

improbité n. f. ▪ littér. Manque de probité. → **malhonnêteté.**

improductif, ive adj. ▪ Qui ne produit, ne rapporte rien. *Un sol improductif.* ♦ n. Personne qui ne contribue pas à produire des biens. ► **improductivité** n. f.

impromptu, ue [-ɔ̃pty] ▪ I n. m. Petite pièce (de vers, de musique...). II adj. Improvisé. *Dîner impromptu.* III adv. À l'improviste, sans préparation.

imprononçable adj. ▪ Impossible à prononcer.

impropre adj. ▪ 1 Qui ne convient pas, n'exprime pas exactement l'idée. *Mot impropre.* 2 *IMPROPRE À* : qui n'est pas propre, adapté à. ► **improprement** adv.

impropriété n. f. ▪ Caractère de ce qui est impropre. ♦ Emploi impropre d'un mot.

improuvable adj. ▪ rare Qu'on ne peut pas prouver. → **invérifiable.**

improvisateur, trice n. ▪ Personne qui improvise.

improvisation n. f. ▪ 1 Action, art d'improviser. 2 Ce qui est improvisé.

improviser v. tr. 1 ▪ 1 Composer sur-le-champ et sans préparation. *Improviser un discours.* ➝ absolt *Improviser au piano.* 2 Organiser à la hâte. *Improviser une rencontre.* 3 Pourvoir inopinément (qqn) d'une fonction. *On l'improvisa cuisinier.*

à **l'improviste** loc. adv. ▪ D'une manière imprévue. → **inopinément, subitement.**

imprudence n. f. ▪ 1 Manque de prudence. 2 Action imprudente.

imprudent, ente adj. ▪ Qui manque de prudence. ➝ n. *Une imprudente.* ♦ (choses) *Choix imprudent.* ► **imprudemment** adv.

impubère adj. et n. ▪ littér. Qui n'a pas atteint la puberté. ► **impuberté** n. f.

impubliable adj. ▪ Qu'on ne peut pas publier (pour des raisons esthétiques...).

impudence n. f. ▪ littér. 1 Effronterie audacieuse ou cynique qui choque, indigne. 2 Action, parole impudente.

impudent, ente adj. ▪ littér. Qui montre de l'impudence. → **cynique, effronté, insolent.** ► **impudemment** [-amɑ̃] adv.

impudeur n. f. ▪ 1 Absence de pudeur, de retenue, de discrétion. → **impudicité, indécence.** 2 rare Impudence, cynisme.

impudique adj. ▪ Qui outrage la pudeur. ➝ (choses) → **indécent, obscène.** ► **impudiquement** adv. ► **impudicité** n. f. vieilli

impuissance n. f. ▪ 1 Manque de moyens suffisants pour faire qqch. → **faiblesse, incapacité.** 2 (pour l'homme) Incapacité d'accomplir l'acte sexuel normal et complet.

impuissant, ante adj. ▪ 1 Qui n'a pas de moyens suffisants pour faire qqch. ➝ (choses) Sans effet, inefficace. 2 (homme) Qui souffre d'impuissance (2). ➝ n. m. *Un impuissant.*

impulser v. tr. 1 ▪ anglic. Animer, donner une impulsion à. → **déclencher, promouvoir.** *Impulser une dynamique.*

impulsif, ive adj. ▪ Qui agit sous l'impulsion de mouvements spontanés ou plus forts que sa volonté. ➝ n. *Un impulsif.* ♦ *Acte impulsif.* ► **impulsivement** adv.

impulsion n. f. ▪ 1 Action de pousser ; ce qui pousse. *Communiquer une impulsion à qqch.* 2 fig. Fait d'inciter ; ce qui anime. *Impulsion donnée à un projet.* 3 littér. → **influence.** *Sous l'impulsion de la colère.* 4 Tendance spontanée qui pousse à agir.

impulsivité n. f. ▪ littér. Caractère impulsif.

impunément adv. ▪ 1 Sans subir de punition. 2 Sans dommage pour soi.

impuni, ie adj. ▪ Qui n'est pas puni.

impunité n. f. ▪ Absence de punition.

impur, ure adj. ▪ 1 Altéré, corrompu par des éléments étrangers. 2 Dont la loi religieuse commande de fuir le contact. 3 littér. Mauvais (moralement). ♦ Indécent.

impureté n. f. ▪ 1 Caractère impur. 2 Ce qui rend impur ; élément qui altère qqch.

imputable adj. ▪ 1 Qui peut ou doit être imputé (I). 2 Qui doit être imputé (II). ► **imputabilité** n. f. didact.

imputation n. f. ▪ 1 Action d'imputer (I) (une faute). 2 Action d'imputer (II) (une somme).

imputer v. tr. 1 ▪ I *IMPUTER À qqn* : attribuer à qqn (une chose blâmable). II Appliquer (une somme) à un compte déterminé.

imputrescible adj. ▪ Qui ne peut pourrir. ► **imputrescibilité** n. f.

in [in] adj. invar. ▪ fam., vieilli À la mode. *Les endroits in.*

In ▪ Symbole chimique de l'indium.

① **in-** Élément, du latin *in* « dans, en ».

② **in-** Élément à valeur négative, du préfixe latin *in-* (var. *im-* devant *b, m, p* ; *il-* devant *l* ; *ir-* devant *r*, sauf *inracontable*).

inabordable adj. ■ **1** littér. Impossible ou très difficile à approcher (sens propre et fig.). → **inaccessible. 2** D'un prix très élevé.

inabouti, ie adj. ■ Qui n'a pu être mené à son terme. *Un projet inabouti.*

in abstracto [in-] loc. adv. et adj. ■ Abstraitement ; dans l'abstrait.

inaccentué, ée adj. ■ Qui ne porte pas d'accent (1). → **atone.**

inacceptable adj. ■ Que l'on ne peut, que l'on ne doit pas accepter. → **inadmissible.**

inaccessible adj. ■ **1** Dont l'accès est impossible. *Un sommet inaccessible.* ♦ (personnes) D'un abord difficile. ♦ Qu'on ne peut atteindre, comprendre. **2** *INACCESSIBLE À :* qui ne se laisse ni convaincre ni toucher par (qqch.). ► **inaccessibilité** n. f.

inaccompli, ie adj. ■ littér. Qui n'est pas accompli.

inaccomplissement n. m. ■ littér. Défaut d'accomplissement.

inaccordable adj. ■ rare Qu'on ne peut accorder. ➛ Inconciliable. ➛ mus. *Piano inaccordable.*

inaccoutumé, ée adj. ■ Qui n'a pas coutume de se produire. → **inhabituel.**

inachevé, ée adj. ■ Qui n'est pas achevé.

inachèvement n. m. ■ État de ce qui n'est pas achevé.

inactif, ive adj. ■ **1** Qui est sans activité. → **oisif.** ♦ écon. Qui n'a pas d'activité professionnelle régulière. ➛ n. *Les inactifs.* **2** (choses) Qui est sans action, sans efficacité.

inactinique adj. ■ phys. Se dit d'un rayonnement qui n'a aucune action chimique notable sur un milieu donné.

inaction n. f. ■ Absence de toute action.

inactiver v. tr. [1] ■ biol. Rendre inactif. ➛ au p. p. *Virus inactivé.* ► **inactivation** n. f.

inactivité n. f. ■ Absence d'activité.

inactuel, elle adj. ■ Qui n'est pas ou plus d'actualité. ► **inactualité** n. f.

inadaptable adj. ■ Qui ne peut s'adapter.

inadaptation n. f. ■ Défaut d'adaptation (à qqch.). ♦ État d'une personne inadaptée.

inadapté, ée adj. ■ Qui n'est pas adapté (à qqch.). ♦ absolt *Enfant inadapté* (à la vie scolaire...). ➛ n. *Rééducation des inadaptés.*

inadéquat, ate [-kwa(t), -at] adj. ■ Qui n'est pas adéquat. ► **inadéquation** n. f.

inadmissible adj. ■ Qu'on ne peut admettre. ► **inadmissibilité** n. f.

inadvertance n. f. ■ rare Inattention. ♦ cour. *PAR INADVERTANCE* loc. adv. : par mégarde.

inaliénable adj. ■ **1** dr. Qui ne peut être aliéné (1), cédé. **2** Qui ne peut être enlevé. *Dignité inaliénable.* ► **inaliénabilité** n. f. dr.

inaliénation n. f. ■ dr. État de ce qui n'est pas aliéné.

inalpe n. f. ■ (Suisse) Montée des troupeaux dans les pâturages, au début de la belle saison (opposé à *désalpe*).

inaltérable adj. ■ **1** Qui ne peut être altéré. **2** Que rien ne peut changer. → **constant, éternel.** ► **inaltérabilité** n. f.

inaltéré, ée adj. ■ Qui n'a subi aucune altération. → **intact, pur.**

inamical, ale, aux adj. ■ Qui n'est pas amical. → **hostile.**

inamissible adj. ■ théol. Qui ne peut se perdre.

inamovible adj. ■ **1** dr. Qui n'est pas amovible (1). **2** plais. Qu'on ne peut déplacer ; qui ne change pas. ► **inamovibilité** n. f.

inanimé, ée adj. ■ **1** Qui, par essence, est sans vie. **2** (personnes) Mort ou sans connaissance. *Il est tombé inanimé.*

inanité n. f. ■ littér. Caractère de ce qui est inutile, vain. *L'inanité de nos efforts.*

inanition n. f. ■ Épuisement par défaut de nourriture. *Mourir d'inanition,* de faim.

inapaisé, ée adj. ■ littér. Qui n'est pas apaisé. → **inassouvi, insatisfait.** ► **inapaisable** adj.

inaperçu, ue adj. ■ Qui n'est pas aperçu. ➛ *Passer inaperçu,* ne pas être remarqué.

inapparent, ente adj. ■ Qui n'est pas apparent.

inappétence n. f. ■ littér. Absence de besoin, de désir. ➛ Absence d'appétit.

inapplicable adj. ■ Qui ne peut être appliqué.

inapplication n. f. ■ **1** didact. Manque d'application, de soin à ce que l'on fait. **2** Défaut d'application, de mise en pratique. *L'inapplication d'une loi.*

inappliqué, ée adj. ■ Qui n'a pas été appliqué, mis en pratique.

inappréciable adj. ■ Qu'on ne saurait trop estimer ; de grande valeur. → **inestimable.**

inapprivoisé, ée adj. ■ didact. Qui n'a pas été apprivoisé. → **indompté, sauvage.**

inapprochable adj. ■ didact. Qu'on ne peut approcher.

inapproprié, iée adj. ■ didact. Qui n'est pas approprié. → **inadéquat.**

inapte adj. ■ **1** Qui n'est pas apte (à qqch.) ; qui manque d'aptitude. → **incapable. 2** milit. Impropre au service militaire ou à une arme en particulier. ► **inaptitude** n. f.

inarticulé, ée adj. ■ Non articulé (son).

inassimilable adj. ■ Qui n'est pas assimilable. *Substances ; connaissances inassimilables.* ♦ (personnes) Qui ne peut s'intégrer dans une société.

inassouvi, ie adj. ■ littér. Qui n'est pas assouvi, satisfait. ► **inassouvissement** n. m.

inattaquable adj. ▪ **1** Qu'on ne peut attaquer ou mettre en cause avec succès. **2** Qui ne peut être altéré.

inattendu, ue adj. ▪ Qu'on n'attendait pas ; à quoi on ne s'attendait pas. → **inopiné.**

inattentif, ive adj. ▪ Qui ne prête pas attention. → **distrait, étourdi.**

inattention n. f. ▪ Manque d'attention.

inaudible adj. ▪ Qu'on ne peut entendre.

inaugural, ale, aux adj. ▪ Qui a rapport à une inauguration.

inauguration n. f. ▪ **1** Cérémonie par laquelle on inaugure (1). **2** fig., littér. Commencement, début.

inaugurer v. tr. [1] ▪ **1** Ouvrir au public pour la première fois (un monument, un édifice...). **2** Utiliser, entreprendre, mettre en pratique pour la première fois.

inauthentique adj. ▪ Qui n'est pas authentique. ► **inauthenticité** n. f.

inavouable adj. ▪ Qui n'est pas avouable.

inavoué, ée adj. ▪ Qui n'est pas avoué.

in-bord [inbɔʀ(d)] adj. invar. ▪ anglic. *Moteur in-bord,* placé à l'intérieur de la coque d'un bateau. ➛ n. m. invar. *Un in-bord,* une embarcation munie d'un tel moteur (opposé à *hors-bord*).

inca ▪ **1** adj. Relatif aux Incas. **2** n. m. *L'Inca :* le chef de l'Empire inca.

incalculable adj. ▪ Impossible ou difficile à calculer ou à apprécier.

incandescent, ente adj. ▪ Chauffé à blanc ou au rouge vif ; rendu lumineux par une chaleur intense. ♦ fig., littér. → **ardent.** ► **incandescence** n. f.

incantation n. f. ▪ Emploi de paroles magiques pour opérer un charme, un sortilège ; ces paroles. ► **incantatoire** adj.

incapable adj. ▪ **1** *INCAPABLE DE :* qui n'est pas capable de (par nature ou par accident, de façon temporaire ou définitive). → **impuissant, inapte. 2** absolt Qui n'a pas l'aptitude, la capacité nécessaire. ➛ n. *Un, une incapable.* → **nullité. 3** dr. Qui est en état d'incapacité (3) juridique.

incapacitant, ante adj. et n. m. ▪ anglic. Qui peut rendre temporairement inapte au combat. *Bombe incapacitante.*

incapacité n. f. ▪ **1** État d'une personne incapable (de faire qqch.). *Je suis dans l'incapacité de vous répondre.* ♦ absolt Incompétence. **2** État d'une personne qu'une blessure, une maladie a rendue incapable de travailler. **3** dr. Absence de l'aptitude à jouir d'un droit ou à l'exercer soi-même.

incarcéré, ée adj. ▪ **1** Mis en prison. **2** Immobilisé dans un véhicule accidenté.

incarcérer v. tr. [6] ▪ Mettre en prison. ► **incarcérable** adj. ► **incarcération** n. f.

incarnat, ate adj. ▪ D'un rouge clair, vif.

incarnation n. f. ▪ **1** relig. chrét. Union en Jésus-Christ des natures divine et humaine. **2** Ce qui incarne (qqch. d'abstrait).

incarné, ée adj. ▪ **I 1** Qui a revêtu une enveloppe charnelle. **2** (abstraction) Personnifié. *Il était la gravité incarnée.* **II** *Ongle incarné,* qui a pénétré dans la chair.

incarner v. tr. [1] ▪ **1** Revêtir (un être spirituel) d'un corps, d'une forme humaine ou animale (surtout pronom.). **2** Représenter en soi (une chose abstraite). **3** Représenter (un personnage) dans un spectacle. → **jouer.**

incartade n. f. ▪ Léger écart de conduite.

incassable adj. ▪ Qui ne se casse pas.

incendiaire ▪ **I** n. Personne qui allume un incendie. → **pyromane. II** adj. **1** Propre à causer un incendie. **2** fig. Propre à enflammer les esprits, à allumer la révolte. ♦ Qui éveille le désir amoureux.

incendie n. m. ▪ Grand feu qui se propage en causant des dégâts.

incendier v. tr. [7] ▪ **1** Mettre en feu. → **brûler. 2** (sujet chose) Irriter en donnant une impression de brûlure. **3** littér. Colorer d'une lueur ardente. **4** fig. Enflammer, exciter (l'esprit...). **5** fam. Accabler (qqn) de reproches.

incertain, aine adj. ▪ **I 1** Qui n'est pas fixé d'avance, certain, assuré. *Le résultat est incertain.* ♦ Sur lequel on ne peut compter. ➛ *Le temps est incertain.* → **changeant. 2** Qui n'est pas connu avec certitude. **3** littér. Dont la forme, la nature n'est pas nette. → **confus, imprécis, vague. II** (personnes) Qui manque de certitude, de décision ; qui est dans le doute. → **embarrassé, hésitant, indécis, irrésolu.** ➛ *Une démarche incertaine.*

incertitude n. f. ▪ **I 1** État de ce qui est incertain. **2** Chose imprévisible. → **aléa. II** État d'une personne incertaine.

incessamment adv. ▪ **1** vieilli Continuellement. **2** mod. Très prochainement.

incessant, ante adj. ▪ Qui ne cesse pas. → **continuel, ininterrompu.**

incessible adj. ▪ dr. Qui ne peut être cédé. ► **incessibilité** n. f.

inceste n. m. ▪ Relations sexuelles entre proches parents (dont le mariage est interdit). ► **incestueux, euse** adj.

inchangé, ée adj. ▪ Qui n'a pas changé.

inchiffrable adj. ▪ Qui ne peut pas être mesuré par des chiffres.

inchoatif, ive [-kɔ-] adj. ▪ ling. Qui sert à exprimer une progression.

incidemment [-amɑ̃] adv. ▪ D'une manière incidente. → **accessoirement.**

incidence n. f. ▪ **1** phys. Rencontre d'un rayon et d'une surface. **2** littér. Conséquence, effet, influence. → **retombée.**

① **incident** n. m. ■ **1** Petit événement qui survient. ♦ Petite difficulté imprévue. **2** Événement peu important en lui-même mais capable d'entraîner de graves conséquences. *Un incident de frontière.* **3** Objection, difficulté (dans un débat). ➝ loc. *L'incident est clos* : la querelle est terminée.

② **incident, ente** adj. ■ **1** Qui est accessoire, non essentiel. **2** phys. *Rayon incident* (à une surface), qui la rencontre. **3** adj. et n. f. gramm. Se dit d'une proposition qui introduit dans une phrase un énoncé accessoire (ex. *Vous irez — je le suppose — avec elle*).

incinérateur n. m. ■ Dispositif pour incinérer (spécialt les ordures).

incinérer v. tr. 6 ■ Réduire en cendres. → **brûler.** ► **incinération** n. f. → **crémation.**

incipit [ɛ̃sipit] n. m. invar. ■ didact. Premiers mots (d'un livre...).

incise n. f. ■ gramm. Courte proposition insérée dans une phrase, notamment pour rapporter les paroles de qqn (ex. *dit-elle,* dans *dès demain, dit-elle, je pars*).

inciser v. tr. 1 ■ Fendre avec un instrument tranchant. → **couper, entailler.**

incisif, ive adj. ■ **1** vx Tranchant (→ **incisive**). **2** fig. Mordant dans l'expression. ► **incisivement** adv. rare

incision n. f. ■ **1** Action d'inciser. **2** Coupure, fente faite en incisant.

incisive n. f. ■ Dent aplatie et tranchante, sur le devant de la mâchoire.

incisure n. f. ■ **1** bot. Découpure irrégulière. **2** anat. Échancrure à bords nettement délimités, à la surface d'un organe.

incitatif, ive adj. ■ Qui incite à faire qqch.

incitation n. f. ■ Action d'inciter ; ce qui incite. ➝ dr. *Incitation à la débauche.*

inciter v. tr. 1 ■ **1** Entraîner, pousser (qqn à faire qqch.). **2** (sujet chose) Conduire (qqn) à un comportement. → **engager.**

incivil, ile adj. ■ littér. Impoli.

incivilité n. f. ■ littér. Impolitesse.

incivisme n. m. ■ littér. Manque de civisme. ► **incivique** adj. vieilli

inclassable adj. ■ Qu'on ne peut classer, définir. *Une œuvre inclassable.*

inclément, ente adj. ■ littér. Dur, rigoureux. *Temps inclément.* ► **inclémence** n. f.

inclinable adj. ■ Que l'on peut incliner. *Siège à dossier inclinable.*

inclinaison n. f. ■ **1** État de ce qui est incliné. **2** phys. *Inclinaison magnétique* : angle formé avec l'horizon par une aiguille aimantée. **3** Position penchée (de la tête...).

inclination n. f. ■ **I** Action d'incliner (la tête ou le corps) en signe d'acquiescement ou de déférence. **II** fig. **1** Mouvement affectif, spontané vers qqn, qqch. → **penchant, tendance.** *Suivre ses inclinations.* **2** littér. Mouvement qui porte à aimer qqn.

incliné, ée adj. ■ **1** (opposé à *droit*) Placé dans une position oblique. ♦ *Plan incliné,* utilisé pour faciliter la montée des corps lourds ou ralentir leur descente. **2** fig. Enclin, porté (à). → **prédisposé.**

incliner v. 1 ■ **I** v. tr. **1** Rendre oblique (ce qui est droit). → **baisser, courber, pencher.** *Incliner la tête.* **2** INCLINER *qqn* À, le rendre enclin à. → **inciter** à. **II** v. intr. littér. INCLINER À : être enclin, porté à (qqch.). ▷ v. pron. **s'incliner** **1** Se courber, se pencher. **2** fig. *S'incliner devant qqn,* reconnaître sa supériorité. ♦ S'avouer vaincu, renoncer à lutter. *Je m'incline.*

inclure v. tr. 35 ■ **1** Mettre (qqch.) dans un ensemble. → **insérer, introduire.** **2** abstrait (sujet chose) Comporter, impliquer.

inclus, use adj. ■ **1** Contenu, compris (dans). *Jusqu'à la page dix incluse.* **2** CI-INCLUS, CI-INCLUSE, ci-joint. *La lettre ci-incluse.* ➝ (invar. avant le nom) *Ci-inclus notre facture.*

inclusif, ive adj. ■ didact. Qui inclut (qqch.) en soi.

inclusion n. f. ■ **1** Action d'inclure ; ce qui est inclus. **2** math. Rapport entre deux ensembles dont l'un est compris dans l'autre.

inclusivement adv. ■ En incluant (ce dont on vient de parler) (s'oppose à *exclusivement*).

incoercible [-kɔɛʀ-] adj. ■ littér. Qu'on ne peut contenir, réprimer. → **irrépressible.** ► **incoercibilité** n. f.

incognito ■ **1** adv. En faisant en sorte de ne pas être reconnu. **2** n. m. Situation de qqn qui cherche à ne pas être reconnu.

incohérent, ente adj. ■ **1** Qui n'est pas cohérent. *Propos incohérents.* **2** Qui est sans unité. ► **incohérence** n. f.

incollable adj. ■ **I** fam. Qu'on ne peut coller, qui répond à toutes les questions. **II** Qui ne colle pas. *Riz incollable.*

incolore adj. ■ **1** Qui n'est pas coloré ; sans couleur. **2** fig. Sans éclat. → **terne.**

incomber v. tr. ind. 1 3es pers. seulement ■ (obligation...) INCOMBER À : peser sur (qqn), être imposé à (qqn). *Ces responsabilités lui incombent.* ➝ impers. *C'est à vous qu'il incombe de,* c'est vous qui devez...

incombustible adj. ■ Qui ne brûle pas. ► **incombustibilité** n. f.

incommensurable adj. ■ didact. Non mesurable. ♦ cour. Très grand, très important. ► **incommensurabilité** n. f. ► **incommensurablement** adv.

incommode adj. ▪ 1 Peu pratique à l'usage. 2 littér. Désagréable, qui gêne. ► **incommodément** adv. ► **incommodité** n. f.

incommoder v. tr. [1] ▪ Causer une gêne physique à (qqn), mettre mal à l'aise. → **indisposer.** ◆ au p. p. *Être incommodé,* souffrant. ► **incommodant, ante** adj. → **gênant.**

incommunicable adj. ▪ 1 Dont on ne peut faire part à personne. 2 au plur. Qui ne peuvent être mis en communication. ► **incommunicabilité** n. f.

incommutabilité n. f. ▪ dr. État de ce qui est incommutable, qui ne peut pas changer de possesseur, de propriétaire. ► **incommutable** adj.

incomparable adj. ▪ 1 au plur. Qui ne peuvent être mis en comparaison. 2 À qui ou à quoi rien ne semble pouvoir être comparé (en bien) ; sans pareil. → **inégalable.**

incomparablement adv. ▪ Sans comparaison possible.

incompatible adj. ▪ 1 Qui ne peut coexister, être associé (avec autre chose). 2 dr. (fonctions...) Dont la loi interdit le cumul. ► **incompatibilité** n. f.

incompétent, ente adj. ▪ 1 Qui n'a pas les connaissances suffisantes pour juger (dans un domaine). 2 dr. Qui n'est pas juridiquement compétent. ► **incompétence** n. f.

incomplet, ète adj. ▪ Qui n'est pas complet. ► **incomplètement** adv.

incomplétude n. f. ▪ psych. *Sentiment d'incomplétude :* sentiment d'inachèvement que certains éprouvent à propos de leurs pensées, de leurs actes, de leurs émotions.

incompréhensible adj. ▪ 1 (sens fort) Inconcevable. 2 (sens faible) Impossible ou difficile à comprendre, à expliquer. *Texte incompréhensible.* ◆ *Attitude incompréhensible.* ► **incompréhensibilité** n. f.

incompréhensif, ive adj. ▪ (personnes) Qui ne comprend pas autrui.

incompréhension n. f. ▪ Incapacité ou refus de comprendre qqn ou qqch.

incompressible adj. ▪ Qui n'est pas compressible. ► **incompressibilité** n. f.

incompris, ise adj. ▪ Qui n'est pas compris, apprécié. ◆ n. *Un incompris.*

inconcevable adj. ▪ 1 Dont l'esprit humain ne peut se former aucune représentation. *L'infini est inconcevable.* 2 Impossible ou difficile à imaginer, à croire. → **incompréhensible, incroyable, inimaginable.** ► **inconcevablement** adv.

inconciliable adj. ▪ Qui n'est pas conciliable. → **incompatible.**

inconditionné, ée adj. ▪ 1 philos. Qui n'est soumis à aucune condition. 2 Qui n'est pas influencé par ses conditions de vie.

inconditionnel, elle adj. ▪ 1 Qui ne dépend d'aucune condition. → **absolu.** *Soutien inconditionnel.* 2 Partisan sans réserve (de qqn ; d'un parti). ◆ n. *Des inconditionnels.* ► **inconditionnalité** n. f. ► **inconditionnellement** adv.

inconduite n. f. ▪ Mauvaise conduite sur le plan moral. → **débauche.**

inconfort n. m. ▪ Manque de confort.

inconfortable adj. ▪ Qui n'est pas confortable. ► **inconfortablement** adv.

incongru, ue adj. ▪ Contraire aux usages, à la bienséance. *Une remarque incongrue.* ► **incongrûment** adv.

incongruité n. f. ▪ Action ou parole incongrue, déplacée.

inconnaissable adj. ▪ Qui ne peut être connu. ◆ n. m. Ce qui échappe à la connaissance humaine.

inconnu, ue adj. ▪ 1 (choses) Dont on ignore l'existence ou la nature. ◆ n. m. *La soif de l'inconnu.* 2 (personnes) Dont on ignore l'identité. *Enfant né de père inconnu.* ◆ loc. fam. *Inconnu au bataillon*.* 3 (choses) Qu'on connaît très peu, faute d'expérience. ♦ Qu'on n'a encore jamais ressenti. → **nouveau.** 4 (personnes) Dont on n'a jamais fait connaissance. ◆ n. *Un inconnu l'a abordé.* 5 Qui n'est pas connu, célèbre. ◆ n. plais. *Un illustre inconnu.*

inconnue n. f. ▪ math. Quantité inconnue (d'une équation). *Équation à deux inconnues.* ♦ Élément inconnu d'une situation.

inconsciemment [-amɑ̃] adv. ▪ De façon inconsciente, sans s'en rendre compte.

inconscience [-jɑ̃s] n. f. ▪ 1 Privation permanente ou momentanée de la conscience. 2 Absence de jugement. *C'est de l'inconscience.* → **folie.**

inconscient, ente [-jɑ̃, -ɑ̃t] ▪ I adj. 1 À qui la conscience fait défaut. 2 Qui n'a pas conscience (de qqch.). *Être inconscient du danger.* ♦ absolt *Il est complètement inconscient.* → **fou.** ◆ n. *C'est un inconscient.* 3 (choses) Qui échappe à la conscience. *Mouvement inconscient.* II n. m. Ce qui échappe entièrement à la conscience, même quand le sujet cherche à le percevoir.

inconséquence n. f. ▪ 1 Manque de réflexion. 2 Action, parole inconséquente.

inconséquent, ente adj. ▪ littér. 1 (choses) Qui n'est pas conforme à la logique. ♦ Dont on n'a pas calculé les conséquences (qui risquent d'être fâcheuses). 2 (personnes) En contradiction avec soi-même. ♦ Qui ne calcule pas les conséquences de ses actes.

inconsidéré, ée adj. ▪ Qui témoigne d'un manque de réflexion. → **imprudent, irréfléchi.** ► **inconsidérément** adv.

inconsistant, ante adj. ■ **1** Qui manque de consistance morale, de cohérence. *Un caractère inconsistant.* **2** Sans intérêt, sans profondeur (récit...). ► **inconsistance** n. f.

inconsolable adj. ■ Qu'on ne peut consoler.

inconsolé, ée adj. ■ Qui n'est pas consolé.

inconsommable adj. ■ Impropre à la consommation alimentaire. → **immangeable.**

inconstant, ante adj. ■ **1** Qui n'est pas constant, change facilement (d'opinion, etc.). → **changeant, instable, versatile.** ♦ spécialt Infidèle en amour. **2** (choses) littér. Qui est sujet à changer. ► **inconstance** n. f.

inconstitutionnel, elle adj. ■ Qui n'est pas en accord avec la Constitution d'un État. ► **inconstitutionnalité** n. f.

inconstitutionnellement adv. ■ rare D'une manière inconstitutionnelle, en désaccord avec la Constitution d'un État.

inconstructible adj. ■ (terrain) Où l'on ne peut construire.

incontestable adj. ■ **1** Que l'on ne peut contester. → **certain, sûr.** **2** Indiscutable. *C'est un incontestable chef-d'œuvre.* ► **incontestablement** adv. → **assurément.**

incontesté, ée adj. ■ Qui n'est pas contesté.

incontinence n. f. ■ **1** Absence de retenue (dans le langage). **2** méd. Émission involontaire d'urine ou de matières fécales.

① **incontinent, ente** adj. ■ **1** Qui manque de retenue, de modération. **2** méd. Atteint d'incontinence (2).

② **incontinent** adv. ■ vieilli Sur-le-champ.

incontournable adj. ■ Que l'on ne peut éviter ; dont il faut tenir compte.

incontrôlable adj. ■ Qui n'est pas contrôlable.

incontrôlé, ée adj. ■ **1** Qui n'est pas contrôlé. *Des nouvelles incontrôlées.* **2** Qui échappe à toute autorité. *Des éléments incontrôlés* (dans une manifestation).

inconvenance n. f. ■ littér. **1** Caractère inconvenant. **2** Parole, action inconvenante.

inconvenant, ante adj. ■ littér. Qui est contraire aux convenances, aux usages. → **choquant.** ◆ spécialt Qui enfreint les règles sociales, en matière sexuelle. → **indécent.**

inconvénient [-jɑ̃] n. m. ■ **1** Conséquence fâcheuse (d'une action, d'une situation). ◆ *Si vous n'y voyez pas d'inconvénient* : si cela ne vous dérange pas. **2** Désavantage inhérent à une chose qui, par ailleurs, est ou peut être bonne.

inconvertible adj. ■ fin. Qu'on ne peut convertir (2). *Monnaie inconvertible.* ► **inconvertibilité** n. f.

incoordination n. f. ■ **1** didact. Absence de coordination. *Incoordination des idées.* **2** pathol. Trouble de la coordination des mouvements musculaires.

incorporel, elle adj. ■ **1** Qui n'a pas de corps, n'est pas matériel. **2** dr. *Biens incorporels* : les droits, sauf le droit de propriété. ► **incorporalité** n. f. didact.

incorporer v. tr. [1] ■ **1** Unir intimement (une matière à une autre). → **mélanger.** **2** Faire entrer comme partie dans un tout. → **joindre, réunir.** ♦ Enrôler (un conscrit). ► **incorporation** n. f.

incorrect, ecte [-ɛkt] adj. ■ **1** Qui n'est pas correct (dans le domaine intellectuel, technique...). *Expression incorrecte.* → **impropre.** **2** Contraire aux usages, aux bienséances. *Tenue incorrecte.* ◆ *Être incorrect avec qqn.* ► **incorrectement** adv.

incorrection n. f. ■ **1** Défaut de correction du style. ♦ Expression incorrecte (1). **2** Caractère de ce qui est incorrect (2). → **inconvenance, indélicatesse.** ♦ Parole ou action incorrecte.

incorrigible adj. ■ **1** Qui persévère dans ses défauts, ses erreurs. ◆ plais. *Un incorrigible optimiste.* **2** (erreurs, défauts) Qui persiste chez qqn. ► **incorrigiblement** adv.

incorruptible adj. ■ **1** (choses) Qui ne s'altère pas. → **inaltérable.** **2** (personnes) Qui ne se laisse pas corrompre. → **intègre.** ► **incorruptibilité** n. f.

incoterm n. m. (sigle angl.) ■ comm. Terme normalisé qui définit les obligations et les responsabilités respectives du vendeur et de l'acheteur, dans le commerce international.

incrédule adj. ■ **1** Qui ne croit pas, qui doute (en matière de religion). → **sceptique.** ◆ n. *Les incrédules.* **2** Qui se laisse difficilement persuader. ◆ Qui marque un doute. *Un sourire incrédule.* ► **incrédulité** n. f.

incréé, ée adj. ■ relig. Qui existe sans avoir été créé.

incrément n. m. ■ sc. Accroissement. ◆ inform. Accroissement de la valeur d'une variable à chaque phase de l'exécution d'un programme.

incrémenter v. tr. [1] ■ inform. Augmenter (une variable) suivant un incrément donné. ► **incrémentation** n. f.

incrémentiel, ielle adj. ■ inform. Qui procède par incrémentation.

increvable adj. ■ **1** Qui ne peut être crevé. **2** fig., fam. Qui n'est jamais fatigué.

incriminer v. tr. [1] ■ Mettre (qqn, qqch.) en cause ; accuser (qqn). ▷ adj. **incriminé, ée** ► **incrimination** n. f.

incroyable ■ **I** adj. **1** Qu'il est impossible ou très difficile de croire. → **étonnant, invraisemblable.** **2** Peu commun, peu ordinaire. → **extraordinaire, inouï.** *Un courage incroyable.*

3 (personnes) Dont le comportement étonne. **II** n. hist. *Les Incroyables :* sous le Directoire, Jeunes gens qui affichaient une recherche extravagante dans leur mise et dans leur langage.

incroyablement adv. ▪ D'une manière incroyable. → **extrêmement.**

incroyant, ante adj. ▪ Qui n'est pas croyant, refuse la foi religieuse. ➛ n. *Les incroyants.* → **athée.** ► **incroyance** n. f.

incrustation n. f. ▪ **1** Action d'incruster. ♦ surtout plur. Ornement incrusté. **2** Dépôt pierreux laissé par une eau calcaire. **3** audiovis. Insertion d'une image dans une autre.

incruste n. f. ▪ fam. **1** Fait de s'incruster (chez qqn...). ➛ loc. *Taper l'incruste,* se faire inviter. → s'**incruster** (2). **2** audiovis. Incrustation (3).

incruster v. tr. [1] ▪ **1** Orner (un objet, une surface) en insérant des fragments d'une autre matière. ➛ au p. p. *Poignard incrusté d'or.* ♦ Insérer dans une surface (des fragments ornementaux). *Incruster de l'émail.* **2** (sujet chose) Couvrir d'un dépôt. **3** télév. Réaliser l'incrustation (3) de (une image). ▷ v. pron. **s'incruster 1** Adhérer fortement. **2** fig., fam. (personnes) *S'incruster chez qqn,* ne plus en partir.

incubateur n. m. ▪ → **couveuse** (2).

incubateur, trice ▪ **I** adj. didact. Où s'opère l'incubation. **II** n. m. **1** Couveuse. **2** écon. Structure qui aide les jeunes entreprises à démarrer.

incubation n. f. ▪ **1** Action de couver des œufs ; développement de l'embryon dans l'œuf. **2** Temps qui s'écoule entre la contagion et l'apparition des symptômes d'une maladie. **3** fig. Période pendant laquelle un événement se prépare.

incube n. m. ▪ relig. Démon censé abuser d'une femme pendant son sommeil. ≠ *succube.*

incuber v. tr. [1] ▪ didact. Opérer l'incubation de. → **couver.** ➛ Mettre à couver (des œufs) dans un incubateur.

inculper v. tr. [1] ▪ Imputer à (qqn) une infraction sanctionnée pénalement. ▷ adj. et n. **inculpé, ée** ► **inculpation** n. f.

inculquer v. tr. [1] ▪ Faire entrer (qqch.) dans l'esprit d'une façon durable, profonde.

inculte adj. ▪ **I 1** (sol...) Qui n'est pas cultivé. **2** (cheveux...) Qui n'est pas soigné. **II** (personnes) Sans culture intellectuelle.

incultivable adj. ▪ Qui ne peut être cultivé. *Terres incultivables.*

inculture n. f. ▪ Absence de savoir.

incunable n. m. ▪ Ouvrage imprimé antérieur à 1500 (très rare).

incurable adj. ▪ Qui ne peut être guéri. ► **incurabilité** n. f. rare ► **incurablement** adv.

incurie n. f. ▪ Manque de soin, d'organisation. → **négligence.**

incuriosité n. f. ▪ Absence de curiosité.

incursion n. f. ▪ **1** Entrée d'envahisseurs en pays ennemi. ♦ Entrée brusque. **2** fig. Fait de pénétrer momentanément dans un domaine qui n'est pas le sien.

incurver v. tr. [1] ▪ Rendre courbe. ► **incurvation** n. f.

incuse adj. f. ▪ techn. *Médaille incuse* ou n. f. *une incuse :* médaille sans revers, ou qui porte en creux l'image en relief de l'autre côté.

indéboulonnable adj. ▪ fam. Que l'on ne peut pas déposséder de sa place, de son poste. → **indétrônable.**

indécelable adj. ▪ Qu'on ne peut déceler. → **imperceptible.**

indécence n. f. ▪ **1** rare Manque de correction. → **impudence. 2** Caractère impudique. **3** Action, parole indécente.

indécent, ente adj. ▪ **1** vieilli Choquant. → **inconvenant. 2** Contraire à la décence. → **impudique, obscène. 3** Qui choque par sa démesure. *Une chance indécente.* ► **indécemment** [-amɑ̃] adv.

indéchiffrable adj. ▪ Qui ne peut être déchiffré. → **illisible.** ♦ Incompréhensible.

indéchirable adj. ▪ Qui ne peut se déchirer.

indécidable adj. ▪ anglic., log. Qui ne peut pas être démontré. ► **indécidabilité** n. f.

indécis, ise adj. ▪ **1** (choses) Qui n'est pas décidé, certain. ♦ Qui n'est pas bien déterminé. → **imprécis, vague.** *Des formes indécises.* **2** (personnes) Qui a du mal à se décider. ➛ n. *Un perpétuel indécis.*

indécision n. f. ▪ Hésitation, incertitude.

indécrottable adj. ▪ fam. Qu'on ne peut débarrasser de ses manières grossières.

indéfectible adj. ▪ littér. Qui ne peut cesser d'être. *Une amitié indéfectible.* ► **indéfectibilité** n. f. ► **indéfectiblement** adv.

indéfendable adj. ▪ **1** rare Qui ne peut être défendu contre l'ennemi. **2** abstrait Trop mauvais pour être défendu.

indéfini, ie adj. ▪ **1** Dont les limites ne peuvent être déterminées. → **illimité. 2** Qui n'est pas défini, qu'on ne peut définir. → **imprécis, vague. 3** gramm. Qui sert à présenter un concept sous son aspect le plus général. *Articles, pronoms, adjectifs indéfinis.* ➛ n. m. *Un indéfini.*

indéfiniment adv. ▪ → **perpétuellement.**

indéfinissable adj. ▪ **1** Qu'on ne peut définir. **2** Dont on ne saurait préciser la nature. → **indescriptible, indicible.**

indéfrisable n. f. ▪ vieilli Frisure artificielle.

indéhiscent, ente adj. ▪ bot. (fruit) Qui ne s'ouvre pas spontanément, à l'époque de la maturité. ► **indéhiscence** n. f.

indélébile adj. ▪ Qui ne peut s'effacer (sens propre et fig.). ► **indélébilité** n. f.

indélicat, ate adj. ▪ **1** Qui manque de délicatesse morale. **2** Malhonnête.

indélicatesse n. f. ▪ **1** Défaut d'une personne indélicate. → **grossièreté. 2** Procédé, acte indélicat. → **malhonnêteté.**

indémaillable adj. ▪ (tissu) Dont les mailles ne peuvent se défaire.

indemne adj. ▪ Qui n'a éprouvé aucun dommage. *Sortir indemne d'un accident.*

indemnisation n. f. ▪ Action d'indemniser. ♦ Somme fixée pour indemniser.

indemniser v. tr. [1] ▪ Dédommager (qqn) de ses pertes, de ses frais, etc. ► **indemnisable** adj.

indemnité n. f. ▪ **1** Somme attribuée en réparation d'un dommage. **2** Somme versée en compensation de frais. → **allocation.**

indémodable adj. ▪ Qui ne peut se démoder.

indémontable adj. ▪ **1** Qu'on ne peut démonter. **2** Qui ne se laisse pas déconcerter. *Un orateur indémontable.*

indémontrable adj. ▪ Qui ne peut être démontré, prouvé.

indéniable adj. ▪ Qu'on ne peut nier ou réfuter. → **certain, incontestable, indiscutable.** ► **indéniablement** adv.

indénombrable adj. ▪ Qui ne peut être dénombré.

indentation n. f. ▪ **1** didact. ou littér. Échancrure en forme de morsure. *Les indentations d'un littoral rocheux.* **2** inform. Disposition du texte d'un programme faisant apparaître des décalages au niveau de la marge.

indépassable adj. ▪ Qu'on ne peut dépasser. → **infranchissable.**

indépendamment adv. ▪ loc. prép. *INDÉPENDAMMENT DE.* **1** En faisant abstraction de. **2** En plus de. → ② **outre.**

indépendance n. f. ▪ **I 1** État d'une personne indépendante. **2** Caractère indépendant. **3** Situation d'une collectivité qui n'est pas soumise à une autre. → **autonomie. II** Absence de relation, de dépendance (entre des phénomènes...).

indépendant, ante adj. ▪ **I 1** Qui ne dépend pas (de qqn, de qqch.) ; libre de toute dépendance. **2** Qui aime l'indépendance, ne veut être soumis à personne. **3** Qui jouit de l'indépendance politique. **II 1** *INDÉPENDANT DE :* qui n'a pas de rapport avec (qqch.). **2** au plur. Sans dépendance mutuelle. *Roues indépendantes.* **3** (logement) Qui est séparé des logements contigus. **4** gramm. *Proposition indépendante,* qui ne dépend d'aucune autre.

indépendantiste adj. et n. ▪ Partisan de l'indépendance, de l'autonomie politique. → **autonomiste.** ► **indépendantisme** n. m.

indéracinable adj. ▪ Qu'on ne peut arracher de l'esprit, de la conscience.

indescriptible adj. ▪ Si fort, si important, etc. qu'on ne peut le décrire. → **indicible, inexprimable.**

indésirable adj. ▪ **1** Qui n'est pas désiré, souhaité. **2** Qu'on ne désire pas accueillir dans un groupe. ← n. *Des indésirables.*

indestructible adj. ▪ **1** Qui ne peut être détruit. **2** abstrait Que rien ne peut altérer. ► **indestructibilité** n. f. didact.

indétectable adj. ▪ Qu'on ne peut détecter.

indéterminable adj. ▪ **1** sc. Qui ne peut être déterminé avec précision. *Une grandeur indéterminable.* **2** Qui reste imprécis. → **indéfinissable.** *Une couleur indéterminable.*

indétermination n. f. ▪ **1** Caractère de ce qui n'est pas défini ou connu avec précision. **2** État d'une personne qui hésite.

indéterminé, ée adj. ▪ **1** Qui n'est pas déterminé, fixé. **2** (personnes) rare → **indécis.**

indéterminisme n. m. ▪ philos. Théorie selon laquelle les phénomènes ne sont pas soumis à une détermination causale stricte. ► **indéterministe** adj. et n.

indétrônable adj. ▪ Qui ne peut être détrôné (2), évincé. *Un champion indétrônable.*

index [-ɛks] n. m. ▪ **I** Doigt de la main le plus proche du pouce. **II 1** Table alphabétique (de sujets, de noms cités) accompagnée de références. **2** *L'Index :* catalogue des livres interdits par l'Église catholique (avant 1965). ♦ loc. *Mettre qqn, qqch. à l'index.* → **exclure, proscrire.**

indexer v. tr. [1] ▪ **1** Lier les variations de (une valeur) à celles d'un indice (II, 2) déterminé. **2** Attribuer à (un document) une marque distinctive. ► **indexation** n. f. ► **indexeur, euse** n.

indianisme n. m. ▪ **1** Étude des langues et des civilisations de l'Inde. **2** Intérêt porté aux cultures indiennes d'Amérique latine. ► **indianiste** adj. et n.

indicateur, trice ▪ **I** n. Personne qui renseigne la police en échange d'argent ou de protection. **II** n. m. **1** Livre, brochure donnant des renseignements. **2** Instrument, etc. fournissant des indications sur un phénomène. *Indicateur de vitesse.* **3** Variable significative (en statistique...). **III** adj. Qui fournit une indication.

indicatif, ive ▪ **I** adj. Qui indique. *À titre indicatif.* **II** n. m. **1** Mode verbal convenant à l'énoncé de la réalité. **2** Fragment musical qui annonce une émission (radio, etc.).

indication n. f. ▪ **1** Action d'indiquer. **2** Ce qui indique qqch. → **indice, signe. 3** Information indiquée. **4** méd. Cas où un traitement est indiqué (opposé à *contre-indication*).

indice n. m. ▪ **I** Signe apparent qui indique qqch. avec probabilité. *Un indice de colère.* **II 1** math. Indication qui caractérise un signe. *a_n se lit «a indice n».* **2** Nombre qui exprime un rapport. ◆ *Indice des prix,* mesurant l'évolution des prix.

indiciaire → **indiciel**

indicible adj. ▪ Qu'on ne peut exprimer.

indiciel, ielle adj. ▪ Relatif à un indice. - syn. **indiciaire.**

indien, ienne adj. et n. ▪ **I** De l'Inde. **II** Des autochtones d'Amérique. → **amérindien.**

indienne n. f. ▪ Toile de coton peinte ou imprimée (fabriquée d'abord aux Indes).

indifféremment [-amɑ̃] adv. ▪ Sans distinction, sans faire de différence.

indifférence n. f. ▪ **1** État de qqn qui n'éprouve ni douleur, ni plaisir, ni crainte, ni désir. → **apathie, insensibilité. 2** *Indifférence à, pour* (qqch.). → **détachement. 3** Absence d'intérêt pour qqn. ◆ spécialt Absence d'amour.

indifférenciation n. f. ▪ didact. État de ce qui est indifférencié.

indifférencié, ée adj. ▪ Qui n'est pas différencié. *Cellules indifférenciées.*

indifférent, ente adj. ▪ **I** (choses, personnes) **1** Sans intérêt, sans importance. *Parler de choses indifférentes.* **2** Qui ne fait pas de différence (pour qqn). *Cela m'est indifférent.* → **égal. II** Qui n'est pas intéressé, ému. → **froid, insensible.** ◆ Qui marque de l'indifférence en amour.

indifférentisme n. m. ▪ didact. Attitude d'indifférence systématique en matière de politique ou de religion.

indifférer v. tr. ind. [6] ▪ fam. Être indifférent (surtout 3e pers. ; avec pronom compl.). *Cela m'indiffère,* cela m'est égal.

indigénat n. m. ▪ hist. Régime administratif qui s'appliquait aux indigènes de certaines colonies.

indigence n. f. ▪ **1** vieilli État d'une personne indigente. → **misère, pauvreté. 2** fig., littér. Pauvreté (intellectuelle, morale).

indigène adj. et n. ▪ **1** didact. Né dans le pays dont il est question. → **aborigène, autochtone. 2** adj. (animal, plante) Qui vit naturellement dans une région.

indigénisme n. m. ▪ didact. Attitude favorable aux populations amérindiennes, en Amérique latine. ► **indigéniste** adj. et n.

indigent, ente adj. ▪ **1** vieilli Qui manque des choses nécessaires à la vie. ◆ n. *Aide aux indigents.* **2** fig., littér. Insuffisant, médiocre.

indigeste adj. ▪ **1** Difficile à digérer. **2** fig. Difficile à assimiler. *Un livre indigeste.*

indigestion n. f. ▪ **1** Indisposition momentanée due à une mauvaise digestion. **2** fig. Satiété, dégoût (de qqch.).

indignation n. f. ▪ Sentiment de colère que soulève ce qui heurte la conscience morale, le sentiment de la justice.

indigne adj. ▪ **I** INDIGNE DE **1** Qui n'est pas digne de (qqch.), qui ne mérite pas. **2** Qui n'est pas à la hauteur de (qqn). *Une tâche indigne de lui.* **II** absolt **1** Qui n'est pas digne de son rôle. *Père indigne.* **2** (choses) Très condamnable. ► **indignement** adv.

indigner v. tr. [1] ▪ Remplir d'indignation. → **révolter, scandaliser.** ▷ v. pron. **s'indigner** ▷ adj. **indigné, ée**

indignité n. f. ▪ **1** Caractère indigne (II). → **bassesse. 2** Action, conduite indigne.

indigo n. m. ▪ **1** Teinture bleue, extraite autrefois d'un arbrisseau exotique. **2** Bleu violacé très sombre. ◆ adj. invar. *Des étoffes indigo.*

indigotier n. m. ▪ Arbrisseau des régions tropicales, dont on tire l'indigo.

indiquer v. tr. [1] ▪ **1** Faire voir d'une manière précise, par un geste, un repère, un signal. *L'horloge indique l'heure.* **2** Faire connaître (à qqn) ce qu'il a besoin de connaître. *Indiquez-moi vos intentions.* **3** (sujet chose) Faire connaître en servant d'indice. *Les traces indiquent un passage.* **4** Représenter, décrire en s'en tenant aux traits essentiels. → **esquisser.** ▷ adj. **indiqué, ée 1** Déterminé, fixé. *À l'heure indiquée.* **2** Signalé comme étant bon, efficace (remède...). **3** Adéquat, opportun. *C'est le moyen indiqué !*

indirect, ecte [-ɛkt] adj. ▪ **1** Qui n'est pas direct, qui fait des détours. **2** Qui comporte des intermédiaires. ◆ gramm. *Complément indirect,* construit avec une préposition. *Verbe transitif indirect* (ex. parler à qqn). ◆ *Discours indirect,* rapportant les paroles de qqn sous forme de propositions subordonnées (ex. Il m'a dit qu'il accepterait). ► **indirectement** adv.

indiscernable adj. ▪ **1** Qui ne peut être discerné (d'autre chose). **2** Dont on ne peut se rendre compte précisément.

indiscipline n. f. ▪ Manque de discipline.

indiscipliné, ée adj. ▪ Qui n'est pas discipliné, qui n'observe pas la discipline. ◆ *Cheveux indisciplinés,* difficiles à coiffer.

indiscret, ète adj. ▪ **1** Qui manque de discrétion, de retenue dans les relations sociales. **2** Qui dénote de l'indiscrétion. *Une curiosité indiscrète.* **3** Qui ne sait pas garder un secret. ► **indiscrètement** adv.

indiscrétion n. f. ▪ **1** Manque de discrétion, de retenue dans les relations sociales. **2** Fait de révéler un secret. ◆ Racontar.

indiscutable adj. ▪ Qui s'impose par son évidence, son authenticité. → **évident, incontestable.** ► **indiscutablement** adv.

indispensable adj. ▪ Dont on ne peut se passer. ◆ n. m. *L'indispensable :* ce qui est indispensable. ► **indispensablement** adv.

indisponible adj. ▪ Qui n'est pas disponible. ► **indisponibilité** n. f.

indisposé, ée adj. ▪ vieilli **1** Affecté d'une indisposition. **2** (femme) Qui a ses règles.

indisposer v. tr. [1] ▪ **1** Altérer légèrement la santé de (qqn), mettre mal à l'aise. → **incommoder. 2** Déplaire à (qqn).

indisposition n. f. ▪ Légère altération de la santé. → **malaise ; fatigue.**

indissociable adj. ▪ Qu'on ne peut dissocier, séparer. ► **indissociablement** adv. didact.

indissoluble adj. ▪ (abstrait) Qui ne peut être dissous, délié, désuni. ► **indissolublement** adv. ► **indissolubilité** n. f.

indistinct, incte [-ɛ̃(kt), ɛ̃kt] adj. ▪ Qui n'est pas distinct. → **imprécis, vague.**

indistinctement adv. ▪ **1** D'une manière indistincte. → **confusément. 2** Sans distinction. → **indifféremment.**

indium [-jɔm] n. m. ▪ chim. Élément chimique (symb. In, n° at. 49, masse at. 114,82), métal blanc, mou et ductile.

individu n. m. ▪ **I 1** sc. Être formant une unité distincte (dans une classification). → **exemplaire, spécimen. 2** Corps organisé vivant d'une existence propre et qui ne saurait être divisé sans être détruit (plante, animal...). **3** Unité élémentaire dont se composent les sociétés, notamment la collectivité humaine (→ **personne).** ♦ Être humain, en tant qu'être particulier. **II** péj. Homme quelconque. *Un sinistre individu.*

individualiser v. tr. [1] ▪ **1** Différencier par des caractères individuels. → **caractériser, distinguer. 2** Rendre individuel (en adaptant, etc.). – au p. p. *Enseignement individualisé.* ▷ v. pron. **s'individualiser** Acquérir ou accentuer des caractères distinctifs. ► **individualisation** n. f.

individualisme n. m. ▪ Théorie, tendance ou attitude qui privilégie la valeur et les droits de l'individu. ► **individualiste** adj. et n.

individualité n. f. ▪ **1** Caractères par lesquels qqn ou qqch. diffère des autres. → **originalité, particularité. 2** Individu, considéré dans ce qui le différencie des autres.

individuation n. f. ▪ didact. Ce qui différencie un individu d'un autre de la même espèce, le fait exister comme individu.

individuel, elle adj. ▪ **1** De l'individu, propre à un individu. → **personnel, propre. 2** Qui concerne une seule personne (opposé à *collectif*). ► **individuellement** adv.

indivis, ise adj. ▪ dr. (bien) Sur lequel plusieurs personnes ont un droit et qui n'est pas divisé entre elles. ► **indivisaire** n. ► **indivision** n. f.

indivisible adj. ▪ Qui n'est pas divisible. *La République française, proclamée une et indivisible en 1791.* ► **indivisibilité** n. f.

indo-aryen, enne adj. ▪ didact. Se dit des langues indo-européennes parlées dans le sous-continent indien.

indocile adj. ▪ littér. Qui n'est pas docile. → **désobéissant, rebelle.** ► **indocilité** n. f.

indo-européen, éenne adj. ▪ Se dit de langues d'Europe et d'Asie qui ont une origine commune, répandues de l'Inde à l'Europe occidentale. ♦ Se dit des peuples qui parlent ces langues.

indole n. m. ▪ chim. Composé de formule C_8H_7N, présent dans certaines plantes et dans les matières intestinales.

indolence n. f. ▪ littér. Disposition à éviter l'effort. → **mollesse, nonchalance.**

indolent, ente adj. ▪ littér. Qui évite de faire des efforts. ► **indolemment** [-amɑ̃] adv.

indolore adj. ▪ (choses) Non douloureux.

indomptable [-dɔ̃(p)t-] adj. ▪ **1** Qu'on ne peut dompter (animaux). **2** littér. Qu'on ne peut pas soumettre. → **inflexible.**

indonésien, ienne adj. et n. ▪ D'Indonésie. – n. *Les Indonésiens.* ♦ n. m. *L'indonésien* (langue).

indophénol n. m. ▪ chim. Matière colorante dérivée du phénol.

in-douze [in-] adj. invar. et n. invar. ▪ imprim. Se dit du format d'un livre dont chaque feuille est pliée en douze feuillets (vingt-quatre pages).

indri n. m. ▪ Mammifère lémurien de Madagascar.

indu, ue adj. ▪ Qui va à l'encontre de l'usage. – *Rentrer à une heure indue,* très tard. ♦ Qui n'est pas fondé. *Réclamation indue.*

indubitable adj. ▪ littér. Dont on ne peut douter. ► **indubitablement** adv.

inductance n. f. ▪ phys. Quotient du flux d'induction créé par un courant (dans un circuit) par l'intensité de ce courant.

inducteur, trice ▪ **1** adj. Qui produit l'induction (II). **2** n. m. Aimant ou électroaimant produisant un champ inducteur.

inductif, ive adj. ▪ **I** log. Qui procède par induction (I). **II** phys. De l'induction (II). ► **inductivement** adv. didact.

induction n. f. ▪ **I** Opération mentale qui consiste à remonter des faits à la loi, du particulier au général. → **généralisation** ; ≠ *déduction.* **II** phys. Transmission d'énergie électrique ou magnétique par l'intermédiaire d'un aimant ou d'un courant.

induire v. tr. [38] p. p. *induit, ite* ▪ **1** vieilli Inciter (qqn) à faire qqch. ♦ mod. loc. *Induire qqn en erreur,* le tromper. **2** log. Trouver par l'induction. → **inférer** ; ≠ *déduire.*

induit, ite adj. ▪ phys. *Courant induit,* produit par induction (II). ♦ n. m. Organe dans lequel prennent naissance les forces électromotrices produites par un inducteur.

indulgence n. f. ▪ **1** Facilité à excuser, à pardonner. → **compréhension.** **2** relig. cathol. Remise des peines méritées par les péchés, accordée par l'Église.

indulgent, ente adj. ▪ Qui a de l'indulgence. → **bienveillant, favorable.**

induline n. f. ▪ chim. Colorant dérivé de l'aniline.

indult [-t] n. m. ▪ relig. cathol. Privilège accordé par le pape en dérogation du droit commun.

indûment adv. ▪ D'une manière indue.

induration n. f. ▪ méd. Durcissement d'un tissu organique (peau, etc.).

indurer v. tr. [1] ▪ méd. Durcir (un tissu organique). ◆ pronom. *Furoncle qui s'indure.* ◆ au p. p. *Un chancre induré.*

industrialiser v. tr. [1] ▪ **1** Exploiter industriellement ; organiser en industrie. **2** Équiper d'industries (une région, un pays...). ► **industrialisation** n. f.

industrialisme n. m. ▪ écon., hist. Prépondérance de l'industrie dans l'activité économique.

industrie n. f. ▪ **I 1** vx Habileté, art (→ industrieux). **2** littér. Métier. ◆ plais. *Voleur qui exerce sa coupable industrie.* **II 1** vieilli Activités techniques qui produisent et font circuler les richesses. **2** Ensemble des activités économiques ayant pour objet l'exploitation des richesses minérales et des sources d'énergie, la transformation des matières premières en produits fabriqués. *Industrie lourde*, qui transforme les matières premières. **3** Secteur industriel.

industriel, elle ▪ **I** adj. **1** Qui a rapport à l'industrie (II). **2** Produit par l'industrie. ♦ Qui emploie les procédés de l'industrie (opposé à *artisanal*). **3** Où l'industrie est développée. **II** n. (fém. rare) Chef d'un établissement industriel. ► **industriellement** adv.

industrieux, euse adj. ▪ littér. Qui montre de l'adresse, de l'habileté.

induvie n. f. ▪ bot. Formation qui se développe après la fécondation et qui sert de réceptacle au fruit.

-ine Élément savant, qui sert notamment à former les noms d'alcaloïdes (ex. *caféine*).

inébranlable adj. ▪ **1** Qu'on ne peut ébranler. → **solide.** **2** (personnes) Qui ne se laisse pas abattre. ♦ Qu'on ne peut faire changer de dessein, d'opinion. → **inflexible.** ◆ (choses) *Une certitude inébranlable.* ► **inébranlablement** adv. littér.

inécoutable adj. ▪ Mauvais au point d'être insupportable à écouter. *Musique inécoutable.*

inédit, ite adj. ▪ **1** (texte) Qui n'a pas été édité. ◆ n. m. *Publier un inédit.* **2** Qui n'est pas connu. → **nouveau.** ◆ n. m. *C'est de l'inédit.*

ineffable adj. ▪ **1** littér. Qui ne peut être exprimé par des paroles (se dit de choses agréables). **2** iron. → **inénarrable.** ► **ineffablement** adv. littér.

ineffaçable adj. ▪ Qui ne peut être effacé.

inefficace adj. ▪ Qui n'est pas efficace. → **inopérant.** ► **inefficacement** adv. ► **inefficacité** n. f.

inégal, ale, aux adj. ▪ **I 1** au plur. De quantités, natures ou qualités différentes. *Des forces inégales.* ◆ au sing. → **différent.** *Importance inégale.* **2** Dont les éléments ne sont pas égaux. *Combat inégal.* **II 1** Qui n'est pas uni, lisse. **2** Irrégulier. *Pouls inégal.* **3** Qui n'est pas constant. → **changeant.** **4** Dont la qualité n'est pas constamment bonne.

inégalable adj. ▪ Qui ne peut être égalé.

inégalé, ée adj. ▪ Qui n'est pas égalé.

inégalement adv. ▪ De manière inégale.

inégalitaire adj. ▪ Caractérisé par des inégalités sociales (s'oppose à *égalitaire*).

inégalité n. f. ▪ **I 1** Défaut d'égalité. → **différence, disproportion.** ♦ Absence d'égalité (entre humains). **2** Rapport entre deux quantités inégales. **II** Défaut d'uniformité, de régularité. *Inégalité de terrain.* → **accident.**

inélastique adj. ▪ phys. Se dit du choc, de la collision de deux corps lorsqu'il y a diminution de l'énergie cinétique totale.

inélégant, ante adj. ▪ **1** Qui n'est pas élégant. **2** Qui n'est pas très correct. → **indélicat.** ► **inélégamment** adv. littér. ► **inélégance** n. f.

inéligible adj. ▪ Qui ne peut pas être élu. ► **inéligibilité** n. f.

inéluctable adj. ▪ Qu'on ne peut empêcher, éviter. *Conséquences inéluctables.* → **inévitable ; fatal.** ► **inéluctablement** adv.

inemployé, ée adj. ▪ (choses) Qui n'est pas employé. → **inutilisé.** *Des talents inemployés.*

inénarrable adj. ▪ **1** vx Qu'on ne peut raconter. **2** mod. Bizarre et comique.

inentamé, ée adj. ▪ littér. Qui n'est pas entamé. → **intact.** *Une détermination inentamée.*

inenvisageable adj. ▪ Qu'on ne peut envisager.

inéprouvé, ée adj. ▪ **1** Qui n'a pas encore été mis à l'épreuve. *Une vertu inéprouvée.* **2** Qui n'a pas encore été éprouvé, ressenti.

inepte adj. ▪ Tout à fait absurde, stupide.

ineptie [-psi]n. f. ▪ **1** Caractère de ce qui est inepte. **2** Action, parole inepte.

inépuisable adj. ▪ **1** Qu'on ne peut épuiser. *Source inépuisable.* **2** → **intarissable** (2). ► **inépuisablement** adv. littér.

inéquation [-kwa-] n. f. ▪ math. Inégalité conditionnelle dépendant de variables.

inéquitable adj. ▪ Qui n'est pas conforme à l'équité.

inerme adj. ▪ **1** bot. Qui n'a ni aiguillon ni épines. **2** zool. Qui n'a pas de crochet. *Ténia inerme.*

inerte adj. ▪ **1** Qui n'a ni activité ni mouvement propre. *La matière inerte.* **2** Sans signe de vie. ♦ (personnes) Sans réaction.

inertie n. f. ▪ **1** sc. Propriété qu'ont les corps de ne pouvoir d'eux-mêmes changer l'état de repos ou de mouvement où ils se trouvent. ◆ *Force d'inertie :* résistance au mouvement ; fig. résistance, apathie (de qqn). **2** cour. Manque d'activité, d'énergie. ► **inertiel, elle** adj. sc.

inespéré, ée adj. ▪ Que l'on n'espérait pas.

inessentiel, elle adj. ▪ didact. Qui n'est pas essentiel.

inesthétique adj. ▪ **1** philos. Sans rapport avec l'esthétique. **2** Sans beauté. → **laid.**

inestimable adj. ▪ **1** didact. Impossible à estimer, à évaluer. **2** Dont la valeur dépasse toute estimation. → **inappréciable.**

inétendu, ue adj. ▪ didact. Qui n'a pas d'étendue. *Le point géométrique est inétendu.*

inévitable adj. ▪ **1** Qu'on ne peut éviter. ◆ n. m. *Se résigner à l'inévitable.* **2** plais. Qui est toujours là ; qu'il faut subir. *Son inévitable cigare.* ► **inévitablement** adv.

inexact, e [-a(kt), akt] adj. ▪ **1** Qui n'est pas exact. → **faux.** ► **inexactement** adv. **2** Qui manque de ponctualité.

inexactitude n. f. ▪ **1** Manque d'exactitude. **2** Erreur. **3** Manque de ponctualité.

inexaucé, ée adj. ▪ littér. Qui n'a pas été exaucé.

inexcitable adj. ▪ physiol. Qui n'est pas excitable. *Un nerf inexcitable.* ► **inexcitabilité** n. f.

inexcusable adj. ▪ Qu'il est impossible d'excuser. → **impardonnable.**

inexécutable adj. ▪ Qu'on ne peut exécuter.

inexécution n. f. ▪ dr. Fait de n'être pas exécuté.

inexercé, ée adj. ▪ Qui n'est pas exercé.

inexigible adj. ▪ dr. Qui ne peut être exigé. *Une compensation inexigible.* ► **inexigibilité** n. f.

inexistant, ante adj. ▪ **1** littér. Qui n'existe pas. → **irréel. 2** Sans valeur, sans efficacité.

inexistence n. f. ▪ Fait de ne pas exister.

inexorable adj. ▪ littér. **1** Sans pitié. → **impitoyable. 2** À quoi l'on ne peut se soustraire. ► **inexorabilité** n. f. ► **inexorablement** adv.

inexpérience n. f. ▪ Manque d'expérience.

inexpérimenté, ée adj. ▪ Sans expérience. → **novice.**

inexpiable adj. ▪ littér. **1** Qui ne peut être expié. **2** Que rien ne peut faire cesser.

inexplicable adj. ▪ Impossible ou difficile à (s')expliquer. ♦ Dont le comportement ne s'explique pas. ► **inexplicablement** adv.

inexpliqué, ée adj. ▪ Non expliqué.

inexploitable adj. ▪ Qu'on ne peut exploiter ou utiliser. → **inutilisable.**

inexploité, ée adj. ▪ Qui n'est pas exploité.

inexploré, ée adj. ▪ Qui n'a pas été exploré.

inexpressif, ive adj. ▪ Qui n'est pas expressif. → **froid, terne.**

inexprimable adj. ▪ **1** Qu'il est impossible d'exprimer. → **indicible. 2** Trop intense ou trop complexe pour pouvoir être exprimé.

inexprimé, ée adj. ▪ Non exprimé.

inexpugnable [-pygnabl ; -pyɲabl] adj. ▪ littér. Qui résiste aux attaques.

inextensible adj. ▪ Qui n'est pas extensible. *Tissu inextensible.*

in extenso [inɛkstɛ̃so] loc. adv. et adj. invar. ▪ littér. Dans toute sa longueur (d'un texte). → **intégralement ; intégral.**

inextinguible adj. ▪ littér. Qu'il est impossible d'éteindre, d'apaiser, d'arrêter.

in extremis [inɛkstʀemis] loc. adv. et adj. invar. ▪ **1** À l'article de la mort, à la dernière extrémité*. **2** Au dernier moment.

inextricable adj. ▪ **1** Qu'on ne peut démêler. **2** Dont on ne peut sortir. *Dédale inextricable.* ► **inextricablement** adv.

infaillible adj. ▪ **1** vx Certain, inévitable. **2** Qui ne peut manquer de réussir. *Un moyen infaillible.* **3** (personnes) Qui ne peut pas se tromper, qui n'est pas sujet à l'erreur. ◆ *Un instinct infaillible.* → **sûr.** ► **infailliblement** adv. ► **infaillibilité** n. f.

infaisable [-fə-] adj. ▪ Qui ne peut être fait. → **impossible, irréalisable.** ► **infaisabilité** n. f.

infalsifiable adj. ▪ Qui ne peut être falsifié.

infamant, ante adj. ▪ littér. Qui entache l'honneur, la réputation. → **déshonorant.**

infâme adj. ▪ **1** littér. Infamant. *Un infâme trafic.* → **dégradant, honteux. 2** Détestable, odieux. *Une infâme canaille.* → **ignoble, vil. 3** Répugnant.

infamie n. f. ▪ littér. **1** Atteinte à la réputation de qqn. **2** Caractère infâme. → **abjection, bassesse. 3** Action, parole infâme.

infant, ante n. ▪ Titre donné aux enfants puînés des rois d'Espagne et du Portugal.

infanterie n. f. ▪ **1** anciennt Ensemble des soldats qui allaient et combattaient à pied. **2** Arme chargée de la conquête et de l'occupation du terrain (→ **fantassin).**

infanticide ▪ **I** n. m. Meurtre d'un enfant (spécialt d'un nouveau-né). **II** adj. et n. (Personne) qui tue volontairement un enfant (spécialt un nouveau-né).

infantile adj. ▪ **1** Relatif à la première enfance. *Maladies infantiles.* **2** péj. (d'un adulte) Puéril. *Une réaction infantile.*

infantiliser v. tr. 1 ■ Rendre infantile (2). ► **infantilisation** n. f.

infantilisme n. m. ■ 1 didact. État d'un adulte qui présente des caractères propres à l'enfant. 2 Caractère infantile (2).

infarctus [ɛ̃faʀktys] n. m. ■ méd. Altération d'un tissu, d'un organe par obstruction de l'artère qui assure son irrigation. *Infarctus du myocarde* (du cœur).

infatigable adj. ■ Qui ne peut se fatiguer, qui ne se fatigue pas facilement. ► **infatigablement** adv. → **inlassablement.**

infatuation n. f. ■ littér. Satisfaction de soi d'une personne infatuée. → **fatuité.**

infatuer v. tr. 1 ■ littér. Inspirer à (qqn) un engouement excessif. ◆ pronom. *S'infatuer de qqch. ; de ses qualités, de soi.* ▷ p. p. **infatué, ée** → **fat, prétentieux, vaniteux.**

infécond, onde adj. ■ didact. 1 Qui n'est pas fécond. → **stérile.** 2 Qui ne produit rien. ► **infécondité** n. f. didact.

infect, ecte [-ɛkt] adj. ■ 1 (odeur, goût...) Répugnant. 2 Très mauvais dans son genre. *Repas infect.* 3 Moralement ignoble.

infecter v. tr. 1 ■ I vieilli Imprégner (l'air) d'émanations malsaines. → **polluer.** II 1 Communiquer, transmettre (à l'organisme) des germes pathogènes. ◆ pronom. *La plaie s'infecte.* ◆ au p. p. *Une blessure infectée.* 2 par métaph. (virus informatique) Affecter (un programme...). ◆ au p. p. *Un fichier infecté.*

infectieux, euse adj. ■ Qui communique l'infection. *Germe infectieux.* ♦ Qui s'accompagne d'infection. *Maladie infectieuse.*

infectiologie n. f. ■ didact. Discipline médicale qui étudie les maladies infectieuses. → **épidémiologie.** ► **infectiologue** n.

infection n. f. ■ I 1 vieilli Puanteur. 2 Chose infecte. II 1 Entrée dans l'organisme de germes pathogènes. 2 Maladie infectieuse.

inféoder v. tr. 1 ■ 1 (au Moyen Âge) Donner (une terre) en fief. 2 Soumettre (à une autorité). ◆ pronom. *S'inféoder à un parti.* ► **inféodation** n. f.

infère adj. ■ bot. *Ovaire infère,* situé au-dessous du point d'insertion des autres parties de la fleur (opposé à *supère*).

inférence n. f. ■ Opération logique par laquelle on admet une proposition en vertu de sa liaison avec d'autres propositions déjà tenues pour vraies. → **induction.**

inférer v. tr. 6 ■ Établir par inférence.

inférieur, eure adj. ■ I concret Qui est au-dessous, plus bas, en bas (opposé à *supérieur*). *La lèvre inférieure.* II abstrait 1 Qui a une valeur moins grande ; qui occupe une place au-dessous, dans une hiérarchie. 2 Plus petit que. *Nombre inférieur à 10* (<10). 3 Moins avancé dans l'évolution. *Les animaux inférieurs.* 4 n. Personne de position sociale inférieure (par rapport à une autre). → **subalterne, subordonné.**

inférieurement adv. ■ rare 1 Moins bien ou plus mal. *INFÉRIEUREMENT À :* plus mal que. 2 didact. À une place inférieure, au-dessous.

inférioriser v. tr. 1 ■ Rendre inférieur ; rabaisser (qqn). ► **infériorisation** n. f.

infériorité n. f. ■ État de ce qui est inférieur (en rang, valeur...). ♦ *Sentiment d'infériorité :* impression pénible d'être inférieur (aux autres, à un idéal...).

infermentescible adj. ■ didact. Qui n'est pas susceptible de fermentation.

infernal, ale, aux adj. ■ 1 littér. Des enfers, de l'enfer. 2 Qui évoque l'enfer, le mal. → **diabolique.** 3 Insupportable, terrible. *Un temps infernal.* → **exécrable.** ♦ (personnes) → **insupportable.** ► **infernalement** adv. rare

infertile adj. ■ littér. Qui n'est pas fertile. ► **infertilité** n. f.

infester v. tr. 1 ■ 1 vieilli ou littér. Ravager (un pays) par des attaques. 2 (êtres nuisibles) Envahir. ► **infestation** n. f. méd.

infeutrable adj. ■ Qui ne se feutre pas. *Laine infeutrable.*

infibulation n. f. ■ didact. Opération par laquelle on suture les petites lèvres de la vulve ou on y passe un anneau afin d'empêcher les relations sexuelles.

infichu, ue adj. ■ fam. Incapable de.

infidèle adj. ■ I hist. Qui n'a pas la religion considérée comme vraie. ◆ n. *Croisade contre les infidèles.* II 1 Changeant dans ses sentiments, notamment en amour. 2 Qui ne respecte pas (qqch. qui engage). *Infidèle à sa parole.* 3 Qui manque à la vérité, à l'exactitude. ► **infidèlement** adv.

infidélité n. f. ■ 1 Manque de fidélité (dans les sentiments, en amour) ; acte qui en résulte. 2 rare Manque de fidélité (à une obligation). 3 Manque d'exactitude.

infiltrat n. m. ■ méd. Amas de cellules dans un organe. *Infiltrat pulmonaire.* ◆ Liquide, gaz d'infiltration.

infiltration n. f. ■ 1 (eau...) Fait de s'infiltrer. ♦ Pénétration accidentelle d'eau. 2 méd. Envahissement d'un tissu par un liquide, par des gaz. 3 méd. Injection d'un médicament à action prolongée. 4 Pénétration de personnes étrangères (dans un pays, un milieu...).

infiltrer v. tr. 1 ■ 1 (liquide...) Pénétrer peu à peu (un corps). ♦ Faire entrer (un liquide) dans un corps. 2 Introduire qqn dans (un groupe). ▷ v. pron. **s'infiltrer** 1 *L'eau s'infiltre dans le sol.* 2 → s'**introduire.**

infime adj. ▪ **1** vieilli Situé au plus bas (d'une hiérarchie). **2** Tout petit ; peu important. → **minime, minuscule.** ► **infimité** n. f. didact.

in fine [infine] loc. adv. ▪ didact. (dans une référence) À la fin (de la page, du chapitre...).

infini, ie ▪ **I** adj. **1** En quoi on ne peut observer ni concevoir aucune limite. ◆ (dans le temps) Qui n'a pas de fin. → **éternel.** **2** Très considérable (par la grandeur, l'intensité...). *Une patience infinie.* **II** n. m. **1** Ce qui est infini. *L'infini mathématique* (signe ∞). **2** Ce qui semble infini. *L'infini de l'océan.* **3** loc. adv. *À L'INFINI :* sans qu'il y ait de borne, de fin (perceptible ou imaginable) ; (dans le temps) indéfiniment.

infiniment adv. ▪ **1** D'une manière infinie. *Nombres infiniment petits* (→ **infinitésimal**). **2** Beaucoup, extrêmement. *Merci infiniment.*

infinité n. f. ▪ **1** didact. Quantité infinie, nombre infini. → **infini.** **2** Très grande quantité. → **multitude.**

infinitésimal, ale, aux adj. ▪ **1** math. Relatif aux quantités infiniment petites. **2** cour. Extrêmement petit. → **infime.**

infinitif, ive ▪ **I** n. m. Forme nominale du verbe (mode impersonnel) exprimant l'idée de l'action ou de l'état d'une façon abstraite et indéterminée. **II** adj. *Proposition infinitive,* dont le verbe est à l'infinitif.

infinitude n. f. ▪ didact. Caractère infini.

infirmation n. f. ▪ **1** dr. Annulation d'une décision de justice par le juge d'appel. **2** didact. Action d'infirmer une assertion, un texte... ► **infirmatif, ive** adj.

infirme adj. ▪ **I** vx Faible. **II** mod. Atteint d'une infirmité (II, 2). → **handicapé, impotent, invalide.** ◆ n. *Un, une infirme.*

infirmer v. tr. [1] ▪ contr. *confirmer* **1** Affaiblir (qqch.) dans son autorité, son crédit. **2** dr. Annuler ou modifier (un jugement).

infirmerie n. f. ▪ Local destiné aux soins des malades, dans une communauté.

infirmier, ière n. ▪ Personne qui, par profession, soigne des malades et s'en occupe, au sein de l'équipe soignante.

infirmité n. f. ▪ **I** littér. Faiblesse. **II** **1** vieilli Maladie. **2** mod. État d'un individu ne jouissant pas d'une de ses fonctions ou n'en jouissant qu'imparfaitement (sans que sa santé en souffre).

infixe n. m. ▪ ling. Élément qui s'insère à l'intérieur d'un mot, afin d'en modifier le sens.

inflammable adj. ▪ Qui a la propriété de s'enflammer facilement. ► **inflammabilité** n. f.

inflammation n. f. ▪ **I** didact. Fait de s'enflammer. **II** Réactions qui se font au point de l'organisme irrité par un agent pathogène. → suff. **-ite.** ► **inflammatoire** adj.

inflation n. f. ▪ **1** Accroissement excessif des instruments de paiement, entraînant une hausse des prix (s'oppose à *déflation*). **2** par ext. Augmentation, extension excessive (d'un phénomène). ► **inflationniste** adj.

infléchir v. tr. [2] ▪ **1** Fléchir de manière à former une courbe. → **courber.** **2** fig. Modifier la direction, l'orientation de (un phénomène...). ▷ p. p. **infléchi, ie** ▷ v. pron. **s'infléchir** ► **infléchissement** n. m.

inflexible adj. ▪ Que rien ne peut fléchir ni émouvoir. → **ferme, intransigeant.** ► **inflexiblement** adv. ► **inflexibilité** n. f.

inflexion n. f. ▪ **1** Mouvement par lequel qqch. s'infléchit. → **flexion.** **2** Changement subit d'accent ou de ton (dans la voix).

infliger v. tr. [3] ▪ **1** Appliquer (une peine à qqn). *On lui a infligé une amende.* **2** Faire subir (qqch. à qqn). *Infliger un affront à qqn.*

inflorescence n. f. ▪ Mode de groupement des fleurs d'une plante (par ex. en grappes). ◆ Ce groupe de fleurs (souvent appelé *fleur*).

influençable adj. ▪ Qui se laisse influencer.

influence n. f. ▪ **1** Action exercée sur (qqn ou qqch.). → **effet.** *Influence utile.* **2** (personnes) Action (sur qqn), volontaire ou non. *Elle a une bonne influence sur lui.* **3** Pouvoir social (de qqn qui amène les autres à se ranger à son avis). → **autorité, crédit.** **4** Action morale, intellectuelle... *L'influence d'un penseur.*

influencer v. tr. [3] ▪ **1** Soumettre à son influence (2). **2** (sujet chose) Agir sur (qqch.).

influent, ente adj. ▪ Qui a de l'influence.

influenza [ɛ̃flyɑ̃za] n. f. ▪ vx ou didact. Grippe. *Influenza aviaire. Des influenzas.*

influer v. intr. [1] ▪ *INFLUER SUR :* exercer une action qui modifie. → **influencer.**

influx n. m. ▪ **1** Fluide hypothétique transmettant une force. **2** physiol. *Influx nerveux :* phénomène par lequel se transmet l'excitation dans les centres nerveux.

info n. f. ▪ fam. Information.

infogérance n. f. ▪ inform. Service assuré par un prestataire extérieur, qui prend en charge l'informatique (systèmes...) d'une entreprise.

infographie n. f. ▪ Ensemble des techniques informatiques liées à la création et au traitement des images. ► **infographique** adj. ► **infographiste** n.

in-folio [infɔljo] adj. invar. ▪ (format) Dont la feuille d'impression est pliée en deux. ◆ n. m. invar. Livre de ce grand format.

infondé, ée adj. ▪ Sans fondement. *Critiques infondées.*

informateur, trice n. ▪ Personne qui donne des informations. ◆ spécialt Personne qui informe la police. → **indicateur.**

informaticien, ienne n. ▪ Spécialiste d'informatique.

informatif, ive adj. ■ Qui apporte de l'information. *Réunion informative.*

information n. f. ■ I dr. Enquête pour établir la preuve d'une infraction, pour en découvrir les auteurs. *Ouvrir une information contre X.* II 1 Renseignement (sur qqn, sur qqch.). 2 Action d'informer, de s'informer. *Réunion d'information.* 3 Renseignement qu'on porte à la connaissance de qqn, du public. *Bulletin d'informations.* III sc. Ce qui peut être transmis par un signal ou une combinaison de signaux (message), selon un code commun.

informationnel, elle adj. ■ didact. Qui concerne l'information (III).

informatique n. f. ■ 1 Théorie et traitement de l'information (III), par des programmes mis en œuvre sur ordinateurs. 2 adj. De l'informatique. ▸ **informatiquement** adv.

informatiser v. tr. 1 ■ Traiter, organiser par les méthodes et les moyens de l'informatique. ▸ **informatisable** adj. ▸ **informatisation** n. f.

informe adj. ■ 1 Qui n'a pas de forme propre. 2 Dont la forme n'est pas achevée. *Un brouillon informe.* 3 Laid, disgracieux.

informé, ée ■ 1 adj. Qui sait ce qu'il faut savoir. 2 (n. m.) loc. *Jusqu'à plus ample informé* : avant d'en savoir plus.

informel, elle adj. ■ I arts Qui ne représente et ne produit pas de formes classables. II anglic. Qui n'est pas organisé de manière officielle. *Réunion informelle.*

informer v. tr. 1 ■ I 1 v. tr. philos. Donner une forme, une structure à. 2 v. tr. ind. dr. Faire une instruction en matière criminelle. *Informer d'un fait, sur un fait.* → **information** (I). II cour. Transmettre des connaissances, des renseignements (→ **information**) à (qqn). ▹ v. pron. **s'informer** S'enquérir en vue de se mettre au courant. *S'informer de la santé de qqn.* – absolt *S'informer avant d'agir.*

informulé, ée adj. ■ Qui n'est pas formulé. → **inexprimé.**

infortune n. f. ■ littér. Malheur. – loc. *Compagnon d'infortune* : personne qui supporte les mêmes malheurs. ▸ **infortuné, ée** adj. littér. → **malheureux.**

infoutu, ue adj. ■ fam. Incapable de.

infra adv. ■ Sert à renvoyer à un passage qui se trouve après, dans un texte. → ci-**dessous.**

infra- Élément, du latin *infra* «au-dessous».

infraction n. f. ■ 1 Violation (d'un engagement, d'une règle). *Infraction au règlement* (→ **enfreindre**). 2 dr. Violation d'une loi, sanctionnée par le droit. → **délit.**

infradien, ienne adj. ■ biol. *Rythme infradien* : rythme biologique d'évolution plus lent que le rythme circadien.

infraliminal, ale, aux adj. ■ Se dit d'un stimulus dont le niveau est insuffisant pour être perçu par l'organisme. → **subliminal.** – syn. **infraliminaire.**

infranchissable adj. ■ Qu'on ne peut franchir.

infrangible adj. ■ didact. Qui ne peut être brisé, détruit.

infrarouge adj. ■ Se dit des radiations invisibles qui sont en deçà du rouge, dans le spectre solaire. – n. m. *Four à infrarouge.*

infrason [-sɔ̃] n. m. ■ Vibration inaudible, de fréquence très basse.

infrasonore [-s-] adj. ■ Relatif aux infrasons.

infrastructure n. f. ■ 1 Parties inférieures (d'une construction) (opposé à *superstructure*). → **fondation.** 2 Ensemble d'installations (militaires, etc.). 3 Ensemble des équipements économiques ou techniques. *Infrastructure routière.* 4 (marxisme) Organisation économique de la société, considérée comme le fondement de son idéologie.

infréquentable adj. ■ Qu'on ne peut pas fréquenter.

infroissable adj. ■ Qui ne se froisse pas.

infructueux, euse adj. ■ Sans résultat. *Soins infructueux.* ▸ **infructueusement** adv.

infundibulum [ɛ̃fɔ̃dibylɔm] n. m. ■ didact. Partie en forme d'entonnoir (d'organes ou canaux).

infus, use adj. ■ loc. *Avoir la science infuse* : être savant sans avoir étudié.

infuser v. tr. 1 ■ 1 Laisser tremper (une substance) dans un liquide afin qu'il se charge des principes qu'elle contient. 2 fig., littér. Faire pénétrer, communiquer.

infusible adj. ■ Qui ne peut fondre.

infusion n. f. ■ 1 Action d'infuser (1) (une substance). 2 Tisane de plantes.

infusoire n. m. ■ zool. (vx) Protozoaire à cils qui vit dans les liquides.

ingambe adj. ■ vx ou plais. Qui a un usage normal de ses jambes. → **alerte, vif.**

s'ingénier v. pron. 7 ■ S'INGÉNIER À (+ inf.) : mettre en jeu, mobiliser les ressources de son esprit pour.

ingénierie n. f. ■ 1 Étude globale d'un projet industriel. 2 Discipline d'applications scientifiques. → **génie** (III).

ingénieur n. ■ Personne qui a reçu une formation scientifique et technique la rendant apte à diriger certains travaux. – REM. Au fém., on trouve aussi *ingénieure.*

ingénieux, euse adj. ■ 1 Qui a l'esprit inventif. *Un bricoleur ingénieux.* 2 (choses) Qui marque beaucoup d'invention, d'imagination. *Un mécanisme ingénieux.* ▸ **ingénieusement** adv. ▸ **ingéniosité** n. f.

ingénu, ue adj. ▪ Qui a une sincérité innocente et naïve. → **candide, naïf.** ◆ n. *Une ingénue.* ► **ingénument** adv. ► **ingénuité** n. f. littér. → **candeur, naïveté.**

ingérable adj. ▪ Qu'on ne peut gérer.

① **s'ingérer** v. pron. 6 ▪ Intervenir sans être requis ou sans en avoir le droit. → s'**immiscer.** ► **ingérence** n. f. *Droit d'ingérence* (en politique) *pour raisons humanitaires.*

② **ingérer** v. tr. 6 ▪ didact. Introduire par la bouche (dans les voies digestives). → **avaler.** ► **ingestion** n. f. didact.

ingouvernable adj. ▪ Impossible à gouverner.

ingrat, ate adj. ▪ **1** Qui n'a aucune reconnaissance, ne sait pas gré à qqn. **2** (choses) Qui ne dédommage guère de la peine qu'il donne. *Une terre ingrate.* **3** Qui manque de grâce. → **disgracieux.** ◆ loc. *L'âge ingrat,* la puberté. ► **ingratitude** n. f.

ingrédient [-jɑ̃] n. m. ▪ Élément qui entre dans la composition (d'une préparation, d'un mélange).

ingression n. f. ▪ géogr. Envahissement d'une plaine par les eaux.

inguérissable adj. ▪ → **incurable.**

inguinal, ale, aux [-gɥi-] adj. ▪ didact. De l'aine, de la région de l'aine.

ingurgiter v. tr. 1 ▪ Avaler avidement. ► **ingurgitation** n. f. rare

inhabile adj. ▪ littér. Qui manque d'habileté. → **malhabile.** ► **inhabileté** n. f.

inhabilité n. f. ▪ dr. Incapacité.

inhabitable adj. ▪ Qui n'est pas habitable.

inhabité, ée adj. ▪ Qui n'est pas habité.

inhabituel, elle adj. ▪ Qui n'est pas habituel. → **inaccoutumé, insolite.**

inhalateur, trice n. m. ▪ Appareil servant aux inhalations. ◆ adj. *Tube inhalateur.*

inhalation n. f. ▪ Action d'inhaler (un gaz...). ◆ absolt Aspiration par le nez de vapeurs qui décongestionnent.

inhaler v. tr. 1 ▪ Absorber par les voies respiratoires. → **aspirer.**

inharmonie n. f. ▪ littér. Défaut d'harmonie. ► **inharmonieux, euse** adj.

inharmonique adj. ▪ didact. Qui ne correspond pas aux règles de l'harmonie. ◆ Inharmonieux.

inhérent, ente adj. ▪ Qui appartient essentiellement (à). → **intrinsèque.** ► **inhérence** n. f. didact.

inhiber v. tr. 1 ▪ **1** (sujet chose) Empêcher (qqn) d'agir, de manifester ses sentiments, ses opinions. → **bloquer, paralyser.** ◆ au p. p. → **complexé, timide.** **2** didact. Réduire ou empêcher (un processus physiologique ou psychologique). *La pilule inhibe l'ovulation.*

inhibiteur, trice adj. ▪ Qui inhibe. ◆ n. m. (sens 2 de *inhiber*) *Inhibiteur de croissance.*

inhibition n. f. ▪ **1** Fait d'être inhibé. **2** Action d'inhiber (2).

inhospitalier, ière adj. ▪ **1** Qui ne pratique pas l'hospitalité. **2** (choses) Peu accueillant.

inhumain, aine adj. ▪ **1** Qui manque d'humanité. → **barbare, cruel.** ◆ (actions) *Un traitement inhumain.* **2** Qui n'a rien d'humain. *Un cri inhumain.* ► **inhumainement** adv. ► **inhumanité** n. f. littér.

inhumer v. tr. 1 ▪ Mettre en terre (un mort), avec les cérémonies d'usage. → **ensevelir, enterrer.** ► **inhumation** n. f.

inimaginable adj. ▪ **1** Qu'on ne peut imaginer. → **extraordinaire, incroyable.** **2** Très grand, important, intense.

inimitable adj. ▪ Qui ne peut être imité.

inimitié [-tje] n. f. ▪ littér. Sentiment hostile (envers qqn). → **aversion, haine.**

ininflammable adj. ▪ Qui n'est pas inflammable (→ aussi ignifuger). ► **ininflammabilité** n. f.

inintelligent, ente adj. ▪ Qui n'est pas intelligent. ► **inintelligence** n. f.

inintelligible adj. ▪ Qu'on ne peut comprendre. → **incompréhensible.** *Des bredouillements inintelligibles.* ► **inintelligiblement** adv. ► **inintelligibilité** n. f.

inintéressant, ante adj. ▪ Sans intérêt.

ininterrompu, ue adj. ▪ Qui n'est pas interrompu (espace ou temps). → **continu.**

inique adj. ▪ littér. Qui manque gravement à l'équité ; très injuste (s'oppose à *équitable*). ► **iniquement** adv.

iniquité n. f. ▪ littér. Injustice extrême (s'oppose à *équité*). ◆ Acte, chose inique.

initial, ale, aux adj. ▪ **1** Qui est au commencement (de qqch.). *Vitesse initiale d'un projectile.* **2** Qui commence (qqch., spécialt un mot). ◆ n. f. Première lettre (d'un nom propre). *Signer de ses initiales.*

initialement adv. ▪ Au commencement.

initialiser v. tr. 1 ▪ Effectuer les opérations préliminaires à la mise en fonction de (un ordinateur, un périphérique...). ► **initialisation** n. f.

initiateur, trice n. ▪ Personne qui initie (qqn), qui propose (qqch.) le premier.

initiation n. f. ▪ Action d'initier. ◆ spécialt *Rites d'initiation* (des jeunes, dans les sociétés traditionnelles). ► **initiatique** adj.

initiative n. f. ▪ **1** Action d'une personne qui propose, entreprend (qqch.) en étant la première. **2** polit. Droit de soumettre à l'autorité compétente une proposition en vue de la faire adopter. *Le Parlement a l'initiative des lois.* **3** Qualité d'une personne disposée à entreprendre, à oser.

initié, ée n. ▪ **1** Personne qui a été initiée (1). **2** Personne qui est dans le secret (d'un art...).

initier v. tr. ⑦ ▪ **1** Admettre (qqn) à la connaissance de savoirs secrets, ésotériques. ♦ Recevoir (qqn) au sein d'un groupe fermé (société secrète, etc.). **2** Introduire à une connaissance ; être le premier à mettre au fait. → **instruire.** *Elle l'a initié à la musique.* ➝ pronom. *S'initier à la peinture.* **3** anglic. Prendre l'initiative de (qqch.).

injectable adj. ▪ Qu'on doit injecter.

injecté, ée adj. ▪ *Yeux injectés de sang,* colorés par l'afflux du sang.

injecter v. tr. ① ▪ **1** Introduire (un liquide en jet, un gaz sous pression) dans un organisme. **2** Faire pénétrer (un liquide sous pression) dans un matériau. *Injecter du ciment dans un mur.* **3** écon. Apporter (des capitaux) pour relancer (une entreprise...).

injecteur n. m. ▪ **1** méd. Appareil servant à injecter un liquide dans l'organisme. **2** techn. Dispositif assurant l'alimentation forcée d'une machine (moteur...).

injection n. f. ▪ **1** Action d'injecter. **2** Piqûre. **3** *Moteur à injection,* alimenté en carburant par un injecteur (sans carburateur).

injoignable adj. ▪ Que l'on ne peut joindre, contacter.

injonction n. f. ▪ Action d'enjoindre ; ordre exprès, formel. ► **injonctif, ive** adj. didact.

injouable adj. ▪ Qui ne peut être joué.

injure n. f. ▪ **1** littér. Offense grave. **2** Parole offensante. → **insulte.** ► **injurier** v. tr. ⑦

injurieux, euse adj. ▪ Qui contient ou constitue une injure. → **insultant, offensant.** ► **injurieusement** adv.

injuste adj. ▪ **1** Qui agit contre la justice ou l'équité. **2** (choses) Qui est contraire à la justice. ► **injustement** adv.

injustice n. f. ▪ **1** Caractère d'une personne, d'une chose injuste ; manque de justice. → **iniquité. 2** Acte injuste.

injustifiable adj. ▪ Qu'on ne peut justifier.

injustifié, ée adj. ▪ Qui n'est pas justifié.

inlandsis [inlɑ̃dsis] n. m. ▪ géogr. Glacier continental (régions polaires).

inlassable adj. ▪ Qui ne se lasse pas. → **infatigable.** ► **inlassablement** adv.

inlay [inlɛ] n. m. ▪ anglic. Obturation dentaire au moyen de métal (or...) coulé. *Des inlays.*

inné, ée adj. ▪ Que l'on a en naissant, dès la naissance (opposé à *acquis*).

innéisme n. m. ▪ didact. Théorie selon laquelle les idées, les aptitudes sont innées.

innéité n. f. ▪ philos. Caractère inné.

innervant, ante adj. ▪ *Agent innervant* : neurotoxique qui agit sur le système nerveux et perturbe les fonctions vitales de l'organisme.

innerver v. tr. ① ▪ (tronc nerveux) Fournir de nerfs (un organe). ► **innervation** n. f.

innocemment [-amɑ̃] adv. ▪ Avec innocence, sans faire ou vouloir faire le mal.

innocence n. f. ▪ **1** relig. État de l'être qui n'est pas souillé par le mal. → **pureté. 2** État d'une personne qui ignore le mal. → **candeur, ingénuité. 3** État d'une personne qui n'est pas coupable (de qqch.). *L'accusé affirme son innocence.*

innocent, ente adj. ▪ **I 1** relig. Qui n'est pas souillé par le mal. → **pur. 2** Qui ignore le mal. → **candide. 3** Trop naïf. → **crédule, niais.** ➝ n. Simple d'esprit. prov. *Aux innocents les mains pleines* : les simples sont heureux dans leurs entreprises. **4** (action) Qui n'est pas blâmable. *Des plaisirs innocents.* **II** Qui n'est pas coupable. ➝ n. *On a condamné un innocent.*

innocenter v. tr. ① ▪ Déclarer innocent, non coupable. → **disculper.**

innocuité n. f. ▪ didact. Qualité de ce qui n'est pas nuisible.

innombrable adj. ▪ Très nombreux.

innomé, ée → **innommé**

innominé, ée adj. ▪ anat., vx *Os innominé, artère innominée.* → **iliaque.**

innommable adj. ▪ **1** didact. Qui ne peut être nommé. → **indicible. 2** cour. Méprisable, ignoble ; très mauvais. → **infect.**

innommé, ée adj. ▪ Qui n'a pas reçu de nom. ➝ dr. *Contrat innommé,* sans dénomination particulière. - var. **innomé, ée.**

innovant, ante adj. ▪ Qui innove, constitue une innovation.

innovateur, trice n. et adj. ▪ (Personne) qui innove. → **créateur, novateur.**

innovation n. f. ▪ Fait d'innover ; chose nouvelle. → **création, découverte, invention.**

innover v. intr. ① ▪ Introduire du nouveau (dans un domaine).

inobservable adj. ▪ **1** Qui ne peut être observé. **2** Qui ne peut être suivi. *Règle inobservable.*

inobservation n. f. ▪ dr. Fait de ne pas observer, de ne pas se conformer à. → **inexécution.**

inobservé, ée adj. ▪ didact. Qui n'a pas été observé. *Règle inobservée.*

inoccupation n. f. ▪ littér. État d'une personne inoccupée. ➝ État d'une chose inoccupée.

inoccupé, ée adj. ▪ **1** (lieu) Où il n'y a personne. **2** (personnes) Désœuvré, oisif.

in-octavo [in-] adj. invar. ▪ (format) Où la feuille d'impression est pliée en huit feuillets (ou seize pages).

inoculer v. tr. ① ▪ **1** Introduire dans l'organisme (les germes d'une maladie). **2** fig. Communiquer, transmettre (une idée mauvaise...). ► **inoculation** n. f.

inoculum [-ɔm] n. m. ▪ biol. Substance inoculée ou destinée à l'être. *Des inoculums bactériens.*

inodore adj. ▪ **1** Sans odeur. **2** fig. Sans intérêt ; plat.

inoffensif, ive adj. ▪ Incapable de nuire.

inondable adj. ▪ Susceptible d'être inondé. *Zone inondable.*

inondation n. f. ▪ **1** Débordement d'eaux qui inondent une région. **2** Grande quantité d'eau qui se répand. **3** fig. Afflux massif.

inonder v. tr. [1] ▪ **1** Couvrir d'eaux qui débordent. *Le fleuve a inondé les prés.* **2** Mouiller abondamment. → **arroser, tremper. 3** fig. Envahir massivement. **4** littér. (sentiments...) Submerger, remplir. ▷ p. p. **inondé, ée 1** *Terrains inondés.* ◂ *Joues inondées de larmes.* **2** littér. *Le cœur inondé de joie.*

inopérable adj. ▪ Qui ne peut être opéré.

inopérant, ante adj. ▪ Sans effet.

inopiné, ée adj. ▪ Qui arrive, se produit alors qu'on ne s'y attendait pas. → **imprévu, inattendu.** ▸ **inopinément** adv.

inopportun, une adj. ▪ Qui n'est pas opportun. → **déplacé, intempestif.** ▸ **inopportunément** adv. ▸ **inopportunité** n. f.

inopposabilité n. f. ▪ dr. Impossibilité de faire valoir un droit. ◂ Qualité d'un acte qui n'a pas d'effet juridique à l'égard de tiers. ▸ **inopposable** adj.

inorganique adj. ▪ sc. Qui n'a pas l'organisation d'un être vivant.

inorganisation n. f. ▪ Absence, manque d'organisation.

inorganisé, ée adj. ▪ **1** sc. Qui n'est pas constitué en organisme. **2** Qui manque d'organisation. **3** Qui n'appartient pas à une organisation (syndicale, politique...).

inoubliable adj. ▪ Que l'on ne peut oublier (du fait de sa qualité, de son caractère exceptionnel). → **mémorable.**

inouï, ïe adj. ▪ **1** littér. Qu'on n'a jamais entendu. **2** cour. Extraordinaire, incroyable.

inox [-ɔks] n. m. (nom déposé) ▪ Acier inoxydable.

inoxydable adj. ▪ Qui ne s'oxyde pas.

in pace [inpase ; inpatʃe] n. m. ▪ hist. Cachot secret où l'on enfermait qqn à perpétuité.

in partibus [inpaʀtibys] loc. adj. ▪ relig. *Évêque in partibus* : évêque dépourvu de juridiction et portant le titre d'un évêché disparu.

in petto [in-] loc. adv. ▪ littér. À part soi.

input [input] n. m. ▪ anglic. **1** inform. Entrée de données dans un système informatique. **2** écon. Ensemble des biens et services entrant dans le processus de production. → **intrant.**

inqualifiable adj. ▪ Qu'on ne peut qualifier (assez sévèrement). → **indigne.**

in-quarto [inkwaʀto] adj. invar. ▪ (format) Dont la feuille, pliée en quatre feuillets, forme huit pages.

inquiet, ète adj. ▪ **1** vx Agité. **2** Agité par l'inquiétude. → **anxieux, soucieux. 3** Empreint d'inquiétude. *Un air inquiet.*

inquiétant, ante adj. ▪ Qui inquiète (3).

inquiéter v. tr. [6] ▪ **1** vx Troubler, agiter. **2** Poursuivre, menacer (qqn). *La police ne l'a plus inquiété.* **3** Remplir (qqn) d'inquiétude. → **alarmer, tourmenter.** ▷ v. pron. **s'inquiéter** Commencer à être inquiet. ◂ *S'inquiéter de,* se préoccuper de.

inquiétude n. f. ▪ État pénible déterminé par l'attente d'un événement, d'une souffrance que l'on craint, par l'incertitude. → **appréhension, souci, tourment.** ♦ *Avoir des inquiétudes,* des sujets d'inquiétude.

inquisiteur, trice ▪ **1** n. m. hist. Juge du tribunal de l'Inquisition. **2** adj. Qui interroge indiscrètement ou de façon autoritaire.

inquisition n. f. ▪ **1** hist. *L'Inquisition* : juridiction ecclésiastique d'exception (surtout XIIIe-XVIe s.). **2** littér. Enquête arbitraire et vexatoire. ▸ **inquisitorial, ale, aux** adj.

inquisitoire adj. ▪ *Procédure inquisitoire,* dans laquelle le juge prend l'initiative de la poursuite.

inracontable adj. ▪ Impossible à raconter. → **inénarrable.** - syn. **irracontable.**

inratable adj. ▪ fam. Qu'on ne peut pas rater.

insaisissable adj. ▪ **1** dr. Qui ne peut être saisi. **2** Qu'on ne peut saisir, attraper. **3** Qui échappe aux sens. → **imperceptible.**

insalivation n. f. ▪ didact. Imprégnation des aliments par la salive.

insalubre adj. ▪ Qui n'est pas salubre. → **malsain.** ▸ **insalubrité** n. f.

insane adj. ▪ vx ou littér. Qui est contraire au bon sens. → **absurde, inepte, insensé.**

insanité n. f. ▪ littér. **1** Caractère de ce qui est déraisonnable. **2** Action ou parole absurde, insensée. → **absurdité, ineptie.**

insatiable adj. ▪ Qui ne peut être satisfait. ▸ **insatiabilité** n. f. littér.

insatisfaisant, ante adj. ▪ Qui n'est pas satisfaisant.

insatisfait, aite adj. ▪ Qui n'est pas satisfait. ◂ n. *Un éternel insatisfait.* → **mécontent.** ♦ (désir, passion) Qui n'est pas assouvi. ▸ **insatisfaction** n. f.

insaturé, ée adj. ▪ chim. *Composé organique insaturé,* dont les atomes de carbone comportent une ou plusieurs doubles liaisons.

inscriptible adj. ▪ **1** géom. Qui peut être inscrit (dans une figure). **2** inform. Se dit d'un support sur lequel on peut modifier les données ou en inscrire de nouvelles.

inscription n. f. ▪ **1** Ensemble de caractères écrits ou gravés pour transmettre une information, conserver un souvenir, etc. → **épigraphe ; graffiti. 2** Action d'inscrire (qqn, qqch.) sur un registre, etc. ; ce qui est inscrit. ♦ dr. *Inscription en faux,* procédure qui tend à établir la fausseté d'un écrit.

inscrire v. tr. [39] ▪ **1** Écrire, graver (sur une matière dure). **2** Écrire (ce qui ne doit pas être oublié). → **noter.** ♦ pronom. Inscrire ou faire inscrire son nom. *S'inscrire à un club.* → s'**affilier.** ➛ p. p. subst. *Les inscrits.* ♦ loc. *S'INSCRIRE EN FAUX* (dr. → **inscription**) *contre,* opposer un démenti à. **3** géom. Tracer dans une figure (une autre figure). ➛ au p. p. *Angle inscrit* (dans un cercle). **4** Placer dans un cadre plus général. ➛ pronom. *Ce projet s'inscrit dans un plan de réformes.*

inscrivant, ante adj. et n. ▪ dr. (Personne) qui requiert l'inscription d'une hypothèque.

insculper v. tr. ▪ techn. Marquer d'un poinçon.

insécable adj. ▪ Qui ne peut être coupé.

insectarium [-jɔm] n. m. ▪ Local aménagé pour l'élevage des insectes.

insecte n. m. ▪ Petit animal invertébré articulé *(Arthropodes),* à six pattes, le plus souvent ailé, respirant par des trachées et subissant des métamorphoses. *Étude des insectes.* → **entomologie.**

insecticide adj. ▪ Qui tue les insectes. *Poudre insecticide.* ➛ n. m. *Un insecticide.*

insectifuge adj. et n. m. ▪ Qui éloigne les insectes.

insectivore adj. ▪ Qui se nourrit d'insectes. ➛ n. m. pl. *Les Insectivores* (ordre de mammifères ; ex. la taupe, le hérisson).

insécuritaire adj. ▪ Caractérisé par l'insécurité.

insécurité n. f. ▪ Manque de sécurité.

inselberg [insɛlbɛʀg] n. m. ▪ géogr. Butte isolée au milieu d'une plaine d'érosion.

inséminateur, trice ▪ **1** adj. Qui insémine, sert à pratiquer l'insémination artificielle. **2** n. Spécialiste de l'insémination artificielle.

insémination n. f. ▪ *Insémination artificielle,* introduction de sperme dans les voies génitales femelles sans accouplement.

inséminer v. tr. [1] ▪ Féconder par insémination artificielle.

insensé, ée adj. ▪ **1** vx Fou. **2** Contraire au bon sens. → **absurde, déraisonnable, extravagant. 3** Extraordinaire. → **dément.**

insensibiliser v. tr. [1] ▪ Rendre insensible (I, 1). → **anesthésier.** ► **insensibilisation** n. f.

insensible adj. ▪ **I 1** Qui n'a pas de sensibilité physique. **2** Qui n'a pas ou a peu d'émotions. → **froid, impassible, indifférent.** ➛ *Il est insensible à la poésie.* **II 1** Qu'on ne sent pas, qui est à peine sensible. → **imperceptible. 2** Graduel, progressif. ► **insensiblement** adv. ► **insensibilité** n. f.

inséparable adj. ▪ **1** (abstractions) Que l'on ne peut séparer, considérer isolément. **2** Qui est toujours avec (qqn) ; qui sont toujours ensemble. *Son inséparable ami. Deux amis inséparables.* ➛ n. *Des inséparables.* ► **inséparablement** adv.

insérer v. tr. [6] ▪ **1** Introduire (une chose) dans une autre de façon à incorporer. **2** Faire entrer (un texte) dans. ➛ au p. p. *Communiqué inséré dans un journal.* ▷ v. pron. s'**insérer 1** S'attacher à, sur. *Les muscles s'insèrent sur les os.* **2** Trouver sa place (dans un ensemble ; un groupe). → s'**intégrer.**

insermenté adj. m. ▪ hist. Se dit des prêtres qui refusèrent de prêter serment à la Constitution civile du clergé, en 1790.

insert n. m. ▪ anglic. **1** Plan bref, introduit entre deux plans d'une séquence. ➛ Élément sonore intercalé (à la radio). **2** Poêle à bois encastré dans l'âtre d'une cheminée.

insertion n. f. ▪ Action d'insérer, de s'insérer. ➛ spécialt Intégration sociale.

insidieux, euse adj. ▪ **1** Qui a le caractère d'un piège. *Question insidieuse.* **2** (maladie) Dont l'apparence bénigne masque la gravité. ► **insidieusement** adv.

① **insigne** adj. ▪ littér. Qui s'impose à l'attention. → **remarquable.**

② **insigne** n. m. ▪ **1** Marque extérieure et distinctive d'une dignité, d'un grade. → **emblème, marque, symbole. 2** Signe distinctif des membres (d'un groupe...).

insignifiant, ante adj. ▪ **1** Qui ne présente aucun intérêt. → **quelconque. 2** Qui n'est pas important. *Des détails insignifiants.* → **infime, négligeable.** ► **insignifiance** n. f.

insincère adj. ▪ littér. Qui n'est pas sincère. → **factice, hypocrite.** ► **insincérité** n. f.

insinuant, ante adj. ▪ **1** vieilli (personnes) Qui s'insinue auprès des gens. **2** (action) Qui cherche à réussir par la ruse.

insinuation n. f. ▪ Ce que l'on fait comprendre sans le dire. → **sous-entendu.**

insinuer v. tr. [1] ▪ **1** littér. Faire pénétrer, introduire (qqch. dans qqch.). **2** Donner à entendre (qqch.) sans dire expressément (surtout avec un mauvais dessein). ▷ v. pron. s'**insinuer 1** Pénétrer en se glissant. **2** S'introduire habilement (auprès de qqn).

insipide adj. ▪ **1** Qui n'a aucune saveur. **2** fig. Sans intérêt. ► **insipidité** n. f.

insistance n. f. ▪ Action d'insister.

insistant, ante adj. ▪ Qui insiste. ➛ *Un regard insistant.* → **appuyé.**

insister v. intr. 1 ▪ **1** S'arrêter avec force sur un point particulier ; mettre l'accent sur. *Insister sur un sujet.* **2** Persévérer à demander (qqch.). *Il insiste pour vous voir.* **3** fam. Persévérer dans son effort.

in situ [in-] loc. adv. ▪ didact. Dans son milieu naturel (s'oppose à *in vitro*). *Plante étudiée in situ.*

insociable adj. ▪ Qui n'est pas sociable. ► **insociabilité** n. f.

insolation n. f. ▪ **1** didact. Exposition à la chaleur, à la lumière. **2** Troubles provoqués par l'exposition prolongée au soleil.

insolence n. f. ▪ **1** Manque de respect injurieux. → **effronterie.** ♦ Parole insolente. **2** Orgueil offensant. → **arrogance, morgue.**

insolent, ente adj. ▪ **1** Dont le manque de respect est offensant. → **impertinent, impoli.** ◂ n. *Un insolent.* **2** Arrogant. *Un vainqueur insolent.* **3** Extraordinaire au point de choquer. *Une chance insolente.* ► **insolemment** [-amã] adv.

insoler v. tr. 1 ▪ Exposer à la lumière.

insolite adj. ▪ Qui étonne, surprend par son caractère inhabituel. → **étrange.** ◂ n. m. *Rechercher l'insolite.*

insolubiliser v. tr. 1 ▪ didact. Rendre insoluble.

insoluble adj. ▪ **1** Qu'on ne peut résoudre. **2** Qui ne peut se dissoudre. ► **insolubilité** n. f.

insolvable adj. ▪ Qui est hors d'état de payer ses dettes. ► **insolvabilité** n. f.

insomnie n. f. ▪ Difficulté à s'endormir ou à dormir suffisamment. ♦ Temps pendant lequel qqn qui le souhaite ne peut dormir. ► **insomniaque** adj. et n.

insondable adj. ▪ **1** Dont on ne peut atteindre le fond. **2** fig. Difficile à comprendre. → **énigmatique.** **3** péj. Immense. *Bêtise insondable.*

insonore adj. ▪ Qui amortit les sons.

insonoriser v. tr. 1 ▪ Rendre moins sonore, plus silencieux en isolant. *Insonoriser une pièce.* ◂ au p. p. *Local insonorisé.* ► **insonorisation** n. f.

insortable adj. ▪ Qui n'est pas sortable.

insouciance n. f. ▪ État ou caractère d'une personne insouciante.

insouciant, ante adj. ▪ **1** littér. *INSOUCIANT DE* : qui ne se soucie pas de (qqch.). **2** Qui ne se préoccupe de rien, vit sans souci.

insoucieux, euse adj. ▪ littér. Insouciant.

insoumis, ise adj. ▪ **1** Qui refuse de se soumettre. → **rebelle, révolté.** **2** *Soldat insoumis* et n. m. *un insoumis*, militaire qui ne s'est pas rendu là où il devait. → **déserteur.**

insoumission n. f. ▪ **1** Caractère, état d'une personne insoumise. **2** Délit du militaire insoumis.

insoupçonnable adj. ▪ À l'abri du soupçon.

insoupçonné, ée adj. ▪ Dont l'existence n'est pas soupçonnée. → **inconnu.**

insoutenable adj. ▪ **1** Qu'on ne peut soutenir, défendre. → **indéfendable.** **2** Qu'on ne peut supporter. → **insupportable.**

inspecter v. tr. 1 ▪ **1** Examiner (ce dont on a la surveillance). → **contrôler, surveiller.** **2** Examiner avec attention.

inspecteur, trice n. ▪ Personne chargée de surveiller, de contrôler. ♦ spécialt *Inspecteur (de police)* : ancien grade de la Police nationale, agent en civil chargé de tâches de direction et d'encadrement. → **lieutenant.**

inspection n. f. ▪ **1** Examen attentif dans un but de contrôle, de surveillance, de vérification. **2** Ensemble d'inspecteurs.

inspectorat n. m. ▪ admin. Charge d'inspecteur, d'inspectrice ; sa durée.

inspirant, ante adj. ▪ Qui est propre à inspirer.

inspirateur, trice n. ▪ Personne qui inspire (qqn ; une entreprise...).

inspiration n. f. ▪ **I 1** didact. Souffle divin qui apporterait des révélations aux humains. **2** Souffle créateur qui anime les artistes, les chercheurs. *Inspiration poétique.* **3** Fait d'inspirer, de conseiller qqch. à qqn. → **influence, instigation.** **4** *D'INSPIRATION* (+ adj.), qui s'inspire de (une œuvre, un style...). **5** Idée spontanée et soudaine. **II** Fait d'inspirer (II).

inspiratoire adj. ▪ méd. Relatif à l'inspiration (II). *Capacité inspiratoire.*

inspiré, ée adj. ▪ **1** Animé par l'inspiration. *Un poète inspiré.* **2** *Bien, mal inspiré*, qui a une bonne, une mauvaise idée (pour agir).

inspirer v. 1 ▪ **I** v. tr. **1** Animer d'une inspiration (I, 1). **2** Donner l'inspiration (I, 2) à (qqn) (dans l'art, les activités intellectuelles). **3** Être la cause de (un sentiment, un dessein...) chez qqn. *Il m'inspire confiance ; du courage.* **4** v. pron. *S'INSPIRER DE* : prendre des idées, des éléments à (un auteur...). **II** v. intr. Faire entrer l'air dans ses poumons.

instable adj. ▪ **1** Mal équilibré. → **branlant.** **2** chim. Qui se décompose facilement en ses éléments. **3** Qui n'est pas stable en un lieu. → **nomade.** **4** Qui n'est pas fixe, durable. *Temps instable.* **5** (personnes) Qui change constamment d'état affectif, de comportement. ◂ n. *Un, une instable.* ► **instabilité** n. f.

installateur, trice n. ▪ Personne (artisan...) qui s'occupe d'installations.

installation n. f. ▪ **1** Action d'installer qqn, de s'installer dans un logement. ◂ Manière dont qqn est installé. **2** Action d'installer (2) (qqch.). **3** Objets, bâtiments, etc., installés en vue d'un usage déterminé. → **équipement.** **4** (art contemporain) Œuvre d'art complexe, réunissant divers objets et techniques.

installer v. tr. [1] ■ **1** Mettre (qqn) dans la demeure ou l'endroit qui lui est destiné. **2** Disposer, établir (qqch.) dans un lieu désigné. *Installer un ordinateur dans un bureau.* ♦ Aménager (un appartement, une pièce). ♦ inform. Ajouter et rendre utilisable (un logiciel, un périphérique). **3** fig. Établir durablement. *Installer le mensonge autour de soi.* ▷ v. pron. **s'installer**

instamment adv. ■ D'une manière instante, avec force.

instance n. f. ■ **I** Sollicitation pressante, instante. *Céder aux instances de qqn.* **II 1** dr. Poursuite en justice ; procédure concernant un litige. ➛ *Tribunal d'instance,* jugeant les contraventions. *Tribunal de grande instance* (délits). ♦ loc. *EN INSTANCE (DE)* : en cours (de). *Être en instance de divorce.* **2** Juridiction. ♦ Autorité, corps constitué. **3** psych. Partie du psychisme, élément dynamique de la personnalité (selon Freud : moi, surmoi et ça).

① **instant, ante** adj. ■ littér. Très pressant. *De manière instante.* → **instamment.**

② **instant** n. m. ■ Durée très courte que la conscience saisit comme un tout. → **moment.** ♦ loc. adv. *EN UN INSTANT* : très vite. ➛ *DANS UN INSTANT* : bientôt. ➛ *À L'INSTANT* : tout de suite. ➛ *PAR INSTANTS* : par moments. ♦ loc. adj. *DE TOUS LES INSTANTS* : constant.

instantané, ée adj. ■ **1** Qui se produit en un instant, soudainement. → **immédiat, subit.** ♦ n. m. Photographie obtenue par une exposition de très courte durée. **2** Qui se dissout immédiatement. ► **instantanéité** n. f. ► **instantanément** adv. → **aussitôt.**

à l'**instar** de loc. prép. ■ littér. À l'exemple, à la manière de.

instaurer v. tr. [1] ■ Établir pour la première fois. → **fonder.** ▷ v. pron. **s'instaurer** Se mettre en place. ► **instaurateur, trice** n. littér. ► **instauration** n. f. littér.

instigateur, trice n. ■ Personne qui incite, qui pousse à faire qqch.

instigation n. f. ■ **1** rare Incitation. **2** loc. *À l'instigation de qqn,* sur ses conseils.

instiguer v. tr. [1] ■ (Belgique) Pousser, inciter (qqn) à accomplir une action.

instiller [-il-] v. tr. [1] ■ Verser goutte à goutte. ► **instillation** [-il-] n. f.

instinct [ɛ̃stɛ̃] n. m. ■ **1** Tendance innée et puissante, commune à tous les êtres vivants ou à tous les individus d'une même espèce. *L'instinct sexuel.* **2** sc. Tendance innée à des actes déterminés, exécutés parfaitement sans expérience préalable. **3** (chez l'être humain) L'intuition, le sentiment (opposé à la raison). *Se fier à son instinct.* ➛ loc. adv. *D'INSTINCT* : d'une manière naturelle et spontanée. ♦ Faculté naturelle (de sentir, de deviner...). *Un instinct infaillible.* ♦ Tendance irréfléchie. → **pulsion.**

instinctif, ive adj. ■ **1** sc. De l'instinct. **2** Qui naît d'un instinct, de l'instinct. → **spontané. 3** (personnes) En qui domine la spontanéité de l'instinct. ► **instinctivement** adv.

instinctuel, elle adj. ■ psych. Qui appartient à la catégorie de l'instinct. → **instinctif.**

instituer v. tr. [1] ■ **1** didact. Établir officiellement en charge, en fonction. **2** Établir de manière durable. → **fonder, instaurer.** ➛ au p. p. *Le régime institué par la Ve République.*

institut n. m. ■ **1** Corps constitué de savants, d'artistes, d'écrivains. ➛ spécialt *L'Institut de France,* comprenant cinq Académies. **2** Établissement où l'on donne des soins. **3** Institution scolaire (privée).

instituteur, trice n. ■ (anciennt, en France) Personne qui enseigne dans une école primaire (terme off. *professeur des écoles*).

institution n. f. ■ **I 1** Action d'instituer. → **création, établissement. 2** La chose instituée (groupement, régime...). ➛ *Les institutions,* ensemble des organisations sociales établies par la loi ou la coutume. **3** iron. Pratique, etc. solidement établie. **II** Établissement d'enseignement privé. → **institut** (3).

institutionnaliser v. tr. [1] ■ Donner à (qqch.) le caractère (stable, officiel) d'une institution. ► **institutionnalisation** n. f.

institutionnel, elle adj. ■ Des institutions.

instructeur, trice n. ■ **1** Militaire qui forme les recrues. **2** dr. Personne qui instruit (II) une affaire. ➛ adj. *Juge instructeur.*

instructif, ive adj. ■ (choses) Qui instruit.

instruction n. f. ■ **I 1** Action d'enrichir et de former l'esprit (de la jeunesse). → **enseignement, pédagogie.** *L'instruction publique,* dispensée par l'État (en France). ➛ *Instruction civique.* **2** Savoir d'une personne instruite. → **connaissance(s), culture. II 1** au plur. Explications à l'usage d'une personne chargée d'une mission, etc. → **consigne, directive.** ➛ Ordre émanant d'une autorité. ➛ Mode d'emploi d'un produit. **2** inform. Consigne exprimée dans un langage de programmation. **III** dr. Action d'instruire (II) une cause. *Juge d'instruction.*

instruire v. tr. [38] ■ **I 1** littér. Mettre en possession de connaissances nouvelles. ➛ au p. p. *Instruit par l'expérience...* **2** Dispenser un enseignement à (un élève). ♦ pronom. Enrichir ses connaissances, son expérience. → **étudier. 3** littér. *INSTRUIRE qqn DE,* l'informer de (qqch.). **II** dr. Mettre (une cause) en état d'être jugée. *Instruire une affaire.*

instruit, ite adj. ■ Qui a des connaissances étendues dénotant une solide instruction. → **cultivé, érudit, savant.**

instrument n. m. ■ **I 1** Objet fabriqué servant à exécuter qqch., à faire une opération. → **appareil, machine, outil, ustensile. 2** *Instrument (de musique),* destiné à produire des sons musicaux. **II** fig., littér. Personne ou chose servant à obtenir un résultat. ► **instrumental, ale, aux** adj.

instrumentaire adj. ■ dr. *Témoin instrumentaire,* qui assiste un officier ministériel dans les actes dont la validité requiert la présence de témoins.

instrumentaliser v. tr. [1] ■ Manipuler, utiliser à des fins détournées. ► **instrumentalisation** n. f.

instrumentalisme n. m. ■ philos. Doctrine pragmatique selon laquelle la théorie est un outil, un instrument (II) pour l'action. ► **instrumentaliste** adj. et n.

instrumentation n. f. ■ mus. Orchestration en fonction des qualités des instruments.

instrumenter v. intr. [1] ■ dr. Dresser un contrat, un exploit, un procès-verbal.

instrumentiste n. ■ Musicien qui joue d'un instrument.

à l'**insu** de loc. prép. ■ Sans que la chose soit sue de (qqn). *À l'insu de qqn.* ♦ Sans en avoir conscience. *Tu t'es trahi à ton insu.*

insubmersible adj. ■ Qui ne peut être submergé, coulé. ► **insubmersibilité** n. f. didact.

insubordination n. f. ■ Refus de se soumettre. ➛ spécialt Refus d'obéissance d'un militaire aux ordres d'un supérieur.

insubordonné, ée adj. ■ Qui refuse de se soumettre. → **indiscipliné, insoumis.**

insuccès n. m. ■ Fait d'échouer. → **échec.**

insuffisance n. f. ■ **1** Caractère, état de ce qui ne suffit pas. *Insuffisance de moyens.* **2** au plur. Défaut, lacune. **3** méd. Déficience (d'un organe). *Insuffisance hépatique.*

insuffisant, ante adj. ■ **1** Qui ne suffit pas. **2** (personnes) Qui manque de dons, de talent. → **inapte.** ► **insuffisamment** adv.

insufflateur n. m. ■ méd. Instrument servant à insuffler de l'air, des gaz, etc., dans une cavité organique.

insuffler v. tr. [1] ■ **1** littér. Communiquer par le souffle. *Dieu insuffla la vie à sa créature.* ♦ Inspirer (un sentiment). **2** méd. Faire pénétrer (de l'air...) dans une cavité de l'organisme. ► **insufflation** n. f. méd.

insulaire adj. ■ D'une île ; qui habite une île. ➛ n. → **îlien.** ► **insularité** n. f.

insulinase n. f. ■ biochim. Enzyme du foie qui rend l'insuline inactive.

insuline n. f. ■ Hormone sécrétée par le pancréas. ► **insulinique** adj.

insulinodépendant, ante adj. ■ méd. *Diabète insulinodépendant,* dont l'équilibre glucidique ne peut être rétabli que par l'injection d'insuline. ♦ (personnes) *Sujet insulinodépendant.* ➛ n. *Les insulinodépendants.*

insulinothérapie n. f. ■ méd. Traitement par l'administration d'insuline.

insulte n. f. ■ **1** Acte ou parole qui outrage ou vise à outrager. → **injure. 2** Atteinte, offense. *Une insulte à sa pudeur.*

insulter v. tr. [1] ■ **1** Attaquer (qqn) par des insultes (1). → **injurier, offenser. 2** v. tr. ind. littér. INSULTER À : constituer une atteinte à. ► **insultant, ante** adj. → **injurieux.**

insulteur, euse adj. et n. ■ littér. (Personne) qui insulte.

insupportable adj. ■ **1** Qu'on ne peut supporter, endurer. → **intolérable.** ♦ Extrêmement désagréable. **2** (personnes) Particulièrement désagréable ou agaçant. ► **insupportablement** adv. rare

insupporter v. tr. [1] ■ Déplaire à (qqn).

insurgé, ée adj. ■ Qui s'est insurgé, soulevé. ➛ n. *Des insurgés.*

s'**insurger** v. pron. [3] ■ **1** Se soulever (contre l'autorité). **2** Protester vivement.

insurmontable adj. ■ **1** Qu'on ne peut surmonter. → **infranchissable. 2** (sentiments) Qu'on ne peut dominer, réprimer.

insurpassable adj. ■ Qu'on ne peut surpasser.

insurrection n. f. ■ **1** Action de s'insurger ; soulèvement qui vise à renverser le pouvoir établi. **2** littér. Révolte, opposition indignée. ► **insurrectionnel, elle** adj.

intact, e [ɛ̃takt] adj. ■ **1** Qui n'a pas subi de dommage. **2** (abstrait) Qui n'a souffert aucune atteinte. *Honneur intact.*

intaille n. f. ■ Pierre fine gravée en creux.

intangible adj. ■ littér. À quoi l'on ne doit pas porter atteinte ; que l'on doit maintenir intact. → **inviolable, sacré.** ► **intangibilité** n. f. didact.

intarissable adj. ■ **1** Qui coule sans arrêt. → **inépuisable. 2** fig. *Une verve intarissable.* ➛ (personnes) *Il est intarissable sur ce sujet.* ► **intarissablement** adv. littér.

intégrable adj. ■ math. Qui peut être intégré (II). *Fonction intégrable,* qui admet une intégrale.

intégral, ale, aux adj. ■ **I** Qui n'est l'objet d'aucune diminution, d'aucune restriction. → **complet, entier.** ► **intégralement** adv. ♦ n. f. Édition intégrale. *L'intégrale des cantates de Bach.* **II** math. **1** *Calcul intégral* : méthodes de calcul des primitives et des intégrales. **2** n. f. Résultat de l'opération fondamentale du calcul intégral, l'intégration (II).

intégralité n. f. ■ État d'une chose complète. → **complétude, intégrité.** ➛ *Dans son intégralité,* dans sa totalité.

intégrant, ante adj. ▪ *Partie intégrante,* sans laquelle un ensemble, un tout ne serait pas complet.

intégrase n. f. ▪ biochim. Enzyme qui permet l'intégration d'un rétrovirus dans le génome de la cellule hôte.

intégrateur, trice ▪ **1** adj. techn. Se dit d'un appareil qui totalise des indications continues. **2** n. inform. *Intégrateur, intégratrice multimédia :* personne chargée d'intégrer les différents éléments constitutifs d'un programme multimédia.

intégration n. f. ▪ **I 1** Incorporation (d'éléments) à un système. **2** Assimilation (d'un individu, d'un groupe) à une communauté, un groupe social. **3** didact. Établissement d'une interdépendance plus étroite entre des parties. **II** math. Opération par laquelle on détermine la grandeur limite de la somme de quantités infinitésimales en nombre indéfiniment croissant.

intégrationniste adj. et n. ▪ Favorable à l'intégration (I, 2) politique ou raciale. ► **intégrationnisme** n. m.

intègre adj. ▪ D'une honnêteté absolue.

intégrer v. [6] ▪ **I** v. tr. Faire entrer dans un ensemble en tant que partie intégrante. → **assimiler, incorporer.** ◆ pronom. *S'intégrer dans un groupe.* ◆ au p. p. *Être bien, mal intégré* (à un groupe, dans une société). **II** v. tr. math. Faire l'intégration (II) de. **III** v. tr. et intr. argot scol. Être reçu au concours d'entrée d'une grande école. *Elle a intégré (à) Centrale.* ▷ adj. **intégré, ée** *Populations intégrées.* ◆ techn. *Circuit* intégré.*

intégrisme n. m. ▪ Attitude qui consiste à refuser toute évolution d'une doctrine (spécialt d'une religion). ► **intégriste** adj. et n.

intégrité n. f. ▪ **I** État d'une chose qui demeure entière. **II** Honnêteté absolue.

intellect [-ɛkt] n. m. ▪ L'esprit, dans son fonctionnement intellectuel.

intellection n. f. ▪ didact. Action de l'intellect. → **conception.**

intellectualiser v. tr. [1] ▪ Revêtir d'un caractère intellectuel. ◆ Élaborer par l'intelligence. ► **intellectualisation** n. f.

intellectualisme n. m. ▪ Tendance à tout subordonner à la vie intellectuelle. ► **intellectualiste** adj. et n.

intellectualité n. f. ▪ littér. **1** Ensemble des facultés intellectuelles, du domaine intellectuel. **2** Caractère intellectuel.

intellectuel, elle adj. et n. ▪ **1** Qui se rapporte à l'intelligence (connaissance ou compréhension). *La vie intellectuelle.* → **mental. 2** Qui a un goût prononcé (ou excessif) pour les choses de l'esprit. → **cérébral.** ◆ Qui se consacre aux activités de l'esprit. ◆ n. *Les intellectuels.*

intellectuellement adv. ▪ Sous le rapport de l'intelligence, de l'activité intellectuelle.

intelligemment [-amɑ̃] adv. ▪ Avec intelligence ; d'une manière intelligente.

intelligence n. f. ▪ **I 1** Faculté de connaître, de comprendre ; qualité de l'esprit qui comprend et s'adapte facilement. **2** Ensemble des fonctions mentales ayant pour objet la connaissance rationnelle (opposé à la sensation et à l'intuition). **3** *Intelligence artificielle :* techniques développant des programmes informatiques complexes capables de simuler l'intelligence. **4** Personne intelligente. → **cerveau. 5** *L'INTELLIGENCE DE qqch. :* acte ou capacité (pour qqn) de comprendre (qqch.). **II 1** littér. *Être, agir D'INTELLIGENCE avec qqn.* → **complicité, connivence. 2** au plur. Complicités secrètes. **3** *En bonne, mauvaise intelligence :* en s'entendant bien, mal.

intelligent, ente adj. ▪ **1** Qui a la faculté de connaître et de comprendre. → **pensant. 2** (qualifié) Qui est, à un degré variable, doué d'intelligence. ◆ absolt Qui comprend vite et bien, s'adapte facilement aux situations. **3** Qui dénote de l'intelligence. **4** techn., anglic. (choses). Dont le fonctionnement est en partie automatisé, notamment par les techniques de l'intelligence* artificielle.

intelligentsia [ɛ̃teliʒɛnsja ; inteligɛnsja] n. f. ▪ parfois péj. Le groupe des intellectuels (dans une société, un pays).

intelligible adj. ▪ **1** didact. Qui ne peut être connu que par l'entendement (opposé à *sensible*). **2** Qui peut être compris, est aisé à comprendre. → **clair, compréhensible ;** opposé à *inintelligible.* **3** Qui peut être distinctement entendu. ◆ loc. *Parler à haute et intelligible voix.* ► **intelligiblement** adv. ► **intelligibilité** n. f.

intempérant, ante adj. ▪ **1** vx Qui n'est pas modéré. **2** littér. Qui manque de modération dans les plaisirs de la table et les plaisirs sexuels. ► **intempérance** n. f.

intempéries n. f. pl. ▪ Rigueurs du climat (pluie, vent...).

intempestif, ive adj. ▪ Qui se fait ou se manifeste à contretemps. → **déplacé, inopportun.** ► **intempestivement** adv.

intemporel, elle adj. ▪ Qui, par sa nature, est étranger au temps. → **éternel.** ► **intemporalité** n. f. didact. ► **intemporellement** adv.

intenable adj. ▪ **1** Que l'on ne peut tenir ou soutenir. *Une position intenable.* **2** Insupportable, indocile.

intendance n. f. ▪ **1** hist. Charge, circonscription des intendants (I). **2** Service chargé du ravitaillement et de l'entretien (dans une armée, une collectivité).

intendant, ante n. ▪ **1** n. m. hist. Agent du pouvoir royal dans une province. **2** Personne chargée de l'intendance (2).

intense adj. ▪ (choses) Qui agit avec force, est à un haut degré. ► **intensément** adv.

intensif, ive adj. ▪ **1** Qui est l'objet d'un effort intense, pour accroître l'effet. *Propagande intensive.* **2** (opposé à *extensif*) *Culture intensive,* à haut rendement.

intensifier v. tr. [7] ▪ Rendre plus intense, au prix d'un effort. → **augmenter.** ▷ v. pron. s'**intensifier** Devenir plus intense. ► **intensification** n. f.

intension n. f. ▪ anglic., log. Ensemble des caractères qui permettent de définir un concept (opposé à *extension*). ► **intensionnel, elle** adj.

intensité n. f. ▪ **1** Degré d'activité, de force ou de puissance. ♦ *Intensité d'un courant électrique,* quantité d'électricité traversant un conducteur par unité de temps. **2** Caractère de ce qui est intense, très vif.

intensivement adv. ▪ De manière intensive.

intenter v. tr. [1] ▪ Entreprendre contre qqn (une action en justice).

intention n. f. ▪ Fait de se proposer un certain but. → **dessein.** *Acte commis avec l'intention de nuire.* ◆ *AVOIR L'INTENTION DE* (+ inf.) : se proposer de, vouloir. ◆ *DANS L'INTENTION DE* (+ inf.). → **pour.** ◆ *À L'INTENTION de qqn,* pour lui ; à son adresse.

intentionnalité n. f. ▪ psych. Aptitude psychologique à se donner un objet, un projet.

intentionné, ée adj. ▪ *Bien, mal intentionné* : qui a de bonnes, de mauvaises intentions.

intentionnel, elle adj. ▪ Qui est fait exprès, avec intention. ► **intentionnellement** adv.

inter [ɛ̃tɛʀ] n. m. ▪ au football Avant placé entre un ailier et l'avant-centre.

inter- [ɛ̃tɛʀ] Élément (du latin *inter* « entre ») qui exprime l'espacement, la répartition ou une relation réciproque.

interactif, ive adj. ▪ Qui permet une interaction. ◆ Qui permet un échange aisé entre l'utilisateur d'un ordinateur et la machine.

interaction n. f. ▪ Réaction réciproque. → **interdépendance.** ♦ sc. Force qui s'exerce entre objets physiques. *Interaction forte* : la plus forte des *interactions fondamentales* (entre les constituants de la matière), au sein du noyau atomique. ► **interactionnel, elle** adj.

interactionnisme n. m. ▪ sociol. Courant de pensée qui interprète les phénomènes de la société comme étant le produit de l'interaction des acteurs sociaux. ► **interactionniste** adj. et n.

interactivité n. f. ▪ Activité de dialogue entre l'utilisateur d'un système informatique et la machine.

interagir v. intr. [2] ▪ Avoir une action réciproque.

interallié, ée adj. ▪ Qui concerne des nations alliées.

interarmées adj. invar. ▪ milit. Commun à plusieurs armées.

interarmes adj. invar. ▪ milit. Relatif à plusieurs armes (infanterie, artillerie, etc.).

interbancaire adj. ▪ fin. Qui relève des relations entre les banques. ► **interbancarité** n. f.

intercalaire adj. ▪ Qui peut s'intercaler, être inséré. *Feuillet intercalaire.* ◆ n. m. *Un intercalaire.* ♦ didact. *Jour intercalaire,* ajouté au mois de février, les années bissextiles.

intercaler v. tr. [1] ▪ Faire entrer après coup dans un ensemble ; mettre (une chose) entre deux autres. → **insérer, introduire.** ► **intercalation** n. f. didact.

intercéder v. intr. [6] ▪ Intervenir, user de son influence (en faveur de qqn). ► **intercession** n. f. littér. ► **intercesseur** n. m. littér. → **défenseur.**

intercellulaire adj. ▪ biol. Qui se trouve entre les cellules d'un tissu animal ou végétal.

intercepter v. tr. [1] ▪ **1** Prendre au passage et par surprise (ce qui est adressé, envoyé ou destiné à qqn). *Intercepter une lettre ; un ballon.* **2** Arrêter (une action, spécialt la lumière). ► **interception** n. f.

intercepteur n. m. ▪ Avion chargé d'intercepter les bombardiers.

interchangeable adj. ▪ Se dit de choses, de personnes qui peuvent être mises à la place les unes des autres. → **remplaçable.** ► **interchangeabilité** n. f.

interclasse n. m. ▪ Court intervalle entre deux cours, deux heures de classe.

interclasser v. tr. [1] ▪ Classer (les éléments de deux ou plusieurs séries) en une série unique. ► **interclassement** n. m.

interclubs [-klœb] adj. ▪ sport Où s'opposent plusieurs clubs. *Rencontre interclubs.*

intercommunal, ale, aux adj. ▪ Qui concerne plusieurs communes. ► **intercommunalité** n. f.

intercommunautaire adj. ▪ Qui concerne plusieurs communautés et leurs relations.

intercommunication n. f. ▪ Communication réciproque.

intercompréhension n. f. ▪ didact. Faculté de compréhension réciproque entre personnes ou groupes humains.

interconnecter v. tr. [1] ▪ Relier entre eux (des réseaux...). ► **interconnectable** adj. ► **interconnexion** n. f.

intercontinental, ale, aux adj. ▪ Qui concerne les relations entre continents.

intercostal, ale, aux adj. ▪ Qui est situé ou se fait sentir entre deux côtes.

intercotidal, ale, aux adj. ▪ géogr. **1** *Zone intercotidale.* → **intertidal.** **2** *Lignes intercotidales,* qui relient les points où la marée se produit en même temps.

intercours n. m. ▪ Intervalle entre deux cours. → **interclasse.**

interculturel, elle adj. ▪ didact. Qui concerne les rapports entre cultures différentes.

intercurrent, ente adj. ▪ didact. Qui survient entre d'autres événements. ◆ méd. Qui survient au cours d'une autre maladie.

interdépartemental, ale, aux adj. ▪ Qui concerne plusieurs départements, leurs relations.

interdépendance n. f. ▪ Dépendance réciproque. → **corrélation, interaction.** ► **interdépendant, ante** adj.

interdiction n. f. ▪ **1** Action d'interdire (qqch.). → **défense.** *Interdiction de stationner.* **2** Action d'interdire (à qqn) l'exercice de ses fonctions. ◆ dr. *Interdiction de séjour,* défense de se trouver dans certains lieux.

interdigital, ale, aux adj. ▪ anat. Situé entre deux doigts.

interdire v. tr. [37] sauf *vous interdisez* ▪ **1** Défendre (qqch. à qqn). **2** (sujet chose) Empêcher. **3** Frapper (qqn) d'interdiction (2).

interdisciplinaire adj. ▪ Qui concerne plusieurs disciplines, plusieurs sciences à la fois. ► **interdisciplinarité** n. f.

① **interdit, ite** adj. ▪ **I 1** Non autorisé. *Passage interdit.* **2** Frappé d'interdiction (2). **II** Très étonné, stupide d'étonnement.

② **interdit** n. m. ▪ Interdiction émanant d'un groupe social. ♦ psych. → **tabou.**

interentreprises adj. ▪ Qui intervient entre des entreprises différentes.

intéressant, ante adj. ▪ **1** Qui retient l'attention, captive l'esprit. → **captivant, passionnant.** ♦ péj. *Chercher à se rendre intéressant,* à se faire remarquer. ◆ n. *Faire l'intéressant(e).* **2** Qui touche moralement, qui est digne d'intérêt. ◆ vieilli *Être dans une situation intéressante,* être enceinte. **3** Avantageux. *Une affaire intéressante.*

intéressé, ée adj. ▪ **I** Qui a un rôle (dans qqch.) ; qui est en cause. ◆ n. *Le principal intéressé.* **II** (s'oppose à *désintéressé*) Qui recherche avant tout son intérêt matériel, est avide et avare. ♦ Inspiré par la recherche d'un avantage personnel. *Un avis intéressé.*

intéressement n. m. ▪ Action d'intéresser (I, 3) (qqn) aux bénéfices d'une entreprise.

intéresser v. tr. [1] ▪ **I 1** (sujet chose) Avoir de l'importance pour (qqn, qqch.). → **concerner, regarder.** **2** Avoir un intérêt (matériel...) pour (qqn). *Votre offre m'intéresse.* **3** Associer (qqn) à un profit. *Intéresser qqn aux bénéfices.* **II 1** Éveiller et retenir l'attention de (qqn) ; constituer un objet d'intérêt pour. *Cette conférence nous a intéressés.* ♦ (personnes) *Il ne sait pas intéresser son auditoire.* **2** Toucher (qqn), tenir à cœur à (qqn). *Leur sort n'intéresse personne.* ▷ v. pron. **s'intéresser** (à) Prendre intérêt (à).

intérêt n. m. ▪ **I 1** vx Préjudice. ◆ mod., dr. *Dommages* et intérêts.* **2** Somme qui rémunère un créancier pour l'usage de son argent par un débiteur. *Prêt à intérêt.* ◆ Ce que rapporte un capital placé. **3** Ce qui importe, ce qui convient (à qqn, un groupe). *Mesures d'intérêt général. Avoir intérêt à* (faire qqch.). → **avantage.** **4** Recherche d'un avantage personnel. *Agir par intérêt.* **II** (domaine intellectuel) **1** Attention favorable que l'on porte à qqn. *Témoigner de l'intérêt à qqn.* **2** État de l'esprit qui prend part à ce qu'il trouve digne d'attention, important. *Lire avec intérêt.* **3** Qualité de ce qui est intéressant. *Histoire pleine d'intérêt.*

interethnique adj. ▪ didact. Qui concerne les relations entre communautés ethniques différentes.

interface n. f. ▪ **1** sc. Limite entre deux états (de la matière). **2** inform. Dispositif qui permet la communication entre deux éléments d'un système.

interfacer v. tr. [3] ▪ inform. Connecter par interface (plusieurs systèmes).

interfécond, onde adj. ▪ biol. Dont le croisement peut assurer la reproduction (de deux espèces différentes). ► **interfécondité** n. f.

interférence n. f. ▪ **1** phys. Rencontre d'ondes (lumineuses, sonores...) de même nature. ► **interférentiel, ielle** adj. **2** Conjonction de faits.

interférent, ente adj. ▪ phys. Qui contribue au phénomène de l'interférence.

interférer v. intr. [6] ▪ **1** phys. Produire des interférences. **2** (actions) Se gêner.

interféromètre n. m. ▪ phys. Instrument permettant de mesurer des distances par l'utilisation des phénomènes d'interférence.

interférométrie n. f. ▪ phys. Technique de mesure utilisant les interférences. ► **interférométrique** adj.

interféron n. m. ▪ biochim. Sécrétion cellulaire à la suite d'une infection virale, inhibant la reproduction de virus d'espèces différentes.

interfluve n. m. ▪ géogr. Relief qui sépare des vallées.

intergalactique adj. ▪ Situé entre des galaxies. *L'espace intergalactique.* ◆ (contexte de la fiction) *Vaisseau intergalactique.*

intergénérationnel, elle adj. ▪ Qui se produit, concerne les relations entre les générations.

interglaciaire adj. ▪ géol. Qui sépare deux périodes glaciaires. ◆ Formé au cours d'une telle période.

intergouvernemental, ale, aux adj. ▪ Qui concerne plusieurs gouvernements.

intergroupe adj. ▪ polit. Qui réunit plusieurs groupes parlementaires pour étudier un problème.

intérieur, eure ▪ **I** adj. **1** Qui est au-dedans, tourné vers le dedans (opposé à *extérieur*). → **interne.** *Poche intérieure.* **2** Qui concerne un pays, son territoire. *Politique intérieure.* **3** Qui concerne la vie psychologique ; qui se passe dans l'esprit. *La vie intérieure. For* intérieur.* **II** n. m. **1** Espace compris entre les limites (d'une chose). → **dedans.** ▸ absolt *Attendez-moi à l'intérieur* (de la maison). **2** Habitation, considérée dans son aménagement. ▸ *Femme, homme d'intérieur,* qui se plaît à tenir sa maison. **3** Espace compris entre les frontières d'un pays. *Le ministère de l'Intérieur.*

intérieurement adv. ▪ **1** Au-dedans. ▸ Par l'intérieur. **2** Dans l'esprit, dans le cœur.

intérim [ɛ̃teʀim] n. m. ▪ Temps pendant lequel une fonction est exercée par qqn d'autre que le titulaire ; exercice de cette fonction. ▸ Activité de travail temporaire.

intérimaire adj. ▪ Relatif à un intérim ; qui assure l'intérim. ▸ n. *Un(e) intérimaire.*

interindividuel, elle adj. ▪ didact. Qui concerne les relations entre individus.

intérioriser v. tr. [1] ▪ Ramener à la vie intérieure. ▸ au p. p. *Sentiment intériorisé.* ► **intériorisation** n. f. didact.

intériorité n. f. ▪ Caractère intérieur.

interjection n. f. ▪ Mot invariable pouvant être employé seul pour traduire une attitude affective (ex. ah !, zut !). → **exclamation.** ► **interjectif, ive** adj. ling.

interjeter v. tr. [4] ▪ dr. Introduire, faire intervenir (un appel). *Interjeter appel.*

interleukine n. f. ▪ biochim. Protéine sécrétée par les lymphocytes, activant la réaction immunitaire.

interligne n. f. ▪ Espace séparant deux lignes écrites ou imprimées.

interligner v. tr. [1] ▪ **1** Écrire dans les interlignes. **2** Séparer par des interlignes. ► **interlignage** n. m. imprim.

interlock n. m. ▪ Tissu indémaillable identique sur les deux faces.

interlocuteur, trice n. ▪ **1** Personne qui parle avec une autre. **2** Personne avec laquelle on engage une négociation.

interlocutoire adj. et n. m. ▪ dr. Se dit des jugements *avant dire droit* qui, avant de se prononcer sur le fond, ordonnent des mesures pour compléter l'instruction de l'affaire.

interlope adj. ▪ **1** Dont l'activité n'est pas légale. **2** D'apparence louche, suspecte.

interloquer v. tr. [1] ▪ Rendre (qqn) interdit (II), décontenancé. ▷ adj. **interloqué, ée** (plus cour.) Déconcerté, interdit.

interlude n. m. ▪ **1** Petit intermède (1). **2** Courte pièce musicale exécutée entre deux autres. **3** → **intermède** (2).

intermède n. m. ▪ **1** Divertissement entre les actes d'une pièce de théâtre, les parties d'un spectacle. **2** Ce qui interrompt momentanément une activité.

intermédiaire ▪ **I** adj. Qui, étant entre deux termes, forme une transition ou assure une communication. *Solution intermédiaire.* **II 1** n. m. Terme, état intermédiaire. ♦ *Par l'intermédiaire de,* par l'entremise* de. **2** n. Personne qui met en relation deux personnes ou deux groupes. ▸ Personne qui intervient dans un circuit commercial.

intermédiation n. f. ▪ **1** fin. Fonction des intermédiaires financiers qui consiste à recueillir des ressources et à les mettre à la disposition des tiers (prêts). **2** Fonction, rôle d'intermédiaire.

intermétallique adj. ▪ techn. *Composé intermétallique,* formé de deux ou plusieurs métaux.

intermezzo [ɛ̃tɛʀmɛdzo] n. m. ▪ Intermède musical.

interminable adj. ▪ Qui n'a pas ou ne semble pas avoir de fin (dans l'espace ou dans le temps). ► **interminablement** adv.

interministériel, elle adj. ▪ Commun à plusieurs ministères.

intermittence n. f. ▪ Caractère intermittent ; arrêt momentané. ▸ *Par intermittence,* irrégulièrement, par accès.

intermittent, ente adj. ▪ Qui s'arrête et reprend par intervalles. → **discontinu.** ♦ (personnes) Dont l'activité est intermittente. ▸ n. *Les intermittents du spectacle.*

intermodal, ale, aux adj. ▪ Qui fait intervenir, concerne plusieurs modes de transport.

intermoléculaire adj. ▪ phys., chim. Qui se trouve, s'effectue entre les molécules d'un corps.

internaliser v. tr. [1] ▪ écon. Intégrer dans les charges d'une entreprise (des coûts secondaires résultant de son activité, comme les nuisances, la pollution). ► **internalisation** n. f. didact.

internat n. m. ▪ **1** École où vivent des internes. → **pensionnat.** **2** État d'élève interne. ♦ Fonction d'interne des hôpitaux, obtenue sur concours ; ce concours.

international, ale, aux adj. et n. ▪ **1** Qui a lieu de nation à nation, entre plusieurs nations ; qui concerne les rapports entre nations. **2** (personnes) *Fonctionnaire international.* ▸ en sports *Joueur international* ; n. *un international.* **3** n. f. *L'Internationale* : groupement international de partis ouvriers. **4** n. m. *L'international* : le marché international, l'étranger. ► **internationalement** adv.

internationaliser v. tr. [1] ▪ Rendre international. ► **internationalisation** n. f.

internationalisme n. m. ▪ Doctrine préconisant l'union internationale des peuples. ► **internationaliste** adj. et n.

internationalité n. f. ▪ didact. Caractère de ce qui est international.

internaute n. ▪ Utilisateur, utilisatrice d'Internet.

① **interne** ▪ **I** adj. **1** Qui est situé en dedans, est tourné vers l'intérieur (s'oppose à *externe*). **2** Qui appartient au dedans. *Structure interne.* **II** n. **1** Élève qui vit dans l'établissement scolaire qu'il (elle) fréquente. → **pensionnaire.** **2** Étudiant(e) en médecine reçu(e) au concours de l'internat, qui exerce des fonctions hospitalières.

② **interne** adj. ▪ anglic. *Médecine interne* : médecine générale (exercée par des *internistes*).

interné, ée adj. ▪ Enfermé (spécialt pour troubles mentaux). ← n. *Les internés.*

internégatif, ive adj. et n. ▪ cinéma, photogr. Film négatif, copie du négatif original, duquel on tire les copies en série.

interner v. tr. [1] ▪ Enfermer (qqn) par mesure administrative. ♦ Enfermer dans un hôpital psychiatrique. ► **internement** n. m.

Internet [-nɛt] n. m. ▪ Réseau informatique mondial, réunissant des sous-réseaux utilisant le même protocole de communication. *Naviguer sur Internet* (avec maj.), *sur l'internet.* → aussi **web.**

internonce n. m. ▪ relig. Prélat qui fait fonction de nonce dans un pays où il n'y en a pas.

interocéanique adj. ▪ didact. Qui est, se fait entre deux océans.

intéroceptif, ive adj. ▪ physiol. Se dit de la sensibilité dont les stimuli proviennent de l'organisme même.

interopérabilité n. f. ▪ **1** Capacité de systèmes, unités, matériels à opérer ensemble. **2** inform. télécomm. Possibilité de communication entre deux ou plusieurs systèmes, appareils ou éléments informatiques.

interosseux, euse adj. ▪ anat. Situé entre deux os ou deux parties d'un os.

interpellateur, trice n. ▪ Personne qui interpelle.

interpellation n. f. ▪ Action d'interpeller. ♦ polit. Demande d'explications adressée au gouvernement par un membre du Parlement en séance publique.

interpeller [-pəle] v. tr. [1] ▪ **I** **1** Adresser la parole brusquement à (qqn). → **apostropher.** **2** polit. Adresser une interpellation à (un ministre). **3** dr. Questionner (un suspect) sur son identité. **II** (sujet chose) critiqué (ou iron.) Susciter de l'intérêt chez (qqn).

s'interpénétrer v. pron. [6] ▪ didact. Se pénétrer réciproquement. → s'**entremêler,** s'**imbriquer.** ► **interpénétration** n. f. didact.

interpersonnel, elle adj. ▪ didact. Qui a lieu entre les individus.

interphase n. f. ▪ biol. Période entre deux divisions successives de la cellule.

interphone n. m. (nom déposé) ▪ Appareil de communication téléphonique intérieure.

interplanétaire adj. ▪ Qui est, qui a lieu entre les planètes.

interpoler v. tr. [1] ▪ **1** Introduire dans un texte (des passages n'appartenant pas à l'original). **2** sc. Intercaler dans une série de valeurs connues (des valeurs intermédiaires). ► **interpolation** n. f.

interposer v. tr. [1] ▪ **1** Poser (qqch.) entre deux choses. **2** Faire intervenir. *Interposer un médiateur.* ▷ v. pron. **s'interposer** *S'interposer dans une dispute,* intervenir pour y mettre fin. ▷ adj. **interposé, ée** *Par personnes interposées* : avec des intermédiaires. ► **interposition** n. f.

interpositif n. m. ▪ cinéma, photogr. Copie positive établie à partir d'un négatif original.

interprétable adj. ▪ Qu'on peut interpréter.

interprétariat n. m. ▪ Métier, activité de l'interprète (2).

interprétatif, ive adj. ▪ didact. Qui est destiné à interpréter, à préciser le sens de qqch.

interprétation n. f. ▪ Action d'interpréter ; son résultat.

interprète n. ▪ **1** littér. Personne qui éclaircit le sens (d'un texte, etc.). **2** Personne qui donne oralement l'équivalent en une autre langue (→ **traducteur**) de ce qui est dit. **3** Personne qui fait connaître les sentiments, les volontés de qqn. → **porte-parole.** **4** Acteur ou musicien qui interprète (4).

interpréter v. tr. [6] ▪ **1** Expliquer (un texte, un fait, un rêve, etc.) en rendant clair ce qui est obscur. **2** Donner un sens à (qqch.), tirer une signification de. *Interpréter l'attitude de qqn.* **3** Traduire oralement comme interprète (2). **4** Jouer (une œuvre) de manière à exprimer le contenu. *Interpréter une pièce ; une sonate.*

interpréteur n. m. ▪ anglic., inform. Programme de traduction d'un langage évolué. → aussi **assembleur, compilateur.**

interprofession n. f. ▪ Organisation d'acteurs économiques d'une même filière.

interprofessionnel, elle adj. ▪ Commun à plusieurs professions.

interracial, iale, iaux [-ɛʀʀ-] adj. ▪ Qui se fait entre personnes de races différentes.

interrégional, ale, aux adj. ▪ Commun à plusieurs régions, qui concerne plusieurs régions.

interrègne [-ɛʀʀ-] n. m. ▪ Intervalle pendant lequel un État est sans chef.

interrogateur, trice ▪ **1** n. → **examinateur.** **2** adj. Qui contient une interrogation.

interrogatif, ive adj. ▪ **1** Qui exprime l'interrogation. **2** gramm. Qui sert à interroger. *Pronoms* (ex. lequel), *adjectifs* (ex. quel), *adverbes interrogatifs* (ex. où). ◆ n. f. Proposition interrogative. ▶ **interrogativement** adv. rare

interrogation n. f. ▪ **1** Action de questionner, d'interroger (qqn). ◆ Question ou ensemble de questions que l'on pose à un élève, à un candidat. **2** Type de phrase logiquement incomplète qui sert à poser une question ou qui implique un doute. *Interrogation directe* (ex. quelle heure est-il ?), *indirecte* (ex. je me demande quelle heure il est). ◆ *Point d'interrogation* (?).

interrogatoire n. m. ▪ Questions posées pour savoir la vérité dans une affaire juridique. ◆ Série de questions posées à qqn.

interrogeable adj. ▪ Qui peut être interrogé. *Répondeur interrogeable à distance.*

interroger v. tr. [3] ▪ **1** Questionner (qqn) avec l'idée qu'il doit une réponse. ◆ par ext. *Interroger une base de données.* **2** Examiner avec attention (qqch.) pour y trouver une réponse. *Interroger le passé.*

interrompre v. tr. [41] ▪ **1** Rompre (qqch.) dans sa continuité. **2** Empêcher (qqn) de continuer ce qu'il fait. **3** Couper la parole à (qqn). ▷ v. pron. **s'interrompre** S'arrêter (de faire qqch., de parler...).

interrupteur n. m. ▪ Dispositif pour interrompre et rétablir le passage du courant électrique dans un circuit. → **commutateur.**

interruptif, ive adj. ▪ dr. Qui produit l'interruption, l'arrêt du cours de la prescription.

interruption n. f. ▪ Action d'interrompre ; état de ce qui est interrompu. → **arrêt, coupure.**

intersaison n. f. ▪ Espace de temps entre deux saisons commerciales, sportives, touristiques, etc. ▶ **intersaisonnier, ière** adj.

intersection n. f. ▪ Rencontre (de lignes, de surfaces, de volumes qui se coupent).

intersession n. f. ▪ Temps qui sépare deux sessions consécutives (d'une assemblée).

intersidéral, ale, aux adj. ▪ Qui est situé, se passe entre les astres.

interspécifique adj. ▪ biol. Qui concerne deux espèces différentes et leurs relations.

interstellaire adj. ▪ Situé entre les étoiles.

interstice n. m. ▪ Très petit espace vide (entre les parties de qqch., etc.). ▶ **interstitiel, ielle** adj. anat.

intersubjectif, ive adj. ▪ didact. Qui se produit entre deux sujets humains. ▶ **intersubjectivité** n. f.

intersyndical, ale, aux adj. ▪ Qui concerne, réunit plusieurs syndicats. ◆ n. f. *Une intersyndicale* : réunion groupant des délégués de plusieurs syndicats.

intertextualité n. f. ▪ didact. Ensemble des relations existant entre plusieurs textes (notamment littéraires). ▶ **intertextuel, elle** adj.

intertidal, ale, aux adj. ▪ didact. *Zone intertidale* : zone d'oscillation des marées (entre les plus basses et les plus hautes). → **intercotidal.**

intertitre n. m. ▪ **1** journal. Titre de paragraphe ou d'une partie de texte. **2** cinéma Texte inséré entre les plans ou les séquences filmés.

intertrigo n. m. ▪ méd. Inflammation des plis cutanés.

intertropical, ale, aux adj. ▪ géogr. Qui est situé entre les tropiques.

interurbain, aine adj. ▪ vieilli Qui assure les communications entre des villes.

intervalle n. m. ▪ **1** Distance d'un objet à un autre. **2** mus. Écart entre deux sons, mesuré par le rapport de leurs fréquences. **3** Espace de temps qui sépare deux faits. ◆ *Dans l'intervalle.* → **entre-temps.** *Par intervalles* : de temps à autre.

intervenant, ante n. ▪ Personne qui prend la parole au cours d'une discussion.

intervenir v. intr. [22] ▪ **1** Arriver, se produire au cours d'une affaire, d'une discussion. *Un accord est intervenu.* **2** Prendre part à une action, à une affaire en cours. ◆ absolt *La police est prête à intervenir.* **3** (sujet chose) Agir, jouer un rôle.

intervention n. f. ▪ **1** Action d'intervenir. **2** Acte chirurgical. → **opération.**

interventionnel, elle adj. ▪ méd. Se dit d'un traitement associé aux techniques d'imagerie ou d'endoscopie.

interventionnisme n. m. ▪ **1** Doctrine qui préconise l'intervention de l'État dans le domaine économique. **2** Politique d'intervention d'un État dans un conflit. ▶ **interventionniste** adj. et n.

intervertébral, ale, aux adj. ▪ Qui se trouve entre deux vertèbres. *Disque intervertébral.*

intervertir v. tr. [2] ▪ Déplacer (les éléments d'un tout) en renversant l'ordre. ◆ *Intervertir les rôles* (entre deux personnes). ▶ **interversion** n. f.

interview [ɛ̃tɛʀvju] n. f. ▪ anglic. Entrevue au cours de laquelle un(e) journaliste interroge qqn pour publier une relation de l'entretien ; cette relation. ▶ **interviewer** v. tr. [1] ▶ **intervieweur, euse** n.

intervocalique adj. ▪ phonét. Placé entre deux voyelles.

intestat adj. et n. ▪ Qui n'a pas fait de testament. *Elle est morte intestat.* ◆ n. *Des intestats.*

① **intestin, ine** adj. ▪ Qui se passe à l'intérieur d'un groupe social. *Luttes intestines.*

② **intestin** n. m. ▪ Partie du tube digestif qui fait suite à l'estomac. *L'intestin grêle* (→ **duodénum, iléon, jéjunum**) *et le gros intestin.* ▶ **intestinal, ale, aux** adj.

inti [inti] n. m. ▪ Ancienne unité monétaire du Pérou. *Des intis.*

intifada [intifada] n. f. ▪ polit. Lutte menée à jets de pierres par les jeunes Palestiniens contre les Israéliens, dans les territoires occupés par Israël.

intimation n. f. ▪ rare Mise en demeure, injonction.

intime adj. ▪ **1** littér. Qui correspond à la réalité profonde, à l'essence (d'un être conscient). → **profond.** *Avoir l'intime conviction de qqch.* **2** Qui lie étroitement, par ce qu'il y a de plus profond. *Relations intimes* (spécialt de nature sexuelle). ♦ (personnes) Très lié, uni. *Ami intime.* ➝ n. *Des intimes.* **3** Qui est privé et généralement tenu caché aux autres (opposé à *public*). → **personnel, privé.** ♦ *Toilette intime,* des parties génitales. **4** Qui crée ou évoque l'intimité. *Un décor intime.* ▶ **intimement** adv.

intimé, ée adj. ▪ dr. Assigné en justice. ➝ n. Défendeur en appel.

intimer v. tr. 1 ▪ Signifier (qqch. à qqn) avec autorité. → **commander, enjoindre.** *Il m'a intimé l'ordre de rester.*

intimidable adj. ▪ Qui peut être intimidé.

intimidant, ante adj. ▪ Qui intimide (2).

intimidation n. f. ▪ Action d'intimider (1) volontairement. → **menace, pression.**

intimider v. tr. 1 ▪ **1** Remplir (qqn) de peur, en imposant sa force, son autorité. **2** Remplir (involontairement) de timidité, de gêne. → **impressionner, troubler.**

intimiste n. et adj. ▪ Se dit d'un peintre ou d'un écrivain qui prend pour sujet des scènes, des sentiments délicats, intimes. ♦ adj. *Atmosphère intimiste.* ▶ **intimisme** n. m.

intimité n. f. ▪ **1** littér. Caractère intime et profond. *Dans l'intimité de la conscience.* **2** Relations étroites et familières. *Désir d'intimité.* **3** La vie privée. *Préserver son intimité.* ➝ *Dans l'intimité,* avec des intimes. **4** Agrément (d'un endroit intime).

intitulé n. m. ▪ Titre (d'un livre, etc.).

intituler v. tr. 1 ▪ Donner un titre à (un livre, etc.). ▷ v. pron. **s'intituler** Avoir pour titre. ♦ (personnes) Se donner le titre de.

intolérable adj. ▪ **1** Qu'on ne peut supporter. *Une douleur intolérable.* ♦ Pénible, désagréable. **2** → **inadmissible.** ▶ **intolérablement** adv. littér.

intolérance n. f. ▪ **1** Tendance à ne pas supporter, à condamner ce qui déplaît dans les opinions ou la conduite d'autrui. → **fanatisme, intransigeance, sectarisme. 2** méd. Inaptitude (d'un organisme) à tolérer un agent extérieur (aliment, remède).

intolérant, ante adj. ▪ Qui fait preuve d'intolérance.

intonation n. f. ▪ **1** mus. Action, manière d'émettre les sons. **2** Ton que l'on prend en parlant, en lisant. → **accent, inflexion.** ▶ **intonatif, ive** adj.

intouchable adj. ▪ **1** Qu'on ne doit pas toucher. ➝ n. *Un, une intouchable* (en Inde). → **paria. 2** fig. Qui ne peut être l'objet d'aucun blâme, d'aucune sanction.

intoxication n. f. ▪ **1** Action d'intoxiquer (1) ; troubles qui en résultent. *Intoxication alimentaire.* **2** fig. Action insidieuse sur les esprits (pour influencer, démoraliser...).

intoxiquer v. tr. 1 ▪ **1** Affecter (un être vivant) de troubles plus ou moins graves par l'effet de substances toxiques. **2** Influencer par l'intoxication (2).

intra- Élément savant, du latin *intra* «à l'intérieur de».

intra-atomique adj. ▪ sc. Qui est ou se produit à l'intérieur de l'atome.

intracardiaque adj. ▪ méd. Qui concerne ou affecte l'intérieur du cœur.

intracellulaire adj. ▪ biol. Qui est, se produit à l'intérieur d'une cellule.

intracommunautaire adj. ▪ Qui se fait à l'intérieur d'une communauté.

intracrânien, ienne adj. ▪ didact. Qui est, se produit à l'intérieur de la boîte crânienne.

intradermique adj. ▪ Qui se fait dans l'épaisseur du derme. *Injection intradermique* et n. f. *une intradermique.*

intradermoréaction n. f. ▪ méd. Injection intradermique d'une substance pour tester la réaction de l'organisme. – abrév. fam. **intradermo.**

intrados n. m. ▪ **1** archit. Partie intérieure et concave (d'un arc, d'une voûte). **2** techn. Surface inférieure (d'une aile d'avion).

intraduisible adj. ▪ Qu'il est impossible de traduire ou d'interpréter.

intraitable adj. ▪ Qu'on ne peut pas faire changer d'avis ; qui refuse de céder.

intramoléculaire adj. ▪ chim., phys. Qui concerne l'intérieur des molécules.

intra-muros [-os] adv. et adj. ▪ À l'intérieur (de la ville).

intramusculaire adj. ▪ Qui se fait dans l'épaisseur d'un muscle. *Injection intramusculaire* et n. f. *une intramusculaire.*

intranet [-nɛt] n. m. ▪ Réseau informatique interne (dans une entreprise...), utilisant les protocoles et les techniques d'Internet. *Installer Intranet, l'intranet.*

intransigeant, ante [-tʀɑ̃z-] adj. ▪ Qui ne transige pas, n'admet aucun compromis. → **intraitable, irréductible.** ▸ **intransigeance** n. f.

intransitif, ive [-tʀɑ̃z-] adj. et n. m. ▪ (verbe) Qui n'admet aucun complément d'objet. ▸ **intransitivité** n. f.

intransitivement [-tʀɑ̃z-] adv. ▪ D'une manière intransitive. *Verbe transitif employé intransitivement.* → **absolument.**

intransmissible adj. ▪ Qui ne peut se transmettre, se céder ou se communiquer. *Un droit intransmissible.* → **incessible.** ▸ **intransmissibilité** n. f. didact.

intransportable adj. ▪ Qui n'est pas transportable. *Blessé intransportable.*

intrant n. m. ▪ écon. Élément entrant dans la production d'un bien.

intranucléaire adj. ▪ **1** biol. Qui est à l'intérieur du noyau de la cellule. **2** phys. Qui est ou s'effectue à l'intérieur du noyau atomique.

intraoculaire adj. ▪ didact. Qui a lieu, se trouve à l'intérieur de l'œil.

intra-utérin, ine adj. ▪ Qui a lieu, se situe dans l'utérus.

intraveineux, euse adj. ▪ Qui se fait à l'intérieur des veines. *Injection intraveineuse* et n. f. *une intraveineuse.*

intrépide adj. ▪ **1** Qui ne craint pas le danger. *Un alpiniste intrépide.* **2** fig. Déterminé, imperturbable. → **inébranlable.** ▸ **intrépidement** adv. ▸ **intrépidité** n. f.

intrication n. f. ▪ didact. État de ce qui est entremêlé. → **enchevêtrement.**

intrigant, ante adj. ▪ Qui recourt à l'intrigue (1) pour parvenir à ses fins. ◂ n. *Un intrigant sans scrupules.* → **arriviste.**

intrigue n. f. ▪ **1** Ensemble de manœuvres secrètes et compliquées. → **machination.** **2** littér. Liaison amoureuse généralement clandestine et peu durable. **3** Ensemble des événements principaux (d'un récit, d'un film...). → **action, scénario.**

intriguer v. [1] ▪ **I** v. tr. Exciter la curiosité de (qqn). **II** v. intr. Mener une intrigue, recourir à l'intrigue (1).

intrinsèque adj. ▪ Qui est intérieur et propre (à ce dont il s'agit).

intrinsèquement adv. ▪ En soi.

intriquer v. tr. [1] ▪ didact. Rendre complexe ; entremêler (→ **intrication**). ◂ pronom. *Plusieurs causes peuvent s'intriquer.* → s'**enchevêtrer,** s'**imbriquer.** ◂ au p. p. *Facteurs intriqués.*

intro- Élément, du latin *intro* «dedans».

introducteur, trice n. ▪ Personne qui introduit (qqn, qqch.).

introductif, ive adj. ▪ Qui sert à introduire.

introduction n. f. ▪ **I** Action d'introduire, de faire entrer. **II 1** Ce qui prépare qqn à la connaissance, à la pratique d'une chose (texte, etc.). *C'est une bonne introduction à la psychanalyse.* **2** Préface explicative. ♦ Entrée en matière (d'un exposé).

introduire v. tr. [38] ▪ **1** Faire entrer (qqn) dans un lieu. ♦ Faire admettre (qqn) dans un groupe, une société. **2** Faire adopter (qqch.). *Introduire une mode dans un pays.* **3** (concret) Faire entrer (qqch.). → **engager, insérer.** *Introduire la clé dans la serrure.* ▹ v. pron. s'**introduire** ▹ adj. **introduit, ite** Qui a ses entrées, est reçu.

introït [-ɔit] n. m. ▪ relig. cathol. Chant exécuté avant la messe, pendant l'entrée du célébrant et de ses ministres.

introjection n. f. ▪ psych. Processus inconscient par lequel l'image d'une personne est incorporée au moi et au surmoi. → **intériorisation.**

intromission n. f. ▪ didact. Action d'introduire, de mettre (qqch. dans qqch.). ♦ spécialt Copulation.

introniser v. tr. [1] ▪ **1** Installer sur le trône, la chaire (un roi, un pape). **2** Introduire (qqch.) de manière officielle. ▸ **intronisation** n. f.

introspection n. f. ▪ littér. Observation, analyse de qqn par lui-même. ▸ **introspectif, ive** adj.

introuvable adj. ▪ **1** Qu'on ne peut trouver. **2** Très rare et difficile à trouver.

introversion n. f. ▪ psych. Orientation de l'énergie psychique sur le sujet lui-même.

introverti, ie adj. ▪ psych. Porté à l'introversion. ◂ n. *Un introverti.*

intrus, use n. ▪ Personne qui s'introduit quelque part sans y être invitée, ni désirée. → **importun, indésirable.**

intrusion n. f. ▪ Fait de s'introduire sans en avoir le droit (dans un groupe, etc.). ▸ **intrusif, ive** adj.

intubation n. f. ▪ méd. Introduction d'un tube creux (dans la trachée...) pour permettre le passage de l'air dans l'appareil respiratoire. ▹ v. tr. **intuber** [1] *Intuber un malade.*

intuitif, ive adj. ▪ **1** Qui est le résultat d'une intuition. **2** (personnes) Qui fait preuve d'intuition. ◂ n. *Un intuitif.* **3** Dont l'utilisation ne demande pas de connaissances techniques. *Logiciel intuitif.* ▸ **intuitivement** adv.

intuition n. f. ▪ **1** Forme de connaissance immédiate qui ne recourt pas au raisonnement. **2** Sentiment de ce qu'on ne peut vérifier, de ce qui n'existe pas encore. ◂ *Avoir de l'intuition,* sentir les choses.

intuitionnisme n. m. ▪ philos. Doctrine attribuant un rôle essentiel à l'intuition dans la connaissance. ▸ **intuitionniste** adj. et n.

intumescence n. f. ■ didact. Fait de gonfler ; enflure, tuméfaction. ► **intumescent, ente** adj.

inuit, e [inɥit] adj. et n. ■ Des ethnies vivant à l'extrême nord de l'Amérique. ➛ n. *Les Inuits.* – REM. On emploie parfois *Inuk* au sing. et *Inuit* au plur.

inuktitut [inuktitut] n. m. ■ Langue des Inuits.

inule n. f. ■ bot. Plante des lieux humides, à fleurs jaunes.

inuline n. f. ■ chim. Glucide voisin de l'amidon, présent dans la racine de l'inule, la chicorée, le topinambour...

inusable adj. ■ Qui ne peut s'user.

inusité, ée adj. ■ **1** (mot...) Que personne n'emploie ou presque. **2** Inhabituel.

inusuel, elle adj. ■ littér. Qui n'est pas usuel. → **rare.**

in utero [inyteʀo] loc. adv. ■ Dans l'utérus. *Fécondation in utero* (opposé à *in vitro*).

inutile adj. ■ **1** Qui n'est pas utile. → **superflu. 2** (personnes) Qui ne rend pas de services. ► **inutilement** adv. ► **inutilité** n. f.

inutilisable adj. ■ Qui ne peut être utilisé.

inutilisé, ée adj. ■ Qui n'est pas utilisé.

invagination n. f. ■ didact. Fait de se retourner vers l'intérieur (organe, etc.).

invaincu, ue adj. ■ Qui n'a pas été vaincu.

invalidant, ante adj. ■ Qui invalide (II).

invalide adj. ■ **I** dr. Qui n'est pas valable. **II** (personnes) Qui n'est pas en état de mener une vie active, du fait de sa mauvaise santé, de ses infirmités, etc. → **handicapé.** ➛ n. *Invalide de guerre ; du travail.*

invalider v. tr. [1] ■ **I** dr. Rendre non valable. → **annuler.** ► **invalidation** n. f. **II** Rendre invalide (II).

invalidité n. f. ■ **I** dr. Défaut de validité entraînant la nullité. **II** État d'invalide (II). → **handicap.**

invar n. m. ■ techn. Acier au nickel.

invariable adj. ■ **1** Qui ne varie pas. ➛ (mot) Qui ne comporte pas de modifications dans sa forme. *Les adverbes sont invariables.* **2** Qui se répète sans varier. ► **invariabilité** n. f. ► **invariablement** adv. → **toujours.**

invariant, ante ■ sc. (grandeur) Qui ne varie pas, qui se conserve. ► **invariance** n. f. sc.

invasif, ive adj. ■ méd. **1** (examen, traitement...) Qui peut altérer l'organisme. *L'échographie, méthode non invasive.* **2** (tumeur...) Qui se propage dans l'organisme.

invasion n. f. ■ **1** Pénétration massive (de forces armées sur le territoire d'un autre État). **2** Action d'envahir, de se répandre dangereusement. *Une invasion de rats.* **3** fig. (sans idée de danger) → **irruption** (2).

invective n. f. ■ Parole ou suite de paroles violentes (contre qqn ou qqch.). → **injure.**

invectiver v. [1] ■ **1** v. intr. Lancer des invectives. **2** v. tr. Couvrir (qqn) d'invectives. → **injurier.**

invendable adj. ■ Qui n'est pas vendable.

invendu, ue adj. ■ Qui n'a pas été vendu. *Journaux invendus.* ➛ n. m. *Des invendus.*

inventaire n. m. ■ **1** Opération qui consiste à recenser l'actif et le passif (d'une entreprise, etc.) ; état descriptif de cette opération. **2** Revue minutieuse et détaillée. *L'inventaire d'une collection.*

inventer v. tr. [1] ■ **1** Créer ou découvrir (qqch. de nouveau). *Les Chinois ont inventé l'imprimerie.* **2** Trouver, imaginer pour un usage particulier. **3** Imaginer de façon arbitraire. *Inventer une excuse.* ➛ pronom. *Cela ne s'invente pas,* c'est sûrement vrai.

inventeur, trice n. ■ **1** Personne qui invente, qui a inventé. ♦ Auteur d'inventions importantes. **2** didact. Personne qui trouve (un trésor, un objet, etc.).

inventif, ive adj. ■ **1** Qui a le don d'inventer. **2** Ingénieux, astucieux.

invention n. f. ■ **I** didact. Fait de trouver. *L'invention d'un trésor.* → **inventeur** (2). **II 1** Action d'inventer. *L'invention de l'imprimerie.* ♦ Chose inventée ; nouveauté scientifique ou technique. **2** Faculté, don d'inventer. → **imagination, inventivité. 3** Action d'imaginer (un moyen), d'inventer (une histoire). **4** Chose imaginée. → **fiction, mensonge. 5** mus. Petite pièce instrumentale en style fugué.

inventivité n. f. ■ Capacité d'inventer.

inventorier v. tr. [7] ■ Faire l'inventaire de.

invérifiable adj. ■ Qui ne peut être vérifié.

inverse ■ **I** adj. **1** (direction...) Qui est exactement opposé, contraire. *En sens inverse.* **2** *Rapport inverse,* de quantités dont l'une augmente dans la même proportion que l'autre diminue. **II** n. m. *L'inverse,* la chose inverse. *C'est justement l'inverse.* ➛ loc. *À l'inverse,* tout au contraire.

inversement adv. ■ **1** D'une manière inverse. **2** Par un phénomène, un raisonnement inverse. ➛ *Ou inversement :* ou c'est l'inverse. → **vice versa.**

inverser v. tr. [1] ■ **1** Changer (la position, l'ordre de). → **intervertir. 2** Renverser le sens de (un mouvement, etc.).

inverseur n. m. ■ électr. Appareil pour inverser à volonté le sens du courant.

inversible adj. ■ photogr. (film) Qui fournit directement un cliché positif à partir d'un positif (→ **diapositive),** ou un négatif à partir d'un négatif.

inversion n. f. ■ **1** Déplacement (d'un mot, d'un groupe de mots) par rapport à l'ordre habituel de la construction. **2** Changement de sens (d'un mouvement, etc.).

invertase n. f. ■ biochim. Enzyme qui active l'hydrolyse du saccharose en fructose et en glucose.

invertébré, ée adj. ■ Qui n'a pas de vertèbres, de squelette. ← n. m. Animal qui ne possède pas de colonne vertébrale.

inverti, ie n. ■ vieilli Homosexuel(le).

investigation n. f. ■ Recherche suivie, systématique. → **enquête, examen.**

investiguer v. intr. [1] ■ Mener une investigation, faire des recherches. → **enquêter.** ► **investigateur, trice** n.

investir v. tr. [2] ■ **I** Mettre (qqn) en possession (d'un pouvoir, d'un droit...). ♦ Conférer l'investiture (2) à (qqn). **II** Encercler (un objectif militaire). **III** Employer, placer (des capitaux) dans une entreprise. ▷ v. pron. **s'investir** *S'investir dans (une activité)*, y consacrer son énergie.

investissement n. m. ■ **I** Action d'investir (II). **II** Action d'investir dans une entreprise des capitaux destinés à son équipement, etc. ; ces capitaux. **III** Fait de s'investir.

investisseur, euse n. ■ Personne ou collectivité qui investit des capitaux.

investiture n. f. ■ **1** hist. Acte solennel qui accompagnait la mise en possession (d'un fief...). **2** Acte par lequel un parti désigne un candidat à une élection.

invétéré, ée adj. ■ **1** Fortifié et rendu immuable par la durée. *Une habitude invétérée.* **2** (personnes) Qui a depuis longtemps (un caractère, un vice) et ne change pas. → **endurci.** *Un buveur invétéré.*

invincible adj. ■ **1** Qui ne peut être vaincu. **2** (choses) Dont on ne peut triompher. ► **invincibilité** n. f. ► **invinciblement** adv.

inviolable adj. ■ Qu'il n'est pas permis de violer, d'enfreindre. → **intangible, sacré.** ► **inviolabilité** n. f.

inviolé, ée adj. ■ littér. Qui n'a pas été violé, enfreint. *Une interdiction inviolée.*

invisible adj. ■ **1** Qui n'est pas visible. ♦ fig. Imperceptible. **2** (personnes) Qui se dérobe aux regards ; qu'on ne peut rencontrer. ► **invisibilité** n. f. ► **invisiblement** adv. littér.

invitant, ante adj. ■ Qui invite.

invitation n. f. ■ **1** Action d'inviter (1). **2** Action d'inviter (2), d'engager (à).

invite n. f. ■ Invitation (2) discrète.

invité, ée n. ■ Personne invitée (1).

inviter v. tr. [1] ■ **1** Prier (qqn) de se rendre, de se trouver à un endroit, d'assister à qqch. → **convier.** *Invitons-les à dîner.* ← pronom. *Il s'invite partout.* **2** Engager (qqn) de façon courtoise mais nette (à faire qqch.). → **exhorter, inciter.** *Je vous invite à me suivre.* ♦ (sujet chose) Inciter, porter (à).

in vitro [in-] loc. adv. ■ En milieu artificiel (opposé à *in situ, in vivo*). *Fécondation in vitro* (opposé à *in utero*).

invivable adj. ■ **1** Très difficile à vivre, à supporter. **2** (personnes) Insupportable.

in vivo [in-] loc. adv. ■ didact. Dans l'organisme vivant (par opposition à *ex vivo*). ← *Expériences in vivo* (opposé à *in vitro*). → aussi **in situ.**

invocation n. f. ■ Action d'invoquer. ► **invocatoire** adj. littér.

involontaire adj. ■ **1** Qui échappe au contrôle de la volonté. *Geste involontaire.* **2** Qui agit ou se trouve dans une situation, sans le vouloir. *Le héros involontaire d'un drame.* ► **involontairement** adv.

involucre n. m. ■ bot. Ensemble de bractées formant une sorte de collerette.

involuté, ée adj. ■ bot. Qui est roulé de dehors en dedans.

involution n. f. ■ didact. Mouvement de repli vers l'intérieur (concret ou abstrait). ► **involutif, ive** adj.

invoquer v. tr. [1] ■ **1** Appeler à l'aide par des prières. *Invoquer Dieu.* **2** Faire appel, avoir recours à (qqch. qui peut aider). *Invoquer une excuse.*

invraisemblable [-s-] adj. ■ **1** Qui n'est pas vraisemblable. → **incroyable.** *Une histoire invraisemblable.* **2** (concret) Très étonnant (et souvent comique). ♦ Excessif. ► **invraisemblablement** adv. rare

invraisemblance [-s-] n. f. ■ **1** Défaut de vraisemblance. **2** Chose invraisemblable.

invulnérable adj. ■ Qui n'est pas vulnérable (1 et 2). ► **invulnérabilité** n. f.

iode n. m. ■ Corps simple (symb. I, nº at. 53, masse at. 126,90), très volatil, présent dans l'eau de mer, qui répand des vapeurs violettes quand on le chauffe. ← *Teinture d'iode* (désinfectant).

iodé, ée adj. ■ Qui contient de l'iode.

iodhydrique adj. m. ■ chim. *Acide iodhydrique* : acide formé par la combinaison d'iode et d'hydrogène.

iodique adj. ■ chim. *Acide iodique ; anhydride iodique*, résultant de l'oxydation de l'iode.

iodisme n. m. ■ méd. Intoxication due à l'iode ou à l'un de ses composés.

iodler ou **jodler** v. intr. [1] ■ Vocaliser en passant de la voix de tête à la voix de poitrine et vice versa, sans transition.

iodoforme n. m. ■ pharm. Composé à base d'iode, antiseptique.

iodure n. m. ■ Composé de l'iode.

ioduré, ée adj. ■ didact. Qui contient un iodure. ← Couvert d'une couche d'iodure.

ion n. m. ▪ Atome ou molécule ayant gagné ou perdu un ou plusieurs électrons. *Ion positif* (cation), *négatif* (anion).

① **ionique** adj. et n. m. ▪ Se dit d'un des trois styles d'architecture grecque (avec le dorique et le corinthien) caractérisé par un chapiteau orné de deux volutes latérales.

② **ionique** adj. ▪ sc. Relatif aux ions.

ioniser v. tr. [1] ▪ sc. Modifier en créant des ions. ▷ adj. **ionisé, ée** ► **ionisant, ante** adj. ► **ionisation** n. f.

ionone n. f. ▪ chim. Corps synthétique à odeur de violette, utilisé en parfumerie.

ionosphère n. f. ▪ Couche supérieure ionisée de l'atmosphère. ► **ionosphérique** adj.

iota n. m. invar. ▪ Neuvième lettre de l'alphabet grec (ι), qui correspond à *i*. ◆ loc. *Sans changer d'un iota,* sans rien changer.

iourte → **yourte**

ipé n. m. ▪ Arbre d'Amérique tropicale, au bois brun très dur ; ce bois.

ipéca n. m. ▪ Racine à propriétés vomitives d'un arbrisseau du Brésil.

ipomée n. f. ▪ Plante herbacée ou ligneuse, dont une espèce est cultivée comme ornementale (→ **volubilis**).

ipso facto loc. adv. ▪ Par voie de conséquence.

Ir ▪ Symbole chimique de l'iridium.

irakien, ienne adj. et n. ▪ De l'Irak. ◆ n. *Les Irakiens.* ◆ n. m. *L'irakien* (langue arabe). – var. **iraquien, ienne.**

iranien, ienne adj. et n. ▪ Relatif à l'Iran. → **persan.** ◆ n. *Les Iraniens.* ◆ *Langues iraniennes* (persan, kurde, afghan...).

iraquien → **irakien**

irascible adj. ▪ littér. Qui s'irrite, s'emporte facilement. → **coléreux ; irritable.** ► **irascibilité** n. f.

ire n. f. ▪ vx Colère.

irénisme n. m. ▪ relig. Attitude de compréhension dans la discussion des problèmes théologiques entre chrétiens de confessions différentes. ► **irénique** adj.

iridacées n. f. pl. ▪ bot. Famille de plantes monocotylédones, à grandes fleurs ornementales (ex. l'iris, le crocus).

iridectomie n. f. ▪ méd. Excision partielle de l'iris.

iridescent, ente adj. ▪ littér. Qui a des reflets irisés.

iridié, ée adj. ▪ didact. Allié avec de l'iridium.

iridien → **irien**

iridium [-jɔm] n. m. ▪ Corps simple (symb. Ir, n° at. 77, masse at. 192,22), métal blanc très dur et cassant.

iridologie n. f. ▪ méd. Méthode de diagnostic fondée sur l'examen de l'iris de l'œil. ► **iridologique** adj. ► **iridologue** n.

irien, enne adj. ▪ didact. Relatif à l'iris de l'œil. – syn. **iridien, ienne.**

iris [iʀis] n. m. ▪ **I** Plante à haute tige, à grandes fleurs ornementales. **II 1** Membrane de l'œil, située derrière la cornée et présentant un orifice (pupille) en son centre. **2** Diaphragme (photographique).

iriser v. tr. [1] ▪ Colorer des couleurs du spectre, de manière changeante. ▷ adj. **irisé, ée** *Reflets irisés.* ► **irisation** n. f.

irish coffee [ajʀiʃkɔfi] n. m. ▪ anglic. Boisson faite de café chaud sucré et de whisky, recouverts de crème fraîche. *Des irish coffees.*

irish stew [ajʀiʃstju] n. m. ▪ anglic. Ragoût de mouton. *Des irish stews.*

iritis [-is] n. f. ▪ méd. Inflammation de l'iris.

irlandais, aise adj. et n. ▪ D'Irlande. ◆ *Café irlandais.* → **irish coffee.** ◆ n. *Les Irlandais.* ◆ n. m. *L'irlandais* : les dialectes celtiques d'Irlande.

I. R. M. n. f. [iɛʀɛm] (sigle de *imagerie par résonance magnétique*) ▪ méd. Technique permettant d'obtenir des images à partir de la résonance magnétique nucléaire.

iroko n. m. ▪ Arbre d'Afrique tropicale ; bois de cet arbre.

irone n. f. ▪ chim. Principe chimique auquel l'iris doit son odeur.

ironie n. f. ▪ **1** Manière de se moquer (de qqn ou de qqch.) en disant le contraire de ce qu'on veut exprimer. → aussi **humour.** *Une ironie amère ; légère.* ◆ ling. → **antiphrase. 2** Disposition moqueuse. → **moquerie.** *Une lueur d'ironie dans le regard.* **3** *IRONIE DU SORT,* intention de moquerie méchante qu'on prête au sort.

ironique adj. ▪ Qui use d'ironie ; où entre de l'ironie. → **moqueur, railleur, sarcastique.** ► **ironiquement** adv.

ironiser v. intr. [1] ▪ Employer l'ironie.

ironiste n. ▪ vieilli → **humoriste.**

iroquois, oise adj. ▪ Des Iroquois.

irracontable → **inracontable**

irradiateur n. m. ▪ techn. Appareil pour irradier une substance.

irradier v. [7] ▪ **1** v. intr. (lumière, douleur...) Se propager en rayonnant à partir d'un centre. **2** v. tr. Exposer (un organisme, etc.) à des radiations (notamment à la radioactivité). ▷ adj. **irradié, ée** ► **irradiant, ante** adj. ► **irradiation** n. f.

irraisonné, ée adj. ▪ Non raisonné.

irrationalisme n. m. ▪ didact. Hostilité au rationalisme ; croyance en l'irrationnel. ► **irrationaliste** adj. et n.

irrationalité n. f. ▪ Caractère de ce qui est irrationnel.

irrationnel, elle adj. ▪ **1** Qui n'est pas rationnel, n'est pas du domaine de la raison. ◆ n. m. *La peur de l'irrationnel.* **2** math. *Nombre irrationnel,* qui ne peut être mis sous la forme d'un rapport entre deux nombres entiers (ex. le nombre π [pi]).

irrattrapable adj. ▪ Qui n'est pas rattrapable. *Une situation irrattrapable.*

irréalisable adj. ▪ Qui ne peut se réaliser.

irréalisme n. m. ▪ Manque de réalisme, de sens des réalités. ► **irréaliste** adj.

irréalité n. f. ▪ Caractère irréel.

irrecevable adj. ▪ Qui n'est pas recevable, qui ne peut être admis. → **inacceptable.** ► **irrecevabilité** n. f. dr.

irréconciliable adj. ▪ Avec lequel, entre lesquels il n'y a pas de réconciliation possible.

irrécouvrable adj. ▪ dr. Qu'on ne peut recouvrer.

irrécupérable adj. ▪ Qui ne peut être récupéré (choses ; personnes).

irrécusable adj. ▪ **1** dr. Qui ne peut être récusé en justice. **2** Qu'on ne peut contester. *Preuve irrécusable.*

irrédentisme n. m. ▪ polit. Mouvement nationaliste italien né à la fin du XIXe s. ► **irrédentiste** adj. et n.

irréductible adj. ▪ Qui ne peut être réduit ; dont on ne peut venir à bout. → **intraitable.** ◆ n. *Des irréductibles.* ► **irréductibilité** n. f. ► **irréductiblement** adv.

irréel, elle adj. ▪ **1** Qui n'est pas réel, qui est en dehors de la réalité. → **abstrait, imaginaire, fantastique.** ◆ n. m. Ce qui est irréel. **2** Qui ne semble pas du domaine de la réalité. *Des couleurs irréelles.* → **merveilleux.**

irréfléchi, ie adj. ▪ Qui agit ou se fait sans réflexion. → **étourdi ; inconsidéré.**

irréflexion n. f. ▪ Manque de réflexion.

irréformable adj. ▪ dr. Qui ne peut être réformé.

irréfragable adj. ▪ didact. (preuve...) Qu'on ne peut récuser. → **irrécusable.**

irréfutable adj. ▪ Qui ne peut être réfuté. ► **irréfutabilité** n. f. rare ► **irréfutablement** adv.

irrégularité n. f. ▪ **1** Caractère, aspect irrégulier. **2** Chose ou action irrégulière. ◆ Chose contraire à la loi, à un règlement.

irrégulier, ière adj. ▪ **I 1** Qui n'est pas régulier dans sa forme, ses dimensions, sa disposition, son rythme. *Un visage aux traits irréguliers.* ◆ *Pouls irrégulier.* **2** Qui n'est pas conforme à la règle, à l'usage commun. ◆ gramm. *Verbes irréguliers.* **II** (personnes) **1** *Troupes irrégulières,* qui n'appartiennent pas à l'armée régulière. **2** Qui n'est pas constamment égal à soi-même. → **inégal.** ► **irrégulièrement** adv.

irréligieux, euse adj. ▪ Qui n'a pas de croyance religieuse ; qui s'oppose à la religion. → **incrédule, incroyant, sceptique.**

irréligion n. f. ▪ littér. Absence de religion.

irrémédiable adj. ▪ À quoi on ne peut remédier. ► **irrémédiablement** adv.

irrémissible adj. ▪ littér. (crime, faute) Impardonnable.

irremplaçable adj. ▪ Qui ne peut être remplacé (par qqch. ou qqn). → **unique.**

irréparable adj. ▪ **1** Qui ne peut être réparé. **2** fig. → **irrémédiable.** *C'est une perte irréparable.* ◆ n. m. *L'irréparable est accompli.* ► **irréparablement** adv. littér.

irrépréhensible adj. ▪ littér. Qu'on ne peut reprendre, blâmer. → **irréprochable.**

irrépressible adj. ▪ littér. Qu'on ne peut réprimer, contenir. → **irrésistible.**

irréprochable adj. ▪ À qui, à quoi on ne peut faire aucun reproche. → **parfait.** ► **irréprochablement** adv. littér.

irrésistible adj. ▪ **1** À quoi on ne peut résister. **2** Très séduisant. **3** Qui fait beaucoup rire. ► **irrésistiblement** adv.

irrésolu, ue adj. ▪ littér. Qui a du mal à se résoudre, à se déterminer. → **hésitant, indécis.** ► **irrésolution** n. f.

irrespect [-pɛ] n. m. ▪ Manque de respect.

irrespectueux, euse adj. ▪ Qui n'est pas respectueux. → **impertinent, insolent, irrévérencieux.** ► **irrespectueusement** adv.

irrespirable adj. ▪ Qui est pénible ou dangereux à respirer. *Une atmosphère irrespirable* (aussi fig. → **insupportable**).

irresponsable adj. ▪ **1** dr. Qui, devant la loi, n'est pas responsable, n'a pas à répondre de ses actes. **2** Qui se conduit sans assumer de responsabilités ; qui agit à la légère. ◆ n. *C'est un irresponsable.* ◆ *Une attitude irresponsable.* ► **irresponsabilité** n. f.

irrétrécissable adj. ▪ Qui ne peut rétrécir.

irrévérence n. f. ▪ littér. Manque de révérence (I), de respect. → **irrespect.**

irrévérencieux, euse adj. ▪ littér. Qui fait preuve d'irrévérence. ► **irrévérencieusement** adv.

irréversible adj. ▪ Qui ne peut se faire que dans un seul sens, sans pouvoir être arrêté. *Une évolution irréversible.* ► **irréversibilité** n. f. ► **irréversiblement** adv. didact.

irrévocable adj. ▪ Qui ne peut être révoqué, repris. *Ma décision est irrévocable.* → **définitif.** ► **irrévocablement** adv. littér. ► **irrévocabilité** n. f.

irrigateur, trice n. m. ▪ **1** Instrument servant à irriguer, à arroser. ◆ adj. *Canal irrigateur.* **2** Instrument qui sert à administrer un lavement.

irriguer v. tr. [1] ■ Arroser par arrosage artificiel et méthodique. *Irriguer des champs.* ➛ fig. *Les vaisseaux qui irriguent le cœur.* ► **irrigation** n. f.

irritable adj. ■ Qui se met facilement en colère. → **irascible.** ► **irritabilité** n. f.

irritant, ante adj. ■ **1** Qui irrite (1), met en colère. **2** Qui détermine de l'irritation (2).

irritation n. f. ■ **1** État d'une personne irritée. → **colère, exaspération. 2** Inflammation légère. *Irritation de la gorge.* ► **irritatif, ive** adj. méd.

irriter v. tr. [1] ■ **1** Mettre en colère. ➛ pronom. → se **fâcher. 2** littér. Rendre plus vif. *Irriter la curiosité.* **3** Rendre douloureux, sensible en déterminant une irritation (2). → **enflammer.** ➛ au p. p. *Gorge irritée.*

irruption n. f. ■ **1** Invasion (1) soudaine et violente. **2** Entrée de force, en masse ou de façon inattendue (dans un lieu).

isabelle adj. invar. ■ De couleur jaune pâle. ♦ spécialt *Cheval, jument isabelle.* ➛ n. m. *Un isabelle* : un cheval isabelle.

isallobare n. f. ■ météorol. Courbe joignant les points de la Terre où les variations de la pression atmosphérique sont égales en un temps donné.

isard n. m. ■ Chamois des Pyrénées.

isatis [-is] n. m. ■ Renard bleu des régions arctiques, très recherché pour sa fourrure.

isba n. f. ■ Petite maison de bois de paysans russes.

I. S. B. N. [iɛsbeɛn] n. m. (sigle angl.) ■ Numéro d'identification attestant l'enregistrement international d'un livre.

ischémie [-ke-] n. f. ■ méd. Anémie locale, arrêt ou insuffisance de la circulation du sang dans un tissu ou un organe. ► **ischémique** adj. et n.

ischiatique [-kja-] adj. ■ anat. Qui appartient, qui a rapport à l'ischion ou à l'articulation de la hanche.

ischiojambier, ière [iskjo-] adj. ■ anat. *Muscles ischiojambiers,* situés à l'arrière de la cuisse.

ischion [-kjɔ̃] n. m. ■ anat. Partie inférieure et postérieure de l'os iliaque.

isentropique adj. ■ phys. Dont l'entropie est ou reste constante.

I. S. F. [iɛsɛf] n. m. (sigle de *impôt de solidarité sur la fortune*) ■ (en France) Impôt sur les grandes fortunes.

isiaque adj. ■ didact. Relatif à la déesse Isis.

islam [islam] n. m. ■ **1** Religion prêchée par Mahomet et fondée sur le Coran. **2** (avec maj.) L'ensemble des peuples musulmans ; leur civilisation.

islamique adj. ■ De l'islam. → **musulman.**

islamiser v. tr. [1] ■ Convertir, intégrer à l'islam. ► **islamisation** n. f.

islamisme n. m. ■ Religion musulmane, islam. ♦ Propagande, action en faveur de l'islam. ► **islamiste** adj. et n.

islamophobe adj. et n. ■ Hostile à l'islam et aux musulmans. ► **islamophobie** n. f.

islandais, aise adj. et n. ■ D'Islande. ➛ n. *Les Islandais.* ♦ n. m. *L'islandais* (langue germanique).

ismaélisme n. m. ■ didact. Mouvement des descendants d'Ismaïl ; ensemble des dogmes de la secte des *ismaéliens.* - var. **ismaïlisme.**

ISO [izo] n. m. invar. (sigle) ■ anglic. Système international de normalisation. ➛ appos. *Norme ISO.*

is(o)- Élément, du grec *isos* «égal».

isobare adj. ■ D'égale pression atmosphérique. ➛ *Ligne isobare,* qui relie sur une carte des points isobares.

isobathe adj. ■ didact. *Ligne, courbe isobathe* (ou *une isobathe* n. f.), reliant sur une carte les points d'égale profondeur.

isocarde n. m. ■ zool. Mollusque à coquille en forme de cœur.

isocèle adj. ■ (triangle) À deux côtés égaux.

isochore [-kɔʀ] adj. ■ phys. Relatif à des volumes égaux. *Transformation isochore,* à volume constant.

isochrone [-kʀɔn ; -kʀon] adj. ■ sc. Dont la période a une durée constante. - syn. **isochronique.**

isochronisme [-kʀɔ-] n. m. ■ sc. Caractère de ce qui est isochrone, qui a une durée constante ; égalité de durée.

isoclinal, ale, aux adj. ■ géol. Dont les flancs ont la même inclinaison.

isocline adj. ■ sc. *Ligne, courbe isocline* (ou *une isocline* n. f.), qui relie sur une carte les points de la Terre où l'inclinaison de l'aiguille aimantée est la même.

isodynamie n. f. ■ physiol. Équivalence énergétique d'aliments différents.

isoédrique adj. ■ minér. (cristal) Dont les facettes sont semblables.

isoélectrique adj. ■ sc. (corps, substance) Électriquement neutre.

isogamie n. f. ■ biol. Reproduction sexuée par union de deux gamètes de morphologie semblable. ♦ ethnol. Union de deux individus de même statut social, de même classe, caste, etc. ► **isogame** adj. biol.

isoglucose n. m. ■ biochim. Isomère du glucose, utilisé dans l'industrie alimentaire.

isogone adj. ■ géogr. *Ligne isogone* : courbe reliant les points de même déclinaison magnétique.

isogreffe n. f. ■ méd. Greffe réalisée entre un donneur et un receveur génétiquement identiques.

isohyète adj. ▪ météorol. *Courbe, ligne isohyète* (ou *une isohyète* n. f.) : courbe reliant les points du globe où les précipitations moyennes sont égales.

isohypse adj. ▪ géogr. *Ligne isohypse* : courbe de niveau. ➛ n. f. *Une isohypse.*

iso-ionique adj. ▪ chim. Qui contient les mêmes ions en même quantité.

isolable adj. ▪ Qui peut être isolé, séparé.

isolant, ante adj. ▪ Qui isole, est mauvais conducteur de l'électricité, de la chaleur ou du son. ➛ n. m. *Un isolant.*

isolat n. m. ▪ didact. Groupe d'êtres vivants isolé du reste de son espèce. ♦ ethnol. Groupe ethnique isolé.

isolateur, trice adj. et n. m. ▪ → **isolant.**

isolation n. f. ▪ Action d'isoler (une pièce...) ; son résultat.

isolationnisme n. m. ▪ Politique d'isolement (3). ► **isolationniste** adj. et n.

isolé, ée adj. ▪ **1** Séparé des choses de même nature ou de l'ensemble auquel il (elle) appartient. **2** Éloigné de toute habitation. *Un endroit isolé.* **3** (personnes) Séparé des autres humains. → **seul, solitaire. 4** fig. Seul de sa sorte, non représentatif. *Un cas isolé.* **5** Protégé par un isolant.

isolement n. m. ▪ **1** État d'une chose isolée. **2** État, situation d'une personne isolée (→ **solitude**) ou qu'on isole. **3** État d'un pays sans relation avec les autres.

isolément adv. ▪ Séparément.

isoler v. tr. [1] ▪ **1** Séparer (qqch.) des objets environnants ; empêcher d'être en contact. *La tempête a isolé le village.* ➛ *Isoler un virus* (pour l'étudier, l'identifier). ♦ Protéger avec un isolant. *Isoler une pièce.* **2** Éloigner (qqn) de la société des autres humains. ➛ pronom. *S'isoler dans un coin.* **3** abstrait Considérer à part, hors d'un contexte.

isoleucine n. f. ▪ biochim. Un des acides aminés, isomère de la leucine, constituant des protéines.

isoloir n. m. ▪ Cabine où l'électeur s'isole pour préparer son bulletin de vote.

isomère adj. et n. m. ▪ chim. Se dit de composés ayant la même formule d'ensemble, mais des propriétés différentes. ► **isomérie** n. f.

isomérisation n. f. ▪ sc. Transformation (d'un corps) en un isomère.

isométrie n. f. ▪ math. Transformation ponctuelle laissant invariantes les distances. ► **isométrique** adj.

isomorphe adj. ▪ chim. Se dit de corps qui ont des formes cristallines voisines. ► **isomorphisme** n. m.

isopet → **ysopet**

isopode n. m. ▪ zool. Crustacé sans carapace, à corps aplati, avec sept paires de pattes semblables (ex. le cloporte). ➛ adj. *Un crustacé isopode.*

isoprène n. m. ▪ chim. Liquide volatil qui peut se polymériser en une substance analogue au caoutchouc. ► **isoprénique** adj.

isoptère n. m. ▪ zool. Insecte ayant deux paires d'ailes très semblables (ex. les termites).

isorel n. m. ▪ Matériau fait de fibres de bois agglomérées en panneaux sous forte pression.

isosiste adj. ▪ géol. *Ligne isosiste* (ou *une isosiste* n. f.), reliant sur une carte les points où l'intensité d'un séisme est la même.

isostasie n. f. ▪ géol. Équilibre des différents segments de l'écorce terrestre (mers, montagnes...). ► **isostatique** adj.

isotherme adj. ▪ **1** Qui a la même température. ➛ *Ligne isotherme,* reliant sur une carte des points de même température moyenne. **2** phys. Qui se produit à température constante. **3** Isolé thermiquement. ► **isothermique** adj.

isotonie n. f. ▪ chim. État de liquides, de solutions qui ont même tension osmotique. ► **isotonique** adj.

isotope n. m. ▪ Chacun des éléments de même numéro atomique, mais de masses atomiques différentes.

isotopie n. f. ▪ Propriété des corps isotopes. ► **isotopique** adj.

isotrope adj. et n. m. ▪ sc. Qui présente les mêmes propriétés dans toutes les directions. *L'espace est isotrope.* ♦ n. m. Milieu isotrope. ► **isotropie** n. f.

israélien, ienne adj. et n. ▪ D'Israël.

israélite n. ▪ vieilli ou péj. Personne qui appartient à la communauté, à la religion juive. → **hébreu, juif.** ➛ adj. *Culte israélite.*

issant, ante adj. ▪ blason Se dit de figures d'animaux qui, ne présentant que la partie supérieure du corps, paraissent sortir de la pièce ou du champ de l'écu. *Lions issants.*

issu, ue adj. ▪ Qui est né (de qqn...). *Issu d'une famille modeste.* ➛ fig. Qui provient (de qqch.). *Progrès issu du travail.*

issue n. f. ▪ **1** Ouverture, passage offrant la possibilité de sortir. → **sortie.** *Issue de secours.* **2** fig. Moyen de se dégager d'une situation difficile. *Je ne vois pas d'autre issue.* ♦ Manière dont une chose arrive à son terme. → **fin.** *Une heureuse issue.* **3** *À L'ISSUE DE :* à la fin de.

IST [iɛste] n. f. (sigle) ▪ Infection sexuellement transmissible.

isthme [ism] n. m. ▪ **1** Bande de terre resserrée entre deux mers ou deux golfes et réunissant deux terres. **2** anat. Partie rétrécie (d'un organe). ► **isthmique** adj.

italianisant, ante adj. et n. ▪ **1** (Artiste) qui s'inspire de l'art italien. **2** Spécialiste de la langue, de la littérature, de la civilisation italiennes. – syn. **italianiste.**

italianisme n. m. ▪ Manière de parler, mot propre à l'italien, dans une autre langue.

italianiste → **italianisant**

italien, enne adj. et n. ▪ De l'Italie. ◂ n. *Les Italiens.* ♦ n. m. *L'italien* (langue romane).

italique adj. ▪ **I** Qui a rapport à l'Italie ancienne. **II** *Lettres, caractères italiques* (inventés en Italie), légèrement inclinés vers la droite. ◂ n. m. *Mot en italique.*

-ite Élément servant à former des noms de maladies de nature inflammatoire.

① **item** [itɛm] adv. ▪ comm. De même.

② **item** [itɛm] n. m. ▪ anglic., sc. Élément, unité (d'un ensemble).

itératif, ive adj. ▪ didact. Qui est répété plusieurs fois. ► **itérativement** adv.

itération n. f. ▪ didact. Répétition.

itérer v. tr. [6] ▪ didact. Répéter, faire une seconde fois. → **réitérer.**

ithyphallique adj. ▪ Antiq. grecque Relatif au phallus, au pénis en érection. ◂ *Statue ithyphallique.*

itinéraire ▪ **I** n. m. **1** Chemin à suivre ou suivi pour aller d'un lieu à un autre. **2** fig. *Itinéraire spirituel.* **II** adj. didact. Qui a rapport aux voies de circulation.

itinérant, ante adj. ▪ Qui se déplace, dans son activité.

itou adv. ▪ fam. et vieilli Aussi, de même.

I. U. F. M. [iyɛfɛm] n. m. (sigle) ▪ Institut universitaire de formation des maîtres (qui forme les enseignants).

iule n. m. ▪ **1** zool. Mille-pattes noir et luisant. **2** bot. Chaton de certaines fleurs.

I. U. T. [iyte] n. m. (sigle) ▪ Institut universitaire de technologie.

ive n. f. ▪ bot. Plante à fleurs jaunes, dite aussi *petit if,* qui exhale une odeur aromatique résineuse. – syn. **ivette** n. f.

I. V. G. n. f. (sigle de *interruption volontaire de grossesse*) ▪ Avortement provoqué volontaire et légal.

ivoire n. m. ▪ **1** Matière résistante, d'un blanc un peu jaune, qui constitue les défenses de l'éléphant. ◂ loc. *Tour* d'ivoire.* ♦ Objet d'art en ivoire. ► **ivoirerie** n. f. ► **ivoirier, ière** n. **2** Partie dure des dents, revêtue d'émail à la couronne.

ivraie n. f. ▪ Plante herbacée, nuisible aux céréales. ◂ loc. (Évangile) *Séparer le bon grain de l'ivraie,* le bien du mal.

ivre adj. ▪ **1** Qui est sous l'effet de l'alcool. → **soûl. 2** Transporté hors de soi (par une émotion violente). *Ivre d'orgueil.*

ivresse n. f. ▪ **1** État d'une personne ivre ; intoxication par l'alcool, causant des perturbations dans l'adaptation nerveuse et la coordination motrice. → **ébriété. 2** État d'euphorie ou d'exaltation.

ivrogne adj. et n. ▪ Qui a l'habitude de s'enivrer et en témoigne par son comportement. → **alcoolique.** ◂ loc. *Serment d'ivrogne,* qui ne sera pas tenu. ► **ivrognerie** n. f.

ixia n. f. ▪ bot. Plante monocotylédone voisine de l'iris. *Des ixias.*

ixième adj. ▪ Qui occupe un rang indéterminé et élevé. → **nième.**

ixode n. m. ▪ zool. Acarien, dont l'espèce la plus commune est la tique du chien.

J

j [ʒi] n. m. ▪ Dixième lettre, septième consonne de l'alphabet. ◂ loc. *Le jour* J.*

jabadao n. m. ▪ Danse bretonne à figures.

jabiru n. m. ▪ Oiseau des régions chaudes, proche de la cigogne.

jable n. m. ▪ techn. Rainure pratiquée dans les douves d'un tonneau pour fixer les fonds. ♦ Partie de la douve en saillie sur le fond du tonneau.

jabler v. tr. [1] ▪ techn. Faire le jable de (une douve, un tonneau).

jabloir n. m. et **jabloire** n. f. ▪ techn. Rabot pour jabler. – syn. **jablière** n. f.

jaborandi n. m. ▪ Arbre exotique dont les feuilles contiennent la pilocarpine.

jabot n. m. ▪ **1** Poche de l'œsophage des oiseaux, où les aliments séjournent. **2** Ornement (de dentelle...) du col d'une chemise, qui s'étale sur la poitrine.

jaboter v. intr. [1] ▪ fam., vieilli Bavarder.

jacaranda n. m. ▪ Arbre d'Amérique tropicale à bois recherché.

jacassement n. m. ▪ **1** Cri de la pie. **2** Bavardage bruyant. – syn. **jacasserie** n. f.

jacasser v. intr. [1] ▪ **1** (pie) Pousser son cri. **2** Parler beaucoup et d'une voix criarde. ▸ **jacasseur, euse** adj. et n.

jacée n. f. ▪ Plante à fleurs mauves.

jachère n. f. ▪ État d'une terre labourable qu'on laisse temporairement reposer ; cette terre. ◂ fig. *Laisser qqn, qqch. en jachère,* ne pas en tirer parti.

jacinthe n. f. ▪ Plante à bulbe, à fleurs en grappe colorée et parfumée.

jack [(d)ʒak] n. m. ▪ anglic., techn. Fiche mâle, comportant plusieurs points de contact.

jackpot [(d)ʒakpɔt] n. m. ▪ Combinaison gagnante qui déclenche un mécanisme envoyant au joueur l'argent accumulé dans une machine à sous ; cet argent.

jacobin, ine ▪ **1** n. m. vx Dominicain. **2** n. m. hist. Membre de la société révolutionnaire des Jacobins (établie à Paris dans un ancien couvent de jacobins). ♦ n. fig. Républicain intransigeant, partisan d'un État centralisé. ◂ adj. *Politique jacobine.*

jacobinisme n. m. ▪ Doctrine des Jacobins.

jaconas [-ɑ] n. m. ▪ anciennt Fine étoffe de coton.

jacquard n. m. ▪ **1** Métier à tisser conçu par Jacquard. **2** Tricot à dessins géométriques multicolores. ◂ adj. invar. *Pulls jacquard.*

jacquemart n. m. → **jaquemart**

jacquerie n. f. ▪ hist. Révolte paysanne.

jacquet n. m. ▪ Jeu voisin du trictrac.

jacquier n. m. → **jaquier**

jacquot n. m. ▪ Perroquet gris cendré.

① **jactance** n. f. ▪ littér. Arrogance, vanité.

② **jactance** n. f. ▪ fam. et vieilli Bavardage ; bagout.

jacter v. intr. [1] ▪ fam. Parler, bavarder.

jaculatoire adj. ▪ relig. *Oraison jaculatoire :* prière courte et fervente.

jacuzzi [ʒakyzi] n. m. (nom déposé) ▪ anglic. Bassin ou baignoire muni(e) d'un dispositif qui provoque des remous dans l'eau.

jade n. m. ▪ **1** Pierre fine très dure, d'un vert plus ou moins foncé. **2** Objet en jade.

jadéite n. f. ▪ minér. Variété de jade, silicate d'aluminium et de sodium.

jadis [-is] adv. ▪ Dans le temps passé. → **autrefois.** ◂ adj. *Au temps jadis.*

jaguar [-gwa-] n. m. ▪ Félin d'Amérique du Sud à pelage fauve tacheté de noir.

jaillir v. intr. [2] ▪ **1** (liquide...) Sortir, s'élancer en un jet subit et puissant. ♦ par analogie *Des rires jaillissaient.* → **fuser. 2** Apparaître, se manifester soudainement. → **surgir.** *Idée qui jaillit.* ▸ **jaillissant, ante** adj. ▸ **jaillissement** n. m.

jaïn [ʒain] ou **jaïna** adj. et n. ▪ Qui appartient au jaïnisme. ◂ n. *Les jaïns.* – var. **djaïn** ou **djaïna.**

jaïnisme n. m. ■ Religion hindoue qui prône la non-violence envers tout ce qui vit. - var. **djaïnisme.**

jais n. m. ■ Variété de lignite dure, d'un noir luisant. ➝ *Des yeux de jais,* très noirs.

jalap [-ap] n. m. ■ Plante d'Amérique qui contient une résine utilisée comme purgatif ; cette résine.

jalon n. m. ■ **1** Tige qu'on plante en terre pour prendre un alignement, déterminer une direction. **2** fig. Ce qui sert à situer, diriger. ➝ loc. *Poser des jalons :* faire les premières démarches, préparer une action.

jalonner v. [1] ■ **I** v. intr. Planter des jalons. **II** v. tr. **1** Marquer la direction, les limites de (qqch.) au moyen de jalons, de repères. **2** (sujet chose) Marquer en se suivant (comme des jalons). *Les succès jalonnent sa carrière.* ► **jalonnement** n. m.

jalousement adv. ■ Avec jalousie.

jalouser v. tr. [1] ■ Être jaloux (2) de.

① **jalousie** n. f. ■ **1** Sentiment hostile éprouvé en voyant autrui jouir d'un avantage qu'on ne possède pas ou qu'on voudrait posséder seul. → **dépit, envie. 2** Sentiment douloureux que font naître un amour inquiet, le désir de possession de la personne aimée, la crainte de son infidélité.

② **jalousie** n. f. ■ **1** vx Treillis de bois ou de métal au travers duquel on peut voir sans être vu. **2** Volet à lames orientables.

jaloux, ouse adj. ■ **1** littér. *JALOUX DE qqch.,* très attaché à. *Être jaloux de son indépendance.* ➝ loc. *Avec un soin jaloux :* avec une vigilance particulière. **2** Qui éprouve de la jalousie (①). ➝ n. *Sa réussite fait des jaloux.*

jamais adv. de temps ■ **I** sens positif En un temps quelconque, un jour. *Elle est plus belle que jamais.* ➝ loc. adv. *À (TOUT) JAMAIS ; POUR JAMAIS :* pour toujours. **II** sens négatif **1** (avec *ne*) En aucun temps, à aucun moment. ➝ loc. *On ne sait jamais :* on ne sait pas ce qui peut arriver. **2** (sans *ne*) À aucun moment. ➝ *Jamais de la vie :* certainement pas. ➝ *C'est le moment ou jamais (de...),* il faut agir.

jambage n. m. ■ Trait vertical des lettres *m, n* et *u.* ➝ Trait vertical du *p,* du *q.*

jambe n. f. ■ **1** anat. Partie de chacun des membres inférieurs de l'homme, qui s'étend du genou au pied. ♦ cour. Cette partie, ou le membre inférieur tout entier (y compris la cuisse). ➝ en sport *Jeu de jambes :* aptitude à mouvoir les jambes. ♦ loc. *Courir, s'enfuir à toutes jambes,* le plus vite possible. ➝ *Prendre ses jambes à son cou*.* ➝ fam. *Tenir la jambe à qqn,* le retenir en lui parlant. ➝ *Traiter qqn par-dessus la jambe,* de façon désinvolte. ➝ *Partie de jambes en l'air :* ébats sexuels. ➝ iron. *Cela me fait une belle jambe :* cela ne me sert à rien. **2** par analogie *Jambe de bois,* adaptée au moignon d'un amputé. → **pilon. 3** Patte des quadrupèdes. **4** Partie (d'un pantalon) qui couvre la jambe. **5** Branche (d'un compas).

jambier, ière adj. ■ anat. Relatif à la jambe.

jambière n. f. ■ Pièce qui enveloppe et protège la jambe.

jambon n. m. ■ **1** Cuisse (ou épaule) de porc préparée (par salaison ou cuisson) pour être conservée. **2** fam. Cuisse.

jambonneau n. m. ■ Petit jambon fait avec la partie inférieure de la jambe du porc.

jambonnette n. f. ■ Préparation de viande présentée roulée comme un petit jambon.

jamboree [ʒɑ̃bɔʀe ; ʒambɔʀi] n. m. ■ anglic. Réunion internationale de scouts.

jambose n. f. ■ Fruit du jambosier. - syn. **jamerose.**

jambosier n. m. ■ Arbre exotique à grosses baies rouges comestibles. - syn. **jamerosier.**

jam-session [dʒam-] n. f. ■ anglic. Réunion de musiciens de jazz qui improvisent. → **bœuf** (II). *Des jam-sessions.*

jangada n. f. ■ Radeau très léger, au Brésil.

janissaire n. m. ■ hist. Soldat d'élite de l'infanterie ottomane.

jansénisme n. m. ■ Doctrine de Jansénius ; mouvement religieux et intellectuel animé par ses partisans. ♦ par ext. Morale austère, rigoriste. ► **janséniste** adj. et n.

jante n. f. ■ Cercle qui constitue la périphérie d'une roue de véhicule, etc.

janvier n. m. ■ Premier mois de l'année.

japon n. m. ■ Papier de couleur ivoire.

japonais, aise adj. et n. ■ Du Japon. → **nippon.** ➝ n. *Les Japonais.* ♦ n. m. *Le japonais* (langue).

japonaiserie n. f. ■ Objet d'art, bibelot de style japonais.

japonisant, ante ■ **1** n. Spécialiste de la langue et de la civilisation japonaises. **2** adj. Inspiré par le Japon.

japonisme n. m. ■ Influence japonaise sur l'art occidental.

japper v. intr. [1] ■ Pousser des aboiements aigus et clairs. → **glapir.** *Chiot qui jappe.* ➝ Crier (chacal). ► **jappement** n. m.

jaque n. m. ■ Fruit du jaquier.

jaquemart ou **jacquemart** n. m. ■ Automate muni d'un marteau, qui frappe les heures d'une horloge monumentale.

① **jaquette** n. f. ■ **1** Vêtement masculin de cérémonie à pans descendant aux genoux. **2** vieilli Veste de femme à basques.

② **jaquette** n. f. ■ **1** Chemise protégeant la couverture (d'un livre...). **2** Couronne dentaire en céramique ou en résine.

jaquier ou **jacquier** n. m. ■ Arbre des régions tropicales, voisin de l'arbre à pain.

jardin n. m. ■ **1** Terrain, généralement clos, où l'on cultive des végétaux utiles ou d'agrément. ◆ *Jardin à la française,* aux parties symétriques. *Jardin anglais,* imitant la nature. ◆ loc. *C'est une pierre dans son jardin,* une attaque voilée. **2** *Jardin d'hiver :* pièce formant serre. **3** *Jardin japonais :* vasque contenant un jardin miniature. **4** *Jardin d'enfants :* établissement privé pour enfants d'âge préscolaire. **5** fig. *Jardin secret :* domaine des sentiments, des pensées les plus intimes.

jardinage n. m. ■ Culture des jardins.

jardiner v. intr. [1] ■ Cultiver, entretenir un jardin en amateur.

jardinerie n. f. ■ Magasin où l'on vend tout ce qui concerne le jardin.

jardinet n. m. ■ Petit jardin.

jardinier, ière ■ **I 1** n. Personne qui cultive les jardins. **2** n. f. *Jardinière d'enfants :* éducatrice d'un jardin* d'enfants. **II** adj. Relatif aux jardins.

jardinière n. f. ■ **I** Meuble où l'on fait pousser des plantes d'agrément. **II** Mélange de légumes cuits (carottes, petits pois...).

jargon n. m. ■ **1** Langage déformé, fait d'éléments disparates. ◆ par ext. Langage incompréhensible. **2** Façon de s'exprimer propre à un groupe, une activité. → **argot.**

jargonaphasie n. f. ■ méd. Forme d'aphasie qui rend le discours incompréhensible.

jargonner v. intr. [1] ■ Parler un jargon ; s'exprimer de façon peu intelligible.

jargonneux, euse adj. ■ Qui est écrit dans un jargon.

jarosse n. f. ■ Gesse des régions méditerranéennes. – syn. **jarousse.**

jarre n. f. ■ Grand récipient de forme ovoïde, en grès, en terre cuite, etc.

jarret n. m. ■ **1** Région postérieure du genou humain. → creux **poplité. 2** Endroit analogue, chez les ongulés. ◆ Partie inférieure de la noix et de l'épaule, en boucherie. *Jarret de veau.*

jarretelle n. f. ■ Bande élastique d'un porte-jarretelles, terminée par une attache.

jarretière n. f. ■ Cordon, bande élastique destinée à fixer les bas en les entourant.

jars n. m. ■ Mâle de l'oie domestique.

①**jas** n. m. ■ mar. Barre transversale d'une ancre.

②**jas** n. m. ■ région. Bergerie, dans les Alpes et le midi de la France.

jaser v. intr. [1] ■ **1** vieilli Parler sans arrêt. **2** Parler avec indiscrétion, ou de manière médisante. → **cancaner, médire. 3** → **gazouiller.** ► **jaseur, euse** adj. et n.

jaseran n. m. ■ anciennt Chemise de mailles. – syn. **jaseron.**

jasette n. f. ■ (Canada) fam. Conversation, discussion. *Faire la jasette.*

jasmin n. m. ■ **1** Arbuste vivace à fleurs jaunes ou blanches très odorantes. ◆ Ces fleurs. **2** Parfum extrait de cette fleur.

jaspe n. m. ■ **1** Roche siliceuse, souvent rouge, présentant des taches ou des bandes colorées. **2** Objet d'art en jaspe.

jaspé, ée adj. ■ Bigarré comme le jaspe.

jasper v. tr. [1] ■ Donner un aspect jaspé à.

jaspiner v. [1] ■ fam. Parler, bavarder.

jaspure n. f. ■ Aspect de ce qui est jaspé.

jass [jas] n. m. ■ (Suisse) Jeu de cartes d'origine hollandaise. – var. **yass.**

jatte n. f. ■ Récipient de forme arrondie, très évasé, sans rebord ni anse.

jauge n. f. ■ **1** Capacité que doit avoir un récipient déterminé. ◆ mar. Capacité d'un navire, exprimée en tonneaux. → **tonnage. 2** Instrument étalonné (baguette, règle...) qui sert à mesurer la contenance d'un récipient ou le niveau de son contenu.

jauger v. [3] ■ **I** v. tr. **1** Mesurer ou contrôler (un récipient...) avec une jauge. **2** fig. Apprécier, évaluer. **II** v. intr. **1** Avoir un tirant d'eau de. *Péniche jaugeant un mètre.* **2** (navire) Avoir une jauge de. ► **jaugeage** n. m.

jaugeur, euse n. ■ techn. **1** Personne employée à jauger. **2** n. m. Appareil à jauger.

jaunâtre adj. ■ Qui tire sur le jaune.

jaune ■ **I** adj. **1** Qui est d'une couleur placée dans le spectre entre le vert et l'orangé et dont la nature offre de nombreux exemples (soufre, citron...). **2** Qui est jaune (1) ou tire sur le jaune, par rapport à qqch. de même nature mais d'une autre couleur. ◆ loc. *Le métal jaune :* l'or. **II** n. m. **1** Une des sept couleurs fondamentales du spectre solaire, placée entre le vert et l'orangé. **2** Matière colorante jaune. **3** Partie jaune (de qqch.). *Jaune d'œuf* (opposé à *blanc*). **III** n. **1** (emploi raciste) Asiatique. **2** Personne qui refuse de prendre part à une grève. **IV** adv. *Rire jaune,* d'un rire forcé.

jaunir v. [2] ■ **I** v. tr. Rendre jaune ; colorer de jaune. **II** v. intr. Devenir jaune. ► **jaunissant, ante** adj. ► **jaunissement** n. m.

jaunisse n. f. ■ Synonyme courant de *ictère.* ◆ fig., fam. *Faire une jaunisse de qqch.,* en éprouver un violent dépit.

①**java** n. f. ■ Danse de bal musette à trois temps, assez rapide. ◆ Air, musique qui l'accompagne. ◆ loc. fam. *Faire la java :* faire la fête.

②**java** n. m. ■ inform. Langage de programmation utilisé dans la conception des pages web.

① **javanais, aise** adj. et n. ▪ De l'île de Java. ♦ n. m. Groupe de langues indonésiennes parlées à Java et à Sumatra.

② **javanais** n. m. ▪ Argot qui intercale dans les mots les syllabes *va* ou *av*.

javeau n. m. ▪ Île de sable, de limon, formée par le débordement d'un cours d'eau.

eau de **Javel** n. f. ▪ Mélange de dérivés du chlore en solution aqueuse, utilisé comme détergent, décolorant et antiseptique.

javeler v. tr. 4 ▪ agric. Mettre en javelles. ► **javelage** n. m.

javeleur, euse n. ▪ **1** Personne qui met les moissons en javelles. **2** n. f. Machine à javeler le blé.

javeline n. f. ▪ Javelot léger (arme de jet).

javelle n. f. ▪ Brassée de céréales qu'on laisse sur place avant de les mettre en gerbe.

javelliser v. tr. 1 ▪ Stériliser au moyen d'eau de Javel. ► **javellisation** n. f.

javelot n. m. ▪ **1** Arme de jet assez longue et lourde. **2** Instrument de lancer en forme de lance employé en athlétisme.

jazz [dʒaz] n. m. ▪ Musique issue de la musique profane des Noirs des États-Unis, caractérisée notamment par son articulation du rythme et du phrasé **(→ swing).**

jazzman [dʒazman] n. m. ▪ anglic. Musicien de jazz. *Des jazzmans* ou *des jazzmen* [-mɛn].

jazzy [dʒazi] adj. invar. ▪ Du jazz ; qui évoque le jazz. *Un style jazzy.*

je pron. pers. ▪ **1** Pronom personnel sujet de la première personne du singulier des deux genres. *Je parle. J'entends.* ◆ REM. En cas d'inversion, le *e* devient muet : *où suis-je ?* [usɥiʒ]. ◆ (renforcé par moi) *Moi, j'y crois.* **2** n. m. invar. *Employer le «je» dans un récit.*

jean [dʒin] n. m. ▪ **1** Pantalon de toile très solide (bleu à l'origine **→ blue-jean**). *Un jean* ou *un jeans.* **2** Toile servant notamment à confectionner ces pantalons.

jean-foutre [ʒɑ̃-] n. m. invar. ▪ fam. **1** vx Gredin. **2** Individu incapable.

jean-le-blanc [ʒɑ̃-] n. m. invar. ▪ Rapace à plumage en partie blanc.

① **jeannette** n. f. ▪ Planchette à repasser.

② **jeannette** n. f. ▪ Petite fille appartenant au scoutisme catholique.

jeep [(d)ʒip] n. f. ▪ Automobile tout-terrain à quatre roues motrices.

jéjunum [-ɔm] n. m. ▪ anat. Deuxième partie de l'intestin grêle, avant l'iléon. ► **jéjunal, ale, aux** adj.

jello [dʒɛ-] n. m. ▪ (Canada) anglic. Gelée sucrée et aromatisée.

je-m'en-fichisme n. m. ▪ fam. Attitude indifférente envers ce qui devrait intéresser ou préoccuper. – syn. **je-m'en-foutisme.** ► **je-m'en-fichiste** adj. et n. – syn. **je-m'en-foutiste.**

je-ne-sais-quoi n. m. invar. ▪ Chose qu'on ressent et qu'on ne peut définir ou exprimer.

jenny n. f. ▪ techn. Machine à filer le coton. **→ mule-jenny.** *Des jennys.*

jérémiade n. f. ▪ fam. Plainte sans fin.

jerez n. m. **→ xérès**

jerk [(d)ʒɛʀk] n. m. ▪ anglic. Danse dans laquelle tout le corps est agité de secousses rythmées.

jéroboam [-bɔam] n. m. ▪ Grosse bouteille contenant trois litres.

jerrycan [(d)ʒeʀikan] n. m. ▪ anglic. Bidon à poignée, d'environ 20 litres.

jersey n. m. ▪ Tissu très souple à mailles toujours semblables sur une même face. *Jersey de laine.* ◆ *Point de jersey* (au tricot).

jésuite ▪ **I 1** n. m. Membre de la Compagnie de Jésus. **2** adj. Se dit d'un style d'architecture baroque (XVIIe siècle). **II** n. péj. Personne qui recourt à des astuces hypocrites. ◆ adj. *Air jésuite.* **→ hypocrite.**

jésuitique adj. ▪ péj. **1** Propre aux jésuites. **2** D'un jésuite (II). **→ hypocrite.**

jésuitisme n. m. ▪ péj. **1** Système moral reproché aux jésuites. **2** Attitude, conduite jésuitique (2). **→ hypocrisie.**

jésus ▪ **I** interj. Marquant la surprise, etc. *Jésus !* **II** n. m. Représentation de Jésus enfant. **III** n. m. Gros saucisson court.

① **jet** [ʒɛ] n. m. ▪ **I 1** Action de jeter ; trajectoire d'une chose lancée. ◆ (Distance) *À un jet de pierre.* **2** loc. *D'un seul jet, d'un jet* : d'un coup. ◆ *Premier jet* : première expression d'une œuvre. **II 1** Mouvement par lequel une chose jaillit avec force. *Jet de vapeur.* **2** *Jet d'eau* : gerbe d'eau jaillissante. ◆ abusivt Tuyau d'arrosage. **3** Rayons qui jaillissent. *Jet de lumière.* **4** Nouvelle pousse (d'un arbre). **→ rejet.**

② **jet** [dʒɛt] n. m. ▪ anglic. Avion à réaction.

jetable adj. ▪ Destiné à être remplacé.

① **jeté** n. m. ▪ **1** danse Saut lancé par une jambe et reçu par l'autre. **2** sports **→ épaulé-jeté.** **3** Tissu que l'on étend sur un meuble en guise d'ornement. *Jeté de lit.*

② **jeté, ée** adj. ▪ fam. Fou, cinglé.

jetée n. f. ▪ Chaussée qui s'avance dans l'eau. **→ digue, estacade, môle.**

jeter v. tr. 4 ▪ **I** Envoyer (qqch.) à quelque distance de soi. **1** Lancer. *Jeter une pierre.* ◆ (vers le bas) *Jeter l'ancre.* **2** Disposer dans l'espace, d'un point à un autre. *Jeter une passerelle sur un fossé.* ♦ Établir, poser. *Jeter les bases d'une société.* **3** Abandonner, rejeter comme encombrant ou inutile. *Vieux papiers bons à jeter.* **4** Déposer, mettre avec vivacité ou sans soin. *Jeter une lettre à la boîte.* ◆ fig. *Jeter une idée sur le papier,* noter rapidement. **5** → **répandre, semer.** *Jeter l'épouvante.* **II 1** Diriger (une partie du corps). *Elle lui jeta ses bras autour du cou.* **2** Faire sortir de soi. → **émettre.** *Jeter un cri.* **III 1** Pousser, diriger avec force. *Jeter qqn dehors,* le mettre à la porte. **2** fig. → **plonger.** *Jeter qqn dans le désarroi.* ▷ v. pron. **se jeter 1** Sauter, se laisser tomber. *Se jeter à l'eau* (fig. prendre une décision audacieuse). **2** → s'**élancer,** se **précipiter.** *Se jeter dans les bras de qqn.* **3** fig. S'engager avec fougue (dans). **4** (cours d'eau) Déverser ses eaux. *Les rivières qui se jettent dans la Seine.*

jeteur, euse n. ■ *Jeteur, jeteuse de sort :* sorcier, sorcière qui jette un sort.

jet-lag [dʒɛtlag] n. m. ■ anglic. Troubles dus au décalage horaire, qui suivent les longs voyages aériens.

jeton n. m. ■ **1** Pièce plate représentant une valeur, servant de marque, etc. **2** *JETON DE PRÉSENCE :* honoraires des membres d'un conseil d'administration. **3** fam. *Un(e) faux jeton* [foʃtɔ̃] : un(e) hypocrite. **4** fam. Coup. **5** loc. fam. *Avoir les jetons :* avoir peur.

jet-set [dʒɛtsɛt] n. f. ou m. ■ anglic. Ensemble des personnalités de la vie mondaine internationale (qui voyagent beaucoup en avion). ▶ **jet-setter** [dʒɛtsetœʀ] n. m. ou **jet-setteur, euse** [dʒɛtsetœʀ, øz] n.

jet-ski [dʒɛt-] n. m. ■ anglic. Petite embarcation à moteur se pilotant debout ; sport ainsi pratiqué.

jet-stream [dʒɛtstʀim] n. m. ■ anglic., météorol. Courant aérien rapide (zones subtropicales).

jettatura [dʒetatuʀa] n. f. ■ Mauvais œil, en Italie du Sud.

jeu n. m. ■ **I 1** Activité physique ou mentale dont le but essentiel est le plaisir qu'elle procure. → **amusement, divertissement, récréation ; ludique.** **2** Activité qui présente un ou plusieurs caractères du jeu (gratuité, futilité, facilité...). ◆ *Jeu de mots :* allusion plaisante fondée sur l'équivoque de mots qui ont une ressemblance phonétique **(→ calembour).** **3** *Jeu d'écriture :* opération comptable purement formelle. **II 1** Cette activité, organisée par des règles définissant un succès et un échec, un gain et une perte. ◆ loc. *JOUER LE JEU :* se conformer aux règles (du jeu, et fig. d'une activité). **2** au plur. Antiq. Compétitions sportives. ◆ *Jeux olympiques**. **3** *LE JEU :* les jeux où l'on risque de l'argent **(→ jouer ; joueur).** *Se ruiner au jeu.* ♦ (dans des expr.) Argent joué, mise. *Jouer gros jeu* (fig. prendre de grands risques). **4** Partie qui se joue. *Suivre le jeu.* ♦ loc. fig. *Entrer en jeu.* → **intervenir.** ◆ *Être EN JEU,* en cause, en question. ◆ *Se prendre, se piquer AU JEU :* se laisser passionner ; s'obstiner. **5** hist. littér. Pièce de théâtre en vers, au Moyen Âge. **III** (Ce qui sert à jouer) **1** Instruments du jeu. *Jeu de 52 cartes.* **2** Assemblage de cartes qu'un joueur a en main. **3** Série complète d'objets de même nature et d'emploi analogue. **IV 1** Manière dont on joue. *Un jeu habile.* ◆ fig. *Jouer DOUBLE JEU :* agir de deux façons différentes pour tromper. *Jouer franc* jeu.* **2** Façon de jouer d'un instrument, etc. *Le jeu d'un violoniste.* **3** Manière de jouer un rôle. → **interprétation.** ◆ loc. *Jouer le grand jeu :* utiliser tous ses talents pour séduire. ◆ *VIEUX JEU :* démodé, archaïque. **4** *Jeu de,* manière de mettre en œuvre. *Jeu de physionomie.* ◆ *Jeu de lumière ; jeu d'eau* (à effet esthétique). **V 1** Mouvement aisé, régulier d'un mécanisme, etc. *Le jeu des muscles.* **2** Espace libre ou défaut de serrage.

jeudi n. m. ■ Quatrième jour de la semaine, qui succède au mercredi. ◆ loc. fam. *La semaine des quatre jeudis :* jamais.

à **jeun** [-ʒœ̃] loc. adv. ■ Sans avoir mangé.

jeune ■ **I** adj. Peu avancé en âge (opposé à *vieux*). **1** (personnes) Qui est dans la jeunesse. **2** (animaux) *Jeune chat.* ◆ (plantes) *Jeune chêne.* **3** (choses) Nouveau, récent. *Une industrie jeune.* **4** (qualifiant une période) *Nos jeunes années.* **5** Qui a les caractères de la jeunesse. *Rester jeune.* **6** Qui convient à la jeunesse. *Une coiffure jeune.* ◆ adv. *S'habiller jeune.* **7** Qui est nouveau (dans un état...). *Jeunes mariés.* **8** fam. → **insuffisant, léger.** *C'est un peu jeune !* **II** n. Personne jeune. *Les jeunes.* → **adolescent ; jeunesse.**

jeûne n. m. ■ Privation volontaire de toute nourriture. → **abstinence ; diète.**

jeûner v. intr. [1] ■ Se priver de nourriture ou en être privé ; rester à jeun.

jeunesse n. f. ■ **I 1** Temps de la vie entre l'enfance et la maturité. **2** Fait d'être jeune ; état d'une personne jeune. ♦ Ensemble de caractères attribués à la jeunesse. *Jeunesse de cœur.* **II 1** Les personnes jeunes. prov. *Si jeunesse savait, si vieillesse pouvait :* si les jeunes avaient l'expérience et les vieux la vigueur. **2** fam., vieilli Fille ou femme très jeune. **3** au plur. Mouvement de jeunes gens. *Les jeunesses communistes.*

jeunet, ette adj. ■ fam. Bien jeune.

jeûneur, euse n. ■ Personne qui jeûne.

jeunisme n. m. ■ **I** Discrimination envers les jeunes. **II** Culte des valeurs associées à la jeunesse (beauté, etc.). ▶ **jeuniste** adj.

jeunot, otte adj. ■ fam. Jeune.

jihad ; jihadiste → **djihad ; djihadiste**

jingle [dʒingœl] n. m. ■ anglic. Court motif sonore répétitif. – recomm. off. *sonal.*

jiu-jitsu n. m. ■ Technique japonaise de combat sans armes, d'où dérive le judo. – var. **ju-jitsu.**

JO [ʒio] n. m. pl. (sigle) ■ Jeux olympiques*.

joaillerie n. f. ■ **1** Art de monter les pierres précieuses ou fines pour en faire des joyaux. **2** Métier, commerce, atelier du joaillier.

joaillier, ière n. ■ Personne qui fabrique ou vend des joyaux. → **bijoutier.**

job [dʒɔb] n. m. ■ anglic., fam. Travail rémunéré.

jobard, arde adj. et n. ■ Crédule jusqu'à la bêtise. ► **jobarderie** et **jobardise** n. f.

jocasse n. f. ■ région. Litorne.

jockey n. ■ Personne dont le métier est de monter les chevaux dans les courses.

jocrisse n. m. ■ vx Benêt, nigaud.

jodhpur n. m. ■ anglic. Pantalon de cheval serrant la jambe du genou au pied.

jodler → **iodler**

jogger [dʒɔgœʀ] n. m. ou **joggeur, euse** [dʒɔgœʀ, øz] n. ■ anglic. Personne qui pratique le jogging.

jogging [(d)ʒɔgiŋ] n. m. ■ anglic. **1** Course à pied faite par exercice. **2** Survêtement.

johannique adj. ■ didact. Relatif à l'apôtre Jean.

joie n. f. ■ **1** Émotion agréable et profonde, sentiment exaltant ressenti par toute la conscience. *Joie extrême.* → **allégresse, jubilation, ravissement.** **2** Cette émotion, liée à une cause particulière. *C'est une joie de vous revoir.* ◆ au plur. *Les joies de la vie.* → **agrément, douceur, plaisir.**

joignable adj. ■ Que l'on peut joindre (I, 5).

joindre v. [49] ■ **I** v. tr. **1** Mettre (des choses) ensemble, de façon qu'elles se touchent ou tiennent ensemble. *Joindre les mains.* – loc. fig. *Joindre les deux bouts* : équilibrer son budget. **2** (sujet chose) Mettre en communication. → **relier.** **3** Mettre ensemble. *Joignons nos efforts.* **4** *JOINDRE À* : mettre avec. → **ajouter.** – loc. *Joindre l'utile à l'agréable.* **5** Entrer en communication avec (qqn). *Il est difficile à joindre.* **II** v. intr. Se toucher sans laisser d'interstice. *Planches qui joignent bien* (→ **jointif**). ▷ v. pron. **se joindre** *Se joindre en un tout.* ◆ *SE JOINDRE À* : se mettre avec, s'associer à.

① **joint, jointe** adj. ■ **1** Qui est, qui a été joint. *Les pieds joints.* – *Compte joint* : compte bancaire qui a plusieurs titulaires. *Fichier joint* (à un courrier électronique). → **attaché.** **2** *CI-JOINT, CI-JOINTE* : joint ici même (→ ci-inclus). *Les documents ci-joints.* – (invar. avant le nom) *Ci-joint la copie.*

② **joint** n. m. ■ **1** Espace qui subsiste entre des éléments joints. *Joints d'une fenêtre.* **2** Articulation entre deux pièces. *Joint de cardan*.* **3** Garniture assurant l'étanchéité. *Joint de robinet.* **4** loc. *Chercher, trouver le joint,* le moyen de résoudre une difficulté.

③ **joint** n. m. ■ anglic., fam. Cigarette de haschisch.

jointif, ive adj. ■ techn. Qui est joint, qui est en contact par les bords.

jointoyer v. tr. [8] ■ techn. Remplir les joints de (une maçonnerie) avec du mortier. ► **jointoiement** n. m.

jointure n. f. ■ **1** Endroit où les os se joignent. → **articulation.** **2** Endroit où deux parties, deux choses se joignent.

joint-venture [dʒɔjntvɛntʃœʀ] n. f. ■ anglic., écon. → **coentreprise** (recommandation offic.). *Des joint-ventures.*

① **jojo** adj. invar. ■ fam. Joli, agréable. *C'est pas jojo, tout ça !*

② **jojo** n. m. ■ fam. *Affreux jojo* : enfant, jeune homme insupportable.

jojoba n. m. ■ Arbuste des déserts américains dont on tire une huile utilisée en pharmacie.

joker [-ɛʀ] n. m. ■ Carte à jouer à laquelle on est libre d'attribuer une valeur.

joli, ie adj. ■ **1** Très agréable à voir. → **gracieux, mignon.** ◆ Très agréable à entendre. **2** fam. Assez réussi ou important. *Une jolie somme.* → **coquet.** *Un joli succès.* **3** iron. *Un joli coco* : un individu peu recommandable. ◆ n. m. *C'est du joli !*, c'est mal.

joliesse n. f. ■ Caractère de ce qui est joli.

joliment adv. ■ **1** D'une manière jolie, agréable. **2** Très, beaucoup. → fam. **rudement.**

jonc [ʒɔ̃] n. m. ■ **1** Plante des terrains humides, à hautes tiges droites et flexibles ; sa tige. **2** Canne, badine (de jonc, etc.). **3** Bague, bracelet de grosseur uniforme.

jonchaie n. f. ■ Lieu où poussent des joncs. → **joncheraie, jonchère.**

① **jonchée** n. f. ■ littér. Amas (de branchages, de fleurs, etc.) jonchant le sol.

② **jonchée** n. f. ■ Fromage frais présenté dans un petit panier de jonc.

joncher v. tr. [1] ■ **1** Parsemer (un lieu) de branchages, de fleurs, etc. **2** (le sujet désigne les choses éparses) → **couvrir.**

joncheraie n. f. ■ région. → **jonchaie, jonchère.**

jonchère n. f. ■ région. **1** Lieu où poussent des joncs. → **jonchaie.** **2** Grosse touffe de joncs sur pied.

jonchet n. m. ■ Chacun des bâtonnets jetés en tas que l'on joue à retirer, avec un crochet, sans faire bouger les autres.

jonction n. f. ■ Action de joindre (des choses), de se joindre ; fait d'être joint. *Point de jonction.* ◆ Endroit où des choses se joignent. *À la jonction des deux routes.*

jongler v. intr. [1] ■ **1** Lancer en l'air plusieurs objets qu'on reçoit et relance alternativement. **2** fig. *Jongler avec* : manier de façon adroite et désinvolte.

jonglerie n. f. ■ **1** Art du jongleur. **2** fig. (souvent péj.) Exercice de virtuosité.

jongleur, euse n. ■ **1** anciennt Ménestrel. **2** Personne dont le métier est de jongler.

jonque n. f. ■ Voilier d'Extrême-Orient, dont les voiles sont tendues par des lattes horizontales de bambou.

jonquille n. f. ■ Variété de narcisse à fleurs jaunes et odorantes ; cette fleur.

① **jota** [xɔta] n. f. ■ Danse d'Aragon.

② **jota** [xɔta] n. f. ■ Consonne gutturale [x], notée *j*, du castillan (langue).

jouabilité n. f. ■ inform. Qualité de maniabilité, d'ergonomie (d'un jeu vidéo).

jouable adj. ■ Qui peut être joué ou tenté.

joual n. m. ■ Français populaire canadien, marqué par des écarts phonétiques, lexicaux et des anglicismes.

jouasse adj. ■ fam. Joyeux, content.

joubarbe n. f. ■ Plante grasse à feuilles charnues en rosettes, à fleurs roses.

joue n. f. ■ **1** Partie latérale de la face s'étendant entre le nez et l'oreille, du dessous de l'œil au menton. ➛ allus. biblique *Tendre l'autre joue* : s'exposer volontairement à un second affront. ♦ loc. *Mettre, coucher* EN JOUE, viser avec un fusil, pour tirer. → **épauler.** **2** (animaux) *Joues du singe, du bœuf.*

jouée n. f. ■ techn. Épaisseur de mur dans l'ouverture d'une porte, d'une fenêtre.

jouer v. [1] ■ **I** v. intr. **1** Se livrer au jeu. → s'**amuser.** **2** Se comporter dans un jeu (de telle manière). *Elle joue très bien.* **3** Agir à son tour, lors d'une partie. *À vous de jouer* (fig. à vous d'agir). **4** Pratiquer les jeux d'argent (→ **joueur**). **5** Se servir d'un instrument de musique. **6** Exercer l'activité d'acteur. **7** (sujet chose) Exercer librement son action. *La lumière joue dans les rideaux.* ♦ *Meuble qui a joué,* dont l'assemblage ne joint plus exactement. ♦ Fonctionner à l'aise. *Faire jouer la clé dans la serrure.* **8** Intervenir ; entrer, être en jeu. *Le temps joue pour lui.* **II** v. intr. (+ prép.) **1** JOUER AVEC. *Jouer avec une poupée.* → s'**amuser.** ➛ Manier, pour s'amuser ou distraitement. *Ne jouez pas avec le feu.* ➛ fig. Exposer imprudemment. *Jouer avec sa santé.* **2** JOUER À (un jeu déterminé). *Jouer au tennis.* ➛ abstrait Affecter d'être. *Jouer au héros.* **3** JOUER SUR. *Jouer sur le cours des devises.* ➛ *Jouer sur les mots* (→ **jeu** de mots). **4** JOUER DE *qqch.* : se servir avec plus ou moins d'adresse de. *Jouer du couteau.* ♦ loc. *Jouer de malchance* : accumuler les ennuis. ♦ Exploiter, tirer parti de. *Jouer de son charme.* **III** v. tr. **1** Faire (une partie). *Jouer la revanche.* ➛ *Jouer un cheval,* miser sur lui. **2** Risquer au jeu. *Jouer une grosse somme.* **3** Tromper en ridiculisant. *Il vous a joué.* **4** Interpréter avec un instrument de musique. **5** Représenter ou interpréter sur scène ou à l'écran. ➛ fig. *Jouer l'étonné ; jouer la surprise.* → **feindre.** ▷ v. pron. **se jouer** **1** vx Jouer. ➛ mod. *Faire qqch. (comme) en se jouant,* très facilement. **2** SE JOUER DE : se moquer de. **3** passif *Ce jeu se joue à six.*

jouet n. m. ■ **1** Objet dont les enfants se servent pour jouer. **2** *Être le jouet de* : être entièrement réglé, gouverné par.

jouette adj. et n. f. ■ (Belgique) (Personne) qui ne pense qu'à jouer.

joueur, euse n. ■ **1** Personne qui joue (actuellement ou habituellement) à un jeu. ♦ adj. Qui aime jouer. **2** Personne qui joue à des jeux d'argent. **3** loc. (sens propre et fig.) *Beau joueur* : personne qui s'incline devant la victoire de l'adversaire. *Mauvais joueur,* qui accepte mal sa défaite. **4** Personne qui joue d'un instrument. *Joueur de flûte.*

joufflu, ue adj. ■ Qui a de grosses joues.

joug [ʒu] n. m. ■ **1** Pièce de bois qu'on met sur la tête des bœufs pour les atteler. **2** fig. Contrainte matérielle ou morale.

jouir v. tr. ind. [2] ■ JOUIR DE **I** **1** Tirer plaisir, agrément, profit de (qqch.). *Jouir de la vie.* ➛ dr. *Jouir d'un bien,* en percevoir les fruits (→ **jouissance, usufruit**). **2** absolt Éprouver le plaisir sexuel. **II** Avoir la possession de (qqch. ; un droit).

jouissance n. f. ■ **1** Plaisir que l'on goûte pleinement. ➛ spécialt Plaisir sexuel. → **orgasme.** **2** Action de se servir d'une chose, d'en tirer des satisfactions. → **usage.** ♦ dr. Fait de jouir (I, 1) d'un bien.

jouisseur, euse n. ■ Personne qui ne songe qu'aux plaisirs matériels de la vie.

jouissif, ive adj. ■ fam. Qui réjouit.

joujou n. m. ■ lang. enfantin **1** FAIRE JOUJOU : jouer. **2** vieilli Jouet. *Des joujoux.*

joule n. m. ■ Unité de mesure (symb. J) de travail, d'énergie et de quantité de chaleur.

jour n. m. ■ **I** (Clarté, lumière) **1** Clarté que le Soleil répand sur la Terre. *La lumière du jour.* ➛ loc. *C'est le jour et la nuit,* deux choses, deux personnes très opposées. ➛ fig. *Au grand jour* : aux yeux de tous. **2** loc. *Donner le jour à un enfant,* le mettre au monde. *Voir le jour* : naître. ➛ *Se faire jour* : apparaître, se montrer. ➛ *Sous un jour* (+ adj.) : sous un aspect particulier. **II** **1** Ouverture qui laisse passer le jour. **2** Ouverture décorative dans un tissu (→ **ajourer**). **III** **1** Espace de temps entre le lever et le coucher du soleil. → **journée ; diurne.** ➛ loc. *Nuit et jour ; jour et nuit* : sans arrêt. **2** Espace de temps qui s'écoule pendant une rotation de la Terre sur elle-même (24 heures). ♦ loc. UN JOUR : un certain jour (dans le passé ou dans l'avenir). ➛ *Jour après jour* : quotidiennement. ➛ *De jour en jour* : peu à peu. ➛ *D'un jour à l'autre* : dans peu de jours. ➛ DU JOUR :

du jour même. *Nouvelles du jour.* ◆ *Du jour au lendemain* : sans transition. ◆ *À JOUR* : en tenant compte des données du jour. *Des comptes à jour.* **3** Durée d'un jour. → **journée.** ◆ *Une fois, trois fois PAR JOUR.* → **quotidiennement.** ◆ *Vivre AU JOUR LE JOUR,* sans se préoccuper de l'avenir. **4** (Caractérisé par des événements...) → **journée.** *Jour férié.* ◆ *LE JOUR J,* fixé pour une opération (militaire...). ◆ *Être dans un bon (mauvais) jour,* de bonne (mauvaise) humeur. **5** Espace de temps, époque. ◆ *Le goût DU JOUR,* de l'époque. ◆ loc. adv. *DE NOS JOURS.* → **actuellement. 6** au plur. *LES JOURS.* → **vie.** *La fuite des jours.* ◆ *Vieux jours,* la vieillesse.

journal, aux n. m. ■ **I** comm. Registre de comptes. **II 1** Récit quotidien des événements ; écrit portant ce récit. *Journal intime. Journal en ligne.* → **blog.** ◆ *Journal de bord* (sur un navire). **2** Publication périodique. → **revue.** ♦ Publication quotidienne consacrée à l'actualité. → **quotidien.** ♦ L'administration, la direction, les bureaux d'un journal. *Écrire au journal.* **3** Bulletin quotidien d'information. *Journal parlé* (radiodiffusé), *télévisé.*

journalier, ière ■ **1** adj. Qui se fait chaque jour. → **quotidien. 2** n. Ouvrier, ouvrière agricole payé(e) à la journée.

journalisme n. m. ■ **1** Métier de journaliste. **2** Le style propre aux journaux.

journaliste n. ■ Personne qui collabore à la rédaction d'un journal (II, 2 ou 3).

journalistique adj. ■ Propre aux journaux.

journée n. f. ■ **1** Espace de temps qui s'écoule du lever au coucher du soleil. → **jour** (III). ◆ loc. *À longueur de journée* : continuellement. **2** *Journée (de travail),* travail effectué pendant une journée.

journellement adv. ■ **1** Chaque jour. → **quotidiennement. 2** Souvent.

joute n. f. ■ **1** anciennt Combat singulier à la lance et à cheval. **2** fig. → **lutte.** *Joute oratoire.* ► **jouter** v. intr. [1]

jouvence n. f. ■ *Fontaine de jouvence,* dont les eaux, selon la légende, redonnaient la jeunesse. ♦ fig. Source de jeunesse.

jouvenceau, elle n. ■ vx Adolescent(e).

jouxter v. tr. [1] ■ vx ou littér. Avoisiner.

jovial, ale, aux adj. ■ Plein de gaieté franche et communicative. ► **jovialement** adv. ► **jovialité** n. f.

jovien, enne adj. ■ didact. Relatif à la planète Jupiter. → **jupitérien.**

joyau n. m. ■ **1** Bijou de grande valeur. **2** fig. Chose rare et belle, de grande valeur.

joyeusement adv. ■ Avec joie.

joyeuseté n. f. ■ littér. Caractère joyeux. ♦ Propos, action qui amuse.

joyeux, euse adj. ■ **1** Qui éprouve de la joie. → **gai, heureux.** ♦ Qui aime manifester sa joie. → **enjoué.** ◆ loc. *Mener joyeuse vie,* une vie de plaisirs. **2** Qui exprime la joie. **3** Qui apporte la joie. *Joyeux Noël !*

joystick [(d)ʒɔj-] n. m. ■ anglic. Manette de commande des jeux vidéo d'action.

jpeg n. m. ou **JPEG** [ʒipɛg] n. m. invar. ■ inform. Format standardisé d'images numériques.

jubarte n. f. ■ Baleine à bosse. → **mégaptère.**

jubé n. m. ■ Tribune élevée entre la nef et le chœur, dans certaines églises.

jubilaire ■ **I** adj. **1** Qui a rapport au jubilé catholique. **2** Qui a accompli cinquante ans de fonction. *Docteur jubilaire.* **II** n. (Belgique, Suisse) Personne fêtée à l'occasion d'un jubilé.

jubilation n. f. ■ Joie vive, expansive, exubérante. ► **jubilatoire** adj.

jubilé n. m. ■ Fête célébrée à l'occasion du cinquantenaire d'un événement.

jubiler v. intr. [1] ■ Se réjouir vivement (de qqch., spécialt des malheurs d'autrui).

jucher v. [1] ■ **1** v. intr. Se percher en un lieu élevé pour dormir (oiseaux). **2** v. tr. Placer très haut. ◆ pronom. → se **percher.**

juchoir n. m. ■ Perchoir de basse-cour.

judaïcité n. f. ■ didact. Judéité.

judaïser v. [1] ■ **1** v. intr. didact. Observer les cérémonies, les pratiques de la loi juive. **2** v. tr. Rendre juif.

judaïsme n. m. ■ Religion, communauté des Juifs. ► **judaïque** adj.

judaïté n. f. ■ didact. Judéité.

judas n. m. ■ **I** Personne qui trahit. → **fourbe, traître. II** Petite ouverture pratiquée dans un mur, une porte, etc. pour voir sans être vu.

judéité n. f. ■ didact. Le fait d'être juif. → **judaïcité, judaïté.**

judelle n. f. ■ région. Foulque noire.

judéo- Élément, du latin *judaeus* «juif».

judéo-allemand, ande adj. et n. ■ Relatif aux Juifs d'Allemagne. ♦ n. m. ling. → **yiddish.**

judéo-arabe adj. ■ **1** Relatif à la fois aux Juifs et aux Arabes. **2** Relatif aux communautés juives des pays arabes. ◆ n. *Les judéo-arabes.* → **séfarade.**

judéo-chrétien, ienne [-kʀetjɛ̃, jɛn] adj. ■ Commun au judaïsme et au christianisme. ► **judéo-christianisme** n. m.

judicature n. f. ■ vx ou hist. Profession de juge.

judiciaire adj. ■ **1** Relatif à la justice et à son administration. **2** Qui se fait en justice ; par autorité de justice. → **juridique.** *Débat judiciaire.* ► **judiciairement** adv. ► **judiciariser** v. tr. [1] *Judiciariser la vie politique.*

judicieux, euse adj. ■ **1** Qui a le jugement bon, sain. → **sensé.** **2** Qui résulte d'un bon jugement. → **intelligent, pertinent.** *Choix judicieux.* ► **judicieusement** adv.

judo n. m. ■ Sport de combat d'origine japonaise qui se pratique à mains nues.

judoka n. ■ Sportif qui pratique le judo.

jugal, ale, aux adj. ■ anat. *Os jugal* : os de la pommette. → **malaire.**

juge n. ■ **1** Magistrat chargé de rendre la justice. ◆ (en France) *Juge d'instruction* : magistrat chargé d'informer en matière criminelle ou correctionnelle. *Juge de paix* (anciennt) ; *juge d'instance,* du tribunal d'instance. **2** Personne appelée à faire partie d'un jury, à se prononcer comme arbitre. **3** Personne appelée à donner une opinion, à porter un jugement. ♦ (n. m.) loc. *Être à la fois juge et partie*.* ◆ *Être bon, mauvais juge,* plus ou moins apte à porter un jugement.

jugé n. m. ■ loc. adv. *AU JUGÉ* : d'une manière approximative. - var. au **juger.**

jugement n. m. ■ **1** Action de juger ; décision en justice. *Rendre un jugement.* → **décision ; arrêt, sentence, verdict.** ♦ relig. chrét. *Jugement dernier,* celui que Dieu prononcera à la fin du monde. **2** Opinion exprimée sur qqn ou qqch. ♦ Façon de voir particulière à qqn. → **point de vue.** **3** Faculté de l'esprit permettant de bien juger des choses, hors d'une connaissance certaine. → **discernement, perspicacité,** bon **sens.**

jugeote n. f. ■ fam. Jugement (3), bon sens.

juger v. tr. [3] ■ **1** Soumettre (une cause, qqn) à la décision de sa juridiction. ◆ absolt Rendre la justice. *Le tribunal jugera.* → **conclure, décider, statuer.** **2** Prendre nettement position sur (une question). *C'est à vous de juger ce qu'il faut faire.* **3** Émettre un jugement, une opinion sur (qqn, qqch.). *Juger un livre.* ◆ trans. indir. *Il est difficile d'en juger.* **4** (+ adj. ou complétive) Considérer comme. → **estimer, trouver.** *Si vous le jugez bon. Il jugea qu'il était trop tard.* ◆ pronom. *Se juger perdu.* **5** v. tr. ind. (surtout à l'impér.) → **imaginer,** se **représenter.** *Jugez de ma surprise.*

jugulaire n. f. ■ **1** adj. anat. De la gorge. ◆ *Veines jugulaires* : les quatre veines du cou. **2** n. f. Attache qui maintient une coiffure d'uniforme en passant sous le menton.

juguler v. tr. [1] ■ Arrêter le développement de (qqch.). *Juguler une maladie ; une révolte.*

juif, juive n. et adj. ■ **1** n. Nom donné depuis l'Exil (IVe siècle av. J.-C.) aux descendants d'Abraham, peuple sémite monothéiste qui vivait en Palestine. → **hébreu, israélite.** ◆ Personne descendant de ce peuple, ou qui s'est convertie au judaïsme. **2** loc. fam. *Le petit juif* : endroit sensible du coude. **3** adj. Relatif à la communauté des Juifs.

juillet [ʒɥijɛ] n. m. ■ Septième mois de l'année, de trente et un jours.

juillettiste n. ■ fam. Personne qui prend ses vacances au mois de juillet.

juin n. m. ■ Sixième mois de l'année, de trente jours.

juiverie n. f. ■ **1** hist. Quartier juif, communauté juive de la diaspora. **2** péj. et insultant Ensemble des Juifs.

ju-jitsu n. m. → **jiu-jitsu**

jujube n. m. ■ **1** Fruit d'un arbre épineux (le *jujubier*). **2** Pâte extraite de ce fruit.

juke-box [(d)ʒykbɔks] n. m. ■ anglic. Machine faisant passer automatiquement le disque demandé.

jules n. m. ■ fam. Amant, amoureux, mari.

julien, ienne adj. ■ *Calendrier julien,* réformé par Jules César, et modifié ensuite par Grégoire XIII. *Année julienne,* de 365 jours ou de 366 jours (bissextile).

juliénas [-ɑs] n. m. ■ Cru renommé du Beaujolais.

① **julienne** n. f. ■ Préparation (spécialt, potage) de légumes variés coupés en bâtonnets.

② **julienne** n. f. ■ région. Lingue.

jumbo-jet [dʒœmbodʒɛt] n. m. ■ anglic. → **gros-porteur.** *Des jumbo-jets.*

jumeau, elle ■ **1** adj. et n. Se dit d'enfants nés d'un même accouchement. ◆ *Vrais jumeaux,* provenant d'un seul œuf. **2** adj. Se dit de choses semblables. *Lits jumeaux.*

jumel adj. m. ■ techn. *Coton jumel* : variété de coton produite en Égypte.

jumeler v. tr. [4] ■ **1** Ajuster ensemble (deux choses semblables). **2** Associer (deux villes) afin de susciter entre elles des échanges. ▷ adj. **jumelé, ée** ► **jumelage** n. m.

① **jumelle** n. f. ■ Instrument portatif à deux lunettes ; double lorgnette. *Une jumelle marine.* ◆ au plur. *Des jumelles de spectacle.* abusivt *Une paire de jumelles.*

② **jumelle** → **jumeau**

jument n. f. ■ Femelle du cheval.

jumping [dʒœmpiŋ] n. m. ■ anglic. Saut d'obstacles à cheval.

jungle [ʒœ̃gl ; ʒɔ̃gl] n. f. ■ **1** Forme de savane touffue des pays de mousson, où vivent les grands fauves. **2** fig. Milieu humain où règne la loi du plus fort.

junior adj. et n. ■ anglic. **1** Jeune, cadet. **2** sports Se dit d'une catégorie intermédiaire entre les seniors et les cadets.

junker [juŋkɛʀ] n. m. ■ Hobereau allemand.

junkie [dʒœnki] n. ■ anglic., fam. Consommateur de drogues dures. *Des junkies.*

junonien, ienne adj. ■ didact. De la déesse Junon.

junte [ʒœ̃t] n. f. ■ **1** hist. Assemblée administrative, politique, dans les pays ibériques. **2** Groupe de militaires de haut rang qui se saisissent du pouvoir politique.

jupe n. f. ■ **1** Vêtement féminin qui descend de la ceinture à la jambe. **2** techn. Se dit de divers objets cylindriques.

jupe-culotte n. f. ■ Vêtement féminin, culotte ample qui a l'aspect d'une jupe.

jupette n. f. ■ Jupe très courte. → **minijupe.**

jupitérien, ienne adj. ■ **1** Relatif au dieu Jupiter. ◆ De la planète Jupiter. → **jovien. 2** Qui a un caractère impérieux, dominateur.

jupon n. m. ■ **1** Jupe de dessous. **2** fig. (collectif) Les femmes. *Courir le jupon.*

jurançon n. m. ■ Vin de Jurançon.

jurande n. f. ■ hist. Charge de juré (I, 1).

jurassien, ienne adj. et n. ■ Du Jura.

jurassique adj. et n. m. ■ géol. Se dit de la partie centrale de l'ère secondaire.

juratoire adj. ■ dr. *Caution juratoire :* serment fait en justice de se représenter en personne ou de rapporter une chose.

juré, ée ■ **I** adj. **1** anc. dr. Qui a prêté serment en accédant à la maîtrise, dans une corporation. ◆ n. *Les jurés d'un métier* (→ **jurande**). **2** *Ennemi juré :* ennemi déclaré et acharné. **II** n. Personne appelée par tirage au sort à faire partie d'un jury (1).

jurement n. m. ■ vieilli Blasphème ; juron.

jurer v. [1] ■ **I** v. tr. **1** Promettre (qqch.) solennellement (→ **serment**). *Jurer fidélité à qqn.* ◆ pronom. *Elle s'est juré de ne rien dévoiler.* **2** littér. Décider avec force. *Ils ont juré sa perte.* **3** Affirmer solennellement. → **assurer, déclarer.** *Je vous jure que ce n'est pas moi.* **4** JURER DE (qqch.), affirmer de façon catégorique. *« Il ne faut jurer de rien »* (pièce de Musset). **II** v. intr. **1** Faire un serment. ◆ loc. *On ne jure plus que par lui,* on l'admire en tout. **2** Dire des jurons. **3** (sujet chose) Produire une discordance. *Ces couleurs jurent.*

jureur, euse adj. ■ hist. *Prêtre jureur,* qui, sous la Révolution, avait prêté serment à la Constitution civile du clergé.

juridiction n. f. ■ **1** Pouvoir de juger, de rendre la justice ; étendue de ce pouvoir. *Juge exerçant sa juridiction.* **2** Tribunal ; ensemble de tribunaux. → **chambre, conseil, cour.** ► **juridictionnel, elle** adj.

juridique adj. ■ **1** Qui se fait, s'exerce en justice, devant la justice. → **judiciaire. 2** Qui a rapport au droit. ► **juridiquement** adv.

juridisme n. m. ■ didact. Attitude de qqn qui s'en tient à la lettre des lois.

jurisconsulte n. ■ Juriste consultant.

jurisprudence n. f. ■ **1** Ensemble des décisions des juridictions, en tant qu'elles constituent une source de droit (droit coutumier*). **2** Manière dont un tribunal juge habituellement une question. ► **jurisprudentiel, elle** [-sjɛl] adj.

juriste n. ■ Spécialiste du droit.

juron n. m. ■ Terme plus ou moins grossier ou familier, dont on se sert pour jurer.

jury n. m. ■ **1** Commission de jurés (II) chargée de l'examen d'une question criminelle. **2** Ensemble d'examinateurs.

jus n. m. ■ **1** Liquide contenu dans une substance végétale. *Jus de fruits.* **2** Liquide rendu par une substance animale qui cuit, macère. *Jus de viande.* **3** fam. Café noir. **4** fam. Courant électrique. ◆ *Court-jus :* court-circuit.

jusant n. m. ■ Marée descendante.

jusée n. f. ■ techn. Liquide acide obtenu en lessivant du tan déjà épuisé. *Bain de jusée,* pour le gonflement des peaux.

jusqu'au-boutiste n. ■ Personne qui va jusqu'au bout de ses idées (en politique...). → **extrémiste.** ► **jusqu'au-boutisme** n. m.

jusque ■ Marque le terme final, la limite que l'on ne dépasse pas. **I** prép. **1** JUSQU'À. (lieu) *Aller jusqu'au terminus.* ◆ (devant un inf. après *aller,* etc.) *Il est allé jusqu'à nous insulter.* ◆ (temps) *J'ai dormi jusqu'à midi.* ◆ (totalité) *Tous, jusqu'à lui...* **2** (suivi d'une prép. autre que *à*) *C'est fermé jusqu'en mars.* **3** (suivi d'un adv.) *Jusqu'alors, jusqu'à présent.* **II 1** adv. JUSQU'À. → **même.** *Il aime son caractère et jusqu'à ses défauts.* **2** conj. JUSQU'À CE QUE (+ subj.) : jusqu'au moment où. ◆ JUSQU'À TANT QUE (même sens). ▷ prép. **jusques** vx ou poét. Jusque.

jusquiame n. f. ■ Plante à fleurs jaunes rayées de pourpre, à propriétés toxiques.

jussiée n. f. ■ Plante exotique à grandes fleurs jaunes ornementales. - var. **jussie.**

justaucorps [-kɔʀ] n. m. ■ **1** anciennt Vêtement serré, à basques. **2** Maillot collant qui couvre le tronc (pour la danse, etc.).

juste ■ **I** adj. **1** Qui se comporte, agit conformément à la justice, à l'équité. → **équitable.** *Il est sévère mais juste.* ◆ (n. m.) loc. *Dormir du sommeil du juste,* d'un sommeil paisible. **2** (choses) Conforme à la justice, au droit, à l'équité. *Une loi juste.* **3** (devant le nom) → **fondé, légitime.** *Une juste colère.* ◆ *À juste titre :* à bon droit. **II** adj. **1** Qui a de la justesse, qui convient bien. *Chercher le mot juste.* → **adéquat.** *L'heure juste.* → **exact.** ◆ (d'un son ; s'oppose à *faux*) *Note juste.* ♦ Qui fonctionne avec précision. *Ma montre est juste.* **2** Conforme à la vérité, à la raison, au bon sens. *Remarque très juste.* ◆ *C'est juste :* vous avez raison. **3** (vêtements...) Qui est trop ajusté. → **étroit, petit.** ♦ Qui suffit à peine. *Repas trop juste.* ◆ fam. (personnes) *Être* *un peu juste* : manquer d'argent. **III** adv. **1** Avec justesse, exactitude ; comme il convient. *Penser juste.* **2** Exactement, précisément. *C'est juste à côté.* ◆ *TOUT JUSTE !* : c'est bien cela. **3** D'une manière trop stricte, insuffisante. *Prévoir un peu juste* (opposé à *largement*). **4** loc. adv. *AU JUSTE.* → **exactement, précisément.** ◆ *Comme de juste* : comme il se doit.

justement adv. ■ **I 1** rare Conformément à la justice. **2** À bon droit, avec raison. **3** Avec justesse, pertinence. **II** adv. de phrase → **précisément.** *C'est justement ce qu'il fallait faire.* ◆ *Justement, ne lui dites rien !*

juste-milieu n. m. ■ hist. Gouvernement modéré de Louis-Philippe.

justesse n. f. ■ **1** Qualité qui rend une chose parfaitement, exactement adaptée. *Justesse d'un récit ; d'une balance.* **2** Qualité qui permet d'exécuter très exactement une chose. → **précision. 3** loc. adv. *DE JUSTESSE* : de peu. *Éviter de justesse une collision.*

justice n. f. ■ **1** Juste appréciation, reconnaissance et respect des droits et du mérite de chacun. → **droiture, équité, impartialité, intégrité.** *Agir avec justice.* **2** Principe moral de conformité au droit. *Faire régner la justice.* **3** Pouvoir de faire régner le droit ; exercice de ce pouvoir. ◆ *Rendre la justice.* → **juger.** ♦ Reconnaissance du droit, du bon droit. *Obtenir justice.* ◆ *FAIRE JUSTICE DE qqch.* : récuser, réfuter. ◆ *RENDRE JUSTICE À qqn,* lui reconnaître son droit ; par ext. ses mérites. ◆ *SE FAIRE JUSTICE* : se venger ; en parlant d'un coupable, se tuer. **4** Organisation du pouvoir judiciaire ; ensemble des organes chargés d'administrer la justice. *Litige soumis à la justice* (→ **procès**).

justiciable adj. ■ **1** Qui relève de certains juges, de leur juridiction. ◆ n. *Les justiciables.* **2** fig. Qui relève (d'une mesure...). *Malade justiciable d'une cure.*

justicier, ière n. ■ **1** Personne qui fait régner la justice. **2** Personne qui venge les innocents, etc. (→ redresseur de torts).

justifiable adj. ■ **1** Qui peut être justifié. → **défendable. 2** Qui peut être expliqué.

justifiant, iante adj. ■ relig. *Grâce justifiante,* qui rend juste.

justificateur, trice adj. ■ Qui justifie.

justificatif, ive adj. ■ **1** Qui sert à justifier qqn. **2** Qui sert à prouver. ◆ n. m. Pièce justificative. *Produire des justificatifs.*

justification n. f. ■ **I 1** Action de justifier (qqn, qqch.), de se justifier. **2** Action d'établir (une chose) comme réelle. → **preuve. II** imprim. Longueur d'une ligne.

justifier v. tr. [7] ■ **I 1** Innocenter (qqn) en expliquant sa conduite, en démontrant que l'accusation n'est pas fondée. → **décharger, disculper. 2** (sujet chose) Rendre (qqch.) légitime. → **autoriser, légitimer.** ◆ prov. *La fin justifie les moyens.* **3** Faire admettre ou s'efforcer de faire reconnaître (qqch.) comme juste, légitime. → **expliquer, motiver.** ◆ au p. p. *Un reproche justifié.* **4** (sujet chose) Confirmer après coup. *Les faits ont justifié ses espoirs.* **5** Montrer (qqch.) comme vrai, juste, réel, par des arguments, des preuves. *Justifier ce qu'on affirme.* **6** v. tr. ind. dr. *Justifier de son identité,* la prouver. **II** imprim. Mettre (une ligne) à la longueur requise (→ **justification**). ▷ v. pron. **se justifier 1** réfl. Prouver son innocence. **2** passif Être fondé sur de bonnes raisons.

jute n. m. ■ **1** Plante cultivée pour la fibre textile de ses tiges. **2** Cette fibre.

juter v. intr. [1] ■ Rendre du jus.

① **juteux, euse** adj. ■ **1** Qui a beaucoup de jus. **2** fam. Qui rapporte beaucoup.

② **juteux** n. m. ■ argot Adjudant.

juvénat n. m. ■ relig. Stage en usage dans certains ordres religieux, qui prépare au professorat.

juvénile adj. ■ Propre à la jeunesse. ◆ *Délinquance juvénile,* des mineurs. ► **juvénilité** n. f. littér.

juxta- Élément, du latin *juxta* « près de ».

juxtalinéaire adj. ■ didact. *Traduction juxtalinéaire,* où texte et traduction se répondent ligne à ligne dans deux colonnes.

juxtaposer v. tr. [1] ■ Poser, mettre (une, des choses) près d'une ou plusieurs autres, sans liaison. ▷ adj. **juxtaposé, ée** ► **juxtaposition** n. f.

K

k [kɑ] n. m. ▪ **1** Onzième lettre, huitième consonne de l'alphabet. **2** *k* : symbole de *kilo-*. **3** *K* : symbole chimique du potassium.

① **ka** → **kaon**

② **ka** n. m. ▪ Élément constitutif de la personne représentant sa force vitale, dans la mythologie égyptienne.

kabbale n. f. ▪ Tradition juive donnant une interprétation allégorique de l'Ancien Testament. – var. (vx) **cabale.** ► **kabbalistique** adj.

kabbaliste n. ▪ Spécialiste de la kabbale.

kabig [kabik] n. m. ▪ Manteau court à capuche, à poche formant manchon.

kabuki [kabuki] n. m. ▪ Genre théâtral japonais traditionnel, avec musique et danses.

kabyle adj. et n. ▪ De Kabylie. ◂ n. *Les Kabyles.* ♦ n. m. *Le kabyle* : ensemble des parlers berbères de Kabylie.

kacha n. f. ▪ Plat slave à base de bouillie de sarrasin ou d'orge mondé.

kaddish n. m. ▪ relig. Prière juive pour les morts.

kafkaïen, ïenne adj. ▪ Qui rappelle l'atmosphère absurde des romans de Kafka.

kaiser [kɛzɛʀ ; kajzɛʀ] n. m. ▪ *Le Kaiser* : l'empereur d'Allemagne (de 1870 à 1918).

kakémono n. m. ▪ Peinture japonaise étroite, se roulant autour d'un bâton.

① **kaki** adj. invar. et n. m. invar. ▪ (D'une) couleur jaunâtre tirant sur le brun.

② **kaki** n. m. ▪ Arbre aux fruits d'un jaune orangé. ◂ Fruit de cet arbre.

kala-azar n. m. ▪ méd. Maladie parasitaire grave provoquée par la leishmania*.

kalachnikov [-kɔf] n. f. ▪ Fusil d'assaut d'origine soviétique.

kalanchoé [-kɔe] n. m. ▪ bot. Plante à fleurs tubulaires disposées en grappes, ornementale.

kale [ke(i)l] n. m. ▪ anglic. Variété de chou frisé.

kaléidoscope n. m. ▪ **1** Petit tube contenant un jeu de miroirs qui y produit d'infinies combinaisons d'images. **2** fig. Succession rapide et changeante (de sensations, etc.). ► **kaléidoscopique** adj.

kaliémie n. f. ▪ biol. Taux de potassium dans le sang.

kalmouk, e adj. et n. ▪ De Kalmoukie. ◂ n. *Les Kalmouks.* ♦ n. m. *Le kalmouk* (langue).

kami n. m. ▪ didact. Divinité, dans la religion shintoïste.

kamichi n. m. ▪ zool. Grand échassier d'Amérique du Sud.

kamikaze n. ▪ **1** n. m. Avion-suicide, piloté par un volontaire ; ce volontaire. ♦ n. Auteur d'un attentat suicide. **2** par ext. Personne d'une grande témérité.

kana n. m. ▪ Signe syllabique japonais.

kanak, kanake ou **canaque** n. et adj. ▪ Autochtone de Nouvelle-Calédonie.

kandjar n. m. ▪ Poignard oriental à lame courbe.

kangourou n. m. ▪ Grand marsupial herbivore d'Australie, à pattes postérieures permettant des sauts de plusieurs mètres.

kanji [kɑ̃(d)ʒi] n. m. ▪ Caractère chinois de l'écriture japonaise.

kantien, ienne [-sjɛ̃ ; -tjɛ̃] adj. ▪ philos. Qui a rapport à la philosophie de Kant.

kantisme n. m. ▪ philos. Doctrine de Kant, idéalisme transcendantal et philosophie critique.

kaoliang [-ljɑ̃(g)] n. m. ▪ Sorgho cultivé en Extrême-Orient.

kaolin n. m. ▪ Argile blanche, réfractaire, friable, utilisée pour faire la porcelaine.

kaolinisation n. f. ▪ didact. Transformation en kaolin.

kaolinite n. f. ▪ chim. Silicate d'alumine hydraté, composant du kaolin.

kaon n. m. ▪ phys. Particule élémentaire de la famille des mésons, méson K dont la masse est 970 fois plus grande que celle de l'électron. – syn. **ka.**

kapo ou **capo** n. m. ▪ Détenu chargé de commander les autres prisonniers dans les camps de concentration nazis.

kapok n. m. ▪ Fibre végétale faite du duvet qui recouvre les graines de certains arbres exotiques (notamment le kapokier).

kapokier n. m. ▪ Grand arbre de Java qui fournit le kapok. → ②**fromager.**

kappa n. m. invar. ▪ Lettre de l'alphabet grec (K, κ).

karakul → **caracul**

karaoké n. m. ▪ Divertissement qui consiste à chanter des airs à succès à l'aide d'un appareil fournissant les paroles sur un écran et l'accompagnement musical.

karaté n. m. ▪ Art martial japonais, sport de combat dans lequel les coups sont retenus avant l'impact.

karatéka n. ▪ Sportif qui pratique le karaté.

karbau n. m. ▪ Variété domestique de buffle. - syn. **kérabau.**

karcher [kaʀʃɛʀ] n. m. (Kärcher, marque déposée) ▪ Nettoyeur de cette marque qui projette de l'eau sous forte pression.

karité n. m. ▪ Arbre d'Afrique qui fournit une matière grasse, le *beurre de karité.*

karma n. m. ▪ Dogme central de l'hindouisme, du bouddhisme, selon lequel la destinée d'un être est déterminée par la totalité de ses actions passées, de ses vies antérieures. ▶ **karmique** adj.

karst [kaʀst] n. m. ▪ géogr. Phénomènes de corrosion du calcaire ; région où prédominent ces phénomènes. ▶ **karstique** adj.

karstification n. f. ▪ didact. Transformation d'un massif calcaire en relief karstique.

kart [kaʀt] n. m. ▪ anglic. Petit véhicule automobile de compétition, sans carrosserie, ni boîte de vitesses, ni suspension.

karting n. m. ▪ anglic. Sport pratiqué avec le kart.

kascher [kaʃɛʀ] adj. invar. → **casher**

kashrout [kaʃʀut] n. f. ▪ Prescriptions alimentaires de la religion juive.

katakana n. m. ▪ didact. L'un des deux syllabaires japonais. *Katakana et hiragana*.*

katchina n. m. ▪ Dans la mythologie des Indiens pueblos, Être surnaturel appartenant au monde des esprits.

kathakali n. m. ▪ didact. Théâtre sacré traditionnel de l'Inde du Sud.

kava n. m. ▪ Poivrier de Polynésie dont la racine est utilisée pour fabriquer une boisson enivrante.

kawa → **caoua**

kayak [kajak] n. m. ▪ Embarcation de sport manœuvrée avec une pagaie double. → aussi **canoë.** ▶ **kayakiste** n.

kazakh, e adj. et n. ▪ Du Kazakhstan. ➛ n. *Les Kazakhs.* ♦ n. m. *Le kazakh* (langue).

kébab ou **kebab** [kebab] n. m. ▪ **1** Viande coupée en morceaux et rôtie à la broche. *Brochette de kébabs.* → **chiche-kebab. 2** Sandwich chaud contenant cette viande.

keepsake [kipsɛk] n. m. ▪ anglic., anciennt Livre-album romantique, illustré.

keffieh [kefje ; kefjɛ] n. m. ▪ Coiffure des Bédouins, carré de tissu plié et retenu par un lien.

keiretsu [kɛjʀɛtsu] n. m. ▪ Regroupement d'entreprises japonaises.

kelvin [kɛlvin] n. m. ▪ Unité de mesure de température (symb. K), partant du zéro absolu (– 273,16 °C).

kémia n. f. ▪ Assortiment de hors-d'œuvre des pays du Maghreb.

kendo [kɛndo] n. m. ▪ Art martial japonais pratiqué avec un sabre de bambou.

kénotron n. m. ▪ électron. Valve à vide très poussé, employée pour le redressement des courants alternatifs.

kentia [kɛ̃tja] n. m. ▪ Palmier originaire d'Océanie.

képhir ou **kéfir** n. m. ▪ Boisson gazeuse et acidulée, obtenue par fermentation de petit-lait avec une levure *(grains de képhir).*

képi n. m. ▪ Coiffure militaire rigide, à fond plat et surélevé, munie d'une visière.

kérabau → **karbau**

kératine n. f. ▪ Protéine présente dans les productions épidermiques (cheveux, ongles, cornes...).

se **kératiniser** v. pron. [1] ▪ physiol. S'infiltrer de kératine. ▶ **kératinisation** n. f.

kératite n. f. ▪ méd. Inflammation de la cornée.

kérat(o)- Élément savant, du grec *keras, keratos* « corne ; cornée ».

kératocône n. m. ▪ méd. Modification de la courbure de la cornée, qui prend progressivement la forme d'un cône.

kératoplastie n. f. ▪ méd. Greffe de la cornée.

kératose n. f. ▪ méd. Épaississement de la couche cornée de l'épiderme.

kératotomie n. f. ▪ chir. Section, incision de la cornée (opération de la cataracte, correction de la myopie).

kerma n. m. (mot angl., sigle de *kinetic energy released in material*) ▪ phys. nucléaire Grandeur caractérisant la dose de rayonnement ionisant absorbée par unité de masse d'un matériau. *L'unité de kerma est le gray*.*

kermès [-ɛs] n. m. ▪ **1** Cochenille parasite de certains chênes. **2** Chêne des garrigues méditerranéennes (arbuste épineux).

kermesse n. f. ▪ **1** région. (Nord) Fête patronale, foire annuelle. → **ducasse. 2** Fête de bienfaisance.

kérogène n. m. ▪ géol. Constituant organique contenu dans les schistes bitumeux.

kérosène n. m. ▪ Produit pétrolier liquide utilisé comme carburant pour les avions.

kerrie n. f. ou **kerria** n. m. ▪ bot. Arbuste aux fleurs jaune d'or, également appelé *spirée du Japon*.

kétamine n. f. ▪ chim. Substance aux propriétés analgésiques et anesthésiques.

ketch [kɛtʃ] n. m. ▪ mar. Voilier à deux mâts.

ketchup [kɛtʃœp] n. m. ▪ anglic. Sauce à la tomate, légèrement sucrée et épicée.

ketmie n. f. ▪ bot. Arbrisseau des régions chaudes.

keuf n. m. ▪ fam. Agent de police, policier.

keum n. m. ▪ fam. Mec, garçon.

kevlar n. m.(n. déposé) ▪ techn. Résine très résistante, utilisée en fibres dans des matériaux composites. *Mât en kevlar.*

keynésianisme n. m. ▪ Conception économique de Keynes.

keynésien, ienne adj. ▪ écon. De Keynes, de ses théories économiques.

khâgne ou **cagne** n. f. ▪ fam. Classe préparatoire à l'École normale supérieure (lettres), qui fait suite à l'hypokhâgne.

khâgneux, euse ou **cagneux, euse** n. ▪ fam. Élève d'une classe de khâgne.

khalife ; khalifat → calife ; califat

khalkha n. m. ▪ ling. Langue de la Mongolie.

khamsin [xamsin] n. m. ▪ Vent de sable analogue au sirocco, en Égypte.

khan n. m. ▪ Titre des souverains mongols, des chefs tartares, etc.

khanat n. m. ▪ **1** Pays soumis à un khan. **2** Dignité de khan.

kharidjisme n. m. ▪ hist. Doctrine d'un mouvement islamiste rigoriste. ► **kharidjite** adj. et n.

khat → qat

khédive n. m. ▪ Titre porté par le vice-roi d'Égypte entre 1867 et 1914.

khi n. m. invar. ▪ Lettre de l'alphabet grec (Χ, χ).

khmer, ère [kmɛʀ] adj. et n. ▪ Des Khmers. ➛ *Art khmer* : art ancien du Cambodge. ♦ n. m. *Le khmer* (langue).

khoisan [kɔisan] n. m. invar. ▪ Famille de langues parlées en Afrique australe.

khôl ou **kohol** n. m. ▪ Fard sombre pour les paupières, les cils, les sourcils (d'abord dans le monde arabe).

kibboutz [-uts] n. m. ▪ Ferme collective, en Israël. *Des kibboutz* ou (hébreu) *kibboutzim*.

kick n. m. ▪ anglic. Dispositif de mise en marche d'un moteur de motocyclette à l'aide du pied.

kidnapper v. tr. [1] ▪ Enlever (qqn), en général pour obtenir une rançon. ► **kidnappage** n. m. – syn. (anglic.) **kidnapping.** ► **kidnappeur, euse** n.

kief [kjɛf] n. m. ▪ Repos absolu au milieu du jour, chez les Turcs.

kif n. m. ▪ Haschisch mélangé à du tabac.

kifer ou **kiffer** v. [1] ▪ fam. **1** v. intr. Prendre du plaisir. ➛ *Kifer sur qqn*, l'apprécier. **2** v. tr. Apprécier, aimer bien (qqn, qqch.).

kif-kif adj. invar. ▪ fam. Pareil. *C'est kif-kif !*

kiki n. m. ▪ fam. **1** Gorge, gosier. **2** Pénis.

kil n. m. ▪ pop. Litre (de vin).

kilim [kilim] n. m. ▪ Tapis d'Orient tissé.

kilo n. m. (abrév.) ▪ Kilogramme.

kilo- Élément, du grec *khilioi* « mille ».

kiloeuro n. m. ▪ Unité de compte correspondant à mille euros (symb. kE ou k€).

kilogramme n. m. ▪ Unité de mesure de masse du système international, valant mille grammes (symb. kg). → **kilo.**

kilohertz n. m. ▪ phys. Unité de mesure de fréquence valant 1 000 hertz (symb. kHz).

kilométrage n. m. ▪ **1** Mesure en kilomètres. **2** Distance en kilomètres.

kilomètre n. m. ▪ Unité pratique de distance qui vaut mille mètres (symb. km). ► **kilométrique** adj. *Borne kilométrique.*

kilométrer v. tr. [6] ▪ Mesurer en kilomètres.

kilo-octet n. m. ▪ inform. Unité de mesure de quantité d'information, valant 1 024 octets (symb. Ko).

kilotonne n. f. ▪ Mille tonnes (symb. kt).

kilowatt [-wat] n. m. ▪ Ancienne unité de puissance valant 1 000 watts (symb. kW).

kilowattheure n. m. ▪ Unité de travail, travail accompli en une heure par un moteur d'une puissance de 1 000 watts (symb. kWh).

kilt [kilt] n. m. ▪ Jupe courte et plissée du costume écossais. ♦ Jupe analogue.

kimbanguisme n. m. ▪ Mouvement religieux messianique fondé au Congo belge en 1921. ► **kimbanguiste** n. et adj.

kimberlite [kɛ̃-] n. f. ▪ minér. Roche éruptive dans laquelle on peut trouver du diamant.

kimono n. m. ▪ **1** Longue tunique japonaise à manches, croisée, à large ceinture. **2** appos. (invar.) *Manches kimono*, amples.

kinase n. f. ▪ biochim. Enzyme capable d'activer, de catalyser une autre enzyme.

kiné → kinésithérapie

kinési- Élément savant, du grec *kinêsis* « mouvement ».

kinésiologie n. f. ▪ Pratique thérapeutique basée sur l'étude du tonus musculaire. ► **kinésiologue** n.

kinésiste n. ▪ (Belgique) Kinésithérapeute.

kinésithérapie n. f. ▪ Traitement des affections osseuses, musculaires, articulaires par des mouvements combinés à des massages. ► **kinésithérapeute** n. - abrév. fam. **kiné.**

kinesthésie n. f. ▪ didact. Perception des déplacements des parties du corps. ► **kinesthésique** adj.

kinétoscope n. m. ▪ techn. Appareil permettant la projection de photographies prises à très courts intervalles et dont le déroulement rapide donne une impression de mouvement.

king-charles [kiŋʃaʀl] n. m. invar. ▪ Petit épagneul à poils longs.

kinkajou n. m. ▪ Mammifère arboricole d'Amérique tropicale, à queue préhensile.

kiosque n. m. ▪ **1** Pavillon de jardin ouvert. **2** Édicule où l'on vend des journaux, des fleurs, etc. **3** Superstructure d'un sous-marin.

kiosquier, ière n. ▪ Personne qui tient un kiosque à journaux.

kip n. m. ▪ Unité monétaire du Laos.

kippa n. f. ▪ Calotte des juifs pratiquants.

kipper [kipœʀ] n. m. ▪ Hareng ouvert, fumé et salé.

kir n. m. ▪ Apéritif composé de vin blanc et de liqueur de cassis.

kirghiz, ize [kiʀgiz] adj. et n. ▪ Du Kirghizstan. - n. *Les Kirghizes.* ♦ n. m. *Le kirghiz* (langue).

kirsch n. m. ▪ Eau-de-vie de cerise.

kit [kit] n. m. ▪ anglic. Ensemble des éléments d'un objet vendu prêt à être monté.

kitchenette n. f. ▪ anglic. → **cuisinette.**

kitesurf [kajtsœʀf] n. m. ▪ anglic. Sport nautique où le surfeur sur sa planche est entraîné par un cerf-volant. ► **kitesurfeur, euse** n.

kitsch adj. invar. ▪ Volontairement démodé et de mauvais goût. - n. m. invar. *Le kitsch.*

① **kiwi** [kiwi] n. m. ▪ Oiseau coureur de Nouvelle-Zélande, à ailes rudimentaires.

② **kiwi** [kiwi] n. m. ▪ Fruit oblong, à pulpe verte, d'un arbuste originaire de Chine.

klaxon [klaksɔn] n. m. (nom déposé) ▪ Avertisseur sonore. ► **klaxonner** v. [1]

kleenex [klinɛks] n. m. (marque déposée) ▪ Mouchoir jetable en papier.

kleptomane ou **cleptomane** n. et adj. ▪ (Personne) qui a une propension pathologique à commettre des vols. ► **kleptomanie** ou **cleptomanie** n. f.

klezmer [klɛzmɛʀ] n. m. et adj. invar. en genre ▪ Se dit d'un style de musique traditionnelle juive d'Europe centrale et orientale.

klystron n. m. ▪ électron. Tube électronique à hyperfréquence, à modulation de vitesse, dont le faisceau électronique est soumis au champ de deux cavités résonnantes.

km ▪ Symbole du kilomètre.

knickers [(k)nikœʀ(s) ; -ɛʀ(s)] n. m. pl. ▪ **1** ancienn Pantalon de golf. **2** mod. Pantalon de sport court serré sous le genou.

knock-out [(k)nɔkaut] ▪ anglic. - abrév. **K.-O.** **1** n. m. invar. Mise hors de combat du boxeur resté à terre plus de dix secondes. **2** adj. invar. *Boxeur knock-out.* ♦ fam. Épuisé.

knockouter [(k)nɔkaute] v. tr. [1] ▪ fam. Mettre qqn knock-out.

knout [knut] n. m. ▪ Fouet de cuir, instrument de supplice de l'ancienne Russie.

K.-O. [kao] ▪ → **knock-out.**

koala n. m. ▪ Marsupial grimpeur d'Australie, au pelage gris, évoquant un petit ours.

kob ou **cob** n. m. ▪ Grande antilope.

kobold [-ɔld] n. m. ▪ Esprit familier, lutin, dans les contes allemands.

kohol → **khôl**

koinè [kɔine ; -nɛ] n. f. ▪ ling. Langue véhiculaire*.

kola → **cola**

kolinski [kɔlɛ̃ski] n. m. ▪ Fourrure de putois ou de loutre de Sibérie.

kolkhoze n. m. ▪ hist. Exploitation agricole collective, en U. R. S. S. ► **kolkhozien, ienne** adj. et n.

kommandantur [kɔmɑ̃dɑ̃tuʀ ; -tyʀ] n. f. ▪ Commandement militaire, en Allemagne ou dans des territoires occupés par l'armée allemande (1940-1945).

komsomol [kɔm-] n. ▪ hist. Membre de l'organisation soviétique des jeunesses communistes. *Une komsomol(e).*

kondo n. m. ▪ Sanctuaire d'un monastère bouddhique japonais.

kop [kɔp] n. m. ▪ anglic. Tribune d'un stade où se réunissent les supporteurs d'un club de football.

kopeck n. m. ▪ Monnaie russe valant le centième du rouble.

kora n. f. ▪ Instrument africain, sorte de luth à long manche. - var. **kôra, cora.**

korê n. f. ▪ didact. Statue de jeune fille de l'art grec archaïque (→ kouros).

korrigan, ane n. ▪ Esprit, lutin des traditions populaires bretonnes.

kot [kɔt] n. m. ▪ (Belgique) Chambre ou petit studio d'étudiant.

koto n. m. ▪ Cithare japonaise traditionnelle.

koubba n. f. ▪ Monument élevé sur la tombe d'un marabout.

koudou n. m. ▪ Grande antilope d'Afrique.

kouglof n. m. ▪ Gâteau alsacien garni de raisins secs.

kouign-amann [kwiɲaman] n. m. invar. ▪ Gâteau breton feuilleté caramélisé.

koulak n. m. ▪ hist. Riche paysan russe.

koulibiac n. m. ▪ Pâté de poisson russe.

koumis [-i(s)] n. m. ▪ Lait de jument fermenté (boisson d'Asie centrale). - var. **koumys.**

kouros [-os] n. m. ▪ didact. Statue de jeune homme de l'art grec archaïque (→ korê).

Kr ▪ Symbole chimique du krypton.

kraal [kʀɑl] n. m. ▪ Enclos destiné au bétail en Afrique du Sud.

krach [kʀak] n. m. ▪ Effondrement des cours de la Bourse.

kraft [kʀaft] n. m. ▪ Papier d'emballage résistant.

krak n. m. ▪ hist. Château fort établi au XIIe siècle par les croisés, en Syrie.

kraken [-ɛn] n. m. ▪ Monstre marin fabuleux des légendes scandinaves.

kremlinologie [kʀɛm-] n. f. ▪ Étude de la politique des dirigeants soviétiques. ► **kremlinologique** adj. ► **kremlinologue** n.

kriek [kʀik] n. f. ▪ Bière belge à la cerise.

krill [kʀil] n. m. ▪ Plancton des mers froides, constitué de petits crustacés.

kriss n. m. ▪ Poignard malais à lame sinueuse. - var. **criss.**

kronprinz [kʀɔnpʀints] n. m. ▪ Titre donné au prince héritier allemand avant 1918.

krypton n. m. ▪ Élément (symb. Kr, n° at. 36, masse at. 83,80), un des gaz rares de l'atmosphère.

ksar, plur. **ksour** n. m. ▪ Lieu fortifié, en Afrique du Nord. *Des ksour* (parfois *des ksars*).

ksi n. m. invar. ▪ Quatorzième lettre de l'alphabet grec (Ξ, ξ). - var. **xi.**

kss kss interj. ▪ Onomatopée moqueuse.

kummel n. m. ▪ Alcool parfumé au cumin.

kumquat [kɔmkwat ; kum-] n. m. ▪ Très petite orange. ◆ Arbuste qui la produit.

kung-fu [kuŋfu] n. m. ▪ Art martial chinois, proche du karaté.

kurde adj. et n. ▪ Du Kurdistan. ♦ n. m. *Le kurde* (langue).

kuru [kuʀu] n. m. ▪ méd. Maladie dégénérative du système nerveux central, due à un prion, observée chez des aborigènes de Nouvelle-Guinée, et attribuée au cannibalisme (ingestion rituelle du cerveau des défunts).

kvas ou **kwas** [kvɑs] n. m. ▪ Boisson russe alcoolisée à base de céréales ou de fruits fermentés.

kwa [kwa] n. m. ▪ ling. Groupe de langues parlées dans le golfe de Guinée.

kwas → **kvas**

kwashiorkor [kwaʃjɔʀkɔʀ] n. m. ▪ méd. Syndrome de dénutrition infantile extrême.

k-way [kawɛ] n. m. (marque déposée) ▪ Coupe-vent en nylon imperméable, à capuche.

kyat [kjat] n. m. ▪ Unité monétaire de la Birmanie.

kymrique adj. ▪ hist. Relatif aux Cimbres. ◆ n. m. ling. → **gallois.**

kyrie ou **kyrie eleison** [kiʀ(i)jeeleisɔn] n. m. invar. ▪ Invocation par laquelle commencent les litanies, lors de la messe.

kyrielle n. f. ▪ Longue suite (de paroles...).

kyste n. m. ▪ Cavité pathologique contenant souvent un liquide. ► **kystique** adj.

kyudo [kjudo] n. m. ▪ Tir à l'arc japonais, art martial.

L

l [ɛl] n. m. ■ Douzième lettre, neuvième consonne de l'alphabet. ♦ *l*, symbole du litre. ♦ *L*, chiffre romain (50).

① **la** → ① **le**

② **la** → ② **le**

③ **la** n. m. invar. ■ Sixième note de la gamme. ▸ loc. fig. *Donner le la*, le ton.

La ■ Symbole chimique du lanthane.

là ■ **I** adv. de lieu et de temps **1** Dans un lieu autre que celui où l'on est (opposé à *ici*). *Allez là.* ♦ Dans le lieu où l'on est. → **ici.** *Je reste là.* **2** À ce moment. *Là, il s'interrompit.* **3** Dans, en cela. *Là est l'idée.* ♦ (avec *en*) À ce point. *Nous n'en sommes pas là.* **4** (suivi d'une relative) *C'EST LÀ QUE* : dans ce lieu ; alors. ▸ *LÀ OÙ* : à l'endroit où. **5** (renforçant un pron. ou un adj. dém.) *C'est là le problème. Ce jour-là.* **6** loc. (précédé d'une prép.) *DE LÀ* : en partant de cet endroit ; fig. en se fondant sur ce fait. ▸ *D'ici là...*, entre le moment présent et un moment postérieur. ▸ *PAR LÀ* : par cet endroit. ▸ *De-ci de-là ; par-ci par-là.* → **ci.** ▸ *ÇÀ* ET LÀ.* **7** *LÀ-BAS* : à une distance assez grande. ▸ *LÀ-DEDANS* : dans ce lieu ; fig. dans cela. ▸ *LÀ-HAUT* : dans ce lieu au-dessus. **II** interj. Pour exhorter, apaiser, rassurer. *Hé là ! Là ! là !, calme-toi.*

labarum [-ɔm] n. m. ■ hist. Étendard romain sur lequel figurent la croix et le monogramme de Jésus-Christ.

labbe n. m. ■ Palmipède des mers arctiques.

labdanum → **ladanum**

label n. m. ■ anglic. Marque sur un produit (pour en garantir l'origine, la qualité).

labelle n. m. ■ bot. Pétale supérieur de la corolle des orchidées.

labelliser v. tr. [1] ■ Attribuer un label à (un produit). ► **labellisation** n. f.

labeur n. m. ■ Travail pénible et soutenu.

labiacées n. f. pl. → **labié**

labial, ale, aux adj. ■ anat. Relatif aux lèvres. ♦ phonét. *Consonne labiale*, qui s'articule avec les lèvres (ex. b, p, m).

labialiser v. tr. [1] ■ phonét. Prononcer en donnant une valeur labiale. ► **labialisation** n. f.

labié, ée adj. ■ bot. Se dit des fleurs, des plantes dont la corolle présente deux lobes en lèvres (famille des *Labiées* n. f. pl., syn. *Labiacées* ou *Lamiacées*).

labile adj. ■ didact. Précaire, changeant. ► **labilité** n. f.

labiodental, ale, aux adj. ■ phonét. *Consonne labiodentale*, qui s'articule par le rapprochement de la lèvre inférieure et des dents de la mâchoire supérieure (ex. f, v).

labium [-jɔm] n. m. ■ didact. Pièce inférieure de l'appareil buccal des insectes.

labo n. m. ■ fam. Laboratoire. *Des labos.*

laborantin, ine n. ■ Aide de laboratoire.

laboratoire n. m. ■ Local aménagé pour faire des expériences, des analyses biologiques, des recherches, etc.

laborieusement adv. ■ Avec peine.

laborieux, euse adj. ■ **1** littér. Qui coûte beaucoup de peine, de travail. ♦ Qui sent l'effort. *Style laborieux.* **2** vieilli Qui travaille beaucoup. ♦ *Les masses laborieuses*, qui n'ont pour vivre que leur travail.

labour n. m. ■ **1** Action de labourer (1). → **labourage. 2** Terre labourée. → **guéret.**

labourable adj. ■ Qu'on peut labourer (1). → **arable.**

labourage n. m. ■ Action de labourer (1).

labourer v. tr. [1] ■ **1** Ouvrir et retourner (la terre) avec un instrument aratoire. **2** fig. Creuser, marquer profondément. ▸ au p. p. *Visage labouré de rides.* → **sillonné.**

laboureur n. m. ■ Personne qui laboure.

labrador n. m. ■ Grand chien à poil ras.

labre n. m. ■ Poisson marin comestible.

labrit [labʀi] n. m. ■ Chien de berger du midi de la France. - var. **labri.**

labyrinthe n. m. ■ **I 1** Réseau compliqué de chemins, etc. dont on a peine à sortir. **2** fig. Complication inextricable. **II** anat. Ensemble des cavités de l'oreille interne. ► **labyrinthique** adj.

lac n. m. ■ Grande nappe naturelle d'eau à l'intérieur des terres. – *Lac artificiel.* ♦ loc. fam. *Tomber dans le lac* : échouer.

laccolithe n. f. ■ minér. Masse de roches volcaniques insinuées dans une série sédimentaire.

lacédémonien, ienne adj. et n. ■ De Lacédémone (Sparte). → **spartiate.**

lacer v. tr. 3 ■ Attacher avec un lacet. ► **laçage** n. m.

lacérer v. tr. 6 ■ Mettre en lambeaux, en pièces. ► **lacération** n. f.

lacertien [-tjɛ̃] n. m. ■ zool. Reptile saurien (ex. le lézard, le varan).

lacet n. m. ■ **1** Cordon étroit, qu'on passe dans des œillets pour serrer, attacher. **2** Succession d'angles aigus. *Virage en lacet.* **3** Nœud coulant pour capturer le gibier.

lâchage n. m. ■ **1** Action de lâcher (qqch.). **2** fam. Action d'abandonner (qqn).

lâche adj. ■ **I 1** Qui n'est pas tendu, pas serré. *Nœud lâche.* **2** fig., littér. Qui manque d'énergie et de concision. *Style lâche.* **II 1** adj. et n. Qui manque de vigueur morale, de courage. ♦ Qui est brutal ou cruel sans risque. **2** Qui porte la marque de la lâcheté. → **bas, méprisable, vil.** ► **lâchement** adv. (sens I et II).

lâché, ée adj. ■ arts Qui est fait avec négligence ; qui manque de vigueur.

① **lâcher** v. 1 ■ **I** v. tr. **1** Cesser de tenir. *Lâche-moi, tu me fais mal.* ♦ fam. Donner. *Il ne lâchera pas un sou.* **2** Cesser de retenir, laisser aller (qqch., un animal). ♦ loc. fam. *Lâcher le morceau,* tout avouer. **3** Émettre brusquement (des paroles, etc.). *Lâcher une absurdité.* **4** Lancer (un animal) à la poursuite de qqn, du gibier. **II** v. tr. **1** Laisser aller, partir (qqn). **2** Distancer (un concurrent) dans une course. **3** fam. Abandonner brusquement (qqn). → **plaquer. III** v. intr. (sujet chose) Se rompre, se détacher brusquement. *Le nœud a lâché.*

② **lâcher** n. m. ■ Action de lâcher (dans quelques emplois). *Un lâcher de ballons.*

lâcher-prise n. m. ■ Capacité de prendre de la distance face aux situations stressantes. *Des lâcher-prises.*

lâcheté n. f. ■ **1** littér. Manque d'énergie morale. **2** Manque de bravoure, de courage devant le danger. ♦ Manque de courage moral qui porte à profiter de l'impunité. **3** Action, manière d'agir d'un lâche.

lâcheur, euse n. ■ fam. Personne qui abandonne sans scrupule (qqn, un groupe).

lacis n. m. ■ Réseau (de fils, etc.).

laconique adj. ■ Qui s'exprime en peu de mots. ► **laconiquement** adv.

laconisme n. m. ■ littér. Manière de s'exprimer en peu de mots. → **concision.**

lacryma-christi [-kʀisti] n. m. invar. ■ Vin provenant de vignes du Vésuve.

lacrymal, ale, aux adj. ■ Qui a rapport aux larmes. *Glande lacrymale.*

lacrymogène adj. ■ Qui fait pleurer, par une action chimique. *Gaz lacrymogène.*

lacs [lɑ] n. m. ■ littér. Nœud coulant.

lactaire n. m. ■ bot. Champignon contenant un suc laiteux.

lactalbumine n. f. ■ chim. Albumine du lait.

lactarium [-jɔm] n. m. ■ didact. Établissement où l'on conserve du lait humain.

lactase n. f. ■ biochim. Enzyme qui transforme le lactose en glucose et galactose.

lactate n. m. ■ chim. Sel de l'acide lactique.

lactation n. f. ■ Sécrétion du lait, chez la femme et les femelles des mammifères.

lacté, ée adj. ■ **I 1** Qui a rapport au lait. **2** littér. Qui a l'aspect du lait. → **laiteux. 3** Qui est à base de lait. **II** VOIE LACTÉE : bande blanchâtre qu'on voit dans le ciel pendant les nuits claires (apparence de la Galaxie).

lactescent, ente adj. ■ didact. ou littér. **1** Qui contient un suc laiteux. **2** par ext. (liquide) Qui ressemble à du lait. **3** D'un blanc de lait. ► **lactescence** n. f.

lactifère adj. ■ biol. Qui amène, porte ou produit le lait.

lactique adj. ■ *Acide lactique,* qui existe dans le lait aigri. – *Ferment lactique,* transformant le sucre du lait en acide lactique.

lact(o)- Élément savant, du latin *lac, lactis* « lait ».

lactobacille [-il] n. m. ■ biol. Genre bactérien dont certaines espèces sont utilisées pour la fabrication de produits laitiers.

lactoflavine n. f. ■ biol. Vitamine B2.

lactogène adj. ■ → **galactogène.**

lactomètre n. m. ■ techn. Appareil servant à apprécier la qualité d'un lait.

lactose n. m. ■ chim. Sucre contenu dans le lait.

lactosérum [-ɔm] n. m. ■ didact. Petit-lait.

lacune n. f. ■ Interruption fâcheuse dans un texte, un enchaînement de faits ou d'idées. ► **lacunaire** adj. → **incomplet.**

lacuneux, euse adj. ■ **1** bot. Se dit d'un tissu végétal présentant un espace entre les cellules. **2** → **lacunaire.**

lacustre adj. ■ Qui se trouve, vit auprès d'un lac, dans un lac.

lad [lad] n. m. ■ anglic. Garçon d'écurie.

ladanum [-ɔm] n. m. ■ chim. Gomme-résine aromatique tirée du ciste. - syn. **labdanum.**

ladino n. m. ■ ling. Parler espagnol des juifs d'Espagne.

ladite → **dit**

ladre ■ **1** adj. (animaux) Qui souffre de larves de ténia. **2** n. et adj. littér. Avare.

ladrerie n. f. ■ littér. Avarice sordide.

lady [ledi] n. f. ■ **1** Titre donné aux femmes des lords. **2** Femme élégante. *Des ladys* ou *des ladies.*

lagon n. m. ■ Petit lac d'eau salée entre la terre et un récif corallien.

lagopède n. m. ■ Oiseau gallinacé des montagnes neigeuses d'Europe.

laguiole [lagjɔl] région. [lajɔl] n. m. ■ **I** Fromage au lait de vache, fabriqué dans l'Aubrac. **II** Couteau de la coutellerie de Laguiole.

lagunage n. m. ■ techn. Création de bassins pour l'épuration.

lagunaire adj. ■ D'une lagune.

lagune n. f. ■ Étendue d'eau de mer retenue par un cordon littoral **(→ lido).**

① **lai** n. m. ■ (au Moyen Âge) Poème lyrique.

② **lai, laie** adj. ■ vx Laïque. ➝ *Frère lai* : frère servant, dans un couvent.

laïc → **laïque**

laïcat n. m. ■ didact. Ensemble des chrétiens non ecclésiastiques.

laîche n. f. ■ Plante à feuilles coupantes.

laïciser v. tr. 1 ■ **1** Rendre laïque. **2** Organiser suivant les principes de la laïcité (2). ► **laïcisation** n. f.

laïcisme n. m. ■ didact. Doctrine qui tend à donner aux institutions un caractère non religieux.

laïcité n. f. ■ **1** Caractère laïque. **2** (en France) Principe de séparation de la société civile et de la société religieuse.

laid, laide adj. ■ **1** Qui produit une impression désagréable en heurtant le sens esthétique. ➝ (personnes) Qui déplaît par ses imperfections physiques (surtout celles du visage). **2** Qui inspire le dégoût, le mépris moral. → **honteux, ignoble. 3** n. m. → **laideur.** *Le laid et le beau.* ► **laidement** adv.

laideron n. m. ■ Jeune fille laide.

laideur n. f. ■ **1** (physique) Caractère, état de ce qui est laid. **2** (moral) → **bassesse.**

① **laie** n. f. ■ Femelle du sanglier.

② **laie** n. f. ■ techn. Layon.

lainage n. m. ■ **1** Étoffe de laine. **2** Vêtement de laine (tricotée, en général).

laine n. f. ■ **1** Matière souple provenant du poil de l'épiderme des moutons (et de quelques mammifères). ➝ loc. fig. *Se laisser manger la laine sur le dos* : se laisser exploiter. ♦ fam. *Une (petite) laine*, un vêtement de laine. **2** Produit fibreux utilisé comme la laine (isolant, textile). *Laine de verre.*

lainer v. tr. 1 ■ techn. Rendre moelleux (un tissu de laine) par grattage.

laineur, euse n. ■ techn. **1** Ouvrier, ouvrière qui laine le drap. **2** n. f. Machine à lainer.

laineux, euse adj. ■ **1** Garni de laine, riche en laine. **2** De l'apparence de la laine.

lainier, ière adj. ■ Relatif à la laine.

laïque adj., **laïc, laïque** n. ■ **1** Qui ne fait pas partie du clergé. **2** Indépendant des religions, des confessions religieuses. *Enseignement laïque* **(→ laïcité).**

laird [lɛʀd] n. m. ■ Propriétaire d'une terre et d'un manoir, en Écosse.

lais n. m. ■ **1** vx Legs. **2** dr. au plur. Terrains que les eaux découvrent en se retirant.

laisse n. f. ■ **I** Lien avec lequel on attache un chien, un animal pour le mener. **II** littér. Tirade, couplet d'une chanson de geste.

laissé(e)-pour-compte [-kɔ̃t] adj. ■ Dont personne ne veut. ♦ n. *Les laissés-pour-compte de la société.* → **exclu.**

laisser v. tr. 1 ■ **I 1** (semi-auxiliaire ; + inf.) Ne pas empêcher de. → **consentir, permettre.** *Laisser faire qqn.* ➝ *Laisser voir son trouble,* le montrer. ➝ absolt *Laisser faire, laisser dire* : ne pas se préoccuper de ce que disent, font les autres. ♦ *SE LAISSER* (+ inf.) : ne pas s'empêcher de. *Se laisser aller.* → s'**abandonner,** se **détendre.** ➝ (sens passif) *Se laisser attendrir.* **2** (avec un compl. déterminé) Maintenir (qqn, qqch.) dans un état, un lieu, une situation. *Cela me laisse indifférent.* **3** *Laisser* (qqn, qqch.) *à qqn,* maintenir avec ; ne pas priver de. **II 1** Ne pas prendre (ce qui se présente). *Manger les raisins et laisser les pépins.* **2** Ne pas supprimer. *Le correcteur a laissé des fautes.* **3** *LAISSER À* : ne pas prendre pour soi (afin qu'un autre prenne). → **réserver.** *Laissez-nous de la place.* ➝ *Laisser un travail à qqn.* → **confier.** ♦ loc. *LAISSER À PENSER, À JUGER* : laisser (à qqn) le soin de penser, de juger par soi-même. **III** Ne pas garder avec soi, pour soi. **1** Se séparer de (qqn, qqch.). → **abandonner, quitter. 2** Abandonner (qqch. de soi). → **perdre.** *Y laisser sa santé.* ➝ (choses) *Liquide qui laisse un dépôt.* **3** Remettre (qqch. à qqn) en partant. → **confier. 4** Vendre à un prix avantageux. → **céder. 5** Donner par voie de succession. → **léguer. IV** littér. *NE PAS LAISSER DE* : ne pas cesser de.

laisser-aller n. m. invar. ■ **1** Absence de contrainte. → **abandon, désinvolture. 2** péj. Absence de soin. → **débraillé ; négligence.**

laisser-faire n. m. invar. ■ Attitude qui consiste à ne pas intervenir.

laissez-passer n. m. invar. ■ Pièce autorisant qqn à circuler librement.

lait n. m. ■ **I 1** Liquide blanc, opaque, très nutritif, sécrété par les glandes mammaires des femmes, des femelles de mammifères. → **galact(o)-, lact(o)-.** ➛ *Cochon* DE LAIT, qui tète encore. ➛ *Frères, sœurs de lait,* qui ont eu la même nourrice. **2** Lait de mammifères domestiques destiné à l'alimentation. *Lait de vache, de chèvre.* ♦ PETIT-LAIT : ce qui reste du lait caillé en fromage. ➛ loc. *Boire du petit(-)lait,* éprouver une vive satisfaction d'amour-propre. **II 1** Suc blanchâtre (de végétaux). **2** Préparation laiteuse.

laitage n. m. ■ Aliment à base de lait.

laitance n. f. ■ Liquide laiteux constitué par le sperme des poissons. – syn. **laite.**

laité, ée adj. ■ **1** Qui a de la laitance. **2** Mâle, en parlant d'un poisson.

laiterie n. f. ■ **1** Lieu où s'effectuent la collecte et le traitement du lait. ♦ Industrie laitière. **2** vieilli Crémerie.

laiteron n. m. ■ Plante contenant un latex blanc, appelée aussi *lait d'âne.*

laiteux, euse adj. ■ Qui a l'aspect, la couleur blanchâtre du lait.

① **laitier, ière** ■ **I** n. Personne qui vend (→ **crémier**) ou livre du lait. **II** adj. **1** *Vache laitière,* élevée pour son lait. **2** Relatif au lait, matière première alimentaire.

② **laitier** n. m. ■ Masse d'impuretés qui se forme à la surface des métaux en fusion.

laiton n. m. ■ Alliage de cuivre et de zinc.

laitonner v. tr. [1] ■ techn. **1** Garnir de fils de laiton. **2** Recouvrir de laiton.

laitue n. f. ■ Salade à feuilles tendres.

laïus [lajys] n. m. ■ **1** fam. Allocution. **2** Discours emphatique. ► **laïusser** v. intr. [1]

laïusseur, euse adj. et n. ■ Qui fait des laïus.

laize n. f. ■ Lé.

lalala interj. ■ Onomatopée qui évoque le fredonnement.

lallation n. f. ■ didact. Émission de sons chez le nourrisson. → **babillage.**

① **lama** n. m. ■ Mammifère ongulé qui vit dans les montagnes d'Amérique du Sud.

② **lama** n. m. ■ Moine du lamaïsme.

lamage n. m. ■ techn. Action d'aplanir (une surface) avec une lame tournante.

lamaïsme n. m. ■ Forme de bouddhisme (Tibet, Mongolie). ► **lamaïste** adj. et n.

lamanage n. m. ■ mar. Pilotage des navires à l'entrée et à la sortie des ports. ► **lamaneur, euse** n.

lamantin n. m. ■ Gros mammifère marin au corps épais, à nageoire non échancrée.

lamarckien, ienne adj. et n. ■ Relatif au biologiste Lamarck ou au lamarckisme. ♦ Partisan du lamarckisme.

lamarckisme n. m. ■ Théorie qui explique l'évolution des êtres vivants par l'hérédité des caractères acquis.

lamaserie n. f. ■ Monastère de lamas (②).

lambada n. f. ■ Danse d'origine brésilienne.

lambda ■ **1** n. m. invar. Onzième lettre de l'alphabet grec (correspond à *l*). **2** adj. invar. fam. Moyen, quelconque. *Le téléspectateur lambda.*

lambeau n. m. ■ **1** Morceau d'une étoffe déchirée. **2** Morceau arraché ; fragment.

lambic n. m. ■ Bière belge fortement alcoolisée.

lambin, ine n. et adj. ■ fam. Lent, indolent. ► **lambiner** v. intr. [1]

lambliase n. f. ■ méd. Ensemble de troubles causés par un parasite de l'intestin humain.

lambourde n. f. ■ techn. Poutrelle supportant un parquet.

lambrequin n. m. ■ Bordure à festons.

lambris n. m. ■ Revêtement (en bois...) de murs, de plafonds. ► **lambrisser** v. tr. [1]

lambswool [lɑ̃bswul] n. m. ■ anglic. Laine de jeunes agneaux.

① **lame** n. f. ■ **1** Bande plate et mince d'une matière dure (métal, verre, bois). *Lames de parquet.* **2** Fer (d'un instrument, d'un outil tranchant). ♦ loc. *Une fine lame,* un bon escrimeur. **3** sc. Formation naturelle mince et allongée (en anat., etc.). **4** Carte du jeu de tarot. → **arcane.**

② **lame** n. f. ■ Ondulation de la mer sous l'action du vent. → **vague.** ➛ *Lame de fond,* provenant d'un phénomène sous-marin ; fig. phénomène brutal, qui emporte tout.

lamé, ée adj. ■ (tissu) Où entre un fil entouré de métal. *Tissu lamé or.* ➛ n. m. *Une robe de lamé.*

lamellaire adj. ■ sc. Dont la structure est faite de lamelles.

lamelle n. f. ■ Petite lame très mince.

lamellé, ée adj. ■ Disposé en lamelles ; garni de lamelles.

lamellibranche n. m. ■ zool. Bivalve.

lamelliforme adj. ■ didact. En forme de lamelle.

lamentable adj. ■ **1** vx ou littér. Qui mérite des lamentations. → **déplorable.** **2** Qui exprime une lamentation. **3** Très mauvais. → **minable.** ► **lamentablement** adv.

lamentation n. f. ■ Suite de paroles exprimant le regret, la récrimination.

se **lamenter** v. pron. [1] ▪ Se plaindre.

lamento [lamɛnto] n. m. ▪ mus. Air plaintif.

lamer v. tr. [1] ▪ techn. Aplanir (une surface) avec une lame tournante.

lamiacées n. f. pl. → **labié**

lamie n. f. ▪ didact. Grand requin à museau conique.

lamier n. m. ▪ Plante commune dans les champs et les haies.

lamifié, ée n. m. et adj. ▪ Stratifié en papier de cellulose.

① **laminaire** n. f. ▪ Algue marine aux feuilles en forme de rubans.

② **laminaire** adj. ▪ phys. Qui s'effectue par glissement de couches de fluide les unes sur les autres. *Régime laminaire* (opposé à *turbulent*).

laminer v. tr. [1] ▪ **1** Amincir (une masse métallique) en feuilles, en lames, par une forte pression. **2** fig. Diminuer (qqch.) jusqu'à l'anéantissement. ► **laminage** n. m. ► **lamineur, euse** n.

laminoir n. m. ▪ Machine pour laminer.

lampadaire n. m. ▪ Appareil d'éclairage électrique monté sur un haut support.

lampant, ante adj. ▪ *Pétrole lampant*, raffiné pour l'éclairage.

lamparo n. m. ▪ région. Source de lumière pour attirer le poisson.

lampas [-pa(s)] n. m. ▪ Étoffe de soie à grands dessins.

lampe n. f. ▪ **I 1** Récipient contenant un liquide ou un gaz combustible, pour éclairer. ◆ *Lampe-tempête*, à flamme protégée du vent. **2** Appareil d'éclairage par l'électricité. **3** Récipient dont le combustible produit de la chaleur. *Lampe à souder*. **4** Tube électronique. **II** fam. *S'en mettre* PLEIN LA LAMPE : manger et boire abondamment.

lampée n. f. ▪ fam. Grande gorgée.

lamper v. tr. [1] ▪ fam. Boire d'un trait.

lampion n. m. ▪ **1** anciennt Godet contenant une matière combustible et une mèche. **2** Lanterne* vénitienne.

lampiste n. ▪ **1** Personne qui entretient les lampes. **2** Subalterne modeste.

lampisterie n. f. ▪ **1** vx Industrie des lampes. **2** Entrepôt de lampes (gares...).

lampourde n. f. ▪ région. Plante sauvage, appelée aussi *petite bardane*.

lamproie n. f. ▪ Poisson au corps cylindrique et allongé (rappelant l'anguille).

lampyre n. m. ▪ zool. Ver luisant.

lance n. f. ▪ **I** Arme à longue hampe terminée par un fer pointu. ◆ *En fer de lance* (forme). ◆ loc. fig. *Fer* de lance*. **II** Pièce servant à diriger un jet d'eau.

lance-bombes n. m. invar. ▪ Appareil installé dans un avion pour le largage des bombes.

lancée n. f. ▪ Élan de ce qui est lancé.

lance-engins n. m. invar. ▪ Dispositif militaire permettant de lancer des missiles.

lance-flammes n. m. invar. ▪ Engin de combat projetant des liquides enflammés.

lance-fusées n. m. invar. ▪ Dispositif de lancement de projectiles autopropulsés.

lance-grenades n. m. invar. ▪ Engin servant à lancer des grenades.

lancement n. m. ▪ Action de lancer. *Lancement du javelot*. ◆ *Le lancement d'un film.*

lance-missiles n. m. invar. ▪ Engin servant à lancer des missiles.

lancéolé, ée adj. ▪ **1** En fer de lance. **2** archit. Caractérisé par des lancettes (2).

lance-pierres n. m. invar. ▪ Petite fronde. ◆ fam. *Manger avec un lance-pierres*, vite.

① **lancer** v. tr. [3] ▪ **1** Envoyer loin de soi dans une direction déterminée. → **jeter, projeter.** *Lancer une balle*. ◆ *Lancer une fusée*. **2** Faire sortir de soi, avec force. → **émettre.** *Lancer un cri*. ♦ Faire mouvoir avec rapidité (une partie du corps). **3** Envoyer sans ménagement (des paroles...) à l'adresse de qqn. **4** Faire partir vite et avec force. *Lancer un cheval au galop*. **5** Mettre en mouvement. *Lancer un moteur*. ♦ fam. Engager (qqn) dans un sujet de conversation. **6** Pousser (qqn, qqch.) en mettant en valeur. *Lancer un artiste ; une mode*. ▷ v. pron. **se lancer 1** Se jeter, s'élancer. → se **précipiter.** **2** S'engager hardiment. **3** Se faire connaître. *Se lancer dans la mode*. **4** (passif) Être lancé. *Un volant se lance avec une raquette*. **5** (récipr.) Lancer l'un à l'autre.

② **lancer** n. m. ▪ **1** *Lancer* ou *pêche au lancer*, pêche à la ligne, qui consiste à lancer un leurre. **2** Épreuve d'athlétisme consistant à lancer le plus loin possible un poids, un disque, un javelot ou un marteau.

lance-roquettes n. m. invar. ▪ Dispositif pour le lancement des roquettes.

lance-torpilles n. m. invar. ▪ Dispositif pour le lancement des torpilles.

lancette n. f. ▪ **1** Petit instrument de chirurgie utilisé pour les petites incisions. **2** archit. Arc brisé aigu (en fer de lance).

lanceur, euse n. ▪ **1** Personne qui lance (qqch.). ◆ Athlète spécialisé dans les lancers. **2** n. m. Fusée chargée d'envoyer un satellite, un missile, etc. dans l'espace.

lancier n. m. ▪ vx Soldat armé d'une lance.

lanciner v. tr. [1] ▪ littér. **1** (douleur) Donner des élancements douloureux à. **2** Tourmenter de façon qui obsède. ► **lancinant, ante** adj. *Douleur lancinante.*

lançon n. m. ▪ Poisson au corps effilé.

land [lɑ̃d], plur. **länder** [lɛndœʀ] n. m. ▪ État fédéré de l'Allemagne.

landais, aise adj. ▪ De la région des Landes.

land art [lɑ̃daʀt] n. m. ▪ anglic. Forme d'art consistant en interventions sur la nature.

landau n. m. ▪ **1** anciennt Voiture à cheval à quatre roues, à capote à soufflets. *Des landaus.* **2** Voiture d'enfant à caisse suspendue.

lande n. f. ▪ Étendue de terre où croissent l'ajonc, la bruyère, le genêt, etc.

landgrave [lɑ̃dgʀav] n. m. ▪ hist. Titre de princes souverains allemands.

landier n. m. ▪ Grand chenet de cuisine.

landolphia n. f. ▪ bot. Liane qui donne un latex riche en caoutchouc.

landtag [lɑ̃dtag] n. m. ▪ Assemblée délibérante dans certains États germaniques. → ② **diète.**

laneret n. m. ▪ Mâle du lanier*.

langage n. m. ▪ **I 1** Fonction d'expression de la pensée et de communication entre les humains, mise en œuvre par la parole ou par l'écriture. *Le langage et les langues* (II). **2** Tout système de signes permettant la communication. ➙ inform. Ensemble codé de signes utilisé pour la programmation. *Langage machine* (d'un ordinateur). **II** Façon de s'exprimer propre à un groupe ou à un individu. *Langage littéraire.*

langagier, ière adj. ▪ Du langage.

lange n. m. ▪ Carré (de laine...) dont on emmaillotait un bébé.

langer v. tr. [3] ▪ Envelopper (un bébé) d'un lange.

langoureux, euse adj. ▪ Qui manifeste de la langueur (2). ► **langoureusement** adv.

langouste n. f. ▪ Grand crustacé marin très apprécié, sans pinces.

langoustier n. m. ▪ Bateau équipé pour la pêche à la langouste.

langoustine n. f. ▪ Petit crustacé marin très estimé, aux longues pinces.

langue n. f. ▪ **I 1** Organe charnu, musculeux, allongé et mobile, placé dans la bouche. ➙ loc. *Tirer la langue* (fig. désirer qqch. sans l'obtenir). ♦ Langue comestible (de certains animaux). *Langue de bœuf.* **2** (Organe de la parole) loc. *Avoir la langue bien pendue,* être bavard. *Ne pas savoir tenir sa langue,* être indiscret. *Se mordre la langue,* se retenir de parler, ou se repentir d'avoir parlé. *Donner sa langue au chat :* avouer son ignorance. *Tourner sept fois sa langue dans sa bouche,* réfléchir avant de parler. ♦ *Mauvaise langue ; langue de vipère :* personne médisante. **3** Chose, objet en forme de langue. **II 1** Système d'expression et de communication, commun à un groupe social (communauté linguistique). ➙ *Langue maternelle*.* **2** Langage spécial à certains domaines ou à certains milieux **(→ usage).** ➙ *La langue verte :* l'argot. **3** Façon de s'exprimer par le langage. ➙ loc. *Langue de bois :* discours figé, stéréotypé (notamment, politique). **4** fig. Mode d'expression. *La langue des signes* (autres que ceux du langage). → **sémiotique.**

langue-de-bœuf n. f. ▪ Fistuline.

langue-de-chat n. f. ▪ Petit biscuit plat.

languette n. f. ▪ Petite langue (I, 3).

langueur n. f. ▪ **1** vieilli État de qqn dont les forces diminuent lentement. **2** Mélancolie douce et rêveuse. *Langueur amoureuse.* **3** Manque d'activité, d'énergie.

languide adj. ▪ littér. Languissant.

languir v. intr. [2] ▪ **1** (personnes) Manquer d'activité, d'énergie, de vigueur. ♦ (choses) *La conversation languit.* **2** Attendre avec impatience (ce qu'on désire).

languissant, ante adj. ▪ **1** vieilli Faible, abattu. **2** littér. ou plais. Qui exprime la langueur amoureuse. **3** Qui manque d'énergie, de vie, d'entrain.

lanier n. m. ▪ Faucon femelle dressé pour la chasse au vol.

lanière n. f. ▪ Étroite bande (de cuir, etc.).

lanoline n. f. ▪ Matière grasse utilisée dans la préparation des pommades.

lansquenet n. m. ▪ **1** hist. Mercenaire allemand (XVe-XVIe s.). **2** anciennt Jeu de cartes.

lanterne n. f. ▪ **I 1** Boîte à parois ajourées, translucides ou transparentes, contenant une source de lumière. *Lanterne vénitienne,* en papier de couleur. ➙ *Lanterne rouge,* à l'arrière d'un convoi ; fig. dernier (d'un classement...). ♦ Feux de position (d'une automobile). **2** Appareil de projection. ➙ *Lanterne magique,* qui projetait des images peintes. ➙ loc. *Éclairer la lanterne de qqn,* lui fournir des explications. **II** archit. Dôme vitré. ➙ Tourelle ajourée surmontant un dôme.

lanterner v. intr. [1] ▪ **1** Perdre son temps. **2** *Faire lanterner qqn,* le faire attendre.

lanternon n. m. ▪ Petite lanterne au sommet d'une coupole ; cage vitrée au-dessus d'un escalier, d'un atelier. – syn. **lanterneau.**

lanthane n. m. ▪ chim. Premier métal de la série des lanthanides (symb. La, n° at. 57, masse at. 138,90).

lanthanides n. m. pl. ▪ chim. Groupe d'éléments (n° at. 57 à 71) aussi appelés *terres rares.*

laotien, ienne adj. et n. ■ Du Laos. ➝ n. *Les Laotiens.* ♦ n. m. *Le laotien* (langue).

lapalissade n. f. ■ Affirmation évidente.

laparoscopie n. f. ■ méd. Endoscopie de la cavité abdominale.

laparotomie n. f. ■ chir. Incision de la paroi abdominale.

laper v. tr. [1] ■ (animal) Boire à petits coups de langue. ► **lapement** n. m.

lapereau n. m. ■ Jeune lapin.

lapette n. f. ■ (Belgique) fam. Café trop léger.

lapiaz [lapjɑz] ou **lapié** n. m. ■ géol. ou région. Rainure en terrain calcaire.

lapidaire ■ **I** n. Artisan ou commerçant en pierres précieuses. **II** adj. **1** didact. Relatif aux pierres (précieuses ou non). **2** littér. Concis et vigoureux. *Style lapidaire.*

lapider v. tr. [1] ■ Attaquer, poursuivre ou tuer à coups de pierres. ► **lapidation** n. f.

lapié → **lapiaz**

lapilli [lapi(l)li] n. m. pl. ■ Petites pierres projetées par les volcans en éruption.

lapin n. m. ■ **I 1** Petit mammifère rongeur à grandes oreilles. ♦ Sa chair comestible. *Civet de lapin.* **2** Fourrure de cet animal. **3** fam. *CHAUD LAPIN* : homme porté sur les plaisirs sexuels. **4** terme d'affection *Mon petit lapin.* **II** loc. fam. *Poser un lapin à qqn* : ne pas venir à un rendez-vous.

lapine n. f. ■ **1** Femelle du lapin. **2** fig. Femme très féconde.

lapiner v. tr. [1] ■ élevage Mettre bas, en parlant de la lapine.

lapinière n. f. ■ Clapier.

lapinisme n. m. ■ fam. et iron. Fécondité excessive.

lapis-lazuli [lapis-] n. m. ■ Pierre d'un bleu d'azur ou d'outremer. *Des lapis-lazulis.*

lapon, one ou **onne** adj. et n. ■ De Laponie. ➝ n. *Les Lapons.* ♦ n. m. *Le lapon* : langue finno-ougrienne parlée en Laponie.

laps [laps] n. m. ■ loc. *Laps de temps* : espace de temps.

lapsus [-ys] n. m. ■ Emploi involontaire d'un mot pour un autre.

laquais n. m. ■ anciennt Valet en livrée.

laque n. ■ **I** n. f. **1** Matière résineuse d'un rouge brun extraite d'arbres d'Extrême-Orient. **2** Peinture brillante. **3** Vernis chimique. **4** Produit que l'on vaporise sur les cheveux pour les fixer. **II 1** n. m. ou f. Vernis préparé avec la laque (I, 1). **2** n. m. Objet d'art laqué (1).

laquelle → **lequel**

laquer v. tr. [1] ■ **1** Enduire de laque. **2** Vaporiser de la laque (I, 4) sur. ▷ adj. **laqué, ée 1** *Bibelot laqué.* **2** *Cheveux laqués.* **3** *Canard laqué,* badigeonné d'une sauce aigre-douce spéciale pendant la cuisson. ► **laquage** n. m.

larbin n. m. ■ **1** fam. et péj. Domestique. **2** fig. Individu servile.

larcin n. m. ■ littér. Petit vol (sans violence).

lard n. m. ■ **1** Graisse ferme en couche épaisse dans le tissu sous-cutané du porc, employée dans l'alimentation. ♦ loc. fam. *Un gros lard* : un homme gros. ➝ *Tête de lard* : entêté. ➝ *Se demander si c'est du lard ou du cochon,* de quoi il s'agit. **2** fam. Graisse de l'homme. ➝ loc. *Se faire du lard,* engraisser. *Rentrer dans le lard à qqn,* l'agresser.

larder v. tr. [1] ■ **I** Garnir (une pièce de viande) de lard, de lardons. **II** fig. **1** Piquer à plusieurs reprises. *Larder qqn de coups de couteau.* **2** Entremêler. *Larder un texte de citations.*

lardoire n. f. ■ Brochette pour larder la viande.

lardon n. m. ■ **I** Morceau de lard (pour la cuisine). **II** fam. Petit enfant.

lare n. m. ■ chez les Romains Esprit tutélaire protégeant la maison. ➝ adj. *Les dieux lares.*

largable adj. ■ Qui peut être largué (2).

largage n. m. ■ Action de larguer.

large ■ **I** adj. **1** Qui a une étendue supérieure à la moyenne dans le sens de la largeur (s'oppose à *étroit*). **2** *LARGE DE* (tant), qui a une largeur de. **3** (vêtement) Qui n'est pas serré. → **ample. 4** Étendu, vaste. *Décrire un large cercle.* **5** fig. Qui a une grande extension ou importance. *Dans une large mesure.* **6** Qui n'est pas borné. *Avoir les idées larges.* **7** Qui dépense volontiers (→ **largesse). II** n. m. **1** *DE LARGE* : de largeur. *Deux mètres de large.* **2** loc. *En long* et en large.* ➝ *De long* en large.* **3** *Être AU LARGE* : avoir beaucoup de place ; fig. être dans l'aisance. **4** La haute mer. *Le grand large.* ➝ fig., fam. *Prendre le large,* partir, s'enfuir. **III** adv. **1** D'une manière ample. *S'habiller large.* **2** D'une manière peu rigoureuse et par excès. *Compter large.* **3** loc. *Il n'en mène pas large,* il a peur.

largement adv. ■ **1** Sur une grande largeur, un large espace. *Col largement ouvert.* ♦ *Idée largement répandue,* abondamment. **2** Sans compter. **3** En calculant large.

largesse n. f. ■ **1** Disposition à être généreux. → **libéralité. 2** Don généreux.

largeur n. f. ■ **1** La plus petite dimension d'une surface (opposé à *longueur*), la dimension moyenne d'un volume (opposé à *longueur* et *hauteur*) ; son étendue. ♦ loc. fam. *Dans les grandes largeurs,* au maximum, complètement. **2** fig. Caractère de ce qui n'est pas borné, restreint. *Largeur d'esprit.*

larghetto [laʀgeto] adv. ▪ mus. Un peu moins lentement que largo. ◆ n. m. Morceau joué larghetto.

largo adv. ▪ mus. Avec un mouvement majestueux. ♦ n. m. Mouvement joué largo.

larguer v. tr. [1] ▪ **1** Lâcher ou détacher (un cordage). *Larguer les amarres* (fig. partir). **2** Lâcher, laisser tomber (d'un avion...). **3** fig., fam. Se débarrasser de. → **lâcher. 4** sports Distancer. ♦ fig. (passif) *Être largué* : ne plus suivre.

larigot n. m. ▪ mus. Jeu d'orgue. ◆ loc. adv. → **à tire-larigot.**

larme n. f. ▪ **1** Goutte de liquide salé qui humecte l'œil, et s'en écoule sous l'effet d'une douleur, d'une émotion. ◆ loc. *Pleurer à chaudes larmes,* abondamment. *Avoir toujours la larme à l'œil,* une sensibilité excessive. ◆ fam. *Larmes de crocodile**. **2** fig., littér. (au plur.) Affliction, chagrin. ◆ *Cette vallée de larmes* : le monde terrestre. **3** fam. Très petite quantité (de boisson).

larme-de-Job n. f. ▪ vx Plante dont la graine est utilisée comme perle.

larmier n. m. ▪ **1** techn. Moulure à rainure pour les eaux de pluie. **2** Angle interne de l'œil, d'où les larmes s'écoulent.

larmoiement n. m. ▪ **1** Écoulement continuel de larmes. **2** Plainte geignarde.

larmoyer v. intr. [8] ▪ **1** Être atteint de larmoiement. **2** fig. Se lamenter. ► **larmoyant, ante** adj. → **éploré ; plaintif.**

larron n. m. ▪ vx Voleur. ◆ *Le bon, le mauvais larron,* crucifiés avec le Christ. ◆ loc. *S'entendre comme larrons en foire,* à merveille. ◆ *Le troisième larron* : la personne qui profite du conflit de deux autres.

larsen [-ɛn] n. m. ▪ *Effet larsen ; larsen* : oscillations parasites (sifflement), dans la diffusion du son par haut-parleurs.

larvaire adj. ▪ **1** Propre aux larves (II). **2** fig. À l'état d'ébauche. → **embryonnaire.**

larve n. f. ▪ **I 1** Antiq. romaine Esprit des morts. **2** littér. Fantôme. **II 1** Forme embryonnaire (des animaux à métamorphoses), à vie libre hors de l'œuf. **2** fig. et péj. Personne molle, sans énergie.

larvé, ée adj. ▪ **1** (maladie) Aux symptômes atténués. **2** Qui n'éclate pas, n'éclot pas.

larvicide adj. ▪ didact. Propre à tuer les larves.

laryngé, ée adj. ▪ Du larynx. - syn. **laryngien, ienne** anat.

laryngectomie n. f. ▪ chir. Ablation totale ou partielle du larynx.

laryngien → **laryngé**

laryngite n. f. ▪ Inflammation du larynx.

laryng(o)- Élément savant (du grec *larunx* «gosier») qui signifie «larynx».

laryngologie n. f. ▪ méd. Étude du larynx. ► **laryngologue** ou **laryngologiste** n.

laryngoscope n. m. ▪ méd. Appareil permettant d'examiner la cavité laryngienne. ► **laryngoscopie** n. f.

laryngotomie n. f. ▪ chir. Opération consistant à inciser le larynx.

larynx [-ɛ̃ks] n. m. ▪ Partie supérieure du canal respiratoire, entre le pharynx et la trachée, où se trouvent les cordes vocales.

① **las, lasse** [lɑ] adj. ▪ **1** Qui éprouve une sensation de fatigue générale et vague. **2** littér. *LAS DE* : fatigué et dégoûté de.

② **las** [lɑs] interj. ▪ vx Hélas.

lasagne n. f. ▪ au plur. Pâtes en forme de large ruban.

lascar n. m. ▪ fam. **1** vieilli Homme hardi et rusé. **2** Homme malin, ou qui fait le malin.

lascif, ive adj. ▪ **1** littér. Enclin aux plaisirs amoureux. **2** Très sensuel. *Pose lascive.* ► **lascivement** adv. ► **lascivité** et **lasciveté** n. f. littér.

laser [lazɛʀ] n. m. (sigle angl.) ▪ phys. Générateur d'ondes lumineuses, émettant des faisceaux très puissants et très fins. ◆ appos. cour. *Disque laser.* → **compact.**

lasser v. tr. [1] ▪ Fatiguer en ennuyant. *Lasser son auditoire.* ♦ Décourager, rebuter. ▷ v. pron. **se lasser** (de) Devenir las (de). ► **lassant, ante** adj. → **ennuyeux.**

lassi n. m. ▪ Boisson indienne à base de yaourt. *Lassi salé, sucré.*

lassis n. m. ▪ Bourre de soie.

lassitude n. f. ▪ **1** État d'une personne lasse (1). **2** Abattement mêlé d'ennui, de découragement.

lasso n. m. ▪ Longue corde à nœud coulant servant à attraper le bétail, etc.

lastex [-ɛks] n. m. (nom déposé) ▪ Fil de latex recouvert de fibres textiles.

lasting n. m. ▪ Étoffe de laine rase.

lasure n. f. ▪ techn. Produit qui protège le bois en laissant les veines apparentes. ► **lasurer** v. tr. [1]

latanier n. m. ▪ Palmier originaire de l'océan Indien.

latent, ente adj. ▪ Qui reste caché, ne se manifeste pas. ► **latence** n. f.

latéral, ale, aux adj. ▪ Du côté ; situé sur le côté. ► **latéralement** adv.

latéralisation n. f. ▪ didact. Organisation de la latéralité, pendant la petite enfance.

latéralisé, ée adj. ▪ didact. Dont la latéralité est (bien ou mal) établie.

latéralité n. f. ▪ didact. Prépondérance droite ou gauche dans l'utilisation d'organes pairs (main, pied, œil).

latérite n. f. ▪ Roche rouge riche en fer et en alumine. ♦ Sol fait de cette roche.

latér(o)-, -latère Éléments, du latin *latus, eris* «côté».

latex [-ɛks] n. m. ▪ Liquide visqueux, d'aspect laiteux, sécrété par certains végétaux (surtout l'hévéa).

laticifère adj. ▪ bot. Qui contient du latex.

latifundium [latifɔ̃djɔm], plur. **latifundia** n. m. ▪ **1** Dans l'Antiquité romaine, Très grand domaine rural. **2** au plur. Grand domaine agricole privé. ► **latifundiaire** adj. didact.

latin, ine ▪ **I** adj. **1** Du Latium (région d'Italie) ; de la Rome antique. → **romain.** ♦ De la langue latine. *Version latine.* ♦ *QUARTIER LATIN* : quartier de Paris où se trouvent des facultés. **2** D'origine latine. →② **roman.** *Langues latines.* ♦ Où l'on parle des langues latines. *Amérique latine.* ♦ *Le tempérament latin.* → **méditerranéen.** ➝ n. *Les Latins.* **II** n. m. La langue latine. *Latin classique.* ➝ *Latin de cuisine* : jargon imitant le latin. ➝ loc. *Y perdre son latin* : n'y rien comprendre.

latiniser v. tr. [1] ▪ **1** Revêtir (un mot) d'une forme latine. **2** Marquer de l'esprit latin. ► **latinisation** n. f. didact.

latinisme n. m. ▪ Construction ou emploi propre à la langue latine ; emprunt au latin.

latiniste n. ▪ Spécialiste de la langue ou de la littérature latine. ➝ Étudiant de latin.

latinité n. f. ▪ La civilisation latine.

latino n. et adj. ▪ Latino-américain (dans un contexte nord-américain). *Les Latinos de Los Angeles.* ➝ adj. *La musique latino.*

latino-américain, aine adj. et n. ▪ De l'Amérique latine, partie de l'Amérique parlant espagnol ou portugais.

latitude n. f. ▪ **I** littér. dans des loc. Pouvoir d'agir. *Avoir toute latitude de* (+ inf.). **II 1** Distance angulaire d'un point de la Terre à l'équateur. **2** Région. *Sous nos latitudes.*

latitudinaire adj. et n. ▪ littér. D'une morale très large. → **laxiste.**

latomies n. f. pl. ▪ Antiq. Carrières servant de prison.

lato sensu [-sɛ̃sy] adv. ▪ didact. Au sens large (opposé à *stricto sensu*).

-lâtre, -lâtrie Éléments savants (du grec *latreuein* «servir») qui signifient «adorateur» et «adoration».

latrie n. f. ▪ théol. *Culte de latrie* : la forme la plus élevée d'adoration rendue à Dieu.

latrines n. f. pl. ▪ W.-C. sommaires.

lattage n. m. ▪ **1** Action de latter. **2** Lattis.

latte n. f. ▪ Longue pièce de bois étroite.

latté, ée adj. ▪ Garni de lattes. ➝ n. m. Contreplaqué.

latter v. tr. [1] ▪ Garnir de lattes.

lattis n. m. ▪ Ouvrage en lattes.

laudanum [-ɔm] n. m. ▪ Teinture alcoolique d'opium, calmante.

laudatif, ive adj. ▪ **1** Qui contient un éloge. **2** Qui fait un éloge. - syn. (littér.) **laudateur, trice** adj. (et n.).

laudes [lod] n. f. pl. ▪ relig. cathol. Partie de l'office divin qui se chante à l'aurore.

laure n. f. ▪ Monastère orthodoxe.

lauréat, ate n. ▪ Personne qui a remporté un prix dans un concours.

laurier n. m. ▪ **I 1** Arbre à feuilles allongées, luisantes, persistantes et aromatiques (d'où le nom de *laurier-sauce*). **2** Feuilles de cet arbre. ♦ *Couronne de laurier*, dont on ornait le front des vainqueurs. ➝ loc. *Être couvert de lauriers*, de gloire. *Se reposer, s'endormir sur ses lauriers* : ne plus agir, après un succès. **II** *LAURIER(-)ROSE* : arbuste ornemental (toxique) à grandes fleurs roses ou blanches. *Des lauriers(-)roses.*

lause ou **lauze** n. f. ▪ Pierre plate et fine, utilisée comme tuile ou comme dalle.

L. A. V. [ɛlave] n. m. (sigle amér.) ▪ anglic. Virus du sida. → **V. I. H.** - var. **LAV.**

lavable adj. ▪ Qui peut être lavé.

lavabo n. m. ▪ **I** Prière dite par le prêtre au moment où il se lave les mains. **II 1** Dispositif de toilette à hauteur de table, avec cuvette, robinets d'eau courante et vidange. **2** (surtout au plur.) Pièce réservée à ce dispositif. ♦ Toilettes (publiques).

lavage n. m. ▪ **1** Action de laver. **2** loc. *Lavage de cerveau* : actions psychologiques menées pour modifier de force les opinions de qqn.

lavallière n. f. ▪ Cravate souple, nouée.

lavande n. f. ▪ **1** Arbrisseau vivace aux fleurs bleues en épi, très odorantes. ♦ Feuilles et fleurs séchées de cette plante. **2** Eau, essence de lavande. **3** appos. (invar.) *Bleu lavande* : bleu mauve, assez clair.

lavandière n. f. ▪ **1** Femme qui lave le linge à la main. **2** Bergeronnette.

lavandin n. m. ▪ Lavande hybride.

lavaret n. m. ▪ Poisson de lac.

lavasse n. f. ▪ fam. Boisson, soupe trop étendue d'eau.

lave n. f. ▪ **1** Matière en fusion qui se répand hors d'un volcan. **2** Lave pétrifiée utilisée comme pierre de construction.

lavé, ée adj. ▪ **1** Trop délayé. *Couleur lavée.* **2** fig. Pâle.

lave-auto n. m. ▪ (Canada) Station de lavage automatique pour automobiles.

lave-glace n. m. ▪ Appareil qui envoie un jet de liquide sur le pare-brise, les vitres d'un véhicule. *Des lave-glaces.*

lave-linge n. m. invar. ▪ Machine à laver le linge.

lave-mains n. m. invar. ▪ Petit lavabo placé près des toilettes.

lavement n. m. ▪ **1** vx ou liturgie cathol. Lavage, ablution. **2** Injection d'un liquide dans le gros intestin, par l'anus.

laver v. tr. [1] ▪ **I 1** Nettoyer avec de l'eau, un liquide. ➝ loc. *Laver son linge sale en famille,* régler les conflits intimes entre soi. **2** (corps...) *Laver un enfant.* ➝ fig. *Laver la tête à qqn,* le réprimander. **3** loc. *Se laver les mains de qqch.,* décliner toute responsabilité. **4** SE LAVER v. pron. (passif) *La soie se lave à l'eau froide.* ➝ (réfl.) Faire sa toilette. **5** fig. *Laver qqn d'un soupçon.* → **disculper. II 1** Enlever au moyen d'un liquide. *Laver une tache.* **2** fig. *Laver un affront,* s'en venger.

laverie n. f. ▪ *Laverie (automatique)* : blanchisserie en libre-service.

lavette n. f. ▪ **I** Morceau de linge pour nettoyer. **II** fig., fam. Personne veule, lâche.

laveur, euse ▪ **I** n. Personne qui lave. **II** n. f. (Canada) Machine à laver le linge. → **lave-linge.**

lave-vaisselle n. m. invar. ▪ Machine à laver la vaisselle.

lavis n. m. ▪ Passage de couleurs étendues d'eau sur un dessin. ♦ Dessin ainsi obtenu.

lavoir n. m. ▪ **1** Lieu où on lave le linge à la main. **2** Bac en ciment pour la lessive. **3** techn. Atelier de lavage du minerai.

lawrencium [lɔʀɑ̃sjɔm] n. m. ▪ chim. Élément atomique (symb. Lr ; n° at. 103), le dernier de la série des actinides.

laxatif, ive adj. et n. m. ▪ Se dit d'un remède qui aide à évacuer les selles. → **purgatif.**

laxisme n. m. ▪ Tendance excessive à la conciliation, à la tolérance (s'oppose à *purisme*). ► **laxiste** adj. et n.

layer v. tr. [8] ▪ techn. Faire traverser par un layon. *Layer une forêt.*

layette n. f. ▪ Linge, habits du nouveau-né.

layon n. m. ▪ Sentier (rectiligne) en forêt.

lazaret n. m. ▪ Établissement où s'effectue le contrôle sanitaire des voyageurs susceptibles de maladies contagieuses.

lazurite n. f. ▪ Lapis-lazuli.

lazzi [la(d)zi] n. m. ▪ (surtout au plur.) Plaisanterie, moquerie bouffonne. *Des lazzi(s).*

LCD n. m. (sigle de *Liquid Crystal Display*) ▪ anglic. Dispositif d'affichage à cristaux liquides. ➝ appos. *Écran plat LCD.*

① **le, la, les** art. déf. ▪ *Le* et *la* se réduisent à *l'* devant une voyelle ou un *h* muet : *l'école, l'habit.* — *De* + *le, les* devient *du, des* ; *à* + *le, les* devient *au, aux* **I** devant un nom **1** (devant un nom générique) *L'homme est un mammifère.* ♦ (désignant qqch. de connu) *Le soleil.* **2** (devant un nom déterminé par la situation) *Ferme le verrou.* **3** (remplaçant l'adj. poss.) *Je me lave les mains.* **4** (devant un nom propre) *Le Japon, le Rhône.* ➝ littér. *Le Paris de ma jeunesse.* ➝ région. ou rural *La Marie.* ➝ *Les Dupont* : la famille Dupont. **5** (pour transformer toute partie du discours en subst.) *Le boire et le manger. Les moins de vingt ans.* **6** (valeur distributive) → **chaque, par.** *Dix euros le kilo. Trois fois la semaine.* **II** (devant un adj. lorsque le nom n'est pas répété) *Quelle main, la droite ou la gauche ?* **III** (avec le superl.) *C'est le plus beau.* ➝ *Ce jour-là, elle fut la plus heureuse. C'est ce jour-là qu'elle a été le plus heureuse.*

② **le, la, les** pron. pers. ▪ Pronom personnel objet ou attribut de la 3e personne. ➝ *Le, la* sont élidés en *l'* devant une voyelle ou un *h* muet, sauf après un impér. *(faites-le entrer)* **I** (objet direct) **1** (représentant un nom, un pronom) *Claire ? Je la connais.* **2** LE, de valeur neutre. → **cela.** *Je vais vous le dire.* **3** (dans des gallicismes) *L'échapper belle. Se la couler douce.* **II** LE (attribut). *J'étais naïve, mais je ne le suis plus.*

lé n. m. ▪ **1** Largeur d'une étoffe. ➝ Chaque partie verticale d'une jupe. **2** Largeur d'une bande de papier peint.

leader [lidœʀ] ou **leadeur, euse** [lidœʀ, øz] n. ▪ anglic. **1** Chef, porte-parole (d'un parti, d'un groupe...). **2** Concurrent qui est en tête (courses...).

leadership [lidœʀʃip] n. m. ▪ anglic. Position de leader.

leasing [liziŋ] n. m. ▪ anglic. Location avec option d'achat. - recomm. off. *crédit-bail.*

lebel n. m. ▪ Ancien fusil à répétition de petit calibre.

lèche n. f. ▪ fam. *Faire de la lèche à qqn,* le flatter servilement.

lèche-bottes n. et adj. invar. ▪ fam. Flatteur servile. - syn. (très fam.) **lèche-cul.**

lèchefrite n. f. ▪ Ustensile placé sous une broche pour recevoir la graisse et le jus.

lécher v. tr. [6] ▪ **1** Passer la langue sur (qqch.). ➝ fig., fam. *S'en lécher les babines**. **2** loc. fam. *Lécher les bottes* (vulg. *le cul*) *à qqn,* le flatter bassement. ♦ (au p. p.) *Ours mal léché* : individu grossier. **3** fig. Finir, polir avec soin. → **fignoler.** ► **léchage** n. m.

lécheur, euse n. ▪ péj. Flatteur.

lèche-vitrine ou **lèche-vitrines** n. m. ■ *Faire du lèche-vitrine* : flâner en regardant les vitrines, les étalages.

lécithine n. f. ■ biochim. Lipide des tissus végétaux et animaux (jaune d'œuf...).

leçon n. f. ■ **1** Ce qu'un élève doit apprendre. **2** Enseignement donné par un professeur à une classe, un auditoire. → **cours.** ◆ loc. anciennt *Leçons de choses* : activités d'éveil, d'observation. ◆ *Leçons particulières.* **3** Conseils, règles de conduite donnés à qqn. ◆ loc. *Faire la leçon à qqn.* → **réprimander. 4** Enseignement, morale à tirer de qqch.

lecteur, trice n. ■ **1** Personne qui lit. ♦ Personne dont la fonction, le métier est de lire des œuvres pour les juger. **2** Personne qui lit à haute voix. **3** Assistant étranger, dans l'enseignement supérieur des langues vivantes. **4** n. m. Dispositif de lecture (II, 1 et 2).

lectorat n. m. ■ Ensemble des lecteurs (d'un journal, etc.).

lecture n. f. ■ **I 1** Action matérielle de lire, de déchiffrer (ce qui est écrit). **2** Action de lire, de prendre connaissance du contenu (d'un écrit). *Aimer la lecture.* ♦ Livre, ouvrage lu. **3** Déchiffrage (d'un système graphique). *La lecture d'une partition.* **4** Action de lire à haute voix. *Faire la lecture à qqn.* **5** Délibération d'une assemblée législative sur un projet de loi. **II 1** Première phase de la reproduction des sons enregistrés. *Tête de lecture.* **2** Reconnaissance d'informations par une unité de traitement. *Lecture optique.*

lécythe n. m. ■ archéol. Vase grec à anse et col étroit.

LED ou **led** [lɛd] n. f. (sigle) ■ anglic. Diode électroluminescente. *Des LED* (invar.) ou *des leds.*

ledit, ladite → **dit**

légal, ale, aux adj. ■ Qui a valeur de loi, résulte de la loi, est conforme à la loi. → **juridique, réglementaire** ; s'oppose à *illégal* ; ≠ *légitime.* ► **légalement** adv.

légaliser v. tr. [1] ■ **1** Certifier authentique. **2** Rendre légal. ► **légalisation** n. f.

légaliste adj. et n. ■ Qui pratique un respect absolu de la loi, spécialement de la loi religieuse. → **rigoriste.** ► **légalisme** n. m.

légalité n. f. ■ **1** Caractère légal. **2** Ce qui est légal. *Sortir de la légalité.*

légat n. m. ■ Ambassadeur du Saint-Siège.

légataire n. ■ Bénéficiaire d'un legs.

légation n. f. ■ **1** Charge de légat. **2** Représentation diplomatique (sans ambassade).

legato [legato] adv. ■ mus. D'une manière liée, sans détacher les notes.

légendaire adj. ■ **1** Des légendes ; qui a rapport aux légendes. **2** Qui est entré dans la légende par sa célébrité.

légende n. f. ■ **I 1** Récit populaire traditionnel, plus ou moins fabuleux. → **fable, mythe. 2** Faits réels, déformés ou amplifiés. *Entrer dans la légende.* **II 1** Inscription (d'une médaille, d'une monnaie). **2** Texte qui accompagne et explique une image. **3** (plans, cartes) Liste explicative de signes conventionnels.

légender v. tr. [1] ■ Accompagner d'une légende (II, 2 et 3).

léger, ère adj. ■ **I 1** Qui a peu de poids, se soulève facilement (opposé à *lourd*). ♦ De faible densité. *Métal léger.* ♦ Qui ne pèse pas sur l'estomac. *Cuisine légère.* **2** Qui est peu chargé. *Avoir l'estomac léger.* ◆ fig. *Le cœur léger* : sans inquiétude. **3** Qui se meut avec aisance et rapidité. → **agile, vif.** *D'un pas léger.* **4** Peu appuyé. *Peindre par touches légères.* **5** (voix) Qui monte aisément dans les aigus. **II** Qui a peu de matière, de substance (s'oppose à *épais*, à *fort*, à *intense*...). **III** Peu sensible ; peu important. *Un léger mouvement.* ◆ *Une légère tristesse.* **IV 1** Qui a peu de profondeur, de sérieux. → **frivole, superficiel.** ♦ fam. *C'est un peu léger.* → **insuffisant. 2** Qui est trop libre. → **grivois. 3** Qui a de la grâce, de la désinvolture. *Ironie légère.* **4** loc. adv. *À LA LÉGÈRE* : sans réfléchir ; avec insouciance.

légèrement adv. ■ **1** D'une manière légère. **2** Un peu, à peine. **3** À la légère.

légèreté n. f. ■ **I** Caractère léger (I à III). **II 1** Manque de profondeur, de sérieux. **2** Délicatesse et agrément (du style...).

leggins ou **leggings** [legiŋs] n. f. pl. ■ anglic. Collant qui s'arrête à la cheville.

légiférer v. intr. [6] ■ Faire des lois.

légion n. f. ■ **I 1** Antiq. romaine Corps d'armée composé d'infanterie et de cavalerie. **2** *Légion (étrangère)* : en France, Corps composé de volontaires (étrangers). **II** *Légion d'honneur* : ordre national français (et décoration). **III** littér. Grande quantité. ◆ loc. *Être légion* : être très nombreux.

légionelle n. f. ■ biol. Bactérie responsable de la légionellose.

légionellose n. f. ■ méd. Maladie pulmonaire grave, associée à divers troubles neurologiques, digestifs, etc., due à la légionelle.

légionnaire n. m. ■ **1** hist. Soldat d'une légion romaine. **2** Soldat de la Légion étrangère. **3** n. dr. Membre de la Légion d'honneur.

législateur, trice ■ **1** n. Personne qui fait les lois. ◆ adj. *Monarque législateur.* **2** n. m. Le pouvoir qui légifère. → **législatif.**

législatif, ive adj. ■ **1** Qui légifère. *Assemblée législative.* ➝ n. m. → **parlement.** *Le législatif et l'exécutif.* **2** Qui concerne l'Assemblée législative. *Élections législatives,* élections des députés. **3** Qui a le caractère d'une loi. *Acte législatif.*

législation n. f. ■ **1** Ensemble des lois, dans un pays, un domaine déterminé. → **droit.** **2** Science, connaissance des lois.

législature n. f. ■ Période d'exercice d'une assemblée législative.

légiste n. ■ Spécialiste des lois. → **juriste.** ♦ adj. *Médecin légiste,* chargé d'expertises en matière légale.

légitime adj. ■ **1** Qui est consacré par la loi ou reconnu conforme au droit (≠ légal). *Union légitime* (opposé à *libre*). ➝ *Enfant légitime* (opposé à *naturel*). **2** Conforme à la justice, à l'équité. ➝ *Légitime défense**. **3** Justifié (par le bon droit, la raison, le bon sens). → **fondé.** ► **légitimement** adv.

légitimer v. tr. 1 ■ **1** Rendre légitime (1). **2** Faire admettre comme juste ou excusable. → **justifier.** ► **légitimation** n. f.

légitimiste n. et adj. ■ hist. Partisan d'une dynastie considérée comme seule légitime ; spécialt la branche aînée des Bourbons, après 1830 (s'oppose à *orléaniste*). ► **légitimisme** n. m.

légitimité n. f. ■ **1** État de ce qui est légitime. **2** Qualité de ce qui est juste, équitable.

legs [lɛg ; lɛ] n. m. ■ **1** Don par testament. **2** fig., littér. *Le legs du passé.* → **héritage.**

léguer v. tr. 6 ■ **1** Donner par disposition testamentaire. **2** fig. → **transmettre.** *Léguer une œuvre à la postérité.*

légume ■ **I** n. m. Plante potagère dont certaines parties peuvent entrer dans l'alimentation humaine. **II** n. f. fam. *Une* GROSSE LÉGUME : un personnage important.

légumier, ière ■ **I** adj. Relatif aux légumes. **II** n. m. Plat à légumes.

légumineuse n. f. ■ Plante dont le fruit est une gousse (haricot, lentille...).

lei → ② **leu**

leishmania ou **leishmanie** n. f. ■ biol. Protiste parasite, agent de la leishmaniose.

leishmaniose n. f. ■ méd. Maladie provoquant des lésions cutanées.

leitmotiv [lɛtmɔtiv ; lajtmɔtif] n. m. ■ **1** mus. Motif musical répété. **2** fig. Phrase, formule qui revient à plusieurs reprises.

lek n. m. ■ Unité monétaire de l'Albanie. *Des leks.*

lemmatiser v. tr. 1 ■ ling. Donner à (un mot variable) la forme neutre canonique qu'il a, par exemple, dans un dictionnaire. ► **lemmatisation** n. f.

lemme n. m. ■ didact. Proposition intermédiaire (d'un raisonnement).

lemming n. m. ■ Rongeur des régions boréales.

lémur n. m. ■ zool. Maki.

lémure n. m. ■ Antiq. Chez les Romains, Spectre revenant tourmenter les vivants.

lémurien n. m. ■ Primate tropical, proche du singe.

lendemain n. m. ■ **1** Jour qui suit immédiatement celui dont il est question. ➝ loc. *Du jour* au lendemain.* **2** L'avenir. *Songer au lendemain.* **3** Temps qui suit de peu un événement. *Au lendemain de la guerre.*

lénifier v. tr. 7 ■ méd. ou littér. Calmer, apaiser. ► **lénifiant, ante** et **lénitif, ive** adj. → **calmant ; apaisant.**

léninisme n. m. ■ Doctrine marxiste de Lénine. ► **léniniste** adj. et n.

lent, lente adj. ■ **1** Qui manque de rapidité, met plus, trop de temps (opposé à *rapide*). **2** Qui met du temps à agir, à s'accomplir. *Combustion lente.* ► **lentement** adv.

lente n. f. ■ Œuf de pou.

lenteur n. f. ■ **1** Manque de rapidité, de vivacité. **2** au plur. Actions, décisions lentes. *Les lenteurs de la procédure.*

lenticulaire adj. ■ didact. Qui a la forme d'une lentille. - syn. **lentiforme.**

lenticule n. f. ■ bot. Lentille* d'eau.

lentiforme → **lenticulaire**

lentigo n. m. ■ méd. Petite tache de la peau, pigmentée et ronde.

lentille n. f. ■ **I 1** Plante aux gousses plates. **2** Graine comestible de cette plante, en forme de disque bombé. **3** *Lentille d'eau* : plante flottante à petites feuilles rondes. **II** Disque transparent à surface courbe, utilisé en optique. ➝ *Lentilles (de contact),* qui s'appliquent directement sur l'œil pour corriger la vue.

lentisque n. m. ■ Arbuste méditerranéen.

lentivirus [-ys] n. m. ■ biol. Virus de la famille des rétrovirus (ex. le VIH).

lento [lɛnto] adv. ■ mus. Avec lenteur (plus lentement qu'adagio).

léonin, ine adj. ■ **1** littér. Du lion ; qui rappelle le lion. **2** *Contrat léonin,* qui attribue tous les avantages à qqn.

léopard n. m. ■ Panthère d'Afrique.

lépido- Élément, du grec *lepis, lepidos* « écaille ».

lépidolithe n. m. ■ minér. Mica constituant le principal minerai de lithium. - var. **lépidolite.**

lépidoptère n. m. ■ zool. Insecte à deux paires d'ailes couvertes d'écailles (ex. papillon).

lépiote n. f. ▪ Champignon dont une espèce (la coulemelle) est appréciée.

lépisme n. m. ▪ zool. Insecte aptère au corps effilé gris argenté, appelé aussi *poisson d'argent*.

lèpre n. f. ▪ **1** Maladie infectieuse et contagieuse due à un bacille. **2** fig. Ce qui ronge. **3** littér. Mal qui s'étend et gagne.

lépreux, euse adj. ▪ **1** De la lèpre. ♦ adj. et n. Atteint de la lèpre. **2** *Mur lépreux.* → **galeux.**

léproserie n. f. ▪ Hôpital pour lépreux.

-leptique Élément (du grec *lêptikos* «qui prend») qui signifie «qui calme» (ex. *neuroleptique*).

lepto- Élément, du grec *leptos* «mince».

leptocéphale n. m. ▪ zool. Larve de l'anguille et du congre.

lepton n. m. ▪ phys. Particule élémentaire légère (ex. électron).

leptospire n. m. ▪ biol. Bactérie présente dans les égouts, les piscines, les eaux naturelles.

leptospirose n. f. ▪ méd. Maladie infectieuse causée par les leptospires, transmise par l'eau ou les morsures d'animaux (rats, souris...).

lepture n. m. ▪ zool. Coléoptère longicorne.

lequel, laquelle, lesquels, lesquelles pron. ▪ avec les prép. *à* et *de*, *lequel* se contracte en *auquel* et *duquel* **I** pron. rel. **1** (sujet) littér. Qui. **2** (compl. indir.) *La personne à laquelle vous venez de parler.* **3** adj. rel. (littér.) *Vous serez peut-être là, auquel cas je viendrai.* **II** pron. interrog. *Lequel préférez-vous ?*

lérot n. m. ▪ Petit rongeur hibernant.

① **les** → ① **le**

② **les** → ② **le**

lès → **lez**

lesbien, ienne ▪ **1** adj. De l'homosexualité féminine. → **saphique.** **2** n. f. et adj. Homosexuelle. ► **lesbianisme** n. m. didact.

lesdits, lesdites → **dit**

lèse- Élément qui, lié à un nom, signifie qu'on a lésé ce que celui-ci désigne.

lèse-majesté n. f. ▪ hist. *Crime de lèse-majesté*, atteinte à la majesté du souverain.

léser v. tr. 6 ▪ **1** Causer du tort à (qqn ; ses intérêts). ← au p. p. *Se sentir lésé.* **2** méd. Blesser (un organe) (→ **lésion**).

lésine n. f. ▪ littér. Avarice sordide.

lésiner v. intr. 1 ▪ Épargner avec avarice.

lésion n. f. ▪ Changement grave (dans un organe) dû à une maladie, un accident.

lesquels, lesquelles → **lequel**

lessive n. f. ▪ **1** Liquide alcalin qui sert à nettoyer. ← Substance alcaline pour le lavage du linge. **2** Action de laver le linge. **3** Linge à laver, ou qui vient d'être lavé.

lessiver v. tr. 1 ▪ **1** Nettoyer, laver avec une solution détergente. **2** fam. Dépouiller, éliminer (un adversaire). ▷ adj. **lessivé, ée** (fig., fam.) Épuisé, très fatigué. ► **lessivable** adj. ► **lessivage** n. m.

lessiveuse n. f. ▪ anciennt Récipient en métal pour faire bouillir et laver le linge.

lessiviel, elle adj. ▪ Relatif à la lessive (1).

lessivier, ière n. ▪ Personne, entreprise (n. m.) qui fabrique des produits détersifs.

lest [lɛst] n. m. ▪ **1** Poids dont on charge un navire pour en assurer la stabilité. **2** Corps pesant (sacs de sable, etc.) pour régler le mouvement d'un aérostat. ← loc. fig. *Lâcher du lest*, faire des concessions.

leste adj. ▪ **1** Qui a de l'agilité dans ses mouvements. ← loc. *Avoir la main leste*, être prompt à frapper. **2** (langage) Trop libre. → **licencieux.** ► **lestement** adv.

lester v. tr. 1 ▪ **1** Garnir, charger de lest. **2** fam. Charger, remplir. ► **lestage** n. m.

létal, ale, aux adj. ▪ méd. Mortel (dose, etc.).

létalité n. f. ▪ Risque d'entraîner la mort (pour une maladie, etc.).

léthargie n. f. ▪ **1** Sommeil très profond et prolongé. **2** fig. Engourdissement complet. → **apathie.** ► **léthargique** adj.

letton, one ou **onne** adj. et n. ▪ De Lettonie. ← n. *Les Lettons.* ♦ n. m. *Le letton* (langue balte). – syn. **lette** n. m.

lettrage n. m. ▪ Action de disposer les lettres (sur une carte, un schéma).

lettre n. f. ▪ **I 1** Signe de l'écriture. → **caractère.** *Les 26 lettres de l'alphabet* (français). ← loc. *En toutes lettres* : sans abréviation. ← fam. *Les cinq lettres*, le mot «merde». **2** Caractère typographique représentant une lettre. **3** fig., littér. Le sens strict des mots, la forme (opposé à *l'esprit*). ← *À LA LETTRE, AU PIED DE LA LETTRE* : au sens propre ; rigoureusement. ♦ loc. *Rester LETTRE MORTE*, sans effet. **II 1** Écrit que l'on adresse à qqn pour lui communiquer qqch. ← loc. *Comme une lettre à la poste*, facilement. ♦ *LETTRE OUVERTE* : article de journal rédigé en forme de lettre. **2** loc. (écrits officiels...) *Lettres de créance*, accréditant un diplomate. ← *Lettre de change*, effet de commerce. **III** *LETTRES* n. f. pl. **1** littér. La culture littéraire. *Avoir des lettres.* ← *Les BELLES-LETTRES*, la littérature. ← *Homme, femme DE LETTRES*, écrivain. **2** (opposé à *sciences*) Enseignement de la littérature, de la philosophie, de l'histoire, des langues. *Lettres classiques* (grec et latin).

lettré, ée adj. et n. ▪ Qui a des lettres*.

lettrine n. f. ■ Lettre (ornée, etc.) qui commence un chapitre, un paragraphe.

① **leu** n. m. ■ loc. *À la queue* leu leu.*

② **leu** [lø], plur. **lei** [lɛ] n. m. ■ Unité monétaire de la Roumanie et de la Moldavie.

leucémie n. f. ■ Maladie très grave caractérisée par la prolifération des globules blancs dans le sang. ► **leucémique** adj. et n.

leucine n. f. ■ biochim. Acide aminé.

leuc(o)- Élément, du grec *leukos* «blanc».

leucocyte n. m. ■ Globule blanc du sang. ► **leucocytaire** adj.

leucocytose n. f. ■ pathol. Augmentation anormale du nombre de globules blancs.

leucome n. m. ■ pathol. Tache blanche sur la cornée de l'œil.

leucopénie n. f. ■ méd. Diminution du nombre des leucocytes.

leucorrhée n. f. ■ méd. Écoulement vulvaire blanchâtre, pertes blanches.

leucose n. f. ■ méd. Prolifération leucocytaire (→ **leucocytose**).

① **leur** pron. pers. invar. ■ (compl.) À eux, à elles. *Je le leur dirai.*

② **leur,** plur. **leurs** ■ **1** adj. Qui est (sont) à eux, à elles. **2** *LE LEUR, LA LEUR, LES LEURS* pron. poss. Celui, celle (ceux, celles) qui est (sont) à eux, à elles. ♦ *Les leurs :* leurs parents, leurs amis, etc.

leurre n. m. ■ **1** Ce qui trompe. → **illusion.** **2** Appât factice pour le poisson.

leurrer v. tr. [1] ■ Attirer par de fausses espérances. ▷ v. pron. se **leurrer** → s'**illusionner.**

lev [lɛv ; lɛf], plur. **leva** [leva] n. m. ■ Unité monétaire bulgare.

levage n. m. ■ Action de lever, soulever.

levain n. m. ■ **1** Pâte de farine qu'on a laissée fermenter ou qu'on a mélangée à de la levure. **2** fig., littér. Ce qui est capable d'exciter, d'aviver (les idées...).

levant ■ **1** adj. m. *Soleil levant,* qui se lève. **2** n. m. Côté de l'horizon où le soleil se lève. → **est.** **3** n. m. vieilli *Le Levant,* les régions de la Méditerranée orientale.

levantin, ine adj. et n. ■ vieilli Du Levant (3).

levé n. m. ■ Action d'établir (un plan...).

levée n. f. ■ **1** Remblai (de terre, de pierres...). → **chaussée, digue.** **2** Action d'enlever, de retirer. – spécialt *La levée du corps* (avant l'enterrement). **3** Action de mettre fin à. *La levée d'un siège.* **4** Action de lever, de ramasser (le courrier, etc.).

lève-glace n. m. ■ Dispositif commandant l'ouverture et la fermeture des glaces d'une voiture. *Des lève-glaces.*

① **lever** v. [5] ■ **I** v. tr. **1** Faire mouvoir de bas en haut. → **élever, soulever.** – *Lever l'ancre,* appareiller. **2** Mettre plus haut, soulever (une partie du corps). *Lever la main.* – *Lever le pied :* ne plus accélérer (conducteur). – (au p. p.) loc. *Voter à main levée. Au pied levé :* sans préparation. ♦ Diriger vers le haut. *Lever la tête.* **3** Relever, soulever. *Lever sa jupe.* **4** Faire sortir de son gîte (un animal). **5** Rendre (qqch.) vertical. *Lever une échelle.* **6** Établir (un plan, une carte). **7** Faire cesser. *Lever une punition.* – loc. *Lever le siège.* **8** Remonter pour prendre. *Lever les filets.* ♦ Ramasser. *Lever les cartes.* – *Lever des impôts.* → **percevoir.** – *Lever des troupes.* → **recruter.** **II** v. intr. (Se mouvoir vers le haut) **1** (plantes) Commencer à sortir de terre. **2** (pâte) Se gonfler par la fermentation. ▷ v. pron. **se lever** **1** Se mettre debout. **2** Sortir de son lit. **3** (astre...) Apparaître à l'horizon. *Le soleil se lève.* – *Le jour se lève.* **4** (vent) Commencer à souffler.

② **lever** n. m. ■ **1** Moment où un astre paraît. **2** Action de se lever (2). **3** *Lever du rideau :* début d'un spectacle.

lève-tard n. invar. ■ fam. Personne qui a l'habitude de se lever tard.

lève-tôt n. invar. ■ fam. Personne qui a l'habitude de se lever tôt. → **matinal.**

lève-vitre n. m. ■ → **lève-glace.** *Des lève-vitres.*

levier n. m. ■ **1** Corps solide, mobile autour d'un point d'appui, permettant de multiplier une force. **2** Organe de commande (d'une machine...). **3** fig. Moyen d'action.

lévirat n. m. ■ hist. relig. Loi hébraïque qui imposait au frère d'un défunt d'épouser la veuve sans enfants de celui-ci.

lévitation n. f. ■ Élévation (de qqn, de qqch.) au-dessus du sol, sans aide.

lévite n. m. ■ relig. judaïque Membre de la tribu de Lévi.

léviter v. intr. [1] ■ S'élever au-dessus du sol.

levraut n. m. ■ Jeune lièvre.

lèvre n. f. ■ **I** Chacune des deux parties charnues, plus pigmentées que la face, qui bordent extérieurement la bouche. – *Manger du bout des lèvres,* sans appétit. ♦ (Servant à parler) loc. *Être suspendu aux lèvres de qqn,* l'écouter avec attention. *Approuver du bout des lèvres,* sans conviction. **II** au plur. Bords saillants (d'un organe, etc.). – *Les grandes, les petites lèvres* (de la vulve).

levrette n. f. ■ **1** Femelle du lévrier. **2** Petit lévrier d'Italie.

lévrier n. m. ■ Chien à jambes hautes, au corps allongé, agile et rapide.

levron, onne n. ■ **1** Petit du lévrier. **2** Lévrier, levrette de petite taille.

levure n. f. ▪ **1** Ferment végétal. *Levure de bière.* ♦ *Levure chimique.* **2** sc. Champignon unicellulaire qui produit la levure (1).

lexème n. m. ▪ ling. Morphème lexical libre (→ **mot**), ou lié (→ **élément, racine**).

lexical, ale, aux adj. ▪ Du lexique (2).

se **lexicaliser** v. pron. ▪ ling. Devenir une unité du lexique (mot composé, expression figée, locution...). ► **lexicalisation** n. f.

lexicographe n. ▪ Personne qui fait un dictionnaire de la langue.

lexicographie n. f. ▪ Recensement et étude des mots d'une langue. ► **lexicographique** adj.

lexicologie n. f. ▪ Science des mots, de leurs fonctions, de leurs relations dans la langue (→ **lexique**). ► **lexicologique** adj. ► **lexicologue** n.

lexie n. f. ▪ ling. Unité du lexique (mot, expression...).

lexique n. m. ▪ **1** Dictionnaire succinct (d'un domaine...). **2** Ensemble des mots (d'une langue). ♦ Ensemble des mots employés par qqn, un groupe. → **vocabulaire.**

lexis [-is] n. m. ▪ didact. Énoncé considéré indépendamment de sa vérité.

lez, les ou **lès** [lɛ ; le] prép. ▪ vx (noms de lieux) Près de. *Plessis-lez-Tours.*

lézard n. m. ▪ **1** Petit reptile à longue queue effilée, au corps allongé et recouvert d'écailles. **2** Peau traitée de cet animal.

lézarde n. f. ▪ Crevasse étroite et irrégulière, dans un ouvrage de maçonnerie.

① **lézarder** v. intr. 1 ▪ fam. Se chauffer au soleil ; rester sans rien faire.

② **lézarder** v. tr. 1 ▪ Fendre par une ou des lézardes. ▷ adj. **lézardé, ée** *Mur lézardé.*

LGBT adj. (sigle) ▪ Qui concerne les lesbiennes, les gays, les bisexuels et les transgenres.

li n. m. ▪ Mesure itinéraire chinoise (environ 576 m). *Des lis* ou *des li.*

Li ▪ Symbole chimique du lithium.

liais n. m. ▪ géol. Pierre calcaire.

liaison n. f. ▪ **I** (choses) **1** Ce qui lie, relie les éléments du discours, d'un raisonnement... **2** Prononciation de la dernière consonne d'un mot unie à la première voyelle du mot suivant (ex. les petits enfants). **3** Épaississement (d'une sauce) par ajout d'ingrédients. **4** chim. Relation d'interaction entre éléments. **II** (personnes) **1** Fait d'être lié avec qqn ; relations entre deux personnes. ➝ *Avoir une liaison avec qqn,* une relation amoureuse. **2** Communication (des ordres), transmission (des nouvelles). ➝ *Entrer en liaison* (→ **contact**). **3** Communication entre deux lieux. *Liaison aérienne.*

liaisonner v. tr. 1 ▪ techn. Remplir (des joints) avec du mortier.

liane n. f. ▪ Plante grimpante des forêts tropicales, de la jungle.

lianescent, ente adj. ▪ bot. Qui a l'aspect d'une liane.

liant, liante ▪ **1** adj. Qui se lie facilement avec autrui. → **sociable. 2** n. m. littér. Disposition favorable aux relations sociales.

① **liard** n. m. ▪ Ancienne monnaie française (le quart d'un sou). *Pas un liard :* pas un sou.

② **liard** n. m. ▪ région. (Ouest ; Canada) Variété de peuplier dite aussi *peuplier noir.*

③ **liard** n. m. ▪ Poire d'une variété à la peau grise.

lias [ljas] n. m. ▪ géol. Jurassique inférieur. ► **liasique** ou **liassique** adj.

liasse n. f. ▪ Ensemble de papiers superposés (attachés ou non).

libage n. m. ▪ techn. Bloc de pierre utilisé dans les fondations d'une construction.

libanais, aise adj. et n. ▪ Du Liban.

libanisation n. f. ▪ Transformation (d'un pays) où différentes communautés s'affrontent.

libation n. f. ▪ **1** Antiq. Fait de répandre un liquide en offrande à un dieu. **2** loc. *Faire des libations,* boire abondamment (du vin, de l'alcool).

libeccio [libɛtʃjo] n. m. ▪ région. (Corse, Côte d'Azur) Vent du sud-ouest.

libelle n. m. ▪ littér. Court écrit satirique ou diffamatoire. → **pamphlet.**

libellé n. m. ▪ Termes dans lesquels un texte est rédigé.

libeller v. tr. 1 ▪ **1** Rédiger dans les formes. **2** Exposer, formuler par écrit.

libelliste n. ▪ Auteur de libelles.

libellule n. f. ▪ Insecte aux quatre ailes transparentes et nervurées, qui vit près de l'eau.

liber [-ɛʀ] n. m. ▪ Partie (d'un arbre) entre l'écorce et le bois, où circule la sève.

libérable adj. ▪ Qui peut être libéré (notamment, du service militaire).

libéral, ale, aux adj. ▪ **I** littér. Qui donne facilement. → **généreux. II 1** *Professions libérales,* de caractère intellectuel (avocat, médecin, etc.) et exercées librement. **2** adj. et n. Favorable aux libertés individuelles, en politique. **3** Partisan du libéralisme (2). **4** Qui respecte l'indépendance, les opinions d'autrui.

libéralement adv. ▪ Avec générosité.

libéraliser v. tr. 1 ▪ Rendre plus libéral (un régime, une économie). ► **libéralisation** n. f.

libéralisme n. m. ▪ **1** Doctrine des libéraux, partisans des libertés individuelles. **2** (opposé à *étatisme, socialisme*) Doctrine selon laquelle la liberté économique, le libre jeu de l'entreprise ne doivent pas être entravés. **3** Respect de l'indépendance, des opinions d'autrui. → **tolérance.**

libéralité n. f. ▪ littér. **1** Disposition à donner généreusement. **2** Don généreux.

libérateur, trice ▪ **1** n. Personne qui libère. **2** adj. Qui libère. *Guerre libératrice.*

libération n. f. ▪ **1** Action de libérer (1). **2** fig. Délivrance d'une sujétion, d'un lien. **3** Délivrance (d'un pays, d'un peuple). ◆ hist. *La Libération* (en France, à la fin de la Seconde Guerre mondiale). **4** Fait de libérer (de la matière, de l'énergie).

libératoire adj. ▪ dr. Qui libère d'une obligation, d'une dette.

libéré, ée adj. ▪ **1** Mis en liberté. **2** Délivré d'une occupation militaire. **3** Affranchi d'une servitude. → **émancipé.**

libérer v. tr. [6] ▪ **1** Mettre (qqn) en liberté. → **relâcher.** ♦ Renvoyer (un soldat) chez lui. **2** Délivrer de ce qui lie, gêne, retient. *Libérer le passage.* **3** Rendre libre, affranchi (d'une obligation...). **4** Délivrer (un pays, un peuple) d'un asservissement. **5** *Libérer sa conscience* (en avouant). ♦ Laisser se manifester. *Libérer ses instincts.* **6** sc. Dégager (une substance, une énergie). *Réaction chimique qui libère un gaz.* ▷ v. pron. se **libérer**

libérien, ienne adj. ▪ bot. Du liber.

libériste n. ▪ Personne qui pratique le vol libre. → **deltiste.**

libéro ou **libero** [-be-] n. m. ▪ sport (football) Défenseur central.

libéroligneux, euse adj. ▪ bot. Composé de liber et de bois.

libertaire adj. et n. ▪ Qui n'admet aucune limitation de la liberté. → **anarchiste.**

libertarien, ienne adj. et n. ▪ écon. (Personne) qui prône un libéralisme radical.

liberté n. f. ▪ **I 1** Situation d'une personne qui n'est pas sous la dépendance de qqn (opposé à *esclavage, servitude*), ou qui n'est pas enfermée (opposé à *captivité*). → **libre. 2** Possibilité, pouvoir d'agir sans contrainte. → **autonomie, indépendance.** *Liberté d'action. Agir en toute liberté.* → **librement.** ◆ *Liberté d'esprit ; de mœurs.* **II 1** Pouvoir d'agir, dans une société organisée, selon sa propre détermination, dans la limite de règles. *Liberté politique.* ♦ *LA LIBERTÉ* : absence de toute contrainte illégitime. **2** Pouvoir que la loi reconnaît aux individus (dans un domaine). → **droit.** *Liberté de la presse.* **3** (État) Indépendance nationale. **III** philos. Libre arbitre humain (sans déterminisme).

liberticide adj. ▪ Qui détruit la liberté.

libertin, ine adj. et n. ▪ **1** hist. Qui rejette la contrainte, spécialt en matière de religion (→ **incrédule**). **2** littér. Qui est déréglé dans ses mœurs. → **dévergondé, dissolu.**

libertinage n. m. ▪ **1** hist. Indépendance d'esprit du libertin (1). **2** Licence des mœurs.

liberty n. m. et adj. invar. ▪ anglic. Étoffe de coton, souvent à dessins ou à petites fleurs. ◆ adj. invar. *Des motifs liberty.*

libidinal, ale, aux adj. ▪ psych. De la libido.

libidineux, euse adj. ▪ littér. ou plais. Qui recherche constamment le plaisir sexuel.

libido n. f. ▪ **1** Recherche instinctive du plaisir et, spécialt, du plaisir sexuel. **2** psych. Énergie qui sous-tend les instincts de vie et, en particulier, les instincts sexuels.

ad **libitum** loc. adv. → **ad libitum**

libouret n. m. ▪ pêche Ligne à plusieurs hameçons.

libraire n. ▪ **1** vx Éditeur vendant des livres. **2** mod. Commerçant qui vend des livres.

librairie n. f. ▪ **1** vx Bibliothèque. **2** Commerce, profession des libraires. **3** Magasin où l'on vend des livres.

libration n. f. ▪ astron. Balancement apparent (d'un astre).

libre adj. ▪ **I 1** (opposé à *esclave, serf,* ou à *captif, prisonnier*) Qui n'est pas privé de sa liberté. **2** Qui a le pouvoir de décider, d'agir par soi-même. → **autonome, indépendant. 3** littér. *LIBRE DE* (+ nom) : affranchi de. ◆ *LIBRE DE* (+ inf.) : qui a la possibilité de. **4** Qui n'est pas retenu (par une obligation...). *Se rendre libre.* **5** (choses) Qui s'accomplit librement, sans contrainte. ◆ loc. *Donner libre cours* à.* **6** Qui ne se contraint pas. → **désinvolte, spontané. 7** Qui transgresse les convenances. → **cru, osé. II 1** Qui n'est pas soumis à une autorité arbitraire ; qui jouit de libertés* reconnues et garanties. **2** Dont le libre exercice est reconnu, garanti par la loi. *Élections libres.* ◆ *Presse libre.* **III** philos. Qui jouit de liberté (III). **IV** (choses) **1** Autorisé, permis. *Accès libre.* ◆ impers. *Libre à vous de* (+ inf.), vous êtes libre de. **2** Qui n'est pas attaché, retenu ou serré. *Avoir les mains libres.* **3** Qui n'est pas occupé, ne présente pas d'obstacle. *Place ; voie libre.* ◆ *Temps libre,* que l'on peut employer à sa guise. **4** Dont la forme n'est pas imposée. *Vers libres.* ◆ *Papier libre* (opposé à *papier timbré*).

libre arbitre n. m. ▪ philos. Volonté libre.

libre-échange n. m. sing. ▪ Système dans lequel les échanges commerciaux entre États sont libres (s'oppose à *protectionnisme*).

libre-échangiste adj. et n. ▪ Partisan du libre-échange. ▶ **libre-échangisme** n. m.

librement adv. ▪ D'une manière libre.

libre pensée n. f. ▪ Attitude d'esprit du libre penseur.

libre penseur, euse n. ▪ Personne qui pense librement, ne se fiant qu'à sa raison.

libre-service n. m. ▪ **1** Service assuré par le client lui-même (magasins...). **2** Magasin où l'on se sert soi-même. *Des libres-services.*

librettiste n. ▪ Auteur d'un livret (II).

libretto n. m. ▪ Scénario d'un ballet.

① **lice** n. f. ▪ anciennt Palissade, enclos ; champ clos pour les tournois. ➛ loc. *Entrer en lice,* dans une compétition, un débat.

② **lice** ou **lisse** n. f. ▪ techn. Pièce d'un métier à tisser qui maintient les fils de chaîne. ➛ *Haute lice* (chaîne verticale), *basse lice* (horizontale).

③ **lice** n. f. ▪ Chien de chasse femelle.

licéité n. f. ▪ didact. Caractère de ce qui est licite.

licence n. f. ▪ **I 1** littér. *Avoir, laisser (toute) licence de* (+ inf.), la liberté (I, 2) de. **2** Liberté que prend un écrivain avec les règles (de la grammaire, etc.). *Licence poétique.* **3** vieilli Désordre moral ; dérèglement dans les mœurs. **II 1** Grade universitaire intermédiaire entre le baccalauréat et le master. **2** Autorisation d'exercer une activité réglementée (commerce, sport, etc.).

① **licencié, ée** n. ▪ **1** Diplômé titulaire d'une licence (II, 1). **2** Titulaire d'une licence (II, 2).

licencier v. tr. [7] ▪ Priver (qqn) de son emploi. → **congédier, renvoyer.** ▷ adj. et n. ② **licencié, ée** ▶ **licenciement** n. m.

licencieux, euse adj. ▪ littér. Qui manque de pudeur, de décence. *Propos licencieux.* ▶ **licencieusement** adv.

lichen [likɛn] n. m. ▪ Végétal formé de l'association d'un champignon et d'une algue, vivant en symbiose. ▶ **lichénique** adj. didact.

licher v. tr. [1] ▪ région. et fam. Boire (des boissons alcoolisées).

lichette n. f. ▪ fam. Petite tranche, petit morceau (d'un aliment).

licitation n. f. ▪ dr. Vente aux enchères d'un bien indivis au profit des copropriétaires. ▶ **liciter** v. tr. [1] dr.

licite adj. ▪ Qui est permis par la loi. ▶ **licitement** adv.

licorne n. f. ▪ Animal fabuleux, cheval (ou cerf) avec une corne unique au front.

licou ou (vx) **licol** n. m. ▪ Pièce de harnais qu'on met au cou des animaux attelés.

licteur n. m. ▪ Antiq. romaine Garde portant un faisceau, qui escortait les hauts magistrats.

lidar n. m. (sigle de l'anglais des États-Unis, *Light Detecting and Ranging*) ▪ anglic., techn. Appareil qui émet un faisceau laser et en reçoit l'écho, permettant de déterminer la distance d'un objet.

lido n. m. ▪ géogr. Lagune derrière un cordon littoral ; ce cordon littoral.

lie n. f. ▪ **1** Dépôt qui se forme au fond des récipients contenant des boissons fermentées. ➛ adj. invar. *LIE(-)DE(-)VIN :* rouge violacé. ➛ loc. *Boire (le calice,* etc.) *jusqu'à la lie :* endurer jusqu'au bout une situation pénible. **2** fig., littér. Ce qu'il y a de plus vil.

lied [lid] n. m. ▪ Mélodie populaire allemande. *Des lieds* ou *lieder* (plur. allemand).

lie-de-vin adj. invar. → **lie**

liège n. m. ▪ Matériau léger, imperméable et élastique, fourni par l'écorce de certains arbres (chêne-liège...).

liégeois, oise adj. et n. ▪ De Liège (Belgique). ➛ *Café, chocolat liégeois* (dessert).

lien n. m. ▪ **1** Chose flexible et allongée servant à lier, à attacher. **2** abstrait Ce qui relie, unit (des choses). *Lien logique.* ♦ inform. Relation établie entre des informations. *Lien hypertexte*.* **3** Ce qui unit des personnes. *Lien de parenté.* **4** fig. Ce qui retient, enchaîne.

lier v. tr. [7] ▪ **I** (compl. chose) **1** Entourer, serrer avec un lien (des choses). → **attacher. 2** Assembler, joindre. ➛ au p. p. *Notes liées* **(→ legato). 3** Joindre, unir à l'aide d'une substance. ➛ *Lier une sauce,* l'épaissir. **4** abstrait Unir par un rapport logique, fonctionnel. → **relier.** ➛ au p. p. *Tout cela est lié.* **5** dans des loc. Faire naître (un lien). → **nouer.** *Lier amitié avec qqn.* ➛ *Avoir PARTIE LIÉE (avec qqn),* être d'accord pour une affaire. **II** (compl. personne) **1** Attacher, enchaîner. → **ligoter.** ➛ loc. *Être fou à lier,* complètement fou. **2** Imposer une obligation (juridique, morale...) à. ➛ passif *Être lié par un serment.* **3** Unir par des relations d'affection, de goût... ➛ au p. p. *Ils sont très liés,* très amis.

lierne n. f. ▪ archit. Nervure de la voûte gothique, unissant les tiercerons à la clef de voûte.

lierre n. m. ▪ Arbrisseau rampant et grimpant, à feuilles luisantes toujours vertes.

liesse n. f. ▪ littér. Joie collective.

① **lieu** n. m. ▪ **I 1** Portion déterminée de l'espace (considérée de façon abstraite). → **endroit, place.** *La date et le lieu d'un événement.* ➛ loc. *En lieu sûr,* en sûreté. ➛ *Adverbe de lieu,* qui indique le lieu. ♦ math. *Lieu géométrique :* ensemble de points satisfaisant à une condition. **2** loc. *HAUT LIEU :* endroit où se sont passées des choses mémorables. ➛ *EN HAUT LIEU :* auprès de personnes haut placées. ♦ *LIEU SAINT :* temple ; sanctuaire. **3** *LIEU PUBLIC :* lieu qui par destination admet le public (rue...), ou auquel le public peut accéder (café...). **II** plur. à valeur de sing. **1** Endroit précis où un fait s'est passé. *J'étais sur les lieux.* **2** Appartement, maison, propriété. *État des lieux.* **3** vieilli *Lieux d'aisances.* → **cabinet(s). III 1** (dans des loc.) Espace ou temps déterminé (dans un ensemble, une succession). *En son lieu,* à son tour. ➛ *En temps et lieu,* au moment et à la place convenables. ➛ *En premier lieu,* d'abord. ♦ *LIEU COMMUN :* banalité. **2** *AVOIR LIEU :* se passer (à un endroit, à un moment). **3** loc. prép. *AU LIEU DE :* à la place de. ➛ (+ inf. ; exprime l'opposition) *Vous rêvez au lieu d'agir.* **4** *TENIR LIEU DE.* → **remplacer, servir** de. ♦ *AVOIR LIEU DE* (+ inf.), avoir des raisons de. ➛ *Il y a lieu de,* il convient de. ♦ *DONNER LIEU À* (+ n.) : fournir l'occasion de.

② **lieu** n. m. ▪ Poisson de la famille du merlan. *Des lieus.* ➛ *Lieu noir.* → **colin.**

lieu-dit ou **lieudit** n. m. ▪ Lieu de la campagne qui porte un nom traditionnel. *Des lieux-dits ; des lieudits.*

lieue n. f. ▪ **1** Ancienne mesure de distance (environ 4 km). **2** loc. fig. *Être à cent, à mille lieues de* (+ inf.), très loin de. **3** *Lieue marine :* 5 555 m.

lieuse n. f. ▪ Machine pour lier les gerbes.

lieutenant n. m. ▪ **1** Adjoint (d'un chef). ♦ hist. *Lieutenant général :* haut magistrat ou officier. **2** Officier de grade immédiatement inférieur à celui de capitaine. ♦ *Lieutenant de police,* officier de la Police nationale qui supplée et seconde les commissaires. **3** *Lieutenant de vaisseau,* officier de marine dont le grade correspond à celui de capitaine. – REM. Le féminin *lieutenante* est rare.

lieutenant-colonel n. m. ▪ Officier de grade immédiatement inférieur à celui de colonel.

lieutenante n. f. ▪ **1** hist. Femme d'un lieutenant général. **2** Femme lieutenant. ♦ Adjointe.

lieutenant-gouverneur, lieutenante-gouverneure n. ▪ Au Canada, Représentant(e) de la Couronne britannique, nommé(e) par le gouverneur général, dans chaque province. *Des lieutenants-gouverneurs.*

lièvre n. m. ▪ **1** Mammifère rongeur, voisin du lapin, et qui vit en liberté. ♦ Sa chair comestible. **2** prov. *Il ne faut pas courir deux lièvres à la fois,* mener de front plusieurs activités. ➛ loc. *Soulever un lièvre,* une question embarrassante.

lift [lift] n. m. ▪ anglic. Effet d'une balle liftée.

lifter v. tr. [1] ▪ anglic. **1** sports Donner à (une balle) un effet qui l'accélère quand elle rebondit. **2** Faire un lifting à (qqn).

liftier, ière n. ▪ anglic. Personne qui manœuvre un ascenseur.

lifting n. m. ▪ anglic. Opération de chirurgie esthétique visant à lisser la peau du visage. – recomm. off. *lissage.*

ligament n. m. ▪ Faisceau de tissu fibreux blanchâtre, très résistant, unissant les éléments (cartilages, os) d'une articulation. ► **ligamentaire** adj.

ligamenteux, euse adj. ▪ anat. Qui est de la nature des ligaments.

ligand n. m. ▪ chim. Molécule, ion uni à l'atome central d'un groupement d'atomes.

ligase n. f. ▪ biochim. Enzyme permettant l'union de deux molécules.

ligature n. f. ▪ **1** Opération consistant à serrer, fixer avec un lien. **2** Lien permettant cette opération. ► **ligaturer** v. tr. [1]

lige adj. ▪ *Homme lige,* dévoué (à qqn, un groupe). *Être l'homme lige de qqn.*

ligérien, ienne adj. ▪ géogr. Du bassin de la Loire.

light [lajt] adj. invar. ▪ anglic. Qui est allégé (aliment), et notamment sucré avec des édulcorants ; qui contient (en principe) moins de produits nocifs pour la santé.

ligie n. f. ▪ zool. Crustacé voisin des cloportes.

lignage n. m. ▪ **1** littér. Ascendance. **2** didact. Les descendants d'un ancêtre commun.

ligne n. f. ▪ **I 1** Trait continu allongé, sans épaisseur. **2** Trait réel ou imaginaire qui sépare deux choses. → **frontière, limite.** ➛ *Ligne blanche* (autrefois *jaune*), divisant une route. **3** Chacun des traits qui sillonnent la paume de la main. **4** Effet produit par une combinaison de lignes (silhouette, dessin). *La ligne d'une voiture.* ➛ loc. *Garder la ligne,* rester mince. **5** fig. Élément, point. *Les lignes essentielles d'un projet.* **II 1** Direction. *En ligne droite.* ➛ fig. *Ligne de conduite ; ligne politique.* **2** Tracé idéal dans une direction déterminée. *Ligne de tir.* **3** Trajet emprunté par un service de transport ; ce service. **III 1** Fil portant un hameçon pour la pêche. **2** Fils, câbles transportant l'énergie électrique. *Ligne téléphonique.* **3** loc. adj. *EN LIGNE :* qualifie un matériel informatique connecté à un réseau, à Internet. ♦ loc. adv. En étant connecté (à Internet). *Regarder une vidéo en ligne.* **IV 1** Suite alignée (de choses, de personnes). *Être placé EN LIGNE, SUR UNE LIGNE.* ♦ fig. *HORS LIGNE :* hors pair, supérieur. **2** Série alignée d'ouvrages ou de positions (militaires). *Ligne de fortifications.* ♦ loc. fig. *SUR TOUTE LA LIGNE :* tout à fait, complètement. **3** Suite de caractères disposés sur une ligne horizontale. ➛ loc. *Lire entre les lignes,* deviner ce qui est sous-entendu. **4** loc. *Entrer EN LIGNE DE COMPTE :* avoir de l'importance. **5** Suite des degrés de parenté.

ligné, ée adj. ▪ Marqué de lignes.

lignée n. f. ▪ **1** Ensemble des descendants (d'une personne). → **lignage. 2** fig. Filiation spirituelle.

ligner v. tr. [1] ■ Marquer de lignes, rayer. → **régler.**

ligneul n. m. ■ techn. Gros fil enduit de poix à l'usage des cordonniers.

ligneur n. m. ■ Bateau équipé pour pratiquer la pêche à la ligne.

ligneux, euse adj. ■ De la nature du bois.

ligni- Élément, du latin *lignum* «bois».

lignicole adj. ■ zool. (animal) Qui vit dans le bois.

se **lignifier** v. pron. [7] ■ Se changer en bois. ► **lignification** n. f.

lignine n. f. ■ chim. Substance chimique qui donne au bois sa consistance.

lignite n. m. ■ Charbon naturel fossile.

lignomètre n. m. ■ typogr. Règle graduée servant à compter les lignes d'un texte composé.

ligot n. m. ■ techn. Petit fagot de bûchettes servant d'allume-feu.

ligotage n. m. ■ Action de ligoter ; son résultat.

ligoter v. tr. [1] ■ **1** Attacher, lier (qqn) en privant de l'usage des bras et des jambes. **2** fig. Priver (qqn) de son indépendance.

ligue n. f. ■ **1** Alliance entre États, pour défendre des intérêts communs, poursuivre une politique. → **coalition, union. 2** Association pour défendre des intérêts politiques, religieux, moraux, etc.

liguer v. tr. [1] ■ **1** Unir dans une ligue. **2** Associer dans un mouvement, une action. ▷ v. pron. se **liguer**

ligueur, euse n. ■ Membre d'une ligue.

ligule n. f. ■ bot. Petite lame membraneuse à la face supérieure des feuilles des graminées. ► **ligulé, ée** adj.

ligure adj. et n. ■ didact. Relatif à l'ancien peuple qui habitait le sud-est de la Gaule et le nord-ouest de l'Italie. ◆ n. *Les Ligures.* ◆ n. m. ling. *Le ligure* (langue ancienne).

lilas n. m. ■ **1** Arbuste ornemental aux fleurs en grappes très parfumées. ◆ Ces fleurs. **2** adj. et n. m. Se dit d'un violet rosé.

liliacée n. f. ■ bot. Plante d'une famille comprenant le lis, la tulipe, l'ail, etc.

lilial, iale, iaux adj. ■ littér. Qui rappelle le lis, par sa blancheur, sa pureté.

lilliputien, ienne [lilipysjɛ̃] adj. ■ Très petit.

limace n. f. ■ **1** Mollusque gastéropode terrestre, sans coquille. **2** fig., fam. Personne lente et molle.

limaçon n. m. ■ **1** Escargot. **2** anat. Conduit en spirale, partie de l'oreille interne.

limaille n. f. ■ Parcelles de métal.

liman n. m. ■ géogr. Lagune formée par l'estuaire de fleuves, barrée en partie par un cordon littoral.

limande n. f. ■ Poisson de mer ovale et plat, comestible.

limbe n. m. ■ **1** Partie graduée, en arc de cercle (d'instruments). **2** bot. Partie large (d'une corolle) ; partie plate (d'une feuille).

limbes n. m. pl. ■ **1** théol. cathol. Séjour des âmes des justes morts avant la Rédemption, des enfants morts sans baptême. **2** littér. Région mal définie, état incertain.

① **lime** n. f. ■ Outil de métal garni d'aspérités servant à user par frottement.

② **lime** n. f. ou m. ■ Citron vert.

limer v. tr. [1] ■ Travailler (qqch.) à la lime.

limerick n. m. ■ littér. Petite pièce en vers d'un comique absurde.

limes ou **limès** [limɛs] n. m. ■ hist. Zone frontière d'une province de l'Empire romain.

limette n. f. ■ Fruit du limettier, agrume à saveur douce.

limettier n. m. ■ Arbre qui produit les limettes.

limeur, euse ■ **1** n. Ouvrier, ouvrière travaillant à limer. **2** n. f. Machine-outil servant à limer les grosses pièces. **3** adj. Qui sert à limer.

limicole adj. et n. m. ■ zool. (animal) Qui vit dans la vase.

limier n. m. ■ **1** Grand chien de chasse qui cherche l'animal. **2** fig. Policier, détective.

liminaire adj. ■ didact. Placé en tête, au début (d'un ouvrage, d'un discours).

liminal, ale, aux adj. ■ physiol., psych. Qui est tout juste perceptible. → aussi **subliminal.** - On dit parfois *liminaire.*

limitatif, ive adj. ■ Qui fixe des limites. ► **limitativement** adv.

limitation n. f. ■ Action de limiter.

limite n. f. ■ **1** Ligne qui sépare deux terrains ou territoires contigus. → **bord, confins, frontière. 2** Partie extrême où se termine une surface, une étendue. **3** Terme extrême dans le temps (commencement ou fin). *Limite d'âge* (pour exercer une fonction, etc.). **4** fig. Point qu'on ne peut dépasser. → **borne.** *La patience a des limites !* ◆ *Dans une certaine limite.* → **mesure.** ◆ *À LA LIMITE :* à l'extrême. ◆ *SANS LIMITES :* illimité. ◆ au plur. Possibilités extrêmes (physiques, intellectuelles). *Connaître ses limites.* ◆ adj. *Cas limite.* → **extrême.** *Vitesse limite.* → **maximum. 5** sc. Grandeur dont une variable peut s'approcher indéfiniment, sans jamais l'atteindre (→ asymptote).

limiter v. tr. [1] ■ **1** Constituer la limite de. → **borner, délimiter. 2** Renfermer dans des limites. → **restreindre.** *Limiter le pouvoir de qqn.* ▷ v. pron. se **limiter 1** (réfl.) S'imposer des limites. **2** (passif) Avoir pour limites. ▷ adj. **limité, ée** Qui a des limites. ◆ abstrait *Confiance* *limitée.* → **restreint.** ◆ fam. *Il est un peu limité* (intellectuellement...).

limiteur n. m. ▪ techn. Dispositif empêchant une grandeur de dépasser une limite. *Limiteur de vitesse.*

limitrophe adj. ▪ **1** Qui est aux frontières. → **frontalier. 2** Qui est voisin, proche (de).

limnée n. f. ▪ Gastéropode d'eau douce.

limnologie n. f. ▪ didact. Science ayant pour objet l'étude des eaux stagnantes. ▶ **limnologique** adj.

limoger v. tr. [3] ▪ Frapper (une personne haut placée) d'une mesure de disgrâce. → **destituer, révoquer.** ▶ **limogeage** n. m.

limon n. m. ▪ Terre ou fines particules, spécialt entraînées par les eaux et déposées sur le lit et les rives des fleuves.

limonade n. f. ▪ **1** Boisson gazeuse sucrée et acidulée. **2** comm. Activité de cafetier.

limonadier, ière n. ▪ **1** Fabricant de boissons gazéifiées. **2** vieilli Cafetier.

limonage n. m. ▪ agric. Fertilisation par apport de limon.

limonaire n. m. ▪ Orgue de Barbarie.

limonène n. m. ▪ chim. Hydrocarbure qui se trouve dans les essences de citron, de bergamote, etc.

limoner v. tr. [1] ▪ techn. Gratter la viscosité recouvrant (un poisson...).

limoneux, euse adj. ▪ Qui contient du limon. *Terre limoneuse.*

limonite n. f. ▪ minér. Oxyde de fer hydraté. → **hématite.**

limoselle n. f. ▪ Plante qui croît dans le limon, la vase.

limousin, ine adj. et n. ▪ De la région de Limoges. ◆ *Race limousine* (bovins, ovins et porcins). ◆ n. *Les Limousins.* ♦ n. m. *Le limousin* : parler du groupe occitan.

limousine n. f. ▪ **1** vieilli Grande cape. **2** Voiture longue, à six glaces latérales.

limpide adj. ▪ **1** (liquide) Dont rien ne trouble la transparence. → **clair, pur.** ◆ par ext. *Regard limpide.* **2** fig. Parfaitement clair, intelligible. ▶ **limpidité** n. f.

limule n. m. ou f. ▪ Arthropode marin qui vit près des côtes (des Antilles, de l'océan Indien), appelé aussi *crabe des Moluques.*

lin n. m. ▪ **1** Herbe à fleurs bleues, à graines oléagineuses, cultivée surtout pour les fibres textiles de sa tige. **2** Tissu de lin.

linaigrette n. f. ▪ Plante dont les fleurs forment à maturité une aigrette argentée, appelée aussi *jonc, lin des marais.*

linaire n. f. ▪ bot. Plante, appelée aussi *lin sauvage,* dont les feuilles ressemblent à celles du lin.

linceul n. m. ▪ Pièce de toile dans laquelle on ensevelit un mort. → **suaire.**

lindane n. m. ▪ techn. Pesticide hautement toxique.

linéaire adj. ▪ **1** Qui a rapport aux lignes. ◆ *Mesure linéaire,* de longueur. **2** fig. Qui suit l'ordre du temps. *Récit linéaire.* ▶ **linéairement** adv. ▶ **linéarité** n. f.

linéament n. m. ▪ littér. **1** Ligne élémentaire, caractéristique d'un aspect général. *Les linéaments d'un visage.* **2** fig. Ébauche.

linéature n. f. ▪ télév. Nombre de lignes d'une image complète. → **définition.**

linéique adj. ▪ sc. (grandeur) Dont la mesure peut être rapportée à une unité de longueur.

liner [lajnœʀ] n. m. ▪ anglic. **1** Paquebot de grande ligne. **2** Avion de transport de passagers, à très grande capacité. → **gros-porteur.**

linette n. f. ▪ Graine de lin.

lingam [-am] n. m. ▪ didact. Symbole phallique du dieu Shiva.

linge n. m. ▪ **1** (collectif) Ensemble des pièces de tissu servant aux besoins domestiques. *Linge de maison* (lit, toilette, etc.). **2** *Linge de corps :* sous-vêtements et pièces détachables (cols, etc.). ♦ fam. *Du beau linge* : des gens élégants. **3** Pièce de linge (1).

lingère n. f. ▪ Femme chargée de l'entretien du linge, dans une collectivité, etc.

lingerie n. f. ▪ **1** vieilli Fabrication et commerce du linge. **2** Local pour le linge. **3** Linge de corps (surtout pour femmes).

lingette n. f. ▪ Petite serviette imprégnée, jetable après usage.

lingot n. m. ▪ Masse de métal coulé.

lingotière n. f. ▪ Moule à lingots.

lingua franca [lingwafʀɑ̃ka] n. f. invar. ▪ ling. Langue véhiculaire utilisée sur une aire géographique assez vaste.

lingual, ale, aux [lɛ̃gwal] adj. ▪ **1** anat. Qui a rapport à la langue. **2** phonét. Produit par les mouvements de la langue.

linguatule [lɛ̃gwatyl] n. f. ▪ zool. Arthropode parasite des voies respiratoires des vertébrés.

lingue n. f. ▪ Poisson des côtes de la Manche et de l'Atlantique.

-lingue Élément, du latin *lingua* «langue» (ex. *bilingue*).

linguette n. f. ▪ pharm. Comprimé à faire fondre sous la langue.

linguiforme [-gɥi-] adj. ▪ didact. En forme de langue.

linguiste [lɛ̃gɥist] n. ▪ Spécialiste du langage, des langues.

linguistique [-gɥi-] ▪ **I** n. f. Science qui a la langue (II) pour objet. **II** adj. **1** Relatif à la linguistique. **2** Qui concerne la langue. ► **linguistiquement** adv.

linier, ière adj. ▪ Relatif au lin (en tant que textile).

linière n. f. ▪ Champ de lin.

liniment n. m. ▪ Liquide gras qui contient un médicament, pour frictionner la peau.

linkage [lɛ̃kaʒ] n. m. ▪ anglic., biol. Liaison existant entre les gènes d'un chromosome ; association de facteurs héréditaires qu'elle entraîne.

links [liŋks] n. m. pl. ▪ anglic. Terrain de golf en bord de mer.

linnéen, enne adj. ▪ biol. De Linné.

linogravure n. f. ▪ Gravure utilisant le linoléum comme support.

linoléique adj. ▪ biochim. *Acide linoléique* : acide gras essentiel.

linoléum [-ɔm] n. m. ▪ Forte toile imperméabilisée (revêtements de sol, etc.).

linon n. m. ▪ Tissu fin de lin ou de coton.

linotte n. f. ▪ **1** Petit passereau au plumage brun et rouge. **2** loc. *Tête de linotte* : personne écervelée, étourdie.

linotype n. f. (marque déposée) ▪ imprim. (anciennt) Machine à composer fondant d'un seul bloc la ligne. ► **linotypiste** n.

linotypie n. f. ▪ Composition à la linotype.

linsang [lɛ̃sɑ̃g ; linsɑ̃ŋ] n. m. ▪ Petit félin d'Asie tropicale.

linteau n. m. ▪ Pièce horizontale qui forme la partie supérieure d'une ouverture et soutient la maçonnerie.

linter [lintɛʀ] n. m. ▪ anglic., techn. Duvet de fibres attaché aux graines de coton après l'égrenage.

lion, lionne n. ▪ **I 1** Grand mammifère carnivore, à pelage fauve, à crinière (chez le mâle), vivant en Afrique et en Asie. **2** (n. m.) loc. *La part du lion*, la plus grosse part (que s'adjuge le plus fort). ◆ fam. *Avoir mangé du lion*, faire preuve d'une énergie inhabituelle. **3** n. m. Homme courageux. **II** n. m. Cinquième signe du zodiaque (23 juillet-22 août). ◆ *Elles sont Lion.*

lionceau n. m. ▪ Petit du lion.

lionne n. f. ▪ **1** Femelle du lion. **2** fig., littér. Femme courageuse. ◆ Femme jalouse. → **tigresse.**

liparis [-is] n. m. ▪ **1** Petit poisson de la mer du Nord et de la Baltique. **2** Orchidée sauvage d'un vert jaunâtre.

lipase n. f. ▪ biochim. Enzyme qui active l'hydrolyse d'un lipide.

lipémie n. f. ▪ méd. Teneur du sang en lipides. - var. **lipidémie.**

lipide n. m. ▪ Corps gras. ► **lipidique** adj.

lipizzan [lipidzɑ̃] adj. invar. et n. m. ▪ Cheval de petite taille, de robe blanche à l'âge adulte.

lip(o)- Élément, du grec *lipos* « graisse ».

lipoaspiration → **liposuccion**

lipochrome [-kʀom] n. m. ▪ biochim. Groupe de pigments dérivés du carotène.

lipogenèse n. f. ▪ biochim. Production de corps gras dans l'organisme (opposé à *lipolyse*).

lipogramme n. m. ▪ didact. Texte d'où une lettre est bannie. ► **lipogrammatique** adj.

lipolyse n. f. ▪ biochim. Destruction des graisses, dans un organisme (opposé à *lipogenèse*). ► **lipolytique** adj.

lipome n. m. ▪ méd. Tumeur bénigne constituée par une prolifération du tissu adipeux.

lipophile adj. ▪ chim. Qui retient les substances grasses (contr. *lipophobe*).

lipophobe adj. ▪ chim. Qui ne retient pas les graisses. - contr. *lipophile.*

lipoprotéine n. f. ▪ chim., biol. Molécule résultant de l'union d'une protéine et d'un corps gras. ► **lipoprotéique** adj.

liposarcome n. m. ▪ méd. Tumeur composée de tissu graisseux et de tissu embryonnaire.

liposoluble adj. ▪ chim. Soluble dans les graisses, les huiles.

liposome n. m. ▪ Vésicule formée de lipides, renfermant une substance active.

liposuccion n. f. ▪ méd. Traitement par aspiration chirurgicale de graisse en excès. - syn. **lipoaspiration.** ► **liposucer** v. tr. [3]

lipothymie n. f. ▪ méd. **1** Brève perte de connaissance. **2** État de malaise intense sans perte de conscience. ► **lipothymique** adj.

lipotrope adj. ▪ biol. Qui se fixe sur les substances grasses des cellules vivantes.

lipovaccin n. m. ▪ méd. Vaccin constitué par des microbes tués maintenus en suspension dans un liquide huileux.

lippe n. f. ▪ **1** littér. Lèvre inférieure épaisse et proéminente. ► **lippu, ue** adj. **2** loc. *Faire la lippe*, la moue.

liquation [-kwa-] n. f. ▪ techn. Opération qui consiste à séparer par fusion des métaux de fusibilité différente.

liquéfacteur n. m. ▪ techn. Appareil permettant la liquéfaction d'un gaz. → **condenseur.**

liquéfiant, ante adj. ▪ Qui produit ou peut produire la liquéfaction.

liquéfier v. tr. 7 ▪ **1** Faire passer à l'état liquide (un solide ou un gaz). ◆ pronom. *L'hélium se liquéfie difficilement.* ◆ au p. p. *Gaz liquéfié.* **2** v. pron. (personnes) SE LIQUÉFIER : perdre toute énergie. ► **liquéfaction** n. f. ► **liquéfiable** adj.

liquette n. f. ▪ fam. Chemise.

liqueur n. f. ▪ **1** vx Liquide. **2** Solution pharmaceutique. **3** Boisson sucrée aromatisée, à base d'alcool ou d'eau-de-vie. **4** comm. Eau-de-vie ou alcool (sucré ou non).

liquidambar n. m. ▪ Arbre exotique dont on tire des résines employées comme stimulants des voies respiratoires.

liquidateur, trice n. et adj. ▪ **1** dr. Personne qui réalise les opérations préalables au partage d'une indivision. *Liquidateur judiciaire,* nommé par le tribunal. **2** Personne qui liquide (3) qqch.

liquidatif, ive adj. ▪ dr. Qui opère la liquidation.

liquidation n. f. ▪ **1** Action de calculer le montant de sommes à régler ; règlement de ces sommes. *Liquidation d'une succession.* **2** Vente au rabais (de marchandises). → **solde(s).**

① **liquide** ▪ **I** adj. **1** Qui coule ou tend à couler. ◆ *Air liquide,* conservé à l'état liquide par le froid. **2** phonét. Se dit des consonnes *l* et *r.* **II** n. m. **1** Corps à l'état liquide. **2** Aliment liquide. **3** *Liquides organiques,* lymphe, sang, sérosité.

② **liquide** adj. ▪ *Argent liquide* (et n. m. *du liquide*), disponible, en espèces.

liquider v. tr. 1 ▪ **1** Soumettre à une liquidation (1). *Liquider un compte.* **2** Vendre, au rabais. **3** fig., fam. En finir avec (qqch.). **4** Se débarrasser de (qqn) (en tuant...).

liquidien, ienne adj. ▪ didact. De liquide ; relatif aux liquides.

liquidité n. f. ▪ **1** État d'un bien liquide (②). **2** au plur. Sommes disponibles.

liquoreux, euse adj. ▪ Qui rappelle la liqueur (3), par la saveur douce, etc.

liquoriste n. ▪ Personne, entreprise qui fabrique ou vend des liqueurs.

① **lire** v. tr. 43 ▪ **I 1** Suivre des yeux en identifiant (des caractères, une écriture). → **lecture.** *Lire des lettres, des numéros.* ◆ absolt Être capable de lire une écriture. *Savoir lire et écrire.* **2** Déchiffrer. *Lire une partition.* **3** Reconnaître et interpréter (des informations codées). **4** Prendre connaissance du contenu de (un texte) par la lecture. *Lire un roman.* ◆ absolt *Aimer lire.* **5** Énoncer à haute voix (un texte écrit). **II** fig. **1** Déchiffrer (ce qui est caché). *Lire l'avenir dans les astres.* **2** Discerner par un signe. *On lit la peur dans ses yeux.*

② **lire** n. f. ▪ Ancienne unité monétaire italienne (avant l'euro).

lirette n. f. ▪ Étoffe dont la trame est constituée de lanières de tissu usagé.

lis ou **lys** [lis] n. m. ▪ **1** Plante vivace, à feuilles allongées et pointues, à grandes fleurs blanches. **2** Fleur blanche du lis. ◆ *Un teint de lis,* très blanc. **3** FLEUR DE LYS, DE LIS : figure héraldique, fleur de lis schématisée (emblème de la royauté).

lisage n. m. ▪ techn. Opération consistant à transposer un dessin sur tissu par un système de perforations.

lise n. f. ▪ région. (Ouest) Sable mouvant en bord de mer.

liserage ou **lisérage** n. m. ▪ Ouvrage qui consiste à border d'un ruban les motifs d'une broderie ; cette bordure.

liseré ou **liséré** n. m. ▪ Ruban étroit dont on borde un vêtement, une étoffe. ► **liserer** ou **lisérer** v. tr. 5 ou 6

liseron n. m. ▪ Plante grimpante, à fleurs.

lisette n. f. ▪ Jeune maquereau.

liseur, euse n. ▪ Personne qui aime lire.

liseuse n. f. ▪ **1** Couvre-livre. **2** Veste d'intérieur féminine chaude et légère. **3** Petite lampe pour la lecture. **4** Support de lecture d'un texte numérique.

lisible adj. ▪ **1** Qui est aisé à lire, à déchiffrer. ► **lisibilité** n. f. ► **lisiblement** adv. **2** Digne d'être lu.

lisier n. m. ▪ agric. Mélange liquide d'excréments d'animaux (engrais). → **purin.**

lisière n. f. ▪ **1** Bordure d'une pièce d'étoffe. **2** Partie extrême (d'un terrain, d'une région). *À la lisière du bois.* → **orée.**

lisp n. m. ▪ anglic., inform. Langage destiné au traitement d'expressions symboliques.

lissage n. m. ▪ Action de lisser. ◆ → **lifting.**

lissant, ante adj. ▪ Qui rend lisse (une partie du corps).

① **lisse** adj. ▪ Sans aspérités au toucher.

② **lisse** n. f. ▪ **1** Membrure longitudinale de la coque d'un navire. **2** Garde-fou.

③ **lisse** n. f. → ② **lice**

lissé n. m. ▪ cuis. Degré de cuisson du sucre qui va entrer en ébullition.

lisser v. tr. 1 ▪ Rendre lisse. → **aplanir.**

lisseur, euse n. ▪ **1** techn. Ouvrier, ouvrière qui lisse (du papier, des étoffes). **2** n. f. techn. Machine pour lisser le papier, les étoffes, les cuirs. **3** n. m. Instrument pour lisser les cheveux.

lissoir n. m. ▪ techn. Instrument pour lisser (le papier, les étoffes, le cuir).

listage n. m. ▪ Document produit par une imprimante (recomm. off. pour *listing*).

liste n. f. ■ **1** Suite de mots, de signes, généralement inscrits les uns au-dessous des autres. ➝ *Liste électorale.* ➝ *Liste noire :* liste de gens à surveiller. *Liste rouge* (d'abonnés au téléphone qui refusent de figurer dans l'annuaire). **2** *Liste civile :* somme allouée annuellement à un chef d'État.

listel n. m. ■ Petite moulure plate.

lister v. tr. 1 ■ Mettre sous forme de liste.

listeria [-te-] n. f. invar. ■ biol. Bactérie dont un genre est pathogène pour l'homme et les animaux **(→ listériose).**

listériose n. f. ■ biol. Maladie due à l'infection par une bactérie.

listing n. m. ■ anglic. **→ listage.**

liston n. m. ■ mar. Moulure placée le long de la coque d'un navire.

lit n. m. ■ **I 1** Meuble destiné au coucher. **2** Literie sur laquelle on s'étend. *Lit douillet.* **3** loc. *Dormir dans son lit,* chez soi. ➝ *Au saut du lit :* au réveil. ➝ *Garder le lit.* **→** s'**aliter.** ➝ fig. *Faire le lit de qqn, qqch.,* préparer son succès. **4** *Enfants du premier lit,* d'un premier mariage. **5** *Lit de repos :* siège sur lequel on peut s'étendre. **6** Couche où l'on peut s'étendre, dormir. *Lit de feuillage.* **II** Matière répandue en couche. *Lit de cendres.* ♦ géol. Couche de matériaux déposés par les eaux, l'érosion. **III** Creux du sol (dans lequel coule un cours d'eau).

litanie n. f. ■ **1** au plur. Prières liturgiques à formules brèves. **2** Répétition ennuyeuse et monotone (de plaintes, de demandes).

litas [-ɑs] n. m. ■ Unité monétaire lituanienne.

litchi n. m. ■ Fruit à chair blanche, parfumée, d'un arbuste d'Extrême-Orient.

① **liteau** n. m. ■ **1** Baguette de bois (support). **→ tasseau.** **2** Raie de couleur (du linge de maison) parallèle à la lisière.

② **liteau** n. m. ■ chasse Lieu où le loup se repose pendant le jour. **→ tanière.**

litée n. f. ■ chasse Ensemble d'animaux dans un même gîte, un même repaire.

liter v. tr. 1 ■ techn. Mettre par lits, par couches.

literie n. f. ■ Ensemble des objets qui recouvrent le sommier : matelas, couette, oreiller, etc. ; matériel de couchage.

litham [-am] n. m. ■ Voile couvrant la partie inférieure du visage (Touaregs...).

litharge n. f. ■ Oxyde naturel de plomb.

-lithe, -lithique, litho- Éléments savants, du grec *lithos* «pierre».

lithiase n. f. ■ méd. Formation de concrétions solides (calculs) dans divers conduits ou cavités de l'organisme. ► **lithiasique** adj.

lithine n. f. ■ chim. Hydroxyde de lithium. ► **lithiné, ée** adj.

lithinifère adj. ■ chim. Qui contient du lithium.

lithique adj. ■ didact. De pierre ; relatif à la pierre.

lithium [-jɔm] n. m. ■ Élément (symb. Li, n° at. 3, masse at. 6,94), métal alcalin.

lithodome n. m. ■ zool. Mollusque qui creuse les roches pour s'y loger **(→ lithophage).**

lithographe n. ■ Personne qui imprime par la lithographie. **→ graveur.**

lithographie n. f. ■ **1** Reproduction par impression sur une pierre calcaire. **2** Estampe obtenue par ce procédé. ► **lithographier** v. tr. 7 ► **lithographique** adj.

lithophage adj. et n. m. ■ zool. (animal) Qui creuse les roches dures pour s'y abriter.

lithophanie n. f. ■ techn. Dessin sur une matière translucide.

lithosphère n. f. ■ géogr., géol. Couche externe de la croûte terrestre. ► **lithosphérique** adj.

lithothamnium [-jɔm] n. m. ■ bot. Algue marine incrustée de calcaire.

lithotriteur n. m. ■ méd. Appareil qui détruit les calculs rénaux ou biliaires. - syn. **lithotripteur.**

lithotritie [-tʀisi] n. f. ■ méd. Opération qui consiste à broyer les calculs urinaires de la vessie. - syn. **lithotripsie.**

litière n. f. ■ **1** anciennt Lit ambulant porté sur des brancards. **2** Paille, fourrage répandu sur le sol pour que les animaux puissent s'y coucher. ♦ Gravier absorbant où les chats font leurs besoins. **3** loc. littér. *Faire litière de qqch.,* n'en tenir aucun compte.

litige n. m. ■ **1** Contestation donnant matière à procès. *Arbitrer un litige.* **2** Contestation, différend.

litigieux, ieuse adj. ■ Qui est en litige.

litispendance n. f. ■ dr. État d'un litige porté simultanément devant deux tribunaux du même degré, également compétents.

litorne n. f. ■ Grive à tête cendrée.

litote n. f. ■ Figure de rhétorique qui consiste à atténuer l'expression de sa pensée (ex. *ce n'est pas mauvais* pour *c'est très bon*).

litre n. m. ■ **1** Unité de mesure de capacité équivalant à 1 décimètre cube (symb. l ou L). **2** Récipient (bouteille...) contenant un litre.

litron n. m. ■ fam. Litre de vin.

littéraire adj. ■ **1** Qui a rapport à la littérature. ♦ Qui traite de littérature. *Critique littéraire.* ♦ (style, langue) Qui répond aux exigences esthétiques de la littérature. ► **littérairement** adv. **2** Doué pour les lettres. ➝ n. *Un, une littéraire.*

littéral, ale, aux adj. ■ **1** Qui utilise les lettres. ➝ *Arabe littéral* (écrit, classique). **2** Qui suit un texte lettre à lettre. ➝ *Traduction littérale,* mot à mot. **3** Qui s'en tient, est pris à la lettre. *Sens littéral d'un mot* (s'oppose à *figuré*). → **propre.** ► **littéralement** adv.

littéralité n. f. ▪ Stricte conformité (d'une interprétation, d'une traduction) à la lettre, au texte.

littérarité n. f. ▪ didact. Caractère d'un texte considéré comme littéraire.

littérateur, trice n. ▪ souvent péj. Écrivain.

littérature n. f. ▪ **I** Les œuvres écrites, dans la mesure où elles portent la marque de préoccupations esthétiques ; connaissances, activités qui s'y rapportent. **1** Œuvres littéraires. *La littérature contemporaine.* **2** Le travail de l'écrivain. **3** Ce qu'on trouve dans les œuvres littéraires (par opposition au réel). **4** Connaissances concernant les œuvres littéraires, leurs auteurs. **II** Ensemble des ouvrages publiés (sur une question).

littoral, ale, aux ▪ **1** adj. Relatif à la zone de contact entre la terre et la mer. → **côtier.** **2** n. m. La zone littorale. → **côte.**

littorine n. f. ▪ Mollusque comestible. → **bigorneau.**

lituanien, enne adj. et n. ▪ De Lituanie. ➝ n. *Les Lituaniens.* ♦ n. m. *Le lituanien* (langue balte).

liturgie n. f. ▪ relig. chrét. Culte public et officiel (dans une Église). ► **liturgique** adj.

liturgiste n. ▪ didact. Personne spécialisée dans l'étude de la liturgie.

liure n. f. ▪ mar. Amarrage reliant entre elles deux pièces d'un navire.

livarde n. f. ▪ mar. Longue perche qui sert à tendre une voile aurique.

livarot n. m. ▪ Fromage rond, fermenté, à pâte molle, à odeur forte.

live [lajv] adj. invar. ▪ anglic. Enregistré en public. *Des albums live.* ➝ n. m. invar. Enregistrement public. ♦ loc. adv. *En live* : en direct.

livèche n. f. ▪ Plante à graines dépuratives.

livedo [-ve-] ou **livédo** n. m. ou f. ▪ pathol. Marbrures violacées de la peau dues à des troubles circulatoires.

livide adj. ▪ **1** littér. De couleur plombée, bleuâtre. **2** D'une pâleur terne. → **blafard, blême.** ► **lividité** n. f.

living-room [liviŋʀum] ou (abrév.) **living** n. m. ▪ anglic. Salle de séjour. → **séjour.** *Des living-rooms ; des livings.*

livrable adj. ▪ Qui peut ou doit être livré.

livraison n. f. ▪ Remise matérielle (d'un objet) à celui auquel l'objet est dû.

① **livre** n. m. ▪ **I 1** Assemblage (broché ou relié) d'un nombre assez grand de pages (à l'exclusion des périodiques). ➝ loc. *Livre blanc,* recueil de pièces officielles. ♦ *LE LIVRE* : l'imprimerie et ses produits. **2** Texte imprimé sous forme de livre (1), à un certain nombre d'exemplaires. *Écrire, lire un livre.* ➝ loc. *Parler comme un livre,* savamment. ➝ *À livre ouvert,* couramment. **3** par analogie *Livre sonore.* → **audiolivre.** ➝ *Livre électronique, numérique* : texte numérisé pour pouvoir être lu sur un écran ; boîtier portable pour la lecture d'éditions numérisées. → **liseuse, tablette. II 1** Grande division (d'un ouvrage long). **2** Cahier, registre. ➝ anciennt *Livre de raison* : livre de comptes. ➝ *Livre d'or* : registre destiné à l'inscription de noms célèbres ou de commentaires élogieux.

② **livre** n. f. ▪ **I** Un demi-kilogramme. **II 1** Ancienne monnaie française. **2** *Livre (sterling)* : unité monétaire britannique (symb. £). ♦ *Livre irlandaise* (avant l'euro). *Livre égyptienne, turque.*

livrée n. f. ▪ **1** Vêtements aux couleurs des armes d'un roi, d'un seigneur, que portaient les hommes de leur suite. **2** Uniforme de certains serviteurs d'une même maison. **3** Pelage, plumage (d'un animal).

livrer v. 1 ▪ **I** v. tr. **1** Mettre (qqn) au pouvoir de (qqn, une entité). *Livrer un coupable à la justice.* **2** littér. Soumettre à l'action destructrice de qqch. ➝ au p. p. *Pays livré au chaos.* **3** Remettre (qqn) par une trahison (à). *Livrer son complice à la police.* **4** Confier à qqn. *Il a livré son secret.* **5** Remettre au destinataire (ce qui a été commandé, payé). **II 1** Engager, commencer (un combat...). loc. *Livrer bataille.* **2** *LIVRER PASSAGE À* : laisser passer. ▷ v. pron. **se livrer** (à) **1** Se mettre au pouvoir de. → **se rendre,** se **soumettre. 2** absolt Se confier. *Cœur qui se livre.* **3** Se laisser aller à (un sentiment, etc.). *Se livrer à des excès.* ♦ Effectuer (un travail), exercer (une activité).

livresque adj. ▪ péj. Qui vient des livres, est purement théorique (s'oppose à *vécu,* etc.).

livret n. m. ▪ **I 1** vieilli Catalogue explicatif. **2** Petit registre. ➝ *Livret de famille,* contenant des informations sur l'état civil des membres de la famille. **II** Texte sur lequel s'écrit la musique (d'une œuvre lyrique).

livreur, euse n. ▪ Personne qui livre (I, 5) des marchandises.

llanos [ljanos] ou **lianos** n. m. pl. ▪ géogr. Région de plaines herbeuses, en Amérique du Sud. → **savane.**

LMD n. m. (sigle de *licence-master-doctorat*) ▪ Organisation des diplômes universitaires français.

loa n. m. ▪ En Haïti, Divinité du culte vaudou.

loader [lodœʀ] n. m. ▪ anglic., techn. Engin de travaux publics capable d'assurer le chargement des déblais sur des camions. recomm. off. → **chargeuse.**

loa-loa n. f. ▪ Ver parasite du tissu sous-cutané humain, transmis par piqûre d'insecte.

lob n. m. ▪ anglic. (tennis) Coup haut.

lobaire adj. ▪ anat. Relatif à un lobe.

lobby n. m. ▪ anglic. Groupe de pression*. *Des lobbies* ou *des lobbys.* ► **lobbying** n. m. anglic. *Faire du lobbying.* ► **lobbyiste** n.

lobe n. m. ▪ **1** Partie arrondie et saillante (d'un organe). **2** *Lobe de l'oreille,* prolongement arrondi et charnu du pavillon. **3** bot. Partie arrondie (des feuilles, des pétales).

lobé, ée adj. ▪ Qui présente des lobes.

lobectomie n. f. ▪ chir. Opération par laquelle on enlève un lobe (du poumon...).

lobélie n. f. ▪ Plante dont on extrait des alcaloïdes aux propriétés expectorantes.

lobéline n. f. ▪ pharm. Principal alcaloïde de la lobélie.

lober v. tr. [1] ▪ **1** Envoyer (la balle) par un lob. **2** Passer (l'adversaire) par un lob.

lobotomie n. f. ▪ chir. Section de fibres nerveuses à l'intérieur du cerveau. ► **lobotomiser** v. tr. [1]

lobulaire adj. ▪ anat. Relatif à un lobule, qui a l'aspect d'un lobule.

lobule n. m. ▪ anat. **1** Petit lobe. **2** Unité structurelle et fonctionnelle (d'un organe).

lobuleux, euse adj. ▪ anat. Composé de lobules. - syn. **lobulé, ée.**

local, ale, aux ▪ **I** adj. **1** Qui concerne, est particulier à un lieu, une région. *Presse locale.* → **régional.** ♦ loc. *Couleur* locale.* **2** Qui n'affecte qu'une partie du corps. *Anesthésie locale.* → **locorégional.** ► **localement** adv. **II** n. m. Partie d'un bâtiment, à usage déterminé.

localier, ière n. ▪ Correspondant(e) local(e) d'un journal.

localisateur, trice n. m. ▪ Écran (ou série d'écrans) opaque aux rayons X, percé d'une lumière limitant la zone d'application.

localisé, ée adj. ▪ Situé en un lieu, en un point.

localiser v. tr. [1] ▪ **1** Placer par la pensée en un lieu déterminé de l'espace (un phénomène...). *Localiser un bruit.* ♦ Repérer précisément. **2** Circonscrire, renfermer dans des limites. → **limiter.** ► **localisable** adj. ► **localisation** n. f.

localité n. f. ▪ **1** didact. Lieu déterminé. **2** Petite ville, village.

locataire n. ▪ Personne qui prend à bail une maison, un logement, etc. (→ **louer).**

① **locatif, ive** adj. ▪ dr. Qui concerne la location ou le locataire.

② **locatif, ive** adj. ▪ gramm. Qui marque le lieu.

location n. f. ▪ **1** Action de donner ou de prendre à loyer (un logement...). ◆ *Location-vente* (→ anglic. leasing). **2** Action de retenir à l'avance (une place). → **réservation.**

locavore adj. et n. ▪ (Personne) qui consomme des produits alimentaires de provenance locale.

loc. cit. loc. adv. ▪ didact. À l'endroit déjà cité (dans une référence).

① **loch** [lɔk] n. m. ▪ Appareil pour mesurer la vitesse d'un navire.

② **loch** [lɔx ; lɔx] n. m. ▪ (en Écosse) Lac qui occupe le fond d'une vallée.

loche n. f. ▪ **1** Petit poisson d'eau douce à chair comestible. **2** Limace grise.

locher v. tr. [1] ▪ région. (Normandie) *Locher un arbre,* le secouer pour en faire tomber les fruits.

lochies n. f. pl. ▪ méd. Écoulement utérin suivant l'accouchement.

lock-out [lɔkaut] n. m. invar. ▪ anglic. Fermeture temporaire d'une entreprise décidée par la direction (répression d'une grève, etc.). ► **lock-outer** [-aute] v. tr. [1]

loco- Élément, du latin *locus* «lieu».

locomobile n. f. ▪ anciennt Machine servant à actionner des engins industriels ou agricoles.

locomotion n. f. ▪ **1** Action de se mouvoir, de se déplacer d'un lieu vers un autre ; fonction qui assure ce mouvement. *Muscles de la locomotion.* **2** → **transport.** *Moyens de locomotion.* ► **locomoteur, trice** adj.

locomotive n. f. ▪ **1** Engin, véhicule de traction pour remorquer les trains. **2** fig. Personne, chose qui entraîne, fait agir.

locomotrice n. f. ▪ Locomotive à moteur thermique ou électrique.

locorégional, ale, aux adj. ▪ méd. *Anesthésie locorégionale :* anesthésie locale touchant un ensemble de nerfs, une partie du corps.

locotracteur n. m. ▪ techn. Petite locomotive utilisée pour les manœuvres.

loculaire adj. ▪ bot. Partagé en plusieurs loges. - syn. **loculé, ée** et **loculeux, euse.**

locus [-ys] n. m. ▪ biol. Localisation précise d'un gène sur un chromosome. *Des locus* ou *des loci* [-ki ; -si].

locuste n. f. ▪ zool. Criquet migrateur.

locustelle n. f. ▪ Passereau insectivore.

locuteur, trice n. ▪ ling. Personne qui emploie le langage, qui parle (opposé à *auditeur*).

locution n. f. ▪ Groupe de mots figé ou relativement stable ayant la même fonction qu'un mot. → **expression.**

loden [-ɛn] n. m. ▪ Tissu de laine épais et imperméable. ◆ Manteau de loden.

lœss [løs] n. m. ■ Limon très fin et fertile, déposé par le vent.

lof n. m. ■ mar. Côté d'un navire qui reçoit le vent. ➛ *Virer lof pour lof,* vent arrière.

lofer v. intr. [1] ■ mar. Faire venir le navire plus près du vent.

loft [lɔft] n. m. ■ anglic. Local commercial ou industriel aménagé en habitation.

logarithme n. m. ■ math. Exposant à affecter à un nombre (la base) pour en obtenir un autre. – abrév. fam. **log** n. m. *Calculs de logs.* ► **logarithmique** adj.

loge n. f. ■ **I 1** Logement de concierge, de portier. **2** Pièce où les comédiens se préparent et se reposent. **3** Compartiment cloisonné. **4** (théâtre...) Compartiment contenant plusieurs sièges. ➛ loc. fig. *Être AUX PREMIÈRES LOGES,* à la meilleure place. **II** Association de francs-maçons.

logeable adj. ■ **1** Où l'on peut habiter, être logé. **2** Où l'on peut ranger des objets.

logement n. m. ■ **1** Action de (se) loger. ♦ collectif *Crise du logement.* **2** Local à usage d'habitation. ⟶ **domicile, résidence.**

loger v. [3] ■ **I** v. intr. Avoir sa demeure (le plus souvent temporaire) en un endroit. *Loger chez des amis, à l'hôtel.* **II** v. tr. **1** Établir dans une maison. *Je peux vous loger pour la nuit.* ➛ pronom. *Avoir du mal à se loger.* ♦ (sujet : le local) Être susceptible d'abriter, d'héberger. **2** Faire entrer, faire pénétrer. *Loger une balle dans la cible.*

logeur, euse n. ■ Personne qui loue des chambres meublées.

loggia [lɔdʒja] n. f. ■ Balcon couvert.

logiciel, ielle n. m. et adj. ■ inform. **1** n. m. Programme relatif au traitement de l'information (s'oppose à *matériel;* remplace l'anglic. *software*). ⟶ **application. 2** adj. Relatif à un logiciel.

logicien, ienne n. ■ **1** Spécialiste de la logique. **2** Personne qui raisonne avec rigueur, selon les règles de la logique.

logicisme n. m. ■ Tendance à réduire les mathématiques à la logique.

logicomathématique adj. ■ didact. Qui appartient à la logique et aux mathématiques en tant que systèmes axiomatisés.

logicopositivisme n. m. ■ philos. Théorie de la science unifiée par les structures logicomathématiques. ⟶ **empirisme, positivisme.**

-logie Élément (du grec *logia* «théorie») qui signifie «science, discours». ⟶ **-logue.**

① **logique** n. f. ■ **I 1** Étude scientifique, surtout formelle, des normes de la vérité. **2** Livre, traité de logique. **II 1** Manière de raisonner. *La logique de l'enfant.* **2** Enchaînement cohérent d'idées, manière de raisonner juste. *Manquer de logique.*

② **logique** adj. ■ **1** Conforme aux règles, aux lois de la logique. *Conclusion logique.* **2** Conforme au bon sens. **3** fam. Normal, explicable. *C'est logique qu'il soit furieux.* **4** Qui raisonne bien, avec cohérence. **5** Qui se rapporte à l'intelligence, à l'entendement. ⟶ **intellectuel.** *Processus logiques.*

-logique Suffixe servant à former des adjectifs (relatif à une science ; à une façon de parler).

logiquement adv. ■ **1** Conformément à la logique. **2** D'une façon logique (3).

logis n. m. ■ littér. Endroit où on loge.

logisticien, ienne n. ■ didact. **1** Spécialiste de la logique mathématique. **2** Spécialiste de la logistique (2).

logistique n. f. ■ **1** milit. Techniques de transport, ravitaillement et logement des troupes. **2** Moyens et méthodes d'organisation (d'une entreprise). **3** adj. *Soutien logistique* (sens 1 et 2).

logithèque n. f. ■ Collection de logiciels.

logo n. m. ⟶ **logotype**

logo- Élément, du grec *logos* «parole, discours». ⟶ **-logie.**

logogramme n. m. ■ ling. Dessin correspondant à une notion ou à une suite de sons constituée par un mot.

logographe n. m. ■ Antiq. Se dit des premiers prosateurs grecs.

logogriphe n. m. ■ didact. Énigme où l'on donne à deviner plusieurs mots formés des mêmes lettres.

logomachie n. f. ■ didact. Discours creux. ► **logomachique** adj.

logopathie n. f. ■ méd. Trouble de la parole et du langage.

logopède n. ■ (Belgique, Suisse) Orthophoniste. – var. **logopédiste.**

logopédie n. f. ■ (Belgique, Suisse) Traitement qui vise à corriger les défauts de prononciation chez les enfants. ⟶ **orthophonie.**

logopédiste ⟶ **logopède**

logorrhée n. f. ■ didact. Flux de paroles. ► **logorrhéique** adj.

logos [-os ; -ɔs] n. m. ■ didact. **1** philos. anc. Être semi-divin, esprit raisonnable. ♦ théol. Le verbe* divin. **2** Langage en tant qu'instrument de la raison.

logotype n. m. ■ **1** Lettres liées. **2** Symbole graphique d'une marque (abrév. *logo*).

-logue Élément (du grec *logos* «discours») qui signifie «savant, spécialiste». ⟶ **-logie.**

loi n. f. ■ **I** Règle impérative. **1** Règle obligatoire établie par l'autorité souveraine d'une société et sanctionnée par la force publique. ♦ Disposition prise par le pouvoir législatif. *Projet de* *loi* (gouvernement) ; *proposition de loi* (parlement). ➝ *LOI-CADRE*, servant de cadre à des textes d'application. **2** *LA LOI* : l'ensemble des règles juridiques. → **droit, législation ; légal.** ➝ *Homme, femme de loi*, juriste, magistrat. **3** (après un v. exprimant l'ordre) Commandement que l'on donne. *Dicter sa loi*. ➝ *FAIRE LA LOI* : commander. **4** Règle, condition imposée par les circonstances. *La loi du destin*. **5** relig. Règle exprimant la volonté de Dieu. **6** (au plur.) Règles, conventions établies dans les rapports sociaux. *Les lois de l'honneur*. **II 1** Règle dictée à l'être humain par sa conscience, sa raison. *Loi morale*. → **devoir, principe. 2** *Les lois du beau*, les conditions de la perfection esthétique. → **canon. III** Formule générale énonçant une corrélation entre des phénomènes. *Lois physiques*.

loin ■ **I** adv. **1** À une grande distance (d'un observateur ou d'un point d'origine). ♦ loc. *Aller loin* (au futur), réussir. *Elle ira loin*. ➝ *Aller trop loin*, exagérer. ➝ *Une affaire qui peut aller loin*, avoir de graves conséquences. **2** Dans un temps éloigné (du présent ou d'un temps de référence). ➝ *Sans remonter si loin*, il n'y a pas si longtemps. **II** n. m. (dans des loc.) **1** *IL Y A LOIN*, une grande distance, fig. une grande différence. **2** loc. adv. *AU LOIN* : dans un lieu éloigné. **3** loc. adv. *DE LOIN* : d'un lieu éloigné. ➝ *Revenir de loin*, d'une situation très grave. ♦ De beaucoup. *C'est de loin son meilleur roman*. ♦ (temps) D'un temps très ancien. **4** loc. adv. *DE LOIN EN LOIN* : par intervalles ; de temps en temps. **III** *LOIN DE* loc. prép. **1** À une grande distance (dans l'espace ou dans le temps). ➝ prov. *Loin des yeux, loin du cœur*. ➝ loc. *Loin de moi la pensée de...*, j'écarte cette pensée. ➝ *LOIN DE LÀ* : bien au contraire. **2** *ÊTRE LOIN DE* (+ inf.). *Il était loin de s'attendre à cela*, il ne s'y attendait pas du tout. **IV** loc. conj. *D'AUSSI LOIN QUE, DU PLUS LOIN QUE* : d'une grande distance (espace ou temps).

lointain, aine ■ **I** adj. **1** Qui est à une grande distance dans l'espace. **2** Qui n'est pas proche, direct. *Une ressemblance lointaine*. **3** Très éloigné dans le temps. **II** n. m. Plan (spécialt dans un tableau) situé dans l'éloignement. → **arrière-plan.** ► **lointainement** adv.

loir n. m. ■ Petit rongeur hibernant.

loisible adj. ■ *Il lui est loisible de* (+ inf.), il lui est permis, possible de.

loisir n. m. ■ **I 1** Temps dont on dispose pour faire commodément qqch. *Je n'ai guère le loisir de vous écrire*. **2** surtout plur. Temps libre. *Avoir beaucoup de loisirs*. **3** au plur. Distractions, pendant le temps libre. *Des loisirs coûteux*. **II** loc. adv. *(TOUT) À LOISIR* : en prenant son temps, à son aise. ➝ Autant qu'on le désire.

lokoum → **loukoum**

lol interj. (sigle angl.) ■ anglic. fam. Interjection soulignant la drôlerie d'un propos (surtout écrit).

lolette n. f. ■ (Suisse) Tétine qu'on donne à sucer à un bébé.

lolita n. f. ■ fam. Adolescente, très jeune fille qui suscite le désir par l'image d'une féminité précoce.

lolo n. m. ■ **1** lang. enfantin Lait. **2** fam. Sein de femme.

lombago → **lumbago**

lombaire adj. ■ Des lombes.

lombalgie n. f. ■ didact. Douleur lombaire. ► **lombalgique** adj.

lombard, arde adj. et n. ■ De Lombardie. ➝ n. *Les Lombards*. ♦ n. m. *Le lombard* (dialecte italien).

lombarthrose n. f. ■ méd. Arthrose des vertèbres lombaires.

lombes n. m. pl. ■ Régions postérieures de l'abdomen, situées symétriquement à droite et à gauche de la colonne vertébrale.

lombosacré, ée [-s-] adj. ■ méd. Du sacrum et de la dernière vertèbre lombaire.

lombosciatique n. f. ■ méd. Sciatique associée à des douleurs lombaires.

lombostat n. m. ■ méd. Corset orthopédique destiné à soutenir les vertèbres lombaires.

lombric n. m. ■ Ver de terre.

lombricoïde adj. ■ didact. Qui a l'aspect du lombric.

lombricomposteur n. m. ■ Composteur qui utilise des vers de terre pour produire un compost appelé *lombricompost*.

lomo n. m. ■ Filet de porc mariné et séché.

long, longue [lɔ̃, lɔ̃g] ■ **I** adj. **1** (avant le nom) Qui a une étendue supérieure à la moyenne dans le sens de la longueur. *Un long nez*. ♦ Qui couvre une grande étendue, s'étend sur une grande distance. *Longues enjambées*. **2** (après le nom) Dont la grande dimension (longueur) est importante (opposé à *court*). *Manches longues*. **3** *LONG DE* (telle grandeur). *Texte long d'une page*. **4** (langage, discours) *Un long roman*. **II** adj. (dans le temps) **1** Qui a une durée très étendue. *Un long hiver*. ➝ (opposé à *bref*) *Syllabe longue*. ♦ Qui dure longtemps et ne se répète pas souvent. *À de longs intervalles*. **2** Qui remonte loin dans le temps. *Une longue habitude*. ➝ loc. *DE LONGUE DATE* : depuis longtemps. **3** Éloigné dans l'avenir. ➝ loc. adv. *À LA LONGUE* : avec le temps. **4** *Long à*, lent. *Le feu a été long à s'éteindre*. **5** *LONG DE* : de telle ou telle durée. **III** n. m. **1** (précédé de *au, de, en*) *Tomber DE TOUT SON LONG*, allongé par terre. ➝ *DE LONG EN LARGE*, en faisant des allées et venues. ➝ *EN LONG ET EN LARGE*, dans tous les sens ; fig. sous tous les aspects. ➝ *TOUT DU LONG*, sur toute la longueur. ➝ *(TOUT) AU LONG* : complètement. **2** loc. prép. *AU LONG DE, LE LONG DE, TOUT DU LONG*

DE : en suivant sur toute la longueur de ; (temps) durant. **IV** adv. **1** Beaucoup. *En savoir long.* **2** Avec un vêtement long. *S'habiller long.*

longane n. m. ■ Fruit d'origine chinoise, voisin du litchi.

longanier n. m. ■ Arbre qui produit le longane.

longanime adj. ■ littér. D'une grande patience (tolérante...). ► **longanimité** n. f.

long-courrier adj. m. et n. m. ■ (navire ; avion) Qui fait de longs parcours. *Des long-courriers.*

long drink [lɔ̃gdʀink] n. m. ■ anglic. Alcool allongé avec une boisson non alcoolisée. *Des long drinks.*

① **longe** n. f. ■ (veau...) Moitié de l'échine.

② **longe** n. f. ■ Corde, courroie qui sert à attacher, à mener un cheval, un animal.

longer v. tr. [3] ■ **1** Aller le long de (qqch.), en suivant le bord. **2** (sujet chose) Être, s'étendre le long de. *La route longe la mer.*

longère n. f. ■ région. Ensemble de bâtiments de ferme bas, disposés en long.

longeron n. m. ■ Poutre transversale.

longévité n. f. ■ Longue durée de la vie (d'un individu, d'un groupe, d'une espèce).

longi- Élément, du latin *longus* «long».

longicorne adj. ■ (insecte) Qui a de longues cornes, de longues antennes.

longiligne adj. ■ Mince et élancé.

longitude n. f. ■ Distance angulaire à un méridien d'origine, vers l'est ou l'ouest.

longitudinal, ale, aux adj. ■ Qui est dans le sens de la longueur (opposé à *transversal*). ► **longitudinalement** adv.

long-jointé, ée adj. ■ vétér. (cheval) Qui a le paturon trop long.

long métrage n. m. ■ Film de cinéma qui dure plus d'une heure. *Des longs métrages.*

longotte n. f. ■ Tissu de coton épais.

longrine n. f. ■ techn. Pièce de charpente qui relie d'autres pièces.

longtemps [lɔ̃tɑ̃] ■ **I** adv. Pendant un long espace de temps. **II** n. m. **1** (compl. de prép.) *DE LONGTEMPS* : depuis longtemps. ➤ *Pas de longtemps* (après un verbe au futur), pas de sitôt. ➤ *AVANT LONGTEMPS*, bientôt. **2** *Il y a, voici longtemps.* → **autrefois.**

à la **longue** loc. adv. → **long** (II, 3)

longue n. f. ■ mus. Note longue. *Une longue vaut deux brèves.*

longuement adv. ■ Pendant un long temps, avec longueur et continuité.

longuet, ette adj. ■ fam. Un peu trop long.

longueur n. f. ■ **I** (dans l'espace) **1** Dimension d'une chose dans le sens de sa plus grande étendue (s'oppose à *largeur, hauteur, profondeur*) ; cette étendue. **2** en sport Unité définie par la longueur de la bête, du véhicule, et servant à évaluer la distance séparant des concurrents. ➤ *Avoir une longueur d'avance* (fig. avoir un avantage). **3** Grandeur linéaire mesurant ce qui n'a qu'une dimension. *Longueur, surface et volume.* **II 1** Espace de temps. → **durée.** ➤ loc. prép. *À LONGUEUR DE* : pendant toute la durée de. **2** Longue durée. ➤ *Tirer les choses en longueur,* les faire durer. **III 1** Étendue, durée (d'une œuvre...). **2** (surtout au plur.) Passage trop long.

longue-vue n. f. ■ Lunette d'approche.

looch [lɔk] n. m. ■ pharm. Médicament sirupeux (adoucissant).

loofa ; loofah → **luffa**

look [luk] n. m. ■ anglic. Allure (de qqn...).

looping [lupiŋ] n. m. ■ anglic. Acrobatie aérienne, boucle dans le plan vertical.

lope n. f. ■ **1** argot Homosexuel. **2** fam. Homme lâche. – dimin. LOPETTE n. f. (mêmes sens).

lophophore n. m. ■ **1** zool. Oiseau de Chine à plumes colorées. **2** Panache plumeux (d'invertébrés).

lopin n. m. ■ Petit morceau (de terrain).

loquace adj. ■ Qui parle volontiers. → **bavard.** ► **loquacité** n. f. littér.

loque n. f. ■ **1** Vêtement usé et déchiré. → **guenille, haillon.** ➤ *Être en loques.* → **loqueteux.** **2** fig. Personne sans énergie.

-loque Élément, du latin *loqui* «parler» (ex. *soliloque, ventriloque*).

loquet n. m. ■ Fermeture de porte à tige mobile dont l'extrémité se bloque.

loqueteau n. m. ■ techn. Petit loquet.

loqueteux, euse adj. ■ **1** Vêtu de loques. **2** littér. En loques. *Habit loqueteux.*

loran n. m. (sigle angl. de *Long Range Aid to Navigation*) ■ anglic., techn. Procédé radioélectrique permettant à un avion, à un navire d'obtenir son point par un réseau de stations.

lord [lɔʀ(d)] n. m. ■ Titre de noblesse britannique. *La Chambre des lords.*

lord-maire [lɔʀ(d)mɛʀ] n. m. ■ Maire de grandes villes britanniques. *Des lords-maires.*

lordose n. f. ■ méd. Déformation de la colonne vertébrale (cambrure excessive).

lorette n. f. ■ vx ou hist. Jeune femme élégante et facile. → **courtisane, grisette.**

lorgner v. tr. [1] ■ **1** Observer de façon particulière (avec insistance, de côté...). **2** fig. Convoiter (qqch.).

lorgnette n. f. ▪ Petite lunette (II, 2). ➛ loc. *Voir par le petit bout de la lorgnette* : ne voir qu'un aspect secondaire des choses.

lorgnon n. m. ▪ Ensemble de deux lentilles et de leur monture sans branches. → **binocle, pince-nez.**

lori n. m. ▪ Perroquet aux couleurs très vives. → **loriquet.**

loricaire n. m. ▪ Petit poisson recouvert de plaques osseuses.

loriot n. m. ▪ Petit passereau au plumage jaune et noir.

loriquet n. m. ▪ Petit perroquet qui ressemble au lori.

loris n. m. ▪ Singe de l'Asie du Sud, dépourvu de queue.

lorrain, aine adj. ▪ De Lorraine. ➛ n. *Les Lorrains.*

lorry n. m. ▪ anglic., chemin de fer Wagonnet employé dans les travaux de construction de voies ferrées. *Des lorrys* ou *des lorries.*

lors adv. ▪ **1** *LORS DE* loc. prép. : au moment de, à l'époque de. **2** loc. conj. *DÈS LORS QUE* : du moment que ; puisque. ➛ littér. *LORS MÊME QUE* (+ indic. ou cond.) : même si.

lorsque conj. de temps ▪ (le *e* s'élide en général devant les voyelles) **1** (simultanéité) Au moment où, quand. **2** littér. (opposition et simultanéité) Alors que, tandis que.

losange n. m. ▪ Parallélogramme à côtés égaux (spécialt autre que le carré).

losangé, ée adj. ▪ Qui est formé de losanges juxtaposés.

loser [luzœʀ] n. m. ▪ anglic., fam. Personne qui échoue souvent.

lot n. m. ▪ **1** Partie (d'un tout que l'on partage entre des personnes). *Diviser un terrain en lots.* → **lotissement. 2** Ensemble (de marchandises). **3** Ce qu'on gagne dans une loterie. **4** littér. *Le lot de qqn,* ce que la vie lui réserve.

loterie n. f. ▪ **1** Jeu où des lots sont attribués à des gagnants désignés par le sort. **2** fig. Ce qui semble gouverné par le hasard.

lotier n. m. ▪ Herbe des prés et des talus.

lotion n. f. ▪ Liquide utilisé pour rafraîchir le corps, le soigner. ♦ Application de ce liquide. → **friction.** ► **lotionner** v. tr. [1]

lotir v. tr. [2] ▪ **1** Partager, répartir par lots (spécialt un terrain). **2** Mettre (qqn) en possession d'un lot. ♦ fig. au p. p. *Être BIEN, MAL LOTI,* favorisé, défavorisé par le sort.

lotissement n. m. ▪ **1** Action de lotir (1). **2** Habitations construites sur un terrain loti.

lotisseur, euse n. ▪ Personne qui lotit (1).

loto n. m. ▪ **1** Jeu de hasard où l'on doit remplir une carte de cylindres de bois *(boules de loto)* ou de cartons numérotés tirés au hasard. ➛ loc. fam. *Des yeux en BOULES DE LOTO,* tout ronds, surpris. **2** (en France) Jeu public à numéros gagnants tirés au sort.

lotte n. f. ▪ Baudroie (poisson).

lotus [-ys] n. m. ▪ Nénuphar blanc (de l'Inde). ♦ Nénuphar du Nil. *Lotus bleu.*

① **louable** adj. ▪ Digne d'être loué (①).

② **louable** adj. ▪ Qu'on peut louer (②).

louage n. m. ▪ dr. Action de louer (②). → **location.** ➛ *Louage de services.*

louange n. f. ▪ **1** littér. Action de louer (①) (qqn, qqch.) ; fait d'être loué. → **éloge. 2** au plur. Témoignage d'admiration ou de grande estime. → **compliment, félicitation.**

louanger v. tr. [3] ▪ littér. Couvrir de louanges. ► **louangeur, euse** adj. et n.

loubard, arde n. ▪ fam. Jeune citadin(e) asocial(e).

① **louche** adj. ▪ Qui n'est pas clair, pas honnête. → **suspect, trouble.**

② **louche** n. f. ▪ **1** Grande cuiller à long manche pour servir le potage. **2** fam. *Serrer la louche à qqn,* la main.

loucher v. intr. [1] ▪ **1** Être atteint de strabisme. **2** fig., fam. *Loucher sur, vers,* regarder avec envie, convoiter.

louchet n. m. ▪ techn. Bêche à lame étroite et très allongée.

loucheur, euse n. ▪ Personne qui louche. → **louchon.**

louchon n. m. ▪ fam. et vieilli Loucheur.

louée n. f. ▪ région. Assemblée où se louent les ouvriers agricoles, les journaliers.

① **louer** v. tr. [1] ▪ **1** Déclarer (qqn, qqch.) digne d'admiration ou de grande estime (→ faire l'éloge de). ♦ *LOUER qqn DE, POUR qqch.* → **féliciter. 2** *Louer Dieu.* → **bénir, glorifier.** ➛ loc. *Dieu soit loué !* (joie, soulagement). ▷ v. pron. se **louer** → s'**applaudir,** se **féliciter** de. ➛ *Se louer de qqn,* être satisfait de lui.

② **louer** v. tr. [1] ▪ **I** Donner (qqch.) en location. *Louer une chambre à un étudiant.* **II 1** Prendre en location, à bail. *Louer un appartement.* ♦ Réserver, retenir en payant. *Louer des places de concert.* **2** → **engager.** *Louer un guide.* ➛ *Louer les services de qqn.*

loueur, euse n. ▪ Personne qui fait métier de donner (des voitures, etc.) en location.

loufiat n. m. ▪ fam. Garçon de café.

loufoque adj. ▪ fam. Fou ; extravagant. - syn. **louf ; louftingue.** ► **loufoquerie** n. f.

lougre n. m. ▪ mar. Petit bâtiment de pêche ou de cabotage à trois mâts.

louis n. m. ▪ **1** Ancienne monnaie d'or, à l'effigie du roi de France. **2** Pièce d'or française de vingt francs. → **napoléon.**

louise-bonne n. f. ▪ Poire d'automne. *Des louises-bonnes.*

loukoum [-um] n. m. ▪ Confiserie orientale, pâte aromatisée sucrée. – var. **lokoum.**

loulou n. m. ▪ **I** Petit chien au museau pointu, à long poil. **II** fam. **1** Terme d'affection (fém. *louloute*). **2** Mauvais garçon.

lounge [launʒ] n. m. invar. ▪ anglic. Salon-bar à l'ambiance feutrée. ➛ appos. *Musique lounge.*

loup n. m. ▪ **I 1** Mammifère carnivore sauvage, qui ressemble à un grand chien. ➛ loc. *Être connu comme le loup blanc,* très connu. ➛ loc. prov. *Quand on parle du loup, on en voit la queue,* se dit quand qqn survient au moment où l'on parle de lui. ♦ fig. *Un jeune loup,* un jeune arriviste. **2** fam. Terme d'affection. *Mon loup.* **3** fam. *Loup de mer :* vieux marin expérimenté. **4** Bar (poisson). **II** Masque noir couvrant le haut du visage. **III** techn. Défectuosité dans un ouvrage (→ louper).

loupage n. m. ▪ fam. Ratage.

loup-cervier n. m. ▪ Lynx d'Europe.

① **loupe** n. f. ▪ **1** Nœud (d'un arbre). → **nœud. 2** Kyste sébacé du cuir chevelu.

② **loupe** n. f. ▪ Instrument d'optique, lentille convexe et grossissante.

loupé n. m. ▪ fam., techn. Raté ; chose ratée.

louper v. tr. [1] ▪ fam. **1** Ne pas réussir (un travail, une action). **2** Laisser échapper. → **manquer.** *Louper son train.* ♦ *Il n'en loupe pas une,* il fait toutes les sottises. **3** intrans. *Ça n'a pas loupé,* ça devait arriver.

loup-garou n. m. ▪ Personnage légendaire, homme-loup errant la nuit dans la campagne. → **lycanthrope.** *Des loups-garous.*

loupiot, iotte n. ▪ fam. Enfant.

loupiote n. f. ▪ fam. Petite lampe, lumière.

loup-marin n. m. ▪ (Canada) Phoque. *Des loups-marins.*

lourd, lourde adj. ▪ **I 1** Difficile à déplacer, en raison de son poids (opposé à *léger*). → **pesant.** ♦ Qui gêne par une impression de pesanteur. *Aliment lourd.* → **indigeste.** ♦ *Terrain lourd,* compact. **2** De poids élevé ou supérieur à la moyenne. ♦ De densité élevée. *Gaz plus lourd que l'air.* **3** loc. *Avoir la main lourde :* frapper fort ; punir sévèrement. ➛ Mesurer, verser en trop grande quantité. **4** Difficile à supporter. *Lourde responsabilité.* **5** Qui accable, oppresse. *Temps lourd.* **6** LOURD (DE) : chargé (de). *Phrase lourde de menaces.* **7** Qui donne une impression de lourdeur, de pesanteur, sur les sens. → **épais, fort. 8** adv. Beaucoup. *Peser lourd* (fig. avoir de l'importance). ➛ fam. *Il n'en fait pas lourd.* **II** (Maladroit) **1** (personnes) Qui manque de finesse, de subtilité. → **grossier. 2** Gauche, embarrassé.

lourdaud, aude n. et adj. ▪ Lourd, maladroit (au moral et au physique). → **balourd.**

lourde n. f. ▪ fam. et vieilli Porte.

lourdement adv. ▪ **1** De tout son poids, de toute sa force. **2** Avec une charge pesante. **3** Maladroitement. ➛ *Se tromper lourdement.* → **grossièrement.**

lourder v. tr. [1] ▪ fam. Mettre à la porte. ➛ Se débarrasser de (qqn, qqch.).

lourdeur n. f. ▪ **I 1** Caractère de ce qui est difficile à supporter. **2** Caractère massif. *Lourdeur des formes.* **II** Manque de finesse, de délicatesse. ♦ Gaucherie, maladresse.

lourdingue adj. ▪ fam. Lourd, qui manque de finesse. ➛ n. Lourdaud.

loure n. f. ▪ mus. Instrument ancien voisin de la musette.

lourer v. tr. [1] ▪ mus. Lier les notes en appuyant sur le premier temps de chaque mesure.

lousse adj. ▪ (Canada) fam. **1** (choses) Lâche, mou. **2** (animaux) Libre, non attaché. **3** (personnes) Prodigue, généreux.

loustic n. m. ▪ Farceur. ♦ fam., péj. Homme.

loutre n. f. ▪ **1** Petit carnivore à pelage brun épais et court, à pattes palmées, mangeur de poissons. **2** Fourrure de cet animal.

louve n. f. ▪ Femelle du loup.

louvet, ette adj. et n. ▪ (cheval) D'une couleur jaunâtre mêlée de noir.

louveteau n. m. ▪ **1** Petit du loup et de la louve. **2** Scout de moins de douze ans.

louveter v. intr. [4] ▪ Mettre bas, en parlant de la louve.

louveterie n. f. ▪ vx ou admin. Chasse aux loups et aux grands animaux nuisibles.

louvetier, ière n. ▪ **1** n. m. hist. Officier commandant la chasse au loup. **2** mod. Personne chargée de gérer la régulation des espèces nuisibles.

louvoyer v. intr. [8] ▪ **1** mar. Naviguer en zigzag pour utiliser un vent contraire. **2** Prendre des détours pour atteindre un but. → **biaiser.** ► **louvoiement** n. m. → **détour.**

lover v. tr. [1] ▪ mar. Ramasser en rond (un câble, un cordage). ▷ v. pron. **se lover** S'enrouler sur soi-même. ➛ Se pelotonner.

low cost [lokɔst] adj. invar. ▪ anglic. À bas prix. *Vols low cost.*

loyal, ale, aux adj. ▪ Qui obéit aux lois de l'honneur et de la probité. → **honnête ; fidèle ; correct, droit.** ► **loyalement** adv.

loyalisme n. m. ▪ Fidélité à une cause. ► **loyaliste** adj. et n.

loyauté n. f. ▪ Caractère loyal.

loyer n. m. ▪ **1** Prix de la location d'un local. **2** *Le loyer de l'argent*, le taux d'intérêt. **3** dr. Location (d'une chose quelconque).

Lr ▪ Symbole chimique du lawrencium.

L. S. D. n. m. (sigle angl.) ▪ Substance hallucinogène, dite aussi (argot fam.) *acide*.

Lu ▪ Symbole chimique du lutécium.

lubie n. f. ▪ Idée, envie capricieuse.

lubricité n. f. ▪ Caractère lubrique.

lubrifiant, ante adj. ▪ Qui lubrifie. *Liquide lubrifiant.* ➝ n. m. Produit lubrifiant.

lubrifier v. tr. [7] ▪ Enduire d'une matière qui atténue les frottements, facilite le fonctionnement. ► **lubrification** n. f.

lubrique adj. ▪ Qui a un fort penchant pour la luxure. ➝ plais. *Un regard lubrique.* ► **lubriquement** adv.

lucane n. m. ▪ Cerf-volant (insecte).

lucaniste n. ▪ Amateur de cerfs-volants. → **cerf-voliste.**

lucarne n. f. ▪ Petite fenêtre, ouverture.

① **lucernaire** n. m. ▪ relig. Office que les premiers chrétiens célébraient pendant la nuit du samedi au dimanche.

② **lucernaire** n. f. ▪ Méduse d'une espèce commune, qui se fixe aux algues par ses huit tentacules courts.

lucide adj. ▪ **1** Caractérisé par la raison saine et claire. → **conscient.** **2** Qui perçoit, comprend, exprime les choses avec perspicacité. **3** Clairvoyant sur soi-même. ► **lucidement** adv.

lucidité n. f. ▪ **1** Qualité d'une personne, d'un esprit lucide. **2** Fonctionnement normal des facultés intellectuelles.

luciférien, ienne adj. ▪ Qui tient de Lucifer, du démon. → **démoniaque, satanique.**

lucifuge adj. et n. m. ▪ didact. Se dit des animaux qui fuient la lumière. ♦ n. m. Variété de termite.

lucilie n. f. ▪ Insecte diptère appelé communément *mouche verte, mouche dorée*.

luciole n. f. ▪ Insecte lumineux (parfois confondu avec le ver luisant).

lucite n. f. ▪ méd. Lésion cutanée causée par un excès de radiations lumineuses (soleil, par ex.).

lucratif, ive adj. ▪ Qui procure un gain, des profits, des bénéfices. → **rentable.** ► **lucrativement** adv.

lucre n. m. ▪ littér. et péj. Gain, profit recherché avec avidité.

luddisme n. m. ▪ hist. Organisation et action des *luddites*, ouvriers hostiles à l'industrialisation.

ludiciel n. m. ▪ Logiciel de jeu.

ludion n. m. ▪ Dispositif placé dans un bocal, qui bouge quand la pression varie.

ludique adj. ▪ didact. Relatif au jeu.

ludisme n. m. ▪ didact. Activité ludique.

ludo- Élément, du latin *ludus* «jeu» (ex. *ludothèque* n. f. «centre de prêt de jeux»).

ludoéducatif, ive adj. ▪ Qui vise à éduquer par le jeu.

ludothèque n. f. ▪ Centre de prêt de jeux.

luette n. f. ▪ Prolongement vertical du bord postérieur du voile du palais, formant un petit appendice charnu à l'entrée du gosier.

lueur n. f. ▪ **1** Lumière faible, diffuse, ou éphémère. *Les lueurs de l'aube.* **2** Expression vive et momentanée (du regard). *Une lueur de colère.* **3** fig. Légère apparence ou trace. → **éclair.** *Lueur de raison.* ➝ littér. au plur. Connaissances superficielles.

luffa [lufa] n. m. ▪ Plante grimpante originaire d'Afrique et d'Asie. ➝ Son fruit (éponge végétale). – var. **loofa ; loofah.**

luge n. f. ▪ Petit traîneau à patins relevés.

lugubre adj. ▪ **1** littér. Qui est signe de deuil, de mort. **2** D'une profonde tristesse. → **sinistre.** ► **lugubrement** adv.

lui pron. pers. ▪ Pronom personnel de la troisième personne du singulier. **I** (aux deux genres) Représentant un nom de personne ou d'animal (plur. *leur*). **1** À lui, à elle. *Il lui parle.* ➝ compl. d'un adj. attribut *Il lui est facile de venir*, c'est facile pour lui (pour elle). ➝ *Je lui ai serré la main :* j'ai serré *sa* main. **2** compl. d'un v. et sujet d'un inf. ayant un complément *Je lui ai laissé lire cette lettre, je la lui ai laissé lire.* **II** (masculin ; → fém. **elle,** plur. **eux**) **1** sujet *Elle est moins raisonnable que lui* (n'est raisonnable). ➝ *Lui, il a refusé.* **2** (après *c'est*) *C'est, c'était lui qui...* **3** (compl. direct) *Je n'aime que lui.* **4** À LUI (compl. indirect). *Elle renonce à lui.* ➝ après un nom (possession...) *Des idées bien à lui.* ♦ DE LUI, EN LUI, PAR LUI, etc. *J'ai confiance en lui. Je le fais pour lui.* **5** réfléchi (au lieu de *soi*) *Un homme fier de lui.* **6** LUI-MÊME. → **même.**

luire v. intr. [38] p. p. *lui* (invar.) ▪ **1** Émettre ou refléter de la lumière. → **briller, éclairer.** **2** fig., littér. Apparaître comme une lueur.

luisance n. f. ▪ littér. Caractère de ce qui luit.

luisant, ante adj. ▪ **1** Qui réfléchit la lumière, a des reflets. **2** VER* LUISANT.

lumachelle n. f. ▪ minér. Roche calcaire formée de coquilles fossiles.

lumbago [lɔ̃bago ; lœ̃-] n. m. ▪ Douleur des lombes (→ tour de reins). – var. **lombago.**

lumen [-ɛn] n. m. ▪ Unité de mesure des flux lumineux (symb. lm).

lumière n. f. ▪ **I 1** Ce par quoi les choses sont éclairées. *La lumière du soleil, du jour.* ➛ *Lumière électrique.* **2** Source de lumière, point lumineux. *Les lumières de la ville.* **3** sc. Rayonnement (visible ou invisible) émis par les corps incandescents ou luminescents. *Vitesse de la lumière* (environ 300 000 km/s). **II** fig. **1** Ce qui éclaire l'esprit. ➛ *Faire la lumière sur qqch.* → **élucider. 2** au plur. L'intelligence ou le savoir. *Aidez-moi de vos lumières.* ♦ *Le siècle des lumières,* le XVIIIe siècle (en Europe occidentale). **3** Personne d'une grande intelligence.

lumignon n. m. ▪ Lampe faible.

luminaire n. m. ▪ Appareil d'éclairage.

luminescent, ente adj. ▪ Qui émet de la lumière à froid (après avoir reçu un rayonnement, etc.). ► **luminescence** n. f.

lumineux, euse adj. ▪ **I 1** Qui émet ou réfléchit la lumière. **2** Clair, radieux. *Un regard lumineux.* **3** De la nature de la lumière (visible). *Rayon lumineux.* **II** Clair, lucide. *Une intelligence lumineuse.* ➛ *Raisonnement lumineux.* ► **lumineusement** adv. (sens II).

luministe n. et adj. ▪ arts Peintre spécialiste des effets de lumière.

luminosité n. f. ▪ **1** Qualité de ce qui est lumineux. **2** sc. Puissance lumineuse.

lumitype n. f. ▪ imprim. Machine à composer photographique.

lump [lœp] n. m. ▪ Poisson nordique. ➛ *Œufs de lump* (succédané du caviar).

① **lunaire** adj. ▪ **1** Qui appartient ou a rapport à la lune. **2** Qui évoque la lune. *Paysage lunaire.* ➛ *Face lunaire,* blafarde.

② **lunaire** n. f. ▪ Plante à grandes fleurs et à fruits argentés.

lunaison n. f. ▪ Mois lunaire (environ 29 jours), intervalle entre deux nouvelles lunes.

lunatique adj. ▪ D'humeur changeante.

lunch [lœntʃ ; lœ̃ʃ] n. m. ▪ anglic. Repas léger servi en buffet. *Des lunch(e)s.*

lundi n. m. ▪ Premier jour de la semaine.

lune n. f. ▪ **1** Satellite de la Terre, recevant sa lumière du Soleil. ➛ *Nuit sans lune,* sans clair de lune. **2** loc. *Être* DANS LA LUNE, très distrait. ➛ *Demander, promettre la lune,* l'impossible. ➛ LUNE DE MIEL : les premiers temps de l'amour. ♦ *Face de lune :* gros visage rond. **3** fam. Derrière (humain).

luné, ée adj. ▪ *Bien, mal luné :* dans une disposition d'esprit bonne, mauvaise.

lunetier, ière n. ▪ Fabricant, marchand de lunettes (II). ➛ adj. *Industrie lunetière.*

lunette n. f. ▪ **I 1** Vitre arrière (d'une automobile). **2** Ouverture du siège d'aisances ; ce siège. **II 1** au plur. Paire de verres (lentilles) enchâssés dans une monture munie de deux branches, et servant à corriger la vue. **2** au sing. Instrument d'optique grossissant (tube).

lunetterie n. f. ▪ Métier du lunetier.

lunisolaire [-s-] adj. ▪ Qui a rapport à la fois à la Lune et au Soleil.

lunule n. f. ▪ Tache blanche en demi-lune, à la base de l'ongle.

lunure n. f. ▪ techn. Défaut du bois en forme de cercle ou de croissant.

lupanar n. m. ▪ Maison de prostitution.

lupercales n. f. pl. ▪ Antiq. Fête annuelle à symbolisme sexuel, célébrée à Rome.

lupin n. m. ▪ Plante herbacée à fleurs.

lupique adj. ▪ pathol. **1** Du lupus. **2** Atteint de lupus.

lupulin n. m. ▪ techn. Poussière résineuse jaunâtre produite par les cônes de houblon, employée dans la fabrication de la bière.

lupuline n. f. ▪ Variété de luzerne à fleurs jaunes.

lupus [-ys] n. m. ▪ Maladie de la peau caractérisée par des nodules (*lupome* n. m.).

lurette n. f. ▪ loc. *Il y a belle lurette, cela fait belle lurette :* il y a longtemps.

lurex [-ɛks] n. m. ▪ Fil textile gainé de polyester à aspect métallique.

luron, onne n. ▪ vieilli Personne décidée et énergique. ♦ loc. *Joyeux luron,* bon vivant.

lusin n. m. ▪ mar. Petit cordage de deux fils de caret entrelacés.

lusitanien, ienne adj. et n. ▪ Portugais.

lusophone adj. ▪ Qui parle le portugais.

lusophonie n. f. ▪ didact. Ensemble des pays où l'on parle portugais.

lustrage n. m. ▪ Action de lustrer.

lustral, ale, aux adj. ▪ littér. Qui purifie.

lustration n. f. ▪ **1** littér. Purification rituelle. **2** liturg. Aspersion.

① **lustre** n. m. ▪ littér. Cinq années. ➛ au plur. *Il y a des lustres,* il y a longtemps.

② **lustre** n. m. ▪ **I 1** Éclat (d'un objet brillant ou poli). **2** fig. Ce qui rehausse, met en valeur. → **éclat. II** Appareil d'éclairage à plusieurs lampes, suspendu au plafond.

lustrer v. tr. [1] ▪ Rendre brillant, luisant, spécialt par le frottement, l'usure.

lustrerie n. f. ▪ Fabrication, commerce des appareils d'éclairage.

lustrine n. f. ▪ Tissu de coton glacé.

lut [lyt] n. m. ▪ techn. Enduit servant à boucher, à protéger du feu. ► **luter** v. tr. [1]

lutéal, ale, aux adj. ▪ biol., méd. *Phase lutéale* (du cycle ovarien), qui suit l'ovulation. - syn. **lutéinique.**

lutécium [-jɔm] n. m. ▪ chim. Corps simple (symb. Lu, n° at. 71, masse at. 174,96), métal du groupe des terres rares.

lutéine n. f. ▪ biochim. **1** Pigment présent dans le jaune d'œuf et dans certains végétaux. **2** vx Progestérone.

lutéinique → **lutéal**

luth n. m. ▪ Instrument à cordes pincées, ovale. ♦ poét. Symbole de la poésie.

luthéranisme n. m. ▪ Protestantisme luthérien.

lutherie n. f. ▪ Fabrication des instruments à cordes : violons, guitares, etc.

luthérien, ienne adj. ▪ De Luther, de sa doctrine. ♦ Protestant luthérien. ➛ n. *Les luthériens.*

luthier, ière n. ▪ Artisan en lutherie.

luthiste n. ▪ Joueur, joueuse de luth.

lutin n. m. ▪ Petit démon espiègle.

lutiner v. tr. [1] ▪ Taquiner (une femme) de manière érotique.

lutrin n. m. ▪ Pupitre pour poser un livre.

lutte n. f. ▪ **1** Combat corps à corps de deux adversaires qui s'efforcent de se terrasser. **2** Opposition violente entre deux adversaires (individus, groupes), où chacun s'efforce de triompher. ➛ loc. (marxisme) *La lutte des classes* (sociales). **3** *Lutte contre, pour...*, action énergique. ➛ *Lutte pour la vie* : sélection naturelle des espèces ; efforts pour survivre. **4** Antagonisme entre forces contraires. *La lutte du bien et du mal.* **5** loc. adv. *DE HAUTE LUTTE* : avec grand effort.

lutter v. intr. [1] ▪ **1** Combattre à la lutte (1). **2** S'opposer dans une lutte (2). ➛ *Lutter de vitesse avec qqn.* → **rivaliser. 3** Mener une action énergique (contre ou pour qqch.). *Lutter contre la maladie ; pour la liberté.*

lutteur, euse n. ▪ **1** Athlète qui pratique la lutte. **2** Personne qui aime l'action.

lux [lyks] n. m. ▪ phys. Unité d'éclairement (symb. lx) équivalant à celui d'une surface qui reçoit d'une manière uniforme un flux lumineux de 1 lumen par mètre carré.

luxation n. f. ▪ Déplacement anormal des surfaces d'une articulation.

luxe n. m. ▪ **1** Mode de vie caractérisé par de grandes dépenses consacrées au superflu. ➛ fam. *Ce n'est pas du luxe* : c'est utile. **2** Caractère coûteux, somptueux (d'un bien...). *Le luxe d'un salon.* ➛ *Produits de luxe.* **3** Bien ou plaisir (relativement) coûteux. *Le cinéma est son seul luxe.* ➛ *S'accorder le luxe de* (+ inf.), se permettre, comme chose inhabituelle et agréable. **4** *UN LUXE DE*, abondance ou profusion de.

luxembourgeois, oise adj. et n. ▪ Du Luxembourg. ➛ n. *Les Luxembourgeois.* ♦ n. m. *Le luxembourgeois* (dialecte germanique).

luxer v. tr. [1] ▪ Provoquer la luxation de. → ① **démettre.** ➛ *Elle s'est luxé la rotule.*

luxmètre [lyks-] n. m. ▪ techn. Appareil servant à mesurer l'éclairement.

luxueux, euse adj. ▪ Qui se signale par son luxe. → **fastueux, magnifique, somptueux.** ► **luxueusement** adv.

luxure n. f. ▪ littér. Goût immodéré, recherche des plaisirs sexuels. ► **luxurieux, euse** adj. littér. → **débauché, lascif.**

luxuriant, ante adj. ▪ Qui se développe avec une remarquable abondance. *Végétation luxuriante.* ► **luxuriance** n. f.

luzerne n. f. ▪ Plante fourragère à petites fleurs violettes.

luzernière n. f. ▪ Champ de luzerne.

luzule n. f. ▪ Plante fourragère.

lycanthrope n. m. ▪ didact. Loup-garou.

lycanthropie n. f. ▪ didact. Délire de la personne qui se croit transformée en loup.

lycaon [likaɔ̃] n. m. ▪ Mammifère carnivore d'Afrique tenant du loup et de l'hyène.

lycée n. m. ▪ **1** Établissement public d'enseignement secondaire (seconde à terminale). **2** Époque des études secondaires.

lycéen, enne ▪ **1** n. Élève d'un lycée. **2** adj. De lycéens. *Organisations lycéennes.*

lycène n. f. ▪ Papillon diurne aux ailes le plus souvent bleues.

lychnis [liknis] n. m. ▪ Plante aux nombreuses variétés ornementales.

lycope n. m. ▪ bot. Plante vivace appelée communément *pied-de-loup, chanvre d'eau.*

lycopène n. m. ▪ biochim. Pigment rouge de végétaux.

lycoperdon n. m. ▪ bot. Vesse-de-loup.

lycopode n. m. ▪ bot. Plante à tige grêle dont les spores renferment une poudre inflammable.

lycose n. f. ▪ Araignée qui ne tisse pas de toile.

lycra n. m. ▪ Tissu synthétique aux propriétés élastiques.

lymphangite n. f. ▪ méd. Inflammation des vaisseaux lymphatiques.

lymphatique adj. ▪ **I** Relatif à la lymphe. **II** Apathique, lent (► **lymphatisme** n. m.).

lymphe n. f. ▪ Liquide organique incolore ou ambré (d'une composition comparable à celle du plasma sanguin).

lymph(o)- Élément, du latin *lympha* «eau» ou de *lymphe*.

lymphocyte n. m. ▪ Petit leucocyte à gros noyau. ► **lymphocytaire** adj.

lymphogranulomatose n. f. ▪ méd. Maladie des ganglions lymphatiques.

lymphoïde adj. ▪ didact. Qui se rapporte à la lymphe, aux lymphocytes.

lymphokine n. f. ▪ biol. Substance régulatrice sécrétée par les lymphocytes.

lymphome n. m. ▪ méd. Prolifération cancéreuse du tissu lymphoïde.

lyncher v. tr. 1 ▪ anglic. **1** Exécuter (qqn) sans jugement et par une décision collective. **2** (foule) Exercer de graves violences sur (qqn). ► **lynchage** n. m.

lynx [lɛ̃ks] n. m. ▪ Mammifère carnivore, fort et agile, aux oreilles pointues. ◆ loc. *Avoir des yeux de lynx*, une vue perçante.

lyonnais, aise adj. ▪ De Lyon. ◆ n. *Les Lyonnais*.

lyophile adj. ▪ didact. (substance) Qui peut être desséché par lyophilisation, puis recouvrer toutes ses propriétés dès la réhydratation.

lyophiliser v. tr. 1 ▪ Déshydrater par dessiccation. ◆ au p. p. *Café lyophilisé*. ► **lyophilisation** n. f.

lyre n. f. ▪ Instrument antique à cordes pincées. ♦ poét. Symbole de la poésie.

lyrique adj. ▪ **I 1** (poésie...) Qui exprime des sentiments intimes au moyen de rythmes et d'images propres à émouvoir. ♦ n. m. Poète lyrique. **2** Plein d'un enthousiasme passionné. **II** Destiné à être mis en musique et chanté sur une scène (opéra, oratorio, etc.). ◆ *Artiste lyrique* (chanteur).

lyriquement adv. ▪ littér. Avec lyrisme.

lyrisme n. m. ▪ **1** Poésie, genre lyrique. **2** Manière passionnée, poétique de sentir.

lys → **lis**

lyse n. f. ▪ sc. Destruction d'éléments organiques par des agents physiques, chimiques ou biologiques. ► **lyser** v. tr. 1

-lyse, -lytique Éléments savants, du grec *lusis* «dissolution» (ex. *électrolyse*).

lysergique adj. ▪ biochim. *Acide lysergique* : substance dont est issu le L. S. D.

lysimaque n. f. ▪ bot. Plante des lieux humides, à fleurs jaunes.

lysine n. f. ▪ biochim. **1** Acide aminé essentiel. **2** Anticorps ou toxine capable de provoquer la lyse cellulaire.

lysosome n. m. ▪ biol. Organite cellulaire contenant des enzymes qui dégradent la plupart des macromolécules biologiques.

lysozyme n. m. ▪ biochim. Enzyme qui dissout certaines bactéries par hydrolyse.

lytique adj. ▪ sc. Qui provoque une lyse.

M

m [ɛm] n. m. ■ **I 1** Treizième lettre, dixième consonne de l'alphabet. **2** *M.*, abréviation de *Monsieur* ; *MM.*, de *Messieurs*. **II** *m*, symbole de *mètre*. **III** *M*, chiffre romain (1 000).

ma → **mon**

maboul, e n. et adj. ■ fam. Fou.

mac n. m. ■ argot Souteneur.

macabre adj. ■ Qui évoque la mort, les cadavres, les squelettes.

macache adv. ■ fam., vieilli Pas du tout ; rien du tout. → **oualou.** *Macache !*

macadam [-am] n. m. ■ Revêtement de pierre concassée et de sable agglomérés.

macadamia n. m. ■ Arbre originaire d'Australie dont les noix comestibles *(noix de macadamia)* produisent une huile.

macadamiser v. tr. [1] ■ Recouvrir (une chaussée) de macadam.

macaque n. m. ■ **1** Singe d'Asie. **2** fig., fam. Personne très laide.

macareux n. m. ■ Oiseau palmipède des mers septentrionales.

macaron n. m. ■ **1** Gâteau sec, rond, à la pâte d'amandes. **2** Natte de cheveux roulée sur l'oreille. **3** fam. Insigne rond.

macaroni n. m. ■ Pâte alimentaire en forme de tube.

macaronique adj. ■ didact. *Poésie macaronique*, poésie burlesque mêlée de latin (XVIe-XVIIe s.).

macassar n. m. ■ **1** *Huile de macassar* : huile de coco, utilisée autrefois comme cosmétique. **2** Ébène brun veiné de noir, d'une variété très précieuse.

maccarthysme [makkaʀtism] n. m. ■ Politique de délation et de persécution menée aux États-Unis dans les années 1950, à l'encontre de personnalités taxées de sympathies communistes. → chasse aux **sorcières.** ► **maccarthyste** adj. et n.

macchabée [-ka-] n. m. ■ fam. Cadavre.

macédoine n. f. ■ Mélange de légumes ou de fruits.

macédonien, ienne adj. ■ De la Macédoine. ◆ n. *Les Macédoniens.* ♦ n. m. *Le macédonien* (langue slave).

macérateur n. m. ■ Récipient où l'on fait macérer des plantes, des grains.

macérer v. [6] ■ **I** v. tr. relig. Mortifier (son corps). **II 1** v. tr. Mettre à tremper. **2** v. intr. Tremper longtemps. ► **macération** n. f.

macfarlane n. m. ■ anciennt Cape à grand collet.

Mach [mak] n. (nom propre) ■ *Nombre de Mach*, rapport d'une vitesse à celle du son. ◆ ellipt *Voler à Mach 2.*

machaon [-k-] n. m. ■ Grand papillon aux ailes jaune vif rayées de noir, appelé aussi *grand porte-queue.*

mâche n. f. ■ Plante à petites feuilles allongées. ◆ Salade de cette plante.

mâchefer [-fɛʀ] n. m. ■ Scories, déchets solides de la combustion de la houille.

mâcher v. tr. [1] ■ **1** Broyer avec les dents, par le mouvement des mâchoires **(→ mastication).** **2** loc. fig. *Mâcher le travail à qqn*, le lui préparer. ◆ *Ne pas mâcher ses mots*, s'exprimer avec une franchise brutale. **3** Triturer dans sa bouche. ◆ *Gomme à mâcher* : chewing-gum. ► **mâcheur, euse** n.

machette n. f. ■ Grand coutelas pour se frayer un chemin, ou servant d'arme.

machiavel [-kja-] n. m. ■ littér. Homme d'État sans scrupule.

machiavélique [-kja-] adj. ■ Rusé et perfide. ► **machiavélisme** [-kja-] n. m.

mâchicoulis n. m. ■ Balcon au sommet d'une muraille, percé d'ouvertures à sa partie inférieure (pour laisser tomber des projectiles).

machin n. m. ■ fam. Chose (quelconque). → **bidule, truc.**

machinal, ale, aux adj. ■ Qui est fait sans intervention de la volonté, de l'intelligence, comme par une machine. → **automatique, instinctif.** ► **machinalement** adv.

machination n. f. ■ Ensemble de manœuvres secrètes déloyales. → **complot, intrigue.**

machine n. f. ▪ **I 1** Objet fabriqué qui transforme l'énergie pour produire un travail (l'appareil et l'outil ne font qu'utiliser l'énergie). ➝ *Machine à vapeur.* ➝ *Machine à écrire. Taper à la machine* (à écrire). ♦ *Machine à sous* : appareil où l'on mise et où l'on peut gagner des pièces de monnaie. ♦ *Machines agricoles, industrielles.* ➝ MACHINE-OUTIL : machine portant un outil amovible. ♦ spécialt Machine électronique. → **ordinateur.** *Langage machine.* **2** *Les machines* (assurant la propulsion d'un navire). ➝ loc. *Faire machine arrière,* reculer. **3** *Machine infernale,* engin terroriste. → **bombe. 4** Véhicule comportant un mécanisme. ♦ vieilli Locomotive. **5** techn. *Machines simples* (levier, plan incliné, poulie, treuil, vis). **6** théâtre Décors installés au moyen de machines. **II 1** Ce qui fonctionne comme une machine. → **robot. 2** Ensemble complexe qui fonctionne de façon implacable. *La machine administrative.* **3** péj. *Une grande machine* : une grande peinture à sujet compliqué.

machine-outil → **machine** I, 1.

machiner v. tr. [1] ▪ Organiser (des machinations). → **comploter, ourdir, tramer.**

machinerie n. f. ▪ **1** Ensemble des machines concourant à un but commun. **2** Salle des machines d'un navire.

machinisme n. m. ▪ hist. Emploi généralisé des machines (agriculture, industrie).

machiniste n. ▪ **1** théâtre, cinéma Personne qui s'occupe des machines, des changements de décor. **2** Conducteur (d'un véhicule de transport en commun).

machisme n. m. ▪ Idéologie suivant laquelle l'homme domine socialement la femme ; comportement conforme à cette idéologie.

machiste n. et adj. ▪ Partisan du machisme.

machmètre [-k-] n. m. ▪ Instrument servant à mesurer le nombre de Mach* d'un avion.

macho [matʃo] n. m. et adj. ▪ fam. Machiste.

mâchoire n. f. ▪ **1** Chacun des deux arcs osseux dans lesquelles sont implantées les dents. → **maxillaire ; mâcher. 2** Pièce mécanique qui peut serrer, tenir.

mâchon n. m. ▪ Restaurant lyonnais où l'on sert un repas léger ; ce repas.

mâchonner v. tr. [1] ▪ Mâcher lentement, longuement. ► **mâchonnement** n. m.

mâchouiller v. tr. [1] ▪ fam. Mâchonner.

macis n. m. ▪ Écorce de la noix de muscade, utilisée comme aromate, comme assaisonnement.

mackintosh [makintɔʃ] n. m. ▪ anciennt Imperméable.

maclage n. m. ▪ techn. Action de macler le verre en fusion.

① **macle** n. f. ▪ **I** blason Losange. **II 1** Minéral à inclusions symétriques, en losanges. **2** Cristal formé de cristaux simples semblables orientés différemment.

② **macle** n. f. ▪ Plante aquatique à fleurs blanches (châtaigne d'eau).

macler v. tr. [1] ▪ techn. Brasser (le verre en fusion) pour le rendre homogène.

maçon, onne n. ▪ **I** Personne qui bâtit les maisons. **II** → **franc-maçon.**

mâcon n. m. ▪ Vin du Mâconnais.

maçonner v. tr. [1] ▪ Construire en maçonnerie. ► **maçonnage** n. m.

maçonnerie n. f. ▪ **I 1** Édification du gros œuvre et revêtement, en construction. **2** Construction faite d'éléments assemblés et joints. **II** Franc-maçonnerie.

maçonnique adj. ▪ Relatif à la franc-maçonnerie, aux francs-maçons.

macoute adj. m. et n. m. ▪ hist. *Tonton macoute* ou *macoute* : membre de la milice créée par F. Duvalier en Haïti, chargée de réprimer toute opposition.

macramé n. m. ▪ Ouvrage de fils tressés et noués, présentant des jours.

macreuse n. f. ▪ **I** Oiseau palmipède, migrateur, voisin du canard. **II** Viande maigre sur l'os de l'épaule du bœuf.

macro n. f. ▪ inform. Macro-instruction.

macro- Élément, du grec *makros* «long, grand» (s'oppose à *micro-*).

macrobiotique adj. ▪ *Zen macrobiotique* : doctrine diététique bouddhique. ♦ n. f. Régime alimentaire végétarien.

macrocéphalie n. f. ▪ didact. Développement excessif du volume de la tête, du crâne. ► **macrocéphale** adj.

macrocosme n. m. ▪ littér. Le cosmos, l'univers (opposé à *microcosme*). ► **macrocosmique** adj.

macrocyte n. m. ▪ biol. Globule rouge d'un diamètre supérieur à la moyenne.

macroéconomie n. f. ▪ Étude des systèmes et des phénomènes économiques à un niveau global (s'oppose à *microéconomie*). ► **macroéconomique** adj.

macrofaune n. f. ▪ Ensemble des animaux visibles à l'œil nu (opposé à *microfaune*).

macrographie n. f. ▪ techn. Étude de la structure des métaux et des alliages faite avec un faible grossissement (opposé à *micrographie*). ► **macrographique** adj.

macro-instruction n. f. ▪ inform. Ordre donné à l'ordinateur, destiné à produire une séquence d'instructions en langage machine. *Des macro-instructions.* – abrév. fam. **macro.**

macromolécule n. f. ▪ sc. Très grosse molécule à groupements d'atomes répétés (ex. polymères). ► **macromoléculaire** adj.

macrophage n. m. et adj. ▪ biol. Grosse cellule issue d'un monocyte du sang, pouvant phagocyter des particules étrangères.

macrophotographie n. f. ▪ Photographie en grandeur réelle de petits sujets, permettant un fort agrandissement au tirage.

macroscopique adj. ▪ didact. Qui se voit à l'œil nu (opposé à *microscopique*).

macrospore n. f. ▪ bot. Spore femelle de certaines plantes cryptogames.

macrostructure n. f. ▪ didact. Structure englobant d'autres structures (opposé à *microstructure*).

macroure adj. et n. m. ▪ zool. Se dit d'un crustacé à l'abdomen très développé (ex. la crevette, le homard).

macula n. f. ▪ anat. Tache ovale jaune grisâtre du fond de l'œil, située sur la rétine, appelée aussi *tache jaune*.

maculage n. m. ▪ **1** Action de maculer ; son résultat. **2** imprim. Salissure provoquée par des feuilles fraîchement imprimées.

maculaire adj. ▪ anat. Relatif à la macula. *Lésion maculaire.*

maculature n. f. ▪ imprim. Feuille de papier grossier qui sert à envelopper le papier en rames. ◆ Feuille intercalaire. → ② **macule.**

① **macule** n. f. ▪ didact. Tache.

② **macule** n. f. ▪ imprim. Feuille intercalaire destinée à éviter le maculage des feuilles fraîchement imprimées.

maculer v. tr. 1 ▪ littér. Couvrir, souiller de taches (surtout p. p.).

madame, plur. **mesdames** n. f. ▪ **1** Titre donné à une femme qui est ou a été mariée. *Chère madame. Bonsoir mesdames.* **2** Titre respectueux (toutes femmes). ◆ hist. Titre donné à la femme du frère du roi, à la cour de France. **3** La maîtresse de maison. *Madame est servie.*

madapolam [-am] n. m. ▪ Étoffe de coton, sorte de calicot fort et lourd.

made in [mɛdin] loc. adj. invar. ▪ anglic. Fabriqué en (tel pays).

madeleine n. f. ▪ **I** loc. fam. (allus. biblique) *Pleurer comme une Madeleine,* abondamment. **II** Petit gâteau sucré de forme arrondie.

mademoiselle, plur. **mesdemoiselles** n. f. ▪ **1** Titre donné aux jeunes filles et aux femmes célibataires. *Bonjour, mesdemoiselles.* **2** hist. *La Grande Mademoiselle,* la fille aînée du frère du roi Louis XIII.

madère n. m. ▪ Vin de Madère.

madérisé, ée adj. ▪ (vin) Qui a pris une saveur anormalement sucrée.

madiran n. m. ▪ Vin rouge de la vallée de l'Adour.

madone n. f. ▪ **1** Représentation de la Vierge. **2** (avec maj.) La Vierge.

madras [-ɑs] n. m. ▪ **1** Étoffe de soie et coton, de couleurs vives. **2** Mouchoir noué sur la tête et servant de coiffure (typiquement, aux Antilles).

madré, ée adj. ▪ littér. Malin, rusé.

madrépore n. m. ▪ Animal *(Cnidaires),* variété de corail des mers chaudes. ► **madréporique** adj.

madrier n. m. ▪ Planche très épaisse.

madrigal, aux n. m. ▪ **1** Courte pièce de vers galants. **2** Chant profane, à plusieurs voix. ► **madrigaliste** n.

maelström [malstʀøm] n. m. ▪ Courant marin formant un tourbillon. - var. **malstrom.**

maërl [maɛʀl] n. m. ▪ géogr. Dépôt littoral formé de fin gravier et de débris d'algues. - var. **maerl.**

maestria [maɛstʀija] n. f. ▪ Maîtrise, facilité dans l'exécution (d'une œuvre). → **brio.**

maestro [maɛstʀo] n. m. ▪ Compositeur, chef d'orchestre célèbre.

mafé n. m. ▪ Ragoût dans une sauce à la pâte d'arachide (cuisine sénégalaise). - var. **maffé.**

mafia ou **maffia** n. f. ▪ Association secrète servant des intérêts privés par des moyens illicites (violence, racket...).

mafieux, euse adj. et n. ▪ De la Mafia ; d'une mafia. *Des pratiques mafieuses.* ◆ Membre d'une mafia. - var. **maffieux, euse.**

mafioso, plur. **mafiosi** n. m. ▪ Membre de la mafia. → **mafieux.** - var. **maffioso,** plur. **maffiosi.**

magasin n. m. ▪ **I 1** Endroit où l'on garde des marchandises. → **entrepôt. 2** Partie creuse (d'un appareil) destinée à être chargée. *Le magasin d'une arme à feu.* **II** Local où l'on vend des marchandises. → **boutique, commerce.** ◆ GRAND MAGASIN, comportant de nombreux rayons spécialisés.

magasinage n. m. ▪ (Canada) Fait d'aller dans les magasins faire des achats (→ anglic. shopping).

magasiner v. intr. 1 ▪ (Canada) Aller faire des achats dans les magasins.

magasinier, ière n. ▪ Personne qui garde les marchandises en magasin (I, 1).

magazine n. m. ▪ **1** Publication périodique, généralement illustrée. **2** Émission périodique d'actualité (radio, télévision).

magdalénien, ienne adj. ▪ didact. D'une période de la préhistoire (paléolithique supérieur ; civilisation du renne).

mage n. m. ■ **1** Prêtre, astrologue, dans la Babylone antique, en Assyrie. ♦ loc. *Les (trois) Rois mages,* qui rendent hommage à l'enfant Jésus. **2** Personne qui pratique la magie. ♦ fig. Prophète, voyant.

magenta [-ɛ̃-] n. m. ■ imprim., photogr. Couleur primaire pourpre rosé. *Le magenta, le cyan et le jaune.*

maghrébin, ine adj. et n. ■ Du Maghreb.

magicien, ienne n. ■ **1** Personne qui pratique la magie. **2** fig. Personne qui produit des effets extraordinaires.

magie n. f. ■ **1** Art de produire, par des procédés occultes, des phénomènes inexplicables. ➝ *Magie noire,* magie qui ferait intervenir les démons (s'oppose à *magie blanche*). **2** fig. Impression forte, inexplicable. *La magie de la musique.*

magique adj. ■ **1** De la magie. *Formule magique.* **2** fig. Qui produit des effets extraordinaires. ► **magiquement** adv.

magistère n. m. ■ **1** didact. Autorité absolue. **2** Diplôme universitaire de formation professionnelle supérieure.

magistral, ale, aux adj. ■ **1** D'un maître. *Cours magistral.* **2** Qui fait preuve de maîtrise. ► **magistralement** adv.

magistrat, ate n. ■ Fonctionnaire public de l'ordre judiciaire, ayant pour fonction de rendre la justice (juge) ou de réclamer l'application de la loi (procureur général...).

magistrature n. f. ■ **1** Fonction, charge de magistrat. **2** Corps des magistrats. ➝ (en France) *Magistrature debout* (procureurs, avocats généraux) ; *assise* (juges).

magma n. m. ■ **1** Masse épaisse, pâteuse. ♦ géol. Masse minérale profonde qui peut s'épancher en lave. ► **magmatique** adj. **2** fig. Mélange confus.

magnanerie n. f. ■ Local où se pratique l'élevage des vers à soie.

magnanime adj. ■ Qui pardonne les injures, est bienveillant envers les faibles. ► **magnanimement** adv. ► **magnanimité** n. f.

magnat [-gna ; -ɲa] n. m. ■ Puissant capitaliste.

se magner v. pron. [1] ■ fam. Se dépêcher.

magnésie n. f. ■ **1** chim. Poudre blanche d'oxyde de magnésium. **2** Sulfate de magnésie (purgatif).

magnésite n. f. ■ minér. Carbonate de magnésium naturel.

magnésium [-jɔm] n. m. ■ Corps simple (symb. Mg, n° at. 12, masse at. 24,3050), métal léger, blanc argenté et malléable, qui brûle avec une flamme éblouissante.

magnet [maɲɛt] n. m. ■ anglic. Petit objet décoratif monté sur un aimant.

magnétique adj. ■ **1** Qui a rapport au magnétisme. *Bande magnétique,* magnétisée. **2** Du magnétisme animal. *Influx magnétique.* **3** fig. Qui fascine, envoûte.

magnétisant, ante adj. ■ Qui magnétise.

magnétiser v. tr. [1] ■ **1** Rendre (une substance) magnétique. → **aimanter.** **2** Soumettre (un être vivant) à l'action du magnétisme (2 et 3). ► **magnétisation** n. f.

magnétiseur, euse n. ■ Personne qui pratique le magnétisme animal.

magnétisme n. m. ■ **1** phys. Étude des propriétés des aimants et des phénomènes qui s'y rattachent (→ aussi **électricité**). ➝ *Magnétisme terrestre,* champ magnétique de la Terre. **2** *Magnétisme animal,* force occulte (fluide*) dont disposeraient les êtres ; phénomènes (hypnose, suggestion) produits par elle. **3** fig. Charme, fascination.

magnétite n. f. ■ minér. Minerai noir, oxyde naturel de fer, magnétique.

① **magnéto** n. f. ■ Génératrice de courant électrique continu utilisant un aimant.

② **magnéto** n. m. ■ Magnétophone.

magnéto- Élément qui signifie «magnétique ; aimant».

magnétodynamique adj. ■ techn. Se dit d'un appareil dans lequel l'excitation magnétique est produite par un aimant permanent.

magnétohydrodynamique n. f. ■ phys. Étude scientifique des fluides conducteurs en mouvement sous l'influence de champs magnétiques ou électriques.

magnétomètre n. m. ■ techn. Instrument de mesure de l'intensité d'un champ magnétique. ► **magnétométrie** n. f.

magnétomoteur, trice adj. ■ phys. *Force magnétomotrice,* produite par un courant circulant dans les spires d'une bobine.

magnéton n. m. ■ Unité de moment magnétique, utilisée en physique microscopique.

magnétophone n. m. ■ Appareil d'enregistrement et de reproduction des sons sur une bande magnétisée. – abrév. **magnéto.**

magnétoscope n. m. ■ Appareil permettant l'enregistrement des images et du son sur bande magnétique. → **vidéo.**

magnétoscoper v. tr. [1] ■ Enregistrer au magnétoscope.

magnétosphère n. f. ■ phys. Région de l'espace entourant la Terre dans laquelle est confiné le champ magnétique terrestre.

magnétron n. m. ■ électron. Tube à vide soumis à un champ d'induction magnétique, utilisé comme amplificateur de puissance en très haute fréquence.

magnificat [maɲifikat ; -gni-] n. m. invar. ■ relig. cathol. Cantique de la Vierge Marie. ◆ Sa musique.

magnificence n. f. ■ **1** Beauté magnifique. → **éclat, luxe, splendeur. 2** littér. Disposition à dépenser sans compter. → **prodigalité.** ≠ *munificence.*

magnifier v. tr. [7] ■ littér. **1** Célébrer, glorifier. **2** Idéaliser.

magnifique adj. ■ **I** vx (personnes) Qui dépense avec générosité. **II 1** D'une beauté luxueuse, éclatante. → **somptueux. 2** Très beau. → **splendide.** ▸ **magnifiquement** adv.

magnitude n. f. ■ **1** astron. Grandeur qui caractérise l'éclat des astres visibles. *Astre de magnitude 1* (plus brillant). **2** Nombre qui caractérise l'énergie d'un séisme.

magnolia n. m. ■ Arbre à feuilles luisantes, à grandes fleurs blanches, très odorantes.

magnum [magnɔm] n. m. ■ Grosse bouteille d'un litre et demi.

① **magot** n. m. ■ Figurine trapue de l'Extrême-Orient.

② **magot** n. m. ■ Somme d'argent cachée.

magouille n. f. ■ fam. Manœuvre, tractation malhonnête.

magouiller v. [1] ■ **1** v. intr. Se livrer à des magouilles. **2** v. tr. Manigancer. ▸ **magouillage** n. m. ▸ **magouilleur, euse** n. et adj.

magret n. m. ■ Filet de canard, d'oie.

magyar, are [magjaʀ] adj. et n. ■ Hongrois.

maharajah ou **maharadjah** [ma(a)ʀadʒa] n. m. ■ Prince hindou.

maharané ou **maharani** n. f. ■ Princesse hindoue ; épouse d'un maharajah.

mahatma n. m. ■ Chef spirituel (en Inde). *Le mahatma Gandhi.*

mahdi n. m. ■ Envoyé d'Allah, attendu pour compléter l'œuvre de Mahomet.

mahdisme n. m. ■ relig. Croyance en la venue du mahdi. ▸ **mahdiste** adj. et n.

mah-jong [maʒɔ̃g] n. m. ■ Jeu chinois voisin des dominos. *Des mah-jongs.*

mahométan, ane n. et adj. ■ vieilli De Mahomet. → **musulman.**

mahométisme n. m. ■ vieilli Religion de Mahomet. → **islam.**

mahonia n. m. ■ bot. Arbuste à feuilles persistantes, à fleurs jaunes en grappes et à petites baies bleues.

mahous → **maous**

mai n. m. ■ Cinquième mois de l'année.

maïa n. m. ■ zool. Grand crabe communément appelé *araignée de mer.*

maie n. f. ■ Coffre à pain. → **huche.**

maïeur, eure n. ■ français de Belgique Bourgmestre. → **maire.** – var. **mayeur, eure.**

maïeuticien n. m. ■ rare Homme qui exerce la profession de sage-femme.

maïeutique n. f. ■ philos. Méthode d'« accouchement » des pensées confuses, par le dialogue (Socrate).

maigre adj. ■ **1** (êtres vivants) Dont le corps a peu de graisse ; qui pèse relativement peu. **2** Qui n'a, qui ne contient pas de graisse (opposé à gras). *Viande maigre.* ◆ (n. m.) loc. *FAIRE MAIGRE :* ne manger ni viande ni aliment gras. **3** Peu épais. *Caractères maigres.* **4** (végétation) Peu abondant. **5** De peu d'importance. → **médiocre, piètre.** *Un maigre salaire.* ▸ **maigrement** adv. (sens 5).

maigrelet, ette adj. ■ Qui est un peu trop maigre. → **maigrichon, maigriot.**

maigreur n. f. ■ **1** État d'un être vivant maigre ; absence de graisse. **2** Caractère de ce qui est peu fourni, peu abondant.

maigrichon, onne adj. ■ fam. Un peu trop maigre.

maigriot, otte adj. ■ Un peu trop maigre.

maigrir v. [2] ■ **I** v. intr. Devenir maigre. **II** v. tr. Faire paraître maigre. → **amincir.** *Cette tenue te maigrit.*

① **mail** [maj] n. m. ■ **I** Maillet pour un jeu ; ce jeu (croquet). **II** Allée, promenade bordée d'arbres. *Des mails.*

② **mail** [mɛl] n. m. ■ anglic. Courrier électronique ; message transmis par courrier électronique. → **e-mail.**

mailing [meliŋ] n. m. ■ anglic. Prospection par voie postale (recomm. off. → **publipostage**) ou électronique.

maillage n. m. ■ **1** pêche Dimension des mailles d'un filet. **2** Couverture (d'un territoire) par un réseau.

maillant, ante adj. ■ pêche *Filet maillant,* dont les mailles sont conçues pour laisser échapper les poissons trop petits.

① **maille** n. f. ■ **1** Chacune des boucles dont l'entrelacement forme un tissu, un tricot. ◆ *Les mailles d'un filet.* **2** Trou formé par chaque maille. *Passer à travers les mailles.* **3** Anneau de métal. loc. *Cotte* de mailles.*

② **maille** n. f. ■ (au Moyen Âge) Un demi-denier. ◆ loc. *SANS SOU NI MAILLE :* sans argent. ◆ *AVOIR MAILLE À PARTIR* (« partager ») *avec qqn,* avoir une dispute.

③ **maille** n. f. ■ fam. (collectif) Argent. *Avoir de la maille.*

maillechort [-ʃɔʀ] n. m. ■ Alliage inaltérable de cuivre, de zinc et de nickel qui imite l'argent.

mailler v. [1] ■ **I** v. tr. Faire avec des mailles. **II** v. intr. (filet) Retenir le poisson.

maillet n. m. ▪ Outil fait d'une masse dure emmanchée en son milieu, pour frapper, enfoncer. ♦ *Maillet de sculpteur.*

mailloche n. f. ▪ **1** Gros maillet de bois. **2** Baguette terminée par une boule, pour la percussion (timbale, tambour...).

maillon n. m. ▪ Anneau (d'une chaîne). ➛ loc. *Être un maillon de la chaîne,* un élément d'un ensemble complexe.

maillot n. m. ▪ **I** anciennt Lange. ➛ loc. *Enfant au maillot,* en bas âge. **II 1** Vêtement souple porté à même la peau. **2** Vêtement collant qui couvre le haut du corps. ➛ *Le maillot jaune* (du premier au Tour de France). ➛ *Maillot de corps,* sous-vêtement en tissu à mailles. **3** *MAILLOT (DE BAIN) :* vêtement de bain en maille extensible.

maillotin n. m. ▪ Pressoir à olives.

maillure n. f. ▪ **1** Tache du plumage d'un oiseau. → ① **maille, moucheture. 2** Tache dans le bois.

main n. f. ▪ **I 1** Partie du corps humain, à l'extrémité du bras, munie de cinq doigts (pouvant toucher, prendre, tenir...). *Prendre dans sa main, tenir dans ses mains. Se laver les mains. Se frotter les mains* (en signe de satisfaction). ➛ loc. *À main droite, gauche :* à droite, gauche. **2** (La main qui prend, qui possède) ➛ *(...) À MAIN :* qui se tient, se manipule avec la main. *Sac à main.* ♦ loc. *METTRE LA MAIN sur qqn, qqch.,* le trouver. *Faire MAIN BASSE* sur qqch.* ➛ *LA MAIN DANS LE SAC,* en train de voler ; en flagrant délit. ♦ *Demander, obtenir la main de qqn,* le mariage. ♦ *EN MAIN. Preuve en main :* en montrant une preuve. ➛ *EN BONNES MAINS :* sous la responsabilité d'une personne sérieuse. ♦ *SOUS LA MAIN :* à disposition. **3** (La main qui frappe) loc. *En venir aux mains,* aux coups. ➛ fam. *Ne pas y aller de main morte :* agir avec brutalité ou vigueur. ♦ *Homme de main* (tueur à gages...). ➛ *Faire le COUP DE MAIN,* une attaque rapide. **4** (La main qui donne, reçoit) *Remettre qqch. EN MAIN(S) PROPRE(S),* au destinataire en personne. *DE LA MAIN À LA MAIN :* sans intermédiaire. ➛ *DE PREMIÈRE MAIN :* directement, de la source. *Une voiture d'occasion de seconde main,* qui a eu deux propriétaires. **5** (La main qui travaille, agit → **manuel**) loc. *Faire DES PIEDS ET DES MAINS :* multiplier les efforts (en vue d'un résultat). ➛ *Mettre LA MAIN À LA PÂTE :* participer à un travail. *Donner un COUP DE MAIN à qqn,* l'aider. ➛ *FORCER LA MAIN à qqn,* le forcer d'agir. ♦ (Habileté professionnelle) *Se faire la main :* apprendre. → s'**exercer. 6** L'initiative, au jeu. ➛ loc. fig. *Passer la main :* abandonner. **II** (objets) **1** *Main de justice :* sceptre terminé par une main. **2** *Main de Fatma,* amulette arabe. **3** *MAIN COURANTE :* rampe fixée au mur. ♦ Registre d'opérations commerciales, d'événements... **4** Assemblage de vingt-cinq feuilles de papier. **III** (personnes) *PETITE MAIN :* apprentie couturière ; ouvrière débutante. ➛ *PREMIÈRE MAIN :* première couturière d'un atelier.

mainate n. m. ▪ Passereau noir au bec rouge, parleur (originaire de Malaisie).

main-d'œuvre n. f. ▪ **1** Travail de l'ouvrier sur un ouvrage. **2** Ensemble des salariés, des ouvriers. *Des mains-d'œuvre.*

main-forte n. f. ▪ *Donner, prêter main-forte à qqn,* lui venir en aide.

mainlevée n. f. ▪ dr. Acte qui lève les effets d'une saisie, d'une hypothèque.

mainmise n. f. ▪ Action de s'emparer ; prise de possession, domination.

mainmortable adj. ▪ **1** hist. Assujetti au droit de mainmorte. *Vassal mainmortable.* **2** dr. Qui relève d'une mainmorte (2).

mainmorte n. f. ▪ **1** hist. Droit du seigneur sur les biens de son vassal mort. **2** dr. *Biens de mainmorte,* biens des collectivités qui survivent à leurs membres.

maint, mainte [mɛ̃, mɛ̃t] adj. ▪ (dans des loc.) Nombreux. ➛ au sing. *En mainte occasion.*

maintenance n. f. ▪ Opérations d'entretien d'un matériel technique.

maintenant adv. ▪ **1** Dans le temps actuel, au moment présent. → à **présent.** ➛ (+ futur) À partir du moment présent. *Maintenant, tout ira bien.* **2** (en tête de phrase) *Voilà les faits ; maintenant, décidez.*

maintenir v. tr. [22] ▪ **1** Conserver dans le même état ; faire ou laisser durer. ➛ *Maintenir un malade en vie.* **2** Affirmer avec constance, fermeté. *Je l'ai dit et je le maintiens.* ➛ *Maintenir sa candidature.* → **confirmer. 3** Tenir dans une même position, empêcher de bouger. ▷ v. pron. **se maintenir** Rester dans le même état.

maintien [-tjɛ̃] n. m. ▪ **1** Action de faire durer. *Assurer le maintien de l'ordre.* **2** Manière de se tenir en société. ➛ anciennt *Leçons de maintien.*

maire n. ▪ **1** Premier officier municipal élu par le conseil municipal, parmi ses membres. *Madame la maire.* – En Belgique, en Suisse, on dit *bourgmestre.* **2** hist. (Mérovingiens) *Maire du palais :* intendant du palais, jouant le rôle de premier ministre.

mairesse n. f. ▪ **1** vx Épouse du maire. **2** rare Femme exerçant les fonctions de maire. → **maire.**

mairie n. f. ▪ Administration municipale. ➛ Bâtiment où elle se trouve.

mais ▪ **I** conj. **1** (introduisant une idée contraire) *Je n'en veux pas un, mais deux.* ♦ (restriction, correction, précision) → en **revanche.** *C'est beau, mais c'est cher.* ♦ (objection) *Oui, mais...* **2** (transition ; en tête de phrase) *Mais c'est tout naturel.* **II** adv. **1** loc. vx ou littér. *N'en pouvoir mais :* n'y pouvoir rien. **2** (renforçant un mot exprimé) *Mais bien sûr.* **III** exclam. Marque la surprise, la menace, l'indignation.

maïs [mais] n. m. ▪ Céréale cultivée pour ses grains comestibles. ♦ Les grains.

maïserie n. f. ■ techn. Usine où l'on traite le maïs pour la fabrication de fécule, de glucose.

maison n. f. ■ **I 1** Bâtiment d'habitation (→ **immeuble, logement, résidence**) ; spécialt bâtiment conçu pour un seul ou quelques foyers (→ **pavillon, villa**). ◆ *Maison de campagne,* résidence secondaire. ◆ loc. LA MAISON(-)BLANCHE : résidence du président des États-Unis d'Amérique ; le gouvernement américain. **2** Habitation, logement. → **domicile, foyer, logis ; appartement.** ◆ À LA MAISON : chez soi. ◆ (économie domestique) loc. *Maître**, *maîtresse de maison. Les gens, le personnel* DE MAISON : les domestiques. **II** (+ adj. ; + *de* et nom) Bâtiment, édifice pour (un usage spécial). *Maison d'arrêt.* → **prison.** ◆ *Maison de repos, de retraite...* ◆ *Maison de rendez-vous ; maison close, maison de tolérance.* → **bordel. III** Entreprise commerciale. → **établissement, firme.** *La maison mère et ses succursales.* **IV** fig. **1** vx Famille. *Une maison princière.* ◆ hist. Lignée. *La maison d'Autriche.* **2** hist. Ensemble des personnes employées au service des grands personnages. **V** appos. invar. **1** Qui a été fait à la maison, sur place. *Tarte, pâté maison.* **2** fam. Particulièrement réussi, soigné. *Une bagarre maison.* **3** Particulier à une entreprise. *L'esprit maison.*

maisonnée n. f. ■ Les habitants d'une maison ; la famille.

maisonnette n. f. ■ Petite maison.

maistrance n. f. ■ mar. Ensemble des officiers de la marine nationale française.

maître, maîtresse n. ■ **I 1** Personne qui a pouvoir et autorité (sur qqn) pour se faire obéir. *Être le maître* (quelque part) : commander. ◆ loc. *L'œil du maître,* la vigilance du maître. *Trouver son maître :* trouver plus fort, plus habile que soi. **2** Possesseur (d'un animal domestique). *Chien sans maître.* **3** *(Maître de...)* Personne qui dirige. → **chef.** ◆ loc. *Maître, maîtresse de maison :* personne (d'une famille) qui dirige la maison. **4** ÊTRE SON MAÎTRE : être libre et indépendant. ◆ *Être maître, maîtresse de soi :* avoir de l'empire sur soi-même. **5** Personne qui possède une chose, en dispose. ◆ loc. *Voiture, maison* DE MAÎTRE, belle voiture, maison dont l'usager est le propriétaire (opposé à *de louage*). **II** Personne compétente pour diriger. **1** dans des loc. → **chef.** *Maître d'œuvre**. *Maître de chapelle**. *Maître d'hôtel**. ◆ *Maître d'équipage* (marin officier). **2** anciennt *Maître, maîtresse d'école.* → **instituteur, professeur. 3** n. m. Artisan qui dirige le travail et enseigne aux apprentis (corporations). *Un maître boulanger.* ◆ loc. ÊTRE, PASSER MAÎTRE EN, DANS : devenir particulièrement adroit à. **4** n. m. Peintre, sculpteur qui dirigeait un atelier. ◆ Artiste, créateur célèbre (parfois anonyme) qui a fait école. *Le Maître de Moulins.* **5** n. m. Personne dont on est le disciple. *Maître spirituel.* → **gourou. III** (Titre) n. m. **1** vx Appellatif d'artisans, paysans propriétaires. *Maître Pierre.* **2** Appellatif des gens de loi (avocat, huissier, notaire). *Maître X, avocate à la cour.* ◆ Appellatif pour un professeur éminent, un artiste, un écrivain célèbre. **IV** appos. ou adj. MAÎTRE, MAÎTRESSE **1** Qui a les qualités d'un chef. *Une maîtresse femme.* **2** (choses) Le plus important, la plus importante. → **principal.** *Maître-autel.* ◆ (jeux) *Carte maîtresse.*

maître-à-danser n. m. ■ techn. Compas d'épaisseur à branches croisées. *Des maîtres-à-danser.*

maître chanteur, euse n. ■ Personne (homme ou femme) qui exerce un chantage*.

maître-chien n. ■ Personne responsable d'un chien de surveillance.

maîtresse n. f. ■ **I** Féminin de *maître**. **II** (correspond à *amant*) **1** vx Jeune fille ou femme aimée. **2** mod. Femme qui a des relations sexuelles avec qqn sans être son épouse.

maîtrisable adj. ■ Qui peut être maîtrisé.

maîtrise n. f. ■ **I 1** *Maîtrise de soi :* qualité d'une personne qui sait se dominer, se contrôler. **2** Contrôle militaire. *L'Angleterre avait la maîtrise des mers.* **II 1** École de chant, chœur d'église. → **manécanterie. 2** Qualité, fonction de maître (II, 3) dans un corps de métier. ◆ Ensemble des maîtres d'une corporation. ◆ AGENT DE MAÎTRISE, technicien, cadre subalterne. **3** Diplôme universitaire du second cycle. **4** Perfection digne d'un maître (II, 5). ◆ Fait de connaître à fond (un sujet, une langue).

maîtriser v. tr. [1] ■ **1** Se rendre maître de. *Maîtriser un cheval, un incendie.* **2** Dominer (une passion, une émotion, un réflexe). *Maîtriser ses nerfs.* ◆ pronom. → se **contrôler,** se **dominer. 3** Dominer (ce que l'on fait, ce dont on se sert).

maïzena [-e-] n. f. (marque déposée) ■ Fécule de maïs utilisée en cuisine.

majesté n. f. ■ **I 1** Grandeur suprême. *La majesté divine.* ◆ arts *Christ en majesté,* représenté de face, sur un trône. **2** Titre donné aux souverains héréditaires. **II** Caractère de grandeur, de noblesse.

majestueux, euse adj. ■ **1** Qui a de la majesté. **2** D'une beauté pleine de grandeur, de noblesse. ▶ **majestueusement** adv.

① **majeur, eure** ■ **I** adj. compar. (opposé à ① *mineur*). **1** Plus grand, plus important. *En majeure partie :* pour la plupart. **2** Très grand, très important. *Cas de force majeure.* **II** mus. Se dit d'une gamme diatonique dont certains intervalles ont un demi-ton de plus que dans le mode mineur. *Mode majeur.* ◆ n. m. *Morceau en majeur.* **III** n. m. Le plus grand doigt de la main. → **médius.**

② **majeur, eure** adj. et n. ■ Qui a atteint, dépassé l'âge de la majorité légale.

majolique n. f. ■ Faïence italienne, notamment de la Renaissance.

major ■ **I** adj. Supérieur par le rang (dans quelques composés). *Sergent*-major. Tambour-major. Infirmière-major.* **II** n. m. **1** (jusqu'en 1975) Officier supérieur chargé de l'administration. **2** Chef de bataillon **(→ commandant),** sous l'Ancien Régime français ; aujourd'hui dans certaines armées. **3** anciennt Médecin militaire. **4** n. Candidat reçu premier au concours (d'une grande école).

majorant n. m. ■ math. Nombre supérieur ou égal à tous les éléments d'un ensemble (s'oppose à *minorant*).

majordome n. m. ■ Maître d'hôtel.

majorer v. tr. [1] ■ Porter à un chiffre plus élevé (s'oppose à *minorer*). **→ augmenter.** ► **majoration** n. f.

majorette n. f. ■ Jeune fille en uniforme militaire de fantaisie, qui défile en maniant une canne de tambour-major.

majoritaire adj. ■ **1** (système électoral) Dans lequel la majorité l'emporte. *Scrutin majoritaire* (opposé à *proportionnel*). **2** Qui fait partie d'une majorité ; qui détient la majorité. ► **majoritairement** adv.

① **majorité** n. f. ■ **1** Groupement de voix qui l'emporte par le nombre, dans un vote. *La majorité des suffrages. Majorité absolue* (au moins la moitié plus un des suffrages exprimés). *Majorité relative.* **2** Parti, fraction qui réunit la majorité des suffrages. *La majorité et l'opposition.* **3** Le plus grand nombre. ◆ *La majorité silencieuse* (en politique).

② **majorité** n. f. ■ dr. Âge légal (dix-huit ans en France) à partir duquel une personne devient pleinement capable *(majorité civile)* ou responsable *(majorité pénale).*

majuscule adj. et n. f. ■ *(Lettre) majuscule,* plus grande que la minuscule et d'une forme différente (début de phrases, noms propres).

① **maki** n. m. ■ Lémurien de Madagascar, à longue queue touffue.

② **maki** n. m. ■ Rouleau de riz enveloppé d'une feuille d'algue séchée.

makimono n. m. ■ Peinture japonaise sur soie ou papier, beaucoup plus large que haute **(→ kakémono).** – var. **makémono.**

making of [mekiŋɔf] n. m. invar. ■ anglic. Documentaire ayant pour sujet le tournage d'un film ou la préparation d'un spectacle.

① **mal, male** adj. ■ **I** vx Mauvais. ◆ loc. *Bon gré, mal gré. Bon an, mal an.* **II 1** Contraire à un principe moral, à une obligation (opposé à *bien*). **2** loc. adj. PAS MAL : plutôt bien.

② **mal** adv. ■ (opposé à *bien*). **I 1** D'une manière contraire à l'intérêt ou au plaisir de qqn. **2** Avec malaise, douleur. *Se sentir mal :* éprouver un malaise. *Se trouver mal :* s'évanouir. ◆ ALLER MAL, *très mal.* Être AU PLUS MAL, dans un état de santé très grave. **3** D'une façon défavorable, avec malveillance. *Être mal avec qqn,* brouillé avec lui. **II 1** Autrement qu'il ne convient. *Travail mal fait.* ◆ *Vous êtes mal renseigné.* **2** Insuffisamment (en qualité ou quantité). **→ médiocrement.** *Travail mal payé.* **3** Difficilement, avec effort. *Le malade respire mal.* **III 1** loc. adv. (+ négation) PAS MAL : assez bien. *Cela ne t'irait pas mal du tout.* ◆ ellipt *Comment vas-tu ? – Pas mal, et toi ?* **2** PAS MAL (sans négation) loc. adv. : assez, beaucoup (opposé à *peu*). *Je m'en moque pas mal.*

③ **mal, maux** n. m. ■ **I 1** Ce qui cause de la douleur, de la peine, du malheur (à qqn). **→ dommage, perte, préjudice, tort.** *Rendre le mal pour le mal.* ◆ UN MAL, DES MAUX. **→ malheur, peine.** **2** Souffrance, malaise physique. **→ douleur.** ◆ loc. AVOIR MAL. **→ souffrir.** ◆ *(Avoir le) mal de mer,* des nausées (en bateau). ◆ FAIRE MAL : causer de la douleur. ◆ (formule de politesse) *Il n'y a pas de mal,* ce n'est rien. **3** Maladie. *Prendre mal, du mal* (spécialt prendre froid). ◆ vx *Le haut mal, le mal sacré :* l'épilepsie. **4** Souffrance morale. *Le mal du pays.* **→ nostalgie.** ◆ *Être* EN MAL DE (+ nom), souffrir de l'absence, du défaut de (qqch.). **5** Difficulté, peine. *Se donner du mal.* **6** Choses mauvaises exprimées. *Dire, penser du mal de qqn.* **→ calomnier, médire.** **II** LE MAL. Ce qui est contraire à la morale, au bien. *Le problème du mal.* ◆ *Sans penser à mal :* sans intentions mauvaises.

mal- Élément qui signifie « mal ① ou ② » (ex. *malaise ; malmener ; malfaiteur*). **→ mé-.**

malabar n. m. ■ fam. Homme très fort.

malabsorption n. f. ■ méd. Trouble de l'absorption des aliments par l'intestin.

malachite [-ʃit ; -kit] n. f. ■ Pierre (carbonate de cuivre) d'un beau vert diapré.

malacologie n. f. ■ didact. Étude des mollusques. ► **malacologiste** ou **malacologue** n.

malacostracé n. m. ■ zool. Crustacé à abdomen distinct du tronc (ex. le homard, le crabe, le cloporte).

malade ■ **I** adj. **1** Qui souffre de troubles **(→ maladie) ;** qui est en mauvaise santé. *Tomber malade. Être malade du cœur.* ◆ fam. **→ cinglé, fou.** **2** fam. (choses) Détérioré, en mauvais état, très usé. **II** n. Personne malade. *Guérir, opérer un malade.* **→ patient.** ◆ *Malade mental.* **→ aliéné, fou.** ◆ *C'est un malade.* **→ désaxé, détraqué.** ◆ *Un, une malade imaginaire,* qui se croit malade sans l'être. **→ hypocondriaque.**

maladie n. f. ■ **I** Altération, trouble de l'organisme. *Maladie sexuellement transmissible (M. S. T.). Maladie mentale :* psychose. ◆ LA MALADIE : l'état des organismes malades ; les maladies en général. ♦ *Les maladies des plantes.* **II** fig. **1** Ce qui trouble, épuise. **2** Manie (II).

maladif, ive adj. ▪ **1** Qui est de constitution fragile, qui est souvent malade. **2** De la maladie. *Pâleur maladive.* **3** Excessif et irrépressible. *Peur maladive.* → **pathologique.** ► **maladivement** adv.

maladrerie n. f. ▪ vx Léproserie.

maladresse n. f. ▪ **1** Manque d'adresse. ♦ Manque d'habileté ou de tact. **2** Action maladroite. → **bêtise, bévue, erreur.**

maladroit, oite ▪ **1** adj. et n. Qui manque d'adresse, n'est pas adroit. → **gauche, inhabile, malhabile.** ♦ (comportement, relations sociales) *Un amoureux maladroit.* **2** adj. Qui dénote de la maladresse. *Remarque maladroite.* ► **maladroitement** adv.

malaga n. m. ▪ Vin liquoreux de la région de Malaga.

mal-aimé, ée adj. ▪ Qui n'est pas assez aimé. ◆ n. *Des mal-aimés.*

malaire adj. ▪ anat. Qui a rapport à la joue.

malais, aise adj. et n. ▪ De Malaisie. ◆ n. m. *Le malais* : langue du groupe indonésien parlée en Malaisie, en Indonésie.

malaise n. m. ▪ **1** Sensation pénible d'un trouble physiologique. ◆ spécialt Évanouissement. **2** Sentiment pénible et irraisonné. **3** Mécontentement social inexprimé. *Le malaise paysan.*

malaisé, ée adj. ▪ littér. Qui ne se fait pas facilement. → **difficile.** *Tâche malaisée.* ► **malaisément** adv.

malandrin n. m. ▪ vieilli ou littér. Voleur ou vagabond dangereux.

malappris, ise n. ▪ (rare au fém.) Personne sans éducation.

malard n. m. ▪ Canard mâle. - var. **malart.**

malaria n. f. ▪ Paludisme.

malavisé, ée adj. et n. ▪ littér. Qui n'est pas avisé, qui agit sans discernement. → **étourdi, imprudent.**

malaxer v. tr. [1] ▪ **1** Pétrir (une substance) pour la rendre plus molle, plus homogène. *Malaxer le plâtre.* **2** Remuer ensemble pour mélanger. ► **malaxage** n. m.

malaxeur n. m. ▪ Appareil servant à malaxer.

malayalam [malajalam] n. m. ▪ ling. Langue dravidienne, parlée en Inde, dans le Kerala.

malayo-polynésien, enne adj. ▪ ling. *Langues malayo-polynésiennes* : groupe de langues formé par l'ensemble indonésien (le malais, le malgache...) et les parlers polynésiens.

malbouffe n. f. ▪ fam. et péj. Nourriture de qualité médiocre, produite industriellement.

malchance n. f. ▪ Mauvaise chance (1). → **adversité, déveine.** ◆ loc. *Jouer de malchance,* accumuler les ennuis.

malchanceux, euse adj. ▪ Qui a de la malchance. ◆ n. *C'est un malchanceux.*

malcommode adj. ▪ Peu pratique.

maldonne n. f. ▪ **1** Mauvaise donne (aux cartes). **2** fig. Erreur, malentendu.

mâle ▪ **I** n. m. **1** Individu du sexe doué du pouvoir de fécondation. *Le mâle et la femelle.* **2** fam. Homme viril. **II** adj. **1** dr. Masculin. *Héritier mâle.* **2** Du sexe mâle. *Souris mâle.* ◆ *Hormones mâles.* **3** Viril. **4** Se dit d'une pièce de mécanisme qui s'insère dans une autre, dite *femelle. Prise (de courant) mâle.*

malédiction n. f. ▪ **1** littér. Paroles par lesquelles on souhaite du mal à qqn en invoquant Dieu. ◆ Condamnation au malheur (par Dieu). **2** Malheur auquel on semble voué par le sort.

maléfice n. m. ▪ Opération magique visant à nuire. → **envoûtement, sortilège.**

maléfique adj. ▪ Néfaste et occulte.

malencontreux, euse adj. ▪ Qui se produit, survient mal à propos. → **fâcheux.** ► **malencontreusement** adv.

mal en point → ①**point**

malentendant, ante n. et adj. ▪ (Personne) qui a des troubles de l'audition. → **sourd.**

malentendu n. m. ▪ **1** Méprise entre personnes qui croyaient se comprendre. → **quiproquo.** **2** Mésentente sentimentale.

mal-être n. m. invar. ▪ État d'une personne qui se sent mal dans la vie, dans la société.

malfaçon n. f. ▪ Défaut dans un ouvrage mal exécuté.

malfaisant, ante [-fə-] adj. ▪ **1** Qui fait ou cherche à faire du mal à autrui. **2** Pernicieux, néfaste. ► **malfaisance** n. f.

malfaiteur n. m. ▪ Personne qui commet des méfaits*, des actes criminels.

malfamé, ée → **famé**

malformation n. f. ▪ Anomalie de la conformation issue d'un trouble du développement. → **difformité.**

malfrat n. m. ▪ fam. Malfaiteur. → **truand.**

malgache adj. et n. ▪ De Madagascar. ♦ n. m. Langue parlée à Madagascar.

malgracieux, ieuse adj. ▪ littér. Qui manque de grâce, d'élégance. → **disgracieux.**

malgré prép. ▪ **I 1** Contre le gré de (qqn), en dépit de son opposition. **2** En dépit de (qqch.). ◆ MALGRÉ TOUT : quoi qu'il arrive ; quand même. **II** loc. conj. (critiqué) MALGRÉ QUE (+ subj.) : bien que.

malhabile adj. ▪ Qui manque d'habileté. → **maladroit.** ► **malhabilement** adv.

malheur n. m. ▪ **1** Événement qui affecte péniblement (qqn). → **catastrophe, désastre, épreuve.** ➛ prov. *À quelque chose malheur est bon.* ♦ Désagrément, inconvénient. *C'est un petit malheur.* ♦ fam. *Faire un malheur,* un éclat ; fig. remporter un triomphe. **2** *Le malheur,* situation, condition pénible (opposé à *bonheur*). **3** Malchance. *Jouer de malheur.* ➛ *Avoir le malheur de* (+ inf.). ➛ *Par malheur.* ♦ DE MALHEUR : qui porte malheur. *Oiseau* de malheur.* ➛ fam. → **maudit.** *Quelle pluie de malheur !* **4** MALHEUR À. → **malédiction.** *Malheur aux vaincus !*

malheureusement adv. ▪ Par malheur.

malheureux, euse adj. ▪ **I 1** Qui est accablé de malheurs. ♦ n. Personne qui est dans le malheur, spécialt indigent. **2** n. Personne qui inspire une pitié méprisante. → **misérable.** *Le malheureux n'a rien compris.* **3** Qui n'est pas heureux. ➛ loc. *Être malheureux comme les pierres.* ♦ Mal à l'aise. *Être malheureux de ne pouvoir fumer.* **4** (choses) Qui cause du malheur. ➛ *Avoir un mot malheureux,* qui offense ou peine. **II** Qui a de la malchance ; qui ne réussit pas. *Candidat malheureux.* ➛ *Initiative malheureuse.* **III** (avant le nom) Qui mérite peu d'attention ; sans importance. *Quelle histoire pour un malheureux billet de dix euros !*

malhonnête adj. ▪ **I** Qui n'est pas honnête (financièrement ; moralement). **II** vx Qui manque aux convenances. ♦ spécialt mod. *Intentions, propositions malhonnêtes,* contraires à la pudeur. ▸ **malhonnêtement** adv.

malhonnêteté n. f. ▪ Caractère d'une personne malhonnête.

mali n. m. ▪ (Belgique) Déficit. *Des malis.*

malice n. f. ▪ **1** Tournure d'esprit de la personne qui prend plaisir à s'amuser aux dépens d'autrui. **2** loc. *Sac à malice :* ensemble de ressources, de tours. **3** vx Méchanceté. ➛ loc. *Sans malice.*

malicieux, euse adj. ▪ Qui s'amuse, rit volontiers aux dépens d'autrui. → **espiègle, spirituel, taquin.** ▸ **malicieusement** adv.

malignité n. f. ▪ **1** Caractère d'une personne qui cherche à nuire de façon dissimulée. **2** méd. Tendance à s'aggraver (tumeur...).

malin, maligne adj. et n. ▪ **I 1** vx Mauvais, méchant. ♦ mod. *L'esprit malin* et n. m. *le malin :* Satan. ➛ *Prendre un malin plaisir à* (+ inf.). **2** Se dit d'une maladie grave, d'une tumeur, pouvant se généraliser et entraîner la mort (opposé à *bénin*). **II 1** Qui a de la ruse et de la finesse. → **astucieux, débrouillard, ingénieux, rusé.** ♦ Intelligent. ➛ n. *Faire le malin :* vouloir faire de l'esprit. **2** impers. fam. *C'est malin !* → **fin, intelligent.** ♦ *Ce n'est pas bien malin,* pas difficile.

malines n. f. ▪ Dentelle à motifs bordés d'un fil plat.

malingre adj. ▪ D'une constitution faible.

malinois n. m. ▪ Berger belge, à robe grise ou fauve marquée de noir.

malintentionné, ée adj. ▪ Qui a de mauvaises intentions. → **mauvais, méchant.**

malique adj. ▪ biochim. *Acide malique :* acide présent dans de nombreux végétaux, dont la pomme, la poire et le raisin.

malle n. f. ▪ **I 1** Bagage de grande dimension. ➛ loc. fam. *Se faire la malle :* s'enfuir. **2** Coffre d'une automobile. **II 1** MALLE-POSTE : ancienne voiture postale. **2** hist. *La malle des Indes :* service postal de Londres.

malléabiliser v. tr. [1] ▪ techn. Rendre plus malléable (un métal, un alliage). ▸ **malléabilisation** n. f.

malléable adj. ▪ **1** Qui a la propriété de s'aplatir et de s'étendre. → **ductile ;** contr. *cassant.* **2** (personnes) Qui se laisse manier, influencer. ▸ **malléabilité** n. f.

malléole n. f. ▪ anat. Saillie osseuse de la cheville. ▸ **malléolaire** adj.

malle-poste → **malle** II, 1

mallette n. f. ▪ Petite valise.

mal-logé, ée n. ▪ Personne dont les conditions de logement sont insatisfaisantes.

malmener v. tr. [5] ▪ **1** Traiter (qqn) rudement. → **maltraiter ; brutaliser. 2** en sport Mettre (l'adversaire) en danger.

malnutrition n. f. ▪ Alimentation mal équilibrée ou mal adaptée.

malodorant, ante adj. ▪ Qui a une mauvaise odeur.

malotru, ue n. ▪ Personne grossière.

maloya [-ɔja] n. m. ▪ Danse traditionnelle de la Réunion.

malpighie [-gi] n. f. ▪ bot. Arbre tropical, à fruits comestibles appelés *cerises des Antilles.*

malpoli, ie adj. et n. ▪ pop. Mal élevé, grossier. → **impoli.**

malposition n. f. ▪ méd. Position anormale (d'un organe). *Malposition dentaire.*

malpropre adj. ▪ **1** Sale. ♦ *Travail malpropre,* mal fait. ▸ **malproprement** adv. **2** Qui manque d'honnêteté, de délicatesse. ➛ n. *Se faire renvoyer comme un malpropre,* sans ménagement.

malpropreté n. f. ▪ Caractère malpropre.

malsain, aine adj. ▪ **1** vieilli Dont la nature n'est pas saine. **2** Qui n'est pas normal, manifeste de la perversité. *Curiosité malsaine.* → **morbide. 3** Qui engendre la maladie. *Logement malsain.* → **insalubre.** ➛ fam. *Le coin est malsain !* → **dangereux.** ♦ fig. Pernicieux, qui corrompt l'esprit.

malséant, ante adj. ▪ littér. Contraire à la bienséance. → **incongru, inconvenant.**

malsonnant, ante adj. ▪ littér. Inconvenant (paroles).

malt [malt] n. m. ▪ Orge germée artificiellement et séchée. *Whisky pur malt.*

maltais, aise ▪ **1** adj. et n. De Malte. ➛ n. *Les Maltais.* ♦ n. m. *Le maltais* (dialecte arabe). **2** adj. et n. f. *(Orange) maltaise,* juteuse et sucrée.

maltase n. f. ▪ biochim. Enzyme qui hydrolyse le maltose en deux molécules de glucose.

malté, ée adj. ▪ Mêlé de malt.

malter v. tr. [1] ▪ Transformer (une céréale) en malt. ► **maltage** n. m.

malterie n. f. ▪ techn. (brasserie) Usine où l'on prépare le malt.

malthusianisme n. m. ▪ **1** Limitation des naissances par restriction de la sexualité. **2** Restriction volontaire de la production.

malthusien, ienne adj. ▪ Du malthusianisme. ♦ adj. et n. Partisan du malthusianisme.

maltose n. m. ▪ biochim. Sucre, dit aussi *sucre de malt,* obtenu par action de l'amylase sur l'amidon.

maltôte n. f. ▪ hist. Impôt extraordinaire.

maltraitance n. f. ▪ Mauvais traitements répétés sur (qqn, notamment un enfant). → **sévices.** ► **maltraitant, ante** adj. *Parents maltraitants.*

maltraiter v. tr. [1] ▪ **1** Traiter avec brutalité. **2** Traiter sévèrement en paroles.

malus [-ys] n. m. ▪ Majoration d'une prime d'assurance automobile (opposé à *bonus*).

malveillance n. f. ▪ **1** Tendance à vouloir du mal à autrui. → **hostilité ; animosité. 2** Intention de nuire. *Incendie dû à la malveillance.*

malveillant, ante adj. ▪ Qui a de la malveillance. ➛ *Des propos malveillants.*

malvenu, ue adj. ▪ **1** littér. Qui n'est pas fondé à, n'a pas le droit de (faire telle chose). *Vous êtes malvenu de, à vous plaindre.* ➛ *Requête malvenue.* → **déplacé. 2** Incomplètement développé (plantes).

malversation n. f. ▪ Faute grave, détournement de fonds, dans l'exercice d'une charge.

malvoisie n. f. ▪ Vin grec liquoreux.

malvoyant, ante adj. et n. ▪ (Personne) dont l'acuité visuelle est très diminuée.

maman n. f. ▪ fam. (enfants, intimes) Mère. *C'est sa maman. Comment va la future maman ?* ➛ (appellatif) *Oui, maman.* ♦ *Bonne(-)maman :* grand-mère.

mamavirus [-ys] n. m. ▪ virol. Virus géant à ADN, plus grand que le mimivirus.

mambo [mɑ̃(m)bo] n. m. ▪ Danse à deux temps, apparentée à la rumba ; musique sur laquelle elle se danse.

mamelle n. f. ▪ **1** Organe des femelles des mammifères, sécrétant le lait. → **pis, tétine ; mammaire. 2** loc. *Enfant à la mamelle.* → **nourrisson. 3** fig. Ce qui nourrit.

mamelon n. m. ▪ **I** Bout du sein. **II** fig. Sommet arrondi (colline).

mamelonné, ée adj. ▪ Formé de collines arrondies.

mamelouk ou **mameluk** [-uk] n. m. ▪ hist. **1** Cavalier égyptien. **2** Cavalier de la garde impériale de Napoléon.

mamelu, ue adj. ▪ Qui a de grosses mamelles, de gros seins.

mamie n. f. ▪ **1** lang. enfantin Grand-mère. **2** fam. Femme âgée.

mamillaire [-il-] ▪ **1** adj. anat. Relatif au mamelon ; qui a la forme d'un mamelon. **2** n. f. bot. Cactée à grosses fleurs parfumées.

mammaire adj. ▪ Relatif aux mamelles. *Glandes mammaires* (de la lactation).

mammalien, ienne adj. ▪ zool. Qui se rapporte aux mammifères. *La faune mammalienne.*

mammalogie n. f. ▪ zool. Étude des mammifères.

mammectomie n. f. ▪ chir. Ablation du sein. → **mastectomie.**

mammifère n. m. ▪ Animal vertébré, à température constante, respirant par des poumons, à système nerveux central développé.

mammite n. f. ▪ méd. Inflammation mammaire.

mamm(o)- Élément, du latin *mamma* « sein, mamelle ». → **masto-.**

mammographie n. f. ▪ méd. Radiographie du sein.

mammoplastie n. f. ▪ chir. Opération de chirurgie esthétique du sein.

mammouth n. m. ▪ Très grand éléphant fossile du quaternaire.

mamours n. m. pl. ▪ fam. Démonstrations de tendresse.

man n. m. ▪ zool. Larve du hanneton dite aussi *ver blanc.*

manade n. f. ▪ En Provence, Troupeau (de taureaux, de chevaux).

manadier n. m. ▪ Propriétaire d'une manade.

management [manaʒmɑ̃ ; manadʒmɛnt] n. m. ▪ anglic. Techniques d'organisation et de gestion des entreprises.

① **manager** → **manageur**

② **manager** [mana(d)ʒe] v. tr. [3] ▪ **1** anglic. Gérer la vie professionnelle de (un sportif, un artiste). **2** Diriger (une entreprise, une équipe).

managérial, ale, aux adj. ▪ anglic. Du management. *Une décision managériale.*

manageur, euse [-dʒœʀ, øz] n. ou **manager** [-dʒɛʀ ; -dʒœʀ] n. m. ▪ anglic. **1** Personne qui organise des spectacles, concerts, etc. **2** Dirigeant d'une entreprise.

manant n. m. ▪ **1** hist. (au Moyen Âge) Roturier assujetti à la justice seigneuriale. **2** vx Paysan. ➛ fig. et péj. Rustre.

mancelle n. f. ▪ techn. Courroie joignant les attelles du collier d'un cheval à chacun des limons de la voiture.

mancenille n. f. ▪ Fruit du mancenillier, qui a l'aspect d'une petite pomme.

mancenillier n. m. ▪ Arbre d'Amérique, qui produit un latex très vénéneux.

① **manche** n. f. ▪ **I** Partie du vêtement qui entoure le bras. ➛ loc. *Relever, retrousser ses manches* (fig. se mettre au travail avec ardeur). ➛ *Avoir qqn dans sa manche,* en disposer à son gré. ➛ fam. *C'est une autre paire de manches,* c'est tout à fait différent ; c'est plus difficile. **II** Chacune des deux parties liées d'un jeu. **III** *Manche à air :* conduit d'aération (navires). ♦ Tube en toile pour indiquer la direction du vent.

② **manche** n. m. ▪ **1** Partie allongée (d'un outil, d'un instrument) par laquelle on le tient. *Manche à balai* (fig. commande manuelle des gouvernails d'un avion). ♦ loc. fig. *Être, se mettre du côté du manche,* du côté du plus fort. **2** Os (de gigot, de côtelette). **3** Partie (d'un instrument de musique), le long de laquelle sont tendues les cordes.

③ **manche** n. m. et adj. ▪ fam. Maladroit.

④ **manche** n. f. ▪ loc. *FAIRE LA MANCHE :* faire la quête, mendier.

① **mancheron** n. m. ▪ Petite manche couvrant le haut du bras.

② **mancheron** n. m. ▪ techn. Chacune des deux tiges ou poignées servant à diriger et orienter (une charrue, un motoculteur).

manchette n. f. ▪ **I 1** Poignet à revers d'une chemise. **2** Manche amovible de protection. **3** sports Coup porté avec l'avant-bras. **II** Titre de journal en gros caractères.

manchon n. m. ▪ **1** Fourreau cylindrique pour protéger les mains du froid. **2** techn. Pièce cylindrique (pour assembler ; isoler).

manchot, ote ▪ **I** adj. **1** Privé d'une main, d'un bras ou des deux. ➛ n. *Un manchot.* **2** fam. Maladroit. loc. *N'être pas manchot.* **II** n. m. Oiseau marin palmipède des régions antarctiques à moignons d'ailes.

-mancie Élément savant, du grec *manteia* « divination » (ex. *chiromancie*).

mandala n. m. ▪ didact. Dans le bouddhisme, Représentation symbolique de l'univers, géométrique et centrée.

mandale n. f. ▪ argot Gifle.

mandant, ante n. ▪ dr. Personne qui confère un mandat à une autre (le mandataire).

mandarin n. m. ▪ **1** hist. Haut fonctionnaire lettré, dans l'Empire chinois. **2** fig. Personne d'un grand savoir, et très puissante. **3** Forme du chinois (pékinois).

mandarinal, ale, aux adj. ▪ **1** Des mandarins chinois. **2** Du mandarinat.

mandarinat n. m. ▪ Corps social prétendant s'ériger en élite et exerçant une autorité intellectuelle.

mandarine n. f. ▪ Petit agrume à la peau orange, sucré. ► **mandarinier** n. m.

mandat n. m. ▪ **1** dr. Acte par lequel une personne donne à une autre (le *mandataire*) le pouvoir de faire qqch. en son nom. → ② **pouvoir, procuration. 2** Mission conférée par élection. *Mandat présidentiel.* ♦ Durée de cette mission. → **mandature. 3** *Mandat (postal) :* titre remis par la Poste, contre une somme versée ; somme versée au destinataire. **4** Ordre écrit émanant de la justice. *Mandat de perquisition.*

mandataire n. ▪ Personne à qui est conféré un mandat (1).

mandater v. tr. [1] ▪ Investir (qqn) d'un mandat (1). ► **mandatement** n. m.

mandature n. f. ▪ Durée d'un mandat électif.

mandchou, e adj. et n. ▪ De Mandchourie. ♦ n. m. *Le mandchou* (langue).

mandement n. m. ▪ relig. cathol. Écrit d'un évêque aux fidèles de son diocèse.

mander v. tr. [1] ▪ vx ou littér. **1** Transmettre (un ordre, une instruction). ♦ Faire savoir par lettre. **2** Faire venir (qqn).

mandibule n. f. ▪ **1** sc. Maxillaire inférieur. ➛ fam. (au plur.) Mâchoires. **2** zool. Partie du bec des oiseaux, des pièces buccales des arthropodes (sauf les arachnides). ► **mandibulaire** adj.

mandoline n. f. ▪ Instrument à cordes pincées, à caisse de résonance bombée.

mandoliniste n. ▪ Personne qui joue de la mandoline.

mandore n. f. ▪ mus. Instrument de musique à cordes pincées, proche du luth.

mandorle n. f. ▪ art relig. Gloire en forme d'amande dans laquelle apparaît le Christ en majesté.

mandragore n. f. ▪ Plante dont la racine fourchue évoque une forme humaine.

mandrill [-il] n. m. ▪ Singe des forêts d'Afrique tropicale, au museau rouge.

mandrin n. m. ▪ Outil cylindrique pour forer. ♦ Pièce cylindrique de fixation.

manducation n. f. ▪ physiol. Action de manger, ensemble des opérations mécaniques qui précèdent l'ingestion et la digestion.

①**-mane** Élément, du latin *manus* «main».

②**-mane, -manie** Éléments, du grec *mania* «folie, manie».

manécanterie n. f. ■ École de chant choral (sacré) pour garçons.

manège n. m. ■ **I 1** Exercice que l'on fait faire à un cheval pour le dresser. **2** Lieu où l'on monte les chevaux. **3** *Manège (de chevaux de bois)* : plate-forme circulaire tournante garnie de montures (attraction foraine). **II** Comportement rusé.

mânes n. m. pl. ■ (dans la religion romaine) Âmes des morts.

maneton n. m. ■ techn. Partie du vilebrequin sur laquelle est articulée la bielle.

manette n. f. ■ Clé, levier, poignée de commande.

manga n. m. ■ Bande dessinée japonaise.

manganate n. m. ■ chim. Sel de l'acide manganique.

manganèse n. m. ■ Élément (symb. Mn, n° at. 25, masse at. 54,93), métal gris clair, dur et cassant.

manganeux adj. m. ■ chim. Se dit des composés bivalents du manganèse. *Oxyde manganeux.*

manganin n. m. ■ techn. Alliage de cuivre, de manganèse et de nickel.

manganique adj. ■ chim. Se dit des composés trivalents du manganèse.

manganite ■ **I** n. m. chim. Oxyde double (MnO_2) du bioxyde de manganèse. **II** n. f. minér. Hydroxyde de manganèse naturel.

mangeable adj. ■ Tout juste bon à manger, sans rien d'appétissant.

mangeaille n. f. ■ fam. Nourriture abondante et médiocre.

mange-mil n. m. invar. ■ Passereau mangeur de graines.

mangeoire n. f. ■ Auge pour animaux domestiques (chevaux, bestiaux, volaille).

①**manger** v. tr. [3] ■ **1** Avaler pour se nourrir (un aliment solide ou consistant). ♦ sans compl. dir. S'alimenter, se nourrir. ◂ Prendre un repas. **2** Dévorer (un être vivant, une proie). ♦ loc. fig. *Manger qqn des yeux,* le regarder avidement. **3** Ronger. *Laine mangée par les mites, aux mites.* **4** fig. *Manger ses mots,* les prononcer indistinctement. ◂ *Manger la consigne, la commission,* oublier. **5** Consommer, dépenser. → **dilapider.**

②**manger** n. m. ■ fam. Nourriture, repas.

mange-tout n. m. invar. ■ Pois, haricots dont on mange la cosse avec la graine. ◂ adj. invar. *Haricot, pois mange-tout.*

mangeur, euse n. ■ **1** Personne qui mange (beaucoup, peu). *Un gros mangeur.* **2** *Mangeur de...* : personne, animal qui mange (qqch.). → **-phage, -vore.**

mangle n. f. ■ Fruit du manglier.

manglier n. m. ■ Espèce de palétuvier abondante dans les mangroves.

mangoustan n. m. ■ **1** Arbre des régions tropicales donnant un fruit très estimé. **2** Fruit du mangoustan. → ②**mangouste.**

①**mangouste** n. f. ■ Petit mammifère carnivore, prédateur des serpents.

②**mangouste** n. f. ■ Fruit du mangoustan.

mangrove n. f. ■ géogr. Forêt impénétrable des littoraux tropicaux (→ **palétuvier).**

mangue n. f. ■ Fruit tropical à chair jaune très parfumée.

manguier n. m. ■ Arbre tropical originaire de l'Inde, produisant des mangues.

maniable adj. ■ **1** Qu'on manie et utilise facilement. *Outil maniable.* ♦ (véhicule) Qu'on manœuvre facilement. **2** fig. Qui se laisse aisément diriger. → **docile, souple.** ▸ **maniabilité** n. f.

maniacodépressif, ive adj. ■ psych. *Psychose maniacodépressive,* faisant alterner la manie (I, 1) et la dépression. ♦ adj. et n. (Personne) atteinte de cette psychose.

maniaque adj. ■ **I** psych. **1** Qui a une idée fixe ou une manie (I, 1). ◂ n. *Un dangereux maniaque.* **2** De la manie (I). **II** cour. **1** Qui a une manie (II). **2** Exagérément attaché à ses manies (▸ **maniaquerie** n. f.). ◂ n. *Un maniaque de l'ordre.* ♦ Propre à un maniaque.

manichéen, enne [-keɛ̃] adj. ■ Du manichéisme. ♦ Partisan du manichéisme.

manichéisme [-ke-] n. m. ■ didact. Conception du bien et du mal comme deux forces égales et antagonistes.

manie n. f. ■ **I** psych. **1** Maladie mentale caractérisée par de l'exaltation euphorique, de l'incohérence, alternant souvent avec la dépression (→ **maniacodépressif). 2** Idée fixe pathologique. *Avoir la manie de la persécution.* **II** cour. **1** Goût excessif, déraisonnable (pour qqch.). **2** Habitude bizarre et tyrannique, souvent agaçante ou ridicule. *À chacun ses petites manies.*

-manie → ②**-mane**

maniement n. m. ■ **1** Action ou façon de manier, d'utiliser manuellement. → **manipulation, usage.** *Maniement d'armes.* **2** fig. Action, manière d'employer ; de diriger.

①**manier** v. tr. [7] ■ **1** Avoir en main, entre les mains tout en déplaçant, en remuant. **2** Utiliser en ayant en main. *Voiture facile à manier.* ♦ *Manier de l'argent* (→ **brasser),** *des fonds*

(→ **gérer**). **3** fig. Mener à son gré (qqn). **4** fig. Employer plus ou moins habilement. *Savoir manier l'ironie.*

②**se manier** v. pron. seulement inf. ▪ fam. Se remuer, se dépêcher. → se **magner.**

manière n. f. ▪ **I 1** Façon de faire, de procéder, de se produire. ◆ loc. *Avoir la manière* : savoir s'y prendre. ◆ loc. adv. *De cette manière* : ainsi. *De toute manière* : en tout cas. ◆ loc. prép. *À la manière de* : comme. *De manière à* (+ inf.) : afin de. ◆ loc. conj. *De manière que* (+ subj.) : de telle sorte que. **2** Forme de comportement personnelle et habituelle. *À sa manière, il est heureux.* **3** littér. *En manière de plaisanterie,* comme une plaisanterie. **4** gramm. *Complément, adverbe de manière,* qui indique comment se fait qqch. **II** au plur. Comportement considéré dans son effet sur autrui. *Apprendre les bonnes manières.* → **politesse.** ♦ *Faire des manières* : être maniéré.

maniéré, ée adj. ▪ péj. **1** Qui montre de l'affectation, manque de naturel. **2** arts Qui manque de spontanéité.

maniérisme n. m. ▪ didact. Tendance de l'art italien au XVIe siècle, caractérisé par le raffinement et la mise en évidence de l'artifice. ▸ **maniériste** adj. et n.

manieur, euse n. ▪ *Manieur, manieuse de* : personne qui manie (qqch.).

manif n. f. ▪ fam. Manifestation (II, 2).

manifestant, ante n. ▪ Personne qui participe à une manifestation.

manifestation n. f. ▪ **I** Action ou manière de (se) manifester. *Des manifestations de joie.* → **démonstration, marque. II 1** Événement organisé pour attirer un large public. **2** Réunion, marche publique organisée pour manifester une opinion ou une volonté. - abrév. fam. **manif** n. f.

①**manifeste** adj. ▪ Dont l'existence ou la nature est évidente. → **flagrant.**

②**manifeste** n. m. ▪ Déclaration écrite et publique par laquelle un groupe (politique, artistique, littéraire...) expose son programme.

manifestement adv. ▪ D'une manière manifeste, à l'évidence ; visiblement.

manifester v. [1] ▪ **I** v. tr. **1** Exprimer clairement. *Manifester sa sympathie (à qqn).* **2** Faire ou laisser apparaître clairement. *Manifester de la crainte.* **II** v. intr. Participer à une manifestation (II, 2). ▷ v. pron. se **manifester** Se révéler clairement. ◆ Donner de ses nouvelles.

manigance n. f. ▪ Manœuvre secrète et suspecte, sans grande portée.

manigancer v. tr. [3] ▪ Combiner par manigances.

maniguette n. f. ▪ Graine au goût poivré utilisée comme condiment, également appelée *graine de paradis.*

①**manille** n. f. ▪ Jeu de cartes où les plus fortes sont le dix *(manille),* puis l'as *(manillon* n. m.).

②**manille** n. f. ▪ **1** anciennt Anneau pour assujettir la chaîne (d'un forçat). **2** techn. Étrier métallique arrondi (fixation).

manioc n. m. ▪ Racine d'un arbrisseau tropical ; sa fécule. → **tapioca.**

manipulateur, trice n. ▪ **1** Personne qui procède à des manipulations. **2** fig. Personne qui en manipule (4) d'autres.

manipulation n. f. ▪ **1** Action, manière de manipuler (des substances, des produits, des appareils). ♦ *Manipulations génétiques.* ♦ Opérations manuelles de prestidigitation. **2** fig. Manœuvre pour manipuler (4) qqn. ♦ fam. Plan, manœuvre.

manipuler v. tr. [1] ▪ **1** Manier avec soin (expériences, etc.). **2** Manier et transporter (→ **manutention**). **3** fig. Modifier de façon malhonnête. → **trafiquer. 4** fig. Amener habilement (qqn) à faire ce qu'on veut.

manique n. f. ▪ **1** Gant, carré de tissu épais, qui sert à saisir des plats chauds. **2** techn. Manchon de protection.

manitou n. m. ▪ **1** Grand esprit (Amérindiens). **2** fam. Personnage important et puissant.

manivelle n. f. ▪ **1** Levier coudé, manœuvré à la main pour imprimer un mouvement de rotation. ◆ *Retour* de manivelle.* **2** techn. Pièce qui transmet un mouvement.

①**manne** n. f. ▪ Nourriture miraculeuse envoyée aux Hébreux dans le désert. ♦ fig. et littér. Don ou avantage inespéré.

②**manne** n. f. ▪ vieilli Grand panier d'osier.

mannequin n. m. ▪ **1** Forme humaine utilisée pour la confection, la présentation de modèles de vêtements. **2** Personne dont le métier est de porter et de présenter les modèles des couturiers.

mannequinat n. m. ▪ Activité du mannequin (2).

mannose n. m. ▪ biochim. Sucre naturel contenu dans des baies et graines.

manodétendeur n. m. ▪ techn. Dispositif qui règle la pression d'un gaz comprimé.

manœuvrable adj. ▪ (bateau, véhicule) Apte à être manœuvré. ▸ **manœuvrabilité** n. f.

①**manœuvre** n. f. ▪ **I 1** Actions destinées à régler le mouvement d'un bateau, d'un véhicule. *Manœuvre pour se garer.* ◆ *Fausse manœuvre* (fig. décision, démarche maladroite et sans résultat). ♦ Opérations permettant la marche d'un appareil, d'une machine. **2** Exercice militaire. *Grandes manœuvres.* **II** fig. Moyen pour atteindre un but (souvent avec ruse). **III** surtout au plur. Cordage du gréement d'un navire.

② **manœuvre** n. ■ Ouvrier, ouvrière peu qualifié(e) exécutant des travaux n'exigeant pas d'apprentissage préalable.

manœuvrer v. 1 ■ **I** v. intr. **1** Effectuer une manœuvre sur un bateau, un véhicule. **2** (militaires) Faire l'exercice. **3** fig. Employer des moyens adroits. **II** v. tr. **1** Faire fonctionner. *Manœuvrer le gouvernail, le volant.* **2** fig. Faire agir (qqn) habilement. → **manipuler.** ➛ *Manœuvrer la presse.*

manœuvrier, ière n. ■ Personne qui manœuvre habilement.

manographe n. m. ■ phys. Manomètre enregistreur.

manoir n. m. ■ Petit château ancien à la campagne.

manomètre n. m. ■ sc. Appareil pour mesurer la pression.

manométrie n. f. ■ phys. Mesure des pressions. ▸ **manométrique** adj.

manoque n. f. ■ **1** Petite botte de feuilles de tabac. **2** mar. Pelote de cordage, de fil de ligne.

manostat n. m. ■ techn. Interrupteur électrique commandé par la pression d'un fluide. *Le manostat de sécurité d'une chaudière.*

manouche n. ■ Gitan nomade.

manouvrier, ière n. ■ vx Manœuvre (②).

manquant, ante adj. ■ Qui manque, est en moins. ➛ loc. *Le chaînon* manquant.*

① **manque** n. m. ■ **1** Fait de manquer, absence ou grave insuffisance. *Manque d'argent ; d'imagination.* ➛ loc. *Manque de chance, de pot.* ♦ *État de manque,* de privation (drogue, alcool). ➛ loc. *Être en manque.* ♦ loc. prép. *PAR MANQUE DE* : faute de. **2** au plur. littér. → **insuffisance, lacune.** *Il est conscient de ses manques.* **3** loc. *Manque à gagner* (fig. occasion manquée de faire une affaire profitable).

② **manque** adj. ■ loc. fam. *À LA MANQUE* : raté, défectueux, mauvais.

① **manqué, ée** adj. ■ **1** Qui n'est pas réussi. → **loupé, raté.** *Des photos manquées.* ➛ psych. *Acte manqué,* révélateur d'un contenu inconscient. **2** Où l'on a été absent. *Un rendez-vous manqué.* ➛ *Une occasion manquée,* qu'on a laissé échapper. **3** Qui n'a pas réalisé sa vocation. ➛ *Garçon* manqué.*

② **manqué** n. m. ■ Biscuit recouvert de pralin ou de fondant. ➛ *Moule à manqué,* plat et rond, à bord assez haut.

manquement n. m. ■ Fait de manquer à un devoir. *Un manquement à la discipline.*

manquer v. 1 ■ **I** v. intr. **1** Ne pas être, lorsqu'il le faudrait ; faire défaut. *Si l'eau venait à manquer.* ➛ (impers.) loc. *Il ne manquait plus que cela !,* c'est le comble. **2** *MANQUER À qqn. Le temps me manque.* ➛ impers. *Il me manque cinq euros.* ♦ *Son frère lui manque,* il souffre de son absence. ♦ (sujet chose) Ne plus fonctionner. **3** (sujet chose) Échouer, rater. **II** v. tr. ind. Ne pas avoir, ne pas faire. **1** *MANQUER DE* : ne pas avoir (quand il le faudrait ou suffisamment). *Elle manque d'amis.* ➛ *Manquer d'humour.* ♦ *La sauce manque de sel.* **2** *MANQUER À qqch.* : ne pas se conformer à (qqch. qu'on doit observer). *Manquer à sa parole.* **3** *NE PAS MANQUER DE* (+ inf.) : faire. *Je ne manquerai pas de vous informer ; je n'y manquerai pas.* **4** semi-auxiliaire (+ inf. ; + *de* et inf.) Être tout près de, sur le point de. → **faillir.** *Elle avait manqué (de) mourir.* **III** v. tr. dir. **1** Ne pas réussir. → **rater.** *Manquer son coup.* **2** Ne pas atteindre. *Manquer une marche ; la cible.* **3** Ne pas rencontrer (qqn qu'on voulait voir). ♦ *Manquer son train,* arriver après son départ. **4** Laisser échapper (qqch. de profitable). *Manquer une occasion.* **5** S'abstenir d'assister, d'être présent à. *Manquer un cours.* ▹ adj. **manqué, ée** Qui n'est pas réussi. *Photo manquée.* ♦ loc. *Acte manqué,* révélateur d'un contenu inconscient.

mansarde n. f. ■ **1** Toit brisé à quatre pans. **2** Chambre dans un comble, dont un mur est en pente.

mansardé, ée adj. ■ Dont une paroi est inclinée, du fait de la pente du toit.

manse n. f. ■ hist. Petit domaine féodal constituant une unité d'exploitation agricole.

mansuétude n. f. ■ littér. Disposition à pardonner généreusement.

① **mante** n. f. ■ *Mante (religieuse)* : insecte carnassier à fortes pattes antérieures, dont la femelle dévore son partenaire.

② **mante** n. f. ■ anciennt Manteau de femme ample et sans manches.

manteau n. m. ■ **I 1** Vêtement à manches qui se porte par-dessus les autres vêtements. **2** loc. fig. *Sous le manteau* : clandestinement. **II** *Manteau de cheminée,* partie en saillie au-dessus du foyer.

mantelet n. m. ■ **1** Manteau de prélat, sans manches, fendu par-devant. **2** Courte cape couvrant les épaules et les bras.

mantille n. f. ■ Écharpe de dentelle drapée sur la tête (coiffure féminine).

mantique n. f. ■ didact. Pratique divinatoire. → **divination ; -mancie.**

mantisse n. f. ■ math. Partie décimale d'un nombre, spécialt d'un logarithme.

mantra n. m. ■ didact. Formule sacrée hindouiste, bouddhiste.

manucure n. ■ Personne chargée des soins esthétiques des mains, des ongles.

manucurer v. tr. 1 ■ Faire les mains, les ongles de (qqn).

① **manuel, elle** ■ **I** adj. **1** Qui se fait avec la main ; nécessite une activité physique. *Travail manuel.* **2** Qui fait appel à l'intervention humaine (opposé à *automatique*). ► **manuellement** adv. **II** n. Personne disposée à l'activité manuelle.

② **manuel** n. m. ■ Ouvrage présentant les notions d'une science, d'une technique.

manuélin, ine adj. ■ arts Se dit d'un style architectural et décoratif aux influences mauresques et orientales, qui se développa au Portugal autour de 1500 (cf. plateresque).

manufacture n. f. ■ **1** vx Fabrique, usine. **2** Établissement industriel où la qualité de la main-d'œuvre est primordiale.

manufacturer v. tr. 1 ■ Transformer (une matière première). – au p. p. cour. (opposé à *brut*). *Produits manufacturés.*

manufacturier, ière ■ **1** n. Personne qui dirige une manufacture. **2** adj. Industriel, producteur de produits manufacturés. *Ville manufacturière.*

manu militari loc. adv. ■ En employant la force armée, la force publique.

manuscrit, ite ■ **I** adj. Écrit à la main. **II** n. m. **1** Texte, ouvrage écrit ou copié à la main. *Manuscrit enluminé.* **2** Œuvre originale manuscrite ou dactylographiée.

manutention n. f. ■ Déplacement de marchandises (emmagasinage, expédition, vente...). ► **manutentionner** v. tr. 1

manutentionnaire n. ■ Personne employée aux travaux de manutention.

manzanilla n. m. ■ Vin blanc très sec, variété de xérès.

Mao n. appos. ■ loc. *Col Mao,* col droit semblable à celui des vestes chinoises.

maoïsme n. m. ■ Mouvement gauchiste se réclamant de la politique de Mao Zedong. ► **maoïste** adj. et n.

maous, ousse [maus] adj. ■ fam. Gros, énorme. – var. **mahous.**

mappemonde n. f. ■ **1** Carte plane représentant le globe terrestre. → **planisphère. 2** abusivt Globe terrestre.

maquée n. f. ■ (Belgique) Fromage blanc du genre caillebotte*.

maquer v. tr. 1 ■ argot fam. Mettre ensemble, marier. ▷ v. pron. se **maquer** Se mettre en ménage.

① **maquereau** n. m. ■ Poisson de mer comestible au dos vert et bleu.

② **maquereau, elle** n. ■ fam. et vulg. Personne qui vit de la prostitution des femmes. → **proxénète.**

maquette n. f. ■ **1** Modèle en réduction (d'une sculpture). **2** Modèle réduit, spécialt servant de jouet. **3** Projet (d'un imprimé).

maquetter v. tr. 1 ■ Réaliser la maquette de (un livre, un journal).

maquettisme n. m. ■ Construction de maquettes (2). → **modélisme.**

maquettiste n. ■ Spécialiste qui conçoit, exécute des maquettes (1, 2 et 3).

maquignon n. m. ■ **1** Marchand de chevaux. ♦ péj. Marchand de bestiaux. **2** fig. Homme d'affaires ou entremetteur malhonnête.

maquignonner v. tr. 1 ■ Vendre (une bête), traiter (une affaire), en employant des procédés malhonnêtes. ► **maquignonnage** n. m.

maquillage n. m. ■ **1** Action, manière de (se) maquiller, d'être maquillé. **2** Produits (fond de teint, fards) servant à se maquiller. **3** Modification frauduleuse de l'aspect (d'une chose).

maquiller v. tr. 1 ■ **1** Modifier ou embellir (le visage) par des procédés et produits appropriés. → **farder.** – pronom. *Se maquiller.* **2** Modifier de façon trompeuse l'apparence de (qqch.). *Maquiller un passeport, une voiture.* **3** fig. Dénaturer volontairement. ► **maquilleur, euse** n.

maquis n. m. ■ **I 1** Végétation méditerranéenne d'arbrisseaux touffus. **2** fig. Complication inextricable. **II** (en France, sous l'occupation allemande) Lieu peu accessible où se regroupaient les résistants. ♦ Organisation de résistance.

maquisard n. m. ■ Résistant d'un maquis.

① **mara** n. m. ■ zool. Petit rongeur de Patagonie ou des pampas.

② **mara** n. f. ■ *MARA DES BOIS :* variété de fraise très parfumée.

marabout n. m. ■ **I 1** Pieux ermite, saint de l'islam. **2** Musulman sage et respecté. **3** français d'Afrique Envoûteur, sorcier. **II** Tombeau d'un saint de l'islam. **III** Grand échassier d'Afrique au bec épais et au cou déplumé.

marabouter v. tr. 1 ■ Envoûter (qqn) en recourant aux pratiques d'un marabout. → **ensorceler.** ► **maraboutage** n. m.

maracas [-as] n. f. pl. ■ Instrument de percussion composé d'une paire de coques que l'on agite.

maracuja n. m. ■ Fruit de la passion*.

maraîchage n. m. ■ Culture des légumes.

maraîcher, ère n. ■ Cultivateur de légumes. – adj. *Production maraîchère.*

marais n. m. ■ **1** Nappe d'eau stagnante où pousse la végétation (→ **marécage**). **2** *MARAIS SALANT :* bassin où l'on extrait le sel de mer.

maranta n. m. ■ Plante tropicale d'Amérique dont une espèce fournit une fécule.

marasme n. m. ■ **1** Accablement, apathie profonde. **2** fig. Situation stagnante.

marasque n. f. ■ Variété de cerise acide des régions méditerranéennes.

marasquin n. m. ■ Liqueur parfumée à la marasque.

marathe n. m. ■ Langue indo-européenne de l'Inde, rattachée au sanskrit.

marathon n. m. ■ **1** Course à pied de grand fond (42,195 km) sur route. **2** fig. Épreuve, délibération prolongée qui exige une grande résistance. *Le marathon budgétaire.* ► **marathonien, ienne** n.

marâtre n. f. ■ **1** vx Belle-mère* (2). **2** vieilli Mauvaise mère.

maraud, aude n. ■ vx Misérable, vaurien.

maraude n. f. ■ **1** Vols commis en maraudant. **2** *Taxi en maraude* (→ **marauder** (2)). **3** Mission d'assistance envers les sans-abri. ◆ Équipe qui mène cette mission.

marauder v. intr. [1] ■ **1** Voler des produits dans les jardins et les fermes. **2** Circuler à vide, à la recherche de clients (taxi). ► **maraudage** n. m. ► **maraudeur, euse** n.

marbre n. m. ■ **I 1** Roche calcaire, souvent veinée, qu'on peut polir. **2** Statue de marbre. **3** loc. *Être, rester de marbre,* impassible. **II** Surface utilisée pour des opérations techniques ; spécialt table de presse (d'imprimerie).

marbrer v. tr. [1] ■ **1** Marquer (une surface) de veines, de taches pour donner l'apparence du marbre. **2** Marquer (la peau) de marbrures. ▷ p. p. **marbré, ée**

marbrerie n. f. ■ **1** Métier du marbrier. **2** Industrie du marbre. *Marbrerie funéraire.*

marbreur, euse n. ■ Ouvrier, ouvrière spécialiste en marbrure (1).

marbrier, ière n. ■ **1** Ouvrier, ouvrière qui traite le marbre. **2** Personne qui fabrique ou vend des ouvrages en marbre.

marbrière n. f. ■ Carrière de marbre.

marbrure n. f. ■ **1** Imitation des veines et taches du marbre. **2** Marques sur la peau.

① **marc** [maʀ] n. m. ■ hist. Poids de huit onces.

② **marc** [maʀ] n. m. ■ **1** Résidu des fruits pressés. **2** Eau-de-vie de marc de raisin. **3** Résidu (d'une substance infusée). *Lire dans le marc de café* (pour prédire l'avenir).

marcassin n. m. ■ Petit sanglier.

marcassite n. f. ■ minér. Sulfure de fer naturel, cristallin, à structure fibreuse (utilisé en bijouterie).

marcel n. m. ■ fam. Débardeur (maillot de corps).

marchand, ande ■ **I** n. Commerçant. ◆ *Marchand de biens :* agent immobilier. *Marchand des quatre saisons**. ◆ loc. péj. *Marchand de soupe :* personne qui ne songe qu'au profit. **II** adj. **1** Commercial. *Valeur marchande.* **2** *Galerie marchande,* où se trouvent des commerces. **3** *Marine marchande* (transports commerciaux).

marchander v. tr. [1] ■ Essayer d'acheter (une chose) à meilleur marché, en discutant avec le vendeur. ► **marchandage** n. m.

marchandeur, euse n. ■ Personne qui marchande beaucoup, souvent.

marchandisage n. m. ■ comm. Ensemble des techniques de présentation des marchandises. - syn. (anglic.) **merchandising.**

marchandisation n. f. ■ Transformation en marchandise, en produit commercial. *La marchandisation du sport.*

marchandise n. f. ■ **1** Objet destiné à la vente. → **article, denrée. 2** loc. *Faire valoir sa marchandise* (fig. présenter les choses sous un jour favorable).

marchantia n. f. ■ bot. Plante cryptogame qui croît dans les endroits humides et tempérés.

① **marche** n. f. ■ **I** Surface plane sur laquelle on pose le pied pour passer d'un plan horizontal à un autre. *Les marches d'un escalier.* **II** (s'oppose à *arrêt*) **1** Action de marcher, suite de pas. ◆ loc. fig. *La marche à suivre :* série d'opérations. **2** Mouvement, manifestation de personnes en marche. *Une marche de protestation.* **3** Musique rythmée pouvant régler la marche. **4** (choses) Déplacement continu dans une direction. *Marche arrière.* **5** Mouvement (d'un mécanisme...). **6** Fonctionnement. *Appareil en état de marche.* **7** loc. adv. *EN MARCHE :* en train d'avancer. ◆ En fonctionnement.

② **marche** n. f. ■ surtout plur. hist. Région frontière (d'un État).

marché n. m. ■ **I 1** Réunion périodique de marchands, notamment de denrées alimentaires. *Marché couvert.* → **halle. 2** Opérations commerciales, financières dans une zone ; cette zone. *Le marché du blé ; des devises.* ◆ anciennt *MARCHÉ COMMUN :* communauté économique européenne (C. E. E.). ◆ *MARCHÉ NOIR :* marché clandestin, parallèle. **3** Débouché pour un produit. *Étude de marché.* **II 1** Accord portant sur la fourniture de marchandises, de valeurs ou de services. → **affaire, contrat.** ◆ loc. *Mettre* (à qqn) *le marché en main,* le sommer d'accepter ou non. ◆ *Par-dessus le marché,* en plus, en outre. **2** loc. *À BON MARCHÉ :* à bas prix. ◆ *BON MARCHÉ* adj. invar. : pas cher.

marchepied n. m. ■ Degré(s) aidant à monter dans une voiture.

marcher v. intr. [1] ■ **I 1** Se déplacer par mouvements et appuis successifs des jambes et des pieds (→ **pas**), sans interrompre le contact avec le sol (s'oppose à *courir, sauter*). → **marche** (II, 1). **2** Aller à pied. *Marcher sans but.* → **errer,**

flâner. ◆ *Marcher sur* (qqn, l'ennemi), pour attaquer. **3** (sujet chose) Se mouvoir de manière continue. **4** (mécanisme) Fonctionner. *La radio ne marche plus.* **5** Produire l'effet souhaité. *Ça n'a pas marché.* **II 1** Avancer à pied. **2** Poser le, les pieds. *Marcher dans une flaque d'eau.* **III** fam. Donner son adhésion à qqch. → **accepter, consentir.** *Je ne marche pas!* ◆ *Faire marcher qqn,* le tromper.

marchette n. f. ■ (Canada) Déambulateur.

marcheur, euse ■ **1** n. Personne qui marche (bien ou mal). **2** adj. *Oiseaux marcheurs,* qui marchent (et volent difficilement). → **coureur.**

marcotte n. f. ■ Tige, branche qui a pris racine et peut produire un rejeton.

marcotter v. tr. [1] ■ Multiplier par marcottes. ► **marcottage** n. m.

mardi n. m. ■ **1** Deuxième jour de la semaine, qui succède au lundi. **2** *Mardi gras,* dernier jour du carnaval.

mare n. f. ■ **1** Petite nappe d'eau peu profonde qui stagne. **2** *Mare de :* grande quantité de (liquide répandu).

marécage n. m. ■ Lieu inculte et humide où s'étendent des marais*. ► **marécageux, euse** adj.

maréchal, aux n. m. ■ Officier général qui a la dignité la plus élevée dans la hiérarchie militaire. ► **maréchalat** n. m.

maréchal des logis n. m. ■ Sous-officier (→ sergent) de cavalerie ou d'artillerie.

maréchalerie n. f. ■ Métier de maréchal-ferrant. ◆ Son atelier.

maréchal-ferrant n. m. ■ Artisan qui ferre les chevaux. *Des maréchaux-ferrants.*

maréchaussée n. f. ■ plais. Gendarmerie.

marée n. f. ■ **I 1** Mouvement journalier d'oscillation de la mer, dû à l'attraction lunaire. *À marée haute, basse.* **2** *MARÉE NOIRE :* mazout polluant l'eau de mer et atteignant les côtes. **3** fig. → **flot.** *Une marée humaine.* **II** Poissons, fruits de mer frais (→ **mareyeur**).

marégraphe n. m. ■ techn. Appareil enregistrant la hauteur des marées.

marelle n. f. ■ Jeu d'enfants qui consiste à pousser à cloche-pied un palet dans des cases numérotées.

marémotrice adj. f. ■ *Usine marémotrice,* où la marée produit de l'électricité.

marengo [-ʀɛ̃-] n. appos. ■ *Poulet, veau marengo,* préparé avec tomates, champignons, vin blanc.

marennes n. f. ■ Huître de Marennes.

mareyage n. m. ■ Activité des mareyeurs.

mareyeur, euse n. ■ Grossiste qui achète et expédie les produits de la pêche.

margarine n. f. ■ Corps gras alimentaire, végétal ou (plus rarement) animal.

margarita n. f. ou m. ■ Cocktail à base de tequila, de liqueur d'orange et de jus de citron vert.

margauder → **margoter**

margay n. m. ■ Chat sauvage de l'Amérique centrale et méridionale, appelé aussi *chat-tigre.*

marge n. f. ■ **1** Espace blanc autour (spécialt, à gauche) d'un texte écrit ou imprimé. *Écrire dans la marge.* **2** fig. Intervalle d'espace ou de temps ; possibilité d'action. *Avoir une marge de réflexion.* → **délai. 3** *Marge (bénéficiaire) :* différence entre prix de vente et coût. **4** *EN MARGE DE :* en dehors de, et en rapport. ◆ *Vivre en marge* (→ **marginal**).

margelle n. f. ■ Rebord de pierre (d'un puits, du bassin d'une fontaine).

marginal, ale, aux adj. ■ **1** didact. Qui est mis dans la marge. **2** Secondaire. **3** Qui vit en marge de la société. → **asocial.** ◆ n. *Des marginaux.* ► **marginalité** n. f.

marginaliser v. tr. [1] ■ Mettre à l'écart, tendre à exclure. ► **marginalisation** n. f.

marginalisme n. m. ■ écon. Théorie selon laquelle la valeur d'échange est déterminée par celle de la dernière unité disponible d'un produit. ► **marginaliste** adj. et n.

margis n. m. ■ argot milit. Maréchal des logis.

margoter ou **margotter** v. intr. [1] ■ (caille) Pousser son cri. – syn. **margauder.**

margouillat n. m. ■ Lézard des savanes africaines.

margoulette n. f. ■ fam. Tête, face.

margoulin, ine n. ■ péj. Individu peu scrupuleux en affaires.

margrave n. ■ hist. Prince souverain (Allemagne). ► **margraviat** n. m.

marguerite n. f. ■ Fleur blanche à cœur jaune, commune dans les prés.

marguillier, ière n. ■ **1** (Canada) Membre du conseil de fabrique d'une paroisse. **2** Laïc chargé de la garde et de l'entretien d'une église.

mari n. m. ■ Homme uni par le mariage. → **époux.**

mariable adj. ■ Qui est en état de se marier.

mariachi [maʀjatʃi] n. m. ■ Musicien d'un petit orchestre ambulant (surtout de cuivres), au Mexique.

mariage n. m. ■ **I 1** Union légitime de deux personnes dans les conditions prévues par la loi (→ **matrimonial**). **2** Cérémonie du mariage. → **noce. 3** État d'une personne mariée, d'un couple marié (opposé à *célibat*). **II** fig. Alliance, union. *Le mariage de deux parfums.*

marial, ale, als ou **aux** adj. ▪ Relatif à la Vierge Marie.

marié, ée adj. et n. ▪ **1** Uni(s) par le mariage. **2** n. Personne dont on célèbre le mariage.

marie-couche-toi-là n. f. ▪ fam. Femme facile. → Prostituée.

marie-jeanne n. f. ▪ fam. Marijuana.

marier v. tr. 7 ▪ **1** Unir (deux personnes) en célébrant le mariage. ♦ Donner en mariage. **2** pop. Épouser. **3** fig. Allier, unir. ▷ v. pron. **se marier**

marie-salope n. f. ▪ **1** techn. Bateau, chaland à fond mobile destiné à conduire en haute mer les produits de dragage. *Des maries-salopes.* **2** pop., vieilli Femme malpropre. → Prostituée.

marieur, euse n. ▪ fam. Personne qui aime s'entremettre pour conclure des mariages. → **entremetteur.**

marigot n. m. ▪ Bras mort d'un fleuve, marais*, eau morte (tropiques).

marijuana [maʀiʀwana ; -ʒɥana] n. f. ▪ Stupéfiant tiré du chanvre indien.

marimba [maʀimba] n. m. ▪ Xylophone africain dont chaque lame est munie d'un résonateur.

① **marin, ine** adj. ▪ **1** De la mer. *Sel marin.* **2** Relatif à la navigation sur mer. → loc. *Le pied marin,* l'équilibre à bord.

② **marin** n. m. ▪ **1** Navigateur. **2** Personne dont la profession est de naviguer sur la mer. → **matelot, navigateur.** → loc. fam. *Marin d'eau douce,* médiocre marin. **3** adj. *Costume marin,* qui rappelle celui des marins.

marina n. f. ▪ anglic. Ensemble touristique côtier comportant un port de plaisance.

marinade n. f. ▪ **1** Liquide (vin, etc.) salé et épicé pour mariner le poisson, la viande. **2** Aliment mariné.

① **marine** ▪ **I** n. f. **1** Ce qui concerne la navigation sur mer. **2** Navires d'une nation ou d'une catégorie. **II** adj. invar. *(BLEU) MARINE* : bleu foncé (des uniformes de marine). **III** n. f. Peinture ayant la mer pour sujet.

② **marine** n. m. ▪ Soldat de l'infanterie de marine américaine ou anglaise.

mariner v. 1 ▪ **1** v. tr. Tremper dans une marinade. → au p. p. *Poissons marinés.* ♦ intrans. *La viande marine.* **2** v. intr. fam. (sujet personne) Rester longtemps et désagréablement.

maringouin n. m. ▪ (Tropiques ; Canada) Moustique.

marinier, ière n. ▪ Personne qui navigue sur les rivières. → **batelier.**

marinière n. f. ▪ **I** *(À LA) MARINIÈRE* : à la manière des pêcheurs, des marins. *Moules (à la) marinière.* **II** **1** vieilli Blouse sans ouverture sur le devant. **2** Tee-shirt ou pull-over à rayures.

mariolle ou **mariol** adj. et n. ▪ fam. Malin.

marionnette n. f. ▪ **1** Figurine représentant un être humain ou un animal, actionnée à la main par une personne cachée. ▶ **marionnettiste** n. **2** fig. Personne qu'on manœuvre à son gré.

marisque n. f. ▪ pathol. Petite tumeur molle, ridée, à l'anus.

mariste n. ▪ Membre de la congrégation religieuse de la Société de Marie.

marital, ale, aux adj. ▪ Du mari ; du couple marié. ▶ **maritalement** adv.

maritime adj. ▪ **1** Près de la mer ; qui subit l'influence de la mer. **2** Qui se fait sur mer, par mer. **3** De la navigation. → **naval.**

maritorne n. f. ▪ vx Femme laide et sale.

marivauder v. intr. 1 ▪ Échanger des propos d'une galanterie délicate et recherchée. ▶ **marivaudage** n. m.

marjolaine n. f. ▪ Plante aromatique méditerranéenne. - syn. **origan.**

mark [maʀk] n. m. ▪ **1** Ancienne unité monétaire de l'Allemagne, de la Finlande (avant l'euro). **2** Unité monétaire de la Bosnie-Herzégovine.

marketing [-ke-] n. m. ▪ anglic. Techniques de stratégie commerciale, d'études de marché. - recomm. off. *mercatique* n. f.

marli n. m. ▪ techn. Bord intérieur d'un plat, d'une assiette.

marlin n. m. ▪ Grand poisson des mers chaudes, à rostre.

marlou n. m. ▪ fam. Souteneur. → fam. ② **maquereau.** *Des marlous.*

marmaille n. f. ▪ fam. Groupe nombreux de jeunes enfants (→ **marmot).**

marmelade n. f. ▪ Fruits écrasés et cuits avec du sucre.

marmite n. f. ▪ **1** Récipient pour faire bouillir l'eau, cuire des aliments. → loc. *Nez en pied de marmite,* épaté. *Faire bouillir la marmite,* faire vivre sa famille. **2** géol. *Marmite de géants* : cuvette d'érosion.

marmiton n. m. ▪ Jeune aide-cuisinier.

marmonner v. tr. 1 ▪ Dire, murmurer entre ses dents. ▶ **marmonnement** n. m.

marmoréen, éenne adj. ▪ littér. Qui a l'apparence du marbre.

marmot n. m. ▪ **1** fam. Jeune enfant. **2** loc. vieilli *Croquer le marmot,* attendre longtemps.

marmotte n. f. ▪ **I** Mammifère rongeur, hibernant. → loc. *Dormir comme une marmotte.* ♦ Sa fourrure. **II** Malle à deux parties qui s'emboîtent.

marmotter v. tr. 1 ▪ Marmonner. ▶ **marmottement** n. m

marmouset n. m. ▪ **1** fam., vieilli Enfant. **2** Petit singe d'Amérique.

① **marnage** n. m. ▪ agric. Amendement d'une terre par apport de marne.

② **marnage** n. m. ▪ Amplitude maximale entre la haute et la basse mer (correspond à l'estran).

marne n. f. ▪ Mélange naturel d'argile et de calcaire. ► **marneux, euse** adj.

marner v. intr. [1] ▪ **1** Amender (la terre) avec de la marne. **2** fig., fam. Travailler dur.

marnière n. f. ▪ Carrière de marne.

marocain, aine adj. et n. ▪ Du Maroc.

maroilles [maʀwal] n. m. ▪ Fromage au lait de vache, fabriqué en Artois et en Flandres.

maronite n. et adj. ▪ Chrétien appartenant au rite oriental de Syrie et du Liban.

maronner v. intr. [1] ▪ région. Maugréer.

maroquin n. m. ▪ Peau de chèvre ou de mouton, tannée et teinte.

maroquinerie n. f. ▪ Industrie des cuirs fins pour articles de luxe (portefeuilles, sacs, bagages). ♦ Commerce, magasin de ces articles. ► **maroquinier, ière** n.

marotte n. f. ▪ **1** hist. Sceptre de bouffon, surmonté d'une tête à capuchon garni de grelots. **2** mod. Idée fixe, manie.

marouette n. f. ▪ Râle d'eau, petit échassier.

maroufler v. tr. [1] ▪ Appliquer (un papier, une toile peinte) sur une surface avec de la colle forte. ► **marouflage** n. m.

marquage n. m. ▪ **1** Opération par laquelle on marque (I, 1) des animaux, etc. **2** sports Action de marquer (I, 8) un joueur.

marquant, ante adj. ▪ Qui laisse une trace, un souvenir. *Événement marquant.*

marque n. f. ▪ **I 1** Signe matériel, empreinte sur une chose, permettant de distinguer, reconnaître, repérer. *Faire une marque sur une liste.* **2** sports Trait, repère, dispositif pour régler certains mouvements. **3** Signe attestant un contrôle. → **cachet, estampille, poinçon.** **4** *Marque de fabrique.* → **étiquette, label** (anglic.). *Produits de marque,* qui portent une marque connue. ♦ Entreprise qui fabrique ces produits. ➝ loc. *Image* de marque.* **II 1** Trace naturelle dont l'origine est reconnaissable. → **empreinte, indice, trace.** **2** Objet qui sert à faire reconnaître, à retrouver. **3** Insigne. *Les marques de son grade.* **4** fig. Manifestation reconnaissable. *Donner des marques d'estime.* → **preuve.** **III** sports Décompte des points.

marque-page n. m. ▪ **1** Signe matériel qu'on insère entre deux pages d'un livre pour en retrouver un passage. *Des marque-pages.* **2** inform. Favori (II, 5).

marquer v. [1] ▪ **I** v. tr. **1** Distinguer, rendre reconnaissable par une marque (I), un repère. *Marquer des animaux.* **2** fam. Écrire, noter. ➝ au p. p. *C'est marqué dessus.* **3** (sujet chose) Former, laisser une trace, une marque sur (qqch.). ➝ fig. *Ces événements l'ont marqué.* **4** Indiquer, signaler. *Marquer une limite.* **5** (instrument) Indiquer. **6** *Marquer les points,* les enregistrer (→ **marque** (III)). ➝ loc. *MARQUER LE COUP* : réagir ; manifester que l'on a été atteint, touché. ➝ *MARQUER UN POINT,* obtenir un avantage. ➝ sports *Marquer un but, un essai.* → **réussir.** **7** Rendre sensible. *Marquer la mesure.* ➝ loc. *MARQUER LE PAS* : piétiner sur place ; fig. être ralenti dans son activité. **8** sports Surveiller (un joueur) en le serrant. **II** v. tr. fig. **1** Faire connaître, extérioriser (un sentiment, une pensée). → **exprimer, manifester.** *Marquer son refus.* **2** (sujet chose) Faire connaître, révéler par un signe. *Cela marque son intérêt.* **III** v. intr. **1** Faire une impression forte. *Des événements qui marquent.* **2** Laisser une trace, une marque. ▷ adj. **marqué, ée** *Visage marqué,* aux traits tirés, ou ridé. ♦ Qui se reconnaît facilement. *Une différence très marquée.*

marqueté, ée adj. ▪ **1** Bigarré, tacheté. **2** Formé ou décoré en marqueterie.

marqueterie [-kɛtʀi ; -kətʀi] n. f. ▪ **1** Assemblage décoratif de pièces (bois précieux, écaille, ivoire) sur un fond de menuiserie. **2** Fabrication de ces assemblages (ébénisterie).

marqueteur, euse n. ▪ Ébéniste spécialisé(e) dans les ouvrages de marqueterie.

marqueur, euse ▪ **I** n. **1** Personne qui appose des marques. **2** Personne qui compte les points. **II** n. m. **1** Instrument pour marquer. ♦ Crayon feutre. **2** sc. Élément repérable. **3** *Marqueur social* : ce qui indique l'origine sociale de qqn.

marquis, ise n. ▪ Noble qui prend rang avant le comte, la comtesse.

marquisat n. m. ▪ **1** Terre qui conférait à son possesseur le titre de marquis. **2** Dignité de marquis.

marquise n. f. ▪ Auvent vitré au-dessus d'une porte, d'un perron, etc.

marraine n. f. ▪ Femme qui tient (ou a tenu) un enfant (→ filleul) à son baptême.

marrane n. ▪ didact. Juif d'Espagne ou du Portugal converti au christianisme par contrainte, et resté fidèle à sa religion.

marrant, ante adj. ▪ fam. **1** Amusant, drôle. **2** Bizarre, curieux.

marre adv. ▪ fam. *EN AVOIR MARRE* : en avoir assez (→ ras le bol), être dégoûté.

se **marrer** v. pron. [1] ▪ fam. S'amuser, rire.

marri, ie adj. ▪ vx ou littér. Triste, fâché.

① **marron** n. m. ▪ **I 1** Fruit comestible du châtaignier cultivé. → **châtaigne.** ◆ *Marrons glacés,* confits dans du sucre. ◆ loc. *Tirer les marrons du feu,* se donner de la peine pour autrui. **2** *Marron d'Inde* ou *marron,* graine non comestible du marronnier d'Inde. **3** adj. invar. et n. m. (D'une) couleur brun foncé. **II** fam. Coup de poing.

② **marron, onne** adj. ▪ **1** anciennt *ESCLAVE MARRON,* qui s'était enfui pour vivre en liberté. **2** Qui se livre à l'exercice illégal d'une profession. *Médecin, avocat marron.* **3** adj. invar. fam. *Être (fait) marron,* pris, attrapé.

marronnasse adj. ▪ péj. D'un vilain marron.

marronnier n. m. ▪ **1** Châtaignier cultivé. **2** *Marronnier (d'Inde)* : grand arbre d'ornement à fleurs blanches ou roses. **3** Sujet d'information rebattu, répétitif.

marrube n. m. ▪ bot. Plante herbacée, vivace, à odeur musquée, des régions tempérées.

mars [maʀs] n. m. ▪ Troisième mois de l'année.

marsala n. m. ▪ Vin doux de Sicile.

marseillais, aise ▪ **1** adj. et n. De Marseille. **2** n. f. *La Marseillaise* : hymne national français.

marshal n. m. ▪ anglic. Aux États-Unis, Officier de police fédéral dans un comté ou un district fédéral. → **shérif.**

marshmallow [maʀʃmalo] n. m. ▪ anglic. Cube de guimauve de couleur pastel. *Des marshmallows.*

marsouin n. m. ▪ Mammifère cétacé des mers froides, plus petit que le dauphin.

marsupiaux n. m. pl. ▪ Ordre de mammifères vivipares, dont la femelle porte une poche ventrale, qui renferme les mamelles (ex. kangourou, koala). ◆ sing. *Un marsupial.*

marsupium [-jɔm] n. m. ▪ Cavité ventrale de la femelle des marsupiaux, renfermant les mamelles, dans laquelle s'achève le développement embryonnaire.

martagon n. m. ▪ Lis rose tacheté de pourpre, des régions montagneuses.

marte → **martre**

marteau n. m. ▪ **I 1** Outil pour frapper, masse métallique fixée à un manche. *Le marteau et l'enclume.* **2** Machine-outil agissant par percussion. ◆ loc. *Marteau pneumatique. Marteau-piqueur.* **3** Petit maillet de commissaire-priseur. **4** Pièce qui correspond à une touche du clavier et frappe une corde du piano. **5** Heurtoir (d'une porte). **6** appos. *REQUIN MARTEAU,* dont la tête présente deux prolongements latéraux. **7** Osselet de l'oreille moyenne. **8** Sphère métallique, à poignée, que les athlètes lancent. ◆ Lancer de cet engin. **II** adj. fam. Fou, cinglé.

martel n. m. ▪ vx Marteau. ◆ loc. *Se mettre martel en tête* : se faire du souci.

martelage n. m. ▪ Action de marteler (1).

martèlement ou **martellement** n. m. ▪ Choc du marteau. ◆ Bruit répété.

marteler v. tr. [5] ▪ **1** Frapper, forger à coups de marteau. **2** Frapper fort et à coups répétés sur (qqch.). **3** Articuler avec force.

martensite [-ɛ̃-] n. f. ▪ techn. Mélange de carbone et de fer qui entre dans la constitution des aciers trempés. ► **martensitique** adj.

martial, ale, aux adj. ▪ **1** Relatif à la guerre, à la force armée. *Loi martiale.* ◆ *Cour martiale,* tribunal militaire exceptionnel. **2** Militaire. *Allure martiale.* **3** *Arts martiaux,* sports de combat d'origine japonaise (aïkido, jiu-jitsu, judo, karaté...).

martien, ienne ▪ **1** adj. De la planète Mars. **2** n. Habitant (fictif) de la planète Mars ; extraterrestre.

① **martinet** n. m. ▪ Oiseau passereau, à longues ailes, qui ressemble à l'hirondelle.

② **martinet** n. m. ▪ Petit fouet à plusieurs lanières.

martingale n. f. ▪ **I** Bande horizontale dans le dos d'un vêtement, à la taille. **II** au jeu Combinaison basée sur les probabilités.

martini n. m. (marque déposée) ▪ **1** Apéritif (vermouth) de cette marque. **2** anglic. Aux États-Unis, Cocktail de gin et de vermouth blanc sec.

martin-pêcheur n. m. ▪ Petit oiseau à long bec, qui se nourrit de poissons.

martre n. f. ▪ Mammifère carnivore au corps allongé, au museau pointu, au pelage brun. ◆ Sa fourrure. – var. **marte.**

martyr, yre n. ▪ **1** Personne qui a souffert, a été mise à mort pour avoir refusé d'abjurer sa foi. **2** Personne qui meurt ou souffre pour une cause. **3** Personne que les autres maltraitent, martyrisent. → **souffre-douleur.** ◆ appos. *Enfant martyr.*

martyre n. m. ▪ **1** La mort, les tourments des martyrs (1 et 2). **2** Grande souffrance.

martyriser v. tr. [1] ▪ Faire souffrir beaucoup, physiquement ou moralement.

martyrologe n. m. ▪ Liste de martyrs.

marxisme n. m. ▪ Doctrine de Karl Marx, Friedrich Engels et leurs continuateurs. → **communisme, socialisme.** *Marxisme-léninisme.* ► **marxiste** adj. et n.

mas [ma(s)] n. m. ▪ Ferme (en Provence).

masaï → **massaï**

mascara n. m. ▪ Fard pour les cils.

mascarade n. f. ▪ **1** Divertissement masqué. **2** Déguisement, accoutrement ridicule ou bizarre. **3** fig. Mise en scène trompeuse.

mascaret n. m. ▪ Longue vague déferlante à la rencontre du flux et du reflux.

mascarpone n. m. ▪ Fromage italien, crème de gorgonzola.

mascotte n. f. ▪ Animal, personne ou objet porte-bonheur. → **fétiche.**

masculin, ine adj. ▪ **I 1** Qui a les caractères de l'homme, du mâle. → **viril. 2** Qui a rapport à l'homme, est réservé aux hommes. **3** Composé d'hommes. **II** gramm. **1** adj. et n. m. Se dit d'un genre des noms (et adjectifs) opposé à d'autres (féminin, neutre) et qui s'applique à l'origine aux êtres mâles. **2** *Rime masculine*, qui ne se termine pas par un e muet.

masculiniser v. tr. [1] ▪ **1** Rendre masculin, donner des manières d'homme à. → **viriliser. 2** biol. Provoquer l'apparition de caractères sexuels masculins dans (un organisme humain). ► **masculinisation** n. f.

masculinité n. f. ▪ Qualité d'homme, de mâle. – Ensemble des caractéristiques masculines. → **virilité.**

maser [mazɛʀ] n. m. (mot angl., sigle de *microwave amplification by stimulated emission of radiation*, cf. laser) ▪ phys. Amplificateur de micro-ondes par l'émission stimulée des atomes (ou des molécules) excités par le rayonnement électromagnétique.

maskinongé n. m. ▪ (Canada) Grand brochet.

masochisme n. m. ▪ **1** psych. Comportement sexuel par lequel le plaisir ne peut être obtenu qu'en souffrant (s'oppose à *sadisme*). **2** cour. Comportement d'une personne qui aime souffrir. ► **masochiste** adj. et n.

masquage n. m. ▪ Action de masquer.

masque n. m. ▪ **I 1** Objet dont on couvre le visage humain pour le transformer. *Masques africains. Masque de carnaval.* – loc. *Lever, jeter le masque*, se montrer tel qu'on est. ♦ Personne masquée. **2** fig. Dehors trompeur. *Un masque d'indifférence.* **3** Aspect du visage. *Avoir un masque impénétrable.* → **air, expression. II 1** Empreinte prise sur le visage d'un mort. **2** Appareil qui sert à protéger le visage. *Masque d'escrime.* ♦ *Masque à gaz*, protégeant des gaz toxiques. – Dispositif anesthésique. **3** Couche appliquée sur le visage pour traiter l'épiderme.

masquer v. tr. [1] ▪ **1** Couvrir d'un masque (I, 1). **2** Déguiser sous une fausse apparence. *Masquer la vérité.* **3** Cacher. *Cela masque la vue.* ▻ adj. **masqué, ée** *Bandits masqués.* – *Bal masqué*, avec masques.

massacrant, ante adj. ▪ loc. *Humeur massacrante*, très mauvaise.

massacre n. m. ▪ **I 1** Action de massacrer. → **carnage, tuerie ; génocide, pogrom.** ♦ *Jeu de massacre*, où l'on abat des figurines, en lançant des balles. **2** fig. Mise à mal d'un adversaire. **3** fig. Destruction massive. ♦ Travail très mal exécuté. **II** Tête (par ext. bois) de cerf, de daim, servant de trophée.

massacrer v. tr. [1] ▪ **1** Tuer avec sauvagerie et en masse (des êtres sans défense). → **exterminer. 2** Mettre à mal (un adversaire en état d'infériorité). → fam. **démolir. 3** fam. Mettre (une chose) en très mauvais état. ♦ Endommager involontairement. ♦ Faire très mal (un travail). ► **massacreur, euse** n.

massage n. m. ▪ Action de masser ②; technique du masseur.

massaï [masaj] adj. et n. ▪ Relatif aux Massaïs. – n. m. *Le massaï* : langue nilotique. – var. **masaï.**

massala n. m. ▪ Plat cuisiné avec un mélange d'épices (Inde, océan Indien). – var. **massalé.**

massaliote adj. ▪ hist. Relatif à Marseille du temps qu'elle était colonie grecque. → **phocéen.**

① **masse** n. f. ▪ **I 1** Quantité relativement grande (de substance solide ou pâteuse), sans forme précise. ♦ Quantité relativement grande (d'un fluide). *Masse d'air froid.* ♦ Volume important (de qqch.). – *Taillé dans la masse*, dans un seul bloc. **2** arts Éléments principaux perçus comme des unités. **3** *MASSE DE* (suivi du plur.) : réunion de nombreux éléments distincts. **4** Multitude de personnes. *Culture de masse. Les masses laborieuses.* – absolt *LES MASSES.* → **peuple. II** loc. adv. *EN MASSE.* **1** En un groupe nombreux. → en **bloc,** en **foule. 2** fam. En grande quantité. **III** sc. **1** Quantité de matière (d'un corps); rapport constant qui existe entre les forces appliquées à un corps et les accélérations correspondantes (≠ *poids*). *Masse spécifique* (de l'unité de volume). → **densité.** – *Masse atomique.* **2** Conducteur électrique commun auquel sont reliés les points de même potentiel d'un circuit. – loc. fig. *Être à la masse*, un peu fou.

② **masse** n. f. ▪ **1** hist. *Masse (d'armes)* : arme de choc. → **massue. 2** Gros maillet. **3** fam. *Coup de masse* : choc violent ; prix excessif.

massé n. m. ▪ Au billard, Coup donné en frappant la boule de haut en bas.

massepain n. m. ▪ Pâtisserie d'amandes pilées, sucre et blancs d'œufs.

① **masser** v. tr. [1] ▪ Rassembler en une masse, en masses. ▻ v. pron. **se masser**

② **masser** v. tr. [1] ▪ Frotter, presser, pétrir (des parties du corps) avec les mains ou des appareils, dans une intention thérapeutique (→ **masseur).**

masséter [-ɛʀ] n. m. ▪ anat. Muscle élévateur du maxillaire inférieur.

massette n. f. ▪ **I** Petite masse. **II** Plante aquatique à épi compact, brun et velouté.

masseur, euse n. ▪ **1** Professionnel du massage. *Masseur kinésithérapeute.* **2** n. m. Appareil servant à masser.

massicot n. m. ■ techn. Machine à rogner le papier. ► **massicoter** v. tr. [1] ► **massicotage** n. m.

① **massif, ive** adj. ■ **1** Dont la masse occupe tout le volume (opposé à *creux*). *Bijou d'or massif.* **2** Qui semble une masse épaisse ou compacte. *Une construction massive.* **3** Qui est fait, donné en masse. *Dose massive.*

② **massif** n. m. ■ **1** archit. Ouvrage de maçonnerie formant une masse pleine. **2** Groupe compact (d'arbres, de fleurs). **3** Ensemble montagneux (opposé à *chaîne*).

massifier v. tr. [7] ■ didact. **1** Faire une masse anonyme de (un groupe d'individus). **2** Adapter à la masse. ➛ au p. p. *La culture massifiée.* ► **massification** n. f.

massique adj. ■ phys. De la masse. *Volume massique.*

massivement adv. ■ **1** D'une manière massive. **2** En masse, en grand nombre.

mass media [masmedja] n. m. pl. ■ anglic. Supports de diffusion massive de l'information. → **média.**

massore n. f. ■ relig. Travail critique sur le texte hébreu de la Bible. – var. **massorah.**

massothérapie n. f. ■ (Canada) Traitement thérapeutique par des massages. ► **massothérapeute** n.

massue n. f. ■ **1** Bâton à grosse tête noueuse, servant d'arme. →② **masse. 2** appos. *Des arguments massue,* qui laissent sans réplique.

mastaba n. m. ■ archéol. Tombeau égyptien en pyramide tronquée.

mastard adj. et n. ■ argot Très gros, énorme. ➛ n. Individu corpulent et grand. → **balèze, costaud.**

mastectomie n. f. ■ chir. Excision ou ablation d'un sein. → **mammectomie.**

① **master** [-tœʀ ; -tɛʀ] n. m. ■ anglic. Enregistrement original à partir duquel on réalise des copies.

② **master** [-tœʀ ; -tɛʀ] n. m. ■ anglic. Grade universitaire entre la licence et le doctorat.

master class n. f. invar. ■ anglic., mus. Classe de musique donnée par un maître, un artiste reconnu.

mastère n. m. (nom déposé) ■ Diplôme sanctionnant une année de formation supérieure spécialisée de haut niveau.

mastic n. m. ■ **I 1** Mélange pâteux et adhésif durcissant à l'air. **2** adj. invar. D'une couleur gris-beige clair. **II** imprim. Mélange de caractères ou interversion.

masticage n. m. ■ Action de mastiquer (1).

masticateur, trice adj. ■ Qui sert à mâcher.

masticatoire ■ **1** adj. didact. Qui sert à la mastication. **2** n. m. Substance à mâcher.

mastiff n. m. ■ Chien de garde d'une race voisine du dogue.

① **mastiquer** v. tr. [1] ■ Joindre ou boucher avec du mastic.

② **mastiquer** v. tr. [1] ■ Mâcher longuement. ► **mastication** n. f.

masto- Élément, du grec *mastos* «mamelle». → **mammo-.**

mastoc adj. invar. ■ péj. Massif et sans grâce.

mastocyte n. m. ■ biol. Cellule du tissu conjonctif, de grande taille, qui participe aux réactions immunitaires.

mastodonte n. m. ■ **1** Grand animal fossile proche du mammouth. **2** Personne énorme. **3** Machine, objet gigantesque.

mastoïde n. f. ■ anat. Partie postérieure de l'os temporal. ► **mastoïdien, ienne** adj.

mastoïdite n. f. ■ Inflammation de la mastoïde.

mastroquet n. m. ■ vx Tenancier de débit de boissons. ➛ Café populaire.

masturber v. tr. [1] ■ Procurer à (qqn) le plaisir par des contacts manuels. ▷ v. pron. **se masturber** ► **masturbation** n. f.

m'as-tu-vu [maty-] n. invar. et adj. invar. ■ Prétentieux, vaniteux.

masure n. f. ■ Petite habitation misérable.

① **mat, mate** [mat] adj. ■ **1** Qui n'est pas brillant ou poli. **2** *Teint mat,* assez foncé et peu coloré **(→ matité). 3** (sons) Qui a peu de résonance. *Un bruit mat.*

② **mat** [mat] adj. invar. et n. m. ■ Se dit, aux échecs, du roi qui peut être pris et sera pris si on le déplace. *Échec* et mat.*

mât n. m. ■ **1** Long poteau sur le pont d'un navire pour porter les voiles et leur gréement (voiliers), ou les installations radioélectriques, etc. **2** Longue perche ou poteau lisse.

matabiche n. m. ■ (Afrique) Pourboire, pot-de-vin.

matador n. m. ■ Torero chargé de la mise à mort du taureau.

matage n. m. ■ techn. Action de rendre mat ; son résultat. *Matage d'une dorure.*

matamore n. m. ■ Faux brave, fanfaron.

match n. m. ■ Compétition entre concurrents ou équipes. *Des match(e)s.*

matcha n. m. ■ Thé vert japonais en poudre.

matchiche [mat-] n. f. ■ Danse d'origine brésilienne, à deux temps, en vogue au début du XXe siècle.

match-play n. m. ■ anglic. Compétition de golf qui se joue trou par trou. *Des match-plays.*

maté n. m. ■ Feuilles séchées et torréfiées d'un houx d'Amérique du Sud ; leur infusion, riche en caféine (comme le thé).

matefaim n. m. ■ région. Galette, crêpe épaisse.

matelas n. m. ■ 1 Pièce de literie, long et large coussin rembourré. ➝ *Matelas pneumatique*, enveloppe gonflable. 2 Épaisse couche. *Un matelas de billets.*

matelasser v. tr. 1 ■ 1 Rembourrer comme un matelas. 2 Doubler de tissu ouaté. ➝ au p. p. *Manteau matelassé.* ► **matelassage** n. m.

matelassier, ière n. ■ Personne dont le métier est de confectionner ou de réparer les matelas.

matelot n. m. ■ Homme d'équipage d'un navire. → **marin.**

matelotage n. m. ■ Technique des nœuds et ouvrages en cordage.

matelote n. f. ■ Plat de poissons en morceaux, avec du vin rouge et des oignons.

① **mater** v. tr. 1 ■ 1 Rendre définitivement docile (qqn, une collectivité, un animal). → **dompter.** 2 Réprimer. *Mater une révolte.*

② **mater** v. tr. 1 ■ fam. Regarder sans être vu.

③ **mater** n. f. [matɛʀ] ■ fam. (enfants) Mère.

mâter v. tr. 1 ■ mar. Pourvoir de mâts.

mater dolorosa [matɛʀdɔlɔʀoza] n. f. invar. ■ 1 arts Vierge au pied de la Croix ou soutenant son fils mort. → **pietà.** 2 fig., fam. Femme mélancolique.

mâtereau n. m. ■ mar. Petit mât.

matérialiser v. tr. 1 ■ Représenter sous forme matérielle. ▷ v. pron. **se matérialiser** → se **concrétiser.** ► **matérialisation** n. f.

matérialisme n. m. ■ I philos. 1 Doctrine d'après laquelle il n'existe d'autre substance que la matière (s'oppose à *idéalisme*, à *spiritualisme*). 2 *Matérialisme historique, dialectique*, le marxisme. II Recherche des jouissances, des biens matériels. ► **matérialiste** adj. et n.

matérialité n. f. ■ Caractère matériel.

matériau n. m. ■ Matière servant à construire, à fabriquer.

matériaux n. m. pl. ■ 1 Matières nécessaires à la construction (d'un bâtiment, d'un ouvrage, d'un navire, d'une machine). *Matériaux de construction.* 2 fig. Éléments constitutifs d'un tout, d'une œuvre.

matériel, elle ■ I adj. 1 didact. De la nature de la matière, constitué par de la matière (s'oppose à *idéal*, *spirituel*). 2 De nature concrète, physique. *Impossibilités matérielles. Preuve matérielle.* → **tangible.** 3 Qui concerne les aspects extérieurs, concrets. *L'organisation matérielle d'un spectacle.* 4 Relatif aux biens tangibles (spécialt à l'argent). *Difficultés matérielles*, financières. II n. m. 1 Ensemble des objets, instruments, machines utilisés ensemble. → **équipement, outillage.** 2 inform. Éléments concrets des machines informatiques (remplace l'anglic. *hardware* ; s'oppose à *logiciel*). 3 didact. Ensemble d'éléments soumis à l'analyse. → **donnée.**

matériellement adv. ■ 1 Dans le domaine de la matière. ♦ Concrètement, physiquement. 2 Quant aux biens matériels. 3 En fait, effectivement. *C'est matériellement impossible.*

maternel, elle adj. ■ 1 De la mère. 2 Qui a le comportement, joue le rôle d'une mère. *Elle est maternelle avec son mari* (► **maternellement** adv.). ♦ (ÉCOLE) MATERNELLE, établissement d'enseignement primaire (deux à six ans). 3 Par la mère (filiation) (opposé à *paternel*). *Sa grand-mère maternelle.* 4 *Langue maternelle*, la première langue apprise par un enfant.

materner v. tr. 1 ■ Traiter (qqn) de façon maternelle. → **choyer, dorloter.** ► **maternage** n. m.

maternisé, ée adj. ■ *Lait maternisé* : lait animal traité pour se rapprocher du lait de femme.

maternité n. f. ■ I 1 État, qualité de mère. 2 Fait de porter et de mettre au monde un enfant. II Établissement ou service hospitalier réservé aux femmes qui accouchent.

mateur, euse n. ■ fam. Personne qui aime mater (②).

mathématicien, ienne n. ■ Spécialiste, chercheur en mathématiques. → **matheux.**

mathématique ■ I adj. 1 Des mathématiques. 2 Qui présente les caractères de la pensée mathématique. → **précis, rigoureux.** 3 fam. Absolument certain. → **automatique, logique.** II n. f. 1 *LES MATHÉMATIQUES* ; fam. *LES MATHS* ; didact. *LA MATHÉMATIQUE* : sciences ayant pour objet la quantité et l'ordre. → **algèbre, analyse, arithmétique, calcul, géométrie ; nombre.** *Mathématiques pures ; appliquées (physique, statistique, etc.).* 2 Enseignement, classe de mathématiques.

mathématiquement adv. ■ 1 Selon les méthodes des mathématiques. 2 Exactement, rigoureusement.

mathématiser v. tr. 1 ■ didact. Appliquer une structure, un procédé mathématique à (un objet de savoir). ► **mathématisation** n. f.

matheux, euse adj. et n. ■ fam. Qui étudie les maths ; fort en maths. → **mathématicien.**

maths n. f. pl. ■ → **mathématique.**

mathusalem [-ɛm] n. m. ■ I littér. Homme très âgé. II Grosse bouteille (de champagne) contenant l'équivalent de huit bouteilles normales (soit 6 l).

matière n. f. ■ I 1 didact. Substance qui constitue le monde sensible, les corps. *Les trois états de la matière*, solide, liquide, gazeux. 2 Substance que l'on peut connaître par les sens. ➝ *Matière première* : produit ou substance non encore transformé(e). ♦ *Matières grasses* : graisses alimentaires. 3 *Matières (fécales).* → **excrément.** 4 fam. *Matière grise* : le cerveau ; l'intelligence.

II fig. **1** Contenu, sujet (d'un ouvrage). ◆ *Entrée en matière* (d'un discours) : commencement. **2** Domaine d'études scolaires, d'enseignement. **3** (après *en, sur*) Ce sur quoi s'exerce ou peut s'exercer l'activité humaine. ◆ *EN MATIÈRE* (+ adj.). *En matière artistique, scientifique.* ◆ *EN MATIÈRE DE* loc. prép. : dans le domaine, sous le rapport de. **4** *Donner MATIÈRE À...*, donner lieu (III, 5) à.

MATIF [matif] n. m. (sigle ; d'abord *marché à terme d'instruments financiers*) ■ Bourse Marché à terme* international de France.

matifiant, ante adj. ■ Qui rend plus mat (le teint, la peau). *Fond de teint matifiant.*

matifier v. tr. [7] ■ Rendre mat.

matin n. m. ■ **1** Début du jour. *Le petit matin* : le moment où se lève le jour. ◆ *De bon matin* : très tôt. **2** La première partie de la journée qui se termine à midi. → **matinée.** ◆ *Tous les lundis matin.* ◆ *Un beau matin* (→ un beau jour). **3** Temps (douze heures) entre minuit et midi (opposé à *après-midi* ou à *soir*). **4** fig. Commencement. *Le matin de la vie.*

mâtin ■ **I** n. m. Grand et gros chien de garde ou de chasse. **II** interj. vx Marque la surprise ou l'admiration.

matinal, ale, aux adj. ■ **1** Du matin. **2** (personnes) Qui s'éveille, se lève tôt.

matinalement adv. ■ littér. À une heure matinale, de bon matin.

mâtiné, ée adj. ■ *Mâtiné de* : mêlé de.

matinée n. f. ■ **1** La partie de la journée qui va du lever du soleil à midi. ◆ loc. *Faire la grasse matinée* : se lever tard, paresser au lit. **2** Réunion, spectacle qui a lieu l'après-midi (s'oppose à *soirée*).

matines n. f. pl. ■ relig. cathol. Office nocturne.

matir v. tr. [2] ■ techn. Rendre mat (un métal précieux). ◆ au p. p. *Argent mati.*

matité n. f. ■ Caractère de ce qui est mat.

matoir n. m. ■ techn. Outil qui sert à matir un métal.

matois, oise adj. ■ littér. Rusé sous des dehors de bonhomie.

maton, onne n. ■ argot Gardien(ne) de prison (qui *mate*, surveille les détenus).

matos [-os] n. m. ■ fam. Matériel, équipement pour une activité.

matou n. m. ■ Chat domestique mâle.

matoutou ■ (Antilles) **1** n. f. Mygale arboricole des Antilles et de la Guyane. *Des matoutous.* **2** n. m. Crabe de terre. ♦ Plat martiniquais à base de crabe de terre.

matraque n. f. ■ Arme contondante assez courte.

matraquer v. tr. [1] ■ **1** Frapper à coups de matraque sur (qqn). **2** Présenter une addition excessive à (qqn). **3** Infliger (un message publicitaire...) d'une manière répétée. ► **matraquage** n. m.

matras n. m. ■ chim. Récipient au col étroit et long.

matri- Élément savant, du latin *mater* «mère».

matriarcat n. m. ■ didact. Régime juridique ou social où la mère est le chef de la famille (opposé à *patriarcat*). ► **matriarcal, ale, aux** adj.

matriarche n. f. ■ rare Femme qui joue un rôle important au sein d'une communauté, d'une famille.

matricaire n. f. ■ Plante aux fleurs en capitules et au feuillage découpé.

matrice n. f. ■ **I** vx Utérus. **II** Moule qui, après avoir reçu une empreinte en creux et en relief, peut la reproduire. *La matrice d'un disque.* **III** sc. Tableau rectangulaire de nombres.

matricer v. tr. [3] ■ techn. Donner à (un objet) sa forme par la pression d'une matrice. ► **matriçage** n. m.

matricide n. ■ **1** n. m. Crime de la personne qui a tué sa mère. **2** Personne qui a tué sa mère. → **parricide.** ◆ adj. *Fils matricide.*

matriciel, ielle adj. ■ sc. Où interviennent les matrices (III). *Calcul matriciel.*

matriclan n. m. ■ ethnol. Clan dont le recrutement est assuré par la voie matrilinéaire (opposé à *patriclan*).

matricule ■ **1** n. f. Liste où sont inscrits des noms avec un numéro. ◆ adj. *Numéro matricule.* **2** n. m. Numéro d'inscription. ◆ loc. fam. *Ça va barder pour son matricule* : il va avoir des ennuis.

matrilinéaire adj. ■ ethnol. Qui ne reconnaît que l'ascendance maternelle (opposé à *patrilinéaire*). *Société matrilinéaire.*

matrilocal, ale, aux adj. ■ ethnol. Se dit du type de résidence d'un couple lorsque celle-ci est déterminée par la résidence de la mère de l'épouse (opposé à *patrilocal*).

matrimonial, ale, aux adj. ■ Qui a rapport au mariage. → **conjugal.**

matriochka n. f. ■ Poupée russe traditionnelle, constituée d'une série de poupées gigognes.

matrone n. f. ■ **1** Antiq. Épouse d'un citoyen romain. **2** vx Sage-femme. **3** péj. Grosse femme d'âge mûr.

matronyme n. m. ■ didact. Nom de famille transmis par la mère (opposé à *patronyme*). ► **matronymique** adj.

matthiole n. f. ■ bot. Giroflée rouge aux fleurs odorantes.

maturation n. f. ■ Fait de mûrir.

mature adj. ▪ Qui fait preuve de maturité (I, 4).

mâture n. f. ▪ Les mâts (d'un navire).

maturité n. f. ▪ **I 1** État d'un fruit mûr. **2** fig. Plein développement. *Idée qui vient à maturité.* **3** L'âge mûr. **4** Sûreté de jugement qui s'acquiert avec l'expérience. **II** (Suisse) Examen de fin d'études secondaires.

matutinal, ale, aux adj. ▪ littér. Du matin, qui a lieu le matin.

maubèche n. f. ▪ Bécasseau de grande taille du nord de l'Europe.

maudire v. tr. [2] sauf pour l'inf. et le p. p. *maudit, ite* ▪ **1** Vouer au malheur (→ malédiction). **2** relig. Vouer (qqn) à la damnation.

maudit, ite adj. ▪ **1** Rejeté par Dieu. ◆ Condamné, repoussé. → **réprouvé.** *Les poètes maudits.* **2** (avant le nom) Mauvais. → **sale.** *Maudite panne !*

maugréer v. intr. [1] ▪ Protester à mi-voix avec mauvaise humeur.

maul n. m. ▪ anglic. (au rugby) Regroupement autour du porteur du ballon. *Maul pénétrant.*

maurandie n. f. ▪ bot. Plante herbacée d'origine mexicaine, cultivée pour ses fleurs à grande corolle.

maure adj. et n. ▪ **1** hist. De la Mauritanie romaine. ◆ (au Moyen Âge) Arabe, sarrasin. - var. **more. 2** Du Sahara occidental.

maurelle n. f. ▪ Croton (plante) donnant un colorant brun appelé *tournesol des teinturiers.*

mauresque n. et adj. ▪ vx Arabe, musulman (style d'architecture).

mauser [mozɛʀ] n. m. ▪ Fusil en usage dans l'armée allemande de 1870 à 1945. ◆ Modèle de pistolet automatique. *Des mausers.*

mausolée n. m. ▪ Grand monument funéraire.

maussade adj. ▪ **1** Triste et désagréable. **2** Qui inspire de l'ennui. *Temps maussade.* ▶ **maussaderie** n. f. littér.

mauvais, aise adj. ▪ en épithète, souvent avant le nom **I** (opposé à *bon*) **1** Qui présente un défaut, une imperfection essentielle ; qui a une valeur faible ou nulle. *Un mauvais repas. Produit de mauvaise qualité. Ce film est mauvais. Mauvais raisonnement.* ◆ Qui ne fonctionne pas correctement. *Il a de mauvais yeux.* **2** n. m. *Il y a du bon et du mauvais.* **3** (personnes) Qui ne remplit pas correctement son rôle. *Un mauvais directeur.* **4** Qui est mal choisi, ne convient pas. *Prendre la mauvaise route.* **II** (opposé à *bon, beau, heureux*) **1** Qui annonce du malheur. *C'est mauvais signe. Mauvaise nouvelle.* **2** Qui est cause de mal, de malheur, d'ennuis. → **dangereux, nuisible.** *C'est mauvais pour lui.* ◆ *La mer est mauvaise,* très agitée. **3** Désagréable aux sens. *Mauvais goût.* ◆ *Mauvais temps* (opposé à *beau*). *Il fait mauvais.* **4** Peu accommodant. *Mauvaise humeur.* **III** (opposé à *bon, honnête*) **1** Contraire à la morale. *Mauvaise conduite.* **2** (personnes) Qui fait ou aime à faire le mal. → **méchant.** ◆ vieilli *Mauvais garçon* : voyou. ◆ *Une mauvaise langue* (qui calomnie). ◆ *Mauvaise action. Donner le mauvais exemple.* **3** (choses ; peut s'employer après le nom) Qui dénote de la méchanceté, de la malveillance. *Une joie mauvaise.* **IV** adv. *Sentir mauvais* (fig. prendre une mauvaise tournure).

mauve ▪ **I** n. f. Plante à fleurs roses ou violettes. **II** adj. et n. m. (D'un) violet pâle.

mauvéine n. f. ▪ chim. Colorant violet dérivé de l'aniline.

mauviette n. f. ▪ **1** vieilli Petit oiseau bon à manger. **2** fig. Personne chétive, maladive.

maxi- Élément tiré de *maximum* signifiant « grand, long » (opposé à *mini-*).

maxillaire [-il-] n. m. ▪ Os des mâchoires.

maxille [-il] n. f. ▪ zool. **1** Mâchoire des insectes. **2** Deuxième mâchoire des crustacés, en arrière des mandibules.

maxima → **maximum**

a **maxima** → **a maxima**

maximal, ale, aux adj. ▪ Qui constitue un maximum. *Températures maximales.*

maximaliser → **maximiser**

maximalisme n. m. ▪ Position radicale, extrémiste (en politique). ▶ **maximaliste** adj. et n.

maxime n. f. ▪ Formule énonçant une règle de conduite. → **aphorisme, sentence.**

maximiser v. tr. [1] ▪ anglic. **1** didact. Donner la plus haute valeur, la plus grande importance à (qqch.). - syn. **maximaliser. 2** écon. Porter à son maximum. *Maximiser la production.* ▶ **maximisation** n. f.

maximum [-ɔm] ▪ **1** n. m. Valeur la plus grande atteinte par une quantité variable ; limite supérieure (s'oppose à *minimum*). *Les maximums* ou *les maxima.* ◆ *Le maximum de* (+ nom au plur.), le plus grand nombre de. ♦ *Au maximum,* au plus. **2** adj. Qui constitue un maximum. *Rendement maximum.* ◆ au plur. *Des prix maximums* ou *maxima.*

maxwell n. m. ▪ phys. Unité de mesure de flux magnétique du système CGS, valant 10^{-8} weber (symb. Mx).

maya [maja] adj. ▪ Des Mayas.

maye [mɛ] n. f. ▪ techn. Auge de pierre destinée à recevoir l'huile d'olive dans un pressoir.

mayen [majɛ̃] n. m. ▪ (Suisse) Pâturage d'altitude moyenne avec bâtiment, où le bétail séjourne au printemps et en automne. ◆ Chalet sur un mayen.

mayeur, eure [maj-] → **maïeur**

mayonnaise [majɔ-] n. f. ▪ Sauce froide composée d'huile, d'œufs et d'assaisonnements battus jusqu'à prendre de la consistance. ➛ loc. *La mayonnaise prend* (fig. la chose prend tournure). ➛ appos. invar. *Des œufs mayonnaise.*

mazagran n. m. ▪ **1** vx Café (chaud ou froid). **2** Verre à pied en porcelaine.

mazarinade n. f. ▪ hist. Pamphlet, chanson publiés contre Mazarin, pendant la Fronde.

mazdéen, enne adj. ▪ relig. Relatif au mazdéisme.

mazdéisme n. m. ▪ Religion de l'Iran antique, dualiste. → **manichéisme.**

mazette interj. ▪ région. Exclamation d'étonnement, d'admiration.

mazot n. m. ▪ région. (Savoie, Suisse) Petit bâtiment rural. ➛ Petit chalet d'alpage.

mazout [-ut] n. m. ▪ Résidu de la distillation du pétrole, combustible épais, brun. → **fuel.** ▷ adj. **mazouté, ée** Souillé par le mazout répandu (→ marée noire).

mazoutage n. m. ▪ Le fait de souiller de mazout, de polluer par le mazout.

mazouter v. [1] ▪ **1** v. intr. mar. Faire le plein de mazout (d'un navire). **2** v. tr. Souiller de mazout. ➛ au p. p. *Oiseaux mazoutés.*

mazurka n. f. ▪ Danse à trois temps d'origine polonaise ; sa musique.

MBA ou **M. B. A.** n. m. (sigle angl.) ▪ anglic. Diplôme d'études supérieures, sanctionnant une formation consacrée aux affaires (droit, finance...).

Md ▪ Symbole chimique du mendélévium.

MDMA n. f. ▪ Drogue de synthèse dérivée de la méthamphétamine. → **ecstasy.**

me pron. pers. ▪ (s'élide en *m'* devant voyelle ou *h* muet) Pronom personnel complément de la première personne du singulier. **1** compl. d'objet dir. (représente la personne qui parle, qui écrit) *On m'a vu.* ➛ *Je me suis préparé.* ➛ *Me voici de retour.* **2** compl. d'objet indir. À moi. *Il me fait pitié.*

mé- ou **més-** (devant voyelle) ▪ Préfixe qui signifie «mauvais» (ex. *mésaventure*).

mea-culpa [mea-] n. m. invar. ▪ Aveu (d'une faute, de ses fautes).

méandre n. m. ▪ **1** Sinuosité (d'un cours d'eau). **2** fig. *Les méandres d'un récit.*

méat n. m. ▪ Canal, orifice (d'un canal anatomique). *Méat urinaire.*

mec n. m. ▪ fam. Homme, individu.

mécanicien, ienne n. ▪ **1** didact. Physicien(ne) spécialiste de la mécanique (II, 1). ♦ Ingénieur en mécanique (II, 2). **2** cour. Professionnel(le) qui monte, entretient, répare les machines. → fam. **mécano. 3** Personne qui conduit une locomotive.

mécanique ▪ **I** adj. **1** Exécuté ou mû par un mécanisme ; qui utilise des machines. **2** Qui concerne les machines et moteurs. *Avoir des ennuis mécaniques.* **3** Machinal. *Un geste mécanique.* **4** sc. Qui consiste en mouvements, est produit par un mouvement. *Énergie mécanique.* **II** n. f. **1** Partie des mathématiques et de la physique qui étudie le mouvement et l'équilibre des corps. *Mécanique quantique.* **2** Science de la construction et du fonctionnement des machines. **3** Mécanisme. ♦ loc. fam. *Rouler les* (ou *des*) *mécaniques,* les épaules.

mécaniquement adv. ▪ D'une manière mécanique (I, 1 et 3).

mécaniser v. tr. [1] ▪ Rendre mécanique (par l'utilisation de machines). ► **mécanisation** n. f.

mécanisme n. m. ▪ **1** Combinaison, agencement de pièces, d'organes, montés en vue d'un fonctionnement. **2** Fonctionnement. *Les mécanismes économiques.*

mécano n. ▪ fam. Mécanicien, mécanicienne.

mécano- Élément, du grec *mêkhanê* «machine».

mécanographie n. f. ▪ Emploi de mécanismes pour des calculs, tris, classements documentaires. ► **mécanographique** adj.

mécanothérapie n. f. ▪ méd. Kinésithérapie faisant appel à des appareils mécaniques.

mécatronique n. f. ▪ didact. Discipline alliant la mécanique, l'électronique et l'informatique pour concevoir des systèmes de production industrielle.

mécénat n. m. ▪ **1** État de mécène. **2** Soutien financier d'un mécène (2).

mécène n. m. ▪ **1** Personne riche qui aide les écrivains, les artistes. **2** Personne, entreprise qui soutient financièrement une activité culturelle, sportive. → anglic. **sponsor.**

méchamment adv. ▪ **1** Avec méchanceté. **2** fam. Fortement, beaucoup.

méchanceté n. f. ▪ **1** Caractère, comportement d'une personne méchante. **2** Parole ou action méchante.

méchant, ante adj. ▪ **I 1** Qui fait délibérément du mal ou cherche à en faire. ➛ *Une critique méchante.* ➛ loc. *Bête et méchant.* **2** (enfants) Qui se conduit mal (opposé à *gentil*). **3** (animaux) Qui attaque. *Chien méchant.* **4** loc. fam. *Ce n'est pas bien méchant,* ni grave ni important. **II** (avant le nom) **1** littér. Mauvais, médiocre. **2** Dangereux ou désagréable. *Une méchante histoire.* **III** n. Personne méchante. *Faire le méchant,* s'emporter, menacer ; opposer de la résistance.

① **mèche** n. f. ▪ **I 1** Cordon de fils imprégné de combustible et qu'on fait brûler. **2** Cordon qui transmet le feu. ♦ loc. fig. *Éventer, découvrir la mèche :* découvrir le secret d'un complot. *Vendre la mèche :* trahir le secret. **II** Tige, foret d'acier. **III** Groupe de cheveux distincts dans la chevelure.

② **de mèche** loc. invar. ■ fam. *Être de mèche avec qqn*, être d'accord en secret.

méchoui n. m. ■ **1** Mouton rôti à la broche. **2** Repas collectif où l'on sert ce plat.

mechta n. f. ■ Hameau, en Algérie, en Tunisie.

mécompte [-kɔ̃t] n. m. ■ Erreur de prévision ; faux espoir. ◆ Déception.

se **méconduire** v. pron. [38] ■ (Belgique) Avoir une conduite répréhensible. *Il s'est méconduit en public avec cette femme.* ► **méconduite** n. f.

méconial, ale, aux adj. ■ physiol. Du méconium.

méconium [-jɔm] n. m. ■ physiol. Matière pâteuse brunâtre qui constitue les premières selles du nouveau-né.

méconnaissable adj. ■ Tellement changé qu'on ne peut le reconnaître.

méconnaître v. tr. [57] ■ **1** littér. Ne pas reconnaître (une chose), refuser d'en tenir compte. → **ignorer, négliger.** *Méconnaître les lois.* **2** Ne pas apprécier (qqn, qqch.) à sa juste valeur. ► **méconnaissance** n. f.

méconnu, ue adj. ■ Qui n'est pas reconnu, estimé à sa juste valeur.

mécontent, ente ■ **1** adj. Qui n'est pas content, pas satisfait. **2** n. (rare au fém.) *Un perpétuel mécontent.*

mécontentement n. m. ■ Sentiment pénible d'insatisfaction. → **déplaisir.** *Sujet de mécontentement* : contrariété, ennui.

mécontenter v. tr. [1] ■ Rendre mécontent. → **contrarier, fâcher.**

mécréant, ante adj. ■ littér. ou plais. Qui n'a aucune religion. → **athée, irréligieux.** ◆ n. *Un mécréant* (s'oppose à *croyant*).

médaillable adj. et n. ■ Susceptible d'obtenir une médaille dans une compétition sportive.

médaille n. f. ■ **1** Pièce de métal, généralement circulaire, frappée ou fondue en souvenir de qqn, d'un événement. *Science des monnaies et médailles.* → **numismatique.** **2** Décoration. *La médaille militaire.* **3** Petite pièce de métal portée autour du cou. *Médaille pieuse.*

médaillé, ée adj. ■ Qui a reçu une médaille (2). ◆ n. *Les médaillés olympiques.*

médailler v. tr. [1] ■ Décorer, honorer d'une médaille. *Il s'est fait médailler.*

médaillier [medaje] n. m. ■ **1** Petit meuble à tiroirs plats pour ranger des médailles. **2** Collection de médailles.

médaillon n. m. ■ **1** Portrait ou sujet sculpté, dessiné ou gravé. **2** Bijou circulaire. **3** Tranche mince et ronde (de viande).

mède adj. et n. ■ hist. De la Médie. → **médique.** *Les rois mèdes.* ◆ n. *Les Mèdes et les Perses.*

médecin n. m. ■ Docteur en médecine. → **docteur ; généraliste, spécialiste.** *Médecin traitant*, qui suit le malade.

médecine n. f. ■ **I** vx ou région. Médicament, remède. **II 1** Techniques pour la conservation et le rétablissement de la santé ; art de prévenir et de soigner les maladies (humaines). *Médecine et chirurgie.* ◆ *Médecine mentale.* → **psychiatrie.** ◆ *Médecines douces*.* ◆ *Médecine légale*, pour aider la justice (en cas de crime supposé). **2** Profession du médecin.

médecine-ball [-bol] n. m. ■ anglic. Ballon lesté qui sert à la rééducation, à la gymnastique. *Des médecine-balls.*

médersa n. f. ■ Établissement d'enseignement religieux musulman.

média n. m. ■ anglic. au plur. *Les médias*, techniques, supports, organismes de diffusion de l'information (presse, radio, télévision, cinéma, Internet). → **mass media.** ◆ au sing. *Un nouveau média.*

médiale n. f. ■ statist. Valeur qui partage un ensemble d'éléments en deux groupes égaux.

médian, ane adj. ■ Situé, placé au milieu.

médiane n. f. ■ **1** géom. Segment de droite joignant un sommet d'un triangle au milieu du côté opposé. **2** statist. Valeur centrale qui sépare en deux parties égales un ensemble. ≠ *moyenne.*

médianoche n. m. ■ ancienn Repas pris au milieu de la nuit. → **réveillon.**

médiastin n. m. ■ anat. Région du thorax située entre les deux poumons.

médiat, ate adj. ■ didact. Qui se fait par intermédiaire. - contr. *immédiat.*

médiateur, trice n. ■ **1** Personne qui s'entremet pour faciliter un accord. → **arbitre, conciliateur.** ◆ adj. *Puissance médiatrice.* **2** n. m. Ce qui sert d'intermédiaire. ♦ *Médiateur chimique* : substance produite par une cellule, agissant sur une autre cellule.

médiathécaire n. ■ Personne qui s'occupe d'une médiathèque.

médiathèque n. f. ■ Collection de données consultables, de différents médias.

médiation n. f. ■ Entremise destinée à mettre d'accord, à concilier.

médiatique adj. ■ **1** Des médias. **2** Qui exerce une influence par les médias.

médiatiser v. tr. [1] ■ Diffuser largement par les médias. ► **médiatisation** n. f.

médiator n. m. ■ Lamelle utilisée pour jouer d'instruments à cordes. → **plectre.**

médiatrice n. f. ■ géom. Lieu géométrique des points équidistants de deux points.

médical, ale, aux adj. ■ Qui concerne la médecine. ► **médicalement** adv.

médicaliser v. tr. [1] ■ **1** Faire relever de la médecine. *Médicaliser la grossesse.* **2** Pourvoir de personnel, d'équipement médical. → p. p. *Résidence médicalisée.* ► **médicalisation** n. f.

médicament n. m. ■ Substance préparée pour servir de remède.

médicamenteux, euse adj. ■ didact. (substance) Qui a des propriétés thérapeutiques.

médication n. f. ■ Emploi thérapeutique de médicaments.

médicinal, ale, aux adj. ■ Qui a des propriétés curatives. *Plantes médicinales.*

médico- Élément, du latin *medicus* «médecin».

médicolégal, ale, aux adj. ■ De la médecine légale. *Institut médicolégal.* → **morgue.**

médicopédagogique adj. ■ Se dit d'un établissement scolaire médicalisé.

médicosocial, ale, aux [-sɔsjal] adj. ■ De la médecine sociale, du travail.

médiéval, ale, aux adj. ■ Du Moyen Âge.

médiéviste n. ■ didact. Spécialiste (historien...) du Moyen Âge.

médina n. f. ■ Partie ancienne d'une ville en Afrique du Nord.

médio- Élément, du latin *medius* «moyen ; au milieu».

médiocratie n. f. ■ péj. Gouvernement, domination exercée par les médiocres. ► **médiocratique** adj.

médiocre adj. ■ **1** Qui est au-dessous de la moyenne, insuffisant. *Un salaire médiocre.* ♦ Assez mauvais. *Travail médiocre.* ► **médiocrement** adv. **2** (personnes) Qui ne dépasse pas ou même n'atteint pas la moyenne. *Esprit médiocre.* → n. *C'est un médiocre.*

médiocrité n. f. ■ État de ce qui est médiocre ; insuffisance de valeur.

médique adj. ■ hist. anc. Qui concerne les Mèdes (et par ext. les Perses) ou la Médie.

médire v. intr. [37] sauf *vous médisez* ■ Dire du mal (de qqn). *Médire de, sur qqn.*

médisance n. f. ■ **1** Action de médire. **2** Propos d'une personne qui médit. → **ragot.**

médisant, ante adj. et n. ■ (Personne) qui médit.

méditatif, ive adj. ■ Qui est porté à la méditation. → n. *Un méditatif.* ♦ *Avoir un air méditatif.*

méditation n. f. ■ **1** Réflexion approfondie ; relig. recueillement. **2** Pensée profonde.

méditer v. [1] ■ **I** v. tr. Examiner (qqch.) ; préparer (une activité) par une longue et profonde réflexion. **II** v. intr. Penser longuement (sur un sujet) ; spécialt se recueillir.

méditerranéen, enne adj. et n. ■ De la Méditerranée, de ses rivages.

① **médium** [-jɔm] n. m. ■ Registre des sons entre le grave et l'aigu.

② **médium** [-jɔm] n. ■ Personne réputée avoir le don de communiquer avec les esprits. ► **médiumnique** adj.

③ **médium** [-jɔm] n. ■ techn. Aggloméré de fibres de bois présenté sous forme de panneaux.

médius [-jys] n. m. ■ Doigt du milieu de la main. → **majeur.**

① **médoc** n. m. ■ Bordeaux rouge du Médoc. *Les grands médocs.*

② **médoc** n. m. ■ fam. Médicament.

médullaire adj. ■ Qui a rapport à la moelle épinière ou à la moelle des os.

méduse n. f. ■ **1** Animal marin formé de tissus transparents d'apparence gélatineuse, à tentacules, ayant la forme d'une cloche *(ombrelle).* **2** fam. au plur. Sandales de plage en plastique.

méduser v. tr. [1] ■ Frapper de stupeur (surtout passif et p. p.).

meeting [mitiŋ] n. m. ■ anglic. **1** Réunion politique publique. **2** Réunion sportive.

méfait n. m. ■ **1** Action mauvaise, nuisible à autrui. **2** Résultat, effet pernicieux.

méfiance n. f. ■ Disposition à se méfier ; état de celui qui se méfie. → **défiance.**

méfiant, ante adj. ■ Qui se méfie, est enclin à la méfiance. → **soupçonneux.**

se méfier v. pron. [7] ■ **1** SE MÉFIER DE : ne pas se fier à (qqn) ; se tenir en garde. **2** Être sur ses gardes. *Méfiez-vous !* (→ attention).

méforme n. f. ■ Mauvaise condition physique.

méga-, mégalo- ; -mégalie ■ Éléments, du grec *megas* «grand». ■ MÉGA- **1** métrol. Élément qui multiplie une unité par un million. **2** inform. Élément qui multiplie une unité par 2^{20}.

méga → **mégaoctet**

mégacéros [-ɔs] n. m. ■ paléont. Grand cervidé fossile (ruminant) du quaternaire, aux bois immenses.

mégacôlon n. m. ■ méd. Dilatation anormale du gros intestin.

mégadonnées n. f. pl. ■ Recomm. off. pour l'anglic. *big* data.*

mégahertz [-ɛʀts] n. m. ■ sc. Unité valant 1 million de hertz (symb. MHz).

mégalithe n. m. ■ didact. Monument de pierre brute de grandes dimensions (ex. dolmen, menhir). ► **mégalithique** adj.

mégalomaniaque adj. ■ Qui dénote la mégalomanie. *Délire mégalomaniaque.*

mégalomanie n. f. ■ **1** méd. Comportement pathologique caractérisé par le désir excessif de gloire, de puissance (folie des grandeurs).

2 Ambition, orgueil démesurés. ► **mégalomane** adj. et n.

mégalopole n. f. ▪ didact. Très grande agglomération urbaine.

mégaoctet n. m. ▪ inform. Unité de capacité de mémoire valant 2^{20} octets (symb. Mo). – abrév. **méga.**

mégaphone n. m. ▪ Porte-voix.

mégapole n. f. ▪ Agglomération urbaine de plusieurs millions d'habitants.

mégaptère n. m. ▪ zool. Mammifère cétacé du type de la baleine (baleine à bosse). → **jubarte.**

par **mégarde** loc. adv. ▪ Par inattention, sans le vouloir.

mégathérium [-jɔm] n. m. ▪ paléont. Grand mammifère fossile des ères tertiaire et quaternaire, de la taille d'un éléphant.

mégatonne n. f. ▪ Unité de puissance destructrice (1 million de tonnes de T. N. T.).

mégavirus [-ys] n. m. ▪ virol. Virus géant à ADN, doté d'un génome contenant plusieurs centaines de gènes.

mégawatt [-wat] n. m. ▪ techn. Unité valant un million de watts (symb. MW).

mégère n. f. ▪ Femme méchante, criarde.

mégir ou **mégisser** v. tr. [2]; [1] ▪ techn. Tanner et blanchir (une peau, un cuir) avec une préparation à base d'alun. – au p. p. *Cuir, chevreau mégi.*

mégis n. m. ▪ techn. Bain d'alun, de cendre et d'eau utilisé pour mégir les peaux.

mégisserie n. f. ▪ 1 Préparation des cuirs de ganterie et pelleterie. 2 Industrie, commerce de ces cuirs. ► **mégissier, ière** n.

mégot n. m. ▪ fam. Bout de cigarette ou de cigare en partie fumé(e).

mégoter v. tr. [1] ▪ fam. Lésiner.

mégoteur, euse n. ▪ fam. Personne qui mégote.

méharée n. f. ▪ Expédition faite avec des méharis.

méhari n. m. ▪ Dromadaire d'Arabie, dressé pour les courses rapides. *Des méharis* ou *des méhara.*

méhariste n. ▪ Personne qui monte un méhari.

meilleur, eure adj. ▪ I Comparatif de *bon* (contr. *pire*). 1 Qui l'emporte (en bonté, qualité, agrément). *Rêver d'un monde meilleur.* 2 adv. *Il fait meilleur,* le temps est meilleur. II LE MEILLEUR, LA MEILLEURE. Superlatif de *bon.* 1 *C'est la meilleure émission du programme. Meilleurs vœux.* ♦ (après un nom) *Ils choisissent les vins les meilleurs.* 2 (sans nom) *Que le meilleur gagne !* – La meilleure partie. *Garder le meilleur pour la fin.* – *Pour le meilleur et pour le pire :* pour toutes les circonstances de la vie. ♦ au fém. La chose, l'histoire la plus remarquable. *Tu sais la meilleure ?* III (seul, suivi d'un nom) (formules de souhait) *Meilleurs vœux !,* acceptez mes vœux les meilleurs. *Meilleure santé !*

méiose n. f. ▪ biol. Division de la cellule en deux étapes, avec réduction de moitié du nombre de chromosomes. ► **méiotique** adj.

meitnerium [majtneʀjɔm] n. m. ▪ chim. Élément atomique artificiel (symb. Mt, n° at. 109, masse at. 268).

méjuger v. tr. [3] ▪ 1 v. tr. ind. MÉJUGER DE : estimer trop peu. *Méjuger de qqn.* 2 v. tr. dir. Juger mal. *On l'a méjugé.*

se **méjuger** v. pron. [3] ▪ Se sous-estimer.

mélæna ou **méléna** n. m. ▪ méd. Évacuation de selles noirâtres, contenant du sang digéré.

mélamine n. f. ▪ chim. Composé cyclique synthétisé à partir de l'urée, servant à la fabrication de résines. – Ces résines. → **formica.** ► **mélaminé, ée** adj.

mélampyre n. m. ▪ bot. Plante herbacée dont certaines espèces comme le *mélampyre des prés* vivent en parasites des céréales.

mélancolie n. f. ▪ I vx Bile noire, hypocondrie. II 1 littér. État de tristesse accompagné de rêverie. ♦ *La mélancolie d'un paysage.* 2 psych. État d'asthénie dépressive.

mélancolique adj. ▪ 1 Qui manifeste de la mélancolie (2). → **triste.** 2 Qui engendre la mélancolie. ► **mélancoliquement** adv.

mélanésien, ienne adj. et n. ▪ De Mélanésie. ♦ n. m. *Le mélanésien :* ensemble des langues parlées en Mélanésie.

mélange n. m. ▪ 1 Action de (se) mêler. ♦ SANS MÉLANGE : pur, parfait. *Un bonheur sans mélange.* 2 Union de choses différentes. – fig. *Un mélange de courage et de faiblesse.* 3 au plur. Réunion d'écrits variés.

mélanger v. tr. [3] ▪ 1 Unir (des choses différentes) de manière à former un tout. – pronom. *Les deux liquides se mélangent bien.* 2 fam. Mettre ensemble (des choses) sans ordre et sans unité. → **brouiller ;** contr. classer, trier. – loc. fam. *Se mélanger les pédales, les pinceaux,* s'embrouiller. ▷ adj. **mélangé, ée** *Une société assez mélangée.* → **composite, mêlé.**

mélangeur, euse n. ▪ Appareil servant à mélanger. – appos. *Robinet mélangeur* (d'eau froide et d'eau chaude).

mélanine n. f. ▪ biol. Pigment brun foncé (peau, cheveux, iris de l'œil).

mélanique adj. ▪ biol., méd. Relatif à la mélanine, caractérisé par la présence de mélanine. *Tumeur mélanique.* → **mélanome.**

mélanisme n. m. ▪ méd. Pigmentation anormalement foncée (des peaux claires).

mélan(o)- Élément, du grec *melas, melanos* « noir ».

mélanocyte n. m. ■ biol. Cellule capable de produire la mélanine.

mélanodermie n. f. ■ méd. Pigmentation excessive de la peau et des muqueuses. → **mélanisme.**

mélanome n. m. ■ méd. Tumeur constituée de cellules capables de produire de la mélanine, le plus souvent pigmentées. *Mélanome bénin* (nævus).

mélanose n. f. ■ 1 pathol. Accumulation anormale de mélanine dans les tissus. → **mélanisme.** 2 Maladie de la vigne se manifestant par des taches sombres sur les feuilles.

mêlant, ante adj. ■ (Canada) Difficile à comprendre. → **confus, embrouillé.** ◆ loc. fam. *C'est pas mêlant* : c'est bien simple.

mélasse n. f. ■ I Résidu sirupeux de la cristallisation du sucre. II fig., fam. Situation pénible et inextricable.

mélatonine n. f. ■ biol. Neurotransmetteur régulateur des rythmes biologiques.

Melba adj. invar. ■ *Pêches, fraises Melba,* servies avec de la glace et de la crème Chantilly.

melchite [-kit] ou **melkite** n. et adj. ■ relig. Chrétien catholique ou orthodoxe de l'Église byzantine des patriarcats d'Alexandrie, Jérusalem et Antioche. ◆ adj. *Un chrétien melchite.*

méléagrine n. f. ■ zool. Huître perlière. → **pintadine.**

mêlécasse n. m. ■ 1 anciennt Mélange d'eau-de-vie et de cassis. 2 loc. fam. *Voix de mêlécasse,* rauque, cassée.

mêlée n. f. ■ 1 Combattants au corps à corps. ♦ Lutte, conflit. ◆ loc. *Au-dessus de la mêlée,* sans prendre parti. 2 Phase du jeu de rugby, où des joueurs de chaque équipe sont groupés autour du ballon.

mêler v. tr. [1] ■ 1 (surtout abstrait) Unir, mettre ensemble (plusieurs choses différentes), réellement ou par la pensée, de manière à former un tout. → **amalgamer, combiner, mélanger.** 2 Mettre en désordre. → **brouiller, embrouiller.** 3 *Mêler* (qqch.) *à, avec,* ajouter, mettre ensemble et confondre. ◆ fig. Allier, joindre. *Il mêle la bêtise à l'ignorance.* 4 *Mêler* (qqn) *à* : faire participer à. ▷ v. pron. se **mêler** 1 (choses) Être mêlé, mis ensemble. ◆ *Se mêler à, avec* : s'unir. 2 (personnes) Se joindre (à un ensemble de gens), aller avec eux. 3 *SE MÊLER DE* : s'occuper de (qqch.), quand on ne le devrait pas. *Mêlez-vous de ce qui vous regarde !* ▷ adj. **mêlé, ée** 1 Qui forme un mélange. 2 *Mêlé de* : mélangé à (qqch.).

mêle-tout n. invar. ■ (Belgique) Personne indiscrète qui se mêle des affaires d'autrui.

mélèze n. m. ■ Conifère à cônes dressés.

mélilot n. m. ■ Plante herbacée, à fleurs très odorantes employées en pharmacie et en parfumerie.

méli-mélo n. m. ■ fam. Mélange confus. *Des mélis-mélos* ou (invar.) *des méli-mélo.*

mélinite n. f. ■ Puissant explosif à base d'acide picrique fondu.

mélioratif, ive adj. ■ ling. Qui présente de manière avantageuse, valorisante. *Adjectif mélioratif.* – contr. *péjoratif.*

mélisse n. f. ■ 1 Plante herbacée et aromatique. → **citronnelle.** 2 Essence tirée de cette plante. *Eau de mélisse,* aux propriétés calmantes.

mélitte n. f. ■ Plante mellifère, aromatique et diurétique, dite aussi *mélisse des bois* ou *mélisse sauvage.*

melkite → **melchite**

mellifère adj. ■ didact. 1 Qui produit du miel. *Insectes mellifères.* 2 *Plante mellifère,* dont le nectar est utilisé par les abeilles pour élaborer le miel.

mellification n. f. ■ didact. Élaboration du miel par les abeilles.

melliflu, ue ou **melliflue** adj. ■ vx 1 Qui distille, produit du miel. 2 fig. Qui a la suavité du miel. ◆ péj. → **doucereux, fade.**

mélo n. m. ■ fam. Mélodrame.

mélo- Élément, du grec *melos* «chant», d'où «musique».

mélodie n. f. ■ 1 Suite de sons reconnaissable et agréable. ♦ Art de composer ces suites. *La mélodie et l'harmonie.* 2 Pièce vocale composée sur un texte, avec accompagnement. → **chanson, lied.**

mélodieux, euse adj. ■ (son, musique) Agréable à l'oreille.

mélodique adj. ■ 1 Qui a rapport à la mélodie. 2 Qui a les caractères de la mélodie.

mélodiste n. ■ mus. Musicien(enne) qui donne plus d'importance à la mélodie.

mélodrame n. m. ■ 1 Drame populaire que caractérisent l'outrance des caractères, le sentimentalisme. 2 fig. Situation réelle analogue. ► **mélodramatique** adj.

mélomane n. et adj. ■ (Personne) qui connaît et aime la musique.

melon n. m. ■ 1 Gros fruit rond à chair juteuse et sucrée (cucurbitacée). ◆ *Melon d'eau.* → **pastèque.** 2 *(Chapeau) melon,* chapeau d'homme de forme ronde et bombée.

melonnière n. f. ■ Serre, terrain pour la culture des melons.

mélopée n. f. ■ Chant, mélodie monotone et mélancolique.

mélophage n. m. ■ zool. Insecte parasite du mouton.

melting-pot [-pɔt] n. m. ■ anglic. Brassage de population. *Des melting-pots.*

membranaire adj. ■ biol. Qui se rapporte à la membrane. *Protéines membranaires.*

membrane n. f. ■ **1** Tissu organique animal, mince et souple, qui enveloppe un organe, tapisse une cavité. ♦ Tissu végétal formant enveloppe, cloison. **2** biol. Couche différenciée constituant une limite. **3** phys., techn. Mince cloison.

membraneux, euse adj. ■ Qui est de la nature d'une membrane (1).

membre n. m. ■ **I 1** Chacune des quatre parties appariées du corps humain (bras, jambes) qui s'attachent au tronc. ➝ Chacune des quatre parties articulées (ailes, pattes) qui s'attachent au corps des tétrapodes. **2** loc. *Membre (viril).* → **pénis. II 1** Personne qui fait partie (d'un corps). *Il n'est plus membre du parti.* ➝ Personne qui appartient à (un groupe). **2** Groupe, pays qui fait librement partie (d'une union). **III 1** Fragment (d'énoncé). *Un membre de phrase.* **2** Chacune des deux parties d'une équation ou d'une inégalité.

membrure n. f. ■ **1** littér. (avec un adj.) Ensemble des membres (d'une personne). **2** techn. Poutres transversales attachées à la quille et soutenant le pont d'un navire.

même ■ **I** adj. indéf. **1** (devant le nom) Identique ou semblable. *Être du même avis.* **2** (après le nom ou le pronom) *Ce sont les mots mêmes qu'il a prononcés.* → **propre.** ➝ *Moi-même, elle-même, lui-même...* **II** pron. indéf. *Le, la, les même(s).* ➝ loc. *Cela revient au même,* c'est pareil. **III** adv. **1** Marquant un renchérissement, une gradation. *Je ne m'en souviens même plus.* **2** Exactement, précisément. *Je l'ai rencontré ici même.* ➝ *À MÊME :* directement sur (qqch.). *Il dort à même le sol.* **3** loc. adv. *DE MÊME :* de la même façon. → **pareillement.** ➝ *TOUT DE MÊME :* néanmoins, pourtant. ➝ *QUAND MÊME :* malgré tout. **4** loc. conj. *DE MÊME QUE :* ainsi que, comme. ➝ *MÊME SI* (introduit une propos. concessive). **5** loc. prép. *À MÊME DE :* en état, en mesure de. *Il n'est pas à même de répondre.* → **capable.**

mémé n. f. ■ fam. **1** Grand-mère. **2** Femme ni jeune ni élégante.

mêmement adv. ■ littér. Pareillement, de même.

mémento [-mɛ̃-] n. m. ■ **1** relig. Prière de souvenir. **2** Agenda.

mémère n. f. ■ fam. → **mémé** (2).

mémo → **mémorandum**

① **mémoire** n. f. ■ **I 1** Faculté de conserver et de rappeler des choses passées et ce qui s'y trouve associé ; fonction mentale de représentation du passé. *Mémoire visuelle, auditive. Bonne mémoire.* ➝ loc. *Perte, trou de mémoire.* ➝ loc. adv. *DE MÉMOIRE :* sans autre aide. *Réciter de mémoire.* → par **cœur. 2** inform. Dispositif permettant de recueillir et de conserver des informations ; le support de ces informations. *Mémoire vive,* mémoire de travail. *Mémoire morte,* dont les informations ne peuvent être modifiées. *Mémoire de masse,* où les données sont sauvegardées (disque dur...). **II 1** *La mémoire de,* le souvenir (de qqch., de qqn). **2** Souvenir qu'une personne laisse d'elle à la postérité. ➝ loc. *À la mémoire de qqn.* **3** (en phrase négative) *De mémoire d'homme,* d'aussi loin qu'on s'en souvienne. **4** *POUR MÉMOIRE :* à titre de rappel, d'indication.

② **mémoire** n. m. ■ **I 1** État des sommes dues. → **facture. 2** Exposé ; dissertation. ♦ *Mémoire de maîtrise* (après la licence). **II** au plur. Relation écrite des événements dont une personne a été témoin. *Les Mémoires de Saint-Simon.*

mémorable adj. ■ Dont le souvenir est durable, mérite de l'être. *Jour mémorable.* ➝ iron. *Une cuite mémorable.*

mémorandum [-ɔm] n. m. ■ **1** Note diplomatique, point de vue d'un gouvernement. **2** Note prise pour se souvenir. – abrév. **mémo.**

mémorial, iaux n. m. ■ **1** Monument commémoratif. **2** Livre de souvenirs.

mémorialiste n. ■ Auteur de mémoires historiques.

mémoriel, ielle adj. ■ **1** Relatif à la mémoire. **2** Relatif aux mémoires d'un ordinateur. *Capacité mémorielle.*

mémoriser v. tr. [1] ■ didact. **1** Fixer volontairement dans sa mémoire. **2** inform. Mettre en mémoire (des informations). ► **mémorisation** n. f.

menaçant, ante adj. ■ **1** Qui exprime une menace. **2** (choses) Qui constitue une menace, un danger. → **inquiétant.** *Le temps est menaçant.*

menace n. f. ■ **1** Annonce d'un mal, d'une violence (à, contre qqn). **2** Signe par lequel se manifeste ce qu'on doit craindre (de qqch.). → **danger.** *Menace de guerre.*

menacer v. tr. [3] ■ **1** Chercher à intimider par des menaces. **2** (sujet chose) Mettre en danger. ♦ Laisser craindre (un mal).

ménade n. f. ■ Antiq. Prêtresse de Bacchus. → ① **bacchante.**

ménage n. m. ■ **I 1** Les choses domestiques ; travaux d'entretien et de propreté. **2** vieilli *DE MÉNAGE :* fait à la maison. *Pain de ménage.* **II 1** (dans des loc.) Vie en commun d'un couple. *Scène* de ménage. Se mettre en ménage,* vivre ensemble. ♦ *Faire bon, mauvais ménage avec qqn,* s'entendre bien, mal. **2** Couple constituant une communauté domestique. *La paix des ménages.* ♦ Unité de population (famille, personne seule) en tant que consommateur.

ménagement n. m. ▪ **1** Mesure, réserve dans le comportement envers qqn (par respect, par intérêt). *Traiter qqn sans ménagement*, brutalement. **2** Procédé qui épargne. → **attention, égard.**

① **ménager, ère** adj. ▪ **1** (choses) Qui a rapport aux soins du ménage, à la tenue de l'intérieur domestique. **2** Qui provient du ménage, de la maison. *Ordures ménagères.*

② **ménager** v. tr. 3 ▪ **I 1** Employer (un bien) avec mesure, économie. *Ménager ses vêtements ; ses forces.* **2** Dire avec mesure. *Ménagez vos expressions !* **3** Employer ou traiter (un être vivant) avec le souci d'épargner. ◆ prov. *Qui veut voyager loin ménage sa monture.* **4** Traiter (qqn) avec prudence ou indulgence. **II 1** Disposer, régler. → **arranger.** *Ménager une entrevue à, avec qqn.* **2** S'arranger pour réserver, laisser. *Se ménager du temps.* **3** Installer, pratiquer. *Ménager un passage.* ▷ v. pron. se **ménager** Avoir soin de sa santé, ne pas se fatiguer.

ménagère n. f. ▪ **1** Femme qui tient une maison, s'occupe du ménage. **2** Service de couverts de table.

ménagerie n. f. ▪ Lieu où sont rassemblés des animaux rares ; ces animaux.

menchevik [mɛnʃevik] n. et adj. ▪ hist. Membre du parti ouvrier social-démocrate russe hostile à Lénine (opposé à *bolchevik*).

mendélévium [mɛ̃delevjɔm] n. m. ▪ chim., phys. Élément chimique radioactif (symb. Md ; n° at. 101) de la série des actinides, produit artificiellement.

mendiant, ante n. ▪ **1** Personne sans ressources qui mendie pour vivre. ◆ adj. *Ordres* (religieux) *mendiants*, vivant d'aumônes. **2** Mélange de (quatre) fruits secs.

mendicité n. f. ▪ **1** Condition de mendiant. **2** Action de mendier.

mendier v. 7 ▪ **1** v. intr. Demander l'aumône, la charité. **2** v. tr. Solliciter (qqch.) à titre d'aumône. ◆ fig., péj. → **quémander.** *Mendier des compliments.*

mendigot, ote n. ▪ fam. et péj. Mendiant.

mendigoter v. 1 ▪ fam., péj. et vieilli Mendier.

meneau n. m. ▪ archéol., techn. Montant qui divise la baie (d'une fenêtre).

menées n. f. pl. ▪ Agissements secrets dans un dessein nuisible. *Menées subversives.*

mener v. tr. 5 ▪ **I** Faire aller (qqn, un animal) avec soi. **1** *MENER À, EN, DANS ; MENER* (+ inf.) : conduire en accompagnant ou en commandant. **2** Être en tête de (un cortège, une file). **3** Diriger. ◆ *Les idées qui mènent le monde.* **II** Faire aller en contrôlant. → **conduire.** ♦ fig. Faire marcher, évoluer sous sa direction. *Mener rondement une affaire.* ◆ *MENER À... Mener qqch. à bien, à terme.* **III** (sujet chose) **1** Transporter. → **amener, conduire. 2** Permettre d'aller (quelque part). *Où mène cette route ?* ◆ *Cela peut vous mener loin*, avoir de graves conséquences. **IV** géom. Tracer.

ménestrel n. m. ▪ (au Moyen Âge) Musicien et chanteur ambulant.

ménétrier n. m. ▪ ancienn
t Violoniste de village, qui escortait les noces.

meneur, euse n. ▪ **1** Personne qui mène, conduit. ◆ fig. *Un meneur d'hommes.* **2** *Meneur de jeu*, animateur. **3** souvent péj. Personne qui conduit un mouvement populaire.

menhir [meniʀ] n. m. ▪ Monument mégalithique vertical.

menin, menine [menɛ̃, -in] n. ▪ hist. Jeune noble d'une maison princière d'Espagne.

méninge n. f. ▪ **1** anat. Membrane entourant le cerveau, la moelle épinière. **2** fam. au plur. Le cerveau, l'esprit.

méningé, ée adj. ▪ Des méninges (1).

méningiome n. m. ▪ méd. Tumeur méningée bénigne.

méningite n. f. ▪ Inflammation aiguë ou chronique des méninges (1).

méningocoque n. m. ▪ méd. Bactérie (diplocoque) agent de la méningite cérébrospinale.

méniscal, ale, aux adj. ▪ anat. Qui a rapport à un ménisque (1). *Hernie méniscale.*

ménisque n. m. ▪ **1** anat. Cloison cartilagineuse entre deux surfaces articulaires mobiles. **2** phys. Lentille convexe d'un côté et concave de l'autre.

mennonite n. et adj. ▪ relig. Membre d'un mouvement anabaptiste fondé dans la première moitié du XVIe s., implanté aux Pays-Bas et aux États-Unis.

méno- Élément (du grec *mên, mênos* « mois ») qui signifie « menstruation ».

ménopause n. f. ▪ Cessation des règles et de la fonction ovarienne, appelée autrefois *retour d'âge.* ► **ménopausée** adj. f.

ménorragie n. f. ▪ méd. Exagération de l'abondance ou de la durée de l'écoulement menstruel. ► **ménorragique** adj.

menotte n. f. ▪ **1** au plur. Bracelets métalliques réunis par une chaîne, qui se fixent aux poignets. **2** Petite main.

menotter v. tr. 1 ▪ Passer les menottes à (qqn).

mense n. f. ▪ **1** hist. relig. *Mense épiscopale* : revenus affectés à la table d'un évêque. **2** dr. canonique Revenu ecclésiastique.

mensonge n. m. ▪ **1** Assertion sciemment contraire à la vérité. **2** *Le mensonge*, l'acte de mentir ; les fausses affirmations. **3** fig. Ce qui est trompeur, illusoire.

mensonger, ère adj. ▪ Qui repose sur des mensonges ; qui trompe. → **fallacieux, faux.** ► **mensongèrement** adv.

menstruation n. f. ▪ Fonction physiologique caractérisée par les règles (→ menstrues), de la puberté à la ménopause.

menstruel, elle adj. ▪ Des règles.

menstrues n. f. pl. ▪ vx Règles*.

mensualiser v. tr. [1] ▪ **1** Rendre mensuel (un paiement). **2** Payer (qqn) au mois. ► **mensualisation** n. f.

mensualité n. f. ▪ Somme payée mensuellement ou perçue chaque mois.

mensuel, elle adj. ▪ **1** Qui a lieu, se fait tous les mois. **2** Payé chaque mois. ► **mensuellement** adv.

mensuration n. f. ▪ Détermination et mesure des dimensions caractéristiques du corps humain ; ces mesures.

mental, ale, aux adj. ▪ **1** Qui se fait dans l'esprit seulement, sans expression orale ou écrite. *Calcul mental.* **2** Qui a rapport aux fonctions intellectuelles. *Maladie mentale.* ◆ *Âge mental,* degré de développement intellectuel. **3** n. m. *LE MENTAL,* l'état d'esprit (→ **moral**).

mentalement adv. ▪ **1** Par la pensée. **2** Du point de vue mental (2).

mentalisation n. f. ▪ psych. Prise de conscience, fait de pouvoir se représenter mentalement des phénomènes, des conflits psychiques.

mentalité n. f. ▪ **1** Ensemble de croyances et habitudes d'esprit collectives. **2** État d'esprit. *Sa mentalité me déplaît.*

menterie n. f. ▪ vx ou région. Mensonge.

menteur, euse ▪ **1** n. Personne qui ment. **2** adj. Qui ment. → **faux, hypocrite.**

menthe n. f. ▪ **1** Plante très aromatique, qui croît dans les lieux humides. **2** Sirop ; essence de menthe. *Alcool de menthe.*

menthol n. m. ▪ Alcool de menthe poivrée. ► **mentholé, ée** adj.

mention n. f. ▪ **1** Action de nommer, de citer. *Faire mention de.* **2** Brève note donnant un renseignement. **3** Appréciation favorable (jury d'examen). *Mention bien.*

mentionner v. tr. [1] ▪ Faire mention de. → **citer, nommer, signaler.** *Ne faire que mentionner une chose,* la signaler seulement.

mentir v. intr. [16] ▪ **1** Faire un mensonge, affirmer ce qu'on sait être faux, nier ou taire ce qu'on devrait dire. ◆ loc. *Il ment comme il respire,* continuellement. **2** (sujet chose) Exprimer une chose fausse. *Son sourire ment.* ◆ loc. *Faire mentir le proverbe,* le contredire par l'action.

mentisme n. m. ▪ psych. Trouble de la pensée caractérisé par un défilement rapide et incontrôlé de pensées ou d'images ne permettant pas à l'attention de se fixer.

menton n. m. ▪ Partie saillante du visage ; avancée du maxillaire inférieur.

mentonnet n. m. ▪ techn. Pièce saillante (d'un mécanisme).

mentonnier, ière adj. ▪ anat. Du menton.

mentonnière n. f. ▪ **1** Jugulaire. **2** Plaquette d'un violon, appui du menton.

mentor [mɛ̃-] n. m. ▪ littér. Guide, conseiller expérimenté.

① **menu, ue** adj. ▪ littér. **1** Petit, fin. *Couper qqch. en menus morceaux.* ◆ (personnes) Petit et mince. **2** Qui a peu d'importance, de valeur. *Menue monnaie.* ◆ loc. adv. *PAR LE MENU :* en détail. **3** adv. Finement. *Oignons hachés menu.*

② **menu** n. m. ▪ **1** Liste des mets d'un repas. ◆ *Menu de restaurant (à prix fixe)* ; opposé à *carte.* **2** Liste d'opérations proposées sur l'écran d'un ordinateur.

menuet n. m. ▪ **1** Ancienne danse à trois temps. **2** Forme instrumentale comportant trois parties, dans la suite, la sonate.

menuise n. f. ▪ techn. **1** Menu plomb de chasse. → **cendrée.** **2** Petit bois, petits rondins. **3** Petit poisson à frire. → **sprat.**

menuiser v. tr. [1] ▪ techn. Travailler en menuiserie.

menuiserie n. f. ▪ **1** Travail (assemblage) du bois pour la fabrication des meubles, la décoration des maisons (≠ *ébénisterie*). **2** Bois ainsi travaillé. **3** *Menuiserie métallique,* fabrication de portes et fenêtres en métal.

menuisier, ière n. ▪ Personne, artisan qui travaille le bois équarri en planches.

ménure n. m. ▪ zool. Grand oiseau d'Australie, dont le mâle a une queue en forme de lyre. → **oiseau-lyre.**

ményanthe n. m. ▪ bot. Plante herbacée aquatique, à feuilles alternes trilobées, dite aussi *trèfle d'eau.*

méphistophélique adj. ▪ Qui évoque Méphistophélès, semble appartenir au démon. → **diabolique, satanique.**

méphitique adj. ▪ (vapeur, exhalaison) Qui sent mauvais et est toxique.

méplat n. m. ▪ Partie plate, plane (du visage, d'une forme). *Le méplat de la tempe.*

se méprendre v. pron. [58] ▪ littér. Se tromper en prenant une personne, une chose pour une autre.

mépris n. m. ▪ **1** vx Fait de négliger. ◆ loc. prép. *AU MÉPRIS DE :* en dépit de. *Au mépris du danger.* **2** Sentiment par lequel on méprise (2) (qqn).

méprisable adj. ▪ Qui mérite le mépris.

méprisant, ante adj. ▪ Qui a, montre, exprime du mépris (2).

méprise n. f. ▪ Erreur d'une personne qui se méprend. → **malentendu, quiproquo.**

mépriser v. tr. [1] ▪ **1** Estimer indigne d'attention ou d'intérêt. → **dédaigner, négliger.** **2** Considérer (qqn) comme indigne d'estime, condamnable.

mer [mɛʀ] n. f. ▪ **1** Vaste étendue d'eau salée. *Haute, pleine mer,* partie éloignée des rivages. ♦ loc. *Un homme à la mer,* tombé dans la mer. – *Ce n'est pas la mer à boire :* ce n'est pas difficile. **2** *Une mer,* partie de la mer, délimitée (≠ *océan*). **3** *La mer de Glace :* grand glacier des Alpes.

mercanti n. m. ▪ Commerçant malhonnête.

mercantile adj. ▪ Qui ne considère que le profit.

mercantilisme n. m. ▪ hist. Doctrine économique des XVIe et XVIIe siècles, fondée sur le profit monétaire de l'État. ► **mercantiliste** adj. et n.

mercaticien, ienne n. ▪ écon. Spécialiste de la mercatique, du marketing.

mercatique n. f. ▪ → **marketing.**

mercato n. m. ▪ Marché officiel des transferts de sportifs professionnels d'un club à un autre.

mercenaire ▪ **I** adj. littér. Qui n'agit que pour un salaire. **II** n. m. Soldat à la solde d'un gouvernement étranger.

mercerie n. f. ▪ Marchandises servant aux travaux de couture ; commerce de mercier.

mercerisé, ée adj. ▪ techn. Qui a été traité pour avoir un aspect brillant et soyeux. *Coton mercerisé.*

merceriser v. tr. [1] ▪ techn. Traiter (le fil de coton) en l'imprégnant d'une solution de soude caustique qui lui donne un aspect brillant. ► **mercerisage** n. m.

merchandising n. m. → **marchandisage**

merci ▪ **I** n. f. littér. Pitié, grâce. ♦ loc. prép. *À LA MERCI DE :* dans la dépendance absolue de (qqn, qqch.). – loc. adv. *DIEU MERCI :* grâce à Dieu. – *SANS MERCI :* impitoyable (lutte, combat). **II 1** n. m. Remerciement. **2** interj. *Merci beaucoup.* – *Merci de* (+ inf.) : je vous remercie de bien vouloir... ♦ *Non merci.*

mercier, ière n. ▪ Marchand(e) d'articles de mercerie.

mercredi n. m. ▪ Troisième jour de la semaine, qui succède au mardi.

mercure n. m. ▪ Élément (symb. Hg, n° at. 80, masse at. 200,59), métal blanc argenté, liquide à la température ordinaire.

mercureux adj. m. ▪ chim. Se dit des composés du mercure monovalent (opposé à *mercurique*).

① **mercuriale** n. f. ▪ bot. Plante herbacée à fleurs verdâtres.

② **mercuriale** n. f. ▪ **1** anciennt Assemblée semestrielle des cours de justice, où le président devait faire la critique de la justice et des juges. **2** fig. et littér. Remontrance, vive réprimande.

③ **mercuriale** n. f. ▪ comm. Tableau hebdomadaire portant les prix courants des denrées vendues sur un marché public ; le cours officiel de ces denrées.

mercuriel, ielle adj. ▪ didact. Qui contient du mercure.

mercurique adj. ▪ chim. Se dit des composés du mercure bivalent (opposé à *mercureux*).

mercurochrome [-kʀom] n. m. (nom déposé) ▪ Composé chimique rouge vif, antiseptique externe.

merde ▪ fam. **I** n. f. **1** Matière fécale. → **excrément ; crotte. 2** fig. Être ou chose méprisable, sans valeur. ♦ Situation mauvaise et confuse. loc. *Foutre la merde :* mettre la pagaille. – Ennui. → **emmerdement. II** interj. Exclamation de colère, d'impatience, de mépris, parfois d'admiration.

merder v. intr. [1] ▪ très fam. **1** Éprouver des difficultés, ne pas savoir répondre. *Merder à un examen.* → **sécher. 2** (choses) Échouer, rater. → **foirer, merdoyer.** *L'affaire a complètement merdé.*

merdeux, euse ▪ fam. **I** adj. **1** Sali d'excréments. **2** Mauvais. **II** n. Gamin(e), blanc-bec.

merdier n. m. ▪ fam. Grand désordre.

merdique adj. ▪ fam. Mauvais, sans valeur.

merdoyer v. intr. [8] ▪ fam. S'embrouiller maladroitement ; échouer.

mère n. f. ▪ **I 1** Femme qui a mis au monde un ou plusieurs enfants. ♦ par ext. *Mère adoptive.* – *Mère porteuse**. **2** Femelle qui a un ou plusieurs petits. **3** Femme qui est comme une mère. **4** Titre donné à une religieuse (supérieure d'un couvent, etc.). **5** Appellatif rural, pour une femme d'un certain âge. **II 1** *La mère patrie,* la patrie d'origine. **2** Origine, source. prov. *L'oisiveté est mère de tous les vices.*

-mère, -mérie, méro- Éléments, du grec *meros* « partie ».

mère-grand n. f. ▪ vx Grand-mère. *Des mères-grand.*

mérengué n. m. ▪ Danse antillaise à deux temps.

merguez [-ɛz] n. f. ▪ Saucisse pimentée.

mergule n. m. ▪ Oiseau marin noir et blanc de l'Atlantique nord, voisin du pingouin. *Mergule nain.*

méridien, ienne ■ **I** adj. *Plan méridien,* plan défini par l'axe de rotation de la Terre et la verticale du lieu. ➛ *Hauteur méridienne d'un astre.* **II** n. m. Cercle imaginaire passant par les deux pôles terrestres. ➛ Demi-cercle joignant les pôles. *Méridiens et parallèles.*

méridienne n. f. ■ **1** vieilli Sieste du milieu du jour. **2** Canapé à deux chevets.

méridional, ale, aux adj. ■ **1** Qui est au sud (s'oppose à *septentrional*). **2** Qui est du Midi, du Sud (d'un pays). ➛ n. *Les Méridionaux.*

meringue n. f. ■ Gâteau très léger fait de blancs d'œufs battus et de sucre. ► **meringué, ée** adj.

mérinos [-os] n. m. ■ **1** Mouton à toison épaisse ; sa laine. **2** loc. fam. *Laisser pisser le mérinos,* laisser aller les choses.

merise n. f. ■ Petite cerise sauvage.

merisier n. m. ■ **1** Cerisier sauvage. ♦ Bois de cet arbre. **2** (Canada) Bouleau à écorce foncée.

méristème n. m. ■ bot. Tissu jeune, à cellules serrées, qui engendre les autres tissus végétaux.

méritant, ante adj. ■ souvent iron. Qui a du mérite (I, 1).

mérite n. m. ■ **I 1** Ce qui rend (une personne) digne d'estime, de récompense. **2** Ce qui rend (une conduite) digne d'éloges. **II 1** Ensemble de qualités particulièrement estimables. *Un homme de mérite.* → **valeur.** ➛ *Vanter les mérites de qqn, de qqch.* → **louer. 2** Avantage (de qqch.). *Cela a au moins le mérite d'exister.*

mériter v. tr. [1] ■ **1** (personnes) Être en droit d'obtenir (un avantage) ou exposé à subir (un inconvénient). ➛ au p. p. *Un repos bien mérité.* ♦ *MÉRITER DE* (+ inf.). *Il ne mérite pas de réussir.* ♦ (sujet chose) Donner lieu à, requérir. *Ceci mérite réflexion.* **2** Être digne d'avoir (qqn) à ses côtés, dans sa vie. *Il ne méritait pas de tels amis.*

méritocratie n. f. ■ didact. (souvent iron.) Hiérarchie sociale fondée sur le mérite individuel. ► **méritocratique** adj.

méritoire adj. ■ (choses) Où le mérite est grand. ➛ Digne d'éloge. *Effort méritoire.*

merlan n. m. ■ **I** Poisson de mer comestible, à chair légère. ➛ fam. *Faire des yeux de merlan frit,* rouler les yeux. **II** vx Coiffeur.

merle n. m. ■ Oiseau passereau au plumage généralement noir chez le mâle. ➛ loc. *Merle blanc :* chose, personne rare.

merlette n. f. ■ rare Femelle du merle.

① **merlin** n. m. ■ Masse pour assommer les bœufs.

② **merlin** n. m. ■ mar. Petit cordage composé de trois fils de caret.

merlon n. m. ■ techn. Partie pleine d'un parapet (entre deux créneaux).

merlot n. m. ■ Cépage noir à grains sphériques. ➛ Vin produit avec ce cépage.

merlu n. m. ■ région. Colin (poisson).

merluche n. f. ■ Morue séchée.

méro- → **-mère**

mérou n. m. ■ Grand poisson des côtes de la Méditerranée, à la chair très délicate.

mérovingien, ienne adj. ■ Des Mérovingiens (rois des Francs).

merrain n. m. ■ **1** techn. Bois de chêne débité en planches. **2** vén. Tige centrale de la ramure (du cerf).

mérule n. m. ou f. ■ bot. Champignon qui se fixe sur le bois et le détruit.

merveille n. f. ■ **1** Chose qui cause une intense admiration. ➛ *Les Sept Merveilles du monde* (pour les Anciens : pyramides d'Égypte, phare d'Alexandrie, jardins de Babylone, temple de Diane à Éphèse, tombeau de Mausole, statue de Zeus par Phidias, colosse de Rhodes). **2** loc. adv. *À MERVEILLE :* parfaitement.

merveilleux, euse ■ **I** adj. **1** littér. Qui étonne par son caractère inexplicable, surnaturel. → **magique, miraculeux. 2** Très admirable, exceptionnel. ► **merveilleusement** adv. **II 1** n. m. L'inexplicable, le surnaturel (dans une œuvre) (≠ *fantastique*). **2** n. hist. Élégant(e) excentrique, pendant la Révolution et le Directoire.

mérycisme n. m. ■ méd. Retour anormal des aliments de l'estomac dans la bouche.

merzlota n. f. ■ géogr. Couche du sol et du sous-sol qui ne dégèle jamais. → **pergélisol, permafrost.** *La merzlota de la toundra sibérienne.*

mes adj. poss. → **mon**

mesa [mesa] n. f. ■ géogr. Plateau formé par les restes d'une coulée volcanique, quand l'érosion a abaissé les terrains environnants.

mésalliance n. f. ■ Mariage avec une personne jugée socialement inférieure.

mésallier v. tr. [7] ■ Marier (qqn) par mésalliance. ▷ v. pron. se **mésallier** ▷ adj. **mésallié, ée**

mésange n. f. ■ Petit oiseau au corps rond.

mésangette n. f. ■ Piège, cage à trébuchet pour prendre les petits oiseaux.

mésaventure n. f. ■ Aventure fâcheuse, désagréable.

mescal ou **mezcal** n. m. ■ Alcool tiré de l'agave. → **pulque.**

mescaline n. f. ■ Alcaloïde hallucinogène.

mesclun [mɛs-] n. m. ■ Mélange de salades (laitue, mâche, trévise...).

mesdames, mesdemoiselles [me-] n. f. ■ Pluriel de *madame, mademoiselle.*

mésenchyme n. m. ▪ biol. Tissu conjonctif embryonnaire **(→ mésoderme).**

mésentente n. f. ▪ Défaut d'entente ou mauvaise entente. **→ brouille, désaccord.**

mésentère n. m. ▪ anat. Repli du péritoine qui enveloppe l'intestin. ► **mésentérique** adj.

mésestime n. f. ▪ littér. Défaut d'estime, de considération (pour qqn ou qqch.).

mésestimer v. tr. 1 ▪ littér. Ne pas apprécier (qqn, qqch.) à sa juste valeur. **→ méconnaître, sous-estimer.**

mésintelligence n. f. ▪ littér. Défaut d'accord. **→ discorde, mésentente.**

mesmérisme n. m. ▪ didact. Doctrine de Mesmer sur le magnétisme* animal. ► **mesmériste** adj. et n.

més(o)- Élément, du grec *mesos* «au milieu, moyen».

mésoblaste n. m. ▪ Mésoderme.

mésocarpe n. m. ▪ bot. Couche moyenne du péricarpe d'un fruit.

mésoderme n. m. ▪ embryol. Lame cellulaire de l'embryon, formée à la fin du stade de la gastrula. **→ mésoblaste.**

mésolithique n. m. et adj. ▪ didact. Période qui suit le paléolithique.

mésomorphe adj. ▪ sc. Se dit d'un état de la matière intermédiaire entre l'état amorphe et l'état cristallin.

méson n. m. ▪ phys. Particule de masse intermédiaire entre celle de l'électron (très faible) et celles du proton et du neutron.

mésopotamien, enne adj. ▪ De Mésopotamie. *Art mésopotamien.*

mésoscaphe n. m. ▪ techn. Engin permettant l'exploration des mers à profondeur moyenne.

mésosphère n. f. ▪ sc. Couche de l'atmosphère terrestre, après la stratosphère.

mésothéliome n. m. ▪ méd. Tumeur provoquée par la prolifération désordonnée d'un mésothélium.

mésothélium [-jɔm] n. m. ▪ anat. Couche de cellules aplaties qui tapissent la surface interne d'une membrane séreuse.

mésothérapie n. f. ▪ méd. Traitement local par injection au moyen de courtes aiguilles groupées.

mésothorax [-aks] n. m. ▪ zool. Segment moyen du thorax (des insectes), qui porte les ailes supérieures.

mésozoïque adj. et n. m. ▪ géol. (Ère) secondaire.

mesquin, ine adj. ▪ **1** (personnes) Qui manque de générosité. ◆ *Des idées mesquines.* **2** Qui témoigne de petitesse morale, d'avarice. ► **mesquinement** adv. ► **mesquinerie** n. f.

mess [mɛs] n. m. ▪ Lieu où se réunissent les officiers ou les sous-officiers d'une unité, pour prendre leur repas, etc.

message n. m. ▪ **1** Charge de dire, de transmettre (qqch.). *S'acquitter d'un message.* **2** Information, paroles transmises. **→ annonce, avis. 3** Contenu de ce qui est révélé. *Chanson à message.* **4** sc. Transmission d'une information. *Code et message.*

messager, ère n. ▪ **1** Personne chargée de transmettre une nouvelle, un objet. **2** littér. Ce qui annonce (qqch.). **3** biol. *ARN messager* : forme de l'acide ribonucléique transportant l'information génétique.

messagerie n. f. ▪ **1** Service de transports de colis et de voyageurs. **2** *Messageries de presse* : organismes de distribution de la presse. **3** *Messagerie électronique* : transmission télématique de messages (abrév. *mél*). **→ courriel.**

messe n. f. ▪ **1** Célébration rituelle du culte catholique commémorant le sacrifice de Jésus-Christ. **2** *Messe noire* : parodie sacrilège du saint sacrifice. **3** Œuvre musicale sur les chants de la messe. **4** loc. *Faire des* MESSES BASSES : parler en aparté.

messeigneurs n. m. ▪ Pluriel de *monseigneur*.

messeoir v. intr. 26 seulement 3e pers. prés. et p. prés. ▪ littér. (surtout négatif) Ne pas convenir ; n'être pas séant. *Cette couleur ne messied pas à votre teint.*

messianique adj. ▪ didact. Relatif à la venue d'un messie, au messianisme.

messianisme n. m. ▪ didact. Croyance selon laquelle un messie viendra affranchir les hommes du péché et établir le royaume de Dieu sur la terre.

messidor n. m. ▪ Dixième mois du calendrier révolutionnaire (19-20 juin au 19-20 juillet).

messie n. m. ▪ relig. Libérateur désigné et envoyé par Dieu. ◆ spécialt *Le Messie* : Jésus-Christ.

il **messied → messeoir**

messieurs [mesjø] n. m. ▪ Pluriel de *monsieur*.

messire n. m. ▪ anciennt Dénomination des personnes de qualité.

mesurable adj. ▪ Qui peut être mesuré.

mesure n. f. ▪ **I 1** Détermination (de grandeurs) par comparaison avec une grandeur constante de même espèce **(→ mesurer). 2** Grandeur ainsi déterminée. ◆ SUR MESURE : adapté à une personne, à un but. *Costume sur mesure.* fig. *Rôle sur mesure.* **3** Valeur, capacité appréciée ou estimée. *Donner sa mesure,* montrer ce dont on est capable. **4** loc. À LA MESURE DE : proportionné à. ◆ DANS LA MESURE DE..., OÙ... : dans la proportion de, où ; pour autant que. À MESURE : progressivement. À MESURE QUE... : en même temps que. ◆ *Au fur**

et à mesure. **II 1** Quantité, unité de comparaison pour mesurer. *Mesures de longueur, de capacité.* **2** Récipient de capacité connue. **3** *COMMUNE MESURE* (en phrase négative) : rapport. *Il n'y a pas de (c'est sans) commune mesure.* **4** Appréciation par un étalon. **III 1** Quantité, dimension normale, souhaitable. *Dépasser la mesure.* ➝ loc. *OUTRE MESURE :* excessivement. **2** Modération dans le comportement. → **retenue ; mesuré** (2). **3** Manière d'agir proportionnée à un but ; acte officiel. *Prendre des mesures d'urgence.* **4** Division de la durée musicale en parties égales. *Le métronome donne la mesure.* ➝ loc. adv. *EN MESURE :* en suivant la mesure. ♦ Chacune de ces parties. *Mesure à quatre temps.* **5** loc. *(ÊTRE) EN MESURE DE :* avoir la possibilité de.

mesurer v. tr. [1] ■ **I 1** Évaluer (une longueur, une surface, un volume) par une comparaison (→ **mesure** (I, 1)). *Mesurer une longueur.* ➝ *Mesurer un appartement* (sa surface). **2** Déterminer la valeur de (une grandeur mesurable) par l'observation ou le calcul. **3** fig. Juger par comparaison. → **estimer, évaluer.** **4** intrans. Avoir pour mesure. *Mesurer un mètre quatre-vingts.* **II** fig. *Mesurer qqch. à* (qqn, qqch.). **1** Donner, régler avec mesure. → **compter.** *Le temps nous est mesuré.* **2** Donner, répartir avec modération. ▷ v. pron. **se mesurer** (personnes) *Se mesurer avec, à qqn,* avoir une épreuve de force avec. → se **battre, lutter.** ▷ adj. **mesuré, ée 1** Évalué par la mesure. **2** Qui montre de la mesure (III, 2). → **modéré.**

mesurette n. f. ■ **1** Petit récipient permettant de doser (une poudre, un liquide). **2** fam. Mesure (III, 3) considérée comme insuffisante, inefficace. → **demi-mesure.**

mesureur, euse n. ■ **1** techn. Personne qui mesure, est chargée de mesurer. **2** n. m. Appareil de mesure. ➝ adj. *Verre mesureur.*

mésuser v. tr. [1] ■ littér. Faire mauvais usage (de).

méta n. m. ■ Métaldéhyde, combustible solide qui brûle sans laisser de résidu.

méta- Élément, du grec *meta* «après».

① **métabole** n. f. ■ didact. Répétition de mots dans un ordre différent, d'une même idée en termes différents.

② **métabole** adj. ■ zool. (insecte) Qui subit des transformations importantes au cours de son développement.

métabolique adj. ■ physiol. Du métabolisme. *Désordres métaboliques.*

métaboliser v. tr. [1] ■ biol. Transformer (une substance) au cours du métabolisme.

métabolisme n. m. ■ physiol. Transformations chimiques et biologiques dans l'organisme (spécialt humain).

métabolite n. m. ■ biol. Substance organique formée au cours du métabolisme ou qui y participe.

métacarpe n. m. ■ anat. Ensemble des os (→ **métacarpien)** de la main.

métacarpien, ienne adj. ■ anat. Relatif au métacarpe. ➝ n. m. *Les métacarpiens :* les cinq os du métacarpe.

métadonnée n. f. ■ inform. Caractéristique formelle normalisée et structurée utilisée pour la description et le traitement des contenus des ressources numériques.

métairie n. f. ■ Domaine agricole exploité par métayage*. ♦ Ses bâtiments **(→ ferme).**

métal, aux n. m. ■ **1** Corps simple, doué d'un éclat particulier, bon conducteur de la chaleur et de l'électricité, et formant, avec l'oxygène, des oxydes basiques. **2** Substance métallique (métal, alliage).

métalangage n. m. ■ didact. Langage qui décrit un autre langage (dit «primaire»).

métalangue n. f. ■ didact. Langue naturelle qui parle du langage, des faits de la langue.

métaldéhyde n. m. ou f. ■ chim. Composé solide de l'aldéhyde, corps blanc inflammable. → **méta.**

métalinguistique adj. ■ ling. Du métalangage.

métallier, ière n. ■ techn. Spécialiste de la fabrication et de la pose d'ouvrages métalliques pour le bâtiment. → **chaudronnier, serrurier.**

métallifère adj. ■ didact. Qui contient un métal. *Gisement métallifère.*

métallique adj. ■ **1** Fait de métal. **2** Du métal. *Reflet métallique.* **3** (son) Qui semble venir d'un corps fait de métal.

métalliser v. tr. [1] ■ techn. **1** Couvrir d'une couche de métal. **2** Donner un éclat métallique à. ► **métallisation** n. f.

métallo n. ■ fam. Métallurgiste (1).

métallochromie [-k-] n. f. ■ techn. Technique de la coloration des surfaces métalliques.

métallographie n. f. ■ sc. Étude de la structure et des propriétés des métaux.

métalloïde n. m. ■ chim. Corps simple qui a certaines propriétés des métaux et des propriétés opposées. → **non-métal.**

métallophone n. m. ■ mus. Instrument de musique composé d'un jeu de lames ou de plaques de métal vibrantes. → **vibraphone.**

métalloprotéine n. f. ■ biochim. Hétéroprotéine combinée à un métal (fer, cuivre, magnésium, zinc).

métallurgie n. f. ■ Industries, techniques de fabrication et mise en œuvre des métaux. *Métallurgie du fer.* → **sidérurgie.** ► **métallurgique** adj.

métallurgiste n. ■ **1** Ouvrier, ouvrière qui travaille dans la métallurgie. → **métallo.** **2** Industriel(le) de la métallurgie.

métalogique adj. ■ didact. Qui étudie les valeurs de vérité en logique.

métamère n. ■ **1** n. m. zool. Chacun des anneaux d'un arthropode, d'un ver. ♦ embryol. Segment résultant de la division primitive du mésoderme. **2** adj. chim. Se dit de composés organiques isomères ayant même fonction.

métamorphique adj. ■ didact. Se dit d'une roche qui a été modifiée par la chaleur et la pression. ► **métamorphisme** n. m.

métamorphose n. f. ■ **1** Changement de forme, de nature ou de structure qui rend méconnaissable. **2** Changement total survenant dans l'organisme (de batraciens, d'insectes), dans son développement vers la forme adulte. **3** Changement complet.

métamorphoser v. tr. [1] ■ **1** Modifier par métamorphose (1 et 2). **2** fig. Changer complètement (qqn, qqch.). *L'amour l'a métamorphosé.* ▷ v. pron. se **métamorphoser**

métaphase n. f. ■ biol. Deuxième phase de la mitose.

métaphore n. f. ■ Changement de sens (figure, trope) par substitution analogique (emploi d'un terme concret dans un contexte abstrait, etc.). *«Donner dans le panneau» est une métaphore.*

métaphorique adj. ■ **1** De la métaphore. **2** Qui abonde en métaphores. → **imagé.** ► **métaphoriquement** adv.

métaphyse n. f. ■ anat. Partie d'un os long comprise entre la diaphyse et l'épiphyse.

métaphysicien, ienne n. ■ Philosophe qui s'occupe de métaphysique.

métaphysique ■ **I** n. f. **1** Recherche rationnelle sur l'être (esprit, nature, matière, Dieu...), les principes premiers de la connaissance. → **ontologie, philosophie.** **2** Réflexion abstraite. **II** adj. Qui relève de la métaphysique.

métapsychique ■ didact. **1** adj. Qui concerne les phénomènes psychiques inexpliqués (télépathie, etc.). **2** n. f. → **métapsychologie, parapsychologie.**

métapsychologie [-k-] n. f. ■ didact. **1** Psychologie profonde (de l'inconscient). → **psychanalyse.** **2** Psychologie dont l'objet est au-delà du donné de l'expérience.

métastable adj. ■ chim. Se dit d'un système chimique dont la vitesse de transformation est très faible et qui a l'apparence de la stabilité.

métastase n. f. ■ méd. Foyer secondaire éloigné d'un foyer initial (par ex. cancer).

métastaser v. intr. [1] ■ méd. Produire des métastases.

métatarse n. m. ■ anat. Os du pied entre le talon et les phalanges.

métatarsien, ienne adj. ■ anat. Relatif au métatarse. ◆ n. m. *Les métatarsiens* : les cinq os du métatarse.

métathèse n. f. ■ ling. Altération d'un mot ou d'un groupe de mots par déplacement, interversion (d'un phonème, d'une syllabe).

métathorax [-aks] n. m. ■ zool. Troisième anneau du thorax (d'un insecte).

métayage n. m. ■ Mode d'exploitation agricole, louage d'un domaine pour une partie du produit cultivé.

métayer, ère n. ■ Personne qui prend à bail et fait valoir par métayage.

métazoaire n. m. ■ zool. Organisme animal formé de plusieurs cellules (opposé à *protiste*).

méteil n. m. ■ Mélange de seigle et de blé.

métempsychose [-koz] n. f. ■ didact. Doctrine selon laquelle une âme se réincarne en plusieurs corps. – var. **métempsycose.**

métencéphale n. m. ■ embryol. Partie de l'encéphale embryonnaire (à l'origine du cervelet).

météo (abrév.) ■ **1** n. f. Météorologie. ◆ Informations météorologiques. **2** adj. invar. Météorologique.

météore n. m. ■ **1** didact. Phénomène atmosphérique (pluie, neige...). **2** cour. Corps céleste traversant l'atmosphère (→ **météorite).** ► **météorique** adj.

① **météorisation** n. f. ■ sc. Ameublissement des roches résistantes par fragmentation ou par altération due aux agents climatiques.

② **météorisation** n. f. ■ vétér. (ruminants) Le fait d'avoir l'abdomen gonflé par les gaz.

météoriser v. tr. [1] ■ méd., vétér. Gonfler l'abdomen de (un être humain, un animal) par accumulation de gaz. → **ballonner.** *La luzerne humide météorise les vaches.*

météorisme n. m. ■ méd. Gonflement de l'abdomen par des gaz.

météorite n. m. ou f. ■ Fragment de corps céleste qui traverse l'atmosphère. → **aérolithe, météore** (2).

météorologie n. f. ■ **1** Étude scientifique des météores (1). **2** Service, informations de prévision du temps. → **météo.** ► **météorologique** adj. ► **météorologiste** ou **météorologue** n.

métèque n. m. ■ **1** Antiq. grecque Étranger. **2** vieilli (terme xénophobe) Étranger dont l'aspect physique, les allures sont jugés déplaisants.

méthacrylique adj. ■ chim. Se dit de composés thermoplastiques. *Résines méthacryliques* (verre de sécurité : plexiglas).

méthadone n. f. ■ méd. Substance de synthèse, voisine de la morphine, utilisée dans le traitement de toxicomanes.

méthamphétamine n. f. ■ Drogue de synthèse dérivée de l'amphétamine. → **ecstasy, MDMA.**

méthane n. m. ■ Carbure d'hydrogène, gaz incolore, inflammable.

méthanier n. m. ■ Cargo destiné à transporter du gaz (méthane) liquéfié.

méthanisation n. f. ■ techn. Transformation (de matières organiques) en méthane (→ **biogaz**), par fermentation. ► **méthaniser** v. tr. 1

méthanol n. m. ■ Alcool méthylique (→ **méthyle**).

méthémoglobine n. f. ■ méd. Hémoglobine oxydée dans laquelle le fer a perdu son pouvoir de fixer l'oxygène.

méthionine n. f. ■ biochim. Acide aminé soufré indispensable à l'organisme humain.

méthode n. f. ■ **1** sc. Démarche de l'esprit pour découvrir et démontrer la vérité. **2** Démarches raisonnées, suivies pour parvenir à un but. *Méthode de travail.* **3** Principes (d'une technique, d'un art). **4** fam. Moyen. → **formule, procédé.**

méthodique adj. ■ **1** Fait selon une méthode (s'oppose à *empirique*). *Classement méthodique.* **2** Qui agit, raisonne avec méthode. ► **méthodiquement** adv.

méthodiste adj. et n. ■ D'un mouvement religieux protestant cherchant la pureté de la doctrine. ► **méthodisme** n. m.

méthodologie n. f. ■ didact. Étude des méthodes scientifiques, techniques (→ **épistémologie**). ► **méthodologique** adj.

méthyle n. m. ■ chim. Radical monovalent CH_3. ► **méthylique** adj. *Alcool méthylique (méthanol, méthylène).*

méthylène n. m. ■ **1** Alcool méthylique impur. **2** chim. Radical bivalent dérivé du méthane. ◆ cour. *Bleu de méthylène,* colorant et antiseptique.

méticuleux, euse adj. ■ Soigneux et très attentif aux détails. ► **méticuleusement** adv. ► **méticulosité** n. f.

métier n. m. ■ **I 1** Travail reconnu par la société et dont on peut tirer des moyens d'existence. → **fonction, profession. 2** *Le métier de :* la fonction de. → **rôle. 3** Habileté technique que confère l'expérience d'un métier. *Il a du métier.* **II** Machine servant à travailler les textiles. *Métier à tisser.*

métis, isse [-is] ■ **I** adj. **1** Issu d'un métissage. ◆ n. *Des métis.* **2** Hybride. *Œillet métis.* **II** n. m. Toile de coton et de lin.

métissage n. m. ■ Croisement de races, de variétés. ◆ fig. *Le métissage des cultures.* ► **métisser** v. tr. 1

métonymie n. f. ■ didact. Figure par laquelle on exprime un concept au moyen d'un terme désignant un autre concept qui lui est uni par une relation nécessaire (cause et effet, inclusion, ressemblance, etc.). ► **métonymique** adj.

métope n. f. ■ archéol. Intervalle, souvent sculpté, entre deux triglyphes.

métrage n. m. ■ **1** Action de mesurer au mètre. **2** Longueur de tissu vendu au mètre. **3** *Le métrage d'un film,* sa longueur. *Long, moyen, court métrage,* le film.

mètre n. m. ■ **I 1** Élément de mesure des vers grecs et latins. **2** Type de vers d'après le nombre de syllabes et la coupe. **II 1** Unité principale de longueur, base du système métrique (symb. m), longueur parcourue par la lumière en 1/299 792 458 de seconde. ◆ *Un cent mètres,* une course de cent mètres. ◆ *Mètre carré,* unité de superficie (symb. m^2). *Mètre cube,* unité de volume (symb. m^3). **2** Étalon du mètre. ◆ Règle ou ruban gradué en centimètres.

-mètre, -métrie Éléments, du grec *metron* « mesure ».

métré n. m. ■ techn. **1** Mesure d'un terrain, d'un ouvrage de construction. **2** Devis détaillé des travaux, dans le bâtiment.

métrer v. tr. 6 ■ Mesurer au mètre. ► **métreur, euse** n.

① **métrique** n. f. ■ Étude de la versification fondée sur l'emploi des mètres.

② **métrique** adj. ■ Qui a rapport au mètre, unité de mesure. *Système métrique.*

métrite n. f. ■ Inflammation de l'utérus.

① **métro** n. m. ■ Chemin de fer électrique, souvent souterrain, d'une grande ville.

② **métro** adj. et n. ■ Métropolitain (dans les départements et collectivités français d'outre-mer). *Les métros et les touristes.*

métro- Élément, du grec *metron* « mesure ».

métrologie n. f. ■ Science des mesures. ► **métrologique** adj.

métronome n. m. ■ mus. Petit instrument à pendule, servant à marquer la mesure.

métronomique adj. ■ Relatif au métronome. *Mouvement métronomique.* ◆ fig. *Une régularité métronomique.*

métropole n. f. ■ **I** Ville principale. → **capitale. II** État considéré par rapport aux colonies, aux territoires extérieurs.

métropolitain, aine adj. ■ **I** relig. D'une métropole (I). **II** D'une métropole (II). ◆ n. Personne originaire de la métropole (dans un territoire extérieur). → ② **métro.**

métropolite n. m. ■ Archevêque de l'Église orthodoxe.

métrorragie n. f. ■ méd. Hémorragie anormale d'origine utérine.

mets n. m. ■ littér. Chacun des aliments préparés servis dans un repas. → **plat.**

mettable adj. ■ (vêtements) Qu'on peut mettre.

metteur, euse n. ■ (fém. rare) **1** techn. *Metteur en pages* (→ mise* en pages). **2** *Metteur en scène* : responsable de la mise* en scène (théâtre, cinéma, télévision). → **réalisateur.** ✦ *Metteur en ondes* (radio).

mettre v. tr. [56] ■ **I** Faire changer de lieu. **1** Faire passer (une chose) dans un endroit, à une place (où elle n'était pas). ✦ *Mettre près* (approcher), *loin* (éloigner)... **2** Placer (un être vivant) à un endroit. → **installer. 3** Placer (un vêtement, un ornement, etc.) sur qqn, sur soi. **4** Ajouter en adaptant. *Mettre un couvercle à une casserole.* **5** Disposer. *Mettre le couvert.* ✦ Installer. *Mettre l'électricité dans une grange.* **6** fig. Ajouter, apporter (un élément moral, affectif). *Mettre de l'énergie à faire qqch., un espoir dans...* **7** METTRE (un certain temps, de l'argent) À : dépenser, employer. **8** Provoquer, faire naître. *Il a mis du désordre partout.* **9** Écrire. *Mettre son nom sur un album.* ◆ fam. METTONS QUE : admettons que. **10** (compl. personne) Occuper, affecter. *On l'a mis à ce travail, sur cette affaire.* **II 1** (avec un adv.) Placer dans une position nouvelle (sans déplacement ni modification d'état). *Mettre qqn debout.* ✦ sans compl. METTRE BAS, accoucher (femelles d'animaux). **2** Placer, disposer dans une position. *Mettre le verrou* (le pousser). **III** Faire passer dans un état nouveau. **1** (concret) METTRE EN : transformer en. ✦ METTRE À. *Mettre un bassin à sec.* **2** (abstrait) *Mettre en contact, en présence. Mettre au point, en œuvre ; en mouvement, en service, en scène, en vente* (→ **mise** [en]). **3** Faire fonctionner. *Mettre la radio.* ▷ v. pron. se **mettre 1** réfl. Venir occuper un lieu, une situation. → se **placer. 2** passif (sujet chose) Avoir pour place habituelle. → se **ranger. 3** Devenir. *Se mettre en colère.* ✦ récipr. *Elles se sont mises d'accord.* **4** réfl. Prendre une position, un état, une apparence. *Se mettre à genoux.* ✦ loc. *N'avoir rien à se mettre* (pour s'habiller à son goût). **5** SE METTRE À (+ nom ; + inf.) : commencer à (faire). **6** fam. récipr. Se donner des coups. ▷ **mis, mise** → **mis.**

meublant, ante adj. ■ dr. *Meubles meublants* : effets mobiliers destinés « à l'usage et à l'ornement des appartements » (Code civil).

meuble ■ **I 1** adj. (terre) Qui se remue, se laboure facilement. **2** adj. et n. m. dr. (Bien) qui peut être déplacé (opposé à *immeuble*). **II** n. m. Objet mobile de formes rigides servant à l'aménagement de l'habitation, des locaux. → **ameublement, mobilier.**

meubler v. tr. [1] ■ **1** Garnir de meubles (II). **2** Constituer le mobilier de. **3** fig. Remplir ou orner. *Meubler ses loisirs.* → **occuper.** ▷ v. pron. se **meubler** Acquérir des meubles. ▷ adj. **meublé, ée** ✦ n. m. *Un meublé* : logement loué meublé.

meuf n. f. ■ fam. Femme ; amie, épouse. → **nana.**

meugler v. intr. [1] ■ Beugler. ► **meuglement** n. m.

meuh interj. ■ Onomatopée évoquant le meuglement des bovidés.

meule n. f. ■ **I 1** Cylindre plat et massif, servant à broyer, à moudre. *Meules de moulin.* **2** Disque en matière abrasive pour user, aiguiser, polir. **3** Grand fromage en forme de disque épais. **II 1** Gros tas de foin, de gerbes. **2** Tas de bois pour la confection du charbon de bois. **3** Champignonnière.

meuler v. tr. [1] ■ Passer, dégrossir, affûter à la meule. ► **meulage** n. m.

meuleuse n. f. ■ techn. Machine-outil servant à meuler.

meulière adj. f. et n. f. ■ *(Pierre) meulière* : pierre à bâtir, à la surface rugueuse.

meulon n. m. ■ **1** région. Meule (II, 1). **2** techn. Tas de sel extrait d'un marais salant. → **mulon.**

meunerie n. f. ■ Industrie de la farine.

meunier, ière n. ■ **1** Personne qui exploite un moulin à céréales, qui fabrique de la farine. → **minotier. 2** appos. invar. Frit dans la farine. *Des soles meunière.*

meurette n. f. ■ Sauce au vin rouge.

meursault n. m. ■ Vin blanc ou rouge de la région de Beaune.

meurtre n. m. ■ Fait de tuer volontairement un être humain. → **assassinat,** ② **homicide.**

meurtrier, ière ■ **I** n. Personne qui a commis un ou des meurtres. **II** adj. (choses) **1** Qui concerne la mort de nombreuses personnes (circonstance, lieu). **2** Qui pousse à tuer. *Fureur meurtrière.*

meurtrière n. f. ■ Fente verticale pratiquée dans un mur pour tirer.

meurtrir v. tr. [2] ■ **1** Blesser en laissant une marque sur la peau. **2** (surtout p. p.) Endommager (un fruit, un légume). **3** fig., littér. Déchirer (le cœur...).

meurtrissure n. f. ■ **1** Marque sur la peau (→ **bleu, contusion),** sur des fruits, etc. meurtris. **2** Marque de fatigue, de maladie.

meute n. f. ■ **1** Troupe de chiens dressés pour la chasse à courre. **2** Bande, troupe de poursuivants acharnés.

mévente n. f. ■ Insuffisance des ventes.

mexicain, aine adj. et n. ■ Du Mexique.

mézail n. m. ■ archéol. Armure de tête, visière mobile d'un casque fermé.

mezcal → **mescal**

mézigue pron. ■ argot Moi.

mezzanine [mɛdza-] n. f. ▪ **1** Petit entresol. ♦ Étage entre l'orchestre et le premier balcon (d'un théâtre, etc.), appelé aussi *corbeille.* **2** Petite plate-forme dans une pièce haute de plafond.

mezza-voce [mɛdzavɔtʃe] loc. adv. ▪ mus. À mi-voix.

mezze [meze] n. m. ▪ Assortiment de hors-d'œuvre à l'orientale.

mezzo [mɛdzo] ▪ **1** n. m. Voix de femme, entre soprano et contralto (aussi *mezzo-soprano*). **2** n. f. La chanteuse.

mezzo-tinto [mɛdzotinto] n. m. invar. ▪ arts Gravure dite *à la manière noire,* exécutée en grattant une planche grenée noire pour obtenir des blancs purs et des gris.

Mg ▪ Symbole du magnésium.

mi n. m. ▪ Troisième note de la gamme d'ut. *Mi bémol.*

mi- ▪ **1** (formant un nom composé) Le milieu de. *La mi-janvier.* **2** (loc. adv.) *À MI- :* à la moitié de. *À mi-hauteur.* **3** (formant un adj. composé) *Yeux mi-clos.*

miam-miam [mjammjam] interj. ▪ fam. Exclamation de plaisir à manger.

miaou interj. et n. m. ▪ Cri du chat.

miasme n. m. ▪ Émanation à laquelle on attribuait les maladies infectieuses.

miauler v. intr. [1] ▪ **1** (chats, certains félins) Pousser son cri. **2** Faire un bruit analogue. ► **miaulement** n. m.

mi-bas n. m. invar. ▪ Chaussette montante.

mica n. m. ▪ **1** Minerai constituant des roches volcaniques et métamorphiques. **2** Plaque de mica blanc transparent (vitre).

micacé, ée adj. ▪ minér. De la nature du mica ; qui contient du mica. *Du sable micacé.*

mi-carême n. f. ▪ Jeudi de la troisième semaine de carême, fête à déguisements.

micaschiste n. m. ▪ géol. Roche composée de mica et de quartz.

micelle n. f. ▪ sc. Particule en suspension dans une solution colloïdale.

miche n. f. ▪ **1** Pain rond. **2** fam. Fesse.

miché n. m. ▪ argot Client d'un(e) prostitué(e). – syn. **micheton.**

micheline n. f. ▪ anciennt Automotrice sur pneus.

à **mi-chemin** loc. adv. ▪ Au milieu du chemin, du trajet (aussi fig.).

micheton → **miché**

michetonner v. intr. [1] ▪ argot Se livrer occasionnellement à la prostitution. ► **michetonneur, euse** n.

mi-clos, ose adj. ▪ littér. À moitié fermé. *Yeux mi-clos.*

micmac n. m. ▪ fam. Agissements compliqués et suspects. → **manigance.**

micocoulier n. m. ▪ Arbre du genre orme.

à **mi-corps** [-kɔʀ] loc. adv. ▪ Au milieu du corps, jusqu'à la taille.

à **mi-course** loc. adv. ▪ Au milieu du parcours.

micro n. (abrév.) ▪ **1** n. m. Microphone. *Parlez dans le micro.* **2** n. m. Micro-ordinateur. **3** n. f. Micro-informatique.

micro- Élément, du grec *mikros* «petit». ♦ spécialt Élément divisant (une unité) par 10^6, un millionième.

microanalyse n. f. ▪ sc. Analyse chimique portant sur des masses extrêmement faibles.

microbalance n. f. ▪ techn. Balance dont le seuil de sensibilité est de l'ordre du microgramme.

microbe n. m. ▪ **1** Micro-organisme pathogène. ► **microbien, ienne** adj. **2** fam. Personne chétive, petite.

microbille n. f. ▪ techn. Particule très fine (d'une substance micronisée).

microbiologie n. f. ▪ Science des micro-organismes. ► **microbiologique** adj. ► **microbiologiste** n.

microbiote n. m. ▪ biol. Ensemble des micro-organismes (d'un organisme animal). *Le microbiote intestinal.* → **flore, microflore.**

microblog n. m. ▪ Blog qui permet de communiquer en temps réel en publiant de courts messages **(→ tweet).** – recomm. off. *microblogue.*

microbrasserie n. f. ▪ Établissement artisanal produisant de la bière en petite quantité.

microcéphalie n. f. ▪ sc. Atrophie de la tête et du cerveau. ► **microcéphale** adj.

microchimie n. f. ▪ sc. Ensemble des procédés qui permettent l'analyse chimique de très petites quantités de substances.

microchirurgie n. f. ▪ Chirurgie des structures vivantes microscopiques.

microcircuit n. m. ▪ techn. Circuit électrique imprimé et miniaturisé.

microclimat n. m. ▪ Conditions climatiques d'une petite zone. ► **microclimatique** adj.

microcosme n. m. ▪ littér. Abrégé, image réduite du monde (opposé à *macrocosme*).

microcoupure n. f. ▪ électr. Baisse importante et de très courte durée d'une tension d'alimentation.

micro-cravate n. m. ▪ Microphone miniature qui s'accroche sur le vêtement. *Des micros-cravate(s).*

microcrédit n. m. ▪ Prêt d'un faible montant accordé, pour un projet, à des personnes démunies.

microéconomie n. f. ▪ écon. Étude de l'activité et des comportements économiques, au niveau des individus (s'oppose à *macroéconomie*). ► **microéconomique** adj.

microélectronique n. f. ▪ Ensemble des techniques qui permettent la réalisation des circuits intégrés.

microentreprise n. f. ▪ Entreprise de très petite taille (qui peut bénéficier d'aides diverses).

microfaune n. f. ▪ didact. Faune microscopique (opposé à *macrofaune*).

microfibre n. f. ▪ Fibre textile synthétique extrêmement fine, donnant des tissus doux au toucher.

microfiche n. f. ▪ Photographie en format très réduit d'un document à archiver. → **microfilm.**

microfilm [-film] n. m. ▪ Photographie de très petit format sur film. ► **microfilmer** v. tr. [1]

microflore n. f. ▪ biol. Ensemble des micro-organismes végétaux qui vivent sur les tissus ou dans les cavités naturelles de l'organisme. *La microflore intestinale.*

microgramme n. m. ▪ Unité de masse égale à un millionnième de gramme (symb. µg).

micrographie n. f. ▪ didact. Étude microscopique des matériaux (opposé à *macrographie*). ► **micrographique** adj.

microgravité n. f. ▪ astron. Gravité beaucoup plus faible que sur la Terre.

microgrenu, ue adj. ▪ géol. *Roches microgrenues* : roches volcaniques formées de petits minéraux cristallins à peine visibles à l'œil nu, sans résidu vitreux (opposé à *microlithique*).

micro-informatique n. f. ▪ Informatique des micro-ordinateurs. → **micro** (3).

micro-injection n. f. ▪ biol. Injection dans une cellule isolée. ◆ spécialt Introduction d'un spermatozoïde dans l'ovocyte (procréation médicalement assistée).

microline n. f. ▪ minér. Feldspath potassique ou sodique.

microlithe n. m. ▪ **1** géol. Petit élément cristallin des roches microlithiques. **2** paléont. Petit outil de silex taillé, au paléolithique. – var. **microlite.**

microlithique adj. ▪ géol. *Roches microlithiques* : roches volcaniques semi-cristallines, aux microlithes noyés dans une masse vitreuse (opposé à *microgrenu*). – var. **microlitique.**

micromanipulation n. f. ▪ sc. Opération effectuée sur un objet microscopique, à l'aide d'instruments et de dispositifs spéciaux.

micromètre n. m. ▪ **1** Appareil utilisé pour mesurer les dimensions microscopiques. **2** Unité de longueur valant un millionième de mètre (symb. µm). → anciennt **micron.**

micrométrie n. f. ▪ didact. Mesure d'objets microscopiques à l'aide du micromètre (1). ► **micrométrique** adj.

microminiaturisation n. f. ▪ électron. Réduction extrême des systèmes électroniques.

micron n. m. ▪ anciennt Micromètre.

microniser v. tr. [1] ▪ Réduire (un corps) en particules de l'ordre du micromètre. ► **micronisation** n. f.

micro-ondable adj. ▪ Que l'on peut passer au four à micro-ondes. *Plat micro-ondable.*

micro-onde n. f. ▪ Onde électromagnétique de très petite longueur. *Four à micro-ondes* ou n. m. *un micro-onde* ou *micro-ondes.*

micro-ordinateur n. m. ▪ Ordinateur de format réduit (d'usage individuel). → **micro** (2), **P. C.** *Des micro-ordinateurs.*

micro-organisme n. m. ▪ didact. Organisme microscopique. → **microbe ; bacille, bactérie, virus.** *Des micro-organismes.*

micropaiement n. m. ▪ Paiement d'un faible montant, effectué au moyen d'un service télématique.

microparticule n. f. ▪ Particule dont la taille est de l'ordre du micromètre.

microphage adj. et n. ▪ didact. Se dit des organismes qui se nourrissent de très petites proies.

microphone n. m. ▪ Appareil qui amplifie les ondes sonores. → **micro** (1).

microphotographie n. f. ▪ Photographie à fort coefficient de réduction.

microphysique n. f. ▪ Physique de l'atome, des particules.

micropilule n. f. ▪ Pilule contraceptive ne contenant que des progestatifs.

microporeux, euse adj. ▪ techn. Qui présente des pores de très petites dimensions. *Du crépi microporeux.*

microprocesseur n. m. ▪ Très petit circuit intégré, unité de traitement de l'information. → **microcircuit, puce.**

microscope n. m. ▪ Instrument d'optique qui permet de voir des objets invisibles à l'œil nu. ◆ *Microscope optique, binoculaire ; électronique* (à faisceau d'électrons).

microscopie n. f. ▪ didact. Technique de l'observation au microscope.

microscopique adj. ▪ **1** didact. Qui se fait à l'aide du microscope. **2** Visible seulement au microscope. ◆ Très petit, minuscule.

microséisme [-s-] n. m. ▪ Séisme que l'on ne peut détecter qu'à l'enregistrement.

microsillon [-s-] n. m. ▪ Disque vinyle à sillon très petit.

microsociologie [-s-] n. f. ■ didact. Étude des formes de la sociabilité au sein des petits groupes.

microsonde [-s-] n. f. ■ sc. Sonde permettant le dosage et l'analyse de très petites quantités de matière.

microsporange n. m. ■ bot. Organe des plantes cryptogames où se forment les microspores.

microspore n. f. ■ bot. Spore mâle de certaines plantes cryptogames.

microstructure n. f. ■ didact. Structure faisant partie d'une structure plus vaste (opposé à *macrostructure*).

microtome n. m. ■ sc. Instrument qui sert à couper de minces lames dans des tissus à observer au microscope.

micro-trottoir n. m. ■ Enquête faite dans la rue, auprès de passants, par la radio ou la télévision.

microtubule n. m. ■ biol. Composant du cytosquelette, formé par polymérisation d'une protéine.

miction n. f. ■ méd. Action d'uriner.

midi n. m. ■ **I 1** Milieu du jour. **2** Douzième heure (après et avant minuit). ➝ loc. *Chercher midi à quatorze heures*, des difficultés où il n'y en a pas. **II 1** Sud, exposition au sud. **2** Région qui est au sud.

midinette n. f. ■ Jeune fille de la ville, simple, sentimentale ou frivole.

midship [midʃip] n. m. ■ mar. **1** Aspirant dans la marine anglaise. **2** Enseigne de vaisseau de deuxième classe, dans la marine française.

① **mie** adv. ■ vx *Ne... mie*, ne... pas.

② **mie** n. f. ■ Partie molle du pain (s'oppose à *croûte*).

③ **mie** n. f. ■ vx Amie, femme aimée.

miel n. m. ■ **1** Substance sirupeuse et sucrée élaborée par les abeilles. **2** loc. *Être tout sucre tout miel* : mielleux (2). *Lune* de miel.*

miellat n. m. ■ Excrétion sucrée d'insectes parasites recueillie par les abeilles. *Du miel de miellat.*

mielleux, euse adj. ■ **1** De miel. **2** Qui a une douceur affectée. → **doucereux.** ► **mielleusement** adv.

mien, mienne ■ **I** adj. poss. de la 1re pers. du sing. À moi. littér. **1** épithète *Un mien cousin.* **2** attribut *Des idées que j'ai faites miennes.* **II** pron. poss. Ce qui est à moi. LE MIEN, LA MIENNE *(les miens, les miennes).* **III** n. m. pl. LES MIENS : mes parents, mes amis...

miette n. f. ■ **1** Petit morceau (de pain, de gâteau...) qui tombe quand on le coupe. **2** fig. *Les miettes* (d'une fortune, d'un partage). → **bribe. 3** Petit fragment. *Mettre qqch. en miettes* (en cassant).

mieux adv. ■ Comparatif de *bien.* **I 1** D'une manière plus accomplie, meilleure (s'oppose à *plus mal*). ➝ *ALLER MIEUX* : être en meilleure santé. ➝ *Vous feriez mieux de vous taire* : vous auriez avantage. **2** MIEUX QUE... *Il réussit mieux que son frère. Mieux que jamais.* **3** (avec *plus, moins*) *Moins il mange, mieux il se porte.* **4** loc. adv. *ON NE PEUT MIEUX*, parfaitement. ➝ *À QUI MIEUX MIEUX*, à qui fera mieux (ou plus) que l'autre. **II** *LE MIEUX* **1** De la meilleure façon. *Le mieux du monde.* **2** loc. AU MIEUX : dans le meilleur des cas. **3** *POUR LE MIEUX* : le mieux possible, très bien. **III** adj. attribut **1** (personnes) En meilleure situation, état. *Mettez-vous là, vous serez mieux.* **2** (choses) Préférable, d'une plus grande qualité (s'oppose à *pire*). **3** loc. *QUI MIEUX EST* : ce qui est mieux encore (s'oppose à *pis*). **IV** nominal **1** (sans article) Quelque chose de mieux. *En attendant mieux. Faute de mieux.* **2** n. m. *LE MIEUX.* prov. *Le mieux est l'ennemi du bien.* ➝ *Un mieux*, une amélioration. ➝ *Faire de mon (ton, son) mieux.*

mieux-disant, ante n. m. ■ Offre supérieure. *Le mieux-disant culturel.*

mieux-être [mjøz-] n. m. invar. ■ État plus heureux, amélioration du bien-être*.

mièvre adj. ■ D'une grâce fade. ► **mièvrerie** n. f.

migmatite n. f. ■ minér. Roche métamorphique, formée d'une base sombre et d'un apport magmatique clair (feldspaths, quartz). → **gneiss.**

mignard, arde adj. ■ vx Mignon.

mignardise n. f. ■ **1** Délicatesse, grâce affectée. **2** Petit œillet odorant.

mignon, onne ■ **I** adj. **1** Qui a de la grâce et de l'agrément. **2** Aimable, gentil. **3** *FILET MIGNON* : pointe du filet (bœuf, veau...). **II** n. **1** Personne mignonne. **2** n. m. hist. *Les mignons d'Henri III*, ses favoris homosexuels.

mignonnet, ette adj. ■ Petit et mignon.

mignonnette n. f. ■ **1** Œillet mignardise. **2** Poivre grossièrement concassé. **3** Fin gravier. **4** Flacon miniature, échantillon (d'alcool, d'apéritif).

mignoter v. tr. [1] ■ vieilli Traiter délicatement, gentiment. → **cajoler, choyer, dorloter.**

migraine n. f. ■ Mal de tête. ► **migraineux, euse** adj. et n.

migrant, ante ■ **1** adj. Qui participe à une migration. **2** n. Personne qui s'expatrie pour des raisons économiques **(→ émigrant, immigrant)** ou pour échapper à un conflit **(→ réfugié).**

migrateur, trice adj. et n. m. ■ (animaux) Qui migre **(→ migration** (2)**).**

migration n. f. ■ **1** Déplacement de populations qui passent d'un pays dans un autre pour s'y établir **(→ émigrer, immigrer). 2** Déplacement saisonnier d'animaux (oiseaux, poissons...). ► **migratoire** adj.

migrer v. intr. [1] ■ Émigrer.

mihrab n. m. ■ didact. Niche orientée vers la Mecque aménagée dans le mur d'une mosquée.

à **mi-jambe** loc. adv. ■ Au niveau du milieu de la jambe. – var. à **mi-jambes.**

mijaurée n. f. ■ péj. Femme, jeune fille aux manières affectées. → **pimbêche.**

mijoter v. tr. [1] ■ **I** **1** Faire cuire ou bouillir lentement, avec soin. **2** fam. Préparer avec réflexion et discrétion. **II** intrans. Cuire lentement. *Ça mijote.*

mikado n. m. ■ **I** Empereur du Japon. **II** Jeu d'adresse, jonchet.

① **mil** n. m. ■ Céréale à petits grains (sorgho, millet), cultivée en Afrique.

② **mil** → ① **mille**

milan n. m. ■ Rapace diurne, brun.

mildiou n. m. ■ Maladie de plantes causée par des champignons minuscules. ◆ Rouille des feuilles de la vigne. ► **mildiousé, ée** adj.

mile n. m. ■ Mesure anglo-saxonne de longueur (1609 m). → ② **mille.**

miliaire ■ méd. **1** adj. Qui présente l'aspect d'un grain de mil. **2** n. f. Affection cutanée caractérisée par une éruption miliaire.

milice n. f. ■ **1** Troupe de police supplétive. ◆ spécialt *La Milice :* corps de volontaires français qui soutint les occupants allemands. **2** Formation paramilitaire non officielle. ► **milicien, ienne** n.

milieu n. m. ■ **I** **1** Partie à égale distance des extrémités. ◆ loc. hist. *L'Empire du Milieu,* l'Empire chinois. **2** Ce qui est placé entre d'autres. *Le doigt du milieu.* **3** Période entre le commencement et la fin. **4** *AU MILIEU :* à mi-distance (espace, temps). ◆ *EN PLEIN MILIEU, AU BEAU MILIEU :* exactement au milieu. **II** Ce qui est éloigné des extrêmes, des excès ; position, état intermédiaire. ◆ loc. *LE JUSTE MILIEU :* la position moyenne. **III** **1** Ensemble des objets matériels, des circonstances physiques qui entourent et influencent un organisme vivant. → **environnement.** **2** Entourage, groupe social (d'une personne, d'un groupe). *Sortir du milieu familial.* **3** *Le milieu,* groupe social vivant du vol, de la prostitution.

militaire ■ **I** adj. De la force armée. ◆ *Coup d'État militaire.* ► **militairement** adv. **II** n. m. Personne qui fait partie des forces armées. → **soldat.**

militant, ante adj. et n. ■ **1** Qui combat dans les luttes idéologiques. **2** Qui milite dans un parti, une organisation. ► **militantisme** n. m.

militariser v. tr. [1] ■ Organiser d'une façon militaire ; pourvoir d'une force armée. ► **militarisation** n. f.

militarisme n. m. ■ **1** Exaltation des valeurs militaires. **2** péj. Prépondérance (politique) de l'armée. ► **militariste** adj. et n.

militaro- Élément tiré de *militaire.*

militer v. intr. [1] ■ **1** (sujet chose) *MILITER POUR, CONTRE... :* constituer un argument (pour, contre). **2** (personnes) Agir, lutter pour ou contre (une cause). ◆ Agir dans et pour un parti, une organisation (syndicat, etc.).

milk-shake [milkʃɛk] n. m. ■ anglic. Boisson à base de lait et de crème glacée. *Des milk-shakes à la fraise.*

millage n. m. ■ (Canada) Mesure en milles (②) ; nombre de milles parcourus (par une voiture).

millas [-ɑs] n. m. ■ région. **1** Bouillie de maïs. **2** Gâteau de farine de blé ou de maïs. – var. **millasse, milliasse** n. f.

① **mille** [mil] ■ **I** adj. numéral invar. **1** (cardinal) Dix fois cent (1 000). **2** Un grand nombre. ◆ loc. *Je vous le donne en mille :* vous n'avez pas une chance sur mille de deviner. **3** (ordinal) *Page mille.* ◆ (dans une date ; parfois écrit *mil*) *L'an deux mille seize.* **II** n. m. invar. **1** Le nombre, le numéro mille. ◆ *POUR MILLE* (précédé d'un numéral). *Natalité de 15 pour mille (15 ‰).* **2** Partie centrale d'une cible (marquée 1 000). *Mettre dans le mille.* → **but.** **3** Millier. ◆ fam. *Des mille et des cents :* beaucoup d'argent.

② **mille** [mil] n. m. ■ **1** Nom d'anciennes mesures de longueur. **2** *Mille anglais.* → **mile.** ◆ *Mille marin* (1852 m).

millefeuille [mil-] n. m. ■ Gâteau à pâte feuilletée.

millénaire [mil-] ■ **1** adj. Qui a mille ans (ou plus). **2** n. m. Période de mille ans.

millénarisme [mil-] n. m. ■ didact. Croyance en un millénium. ► **millénariste** adj. et n.

millénium [milenjɔm] n. m. ■ didact. Règne messianique de mille ans attendu par les millénaristes. ◆ Nouvelle ère, commençant par une mutation.

mille-pattes n. m. invar. ■ Myriapode à quarante-deux pattes (deux par segment).

millepertuis [mil-] n. m. ■ Plante dont la feuille est criblée de petits pores.

millépore [mil-] n. m. ■ zool. Polypier calcaire des mers chaudes.

mille-raies n. m. invar. ■ Tissu à rayures ou à côtes très fines. ◆ appos. *Velours mille-raies.*

millerandage [mil-] n. m. ■ agric. Avortement partiel ou développement incomplet d'une partie des grains du raisin. ► **millerandé, ée** adj.

millésime [mil-] n. m. ■ **1** Chiffre d'une date exprimant le nombre mille. **2** Date (à quatre chiffres) d'une monnaie, d'un timbre-poste, d'un vin.

millésimé, ée [mil-] adj. ■ Qui porte un millésime. *Champagne millésimé.*

millet n. m. ■ Graminée cultivée pour les grains (→ **mil**) ou comme fourrage.

milli- [mili] Élément qui signifie « un millième ».

milliaire adj. ■ Antiq. romaine Qui marque la distance d'un mille romain (1 481,5 m). *Borne, colonne milliaire.*

milliampère n. m. ■ électr. Millième d'ampère (symb. mA).

milliampèremètre n. m. ■ électr. Ampèremètre très sensible, gradué en milliampères.

milliard [miljaʀ] n. m. ■ Nombre ou somme de mille millions. ► **milliardième** adj. et n.

milliardaire [mil-] adj. et n. ■ Qui possède un milliard d'une monnaie.

milliasse → **millas**

millibar n. m. ■ anciennt Millième de bar. → **hectopascal.**

millième [mil-] ■ **1** adj. numéral ordinal Qui occupe le rang indiqué par le nombre mille. ♦ n. *Le, la millième.* **2** adj. et n. m. Se dit d'une des parties d'un tout divisé en mille.

millier [milje] n. m. ■ Nombre, quantité d'environ mille. ➛ loc. adv. *PAR MILLIERS.*

milligramme n. m. ■ Millième partie du gramme (symb. mg).

millilitre n. m. ■ didact. Millième partie du litre (symb. ml).

millimètre n. m. ■ Millième partie du mètre (symb. mm). ► **millimétré, ée** adj.

millimétrique adj. ■ **1** → **millimétré.** **2** De l'ordre du millimètre.

million [miljɔ̃] n. m. ■ **1** Mille fois mille. **2** Un million d'unités monétaires. *Un appartement d'un million.*

millionième [mil-] ■ **1** adj. numéral ordinal Qui occupe le rang marqué par le nombre de un million. ➛ n. *Le, la millionième.* **2** adj. et n. m. Se dit d'une partie d'un tout divisé en un million.

millionnaire [mil-] adj. et n. ■ (Personne) qui possède un ou plusieurs millions (2).

millivolt [-vɔlt] n. m. ■ didact. Millième de volt (symb. mV).

millivoltmètre [-vɔlt-] n. m. ■ didact. Appareil gradué en millivolts, utilisé pour mesurer les différences de potentiel très faibles.

milonga n. f. ■ Musique et danse argentines, variété de tango ; lieu où elle se pratique.

milord [milɔʀ] n. m. ■ vx Titre donné en France aux lords et pairs d'Angleterre, et par ext. à un riche étranger.

milouin n. m. ■ Palmipède des régions arctiques, canard sauvage à plumage noir, à tête et cou de couleur rousse.

mi-lourd adj. et n. m. ■ (Sportif, boxeur) entre les poids moyens et les lourds.

mime ■ **I** n. Acteur qui s'exprime par les attitudes et les gestes, sans paroles. **II** n. m. Spectacle sans paroles. → **pantomime.**

mimer v. tr. [1] ■ Exprimer sans le secours de la parole.

mimétique adj. ■ Relatif au mimétisme.

mimétisme n. m. ■ **1** (animaux, plantes) Propriété de se rendre semblables par l'apparence au milieu environnant ou à une autre espèce. **2** Imitation involontaire ; fait de se conformer à qqn d'autre.

① **mimine** n. f. ■ fam. Chatte.

② **mimine** n. f. ■ lang. enfantin Main. → **menotte.**

mimique n. f. ■ **1** didact. Signes (gestes, jeux de physionomie) qui accompagnent ou remplacent le langage. **2** cour. Expression du visage. → **grimace.**

mimivirus [-ys] n. m. ■ biol. Virus géant à ADN, de la taille d'une petite bactérie.

mimodrame n. m. ■ didact. Mime (II).

mimolette n. f. ■ Fromage de Hollande à pâte demi-tendre, orangée.

mimologie n. f. ■ **1** didact. Art de l'imitation par le geste, la voix. **2** Langage mimique des sourds-muets. → langue des signes.

mimosa n. m. ■ **1** Variété d'acacia à fleurs jaunes en petites boules ; ces fleurs. **2** appos. invar. *Œufs mimosa* : œufs durs mayonnaise, à jaune écrasé.

mi-moyen adj. et n. m. ■ (Sportif, boxeur) de 63,5 à 67 kg, dont la catégorie est immédiatement inférieure à celle des poids moyens. ➛ n. m. *Championnat de judo des mi-moyens.*

min [minyt] ■ Symbole de la minute, unité de temps.

minable adj. et n. ■ fam. Très médiocre. → **lamentable, piteux.** ➛ n. (personnes) *Une bande de minables.*

minage n. m. ■ Pose de mines explosives (opposé à *déminage*). *Le minage d'un pont.*

minahouet [minawɛ] n. m. ■ mar. Petite mailloche servant à fourrer les cordages minces.

minaret n. m. ■ Tour d'une mosquée.

minauder v. intr. [1] ■ Prendre des manières affectées pour plaire, séduire.

minauderie n. f. ■ **1** Action de minauder. **2** (surtout au plur.) Air, manière, geste affectés.

minaudier, ière adj. ■ Qui minaude.

minaudière n. f. ▪ Petit sac du soir.

minbar [min-] n. m. ▪ didact. Chaire d'une mosquée.

mince adj. ▪ **I 1** (opposé à *épais*) Qui a peu d'épaisseur ; fin. ♦ (opposé à *large*) Étroit. **2** (personnes ; parties du corps) Qui donne une impression de finesse. **3** fig. Sans importance. **II** interj. fam. Exclamation de surprise.

minceur n. f. ▪ Caractère de ce qui est mince (I) (choses, personnes).

mincir v. intr. [2] ▪ Devenir plus mince.

① **mine** n. f. ▪ **I** (aspect physique) Aspect extérieur, apparence. ➛ loc. *Ne pas payer de mine :* avoir mauvaise apparence. ➛ *FAIRE MINE DE* (+ inf.) : paraître disposé à. → faire **semblant** de. ➛ fam. *MINE DE RIEN :* sans en avoir l'air. **II** Aspect du visage, selon la santé, l'humeur. *Avoir bonne mine.* ➛ loc. *Faire GRISE MINE à qqn,* l'accueillir avec froideur. **III** au plur. Attitudes, gestes (affectés).

② **mine** n. f. ▪ **I** Petit bâton d'une matière laissant une trace (partie centrale d'un crayon). *Mine de plomb.* → **graphite. II 1** Terrain d'où l'on peut extraire un métal, du charbon ; ensemble d'ouvrages souterrains aménagés pour l'extraction d'un minerai. **2** fig. Réserve, source importante. *Une mine de renseignements.* **III** Engin explosif (sur terre ou dans l'eau). *Champ de mines.*

miner v. tr. [1] ▪ **I 1** Creuser, attaquer. *La mer mine les falaises.* **2** fig. Attaquer, affaiblir par une action progressive. ➛ passif et p. p. *Il est miné par le souci.* **II** Garnir de mines explosives. ➛ au p. p. *Terrain miné.*

minerai n. m. ▪ Minéral qui contient des substances qu'on peut extraire.

minéral, ale, aux ▪ **I** adj. **1** Constitué de matière inorganique. *Huiles minérales.* **2** Relatif aux corps minéraux. *Chimie minérale.* **3** *EAU MINÉRALE,* contenant naturellement des matières minérales. **II** n. m. Élément ou composé naturel inorganique, constituant de l'écorce terrestre. → **roche.**

minéralier n. m. ▪ Cargo pour le transport des minerais.

minéralisation n. f ▪ techn. **1** Transformation d'un métal en minerai. **2** (eau) Le fait de contenir certaines substances minérales en dissolution.

minéraliser v. tr. [1] ▪ techn. **1** Faire passer (un métal) à l'état de minerai. **2** au p. p. Chargé d'éléments minéraux solubles. *Une eau faiblement minéralisée.*

minéralogie n. f. ▪ Science des minéraux, matériaux de l'écorce terrestre. ► **minéralogiste** n.

minéralogique adj. ▪ **I** De la minéralogie. **II** (en France) *Numéro minéralogique :* numéro d'immatriculation d'un véhicule.

minéralurgie n. f. ▪ techn. Production de minéraux utilisables par l'industrie, à partir des minerais bruts. ► **minéralurgique** adj.

minerval n. m. ▪ (Belgique) Frais de scolarité payés par les élèves de certaines écoles. *Des minervals.*

minerve n. f. ▪ Appareil orthopédique pour maintenir la tête.

minervois n. m. ▪ Vin produit dans le Minervois.

minestrone n. m. ▪ Soupe (italienne) au riz et aux légumes.

minet, ette n. ▪ **1** Petit chat. **2** (personnes) terme d'affection *Mon minet.* **3** n. m. Jeune élégant. ➛ n. f. Jeune fille à la mode.

① **mineur, eure** adj. ▪ (opposé à ① *majeur*) **1** D'importance, d'intérêt secondaire (choses, personnes). **2** mus. *Intervalle mineur,* réduit d'un demi-ton. *Ton mineur.* ➛ n. m. *Morceau en mineur.*

② **mineur, eure** adj. et n. ▪ Qui n'a pas atteint l'âge de la majorité.

③ **mineur** n. m. ▪ Ouvrier d'une mine, spécialt de houille. *Mineur de fond.*

mini adj. ▪ Très petit. *Des prix minis* ou *mini* (invar.).

mini- Élément qui signifie «(plus) petit».

miniature n. f. ▪ **1** Peinture fine de petits sujets. → **enluminure.** ► **miniaturé, ée** adj. **2** Genre de peinture de très petit format. **3** loc. *EN MINIATURE :* en réduction.

miniaturiser v. tr. [1] ▪ Donner à (un objet, un mécanisme) les plus petites dimensions possibles. ► **miniaturisation** n. f.

miniaturiste n. ▪ Peintre de miniatures.

minibar n. m. ▪ Réfrigérateur de petite dimension, destiné aux boissons.

minibus [-bys] n. m. ▪ Petit autobus.

minicar n. m. ▪ Petit autocar.

minidosé, ée adj. ▪ (médicament) Faiblement dosé (en principes actifs).

minier, ière adj. ▪ **1** Qui a rapport aux mines (②). **2** Où il y a des mines.

minière n. f. ▪ dr. Mine peu profonde ou à ciel ouvert.

minigolf n. m. ▪ Golf miniature.

minijupe n. f. ▪ Jupe très courte.

minima → **minimum**

a **minima** → **a minima**

minimal, ale, aux adj. ▪ Qui constitue un minimum. *Températures minimales.*

minimaliser v. tr. [1] ▪ Réduire au minimum. ► **minimalisation** n. f.

minimaliste adj. ▪ Réduit, simplifié au strict minimum. ► **minimalisme** n. m.

minime ■ **1** adj. Très petit, peu important. → **infime. 2** n. Jeune sportif (âge entre les benjamins et les cadets).

minimessage n. m. ■ télécomm. Bref message écrit échangé entre téléphones portables. → **SMS,** ② **texto.**

minimex [-mɛks] n. m. ■ (En Belgique) Aide financière et sociale allouée aux personnes démunies.

minimiser v. tr. [1] ■ Réduire l'importance de (qqch.). ► **minimisation** n. f.

minimum [-ɔm] ■ **1** n. m. Valeur la plus petite atteinte par une variable ; limite inférieure (s'oppose à *maximum*). *Des minimums* ou *des minima.* ◆ loc. AU MINIMUM : pour le moins. ◆ *Minimum vital* : le plus petit revenu permettant de subsister. **2** adj. Qui constitue un minimum. ◆ au plur. *Des prix minimums* ou *minima.*

mini-ordinateur n. m. ■ Ordinateur de taille moyenne.

minipilule n. f. ■ Pilule contraceptive faiblement dosée en hormones.

minispace n. m. ■ Petit monospace.

ministère n. m. ■ **I 1** Corps des ministres et secrétaires d'État. **2** Administration, services dépendant d'un ministre. **3** Fonction de ministre. **II** *Ministère public* : magistrats qui défendent les intérêts de la société (avocat général, procureur, etc.). **III** relig. Charge de ministre (II).

ministériel, elle adj. ■ **1** Relatif au ministère (I). *Crise ministérielle.* **2** Qui émane d'un ministre.

ministrable adj. et n. ■ Qui a des chances de devenir ministre.

ministre n. ■ **I 1** Agent supérieur du pouvoir exécutif ; homme ou femme d'État à la tête d'un ministère. *Le Premier ministre* : le chef du gouvernement. *Madame la ministre.* **2** Diplomate à la tête d'une légation. **II** n. m. *Ministre du culte* : prêtre. ◆ Pasteur protestant.

minitel n. m. (nom déposé) ■ anciennt (en France) Petit terminal de banques de données.

minium [-jɔm] n. m. ■ Peinture rouge préservant le fer de la rouille.

minivague n. f. ■ Permanente très souple.

minoen, enne [minɔɛ̃, ɛn] adj. ■ hist. Relatif à la période archaïque de la civilisation crétoise et grecque.

minois n. m. ■ Jeune visage délicat, éveillé.

minorant n. m. ■ math. Nombre inférieur ou égal à tous les éléments d'un ensemble (s'oppose à *majorant*).

minoratif, ive adj. ■ didact. Qui déprécie, diminue l'importance.

minorer v. tr. [1] ■ didact. (s'oppose à *majorer*) Diminuer l'importance, la valeur de (qqch.). ► **minoration** n. f.

minorité n. f. ■ **I** (opposé à ② *majorité*) État d'une personne qui n'a pas atteint la majorité légale. ◆ Temps pendant lequel un individu est mineur (②). **II 1** Groupement (de voix) inférieur en nombre (vote). ♦ Parti, groupe qui n'a pas la majorité des suffrages. **2** *La, une minorité de* : le plus petit nombre de. **3** Groupe englobé dans une collectivité plus importante. *Minorités ethniques.* ► **minoritaire** adj.

minot, otte n. ■ région., fam. Petit enfant. → **gamin.**

minoterie n. f. ■ **1** Établissement transformant les grains en farine. **2** Meunerie.

minotier, ière [-tje, jɛʀ] n. ■ Industriel(le) qui exploite une minoterie.

minou n. m. ■ fam., lang. enfantin Petit chat.

minuit n. m. ■ **1** Milieu de la nuit. **2** Heure du milieu de la nuit, la douzième après midi (24 heures ou 0 heure).

minus [-ys] n. m. ■ fam. Individu incapable ou peu intelligent.

minuscule ■ **1** n. f. Lettre courante, plus petite que la majuscule. **2** adj. Très petit.

① **minute** n. f. ■ **1** Division du temps, soixantième partie de l'heure (symb. min ou mn). **2** Court instant. ◆ loc. *D'une minute à l'autre* : dans un futur imminent. À LA MINUTE : tout de suite. ♦ appos. invar. Préparé rapidement. *Des entrecôtes minute.* **3** Unité d'angle ; soixantième partie d'un degré (symb. ').

② **minute** n. f. ■ dr. Original (d'un acte). ► **minutaire** adj.

minuter v. tr. [1] ■ Organiser selon un horaire précis. ► **minutage** n. m.

minuterie n. f. ■ Appareil électrique (spécialt éclairage) réglé pour fonctionner pendant quelques minutes. – syn. **minuteur** n. m.

minuteur n. m. ■ Minuterie (d'un appareil ménager). *Le minuteur d'un four.*

minutie n. f. ■ Application minutieuse.

minutier [-tje] n. m. ■ dr. **1** Registre contenant les minutes des actes d'un notaire. **2** Local affecté au dépôt des archives notariales.

minutieux, euse adj. ■ **1** (personnes) Qui s'attache, s'arrête aux détails. **2** (choses) Soigneux et précis. ► **minutieusement** adv.

miocène n. m. et adj. ■ géol. Se dit de la période (tertiaire) intermédiaire entre l'oligocène et le pliocène.

mioche n. ■ fam. Enfant. → **môme.**

MIPS [mips] n. m. (sigle de *million d'instructions par seconde*) ■ inform. Unité de mesure de la puissance d'un processeur.

mirabelle n. f. ▪ **1** Petite prune ronde et jaune. **2** Eau-de-vie de ce fruit.

mirabellier n. m. ▪ Prunier à mirabelles.

mirabilis [-is] n. m. ▪ bot. Plante herbacée ornementale, à grandes fleurs s'ouvrant la nuit, appelée couramment *belle-de-nuit*.

miracle n. m. ▪ **1** Fait extraordinaire qu'on suppose surnaturel. *Les miracles de Lourdes.* **2** Drame médiéval sacré. **3** Chose étonnante et inattendue. ◆ loc. adv. *PAR MIRACLE* : d'une façon inattendue et heureuse.

miraculer v. tr. [1] ▪ rare Guérir par un miracle. ▷ adj. et n. **miraculé, ée**

miraculeux, euse adj. ▪ **1** Résultant d'un miracle (1). **2** Inattendu et heureux. → **merveilleux.** ► **miraculeusement** adv.

mirador n. m. ▪ **1** Belvédère. **2** Construction surélevée de surveillance (camp, prison).

mirage n. m. ▪ **1** Phénomène optique, illusion d'une nappe d'eau à l'horizon. **2** fig. Apparence séduisante et trompeuse.

miraud, aude adj. et n. ▪ fam. Qui voit très mal. → **bigleux, myope.** *Ils sont mirauds.* – var. **miro** (invar. en genre). *Elles sont miro* ou *miros.*

mirbane n. f. ▪ techn. (parfumerie) *Essence de mirbane.* → **nitrobenzène.**

mire n. f. ▪ **1** *LIGNE DE MIRE*, ligne droite imaginaire déterminée par l'œil du tireur. ◆ fig. *POINT DE MIRE* : centre d'intérêt. **2** Signal fixe déterminant une direction. **3** Image fixe de télévision.

mire-œuf n. m. ▪ techn. Appareil qui sert à mirer les œufs. *Des mire-œufs.*

mirepoix n. m. ▪ cuis. Préparation à base de légumes et d'épices, pour corser une viande.

mirer v. [1] ▪ v. tr. Examiner (un œuf) à contre-jour pour vérifier sa fraîcheur. ▷ v. pron. **se mirer** littér. Se regarder, se refléter (dans l'eau, etc.).

mirette n. f. ▪ fam. Œil.

mirifique adj. ▪ plais. Merveilleux.

mirliflore n. m. ▪ vx Jeune élégant prétentieux. → **gandin.**

mirliton n. m. ▪ Tube creux dans lequel on chantonne un air. ◆ loc. *Vers de mirliton*, mauvaise poésie.

mirmidon → **myrmidon**

mirmillon n. m. ▪ Antiq. romaine Gladiateur armé d'un bouclier, d'une épée et d'un casque.

miro → **miraud, aude**

mirobolant, ante adj. ▪ fam. Incroyablement magnifique.

miroir n. m. ▪ **1** Surface polie qui sert à réfléchir la lumière, à refléter les images. ◆ loc. *Miroir aux alouettes* : ce qui trompe en attirant. **2** littér. Surface unie (eau, marbre...) qui réfléchit la lumière ou les objets. **3** *En miroir* : en fournissant une image inversée.

miroiter v. intr. [1] ▪ **1** Réfléchir la lumière en produisant des reflets scintillants. → **chatoyer.** **2** loc. fig. *FAIRE MIROITER* : proposer (qqch.) de manière à séduire. ► **miroitant, ante** adj. ► **miroitement** n. m.

miroiterie n. f. ▪ Commerce, industrie des miroirs et des glaces. ► **miroitier, ière** n.

miroton n. m. ▪ Bœuf bouilli aux oignons. ◆ appos. *Du bœuf miroton.*

MIRV [mirv] n. m. (sigle angl.) ▪ anglic., milit. Dernier étage d'un missile à têtes multiples, formé des têtes nucléaires.

mis, mise adj. ▪ (personnes) Vêtu, habillé. *Bien, mal mis. Mis avec soin.*

mis- → **mis(o)-**

misaine n. f. ▪ Voile basse du mât de l'avant (d'un navire). *Mât de misaine.*

misandre adj. et n. ▪ Qui éprouve, manifeste de l'aversion pour les personnes de sexe masculin (opposé à *misogyne*). ► **misandrie** n. f.

misanthrope ▪ **1** n. Personne qui fuit le genre humain, qui aime la solitude. **2** adj. Qui évite de fréquenter ses semblables.

misanthropie n. f. ▪ Caractère d'un(e) misanthrope. ► **misanthropique** adj.

miscellanées n. f. pl. ▪ didact. Recueil varié de textes littéraires ou scientifiques.

miscible adj. ▪ sc. Qui peut se mêler à une autre substance en un mélange homogène. ► **miscibilité** n. f.

mise n. f. ▪ **I** avec un compl. **1** (avec *en*) Action de mettre (quelque part). *Mise en place.* ♦ *MISE EN PAGES* : répartition en pages (d'un texte imprimé). ◆ *MISE EN SCÈNE* : organisation de la représentation : décors, places, mouvements, jeu des acteurs (théâtre ; cinéma, télévision). **2** (dans quelques loc.) *La mise sur pied d'un programme.* ♦ (avec *en*, *à*) *Mise au net. Mise à prix* (avant des enchères). **II** **1** Investissement, risque (d'argent). → **enjeu.** ♦ *MISE DE FONDS* : placement. **2** *DE MISE* : qui a cours, est reçu. *Ces manières ne sont plus de mise.* **3** Manière d'être habillé. *Soigner sa mise.*

miser v. tr. [1] ▪ **1** Déposer, mettre (un enjeu). *Miser cinq euros.* ◆ *Miser sur un cheval.* **2** *Miser sur*, compter sur.

misérabiliste adj. ▪ arts Qui montre la misère sociale. ► **misérabilisme** n. m.

misérable adj. et n. ▪ **1** Qui inspire la pitié ; qui est dans le malheur, la misère. → **lamentable, malheureux, pitoyable.** **2** Qui manifeste une extrême pauvreté. → **indigent.** ◆ n. vieilli *Secourir les misérables.* «*Les Misérables*» (roman de Victor Hugo). **3** Sans valeur, sans mérite. *Une argumentation misérable.* **4** n. Personne méprisable.

misérablement adv. ▪ **1** Pitoyablement, tristement. **2** Dans l'extrême pauvreté.

misère n. f. ▪ **1** littér. Malheur extrême. **2** Événement pénible. ➝ *Faire des misères à qqn,* le tracasser. **3** Extrême pauvreté, privation des choses nécessaires. → **indigence. 4** *Une misère,* chose, somme négligeable.

miserere [mizeReRe] n. m. invar. ▪ relig. Psaume par lequel le croyant implore la pitié de Dieu. ➝ Musique sur ce psaume.

miséreux, euse adj. ▪ Qui est dans la misère (3). ➝ n. *Un miséreux.*

miséricorde n. f. ▪ **1** Pitié par laquelle on pardonne. **2** interj. Exclamation de surprise et de douleur.

miséricordieux, ieuse adj. ▪ Qui a de la miséricorde, de la compassion. ► **miséricordieusement** adv.

mis(o)- Élément (du grec *misein* «haïr») qui signifie «qui déteste» (ex. *misogyne*).

miso n. m. ▪ Pâte de soja fermentée (cuisine japonaise).

misogyne adj. et n. ▪ Qui hait ou méprise les femmes. ► **misogynie** n. f.

misonéisme n. m. ▪ didact. Hostilité à la nouveauté, au changement. ► **misonéiste** adj. et n.

mispickel n. m. ▪ minér. Pyrite arsenicale.

miss n. f. ▪ **1** Demoiselle anglo-saxonne. **2** Reine de beauté élue. *Miss France.*

missel n. m. ▪ Livre liturgique qui contient les prières et les lectures de la messe.

missi dominici n. m. pl. ▪ hist. Inspecteurs royaux qui visitaient les provinces, sous les Carolingiens.

missile n. m. ▪ Engin de destruction autopropulsé et téléguidé. → **fusée.**

missilier, ière n. ▪ Militaire spécialiste des missiles.

mission n. f. ▪ **1** Charge de faire qqch. *Mission accomplie.* ➝ *Chargé de mission* (diplomatique). **2** Charge de propager une religion (prédications, œuvres). ♦ Groupe chargé de cette propagation. **3** Action, but auquel qqn semble destiné. → **vocation.** *La mission de l'artiste.*

missionnaire ▪ **1** n. Religieux, religieuse des Missions. **2** adj. Qui a la mission de propager sa religion, son idéal.

missionner v. tr. [1] ▪ Charger d'une mission, envoyer en mission. *L'assureur va missionner un expert.*

missive n. f. ▪ littér. Lettre.

mistelle n. f. ▪ Moût de raisin dont la fermentation a été arrêtée par addition d'alcool.

mistigri n. m. ▪ (jeux) Valet de trèfle. ♦ Jeu de cartes (où ce valet est important).

miston, onne n. ▪ région. Gamin.

mistral n. m. ▪ Vent violent qui souffle du nord ou du nord-ouest vers la mer (vallée du Rhône, Méditerranée).

mitage n. m. ▪ géogr. Éparpillement des constructions, des habitations. *Mitage du tissu urbain.*

mitaine n. f. ▪ **1** Gant qui laisse à nu les deux dernières phalanges des doigts. **2** (Canada) Moufle.

mitan n. m. ▪ vx ou région. Milieu, centre.

mitard n. m. ▪ argot Cachot.

① **mite** n. f. ▪ Petit papillon blanchâtre (teigne) dont la larve ronge les étoffes.

② **mite** n. f. ▪ Chassie (de l'œil).

mité, ée adj. ▪ Troué par les mites (①).

mi-temps [-tɑ̃] n. f. invar. ▪ **1** Temps de repos au milieu d'un match (football, rugby, hockey). ♦ Chacune des deux moitiés du temps réglementaire (dans un match). **2** *Travail* À MI-TEMPS ; n. m. *un mi-temps,* pendant la moitié de la durée normale du travail.

se miter v. pron. [1] ▪ Être attaqué, rongé par les mites.

miteux, euse adj. ▪ En piteux état ; d'apparence misérable. *Un hôtel miteux.*

mithriacisme n. m. ▪ didact. Culte de Mithra. – syn. **mithracisme.**

mithriaque adj. ▪ didact. Relatif au culte de Mithra. *La religion mithriaque.*

mithridatiser v. tr. [1] ▪ didact. Immuniser en accoutumant au poison. ► **mithridatisation** n. f.

mitigé, ée adj. ▪ **1** vx Adouci. *Sévérité mitigée.* **2** cour. Mêlé. *Des réactions mitigées.*

mitigeur n. m. ▪ Robinet à une seule manette, qui permet de régler indépendamment température et débit.

mitochondrie [-kɔ̃dRi] n. f. ▪ biol. Granule du cytoplasme, indispensable aux réactions énergétiques de la cellule. ► **mitochondrial, ale, aux** adj.

mitogène adj. et n. m. ▪ Se dit d'une substance qui stimule la prolifération cellulaire.

mitonner v. [1] ▪ **I** v. intr. Cuire longtemps à petit feu. **II** v. tr. Préparer soigneusement, longuement (cuisine ; et fig.).

mitose n. f. ▪ biol. Division de la cellule où chaque chromosome se dédouble. ► **mitotique** adj.

mitoyen, enne adj. ▪ Entre deux choses, commun aux deux. *Mur mitoyen.* ► **mitoyenneté** n. f.

mitraille n. f. ▪ **1** anciennt Morceaux de métal servant de projectiles. **2** Décharge d'artillerie, de balles. **3** fam. Petite monnaie.

mitrailler v. tr. [1] ▪ **1** Prendre pour objectif d'un tir de mitrailleuse. **2** fam. Photographier ou filmer sans arrêt. ► **mitraillage** n. m.

mitraillette n. f. ▪ Arme portative à tir automatique, pistolet-mitrailleur.

mitrailleur ▪ **1** n. m. Servant d'une mitrailleuse. **2** adj. m. (arme) Qui peut tirer par rafales. ◆ → aussi **fusil-mitrailleur, pistolet-mitrailleur.**

mitrailleuse n. f. ▪ Arme automatique lourde, sur support, à tir rapide.

mitral, ale, aux adj. ▪ **1** anat. En forme de mitre. *Valvule mitrale du cœur.* **2** méd. De la valvule mitrale. *Insuffisance mitrale.*

mitre n. f. ▪ Haute coiffure triangulaire de cérémonie portée par les évêques.

mitré, ée adj. ▪ relig. Qui a le droit de porter la mitre. *Un abbé mitré.*

mitron n. m. ▪ Garçon boulanger.

à **mi-voix** loc. adv. ▪ D'une voix basse.

mixage n. m. ▪ anglic. Regroupement du son sur une même bande (film, chanson).

mixer v. tr. [1] ▪ anglic. **1** Procéder au mixage de. **2** Passer au mixeur.

mixeur ou **mixer** [miksœʀ] n. m. ▪ anglic. Appareil électrique servant à mélanger, à battre des aliments.

mixité n. f. ▪ Caractère mixte (2).

mixte adj. ▪ **1** didact. Formé de plusieurs éléments de nature différente. **2** Qui comprend des personnes des deux sexes. *École mixte.* **3** Composé de personnes d'origines (sociales, ethniques...) différentes.

mixtion [mikstjɔ̃] n. f. ▪ didact. Action de mélanger, spécialt des drogues.

mixture n. f. ▪ **1** Mélange de substances chimiques, pharmaceutiques. **2** péj. Mélange comestible compliqué.

Mlle ▪ Abréviation de *mademoiselle.*

Mme ▪ Abréviation de *madame.*

MMS n. m. (sigle) ▪ techn., anglic. Technique et service d'envoi de messages multimédias à partir d'un téléphone mobile ; ce message.

Mn ▪ Symbole chimique du manganèse.

mnémo-, -mnèse, -mnésie Éléments, du grec *mnêmê* « mémoire ».

mnémonique adj. ▪ didact De la mémoire.

mnémotechnique [-tɛk-] adj. ▪ Capable d'aider la mémoire par des procédés d'association mentale.

mnésique adj. ▪ didact. De la mémoire. *Les processus mnésiques.*

Mo ▪ **1** Symbole chimique du molybdène. **2** Abréviation de *mégaoctet.*

mobile ▪ **I** adj. **1** Dont on peut changer la place ou la position. *Cloison mobile.* → **amovible.** ◆ *Téléphone mobile.* → **portable. 2** Dont la date, la valeur peut être modifiée. *Les fêtes mobiles du calendrier.* **3** (personnes) Qui se déplace ou peut se déplacer. **4** Dont l'apparence change sans cesse. *Visage mobile.* **II** n. m. **1** sc. Corps qui se déplace, considéré dans son mouvement. **2** Ce qui incite à agir. *Les mobiles d'un acte* (≠ *motif*). **3** Œuvre, sculpture pouvant prendre des dispositions variées.

mobile home [mɔbilom] n. m. ▪ anglic. Maison légère transportable. *Des mobile homes.* – recomm. off. *maison mobile.*

mobilier, ière ▪ **I** adj. (s'oppose à *immobilier*) **1** Qui consiste en biens meubles (I). **2** dr. De la nature des biens meubles. *Valeurs mobilières.* **II** n. m. Ensemble des meubles (II) d'une habitation, d'un local. ◆ *Mobilier urbain,* installations dans les lieux publics.

mobilisable adj. ▪ Susceptible d'être mobilisé (1).

mobilisateur, trice adj. ▪ Qui mobilise.

mobilisation n. f. ▪ **1** Fait de mobiliser une armée, une troupe sur le pied de guerre. **2** fig. *La mobilisation des énergies.*

mobiliser v. tr. [1] ▪ **1** Mettre sur le pied de guerre (une armée). ◆ Affecter (qqn) à l'armée. **2** Faire appel à (un groupe) pour une action collective. *Le syndicat a mobilisé ses militants.* **3** Faire appel à, mettre en jeu (des facultés intellectuelles ou morales).

mobilité n. f. ▪ **1** Caractère de ce qui peut se mouvoir, changer de place. **2** Caractère de ce qui change rapidement.

mobylette n. f. (marque déposée) ▪ Cyclomoteur de cette marque.

mocassin n. m. ▪ Chaussure basse (de marche, de sport), sans attaches.

moche adj. ▪ fam. Laid (aussi fig.). ► **mocheté** n. f.

modal, ale, aux adj. ▪ didact. Qui a rapport aux modes (→ ② **mode** 2). ◆ *Musique modale* (opposé à *tonal*).

modaliser v. tr. [1] ▪ didact. Différencier selon des modes, des modalités. ► **modalisation** n. f.

modalité n. f. ▪ Forme particulière (d'un acte, d'un fait, d'une pensée, d'un objet). *Modalités de paiement.*

① **mode** n. f. ▪ **1** Manière collective de faire. *Les modes de l'époque.* ◆ loc. *À LA MODE (de...).* **2** Goûts collectifs, manières passagères de vivre, de sentir qui sont appréciés socialement. ◆ loc. *À LA MODE :* conforme au goût du jour (→ dans le vent). ◆ spécialt Habitudes collectives et passagères d'habillement.

② **mode** n. m. ▪ **1** philos. Manière d'être (d'une substance). *Les modes de la pensée.* **2** mus. Disposition particulière de la gamme caractérisée par la disposition des tons et demi-tons. *Mode majeur, mineur.* **3** ling. Caractère des formes verbales exprimant l'attitude du sujet (en français : indicatif, subjonctif, conditionnel, impératif, infinitif, participe). **4** cour. *Mode de...*, façon, manière. *Mode d'existence.* → **genre.** ➛ *Mode d'emploi*, manière d'utiliser (un appareil...).

modelage n. m. ▪ Action de modeler (une substance plastique) ; son résultat.

modèle n. m. ▪ **I 1** Ce qu'on doit imiter. *Prendre qqn pour modèle.* ➛ adj. *Des employés modèles.* → **exemplaire. 2** Personne ou objet dont l'artiste reproduit l'image. *Dessiner d'après (le) modèle.* ♦ Personne dont la profession est de poser. **3** MODÈLE DE : représentant d'une catégorie. *Elle est, c'est un modèle de générosité.* **II 1** Catégorie, classe définie. → ② **mode, type. 2** Type selon lequel des objets semblables peuvent être reproduits. → **prototype.** ➛ *Modèle déposé.* **3** Objet de même forme. ➛ MODÈLE RÉDUIT (d'un véhicule, etc.). → **maquette. 4** sc. Représentation simplifiée, formalisée, d'un processus, d'un système. **5** Type d'organisation sociale et économique.

modelé n. m. ▪ arts Relief des formes.

modeler v. tr. 5 ▪ **1** Façonner (un objet) en donnant une forme à une substance molle. *Modeler une statuette.* ♦ Pétrir (une substance plastique) pour lui imposer une forme. *Modeler de l'argile.* ♦ sans compl. *Pâte à modeler.* **2** Conférer une certaine forme à (qqch.). *L'érosion modèle le relief.* **3** fig. *Modeler son goût sur celui de qqn.*

modéliser v. tr. 1 ▪ didact. Établir le modèle (II, 4) de, présenter (un phénomène complexe) sous forme de modèle formel. ► **modélisation** n. f.

modélisme n. m. ▪ Conception et construction des modèles (II, 3) réduits.

modéliste n. ▪ **1** Personne qui fait ou dessine les modèles, dans la couture. **2** Personne qui fabrique des modèles réduits.

modem [-ɛm] n. m. ▪ inform. Appareil de traitement à distance de l'information.

modénature n. f. ▪ archit. Profil d'un ensemble de moulures.

modérateur, trice ▪ **1** n. Personne, chose qui concilie les partis opposés. ♦ adj. *Une influence modératrice.* ➛ *Ticket modérateur* : frais laissés à la charge du malade par la Sécurité sociale (en France). **2** n. m. Corps qui, dans une pile atomique, permet de régler une réaction en chaîne.

modération n. f. ▪ **1** Comportement éloigné de tout excès. **2** Action de modérer.

moderato [-de-] n. m. ▪ mus. Mouvement modéré. ➛ adv. *Jouer moderato.*

modéré, ée adj. ▪ **1** Qui fait preuve de mesure. **2** adj. et n. Qui professe des opinions politiques éloignées des extrêmes. **3** Peu intense, assez faible. *Prix modéré.* ► **modérément** adv.

modérer v. tr. 6 ▪ Diminuer l'intensité de (un phénomène, un sentiment), réduire à une juste mesure (ce qui est excessif). *Modérer sa colère.* ➛ *Modérer son allure.*

moderne adj. ▪ **I 1** Actuel, contemporain ou récent. **2** Qui bénéficie des progrès récents ; qui correspond au goût actuel. → **neuf, nouveau ;** opposé à *ancien.* ➛ n. m. *Aimer le moderne.* **3** (personnes) Qui tient compte de l'évolution récente. **II 1** didact. Qui appartient à une époque postérieure à l'Antiquité. ➛ spécialt n. *Les Modernes* : les écrivains modernes, au XVIIe siècle. **2** *Histoire moderne ; les Temps modernes*, de la fin du moyen âge à la Révolution française. **3** (s'oppose à *classique*) *Enseignement moderne* (sciences et langues vivantes).

moderniser v. tr. 1 ▪ Rendre (plus) moderne. ► **modernisation** n. f.

modernisme n. m. ▪ Goût du moderne ; recherche de la modernité. ► **moderniste** adj.

modernité n. f. ▪ Caractère de ce qui est moderne, notamment en art.

modern style n. m. et adj. invar. ▪ anglic. Tendance artistique du début du XXe siècle, avec décor floral stylisé (syn. *style nouille, art nouveau*).

modeste adj. ▪ **I 1** Simple, sans faste. *Un modeste cadeau. Milieu social modeste.* **2** Peu important. *Un salaire très modeste.* **II** (personnes) Qui a une opinion modérée de son mérite. ► **modestement** adv.

modestie n. f. ▪ Modération, retenue dans l'appréciation de soi-même. ➛ *Fausse modestie*, modestie affectée.

modeux, euse n. ▪ fam. Personne à l'affût des dernières tendances de la mode.

modicité n. f. ▪ Caractère modique.

modifiable adj. ▪ Qui peut être modifié.

modificateur, trice adj. ▪ Qui a la propriété de modifier.

modificatif, ive adj. ▪ Qui modifie.

modification n. f. ▪ Changement (qui n'affecte pas l'essence de ce qui change). *Lente modification.* → **évolution.**

modifier v. tr. 7 ▪ Changer sans altérer la nature. ▷ v. pron. se **modifier**

modillon n. m. ▪ archit. Ornement placé sous une corniche, un support.

modique adj. ▪ Peu considérable. *Une somme modique.* ► **modiquement** adv.

modiste n. ▪ Fabricant, marchand de coiffures féminines.

modulable adj. ■ Que l'on peut moduler (4), faire varier.

modulateur n. m. ■ Appareil qui module un courant, une onde (→ **modem**).

modulation n. f. ■ **1** Changement de ton, de hauteur, etc. dans l'émission d'un son (→ **inflexion**) ; façon de moduler. **2** mus. Passage d'une tonalité à une autre. **3** Variation d'une onde. *Modulation de fréquence.*

module n. m. ■ **1** arts Unité déterminant des proportions. **2** Unité de mesure de débit. **3** Coefficient de résistance des matériaux. **4** Unité constitutive d'un ensemble. ♦ Élément d'un engin spatial. ► **modulaire** adj.

moduler v. tr. 1 ■ **1** Articuler, émettre (une mélodie, un son varié) par des modulations. **2** Effectuer des modulations (2). **3** radio Faire varier les caractéristiques de (un courant électrique ou une onde). **4** Adapter (qqch.) à des cas particuliers. *Moduler des tarifs.*

modulor n. m. ■ didact. Système de mesures architecturales fondé sur le nombre d'or.

modus vivendi [mɔdysvivɛ̃di] n. m. invar. ■ Accord conciliant les deux parties.

moelle [mwal] n. f. ■ **I 1** Substance molle et grasse de l'intérieur des os. **2** loc. *Jusqu'à la moelle (des os)*, à l'intérieur du corps. ♦ *La substantifique* moelle.* **II** MOELLE ÉPINIÈRE : cordon nerveux de l'épine dorsale.

moelleux, euse [mwalø] adj. ■ **1** Qui a de la douceur et de la mollesse au toucher. *Siège moelleux.* ♦ n. m. Gâteau moelleux. **2** Agréable, doux au goût. → **onctueux, savoureux. 3** Qui a une sonorité pleine et douce. **4** (formes naturelles ou artistiques) Qui a de la mollesse et de la grâce.

moellon [mwalɔ̃] n. m. ■ Pierre de construction maniable.

moere [mwɛʀ] n. f. ■ région. (Flandre) Lagune d'eau douce comblée, asséchée et mise en culture. - var. **moère.**

mœurs [mœʀ(s)] n. f. pl. ■ **I** Habitudes (d'une société, d'un individu) relatives à la pratique du bien et du mal. → **conduite, morale. II 1** Habitudes de vie, coutumes (d'un peuple, d'un groupe). **2** Habitudes de vie, comportement (de qqn). **3** (animaux) *Les mœurs des abeilles.*

mofette n. f. ■ **I** géol. Gaz impropre à la respiration, émanant d'une zone volcanique. → **fumerolle. II** Mouffette (animal).

mogette ou **mojette** n. f. ■ région. (Ouest) Haricot blanc.

mohair n. m. ■ Poil de la chèvre angora. ← appos. *Laine mohair.* ♦ Étoffe de mohair.

moi ■ **I** Pronom personnel de la première personne du singulier (→ aussi **me**) représentant la personne qui s'exprime. **1** (compl. d'objet après un impér.) *Regarde-moi.* ← (après un autre pron. pers.) *Donnez-la-moi.* **2** (sujet) « *Qui est là ? – Moi.* » ← *Moi, je... Moi qui...* **3** (coordonné) *Mon frère et moi. Lui ou moi.* **4** (compar.) *Plus, moins que moi.* **5** (attribut) *C'est moi.* **6** (précédé d'une prép.) *Pour moi. Selon moi, d'après moi.* ← *De vous à moi* (→ entre nous). **7** (renforcé) loc. MOI-MÊME. ← MOI SEUL. ← MOI AUSSI. MOI NON PLUS. **II** n. m. invar. **1** LE MOI : ce qui constitue la personnalité d'un être humain. **2** psych. Instance psychique chargée de la médiation entre le ça, le surmoi et la réalité.

moignon n. m. ■ **1** Extrémité d'un membre amputé. **2** Membre rudimentaire. *Les moignons d'ailes des pingouins.*

moindre adj. compar. ■ **I** compar. Plus petit, plus faible. *Un moindre mal.* **II** superl. LE MOINDRE : le moins important.

moindrement adv. ■ littér. *Pas le moindrement :* pas du tout.

moine n. m. ■ Religieux chrétien vivant à l'écart du monde, en communauté. ← par ext. *Moine bouddhiste.* → **bonze.**

moineau n. m. ■ Passereau de petite taille à livrée brune, striée de noir.

moinillon n. m. ■ fam. Jeune moine.

moins adv. ■ **I** (compar. de *peu*) Plus faiblement, d'une manière moins importante (s'oppose à *plus*). *Il travaille moins.* ← *Non moins que :* autant que, comme. ← *Pas moins :* autant. ← loc. *Plus ou moins :* à peu près. **II 1** LE, LA MOINS (superl. de *peu*). ← loc. *Pas le moins du monde :* pas du tout. **2** AU MOINS. *Si, au moins, il était venu !* → **seulement.** *Pour le moins :* au minimum. ← DU MOINS : néanmoins, en tout cas. **III** nominal **1** Une quantité, une chose moindre. *Ni plus ni moins :* exactement autant. **2** loc. À MOINS DE, QUE : sauf si. **IV** n. m. **1** LE MOINS : la plus petite quantité, la moindre chose. **2** *Le signe moins* (–) : le signe de la soustraction. **V** adj. attribut *C'est* MOINS QUE RIEN : c'est insignifiant. ← subst. *Un, une moins que rien,* personne sans aucune valeur. **VI** prép. **1** En enlevant, en ôtant. *Six moins quatre.* ← *Deux heures moins dix.* **2** (introduisant un nombre négatif) *Il fait moins dix (degrés).*

moins-disant, ante ■ (opposé à *mieux-disant*) **1** adj. dr., admin. Qui fait l'offre la plus basse dans une adjudication. **2** n. m. Révision à la baisse. *Moins-disant social, salarial.*

moins-perçu n. m. ■ dr., fin. Ce qui, étant dû, n'a pas été perçu (opposé à *trop-perçu*). *Les moins-perçus.*

moins-value n. f. ■ écon., comm. Diminution de la valeur d'une chose ; perte de valeur (opposé à *plus-value*). *Des moins-values.*

moire n. f. ■ **1** Apprêt de tissus par écrasement irrégulier du grain. ← Tissu moiré. **2** fig., littér. Aspect changeant (d'une surface).

moiré, ée adj. ■ **1** techn. Qui a reçu l'apprêt de la moire. **2** fig., littér. Chatoyant. ► **moirure** n. f.

mois n. m. ▪ **1** Chacune des douze divisions de l'année, de trente jours environ. **2** Rétribution d'un mois de travail. → **mensualité.**

moïse n. m. ▪ Corbeille capitonnée qui sert de berceau.

moisir v. [2] ▪ **I** v. intr. **1** Se couvrir de moisissures sous l'effet de l'humidité. **2** fig., fam. Rester longtemps dans la même situation. **II** v. tr. Couvrir de moisissure. ▷ adj. **moisi, ie** *Fruit moisi.* ▬ n. m. *Ça sent le moisi.*

moisissure n. f. ▪ Corruption d'une substance par de petits champignons ; ces champignons, en mousse veloutée.

moissine n. f. ▪ agric. Grappe cueillie avec un bout de sarment, par lequel on peut la suspendre.

moisson n. f. ▪ **1** Récolte des céréales parvenues à maturité. ▬ Ces céréales. **2** fig. *Une moisson de souvenirs.*

moissonner v. tr. [1] ▪ Couper et récolter (des céréales). ► **moissonnage** n. m.

moissonneur, euse n. ▪ **1** Personne qui fait la moisson. **2** n. f. Machine agricole qui moissonne. ► **moissonneuse-batteuse** n. f.

moite adj. ▪ Légèrement humide. ► **moiteur** n. f.

moitié n. f. ▪ **1** L'une des deux parties égales d'un tout. **2** *À MOITIÉ* : à demi, partiellement. ♦ *Faire moitié-moitié* : partager également. **3** fam. *Sa moitié* : sa femme.

mojette → **mogette**

moka n. m. ▪ **1** Café d'Arabie. **2** Gâteau fourré d'une crème au café.

mol → **mou**

① **molaire** n. f. ▪ Dent broyeuse de la partie postérieure de la mâchoire.

② **molaire** adj. ▪ chim. De la mole (①).

molarité n. f. ▪ sc. Nombre de moles d'un soluté contenues par unité de volume du solvant.

molasse → ② **mollasse**

① **mole** n. f. ▪ chim. Unité de quantité de matière (autant de molécules qu'il y a d'atomes dans 12 g de carbone 12).

② **mole** [mɔle] n. m. ▪ cuis. Sauce mexicaine au piment (parfois additionnée de cacao).

môle n. m. ▪ Construction en maçonnerie, destinée à protéger l'entrée d'un port.

molécule n. f. ▪ chim. La plus petite partie d'un corps susceptible d'exister à l'état isolé en gardant les caractères de ce corps. ▬ Assemblage stable d'atomes. ► **moléculaire** adj.

molène n. f. ▪ bot. Plante à feuilles isolées et molles, à fleurs en épis.

moleskine n. f. ▪ Toile revêtue d'un enduit imitant le cuir.

molester v. tr. [1] ▪ Maltraiter physiquement.

moleter v. tr. [4] ▪ techn. **1** Travailler à la molette. **2** Faire des stries à la molette sur (une tête de vis, un boulon, etc.). ▷ **moleté, ée** adj.

molette n. f. ▪ **1** Roue étoilée, à l'extrémité de l'éperon. **2** Roulette mobile au bout d'un manche. ♦ Roulette de réglage striée. *Clé à molette.*

moliniste n. et adj. ▪ Catholique partisan des opinions de Molina sur la grâce (prédestination conciliable avec le libre arbitre). ► **molinisme** n. m.

mollah n. m. ▪ Chef religieux islamique.

mollard n. m. ▪ fam. et vulg. Crachat.

① **mollasse** adj. ▪ **1** Mou. **2** Sans énergie.

② **mollasse** n. f. ▪ sc. ou techn. Grès tendre, mêlé d'argile, de quartz. – var. **molasse.**

mollasson, onne n. ▪ fam. Personne molle.

mollement adv. ▪ **1** Sans énergie. **2** Avec douceur et abandon.

mollesse n. f. ▪ **1** Caractère de ce qui est mou. **2** Paresse ; manque d'énergie.

① **mollet** adj. m. ▪ **1** Agréablement mou. **2** *Œuf mollet*, à peine cuit dans sa coquille.

② **mollet** n. m. ▪ Partie charnue de la jambe, entre le jarret et la cheville.

molletière n. f. ▪ Jambière qui s'arrête en haut du mollet. ♦ adj. *BANDE MOLLETIÈRE*, qu'on enroule autour du mollet.

molleton n. m. ▪ Tissu gratté moelleux. ► **molletonné, ée** adj.

mollir v. intr. [2] ▪ **1** Perdre sa force. *Sentir ses jambes mollir.* ▬ mar. *Le vent mollit.* **2** fig. Céder. ♦ fam. Flancher.

mollo adv. ▪ fam. Doucement.

molluscum [-ɔm] n. m. ▪ méd. Petite tumeur fibreuse de la peau.

mollusque n. m. ▪ **1** Animal invertébré au corps mou (céphalopodes, gastéropodes, bivalves). **2** fig., fam. Personne molle.

moloch [-ɔk] n. m. ▪ zool. Reptile saurien des déserts australiens, hérissé d'épines écailleuses. *Des molochs.*

molosse n. m. ▪ littér. Gros chien.

molybdène n. m. ▪ Élément (symb. Mo, n° at. 42, masse at. 95,94) métal blanc, dur, peu fusible. *Acier au molybdène.*

môme ▪ **1** n. et adj. fam. Enfant. **2** n. f. pop. Jeune fille. *Jolie môme.*

① **moment** n. m. ▪ **1** Espace de temps limité. → **instant. 2** Court instant. *Dans un moment.* **3** Circonstance, temps. *De bons moments.* **4** Point de la durée (en rapport avec un événement). *C'est le moment ou jamais.* → **occasion. 5** loc. prép. *AU MOMENT DE.* → **lors.** ▬ loc. conj. *DU MOMENT OÙ, QUE* : puisque, dès lors que. ▬ loc. adv. *D'un moment à l'autre* : bientôt.

② **moment** n. m. ■ sc. Produit de forces, de vecteurs...

momentané, ée adj. ■ Qui ne dure qu'un moment. ► **momentanément** adv.

momie n. f. ■ Cadavre desséché et embaumé. *Momies égyptiennes.*

momifier v. tr. [7] ■ Transformer en momie. → **embaumer.** ▷ v. pron. **se momifier** Se figer, se scléroser. ► **momification** n. f.

mon, ma, mes adj. poss. ■ **I** (sens subjectif) **1** Qui est à moi, qui m'appartient. *Mon livre, ma voiture.* ◆ (pour *ma*) *Mon écharpe.* ◆ Auquel j'appartiens. *Ma génération.* **2** (devant un nom de personne) *Mon père. Mes voisins.* **3** (en s'adressant à qqn) *Mon cher ami.* **II** (sens objectif) De moi, relatif à moi. *Mon juge,* celui qui me juge.

monacal, ale, aux adj. ■ Relatif aux moines. → **monastique.** ♦ De moine.

monachisme [-ʃism ; -kism] n. m. ■ relig. État, vie de moine ; institution monastique.

monade n. f. ■ philos. Chez Leibniz, Substance qui constitue l'élément dernier des choses.

monadologie n. f. ■ Théorie des monades* (Leibniz).

monarchie n. f. ■ Régime politique dans lequel le chef de l'État est un monarque. → **royauté.** ♦ Cet État. → **royaume.** ► **monarchique** adj.

monarchiste n. et adj. ■ Partisan de la monarchie. ► **monarchisme** n. m.

monarque n. m. ■ Souverain personnel héréditaire. → **empereur, prince, roi.**

monastère n. m. ■ Établissement où vivent des religieux (moines) d'un ordre.

monastique adj. ■ Qui concerne les communautés de moines. → **monacal.**

monaural, ale, aux adj. ■ **1** acoust. → **monophonique. 2** physiol. Relatif à une seule oreille (pour l'audition).

monazite n. f. ■ minér. Phosphate naturel, minerai de terres rares (surtout de thorium).

monbazillac n. m. ■ Vin blanc liquoreux de la région de Monbazillac.

monceau n. m. ■ Élévation formée d'une grande quantité d'objets entassés. → **amas.**

mondain, aine adj. ■ **1** Relatif à la société des gens du monde (III, 2). ♦ Qui aime leurs habitudes. ◆ n. *Les mondains.* **2** anciennt *Police mondaine,* n. f. *la mondaine* (répression du trafic de drogue et du proxénétisme).

mondanité ■ **1** n. f. Caractère de ce qui est mondain. **2** n. f. pl. Habitudes, plaisirs des gens du monde (III, 2).

monde n. m. ■ **I 1** La Terre et les astres (système organisé). → **cosmos.** ♦ L'ensemble de tout ce qui existe. → **univers. 2** Ensemble de choses, domaine à part. *Le monde végétal.* **II 1** La planète Terre, sa surface. *Faire le tour du monde.* ◆ *Le Nouveau Monde* : les deux Amériques. *L'Ancien Monde* : l'Europe, l'Afrique et l'Asie. ♦ *Il n'est plus de ce monde* : il est mort. **2** *Venir au monde* : naître. **3** L'humanité. ♦ DU MONDE. *C'est le meilleur homme du monde.* ◆ POUR RIEN AU MONDE : en aucun cas. **III 1** relig. La vie profane. *Renoncer au monde.* → **siècle. 2** La vie en société, dans ses aspects de luxe, de divertissement ; les mondains. *Un homme du monde.* **3** Milieu, groupe social. *Le monde des lettres.* **IV 1** LE MONDE, DU MONDE : les gens, des gens. *J'entends du monde.* ◆ Beaucoup de personnes. *Cela attire du monde.* **2** TOUT LE MONDE : chacun.

monder v. tr. [1] ■ Décortiquer, nettoyer. ◆ au p. p. *Orge mondé.*

mondial, ale, aux adj. ■ Relatif à la terre entière. ► **mondialement** adv.

mondialisation n. f. ■ Fait d'exister, de se répandre dans le monde entier. ◆ spécialt (Au plan économique) *La mondialisation des échanges, de l'économie.* → **globalisation.** *La contestation de la mondialisation libérale.* → **antimondialisation ; altermondialiste.**

mondialiser v. tr. [1] ■ Rendre mondial ; donner un caractère mondial à (qqch.).

mondialisme n. m. ■ Unité, perspective mondiale. ► **mondialiste** adj. et n.

mondovision n. f. ■ Transmission internationale d'images de télévision par satellites de télécommunications.

monégasque adj. et n. ■ De Monaco.

monel n. m. ■ techn. Alliage de cuivre et de nickel contenant un peu d'étain et résistant à la corrosion.

monème n. m. ■ ling. Unité significative minimale. → **morphème.**

monergol n. m. ■ aéron. Propergol ne contenant qu'un seul ergol.

monétaire adj. ■ Relatif à la monnaie. *Unité monétaire.*

monétarisme n. m. ■ écon. Théorie économique donnant à la monnaie une place déterminante. ► **monétariste** adj. et n.

monétique n. f. ■ Moyens bancaires électroniques.

monétiser v. tr. [1] ■ écon. Transformer (un métal) en monnaie. ► **monétisation** n. f.

mongol, ole adj. et n. ■ De Mongolie. ♦ n. m. *Le mongol* (langue).

mongolisme n. m. ■ Maladie congénitale (trisomie* 21) se manifestant par un faciès typique et des déficits. ► **mongolien, ienne** adj. et n.

moniale n. f. ■ relig. Religieuse contemplative qui vit cloîtrée.

① **moniteur, trice** n. ■ Personne qui encadre les activités des jeunes, un sport. ► **monitorat** n. m.

② **moniteur** n. m. ■ **1** inform. Programme de contrôle. **2** méd. Appareil électronique de surveillance. **3** Écran d'un ordinateur.

monition n. f. ■ Avertissement que l'autorité ecclésiastique catholique adresse avant d'infliger une censure.

monitoring n. m. ■ anglic., méd. Surveillance à l'aide d'un moniteur (②, 2). – recomm. off. *monitorage* n. m.

monnaie n. f. ■ **1** Pièces de métal servant d'unité de valeur. **2** Instrument de mesure et de conservation de la valeur, moyen d'échange des biens (→ **argent**). *Monnaie métallique, fiduciaire.* ♦ *Valeurs relatives des monnaies.* → **change, cours, parité.** ♦ loc. fig. *C'est monnaie courante :* c'est courant, banal. **3** *Fausse monnaie :* contrefaçon frauduleuse de pièces, de billets. **4** Ensemble de pièces, de billets de faible valeur. *Petite monnaie.* ♦ Subdivision de la valeur d'une pièce, d'un billet ; différence entre un billet, une pièce et une somme moindre. *Rendre la monnaie.* ‑ loc. *Rendre à qqn la monnaie de sa pièce,* lui rendre le mal qu'il a fait.

monnayage n. m. ■ Fabrication de la monnaie à partir d'un métal ou d'un alliage monétaire.

monnayer v. tr. [8] ■ **1** Convertir en monnaie. **2** Tirer de l'argent de (qqch.). ► **monnayable** adj.

monnayeur n. m. ■ **1** Personne qui fabrique les monnaies. ♦ Faux-monnayeur. **2** Appareil rendant la monnaie.

mon(o)- Élément savant, du grec *monos* « seul, unique ». → **uni-.**

monoacide adj. et n. m. ■ chim. Qui ne possède qu'un seul atome d'hydrogène acide par molécule. ‑ n. m. *Un monoacide.*

monoamine n. f. ■ biochim. *Monoamine oxydase :* enzyme inactivant certains neurotransmetteurs (→ **IMAO**).

monoatomique adj. ■ chim. Dont la molécule n'a qu'un atome.

monobloc adj. invar. et n. m. ■ D'une seule pièce, d'un seul bloc. *Des châssis monobloc.* ♦ n. m. Groupe de cylindres d'un moteur à explosion, fondus d'un seul bloc.

monocâble n. m. et adj. ■ techn. Transporteur aérien à un seul câble sans fin. ‑ adj. Qui n'a qu'un seul câble. *Téléphérique monocâble.*

monocaméral, ale, aux adj. ■ didact. Relatif au monocamérisme, système parlementaire à une seule Chambre.

monocamérisme n. m. ■ didact. Système parlementaire à une seule chambre. – syn. **monocaméralisme.**

monocépage adj. et n. m. ■ Se dit d'un vin produit à partir d'un seul cépage.

monochromatique [-kʀ-] adj. ■ phys. Qui ne contient qu'une fréquence ou une longueur d'onde déterminée.

monochrome [-kʀom] adj. ■ didact. D'une seule couleur. ► **monochromie** n. f.

monocle n. m. ■ anciennt Petit verre optique tenant dans une des arcades sourcilières.

monoclinique adj. ■ phys. *Système cristallin monoclinique :* prisme oblique à quatre faces latérales en parallélogramme et deux bases rectangulaires.

monoclonal, ale, aux adj. ■ biol. Qui appartient à un même clone cellulaire.

monocolore adj. ■ polit. Se dit d'un gouvernement composé de membres d'un seul parti.

monocoque n. m. ■ Bateau à une coque.

monocorde adj. ■ Qui est sur une seule note, n'a qu'un son. → **monotone.**

monocorps [-kɔʀ] n. m. → **monospace**

monocotylédone n. f. ■ bot. Plante qui n'a qu'un seul cotylédon.

monocratie n. f. ■ Forme de gouvernement où le pouvoir effectif réside dans la volonté du chef de l'État.

monocratique adj. ■ polit. Relatif à la monocratie, forme de gouvernement où le pouvoir effectif réside dans la volonté du chef de l'État. *Pouvoir monocratique d'un dictateur.*

monocristal, aux n. m. ■ didact. Cristal élémentaire (d'une structure cristalline complexe). ‑ Cristallisation de glace. ► **monocristallin, ine** adj.

monoculaire adj. ■ **1** Relatif à un seul œil. *Strabisme monoculaire.* **2** Pourvu d'un seul oculaire. *Microscope monoculaire* (s'oppose à *binoculaire*).

monoculture n. f. ■ agric. Culture d'une seule plante, d'un seul produit.

monocycle n. m. ■ Vélo à une seule roue, utilisé dans les cirques.

monocyclique adj. ■ biol. Se dit d'espèces animales ne présentant qu'un cycle sexuel par an.

monocylindrique adj. ■ mécan. À un seul cylindre. *Moteur monocylindrique.* – syn. **monocylindre.**

monocyte n. m. ■ biol. Grand leucocyte mononucléaire.

monodie n. f. ■ mus. Chant à une seule voix sans accompagnement (opposé à *polyphonie*). ► **monodique** adj.

monogame adj. ■ Qui n'a qu'un seul conjoint à la fois (opposé à *bigame, polygame*).

monogamie n. f. ■ Régime juridique où un homme, une femme ne peut avoir plusieurs conjoints en même temps.

monogamique adj. ■ didact. Relatif à la monogamie, qui a pour base la monogamie. *Famille monogamique.*

monogénique adj. ■ biol. Qui implique un seul gène.

monogénisme n. m. ■ didact. Doctrine selon laquelle toutes les races humaines dérivent d'un type primitif commun (s'oppose à *polygénisme*).

monogramme n. m. ■ Chiffre composé de lettres d'un nom entrelacées.

monographie n. f. ■ Étude détaillée sur un sujet précis.

monoï [mɔnɔj] n. m. invar. ■ Huile de fleurs polynésiennes (fleurs de tiaré) et de noix de coco.

monoïque adj. ■ bot. *Espèce monoïque,* dont tout individu peut produire des gamètes de chacun des deux sexes (opposé à *dioïque*).

monokini n. m. ■ Maillot de bain féminin qui ne comporte qu'une culotte.

monolingue adj. ■ En une seule langue. ► **monolinguisme** n. m.

monolithe adj. et n. m. ■ (Monument) d'un seul bloc de pierre.

monolithique adj. ■ **1** → **monolithe. 2** fig. Qui forme un ensemble rigide, homogène.

monologue n. m. ■ **1** Scène à un personnage qui parle seul. **2** Long discours d'une seule personne. **3** Paroles d'une personne seule. **4** *Monologue intérieur,* longue suite de pensées. – littér. Texte censé transcrire les pensées d'un narrateur.

monologuer v. intr. [1] ■ Parler seul, ou comme si l'on était seul.

monomaniaque adj. et n. ■ Qui a une manie, un goût exclusif, une habitude dominante. – syn. **monomane.**

monomanie n. f. ■ Idée fixe, obsession.

monôme n. m. ■ math. Expression algébrique à un seul terme.

monomère adj. et n. m. ■ chim. (Composé) constitué de molécules simples, et capable de former des polymères.

monométallisme n. m. ■ Système monétaire fondé sur la reconnaissance d'un seul métal étalon (opposé à *bimétallisme*). *Monométallisme or, argent.* ► **monométalliste** adj. et n.

monomoteur n. m. ■ techn. Avion à un seul moteur.

mononucléaire adj. ■ biol. (cellule) Qui n'a qu'un seul noyau. – adj. et n. *(Leucocyte) mononucléaire.* → **monocyte.**

mononucléose n. f. ■ méd. Maladie d'origine virale (leucocytose) avec augmentation du nombre des monocytes.

monoparental, ale, aux adj. ■ *Famille monoparentale,* composée d'un seul des parents et des enfants.

monoparentalité n. f. ■ sociol. Le fait pour une famille de ne compter qu'un seul parent.

monopartisme n. m. ■ didact. Système politique basé sur un parti unique (s'oppose à *multipartisme*).

monophasé, ée adj. et n. m. ■ électr. Se dit du courant alternatif simple ne présentant qu'une phase (s'oppose à *polyphasé*).

monophonie n. f. ■ mus. Reproduction des sons avec un seul canal d'amplification (opposé à *stéréophonie*). ► **monophonique** adj.

monoplace adj. ■ (véhicule) À une place.

monoplan n. m. ■ Avion qui n'a qu'un seul plan de sustentation.

monopole n. m. ■ **1** Situation où une entreprise est seule à vendre un produit ; cette entreprise. **2** Possession exclusive. *S'attribuer le monopole du patriotisme.*

monopoleur, euse n. et adj. ■ écon. Bénéficiaire d'un monopole, vendeur sans concurrent. – syn. **monopoliste.**

monopoliser v. tr. [1] ■ **1** Exercer un monopole sur. **2** fig. Accaparer. ► **monopolisation** n. f.

monopoliste → **monopoleur**

monorail adj. et n. m. ■ techn. (Train) qui n'a qu'un seul rail.

monosaccharide [-k-] n. m. ■ biochim. Ose.

monoski n. m. ■ Ski unique ; ce sport.

monospace n. m. ■ Automobile spacieuse dont la carrosserie semble d'un seul corps, sans décrochements. – syn. **monocorps** n. m.

monosperme adj. ■ bot. Qui ne contient qu'une seule graine. *Fruit monosperme.*

monosyllabe [-s-] adj. et n. m. ■ (Mot) d'une syllabe. ► **monosyllabique** adj.

monothéiste n. ■ Personne qui croit en un dieu unique. – adj. *Religions monothéistes* (judaïsme, christianisme, islam). ► **monothéisme** n. m.

monotone adj. ■ **1** Dont le ton est unique ou peu varié. *Chant monotone.* **2** fig. Qui lasse par son uniformité. ► **monotonie** n. f.

monotrème n. m. ■ zool. Mammifère ovipare, au corps couvert de poils ou de piquants et au bec corné (ex. l'ornithorynque).

① **monotype** n. m. ■ **I** arts Procédé de gravure permettant d'obtenir par impression un exemplaire unique. **II** Petit voilier de série.

② **monotype** n. f. ■ imprim. Machine à composer qui fondait les caractères isolément (opposé à *linotype*).

monovalent, ente adj. ■ chim. Dont la valence est égale à un.

monoxyde n. m. ▪ chim. Oxyde contenant un seul atome d'oxygène dans sa molécule. *Monoxyde de carbone.*

monozygote adj. ▪ biol. Se dit de jumeaux issus du même œuf. *Jumeaux monozygotes.* → **univitellin.**

monseigneur, plur. **messeigneurs** n. m. ▪ Titre donné à des prélats, des princes.

monsieur [məsjø], plur. **messieurs** [mesjø] n. m. ▪ **I 1** vx Titre pour les hommes de condition élevée. *Monsieur, frère du roi.* **2** Terme pour s'adresser à un homme. **3** Titre avant le nom ou la fonction d'un homme. *Monsieur le directeur.* **4** Titre de respect à un homme (domestiques). *Monsieur désire ?* **II 1** vieilli *Un monsieur* : un bourgeois. **2** Homme. *Un vieux monsieur.*

monsignor [mɔ̃siɲɔʀ] ou **monsignore** [mɔ̃siɲɔʀe] n. m. ▪ relig. cathol. Prélat, haut dignitaire de la cour papale. ◆ plur. *Des monsignors, des monsignori* ou *des monsignores.*

monstre ▪ **I** n. m. **1** Être, animal fantastique et terrible (légendes, mythologies). ◆ Animal réel gigantesque ou effrayant. **2** Organisme anormal. **3** fig. Personne effrayante de méchanceté. **4** loc. *Monstre sacré* : comédien célèbre. **II** adj. fam. Extraordinaire. *Un succès monstre.*

monstrueux, euse adj. ▪ **1** De monstre (1 et 2). ◆ Qui rappelle les monstres. *Une laideur monstrueuse.* **2** D'une taille prodigieuse, excessive. **3** Qui choque la raison, la morale. *Un crime monstrueux.* ◆ *Des prix monstrueux.* ▶ **monstrueusement** adv.

monstruosité n. f. ▪ **1** vx Anomalie congénitale grave. **2** Caractère de ce qui est monstrueux (1 et 3). ♦ Chose monstrueuse.

mont n. m. ▪ **1** vx ou dans des loc. Montagne. *PAR MONTS ET PAR VAUX* : à travers tout le pays. *Promettre MONTS ET MERVEILLES*, des avantages considérables. **2** fig., anat. Petite éminence charnue. *Mont de Vénus.*

montage n. m. ▪ **1** Opération par laquelle on assemble les pièces (d'un objet complexe) pour qu'il fonctionne. **2** Assemblage d'images des plans (d'un film).

montagnard, arde adj. ▪ **1** Qui vit dans les montagnes. ◆ n. *Les montagnards.* **2** Relatif à la montagne.

montagne n. f. ▪ **1** Importante élévation de terrain. ◆ loc. *Faire une montagne de qqch.*, en exagérer l'importance. **2** Région de haute altitude. ◆ loc. *La montagne à vaches* : les zones d'alpages. **3** loc. *MONTAGNES RUSSES* : attraction foraine, suite de montées et de descentes parcourues à grande vitesse par un véhicule sur rails.

montagneux, euse adj. ▪ Où il y a des montagnes ; formé de montagnes.

montaison n. f. ▪ Migration de certains poissons qui remontent les cours d'eau pour aller frayer.

montant, ante ▪ **I** adj. Qui monte (I). **1** Qui se meut de bas en haut. ◆ *La génération montante*, qui va vers l'âge adulte. **2** Qui s'étend vers le haut. **II** n. m. **1** Pièce verticale (opposé à *traverse*). *Les montants d'une fenêtre.* **2** Chiffre auquel s'élève un compte. *Le montant des frais.*

mont-de-piété n. m. ▪ Établissement de prêt sur gage. *Des monts-de-piété.*

monte n. f. ▪ **1** Accouplement des équidés et bovidés (élevage). **2** Fait, manière de monter un cheval.

monte-charge n. m. ▪ Ascenseur pour marchandises. *Des monte-charges.*

montée n. f. ▪ **1** Action de monter, de se hisser. ◆ (choses) Fait de s'élever. **2** Pente.

monte-en-l'air n. m. invar. ▪ fam. et vieilli Cambrioleur.

monte-meuble n. m. ▪ Rampe élévatrice utilisée lors des déménagements. *Des monte-meubles.*

monte-plat n. m. ▪ Petit monte-charge qui sert à faire monter ou descendre les plats d'une cuisine. *Des monte-plats.*

monter v. [1] ▪ **I** v. intr. (auxiliaire *être* ou *avoir*) (êtres vivants) **1** Se déplacer dans un mouvement vers un lieu plus haut (opposé à *descendre*). → **grimper.** *Monter à, sur une échelle.* ♦ *Monter à cheval.* ◆ *Monter en voiture.* **2** fam. Se déplacer du sud vers le nord. **3** fig. Progresser (socialement, moralement...). **II** v. intr. (auxiliaire *être* ou *avoir*) (choses) **1** S'élever dans l'espace. *Le soleil monte au-dessus de l'horizon.* ♦ *Les bruits qui montent de la rue.* ♦ loc. *Monter à la tête* : exalter. **2** S'élever en pente. *La route monte.* ♦ S'étendre (jusqu'à une certaine hauteur). **3** Gagner en hauteur. *Le niveau monte.* **4** (sons) Aller du grave à l'aigu, du faible au fort. ◆ loc. *Le ton monte*, tourne à la dispute. **5** (prix) Aller en augmentant* ; valoir plus cher. **III** v. tr. (auxiliaire *avoir*) **1** Parcourir en s'élevant. → **gravir.** *Monter une côte.* ♦ Se mettre, être sur (un animal). → ① **monture.** ◆ *POLICE MONTÉE*, à cheval (police fédérale canadienne). **2** (quadrupèdes) Couvrir (la femelle). *L'étalon monte la jument.* **3** Porter, mettre (qqch.) en haut. *Monter une malle au grenier.* ♦ Mettre plus haut, à un niveau plus élevé. ♦ loc. fig. *MONTER LA TÊTE à qqn, MONTER qqn*, l'exciter contre qqn. *Se monter la tête* : s'exalter. **IV** v. tr. (auxiliaire *avoir*) **1** Mettre en état de fonctionner en assemblant les parties (opposé à *démonter*). *Monter une tente.* ◆ *Monter un film.* → **montage** (2). **2** *Monter une pièce de théâtre*, mettre en scène. ◆ *Monter une affaire*, l'organiser. **3** Fournir de ce qui est nécessaire. *Monter son ménage.* **4** Fixer. *Monter un diamant sur une bague.* → ② **monture.** ▷ v. pron. **se monter 1** S'élever à un certain total. → **atteindre ; montant.** 2 Se fournir (en...). ▷ adj. **monté, ée** 1 *Pièce* montée. Collet* monté.* 2 En colère. *Elle est très montée contre lui.*

monteur, euse n. ■ 1 Personne qui monte des appareils, des machines. 2 Spécialiste chargé du montage des films.

montgolfière [mɔ̃g-] n. f. ■ Aérostat, enveloppe remplie d'air chauffé.

monticole adj. ■ didact. (animaux, végétaux) Qui vit dans les montagnes.

monticule n. m. ■ 1 Bosse de terrain. 2 Tas.

montmorency n. f. ■ Cerise d'une variété acide. → **griotte.**

montoir n. m. ■ vx Grosse pierre, banc pour monter à cheval.

montre n. f. ■ I (Action de montrer) 1 loc. *FAIRE MONTRE DE* : faire preuve de. 2 comm. *EN MONTRE* : en vitrine. II Petite boîte d'horlogerie à cadran (montrant l'heure). → **chronomètre.** ♦ loc. *Montre en main*, en mesurant le temps avec précision. – *Course contre la montre*, où le classement s'effectue d'après le temps ; fig. activité urgente.

montrer v. tr. 1 ■ I 1 Faire voir, mettre devant les yeux. *Montrer qqch. à qqn.* – Faire voir de loin, par un signe. → **désigner, indiquer.** 2 (sujet chose) Laisser voir. *Robe qui montre le dos.* II (Faire connaître) 1 Faire imaginer. *Balzac montre toute une société.* → **décrire.** 2 Faire constater, mettre en évidence. *Montrer à qqn qu'il a tort.* → **démontrer.** – (sujet chose) Révéler. 3 Faire connaître volontairement par sa conduite. *Montrer l'exemple.* 4 Laisser paraître. *Montrer son étonnement.* 5 Expliquer. *Montrez-moi comment ça marche.* ▷ v. pron. **se montrer** 1 Se faire voir. → **paraître.** *Se montrer tel qu'on est.* 2 *Se montrer* (+ attribut), être effectivement. *Se montrer courageux.*

montreur, euse n. ■ Personne qui montre en public (une curiosité).

montueux, euse adj. ■ vieilli Qui présente des hauteurs, des élévations de terrain.

① **monture** n. f. ■ Bête sur laquelle on monte (cheval, âne, mulet, éléphant...).

② **monture** n. f. ■ Partie (d'un objet) qui sert à fixer l'élément principal. *Monture de lunettes.*

monument n. m. ■ 1 Ouvrage destiné à perpétuer un souvenir. *Monument aux morts.* 2 Édifice remarquable. *Monument historique.* 3 fam. Objet énorme. ♦ Œuvre imposante, digne de durer.

monumental, ale, aux adj. ■ 1 Qui a un caractère de monument (1), de grandeur majestueuse. → **imposant.** ▶ **monumentalité** n. f. 2 fam. Énorme. *Erreur monumentale.*

mooc n. m. ou **MOOC** [muk] n. m. invar. ■ anglic. Cours d'enseignement diffusé sur Internet. recomm. off. *cours en ligne ouvert à tous.*

moquer v. 1 ■ v. tr. littér. Tourner en ridicule. ▷ v. pron. **se moquer** 1 Tourner (qqn) en ridicule. 2 Ne pas s'intéresser à, ne pas se soucier de (qqn, qqch.). → fam. se **ficher,** se **foutre.** 3 Tromper (qqn) avec désinvolture. *Vous vous moquez du monde.* 4 absolt littér. Plaisanter.

moquerie n. f. ■ 1 Action, habitude de se moquer. 2 Action, parole moqueuse.

moquette n. f. ■ Tapis cloué, collé... couvrant la surface d'une pièce.

moquetter v. tr. 1 ■ Recouvrir de moquette.

moquettiste n. ■ Spécialiste de la pose de moquette.

moqueur, euse adj. ■ 1 Qui se moque. 2 De la moquerie. *Rire moqueur.*

moraillon n. m. ■ techn. Plaque mobile à charnière, percée d'une fente dans laquelle passe un anneau.

moraine n. f. ■ Débris de roches entraînés par un glacier et formant un grand amas. ▶ **morainique** adj.

① **moral, ale, aux** adj. ■ I 1 Qui concerne les mœurs*, les règles sociales. 2 philos. De la morale (I, 1). → **éthique.** 3 Conforme aux mœurs, à la morale (I, 2). II Relatif à l'esprit, à la pensée (opposé à *matériel, physique*).

② **moral** n. m. ■ Disposition temporaire à affronter les difficultés. → **mental.** *Avoir bon, mauvais moral. Le moral des troupes.*

morale n. f. ■ I 1 philos. Théorie de l'action humaine soumise au devoir et ayant pour but le bien. 2 Ensemble de règles de conduite. II 1 loc. *FAIRE LA MORALE à qqn*, lui faire une leçon de morale. 2 Moralité. *La morale d'une fable.*

moralement adv. ■ 1 Conformément à une règle de conduite. *Acte moralement condamnable.* 2 Sur le plan spirituel.

moraliser v. tr. 1 ■ I vx Faire des leçons de morale à. → **sermonner.** II Rendre (plus) moral, meilleur. ▶ **moralisateur, trice** adj. et n. ▶ **moralisation** n. f.

moralisme n. m. ■ 1 philos. Attitude qui consiste à faire prévaloir la valeur morale sur les autres valeurs. 2 cour. Attachement strict et formaliste à une morale.

moraliste n. ■ 1 Auteur de réflexions sur les mœurs, la nature et la condition humaines. 2 adj. et n. (Personne) qui enseigne la morale, par ses paroles, son exemple.

moralité n. f. ■ I 1 Caractère moral, valeur éthique. *La moralité d'une action.* 2 Attitude, conduite ou valeur morale. ♦ Sens moral. → **conscience, honnêteté.** *Certificat de moralité.* 3 Enseignement moral (d'un événement, d'un récit). II hist. littér. Pièce de théâtre édifiante, au Moyen Âge.

morasse n. f. ■ imprim. Dernière épreuve (d'un journal).

moratoire n. m. ▪ dr. Suspension des actions en justice, des obligations de paiement.

morbide adj. ▪ **1** didact. Relatif à la maladie. → **pathologique. 2** Dépravé ; malsain. ► **morbidité** n. f.

morbier n. m. ▪ Fromage de vache à pâte pressée.

morbleu interj. ▪ vx Juron (pour *mort Dieu*).

morceau n. m. ▪ **1** Partie séparée ou distincte (d'un solide). → **bout, fragment, partie.** *Un morceau de bois.* ‑ *Un morceau de pain, de sucre.* ‑ loc. fam. *Manger un morceau,* faire un petit repas. fig. *Manger, casser, lâcher le morceau :* avouer, parler. **2** Fragment, partie (d'une œuvre littéraire). → **extrait, passage.** ‑ loc. *Morceaux choisis.* → **anthologie. 3** Œuvre musicale. *Un morceau de piano.*

morceler v. tr. 4 ▪ **1** Diviser en morceaux. **2** Partager (un terrain) en parties. ► **morcellement** n. m. → **division, partage.**

mordacité n. f. ▪ littér. Causticité.

mordant, ante ▪ **I** adj. **1** Qui mord ; donne une impression de morsure. *Un froid mordant.* **2** fig. Qui attaque et blesse. *Ironie mordante.* **II** n. m. Énergie dans l'attaque ; vivacité. *Avoir du mordant.*

mordicus [-ys] adv. ▪ fam. *Affirmer, soutenir qqch. mordicus,* sans démordre.

mordiller v. tr. 1 ▪ Mordre légèrement et à plusieurs reprises. ► **mordillage** et **mordillement** n. m.

mordoré, ée adj. et n. m. ▪ Brun doré.

mordre v. 41 ▪ **I** v. tr. **1** Saisir et serrer avec les dents de manière à blesser, à entamer, à retenir. *Se faire mordre par un chien.* **2** Blesser au moyen d'un bec, d'un crochet, d'un suçoir. *Être mordu par un serpent.* → **piquer. 3** fig. Entamer. *L'acide mord le métal.* **II 1** v. tr. ind. MORDRE À : saisir avec les dents. *Poisson qui mord à l'appât, qui mord,* qui se laisse prendre. **2** v. intr. MORDRE DANS, enfoncer les dents. **3** MORDRE SUR, avoir prise sur, attaquer. ♦ Empiéter sur (qqch.).

mordu, ue adj. ▪ **1** Qui a subi une morsure. **2** Amoureux. *Il est mordu.* ♦ n. fam. Passionné (de). *C'est un mordu de jazz.*

more → **maure**

moreau, elle adj. ▪ (Cheval) dont la robe est d'un noir luisant. *Jument morelle.*

morfal, ale, als adj. et n. ▪ fam. Qui dévore, qui a un appétit insatiable. → **goinfre.**

morfil n. m. ▪ techn. Barbes métalliques au tranchant d'une lame affûtée.

morfler v. intr. 1 ▪ fam. **1** Subir un inconvénient. ‑ Souffrir. **2** Être endommagé.

se **morfondre** v. pron. 41 ▪ Être triste par ennui.

morganatique adj. ▪ Se dit de l'union entre un prince et une femme de condition inférieure.

morganite n. f. ▪ minér. Béryl d'une variété de couleur rose.

① **morgue** n. f. ▪ Contenance hautaine et méprisante. → **arrogance, hauteur.**

② **morgue** n. f. ▪ Lieu, salle où sont déposés les cadavres à identifier. → institut **médico-légal.** ♦ Salle réfrigérée où l'on dépose les personnes décédées (dans un hôpital...), chambre mortuaire.

moribond, onde adj. et n. ▪ (Personne) qui est près de mourir.

moricaud, aude n. ▪ péj. et raciste Personne de couleur ou basanée.

morigéner v. tr. 6 ▪ littér. Réprimander (qqn) au nom de la morale.

morille n. f. ▪ Champignon comestible apprécié, au chapeau criblé d'alvéoles.

morio n. m. ▪ zool. Papillon aux ailes brunes bordées de jaune.

morion n. m. ▪ anciennt Casque léger, à bords relevés en pointe.

morisque n. et adj. ▪ hist. Musulman espagnol converti par force au catholicisme au XVIe s.

mormon, one n. et adj. ▪ Membre d'une secte américaine d'inspiration chrétienne mais polygame.

morna n. f. ▪ Musique du Cap-Vert, au rythme lent et nostalgique.

① **morne** adj. ▪ **1** D'une tristesse ennuyeuse. → **morose, sombre. 2** Triste et maussade. *Un temps morne.*

② **morne** n. m. ▪ (aux Antilles) Petite montagne isolée, arrondie.

morose adj. ▪ **I** D'une humeur triste, que rien ne peut égayer. ► **morosité** n. f. **II** relig. *Délectation morose :* plaisir pris à demeurer dans la tentation.

-morphe → **morph(o)-**

morphème n. m. ▪ ling. Forme minimum douée de sens (mot ou élément).

morphine n. f. ▪ Substance opiacée, soporifique et calmante.

morphing n. m. ▪ anglic. Procédé numérique consistant à transformer progressivement une image en une autre. recomm. off. *morphage.*

morphinomanie n. f. ▪ didact. Toxicomanie à la morphine. ► **morphinomane** adj. et n.

morph(o)-, -morphe Éléments savants, du grec *morphê* «forme».

morphogène ▪ **1** adj. biol. Qui détermine la forme, la structure d'un organisme vivant. **2** n. m. biochim. Molécule de signalisation influençant le devenir des cellules en fonction de leur emplacement.

morphogenèse n. f. ▪ sc. Développement des formes, des structures d'une espèce vivante.

morphologie n. f. ▪ **1** Étude de la configuration et de la structure externe (d'un organe, organisme, objet naturel). **2** Forme, apparence extérieure (d'un organisme). **3** ling. Étude de la formation des mots (par des morphèmes). ▶ **morphologique** adj.

morphopsychologie n. f. ▪ didact. Étude des correspondances entre la psychologie et les types physiques, chez l'être humain. → **physiognomonie.**

morphosyntaxe [-s-] n. f. ▪ ling. Étude des règles morphologiques et syntaxiques de la formation des énoncés. ▶ **morphosyntaxique** adj.

morpion n. m. ▪ **1** fam. Pou du pubis. **2** fam. Gamin. **3** Jeu où l'on doit placer cinq signes d'affilée sur une grille.

mors n. m. ▪ **1** Levier qui passe dans la bouche du cheval et sert à le diriger. **2** loc. *Prendre* LE MORS AUX DENTS : s'emballer.

① **morse** n. m. ▪ Grand mammifère amphibie des régions arctiques.

② **morse** n. m. ▪ (radiotélégraphie) Code de signaux utilisant des combinaisons de points et de traits. ◆ appos. *Alphabet morse.*

morsure n. f. ▪ **1** Action de mordre. **2** Blessure, marque faite en mordant.

① **mort** n. f. ▪ **I 1** Cessation de la vie ; arrêt des fonctions vitales (circulation sanguine, respiration, activité cérébrale...). *Mort clinique suivie de réanimation.* **2** Fin d'une vie humaine. → **décès, disparition.** ◆ loc. *Mourir de sa belle mort,* de vieillesse et sans souffrance. ◆ *À l'article* de la mort.* ♦ À MORT loc. adv. : d'une façon qui entraîne la mort. *Être blessé à mort.* ◆ Intensément. *En vouloir à mort à qqn.* **3** Cette fin provoquée. → **assassinat, crime, homicide, meurtre, suicide ; euthanasie. II** fig. **1** Destruction (d'une chose). *C'est la mort du petit commerce.* → **fin, ruine. 2** dans des loc. Grande douleur. *Souffrir mille morts.* ◆ *La mort dans l'âme.*

② **mort, morte** ▪ **I** adj. **1** Qui a cessé de vivre. → **décédé.** ◆ *Arbre mort. Feuilles mortes.* **2** Qui semble avoir perdu la vie. *Ivre mort. Plus mort que vif :* terrorisé. **3** (choses) Sans activité. ◆ loc. *Poids* mort. Temps* mort.* ♦ *Langue morte.* **4** fam. Hors d'usage. *Les piles sont mortes.* **II** n. **1** Dépouille mortelle d'un être humain. → **cadavre. 2** Être humain dans la mémoire des hommes ou supposé être dans l'au-delà. → **défunt.** *Culte des morts.* → **ancêtre. 3** Personne tuée. ◆ *Faire le mort,* faire semblant d'être mort. **4** n. m. Joueur qui étale ses cartes et ne participe pas au jeu.

mortadelle n. f. ▪ Très gros saucisson de porc et de bœuf.

mortaise n. f. ▪ Entaille recevant une autre pièce ou sa partie saillante (tenon).

mortaiser v. tr. [1] ▪ techn. Entailler en faisant une mortaise. ▶ **mortaisage** n. m.

mortaiseuse n. f. ▪ techn. Machine-outil pour mortaiser.

mortalité n. f. ▪ **1** Fait de mourir (considéré quant au nombre de morts). **2** *Taux de mortalité,* rapport entre le nombre des décès et le chiffre de la population.

mort-aux-rats [mɔRORa] n. f. sing. ▪ Poison pour détruire les rongeurs.

mort-bois n. m. ▪ techn. Bois de petite dimension qu'on ne peut employer à aucun ouvrage. *Des morts-bois.*

morte-eau n. f. ▪ *Marée de morte-eau,* de faible amplitude.

mortel, elle ▪ **I** adj. **1** Qui doit mourir. *Tous les hommes sont mortels.* ♦ (choses) Sujet à disparaître. **2** Qui cause la mort. *Poison mortel.* ◆ *Ennemi mortel,* qui cherche la mort de son ennemi. ◆ relig. cathol. *Péché mortel* (opposé à *véniel*). **3** fig. D'une intensité dangereuse et pénible. *Un froid mortel.* ♦ fam. Extrêmement ennuyeux. **4** fam. (intensif) Extraordinaire ; qui plaît beaucoup. *Ce film est trop mortel !* **II** n. Être humain. *Un heureux mortel,* un homme qui a de la chance.

mortellement adv. ▪ **1** Par un coup mortel. **2** fig. *Il était mortellement pâle.*

morte-saison n. f. ▪ Période d'activité réduite (dans un secteur de l'économie).

mortier n. m. ▪ **I** Mélange de chaux éteinte (ou de ciment) et de sable, délayé et utilisé pour lier ou recouvrir les pierres. **II** Récipient où l'on broie (au pilon). **III 1** Pièce d'artillerie portative à tir courbe. **2** Toque (de certains dignitaires ou magistrats).

mortifère adj. ▪ didact. **1** Qui cause, provoque la mort. → **létal, mortel.** *Venin mortifère.* **2** fig. Nocif, dangereux. *Une relation mortifère.*

mortification n. f. ▪ **1** Humiliation. **2** relig. Souffrance pour faire pénitence.

mortifier v. tr. [7] ▪ Faire souffrir (qqn) dans son amour-propre. → **humilier.** ▷ v. pron. se **mortifier** relig. S'imposer des souffrances pour racheter ses fautes. ▶ **mortifiant, ante** adj.

mortinatalité n. f. ▪ didact. Nombre d'enfants mort-nés au sein d'une population et pendant une période donnée.

mort-né, mort-née adj. ▪ **1** Mort(e) en venant au monde. *Jumelles mort-nées.* **2** (choses) Qui échoue dès le début.

mortuaire adj. ▪ Relatif aux morts, aux cérémonies en leur honneur. → **funèbre.**

mort-vivant, morte-vivante n. ▪ **1** Personne morte qui se manifeste parmi les vivants (récits fantastiques...). → **vampire.** ♦ spécialt → **zombie.** **2** Personne qui a perdu goût à la vie, a l'aspect d'un mort.

morue n. f. ▪ **1** Grand poisson des mers froides. *Morue fraîche* (cabillaud), *séchée* (merluche). **2** injurieux Prostituée.

morula n. f. ▪ embryol. Premier stade de l'embryon (masse ronde).

morutier n. m. ▪ Homme, bateau faisant la pêche à la morue.

morve n. f. ▪ **1** vétér. Grave maladie contagieuse des chevaux. **2** cour. Liquide visqueux qui s'écoule du nez.

morveux, euse ▪ **1** adj. Qui a de la morve (2) au nez. **2** n. fam. (injure) Gamin.

① **mosaïque** n. f. ▪ **1** Assemblage décoratif (figures et couleurs) de petites pièces rapportées (pierre, marbre). ♦ Art des mosaïques. **2** fig. Ensemble d'éléments divers juxtaposés. **3** bot. Maladie des plantes.

② **mosaïque** adj. ▪ De Moïse. *La loi mosaïque.*

mosaïsme n. m. ▪ relig. Ensemble des doctrines et institutions religieuses que les Juifs reçurent de Moïse.

mosaïste n. ▪ Artiste en mosaïques.

mosquée n. f. ▪ Sanctuaire consacré au culte musulman.

mot n. m. ▪ **1** Groupe de sons (de lettres) correspondant à un sens isolable, dans le langage ; (par écrit) suite ininterrompue de lettres. ➛ loc. *Les grands mots,* les mots emphatiques. *Gros mot :* mot grossier. ➛ *Mot pour mot,* textuellement. *Mot à mot,* littéralement. ♦ *Mot de passe*.* **2** Élément du lexique, en tant que signe (opposé à la pensée, à la réalité...). **3** dans des loc. Phrase, parole. *En un mot :* en une courte phrase. *Avoir le dernier mot,* ne plus avoir de contradicteur. **4** Court message. **5** Parole, énoncé, phrase exprimant une pensée de façon concise et frappante. *Mot d'auteur.* ➛ loc. *Le mot de la fin,* l'expression qui résume la situation. *Bon mot, mot d'esprit,* parole drôle et spirituelle. *Avoir le mot pour rire.*

motard, arde n. ▪ Motocycliste.

mot-dièse n. m. ▪ Recomm. off. pour l'anglic. *hashtag. Des mots-dièse.*

motel n. m. ▪ Hôtel pour automobilistes.

motet n. m. ▪ Chant d'église à plusieurs voix.

moteur, trice ▪ **I 1** n. m. didact. Personne qui incite à agir ; instigateur. ♦ (choses) Cause agissante. **2** adj. Qui donne le mouvement. *Muscle moteur.* **II** n. m. **1** Appareil servant à transformer une énergie en énergie mécanique. *Moteur à combustion interne* (dit *moteur à explosion*). *Moteur électrique.* **2** Moteur à explosion. *Un moteur de 750 cm³ (de cylindrée).* ➛ *BLOC-MOTEUR :* moteur et organes annexes. **3** inform. *Moteur de recherche :* logiciel permettant de chercher des informations sur Internet.

moteur-fusée n. m. ▪ aéron. Propulseur à réaction emportant le combustible et le comburant nécessaires à son fonctionnement. *Des moteurs-fusées.*

motif n. m. ▪ **1** Mobile d'ordre intellectuel, raison d'agir. ♦ loc. fam. *Pour le bon motif,* en vue du mariage. **2** Sujet d'une peinture. **3** Ornement décoratif répété.

motilité n. f. ▪ didact. Faculté du mouvement.

motion n. f. ▪ Proposition faite dans une assemblée délibérante par un de ses membres. ➛ (en France) *Motion de censure* (du gouvernement par l'Assemblée).

motivant, ante adj. ▪ Qui motive. *Salaire motivant.*

motivation n. f. ▪ **1** Ce qui motive un acte. **2** Ce qui pousse à agir.

motiver v. tr. [1] ▪ **1** Justifier par des motifs. **2** (choses) Être, fournir le motif de (qqch.). **3** Créer chez (qqn) des motifs d'action. *C'est l'ambition qui le motive.* ▷ adj. **motivé, ée** (sens 1 et 2). ♦ (personnes) Qui a des motivations pour faire qqch. *Elle est très motivée dans son travail.*

moto n. f. ▪ Véhicule à deux roues, à moteur de plus de 125 cm³ (motocyclette).

moto- Élément tiré de *moteur.*

moto-cross n. m. invar. ▪ Course de motos sur parcours accidenté. → **cross** (2).

motocrotte ou **moto-crotte** n. f. ▪ fam. Moto équipée d'un dispositif pour aspirer les excréments des chiens dans les rues. → **caninette.**

motoculteur n. m. ▪ Petit engin de jardinage motorisé, à deux roues.

motocycle n. m. ▪ admin. Véhicule automobile à deux roues (motocyclette, scooter, etc.). *Cycles et motocycles.*

motocyclette n. f. ▪ vieilli Moto.

motocycliste n. ▪ Personne qui conduit une motocyclette. → **motard.**

motomarine n. f. ▪ (Canada) Petit engin à moteur, pour se déplacer sur l'eau.

motonautisme n. m. ▪ sport Navigation sur petits bateaux à moteur. ► **motonautique** adj.

motoneige n. f. ▪ (Canada) Petit véhicule pour se déplacer sur la neige.

motopompe n. f. ▪ Pompe entraînée par un moteur.

motor-home n. m. ▪ anglic. Véhicule automobile aménagé pour y vivre. → **camping-car.** *Des motor-homes.* – recomm. off. *autocaravane.*

motoriser v. tr. [1] ▪ Munir de véhicules à moteur, de moteurs. ▷ adj. **motorisé, ée** *Troupes motorisées.* ► **motorisation** n. f.

motoriste n. ▪ techn. Spécialiste, constructeur de moteurs.

motrice n. f. ▪ Voiture à moteur qui en entraîne d'autres.

motricité n. f. ▪ physiol. Fonctions qui assurent les mouvements.

mots croisés n. m. pl. ▪ Mots qui se recoupent sur une grille. ➛ Exercice consistant à reconstituer cette grille, en s'aidant de courtes suggestions **(→ cruciverbiste).**

motte n. f. ▪ **1** Morceau de terre compacte. **2** *Motte de beurre,* masse de beurre.

se **motter** v. pron. [1] ▪ (animaux) Se cacher, se blottir derrière les mottes.

motteux n. m. ▪ Oiseau passereau, variété de traquet.

motus [-ys] interj. ▪ Demande de silence. *Motus et bouche cousue !*

mot-valise n. m. ▪ Mot composé de morceaux non signifiants de deux ou plusieurs mots (ex. *courriel,* de *courrier électronique*).

① **mou** ou **mol** devant voyelle ou *h* muet, **molle** ▪ **I** adj. **1** Qui cède facilement à la pression, au toucher (s'oppose à *dur*). **2** Qui plie, se déforme facilement (s'oppose à *rigide*). → **souple. 3** (personnes) Qui manque d'énergie, de vitalité (s'oppose à *actif, énergique*). ➛ Faible. *Il est trop mou avec ses enfants.* **4** (style, exécution d'une œuvre) Qui manque de fermeté. **II** adv. fam. Doucement, sans violence. *Vas-y mou.* **III** n. m. **1** fam. Homme faible. **2** (corde, fil) *Avoir du mou,* n'être pas assez tendu. **3** Poumon des animaux de boucherie (abats). *Mou de veau.* **4** loc. fam. *Bourrer le mou* (la cervelle) *à qqn,* lui mentir.

② **mou** n. m. ▪ **1** Poumon des animaux de boucherie (abats). *Mou de veau.* **2** loc. fam. *Bourrer le mou à qqn,* lui en faire accroire, lui mentir.

mouais interj. ▪ fam. Exprime un accord réservé. → **bof.**

moucharabieh [-bje] n. m. ▪ Balcon en saillie muni d'un grillage.

mouchard, arde n. ▪ **1** fam. Indicateur de police. **2** fam. Délateur. **3** n. m. Appareil de contrôle.

moucharder v. [1] ▪ fam. **1** v. tr. Dénoncer. **2** v. intr. Faire le mouchard. ► **mouchardage** n. m.

mouche n. f. ▪ **I 1** Insecte ailé (diptère), aux formes ramassées. *Mouche tsé-tsé**. ♦ loc. *Pattes de mouche(s),* écriture très petite. ➛ fam. *Mourir, tomber comme des mouches,* en masse. ➛ *Faire la mouche du coche,* s'agiter sans résultat pour autrui. ➛ *Prendre la mouche :* s'emporter. *Quelle mouche le (la) pique ?,* pourquoi se fâche-t-il (elle) soudain ? ➛ *Gober** *les mouches.* ♦ Mouche artificielle (pour pêcher). **2** loc. *Fine mouche :* personne habile et rusée. **3** appos. *Bateau**-*mouche.* ♦ (invar.) *Poids mouche,* catégorie de boxeurs (48-51 kilos). **II 1** Petit morceau de taffetas noir que les femmes mettaient sur la peau. **2** *FAIRE MOUCHE :* toucher le centre de la cible. **3** Touffe de poils sous la lèvre inférieure.

moucher v. tr. [1] ▪ **I 1** Débarrasser (le nez) de ses mucosités en soufflant. **2** Rejeter par le nez. *Moucher du sang.* **3** pronom. Moucher son nez. ➛ loc. *Ne pas se moucher du coude :* se prendre pour quelqu'un d'important. **II** fam. Réprimander (qqn) durement.

moucheron n. m. ▪ **1** Insecte volant de petite taille. **2** fig., fam. Petit garçon.

moucheter v. tr. [4] ▪ Parsemer de petites marques. ➛ au p. p. *Laine mouchetée.* → **chiné.**

mouchetis n. m. ▪ techn. Crépi fait au balai et présentant de petites saillies.

moucheture n. f. ▪ Petite marque, tache.

mouchoir n. m. ▪ **1** Morceau de linge, de papier qui sert à se moucher. **2** *Mouchoir (de cou, de tête).* → **fichu, foulard.**

mouclade n. f. ▪ région. Moules cuites au vin blanc, à la crème (plat charentais).

moudjahid [-aid] n. m. ▪ Combattant d'une armée islamique. *Des moudjahidin(e).*

moudre v. tr. [47] ▪ Broyer (des grains) avec une meule **(→ moulin).**

moue n. f. ▪ Grimace faite en avançant, en resserrant les lèvres. *Une moue boudeuse.*

mouette n. f. ▪ Oiseau de mer, palmipède.

moufeter → **moufter**

mouffette n. f. ▪ Petit mammifère carnivore d'Amérique qui, comme le putois, projette en cas de danger un liquide malodorant.

moufle ▪ **I** n. f. Gant fourré sans séparation pour les doigts sauf pour le pouce. **II** n. m. ou f. techn. Assemblage de poulies.

mouflet, ette n. ▪ fam. Petit enfant.

mouflon n. m. ▪ Mammifère ruminant ongulé, proche du bouquetin.

moufter ou **moufeter** v. intr. [1] surtout inf. et temps composés ▪ fam. Broncher, protester.

mouillage n. m. ▪ **I** mar. **1** Action de mettre à l'eau. **2** (navire) Emplacement pour mouiller (3). **II** Action de mouiller. ➛ Addition d'eau.

mouiller v. tr. [1] ▪ **1** Imbiber, mettre en contact avec un liquide. ➛ loc. *Mouiller sa chemise* (de sueur) : travailler dur. **2** Étendre d'eau (un liquide). **3** mar. Mettre à l'eau. *Mouiller l'ancre ; des mines.* ➛ absolt Jeter l'ancre, s'arrêter (navire). **4** *Mouiller une consonne,* l'articuler en rapprochant la langue du palais. **5** impers. région. *Il, ça mouille :* il pleut. *«Il pleut, il mouille, c'est la fête à la grenouille»* (comptine). ▹ v. pron. se **mouiller 1** S'imbiber d'eau ; entrer dans l'eau. **2** fam. Se compromettre.

mouillette n. f. ■ Petit morceau de pain long et mince qu'on trempe.

mouilleur n. m. ■ **1** Appareil employé pour mouiller. **2** *Mouilleur de mines* (navire).

mouillure n. f. ■ **1** Action de mouiller. ➝ État de ce qui est mouillé. **2** Trace d'humidité.

mouise n. f. ■ fam. Misère, pauvreté.

moujik n. m. ■ Paysan russe.

moujingue n. m. ■ fam. Enfant. → **mouflet.**

moukère n. f. ■ fam. et sexiste Femme.

moulage n. m. ■ **1** Action de mouler. **2** Objet, ouvrage obtenu au moyen d'un moule. → **empreinte.**

moulant, ante adj. ■ Qui moule (3) le corps. → **collant.**

① **moule** n. f. ■ **1** Mollusque comestible, aux valves oblongues d'un bleu ardoise (→ **mytiliculture). 2** fam. Personne molle.

② **moule** n. m. ■ **1** Corps creux dans lequel on verse une substance liquide ou pâteuse qui, solidifiée, conserve la forme. ➝ spécialt *Moule à tarte, à gaufre.* **2** Objet plein sur lequel on applique une substance souple pour qu'elle en prenne la forme. ➝ loc. *Le moule est cassé,* c'est unique. **3** fig. Forme imposée de l'extérieur (à une œuvre...).

mouler v. tr. [1] ■ **1** Obtenir (un objet) grâce à un moule (②, 1) creux. ♦ au p. p. *Ornements moulés en plâtre.* ➝ *Pain moulé.* **2** Reproduire (un objet, un modèle plein) avec un moule (2) plein. ♦ (sujet chose) Épouser étroitement les contours de. *Robe qui moule les formes.* **3** *Mouler une lettre, un mot,* l'écrire selon un modèle.

moulière n. f. ■ Lieu situé au bord de la mer, dans lequel on pêche ou on élève des moules.

moulin n. m. ■ **1** Machine pour moudre le grain des céréales ; bâtiment qui abrite ces machines. *Moulin à eau, à vent.* ➝ loc. *Se battre contre des moulins à vent,* des ennemis imaginaires (comme don Quichotte). ➝ *Apporter de l'eau au moulin de qqn,* lui donner des arguments. ➝ *Entrer comme dans un moulin,* comme on veut. **2** Installation, appareil pour broyer, écraser, moudre. *Moulin à café.* ➝ loc. fig. *Moulin à paroles :* personne trop bavarde. **3** (religion bouddhiste) *Moulin à prières :* cylindre que l'on fait tourner en répétant une formule sacrée. **4** fam. Moteur.

mouliner v. tr. [1] ■ fam. Écraser, passer au moulin à légumes.

moulinet n. m. ■ **I** Objet ou appareil qui fonctionne par rotation. *Le moulinet d'une canne à pêche.* **II** Mouvement de rotation rapide (avec un bâton, une épée, les bras) pour écarter l'adversaire.

moulinette n. f. (nom déposé) ■ Moulin à légumes, à viande.

mouloud [-ud] n. m. ■ Fête musulmane commémorant la naissance du Prophète.

moult [mult] adv. ■ vx ou plais. Beaucoup.

moulu, ue adj. ■ **1** Réduit en poudre. *Café moulu.* **2** fig. Brisé (de fatigue).

moulure n. f. ■ Ornement allongé à profil constant (saillant ou creux). → **modénature.** ► **moulurer** v. tr. [1]

moumoute n. f. ■ fam. **1** Cheveux postiches, perruque. **2** Veste en peau de mouton.

mourant, ante adj. ■ **1** Qui se meurt ; qui va mourir. ➝ n. *Les dernières volontés d'un mourant.* **2** fig. *Regard mourant.*

mourir v. intr. [19] ■ **1** Cesser de vivre, d'exister. → **décéder,** s'**éteindre, expirer, périr, succomber, trépasser.** ♦ Vivre les derniers moments de sa vie. **2** (végétaux) Cesser de vivre (plantes annuelles) ; perdre sa partie aérienne (plantes vivaces). **3** fig. Souffrir, dépérir. ➝ *S'ennuyer à mourir.* ♦ *Mourir de peur.* ➝ *Mourir de faim.* **4** (sujet chose) Cesser progressivement d'être. *Civilisation qui meurt.* → **disparaître.** ▷ v. pron. se **mourir** littér. Être sur le point de mourir.

mouroir n. m. ■ péj. Lieu où l'on dispense un minimum de soins à des personnes en fin de vie.

mouron n. m. ■ **1** Plante à fleurs rouges, bleues ou blanches. **2** loc. fam. *Se faire du mouron,* du souci.

mousmé n. f. ■ vieilli Jeune Japonaise.

mousquet n. m. ■ Ancienne arme à feu.

mousquetaire n. m. ■ hist. Cavalier armé d'un mousquet (troupes de la maison du roi). *Les trois mousquetaires.*

mousqueton n. m. ■ **1** Fusil à canon court. **2** Boucle métallique.

moussaillon n. m. ■ fam. Petit mousse.

moussaka n. f. ■ Plat originaire des Balkans, composé d'aubergines et d'un hachis de viande gratinés.

moussant, ante adj. ■ Qui mousse. *Bain moussant.*

① **mousse** n. f. ■ **I** Plante rase et douce, sans fleurs, formant tapis. **II 1** Bulles à la surface d'un liquide. *Mousse de bière.* ➝ fam. *Une mousse :* une bière. ♦ Produit moussant. **2** Entremets ou dessert à base de blancs d'œufs. *Mousse au chocolat.* ♦ Pâté léger et mousseux. **3** Matière spongieuse. ➝ appos. *Caoutchouc mousse.* ♦ *Mousse de nylon :* nylon épais et très extensible. ➝ ellipt *Des bas mousse.* ♦ *Point mousse* (au tricot).

② **mousse** adj. ■ vx ou techn. Qui n'est pas aigu ou tranchant. → **émoussé.**

③ **mousse** n. m. ■ Jeune apprenti marin sur un navire de commerce.

mousseline n. f. ▪ **1** Tissu fin, souple et transparent (coton, soie...). **2** appos. *Pommes mousseline* : purée de pommes de terre fouettée. ➝ *Sauce mousseline* : sauce hollandaise à la crème.

mousser v. intr. [1] ▪ **1** Produire de la mousse (①, II, 1). **2** fam., fig. *FAIRE MOUSSER* : mettre exagérément en valeur.

mousseron n. m. ▪ Champignon comestible à chapeau et à lamelles.

mousseux, euse adj. ▪ **1** Qui produit de la mousse. *Vins mousseux.* → **pétillant.** ➝ n. m. *Du mousseux* (≠ champagne). **2** fig. D'un aspect léger, vaporeux.

moussoir n. m. ▪ techn. Ustensile de cuisine en bois pour faire mousser, pour délayer. *Moussoir à chocolat.*

mousson n. f. ▪ **1** Vent tropical qui souffle alternativement pendant six mois de la mer vers la terre (*mousson d'été*, humide) et de la terre vers la mer (*mousson d'hiver*, sèche). **2** Renversement de la mousson.

moussu, ue adj. ▪ Couvert de mousse (①, I).

moustache n. f. ▪ **1** Poils sur la lèvre supérieure de l'homme. **2** Longs poils tactiles à la lèvre supérieure (carnivores, rongeurs).

moustachu, ue adj. ▪ Qui a de la moustache. ➝ n. m. *Un moustachu.*

moustérien, ienne adj. ▪ De la période préhistorique du paléolithique moyen (homme de Neandertal). → **néandertalien.** ➝ n. m. *Le moustérien.*

moustiquaire n. f. ▪ **1** Rideau très fin dont on entoure un lit. **2** Toile métallique pour empêcher les insectes d'entrer.

moustique n. m. ▪ **1** Insecte diptère dont la femelle pique la peau pour aspirer le sang. **2** fig., fam. Enfant, personne minuscule.

moût n. m. ▪ **1** Jus de raisin avant la fermentation alcoolique. **2** Suc végétal préparé pour la fermentation alcoolique.

moutard n. m. ▪ fam. Petit garçon. ➝ au plur. Enfants. → **môme.**

moutarde n. f. ▪ **1** Plante crucifère à fleurs jaunes, cultivée pour ses graines (cuisine, pharmacie). **2** Condiment préparé avec des graines de moutarde, du vinaigre. ➝ loc. fig., fam. *La moutarde lui monte au nez*, la colère le gagne. **3** appos. invar. De couleur jaune verdâtre.

moutardier n. m. ▪ Récipient à moutarde (2).

moutier n. m. ▪ vx (ou dans des noms de lieux) Monastère. *Saint-Pierre-le-Moutier.*

mouton n. m. ▪ **I 1** Mammifère ruminant domestiqué, à toison laineuse et frisée. ♦ (opposé à *bélier, brebis, agneau*) Bélier châtré. ➝ loc. fig. *Revenons à nos moutons*, à notre sujet. *Des moutons de Panurge* : des personnes moutonnières. **2** Fourrure de mouton. ➝ Peau de mouton. → **basane. 3** Chair, viande de mouton et d'agneau. **II** fig. **1** Personne qui se laisse mener passivement. **2** Compagnon de cellule chargé de rapporter. → **mouchard. 3** (souvent au plur.) Petite vague surmontée d'écume. ➝ Petit nuage blanc. ➝ Flocon de poussière. **III** techn. Lourde masse servant à enfoncer.

moutonner v. intr. [1] ▪ **1** Se couvrir de moutons (II, 3). → **écumer. 2** Avoir des formes douces, ondulantes. ▷ adj. **moutonné, ée** *Ciel moutonné.* ▶ **moutonnement** n. m.

moutonnier, ière adj. ▪ Qui suit, imite les autres sans discernement.

mouture n. f. ▪ **1** Réduction en farine des grains de céréales. **2** fig. Reprise (d'un sujet) sous une forme différente.

mouvance n. f. ▪ Sphère d'influence. *État dans la mouvance d'une grande puissance.*

mouvant, ante adj. ▪ **1** Qui change sans cesse de place, de forme, d'aspect. **2** Qui n'est pas stable, qui s'écroule, s'enfonce. *Sables mouvants.*

mouvement n. m. ▪ **I** (opposé à *arrêt, immobilité*) **1** Changement de position dans l'espace ; « action par laquelle un corps passe d'un lieu à un autre » (Descartes). **2** Changement de position ou déplacement du corps, d'une partie du corps (→ **geste**). ➝ loc. *Faux mouvement* : mouvement mal adapté. ➝ *Mouvements de gymnastique.* ♦ *LE MOUVEMENT* : la motilité. ➝ *Se donner, prendre du mouvement*, de l'exercice. **3** Déplacement en masse. *Mouvements de population.* → **migration.** ➝ *Mouvements de troupes.* → **manœuvre. 4** *EN MOUVEMENT* : qui se déplace, bouge (opposé à *au repos*). **II 1** (récit, œuvre d'art) Ce qui traduit le mouvement, donne l'impression de la vie. → **action. 2** Degré de rapidité, en musique. → **rythme, tempo.** ➝ loc. fig. *Suivre le mouvement.* ♦ Partie d'une œuvre musicale d'un mouvement précis. *Les trois mouvements d'une sonate.* **3** Ligne, courbe. *Mouvement de terrain.* → **accident. III** Mécanisme créant un mouvement régulier. *Mouvement d'horlogerie.* **IV** fig. **1** Changement, modification. *Les mouvements de l'âme. Mouvements d'opinion.* ♦ loc. *Un bon mouvement* : une action généreuse. **2** Action collective (spontanée ou dirigée) tendant à produire un changement social. *Mouvement de grève.* ➝ Organisation qui mène cette action. *Mouvement syndical ; artistique.* **3** Changement quantitatif. → **variation.**

mouvementé, ée adj. ▪ Qui a du mouvement (II, 1), de l'action. ➝ Qui présente des péripéties. *Poursuite mouvementée.*

mouvoir v. tr. [27] rare sauf inf., prés. de l'indic. et participes ▪ **1** Mettre en mouvement. ➝ au p. p. *Machine mue par l'électricité.* **2** fig., littér. Mettre en action. → **animer.** ▷ v. pron. se **mouvoir** Être en mouvement. → **bouger.**

moviola n. f. ■ cinéma Visionneuse sonore en format réduit, utilisée pour le montage.

MOX [mɔks] n. m. (sigle) ■ Combustible formé d'uranium enrichi et de plutonium, utilisé dans l'industrie nucléaire.

① **moyen, enne** adj. ■ **I 1** Qui se trouve entre deux choses. *Le cours moyen d'un fleuve* (opposé à *supérieur* et à *inférieur*). ➤ *MOYEN TERME* : parti intermédiaire. → **milieu.** ➤ (dans le temps) Entre ancien et moderne. *Le moyen français* (XIVe-XVIe s.). **2** Qui tient le milieu entre deux extrêmes. *Poids moyen.* ➤ *Classes moyennes* : petite et moyenne bourgeoisies. **3** Du type le plus courant. → **courant, ordinaire. 4** Qui n'est ni bon, ni mauvais. → **médiocre** (1). *C'est assez moyen.* → **quelconque. II** Qui correspond à une moyenne. *Température moyenne.*

② **moyen** n. m. ■ **1** Ce qui sert pour arriver à un résultat, à une fin. → **méthode, procédé, recette.** *Le meilleur moyen.* ➤ *Trouver moyen de* : parvenir à. ➤ loc. *Employer les grands moyens.* ♦ *IL Y A MOYEN ; IL N'Y A PAS MOYEN DE* : il est possible, impossible de. *Pas moyen !*, rien à faire ! ♦ *AU MOYEN DE* : à l'aide de (qqch. de concret). → **avec, grâce** à. **2** au plur. Aptitudes, capacités (de qqn). → **faculté, force.** *Garder, perdre (tous) ses moyens.* **3** au plur. Ressources pécuniaires.

Moyen Âge [mwajɛnɑʒ] n. m. ■ Période (de l'histoire de l'Occident) entre l'Antiquité et les Temps modernes (V^e-XVe s.).

moyenâgeux, euse [-jɛn-] adj. ■ Qui évoque le Moyen Âge. → **médiéval.**

moyen-courrier n. m. ■ Avion de transport sur moyennes distances. *Des moyen-courriers.*

moyennant prép. ■ Au moyen de, à la condition de. *Moyennant récompense* (→ en échange de). ➤ loc. *Moyennant quoi* : en échange de quoi ; par suite de quoi.

moyenne n. f. ■ **1** *Moyenne (arithmétique)* : quotient de la somme de plusieurs nombres par leur nombre. *Moyenne et médiane**. ➤ *La moyenne* : la moitié des points qu'on peut obtenir. ➤ *EN MOYENNE* : en évaluant la moyenne. ♦ Vitesse moyenne. **2** Type, courant également éloigné des extrêmes.

moyennement adv. ■ D'une manière moyenne, ni peu ni beaucoup.

moyenner v. tr. [1] ■ **1** loc. fam. *Il n'y a pas moyen de moyenner* : c'est impossible. **2** Calculer la moyenne de. *Moyenner des résultats.*

moyette n. f. ■ Petite meule provisoire qu'on dresse dans un champ.

moyeu n. m. ■ Partie centrale d'une roue, que traverse l'essieu.

mozarabe ■ n. et adj. hist. Espagnol chrétien arabisé. ➤ *Art mozarabe* (XIe-XIIe s.).

mozzarella [mɔdzaʀela ; -ɛlla] n. f. ■ Fromage italien de lait de bufflonne ou de vache, non fermenté.

MP3 n. m. (sigle) ■ Format de compression des fichiers audionumériques. ♦ Fichier de ce format.

MST [ɛmɛste] n. f. (sigle) ■ Maladie sexuellement transmissible. → **IST.**

Mt ■ Symbole chimique du meitnerium.

M. T. S. n. m. (sigle) ■ appos. *Système M. T. S.* (mètre, tonne, seconde), ancien système d'unités.

mu n. m. invar. ■ Lettre de l'alphabet grec (Μ, μ), correspondant au *m* français.

mû, mue ■ Participe passé du v. *mouvoir.*

mucilage n. m. ■ pharm. Substance végétale visqueuse. ► **mucilagineux, euse** adj.

mucine n. f. ■ biol. Substance semi-fluide qui se trouve dans le mucus.

mucolytique adj. ■ pharm. Qui fluidifie les sécrétions des voies respiratoires supérieures (bronches...).

mucor n. m. ■ bot. Champignon qui se développe sur les matières organiques humides.

mucosité n. f. ■ Amas de substance épaisse et filante (mucus) qui tapisse les muqueuses. → **glaire.**

mucoviscidose n. f. ■ méd. Maladie congénitale grave, causée par la viscosité excessive des sécrétions.

mucron n. m. ■ bot. Petite pointe raide qui termine certains organes végétaux.

mucus [-ys] n. m. ■ Substance visqueuse sécrétée par les glandes muqueuses.

mudéjar [mudexaʀ ; mydeʒaʀ] ■ **1** n. hist. Musulman d'Espagne devenu sujet des chrétiens après la reconquête. **2** adj. *Art mudéjar* : art chrétien influencé par l'art musulman dans l'Espagne reconquise (XIIe-XVIe s.).

mue n. f. ■ **1** Changement qui affecte la carapace, la peau, le plumage, le poil, etc. de certains animaux ; son époque. **2** Dépouille (d'un animal qui a mué). **3** Changement dans le timbre de la voix humaine au moment de la puberté (garçons).

muer v. [1] ■ **I** v. intr. Subir la mue (1 ou 3). **II** v. tr. littér. *(SE) MUER EN* : (se) transformer en.

muesli [mysli ; mɥɛsli] n. m. ■ Mélange de céréales, flocons d'avoine, fruits. – var. **musli.**

muet, ette adj. ■ **I 1** adj. et n. Privé de la parole. *Muet de naissance.* **2** Silencieux, incapable de parler. *Être, rester muet de stupeur.* ♦ *Rôle muet*, sans texte. **II 1** Qui ne s'exprime pas. *Douleur muette.* **2** Qui ne contient aucune précision. *Le règlement est muet sur ce point.* **3** Qui ne produit aucun son. *Clavier muet* (pour exercer son doigté). ♦ *Cinéma, film muet* (opposé à *parlant*). ➝ n. m. *Le muet.* **4** Qui ne se fait pas entendre dans la prononciation. *E, H muet.* **5** Sans inscription ou indication. *Carte muette.*

muette n. f. ▪ vx **1** Petite maison qui servait de logis aux chiens de meute. **2** Pavillon de chasse.

muezzin [mɥɛdzin] n. m. ▪ Fonctionnaire religieux musulman chargé d'appeler, du haut du minaret, les fidèles à la prière.

muffin [mœfin] n. m. ▪ Petit pain rond cuit dans un moule. ➝ (Canada) Petit gâteau rond.

mufle n. m. ▪ **I** Extrémité du museau (de mammifères). *Le mufle du bœuf.* **II** Individu mal élevé. → **malotru.** ▸ **muflerie** n. f.

muflier n. m. ▪ bot. Plante herbacée, à fleurs solitaires ou en grappes, rappelant la forme d'un mufle. → **gueule-de-loup.**

mufti n. m. ▪ Jurisconsulte, interprète du droit canonique musulman.

mug [mœg] n. m. ▪ anglic. Chope pour les boissons chaudes.

muge n. m. ▪ Poisson appelé aussi *mulet**.

mugir v. intr. [2] ▪ **1** (bovidés) Beugler, meugler. **2** fig. *Vagues qui mugissent.* ▸ **mugissement** n. m.

mugissant, ante adj. ▪ Qui mugit. *Un troupeau mugissant.*

muguet n. m. ▪ **I** Plante aux petites clochettes blanches en grappes. **II** méd. Inflammation des muqueuses.

muid n. m. ▪ **1** anciennt Mesure de capacité. **2** Futaille (d'un muid).

mulard, arde n. m. et adj. ▪ Hybride du canard commun et du canard musqué. ➝ adj. *Une cane mularde.*

mulassier, ière adj. ▪ **1** Qui a rapport au mulet, est composé de mulets. *Cheptel mulassier.* **2** Qui produit des mulets. *Jument mulassière.*

mulâtre n. et adj. ▪ (Personne) née de l'union d'un Blanc avec une Noire ou d'un Noir avec une Blanche. *Une mulâtre.*

mulâtresse n. f. ▪ vieilli Femme mulâtre.

① **mule** n. f. ▪ Pantoufle laissant le talon découvert. ➝ *La mule du pape.*

② **mule** n. f. ▪ Hybride femelle de l'âne et de la jument (ou du cheval et de l'ânesse). ➝ loc. fam. *Tête de mule* : personne entêtée.

mule-jenny n. f. ▪ techn. Métier automatique pour la filature du coton et de la laine. *Des mule-jennys.*

① **mulet** n. m. ▪ Hybride mâle de l'âne et de la jument *(grand mulet)* ou du cheval et de l'ânesse *(petit mulet)*, toujours infécond.

② **mulet** n. m. ▪ Poisson de mer à chair blanche et délicate.

muleta [muleta] n. f. ▪ Pièce d'étoffe rouge tendue sur un bâton dont le matador se sert pour provoquer et diriger le taureau.

muletier, ière ▪ **1** n. m. Conducteur de mulets, de mules. **2** adj. *Chemin muletier,* étroit et escarpé.

mulette n. f. ▪ Mollusque à épaisse coquille nacrée, appelé aussi *moule d'eau douce,* qui peut produire des perles.

mulon n. m. ▪ région. Tas de sel extrait d'un marais salant. → **meulon.**

mulot n. m. ▪ Petit mammifère rongeur, appelé aussi *rat des champs.*

mulsion n. f. ▪ didact. Action de traire un animal.

multi- Élément (du latin *multus*) qui signifie « qui a plusieurs, beaucoup de... ».

multicarte adj. ▪ Se dit d'un représentant qui travaille pour plusieurs entreprises.

multicellulaire adj. ▪ biol. Composé de nombreuses cellules. → **pluricellulaire.**

multicolore adj. ▪ Qui présente des couleurs variées.

multiconfessionnel, elle adj. ▪ Où coexistent plusieurs confessions religieuses.

multicoque n. m. ▪ Bateau comportant plusieurs coques (ex. catamaran).

multicouche adj. ▪ Formé de plusieurs couches.

multicritère ou **multicritères** adj. ▪ techn. Qui utilise plusieurs critères. *Recherche multicritères.*

multiculturalisme n. m. ▪ didact. Coexistence de plusieurs cultures dans un même pays. ▸ **multiculturaliste** adj.

multiculturel, elle adj. ▪ Qui relève de plusieurs cultures différentes. → **pluriculturel.** *Une société multiculturelle.*

multidimensionnel, elle adj. ▪ **1** math. Se dit d'un espace à plus de trois dimensions. **2** didact. Qui concerne plusieurs niveaux, plusieurs dimensions de l'expérience, du savoir. *Analyse multidimensionnelle.*

multidisciplinaire adj. ▪ Qui concerne plusieurs disciplines ou spécialités. → **pluridisciplinaire.**

multiethnique adj. ▪ Où coexistent plusieurs ethnies. → **multiracial, pluriethnique.**

multifonction ou **multifonctions** adj. ▪ (choses) Qui remplit plusieurs fonctions.

multiforme adj. ▪ Qui se présente sous des formes variées, des aspects nombreux.

multigrade adj. ▪ anglic. *Huile multigrade* : huile pour moteur utilisable à toutes températures.

multijoueur ou **multijoueurs** adj. ▪ Qualifie la fonction qui permet de jouer à plusieurs, sur un jeu vidéo. *Mode multijoueurs.*

multilatéral, ale, aux adj. ▪ Qui concerne plusieurs parties contractantes.

multilatéralisme n. m. ▪ didact. Attitude politique qui privilégie le règlement multilatéral des problèmes mondiaux (opposé à *unilatéralisme*).

multilingue adj. ▪ **1** Qui est en plusieurs langues. → **plurilingue. 2** Qui parle plusieurs langues. → **polyglotte. 3** Où l'on parle plusieurs langues.

multilinguisme [-gɥism] n. m. ▪ didact. État d'une communauté multilingue, où l'on parle plusieurs langues. → **plurilinguisme.**

multimédia ▪ **I** adj. Qui utilise plusieurs médias. **II** n. m. Technique de communication intégrant sur un même support des moyens audiovisuels et informatiques (→ **cyber-**). ♦ *Le multimédia* : l'ensemble des supports, activités et services multimédias.

multimètre n. m. ▪ techn. Appareil regroupant plusieurs instruments de mesure électrique.

multimilliardaire [-mil-] adj. et n. ▪ (Personne) plusieurs fois milliardaire.

multimillionnaire [-mil-] adj. et n. ▪ (Personne) qui a plusieurs millions.

multinational, ale, aux adj. ▪ **1** Qui concerne plusieurs pays. **2** Qui a des activités dans plusieurs pays. ◆ n. f. *Une multinationale* : une firme multinationale.

multinorme adj. et n. m. ▪ (Téléviseur) qui peut recevoir des émissions de normes différentes. → **multistandard.**

multipare adj. et n. f. ▪ didact. **1** (Femelle) qui met bas plusieurs petits. **2** (Femme) qui a déjà enfanté plusieurs fois. ► **multiparité** n. f.

multipartisme n. m. ▪ Système politique dans lequel il existe plus d'un parti. → **pluripartisme.** ► **multipartite** adj.

multiple adj. ▪ **1** (opposé à *simple*) Composé d'éléments de nature différente, ou qui se manifeste sous des formes différentes. **2** Constitué de plusieurs éléments analogues. *Prise* (électrique) *multiple.* **3** MULTIPLE DE : qui contient plusieurs fois exactement un nombre. ◆ n. m. *Tout multiple de deux est pair.* **4** (avec un nom au plur.) (opposé à *unique*) Qui se présentent sous des formes variées. ◆ *À de multiples reprises.* → **nombreux.**

multiplet n. m. ▪ **1** techn. Ensemble de raies voisines dans un spectre d'absorption ou d'émission. **2** inform. Ensemble de plusieurs bits.

multiplex [-ɛks] adj. ▪ techn. Qui permet d'établir plusieurs communications au moyen d'une seule transmission.

multiplexage n. m. ▪ techn. Regroupement, sur une voie unique, d'informations, de signaux issus de plusieurs voies.

multiplexe n. m. ▪ Ensemble comprenant plusieurs salles de cinéma (→ **multisalle**).

multiplexeur n. m. ▪ techn. Système qui permet d'effectuer un multiplexage.

multiplicande n. m. ▪ Premier facteur (d'une multiplication).

multiplicateur, trice adj. ▪ Qui multiplie, sert à multiplier. ◆ n. m. Second facteur (d'une multiplication).

multiplicatif, ive adj. ▪ Qui multiplie, marque la multiplication.

multiplication n. f. ▪ **1** Augmentation en nombre. **2** biol. → **reproduction.** *Multiplication végétative, asexuée.* **3** Opération donnant à partir de deux nombres *a* et *b* un troisième nombre (le produit) égal à la somme de *b* termes égaux à *a* (signe : ×).

multiplicité n. f. ▪ Caractère multiple. ◆ Grand nombre (de). → **abondance.**

multiplier v. tr. [7] ▪ **1** Augmenter le nombre, la quantité de. **2** Faire la multiplication de. ▷ v. pron. **se multiplier** S'accroître, proliférer.

multipoint ou **multipoints** adj. ▪ techn. (serrure) Qui comporte plusieurs pênes actionnés simultanément.

multiprise n. f. ▪ Bloc regroupant plusieurs prises électriques femelles.

multiprocesseur n. m. ▪ inform. Système informatique ayant plusieurs unités centrales de traitement.

multipropriété n. f. ▪ Régime de propriété collective répartie par périodes.

multiracial, iale, iaux adj. ▪ Dans lequel plusieurs groupes raciaux humains coexistent. → **multiethnique.**

multirécidiviste adj. et n. ▪ dr. (Personne) qui commet plusieurs récidives.

multirisque adj. ▪ (assurance) Qui couvre plusieurs risques.

multisalle [-s-] adj. et n. m. ▪ Qui comporte plusieurs salles de projection. *Cinéma, complexe multisalle.* ◆ n. m. → **multiplexe.**

multistandard adj. m. et n. m. ▪ (Téléviseur) qui peut recevoir des émissions de normes différentes. → **multinorme.**

multisupport [-s-]adj. ▪ **1** fin. *Contrat multisupport* : contrat d'assurance-vie composé de placements variés. **2** Se dit d'un contenu qui peut être exploité sur différents supports. *Édition multisupport* (papier, web, multimédia).

multitâche adj. ▪ inform. Se dit d'un système d'exploitation capable de faire fonctionner simultanément plusieurs applications.

multitraitement n. m. ■ inform. Mode d'exploitation d'un ordinateur dans lequel plusieurs tâches sont exécutées simultanément par plusieurs processeurs.

multitude n. f. ■ **1** Grande quantité (d'êtres, d'objets). *Une multitude de visiteurs entra* (ou *entrèrent*). **2** (sans compl.) Rassemblement en foule. ➝ littér. Le commun des hommes.

munichois, oise [-k-] adj. et n. ■ **1** De Munich. **2** n. hist. Partisan des accords de Munich.

municipal, ale, aux adj. ■ **1** Relatif à l'administration d'une commune. *Élections municipales.* **2** Qui appartient à la commune. *Piscine municipale.*

municipaliser v. tr. [1] ■ Soumettre au contrôle de la municipalité. *Municipaliser la police.* ► **municipalisation** n. f.

municipalité n. f. ■ **1** Corps municipal (en France, maire, adjoints, conseillers municipaux). **2** Circonscription ainsi administrée.

municipe n. m. ■ Antiq. Cité annexée par Rome et dont les habitants jouissaient des droits civils (et non politiques) de la citoyenneté romaine.

munificent, ente adj. ■ littér. Généreux avec somptuosité. ► **munificence** n. f.

munir v. tr. [2] ■ *MUNIR (qqn, qqch.) DE* : pourvoir, garnir de (ce qu'il faut). ▷ v. pron. **se munir** (de) → **prendre.** ➝ fig. *Se munir de patience.*

munition n. f. ■ **1** vx ou plais. Moyen de subsistance. → **provision.** **2** au plur. Explosifs et projectiles nécessaires pour les armes à feu, les bombardiers...

munster [mœ̃stɛʀ] n. m. ■ Fromage fermenté à pâte molle et à odeur forte. *Munster au cumin.*

muntjac [mœ̃tʒak] n. m. ■ Petit cervidé des forêts d'Asie du Sud-Est.

muon n. m. ■ phys. Particule élémentaire légère (lepton) de même charge, positive ou négative, que l'électron.

muqueuse n. f. ■ Membrane qui tapisse les cavités de l'organisme et qui est lubrifiée par la sécrétion de mucus.

muqueux, euse adj. ■ **1** Qui a le caractère du mucus. **2** Qui sécrète du mucus. *Glandes muqueuses.*

mur n. m. ■ **1** Ouvrage de maçonnerie qui sert à enclore, à séparer ou à supporter une poussée. *Murs et cloison. Un mur de briques.* ♦ loc. *Dans nos murs*, dans notre ville. *Raser les murs* (pour se cacher, se protéger). ➝ *Sauter, faire le mur* : sortir sans permission. ➝ *Mettre qqn au pied du mur*, l'acculer. **2** Face intérieure des murs, des cloisons. *Mettre un tableau au mur.* ➝ loc. *Entre quatre murs*, en restant dans une maison. **3** fig. Ce qui sépare, forme obstacle. *Un mur d'incompréhension.* **4** *LE MUR DU SON* : phénomènes, choc sonore lorsqu'un engin atteint la vitesse du son. **5** au football Ligne des joueurs placés entre le tireur et le but lors d'un coup franc*.

mûr, mûre adj. ■ **1** (fruit, graine) Qui a atteint son plein développement. **2** (abcès, furoncle) Qui est près de percer. **3** fig. *Le projet est mûr*, prêt à être réalisé. ➝ (personnes) Préparé, prêt à. **4** *L'âge mûr.* → **adulte.** ➝ *Esprit mûr* (→ **maturité**). ♦ loc. *Après mûre réflexion.* **5** fam. → **ivre, soûl.**

muraille n. f. ■ **1** Étendue de murs épais et assez élevés. ♦ Mur de fortification. → **rempart.** **2** fig. Surface verticale abrupte.

mural, ale, aux adj. ■ **1** Appliqué sur un mur, comme ornement. *Peinture murale.* **2** Fixé au mur et ne repose pas par terre. *Pendule murale.*

muralisme n. m. ■ arts Mouvement artistique mexicain, né vers 1920, caractérisé par la réalisation de peintures murales monumentales d'intention didactique. ► **muraliste** adj. et n.

mûre n. f. ■ **1** Fruit du mûrier. **2** Fruit noir de la ronce des haies, comestible.

mûrement adv. ■ Avec beaucoup de concentration et de temps.

murène n. f. ■ Poisson long et mince, sans écailles, à fortes dents et très vorace.

murer v. tr. [1] ■ **1** Entourer de murs. **2** Fermer, clore en maçonnerie. *Murer une porte.* **3** Enfermer (qqn) en bouchant les issues. → **emmurer.** ▷ v. pron. se **murer** S'enfermer, s'isoler. ➝ fig. *Se murer dans le silence.*

muret n. m. ■ Petit mur.

murex [-ɛks] n. m. ■ zool. Mollusque gastéropode à coquille hérissée d'épines (on en tirait la pourpre).

murge n. f. ■ fam. Ivresse. → **biture, cuite.**

se **murger** v. pron. [1] ■ fam. S'enivrer. → se **biturer,** se **cuiter.**

mûrier n. m. ■ Arbre dont le fruit est la mûre (1).

mûrir v. [2] ■ **I** v. tr. **1** Rendre mûr. **2** fig. Mener (une chose) à point. **3** Donner de la maturité d'esprit à (qqn). *Les épreuves l'ont mûri.* **II** v. intr. **1** Devenir mûr. *Les blés mûrissent.* **2** fig. (sujet chose) Atteindre son plein développement. **3** Acquérir de la maturité. ► **mûrissant, ante** adj.

mûrissement n. m. ■ Action de mûrir, de faire mûrir. *Le mûrissement des bananes.* → **mûrissage.** ➝ fig. *Le mûrissement d'un projet.*

mûrisserie n. f. ■ Lieu où on laisse mûrir certains fruits, notamment les bananes.

murmel n. m. ■ Fourrure de marmotte, dont l'aspect rappelle le vison.

murmure n. m. ▪ **I 1** Bruit sourd, léger et continu de voix humaines. **2** Commentaire, critique à mi-voix. ➝ loc. *Accepter sans hésitation ni murmure,* sans protester. **II** Bruit continu léger, doux. → **bruissement.**

murmurer v. [1] ▪ **I** v. intr. (personnes) **1** Faire entendre un murmure. **2** Émettre une plainte, une protestation sourde. **II** v. tr. Dire, prononcer à mi-voix.

mûron n. m. ▪ Fruit de la ronce, couramment appelé *mûre.*

musagète adj. ▪ didact. (Antiq.) Surnom d'Apollon «conducteur des Muses».

musaraigne n. f. ▪ Petit mammifère insectivore, de la taille d'une souris.

musarder v. intr. [1] ▪ Perdre son temps à des riens. ► **musardise** n. f.

musc n. m. ▪ **1** Substance brune très odorante, sécrétée par les glandes abdominales de mammifères. **2** Parfum à base de musc (→ **musqué).**

muscade ▪ **1** adj. f. et n. f. *(Noix) muscade :* graine du fruit d'un arbre exotique (le *muscadier*), épice. **2** n. f. Boule utilisée dans les tours de passe-passe. ➝ loc. *Passez muscade.*

muscadet n. m. ▪ Vin blanc sec de la région de Nantes.

muscadier n. m. ▪ Arbre des régions tropicales, à feuilles persistantes, qui produit la muscade.

muscadin n. m. ▪ vx Jeune fat d'une coquetterie ridicule.

muscardin n. m. ▪ Petit mammifère rongeur, variété de loir au pelage roux.

muscardine n. f. ▪ techn. Maladie mortelle des vers à soie, due à un champignon parasite.

muscari n. m. ▪ bot. Plante à fleurs bleues disposées en grappes.

muscarine n. f. ▪ chim. Alcaloïde toxique de certains champignons vénéneux qui provoque l'asphyxie.

muscat, ate adj. et n. m. ▪ **1** *(Raisin) muscat,* à odeur de musc. **2** *(Vin) muscat :* vin de liqueur, fait de raisins muscats.

muscle n. m. ▪ Structure organique formée de fibres contractiles assurant le mouvement (→ **my(o)-).** *Muscles striés, volontaires.*

musclé, ée adj. ▪ **1** Qui a des muscles bien visibles et puissants. **2** fig., fam. Qui utilise la force. *Une politique musclée.*

muscler v. tr. [1] ▪ Pourvoir de muscles développés, puissants.

musculaire adj. ▪ Relatif aux muscles.

musculation n. f. ▪ Développement des muscles par l'exercice.

musculature n. f. ▪ Ensemble et disposition des muscles.

musculeux, euse adj. ▪ (partie du corps) Aux muscles développés, forts.

musculosquelettique adj. ▪ méd. *Troubles musculosquelettiques* (abrév. *TMS*) : affections liées à une sollicitation excessive des articulations.

muse n. f. ▪ **1** (avec maj.) Chacune des neuf déesses mythologiques des arts libéraux. **2** littér. L'inspiration poétique. ➝ loc. *Taquiner la muse :* faire de la poésie. **3** Inspiratrice (d'un écrivain, d'un artiste).

muséal, ale, aux adj. ▪ didact. Du musée.

museau n. m. ▪ Partie antérieure de la face (mammifères, poissons).

musée n. m. ▪ **1** Établissement dans lequel sont rassemblées, classées et présentées des collections d'objets d'intérêt historique, technique, scientifique, artistique. ➝ spécialt Musée d'art. **2** Lieu rempli d'objets rares, précieux.

museler v. tr. [4] ▪ **1** Emprisonner le museau de (un animal). **2** fig. Empêcher de parler, de s'exprimer. → **bâillonner.** ► **musellement** n. m.

muselet n. m. ▪ Armature de fils métalliques qui maintient le bouchon des bouteilles de boissons alcoolisées gazeuses.

muselière n. f. ▪ Appareil pour museler.

muséographie n. f. ▪ didact. Technique de la conception des musées. ► **muséographe** n. ► **muséographique** adj.

muséologie n. f. ▪ didact. Science des musées d'art. ► **muséologique** adj.

muser v. intr. [1] ▪ littér. Perdre son temps à des bagatelles. → **musarder.**

muserolle n. f. ▪ techn. Pièce de la bride qui protège la partie antérieure de la tête du cheval.

musette n. f. ▪ **I 1** Cornemuse à soufflet. **2** n. m. BAL-MUSETTE : bal populaire où l'on danse, sur une musique (d'accordéon) (appelée *musette* n. m.). **II** Sac de toile, qui se porte souvent en bandoulière.

muséum [-ɔm] n. m. ▪ Musée consacré aux sciences naturelles.

musical, ale, aux adj. ▪ **1** De la musique. ♦ Où il y a de la musique. *Comédie musicale,* en partie chantée (spécialt film). **2** Qui a les caractères de la musique. *Phrase musicale.* → **harmonieux.** ► **musicalement** adv.

musicalité n. f. ▪ Qualité de ce qui est musical, harmonieux.

music-hall [-ol] n. m. ▪ anglic. Spectacle de variétés ; théâtre où il se produit. *Des music-halls.*

musicien, ienne n. ▪ **1** Personne qui connaît l'art de la musique ou qui est capable d'apprécier la musique. ➝ adj. *Elle est très musicienne.* **2** Professionnel qui compose, exécute, dirige de la musique (compositeur, interprète, chef d'orchestre...).

musico- Élément, du latin *musica* «musique».

musicologie n. f. ■ didact. Théorie, histoire de la musique. ► **musicologue** n. ► **musicologique** adj.

musicothérapie n. f. ■ psych. Traitement médical d'affections nerveuses, psychiques, par la musique.

musique n. f. ■ **I 1** Art de combiner des sons d'après des règles, d'organiser une durée avec des éléments sonores ; production de cet art (sons ou œuvres). ◆ fam. *Grande musique,* musique classique. *Musique baroque, romantique, moderne.* ◆ *Musique concrète,* à base de sons naturels et de bruits. *Musique de chambre,* écrite pour un petit nombre de musiciens. ◆ loc. *Dîner, travailler en musique,* en écoutant de la musique. **2** Œuvre musicale écrite. *Jouer sans musique.* → **partition. 3** *La musique d'un régiment,* les musiciens. → **clique, fanfare.** *Marcher musique en tête.* **4** loc. fam. *Connaître la musique,* savoir comment s'y prendre. **II** Sons, harmonie rappelant la musique. *La musique du vent ; d'un poème.*

musiquette n. f. ■ péj. Musique facile, sans valeur artistique.

musli → **muesli**

musoir n. m. ■ Pointe extrême, arrondie, d'une digue, d'une jetée ou d'un môle. ◆ Tête d'une écluse.

musqué, ée adj. ■ **1** Parfumé au musc. **2** (animaux) À odeur de musc. *Rat musqué.*

must [mœst] n. m. ■ anglic., fam. Ce qu'il faut savoir, faire, avoir... pour être à la mode. *Le must de la rentrée.*

mustang [-ɑ̃g] n. m. ■ Cheval à demi sauvage des prairies d'Amérique.

mustélidé n. m. ■ zool. Mammifère carnivore de petite taille, bas sur pattes, au corps étroit et allongé, à belle fourrure (ex. la belette, le blaireau, l'hermine).

musulman, ane ■ **1** adj. et n. Qui professe la religion de Mahomet, l'islam*. **2** adj. Propre à l'islam, à sa loi, à ses rites.

mutable adj. ■ sc. Qui est sujet au changement ; qui est apte à subir une mutation. *Gène mutable.* ► **mutabilité** n. f.

mutage n. m. ■ techn. Action de muter (un moût). *Mutage à l'alcool.* → **mistelle.**

mutagène adj. ■ biol. Capable de provoquer des mutations.

mutagenèse n. f. ■ biol. Production de mutation sous l'action d'agents physiques ou chimiques.

mutant, ante adj. ■ biol. **1** Qui présente, qui a subi une mutation (II). **2** adj. et n. (Être) qui résulte d'une mutation.

mutation n. f. ■ **I 1** Changement, évolution. **2** Affectation à un autre poste. **3** dr. Transmission d'un droit de propriété ou d'usufruit. **II** biol. Variation brusque d'un caractère héréditaire (propre à l'espèce ou à la lignée) par changement des gènes.

mutationnel, elle adj. ■ didact. Qui a rapport aux mutations. *Modifications mutationnelles.*

mutationnisme n. m. ■ biol. Théorie d'après laquelle l'évolution* se fait de manière discontinue, par mutations. ► **mutationniste** adj. et n.

mutatis mutandis [mytatismytɑ̃dis] loc. adv. ■ En écartant les différences pour rendre la comparaison possible.

muter v. [1] ■ **1** v. tr. Affecter (qqn) à un autre poste, à un autre emploi (→ **mutation** (I, 2)). **2** v. intr. Subir une mutation (II).

① **muter** v. tr. [1] ■ techn. Arrêter la fermentation alcoolique du (moût de raisin) par addition d'alcool ou d'anhydride sulfureux.

② **muter** v. tr. [1] ■ Affecter (qqn) à un autre poste, à un autre emploi. → **déplacer.** *Il a été muté en province.*

③ **muter** v. intr. [1] ■ biol. Subir une mutation (II). *Gène qui mute.*

mutilant, ante adj. ■ méd. Qui peut produire une mutilation.

mutilation n. f. ■ **1** Ablation ou détérioration (d'un membre, etc.). **2** Action de mutiler (2 et 3). *Mutilation de statues.*

mutiler v. tr. [1] ■ **1** Altérer (un être vivant) dans son intégrité. **2** Détériorer, endommager. **3** Altérer (un texte, un ouvrage littéraire) en retranchant une partie importante. → **tronquer.** ▷ adj. **mutilé, ée** *Blessés mutilés.* ◆ n. *Un mutilé de guerre.*

mutin, ine ■ **I** n. Personne qui se révolte avec violence. **II** adj. littér. D'humeur taquine.

mutiné, ée adj. et n. ■ Révolté par une mutinerie. *Des marins mutinés.* → **mutin.** ◆ n. *Les mutinés du Potemkine.*

se **mutiner** v. pron. [1] ■ Se dresser contre une autorité, avec violence.

mutinerie n. f. ■ Action de se mutiner ; son résultat. → **insurrection, révolte.**

mutique adj. ■ didact. Qui refuse de parler ; qui est dans l'incapacité physique de parler.

mutisme n. m. ■ Refus de parler.

mutité n. f. ■ Impossibilité de parler.

mutualiser v. tr. [1] ■ Répartir (un risque, des frais) solidairement parmi les membres d'un groupe. ◆ Mettre en commun. *Mutualiser les expériences.* → **partager.** ► **mutualisation** n. f.

mutualisme n. m. ■ Doctrine basée sur la mutualité. ► **mutualiste** adj. et n.

mutualité n. f. ■ Prévoyance volontaire par assurance réciproque.

mutuel, elle adj. ■ **1** Qui implique un rapport double et simultané, un échange. → **réciproque.** ► **mutuellement** adv. ♦ spécialt *Société d'assurance mutuelle.* **2** n. f. *Une mutuelle,* société de mutualité.

MW ■ Symbole du mégawatt.

Mx ■ Symbole du maxwell.

myalgie n. f. ■ méd. Douleur musculaire. ► **myalgique** adj.

myasthénie n. f. ■ méd. Fatigabilité musculaire excessive évoluant par poussées. ► **myasthénique** adj.

mycélium [-jɔm] n. m. ■ bot. Appareil végétatif filamenteux de nombreux champignons.

mycénien, ienne adj. et n. ■ De Mycènes.

myco-, -myce Éléments savants, du grec *mukês* «champignon».

mycobactérie n. f. ■ biol. Bactérie filamenteuse au mycélium rudimentaire (sans spores), pouvant être pathogène.

mycoderme n. m. ■ bot. Champignon unicellulaire proche des levures. ► **mycodermique** adj.

mycologie n. f. ■ didact. Étude des champignons. ► **mycologique** adj. ► **mycologue** n.

mycoplasme n. m. ■ biol. Bactérie dépourvue de paroi, responsable d'infections.

mycorhize n. f. ■ bot. Association symbiotique entre un champignon et les parties souterraines d'un végétal supérieur (ex. truffe et chêne). ► **mycorhizal, ale, aux** adj.

mycose n. f. ■ méd. Affection cutanée due à des champignons. ► **mycosique** adj.

mydriase n. f. ■ méd. Dilatation de la pupille (opposé à *myosis*). ► **mydriatique** adj.

mye [mi] n. f. ■ zool. Mollusque bivalve à très long siphon (une espèce est la clovisse).

myélencéphale n. m. ■ anat. Zone postérieure de l'encéphale qui comprend le bulbe rachidien. ► **myélencéphalique** adj.

myéline n. f. ■ anat. Substance lipidique et protidique qui forme la gaine de certaines fibres nerveuses. ► **myélinique** adj.

myélite n. f. ■ méd. Inflammation de la moelle épinière. *Myélite de la substance grise.* → **poliomyélite.**

myél(o)- Élément savant, du grec *muelos* «moelle».

myélocyte n. m. ■ physiol. Cellule de la moelle osseuse dont dérivent les leucocytes polynucléaires.

myélogramme n. m. ■ méd. Examen des éléments cellulaires de la moelle osseuse ; son résultat.

myélographie n. f. ■ méd. Radiographie de la moelle épinière.

myéloïde adj. ■ méd. Relatif à la moelle osseuse.

myélome n. m. ■ pathol. Tumeur, souvent cancéreuse, de la moelle osseuse.

myélopathie n. f. ■ pathol. Maladie de la moelle épinière ou osseuse.

mygale n. f. ■ Grande araignée velue.

my(o)- Élément, du grec *mus* «muscle».

myocarde n. m. ■ Muscle qui constitue la moyenne partie de la paroi du cœur. *Infarctus du myocarde.*

myocastor n. m. ■ zool. Ragondin. → **myopotame.**

myofibrille n. f. ■ anat. Fibrille contractile du cytoplasme des fibres musculaires.

myoglobine n. f. ■ physiol. Protéine du tissu musculaire qui en assure l'oxygénation.

myome [mjom] n. m. ■ pathol. Tumeur bénigne constituée de fibres musculaires. *Myome de l'utérus* (appelé improprement *fibrome*).

myopathie n. f. ■ méd. Maladie des muscles. ➝ spécialt Atrophie progressive des muscles. ► **myopathe** n. et adj.

myope adj. ■ **1** Qui ne voit distinctement que les objets rapprochés. ➝ n. *Un(e) myope.* **2** fig. Qui manque de largeur de vue. ► **myopie** n. f.

myopotame n. m. ■ Ragondin. → **myocastor.**

myosis [-is] n. m. ■ méd. Contraction de la pupille (opposé à *mydriase*).

myosite n. f. ■ pathol. Inflammation du tissu musculaire.

myosotis [-is] n. m. ■ Plante à petites fleurs bleues qui croît dans les lieux humides.

myria-, myrio- Éléments, du grec *murias* «dizaine de mille».

myriade n. f. ■ Quantité immense.

myriapode n. m. ■ zool. Arthropode à nombreuses pattes (→ **mille-pattes).**

myriophylle n. m. ■ bot. Herbe aquatique à feuilles en fines lanières, appelée *volant d'eau.*

myrméco- Élément savant, du grec *murmêx* «fourmi».

myrmidon n. m. ■ fam. et vieilli Petit homme chétif, insignifiant. → **nain.** - var. **mirmidon.**

myrobolan n. m. ■ Fruit séché d'arbres exotiques utilisé en tannerie et autrefois comme purgatif.

myroxyle n. m. ■ bot. Arbre d'Amérique du Sud dont le tronc fournit une résine odorante, appelée *baume de Tolu, baume du Pérou.* - syn. **myroxylon.**

myrrhe n. f. ■ Gomme résine aromatique fournie par le balsamier.

myrte n. m. ■ **1** Arbrisseau à petites fleurs blanches odorantes. **2** poét. Sa feuille.

myrtille n. f. ▪ Baie noire comestible. → **airelle.** ♦ Arbrisseau qui produit cette baie.

mystagogue n. m. ▪ didact. Initiateur aux mystères sacrés. ► **mystagogie** n. f. ► **mystagogique** adj.

① **mystère** n. m. ▪ **I 1** Antiq. Rite, culte religieux secret. *Les mystères d'Orphée.* **2** relig. chrét. Dogme révélé, inaccessible à la raison. *Le mystère de la Trinité.* **II 1** Ce qui est (ou est cru) inexplicable. *Le mystère de la vie.* **2** Ce qui est caché ou difficile à comprendre. → **énigme. 3** Précautions pour rendre incompréhensible, pour cacher. → **secret. III** (nom déposé) Dessert meringué et glacé.

② **mystère** n. m. ▪ littér. du Moyen Âge Pièce de théâtre religieux. - var. **mistère.**

mystérieux, euse adj. ▪ **1** Qui est incompréhensible ou évoque la présence de forces cachées. *Par un mystérieux hasard.* **2** Difficile à comprendre, à expliquer. **3** Caché, secret. **4** Qui cache, tient secret. *Un air mystérieux.* ► **mystérieusement** adv.

mysticète n. m. ▪ zool. Cétacé à fanons et à double évent (ex. la baleine, le rorqual ; s'oppose à *odontocète*).

mysticisme n. m. ▪ **1** Croyances et pratiques mystiques (1). **2** Croyance spiritualiste intuitive et sentimentale.

mystificateur, trice adj. ▪ Qui mystifie. *Intentions mystificatrices.* ← n. *Des mystificateurs.*

mystification n. f. ▪ **1** Acte ou propos destiné à mystifier. **2** Tromperie collective.

mystifier v. tr. [7] ▪ ≠ *(mythifier)* **1** Tromper (qqn) en abusant de sa crédulité et pour se moquer. → **abuser. 2** Tromper collectivement. ► **mystifiant, ante** adj.

mystique ▪ **I** adj. **1** Qui concerne l'union entre l'être humain et la divinité. *Extase mystique.* **2** (personnes) Prédisposé au mysticisme, à une foi intense et intuitive. ♦ n. *Les grands mystiques chrétiens, musulmans.* **3** Qui a un caractère exalté, intuitif. *Amour mystique.* **II** n. f. **1** Pratiques mystiques. **2** Croyance absolue (en une valeur suprême).

mythe n. m. ▪ **1** Récit imaginaire et symbolique qui met en scène des êtres (dieux, demi-dieux, héros, animaux, forces naturelles) représentant des énergies, des aspects de la condition humaine. *Les grands mythes grecs* (Orphée, Prométhée...). ♦ Représentation déformée ou amplifiée par la tradition. → **légende.** *Le mythe de Faust.* **2** Chose imaginaire. **3** Représentation idéalisée. *Le mythe du paradis perdu.* **4** Image symbolique. *Le mythe de la vitesse.*

mythifier v. tr. [7] ▪ didact. Instaurer en tant que mythe (≠ *mystifier*). ► **mythification** n. f.

mythique adj. ▪ **1** Du mythe. *Un héros mythique.* → **fabuleux, légendaire. 2** Imaginaire. *Un héritage mythique.* **3** Très célèbre. *Film mythique.*

mytho- Élément, du grec *muthos* «fable».

mythologie n. f. ▪ **1** Ensemble des mythes (1) et légendes (d'une civilisation, d'une religion) ; spécialt mythologie gréco-latine. **2** Science des mythes (1). ► **mythologique** adj. ► **mythologue** n.

mythomanie n. f. ▪ Tendance pathologique à la fabulation, à la simulation par le mensonge. ► **mythomane** adj. et n.

mytil(i)- Élément, du latin *mytilus*, du grec *mutilos* «coquillage, moule».

mytiliculture n. f. ▪ didact. Élevage des moules. ► **mytiliculteur, trice** n.

myx(o)- Élément (du grec *muxa* «morve») qui signifie «mucus».

myxœdème [-e-] n. m. ▪ méd. Troubles de l'insuffisance thyroïdienne (œdème, goitre). ► **myxœdémateux, euse** adj. et n.

myxomatose n. f. ▪ didact. Grave maladie infectieuse et contagieuse du lapin.

N

n [ɛn] n. m. ■ Quatorzième lettre, onzième consonne de l'alphabet.

N ■ Symbole chimique de l'azote.

na interj. ■ fam. Renforce une affirmation ou une négation. *C'est bien fait, na !*

Na ■ Symbole chimique du sodium.

naan [nan] n. m. ■ Galette indienne traditionnelle.

nabab [-ab] n. m. ■ **1** hist. (Inde musulmane) Grand dignitaire. **2** Personnage très riche.

nabi n. m. ■ arts Membre d'un groupe de peintres indépendants de la fin du XIXe s.

nable n. m. ■ mar. Trou de vidange d'une embarcation.

nabot, ote n. ■ péj. Nain.

nabuchodonosor [-kɔ-] n. m. ■ Grosse bouteille de champagne d'une contenance de vingt bouteilles ordinaires.

nacarat n. m. ■ littér. Couleur d'un rouge clair aux reflets nacrés.

nacelle n. f. ■ **1** poét. Petit bateau. **2** Panier fixé sous un aérostat, pour les passagers. **3** Dispositif suspendu permettant d'effectuer des travaux dans des lieux difficiles d'accès. **4** Partie d'un landau ou d'une poussette destinée à coucher ou asseoir le bébé.

nacho [natʃo] n. m. ■ au plur. Chips (pétales) de maïs, de forme triangulaire.

nacre n. f. ■ Substance irisée de l'intérieur de la coquille de certains mollusques.

nacrer v. tr. [1] ■ **1** Traiter (les fausses perles) de façon à leur donner l'aspect de la nacre. **2** littér. Iriser. ▷ adj. **nacré, ée**

nadir n. m. ■ didact. Point à la verticale de l'observateur, vers le bas (opposé à *zénith*).

nævus [nevys] n. m. ■ Tache naturelle (brune ou rose) sur la peau. → **grain** de beauté. *Des nævus* ou *des nævi.*

nage n. f. ■ **1** Action, manière de nager. → **natation. 2** *À LA NAGE* loc. adv. : en nageant. ♦ fig., cuis. Cuit au court-bouillon (crustacés...). **3** *Être EN NAGE*, en sueur.

nageoire n. f. ■ Organe membraneux, appareil propulseur des poissons, etc.

nager v. intr. [3] ■ **I** mar. Ramer. **II** cour. **1** (êtres vivants) Se mouvoir sur ou dans l'eau par des mouvements appropriés. ♦ trans. *Nager le crawl.* **2** Être immergé dans un liquide (trop) abondant. **3** fam. Être au large (dans ses vêtements). **4** fam. Être dans l'embarras. → **patauger.**

nageur, euse n. ■ Personne qui nage.

naguère adv. ■ littér. Il y a peu, récemment.

nahuatl n. m. ■ didact. Langue indienne d'Amérique centrale, qui était celle de l'Empire aztèque.

naïade n. f. ■ mythol. Nymphe des sources.

naïf, naïve adj. ■ **1** littér. Naturel, spontané. ♦ *ART NAÏF*, art populaire. **2** Confiant et simple par ignorance, par inexpérience. → **candide, ingénu. 3** D'une crédulité excessive, irraisonnée. ◆ n. *C'est un naïf.*

nain, naine ■ **I** n. **1** Personne d'une taille anormalement petite. ♦ Individu atteint de nanisme. **2** Personnage légendaire de taille minuscule (gnome, lutin). **II** adj. **1** (personnes) Qui est anormalement petit. ♦ Atteint de nanisme. **2** (plantes, animaux) *Rosier nain.* **3** *Étoile naine*, petite et de forte densité.

naissain n. m. ■ Larves des huîtres, des moules, des coquillages d'élevage.

naissance n. f. ■ **I 1** Commencement de la vie hors de l'organisme maternel. *Donner naissance à* : enfanter. ◆ *DE NAISSANCE* : congénital. **2** Mise au monde d'un enfant. **II** fig. **1** Commencement, apparition. *Prendre naissance* : commencer. *Donner naissance à* : créer, provoquer. **2** Endroit où commence qqch. *La naissance du cou.*

naissant, ante adj. ■ Qui commence à apparaître, à se développer. *Jour naissant.*

naître v. intr. [59] ■ **I 1** Venir au monde, sortir de l'organisme maternel. **2** littér. *NAÎTRE À* : s'éveiller à. *Naître à l'amour.* **II** fig. (choses) Commencer à exister. ◆ *Faire naître* : susciter (→ donner naissance à).

naïvement adv. ■ D'une manière naïve.

naïveté n. f. ▪ **1** vx Caractère naïf (1). **2** Simplicité, ingénuité. **3** Excès de crédulité.

naja n. m. ▪ zool. Cobra.

nana n. f. ▪ fam. Jeune fille, jeune femme.

nanan n. m. ▪ loc. fam. *C'est du nanan* : c'est très agréable, très facile.

nanar n. m. ▪ Marchandise sans valeur. ➛ Mauvais film. → **navet.**

nandou n. m. ▪ zool. Grand oiseau coureur. *Des nandous.*

nandrolone n. f. ▪ pharm. Stéroïde anabolisant (produit dopant).

nanifier v. tr. [7] ▪ techn. Empêcher (une plante) de grandir.

nanisme n. m. ▪ Anomalie caractérisée par une taille très inférieure à la moyenne (→ **nain).**

nankin n. m. ▪ Étoffe de coton unie, souvent jaune.

nano- Élément, du grec *nannos* «nain», utilisé pour former des mots désignant de petites entités (ex. *nanoréseau*), et comme préfixe pour diviser une unité par 1 milliard (ex. *nanoseconde*).

nanomètre n. m. ▪ Unité égale à un milliardième de mètre (symb. nm). ► **nanométrique** adj.

nanoréseau n. m. ▪ inform. Réseau destiné à l'interconnexion de micro-ordinateurs.

nanosciences n. f. pl. ▪ didact. Ensemble des sciences qui étudient les objets et structures de taille nanométrique.

nanoscope n. m. ▪ techn. Microscope permettant d'observer des objets de taille nanométrique.

nanoseconde [-s-] n. f. ▪ Unité de temps égale à un milliardième de seconde (10^{-9} seconde).

nanotechnologie [-tɛk-] n. f. ▪ Technologie qui s'intéresse aux objets à l'échelle moléculaire ou atomique.

nantir v. tr. [2] ▪ Mettre (qqn) en possession de qqch. ▷ adj. **nanti, ie** *Des gens bien nantis,* riches. ➛ n. péj. *Les nantis.*

nantissement n. m. ▪ Garantie que le débiteur remet à un créancier. → **gage.**

naos [naɔs] n. m. ▪ Partie intérieure d'un temple grec ou égyptien.

napalm [-alm] n. m. ▪ Essence solidifiée. *Bombe au napalm.*

napel n. m. ▪ Aconit d'une espèce très commune.

naphtalène n. m. ▪ Hydrocarbure ($C_{10}H_8$) extrait du goudron de houille.

naphtaline n. f. ▪ Produit antimite fait d'un dérivé du goudron de houille.

naphte n. m. ▪ Produit distillé du pétrole, utilisé comme combustible, etc.

napoléon n. m. ▪ Ancienne pièce d'or à l'effigie de Napoléon.

napoléonien, ienne adj. ▪ Qui a rapport à Napoléon Ier ou à Napoléon III.

napolitain, aine adj. et n. ▪ De Naples. ➛ n. *Les Napolitains.* ♦ n. m. *Le napolitain* (dialecte italien).

nappe n. f. ▪ **I** Linge pour couvrir la table du repas. **II** fig. Vaste couche (de fluide).

napper v. tr. [1] ▪ Recouvrir (un mets) d'une couche de sauce, etc. ► **nappage** n. m.

napperon n. m. ▪ Petit linge décoratif.

narcisse n. m. ▪ Plante bulbeuse à fleurs très odorantes. → **jonquille.**

narcissisme n. m. ▪ Admiration de soi-même. ► **narcissique** adj.

narco- Élément (du grec *narkê* «torpeur») qui signifie «narcotique».

narcodollars n. m. pl. ▪ Profits tirés du trafic de la drogue.

narcolepsie n. f. ▪ méd. Accès pathologiques de sommeil. ► **narcoleptique** adj.

narcose n. f. ▪ méd. Sommeil artificiel.

narcothérapie n. f. ▪ Traitement (d'une affection mentale...) par un sommeil artificiel prolongé.

narcotique ▪ **1** adj. Qui assoupit, engourdit la sensibilité. **2** n. m. Médicament qui endort.

narcotrafic n. m. ▪ Trafic de stupéfiants.

narcotrafiquant, ante n. ▪ Gros trafiquant de drogue.

nard n. m. ▪ Plante aromatique originaire de l'Inde.

narguer v. tr. [1] ▪ Braver avec mépris.

narguilé ou **narghilé** n. m. ▪ Pipe orientale, à long tuyau souple communiquant avec un flacon d'eau aromatisée.

narine n. f. ▪ Chacun des deux orifices extérieurs du nez. ♦ → **naseau.**

narquois, oise adj. ▪ Moqueur et malicieux. → **ironique.** ► **narquoisement** adv.

narrateur, trice n. ▪ Personne qui raconte (certains événements). → **conteur.** ♦ Dans un récit, personnage qui s'exprime à la première personne.

narratif, ive adj. ▪ Composé de récits ; propre à la narration. ► **narrativité** n. f. didact.

narration n. f. ▪ **1** Récit écrit et détaillé d'une suite de faits. **2** Rédaction scolaire.

narrer v. tr. [1] ▪ littér. Raconter. → **relater.**

narthex [-ɛks] n. m. ▪ archit. Vestibule d'une église.

narval, als n. m. ▪ Grand cétacé dont le mâle possède une longue défense.

nasal, ale, aux adj. ■ **1** Du nez. *Fosses nasales.* **2** Dont la prononciation comporte une résonance de la cavité nasale.

nasaliser v. tr. [1] ■ didact. Rendre nasal (un son, une prononciation). ► **nasalisation** n. f.

nasard n. m. ■ Jeu de mutation de l'orgue, à son flûté.

nasarde n. f. ■ vx Chiquenaude sur le nez.

① **nase** ou **naze** adj. ■ fam. Abîmé ; fatigué.

② **nase** ou **naze** n. m. ■ fam. Nez.

naseau n. m. ■ Narine (de certains grands mammifères : cheval, etc.).

nashi n. m. ■ Fruit originaire de Chine, en forme de poire.

nasillard, arde adj. ■ Qui nasille.

nasiller v. intr. [1] ■ Parler du nez. ♦ Faire un bruit nasal. ► **nasillement** n. m.

nasique n. m. ■ Grand singe au nez proéminent.

nasonnement n. m. ■ phonét. Trouble de la phonation caractérisé par une résonance nasale excessive.

nasse n. f. ■ Panier de pêche à goulet.

natal, ale, als adj. ■ **1** Où l'on est né. *Maison natale.* **2** Relatif à la naissance.

nataliste adj. et n. ■ Qui cherche à favoriser la natalité. ♦ Partisan du développement de la natalité. ➛ n. *Les natalistes.*

natalité n. f. ■ Rapport entre le nombre des naissances et le chiffre de la population.

natation n. f. ■ Exercice, sport de la nage.

natatoire adj. ■ didact. Qui sert à la nage. ➛ *Vessie* natatoire.*

natif, ive adj. ■ **1** *NATIF DE* (tel lieu) : qui est né à. ➛ n. *Les natifs d'Alsace.* **2** Qu'on a de naissance. → **inné.** **3** *Métal natif,* qui se trouve naturellement à l'état pur.

nation n. f. ■ **1** Groupe humain assez vaste, qui se caractérise par la conscience de son unité et la volonté de vivre en commun. → **peuple.** **2** Communauté politique établie sur un territoire. → **État, pays.**

national, ale, aux adj. ■ **1** Qui appartient à une nation. **2** Qui intéresse la nation entière, l'État (opposé à *local, régional, privé*). ➛ *Route nationale* (abrév. *R. N.*) ou n. f. *une nationale.* **3** Qui est issu de la nation, la représente. **4** n. m. Personne de telle nationalité.

nationalisable adj. ■ Qui peut être nationalisé.

nationalisation n. f. ■ Transfert à la collectivité nationale de la propriété de moyens de production (s'oppose à *privatisation*).

nationaliser v. tr. [1] ■ Opérer la nationalisation de (une entreprise privée). ▷ adj. **nationalisé, ée**

nationalisme n. m. ■ Exaltation du sentiment national ; attachement à la nation (→ patriotisme). ► **nationaliste** adj. et n.

nationalité n. f. ■ **1** Groupe humain uni par le territoire, la langue, les traditions, etc. et qui a ou revendique une existence en tant que nation. **2** Fait d'être membre d'une nation. *Être de nationalité belge.*

national-socialisme n. m. ■ Doctrine de Hitler. → **nazisme.** ► adj. et n. (invar. en genre) **national-socialiste**

nativisme n. m. ■ didact. Théorie selon laquelle la perception de l'espace est naturelle.

nativité n. f. ■ relig. chrét. Naissance (Christ ; saints). ➛ *La Nativité* (du Christ) : Noël.

natron ou **natrum** [-ɔm] n. m. ■ chim. Carbonate naturel hydraté de sodium cristallisé.

natte n. f. ■ **1** Pièce d'un tissu de brins végétaux entrelacés. **2** Tresse plate.

natter v. tr. [1] ■ Entrelacer, tresser. ► **nattage** n. m.

nattier, ière n. ■ Personne qui fabrique des nattes (1).

naturalisation n. f. ■ **I** Action de conférer la nationalité d'un pays à qqn qui ne la possède pas. **II** Opération par laquelle on donne à un animal mort, etc. l'apparence de la nature vivante. → **empaillage, taxidermie.**

naturaliser v. tr. [1] ■ **I** Donner une nationalité à (qqn) par naturalisation. **II** Conserver par naturalisation (II). ▷ adj. **naturalisé, ée**

naturalisme n. m. ■ arts Représentation réaliste de la nature. → **réalisme.**

naturaliste ■ **I** n. **1** Spécialiste des sciences naturelles. **2** Taxidermiste. **II** adj. Qui s'inspire du naturalisme.

nature n. f. ■ **I 1** Ce qui caractérise un être, une chose concrète ou abstraite. → **essence, propriété(s).** ➛ *La nature humaine.* ♦ loc. *DE NATURE À* : propre à. **2** Ensemble des caractères innés de l'espèce (spécialt de l'espèce humaine, d'un individu). → **caractère, naturel, tempérament.** ➛ *DE NATURE, PAR NATURE* : de manière innée. **3** par ext. *Une nature* (qualifié) : qqn de tel ou tel tempérament. *C'est une heureuse nature.* ➛ absolt *C'est une nature,* une forte personnalité. **II 1** Principe actif qui anime, organise l'ensemble de ce qui existe ; ce qui existe. *Les lois de la nature.* **2** Tout ce qui existe dans l'univers hors de l'être humain et de son action ; le milieu physique où vit l'humanité (→ **environnement, milieu ; Terre).** *Protection de la nature.* → **écologie.** ➛ Les paysages, source d'émotion esthétique. *Aimer la nature.* **3** Modèle que l'art se propose de suivre. *Dessiner D'APRÈS NATURE. Grandeur* nature.* **4** loc. *EN NATURE* : en objets réels et non en argent. *Don en nature.* **III** adj. invar. **1** Préparé simplement ; au naturel. *Des yaourts nature.* **2** fam. (personnes ; actes) Naturel, spontané.

naturel, elle ■ **I** adj. **1** Qui appartient à la nature (I) d'un être, d'une chose. *Caractères naturels.* **2** Relatif à la nature (II). ➝ vieilli *Sciences naturelles* (→ **naturaliste**). **3** Propre au monde physique, à l'exception de l'homme et de son action (opposé à *humain, artificiel*). **4** math. *Nombre entier naturel* (1, 2, 3, 4...). **5** Qui correspond à l'ordre habituel. *C'est (tout) naturel.* **6** *Enfant naturel,* né hors mariage. **II** adj. **1** Relatif aux fonctions de la vie. *Besoins naturels.* **2** Qui est inné en qqn (opposé à *acquis, appris*). **3** Qui appartient réellement à qqn, n'a pas été modifié. *C'est son teint naturel.* ♦ *Mort naturelle* (opposé à *accidentel, provoqué*). **4** Qui traduit la nature d'un individu. → **sincère, spontané.** *Savoir rester naturel.* **III** n. m. **1** Ensemble des caractères qu'un individu possède en naissant. → **nature** (I, 2). *Être d'un naturel sensible.* **2** Aisance du comportement. *Manquer de naturel.*

naturellement adv. ■ **1** De par sa nature. **2** Par un enchaînement logique ou naturel. ➝ fam. Bien sûr, forcément. **3** Avec naturel.

nature morte n. f. ■ Peinture qui représente des objets ou des êtres inanimés.

naturisme n. m. ■ Doctrine prônant le retour à la nature dans la manière de vivre (nudisme...). ► **naturiste** n. et adj.

naturopathie n. f. ■ méd. Traitement par des moyens naturels. ► **naturopathe** n.

naufrage n. m. ■ **1** Perte d'un navire par un accident de navigation. *Faire naufrage.* → **couler, sombrer. 2** fig. Ruine totale.

naufragé, ée adj. ■ Qui a fait naufrage. ➝ n. *Sauvetage des naufragés.*

naufrageur, euse n. ■ Personne qui cause volontairement un naufrage.

naumachie n. f. ■ Antiq. Représentation d'un combat naval ; bassin où se déroulait cette représentation.

naupathie n. f. ■ méd. Mal de mer. ► **naupathique** adj.

nauséabond, onde adj. ■ (odeur...) Qui cause des nausées, écœure. → **fétide.** ♦ fig. *Une idéologie nauséabonde.*

nausée n. f. ■ **1** Envie de vomir. → **haut-le-cœur. 2** Sensation de dégoût.

nauséeux, euse adj. ■ **1** Qui provoque des nausées. **2** Qui souffre de nausées.

-naute, -nautique Éléments, du grec *nautês* «navigateur» et *nautikos* «nautique».

nautile n. m. ■ zool. Mollusque céphalopode à coquille cloisonnée.

nautique adj. ■ **1** Relatif à la navigation. **2** Relatif aux sports de l'eau. ► **nautisme** n. m.

nautonier n. m. ■ vx Personne qui conduit un bateau, une barque.

naval, ale, als adj. ■ **1** Qui concerne les navires. **2** Relatif à la marine militaire.

navarin n. m. ■ Mouton en ragoût.

navarque n. m. ■ hist. Commandant d'un vaisseau ou d'une flotte, dans l'Antiquité grecque.

navel n. f. ■ Orange d'une variété comprenant un fruit secondaire imbriqué dans la partie extérieure du fruit.

navet n. m. ■ **1** Plante cultivée pour ses racines comestibles ; cette racine. **2** fam. Œuvre sans valeur (spécialt, mauvais film).

navette n. f. ■ **1** Instrument de tissage qui se déplace entre les fils de chaîne selon un mouvement alternatif. **2** *Faire la navette :* faire régulièrement un aller-retour. **3** Véhicule assurant des liaisons fréquentes entre deux lieux proches. ♦ *Navette spatiale :* vaisseau spatial récupérable.

navetteur, euse n. ■ (Belgique) Personne qui utilise un moyen de transport collectif pour rejoindre son lieu de travail.

navicert n. m. ■ Permis de naviguer, délivré en temps de guerre aux navires de commerce.

naviculaire adj. ■ anat. Qui a la forme allongée d'une nacelle.

navicule n. f. ■ bot. Algue microscopique.

navigabilité n. f. ■ **1** État d'un cours d'eau navigable. **2** État d'un navire en mesure de naviguer ; d'un avion en mesure de voler.

navigable adj. ■ Où l'on peut naviguer.

navigant, ante adj. ■ mar., aviat. Qui navigue. *Personnel navigant* (opposé à *au sol, rampant*).

navigateur, trice ■ **I** n. **1** Personne qui fait des voyages sur mer. **2** Personne qui règle la direction à suivre (navire, avion). **II** n. m. Logiciel conçu pour naviguer (4) sur Internet.

navigation n. f. ■ **1** Fait de naviguer. *Navigation fluviale.* **2** Manœuvre des navires. **3** Trafic maritime. *Lignes de navigation.* **4** Circulation aérienne ou spatiale. **5** Fait de naviguer (4) sur Internet.

naviguer v. intr. [1] ■ **1** (navires ; passagers) Se déplacer sur l'eau ; à bord d'un bateau. **2** Voyager comme marin sur un navire. **3** fig., fam. Voyager, se déplacer beaucoup. **4** Se déplacer dans un réseau, sur Internet, au moyen des liens hypertextes*. → **surfer**

naviplane n. m. ■ Véhicule de transport amphibie sur coussin d'air. → **aéroglisseur.**

navire n. m. ■ Bateau de fort tonnage, ponté, destiné aux transports sur mer. → **bâtiment ; vaisseau.**

navisphère n. f. ■ mar. Instrument servant au navigateur pour identifier une étoile.

navrer v. tr. [1] ■ **1** Affliger profondément. **2** passif *ÊTRE NAVRÉ DE,* désolé, contrarié par. ► **navrant, ante** adj. → **désolant.**

nazaréen, enne adj. ■ De Nazareth. ➝ n. *Le Nazaréen :* Jésus.

naze → ① et ② **nase**

nazi, ie n. ■ Membre du parti national-socialiste de Hitler. ➝ adj. Des nazis.

nazillon, onne n. ■ fam., péj. Petit nazi.

nazisme n. m. ■ Mouvement, régime nazi.

Nb ■ Symbole chimique du niobium.

N. B. → **nota bene**

N. B. C. adj. invar. (sigle) ■ milit. Relatif aux armes nucléaires, biologiques ou chimiques. *Systèmes de défense N. B. C.*

Nd ■ Symbole chimique du néodyme.

ne (ou **n'** devant voyelle ou *h* muet) adv. de négation ■ **I** exprimant une négation **1** *NE... PAS, NE... POINT* (vx), *NE... PLUS, NE... GUÈRE, NE... JAMAIS, NE... QUE. Il ne va pas à..., il n'y va pas. Il n'en a pas, plus.* → aussi ② **goutte. 2** avec un indéfini à sens négatif, avec *ni* répété, etc. *Je n'ai aucune nouvelle. Il ne veut voir personne. Je ne dis ni oui ni non.* **3** employé seul *Je n'ose l'affirmer.* **4** employé seul, dans quelques loc. *N'ayez crainte! Il n'empêche* que...* **II** *ne* explétif. ➝ après des verbes exprimant la crainte, l'impossibilité *Je crains qu'il ne se fâche. Pour éviter qu'il ne se blesse.* ➝ après un compar. d'inégalité : *meilleur, mieux, moindre, moins, pire, pis, plus... que ne... Mieux que je ne ferais.*

Ne ■ Symbole chimique du néon.

né, née adj. ■ **1** Venu au monde. ♦ *Mme Dupont née Durand,* dont le nom de jeune fille est Durand. ♦ *NÉ POUR* : doué pour. **2** en appos. Par un don naturel. *Un orateur-né.*

néandertalien, ienne adj. ■ Relatif à l'homme de Neandertal. – var. **néanderthalien, ienne.**

néanmoins adv. et conj. ■ Malgré ce qui vient d'être dit. → **cependant, toutefois.**

néant n. m. ■ **I** Rien. *Réduire à néant.* → **anéantir. II 1** Valeur nulle. **2** Ce qui n'est pas encore ou n'existe plus. **3** philos. Absence d'être. «*L'Être et le Néant*» (de Sartre).

néantiser v. tr. [1] ■ **1** philos. Anéantir ; concevoir comme non-être. **2** Éliminer, supprimer.

nébuleuse n. f. ■ **1** Amas de gaz et de poussières interstellaires. **2** fig. Amas diffus.

nébuleux, euse adj. ■ **1** Obscurci par les nuages ou le brouillard. → **brumeux, nuageux. 2** → **vaporeux. 3** fig. Vague, confus. → **flou.** ► **nébulosité** n. f.

nébuliser v. tr. [1] ■ techn. Disperser (un liquide) en très fines gouttelettes. ► **nébulisation** n. f. ► **nébuliseur** n. m. → **aérosol, vaporisateur.**

nécessaire ■ **I** adj. **1** Se dit d'une condition, d'un moyen dont la présence ou l'action rend seule possible un but ou un effet. *Condition nécessaire et suffisante.* **2** *NÉCESSAIRE À* : dont l'existence, la présence est obligatoire (pour...). → **indispensable. 3** Dont on ne peut se passer. → **essentiel. 4** Qui doit se produire. *Effet nécessaire.* → **inéluctable, inévitable. II** n. m. **1** Bien dont on ne peut se passer. *Le nécessaire et le superflu.* **2** Ce qu'il faut faire ou dire, et qui suffit. **III** n. m. Boîte, étui renfermant des ustensiles. *Nécessaire de toilette.*

nécessairement adv. ■ **1** Par une obligation imposée. **2** Inévitablement.

nécessité n. f. ■ **I 1** Caractère nécessaire (d'une chose, d'une action). → **obligation. 2** Besoin impérieux. *Dépenses de première nécessité.* **II** absolt Forces qui contraignent, entraînent (besoin, destin...). ♦ philos. Enchaînement des causes et des effets.

nécessiter v. tr. [1] ■ (sujet chose) Rendre indispensable, nécessaire. → **exiger.**

nécessiteux, euse adj. et n. ■ vieilli Qui manque du nécessaire. → **indigent, pauvre.**

neck n. m. ■ Piton de lave provenant d'une cheminée de volcan.

nec plus ultra [nɛkplysyltʀa] n. m. invar. ■ Ce qu'il y a de mieux. → **summum.**

nécr(o)- Élément, du grec *nekros* «mort».

nécrobie n. f. ■ zool. Coléoptère vivant sur les matières en décomposition.

nécrologe n. m. ■ didact. Liste de morts.

nécrologie n. f. ■ **1** Notice biographique consacrée à une personne morte récemment. **2** Liste ou avis de décès. ► **nécrologique** adj. *Rubrique nécrologique.*

nécrologue n. ■ Auteur de nécrologies.

nécromancie n. f. ■ Divination par l'évocation des morts. → **spiritisme.** ► **nécromancien, ienne** n. ► **nécromant** n. m.

nécrophage adj. ■ Qui se nourrit de cadavres. ► **nécrophagie** n. f.

nécrophilie n. f. ■ Perversion sexuelle dans laquelle le plaisir est recherché avec des cadavres. ► **nécrophile** adj. et n.

nécrophore n. m. ■ Coléoptère qui pond ses œufs sur des charognes.

nécropole n. f. ■ Antiq. Vaste cimetière.

nécrose n. f. ■ Mort d'un tissu vivant.

nécroser v. tr. [1] ■ Provoquer la nécrose de. ▷ v. pron. se **nécroser**

nectaire n. m. ■ bot. Élément (des plantes) qui sécrète le nectar (2).

nectar n. m. ■ **1** mythol. Breuvage des dieux antiques. **2** Liquide sucré que sécrètent les nectaires. *Abeilles butinant le nectar.*

nectarine n. f. ■ Pêche à peau lisse.

necton n. m. ■ zool. Partie de la faune marine qui nage activement.

néerlandais, aise adj. et n. ■ Des Pays-Bas. → **hollandais.** ➝ *Les Néerlandais.* ♦ n. m. *Le néerlandais* : langue germanique parlée aux Pays-Bas, en Belgique dite *néerlandophone* (→ **flamand**), en Afrique du Sud (→ **afrikaans**)...

nef n. f. ■ **I** vx Navire à voiles. **II** Partie (d'une église) entre le portail et le chœur.

néfaste adj. ▪ Qui cause du mal. → **funeste, mauvais.** *Influence néfaste.* → **nuisible.**

nèfle n. f. ▪ Fruit du néflier, qui se mange blet.

néflier n. m. ▪ Arbre des régions tempérées, au tronc tordu, qui produit les nèfles.

négateur, trice n. et adj. ▪ littér. Personne qui a l'habitude de nier. ▸ adj. *Esprit négateur.*

négatif, ive adj. ▪ **I** (opposé à *affirmatif*) Qui exprime un refus. *Réponse négative.* ♦ n. f. *Répondre par la négative.* **II** (opposé à *positif*) **1** Qui se définit par le refus. *Esprit négatif.* → **critique.** **2** Qui correspond à une absence. *Résultat négatif* (→ **nul**). ▸ méd. *Examen négatif,* qui ne révèle pas d'éléments pathologiques. **3** anglic. Qui a des effets nuisibles, mauvais. → **néfaste, nocif.** **4** *Nombre négatif :* nombre inférieur à zéro, affecté du signe moins (ex. -10). ▸ *Température négative.* **5** Se dit d'une image photographique sur laquelle les parties lumineuses des objets correspondent à des taches sombres. ▸ n. m. *Un négatif* (film, plaque).

négation n. f. ▪ **1** Acte de l'esprit qui consiste à nier, à rejeter. **2** Ce qui va à l'encontre (de qqch.). **3** Manière de nier, de refuser. *Adverbes de négation* (ne, non).

négationnisme n. m. ▪ Position idéologique consistant à nier l'existence des camps d'extermination nazis. → **révisionnisme.** ▸ **négationniste** n. et adj.

négativement adv. ▪ De façon négative.

négativisme n. m. ▪ Attitude négative, de refus.

négativité n. f. ▪ Caractère négatif (II, 1).

négaton n. m. ▪ phys. Électron de charge négative (opposé à *positon*).

négatoscope n. m. ▪ méd. Écran lumineux pour l'examen des radiographies.

négligé n. m. ▪ **1** État d'une personne vêtue sans recherche. **2** → **déshabillé** (n. m.).

négligeable adj. ▪ Qui peut être négligé. → **dérisoire, insignifiant.**

négligemment [-amɑ̃] adv. ▪ **1** D'une manière négligente, sans soin. **2** Avec un air d'indifférence. *Répondre négligemment.*

négligence n. f. ▪ **1** Attitude de qqn dont l'esprit ne s'applique pas à ce qu'il fait. → **désinvolture.** **2** Faute due au manque de soin. ▸ **négligent, ente** adj. → **inattentif.** ▸ *Geste négligent.*

négliger v. tr. [3] ▪ **1** Ne pas accorder d'importance, de soin à. *Négliger ses intérêts.* ▸ pronom. *Se négliger :* ne pas avoir soin de soi. ♦ *Il a négligé de nous prévenir.* → **omettre, oublier.** **2** Porter peu d'attention à (qqn). **3** Ne pas tenir compte de (qqch.). → **dédaigner.** ▹ adj. **négligé, ée** Laissé sans soin.

négoce n. m. ▪ vieilli Commerce.

négociabilité n. f. ▪ comm. Caractère (de certaines créances) qui les rend transmissibles.

négociable adj. ▪ Qui peut être négocié.

négociant, ante n. ▪ Commerçant en gros.

négociateur, trice n. ▪ Personne chargée de négocier (une affaire ; un accord).

négociation n. f. ▪ **1** Achat, vente (d'un effet de commerce). **2** Discussions pour parvenir à un accord. → **pourparlers.**

négocier v. [7] ▪ **I** v. intr. Mener une négociation (2). → **traiter.** **II** v. tr. **1** Établir, régler (un accord). *Négocier un contrat.* **2** Transmettre à un tiers (un effet de commerce). **3** Bien prendre (un virage).

négondo n. m. ▪ Érable d'Amérique du Nord.

nègre, négresse ▪ **I** n. **1** vieilli et péj. Personne noire. → **noir.** - Terme devenu raciste, sauf quand il est employé par les Noirs (→ négritude). **2** n. m. Auteur payé par une personne pour écrire les ouvrages qu'elle signe de son nom. **3** *Petit-nègre :* français simplifié parlé en Afrique pendant la colonisation. **II** adj. (fém. *nègre*) vieilli et péj. Relatif aux Noirs. ▸ mod. (sans péjoration) *Art nègre.*

négrier, ière ▪ hist. **1** adj. De la traite des Noirs. **2** n. m. Marchand d'esclaves noirs.

négrillon, onne n. ▪ vieilli et péj. Enfant noir.

négritude n. f. ▪ littér. Caractères culturels propres aux Noirs ; appartenance à la communauté noire.

négro n. m. ▪ péj. (injure raciste) Personne noire.

négro-africain, aine adj. et n. ▪ Relatif aux Noirs d'Afrique.

négro-américain, aine adj. et n. ▪ Relatif aux Noirs d'Amérique.

négroïde adj. ▪ Qui présente certaines caractéristiques physiques propres aux Noirs.

negro-spiritual [negʀospiʀitɥɔl] n. m. ▪ Chant chrétien des Noirs des États-Unis. → **gospel.** *Des negro-spirituals.*

négus [-ys] n. m. ▪ Souverain éthiopien.

neige n. f. ▪ **1** Eau congelée dans les hautes régions de l'atmosphère, et qui tombe en flocons blancs et légers. ♦ La neige, répandue sur le sol. *Sports de neige.* **2** *Neige artificielle,* substance qui simule la neige. **3** argot Cocaïne. **4** *Blancs d'œufs* EN NEIGE, battus en mousse ferme. ▸ *Œufs à la neige.*

neiger v. impers. [3] ▪ (neige) Tomber.

neigeux, euse adj. ▪ Couvert de neige.

nélombo n. m. ▪ Plante aquatique à fleurs.

nem [nɛm] n. m. ▪ Petite crêpe de riz fourrée et frite (→ pâté impérial).

némale n. m. ▪ Algue rouge gélatineuse.

nématode n. m. ▪ zool. Ver parasite des animaux et des végétaux.

néné n. m. ▪ fam. Sein de femme. → **nichon.**

① **nénette** n. f. ▪ fam. et vieilli Tête. *Se casser la nénette,* se fatiguer l'esprit.

② **nénette** n. f. ▪ fam. Jeune femme.

nenni adv. de négation ▪ vx Non.

nénuphar n. m. ▪ Plante aquatique à grandes feuilles rondes. – var. **nénufar.**

néo- Élément, du grec *neos* «nouveau».

néoblaste n. m. ▪ biol. Cellule qui, chez certains animaux, assure la reconstitution des parties amputées.

néocapitalisme n. m. ▪ écon. Capitalisme moderne qui se veut progressiste. ► **néocapitaliste** adj. et n.

néoclassicisme n. m. ▪ Forme d'art qui imite l'art classique. ► **néoclassique** adj.

néocolonialisme n. m. ▪ Système de domination économique imposée à d'anciennes colonies. ► **néocolonialiste** adj. et n.

néocomien, ienne adj. et n. m. ▪ géol. Relatif à une division stratigraphique du crétacé inférieur. ➛ n. m. *Le néocomien.*

néocortex [-ɛks] n. m. ▪ anat. Couche externe des hémisphères cérébraux chez les mammifères.

néodyme n. m. ▪ chim. Corps simple du groupe des terres rares (symb. Nd, n° at. 60, masse at. 144,24).

néofascisme [-faʃism ; -sism] n. m. ▪ Mouvement politique inspiré du fascisme italien. ► **néofasciste** adj. et n.

néoformation n. f. ▪ biol. **1** Formation de tissus nouveaux. **2** Néoplasme.

néogène n. m. ▪ géol. Période du tertiaire qui précède le quaternaire.

néogothique adj. ▪ archit. Qui imite le gothique.

néogrec, néogrecque adj. ▪ didact. **1** Qui a rapport à la Grèce moderne. **2** Qui imite l'art de la Grèce ancienne.

néo-impressionnisme n. m. ▪ Mouvement pictural issu de l'impressionnisme. ► **néo-impressionniste** adj. et n.

néokantisme n. m. ▪ philos. Théorie dérivée de la philosophie critique de Kant.

néolibéralisme n. m. ▪ Forme de libéralisme qui admet une intervention limitée de l'État. ► **néolibéral, ale, aux** adj. et n.

néolithique adj. ▪ Relatif à l'âge de la pierre polie. ➛ n. m. *Le néolithique.*

néologie n. f. ▪ didact. Création de mots et d'expressions nouveaux. ► **néologique** adj.

néologisme n. m. ▪ Mot ou sens nouveau.

néon n. m. ▪ **1** Élément (symb. Ne, n° at. 10, masse at. 20,1797), gaz de la série des gaz rares. **2** Éclairage par tube fluorescent ; le tube lui-même.

néonatal, ale, als adj. ▪ Du nouveau-né.

néonatologie n. f. ▪ didact. Branche de la médecine qui s'occupe du nouveau-né. – syn. **néonatalogie.**

néonazisme n. m. ▪ Courant politique d'extrême droite qui s'inspire du nazisme. ► **néonazi, ie** adj. et n.

néophyte n. ▪ Adepte récent d'une doctrine, d'un parti... → **prosélyte.**

néoplasique adj. ▪ méd. Qui concerne un néoplasme.

néoplasme n. m. ▪ méd. Tumeur (spécialt cancéreuse).

néoplatonicien, ienne adj. et n. ▪ didact. Qui relève du néoplatonisme. ♦ Partisan du néoplatonisme. ➛ n. *Les néoplatoniciens.*

néoplatonisme n. m. ▪ didact. Doctrine inspirée de la philosophie de Platon, née au IIIe siècle.

néopositivisme n. m. ▪ philos. Théories positivistes du XXe siècle.

néoprène n. m. ▪ Caoutchouc synthétique thermoplastique.

néoréalisme n. m. ▪ Théorie artistique renouvelant le réalisme (spécialt dans le cinéma italien). ► **néoréaliste** adj. et n.

néorural, ale, aux n. ▪ Personne qui quitte la ville pour vivre et travailler en milieu rural.

néoténie n. f. ▪ biol. Persistance des formes larvaires chez un animal adulte.

néottie n. f. ▪ Orchidée qui croît dans l'humus des hêtraies.

nèpe n. f. ▪ Insecte des eaux stagnantes, appelé aussi *punaise d'eau, scorpion d'eau.*

népenthès [nepɛ̃tɛs] n. m. ▪ **1** Chez les Grecs, Breuvage magique. **2** Plante carnivore qui croît à Madagascar et en Asie du Sud-Est.

népérien, ienne adj. ▪ math. *Logarithme népérien,* ayant pour base le nombre de Neper *e* (syn. *logarithme naturel*).

népète n. f. ▪ Plante à forte odeur qui comprend de nombreuses espèces.

néphélion n. m. ▪ méd. Tache translucide de la cornée.

néphrectomie n. f. ▪ Ablation chirurgicale d'un rein.

néphrétique adj. ▪ méd. Relatif au rein.

① **néphrite** n. f. ▪ méd. Inflammation du rein.

② **néphrite** n. f. ▪ minér. Jade d'une variété orientale qui passait pour guérir les reins.

néphr(o)- Élément savant, du grec *nephros* «rein».

néphrographie n. f. ▪ méd. Radiographie du rein.

néphrologie n. f. ▪ Étude de la physiologie et des pathologies du rein. ► **néphrologique** adj. ► **néphrologue** n.

néphron n. m. ▪ physiol., anat. Unité fonctionnelle du rein.

néphropathie n. f. ▪ didact. Affection du rein.

népotisme n. m. ▪ didact. Abus qu'une personne en place fait de son influence en faveur de sa famille, de ses amis.

neptunium [-jɔm] n. m. ▪ chim. Élément chimique (symb. Np, n° at. 93, masse at. 237,04) obtenu artificiellement à partir de l'uranium.

nerd [nœʀd] n. m. ▪ anglic. Personne passionnée de sciences et techniques, notamment d'informatique, et qui y consacre la plus grande partie de son temps.

néréide n. f. ▪ **1** mythol. Nymphe de la mer. **2** zool. Ver marin des fonds vaseux.

nerf [nɛʀ] n. m. ▪ **I 1** vx Ligament, tendon des muscles. **2** fig. Force active, énergie. *Allons, du nerf !* **II 1** Filament qui relie un centre nerveux (moelle, cerveau) à un organe ou à une structure organique. → **neur(o)-. 2** *Les nerfs :* ce qui supporte les excitations, les tensions. *Avoir les nerfs solides.* ➝ *Taper sur les nerfs.* → **exaspérer.** ➝ *Être à bout de nerfs,* surexcité et épuisé. ➝ *Crise de nerfs :* cris, pleurs, gestes désordonnés (→ hystérie).

néritique adj. ▪ géol. Relatif à la zone marine située au-dessus de la plate-forme continentale.

néroli n. m. ▪ Fleur d'oranger destinée à la distillation.

néronien, ienne adj. ▪ littér. Digne de Néron, de sa réputation de cruauté.

nerprun n. m. ▪ Arbrisseau vivace.

nervation n. f. ▪ didact. Disposition des nervures d'une feuille, d'une aile d'insecte.

nerveusement adv. ▪ **1** Par l'action du système nerveux. **2** D'une manière nerveuse, excitée. *Rire nerveusement.*

nerveux, euse adj. ▪ **I 1** Qui a des tendons vigoureux, apparents. **2** Qui a du nerf, de l'énergie. → **vigoureux.** ➝ *Voiture nerveuse,* qui a de bonnes reprises. ➝ *Style nerveux,* vigoureux. **II 1** Relatif au nerf, aux nerfs (II). *Cellule nerveuse :* neurone. *Système nerveux,* qui commande les fonctions vitales (sensibilité, motricité, respiration, etc.) et (humains...) les facultés intellectuelles et affectives. **2** Qui concerne les nerfs, l'émotivité. *Rire nerveux.* ➝ vieilli *Maladies nerveuses* (→ **névrose). 3** Émotif et agité. → **énervé, fébrile.** ➝ n. *C'est un grand nerveux.*

nervi n. m. ▪ Homme de main, tueur.

nervosité n. f. ▪ État d'excitation nerveuse passagère. → **énervement, irritation.**

nervure n. f. ▪ **1** Fine saillie (d'une feuille de plante). **2** (insectes) Filet corné soutenant la membrane de l'aile. **3** archit. Moulure arrondie, arête saillante (d'une voûte).

nervurer v. tr. [1] ▪ rare ou techn. Garnir de nervures. ▷ adj. **nervuré, ée**

nescafé n. m. (marque déposée) ▪ Café préparé au moyen d'une poudre soluble ; cette poudre. - abrév. fam. **nes** [nɛs] n. m.

n'est-ce pas adv. interrog. ▪ Formule requérant l'adhésion. *Tu m'aimes, n'est-ce pas ?*

① **net, nette** [nɛt] ▪ **I** adj. **1** Que rien ne ternit ou ne salit. → **propre.** ➝ fig. *Avoir la conscience nette.* **2** Débarrassé (de ce qui salit, encombre). *Faire place nette :* vider les lieux. ➝ loc. *En avoir le cœur net,* en être assuré. **3** Dont on a déduit tout élément étranger (opposé à *brut*). *Bénéfice net. Poids net.* ➝ *NET DE :* exempt de. **4** Clair, précis. *Idées nettes.* ➝ *Ma position est nette.* → **catégorique. 5** Clair et distinct. *L'image n'est pas nette* (→ **flou). II** adv. **1** Sur place ; tout d'un coup. *S'arrêter net.* **2** *Je le lui ai dit TOUT NET,* franchement.

② **net** [nɛt] n. m. ▪ anglic., sports (tennis...) Fait, pour la balle, de toucher le haut du filet.

③ **Net** [nɛt] n. m. ▪ anglic. *Le Net :* le réseau Internet. → **toile, web.**

nétiquette n. f. ▪ inform. Règles de savoir-vivre en usage sur Internet.

nettement adv. ▪ Avec clarté, netteté.

netteté n. f. ▪ Caractère de ce qui est net.

nettoyer v. tr. [8] ▪ **1** Rendre net, propre. **2** fam. Vider (un lieu) de son contenu. **3** Débarrasser (un lieu) d'ennemis, etc. ► **nettoyant, ante** adj. et n. m. ► **nettoiement** (opérations) et **nettoyage** n. m. (action).

nettoyeur, euse ▪ **1** n. Personne qui nettoie. **2** (Canada) Établissement où l'on nettoie et repasse les vêtements. → **teinturerie.**

① **neuf** ▪ **I** adj. numéral invar. **1** (cardinal) Huit plus un (9). ➝ loc. *Neuf fois sur dix :* presque toujours. **2** (ordinal) Neuvième. *Charles IX.* **II** n. m. invar. Le chiffre, le nombre, le numéro neuf. ♦ Carte, dé, etc. marqué de neuf signes.

② **neuf, neuve** ▪ **I** adj. **1** Qui vient d'être fait et n'a pas encore servi. ➝ *À l'état neuf ; tout neuf ;* loc. *flambant neuf :* en très bon état. **2** Nouveau, original. *Des idées neuves.* **3** fam. (Qqch.) *DE NEUF :* des faits récents pouvant amener un changement. *Alors, quoi de neuf ?* **II** n. m. sing. **1** Ce qui est neuf. ➝ *Être vêtu DE NEUF.* **2** *À NEUF :* de manière à rendre l'état ou l'apparence du neuf. *Remettre à neuf.* → **rénover.**

neufchâtel n. m. [nøʃɑtɛl] ▪ Fromage de vache fabriqué en Normandie.

neume n. m. ▪ hist. de la mus. Signe (note carrée) servant à noter le plain-chant.

neuneu adj. ▪ fam. Niais, un peu bête. → **nigaud.**

neural, ale, aux adj. ▪ biol. Relatif au système nerveux.

neurasthénie n. f. ▪ État durable d'abattement accompagné de tristesse. ► **neurasthénique** adj. et n.

neur(o)- Élément savant, du grec *neuron* «nerf». – var. anc. **névr(o)-.**

neurobiologie n. f. ▪ Étude du fonctionnement des cellules et des tissus nerveux. ► **neurobiologique** adj. ► **neurobiologiste** n.

neuroblaste n. m. ▪ biol. Cellule nerveuse embryonnaire.

neurochimie n. f. ▪ Science qui étudie les constituants chimiques du système nerveux.

neurochirurgie n. f. ▪ Chirurgie des nerfs, des centres nerveux. ► **neurochirurgical, ale, aux** adj. didact. ► **neurochirurgien, ienne** n.

neurodépresseur n. m. ▪ méd. Médicament qui fait baisser la tension et ralentit certaines activités cérébrales.

neuroendocrinien, ienne adj. ▪ méd. Relatif aux phénomènes engendrés dans l'organisme par le système nerveux et les glandes endocrines.

neuroendocrinologie n. f. ▪ Science qui étudie les effets exercés sur l'organisme par le système nerveux et les glandes endocrines.

neurofibromatose n. f. ▪ méd. Affection caractérisée par le développement de tumeurs nerveuses et cutanées et des manifestations oculaires.

neuroleptique adj. et n. m. ▪ méd. (Médicament) qui exerce une action calmante sur le système nerveux.

neurolinguistique [-gɥi-] n. f. ▪ Étude des relations entre les facteurs neurologiques des troubles du langage et leur expression.

neurologie n. f. ▪ Discipline médicale qui étudie le système nerveux et ses maladies. ► **neurologique** adj.

neurologue n. ▪ Spécialiste de neurologie.

neuromédiateur n. m. ▪ physiol. Médiateur chimique assurant la transmission de l'influx nerveux. → **neurotransmetteur.**

neuromoteur, trice adj. ▪ Relatif aux nerfs moteurs.

neuromusculaire adj. ▪ Qui concerne les muscles et leurs commandes nerveuses.

neurone n. m. ▪ biol. Cellule nerveuse. ► **neuronal, ale, aux** adj.

neuropathie n. f. ▪ didact. Maladie du système nerveux.

neurophysiologie n. f. ▪ didact. Physiologie du système nerveux.

neuropsychiatre [-psikjatʀ] n. ▪ didact. Spécialiste de neuropsychiatrie.

neuropsychiatrie [-psikjatʀi] n. f. ▪ didact. Discipline englobant la psychiatrie et la neurologie.

neuropsychologie [-psikɔ-] n. f. ▪ Étude des phénomènes psychiques en liaison avec la physiologie nerveuse.

neurosciences n. f. pl. ▪ didact. Ensemble des disciplines étudiant le système nerveux.

neurotoxine n. f. ▪ biol. Toxine qui agit sur le système nerveux.

neurotoxique adj. ▪ *Gaz neurotoxique* : gaz de combat qui atteint le système nerveux.

neurotransmetteur n. m. ▪ physiol. Substance qui assure la transmission de l'influx nerveux. → **neuromédiateur.**

neurotrope adj. ▪ biol. (germe, virus) Qui se fixe surtout sur le système nerveux.

neurovégétatif, ive adj. ▪ physiol. *Système neurovégétatif*, qui contrôle les fonctions involontaires (vie végétative) : circulation, excrétion, etc.

neurula n. f. ▪ embryol. Stade du développement embryonnaire des vertébrés, où se forme l'ébauche du système nerveux.

neutralisant, ante adj. et n. m. ▪ Qui neutralise. ◆ n. m. Substance qui neutralise.

neutraliser v. tr. [1] ▪ **1** Assurer la qualité de neutre à (un État...). **2** Empêcher d'agir, rendre inoffensif. ► **neutralisation** n. f.

neutralisme n. m. ▪ (pays, État) Indépendance vis-à-vis de puissances antagonistes. ► **neutraliste** adj. et n.

neutralité n. f. ▪ Caractère, état d'une personne neutre, d'une nation neutre.

neutre adj. ▪ **1** Qui ne participe pas à un conflit. *État neutre.* **2** Qui s'abstient de prendre parti. → **impartial,** ①**objectif. 3** D'une catégorie grammaticale où ne se manifestent pas les formes du masculin et du féminin. ➝ n. m. *Le neutre latin.* **4** chim. Qui n'est ni acide, ni basique. ➝ phys. Qui n'a pas de charge électrique. **5** *Couleur neutre*, indécise (opposé à *vif*). **6** Dépourvu de passion. → **froid.** *Répondre d'un ton neutre.*

neutrino n. m. ▪ Particule élémentaire neutre, de masse infime.

neutron n. m. ▪ Particule élémentaire, neutre, constitutive du noyau atomique (sauf du noyau d'hydrogène normal). ► **neutronique** adj. phys.

neutrophile adj. et n. m. ▪ didact. Qui retient le mélange de colorants acides et basiques. ➝ n. m. *Les neutrophiles* : les leucocytes polynucléaires du sang.

neuvain n. m. ▪ Strophe, poème de neuf vers.

neuvaine n. f. ▪ relig. cathol. Série de prières poursuivie pendant neuf jours.

neuvième adj. ▪ **1** Qui suit le huitième (9e). ➝ loc. *Le neuvième art* : la bande dessinée. ◆ n. *Le, la neuvième.* **2** adj. et n. m. Se dit d'une partie d'un tout divisé également en neuf. ► **neuvièmement** adv.

ne varietur [nevaʀjetyʀ] loc. adv. et loc. adj. ■ didact. Sans possibilité de changement.

névé n. m. ■ Amas de neige durcie.

neveu n. m. ■ Fils du frère ou de la sœur (ou du beau-frère ou de la belle-sœur).

névralgie n. f. ■ Douleur vive ressentie sur le trajet d'un nerf.

névralgique adj. ■ **1** De la névralgie. **2** fig. *Point névralgique* : endroit le plus sensible.

névrite n. f. ■ Inflammation d'un nerf.

névr(o)- → **neur(o)-**

névroglie n. f. ■ anat. Tissu conjonctif de soutien du système nerveux.

névropathe adj. et n. ■ vieilli Névrosé.

névrose n. f. ■ Affection caractérisée par des troubles nerveux sans cause anatomique. *Névrose obsessionnelle, hystérique.* ► **névrotique** adj. *Troubles névrotiques.*

névrosé, ée adj. et n. ■ (Personne) qui souffre d'une névrose.

new-look ou **new look** [njuluk] adj. invar. ■ anglic. vieilli ou iron. Se dit de ce qui présente un aspect nouveau (en mode, en politique...).

newsletter [njuzlɛtœʀ] n. f. ■ anglic. Lettre d'information périodique d'un site web. – recomm. offic. *lettre d'information.*

newsmagazine n. m. [njuz-] ■ anglic. Magazine hebdomadaire consacré à l'actualité.

newton [njutɔn] n. m. ■ sc. Unité de mesure de force (symb. N), correspondant à une accélération de 1 m/s^2 communiquée à une masse de 1 kg.

newtonien, ienne [nju-] adj. et n. ■ **1** Relatif à Newton, à son système. **2** Partisan des théories de Newton.

new wave [njuwɛv] n. f. ■ anglic. Courant musical né à la fin des années 1970, caractérisé par l'utilisation des instruments électroniques.

nez n. m. ■ **I** **1** Partie saillante du visage, entre le front et la lèvre supérieure, et qui abrite l'organe de l'odorat (fosses nasales). ◆ *Se boucher le nez* (pour ne pas sentir). ◆ *Parler du nez.* → **nasiller.** **2** loc. fig. *Mener qqn par le bout du nez,* le mener à sa guise. ◆ *Ne pas voir plus loin que le bout de son nez* : manquer de clairvoyance. ◆ *À vue de nez* : à première estimation. ◆ *Cela lui pend au nez* : cela va lui arriver. ♦ fam. *Les doigts dans le nez* : sans difficulté. ◆ *Avoir un verre dans le nez* : être éméché. **3** Face, figure, visage (dans des loc.). *Mettre le nez à la fenêtre.* ◆ *Piquer du nez* (en s'endormant). ♦ fig. *Fourrer son nez partout* : être très indiscret. ◆ *Se trouver* NEZ À NEZ *avec qqn,* le rencontrer brusquement. ◆ *Au nez de qqn* : devant lui, sans se cacher. ◆ (choses) *Passer sous le nez,* échapper (à qqn). **4** (Organe de l'odorat) loc. fam. *Avoir qqn dans le nez,* le détester. ◆ loc. *Avoir du nez, le nez creux* : du flair ; fig. de la perspicacité. **5** (animaux) → **mufle, museau ; groin.** **II** Partie saillante située à l'avant (de qqch.). → ② **avant.**

ni conj. ■ Conjonction niant *et* et *ou.* **I** Et, ou ne pas (dans une propos. négative). *Je n'ai pas de cigarettes ni de feu. Je n'ai ni cigarette ni feu.* ♦ littér. (joignant deux propos. négatives) *Il n'avance ni ne recule.* **II** (sans *ne*) *Ni ce soir ni demain. Du thé sans sucre ni lait.*

Ni ■ Symbole chimique du nickel.

niable adj. ■ (surtout négatif) Qui peut être nié (opposé à *indéniable*).

niais, niaise adj. ■ Dont la simplicité, l'inexpérience va jusqu'à la bêtise. → **nigaud, simplet.** ◆ n. *Quel niais !* ► **niaisement** adv.

niaiser v. intr. [1] ■ (Canada) Perdre son temps à des niaiseries ; ne rien faire.

niaiserie n. f. ■ **1** Caractère d'une personne ou d'une chose niaise. → **bêtise, crédulité.** **2** Action, parole niaise. → **ânerie.**

niaiseux, euse adj. et n. ■ (Canada) Niais, sot, stupide.

niaouli n. m. ■ Arbrisseau d'Océanie, qui fournit une essence utilisée en pharmacie.

niaque → **gnac**

nib adv. ■ argot vieilli Rien. *J'y comprends que nib !*

nibar n. m. ■ argot fam. Sein de femme. – var. **nibard.**

① **niche** n. f. ■ **1** Abri pour un chien. **2** Enfoncement dans un mur, etc. **3** *Niche écologique* : milieu occupé par une espèce.

② **niche** n. f. ■ vieilli Tour malicieux. → **farce.**

nichée n. f. ■ Couvée (2) qui est au nid.

nicher v. intr. [1] ■ (oiseau) Faire son nid. → **nidifier.** ◆ Se tenir dans son nid, y couver. ▷ v. pron. se **nicher** **1** (oiseau) Faire son nid. **2** Se blottir, se cacher.

nichet n. m. ■ agric. Œuf factice qu'on met dans les poulaillers pour que les poules aillent y pondre.

nichoir n. m. ■ **1** Cage, panier pour faire couver les oiseaux. **2** Endroit où nichent les oiseaux.

nichon n. m. ■ fam. Sein de femme.

nichrome [-kʀ-] n. m. ■ techn. Alliage de nickel et de chrome avec un peu de fer.

nickel ■ **1** n. m. Élément (symb. Ni, n° at. 28, masse at. 58,6934), métal blanc argenté, ductile. **2** adj. invar. fam. Très propre. ♦ Parfait. *Une soirée nickel.* ► **nickeler** v. tr. [4] ◆ au p. p. *Acier nickelé.* ► **nickelage** n. m.

nicodème n. m. ■ fam. Niais.

niçois, oise adj. et n. ■ De la ville de Nice. ◆ *Salade niçoise* (olives, tomates, anchois, etc.). ◆ n. *Les Niçois.* ♦ n. m. *Le niçois* (dialecte provençal).

nicol n. m. ▪ opt. Instrument d'optique utilisé pour étudier la polarisation de la lumière. → **prisme.**

nicotine n. f. ▪ Alcaloïde du tabac. ▶ **nicotinique** adj. chim.

nicotinisme n. m. ▪ méd. Tabagisme.

nictation n. f. ▪ **1** zool. Clignotement des paupières. **2** méd. Clignements fréquents et de durée prolongée. – syn. **nictitation.**

nictitant, ante adj. ▪ zool. *Paupière nictitante :* troisième paupière des oiseaux nocturnes.

nid n. m. ▪ **1** Abri que les oiseaux se construisent pour y pondre, couver leurs œufs et élever leurs petits (→ **nicher).** – loc. fig. *NID D'AIGLE :* construction en un lieu élevé, escarpé. – prov. *Petit à petit, l'oiseau fait son nid,* les choses se font progressivement. **2** (insectes) *Nid de guêpes* (guêpier). ♦ fig. *NID-D'ABEILLES :* tissu, broderie en forme d'alvéoles de ruche. **3** fig. Logis intime. **4** fam. *Nid à :* lieu propice à l'accumulation de. *Un nid à poussière.*

nidation n. f. ▪ biol. Implantation de l'œuf fécondé des mammifères dans l'utérus.

nid-de-poule n. m. ▪ Petite dépression dans une chaussée. *Des nids-de-poule.*

nidicole adj. ▪ zool. Se dit des jeunes oiseaux qui restent au nid tant qu'ils ne savent pas voler.

nidifier v. intr. [7] ▪ didact. (oiseau) Faire son nid. → **nicher.** ▶ **nidification** n. f.

nidifuge adj. ▪ zool. Se dit des jeunes oiseaux qui quittent le nid peu après l'éclosion.

nidoreux, euse adj. ▪ méd. Qui a une odeur, un goût de pourri.

nidulant, ante adj. ▪ zool. (insectes) Qui construit un nid.

nièce n. f. ▪ Fille du frère ou de la sœur (ou du beau-frère ou de la belle-sœur).

① **nielle** n. m. ▪ techn. Incrustation décorative d'émail noir dans un métal. ▶ **nieller** v. tr. [1]

② **nielle** n. f. ▪ Maladie des céréales.

nième → **énième**

nier v. tr. [7] ▪ Rejeter (une proposition) ; déclarer irréel, faux (→ **contester, démentir).** *Nier un fait, avoir fait qqch.* ♦ absolt *L'accusé nie.* ♦ *NIER QUE* (+ indic.). *Il nie qu'il est venu* (il est pourtant venu). – (+ subj.) *Je ne nie pas qu'il ait du talent.*

niet [njɛt] adv. et n. m. invar. ▪ fam. Non. *C'est niet !* – n. m. Refus catégorique.

nigaud, aude adj. ▪ Qui se conduit d'une manière niaise. – n. *Gros nigaud !* → ② **bêta.** ▶ **nigauderie** n. f. vieilli

nigelle n. f. ▪ bot. Plante herbacée aux graines parfumées.

night-club [najtklœb] n. m. ▪ anglic. Boîte de nuit. *Des night-clubs.*

nigri-, nigro- Élément, du latin *niger* «noir».

nihilisme n. m. ▪ Idéologie qui rejette toute croyance, qui refuse toute contrainte sociale. ▶ **nihiliste** adj. et n.

nilgaut n. m. ▪ Mammifère ongulé voisin de l'antilope. – var. **nilgau.**

nilotique adj. ▪ géogr. Relatif au Nil, aux régions riveraines.

nimbe n. m. ▪ Zone lumineuse qui entoure la tête des représentations de Dieu, des anges, des saints. → **auréole.**

nimber v. tr. [1] ▪ Orner d'un nimbe. – fig. au p. p. *Visage nimbé de lumière.*

nimbostratus [-ys] n. m. ▪ météorol. Nuage bas formant une épaisse couche sombre.

nimbus [-ys] n. m. ▪ Gros nuage gris.

n'importe (qui, quel...) → ② **importer**

ninas [-as] n. m. ▪ Petit cigare. → **cigarillo.**

ninja [nin-] n. m. ▪ Guerrier japonais du Moyen Âge.

niobium [-jɔm] n. m. ▪ chim. Corps simple (symb. Nb, n° at. 41, masse at. 92,91), métal rare.

niolo n. m. ▪ Fromage corse au lait de brebis ou de chèvre.

nipper v. tr. [1] ▪ fam. et vieilli Habiller.

nippes n. f. pl. ▪ fam. et vieilli Vêtements usés ou laids.

nippon, one ou **onne** adj. et n. ▪ Japonais.

niqab [nikab] n. m. ▪ Long voile porté par certaines musulmanes, comportant une fine fente horizontale au niveau des yeux.

nique n. f. ▪ *Faire la nique à qqn,* mépriser, braver ; faire un signe de mépris.

niquedouille n. et adj. ▪ fam. Nigaud, niais.

niquer v. tr. [1] ▪ fam. et vulg. **1** Posséder sexuellement. → **baiser. 2** fig. Tromper (qqn). – Abîmer, détériorer ; détruire.

nirvana n. m. ▪ **1** (bouddhisme) Extinction du désir humain, entraînant la fin du cycle des réincarnations. **2** cour. État de sérénité complète.

nitelle n. f. ▪ bot. Algue des étangs et des eaux courantes.

nitescence n. f. ▪ didact. ou littér. Lueur, clarté, rayonnement.

nitouche n. f. → **sainte nitouche**

nitrate n. m. ▪ Sel de l'acide nitrique. – *Nitrates utilisés comme engrais.*

nitrater v. tr. [1] ▪ sc. **1** Ajouter du nitrate à. – au p. p. *Engrais nitratés.* **2** Convertir en nitrate. **3** Traiter au nitrate d'argent. ▶ **nitratation** n. f. sc.

nitration n. f. ▪ chim. Introduction de dioxyde d'azote (radical NO_2) dans des composés organiques.

nitre n. m. ▪ vx Salpêtre.

nitré, ée adj. ▪ chim. Qui contient le radical NO_2 (substitué à l'hydrogène).

nitreux, euse adj. ▪ chim. *Acide nitreux* : acide oxygéné de l'azote (HNO_2).

nitrification n. f. ▪ chim. Transformation en nitrates de l'ammoniac et des sels ammoniacaux. ► **nitrifier** v. tr. [7]

nitrique adj. ▪ *Acide nitrique* : acide (HNO_3) dérivé de l'azote, très corrosif.

nitrite n. m. ▪ chim. Sel de l'acide nitreux.

nitrobactérie n. f. ▪ biol. Bactérie du sol qui exerce une action spécifique sur l'ammoniac. - syn. **nitrobacter** [-ɛʀ] n. m.

nitrobenzène [-bɛ̃-] n. m. ▪ techn. Dérivé nitré du benzène.

nitrobenzolisme [-bɛ̃-] n. m. ▪ méd. Intoxication par inhalation de vapeurs de nitrobenzène.

nitrocellulose n. f. ▪ techn. Nitrate de cellulose, ester nitrique de la cellulose.

nitrogénase n. f. ▪ biochim. Enzyme détruite par l'oxygène et responsable de la fixation de l'azote atmosphérique.

nitroglycérine n. f. ▪ Nitrate triple de glycérine, explosif puissant (→ dynamite).

nitrosation n. f. ▪ chim. Introduction du groupement NO dans une molécule.

nitrotoluène n. m. ▪ techn. Dérivé nitré du toluène.

nitrure n. m. ▪ chim. Composé défini d'azote et d'un métal ; solution d'azote dans un métal.

nival, ale, aux adj. ▪ didact. De la neige.

nivaquine n. f. ▪ Médicament antipaludéen à base de quinine.

nivéal, ale, aux adj. ▪ bot. Qui fleurit dans la neige, en hiver.

niveau n. m. ▪ **I** Instrument qui sert à vérifier l'horizontalité. *Niveau à bulle* (d'air). **II 1** Degré d'élévation, par rapport à un plan horizontal. → **hauteur.** *Inégalité de niveau* (→ **dénivellation**). *Mettre de niveau* (→ **niveler**). ♦ *AU NIVEAU DE* : à la même hauteur que ; à côté de. **2** Étage d'un bâtiment. **3** fig. Degré comparatif (selon un jugement...). *Niveau intellectuel ; social.* ♦ *AU NIVEAU DE* : à l'échelon, au plan, sur le plan de. **4** *Niveau de vie* : façon de vivre selon le revenu moyen (dans un pays...).

niveler v. tr. [4] ▪ **1** Mettre de niveau, rendre plan, uni. → **aplanir, égaliser. 2** fig. Mettre au même niveau (3), rendre égal. ► **nivelage** n. m.

niveleur, euse ▪ **1** n. Personne qui nivelle. **2** n. f. Engin de terrassement, pour niveler.

nivellement n. m. ▪ **1** techn. Mesure des hauteurs relatives. **2** Action de niveler (1 et 2).

nivéole n. f. ▪ Plante voisine du perce-neige.

niv(o)- Élément savant, du latin *nix, nivis* « neige ».

nivoglaciaire adj. ▪ géogr. *Régime nivoglaciaire*, des cours d'eau alimentés par les neiges et les glaciers.

nivopluvial, iale, iaux adj. ▪ géogr. *Régime nivopluvial*, des cours d'eau alimentés par les neiges et les pluies.

nivôse n. m. ▪ Quatrième mois du calendrier républicain (du 21 ou 22 décembre au 20 ou 21 janvier).

nixe n. f. ▪ didact. Nymphe (ou génie) des eaux, dans les mythologies germaniques.

No ▪ Symbole chimique du nobélium.

nô n. m. ▪ Drame lyrique japonais de caractère traditionnel.

nobélisé, ée adj. ▪ Qui a obtenu un prix Nobel. - n. *Un nobélisé.* ► **nobélisable** adj.

nobélium [-jɔm] n. m. ▪ chim. Élément chimique (symb. No, n° at. 102, masse at. 254).

nobiliaire adj. ▪ Propre à la noblesse.

noblaillon, onne n. ▪ péj. Noble de petite noblesse.

noble ▪ **I** adj. **1** littér. Dont les qualités morales sont grandes. → **généreux.** *Cœur noble.* - *De nobles causes.* **2** Qui commande le respect par sa distinction, son autorité naturelle. → **majestueux. 3** (dans des expr.) Considéré comme supérieur. *Matières nobles*, naturelles et appréciées : pierre, bois... **II 1** adj. (sociétés féodales, etc.) Qui appartient à une classe privilégiée (opposé à *roturier*). **2** n. → **aristocrate.**

noblement adv. ▪ Avec noblesse (I).

noblesse n. f. ▪ **I 1** Grandeur des qualités morales. *Noblesse d'âme.* **2** Caractère noble (comportement, aspect...). → **dignité, distinction. II 1** Condition du noble. - loc. prov. *Noblesse oblige*, la noblesse crée le devoir de faire honneur à son nom. **2** Classe sociale des nobles. → **aristocratie.**

nobliau n. m. ▪ péj. Noble de petite noblesse. *Des nobliaux.*

noce n. f. ▪ **1** (dans des loc.) *Les noces* : le mariage. *Épouser qqn en secondes noces.* **2** Fête pour un mariage. *Repas de noce.* - loc. *N'être pas à la noce* : être dans une mauvaise situation. **3** loc. fam. et vieilli *Faire la noce* : mener une vie de débauche.

noceur, euse n. et adj. ▪ fam. et vieilli (Personne) qui aime faire la noce (3). → **fêtard.**

nocher n. m. ▪ poét. Celui qui dirige une embarcation.

nociception n. f. ▪ physiol. Réaction des récepteurs sensitifs provoquée par des stimulus qui menacent l'intégrité de l'organisme. ► **nociceptif, ive** adj.

nocif, ive adj. ▪ (choses) Qui peut nuire. → **dangereux, nuisible.** ▸ *Théories nocives.* → **pernicieux.** ▸ **nocivité** n. f.

noctambule adj. et n. ▪ (Personne) qui se promène ou se divertit la nuit. ▸ **noctambulisme** n. m.

noctiflore adj. ▪ bot. Qui ouvre ses fleurs pendant la nuit.

noctiluque adj. ▪ zool. Qui émet une lueur dans l'obscurité.

noctuelle n. f. ▪ Papillon de nuit.

noctule n. f. ▪ Grande chauve-souris.

nocturne ▪ **I** adj. (opposé à *diurne*) **1** Propre à la nuit. ▸ Qui a lieu pendant la nuit. **2** (animaux) Qui veille, chasse, etc. pendant la nuit. **II** n. m. Morceau de piano mélancolique. **III 1** n. m. ou f. Compétition qui a lieu en soirée. **2** n. f. Ouverture en soirée de magasins, d'expositions.

nocuité n. f. ▪ méd. Nocivité.

nodal, ale, aux adj. ▪ Qui constitue le point essentiel (d'un sujet, etc.).

nodosité n. f. ▪ **1** méd. Formation pathologique arrondie et dure. → **nodule. 2** État d'un végétal noueux.

nodule n. m. ▪ **1** anat. Nodosité (1). ▸ **nodulaire** adj. méd. **2** géol. Concrétion.

noduleux, euse adj. ▪ **1** didact. (végétaux) Qui comporte beaucoup de petits nodules. **2** géol. Qui contient des nodules.

noël [nɔɛl] n. m. ▪ **1** Fête commémorant la naissance du Christ (25 décembre). → **nativité.** ▸ *LE PÈRE NOËL,* personnage censé déposer des cadeaux (correspond à saint Nicolas). loc. *Croire au père Noël* : être très naïf. ▸ *La fête de Noël* ou n. f. *la Noël.* **2** fam. *Le noël* (d'un enfant), cadeau de Noël.

noème n. m. ▪ philos. (phénoménologie) Ce qui est pensé.

nœud n. m. ▪ **I 1** Enlacement d'une chose flexible (fil, corde, cordage) ou entrelacement de deux choses flexibles (→ **nouer**). **2** mar. Unité de vitesse correspondant à 1 mille marin à l'heure. **3** Ruban noué ; ornement en forme de nœud. **4** loc. *Nœud de vipères,* emmêlement de vipères dans le nid. **II** fig. **1** vx ou littér. Attachement très étroit entre des personnes. **2** Point essentiel (d'une difficulté). ♦ *Le nœud de l'action,* son point culminant. **3** (concret) Endroit où se croisent des grandes voies de communication. **III 1** Protubérance à la partie externe d'un arbre. → **nodosité ; noueux. 2** fam. Extrémité de la verge.

noir, noire ▪ **I** adj. **1** Se dit de l'aspect d'une surface ne réfléchissant aucune lumière. *Noir comme du charbon.* **2** Qui est plus sombre (dans son genre). *Café noir.* ▸ *Rue noire de monde.* **3** Sali. *Ongles noirs.* **4** Privé de lumière. → **obscur, sombre. 5** fam. et vieilli (attribut) Ivre. **II** adj. (abstrait) **1** Assombri par la mélancolie. *Idées noires.* **2** (dans des expr.) Marqué par le mal. *Messe noire.* ▸ Macabre. *Film noir.* **3** Non légal. → **clandestin.** *Marché noir.* **III** n. m. **1** Couleur noire. ▸ loc. *C'est écrit noir sur blanc,* de façon visible. ▸ *Film en noir et blanc* (opposé à *en couleurs*). **2** L'obscurité. *Avoir peur du noir.* **3** Matière colorante noire. ▸ loc. *Broyer* du noir.* **4** loc. *Voir tout en noir,* être pessimiste. **IV** adj. Qui appartient à un groupe humain, caractérisé par une peau très pigmentée. ▸ n. *Les Noirs.* → **nègre ;** anglic. **black.**

noirâtre adj. ▪ D'une couleur tirant sur le noir. → **sombre.**

noiraud, aude adj. et n. ▪ Noir de teint.

noirceur n. f. ▪ **1** littér. Couleur, caractère de ce qui est noir. **2** fig., littér. Méchanceté odieuse. **3** (Canada) Obscurité.

noircir v. [2] ▪ **I** v. intr. Devenir noir ou plus foncé. **II** v. tr. **1** Colorer de noir. **2** fig. Dépeindre d'une manière pessimiste. ▸ **noircissement** n. m. (concret)

noircissure n. f. ▪ Tache de noir. ▸ spécialt Altération du vin qui prend une teinte noire.

noire n. f. ▪ **1** Femme noire (IV). **2** mus. Note à corps noir et à queue simple.

noise n. f. ▪ loc. *Chercher noise* (ou *des noises*) *à qqn,* lui chercher querelle.

noiseraie n. f. ▪ rare Terrain planté de noyers ou de noisetiers.

noisetier n. m. ▪ Arbrisseau qui produit la noisette. → **coudrier.**

noisette n. f. ▪ **1** Fruit du noisetier, petite coque contenant une amande comestible. ♦ fig. *Une noisette de beurre.* **2** adj. invar. Brun clair. *Des yeux noisette.*

noix n. f. ▪ **1** Fruit du noyer, constitué d'une écale verte, d'une coque, et d'une amande comestible formée de quatre quartiers. ♦ fig. *Une noix de beurre.* **2** par analogie *Noix de coco. Noix muscade.* **3** *Noix de veau,* partie arrière du cuisseau. **4** fam. et vieilli Imbécile. ♦ loc. *À la noix* : sans valeur.

nolens volens [nɔlɛ̃svɔlɛ̃s] adv. ▪ didact. Bon gré, mal gré.

noli me tangere ou **noli-me-tangere** [-metɑ̃ʒeʀe] n. m. invar. ▪ Balsamine des bois.

noliser v. tr. [1] ▪ Affréter (un bateau, un avion). ▸ au p. p. *Avion nolisé.*

nom n. m. ▪ **I 1** Mot servant à désigner une personne (→ s'**appeler,** se **nommer**). ▸ *Nom de famille* (→ **patronyme**). ▸ *Agir AU NOM de qqn,* comme son représentant. **2** spécialt Nom de famille. **3** (dans des loc.) Notoriété. *Se faire un nom.* **4** (jurons) *Nom de Dieu !* ▸ fam. *Nom d'un chien !* **5** Désignation individuelle (d'un animal, d'un lieu, d'un objet). **II 1** Forme du langage, mot ou expression correspondant à une notion, et servant à désigner les êtres, les choses d'une même catégorie. → **appellation, dénomination, désignation, terme.** *Donner un nom à qqch.* ◆ loc. *Une terreur sans nom,* très intense. *Une attitude sans nom.* → **inqualifiable ; innommable. 2** *AU NOM DE... :* en invoquant... *Au nom de la loi.* **III** Mot (partie du discours) qui peut être le sujet d'un verbe, être précédé d'un déterminatif. → **substantif.** *Mot remplaçant un nom.* → **pronom.**

nomade ■ **1** adj. et n. (humains) Qui n'a pas d'habitation fixe (opposé à *sédentaire*). **2** adj. *Vie nomade.* → **errant, itinérant.**

nomadiser v. intr. 1 ■ Vivre en nomade.

nomadisme n. m. ■ Vie des nomades.

no man's land [nomanslɑ̃d] n. m. invar. ■ anglic. Zone comprise entre les premières lignes de deux armées ennemies. ◆ fig. Terrain neutre.

nombrable adj. ■ Dénombrable.

nombre n. m. ■ **1** Symbole caractérisant une unité ou une collection d'unités considérée comme une somme (→ **chiffre).** *Nombres entiers, décimaux.* ◆ math. Notion liée à celles de pluralité, d'ensemble, de correspondance. **2** Nombre concret. *Nombre d'habitants. Un petit nombre :* peu. ◆ loc. prép. *Être AU NOMBRE DE dix :* être dix. *Au* (ou du) *nombre de.* → **parmi.** ◆ *SANS NOMBRE.* → **innombrable. 3** *Le nombre,* grand nombre. → **quantité.** ◆ *EN NOMBRE :* en grande quantité. **4** Catégorie grammaticale du singulier et du pluriel. *L'adjectif s'accorde en genre et en nombre.*

nombreux, euse adj. ■ **1** Formé d'un grand nombre d'éléments. **2** En grand nombre. *Venez nombreux !*

nombril [-i(l)] n. m. ■ Cicatrice arrondie sur le ventre des mammifères, à l'endroit où le cordon ombilical a été sectionné. ◆ fig., fam. *Se prendre pour le nombril du monde* (→ nombrilisme).

nombrilisme n. m. ■ fam. Égocentrisme. ▶ **nombriliste** adj. et n.

nome n. m. ■ **1** hist. Division administrative de l'Égypte ancienne. **2** Ancienne circonscription administrative de la Grèce moderne.

-nome, -nomie, -nomique Éléments, du grec, de *nemein* «distribuer, administrer» (ex. *économe, agronomie, gastronomique*).

nomenclature n. f. ■ **1** Termes méthodiquement classés. → **terminologie. 2** Ensemble des termes faisant l'objet d'un article distinct (dans un dictionnaire, etc.).

nomenklatura [nɔmɛnklatura] n. f. ■ hist. Privilégiés du pouvoir, dans les pays de l'Est, du temps du régime soviétique.

nominal, ale, aux adj. ■ **I** Relatif au nom (I). *Appel nominal.* **II 1** Qui existe seulement de nom et pas en réalité. *Autorité nominale.* **2** écon. *Valeur nominale :* valeur d'émission (d'une action...). **III** gramm. Qui a la fonction d'un nom. *Formes nominales du verbe* (infinitif...). ▶ **nominalement** adv.

nominaliser v. tr. 1 ■ gramm. Transformer (une phrase verbale) en groupe nominal. ◆ au p. p. *Une forme nominalisée.* ▶ **nominalisation** n. f.

nominalisme n. m. ■ philos. Doctrine qui ramène les idées générales à l'emploi des signes, des noms, leur refusant une réalité. ▶ **nominaliste** adj. et n.

① **nominatif** n. m. ■ gramm. (langues à déclinaisons) Cas d'un substantif, adjectif ou pronom qui est sujet ou attribut.

② **nominatif, ive** adj. ■ Qui contient le nom, les noms (I). *Liste nominative.* → **nominal.** ▶ **nominativement** adv.

nomination n. f. ■ Action de nommer (qqn) à une fonction, etc. ; fait d'être nommé.

nominé, ée adj. ■ anglic. (personne, œuvre) Dont on a cité le nom pour être digne d'un prix. ◆ n. *Les nominés sont...* – recomm. off. *sélectionné.*

nominette n. f. ■ (Belgique) **1** Bandelette de tissu fixée sur un vêtement, qui porte le nom de son propriétaire. **2** Badge, insigne indiquant l'identité de la personne qui le porte.

nommage n. m. ■ inform. Attribution d'un nom permettant d'identifier un objet.

nommément adv. ■ En nommant, en désignant (qqn) par son nom.

nommer v. tr. 1 ■ **I 1** Distinguer (qqn) par un nom ; donner un nom à (qqn). → **appeler, dénommer. 2** Donner un nom à (qqch. ; une classe de choses, une notion). **3** Mentionner (qqn, qqch.) en disant ou en écrivant son nom. → **citer. II** Désigner, choisir (qqn) pour une fonction (s'oppose à *élire*). *On l'a nommé directeur.* ▷ v. pron. **se nommer 1** passif Avoir pour nom. **2** réfl. Dire son nom. ▷ adj. **nommé, ée I 1** (suivi du nom propre) *Un médecin nommé X.* **2** Désigné par un nom. **3** loc. *À POINT NOMMÉ :* au moment voulu. **II** Désigné par nomination.

nomo- Élément, du grec *nomos* «loi».

nomographie n. f. ■ **1** didact. Traité sur les lois et sur leur interprétation. **2** math. Procédé de résolution de problèmes de calcul par l'emploi d'un graphique coté (*nomogramme* n. m.).

nomologie n. f. ■ didact. Étude des lois.

nomophobie n. f. ■ anglic. didact. Dépendance extrême au téléphone portable. ▶ **nomophobe** n. et adj.

non adv. de négation ■ **I 1** Réponse négative, refus. *Non, n'insistez pas.* ◆ fam. (interrogatif) N'est-ce pas ? *C'est triste, non ?* **2** compl. dir. *Il ne sait pas dire non.* **3** fam. Exclamatif, marquant l'étonnement, etc. *Non, pas possible !* **II** (en phrase coordonnée ou juxtaposée) *ET NON ; MAIS NON. C'est moi et non vous.* ◆ *OU NON* (alternative). *Que vous le vouliez ou non.* ◆ → ② **pas.**

Hier j'aurais pu ; ce soir, non. ◆ NON PLUS. *Toi non plus, tu ne sais pas ?* ◆ NON, NON PAS, NON SEULEMENT... MAIS... **III** Qui n'est pas. *Un risque non négligeable.* **IV** n. m. invar. *Un non catégorique.* → **refus.** ◆ loc. *Pour un oui* ou pour un non.*

nonagénaire adj. et n. ■ (Personne) qui a entre quatre-vingt-dix et quatre-vingt-dix-neuf ans.

non-agression [nɔn-] n. f. ■ Fait de ne pas recourir à l'agression (contre un pays).

non-alignement [nɔn-] n. m. ■ (pays, État) Fait de ne pas se conformer à une politique commune. ► **non-aligné, ée** adj. et n. *Pays non-alignés.*

nonante adj. numéral cardinal invar. ■ (Belgique, Suisse) Quatre-vingt-dix. ► **nonantième** [-tjɛm] adj. et n.

non-appartenance [nɔn-] n. f. ■ Fait de ne pas appartenir (à un groupe).

non-assistance [nɔn-] n. f. ■ dr. Délit qui consiste à ne pas secourir volontairement. *Non-assistance à personne en danger.*

non-belligérance n. f. ■ État d'une nation qui s'abstient de prendre part effectivement à un conflit armé. ► **non-belligérant, ante** adj.

nonce n. m. ■ Ambassadeur du Vatican.

nonchalance n. f. ■ **1** Caractère, manière d'agir nonchalante. **2** Lenteur, mollesse indifférente. *Répondre avec nonchalance.*

nonchalant, ante adj. ■ Qui manque d'activité, d'ardeur, par indifférence. → **indolent.** ► **nonchalamment** adv.

nonchaloir n. m. ■ vx ou littér. Nonchalance.

nonciature n. f. ■ Charge, logis de nonce.

non-combattant, ante adj. et n. ■ *Personnel militaire non-combattant,* qui ne prend pas une part effective aux combats. ◆ n. *Les non-combattants.*

non-comparution n. f. ■ dr. Fait de ne pas comparaître en justice.

non-conciliation n. f. ■ dr. Défaut d'accord entre deux parties.

non-conformiste n. et adj. ■ (Personne) qui ne se conforme pas aux usages établis. ► **non-conformisme** n. m.

non-conformité n. f. ■ Défaut de conformité.

non-contradiction n. f. ■ philos., log. *Principe de non-contradiction,* par lequel une chose n'est pas autre qu'elle-même.

non-croyant, ante n. et adj. ■ Agnostique, athée.

non-cumul n. m. ■ **1** Fait de ne pas cumuler (deux ou plusieurs choses). **2** *Non-cumul des peines* : principe du droit pénal en vertu duquel on ne prononce que la plus forte des peines de même nature. *Le non-cumul des mandats.*

non-directif, ive adj. ■ Qui n'est pas directif. ◆ *Psychothérapie non-directive.*

non-discrimination n. f. ■ Refus d'appliquer des traitements différents selon les appartenances ethniques, politiques, etc.

non-dit n. m. ■ Ce qui n'est pas dit.

non-droit n. m. ■ didact. État (social, de civilisation...) qui n'est pas organisé par le droit. ♦ cour. *Zone de non-droit,* où la légalité n'est pas respectée.

none n. f. ■ relig. Office de 15 heures.

non-engagé, ée [nɔn-] adj. et n. ■ **1** Qui n'est pas engagé. *Un écrivain non-engagé.* **2** Qui n'est pas engagé dans un conflit international.

non-engagement [nɔn-] n. m. ■ Politique de neutralité à l'égard des grandes puissances.

non-être [nɔn-] n. m. invar. ■ philos. Fait de ne pas être ; état de ce qui n'est pas. → **néant.**

non-euclidien, ienne [nɔn-] adj. ■ Qui n'obéit pas au postulat d'Euclide.

non-événement ou **non-évènement** [nɔn-] n. m. ■ Événement attendu qui, finalement, s'avère inintéressant.

non-exécution [nɔn-] n. f. ■ dr. Défaut d'exécution.

non-figuratif, ive adj. ■ arts Qui ne représente pas le réel. → **abstrait.**

non-fumeur, euse n. ■ Personne qui ne fume pas. ◆ appos. *Espace non-fumeurs.*

non-gage n. m. ■ *Certificat de non-gage,* certifiant qu'une voiture n'est pas gagée.

nonidi n. m. ■ hist. Neuvième jour de la décade du calendrier républicain.

non-ingérence [nɔn-] n. f. ■ Absence d'intervention dans la politique intérieure d'un État étranger.

non-initié, iée [nɔn-] n. ■ Personne qui n'est pas initiée. → **profane.**

non-inscrit, ite [nɔn-] n. ■ polit. Élu qui n'est pas inscrit à un groupe politique ou parlementaire.

non-intervention [nɔn-] n. f. ■ Attitude d'un État qui s'abstient d'intervenir dans les affaires d'un pays étranger. ► **non-interventionniste** adj. et n.

non-jouissance n. f. ■ dr. Privation de jouissance.

non-lieu n. m. ■ dr. Décision par laquelle un juge déclare qu'il n'y a pas lieu de poursuivre en justice. *Des non-lieux.*

non-métal, aux n. m. ■ chim. Élément qui ne présente pas les propriétés d'un métal* (ex. le soufre, l'azote).

nonne n. f. ■ vx ou plais. Religieuse.

nonnette n. f. ■ **1** Variété de mésange. **2** Petit gâteau rond en pain d'épice.

nonobstant prép. et adv. ■ vx ou dr. Sans être empêché par **(→ malgré)** ; cependant.

non-paiement n. m. ■ dr. Défaut de paiement.

nonpareil, eille adj. ■ vx Qui est sans égal dans son genre.

non-prolifération n. f. ■ Limitation de la quantité (d'armes nucléaires dans le monde).

non-recevoir → ①**fin** (II, 3) de non-recevoir

non-résident, ente adj. et n. ■ Qui ne réside pas en permanence (en un lieu). ◆ n. *Les non-résidents.*

non-respect n. m. ■ Fait de ne pas respecter (un engagement, une obligation).

non-retour n. m. ■ loc. *Point de non-retour :* moment où il n'est plus possible de revenir en arrière (dans une série d'actes...).

non-sens [nɔ̃sɑ̃s] n. m. invar. ■ Ce qui est dépourvu de sens. → **absurdité.**

non-stop [nɔnstɔp] adj. invar. ■ anglic. Ininterrompu. ♦ n. m. *En non-stop :* sans arrêt.

non-tissé n. m. ■ Matériau obtenu par assemblage de fibres textiles, sans tissage ni tricotage.

non-violence n. f. ■ Doctrine qui exclut toute action violente en politique. ► **non-violent, ente** adj. et n.

non-voyant, ante n. ■ Aveugle (→ malvoyant).

noologique adj. ■ didact. Qui a pour objet le monde de l'esprit.

nopal n. m. ■ Cactus (oponce) à fruits comestibles (figues de Barbarie).

noradrénaline n. f. ■ biochim. Neuromédiateur précurseur de l'adrénaline.

nord ■ **I** n. m. **1** Celui des quatre points cardinaux correspondant à la direction de l'Étoile polaire (à l'opposé du sud). ◆ *Nord magnétique,* indiqué par l'aiguille aimantée. ◆ loc. fig. *Perdre le nord :* s'affoler. **2** Partie (d'un ensemble géographique) la plus proche du nord. ◆ *Le Grand Nord.* → **arctique.** ♦ Les pays industrialisés. *Dialogue Nord-Sud.* **II** adj. invar. Qui se trouve au nord. → **boréal, septentrional.**

nord-africain, aine adj. et n. ■ D'Afrique du Nord. ◆ n. *Les Nord-Africains.*

nord-américain, aine adj. et n. ■ D'Amérique du Nord. ◆ n. *Les Nord-Américains.*

nord-coréen, enne adj. et n. ■ De la Corée du Nord. ◆ n. *Les Nord-Coréens.*

nord-est [nɔʀɛst] n. m. invar. ■ Point situé à égale distance entre le nord et l'est. ◆ adj. invar. *La partie nord-est du pays.*

nordet n. m. ■ mar. Vent qui vient du nord-est.

nordicité n. f. ■ Caractère nordique ; particularités de la zone froide de l'hémisphère Nord.

nordique adj. et n. ■ Des pays du nord de l'Europe. *Langues nordiques* (anciennes : le *nordique* n. m.).

nordiste n. m. et adj. ■ Partisan des États du Nord (→ yankee), lors de la guerre de Sécession aux États-Unis.

nord-ouest [nɔʀwɛst] n. m. invar. ■ Point à égale distance entre le nord et l'ouest **(→ noroît).** ◆ adj. invar. *Côte nord-ouest.*

nord-vietnamien, ienne adj. et n. ■ hist. De l'État du Viêtnam du Nord (avant la réunification du pays). ◆ n. *Les Nord-Vietnamiens.*

nori n. m. ■ Algue utilisée séchée dans la cuisine japonaise.

noria n. f. ■ Machine hydraulique à godets, qui sert à élever l'eau, à irriguer.

normal, ale, aux adj. ■ **1** math. Perpendiculaire (à). **2** *École normale,* qui formait les instituteurs. ◆ *L'École normale supérieure,* formant des professeurs, des chercheurs **(→ normalien).** **3** Conforme au type le plus fréquent **(→ norme)** ; qui se produit selon l'habitude (s'oppose à *anormal*). *Il n'est pas normal :* il est bizarre. *En temps normal.* → **ordinaire.** **4** n. f. *La normale :* la moyenne. *Intelligence supérieure à la normale.*

normalement adv. ■ **1** De manière normale. **2** En temps normal. → **habituellement.**

normalien, ienne n. ■ Élève de l'École normale supérieure.

normaliser v. tr. [1] ■ **1** Soumettre à des normes (3). **2** Faire devenir ou redevenir normal. ► **normalisation** n. f.

normalité n. f. ■ Caractère normal.

normand, ande adj. et n. ■ De Normandie. ◆ (n.) loc. *Réponse de Normand,* ambiguë.

normatif, ive adj. ■ didact. Qui constitue une norme (1), établit des règles.

norme n. f. ■ **1** didact. Type concret ou formule abstraite de ce qui doit être. → **loi, modèle, principe, règle.** **2** État habituel, conforme à la majorité des cas **(→ normal).** *Norme sociale.* **3** Critères définissant un produit, un procédé **(→ ①standard).**

normé, ée adj. ■ math. *Espace vectoriel normé,* muni d'une norme. *Vecteur normé,* dont la norme est égale à un.

normographe n. m. ■ Plaquette dans laquelle les contours de lettres, de figures ont été évidés pour qu'on puisse en reproduire le tracé.

noroît n. m. ■ mar. Vent du nord-ouest.

norrois ou **norois** n. m. ■ ling. Langue germanique ancienne.

norvégien, ienne adj. et n. ■ De Norvège. ♦ n. m. *Le norvégien* (langue scandinave).

noso- Élément, du grec *nosos* «maladie».

nosocomial, ale, aux adj. ■ didact. *Infection nosocomiale,* contractée en milieu hospitalier.

nosographie n. f. ■ méd. Description et classification méthodique des maladies.

nosologie n. f. ▪ méd. Discipline qui classifie les maladies. ► **nosologique** adj. ► **nosologiste** n.

nostalgie n. f. ▪ Regret mélancolique (de ce qui est révolu ou qu'on n'a pas connu). → **mélancolie.** ► **nostalgique** adj.

nota bene [-bene] ou **nota** n. m. invar. ▪ Note, remarque. - abrév. **N. B.**

notabilité n. f. ▪ Notable (2).

notable ▪ **1** adj. Qui est digne d'être noté, remarqué. *De notables progrès.* → **appréciable. 2** n. Personne de rang social élevé et qui a du pouvoir. → **personnalité.**

notablement adv. ▪ D'une façon notable.

notaire n. ▪ Officier public (homme ou femme) chargé d'établir les actes et contrats à caractère authentique. ► **notarial, iale, iaux** adj.

notamment adv. ▪ En remarquant parmi d'autres. → **particulièrement.**

notariat n. m. ▪ **1** Fonction de notaire. **2** Corps des notaires.

notarié, ée adj. ▪ Fait par un notaire.

notation n. f. ▪ **1** Action, manière de noter ; système de symboles. **2** Ce qui est noté (par écrit). → **note. 3** Action de noter (3).

note n. f. ▪ **I 1** *Note (de musique) :* signe caractérisant un son. **2** Son figuré par une note. *Les notes de la gamme* (do, ré, mi, fa, sol, la, si). ◆ loc. *Fausse note.* → fam. **canard, couac.** fig. Élément discordant. ◆ *Être dans la note,* dans le style. **3** Touche d'un clavier. **II 1** Mot, phrase, information se rapportant à un texte et figurant à côté de ce texte. → **annotation. 2** Brève communication écrite. → **avis, communiqué, notice. 3** Indication recueillie par écrit (en étudiant, en observant...). *Prendre des notes.* ◆ *Prendre note de qqch.* → **noter. 4** Détail d'un compte. → **facture ; addition. 5** Appréciation chiffrée donnée selon un barème.

noter v. tr. [1] ▪ **1** Marquer d'un signe ou écrire (ce dont on veut garder l'indication, se souvenir). → **consigner, inscrire. 2** Prêter attention à (qqch.). → **remarquer ; notable. 3** Apprécier par une note (II, 5) chiffrée.

notice n. f. ▪ Bref exposé écrit.

notifier v. tr. [7] ▪ **1** Faire connaître expressément. **2** dr. Porter à la connaissance de qqn, dans les formes légales (un acte juridique). → **signifier.** ► **notification** n. f.

notion n. f. ▪ **1** au plur. Connaissance élémentaire. → **élément, rudiment. 2** Connaissance intuitive, assez imprécise (de qqch.). **3** Objet général de connaissance. → **concept, idée.** ► **notionnel, elle** adj. (sens 3).

notoire adj. ▪ **1** Qui est connu par un grand nombre de personnes. → **public. 2** (personnes) Reconnu comme tel. *Un criminel notoire.* ► **notoirement** adv.

notonecte n. m. ou f. ▪ Punaise d'eau.

notoriété n. f. ▪ **1** Caractère de ce qui est notoire (1). **2** Célébrité, renom.

notre, plur. **nos** ▪ Adjectif possessif de la première personne du pluriel et des deux genres, correspondant au pronom personnel *nous.* **1** Qui est à nous, nous appartient. *Nos parents.* ◆ *À notre époque.* **2** (sympathie...) *Notre héros parvint à s'échapper.*

nôtre ▪ Qui est à nous. **1** adj. poss. littér. À nous, de nous. *Nous avons fait nôtres ces idées.* **2** pron. poss. *LE NÔTRE, LA NÔTRE, LES NÔTRES :* l'être ou l'objet qui est en rapport de possession, de parenté, d'intérêt, etc., avec le groupe formé par celui qui parle *(je, moi)* et une ou plusieurs autres personnes *(nous).* **3** n. *Nous y mettons chacun du nôtre,* nous faisons un effort (→ **sien).** ◆ *Les nôtres :* parents, amis, etc.

Notre-Dame n. f. invar. ▪ (sans article) relig. cathol. La Vierge Marie. ◆ Nom d'églises dédiées à la Vierge.

notule n. f. ▪ didact. Petite annotation.

nouaison n. f. ▪ Transformation de l'ovaire de la fleur en fruit. → **nouure.**

nouba n. f. ▪ **1** anciennt Musique militaire française, au Maghreb. **2** fam. Fête. → **java. 3** mus. → **nuba.**

nouer v. tr. [1] ▪ **I 1** Arrêter, unir en faisant un nœud. → **attacher, lier.** *Nouer ses lacets.* **2** Serrer, entourer, réunir en faisant un ou des nœuds. *Nouer un bouquet.* **II** fig. **1** Serrer comme par un nœud. *L'émotion lui nouait la gorge.* **2** Établir (un lien moral). *Nouer une alliance.* ▷ adj. **noué, ée** (fig.) *Gorge nouée.* ◆ (personnes) Contracté, angoissé.

noueux, euse adj. ▪ **1** (bois) Qui a beaucoup de nœuds, de nodosités. **2** Aux articulations saillantes. *Mains noueuses.*

nougat n. m. ▪ **1** Confiserie à base d'amandes (de noisettes...) et de sucre, de miel. **2** fam. *C'est du nougat !,* c'est facile.

nougatine n. f. ▪ Nougat brun et dur.

nouille n. f. ▪ **1** au plur. Pâtes* alimentaires plates. **2** fig., fam. Personne molle et niaise. ◆ adj. *Ce qu'il est nouille !* **3** *Style nouille :* style décoratif 1900, appelé aussi *art nouveau.* → **modern style.**

noumène n. m. ▪ philos. Chez Kant, Réalité intelligible (opposée au phénomène). ► **nouménal, ale, aux** adj.

nounou n. f. ▪ lang. enfantin Nourrice.

nounours [-URS] n. m. ▪ lang. enfantin Ours en peluche.

nourrain n. m. ▪ techn. **1** Jeunes poissons utilisés pour repeupler un étang. **2** Cochon de lait qu'on engraisse.

nourrice n. f. ▪ **I 1** Femme qui allaite un enfant en bas âge. **2** Femme qui, par profession, garde et élève des enfants en bas âge. **II** Réservoir mobile. → **bidon, jerrycan.**

nourricerie n. f. ▪ techn. Lieu où l'on élève de jeunes animaux.

nourricier, ière adj. ▪ I *Père nourricier* : père adoptif. II Qui fournit, procure la nourriture. *La terre nourricière.*

nourrir v. tr. [2] ▪ 1 Élever, alimenter (un nouveau-né) en l'allaitant. 2 Entretenir, faire vivre (qqn, un animal) en lui donnant à manger. → **alimenter, sustenter.** ♦ Pourvoir (qqn) de moyens de subsistance. *Il a trois personnes à nourrir.* 3 sans compl. Constituer un aliment pour l'organisme. 4 littér. Entretenir (qqch.). *Nourrir le feu.* – *Nourrir un récit de détails.* 5 fig. Pourvoir (l'esprit) d'une nourriture spirituelle. → **former.** 6 Entretenir en soi (un sentiment...). *Nourrir l'espoir de* (+ inf.). *Nourrir un soupçon.* ▷ v. pron. se **nourrir** Absorber (des aliments), manger. ▷ adj. **nourri, ie** 1 Alimenté. 2 fig. *Conversation nourrie.* → **dense.**

nourrissage n. m. ▪ Action de nourrir des bestiaux.

nourrissant, ante adj. ▪ Qui nourrit (plus ou moins). → **nutritif.**

nourrisseur n. m. ▪ Personne qui engraisse du bétail pour la boucherie.

nourrisson n. m. ▪ Enfant nourri au lait, qui n'a pas atteint l'âge du sevrage. → **bébé.**

nourriture n. f. ▪ 1 Ce qui entretient la vie d'un organisme en lui procurant des substances à assimiler (→ **alimentation, subsistance)** ; ces substances (→ **aliment).** ♦ Ce qu'on mange habituellement aux repas. 2 fig., littér. *Nourritures intellectuelles.*

nous pron. pers. ▪ 1 Pronom personnel de la première personne du pluriel (représente la personne qui parle et une ou plusieurs autres, ou un groupe auquel celui qui parle appartient → **on**). *C'est nous qui l'avons appelé.* – (compl.) *Il nous regarde.* – (compl. indir.) *Il nous a écrit. C'est à nous* (→ **nôtre).** – *NOUS-MÊMES. Nous l'ignorons nous-mêmes.* – *NOUS AUTRES* [-z-]. *Nous autres, citadins.* 2 Employé pour *je* (plur. de majesté ou de modestie). *Le roi dit : nous voulons.*

nouure n. f. ▪ bot. Commencement de la formation du fruit. → **nouaison.**

nouveau ou **nouvel** (devant voyelle ou *h* muet), **nouvelle** adj. ▪ I 1 (après le nom) Qui apparaît pour la première fois ; qui vient d'apparaître. → **neuf, récent ; néo-.** *Pommes de terre nouvelles. Des idées nouvelles.* – n. m. *Il y a du nouveau.* 2 (devant le nom) Qui est depuis peu de temps ce qu'il est. *Des nouveaux venus.* 3 n. Personne qui vient d'arriver (dans une collectivité). 4 (après le nom) Qui tire de son caractère récent une valeur d'invention. → **hardi, insolite, original.** 5 *NOUVEAU POUR* (qqn), qui était jusqu'ici inconnu de lui. → **inhabituel.** II (devant le nom, en épithète) 1 Qui apparaît après un autre qu'il remplace. *Le nouvel an. La nouvelle lune,* la phase durant laquelle elle grandit. *Le Nouveau Monde* : l'Amérique. ♦ (personnes) D'un type inédit. *Les nouveaux pères.* 2 Qui a succédé, s'est substitué à un(e) autre. *Sa nouvelle voiture.* III loc. adv. 1 *DE NOUVEAU* : pour la seconde fois. → **encore.** 2 *À NOUVEAU* : une nouvelle fois ; d'une manière différente.

nouveau-né, nouveau-née ▪ 1 adj. Qui vient de naître. 2 n. m. → **bébé, nourrisson.**

nouveauté n. f. ▪ 1 Caractère de ce qui est nouveau. → **originalité.** 2 Ce qui est nouveau. *Le charme de la nouveauté.* 3 Chose nouvelle ; produit nouveau.

① **nouvelle** n. f. ▪ 1 Premier avis qu'on donne ou qu'on reçoit (d'un événement récent) ; cet événement porté pour la première fois à la connaissance. *Annoncer une nouvelle.* – *Bonne, mauvaise nouvelle.* 2 au plur. Ce que l'on apprend par la rumeur publique, les médias. → **information(s).** 3 au plur. Renseignements sur qqn qu'on n'a pas vu depuis quelque temps. – loc. prov. *Pas de nouvelles, bonnes nouvelles.* – loc. *Vous aurez de mes nouvelles !* (menace). *Vous m'en direz des nouvelles* (des compliments).

② **nouvelle** n. f. ▪ Court récit écrit présentant une unité d'action.

nouvellement adv. ▪ (seulement devant un p. p., un passif) Depuis peu de temps. → **récemment.** *Livre nouvellement paru.*

nouvelliste n. ▪ Auteur de nouvelles (②).

nova, plur. **novæ** [nɔve] n. f. ▪ astron. Étoile qui présente brusquement un éclat très vif (→ **supernova).**

novateur, trice n. ▪ Personne qui innove. → **innovateur.** – adj. *Esprit novateur.*

novation n. f. ▪ 1 didact. Apparition d'une chose nouvelle (en droit, en biologie). 2 Chose nouvelle. → **innovation.**

novatoire adj. ▪ dr. Relatif à une novation.

novelette n. f. ▪ mus. Courte pièce pour piano.

novélisation ou **novellisation** n. f. ▪ anglic. Transformation (d'un film, d'un scénario) en roman. ▸ **novéliser** ou **novelliser** v. tr. [1]

novembre n. m. ▪ Onzième mois de l'année.

novice n. ▪ 1 relig. Personne qui passe un temps d'épreuve (*noviciat* n. m.) dans un couvent, avant de prononcer des vœux définitifs. 2 Personne qui aborde une chose nouvelle pour elle. → **apprenti, débutant.** 3 adj. Inexpérimenté.

noviciat n. m. ▪ Temps d'épreuve imposé aux novices (1).

novillada n. f. ▪ Corrida de novillos, réservée aux novilleros.

novillero [-ERO] n. m. ▪ Torero qui n'est pas encore confirmé.

novillo n. m. ▪ Jeune taureau de combat.

novlangue n. f. (terme créé par George Orwell) ▪ Langage stéréotypé au moyen duquel la réalité est mise à l'écart. *Une novlangue de technocrates.*

novo- Élément, du latin *novus* «nouveau».

novocaïne n. f. ▪ Anesthésique dérivé de la cocaïne.

novotique n. f. ▪ Ensemble des techniques et des phénomènes économiques liés aux microprocesseurs et à l'informatique.

noyade n. f. ▪ Fait de (se) noyer.

noyau n. m. ▪ **I** Partie dure dans un fruit, renfermant l'amande (→ **graine**) ou les amandes de certains fruits (→ **drupe**). **II** Partie centrale, fondamentale (de qqch.). → **centre, cœur; nucl(é)o)-. 1** géol. Partie centrale du globe terrestre. **2** biol. Partie centrale de la cellule, qui contient les chromosomes. **3** phys. Partie centrale de l'atome, constituée de protons et de neutrons. **III 1** Groupe humain, considéré quant à sa permanence. **2** loc. *Noyau dur,* partie la plus solide d'un groupe.

noyautage n. m. ▪ Introduction, dans un milieu, de propagandistes isolés chargés de le désorganiser. ► **noyauter** v. tr. [1]

① **noyer** v. tr. [8] ▪ **1** Tuer par asphyxie en immergeant dans un liquide. ◆ loc. fig. *Noyer le poisson* : embrouiller volontairement une affaire. **2** Recouvrir de liquide. ♦ fig. *Noyer une révolte dans le sang,* la réprimer de façon sanglante. *Noyer son chagrin dans l'alcool* : s'enivrer pour oublier. **3** Faire disparaître dans un ensemble vaste ou confus. ▷ v. pron. **se noyer 1** Mourir asphyxié par noyade. **2** fig. Se perdre. *Se noyer dans des détails.* ▷ **noyé, ée 1** adj. *Marins noyés en mer.* → **disparu.** ◆ fig. *Être noyé,* dépassé par une difficulté. **2** n. Personne morte noyée, ou en train de se noyer.

② **noyer** n. m. ▪ **1** Arbre de grande taille, dont le fruit est la noix. **2** Son bois.

Np ▪ Symbole chimique du neptunium.

① **nu, nue** ▪ **I** adj. **1** Qui n'est couvert d'aucun vêtement. *Être nu, tout nu.* ◆ loc. *Nu comme un ver.* ◆ *Être nu-pieds, nu-tête.* **2** fig. *Épée nue,* hors du fourreau. ♦ loc. *À L'ŒIL NU* : sans instrument d'optique. ◆ *Se battre À MAINS NUES,* sans arme. **3** Dépourvu d'ornement, de parure. ◆ fig. *La vérité toute nue.* → **pur. 4** *À NU* loc. adv. : à découvert. *Mettre à nu.* → **dévoiler. II** n. m. Représentation du corps humain nu.

② **nu** n. m. invar. ▪ Treizième lettre de l'alphabet grec (Ν, ν), correspondant à la lettre *n.*

nuage n. m. ▪ **1** Amas de vapeur d'eau condensée en fines gouttelettes en suspension dans l'atmosphère. → **nue, nuée.** ◆ loc. *Être dans les nuages,* distrait. → dans la **lune.** ♦ fig. Ce qui trouble la sérénité. *Bonheur sans nuage.* **2** par analogie *Un nuage de poussière.*

nuageux, euse adj. ▪ Partiellement couvert de nuages. → **nébuleux.** *Ciel nuageux.*

nuance n. f. ▪ **1** Chacun des degrés par lesquels peut passer une même couleur. → **tonalité. 2** État intermédiaire ; faible différence. *Nuances imperceptibles.*

nuancer v. tr. [3] ▪ Exprimer en tenant compte des nuances. ▷ adj. **nuancé, ée** *Jugement nuancé.*

nuancier n. m. ▪ Présentoir de coloris.

nuba [nuba] ou **nouba** n. f. ▪ mus. Suite de poèmes chantés et de pièces instrumentales, dans la musique classique du Maghreb.

nubile adj. ▪ En âge d'être marié ; apte à la reproduction. → **pubère.** ► **nubilité** n. f.

nubuck n. m. ▪ Cuir bovin d'aspect velouté.

nucal, ale, aux adj. ▪ anat. De la nuque.

nucelle n. m. ▪ bot. Partie centrale de l'ovule des spermaphytes.

nucléaire adj. ▪ **1** biol. Relatif au noyau de la cellule. **2** phys. Relatif au noyau de l'atome. ◆ *Énergie nucléaire* (fournie par une *réaction nucléaire*) ; n. m. *le nucléaire.* **3** Qui utilise l'énergie nucléaire. → **atomique.**

nucléariser v. tr. [1] ▪ Pourvoir de l'énergie nucléaire, d'un armement nucléaire. ◆ au p. p. *Pays nucléarisés.* ► **nucléarisation** n. f.

nucléase n. f. ▪ biochim. Enzyme qui catalyse la scission des acides nucléiques.

nucléé, ée adj. ▪ biol. Qui possède un ou plusieurs noyaux.

nucléide n. m. ▪ Noyau atomique caractérisé par son nombre de protons et de neutrons. - syn. **nuclide** n. m.

nucléique adj. ▪ biol. *Acides nucléiques* : constituants fondamentaux du noyau de la cellule, porteurs de l'information génétique. → **ADN, ARN.**

nucl(é)o)- Élément savant, du latin *nucleus* «noyau».

nucléole n. m. ▪ biol. Petit corps sphérique qui se trouve dans les noyaux cellulaires.

nucléon n. m. ▪ Particule constitutive du noyau atomique. ► **nucléonique** adj. phys.

nucléophile adj. et n. m. ▪ chim. Se dit d'une particule chimique ayant de l'affinité pour un noyau avec lequel elle partage un ou plusieurs électrons.

nucléoprotéine n. f. ▪ biochim. Substance qui résulte de l'association d'une protéine avec un acide nucléique.

nucléoside n. m. ▪ biochim. Élément constitutif des acides nucléiques.

nucléosome n. m. ▪ Unité élémentaire de la chromatine.

nucléotide n. m. ▪ biochim. Constituant élémentaire des acides nucléiques.

nucléus [-ys] n. m. ▪ préhist. Noyau de silex dont on extrait des éclats, des lames.

nuclide → **nucléide**

nudisme n. m. ▪ Pratique de la vie au grand air dans un état de complète nudité. → **naturisme.** ► **nudiste** adj. et n.

nudité n. f. ▪ **1** État d'une personne nue. **2** État de ce qui n'est pas orné.

nue n. f. ▪ **1** littér. Nuage. **2** loc. *PORTER qqn, qqch. AUX NUES* : louer avec enthousiasme. ◆ *Tomber des nues* : être très surpris.

nuée n. f. ▪ **1** littér. Gros nuage. **2** fig. Multitude formant un groupe compact.

nuement → **nûment**

nue-propriété n. f. ▪ dr. Propriété d'un bien sur lequel une autre personne a un droit d'usufruit. *Des nues-propriétés.*

nugget [nœgɛt] n. m. ▪ anglic. Croquette panée et frite. *Des nuggets de poulet.*

nuire v. tr. ind. [38] ▪ *NUIRE À* **1** Faire du tort, du mal à (qqn). → **léser.** ◆ sans compl. *Mettre qqn hors d'état de nuire.* **2** (sujet chose) Constituer un danger pour ; causer du tort à. *Cette accusation lui a beaucoup nui.* ▷ v. pron. se **nuire**

nuisance n. f. ▪ **1** vx Caractère nuisible. **2** Ensemble de facteurs d'origine technique (bruit, pollution, etc.) ou sociale (promiscuité...) qui nuisent à la qualité de la vie.

nuisette n. f. ▪ Chemise de nuit courte et légère.

nuisible adj. ▪ Qui nuit (à qqn, à qqch.). → **néfaste ; malsain.** ◆ *Animaux nuisibles.*

nuit n. f. ▪ **I** Obscurité qui enveloppe quotidiennement une partie de la Terre du fait de sa rotation. *Le jour et la nuit. Nuit tombante.* → **crépuscule.** ◆ loc. *La nuit des temps,* une époque très ancienne. **II** Espace de temps qui s'écoule depuis le coucher jusqu'au lever du soleil. *Les longues nuits polaires.* ◆ *Nuit blanche,* sans sommeil. ◆ *Bonne nuit !* → **bonsoir.** ♦ *DE NUIT* : qui a lieu, se passe, fait qqch., sert, fonctionne la nuit. → **nocturne.**

nuitamment adv. ▪ littér. Pendant la nuit.

nuitée n. f. ▪ Nuit passée dans un lieu d'hébergement payant.

nuiteux, euse n. ▪ fam. Personne qui effectue un service de nuit.

nul, nulle ▪ **I 1** adj. indéf. (placé devant le nom) littér. Pas un. → **aucun.** *Nul homme n'en sera exempté.* → **personne.** *Je n'en ai nul besoin.* → **pas.** ◆ *NULLE PART**. **2** pron. indéf. sing. (sujet) Pas une personne. *Nul n'est censé ignorer la loi.* **II** adj. qualificatif (après le nom) **1** Qui est sans existence ou sans effet. *Risque nul.* → **inexistant.** *Match nul.* **2** (travail, etc.) Qui ne vaut rien, pour la qualité. ♦ (personnes) Sans mérite, sans valeur. ◆ n. *C'est un nul.* **3** fam. Déplaisant, sans intérêt.

nullard, arde adj. et n. ▪ fam. Tout à fait nul, qui n'y connaît rien.

nullement adv. ▪ Pas du tout, en aucune façon. → **aucunement.**

nullipare adj. et n. f. ▪ méd. Qui n'a encore jamais accouché. ◆ n. f. *Une nullipare.*

nullité n. f. ▪ **1** dr. Inefficacité (d'un acte juridique). *Nullité d'un contrat.* **2** Caractère de ce qui est nul, sans valeur. ◆ (personnes) Défaut de talent, de connaissances, de compétence. **3** *Une nullité* : personne nulle.

nûment ou **nuement** adv. ▪ littér. Sans déguisement, sans fard.

numéraire n. m. ▪ Monnaie ayant cours légal. → **espèce(s).**

numéral, ale, aux adj. ▪ **1** Qui désigne, représente un nombre (arithmétique). **2** gramm. *Adjectifs numéraux,* indiquant le nombre (→ **cardinal**), le rang (→ **ordinal**).

numérateur n. m. ▪ Nombre supérieur d'une fraction (→ aussi dénominateur).

numération n. f. ▪ **1** Système permettant d'écrire et de nommer les divers nombres. **2** Action de compter. → **compte.**

numérique adj. ▪ **1** Représenté par un, des nombres. **2** Qui concerne les nombres. *Calcul numérique.* **3** Évalué en nombre. → **quantitatif.** *Supériorité numérique.* ► **numériquement** adv. **4** Se dit de la représentation de données sous forme de nombres (opposé à *analogique*). → anglic. ②**digital.** ♦ Qui est codé sous forme de nombres. *Images numériques.* ♦ n. m. *Le numérique* : l'ensemble des techniques utilisant des signaux numériques.

numériser v. tr. [1] ▪ techn. Coder sous forme numérique. *Numériser des images, des sons.* ► **numérisation** n. f.

numériseur n. m. ▪ techn. Appareil servant à numériser des documents. - recomm. off. pour *scanner.*

numéro n. m. ▪ **I 1** Nombre attribué à une chose pour la classer (abrév. *N°, n°,* devant un nombre). *Numéro d'immatriculation.* ◆ *Tirer le bon, le mauvais numéro* (dans un tirage au sort). **2** *NUMÉRO UN* loc. adj. : principal. **3** Partie d'un périodique qui paraît en une seule fois et porte un numéro. ◆ loc. *La suite au prochain numéro* (fig. *à une autre fois*). **II 1** Division du programme d'un spectacle. **2** fig., fam. Spectacle donné par qqn qui se fait remarquer. → **cinéma, cirque. III** fam. Personne bizarre, originale.

numérologie n. f. ▪ Étude divinatoire basée sur les nombres. ► **numérologue** n.

numérotage n. m. ▪ Action de numéroter.

numérotation n. f. ▪ **1** → **numérotage. 2** Ordre des numéros.

numéroter v. tr. [1] ▪ Marquer, affecter d'un numéro. ◆ au p. p. *Siège numéroté.*

numéroteur n. m. ▪ **1** Appareil servant à imprimer des numéros. **2** Dispositif permettant de composer les numéros d'appel.

numerus clausus [nymerysklozys] n. m. ▪ Limitation du nombre de personnes admises à une fonction, un grade, etc. ; ce nombre.

numide adj. et n. ▪ De Numidie. ◆ n. *Les Numides.*

numismatique n. f. ▪ didact. Connaissance des médailles et monnaies. ◆ adj. *Recherches numismatiques.* ► **numismate** n.

nummulite n. f. ▪ Protozoaire fossile du début du tertiaire.

nunchaku [nunʃaku] n. m. ▪ Arme d'origine japonaise, formée de deux bâtons reliés par une chaîne.

nunuche adj. ▪ Un peu niais, simplet. ◆ n. f. Jeune fille peu dégourdie.

nuoc-mam [-am] n. m. ▪ Sauce de poisson macéré dans la saumure (cuisine vietnamienne).

nu-pieds n. m. pl. ▪ Sandales légères.

nu-propriétaire, nue-propriétaire n. ▪ dr. Personne à qui appartient la nue-propriété d'un bien. *Des nus-propriétaires.*

nuptial, ale, aux adj. ▪ **1** Relatif aux noces, à la célébration du mariage. **2** zool. Relatif à l'accouplement. *Parade nuptiale.*

nuptialité n. f. ▪ didact. Nombre relatif des mariages dans une population.

nuque n. f. ▪ Partie postérieure du cou, au-dessous de l'occiput.

nuraghe [nyʀag ; nuʀage] n. m. ▪ archéol. Tour antique propre à la Sardaigne. *Des nuraghi* (plur. sarde).

nursage n. m. ▪ méd. Ensemble des soins destinés à assurer le confort et la propreté de malades hospitalisés. – recomm. off. pour *nursing.*

nurse [nœʀs] n. f. ▪ vieilli Domestique qui s'occupe des enfants.

nursery [nœʀsəʀi] n. f. ▪ anglic., vieilli Pièce réservée aux jeunes enfants.

nutation n. f. ▪ astron. Oscillation périodique de l'axe de rotation de la Terre.

nutriment n. m. ▪ didact. Substance alimentaire pouvant être directement assimilée.

nutritif, ive adj. ▪ **1** Qui nourrit. → **nourrissant.** **2** didact. Relatif à la nutrition.

nutrition n. f. ▪ **1** Transformation et utilisation des aliments dans l'organisme (→ aussi malnutrition). **2** physiol. Ensemble des phénomènes d'échange (assimilation, excrétion, respiration) entre un organisme et le milieu. ► **nutritionnel, elle** adj.

nutritionniste n. ▪ Spécialiste des problèmes de nutrition. → **diététicien.**

nyctalope adj. ▪ didact. Qui voit la nuit. ► **nyctalopie** n. f.

nycthémère n. m. ▪ didact. Espace de temps comprenant un jour et une nuit (24 h). ► **nycthéméral, ale, aux** adj.

nylon n. m. (nom déposé) ▪ Fibre synthétique (polyamide).

nymphal, ale, aux adj. ▪ zool. Des nymphes (III).

nymphe n. f. ▪ **I 1** mythol. Divinité féminine d'un rang inférieur. → **dryade, naïade, néréide, oréade.** **2** plais. Jeune fille, jeune femme gracieuse. **II** au plur. anat. Petites lèvres de la vulve. **III** zool. Deuxième stade de la métamorphose des insectes, après la larve (→ **chrysalide).**

nymphéa n. m. ▪ Nénuphar blanc.

nymphée n. m. ou f. ▪ archéol. Grotte abritant une source ; sanctuaire consacré aux nymphes.

nymphette n. f. ▪ Très jeune fille au physique attrayant. → **lolita.**

nymphomanie n. f. ▪ Exagération des désirs sexuels chez la femme ou chez des femelles de mammifères. ► **nymphomane** n. f. et adj. f.

nymphose n. f. ▪ zool. Transformation d'une larve d'insecte en nymphe (III).

nystagmus [-ys] n. m. ▪ méd. Mouvements saccadés et involontaires des globes oculaires.

O

o [o] n. m. ▪ Quinzième lettre, quatrième voyelle de l'alphabet.

O ▪ Symbole chimique de l'oxygène. CO_2 : dioxyde de carbone.

ô [o] interj. ▪ Interjection pour invoquer.

oaristys [-is] n. f. ▪ littér. Poème d'amour, proche de l'idylle.

oasien, ienne adj. et n. ▪ géogr. Relatif aux oasis. ◂ n. Habitant d'une oasis.

oasis [-is] n. f. ▪ **1** Endroit d'un désert qui a un point d'eau. **2** fig. Lieu reposant.

obéché n. m. ▪ Grand arbre d'Afrique, dont le bois jaune, léger, est utilisé en placage ; ce bois.

obédience [-jɑ̃s] n. f. ▪ Obéissance, soumission (notamment en religion). ► **obédientiel, ielle** adj.

obéir v. tr. ind. [2] ▪ OBÉIR À **1** Se soumettre à (qqn) en se conformant à ce qu'il ordonne ou défend. **2** Se plier à. *Obéir à un ordre ; à une impulsion.* **3** (sujet chose) Être soumis à (une force, une loi naturelle).

obéissance n. f. ▪ Fait, action d'obéir.

obéissant, ante adj. ▪ Qui obéit (enfants).

obel ou **obèle** n. m. ▪ didact. Signe évoquant une broche, utilisé en paléographie pour signaler un passage interpolé, dans un manuscrit ancien.

obélisque n. m. ▪ **1** (art égyptien) Colonne en forme d'aiguille quadrangulaire, à pointe pyramidale. **2** Monument de cette forme.

obérer v. tr. [6] ▪ littér. Accabler de dettes.

obèse adj. et n. ▪ (personnes) Anormalement gros. → **énorme.** ► **obésité** n. f.

obi n. f. ▪ Ceinture japonaise (de soie).

obier n. m. ▪ bot. Arbrisseau (viorne), à fleurs en boules blanches compactes, vulgairement appelé *boule-de-neige.*

obit [ɔbit] n. m. ▪ relig. Service religieux pour l'âme d'un mort.

obituaire ▪ relig. **1** adj. Relatif au décès. → **mortuaire. 2** n. m. Registre des morts inscrits pour un obit.

objectal, ale, aux adj. ▪ psych. Extérieur à la personne du sujet et indépendant de lui. → ① **objectif** (1).

objecter v. tr. [1] ▪ **1** Opposer (une objection) pour réfuter une opinion, une affirmation. ◂ *Objecter que* (+ indic.). **2** Opposer (un fait, un argument) à un projet, etc. pour repousser. *Objecter la fatigue.* → **prétexter.**

objecteur n. m. ▪ *Objecteur de conscience :* celui qui refuse d'accomplir ses obligations militaires, par refus de tuer.

① **objectif, ive** adj. ▪ contr. *subjectif* **1** philos. Qui existe hors de l'esprit. **2** Se dit d'une description de la réalité indépendante des préjugés, etc. de celui qui la fait. **3** (personnes) → **impartial.** ► **objectivement** adv.

② **objectif** n. m. ▪ **I** Système optique à lentilles, formant une image photographique des objets (≠ *oculaire*). **II 1** Point contre lequel est dirigée une opération militaire. **2** But précis d'une action.

objection n. f. ▪ Argument pour objecter.

objectiver v. tr. [1] ▪ Rendre (plus) objectif ; rapporter à un objet. ► **objectivation** n. f.

objectivisme n. m. ▪ didact. **1** Attitude qui s'en tient aux données objectives, qui tente d'éliminer la subjectivité. **2** Théorie philosophique admettant l'existence de données objectives (s'oppose à *subjectivisme*).

objectivité n. f. ▪ Caractère objectif (①).

objet n. m. ▪ **I** concret Chose solide ayant unité et indépendance et répondant à une certaine destination. → **chose.** ◂ *Objets d'art,* à valeur artistique (à l'exception des œuvres d'art et des meubles). **II** abstrait **1** Sujet, matière qui se présente à la pensée. *L'objet de ses réflexions.* **2** philos. Ce qui est donné par l'expérience, existe indépendamment de l'esprit. *Le sujet et l'objet.* **3** *Objet de :* être ou chose à quoi s'adresse (un sentiment). *Un objet de pitié.* **4** Ce vers quoi tendent les désirs, l'action, etc. → **but, fin.** *L'objet de nos vœux.* **5** loc. *Cette plainte est* SANS OBJET, n'a pas de raison d'être. ◂ FAIRE, ÊTRE L'OBJET DE : subir. **6** COMPLÉMENT D'OBJET (d'un verbe), désignant ce sur quoi porte l'action marquée par le verbe. *Complé-*

ment d'objet direct (ex. je prends *un crayon*) ; *indirect* (ex. j'obéis *à vos ordres*).

objurgation n. f. ▪ surtout au plur. littér. Prière pressante (surtout pour dissuader).

oblat, ate n. ▪ Personne qui s'est agrégée à un monastère, sans prononcer les vœux.

oblatif, ive adj. ▪ psych. Qui pousse à donner, à se sacrifier. *Amour oblatif.*

oblation n. f. ▪ relig. **1** Offrande faite à Dieu. **2** Acte par lequel le prêtre offre à Dieu le pain et le vin de l'eucharistie, avant de les consacrer. → **offertoire.**

oblativité n. f. ▪ didact. Caractère d'une conduite oblative.

obligataire ▪ dr., fin. **1** n. Titulaire d'une obligation (1). **2** adj. Relatif aux obligations.

obligation n. f. ▪ **1** dr. Ce qui contraint qqn à faire ou ne pas faire qqch. ♦ fin. Titre négociable représentant un emprunt. **2** Lien, devoir moral ou social. **3** Fait d'être obligé (de). *Être dans l'obligation de* (+ inf.). ➝ *Jeu sans obligation d'achat.* **4** Lien moral envers qqn pour qui on a de la reconnaissance.

obligatoire adj. ▪ **1** Qui a la force d'une obligation. *Instruction obligatoire.* **2** fam. Inévitable, nécessaire. ► **obligatoirement** adv.

obligé, ée adj. ▪ **I** (personnes) **1** Lié par une obligation. **2** Reconnaissant (d'un service reçu). → **redevable. II** Qui résulte d'une nécessité. *Conséquence obligée.*

obligeance n. f. ▪ Caractère obligeant.

obligeant, ante adj. ▪ Qui aime à obliger (II), à rendre service. ► **obligeamment** adv.

obliger v. tr. 3 ▪ **I 1** Contraindre ou lier (qqn) par une obligation (morale, légale). **2** Mettre (qqn) dans la nécessité de faire qqch. *Rien ne vous oblige à venir.* **II** Attacher (qqn) en rendant service. → **aider ; obligeant.**

oblique adj. ▪ **1** Qui n'est pas perpendiculaire (à une ligne, à un plan) et, notamment, qui n'est ni vertical ni horizontal. *Ligne oblique* et n. f. *une oblique.* ♦ fig. *Regard oblique,* peu franc. **2** *EN OBLIQUE* loc. adv. : dans une direction oblique. ► **obliquement** adv. ► **obliquité** n. f. → **inclinaison.**

obliquer v. intr. 1 ▪ Prendre une direction oblique. *Obliquer vers la gauche.*

oblitérateur, trice adj. ▪ **I** Qui oblitère, obstrue. **II** Qui sert à oblitérer. ➝ n. m. Appareil pour oblitérer les timbres.

oblitérer v. tr. 6 ▪ **1** vieilli Effacer par une usure progressive. **2** méd. Obstruer, boucher (un canal...). **3** Annuler (un timbre) par un cachet qui le rend impropre à servir une seconde fois. ► **oblitération** n. f.

oblong, oblongue [ɔblɔ̃, -ɔ̃g] adj. ▪ Qui est plus long que large.

obnubilation n. f. ▪ Action d'obnubiler (l'esprit) ; état de l'esprit obnubilé.

obnubiler v. tr. 1 ▪ Envahir l'esprit de (qqn), obséder. ➝ *Être obnubilé par une idée.*

obole n. f. ▪ Modeste don en argent.

obombrer v. tr. 1 ▪ littér. Mettre dans l'ombre, rendre ombreux.

obscène adj. ▪ Qui blesse délibérément par des manifestations d'ordre sexuel.

obscénité n. f. ▪ **1** Caractère de ce qui est obscène. → **indécence. 2** Parole obscène. → **grossièreté.**

obscur, ure adj. ▪ **I 1** Privé (momentanément ou habituellement) de lumière. → **noir, sombre.** ➝ loc. *Les salles* obscures.* **2** Foncé, peu lumineux. → **sombre. II** fig. **1** Difficile à comprendre, à expliquer. **2** Qui n'est pas net, est senti confusément. *Sentiment obscur.* **3** Qui n'a aucun renom. *Un poète obscur.*

obscurantisme n. m. ▪ Attitude de ceux qui s'opposent à la diffusion de l'instruction, de la culture. ► **obscurantiste** adj. et n.

obscurcir v. tr. 2 ▪ **I 1** Priver de lumière, de clarté ; rendre sombre. → **assombrir. 2** littér. Troubler, affaiblir (la vue). **II** fig. Rendre obscur (II), peu intelligible. ▷ v. pron. **s'obscurcir** ► **obscurcissement** n. m.

obscurément adv. ▪ D'une manière vague, insensible. → **confusément.**

obscurité n. f. ▪ **I** Absence de lumière, de clarté. **II** fig. **1** Défaut d'intelligibilité. **2** Passage, point obscur (II, 1).

obsécration n. f. ▪ relig. Prière par laquelle on implore Dieu, on conjure au nom de Dieu. → **déprécation, supplication.**

obsédant, ante adj. ▪ Qui obsède.

obsédé, ée n. ▪ Personne qui est en proie à une obsession. *Un obsédé sexuel.*

obséder v. tr. 6 ▪ Tourmenter de manière incessante ; s'imposer sans répit à la conscience. → **hanter, poursuivre.**

obsèques n. f. pl. ▪ Cérémonie et convoi funèbres. → **enterrement, funérailles.**

obséquieux, ieuse adj. ▪ Excessivement poli, par servilité ou hypocrisie. ► **obséquieusement** adv. ► **obséquiosité** n. f.

observable adj. ▪ Qui peut être observé.

observance n. f. ▪ Action, manière de pratiquer (une règle religieuse).

observateur, trice ▪ **1** n. Personne qui observe (II). **2** adj. Qui sait observer.

observation n. f. ▪ **I** Action d'observer (I) ce qui est prescrit. *L'observation d'un règlement.* **II 1** Action d'observer (II, 1) ; note, réflexion résultant de cet examen. **2** Parole, déclaration (spécialt reproche) par laquelle on fait remarquer qqch. à qqn. **3** Action d'examiner scientifiquement (un phénomène) ; compte rendu de cet examen. **4** Surveillance attentive.

observationnel, elle adj. ▪ Fondé sur l'observation (scientifique).

observatoire n. m. ■ **1** Établissement destiné aux observations (astronomiques...). **2** Lieu favorable à l'observation.

observer v. tr. [1] ■ **I** Se conformer à (une prescription). ♦ *Observer le silence.* → **garder.** **II 1** Considérer avec attention, afin de connaître, d'étudier... → **examiner.** ♦ Soumettre à l'observation scientifique. **2** Examiner en surveillant. **3** Constater par l'observation. → **noter.** *Observer que...*

obsessif, ive adj. ■ Qui relève de l'obsession. → **obsessionnel** (plus fort).

obsession n. f. ■ **1** Idée, image, mot qui obsède, s'impose à l'esprit. **2** psych. Représentation, accompagnée d'états émotifs pénibles, qui tend à accaparer le champ de la conscience. ► **obsessionnel, elle** adj. ► **obsessionnellement** adv.

obsidienne n. f. ■ Roche éruptive sombre.

obsidional, ale, aux adj. ■ didact. Relatif aux sièges des villes. ➝ loc. *Fièvre obsidionale* : panique collective d'une population assiégée.

obsolescent, ente adj. ■ didact. (machine, procédé) Périmé. ► **obsolescence** n. f. *Obsolescence programmée* (par le fabricant).

obsolète adj. ■ Dépassé, périmé.

obstacle n. m. ■ **1** Ce qui gêne, s'oppose au passage. ➝ Chacune des difficultés d'un parcours hippique. **2** fig. Ce qui s'oppose à l'action, à l'obtention d'un résultat. ➝ *Faire obstacle à* : empêcher, gêner.

obstétrical, ale, aux adj. ■ didact. Relatif à l'obstétrique.

obstétrique n. f. ■ Partie de la médecine relative à la grossesse et à l'accouchement. ► **obstétricien, ienne** n.

obstination n. f. ■ Caractère, comportement d'une personne obstinée.

obstiné, ée adj. ■ **1** Qui s'attache avec énergie et durablement à une manière d'agir, à une idée. → **opiniâtre, tenace ; têtu. 2** (choses) *Travail obstiné.* → **assidu.** ► **obstinément** adv.

s'obstiner v. pron. [1] ■ Persister dans une idée, une décision sans vouloir changer.

obstructif, ive adj. ■ méd. Qui cause une obstruction. → **occlusif.**

obstruction n. f. ■ **1** méd. Gêne ou obstacle à la circulation (dans un conduit de l'organisme). **2** Pratique qui consiste à entraver les débats (dans un groupe).

obstructionnisme n. m. ■ Tactique parlementaire consistant à faire de l'obstruction de manière systématique.

obstruer v. tr. [1] ■ Boucher en faisant obstacle. → **barrer, encombrer.**

obtempérer v. tr. ind. [6] ■ admin. *OBTEMPÉRER À* : obéir à (une injonction, un ordre). ➝ sans compl. *Refus d'obtempérer.*

obtenir v. tr. [22] ■ **1** Parvenir à se faire accorder ou donner (ce qu'on veut). *Obtenir une augmentation.* ➝ *Obtenir qqch. à, pour qqn.* **2** Réussir à atteindre (un résultat), à produire (qqch.).

obtention n. f. ■ didact. Fait d'obtenir.

obturateur, trice ■ **1** adj. Qui sert à obturer. **2** n. m. Dispositif servant à obturer (spécialt dans un appareil photo).

obturer v. tr. [1] ■ Boucher (une ouverture, un trou). ► **obturation** n. f.

obtus, use adj. ■ **I** littér. Émoussé, arrondi. ♦ géom. *Angle obtus*, plus grand qu'un angle droit (opposé à *aigu*). **II** fig. Qui manque de finesse, de pénétration. → **borné.**

obtusangle adj. ■ géom. Qui a un angle obtus (d'un triangle).

obus n. m. ■ Projectile d'artillerie, le plus souvent creux et rempli d'explosif.

obusier n. m. ■ Canon court.

obvie adj. ■ didact. Dont la signification est évidente ; qui vient naturellement à l'esprit. *Le sens obvie d'un texte.*

obvier v. tr. ind. [7] ■ littér. *OBVIER À* : parer à.

oc particule affirmative ■ *Langue d'oc* : dialectes du sud de la France, où l'on disait *oc* pour « oui » (et non *oïl**). → **occitan.**

ocarina n. m. ■ Petite flûte ovoïde.

occase n. f. ■ fam. Occasion (2). *Une belle occase.* ➝ *D'occase* : d'occasion.

occasion n. f. ■ **1** Circonstance qui vient à propos, qui convient. ➝ prov. *L'occasion fait le larron* : les circonstances peuvent inciter à mal agir. ➝ *À L'OCCASION* loc. adv. : quand, si l'occasion se présente (→ le cas échéant). ➝ *À la première occasion* : dès que l'occasion se présente. **2** Marché avantageux pour l'acheteur ; objet de ce marché. ♦ *D'OCCASION* : qui n'est pas neuf. ➝ *Une occasion*, objet acheté d'occasion. **3** *Occasion de* : circonstance qui provoque (qqch.). → **cause, raison.** *Occasion de dispute.* ➝ loc. prép. *À L'OCCASION DE.* → **pour. 4** Circonstance. → ① **cas.** ➝ *PAR OCCASION* : par hasard. ➝ *D'OCCASION* : occasionnel. ♦ loc. *Les grandes occasions* : les moments importants de la vie sociale.

occasionnel, elle adj. ■ Qui résulte d'une occasion, se produit, se rencontre par hasard. ► **occasionnellement** adv.

occasionner v. tr. [1] ■ Être l'occasion, la cause de (qqch. de fâcheux).

occident n. m. ■ **1** poét. L'ouest, le couchant. **2** (avec maj.) Région située vers l'ouest, par rapport à un lieu donné (opposé à *Orient*). ♦ spécialt, polit. L'Europe de l'Ouest et l'Amérique du Nord (autrefois opposé à *Est*).

occidental, ale, aux adj. ■ **1** Qui est à l'ouest. **2** Originaire de l'Occident ; qui se rapporte à l'Occident. ➝ n. *Les Occidentaux.*

occidentaliser v. tr. [1] ▪ Modifier selon les habitudes de l'Occident. ➛ pronom. *S'occidentaliser.* ► **occidentalisation** n. f.

occiput [-yt] n. m. ▪ Partie postérieure et inférieure de la tête. ► **occipital, ale, aux** adj.

occire v. tr. (seulement inf. et p. p. *occis, ise*) ▪ vx ou plais. Tuer.

occitan, ane adj. ▪ Relatif aux parlers romans de langue d'oc*. ➛ n. *Les Occitans.* ♦ n. m. *L'occitan :* langue romane, ensemble de parlers du groupe gallo-roman, parlée essentiellement dans le sud de la France.

occitanisme n. m. ▪ Mouvement en faveur de la culture, de l'identité politique de l'Occitanie. ► **occitaniste** adj. et n.

occlure v. tr. [35] sauf p. p. *occlus, use* ▪ chir. Pratiquer l'occlusion de.

occlusif, ive adj. ▪ **1** méd. Qui produit une occlusion. **2** phonét. *Consonne occlusive,* qui s'articule à l'aide d'une occlusion momentanée du canal buccal.

occlusion n. f. ▪ **1** chir. Opération pour rapprocher les bords d'une ouverture naturelle. **2** Fermeture (d'un conduit, d'un orifice). *Occlusion intestinale.*

occultation n. f. ▪ Action d'occulter.

occulte adj. ▪ **1** Caché et inconnu par nature. → **mystérieux. 2** Qui se cache, garde le secret. → **clandestin. 3** *Sciences occultes :* doctrines et pratiques secrètes faisant intervenir des forces non reconnues par la science, la religion (alchimie, magie...).

occulter v. tr. [1] ▪ **1** Cacher ou rendre peu visible (une source lumineuse). **2** fig. Dissimuler. *Occulter un fait ; un souvenir.*

occultisme n. m. ▪ Ensemble des sciences occultes. → **ésotérisme, spiritisme.** ► **occultiste** n. et adj.

occupant, ante ▪ **1** n. Personne qui habite un lieu. ♦ Personne qui est dans un véhicule. **2** adj. Qui occupe (1) un pays, un territoire. ➛ n. m. *L'occupant.* → **envahisseur.**

occupation n. f. ▪ **1** Ce à quoi on consacre son activité, son temps. **2** Action d'occuper (1). ➛ spécialt (avec maj.) Période pendant laquelle la France fut occupée par les Allemands (1940-1944). **3** Fait d'habiter (un lieu).

occupationnel, elle adj. ▪ méd. Qui soigne les troubles nerveux, psychiques, par une activité organisée, par le travail.

occuper v. tr. [1] ▪ **1** Prendre possession de (un lieu). ➛ spécialt *Occuper un pays* (militairement). **2** Remplir, couvrir (un certain espace). *Occuper de la place.* ➛ (durée) *Occuper ses loisirs à peindre.* **3** Habiter (un lieu). ♦ Tenir (une place, un rang). *Occuper un poste.* **4** Intéresser, absorber (qqn). ➛ *OCCUPER* (qqn) *À,* l'employer à. ▷ v. pron. **s'occuper** (de) Employer son temps, ses soins (pour). ▷ adj. **occupé, ée 1** Dont on a pris possession. ➛ (au téléphone) *Ça sonne occupé.* **2** Qui a beaucoup à faire.

occurrence n. f. ▪ **1** littér. Cas, circonstance. ➛ loc. cour. *EN L'OCCURRENCE :* dans le cas présent. **2** ling. Apparition (d'une unité linguistique) dans le discours.

océan n. m. ▪ **1** Vaste étendue d'eau salée qui couvre une grande partie de la surface du globe. **2** fig. Vaste étendue (de qqch.).

océanaute n. ▪ Spécialiste des expéditions sous-marines. → **aquanaute.**

océane adj. f. ▪ littér. Qui concerne l'océan. *Les profondeurs océanes.* → **océanique.**

océanien, enne adj. et n. ▪ De l'Océanie.

océanique adj. ▪ **1** De l'océan. **2** *Climat océanique,* qui subit l'influence de l'océan.

océanographie n. f. ▪ Étude scientifique des mers et océans. ► **océanographique** adj. ► **océanographe** n.

océanologie n. f. ▪ Activités scientifiques et techniques relatives au milieu marin. ► **océanologique** adj. ► **océanologue** n.

ocelle n. m. ▪ didact. **1** Tache arrondie bicolore sur un plumage, une aile d'insecte. **2** Œil simple de certains arthropodes.

ocellé, ée adj. ▪ didact. Parsemé d'ocelles.

ocelot n. m. ▪ Grand chat sauvage à pelage roux tacheté de brun. ♦ Sa fourrure.

ochronose [-kʀ-] n. f. ▪ méd. Maladie de la peau, des cartilages..., donnant des zones jaunâtres ou grises.

ocre ▪ **1** n. f. Colorant minéral naturel, jaune-brun ou rouge. **2** n. m. Couleur d'un brun jaune. ➛ adj. invar. *Fards ocre.*

ocré, ée adj. ▪ Teint, coloré en ocre.

ocrer v. tr. [1] ▪ techn. Colorer, teindre en ocre.

ocreux, euse adj. ▪ Qui contient de l'ocre.

oct-, octa-, octo- Élément savant, du grec *oktô* et latin *octo* «huit».

octaèdre n. m. ▪ Polyèdre à huit faces.

octal, ale, aux adj. ▪ inform. Qui a pour base le nombre huit. *Système octal de numération.*

octane n. m. ▪ chim. Hydrocarbure saturé présent dans l'essence de pétrole.

octant n. m. ▪ mar. Ancien instrument de mesure, huitième de cercle gradué.

octave n. f. ▪ mus. Intervalle parfait de huit degrés de l'échelle diatonique (par ex., de do à do).

octavier v. intr. [7] ▪ mus. Jouer à l'octave (inférieure ou supérieure). ➛ trans. *Octavier un passage.*

octet n. m. ▪ inform. Base de huit bits.

octette n. m. ▪ mus. Formation de huit musiciens, en jazz. → **octuor.**

octidi n. m. ■ Huitième jour de la décade, dans le calendrier républicain.

octo- → **oct-**

octobre n. m. ■ Dixième mois de l'année.

octocoralliaire n. m. ■ zool. Anthozoaire à huit tentacules (ex. le corail rouge, la gorgone...).

octogénaire adj. et n. ■ (Personne) qui a de quatre-vingts à quatre-vingt-neuf ans.

octogonal, ale, aux adj. ■ Qui a huit angles. ➛ Dont la base est un octogone.

octogone n. m. ■ Polygone à huit côtés.

octopode adj. ■ zool. Qui a huit pieds ou huit tentacules. ➛ n. m. pl. *Les Octopodes* (sous-ordre de mollusques ; ex. la pieuvre).

octosyllabe [-s-] adj. et n. m. ■ (Vers) qui a huit syllabes.

octroi n. m. ■ **1** littér. Action d'octroyer. **2** anciennt Contribution indirecte perçue par une municipalité (droits d'entrée de marchandises). ➛ Administration chargée de cette taxe ; lieu où elle était perçue.

octroyer v. tr. [8] ■ Accorder à titre de faveur. ➛ pronom. *S'octroyer un répit.*

octuor n. m. ■ **1** Morceau de musique à huit parties. **2** Ensemble de huit musiciens.

octuple adj. ■ math. Égal à huit fois (un nombre donné). ➛ n. m. *Seize est l'octuple de deux.*

oculaire ■ **I** adj. **1** De l'œil. **2** *Témoin oculaire,* qui a vu de ses propres yeux. **II** n. m. Dispositif optique devant lequel on met l'œil (≠ *objectif*).

ocularistee n. ■ techn. Fabricant de prothèses oculaires.

oculiste n. ■ Médecin spécialiste des troubles de la vision. → **ophtalmologiste.**

oculomoteur, trice adj. ■ physiol. Des mouvements des yeux.

oculus [-ys] n. m. ■ archit. Fenêtre, ouverture ronde. → **œil-de-bœuf.** *Des oculus gothiques* (ou plur. latin *des oculi*).

ocytocine n. f. ■ biol. Hormone hypophysaire qui stimule les contractions utérines et l'excrétion du lait. ► **ocytocique** adj.

odalisque n. f. ■ hist. Esclave servant un harem. ➛ abusivt Femme d'un harem.

ode n. f. ■ didact. ou hist. Poème lyrique.

odelette n. f. ■ littér. Petite ode gracieuse.

odéon n. m. ■ Antiq. Édifice consacré au chant et à la musique.

odeur n. f. ■ Émanation volatile perçue par les organes de l'odorat. ♦ loc. fig. *Mourir en odeur de sainteté,* en état de perfection spirituelle. ➛ *Ne pas être en odeur de sainteté auprès de qqn,* en être mal vu.

odieux, euse adj. ■ **1** Qui excite le dégoût, l'indignation. *Un crime odieux.* **2** Très désagréable. ► **odieusement** adv.

odologie n. f. ■ didact. Étude physiologique, acoustique de la voix dans le chant. ► **odologique** adj.

odomètre n. m. ■ techn. Appareil qui mesure la distance parcourue et la vitesse de déplacement. ➛ Dispositif mesurant et décrivant les déplacements d'un robot.

odonate n. m. ■ zool. Insecte à pièces buccales broyeuses, à longues ailes (ex. la libellule).

odontalgie n. f. ■ méd. Douleur dentaire.

-odonte, odont(o)- Éléments savants, du grec *odous, odontos* «dent».

odontocète n. m. ■ zool. Cétacé muni de dents (ex. le dauphin, le cachalot).

odontoïde adj. ■ anat. En forme de dent.

odontologie n. f. ■ didact. Étude des dents. ► **odontologiste** ou **odontologue** n. ► **odontologique** adj.

odontomètre n. m. ■ Règle graduée pour déterminer le nombre de dentelures des timbres-poste et mesurer leur écartement.

odontostomatologie n. f. ■ méd. Médecine de la bouche et de la dentition. → **dentisterie, stomatologie.** ► **odontostomatologiste** ou **odontostomatologue** n. ► **odontostomatologique** adj.

odorant, ante adj. ■ Qui exhale une odeur (généralement bonne).

odorat n. m. ■ Sens qui permet de percevoir les odeurs. → **olfaction ; flair ; nez.**

odoriférant, ante adj. ■ Qui répand une odeur agréable.

odyssée n. f. ■ Long voyage aventureux.

œcoumène → **œkoumène**

œcuménicité [eky- ; øky-] n. f. ■ didact. Caractère œcuménique.

œcuménique [eky- ; øky-] adj. ■ relig. **1** Universel. ➛ *Concile œcuménique,* de tous les évêques. **2** Relatif à l'œcuménisme. ► **œcuméniquement** adv.

œcuménisme [eky- ; øky-] n. m. ■ relig. Mouvement favorable à la réunion de toutes les Églises chrétiennes en une seule.

œdème [edɛm ; ødɛm] n. m. ■ Gonflement pathologique causé par une infiltration séreuse. ► **œdémateux, euse** adj.

œdicnème [edi-] n. m. ■ zool. Oiseau échassier voisin du pluvier, aussi appelé *courlis de terre.*

œdipe [edip ; ødip] n. m. (nom mythol.) ■ psych. Complexe* d'Œdipe. ► **œdipien, ienne** adj.

œil [œj], plur. **yeux** [jø] n. m. ■ **I 1** Organe de la vue (globe oculaire et ses annexes). ➛ Partie visible de l'œil. *Des yeux brillants.* ➛ loc. *Pour les beaux yeux de qqn,* par amour pour lui. *Faire les gros yeux à qqn,* regarder d'un air sévère. *Ouvrir l'œil,* être vigilant. *Fermer les yeux sur qqch.,* faire (par tolérance, etc.) comme si on n'avait pas vu. *Les yeux fermés,* en toute confiance. ♦ (dans l'action de la vue) *Voir qqch. de ses (propres) yeux.* - loc. *À l'œil nu*.* - *Surveiller du coin de l'œil,* discrètement. - *Sortir par les yeux à qqn,* être écœurant par la répétition. **2** Regard. *Chercher des yeux.* - *Mauvais œil :* regard réputé porter malheur. ♦ *COUP D'ŒIL :* regard rapide. - *Le coup d'œil :* le discernement. - Vue qu'on a sur un paysage. **3** (dans des expr.) Attention portée par le regard. *Cela attire l'œil.* - fam. *Avoir qqn à l'œil,* le surveiller. **4** abstrait Disposition, état d'esprit, jugement. *Voir qqch. d'un bon œil,* d'une manière favorable. *Un œil critique.* - *Aux yeux de qqn,* selon son appréciation. **5** loc. *Faire de l'œil à qqn,* des clins d'œil. - *Tourner de l'œil,* s'évanouir. - fam. *Je m'en bats l'œil,* je m'en moque. - *Entre quatre yeux* (fam. *entre quatre-z-yeux*), en tête à tête. - *Œil pour œil, dent pour dent,* expression de la loi du talion*. ♦ fam. *À L'ŒIL :* gratuitement. **II** *Œil de verre,* œil artificiel (prothèse). **III 1** Ouverture, trou, espace rond. **2** Bourgeon naissant. **3** Centre d'un cyclone (zone de calme).

œil-de-bœuf n. m. ▪ Fenêtre, lucarne ronde ou ovale. *Des œils-de-bœuf.*

œil-de-chat n. m. ▪ Pierre précieuse, quartz chatoyant ou chrysobéryl. *Des œils-de-chat.*

œil-de-perdrix n. m. ▪ Cor entre les doigts de pied. *Des œils-de-perdrix.*

œil-de-pie n. m. ▪ mar. Œillet pratiqué dans une voile, pour y passer un filin. *Des œils-de-pie.*

œil-de-tigre n. m. ▪ Quartz à reflets dorés. *Des œils-de-tigre.*

œillade [œj-] n. f. ▪ Regard furtif, clin d'œil.

œillère [œj-] n. f. ▪ **1** Plaque de cuir empêchant le cheval de voir sur le côté. **2** fig. loc. *Avoir des œillères :* être borné.

œillet [œj-] n. m. ▪ **I** Trou servant à passer un lacet, etc. ♦ Bordure rigide entourant un œillet. - Anneau de papier pour consolider des perforations. **II 1** Plante cultivée pour ses fleurs très odorantes ; ces fleurs. **2** *Œillet d'Inde,* plante ornementale.

œilleton [œj-] n. m. ▪ Viseur circulaire.

œilletonner [œj-] v. tr. [1] ▪ **1** Couper les bourgeons à bois ou à feuilles de (une plante). **2** Multiplier (une plante) en séparant ses œilletons. ► **œilletonnage** n. m.

œillette [œj-] n. f. ▪ Pavot cultivé pour ses graines dont on extrait une huile.

œkoumène ou **œcoumène** [eku-] n. m. ▪ géogr. Espace habitable de la surface terrestre ; ensemble des milieux habités par l'être humain. - var. **écoumène.**

œnanthe [enɑ̃t] n. f. ▪ Plante herbacée (ombellifère) dont les racines sont vénéneuses.

œnanthique [enɑ̃tik] adj. ▪ didact. Relatif à l'arôme des vins. - *Acides, éthers œnanthiques,* responsables du bouquet d'un vin.

œno- [eno] Élément, du grec *oinos* « vin ».

œnolique adj. ▪ chim. *Acides œnoliques,* colorant le vin rouge. pharm. *Médicament œnolique,* dont l'excipient est le vin.

œnolisme n. m. ▪ didact. Alcoolisme au vin.

œnologie n. f. ▪ Techniques de fabrication et de conservation des vins. ► **œnologique** adj. ► **œnologue** n.

œnométrie n. f. ▪ didact. Analyse et mesure des composants chimiques des vins ; mesure de la teneur des vins en alcool. ► **œnométrique** adj.

œnothère n. m. ▪ bot. Onagre (②).

œrsted [œʀstɛd] n. m. ▪ phys. Unité CGS d'intensité de champ magnétique.

œsophage [ez-] n. m. ▪ Partie du tube digestif qui va du pharynx à l'estomac.

œsophagien, ienne adj. ▪ Relatif à l'œsophage. *Contractions œsophagiennes.* → **œsophagique.**

œsophagique adj. ▪ méd. De l'œsophage. → **œsophagien.**

œsophagite n. f. ▪ méd. Inflammation de l'œsophage.

œstradiol [ɛs-] n. m. ▪ biol. Hormone œstrogène sécrétée par les follicules de l'ovaire. - var. **estradiol.**

œstral, ale, aux [ɛs-] adj. ▪ physiol. Relatif à l'œstrus.

œstre [ɛstʀ] n. m. ▪ zool. Grosse mouche dont les larves peuvent vivre en parasites (des moutons, des chevaux).

œstrogène [ɛs-] n. m. ▪ physiol. Hormone qui provoque l'œstrus. - var. **estrogène.**

œstrone [ɛs-] n. f. ▪ chim. Folliculine, hormone œstrogène sécrétée par l'ovule et le placenta. - var. **estrone.**

œstrus [ɛstʀys] n. m. ▪ physiol. Phénomènes liés à l'ovulation.

œuf [œf], plur. **œufs** [ø] n. m. ▪ **I 1** Corps dur et arrondi que produisent les femelles des oiseaux, qui contient le germe de l'embryon et des substances nutritives. **2** spécialt Œuf de poule. ♦ loc. *Crâne d'œuf,* chauve. - *Marcher sur des œufs,* avec précaution. - *Mettre tous ses œufs dans le même panier,* tous ses moyens dans une seule entreprise. - *L'œuf de Colomb :* une idée simple mais ingénieuse. - *DANS L'ŒUF,* avant l'apparition de qqch. ♦ Objet, confiserie en forme d'œuf. **3** Produit des femelles ovipares (autres que les oiseaux : poissons, reptiles...). **II** biol. Première cellule d'un être vivant à reproduction sexuée, née de la fusion des noyaux de deux cellules reproductrices.

œufrier n. m. ▪ **1** Ustensile de cuisine pour cuire les œufs à la coque. **2** Compartiment pour ranger des œufs, dans un réfrigérateur.

œuvé, ée adj. ▪ zool. Se dit d'un poisson femelle qui porte des œufs.

œuvre ■ **I** n. f. **1** dans des loc. Travail. *Être à l'œuvre.* ◆ *Maître d'œuvre,* personne qui dirige un travail. ◆ *METTRE EN ŒUVRE :* employer de façon ordonnée. **2** (au plur.) Action humaine, jugée selon une norme (morale...). ◆ *Bonnes œuvres,* actions charitables. ♦ *Œuvre de bienfaisance* (organisation). **3** Ensemble d'actions effectuées. ◆ (sujet chose) *Faire son œuvre,* agir, opérer. **4** Création intellectuelle, littéraire, artistique (de qqn). ◆ *ŒUVRE D'ART,* manifestant une volonté esthétique. **II** n. m. **1** *GROS ŒUVRE :* fondations, murs et toiture (d'un bâtiment). **2** littér. Ensemble des œuvres d'un artiste. *L'œuvre gravé de Dürer.*

œuvrer v. intr. 1 ■ littér. Travailler, agir.

œuvrette n. f. ■ Petite œuvre sans importance.

off adj. invar. ■ anglic. **1** cin., télév. Qui n'est pas sur l'écran, qui est hors du champ. **2** (spectacle...) En marge d'un programme officiel.

offensant, ante adj. ■ Qui offense.

offense n. f. ■ **1** Parole ou action qui attaque l'honneur, la dignité. **2** relig. Péché. **3** dr. Outrage envers un chef d'État.

offensé, ée adj. ■ Qui a subi, qui ressent une offense. ◆ n. *L'offenseur et l'offensé.*

offenser v. tr. 1 ■ **1** Blesser (qqn) dans sa dignité ou son honneur. → **froisser, outrager.** **2** littér. Blesser (l'esprit...) ; manquer à (une règle...). ▷ v. pron. **s'offenser** Se froisser (d'une offense). → s'**offusquer.**

offenseur n. m. ■ Personne qui offense.

offensif, ive adj. ■ Qui attaque.

offensive n. f. ■ Attaque, campagne.

offertoire n. m. ■ Partie de la messe, rites et prières de bénédiction du pain et du vin.

office n. m. ■ **I 1** (dans des loc.) Rôle, fonction. *Remplir son office :* jouer son rôle. *Faire office de :* tenir lieu de. **2** Fonction publique conférée à vie. → **charge.** *Office de notaire.* **3** loc. *D'OFFICE :* par le devoir de sa charge ; sans l'avoir demandé. **4** au plur. Livres envoyés par l'éditeur aux libraires. **5** Agence, bureau. ♦ Service public doté de l'autonomie financière. **II** Pièce où se prépare le service de la table. **III** *Bons offices :* démarches pour amener une négociation. **IV 1** Prières de l'Église réparties aux heures de la journée. **2** Cérémonie du culte.

official n. m. ■ relig. Juge ecclésiastique délégué par un évêque, dont la juridiction (l'*officialité* n. f.) s'étend sur un diocèse.

officialiser v. tr. 1 ■ Rendre officiel. ► **officialisation** n. f.

officiant, ante n. ■ Personne qui célèbre l'office (IV). → **célébrant, prêtre.**

officiel, elle adj. ■ **I** (choses) **1** Qui émane d'une autorité constituée (gouvernement...). ◆ *Journal officiel,* contenant les textes officiels (lois, décrets...). **2** Reconnu, donné pour vrai par l'autorité. **3** Organisé par les autorités. *Fête officielle.* **4** Annoncé, déclaré à tous. **II** (personnes) **1** Qui a une fonction officielle. **2** n. m. Personnage officiel.

officiellement adv. ■ De manière officielle, à titre officiel.

① **officier, ière** n. ■ **1** Militaire ou marin d'un grade égal ou supérieur à celui de sous-lieutenant ou d'enseigne de vaisseau. **2** Titulaire d'un grade (plus élevé que chevalier) dans un ordre honorifique. **3** admin. *Officier public, ministériel* (huissier, notaire...). ◆ *Officier de police judiciaire.*

② **officier** v. intr. 7 ■ **1** Célébrer l'office divin, présider une cérémonie sacrée. **2** fig. Agir comme pour une cérémonie.

officieux, euse adj. ■ **1** vx Serviable. **2** Communiqué sans garantie officielle par une source autorisée. ► **officieusement** adv.

officine n. f. ■ Lieu où un pharmacien entrepose, prépare et vend les médicaments. ► **officinal, ale, aux** adj.

offrande n. f. ■ Don (spécialt religieux).

offrant n. m. ■ loc. *Le plus offrant :* l'acheteur qui offre le plus haut prix.

offre n. f. ■ **1** Action d'offrir ; ce que l'on offre. **2** Quantité de produits, de services sur le marché. *L'offre et la demande.*

offreur, euse n. ■ écon. Personne, entreprise qui offre un bien, un service moyennant finances. → **vendeur.** *Les offreurs et les demandeurs.* ◆ appos. *Société offreuse de services.*

offrir v. tr. 18 ■ **1** Donner en cadeau. **2** Proposer, présenter (qqch.) à qqn. *Offrir ses services.* **3** Mettre à la portée de qqn. → **procurer.** **4** Proposer (une somme) en contrepartie de qqch. **5** littér. Exposer à la vue, fig. à l'esprit. → **montrer, présenter.** **6** Exposer (à quelque chose de pénible, etc.). *Offrir une cible à la critique.*

offset [ɔfsɛt] n. m. invar. ■ anglic., imprim. Impression par report.

offsettiste n. ■ techn. Technicien, technicienne spécialiste de l'offset.

offshore ■ anglic. **I** adj. invar. Hors du territoire d'origine. *Sociétés offshore.* **II** n. m. **1** Installation de forage pétrolier sous-marin, sur plateforme. **2** Sport nautique de bateaux à moteur de très grande puissance.

offusquer v. tr. 1 ■ Indisposer, choquer. ▷ v. pron. **s'offusquer** Se froisser.

oflag [-ag] n. m. ■ hist. Camp allemand de prisonniers officiers, pendant la Seconde Guerre mondiale.

ogham [ɔgam] n. m. ■ ling. Se dit d'une écriture celtique d'Irlande et du pays de Galles, ressemblant aux runes (Ve-VIIe siècles).

oghamique adj. ■ didact. Se dit de l'écriture des inscriptions celtiques d'Irlande et du pays de Galles.

ogive n. f. ■ **1** Arc diagonal sous une voûte gothique, qui en marque l'arête. ◆ par ext. Arc brisé. ► **ogival, ale, aux** adj. **2** Tête de projectiles, de fusées, en forme d'ogive.

OGM ou **O. G. M.** n. m. (sigle) ■ «Organisme génétiquement modifié», dont le génome a été modifié pour lui conférer une nouvelle propriété **(→ transgénique).**

ognette → onglette

ogre, ogresse n. ■ Géant des contes de fées, se nourrissant de chair humaine.

oh interj. ■ Interjection de surprise, d'admiration, ou renforçant l'expression.

ohé interj. ■ Interjection pour appeler.

ohm [om] n. m. ■ Unité de mesure de résistance électrique (symb. Ω). ► **ohmique** adj.

ohmmètre [ommɛtʀ] n. m. ■ techn. Appareil de mesure de la résistance électrique.

-oïde, -oïdal Éléments savants (du grec *eidos* «aspect») qui signifient «qui a telle forme».

oïdium [-jɔm] n. m. ■ bot. **1** Moisissure microscopique, parasite des plantes, qui prend l'aspect d'une poussière grisâtre. **2** Maladie due à cette moisissure.

oie n. f. ■ **1** Oiseau palmipède, au long cou, dont une espèce est domestiquée. ➛ Femelle de cette espèce. **2** *Jeu de l'oie* : jeu où l'on avance des pions, selon les dés, sur un tableau de cases numérotées. **3** fig. Personne sotte. ➛ *Oie blanche,* jeune fille niaise.

oignon [ɔɲɔ̃] n. m. ■ **I 1** Plante potagère vivace, à bulbe ; ce bulbe (utilisé en cuisine). ◆ loc. *En rang d'oignons* : sur une ligne. ➛ *Aux petits oignons* : très bien. **2** Bulbe (de plantes d'ornement). **II 1** ancienn Grosse montre bombée. **2** Durillon de l'orteil.

oignonade n. f. ■ Plat, préparation à base d'oignons.

oignonière n. f. ■ Terrain où poussent des oignons.

oïl [ɔjl] particule affirmative ■ *Langue d'oïl* : dialectes des régions (Belgique, moitié nord de la France) où l'on disait *oïl* pour «oui» (et non *oc**).

oindre v. tr. [49] ne s'emploie plus qu'à l'inf. et au p. p. *oint, ointe* ■ **1** vx ou littér. Frotter d'une substance grasse. **2** Toucher (le corps) avec les saintes huiles **(→ onction).**

oint, ointe adj. ■ Frotté d'une substance grasse. ◆ Consacré par une onction. ➛ n. m. relig. *Les oints du Seigneur* : les rois, les prêtres.

oiseau n. m. ■ **1** Animal (vertébré à sang chaud) au corps recouvert de plumes, dont les membres antérieurs sont des ailes et qui a un bec. ◆ loc. *Oiseau de malheur* : personne qui fait des prédictions funestes. ➛ loc. adv. *À vol d'oiseau* : en ligne droite (distances). **2** fam., péj. Individu. *Un drôle d'oiseau.* ◆ *Oiseau rare,* qqn d'unique.

oiseau-lyre n. m. ■ Oiseau d'Australie à queue en forme de lyre.

oiseau-mouche n. m. ■ Colibri.

oiseler v. [4] ■ **1** v. tr. Dresser (un oiseau) pour la chasse. **2** v. intr. Chasser les petits oiseaux avec des pièges.

oiselet n. m. ■ littér. Petit oiseau, jeune oiseau. **→ oisillon.**

oiseleur n. m. ■ ancienn Personne qui prenait des petits oiseaux.

oiselier, ière n. ■ Personne qui élève et vend des oiseaux. ► **oisellerie** n. f.

oiselle n. f. ■ **1** littér. Femelle d'oiseau. **2** Jeune fille sotte. → oie blanche.

oiseux, euse adj. ■ Inutile et vain.

oisif, ive ■ **1** adj. Sans occupation ; qui n'exerce pas de profession. **2** n. Personne qui a beaucoup de loisir. ► **oisivement** adv. ► **oisiveté** n. f. **→ désœuvrement, inaction.**

oisillon n. m. ■ Jeune oiseau.

oison n. m. ■ Petit de l'oie.

O. K. [ɔke ; ɔkɛ] adv. ■ anglic., fam. D'accord. ➛ adj. invar. *C'est O. K.* : ça va.

oka n. m. ■ Fromage pressé, à pâte ferme, fabriqué au Québec.

okapi n. m. ■ Mammifère ruminant de la famille des girafes.

okoumé n. m. ■ Arbre d'Afrique équatoriale ; bois de cet arbre, aux reflets rouges.

okra n. m. ■ Plante tropicale dont les fruits, cueillis verts, sont employés comme légumes. **→ gombo.**

-ol Élément de mots de chimie indiquant la présence d'une fonction alcool*.

ola n. f. ■ Manifestation d'enthousiasme du public, dans un stade, les bras levés puis baissés progressivement figurant la propagation d'une vague.

olé ou **ollé** ■ **1** interj. Exclamation espagnole pour encourager. **2** adj. invar. fam. *Olé olé* ou *ollé ollé* : libre dans ses manières.

olé-, oléi-, oléo- Élément savant, du latin *oleum* «huile».

oléagineux, euse adj. ■ (végétal) Qui contient de l'huile. *Graines oléagineuses.* ➛ n. m. *Le colza est un oléagineux.*

oléate n. m. ■ chim. Sel ou ester de l'acide oléique.

olécrâne n. m. ■ anat. Apophyse du cubitus, formant la saillie du coude.

oléfine n. f. ■ chim. Carbure éthylénique, caractérisé par une double liaison carbone-carbone.

oléiculteur, trice n. ■ Personne qui cultive les oliviers, les plantes oléagineuses.

oléiculture n. f. ■ Culture de l'olivier, des plantes oléagineuses.

oléifère adj. ■ (plante) Qui fournit de l'huile, ou une graisse végétale. **→ oléagineux.**

oléine n. f. ■ chim. Ester de l'acide oléique et du glycérol, constituant de corps gras (beurre, huiles).

oléique adj. ■ chim. *Acide oléique :* acide organique non saturé qui se trouve dans des corps gras sous forme d'oléine.

oléoduc n. m. ■ Conduite de pétrole. → anglic. **pipeline.**

olé olé ou **ollé ollé** adj. invar. ■ fam. Qui est libre dans son langage, ses manières. *Elles sont un peu olé olé.*

oléomètre n. m. ■ techn. Appareil de mesure de la densité des huiles.

oléopneumatique adj. ■ techn. Qui fonctionne par l'action d'une huile et d'un gaz comprimé.

oléoprotéagineux, euse adj. ■ (plante) Dont les graines, les fruits sont riches en huile (lipides) et en protéines. ➝ n. m. *Le soja est un oléoprotéagineux.*

oléum [-ɔm] n. m. ■ chim. Acide sulfurique fumant, d'aspect huileux.

olfactif, ive adj. ■ didact. Relatif à l'odorat.

olfaction n. f. ■ didact. Odorat.

olibrius [-ys] n. m. ■ fam. et péj. Homme qui se fait fâcheusement remarquer.

olifant n. m. ■ anciennt Cor d'ivoire.

oligarchie n. f. ■ Régime dans lequel la souveraineté appartient à une classe restreinte. ➝ Ce groupe. ► **oligarchique** adj.

oligarque n. ■ Personnage puissant, membre d'une oligarchie.

oligiste adj. et n. m. ■ minér. *Fer oligiste* ou n. m. *oligiste :* hématite rouge, oxyde naturel de fer.

olig(o)- Élément, du grec *oligos* «petit».

oligocène n. m. et adj. ■ géol. Période de l'ère tertiaire qui succède à l'éocène.

oligochète [-kɛt] n. m. ■ Ver annélide, terrestre ou aquatique, portant un petit nombre de soies (ex. le lombric).

oligoélément n. m. ■ physiol. Élément chimique présent en très faible quantité dans l'organisme, indispensable au métabolisme.

oligomère n. m. ■ chim. Polymère formé d'un petit nombre de monomères.

oligophrénie n. f. ■ méd. Arriération mentale. ► **oligophrène** adj. et n.

oligopole n. m. ■ écon. Marché où un petit nombre de vendeurs ont le monopole de l'offre. ► **oligopolistique** adj.

oligopsone n. m. ■ écon. Marché caractérisé par un petit nombre d'acheteurs et des vendeurs nombreux. ► **oligopsonique** adj.

oligosaccharide [-k-] n. m. ■ biochim. Composé contenant de deux à dix sous-unités d'oses liés de façon covalente.

oligospermie n. f. ■ méd. Insuffisance de la production de sperme, ou faible quantité de spermatozoïdes dans le sperme. – terme recommandé *oligozoospermie* n. f.

oligurie n. f. ■ méd. Diminution ou insuffisance de la quantité d'urine émise.

olivaie n. f. ■ Plantation d'oliviers. → **oliveraie.**

olivaison n. f. ■ agric. Récolte des olives ; saison où se fait cette récolte.

olivâtre adj. ■ Qui tire sur le vert olive.

olive n. f. ■ **1** Petit fruit comestible, oblong, verdâtre puis noirâtre à maturité, à peau lisse. **2** adj. invar. D'un vert brun.

oliveraie n. f. ■ Plantation d'oliviers. → **olivaie, olivette.**

olivet n. m. ■ Fromage de lait de vache, fabriqué dans l'Orléanais.

olivette n. f. ■ **I** Plantation d'oliviers. → **olivaie, oliveraie. II** Petite tomate oblongue.

olivier n. m. ■ **1** Arbre à feuilles vert pâle, dont le fruit est l'olive. **2** Son bois.

olivine n. f. ■ minér. Minéral (péridot) de couleur vert olive.

ollaire adj. ■ *Pierre ollaire,* pierre facile à travailler et très résistante à la chaleur.

olla-podrida [ɔja- ; ɔ(l)la-] n. f. ■ vx **1** Plat espagnol, ragoût de viande et de légumes cuits ensemble. **2** fig. Mélange informe.

ollé ollé → **olé olé**

olographe adj. ■ dr. *Testament olographe,* écrit en entier de la main de son auteur. – var. **holographe.**

olympiade n. f. ■ **1** Période de quatre ans entre deux célébrations des Jeux olympiques. **2** (au plur.) Jeux olympiques.

olympien, ienne adj. ■ **1** Relatif à l'Olympe, à ses dieux. **2** Noble, majestueux.

olympique adj. ■ *Jeux olympiques :* rencontres sportives internationales qui ont lieu tous les quatre ans. ♦ Conforme aux règles des Jeux olympiques.

olympisme n. m. ■ Ensemble des événements liés à l'organisation des Jeux olympiques ; état d'esprit, règles, statuts qui régissent les Jeux.

ombelle n. f. ■ Petites fleurs groupées.

ombellé, ée adj. ■ bot. Disposé en ombelle.

ombellifère n. f. ■ Plante à fleurs en ombelles (ex. carotte, cerfeuil, persil).

ombelliforme adj. ■ didact. Qui a la forme d'une ombelle.

ombilic n. m. ■ anat. Nombril. ► **ombilical, ale, aux** adj. *Cordon* ombilical.*

ombiliqué, ée adj. ■ didact. Qui présente en son centre une dépression évoquant un ombilic. *Feuille ombiliquée.*

omble n. m. ■ Poisson de rivière, de lac, voisin du saumon.

ombrage n. m. ■ I littér. Ensemble de branches et de feuilles qui donnent de l'ombre ; cette ombre. II loc. *Prendre ombrage de qqch.*, en concevoir du dépit, de la jalousie. ➝ *Porter ombrage à qqn*, l'éclipser.

ombrager v. tr. 3 ■ (feuillage) Faire, donner de l'ombre à. ➝ au p. p. *Jardin ombragé.*

ombrageux, euse adj. ■ 1 (cheval) Qui s'effraie facilement. 2 (personnes) Susceptible, méfiant. ➝ *Caractère ombrageux.*

① **ombre** n. f. ■ I 1 Zone sombre créée par un corps opaque qui intercepte les rayons lumineux ; absence de lumière (surtout celle du Soleil) dans une telle zone. → **pénombre.** ◆ loc. *Faire de l'ombre à qqn*, l'éclipser. ➝ fam. *Mettre qqn à l'ombre*, l'emprisonner. 2 peint. Représentation d'une zone sombre. ➝ loc. *Il y a une ombre au tableau*, la situation comporte un élément inquiétant. ◆ *Ombre à paupières* : fard à paupières. II 1 Zone sombre reproduisant le contour (d'un corps qui intercepte la lumière). 2 au plur. *Ombres chinoises* : projection sur un écran de silhouettes découpées. 3 littér. Apparence changeante, trompeuse ou fragile. ➝ loc. *Laisser la proie pour l'ombre*, un avantage pour un espoir vain. ➝ *(Pas) l'ombre de* : (pas) la plus petite quantité de. 4 dans certaines croyances Apparence d'une personne qui survit après sa mort. 5 Reflet affaibli (de ce qui a été).

② **ombre** n. m. ■ Poisson de rivière, voisin du saumon et de l'omble. ➝ abusivt *Ombre chevalier*, omble* chevalier.

③ **ombre** n. f. ■ *Ombre* ou *terre d'ombre* : ocre brune utilisée en peinture. → **terre** de Sienne.

ombrelle n. f. ■ Petit parasol portatif.

ombrer v. tr. 1 ■ Marquer de traits ou de zones représentant les ombres.

ombrette n. f. ■ Oiseau échassier d'Afrique, au plumage sombre.

ombreux, euse adj. ■ 1 littér. Qui donne de l'ombre. 2 Où il y a de l'ombre.

ombrine n. f. ■ Poisson marin au corps argenté, comestible.

ombudsman [ɔmbydsman] n. m. ■ Dans les pays scandinaves, Personne chargée de défendre les droits des citoyens face aux pouvoirs publics. → **médiateur.**

oméga n. m. invar. ■ Dernière lettre de l'alphabet grec (ω, Ω).

omelette n. f. ■ 1 Œufs battus et cuits à la poêle. 2 *Omelette norvégienne* (entremets).

omerta n. f. ■ Loi du silence (maffia, etc.).

omettre v. tr. 56 ■ S'abstenir ou négliger de faire ou de mentionner. → **oublier.** ► **omission** n. f. → **lacune, négligence, oubli.**

omicron [-ɔn] n. m. invar. ■ Quinzième lettre de l'alphabet grec (O, o), qui note en grec ancien le o bref fermé. → aussi **oméga.**

ommatidie n. f. ■ zool. Chacune des unités optiques élémentaires formant l'œil composé des arthropodes. → **facette.**

omni- Élément, du latin *omnis* «tout».

omnibus [-bys] n. m. ■ Train qui dessert toutes les stations.

omnidirectionnel, elle adj. ■ techn. (appareil) Qui peut être utilisé dans toutes les directions avec les mêmes caractéristiques.

omnipotent, ente adj. ■ littér. Tout-puissant. ► **omnipotence** n. f.

omnipraticien, ienne n. ■ didact. Médecin généraliste*.

omniprésent, ente adj. ■ littér. Qui est partout, ou toujours. ► **omniprésence** n. f.

omniscient, ente [-jɑ̃, ɑ̃t] adj. ■ littér. Qui sait tout. ► **omniscience** n. f.

omnisports adj. ■ Où l'on peut pratiquer tous les sports. *Salle omnisports.*

omnium [-jɔm] n. m. ■ Compétition cycliste sur piste combinant plusieurs courses.

omnivore adj. ■ Qui se nourrit d'aliments d'origine animale et végétale.

omoplate n. f. ■ Os plat de l'épaule.

on pron. indéf. ■ Pronom personnel indéfini de la 3e personne, invariable, toujours sujet. I (marquant l'indétermination) 1 Les gens. *On dit que* : le bruit court que. 2 Une personne quelconque. *On m'a volé mon sac.* II (personnes déterminées) 1 Tu, vous. *Eh bien ! on ne se gêne pas !* 2 Je, nous. *Oui, oui ! on arrive.* ➝ (dans un écrit) *On montrera que...* ◆ fam. Nous. *Nous, on y va.*

① **onagre** n. m. ■ Âne sauvage de grande taille.

② **onagre** n. f. ■ Plante à grandes fleurs jaunes, appelée aussi *herbe aux ânes.* → **œnothère.**

onanisme n. m. ■ didact. Masturbation.

onc, oncques ou **onques** adv. ■ vx ou par plais. Jamais.

① **once** n. f. ■ 1 Mesure de poids anglo-saxonne, 1/16 de livre (symb. oz). 2 *UNE ONCE DE* : une très petite quantité de.

② **once** n. f. ■ Mammifère carnivore (félin) des montagnes d'Asie, de grande taille, au pelage clair et tacheté.

onchocercose [ɔ̃k-] n. f. ■ méd. Maladie tropicale parasitaire qui provoque des lésions cutanées et de graves lésions oculaires.

onchocerque [ɔ̃k-] n. m. ■ zool., méd. Ver nématode (filaire), parasite des mammifères, responsable de l'onchocercose.

oncial, ale, aux adj. et n. f. ■ didact. Se dit d'une écriture calligraphique médiévale en capitales arrondies.

oncle n. m. ■ Frère du père ou de la mère ou mari de la tante.

onco- Élément savant (du grec *ogkos* «grosseur») qui signifie «tumeur».

oncogène adj. ▪ didact. Cancérigène.

oncologie n. f. ▪ didact. Étude des tumeurs cancéreuses. ► **oncologique** adj. ► **oncologue** n.

oncques → **onc**

onction n. f. ▪ **1** Rite qui consiste à oindre (2). **2** littér. Douceur qui dénote la piété, la dévotion (parfois hypocrites).

onctueux, euse adj. ▪ **1** De consistance douce et moelleuse. → **huileux ; velouté. 2** Qui a de l'onction (2). ► **onctuosité** n. f.

ondatra n. m. ▪ Petit mammifère rongeur originaire de l'Amérique du Nord, voisin du castor. → **rat** musqué.

onde n. f. ▪ **I** littér. L'eau dans la nature (mer, lac, rivière...). **II 1** sc. Déformation, vibration qui se propage (fonction périodique des variables de temps et d'espace). *Ondes électromagnétiques.* ◆ loc. fam. *Être sur la même longueur d'onde,* se comprendre. ♦ *LES ONDES :* la radiodiffusion. **2** fig., littér. Sensation qui se propage comme une onde. *Une onde de plaisir.*

ondé, ée adj. ▪ littér. Qui présente des ondes, des ondulations. → **onduleux.**

ondée n. f. ▪ Pluie soudaine et courte.

ondemètre n. m. ▪ techn. Appareil servant à mesurer la longueur d'onde d'une émission radioélectrique.

ondine n. f. ▪ Déesse des eaux nordique.

ondinisme n. m. ▪ Tendance érotique dans laquelle le plaisir est provoqué par la vue ou le contact de l'eau ou de l'urine.

on-dit n. m. invar. ▪ Rumeur, racontar.

ondoyer v. intr. [8] ▪ littér. Se mouvoir en s'élevant et s'abaissant alternativement. ► **ondoyant, ante** adj. ► **ondoiement** n. m.

ondulant, ante adj. ▪ Qui ondule.

ondulation n. f. ▪ **1** Mouvement alternatif de ce qui s'élève et s'abaisse en donnant l'impression d'un déplacement. **2** Forme sinueuse. **3** Action de friser les cheveux.

ondulatoire adj. ▪ sc. **1** Qui a les caractères d'une onde (II, 1). **2** Relatif aux ondes.

ondulé, ée adj. ▪ Qui ondule (2).

onduler v. intr. [1] ▪ **1** Avoir un mouvement d'ondulation. **2** Présenter des ondulations (2). **3** trans. Friser (des cheveux).

onduleur n. m. ▪ électr. Appareil qui transforme un courant continu en courant alternatif.

onduleux, euse adj. ▪ littér. Qui ondule.

-one Élément de chimie, formant notamment les noms des cétones.

one man show [wanmanʃo] n. m. ▪ anglic. Spectacle de variétés donné par un artiste seul en scène. *Des one man shows.* recomm. off. *spectacle solo.* ◆ On emploie parfois *one woman show* n. m. dans le cas d'une vedette féminine.

onéreux, euse adj. ▪ **1** Qui impose des dépenses. → **cher, coûteux. 2** dr. *À titre onéreux :* sous la condition de payer.

one-step [wanstɛp] n. m. ▪ anglic. Danse d'origine américaine, sur une musique à deux temps syncopée, à la mode en France après la guerre de 1914-1918. *Des one-steps.*

ONG [oɛnʒe] n. f. (sigle de *organisation non gouvernementale*) ▪ Organisme privé qui se consacre à l'action humanitaire.

ongle n. m. ▪ **1** Partie cornée à l'extrémité des doigts (mains, pieds). ◆ loc. *JUSQU'AU BOUT DES ONGLES,* à fond. **2** Griffe.

onglé, ée adj. ▪ didact. Qui a des ongles, est pourvu d'ongles. → **ongulé.**

onglée n. f. ▪ Engourdissement douloureux de l'extrémité des doigts, dû au froid.

onglet n. m. ▪ **I 1** Bande de papier permettant d'insérer une feuille dans un livre. **2** Entaille, échancrure (sur un instrument ; la tranche d'un livre). **II** Morceau de bœuf à griller (muscles du diaphragme).

onglette n. f. ▪ Petit burin de graveur. – syn. **ognette.**

onglier n. m. ▪ Nécessaire pour le soin des ongles.

onglon n. m. ▪ zool. Sabot des ruminants, des porcins et des éléphants.

onguent n. m. ▪ Médicament onctueux que l'on applique sur la peau.

onguiculé, ée adj. et n. m. ▪ zool. (mammifères) Qui a des ongles ou des griffes (et non des sabots).

ongulé, ée adj. ▪ (animaux) Dont les pieds sont terminés par des productions cornées (sabots).

onguligrade adj. ▪ zool. (animaux) Qui marche sur des sabots. → **ongulé.**

onirique adj. ▪ Relatif aux rêves.

onirisme n. m. ▪ **1** méd. Activité mentale pathologique caractérisée par des visions, des hallucinations. **2** Caractère onirique. *L'onirisme d'une œuvre.*

onir(o)- Élément, du grec *oneiros* « rêve ».

onirologie n. f. ▪ didact. Étude des rêves. ► **onirologue** n.

oniromancie n. f. ▪ didact. Divination par les songes. ► **oniromancien, ienne** n.

onlay [ɔnlɛ] n. m. ▪ anglic., chir. dentaire Prothèse dentaire qui recouvre la dent (opposé à *inlay*). *Des onlays.* – terme conseillé *prothèse extrinsèque.*

onomastique ▪ didact. **1** n. f. Étude des noms propres (spécialt de personnes et de lieux). **2** adj. Relatif aux noms propres.

onomatopée n. f. ▪ Mot qui évoque par le son la chose dénommée (ex. boum, snif). ► **onomatopéique** adj.

onques → **onc**

onto- Élément, du grec *ôn, ontos* « l'être ».

ontogenèse n. f. ■ biol. Développement de l'individu, de la fécondation de l'œuf à l'état adulte (s'oppose à *phylogenèse*). – syn. **ontogénie.** ► **ontogénétique** ou **ontogénique** adj.

ontogénie → **ontogenèse**

ontologie n. f. ■ Partie de la philosophie qui traite de l'être. ► **ontologique** adj.

onusien, ienne adj. ■ De l'Organisation des Nations unies ou ONU. *Les forces onusiennes* : les casques bleus.

onychophagie [-kɔ-] n. f. ■ méd. Habitude de se ronger les ongles. ► **onychophage** adj. et n.

-onyme, -onymie, -onymique Éléments, du grec *onoma* «nom».

onyx [ɔniks] n. m. ■ Agate à zones concentriques régulières de diverses couleurs.

onyxis [-is] n. m. ■ méd. Inflammation du derme sous l'ongle.

onzain n. m. ■ didact. Strophe ou poème de onze vers.

onze ■ **I** adj. numéral invar. **1** (cardinal) Nombre égal à dix plus un (11). *Onze cents* : mille cent. **2** (ordinal) Onzième. *Louis XI.* **II** n. m. invar. Le nombre, le numéro 11. ♦ Équipe de onze joueurs (football). ► **onzième** adj. et n. ► **onzièmement** adv.

oo- [ɔɔ] Élément, du grec *ôon* «œuf». → **ovo-** (du latin).

oocyte → **ovocyte**

oogone n. f. ■ bot. Organe dans lequel se forment les cellules femelles (→ **oosphère**), chez les algues et les champignons.

oolithe n. f. ou m. ■ minér. Calcaire formé de grains sphériques. – var. **oolite.** ► **oolithique** adj.

oosphère n. f. ■ bot. Cellule reproductrice femelle.

oothèque n. f. ■ zool. Coque produite lors de la ponte, qui contient les œufs de certains insectes (blattes, mantes).

O. P. A. [opea] n. f. (sigle) ■ fin. (Bourse) Offre publique d'achat de parts d'une société.

opacifiant, ante adj. ■ techn. Qui rend opaque, augmente l'opacité de.

opacification n. f. ■ méd. **1** Diminution de la transparence de la cornée ou du cristallin de l'œil. → **cataracte, taie.** **2** Injection d'un produit opaque aux rayons X en vue de l'examen radiologique (d'un organe). *Opacification du côlon.*

opacifier v. tr. [7] ■ Rendre opaque.

opacimétrie n. f. ■ techn. Mesure de l'opacité d'une substance (au moyen d'un *opacimètre* n. m.).

opacité n. f. ■ Caractère opaque.

opale n. f. ■ Pierre fine à reflets irisés.

opalescence n. f. ■ littér. Aspect, reflet opalin.

opalescent, ente adj. ■ littér. ou techn. Qui a la couleur, les reflets de l'opale. → **opalin.**

opalin, ine adj. ■ Qui a l'aspect de l'opale.

opaline n. f. ■ Substance vitreuse dont on fait des vases, etc. ♦ Objet en opaline.

opaliser v. tr. [1] ■ techn. Donner un aspect opalin à (une matière). ► **opalisation** n. f.

opaque adj. ■ **1** Qui s'oppose au passage de la lumière. – sc. Qui s'oppose au passage (de radiations). **2** Très sombre. ♦ fig. Obscur, difficile à comprendre.

op art [ɔpaʀt] n. m. ■ anglic. Art pictural qui utilise les propriétés de l'œil et des effets optiques pour donner l'impression du mouvement.

ope n. f. ou m. ■ archit. Trou dans un mur destiné à recevoir une poutre.

open [ɔpɛn] adj. invar. ■ anglic. **1** sports Se dit d'une compétition ouverte aux professionnels et aux amateurs. – n. m. *Un open de tennis.* **2** *Billet open*, non daté.

openfield [ɔpœnfild] n. m. ■ géogr. Paysage agricole à champs ouverts.

opéra n. m. ■ **1** Ouvrage dramatique mis en musique, composé de récitatifs, d'airs, de chœurs avec accompagnement d'orchestre. *Le livret d'un opéra.* **2** Théâtre où l'on joue des opéras.

opérable adj. ■ Qui peut être opéré (2).

opéra-comique n. m. ■ Drame lyrique composé d'airs avec accompagnement orchestral, et parfois de dialogues parlés.

opérande n. m. ■ didact. Quantité, donnée qui entre dans une opération arithmétique, une instruction informatique.

opérant, ante adj. ■ Qui opère, agit.

opérateur, trice n. ■ **1** Personne qui exécute des opérations techniques déterminées. **2** *Opérateur (de prise de vues)* : cadreur. **3** n. m. fin. Actionnaire principal.

opération n. f. ■ **1** Action (d'un pouvoir, d'une fonction, d'un organe) qui produit un effet. – loc. *Par l'opération du Saint-Esprit*, par un moyen mystérieux. **2** Acte ou série d'actes (matériels ou intellectuels) pour obtenir un résultat. *Opérations techniques.* **3** math. Processus qui, à partir d'éléments connus, permet d'en engendrer un nouveau. → **calcul.** *Opérations fondamentales* (addition, soustraction, etc.). **4** Acte chirurgical. → **intervention.** *Salle d'opération.* → **bloc.** **5** Manœuvres militaires, combats. ♦ Mesures coordonnées en vue d'un résultat. **6** Affaire commerciale ou financière.

opérationnel, elle adj. ■ **1** Relatif aux opérations militaires. **2** *Recherche opérationnelle* : analyse des problèmes d'organisation. **3** Prêt à être mis en service.

opératique adj. ■ didact. Relatif à l'opéra en tant que genre. → **lyrique.**

opératoire adj. ■ **1** Relatif aux opérations chirurgicales. **2** Qui concerne une opération (2).

opercule n. m. ■ Ce qui forme couvercle.

operculé, ée adj. ▪ sc., techn. Muni d'un opercule.

opérer v. tr. [6] ▪ **1** Accomplir par une suite ordonnée d'actes. *Opérer une transformation.* **2** Soumettre à une opération chirurgicale.

opérette n. f. ▪ Opéra-comique léger.

opéron n. m. ▪ biol. Ensemble de gènes contigus sur le chromosome, dont les fonctions sont reliées.

ophicléide n. m. ▪ Gros instrument de musique à vent, en cuivre.

ophidiens n. m. pl. ▪ zool. Serpents.

ophi(o)- Élément savant, du grec *ophis* «serpent».

ophioglosse n. m. ▪ bot. Fougère à longue feuille ovale qui vit dans les lieux humides, appelée communément *langue de serpent.*

ophiolâtrie n. f. ▪ didact. Culte, adoration du serpent.

ophite n. m. ▪ minér. Roche magmatique de couleur vert sombre.

ophiure n. f. ▪ zool. Échinoderme marin possédant cinq longs bras grêles et mobiles.

ophrys [-is] n. m. ou f. ▪ bot. Orchidée dont les fleurs évoquent un insecte.

ophtalmie n. f. ▪ Maladie des yeux.

ophtalmique adj. ▪ méd. Relatif à l'œil, aux yeux. ◆ *Migraine ophtalmique,* associée à des troubles visuels.

ophtalm(o)-, -ophtalmie Éléments savants, du grec *ophthalmos* «œil».

ophtalmologie n. f. ▪ Étude et médecine de l'œil. ► **ophtalmologique** adj.

ophtalmologiste n. ▪ Médecin spécialiste de l'œil et de la vision. → **oculiste.** - syn. **ophtalmologue.**

ophtalmométrie n. f. ▪ méd. Mesure de la courbure de la cornée de l'œil (au moyen d'un *ophtalmomètre* n. m.), pour évaluer le degré d'astigmatisme.

ophtalmoscope n. m. ▪ méd. Instrument servant à éclairer les milieux internes de l'œil (fond d'œil) pour les examiner. ► **ophtalmoscopie** n. f.

opiacé, ée adj. ▪ Qui contient de l'opium.

opilion n. m. ▪ zool. Arachnide aux longues pattes grêles, aussi appelé *faucheur* ou *faucheux.*

opimes adj. f. pl. ▪ Antiq. romaine *Dépouilles opimes :* dépouilles d'un général ennemi.

opinel n. m. (nom déposé) ▪ Couteau pliant, à manche de bois.

opiner v. [1] ▪ **1** v. tr. ind. littér. *Opiner à :* consentir à. → **approuver. 2** v. intr. (loc.) *Opiner du bonnet :* manifester son approbation.

opiniâtre adj. ▪ **1** littér. Tenace dans ses idées, ses résolutions. → **obstiné, persévérant. 2** (choses) Qui ne cède pas. *Opposition opiniâtre.* ► **opiniâtrement** adv. ► **opiniâtreté** n. f.

opinion n. f. ▪ **I 1** Manière de penser, de juger. → **avis, point de vue.** ◆ *Opinions toutes faites.* → **préjugé.** ◆ *Verbes d'opinion* (croire, juger, penser...). **2** Idée ou ensemble des idées que l'on a, dans un domaine. *Opinions politiques.* **II 1** Jugement collectif, ensemble de jugements de valeur. *L'opinion publique.* ◆ absolt *Braver l'opinion.* **2** Attitudes d'esprit dominantes dans une société. *Sondage d'opinion.*

opioïde adj. ▪ biochim. Se dit de substances aux effets similaires à ceux de l'opium.

opiomane adj. et n. ▪ Se dit d'un ou d'une toxicomane qui se drogue à l'opium. ► **opiomanie** n. f.

opistho- Élément, du grec *opisthen* «derrière ; en arrière».

opisthobranche n. m. ▪ Mollusque gastéropode marin dont les branchies se trouvent en arrière du corps (s'oppose à *prosobranche*).

opisthodome n. m. ▪ archéol. Partie postérieure d'un temple grec, qui abritait le trésor du temple.

opisthographe adj. ▪ didact. Se dit d'un manuscrit couvert d'écriture sur les deux faces.

opium [ɔpjɔm] n. m. ▪ Suc du fruit d'un pavot, utilisé comme stupéfiant.

opodeldoch [-ɔk] n. m. ▪ pharm. Baume à base de savon et d'ammoniaque, utilisé en frictions.

oponce n. m. ▪ Cactus à raquettes (→ figuier de Barbarie). - syn. **opuntia** n. m.

opopanax [-aks] n. m. ▪ Plante méditerranéenne (ombellifère) dont on extrait une gomme-résine aromatique ; cette gomme-résine. - var. **opoponax.**

opossum [-ɔm] n. m. ▪ Sarigue à pelage noir, blanc et gris. ◆ Sa fourrure.

opothérapie n. f. ▪ méd. Emploi thérapeutique de cellules d'origine animale provenant de tissus, d'organes, ou de leurs extraits (par exemple, des hormones). → **hormonothérapie.**

oppidum [-ɔm] n. m. ▪ didact. Ville fortifiée (d'époque romaine).

opportun, une adj. ▪ Qui vient à propos (→ **favorable, propice).** ► **opportunément** adv.

opportunisme n. m. ▪ Politique qui consiste à tirer parti des circonstances.

opportuniste adj. ▪ **1** Qui pratique l'opportunisme. **2** anglic., biol. (germe) Qui manifeste sa virulence sur un organisme affaibli.

opportunité n. f. ▪ **1** Caractère de ce qui est opportun. **2** Circonstance qui convient.

opposabilité n. f. ▪ didact. Caractère de ce qui est opposable. *L'opposabilité du pouce.*

opposable adj. ▪ Qui peut être opposé.

opposant, ante adj. ▪ Qui s'oppose (à une autorité...). ◆ n. *Les opposants au régime.*

opposer v. tr. [1] ▪ **1** Fournir (une raison contraire). *Il n'y a rien à opposer à cela.* → **objecter, répondre.** **2** Mettre en face, face à face pour le combat. *Opposer deux équipes.* **3** Placer pour faire obstacle. ◆ (abstrait) *Opposer un refus à qqn.* **4** Placer en face de ou tout près (ce qui s'oppose). *Opposer deux couleurs.* **5** Comparer ; présenter comme contraire. → **confronter.** *Opposer l'ordre à (et) la liberté.* ▷ v. pron. **s'opposer** (à) **1** Faire, mettre obstacle (à). → **empêcher.** **2** Résister (à), lutter (contre). **3** Faire contraste ; être différent, être le contraire. *« Haut » s'oppose à « bas ».* ▷ **opposé, ée I** adj. **1** Se dit de choses orientées dos à dos. ◆ *En sens opposé.* → **contraire, inverse.** **2** Aussi différent que possible. *Ils ont des goûts opposés.* **3** Qui s'oppose (à), se dresse (contre). *Je suis opposé à cette décision.* **II** n. m. **1** Côté, sens opposé. **2** abstrait Ce qui est opposé. → **contraire.** *C'est l'opposé de son frère.* **3** loc. *À L'OPPOSÉ (de)* : du côté opposé (à) ; abstrait contrairement (à).

à l'**opposite** (de) loc. ▪ Dans un sens, du côté opposé (à). → en **face, vis-à-vis.**

opposition n. f. ▪ **I** Rapport de personnes ou de choses opposées, qui s'opposent. ◆ *PAR OPPOSITION (à)* : par contraste (avec), d'une manière opposée (à). **II 1** Action, fait de s'opposer en mettant obstacle, en résistant. **2** *Faire opposition à un chèque*, empêcher qu'il soit débité. **3** Personnes qui s'opposent (à un gouvernement, etc.).

oppositionnel, elle adj. et n. ▪ Relatif à l'opposition (en politique, en psychologie).

oppressant, ante adj. ▪ Qui oppresse.

oppresser v. tr. [1] ▪ **1** Gêner (qqn) dans ses fonctions respiratoires. *La chaleur l'oppressait.* **2** fig. Gêner en angoissant.

oppresseur n. m. ▪ Personne, groupe qui opprime. ◆ adj. m. *Régime oppresseur.*

oppressif, ive adj. ▪ Qui opprime.

oppression n. f. ▪ **1** Action, fait d'opprimer. **2** Gêne respiratoire (→ oppresser).

opprimant, ante adj. ▪ rare Qui opprime. → **oppressif.**

opprimer v. tr. [1] ▪ **1** Soumettre à une autorité excessive et injuste, persécuter. → **asservir, tyranniser.** **2** Empêcher de s'exprimer, de se manifester. ▷ adj. et n. **opprimé, ée**

opprobre [-bʀ] n. m. ▪ littér. Honte publique.

-opsie Élément, du grec *opsis* « vision, vue ».

opsine n. f. ▪ biochim. Protéine entrant dans la composition de la rhodopsine, ou pourpre* rétinien.

opsonine n. f. ▪ biochim. Protéine soluble du sang qui se fixe sur les bactéries et en facilite la phagocytose par les globules blancs.

optatif, ive adj. ▪ ling. Qui exprime le souhait.

opter v. intr. [1] ▪ Faire un choix (entre des choses qu'on ne peut avoir ensemble).

opticien, ienne n. ▪ Personne qui fabrique, vend des instruments d'optique.

optimal, ale, aux adj. ▪ Optimum (2).

optimiser v. tr. [1] ▪ anglic. Donner les meilleures conditions de fonctionnement à.

optimisme n. m. ▪ **1** Tournure d'esprit qui dispose à prendre les choses du bon côté. **2** Confiance dans l'issue d'une situation.

optimiste adj. et n. ▪ Qui a de l'optimisme.

optimum [-ɔm] ▪ **1** n. m. État le plus favorable (pour atteindre un but...). *Des optimums* ou *des optima.* **2** adj. Qui est le plus favorable. *Température optimum* ou *optima.*

option n. f. ▪ **1** Possibilité, action de choisir ; son résultat. → **choix.** ◆ *À OPTION.* → **optionnel.** **2** Accessoire (d'un produit) qu'on peut choisir. **3** dr. Promesse de vente.

optionnel, elle adj. ▪ Qu'on peut choisir.

optique ▪ **I** adj. **1** Relatif à la vision. *Nerf optique.* **2** Relatif à l'optique (II). *Fibre* optique.* ♦ n. f. Partie optique (d'un appareil). **3** Qui fonctionne par l'optique (II) et l'électronique. *Crayon optique.* **II** n. f. **1** Science qui étudie la lumière et la vision. *Instruments d'optique* (lentille, microscope...). ◆ loc. *Illusion* d'optique.* ♦ Commerce, fabrication, industrie des instruments d'optique. **2** Conditions de la vision (dans un cas particulier). → **perspective.** ◆ fig. Manière de voir. *Changer d'optique.*

optiquement adv. ▪ didact. Du point de vue optique. *Surface optiquement parfaite.*

opto- Élément, du grec *optos* « visible ».

optoélectronique ▪ n. f. électron. Ensemble des techniques et dispositifs qui lient l'optique et l'électronique. ◆ adj. *Détecteur optoélectronique.*

optomètre n. m. ▪ techn. Appareil qui permet de détecter les anomalies de la vision.

optométrie n. f. ▪ Étude de la vision oculaire et mesure de son acuité. ▶ **optométrique** adj.

optométriste n. ▪ Opticien qui pratique l'optométrie. ◆ Au Canada, Docteur en optométrie.

optronique n. f. ▪ milit. Application militaire de l'optoélectronique.

opulence n. f. ▪ **1** Grande abondance de biens. **2** fig. Caractère opulent (2).

opulent, ente adj. ▪ **1** Qui est très riche, qui est dans l'opulence. **2** fig. (formes) Qui a de l'ampleur. *Poitrine opulente.*

opuntia [ɔpɔ̃sja] n. m. → **oponce**

opus [-ys] n. m. ▪ Indication désignant un morceau de musique dans une œuvre.

opuscule n. m. ▪ Petit ouvrage, petit livre.

opus incertum [ɔpysɛ̃sɛʀtɔm] n. m. invar. ▪ techn. Assemblage de moellons de forme et de dimension irrégulières.

opus spicatum [ɔpysspikatɔm] n. m. invar. ■ techn. Assemblage de moellons disposés en épis.

① **or** n. m. ■ **I 1** Élément (symb. Au, n° at. 79, masse at. 196,96), métal précieux jaune, brillant, inaltérable et inoxydable. ➝ *Or jaune, blanc ; rouge, gris* (alliages). ♦ (monnaie) *Étalon or.* **2** (Symbole de richesse). *La soif de l'or.* ➝ loc. *À prix d'or*, très cher. ➝ *Une affaire* EN OR, très avantageuse. ➝ *Pour tout l'or du monde* (après une négation) : à aucun prix. **II** fig. **1** Chose précieuse, excellente (dans des loc.). *Un cœur* D'OR. *Un mari* EN OR. ♦ *Âge d'or* : temps heureux (d'une civilisation, d'un art...). **2** (Source de richesse). *L'or noir* : le pétrole. ➝ *L'or vert* : les ressources agricoles.

② **or** conj. ■ Marque un moment d'une durée, d'un raisonnement. → **cependant.**

oracle n. m. ■ **1** Antiq. Réponse qu'une divinité donnait à ceux qui la consultaient. ➝ Cette divinité ou son interprète ; son sanctuaire. **2** fig., littér. Opinion ou personne qui jouit d'un grand crédit.

oraculaire adj. ■ littér. Qui a la qualité d'un oracle ; qui parle comme un oracle. *Paroles oraculaires.*

orage n. m. ■ **1** Perturbation atmosphérique violente caractérisée par des phénomènes électriques (éclairs, tonnerre). **2** fig. Trouble qui éclate ou menace d'éclater.

orageux, euse adj. ■ **1** Relatif à l'orage. **2** fig. Tumultueux. *Discussion orageuse.*

oraison n. f. ■ **1** vx ou relig. Prière. **2** *Oraison funèbre* : discours prononcé lors des obsèques d'un personnage illustre.

oral, ale, aux adj. ■ **1** (opposé à *écrit*) Qui se fait, se transmet par la parole. *Tradition orale.* ♦ n. m. Épreuve orale (d'un examen). **2** De la bouche. *Par voie orale.* ♦ psych. *Stade oral*, premier stade de la libido, selon Freud. ► **oralement** adv. ► **oralité** n. f.

oraliser v. tr. [1] ■ ling. Dire ou lire à voix haute (un texte).

-orama Élément, du grec *orama* « vue » (parfois abrégé en *-rama*).

orange n. f. ■ **1** Fruit comestible de l'oranger, agrume d'un jaune rouge. **2** adj. invar. et n. m. Se dit de la couleur de l'orange.

orangé, ée ■ **1** adj. D'une couleur nuancée d'orange. **2** n. m. didact. Couleur du spectre solaire entre le jaune et le rouge.

orangeade n. f. ■ Boisson à l'orange.

orangeat n. m. ■ Écorce d'orange hachée finement et confite.

oranger n. m. ■ Arbre fruitier qui produit les oranges.

orangeraie n. f. ■ Plantation d'orangers.

orangerie n. f. ■ Serre, bâtiment, jardin où l'on cultive des orangers.

orangette n. f. ■ **1** Orange cueillie avant maturité et utilisée en confiserie. **2** Morceau d'écorce d'orange confite enrobé de chocolat.

orangisme n. m. ■ hist., polit. Doctrine des partisans de la dynastie d'Orange ou des protestants d'Irlande du Nord. ► **orangiste** adj. et n.

orang-outan ou **orang-outang** [ɔʀɑ̃utɑ̃] n. m. ■ Grand singe d'Asie, à poil roux, aux bras très longs. *Des orangs-outan(g)s.*

orant, ante n. ■ arts Personnage représenté en prière, les bras étendus ou à genoux.

orateur, trice n. ■ **1** Personne qui prononce des discours. **2** Personne éloquente.

① **oratoire** adj. ■ Qui concerne l'éloquence. ➝ loc. *Précautions oratoires* : moyens pour ménager l'auditeur ou le lecteur.

② **oratoire** n. m. ■ **1** Petite chapelle. **2** Nom de congrégations religieuses.

oratorio n. m. ■ Drame lyrique sur un sujet en général religieux.

① **orbe** adj. ■ techn. *Mur orbe*, sans aucune ouverture. → **aveugle.**

② **orbe** n. m. ■ vx ou littér. Cercle ; sphère.

orbiculaire adj. ■ **1** didact. En forme de cercle, d'anneau. → **rond. 2** anat. *Muscle orbiculaire*, situé autour d'un orifice naturel de la face, servant à le fermer par contraction.

orbitaire adj. ■ anat. Relatif à l'orbite (I) de l'œil.

orbital, ale, aux adj. ■ De l'orbite (II). ➝ *Station orbitale* (engin spatial).

orbitale n. f. ■ phys. Fonction d'onde d'un électron, définissant son comportement spatial.

orbite n. f. ■ **I** Cavité osseuse dans laquelle se trouve l'œil. **II 1** Trajectoire courbe (d'un corps céleste) ayant pour foyer un autre corps céleste. **2** fig. Milieu où s'exerce l'influence de qqn.

orbitèle n. f. ■ Araignée qui tisse une toile polygonale faite de fils concentriques.

orbiter v. intr. ■ didact. Graviter selon une orbite.

orbiteur n. m. ■ Partie d'un engin spatial mise en orbite autour d'un astre.

orcanète ou **orcanette** n. f. ■ Plante des régions méditerranéennes dont la racine rouge fournit une matière colorante.

orchestique [-k-] n. f. ■ Antiq. grecque Art de la danse et des mouvements, au théâtre.

orchestral, ale, aux [-k-] adj. ■ Propre à l'orchestre symphonique.

orchestrateur, trice [-k-] n. ■ Musicien, musicienne qui fait une orchestration.

orchestration [-k-] n. f. ■ **1** Action, manière d'orchestrer (1). → **instrumentation ; arrangement. 2** fig. *Orchestration commerciale.*

orchestre [ɔʀkɛstʀ] n. m. ▪ **I** (théâtre) Espace compris entre le public et la scène, en contrebas. ♦ Places, public du rez-de-chaussée. **II** Groupe d'instrumentistes exécutant de la musique polyphonique.

orchestrer [-k-] v. tr. [1] ▪ **1** Composer (une partition) en combinant les parties instrumentales. ♦ Adapter pour l'orchestre. **2** fig. Organiser en vue de donner le maximum d'ampleur, de retentissement.

orchidée [-k-] n. f. ▪ Plante des climats chauds, aux fleurs recherchées pour leur beauté et l'originalité de leur forme.

orchidophilie [-k-] n. f. ▪ Culture et collection des orchidées. ► **orchidophile** adj. et n.

orchis [ɔʀkis] n. m. ▪ bot. Orchidée.

orchite [-k-] n. f. ▪ méd. Inflammation du testicule.

ordalie n. f. ▪ (au Moyen Âge) Jugement de Dieu sous forme d'épreuves (par le feu...).

ordalique adj. ▪ anthropol., psych. Se dit d'un comportement dans lequel le sujet prend des risques mortels, comme pour défier la mort.

ordinaire ▪ **I** adj. **1** Conforme à l'ordre normal, habituel des choses. → ① **courant, usuel, normal.** ♦ Coutumier (à qqn). *Avec sa gaieté ordinaire.* ► **ordinairement** adv. **2** Dont la qualité ne dépasse pas le niveau moyen courant. → **banal, commun. II** n. m. **1** Ce qui n'a rien d'exceptionnel. **2** Ce que l'on mange habituellement. *Améliorer l'ordinaire.* **3** Ensemble des pièces invariables (de la messe). **III** *D'ORDINAIRE ; À L'ORDINAIRE* loc. adv. : de façon habituelle, le plus souvent. → d'**habitude.** ♦ *Comme à son ordinaire* : comme il, elle le fait d'habitude.

① **ordinal, ale, aux** adj. ▪ Qui marque l'ordre, le rang. *Nombre ordinal.* ➛ gramm. *Adjectif numéral ordinal* (ex. centième).

② **ordinal** n. m. ▪ relig. Livre de prières et de formules d'ordination de l'église anglicane.

ordinand n. m. ▪ relig. cathol. Celui qui reçoit l'ordination, qui est ordonné prêtre.

ordinant n. m. ▪ relig. cathol. Celui qui est chargé de l'ordination.

ordinariat n. m. ▪ relig. chrét. Fonction, pouvoir judiciaire d'un évêque.

ordinateur n. m. ▪ Machine électronique de traitement de l'information, exécutant des programmes **(→ informatique).**

ordination n. f. ▪ Acte administrant le sacrement de l'ordre (spécialt la prêtrise).

ordinogramme n. m. ▪ inform. Représentation schématique (organigramme) des opérations d'un programme.

ordo n. m. invar. ▪ relig. cathol. Calendrier des offices.

ordonnance n. f. ▪ **I** didact. Mise en ordre ; disposition selon un ordre. *L'ordonnance d'un repas.* **II 1** Texte législatif émanant de l'exécutif. ♦ Décision d'un juge. **2** Prescriptions d'un médecin. **3** milit. *Revolver d'ordonnance,* conforme au règlement. ♦ *Officier d'ordonnance* (aide de camp). **4** anciennt (souvent masc.) Soldat attaché au service d'un officier.

ordonnancement n. m. ▪ didact. Façon dont une chose est ordonnée.

ordonnancer v. tr. [3] ▪ **1** Disposer dans un ordre ; organiser. **2** admin. Donner l'ordre de payer (le montant d'une dépense publique).

ordonnancier n. m. ▪ **1** Registre où le pharmacien consigne les produits prescrits sur ordonnance. **2** Bloc spécial sur lequel un praticien rédige ses ordonnances.

ordonnateur, trice n. ▪ Personne qui dispose, met en ordre. → **organisateur.**

ordonné, ée adj. ▪ **1** En bon ordre. **2** Qui a de l'ordre. *Un enfant ordonné.*

ordonnée n. f. ▪ math. Coordonnée* verticale d'un point.

ordonner v. tr. [1] ▪ **I** Disposer, mettre dans un certain ordre. ➛ pronom. *Le cortège s'ordonnait peu à peu.* **II** Élever (qqn) à l'un des ordres (II, 8) de l'Église **(→ ordination). III** Prescrire par un ordre. → **commander, enjoindre.**

ordovicien, ienne n. m. et adj. ▪ géol. Période de l'ère paléozoïque comprise entre le silurien et le cambrien. ➛ adj. *La période ordovicienne.*

ordre n. m. ▪ **I** (Relation organisée entre plusieurs termes) **1** Disposition, succession régulière. *Procédons par ordre. Ordre alphabétique.* ➛ Disposition d'une troupe sur le terrain. ➛ *ORDRE DU JOUR* : sujets dont une assemblée doit délibérer. *À l'ordre du jour* : d'actualité. **2** Disposition qui semble la meilleure possible ; aspect régulier, organisé. ➛ *EN ORDRE* : rangé, ordonné. **3** Qualité d'une personne qui a une bonne organisation, de la méthode ; spécialt qui range les choses. **4** Principe de causalité ou de finalité du monde. ➛ loc. *C'est dans l'ordre des choses* : c'est normal, inévitable. **5** Organisation sociale. *L'ordre établi.* ♦ Stabilité sociale ; respect de la société établie. ➛ *Les forces de l'ordre.* → **armée, police.** ♦ *L'ORDRE PUBLIC* : la sécurité publique, le bon fonctionnement des services publics. **6** Norme, conformité à une règle. *Rappeler qqn à l'ordre.* → **réprimander. II** (Catégorie d'êtres ou de choses) **1** (choses abstraites) Espèce. → **genre, nature, sorte.** *Dans le même ordre d'idées.* **2** (dans des loc.) Qualité, valeur. *Un écrivain de premier ordre.* **3** Système architectural antique ayant une unité de style. *Ordre dorique, ionique, corinthien.* **4** bot., zool. Division intermédiaire entre la classe et la famille. **5** Division de la société française sous l'Ancien Régime. *Les trois ordres,* noblesse, clergé, tiers état. **6** Groupe de personnes soumises à des règles professionnelles, morales.

L'ordre des médecins. **7** Communauté de religieux, de religieuses. **8** L'un des degrés de la hiérarchie cléricale catholique. ➛ *Entrer dans les ordres :* se faire moine, prêtre ou religieuse. ♦ relig. Sacrement par lequel qqn est admis dans un ordre (spécialt la prêtrise). **III 1** Acte (déclaration) par lequel une autorité manifeste sa volonté. → **commandement, directive, injonction.** ➛ *Être AUX ORDRES de qqn.* → **obéir.** ➛ *JUSQU'À NOUVEL ORDRE :* jusqu'à ce qu'un ordre, un fait nouveau intervienne. **2** Décision de faire une opération financière, commerciale. **3** *MOT D'ORDRE :* consigne, résolution commune aux membres d'un parti.

ordré, ée adj. ▪ (Suisse) Qui a de l'ordre (personnes) ; qui est en ordre. → **ordonné.**

ordure n. f. ▪ **1** Matière qui souille et répugne. ➛ spécialt Excrément. **2** au plur. Choses dont on se débarrasse (→ **décharge, dépotoir**). **3** Propos, écrit, action sale ou obscène. **4** Personne abjecte (injure).

ordurier, ière adj. ▪ Obscène, sale.

öre ou **øre** [øʀə] n. m. ▪ Monnaie divisionnaire de la Suède, du Danemark et de la Norvège.

oréade n. f. ▪ mythol. grecque Nymphe des montagnes et des bois.

orée n. f. ▪ Bordure (d'un bois...). → **lisière.**

oreillard n. m. ▪ Petite chauve-souris.

oreille n. f. ▪ **I 1** Chacun des deux organes constituant l'appareil auditif. ➛ par plais. *Les oreilles ont dû vous siffler* (tellement nous avons parlé de vous). ♦ (Dans l'audition). loc. *Prêter l'oreille :* écouter. *Faire la sourde oreille,* faire comme si on n'entendait pas. ➛ prov. *Ventre affamé n'a pas d'oreilles :* celui qui a faim n'écoute rien. ➛ *Avoir l'oreille de qqn,* en être écouté favorablement. **2** Ouïe. *Avoir l'oreille fine.* ➛ *Avoir de l'oreille :* être apte à saisir les sons musicaux. **3** Pavillon de l'oreille. ➛ *Tirer l'oreille à qqn* (pour le punir...). ➛ fig. *Se faire tirer l'oreille :* se faire prier. ➛ *Dormir sur ses deux oreilles :* ne pas s'inquiéter. ♦ (animaux) *Les longues oreilles du lièvre.* **II** Objet en forme d'oreille (et en paire).

oreille-de-mer n. f. ▪ Ormeau. *Des oreilles-de-mer.*

oreille-de-souris n. f. ▪ Myosotis. *Des oreilles-de-souris.*

oreiller n. m. ▪ Pièce de literie pour poser la tête, coussin (généralement carré).

oreillette n. f. ▪ **I** Objet qui protège les oreilles ou se met dans l'oreille. **II** Chacune des deux cavités supérieures du cœur, communiquant avec les ventricules.

oreillon n. m. ▪ **1** Moitié d'abricot dénoyauté. **2** au plur. Maladie infectieuse contagieuse, inflammation dans l'oreille.

orémus [-ys] n. m. ▪ fam. et vx Prière.

ores adv. ▪ *D'ores et déjà :* dès maintenant.

orfèvre n. ▪ Fabricant ou marchand d'objets en métaux précieux. ♦ loc. *Être orfèvre en la matière,* s'y connaître.

orfévré, ée adj. ▪ Façonné, travaillé par un orfèvre.

orfèvrerie n. f. ▪ **1** Art, métier, commerce de l'orfèvre. **2** Ouvrages de l'orfèvre.

orfraie n. f. ▪ Aigle à queue blanche. ➛ loc. *Pousser des cris d'orfraie,* des cris perçants ; fig. protester vivement.

orfroi n. m. ▪ didact. Bande de broderie d'or.

organdi n. m. ▪ Mousseline de coton, très légère et empesée.

organe n. m. ▪ **I 1** Voix (d'un chanteur...). **2** Voix autorisée d'un porte-parole. ♦ Publication périodique (d'un parti...). **II 1** Partie d'un être vivant (organisme) remplissant une fonction. *Organes génitaux.* ➛ *L'œil, organe de la vue.* **2** Institution, organisme. *Organes gouvernementaux.* **3** Mécanisme. *Organes de commande.*

organeau n. m. ▪ mar. Anneau de fer d'une ancre.

organelle n. f. ▪ biol. Élément différencié de la cellule vivante. → **organite.**

organicien, ienne n. et adj. ▪ didact. Spécialiste de la chimie organique.

organicisme n. m. ▪ **1** didact. Théorie qui applique le modèle biologique d'organisme à une réalité complexe. **2** méd. Doctrine selon laquelle toute maladie a pour cause la lésion d'un ou plusieurs organes. ► **organiciste** adj. et n.

organigramme n. m. ▪ Schéma de la structure d'un ensemble complexe.

organique adj. ▪ **1** Relatif aux organes. *Trouble organique* (s'oppose à *fonctionnel*). **2** Propre aux êtres organisés. **3** Qui provient de tissus vivants. *Engrais organique.* ♦ *Chimie organique,* qui étudie les composés du carbone*. **4** *Loi organique,* sur la structure des organes de l'État. ► **organiquement** adv.

organisable adj. ▪ Qui peut être organisé.

organisateur, trice n. ▪ Personne qui organise. ➛ adj. *Esprit organisateur.*

organisation n. f. ▪ **1** Action, manière d'organiser ; son résultat. **2** Groupement ayant un but déterminé. *Organisation syndicale.*

organisationnel, elle adj. ▪ Qui concerne l'organisation, notamment en politique.

organisé, ée adj. ▪ **1** biol. Qui est de la nature d'un organisme vivant, pourvu d'une structure correspondant aux fonctions vitales. *Les êtres organisés.* **2** Qui se fait suivant un ordre, une méthode déterminés. ♦ (personnes) Méthodique, ordonné. **3** Qui appartient à, a reçu une organisation. *Des bandes organisées.*

organiser v. tr. [1] ▪ **1** Doter d'une structure déterminée, d'un mode de fonctionnement. → **agencer, ordonner, structurer. 2** Soumettre à une façon déterminée de fonctionner. *Organiser ses loisirs.* ➝ pronom. *Savoir s'organiser.* **3** Préparer (une action) selon un plan. *Organiser une fête.*

organiseur n. m. ▪ **1** Agenda à accessoires variés. **2** Agenda électronique (ordinateur de poche).

organisme n. m. ▪ **I 1** Ensemble des organes qui constituent un être vivant. ➝ spécialt Le corps humain. **2** Être vivant organisé. *Organisme microscopique.* **II** Ensemble (social) organisé ; organisation.

organiste n. ▪ Musicien, instrumentiste qui joue de l'orgue.

organite n. m. ▪ biol. Élément cellulaire différencié (ex. le noyau).

organo- Élément qui signifie «organe» ou «organique».

organochloré, ée [-k-] adj. ▪ Se dit d'un composé organique de synthèse dérivé du chlore.

organogenèse n. f. ▪ biol. Formation et développement des différents organes (d'un organisme).

organoleptique adj. ▪ didact. Qui affecte les organes des sens.

organologie n. f. ▪ didact. Étude des instruments de musique.

organométallique adj. et n. m. ▪ chim. Se dit d'un composé chimique dans lequel un métal est lié à un ou plusieurs atomes de carbone.

organophosphoré, ée adj. et n. m. ▪ Se dit d'un composé organique de synthèse dérivé du phosphore.

organsin n. m. ▪ techn. Fil de soie torse.

organsiner v. tr. [1] ▪ techn. Tordre (la soie) pour obtenir de l'organsin.

orgasme n. m. ▪ Apogée du plaisir sexuel. ► **orgasmique** ou **orgastique** adj.

orge n. f. ▪ **1** Plante à épis simples munis de longues barbes (céréale). **2** Grain de cette céréale, utilisé surtout en brasserie (→ **malt**). ➝ n. m. *Orge perlé*.* **3** *Sucre* d'orge.*

orgeat n. m. ▪ *Sirop d'orgeat,* préparé avec une émulsion d'amandes douces.

orgelet n. m. ▪ Furoncle sur la paupière.

orgie n. f. ▪ **1** Partie de débauche. ♦ Repas long, copieux et arrosé. **2** ORGIE DE : usage excessif de. ► **orgiaque** adj. littér.

orgue n. m. (souvent fém. au plur.) ▪ **I 1** Grand instrument à vent composé de nombreux tuyaux que l'on fait résonner par l'intermédiaire de claviers, en y introduisant de l'air au moyen d'une soufflerie. ♦ *Orgue de Barbarie* (à manivelle). ➝ *Orgue électrique. Orgue électronique.* **2** mus. *Point d'orgue :* temps d'arrêt qui suspend la mesure ; signe (𝄐) qui marque ce temps d'arrêt. **II** *Orgues basaltiques :* coulées de basalte en forme de tuyaux serrés les uns contre les autres.

orgueil [-gœj] n. m. ▪ **1** Opinion très avantageuse que qqn a de sa propre valeur, souvent aux dépens de la considération due à autrui. → **arrogance, suffisance ;** (sens positif) **amour-propre, fierté. 2** L'ORGUEIL DE : la satisfaction d'amour-propre que donne (qqn, qqch.). ➝ Ce qui motive cette fierté.

orgueilleux, euse [-gøj-] adj. ▪ Qui a de l'orgueil ; qui dénote de l'orgueil. ➝ n. *Un orgueilleux.* ► **orgueilleusement** adv.

orichalque [-k-] n. m. ▪ didact. **1** Métal fabuleux des Anciens. **2** Cuivre, alliage de cuivre.

oriel n. m. ▪ Fenêtre en encorbellement. → **bay-window, bow-window.**

orient [-jɑ̃] n. m. ▪ **I 1** poét. L'est, le levant. **2** (avec maj.) Région située vers l'est, par rapport à un lieu donné (opposé à *Occident*). ➝ hist. *L'empire d'Orient :* l'Empire byzantin. ♦ spécialt L'Asie, certains pays méditerranéens ou de l'Europe centrale. **II** *Grand Orient :* loge centrale de la franc-maçonnerie. **III** Reflet nacré des perles.

orientable [-jɑ̃-] adj. ▪ Qui peut être orienté.

oriental, ale, aux [-jɑ̃-] adj. ▪ **1** Qui est à l'est. **2** Originaire de l'Orient ; qui se rapporte à l'Orient. ➝ n. *Les Orientaux.*

orientalisme [-jɑ̃-] n. m. ▪ didact. Caractère de ce qui dénote l'influence ou l'imitation de l'Orient.

orientaliste [-jɑ̃-] n. ▪ Spécialiste ou amateur des civilisations de l'Orient.

orientation [-jɑ̃-] n. f. ▪ **1** Détermination des points cardinaux d'un lieu (pour se repérer...). *Avoir le sens de l'orientation.* **2** Fait d'orienter (3). **3** Fait d'être orienté d'une certaine façon. → **exposition.**

orientement [-jɑ̃-] n. m. ▪ didact. Action d'orienter (selon une direction) ; son résultat. *L'orientement des voiles d'un navire.*

orienter [-jɑ̃-] v. tr. [1] ▪ **1** Disposer par rapport aux points cardinaux, à une direction, à un objet. **2** Indiquer à (qqn) la direction à prendre. **3** fig. Diriger, guider. *Orienter un élève.* ▷ v. pron. **s'orienter 1** *S'orienter vers :* se tourner, se diriger vers (une direction). ➝ fig. *S'orienter vers la recherche.* **2** Déterminer sa position. ▷ p. p. **orienté, ée 1** *Maison orientée au sud.* **2** fig. Qui a une tendance doctrinale marquée, n'est pas objectif.

orienteur, euse [-jɑ̃-] n. ▪ Personne qui s'occupe d'orientation scolaire ou professionnelle.

orifice n. m. ▪ **1** Ouverture qui fait communiquer une cavité avec l'extérieur. **2** anat. Ouverture de certains organes.

oriflamme n. f. ▪ Bannière d'apparat.

origami n. m. ▪ didact. Papier plié japonais.

origan n. m. ▪ Marjolaine (plante).

originaire adj. ▪ **1** *Originaire de :* qui vient de (tel lieu). **2** didact. → **originel.**

originairement adv. ▪ À l'origine.

① **original, aux** n. m. ▪ **1** Ouvrage humain dont il est fait des reproductions. ◆ (œuvre d'art) *L'original est au Louvre.* **2** Personne réelle, objet naturel représentés par l'art.

② **original, ale, aux** adj. ▪ **1** littér. → **originel. 2** Qui émane de l'auteur, est l'origine des reproductions. ◆ *Édition originale :* première édition d'un texte inédit. ◆ *Film en version originale* (non doublée). **3** Qui paraît ne dériver de rien d'antérieur, qui est unique. → **neuf, personnel. 4** Qui paraît bizarre, peu normal. ◆ n. *C'est un original.* ▶ **originalement** adv. (sens 3 et 4).

originalité n. f. ▪ **I 1** Caractère de ce qui est original, de qqn d'original (3). **2** Étrangeté, excentricité. **II** Élément original.

origine n. f. ▪ **I 1** Ancêtres ou milieu humain primitif auquel remonte la généalogie d'un individu, d'un groupe. → **ascendance.** ♦ Milieu social d'où est issu qqn. *Être d'origine modeste.* **2** Époque, milieu d'où vient qqch. ◆ *L'origine d'un mot.* → **étymologie. 3** Point de départ. → **provenance. II 1** Commencement, première apparition ou manifestation. ◆ *À L'ORIGINE* loc. adv. : au début. ◆ *D'ORIGINE* loc. adj. : qui date du début. **2** Ce qui explique l'apparition ou la formation (d'un fait). *Affection d'origine virale.*

originel, elle adj. ▪ Qui date ou vient de l'origine. ♦ relig. chrét. Du premier homme.

originellement adv. ▪ Dès l'origine ; à l'origine. → **originairement, primitivement.**

s'originer v. pron. [1] ▪ didact. Avoir son origine (dans qqch. d'abstrait).

orignal, aux n. m. ▪ Élan (②) du Canada.

orin n. m. ▪ **1** Cordage reliant une ancre à la bouée qui en indique l'emplacement. **2** Câble servant à maintenir une mine immergée.

oripeaux n. m. pl. ▪ Vêtements voyants.

O. R. L. → **oto-rhino-laryngologie**

orléaniste n. ▪ hist. Personne qui soutenait les droits de la famille d'Orléans au trône de France (s'oppose à *légitimiste*).

orlon n. m. (nom déposé) ▪ Fibre textile synthétique.

ormaie n. f. ▪ Lieu planté d'ormes. – syn. **ormoie** n. f.

orme n. m. ▪ **1** Grand arbre à feuilles dentelées. **2** Bois de cet arbre.

① **ormeau** n. m. ▪ Petit orme, jeune orme.

② **ormeau** n. m. ▪ Mollusque marin comestible, à coquille plate.

ormoie → **ormaie**

orne n. m. ▪ Frêne à fleurs blanches odorantes.

orné, ée adj. ▪ Paré. *Bras orné de bracelets.* ♦ adj. *Lettres ornées.* → **historié.** ◆ *Style trop orné.* → **tarabiscoté.**

ornemaniste n. ▪ arts Spécialiste du dessin ou de l'exécution de motifs décoratifs.

ornement n. m. ▪ **1** rare Action d'orner ; décoration. ◆ cour. *Plantes d'ornement.* → **décoratif. 2** Ce qui orne, s'ajoute pour embellir. **3** Motif accessoire (d'une composition artistique). *Ornements gothiques.* **4** mus. Groupe de notes qui s'ajoute à une mélodie sans en modifier la ligne (ex. le trille).

ornemental, ale, aux adj. ▪ **1** Qui utilise des ornements. **2** Qui orne. → **décoratif.**

ornementer v. tr. [1] ▪ Garnir d'ornements ; embellir par des ornements. → **décorer, orner.** ▶ **ornementation** n. f.

orner v. tr. [1] ▪ Mettre en valeur, embellir (une chose). → **agrémenter, décorer.**

ornière n. f. ▪ **1** Trace que les roues creusent dans les chemins. **2** fig. → **routine.**

ornitho- Élément savant, du grec *ornis, ornithos* « oiseau ».

ornithogale n. m. ▪ Plante bulbeuse à fleurs blanches, jaunes ou orangées, aussi appelée *étoile de Bethléem, dame-d'onze-heures.*

ornithologie n. f. ▪ Étude des oiseaux. ▶ **ornithologique** adj. ▶ **ornithologue** ou **ornithologiste** n.

ornithomancie n. f. ▪ Divination par le vol ou le chant des oiseaux.

ornithorynque n. m. ▪ Mammifère amphibie et ovipare, à bec corné, à queue plate, à pattes palmées (Australie, Tasmanie).

ornithose n. f. ▪ méd. Maladie infectieuse des oiseaux, transmissible à l'être humain, chez qui elle prend la forme d'une pneumopathie.

oro- Élément, du grec *oros* « montagne ».

orobanche n. f. ▪ bot. Plante sans chlorophylle, vivant en parasite sur des racines de végétaux.

orogenèse n. f. ▪ géol. Processus de formation des reliefs de l'écorce terrestre. → **orogénie.**

orogénie n. f. ▪ géol. Processus de formation des reliefs de l'écorce terrestre. → **orogenèse.**

orographie n. f. ▪ Étude des montagnes. ▶ **orographique** adj.

oronge n. f. ▪ Amanite. *Fausse oronge :* amanite tue-mouche.

oronymie n. f. ▪ didact. Étude des noms de montagnes.

oropharynx [-ɛ̃ks] n. m. ▪ anat. Partie moyenne du pharynx.

orpaillage n. m. ▪ Travail des orpailleurs.

orpailleur, euse n. ▪ Chercheur d'or.

orphelin, ine n. et adj. ▪ (Enfant) qui a perdu son père et sa mère, ou l'un des deux.

orphelinat n. m. ▪ Établissement qui élève des orphelins.

orphéon n. m. ▪ Fanfare.

orphéoniste n. ▪ Membre d'un orphéon.

orphie n. f. ▪ Aiguillette* (poisson).

orphique adj. ▪ didact. Relatif à la religion initiatique s'inspirant de la pensée d'Orphée.

orphisme n. m. ▪ Antiq. Doctrine religieuse s'inspirant de la pensée d'Orphée.

orpiment n. m. ▪ techn. Sulfure naturel d'arsenic, jaune vif ou orangé.

orpin n. m. ▪ Plante charnue qui croît sur les toits et les murs. → **joubarbe.**

orque n. f. ▪ Épaulard (cétacé).

orseille n. f. ▪ Lichen qui fournit une matière colorante de couleur pourpre.

orteil n. m. ▪ Doigt de pied.

orthèse n. f. ▪ didact. Appareillage destiné à corriger la déficience fonctionnelle d'un organe. *Orthèse articulaire.* → **prothèse.**

orth(o)- Élément savant, du grec *orthos* «droit ; correct».

orthocentre n. m. ▪ géom. Point d'intersection des trois hauteurs d'un triangle.

orthodontie [-ti ; -si] n. f. ▪ didact. Traitement des anomalies de position des dents. ► **orthodontiste** n.

orthodoxe adj. ▪ **1** Conforme au dogme d'une religion. **2** Conforme à une doctrine, aux usages établis. → **conformiste, traditionnel.** **3** Se dit des Églises chrétiennes des rites d'Orient séparées de Rome au XIe siècle. ◆ n. *Les orthodoxes grecs.*

orthodoxie n. f. ▪ **1** Doctrines considérées comme vraies par la fraction dominante d'une Église et enseignées officiellement. → **dogme.** **2** Caractère orthodoxe (2).

orthodromie n. f. ▪ didact. Chemin le plus court entre deux points du globe terrestre (pour un navire, un avion). ► **orthodromique** adj.

orthoépie n. f. ▪ didact. Phonétique normative, qui décrit les prononciations correctes. ► **orthoépique** adj.

orthogenèse n. f. ▪ didact. Théorie selon laquelle l'évolution des organismes vivants est prédéterminée.

orthogénie n. f. ▪ didact. Régulation des naissances. → **planning** familial.

orthogénisme n. m. ▪ didact. Étude scientifique de l'orthogénie.

orthogonal, ale, aux adj. ▪ géom. Qui forme un angle droit, se fait à angle droit. → **perpendiculaire.** ► **orthogonalement** adv.

orthographe n. f. ▪ **1** Manière d'écrire un mot qui est considérée comme la seule correcte. ◆ Capacité d'écrire sans fautes. ◆ Façon d'écrire, avec ou sans fautes. **2** Manière dont un mot est écrit. → **graphie.** ► **orthographique** adj.

orthographier v. tr. [7] ▪ Écrire du point de vue de l'orthographe.

orthonormé, ée adj. ▪ Se dit d'un repère dont les vecteurs de base sont orthogonaux et de même mesure.

orthopédagogue n. ▪ Au Canada, Personne dont le métier consiste à corriger les troubles de l'apprentissage.

orthopédie n. f. ▪ Médecine du squelette, des muscles et des tendons. ► **orthopédique** adj. ► **orthopédiste** n.

orthophonie n. f. ▪ Rééducation de la parole. ► **orthophoniste** n.

orthopnée n. f. ▪ méd. Difficulté à respirer (dyspnée) en position couchée.

orthoptère n. m. ▪ zool. Insecte (ordre des *Orthoptères*) dont les ailes postérieures ont des plis droits (ex. le grillon, le criquet).

orthoptie [-psi ; -ti] n. f. ▪ Traitement des défauts de la vision binoculaire. ► **orthoptique** adj. ► **orthoptiste** n.

orthorhombique adj. ▪ minér. Se dit d'un cristal qui possède trois axes de symétrie binaires perpendiculaires entre eux.

orthoscopique adj. ▪ photogr. Se dit d'un objectif photographique qui évite toute déformation de l'image.

orthose n. f. ou m. ▪ minér. Feldspath potassique blanc ou rose abondant dans le granit.

orthostatique adj. ▪ didact. Relatif à la station debout ; qui se produit pendant la station debout.

orthosympathique [-s-] adj. ▪ anat. *Système nerveux orthosympathique.* → **sympathique.**

ortie [-ti] n. f. ▪ Plante velue dont le contact provoque une sensation de brûlure.

ortolan n. m. ▪ Petit oiseau à chair très estimée.

orvale n. f. ▪ Sauge à grandes feuilles velues, appelée aussi *toute-bonne.*

orvet n. m. ▪ Reptile saurien dépourvu de membres, ressemblant à un serpent.

orviétan n. m. ▪ littér. *Marchand, vendeur d'orviétan* : charlatan, imposteur.

oryctérope n. m. ▪ Mammifère nocturne d'Afrique au long museau et à la langue gluante.

oryx [ɔʀiks] n. m. ▪ Antilope des déserts d'Afrique et d'Arabie.

os [ɔs] n. m. ▪ **1** Chacune des pièces rigides qui forment le squelette. ♦ loc. *Se rompre les os* : se blesser grièvement dans une chute. ◆ *En chair* et en os.* ◆ *Faire de vieux os* : vivre longtemps. ◆ fam. *Tomber sur un os,* une difficulté. **2** *LES OS* : restes d'un être vivant, après sa mort. **3** *Os de seiche* : lame calcaire constituant la coquille interne dorsale (de la seiche).

Os ▪ Symbole chimique de l'osmium.

O. S. [oɛs] n. ▪ Ouvrier(ère) spécialisé(e).

Oscar n. m. ▪ Récompense cinématographique décernée chaque année à Hollywood.

oscètre n. m. ▪ **1** Espèce d'esturgeon. **2** Caviar provenant de cet esturgeon, d'une couleur dorée.

oscillant, ante [-il-] adj. ▪ Qui oscille.

oscillateur [-il-] n. m. ▪ phys. Dispositif générateur d'oscillations (électriques, mécaniques...).

osciller [ɔsile] v. intr. [1] ▪ **1** Aller de part et d'autre d'une position moyenne par un mouvement de va-et-vient. **2** fig. Varier en passant par des alternatives. → **hésiter.** ► **oscillation** n. f. ► **oscillatoire** adj.

oscillogramme [-il-] n. m. ▪ Image fournie, courbe tracée par un oscillographe.

oscillographe [-il-] n. m. ▪ Appareil qui enregistre les variations d'une grandeur physique en fonction du temps.

oscillomètre [-il-] n. m. ▪ Appareil médical servant à mesurer les oscillations de la pression artérielle.

oscilloscope [-il-] n. m. ▪ phys. Appareil qui mesure les variations d'une tension.

oscule n. m. ▪ zool. Orifice par lequel les éponges rejettent l'eau.

ose n. m. ▪ chim. Glucide le plus simple, non hydrolysable (opposé à *oside*).

① **-ose** Élément savant tiré de *glucose*, servant à former les noms des glucides.

② **-ose** Élément servant à former des noms de maladies non inflammatoires.

osé, ée adj. ▪ **1** Qui est fait avec audace. **2** Qui risque de choquer les bienséances.

oseille n. f. ▪ **1** Plante à feuilles comestibles au goût acide. **2** fam. Argent.

oser v. tr. [1] ▪ **1** littér. Tenter avec assurance (une chose difficile). **2** (+ inf.) Avoir l'audace de. **3** absolt Se montrer audacieux.

oseraie n. f. ▪ Terrain planté d'osiers.

oside n. m. ▪ chim. Glucide composé de deux ou plusieurs oses, décomposable par hydrolyse (opposé à *ose*).

osier n. m. ▪ **1** Petit saule aux rameaux flexibles. **2** Rameau d'osier. *Un panier d'osier.*

osiériculture n. f. ▪ didact. Culture de l'osier.

osmium [-jɔm] n. m. ▪ chim. Élément, métal (symb. Os, n° at. 76, masse at. 190,2), associé au platine et à l'iridium.

osmomètre n. m. ▪ Appareil servant à mesurer la pression osmotique.

osmonde n. f. ▪ Fougère vivace, de grande taille, dite aussi *fougère aquatique.*

osmose n. f. ▪ **1** sc. Phénomène de diffusion (entre deux liquides ou solutions) qui laisse passer le solvant mais non la substance dissoute. ► **osmotique** adj. **2** fig. Interpénétration, influence réciproque.

osque adj. ▪ Relatif aux Osques*. ◆ n. m. *L'osque* (langue italique).

ossature n. f. ▪ **1** Ensemble des os, tels qu'ils sont disposés dans le corps. → **squelette. 2** fig. → **armature, charpente.**

osséine n. f. ▪ biochim. Substance protéique qui entre dans la composition des os.

osselet n. m. ▪ **1** rare Petit os. *Les osselets de l'oreille.* **2** au plur. Jeu d'adresse consistant à lancer et rattraper de petits objets.

ossements n. m. pl. ▪ Os desséchés de cadavres d'hommes ou d'animaux.

osseux, euse adj. ▪ **1** De l'os, des os. *Tissu osseux.* **2** Qui a des os. *Poissons osseux.* **3** Aux os saillants. → **maigre.**

ossianique adj. ▪ littér. Des poèmes attribués à Ossian ; qui évoque les poèmes d'Ossian.

ossifier v. tr. [7] ▪ Transformer en tissu osseux. ► **ossification** n. f.

osso buco [-buko] n. m. invar. ▪ Jarret de veau avec l'os à moelle (plat italien).

ossu, ue adj. ▪ Qui a de gros os.

ossuaire n. m. ▪ Excavation, bâtiment où sont conservés des ossements humains.

ostéalgie n. f. ▪ Douleur osseuse profonde.

ostéite n. f. ▪ Inflammation des os. → **carie, ostéomyélite.**

ostensible adj. ▪ littér. Qui est fait sans se cacher ou avec l'intention d'être remarqué. ► **ostensiblement** adv.

ostensoir n. m. ▪ Pièce d'orfèvrerie destinée à exposer l'hostie.

ostentation n. f. ▪ Mise en valeur excessive et indiscrète d'un avantage. ► **ostentatoire** adj. littér.

ostéo- Élément, du grec *osteon* « os ».

ostéoblaste n. m. ▪ biol. Cellule osseuse peu différenciée, qui produit l'osséine au cours de l'ossification (opposé à *ostéocyte*).

ostéoclasie n. f. ▪ chir. Opération chirurgicale où l'on fracture certains os pour redresser des déformations.

ostéocyte n. m. ▪ biol. Cellule osseuse arrivée à maturité (opposé à *ostéoblaste*).

ostéodensitométrie n. f. ▪ méd. Examen médical d'évaluation de la densité des os.

ostéogenèse n. f. ▪ biol. Formation et développement des os. ◆ *Ostéogenèse imparfaite :* maladie des os* de verre.

ostéologie n. f. ▪ méd. Partie de l'anatomie qui traite des os.

ostéomalacie n. f. ▪ méd. Ramollissement généralisé des os dû à une déminéralisation.

ostéomyélite n. f. ▪ méd. Inflammation d'un os causée par des germes pathogènes.

ostéopathe n. ▪ Personne (parfois médecin) qui soigne par manipulation des os.

ostéopathie n. f. ▪ méd. **I** Affection osseuse. **II** Thérapeutique de l'ostéopathe.

ostéophyte n. m. ▪ méd. Production osseuse pathologique au voisinage des articulations.

ostéoplastie n. f. ▪ chir. Opération réparatrice du squelette, à l'aide de fragments osseux.

ostéoporose n. f. ▪ méd. Raréfaction pathologique du tissu osseux.

ostéosarcome [-s-] n. m. ▪ méd. Tumeur maligne d'un os.

ostéosynthèse [-s-] n. f. ▪ Réunion des fragments d'un os fracturé, au moyen d'objets métalliques.

ostiak n. m. ▪ Langue finno-ougrienne parlée par les Ostiaks. - var. **ostyak.**

ostraciser v. tr. [1] ▪ Frapper d'ostracisme. → **exclure.** ► **ostracisation** n. f.

ostracisme n. m. ▪ Hostilité d'une collectivité qui rejette l'un de ses membres.

ostréi- Élément savant, du latin *ostrea,* grec *ostreon* «huître».

ostréicole adj. ▪ Qui a rapport à l'ostréiculture.

ostréiculture n. f. ▪ Élevage des huîtres. ► **ostréiculteur, trice** n.

ostrogoth, othe [-go, ɔt] n. ▪ **1** hist. Habitant de la partie est des territoires des Goths. **2** vieilli Personne ignorante et bourrue. - var. **ostrogot, ote.**

ostyak → **ostiak**

otage n. m. ▪ Personne livrée ou reçue comme garantie, ou qu'on détient pour obtenir ce qu'on exige.

otalgie n. f. ▪ méd. Douleur d'oreille.

otarie n. f. ▪ Mammifère marin du Pacifique, voisin du phoque.

ôter v. tr. [1] ▪ Enlever, retirer.

otique adj. ▪ anat. Relatif à l'oreille.

otite n. f. ▪ Inflammation de l'oreille.

ot(o)- Élément savant, du grec *ous, ôtos* «oreille».

otocyon n. m. ▪ zool. Mammifère carnassier d'Afrique, voisin du renard, au museau pointu et aux grandes oreilles.

otocyste n. m. ▪ zool. Organe sensoriel des invertébrés, qui renseigne l'animal sur sa position dans l'espace.

otolithe n. m. ▪ anat. Concrétion minérale de l'oreille interne, qui sert à l'équilibration.

otologie n. f. ▪ méd. Partie de la médecine qui étudie l'oreille.

oto-rhino-laryngologie n. f. ▪ Médecine de l'oreille, du nez et de la gorge. - abrév. fam. **O. R. L.** ► **oto-rhino-laryngologique** adj. ► **oto-rhino-laryngologiste** n. - abrév. fam. **oto-rhino** et **O. R. L.**

otorragie n. f. ▪ méd. Écoulement de sang par l'oreille.

otorrhée n. f. ▪ méd. Écoulement par l'oreille.

otoscope n. m. ▪ méd. Instrument utilisé pour examiner l'intérieur de l'oreille. ► **otoscopie** n. f.

① **ottoman, ane** adj. et n. ▪ hist. Turc.

② **ottoman** n. m. ▪ Étoffe de soie à côtes.

ottomane n. f. ▪ Canapé à dossier arrondi.

ou conj. ▪ Conjonction qui joint des termes, membres de phrases ou propositions analogues, en séparant les idées exprimées. **1** Autrement dit. *La coccinelle, ou bête à bon Dieu.* **2** (indifférence) *Donnez-moi le rouge ou (bien) le noir.* **3** (approximation) *Ils étaient cinq ou six.* **4** (alternative) *C'est l'un ou l'autre* (si c'est l'un, ce n'est pas l'autre). ♦ (après un impér. ou un subj.) → **sans** ça, **sinon.** *Sortez ou je me fâche.* ♦ OU... OU... *Ou c'est lui, ou c'est moi.*

où ▪ **I** pron. **1** Dans un lieu (indiqué ou suggéré par l'antécédent). *Le pays où il est né.* **2** (état, situation) *Dans l'état où il est.* **3** (temps) *Au moment où il arriva.* **II** adv. **1** Là où, à l'endroit où. *J'irai où je voudrai.* **2** (temporel) *Où j'ai été surpris, ce fut quand...* **3** D'OÙ (conséquence). *D'où il résulte que* (+ indic.). ← (sans verbe) *D'où mon étonnement...* **III** adv. interrog. **1** (interrogation directe) En quel endroit ? *Où est votre frère ?* **2** (interrogation indirecte) *Dis-moi où tu vas.*

① **ouah** interj. ▪ Évoque les aboiements d'un chien.

② **ouah** interj. ▪ Exprime la joie, l'admiration.

ouailles n. f. pl. ▪ Les chrétiens, par rapport au prêtre.

ouais interj. ▪ fam. Oui.

ouananiche n. f. ▪ (Canada) Saumon d'eau douce.

ouaouaron n. m. ▪ (Canada) Grosse grenouille d'Amérique du Nord (jusqu'à 20 cm).

(*)ouate n. f. ▪ **1** Laine, soie ou coton préparé pour doubler, pour rembourrer. *De l'ouate* ou *de la ouate.* **2** Coton (pour l'hygiène).

ouaté, ée adj. ▪ **1** Garni d'ouate. **2** fig. *Une atmosphère ouatée,* feutrée.

ouater v. tr. [1] ▪ Doubler, garnir d'ouate.

ouatine n. f. ▪ Étoffe molletonnée servant à doubler des vêtements.

ouatiner v. tr. [1] ▪ Doubler de ouatine.

oubli n. m. ▪ **1** Défaillance de la mémoire, portant soit sur des connaissances ou aptitudes acquises, soit sur les souvenirs ; fait d'oublier. ♦ Absence de souvenirs dans la mémoire collective. *Sauver une œuvre de l'oubli.* **2** UN OUBLI. → **distraction, étourderie.** *Réparer un oubli.* **3** Fait de ne pas prendre en considération. *Oubli de soi.*

oublie n. f. ▪ ancienn¹ Petite gaufre cylindrique.

oublier v. tr. [7] ■ **1** Ne pas avoir, ne pas retrouver le souvenir de (qqch., un fait, qqn). ♦ Ne plus conserver dans la mémoire collective. ◆ au p. p. *Mourir complètement oublié.* **2** Ne plus savoir pratiquer (des connaissances, une technique). **3** Cesser de penser à (ce qui tourmente). *Oubliez vos soucis.* **4** Ne pas avoir à l'esprit (ce qui devrait le tenir en éveil). → **négliger, omettre.** *Oublier l'heure et se mettre en retard.* ♦ Négliger de mettre, de prendre... *J'ai oublié mon parapluie.* **5** Négliger (qqn) en ne s'occupant pas de lui. → **délaisser.** **6** Refuser de tenir compte de. *Vous oubliez votre promesse.* ◆ *N'en parlons plus, c'est oublié.* → **pardonner.** ▷ v. pron. **s'oublier** **1** (passif) Être oublié. *Tout peut s'oublier.* **2** Ne pas penser à soi, à son intérêt. **3** Manquer aux convenances. *Vous vous oubliez !* **4** Faire ses besoins dans un endroit qui ne convient pas.

oubliette n. f. ■ anciennt Cachot pour les personnes condamnées à la prison perpétuelle, ou dont on voulait se débarrasser.

oublieux, euse adj. ■ *Oublieux de* : qui oublie, néglige de se souvenir de. → **négligent.**

ouche n. f. ■ région. Terrain cultivé en potager ou planté d'arbres fruitiers.

oud [ud] n. m. ■ Instrument à cordes pincées voisin du luth, utilisé dans la musique arabe classique. *Un virtuose du oud* (ou *de l'oud*).

oued [wɛd] n. m. ■ Rivière d'Afrique du Nord, du Proche-Orient.

ouest [wɛst] n. m. ■ **1** Celui des quatre points cardinaux qui est au couchant. ♦ Lieu situé du côté de l'ouest (→ **occidental**). **2** Région située vers l'Ouest. *L'ouest de la France.* ♦ (avec maj.) polit. L'Europe de l'Ouest et l'Amérique du Nord. → **occident** (2).

ouest-allemand, ande adj. et n. ■ hist. De l'ancienne République fédérale d'Allemagne, dite *Allemagne de l'Ouest.*

① **ouf** interj. ■ Exclamation de soulagement.

② **ouf** adj. et n. ■ fam. Fou, folle ; très bizarre. *T'es ouf ou quoi ?* ◆ n. *Bande de oufs !*

ougrien, ienne adj. ■ Relatif aux Ougriens. *Langues ougriennes* : les langues sibériennes (l'ostiak et le vogoul) et le hongrois. → **finno-ougrien.**

oui particule d'affirmation invar. ■ **I** Adverbe équivalant à une proposition affirmative qui répond à une interrogation non accompagnée de négation (s'il y a négation → **si**). **1** (réponse positive à une question) *As-tu faim ? – Oui.* **2** (interrogatif) *Ah oui ?*, vraiment ? **3** (compl. direct) *Il dit oui*, il est d'accord. **II** n. m. invar. (loc.) *Pour un oui (ou) pour un non*, à tout propos.

ouï-dire n. m. invar. ■ Ce qu'on connaît pour l'avoir entendu dire. ◆ *Par ouï-dire* : par la rumeur publique.

ouïe [wi] n. f. ■ **I** Celui des cinq sens qui permet la perception des sons. → **audition.** ◆ fam., plais. *Je suis tout ouïe* : j'écoute. **II** au plur. Orifices externes de l'appareil branchial des poissons, sur les côtés de la tête.

ouïgour, e ou **ouïghour, e** adj. ■ Relatif aux Ouïgours. ◆ n. m. *L'ouïgour* (langue turque).

ouille interj. ■ Exclamation de douleur.

ouiller v. tr. [1] ■ Remplir (un tonneau de vin) à mesure que le niveau baisse.

ouillère n. f. ■ agric. *Vigne en ouillère*, dans laquelle les ceps sont disposés en lignes parallèles, avec des cultures intercalaires. – var. **ouillière** et **oullière.**

ouin interj. ■ (souvent répété) Évoque des pleurs, des sanglots.

ouïr v. tr. [10] seulement inf. et p. p. ■ vx Entendre, écouter. ◆ mod. *J'ai ouï dire que...* (→ **ouï-dire**). ♦ dr. *Ouïr un témoin.*

***ouistiti** n. m. ■ Petit singe à longue queue.

oukase ou **ukase** n. m. ■ **1** hist. (Russie) Édit du tsar. **2** Décision arbitraire. → **diktat.**

ouléma → **uléma**

oulipien, ienne adj. ■ littér. **1** Relatif à l'OuLiPo. *Une œuvre oulipienne.* **2** Membre de l'OuLiPo. ◆ n. *Les oulipiens.*

oullière → **ouillère**

ouolof → **wolof**

oups [ups] interj. ■ Exclamation de surprise devant une maladresse, un raté.

ouragan n. m. ■ **1** Très forte tempête. → **cyclone, tornade, typhon.** **2** Vent violent accompagné de pluie.

ouralien, ienne adj. ■ De l'Oural. ◆ *Langues ouraliennes* et n. m. *l'ouralien* : l'ensemble formé par les langues finno-ougriennes et samoyèdes.

ourdir v. tr. [2] ■ **1** techn. Réunir et tendre les fils pour préparer (la chaîne), avant le tissage. ▶ **ourdissage** n. m. **2** fig., littér. Régler, combiner (une intrigue).

ourdissoir n. m. ■ techn. Appareil servant à étaler en nappe et à tendre les fils de la chaîne.

ourdou, e n. m. et adj. ■ Forme de l'hindi occidental utilisée au Pakistan et notée en écriture arabe. – var. **urdu.**

-oure Élément, du grec *oura* « queue ».

ourler v. tr. [1] ■ Border d'un ourlet.

ourlet n. m. ■ Repli d'étoffe cousu, terminant un bord.

ourlien, ienne adj. ■ méd. Relatif aux oreillons.

ours [uʀs] n. m. ■ **1** Grand mammifère carnivore au pelage épais, aux membres griffus, au museau allongé ; spécialt le mâle adulte. ♦ loc. *Vendre la peau de l'ours (avant de l'avoir tué)*, disposer d'une chose avant de la posséder. **2** *Ours en peluche* (jouet d'enfant). **3** fig. Homme insociable.

ourse n. f. ▪ **1** Femelle de l'ours. **2** *La Petite, la Grande Ourse,* constellations, appelées aussi *Petit, Grand Chariot.*

oursin n. m. ▪ Animal marin (échinoderme), sphérique, muni de piquants.

ourson, onne n. ▪ Jeune ours(e).

***ouste** ou ***oust** [ust] interj. ▪ fam. Interjection pour chasser ou presser qqn.

out [aut] adv. ▪ anglic., tennis Hors des limites du court. ➛ adj. invar. *Balle out.*

outarde n. f. ▪ **1** Échassier au corps massif. **2** (Canada) Bernache.

outil [uti] n. m. ▪ **1** Objet fabriqué qui sert à agir sur la matière, à faire un travail. → **engin, instrument, ustensile. 2** Ce qui permet de faire (un travail). **3** fam. Pénis.

outillage n. m. ▪ Assortiment d'outils nécessaires à un métier, à une activité.

outiller v. tr. [1] ▪ Munir des outils, des équipements nécessaires à un travail, une production. → **équiper.** ▷ v. pron. **s'outiller**

outing [autiŋ] n. m. ▪ anglic. critiqué Révélation publique forcée de l'homosexualité de qqn.

outlaw [autlo] n. m. ▪ anglic., hist. Hors-la-loi, dans les pays anglo-saxons.

outplacement [aut-] n. m. ▪ anglic. Aide au reclassement professionnel, proposée par une entreprise à un salarié qu'elle licencie.

output [autput] n. m. ▪ anglic. **1** inform. Sortie des données, dans un système informatique. **2** écon. Bien ou service issu de l'activité de production. ➛ opposé à *input.*

outrage n. m. ▪ **1** Offense ou injure très grave (de parole ou de fait). → **affront. 2** dr. Délit par lequel on ne respecte pas un personnage officiel dans ses fonctions. **3** Acte gravement contraire (à un principe).

outrageant, ante adj. ▪ Qui outrage.

outrager v. tr. [3] ▪ **1** Offenser par un outrage (actes ou paroles). **2** Contrevenir gravement à (qqch.).

outrageusement adv. ▪ Excessivement.

outrance n. f. ▪ **1** Chose ou action outrée. **2** Caractère outré. ♦ *À OUTRANCE* loc. adv. : avec excès. ► **outrancier, ière** adj.

① **outre** n. f. ▪ Peau d'animal cousue en forme de sac et servant de récipient.

② **outre** prép. et adv. ▪ **1** (dans des expr. adv.) Au-delà de. *Outre-Manche.* **2** adv. *PASSER OUTRE* : aller au-delà, plus loin. ➛ *PASSER OUTRE À qqch.* : ne pas tenir compte de (une objection...). **3** prép. En plus de. ➛ *OUTRE QUE* (+ indic.) : sans parler du fait que. **4** *OUTRE MESURE* loc. adv. : au-delà de la normale. **5** *EN OUTRE* loc. adv. : en plus.

outré, ée adj. ▪ Qui va au-delà de la mesure normale. → **exagéré, excessif ; outrance.**

outrecuidance n. f. ▪ littér. **1** Confiance excessive en soi. → **fatuité. 2** Désinvolture impertinente. ► **outrecuidant, ante** adj.

outremer [-mɛʀ] n. m. ▪ Couleur d'un bleu intense. ➛ adj. invar. *Bleu outremer.*

outre-mer [-mɛʀ] adv. ▪ Au-delà des mers, par rapport à une métropole.

outrepasser v. tr. [1] ▪ Aller au-delà de (ce qui est permis...). *Outrepasser ses droits.*

outrer v. tr. [1] ▪ **1** littér. Exagérer, pousser (qqch.) au-delà des limites raisonnables. *Outrer une pensée, une attitude.* **2** (temps composés et p. p.) Indigner (qqn). → **révolter, scandaliser.**

outsider [autsajdœʀ] n. m. ▪ anglic. Concurrent qui n'est pas parmi les favoris.

ouvert, erte adj. ▪ **I 1** Disposé de manière à laisser le passage. *Porte ouverte.* **2** (local) Où l'on peut entrer. *Magasin ouvert.* **3** Disposé de manière à communiquer avec l'extérieur. *Bouche ouverte.* **4** Dont les parties sont écartées. *Main ouverte.* **5** Percé, troué, incisé... *Plaie ouverte.* **6** Accessible, que l'on peut utiliser. *Canal ouvert à la navigation.* **7** Commencé. *La chasse est ouverte,* permise. **II** abstrait **1** Communicatif et franc. ➛ loc. *Parler à cœur ouvert,* en toute franchise. **2** Qui se manifeste publiquement. *Conflit ouvert.* **3** Qui s'ouvre facilement aux idées nouvelles. *Esprit ouvert.*

ouvertement adv. ▪ D'une manière ouverte (II).

ouverture n. f. ▪ **I 1** Action d'ouvrir ; état de ce qui est ouvert. *Heures d'ouverture d'un magasin.* ➛ Caractère de ce qui est plus ou moins ouvert. *Régler l'ouverture d'un objectif.* **2** Fait de rendre praticable, utilisable. **3** abstrait *Ouverture d'esprit,* qualité de l'esprit ouvert. ♦ *Politique d'ouverture.* **4** Fait d'être commencé. *Ouverture de la pêche.* **5** au plur. Premier essai de pourparlers. *Ouvertures de paix.* **II** Morceau de musique par lequel débute un opéra, un ouvrage lyrique (opposé à ② *finale*). **III 1** Espace libre par lequel s'établit la communication entre l'extérieur et l'intérieur. *Les ouvertures d'un bâtiment.* → **fenêtre, porte. 2** abstrait Voie d'accès ; moyen de comprendre.

ouvrable adj. m. ▪ Se dit des jours de la semaine qui ne sont pas fériés. ≠ *ouvré.*

ouvrage n. m. ▪ **1** Actions coordonnées par lesquelles on met qqch. en œuvre, on effectue un travail. → **tâche, travail.** *Se mettre à l'ouvrage.* ➛ *Boîte à ouvrage* (pour la couture). ♦ au fém. pop. ou plais. *De la belle ouvrage* : un travail soigné. **2** Objet produit par le travail d'un artisan, etc. ➛ *Ouvrages d'art* : constructions (ponts...) pour l'établissement d'une voie. **3** Texte scientifique, technique ou littéraire. → **écrit, œuvre.**

ouvragé, ée adj. ▪ Finement travaillé.

ouvraison n. f. ▪ techn. Action d'ouvrer, de mettre en œuvre.

ouvrant, ante adj. ▪ Qui s'ouvre.

ouvré, ée adj. ▪ **1** Qui résulte d'un ouvrage (1). ➛ *Produits ouvrés,* manufacturés. **2** *Jour ouvré,* où l'on travaille (≠ *ouvrable*).

ouvreau n. m. ▪ techn. Ouverture pratiquée dans la paroi d'un four de verrier.

ouvre-boîte n. m. ▪ Instrument coupant servant à ouvrir les boîtes de conserve. *Des ouvre-boîtes.*

ouvre-bouteille n. m. ▪ Instrument pour ouvrir les bouteilles capsulées. *Des ouvre-bouteilles.*

ouvrer v. tr. [1] ▪ techn. Mettre en œuvre, façonner (des matériaux). *Ouvrer du bois.*

ouvreur, euse n. ▪ **1** Personne qui place les spectateurs, dans une salle de spectacle. **2** Skieur qui ouvre une piste de ski.

ouvrier, ière ▪ **I** n. **1** Personne qui exerce un métier manuel ou mécanique moyennant un salaire ; spécialt travailleur manuel de la grande industrie. **2** n. m. littér. Artisan, artiste. loc. prov. *À l'œuvre on reconnaît l'ouvrier.* **II** adj. **1** Des ouvriers, du prolétariat industriel. **2** loc. *Cheville* ouvrière.* **III** n. f. (insectes sociaux) Individu stérile qui assure la construction ou la défense.

ouvriérisme n. m. ▪ polit. Système selon lequel le mouvement syndical, la gestion de l'économie doivent être dirigés par les mouvements ouvriers. ► **ouvriériste** adj. et n.

ouvrir v. [18] ▪ **I** v. tr. **1** Écarter les éléments mobiles de (une ouverture) de manière à mettre en communication l'extérieur et l'intérieur (contr. *fermer*). *Ouvrir une fenêtre.* **2** Rendre accessible l'intérieur de. *Ouvrir une bouteille.* ♦ Rendre accessible (un local) au public. **3** Mettre dans une position qui assure la communication ou le contact avec l'extérieur. *Ouvrir la bouche.* ♦ *Ouvrir un sac.* ➛ fam. *Ouvrir le gaz,* faire fonctionner. ♦ *Ouvrir l'appétit,* donner faim. **4** Écarter, séparer (des éléments mobiles) ; disposer en écartant les éléments. *Ouvrir les bras. Ouvrir un livre.* **5** Former (une ouverture) en creusant, en trouant. *Ouvrir une fenêtre dans un mur.* **6** Atteindre l'intérieur de (qqch. de vivant) en écartant, coupant, brisant. *Ouvrir des huîtres.* ♦ *Ouvrir un abcès.* → **inciser, percer.** ➛ *S'ouvrir les veines* (pour se suicider). **7** Créer ou permettre d'utiliser (un moyen d'accès). *Ouvrir un chemin.* → **frayer.** **8** Découvrir, présenter. *Cela ouvre des horizons.* **9** *Ouvrir l'esprit* (à qqn), lui rendre l'esprit ouvert. **10** Commencer, mettre en train. *Ouvrir les hostilités.* ➛ Être le premier à exercer (une activité, etc.). *Ouvrir le bal.* **11** Créer, fonder (un établissement). *Ouvrir un restaurant.* **II** v. intr. **1** Être ouvert. **2** *OUVRIR SUR,* donner accès sur (syn. S'OUVRIR SUR). ▷ v. pron. **s'ouvrir 1** Devenir ouvert. **2** *S'OUVRIR SUR :* donner accès sur (syn. OUVRIR SUR). **3** S'offrir comme une voie d'accès. **4** *S'OUVRIR À,* se laisser pénétrer par (une idée...). ♦ *S'ouvrir à qqn.* → se **confier.** **5** (sujet chose) Commencer.

ouvroir n. m. ▪ Lieu réservé aux ouvrages de couture, etc., dans une communauté religieuse.

ouzbek adj. ▪ De l'Ouzbékistan. ➛ n. *Les Ouzbeks.* ♦ n. m. *L'ouzbek* (langue turque).

ouzo n. m. ▪ Boisson alcoolisée grecque, parfumée à l'anis.

ov- → **ovo-**

ovaire n. m. ▪ **1** Glande génitale femelle qui produit l'ovule et des hormones. **2** bot. Partie du pistil qui contient les ovules destinés à devenir des graines. ► **ovarien, ienne** adj.

ovalbumine n. f. ▪ biochim. Protéine du blanc d'œuf.

ovale ▪ **1** adj. Qui a la forme d'une courbe fermée et allongée. **2** n. m. Forme ovale.

ovalie n. f. ▪ fam. Le monde du rugby.

ovariectomie n. f. ▪ méd. Ablation d'un ou des ovaires.

ovation n. f. ▪ Acclamations publiques rendant honneur à qqn. → **vivat.** ► **ovationner** v. tr. [1]

ove n. m. ▪ didact. Ornement en relief, en forme d'œuf.

ové, ée adj. ▪ didact. Se dit d'un objet ovoïde en relief.

overdose [ɔvœʀ- ; ɔvɛʀ-] n. f. ▪ anglic. Dose excessive d'une drogue. → **surdose.**

overdrive n. m. ▪ anglic., autom. Dispositif de surmultiplication des rapports d'une boîte de vitesses.

ovi- → **ovo-**

ovibos [-ɔs] n. m. ▪ zool. Mammifère ruminant de l'Arctique à toison longue et épaisse, appelé aussi *bœuf musqué.*

ovidé n. m. ▪ zool. Mammifère ongulé ruminant du type du mouton.

oviducte n. m. ▪ anat. Conduit par lequel l'ovule quitte l'ovaire (animaux).

ovin, ine adj. ▪ Relatif au mouton, au bélier, à la brebis. ➛ n. m. pl. *Les ovins.*

oviné n. m. ▪ zool. Mammifère ongulé ruminant appartenant à l'espèce ovine (ex. le mérinos, le mouflon, le mouton).

ovipare adj. et n. m. ▪ Se dit des animaux qui pondent des œufs (I).

oviparité n. f. ▪ zool. Mode de reproduction des ovipares.

ovipositeur n. m. ▪ zool. Organe de la ponte des insectes femelles. → **tarière.**

ovni n. m. (sigle) ▪ Objet volant non identifié. → **soucoupe** volante.

ovo-, ovi-, ov- Élément savant, du latin *ovum* « œuf ».

ovocyte n. m. ▪ biol. Gamète femelle qui n'est pas encore arrivé à maturité. → **ovule.** – syn. **oocyte.**

ovogenèse n. f. ▪ biol. Formation des ovules à partir des ovocytes.

ovoïde adj. ▪ En forme d'œuf. → **ovale.**

ovotestis [-is] n. m. ▪ biol. Glande génitale hermaphrodite, chez de nombreux mollusques.

ovovivipare adj. et n. m. ▪ zool. Se dit des ovipares dont les œufs éclosent à l'intérieur du corps maternel (ex. l'orvet, la vipère). ► **ovoviviparité** n. f.

ovulation n. f. ▪ Libération de l'ovule (mammifères). ► **ovulatoire** adj.

ovule n. m. ▪ **1** Gamète femelle élaboré par l'ovaire. ♦ bot. Gamète végétal femelle qui se transforme en graine après fécondation. ► **ovulaire** adj. **2** Préparation pharmaceutique ovoïde se plaçant dans le vagin.

ovuler v. intr. [1] ▪ Avoir, présenter une ovulation.

oxalate n. m. ▪ chim. Sel ou ester de l'acide oxalique.

oxalique adj. ▪ chim. *Acide oxalique,* qui se rencontre dans certaines plantes acides.

oxalis [-is] n. m. ▪ Plante herbacée vivace, dont les feuilles ont un goût acide. - syn. **oxalide** n. f.

oxer [ɔksɛʀ] n. m. ▪ anglic., sport Obstacle équestre dans lequel la barre supérieure est suivie d'une autre barre, placée à une distance variable.

oxford [-fɔʀ(d)] n. m. ▪ Tissu de coton à fils de deux couleurs.

oxhydrique adj. ▪ Se dit d'un mélange d'oxygène et d'hydrogène dont la combustion dégage une chaleur considérable. ♦ *Chalumeau oxhydrique.*

ox(y)- Élément qui signifie «oxygène».

oxycoupage n. m. ▪ techn. Découpage des métaux au chalumeau, au moyen d'un jet d'oxygène pur.

oxycrat n. m. ▪ hist. Boisson faite d'un mélange de vinaigre et d'eau, utilisée dans l'Antiquité grecque.

oxydable adj. ▪ Susceptible d'être oxydé.

oxydant, ante adj. et n. m. ▪ Se dit d'un corps qui oxyde.

oxydase n. f. ▪ biochim. Enzyme activant l'oxydation.

oxydation n. f. ▪ Combinaison (d'un corps) avec l'oxygène ; réaction dans laquelle un atome ou un ion perd des électrons.

oxyde n. m. ▪ Composé résultant de la combinaison d'un corps avec l'oxygène.

oxyder v. tr. [1] ▪ **1** Faire passer à l'état d'oxyde. **2** Altérer (un métal) par l'action de l'air. ➛ pronom. → **rouiller.**

oxydimétrie n. f. ▪ chim. Dosage d'un oxydant.

oxydoréduction n. f. ▪ chim. Transfert chimique d'électrons d'un composé vers un autre.

oxygène n. m. ▪ **1** Élément (symb. O, n° at. 8, masse at. 15,9994), gaz invisible, inodore, qui constitue environ 1/5 de l'air atmosphérique. **2** fam. Air pur ; fig. ce qui aère, vivifie.

oxygéner v. tr. [6] ▪ **1** Ajouter de l'oxygène à (une substance), par dissolution. *Oxygéner de l'eau.* ➛ (au p. p.) *Eau oxygénée :* solution aqueuse de peroxyde d'hydrogène (antiseptique, décolorante). **2** fam. *S'oxygéner (les poumons) :* respirer de l'air pur. ► **oxygénation** n. f.

oxygénothérapie n. f. ▪ méd. Emploi thérapeutique de l'oxygène en inhalation (masque, tente).

oxyhémoglobine n. f. ▪ physiol. Combinaison de l'hémoglobine avec l'oxygène, formée dans les poumons au contact de l'air inspiré.

oxymel n. m. ▪ pharm., ancienn^t^ Préparation d'eau, de vinaigre et de miel.

oxymore n. m. ▪ Figure de style qui consiste à allier deux mots de sens contradictoires (ex. «une douce violence»).

oxysulfure [-s-] n. m. ▪ chim. Combinaison de soufre, d'oxygène et d'un corps simple.

oxyton, one n. m. et adj. ▪ ling. Mot dont l'accent tonique porte sur la dernière syllabe.

oxyure n. m. ▪ Ver parasite des intestins.

oyat [ɔja] n. m. ▪ Plante (graminée) utilisée pour fixer le sable des dunes.

oz ▪ Symbole de l'once.

ozalid [-id] n. m. ▪ techn. **1** Papier sensible de la marque de ce nom. **2** Épreuve d'imprimerie sur ce papier, fournie comme bon à graver.

ozène n. m. ▪ méd. Ulcération de la muqueuse nasale, formant des croûtes à l'odeur fétide.

ozone n. m. ▪ Gaz (symb. O_3) bleu et odorant.

ozoniser v. tr. [1] ▪ techn. Traiter à l'ozone pour purifier. ► **ozonisation** n. f.

ozoniseur n. m. ▪ techn. Appareil qui sert à produire de l'ozone.

ozonosphère n. f. ▪ Couche de l'atmosphère terrestre (15 à 40 km d'altitude), dans laquelle la proportion d'ozone est élevée.

P

p [pe] n. m. ■ Seizième lettre, douzième consonne de l'alphabet.

P ■ Symbole chimique du phosphore.

Pa ■ **1** Symbole du pascal (③). **2** Symbole chimique du protactinium.

pacage n. m. ■ Terrain où l'on fait paître les bestiaux.

pacager v. [3] ■ **1** v. tr. Faire paître (les troupeaux). **2** v. intr. Brouter dans une pâture.

pacane n. f. ■ (Canada) Noix comestible, fruit du pacanier. → **pécan.**

pacanier n. m. ■ Grand arbre ornemental d'Amérique du Nord, qui produit un bois apprécié **(→ hickory)** et des noix comestibles **(→ pacane, pécan).**

pacemaker [pɛsmɛkœʀ] n. m. ■ anglic. Stimulateur* cardiaque.

pacha n. m. ■ **1** hist. Gouverneur d'une province ottomane. **2** fam. *Une vie de pacha,* fastueuse.

pachalik n. m. ■ hist. Division administrative de l'Empire ottoman soumise à un pacha.

pachto n. m. ■ Langue indo-européenne du groupe iranien parlée en Afghanistan et au Pakistan. *Le pachto s'écrit en caractères arabes.* – var. **pachtou.**

pachyderme [-ʃi-] n. m. ■ **1** Éléphant. **2** fig. Personne énorme. ► **pachydermique** adj.

pacificateur, trice n. ■ Personne qui pacifie. ◆ adj. *Mesures pacificatrices.*

pacifier v. tr. [7] ■ **1** Ramener à l'état de paix (un pays, un peuple en rébellion), parfois en réprimant. **2** fig. Rendre calme. ► **pacification** n. f.

pacifique adj. ■ **1** (personnes) Qui aspire à la paix. **2** (choses) Qui n'est pas militaire, n'a pas la guerre pour objectif. **3** Qui se passe dans le calme. ► **pacifiquement** adv.

pacifiste n. et adj. ■ Partisan de la paix entre les nations ; adversaire de la guerre. ◆ adj. *Un idéal pacifiste.* ► **pacifisme** n. m.

① **pack** n. m. ■ anglic. Au rugby, Ensemble des avants.

② **pack** n. m. ■ anglic. Emballage réunissant plusieurs produits identiques.

packaging [-dʒiŋ] n. m. ■ anglic. Technique d'emballage qui soigne la présentation dans une perspective publicitaire. ◆ L'emballage lui-même.

pacotille n. f. ■ Marchandises de mauvaise qualité, de faible valeur. ◆ *DE PACOTILLE :* sans valeur.

pacs [paks] n. m. (sigle) ■ (en France) « Pacte civil de solidarité », conclu par deux personnes non mariées pour régler leur vie commune. *Signer, conclure un pacs.* ► se **pacser** [1] v. pron. ▷ **pacsé, ée** adj. et n.

pacson n. m. ■ argot Paquet.

pacte n. m. ■ **1** Accord formel. **2** Convention entre États.

pactiser v. intr. [1] ■ **1** Conclure un pacte (avec qqn). **2** Agir de connivence (avec). ◆ *Pactiser avec le crime.*

pactole n. m. ■ **1** littér. Source de profit. **2** fam. Grosse somme d'argent.

paddock n. m. ■ **1** Enceinte où les chevaux sont promenés avant une course. **2** fam. Lit.

paddy n. m. ■ Riz non décortiqué.

padine n. f. ■ Algue brune, aux frondes irrégulières en éventail.

padischah n. m. ■ hist. Titre que portait l'empereur des Turcs. – var. **padichah.**

pad thaï n. m. ■ Plat thaïlandais à base de nouilles de riz.

paella [paela ; pae(l)ja] n. f. ■ Plat espagnol à base de riz, viandes, fruits de mer.

① **paf** interj. ■ Bruit de chute, de coup.

② **paf** adj. invar. ■ fam. Ivre.

pagaie n. f. ■ Aviron sans appui.

pagaille n. f. ■ fam. **1** Grand désordre. **2** *EN PAGAILLE :* beaucoup.

paganiser v. tr. [1] ■ didact. Rendre païen, revêtir d'un caractère païen.

paganisme n. m. ■ Religion des païens.

pagayer v. intr. [8] ■ Ramer à l'aide d'une pagaie. ► **pagayeur, euse** n.

① **page** n. f. ■ **1** Chacun des deux côtés d'une feuille de papier. ➛ *MISE EN PAGES :* répartition du texte, des illustrations (avant impression). → **maquette.** ➛ loc. *Être À LA PAGE :* à la dernière mode. **2** Texte d'une page. ♦ inform. *Page d'écran, page-écran :* informations affichées sur un écran, à un moment donné. ➛ *Page web,* chacun des fichiers, constituants de base d'un site web*. **3** Feuille. ➛ loc. fig. *Tourner la page :* passer à autre chose. **4** Passage d'une œuvre. **5** fig. Épisode d'une vie, de l'histoire.

② **page** n. m. ■ ancienn^t Jeune noble placé auprès d'un seigneur (pour apprendre le métier des armes), d'une dame.

③ **page** → **pageot**

pageot n. m. ■ fam. Lit. - var. **pajot, page.** ► se **pageoter** v. pron. 1

paginer v. tr. 1 ■ Disposer (un livre, une revue, etc.) en pages numérotées. ► **pagination** n. f.

pagne n. m. ■ Vêtement attaché à la ceinture, couvrant le bas-ventre.

pagode n. f. ■ **1** Temple des pays d'Extrême-Orient. **2** *Manches pagode,* évasées.

pagre n. m. ■ Poisson de mer, voisin de la dorade.

pagure n. m. ■ zool. Crustacé couramment appelé *bernard-l'hermite.*

pagus [-ys], plur. **pagi** [pagi] n. m. ■ Circonscription rurale, dans l'Antiquité romaine.

pahlavi → **pehlvi**

paie → **paye**

paiement ou **payement** n. m. ■ Action de payer. *Facilités de paiement :* crédit.

païen, ïenne adj. ■ **1** D'une religion ancienne (polythéiste) qui n'est pas fondée sur l'Ancien Testament. *Dieux païens.* ➛ n. *Les païens.* **2** Sans religion.

paierie n. f. ■ Services, bureau d'un trésorier-payeur.

paillage n. m. ■ agric. Action de pailler.

paillard, arde adj. ■ plais. D'un érotisme actif, gai et vulgaire. *Chansons paillardes.* ► **paillardise** n. f.

① **paillasse** n. f. ■ **I** Enveloppe (garnie de paille, etc.) qui sert de matelas. **II 1** Partie plane d'un évier. **2** Plan de travail.

② **paillasse** n. m. ■ littér. Clown.

paillasson n. m. ■ **1** Natte de paille, destinée à protéger les cultures. **2** Natte rugueuse pour s'essuyer les pieds.

paillassonner v. tr. 1 ■ agric. Garnir, couvrir de paillassons (1). ► **paillassonnage** n. m.

paille n. f. ■ **1** Ensemble des tiges des céréales sans le grain. ➛ loc. *Sur la paille,* dans la misère. **2** Fibres tressées. *Chapeau de paille.* **3** Petite tige pleine ou creuse. *Tirer à la courte paille :* tirer au sort au moyen de brins de longueur inégale. ➛ fam., iron. *Une paille :* (c'est) peu de chose. ♦ loc. (Bible) *La paille et la poutre,* un petit défaut (chez autrui) dénoncé par une personne qui en a un beaucoup plus gros. **4** *Homme de paille :* prête-nom. **5** *Paille de fer :* fins copeaux de fer en paquet. **6** techn. Défaut (dans une pierre fine, une pièce de métal, de verre).

paille-en-queue n. m. ■ Phaéton (oiseau). *Des pailles-en-queue.*

pailler v. tr. 1 ■ **1** Garnir de paille tressée. **2** Couvrir de paille, de paillassons (1). ▷ adj. **paillé, ée** *Chaise paillée.*

pailleter v. tr. 4 ■ Orner, parsemer de paillettes (1). ▷ adj. **pailleté, ée**

paillette n. f. ■ **1** Lamelle brillante servant d'ornement. **2** Parcelle d'or (sables aurifères). **3** *Lessive en paillettes.*

pailleux, euse adj. ■ agric. *Fumier pailleux,* qui contient encore de la paille non décomposée.

paillis n. m. ■ agric. Couche de paille destinée à préserver l'humidité du sol, à protéger certains fruits (fraises, etc.) du contact de la terre.

paillon n. m. ■ Enveloppe de paille pour les bouteilles.

paillote n. f. ■ Cabane, hutte de paille.

pain n. m. ■ **1** Aliment fait de farine, d'eau, de sel et de levain ou de levure, pétri, levé et cuit au four. *Un pain,* masse de cet aliment. → **baguette, bâtard, couronne, ficelle, flûte, miche.** ♦ loc. *Je ne mange pas de ce pain-là :* je refuse ces procédés. *Avoir du pain sur la planche,* beaucoup de travail. **2** (Pâtisserie) *Pain au chocolat.* **3** *PAIN D'ÉPICE(S) :* gâteau de seigle, miel, épices (anis). **4** Masse (d'une substance). *EN PAIN DE SUCRE :* en forme de cône. **5** fam. Coup, gifle.

paintball [pɛntbol] n. m. ■ anglic. Jeu opposant deux équipes qui s'affrontent avec des pistolets chargés de billes de gélatine colorée.

① **pair** n. m. ■ **I 1** Personne qui a la même situation ou fonction (élevée). *Être rejeté par ses pairs.* **2** Au Royaume-Uni, Membre de la *Chambre des pairs,* des lords. **3** En France, jusqu'en 1831, Membre de la *Chambre des pairs* (fém. *PAIRESSE*). **II** (dans des loc.) **1** *HORS PAIR :* sans égal. ➛ *ALLER DE PAIR,* ensemble. **2** *AU PAIR :* en échangeant un travail contre logement et nourriture.

② **pair, paire** adj. ■ Se dit d'un nombre entier naturel divisible par deux.

paire n. f. ■ **1** Réunion (de deux choses, de deux personnes semblables). *Une paire de gants.* **2** Objet composé de deux parties semblables. *Une paire de ciseaux.* **3** loc. fam. *Se faire la paire* (de jambes) : s'enfuir.

pairesse n. f. ■ Épouse d'un pair (I, 2 et 3). ➛ Femme titulaire d'une pairie, en Grande-Bretagne.

pairie n. f. ■ Titre de pair (I, 2 et 3).

pairle n. m. ■ blason Pièce en forme d'Y dont les branches atteignent les angles supérieurs de l'écu.

paisible adj. ▪ **1** (personnes) Qui demeure en paix, ne s'agite pas. **2** (choses) Qui ne trouble pas la paix. ♦ Qui donne une impression de calme. *Fleuve paisible.* ► **paisiblement** adv.

paissance n. f. ▪ dr. forestier Action de faire paître des animaux domestiques en forêt.

paître v. intr. [57] pas de passé simple, de subj. imp., de p. p. ▪ **1** (animaux) Manger l'herbe sur pied. **2** loc. fam. *Envoyer paître qqn,* le rejeter. → **promener.**

paix n. f. ▪ **I 1** Rapports sans violence. *Faire la paix :* se réconcilier. **2** Rapports calmes entre citoyens ; absence de troubles. ← *Gardien* de la paix.* **II 1** Absence de guerre. **2** Accord terminant l'état de guerre. *Traité de paix.* **III 1** État de qqn que rien ne trouble. *Laisser qqn en paix.* **2** État de l'âme sans inquiétude. *Avoir la conscience en paix.* **3** Absence d'agitation, de bruit. → **calme.**

pajot → **pageot**

pal, plur. **pals** n. m. ▪ Pieu aiguisé par un bout (→ **empaler**).

palabre n. f. ou m. ▪ **1** Discussion oiseuse. ► **palabrer** v. intr. [1] ► **palabreur** n. m. **2** En Afrique, Discussion (sérieuse).

palace n. m. ▪ Hôtel de grand luxe.

paladin n. m. ▪ Chevalier généreux.

palafitte n. m. ▪ archéol. Construction lacustre du néolithique récent.

① **palais** n. m. ▪ **1** Somptueuse résidence. ← Grand édifice public. **2** *Palais de justice,* tribunal. **3** hist. Résidence des rois.

② **palais** n. m. ▪ **1** Partie supérieure interne de la bouche. **2** Organe du goût.

palan n. m. ▪ Appareil pour soulever et déplacer de très lourdes charges.

palanche n. f. ▪ techn. Tige de bois légèrement incurvée pour porter deux fardeaux, deux seaux, accrochés à chacune des extrémités.

palançon n. m. ▪ techn. Chacune des pièces de bois qui retiennent un torchis.

palangre n. f. ▪ pêche Grosse ligne de fond à laquelle pendent, sur toute sa longueur, des cordelettes munies d'hameçons.

palangrotte n. f. ▪ Petite palangre.

palanquée n. f. ▪ **1** mar. Ensemble des fardeaux réunis par une élingue. **2** Groupe de plongeurs sous-marins. **3** fig. Grande quantité, multitude.

palanquin n. m. ▪ (dans certaines civilisations) Chaise ou lit porté.

palastre n. m. ▪ techn. Boîtier métallique contenant le mécanisme d'une serrure. - var. **palâtre.**

palatal, ale, aux adj. ▪ **1** phonét. Se dit des phonèmes dont l'articulation se fait dans la région antérieure du palais (palais dur). *Voyelles palatales* (ex. [i, e, ɛ, y, ø, œ, a]). ← n. f. *Une palatale.* **2** Relatif au palais. *Voûte palatale.*

palataliser v. tr. [1] ▪ phonét. Modifier (un phonème) en reportant son articulation dans la région antérieure du palais. ← au p. p. *Consonne palatalisée.* ► **palatalisation** n. f.

① **palatin, ine** adj. ▪ **1** hist. Revêtu d'un office, d'une charge, dans le palais d'un souverain. *Comtes palatins.* **2** didact. Dépendant d'un palais. *Chapelle palatine.*

② **palatin, ine** adj. ▪ anat. Relatif au palais. → **palatal.**

palatinat n. m. ▪ hist. Dignité de comte palatin (spécialt allemand ou polonais).

palâtre → **palastre**

pale n. f. ▪ **1** Partie d'un aviron, d'une roue à aubes qui pénètre dans l'eau. **2** Partie d'une hélice qui agit en tournant.

pâle adj. ▪ **1** (teint, peau, visage) Blanc, très peu coloré. ← (personnes) Qui a le teint pâle. **2** Qui a peu d'éclat. ♦ Peu vif. *Bleu pâle.* **3** fig. Terne. *Une pâle imitation.*

palé, ée adj. ▪ blason Qui est divisé verticalement de parties égales et en nombre pair d'émaux alternés.

pale-ale [pɛlɛl] n. f. ▪ Bière anglaise blonde, ale claire. *Des pale-ales.*

palefrenier, ière n. ▪ Personne chargée du soin des chevaux.

palefroi n. m. ▪ (au Moyen Âge) Cheval de promenade, de parade.

palémon n. m. ▪ Crevette rose. → ② **bouquet.**

paléo- Élément savant, du grec *palaios* «ancien».

paléobiologie n. f. ▪ didact. Partie de la biologie qui concerne les formes de vie disparues, aux époques géologiques.

paléobotanique n. f. ▪ didact. Partie de la paléontologie qui étudie les éléments végétaux fossiles. ► **paléobotaniste** n.

paléocène n. m. et adj. ▪ géol. Étage géologique correspondant au paléogène inférieur.

paléochrétien, ienne [-kʀ-] adj. ▪ didact. Des premiers chrétiens.

paléoécologie n. f. ▪ didact. Étude des écosystèmes des temps reculés et des modes de vie des animaux fossiles.

paléogène n. m. ▪ géol. Première partie de l'ère tertiaire.

paléographie n. f. ▪ Science des écritures anciennes. ► **paléographe** n. ► **paléographique** adj.

paléolithique adj. ▪ Relatif à l'âge de la pierre taillée. ← n. m. *Le paléolithique.*

paléontologie n. f. ▪ Science des êtres vivants (→ **fossile**) ayant existé sur la Terre aux temps géologiques. ► **paléontologique** adj. ► **paléontologue** n.

paléosol [-s-] n. m. ▪ géol. Sol résultant d'une évolution ancienne, formé dans des conditions disparues.

paléothérium [-jɔm] n. m. ■ didact. Mammifère fossile de l'éocène.

paléozoïque adj. ■ didact. Relatif aux fossiles animaux les plus anciens. ➝ n. m. *Le paléozoïque* : la période des terrains primaires. → **primaire.**

paléozoologie n. f. ■ didact. Partie de la paléontologie qui étudie les animaux fossiles et leur mode de vie. ► **paléozoologiste** n.

paleron n. m. ■ Morceau du bœuf, situé près de l'omoplate **(→ palette).**

palestre n. f. ■ Antiq. Lieu où l'on s'entraînait à la lutte, à la gymnastique.

palet n. m. ■ **1** Objet plat et rond à lancer (jeu). **2** Gâteau sec rond et plat.

paletot n. m. ■ **1** Vêtement de dessus, assez court, boutonné. ➝ région. Veste, manteau. **2** fam. *Tomber sur le paletot à qqn*, se jeter sur lui.

palette n. f. ■ **I 1** Plaque mince sur laquelle un peintre étend et mélange ses couleurs. ♦ Couleurs propres à un peintre. *La palette de Rubens.* **2** fig. *Une palette de couleurs.* **II** Pièce de viande de mouton, de porc, près de l'omoplate. **III** Plateau de manutention ; son chargement.

palettiser v. tr. 1 ■ techn., comm. **1** Mettre sur palettes (une marchandise). **2** Organiser par l'emploi de palettes. ► **palettisation** n. f.

palétuvier n. m. ■ Grand arbre des régions tropicales, à racines aériennes.

pâleur n. f. ■ Couleur, aspect pâle (1).

pali n. m. ■ Ancienne langue religieuse de l'Inde méridionale et du Sri Lanka.

pâlichon, onne adj. ■ fam. Un peu pâle.

palier n. m. ■ **1** Plate-forme entre deux volées d'un escalier. **2** fig. Phase intermédiaire de stabilité.

palière adj. f. ■ (porte) Qui ouvre sur le palier.

palilalie n. f. ■ méd. Trouble de la parole, répétition involontaire d'un ou de plusieurs mots.

palimpseste n. m. ■ didact. Écriture effacée recouverte d'une autre.

pali(n)- Élément, du grec *palin* « de nouveau ».

palindrome n. m. ■ didact. Suite de lettres qui peut se lire dans les deux sens (ex. la mariée ira mal).

palingénésie n. f. ■ didact. Évolution par renaissance (êtres, sociétés). ► **palingénésique** adj.

palinodie n. f. ■ surtout au plur. littér. Changement d'opinions.

pâlir v. 2 ■ **I** v. intr. Devenir pâle. ♦ (choses) Perdre son éclat. **II** v. tr. Rendre plus pâle.

palis n. m. ■ Petit pieu pointu qu'on enfonce en alignement avec d'autres pour former une clôture. ➝ Cette clôture.

palissade n. f. ■ Clôture de planches.

palissader v. tr. 1 ■ Entourer, fermer, protéger au moyen d'une palissade.

palissage n. m. ■ Action de palisser un arbre, un arbuste.

palissandre n. m. ■ Bois dur tropical, d'une couleur violacée, nuancée de noir.

pâlissant, ante adj. ■ Qui pâlit.

palisser v. tr. 1 ■ techn. Étendre et lier les branches de (un arbre, un arbuste) contre un support pour leur imposer une direction. *Palisser une vigne.*

palisson n. m. ■ techn. Instrument de fer, en forme de demi-cercle, qui sert à chamoiser **(→ palissonner)** les peaux.

palissonner v. tr. 1 ■ Préparer (une peau), à l'aide d'un palisson, pour la rendre aussi souple qu'une peau de chamois. → **chamoiser.**

paliure n. m. ■ Arbrisseau épineux, appelé aussi *épine du Christ*, dont on fait des haies.

palladien, ienne adj. ■ Relatif à l'architecte Palladio, à son style.

palladium [-jɔm] n. m. ■ Élément (symb. Pd, n° at. 46, masse at. 106,42), métal léger, blanc, dur, voisin du platine.

palléal, ale, aux adj. ■ zool. Relatif au manteau des mollusques **(→ pallium).**

palliatif, ive ■ **1** adj. Qui atténue les symptômes d'une maladie. *Soins palliatifs*, donnés à des personnes en fin de vie. **2** n. m. Mesure d'effet passager.

pallidectomie n. f. ■ chir. Destruction du pallidum, en vue de supprimer les symptômes de la maladie de Parkinson.

pallidum [-ɔm] n. m. ■ anat. Formation grise interne du noyau lenticulaire du cerveau, appelée parfois *globus pallidus.*

pallier v. tr. 7 ■ Compenser (un manque). ➝ REM. *Pallier à* est incorrect.

pallium [-jɔm] n. m. ■ **1** (en liturgie, dans l'Antiquité) Manteau. **2** sc. Manteau d'un mollusque. ♦ Partie du cerveau.

palmaire adj. ■ anat. Relatif à la paume.

palmarès [-ɛs] n. m. ■ Liste des lauréats. ➝ Liste de récompenses.

palmature n. f. ■ → **palmure.**

palme n. f. ■ **I 1** Feuille de palmier. **2** *Vin, huile de palme*, de palmier. **3** *La palme*, symbole de la victoire. **II** Nageoire qui se fixe au pied (nage sous-marine).

palmé, ée adj. ■ Dont les doigts sont réunis par une membrane. *Pieds palmés.*

palmer [-mɛʀ] n. m. ■ Instrument de précision, mesurant les épaisseurs.

palmeraie n. f. ■ Plantation de palmiers.

palmette n. f. ■ **1** archit. Ornement en forme de feuille de palmier. **2** arbor. Forme de taille des arbres fruitiers en espalier.

palmi- Élément, du latin *palma* « palme ».

palmier n. m. ▪ **1** Grand arbre des régions chaudes, à tige simple, rugueuse, à grandes feuilles (palmes). ♦ *Cœur de palmier.* → **palmiste.** **2** Gâteau sec de pâte feuilletée.

palmilobé, ée adj. ▪ bot. Se dit d'une feuille palmée aux divisions arrondies.

palmipède adj. ▪ Dont les pieds sont palmés. ➛ n. m. *Les palmipèdes* (oiseaux).

palmiste n. m. ▪ **1** Fruit du palmier à huile. **2** *(Chou) palmiste,* bourgeon terminal comestible, appelé aussi *cœur de palmier.*

palmite n. m. ▪ Moelle comestible du palmier.

palmitine n. f. ▪ chim. Ester de la glycérine et de l'acide palmitique, substance solide, grasse, constituant de l'huile de palme.

palmitique adj. m. ▪ chim. *Acide palmitique :* acide gras saturé, très abondant dans les graisses animales et les huiles végétales.

palmure n. f. ▪ **1** zool. Membrane qui joint les doigts des palmipèdes, de certains mammifères aquatiques et animaux terrestres. **2** méd. Bride cutanée due à une malformation ou à une brûlure grave. *Palmure interdigitale.* - syn. **palmature.**

palombe n. f. ▪ région. Pigeon ramier.

palonnier n. m. ▪ Commande du gouvernail de direction d'un avion.

pâlot, otte adj. ▪ Un peu pâle.

palourde n. f. ▪ Mollusque comestible bivalve (appelé aussi *clam, clovisse*).

palpable adj. ▪ **1** Dont on peut s'assurer par le toucher. **2** (abstrait) Vérifiable.

palpe n. m. ▪ zool. Organe sensoriel des arthropodes qui sert à la préhension des aliments.

palpébral, ale, aux adj. ▪ anat. Relatif aux paupières.

palper v. tr. [1] ▪ **1** Examiner en tâtant avec la main. ► **palpation** n. f. **2** fam. Toucher, recevoir (de l'argent).

palpeur n. m. ▪ Dispositif opérant par contact pour mesurer.

palpitant, ante adj. ▪ **1** Qui palpite. **2** Qui excite l'émotion. **3** n. m. fam. Cœur.

palpiter v. intr. [1] ▪ **1** Être agité de frémissements. **2** (cœur) Battre très fort. ► **palpitation** n. f.

palplanche n. f. ▪ techn. **1** Planche grossièrement équarrie servant au boisage des galeries de mines. **2** Poutrelle qui s'emboîte bord à bord avec d'autres pour former une cloison étanche **(→ batardeau)** utilisée en terrain meuble ou immergé.

palsambleu interj. ▪ vx Ancien juron. → **parbleu.**

paltoquet n. m. ▪ vieilli Insolent.

palu → **paludisme**

paluche n. f. ▪ fam. Main.

palud n. m. ▪ vx Marais. - var. **palude.**

paludier, ière n. ▪ techn. Personne qui travaille aux marais salants.

paludine n. f. ▪ zool. Mollusque (gastéropode) qui vit dans les étangs, les marais, les cours d'eau.

paludique adj. et n. ▪ méd. Relatif au paludisme. ♦ Atteint de paludisme.

paludisme n. m. ▪ Maladie infectieuse tropicale, due à un parasite transmis par les anophèles. ► **paludéen, éenne** adj. et n.

palustre adj. ▪ **1** Qui se rapporte aux marais. *Plantes palustres.* **2** méd. Relatif au paludisme.

palynologie n. f. ▪ didact. Étude des pollens actuels et fossiles. ► **palynologique** adj. ► **palynologue** n.

se pâmer v. pron. [1] ▪ **1** vieilli Perdre connaissance. **2** Ressentir une émotion très agréable. *Se pâmer d'aise.*

pâmoison n. f. ▪ littér. Fait de se pâmer.

pampa n. f. ▪ Plaine d'Amérique du Sud.

pampéro n. m. ▪ Vent violent soufflant du sud et de l'ouest, accompagnant les pluies d'hiver en Argentine.

pamphlet n. m. ▪ Texte court et violent contre les institutions, un personnage.

pamphlétaire n. ▪ Auteur de pamphlets.

pampille n. f. ▪ Chacune des petites pendeloques groupées en franges, servant d'ornement.

pamplemousse n. m. ▪ **1** bot. Arbre exotique épineux ; son fruit, consommé confit. **2** cour. Gros agrume jaune, ou rose **(→ pomélo),** légèrement amer.

pamplemoussier n. m. ▪ Arbre à pamplemousses (2).

pampre n. m. ▪ Branche de vigne avec ses feuilles et ses grappes.

① **pan** n. m. ▪ **1** Grand morceau d'étoffe ; partie flottante (d'un vêtement). **2** *Pan* (partie) *de mur.* ➛ *Pan coupé :* surface oblique à la rencontre de deux murs.

② **pan** interj. ▪ Bruit sec, coup de feu.

pan- Élément, du grec *pan,* de *pas* «tout».

panacée n. f. ▪ Remède universel ; fig. formule pour résoudre tous les problèmes. ➛ REM. *Panacée universelle* est à éviter (pléonasme).

panachage n. m. ▪ **1** Action de panacher. **2** Choix de candidats sur différentes listes (élections).

panache n. m. ▪ **1** Faisceau de plumes flottantes. ♦ *La queue en panache d'un écureuil.* **2** fig. Brio, allure spectaculaire.

panaché, ée adj. ▪ **1** Qui présente des couleurs variées. **2** Composé d'éléments différents. **3** adj. et n. m. *Un (demi) panaché,* mélange de bière et de limonade.

panacher v. tr. [1] ▪ **1** Orner de couleurs variées. **2** Composer d'éléments divers.

panachure n. f. ▪ didact. Tache, semis de taches de couleur sur un fond de couleur différente.

panade n. f. ▪ **1** Soupe au pain. **2** fam. Misère. *Être dans la panade.*

panafricain, aine adj. ▪ polit. Relatif à l'unité des peuples d'Afrique.

panafricanisme n. m. ▪ polit. Doctrine qui tend à développer l'unité et la solidarité africaines.

panais n. m. ▪ Plante herbacée (ombellifère) dont la racine blanche, odorante et charnue est comestible.

panama n. m. ▪ Chapeau d'été, large et souple, tressé avec la feuille d'un palmier d'Amérique.

panaméricain, aine adj. ▪ **1** polit. Qui concerne les nations du continent américain tout entier. *Congrès panaméricain.* **2** *Route panaméricaine,* qui traverse le continent américain.

panaméricanisme n. m. ▪ polit. Système qui vise à placer toutes les nations américaines sous l'influence des États-Unis et à empêcher toute ingérence dans les affaires américaines.

panarabisme n. m. ▪ polit. Système qui tend à unir tous les peuples de langue ou de civilisation arabe (différent de *panislamisme*). ► **panarabe** adj.

panard n. m. ▪ fam. Pied.

panaris n. m. ▪ Infection aiguë d'un doigt.

panasiatique adj. ▪ polit. Qui concerne la totalité de l'Asie.

panathénées n. f. pl. ▪ Antiq. Fêtes données à Athènes en l'honneur d'Athéna.

panax [-ks] n. m. ▪ Arbre originaire d'Asie, dont une espèce fournit le ginseng.

pan-bagnat n. m. ▪ Petit pain rond garni de salade niçoise. *Des pans-bagnats.*

panca → **panka**

pancake [pankɛk] n. m. ▪ anglic. Petite crêpe épaisse. *Des pancakes au sirop d'érable.*

pancarte n. f. ▪ Écriteau qui donne une information, présente une inscription.

pancetta [pɑ̃(t)ʃeta] n. f. ▪ Charcuterie italienne, poitrine de porc roulée et séchée.

panchen-lama [panʃɛn-] n. m. ▪ Second personnage de la hiérarchie du bouddhisme tibétain. *Des panchen-lamas.*

panchromatique [-kʀ-] adj. ▪ photogr. Qui est sensible à toutes les couleurs du spectre. - abrév. invar. **panchro.**

panclastite n. f. ▪ techn. Explosif liquide constitué de peroxyde d'azote et d'une substance combustible.

pancrace n. m. ▪ Antiq. Lutte, pugilat.

pancréas [-ɑs] n. m. ▪ Glande de l'appareil digestif. ► **pancréatique** adj.

pancréatectomie n. f. ▪ chir. Ablation du pancréas.

pancréatine n. f. ▪ biochim. Enzyme du suc pancréatique.

pancréatite n. f. ▪ méd. Inflammation du pancréas.

panda n. m. ▪ Mammifère d'Inde et de Chine, évoquant un petit ours noir et blanc.

pandanus [-ys] n. m. ▪ Arbre ou arbuste des régions chaudes, dont une espèce fournit des fibres textiles.

pandémie n. f. ▪ méd. Épidémie qui atteint un grand nombre de personnes dans une zone très étendue. ► **pandémique** adj.

pandémonium [-jɔm] n. m. ▪ littér. Lieu où règne un désordre infernal.

pandiculation n. f. ▪ didact. Mouvement qui consiste en un étirement de tous les membres accompagné d'un bâillement.

pandit [pɑ̃di(t)] n. m. ▪ Sage brahmane (titre, en Inde).

pandoravirus [-ys] n. m. ▪ virol. Virus géant à ADN, le plus grand connu actuellement.

pandore n. m. ▪ vx ou iron. Gendarme.

panégyrique n. m. ▪ Discours à la louange de qqn. ► **panégyriste** n.

panel n. m. ▪ anglic. Échantillon de personnes (pour enquête d'opinion).

paner v. tr. [1] ▪ Couvrir (un aliment à frire) de panure. ▷ adj. **pané, ée**

paneterie [pan(ə)tʀi ; panɛtʀi] n. f. ▪ Lieu où l'on conserve et distribue le pain, dans les communautés, les grands établissements. ♦ hist. Office de panetier.

panetier n. m. ▪ hist. Officier chargé du pain.

panetière n. f. ▪ Coffre à pain.

paneton n. m. ▪ Petit panier garni de toile où l'on met les pâtons, pour donner sa forme au pain.

panettone n. m. ▪ Gâteau brioché italien, garni de raisins secs.

paneuropéen, enne adj. ▪ polit. Relatif à l'unité européenne.

pangermanisme n. m. ▪ polit. Système visant à grouper dans un État unique tous les peuples supposés d'origine germanique. ► **pangermaniste** adj. et n.

pangolin n. m. ▪ Mammifère édenté d'Asie et d'Afrique, au corps couvert d'écailles.

panhellénique adj. ▪ Antiq. Qui se rapportait, appartenait à l'ensemble des Grecs.

panic n. m. ▪ Plante herbacée, annuelle ou vivace, cultivée comme céréale ou plante fourragère. → **millet.**

panicaut n. m. ▪ Plante herbacée aux feuilles de chardon, appelée communément *chardon Roland.*

panicule n. f. ▪ bot. Grande inflorescence en grappes, ramifiée et lâche.

panier n. m. ▪ **1** Réceptacle de vannerie pour les marchandises. ← loc. *Mettre* (plusieurs personnes) *dans le même panier,* porter sur elles le même jugement (négatif). ◆ *Mettre au panier* : jeter. **2** *Panier à salade,* pour égoutter la salade ; fig., fam. voiture cellulaire*. **3** loc. *Panier percé* : personne très dépensière. **4** loc. *Le panier de la ménagère* : budget familial d'alimentation. **5** Armature qui servait à faire gonfler les jupes. ◆ fam. Derrière, fesses. **6** au basket-ball Filet ouvert fixé à un panneau de bois.

panière n. f. ■ Grande corbeille à anses. ◆ Malle en osier.

panifier v. tr. 7 ■ Transformer en pain. ► **panifiable** adj. ► **panification** n. f.

panini n. m. ■ Sandwich italien au pain blanc, qui se mange chaud.

panique ■ **1** adj. Qui trouble violemment l'esprit. **2** n. f. Terreur collective extrême.

paniquer v. 1 ■ **1** v. tr. fam. Affoler, angoisser. **2** v. intr. Être pris de panique.

panislamisme n. m. ■ Système politique tendant à l'union de tous les peuples musulmans (différent de *panarabisme*). ► **panislamique** adj.

panisse n. f. ■ Préparation à base de bouillie de farine de pois chiche à l'huile d'olive, refroidie, découpée et passée à la friture.

panka n. m. ■ Écran suspendu au plafond, qui se manœuvre au moyen de cordes, utilisé comme ventilateur dans les pays chauds. – var. **panca.**

panmixie n. f. ■ didact. Reproduction de l'espèce humaine par des unions faites au hasard, en l'absence de sélection naturelle.

pannacotta ou **panna cotta** n. f. ■ Entremets italien à base de crème fraîche gélifiée et de sucre, servi avec un coulis de fruits.

① **panne** n. f. ■ **1** mar. EN PANNE (navire), à l'arrêt (vergues tournées). **2** Arrêt de fonctionnement accidentel. loc. *Panne d'essence* (ou *panne sèche*). **3** fig., fam. *Être en panne de qqch.*, en manquer.

② **panne** n. f. ■ **1** Étoffe à poils couchés brillants. **2** Graisse du cochon.

③ **panne** n. f. ■ techn. Pièce de charpente.

panneau n. m. ■ **I 1** Partie d'une construction, surface délimitée. *Panneaux préfabriqués.* **2** Surface plane, support d'inscriptions. *Panneaux de signalisation.* **3** cout. Élément (d'un vêtement). **II** loc. *Tomber dans le panneau,* dans le piège.

panneauter v. intr. 1 ■ chasse Chasser avec des panneaux. ► **panneautage** n. m.

panneton n. m. ■ techn. Partie de la clé qui pénètre dans la serrure et agit sur le pêne.

pannicule n. m. ■ anat. *Pannicule adipeux* : tissu graisseux sous-cutané.

panonceau n. m. ■ **1** Écusson, plaque métallique d'un officier ministériel. **2** Enseigne.

panophtalmie n. f. ■ méd. Inflammation purulente du globe oculaire.

panoplie n. f. ■ **1** Ensemble d'armes, trophée. **2** Jouet d'enfant, déguisement et accessoires. **3** fig. Équipement.

panoptique adj. ■ techn. Qui permet de voir sans être vu.

panorama n. m. ■ **1** Vaste paysage à contempler de tous côtés. **2** fig. Vue d'ensemble.

panoramique ■ **I** adj. Qui permet d'embrasser l'ensemble d'un paysage. **II** n. m. cin. Mouvement de balayage par la caméra (rotation).

panoramiquer v. intr. 1 ■ Faire un panoramique.

panorpe n. f. ■ Insecte à longues pattes, tacheté de jaune et de noir.

panosse n. f. ■ région. (Sud-Est, Suisse) Serpillière.

panse n. f. ■ **1** Premier compartiment de l'estomac des ruminants. **2** Partie renflée d'un récipient. **3** fam. Gros ventre.

pansement n. m. ■ Linge, compresse servant à protéger une plaie.

panser v. tr. 1 ■ **1** Donner à (un cheval) des soins de propreté. ► **pansage** n. m. **2** Soigner en appliquant un pansement.

panseur, euse n. ■ Infirmier, infirmière qui fait les pansements.

panslavisme n. m. ■ didact. Système politique qui tend à grouper tous les peuples slaves sous l'autorité de la Russie. ► **panslave** adj.

panspermie n. f. ■ didact. Théorie selon laquelle la vie sur terre provient de germes venus d'ailleurs.

pansu, ue adj. ■ Renflé comme une panse.

pantacourt n. m. ■ Pantalon qui arrive à mi-mollet.

pantagruélique adj. ■ Digne d'un très gros mangeur.

pantalon n. m. ■ Culotte longue descendant jusqu'aux chevilles.

pantalonnade n. f. ■ **1** Farce. **2** Démonstration hypocrite.

pantelant, ante adj. ■ **1** Qui respire avec peine, convulsivement. **2** fig. Suffoqué.

panteler v. intr. 4 ■ **1** vx Haleter, suffoquer. **2** littér. Palpiter dans l'agonie.

panthéisme n. m. ■ Culte de la nature divinisée. ► **panthéiste** adj. et n.

panthéon n. m. ■ **1** Les dieux d'une religion polythéiste. **2** Monument à la mémoire des grands hommes. ◆ Ces personnages.

panthère n. f. ■ Grand mammifère carnassier d'Afrique et d'Asie, au pelage noir ou jaune moucheté. ◆ Sa fourrure.

pantière n. f. ■ chasse Filet tendu verticalement pour prendre les oiseaux.

pantin n. m. ■ **1** Jouet d'enfant d'apparence humaine. **2** fig. Personne versatile.

pantocrator adj. m. et n. m. ■ didact. Se dit du Christ en gloire, dans l'art byzantin.

pantographe n. m. ■ techn. **1** Instrument composé de tiges articulées, qui sert à reproduire mécaniquement un dessin. **2** Appareil installé sur le toit d'une motrice électrique et qui transmet le courant de la caténaire.

pantois, oise adj. ■ Dont le souffle est coupé par l'émotion, la surprise.

pantomètre n. m. ■ techn. Instrument d'arpenteur servant à la mesure des angles.

pantomime n. f. ■ **1** Jeu, spectacle de mime. **2** Art de s'exprimer sans parole.

pantothénique adj. ■ biochim. *Acide pantothénique* : vitamine B5, essentielle à la croissance cellulaire.

pantouflard, arde adj. et n. ■ fam. Casanier.

pantoufle n. f. ■ Chaussure d'intérieur, en matière souple. → **charentaise.**

pantoufler v. intr. [1] ■ Quitter le service public pour entrer dans une entreprise privée.

pantoum [-um] n. m. ■ didact. Poème composé de quatrains à rimes croisées, dans lesquels le deuxième et le quatrième vers sont repris par le premier et le troisième vers de la strophe suivante.

pantoute adv. ■ (Canada) fam. Pas du tout.

panure n. f. ■ Mélange d'œuf battu et de chapelure enrobant un aliment pané.

panurgisme n. m. ■ didact. Comportement d'une personne qui imite systématiquement les autres (comme les moutons de Panurge).

panzer [pɑ̃(d)zɛʀ] n. m. ■ Char de l'armée allemande.

paon, fém. rare **paonne** [pɑ̃, pan] n. ■ **1** Oiseau dont le mâle porte une longue queue ocellée qu'il redresse et déploie. **2** loc. *Se parer des plumes du paon* : se prévaloir de mérites d'autrui.

papa n. m. ■ **1** surtout lang. enfantin Père. ➛ *Grand-papa, bon-papa* : grand-père. **2** loc. fam. *À LA PAPA* : tranquillement. ➛ péj. *Fils, fille à papa* : enfant de riche.

papaïne n. f. ■ biochim. Enzyme extraite du latex du papayer.

papamobile n. f. ■ fam. Véhicule blindé servant aux courts déplacements du pape.

paparazzi [papaʀadzi] n. m. pl. ■ Photographes qui prennent des photos indiscrètes de personnes connues. ➛ au sing. *Un paparazzo* ou *un paparazzi.*

papauté n. f. ■ Gouvernement ecclésiastique par un pape (catholicisme romain).

papavérine n. f. ■ biochim. Un des alcaloïdes de l'opium utilisé comme antispasmodique et comme anesthésique.

papaye [-aj] n. f. ■ Fruit du papayer, de forme allongée, à chair rouge orangé.

papayer [-aje] n. m. ■ Arbre tropical qui produit les papayes.

pape n. m. ■ Chef suprême de l'Église catholique romaine **(→ pontife ; papauté).** ► **papal, ale, aux** adj.

papé n. m. ■ région. (sud de la France) Grand-père. - var. **papet.**

① **papelard, arde** adj. ■ littér. Faux, doucereux. ► **papelardise** n. f.

② **papelard** n. m. ■ fam. Morceau de papier ; écrit (administratif).

paperasse n. f. ■ plur. ou collectif Papiers écrits, inutiles ou encombrants. ► **paperasserie** n. f. ► **paperassier, ière** adj. et n.

papesse n. f. ■ **1** Femme pape, selon la légende. *La papesse Jeanne.* **2** Femme chef de file (d'un mouvement). → **prêtresse.** *La papesse de l'avant-garde.*

papet → **papé**

papeterie [papɛtʀi] n. f. ■ **1** Fabrication du papier. ➛ Fabrique de papier. **2** Magasin de fournitures de bureau, d'école. *Librairie-papeterie.* ► **papetier, ière** n.

papi ou **papy** n. m. ■ **1** lang. enfantin Grand-père. **2** fam. Homme âgé. → **pépé.**

papier n. m. ■ **I 1** Matière fabriquée avec des fibres (chiffon, puis bois) réduites en pâte, formant une feuille mince (pour écrire, essuyer...). ♦ *PAPIER-MONNAIE* : billets de banque. ♦ *Papier de verre*. Papier peint,* pour tapisser. *Papier hygiénique,* utilisé aux toilettes pour s'essuyer. **2** *PAPIER MÂCHÉ* : pâte de papier durcie. ➛ loc. *Une mine de papier mâché,* blafarde. **3** Feuille très mince. *Papier d'aluminium.* **II 1** Feuille, morceau de papier. **2** Écrit officiel, document. ➛ au plur. *Papiers (d'identité).* **3** loc. *Être dans les petits papiers de qqn,* jouir de sa faveur.

papilionacé, ée n. f. et adj. ■ bot. Plante légumineuse dont la corolle a cinq pétales inégaux.

papillaire [-il-] adj. ■ anat. Formé de papilles, de la nature d'une papille. *Crêtes papillaires des doigts* (reliefs des empreintes digitales).

papille n. f. ■ Petite éminence de la peau ou d'une muqueuse (terminaison vasculaire ou nerveuse).

papillomavirus [-ys] n. m. ■ biol. Virus responsable d'affections de la peau, des muqueuses.

papillome n. m. ■ méd. Tumeur bénigne de la peau ou d'une muqueuse, due à un papillomavirus (ex. la verrue).

papillon n. m. ■ **1** Insecte à quatre ailes, après métamorphose de la chenille. → **lépidoptère.** ➛ loc. fig. *Avoir des papillons dans le ventre* : ressentir une vive émotion (trac...). **2** *Nœud papillon* ; fam. *nœud pap* : nœud de cravate plat. **3** fam. Avis de contravention. **4** Écrou à ailettes. **5** *(Brasse) papillon,* nage.

papillonner v. intr. [1] ■ **1** Aller d'une chose à l'autre sans s'arrêter. **2** fig. Passer d'un sujet à l'autre. ► **papillonnant, ante** adj. ► **papillonnement** n. m.

papillotant, ante adj. ■ **1** Qui éblouit par de nombreux points lumineux. **2** (yeux, regard) Qui papillote.

papillote n. f. ■ **1** Bigoudi de papier. **2** Feuille enveloppant des aliments cuits au four *(en papillotes)*.

papilloter v. intr. [1] ■ **1** Scintiller comme des paillettes. **2** Être sans cesse en mouvement (yeux, paupières). ► **papillotement** n. m.

papisme n. m. ■ Soumission à l'autorité du pape ; doctrine des partisans de l'autorité absolue du pape.

papiste n. ■ hist., péj. Partisan inconditionnel de la papauté.

papoter v. intr. [1] ■ Parler beaucoup en disant des choses insignifiantes. ► **papotage** n. m. ► **papoteur, euse** n.

papouille n. f. ■ fam. Petite caresse.

paprika n. m. ■ Piment en poudre.

papule n. f. ■ méd. Lésion de la peau, caractérisée par une petite saillie ferme. ► **papuleux, euse** adj. *Éruption papuleuse.*

papy → **papi**

papy-boom [-bum] n. m. ■ fam. Forte augmentation de la proportion de personnes âgées, dans une population.

papyrologie n. f. ■ didact. Science qui étudie les papyrus (2). ► **papyrologue** n.

papyrus [-ys] n. m. ■ **1** Plante des bords du Nil. **2** Feuille à écrire faite de sa tige.

Pâque n. f. ■ Fête juive qui commémore le départ d'Égypte des Hébreux.

paquebot n. m. ■ Grand navire de transport de passagers.

pâquerette n. f. ■ Petite plante des prairies, à fleurs blanches ou rosées, au cœur jaune (comme la marguerite).

Pâques ■ **1** n. f. pl. Fête chrétienne commémorant la résurrection du Christ. **2** n. m. Le jour, la fête de Pâques.

paquet n. m. ■ **1** Assemblage de choses attachées ou enveloppées ensemble ; objet emballé. ➛ fig. *Paquet fiscal* : ensemble de mesures d'allégement fiscal. **2** Masse. *Des paquets de neige.* **3** loc. fam. *Mettre le paquet* : employer les grands moyens.

paquetage n. m. ■ Effets d'un soldat pliés de manière réglementaire.

paqueté, ée adj. ■ (Canada) fam. Trop plein, rempli à l'excès. *Autobus paqueté.* ♦ fig. Ivre. → **bourré.**

par prép. ■ **I 1** (lieu) À travers. *Regarder par la fenêtre.* ➛ En parcourant. *Voyager (de) par le monde.* ♦ Sur. *Être assis par terre.* **2** (temps) Durant, pendant. *Par un beau soir...* **3** (emploi distributif) *Plusieurs fois par jour.* **II 1** (introduisant le compl. d'agent) Grâce à l'action de. ♦ Au moyen de. *Obtenir qqch. par la force.* **2** À cause de. *Fidèle par devoir.* **III** *De par la loi,* au nom de la loi. **IV** adv. *PAR TROP* : vraiment trop.

para → **parachutiste**

① **para-** Élément savant, du grec *para* « à côté de » (ex. *paraphrase*).

② **para-** Élément (→ ① para-) qui signifie « protection contre » (ex. *parachute*).

parabase n. f. ■ didact. Discours du coryphée par lequel l'auteur faisait connaître ses opinions personnelles.

parabellum [-ɔm] n. m. invar. ■ Pistolet automatique de guerre.

paraben [-ɛn] n. m. ■ chim. Substance chimique, ester utilisé comme conservateur.

parabiose n. f. ■ biol. Greffe dite « siamoise », par laquelle on soude deux organismes.

① **parabole** n. f. ■ Récit allégorique des livres saints.

② **parabole** n. f. ■ **1** Courbe dont chacun des points est situé à égale distance d'un point fixe (foyer) et d'une droite fixe (directrice). **2** Antenne (de télévision) en forme de parabole. ► **parabolique** adj.

paracentèse [-sɛ̃tɛz] n. f. ■ chir. Ponction pour retirer du liquide en excédent.

paracétamol n. m. ■ Médicament antalgique et antipyrétique.

parachever v. tr. [5] ■ Conduire au point le plus proche de la perfection. ► **parachèvement** n. m.

parachronisme [-kʀ-] n. m. ■ didact. Anachronisme qui consiste à placer un événement plus tard qu'il ne faudrait.

parachute n. m. ■ Équipement capable de se déployer en l'air, et ralentissant la descente (saut d'un avion, etc.) ; sport du saut en parachute.

parachuter v. tr. [1] ■ **1** Lâcher d'un avion avec un parachute. **2** fam. Nommer, envoyer (qqn) à l'improviste. ► **parachutage** n. m.

parachutiste n. ■ Personne, militaire qui pratique le saut en parachute. - abrév. **para.** ► **parachutisme** n. m.

paraclet n. m. ■ relig. *Le Paraclet* : le Saint-Esprit.

① **parade** n. f. ■ **1** littér. Fait de montrer avec ostentation **(→ parader).** ➛ loc. *FAIRE PARADE DE qqch.* → **étaler, exhiber. 2** Cérémonie militaire où les troupes défilent. *Tenue de parade.* **3** *Parade (de foire, de cirque)* : exhibition. **4** (animaux) Comportement préludant au rapprochement sexuel.

② **parade** n. f. ■ Action de parer (②).

parader v. intr. [1] ■ Se montrer en se donnant un air avantageux.

paradigme n. m. ■ **1** gramm. Mot-type donné comme modèle pour une déclinaison, une conjugaison. ♦ Ensemble de ses formes fléchies. **2** ling. Ensemble des termes substituables en un même point du discours. **3** didact. Modèle de pensée. *Le paradigme newtonien.*

paradis n. m. ■ **1** relig. Lieu où les élus jouissent de la béatitude éternelle. **2** fig. Lieu enchanteur. **3** *Le paradis terrestre,* jardin où, dans la Genèse, Dieu place Adam et Ève. **4** *Oiseau de paradis.* → **paradisier.**

paradisiaque adj. ■ **1** Du paradis. **2** Digne du paradis. → **enchanteur.**

paradisier n. m. ■ Oiseau de la Nouvelle-Guinée, aux jolies couleurs.

parados n. m. ■ fortifications Terrassement destiné à parer les coups qui pourraient prendre à revers les occupants d'une tranchée.

paradoxal, ale, aux adj. ■ **1** Du paradoxe. ► **paradoxalement** adv. **2** Qui recherche le paradoxe. **3** *Sommeil paradoxal,* phase d'intense activité cérébrale (rêves).

paradoxe n. m. ■ Opinion qui va à l'encontre de l'opinion commune.

parafe ; parafer → **paraphe ; parapher**

paraffine n. f. ■ Substance solide blanche, tirée du pétrole. ► **paraffiné, ée** adj.

parafiscalité n. f. ■ admin. Ensemble des taxes et cotisations obligatoires distinctes des impôts et non comptabilisées au budget de l'État. ► **parafiscal, ale, aux** adj.

parafoudre n. m. ■ techn. Appareil qui sert à protéger des effets de la foudre. → **paratonnerre.**

parages n. m. pl. ■ **1** Espace maritime proche (d'une terre). *Les parages du cap Horn.* **2** *DANS LES PARAGES (DE)* : aux environs de ; dans les environs.

paragraphe n. m. ■ **1** Division d'un écrit en prose, où l'on passe à la ligne. **2** Signe typographique (§) de cette division.

paragrêle adj. ■ Qui protège les cultures en transformant la grêle en pluie.

paraître v. intr. [57] ■ **I** Devenir visible. **1** Apparaître. **2** (imprimé) Rendre disponible pour le public. *Son livre est paru, vient de paraître.* **II 1** Être visible, être vu. *Demain il n'y paraîtra plus.* **2** (personnes) Se faire remarquer. **III** (verbe d'état ; + attribut) **1** Sembler, avoir l'air. *Il paraît s'amuser. Cela m'a paru louche.* **2** (opposé à *être*) Passer pour. → **sembler.** **3** impers. *Il me paraît sûr que..., juste de dire...* ➛ *IL PARAÎT, IL PARAÎTRAIT QUE* (+ indic.) : le bruit court que. **IV** n. m. didact. Apparence. *L'être et le paraître.*

paralangage n. m. ■ didact. Moyen de communication naturel non langagier (mimique, gestuelle, etc.).

paralittérature n. f. ■ didact. Ensemble des textes sans finalité utilitaire que la société ne considère pas comme de la littérature (romans populaires, bandes dessinées, etc.). ► **paralittéraire** adj.

parallactique adj. ■ sc. Relatif à la parallaxe. *Angle parallactique.*

parallaxe n. f. ■ astron. Déplacement de position apparente (corps céleste) dû au changement de position de l'observateur ; sa mesure. ➛ opt. Angle de deux axes optiques visant un même objet.

parallèle adj. ■ **I 1** géom. (euclidienne) Se dit de lignes, de surfaces qui ne se rencontrent jamais. *Droites parallèles ;* n. f. *des parallèles.* **2** n. m. Cercle imaginaire de la sphère terrestre, parallèle à l'équateur, mesurant la latitude. **II 1** Qui affecte un même objet en même temps. *Marché parallèle* (au marché officiel). ➛ *Police parallèle,* secrète. **2** au plur. (choses) Qui peuvent être comparés. **3** n. m. Comparaison suivie. ➛ loc. *Mettre en parallèle* : comparer.

parallèlement adv. ■ D'une manière parallèle (II, 1 et 2).

parallélépipède n. m. ■ Hexaèdre dont les faces sont des parallélogrammes parallèles deux à deux. ► **parallélépipédique** adj.

parallélisme n. m. ■ **1** État de lignes, de surfaces parallèles. **2** Progression semblable ou ressemblance suivie (entre choses).

parallélogramme n. m. ■ Quadrilatère dont les côtés sont parallèles deux à deux.

paralogisme n. m. ■ didact. Faux raisonnement fait de bonne foi (opposé à *sophisme*).

paralympique adj. ■ *Jeux paralympiques* : compétition similaire aux Jeux olympiques, pour des athlètes handicapés **(→ handisport).**

paralyser v. tr. [1] ■ **1** Frapper de paralysie. ♦ Immobiliser. *Le froid paralyse les membres.* **2** fig. Rendre incapable d'agir, de s'exprimer ; de fonctionner. ▷ adj. et n. **paralysé, ée** ► **paralysant, ante** adj.

paralysie n. f. ■ **1** Privation de la capacité de mouvement, de la sensibilité. **2** fig. Impossibilité d'agir, de s'extérioriser. ► **paralytique** adj. et n.

paramagnétisme n. m. ■ phys. Propriété de s'aimanter faiblement. ► **paramagnétique** adj.

paramécie n. f. ■ zool. Protozoaire porteur de cils vibratiles.

paramédical, ale, aux adj. ■ Des activités annexes de la médecine.

paramètre n. m. ■ **1** math. Variable dont dépendent les coefficients de certaines expressions. **2** fig. Élément variable pris en compte pour expliquer qqch. → **facteur.**

paramétrer v. tr. [1] ■ Déterminer les paramètres de (qqch.). ♦ inform. Régler, adapter (un périphérique...). ► **paramétrage** n. m.

paramilitaire adj. ■ Organisé comme une armée.

parangon n. m. ■ littér. Modèle, exemple.

parangonner v. tr. [1] ■ typogr. Aligner correctement (des caractères d'imprimerie de différents corps). ► **parangonnage** n. m.

paranoïa n. f. ▪ Troubles caractériels (délire de persécution, orgueil démesuré), pouvant déboucher sur la maladie mentale. ► **paranoïaque** adj. et n. – abrév. **parano.**

paranormal, ale, aux adj. ▪ Qui n'est pas explicable par les lois naturelles.

parapente n. m. ▪ Parachute rectangulaire pour s'élancer d'un sommet ; ce sport. ► **parapentiste** n.

parapet n. m. ▪ Mur à hauteur d'appui.

parapharmacie n. f. ▪ Ensemble des produits à usage non thérapeutique vendus en pharmacie (shampooings, etc.). ► **parapharmaceutique** adj.

paraphasie n. f. ▪ didact. Trouble du langage dans lequel le malade altère les mots ou substitue des mots paronymiques.

paraphe n. m. ▪ **1** Trait ajouté à une signature. **2** Signature abrégée. – var. **parafe.** ► **parapher** v. tr. [1] – var. **parafer.**

paraphernal, ale, aux adj. et n. m. ▪ anciennt, dr. Se disait des biens d'une femme mariée qui ne faisaient pas partie de la dot.

parapheur n. m. ▪ Classeur pour les documents présentés à la signature.

paraphimosis [-is] n. m. ▪ méd. Étranglement du gland par le prépuce, pouvant constituer une complication du phimosis.

paraphrase n. f. ▪ Reprise (d'un texte) sous une forme plus développée. → **glose.** ► **paraphraser** v. tr. [1] ► **paraphraseur, euse** n.

paraphrastique adj. ▪ didact. Qui constitue une paraphrase.

paraphrénie n. f. ▪ psych. Délire chronique reposant sur des mécanismes de fabulation.

paraplégie n. f. ▪ Paralysie des membres, et particulièrement des membres inférieurs. ► **paraplégique** adj. et n.

parapluie n. m. ▪ **1** Étoffe tendue sur une armature pliante à manche, abri contre la pluie. **2** fig. *Parapluie nucléaire,* protection assurée par une puissance nucléaire.

parapsychique adj. ▪ didact. Se dit des phénomènes psychiques inexpliqués.

parapsychologie [-k-] n. f. ▪ Étude des phénomènes parapsychiques. ► **parapsychologique** adj.

parascolaire adj. ▪ En marge des activités strictement scolaires.

parasexualité [-s-] n. f. ▪ biol. Ensemble des phénomènes de la sexualité primitive (sans fécondation).

parasismique [-sis-] adj. ▪ Conçu pour résister aux secousses sismiques.

parasite ▪ **I** n. (péj.) Personne qui vit dans l'oisiveté, aux dépens des autres. **II 1** n. m. Être vivant en association durable avec un autre dont il se nourrit. ◆ adj. *Le gui est une plante parasite.* **2** adj. Superflu et gênant. ► **parasitaire** adj. **III** adj. et n. m. *(Bruits) parasites,* perturbations radioélectriques.

parasiter v. tr. [1] ▪ **1** Vivre en parasite (II) avec (un être vivant). **2** Perturber par des parasites (III).

parasitisme n. m. ▪ **1** Mode de vie du parasite (I). **2** État de parasite (II).

parasitologie n. f. ▪ didact. Science qui étudie les parasites.

parasitose n. f. ▪ méd. Affection provoquée par des parasites.

parasol [-sɔl] n. m. ▪ **1** Grande ombrelle. **2** *Pin parasol,* à branches en parasol.

parastatal, ale, aux adj. ▪ (Belgique) admin. Semi-public.

parasympathique [-s-] adj. et n. m. ▪ anat. Se dit de la partie du système neurovégétatif qui comprend deux centres nerveux, aux deux extrémités de l'axe cérébrospinal.

parasynthétique [-s-] adj. et n. m. ▪ ling. Se dit d'un mot composé par l'addition de plusieurs affixes à une base (ex. *incollable*).

parataxe n. f. ▪ ling. Juxtaposition de propositions sans mot de liaison.

paratexte n. m. ▪ didact. Ensemble des éléments éditoriaux qui accompagnent un texte publié (préface, notes, etc.).

parathormone n. f. ▪ physiol. Hormone sécrétée par la parathyroïde.

parathyroïde n. f. ▪ anat. Chacune des quatre petites glandes endocrines situées près de la thyroïde.

paratonnerre n. m. ▪ Tiges métalliques reliées au sol, pour préserver les bâtiments des effets de la foudre.

paratyphique adj. ▪ méd. Relatif à la fièvre paratyphoïde. *Infection paratyphique.*

paratyphoïde adj. et n. f. ▪ méd. Se dit d'une fièvre rappelant la fièvre typhoïde, de gravité moindre et provoquée par des bacilles différents.

paravalanche n. m. ▪ techn. Dispositif destiné à protéger un lieu, une voie des avalanches.

paravent n. m. ▪ **1** Panneaux verticaux mobiles, pour isoler. **2** fig. Ce qui protège en cachant.

parbleu interj ▪ vx Exclamation d'assentiment. → fam. **pardi.**

parc n. m. ▪ **I 1** Étendue de terrain entretenu, entièrement clos. *Le parc d'un château.* **2** *Parc national, régional :* zone rurale étendue, pittoresque, soumise à des réglementations. **II 1** Clôture légère. **2** Enclos à bétail. ◆ Bassin où sont engraissés ou affinés des coquillages. **3** *Parc de stationnement.* → anglic. **parking.** **4** Ensemble de véhicules. *Le parc automobile français.*

parcelle n. f. ▪ **1** Très petit morceau. **2** Portion de terrain de même culture. ► **parcellaire** adj.

parcellisation n. f. ▪ Action de parcelliser, de diviser en parcelles. ➛ *La parcellisation du travail*, sa division en opérations simples.

parcelliser v. tr. [1] ▪ Diviser en parcelles. → **fractionner.**

parce que loc. conj. ▪ Exprime la cause. → **car, puisque.** *Nous partons parce qu'on nous attend.*

parchemin n. m. ▪ **1** Peau d'animal (mouton, chèvre, veau) préparée pour l'écriture. **2** Écrit sur parchemin. ♦ fam. Diplôme.

parcheminé, ée adj. ▪ Qui a la consistance ou l'aspect du parchemin.

parcimonie n. f. ▪ Épargne, économie extrême. ► **parcimonieux, euse** adj. ► **parcimonieusement** adv.

par-ci par-là → ① **ci**

parcmètre [paʀk-] n. m. ▪ Compteur de stationnement payant, pour les voitures.

parcourir v. tr. [11] ▪ **1** Aller dans toutes les parties de (un lieu, un espace). **2** Accomplir (un trajet). **3** Lire rapidement.

parcours n. m. ▪ **1** Chemin pour aller d'un point à un autre. ➛ *Parcours du combattant* : parcours semé d'obstacles (exercice militaire) ; fig. série d'épreuves. **2** Distance déterminée à suivre.

par-delà ; par-derrière ; par-dessous → **delà ;** ① **derrière ;** ① **dessous**

pardessus n. m. ▪ Manteau d'homme.

par-dessus ; par-devant ; par-devers → ① **dessus ;** ① **devant ; devers**

pardi interj. ▪ fam. Exclamation renforçant une déclaration.

pardieu interj. ▪ vx Exclamation qui renforce.

pardon n. m. ▪ **I 1** Fait de pardonner. *Demander pardon.* **2** *(Je vous demande) pardon,* formule d'excuse. ♦ *Pardon ?*, pouvez-vous répéter ? **II** Fête religieuse. *Un pardon breton.* ♦ *Le grand Pardon,* fête juive de l'expiation.

pardonner v. tr. [1] ▪ **1** Renoncer à punir, à se venger. *Pardonner une injure.* ➛ *Pardonner à qqn.* **2** Juger avec indulgence, en minimisant la faute de. → **excuser. 3** loc. *Ça ne pardonne pas,* c'est très grave ou mortel. ► **pardonnable** adj.

-pare, -parité Éléments, du latin *parere* «engendrer» (ex. *ovipare*).

pare- Élément, de ② *parer* «éviter, protéger contre». → ② **para-.**

paréage → **pariage**

pare-balles adj. invar. ▪ Qui protège des balles. *Un gilet pare-balles.*

pare-boue n. m. invar. ▪ Bande de caoutchouc fixée derrière les roues arrière d'un véhicule pour empêcher les projections de boue.

pare-brise n. m. invar. ▪ Vitre avant (d'un véhicule).

pare-buffle n. m. ▪ Grosse barre de protection à l'avant d'un quatre-quatre. *Des pare-buffles.*

pare-chocs n. m. invar. ▪ Garniture (d'un véhicule) pour amortir les chocs.

pare-douche n. m. ▪ Panneau repliable qui évite les projections d'eau lorsqu'on se douche. *Des pare-douches.*

pare-éclats n. m. ▪ techn. Dispositif destiné à protéger des éclats (d'obus, de projectiles...).

pare-étincelles n. m. ▪ Écran que l'on place devant une cheminée pour empêcher la projection d'étincelles.

pare-feu n. m. ▪ **1** Protection contre le feu. **2** inform. Dispositif destiné à protéger un réseau connecté.

pare-fumée n. m. ▪ Dispositif canalisant ou absorbant la fumée. *Des pare-fumée(s).*

parégorique adj. ▪ *Élixir parégorique,* contre les douleurs d'intestin.

pareil, eille ▪ **I** adj. **1** Semblable. ➛ adv. fam. *Ils sont habillés pareil.* **2** De cette nature, de cette sorte. → **tel.** *En pareil cas.* **II 1** n. Personne de même sorte. *Il n'a pas son pareil.* ➛ *SANS PAREIL(LE)* : sans égal. **2** n. f. *RENDRE LA PAREILLE* : faire subir (à qqn) un traitement analogue à celui qu'on a reçu. **3** (n. m.) loc. fam. *C'est du pareil au même* : c'est la même chose. ► **pareillement** adv.

parélie → **parhélie**

parement n. m. ▪ **1** techn. Face extérieure (d'un mur) revêtue de pierres de taille. **2** Revers (col, manches d'un vêtement).

parementer v. tr. [1] ▪ techn. Revêtir (un mur) d'un parement.

parementure n. f. ▪ techn. **1** Bande de tissu qui prolonge le revers d'un vêtement jusqu'en bas. **2** Doublure qui assure le maintien des parements d'un costume. – var. **parmenture.**

parémiologie n. f. ▪ didact. Étude des proverbes.

parenchyme n. m. ▪ bot. Tissu cellulaire spongieux et mou des végétaux. ► **parenchymateux, euse** adj.

parent, ente ▪ **I** n. **1** au plur. *LES PARENTS* : le père et la mère. **2** Personne de la famille. **II** adj. **1** Avec qui on a un lien de parenté. **2** fig. (choses) Proche, apparenté.

parental, ale, aux adj. ▪ Des parents.

parentales n. f. pl. ▪ Antiq. romaine Fêtes annuelles en l'honneur des morts. – syn. **parentalies.**

parentalité n. f. ▪ didact. Qualité, statut de parent (du point de vue social, juridique...).

parenté n. f. ▪ **1** Rapport entre personnes descendant les unes des autres, ou d'un ancêtre commun. **2** Ensemble des parents (2). **3** fig. Rapport d'analogie.

parentèle n. f. ▪ littér. Ensemble des parents.

parentéral, ale, aux adj. ■ méd. Qui est introduit dans l'organisme par une voie autre que le tube digestif.

parenthèse n. f. ■ 1 Insertion, dans une phrase, d'un élément accessoire. 2 Signe placé avant, après la parenthèse : ( ). ➛ fig. *Entre parenthèses.* → **incidemment.**

paréo n. m. ■ 1 Pagne tahitien. 2 Vêtement de plage analogue.

① **parer** v. tr. [1] ■ I 1 Préparer (qqch.) pour un usage. 2 mar. *Parez à virer !*, manœuvrez. II cour. 1 Vêtir (qqn) avec recherche. 2 fig. Attribuer (une qualité). *Parer qqn de toutes les vertus.* ▷ v. pron. se **parer**

② **parer** v. tr. [1] ■ 1 *Parer un coup*, l'éviter. 2 v. tr. ind. PARER À : faire face à. *Parer à toute éventualité.* loc. *Parer au plus pressé*, s'occuper du plus urgent.

parésie n. f. ■ méd. Paralysie partielle ou légère, se manifestant par une diminution de la force musculaire.

pare-soleil n. m. invar. ■ Écran protégeant du soleil.

paresse n. f. ■ 1 Goût pour l'oisiveté ; fait d'éviter l'effort. 2 Lenteur à fonctionner, à réagir. *Paresse intestinale.*

paresser v. intr. [1] ■ (personnes) Se laisser aller à la paresse ; ne rien faire.

paresseux, euse ■ I adj. 1 Qui montre de la paresse, évite l'effort. ➛ n. *Quel paresseux !* 2 (organe) Qui fonctionne, réagit avec une lenteur anormale. II n. m. Mammifère à mouvements lents, qui vit dans les arbres. - syn. **aï.** ► **paresseusement** adv.

paresthésie n. f. ■ méd. Trouble de la sensibilité, sensations de fourmillements ou de brûlures.

parfaire v. tr. [60] seulement inf. et temps composés ■ Conduire à la perfection.

parfait, aite ■ I adj. 1 (choses) Qui est au plus haut, dans l'échelle des valeurs. loc. *Filer le parfait amour.* 2 (personnes) Sans défaut. 3 (avant le nom) Vrai, complet. *Un parfait idiot.* II n. m. ling. Le passé simple ou composé (opposé à *imparfait*). III n. m. Entremets glacé à la crème.

parfaitement adv. ■ 1 D'une manière parfaite, très bien. → **admirablement.** 2 Absolument. → **très.** 3 Oui, certainement.

parfiler v. tr. [1] ■ anciennt Effiler (un tissu d'or ou d'argent) en tirant les fils de métal précieux. ► **parfilage** n. m.

parfois adv. ■ À certains moments, dans certains cas. → **quelquefois.**

parfondre v. tr. [41] ■ techn. Faire fondre (de l'émail) en y incorporant des colorants.

parfum n. m. ■ 1 Odeur agréable et pénétrante. 2 Goût (d'un arôme). *À quel parfum, votre glace ?* 3 Substance aromatique. 4 loc. fam. *Être au parfum*, informé.

parfumer v. tr. [1] ■ 1 Imprégner de parfum. ➛ pronom. *Se parfumer.* 2 Aromatiser.

parfumerie n. f. ■ 1 Fabrication des parfums et des produits de beauté. ♦ Ces produits. 2 Usine, boutique de parfumerie.

parfumeur, euse n. ■ Fabricant(e) ou marchand(e) de parfums.

parhélie n. m. ■ didact. Phénomène optique, tache lumineuse due à la réfraction des rayons du soleil. - var. **parélie.**

pari n. m. ■ 1 Convention par laquelle des personnes s'engagent à verser une somme à celle qui aura raison. *Tenir un pari*, l'accepter. 2 Jeu où le gain dépend du résultat de courses, d'épreuves, de compétitions ; action de parier.

paria n. m. ■ 1 en Inde Personne hors caste. → **intouchable.** 2 fig. Personne exclue.

pariade n. f. ■ Saison où les oiseaux se réunissent par paires avant de s'accoupler ; cet accouplement.

pariage ou **paréage** n. m. ■ féodalité Seigneurie partagée entre plusieurs personnes ayant des droits égaux.

paridigitidé, ée adj. et n. ■ zool. Se dit des mammifères ongulés ayant un nombre pair de doigts à chaque patte. → **artiodactyle.**

parier v. tr. [7] ■ 1 Engager (un enjeu) dans un pari. ➛ *Parier sur un cheval.* → **jouer.** 2 Affirmer ; être sûr. *Je parie que c'est lui.* ➛ *Vous avez soif, je parie ?*, je suppose.

pariétaire n. f. ■ Plante (urticacée) qui pousse sur les murs, couramment appelée *casse-pierre* ou *perce-muraille.*

pariétal, ale, aux adj. ■ didact. *Peintures pariétales*, faites sur une paroi de roche.

parieur, euse n. ■ Personne qui parie (1).

parigot, ote adj. et n. ■ fam. Parisien.

paris-brest [paʀibʀɛst] n. m. ■ Pâtisserie composée d'une couronne en pâte à chou fourrée de crème pralinée et décorée d'amandes. *Des paris-brests.*

parisette n. f. ■ Plante des bois à baies bleuâtres.

parisianisme n. m. ■ Particularité linguistique ou culturelle propre aux Parisiens.

parisien, ienne adj. et n. ■ De Paris.

parisis adj. ■ anciennt Se disait de la monnaie frappée à Paris, valant un quart de plus que celle frappée à Tours. *Denier parisis et denier tournois.*

parisyllabique [-s-] adj. et n. m. ■ gramm. (en latin, grec) (Mot) qui a le même nombre de syllabes au nominatif et au génitif.

paritaire adj. ■ *Commission paritaire*, où les représentants des parties sont en nombre égal.

paritarisme n. m. ■ didact. Tendance à la gestion des problèmes sociaux par des organismes paritaires.

parité n. f. ■ I 1 didact. Fait d'être pareil (de deux choses). 2 écon. Égalité de la valeur d'échange des monnaies. II Égalité de répartition (dans un ensemble). *La parité hommes-femmes.*

parjure ■ littér. **1** n. m. Violation de serment. **2** n. et adj. Auteur de parjure. ► **se parjurer** v. pron. [1]

parka n. m. ou f. ■ Court manteau imperméable à capuchon.

parkérisation n. f. ■ techn. Protection superficielle (de pièces métalliques) au moyen de phosphates complexes. → **phosphatation.**

parking n. m. ■ anglic. Parc de stationnement pour les automobiles.

parkinson [paʀkinsɔn] n. m. ■ méd. Affection neurologique avec tremblements et raideur musculaire. ► **parkinsonien, ienne** adj. et n.

parlant, ante adj. ■ **1** Qui enregistre et reproduit la parole. – *Cinéma parlant* (opposé à *muet*). **2** (choses) Éloquent, clair.

parlé, ée adj. ■ Qui se réalise par la parole. → **oral.** – *Journal parlé* (radio).

parlement n. m. ■ **1** hist. Cour de justice. **2** Assemblée ou chambres qui détiennent le pouvoir législatif (en France, Assemblée nationale et Sénat).

① **parlementaire** ■ **1** adj. Du Parlement. **2** n. Membre du Parlement. → **député.**

② **parlementaire** n. ■ Personne chargée de parlementer avec l'ennemi.

parlementarisme n. m. ■ Régime parlementaire (①). ► **parlementariste** adj. et n.

parlementer v. intr. [1] ■ **1** Entrer en pourparlers avec l'ennemi. **2** Discuter.

① **parler** v. [1] ■ **I** v. intr. **1** Communiquer, s'exprimer par la parole. **2** Révéler ce qu'on tenait caché. *Son complice a parlé.* **3** (sujet chose) Être éloquent. *Les chiffres parlent d'eux-mêmes.* **II** v. tr. ind. **1** *Parlez-moi de vous, de vos projets.* – loc. *Sans parler de,* en plus de. **2** PARLER À *qqn,* lui adresser la parole. – loc. *Trouver à qui parler,* avoir un adversaire difficile. **3** fam. *Tu parles !,* exclamation dubitative ou méprisante. **III** v. tr. dir. **1** Pouvoir s'exprimer au moyen de (telle langue). *Je ne parle pas anglais.* **2** Aborder (un sujet). *Parler politique.*

② **parler** n. m. ■ Dialecte, patois.

parleur n. m. ■ loc. péj. *Beau parleur :* celui qui aime à faire de belles phrases. → **phraseur.**

parloir n. m. ■ Local d'une communauté, d'une prison où les visiteurs sont admis.

parlote ou **parlotte** n. f. ■ Échange de paroles insignifiantes.

parme ■ **1** adj. invar. Mauve (comme la violette de Parme). **2** n. m. Jambon de Parme.

parmélie n. f. ■ bot. Lichen des régions froides.

parmentier n. m. ■ Hachis* Parmentier.

parmenture → **parementure**

parmesan n. m. ■ Fromage à pâte dure (des environs de Parme), au goût piquant.

parmi prép. ■ **1** Au milieu de. → **entre.** *Parmi nous.* → **avec, près** de. **2** Entre plusieurs. *C'est une solution parmi (tant) d'autres.* **3** Dans un ensemble d'êtres vivants. → **chez.**

parnassien, ienne ■ **I** n. m. Poète de l'école du Parnasse. – adj. *L'école parnassienne.* **II** n. m. Papillon commun des montagnes. → **apollon.**

parodie n. f. ■ Imitation burlesque (d'une œuvre sérieuse). ♦ fig. Contrefaçon. → **caricature.** ► **parodique** adj.

parodier v. tr. [7] ■ Imiter (une œuvre, un auteur) ; caricaturer.

parodiste n. ■ Auteur d'une parodie.

parodonte n. m. ■ anat. Ensemble des tissus de soutien qui relient la dent au maxillaire. ► **parodontal, ale, aux** adj.

parodontologie n. f. ■ didact. Partie de la médecine dentaire qui étudie le parodonte et traite ses affections. – syn. **parodontie.** ► **parodontologiste** ou **parodontologue** n.

paroi n. f. ■ **1** Séparation intérieure dans une maison. → **cloison, mur. 2** Roc, terrain à pic. **3** Surface intérieure (d'un contenant).

paroisse n. f. ■ Circonscription d'un curé, d'un pasteur. ► **paroissial, iale, iaux** adj.

paroissien, ienne n. ■ **1** Personne qui dépend d'une paroisse. **2** n. m. Livre de messe. → **missel.**

parole n. f. ■ **I 1** Élément du langage articulé. → **mot ; expression.** – loc. *De belles paroles :* des promesses creuses. **2** au plur. Texte (d'une chanson). **3** Pensée exprimée en quelques mots. → **mot. 4** *Parole (d'honneur),* promesse sur l'honneur. – *Sur parole :* sur promesse. **II 1** Faculté de communiquer la pensée par un système de sons articulés émis par la voix. **2** Fait de parler. *Prendre la parole.*

parolier, ière n. ■ Auteur des paroles (I, 2) d'une chanson, d'un opéra.

paronomase n. f. ■ rhét. Figure qui consiste à rapprocher des mots de sonorités voisines (paronymes) dans une phrase (ex. *Qui s'excuse s'accuse*).

paronyme adj. et n. m. ■ didact. Presque homonymes (ex. *éminent-imminent*). ► **paronymie** n. f. ► **paronymique** adj.

parotide n. f. ■ anat. Glande salivaire paire, située au-dessous du conduit auditif externe. ► **parotidien, ienne** adj.

parotidite n. f. ■ méd. Inflammation de la glande parotide.

parousie n. f. ■ relig. Second avènement du Christ.

paroxysme n. m. ■ Le plus haut degré (sensation, sentiment ; phénomène). ► **paroxysmal, ale, aux ; paroxysmique** et **paroxystique** adj.

paroxyton adj. m. et n. m. ■ ling. (Mot) qui a l'accent tonique sur l'avant-dernière syllabe.

parpaillot, ote n. ■ vx et péj. Protestant.

parpaing [-pɛ̃] n. m. ■ Bloc (pierre, béton, etc.) formant l'épaisseur d'une paroi.

parquer v. tr. [1] ■ **1** Mettre (des animaux) dans un parc. **2** Enfermer (des personnes). **3** Ranger (une voiture) dans un parc de stationnement.

parquet n. m. ■ **I** Magistrats chargés de requérir l'application de la loi. **II** Assemblage de bois garnissant le sol d'une pièce, d'une salle (≠ plancher). ► **parqueter** v. tr. [4] *Parqueter une pièce.*

parqueterie [paʀkɛtʀi ; -kətʀi] n. f. ■ techn. Fabrication, pose des parquets.

parqueteur, euse n. ■ techn. Personne qui fabrique ou pose des parquets.

parqueur, euse n. ■ techn. Personne qui s'occupe des huîtres d'un parc.

parrain n. m. ■ **1** Celui qui tient (a tenu) un enfant sur les fonts baptismaux. **2** Responsable d'un nouveau membre (cercle, club). **3** Chef d'un groupe illégal (maffia).

parrainage n. m. ■ **1** Fonction, qualité de parrain (1 et 2) ou de marraine. **2** Appui moral. **3** Soutien financier (→ **mécénat ; sponsor**). **4** Soutien écrit à un candidat à une élection.

parrainer v. tr. [1] ■ Accorder son parrainage (2 et 3) à.

parraineur, euse n. ■ Personne ou société qui fait un parrainage (3) (recomm. off. pour *sponsor*).

parricide ■ **1** n. m. Meurtre du père ou de la mère. **2** n. Auteur d'un parricide.

parsec n. m. ■ astron. Unité de mesure de longueur (symb. pc) valant 3,26 années-lumière.

parsemer v. tr. [5] ■ **1** Répartir par endroits. **2** Être répandu çà et là sur.

parsi, ie n. et adj. ■ En Inde, Descendant des zoroastriens chassés de Perse par les musulmans.

parsisme n. m. ■ didact. Religion des parsis. → **mazdéisme, zoroastrisme.**

part n. f. ■ **I 1** Ce qu'une personne possède ou acquiert en propre. ➝ *AVOIR PART À* : participer à. ♦ *PRENDRE PART À* : jouer un rôle dans. ➝ S'associer (aux sentiments d'autrui). *Je prends part à votre douleur.* ♦ *POUR MA PART* : en ce qui me concerne. **2** *FAIRE PART DE qqch. À qqn*, faire connaître. **3** Partie attribuée à qqn ou consacrée à qqch. → **lot, morceau, portion.** ➝ Partie de capital. *Acheter des parts dans une entreprise.* ♦ Ce que chacun doit donner. → **écot, quote-part. 4** *FAIRE LA PART DE* : tenir compte de. **II** Partie. loc. *POUR UNE LARGE PART* : en grande partie. **III** Côté, lieu (dans des loc.). **1** *DE LA PART DE (qqn)* : au nom de (qqn), pour (qqn). ➝ *D'UNE PART... D'AUTRE PART ; D'UNE PART..., DE L'AUTRE*, en comparant. ➝ *D'AUTRE PART* (en début de phrase). → d'**ailleurs.** ➝ *DE PART ET D'AUTRE* : des deux côtés. ➝ *DE PART EN PART.* → à **travers.** ➝ *EN BONNE, EN MAUVAISE PART* : en bien, en mal. **2** (avec un adj. indéf.) *NULLE PART* : en aucun lieu. ➝ *AUTRE PART* : dans un autre lieu. ➝ *QUELQUE PART* : en un lieu indéterminé. **3** *À PART* loc. adv. : à l'écart. *Prendre qqn à part*, en particulier. ➝ loc. prép. Excepté. *À part lui.* ➝ adjectivt Séparé d'un ensemble. *Une place à part.*

partage n. m. ■ **I 1** Action de partager ; division en parts. *Le partage d'un domaine.* **2** Fait de partager (qqch. avec qqn). ♦ *SANS PARTAGE* : sans réserve. **II** Part qui revient à qqn. *Recevoir qqch. EN PARTAGE.*

partageant, ante n. ■ dr. Personne qui participe à un partage.

partager v. tr. [3] ■ **1** Diviser (un ensemble) en éléments (distribution, répartition). **2** *Partager qqch. avec qqn*, lui en donner une partie. **3** Avoir, prendre en partie avec, en même temps que d'autres. *Partager le repas de qqn.* **4** (sujet chose) Diviser (un ensemble) de manière à former plusieurs parties. **5** (sujet personne) au passif Être divisé entre des sentiments contradictoires. ➝ (sujet chose) *Les avis sont partagés.* ▷ v. pron. se **partager**

partageur, euse adj. ■ Qui partage volontiers ce qu'il (elle) possède. *Cet enfant n'est pas partageur.*

partance n. f. ■ *En partance (pour)* : qui va partir (bateaux, etc.).

① **partant, ante** ■ **1** n. Personne qui part. **2** n. Personne, cheval au départ d'une course. **3** adj. D'accord (pour), disposé (à). *Je ne suis pas partant.*

② **partant** conj. ■ littér. Ainsi, donc.

partenaire n. ■ **1** Personne avec qui l'on est allié contre d'autres joueurs. ♦ Personne associée à une autre (danse, exercice sportif, etc.). **2** Personne avec qui on a des relations sexuelles. **3** Pays associé, communauté associée ; allié commercial.

partenariat n. m. ■ Système associant des partenaires (3) économiques ou sociaux. ► **partenarial, ale, aux** adj.

parterre n. m. ■ **I** Plantation décorative de fleurs. **II** Partie du rez-de-chaussée d'une salle de théâtre, derrière l'orchestre.

parthénogenèse n. f. ■ biol. Reproduction sans fécondation, dans une espèce sexuée. ► **parthénogénétique** adj.

① **parti** n. m. ■ **I 1** littér. Solution d'une situation. *Hésiter entre deux partis.* **2** *PRENDRE LE PARTI DE* : se décider à. ➝ *PRENDRE PARTI* : prendre position. ➝ *PRENDRE SON PARTI* : se déterminer. ➝ *PARTI PRIS* : opinion préconçue. *Être de parti pris.* → **partial. II** loc. *TIRER PARTI DE* : exploiter, utiliser. **III** Personne à marier. *Un beau parti.*

② **parti** n. m. ■ **1** Groupe de personnes défendant la même opinion. **2** plus cour. Organisation politique.

③ **parti, ie** adj. ■ fam. Ivre.

partiaire [paʀsjɛʀ] adj. ■ anciennt, dr. *Colon partiaire* : fermier qui partageait les récoltes avec le propriétaire. → **métayer.**

partial, ale, aux adj. ■ Qui prend parti sans souci de justice ni de vérité. ► **partialement** adv. ► **partialité** n. f.

participant, ante adj. et n. ■ (Personne) qui participe à qqch.

participatif, ive adj. ■ **1** Relatif à une participation financière. **2** Qui implique une participation. *Démocratie participative.*

participation n. f. ■ **1** Action de participer ; action en commun. **2** Fait de participer à (un profit ; une dépense).

participe n. m. ■ Forme dérivée du verbe, qui «participe» de l'adjectif et du verbe. *Participe présent ; passé.*

participer v. tr. ind. [1] ■ **I** *PARTICIPER À* **1** Prendre part à (qqch.). ➛ fig. *Participer au chagrin d'un ami,* s'y associer. **2** Avoir part à (qqch.). *Participer aux frais.* **II** littér. (sujet chose) *PARTICIPER DE* : tenir à la fois de.

participial, iale, iaux adj. ■ gramm. Du participe.

particulariser v. tr. [1] ■ Différencier par des traits particuliers. ► **particularisation** n. f.

particularisme n. m. ■ **1** Attitude d'une communauté, d'un groupe qui veut conserver ses usages particuliers, son autonomie. ► **particulariste** adj. et n. **2** Caractère particulier.

particularité n. f. ■ Caractère particulier.

particule n. f. ■ **1** Infime quantité (d'un corps). ➛ *Particules fines,* en suspension dans l'air. ♦ sc. Constituant élémentaire (de la matière, de l'énergie). **2** *Particule (nobiliaire),* la préposition *de (du, de la)* précédant un nom de famille.

particulier, ière ■ **I** adj. **1** Qui appartient en propre (à qqn, qqch. ou à une catégorie). → **personnel, propre. 2** Qui ne concerne qu'un individu. → **individuel.** ➛ loc. *Je voudrais vous parler EN PARTICULIER,* seul à seul. **3** Qui présente des caractères hors du commun. *Des amitiés particulières* (homosexuelles). ➛ *EN PARTICULIER* loc. adv. : spécialement, surtout. **4** Qui concerne un cas précis (opposé à *général*). ➛ n. m. *Aller du général au particulier.* ➛ *EN PARTICULIER* loc. adv. (opposé à *en général*). **II** n. Personne privée. *Vente aux particuliers.* ♦ fam. Individu.

particulièrement adv. ■ D'une manière particulière (I, 3 et 4). → **surtout.**

partie n. f. ■ **I 1** Élément (d'un tout), unité séparée ou abstraite (d'un ensemble). *Roman en deux parties.* ➛ loc. *La majeure partie.* → **la plupart.** ➛ loc. *EN PARTIE.* → **partiellement. 2** *FAIRE PARTIE DE* : compter parmi. → **appartenir. 3** Élément constitutif (d'un être vivant). *Les parties du corps.* ➛ fam. *Les parties,* ellipt *parties sexuelles masculines.* **4** (avec un poss.) Domaine d'activités. *Elle est très forte dans sa partie.* **II 1** dr. Personne physique ou morale qui participe à un acte juridique, à un procès. ➛ loc. *Être juge et partie,* avoir à juger une affaire où l'on est impliqué. **2** loc. *PRENDRE qqn À PARTIE* : s'en prendre à lui. **3** loc. *Avoir affaire à forte partie,* à un adversaire redoutable. **III 1** Durée (d'un jeu) à l'issue de laquelle sont désignés gagnants et perdants. *Partie de cartes.* ♦ Combat. *J'abandonne la partie.* **2** Divertissement à plusieurs. *Partie de plaisir.* **3** *Ce n'est que partie remise,* ce sera pour une autre fois.

partiel, elle [-sjɛl] adj. ■ Qui ne concerne qu'une partie. ► **partiellement** adv.

parti pris → ①**parti** (I, 2)

①**partir** v. intr. [16] ■ **I 1** Se mettre en mouvement pour quitter un lieu. → s'en **aller,** s'**éloigner.** ➛ (sujet chose) *Ma lettre est partie hier.* **2** Passer de l'immobilité à un mouvement rapide. **3** (sujet chose) Se mettre à progresser, à marcher. *L'affaire est bien, mal partie.* → **commencer. 4** (projectiles) Être lancé. *Le coup n'est pas parti.* **5** (sujet chose) Disparaître. *La tache est partie.* ♦ *Tout son argent part en livres.* **6** Mourir. *Mon père est parti le premier.* **II** *PARTIR DE.* **1** Venir, provenir de (une origine). **2** Avoir son principe dans. *Mot qui part du cœur.* **3** Commencer un raisonnement, une opération. *En partant de ce principe.* **4** *À PARTIR DE* loc. prép. : en prenant pour point de départ dans le temps.

②**partir** v. tr. (seulement inf.) ■ vx Partager. *AVOIR MAILLE À PARTIR.* → ②**maille.**

partisan, ane ■ **I 1** n. (rare au fém.) Personne qui prend parti pour une doctrine. ➛ adj. *Être partisan de* (+ inf.), être d'avis de. **2** adj. Qui témoigne d'un parti pris. *Haines partisanes.* **II** n. m. Soldat de troupes irrégulières, combattant en territoire occupé.

partita n. f. ■ mus. Pièce musicale pour un instrument solo ou accompagné, généralement formée d'une suite de danses ou de variations. *Des partitas,* ou plur. italien *des partite* [paʀtite].

partiteur n. m. ■ techn. Appareil destiné à répartir l'eau d'un canal d'irrigation entre les utilisateurs.

partitif, ive adj. ■ gramm. *Article partitif,* qui détermine une partie non mesurable (ex. manger du pain, boire de l'eau).

①**partition** n. f. ■ Notation d'une composition musicale.

②**partition** n. f. ■ anglic. Partage (d'un pays, d'un territoire). *La partition de Chypre.*

partout adv. ■ En tous lieux ; en de nombreux endroits.

partouzard, arde adj. et n. ■ fam. Qui participe à des partouzes. - var. **partousard.**

partouze n. f. ■ fam. Relation sexuelle impliquant plus de deux personnes. - var. **partouse.**

partouzer v. intr. [1] ■ fam. Participer à une partouze, à des partouzes. - var. **partouser.**

parturiente n. f. ■ méd. Femme en train d'accoucher.

parturition n. f. ■ méd. Accouchement.

paru, ue ▪ P. p. du verbe *paraître*.

parure n. f. ▪ **1** Vêtements, ornements d'une personne en grande toilette. **2** Ensemble assorti de bijoux, de pièces de linge.

parurerie n. f. ▪ techn., comm. Fabrication, commerce d'articles de fantaisie, de mode.

parution n. f. ▪ Moment de la publication (d'un livre, d'un article).

parvenir v. tr. ind. [22] ▪ *PARVENIR À* **1** Arriver, dans un déplacement. → **atteindre.** **2** (sujet chose) Arriver jusqu'à. *Le bruit de la rue lui parvenait.* **3** (personnes) Arriver à (un résultat). *Parvenir à ses fins.* ➛ (+ inf.) *Je suis parvenu à le voir.* **4** Atteindre naturellement. *Parvenir à un âge avancé.*

parvenu, ue n. ▪ péj. Personne qui s'est élevée à une condition supérieure sans en acquérir les manières.

parvis n. m. ▪ **1** Place située devant (une église). **2** Espace dégagé réservé aux piétons, dans un ensemble urbain.

① **pas** n. m. ▪ **I** *UN, DES PAS* **1** Action de faire passer l'appui du corps d'un pied à l'autre, dans la marche. *Faire quelques pas.* ➛ loc. *À chaque pas* : à chaque instant. *PAS À PAS* : lentement. *Faire les CENT PAS* : marcher de long en large. *Revenir SUR SES PAS*, en arrière. **2** *FAUX PAS* : fait de trébucher ; fig. écart de conduite. **3** Trace laissée par un pied. *Des pas dans la neige.* **4** Longueur d'un pas. *C'est à deux pas (d'ici)*, tout près. **5** fig. Chaque élément, chaque temps d'une progression. *Faire un pas en avant.* → **progresser.** ➛ loc. *Faire les premiers pas* : prendre l'initiative. **II** **1** *LE PAS* : la façon de marcher. ➛ loc. *AU PAS. Aller au pas* (sans courir). *Mettre qqn au pas*, le forcer à obéir. **2** Ensemble des pas d'une danse. ➛ *Pas de deux* : partie d'un ballet dansée à deux. **3** Allure, marche (d'un animal). **III** (Passage) **1** loc. *Prendre le pas sur qqn*, le précéder. *Céder le pas à qqn*, le laisser passer devant. **2** Passage. → **col** (III). ♦ *Le pas de Calais* (détroit). **3** loc. *Se tirer d'un MAUVAIS PAS*, d'une situation périlleuse. **4** *LE PAS DE LA PORTE* : le seuil. ➛ loc. *PAS-DE-PORTE* : bail commercial. **5** Tours d'une rainure en spirale. *Un pas de vis.*

② **pas** adv. de négation ▪ **I** *NE...PAS, NE PAS* (négation du verbe). *Je ne parle pas.* ➛ (+ inf.) *Il espère ne pas le rencontrer.* **II** **1** ellipt *Pas de chance ! Pourquoi pas ?* → **non.** **2** (devant un adj. ou un participe) *Un garçon pas bête.* **3** (avec adv.) *Pas du tout. Absolument pas.* **III** *PAS* (sans *ne*). fam. (parlé) *Pleure pas !*

① **pascal, ale, als** ou **aux** adj. ▪ Relatif à la Pâque juive ; à Pâques.

② **pascal** n. m. ▪ inform. Langage de programmation évolué.

③ **pascal, als** n. m. ▪ Unité de mesure de pression (symb. Pa), correspondant à une force de 1 newton exercée sur 1 m^2.

pas-d'âne n. m. invar. ▪ **1** Tussilage. **2** vétér. Instrument servant à maintenir ouverte la bouche d'un cheval quand on l'examine.

pas-de-porte → ① **pas** (III, 4)

pashmina n. m. ▪ Laine fine et chaude faite de poils d'une chèvre de l'Himalaya. ➛ Pièce (étole, etc.) de ce tissu.

pasionaria [-s-] n. f. ▪ Militante qui défend de façon parfois violente et spectaculaire une cause politique. - var. **passionaria.**

paso doble [pasodɔbl] n. m. invar. ▪ Danse marchée.

passable adj. ▪ Qui peut passer, qui convient à peu près. ▸ **passablement** adv.

passacaille n. f. ▪ Danse de théâtre à trois temps au rythme modéré, en faveur en France au XVIIe s. ♦ mus. Pièce voisine de la chaconne*.

passade n. f. ▪ Liaison amoureuse de courte durée. ➛ fig. Engouement passager.

passage n. m. ▪ **I** Action, fait de passer. **1** (En traversant, en passant) *Lieu de passage.* ➛ *AU PASSAGE* : au moment où (qqn, qqch. passe). ➛ *DE PASSAGE* : qui ne reste pas longtemps. **2** Traversée (sur un navire). **3** *Examen de passage*, pour passer dans la classe supérieure. **4** Fait de passer d'un état à un autre. **II** **1** Endroit par où l'on passe. *Se frayer un passage.* **2** Petite voie pour les piétons qui unit deux artères. *Passage couvert.* **3** *PASSAGE À NIVEAU* : croisement d'une voie ferrée et d'une route. ➛ *PASSAGE SOUTERRAIN.* ➛ *Passage protégé.* **III** Fragment (d'une œuvre, d'un texte).

passager, ère ▪ **I** n. Personne transportée (navire, avion, voiture). **II** adj. Dont la durée est brève. ▸ **passagèrement** adv.

passant, ante ▪ **I** n. Personne qui passe (spécialt dans une rue). **II** n. m. Anneau, pièce cousue pour maintenir une courroie, une ceinture en place. **III** adj. Où passent beaucoup de personnes, de véhicules (rue...).

passation n. f. ▪ **1** dr. Action de passer (un acte). → **passer** (VI, 9). **2** *Passation de pouvoirs*, transmission de pouvoirs.

① **passe** n. f. ▪ **I** **1** escr. Action d'avancer sur l'adversaire. *PASSE D'ARMES* (fig. échange d'arguments, de répliques). **2** loc. *MOT DE PASSE* : formule convenue. **3** *Maison de passe*, de prostitution. **4** Mouvement de mains (d'un prestidigitateur, d'un magnétiseur...). **5** sports Action de passer la balle. **II** Passage étroit ouvert à la navigation. ♦ Passage, en montagne. **III** loc. **1** *ÊTRE EN PASSE DE*, en position, sur le point de. **2** *Dans une mauvaise passe*, dans une période d'ennuis.

② **passe** n. m. → **passe-partout**

① **passé** n. m. ▪ **I** **1** Ce qui a été, ce qui s'est passé. *La connaissance du passé.* **2** Vie passée, ensemble de souvenirs. **3** loc. *(Comme) PAR LE PASSÉ* : (comme) autrefois. **II** gramm. Temps révolu où se situe l'action verbale ; formes correspondantes du verbe. *Passé simple* (il fit) ; *passé composé* (il a fait). → aussi imparfait.

② **passé, ée** ▪ **I** adj. Qui n'est plus, est écoulé. *Huit heures passées.* **II** *PASSÉ* prép. Après. *Passé l'église. Passé minuit.*

③ **passé, ée** adj. ▪ Éteint, fané.

passe-bande adj. invar. ▪ techn. *Filtre passe-bande,* qui ne laisse passer qu'une bande de fréquences.

passe-bas adj. invar. ▪ techn. *Filtre passe-bas,* qui ne laisse passer que les basses fréquences (contr. *passe-haut*).

passe-crassane n. f. ▪ Poire d'hiver juteuse. *Des passe-crassanes.*

passe-droit n. m. ▪ Faveur accordée contre le règlement. *Des passe-droits.*

passée n. f. ▪ chasse **1** Trace laissée en passant (par certains animaux). **2** Passage de certains oiseaux autour du lever et du coucher du soleil. *L'heure de la passée.*

passe-haut [pɑsəo] adj. invar. ▪ techn. *Filtre passe-haut,* qui ne laisse passer que les hautes fréquences (contr. *passe-bas*).

passéisme n. m. ▪ didact. Goût excessif du passé. ► **passéiste** adj. et n.

passe-lacet n. m. ▪ Grosse aiguille servant à introduire un lacet dans un œillet.

passement n. m. ▪ Galon de fils mêlés, ganse qui borde, orne, sert de garniture **(→ passementerie).**

passementerie n. f. ▪ Ouvrages de fil (franges, galons...) ; leur commerce.

passementier, ière ▪ techn., comm. **1** n. Personne qui fabrique ou vend de la passementerie. **2** adj. De la passementerie. *Industrie passementière.*

passe-montagne n. m. ▪ Coiffure de tricot ne découvrant qu'une partie du visage. *Des passe-montagnes.*

passe-partout ▪ **1** n. m. invar. Clé servant à ouvrir plusieurs serrures. – abrév. **passe. 2** adj. invar. Qui convient partout.

passe-passe n. m. invar. ▪ *TOUR DE PASSE-PASSE :* tour d'adresse.

passe-plat n. m. ▪ Guichet pour passer les plats, les assiettes. *Des passe-plats.*

passepoil n. m. ▪ Liseré, bordure de tissu entre deux pièces cousues.

passepoilé, ée adj. ▪ (vêtement) Garni d'un passepoil. *Boutonnière passepoilée.*

passeport n. m. ▪ Pièce certifiant l'identité, la nationalité, pour se rendre à l'étranger.

passer v. [1] ▪ **I** v. intr. (auxiliaire *être* ; parfois *avoir*) **1** Se déplacer d'un mouvement continu. *Le train est passé.* ➛ *Ne faire que passer,* rester peu de temps. ➛ *EN PASSANT :* au passage. **2** Être projeté (film), diffusé (émission). **3** (avec certaines prép.) *Passer sur, sous, entre, par...* ♦ Ne pas s'attarder sur (un sujet). *Passer rapidement sur les détails.* absolt *Passons !* ➛ *PASSER OUTRE*.* ➛ *PASSER DEVANT, DERRIÈRE ; AVANT, APRÈS :* précéder, suivre (dans l'espace). fig. *Passer avant,* être plus important. **4** absolt Franchir un endroit difficile, dangereux, interdit. *On ne passe pas !* ♦ (sujet chose) Traverser un filtre (liquide). ➛ (aliments) Être digéré. **5** absolt Être accepté, admis. ➛ *PASSE, PASSE ENCORE :* cela peut être admis. **6** *PASSER PAR :* traverser (un lieu, une situation) à un moment. ♦ fam. *Y PASSER :* subir nécessairement (une peine...) ; spécialt mourir. **7** *Passer inaperçu,* être inaperçu. **II** v. intr. (Aller) **1** *PASSER DE... À, DANS, EN... :* quitter (un lieu) pour aller dans (un autre). **2** (sans *de*) *PASSER À, DANS, EN, CHEZ ; QUELQUE PART,* aller. *Passons à table.* ♦ Accéder. *Passer dans la classe supérieure.* **3** *PASSER* (+ inf.) : aller (faire qqch.). *Je passerai vous prendre demain.* **4** (choses) *Y PASSER :* être consacré à. *Tout son argent y passe.* **5** *PASSER À :* en venir à. *Passer à l'action.* **6** (suivi d'un attribut) Devenir. *Il est passé maître dans cet art.* **III** v. intr. (sans compl.) **1** S'écouler (temps). *Les jours passaient.* **2** Cesser d'être ; avoir une durée limitée. **→ disparaître.** *La douleur va passer.* **3** (couleur) Perdre son intensité, son éclat. **→ pâlir. IV** verbe d'état (auxiliaire *avoir*) *PASSER POUR :* être considéré comme, avoir la réputation de. *Il a longtemps passé pour un génie.* ♦ (sujet chose) *Cela peut passer pour vrai.* **V** v. tr. **1** Traverser (un lieu, un obstacle). **→ franchir.** *Passer la frontière.* ♦ littér. *Passez votre chemin ! :* partez ! **2** *Passer un examen,* en subir les épreuves. **3** Employer (un temps). *Passer la soirée chez qqn.* ➛ *Passer le temps* à* (+ inf.). **4** Abandonner (un élément d'une suite). **→ oublier, sauter.** *Passer une ligne.* **5** *PASSER* (qqch.) *À qqn.* **→ permettre.** *Ses parents lui passent tout.* **6** Dépasser (dans l'espace). ➛ loc. *Passer le cap* de.* **VI** v. tr. (Faire passer) **1** Faire traverser (qqch.). *Passer des marchandises.* ♦ Faire mouvoir, aller. *Passer l'aspirateur.* **2** *Passer* (qqch.) *sur,* étendre. **3** Faire traverser un filtre (un liquide). *Passer le café.* **4** Projeter, diffuser. *Passer un film.* **5** Mettre rapidement (un vêtement). **→ enfiler.** *Passer une veste.* **6** Enclencher (les commandes de vitesse d'un véhicule). *Passer la troisième.* **7** *Passer qqch. à qqn,* remettre. **→ donner.** ➛ *Passez-moi M. le Directeur,* mettez-moi en communication avec lui. ♦ *Passer une maladie à qqn,* la lui donner par contagion. **8** Faire, établir. *Passer un contrat.* ▷ v. pron. **se passer I 1** S'écouler. ➛ Prendre fin. **2** Se produire, être (dans la durée). ➛ impers. *Qu'est-ce qui se passe ?,* qu'est-ce qu'il y a ? **II** *SE PASSER DE :* vivre sans (en s'accommodant de cette absence). *Se passer d'argent.*

passerage n. f. ▪ Plante (crucifère) considérée autrefois comme un remède contre la rage.

passereau n. m. ▪ Oiseau d'un ordre comprenant l'hirondelle, le moineau, etc.

passerelle n. f. ▪ **1** Pont étroit, pour piétons. **2** Plan incliné mobile par lequel on accède à un navire, un avion. **3** Superstructure la plus élevée d'un navire.

passerine n. f. ▪ **1** Plante appelée communément *langue de moineau, herbe à l'hirondelle,* proche du daphné. **2** Passereau d'Amérique, aux couleurs vives, appelé aussi *pape.*

passerose n. f. ▪ région. Rose trémière. - var. **passe-rose.** *Des passe-roses.*

passe-temps [-tɑ̃] n. m. invar. ▪ Ce qui fait passer agréablement le temps.

passe-tout-grain n. m. invar. ▪ Vin de Bourgogne, mélange de cépages (essentiellement gamay et pinot).

passeur, euse n. ▪ Personne qui fait passer une rivière, une frontière.

passe-velours n. m. invar. ▪ région. Amarante.

passible adj. ▪ *Passible de :* qui doit subir (une peine).

passif, ive ▪ **I** adj. **1** Qui subit, n'agit pas. → *Résistance* passive. Défense* passive.* **2** Se dit des formes verbales présentant l'action comme subie par le sujet. → n. m. *Un verbe au passif.* **II** n. m. Ensemble des dettes.

passiflore n. f. ▪ Plante à larges fleurs étoilées (→ **passion** (II, 2)).

passim [-im] adv. ▪ Çà et là (dans un ouvrage), en différents endroits.

passing-shot [pasiŋʃɔt] n. m. ▪ anglic. Au tennis, Balle rapide en diagonale ou près d'un couloir, destinée à dépasser un joueur monté au filet pour faire une volée. *Des passing-shots.*

passion n. f. ▪ **I 1** surtout plur. État affectif et intellectuel puissant qui domine la vie mentale. **2** Amour intense. **3** Vive inclination vers un objet. *La passion du jeu.* **4** Affectivité violente, qui nuit au jugement. *Discuter sans passion.* **5** *La passion,* le signe de la sensibilité, de l'enthousiasme (d'un artiste). **II 1** relig. *La Passion,* souffrance et supplice du Christ. **2** *Arbre de la passion,* la passiflore*. *Fleur, fruit de la passion,* sa fleur, son fruit.

passionnant, ante adj. ▪ Qui passionne. → **émouvant, palpitant.**

passionné, ée adj. ▪ Animé, rempli de passion. *Un amoureux passionné.* → n. *C'est un passionné.* ► **passionnément** adv.

passionnel, elle adj. ▪ **1** Relatif aux passions (I, 1). **2** Inspiré par la passion (I, 2).

passionner v. tr. [1] ▪ **1** Éveiller un très vif intérêt. **2** Empreindre de passion (I, 4). ▷ v. pron. se **passionner**

passivation n. f. ▪ anglic. **1** techn. Préparation de la surface (d'un métal) pour le prémunir de la corrosion (traitement au phosphate notamment), avant la peinture. **2** ling. Transformation par mise au passif (du verbe).

passivement adv. ▪ De manière passive.

passivité n. f. ▪ État, caractère passif.

passoire n. f. ▪ Récipient percé de trous, pour égoutter, filtrer.

pastel n. m. ▪ **1** Pâte colorée en bâtonnets. **2** appos. (invar.) *Des tons pastel,* doux et clairs. **3** Œuvre au pastel.

pastelliste n. ▪ Peintre de pastels.

pastenague n. f. ▪ région. Raie à longue queue. → ②**raie.**

pastèque n. f. ▪ Gros fruit à peau verte, à chair rouge, juteuse.

pasteur n. ▪ **I** n. m. **1** littér. Berger. **2** relig. *Le Bon Pasteur :* le Christ. **II** Ministre du culte protestant.

pasteurellose n. f. ▪ vétér. Infection des animaux domestiques d'origine bactérienne.

pasteurien, ienne ▪ **1** adj. méd. Relatif aux théories de Pasteur et à leurs applications. **2** n. Personne travaillant à l'institut Pasteur. - syn. **pastorien, ienne.**

pasteurisation n. f. ▪ Opération qui consiste à chauffer un liquide et à le refroidir brusquement, pour détruire les germes.

pasteuriser v. tr. [1] ▪ Stériliser par pasteurisation. → au p. p. *Lait pasteurisé.*

pastiche n. m. ▪ Imitation ou évocation d'un style, de la manière. ► **pasticher** v. tr. [1] ► **pasticheur, euse** n.

pastilla n. f. ▪ Plat marocain, très fine pâte feuilletée chaude fourrée de viande, raisins et amandes. *Pastilla au pigeon.*

pastille n. f. ▪ **1** Petit morceau d'une pâte pharmaceutique ou d'une préparation de confiserie. **2** Petit disque dessiné.

pastilleur, euse n. ▪ techn. **1** Ouvrier, ouvrière qui met une pâte en pastilles. **2** n. f. Machine à fabriquer des pastilles. → n. m. Emporte-pièce pour la fabrication des pastilles.

pastis [-is] n. m. ▪ **1** Boisson alcoolisée à l'anis. **2** fam. Situation embrouillée.

pastoral, ale, aux ▪ littér. **1** adj. Relatif aux bergers, aux mœurs champêtres. **2** n. f. Ouvrage évoquant des bergers.

pastoralisme n. m. ▪ didact. Économie pastorale ; mode d'exploitation agricole fondé sur l'élevage en pâturages naturels.

pastorat n. m. ▪ relig. Dignité, fonction de pasteur spirituel, et spécialt de pasteur protestant.

pastorien → **pasteurien**

pastoureau, elle ▪ **I** n. littér. Petit berger, petite bergère. **II** n. f. Chanson de la littérature médiévale faisant dialoguer un chevalier et une bergère.

pat [pat] adj. invar. ▪ échecs Se dit du roi qui, sans être mis en échec, ne peut pourtant plus bouger sans être pris. → n. m. Coup qui amène le roi dans cette position.

patache n. f. ▪ anciennt Diligence à bon marché.

patachon n. m. ▪ *Mener une* VIE DE PATACHON, agitée, consacrée aux plaisirs.

pataouète n. m. ▪ fam. Parler populaire spécifique des Français d'Algérie, empruntant à plusieurs langues méditerranéennes.

pataphysique n. f. ▪ Science fictive « des solutions imaginaires » (Alfred Jarry).

patapouf n. m. ▪ fam. Gros enfant.

pataquès [-ɛs] n. m. ▪ **1** Faute grossière de langage. → **cuir. 2** Situation embrouillée.

pataras n. m. ▪ mar. Hauban supplémentaire fixé à l'arrière du bateau et réglé en fonction de la force du vent.

patate n. f. ▪ **I** fam. **1** Pomme de terre. **2** Personne stupide. **3** loc. fam. *Avoir la patate* : être en forme. ➝ *En avoir gros sur la patate*, sur le cœur. **II** *Patate douce* : plante tropicale ; son tubercule comestible.

patati patata ▪ fam. Évoque un long bavardage.

patatras interj. ▪ Bruit de chute.

pataud, aude adj. ▪ Lent et lourd dans son comportement. ➝ n. *Un gros pataud.*

pataugas [-as] n. m. (marque déposée) ▪ Chaussure de marche montante en toile.

pataugeoire n. f. ▪ Bassin de piscine peu profond pour les enfants.

patauger v. intr. [3] ▪ **1** Marcher sur un sol détrempé, dans la boue. **2** fig. Se perdre dans des difficultés.

patch n. m. ▪ anglic. Pastille adhésive imprégnée d'un médicament, d'une substance qui se diffuse à travers la peau. → **timbre.** *Patch à la nicotine.*

patchouli n. m. ▪ Parfum extrait d'une plante tropicale.

patchwork [patʃwœʀk] n. m. ▪ anglic. **1** Ouvrage de couture rassemblant des carrés de couleurs et de matières différentes. **2** fig. Ensemble d'éléments disparates.

pâte n. f. ▪ **I 1** Préparation molle, à base de farine délayée, consommée après cuisson. *Pâte à pain.* **2** *PÂTES (ALIMENTAIRES)* : préparation à base de blé dur (nouilles ; macaroni, spaghetti...). *Pâtes fraîches.* **3** loc. *Mettre la main à la pâte* : travailler soi-même à qqch. **II 1** Préparation, mélange mou. *Pâte de fruits.* ♦ *Pâte à modeler.* **2** en peinture Matière formée par les couleurs travaillées. **3** loc. *Une bonne pâte*, personne très bonne.

pâté n. m. ▪ **I 1** *PÂTÉ (EN CROÛTE)* : préparation (de viande, etc.) cuite dans une pâte. ➝ *Pâté impérial* : crêpe de riz fourrée et frite. **2** Hachis de viandes épicées cuit. **II 1** Grosse tache d'encre. **2** *Pâté de maisons* : ensemble de maisons formant bloc. **3** *Pâté (de sable)*, sable moulé.

pâtée n. f. ▪ Mélange pâteux d'aliments pour animaux domestiques.

① **patelin, ine** adj. ▪ littér. Doucereux.

② **patelin** n. m. ▪ fam. Village, campagne.

patella [-ela ; -ɛlla] n. f. ▪ anat. Rotule.

patelle n. f. ▪ Mollusque à forme conique qui vit fixé aux rochers. → **bernicle.**

patène n. f. ▪ Petite assiette servant à présenter l'hostie avant de la consacrer.

patenôtre n. f. ▪ iron. Prière.

patent, ente adj. ▪ littér. Évident, manifeste. → **flagrant.**

patente n. f. ▪ **1** hist. Écrit public émanant du roi qui établissait un droit ou un privilège. **2** ancienntt Impôt direct annuel (commerçants, artisans). **3** (Canada) Objet quelconque. → **machin, truc.**

patenté, ée adj. ▪ **1** dr. Soumis à la patente. **2** fam. Connu (comme tel).

Pater [-ɛʀ] n. m. invar. ▪ Prière du Notre Père *(Pater noster).*

patère n. f. ▪ Pièce de bois ou de métal fixée à un mur, pour suspendre les vêtements. → **porte-manteau.**

pater familias [patɛʀfamiljas] n. m. invar. ▪ **1** hist. Chef de la famille romaine. **2** littér., plais. Père de famille autoritaire.

paternalisme n. m. ▪ Tendance à imposer un contrôle, une domination sous couvert de protection. ► **paternaliste** adj.

paterne adj. ▪ littér. D'une bonté affectée.

paternel, elle adj. ▪ **1** Du père. **2** Qui semble venir d'un père. *Une attitude paternelle.* **3** Du côté du père (opposé à *maternel*). *Oncle paternel.* ► **paternellement** adv.

paternité n. f. ▪ **1** État, qualité de père ; sentiment paternel. **2** dr. Lien qui unit le père à son enfant. **3** Fait d'être l'auteur (de qqch.).

pâteux, euse adj. ▪ **1** Qui a la consistance de la pâte. ♦ fig. *Style pâteux.* **2** loc. *Avoir la bouche, la langue pâteuse*, embarrassée.

pathétique ▪ **1** adj. Qui suscite une émotion intense (douleur, pitié, horreur...). **2** n. m. littér. Caractère pathétique. ► **pathétiquement** adv.

-pathie, -pathique, -pathe Éléments, du grec *pathos* « ce qu'on éprouve ».

patho- Élément, du grec *pathos* « maladie ».

pathogène adj. ▪ Qui peut causer une maladie.

pathogenèse n. f. ▪ méd. Étude du processus par lequel une cause pathogène agit sur l'organisme et détermine une maladie ; ce processus. - syn. **pathogénie.**

pathogénicité n. f. ▪ méd. Pouvoir pathogène, capacité (d'un agent infectieux) de causer une maladie.

pathogénie n. f. → **pathogenèse**

pathognomonique [-gn-] adj. ▪ méd. *Signe pathognomonique* : symptôme ou signe clinique spécifique d'une maladie déterminée et qui suffit à en établir le diagnostic.

pathologie n. f. ▪ Étude des causes et des symptômes des maladies.

pathologique adj. ▪ **1** De la maladie. **2** fam. (comportement) Anormal. ► **pathologiquement** adv.

pathologiste n. ▪ didact. Spécialiste de la pathologie, notamment de l'anatomie pathologique.

pathomimie n. f. ▪ psych. Simulation consciente ou inconsciente d'une maladie.

pathos [-os] n. m. ▪ péj. Ton pathétique.

patibulaire adj. ■ 1 Antiq. *Fourches patibulaires*, gibet. 2 Qui semble appartenir à un criminel (visage, apparence).

patiemment [-sjamɑ̃] adv. ■ Avec patience, d'une manière patiente.

patience [-sjɑ̃s] n. f. ■ I 1 littér. Aptitude à persévérer sans se décourager. 2 Qualité d'une personne qui sait attendre calmement. 3 *Jeu de patience* : exercice de réorganisation que l'on fait seul (ex. puzzle). II *UNE PATIENCE* (jeu de cartes). → **réussite.**

patient, ente [-sjɑ̃, ɑ̃t] ■ I adj. Qui a, manifeste de la patience. II n. Malade, opéré (par rapport au médecin).

patientèle [-sjɑ̃-] n. f. ■ Ensemble des patients (II).

patienter [-sjɑ̃-] v. intr. [1] ■ Attendre (avec patience).

patin n. m. ■ 1 Tissu de protection sur lequel on pose le pied. 2 *PATIN À GLACE* ou *PATIN* : lame fixée à la chaussure, pour glisser sur la glace. ◆ *PATIN (À ROULETTES)* : dispositif sur roulettes fixé à la chaussure. ♦ *Le patin* : le patinage. 3 *Patin de frein*, organe mobile qui se serre contre la jante d'une roue.

patinage n. m. ■ Sport du patin (2).

patine n. f. ■ Dépôt, couleur dus au temps.

① **patiner** v. intr. [1] ■ 1 Glisser avec des patins (2). ► **patineur, euse** n. 2 (roue) Glisser sans tourner.

② **patiner** v. tr. [1] ■ Couvrir de patine. ◆ au p. p. *Meubles patinés.*

patinette n. f. ■ Véhicule, plate-forme sur deux roues munie d'un guidon, que l'on fait avancer en se poussant d'un pied. → **trottinette.**

patinoire n. f. ■ 1 Piste de patin (2). 2 fig. Espace très glissant.

patio [patjo] n. m. ■ Cour intérieure d'une maison de style espagnol.

pâtir v. intr. [2] ■ *PÂTIR DE* : souffrir de.

pâtis n. m. ■ vx ou région. Terre inculte (friche, lande) où l'on fait paître le bétail. → **pacage.**

pâtisser v. intr. [1] ■ rare Travailler la pâte ; faire de la pâtisserie.

pâtisserie n. f. ■ 1 Préparation de la pâte pour gâteaux ; des gâteaux. 2 *Une pâtisserie.* → **gâteau.** 3 Fabrication, vente de gâteaux frais. ♦ Magasin de pâtisserie.

pâtissier, ière ■ 1 n. Personne qui fait, vend de la pâtisserie. 2 adj. *Crème pâtissière*, pour pâtisseries (choux, éclairs).

pâtisson n. m. ■ Plante (cucurbitacée) dont le fruit à peau claire, rond et aplati, à bord crénelé, est appelé aussi *artichaut d'Espagne, bonnet de prêtre.*

patois n. m. ■ Dialecte* rural.

patoisant, ante adj. et n. ■ (Personne) qui parle patois.

pâton n. m. ■ techn. ou région. Morceau de pâte (spécialement destiné à former un pain).

patouiller v. [1] ■ 1 v. intr. fam. Patauger. 2 v. tr. Manier maladroitement, brutalement ou indiscrètement. → **tripatouiller, tripoter.**

patraque adj. ■ fam. Un peu malade.

pâtre n. m. ■ Celui qui fait paître le bétail. → **berger, pasteur** (1).

patr(i)- Élément, du latin *pater, patris* « père ».

patriarcal, ale, aux adj. ■ 1 Relatif aux patriarches. 2 sociol. Du patriarcat (1).

patriarcat n. m. ■ 1 sociol. Forme de famille, organisation sociale fondée sur la parenté par les mâles et sur la puissance paternelle. 2 Dignité, circonscription de patriarche (2).

patriarche n. m. ■ 1 Vieillard qui mène une vie simple et paisible, entouré d'une nombreuse famille. ♦ Ancêtre biblique (Adam, Noé, Abraham...). 2 Chef d'une Église séparée de l'Église romaine. ◆ Archevêque des Églises orientales.

patricien, ienne ■ 1 n. et adj. Antiq. (Personne) de la classe supérieure des citoyens romains. 2 adj. littér. Aristocrate.

patriclan n. m. ■ ethnol. Clan dont le recrutement est assuré par la voie patrilinéaire* (opposé à *matriclan*).

patrie n. f. ■ 1 Communauté sociale et politique à laquelle qqn appartient ou a le sentiment d'appartenir ; pays habité par cette communauté. *La patrie et la nation*.* 2 Lieu (ville, région) où qqn est né.

patrilinéaire adj. ■ ethnol. Se dit d'un type de filiation, d'un type d'organisation sociale fondé sur l'ascendance paternelle (opposé à *matrilinéaire*).

patrilocal, ale, aux adj. ■ ethnol. Se dit du type de résidence d'un couple qui est déterminée par la résidence du père du mari (opposé à *matrilocal*).

patrimoine n. m. ■ 1 Biens de famille, hérités des parents. ► **patrimonial, iale, iaux** adj. 2 Ce qui est transmis par les ancêtres. *Le patrimoine culturel d'un pays.* 3 biol. Ensemble des caractères hérités. → **génotype.**

patriote n. et adj. ■ (Personne) qui aime sa patrie et la sert.

patriotique adj. ■ Du patriotisme. ► **patriotiquement** adv.

patriotisme n. m. ■ Amour de la patrie ; volonté de se dévouer pour la défendre.

patristique ■ didact. 1 n. f. Étude, connaissance de la doctrine, des ouvrages, de la biographie des Pères de l'Église. → **patrologie.** 2 adj. Qui a rapport aux Pères de l'Église.

patrologie n. f. ■ didact. 1 Collection complète des ouvrages des Pères de l'Église. 2 Patristique*.

① **patron, onne** n. ■ I Saint, sainte dont on porte le nom, qu'un groupe a pour protecteur, à qui est dédiée une église, etc. II 1 Personne qui commande à des employés, des domestiques. **2** n. m. Chef d'une entreprise (→ **patronat**). ♦ Employeur. ♦ fam. Supérieur. → **chef.** **3** Professeur de médecine. **4** Personne qui dirige des travaux intellectuels, artistiques.

② **patron** n. m. ■ Modèle de papier ou de toile préparé pour tailler un vêtement.

patronage n. m. ■ **1** Appui donné par un personnage puissant, un organisme. → **parrainage.** **2** Organisme de formation morale, religieuse pour la jeunesse.

patronal, ale, aux adj. ■ **1** D'un saint patron. **2** Du patronat.

patronat n. m. ■ Ensemble des chefs d'entreprise.

patronner v. tr. [1] ■ **1** Donner sa protection à. **2** Appuyer, soutenir.

patronnesse adj. f. ■ iron. *DAME PATRONNESSE,* qui fait des œuvres de bienfaisance.

patronyme n. m. ■ littér. Nom de famille (nom du père). ► **patronymique** adj.

patrouille n. f. ■ **1** Ronde de surveillance. **2** Groupe de soldats chargé de remplir une mission.

patrouiller v. intr. [1] ■ Aller en patrouille, faire une patrouille.

patrouilleur, euse n. ■ **1** Soldat d'une patrouille. **2** n. m. Avion, navire de guerre de surveillance.

patte n. f. ■ **I 1** (tétrapodes) Membre qui supporte le corps, sert à la marche. ◆ loc. (personnes) *Marcher À QUATRE PATTES,* les mains et les pieds (ou les genoux) par terre. ♦ Appendice servant à la marche (chez les insectes, arthropodes, crustacés). **2** fam. Jambe. **3** fam. Main. *BAS LES PATTES ! :* ne touchez pas. **4** loc. *Montrer patte blanche,* présenter des garanties pour être admis. **II 1** au plur. Poils qui poussent devant l'oreille. → **favori(s).** **2** Languette d'étoffe, de cuir.

patté, ée adj. ■ Dont les branches s'élargissent en s'incurvant (terme de blason).

patte-d'oie n. f. ■ **1** Carrefour. **2** Rides au coin externe de l'œil. *Des pattes-d'oie.*

pattemouille n. f. ■ Linge humide dont on se sert pour repasser les vêtements.

pattern n. m. ■ anglic. Modèle simplifié d'une structure, en sciences humaines.

pattu, ue adj. ■ (animaux) Qui a de grosses pattes. *Chien pattu.* ◆ (oiseaux) Dont la patte porte une touffe de plumes.

pâturable adj. ■ Qui peut servir de pâture. *Prairie pâturable.*

pâturage n. m. ■ Lieu couvert d'herbe pour le bétail.

pâture n. f. ■ **1** Ce qui sert à la nourriture des animaux. **2** fig. Ce qui nourrit (un besoin...). ◆ loc. *Livrer (qqn, qqch.) EN PÂTURE à.*

pâturer v. tr. et intr. [1] ■ Paître. *Vaches qui pâturent.* ◆ *Prairie pâturée,* où les animaux peuvent paître.

pâturin n. m. ■ agric. Herbe qui constitue un bon fourrage.

paturon n. m. ■ Partie du bas de la jambe du cheval.

pauchouse → **pochouse**

pauciflore adj. ■ bot. Qui ne porte que peu de fleurs.

paulette n. f. ■ hist. Impôt annuel que devaient payer les titulaires d'une charge de justice.

paulownia [polɔnja] n. m. ■ Grand arbre à fleurs bleues ou mauves.

paume n. f. ■ **I** Intérieur de la main. **II** Sport de balle. ◆ *Jeu de paume,* salle de ce jeu.

paumé, ée adj. ■ fam. Perdu, égaré.

paumelle n. f. ■ techn. Charnière de métal fixant le gond (d'une fenêtre, d'une porte).

paumer v. tr. [1] ■ fam. Perdre. ▷ v. pron. **se paumer** ▷ adj. **paumé, ée**

paumier, ière n. m. et adj. ■ vén. Daim de cinq ans, dont les andouillers supérieurs sont aplatis. ◆ adj. *Bête paumière.*

paumoyer v. tr. [8] ■ mar. Haler à la main (un cordage, une chaîne d'ancre...).

paupérisation n. f. ■ écon. Abaissement du niveau de vie ; appauvrissement.

paupérisme n. m. ■ didact. État de pauvreté d'une société, d'une partie de celle-ci.

paupière n. f. ■ Chacune des deux parties mobiles qui recouvrent et protègent l'œil.

paupiette n. f. ■ Tranche de viande roulée et farcie.

pause n. f. ■ **1** Interruption momentanée (d'une activité). **2** Temps d'arrêt. **3** mus. Silence de la durée d'une ronde.

pauvre ■ **I** adj. **1** épithète (après le nom) ou attribut Qui n'a pas (assez) d'argent. ◆ *Les pays pauvres.* → **sous-développé.** **2** (choses) Qui a l'apparence de la pauvreté. **3** *PAUVRE DE* (littér.) ; *PAUVRE EN :* qui n'a guère de. **4** Qui fournit ou produit trop peu. *Terre pauvre.* **5** épithète, avant le nom Qui inspire de la pitié. ◆ (en s'adressant à qqn) *Mon pauvre ami !* (affectueux ou méprisant). ◆ n. *Le pauvre, la pauvre !* **6** Lamentable. *C'est un pauvre type.* **II** n. **1** vieilli *UN PAUVRE, UNE PAUVRESSE :* personne qui vit de la charité publique. → **mendiant.** **2** *LES PAUVRES :* les personnes sans ressources. *Les nouveaux pauvres :* les victimes de crises, du chômage.

pauvrement adv. ■ D'une manière pauvre. → **misérablement.**

pauvresse → **pauvre** (II)

pauvret, ette n. et adj. ■ (dimin. de commisération) Pauvre petit(e).

pauvreté n. f. ■ **1** État d'une personne, d'un groupe qui manque de moyens matériels, d'argent ; insuffisance de ressources. ➛ *Seuil de (la) pauvreté :* estimation de la somme minimale nécessaire à qqn pour survivre. **2** (choses) Aspect pauvre, misérable. **3** Insuffisance matérielle ou morale.

pavage n. m. ■ **1** Fait de paver. **2** Revêtement d'un sol.

pavane n. f. ■ Ancienne danse (XVIe et XVIIe siècles), solennelle ; sa musique.

se **pavaner** v. pron. [1] ■ Marcher avec orgueil, avoir une attitude pleine de vanité.

pavé n. m. ■ **I 1** *LE PAVÉ :* blocs (pierre...) formant le revêtement du sol. **2** La partie d'une voie publique ainsi revêtue, la rue. ➛ loc. *Le haut du pavé,* le premier rang. ➛ *Être sur le pavé,* sans domicile, sans emploi. *Battre le pavé,* marcher au hasard (dans une ville). ➛ *Le pavé de l'ours,* une aide qui dégénère en catastrophe. **3** *UN PAVÉ :* bloc pour revêtir un sol. **II 1** Pièce de viande rouge, épaisse. **2** fam. Gros livre. **3** Publicité, article de presse encadré.

pavement n. m. ■ **1** Sol pavé. **2** Pavage artistique.

paver v. tr. [1] ■ Revêtir (un sol) d'éléments, de blocs assemblés (pavés, pierres, mosaïque). ► **paveur** n. m.

pavie n. f. ■ Pêche dont la chair adhère au noyau.

pavillon n. m. ■ **I** Petit bâtiment isolé ; petite maison. ➛ *Pavillon de banlieue.* **II 1** Extrémité évasée (instruments à vent). **2** Partie visible de l'oreille. **III** Pièce d'étoffe que l'on hisse sur un navire. ♦ Drapeau.

pavillonnaire adj. ■ Formé de pavillons (I). *Banlieue pavillonnaire.*

pavimenteux, euse adj. ■ biol. *Épithélium pavimenteux,* à plusieurs couches cellulaires et dont les cellules superficielles sont aplaties.

pavois n. m. ■ **1** hist. Grand bouclier des Francs. ➛ loc. *Hisser qqn sur le pavois,* lui donner le pouvoir, le glorifier. **2** mar. *Grand pavois :* ensemble des pavillons d'un navire (signal de réjouissance).

pavoiser v. tr. [1] ■ Orner de drapeaux (une rue, etc.), pour une fête. ♦ v. intr. fig., fam. *Il n'y a pas de quoi pavoiser,* être fier.

pavot n. m. ■ Plante cultivée pour ses fleurs, ses graines fournissant l'opium.

payable adj. ■ Qui doit être payé.

payant, ante adj. ■ **1** Qui paie (aussi nom). **2** Qu'il faut payer. *Entrée payante.* **3** fam. Qui profite, rapporte.

paye [pɛj] ou **paie** n. f. ■ **1** Rémunération. **2** fam. Temps entre deux payes. ➛ loc. *Ça fait une paye,* il y a longtemps. **3** Solde.

payement → **paiement**

payer v. tr. [8] ■ **I** avec compl. dir. **1** *Payer qqn,* lui remettre ce qui lui est dû. ♦ fig. *Être payé pour :* avoir appris à ses dépens que. ➛ loc. *Payer qqn de retour,* rendre la pareille. **2** *Payer qqch. :* s'acquitter par un versement de (ce que l'on doit). → **régler.** *Payer ses dettes.* **3** Verser de l'argent en contrepartie de (qqch. : objet, travail). ➛ au p. p. *Congés* payés.* **4** fam. Offrir. *Je te paie un verre ?* **5** fig. *Il me le paiera !,* je l'en punirai. **II** sans compl. dir. **1** Verser de l'argent. ♦ *PAYER DE :* payer avec. ➛ loc. fig. *Payer de sa personne,* contribuer. ♦ *PAYER POUR qqn,* subir à sa place des désagréments. **2** Expier. *Il faudra payer un jour ou l'autre.* **3** (sujet chose) Rapporter. *Le crime ne paie pas.* ▷ v. pron. se **payer**

payeur, euse n. ■ **1** Personne qui paie ce qu'elle doit. *Mauvais payeur.* **2** Personne chargée de payer. *Trésorier-payeur.*

① **pays** [pei] n. m. ■ **1** Territoire d'une nation. → **État. 2** Région ; partie d'une province. *Produits du pays.* → **terroir. 3** Les habitants du pays (1 et 2). → **région.** *Tout le pays en parle.* **4** Zone géographique. **5** Petite ville ; village. **6** loc. *Voir du pays :* voyager.

② **pays, payse** [pei, peiz] n. ■ région. ou plais. Personne du même pays (2 et 5).

paysage [pei-] n. m. ■ **1** Partie de la nature présentée à un observateur. ♦ par ext. *Paysage urbain.* **2** Tableau représentant la nature. **3** fig. Aspect général. → **situation.** *Le paysage audiovisuel français* (P. A. F.).

paysagé, ée [pei-] adj. ■ Paysager. *Parc paysagé,* qui crée un effet de paysage naturel. *Bureaux paysagés.*

paysager, ère [pei-] adj. ■ Destiné à produire un effet de paysage naturel. *Jardin, parc paysager.* → **paysagé.**

paysagiste [pei-] n. ■ **1** Peintre de paysages. **2** Personne qui élabore des plans de jardins, des espaces verts urbains.

paysan, anne [pei-] ■ **1** n. Homme, femme vivant à la campagne du travail de la terre. → **agriculteur, cultivateur, fermier. 2** adj. Des paysans. ► **paysannat** n. m.

paysannerie [pei-] n. f. ■ Ensemble des paysans.

Pb ■ Symbole chimique du plomb.

① **P. C.** n. m. (sigle) ■ Poste de commandement.

② **P. C.** n. m. (sigle angl.) ■ anglic. Ordinateur personnel. → **micro-ordinateur.**

pchit → **pschitt**

PCV n. m. (sigle) ■ Communication téléphonique payée par le destinataire après l'accord de celui-ci. *Appeler en PCV.*

Pd ■ Symbole chimique du palladium.

P. D. F. n. m. invar. ■ anglic., inform. Fichier informatique créé dans un format qui conserve la mise en forme des documents.

P.-D. G. n. m. (sigle) ■ fam. Président-directeur général. - var. **pédégé.**

péage n. m. ▪ Droit que l'on paye pour emprunter une voie de communication. ➛ L'endroit où se perçoit le péage.

péagiste n. ▪ Personne qui perçoit le péage d'une autoroute.

peau n. f. ▪ **I 1** Enveloppe extérieure du corps des vertébrés, derme et épiderme. **2** L'épiderme humain. ➛ loc. fig. *Avoir qqn dans la peau,* l'aimer passionnément. ➛ *Faire peau neuve,* changer complètement. ➛ *Risquer, sauver sa peau,* sa vie. **3** Morceau de peau. *Les peaux des ongles.* **4** Dépouille d'animal (fourrure, cuir). *Peau de mouton.* ➛ absolt Cuir fin et souple. *Des gants de peau.* **II** Enveloppe extérieure (des fruits). *Enlever la peau.* → **peler.** ➛ *Une peau de saucisson.*

peaucier, ière adj. et n. m. ▪ anat. *Muscle peaucier,* qui s'attache à la face profonde du derme.

peaufiner v. tr. [1] ▪ **1** Nettoyer avec une peau de chamois. **2** fig. Soigner (un travail). ► **peaufinage** n. m.

Peau-Rouge n. ▪ vieilli Indien d'Amérique du Nord.

peausserie n. f. ▪ **1** Commerce, métier, travail des peaux, des cuirs. **2** Peau travaillée.

peaussier, ière n. ▪ Personne qui travaille les peaux pour les transformer en cuir.

pébrine n. f. ▪ Maladie des vers à soie.

pébroc ou **pébroque** n. m. ▪ fam. Parapluie.

pécan n. m. ▪ *Noix de pécan* : fruit (à noix comestible) du pacanier. → **pacane.**

pécari n. m. ▪ Cochon sauvage d'Amérique ; son cuir.

peccable adj. ▪ relig. Sujet à pécher.

peccadille n. f. ▪ littér. Faute bénigne.

pechblende [pɛʃblɛ̃d] n. f. ▪ Minerai d'uranium.

① **pêche** n. f. ▪ **1** Fruit du pêcher, à noyau très dur et à chair fine. **2** fam. *Se fendre la pêche,* rire. **3** loc. fam. *Avoir la pêche,* être en forme.

② **pêche** n. f. ▪ **1** Action, manière de pêcher (②). **2** Poissons, fruits de mer pêchés.

péché n. m. ▪ **1** relig. Acte conscient qui enfreint la loi divine. *Les sept péchés capitaux.* ➛ *Péché mignon* : petit travers. **2** État de pécheur. *Vivre dans le péché.*

pécher v. intr. [6] ▪ **1** Commettre un péché. **2** (choses) *Pécher par,* avoir pour défaut.

① **pêcher** n. m. ▪ Arbre cultivé pour ses fruits, les pêches.

② **pêcher** v. tr. [1] ▪ **1** Prendre ou chercher à prendre dans l'eau (du poisson, etc.). ➛ loc. *Pêcher en eau trouble,* profiter de la confusion. **2** fam. Chercher ; prendre.

pêcherie n. f. ▪ Lieu, entreprise de pêche.

pécheur, pécheresse n. ▪ Personne dans l'état de péché.

pêcheur, pêcheuse n. ▪ Personne qui pratique la pêche.

pêchu, ue adj. ▪ fam. Qui a la pêche, est en forme, dynamique.

pécoptéris [-is] n. m. ▪ paléont. Fougère arborescente fossile des terrains carbonifères.

pécore n. f. ▪ vieilli Sotte prétentieuse.

pecorino [pe-] n. m. ▪ Fromage italien, voisin du parmesan.

pecten [-ɛn] n. m. ▪ Mollusque appelé couramment *peigne.*

pectine n. f. ▪ Substance végétale mucilagineuse.

pectiné, ée adj. ▪ didact. En forme de peigne.

pectoral, ale, aux adj. ▪ **1** De la poitrine. *Muscles pectoraux* ; n. m. pl. *les pectoraux.* **2** De la face ventrale des animaux. **3** Qui soigne la poitrine.

pécule n. m. ▪ **1** Somme d'argent économisée. **2** Argent acquis dont on ne dispose pas librement. *Le pécule d'un détenu.*

pécuniaire adj. ▪ **1** Relatif à l'argent. → **financier. 2** En argent. *Aide pécuniaire.* ► **pécuniairement** adv.

pédagogie n. f. ▪ **1** Science, pratique de l'éducation (des enfants et des adultes). **2** Qualité du bon pédagogue (1).

pédagogique adj. ▪ De la pédagogie. ► **pédagogiquement** adv.

pédagogue n. ▪ **1** Personne qui a le sens de l'enseignement. **2** Spécialiste de la pédagogie.

pédale n. f. ▪ **I 1** Dispositif de commande ou de transmission qui s'actionne avec le pied. ➛ spécialt *Les pédales d'une bicyclette.* ➛ loc. fam. *Perdre les pédales,* perdre ses moyens, s'embrouiller. **2** mus. Touche actionnée au pied. **II** fam. et injurieux Homosexuel.

pédaler v. intr. [1] ▪ **1** Actionner les pédales, rouler à bicyclette. **2** fam. Aller vite. ◆ loc. fam. *Pédaler dans la choucroute (la semoule...),* s'efforcer en vain.

pédalier n. m. ▪ **1** Système de propulsion par pédales (bicyclette). **2** Clavier inférieur de l'orgue, actionné au pied.

pédalo n. m. (marque déposée) ▪ Petite embarcation actionnée par pédales.

pédant, ante ▪ **1** n. Personne qui fait étalage d'une érudition livresque. → **cuistre. 2** adj. Qui étale son érudition. ► **pédanterie** n. f. et **pédantisme** n. m.

pédantesque adj. ▪ littér. Propre au pédant. → **doctoral, emphatique, pédant.**

-pède Élément, du latin *pes, pedis* « pied » (ex. *bipède, vélocipède*). → **pédi-, podo-.**

pédé n. m. ▪ fam. et injurieux. Homosexuel.

pédégé n. m. → **P.-D. G.**

pédégère n. f. ▪ fam. Femme qui exerce la fonction de P.-D. G.

pédéraste n. m. ▪ vieilli Homosexuel (spécialt par pédérastie (1)).

pédérastie n. f. ▪ vieilli **1** Pratique homosexuelle entre un homme et un jeune garçon. → **pédophilie.** **2** Homosexualité masculine.

pédestre adj. ▪ Qui se fait à pied. ► **pédestrement** adv.

pédi- Élément, du latin *pes, pedis* «pied». → **-pède, podo-.**

pédiatrie n. f. ▪ Médecine des enfants. ► **pédiatre** n. ► **pédiatrique** adj.

pedibus [pedibys] adv. ▪ fam. À pied.

pédicelle n. m. ▪ bot. Ramification du pédoncule* se terminant par une fleur. ► **pédicellé, ée** adj.

pédiculaire ▪ **1** n. f. Plante qui passait pour donner des poux aux bestiaux. **2** adj. Relatif aux poux, aux lésions qu'ils provoquent.

pédicule n. m. ▪ bot. Support allongé et grêle (d'un végétal). → **tige ; pied.** ► **pédiculé, ée** adj.

pédiculose n. f. ▪ méd. Parasitose due aux poux.

pédicure n. ▪ Spécialiste des soins des pieds. ► **pédicurie** n. f.

pédieux, ieuse adj. ▪ didact. Qui a rapport au pied. *Artère pédieuse.*

pedigree [pedigʀe] n. m. ▪ Généalogie (d'un animal de race pure).

pédiluve n. m. ▪ Bac destiné au lavage des pieds, dans une piscine.

pédiment n. m. ▪ géol. Glacis d'érosion, développé sur des roches dures.

pédipalpe n. m. ▪ zool. Organe sensoriel de la préhension et de la gustation chez les arachnides.

① **péd(o)-** Élément, du grec *pais, paidos* «enfant». → **puér(i)-.**

② **pédo-** Élément, du grec *pedon* «sol».

pédodontie n. f. ▪ didact. Soins dentaires aux enfants.

pédogenèse n. f. ▪ géol. Étude des processus de formation et d'évolution des sols.

pédologie n. f. ▪ Science des sols (géologie). ► **pédologue** n. ► **pédologique** adj.

pédoncule n. m. ▪ **1** anat. Cordon de substance nerveuse liant deux organes. **2** bot. Axe portant les fleurs. ► **pédonculé, ée** adj.

pédophile adj. et n. ▪ **1** (adulte) Qui ressent une attirance sexuelle pour les enfants. **2** Qui recherche et pratique des relations sexuelles avec des enfants. ► **pédophilie** n. f.

pédopornographie n. f. ▪ didact. Pornographie mettant en scène des mineurs. ► **pédopornographique** adj.

pédopsychiatrie [-k-] n. f. ▪ méd. Psychiatrie de l'enfant et de l'adolescent. ► **pédopsychiatre** n.

pedzouille n. ▪ fam. et péj. Paysan. → **péquenaud, plouc.** ♦ Personne ignorante des usages de la ville. → **rustre.**

peeling [piliŋ] n. m. ▪ anglic. Opération esthétique qui consiste à faire desquamer l'épiderme du visage pour en atténuer les défauts.

peep-show [pipʃo] n. m. ▪ anglic. Établissement qui propose la location de cabines individuelles où l'on peut voir, à travers une vitre, un spectacle pornographique. *Des peep-shows.*

pégase n. m. ▪ zool. Petit poisson de l'océan Indien, à deux nageoires pectorales en forme d'ailes.

pegmatite n. f. ▪ minér. Roche magmatique à très gros cristaux granitiques.

pègre n. f. ▪ Monde de voleurs, d'escrocs.

péguer v. intr. [6] ▪ région. (Midi) Être collant, poisseux.

pehlvi ou **pahlavi** n. m. ▪ ling. Langue parlée en Perse sous les Sassanides, moyen iranien occidental.

peignage n. m. ▪ Action de peigner (2).

peigne n. m. ▪ **I 1** Instrument à dents fines et serrées pour démêler la chevelure. ➝ loc. *Passer qqch.* AU PEIGNE FIN, examiner minutieusement. ♦ Instrument analogue pour retenir les cheveux. **2** Instrument pour peigner (2) des fibres textiles. **II** Mollusque bivalve à dentelures.

peigné, ée adj. ▪ *Laine peignée,* aux fibres allongées et parallèles, à l'aspect lisse. ➝ n. m. *Du peigné,* du tissu en laine peignée.

peigne-cul [-ky] n. m. ▪ vulg. Personne mesquine ; ou grossière, inculte.

peignée n. f. ▪ **1** techn. Quantité de fibres textiles que l'on passe au peigne dans le filage à la main. **2** fam. Volée de coups. → **raclée.**

peigner v. tr. [1] ▪ **1** Démêler, lisser (les cheveux) avec un peigne. ➝ *Peigner qqn,* ses cheveux. **2** Démêler (des fibres textiles). ▷ v. pron. se **peigner**

peigneur, euse n. ▪ techn. Personne qui peigne les fibres textiles, qui travaille sur une peigneuse. ♦ n. f. Machine à peigner (les fibres textiles).

peignier, ière n. ▪ techn. Ouvrier, ouvrière qui façonne à la main les peignes de corne ou d'écaille.

peignoir n. m. ▪ **1** Vêtement en tissu éponge que l'on met en sortant du bain. **2** Vêtement féminin d'intérieur.

peignures n. f. pl. ▪ rare Cheveux qui tombent quand on les peigne. → **démêlure.**

peille n. f. ▪ techn. (surtout au plur.) Chiffon utilisé dans la fabrication de la pâte à papier.

peinard, arde adj. ▪ fam. Paisible. ➝ *Un boulot peinard.* - var. **pénard, arde.** ► **peinardement** ou **pénardement** adv.

peindre v. tr. [52] ▪ **I** Couvrir, colorer avec de la peinture. *Peindre un mur en blanc.* **II** Figurer au moyen de peinture. ♦ Représenter par l'art pictural. *Peindre des paysages.* **III** fig. **1** Représenter par le discours. → **décrire.** **2** *SE PEINDRE* v. pron. Revêtir une forme sensible. *La consternation se peignit sur les visages.*

peine n. f. ▪ **I 1** Sanction appliquée à titre de punition* ou de réparation. **2** dr. Sanction prévue par la loi. → droit **pénal.** *Peine de prison ; pécuniaire.* **3** *SOUS PEINE DE* loc. prép. : en encourant la peine de. **II 1** Souffrance morale. *Peine de cœur,* chagrin d'amour. **2** *LA PEINE :* sentiment de tristesse. *Avoir de la peine.* **3** loc. *Âme en peine,* triste. **III 1** Activité qui coûte, qui fatigue. → **effort.** *Se donner de la peine.* **2** loc. *N'être pas au bout de ses peines,* avoir encore des difficultés à surmonter. *Pour votre peine, pour la peine,* en compensation. *Homme de peine,* qui effectue des travaux de force. ➛ *Valoir* la peine. Ce n'est pas la peine :* ça ne sert à rien. *C'est peine perdue,* c'est inutile. **3** Difficulté qui gêne (pour faire qqch.). *Avoir de la peine à parler.* ♦ loc. *Avec peine. À grand-peine :* difficilement. ➛ *SANS PEINE :* facilement. **IV** *À PEINE* loc. adv. **1** Presque pas, très peu. ➛ (avec un numéral) Tout au plus. *À peine huit jours.* **2** Depuis peu de temps.

peiner v. [1] ▪ **1** v. intr. Se donner du mal. **2** v. tr. Donner de la peine à (qqn). → **attrister.**

peint, peinte adj. ▪ Couvert de peinture. *Meubles peints.* ➛ *Papier* peint.* ➛ *Ongles peints,* vernis.

peintre n. ▪ **1** Professionnel(le) qui applique de la peinture. *Peintre en bâtiment.* **2** Artiste qui fait de la peinture.

peinture n. f. ▪ **I 1** Opération qui consiste à peindre, à couvrir de couleur une surface. **2** *EN PEINTURE :* en effigie. ➛ loc. *Ne pas pouvoir voir* qqn en peinture.* **3** fig. Description évocatrice d'images. **II 1** Représentation, suggestion du monde sur une surface plane au moyen de couleurs ; organisation d'une surface par la couleur. **2** *UNE PEINTURE.* → **tableau ; fresque.** **III 1** Couche de couleur sur qqch. *Raccord de peinture.* **2** Couleur préparée pour peindre.

peinturer v. tr. [1] ▪ **1** vx ou région. (Canada, Antilles, Louisiane) Couvrir de couleur, peindre. **2** Barbouiller de peinture. → fam. **peinturlurer.**

peinturlurer v. tr. [1] ▪ fam. Peindre sans soin, avec des couleurs criardes.

péjoratif, ive adj. ▪ (mot...) Qui déprécie (ce qui est désigné). ► **péjorativement** adv.

péjoration n. f. ▪ didact. Action de donner une valeur péjorative à un mot ; fait de prendre une connotation péjorative.

pékan n. m. ▪ Martre du Canada ; sa fourrure.

péket → **péquet**

pékin n. m. ▪ fam. et péj. Individu.

pékiné, ée adj. ▪ *Tissu pékiné* ou n. m. *du pékiné :* tissu présentant des rayures alternativement mates et brillantes.

pékinois n. m. ▪ Petit chien à face aplatie.

pékinologue n. ▪ didact. Spécialiste de la politique chinoise.

pekoe [peko] n. m. ▪ Thé noir de qualité supérieure, fourni par les jeunes feuilles du bourgeon terminal.

PEL [peøɛl ; pɛl] n. m. (sigle) ▪ Plan épargne logement.

pelade n. f. ▪ Maladie qui fait tomber par places les poils et les cheveux.

pelage n. m. ▪ Ensemble des poils (d'un mammifère).

pélagique adj. ▪ didact. De la haute mer.

pelagos [pelagos] n. m. ▪ didact. Ensemble des organismes marins vivant en pleine mer loin du fond. → **plancton.**

pélamide ou **pélamyde** n. f. ▪ zool. **1** Poisson marin voisin du thon. → **bonite.** **2** Serpent venimeux des mers tropicales.

pelard adj. m. et n. m. ▪ techn. *Bois pelard* ou n. m. *pelard :* bois qu'on a dépouillé de son écorce pour en faire du tan.

pélardon n. m. ▪ Petit fromage de chèvre des Cévennes.

pélargonium [-jɔm] n. m. ▪ Plante ornementale improprement appelée *géranium.*

pelé, ée adj. ▪ **1** Qui a perdu ses poils, ses cheveux. ➛ loc. fam. *Quatre pelés et un tondu :* un très petit nombre de personnes. **2** Dépourvu de végétation.

péléen, enne adj. ▪ géogr. Se dit d'un volcan dont la lave très visqueuse se solidifie en forme d'aiguille rocheuse.

pêle-mêle ▪ adv. Dans le désordre.

peler v. [5] ▪ **1** v. tr. Dépouiller (un fruit) de sa peau. **2** v. intr. Perdre des lambeaux d'épiderme.

pèlerin n. m. ▪ Personne qui fait, a fait un pèlerinage.

pèlerinage n. m. ▪ **1** Voyage à un lieu saint dans un esprit de dévotion. **2** Voyage fait pour rendre hommage.

pèlerine n. f. ▪ Manteau sans manches, ample (→ **cape**), souvent à capuchon.

péliade n. f. ▪ Vipère à museau arrondi, commune dans la moitié nord de la France.

pélican n. m. ▪ Oiseau palmipède au bec crochu muni d'une poche où il emmagasine la nourriture de ses petits.

pelisse n. f. ▪ Manteau doublé d'une peau garnie de ses poils. → **fourrure.**

pellagre n. f. ▪ Maladie due à une carence en vitamine PP, caractérisée par des lésions eczémateuses de la peau, une inflammation des muqueuses, des troubles digestifs et nerveux. ► **pellagreux, euse** adj. et n.

pelle n. f. ▪ **I 1** Outil composé d'une plaque mince ajustée à un manche. **2** *Pelle mécanique* (machine). **3** loc. fig. *À LA PELLE :* en abondance. **II** fam. **1** Baiser profond. **2** *Ramasser une pelle,* tomber ; fig. échouer.

pelle-pioche n. f. ▪ Outil muni d'un fer en forme de pioche d'un côté et de houe de l'autre.

peller v. tr. [1] ▪ région. (Suisse, Franche-Comté) Pelleter.

pellet n. m. ▪ anglic. **1** Petit comprimé médicamenteux à implanter sous la peau. → **implant.** **2** Petite boule de minerai de fer destinée à améliorer la teneur en fer d'un minerai. **3** Granule de sciure de bois (combustible).

pelletée n. f. ▪ Quantité de matière qu'on peut prendre d'un seul coup de pelle.

pelleter v. tr. [4] ▪ Déplacer, remuer avec une pelle (I). ► **pelletage** n. m.

pelleterie [pɛltʀi ; pelɛtʀi] n. f. ▪ **1** Préparation des peaux pour fourrures. **2** Commerce des fourrures. ► **pelletier, ière** n.

pelleteuse n. f. ▪ Pelle mécanique.

pelliculage n. m. ▪ techn. Application d'une pellicule transparente autour (d'un produit).

pelliculaire adj. ▪ Qui forme des pellicules (I) ou une pellicule (II, 1).

pellicule n. f. ▪ **I** Petite écaille qui se détache du cuir chevelu. **II 1** Couche fine à la surface d'un liquide, d'un solide. **2** Feuille mince, support d'une couche sensible (photo argentique, cinéma). → **film.**

pelliculé, ée adj. ▪ Revêtu d'une mince pellicule de protection transparente.

pelloche ou **péloche** n. f. ▪ fam. Pellicule photographique (II, 2).

pellucide adj. ▪ didact. Translucide.

pélobate n. m. ▪ zool. Batracien anoure, qui peut s'enfoncer dans les sols meubles.

péloche → **pelloche**

pélodyte n. m. ▪ zool. Sorte de crapaud qui creuse des galeries dans le sol.

pelotari n. m. ▪ Joueur de pelote basque.

pelote n. f. ▪ **I 1** Boule formée de fil enroulé. ◆ loc. *Avoir les nerfs* EN PELOTE *:* être très énervé. **2** Coussinet à épingles. **3** Balle (jeu de paume, pelote basque). **II** *PELOTE (BASQUE) :* sport où les joueurs envoient la balle rebondir contre un fronton, à main nue ou à la chistera.

peloter v. tr. [1] ▪ fam. Caresser, palper, toucher sensuellement. ► **pelotage** n. m. ► **peloteur, euse** n.

peloton n. m. ▪ **I** Petite pelote de fils roulés. **II 1** Groupe de soldats. ◆ *Peloton (d'exécution),* chargé de fusiller un condamné. **2** Groupe compact (de coureurs).

se **pelotonner** v. pron. [1] ▪ Se ramasser en boule, en tas. → se **blottir,** se **recroqueviller.**

pelouse n. f. ▪ **1** Terrain couvert d'une herbe serrée. **2** Partie d'un champ de courses ouverte au public.

pelta ou **pelte** n. f. ▪ archéol. Petit bouclier en forme de croissant, dans l'Antiquité grecque.

peltaste n. m. ▪ Dans l'Antiquité grecque, Soldat armé de la pelta.

peluche n. f. ▪ **1** Tissu à poils plus longs que le velours. **2** *Une peluche :* animal en peluche (jouet d'enfant). **3** Petit amas de fibres.

pelucher v. intr. [1] ▪ Former des peluches (3).

pelucheux, euse adj. ▪ Qui donne la sensation de la peluche ; qui peluche.

pelure n. f. ▪ **1** Peau (d'un fruit, d'un légume pelé). **2** fig., fam. Habit, vêtement.

pelvi- Élément, du latin *pelvis* «bassin».

pelvigraphie n. f. ▪ méd. Radiographie du petit bassin.

pelvimétrie n. f. ▪ méd. Mesure du diamètre du bassin d'une femme enceinte.

pelvipéritonite n. f. ▪ méd. Inflammation du péritoine du bassin, souvent liée à une infection des ovaires ou des trompes.

pelvis [-is] n. m. ▪ anat. Bassin. ► **pelvien, enne** adj.

pemmican n. m. ▪ Viande séchée.

pénal, ale, aux adj. ▪ Relatif aux peines*, aux délits. *Code pénal.* ► **pénalement** adv.

pénalisation n. f. ▪ Désavantage infligé au joueur d'un match qui a fait une faute.

pénaliser v. tr. [1] ▪ **1** Infliger une pénalisation à. **2** Infliger une peine à. **3** (sujet chose) Désavantager. ► **pénalisant, ante** adj.

pénaliste n. ▪ Spécialiste du droit pénal.

pénalité n. f. ▪ **1** Peine ; sanctions applicables à un délit fiscal. **2** Pénalisation.

penalty [penalti] n. m. ▪ anglic. (football) Sanction d'une faute dans la surface de réparation ; coup de pied (de pénalité) tiré en face du seul gardien. *Des penaltys* ou *des penalties.*

pénard → **peinard**

pénates n. m. pl. ▪ **1** Dieux domestiques des anciens Romains. **2** fam. Demeure.

penaud, aude adj. ▪ Honteux à la suite d'une maladresse ; déconcerté.

penchant n. m. ▪ **1** Inclination naturelle. *Mauvais penchants.* → **défaut, vice.** **2** littér. Inclinaison (vers qqn).

pencher v. [1] ▪ **I** v. intr. **1** Être ou devenir oblique. ◆ au p. p. *Écriture penchée.* **2** (par rapport à l'horizontale) S'abaisser. **3** (personne) *PENCHER POUR :* être porté à choisir (qqch., qqn). *Il penche pour la deuxième hypothèse.* **II** v. tr. Faire aller vers le bas. → **incliner.** *Pencher la tête.* ▷ v. pron. se **pencher** **1** S'incliner. **2** fig. *SE PENCHER SUR :* s'occuper de (qqch.).

pendable adj. ▪ loc. *Jouer un* TOUR PENDABLE *à qqn,* un mauvais tour.

pendage n. m. ▪ techn. Inclinaison d'une couche sédimentaire, d'un filon, dans une mine.

pendaison n. f. ▪ **1** Action de pendre qqn. ◆ Ce supplice. **2** Fait de suspendre qqch.

① **pendant, ante** adj. ▪ **1** Qui pend. **2** *Affaire, question pendante,* sans solution.

② **pendant** n. m. ▪ **1** *Pendants d'oreilles,* bijoux suspendus aux oreilles. **2** Chacun des objets d'art formant une paire. **3** *FAIRE PENDANT À* : être symétrique.

③ **pendant** prép. ▪ **I 1** Dans le temps de. **2** Tout le temps qu'a duré (le complément). → **durant.** **II** *PENDANT QUE* loc. conj. *Pendant que j'y pense,* puisque j'y pense. ◆ Tandis que.

pendard, arde n. ▪ vx Coquin, fripon.

pendeloque n. f. ▪ **1** Bijou suspendu à une boucle d'oreille. **2** Ornement suspendu.

pendentif n. m. ▪ Bijou suspendu.

penderie n. f. ▪ Petite pièce, placard où l'on suspend des vêtements.

pendiller v. intr. [1] ▪ Être suspendu en se balançant, en s'agitant en l'air.

pendillon n. m. ▪ **1** Tige qui transmet le mouvement au pendule d'une horloge. **2** théâtre Pièce de tissu disposée de chaque côté de la scène pour la réduire (appelée aussi *pendrillon*).

pendoir n. m. ▪ Corde ou crochet pour suspendre la viande dans une boucherie.

pendouiller v. intr. [1] ▪ fam. Pendre mollement ou d'une manière ridicule.

pendre v. [41] ▪ **I** v. intr. (choses) **1** Être fixé par le haut, la partie inférieure restant libre. **2** Descendre plus bas qu'il ne faudrait. **3** loc. fam. *Ça lui pend au nez,* un désagrément le menace (par sa faute). **II** v. tr. **1** Fixer (qqch.) par le haut. → **suspendre. 2** Mettre à mort (qqn) en suspendant par le cou au moyen d'une corde (→ **pendaison** (1)). ◆ loc. *Dire PIS QUE PENDRE de qqn.* → **médire.** ▷ v. pron. **se pendre 1** Se tuer, se suicider par pendaison. **2** Se tenir en laissant pendre (I) son corps. → se **suspendre.** ◆ fig. au p. p. *Être PENDU, UE À* : ne pas quitter, ne pas laisser.

pendrillon → **pendillon**

pendu, ue n. ▪ Personne qui s'est pendue, a été pendue.

① **pendule** n. m. ▪ **1** Masse oscillante suspendue à un point fixe par un fil tendu. ► **pendulaire** adj. **2** *Pendule de radiesthésiste,* servant à déceler les «ondes».

② **pendule** n. f. ▪ Petite horloge. ◆ loc. *Remettre les pendules à l'heure* : mettre les choses au point.

penduler v. intr. [1] ▪ En alpinisme et en spéléologie, Basculer ou osciller comme un pendule.

pendulette n. f. ▪ Petite pendule portative.

pêne n. m. ▪ Pièce mobile d'une serrure, qui s'engage dans une cavité (gâche).

pénéplaine n. f. ▪ Région à très faible relief.

pénétrable adj. ▪ **1** Où il est possible de pénétrer. **2** Que l'on peut comprendre.

pénétrance n. f. ▪ biol. Fréquence avec laquelle se manifestent les gènes non dominants.

pénétrant, ante adj. ▪ **1** Qui transperce les vêtements. *Froid pénétrant.* **2** Qui procure une sensation puissante. *Odeur pénétrante.* **3** (personne, esprit) Qui comprend les choses. → **clairvoyant, perspicace.**

pénétrante n. f. ▪ Grande voie (autoroute) allant vers un centre.

pénétration n. f. ▪ **1** Mouvement de ce qui pénètre. ◆ absolt *La pénétration* (du pénis dans le vagin). → **coït. 2** Facilité à comprendre. → **clairvoyance, perspicacité.**

pénétré, ée adj. ▪ Rempli (d'un sentiment, d'une conviction).

pénétrer v. [6] ▪ **I** v. intr. **1** (sujet chose) Entrer profondément, en passant à travers ce qui fait obstacle. **2** Entrer. *Pénétrer dans une maison.* ◆ fig. *Une habitude qui pénètre dans les mœurs.* **II** v. tr. **1** (sujet chose) Entrer profondément dans. **2** Comprendre à fond. *Pénétrer les intentions de qqn.*

pénétromètre n. m. ▪ techn. Instrument qui mesure, par pénétration, la dureté d'un corps.

pénibilité n. f. ▪ didact. Caractère de ce qui est plus ou moins pénible.

pénible adj. ▪ **1** Qui se fait avec fatigue. *Respiration pénible.* **2** Qui cause de la douleur ou de l'ennui. *Vivre des moments pénibles.* **3** (personnes) fam. Difficile à supporter.

péniblement adv. ▪ **1** Avec peine, fatigue ou souffrance. **2** À peine, tout juste.

péniche n. f. ▪ Bateau fluvial, à fond plat.

pénichette n. f. ▪ Petite péniche de tourisme fluvial.

pénicillé, ée [-il-] adj. ▪ didact. Qui est en forme de pinceau.

pénicilline [-ilin] n. f. ▪ Antibiotique utilisé dans le traitement d'infections.

penicillium [penisiljɔm] n. m. ▪ bot. Champignon qui forme une moisissure verdâtre sur certaines matières exposées à l'humidité.

pénicillorésistant, ante [-il-] adj. ▪ Se dit d'un germe pathogène qui n'est pas détruit par la pénicilline.

pénien, ienne adj. ▪ Relatif au pénis.

pénil [-il] n. m. ▪ anat. Saillie au-dessus du sexe de la femme, appelée aussi *mont de Vénus.*

péninsule n. f. ▪ Grande presqu'île. ► **péninsulaire** adj.

pénis [-is] n. m. ▪ Organe sexuel de l'homme, érectile. → **verge.**

pénitence n. f. ▪ **1** Remords d'avoir offensé Dieu, avec intention de réparer ses fautes. → **contrition, repentir. 2** Peine que le confesseur impose au pénitent. ◆ Mortification. **3** (hors du contexte religieux) Châtiment, punition.

pénitencier n. m. ▪ Prison ; bagne.

pénitent, ente n. ▪ **1** Personne qui confesse ses péchés. **2** Membre d'une confrérie imposant des pratiques de pénitence (2).

pénitentiaire adj. ▪ Qui concerne les prisons, les détenus.

① **penne** n. f. ▪ Grande plume (d'oiseaux).

② **penne** [pene ; pɛnne] n. f. ▪ au plur. Pâtes d'origine italienne, coupées en biseau et striées.

penné, ée adj. ▪ bot. *Feuille pennée* : feuille composée à folioles symétriques.

pennon n. m. ▪ hist. Drapeau triangulaire à longue pointe, que les chevaliers portaient au bout de leur lance.

penny [peni], plur. **pence** [pɛns] n. m. ▪ Monnaie anglaise, centième de la livre.

pénombre n. f. ▪ Lumière faible, tamisée.

penon n. m. ▪ mar. Petit ruban indiquant la direction du vent.

pensable adj. ▪ (surtout en tournure négative) Que l'on peut admettre, imaginer.

pensant, ante adj. ▪ **1** Qui a la faculté de penser. **2** → **bien-pensant.**

pense-bête n. m. ▪ Marque, note rappelant ce que l'on doit faire. *Des pense-bêtes.*

① **pensée** n. f. ▪ **I** *LA PENSÉE* **1** Ce que qqn pense, sent, veut. ◆ L'esprit. *Chasser qqch. de sa pensée. Voyager par la pensée.* **2** Activité psychique, faculté ayant pour objet la connaissance. **3** *La pensée de qqn,* sa réflexion. *La pensée d'un savant* (→ **théorie).** ♦ Opinion. **4** Manière de penser. *La pensée contemporaine.* **II** *UNE, DES PENSÉES* **1** Représentations, images, dans la conscience. ◆ (affectif) *Avoir une pensée émue pour qqn.* ♦ au plur. Réflexions. *Être absorbé dans ses pensées.* **2** Expression brève d'une idée. → **maxime, sentence. III** *LA PENSÉE DE (qqn, qqch.)* : le fait de penser à.

② **pensée** n. f. ▪ Plante aux fleurs veloutées et très colorées. *Pensées sauvages.*

① **penser** v. [1] ▪ **I** v. intr. **1** Appliquer son esprit à concevoir, à juger qqch. → **juger, raisonner, réfléchir.** ◆ loc. *Laisser, donner à penser* : faire réfléchir. **2** Exercer une activité cérébrale. *Les animaux pensent-ils ?* **II** v. tr. ind. *PENSER À* **1** Appliquer sa réflexion, son attention à. → **réfléchir.** *À quoi pensez-vous ?* **2** Évoquer par la mémoire ou l'imagination. → **songer** à. **3** S'intéresser à. *Penser à l'avenir.* **4** Avoir présent à l'esprit. **5** Prévoir. *J'ai pensé à tout.* **III** v. tr. **1** Avoir pour opinion, pour conviction. **2** (sens affaibli) Avoir l'idée de. → **croire, imaginer, supposer.** *Il n'est pas si naïf qu'on le pense.* ◆ exclam. *Penses-tu !, pensez-vous !* : mais non, pas du tout. ◆ *PENSER QUE* : croire, avoir la conviction que. ◆ (+ inf.) *Il ne pensait pas le rencontrer ici.* → **espérer, imaginer. 3** Avoir dans l'esprit (comme idée, sentiment, volonté, etc.). *Il ne dit pas ce qu'il pense.* **4** (+ inf.) Avoir l'intention de. → **compter.** *Que pensez-vous faire à présent ?* **5** littér. Considérer clairement, organiser par la pensée. → **concevoir.** *Penser une œuvre.* ◆ au p. p. *Un dispositif (bien) pensé.*

② **penser** n. m. ▪ vx ou littér. Pensée.

penseur n. m. ▪ Personne qui a des pensées neuves et personnelles. ♦ → aussi **libre penseur.**

pensif, ive adj. ▪ Absorbé dans ses pensées.

pension n. f. ▪ **I** Allocation périodique. *Pension d'invalidité, de retraite.* **II 1** loc. *Prendre pension, être en pension* : être nourri et logé. **2** *Pension de famille* : hôtel simple. **3** Établissement scolaire assurant hébergement et nourriture.

pensionnaire n. ▪ **1** Personne qui prend pension chez qqn, dans un hôtel. **2** Interne (dans une école). **3** Acteur faisant partie d'une compagnie.

pensionnat n. m. ▪ Pension (II, 3) privée.

pensionner v. tr. [1] ▪ Pourvoir (qqn) d'une pension. ▷ adj. et n. **pensionné, ée**

pensivement adv. ▪ D'une manière pensive, d'un air pensif.

pensum [pɛ̃sɔm] n. m. ▪ vieilli Travail ennuyeux.

pent(a)- [pɛ̃ta] Élément savant, du grec *pente* « cinq ».

pentacle n. m. ▪ didact. Étoile à cinq branches (en occultisme).

pentacrine n. m. ▪ zool. Échinoderme marin vivant en eau très profonde.

pentaèdre n. m. et adj. ▪ géom. Polyèdre à cinq faces.

pentagone n. m. ▪ **1** géom. Polygone qui a cinq côtés. **2** *Le Pentagone* : l'état-major des armées des États-Unis (bâtiment pentagonal). ► **pentagonal, ale, aux** adj.

pentamère adj. et n. m. ▪ zool. (Insecte) qui a cinq articles à tous les tarses.

pentane n. m. ▪ chim. Hydrocarbure saturé (C_5H_{12}), cinquième terme de la série des alcanes.

pentanol n. m. ▪ chim. Alcool saturé à cinq atomes de carbone.

pentarchie n. f. ▪ didact., Antiq. Gouvernement de cinq chefs (de cités grecques).

pentathlon [pɛ̃tatlɔ̃] n. m. ▪ Ensemble de cinq épreuves sportives. ► **pentathlonien, ienne** n.

pentatome n. m. ou f. ▪ zool. Insecte à l'odeur forte et désagréable, appelé aussi *punaise des bois.*

pentatonique adj. ▪ mus. Qui est formé de cinq tons.

pentavalent, ente adj. ▪ chim. Qui possède la valence 5.

pente n. f. ▪ **I 1** Inclinaison (d'une surface) par rapport à l'horizontale. **2** Penchant, inclination. ◆ loc. fig. *Suivre sa pente,* son goût. **3** *EN PENTE* : qui n'est pas horizontal. **II 1** Surface inclinée. *Gravir, dévaler une pente.* → **côte,**

descente. 2 fig. Ce qui incline vers la facilité, le mal. loc. *Être sur une* (ou *la*) *mauvaise pente. Remonter la pente.*

Pentecôte n. f. ▪ **1** Fête chrétienne, le septième dimanche après Pâques pour commémorer la descente du Saint-Esprit sur les apôtres. **2** Fête juive, sept semaines après la pâque (2e jour).

pentecôtisme n. m. ▪ relig. Mouvement religieux protestant apparu au début du XXe siècle, qui accorde une large place au Saint-Esprit et aux charismes. ► **pentecôtiste** adj. et n.

penthotal [pɛ̃-] n. m. ▪ Barbiturique appelé *sérum* de vérité.*

penthouse [pɛntaus] n. m. ▪ anglic. Appartement luxueux construit sur le toit-terrasse d'un immeuble.

penthrite [pɛ̃-] n. f. ▪ Explosif constitué par un ester nitrique très puissant et très sensible. - var. **pentrite.**

pentode n. f. ▪ électron. Tube électronique comprenant cinq électrodes. - var. **penthode.**

pentose n. m. ▪ biochim. Glucide (ose) à cinq atomes de carbone.

pentrite → **penthrite**

pentu, ue adj. ▪ En pente.

penture n. f. ▪ Ferrure décorative.

pénultième [-tjɛm] ▪ didact. **1** adj. Avant-dernier. **2** n. f. Avant-dernière syllabe.

pénurie n. f. ▪ Manque de ce qui est nécessaire. → **carence.**

péon n. m. ▪ Ouvrier agricole, paysan pauvre, en Amérique du Sud.

people [pipœl] ▪ anglic. **1** adj. invar. Qui concerne les vedettes. *Presse people (à sensation).* **2** n. m. pl. Ces vedettes.

pépé n. m. ▪ **1** lang. enfantin Grand-père. **2** fam. Homme âgé. → **papi.**

pépée n. f. ▪ fam. Femme, jeune fille.

pépère ▪ fam. **I** n. m. **1** lang. enfantin Grand-père. **2** Gros homme, gros enfant paisible. **II** adj. Tranquille. → **peinard.**

pépètes n. f. pl. ▪ fam. et vieilli Argent.

pépette n. f. ▪ fam. Jeune fille, petite fille (terme d'affection). → ② **nénette.**

pépie n. f. ▪ fam. Grande soif.

pépier v. intr. [7] ▪ (oiseaux) Pousser de petits cris brefs et aigus. ► **pépiement** n. m.

① **pépin** n. m. ▪ **1** Graine de certains fruits (raisins, baies, agrumes, pommes...). **2** fig., fam. Ennui, difficulté.

② **pépin** n. m. ▪ fam. Parapluie.

pépinière n. f. ▪ **1** Terrain où l'on fait pousser de jeunes arbres. ► **pépiniériste** n. **2** fig. *Une pépinière de talents.*

pépite n. f. ▪ Morceau d'or natif.

péplum [-ɔm] n. m. ▪ **1** Antiq. grecque Vêtement de femme, sans manches. **2** Film à grand spectacle sur l'Antiquité.

péponide n. f. ▪ bot. Fruit des cucurbitacées.

peppermint [pepɛʀmɛ̃t ; pepœʀmint] n. m. ▪ anglic. Liqueur de menthe poivrée. - syn. **pippermint** [pipœʀmint] (marque déposée).

pepperoni [pepe-] n. m. ▪ Saucisse de porc et de bœuf pimentée.

peps [pɛps] n. m. ▪ anglic. Dynamisme, allant. *Elle a du peps.* → ② **punch, tonus.** - var. **pep.**

pepsine n. f. ▪ Enzyme du suc gastrique qui décompose les protéines en peptides.

peptide n. m. ▪ biochim. Protide formé par un nombre restreint d'acides aminés. ► **peptidique** adj.

peptique adj. ▪ biochim., méd. Relatif à la pepsine. ◆ par ext. Qui a trait à la digestion, qui en résulte.

peptone n. f. ▪ biochim. Produit de la dégradation des protéines sous l'effet d'enzymes (pepsine, pancréatine, papaïne).

péquenaud, aude n. ▪ fam. et péj. Paysan. - var. **péquenot** n. m.

péquet n. m. ▪ région. (Ardennes, Wallonie) Eau-de-vie de grain aromatisée aux baies de genévrier. - var. **péket.**

péquiste adj. et n. ▪ Du Parti québécois. ◆ (Personne) favorable au Parti québécois, au Canada.

per- Élément, du latin *per* « à travers ».

peracide n. m. ▪ chim. Acide correspondant au degré d'oxydation le plus élevé (d'un élément).

pérail n. m. ▪ Fromage de brebis, fabriqué en Aveyron. *Des pérails affinés.*

péramèle n. m. ▪ zool. Mammifère (marsupial) à museau allongé, de la taille d'un lapin.

perborate n. m. ▪ Sel contenant plus d'oxygène que le borate. *Perborate de sodium,* ou absolt *perborate* (désinfectant, produit de blanchiment).

perçage n. m. ▪ Opération par laquelle on perce (une matière).

percale n. f. ▪ Tissu de coton, fin et serré.

percaline n. f. ▪ Toile de coton lustrée, souvent utilisée en doublure.

perçant, ante adj. ▪ **1** Qui voit au loin. ◆ *Des yeux perçants.* **2** (son) Aigu et fort.

perce n. f. ▪ loc. *Mettre en perce :* percer (un tonneau) pour tirer du vin.

percée n. f. ▪ **1** Ouverture qui ménage un passage, une perspective. **2** fig. Progrès.

percement n. m. ▪ Action de percer, de pratiquer (une ouverture, un passage).

perce-muraille n. f. ▪ Pariétaire (plante). *Des perce-murailles.*

perce-neige n. m. ou f. ▪ Plante à fleurs blanches de fin d'hiver. *Des perce-neige(s).*

perce-oreille n. m. ▪ Insecte dont l'abdomen porte une sorte de pince. *Des perce-oreilles.*

perce-pierre n. f. ▪ Plante vivant sur les rochers ou les murs (ex. la saxifrage). *Des perce-pierres.*

percept [pɛʀsɛpt] n. m. ▪ philos. Objet de la perception, sans référence à une chose en soi (opposé à *concept*).

percepteur, trice n. ▪ Comptable public chargé de la perception des impôts.

perceptible adj. ▪ **1** Qui peut être perçu par les sens. → **visible ; audible ; sensible. 2** Qui peut être compris. ► **perceptibilité** n. f.

perception n. f. ▪ **I 1** Réunion de sensations en images mentales. *Perception visuelle.* ► **perceptif, ive** adj. **2** littér. Sensation, intuition. **II 1** Recouvrement des impôts directs. **2** Fonction, bureau de percepteur.

percer v. [3] ▪ **I** v. tr. **1** Faire un trou dans (un objet). *Percer un mur.* ➛ Traverser, trouer. **2** Pratiquer dans (qqch.) une ouverture pouvant servir de passage, d'accès. **3** Traverser (une protection, un milieu). → **transpercer.** *Le soleil perce les nuages.* **4** fig., littér. Parvenir à découvrir (un secret...). ➛ loc. *Percer à jour,* découvrir (ce qui était caché). **5** Pratiquer, faire (une ouverture). *Percer un trou, un tunnel.* **II** v. intr. **1** Se frayer un passage. **2** fig. Se montrer. *Rien n'a percé de leur entretien.* **3** (personnes) Acquérir la notoriété. ▷ adj. **percé, ée** loc. *Panier* percé.* ➛ *Chaise* percée.*

perceur, euse n. ▪ **1** Personne qui perce à l'aide d'un outil. **2** n. f. Machine-outil (foreuse, fraiseuse) perçant des trous.

percevable adj. ▪ didact. Qui peut être perçu (argent).

percevoir v. tr. [28] ▪ **I 1** Comprendre, parvenir à connaître. → **discerner, sentir ; perception** (I). *Percevoir une nuance.* **2** Avoir conscience de (une sensation). ➛ *Les chiens perçoivent les ultrasons.* **II** Recevoir (une somme d'argent due). ➛ spécialt Recueillir (le montant d'un impôt, d'une taxe).

perchaude n. f. ▪ région. (Anjou ; Canada) Perche (poisson) commune.

① **perche** n. f. ▪ Poisson d'eau douce, à chair estimée.

② **perche** n. f. ▪ **1** Grande tige de bois, de métal. ♦ *Saut à la perche* (en hauteur). **2** loc. *Tendre la perche à qqn,* le tirer d'embarras. **3** fam. Personne grande et maigre.

percher v. [1] ▪ **I** v. intr. **1** (oiseaux) Se mettre, se tenir sur une branche, un perchoir. **2** fam. (personnes) Loger, habiter. **II** v. tr. fam. Placer à un endroit élevé. ▷ v. pron. se **percher** ▷ p. p. **perché, ée**

percheron, onne ▪ n. m. Grand et fort cheval de trait. ➛ adj. *Jument percheronne.*

percheur, euse adj. ▪ Qui a l'habitude de percher. *Un oiseau percheur.*

perchis n. m. ▪ techn. **1** Clôture faite de perches. **2** Futaie dont les arbres ont une taille convenable pour faire des perches.

perchiste n. ▪ **1** Sauteur à la perche. **2** Personne qui tend les perches d'un téléski.

perchlorate [-kl-] n. m. ▪ chim. Sel de l'acide perchlorique.

perchlorique [-kl-] adj. ▪ chim. *Acide perchlorique :* acide dans lequel le chlore a son degré d'oxydation le plus élevé.

perchoir n. m. ▪ **1** Endroit où viennent se percher les oiseaux. **2** fig. Endroit élevé.

perclus, use adj. ▪ Qui a de la peine à se mouvoir. *Être perclus de douleurs.*

percnoptère n. m. ▪ zool. Vautour de taille moyenne des régions méditerranéennes.

perçoir n. m. ▪ techn. Outil pour percer.

percolateur n. m. ▪ Appareil à vapeur sous pression qui sert à faire du café.

percolation n. f. ▪ didact. Passage d'une substance par une matière absorbante.

perçu, ue ▪ Participe passé de *percevoir.*

percussion n. f. ▪ **1** Action de frapper. **2** mus. *Instrument à* (ou *de*) *percussion,* dont on joue en le frappant. ► **percussionniste** n.

percutané, ée adj. ▪ méd. Qui se fait par absorption à travers la peau.

percutant, ante adj. ▪ **1** Qui donne un choc. **2** fig. Qui frappe par sa netteté.

percuter v. [1] ▪ **I** v. tr. Frapper, heurter (qqch.). **II** v. intr. Heurter (en explosant).

percuteur n. m. ▪ Dans une arme à feu, Pièce métallique qui frappe l'amorce.

perdant, ante ▪ **1** n. Personne qui perd au jeu, dans une affaire, une compétition. ➛ loc. *Être bon, mauvais perdant :* accepter bien, mal sa défaite. **2** adj. Qui perd.

perdition n. f. ▪ **1** relig. Éloignement de l'Église et du salut par le péché. ➛ loc. iron. *Lieu de perdition,* de débauche. **2** *Navire* EN PERDITION, en danger de naufrage.

perdre v. tr. [41] ▪ **I** (sens passif) **1** Être privé de ; ne plus avoir (un bien). *Perdre son emploi.* **2** Être séparé de (qqn) par la mort. *Perdre ses parents.* ➛ Ne plus avoir (un compagnon, un ami, etc.). **3** Cesser d'avoir (une partie de soi ; une qualité). *Perdre ses cheveux. Perdre la mémoire.* ➛ *Perdre connaissance :* s'évanouir. **4** Égarer. *Perdre ses clés.* **5** Laisser s'échapper. *Le blessé perd son sang.* ♦ loc. *Perdre de vue :* ne plus voir ; fig. ne plus fréquenter (qqn). **6** Ne plus pouvoir suivre, contrôler. *Perdre son chemin.* ➛ loc. *Perdre pied*. Perdre le nord*.* **7** Ne pas profiter de (qqch.). *Perdre son temps.* **8** (opposé à *gagner*) Ne pas obtenir ou ne pas garder (un avantage). **II** (sens actif) **1** Priver de sa réputation, de sa situation. *Son ambition le perdra.* ♦ spécialt Faire condamner. **2** vx ou littér. Corrompre, pervertir. **3** Mettre hors du bon chemin (concret). → **égarer.** ▷ v. pron. se **perdre**

1 Cesser d'être. *Les traditions se perdent.* **2** Être mal utilisé. *Laisser se perdre ;* ellipt *laisser perdre une occasion.* **3** S'égarer. ◆ fig. *Se perdre dans les détails.* ◆ *Se perdre dans ses pensées.*

perdreau n. m. ■ Jeune perdrix de l'année.

perdrix n. f. ■ Oiseau au plumage roux ou gris cendré, gibier apprécié.

perdu, ue adj. ■ **I** (→ perdre, I) **1** Dont on n'a plus la possession, la jouissance. *Regagner l'argent perdu.* ◆ *Tout est perdu.* ♦ *Occasion perdue.* ◆ *À ses moments perdus.* **2** Égaré. *Objets perdus.* ◆ (lieu) Écarté ; éloigné. *Un coin perdu.* **3** Mal contrôlé. *Balle perdue.* **II** (→ perdre, II) **1** Atteint dans sa santé. *Le malade est perdu.* → **condamné.** ◆ Atteint dans sa fortune, sa situation. ◆ vieilli *Fille perdue* : prostituée. **2** Abîmé, endommagé. **III** Qui se perd, qui s'est perdu. ♦ Désemparé.

perdurer v. intr. [1] ■ littér. Se perpétuer.

père n. m. ■ **1** Homme qui a engendré, donné naissance à des enfants. **2** *Père de famille,* qui élève des enfants. **3** (animaux) Parent mâle. **4** au plur. littér. Les ancêtres, les aïeux. *L'héritage de nos pères.* **5** fig. *Le père de qqch.* → **créateur, fondateur, inventeur.** **6** dr. *Père adoptif.* **7** (titre) Religieux. ◆ *Le Saint-Père,* le pape. ◆ *Les Pères de l'Église,* les docteurs de l'Église (du Ier au VIe siècle). ♦ fam. avant le nom *Le père* X (homme mûr, à la campagne). *Un père tranquille* : un homme paisible.

pérégrinations n. f. pl. ■ Déplacements incessants en de nombreux endroits.

péremption [-psjɔ̃] n. f. ■ **1** dr. Anéantissement après un délai. **2** cour. *Date de péremption,* où un produit est périmé.

péremptoire [-pt-] adj. ■ Qui refuse toute objection. ► **péremptoirement** adv.

pérenne adj. ■ didact. ou littér. Qui dure longtemps. → **perpétuel.** ► **pérenniser** v. tr. [1] ► **pérennisation** n. f.

pérennité n. f. ■ didact. ou littér. État, caractère de ce qui dure toujours.

péréquation [-kwa-] n. f. ■ Répartition égalitaire de charges ou de moyens.

perestroïka [peʀɛs-] n. f. ■ Politique libérale, dans l'ex-U. R. S. S. (1986-1991).

perfectible adj. ■ Susceptible d'être amélioré. ► **perfectibilité** n. f.

perfectif, ive adj. ■ gramm. *Verbe perfectif,* qui suppose un aboutissement, un terme (opposé à *imperfectif*).

perfection n. f. ■ **1** État, qualité de ce qui est parfait. **2** *À LA PERFECTION* loc. adv. : parfaitement. **3** *Une perfection* : personne ou chose parfaite.

perfectionner v. tr. [1] ■ Rendre meilleur. → **améliorer.** ▷ v. pron. se **perfectionner** ▷ adj. **perfectionné, ée** (choses) *Dispositif très perfectionné.* ► **perfectionnement** n. m.

perfectionniste n. et adj. ■ (Personne) qui cherche la perfection, qui fignole (à l'excès). ► **perfectionnisme** n. m.

perfecto n. m. ■ anglic. (n. de marque) Blouson court en cuir, ceinturé, pour les motocyclistes.

perfide adj. ■ littér. **1** Qui trahit la confiance. **2** Secrètement nuisible. *Une insinuation perfide.* ► **perfidement** adv.

perfidie n. f. ■ **1** Action, parole perfide. **2** Caractère perfide. → **déloyauté, fourberie.**

perforant, ante adj. ■ **1** anat. *Artères perforantes,* qui traversent des espaces interosseux, des muscles. **2** techn. *Instrument perforant.* → **perforateur.** *Balle, obus perforant,* pour percer les blindages.

perforateur, trice ■ **1** adj. Qui perfore. **2** n. f. Machine servant à perforer. **3** n. Personne qui utilise une perforatrice.

perforation n. f. ■ **1** Action de perforer. **2** Endroit perforé. ◆ méd. Ouverture anormale dans un organe.

perforé, ée adj. ■ **1** Percé. **2** techn. Qui présente des petits trous réguliers, en vue d'un usage mécanique.

perforer v. tr. [1] ■ Traverser en faisant un ou plusieurs petits trous. → **percer, trouer.**

performance n. f. ■ **1** Résultat obtenu dans une compétition. *Performance homologuée.* **2** Rendement, résultat le meilleur. **3** fig. Exploit, prouesse. **4** (de l'anglais) Œuvre artistique conçue comme un événement, une action en train de se faire.

performant, ante adj. ■ anglic. Capable de hautes performances. → **compétitif.**

performatif, ive n. m. et adj. ■ ling. Énoncé qui constitue simultanément l'acte auquel il se réfère (ex. *Je vous autorise à partir,* qui est une autorisation). ◆ adj. *Phrase performative.*

performeur, euse n. ■ **1** Sportif qui réalise une performance. **2** Artiste auteur de performance (4).

perfusion n. f. ■ méd. Injection lente et continue (de sérum). *Être sous perfusion.* ◆ *Perfusion sanguine.* ► **perfuser** v. tr. [1]

pergélisol [-s-] n. m. ■ géol. Sol gelé en permanence et absolument imperméable des régions arctiques. → **merzlota, permafrost.**

pergola n. f. ■ Petite construction de jardin, support de plantes grimpantes.

péri n. f. ■ Génie ou fée, dans la mythologie arabo-persane.

péri- Élément, du grec *peri* « autour ».

périanthe n. m. ■ bot. Ensemble des enveloppes protégeant les organes reproducteurs de la fleur (→ ② **calice, corolle).**

périarthrite n. f. ■ méd. Inflammation des tissus qui entourent une articulation.

péribole n. m. ■ archéol. Espace clos autour des temples grecs.

péricarde n. m. ▪ anat. Membrane qui enveloppe le cœur. ► **péricardique** adj.

péricardite n. f. ▪ méd. Inflammation du péricarde.

péricarpe n. m. ▪ bot. Enveloppe des graines.

péricliter v. intr. [1] ▪ Aller à sa ruine.

péridot n. m. ▪ minér. Pierre fine de couleur vert clair, silicate de magnésium et de fer (→ **olivine**).

péridural, ale, aux adj. et n. f. ▪ méd. *(Anesthésie) péridurale :* anesthésie locorégionale.

périgée n. m. ▪ astron. Point d'une orbite le plus proche de la Terre.

périglaciaire adj. ▪ géogr. Qui est proche des régions de glaciers et caractérisé par l'importance du gel dans l'évolution du relief.

périgueux n. m. ▪ techn. Pierre noire très dure servant à polir, employée par les émailleurs et les verriers.

périhélie n. m. ▪ astron. Point de l'orbite d'une planète le plus proche du Soleil.

péri-informatique n. f. ▪ Activités et matériels liés aux périphériques d'ordinateurs.

péril [-il] n. m. ▪ littér. Situation où l'on court de grands risques. → **danger**. ◆ *Navire EN PÉRIL.* ◆ loc. *Au péril de sa vie.* ◆ *Faire qqch. à ses risques et périls,* en acceptant toutes les conséquences.

périlleux, euse adj. ▪ **1** littér. Où il y a des risques, du danger. ► **périlleusement** adv. **2** loc. *Saut périlleux,* où le corps fait un tour complet sur lui-même.

périmé, ée adj. ▪ **1** (opposé à *actuel*) Qui n'a plus cours. **2** (opposé à *valide*) *Passeport périmé.* **3** Qui n'est plus consommable (→ **péremption**). *Yaourt périmé.*

se **périmer** v. pron. [1] ▪ Être annulé après l'expiration d'un délai. ◆ (sans se) *Laisser périmer un billet.*

périmètre n. m. ▪ **1** Ligne qui délimite le contour d'une figure plane. **2** Zone délimitée.

périnatal, ale, als adj. ▪ méd. Qui précède et suit immédiatement la naissance.

périnatalité n. f. ▪ méd. Période périnatale.

périnatalogie n. f. ▪ méd. Partie de la médecine consacrée à l'étude de la physiologie et de la pathologie périnatales de la mère et de l'enfant. → **néonatologie**.

périnée n. m. ▪ Ensemble des tissus qui forment le plancher du petit bassin. ► **périnéal, ale, aux** adj.

période n. f. ▪ **I 1** Espace de temps. *La période des fêtes.* ◆ Division historique du temps. *La période révolutionnaire.* **2** didact. Durée déterminée. *La période d'incubation d'une maladie.* **II** sc. Temps qui s'écoule entre deux états semblables d'un phénomène. ◆ astron. Temps de révolution. **III** didact. Phrase harmonieuse. *Période oratoire.*

périodicité n. f. ▪ Caractère de ce qui est périodique (I).

périodique adj. ▪ **I 1** Qui se reproduit à des intervalles réguliers. **2** Qui paraît régulièrement. ◆ n. m. *Un périodique.* → **magazine, revue**. **II** sc. *Mouvement, fonction périodique,* qui reprend la même valeur à intervalles réguliers. ► **périodiquement** adv.

périodisation n. f. ▪ didact. Division significative et explicative en périodes (d'un temps de l'histoire).

périoste n. m. ▪ anat. Membrane qui enveloppe les os.

périostite n. f. ▪ méd. Inflammation du périoste.

péripatéticienne n. f. ▪ littér. Prostituée.

péripétie n. f. ▪ **1** didact. Changement subit de situation. **2** cour. Événement imprévu.

périphérie n. f. ▪ **1** Pourtour. **2** Partie extérieure. **3** Quartiers éloignés du centre.

périphérique ▪ **1** adj. Situé à la périphérie. *Système nerveux périphérique* (opposé à *central*). **2** adj. et n. m. *Le (boulevard) périphérique, à Paris.* **3** n. m. inform. Élément de matériel distinct de l'unité centrale.

périphlébite n. f. ▪ méd. Inflammation du tissu conjonctif qui entoure une veine.

périphrase n. f. ▪ Expression développée d'une notion.

périphrastique adj. ▪ didact. Qui constitue une périphrase.

périple n. m. ▪ **1** didact. Grand voyage par mer. **2** (critiqué) Voyage, randonnée.

périptère adj. et n. m. ▪ archit. Qui est entouré d'un rang de colonnes isolées du mur. ◆ n. m. *La Madeleine, à Paris, est un périptère.*

périr v. intr. [2] ▪ littér. **1** Mourir. ◆ *S'ennuyer à périr.* **2** Disparaître. ◆ Faire naufrage.

périscolaire adj. ▪ Complémentaire de l'enseignement scolaire.

périscope n. m. ▪ Instrument d'optique permettant de voir par-dessus un obstacle.

périsperme n. m. ▪ bot. Tégument extérieur qui constitue un tissu de réserve dans certaines graines (nénuphar, poivre).

périssable adj. ▪ **1** littér. Qui n'est pas durable. **2** *Denrée périssable,* qui se conserve peu.

périssoire n. f. ▪ Embarcation plate, longue et étroite.

péristaltisme n. m. ▪ physiol. Ensemble des contractions musculaires qui assurent la progression du contenu d'un organe tubulaire. *Le péristaltisme de l'intestin.* ► **péristaltique** adj.

péristyle n. m. ▪ didact. Colonnade autour d'un édifice, d'une cour.

péritel adj. invar. (marque déposée) ▪ *Prise péritel,* permettant de brancher certains appareils sur un téléviseur.

péritéléphonie n. f. ▪ techn. Ensemble des techniques utilisant un poste téléphonique en vue d'applications autres que les communications.

péritexte n. m. ▪ didact. Ensemble des textes qui complètent le texte principal d'un ouvrage écrit, et en font partie (préface, notes, glossaire...).

péritoine n. m. ▪ Membrane qui tapisse les parois intérieures de l'abdomen. ► **péritonéal, ale, aux** adj.

péritonite n. f. ▪ Inflammation du péritoine.

périurbain, aine adj. ▪ Situé aux abords immédiats d'une ville. → **périphérique.**

perlant adj. m. et n. m. ▪ (vin) Qui forme de petites bulles lorsqu'on le verse.

perle n. f. ▪ **1** Petite concrétion de nacre sécrétée par certains mollusques (huîtres), utilisée en joaillerie. *Collier de perles.* ✦ *Perles de culture,* obtenues en plaçant un grain de nacre dans une huître d'élevage. **2** Petite boule percée d'un trou. **3** Personne de grand mérite. *Ce cuisinier est une perle.* **4** Erreur grossière, absurdité.

perlé, ée adj. ▪ **1** En forme de perle ronde. *Orge perlé.* **2** Qui a des reflets nacrés. **3** Exécuté avec soin. *Ouvrage perlé.*

perlèche n. f. ▪ méd. Infection de la commissure des lèvres par des streptocoques. - syn. **pourlèche.**

perler v. intr. [1] ▪ Former de petites gouttes arrondies.

perlier, ière adj. ▪ Qui a rapport aux perles (1), forme une perle *(huître perlière).*

perlimpinpin n. m. ▪ *Poudre* de perlimpinpin.*

perlingual, ale, aux [-gwal, o] adj. ▪ pharm. Placé sous la langue.

perlite n. f. ▪ **1** minér. Silicate naturel, pauvre en eau, de la famille des feldspaths. **2** techn. Constituant microscopique des alliages ferreux.

perlon n. m. ▪ Requin de la Méditerranée. → **grondin.**

perlot n. m. ▪ Petite huître des côtes de la Manche.

perm ou **perme** n. f. → **permission**

permaculture n. f. ▪ Mode d'aménagement du territoire visant à produire de la nourriture en renforçant l'écosystème.

permafrost [-ɔst] n. m. ▪ anglic., géogr. Sol perpétuellement gelé des régions arctiques. → **merzlota, pergélisol.**

permalloy [pɛʀmalɔj ; pɛʀmalwa] n. m. ▪ techn. Alliage de fer et de nickel (à 78 % de nickel) d'une très grande perméabilité magnétique.

permanence n. f. ▪ **1** Caractère de ce qui est durable ; longue durée (de qqch.). **2** Service assurant un fonctionnement ininterrompu ; son local. **3** *EN PERMANENCE* loc. adv. : sans interruption. ✦ Très souvent.

permanencier, ière n. ▪ Personne qui assure une permanence.

permanent, ente adj. ▪ **1** Qui dure, demeure sans discontinuer ni changer. → **constant, continu. 2** n. f. Traitement des cheveux pour les onduler durablement. **3** Qui exerce une activité permanente. ✦ n. *Les permanents d'un syndicat, d'un parti.*

permanenter v. tr. [1] ▪ Faire une permanente à. ✦ p. p. *Cheveux permanentés.*

permanganate n. m. ▪ Sel dérivé du manganèse. ✦ *Permanganate (de potassium),* antiseptique violet.

perméable adj. ▪ **1** Qui se laisse traverser ou pénétrer par un fluide. *Roche perméable.* **2** fig. Qui se laisse atteindre, toucher par (qqch.). ► **perméabilité** n. f.

permettre v. tr. [56] ▪ **1** Laisser faire (qqch.), ne pas empêcher. → **autoriser, tolérer.** ✦ *PERMETTRE qqch. À qqn.* → **accorder.** ✦ au passif *Il se croit tout permis.* **2** (sujet chose) Rendre possible. *Sa santé ne lui permet aucun excès.* **3** *Permettez ! Vous permettez ?*, formules pour contredire, protester ou agir. ▷ v. pron. **se permettre** S'accorder (qqch.). ✦ *SE PERMETTRE DE* (+ inf.).

permien, ienne adj. et n. m. ▪ géol. De la dernière période de l'ère primaire, faisant suite au carbonifère.

permis n. m. ▪ Autorisation officielle écrite. *Permis de construire.* ✦ *PERMIS (DE CONDUIRE). Passer son permis,* l'examen.

permissif, ive adj. ▪ didact. Qui permet, tolère trop facilement. ► **permissivité** n. f.

permission n. f. ▪ **1** Action de permettre ; son résultat. → **autorisation. 2** Congé accordé à un militaire. - abrév. fam. **perm** ou **perme.**

permissionnaire n. ▪ Soldat en permission.

permittivité n. f. ▪ phys. Constante caractéristique d'un milieu peu conducteur (diélectrique) qui peut affaiblir les forces électrostatiques.

permutable adj. ▪ Qui peut être déplacé par rapport à une autre personne ou chose par une permutation. *Éléments permutables.*

permutant, ante n. ▪ admin. Personne qui change d'emploi avec une autre.

permutation n. f. ▪ **1** Échange d'un emploi, d'un poste contre un autre. ♦ (choses) Changement de place réciproque. **2** math. Chacun des arrangements (disposition dans une série) que peut prendre un nombre défini d'objets. *Le nombre de permutations d'un nombre* n *d'objets est égal à factorielle* n.

permuter v. [1] ▪ **1** v. tr. Mettre une chose à la place d'une autre (et réciproquement). **2** v. intr. Échanger sa place.

pernicieux, euse adj. ▪ **1** méd. Dont l'évolution est grave. **2** littér. Nuisible. ► **pernicieusement** adv.

perniciosité n. f. ▪ rare et littér. Caractère pernicieux.

péroné n. m. ▪ Os long de la jambe. → **fibula.**

péronier, ière n. m. et adj. ▪ anat. *Péronier antérieur* : muscle qui fléchit le pied et le porte en abduction et en rotation en dehors. ◆ adj. Relatif au péroné. *L'artère péronière.*

péronnelle n. f. ▪ fam. et vieilli Jeune femme, jeune fille sotte et bavarde.

péroraison n. f. ▪ didact. Conclusion d'un discours.

pérorer v. intr. [1] ▪ Discourir, parler d'une manière prétentieuse, avec emphase. ► **péroreur, euse** n.

peroxydase [pɛʀ-] n. f. ▪ biochim. Enzyme qui utilise l'eau oxygénée pour oxyder diverses substances.

peroxydation [pɛʀ-] n. f. ▪ chim. Oxydation maximale.

peroxyde [pɛʀ-] n. m. ▪ chim. Oxyde contenant le maximum d'oxygène.

peroxydé, ée [pɛʀ-] adj. ▪ (cheveux) Décoloré à l'eau oxygénée. ◆ par ext. *Une blonde peroxydée.*

peroxyder [pɛʀ-] v. tr. [1] ▪ chim. Oxyder au plus haut degré possible.

perpendiculaire adj. ▪ *Perpendiculaire à* : qui fait un angle droit avec. ◆ n. f. *Une perpendiculaire.* ► **perpendiculairement** adv.

à perpète loc. adv. ▪ fam. **1** À perpétuité. **2** Très loin (dans l'espace).

perpétrer v. tr. [6] ▪ dr. ou littér. Commettre (un acte criminel). ► **perpétration** n. f.

perpétuel, elle adj. ▪ **1** Qui dure toujours. ◆ *Mouvement perpétuel,* qui, une fois déclenché, continuerait éternellement. **2** Qui dure, doit durer toute la vie. ◆ *Secrétaire perpétuel,* à vie. **3** Qui ne s'arrête, ne s'interrompt pas. *Une angoisse perpétuelle.* ► **perpétuellement** adv.

perpétuer v. tr. [1] ▪ Faire durer toujours ou très longtemps. ▷ v. pron. se **perpétuer** → **durer.** ► **perpétuation** n. f.

perpétuité n. f. ▪ **1** littér. Durée infinie ou très longue. **2** loc. adv. *À PERPÉTUITÉ* : à vie.

perplexe adj. ▪ Qui hésite, ne sait que penser, que faire. ► **perplexité** n. f.

perquisition n. f. ▪ Fouille policière d'un domicile. ► **perquisitionner** v. intr. [1]

perré n. m. ▪ techn. Mur de soutènement, revêtement en pierre sèche sur un talus pour maintenir la terre.

perrière n. f. ▪ archéol. Machine de guerre à bascule et à contrepoids lançant des projectiles, au Moyen Âge.

perron n. m. ▪ Petit escalier extérieur et plateforme devant la porte d'une maison.

perroquet n. m. ▪ **I** Oiseau grimpeur au plumage coloré, à gros bec, capable d'imiter la parole humaine. **II** mar. Mât gréé sur une hune. ◆ Voile carrée.

perruche n. f. ▪ **1** Petit oiseau grimpeur, au plumage coloré, à longue queue. **2** fig. Femme bavarde.

perruque n. f. ▪ Coiffure de faux cheveux.

perruquier, ière n. ▪ Personne qui fabrique des perruques et des postiches.

pers adj. m. ▪ D'une couleur où le bleu domine (yeux).

persan, ane adj. et n. ▪ De Perse (aujourd'hui, Iran). ◆ *Chat persan,* à longs poils soyeux. ◆ n. m. *Le persan* (langue). → **farsi.**

persécuté, ée adj. et n. ▪ En butte à une persécution. *Peuple persécuté.*

persécuter v. tr. [1] ▪ **1** Tourmenter par des traitements injustes et cruels. **2** Poursuivre en importunant. → **harceler.** ► **persécuteur, trice** n.

persécution n. f. ▪ **1** Traitement injuste et cruel. ◆ Mauvais traitement. **2** psych. loc. *Manie, délire de persécution* (paranoïa).

perséides n. f. pl. ▪ astron. Étoiles filantes qui semblent venir de la constellation de Persée.

persel n. m. ▪ chim. Sel dérivant d'un peracide.

persévérer v. intr. [6] ▪ Continuer de faire ce qu'on a résolu, par un acte de volonté renouvelé. → s'**obstiner.** ► **persévérance** n. f. ► **persévérant, ante** adj.

persicaire n. f. ▪ bot. Renouée dont certaines variétés sont ornementales.

persienne n. f. ▪ Volet extérieur, muni de vantaux à claire-voie.

persifler v. tr. [1] ▪ littér. Tourner (qqn) en ridicule. ► **persiflage** n. m.

persifleur, euse n. et adj. ▪ (Personne) qui aime à persifler. ◆ *Un ton persifleur.*

persil [-si] n. m. ▪ Plante potagère aromatique, utilisée comme condiment.

persillade n. f. ▪ Assaisonnement à base de persil haché.

persillé, ée adj. ▪ **1** Accompagné de persil haché, de persillade. **2** *Fromage persillé,* à moisissures. → **bleu. 3** *Viande persillée,* parsemée d'infiltrations de graisse.

persillère n. f. ▪ Récipient, pot percé de trous, dans lequel on fait pousser du persil.

persistance n. f. ▪ **1** Fait de ne pas changer. → **constance. 2** Caractère durable.

persistant, ante adj. ▪ **1** Qui persiste. **2** bot. *Feuilles persistantes* (opposé à *caduque*), qui ne tombent pas en hiver.

persister v. intr. [1] ▪ **1** Continuer sans céder. → s'**obstiner, persévérer.** ◆ loc. *Je persiste et signe* : je maintiens ce que j'ai dit, fait. **2** Durer malgré tout. *La fièvre persiste.*

perso adj. invar. ▪ fam. Personnel ; très, trop personnel.

persona grata n. f. invar. ▪ (attribut) Représentant d'un État agréé par un autre État (opposé à *persona non grata* [-nɔn-], indésirable).

personnage n. m. ▪ **1** Personne qui joue un rôle social important. → **notable, personnalité** (II). **2** Personne qui figure dans une œuvre. *Les personnages d'un film, d'un roman.* ♦ Être humain figuré, représenté. **3** Personne, dans son comportement. ➜ *Composer son personnage.*

personnalisation n. f. ▪ Fait de donner un caractère personnel à (qqch.).

personnaliser v. tr. [1] ▪ Donner un caractère personnel à (qqch.). ➜ au p. p. *Crédit personnalisé.*

personnalisme n. m. ▪ Système philosophique fondé sur la personne humaine. ► **personnaliste** adj. et n.

personnalité n. f. ▪ **I 1** Ce qui différencie une personne. *Avoir une forte personnalité.* ➜ Force de caractère. **2** Unité du moi. *Dédoublement* de la personnalité.* **3** dr. *Personnalité juridique* : aptitude à être sujet de droit. → ① **personne** (II). *Personnalité morale.* **II** Personne en vue, remarquable.

① **personne** n. f. ▪ **I 1** Individu de l'espèce humaine. → **homme** (I). *Une personne.* → **quelqu'un ; on.** *De nombreuses personnes.* → **gens.** ♦ loc. *GRANDE PERSONNE* : adulte. **2** *La personne de qqn,* la personnalité, le moi. ♦ loc. *EN PERSONNE* : soi-même, lui-même. **3** Être humain qui a une conscience claire de lui-même. → **moi, sujet. II** dr. Être auquel est reconnue la capacité d'être sujet de droit. ➜ *Personne morale* : association ou entreprise. **III** gramm. Indication du rôle que tient la personne qui est en cause dans l'énoncé. *Verbe à la première personne* (celle qui s'exprime : je), *à la deuxième personne* (à qui l'on s'adresse : tu, vous), *à la troisième personne* (dont on parle : il[s], elle[s]).

② **personne** pron. indéf. ▪ **1** vx Quelqu'un. ➜ littér. *Il n'est pas question que personne sorte.* ➜ *Mieux que personne.* → **quiconque. 2** (avec *ne*) Aucun être humain. *Il n'y avait personne.* ♦ (ellipse de *ne*) *Y avait-il qqn ? – Personne.*

personnel, elle ▪ **I** adj. **1** Qui concerne une personne, lui appartient. *Opinions personnelles.* **2** Qui s'adresse à qqn en particulier. *Lettre personnelle.* **II** adj. gramm. **1** Se dit des formes du verbe exprimant la personne (opposé à *impersonnel*). **2** *PRONOM PERSONNEL,* qui marque la personne grammaticale (ex. je, il). **III** n. m. Personnes employées dans une maison, une entreprise.

personnellement adv. ▪ **1** En personne, soi-même. **2** Pour sa part, quant à soi.

personnification n. f. ▪ **1** Action de personnifier (1). **2** Incarnation de (qqch.). *La personnification de l'ambition.*

personnifier v. tr. [7] ▪ **1** Évoquer, représenter (une chose abstraite) sous les traits d'une personne. **2** Réaliser dans sa personne (un caractère). ▷ adj. **personnifié, iée 1** *Le vice et la vertu personnifiés.* **2** *Cette personne est la bonté personnifiée.*

perspectif, ive adj. ▪ didact. Qui représente un objet ou un groupe d'objets en perspective. *Dessin perspectif.*

perspective n. f. ▪ **I 1** peint., dessin Technique de représentation de et dans l'espace en fonction de lignes de fuite. ➜ *Perspective cavalière,* à lignes de fuite parallèles. **2** Aspect esthétique de ce qui est vu à distance. **II** abstrait **1** Événements probables ou possibles. *La perspective de ce voyage l'enchantait.* **2** Manière de considérer qqch. → **optique, point de vue.**

perspectivisme n. m. ▪ philos. Le fait que toute connaissance est relative aux besoins vitaux de l'être qui connaît.

perspicace adj. ▪ Doué d'un esprit pénétrant, subtil. ► **perspicacité** n. f.

perspiration n. f. ▪ physiol. Ensemble des échanges respiratoires qui se font par la peau.

persuader v. tr. [1] ▪ *Persuader qqn de qqch.,* amener (qqn) à croire, à penser, à vouloir, à faire. → **convaincre.**

persuasion n. f. ▪ Action de persuader ; fait d'être persuadé. ► **persuasif, ive** adj.

persulfate n. m. ▪ chim. Persel obtenu par électrolyse d'un sulfate.

persulfure n. m. ▪ chim. Sulfure renfermant une plus grande proportion de soufre que les sulfures normaux.

persulfuré, ée adj. ▪ chim. À l'état de persulfure.

perte n. f. ▪ **I 1** Fait de perdre (qqn), d'en être séparé par la mort. ➜ au plur. Personnes tuées (guerre). **2** Fait d'être privé de ce qu'on avait. *Pertes financières.* ♦ loc. *Passer par pertes et profits,* considérer comme perdu. ➜ *Perte sèche,* qui n'est compensée par aucun bénéfice. **3** Fait d'égarer, de perdre qqch. **4** *À PERTE DE VUE* loc. adv. : aussi loin que la vue peut atteindre. **5** *EN PURE PERTE* loc. adv. : inutilement. **6** Déperdition (d'énergie...). **7** Fait de perdre, d'être vaincu. **II** Fait de se perdre. *Courir à sa perte.*

pertinemment [-amɑ̃] adv. ▪ **1** littér. De manière pertinente. **2** cour. *Savoir pertinemment,* être informé exactement.

pertinent, ente adj. ▪ **1** Qui convient exactement, dénote du bon sens. → **judicieux. 2** sc. Doué d'une fonction distinctive dans un système. ► **pertinence** n. f.

pertuis n. m. ▪ vx ou littér. Trou ; passage.

pertuisane n. f. ▪ Ancienne arme, lance à long fer triangulaire.

perturbant, ante adj. ▪ Qui perturbe, trouble (qqn).

perturbateur, trice n. ▪ Personne qui perturbe. ➛ adj. *Éléments perturbateurs.*

perturbation n. f. ▪ **1** Irrégularité provoquée dans un fonctionnement. ➛ *Perturbation atmosphérique.* **2** Bouleversement dans la vie sociale ou individuelle.

perturber v. tr. [1] ▪ **1** Empêcher (qqch.) de fonctionner normalement. **2** Bouleverser, troubler (qqn).

pervenche n. f. ▪ Plante à fleurs bleu-mauve, des lieux ombragés.

pervers, erse adj. ▪ **1** littér. Qui se plaît à faire le mal ou à l'encourager. **2** adj. et n. (Personne) qui témoigne de perversion. **3** loc. *Effet pervers :* conséquence pernicieuse.

perversion n. f. ▪ **1** littér. Action de pervertir (1). → **dépravation. 2** Déviation des tendances, des instincts. *Perversion sexuelle.*

perversité n. f. ▪ **1** littér. Goût pour le mal. **2** Goût de l'ambiguïté morale. ♦ Perversion (2).

pervertir v. tr. [2] ▪ **1** Faire changer (qqn) en mal. **2** Détourner (qqch.) de son sens ou de ses buts. *L'argent pervertit le sport.* ▸ **pervertissement** n. m.

pesade n. f. ▪ équit. Parade du cheval qui se dresse sur les pieds de derrière.

pesage n. m. ▪ **1** Détermination, mesure des poids. **2** Action de peser les jockeys. ➛ Endroit où s'effectue ce pesage.

pesant, ante adj. ▪ **1** Qui pèse lourd. **2** fig. Pénible à supporter. **3** Qui donne une impression de lourdeur. ▸ **pesamment** adv.

pesanteur n. f. ▪ **1** phys. Caractère de ce qui a un poids. ➛ *LA PESANTEUR :* la force qui entraîne les corps vers le centre de la Terre. → **gravité. 2** Caractère pesant (3). → **lourdeur.** ➛ Manque de vivacité. **3** Force qui retarde une évolution.

pèse-acide n. m. ▪ techn. Instrument pour mesurer la densité d'une solution acide. → **acidimètre.** *Des pèse-acides.*

pèse-alcool n. m. ▪ techn. Alcoomètre. *Des pèse-alcools.*

pèse-bébé n. m. ▪ Balance pour nourrisson. *Des pèse-bébés.*

pesée n. f. ▪ **1** Quantité pesée en une fois. **2** Détermination du poids (de qqch.). **3** Pression sur qqch. ou qqn.

pèse-esprit n. m. ▪ vx Alcoomètre. *Des pèse-esprits.*

pèse-lait n. m. ▪ techn. Instrument pour déterminer la densité du lait. *Des pèse-laits.*

pèse-lettre n. m. ▪ Balance pour les messages postaux. *Des pèse-lettres.*

pèse-moût n. m. ▪ techn. Glucomètre. *Des pèse-moûts.*

pèse-personne n. m. ▪ Balance plate.

peser v. [5] ▪ **I** v. tr. **1** Déterminer le poids de (qqch.), en le comparant à un poids connu. **2** Apprécier, examiner avec attention. *Peser ses mots.* ➛ au p. p. *Tout bien pesé :* après mûre réflexion. **II** v. intr. (concret) **1** Avoir comme poids. *Elle pèse soixante kilos. Les cent kilos qu'il a pesé* (sans accord). **2** *PESER SUR, CONTRE.* → **appuyer. III** v. intr. (abstrait) **1** *PESER À qqn,* être pénible. **2** *PESER SUR :* accabler.

pèse-sel n. m. ▪ techn. Instrument pour déterminer la densité et la concentration des solutions salines. *Des pèse-sels.*

pèse-sirop n. m. ▪ techn. Instrument pour mesurer la densité et la concentration des solutions de sucre. *Des pèse-sirops.*

peseta [pezeta ; peseta] n. f. ▪ Ancienne unité monétaire de l'Espagne (avant l'euro).

pesette n. f. ▪ Petite balance de précision pour les monnaies.

pèse-vin n. m. ▪ techn. Appareil utilisé pour mesurer le degré d'alcool du vin. *Des pèse-vins.*

peshmerga n. ▪ Combattant(e) kurde d'Irak.

peso [pezo ; peso] n. m. ▪ Unité monétaire de plusieurs pays d'Amérique latine.

peson n. m. ▪ Balance à levier coudé, dont les indications sont données par un index se déplaçant devant un cadran ou une fiche graduée.

pessaire n. m. ▪ méd. Dispositif introduit dans le vagin, destiné à remédier aux déviations de l'utérus.

pessimisme n. m. ▪ Disposition d'esprit qui porte à prendre les choses du mauvais côté. ▸ **pessimiste** adj. et n.

peste n. f. ▪ **I 1** Très grave maladie infectieuse, épidémique et contagieuse (bacille de Yersin). **2** Maladie virale des animaux d'élevage. **3** fig. Personne, chose nuisible. **II** interj. (étonnement, admiration) *Peste !*

pester v. intr. [1] ▪ Manifester son mécontentement, sa colère, par des paroles.

pesteux, euse adj. ▪ **1** didact. De la peste. *Bubon pesteux.* **2** cour. Atteint de la peste. → **pestiféré.**

pesticide adj. et n. m. ▪ anglic. Produit destiné à la protection des cultures contre les parasites (herbicides, insecticides...).

pestiféré, ée adj. ▪ Infecté ou atteint de la peste (1). ➛ n. *On le fuit comme un pestiféré.*

pestilence n. f. ▪ littér. Odeur infecte. ▸ **pestilentiel, ielle** adj.

pesto n. m. ▪ cuis. Sauce d'origine italienne à base de basilic et d'huile d'olive, avec ail, parmesan et pignons pilés. → **pistou.**

pet n. m. ▪ fam. Gaz intestinal qui s'échappe de l'anus avec bruit. ♦ loc. fam. *Ça ne vaut pas un pet (de lapin) :* ça ne vaut rien.

peta- Préfixe du système international (symb. P) qui indique la multiplication par 10^{15} de l'unité dont il précède le nom.

pétainisme n. m. ▪ hist. Idéologie des partisans de Pétain et du régime de Vichy pendant l'Occupation. - var. **pétinisme.** ► **pétainiste** adj. et n.

pétale n. m. ▪ Chacune des pièces florales composant la corolle d'une fleur.

pétaloïde adj. ▪ bot. Qui ressemble à un pétale. *Sépales pétaloïdes.*

pétanque n. f. ▪ Jeu de boules.

pétant, ante adj. ▪ fam. Exact (heure).

pétarade n. f. ▪ **1** Suite de pets (d'un cheval, etc.). **2** Suite de détonations.

pétarader v. intr. [1] ▪ Faire entendre une pétarade. ► **pétaradant, ante** adj.

pétard n. m. ▪ **1** Petite charge d'explosif dans une enveloppe. ◆ loc. fig. *Pétard mouillé :* révélation sans effet. **2** fam. Bruit, tapage. ◆ loc. *En pétard,* en colère. **3** fam. Revolver. **4** fam. Cigarette de haschisch. **5** fam. Derrière, fesses.

pétase n. m. ▪ Antiq. grecque Chapeau à larges bords.

pétasse n. f. ▪ **1** vulg. Prostituée. → **roulure.** **2** injurieux (sans connotation sexuelle) Femme. → **grognasse.**

pétaudière n. f. ▪ Lieu de confusion.

pet-de-nonne n. m. ▪ Beignet soufflé. *Des pets-de-nonne.*

pétéchie n. f. ▪ méd. Petite tache apparaissant sur la peau à la suite d'une hémorragie cutanée. → **purpura.**

péter v. [6] ▪ fam. **I** v. intr. **1** Faire un pet, lâcher des vents. ◆ loc. *Péter plus haut que son cul,* être prétentieux. **2** (sujet chose) Éclater avec bruit. → **exploser.** ◆ Se rompre brusquement, se casser. **II** v. tr. **1** *Péter le feu :* déborder de vitalité. **2** Casser. ▷ adj. **pété, ée** fam. **1** Cassé. **2** (personnes) Fou. ◆ Ivre.

pète-sec n. et adj. invar. ▪ fam. (Personne) autoritaire au ton cassant.

péteux, euse n. ▪ fam. **1** Peureux. ◆ adj. Honteux. **2** Personne insignifiante et prétentieuse.

pétiller v. intr. [1] ▪ **1** Éclater avec de petits bruits secs et répétés. *Le feu pétille.* → **crépiter.** **2** (liquide) Produire des bulles en bruissant. **3** littér. Briller. *Regard qui pétille.* ► **pétillant, ante** adj. ► **pétillement** n. m.

pétinisme → **pétainisme**

pétiole [-sjɔl] n. m. ▪ Partie rétrécie de certaines feuilles vers la tige.

pétiolé, ée [-s-] adj. ▪ bot. Qui est pourvu d'un pétiole. *Feuille pétiolée.*

petiot, ote [-tjo, ɔt] adj. ▪ fam. Petit, tout petit. ◆ n. Petit enfant.

petit, ite ▪ **I** adj. **1** (êtres vivants) Dont la taille est inférieure à la moyenne. **2** Qui n'a pas atteint la taille adulte. *Quand j'étais petit.* → **enfant.** **3** (choses) Dont les dimensions sont faibles. *Une petite maison.* ◆ *Le petit doigt.* **4** Dont la grandeur, l'importance, l'intensité est faible. *Une petite somme.* ◆ *De petite taille :* petit (I, 1) ; nain. **5** (familiarité) *Un petit coin sympathique.* → **charmant.** *De bons petits plats.* **6** (personnes) *Ma petite dame* (condescendance). ◆ *Petit crétin !* **II** n. **1** Être humain jeune, pas encore adulte. → **bébé, enfant.** *Les petits et les grands. Un tout-petit.* **2** Rejeton (d'un animal) ; jeune animal. ◆ loc. fig. *Faire des petits,* se multiplier. **III** adj. **1** De peu d'importance. → **minime.** ◆ loc. *Petit nom.* → **prénom.** **2** (personnes) Qui a une condition, une situation peu importante (aussi n.). **3** Qui a peu de valeur, de qualités. *Un petit esprit.* → **borné, mesquin.** *C'est petit, ce qu'il a fait là.* **IV** adv. **1** *PETIT À PETIT :* peu à peu. → **progressivement.** **2** *EN PETIT :* sur une petite échelle.

petit-beurre n. m. ▪ Gâteau sec rectangulaire, au beurre. *Des petits-beurre.*

petit-bois n. m. ▪ techn. Montant ou traverse d'une fenêtre maintenant les vitres. *Des petits-bois.*

petit-bourgeois, petite-bourgeoise n. et adj. ▪ (Personne) de la partie la moins aisée de la bourgeoisie *(petite bourgeoisie),* réputée conformiste et mesquine.

① **petit(-)déjeuner** n. m. ▪ Premier repas de la journée, pris le matin (au Canada, en Belgique, on dit *déjeuner*). - abrév. fam. **petit-dèj'.** ► ② **petit-déjeuner** v. intr. [1]

petitement adv. ▪ **1** *Être logé petitement,* à l'étroit. **2** fig. Pauvrement. ◆ Mesquinement.

petitesse n. f. ▪ **I** Caractère de ce qui est de petite dimension. **II** fig. **1** Caractère mesquin. **2** Action mesquine.

petit-fils [-fis], **petite-fille** n. ▪ Fils, fille d'un fils ou d'une fille.

petit(-)four n. m. ▪ Petit gâteau de la taille d'une bouchée.

petit-gris n. m. ▪ **1** Fourrure grise d'un écureuil de Russie. **2** Petit escargot brun.

pétition n. f. ▪ Demande, plainte collective que l'on fait parvenir à qqn. ► **pétitionnaire** n. ► **pétitionner** v. intr. [1]

petit-lait n. m. ▪ Liquide séreux qui reste après la coagulation du lait. → **lactosérum.**

petit-nègre n. m. → **nègre** (I, 3)

petit-neveu, petite-nièce n. ▪ Fils, fille d'un neveu ou d'une nièce.

pétitoire n. m. ▪ dr. Action judiciaire qui concerne l'exercice d'un droit immobilier. ◆ adj. *Action pétitoire.*

petit pois n. m. → **pois**

petits-enfants [p(ə)tiz-] n. m. pl. ▪ Les enfants d'un fils ou d'une fille.

petit-suisse n. m. ▪ Fromage frais à la crème, en forme de petit cylindre.

pétoche n. f. ▪ fam. Peur. ► **pétochard, arde** adj. et n.

pétoire n. f. ▪ fam. Mauvais fusil.

peton n. m. ▪ fam. Petit pied.

pétoncle n. m. ▪ Coquillage comestible, brun et strié.

pétrarquisme n. m. ▪ hist. littér. Imitation de Pétrarque en poésie. ► **pétrarquiste** adj. et n.

pétrel n. m. ▪ Oiseau marin très vorace.

pétreux, euse adj. ▪ anat. Qui a rapport au rocher de l'os temporal.

pétrifier v. tr. 7 ▪ **1** Changer en pierre. ◆ Rendre minérale (une matière organique). ► **pétrifiant, ante** adj. ► **pétrification** n. f. **2** fig. Immobiliser (qqn) par une émotion violente. ◆ passif *Pétrifié de terreur.*

pétrin n. m. ▪ **1** Coffre, dispositif où on pétrit le pain. **2** fam. Situation embarrassante.

pétrir v. tr. 2 ▪ **1** Presser, remuer fortement et en tous sens (une pâte). ► **pétrissage** n. m. **2** Palper fortement. **3** fig., littér. Donner une forme à, façonner. **4** passif et p. p. *ÊTRE PÉTRI, IE DE* : formé(e), fait(e) avec.

pétrisseur, euse n. ▪ **1** Ouvrier boulanger, ouvrière boulangère qui pétrit la pâte. **2** n. m. Pétrin mécanique. **3** n. f. Machine à pétrir. ◆ adj. *Robot pétrisseur.*

pétro- Élément, du grec *petra* « roche ».

pétrochimie n. f. ▪ Industrie des dérivés du pétrole. ► **pétrochimique** adj. ► **pétrochimiste** n.

pétrodollars n. m. pl. ▪ fin. Devises en dollars provenant de la vente du pétrole.

pétrogale n. m. ▪ zool. Petit kangourou d'Australie.

pétroglyphe n. m. ▪ didact. Dessin gravé dans la pierre.

pétrographie n. f. ▪ Science des roches. ► **pétrographe** n. ► **pétrographique** adj.

pétrole n. m. ▪ **1** Huile minérale naturelle combustible (hydrocarbure) utilisée comme source d'énergie après raffinage. **2** Pétrole distillé. *Lampe à pétrole.* **3** appos. (invar.) *Bleu pétrole.*

pétrolette n. f. ▪ fam. Petite moto, vélomoteur.

pétroleuse n. f. ▪ **1** hist. Femme qui, pendant la Commune, aurait allumé des incendies avec du pétrole. **2** par ext. Femme qui professe avec véhémence des opinions progressistes, militante passionnée. ♦ Femme au caractère impétueux.

pétrolier, ière ▪ **I** n. m. **1** Navire-citerne pour le pétrole. **2** Industriel, financier du pétrole. **II** adj. Relatif au pétrole.

pétrolifère adj. ▪ Qui fournit du pétrole.

pétrologie n. f. ▪ Partie de la géologie qui étudie la formation des roches.

pétulant, ante adj. ▪ Qui manifeste une ardeur exubérante, désordonnée. → **fougueux, impétueux, vif.** ► **pétulance** n. f.

pétun n. m. ▪ vx Tabac.

pétuner v. intr. 1 ▪ vx ou plais. Fumer, priser du tabac.

pétunia n. m. ▪ Plante ornementale des jardins, à fleurs violettes, roses, blanches.

peu adv. ▪ **I** (nominal) Faible quantité. **1** *LE PEU QUE, DE... Le peu (d'argent) qui lui reste.* **2** *UN PEU DE. Un peu de sel.* ◆ *Un petit peu.* ◆ *POUR UN PEU* (+ cond.) loc. adv. : il aurait suffi d'une faible différence. **3** (employé seul) loc. *Ce n'est pas peu dire,* sans exagération. *Éviter un ennui de peu.* → de **justesse.** *À peu près**. ◆ *PEU À PEU* : par petites étapes (→ petit à petit). **4** *PEU DE. En peu de temps.* ◆ *PEU DE CHOSE* : une chose insignifiante. **5** ellipt Peu de temps. *Depuis peu, il y a peu.* ♦ Un petit nombre (des personnes, des choses). *Bien peu l'ont su.* **II 1** (avec un verbe) En petite quantité, dans une faible mesure. → **modérément,** à **peine.** ◆ loc. *Peu importe.* ◆ (avec un adj.) Pas très. *Ils sont peu nombreux.* ◆ (avec un adv.) *Peu souvent.* ◆ *SI PEU QUE* (+ subj.). *Si peu que ce soit,* en quelque petite quantité que ce soit. ◆ *POUR PEU QUE* (+ subj.) loc. conj. : si peu que ce soit, pourvu que. ◆ *PEU OU PROU**. **2** *UN PEU* : dans une mesure faible, mais non négligeable. *Il va un (petit) peu mieux.* ◆ littér. *QUELQUE PEU* : assez. ◆ poli ou iron. *Un peu* : bien trop. *C'est un peu fort !*

peuchère interj. ▪ région. (sud-est) Exclamation de commisération.

peuh interj. ▪ Exprime le mépris, le dédain.

peuplade n. f. ▪ Petit groupement humain. → **tribu.**

peuple n. m. ▪ **I** Ensemble d'êtres humains vivant en société, formant une communauté culturelle, et se réclamant d'une origine. → **nation, pays, société.** *Le droit des peuples à disposer d'eux-mêmes.* **II 1** Ensemble des personnes d'une nation. **2** *LE PEUPLE* : le plus grand nombre. **III 1** Foule, multitude. ◆ fam. *Il y a du peuple,* du monde. **2** littér. *Un peuple de,* un grand nombre de.

peuplement n. m. ▪ **1** Action de peupler. **2** État d'un territoire peuplé.

peupler v. tr. 1 ▪ **I** Pourvoir (un lieu) d'habitants. *Peupler une région de colons.* ◆ *Peupler un étang.* **II 1** Habiter, occuper (un pays...). **2** Être présent en grand nombre dans. ▷ v. pron. se **peupler** ▷ adj. **peuplé, ée**

peupleraie n. f. ▪ Plantation de peupliers.

peuplier n. m. ▪ **1** Arbre élancé, de haute taille, à petites feuilles. **2** Bois de peuplier.

peur n. f. ▪ **1** Émotion qui accompagne la prise de conscience d'un danger, d'une menace. → **crainte ; effroi, épouvante, frayeur, terreur.** loc. *Plus de peur que de mal.* ◆ *La peur du gibier devant le chasseur.* ◆ *La peur de la mort ; de mourir.* **2** Émotion de peur. loc. *Une peur bleue.* → **panique. 3** loc. (sans article) *PRENDRE PEUR.* ◆ *AVOIR PEUR.* → **craindre.** ◆ *FAIRE PEUR.* → **effrayer. 4** *PAR PEUR DE, DE PEUR DE* loc. prép. : par crainte de. ◆ *DE PEUR QUE, PAR PEUR QUE* loc. conj. (+ subj.).

peureux, euse adj. ▪ **1** Qui a facilement peur. → **couard, poltron.** ◆ n. *C'est un peureux.* **2** Apeuré. ► **peureusement** adv.

peut-être [pøtɛtʀ] adv. ▪ **1** Éventuellement (possibilité). *Ils ne viendront peut-être pas.* ➝ (en réponse) *Peut-être ; peut-être bien.* → sans **doute.** ➝ (en tête d'énoncé) *Peut-être viendra-t-elle.* **2** PEUT-ÊTRE QUE. *Peut-être bien que oui. Peut-être que je ne pourrai pas venir.* ➝ (+ cond.) *Peut-être qu'il viendrait si...*

peyotl [pɛjɔtl] n. m. ▪ Cactus du Mexique dont on extrait la mescaline.

pèze n. m. sing. ▪ fam., vieilli Argent.

pézize n. f. ▪ Champignon ascomycète, comestible, sans pied, en forme de coupe.

pfennig [pfenig] n. m. ▪ Le centième du mark. *50 pfennigs.*

pff(t) interj. ▪ Exprime l'indifférence, le mépris. – var. **pfut.**

PGCD n. m. (sigle) ▪ math. Plus grand commun diviseur.

pH [peaʃ] n. m. invar. ▪ Potentiel d'hydrogène, unité de mesure d'acidité (de 1 à 14).

phacochère n. m. ▪ Mammifère ongulé d'Afrique, voisin du sanglier.

phaéton n. m. ▪ **I** Petite voiture à quatre places, légère et découverte, très haute sur roues. ♦ Ancienne voiture automobile découverte à deux ou quatre places. **II** zool. Oiseau marin de grande taille, à longue queue, également appelé *paille-en-queue.*

phage n. m. ▪ biol. Bactériophage.

-phage, -phagie, phag(o)- Éléments, du grec *phagein* «manger». → **-vore.**

phagocytaire adj. ▪ Relatif aux phagocytes, à la phagocytose.

phagocyte n. m. ▪ biol. Cellule capable de détruire les microbes en les digérant.

phagocyter v. tr. [1] ▪ **1** Détruire par phagocytose. **2** fig. Absorber et détruire.

phagocytose n. f. ▪ Processus de défense cellulaire, fonction destructrice des phagocytes.

① **phalange** n. f. ▪ **1** Antiq. Formation de combat dans l'armée grecque. **2** littér. Armée.

② **phalange** n. f. ▪ Chacun des os longs qui soutiennent les doigts et les orteils. ♦ Segment (d'un doigt).

phalanger n. m. ▪ Petit marsupial d'Océanie, végétarien et arboricole.

phalangette n. f. ▪ anat. Dernière phalange des doigts et des orteils.

phalangien, ienne adj. ▪ anat. Propre aux phalanges (②).

phalangine n. f. ▪ anat. Deuxième phalange des doigts autres que le pouce et le gros orteil.

phalanstère n. m. ▪ didact. Groupe qui vit en communauté.

phalanstérien, ienne n. et adj. ▪ didact. Adepte du système de Fourier ; membre d'un phalanstère. ➝ adj. Relatif au fouriérisme. *Communauté phalanstérienne.*

phalène n. f. ou m. ▪ Grand papillon nocturne ou crépusculaire.

phallocentrisme n. m. ▪ didact. Tendance à tout ramener à la symbolique du phallus, à privilégier l'homme. ► **phallocentrique** adj.

phallocrate n. ▪ Personne qui considère les femmes comme inférieures. → **machiste.** ➝ adj. *Un comportement phallocrate.* ► **phallocratie** n. f. ► **phallocratique** adj.

phalloïde adj. ▪ didact. Qui a la forme d'un phallus. ➝ bot. *Amanite phalloïde.*

phallus [-ys] n. m. ▪ Pénis en érection ; son image symbolique. ► **phallique** adj.

-phane, -phanie Éléments, du grec *phainein* «paraître».

phanère n. m. ▪ didact. Production épidermique apparente (poils, plumes, écailles, griffes, ongles, dents).

phanérogame adj. ▪ (plante) Qui a des organes sexuels (fleurs) apparents.

phanie n. f. ▪ didact. Intensité lumineuse perçue, étudiée par rapport à l'intensité objective.

phantasme → **fantasme**

pharamineux → **faramineux**

pharaon [-aɔ̃] n. m. ▪ Ancien souverain égyptien. ► **pharaonien, ienne** adj.

pharaonique adj. ▪ **1** Des pharaons. **2** vx Colossal. **3** Somptueux.

phare n. m. ▪ **1** Tour munie à son sommet d'un puissant éclairage qui guide les navires. **2** Projecteur placé à l'avant d'un véhicule. ➝ Position où le phare éclaire le plus (opposé à *code,* à *lanterne*). **3** appos. fig. *Un secteur phare.*

pharisaïque adj. ▪ **1** hist. relig. Qui appartient aux mœurs, au caractère des pharisiens. **2** fig., littér. Hypocrite.

pharisaïsme n. m. ▪ didact. Mœurs, caractère des pharisiens. ♦ fig., littér. Ostentation de la dévotion, de la vertu ; hypocrisie.

pharisien, ienne n. ▪ **1** Antiq. Membre d'une secte puritaine d'Israël (hypocrites, selon les Évangiles). **2** littér., péj. Hypocrite.

pharmaceutique adj. ▪ De la pharmacie.

pharmacie n. f. ▪ **1** Science des remèdes et des médicaments. **2** Magasin où l'on vend des médicaments, des produits d'hygiène, etc. **3** Assortiment de produits pharmaceutiques. ♦ Meuble, local où l'on conserve ces produits.

pharmacien, enne n. ▪ Personne (diplômée) qui exerce la pharmacie. ➝ Responsable d'une pharmacie (2).

pharmaco- Élément savant, du grec *pharmakon* «remède».

pharmacocinétique n. f. et adj. ▪ didact. Étude du devenir des médicaments dans l'organisme.

pharmacodépendance n. f. ▪ Dépendance à une substance médicamenteuse. ► **pharmacodépendant, ante** adj.

pharmacodynamie n. f. ▪ didact. Partie de la pharmacologie qui a pour objet l'étude de l'action des médicaments sur l'organisme. ► **pharmacodynamique** adj.

pharmacogénétique n. f. ▪ didact. Étude du rôle des facteurs génétiques dans la réaction de l'organisme aux médicaments.

pharmacognosie [-gn-] n. f. ▪ didact. Étude des médicaments d'origine animale et végétale.

pharmacologie n. f. ▪ Étude des médicaments, de leur action et de leur emploi. ► **pharmacologique** adj. ► **pharmacologue** n.

pharmacopée n. f. ▪ Ensemble ou liste de médicaments.

pharmacovigilance n. f. ▪ didact. Surveillance des effets secondaires d'un médicament.

pharyngite n. f. ▪ Inflammation du pharynx. → **angine.**

pharyngo- Élément tiré de *pharynx.*

pharyngolaryngite n. f. ▪ méd. Inflammation simultanée du pharynx et du larynx.

pharynx [-ɛ̃ks] n. m. ▪ Cavité où aboutissent les conduits digestifs et respiratoires **(→ larynx, rhinopharynx).** ► **pharyngien, ienne** adj.

phase n. f. ▪ **1** Chacun des états successifs (d'une chose en évolution). → **période ; stade. 2** Aspect de la Lune et des planètes selon leur éclairement par le Soleil. **3** loc. EN PHASE : en accord, en harmonie. **4** chim. État d'un élément. *Phase solide, liquide et gazeuse.*

phasemètre n. m. ▪ phys. Dispositif permettant de mesurer la différence de phase entre deux grandeurs sinusoïdales de même fréquence.

phasme n. m. ▪ Insecte mimétique, allongé et grêle.

phatique adj. ▪ didact. *Fonction phatique* : fonction du langage, lorsqu'il est utilisé uniquement pour établir une communication, sans apport d'information. *«Euh», «allo» ont une fonction phatique.*

phelloderme n. m. ▪ bot. Écorce secondaire qui se forme sur la face interne d'une tige, d'une racine, à partir de l'assise phellogène.

phellogène adj. ▪ bot. Qui produit le liège, en parlant d'un tissu végétal.

phénakistiscope n. m. ▪ didact. Appareil formé de deux disques, qui donne l'illusion du mouvement par la persistance des images rétiniennes. → **praxinoscope.**

phénanthrène n. m. ▪ chim. Carbure cyclique, produit de la distillation du goudron de houille.

phénicien, enne adj. et n. ▪ hist. De la Phénicie.

phéniqué, ée adj. ▪ Qui contient du phénol.

① **phénix** [-iks] n. m. ▪ mythol. Oiseau unique, qui était censé renaître de ses cendres.

② **phénix** ou **phœnix** [feniks] n. m. ▪ Palmier ornemental.

phén(o)- Élément, du grec *phainein* «briller».

phénobarbital n. m. ▪ pharm. Barbiturique.

phénocopie n. f. ▪ biol. Modification non héréditaire du phénotype.

phénol n. m. ▪ **1** Solide cristallisé blanc, corrosif et toxique, à odeur forte. **2** chim. (au plur.) Série de composés organiques dérivés du benzène. ► **phénolique** adj.

phénolate n. m. ▪ chim. Sel du phénol.

phénologie n. f. ▪ didact. Étude des variations des phénomènes périodiques de la vie animale et végétale, en fonction du climat. → **bioclimatologie.**

phénoménal, ale, aux adj. ▪ **1** philos. Du phénomène. **2** Qui sort de l'ordinaire.

phénoménalement adv. ▪ Prodigieusement, étonnamment.

phénoménalisme n. m. ▪ philos. Doctrine selon laquelle l'homme ne peut connaître que les phénomènes et non les choses en soi.

phénoménalité n. f. ▪ philos. Caractère, nature du phénomène.

phénomène n. m. ▪ **1** philos. Fait naturel complexe que l'on peut observer, étudier. **2** cour. Fait observé, événement anormal ou surprenant. **3** fam. Individu original.

phénoménisme n. m. ▪ philos. Doctrine selon laquelle il n'existe que des phénomènes.

phénoménologie n. f. ▪ didact. Philosophie (du phénomène (1)), qui écarte toute interprétation abstraite. ► **phénoménologique** adj. ► **phénoménologue** n.

phénoplaste n. m. ▪ techn. Matière plastique à base de phénol.

phénotype n. m. ▪ biol. Caractères individuels correspondant à une réalisation du génotype* (d'un individu), en fonction du milieu **(→ hérédité).** ► **phénotypique** adj.

phénylalanine n. f. ▪ biochim. Acide aminé présent dans les protéines.

phénylcétonurie n. f. ▪ méd. Trouble héréditaire du métabolisme de la phénylalanine, caractérisé par l'élimination dans les urines d'acide phénylpyruvique, souvent associé à une déficience mentale.

phényle n. m. ▪ chim. Radical (C_6H_5) dérivé du phénol ou du benzène.

phénylpyruvique adj. ▪ biochim. *Acide phénylpyruvique* : acide toxique résultant de l'absence héréditaire de l'enzyme convertissant la phénylalanine en tyrosine, entraînant une déficience mentale sévère.

phéophycée n. f. ▪ bot. Algue contenant un pigment jaune-brun.

phéromone n. f. ▪ physiol. Substance chimique sécrétée par un organisme, qui provoque chez un congénère une réaction spécifique.

phi n. m. invar. ▪ Vingt et unième lettre de l'alphabet grec (Φ, φ), correspondant au *ph* français.

philanthe n. m. ▪ zool. Grosse guêpe prédatrice des abeilles.

philanthrope n. ▪ **1** Personne qui aime l'humanité (opposé à *misanthrope*). **2** Personne généreuse et désintéressée.

philanthropie n. f. ▪ **1** Amour de l'humanité. **2** Désintéressement. ► **philanthropique** adj.

philatélie n. f. ▪ Connaissance des timbres-poste ; art de les collectionner. ► **philatélique** adj. ► **philatéliste** n.

philharmonie n. f. ▪ Association d'amateurs de musique. – Orchestre philharmonique.

philharmonique adj. ▪ Se dit de certains orchestres classiques.

philhellène adj. et n. ▪ hist. Partisan de l'indépendance de la Grèce, au XIXe siècle.

philippique n. f. ▪ littér. Discours violent contre qqn. → **diatribe.**

philistin n. m. ▪ littér. Personne de goût vulgaire, fermée aux arts et aux lettres.

philistinisme n. m. ▪ littér. Attitude du philistin.

philo n. f. ▪ fam. Philosophie.

phil(o)-, -phile, -philie Éléments, du grec *philein* « aimer ».

philodendron [-dɛ̃dʀɔ̃] n. m. ▪ Plante grimpante tropicale, à feuilles très découpées.

philologie n. f. ▪ Étude historique des langues et civilisations par l'analyse critique des textes. ► **philologique** adj. ► **philologue** n.

philosophale adj. f. ▪ alchim. *Pierre philosophale* : substance capable de transmuer les métaux en or.

philosophe ▪ **I** n. **1** Auteur, penseur qui élabore une doctrine philosophique. – Spécialiste de philosophie. **2** (au XVIIIe siècle) Partisan de la liberté de pensée. **II** adj. Qui montre de la sagesse, du détachement.

philosopher v. intr. [1] ▪ Penser, raisonner (sur des problèmes abstraits).

philosophie n. f. ▪ **I 1** Vision systématique et générale (mais non scientifique) du monde ; son exposé. **2** Système des fondements d'une science. *La philosophie de l'histoire.* **3** Ensemble de conceptions (ou d'attitudes) philosophiques. → **doctrine, système, théorie.** *La philosophie critique de Kant.* – *La philosophie orientale.* ♦ Vision du monde. *La philosophie de Hugo.* **II** absolt Élévation d'esprit, détachement. → **sagesse.**

philosophique adj. ▪ **I** Relatif à la philosophie (I), à des problèmes de philosophie. **II** Sage. ► **philosophiquement** adv.

philtre n. m ▪ Breuvage magique censé inspirer l'amour.

phimosis [-is] n. m. ▪ méd. Étroitesse pathologique du prépuce.

phlébite n. f. ▪ Inflammation d'une veine.

phléb(o)- Élément, du grec *phleps, phlebos* « veine ».

phlébographie n. f. ▪ méd. Radiographie des veines.

phlébologie n. f. ▪ didact. Discipline médicale qui étudie les veines et leurs maladies. ► **phlébologue** n.

phléborragie n. f. ▪ méd. Hémorragie veineuse.

phlébotome n. m. ▪ zool. Membre d'une sous-famille d'insectes diptères dont certains peuvent transmettre des maladies infectieuses.

phlébotomie n. f. ▪ méd. Incision d'une veine.

phlegmon n. m. ▪ méd. Inflammation purulente du tissu conjonctif. → **abcès.**

phléole → **fléole**

phloème n. m. ▪ bot. Tissu vasculaire végétal servant à la nutrition. → **liber.**

phlogistique n. m. ▪ hist. des sc. Feu, considéré comme principe de la composition des corps (doctrine ruinée par Lavoisier au XVIIIe siècle).

phlox [flɔks] n. m. ▪ Plante herbacée à fleurs de couleurs variées.

phlyctène n. f. ▪ méd. Bulle sur la peau, remplie de sérosité transparente. → **ampoule, cloque.**

pH-mètre [peaʃ-] n. m. ▪ techn. Appareil servant à mesurer le pH d'une solution.

-phobe, -phobie Éléments (du grec *phobos* « peur ») qui signifient « qui déteste » et « crainte, haine ».

phobie n. f. ▪ **1** méd. Peur morbide, angoisse devant certains objets, actes, situations ou idées. **2** cour. Peur, aversion instinctive. ► **phobique** adj. et n.

phocéen, enne adj. et n. ▪ **1** De Phocée ou de Phocide. **2** De Marseille. → **marseillais, massaliote.** *La cité phocéenne* : Marseille.

phocomélie n. f. ▪ méd. Malformation dans laquelle les membres sont réduits à une seule extrémité. ► **phocomèle** adj. et n.

phœnix → ② **phénix**

pholade n. f. ▪ zool. Mollusque marin bivalve comestible, qui vit dans les trous de rocher.

pholiote n. f. ▪ bot. Champignon qui croît par touffes au pied des vieux arbres, dont certaines espèces sont comestibles.

phonateur, trice adj. ▪ didact. Qui concourt à la phonation. → **phonatoire.**

phonation n. f. ▪ didact. Ensemble des phénomènes qui concourent à la production de la voix et du langage articulé. → **parole.**

phonatoire adj. ▪ didact. Relatif à la phonation. → **phonateur.** *L'appareil phonatoire,* permettant la production du langage humain.

phone n. m. ▪ phys. Unité de mesure de puissance sonore correspondant à l'intensité en décibels d'un son d'une fréquence de 1000 Hz.

phonématique adj. et n. f. ▪ ling. Relatif au phonème, en tant qu'unité distinctive. → **phonologique.**

phonème n. m. ▪ didact. Élément sonore du langage parlé, en tant qu'unité distinctive.

phonétique ▪ **1** adj. Qui a rapport aux sons du langage. **2** n. f. Étude des sons de la parole. → **phonologie.** ► **phonétiquement** adv. ► **phonéticien, ienne** n.

phoniatrie n. f. ▪ didact. Branche de la médecine qui traite des troubles de la phonation, de la parole. ► **phoniatre** n.

① **phonie** n. f. ▪ Transmission de messages parlés, dans la téléphonie sans fil.

② **phonie** n. f. ▪ didact. Phonation.

phonique adj. ▪ didact. Qui a rapport au son ou à la voix. *Isolation phonique.* → **insonorisation.**

phono → **phonographe**

phon(o)-, -phone, -phonie, -phonique Éléments savants, du grec *phônê* «voix ; son». ◆ *-PHONE* signifie aussi «qui parle (une langue)» (ex. *arabophone*).

phonogénie n. f. ▪ didact. Aptitude d'une voix ou d'un instrument à être l'objet d'un enregistrement et d'une reproduction de qualité.

phonogramme n. m. ▪ didact. **1** Tracé qui enregistre les vibrations produites par la voix. **2** Signe graphique représentant un son (opposé à *idéogramme*).

phonographe ou (abrév.) **phono** n. m. ▪ anciennt Appareil reproduisant mécaniquement les sons enregistrés.

phonographique adj. ▪ Relatif à l'enregistrement des sons sur disque.

phonologie n. f. ▪ didact. Science qui étudie les phonèmes (d'une langue). ► **phonologue** n.

phonologique adj. ▪ didact. Qui concerne les oppositions de phonèmes.

phonométrie n. f. ▪ didact. Mesure de l'intensité des sons.

phonon n. m. ▪ phys. Quantum d'oscillation d'une particule dans un réseau cristallin.

phonothèque n. f. ▪ Établissement qui réunit et conserve les documents sonores constituant des archives de la parole. → **sonothèque.**

phoque n. m. ▪ **1** Mammifère marin des eaux froides, aux membres antérieurs courts et palmés, au pelage ras. **2** Fourrure de phoque ou d'otarie.

-phore Élément, du grec *pherein* «porter».

phormion ou **phormium** [-jɔm] n. m. ▪ bot. Plante vivace appelée aussi *chanvre* ou *lin de la Nouvelle-Zélande.*

phosgène n. m. ▪ chim. Gaz très toxique obtenu par la combinaison de chlore et de carbone ($COCl_2$).

phosphatage n. m. ▪ Fertilisation (d'un sol) par ajout de phosphates.

phosphatase n. f. ▪ biochim. Enzyme qui libère de l'acide phosphorique à partir de ses esters.

phosphatation n. f. ▪ Traitement de surface des pièces métalliques, par formation de phosphates ferriques. → **bondérisation.**

phosphate n. m. ▪ chim. Sel des acides phosphoriques. ◆ *Phosphate (de calcium)*, engrais naturel ou enrichi.

phosphaté, ée adj. ▪ Qui contient du phosphate de calcium ; qui est à l'état de phosphate. *Engrais phosphatés.*

phosphater v. tr. [1] ▪ **1** Fertiliser (un sol) en répandant du phosphate de calcium. **2** Réaliser la phosphatation de (une surface métallique).

phosphaturie n. f. ▪ méd. Élimination d'un excès de phosphates par les urines.

phosphène n. m. ▪ méd. Sensation lumineuse résultant de l'excitation des récepteurs rétiniens par un agent autre que la lumière.

phosphine n. f. ▪ chim. *Les phosphines :* classe de dérivés organiques de l'hydrogène phosphoré gazeux, par substitution de radicaux alcooliques à un ou plusieurs atomes d'hydrogène.

phosphite n. m. ▪ chim. Ester de l'acide phosphoreux.

phospholipide n. m. ▪ biochim. Lipide contenant de l'acide phosphorique, constituant important des cellules vivantes animales et végétales.

phosphoprotéine n. f. ▪ biochim. Protéine contenant de l'acide phosphorique.

phosphore n. m. ▪ Élément (symb. P, n° at. 15, masse at. 30,973), très toxique et inflammable, luminescent *(phosphore blanc).* ► **phosphorique** adj.

phosphoré, ée adj. ▪ Qui contient du phosphore.

phosphorer v. intr. [1] ▪ fam. Travailler intellectuellement avec intensité.

phosphorescent, ente adj. ▪ Qui émet de la lumière après en avoir reçu. ► **phosphorescence** n. f.

phosphoreux, euse adj. ▪ Qui contient du phosphore. ◆ chim. *Acide phosphoreux* (H_3PO_3) *et anhydride phosphoreux* (P_2O_3).

phosphorisation n. f. ▪ physiol. Action ou formation du phosphate de calcium dans l'organisme animal.

phosphorisme n. m. ▪ méd. Intoxication par le phosphore blanc.

phosphorite n. f. ▪ géol. Phosphate naturel de calcium.

phosphorylase n. f. ▪ biochim. Enzyme responsable de la dégradation du glycogène dans le muscle et dans le foie.

phosphorylation n. f. ▪ biochim. Réaction par laquelle un radical phosphate (PO_3H_2) se fixe sur un composé organique.

phosphoryle n. m. ▪ biochim. Radical trivalent (PO_3).

phosphure n. m. ▪ chim. Combinaison de phosphore et de certains corps simples. *Phosphure d'hydrogène.* → Feu follet*.

phot [fɔt] n. m. ▪ Ancienne unité de mesure d'éclairement lumineux du système CGS, valant 10^4 lux (symb. ph).

photo n. f. ▪ → **photographie.**

① **photo-, -phote** Éléments savants, du grec *phôs, phôtos* «lumière».

② **photo-** Élément tiré de *photographie.*

photobiologie n. f. ▪ didact. Partie de la biologie qui étudie l'action de la lumière sur les êtres vivants, notamment les végétaux.

photocathode n. f. ▪ électron. Cathode d'une cellule photoélectrique.

photochimie n. f. ▪ Partie de la chimie qui étudie les réactions chimiques sous l'action de la lumière. ▶ **photochimique** adj.

photochromique [-kʀ-] adj. ▪ didact. Dont la couleur varie selon l'intensité lumineuse.

photocomposer v. tr. [1] ▪ imprim. Composer (un texte à imprimer) par procédé photographique des caractères. ▶ **photocomposition** n. f.

photocomposeuse n. f. ▪ techn. Machine pour la photocomposition.

photocompositeur, trice n. ▪ imprim. Personne spécialisée dans la photocomposition.

photoconducteur, trice adj. ▪ électron. (matériau) Dont la conductivité électrique augmente sous l'action d'un rayonnement électromagnétique.

photoconductivité n. f. ▪ électron. Augmentation de la conductivité électrique (d'un matériau semi-conducteur) sous l'action d'un rayonnement électromagnétique.

photocopier v. tr. [7] ▪ Reproduire (un document) par photographie. ▶ **photocopie** n. f.

photocopieur n. m. et **photocopieuse** n. f. ▪ Machine à photocopier.

photocopillage n. m. ▪ Action de photocopier illégalement des livres, des documents, afin d'en économiser l'achat.

photodiode n. f. ▪ électron. Diode à semi-conducteur dans laquelle un rayonnement lumineux incident provoque une variation de l'intensité.

photodissociation n. f. ▪ chim. Dissociation d'une molécule sous l'effet d'un rayonnement de photons.

photoélasticimétrie n. f. ▪ techn. Étude optique des contraintes dans la masse d'une pièce métallique.

photoélectricité n. f. ▪ phys. Production de charges électriques sous l'action d'un rayonnement électromagnétique.

photoélectrique adj. ▪ **1** phys. *Effet photoélectrique,* émission d'électrons sous l'influence de la lumière. **2** *Cellule photoélectrique,* déclenchant un signal par effet photoélectrique.

photoémetteur, trice adj. ▪ phys. Qui émet des électrons par effet photoélectrique.

photo-finish n. f. ▪ anglic. Enregistrement de l'arrivée d'une course ; appareil qui l'effectue. *Des photos-finish.*

photogénique adj. ▪ Dont l'image photographique est agréable. *Visage photogénique.*

photogramme n. m. ▪ techn. Chaque image photographique d'un film.

photogrammétrie n. f. ▪ techn. Détermination de la dimension des objets, au moyen de mesures faites sur des perspectives photographiques de ces objets.

photographe n. ▪ **1** Personne qui prend des photographies. **2** Professionnel qui développe, tire les clichés, vend du matériel photographique.

photographie ou (abrév.) **photo** n. f. ▪ **1** Procédé, technique donnant l'image durable des objets, par l'action de la lumière sur une surface sensible. **2** (surtout *photo*) Technique, art des images photographiques. **3** Image, cliché photographique.

photographier v. tr. [7] ▪ Obtenir l'image de (qqn, qqch.) par la photographie.

photographique adj. ▪ **1** De la photographie. - abrév. **photo. 2** Aussi fidèle, aussi exact que la photographie. ▶ **photographiquement** adv.

photogravure n. f. ▪ imprim. Impression par procédés photographique et chimique (à l'acide). ▶ **photograveur, euse** n.

photo-interprétation n. f. ▪ techn. Analyse des photographies aériennes servant à établir les éléments de base d'une carte.

photojournalisme n. m. ▪ Genre journalistique du reportage photographique.

photolecture n. f. ▪ techn. Technique de lecture automatique par des moyens optiques.

photolithographie n. f. ▪ Technique permettant de projeter et d'imprimer une image sur une résine photosensible à l'aide d'une source lumineuse.

photoluminescence n. f. ▪ sc. Luminescence d'un corps qui renvoie des radiations d'une longueur d'onde différente de celle qu'il absorbe. → **fluorescence, phosphorescence.**

photolyse n. f. ▪ sc. Décomposition chimique par la lumière.

photomagnétique adj. ▪ sc. Qui concerne l'action de la lumière sur le magnétisme, la conductibilité.

photomaton n. m. (nom déposé) ▪ Cabine équipée d'un appareil qui tire automatiquement des photos d'identité.

photomécanique adj. ▪ techn. Se dit de tous les procédés de reproduction utilisant des clichés photographiques.

photométrie n. f. ▪ didact. Mesure de l'intensité des rayonnements. ▶ **photométrique** adj. ▶ **photomètre** n. m.

photomontage n. m. ▪ Montage de photographies.

photomultiplicateur n. m. et adj. ■ phys. Appareil qui permet de convertir les photons en électrons, puis de multiplier ceux-ci de façon à obtenir un signal sous forme de courant.

photon n. m. ■ sc. Corpuscule de la lumière, quantum du champ électromagnétique. ► **photonique** adj.

photopériode n. f. ■ didact. Alternance dans la journée de périodes de lumière et d'obscurité, considérée du point de vue de ses effets biologiques. ► **photopériodique** adj.

photophobie n. f. ■ méd. **1** Crainte morbide de la lumière. **2** Sensibilité excessive des yeux dans certaines maladies oculaires ou infectieuses.

photophore n. m. ■ **1** Lampe portative à réflecteur. **2** Coupe décorative lumineuse.

photopile n. f. ■ Dispositif convertissant l'énergie lumineuse en courant électrique.

photorécepteur n. m. et adj. ■ biol. Cellule réceptrice des stimuli lumineux. ♦ adj. → **photosensible.**

photoreportage n. m. ■ Reportage photographique. ► **photoreporteur, trice** n. ou **photoreporter** [-ɛʀ ; -œʀ] n. m.

photo-robot → **robot**

photoroman n. m. ■ Récit présenté sous la forme d'une série de photos accompagnées de textes succincts. → **roman-photo.**

photosensibilisation [-s-] n. f. ■ Sensibilité excessive à la lumière solaire se manifestant par des allergies.

photosensible [-s-] adj. ■ Sensible aux rayonnements lumineux.

photosphère n. f. ■ astron. Couche superficielle du Soleil qui émet un rayonnement.

photostyle n. m. ■ inform. Crayon optique, détecteur photosensible transmettant des informations à un ordinateur.

photosynthèse [-s-] n. f. ■ bot. Élaboration des matières organiques sous l'action de la lumière, grâce à la chlorophylle. ► **photosynthétique** adj.

photosystème [-s-] n. m. ■ biochim. Complexe moléculaire responsable de la conversion de l'énergie lumineuse en énergie chimique au cours de la photosynthèse.

phototaxie n. f. ■ biol. Mouvement d'un organisme déclenché par la lumière. → **phototropisme.**

photothèque n. f. ■ Collection d'archives photographiques.

photothérapie n. f. ■ Traitement médical par la lumière.

phototransistor n. m. ■ électron. Semi-conducteur ayant la capacité de détecter un rayonnement optique et de le transformer en signal électrique.

phototrophe adj. ■ biol. *Organisme phototrophe,* qui peut utiliser la lumière comme source d'énergie.

phototropisme n. m. ■ didact. Tropisme déterminé par l'action de la lumière.

phototype n. m. ■ **1** rare Image photographique directe. → **cliché. 2** Type de peau caractérisé par sa couleur et sa sensibilité au soleil.

phototypie n. f. ■ imprim. Procédé d'impression à l'encre grasse au moyen de gélatine isolée sur une plaque de verre.

photovoltaïque adj. ■ électron. Qui produit du courant électrique par transformation directe de l'énergie lumineuse en énergie électrique. *Cellule photovoltaïque.* → **photopile.**

phragmite n. m. ■ **1** Roseau commun des marais. **2** Fauvette des marais.

phrase n. f. ■ **1** Assemblage d'éléments du langage, oral ou écrit, capable de représenter un énoncé. *Phrase simple ; complexe* (plusieurs propositions*). → **syntaxe. 2** au plur. Façons de parler recherchées ou prétentieuses. *Faire des phrases.* **3** Succession ordonnée de périodes musicales.

phrasé n. m. ■ mus. Manière de phraser.

phraséologie n. f. ■ didact. Ensemble des locutions, termes et expressions figés (d'une langue...). ► **phraséologique** adj.

phraser v. tr. [1] ■ mus. Délimiter ou ponctuer (les périodes musicales) par l'exécution.

phraseur, euse n. ■ Faiseur de phrases (2), bavard prétentieux.

phrastique adj. ■ Relatif à la phrase.

phratrie n. f. ■ **1** hist. Division de la tribu chez les Athéniens. **2** sociol. Groupe de clans, dans une tribu ou un groupe de tribus.

phréatique adj. ■ *Nappe phréatique* : nappe d'eau souterraine qui alimente les sources, des puits.

phrénique adj. ■ anat. Relatif au diaphragme.

phrén(o)-, -phrénie Éléments savants, du grec *phrên* « âme, intelligence ».

phrénologie n. f. ■ hist. des sc. Étude du caractère d'un individu, d'après la forme de son crâne. ► **phrénologique** adj.

phrygane n. f. ■ zool. Insecte aux ailes membraneuses à nervures, dont les larves aquatiques sont enfermées dans des fourreaux.

phrygien, enne adj. et n. ■ De Phrygie. ♦ hist. *Bonnet phrygien,* porté par les révolutionnaires de 1789.

phtaléine n. f. ■ chim. Composé obtenu par l'union de l'anhydride phtalique et d'un phénol, et qui, en milieu basique, prend des colorations vives.

phtalique adj. ■ chim. Se dit de certains dérivés du naphtalène.

phtiriase n. f. ■ méd. Lésion de la peau provoquée par les poux du pubis.

phtisie n. f. ▪ vx Tuberculose pulmonaire. ► **phtisique** adj. et n. vx

phtisiologie n. f. ▪ Médecine de la tuberculose pulmonaire. ► **phtisiologue** n.

phyco- Élément, du grec *phukos* «algue».

phycologie n. f. ▪ didact. Science qui a pour objet l'étude des algues.

phycomycète n. m. ▪ bot. Champignon inférieur à mycélium en tube allongé non cloisonné.

phylactère n. m. ▪ **1** relig. Petite boîte contenant des bandes de parchemin sur lesquelles sont inscrits des versets de la Bible, que les juifs orthodoxes portent au bras gauche et sur la tête pendant la prière du matin. → **tephillin.** **2** Bulle, dans les bandes dessinées.

phylarque n. m. ▪ hist. Chef d'une tribu, à Athènes. – Commandant d'un corps de cavalerie fourni par une tribu.

phylétique adj. ▪ biol. Relatif au mode de formation des espèces.

phyllade n. m. ▪ minér. Schiste dur et luisant, d'aspect soyeux.

phyllie n. f. ▪ zool. Insecte des régions tropicales, au corps aplati, aux larges élytres semblables à des feuilles, de la famille des phasmes.

phyll(o)-, -phylle Éléments savants, du grec *phullon* «feuille» (ex. *chlorophylle*).

phyllo → **filo**

phylloxéra n. m. ▪ **1** Puceron parasite des racines de la vigne. **2** Maladie de la vigne.

phylogenèse n. f. ▪ biol. Histoire évolutive des espèces (opposé à *ontogenèse*).

phylogénétique ▪ biol. **1** adj. Relatif à la phylogenèse. **2** n. f. Branche de la génétique traitant des modifications génétiques au sein des espèces animales ou végétales.

phylum [-ɔm] n. m. ▪ biol. Souche d'où est issue une série généalogique ; suite des formes revêtues par les ascendants d'une espèce. → **lignée.** ♦ zool. Embranchement.

physalie n. f. ▪ zool. Animal marin pourvu d'une grosse poche d'air rose violacé et de filaments urticants.

physalis [-is] n. m. ▪ bot. Plante vivace appelée couramment *amour en cage,* au calice renflé très décoratif. → **alkékenge, coqueret.**

-physe Élément, du grec *phusis* «croissance, production».

physiatrie n. f. ▪ Au Canada, Branche de la médecine qui traite des affections de l'appareil locomoteur. ► **physiatre** n.

physicalisme n. m. ▪ philos. Doctrine empiriste selon laquelle le langage des sciences physiques constitue un modèle pour toutes les sciences humaines.

physicien, ienne n. ▪ Spécialiste de la physique.

physicochimie n. f. ▪ Domaine de la science à la limite de la physique et de la chimie.

physicochimique adj. ▪ didact. À la fois physique et chimique.

physicomathématique ▪ **1** adj. Qui concerne à la fois la physique et les mathématiques. **2** n. f. Mathématiques appliquées à la physique.

physicothéologique adj. ▪ *Preuve physicothéologique de l'existence de Dieu,* par laquelle on attribue l'ordre et la finalité du monde à Dieu et non au hasard.

physio- Élément, du grec *phusis* «nature».

physiocratie n. f. ▪ écon. Doctrine économique du XVIIIe siècle fondée sur la connaissance des lois dites naturelles, et donnant la prépondérance à l'agriculture (opposé à *mercantilisme*). ► **physiocrate** n.

physiognomonie [-gn-] n. f. ▪ anciennt (hist. des sc.) Étude du caractère d'une personne d'après les traits de son visage. → **morphopsychologie.**

physiologie n. f. ▪ Science qui étudie les fonctions et les propriétés des organes et des tissus des êtres vivants ; ces fonctions. ► **physiologiste** n.

physiologique adj. ▪ **1** De la physiologie. **2** (opposé à *psychique*) → **physique, somatique.** ► **physiologiquement** adv.

physionomie n. f. ▪ **1** Ensemble des traits, aspect expressif du visage. **2** Aspect particulier (d'une chose).

physionomiste ▪ **1** adj. Qui reconnaît les personnes déjà rencontrées. **2** n. Personne chargée de filtrer l'accès à un lieu public.

physiopathologie n. f. ▪ didact. Étude des troubles qui surviennent dans le fonctionnement des organes au cours d'une maladie.

physiothérapie n. f. ▪ méd. Méthode thérapeutique qui utilise les agents naturels. ► **physiothérapeute** n.

① **physique** ▪ **I** adj. **1** Qui se rapporte à la nature. *Le monde physique* : matériel. **2** Qui concerne le corps humain (opposé à *moral, psychique*). → **physiologique.** **3** Charnel, sexuel. *Amour physique.* **4** Qui se rapporte à la nature (en excluant la vie : sciences naturelles). **5** Qui concerne la physique (②). **II** n. m. **1** Ce qui est physique dans l'être humain. *Au physique comme au moral.* **2** Aspect général (de qqn). – loc. *Avoir le physique de l'emploi* : l'apparence qui correspond à la situation. ► **physiquement** adv.

② **physique** n. f. ▪ **1** Science des propriétés générales de la matière, des lois des phénomènes matériels. **2** Étude physique. *La physique du globe.*

physostome n. m. ▪ zool. Poisson dont la vessie natatoire communique avec le tube digestif.

-phyte, phyto- Éléments savants, du grec *phuton* «plante».

phytéléphas [-ɑs] n. m. ▪ bot. Palmier dont la graine fournit l'ivoire végétal. → **corozo.**

phytobiologie n. f. ▪ didact. Biologie végétale.

phytoécologie n. f. ▪ didact. Étude du milieu dans ses rapports avec la végétation.

phytogéographie n. f. ▪ didact. Étude de la distribution des plantes sur la Terre.

phytohormone n. f. ▪ biol. Hormone végétale. - syn. **phythormone.**

phytopathologie n. f. ▪ bot. Partie de la botanique qui étudie les maladies des plantes.

phytophage adj. et n. ▪ zool. (animal) Qui se nourrit de matières végétales.

phytopharmacie n. f. ▪ didact. Science s'intéressant à la lutte contre les ennemis des plantes.

phytophtora n. m. ▪ bot. Champignon parasite des végétaux, l'un des responsables du mildiou.

phytoplancton n. m. ▪ didact. Plancton végétal.

phytosanitaire [-s-] adj. ▪ didact. Relatif aux soins à donner aux végétaux.

phytosociologie [-s-] n. f. ▪ bot. Étude des associations végétales.

phytothérapie n. f. ▪ Traitement des maladies par les plantes ou leurs extraits.

phytozoaire n. m. ▪ zool. Animal aquatique à symétrie rayonnée, qui a une apparence de plante (méduse, polype, échinoderme).

pi n. m. invar. ▪ **1** Seizième lettre de l'alphabet grec (Π, π). **2** Symbole (π) qui représente le rapport de la circonférence d'un cercle à son diamètre (3,1415926...).

piaculaire adj. ▪ rare Relatif à l'expiation. → **expiatoire.**

piaf n. m. ▪ fam. Moineau ; petit oiseau.

piaffer v. intr. [1] ▪ **1** Se dit d'un cheval qui, sans avancer, frappe la terre des pieds de devant. **2** (personnes) Frapper du pied. ► **piaffement** n. m.

piailler v. intr. [1] ▪ fam. **1** (oiseaux) Pousser de petits cris aigus. **2** (enfant) Pleurer. ► **piaillement** n. m. ► **piailleur, euse** n. et adj.

pian n. m. ▪ Grave maladie tropicale, contagieuse et endémique.

pianissimo adv. ▪ mus. Très doucement.

pianiste n. ▪ Personne qui joue du piano.

pianistique adj. ▪ Relatif au piano.

① **piano** n. m. ▪ **1** Instrument de musique à clavier, dont les cordes sont frappées par des marteaux. ◄ *Piano droit* (à table d'harmonie verticale), *à queue* (horizontale). ◄ *Piano mécanique,* à mécanisme (bande perforée, etc.). ◄ fam. *Piano à bretelles.* → **accordéon.** **2** Technique, art du piano.

② **piano** adv. ▪ **1** mus. Doucement, faiblement (opposé à *forte*). **2** fam. → **doucement.**

piano-bar n. m. ▪ Bar dans lequel l'ambiance musicale est assurée par un(e) pianiste.

piano-forte [-fɔʀte] n. m. ▪ Piano du XVIIIe et du début du XIXe siècle.

pianola n. m. ▪ Piano mécanique.

pianoter v. intr. [1] ▪ **1** Jouer un peu du piano. **2** Tapoter (sur qqch.) avec les doigts. ► **pianotage** n. m.

piapia n. m. ▪ fam. Bavardage. → **blabla.**

piapiater v. intr. [1] ▪ Fam. Bavarder. → **blablater.**

piassava n. m. ▪ Palmier d'Amérique du Sud dont on extrait une fibre textile. ♦ Cette fibre.

piastre n. f. ▪ **1** Monnaie de Syrie, Égypte, Liban... **2** (Canada) fam. Dollar (canadien).

piaule n. f. ▪ fam. Chambre, logement.

piaulement n. m. ▪ Cri aigu et plaintif des poulets et des jeunes oiseaux.

piauler v. intr. [1] ▪ Piailler.

P. I. B. [peibe] n. m. ▪ Produit* intérieur brut.

pibale n. f. ▪ région. (côte atlantique) Jeune anguille. → **civelle.**

à pible loc. adj. ▪ mar. *Mât à pible* : mât formé d'une seule pièce de la base au sommet.

① **pic** n. m. ▪ Oiseau grimpeur qui frappe de son bec l'écorce des arbres (≠ *pivert*).

② **pic** n. m. ▪ Pioche à fer(s) pointu(s).

③ **pic** ▪ **1** n. m. Montagne à pointe aiguë ; cette cime. **2** loc. adv. *À PIC* : verticalement. ◄ adj. *Montagne à pic.* ♦ *Bateau qui coule à pic,* droit. ♦ fig. À point nommé. **3** Intensité maximale. *Pic de pollution.*

pica n. m. ▪ méd. Goût morbide pour des substances non comestibles.

picador n. m. ▪ Cavalier qui pique le taureau (corridas).

picage n. m. ▪ vétér. Maladie des oiseaux domestiques qui les porte à s'arracher les plumes entre eux.

picaillon n. m. ▪ fam., vieilli Argent.

picard, arde adj. et n. ▪ De Picardie. ◄ n. *Les Picards.* ♦ n. m. *Le picard* (dialecte de langue d'oïl).

picardan ou **picardant** n. m. ▪ Cépage blanc du Bas-Languedoc fournissant un vin muscat ; ce vin.

picarel n. m. ▪ Poisson osseux de la Méditerranée.

picaresque adj. ▪ *Roman picaresque,* d'aventuriers (Espagne, XVIIe et XVIIIe s.).

pic-bois → **pique-bois**

piccalilli [-li] n. m. ▪ Pickles aromatisés à la moutarde douce.

piccolo n. m. ▪ Petite flûte.

pichenette n. f. ▪ Chiquenaude.

pichet n. m. ▪ Petite cruche à bec.

picholine [-k-] n. f. ▪ Petite olive verte à bout pointu, consommée marinée ou confite.

pickles [pikœls] n. m. pl. ▪ anglic. Petits légumes macérés dans du vinaigre.

pickpocket [-ɛt] n. m. ▪ anglic. Voleur à la tire.

pick-up [-œp] n. m. invar. ■ anglic. **I** vieilli Tourne-disque. **II** Camionnette à plateau.

pico- Préfixe du système international (symb. p) qui indique la division par un million de millions (10^{-12}) de l'unité dont il précède le nom.

picodon n. m. ■ Petit fromage de chèvre de l'Ardèche.

picoler v. intr. [1] ■ fam. Boire du vin, de l'alcool avec excès. ► **picoleur, euse** n.

picorer v. intr. [1] ■ **1** (oiseaux) Chercher sa nourriture avec le bec. ◆ trans. *Picorer des graines.* → **becqueter. 2** (personnes) Manger peu.

picosser v. tr. [1] ■ (Canada) fam. **1** Picorer. **2** Agacer.

picot n. m. ■ **1** techn. Pièce mécanique en relief qui s'emboîte dans une perforation. **2** Petite dent bordant une dentelle.

picoter v. tr. [1] ■ **1** Piquer légèrement et à petits coups répétés. ◆ (oiseaux) → **picorer. 2** Irriter. ► **picotement** n. m.

picotin n. m. ■ Avoine d'un cheval.

picpoul ou **piquepoul** n. m. ■ région. Cépage cultivé en Provence et dans le Languedoc ; vin issu de ce raisin.

picrate n. m. ■ **1** chim. Sel de l'acide picrique. **2** fam. Mauvais vin rouge.

picrique adj. ■ *Acide picrique* : dérivé nitré du phénol, solide cristallisé jaune, toxique.

picris [-is] n. m. ■ Plante dicotylédone dont une espèce à fleurs jaunes est appelée couramment *fausse épervière.*

picr(o)- Élément, du grec *pikros* «amer».

pict(o)- Élément, du latin *pictum*, de *pingere* «peindre».

pictogramme n. m. ■ didact. Dessin figuratif schématique (symbole).

pictographique adj. ■ didact. *Écriture pictographique*, utilisant des pictogrammes. ► **pictographie** n. f.

pictural, ale, aux adj. ■ Qui a rapport ou appartient à la peinture.

pidgin [pidʒin] n. m. ■ Langue véhiculaire à base d'anglais et de langues d'Extrême-Orient.

① **pie** ■ **I** n. f. **1** Oiseau au plumage noir et blanc, à longue queue. **2** Personne bavarde. **II** adj. invar. *Cheval pie*, à robe noire (ou fauve) et blanche.

② **pie** adj. f. ■ loc. *Œuvre pie*, de piété.

pièce n. f. ■ **I** Partie détachée (d'un tout). → **fragment, morceau.** ◆ loc. *Mettre* EN PIÈCES : casser, déchirer. **II 1** Chaque objet, chaque élément ou unité (d'un ensemble). *Dix euros (la) pièce.* → **chacun.** ◆ *Travail* AUX PIÈCES, rémunéré selon les pièces exécutées. fam. *On a le temps, on n'est pas aux pièces.* ◆ loc. *C'est une pièce de musée*, un objet de grande valeur. ◆ *Costume trois-pièces* (veston, pantalon, gilet). **2** Quantité déterminée. *Une pièce de soie.* **3** *Une pièce de bétail.* → **tête. III 1** PIÈCE (DE TERRE) : espace de terre cultivable. ◆ PIÈCE D'EAU : grand bassin ou petit étang. ♦ PIÈCE DE VIN : barrique. **2** PIÈCE MONTÉE : grand ouvrage de pâtisserie. **3** Chaque unité d'habitation. *Un (appartement de) trois pièces.* **4** PIÈCE (DE MONNAIE) : petit disque de métal servant de valeur d'échange. → **piécette. 5** Écrit servant à établir un droit. *Pièces d'identité.* → **papier(s).** ◆ *Pièce à conviction*, permettant d'établir une preuve. ◆ loc. *Juger, décider* SUR PIÈCES. **6** Ouvrage littéraire ou musical. *Une pièce de vers.* ♦ PIÈCE (DE THÉÂTRE) : ouvrage dramatique. **IV 1** Chacun des éléments assemblés. *Les pièces d'une machine.* **2** Élément destiné à réparer (→ **rapiécer**). **3** loc. D'UNE SEULE PIÈCE, TOUT D'UNE PIÈCE, d'un seul tenant. ◆ (personnes) *Être* TOUT D'UNE PIÈCE, franc et direct. → **entier.** ◆ *Créer, inventer* DE TOUTES PIÈCES, entièrement.

piécette n. f. ■ Petite pièce de monnaie.

pied n. m. ■ **I 1** Extrémité inférieure du corps humain articulée à la jambe. *Doigt de pied* : orteil. *La plante du pied.* ◆ loc. *Avoir mis les pieds* (quelque part), y être allé. DE PIED EN CAP : de la tête aux pieds. ◆ COUP DE PIED, donné avec le pied. ◆ fam. *Faire qqch. comme un pied*, très mal. **2** loc. fig. *Casser les pieds (de, à qqn)*, l'ennuyer. ◆ *Ça lui fera les pieds*, ça lui donnera une leçon. ◆ *Mettre les pieds dans le plat*, aborder une question brutalement ; faire une gaffe. ◆ *S'être levé du pied gauche*, être de mauvaise humeur. ◆ *Pieds et poings liés*, réduit à l'impuissance. ◆ *Faire des pieds et des mains pour* (+ inf.), se démener pour. ◆ *Attendre qqn de pied ferme*, avec détermination. ◆ *Au pied levé*, sans préparation. **3** loc. (avec *sur, à, en*) SUR PIED. *Dès cinq heures, il est sur pied*, debout, levé. ◆ *Mettre sur pied* : créer. ♦ À PIED : en marchant. ◆ *Il a été mis à pied*, licencié. ◆ *Sauter* À PIEDS JOINTS. ♦ EN PIED : représenté debout. *Portrait en pied.* **4** loc. (v. + *pied*) *Mettre pied à terre* : descendre de cheval, de voiture. *Avoir pied*, pouvoir se tenir debout en ayant la tête hors de l'eau. *Perdre pied*, ne plus avoir pied ; fig. se troubler. ◆ *Lâcher pied*, céder, reculer. ♦ *Avoir bon pied, bon œil*, être solide, agile, et avoir bonne vue. **5** Emplacement des pieds. *Le pied et la tête d'un lit.* **6** (chez l'animal) Extrémité inférieure de la jambe (chevaux), de la patte (mammifères, oiseaux). **II 1** Partie (d'un objet) qui touche le sol. → **bas, base.** ◆ loc. *Être au pied du mur*, dans l'obligation d'agir. *Être à pied d'œuvre*, en situation d'agir. ◆ (végétaux) *Fruits vendus* SUR PIED, avant la récolte. **2** Plant (d'un végétal cultivé). *Pied de vigne.* **3** Partie (d'un objet) servant de support. *Un verre à pied.* **III 1** Ancienne unité de mesure de longueur (0,324 m). **2** Unité internationale d'altitude en aéronautique (0,3048 m). **IV** (Proportion) **1** *Au pied de la lettre**. **2** loc. *Prendre son pied* : sa part de butin ; fam. jouir. ◆ *Quel pied !*, quel plaisir ! **3** SUR (le, un) PIED (de). *Sur un pied d'égalité.* **4** PIED À COULISSE : instrument pour mesurer les épaisseurs et les diamètres.

5 poésie (sauf en français : syllabe). Unité rythmique, groupe de syllabes accentué.

pied-à-terre [pjeta-] n. m. invar. ■ Logement occupé occasionnellement.

pied-d'alouette n. m. ■ Delphinium. *Des pieds-d'alouette.*

pied-de-biche n. m. ■ techn. Levier, pièce à tête fendue. *Des pieds-de-biche.*

pied-de-cheval n. m. ■ Grande huître commune. → **gryphée.**

pied-de-coq n. m. ■ Tissu d'armure croisé à damiers, à dessin plus grand que celui du pied-de-poule. *Des pieds-de-coq.*

pied-de-loup n. m. ■ bot. Lycopode. *Des pieds-de-loup.*

pied-de-mouton n. m. ■ Champignon comestible appelé *hydne sinué.*

pied de nez n. m. ■ Geste de dérision (les doigts écartés, le pouce sur son nez). ◂ fig. Affront, bravade. *Des pieds de nez.*

pied-de-poule n. m. ■ Tissu dont le dessin forme un damier. *Des pieds-de-poule.* ◂ adj. invar. *Des vestes pied-de-poule.*

pied-de-roi n. m. ■ Au Canada, Règle pliante graduée en pieds et en pouces, mesurant habituellement deux pieds. *Des pieds-de-roi.*

pied-de-veau n. m. ■ Arum tacheté. → **gouet.** *Des pieds-de-veau.*

pied-droit → **piédroit**

piédestal, aux n. m. ■ **1** Support élevé. **2** fig. *Mettre qqn sur un piédestal,* l'admirer.

pied-fort → **piéfort**

piedmont → **piémont**

pied-noir n. ■ Français d'Algérie. *Les pieds-noirs.*

piédouche n. m. ■ Petit piédestal servant de support à un buste, un vase, une colonnette.

pied-plat n. m. ■ vx Personne grossière ou servile. *Des pieds-plats.*

piédroit n. m. ■ archit. **1** Jambage d'une baie, d'une cheminée. **2** Montant vertical sur lequel s'appuie une voûte, une arcade. - var. **pied-droit.**

piéfort n. m. ■ techn. Pièce de monnaie frappée pour servir de modèle. - var. **pied-fort.**

piège n. m. ■ **1** Engin pour prendre les animaux, les oiseaux. **2** fig. Danger caché.

piégeage n. m. ■ Chasse au moyen de pièges. ◂ Action de piéger qqn.

piéger v. tr. [3] et [6] ■ **1** Chasser, prendre (un animal) au piège. **2** fig. *Piéger qqn.* ▹ adj. **piégé, ée** *Voiture piégée,* dans laquelle on a placé un explosif.

piégeur, euse n. ■ Personne qui chasse au moyen de pièges. → **trappeur.**

piégeux, euse adj. ■ fam. Qui comporte des pièges, des chausse-trapes.

pie-grièche n. f. ■ **1** Passereau à bec crochu, voisin de la pie. **2** Femme acariâtre.

pie-mère n. f. ■ anat. Méninge la plus profonde, qui enveloppe le cerveau et la moelle épinière.

piémont ou **piedmont** n. m. ■ Plaine alluviale formant un glacis au pied d'un ensemble montagneux.

piercing [piʀ-] n. m. ■ anglic. Fait de percer une partie mince du corps (aile du nez...) pour y placer un ornement ; cet ornement.

piéride n. f. ■ Papillon blanc ou jaune pâle dont les larves dévorent les feuilles de chou, de navet.

pierrade n. f. (marque déposée) ■ Plaque de cuisson permettant de faire griller les aliments sur la table.

pierraille n. f. ■ collectif **1** Petites pierres ; éclats de pierre. **2** Étendue de pierres.

pierre n. f. ■ **I 1** Matière minérale solide, dure. → **roche.** ◂ loc. *Un cœur de pierre,* dur et impitoyable. ◂ *L'âge de la pierre.* → **néolithique, paléolithique.** ♦ Variété de cette matière. → **minéral. 2** *Une pierre,* fragment rocheux. → **caillou.** ♦ loc. *Jeter la pierre à qqn,* l'accuser, le blâmer. ◂ *Faire d'une pierre deux coups,* obtenir deux résultats par une action. **3** Fragment minéral. *Pierre à aiguiser.* ◂ *PIERRE DE TOUCHE,* pour éprouver l'or ; fig. ce qui sert à mesurer la valeur. **4** Bloc employé dans la construction. *Pierre de taille**. **5** Bloc constituant un monument. → **mégalithe, monolithe. II** *PIERRE (PRÉCIEUSE)* : minéral ou cristal précieux. → **gemme.** *Pierres fines, semi-précieuses.*

pierrée n. f. ■ techn. Conduit en pierres sèches, pour l'écoulement des eaux.

pierreries n. f. pl. ■ Pierres précieuses taillées. → **joyau.**

pierreux, euse adj. ■ **1** Couvert de pierres (I, 2). **2** Qui ressemble à de la pierre.

pierrier n. m. ■ **I** ancienn Machine de guerre qui lance des pierres. ◂ Petit canon. **II** région. Terrain couvert de pierres, d'éboulis.

pierrot n. m. ■ **I** Moineau. **II** Personnage de pantomime à face ronde et blanche.

pietà [pjeta] n. f. invar. ■ Représentation de la Vierge avec le corps du Christ mort.

piétaille n. f. ■ plais. *La piétaille* : l'infanterie ; les subalternes.

piété n. f. ■ **1** Attachement fervent à la religion. → **dévotion. 2** littér. Attachement respectueux. *Piété filiale.*

piètement n. m. ■ Ensemble des pieds et des traverses (d'un meuble).

piéter v. intr. [6] ■ chasse (gibier à plumes) Avancer en courant au lieu de voler.

piétin n. m. ■ **1** Maladie du pied du mouton. **2** Maladie cryptogamique des céréales caractérisée par le dessèchement prématuré de la base de la tige.

piétiner v. 1 ▪ **I** v. intr. **1** S'agiter sur place en frappant les pieds contre le sol. ➛ Marcher sur place. **2** fig. Ne faire aucun progrès. *L'enquête piétine.* **3** (foule, troupeau) Marcher en martelant le sol avec un bruit sourd. **II** v. tr. **1** Fouler aux pieds. **2** fig. Ne pas respecter. ► **piétinement** n. m.

piétisme n. m. ▪ hist. relig. Doctrine d'une secte luthérienne qui mettait l'accent davantage sur la piété personnelle et sur le sentiment religieux que sur la stricte orthodoxie de la doctrine. ► **piétiste** adj. et n.

piéton, onne ▪ **1** n. Personne qui circule à pied. **2** adj. Pour les piétons. *Rue piétonne.*

piétonnier, ière adj. ▪ (passage, voie...) Réservé aux piétons.

piétonnisation n. f. ▪ Action de rendre piétonnier (une rue...).

piètre adj. ▪ (devant le nom) Très médiocre. → **dérisoire.** ► **piètrement** adv.

① **pieu** n. m. ▪ Pièce de bois fichée en terre.

② **pieu** n. m. ▪ fam. Lit (dans ses fonctions). *Se mettre au pieu.*

se **pieuter** v. pron. 1 ▪ fam. Se mettre au lit, au pieu (②).

pieuvre n. f. ▪ **1** Poulpe (de grande taille). **2** fig. Personne, entreprise tentaculaire.

pieux, pieuse adj. ▪ **1** Animé ou inspiré par des sentiments de piété. **2** littér. Plein d'une respectueuse affection. ► **pieusement** adv.

pièze n. f. ▪ métrologie Ancienne unité de mesure de pression (symb. pz), valant 10^3 pascals.

piézo- Élément, du grec *piezein* «presser».

piézoélectrique adj. ▪ De l'électricité produite par déformation. ► **piézoélectricité** n. f.

piézographe n. m. ▪ phys. Appareil de mesure des pressions.

piézomètre n. m. ▪ phys. Instrument servant à mesurer la compressibilité des liquides.

① **pif** interj. ▪ Onomatopée, bruit sec. *Pif paf !*

② **pif** n. m. ▪ fam. Nez.

pifer ou **piffer** v. tr. 1 ▪ (à l'infinitif négatif) fam. Supporter.

au **pifomètre** loc. adv. ▪ fam. Au flair.

① **pige** n. f. ▪ **I** techn. Longueur conventionnelle prise pour étalon. **II** Rémunération à la quantité de texte. ➛ *Travailler* À LA PIGE. **III** argot fam. Année (dans un compte).

② **pige** n. f. ▪ loc. fam. *Faire la pige à qqn,* faire mieux que lui, le surpasser.

pigeon n. m. ▪ **I** Oiseau au bec grêle, aux ailes courtes. ➛ *Pigeon voyageur,* élevé pour porter des messages. **II** fam. Dupe.

pigeonnant, ante adj. ▪ Se dit d'une poitrine haute et ronde. ➛ par ext. *Décolleté pigeonnant.*

pigeonne n. f. ▪ Femelle du pigeon.

pigeonneau n. m. ▪ Jeune pigeon.

pigeonner v. tr. 1 ▪ fam. Duper, rouler.

pigeonnier n. m. ▪ Petit bâtiment où l'on peut élever des pigeons.

piger v. tr. 3 ▪ fam. Saisir, comprendre.

pigiste n. ▪ Personne payée à la pige (①, II).

pigment n. m. ▪ **1** Substance chimique donnant aux tissus organiques leur coloration. ► **pigmenté, ée** adj. **2** Substance colorante superficielle (≠ *teinture*).

pigmentaire adj. ▪ Relatif au pigment de la peau.

pigmentation n. f. ▪ Couleur due à un pigment (1). *La pigmentation de la peau.*

pigmenter v. tr. 1 ▪ Colorer avec un pigment.

pignada n. f. ▪ région. (Sud-Ouest) Pinède.

pigne n. f. ▪ région. (Midi) Pomme de pin (du pin pignon) ; sa graine comestible. → ③ **pignon.**

pignocher v. intr. 1 ▪ fam. Manger sans appétit, du bout des dents. → **grignoter, picorer.**

① **pignon** n. m. ▪ Partie haute et triangulaire d'un mur. ➛ loc. *Avoir pignon sur rue :* être honorablement connu.

② **pignon** n. m. ▪ Roue dentée.

③ **pignon** n. m. ▪ **1** Graine comestible du pin pignon. → **pigne. 2** appos. *Pin pignon,* pin parasol.

pignouf, e n. ▪ fam. et péj. Personne mal élevée.

pilaf n. m. ▪ Riz au gras, servi épicé.

pilage n. m. ▪ Action de piler (①).

pilaire adj. ▪ méd. Relatif aux cheveux, aux poils.

pilastre n. m. ▪ Pilier engagé dans un mur, un support ; colonne plate.

pilates [-at] n. m. (marque déposée) ▪ Ensemble d'exercices de renforcement musculaire.

pilchard n. m. ▪ Sardine de la Manche.

① **pile** n. f. ▪ **I 1** Pilier soutenant les arches d'un pont. **2** Amas d'objets entassés. **II** Appareil transformant de l'énergie chimique en énergie électrique.

② **pile** n. f. ▪ fam. Volée de coups. ♦ Défaite.

③ **pile** ▪ **I** n. f. (loc.) PILE OU FACE : revers ou face (d'une monnaie jetée en l'air). **II** adv. *S'arrêter pile,* net. *Ça tombe pile,* exactement.

① **piler** v. tr. 1 ▪ **1** Réduire en fragments, en poudre... par des coups répétés. → **broyer, écraser. 2** fig., fam. Vaincre, battre.

② **piler** v. intr. 1 ▪ fam. Freiner brutalement.

pilet n. m. ▪ Canard sauvage au long cou qui vole avec un sifflement des ailes.

pileux, euse adj. ▪ Qui a rapport aux poils. *Le système pileux* (poils et cheveux).

pilier n. m. ▪ **1** Support vertical, dans une construction. **2** fig. Personne ou chose qui assure la stabilité. *Les piliers du régime.* **3** plais. Habitué (d'un lieu). *Un pilier de bar.* **4** au rugby Avant de première ligne.

pilifère adj. ▪ bot. Qui porte des poils.

piliforme adj. ▪ didact. En forme de poil ou de cheveu.

pili-pili n. m. invar. ▪ Piment rouge.

pillage n. m. ▪ Action de piller.

pillard, arde ▪ **1** n. Personne qui pille (1). **2** adj. Qui pille, a l'habitude de piller.

piller v. tr. [1] ▪ **1** Dépouiller violemment (une ville, un lieu) des biens qu'on trouve. **2** Voler (un bien). **3** fig. Emprunter par plagiat. ► **pilleur, euse** n.

pilocarpe n. m. ▪ bot. Jaborandi.

pilocarpine n. f. ▪ chim. Alcaloïde extrait des feuilles du jaborandi, utilisé en médecine pour provoquer la contraction de la pupille.

pilon n. m. ▪ **1** Instrument cylindrique servant à piler. ◆ loc. *Mettre un livre au pilon*, le détruire. **2** Extrémité d'une jambe de bois. **3** Partie inférieure de la cuisse (d'une volaille).

pilonner v. tr. [1] ▪ **1** Écraser avec un pilon (1). **2** Bombarder. ► **pilonnage** n. m.

pilori n. m. ▪ **1** Peine d'exposition publique (d'un condamné) ; poteau où on l'attachait. **2** loc. fig. *Mettre, clouer qqn au pilori*, le signaler au mépris public.

pilosébacé, ée [-s-] adj. ▪ anat. Relatif au poil et à sa glande sébacée.

piloselle n. f. ▪ Épervière (plante).

pilosisme n. m. ▪ méd. Développement exagéré et localisé des poils, ou apparition de poils à un endroit inhabituel du corps.

pilosité n. f. ▪ Ensemble des poils (du corps).

pilotage n. m. ▪ **1** Manœuvre, science du pilote (1). **2** Fait de piloter (1).

pilote n. ▪ **1** Marin autorisé à guider les navires (ports, parages difficiles). **2** Personne qui conduit (un appareil volant). **3** Conducteur (d'une voiture de course). **4** Personne qui en guide une autre. **5** fig. appos. Expérimental. *École pilote.*

piloter v. tr. [1] ▪ **1** Conduire en qualité de pilote. **2** Servir de guide à (qqn).

pilotin n. m. ▪ mar. Élève officier non diplômé, dans la marine marchande.

pilotis n. m. ▪ Ensemble de pieux enfoncés en terre (constructions sur l'eau, etc.).

pilou n. m. ▪ Tissu de coton pelucheux.

pilulaire ▪ **1** adj. pharm. Propre aux pilules. **2** n. m. vétér. Instrument servant à administrer des pilules aux animaux.

pilule n. f. ▪ **1** Médicament à avaler. ◆ loc. *Avaler la pilule*, supporter (qqch.) sans protester. **2** *Pilule contraceptive* ; cour. *la pilule* : contraceptif oral féminin composé de produits hormonaux de synthèse (le plus souvent, association d'œstrogènes et de progestatifs). ◆ *La pilule du lendemain* (contraception d'urgence).

pilulier n. m. ▪ Boîte à pilules.

pilum [-ɔm] n. m. ▪ Antiq. romaine Javelot.

pimbêche n. f. ▪ Femme prétentieuse. ◆ adj. *Elle est pimbêche.*

pimbina n. m. ▪ (Canada) Fruit comestible de l'obier ou viorne.

piment n. m. ▪ **1** Plante dont les fruits servent de légume ou de condiment ; son fruit. *Piment doux.* → **poivron.** **2** fig. Ce qui donne du piquant. ► **pimenter** v. tr. [1]

pimpant, ante adj. ▪ Qui a un air de fraîcheur et d'élégance.

pimprenelle n. f. ▪ Plante herbacée à fleurs rouges dont les feuilles servent à aromatiser les salades. → **sanguisorbe.**

pin n. m. ▪ Arbre résineux (conifère) à aiguilles persistantes. *Pin parasol.*

pinacée n. f. ▪ bot. Plante (conifère) dont les cônes portent des écailles (ex. le sapin, le cèdre).

pinacle n. m. ▪ **1** littér. Sommet d'un édifice. **2** fig. loc. *Porter qqn au pinacle*, louanger.

pinacothèque n. f. ▪ Musée de peinture.

pinailler v. intr. [1] ▪ fam. Ergoter. ► **pinaillage** n. m. ► **pinailleur, euse** n.

pinard n. m. ▪ fam. Vin. → **picrate** (2).

pinardier n. m. ▪ **1** Navire-citerne aménagé pour le transport du vin. **2** fam. Marchand de vin en gros.

pinasse n. f. ▪ région. Bateau à fond plat.

pinastre n. m. ▪ région. Pin maritime.

pinçage n. m. ▪ **1** Pincement (des rameaux, des bourgeons). **2** techn. Action de bloquer un système mécanique avec un dispositif à pinces.

pince n. f. ▪ **1** Instrument composé de deux leviers articulés, pour saisir, serrer. **2** Levier, pied-de-biche. **3** Partie antérieure des grosses pattes (de crustacés). **4** fam. *Serrer la pince à qqn*, la main. ◆ *À pinces*, à pied. **5** Pli cousu sur l'envers de l'étoffe.

pincé, ée adj. ▪ **I** → **pincer.** ◆ mus. *Cordes pincées* (guitare, luth, mandoline...). ◆ *Lèvres pincées.* **II** fig. Contraint, prétentieux.

pinceau n. m. ▪ **1** Faisceau de poils ou de fibres fixé à un manche, pour peindre, vernir, encoller, etc. **2** *Pinceau lumineux*, faisceau, rayon. **3** fam., vieilli Jambe ; pied.

pincée n. f. ▪ Quantité (de poudre, grains) que l'on peut prendre entre les doigts.

pince-fesses n. m. invar. ▪ fam. Réception.

pince-jupe n. m. ▪ Cintre qui permet de pincer une jupe ou un pantalon entre deux branches horizontales articulées. *Des pince-jupes.*

pincelier n. m. ▪ techn. Petit récipient pour nettoyer les pinceaux.

pincement n. m. ▪ **1** Action de pincer. **2** Brève douleur. *Pincement au cœur.*

pince-monseigneur n. f. ▪ Levier pour forcer une porte. *Des pinces-monseigneur.*

pince-nez n. m. invar. ▪ Lorgnon.

pince-oreille n. m. ▪ zool. Perce-oreille. *Des pince-oreilles.*

pincer v. tr. ③ ▪ **1** Serrer entre les extrémités des doigts, entre les branches d'un instrument (→ **pince**). **2** Faire mal. → **mordre.** ◆ sans compl. *Ça pince.* **3** Serrer fortement. *Pincer les lèvres.* **4** fam. Arrêter (un malfaiteur) ; prendre en faute. **5** fam. *EN PINCER POUR qqn,* en être amoureux.

pince-sans-rire n. et adj. invar. ▪ (Personne) qui pratique l'ironie à froid.

pincette n. f. ▪ **1** Petite pince. **2** plur. Longue pince pour attiser le feu. ◆ loc. *Ne pas être à prendre avec des pincettes,* être très sale ; fig. de mauvaise humeur.

pinchard, arde adj. et n. m. ▪ région. (Normandie, Centre) *Cheval pinchard,* à la robe gris fer. ◆ n. m. *Un pinchard.*

pinçon n. m. ▪ Marque sur la peau pincée.

pindarique adj. ▪ didact. Qui est dans la manière lyrique, la forme poétique particulière de Pindare.

pine n. f. ▪ vulg. Membre viril.

pinéal, ale, aux adj. ▪ anat., vx *Glande pinéale, corps pinéal :* épiphyse (2). ♦ mod. Cet organe, chez les reptiles.

pineau n. m. ▪ **1** Cépage du Val de Loire (≠ *pinot*). **2** Liqueur des Charentes.

pinède n. f. ▪ Plantation, forêt de pins.

pingouin n. m. ▪ Gros palmipède des régions arctiques, blanc et noir (≠ *manchot*).

ping-pong [piŋpɔ̃g] n. m. ▪ Tennis de table (→ **pongiste**). *Raquette de ping-pong.*

pingre n. et adj. ▪ littér. Avare mesquin. ► **pingrerie** n. f.

pinne n. f. ▪ *Pinne marine :* grand mollusque à coquille triangulaire, appelé communément *jambonneau,* dont le byssus soyeux peut être tissé.

pinnipède n. m. ▪ zool. Mammifère marin, à corps fusiforme (ex. le morse, l'otarie, le phoque).

pinnothère n. m. ▪ zool. Petit crabe qui vit dans certains mollusques (moules) et ascidies.

pinocytose n. f. ▪ biol. Absorption par une cellule d'un fluide extracellulaire.

pinot n. m. ▪ Cépage (Champagne, Bourgogne...) (≠ *pineau*).

pinotte n. f. ▪ (Canada) anglic., fam. Graine d'arachide, cacahouète. *Manger des pinottes.*

pin-pon interj. ▪ Bruit des avertisseurs à deux tons des pompiers (en France).

pin's [pins] n. m. ▪ anglic. Petit insigne décoratif. – recomm. off. *épinglette.*

pinscher [pinʃɛʀ] n. m. ▪ Chien ressemblant à un petit doberman.

pinson n. m. ▪ Passereau à plumage bleu verdâtre et noir, bon chanteur.

pintade n. f. ▪ Oiseau gallinacé, au plumage sombre semé de taches claires.

pintadeau n. m. ▪ Petit de la pintade.

pintadine n. f. ▪ Huître perlière. → **méléagrine.**

pinte n. f. ▪ **1** Ancienne mesure de capacité pour les liquides (0,93 l). **2** Mesure de capacité anglo-saxonne (0,568 l).

pinter v. ① ▪ v. intr. fam. Boire beaucoup. ▷ v. pron. **se pinter** S'enivrer.

pin-up [pinœp] n. f. invar. ▪ anglic. **1** Photo de jolie fille peu vêtue. **2** Jolie fille attirante.

pinyin [pinjin] n. m. ▪ Transcription du chinois en alphabet romain.

piochage n. m. ▪ Travail à la pioche. ♦ fig. Travail acharné.

pioche n. f. ▪ **1** Outil, fer emmanché à deux pointes opposées. **2** fam. *Tête de pioche :* personne entêtée. **3** Tas de cartes, de jetons... où l'on pioche (II, 2).

piocher v. ① ▪ **I** v. tr. Creuser, remuer (la terre, etc.) avec une pioche. **II** v. intr. **1** Fouiller (dans un tas) pour saisir qqch. **2** jeux Prendre une carte, un domino... dans la réserve.

piolet n. m. ▪ Bâton d'alpiniste à bout ferré et petit fer de pioche.

① **pion** n. m. ▪ **1** échecs Chacune des huit pièces autres que les figures. ◆ Pièce du jeu de dames, etc. **2** loc. *N'être qu'un pion (sur l'échiquier),* être manœuvré. ◆ *Damer* le pion.*

② **pion, pionne** n. ▪ fam. Surveillant(e).

③ **pion** n. m. ▪ phys. Particule élémentaire de la famille des mésons, méson π vecteur d'interaction entre nucléons. → **méson.**

pioncer v. intr. ③ ▪ fam. Dormir.

pionnier, ière n. ▪ **I** Colon défricheur. **II** fig. Personne qui est la première à se lancer dans une entreprise.

pioupiou n. m. ▪ fam. et vx Simple soldat.

pipa n. m. ▪ Gros crapaud d'Amérique tropicale.

pipe n. f. ▪ **1** Tuyau pour fumer, terminé par un petit fourneau qu'on bourre de tabac. **2** loc. fam. *Par tête de pipe :* par personne. ◆ *Casser sa pipe,* mourir. ◆ *Se fendre la pipe,* rire. **3** fam. Cigarette. **4** fam. Fellation.

pipeau n. m. ▪ **1** Petite flûte à bec. **2** fam. *C'est du pipeau :* c'est un mensonge.

pipelet, ette n. ▪ fam. **1** péj. vieilli Concierge. **2** n. f. Personne bavarde.

pipeline [piplin ; pajplajn] n. m. ▪ anglic. Tuyau transportant pétrole, gaz naturel... → gazoduc, oléoduc.

piper v. ① ▪ **1** v. intr. *Ne pas piper,* ne pas réagir (en paroles). **2** v. tr. *Piper des dés,* les truquer. ◆ au p. p. *Les dés sont pipés.*

piperade [pipeʀad] n. f. ▪ Œufs battus aux tomates et poivrons (plat basque).

pipérine n. f. et **pipérin** n. m. ▪ chim. Alcaloïde contenu dans le poivre noir.

pipéronal n. m. ▪ chim. Composé chimique formé par l'oxydation de l'acide *pipérique*, à l'odeur semblable à celle de l'héliotrope. → **héliotropine.** *Des pipéronals.*

pipette n. f. ▪ Petit tube (gradué) pour prélever un échantillon de liquide.

pipi n. m. ▪ fam. Urine.

pipi-room [-ʀum] n. m. ▪ fam., plais. (faux anglic.) Toilettes. *Où est le pipi-room ?* - syn. **pipi-rooms** n. m. pl.

pipistrelle n. f. ▪ Petite chauve-souris commune, à oreilles courtes.

pipit [-it] n. m. ▪ Petit passereau à plumage brun. *Pipit des prés.* → **farlouse.**

pippermint → **peppermint**

piquage n. m. ▪ Action de piquer (I, 7).

① **piquant, ante** adj. ▪ **1** Qui présente des pointes acérées. → **pointu. 2** Qui pique (II, 1). **3** Qui stimule l'intérêt. ◆ n. m. *Le piquant de l'aventure.* → **sel.**

② **piquant** n. m. ▪ Excroissance dure et acérée (des végétaux et animaux).

① **pique** ▪ **1** n. f. Arme formée d'un long manche et d'un fer. **2** n. m. (aux cartes) Une des couleurs, avec un fer de pique noir.

② **pique** n. f. ▪ Parole, allusion qui blesse.

① **piqué** n. m. ▪ Tissu à piqûres.

② **piqué** n. m. ▪ Descente quasi verticale d'un avion. ◆ *Bombardement* EN PIQUÉ.

③ **piqué, ée** adj. ▪ **1** fam. Un peu fou. **2** Altéré, aigri, moisi. *Vin piqué.* → ① **piquette. 3** mus. *Notes piquées*, que l'on doit interpréter en les détachant des notes environnantes.

pique-assiette n. invar. ▪ Personne qui se fait inviter pour manger.

pique-bœuf [-bœf] n. m. ▪ Oiseau qui mange les parasites des bovins. *Des pique-bœufs* [-bø].

pique-bois ou **pic-bois** n. m. ▪ (Canada) fam. Oiseau de la famille du pic, tel que le pic épeiche, le pivert. *Des pique-bois, des pics-bois.*

pique-feu n. m. ▪ Instrument pour attiser le foyer, un feu. → **tisonnier.** *Des pique-feu(x).*

pique-fleur n. m. ▪ Accessoire placé au fond d'un vase pour maintenir les fleurs d'un bouquet dans une position choisie. *Des pique-fleurs.*

pique-nique n. m. ▪ Repas en plein air, dans la nature. *Des pique-niques.* ► **pique-niquer** v. intr. [1] ► **pique-niqueur, euse** n.

pique-note n. m. ▪ Objet de bureau, petit crochet où l'on enfile des notes, des feuilles volantes. *Des pique-notes.*

piquepoul → **picpoul**

piquer v. [1] ▪ **I** v. tr. **1** Entamer, percer avec une pointe (un corps vivant). ◆ loc. *Piquer des deux* (éperons) : partir au galop. **2** Faire une piqûre à (qqn). **3** (insectes, serpents) Enfoncer un aiguillon, un crochet à venin dans la peau de. **4** Percer (qqch.) avec un objet pointu, pour attraper. **5** Fixer en piquant. *Piquer une photo au mur.* **6** Enfoncer par la pointe. ◆ fig. *Piquer une tête* : se jeter, plonger la tête la première. **7** Coudre. *Piquer à la machine.* **8** Parsemer de petits trous. *Les vers ont piqué ce livre.* ◆ au p. p. loc. fam. *Ce n'est pas piqué des hannetons* (ou *des vers*), c'est remarquable. **II** par ext. **1** Donner la sensation d'une pointe. *La fumée pique les yeux* (→ **piquant**). **2** Faire une vive impression sur. *Son attitude a piqué ma curiosité.* ◆ PIQUER (qqn) AU VIF : irriter son amour-propre. **III** v. tr. fig. **1** fam. Attraper, prendre (qqn). ◆ Voler. **2** fam. Déclencher subitement (une action). *Piquer un cent mètres*, se mettre à courir vite. ◆ *Piquer une crise.* **IV** v. intr. Tomber, descendre brusquement. ◆ *Piquer du nez*, tomber le nez en avant. ▷ v. pron. **se piquer 1** (personnes) Se blesser avec une pointe. ◆ Se faire une piqûre (spécialt, médicale ou toxique). **2** SE PIQUER DE. Prétendre avoir. *Il se pique de poésie, d'être poète.*

① **piquet** n. m. ▪ **1** Petit pieu. **2** loc. *Mettre un élève au piquet*, le faire rester debout et immobile. **3** *Piquet de grève* : grévistes en surveillance.

② **piquet** n. m. ▪ Jeu de cartes (réunion du plus de cartes de même couleur).

piquetage n. m. ▪ (Canada) Fait de piqueter, de faire partie d'un piquet de grève.

piqueter v. tr. [4] ▪ **1** Parsemer de taches. **2** (Canada) Empêcher (une activité) de se dérouler.

piqueteur, euse n. ▪ (Canada) Personne qui participe à un piquet de grève.

① **piquette** n. f. ▪ Vin ou cidre acide.

② **piquette** n. f. ▪ fam. Raclée.

piqueur, euse ▪ **I** n. **1** n. m. (chasse à courre) Valet qui poursuit la bête à cheval. - syn. **piqueux** n. m. **2** Personne qui pique à la machine. **3** n. m. Ouvrier travaillant au marteau pneumatique. **II** adj. *Insectes piqueurs.*

piquillo n. m. ▪ Petit piment doux espagnol.

piqûre [-yʀ] n. f. ▪ **1** Petite blessure faite par ce qui pique. *Piqûre de moustique.* ◆ *Piqûre d'ortie.* **2** Petit trou. ◆ Petite tache. **3** Introduction d'une aiguille creuse dans une partie du corps (ponction ; injection).

piranha [-na] n. m. ▪ Petit poisson carnassier de rivière (Amérique du Sud).

pirate n. m. ▪ **I 1** Aventurier pilleur de navires. → **boucanier, flibustier, forban.** ◆ appos. *Bateau pirate.* **2** fig. Individu qui s'enrichit aux dépens d'autrui. **3** *Pirate de l'air*, personne qui détourne un avion ou menace les passagers pour un chantage. **4** Personne qui s'introduit illégalement dans un système informatique. → anglic. ② **cracker, hackeur.** ► **piraterie** n. f. **II** adj. Clandestin, illicite. *Radio pirate.*

pirater v. tr. [1] ▪ **1** Reproduire (une œuvre) illégalement. ➝ au p. p. *Un logiciel piraté.* **2** S'introduire illégalement dans (un système informatique). ► **piratage** n. m.

pire adj. ▪ **I** comparatif Plus mauvais. *Le remède est pire que le mal.* **II** superlatif *LE PIRE, LA PIRE, LES PIRES* **1** adj. Le plus mauvais. *De la pire espèce.* **2** n. m. Ce qu'il y a de plus mauvais. ➝ absolt *La politique du pire.*

piriforme adj. ▪ En forme de poire.

pirogue n. f. ▪ Longue barque étroite et plate (Afrique, Océanie). ► **piroguier** n. m.

pirojki [piʀɔʃki] n. m. ▪ Friand (russe).

piroplasmose n. f. ▪ vétér. Infection produite par un parasite des globules rouges et transmise par les piqûres de tiques.

pirouette n. f. ▪ **1** Tour ou demi-tour qu'on fait sur soi-même. ► **pirouetter** v. intr. [1] **2** fig., fam. Brusque changement d'opinion.

① **pis** n. m. ▪ Mamelle (d'une bête laitière).

② **pis** ▪ **I** comparatif **1** adv. Plus mal. *TANT PIS* : cela ne fait rien. loc. *Aller de mal en pis*, empirer. **2** adj. (neutre) littér. Plus mauvais, plus fâcheux. → cour. **pire.** ➝ loc. *QUI PIS EST* [kipizɛ] : ce qui est plus grave. **3** n. m. Une chose pire. loc. *Dire PIS QUE PENDRE de qqn*, répandre sur lui les pires médisances. **II** superlatif *AU PIS ALLER* loc. adv. : au pire.

pis-aller [piz-] n. m. invar. ▪ Ce à quoi on a recours faute de mieux. → **palliatif.**

pisci- Élément, du latin *piscis* «poisson».

piscicole adj. ▪ Relatif à la pisciculture.

pisciculture n. f. ▪ Production, élevage des poissons. ► **pisciculteur, trice** n.

pisciforme adj. ▪ didact. Qui a la forme d'un poisson.

piscine n. f. ▪ **1** Bassin de natation, installations qui l'entourent. **2** relig. Bassin de purification. **3** phys. Modérateur liquide dans lequel la matière fissile est immergée.

piscivore adj. ▪ didact. Qui se nourrit de poissons.

pisé n. m. ▪ Maçonnerie en terre argileuse mélangée de paille hachée. → **torchis ;** ② **banco.**

pissaladière n. f. ▪ Tarte provençale aux oignons, anchois, olives (≠ *pizza*).

pissat n. m. ▪ Urine (de certains animaux).

pisse n. f. ▪ vulg. Urine. → **pipi.**

pisse-froid n. invar. ▪ fam. Personne morose, sinistre.

pissenlit n. m. ▪ Plante à feuilles longues et dentées, à fleurs jaunes. ➝ loc. fam. *Manger les pissenlits par la racine*, être mort.

pisser v. [1] ▪ fam. **1** v. intr. Uriner. ➝ loc. *C'est comme si on pissait dans un violon*, c'est inutile. **2** v. tr. Évacuer avec l'urine. *Pisser du sang.* ➝ (sujet chose) Laisser s'écouler (un liquide). ► **pissement** n. m

pissette n. f. ▪ Instrument de laboratoire, récipient produisant un petit jet liquide.

pisseur, euse n. et adj. ▪ fam. (Personne, animal) qui pisse. ♦ n. f. (sexiste) Fille.

pisseux, euse adj. ▪ fam. **1** Imprégné d'urine. **2** D'une couleur passée, jaunie.

pisse-vinaigre n. invar. ▪ Personne morose et aigre, désagréable. → **pisse-froid.**

pissoir n. m. ▪ région. (Nord) Édifice public où les hommes vont uriner. → **pissotière.**

pissotière n. f. ▪ fam. Urinoir public.

pistache ▪ **1** n. f. Fruit du pistachier ; sa graine. **2** adj. invar. *Vert pistache*, clair.

pistachier n. m. ▪ Arbre résineux des régions chaudes. → **lentisque.**

pistard, arde n. ▪ sport Cycliste spécialiste des épreuves sur piste. *Routiers et pistards.*

piste n. f. ▪ **1** Trace que laisse un animal sur le sol. ➝ fig. Ce qui guide. **2** Terrain aménagé pour les courses, les épreuves d'athlétisme. **3** Emplacement circulaire (de spectacles...). *Piste de cirque.* **4** Route non revêtue. ➝ *Piste cyclable.* **5** Parcours aménagé. *Piste de ski.* **6** Voie aménagée pour le décollage et l'atterrissage des avions. **7** Surface magnétique pour enregistrement.

pister v. tr. [1] ▪ Suivre la piste de ; épier.

pisteur, euse n. ▪ Personne chargée d'entretenir et de surveiller les pistes de ski.

pistil n. m. ▪ Organe femelle des plantes à fleurs, renfermant l'ovaire.

pistole n. f. ▪ anciennt Monnaie d'or d'Espagne, d'Italie (6,75 g).

pistolet n. m. ▪ **1** Arme à feu courte et portative. ➝ *Pistolet à eau* (jouet). **2** Pulvérisateur. *Peinture au pistolet.*

pistolet-mitrailleur n. m. ▪ Arme automatique individuelle. → **mitraillette.**

pistoleur, euse n. ▪ techn. Peintre travaillant au pistolet (2).

piston n. m. ▪ **I** **1** Pièce qui se déplace dans un tube et transmet une pression. *Le piston d'une seringue.* **2** mus. Pièce mobile (trompettes, etc.). **II** fig., fam. Appui, recommandation (► **pistonner** v. tr. [1]).

pistou n. m. ▪ **1** Préparation à base de basilic pilé à l'ail (recette provençale). → **pesto.** **2** Légumes au pistou.

pita n. f. ou m. ▪ Pain sans levain en forme de galette. ➝ appos. *Pain pita.*

pitance n. f. ▪ péj. Nourriture.

pitbull[pitbul ; -byl] n. m. ▪ anglic. Chien d'attaque, croisement de bouledogue et de terrier.

pitch n. m. ▪ anglic. Bref résumé du scénario d'un film, d'un livre. ➝ Présentation succincte.

pitchoun, oune n. ▪ région. (Provence) Petit enfant.

pitchpin n. m. ■ Bois de pins d'Amérique du Nord, utilisé en menuiserie.

piteux, euse adj. ■ **1** Qui suscite une pitié mêlée de mépris. → **pitoyable. 2** Médiocre, nul. ◆ *En piteux état.* ► **piteusement** adv.

pithécanthrope n. m. ■ Mammifère primate fossile (hominien : homo erectus).

pithéc(o)-, -pithèque Éléments savants, du grec *pithêkos* « singe ».

pithiviers n. m. ■ Gâteau à la frangipane.

pitié [-tje] n. f. ■ Sympathie née des souffrances d'autrui. → **commisération, compassion.** ◆ *Par pitié,* je vous en supplie. *Sans pitié.* → **impitoyable.**

piton n. m. ■ **I 1** Clou, vis dont la tête forme un anneau ou un crochet. **2** (Canada) Bouton (d'un mécanisme), touche. *Piton de sonnette.* **II** Éminence isolée en forme de pointe. → ③**pic.**

pitonner v. intr. [1] ■ **1** alpin. Enfoncer des pitons. **2** (Canada) fam. Tapoter sur des boutons, des touches. → **pianoter.** ◆ spécialt → **zapper.** ► **pitonnage** n. m.

pitoyable adj. ■ **1** littér. Digne de pitié. **2** Qui inspire, mérite une pitié méprisante. → **piteux ; lamentable.** ► **pitoyablement** adv.

pitre n. m. ■ Personne qui fait rire par des plaisanteries forcées. ► **pitrerie** n. f.

pittoresque adj. ■ **1** Qui charme ou amuse par un aspect original. **2** Qui dépeint d'une manière imagée. *Détails pittoresques.* **3** n. m. Caractère pittoresque.

pittosporum [-ɔm] n. m. ■ bot. Arbuste ornemental à fleurs discrètes mais très odorantes.

pituitaire adj. ■ vx Relatif à la pituite. ◆ mod., anat. *Membrane, muqueuse pituitaire* ou n. f. *la pituitaire* : membrane qui tapisse les fosses nasales et les sinus de la face. ◆ *Glande pituitaire.* → **hypophyse.**

pituite n. f. ■ méd. **1** vx Flegme. **2** mod. Liquide glaireux que certains malades (notamment les alcooliques) rejettent le matin à jeun.

pityriasis [-is] n. m. ■ méd. Dermatose caractérisée par une fine desquamation. → **dartre.**

pive n. f. ■ (Suisse) Fruit des conifères. ◆ loc. fig. *Envoyer qqn aux pives,* l'envoyer promener.

pivert n. m. ■ Oiseau grimpeur qui frappe sur les troncs avec son bec (≠ ①*pic*).

pivoine n. f. ■ Plante à bulbe à larges fleurs rouges, roses, blanches.

pivot n. m. ■ **1** Cône ou pointe terminant un axe vertical fixe. *Le pivot d'une boussole.* **2** fig. Ce sur quoi repose et tourne qqch. **3** Support d'une dent artificielle.

pivoter v. intr. [1] ■ **1** Tourner sur un pivot, comme sur un pivot. **2** (racine) S'enfoncer verticalement en terre. ► **pivotant, ante** adj. ► **pivotement** n. m.

pixel n. m. ■ Chaque point d'une image numérique.

pixéliser v. tr. [1] ■ Rendre apparents les pixels qui composent une image. ◆ au p. p. *Une photo pixélisée.* ► **pixélisation** n. f.

pizza [pidza] n. f. ■ Préparation de pâte à pain en tarte très fine garnie de tomates, fromage, anchois, olives, etc.

pizzaïolo [pidzajɔlo] n. m. ■ Personne qui confectionne et fait cuire les pizzas dans une pizzeria. ◆ On trouve le féminin *pizzaïola.*

pizzeria n. f. ■ Restaurant qui sert des pizzas.

pizzicato [pidzi-] n. m. ■ Pincement des cordes (d'un instrument à archet). *Des pizzicati* (plur. italien) ou *des pizzicatos.*

P. J. n. f. (sigle) ■ Police judiciaire.

pK [peka] n. m. ■ chim. Constante caractérisant le potentiel de dissociation ionique d'un électrolyte à une température donnée.

placage n. m. ■ Application sur une matière d'une matière plus précieuse **(→ plaquer).**

placard n. m. ■ **I 1** Écrit affiché pour avis au public. **2** imprim. Épreuve avant mise en pages. **3** Grande annonce publicitaire, sur un périodique. **II** Enfoncement ou meuble fermé constituant une armoire fixe. ◆ fig. *Mettre au placard,* se débarrasser de.

placarder v. tr. [1] ■ Afficher par placard. ► **placardage** n. m.

placardiser v. tr. [1] ■ Écarter, mettre au placard (qqn). → **reléguer.** ► **placardisation** n. f.

place n. f. ■ **I 1** Espace découvert, entouré de constructions. *Place publique.* **2** *PLACE FORTE* ou ellipt *PLACE.* → **forteresse. 3** Ville où se font des opérations de banque, de commerce. **II 1** loc. *Ne pas tenir EN PLACE,* bouger. ◆ *Rester SUR PLACE,* immobile. *Faire une enquête sur place,* sur les lieux. **2** Endroit, position qu'une personne occupe. ◆ loc. *Faire place à qqn,* laisser passer. ellipt *Place ! place !* **3** spécialt Siège qu'occupe ou peut occuper une personne (salle de spectacle, véhicule). *Place réservée.* **4** Espace libre ; endroit qu'une chose occupe. *Tenir trop de place.* **5** loc. *EN PLACE, À SA PLACE* : à la place qui convient. ◆ *MISE EN PLACE* : arrangement, installation. **III** fig. **1** Fait d'être admis (dans une catégorie) ; situation. loc. *Place au soleil,* situation dans la société. ◆ loc. *Se mettre À LA PLACE de qqn. À votre place* : si j'étais vous. **2** Position, rang dans une hiérarchie. *Être reçu dans les premières places.* **3** Emploi (généralement modeste). *Perdre sa place.* **4** loc. (idée de remplacement) *Prendre la place de qqn,* se substituer à lui. ◆ loc. *Faire place à qqn, qqch.* (sujet chose), être remplacé par. **5** *La place de qqn,* celle qui lui convient. *Être à sa place.* ◆ loc. *Remettre qqn à sa place,* le rappeler à l'ordre.

placé, ée adj. ■ **1** Mis à une place. **2** avec un adv. Qui est dans telle situation. *Personnage haut placé.* **3** *Cheval placé,* dans les deux ou trois premiers (dans une course).

placebo [-se-] n. m. ■ Remède qui rassure, indépendamment de ses effets.

placement n. m. ▪ **1** Action, fait de placer de l'argent ; cet argent. → **investissement.** **2** *Agence, bureau de placement,* qui traite les offres et les demandes d'emploi.

placenta [-sɛ̃-] n. m. ▪ Organe servant aux échanges sanguins de l'embryon avec l'organisme maternel. ► **placentaire** adj.

placentation [-sɛ̃-] n. f. ▪ **1** embryol. Formation du placenta ; manière dont il est disposé selon les espèces. **2** bot. Manière dont les graines sont disposées sur le carpelle.

① **placer** v. tr. [3] ▪ **I 1** Mettre (qqn) à une place, en un lieu ; conduire à sa place. → **installer.** **2** Mettre (qqch.) à une place. → **disposer, mettre.** **II 1** Mettre (qqn) dans une situation déterminée. **2** Procurer un emploi à (qqn). **3** fig. Mettre (qqch. d'abstrait, ou en imagination) dans une situation, une époque. → **localiser, situer.** **4** Dire, dans un récit, une conversation. *Il n'a pas pu placer un mot.* **5** S'occuper de vendre **(→ placier).** ♦ Employer (un capital) afin d'en tirer un revenu. → **investir ; placement.** ▹ v. pron. se **placer 1** Se mettre, être à une place. **2** Prendre une place, un emploi.

② **placer** [-ɛʀ] n. m. ▪ anglic. Gisement d'or, de pierres précieuses.

placet n. m. ▪ hist. Écrit sollicitant une faveur (à un roi, un ministre).

placette n. f. ▪ Petite place.

placeur, euse n. ▪ Personne qui place (des spectateurs ; des employés).

placide adj. ▪ Doux et calme. ► **placidement** adv. ► **placidité** n. f. → **flegme.**

placier, ière n. ▪ Représentant qui place des marchandises. → **courtier, V. R. P.**

placoderme n. m. ▪ zool. Poisson cuirassé fossile.

placoplatre n. m. (marque enregistrée) ▪ techn. Matériau se présentant sous forme de plaques de plâtre coulé entre deux feuilles de carton, qui sert de revêtement, d'isolant, appelé aussi *placo* (marque enregistrée).

placotage n. m. ▪ (Canada) fam. Fait de placoter, de bavarder.

placoter v. intr. [1] ▪ (Canada) fam. Bavarder. → ② **causer, converser,** fam. **papoter.**

plaf interj. ▪ Onomatopée, chute à plat.

plafond n. m. ▪ **I** Surface horizontale en haut d'une pièce d'habitation. *Hauteur de plafond.* **II 1** fig. Limite supérieure d'altitude (d'un avion). **2** Maximum ; limite supérieure (opposé à *plancher*).

plafonné, ée adj. ▪ Limité par un plafond, une valeur qu'on ne peut dépasser. *Salaire plafonné.*

plafonner v. [1] ▪ **I** v. tr. Garnir d'un plafond. ► **plafonnage** n. m. **II** v. intr. Atteindre un plafond (II, 2). ► **plafonnement** n. m.

plafonneur, euse n. ▪ techn. Plâtrier, plâtrière qui exécute les plafonds.

plafonnier n. m. ▪ Appareil d'éclairage fixé au plafond sans être suspendu.

plage n. f. ▪ **I** Endroit plat et bas d'un rivage. ➛ spécialt *Vacances à la plage.* ➛ Rive sableuse (lac, rivière). **II 1** *Plage lumineuse,* surface éclairée également. **2** Espace plat derrière le pare-brise *(plage avant)* ou devant la vitre arrière *(plage arrière)* d'une voiture. **3** Laps de temps, durée limitée.

plagiaire n. ▪ Personne qui plagie.

plagier v. tr. [7] ▪ Copier (un auteur) en s'attribuant indûment une partie de l'œuvre. ► **plagiat** n. m.

plagioclase n. m. ▪ minér. Feldspath aux clivages obliques, contenant du calcium et du sodium, composant de nombreuses roches magmatiques.

plagiste n. ▪ Personne qui exploite une plage (I) payante.

① **plaid** [plɛd] n. m. ▪ Couverture de voyage en lainage écossais.

② **plaid** [plɛ] n. m. ▪ Tribunal féodal.

plaider v. [1] ▪ **I** v. intr. **1** Soutenir ou contester qqch. en justice. *Plaider contre qqn,* lui intenter un procès*. **2** Défendre une cause devant les juges. ♦ fig. *PLAIDER POUR, EN FAVEUR DE :* défendre. ➛ (sujet chose) *Sa sincérité plaide en sa faveur.* **II** v. tr. **1** Défendre (une cause) en justice. ➛ fig. *Plaider la cause de qqn :* parler en sa faveur. **2** Faire valoir (qqch.) dans une plaidoirie. ellipt *Plaider coupable.* ➛ loc. *Plaider le faux pour savoir le vrai* (en déguisant sa pensée).

plaider-coupable n. m. ▪ dr. Procédure dans laquelle le procureur propose une réduction de peine au comparant qui reconnaît les faits. *Des plaider-coupables.*

plaideur, euse n. ▪ Personne qui plaide en justice.

plaidoirie n. f. ▪ Exposition des faits d'un procès (par l'avocat d'une partie).

plaidoyer n. m. ▪ Défense passionnée.

plaie n. f. ▪ **1** Ouverture dans les chairs. ➛ loc. *Retourner le couteau* dans la plaie.* **2** *Les dix* (ou *sept*) *plaies d'Égypte,* fléaux dévastateurs. **3** fam. (personnes, choses) *Quelle plaie !* → **calamité, peste.**

plaignant, ante adj. et n. ▪ (Personne) qui dépose une plainte en justice.

plain, plaine adj. ▪ vx Plan, plat.

plain-chant n. m. ▪ Musique vocale à une voix de la liturgie romaine. → **grégorien.**

plaindre v. tr. [52] ▪ **1** Considérer (qqn) avec un sentiment de pitié ; témoigner de la compassion à. *Être À PLAINDRE :* mériter d'être plaint. **2** loc. *Ne pas plaindre sa peine,* ne pas se ménager. ▹ v. pron. se **plaindre 1** Exprimer sa peine ou sa souffrance **(→ plainte). 2** Exprimer son mécontentement. *Se plaindre de qqn. Se plaindre de son sort.* ➛ *Se plaindre à qqn,* auprès de lui.

plaine n. f. ■ Vaste étendue de pays plat.

de **plain-pied** loc. adv. ■ Au même niveau. ➝ loc. fig. *Être de plain-pied avec qqn.*

plainte n. f. ■ **I 1** Expression vocale de la douleur. → **cri, lamentation, pleur.** ♦ fig. *La plainte du vent.* **2** Expression d'un mécontentement. **II** Dénonciation en justice d'une infraction par la victime. *Déposer une plainte.* ➝ loc. *PORTER PLAINTE contre qqn.*

plaintif, ive adj. ■ Qui exprime une plainte douce. ► **plaintivement** adv.

plaire v. tr. ind. [54] ■ **I 1** (personnes) *PLAIRE À* : procurer une satisfaction. ♦ spécialt Éveiller l'amour, le désir de qqn. **2** (sujet chose) Être agréable à. *Ce film m'a beaucoup plu.* **II** impers. **1** *Faites ce qui vous plaît,* ce que vous voudrez (distinct de *faites ce qu'il vous plaît,* ce que vous aimez). **2** *S'IL TE PLAÎT, S'IL VOUS PLAÎT* : formule de politesse (abrév. S. V. P.). ♦ vieilli *PLAÎT-IL ?* → **comment, pardon. 3** littér. au subj. *Plaise, plût au ciel que...* : je voudrais que... ➝ *À Dieu ne plaise que...* : pourvu que cela n'arrive pas. ▷ v. pron. **se plaire** (p. p. invar.) **1** (réfl.) Plaire à soi-même, être content de soi. **2** (récipr.) Se plaire l'un à l'autre. **3** *SE PLAIRE À* : prendre plaisir à.

plaisamment adv. ■ De façon plaisante.

de **plaisance** loc. adj. invar. ■ (navigation, bateau) Pour l'agrément ou le sport.

plaisancier, ière n. ■ Personne qui pratique la navigation de plaisance.

plaisant, ante ■ **I** adj. Qui plaît, procure du plaisir. → **agréable, attrayant. II** n. m. *Mauvais plaisant* : personne qui fait des plaisanteries de mauvais goût.

plaisanter v. [1] ■ **I** v. intr. **1** Faire ou (plus souvent) dire des choses destinées à faire rire, à amuser. → **blaguer. 2** Dire ou faire qqch. sans penser être pris au sérieux. **II** v. tr. littér. Taquiner (qqn), railler.

plaisanterie n. f. ■ **1** Propos destinés à faire rire, à amuser. **2** Propos ou actes visant à se moquer. *Une mauvaise plaisanterie.* **3** Chose peu sérieuse. ♦ Chose très facile.

plaisantin n. m. ■ Personne qui aime plaisanter. ♦ péj. Personne peu sérieuse.

plaisir n. m. ■ **I 1** Sensation ou émotion agréable. → **bien-être, contentement.** ♦ *FAIRE PLAISIR* : être agréable (à qqn) en rendant service, etc. ♦ *Le plaisir de qqch.* → **satisfaction. 2** *Le plaisir,* les sensations érotiques agréables. → **jouissance, volupté. 3** loc. *PRENDRE PLAISIR à* (+ inf.), aimer. ➝ *AVOIR DU PLAISIR à* (+ inf.), être ravi de. ➝ *Au plaisir de vous revoir,* formule d'adieu. ♦ *POUR LE PLAISIR, PAR PLAISIR* : sans autre raison que le plaisir. ♦ *AVEC PLAISIR,* volontiers. **II** *(Un, les plaisirs)* **1** Émotion, sensation agréable ; ce qui donne cette émotion. *Les plaisirs de la table. Un plaisir coûteux.* **2** spécialt Les plaisirs sensuels. *Fréquenter les lieux de plaisir.* **III** loc. **1** *Le BON PLAISIR de qqn,* sa volonté absolue. **2** *À PLAISIR* : selon les impulsions.

① **plan, plane** adj. ■ **1** Sans inégalité, ni courbure (surface). → **plat.** *Surface plane.* **2** *Géométrie plane,* qui étudie les figures planes (opposé à *dans l'espace*).

② **plan** n. m. ■ **1** Surface plane. *Plan incliné.* ➝ *Plan d'eau* : surface d'eau calme. **2** géom. Surface contenant entièrement toute droite joignant deux de ses points. **3** Chacune des surfaces perpendiculaires à la direction du regard (dessin, photo). *Au premier plan,* à peu de distance ; fig. considéré comme essentiel. ➝ *Sur le même plan,* au même niveau. ➝ *Sur le plan de* (+ nom), *sur le plan* (+ adj. abstrait) : au point de vue (de). **4** Image (photo), succession d'images (cinéma) définie par l'éloignement de l'objectif et la dimension de l'objet. *Gros plan de visage. Plan américain,* à mi-corps. ➝ Prise de vue sans interruption. *Plan séquence.*

③ **plan** n. m. ■ **I 1** Représentation (d'une construction, d'un jardin, etc.) en projection horizontale. *Tracer le plan d'un bâtiment.* **2** Carte à grande échelle. **3** Reproduction en projection orthogonale (d'une machine). *Les plans d'un avion.* **II 1** Projet élaboré. **2** Disposition des parties (d'une œuvre, d'une rédaction). **3** Détail de l'exécution d'un projet. **III** fam. *EN PLAN* : sans s'en occuper. *Tous les projets sont restés en plan.* → en **suspens.**

planage n. m. ■ techn. Opération qui consiste à planer, à aplanir. ➝ Action de rendre plane une tôle déformée.

planaire n. f. ■ zool. Ver plat d'eau douce.

planant, ante adj. ■ fam. Qui fait planer (I, 3).

plancha [plɑ̃(t)ʃa] n. f. ■ Plaque métallique chauffante pour faire griller des aliments. *Calmars à la plancha.*

planche n. f. ■ **I 1** Pièce de bois plane, plus longue que large. ➝ *Planche à dessin. Planche à repasser.* ➝ loc. *Entre quatre planches,* dans le cercueil. ➝ fig. *Planche de salut,* ultime ressource. ➝ *Faire la planche,* flotter sur le dos. **2** *LES PLANCHES* : le plancher de la scène ; fig. le théâtre. **3** Pièce de bois ou plaque destinée à la gravure. ♦ Estampe tirée sur une planche gravée. ➝ Feuille ornée d'une gravure. *Planches en couleurs d'un livre.* **4** sports *Planche de surf.* ➝ *Planche à roulettes* (jeu, sport). ➝ *Planche à voile,* munie d'un mât et d'une voile (► **planchiste** n.). **II** Bande de terre cultivée dans un jardin. *Planches d'un potager.*

planche-contact n. f. ■ photogr. Tirage par contact des vues de plusieurs bandes de négatifs sur une seule feuille sensible. *Des planches-contacts.*

planchéier v. tr. [7] ■ Garnir d'un plancher. ► **planchéiage** n. m.

① **plancher** n. m. ■ **1** Plate-forme horizontale au rez-de-chaussée, ou séparation entre deux étages. **2** Sol de bois (plus grossier que le *parquet*). ♦ Sol (d'un véhicule, etc.). loc. *Le pied au plancher,* en appuyant sur l'accélérateur. ♦ loc. fam. *Débarrasser le plancher* : sortir. ➝ *Le plan-*

cher des vaches, la terre ferme. **3** fig. Limite inférieure (opposé à *plafond*). ◆ appos. *Prix plancher.*

② **plancher** v. intr. [1] ■ fam. *Plancher sur un sujet,* travailler sur ce sujet.

planchette n. f. ■ Petite planche.

plançon n. m. ■ arbor. Branche utilisée comme bouture. – syn. **plantard.**

plan-concave adj. ■ opt. Qui présente une face plane et une face concave. *Lentilles plan-concaves.*

plan-convexe adj. ■ opt. Qui présente une face plane et une face convexe. *Lentilles plan-convexes.*

plancton [-ktɔ̃] n. m. ■ (collectif) Organismes microscopiques, animaux *(zooplancton)* et végétaux *(phytoplancton)* vivant en suspension dans l'eau de mer. ► **planctonique** adj.

plane n. f. ■ techn. Outil formé d'une lame tranchante et de deux poignées, appelé aussi *couteau à deux manches,* qui sert à aplanir, à dégrossir une surface de bois.

planéité n. f. ■ didact. Caractère plan (de qqch.).

planer v. intr. [1] ■ **I 1** (oiseaux) Se soutenir en l'air sans remuer les ailes. ◆ (avions) Voler, le moteur coupé. ◆ p. p. adj. *Vol plané.* ♦ (planeurs) Voler en utilisant les courants atmosphériques. **2** fig. Dominer par la pensée. **3** fam. Être dans un état de rêverie agréable. **II** (choses) **1** Flotter en l'air. **2** Constituer une présence menaçante. *Un danger plane.*

planétaire adj. ■ **1** Relatif aux planètes. **2** Relatif à toute la planète Terre. → **mondial.** ► **planétairement** adv.

planétarium [-jɔm] n. m. ■ Représentation des corps célestes sur une voûte.

planète n. f. ■ Corps céleste qui tourne autour du Soleil (ou d'une étoile).

planétoïde n. m. ■ astron. Petite planète. → **astéroïde.** ◆ Planète en cours de formation. ◆ Satellite* artificiel.

planétologie n. f. ■ didact. Étude scientifique des planètes (→ **astronomie, astrophysique).** ► **planétologique** adj. ► **planétologue** n.

planeur n. m. ■ Aéronef sans moteur.

planeuse n. f. ■ techn. Machine à aplanir.

planèze n. f. ■ région. Plateau volcanique (basalte) entre des vallées rayonnantes.

planifier v. tr. [7] ■ Organiser suivant un plan (③). ◆ *Économie planifiée.* ► **planificateur, trice** adj. et n. ► **planification** n. f.

planimétrage n. m. ■ Mesure opérée avec un planimètre.

planimètre n. m. ■ sc., techn. Instrument permettant de mesurer l'aire d'une figure bornée par une ligne courbe ou irrégulière (en suivant ses contours).

planimétrie n. f. ■ sc. Partie de la géométrie appliquée qui concerne la mesure des aires planes. ◆ Détermination des projections horizontales des points matériels d'un terrain dont on veut lever le plan. ► **planimétrique** adj.

planisphère n. m. ■ Carte de l'ensemble du globe terrestre (projection plane).

plan-masse n. m. ■ archit. Document représentant le périmètre d'une construction et le cadre dans lequel elle est implantée. *Des plans-masses.* – On dit aussi *plan de masse.*

planning n. m. ■ anglic. **1** Plan d'activité. **2** *Planning familial :* contrôle des naissances.

planoir n. m. ■ techn. Ciseau à bout aplati utilisé pour rendre plan.

planorbe n. f. ■ zool. Mollusque gastéropode pulmoné, à coquille en spirale plate, qui vit dans les étangs, les marais.

plan-plan adv. ■ région. et fam. Tout doucement, tranquillement, sans se presser. ◆ adj. *Une allure plan-plan.*

planque n. f. ■ fam. **1** Lieu où l'on cache qqch. ou qqn. **2** fig. Situation peu exposée ; place où le travail est facile.

planquer v. tr. [1] ■ fam. Cacher, mettre à l'abri. ▷ v. pron. se **planquer** Se mettre à l'abri du danger. ▷ adj. et n. **planqué, ée**

plan-relief n. m. ■ Maquette d'une construction, d'un groupe d'immeubles, d'une ville. *Des plans-reliefs.*

plan-séquence n. m. ■ cinéma Séquence, suite d'images filmées en continu sans arrêter la caméra (en un seul plan*) et restituée telle quelle. *Des plans-séquences.*

plansichter [plɑ̃siʃtɛʀ] n. m. ■ techn. Blutoir mécanique, formé de plusieurs tamis animés de mouvements oscillatoires et circulaires.

plant n. m. ■ **1** Végétaux de même espèce ; terrain où ils poussent. **2** Végétal au début de sa croissance. *Repiquer des plants.*

plantage n. m. ■ fam. Fait de se planter (2). → **erreur.** *Le plantage d'un film.* → **échec ;** fam. **bide.** ♦ inform. Blocage d'un programme ou du système d'exploitation qui paralyse le fonctionnement (d'un ordinateur).

① **plantain** n. m. ■ Herbe dont la semence sert à nourrir les oiseaux.

② **plantain** n. m. ■ Bananier dont le fruit se mange cuit. ◆ appos. *Banane plantain.*

plantaire adj. ■ De la plante des pieds.

plantard → **plançon**

plantation n. f. ■ **I** Action, manière de planter. **II 1** Ensemble de végétaux plantés (surtout plur.). **2** Terrain, champ planté. **3** Exploitation agricole de produits tropicaux.

① **plante** n. f. ■ Végétal ; spécialt végétal à racine, tige, feuilles de petite taille (opposé à *arbre*). *Plantes grasses,* les cactus. *Plantes d'appartement, plantes vertes.*

② **plante** n. f. ■ Face inférieure (du pied).

planté, ée adj. ■ (personnes) *Bien planté*, ferme sur ses jambes.

planter v. [1] ■ **I** v. tr. **1** Mettre, fixer (un plant, une plante) en terre. *Planter un arbre.* **2** Mettre en terre (des graines, bulbes, tubercules). *Planter des haricots.* **3** *Planter un lieu*, le garnir de végétaux. ➛ au p. p. *Avenue plantée d'arbres.* **4** Enfoncer, faire entrer (un objet) en terre. *Planter un pieu.* ♦ *Planter des clous.* ➛ au p. p. *Dents mal plantées.* **5** Mettre, placer debout, droit. *Planter sa tente.* **6** *PLANTER LÀ qqn, qqch.*, l'abandonner brusquement. **II** v. intr. fam. Cesser de fonctionner. *L'ordinateur a planté.* ▷ v. pron. **se planter 1** (passif) Être planté. **2** fam. (véhicule ; conducteur) Avoir un accident. ♦ fig. Échouer.

planteur, euse ■ **I** n. Agriculteur qui exploite une plantation (II, 3). **II** n. m. Punch aux jus de fruits.

planteuse n. f. ■ techn. Machine agricole servant à planter les pommes de terre.

plantigrade adj. ■ zool. Qui marche sur la plante des pieds (opposé à *digitigrade*).

plantoir n. m. ■ Outil de jardinage taillé en pointe (pour planter, repiquer).

planton n. m. ■ Garde, sentinelle sans armes. ➛ loc. fam. *Faire le planton* : attendre debout longtemps.

plantule n. f. ■ bot. Jeune plante phanérogame, du début de la germination jusqu'au moment où elle peut vivre par ses propres moyens.

plantureux, euse adj. ■ **1** Très abondant. → **copieux. 2** *Femme plantureuse*, bien en chair. ► **plantureusement** adv.

plaquage n. m. ■ **1** sports Action de plaquer (I, 4) un adversaire. **2** fam. Abandon.

plaque n. f. ■ **I 1** Feuille rigide, plate et peu épaisse. ➛ *Plaque d'immatriculation.* **2** Couche peu épaisse. *Plaque de verglas.* **3** *Plaque tournante* : plate-forme tournante ; fig. carrefour, lieu d'échanges. **4** (en photogr. argentique) Support rigide. **5** géol. Fraction de l'écorce terrestre. *La tectonique des plaques.* **II** Tache étendue.

plaqué n. m. ■ Métal recouvert d'un autre.

plaquemine n. f. ■ Fruit du plaqueminier. → ② **kaki.**

plaqueminier n. m. ■ Arbre à bois très dur. *Plaqueminier de l'Inde*, fournissant l'ébène. → **ébénier.** *Plaqueminier du Japon*, cultivé pour ses fruits. → ② **kaki.**

plaquer v. tr. [1] ■ **I 1** Appliquer (une plaque) sur qqch. **2** Mettre (qqch.) à plat. **3** *Plaquer un accord*, en produire les notes ensemble. **4** Appuyer fort. *Plaquer qqn, qqch. contre, sur qqch.* ➛ sports Faire tomber (le porteur du ballon) en le saisissant par les jambes. **II** fam. Abandonner (qqn, qqch.). **III** Couvrir (qqch.) d'une couche plate (de métal, de bois...). → **placage.**

plaquettaire adj. ■ Des plaquettes sanguines.

plaquette n. f. ■ **1** Petite plaque. **2** Petit livre mince. **3** anat. Cellule du sang, sans noyau.

plaqueur, euse n. ■ techn. *Plaqueur sur métaux*, qui lamine à chaud les feuilles de métal pour obtenir le plaqué (bijouterie). *Plaqueur en ébénisterie*, qui réalise les travaux de placage.

plasma n. m. ■ **I** *Plasma (sanguin)*, partie liquide du sang. → **sérum. II** phys. Fluide constitué de particules ionisées, globalement neutre, et correspondant à un quatrième état de la nature (avec les états solide, liquide et gazeux). *Le plasma solaire.* ➛ *Plasma gazeux scellé sous verre. Écran à plasma.*

plasmaphérèse n. f. ■ biol., méd. Séparation du sang en ses différents constituants, en vue de leur utilisation thérapeutique.

plasmatique adj. ■ physiol. Relatif au plasma sanguin.

plasmide n. m. ■ biol. Élément génétique du cytoplasme (séparé et indépendant du chromosome), hébergé par un hôte bactérien et dont la réplication est autonome.

plasmique adj. ■ **1** biol. Cytoplasmique. **2** phys. Relatif aux plasmas.

plasmo-, -plasme Éléments, du grec *plasma* « chose façonnée ».

plasmocyte n. m. ■ biol. Cellule dérivée d'un lymphocyte, secrétant activement des anticorps. ► **plasmocytaire** adj.

plasmode n. m. ■ biol. Cellule à plusieurs noyaux formée par la division du noyau, sans division du cytoplasme.

plasmodium [-jɔm] n. m. ■ biol. Organisme unicellulaire parasite, responsable du paludisme.

plasmolyse n. f. ■ physiol. Réaction par laquelle une cellule se contracte et perd son eau par osmose, lorsqu'elle est plongée dans un milieu hypertonique.

plasmopara n. m. ■ bot. Champignon parasite, dont une espèce est cause du mildiou de la vigne.

-plaste, -plastie Éléments, du grec *plassein* « modeler » (ex. *galvanoplastie*).

plaste n. m. ■ bot. Organite cytoplasmique des cellules des végétaux eucaryotes, impliqué dans la photosynthèse. → **chloroplaste.**

plastic n. m. ■ Masse d'explosif malléable.

plasticage n. m. ■ Action de plastiquer, attentat au plastic.

plasticien, ienne n. ■ **1** Artiste qui pratique les arts plastiques. **2** techn. Technicien ou ouvrier spécialiste des matières plastiques. **3** chir. Spécialiste de la chirurgie plastique.

plastie n. f. ■ chir. Réfection d'un organe ou d'une partie du corps par chirurgie réparatrice (→ ② **greffe**) ou esthétique. *Plastie mammaire.*

plastifiant, iante n. m. et adj. ■ chim., techn. Polyester capable d'augmenter la plasticité d'une matière, de la rendre plus souple.

plastifier v. tr [7] ▪ **1** Donner les propriétés d'une matière plastique à (une substance). **2** Couvrir de matière plastique. ▶ **plastification** n. f.

plastique ▪ **I** adj. et n. f. **1** Qui donne une forme. *Chirurgie plastique.* → **esthétique. 2** Relatif aux arts qui élaborent des formes : sculpture, architecture, dessin, peinture. **3** Beau de forme (▶ **plastiquement** adv.). ♦ n. f. Beauté des formes du corps. **II** adj. **1** Flexible, malléable (▶ **plasticité** n. f.). **2** *Matière plastique* ou n. m. *du plastique* : mélange contenant une matière de base susceptible d'être moulée. *Sac en plastique.*

plastiquer v. tr. [1] ▪ Faire exploser au plastic. ▶ **plastiqueur, euse** n.

plastisol [-s-] n. m. ▪ chim. Émulsion de résine (chlorure de polyvinyle) dans un plastifiant liquide.

plastron n. m. ▪ Partie (d'un vêtement) qui recouvre la poitrine.

plastronner v. intr. [1] ▪ Parader, poser.

plasturgie n. f. ▪ techn. Science et technique ayant trait à la transformation des matières plastiques et à leur utilisation ; industrie des matières plastiques. ▶ **plasturgique** adj. ▶ **plasturgiste** n.

① **plat, plate** adj. et n. m. ▪ **I** adj. **1** Qui présente une surface plane ; horizontal. **2** Dont le fond est plat ou peu profond. *Assiette plate.* **3** De peu d'épaisseur. **4** Qui n'est pas haut. *Chaussures plates, à talons plats.* **5** *À PLAT* loc. adv. : horizontalement ; dégonflé. ♦ fig., fam. *Être à plat,* déprimé, épuisé. **6** fig. Sans caractère saillant remarquable. *Style plat.* → **fade. 7** (personnes) Obséquieux. ➛ *De plates excuses.* **II** n. m. **1** La partie plate (de qqch.). *Le plat de la main.* **2** fam. et vieilli *Faire du plat à qqn,* chercher à le séduire.

② **plat** n. m. ▪ **I** Pièce de vaisselle plus grande que l'assiette. ➛ *Des œufs au plat, sur le plat,* cuits sans les brouiller. ♦ loc. *Mettre les petits plats dans les grands,* se mettre en frais. **II** Mets d'un repas. *Plat du jour* (au restaurant). ♦ fig., fam. *Faire tout un plat de qqch.* : accorder à qqch. trop d'importance.

platane n. m. ▪ **1** Arbre élevé, à large frondaison, à écorce lisse. **2** *Faux platane* : érable sycomore.

plat-bord n. m. ▪ mar. Ceinture en bois entourant les ponts et limitant les bordages en bois. *Des plats-bords.*

plate n. f. ▪ Embarcation à fond plat.

plateau n. m. ▪ **I 1** Support plat servant à poser et à transporter. **2** spécialt *Les plateaux d'une balance.* **II** Étendue de pays assez plate et surélevée. *Plateau continental* : fond marin proche des côtes. **III** Plate-forme où est présenté un spectacle, etc. *Le plateau d'un théâtre.* ➛ Installations, personnel de prise de vues en studio.

plate-bande n. f. ▪ Bande de terre cultivée, dans un jardin. ➛ loc. fam. *Marcher sur les plates-bandes de qqn,* empiéter sur son domaine. – var. **platebande.**

platée n. f. ▪ Contenu d'un plat.

plate-forme n. f. ▪ **I 1** Surface plane, horizontale, surélevée. *Des plates-formes.* **2** Plateau (II). **3** *Plate-forme de forage* : installation sur les gisements pétroliers en mer. **4** inform. Système destiné au stockage et au partage de contenus numériques (textes, vidéos...). **II** fig. Ensemble d'idées d'une politique commune. → **base.** – var. **plateforme.**

platement adv. ▪ D'une manière plate, banalement.

plateresque adj. ▪ didact. Se dit d'un style d'architecture et de décoration de la Renaissance espagnole caractérisé par des ornements baroques évoquant l'orfèvrerie (comme le manuélin* portugais).

plathelminthe n. m. ▪ zool. Ver plat, non segmenté, hermaphrodite, libre ou parasite (ex. la douve, la planaire, le ténia).

platinage n. m. ▪ techn. Opération par laquelle on recouvre une surface d'une couche de platine ; cette couche.

① **platine** n. f. ▪ Support plat. ♦ Lecteur d'une chaîne de reproduction sonore.

② **platine** ▪ **1** n. m. Élément (symb. Pt, n° at. 78, masse at. 195,08), métal précieux, d'un blanc grisâtre. **2** adj. invar. De la couleur du platine. → ① **platiné.**

① **platiné, ée** adj. ▪ D'un blond presque blanc.

② **platiné, ée** adj. ▪ autom. *Vis platinées* : pièces de contact pour l'allumage.

platiner v. tr. [1] ▪ **1** techn. Recouvrir (un métal, du verre) d'une mince couche de platine (→ **platinage**). **2** Donner la couleur blanche et éclatante du platine à (qqch.).

platinifère adj. ▪ didact. Qui contient du platine.

platinite n. f. ▪ techn. Alliage de fer et de nickel, utilisé, pour son coefficient de dilatation, à la place du platine dans la soudure du verre.

platinoïde n. m. ▪ techn. Alliage de cuivre, zinc, nickel comprenant 1 ou 2 % de tungstène, utilisé en électricité.

platitude n. f. ▪ **1** Caractère de ce qui est plat, sans originalité. **2** Banalité. **3** vieilli Acte servile.

platonicien, ienne adj. ▪ De la philosophie de Platon (*platonisme* n. m.).

platonique adj. ▪ **1** Purement idéal. *Amour platonique.* **2** Théorique, de pure forme. ▶ **platoniquement** adv.

platonisme n. m. ▪ **1** Philosophie de Platon et de ses disciples. **2** rare Caractère de l'amour platonique, chaste, idéal.

plâtras n. m. ▪ Débris de plâtres.

plâtre n. m. ■ **1** Poudre blanche obtenue par cuisson et broyage du gypse. ➝ Pâte de plâtre gâché. ♦ loc. *Battre qqn comme plâtre,* avec violence. **2** *LES PLÂTRES :* revêtements, ouvrages de plâtre. ➝ loc. *Essuyer* les plâtres.* **3** *UN PLÂTRE :* objet moulé en plâtre. **4** Appareil pour maintenir un organe immobile. *Une jambe dans le plâtre.*

plâtrer v. tr. [1] ■ **1** Couvrir de plâtre ; sceller avec du plâtre. **2** Mettre (un membre fracturé) dans un plâtre. ► **plâtrage** n. m.

plâtrerie n. f. ■ **1** Entreprise, usine où l'on fabrique le plâtre. **2** Travail du plâtrier.

plâtreux, euse adj. ■ **1** Couvert de plâtre. **2** D'une blancheur de plâtre.

plâtrier, ière n. ■ Ouvrier, ouvrière qui utilise le plâtre gâché.

plâtrière n. f. ■ **1** Carrière de gypse. **2** Four à plâtre ; usine de plâtre.

platyrhinien n. m. ■ zool. Primate d'Amérique, à narines écartées, ouvertes sur le côté, à plus de 32 dents et à queue préhensile (ex. ouistiti, capucin, singe hurleur).

plausible adj. ■ Qui semble devoir être admis. → **admissible, vraisemblable.**

play-back n. m. invar. ■ anglic. Interprétation sur un enregistrement antérieur.

play-boy [plɛbɔj] n. m. ■ anglic. Jeune homme élégant et riche. *Des play-boys.*

plèbe n. f. ■ **1** hist. Ordre du peuple romain. → **plébéien. 2** péj. Le bas peuple.

plébéien, ienne ■ **1** n. Antiq. Romain(e) de la plèbe (opposé à *patricien*). **2** adj. littér. Du peuple (opposé à *aristocratique*). → **populaire.**

plébiscite n. m. ■ Vote direct du corps électoral sur un projet présenté par le pouvoir. ► **plébiscitaire** adj.

plébisciter v. tr. [1] ■ **1** Voter (qqch.), désigner (qqn) par plébiscite. **2** Choisir à une majorité écrasante.

plectre n. m. ■ mus. Instrument pour gratter les cordes. → **médiator.**

-plégie Élément (du grec *plêssein* «frapper») qui signifie «paralysie».

pléiade n. f. ■ Groupe de personnes remarquables.

① **plein, pleine** adj. ■ **I 1** (sens fort) Qui contient toute la quantité possible. → **rempli.** *Un verre plein.* ♦ loc. (idée d'entier, complet) *Saisir qqch. à pleines mains,* fermement. **2** (femelle d'animal) En gestation. **3** Qui contient autant de personnes qu'il est possible. → **bondé. 4** (temps) Complet, occupé. *Travailler à temps plein* (opposé à *partiel*). **5** fig. (personnes) *PLEIN DE :* pénétré de. *Être plein de son sujet.* **6** loc. fam. *Plein aux as*.* **II 1** Dont la matière occupe tout le volume. *Une sphère pleine.* ♦ (formes humaines) Rond. *Des joues pleines.* **2** (avant le nom) Qui est entier, à son maximum. *Reliure pleine peau.* ➝ loc. *Plein air. Pleine mer :* le large. ♦ Intégral. *Plein succès. Les pleins pouvoirs.* **3** loc. adv. *À PLEIN, EN PLEIN.* → **pleinement.** ♦ *EN PLEIN(E) :* au milieu de. *Se réveiller en pleine nuit.* ♦ fam. Exactement. *En plein milieu. En plein dans le mille.* **III** *PLEIN DE :* qui contient, qui a beaucoup de. *Yeux pleins de larmes.* ➝ (personnes) *Être plein de santé.*

② **plein** n. m. ■ **1** *LE PLEIN (DE)* État de ce qui est plein. ➝ Plénitude, maximum. ♦ loc. *Battre son plein* (plur. *leur plein*) : être à son maximum. ♦ *Faire le plein de,* emplir un réservoir. ➝ *Un plein d'essence.* **2** *UN PLEIN* Endroit plein (d'une chose). *Les pleins et les vides.* ♦ Trait épais, dans l'écriture (opposé à *délié*).

③ **plein** prép. ■ **1** En grande quantité dans. *Avoir de l'argent plein les poches,* beaucoup. **2** fam. *PLEIN DE* loc. prép. → **beaucoup.** ♦ *TOUT PLEIN.* → **très.** *C'est mignon tout plein.*

pleinement adv. ■ Entièrement.

plein-emploi ou **plein emploi** [plɛn-] n. m. sing. ■ Emploi de la totalité des travailleurs (opposé à *chômage,* à *sous-emploi*).

pléiotropie n. f. ■ biol. Particularité que possède un gène (dit *pléiotrope*) d'agir sur plusieurs caractères.

pléistocène n. m. ■ géol. Période de l'apparition de l'homme (après le pliocène).

plénière adj. f. ■ *Assemblée plénière,* où siègent tous les membres.

plénipotentiaire n. ■ Agent diplomatique qui a pleins pouvoirs. ➝ adj. *Ministre plénipotentiaire.*

plénitude n. f. ■ littér. **1** Ampleur, épanouissement. **2** Force intégrale.

plénum ou **plenum** [plenɔm] n. m. ■ Réunion plénière d'une assemblée (notamment le Comité central du parti communiste des pays ex-socialistes).

pléonasme n. m. ■ Terme ou expression qui répète ce qui vient d'être énoncé. → **redondance.** ► **pléonastique** adj.

plésiomorphe adj. ■ biol. (caractère biologique) Ancestral.

plésiosaure n. m. ■ paléont. Grand reptile saurien fossile de l'ère secondaire.

pléthore n. f. ■ littér. Abondance, excès. ► **pléthorique** adj.

pleur n. m. ■ **1** Larme. *Verser un pleur.* **2** au plur. Fait de pleurer ; larmes, plaintes. *Elle était tout en pleurs.*

pleurage n. m. ■ techn. Déformation du son (baisse de hauteur) produit par un appareil électroacoustique due à la variation de la vitesse de défilement du support.

pleural, ale, aux adj. ■ anat. De la plèvre.

pleurard, arde adj. ■ Qui pleure, geint à tout propos. ➝ *Air, ton pleurard.*

pleure-misère n. invar. ■ littér., vieilli Personne qui se plaint sans cesse d'être dans le besoin.

pleurer v. intr. [1] ▪ **I 1** Répandre des larmes, spécialt sous l'effet d'une émotion pénible. **2** *À PLEURER* : au point de faire pleurer. *Bête à pleurer*, extrêmement bête. **3** (autres émotions) *Pleurer de rire*. **II 1** fig. *PLEURER SUR* : s'affliger. → **gémir,** se **lamenter. 2** Demander de manière plaintive. *Pleurer pour obtenir une augmentation.* **III** trans. littér. **1** Regretter, se lamenter sur. *Pleurer sa jeunesse enfuie*. **2** Laisser couler (des larmes, des pleurs).

pleurésie n. f. ▪ Inflammation de la plèvre. ► **pleurétique** adj. et n.

pleureur adj. m. ▪ *Saule pleureur*, dont les branches retombent vers le sol.

pleureuse n. f. ▪ Femme payée pour pleurer aux funérailles (Méditerranée).

pleurite ▪ **1** n. f. méd. Pleurésie sèche (sans épanchement). **2** n. m. Partie latérale membraneuse d'un insecte.

pleurnicher v. intr. [1] ▪ fam. Pleurer de manière affectée ; se plaindre, geindre. ► **pleurnicherie** n. f. ► **pleurnicheur, euse** ou **pleurnichard, arde** n. et adj.

pleuro- Élément, du grec *pleuron* «côté».

pleurodynie n. f. ▪ méd. Point de côté lié à une douleur intercostale.

pleuronecte n. m. ▪ zool. Poisson plat, portant les deux yeux du même côté (ex. la sole, le flétan).

pleuropneumonie n. f. ▪ méd. Inflammation simultanée de la plèvre et des poumons.

pleurote n. m. ▪ Champignon dont le pied s'insère sur le côté du chapeau.

pleurotomie n. f. ▪ méd. Ouverture chirurgicale de la plèvre.

pleutre adj. et n. ▪ littér. Peureux.

pleutrerie n. f. ▪ littér. Lâcheté.

pleuvasser v. impers. [1] ▪ Pleuvoir légèrement, bruiner. → **pleuviner, pleuvoter.**

pleuviner v. impers. [1] ▪ Bruiner.

pleuvioter → **pleuvoter**

pleuvoir v. [23] ▪ **I** v. impers. **1** *Il pleut* : la pluie tombe. **2** Tomber. ➛ loc. *Il pleut des cordes, des hallebardes.* ➛ fam. *Comme s'il en pleuvait.* → **beaucoup. II** v. intr. (surtout 3e pers. du plur.) **1** S'abattre comme une pluie. *Les coups pleuvaient.* **2** Affluer.

pleuvoter v. impers. [1] ▪ Pleuvoir légèrement. - syn. **pleuvioter.**

plèvre n. f. ▪ Membrane enveloppant le poumon (→ pleurésie).

plexiglas [-glas] n. m. (nom déposé) ▪ Plastique transparent imitant le verre.

plexus [-ys] n. m. ▪ Réseau de nerfs ou de vaisseaux. *Plexus solaire* (à l'estomac).

pli n. m. ▪ **I 1** Partie d'une matière souple rabattue sur elle-même. *Jupe à plis.* → **plissé. 2** Ondulation (d'un tissu flottant). ♦ Mouvement (de terrain). → **plissement. 3** Marque qui reste à ce qui a été plié. ➛ *FAUX PLI.* ➛ loc. fam. *Cela ne fait pas un pli* : pas de difficulté. **4** *MISE EN PLIS* : mise en forme des cheveux. **5** loc. *Prendre un (le) pli* : acquérir une habitude. **II 1** Papier replié ; par ext. lettre. **2** Levée, aux cartes.

pliable adj. ▪ Qui plie sans casser.

pliage n. m. ▪ **1** Action, manière de plier. **2** Fait de plier et replier du papier pour obtenir une forme.

pliant, ante ▪ **1** adj. Articulé de manière à pouvoir se plier. *Lit pliant.* **2** n. m. Siège de toile à pieds articulés en X.

plie n. f. ▪ Carrelet (poisson).

plié n. m. ▪ danse Mouvement qui consiste à plier les genoux.

plier v. [7] ▪ **I** v. tr. **1** Rabattre (une chose souple) sur elle-même. ➛ loc. *Plier bagage**. **2** Courber (une chose flexible). *Plier une branche.* ➛ (articulation) *Plier le genou, la jambe.* **3** Replier (des parties articulées). **4** (compl. personne) Forcer à s'adapter. ➛ *SE PLIER (À)* v. pron. *Se plier aux circonstances.* **II** v. intr. **1** Se courber, fléchir. **2** (personnes) Céder, faiblir.

plieur, euse n. ▪ **1** Ouvrier, ouvrière chargé(e) de plier. **2** n. f. Machine à plier (le papier...).

plinthe n. f. ▪ Bande plate de menuiserie au bas d'une cloison, d'un lambris.

pliocène n. m. ▪ géol. Période (tertiaire) succédant au miocène.

plioir n. m. ▪ techn. **1** Instrument servant à plier. **2** Petite planchette sur laquelle on enroule une ligne de pêche.

plissage n. m. ▪ Action de former des plis.

plissé, ée ▪ **1** adj. Qui forme des plis. **2** n. m. Ensemble, aspect des plis.

plissement n. m. ▪ **1** Action de (se) plisser (2). **2** Plis des couches géologiques.

plisser v. tr. [1] ▪ Couvrir de plis. **1** Modifier (une surface souple) en y faisant un arrangement de plis. **2** Contracter les muscles de. → **froncer.** ➛ *Plisser les yeux.*

plisseur, euse n. ▪ techn. **1** Personne qui effectue le plissage des étoffes. **2** n. f. Machine à plisser les étoffes.

pliure n. f. ▪ **1** Endroit où une partie se replie. **2** Marque d'un pli.

ploc interj. ▪ Bruit de chute dans l'eau.

ploiement n. m. ▪ littér. Action de ployer ; fait d'être ployé.

plomb [plɔ̃] n. m. ▪ **I 1** Élément (symb. Pb, n° at. 82, masse at. 207,2), métal lourd d'un gris bleuâtre, mou, facile à travailler. **2** (symbole de pesanteur) loc. *Avoir du plomb dans l'estomac. N'avoir pas de plomb dans la tête*, être étourdi. ➛ *DE PLOMB* : lourd. *Sommeil de plomb. Un soleil de plomb.* **3** Alliage au plomb. ➛ Typographie traditionnelle (utilisant cet alliage). **II** *UN PLOMB*

1 Masse de plomb (pour sonder ; lester). ◆ Sceau de plomb. → **plomber** (3). **2** Grain sphérique garnissant une cartouche. **3** Baguette de plomb qui maintient les verres d'un vitrail. **4** Fusible. *Les plombs ont sauté.* **III** techn. *À PLOMB* loc. adv. : verticalement. ◆ *Fil* à plomb.*

plombage n. m. ■ Obturation (d'une dent). ◆ fam. Amalgame pour obturation.

plombagine n. f. ■ vx Graphite.

plombant, ante adj. ■ fam. Qui a un effet négatif sur le moral. *Des nouvelles plombantes.*

plombe n. f. ■ fam. Heure. *J'ai attendu trois plombes.*

plombé, ée adj. ■ **1** Garni de plomb. ♦ Scellé au plomb. *Wagon plombé.* **2** *Dent plombée,* obturée. **3** D'un bleu grisâtre. *Un ciel plombé. Un teint plombé.* → **livide.**

plombée n. f. ■ pêche Ensemble des plombs qui lestent un bas de ligne, un filet.

plombémie n. f. ■ méd. Présence de plomb dans le sang.

plomber v. tr. [1] ■ **1** Garnir de plomb. **2** pronom. Devenir livide (teint...). ◆ au p. p. *Teint plombé.* **3** Sceller avec un sceau de plomb. ◆ au p. p. *Wagon plombé.* **4** Obturer (une dent). ◆ au p. p. *Dent plombée.*

plomberie n. f. ■ **1** Pose des conduites et des appareils de distribution d'eau, de gaz. **2** Ces conduites et installations.

plombeur n. m. ■ agric. Rouleau lourd qui sert à tasser la terre.

plombier, ière n. ■ Professionnel(le) qui exécute des travaux de plomberie.

plombières n. f. ■ Glace à la vanille garnie de fruits confits.

plombifère adj. ■ didact. Qui renferme du plomb.

plombure n. f. ■ techn. Armature de plomb d'un vitrail.

plonge n. f. ■ fam. Vaisselle (restaurants).

plongeant, ante adj. ■ Dirigé vers le bas. *Vue plongeante.*

plongée n. f. ■ **1** Action de plonger et de séjourner sous l'eau (plongeur, sous-marin). **2** photogr., cin. Vue plongeante.

plongement n. m. ■ Action de plonger une chose dans un liquide.

plongeoir n. m. ■ Dispositif au-dessus de l'eau pour plonger (II, 2).

① **plongeon** n. m. ■ Oiseau palmipède, de la taille du canard, nichant près de la mer.

② **plongeon** n. m. ■ Fait, manière de plonger (II, 2) ; ce sport.

plonger v. [3] ■ **I** v. tr. **1** Faire entrer dans un liquide. *Plonger sa tête dans une cuvette.* ◆ pronom. *Se plonger dans l'eau.* **2** Enfoncer (une arme). **3** Mettre, enfoncer (le corps, une partie du corps) dans une chose creuse, molle... **4** loc. *Plonger son regard dans,* regarder au fond de. **5** Placer brusquement (dans une situation). ◆ pronom. *Se plonger dans un livre.* → s'**absorber.** **II** v. intr. **1** S'enfoncer, descendre au fond de l'eau. *Le sous-marin va plonger.* **2** Se jeter dans l'eau la tête et les bras en avant. **3** Se jeter ou s'enfoncer (dans, sur, vers...). **4** Voir (d'un lieu plus élevé).

plongeur, euse n. ■ **I 1** Personne qui plonge sous l'eau. **2** Personne, sportif qui plonge (II, 2). **II** Personne chargée de la plonge.

plot n. m. ■ **1** Pièce métallique permettant d'établir un contact électrique. **2** *Plot de départ :* élévation au bord d'une piscine, d'où plongent les nageurs.

plouc n. ■ péj. (injurieux) Personne qui a des manières grossières. ◆ adj. *Il, elle est un peu plouc.*

plouf interj. ■ Bruit de chute dans l'eau.

ploutocrate n. m. ■ Personne très riche et politiquement influente. ► **ploutocratie** n. f. ► **ploutocratique** adj.

ployer v. [8] ■ **I** v. tr. littér. Plier, tordre en abaissant. → **courber ; fléchir.** **II** v. intr. Plier. *Ses jambes ployèrent sous lui.* → **céder.**

① **plu** → **plaire**

② **plu** → **pleuvoir**

pluches n. f. pl. ■ argot Épluchage des légumes.

plug-in [plœgin] n. m. ■ anglic., inform. Petit programme capable de s'intégrer à un navigateur pour en étendre les capacités.

pluie n. f. ■ **1** Eau qui tombe en gouttes des nuages sur la terre. *Pluie fine.* → **bruine, crachin.** *Le temps est à la pluie,* il va pleuvoir*. **2** loc. *Faire la pluie et le beau temps,* être très influent. *Parler de la pluie et du beau temps,* dire des banalités. **3** Chute de pluie. → **averse, grain, ondée.** **4** *EN PLUIE :* en gouttes dispersées. **5** Grande quantité (qui tombe). *Pluie de coups.*

plumage n. m. ■ L'ensemble des plumes recouvrant le corps d'un oiseau. → **livrée.**

plumaison n. f. ■ Action de plumer un oiseau.

plumard n. m. ■ fam. Lit.

plumassier, ière n. ■ Personne qui fabrique ou qui vend les ornements, les garnitures de plumes. ► **plumasserie** n. f.

plume n. f. ■ **I 1** Appendice formé d'un axe (tube) et de barbes latérales, sur la peau des oiseaux. **2** loc. fam. *Voler dans les plumes à qqn,* l'attaquer. ◆ *Y laisser des plumes,* essuyer une perte. ♦ (symbole de légèreté) appos. (invar.) *POIDS PLUME,* catégorie de boxeurs légers. **3** Plume d'oiseau utilisée comme ornement, garniture. **II 1** Plume dont le tube taillé servait à écrire. *Plume d'oie.* **2** Petite lame pointue de métal, adaptée à un *porte-plume* ou à un stylo, et qui, enduite d'encre, sert à écrire. **3** fig. Instrument de l'écriture, de l'écrivain.

plumeau n. m. ■ Touffe de plumes sur un manche, pour épousseter.

plumer v. tr. [1] ▪ 1 Dépouiller (un oiseau) de ses plumes. 2 fig. Dépouiller (qqn).

plumet n. m. ▪ Touffe de plumes.

plumetis n. m. ▪ Étoffe légère brodée.

plumette n. f. ▪ Petite plume.

plumeux, euse adj. ▪ Qui ressemble à une plume.

plumier n. m. ▪ Boîte oblongue pour ranger les plumes, porte-plumes...

plumitif n. m. ▪ péj. Mauvais écrivain.

plumule n. f. ▪ Petite plume du duvet.

la **plupart** n. f. ▪ 1 *LA PLUPART DE* (avec un sing.) : la plus grande part de. *La plupart du temps.* ➝ (avec un plur.) Le plus grand nombre de. → **majorité.** *Dans la plupart des cas.* 2 pron. indéf. *LA PLUPART* : le plus grand nombre. *La plupart s'en vont* ; littér. *s'en va.*

plural, ale, aux adj. ▪ didact. Qui contient plusieurs unités. *Vote plural,* où certains votants ont plusieurs voix.

pluralisme n. m. ▪ Reconnaissance de plusieurs opinions, partis. ► **pluraliste** adj.

pluralité n. f. ▪ Le fait d'exister en grand nombre. → **multiplicité.**

pluri- Élément, du latin *plures* «plusieurs». → **multi-, poly-** ; contr. *mono-, uni-.*

pluriannuel, elle adj. ▪ Qui dure plusieurs années.

pluricellulaire adj. ▪ Qui comporte plusieurs cellules. → **multicellulaire.**

pluriculturel, elle adj. ▪ Composé de plusieurs cultures. → **multiculturel.**

pluridisciplinaire adj. ▪ Qui concerne plusieurs disciplines. → **multidisciplinaire.**

pluridisciplinarité n. f. ▪ didact. Caractère pluridisciplinaire (d'un enseignement, d'une recherche).

pluriel, ielle n. ▪ 1 n. m. Catégorie grammaticale (→ **nombre**) des mots variables accordés, quand ils concernent plusieurs êtres ou notions. *Pluriels irréguliers* (noms). ➝ *Pluriel verbal* (nous, vous, ils, elles). - opposé à *singulier.* 2 adj. Formé d'éléments multiples.

pluriethnique adj. ▪ Qui comporte plusieurs ethnies. → **multiethnique.**

plurilatéral, ale, aux adj. ▪ Qui concerne plusieurs parties. → **multilatéral.**

plurilingue adj. ▪ 1 Qui parle plusieurs langues. 2 Où l'on parle plusieurs langues. 3 Qui est en plusieurs langues. → **multilingue.**

plurilinguisme [-gɥi-] n. m. ▪ didact. Situation d'une personne, d'une communauté plurilingue.

plurinational, ale, aux adj. ▪ Qui concerne plusieurs nations. → **multinational.**

pluripartisme n. m. ▪ didact. Coexistence de plusieurs partis dans un système politique. → **multipartisme.**

plurivalent, ente adj. ▪ 1 chim. Qui a plusieurs valences. → **polyvalent.** 2 log. *Logique plurivalente,* qui admet plus de deux valeurs de vérité (opposé à *bivalente*).

plurivoque adj. ▪ didact. Qui a plusieurs valeurs, plusieurs sens (opposé à *univoque*).

① **plus** [plys] ▪ I adv. Comparatif de supériorité. 1 ([ply] devant consonne, [plyz] devant voyelle, [plys] à la finale) Modifie un verbe, un adjectif, un adverbe. *Je t'aime plus.* → **davantage.** 2 *PLUS... QUE. Il est plus bête que méchant.* → **plutôt.** *Il est plus tard que tu ne penses.* 3 (avec *plus* ou *moins*) loc. *PLUS OU MOINS,* à des degrés variables. ➝ *NI PLUS NI MOINS* : exactement. ♦ *DE PLUS EN PLUS* : toujours davantage. II nominal 1 Une chose plus grande, plus importante. *Demander plus* (de...). ➝ *Il était plus de minuit.* 2 *PLUS DE* (compl. partitif) : davantage. *Avoir plus de charme que de beauté.* 3 loc. *DE PLUS* ([s] prononcé) : encore. *Une fois de plus.* ♦ *EN PLUS.* → **aussi, avec.** ➝ *En plus de* loc. prép. → **outre.** ➝ *SANS PLUS* : sans rien de plus. 4 n. m. [plys] prov. *Qui peut le plus peut le moins.* III 1 conj. de coordination [plys] En ajoutant. → **et.** *Deux plus trois font cinq* (2 + 3 = 5). 2 *Le signe plus* (+) *des quantités positives.* IV *LE, LA, LES PLUS* 1 adverbial *Ce qui frappe le plus.* ➝ *Un avenir DES PLUS incertains.* 2 nominal *LE PLUS DE* : la plus grande quantité de. ➝ *AU PLUS, TOUT AU PLUS* [tutoplys]. → au **maximum.** V n. m. anglic. [plys] Avantage. *Apporter un plus.*

② **plus** [ply] (devant voyelle, liaison en [z]) adv. de négation ▪ 1 *PAS PLUS QUE. Pas plus haut que...* 2 *NON PLUS* (remplace *aussi,* en proposition négative). *Tu n'attends pas ? Moi non plus.* 3 *NE... PLUS* : désormais... ne pas. *Il n'y en a plus.* ➝ *Je ne le ferai jamais plus, plus jamais.* ➝ *SANS PLUS... Sans plus se soucier de rien.* ♦ (sans *ne* ni verbe) *Plus un mot !*

plusieurs ▪ 1 adj. Plus d'un (en général, plus de deux). → **quelque(s).** 2 pron. indéf. pl. Un certain nombre.

plus-que-parfait [plys-] n. m. ▪ Temps composé du passé (auxiliaire à l'imparfait).

plus-value [ply-] n. f. ▪ Augmentation de valeur sans transformation matérielle.

pluton n. m. ▪ géol. Masse de magma profond consolidé en roche plutonique.

plutonique adj. ▪ géol. *Roches plutoniques,* formées par cristallisation lente du magma, à de grandes profondeurs.

plutonisme n. m. ▪ géol. Formation de roches plutoniques.

plutonium [-jɔm] n. m. ▪ Élément radioactif (symb. Pu, n° at. 94, masse at. 244,0642) produit à partir de l'uranium.

plutôt adv. ▪ 1 Plus tôt. *Elle n'était pas plutôt partie que...* 2 De préférence. *Choisis plutôt celui-ci. Plutôt mourir !* 3 Passablement, assez. *La vie est plutôt monotone.*

pluvial, ale, aux adj. ▪ De la pluie.

pluvian n. m. ■ Oiseau (échassier) d'Afrique tropicale, qui va chercher sa nourriture jusque dans la gueule des crocodiles.

pluvier n. m. ■ Oiseau échassier migrateur, vivant au bord de l'eau.

pluvieux, euse adj. ■ Où il pleut.

pluvio- Élément, du latin *pluvia* «pluie».

pluviomètre n. m. ■ Instrument qui sert à mesurer la quantité de pluie tombée.

pluviométrie n. f. ■ Mesure de la quantité d'eau tombée. ► **pluviométrique** adj.

pluviôse n. m. ■ Cinquième mois du calendrier républicain (du 20 ou 21 janvier au 18 ou 19 février).

pluviosité n. f. ■ **1** Caractère pluvieux. **2** Régime des pluies.

P. L. V. n. f. (sigle) ■ Publicité sur les lieux de vente. *Matériel de P. L. V.*

Pm ■ Symbole chimique du prométhium.

P. M. (sigle) ■ **1** n. m. Pistolet mitrailleur. **2** n. f. Police militaire.

p. m. [peɛm ; piɛm] loc. adv. ■ anglic. (dans les pays où les heures sont comptées jusqu'à douze) Après midi (s'oppose à *a. m.*).

① **P. M. A.** n. m. pl. (sigle) ■ Pays les moins avancés (les plus pauvres).

② **P. M. A.** n. f. (sigle) ■ Procréation médicalement assistée.

P. M. E. n. f. (sigle) ■ Petite ou moyenne entreprise.

P. M. I. n. f. (sigle) ■ Petite ou moyenne entreprise industrielle.

P. M. U. n. m. (sigle ; marque déposée) ■ (en France) Pari mutuel urbain (courses de chevaux).

P. N. B. n. m. (sigle) ■ Produit* national brut.

pneu n. m. ■ **I** Bandage en caoutchouc (d'une roue), tube circulaire contenant de l'air. **II** vx Pneumatique (II).

pneumallergène n. m. ■ méd. Substance dont l'inhalation peut entraîner des troubles allergiques des voies respiratoires.

pneumatique ■ **I** adj. **1** Qui fonctionne à l'air comprimé. *Marteau pneumatique.* **2** Qui se gonfle à l'air comprimé. *Canot pneumatique.* **II** n. m. vx Message circulant par tubes à air comprimé (à Paris).

pneumatophore n. m. ■ bot. Excroissance des racines de certains arbres qui croissent dans l'eau, permettant la respiration des racines.

pneumo- Élément, du grec *pneumôn* «poumon».

pneumoconiose n. f. ■ méd. Maladie pulmonaire causée par l'inhalation de poussières dangereuses.

pneumocoque n. m. ■ Bactérie responsable d'infections respiratoires.

pneumocystose n. f. ■ méd. Infection pulmonaire grave, complication possible du sida.

pneumogastrique adj. et n. m. ■ anat. Se dit des deux nerfs crâniens du système parasympathique qui innervent des organes du cou, du thorax et de la partie supérieure de l'abdomen. ➛ n. m. *Le pneumogastrique est aussi appelé* nerf vague.

pneumologie n. f. ■ Étude du poumon et de ses maladies. ► **pneumologique** adj. ► **pneumologue** n.

pneumonectomie n. f. ■ chir. Excision d'un poumon (surtout en cas de cancer).

pneumonie n. f. ■ Inflammation aiguë du poumon due au pneumocoque.

pneumonique adj. ■ Relatif à la pneumonie. ➛ Qui est atteint de pneumonie.

pneumopathie n. f. ■ méd. Affection pulmonaire.

pneumopéritoine n. m. ■ méd. **1** Présence de gaz dans la cavité péritonéale. **2** Introduction de gaz dans la cavité péritonéale pour l'examen radiologique des viscères ou dans un but thérapeutique.

pneumothorax [-aks] n. m. ■ méd. Présence d'air dans le thorax.

Po ■ **1** Symbole de la poise. **2** Symbole chimique du polonium.

pochade n. f. ■ Œuvre écrite rapidement. ♦ Croquis rapide.

pochard, arde n. ■ fam. Ivrogne misérable.

se **pocharder** v. pron. [1] ■ fam. et vieilli S'enivrer.

poche n. f. ■ **I 1** Petit sac, pièce cousu(e) dans ou sur un vêtement pour les objets qu'on porte sur soi. ➛ *Les mains dans les poches* (fig. sans effort). ♦ *DE POCHE* : de dimensions restreintes. *Livre de poche* ; n. m. *un poche.* ➛ *Argent de poche,* destiné aux petites dépenses. ♦ loc. *Payer de sa poche,* avec son argent. ➛ *Connaître comme sa poche,* à fond. ➛ fam. *C'est dans la poche,* c'est une affaire faite. **2** Déformation de ce qui est détendu, mal tendu, relâché. *Poches sous les yeux.* **3** Petit sac. → **pochette, pochon. 4** Partie (d'un sac). **5** Organe creux, cavité de l'organisme. **II** fig. **1** Cavité remplie (d'une substance). *Une poche de pétrole.* **2** milit. Enfoncement dans une ligne de défense.

pocher v. tr. [1] ■ **1** *Pocher un œil à qqn,* meurtrir. **2** Plonger dans un liquide très chaud. ➛ au p. p. *Des œufs pochés.*

pochetron, onne ou **pochtron, onne** n. ■ argot, fam. Ivrogne.

pochette n. f. ■ **1** Petite enveloppe (d'étoffe, de papier...). ➛ *Pochette-surprise* : cornet de papier dont on ignore le contenu. **2** Petit mouchoir d'ornement (dans une poche). **3** Petit sac à main sans poignée.

pochoir n. m. ■ Feuille à motif découpé formant des réserves à colorier.

pochon n. m. ■ région. Sac, sachet.

pochothèque n. f. ■ Librairie, rayon de librairie où l'on vend des livres de poche.

pochouse n. f. ▪ Matelote de poissons de rivière au vin blanc. - var. **pauchouse.**

pochtron → **pochetron**

podagre adj. ▪ Goutteux des pieds.

podaire n. f. ▪ math. Courbe, lieu des pieds des perpendiculaires menées d'un point fixe sur les tangentes à une courbe donnée.

podcast [pɔdkast] n. m. ▪ anglic., inform. Émission de radio ou de télévision que l'on peut télécharger. ► **podcaster** v. tr. [1]

podestat n. m. ▪ hist. Titre donné au Moyen Âge au premier magistrat de certaines villes d'Italie et du midi de la France.

podiatrie n. f. ▪ (Canada) Branche de la médecine qui traite les affections du pied. → **podologie.** ► **podiatre** n.

podium [-jɔm] n. m. ▪ **1** Plate-forme pour les vainqueurs (sports). **2** Plancher surélevé.

podo-, -pode Éléments, du grec *pous, podos* « pied ». → **-pède, pédi-.**

podologie n. f. ▪ Étude, soins du pied. ► **podologue** n.

podomètre n. m. ▪ Appareil qui compte le nombre de pas effectués par un marcheur et permet ainsi d'évaluer la distance parcourue.

podzol n. m. ▪ géogr. Sol acide des climats froids. ► **podzolique** adj.

podzoliser v. tr. [1] ▪ géol. Transformer (un sol) en podzol. ► **podzolisation** n. f.

pœcile [pesil] n. m. ▪ archéol. Portique grec orné de peintures.

pœcilotherme → **poïkilotherme**

① **poêle** [pwal] n. m. ▪ **1** vx Pièce chauffée. **2** Appareil de chauffage clos.

② **poêle** [pwal] n. f. ▪ Ustensile de cuisine en métal, plat, à bords bas. *Poêle à frire* (fig., fam. détecteur). ◆ loc. *Tenir la queue de la poêle,* avoir la direction d'une affaire.

③ **poêle** [pwal] n. m. ▪ Étoffe noire sur le cercueil. *Les cordons du poêle.*

poêlée [pwale] n. f. ▪ Contenu d'une poêle.

poêler [pwale] v. tr. [1] ▪ Cuire dans une casserole fermée, avec un corps gras.

poêlon [pwalɔ̃] n. m. ▪ Casserole épaisse à manche creux.

poème n. m. ▪ **1** Ouvrage de poésie. ◆ loc. fam. *C'est tout un poème,* c'est extraordinaire. **2** mus. *Poème symphonique*.*

poésie n. f. ▪ **1** Art du langage, agissant par le rythme (vers ou prose), l'harmonie et l'image. *Le vers, la rime, le rythme en poésie.* ♦ *La poésie symboliste.* **2** Poème. **3** Caractère poétique. **4** Aptitude d'une personne à éprouver l'émotion poétique.

poète n. ▪ **1** Créateur en langage (aujourd'hui écrivain) qui fait de la poésie. ◆ adj. *Il, elle est poète.* **2** Personne douée de poésie (4).

poétesse n. f. ▪ Femme poète.

① **poétique** adj. ▪ **1** Relatif, propre à la poésie. **2** Empreint d'une émotion, d'une sensibilité lyrique. **3** Qui émeut par la beauté, le charme. ► **poétiquement** adv.

② **poétique** n. f. ▪ **1** Traité de poésie. **2** Théorie de la création littéraire. ► **poéticien, ienne** n.

poétiser v. tr. [1] ▪ Rendre poétique (2 et 3).

pogne n. f. ▪ fam., vieilli Main. *Serrer la pogne à qqn.*

pognon n. m. ▪ fam. Argent.

pogo n. m. ▪ Danse répandue dans les concerts punks, qui consiste à se bousculer frénétiquement.

pogonophore n. m. ▪ zool. Petit invertébré vermiforme des hauts-fonds, qui absorbe directement sa nourriture par la peau et les tentacules.

pogrom [-ɔm ; -om] n. m. ▪ hist. Massacre et pillage des juifs par une population différente.

poids n. m. ▪ **I 1** sc. Force exercée par un corps matériel, proportionnelle à la masse* de ce corps et à l'intensité de la pesanteur ; cour. masse. *D'un poids faible* (→ **léger**), *d'un grand poids* (→ **lourd, pesant**). ◆ *Poids spécifique,* poids de l'unité de volume. → **densité. 2** Caractère, effet de ce qui pèse. → **lourdeur. 3** Mesure du poids (de la masse). ◆ (d'une personne) *Surveiller son poids.* **4** Catégorie d'athlètes, de boxeurs, d'après leur poids. *Poids plume, poids légers.* ◆ loc. fig. *Faire le poids,* avoir les capacités requises. **II 1** Corps matériel pesant. *Soulever des poids énormes.* **2** Masse déterminée servant à peser. *Les poids d'une balance.* ◆ loc. *Faire deux poids, deux mesures,* juger de façon inégalitaire. **3** sports Masse de métal à soulever, lancer. **4** Sensation de pesanteur. *Avoir un poids sur l'estomac.* **III** fig. **1** Charge pénible. *Le poids des ans.* ◆ Souci, remords. ♦ *POIDS MORT :* chose, personne inutile, qui gêne. **2** Force, influence (de qqch.). *Le poids d'un argument.*

poids lourd n. m. ▪ Véhicule automobile de fort tonnage. → **camion.**

poignant, ante adj. ▪ Qui cause une impression vive et pénible.

poignard n. m. ▪ Couteau à lame aiguë. ► **poignarder** v. tr. [1]

poigne n. f. ▪ **1** La force du poing, de la main. *Avoir de la poigne.* **2** fig. Énergie, fermeté.

poignée n. f. ▪ **1** Quantité (d'une chose) que peut contenir une main fermée. **2** Petit nombre (de personnes). **3** Partie (d'un objet : arme, ustensile) disposée pour être tenue. *Une poignée de porte.* **4** *POIGNÉE DE MAIN :* geste par lequel on serre* la main.

poignet n. m. ▪ **1** Articulation qui réunit l'avant-bras à la main. ◆ loc. *À la force du poignet* (fig. par ses seuls moyens). **2** Extrémité de la manche, couvrant le poignet.

poïkilotherme adj. et n. ■ didact. Se dit des animaux dont le sang a une température variable (reptiles, poissons, etc.). - syn. **pœcilotherme.**

poil n. m. ■ I 1 Production filiforme sur la peau de certains animaux (surtout mammifères). ➝ Ces poils utilisés. *Les poils d'un pinceau.* ♦ *LE POIL.* ⟶ **pelage. 2** Cette production chez l'être humain lorsqu'elle n'est ni un cheveu, ni un cil. ♦ loc. fam. *Avoir un poil dans la main,* être très paresseux. *Tomber sur le poil à qqn,* se jeter sur lui. ➝ *Reprendre du poil de la bête,* se ressaisir. ➝ fam. *À POIL :* tout nu. ➝ fam. *De bon, de mauvais poil :* de bonne, de mauvaise humeur. **3** *POIL À GRATTER :* matière qui gratte (bourre du rosier...). **II** fig. **1** fam. *Un poil de,* une très petite quantité de. ➝ *À un poil près.* **2** fam. *AU POIL :* très bien.

se **poiler** v. tr. [1] ■ fam. Rire aux éclats. ► **poilant, ante** adj.

poilu, ue adj. ■ **1** Qui a des poils très apparents. ⟶ **velu. 2** vx Courageux. ♦ n. m. Combattant de la guerre de 1914.

poinçon n. m. ■ **1** Instrument métallique terminé en pointe, pour percer. **2** Tige terminée par une face gravée ; sa marque.

poinçonner v. tr. [1] ■ **1** Marquer d'un poinçon (2) (un poids, une pièce d'orfèvrerie...). **2** Perforer avec une pince (un billet, un ticket). **3** techn. Perforer à la machine-outil dite *poinçonneuse* n. f. ► **poinçonnage** n. m. ► **poinçonneur, euse** n.

poinçonneuse n. f. ■ techn. Machine-outil pour perforer ou découper, munie d'un emporte-pièce.

poindre v. [49] ■ littér. **I** v. tr. **1** vx Piquer. **2** Blesser, faire souffrir (⟶ **poignant**). **II** v. intr. Apparaître. *L'aube point.*

poing [pwɛ̃] n. m. ■ Main fermée. *Coup de poing.* ➝ *Dormir* à poings fermés.*

poinsettia n. m. ■ Plante ornementale, à bractées écarlates ou blanches en bouquets.

① **point** n. m. ■ **I** dans l'espace **1** Endroit, lieu. *Point de départ.* ➝ *POINT D'EAU* (source, puits). ➝ *Point chaud,* endroit de combats ; lieu dangereux. ♦ *POINT DE VENTE :* lieu de vente ; succursale. ➝ *C'est son point faible,* sa faiblesse. **2** géom. Intersection de deux droites, n'ayant aucune surface propre. **3** Position d'un navire en mer. ➝ loc. fig. *FAIRE LE POINT :* préciser sa situation. **4** *METTRE AU POINT :* régler (un mécanisme), élaborer (un procédé). ➝ loc. *MISE AU POINT* (spécialt, en photo, au cinéma). ➝ *Être au point :* bien réglé. **II** (Moment précis.) **1** *À POINT, À POINT NOMMÉ :* au moment opportun. ⟶ **à propos. 2** *SUR LE POINT DE :* au moment de. **3** *LE POINT DU JOUR :* le moment où le jour commence à poindre (II). **III 1** Tache, image aux contours imperceptibles. *Un point lumineux.* **2** Unité attribuée (aux jeux, en sports). *Marquer des points.* **3** Chaque unité d'une note. ➝ *Bon point :* récompense. fig. *C'est un bon point pour lui,* il a bien agi. **IV 1** Signe (.) servant à marquer la fin d'un énoncé. *Points de suspension* (...). *Les deux-points* (:). *Point-virgule* (;). *Point d'exclamation* (!) ; *d'interrogation* (?). ➝ loc. fig. *Point à la ligne :* ça suffit, plus de discussion. *Point barre :* ça suffit, c'est terminé. **2** Signe qui surmonte les lettres i et j minuscules. ➝ loc. *Mettre les points sur les i,* préciser. **3** typogr. Unité de dimension des caractères d'imprimerie. **V** (exprimant un état) **1** loc. *À POINT, AU POINT :* dans l'état, la situation. *Au point où nous en sommes. AU POINT QUE, À TEL POINT QUE* loc. conj. : tellement que. ➝ *À POINT :* dans l'état convenable. *Un steak à point,* entre saignant et bien cuit. ➝ *MAL EN POINT :* en mauvais état. **2** phys. État mesurable. *Point d'ébullition.* **VI 1** Partie (d'un texte...). **2** Question, élément. ➝ *C'est un point commun entre eux,* un caractère commun. ➝ *En tout point,* absolument.

② **point** n. m. ■ Action de piquer, de poindre. **1** Longueur de fil entre deux piqûres. **2** Manière d'exécuter une suite de points. **3** *POINT DE CÔTÉ,* douleur au côté.

③ **point** adv. ■ littér. ou région. ⟶ **pas.** *Ne... point... :* ne... pas... *Point du tout.*

pointage n. m. ■ **1** Action de pointer (①, I). **2** Fait de pointer, de diriger. ⟶ **tir.**

point de vue n. m. ■ **1** Endroit où l'on doit se placer pour bien voir. **2** Endroit d'où l'on a une vue pittoresque. **3** Manière dont une question peut être considérée. ⟶ **optique, perspective.** ♦ Opinion particulière. ➝ *AU (DU) POINT DE VUE DE* loc. prép. : quant à.

pointe n. f. ■ **I 1** Extrémité allongée et fine (d'un objet servant à piquer, percer). *La pointe d'une épée.* **2** Extrémité plus fine. *Pointes d'asperges.* **3** Partie extrême. *La pointe du Raz.* ♦ fig. *Être à la pointe du progrès. Techniques de pointe.* ⟶ **avant-garde. 4** *La pointe des pieds :* l'extrémité. ➝ fig. *Sur la pointe des pieds :* très discrètement. ♦ (danse) *Faire des pointes.* ➝ *Des pointes :* chaussons de danse. **II 1** Objet en forme d'aiguille, de lame. **2** Clou petit et court. **3** Outil servant à gratter, percer, tracer, etc. ⟶ **poinçon.** ➝ *POINTE SÈCHE,* pour graver sur cuivre. **4** *POINTES DE FEU :* brûlures au cautère. **III** fig. **1** Avance en territoire ennemi. ➝ *Pousser une pointe,* prolonger son chemin. **2** Allusion ironique. ⟶ **pique. IV** Petite quantité (d'une chose piquante ou forte). *Une pointe d'ail.* ➝ *Une pointe d'ironie.* **V** Maximum. *Vitesse de pointe.* ➝ *Heures de pointe* (énergie, transports).

pointé, ée adj. ■ **1** mus. *Note pointée,* dont la valeur est augmentée de moitié. **2** *Zéro pointé,* éliminatoire.

① **pointeau** n. m. ■ techn. **1** Outil servant à tracer, à percer. **2** Tige à extrémité conique, servant à régler le débit d'un fluide.

② **pointeau** n. m. ■ Employé chargé d'enregistrer les temps de travail du personnel dans une usine.

① **pointer** v. tr. [1] ■ **I 1** Marquer (qqch.) d'un point, d'un signe. → **cocher.** **2** Contrôler les entrées et les sorties (de travailleurs). **3** intrans. Enregistrer ses heures de présence (travail). ➝ *Pointer au chômage.* **II 1** Diriger. *Pointer son index vers qqn.* **2** Braquer (une arme). **3** À la pétanque, lancer la boule le plus près du cochonnet. **4** Attirer l'attention sur. *Pointer un risque.* **5** inform. Placer le curseur de (la souris) sur un élément.

② **pointer** v. tr. [1] ■ **I 1** Dresser en pointe. *Cheval qui pointe les oreilles.* **2** intrans. S'élever en pointe. **II** Sortir. *Pointer son nez dehors.* ▷ v. pron. se **pointer** fam. Arriver.

③ **pointer** [-œR] n. m. ■ Chien d'arrêt à poil ras.

pointeur, euse n. ■ **I 1** n. Personne qui fait un pointage. **2** n. f. Machine à pointer (①, I, 2). ➝ *Horloge pointeuse.* **3** n. m. inform. Dispositif servant à repérer la position d'un élément dans une liste. **II** n. **1** Artilleur qui pointe une bouche à feu. **2** aux boules Joueur chargé de pointer (II, 3).

pointeuse n. f. ■ Machine à pointer (①, I, 2).

pointillé n. m. ■ **1** Dessin, gravure au moyen de points. **2** Trait formé de petits points. ➝ fig. *En pointillé,* par allusions. **3** Trait formé de petites perforations.

pointiller v. [1] ■ **1** v. tr. techn. Marquer, tracer au moyen de points. **2** v. intr. art Dessiner, graver, peindre en utilisant des points. ► **pointillage** n. m.

pointilleux, euse adj. ■ Qui est d'une exigence minutieuse et excessive. → **tatillon.**

pointillisme n. m. ■ Peinture par petites touches de couleurs pures (succède à l'impressionnisme). ► **pointilliste** n. et adj.

point mort n. m. ■ Position d'un embrayage lorsqu'aucune vitesse n'est enclenchée. ➝ loc. fig. *L'affaire est au point mort,* elle n'évolue plus.

pointu, ue adj. ■ **1** Qui se termine en pointe(s). **2** (son, voix) Qui a un timbre aigu, désagréable. **3** À la pointe du progrès.

pointure n. f. ■ Dimension (des chaussures, des chapeaux, des gants).

poire n. f. ■ **1** Fruit du poirier, charnu, à pépins, allongé et ventru. ➝ loc. *Garder une poire pour la soif,* économiser. ➝ *Couper la poire en deux,* faire un compromis. ♦ Alcool de poire. **2** Objet de forme analogue. *Poire électrique.* **3** fam. Face, figure. **4** fam. (aussi adj.) Personne qui se laisse tromper.

poiré n. m. ■ Cidre de poire.

poireau n. m. ■ **1** Variété d'ail à bulbe peu développé ; son pied comestible. **2** loc. fam. *Faire le poireau,* attendre.

poireauter v. intr. [1] ■ fam. Attendre.

poirée n. f. ■ Plante potagère, variété de bette dont on consomme les côtes.

poirier n. m. ■ **1** Arbre cultivé pour ses fruits, les poires. **2** Bois de cet arbre. **3** loc. *Faire le poirier,* se tenir en équilibre sur les mains et la tête.

pois n. m. ■ **I 1** Plante potagère cultivée pour ses graines. **2** Fruit de cette plante (gousse, cosse) ; chacune des graines rondes qu'il renferme. *Pois verts ; PETITS POIS.* ➝ *Pois cassés,* pois secs divisés en deux. **3** *POIS CHICHE :* plante à gousses contenant chacune deux graines ; cette graine jaunâtre. **4** *POIS DE SENTEUR :* plante à fleurs odorantes. **II** Petit disque, pastille (motif sur une étoffe).

poiscaille n. f. ou m. ■ fam., péj. Poisson. *Ça sent la poiscaille, le poiscaille.*

poise n. f. ■ sc. Ancienne unité de viscosité dynamique du système CGS (symb. Po), valant 0,1 pascal-seconde.

poison n. m. ■ **1** Substance capable d'incommoder ou de tuer. **2** fig., littér. Ce qui est pernicieux, dangereux. **3** n. fam. Personne acariâtre, insupportable.

poissard, arde adj. ■ littér. Qui emploie des mots vulgaires, orduriers.

poisse n. f. ■ fam. Malchance.

poisser v. tr. [1] ■ **1** Salir avec une matière gluante. **2** fam. Arrêter, prendre (qqn).

poisseux, euse adj. ■ Gluant, collant.

poisson n. m. ■ **1** Animal aquatique vertébré, muni de nageoires et de branchies. → **ichtyo-, pisci-.** *Jeunes poissons.* → **alevin.** ♦ collectif *Prendre du poisson.* ♦ *POISSON-CHAT.* → **silure.** *Poisson volant :* poisson des mers chaudes, qui saute hors de l'eau. *Poisson rouge :* cyprin doré. **2** loc. *Être comme un poisson dans l'eau,* se trouver dans son élément. **3** astrol. au plur. Douzième signe du zodiaque (19 février-20 mars). *Elle est Poissons.* **4** loc. *Poisson d'avril*.*

poissonnerie n. f. ■ Commerce ; magasin de poissonnier.

poissonneux, euse adj. ■ Qui contient de nombreux poissons.

poissonnier, ière n. ■ Personne qui fait le commerce des poissons et fruits de mer.

poitevin, ine n. et adj. ■ Du Poitou, de Poitiers. ➝ n. *Les Poitevins.* ♦ n. m. *Le poitevin* (dialecte).

poitrail, ails n. m. ■ Devant du corps, entre l'encolure et les pattes de devant (surtout du cheval).

poitrinaire adj. et n. ■ vx Tuberculeux.

poitrine n. f. ■ **1** Partie du corps humain qui s'étend des épaules à l'abdomen. **2** Partie antérieure du thorax. *Bomber la poitrine.* → **torse.** **3** Seins (de femme). → **gorge.**

poivrade n. f. ■ Préparation au poivre.

poivre n. m. ■ **1** Épice à saveur piquante, fruits séchés du poivrier. **2** loc. *Cheveux POIVRE ET SEL,* bruns mêlés de blancs.

poivré, ée adj. ■ **1** Assaisonné de poivre. **2** abstrait Grossier ou licencieux. → ① **salé.**

poivrer v. tr. [1] ▪ Assaisonner de poivre. ▷ v. pron. **se poivrer** fam. S'enivrer **(→ poivrot).**

poivrier n. m. ▪ **1** Arbrisseau grimpant des régions tropicales, produisant le poivre. **2** Moulin, flacon à poivre.

poivrière n. f. ▪ Guérite de forme conique, à l'angle d'un bastion.

poivron n. m. ▪ Fruit du piment* doux.

poivrot, ote n. ▪ fam. Ivrogne.

poix n. f. ▪ Matière visqueuse à base de résine ou de goudron de bois. *Poix fondue.*

poker [-ɛʀ] n. m. ▪ **I** Jeu de cartes et d'argent basé sur des combinaisons (cinq cartes par joueur). **II** *Poker d'as :* jeu de dés.

polack → polaque

polaire adj. ▪ **I 1** Des pôles (terrestres, célestes). ➛ *Étoile* Polaire.* **2** Des régions arctiques et antarctiques, froides et désertes. **II** Relatif à un pôle (4 à 6).

polak → polaque

polaque n. ▪ **1** hist. Cavalier polonais, mercenaire des armées françaises. **2** fam. et péj. (terme xénophobe) Polonais. - var. **polack** ou **polak.**

polar n. m. ▪ fam. Roman ou film policier.

polarimètre n. m. ▪ phys. Instrument servant à observer et à mesurer l'action d'un corps actif sur un rayon polarisé.

polarimétrie n. f. ▪ phys. Mesure du pouvoir rotatoire d'une substance en vue de déterminer sa concentration. ► **polarimétrique** adj.

polarisation n. f. ▪ didact. **1** sc. Réorganisation simplifiée (d'un corps, d'une lumière) sous l'effet d'un champ électromagnétique ou d'un filtre. **2** fig. Concentration.

polariser v. tr. [1] ▪ **1** Soumettre à la polarisation (1). **2** fig. Attirer, concentrer en un point. ➛ pronom. *Se polariser* (sur un objectif...).

polariseur ▪ phys. **1** adj. Qui polarise la lumière. **2** n. m. Miroir, cristal biréfringent capable de polariser la lumière.

polarité n. f. ▪ Qualité d'un système qui présente deux pôles.

polaroïd [-ɔid] n. m. (nom déposé) ▪ Procédé permettant le tirage de photos dans l'appareil de prise de vues. ➛ Cet appareil.

polatouche n. m. ▪ Mammifère rongeur, appelé aussi *écureuil volant,* qui plane grâce à une membrane tendue entre les pattes.

polder [-ɛʀ] n. m. ▪ Marais littoral endigué et asséché (d'abord, aux Pays-Bas).

-pole Élément, du grec *polis* «ville».

pôle n. m. ▪ **1** Extrémité de l'axe de rotation de la Terre. *Pôle Nord,* arctique. *Pôle Sud,* antarctique, austral. **2** Région géographique près d'un pôle. **3** *Pôle céleste* (de la sphère céleste). **4** Point de l'aimant correspondant au pôle Nord ou Sud. **5** Chacune des deux extrémités d'un circuit électrique **(→ électrode). 6** fig. L'un de deux points principaux et opposés.

polémarque n. m. ▪ Antiq. Officier chargé de l'administration de la guerre, dans la Grèce antique.

polémique ▪ **1** adj. Critique et agressif. *Un style polémique.* **2** n. f. Débat vif ou agressif. ► **polémiquer** v. intr. [1]

polémiste n. ▪ Personne qui polémique.

polémologie n. f. ▪ didact. Étude de la guerre comme phénomène sociologique. ► **polémologique** adj. ► **polémologue** n.

polenta [pɔlɛnta] n. f. ▪ Galette de farine de maïs, de châtaignes.

pole position n. f. ▪ anglic., sport autom. Première position sur la ligne de départ, occupée par un pilote en fonction des meilleurs temps aux essais. *Des pole positions.*

① **poli, ie** adj. ▪ **1** Conforme aux règles de la politesse. ➛ loc. prov. *Trop poli pour être honnête.* **2** (choses) Exprimé avec politesse.

② **poli, ie** ▪ **1** adj. Lisse et brillant. **2** n. m. Aspect lisse et brillant.

① **police** n. f. ▪ **1** Institution assurant le maintien de l'ordre public et la répression des infractions. **2** Discipline, ordre.

② **police** n. f. ▪ **I** Contrat signé avec une compagnie d'assurances. **II** typogr. Assortiment des signes d'un même type.

policer v. tr. [3] ▪ littér. Civiliser, adoucir les mœurs. ▷ p. p. **policé, ée**

polichinelle n. m. ▪ Personnage à double bosse de la comédie italienne. ➛ loc. *Secret de polichinelle,* connu de tous.

policier, ière ▪ **I** adj. **1** De la police. ➛ *Régime policier.* **2** (littérature, cinéma) Qui concerne les activités criminelles et leur découverte. *Un roman policier.* **II** n. Membre d'un service de police.

policlinique n. f. ▪ Établissement de soins sans hospitalisation (≠ *polyclinique*).

poliment adv. ▪ D'une manière polie.

poliomyélite ou (abrév.) **polio** n. f. ▪ Maladie par lésion de la moelle épinière. ► **poliomyélitique** adj. et n.

poliorcétique adj. et n. f. ▪ didact. (Antiq.) Relatif à l'art d'assiéger les villes. ➛ n. f. Technique du siège des villes

polir v. tr. [2] ▪ **1** Rendre lisse par frottement (un corps dur, une substance dure). **2** Travailler pour améliorer. ► **polissage** n. m.

polisseur, euse n. ▪ techn. **1** Ouvrier, ouvrière qui polit une substance, un objet. *Polisseur en bijouterie.* **2** n. f. Machine à polir le marbre, la pierre.

polissoir n. m. ▪ Instrument pour polir.

polissoire n. f. ▪ techn. **1** Meule de bois qui sert à polir les couteaux. **→ polissoir.** ♦ Brosse à chaussures très douce. **2** Atelier où s'effectue le polissage des épingles.

polisson, onne ▪ **1** n. Enfant espiègle, désobéissant. **2** adj. (choses) Un peu grivois. ► **polissonnerie** n. f.

poliste n. f. ou m. ▪ zool. Guêpe qui vit dans un nid de plein air, formé d'un seul rayon de cellules et fixé à une branche ou sous une pierre.

politesse n. f. ▪ **1** Règles du comportement, du langage appréciés en société. → **civilité, courtoisie, savoir-vivre.** ◆ loc. *Brûler la politesse à qqn,* partir brusquement. **2** Action, parole exigée par les bons usages.

politicard, arde n. et adj. ▪ péj. Politicien(ne) arriviste, sans scrupule.

politicien, ienne ▪ **1** n. Personne qui exerce une action politique. → ① **politique** (II). **2** adj. péj. Des aspects techniques de la politique. *La politique politicienne.*

politico- Élément, du grec *politikos* «politique».

① **politique** ▪ **I** adj. **1** Relatif à l'organisation, à l'exercice du pouvoir dans une société organisée. **2** Relatif à la théorie du pouvoir, du gouvernement. *Institut d'études politiques.* **3** Relatif à la lutte autour du pouvoir. **4** littér. Habile. → **diplomatique.** **II** n. m. **1** littér. Homme ou femme de gouvernement. **2** Ce qui est politique. *Le politique et le social.*

② **politique** n. f. ▪ **1** Manière de gouverner un État *(politique intérieure),* de mener les relations avec les autres États *(politique extérieure).* **2** Ensemble des affaires publiques. ◆ La carrière politique. **3** Manière de conduire une affaire. → **tactique.**

politique-fiction n. f. ▪ Récit imaginant l'évolution d'une situation politique.

politiquement adv. ▪ **1** En ce qui concerne le pouvoir politique. **2** littér. Avec habileté. **3** anglic. *Politiquement correct* loc. adj. : qui respecte une idée de société moralisée, établissant euphémismes et tabous.

politiser v. tr. [1] ▪ Donner un caractère politique à. ► **politisation** n. f.

politologue n. ▪ Spécialiste de la vie politique. ► **politologie** n. f.

poljé [pɔlje] n. m. ▪ géogr. Grande dépression entourée de rebords rocheux, à fond plat et alluvial.

polka n. f. ▪ Danse à l'allure vive et très rythmée ; sa musique.

pollakiurie n. f. ▪ méd. Trouble urinaire qui consiste en une fréquence anormalement élevée de mictions peu abondantes.

pollen [-ɛn] n. m. ▪ Poussière produite par les étamines, qui féconde les fleurs femelles. ► **pollinique** adj. bot.

pollicitation n. f. ▪ dr. Offre exprimée, mais non encore acceptée.

pollinie n. f. ▪ bot. Masse formée par les grains de pollen agglomérés, chez certaines plantes (orchidées...).

pollinisateur, trice ▪ **1** adj. Qui produit, transporte du pollen. **2** n. m. Insecte qui assure la pollinisation.

polliniser v. tr. [1] ▪ Féconder le pistil de (une fleur) par du pollen. ► **pollinisation** n. f.

pollinose n. f. ▪ méd. Manifestation allergique provoquée par les pollens.

polluant, ante adj. et n. m. ▪ Qui pollue.

polluer v. tr. [1] ▪ **I** vx Profaner, souiller. **II** Salir en rendant malsain, dangereux. ▷ adj. **pollué, ée** ► **pollueur, euse** n.

pollution n. f. ▪ **I** vx Action de souiller. **II** Action de polluer (II) ; fait d'être pollué.

① **polo** n. m. ▪ Sport où des cavaliers poussent une boule de bois avec un maillet.

② **polo** n. m. ▪ Chemise de sport en tricot.

polochon n. m. ▪ fam. Traversin.

poloïste n. ▪ Joueur, joueuse de polo, de water-polo.

polonais, aise adj. et n. ▪ De Pologne. ◆ *Les Polonais.* ♦ n. m. *Le polonais* (langue slave).

polonaise n. f. ▪ **1** Danse marchée, qui était la danse nationale de la Pologne. ◆ Sa musique. **2** Gâteau meringué.

polonium [-jɔm] n. m. ▪ chim. Élément atomique (symb. Po, n° at. 84, masse at. 208,98) dont tous les isotopes sont radioactifs.

poltron, onne adj. et n. ▪ Peureux. ► **poltronnerie** n. f.

poly- [pɔli] Élément, du grec *polus* «nombreux ; abondant». → **multi-, pluri-.**

polyacide n. m. ▪ chim. Corps possédant plusieurs fois la fonction acide.

polyacrylique adj. ▪ chim. Obtenu par polymérisation de corps de la série acrylique.

polyalcool n. m. ▪ chim. Molécule organique possédant plusieurs fonctions alcool. → **polyol.**

polyamide n. m. ▪ Constituant de matières plastiques.

polyamine n. f. ▪ chim. Corps possédant plusieurs fois la fonction amine.

polyandre adj. ▪ didact. Qui a plusieurs maris (→ polygame). ► **polyandrie** n. f.

polyarthrite n. f. ▪ méd. Inflammation simultanée de plusieurs articulations.

polycentrisme n. m. ▪ didact. Organisation multipliant les centres de décision ou de direction.

polycéphale adj. ▪ didact. Qui a plusieurs têtes.

polychète [-k-] n. m. ▪ zool. Ver marin errant ou sédentaire (ex. les néréides).

polychrome [-kʀom] adj. ▪ De plusieurs couleurs. ► **polychromie** n. f.

polyclinique n. f. ▪ Clinique où se donnent toutes sortes de soins (≠ *policlinique*).

polycondensation n. f. ▪ chim. Réaction chimique avec élimination de ses résidus.

polycopie n. f. ▪ Reproduction graphique par report, encrage et tirage. ▸ **polycopier** v. tr. [7] ▸ **polycopié, ée** adj. et n. m.

polyculture n. f. ▪ Culture simultanée de différents produits sur une même terre.

polycyclique adj. ▪ chim. (molécule) Qui comporte plusieurs noyaux cycliques.

polydactylie n. f. ▪ pathol. Malformation caractérisée par des doigts, des orteils surnuméraires. ▸ **polydactyle** adj. et n.

polyèdre n. m. ▪ géom. Solide limité par des polygones plans. ▸ **polyédrique** adj.

polyembryonie n. f. ▪ biol. Formation de plusieurs individus par division d'un œuf unique (→ **monozygote**).

polyester [-ɛstɛʀ] n. m. ▪ Ester à poids moléculaire élevé.

polyéther [-etɛʀ] n. m. ▪ chim. Polymère contenant plusieurs fonctions éther.

polyéthylène n. m. ▪ Polymère de l'éthylène.

polygala n. m. ▪ bot. Plante herbacée, appelée aussi *laitier, herbe au lait.* - syn. **polygale.**

polygame n. ▪ Homme marié à plusieurs femmes, femme mariée à plusieurs hommes à la fois. ◂ adj. *Un mormon polygame.* ▸ **polygamie** n. f.

polygénique adj. ▪ biol. Qui implique plusieurs gènes. *Maladie polygénique.*

polygénisme n. m. ▪ Doctrine selon laquelle l'espèce humaine proviendrait de plusieurs souches différentes (s'oppose à *monogénisme*). ▸ **polygéniste** adj. et n.

polyglobulie n. f. ▪ méd. Excès pathologique de globules rouges.

polyglotte adj. et n. ▪ Qui parle plusieurs langues.

polygonacée n. f. ▪ bot. Plante phanérogame (ex. l'oseille, la rhubarbe).

polygonal, ale, aux adj. ▪ Qui a plusieurs angles et plusieurs côtés.

polygone n. m. ▪ Figure plane fermée par des segments de droite.

polyhandicapé, ée adj. et n. ▪ Qui souffre de handicaps multiples.

polymère n. m. ▪ Grosse molécule formée par l'enchaînement de monomères*. ▸ **polymériser** v. tr. [1]

polymérisable adj. ▪ Qui peut être transformé en polymère. *Résine polymérisable.*

polymérisation n. f. ▪ Union de plusieurs molécules d'un composé. *Résines de polymérisation* (matières plastiques).

polymorphe adj. ▪ didact. Qui peut se présenter sous des formes différentes. ▸ **polymorphisme** n. m.

polynévrite n. f. ▪ Névrite qui atteint plusieurs nerfs.

polynôme n. m. ▪ Expression algébrique, somme algébrique de monômes.

polynucléaire adj. et n. m. ▪ biol. (cellule) Qui possède plusieurs noyaux.

polyol n. m. ▪ chim. Polyalcool. ◂ spécialt Substitut du saccharose ne favorisant pas le développement des caries dentaires.

polype n. m. ▪ **I** Animal *(Cœlentérés)* formé d'un tube dont une extrémité porte une bouche entourée de tentacules. **II** pathol. Tumeur fibreuse ou muqueuse.

polypeptide n. m. ▪ biochim. Substance formée de plus de quatre acides aminés. ▸ **polypeptidique** adj.

polypétale adj. ▪ bot. Qui a plusieurs pétales libres.

polypeux, euse adj. ▪ pathol. Qui constitue un polype, est caractérisé par la présence de polypes. *Colite polypeuse.*

polyphasé, ée adj. ▪ électr. Qui a plusieurs phases. *Courants polyphasés* : courants alternatifs à plusieurs phases. ◂ Alimenté en courants polyphasés.

polyphénol n. m. ▪ biochim. Composé phénolique d'origine végétale, aux propriétés antioxydantes.

polyphonie n. f. ▪ mus. Combinaison de plusieurs voix ou parties mélodiques. ▸ **polyphonique** adj.

polypier n. m. ▪ Squelette calcaire des polypes (ex. le corail).

polyploïde adj. ▪ biol. Se dit du noyau d'une cellule qui a un nombre de chromosomes supérieur à celui de la cellule normale (diploïde).

polyploïdie n. f. ▪ biol. État du noyau (d'une cellule) polyploïde.

polypnée n. f. ▪ méd. Respiration rapide.

polypode n. m. ▪ bot. Fougère à rhizome rampant.

polypore n. m. ▪ bot. Champignon basidiomycète charnu, se développant sur les arbres (frêne, chêne, etc.).

polypose n. f. ▪ méd. Affection caractérisée par la présence de polypes se développant généralement sur une muqueuse.

polypropylène n. m. ▪ chim. Matière plastique obtenue par polymérisation du propylène.

polyptère n. m. ▪ zool. Poisson osseux des rivières tropicales, à la nageoire dorsale profondément découpée.

polyptyque n. m. ▪ arts Tableau d'autel, peinture à plusieurs volets. → **diptyque, triptyque.**

polysaccharide [-ka-] n. m. ▪ biochim. Glucide naturel, formé par la condensation de plusieurs sucres simples (oses).

polysémie [-s-] n. f. ▪ ling. Fait d'avoir plusieurs sens. ▸ **polysémique** adj.

polystyle adj. ▪ archit. Qui a de nombreuses colonnes.

polystyrène n. m. ▪ Matière plastique obtenue par polymérisation du styrène.

polysulfure [-s-] n. m. ▪ chim. Molécule formée de quatre atomes de soufre liés par des liaisons éthyléniques.

polysyllabe [-s-] adj. ▪ didact. Qui est composé de plusieurs syllabes. ◆ n. m. *Un polysyllabe.* - syn. **polysyllabique.**

polytechnicien, ienne [-tɛk-] n. ▪ Élève, ancien(ne) élève de Polytechnique.

polytechnique [-tɛk-] adj. ▪ **1** vx Qui concerne plusieurs techniques. **2** *École polytechnique* ou n. f. *Polytechnique* : grande école scientifique française, surnommée familièrement *l'X*.

polythéisme n. m. ▪ Religion à plusieurs dieux. ► **polythéiste** n. et adj.

polytonal, ale, aux ou **als** adj. ▪ mus. Qui admet ou comporte l'existence simultanée de plusieurs tons. *La musique polytonale de Prokofiev.* ► **polytonalité** n. f.

polytoxicomanie n. f. ▪ didact. Toxicomanie caractérisée par la consommation simultanée ou consécutive de plusieurs substances toxiques.

polytransfusé, ée adj. et n. ▪ méd. Qui a subi plusieurs transfusions sanguines.

polytraumatisé, ée adj. et n. ▪ méd. Qui a subi plusieurs lésions graves au cours d'un même accident.

polytric n. m. ▪ bot. Plante cryptogame cellulaire, mousse à tige dressée.

polyuréthane n. m. ▪ Résine de condensation de polyesters.

polyurie n. f. ▪ méd. Sécrétion excessive d'urine. ► **polyurique** adj.

polyvalent, ente adj. ▪ Qui a plusieurs fonctions, plusieurs activités différentes. ► **polyvalence** n. f.

polyvinyle n. m. ▪ chim. Polymère des composés vinyliques. *Chlorure de polyvinyle.* → **PVC.**

polyvinylique adj. ▪ chim. Se dit des polymères comportant des radicaux vinyle (polyéthylène, chlorure de polyvinyle, polystyrène).

pomélo n. m. ▪ Gros agrume à chair rosée. → **pamplemousse.**

pomerium → **pomœrium**

pomerol n. m. ▪ Vin rouge du Bordelais caractérisé par une onctuosité veloutée.

pomi-, pomo- Éléments, du latin *pomum* «fruit».

pomiculteur, trice n. ▪ didact. Agriculteur qui pratique la culture des fruits à pépins. → **pomoculteur.** ► **pomiculture** n. f.

pommade n. f. ▪ Substance grasse à mettre sur la peau (médicament, etc.). ◆ loc. *Passer de la pommade à qqn,* le flatter.

pommader v. tr. [1] ▪ Enduire de pommade (surtout au p. p.).

pommard n. m. ▪ Bourgogne rouge, très estimé.

① **pomme** n. f. ▪ **I 1** Fruit du pommier, rond, à pulpe ferme et juteuse. **2** appos. invar. *Vert pomme,* assez vif et clair. **3** loc. fam. *Tomber dans les pommes,* s'évanouir. ♦ fam. *Ma, sa pomme,* moi, lui. ♦ fam. Idiot, naïf. **4** *POMME D'ADAM :* saillie à la partie antérieure du cou (des hommes). **5** *POMME DE PIN :* organe reproducteur du pin, à écailles dures. **II** *Pomme d'arrosoir, de douche,* partie arrondie percée de petits trous.

② **pomme** n. f. ▪ Pomme de terre. *Pommes vapeur. Pommes frites.*

pommé, ée adj. ▪ (plantes) Arrondi.

pommeau n. m. ▪ **1** Tête arrondie de la poignée (sabre, épée ; canne). **2** *Pommeau de douche.* → ① **pomme** (II).

pomme de terre n. f. ▪ **1** Tubercule comestible. → ② **pomme ;** fam. **patate. 2** La plante. *Champ de pommes de terre.*

pommelé, ée adj. ▪ **1** Couvert ou formé de petits nuages ronds. *Un ciel pommelé.* **2** (robe du cheval) Couvert de taches rondes.

pommelle n. f. ▪ techn. Plaque percée de trous placée à l'ouverture d'un tuyau pour retenir les détritus.

pommer v. intr. [1] ▪ agric. Se dit de plantes dont les feuilles poussent serrées en forme de boule. *Les choux commencent à pommer.*

pommeraie n. f. ▪ Plantation, champ de pommiers.

pommette n. f. ▪ Partie haute de la joue.

pommier n. m. ▪ Arbre à frondaison arrondie dont le fruit est la pomme.

pomo- → **pomi-**

pomoculteur, trice n. ▪ didact. Pomiculteur.

pomoculture n. f. ▪ didact. Pomiculture.

pomœrium [pɔmeʀjɔm] n. m. ▪ Antiq. romaine Espace sacré ménagé autour des villes latines, sur lequel il était interdit de bâtir. - var. **pomerium.**

pomologie n. f. ▪ didact. Partie de l'arboriculture qui concerne les fruits comestibles. ► **pomologique** adj. ► **pomologiste** ou **pomologue** n.

pompage n. m. ▪ Action de pomper.

① **pompe** n. f. ▪ **1** littér. Déploiement de faste. ◆ loc. *En grande pompe,* avec faste. **2** *Pompes funèbres :* entreprise spécialisée dans l'organisation des obsèques.

② **pompe** n. f. ▪ **I 1** Appareil destiné à déplacer un fluide (surtout à l'élever), en l'aspirant ou en le refoulant. ◆ *POMPE À ESSENCE :* distributeur d'essence. ◆ *Pompe à vélo,* déplaçant de l'air. **2** fam. Traction des bras. **II** fig., fam. **1** *Coup de pompe,* brusque accès de fatigue. **2** *Partir À TOUTE POMPE,* à toute vitesse. **3** Chaussure. ◆ loc. *Être à côté de ses pompes :* ne pas avoir les idées claires.

pomper v. tr. [1] ▪ **1** Déplacer, aspirer (un liquide, un gaz) à l'aide d'une pompe (②). *Pomper de l'eau.* ♦ loc. fam. *Pomper l'air à qqn,* prendre toute la place ; agacer. **2** Aspirer (un liquide). *Les moustiques pompent le sang.* **3** Absorber (un liquide). **4** fam. Copier (aussi intrans.). **5** fam. Épuiser.

pompette adj. ▪ fam. Un peu ivre, éméché.

pompeux, euse adj. ▪ Solennel (souvent iron.). ▸ **pompeusement** adv.

① **pompier** n. m. ▪ Sapeur-pompier chargé de combattre incendies et sinistres. ➛ loc. *Fumer comme un pompier,* beaucoup.

② **pompier, ière** adj. ▪ Emphatique et prétentieux. ♦ n. m. Peintre académique (XIXe s.).

pompiérisme n. m. ▪ Manière des écrivains, des artistes pompiers.

pompile n. m. ▪ zool. Insecte (hyménoptère) porteur d'aiguillon, qui fait son nid dans le bois pourri, dans le sol.

pompiste n. ▪ Personne qui distribue de l'essence (dans une station-service).

pom-pom girl [pɔmpɔmgœʀl] n. f. ▪ anglic. (en Amérique du Nord) Jeune fille qui défile en agitant des pompons pour soutenir une équipe lors d'une rencontre sportive. *Des pom-pom girls.*

pompon n. m. ▪ **1** Touffe de laine servant d'ornement. **2** appos. (invar.) *Rose pompon,* à petite fleur. **3** *C'est le pompon !,* le comble.

pomponner v. tr. [1] ▪ Parer, orner avec soin. ▹ v. pron. se **pomponner**

ponant n. m. ▪ région. ou littér. Couchant (opposé au *levant*). → **occident, ouest.**

ponçage n. m. ▪ Action de poncer.

ponce n. f. ▪ **1** *Pierre ponce :* roche volcanique poreuse, légère et très dure. **2** Sachet de poudre colorante, utilisé pour le dessin.

ponceau adj. invar. ▪ Rouge foncé.

poncer v. tr. [3] ▪ **1** Décaper, polir (une surface) au moyen d'une matière abrasive (pierre ponce, papier de verre...). ▸ **ponceuse** n. f. (machine). **2** arts Reproduire un dessin piqué en frottant avec une ponce (2).

poncho [pɔ̃(t)ʃo] n. m. ▪ Vêtement fait d'une pièce d'étoffe percée d'un trou pour la tête (Amérique du Sud).

poncif n. m. ▪ **1** arts Dessin poncé (2). **2** Expression littéraire ou artistique sans originalité. → **banalité, cliché, lieu** commun.

ponction n. f. ▪ **1** chir. Percement d'une cavité pour en retirer le liquide. **2** fig. Prélèvement (d'argent, etc.). ▸ **ponctionner** v. tr. [1]

ponctualité n. f. ▪ Qualité d'une personne ponctuelle (I).

ponctuation n. f. ▪ Système de signes servant à indiquer les divisions d'un texte, à noter certains rapports syntaxiques. *Signes de ponctuation* (parenthèse, point, virgule...). ➛ Manière d'utiliser ces signes.

ponctuel, elle adj. ▪ **I** Qui respecte les horaires, est toujours à l'heure. **II 1** sc. Qui peut être assimilé à un point. *Source lumineuse ponctuelle.* **2** fig. Qui ne concerne qu'un élément. *Remarque ponctuelle.* ▸ **ponctuellement** adv.

ponctuer v. tr. [1] ▪ **1** Diviser (un texte) au moyen de la ponctuation. **2** Marquer par (un cri, un geste répétés...).

-poncture → **-puncture**

pondaison n. f. ▪ zool. (oiseaux) Saison de la ponte.

pondérable adj. ▪ Qui peut être pesé.

pondéral, ale, aux adj. ▪ didact. Relatif au poids.

pondérateur, trice adj. ▪ littér. Qui a un effet modérateur, qui maintient l'équilibre. ➛ sc. *Le coefficient pondérateur.*

pondération n. f. ▪ **1** Fait de pondérer. **2** Calme, mesure dans les jugements.

pondéré, ée adj. ▪ Calme, équilibré.

pondérer v. tr. [6] ▪ littér. Équilibrer (les forces ; les pouvoirs politiques).

pondéreux, euse adj. ▪ sc., techn. Qui pèse beaucoup.

pondeur, euse adj. ▪ Qui pond des œufs. *Poule pondeuse.* ➛ n. f. *Une bonne pondeuse.*

pondoir n. m. ▪ techn. Panier, appareil disposé pour que les poules viennent y pondre.

pondre v. tr. [41] ▪ **1** (femelle ovipare) Déposer, faire (ses œufs). **2** fam. et péj. Écrire, produire (une œuvre, un texte...).

poney n. m. ▪ Cheval d'une race de petite taille.

pongé n. m. ▪ Taffetas de soie léger.

pongidé n. m. ▪ zool. Grand singe anthropoïde tel que le gorille, l'orang-outan.

pongiste n. ▪ Joueur, joueuse de ping-pong.

pont n. m. ▪ **I 1** Construction, ouvrage reliant deux points séparés par un cours d'eau, un obstacle... *Pont suspendu.* ➛ loc. *Il coulera (passera) de l'eau sous les ponts,* il se passera un long temps. ➛ *Couper les ponts,* s'interdire tout retour en arrière. **2** *Ponts et Chaussées :* en France, service chargé des voies publiques. **3** *PONT AUX ÂNES :* démonstration du théorème de Pythagore. ➛ par ext. Banalité connue de tous. **4** loc. fig. *Faire un PONT D'OR à qqn,* lui offrir une forte somme. **5** Ensemble des organes (d'une automobile) qui transmettent le mouvement aux roues. *Pont arrière.* **6** Pièce d'étoffe qui se rabat. *Pantalon à pont.* **7** Jour(s) où l'on ne travaille pas entre deux jours fériés. **8** *PONT AÉRIEN :* liaison aérienne continue. **9** *TÊTE DE PONT :* point où une armée prend possession d'un territoire. **II** Ensemble des bordages recouvrant entièrement la coque d'un navire. ➛ absolt Pont supérieur. *Tout le monde sur le pont !*

pontage n. m. ▪ chir. Dérivation de veines (ou artères).

① **ponte** n. f. ■ **1** Action de pondre. **2** Les œufs pondus en une fois.

② **ponte** n. m. ■ **I** baccara, roulette Personne qui joue contre le banquier. **II** fam. Grand personnage. *Un gros ponte.*

pontée n. f. ■ mar. Ensemble des marchandises arrimées sur le pont d'un navire.

① **ponter** v. tr. [1] ■ Munir d'un pont (un navire). ➝ au p. p. *Une barque non pontée.*

② **ponter** v. [1] ■ **1** v. intr. Être ponte (②, I). **2** v. tr. Miser.

pontet n. m. ■ techn. Partie des armes à feu portatives qui entoure la détente.

pontier n. m. ■ techn. **1** Personne chargée de la manœuvre d'un pont mobile. **2** Personne qui conduit un pont roulant (manutention).

pontife n. m. ■ **1** didact. Grand prêtre, à Rome dans l'Antiquité. **2** Haut dignitaire catholique. *Le souverain pontife* : le pape.

pontifical, ale, aux adj. ■ Relatif au souverain pontife, au pape. → **papal.**

pontificat n. m. ■ Dignité de souverain pontife ; règne (d'un pape). → **papauté.**

pontifier v. intr. [7] ■ Manifester prétention et emphase. ► **pontifiant, ante** adj.

pont-l'évêque n. m. invar. ■ Fromage de vache fermenté à pâte molle.

pont-levis n. m. ■ Pont mobile basculant au-dessus du fossé d'un château fort.

ponton n. m. ■ **1** Plate-forme flottante. **2** Chaland ponté pour les gros travaux.

pontonnier n. m. ■ Soldat du génie chargé des ponts militaires mobiles.

pontuseau n. m. ■ techn. Fil de cuivre traversant les vergeures dans les formes à papier et laissant une trace sur le papier. ➝ par ext. Cette trace, visible par transparence.

pool [pul] n. m. ■ anglic. Groupe d'associés ou de travailleurs.

pop [pɔp] adj. invar. ■ anglic. **I** *Musique pop* ou n. f. *la pop* : musique populaire issue du rock. **II** Du pop art.

pop art [pɔpaʀt] n. m. ■ École de peinture inspirée par la culture de masse.

pop-corn [pɔpkɔʀn] n. m. invar. ■ anglic. Grains de maïs soufflés, sucrés ou salés.

pope n. m. ■ Prêtre de l'Église orthodoxe.

popeline n. f. ■ Tissu de coton serré, ou de laine et soie. *Chemise en popeline.*

poplité, ée adj. ■ anat. De la partie postérieure du genou. *Creux poplité.*

popote ■ fam. **I** n. f. **1** Table d'officiers. → **mess.** **2** Soupe ; cuisine. **II** adj. invar. Trop occupé par les travaux du foyer.

popotin n. m. ■ fam. Fesses, derrière.

populace n. f. ■ péj. Bas peuple. ► **populacier, ière** adj.

populage n. m. ■ bot. Plante dicotylédone des endroits marécageux, aussi appelée *souci d'eau.*

populaire adj. ■ **1** Qui émane du peuple, fait partie du peuple. ➝ hist. *Front populaire,* union des forces de gauche (en France, en 1936). **2** Propre au peuple. *Mot populaire.* **3** À l'usage du peuple, du très grand public. *Art populaire.* → **folklore.** **4** Qui plaît au plus grand nombre. ► **populairement** adv.

populariser v. tr. [1] ■ Faire connaître parmi le peuple, le grand nombre. ► **popularisation** n. f.

popularité n. f. ■ Fait d'être connu et aimé du plus grand nombre. → **célébrité, gloire.**

population n. f. ■ **1** Personnes qui habitent un espace, une terre (→ **habitant ; démographie).** **2** Ensemble des personnes d'une catégorie. *La population active.* **3** (animaux) *La population d'une ruche.* **4** sc. Ensemble statistique.

populeux, euse adj. ■ Très peuplé.

populisme n. m. ■ École littéraire qui dépeint avec réalisme la vie des gens du peuple. ► **populiste** n. et adj.

populo n. m. ■ fam. Peuple ; foule. ♦ adj. *Un quartier populo.*

pop-up [pɔpœp] n. m. invar. ■ anglic., inform. Fenêtre qui s'ouvre devant la fenêtre principale sans avoir été sollicitée par l'internaute.

poquet n. m. ■ techn. Petit trou dans lequel on sème plusieurs graines.

porc [pɔʀ] n. m. ■ **1** Mammifère domestique au corps épais dont la tête est terminée par un groin ; spécialt le mâle adulte (par oppos. à *truie*, à *porcelet*). → **cochon.** **2** Viande de cet animal. **3** Peau tannée de cet animal.

porcelaine n. f. ■ **1** Mollusque, coquillage univalve luisant et poli. **2** Substance translucide, imperméable (kaolin). *Vase en* (ou *de*) *porcelaine.* **3** Objet en porcelaine.

porcelainier, ière ■ **1** n. Marchand(e), fabricant(e) de porcelaine. **2** adj. *L'industrie porcelainière.*

porcelet n. m. ■ Jeune porc.

porc-épic [pɔʀk-] n. m. ■ Mammifère rongeur au corps recouvert de piquants.

porchaison n. f. ■ chasse Saison pendant laquelle le sanglier est le plus gras et le meilleur à manger.

porche n. m. ■ **1** Construction en saillie devant une porte d'entrée. **2** Hall d'entrée (d'un immeuble).

porcher, ère n. ■ **1** Ouvrier, ouvrière agricole qui s'occupe des porcs. **2** Éleveur de porcs.

porcherie n. f. ■ **1** Bâtiment où l'on élève les porcs. **2** fig. Local très sale.

porcin, ine adj. ■ **1** Relatif au porc. ➝ n. m. *Les porcins.* **2** péj. *Des yeux porcins.*

pore n. m. ▪ **1** Minuscule orifice de la peau par où sortent la sueur, le sébum. **2** bot. Interstice par où se font les échanges gazeux (d'une plante). **3** Interstice, trou d'une matière poreuse.

poreux, euse adj. ▪ Qui présente de nombreux pores, petits trous.

porion n. m. ▪ Contremaître, dans les mines de charbon.

porno ▪ **1** adj. Pornographique. *Des films pornos.* **2** n. m. Pornographie.

pornographe n. ▪ Auteur spécialiste d'écrits obscènes.

pornographie n. f. ▪ Représentation publique de choses obscènes. ▶ **pornographique** adj.

porosité n. f. ▪ didact. État de ce qui est poreux.

porphyre n. m ▪ Roche volcanique rouge foncé à grands cristaux de feldspath.

porphyrie n. f. ▪ méd. Maladie héréditaire due à une perturbation du métabolisme des porphyrines, provoquant une sensibilisation anormale à la lumière.

porphyrine n. f. ▪ biochim. Composé dérivant d'une molécule comportant huit atomes d'hydrogène externes.

porphyrique adj. ▪ Relatif au porphyre ; qui en contient. *Roche porphyrique.*

porphyrogénète adj. et n. ▪ Antiq. Se disait des enfants des empereurs d'Orient nés pendant le règne de leur père.

porque n. f. ▪ mar. Pièce de construction pour renforcer la carène.

porrection n. f. ▪ relig. Acte par lequel l'évêque présente un objet liturgique pour le faire toucher.

porridge n. m. ▪ anglic. Bouillie de flocons d'avoine.

① **port** n. m. ▪ **I 1** Abri naturel ou artificiel aménagé pour recevoir les navires. *Port d'attache,* où un bateau est immatriculé. ➛ fig. *Arriver à bon port,* au but sans dommage. **2** littér. Abri. → **havre, refuge. 3** Ville qui possède un port. **II** Col (Pyrénées).

② **port** n. m. ▪ **I 1** Fait de porter sur soi. *Autorisation de port d'armes.* **2** mus. *PORT DE VOIX :* passage de la voix d'un son à un autre. **II** Prix du transport (d'une lettre...). **III** Manière naturelle de se tenir.

portabilité n. f. ▪ anglic. **1** inform. Qualité d'un logiciel portable. **2** télécomm. *Portabilité du numéro :* possibilité de conserver un numéro d'appel en changeant d'opérateur téléphonique.

portable adj. ▪ **1** (vêtement) Qu'on peut porter. → **mettable. 2** Transportable. → **portatif.** ➛ *Téléphone portable,* sans fil et sans support (→ **cellulaire).** ♦ n. m. Ordinateur, téléphone portable. **3** inform. (programme) Qui s'adapte à des ordinateurs de types différents.

portage n. m. ▪ **1** Transport à dos d'homme. **2** Distribution des journaux à domicile.

portail, ails n. m. ▪ **1** Grande porte, parfois de caractère monumental. **2** inform. Page (écran) d'accueil d'un site* Internet, regroupant de nombreux services (actualité, sélection de sites...).

portance n. f. ▪ **1** phys. Force perpendiculaire à la direction de la vitesse qu'a un corps dans un fluide. **2** techn. Capacité d'un sol à supporter une charge.

portant, ante ▪ **I** adj. **1** Dont la fonction est de porter, de soutenir. *Murs portants.* **2** *ÊTRE BIEN, MAL PORTANT,* en bonne, en mauvaise santé. ➛ n. *Les bien portants.* **II** n. m. **1** Montant de soutien, au théâtre. **2** Présentoir pour suspendre des vêtements.

portatif, ive adj. ▪ Qui peut être transporté facilement.

① **porte** n. f. ▪ **I** Ouverture aménagée dans l'enceinte d'une ville. ♦ Lieu où se trouvait une porte d'enceinte. **II 1** Ouverture aménagée pour permettre le passage ; son encadrement. *Porte d'entrée ; de secours.* → **issue.** ♦ loc. *Faire du PORTE-À-PORTE* (pour vendre, quêter...). ➛ *Recevoir qqn entre deux portes,* lui parler rapidement. ➛ *Mettre qqn À LA PORTE,* le renvoyer. ➛ *Être à la porte,* ne pas pouvoir entrer. ➛ *Prendre la porte :* sortir. **2** Panneau mobile permettant d'obturer l'ouverture, la porte (II, 1). *Ouvrir ; enfoncer la porte.* ➛ loc. *Écouter aux portes,* derrière les portes. *La porte ouverte aux abus,* l'accès libre. ➛ *Journée porte ouverte,* de visite libre. **3** Portière (d'un véhicule). ♦ (meuble) *La porte d'une armoire.* **III 1** Passage étroit en montagne. → **défilé, gorge. 2** Espace compris entre deux piquets de slalom.

② **porte** adj. f. ▪ *Veine porte,* qui ramène au foie le sang des organes digestifs.

porte- Élément tiré du verbe *porter,* qui signifie « qui porte ». → **-fère, -phore.**

porte-aéronefs n. m. invar. ▪ Navire de guerre aménagé pour recevoir des aéronefs. → **porte-avions.**

porte-à-faux n. m. invar. ▪ **1** Construction hors d'aplomb. **2** loc. *En porte-à-faux :* qui n'est pas d'aplomb ; fig. en déséquilibre.

① **porte-aiguille** [-gɥij] n. m. ▪ chir. Pince permettant de tenir une aiguille à suture. *Des porte-aiguilles.*

② **porte-aiguille** n. m. ou **porte-aiguilles** n. m. invar. ▪ Étui où l'on range les aiguilles à coudre.

porte-amarre n. m. ▪ mar. Appareil servant à lancer une amarre. *Des porte-amarres.*

porte-à-porte → ① **porte** (II, 1)

porte-avions n. m. invar. ▪ Navire de guerre sur lequel les avions peuvent atterrir.

porte-bagages n. m. invar. ▪ **1** Dispositif pour recevoir les bagages. **2** Filet, galerie à bagages (dans un train, un car).

porte-balai n. m. ▪ Support pour accrocher un balai (notamment un balai de W.-C.). *Des porte-balais.*

porte-bannière n. ▪ Personne qui porte une bannière. *Des porte-bannières.*

porte-bébé n. m. ▪ Sac muni d'un harnais, pour transporter un bébé. *Des porte-bébés.*

porte-billets n. m. invar. ▪ Petit portefeuille pour les billets de banque.

porte-bonheur n. m. invar. ▪ Objet que l'on considère comme porteur de chance.

porte-bouquet n. m. ▪ Très petit vase à fleurs qu'on accroche. *Des porte-bouquets.*

porte-bouteilles n. m. invar. ▪ Casier ou panier à bouteilles.

porte-cartes n. m. invar. ▪ Portefeuille pour les papiers d'identité, etc.

porte-chéquier n. m. ▪ Étui pour protéger un chéquier. *Des porte-chéquiers en cuir.*

porte-cigares n. m. invar. ▪ Étui à cigares.

porte-cigarettes n. m. invar. ▪ Étui à cigarettes.

porte-clés n. m. invar. ▪ Anneau ou étui pour porter des clés.

porte-conteneurs n. m. invar. ▪ Navire destiné à transporter des conteneurs.

porte-copie n. m. ▪ Support pour un texte à copier, à taper à la machine. *Des porte-copies.*

porte-coton n. m. ▪ **1** hist. Officier chargé de donner la serviette au roi quand il allait aux toilettes. **2** techn. Tige supportant un morceau de coton, que l'on introduit dans une cavité naturelle. *Des porte-cotons.*

porte-couteau n. m. ▪ Ustensile de table pour poser le couteau. *Des porte-couteaux.*

porte-crayon n. m. ▪ Petit tube de métal dans lequel on enchâsse un crayon, un fusain. *Des porte-crayons.*

porte-croix n. m. invar. ▪ relig. Personne qui porte la croix dans une procession.

porte-documents n. m. invar. ▪ Serviette plate.

porte-drapeau n. ▪ **1** Porteur du drapeau. *Des porte-drapeaux.* **2** fig. Chef de file reconnu.

portée n. f. ▪ **I 1** Ensemble des petits qu'une femelle de mammifère met bas en une seule fois. *Une portée de chatons.* **2** techn. Charge, poids. **3** mus. Les cinq lignes horizontales et parallèles qui portent la notation musicale. **II 1** Distance à laquelle peut être lancé un projectile. ➝ *Portée d'un radar.* **2** loc. *À (LA) PORTÉE (DE)* : à la distance accessible (par). ➝ *À portée de la main,* accessible sans se déplacer. ➝ *HORS DE (LA) PORTÉE de* : hors d'atteinte. **3** fig. *À (LA) PORTÉE, HORS DE (LA) PORTÉE DE* : accessible ou non. *À la portée de toutes les bourses.* ➝ *C'est à sa portée.* **4** (idée, pensée) Capacité à convaincre, à toucher. → **impact.** **5** Effet, importance. *La portée d'une découverte.*

porte-épée n. m. ▪ ancienn Pièce de cuir ou d'étoffe fixée au ceinturon pour porter l'épée. *Des porte-épées.*

porte-étendard n. ▪ **1** ancienn Celui qui portait l'étendard. *Des porte-étendards.* **2** fig. → **porte-drapeau.**

portefaix n. m. ▪ ancienn Porteur de fardeaux.

porte-fanion n. ▪ Gradé(e) qui porte le fanion d'un officier général. *Des porte-fanions.*

porte-fenêtre n. f. ▪ Fenêtre qui descend jusqu'au sol et fait office de porte. *Des portes-fenêtres.*

portefeuille n. m. ▪ **I 1** vx Cartable, serviette. ♦ mod. Titre, fonction de ministre. **2** Ensemble des valeurs détenues par qqn. **II** Étui pliant, muni de poches où l'on range billets de banque, papiers, etc. ➝ appos. *Jupe portefeuille* (à deux pans).

porte-fort n. m. invar. ▪ dr. Engagement par lequel une personne promet qu'un tiers accomplira tel acte juridique.

porte-greffe n. m. ▪ techn. Plante sur laquelle on fixe le greffon. *Des porte-greffes.*

porte-hélicoptères n. m. invar. ▪ Navire à pont d'envol pour les hélicoptères.

porte-jarretelles n. m. invar. ▪ Sous-vêtement féminin à quatre jarretelles.

porte-lame n. m. ▪ techn. Support de lame (d'un outil, d'une machine). *Des porte-lames.*

porte-malheur n. m. invar. ▪ rare Ce qui est censé porter malheur.

portemanteau n. m. ▪ Support pour suspendre les vêtements. → **patère.** ➝ loc. fam. *Épaules en portemanteau,* carrées.

portement n. m. ▪ *Portement de croix* : scène où le Christ porte sa croix.

porte-menu n. m. ▪ Cadre pour présenter un menu. *Des porte-menus.*

portemine n. m. ▪ Instrument dans lequel on place des mines de crayon.

porte-monnaie n. m. invar. ▪ Petit sac souple où l'on met de la monnaie.

porte-objet n. m. ▪ techn. Lame sur laquelle on place un objet à examiner au microscope. ♦ par ext. Platine du microscope. *Des porte-objets.*

porte-outil n. m. ▪ techn. Pièce ou dispositif d'une machine-outil qui permet de fixer l'outil. *Des porte-outils.*

porte-parapluies n. m. invar. ▪ Ustensile pour recevoir les parapluies, les cannes.

porte-parole n. ▪ Personne qui s'exprime au nom de qqn, d'un groupe.

porte-plume n. m. ▪ Tige au bout de laquelle on insère une plume à écrire.

porte-queue n. m. ▪ Papillon dont les ailes comportent de longs prolongements. → **machaon.** *Des porte-queues.*

① **porter** v. tr. [1] ▪ **I 1** Soutenir, tenir (ce qui pèse). *Porter un enfant dans ses bras.* **2** fig. Supporter. *Porter le poids d'une faute.* **3** (sujet chose) Soutenir. **4** Produire en soi (un petit, des petits, un rejeton). **5** Avoir en soi, dans l'esprit, le cœur. ➛ loc. *Je ne le porte pas dans mon cœur :* je lui en veux. **6** Avoir sur soi. *Porter la barbe.* ◆ *Porter la marque d'un coup.* **II 1** Prendre pour déplacer, emporter. *Porter un malade sur un lit. Va lui porter ce paquet.* → **apporter. 2** (gestes, attitudes) Orienter, diriger. ➛ fig. *Faire porter son effort sur...* **3** loc. fig. *Porter atteinte* à. Porter plainte* contre qqn.* **4** Mettre par écrit. → **inscrire. 5** *PORTER À :* amener, faire arriver à (un état élevé, extrême). ➛ loc. *Porter qqn aux nues*.* ◆ *Porter un roman à l'écran.* → **adapter. 6** Donner, apporter (un sentiment, une aide... à qqn). ➛ loc. *Porter ombrage. Porter chance.* ◆ *Porter un jugement sur qqn, qqch.,* l'émettre. **7** *PORTER qqn À :* pousser, inciter, entraîner à. ➛ *ÊTRE PORTÉ À* (+ inf.) : être naturellement poussé à. → **enclin.** ➛ *ÊTRE PORTÉ SUR qqch.,* avoir un goût marqué pour. **III** v. tr. ind. **1** *PORTER SUR :* peser, appuyer sur (qqch.). *L'édifice porte sur ces colonnes.* ◆ Avoir pour objet. *Le débat portait sur les salaires.* **2** absolt (tir) Avoir une portée. *Un canon qui porte loin.* **3** Toucher le but. *Une voix qui porte,* qui s'entend loin. ▷ v. pron. **se porter 1** *Se porter bien, mal :* être en bonne, en mauvaise santé. **2** littér. Aller. ➛ fig. *Les soupçons se portent sur lui.* **3** (dans des loc.) Se présenter (à, comme). *Se porter acquéreur ; garant. Se porter partie civile.*

② **porter** [-ɛʀ] n. m. ▪ Bière brune amère (d'origine anglaise).

porte-revues n. m. invar. ▪ Accessoire de mobilier où l'on peut ranger des revues, des journaux.

porterie n. f. ▪ Loge de portier.

porte-savon n. m. ▪ Support, emplacement pour un savon. *Des porte-savons.*

① **porte-serviette** n. m. ▪ Pochette pour ranger une serviette de table. *Des porte-serviettes.*

② **porte-serviette** n. m. ▪ Support pour les serviettes de toilette. - var. **porte-serviettes.**

porteur, euse n. et adj. ▪ **1** Personne chargée de remettre des lettres, des messages à leurs destinataires. → ② **coursier. 2** Personne dont le métier est de porter des fardeaux, les bagages. **3** Personne qui porte effectivement (un objet). *Le porteur du ballon.* **4** Personne qui détient (des papiers, titres). → **détenteur.** ◆ dr. comm. *Les petits porteurs :* les petits actionnaires. ➛ *Chèque (payable) au porteur.* **5** *Porteur sain :* sujet cliniquement sain qui porte des germes pathogènes. **6** adj. Qui porte. *Mur porteur.* ◆ Qui entraîne par son développement. **7** adj. *Mère porteuse,* qui, ayant reçu un embryon, mène la grossesse à terme pour le compte de la mère légale.

porte-voix n. m. invar. ▪ Tube pour amplifier la voix.

portfolio [pɔʀtfɔljo] n. m. ▪ Série de photographies (dans un coffret...).

portier, ière n. ▪ **1** Personne qui garde une porte. → **concierge ; gardien. 2** n. m. *Portier électronique* (digicode, interphone).

portière n. f. ▪ **1** Tenture qui ferme ou couvre une porte. **2** Porte de voiture.

portillon n. m. ▪ Porte à battant plus ou moins bas. ➛ loc. fam. *Ça se bouscule au portillon :* il y a foule.

portion n. f. ▪ **1** Part (de nourriture) de qqn. **2** (argent...) *Portion d'héritage.*

portionnable adj. ▪ Qui permet une consommation fractionnée. *Des plats surgelés portionnables.*

portionnaire adj. et n. ▪ dr. Se dit d'une personne qui a droit à une portion d'héritage.

portique n. m. ▪ **1** Galerie ouverte à une ou deux rangées de colonnes. **2** Barre horizontale soutenue par deux poteaux verticaux, où on accroche des agrès. **3** techn. Dispositif en forme de pont. ➛ *Portique de détection,* placé à l'entrée d'un lieu public.

portland [pɔʀtlɑ̃d] n. m. ▪ techn. Ciment artificiel obtenu par cuisson de calcaire et d'argile.

portlandien n. m. ▪ géol. Étage terminal du jurassique.

porto n. m. ▪ Vin de liqueur portugais.

portor n. m. ▪ techn. Marbre noir veiné de jaune d'or.

portrait n. m. ▪ **I 1** Représentation graphique, photographique (d'une personne, spécialt de son visage). **2** fig. Image, réplique fidèle. *C'est (tout) le portrait de son père.* **3** loc. fam. Figure. *Se faire abîmer le portrait.* **II** Description orale ou écrite (de qqn).

portraitiste n. ▪ Peintre, etc. de portraits.

portrait-robot n. m. ▪ Portrait d'un individu recherché par la police, par combinaison d'éléments choisis. *Des portraits-robots.*

portraiturer v. tr. [1] ▪ Faire le portrait de.

port-salut n. m. invar. ▪ Fromage à pâte ferme et saveur douce. *Des port-salut.*

portuaire adj. ▪ D'un port.

portugais, aise ▪ **1** adj. et n. Du Portugal. ➛ n. *Les Portugais.* ◆ n. m. *Le portugais* (langue romane). **2** n. f. Huître commune. ◆ fig., fam. Oreille.

portulan n. m. ▪ anciennt Carte marine des premiers navigateurs (XIIIe-XVIe siècles).

portune n. m. ▪ Crabe aplati et comestible des mers froides et tempérées.

posada [-s-] n. f. ▪ Auberge, en Espagne.

pose n. f. ▪ **I** Action de poser, mise en place. *La pose d'une prothèse.* **II 1** Attitude que prend le modèle qui pose. *Garder la pose.* ➛ Attitude du corps. *Prendre une pose.* **2** Affectation. **III** (photogr. argentique) Exposition de la surface sensible à l'action de la lumière. *Temps de pose.*

posé, ée adj. ▪ **1** Calme, pondéré. **2** *Voix bien posée,* capable d'émettre des sons fermes dans toute son étendue.

posément adv. ▪ Calmement.

posemètre n. m. ▪ photogr. Appareil qui affiche le temps de pose (III).

poser v. 1 ▪ **I** v. tr. **1** Mettre (une chose) en un endroit qui peut la recevoir, la porter. *Poser sa tête sur l'oreiller.* ➛ fig. *Poser son regard sur qqn.* **2** Mettre en place à l'endroit approprié. → **installer.** *Poser des rideaux.* ♦ Écrire (un chiffre) dans une opération. **3** fig. Établir, énoncer. *Posons le principe que...* ➛ au p. p. *Ceci posé :* ceci étant admis. **4** Formuler (une question, un problème). ➛ *Cela pose un problème.* → **soulever. 5** (sujet chose) Donner de l'importance, de la notoriété à (qqn). *Son succès le pose.* **II** v. intr. **1** (d'un modèle) Se tenir immobile dans une attitude. **2** Prendre des attitudes pour se faire remarquer. ♦ *POSER À :* tenter de se faire passer pour. → **jouer.** *Poser au justicier.* ▷ v. pron. **se poser 1** Se placer, s'arrêter doucement (quelque part). **2** *Se poser comme, en tant que...* ➛ *Se poser en :* prétendre jouer le rôle de. **3** loc. fam. *Se poser (un peu) là :* dépasser la norme.

poseur, euse ▪ **I** n. Personne chargée de la pose (d'un objet). **II** n. et adj. (Personne) qui prend une attitude affectée.

posidonie n. f. ▪ Plante aquatique de Méditerranée, à feuilles rubanées, formant de vastes herbiers sur les fonds marins.

positif, ive adj. et n. m. ▪ **I** philos. Imposé à l'esprit par les faits, l'expérience. *Connaissance positive.* ➛ Fondé sur cette connaissance. *Sciences positives.* **II 1** Qui a un caractère de certitude. *Un fait positif,* attesté. **2** Concret, effectif. **3** (personnes) Qui donne la préférence aux faits, à la réalité concrète. **III** (opposé à *négatif*) **1** Qui affirme qqch. *Réponse positive.* ➛ Qui affirme du bien de qqn, de qqch. *Une critique positive.* **2** méd. *Réaction positive,* effective, qui se produit. *Examen positif.* **3** *Nombre positif,* plus grand que zéro (signe +). **4** photogr. *Épreuve positive :* image dont les valeurs correspondent à celles du sujet.

position n. f. ▪ **1** Manière dont une chose, une personne est placée, située. ➛ Lieu. *Déterminer sa position.* → s'**orienter.** ➛ *FEU DE POSITION* (navire...). ♦ sports Place (dans une course...). **2** Emplacement militaire. *Position stratégique.* **3** Attitude corporelle. **4** fig. Ensemble des circonstances où l'on se trouve. *Une position délicate.* ➛ loc. *Être en position de force.* **5** Situation dans la société. → **condition. 6** Idées que qqn soutient. *Position politique.* ➛ loc. *Rester sur ses positions :* refuser toute concession. **7** Montant du solde d'un compte en banque.

positionner v. tr. 1 ▪ anglic. **1** techn. Mettre, placer (une pièce, un engin) dans une position déterminée. **2** comm. Situer quant au marché. ▸ **positionnement** n. m.

positivement adv. ▪ **1** D'une manière certaine, sûre. ➛ Réellement, vraiment. **2** phys. *Particules chargées positivement.* **3** D'une manière positive (III, 1).

positiver v. 1 ▪ (critiqué) **1** v. tr. Rendre positif, améliorer. **2** v. intr. Montrer sa confiance, son optimisme.

positivisme n. m. ▪ Doctrine selon laquelle les sciences positives (I) fondent la philosophie. ▸ **positiviste** adj. et n.

positivité n. f. ▪ sc. Caractère positif.

positon n. m. ▪ phys. Particule de même masse et de charge électrique opposée à celle de l'électron.

positonium [-jɔm] n. m. ▪ phys. Combinaison de très courte durée d'un électron et d'un positon. – syn. **positronium.**

posologie n. f. ▪ Indication du dosage, de la fréquence de prise (d'un médicament). ▸ **posologique** adj.

possédant, ante adj. et n. ▪ Qui possède des biens, des richesses, des capitaux.

possédé, ée ▪ adj. Dominé par une puissance occulte. ♦ n. *Exorciser un possédé.*

posséder v. tr. 6 ▪ **1** Avoir (qqch.) à sa disposition ; avoir parmi ses biens. **2** fig. Avoir en propre (une chose abstraite). *Posséder une excellente mémoire.* **3** Avoir une connaissance sûre de (qqch.). → **connaître.** *Posséder à fond son sujet.* **4** Jouir des faveurs de (qqn) ; s'unir sexuellement à (qqn). **5** fam. Tromper, duper. **6** (sujet chose) Dominer moralement.

possesseur n. m. ▪ **1** Personne qui possède (un bien). **2** Personne qui peut jouir (de qqch.). *Le possesseur d'un secret.*

possessif, ive adj. ▪ **1** gramm. Qui marque une relation d'appartenance, un rapport. *Adjectifs, pronoms possessifs* (mon, ton, son... ; mien, tien, sien...). **2** psych. D'appropriation. *Sentiments possessifs.* → **exclusif.** ▸ **possessivité** n. f.

possession n. f. ▪ **I 1** Fait, action de posséder. ♦ *EN (LA...) POSSESSION DE* (sens actif). ♦ *PRENDRE POSSESSION DE* (un lieu), s'y installer. **2** Fait de posséder (3) par l'esprit. → **connaissance, maîtrise. 3** Fait de posséder sexuellement. **4** Fait d'être possédé. ♦ psych. Forme de délire dans lequel le malade se croit habité par un démon (→ **possédé**). **II 1** Chose possédée par qqn. → ② **avoir, bien. 2** hist. Dépendance coloniale. → **colonie, territoire.**

possessionnel, elle adj. ▪ dr. Qui marque la possession. *Acte possessionnel.*

possessoire adj. ▪ dr. Relatif à la protection judiciaire de la possession (immobilière).

possibilité n. f. ▪ **1** Caractère de ce qui peut se réaliser. **2** Chose possible. *Envisager toutes les possibilités.* → **cas. 3** Capacité (de faire). → **faculté, moyen, occasion.** *J'irai si j'en ai la possibilité.* **4** au plur. Moyens.

possible ▪ **I** adj. **1** Qui peut être réalisé, qu'on peut faire. → **faisable, réalisable.** *C'est tout à fait possible.* ◆ impers. *Il est possible d'y parvenir, qu'on y parvienne.* ◆ (pour marquer l'étonnement) *Ce n'est pas possible !* → **croyable. 2** Qui constitue une limite extrême. *Toutes les erreurs possibles et imaginables.* ◆ *Dès que possible.* ◆ *Le plus, le moins possible.* **3** Qui peut se réaliser, être vrai ; qui peut être. ◆ impers. *Il est possible que* (+ subj.) : il se peut que. **4** Éventuel. *C'est un concurrent possible.* **5** fam. Acceptable, convenable ; supportable. **II** n. m. **1** Ce qui est possible. loc. *Dans la mesure du possible* : autant qu'on le peut. *Faire tout son possible (pour...).* ◆ *AU POSSIBLE* loc. adv. → **extrêmement. 2** Ce qui est réalisable. *Les limites du possible.* **3** au plur. Choses qui peuvent arriver. → **possibilité.**

possiblement adv. ▪ cour. au Canada Peut-être ; vraisemblablement.

post n. m. ▪ anglic. Message publié sur un forum, un blog.

post- [pɔst] Élément, du latin *post* «après».

postage n. m. ▪ Action de poster (①).

postal, ale, aux adj. ▪ Qui concerne la poste. *Carte* postale.*

postapocalyptique adj. ▪ Qui se situe après une catastrophe ayant dévasté la Terre (récits d'anticipation).

postbac adj. invar. ▪ Qui a lieu après le baccalauréat.

postcure n. f. ▪ Période qui suit une cure, un traitement, avec surveillance médicale.

postdater v. tr. [1] ▪ Dater postérieurement à la date réelle (contr. *antidater*).

postdoctoral, ale, aux adj. ▪ Relatif à la période qui suit l'admission au grade de docteur. – abrév. fam. **postdoc.**

① **poste** n. f. ▪ **1** anciennt Relais de chevaux, étape. ◆ Distance entre deux relais. **2** Administration chargée du service de la correspondance et d'opérations bancaires. **3** Bureau de poste. *Mettre une lettre à la poste.* ◆ *POSTE RESTANTE* : adressé à la poste (et non au domicile).

② **poste** n. m. ▪ **I 1** Lieu où un soldat, une troupe est disposée par ordre. ◆ loc. *Être, rester à son poste.* **2** Groupe de soldats placé en ce lieu. **3** *POSTE (DE POLICE)* : corps de garde d'un commissariat de police. **4** *POSTE-FRONTIÈRE* : point de passage gardé. **II 1** Emploi auquel on est nommé. *Être EN POSTE.* ◆ Lieu où on l'exerce. **2** techn. Durée de travail d'une équipe (→ **posté**). **III** Emplacement affecté à un usage. *Poste de pilotage.* ◆ *Poste d'essence ; d'incendie.* **IV** Appareil récepteur (radio, télévision).

posté, ée adj. ▪ *Travail posté,* par équipes qui se relaient sur un poste de travail.

① **poster** v. tr. [1] ▪ **1** Mettre à la poste. **2** (de l'anglais) Envoyer (un message → **post**) sur Internet.

② **poster** v. tr. [1] ▪ Placer (des soldats ; qqn) à un poste. ▷ v. pron. **se poster**

③ **poster** [-ɛʀ] n. m. ▪ anglic. Affiche décorative.

postérieur, eure ▪ **I** adj. (opposé à *antérieur*) **1** Qui vient après, dans le temps. *À une date postérieure.* → **futur, ultérieur.** ► **postérieurement** adv. **2** didact. Qui est derrière, dans l'espace. *Les membres postérieurs du cheval.* **II** n. m. fam. Derrière, fesses.

a **posteriori** → **a posteriori**

postériorité n. f. ▪ Caractère de ce qui est postérieur à qqch. (dans le temps).

postérité n. f. ▪ **1** littér. Suite de personnes d'une même origine. → **descendant ; lignée.** ◆ Ceux qui s'inspirent de qqn. **2** Générations à venir. *Travailler pour la postérité.*

postface n. f. ▪ Commentaire à la fin d'un livre (opposé à *préface*).

postglaciaire n. m. ▪ géol. Période qui a suivi la dernière glaciation quaternaire (8 000 av. J.-C.).

posthite n. f. ▪ méd. Inflammation du prépuce.

posthume adj. ▪ **1** Né après la mort de son père. *Enfant posthume.* **2** (œuvre...) Qui a vu le jour après la mort de son auteur.

postiche adj. ▪ **1** Artificiel (cheveux...). ◆ n. m. Mèche que l'on adapte à volonté à sa coiffure. **2** fig. Faux, inventé.

postier, ière n. ▪ Employé(e) de la poste.

postillon n. m. ▪ **I** anciennt Conducteur d'une voiture de poste. **II** Gouttelette de salive projetée en parlant.

postillonner v. intr. [1] ▪ Envoyer des postillons (II).

post-it [pɔstit] n. m. invar. (marque déposée) ▪ Petit rectangle de papier, sur lequel on peut écrire et que l'on peut déplacer une fois posé.

postlude n. m. ▪ mus. Pièce musicale composée pour conclure une œuvre (s'oppose à *prélude*).

postmoderne adj. ▪ (arts plastiques) Qui rejette la rigueur du style dit «moderne» et se caractérise par l'éclectisme. ► **postmodernisme** n. m.

post mortem [-ɛm] loc. adv. et loc. adj. ▪ Après la mort. *Examen post mortem* : autopsie.

postnatal, ale, als adj. ▪ didact. Qui suit immédiatement la naissance.

postopératoire adj. ▪ méd. Qui se produit ou se fait après une opération.

post-partum [-ɔm] n. m. invar. ▪ didact. Période qui suit l'accouchement.

postposer v. tr. [1] ▪ didact. Placer après un autre mot. ► **postposition** n. f.

postprandial, ale, aux adj. ▪ didact. Qui suit l'absorption de nourriture, un repas.

postproduction n. f. ▪ cin. Phase de la production (d'un film) postérieure à la fin du tournage (montage, etc.).

post-scriptum [pɔstskʀiptɔm] n. m. invar. ▪ Complément au bas d'une lettre, après la signature (abrév. P.-S.).

postsynchroniser [-kʀ-] v. tr. 1 ▪ Remplacer la bande son ou ajouter une bande son à (un film). ► **postsynchronisation** n. f.

post-traumatique adj. ▪ méd. Qui fait suite à un traumatisme. *Syndrome anxieux post-traumatique.*

postulant, ante n. ▪ Candidat.

postulat n. m. ▪ math., philos. Proposition nécessaire qui ne peut être démontrée. → aussi **axiome.**

postuler v. tr. 1 ▪ **1** Demander (un emploi, une place). ♦ trans. indir. *Postuler à, pour un emploi.* **2** didact. Poser (une proposition) comme postulat.

postural, ale, aux adj. ▪ didact. Relatif à l'attitude, à la posture.

posture n. f. ▪ **1** Attitude particulière du corps. **2** fig. Situation. *En bonne, en mauvaise posture.*

pot n. m. ▪ **I 1** Récipient pour les liquides et les aliments. loc. *Le pot de terre contre le pot de fer,* le faible contre le fort. - *POT À,* destiné à contenir. *Pot à eau.* - *POT DE,* contenant effectivement. *Un pot de yaourt.* ♦ loc. fig. *Découvrir le POT AUX ROSES,* le secret d'une affaire. - *Payer les pots cassés :* réparer les dommages. **2** vx Marmite. - mod. *Poule au pot,* bouillie. ♦ loc. *Tourner autour du pot :* parler avec des circonlocutions. **3** *Pot (de chambre),* où l'on fait ses besoins. **4** Contenu d'un pot (1). - fam. *Boire, prendre un pot,* une consommation. → **verre. 5** *Pot d'échappement :* tuyau pour les gaz brûlés (voiture, moto). - loc. fam. *Plein pot :* à toute vitesse ; plein tarif. **6** L'enjeu, dans certains jeux d'argent. **II 1** vulg. Postérieur, derrière. **2** fam. Chance, veine. *Manque de pot !*

potable adj. ▪ **1** Qui peut être bu sans danger. *Eau non potable.* **2** fam. Acceptable.

potache n. m. ▪ fam. Collégien, lycéen.

potage n. m. ▪ Bouillon où l'on a fait cuire des aliments solides. → **soupe.**

potager, ère adj. ▪ **1** Plantes potagères, dont certaines parties peuvent être utilisées dans l'alimentation humaine. **2** Où l'on cultive des plantes potagères. *Jardin potager* et n. m. *un potager.*

potamo-, -potame Éléments savants, du grec *potamos* «fleuve».

potamochère n. m. ▪ Mammifère ongulé des marécages d'Afrique, voisin du sanglier.

potamologie n. f. ▪ didact. Science qui étudie les cours d'eau.

potamot n. m. ▪ Plante vivace aquatique, à feuilles en partie flottantes, en partie submergées. - syn. **potamogéton.**

potard n. m. ▪ fam., vx Pharmacien.

potasse n. f. ▪ **1** Hydroxyde de potassium, solide blanc très caustique. **2** *Potasse d'Alsace,* engrais au chlorure de potassium.

potasser v. tr. 1 ▪ fam. Étudier.

potassique adj. ▪ chim. Se dit des composés du potassium. *Engrais potassiques.*

potassium [-jɔm] n. m. ▪ Corps simple (symb. K, n° at. 19, masse at. 39,0983), métal alcalin (→ **potasse).**

pot-au-feu [pɔt-] ▪ **1** n. m. invar. Plat de viande de bœuf bouillie avec des légumes. ♦ Morceau de bœuf qui sert à faire ce plat. **2** adj. invar. fam., vieilli *Être pot-au-feu :* aimer le calme du foyer. → **popote** (II).

pot-bouille n. f. ▪ vx Cuisine, ordinaire d'un ménage.

pot-de-vin n. m. ▪ Cadeau caché pour obtenir un avantage. *Des pots-de-vin.*

pote n. ▪ fam. Camarade, ami. → **poteau** (II).

poteau n. m. ▪ **I 1** Pièce de charpente verticale servant de support. → **pilier. 2** Pièce de bois, de métal, verticale. *Poteau indicateur.* - *Poteau électrique.* - sports *Coiffer* un concurrent sur le poteau* (d'arrivée). **3** *Poteau (d'exécution),* où l'on attache ceux que l'on va fusiller. **II** fam. Ami fidèle (sur lequel on peut s'appuyer). → **pote.**

potée n. f. ▪ Plat de viande bouillie et de légumes variés (→ pot-au-feu).

potelé, ée adj. ▪ De formes rondes et pleines.

potelet n. m. ▪ Petit poteau.

potence n. f. ▪ **1** techn. Pièce de charpente faite d'un poteau et d'une traverse en équerre. **2** Instrument de supplice (pour l'estrapade, la pendaison). → **gibet.**

potencé, ée adj. ▪ didact. *Croix potencée,* aux branches en forme de T.

potentat n. m. ▪ **1** Souverain absolu d'un grand État. **2** Homme qui possède un pouvoir excessif.

potentialiser v. tr. 1 ▪ pharm. Augmenter l'effet de (un médicament). ♦ par ext. Accentuer l'effet de. *Potentialiser le travail.* ► **potentialisation** n. f.

potentiel, elle ▪ **I** adj. **1** didact. Qui existe en puissance (opposé à *actuel*). → **virtuel.** - cour. *Client, marché potentiel.* → **éventuel, possible. 2** gramm. Qui exprime une possibilité. **3** sc. *Énergie potentielle,* celle d'un corps capable de fournir un travail (ex. ressort comprimé). **II** n. m. **1** phys. Grandeur caractérisant l'état électrique d'un circuit. *Différence de potentiel* (unité : le volt). → **tension. 2** Capacité d'action, de production. → **puissance.** *Le potentiel économique d'un pays.* ► **potentialité** n. f. ► **potentiellement** adv.

potentille n. f. ▪ Herbe à fleurs jaunes ou blanches.

potentiomètre n. m. ▪ électr. Rhéostat.

poterie n. f. ▪ **1** Fabrication des objets utilitaires en terre cuite. → **céramique, faïence, porcelaine. 2** Objet ainsi fabriqué ; sa matière. **3** Atelier de poterie.

poterne n. f. ■ Porte dérobée dans une muraille d'enceinte.

potestatif, ive adj. ■ dr. Qui dépend de la volonté d'une des parties contractantes. *Condition potestative.*

potiche n. f. ■ **1** Grand vase de porcelaine d'Extrême-Orient. **2** fig. Personne réduite à un rôle décoratif.

potier, ière [-tje, jɛʀ] n. ■ Personne qui fabrique et vend des poteries.

potimarron n. m. ■ Courge orange dont le goût évoque le potiron et la châtaigne.

potin n. m. ■ **1** surtout au plur. Bavardage, commérage. → **cancan. 2** Bruit, tapage.

potiner v. intr. [1] ■ vieilli Faire des potins, des commérages. → **cancaner, médire.**

potion n. f. ■ Médicament liquide.

potiron n. m. ■ Courge plus grosse que la citrouille. *Soupe au potiron.*

potlatch [pɔtlatʃ] n. m. ■ ethnol. Cérémonie amérindienne à caractère sacré qui consiste en un échange de dons.

potomanie n. f. ■ pathol. Habitude de boire souvent de grandes quantités de liquide. → **dipsomanie.**

potorou n. m. ■ Petit marsupial communément appelé *rat-kangourou.*

pot-pourri n. m. ■ **1** vx Mélange hétéroclite. **2** mus. Pièce faite de thèmes empruntés. **3** Mélange odorant de pétales séchés. *Des pots-pourris.*

potron-minet n. m. ■ littér. Le point du jour, l'aube. *Dès potron-minet.*

potto n. m. ■ Lémurien d'Afrique, arboricole et nocturne.

pou n. m. ■ **1** Insecte parasite de l'homme. *Œuf de pou.* → **lente.** ♦ loc. fam. *Chercher des poux dans la tête de qqn, à qqn,* le chicaner. **2** Insecte parasite des animaux.

pouah interj. ■ fam. Exclamation de dégoût.

poubelle n. f. ■ Récipient destiné aux ordures ménagères.

pouce n. m. ■ **1** Le premier doigt de la main, opposable aux autres doigts. ♦ loc. *Mettre les pouces :* s'avouer vaincu. ➜ fam. *Manger un morceau* SUR LE POUCE, rapidement. ➜ *Se tourner les pouces :* rester sans rien faire. ➜ COUP DE POUCE : travail ultime. ♦ *Pouce !*, interjection enfantine servant à se mettre hors du jeu. **2** Le gros orteil. **3** Douzième partie du pied, valant 2,54 cm.

pouce-pied n. m. ■ Crustacé proche de l'anatife, dont le pédoncule charnu est comestible. *Des pouces-pieds.* – var. **pousse-pied.**

poucer v. intr. [3] ■ (Canada) fam. Faire de l'auto-stop.

poucier n. m. ■ techn. **1** Doigtier pour protéger le pouce. **2** Pièce du loquet d'une porte qui sert à soulever la clenche.

pou-de-soie n. m. ■ Étoffe de soie unie et sans lustre. *Des poux-de-soie.* – var. **poult-de-soie.**

pouding → **pudding**

poudingue n. m. ■ géol. Roche détritique constituée par des cailloux liés entre eux par un ciment naturel.

poudre n. f. ■ **1** vx Poussière. **2** Substance formée de très petites particules. ➜ loc. *Jeter de la poudre aux yeux,* chercher à éblouir. **3** Substance pulvérulente utilisée comme fard. **4** Mélange explosif pulvérulent. ➜ loc. fig. *Mettre le feu aux poudres :* déclencher un événement violent. ➜ *Ne pas avoir inventé la poudre,* être sot.

poudrer v. tr. [1] ■ **1** Couvrir de poudre. **2** Couvrir (ses cheveux, sa peau) d'une couche de poudre (3). ▷ v. pron. se **poudrer** ► **poudrage** n. m.

① **poudrerie** n. f. ■ Fabrique de poudre (4).

② **poudrerie** n. f. ■ (Canada) Neige fine chassée par le vent.

poudrette n. f. ■ agric. Engrais provenant du traitement des vidanges.

poudreuse n. f. ■ agric. Instrument servant à répandre une substance pulvérulente sur les plantes.

poudreux, euse adj. ■ **1** vx Poussiéreux. **2** *Neige poudreuse* ou n. f. *de la poudreuse :* neige fraîche et molle.

poudrier n. m. ■ Récipient à poudre (3).

poudrière n. f. ■ **1** Magasin à poudre (4), à explosifs. **2** fig. Situation explosive.

poudroyer v. intr. [8] ■ littér. **1** Produire de la poussière. **2** Avoir une apparence de poudre brillante. ♦ Faire briller les grains de poussière en suspension. ► **poudroiement** n. m.

pouêt [pwɛt] interj. ■ Onomatopée, souvent répétée, évoquant un bruit de trompe, de klaxon.

pouf ■ **I** interj. Bruit sourd de chute. **II** n. m. Siège bas, gros coussin capitonné.

pouffer v. intr. [1] ■ *Pouffer (de rire) :* éclater de rire malgré soi. → s'**esclaffer.**

pouffiasse ou **poufiasse** n. f. ■ vulg. (injure) Femme, fille vulgaire. – abrév. **pouffe.**

pouillerie n. f. ■ Pauvreté sordide. ♦ Lieu, chose misérable.

pouilles n. f. pl. ■ littér., vx CHANTER POUILLES *à qqn,* l'accabler d'injures.

pouilleux, euse adj. ■ **1** Couvert de poux, de vermine. **2** Miséreux. ♦ (choses) Misérable et sale. → **sordide. 3** *La Champagne pouilleuse,* la moins fertile.

pouillot n. m. ■ Oiseau proche de la fauvette.

poujadisme n. m. ■ hist. Mouvement politique populiste de la fin de la IVe République, soutenu surtout par les petits commerçants. ► **poujadiste** adj. et n.

poulailler n. m. ▪ **I** Abri où on élève des volailles. ♦ Ces volailles. **II** fam. Galerie supérieure d'un théâtre.

poulain n. m. ▪ **1** Petit du cheval (jusqu'à trente mois). **2** Débutant prometteur.

à la **poulaine** loc. adj. ▪ (chaussures) À l'extrémité en pointe (fin du Moyen Âge).

poularde n. f. ▪ Jeune poule engraissée.

poulbot n. m. ▪ Enfant pauvre de Montmartre.

① **poule** n. f. ▪ **I 1** Femelle du coq, oiseau de basse-cour. **2** loc. *Quand les poules auront des dents*, jamais. *Tuer la poule aux œufs d'or*, détruire la source d'un profit important. ➝ *MÈRE POULE* : mère qui «couve» ses enfants. ➝ *POULE MOUILLÉE* : personne poltronne. **3** Femelle de gallinacés. *Poule faisane*. ♦ (autres espèces) *POULE D'EAU* : petit échassier. **II** fam. *Ma poule* : terme d'affection. **III** fam. Fille de mœurs légères.

② **poule** n. f. ▪ **1** (aux cartes) Enjeu de la partie ; mises revenant au gagnant. **2** sports Groupe d'équipes destinées à se rencontrer.

poulet n. m. ▪ **I 1** Petit de la poule, plus âgé que le poussin (de trois à dix mois). **2** Jeune poule ou jeune coq destiné à l'alimentation. **II** Billet doux. **III** fam. Policier.

poulette n. f. ▪ **I** Jeune poule. **II** fam. Jeune fille, jeune femme.

pouliche n. f. ▪ Jeune jument.

poulie n. f. ▪ Roue qui porte sur sa jante une corde (transmettant un mouvement).

pouliner v. intr. 1 ▪ (jument) Mettre bas.

poulinière adj. f. et n. f. ▪ *(Jument) poulinière*, destinée à la reproduction.

pouliot n. m. ▪ Variété de menthe utilisée comme antispasmodique et stimulant.

poulpe n. m. ▪ Mollusque à longs tentacules. → **pieuvre.**

poulpiquet n. m. ▪ Lutin malfaisant des légendes bretonnes.

pouls [pu] n. m. ▪ Battement des artères produit par le sang projeté du cœur. *Prendre le pouls*, en compter les pulsations ; fig. sonder un état d'esprit.

poult-de-soie → **pou-de-soie**

poumon n. m. ▪ **1** Chacun des deux viscères placés dans la cage thoracique, organes de la respiration. ➝ *Aspirer à pleins poumons*, profondément. *Chanter, crier à pleins poumons*. → s'**époumoner. 2** *Poumon artificiel* : appareil d'assistance respiratoire.

poupard n. m. ▪ Bébé gros et joufflu.

poupe n. f. ▪ Arrière (d'un navire). → **gaillard** d'arrière. ➝ loc. fig. *Avoir le vent en poupe*, être poussé vers le succès.

poupée n. f. ▪ **1** Figurine humaine servant de jouet, d'ornement. **2** fam. Jeune femme. **3** Doigt entouré d'un pansement.

poupin, ine adj. ▪ Qui a les traits d'une poupée.

poupon n. m. ▪ **1** Bébé, très jeune enfant. **2** Poupée représentant un bébé. → **baigneur.**

pouponner v. intr. 1 ▪ Dorloter des bébés. ► **pouponnage** n. m.

pouponnière n. f. ▪ Établissement où l'on garde les bébés jusqu'à trois ans. → **crèche.**

pour prép. ▪ **I 1** En échange de ; à la place de. *Vendre qqch. pour telle somme*. ➝ *Dix pour cent (%)*. → **pourcentage.** ➝ *Dans un an, jour pour jour*, exactement. **2** (avec un terme redoublé) *Mourir pour mourir...*, s'il faut mourir... **3** (équivalence) → **comme.** *Avoir la liberté pour principe*. ➝ *Pour le moins*, au moins. ➝ loc. fam. *Pour de bon*, d'une façon authentique. **4** En prenant la place de. *Payer pour qqn*, à sa place. **5** En ce qui concerne (qqch.) ; par rapport à. *Il fait froid pour la saison*. **6** (mise en valeur) *Pour moi, je pense que...* → **quant** à. **7** En ce qui concerne (qqn). *Elle est tout pour moi*. **II 1** Dans la direction de, en allant vers. *Partir pour le Japon*. **2** Dans (tel temps). *C'est pour ce soir*. ➝ *Il y en a pour un an*, cela durera un an. **3** Destiné à (qqn, qqch.). *Film pour adultes*. ➝ ellipt fam. *C'est fait pour*. → **exprès.** ♦ Destiné à combattre. → **contre.** *Médicament pour la grippe*. ♦ En faveur de, pour l'intérêt, le bien de... *Chacun pour soi*. **4** En faveur de (opposé à *contre*). *ÊTRE POUR qqn, qqch.*, en être partisan. ♦ n. m. (loc.) *LE POUR ET LE CONTRE*. **5** *POUR* (+ inf.) : afin de pouvoir. *Pour quoi faire ? C'est pour rire*. **6** *POUR QUE* loc. conj. (+ subj.) : afin que. **III 1** En ayant pour résultat (qqch.). *Pour son malheur, il a cédé*. ♦ (+ inf.) Afin de. ➝ *Ce projet n'est pas pour me déplaire*, me plaît. **2** *POUR QUE* (avec une subordonnée de conséquence). *Assez, trop... pour que...* **IV** À cause de. *Il a été puni pour ses mensonges ; pour avoir menti*. **V** (opposition, concession) littér. **1** *POUR... QUE*. *Pour intelligent qu'il soit...* → **aussi. 2** *Pour être riches, ils n'en sont pas plus heureux*, bien qu'ils soient riches.

pourboire n. m. ▪ Gratification en argent, remise à titre de supplément.

pourceau n. m. ▪ vx ou littér. Cochon, porc.

pourcentage n. m. ▪ **1** Taux calculé sur un capital de cent. **2** Proportion pour cent.

pourchasser v. tr. 1 ▪ Poursuivre, rechercher (qqn ; par ext. qqch.) avec obstination. ➝ passif *Être pourchassé par la malchance*.

pourfendre v. tr. 41 ▪ littér. ou plais. Attaquer violemment. ► **pourfendeur, euse** n. iron. *Un pourfendeur des abus*.

pourlèche → **perlèche**

se **pourlécher** v. pron. 6 ▪ Se passer la langue sur les lèvres.

pourparlers n. m. plur. ▪ Conversations pour arriver à un accord.

pourpier n. m. ▪ Plante à petites feuilles charnues, à fleurs colorées, dont une espèce est comestible.

pourpoint n. m. ▪ anciennt Partie du vêtement d'homme qui couvrait le torse.

pourpre ■ **I** n. f. **1** Matière colorante d'un rouge vif (d'abord extraite d'un mollusque, *le pourpre*, n. m.). **2** littér. Étoffe teinte de pourpre, symbole de dignité. **3** littér. Couleur rouge vif. **II** n. m. Couleur rouge foncé, tirant sur le violet. ♦ adj. → **purpurin.**

pourpré, ée adj. ■ littér. Coloré de pourpre.

pourquoi ■ **I** adv. et conj. **1** *Pourquoi ?* : pour quelle raison, dans quelle intention? (réponse : *parce que*...). **2** Pour quelle cause, dans quelle intention. *Explique-moi pourquoi.* **3** *C'est pourquoi*..., c'est pour cela que. **II** n. m. invar. **1** Cause, motif, raison. **2** Question par laquelle on demande la raison d'une chose. *Des pourquoi.*

pourri, ie ■ **I** adj. **1** Corrompu ou altéré par la décomposition. **2** Humide. *Un climat pourri.* → **malsain.** *Un été pourri,* très pluvieux. **3** fig. (personnes) Moralement corrompu. ♦ fam. Très mauvais. → **ignoble.** **4** fam. *POURRI DE* : rempli de, qui a beaucoup de. **II** n. m. Ce qui est pourri. *Une odeur de pourri.*

pourridié n. m. ■ agric. Maladie cryptogamique de la vigne et de certains arbres fruitiers.

pourriel n. m. ■ (Canada) Courrier électronique indésirable, envoyé massivement aux internautes. → **spam.**

pourrir v. [2] ■ **I** v. intr. **1** (matière organique) Se décomposer. → se **putréfier.** **2** fig. Se dégrader. ➙ *Laisser pourrir une situation.* **II** v. tr. **1** Corrompre en faisant pourrir. **2** Gâter extrêmement (un enfant). ► **pourrissant, ante** adj. ► **pourrissement** n. m.

pourriture n. f. ■ **1** Décomposition des tissus organiques (→ **putréfaction**) ; état de ce qui est pourri. **2** Ce qui est pourri. **3** abstrait État de grande corruption morale. **4** (injure) Personne ignoble.

pour-soi n. m. ■ philos. Manière d'être, d'exister, de l'être conscient (opposé à *en-soi*).

poursuite n. f. ■ **I 1** Action de suivre (qqn, un animal) pour s'en saisir. **2** fig. Effort pour atteindre (qqch.). *La poursuite de la vérité.* **3** Acte juridique dirigé contre qqn. → **accusation.** **II** *La poursuite de qqch.* : action de poursuivre (II).

poursuiteur, euse n. ■ Cycliste spécialiste de la poursuite.

poursuivant, ante n. ■ Personne qui poursuit (I, 1) qqn.

poursuivre v. tr. [40] ■ **I 1** Suivre pour atteindre (ce qui fuit). *Poursuivre des fugitifs.* **2** Tenter d'atteindre (qqn qui se dérobe). ♦ Tenter d'obtenir les faveurs amoureuses de (qqn). **3** *Poursuivre qqn de*, s'acharner contre lui par... → **harceler.** **4** Chercher à obtenir (qqch.). → **rechercher.** **5** (sujet chose) Hanter, obséder. *Cette idée le poursuit.* **6** Agir en justice contre (qqn). → **accuser.** *Poursuivre qqn devant les tribunaux.* **II** Continuer sans relâche. *Poursuivre ses études.* ➙ pronom. *La réunion se poursuivit jusqu'à l'aube.*

pourtant adv. ■ (opposant deux notions pour mieux les relier) → **cependant, mais, néanmoins, toutefois.** *C'est pourtant simple.*

pourtour n. m. ■ **1** Ligne formant le tour. **2** Partie qui forme les bords (d'un lieu).

pourvoi n. m. ■ dr. *Pourvoi en cassation,* demande de révision par un tribunal de cassation. ➙ *Pourvoi en grâce.* → **recours.**

pourvoir v. tr. [25] ■ **I** v. tr. ind. *POURVOIR À qqch.* : faire ou fournir le nécessaire pour. **II** v. tr. dir. **1** Mettre (qqn) en possession (de ce qui est nécessaire). → **munir, nantir.** *Pourvoir qqn d'un emploi.* **2** Munir (une chose). **3** (sujet chose) littér. *La nature l'a pourvu de grandes qualités.* → **doter, douer.** **4** passif et p. p. *ÊTRE POURVU, UE* : avoir, posséder. ▷ v. pron. **se pourvoir** **1** *SE POURVOIR DE qqch.* : se munir. **2** dr. Recourir à une juridiction supérieure. → **pourvoi.**

pourvoirie n. f. ■ (Canada) Établissement offrant des services aux chasseurs et aux pêcheurs.

pourvoyeur, euse n. ■ *Pourvoyeur de*... : personne qui fournit, procure (qqch.).

① **pourvu, ue** → **pourvoir**

② **pourvu que** loc. conj. ■ (+ subj.) Du moment que, à condition de, si. ♦ (souhait) *Pourvu qu'on y arrive !*

poussage n. m. ■ Procédé de navigation fluviale par convoi de barges métalliques amarrées entre elles et poussées (→ **pousseur**).

poussah n. m. ■ **1** Buste de magot* lesté par une boule. **2** Gros homme petit et ventru.

pousse n. f. ■ **I** Développement de ce qui pousse. **II** Bourgeon naissant, germe.

pousse-au-crime n. m. invar. ■ **1** fam., vieilli Alcool, eau-de-vie. **2** Ce qui incite à faire le mal.

pousse-café n. m. invar. ■ Verre d'alcool (pris après le café).

poussée n. f. ■ **1** Action d'une force. → **pression.** **2** Force exercée par un élément pesant (voûte, etc.) sur ses supports. **3** fig. Manifestation subite. *Poussée de fièvre.*

pousse-pied n. m. ■ **1** Pouce-pied. **2** Petit bateau léger à fond plat, que l'on pousse avec le pied. *Des pousse-pieds.*

pousse-pousse n. m. invar. ■ Voiture à deux roues tirée à bras d'homme, pour un passager (Asie).

pousser v. [1] ■ **I** v. tr. **1** Soumettre (qqch., qqn) à une pression de manière à mouvoir dans une direction (s'oppose à *tirer*). *Poussez la porte.* **2** Faire aller (un être vivant) devant soi, dans une direction. **3** *POUSSER qqn À* : inciter à. *Pousser à la consommation.* ➙ *POUSSER (qqn) À BOUT*, l'acculer, l'exaspérer. **4** Faire avancer (qqch.). **5** fig. Faire aller jusqu'à un certain degré, une limite. **6** sans compl. indir. Faire aller plus loin, plus fort. ♦ au p. p. *Faire des études poussées.* → **approfondi.** ➙ *Moteur* *poussé.* **7** Produire avec force ou laisser échapper avec effort par la bouche (un son). *Pousser un cri ; un soupir.* **II** v. intr. **1** Faire un effort en poussant. *Ne poussez pas !* **2** Faire un effort pour expulser de son organisme. **3** *Pousser jusqu'à... :* aller plus loin. **4** (végétation) Croître, se développer (→① **pousse**). ♦ *Ses premières dents ont toutes poussé.* **5** (villes, constructions) S'accroître, se développer. **6** (enfants) Grandir. *Il pousse, ce petit.* **7** fam. Exagérer. *Faut pas pousser !* ▷ v. pron. **se pousser 1** Se mettre en avant. **2** S'écarter pour laisser passer.

poussette n. f. ■ Petite voiture d'enfant. ♦ Châssis à roulettes pour les provisions.

pousseur n. m. ■ techn. Bateau à moteur qui assure le poussage d'un train de barges.

poussier n. m. ■ Poussière de charbon.

poussière n. f. ■ **I 1** Terre desséchée réduite en particules très fines. → vx **poudre. 2** Fins débris en suspension dans l'air et qui se déposent. **3** Matière réduite en fines particules. → **poudre.** ➝ *Réduire en poussière :* pulvériser ; fig. anéantir, détruire. **II 1** littér. Restes de l'être humain, après sa mort. → **cendre(s), débris. 2** loc. fam. *Cela m'a coûté cent euros* ET DES POUSSIÈRES, et un peu plus. **3** *Une poussière de,* une multiplicité.

poussiéreux, euse adj. ■ **1** Couvert, rempli de poussière (I, 2). **2** Qui semble couvert de poussière. ♦ fig. Vieux, délaissé.

poussif, ive adj. ■ **1** Qui respire difficilement. **2** *Une voiture poussive,* qui n'avance pas. ► **poussivement** adv.

poussin n. m. ■ **1** Petit de la poule, nouvellement sorti de l'œuf. **2** fam. *Mon poussin* (terme d'affection).

poussinière n. f. ■ Cage dans laquelle on enferme des poussins. ➝ Couveuse artificielle.

poussoir n. m. ■ Bouton qui déclenche, règle un mécanisme.

poutargue ou **boutargue** n. f. ■ Masse d'œufs de mulet pressés, salés et enrobés de cire.

poutine n. f. ■ (Canada) Plat populaire, mélange de frites et de fromage en grains nappé d'une sauce brune.

poutou n. m. ■ région. (Sud-Ouest) fam. Baiser. *De gros poutous.* → **bisou.**

poutrage n. m. ■ Assemblage de poutres. - syn. **poutraison** n. f.

poutre n. f. ■ **1** Grosse pièce de bois équarrie servant de support (construction, charpente). ♦ Élément de construction allongé. *Poutre métallique.* **2** sports Longue pièce de bois surélevée, en gymnastique.

poutrelle n. f. ■ **1** Petite poutre. **2** Barre de fer allongée (charpente métallique).

poutser ou **poutzer** v. tr. [1] ■ (Suisse) fam. Nettoyer, astiquer.

pouture n. f. ■ agric. Engraissement du bétail à l'étable, principalement au moyen de farineux.

① **pouvoir** v. tr. [33] p. p. invar. : *pu* ■ **I** (devant un inf.) **1** Avoir la possibilité de (faire qqch.). *Il peut le faire. Dès que vous pourrez.* ➝ loc. adv. et adj. *On ne peut mieux,* le mieux possible. *On ne peut plus,* le plus possible. → **très.** ➝ (chose) *Ça peut toujours servir.* **2** Avoir le droit, la permission de (faire qqch.). *Les élèves peuvent sortir.* **3** (sujet chose) Risquer de se produire. **4** au subj. littér. Exprime un souhait. *Puisse le ciel nous être favorable !* **5** impers. IL PEUT, IL POURRA... → **peut-être.** ➝ pronom. loc. *Autant que faire se peut. Il, cela* (fam. *ça*) *se peut,* c'est possible. *Il se peut que* (+ subj.). **II** intrans. Être capable, être en mesure de faire (qqch.). *Il a fait ce qu'il pouvait (pour...).* ♦ loc. *N'en pouvoir plus :* ne plus supporter.

② **pouvoir** n. m. ■ **1** Fait de pouvoir (I, 1 et 2), de disposer de moyens qui permettent une action. → **faculté, possibilité.** ➝ loc. *Pouvoir d'achat :* valeur réelle (d'un salaire) mesurée par ce qu'il est possible d'acheter. **2** Capacité légale (de faire une chose). loc. *Avoir les pleins pouvoirs.* ♦ Procuration. **3** Propriété physique (d'une substance). *Pouvoir calorifique.* **4** Possibilité d'agir sur qqn, qqch. → **autorité, puissance.** *Tomber au pouvoir de qqn,* dans son pouvoir. **5** Situation d'un dirigeant ; puissance politique. ➝ *Pouvoir législatif,* chargé d'élaborer la loi (parlement). *Pouvoir exécutif,* chargé du gouvernement et de l'administration. *Pouvoir judiciaire :* justice. **6** Organes, hommes qui exercent le pouvoir. ➝ au plur. *Les pouvoirs publics,* les autorités.

pouzzolane [pudzɔlan] n. f. ■ Roche volcanique légère et poreuse.

PPCM n. m. invar. (sigle) ■ Plus petit commun multiple.

PQ n. m. ■ fam. Papier hygiénique.

Pr ■ Symbole chimique du praséodyme.

practice n. m. ■ anglic. Terrain d'entraînement, au golf.

præsidium [pʀezidjɔm] n. m. ■ hist. Organe directeur du Soviet suprême de l'U. R. S. S.

pragmatique adj. ■ **1** Adapté à l'action concrète, qui concerne la pratique. → **pratique. 2** Du pragmatisme (1).

pragmatisme n. m. ■ **1** philos. Doctrine selon laquelle n'est vrai que ce qui fonctionne réellement. **2** Souci de l'efficacité pratique. ► **pragmatiste** adj. et n.

praire n. f. ■ Mollusque comestible apprécié, coquillage vivant dans le sable.

prairial n. m. ■ hist. Neuvième mois du calendrier républicain (du 20 mai au 18 juin).

prairie n. f. ■ **1** Terrain couvert d'herbe pour le bétail. **2** géogr. Steppe à herbages (notamment États-Unis, Canada).

prâkrit n. m. ■ didact. Ensemble des langues de l'Inde issues du sanskrit.

pralin n. m. ▪ **1** techn. Mélange utilisé pour le pralinage des végétaux. **2** Préparation à base de pralines, d'amandes et de sucre, utilisée en confiserie. → **praliné.**

pralinage n. m. ▪ **1** techn. Technique qui consiste à enrober les racines d'une plante que l'on va mettre en terre d'un mélange de terre et de bouse de vache. **2** Fabrication de pralines.

praline n. f. ▪ **1** Amande rissolée dans du sucre. **2** (Belgique) Bonbon au chocolat.

praliné, ée adj. ▪ **1** Rissolé dans du sucre. **2** Mélangé de pralines pilées. ♦ Parfumé à la praline.

praliner v. tr. [1] ▪ **1** Préparer à la manière des pralines. **2** agric. Procéder au pralinage des racines, des graines. *Praliner un rosier.*

prame n. f. ▪ mar. Annexe à fond plat, souvent manœuvrée à la godille.

prao n. m. ▪ Voilier à balancier utilisé en Malaisie. ♦ Multicoque construit selon ce modèle. *Des praos.*

praséodyme n. m. ▪ chim. Élément (symb. Pr, n° at. 59, masse at. 140,90), métal jaune clair.

praticabilité n. f. ▪ rare État de ce qui est praticable.

praticable ▪ **I** adj. **1** Où l'on peut passer sans danger, sans difficulté (opposé à *impraticable*). **2** Que l'on peut mettre à exécution. → **réalisable.** *Projet praticable.* **II** n. m. théâtre Décor où l'on peut se mouvoir.

praticien, ienne n. ▪ **1** Personne qui connaît la pratique d'un art, d'une technique. **2** Médecin qui exerce. → **clinicien.**

praticité n. f. ▪ rare Caractère de ce qui est pratique.

pratiquant, ante adj. et n. ▪ (Personne) qui observe les pratiques d'une religion.

① **pratique** n. f. ▪ **1** Activités volontaires visant des résultats concrets (opposé à *théorie*). *Dans la pratique.* **2** Manière concrète d'exercer une activité (opposé à *règle, principe*). *La pratique d'un art.* ➝ EN PRATIQUE : en fait. *Mettre en pratique* : appliquer, exécuter. **3** Manière habituelle d'agir (propre à qqn, un groupe). → **usage. 4** vx Clientèle ; client.

② **pratique** adj. ▪ **1** (épithète) Qui s'applique aux réalités, aux situations concrètes. *Manquer de sens pratique.* ➝ (personnes) Qui a le sens du réel. **2** Qui concerne l'action. ➝ *Travaux pratiques,* exercices d'application. **3** Qui concerne la réalité matérielle, utilitaire. *Des considérations pratiques.* **4** (choses, actions) Ingénieux et efficace.

pratiquement adv. ▪ **1** Dans la pratique. **2** En fait. **3** Quasiment, pour ainsi dire.

pratiquer v. tr. [1] ▪ **1** Mettre en application (une prescription, une règle). → **observer.** ➝ sans compl. d'objet Observer les pratiques religieuses. **2** Mettre en action, appliquer (une théorie, une méthode). ➝ Exercer (un métier, une activité...). **3** Employer (un moyen, un procédé) d'une manière habituelle. **4** Exécuter (une opération manuelle) selon les règles. → **opérer. 5** Ménager (une ouverture, un abri). ➝ au p. p. *Fenêtres pratiquées dans les murs.* **6** vx Fréquenter. ➝ littér. *Pratiquer un livre, un auteur.*

praxie n. f. ▪ didact. Adaptation des mouvements au but visé.

praxinoscope n. m. ▪ techn. Tambour rotatif où les images, reflétées sur de petits miroirs disposés en prisme, donnent l'illusion du mouvement. → **phénakistiscope.**

praxis [-is] n. f. ▪ didact. Activité concrète en vue d'un résultat.

pré n. m. ▪ **1** Terrain produisant de l'herbe pour la nourriture du bétail. → **prairie ; pâturage.** ➝ Étendue d'herbe. **2** loc. *Le pré carré* (de qqn), domaine réservé.

pré- Élément, du latin *prae* «devant», qui marque l'antériorité. → **anté- ;** contr. *post-*.

préadamisme n. m. ▪ hist. relig. Doctrine du XVIIe siècle selon laquelle Adam n'aurait pas été le premier homme de la création, mais seulement l'ancêtre du peuple juif. ► **préadamite** adj. et n.

préadolescence n. f. ▪ Période située entre l'enfance et l'adolescence.

préadolescent, ente n. ▪ Jeune garçon, jeune fille qui a l'âge situé entre l'enfance et l'adolescence. - abrév. fam. **préado** n.

préalable adj. et n. m. ▪ **1** Qui a lieu, se fait ou se dit avant. **2** Qui doit précéder (qqch.). *Question préalable.* **3** n. m. Conditions d'une négociation. **4** *AU PRÉALABLE* loc. adv. → d'**abord, auparavant.** ► **préalablement** adv.

préalpin, ine adj. ▪ géogr. De la zone de transition entre les massifs alpins et les plaines du pourtour.

préambule n. m. ▪ **1** dr. Introduction, exposé des motifs et des buts (d'un texte officiel). **2** Avant-propos, préface. **3** Entrée en matière. *Sans préambule.*

préamplificateur n. m. ▪ techn. Amplificateur de tension placé entre la source et l'amplificateur de puissance. - abrév. fam. **préampli.**

préau n. m. ▪ Partie couverte d'une cour d'école.

préavis n. m. ▪ Avertissement préalable imposé par la loi.

préaviser v. [1] ▪ Donner un préavis à (qqn).

prébende n. f. ▪ Revenu fixe accordé à un ecclésiastique. ► **prébendier** n. m.

prébendé, ée adj. et n. ▪ relig. Qui reçoit une prébende. ➝ n. → **prébendier.**

prébiotique ▪ didact. **I** adj. Qui précède l'apparition de la vie sur la Terre. **II** n. m. Substance non digestible qui sert de substrat à la flore du côlon.

précaire adj. ▪ **1** Dont l'avenir, la durée, la stabilité ne sont pas assurés. → **éphémère, incertain. 2** dr. Révocable selon la loi. ► **précairement** adv.

précambrien, enne adj. ▪ géol. Se dit des terrains les plus anciens, sans fossiles. ▬ n. m. *Le précambrien.*

précariser v. tr. 1 ▪ Rendre précaire. ▷ v. pron. se **précariser** ► **précarisation** n. f.

précarité n. f. ▪ littér. Caractère ou état de ce qui est précaire (surtout 1).

précaution n. f. ▪ Disposition prise pour éviter un mal ou en atténuer l'effet. *Prendre des précautions.* ▬ *Agir avec précaution.*

se **précautionner** v. pron. 1 ▪ littér. Prendre ses précautions (contre).

précautionneux, euse adj. ▪ Qui prend des précautions. → **prudent.** ► **précautionneusement** adv.

précédemment [-amɑ̃] adv. ▪ Antérieurement, auparavant.

précédent, ente ▪ **I** adj. Qui précède (dans le temps ou l'espace). **II** n. m. **1** Fait antérieur qui permet de comprendre un fait analogue ou qui sert de modèle. **2** SANS PRÉCÉDENT : inouï, jamais vu.

précéder v. tr. 6 ▪ **I** (sujet chose) **1** Exister, se produire avant. ♦ Être avant, selon l'ordre logique ou spatial. **2** Être connu ou perçu avant. *Sa mauvaise réputation l'avait précédé.* **II** (personnes) **1** Exister avant. *Ceux qui nous ont précédés.* → **prédécesseur. 2** Aller devant ; arriver, se produire avant. **3** abstrait Devancer (qqn).

préceinte n. f. ▪ mar. Ensemble de bordages épais formant une protection autour de la coque d'un navire.

précellence n. f. ▪ vx ou littér. Excellence audessus de toute comparaison. → **préexcellence.**

préceltique adj. ▪ didact. Antérieur à la civilisation celtique.

précepte n. m. ▪ Formule qui exprime un enseignement, une règle.

précepteur, trice n. ▪ Personne chargée de l'éducation d'un enfant à domicile. ► **préceptorat** n. m.

précession n. f. ▪ phys. Mouvement de rotation d'un axe autour d'un axe fixe (gyroscope). ♦ astron. *PRÉCESSION DES ÉQUINOXES* : mouvement rétrograde des points équinoxiaux.

préchambre n. f. ▪ techn. Cavité supérieure des cylindres de certains moteurs diesels, où se produisent l'injection et le début de la combustion.

préchauffer v. tr. 1 ▪ Chauffer préalablement. ► **préchauffage** n. m.

prêche n. m. ▪ **1** Discours religieux. → **sermon. 2** fam. Discours moralisateur.

prêcher v. 1 ▪ **I** v. tr. **1** Enseigner (la révélation religieuse). **2** Conseiller, vanter (qqch.). → **prôner.** *Prêcher l'indulgence.* **II** v. intr. Prononcer un sermon (→ **prédicateur**). **III** v. tr. *PRÊCHER qqn,* lui enseigner la parole de Dieu. ♦ fam. Essayer de convaincre. *Vous prêchez un converti*.*

prêcheur, euse n. ▪ **1** vx → **prédicateur. 2** péj. Personne qui aime à faire la morale.

prêchi-prêcha n. m. invar. ▪ fam. Radotage moralisateur.

précieusement adv. ▪ Comme il convient pour un objet précieux.

précieux, euse adj. ▪ **I 1** De grand prix, d'une grande valeur. *Pierres* précieuses.* **2** Auquel on attache une grande valeur. ▬ Particulièrement utile (à qqn). *Un temps précieux.* **II** n. (au XVIIe siècle) Personne défendant un idéal moral et esthétique raffiné, un langage recherché. ▬ adj. *La littérature précieuse.* → **préciosité** (2).

préciosité n. f. ▪ **1** littér. Doctrine du mouvement des précieux (II) du XVIIe siècle et de tendances analogues. **2** Caractère recherché du langage, du style.

précipice n. m. ▪ Vallée, anfractuosité profonde, aux flancs abrupts. → **gouffre.**

précipitamment adv. ▪ Avec précipitation ; en grande hâte.

① **précipitation** n. f. ▪ **1** Hâte excessive. **2** Caractère hâtif.

② **précipitation** n. f. ▪ **1** Phénomène à la suite duquel un corps solide (→ ② **précipité**) se forme dans un liquide sous l'effet d'un réactif. **2** *Précipitations (atmosphériques)* : chute de l'eau (pluie, neige, grêle...).

① **précipité, ée** adj. ▪ **1** Très rapide dans son allure. *À pas précipités.* **2** Hâtif.

② **précipité** n. m. ▪ Dépôt obtenu quand se produit la précipitation (②).

① **précipiter** v. tr. 1 ▪ **1** littér. Jeter ou faire tomber dans un lieu bas ou profond. ▬ passif *Il a été précipité dans le vide.* ▬ fig. Faire tomber d'une situation élevée. **2** Pousser, entraîner avec violence. **3** Faire aller plus vite. → **accélérer, hâter.** ▷ v. pron. se **précipiter 1** Se jeter de haut. **2** (personnes) S'élancer brusquement. → se **dépêcher,** se **presser. 3** (sujet chose) Prendre un rythme accéléré.

② **précipiter** v. 1 ▪ **I** v. tr. Faire tomber, faire se déposer (un corps en solution). **II** v. intr. Tomber par précipitation (②).

préciput [-y(t)] n. m. ▪ dr. Droit reconnu à une personne, notamment à l'époux survivant, de prélever, avant tout partage, une somme d'argent sur certains biens de la masse à partager.

① **précis, ise** adj. ▪ **1** Qui ne laisse pas place à l'indécision. *Règles précises.* **2** Perçu nettement. *Des contours précis.* ▬ Déterminé avec exactitude. *Un point précis sur la carte.* **3** Effectué de façon sûre. *Un geste précis.* **4** Qui agit avec précision. *Un homme précis.* **5** (grandeurs, mesures) Exactement calculé ou mesuré. → **juste.**

② **précis** n. m. ▪ **1** Exposé précis et succinct. → **abrégé.** **2** Petit manuel.

précisément adv. ▪ **1** D'une façon précise. *Répondre précisément.* **2** ellipt (dans une réponse) Oui, c'est cela même. ◆ *Pas précisément,* guère. **3** Juste, justement. *C'est précisément pour cela que je viens vous voir.*

préciser v. tr. [1] ▪ **1** Exprimer, présenter de façon plus précise. *Précisez votre idée.* **2** pronom. Devenir plus net.

précision n. f. ▪ **I 1** Caractère précis. **2** Façon précise d'agir. *La précision d'un tir.* **3** (→ ① précis (5)). *La précision d'un calcul.* **II** au plur. Ce qui permet une information sûre, sans ambiguïté.

précité, ée adj. ▪ didact. Qui a été cité précédemment.

préclassique adj. ▪ didact. Qui précède la période classique (en littérature, dans les arts).

précoce adj. ▪ **1** (végétaux) Mûr avant le temps normal. → **hâtif.** **2** Qui survient plus tôt que d'habitude. *Sénilité précoce.* **3** Qui se fait plus tôt que d'usage. *Mariage précoce.* **4** (personnes) En avance dans son développement. ► **précocement** adv. ► **précocité** n. f.

précognition [-gn-] n. f. ▪ didact. Phénomène parapsychologique qui consisterait à connaître ce qui va arriver.

précolombien, ienne adj. ▪ Relatif à l'Amérique avant la venue des Européens.

précombustion n. f. ▪ techn. Phase du cycle d'un moteur diesel qui précède l'inflammation du combustible.

précompte [-kɔ̃t] n. m. ▪ comm. Estimation préalable de sommes à porter en déduction. ◆ Retenue opérée sur une rémunération.

précompter [-kɔ̃te] v. tr. [1] ▪ comm. Estimer par avance (les sommes à déduire d'un règlement). ◆ Déduire d'une rémunération, à titre de retenue préalable. → **retenir.**

préconçu, ue adj. ▪ Élaboré sans jugement critique ni expérience. → **préjugé.**

préconiser v. tr. [1] ▪ Recommander vivement. ► **préconisation** n. f.

préconscient, ente adj. ▪ Qui n'est pas encore conscient (≠ *inconscient*).

précontraint, ainte adj. ▪ *Béton précontraint,* soumis à une compression préalable afin d'en augmenter la résistance.

précordial, ale, aux adj. ▪ méd. Qui a rapport à la région thoracique, qui se situe dans cette région. *Douleur précordiale.*

précuit, cuite adj. ▪ (aliment) Soumis à une cuisson préalable.

précurseur ▪ **1** n. Personne dont la doctrine, les œuvres en préparent une autre. *Les précurseurs du surréalisme.* **2** adj. m. Annonciateur. → **avant-coureur.**

prédateur, trice adj. et n. m. ▪ (Animal) qui se nourrit de proies, détruit (d'autres animaux).

prédation n. f. ▪ didact. Activité des animaux prédateurs.

prédécesseur n. ▪ **1** Personne qui a précédé (qqn) dans une fonction, une charge. **2** au plur. Précurseurs.

prédécoupé, ée adj. ▪ Qui est vendu déjà découpé ou prêt à être découpé.

prédelle n. f. ▪ arts Partie inférieure (à panneaux) d'un retable.

prédestination n. f. ▪ **1** Doctrine selon laquelle Dieu destine certaines créatures au salut et voue les autres à la damnation. **2** littér. Détermination préalable d'événements.

prédestiné, ée adj. ▪ **1** relig. Soumis à la prédestination divine. **2** PRÉDESTINÉ À : voué à (un destin). ► **prédestiner** v. tr. [1]

prédéterminer v. tr. [1] ▪ didact. Déterminer d'avance. ► **prédétermination** n. f.

prédéterminisme n. m. ▪ Système philosophique dans lequel les événements sont considérés comme prévus par Dieu.

prédicat n. m. ▪ didact. Ce qui, dans un énoncé, est affirmé à propos d'un autre terme, le thème. *Le prédicat correspond en général au verbe.*

prédicateur, trice n. ▪ Personne qui prêche.

prédication n. f. ▪ Action de prêcher.

prédictif, ive adj. ▪ Qui permet de prévoir à partir d'éléments donnés. ◆ *Médecine prédictive,* permettant de déterminer les prédispositions à certaines maladies.

prédiction n. f. ▪ **1** Action de prédire. **2** Ce qui est prédit.

prédigéré, ée adj. ▪ techn. Qui a été soumis à une digestion chimique préalable.

prédilection n. f. ▪ Préférence marquée. ◆ loc. adj. DE PRÉDILECTION : préféré.

prédiquer v. tr. [1] ▪ didact. Dire (qqch.) d'un sujet au moyen d'un prédicat.

prédire v. tr. [37] sauf *prédisez* ▪ **1** Annoncer (un événement) comme devant se produire, sans indices rationnels. *Prédire l'avenir.* **2** Annoncer (une chose probable) comme devant se produire.

prédisposer v. tr. [1] ▪ Mettre dans une disposition favorable.

prédisposition n. f. ▪ Tendance naturelle (de qqn) à (un type d'activité). → **aptitude.**

prédominer v. intr. [1] ▪ (choses) Être le plus important. → **prévaloir.** ► **prédominance** n. f. ► **prédominant, ante** adj.

préélectoral, ale, aux adj. ▪ Qui précède les élections.

préemballé, ée adj. ▪ Se dit d'un produit alimentaire frais vendu sous emballage.

prééminence n. f. ▪ Supériorité absolue. → **primauté.** ► **prééminent, ente** adj.

préempter [-ɑ̃pte] v. tr. 1 ■ **1** dr. Faire jouer un droit de préemption pour acquérir (qqch.). **2** cour. Prendre, retenir (qqch.) au détriment d'autrui. → **accaparer, monopoliser.** *Préempter un débat.*

préemption [-ɑ̃psjɔ̃] n. f. ■ dr. Action, droit d'acheter avant un autre.

préencollé, ée adj. ■ (matériau) Enduit sur l'envers d'un produit que l'eau transforme en colle.

préétabli, ie adj. ■ Établi à l'avance.

préexcellence n. f. ■ littér. Primauté de ce qui est excellent. → **précellence.**

préexister v. intr. 1 ■ Exister antérieurement (à qqch.). ► **préexistant, ante** adj. ► **préexistence** n. f.

préfabriqué, ée adj. ■ **1** Se dit d'éléments de constructions fabriqués en série et assemblés ultérieurement. ◆ n. m. *Du préfabriqué.* **2** fig. Composé, préparé à l'avance. ► **préfabrication** n. f.

préface n. f. ■ Texte placé en tête d'un livre et qui sert à le présenter au lecteur. ► **préfacer** v. tr. 3 ► **préfacier, ière** n.

préfecture n. f. ■ **I 1** Charge de préfet. ◆ Services du préfet ; local où ils sont installés. **2** Ville où siège cette administration. → **chef-lieu.** ◆ Circonscription administrée par le préfet (→ **département**). **3** *Préfecture de police :* à Paris, services de direction de la police. **II** Division administrative et territoriale du Japon. ► **préfectoral, ale, aux** adj.

préférable adj. ■ Qui mérite d'être préféré, choisi. ◆ impers. *Il est préférable que...* (+ subj.), *de* (+ inf.). ► **préférablement** adv.

préféré, ée adj. ■ Le plus aimé, jugé le meilleur. ◆ n. → **favori.**

préférence n. f. ■ **1** Jugement, sentiment par lequel on place une personne, une chose audessus des autres. ◆ loc. adv. *DE PRÉFÉRENCE :* → **plutôt.** ◆ loc. prép. *DE PRÉFÉRENCE À, PAR PRÉFÉRENCE À qqch.* → **plutôt** que. **2** Fait d'être préféré.

préférentiel, ielle adj. ■ **1** Qui établit une préférence. *Tarif préférentiel.* ► **préférentiellement** adv. **2** *Vote préférentiel,* qui permet de changer l'ordre des candidats.

préférer v. tr. 6 ■ Considérer comme meilleur, supérieur (parmi plusieurs) ; choisir. ◆ (+ inf.) Aimer mieux.

préfet n. m. ■ **1** Antiq. Haut magistrat romain. **2** (en France) Fonctionnaire représentant le pouvoir exécutif central à la tête d'une préfecture. ◆ *Préfet de région.* ♦ *Préfet de police.* **3** Prêtre chargé de la discipline (collèges religieux). **4** en Belgique Directeur d'athénée (de lycée).

préfète n. f. ■ **1** Femme préfet (2). **2** vieilli Femme d'un préfet (2).

préfigurer v. tr. 1 ■ (sujet chose) Présenter par avance tous les caractères de (qqch. à venir). → **annoncer.** ► **préfiguration** n. f.

préfixal, ale, aux adj. ■ ling. Relatif aux préfixes. *Dérivation préfixale.*

préfixe n. m. ■ Élément de formation de mots, placé devant un radical (≠ *suffixe*).

préfixer v. tr. 1 ■ Joindre (un élément) comme préfixe ; former avec un préfixe. ► **préfixation** n. f.

préfixion n. f. ■ dr. Fixation d'un délai ; délai fixé.

préfloraison n. f. ■ bot. Disposition des pièces florales (périanthe) dans le bouton.

préfoliation n. f. ■ bot. Disposition des feuilles dans le bourgeon floral.

préformage n. m. ■ Opération qui consiste à donner une forme à une matière.

préformation n. f. ■ hist. des sc. Théorie biologique (XVIIe-XVIIIe siècles) selon laquelle l'organisme vivant est complètement constitué dans le germe. – syn. **préformationnisme, préformisme.**

préformer v. tr. 1 ■ Former d'avance.

préfourrière n. f. ■ Lieu où sont déposés provisoirement les véhicules destinés à la fourrière.

préfrontal, ale, aux adj. ■ anat. De la région antérieure du front.

prégénital, ale, aux adj. ■ psych. Relatif au stade de la sexualité antérieur au stade génital.

préglaciaire adj. ■ géol. Qui précède une période glaciaire. *La période préglaciaire du quaternaire.*

prégnance [-gn-] n. f. ■ psych. Qualité de ce qui s'impose avec force à l'esprit.

prégnant, ante [-gn-] adj. ■ psych. Qui s'impose à l'esprit, à la perception.

préhellénique adj. ■ hist. Relatif aux époques précédant l'invasion des Doriens en Grèce (XIIe siècle av. J.-C.).

préhenseur adj. m. ■ didact. Qui sert à prendre, à saisir. → **préhensile.**

préhensile adj. ■ didact. Qui peut servir à prendre, à saisir. *Trompe préhensile.*

préhension n. f. ■ didact. Faculté de saisir avec un organe préhenseur.

préhistoire n. f. ■ **1** Événements concernant l'humanité avant l'apparition de l'écriture. ◆ Leur étude. **2** fig. *La préhistoire de l'aviation.* ► **préhistorien, ienne** n.

préhistorique adj. ■ **1** Qui appartient à la préhistoire. **2** Très ancien, suranné.

préhominiens n. m. pl. ■ sc. Hominiens les plus proches des hommes.

préimplantatoire adj. ■ méd. *Diagnostic, examen préimplantatoire,* effectué sur un embryon qui doit être replacé dans l'utérus maternel.

préjudice n. m. ■ **1** Perte d'un bien, d'un avantage par le fait d'autrui ; acte ou événement nuisible. → **tort.** *Porter préjudice.* **2** Ce qui est nuisible pour (qqch.). ➛ littér. *Sans préjudice de :* sans renoncer à.

préjudiciable adj. ■ Qui porte, peut porter préjudice (à qqn, à qqch.). → **nuisible.**

préjudiciaux adj. m. pl. ■ dr. *Frais préjudiciaux,* qu'on doit acquitter avant de pouvoir faire appel.

préjudiciel, elle adj. ■ dr. Qui précède le jugement. ➛ *Question préjudicielle,* soumise par un tribunal à une autre juridiction.

préjugé n. m. ■ **1** Croyance, opinion préconçue ; parti pris. **2** didact. Indice qui permet de se faire une opinion.

préjuger v. tr. ind. [3] ■ littér. ou dr. *PRÉJUGER DE :* porter un jugement prématuré sur.

prélart n. m. ■ **1** mar., techn. Grosse toile imperméabilisée servant à protéger le chargement. → **bâche. 2** (Canada) Linoléum.

se **prélasser** v. pron. [1] ■ Se détendre, se reposer nonchalamment.

prélat n. m. ■ Haut dignitaire catholique (cardinal, archevêque, etc.).

prélatin, ine adj. ■ didact. Antérieur à la civilisation latine, au latin (langue).

prélature n. f. ■ didact. **1** Dignité de prélat. **2** Corps des officiers de la maison du pape.

prélavage n. m. ■ Lavage préliminaire.

prèle ou **prêle** n. f. ■ Plante à tige creuse et à épis, des lieux humides.

prélèvement n. m. ■ **1** Action de prélever ; quantité qu'on prélève. **2** absolt méd. *Faire un prélèvement* (d'organe, de tissu, etc.).

prélever v. tr. [5] ■ Prendre (une partie d'un ensemble).

préliminaire ■ **I** adj. Qui précède, prépare (une autre chose considérée comme plus importante). **II** *PRÉLIMINAIRES* n. m. plur. **1** Négociations préalables. **2** Ce qui prépare un acte, un événement. → **prélude.**

prélogique adj. ■ psych. *Stade prélogique,* pendant lequel l'esprit de l'enfant ne respecte pas encore les règles de la logique.

prélude n. m. ■ **1** Pièce musicale de forme libre (qui sert d'introduction). *Prélude et fugue.* **2** fig. Ce qui précède (qqch.).

préluder v. [1] ■ **I** v. intr. mus. Jouer, chanter un prélude. **II** v. tr. ind. (sujet chose) *PRÉLUDER À :* se produire avant (une autre chose) en la laissant prévoir. → **annoncer.**

prématuré, ée adj. ■ **1** Qu'on ne pourra entreprendre que plus tard. **2** Entrepris, fait trop tôt. **3** Qui arrive avant le temps normal. → **précoce.** *Une mort prématurée.* **4** *Un enfant prématuré,* né avant terme. ➛ n. *Un prématuré.*

prématurément adv. ■ Avant le temps habituel ou convenable.

prématurité n. f. ■ didact. État d'un enfant prématuré.

prémédication n. f. ■ méd. Traitement médicamenteux administré avant une anesthésie.

préméditation n. f. ■ Dessein réfléchi d'accomplir une action (un délit).

préméditer v. tr. [1] ■ Décider, préparer avec calcul. ➛ au p. p. *Un crime prémédité.*

prémenstruel, elle adj. ■ méd. Qui précède la survenue des règles. *Syndrome prémenstruel.*

prémices n. f. pl. ■ **1** hist. Premiers fruits de la terre, jeunes animaux offerts à la divinité. **2** littér. Commencement, début.

premier, ière ■ **I** adj. et n. (épithète ; souvent avant le nom) Qui vient avant les autres, dans un ordre (*premier,* second, troisième..., dernier). **1** Qui s'est produit, apparaît avant ; le plus ancien. *Le premier jour du mois.* ➛ n. m. Premier jour. *Le premier de l'an (1er janvier).* ➛ loc. *À première vue*, au premier abord*.* ♦ (attribut) *Arriver premier.* **2** Le premier à venir (dans le futur). *À la première occasion.* **3** Qui se présente avant (dans une série, un ordre). *Première partie.* **4** (après le nom) littér. Qui est dans l'état de son origine. → **originel, primitif.** ➛ *Matières* premières.* **5** Qui se présente d'abord (dans l'espace). *La première (rue) à droite.* **6** Qui vient en tête pour l'importance, la valeur. → **meilleur, principal.** *Première qualité.* ♦ (personnes) *Le Premier ministre.* ➛ (attribut) Qui vient avant les autres, dans un classement. *Sortir premier d'une école.* ➛ n. *Le premier de la classe.* **7** didact. (après le nom) Qui n'est pas défini au moyen d'autre chose. *Vérités premières.* ➛ *Nombre premier,* divisible uniquement par 1 et par lui-même (ex. 3, 7, 11, 13...). ♦ philos. Qui contient en soi la raison d'être des autres réalités. *Les causes premières.* **II** n. spécialt **1** *JEUNE PREMIER, JEUNE PREMIÈRE :* comédien, comédienne qui joue les premiers rôles d'amoureux. **2** n. m. anglic. Premier ministre (pays anglo-saxons). **III** *EN PREMIER* loc. adv. : d'abord.

première n. f. ■ **1** Première représentation, projection. ♦ Première fois qu'un événement important se produit. *C'est une grande première.* **2** loc. fam. *De première !,* remarquable, exceptionnel. **3** Classe qui précède les classes terminales. **4** Première vitesse d'une automobile.

premièrement adv. ■ D'abord, en premier lieu (dans une énumération). → **primo.**

premier-né, première-née adj. et n. ■ Se dit du premier enfant. → **aîné.**

prémisse n. f. ■ **1** log. Chacune des deux propositions initiales d'un syllogisme. **2** Commencement d'une démonstration.

prémolaire n. f. ■ Dent située entre la canine et les grosses molaires.

prémonition n. f. ■ Pressentiment d'un événement futur. ► **prémonitoire** adj.

prémunir v. tr. [2] ▪ littér. Protéger (qqn), mettre en garde (qqn contre qqch.). ➛ pronom. *Se prémunir contre le froid.*

prémunition n. f. ▪ méd. *État de prémunition* : infection latente qui suit la guérison d'une infection aiguë et pendant laquelle une autre infection ne peut se développer.

prenant, ante adj. ▪ **1** dr. *PARTIE PRENANTE*, partie qui reçoit de l'argent ou une fourniture. ♦ plus cour. Protagoniste. *Les parties prenantes d'un conflit.* **2** Qui captive en émouvant. **3** Qui accapare.

prénatal, ale, als adj. ▪ Qui précède la naissance.

prendre v. [58] ▪ **I** v. tr. **1** Mettre dans sa main (pour avoir avec soi, faire passer d'un lieu dans un autre, utiliser...). *Prendre un objet à pleine main.* → **attraper, empoigner, saisir.** ➛ *Prendre qqch. des mains de qqn.* **2** Mettre avec soi, amener à soi. *Prends ton parapluie.* → **emporter.** ➛ (compl. personne) *Je passerai vous prendre chez vous.* → **chercher. 3** fig. *PRENDRE qqch. SUR SOI, sous sa responsabilité,* en accepter la responsabilité. → **assumer.** ➛ *PRENDRE SUR SOI DE* : s'imposer de. **4** fig. Aborder, se mettre à considérer (qqch., qqn). *Prendre la vie du bon côté.* ➛ *Prenons cet exemple.* ➛ loc. adv. *À TOUT PRENDRE* : somme toute. ➛ *PRENDRE BIEN, MAL qqch.*, l'accepter ou en souffrir. ➛ *PRENDRE EN...* : avoir en. *Prendre qqn en grippe*.* **5** Faire sien (une chose abstraite). *Il a pris un surnom. Prendre rendez-vous.* **6** Évaluer, définir (pour connaître). *Prendre sa température.* **7** Inscrire ou reproduire. *Prendre des notes, une photo.* **8** S'adjoindre (une personne). → **embaucher, engager.** ➛ *Prendre pour, comme, à, en,* en tant que... *Elle l'a prise comme assistante.* **9** *PRENDRE POUR* : croire qu'une personne, une chose est (autre ou autrement). *Prendre ses désirs pour des réalités.* ➛ pronom. *Se prendre pour un génie.* → se **croire. 10** Absorber, manger ou boire. *Prendre un verre.* ➛ fig. *Prendre le frais*.* **II** v. tr. **1** Agir de façon à avoir, à posséder (qqch., qqn). → s'**approprier.** ➛ loc. *C'est à prendre ou à laisser*.* **2** Posséder sexuellement. **3** Demander, exiger. *Combien prend-il ?*, quel est son prix ? ➛ *Ce travail me prendra une heure.* **4** Conquérir. *Prendre le pouvoir.* **5** *PRENDRE qqch. À qqn* : s'emparer de. **6** Se saisir de (ce qui fuit, se dérobe). → **attraper, capturer. 7** Amener (qqn) à ses vues, à faire ce qu'on veut. *Prendre qqn par la douceur,* en le traitant doucement. ➛ *Savoir prendre qqn,* obtenir de lui ce qu'on veut. **8** *PRENDRE qqn* (et compl. de manière). → **surprendre.** *On l'a pris en flagrant délit.* ➛ *Prendre qqn à* (qqch., faire qqch.). *Je vous y prends !* **9** (sensation, sentiment) Saisir (qqn), faire sentir à (qqn). ➛ passif *Être pris de vertiges.* ♦ fam. *Qu'est-ce qui vous prend ?* (se dit d'une attitude inattendue ou déplacée). ➛ impers. *Il me prend l'envie d'aller le voir.* **10** *BIEN, MAL lui, vous... PREND DE* : cela a de bonnes, de fâcheuses conséquences. **III** v. tr. **1** Se mettre à utiliser, à avoir (sans appropriation). *Prendre le deuil. Prendre la plume,* écrire. *Prendre le lit,* s'aliter. ♦ Faire usage de (un véhicule). *Prendre l'avion.* ♦ S'engager dans. *Prendre un virage.* ♦ Emprunter (une voie de communication). *Prendre un raccourci.* **2** User à son gré de. *Prendre son temps.* **3** Se mettre à avoir, se donner. *Prendre une décision. Prendre l'avantage sur qqn.* ➛ loc. *Prendre position. Prendre soin de...* **4** Commencer à avoir (une façon d'être). *Ça prend une mauvaise tournure.* ➛ (sujet personne) loc. *Prendre de l'âge,* vieillir. *Prendre peur.* **5** Subir l'effet de. *Prendre feu,* s'enflammer. *Prendre froid.* **IV** v. intr. **1** (substances) Durcir, épaissir. *La mayonnaise a pris.* **2** (végétaux) Continuer sa croissance. *La bouture a pris.* **3** *Le feu va prendre,* se mettre à brûler. **4** Produire son effet. *Vaccin qui prend.* **5** Être cru, accepté. *À d'autres, ça ne prend pas !* ▷ v. pron. se **prendre 1** Se laisser attraper. ➛ fig. *Se prendre au jeu*.* **2** *S'EN PRENDRE À. Il ne pourra s'en prendre qu'à lui-même.* **3** *SE PRENDRE DE* : se mettre à avoir. *Se prendre d'amitié pour qqn.* **4** *S'Y PRENDRE* : agir d'une certaine manière. *Il s'y est mal pris.*

preneur, euse n. ▪ **1** dr. Personne qui prend à bail, à ferme ; qui achète qqch. **2** loc. *Preneur de son* (→ **prise** de son).

prénom n. m. ▪ Nom personnel qui précède le nom de famille.

prénommer v. tr. [1] ▪ Appeler d'un prénom. ▷ v. pron. se **prénommer**

prénuptial, ale, aux adj. ▪ Qui précède le mariage.

préoccupant, ante adj. ▪ Qui préoccupe.

préoccupation n. f. ▪ Souci, inquiétude qui occupe l'esprit.

préoccuper v. tr. [1] ▪ **1** Inquiéter fortement. → **tourmenter. 2** Occuper exclusivement (l'esprit, l'attention). ▷ v. pron. se **préoccuper** S'occuper (de qqch.) avec inquiétude. ▷ adj. **préoccupé, ée**

préopératoire adj. ▪ Qui précède une intervention chirurgicale.

prépa → **préparatoire**

prépaiement n. m. ▪ Paiement à l'avance.

préparateur, trice n. ▪ **1** Assistant d'un chercheur. **2** *Préparateur en pharmacie,* qui assiste un pharmacien.

préparatifs n. m. pl. ▪ Dispositions prises pour préparer qqch. *Préparatifs de départ.*

préparation n. f. ▪ **I 1** Action de préparer (qqch.). *La préparation du repas.* ➛ *Roman EN PRÉPARATION.* ♦ Chose préparée. *Préparation pharmaceutique.* **2** littér. Manière de préparer (I, 4). **II** Action de préparer (qqn) ou de se préparer.

préparatoire adj. ▪ Qui prépare (qqch., qqn). ➛ *Cours préparatoire,* premier cours de l'enseignement primaire élémentaire. *Classes préparatoires aux grandes écoles* (n. f. fam. *prépa*).

préparer v. tr. [1] ■ **I 1** Mettre en état de fonctionner ou de servir. *Préparer la table.* → **mettre.** *Préparer le terrain.* **2** Faire tout ce qu'il faut pour (une opération, une œuvre, etc.). → **organiser.** *Préparer son départ.* ◆ *Préparer un examen.* **3** Rendre possible, par son action. *On lui a préparé une surprise.* → **réserver.** **4** Rendre possible ou probable. *Cela ne nous prépare rien de bon.* **II** Rendre (qqn) capable de, prêt à, par une action concertée. *Préparer un élève à l'examen.* ◆ Mettre dans les dispositions d'esprit requises. *Préparer qqn à une mauvaise nouvelle.* ▷ v. pron. se **préparer** **1** (réfl.) Se mettre en état, en mesure de faire (qqch.). **2** (passif) Être préparé. **3** Être près de se produire. *Un orage se prépare.*

prépayer v. tr. [8] ■ Payer d'avance.

prépension n. f. ■ (Belgique, Luxembourg) Préretraite. ◆ Pension versée aux préretraités.

prépondérant, ante adj. ■ Qui a plus de poids, qui l'emporte en autorité, en influence. *Jouer un rôle prépondérant.* ► **prépondérance** n. f.

préposé, ée n. ■ **1** Personne qui accomplit une fonction déterminée (subalterne). **2** admin. Facteur des postes.

préposer v. tr. [1] ■ *Préposer qqn à...*, le charger d'assurer (un service, une fonction). ◆ au passif *Il est préposé au nettoyage.*

prépositif, ive adj. ■ ling. À rôle de préposition. *Locution prépositive.*

préposition n. f. ■ Mot grammatical invariable, servant à introduire un complément (ex. à, de).

prépositionnel, elle adj. ■ ling. Relatif à une préposition. *Locution prépositionnelle.* → **prépositif.** ◆ Introduit par une préposition.

prépotence n. f. ■ vx Toute-puissance.

prépotent, ente adj. ■ vx Tout-puissant.

prépresse n. m. ■ techn. Activités éditoriales précédant le traitement par l'imprimerie.

prépubère adj. ■ Qui a atteint le stade physiologique qui précède immédiatement la puberté. ◆ n. *Les prépubères.* → **préadolescent.**

prépuce n. m. ■ Repli de peau qui entoure le gland de la verge.

préquel n. m. ou f. ou **préquelle** n. f. ■ Épisode d'un film dont l'action se situe avant celle des épisodes précédents.

préraphaélite n. et adj. ■ arts Se dit de peintres anglais (fin XIXe s.) qui s'inspiraient de la peinture italienne d'avant Raphaël. ► **préraphaélisme** n. m.

prérégler v. tr. [6] ■ techn. Régler à l'avance. ◆ au p. p. *Récepteur préréglé.* ► **préréglage** n. m.

prérentrée n. f. ■ Rentrée des enseignants, qui précède celle des élèves.

prérequis n. m. ■ anglic., admin. Conditions à remplir (pour une formation, etc.).

préretraite n. f. ■ Retraite anticipée. ► **préretraité, ée** n. et adj.

prérogative n. f. ■ Avantage ou droit attaché à une fonction, un état, etc.

préroman, ane adj. ■ didact. **1** D'avant l'art roman (art médiéval). **2** Antérieur aux langues romanes.

préromantique adj. ■ Qui annonce le romantisme. ► **préromantisme** n. m.

près adv. ■ **I 1** À une distance considérée comme petite (opposé à *loin*). *Il habite tout près.* **2** loc. adv. *DE PRÈS.* (dans l'espace) *Regarder de trop près.* ◆ (dans le temps) *Deux événements qui se suivent de près.* **3** loc. prép. *PRÈS DE.* → **proche.** *Près d'ici.* ◆ Un peu moins de. *Il en manque près de la moitié.* ◆ Sur le point de. *Il était près d'arriver.* **II** loc. **1** *À PEU PRÈS,* presque, environ. *Il y a à peu près vingt minutes.* **2** *À PEU DE CHOSE(S) PRÈS.* → **presque.** ◆ *À BEAUCOUP PRÈS :* avec de grandes différences. ◆ *À CELA PRÈS :* cela étant mis à part. → **excepté, sauf.** **3** *À* (quelque chose) *PRÈS* (degré de précision d'une évaluation). *Mesure au millimètre près.* ◆ *Il n'en est pas à dix euros près.*

présage n. m. ■ **1** Signe d'après lequel on pense pouvoir prévoir l'avenir. **2** Ce qui annonce (un événement à venir).

présager v. tr. [3] ■ **1** littér. Être le présage de. → **annoncer.** ◆ cour. Faire présumer, supposer. *Cela ne présage rien de bon.* **2** littér. (sujet personne) Prévoir.

pré-salé n. m. ■ Mouton, agneau engraissé dans des pâturages côtiers.

presbyte adj. et n. ■ Atteint de presbytie.

presbytère n. m. ■ Habitation du curé, du pasteur dans une paroisse. → **cure.**

presbytérianisme n. m. ■ Branche de l'Église réformée, issue du calvinisme, qui associe des laïcs à sa direction.

presbytérien, ienne n. et adj. ■ Adepte du presbytérianisme.

presbytie n. f. ■ Vision trouble des objets rapprochés (→ **hypermétropie**).

prescience [-sjɑ̃s] n. f. ■ littér. Faculté ou action de prévoir. → **prémonition.**

préscolaire adj. ■ Relatif à la période qui précède celle de la scolarité obligatoire.

prescripteur, trice [-pt-] n. ■ **1** Personne qui prescrit. **2** Personne qui influe sur le choix de produits, de services.

prescriptible [-pt-] adj. ■ dr. Qui peut faire l'objet d'une prescription.

prescriptif, ive [-pt-] adj. ■ Qui constitue une prescription (2).

prescription [-psjɔ̃] n. f. ■ **1** dr. Délai prévu par la loi, passé lequel la justice ne peut plus être saisie. ◆ dr. Acquisition par possession ininterrompue ; perte par non exercice. **2** Ordre expressément formulé.

prescrire v. tr. [39] ■ **1** Ordonner ou recommander expressément ; indiquer (ce qu'on exige). ◆ Recommander, conseiller formellement. **2** (sujet chose) Exiger, réclamer. ▷ adj. **prescrit, ite**

préséance [-s-] n. f. ■ Droit de précéder (qqn) dans une hiérarchie protocolaire.

présélecteur [-s-] n. m. ■ techn. Dispositif de présélection.

présélection [-s-] n. f. ■ Réglage préalable et sélection automatique. ► **présélectionner** v. tr. [1]

présence n. f. ■ **I 1** (personnes) Fait d'être physiquement quelque part, auprès de qqn. ➝ loc. *Faire acte de présence.* ➝ (nation) Fait de manifester son influence. *La présence française en Océanie.* **2** (choses) Fait qu'une chose soit dans le lieu où l'on est ou dont on parle. ♦ *Présence d'esprit,* faculté d'être prêt à répondre et réagir avec à-propos. **3** (acteurs) Manifestation de sa personnalité. ♦ Caractère actuel, influent (de qqn, de qqch.) dans le monde culturel. **II 1** loc. prép. *EN PRÉSENCE DE qqn, DE qqch.* : en face de ; devant. **2** loc. adv. ou loc. adj. *EN PRÉSENCE* : dans le même lieu, face à face.

① **présent, ente** ■ adj. **I 1** Qui est dans le lieu, le groupe où se trouve la personne qui parle, ou dont on parle (opposé à *absent*). *Les personnes ici présentes* ou n. *les présents.* **2** (choses) *Métal présent dans un minerai.* **3** fig. *Présent à l'esprit, à la mémoire.* **II** (opposé à *futur* ou à *passé*) **1** Qui existe, se produit au moment où l'on parle ou dont on parle. → **actuel. 2** (avant le nom) Dont il est actuellement question. **3** Qui est au présent (②, I, 2).

② **présent** n. m. ■ **I 1** Partie du temps qui correspond à l'expérience immédiate. ➝ Ce qui existe ou se produit alors. *Jouir du présent.* **2** gramm. Temps du verbe qui correspond à l'expression du temps de la communication, du temps qui coïncide avec le moment dont on parle (ex. je le vois demain), ou exprime un fait intemporel (ex. l'homme est mortel). **II** loc. adv. *À PRÉSENT.* → **maintenant.** ➝ loc. conj. *À PRÉSENT QUE* : maintenant que. ➝ loc. adj. littér. *D'À PRÉSENT* : actuel.

③ **présent** n. m. ■ littér. Cadeau.

présentable adj. ■ Qui est digne d'être présenté, donné, montré.

présentateur, trice n. ■ **1** Personne qui présente qqch. au public. **2** Personne qui présente un spectacle. → **animateur.**

présentation n. f. ■ **1** Action de présenter une personne à une autre. *Faire les présentations.* **2** Apparence d'une personne. *Avoir une bonne présentation.* **3** Action de présenter (qqch.) à qqn. ➝ spécialt *Présentation d'une collection de mode.* **4** Manière dont une chose est présentée. **5** méd. Manière dont le fœtus se présente pour l'accouchement.

présentement adv. ■ vieilli ou région. Au moment, à l'époque où l'on est.

présenter v. [1] ■ **I** v. tr. **1** Amener (une personne) en présence de qqn et la faire connaître. **2** Faire inscrire (à un examen, un concours, une élection). **3** Mettre (qqch.) à la portée, sous les yeux de qqn. → **montrer. 4** Faire connaître au public par une manifestation. *Présenter une émission, un spectacle.* **5** Disposer (ce qu'on expose à la vue du public). **6** Remettre (qqch.) à qqn en vue d'une vérification, d'un jugement. *Présenter un devis ; sa candidature.* **7** Exprimer, faire l'exposé de... *Présenter ses condoléances.* **8** Montrer, définir comme... *Présenter les choses telles qu'elles sont.* **9** Manifester, avoir. *Présenter un symptôme.* **II** v. intr. fam. (personnes) *PRÉSENTER BIEN (MAL)* : faire bonne (mauvaise) impression. ▷ v. pron. **se présenter 1** Arriver en un lieu ; paraître (devant qqn). **2** Se faire connaître à qqn. **3** Venir se proposer au choix, à l'appréciation de qqn. ➝ Subir les épreuves (d'un examen, d'un concours). → **passer. 4** (sujet chose) Apparaître, venir. *L'occasion ne s'est pas présentée.* **5** Apparaître sous un certain aspect ; être disposé d'une certaine manière.

présentiel, ielle adj. ■ Qui a lieu en présence des personnes concernées (par oppos. à *à distance*). ➝ n. m. *Formation en présentiel.*

présentoir n. m. ■ Dispositif pour présenter des marchandises.

présérie [-s-] n. f. ■ techn. Série de contrôle, produite avant la série destinée à la vente.

préservateur n. m. ■ Agent chimique ajouté à un produit pour en empêcher l'altération.

préservatif n. m. ■ Enveloppe protectrice souple dont on recouvre la verge (contraceptif, etc.).

préserver v. tr. [1] ■ Garantir, mettre à l'abri ou sauver (d'un danger, d'un mal). ➝ pronom. *Comment se préserver de la contagion ?* ► **préservation** n. f.

préside n. m. ■ hist. Poste fortifié espagnol, place forte servant de bagne. *Les présides d'Afrique.*

présidence n. f. ■ **1** Fonction de président ; sa durée. **2** Action de présider. ♦ Locaux, services d'un président.

président, ente n. ■ **1** Personne qui dirige (une assemblée, une réunion, un groupement organisé). ➝ *Président-directeur général d'une société* (P.-D. G.). **2** Le chef de l'État (dans une république). ➝ hist. *Président du Conseil* (des ministres).

présidentiable adj. et n. ■ Qui est susceptible de devenir président, spécialt président de la République.

présidentialisme n. m. ■ Régime présidentiel*. ♦ péj. Système qui donne plus de pouvoir au président qu'aux assemblées.

présidentiel, ielle adj. ■ Relatif à un président ; spécialt au président (2). *L'élection présidentielle* ou n. f. *la présidentielle.*

présider v. tr. [1] ■ **1** Diriger à titre de président. **2** Occuper la place d'honneur dans (une manifestation).

présocratique [-s-] adj. et n. m. ■ didact. Se dit des philosophes grecs antérieurs à Socrate.

présomptif, ive [-pt-] adj. ■ dr. *Héritier présomptif*, vraisemblable.

présomption [-psjɔ̃] n. f. ■ **1** Fait de présumer ; opinion fondée sur la vraisemblance. **2** littér. Opinion trop avantageuse de soi-même.

présomptueux, euse [-pt-] adj. ■ Qui fait preuve de présomption. → **prétentieux.** ▶ **présomptueusement** adv.

presque adv. ■ **1** À peu près ; pas tout à fait. *Presque pas*, à peine. **2** littér. (modifiant un nom) → **quasi.**

presqu'île n. f. ■ Partie saillante d'une côte, rattachée à la terre par un isthme.

pressage n. m. ■ Opération par laquelle on presse, on fabrique en pressant.

pressant, ante adj. ■ **1** Qui sollicite avec insistance. **2** Qui oblige ou incite à agir sans délai. *Un besoin pressant.*

press-book [pʀɛsbuk] n. m. ■ anglic. Gros cahier de photos et documents (de presse ou pour la presse). *Des press-books.*

presse n. f. ■ **I** littér. Foule très dense. **II 1** Mécanisme destiné à exercer une pression sur un solide pour comprimer ou laisser une impression. **2** spécialt Machine destinée à l'impression typographique. ◆ loc. *Mettre* SOUS PRESSE : imprimer. **III 1** Fait d'imprimer ; impression de textes. **2** *La presse* : publications périodiques (journaux, hebdomadaires) ; organismes qui s'y rattachent. ◆ loc. *Avoir bonne, mauvaise presse* : avoir des commentaires flatteurs ou défavorables. → **réputation. 3** Ensemble des moyens de diffusion de l'information journalistique. → **média.** ◆ loc. *Agence de presse.* **IV** Activité la plus intense dans certaines périodes (→ **presser** (II, 4)).

presse- Élément tiré du verbe *presser.*

pressé, ée adj. ■ **1** Qui montre de la hâte, se presse. **2** Urgent, pressant. ◆ n. m. *Aller, parer au plus pressé.*

presse-agrumes n. m. ■ Ustensile servant à presser les agrumes pour en extraire le jus. → **presse-citron.**

presse-citron n. m. ■ Ustensile servant à presser certains fruits pour en extraire le jus. *Des presse-citrons.*

pressée n. f. ■ agric. Masse de fruits soumise en une fois à l'action du pressoir.

presse-étoupe n. m. invar. ■ techn. Dispositif que l'on place à l'entrée d'un conduit pour en assurer l'étanchéité.

presse-fruits n. m. invar. ■ Ustensile pour extraire le jus des fruits. → **presse-agrumes, presse-citron.**

pressentiment n. m. ■ Connaissance intuitive d'un événement qui ne peut être connu par le raisonnement. → **prémonition.**

pressentir v. tr. [16] ■ **1** Prévoir vaguement. *Il pressentait un malheur.* ◆ Entrevoir (une intention cachée, une intrigue). **2** Proposer à (qqn) des responsabilités.

presse-papiers n. m. invar. ■ Objet lourd qu'on pose sur les papiers pour les maintenir.

presse-purée n. m. invar. ■ Ustensile qui réduit les légumes en purée.

presser v. tr. [1] ■ **I 1** Serrer (qqch.) de manière à extraire un liquide. ◆ au p. p. *Orange pressée*, le jus. **2** Serrer pour comprimer, marquer une empreinte. *Presser un CD, un vinyle*, l'éditer à partir d'une matrice. **3** Serrer ou appuyer fortement. ◆ Exercer une poussée sur. → **appuyer.** *Pressez le bouton.* **II** fig. **1** (sujet personne) Pousser vivement (qqn) à faire qqch. *Il presse ses amis d'agir.* **2** Faire que (qqn) se dépêche, se hâte. *Rien ne vous presse.* ◆ (compl. chose) → **accélérer, activer.** *Presser le pas.* **3** PRESSER *qqn* DE... : harceler. *On le presse de questions.* **4** intrans. Être urgent ; ne laisser aucun délai. *Le temps presse.* ▷ v. pron. se **presser 1** S'appuyer fortement. **2** Être ou se disposer en foule compacte. *Les gens se pressaient à l'entrée.* **3** Se hâter. → se **dépêcher ; pressé.**

presseur, euse ■ techn. **1** n. Ouvrier, ouvrière qui travaille à une presse. **2** adj. Qui exerce une pression. *Cylindre presseur.*

pressing n. m. ■ anglic. Repassage à la vapeur ; établissement de pressing.

pression n. f. ■ **I 1** Force qui agit sur une surface précise ; mesure de cette force. ◆ SOUS PRESSION, dont la vapeur est à une pression suffisante pour la marche. ◆ *Pression atmosphérique. Hautes* (→ **anticyclone**), *basses pressions* (→ **cyclone, dépression**). **2** Action de presser ; force (de ce qui presse). **3** *Bière (à la) pression*, mise sous pression et tirée directement. **4** fig. Influence, action persistante qui tend à contraindre. loc. *Groupe de pression.* → anglic. **lobby. II** *Pression* ou *bouton-pression* : petit bouton métallique en deux parties qui se referme par pression.

pressionné, ée adj. ■ Qui se ferme au moyen de pressions (II).

pressoir n. m. ■ Machine servant à presser (certains fruits ou graines). *Pressoir à pommes.* ◆ spécialt Pressoir à vin.

pressostat n. m. ■ techn. Appareil permettant de maintenir constante la pression d'un fluide.

pressurer v. tr. [1] ■ **1** Presser (des fruits, des graines) pour en extraire un liquide. **2** fig. Tirer de (qqn, qqch.) tout ce qu'on peut. ▶ **pressurage** n. m.

pressuriser v. tr. [1] ■ Maintenir à une pression d'air normale (un avion, un véhicule spatial). ▷ adj. **pressurisé, ée** ▶ **pressurisation** n. f.

prestance n. f. ■ Aspect imposant (d'une personne).

prestant n. m. ■ mus. Un des principaux jeux d'orgue, sur lequel on accorde les autres jeux.

prestataire n. m. ▪ **1** Personne qui bénéficie d'une prestation. **2** *Prestataire de services* : vendeur, fournisseur de services.

prestation n. f. ▪ **I 1** dr. Ce qui doit être fourni ou accompli en vertu d'une obligation. **2** Allocation versée au titre d'une législation sociale. **3** (emploi critiqué) Performance publique (d'un athlète, d'un artiste, d'un homme politique). **II** *Prestation de serment* : action de prêter (serment).

preste adj. ▪ littér. Prompt et agile. ► **prestement** adv. ► **prestesse** n. f.

prester v. tr. [1] ▪ (Belgique) admin. Accomplir (une tâche, un service) contre rémunération, dans le secteur tertiaire. *Prester des heures supplémentaires.*

prestidigitateur, trice n. ▪ Personne qui, par manipulations, truquages, produit des illusions de magie.

prestidigitation n. f. ▪ Technique, art du prestidigitateur.

prestige n. m. ▪ Attrait de ce qui frappe l'imagination, impose l'admiration. → **ascendant, séduction.** ► **prestigieux, euse** adj.

prestissimo adv. ▪ mus. Très vite.

presto adv. ▪ **1** mus. Vite. **2** fam. Rapidement. ▬ *Subito* presto.*

présumer v. tr. [1] ▪ **1** v. tr. Donner comme probable. → **conjecturer, supposer; présomption.** ▬ (au passif + attribut) *Tout homme est présumé innocent...* **2** v. tr. ind. *PRÉSUMER DE.* Avoir trop bonne opinion de, compter trop sur (→ **présomptueux).**

présupposé, ée [-s-] ▪ **1** adj. Supposé d'avance. **2** n. m. Ce qui est supposé et non exposé dans un énoncé.

présupposer [-s-] v. tr. [1] ▪ littér. (sujet chose) Supposer préalablement. → **impliquer.**

présupposition [-s-] n. f. ▪ littér. Supposition préalable, non formulée.

présure n. f. ▪ Substance qui fait cailler le lait.

présurer v. tr. [1] ▪ techn. Cailler (du lait) avec de la présure.

① **prêt, prête** adj. ▪ **1** Qui est en état, est devenu capable (de faire qqch.) grâce à une préparation matérielle ou morale. ♦ *PRÊT(E) À* (+ inf.) : disposé(e) à, préparé(e) pour. ▬ *Prêt à tout.* ♦ *Prêt pour* (qqch.). **2** (choses) Mis en état (pour une utilisation). *Tout est prêt pour les recevoir.* ♦ Préparé. *Le café, le repas est prêt.*

② **prêt** n. m. ▪ **1** Action de prêter qqch. ; ce qui est prêté. ▬ spécialt (somme d'argent) *Demander un prêt.* → **emprunt. 2** Solde du militaire qui fait son service.

prêt-à-porter [pʀɛt-] n. m. ▪ collectif Vêtements de confection (opposé à *sur mesure*).

prêté n. m. ▪ loc. *Un prêté pour un rendu,* un échange de bons ou de mauvais procédés.

prétendant, ante n. ▪ **1** Personne qui prétend au trône. **2** n. m. Homme qui souhaite épouser une femme. ♦ Personne qui cherche à en séduire une autre.

prétendre v. tr. [41] ▪ **1** Avoir la ferme intention, le droit, le pouvoir de. *Je prétends être obéi.* **2** v. tr. ind. littér. *PRÉTENDRE À* : aspirer ouvertement à, revendiquer. **3** Affirmer ; oser donner pour certain (sans convaincre). ▬ pronom. *Il se prétend persécuté* : il prétend qu'il est persécuté.

prétendu, ue adj. ▪ (placé avant le nom) Qui passe à tort pour ce qu'il n'est pas. → **soi-disant.**

prétendument adv. ▪ Faussement.

prête-nom n. m. ▪ Personne qui assume des responsabilités à la place de qqn. *Des prête-noms.*

prétentaine n. f. ▪ loc. vx ou plais. *COURIR LA PRÉTENTAINE* : avoir des aventures galantes.

prétentieux, euse adj. ▪ Qui est trop satisfait de ses mérites. ▬ n. *Un prétentieux.* ♦ Qui dénote de la prétention. ► **prétentieusement** adv.

prétention n. f. ▪ **1** souvent au plur. Revendication, exigence fondée sur un droit ou un privilège. *Quelles sont vos prétentions ?* (en matière de rémunération). **2** Haute idée que l'on se fait de ses propres capacités. **3** (sans compl.) Présomption, vanité. ▬ *Sans prétention,* simple.

prêter v. [1] ▪ **I** v. tr. **1** Mettre (qqch.) à la disposition de qqn pour un temps déterminé (→ ② **prêt).** ▬ loc. *Prêter attention, prêter l'oreille à qqch.* ▬ v. pron. *SE PRÊTER À* : consentir à, supporter ; (sujet chose) pouvoir s'adapter à. **2** Fournir (une chose) à la condition qu'elle sera rendue (s'oppose à *donner*). *Prêter de l'argent à qqn.* **3** Attribuer ou proposer d'attribuer (un caractère, un acte) à qqn. *On lui prête des propos...* ▬ prov. *On ne prête qu'aux riches.* **4** v. tr. ind. *PRÊTER À* : donner matière à. *Sa prétention prête à rire.* **II** v. intr. (matière non élastique) Pouvoir s'étirer, s'étendre.

prétérit [-it] n. m. ▪ Forme temporelle du passé dans certaines langues (allemand, anglais).

prétériter v. tr. [1] ▪ (Suisse) Léser, causer du tort à.

prétérition n. f. ▪ rhét. Figure par laquelle on attire l'attention sur une chose en déclarant n'en pas parler (ex. « Je ne dirai rien de son dévouement, qui... »).

préteur n. m. ▪ Antiq. Juge romain ; gouverneur de province.

prêteur, euse n. ▪ **1** Personne qui prête de l'argent. **2** Personne qui fait métier de prêter à intérêt. *Un prêteur sur gages.*

① **prétexte** adj. ▪ Antiq. *TOGE PRÉTEXTE,* des jeunes patriciens romains, blanche à bords pourpres.

② **prétexte** n. m. ■ **1** Raison donnée pour dissimuler le véritable motif d'une action. ◆ loc. *SOUS... PRÉTEXTE,* pour (telle) raison. *Sous aucun prétexte,* en aucun cas. **2** Ce qui permet de faire qqch. ; occasion.

prétexter v. tr. [1] ■ Alléguer, prendre pour prétexte.

pretium doloris [pʀesjɔmdɔlɔʀis] n. m. invar. ■ dr. Dommages et intérêts accordés par un tribunal à la victime d'un fait dommageable, en compensation des souffrances physiques endurées par elle.

prétoire n. m. ■ **I** Antiq. Tribunal où le préteur rendait la justice. **II** littér. Salle d'audience d'un tribunal.

prétorial, ale, aux adj. ■ didact. Du prétoire. *Droit prétorial.*

prétorien, ienne adj. ■ Antiq. Du préteur. ◆ *Garde prétorienne :* garde personnelle.

prétraité, ée adj. ■ Qui a subi un traitement préalable à son utilisation.

prêtre n. m. ■ **1** Membre du clergé catholique. → **abbé, curé, ecclésiastique. 2** Ministre d'une religion (sauf quand il existe un mot spécial : *pasteur, rabbin...*).

prêtresse n. f. ■ **1** Antiq. Femme ou jeune fille attachée à un culte. **2** fig. *Grande prêtresse :* femme chef de file. → **papesse.** *La grande prêtresse de la mode.*

prêtrise n. f. ■ Dignité de prêtre (1).

préture n. f. ■ hist. Magistrature du préteur. ◆ Durée de cette fonction.

preuve n. f. ■ **1** Ce qui sert à établir qu'une chose est vraie. ◆ loc. *(Croire) jusqu'à preuve du contraire. Preuve par l'absurde*.* ◆ Acte, réalité qui atteste un sentiment, une intention. *Une preuve d'amour.* → **marque.** ◆ *FAIRE PREUVE DE.* → **montrer.** ◆ *Faire ses preuves,* montrer ses capacités. **2** Exemple probant (personne ou chose). **3** dr. Démonstration de l'existence d'un fait matériel ou d'un acte juridique. **4** Opération qui sert de vérification. ◆ *Preuve par neuf* (fig. preuve irréfutable).

preux adj. m. ■ vx Brave, vaillant.

prévalence n. f. ■ méd. Nombre de cas (d'une maladie) dans une population à un moment donné. *Prévalence et incidence.*

prévaloir v. intr. [29] sauf subj. prés. : *que je prévale* ■ **1** littér. (sujet chose) L'emporter. **2** v. pron. *SE PRÉVALOIR DE qqch.,* le faire valoir pour en tirer avantage. ◆ Tirer vanité (de qqch.). → s'**enorgueillir.**

prévarication n. f. ■ dr. Grave manquement d'un fonctionnaire, d'un homme d'État, aux devoirs de sa charge (abus d'autorité, concussion...). ► **prévaricateur, trice** adj. et n.

prévenance n. f. ■ **1** Disposition prévenante. **2** (souvent au plur.) Action, parole qui en témoigne.

prévenant, ante adj. ■ Qui prévient les désirs d'autrui, est plein d'attentions délicates. → **attentionné.**

prévenir v. tr. [22] auxiliaire *avoir* ■ **I** (Précéder, devancer) **1** Aller au-devant de (un besoin, un désir) pour le satisfaire (→ **prévenance). 2** Empêcher par la prévention (I, 2). **3** Éviter (une chose gênante) en prenant les devants. *Prévenir une objection.* **II** Avertir, mettre au courant (qqn) d'une chose à venir, spécialt pour y remédier. *Il faut prévenir le médecin.*

prévente n. f. ■ comm. Vente d'un produit avant sa mise en marché.

préventif, ive adj. ■ **I** Qui tend à empêcher (une chose fâcheuse) de se produire. ◆ *Médecine préventive.* ► **préventivement** adv. **II** dr. Appliqué aux prévenus (①).

prévention n. f. ■ **I 1** Préjugé, sentiment irraisonné d'attirance ou de répulsion. **2** Ensemble de mesures préventives contre des risques. *La prévention routière.* **II** dr. **1** Situation d'un prévenu (①). **2** anciennt Détention préventive.

préventorium [-jɔm] n. m. ■ anciennt Clinique pour prévenir la tuberculose.

① **prévenu, ue** adj. et n. ■ (Personne) citée devant un tribunal pour répondre d'un délit.

② **prévenu, ue** adj. ■ Qui a de la prévention (I, 1), des préventions (contre ou pour).

prévisibilité n. f. ■ Caractère de ce qui est prévisible.

prévisible adj. ■ Qui peut être prévu.

prévision n. f. ■ **1** Action de prévoir. ◆ loc. prép. *EN PRÉVISION DE :* en pensant que telle chose arrivera. **2** (rare au sing.) Opinion quant aux choses futures. ◆ *Prévisions météorologiques.* ► **prévisionnel, elle** adj.

prévisionniste n. ■ Spécialiste de la prévision économique ; de la prévision météorologique.

prévoir v. tr. [24] ■ **1** Imaginer à l'avance comme probable (un événement futur). **2** Envisager (des possibilités). ◆ au p. p. *Les cas prévus par la loi.* **3** Organiser d'avance, décider pour l'avenir. *Prévoir des réparations.* ◆ au p. p. *Tout s'est déroulé comme prévu.*

prévôt n. m. ■ **1** hist. Officier, magistrat, sous l'Ancien Régime. **2** Officier de gendarmerie aux armées. ► **prévôté** n. f. **3** anciennt Détenu faisant office de surveillant.

prévoyant, ante adj. ■ Qui prévoit avec perspicacité ; qui prend des dispositions en vue de ce qui doit ou peut arriver. ► **prévoyance** n. f.

prévu, ue → **prévoir**

priape n. m. ■ didact. Membre viril en érection. → **phallus.** ► **priapique** adj.

priapée n. f. ■ **1** Antiq. au plur. Chants, fêtes en l'honneur de Priape. **2** littér. Poème, peinture, scène ou spectacle obscène.

priapisme n. m. ■ méd. Érection pathologique prolongée, souvent douloureuse.

prie-Dieu n. m. invar. ■ Siège bas sur lequel on s'agenouille pour prier.

prier v. 7 ▪ **I 1** v. intr. Faire des prières*. **2** v. tr. S'adresser à (Dieu, un être surnaturel) par la prière. **II** v. tr. **1** Demander (à qqn) avec humilité ou déférence. ➛ *SE FAIRE PRIER :* n'accorder qu'après des refus. *Sans se faire prier,* volontiers. **2** (sens faible) Demander. *Je te prie, je vous prie* (→ s'il vous plaît). ♦ vieilli Inviter. *Être prié à déjeuner.* **3** Demander avec fermeté à (qqn). *Prier qqn de se taire.*

prière n. f. ▪ **1** Mouvement intérieur tendant à une communication avec Dieu. ♦ Formule à cet effet, consacrée par une religion. **2** Action de prier (II) qqn ; demande instante. ➛ ellipt *PRIÈRE DE* (+ inf.), vous êtes priés de.

prieur, eure n. ▪ Supérieur(e) de couvent.

prieuré n. m. ▪ Couvent dirigé par un(e) prieur(e) ; église de ce couvent.

prima donna n. f. invar. ▪ Première chanteuse d'un opéra. → **diva.**

primage n. m. ▪ techn. Entraînement de gouttelettes d'eau par la vapeur (dans un bouilleur, un appareil de distillation).

primaire adj. ▪ **I 1** Du premier degré, en commençant. ➛ *Enseignement primaire* et n. m. *le primaire,* du premier degré (opposé à *secondaire*). ➛ *Élection primaire* et n. f. *une primaire :* élection pour désigner les candidats. **2** péj. (esprit, idées...) Simpliste et borné. **II 1** Qui est, qui vient en premier dans le temps, dans une série. *Couleurs primaires,* non mélangées (bleu, jaune, rouge). ➛ *Ère primaire* et n. m. *le Primaire,* période de formation des terrains (dits *primaires*) succédant au précambrien, où se rencontrent les plus anciens fossiles. **2** écon. *Secteur primaire ;* n. m. *le primaire :* domaine des activités productrices de matières non transformées. ➛ *Énergie primaire,* non transformée.

primal, ale, aux adj. ▪ anglic., psych. *Thérapie primale,* qui se propose de faire revivre au patient ce qui est à l'origine de sa névrose.

① **primat** n. m. ▪ Prélat ayant la prééminence sur plusieurs évêchés. ► **primatial, ale, aux** adj.

② **primat** n. m. ▪ didact. Primauté.

primate n. m. ▪ didact. Animal (mammifère : grands singes, homme) à cerveau développé, dentition complète, main préhensile.

primatologie n. f. ▪ didact. Science qui étudie les primates. ► **primatologue** n.

primature n. f. ▪ (Afrique, Haïti) **1** Fonction de Premier ministre. **2** Services dépendant du Premier ministre ; bâtiments abritant ces services.

primauté n. f. ▪ Caractère de ce qu'on met au premier rang. → **prééminence.**

① **prime** adj. ▪ **1** dans des loc. Premier. *De prime abord*. Dans sa prime jeunesse.* **2** math. (symbole, lettre) Affecté d'un seul accent. *Le point A prime (A').*

② **prime** n. f. ▪ **1** Somme que l'assuré doit payer à l'assureur. **2** Argent alloué à titre d'encouragement, d'aide ou de récompense. **3** Objet remis à titre gratuit à un acheteur. → **cadeau.** ➛ *EN PRIME :* en plus ; par-dessus le marché.

③ **prime** n. f. ▪ Première heure canoniale (6 heures du matin).

① **primer** v. intr. 1 ▪ (sujet chose) L'emporter. ➛ trans. *La force prime le droit.*

② **primer** v. tr. 1 ▪ Récompenser par un prix. ▷ p. p. **primé, ée**

primerose n. f. ▪ Rose trémière.

primesautier, ière [-sotje, -jɛʀ] adj. ▪ littér. Qui agit, parle spontanément.

prime time [prajmtajm] n. m. ▪ anglic., audiovisuel Partie des programmes de télévision correspondant au début de la soirée, heure de la plus grande écoute.

primeur n. f. ▪ **I** littér. Caractère de ce qui est tout nouveau. *Avoir la primeur de qqch.,* être le premier à l'avoir. **II** au plur. Premiers fruits, premiers légumes récoltés avant ou dans leur saison.

primeuriste n. ▪ agric. Cultivateur de primeurs. → **horticulteur.** ♦ comm. Personne qui vend des primeurs.

primevère n. f. ▪ Plante herbacée à fleurs colorées qui fleurit au début du printemps.

primi-, primo- Élément (du latin *primus* « premier ») qui signifie « premier, pour la première fois ».

primidi n. m. ▪ hist. Premier jour de la décade, dans le calendrier républicain.

primigeste adj. et n. f. ▪ physiol. (femme) Dont la première grossesse est en cours. → aussi **primipare.**

primipare adj. et n. f. ▪ didact. Qui accouche pour la première fois (en parlant d'une femelle de mammifère). ➛ spécialt *Femme primipare* (opposé à *nullipare* et à *multipare*).

primitif, ive adj. et n. ▪ **I** adj. **1** Qui est à son origine ou près de son origine. **2** Qui est le plus ancien ou à l'origine. → **initial, originel. 3** n. f. math. *Primitive d'une fonction,* qui admet cette fonction pour dérivée. **4** Se dit (à tort) des groupes humains à tradition orale, dont les formes sociales et les techniques sont différentes de celles des sociétés industrielles. ➛ *L'art primitif.* **5** (personnes) Simple et grossier. ♦ (choses) *Un procédé primitif.* **II** n. m. **1** Personne d'un groupe social pré-industriel. **2** Artiste (peintre) antérieur à la Renaissance, en Europe occidentale.

primitivement adv. ▪ À l'origine.

primitivisme n. m. ▪ **1** didact. Caractère, état des sociétés dites primitives. **2** arts Caractère propre aux arts primitifs.

primo adv. ▪ D'abord, en premier lieu.

primo- → **primi-**

primoaccédant, ante adj. et n. ■ (Personne) qui acquiert un bien immobilier pour la première fois.

primoarrivant, ante n. et adj. ■ Étranger arrivé sur le territoire français pour la première fois.

primodélinquance n. f. ■ Le fait de commettre un délit pour la première fois.

primodélinquant, ante n. ■ dr. Personne qui commet un premier délit.

primogéniture n. f. ■ dr. Antériorité, priorité de naissance, entraînant certains droits (transmission des titres de noblesse). → **aînesse.** ➝ hist. *Succession par ordre de primogéniture.*

primo-infection n. f. ■ Première infection (surtout tuberculeuse). *Des primo-infections.*

primordial, ale, aux adj. ■ De première importance. → **capital, fondamental.**

prince n. m. ■ **1** didact. ou littér. Celui qui possède une souveraineté (à titre personnel et héréditaire) et qui règne. ♦ loc. *Le fait du prince :* acte arbitraire et contraignant du gouvernement. ♦ cour. Souverain régnant sur une principauté. **2** Celui qui appartient à une famille souveraine ; titre des membres de la famille royale, en France. *Les princes du sang :* les proches parents du souverain. **3** (en France) Titulaire du plus haut titre de noblesse. **4** loc. *Être bon prince :* faire preuve de générosité, de tolérance.

prince de Galles n. m. invar. ■ Tissu de laine, à lignes fines croisées.

princeps [pʀɛ̃sɛps] adj. ■ didact. *Édition princeps :* première édition (d'un ouvrage ancien et rare).

princesse n. f. ■ **1** Fille ou femme d'un prince, fille d'un souverain. ♦ loc. fig. *Aux frais de la princesse,* de l'État, d'une collectivité. **2** *Haricots princesse(s),* à longue cosse.

princier, ière adj. ■ **1** De prince, de princesse. **2** fig. Somptueux. ► **princièrement** adv.

principal, ale, aux adj. et n. ■ **I 1** Qui est le plus important (parmi plusieurs). → **capital, essentiel. 2** gramm. adj. et n. f. *(Proposition) principale,* la proposition dont les autres (subordonnées) dépendent. **3** (personnes) Qui a le plus d'importance. *Le principal intéressé.* **II 1** n. m. Ce qu'il y a de plus important. *Il va mieux, c'est le principal.* **2** n. Directeur (d'un collège d'enseignement secondaire).

principalement adv. ■ Avant les autres choses, par-dessus tout. → **surtout.**

principat n. m. ■ hist. romaine Dignité impériale. *Le principat d'Auguste.* ➝ Règne d'un empereur romain. *Sous le principat de Trajan.*

principauté n. f. ■ Petit État indépendant dont le souverain est prince ou princesse.

principe n. m. ■ **I 1** didact. Cause première active. → **fondement, origine, source. 2** *Le principe actif* (d'un médicament, d'une plante). **II 1** didact. Proposition première, posée et non déduite. → **axiome, postulat, prémisse. 2** Proposition fondamentale ; énoncé d'une loi générale. *Le principe d'Archimède.* **3** au plur. Connaissances de base. → **rudiment. III 1** Règle d'action constituant un modèle ou un but. *Partons du principe que...* ♦ *POUR LE PRINCIPE :* pour une raison théorique. **2** au plur. Les règles morales (d'une personne, d'un groupe). **IV** loc. *PAR PRINCIPE :* par une décision a priori. ➝ *DE PRINCIPE.* ➝ *EN PRINCIPE :* théoriquement.

printanier, ière adj. ■ Du printemps. ♦ *Tenue printanière,* légère, claire, fleurie.

printemps [-tɑ̃] n. m. ■ **1** La saison qui va du 20 ou 21 mars *(équinoxe de printemps)* au 21 ou 22 juin (solstice d'été) dans l'hémisphère nord. **2** fig., littér. *Le printemps de la vie,* la jeunesse. ♦ Période de libéralisation. *Le printemps de Prague. Le printemps arabe.* **3** vieilli ou littér. (d'une personne jeune) Année.

priodonte n. m. ■ zool. Mammifère édenté, tatou géant.

prion n. m. ■ Protéine infectieuse (forme altérée d'une protéine naturelle).

priorat n. m. ■ relig. Fonction de prieur(e) ; sa durée.

a **priori** → **a priori**

prioriser v. tr. [1] ■ **1** Donner la priorité à. **2** Définir les priorités de. *Prioriser les besoins d'un foyer.* ➝ absolt *Savoir prioriser.* ► **priorisation** n. f.

prioritaire adj. ■ Qui a la priorité. *Véhicules prioritaires.* ► **prioritairement** adv.

priorité n. f. ■ **1** Caractère de ce qui vient, passe en premier, dans le temps. *En priorité :* d'abord. **2** Droit de passer le premier. *Priorité à droite.* ➝ *Carte de priorité.*

pris, prise adj. ■ **1** (opposé à *libre*) Occupé. *Cette place est-elle prise ?* ➝ *Je suis très pris ce mois-ci.* **2** *PRIS DE :* subitement affecté de. *Être pris de fièvre. Pris de boisson :* ivre. **3** (organe) Atteint d'une affection. **4** loc. *Taille bien prise,* bien faite. **5** Durci, coagulé. ➝ *L'étang est pris,* gelé.

prise n. f. ■ **I 1** Manière de saisir et d'immobiliser l'adversaire. *Prise de judo.* ♦ loc. fig. *Prise de bec*.* ♦ loc. *ÊTRE AUX PRISES AVEC :* être en lutte contre. ➝ *LÂCHER PRISE ;* fig. abandonner. **2** Endroit, moyen par lequel une chose peut être tenue. ➝ spécialt Endroit d'un rocher, d'une paroi où l'on peut s'agripper. ♦ loc. fig. *DONNER PRISE À :* s'exposer à. ➝ *AVOIR PRISE SUR* (qqn, qqch.) : avoir un moyen d'agir sur. **3** Action de s'emparer. *La prise de la Bastille. Prise d'otages.* **4** Ce qui est pris (chasse, pêche, vol...). *Une belle prise.* **II** (dans des loc.) **1** *PRISE D'ARMES :* parade militaire. **2** *PRISE DE VUE(S) :* tournage d'un plan. ♦ *PRISE DE SON :* enregistrement. **3** *PRISE DE SANG :* prélèvement de sang pour une analyse, une transfusion. **4** *PRISE DIRECTE :* position du changement de vitesse assurant la transmission du mouvement moteur. ➝ fig. *En prise (directe) sur,* en contact direct et actif. **5** (Dispositif qui prend). PRISE D'EAU : robinet, vanne où l'on peut prendre de l'eau. ♦ PRISE DE COURANT ; PRISE (ÉLECTRIQUE) : dispositif de contact électrique. **6** Quantité (de médicaments, drogue, tabac) absorbée en une fois. **III** fig. Action, fait de se mettre à avoir (correspond à *prendre* + n.). *Prise de contact. Prise de conscience ; prise de position.* ♦ *Prise en charge ; en considération.* **IV** Fait de prendre, de durcir. *Ciment à prise rapide.*

prisée n. f. ■ dr. Estimation (d'objets mobiliers) par un commissaire-priseur ou un greffier de justice de paix. *La prisée d'un inventaire de succession.*

① **priser** v. tr. 1 ■ littér. Donner du prix à. → **apprécier, estimer.**

② **priser** v. tr. 1 ■ Aspirer (du tabac) par le nez.

priseur, euse n. ■ Personne qui prise (②).

prismatique adj. ■ **1** Du prisme. ➛ Qui a la forme d'un prisme. **2** Muni d'un prisme (2) optique.

prisme n. m. ■ **1** Polyèdre à deux bases parallèles et dont les faces sont des parallélogrammes. **2** Prisme en matière transparente qui a la propriété de dévier et de décomposer la lumière **(→ spectre).**

prison n. f. ■ **I 1** Établissement clos aménagé pour recevoir des délinquants ou des prévenus privés de liberté. **2** fig., littér. Ce qui enferme, emprisonne. **II** Peine privative de liberté. → **détention, emprisonnement, réclusion.** *Deux ans de prison.*

prisonnier, ière ■ **I** n. **1** Personne tombée aux mains de l'ennemi et retenue. *Prisonnier de guerre.* **2** Personne détenue dans une prison. **II** adj. Enfermé ou maintenu sans liberté d'action. *Bateau prisonnier des glaces.* ➛ fig. (personnes) *Prisonnier de* : esclave de.

privat-docent [pʀivadɔsɑ̃] n. m. ■ didact. Professeur qui ouvre un cours libre dans une université allemande, autrichienne ou suisse. *Des privat-docents.*

privatif, ive adj. ■ **1** Dont on a la jouissance exclusive mais non la propriété. *Jardin privatif.* **2** gramm. Qui marque l'absence d'un caractère donné. **3** dr. Qui entraîne la privation de. *Peine privative de liberté.*

privation n. f. ■ **1** Action de priver (d'une chose dont l'absence entraîne un dommage) ; fait d'être privé. ➛ dr. *Privation des droits civils.* **2** surtout plur. Fait d'être privé de choses nécessaires.

privatisable adj. ■ Qui peut être privatisé.

privatiser v. tr. 1 ■ **1** Transférer au secteur privé (une entreprise publique). **2** Réserver (un espace public) pour un usage privé. ▷ adj. **privatisé, ée** ► **privatisation** n. f.

privauté n. f. ■ littér. Familiarité excessive.

privé, ée adj. ■ **1** Où le public n'est pas admis. *Club privé.* ➛ EN PRIVÉ loc. adv. **2** Individuel, particulier (opposé à *collectif, commun, public*). *Des intérêts privés. École privée.* **3** Personnel. → **intime.** *Vie privée.* ➛ n. m. *Ils se tutoient dans le privé.* **4** Qui n'a aucune part aux affaires publiques. ➛ (opposé à *officiel*) *À titre privé.* **5** (opposé à *public, national*) Qui n'est pas d'État, ne dépend pas de l'État. *Le secteur privé* ou n. m. fam. *le privé.* **6** *Détective* privé.* ➛ n. m. fam. *Un privé.*

priver v. tr. 1 ■ Empêcher (qqn) de jouir d'un bien, d'un avantage ; lui refuser ce qu'il espère. *Priver un héritier de ses droits.* ▷ v. pron. **se priver** (de) Renoncer volontairement (à).

privilège n. m. ■ **1** Droit, avantage particulier accordé en dehors de la loi commune. *Les anciens privilèges de la noblesse.* **2** Avantage, faveur que donne qqch. **3** Apanage naturel. *Le privilège de* (→ le propre de).

privilégié, ée adj. ■ **1** Qui bénéficie de privilèges. ♦ spécialt Qui jouit d'avantages matériels considérables. ➛ n. *Les privilégiés.* **2** (choses) littér. Exceptionnel ; qui convient mieux que tout autre.

privilégier v. tr. 7 ■ Doter d'un privilège ; accorder une importance particulière à (qqn, qqch.). → **avantager, favoriser.**

prix n. m. ■ **I 1** Rapport d'échange entre un bien ou un service et la monnaie. → **coût, valeur.** ➛ *Y mettre le prix* : payer ce qu'il faut. ➛ *Au prix fort* : sans remise. *Un prix fou,* excessif. ➛ *Prix d'ami,* consenti par faveur (plus bas). *Je vous fais un prix,* une réduction. ➛ *Prix toutes taxes comprises (prix T. T. C.).* ♦ *Prix de revient* : somme des coûts d'achat, de production et de distribution. ♦ loc. DE PRIX : qui coûte cher. ➛ HORS DE PRIX : extrêmement coûteux. ♦ *Mettre* À PRIX : proposer en vente. *Mise à prix.* ➛ fig. *Sa tête est mise à prix,* une récompense est promise à qui le capturera. **2** Étiquette, marque indiquant le prix. **3** hist. *Le prix du sang* : la peine à subir pour avoir causé la mort d'une personne. **4** fig. Ce qu'il en coûte pour obtenir qqch. *Le prix de la gloire.* → **rançon.** ➛ (dans des loc.) Valeur. *Donner du prix à qqch.* ➛ *Je ne céderai* À AUCUN PRIX, jamais. ➛ À TOUT PRIX : quoi qu'il puisse en coûter. **II 1** Récompense honorifique décernée. *Le prix Nobel de physique.* ♦ Le lauréat ; l'œuvre primée. **2** Épreuve à l'issue de laquelle est décerné un prix.

pro adj. et n. ■ fam. **1** Professionnel (en sports). **2** Personne qualifiée dans son métier. **3** adj. (dans l'enseignement) Professionnel. *Bac pro.*

pro- Élément, du grec ou du latin *pro* «en avant» (ex. *propulsion*), «à la place de» (ex. *pronom*) et «partisan de». – contr. *anti-*.

proactif, ive adj. ■ Qui anticipe les attentes, prend l'initiative de l'action.

probabiliste n. ■ Spécialiste du calcul des probabilités. ➛ adj. *Un calcul probabiliste.*

probabilité n. f. ■ **1** Caractère de ce qui est probable. **2** Grandeur évaluant le nombre de chances qu'a un phénomène de se produire. ➛ *Calcul des probabilités.* **3** surtout au plur.

Indice qui laisse à penser qu'une chose est probable.

probable adj. ▪ **1** Qui peut être ; plutôt vrai que faux. *Une hypothèse probable.* **2** Qui peut être prévu raisonnablement. → **vraisemblable.** ► **probablement** adv.

probant, ante adj. ▪ (choses) Qui prouve.

probation n. f. ▪ didact. Temps de mise à l'épreuve.

probatoire adj. ▪ didact. Qui permet de vérifier le niveau d'un candidat.

probe adj. ▪ littér. Honnête, intègre. ► **probité** n. f.

probiotique adj. et n. m. ▪ biol. Qui contient des micro-organismes vivants (bactéries, levures...) exerçant un effet bénéfique sur l'organisme qui les ingère. *Le yaourt est un aliment probiotique.*

problématique ▪ **I** adj. **1** Dont l'existence, la vérité, la réussite est douteuse. **2** Qui pose un problème ; difficile. **II** n. f. didact. Ensemble des problèmes qui se posent sur un sujet.

problème n. m. ▪ **1** Question à résoudre qui prête à discussion, en science. – *Faux problème.* ♦ (contexte scolaire) Question à résoudre par des éléments fournis. **2** Difficulté qu'il faut résoudre pour obtenir un résultat ; situation instable ou dangereuse exigeant une décision. → **question.** ♦ *Avoir des problèmes de santé, d'argent.* → **ennui.** *Problèmes (psychologiques).* **3** loc. fam. *Pas de problème* : c'est simple, facile. *Sans problème* : facilement.

proboscidien n. m. ▪ zool. Mammifère ongulé de très grande taille, à trompe préhensile (ex. l'éléphant).

procaïne n. f. ▪ pharm. Anesthésique local de synthèse. → **novocaïne.**

procaryote adj. et n. m. ▪ biol. Se dit d'un organisme dont le noyau cellulaire est mêlé au cytoplasme (s'oppose à *eucaryote*).

procédé n. m. ▪ **I 1** surtout au plur. Façon d'agir à l'égard d'autrui. – loc. *Échange de bons procédés* : services (iron. malveillances) réciproques. **2** Méthode pour parvenir à un résultat. *Procédé de fabrication.* **II** Rondelle de cuir au petit bout d'une queue de billard.

procéder v. [6] ▪ **I** v. intr. **1** littér. *PROCÉDER DE* : tenir de, tirer son origine de. → **découler, émaner. 2** Agir (de telle manière). *Procéder avec méthode.* **II** v. tr. ind. *PROCÉDER À.* dr. Exécuter (un acte juridique). *Procéder à une enquête.* ♦ Faire, exécuter.

procédural, ale, aux adj. ▪ dr. Relatif à la procédure judiciaire.

procédure n. f. ▪ **1** Manière de procéder juridiquement ; série de formalités. *Procédure de divorce.* **2** Branche du droit qui détermine ou étudie les règles d'organisation judiciaire. **3** techn. Succession de procédés (I, 2).

procédurier, ière adj. et n. ▪ péj. Enclin à la procédure. → **chicanier.**

procès n. m. ▪ **I** didact. → **processus.** ♦ ling. Action, état qu'exprime un verbe. **II 1** Litige soumis à une juridiction. *Intenter un procès à qqn.* **2** loc. fig. Critique. *Faire le procès de qqn, qqch.* **3** loc. *Sans autre forme de procès* : sans formalité.

processeur n. m. ▪ inform. Système qui interprète et exécute les instructions.

procession n. f. ▪ **1** Défilé religieux qui s'effectue en chantant et en priant. **2** Succession, file. *Une procession de fourmis.*

processionnaire adj. ▪ zool. *Chenilles processionnaires,* qui se déplacent en file.

processus [-ys] n. m. ▪ **1** didact. Ensemble actif de phénomènes, organisé dans le temps. → **évolution.** *Processus biologique.* **2** Façon de procéder. ♦ Suite ordonnée d'opérations.

procès-verbal, aux n. m. ▪ **1** Acte d'une autorité compétente qui constate un fait à conséquences juridiques. – spécialt Contravention. – abrév. fam. **P.-V. 2** Relation officielle de ce qui a été dit ou fait. → **compte rendu.**

prochain, aine ▪ **I** adj. Très rapproché. → **proche. 1** (dans l'espace) *Le prochain arrêt.* → **suivant.** – ellipt n. f. *Vous descendez à la prochaine* (station) ? **2** (dans le temps) Près de se produire. – *La semaine prochaine.* ♦ (avant le nom) *La prochaine fois.* fam. *À la prochaine !* (formule de départ, de séparation). **II** n. m. Personne, être humain considéré comme un semblable.

prochainement adv. ▪ Dans un proche avenir. → **bientôt.**

proche ▪ **I** adv. *DE PROCHE EN PROCHE* : en avançant par degrés, peu à peu. **II** adj. **1** (dans l'espace) Voisin. *La ville est toute proche. Le Proche-Orient.* **2** littér. (dans le temps) Qui va bientôt arriver. → **imminent.** ♦ Récent. *Des événements tout proches de nous.* **3** fig. Peu différent. → **approchant, semblable. 4** Dont les liens sont étroits. *Proches parents. Un ami très proche.* – n. *LES PROCHES* : les parents (au sens large).

procidence n. f. ▪ pathol. Descente (d'un organe ou d'une partie d'un organe). → **prolapsus.**

proclamer v. tr. [1] ▪ **1** Publier ou reconnaître par un acte officiel. **2** Annoncer ou déclarer auprès d'un vaste public. *Proclamer son innocence.* ► **proclamation** n. f.

proconsul n. m. ▪ Antiq. Ex-consul nommé gouverneur d'une province romaine.

proconsulaire adj. ▪ Du proconsul.

proconsulat n. m. ▪ Dignité, fonction de proconsul ; temps d'exercice de ces fonctions.

procrastination n. f. ▪ littér. Tendance à remettre au lendemain, à ajourner.

procrastiner v. intr. [1] ▪ littér. ou plais. Avoir tendance à remettre au lendemain.

procréation n. f. ▪ littér. Action de procréer. – didact. (méd.) *Procréation naturelle, assistée* (→ **P. M. A.**). ► **procréatif, ive** adj.

procréatique n. f. ▪ didact. Technique, science de la procréation artificielle.

procréer v. tr. [1] ▪ littér. (espèce humaine) Engendrer. → **enfanter.** ▶ **procréateur, trice** adj. et n.

proctalgie n. f. ▪ méd. Douleur à l'anus et à la partie inférieure du rectum.

proctite n. f. ▪ méd. Inflammation de l'anus. → **rectite.**

proct(o)- Élément, du grec *prôktos* «anus».

proctologie n. f. ▪ méd. Spécialité médicale traitant des maladies de l'anus et du rectum. ▶ **proctologue** n.

procurateur n. m. ▪ Antiq. Intendant des domaines impériaux (provinces romaines).

procuration n. f. ▪ Document par lequel on autorise autrui à agir à sa place.

procure n. f. ▪ **1** relig. Office de procureur (3). **2** Magasin d'articles religieux.

procurer v. tr. [1] ▪ **1** Obtenir pour qqn (qqch. d'utile ou d'agréable). ◆ pronom. SE PROCURER. **2** (sujet chose) Être la cause ou l'occasion de.

procureur n. ▪ **1** dr. Titulaire d'une procuration juridique. **2** *Procureur de la République* : représentant du ministère public près du tribunal de grande instance. *Procureur général* (près la Cour de cassation, la Cour des comptes et les cours d'appel). **3** n. m. Religieux chargé des intérêts temporels de la communauté (→ **procure**).

prodigalité n. f. ▪ littér. **1** Caractère prodigue ; générosité. **2** Dépense excessive.

prodige n. m. ▪ **1** Événement extraordinaire, magique ou surnaturel. **2** Acte extraordinaire. **3** Personne extraordinaire. ◆ appos. *Enfant prodige.*

prodigieux, ieuse adj. ▪ Extraordinaire. → **étonnant, stupéfiant.** ◆ *Une quantité prodigieuse.* → **considérable.** ▶ **prodigieusement** adv.

prodigue adj. ▪ **1** Qui fait des dépenses excessives. ◆ *L'enfant prodigue*, accueilli avec joie au foyer après une longue absence (allusion à l'Évangile). **2** fig. PRODIGUE DE : qui prodigue.

prodiguer v. tr. [1] ▪ Accorder, distribuer généreusement, employer sans compter. ▷ v. pron. se **prodiguer** Se dépenser.

pro domo loc. adj. ▪ *Plaidoyer pro domo* : pour sa propre cause.

prodrome n. m. ▪ **1** littér. Ce qui annonce un événement. **2** méd. Symptôme avant-coureur d'une maladie. ▶ **prodromique** adj.

producteur, trice ▪ **1** adj. Qui produit qqch. **2** n. (opposé à *consommateur*) Personne qui produit des biens ou assure des services. **3** n. Personne, société qui assure le financement d'un film, d'un spectacle... ◆ Personne qui conçoit une émission (radio, télévision).

productible adj. ▪ didact. Qui peut être produit, obtenu. *Marchandise productible à peu de frais.*

productif, ive adj. ▪ Qui produit, crée. ◆ Qui est d'un bon rapport.

production n. f. ▪ **I 1** Action de provoquer (un phénomène) ; manière de se produire. **2** Ouvrage produit par qqn ; ensemble des œuvres. **3** (opposé à *consommation*) Fait de créer ou de transformer des biens, d'assurer des services. *Moyens de production* (sol, instruments, machines...). *Facteurs de production* (énergie, travail, capital). ◆ Ce qui est produit. **4** Fait de produire (un film, un spectacle, une émission...). ◆ Le film produit. **II** Fait de produire (II) un document.

productique n. f. ▪ didact. Application de l'automatique et de l'informatique aux processus de production industrielle. → **mécatronique, robotique.**

productivisme n. m. ▪ didact., péj. Système économique dans lequel le principal objectif est la production, la productivité. ▶ **productiviste** adj.

productivité n. f. ▪ **1** Caractère productif. **2** Rapport du produit aux facteurs de production. → **rendement.**

produire v. tr. [38] ▪ **I** Faire exister (ce qui n'existe pas encore). → **créer. 1** Causer, provoquer (un phénomène). *Produire une forte impression sur qqn.* **2** (écrivain, artiste) Composer (une œuvre). **3** Former naturellement. *Cet arbre produit de beaux fruits.* **4** Faire exister, par une activité économique. **5** Assurer la réalisation matérielle de (un film, une émission, un spectacle). → **production. II** dr. Présenter (un document). ◆ par ext. *Produire des témoins.* ▷ v. pron. se **produire 1** Jouer, paraître en public au cours d'une représentation. **2** Survenir, avoir lieu. ◆ impers. *Il se produisit un incident.*

produit n. m. ▪ **I 1** Nombre, résultat d'une multiplication. **2** Rapport (d'une propriété, d'une activité). → **bénéfice, profit.** ◆ *Produit intérieur brut (P. I. B.)* : valeurs réalisées en un an par un pays, à l'intérieur de ses frontières. *Produit national brut (P. N. B.)* : somme du P. I. B. et des valeurs créées à l'étranger. **II 1** Ce qui résulte d'un processus naturel, d'une opération humaine. *Les produits de la terre.* **2** Substance chimique complexe. *Produit de synthèse.* ◆ *Produits organiques.* **3** Production de l'agriculture ou de l'industrie. *Produits finis.* ◆ *Produits alimentaires.* ◆ (produit commercialisé) *Un produit pour laver la vaisselle.*

proéminent, ente adj. ▪ Qui dépasse en relief ce qui l'entoure, forme une avancée. ▶ **proéminence** n. f.

prof n. ▪ fam. Professeur.

profanateur, trice n. et adj. ▪ littér. (Personne) qui profane.

profanation n. f. ▪ Action de profaner.

profane adj. et n. ▪ **1** littér. Étranger à la religion (opposé à *religieux, sacré*). ◆ n. m. *Le sacré et le profane.* **2** (Personne) qui n'est pas initiée à une religion, un art, un domaine. ♦ n. m. (collectif) Les gens non initiés.

profaner v. tr. [1] ▪ **1** Traiter sans respect (un objet, un lieu), en violant le caractère sacré. **2** fig. Avilir, souiller.

proférer v. tr. [6] ▪ Articuler à voix haute.

profès, esse [pʀɔfɛ, ɛs] adj. et n. ▪ relig. Qui a prononcé ses vœux dans un ordre religieux.

professer v. tr. [1] ▪ **1** littér. Déclarer hautement avoir (un sentiment, une croyance). **2** Enseigner comme professeur.

professeur n. ▪ Personne (diplômée) qui enseigne une discipline. → **enseignant.** – *Professeur des écoles.* → **instituteur.**

profession n. f. ▪ **I** littér. loc. *Faire profession de* (une opinion, une croyance), professer. ♦ *PROFESSION DE FOI* : manifeste. **II 1** Occupation dont on peut tirer ses moyens d'existence. → **métier.** **2** Métier qui a un certain prestige. *Les professions libérales.* **3** loc. *DE PROFESSION* : professionnel.

professionnaliser v. tr. [1] ▪ **1** Donner à (une activité) le caractère d'une profession. **2** Rendre (qqn) professionnel. **3** Adapter (une formation) à une activité professionnelle. ▷ v. pron. se **professionnaliser** ► **professionnalisation** n. f.

professionnalisme n. m. ▪ Caractère professionnel (opposé à *amateurisme*).

professionnel, elle adj. et n. ▪ **I 1** Relatif à la profession. – *Enseignement professionnel,* enseignement du second degré qui prépare et conduit à la vie active. *Lycée professionnel.* **2** De profession. *Sportif professionnel* (opposé à *amateur*) ; n. *passer professionnel.* **II** n. **1** Personne de métier (opposé à *amateur*). *Du travail de professionnel.* → **pro** (fam.). **2** n. f. fam. Prostituée.

professionnellement adv. ▪ **1** De façon professionnelle. **2** Du point de vue de la profession.

professoral, ale, aux adj. ▪ Propre aux professeurs.

professorat n. m. ▪ Situation de professeur.

profil [-il] n. m. ▪ **1** Aspect du visage vu par un de ses côtés. – arts *Profil perdu* : tête vue de côté par l'arrière. ♦ loc. fig. *Profil bas* : réserve (par calcul). **2** (visage, corps) *DE PROFIL* : en étant vu par le côté. **3** Représentation dont le contour se détache. → **silhouette.** ♦ didact. Coupe perpendiculaire. *Le profil d'une corniche ; d'une rivière.* **4** fig. Ensemble d'aptitudes, de caractéristiques psychologiques personnelles. *Il n'a pas le profil pour ce poste.*

① **profilage** n. m. ▪ techn. Opération qui confère un profil déterminé à une pièce (→ **profilé**) ; profil ainsi obtenu. – spécialt Forme de carrosserie aérodynamique.

② **profilage** n. m. ▪ Établissement du profil psychologique d'un criminel inconnu (→ ② **profileur**).

profilé, ée ▪ adj. techn. Auquel on a donné un contour déterminé. – n. m. *Profilés métalliques* (cornières, poutres, rails, etc.).

profiler v. tr. [1] ▪ **1** (sujet chose) Présenter les contours de (qqch.) avec netteté. **2** techn. Établir le profil de. ▷ v. pron. se **profiler** Se montrer en silhouette, avec des contours précis. – fig. *Des ennuis se profilent à l'horizon.*

① **profileur** n. m. ▪ techn. Instrument qui sert à profiler (une voie...).

② **profileur, euse** n. ▪ anglic., didact. Professionnel qui dresse le profil psychologique d'un criminel, pour aider la police à l'identifier.

profilographe n. m. ▪ techn. Appareil qui permet de relever graphiquement, à échelle réduite, les profils d'une route ou d'une voie de chemin de fer.

profit n. m. ▪ **1** Augmentation des biens, amélioration de situation qui résulte d'une activité. *Il ne cherche que son profit.* ♦ loc. *METTRE À PROFIT* : utiliser. ♦ *AU PROFIT DE qqn, qqch.*, au bénéfice de. ♦ (sujet chose) *FAIRE DU PROFIT* : être d'un usage économique. **2** Gain, avantage financier. **3** *LE PROFIT* : ce que rapporte une activité économique, en plus du salaire du travail. → **plus-value.**

profitable adj. ▪ Qui apporte un profit, un avantage. → **fructueux, utile.**

profiter v. tr. ind. [1] ▪ **1** *PROFITER DE* : tirer avantage de. *Profiter d'une occasion.* → **saisir.** – *PROFITER DE QQCH. POUR* : prendre prétexte de. – *PROFITER DE QQN,* l'exploiter. **2** intrans. fam. ou région. Se développer, se fortifier. **3** *PROFITER À qqn, qqch.*, apporter du profit ; être utile à.

profiterole n. f. ▪ Petit chou fourré de glace et nappé de chocolat chaud.

profiteur, euse n. ▪ péj. Personne qui tire des profits immoraux de qqch., de qqn.

profond, onde adj. ▪ **I** concret **1** Dont le fond est très bas (par rapport à l'orifice, aux bords). *Un trou profond.* – (eaux) Dont le fond est loin de la surface. **2** Qui est loin au-dessous d'une surface. *Racines profondes.* **3** Dont le fond est loin de l'orifice, des bords. *Un placard profond.* – *Forêt profonde.* **4** (trace, empreinte...) Très marqué. *Des rides profondes.* **II** fig. **1** Qui évoque la profondeur. → **intense.** *Un regard profond.* – *Un sommeil profond.* **2** (mouvement, opération) Qui descend très bas ou pénètre très avant. **III** abstrait **1** Qui va au fond des choses. *Un esprit profond.* → **pénétrant.** – *De profondes réflexions.* **2** Intérieur. *Nos tendances profondes.* – *La France profonde.* **3** Très grand, extrême. → **intense.** *Un ennui profond.* **IV** adv. En profondeur. → **bas.** *Creuser très profond.* ► **profondément** adv. *Creuser profondément.* – *Dormir profondément.* – *Profondément convaincu.* → **intimement.**

profondeur n. f. ▪ **I** concret **1** Caractère de ce qui est profond (I). **2** Dimension verticale (vers le bas) ; distance au-dessous de la surface (du sol, de l'eau). *À deux mètres de profondeur.*

3 *La profondeur d'un tiroir.* ♦ PROFONDEUR DE CHAMP *(d'un objectif).* **II 1** Suggestion d'un espace à trois dimensions sur une surface. **2** fig. *La profondeur d'un regard.* **III** fig. **1** Qualité de ce qui va au fond des choses, au-delà des apparences. **2** (vie affective) Caractère de ce qui est durable, intense. *La profondeur d'un sentiment.* **3** Partie la plus intérieure, difficile à pénétrer. *La psychologie des profondeurs :* la psychanalyse.

pro forma loc. adj. invar. ▪ *Facture pro forma :* facture anticipée.

profus, use adj. ▪ littér. ou didact. Qui se répand en abondance. → **abondant.** ► **profusément** adv.

profusion n. f. ▪ Grande abondance. ➛ loc. *À PROFUSION.* → **abondamment.**

progéniture n. f. ▪ littér. Descendance (d'un être humain, d'un animal).

progénote n. m. ▪ biol. Ancêtre supposé de trois groupes d'êtres vivants.

progestatif, ive adj. ▪ biol. Qui favorise les processus de la grossesse. ➛ n. m. Substance progestative. *Progestatifs de synthèse.*

progestérone n. f. ▪ biol. Hormone sexuelle femelle sécrétée après l'ovulation.

progiciel n. m. ▪ inform. Ensemble de programmes informatiques commercialisés en vue d'un type d'utilisation.

proglottis [-is] n. m. ▪ zool. Anneau d'un ver cestode (ténia, etc.).

prognathe [-gnat] adj. ▪ didact. Qui a le maxillaire inférieur proéminent. ► **prognathisme** n. m.

programmable adj. ▪ Que l'on peut programmer, régler à l'avance.

programmateur, trice ▪ **1** n. Personne chargée de la programmation (1). **2** n. m. Système qui commande le déroulement d'une série d'opérations.

programmation n. f. ▪ **1** Organisation des programmes (cinéma, radio, télévision). **2** Élaboration d'un programme (4).

programme n. m. ▪ **1** Description des parties d'une cérémonie, d'un spectacle. *Changement de programme.* **2** Matières enseignées dans un cycle d'études ou sujet d'un examen. **3** Suite d'actions à accomplir pour arriver à un résultat. → **plan, projet.** ♦ *Programme électoral.* **4** Suite ordonnée d'opérations. ♦ inform. Suite d'instructions destinées à être exécutées par un ordinateur.

programmer v. tr. [1] ▪ **1** Inclure dans un programme (cinéma, radio, télévision). **2** Élaborer un programme (4). **3** fam. Prévoir et organiser. → **planifier.**

programmeur, euse n. ▪ Spécialiste qui établit le programme d'un ordinateur.

progrès n. m. ▪ **1** surtout au plur. Avance d'une troupe, d'une armée. → **progression.** ♦ Fait de se répandre. → **propagation. 2** Changement d'état, passage à un degré supérieur. → **développement.** *La criminalité est en progrès.* **3** Amélioration. ♦ *LE PROGRÈS :* l'évolution de l'humanité, de la civilisation vers un terme idéal.

progresser v. intr. [1] ▪ **1** Se développer, être en progrès. *Le mal progresse.* ♦ Faire des progrès (3). **2** Avancer, gagner du terrain. *L'ennemi progresse.*

progressif, ive adj. ▪ Qui s'effectue d'une manière régulière et continue. → **graduel ; progression** (3). ► **progressivement** adv. ► **progressivité** n. f.

progression n. f. ▪ **1** Suite de nombres dans laquelle chaque terme est déduit du précédent par une loi constante. *Progression arithmétique*, géométrique*.* **2** Avance élaborée, organisée. **3** Développement par degrés, régulier et continu.

progressiste adj. et n. ▪ Partisan du progrès politique, social. ► **progressisme** n. m.

prohiber v. tr. [1] ▪ Défendre, interdire par une mesure légale. ▷ adj. **prohibé, ée** *Armes prohibées.*

prohibitif, ive adj. ▪ **1** dr. Qui défend, interdit légalement. *Des mesures prohibitives.* **2** *Droits, tarifs douaniers prohibitifs,* si élevés qu'ils équivalent à une prohibition. ♦ cour. (prix) Trop élevé, excessif.

prohibition n. f. ▪ **1** Interdiction légale. **2** Interdiction portant sur certaines marchandises. ➛ absolt *LA PROHIBITION* (de l'alcool, de 1919 à 1933, aux États-Unis).

prohibitionnisme n. m. ▪ Le fait de prohiber, d'interdire systématiquement une activité, une pratique. *Prohibitionnisme en matière de prostitution.* ♦ Système de protection douanière par prohibition. ➛ hist. Système de la prohibition de l'alcool aux États-Unis. ► **prohibitionniste** adj. et n.

proie n. f. ▪ **1** Être vivant dont un animal s'empare pour le dévorer. *Oiseau DE PROIE.* → **rapace.** ➛ loc. fig. *Lâcher la proie pour l'ombre*.* **2** Bien dont on s'empare par la force. **3** *ÊTRE LA PROIE DE :* être absorbé, pris par (un sentiment, une force hostile). *Être la proie des remords.* **4** *EN PROIE À :* tourmenté par (un mal, un sentiment).

projecteur n. m. ▪ **1** Appareil qui projette des rayons lumineux. **2** Appareil projetant des images sur un écran.

projectif, ive adj. ▪ didact. De la projection (2 et 4).

projectile n. m. ▪ Objet lancé avec force contre qqn, qqch. ♦ spécialt Balle, obus.

projection n. f. ▪ **1** Action de projeter, de lancer en avant. ➛ Lancement (de projectiles). ♦ au plur. *Les projections d'un volcan.* **2** géom.

Opération par laquelle on fait correspondre, à un ou plusieurs points de l'espace, un point ou un ensemble de points sur une droite ou sur une surface. *Projection orthogonale.* **3** Action de projeter (une image, un film) sur un écran. **4** psych. Mécanisme de défense par lequel le sujet voit chez autrui ses idées, ses affects.

projectionniste n. ▪ Technicien(ne) chargé(e) de la projection des films.

projecture n. f. ▪ archit. Saillie.

projet n. m. ▪ **1** Image d'une situation, d'un état que l'on souhaite atteindre. → **dessein, intention, plan.** **2** Brouillon, ébauche. *Laisser qqch. à l'état de projet.* ➛ *EN PROJET* : à l'étude. ♦ Dessin, modèle (avant réalisation).

projeter v. tr. [4] ▪ **I 1** Jeter en avant et avec force. **2** sc. Figurer, tracer en projection (2). *Projeter un volume sur un plan.* **3** Envoyer sur une surface (des rayons lumineux, une image). *Projeter un film.* **4** psych. *Projeter un sentiment sur qqn* (→ **projection** (4)). **II** (→ projet) Former l'idée de (ce que l'on veut faire et les moyens pour y parvenir). ► **projeteur, euse** n.

prolactine n. f. ▪ méd. Hormone sécrétée par l'hypophyse et qui déclenche la lactation.

prolamine n. f. ▪ biochim. Protéine végétale extraite de diverses graines (blé, riz, orge, maïs).

prolapsus [-ys] n. m. ▪ méd. Descente (d'un organe ou d'une partie d'organe).

prolégomènes n. m. pl. ▪ didact. **1** Ample préface. **2** Principes préliminaires.

prolepse n. f. ▪ didact. Figure de rhétorique par laquelle on va au-devant des objections.

prolétaire n. ▪ **1** Antiq. rom. Citoyen de la dernière classe du peuple, exempt d'impôt. **2** mod. Ouvrier, paysan, employé qui ne vit que de son salaire. ➛ spécialt Travailleur manuel de la grande industrie. - abrév. fam. **prolo.** ► **prolétarien, ienne** adj.

prolétariat n. m. ▪ Classe sociale des prolétaires (1 et 2).

prolétariser v. tr. [1] ▪ Réduire à la condition de prolétaire. ► **prolétarisation** n. f.

proliférer v. intr. [6] ▪ **1** (cellules vivantes) Se multiplier en se reproduisant. **2** (plantes, animaux) Se multiplier en abondance, rapidement. ♦ fig. → **foisonner.** ► **prolifération** n. f.

prolifique adj. ▪ **1** Qui se multiplie rapidement. **2** fig. Qui produit beaucoup. *Un romancier prolifique.* ► **prolificité** n. f.

prolixe adj. ▪ Qui est trop long (écrivain ; texte). ► **prolixité** n. f.

prolo n. → **prolétaire**

prolog [-ɔg] n. m. (sigle de *programmation en logique*) ▪ inform. Langage de programmation évolué, orienté vers l'intelligence artificielle.

prologue n. m. ▪ **1** Texte introductif (spécialt au théâtre). **2** fig. Préliminaire, prélude (2).

prolongateur n. m. ▪ Cordon électrique, rallonge.

prolongation n. f. ▪ **1** Action de prolonger dans le temps ; temps prolongé. **2** sports Chacune des deux périodes supplémentaires qui prolongent un match pour départager deux équipes à égalité. *Jouer les prolongations.*

prolonge n. f. ▪ milit. Voiture servant à transporter les munitions (artillerie).

prolongement n. m. ▪ **1** Action de prolonger dans l'espace. ♦ loc. *DANS LE PROLONGEMENT (de...).* **2** Ce qui prolonge la partie principale (d'une chose). *Les prolongements de la cellule nerveuse.* **3** Ce par quoi un événement, une situation se prolonge. → **conséquence, suite.**

prolonger v. tr. [3] ▪ **1** (temporel) Faire durer plus longtemps. *Prolonger un débat.* ➛ pronom. Durer plus longtemps que prévu. **2** (spatial) Faire aller plus loin dans le sens de la longueur. **3** (sujet chose) Être le prolongement de. ▷ adj. **prolongé, ée**

promenade n. f. ▪ **1** Action de se promener ; trajet fait en se promenant. → **balade, marche.** **2** Lieu aménagé pour les promeneurs. → **avenue, cours.**

promener v. tr. [5] ▪ **1** Faire aller dans plusieurs endroits, pour le plaisir. **2** Déplacer, faire aller et venir (qqch.). *Promener son regard sur...* **3** Faire aller avec soi. *Promener son ennui.* ▷ v. pron. se **promener** Aller, marcher pour le plaisir. → fam. se **balader.** fam. (sans pron.) *Envoyer promener qqn, qqch.* : repousser, rejeter.

promeneur, euse n. ▪ Personne qui se promène à pied.

promenoir n. m. ▪ **1** Lieu destiné à la promenade (couvent, prison...). **2** Partie d'une salle de spectacle où les spectateurs étaient debout (et pouvaient circuler).

promesse n. f. ▪ **1** Ce que l'on s'engage à faire. *Tenir sa promesse.* **2** Engagement. *Promesse de vente.* **3** Ce qui donne à espérer d'heureuses suites.

prométhéen, enne adj. ▪ didact. Relatif à Prométhée. *Le mythe prométhéen.* ♦ littér. Caractérisé par le goût de l'action, la foi en l'homme.

prométhium [-tjɔm] n. m. ▪ chim. Élément atomique (symb. Pm ; n° at. 61 ; masse at. 146,91), du groupe des lanthanides (terres rares).

prometteur, euse adj. ▪ Plein de promesses (3). *Des débuts prometteurs.*

promettre v. tr. [56] ▪ **1** S'engager envers qqn à faire qqch. *Il lui a promis son aide.* **2** Affirmer, assurer. *Je vous promets qu'il s'en repentira.* **3** S'engager envers qqn à donner (qqch.). ➛ loc. *Promettre la lune, monts et merveilles,* des choses impossibles. **4** (sujet chose) Annoncer. ♦ Faire espérer. *Ce nuage ne promet rien de bon.* **5** sans compl. Donner de grandes espérances (→ **prometteur**). ➛ fam. *Ça promet !*, ça va être pire. ▷ v. pron. se **promettre** Espérer, compter sur. ➛ *Se promettre de* (+ inf.) : faire le projet de.

promis, ise ▪ I adj. 1 Qui a été promis. loc. *Chose promise, chose due.* ▸ *La* TERRE PROMISE (au peuple hébreu, dans la Bible) ; fig. pays, milieu dont on rêve. 2 *PROMIS À* : destiné à, voué à. II n. région. Fiancé(e). *Sa promise.*

promiscuité n. f. ▪ Situation qui oblige des personnes à vivre côte à côte, trop près.

promontoire n. m. ▪ Pointe de terre, de relief élevé, en saillie dans la mer.

promoteur, trice n. ▪ 1 littér. Personne qui donne la première impulsion (à qqch.). → **instigateur.** 2 *Promoteur (immobilier),* qui assure la construction d'immeubles.

promotion n. f. ▪ 1 Fait de parvenir à un grade, un emploi supérieur. → **avancement.** ▸ *Promotion sociale.* 2 Ensemble des candidats admis la même année (à certaines grandes écoles). 3 Action de promouvoir (2). ♦ *Promotion des ventes* : développement des ventes ; techniques, services qui s'en chargent. ▸ *En promotion,* vendu moins cher que la normale. 4 *Promotion immobilière* : activité du promoteur (2).

promotionnel, elle adj. ▪ Qui favorise l'expansion des ventes. *Vente promotionnelle,* à prix réduit.

promouvoir v. tr. [27] rare, sauf à l'inf. et au p. p. ▪ 1 Élever à une dignité, un grade supérieur. ▸ passif et p. p. *Être promu directeur.* 2 Encourager, provoquer la création, l'essor de (qqch.). *Promouvoir la recherche scientifique.*

prompt, prompte [pʀɔ̃, pʀɔ̃t ; pʀɔ̃pt] adj. ▪ I 1 littér. Qui agit sans tarder. ▸ *PROMPT À... Être prompt à la colère.* 2 (choses) Qui ne tarde pas à se produire. II 1 littér. (personnes) Rapide. 2 (choses) Qui se produit en peu de temps. *Une prompte riposte.* ▸ **promptement** adv. ▸ **promptitude** n. f.

prompteur [-pt-] n. m. ▪ anglic. Appareil qui fait défiler au-dessus d'une caméra de télévision un texte à lire.

promulguer v. tr. [1] ▪ Décréter (une loi) valable et exécutoire. ▸ **promulgation** n. f.

pronaos [-s] n. m. ▪ archit. Partie d'un temple antique précédant le naos.

pronateur, trice adj. et n m. ▪ anat. *Muscle pronateur,* qui détermine la pronation (opposé à *supinateur*).

pronation n. f. ▪ didact. (opposé à *supination*) Mouvement de rotation interne de la main et de l'avant-bras.

prône n. m. ▪ relig. Sermon du dimanche.

prôner v. tr. [1] ▪ Vanter et recommander sans réserve et avec insistance.

pronom n. m. ▪ gramm. Mot qui a les fonctions du nom et qui représente ou remplace un nom. *Pronoms démonstratifs* (ceci, cela...), *indéfinis* (on, certains...), *interrogatifs* (qui, quoi...), *personnels* (je, tu...), *possessifs* (le mien, le tien...), *relatifs* (que, qui, auquel...).

pronominal, ale, aux adj. ▪ 1 Relatif au pronom. 2 *Verbe pronominal,* précédé d'un pronom personnel réfléchi. ▸ **pronominalement** adv.

prononcé, ée adj. ▪ I Déclaré, dit. II Très perceptible. *Un goût prononcé pour la musique.*

prononcer v. [3] ▪ I v. tr. 1 Rendre, lire (un jugement) ; faire connaître (une décision). *Prononcer un arrêt.* 2 Dire (un mot, une phrase). 3 Articuler d'une certaine manière (les sons du langage). ▸ pronom. (passif) *Ce mot s'écrit comme il se prononce.* 4 Faire entendre, dire ou lire publiquement (un texte). *Prononcer un discours.* II v. intr. dr. Rendre un arrêt, un jugement. *La cour a prononcé.* ▷ v. pron. **se prononcer** Se décider, se déterminer. *Se prononcer en faveur de qqn.* ▸ **prononçable** adj.

prononciation n. f. ▪ Manière dont les sons du langage sont articulés (→ **phonétique**), dont un mot est prononcé.

pronostic n. m. ▪ 1 Jugement que porte un médecin (après le diagnostic) sur la durée et l'issue d'une maladie. 2 Conjecture, hypothèse. ▸ spécialt *Le pronostic des courses* (de chevaux).

pronostique adj. ▪ méd. Relatif au pronostic.

pronostiquer v. tr. [1] ▪ 1 méd. Émettre le pronostic de. 2 Donner un pronostic sur (ce qui doit arriver). → **annoncer, prévoir.**

pronostiqueur, euse n. ▪ Personne qui fait des pronostics (spécialt qui établit les pronostics sportifs).

pronucléus [-ys] n. m. ▪ biol. Noyau haploïde d'un œuf fécondé. *Pronucléus mâle, femelle.*

pronunciamiento [pʀɔnunsjamjɛnto] n. m. ▪ Dans les pays hispaniques, Coup d'État militaire, putsch. *Des pronunciamientos.*

propagande n. f. ▪ Action exercée sur l'opinion pour l'amener à avoir, à soutenir certaines idées (surtout politiques). *Propagande et publicité.* → **persuasion.**

propagandiste n. ▪ Personne qui fait de la propagande, l'éloge de qqn, de qqch.

propagateur, trice n. ▪ Personne qui propage (une religion, une opinion).

propagation n. f. ▪ Fait de propager, de se propager (idées, croyances, phénomènes...).

propager v. tr. [3] ▪ Répandre, diffuser (des idées, des paroles, etc.). *Propager une nouvelle.* ▷ v. pron. **se propager** 1 Se multiplier par reproduction ; proliférer. 2 Se répandre. *L'incendie se propage.* 3 (phénomène vibratoire) S'étendre en s'éloignant de sa source.

propane n. m. ▪ Gaz naturel ou raffiné, hydrocarbure vendu en bouteilles comme combustible.

propanier n. m. ▪ Navire spécialisé dans le transport du propane.

proparoxyton adj. m. et n. m. ▪ ling. (Mot) qui porte l'accent sur l'antépénultième syllabe.

propédeutique adj. ■ didact. Qui prépare (à des études, etc.).

propène n. m. ■ chim. Hydrocarbure gazeux éthylénique dérivé du propane. - syn. **propylène.**

propension n. f. ■ *Propension à,* tendance naturelle à.

propergol n. m. ■ chim. Substance productrice d'énergie utilisée pour la propulsion des fusées.

propfan [pʀɔpfan] n. m. ■ anglic. Hélice d'avion capable de fonctionner à des vitesses transsoniques.

propharmacien, enne n. ■ Médecin autorisé à délivrer des médicaments dans les localités où il n'y a pas d'officine.

prophase n. f. ■ biol. Première phase de la division cellulaire dans laquelle les chromosomes se disposent par paires.

prophète, prophétesse n. ■ **1** Personne inspirée par la divinité, qui prédit l'avenir, révèle des vérités cachées. *Les prophètes de la Bible.* ◆ *Le Prophète,* Mahomet. ◆ loc. *Faux prophète :* imposteur. **2** fig. Personne qui prédit ou annonce l'avenir. ◆ prov. (Évangile) *Nul n'est prophète en son pays :* il est difficile d'être reconnu par ses compatriotes.

prophétie n. f. ■ **1** Ce qui est prédit par un prophète (1 et 2). **2** Prédiction.

prophétique adj. ■ Qui a rapport à un prophète, à la prophétie. ◆ (passé) *Des paroles prophétiques,* confirmées plus tard.

prophétiser v. tr. [1] ■ **1** Prédire, en se proclamant inspiré par la divinité. **2** Prédire, annoncer (ce qui va arriver).

prophylaxie n. f. ■ Ensemble des mesures à prendre pour prévenir les maladies. → **hygiène, prévention.** ► **prophylactique** adj.

propice adj. ■ **1** littér. (divinité) Bien disposé, favorable. **2** (choses) *Propice à...,* qui se prête tout particulièrement à. → **bon** pour. ◆ cour. Opportun, favorable. *Choisir le moment propice.*

propitiation n. f. ■ relig. *Sacrifice, victime de propitiation,* que l'on offre à Dieu pour se le rendre propice.

propitiatoire adj. ■ littér. Qui a pour but de rendre la divinité propice.

propolis [-is] n. f. ■ Gomme résineuse que les abeilles recueillent sur les bourgeons et utilisent pour obturer les fentes des ruches, fixer les gâteaux de cire.

proportion n. f. ■ **1** (qualité) Rapport entre les éléments d'un ensemble ; équilibre des surfaces, des masses, des dimensions. ◆ au plur. *Une statue aux proportions harmonieuses.* **2** (quantité) Rapport. → **pourcentage, taux.** ◆ loc. *À PROPORTION DE... :* suivant la grandeur relative de. ◆ *À PROPORTION QUE* (+ indic.) : à mesure que. ◆ *EN PROPORTION DE.* → en **comparaison** de, **relativement** à. ◆ *À, EN PROPORTION :* suivant la même proportion. ◆ *HORS DE PROPORTION,* sans commune mesure avec... → **disproportionné. 3** au plur. Dimensions (par référence implicite à une échelle, une mesure).

proportionné, ée adj. ■ **1** *Proportionné à,* qui a un rapport normal avec (s'oppose à *disproportionné*). **2** *Bien proportionné :* qui a de belles proportions (1), bien fait.

proportionnel, elle adj. ■ **1** Qui a une proportion (bonne, égale, constante). ◆ math. *Suite proportionnelle,* chacune des fractions donnée pour égale à une autre. ◆ *Moyenne, grandeur proportionnelle.* **2** Qui est en rapport avec (qqch.), varie dans le même sens. *Salaire proportionnel au travail fourni.* ◆ *Impôt proportionnel,* à taux invariable (opposé à *progressif*). ► **proportionnalité** n. f. ► **proportionnellement** adv. **3** *Représentation proportionnelle* ou n. f. *la proportionnelle,* où les élus de chaque liste sont en nombre proportionnel à celui des votes.

proportionner v. tr. [1] ■ Rendre (une chose) proportionnelle (à une autre).

propos n. m. ■ **I** au sing. **1** littér. Ce qu'on se fixe pour but. → **dessein, intention. 2** loc. *À PROPOS DE :* au sujet de. ◆ *À TOUT PROPOS.* ◆ *À PROPOS, À CE PROPOS* (→ au fait). ◆ *Mal à propos,* de manière intempestive. ◆ *À PROPOS* loc. adv. : quand, où il faut ; avec discernement. *Cela tombe à propos.* ◆ *Hors de propos* loc. adv. : mal à propos ; loc. adj. inopportun. **II** *UN, DES PROPOS :* paroles dites au sujet de qqn, qqch., mots échangés. *Des propos en l'air.*

proposer v. tr. [1] ■ **I** *PROPOSER qqch. À qqn.* **1** Faire connaître, soumettre à qqn. *On leur proposa un nouveau projet.* **2** *Proposer à qqn de* (+ inf.) : demander de prendre part à. **3** Demander à qqn d'accepter. *On lui a proposé de l'argent.* → **offrir. 4** Donner (un sujet, un thème). **II** *PROPOSER qqn :* désigner (qqn) comme candidat. ▷ v. pron. **se proposer 1** Se fixer (un but) ; former le projet (de faire). **2** Poser sa candidature.

proposition n. f. ■ **1** Action de proposer (I) ; ce qui est proposé. → **offre.** ◆ spécialt Demande de relations sexuelles. **2** log. Assertion considérée dans son contenu. *Démontrer qu'une proposition est vraie.* **3** gramm. Énoncé, phrase simple ou élément d'une phrase complexe. *Proposition principale, subordonnée.*

propre adj. ■ **I** (→ propriété) **1** (subst. + *propre*). Qui appartient d'une manière exclusive ou particulière à qqn, qqch. ◆ *En mains propres.* → **main** (I, 4). ◆ *NOM PROPRE* (opposé à *nom commun*) : nom qui s'applique à une chose unique (personne, lieu...). ◆ *SENS PROPRE* (opposé à *sens figuré*). → **littéral.** ◆ *PROPRE À...,* particulier à. **2** (possessif + *propre* + subst. : renforce le possessif). *Ce sont ses propres mots,* exactement ceux qu'il a employés. → **même. 3** (après le nom) Qui convient particulièrement (opposé à *impropre*). *Le mot propre.* → **exact, juste.** *Une atmosphère propre au travail.* → **propice.**

– (personnes) *Propre à.* → **apte.** – loc. (adj. et n.) *PROPRE À RIEN :* personne qui ne sait ou ne veut rien faire. **4** n. m. *Avoir un bien EN PROPRE,* à soi. → **propriété.** ♦ *LE PROPRE DE :* la qualité distinctive. **II** (→ propreté) **1** vx Bien tenu, soigné. ♦ mod. n. m. *Mettre au propre* (opposé à *brouillon*). **2** (choses) Non sali (opposé à *sale, malpropre*). ♦ (personnes) Qui se lave souvent. ♦ Qui ne se souille pas. *Cet enfant était propre à deux ans.* **3** Qui salit, pollue peu. *Industries propres.* **4** fig. (personnes) Honnête, dont la réputation est sans tache. – (choses) *Une affaire pas très propre.* → **correct.** ♦ n. m. iron. *C'est du propre !,* c'est indécent, immoral.

proprement adv. ■ **I 1** D'une manière particulière à qqn ou à qqch. ; en propre. → **spécifiquement. 2** littér. Au sens propre du mot. – *À PROPREMENT PARLER :* exactement. – *PROPREMENT DIT(E) :* au sens propre. **II 1** D'une manière propre, soigneuse ou sans souillure. **2** Correctement.

propret, ette adj. ■ Bien propre (II, 2).

propreté n. f. ■ État, qualité d'une personne, d'une chose propre (II, 2, 3 et 4).

propréteur n. m. ■ hist. À Rome, ancien préteur à qui l'on confiait le gouvernement d'une province.

propriétaire n. ■ **1** Personne qui possède (qqch.) en propriété. – loc. *Faire le tour du propriétaire,* visiter son domaine. **2** Personne qui possède des biens immeubles. **3** Personne qui loue un logement à qqn. – abrév. fam. **proprio.**

propriété n. f. ■ **I 1** Fait de posséder en propre ; droit de jouir et de disposer de biens. ♦ Monopole temporaire d'exploitation. *Propriété littéraire.* **2** Ce qu'on possède en vertu de ce droit. ♦ Terre, construction ainsi possédée. **3** Riche maison d'habitation avec un jardin, un parc. **II 1** Qualité propre. *Propriétés physiques, chimiques.* **2** Adéquation de l'expression.

proprio → **propriétaire**

proprioceptif, ive adj. ■ physiol. *Sensibilité proprioceptive,* propre aux muscles, os, ligaments.

propulser v. tr. [1] ■ **1** Faire avancer par une poussée. **2** Projeter au loin, avec violence. ▷ v. pron. se **propulser** fam. Se déplacer.

propulseur n. m. ■ **1** ethnol., préhist. Bâton à encoche servant à lancer une arme de jet. **2** Engin de propulsion.

propulsif, ive adj. ■ didact. Qui produit un effet de propulsion. *Hélice propulsive.*

propulsion n. f. ■ **1** didact. Fait de mettre en mouvement. **2** cour. Production d'une énergie qui assure le déplacement d'un mobile, le fonctionnement d'un moteur.

propylée n. m. ■ archit. Vestibule d'un temple. – au plur. Portique à colonnes qui formait l'entrée, la porte monumentale (d'un temple, d'une citadelle). *Les Propylées de l'Acropole d'Athènes.*

propylène → **propène**

au **prorata** (de) loc. prép. ■ En proportion de, proportionnellement à.

proroger v. tr. [3] ■ **1** Renvoyer à une date ultérieure. **2** Prolonger. *Proroger un bail.* ► **prorogatif, ive** adj. ► **prorogation** n. f.

prosaïque adj. ■ Qui manque d'idéal, de noblesse ; sans poésie. ► **prosaïquement** adv. ► **prosaïsme** n. m.

prosateur, trice n. ■ Auteur qui écrit en prose (s'oppose à *poète*).

proscenium [pʀɔsenjɔm] n. m. ■ Antiq. Corniche qui surplombe la scène d'un théâtre antique. ♦ Avant-scène.

proscription [-psjɔ̃] n. f. ■ **1** hist. Mesure de bannissement. **2** littér. Action de proscrire (2) qqch.

proscrire v. tr. [39] ■ **1** hist. Bannir, exiler. **2** littér. Interdire formellement (qqch.). *Proscrire l'alcool.*

proscrit, ite ■ **1** adj. et n. Frappé de proscription (1). → **banni, exilé. 2** adj. Interdit.

prose n. f. ■ **1** Forme ordinaire du discours oral ou écrit ; manière de s'exprimer qui n'est pas soumise aux règles de la versification. ♦ Textes en prose. **2** fam. souvent iron. Manière d'écrire (d'une personne, d'un milieu). → **style.** *La prose administrative.*

prosecteur [-s-] n. m. ■ méd. Médecin spécialisé dans les travaux pratiques d'anatomie, dans les dissections.

prosélyte n. ■ **1** Nouveau converti à une religion, qui cherche à la propager. **2** fig. *Les prosélytes d'une idée, d'une théorie, d'un parti.*

prosélytisme n. m. ■ Zèle déployé pour recruter des adeptes.

prosimien [-s-] n. m. ■ zool. Primate appartenant à un sous-ordre ne faisant pas partie des singes vrais. → **lémurien.**

prosobranche n. m. ■ zool. Mollusque gastéropode dont les branchies sont à l'avant du corps (s'oppose à *opisthobranche*).

prosodie n. f. ■ didact. **1** Durée, mélodie et rythme des sons d'un poème ; règles les concernant. → **métrique, versification. 2** mus. Règles fixant les rapports entre paroles et musique. **3** Intonation et débit propres à une langue. ► **prosodique** adj.

prosopopée n. f. ■ didact. Figure de rhétorique par laquelle on fait parler et agir une personne que l'on évoque (absent, défunt, animal ou chose personnifiée). → **évocation.**

prospect [pʀɔspɛ(kt)] n. m. ■ anglic. Client potentiel d'une entreprise.

prospecter v. tr. [1] ■ **1** Examiner, étudier (un terrain) pour rechercher les richesses naturelles. **2** Parcourir (une région), étudier les possibilités de (un marché, une clientèle).

prospecteur, trice n. ■ Personne qui prospecte. *Prospecteurs d'or.*

prospectif, ive adj. ■ Qui concerne l'avenir, sa connaissance, la prévision. ► **prospective** n. f.

prospection n. f. ▪ Recherche d'une personne qui prospecte (1 et 2).

prospectus [-ys] n. m. ▪ Imprimé publicitaire.

prospère adj. ▪ Qui est dans un état heureux, de prospérité, santé, richesse.

prospérer v. intr. [6] ▪ **1** Être, devenir prospère. ◆ Croître en abondance. **2** (affaire, entreprise...) Être en train de réussir.

prospérité n. f. ▪ **1** Bonne santé, situation favorable (de qqn). **2** État d'abondance ; heureux développement (d'une production, d'une entreprise).

prostaglandine n. f. ▪ méd. Médiateur lipidique aux nombreux effets physiologiques.

prostate n. f. ▪ Glande de l'appareil génital masculin, située sous la vessie. ► **prostatique** adj.

prostatectomie n. f. ▪ méd. Ablation de la prostate.

prostatite n. f. ▪ méd. Inflammation de la prostate.

se **prosterner** v. pron. [1] ▪ S'incliner en avant et très bas dans une attitude d'extrême respect. fig. *Se prosterner devant qqn.* ► **prosternation** n. f. ► **prosternement** n. m.

prosthétique adj. ▪ biochim. *Groupement prosthétique* : partie d'une molécule de protéine qui n'est pas protéique.

prostitué, ée n. ▪ Personne qui se livre à la prostitution.

prostituer v. tr. [1] ▪ **1** Inciter, livrer (qqn) à la prostitution*. **2** littér. Déshonorer, avilir. ▷ v. pron. se **prostituer**

prostitution n. f. ▪ **1** Fait de livrer son corps aux plaisirs sexuels d'autrui pour de l'argent et d'en faire métier ; ce métier, le phénomène social qu'il représente. **2** littér. Action d'avilir, de s'avilir.

prostration n. f. ▪ État d'extrême abattement physique et psychologique.

prostré, ée adj. ▪ Qui est dans un état de prostration.

prostyle ▪ **1** adj. archit. Qui n'a de colonnes qu'à sa façade antérieure. *Temple prostyle.* **2** n. m. Rangée de colonnes formant un portique, un vestibule (dans un temple prostyle).

protactinium [-jɔm] n. m. ▪ chim. Élément radioactif (symb. Pa ; n° at. 91 ; masse at. 231) de la série des actinides.

protagoniste n. ▪ Personne qui joue le premier rôle dans une affaire. → **héros.**

protamine n. f. ▪ biochim. Protéine simple combinée à l'ADN dans la laitance de poisson.

protandrie → **protérandrie**

protase n. f. ▪ **1** gramm. Subordonnée conditionnelle placée avant la principale. **2** rhét. Première partie d'une période.

prote n. m. ▪ Contremaître dans un atelier d'imprimerie typographique.

protéagineux, euse adj. ▪ (végétal) Qui contient une grande proportion de protéines. ◆ n. m. *Protéagineux et oléagineux**.

protéase n. f. ▪ biochim. Enzyme qui hydrolyse les protéines et les polypeptides. – syn. **protéinase.**

protecteur, trice ▪ **I** n. **1** Personne qui protège, défend (les faibles, les pauvres, etc.). → **défenseur. 2** Personne qui protège, qui patronne (qqn). **II** adj. **1** Qui remplit un rôle de protection (à l'égard de qqn, qqch.). **2** Qui exprime une intention condescendante. → **hautain.** *Un ton protecteur.*

protection n. f. ▪ **1** Action de protéger, de défendre qqn ou qqch. ; le fait d'être protégé. *Protection de la nature.* **2** Personne ou chose (matière, dispositif) qui protège. ◆ *Protections périodiques*, que les femmes utilisent pendant les règles. **3** Action d'aider, de patronner qqn. **4** Action de favoriser la naissance, le développement (de qqch.).

protectionnisme n. m. ▪ Politique douanière qui vise à protéger l'économie nationale contre la concurrence étrangère (opposé à *libre-échange*). ► **protectionniste** adj. et n.

protectorat n. m. ▪ hist. Régime établi par traité, dans lequel un État contrôlait un État « protégé » qui gardait une autonomie politique intérieure.

protégé, ée ▪ **1** adj. Mis à l'abri, préservé. **2** n. Personne protégée (par qqn).

protège-cahier n. m. ▪ Couverture de cahier en matière souple.

protège-dents n. m. invar. ▪ Appareil placé dans la bouche pour protéger les dents (boxeurs).

protéger v. tr. [6] et [3] ▪ **1** Aider (qqn) de manière à mettre à l'abri d'une attaque, des mauvais traitements, du danger. **2** Défendre contre toute atteinte. → **garantir, sauvegarder.** *La loi doit protéger les libertés individuelles.* **3** (sujet chose) Couvrir de manière à arrêter ce qui peut nuire, à mettre à l'abri. **4** Aider (qqn) en facilitant sa carrière, sa réussite. **5** Favoriser la naissance ou le développement de (une activité). **6** Favoriser (une production économique) par le protectionnisme.

protège-slip [-slip] n. m. ▪ Protection féminine qui se fixe au fond du slip.

protège-tibia n. m. ▪ Dispositif qui protège les tibias des sportifs. *Des protège-tibias.*

protéiforme adj. ▪ Qui peut prendre de multiples formes.

protéinase → **protéase**

protéine n. f. ▪ Grosse molécule complexe d'acides aminés, constituant essentiel des matières organiques et des êtres vivants. – syn. **protéide** n. f. ► **protéinique** adj.

protéiné, ée adj. ▪ Enrichi en protéines.

protéinogramme n. m. ▪ méd. Courbe à usage diagnostique, donnant la composition et la teneur relative des diverses protéines sériques.

protéinurie n. f. ▪ méd. Présence de protéines dans les urines.

protéique adj. ▪ biochim. Relatif aux protéines. → **protidique.**

protèle n. m. ▪ zool. Mammifère nocturne d'Afrique, de la famille des hyènes, au pelage rayé, appelé parfois *loup fouisseur.*

protéolyse n. f. ▪ biochim. Hydrolyse des protéines au cours des processus métaboliques sous l'effet d'enzymes.

protéolytique adj. ▪ biochim. Qui hydrolyse les protéines. *Enzyme protéolytique.* → **protéase.**

protérandrie n. f. ▪ biol. Forme d'hermaphrodisme dans lequel les gamètes mâles sont mûrs avant les gamètes femelles. ▸ bot. *Protérandrie végétale,* des fleurs dont l'étamine est mûre avant le pistil. - syn. **protandrie.**

protérogynie n. f. → **protogynie**

protestable adj. ▪ dr. Que l'on peut protester (II). *Effet de commerce protestable.*

protestant, ante n. et adj. ▪ Chrétien appartenant à la religion réformée. → **anglican, calviniste, luthérien.**

protestantisme n. m. ▪ La religion chrétienne réformée qui s'est détachée du catholicisme au XVIe siècle (→ **Réforme**) ; Églises et communautés protestantes.

protestataire adj. ▪ littér. Qui proteste. ▸ n. *Des protestataires.*

protestation n. f. ▪ **1** littér. Déclaration (de bons sentiments, etc.). *Des protestations d'amitié.* **2** Déclaration par laquelle on s'élève contre ce qu'on déclare illégitime, injuste. **3** Témoignage d'opposition.

protester v. [1] ▪ **I 1** v. tr. ind. littér. PROTESTER DE : donner l'assurance formelle de. *Protester de son innocence.* **2** v. intr. Déclarer formellement son opposition, son refus. **II** v. tr. dr. *Protester un chèque* (→ **protêt**).

protêt n. m. ▪ dr. Acte par lequel le bénéficiaire d'un chèque, d'une lettre de change, fait constater qu'il n'a pas été payé.

prothalle n. m. ▪ bot. Chez les fougères, Petite lame verte, produit de la germination de la spore, à la face inférieure de laquelle se développe la plante.

prothèse n. f. ▪ **1** Remplacement d'organes, de membres par des appareils artificiels. **2** Appareil de prothèse. ▸ **prothétique** adj.

prothésiste n. ▪ Fabricant de prothèses.

prothorax [-aks] n. m. ▪ zool. Segment antérieur du thorax des insectes. *Prothorax des coléoptères.* → **corselet.**

prothrombine n. f. ▪ chim. Protéine du plasma sanguin, facteur de la coagulation.

protide n. m. ▪ biochim. vieilli Acide aminé ; corps qui libère cet acide. ▸ **protidique** adj. → **protéique.**

protiste n. m. ▪ biol. Organisme vivant unicellulaire. → **protozoaire.**

proto- Élément, du grec *prôtos* «premier, primitif».

protocolaire adj. ▪ **1** Relatif au protocole, à l'étiquette. **2** Conforme au protocole. **3** Attaché au protocole. → **cérémonieux.**

protocole n. m. ▪ **1** Document portant les résolutions d'une assemblée, le texte d'un engagement. *Un protocole d'accord sur les salaires.* **2** Recueil de règles à observer en matière d'étiquette, dans les relations officielles. ▸ Service chargé des questions d'étiquette. **3** sc. Description précise des conditions et du déroulement d'une expérience, d'un test, d'une opération chirurgicale. ▸ *Protocole opératoire* (en chirurgie). *Protocole thérapeutique.* ▸ *Protocole de communication* (entre ordinateurs, en informatique).

protoétoile n. f. ▪ astron. Étoile en formation.

protogynie n. f. ▪ biol. Forme d'hermaphrodisme animal ou végétal où les gamètes femelles sont mûrs avant les gamètes mâles. *Protogynie et protérandrie.* - syn. **protérogynie.** ▸ **protogyne** adj. - syn. **protérogyne.**

protohistoire n. f. ▪ didact. Période de transition entre la préhistoire et l'histoire (du IIIe au Ier millénaire avant J.-C.) ; fin du néolithique. ▸ **protohistorique** adj.

protomère n. m. ▪ biochim. Monomère protéique associé à d'autres monomères par des liaisons non covalentes, pour former un oligomère ou un polymère.

proton n. m. ▪ Particule élémentaire (lourde) de charge positive, qui, avec le neutron, constitue le noyau des atomes.

protonéma n. m. ▪ bot. Chez les mousses, Filament issu de la spore qui donne naissance à de nouvelles tiges.

protonique adj. ▪ phys. Relatif aux protons. *Masse protonique.*

protonotaire n. m. ▪ **1** relig. Prélat de la cour romaine, du rang le plus élevé parmi ceux qui n'ont pas le rang d'évêque. **2** (Canada) Fonctionnaire chargé de l'enregistrement des actes dans un bureau régional.

protophyte n. m. ou f. ▪ bot. Organisme végétal unicellulaire ou à cellules peu différenciées. → **protiste.**

protoplasme n. m. ▪ biol. Substance qui constitue l'essentiel de la cellule vivante. ▸ **protoplasmique** adj.

protoplaste n. m. ▪ biol. Cellule végétale débarrassée de sa paroi cellulosique externe.

protoptère n. m. ▪ zool. Poisson des marais africains, à branchies et poumons, qui passe la saison sèche dans la vase.

prototype n. m. ▪ **1** littér. Type, modèle original. **2** Premier exemplaire d'un modèle de série. ► **prototypique** adj.

protoxyde n. m. ▪ chim. Oxyde d'un élément le moins riche en oxygène. *Protoxyde de calcium,* chaux. ➝ *Protoxyde d'azote* (N_2O) : gaz utilisé comme anesthésique.

protozoaire n. m. ▪ Protiste sans chlorophylle (amibe, infusoire...).

protractile adj. ▪ didact. Qui peut être étiré, distendu vers l'avant. *La langue protractile du fourmilier.*

protubérance n. f. ▪ **1** Saillie en forme de bosse. **2** *Protubérances (solaires)* : immenses jets de gaz enflammés à la surface du Soleil.

protubérant, ante adj. ▪ Qui forme une saillie.

protuteur, trice n. ▪ dr. Personne qui, sans avoir le titre de tuteur ou tutrice, a le droit d'administrer les biens d'un mineur.

prou loc. adv. ▪ littér. *PEU OU PROU,* plus ou moins.

proudhonien, ienne adj. ▪ **1** Qui a rapport à Proudhon, à ses théories. *Le socialisme proudhonien.* **2** Partisan du système de Proudhon. ➝ n. *Les proudhoniens.*

proue n. f. ▪ Avant d'un navire (opposé à *poupe*).

prouesse n. f. ▪ littér. Acte de courage, d'héroïsme ; action d'éclat. → **exploit.**

prout [-t] interj. ▪ fam. Onomatopée, bruit de pet. ➝ n. m. *Un prout sonore.*

prouver v. tr. [1] ▪ **1** Faire apparaître ou reconnaître (qqch.) comme vrai, par des preuves. → **démontrer, établir. 2** Exprimer (une chose) par une attitude, des gestes, des paroles. → **montrer. 3** (sujet chose) Servir de preuve, être (le) signe de.

provenance n. f. ▪ Endroit d'où vient ou provient une chose. → **origine.**

provençal, ale, aux ▪ **1** adj. et n. De la Provence. **2** n. m. *Le provençal* (dialectes d'oc). **3** loc. adv. *(À LA) PROVENÇALE* : cuisiné avec de l'huile d'olive, de l'ail, du persil.

provende n. f. ▪ **1** vx ou littér. Provisions de bouche, vivres. **2** agric. Nourriture donnée au bétail et aux animaux de basse-cour.

provenir v. intr. [22] ▪ (sujet chose) Venir (de) ; avoir son origine dans.

proverbe n. m. ▪ Formule exprimant une vérité d'expérience ou un conseil de sagesse pratique. → **adage, aphorisme.**

proverbial, ale, aux adj. ▪ **1** Qui tient du proverbe. **2** Connu et frappant (comme un proverbe). *Sa bonté est proverbiale.* ► **proverbialement** adv.

providence n. f. ▪ **1** relig. Sage gouvernement de Dieu ; (avec maj.) Dieu gouvernant la création. **2** fig. Heureux hasard.

providentiel, elle adj. ▪ Qui arrive grâce à la providence, à un heureux hasard (pour sauver, secourir). ► **providentiellement** adv.

provignage n. m. ▪ agric. Marcottage de la vigne.

provigner v. [1] ▪ **1** v. tr. Marcotter (la vigne). **2** v. intr. Se multiplier par provins, par marcottes.

provin n. m. ▪ vitic. Marcotte de vigne.

province n. f. ▪ **I 1** Région avec ses coutumes et ses traditions particulières. ➝ hist. (en France) Subdivision administrative du royaume. ♦ Division administrative de certains pays. *Les provinces de Belgique.* **2** *LA PROVINCE* : en France, l'ensemble du pays, à l'exclusion de la capitale. **II** anglic. État fédéré (du Canada).

provincial, ale, aux adj. ▪ **I 1** De la province. **2** n. Personne qui vit en province. **II** au Canada D'une province (II) (opposé à *fédéral*).

proviseur n. ▪ Directeur, directrice de lycée. → **principal.**

provision n. f. ▪ **I 1** Réunion de choses utiles ou nécessaires. → **réserve, stock.** *FAIRE PROVISION DE qqch.* **2** au plur. Achat de choses nécessaires à la vie courante (nourriture, produits d'entretien). → **courses. II 1** Somme versée à titre d'acompte. **2** Somme déposée chez un banquier pour assurer le paiement d'un titre. ➝ *Chèque sans provision.*

provisionnel, elle adj. ▪ Qui constitue une provision (II, 1). *Acompte provisionnel.*

provisionner v. tr. [1] ▪ **1** fin. Approvisionner (un compte). ➝ Au p. p. *Chèque non provisionné* (cf. sans provision ; fam. chèque en bois). **2** comptab. Affecter la provision nécessaire pour couvrir (une charge, une dépense).

provisoire adj. ▪ **1** Qui existe, se fait en attendant autre chose. → **momentané, transitoire.** ► **provisoirement** adv. **2** dr. Prononcé ou décidé avant le jugement définitif. *Liberté provisoire.*

provisorat n. m. ▪ admin. Fonctions de proviseur.

provitamine n. f. ▪ biochim. Substance qui peut être transformée en vitamine dans l'organisme.

provocant, ante adj. ▪ **1** Qui provoque, qui pousse à des sentiments ou à des actes violents. **2** Qui incite au désir, au trouble des sens.

provocateur, trice n. ▪ Personne qui provoque, incite à la violence, spécialt dans l'intérêt d'un groupe caché. ➝ adj. *Agent provocateur.*

provocation n. f. ▪ **1** Incitation. *Provocation à la débauche.* ♦ absolt Défi. *C'est de la provocation !* **2** Action, parole qui provoque.

provolone n. m. ▪ Fromage italien salé, séché, fumé, en forme de cylindre ou de poire.

provoquer v. tr. [1] ▪ **I 1** Inciter, pousser (qqn) à une action, à la violence. → **défier. 2** Exciter le désir de (qqn) par son attitude **(→ provocant** (2)**). II** *PROVOQUER qqch.* (sujet personne) Être volontairement ou non la cause de (qqch.). ♦ (sujet chose) Causer, occasionner.

proxémique n. f. ▪ didact. Science qui étudie l'utilisation et l'organisation signifiante de l'espace dans les relations entre les êtres animés.

proxénète n. ▪ Personne qui tire des revenus de la prostitution d'autrui. → **souteneur.** ▸ **proxénétisme** n. m.

proximal, ale, aux adj. ▪ didact. Qui est le plus près du centre du corps, ou du point d'attache d'un membre.

proximité n. f. ▪ **1** littér. Situation d'une chose proche (dans l'espace). **2** *À PROXIMITÉ* loc. adv. : tout près. ◆ *À PROXIMITÉ DE* loc. prép. : près de. ♦ *DE PROXIMITÉ* : près de son domaine d'action. **3** Caractère de ce qui est proche dans le temps (passé ou futur).

proxy n. m. ▪ inform. Serveur relais qui, sur Internet, accélère l'accès aux données. *Des proxys.*

proyer n. m. ▪ Petit oiseau (bruant) des plaines d'Europe et d'Afrique du Nord.

pruche n. f. ▪ (Canada) Conifère voisin du sapin, du genre *Tsuga.*

prude adj. ▪ D'une pudeur affectée, outrée. → **pudibond.**

prudemment [-amɑ̃] adv. ▪ Avec prudence.

prudence n. f. ▪ Attitude d'esprit d'une personne qui s'applique à éviter des erreurs, des malheurs possibles. → **circonspection ; précaution.**

prudent, ente adj. ▪ **1** Qui a de la prudence, agit avec prudence. **2** (choses) *Une réaction prudente,* de prudence. ◆ impers. *Il (ce) serait plus prudent de...*

pruderie n. f. ▪ littér. Affectation prude.

prud'homie n. f. ▪ dr. Juridiction des prud'hommes.

prud'homme n. ▪ Membre élu d'un *conseil des prud'hommes,* chargé de juger les litiges entre salariés et employeurs. ▸ **prud'homal, ale, aux** adj.

prudhommesque adj. ▪ littér. De la banalité pompeuse et ridicule de Joseph Prudhomme (personnage).

pruine n. f. ▪ Fine pellicule cireuse, naturelle, à la surface de certains fruits.

prune ▪ **I** n. f. **1** Fruit du prunier, de forme ronde ou allongée, à peau fine, jaune, verte (reines-claudes) ou bleutée (quetsches). *Eau-de-vie de prune,* ou ellipt *de la prune.* **2** loc. fam. *POUR DES PRUNES* : pour rien. **II** adj. invar. Violet foncé.

pruneau n. m. ▪ **1** Prune séchée. **2** fam. Projectile, balle de fusil.

① **prunelle** n. f. ▪ Fruit du prunellier, petite prune bleu ardoise, âcre. *Eau-de-vie de prunelle,* ou ellipt *de la prunelle.*

② **prunelle** n. f. ▪ Pupille de l'œil. ♦ loc. *Tenir à qqch. comme à la prunelle de ses yeux,* plus qu'à tout.

prunellier [-əlje] n. m. ▪ Arbrisseau épineux, prunier sauvage qui produit les prunelles.

prunier n. m. ▪ Arbre fruitier qui produit les prunes, prunelles. ♦ *Prunier du Japon,* espèce ornementale.

prunus [-ys] n. m. ▪ Prunier ornemental à feuilles pourpres.

prurigineux, euse adj. ▪ didact. Qui cause un prurit (1).

prurigo n. m. ▪ méd. Affection de la peau, caractérisée par des papules et des démangeaisons.

prurit [-it] n. m. ▪ **1** Démangeaison liée à une affection cutanée ou générale. **2** fig., littér. Désir irrépressible.

prussiate n. m. ▪ vx Cyanure.

prussien, ienne adj. et n. ▪ De la Prusse et par ext. allemand. ◆ n. *Les Prussiens.*

prussique adj. ▪ vx *Acide prussique,* cyanhydrique.

prytanée n. m. ▪ Lycée militaire.

P.-S. n. m. (abrév.) ▪ Post-scriptum.

psallette n. f. ▪ École de musique faisant partie d'une église, et où sont instruits les enfants de chœur.

psalliote n. f. ▪ Champignon à lamelles dont une espèce comestible est appelée couramment *champignon de Paris.*

psalmiste n. m. ▪ didact. Auteur de psaumes.

psalmodie n. f. ▪ **1** relig. Art, manière de chanter, de dire les psaumes. **2** littér. Manière monotone de déclamer, de chanter.

psalmodier v. [7] ▪ **1** v. intr. Dire ou chanter les psaumes. ◆ trans. *Psalmodier les offices.* **2** v. tr. Réciter ou dire d'une façon monotone.

psaltérion n. m. ▪ Ancien instrument de musique à cordes pincées ou grattées, cithare de forme triangulaire ou trapézoïdale.

psaume n. m. ▪ **1** Poème religieux constituant un livre de la Bible et servant de prière ou de chant liturgique. **2** Œuvre vocale sur le texte d'un psaume.

psautier n. m. ▪ didact. Recueil de psaumes.

pschent [pskɛnt] n. m. ▪ didact. Coiffure des pharaons.

pschitt [pʃit] ▪ **1** interj. Onomatopée évoquant le bruit d'un liquide qui fuse. **2** n. m. fam. Atomiseur. - var. **pchit** ou **pschit.**

pseudarthrose n. f. ▪ méd. Fausse articulation formée au niveau d'une fracture mal consolidée.

pseud(o)- Élément (du grec *pseudês* «menteur») qui signifie «faux».

pseudohermaphrodisme n. m. ▪ méd. État d'un individu qui possède les glandes sexuelles propres à un sexe, les organes génitaux externes et les caractères sexuels apparents de l'autre sexe. → **androgynie.** ▸ **pseudohermaphrodite** n. m.

pseudomembrane n. f. ▪ méd. Sécrétion ressemblant à une membrane, qui apparaît à la surface d'une muqueuse lors de certaines inflammations. ► **pseudomembraneux, euse** adj.

pseudomonas [-ɑs] n. m. ▪ biol. Membre d'une famille de bactéries aérobies dont certaines provoquent des infections graves.

pseudonyme n. m. ▪ Nom choisi par une personne pour remplacer le sien. - abrév. fam. **pseudo.**

pseudopode n. m. ▪ Prolongement rétractile de certains protozoaires, servant à la locomotion, à la nutrition.

psi n. m. invar. ▪ Vingt-troisième lettre de l'alphabet grec (Ψ, ψ).

psilocybe n. m. ▪ Champignon (agaric) aux propriétés hallucinogènes et psychodysleptiques.

psilocybine n. f. ▪ biochim. Alcaloïde du psilocybe.

psitt interj. ▪ fam. Interjection servant à appeler, à attirer l'attention. - var. **pst.**

psittacidés n. m. pl. ▪ zool. Famille d'oiseaux grimpeurs (perroquets).

psittacisme n. m. ▪ didact. Répétition mécanique (comme par un perroquet) de phrases.

psittacose n. f. ▪ méd. Maladie contagieuse des perroquets et des perruches, transmissible à l'homme.

psoas [-ɑs] n. m. ▪ anat. Chacun des deux muscles pairs appliqués sur la partie antérieure latérale de la douzième vertèbre dorsale et des quatre premières vertèbres lombaires.

psoque n. m. ▪ Insecte des bois qui se nourrit de moisissures, appelé aussi *pou de bois.*

psoralène n. m. ▪ pharm. Substance activant la pigmentation de la peau, employée dans le traitement de dermatoses (vitiligo, psoriasis).

psoriasis [-is] n. m. ▪ méd. Maladie de peau, plaques rouges à croûtes blanchâtres.

pst → **psitt**

psy n. (abrév.) ▪ Psychanalyste, psychologue, etc. *Les psys.*

psychanalyse [psik-] n. f. ▪ **1** Méthode de psychologie clinique, investigation des processus psychiques profonds, de l'inconscient. → **analyse.** ◆ Théorie freudienne et analogues. **2** Traitement de troubles psychiques (surtout névroses) et psychosomatiques par cette méthode. ► **psychanalytique** adj.

psychanalyser [psik-] v. tr. [1] ▪ Traiter, analyser par la psychanalyse.

psychanalyste [psik-] n. ▪ Personne habilitée à exercer la psychanalyse. → **analyste.**

psychasthénie [psik-] n. f. ▪ psych. Névrose dont les principaux éléments sont l'angoisse, le doute, un certain nombre d'inhibitions et de phobies. ► **psychasthénique** adj. et n.

① **psyché** [psiʃe] n. f. ▪ Grande glace mobile.

② **psyché** [psiʃe] n. f. ▪ philos. Ensemble des phénomènes psychiques, considérés comme formant l'unité personnelle.

psychédélique [psik-] adj. ▪ psych. De l'état provoqué par l'absorption d'hallucinogènes. ◆ cour. Qui évoque cet état. ► **psychédélisme** n. m.

psychiatre [psikjatʀ] n. ▪ Spécialiste des maladies mentales.

psychiatrie [psik-] n. f. ▪ Partie de la médecine qui étudie et traite les maladies mentales, les psychoses. ► **psychiatrique** adj.

psychiatriser [psik-] v. tr. [1] ▪ didact. **1** Soumettre à un traitement psychiatrique. **2** Considérer comme relevant de la psychiatrie. ► **psychiatrisation** n. f.

psychique [psiʃik] adj. ▪ Qui concerne l'esprit, la pensée. → **mental.**

psychisme [psiʃism] n. m. ▪ **1** La vie psychique. **2** Ensemble de faits psychiques. *Le psychisme animal.*

psych(o)- [psiko] Élément, du grec *psukhê* «âme, esprit».

psychoactif, ive adj. ▪ didact. Qui agit sur le système nerveux central, sur le psychisme. *Substances psychoactives.*

psychoaffectif, ive adj. ▪ didact. Se dit de tout processus mental faisant intervenir l'affectivité.

psychoanaleptique adj. et n. m. ▪ pharm. Qui stimule l'activité mentale.

psychochirurgie n. f. ▪ didact. Thérapeutique des troubles mentaux par des interventions chirurgicales sur le cerveau.

psychodrame n. m. ▪ Psychothérapie de groupe, mise en scène de situations conflictuelles ; cette situation. ◆ Situation qui évoque ce genre de mise en scène.

psychodysleptique adj. et n. m. ▪ pharm. Qui perturbe l'activité mentale normale.

psychogène adj. ▪ didact. **1** Qui est un facteur psychique. **2** Dont la cause est purement psychique, sans cause somatique. *Des douleurs psychogènes.*

psychogenèse n. f. ▪ didact. **1** Genèse, processus de développement des phénomènes psychiques. **2** Étude de l'origine et de l'évolution des phénomènes psychiques.

psychogénétique adj. ▪ didact. Qui étudie ou admet la causalité de facteurs psychiques (sur le psychisme ou le corps) ; dont l'origine est psychique.

psychokinésie n. f. ▪ didact. Faculté paranormale d'influencer les objets physiques ou les événements par des processus mentaux. → **télékinésie.** ► **psychokinétique** adj.

psycholeptique adj. et n. m. ▪ pharm. Qui exerce un effet sédatif sur le psychisme.

psycholinguistique [-gɥi-] n. f. ■ didact. Étude des aspects psychologiques des phénomènes linguistiques. ► **psycholinguiste** n.

psychologie n. f. ■ **1** Étude scientifique des phénomènes de l'esprit (au sens le plus large). **2** Connaissance spontanée des sentiments d'autrui ; aptitude à comprendre les comportements. → **intuition.** **3** Analyse des états de conscience, des sentiments, dans une œuvre. **4** Ensemble d'idées, d'états d'esprit caractéristiques d'une collectivité.

psychologique adj. ■ **1** De la psychologie. *Test psychologique.* **2** Étudié par la psychologie ; qui concerne la pensée, les sentiments. → **mental, psychique.** **3** Qui agit ou vise à agir sur le psychisme (de qqn, d'un groupe). *Guerre psychologique.* ► **psychologiquement** adv.

psychologisme n. m. ■ didact. Tendance à faire prévaloir le point de vue de la psychologie sur celui d'une autre science.

psychologue ■ **1** n. Spécialiste de la psychologie ; de la psychologie appliquée. **2** adj. Qui a de la psychologie (2).

psychométrie n. f. ■ sc. Ensemble des méthodes quantitatives appliquées en psychologie (tests, etc.). ► **psychométrique** adj.

psychomoteur, trice adj. ■ didact. Qui concerne les fonctions motrices et psychiques.

psychomotricien, ienne n. ■ didact. Personne qui soigne les troubles psychomoteurs.

psychomotricité n. f. ■ didact. Intégration des fonctions motrices et psychiques par le système nerveux.

psychonévrose n. f. ■ méd. Troubles mentaux intermédiaires entre la névrose et la psychose.

psychopathe n. ■ Personne présentant un trouble de la personnalité menant à des conduites antisociales. ► **psychopathie** n. f. ► **psychopathique** adj.

psychopathologie n. f. ■ didact. Étude des troubles mentaux. ► **psychopathologique** adj.

psychopédagogie n. f. ■ didact. Psychologie appliquée à la pédagogie. ► **psychopédagogique** adj. ► **psychopédagogue** n.

psychopharmacologie n. f. ■ didact. Étude des substances chimiques ayant un effet sur le psychisme humain.

psychophysiologie n. f. ■ didact. Étude des rapports entre l'activité physiologique et le psychisme. ► **psychophysiologique** adj.

psychophysique n. f. ■ didact. Étude des rapports entre les faits physiques et les sensations qui en résultent.

psychopompe adj. ■ mythol. Qui conduit les âmes des morts. *Hermès psychopompe.*

psychorigide adj. ■ Se dit de qqn qui est d'une grande raideur psychologique, et se montre incapable de s'adapter aux changements. ► **psychorigidité** n. f.

psychose [psikoz] n. f. ■ **1** Maladie mentale ignorée du patient (à la différence des névroses*) et qui provoque des troubles de la personnalité (ex. paranoïa, schizophrénie...). **2** Obsession, idée fixe. *Psychose collective.*

psychosensoriel, elle [-sɑ̃-] adj. ■ psych. Se dit de troubles psychiques d'apparence sensorielle.

psychosocial, ale, aux [-sɔ-] adj. ■ didact. Qui se rapporte à la psychologie humaine dans la vie sociale.

psychosociologie [-sɔ-] n. f. ■ didact. Psychologie sociale. ► **psychosociologique** adj. ► **psychosociologue** n.

psychosomatique [-s-] adj. ■ Qui concerne les maladies physiques liées à des causes psychiques.

psychostimulant, ante adj. et n. m. ■ pharm. Qui stimule l'activité mentale, la vigilance, l'attention. → **psychotonique.**

psychotechnique [-tɛk-] n. f. ■ Discipline qui mesure les aptitudes physiques et mentales. ➖ adj. *Examens psychotechniques.* → **test.** ► **psychotechnicien, ienne** n.

psychoter v. intr. [1] ■ fam. Avoir peur, paniquer.

psychothérapie n. f. ■ didact. Thérapeutique des troubles psychiques ou somatiques par des procédés psychiques (psychanalyse* et pratiques dérivées). ► **psychothérapeute** n. ► **psychothérapeutique** ou **psychothérapique** adj. didact.

psychotique adj. et n. ■ didact. (Personne) atteinte d'une psychose.

psychotonique adj. et n. m. ■ pharm. Qui stimule l'activité cérébrale et combat la fatigue par un effet euphorisant. → **psychostimulant.**

psychotrope adj. et n. m. ■ didact. (substance) Qui agit chimiquement sur le psychisme.

psychromètre [-kʀ-] n. m. ■ sc. Instrument formé de deux thermomètres, qui sert à mesurer l'humidité de l'air. → **hygromètre.** ► **psychrométrie** n. f.

① **psylle** n. m. ■ littér. Charmeur de serpents.

② **psylle** n. m. ou f. ■ Insecte hémiptère, petite cigale dotée de pattes propres au saut.

psyllium [psiljɔm] n. m. ■ Graines mucilagineuses de certaines espèces de plantain.

Pt ■ Symbole chimique du platine.

ptéranodon n. m. ■ paléont. Reptile volant et édenté du crétacé supérieur.

ptéridophytes n. m. pl. ■ bot. Embranchement comprenant les plantes pourvues de racines, de tiges et de feuilles mais dépourvues de fleurs (ex. : la fougère).

ptér(o)-, -ptère Éléments savants, du grec *pteron* « aile ».

ptérodactyle ■ **1** adj. Qui a les doigts reliés par une membrane. **2** n. m. Fossile, reptile volant du jurassique.

ptéropode n. m. ▪ Mollusque gastéropode muni de deux organes locomoteurs en forme de nageoires.

ptérosaurien n. m. ▪ paléont. Reptile fossile du secondaire, adapté au vol grâce à des ailes membraneuses soutenues par un doigt.

ptomaïne n. f. ▪ biochim. Substance aminée toxique se formant au cours de la putréfaction des protéines animales sous l'effet de bactéries.

ptose n. f. ▪ méd. Descente (d'un organe) par relâchement des soutiens. → **prolapsus.**

ptosis [-is] n. m. ▪ méd. Abaissement permanent de la paupière supérieure.

ptyaline n. f. ▪ biochim. Amylase salivaire.

ptyalisme n. m. ▪ méd. Salivation exagérée.

pu ▪ Participe passé du verbe *pouvoir.*

Pu ▪ Symbole chimique du plutonium.

puant, ante adj. ▪ **1** Qui pue. **2** fig. (personnes) Odieux de prétention.

puanteur n. f. ▪ Odeur infecte (→ **puer).**

① **pub** [pœb] n. m. ▪ Dans les pays anglo-saxons, Établissement public où l'on sert des boissons alcoolisées. ‑ En France, Bar imitant un pub.

② **pub** [pyb] n. f. ▪ fam. Publicité.

pubalgie n. f. ▪ méd. Inflammation des tendons au niveau de la symphyse pubienne.

pubère adj. ▪ Qui a atteint l'âge de la puberté.

pubertaire adj. ▪ De la puberté. *Signes pubertaires.*

puberté n. f. ▪ Passage de l'enfance à l'adolescence ; modifications physiologiques et psychologiques à cette époque.

pubescent, ente adj. ▪ biol. Couvert de poils fins et courts, de duvet. *Tige pubescente.* ► **pubescence** n. f.

pubis [-is] n. m. ▪ Renflement triangulaire à la partie inférieure du bas-ventre. ► **pubien, ienne** adj. *Symphyse pubienne.*

publi- Élément tiré de *publicité* (ex. *publiphobe* adj. et n.).

publiable adj. ▪ Qui est en état d'être publié.

public, ique adj. ▪ **I** adj. **1** Qui concerne le peuple, la nation, l'État. *Les affaires publiques.* → **politique.** ♦ Relatif aux collectivités sociales, à l'État. *Les pouvoirs publics.* **2** Accessible, ouvert à tous. *La voie publique. Lieu public.* **3** Qui a lieu en présence de témoins. **4** Qui concerne la fonction qu'on remplit dans la société. *La vie publique et la vie privée.* ‑ *Un homme public,* investi d'une fonction officielle. **5** Connu de tous. *Le scandale est devenu public.* **II** n. m. **1** Les gens, la masse de la population. **2** Ensemble des personnes que touche une œuvre, un spectacle. ♦ Ensemble de personnes qui assistent effectivement (à un spectacle, une réunion...). → **assistance, auditoire.** ‑ loc. *Être bon public,* bienveillant. **3** *EN PUBLIC* loc. adv. : en présence d'un certain nombre de personnes.

publicain n. m. ▪ Antiq. Chevalier romain qui prenait à ferme le recouvrement des impôts. ♦ Employé subalterne de ces chevaliers.

publication n. f. ▪ **1** Action de publier (un ouvrage, un écrit) ; son résultat. ♦ Écrit publié. *Publications scientifiques.* **2** Action de publier (2).

publiciste n. ▪ **1** vieilli Journaliste. **2** Juriste spécialiste du droit public. **3** abusivt Publicitaire.

publicitaire adj. ▪ **1** Qui sert à la publicité, a un caractère de publicité. **2** Qui s'occupe de publicité. ♦ n. Agent de publicité.

publicité n. f. ▪ **I 1** Fait d'exercer une action psychologique sur le public à des fins commerciales. → fam. ② **pub. 2** Message publicitaire. **II** littér. Caractère de ce qui est public, connu de tous.

publier v. tr. [7] ▪ **1** Faire paraître (un texte). *Publier un article dans une revue.* → **éditer. 2** Faire connaître au public. *On a publié les bans à la mairie.*

publiphone n. m. ▪ Téléphone public fonctionnant avec une télécarte.

publipostage n. m. ▪ Prospection, vente par correspondance (→ anglic. mailing).

publiquement adv. ▪ En public.

publirédactionnel n. m. ▪ Publicité dans un magazine, présentée sous forme d'article.

publireportage n. m. ▪ Publicité dans un magazine, affectant la forme d'un reportage.

puccinie n. f. ▪ Champignon parasite, agent de la rouille des blés. ‑ syn. **puccinia** n. m.

puce n. f. ▪ **I 1** Insecte sauteur, de couleur brune, parasite de l'homme et d'animaux. **2** loc. fam. *Mettre la puce à l'oreille à qqn,* éveiller ses soupçons. ‑ *Le marché aux puces* et ellipt *les puces,* marché d'occasion, brocante. **3** fam. terme d'affection *Ça va, ma puce ?* **4** en appos. invar. D'un brun-rouge. **II** Petite pastille d'un matériau semi-conducteur sur laquelle se trouve un microprocesseur. *Carte à puce.*

puceau n. m. ▪ fam. Garçon, homme vierge.

pucelage n. m. ▪ fam. Virginité.

pucelle n. f. ▪ **1** vx ou plais. Jeune fille. *La pucelle d'Orléans* : Jeanne d'Arc. **2** fam. Fille vierge.

puceron n. m. ▪ Petit insecte parasite des plantes.

pucier n. m. ▪ argot, vieilli Lit.

pudding [pudiŋ] ou **pouding** n. m. ▪ Gâteau à base de farine, d'œufs, de raisins secs.

puddler v. tr. [1] ▪ anglic., techn. Affiner (la fonte) par brassage. ► **puddlage** n. m.

pudeur n. f. ▪ **1** Sentiment de honte, de gêne vis-à-vis de la sexualité. **2** Sentiment de gêne à se montrer nu. **3** Retenue dans l'expression des sentiments. *Cacher son chagrin par pudeur.*

pudibond, onde adj. ■ Qui a une pudeur exagérée, ridicule. → **prude.** ► **pudibonderie** n. f.

pudique adj. ■ **1** Qui a, montre de la pudeur. **2** Plein de discrétion, de réserve. ► **pudicité** n. f. littér.

pudiquement adv. ■ **1** D'une manière pudique. **2** Par euphémisme.

puer v. [1] ■ **1** v. intr. Sentir très mauvais. → **empester. 2** v. tr. Répandre une très mauvaise odeur de. *Puer la sueur.* ◆ fig. *Ça pue la magouille.*

puér(i)- Élément, du latin *puer, pueris* « enfant ». → ① **péd(o)-.**

puériculture n. f. ■ Méthodes propres à assurer la croissance et l'épanouissement du nouveau-né et de l'enfant (jusque vers trois-quatre ans). ► **puériculteur, trice** n.

puéril, ile adj. ■ péj. Indigne d'un adulte quant au sérieux. → **infantile.** ► **puérilement** adv.

puérilité n. f. ■ **1** Caractère puéril, peu sérieux. **2** littér. Action, parole, idée puérile.

puerpéral, ale, aux adj. ■ méd. Relatif à la période qui suit l'accouchement.

puerpéralité n. f. ■ méd. Période qui suit l'accouchement.

puffin n. m. ■ Oiseau de mer migrateur proche du pétrel.

pugilat n. m. ■ Bagarre à coups de poing. → **rixe.**

pugiliste n. m. ■ littér. Boxeur ; lutteur.

pugilistique adj. ■ littér. Relatif à la boxe.

pugnace [-gn-] adj. ■ littér. Qui aime le combat ; fig. la polémique. ► **pugnacité** n. f.

puîné, ée adj. et n. ■ vieilli Qui est né après un frère ou une sœur (s'oppose à *aîné*).

puis adv. ■ **1** littér. Après cela, dans le temps qui suit. → **ensuite. 2** littér. Plus loin, dans l'espace. **3** *ET PUIS...* (dernier terme d'une énumération). → **et.** *Il y avait ses amis, son frère et puis sa sœur.* ◆ *Je n'ai pas le temps, et puis ça m'ennuie !,* d'ailleurs.

puisard n. m. ■ Puits en pierres sèches pour absorber les résidus liquides.

puisatier, ière n. ■ Personne, entreprise qui creuse des puits.

puiser v. tr. [1] ■ **1** Prendre dans une masse liquide. *Puiser de l'eau à une source.* ► **puisage** n. m. **2** absolt *Puiser dans ses économies,* y prélever de l'argent. **3** fig. Emprunter, prendre.

puisque conj. ■ Conjonction de subordination. **1** (introduisant une cause) Dès l'instant où, du moment que... ; étant donné que... **2** *Puisque je vous le dis* (sous-entendu : c'est vrai).

puissamment adv. ■ **1** Avec des moyens puissants, efficaces. **2** Avec force, intensité.

puissance n. f. ■ **I 1** Situation, état d'une personne, d'un groupe qui a une grande action. ◆ spécialt Pouvoir social, politique. ◆ Grand pouvoir (social, politique) de fait. *La puissance d'un groupe d'intérêt.* **2** Caractère de ce qui produit de grands effets. → **efficacité, force. 3** sc. Quantité d'énergie fournie par unité de temps. *Unités de puissance.* → **erg, watt. 4** Pouvoir d'action (d'un appareil) ; intensité (d'un phénomène). *La puissance d'un microscope. Puissance (sonore).* **5** math. Produit de plusieurs facteurs égaux, le nombre de facteurs étant indiqué par l'exposant. *Dix puissance cinq* (10^5). *Puissance deux, trois.* → **carré, cube. II 1** littér. Chose qui produit de grands effets. **2** Catégorie, groupe qui a un grand pouvoir de fait dans la société. *Les puissances d'argent.* **3** État souverain. *Les grandes puissances* (→ superpuissance). **III 1** loc. adj. *EN PUISSANCE :* qui existe sans produire d'effet. → **potentiel, virtuel. 2** *Montée en puissance* (moteur ; aussi fig.) : augmentation de régime.

puissant, ante adj. ■ **1** Qui a un grand pouvoir, de la puissance. ◆ n. *Les puissants.* ◆ Qui a de grands moyens militaires, techniques, économiques. **2** Qui est très actif. *Un remède puissant. Un sentiment puissant.* ◆ (personnes) Qui s'impose par sa force, son action. *Une puissante personnalité.* **3** Qui a de la force physique. **4** (moteur, machine) Qui a de la puissance, de l'énergie.

puits n. m. ■ **1** Cavité circulaire, profonde et étroite, à parois maçonnées, pratiquée dans le sol pour atteindre une nappe d'eau. ◆ *Puits artésien.* **2** Excavation pour l'exploitation d'un gisement. *Puits de pétrole.* **3** loc. fig. *Un puits de science :* une personne qui a de vastes connaissances.

pulicaire n. f. ■ Plante à fleurs jaunes des lieux humides.

pullman [pulman] n. m. ■ vieilli **1** Voiture de luxe, dans un train. **2** appos. *Autocar pullman,* de grand confort.

pullorose n. f. ■ vétér. Grave maladie contagieuse et infectieuse des volailles, atteignant surtout les poussins.

pull-over [pylɔvɛʀ ; pulɔvœʀ] ou (abrév.) **pull** [pyl] n. m. ■ Tricot à manches, qu'on enfile par la tête. *Des pull-overs ; des pulls.*

pulluler v. intr. [1] ■ **1** Se reproduire en grand nombre et très vite. **2** (êtres vivants) Se manifester en très grand nombre. → **fourmiller, grouiller.** ◆ (choses) Abonder, foisonner. ► **pullulation** n. f. ► **pullulement** n. m.

① **pulmonaire** adj. ■ **1** Qui affecte, atteint le poumon. **2** Du poumon.

② **pulmonaire** n. f. ■ Plante herbacée à fleurs roses, puis bleues à maturité.

pulmoné n. m. ■ zool. Gastéropode dont la cavité palléale fonctionne comme un poumon.

pulpaire adj. ■ didact. Relatif à la pulpe des dents.

pulpe n. f. ■ **1** Partie charnue. *La pulpe des doigts.* **2** *Pulpe dentaire,* le tissu conjonctif interne. **3** Partie juteuse (de fruits). → **chair.**

➝ Partie charnue et comestible (de légumes). **4** Résidu pâteux de végétaux écrasés.

pulpeux, euse adj. ■ Fait de pulpe ; qui a le moelleux de la pulpe. ♦ fig. Qui a des formes attirantes (d'une femme).

pulque [pulke] n. m. ■ Boisson (mexicaine) fermentée de suc d'agave. → **mescal.**

pulsar n. m. ■ astron. Source de rayonnement électromagnétique, se manifestant par des émissions brèves à intervalles réguliers.

pulsation n. f. ■ **1** Battement (du cœur, des artères). → **pouls. 2** Battement régulier.

pulsé adj. m. ■ *Air pulsé,* soufflé.

pulsion n. f. ■ psych. Force psychique qui fait tendre vers un but. *Pulsions sexuelles.* → **libido.** ▸ **pulsionnel, elle** adj.

pulsoréacteur n. m. ■ Réacteur à combustion discontinue.

pultacé, ée adj. ■ didact. Qui a la consistance de la bouillie.

pulvérin n. m. ■ techn. Poudre très fine, dont on se servait pour l'amorçage des armes à feu, utilisée aujourd'hui en pyrotechnie.

pulvérisateur n. m. ■ Appareil servant à projeter une poudre, un liquide pulvérisé.

pulvérisation n. f. ■ **1** Action de pulvériser. **2** Prise de médicament en aérosol.

pulvériser v. tr. [1] ■ **1** Réduire (un solide) en poudre, en très petites parcelles. **2** Projeter (un liquide sous pression) en fines gouttelettes. **3** Faire éclater en petits morceaux. ➝ passif *Le pare-brise a été pulvérisé.* **4** fig., fam. *Le record a été pulvérisé,* battu de beaucoup.

pulvériseur n. m. ■ techn. Machine agricole servant à réduire les mottes de terre en fines parcelles.

pulvérulence n. f. ■ didact. État d'une matière pulvérulente, qui est à l'état de poudre ou se réduit facilement en poudre.

pulvérulent, ente adj. ■ Qui a la consistance de la poudre.

puma n. m. ■ Félin d'Amérique, à pelage fauve et sans crinière. → **couguar.**

puna n. f. ■ **1** géogr. Haut plateau froid, au Pérou et en Bolivie. **2** Troubles physiologiques liés à l'altitude (dans les Andes).

punaise n. f. ■ **I** Petit insecte à corps aplati et d'odeur infecte. *Punaise (des lits),* parasite de l'homme. ➝ interj. *Punaise !* **II** Petit clou à large tête ronde, à pointe courte.

punaiser v. tr. [1] ■ Fixer à l'aide de punaises.

① **punch** [pɔ̃ʃ] n. m. ■ Boisson alcoolisée à base de rhum, de sirop de canne.

② **punch** [pœnʃ] n. m. ■ **1** Aptitude d'un boxeur à porter des coups secs et décisifs. ▸ **puncheur, euse** n. **2** Efficacité, dynamisme.

punching-ball [pœnʃiŋbol] n. m. ■ anglic. Ballon pour l'entraînement des boxeurs.

-puncture ou **-poncture** Élément, du latin *punctura* «piqûre».

punique adj. ■ Antiq. De Carthage. *Les guerres puniques.*

punir v. tr. [2] ■ **1** Frapper (qqn) d'une peine, pour un délit ou un crime. → **condamner.** ♦ Frapper (qqn) d'une sanction pour une faute. **2** Sanctionner (une faute) par une peine, une punition. *Punir une infraction.* ▸ **punissable** adj. ▸ **punisseur, euse** adj. et n.

punitif, ive adj. ■ Destiné à punir.

punition n. f. ■ **1** littér. Action de punir. **2** Ce que l'on fait subir à l'auteur d'une faute ; spécialt à un enfant. **3** Conséquence pénible (d'une faute, d'un défaut).

punk [pœ̃k ; pœnk] n. ■ anglic. Adepte d'un mouvement de contestation regroupant des jeunes qui affichent des signes provocateurs. ➝ adj. *La musique punk.*

pupe n. f. ■ zool. Stade intermédiaire entre la larve et l'imago (nymphe), chez les diptères.

① **pupillaire** [-il-] adj. ■ dr. Relatif au pupille.

② **pupillaire** [-il-] adj. ■ didact. Qui appartient à la pupille (②). *Réflexe pupillaire.*

pupillarité [-il-] n. f. ■ dr. État du pupille (①).

① **pupille** [-ij ; -il] n. ■ **1** dr. Orphelin(e) mineur(e) en tutelle. **2** *Pupille de la Nation,* orphelin de guerre pris en tutelle par l'État.

② **pupille** [-ij ; -il] n. f. ■ Zone centrale de l'iris de l'œil. → **prunelle.**

pupinisation n. f. ■ techn. Introduction de bobines d'inductance dans les conducteurs d'une ligne de télécommunication.

pupipare adj. ■ zool. (Diptère) dont les larves éclosent prêtes à se transformer en pupes.

pupitre n. m. ■ **1** Petit meuble à tableau incliné sur pieds, où l'on pose un livre, du papier. → **lutrin. 2** Casier à couvercle incliné pour écrire. **3** Tableau de commandes (d'un système électronique). → **console.**

pupitreur, euse n. ■ Technicien chargé du pupitre (3) d'un ordinateur.

pur, pure adj. ■ **I** concret **1** Qui n'est pas mêlé avec autre chose ; sans élément étranger. *Du vin pur,* sans eau. ➝ *Confiture pur fruit, pur sucre.* ➝ *Couleur pure,* franche. **2** Qui ne renferme aucun élément mauvais ou défectueux. *Air pur,* salubre. *Ciel pur,* sans nuages ni fumées. **II** abstrait **1** Sans mélange. → **absolu, parfait.** ♦ *Science pure,* théorique (opposé à *appliqué*). *Recherche pure,* fondamentale. **2** (devant le nom) Complètement tel. *C'est de la pure méchanceté. Ouvrage de pure fiction. Un pur hasard.* loc. *En pure perte*.* ➝ (après le nom) PUR ET SIMPLE : sans restriction. ♦ loc. PUR ET DUR : qui applique des principes avec rigueur. **3** Sans défaut d'ordre moral, sans corruption. *Un cœur pur. Ses intentions étaient pures,* désintéressées. ♦ n. m. Pureté morale. *Le pur et l'impur.* **4** Chaste. **5** Sans défaut esthétique.

→ **parfait.** *Un profil pur.* ♦ (langue, style) D'une correction élégante. → **châtié, épuré.**

pureau n. m. ▪ techn. Partie non recouverte d'une ardoise, d'une tuile.

purée n. f. ▪ **1** Légumes cuits et écrasés. *Purée de carottes.* ◆ absolt Purée de pommes de terre. ◆ appos. (invar.) *Pommes purée.* ♦ loc. fig. *Purée de pois :* brouillard très épais. **2** fam. Misère. *Être dans la purée.* ♦ exclam. *Purée !*

purement adv. ▪ Intégralement, exclusivement. ◆ loc. *Purement et simplement :* sans aucun doute possible.

pureté n. f. ▪ **I** (concret) **1** État d'une substance pure (I). **2** État de ce qui est sans défaut, sans altération. → **netteté. II** (abstrait) **1** littér. Absence de souillure morale. ♦ Chasteté. **2** État de ce qui se conforme à un type de perfection, à un idéal. *La pureté d'un style.*

purgatif, ive adj. ▪ Qui purge. → **dépuratif, laxatif.** ◆ n. m. *Un purgatif.*

purgation n. f. ▪ Action de purger ; purge.

purgatoire n. m. ▪ **1** théol. cathol. Lieu où les âmes des justes se purifient avant d'accéder au paradis. **2** fig. Lieu ou temps d'épreuve.

purge n. f. ▪ **1** Action de purger ; remède purgatif. **2** Évacuation d'un liquide, d'un gaz d'une conduite. → **vidange. 3** fig. Élimination autoritaire, violente. → **épuration.**

purgeoir n. m. ▪ techn. Réservoir où l'on filtre l'eau.

purger v. tr. [3] ▪ **1** Débarrasser (le système digestif). **2** Débarrasser (d'une chose gênante, mauvaise, d'êtres dangereux). ◆ pronom. *Se purger.* **3** Subir (une condamnation, une peine). *Purger une peine de prison.*

purgeur n. m. ▪ Robinet ou dispositif automatique de purge (2).

purificateur, trice ▪ **1** adj. Qui purifie. **2** n. m. *Purificateur d'air* (appareil).

purification n. f. ▪ **1** Action de (se) purifier. **2** fig. Élimination d'éléments hétérogènes. ♦ *Purification ethnique :* élimination ou déplacement de populations par violence raciste.

purificatoire adj. ▪ littér. Propre à la purification (1).

purifier v. tr. [7] ▪ **1** Débarrasser (une substance) de ses impuretés. **2** littér. Rendre pur, débarrasser de la corruption morale, religieuse. ◆ pronom. *Se purifier* (relig.).

purin n. m. ▪ Fumier liquide, urines et parties solides décomposées. → **lisier.**

purine n. f. ▪ biochim. Substance azotée à deux chaînes fermées. ► **purique** adj.

purisme n. m. ▪ **1** Souci de la pureté du langage par rapport à un modèle idéal. **2** Souci de pureté, de conformité à un type idéal (art, idées, etc.). ► **puriste** adj. et n.

puritain, aine n. ▪ **1** hist. Membre d'une secte protestante anglaise et hollandaise. **2** Personne d'une pureté morale scrupuleuse, exigeante. → **rigoriste.** ◆ adj. *Éducation puritaine.* → **austère.** ► **puritanisme** n. m.

purot n. m. ▪ Fosse à purin.

purpura n. m. ▪ méd. Affection caractérisée par des taches cutanées.

purpurin, ine adj. ▪ littér. ou plais. Pourpre.

purpurine n. f. ▪ techn. Une des matières colorantes extraites de la garance.

pur-sang [-sɑ̃] n. m. invar. ▪ Cheval de course, de race pure.

purulent, ente adj. ▪ Qui contient ou produit du pus. ► **purulence** n. f.

pus n. m. ▪ Production pathologique infectée, liquide blanchâtre ou jaunâtre.

push-pull [puʃpul] n. m. invar. et adj. invar. ▪ anglic., électr. Se dit d'un montage amplificateur à deux lampes triodes, dans lequel les actions des deux tubes s'équilibrent par un effet de va-et-vient.

pusillanime [-i(l)l-] adj. ▪ littér. Qui manque d'audace, craint le risque. → **timoré.** ► **pusillanimité** n. f.

pustule n. f. ▪ **1** Petite tumeur purulente sur la peau. → **bouton. 2** Vésicule du dos du crapaud, de certaines plantes. ► **pustuleux, euse** adj.

putain n. f. ▪ **I 1** péj., vulg. Prostituée. → **pute.** ♦ injurieux, vieilli Femme qui a une vie sexuelle très libre. **2** fam. Personne qui s'abaisse pour plaire. **II** fam. **1** *Putain de* (+ nom). *Putain de temps !* → **saleté. 2** *Putain !*, exclamation de désagrément ou d'admiration.

putassier, ière adj. ▪ vulg. Digne d'une prostituée. *Langage putassier.* ◆ *Un comportement putassier,* servile, obséquieux.

putatif, ive adj. ▪ dr. *Enfant, père putatif,* personne supposée être l'enfant, le père.

pute n. f. ▪ fam. et péj. **1** Prostituée. **2** *Faire la pute ;* adj. *être pute.* → **putain** (I, 2).

putois n. m. ▪ **1** Petit mammifère carnivore, à odeur nauséabonde. **2** Sa fourrure.

putréfaction n. f. ▪ Décomposition bactérienne des matières organiques. → **pourriture.**

putréfier v. tr. [7] ▪ Faire tomber en putréfaction. ◆ pronom. Pourrir.

putrescence n. f. ▪ didact. État putrescent, putréfaction.

putrescent, ente adj. ▪ didact. Qui est en voie de putréfaction. → **putride.**

putrescible adj. ▪ Qui peut se putréfier.

putrescine n. f. ▪ biochim. Polyamine d'odeur nauséabonde, formée lors de la putréfaction des cadavres.

putride adj. ▪ **1** En putréfaction. **2** De pourri. *Odeur putride.*

putsch [putʃ] n. m. ▪ Soulèvement d'un groupe politique armé, pour prendre le pouvoir. → coup d'**État.** ► **putschiste** n. et adj.

putt [pœt] n. m. ▪ anglic. Coup joué avec le putter, au golf.

putter [pœtœʀ] n. m. ▪ anglic. Club de golf à face verticale, utilisé pour faire rouler la balle jusqu'au trou.

putto [puto] n. m. ▪ didact. Jeune garçon nu représentant l'Amour, dans la peinture italienne. *Des putti* (plur. it.).

puvathérapie n. f. ▪ méd. Traitement de certaines dermatoses, associant l'irradiation par ultraviolets et l'absorption d'un psoralène.

puy [pɥi] n. m. ▪ Montagne, en Auvergne.

puzzle [pœzl ; pœzœl] n. m. ▪ **1** Jeu de patience, éléments à assembler pour reconstituer une image. **2** fig. Éléments épars permettant de reconstituer la réalité.

P.-V. n. m. (abrév.) ▪ Procès-verbal. ♦ fam. Contravention.

PVC n. m. invar. (sigle angl.) ▪ Matière plastique (chlorure de polyvinyle) utilisée en minces épaisseurs. *Dalles de PVC.*

pycnomètre n. m. ▪ techn. Appareil servant à déterminer les densités et les masses volumiques des solides et des liquides.

pycnose n. f. ▪ pathol. Altération du noyau de la cellule qui se présente sous la forme d'une masse condensée.

pyélite n. f. ▪ méd. Inflammation de la muqueuse du bassinet.

pyélonéphrite n. f. ▪ méd. Inflammation du bassinet et du rein.

pygargue n. m. ▪ Rapace diurne à tête et queue blanches, appelé aussi *aigle de mer.*

pygmalion n. m. ▪ littér. Homme qui instruit sa maîtresse. ♦ par ext. → **mentor.**

pygmée n. ▪ Individu appartenant à certaines ethnies d'Afrique et d'Insulinde.

pyjama n. m. ▪ Vêtement de nuit.

pylône n. m. ▪ **1** archéol. Portail égyptien monumental. **2** Structure élevée, métallique ou en béton armé, servant de support à des câbles, des antennes, etc.

pylore n. m. ▪ anat. Orifice faisant communiquer l'estomac avec le duodénum. ► **pylorique** adj.

py(o)- Élément, du grec *puon* «pus».

pyodermite n. f. ▪ méd. Infection de la peau par des germes pyogènes, caractérisée par la présence de pustules multiples.

pyogène adj. ▪ méd. Qui produit du pus.

pyorrhée n. f. ▪ pathol. Écoulement de pus.

pyrale n. f. ▪ Papillon dont les chenilles s'attaquent aux végétaux.

pyralène n. m. ▪ techn. Huile synthétique riche en chlore, aux dérivés très toxiques, employée comme isolant.

pyramidal, ale, aux adj. ▪ **1** En forme de pyramide. **2** vx Immense, énorme.

pyramide n. f. ▪ **1** Grand monument à base carrée et à faces triangulaires (tombeau des pharaons d'Égypte, base de temples précolombiens). ▸ Monument analogue. *La pyramide du Louvre.* **2** Polyèdre qui a pour base un polygone et pour faces des triangles possédant un sommet commun. **3** Représentation graphique d'une statistique, où les éléments se raréfient vers le haut. *La pyramide des âges.*

pyramidion n. m. ▪ archéol. Sommet pyramidal.

pyrène n. m. ▪ chim. Hydrocarbure polycyclique ($C_{16}H_{10}$), extrait du goudron de houille.

pyrèthre n. m. ▪ Plante à fleurs blanches, voisine du chrysanthème. *Poudre de pyrèthre,* aux vertus insecticides.

pyrex [-ɛks] n. m. (nom déposé) ▪ Verre très résistant pouvant aller au feu.

pyrexie n. f. ▪ méd. Fièvre. ♦ par ext. Maladie fébrile.

pyridine n. f. ▪ chim. Composé hétérocyclique azoté (C_5H_5N), utilisé comme solvant.

pyridoxal n. m. ▪ biochim. Aldéhyde dérivé de la pyridoxine et dont une forme constitue le groupement prosthétique de nombreuses enzymes.

pyridoxine n. f. ▪ biochim. Vitamine B6 extraite de levures, de graines de céréales, de tissus animaux, prescrite dans certaines affections de la peau et des nerfs.

pyrimidine n. f. ▪ biochim. Substance azotée à une chaîne fermée. ► **pyrimidique** adj.

pyrite n. f. ▪ Sulfure naturel de fer.

pyr(o)- Élément, du grec *pur, puros* «feu».

pyroclastique adj. ▪ géol. *Roches pyroclastiques,* roches magmatiques d'origine éruptive.

pyrocorise → **pyrrhocoris**

pyroélectricité n. f. ▪ phys. Phénomène par lequel certains cristaux acquièrent des charges électriques sous l'effet de la chaleur.

pyrogallol n. m. ▪ chim. Phénol dérivé du benzène.

pyrogénation n. f. ▪ sc. Réaction chimique obtenue sur un corps soumis à une forte élévation de température.

pyrogène adj. ▪ **1** didact. Qui produit de la chaleur. **2** méd. Qui donne de la fièvre.

pyrographe n. m. ▪ techn. Appareil électrique utilisé en pyrogravure.

pyrogravure n. f. ▪ Décoration du bois par gravure à l'aide d'une pointe métallique incandescente. ▸ Cette gravure. ► **pyrograver** v. tr. [1] ► **pyrograveur, euse** n.

pyroligneux, euse ▪ sc. **1** adj. *Acide pyroligneux* : acide acétique obtenu par distillation sèche du bois. **2** n. m. Partie aqueuse des produits de distillation du bois, contenant de l'acide acétique.

pyrolyse n. f. ▪ sc. Décomposition chimique sous l'action de la chaleur.

pyromane n. ▪ Incendiaire obéissant à une impulsion obsédante.

pyromanie n. f. ▪ didact. Impulsion obsédante qui pousse à allumer des incendies.

pyromètre n. m. ▪ techn. Instrument servant à mesurer les températures élevées. ► **pyrométrie** n. f.

pyrophosphate n. m. ▪ chim. Sel de l'acide pyrophosphorique.

pyrophosphorique adj. ▪ chim. *Acide pyrophosphorique*, de formule $H_4P_2O_7$, dérivant de l'anhydride phosphorique.

pyrosis [-is] n. m. ▪ méd. Sensation de brûlure allant de l'épigastre à la gorge, souvent accompagnée de renvoi d'un liquide acide.

pyrosulfurique [-s-] adj. ▪ chim. *Acide pyrosulfurique*, de formule $H_2S_2O_7$, obtenu en chauffant l'acide sulfurique.

pyrotechnie [-tɛk-] n. f. ▪ Technique de la fabrication et de l'utilisation des feux d'artifice. ► **pyrotechnicien, ienne** n. ► **pyrotechnique** adj.

pyroxène n. m. ▪ minér. Minéral constituant un des groupes des silicates essentiels.

pyrrhique n. f. ▪ Antiq. grecque Danse guerrière simulant un combat en armes.

pyrrhocoris [-is] n. m. ▪ Punaise rouge tachetée de noir, qui pullule en été au pied des arbres et des murs. - syn. **pyrocorise.**

pyrrhonien, ienne adj. et n. ▪ didact. Sceptique. ► **pyrrhonisme** n. m.

pyrrol n. m. ▪ chim. Composé hétérocyclique azoté (C_4H_5N), produit de la distillation sèche des matières animales. - var. **pyrrole.**

pyruvique adj. ▪ chim. *Acide pyruvique* : acide cétonique ($C_3H_4O_3$), produit de la dégradation du glucose.

pythagoricien, ienne ▪ didact. **1** adj. Propre à Pythagore, à sa doctrine. **2** n. Disciple de Pythagore.

pythagorisme n. m. ▪ didact. Philosophie pythagoricienne.

pythie n. f. ▪ didact. Prêtresse de l'oracle d'Apollon à Delphes. → **pythonisse.**

pythien, ienne adj. ▪ didact. De Delphes. *Apollon pythien.*

pythique adj. et n. f. ▪ Relatif à Apollon pythien. *Jeux Pythiques*, qui se déroulaient tous les quatre ans à Delphes.

python n. m. ▪ Serpent des forêts tropicales, de très grande taille, qui broie sa proie entre ses anneaux.

pythonisse n. f. ▪ littér. ou plais. Prophétesse, voyante. → **pythie.**

pyurie n. f. ▪ méd. Présence de pus dans les urines.

pyxide n. f. ▪ didact. **1** relig. Petite boîte à couvercle. **2** bot. Capsule qui s'ouvre par en haut.

Q

q [ky] n. m. ■ Dix-septième lettre, treizième consonne de l'alphabet.

qanun [kanun] n. m. ■ Instrument de musique orientale, cithare sur table. – var. **canoun, kanoun, qanoun.**

qat ou **khat** [kat] n. m. ■ Arbuste d'Éthiopie et du Yémen dont les feuilles, mastiquées, sont utilisées comme drogue hallucinatoire.

QCM n. m. invar. (sigle) ■ Questionnaire à choix multiple.

Q. G. n. m. invar. (sigle) ■ fam. Quartier* général.

Q. I. [kyi] n. m. invar. (sigle) ■ fam. Quotient* intellectuel.

qibla n. f. invar. ■ relig. Direction de La Mecque, vers laquelle les musulmans se tournent pour prier.

qi gong [tʃikɔ̃g] n. m. invar. ■ Discipline traditionnelle chinoise associant mouvements fluides, exercices respiratoires et concentration de l'esprit.

quad [kwad] n. m. ■ anglic. Véhicule tout-terrain découvert (comme une moto), à quatre roues.

quadr- [k(w)adʀ], **quadri-** [k(w)adʀi], **quadru-** [k(w)adʀy] Éléments, du latin *quattuor* «quatre». → **tétra-.**

quadragénaire adj. et n. ■ (Personne) qui a entre quarante et quarante-neuf ans.

quadrangle n. m. ■ géom. Figure formée par quatre points et les six droites qui les joignent deux à deux.

quadrangulaire adj. ■ Qui a quatre angles. ◆ Dont la base est un quadrilatère.

quadrant n. m. ■ math. Quart de cercle. ◆ Région du plan limitée par deux demi-droites perpendiculaires.

quadrature n. f. ■ Construction d'un carré d'une aire donnée. *La quadrature du cercle est impossible.*

quadrette n. f. ■ Équipe de quatre joueurs, au jeu de boules ou de pétanque.

quadri n. f. ■ fam. **1** Quadriphonie. **2** Quadrichromie. ◆ adj. invar. *Impressions quadri.*

quadriceps [-sɛps] n. m. ■ anat. Muscle situé sur la face antérieure de la cuisse et formé de quatre faisceaux musculaires.

quadrichromie [-kʀ-] n. f. ■ techn. Procédé d'impression en quatre couleurs (jaune, rouge, bleu et noir). → fam. **quadri.**

quadriennal, ale, aux adj. ■ **1** De quatre ans. **2** Qui revient tous les quatre ans.

quadrifide adj. ■ bot. Qui présente quatre divisions ou quatre découpures. *Une feuille quadrifide.*

quadrifolié, ée adj. ■ bot. Dont les feuilles sont groupées par quatre.

quadrige n. m. ■ Char à quatre chevaux.

quadrijumeaux adj. m. pl. ■ anat. *Tubercules quadrijumeaux* : les quatre éminences arrondies situées à la partie postérieure des pédoncules cérébraux.

quadrilatère n. m. ■ Polygone à quatre côtés (ex. le carré, le losange).

quadrille [ka-] n. m. ■ Contredanse (I) à la mode au XIXe siècle.

quadriller [ka-] v. tr. [1] ■ **1** Couvrir de lignes perpendiculaires entrecroisées. **2** Diviser (un territoire) pour occuper, surveiller. ► **quadrillage** n. m.

quadrilobe n. m. ■ archit. Ornement gothique formé de quatre lobes en arcs brisés. → **quatre-feuilles.**

quadrimestre n. m. ■ comptab. Durée de quatre mois.

quadrimoteur adj. m. et n. m. ■ (Avion) muni de quatre moteurs.

quadripartite adj. ■ **1** bot. Divisé en quatre parties par des découpures profondes. **2** polit. Qui comprend des représentants de quatre partis, de quatre pays, etc.

quadriphonie n. f. ■ techn. Technique de reproduction sonore faisant appel à quatre canaux. → fam. **quadri.**

quadripôle n. m. ■ électron. Circuit électrique possédant quatre bornes, dont une paire constitue l'entrée, l'autre la sortie.

quadrique adj. et n. f. ■ géom. *Surface quadrique* ou n. f. *une quadrique* : surface qu'on peut représenter par une équation du second degré (ex. une sphère).

quadriréacteur adj. m. et n. m. ■ (Avion) muni de quatre réacteurs.

quadrirème n. f. ■ Antiq. romaine Navire à quatre rangs de rameurs superposés.

quadrisyllabe [-s-] n. m. ■ didact. Mot ou vers de quatre syllabes. ► **quadrisyllabique** adj.

quadrivalent, ente adj. ■ chim. Qui a pour valence 4. → **tétravalent.**

quadrivium [-jɔm] n. m. ■ hist. (au Moyen Âge) Groupe des quatre arts libéraux à caractère mathématique (arithmétique, astronomie, géométrie, musique).

quadrumane adj. et n. ■ (Animal) à quatre membres terminés par des mains (ex. le singe).

quadrupède adj. et n. ■ (Mammifère) à quatre pattes (excluant le quadrumane).

quadruple adj. et n. m. ■ Répété quatre fois, qui vaut quatre fois (une quantité).

quadrupler v. intr. et tr. [1] ■ Devenir ou rendre quatre fois plus élevé.

quadruplés, ées n. pl. ■ Les quatre enfants issus d'une même grossesse.

quai n. m. ■ **1** Mur, chaussée où accostent les bateaux. *Navire à quai.* **2** Plate-forme longeant la voie, dans une gare.

quaker, quakeresse [kwɛkœʀ, kwɛkʀɛs] n. ■ Membre d'un mouvement religieux protestant du XVIIe siècle, pacifiste et philanthropique.

qualifiable adj. ■ Qui peut être qualifié.

qualifiant, ante adj. ■ Qui qualifie (3), donne une qualification professionnelle. *Stage qualifiant.*

qualificatif, ive ■ **1** adj. Qui exprime une qualité. **2** n. m. Mot (adjectif) qui qualifie. → **épithète.**

qualification n. f. ■ **1** Action de qualifier (1). → **appellation. 2** Fait de qualifier (2). **3** *Qualification professionnelle* : formation, savoir-faire qui qualifie (3) pour un emploi.

qualifié, ée adj. ■ **1** *Ouvrier qualifié,* ayant une qualification (3). **2** dr. *Vol qualifié,* criminel.

qualifier v. tr. [7] ■ **1** Caractériser par un mot, une expression. → **appeler, désigner, nommer.** *Une conduite qu'on ne peut qualifier.* ◆ *QUALIFIER DE* (+ attribut). → **traiter** de. **2** Faire que (qqn, un concurrent) soit admis à des épreuves. ◆ pronom. *Se qualifier pour la finale.* **3** Rendre apte à.

qualitatif, ive adj. ■ Relatif à la qualité, qui est du domaine de la qualité (s'oppose à *quantitatif*). ► **qualitativement** adv.

qualité n. f. ■ **I 1** (choses) Manière d'être caractéristique. → **caractère, propriété.** ♦ Ce qui donne une certaine valeur (s'oppose à *quantité*). *Produit de bonne qualité.* ◆ *DE QUALITÉ,* excellent. **2** Caractère moral positif (s'oppose à *défaut*). **II** Condition, situation sociale, civile... (d'une personne). ◆ loc. *EN (SA) QUALITÉ DE...* : en tant que...

qualiticien, enne n. ■ Personne chargée des programmes permettant d'atteindre les objectifs de qualité d'une entreprise.

quand ■ **I** conj. **1** Au moment où. → **lorsque.** *Quand il est arrivé.* **2** Chaque fois que, toutes les fois que. *Quand l'un dit oui, l'autre dit non.* **3** *QUAND (BIEN) MÊME* (+ cond.) : en admettant que. **4** *QUAND MÊME* loc. adv. : cependant. ◆ fam. Tout de même. **II** adv. À quel moment ?

quanta → **quantum**

quant à [kɑ̃ta] loc. prép. ■ Pour ce qui est de, relativement à. *Quant à lui...*

quant-à-soi [kɑ̃ta-] n. m. sing. ■ Réserve, retenue un peu fière.

quantième [-tjɛm] n. m. ■ didact. Chiffre du jour du mois.

quantificateur n. m. ■ log. Symbole qui lie une ou plusieurs variables à une quantité.

quantification n. f. ■ Action de quantifier.

quantifier v. tr. [7] ■ Attribuer une grandeur mesurable à (qqch.). ► **quantifiable** adj.

quantile n. m. ■ statist. Nombre qui divise une suite ordonnée de valeurs en parties d'égale étendue.

quantique [k(w)ɑ̃-] adj. ■ phys. Des quanta (→ **quantum).** *Mécanique quantique.*

quantitatif, ive adj. ■ Qui appartient au domaine de la quantité (s'oppose à *qualitatif*). ► **quantitativement** adv.

quantité n. f. ■ **1** Nombre (de choses, de personnes) ; mesure qui sert à évaluer. *En grande, en petite quantité.* → **beaucoup, peu. 2** Grand nombre. ◆ *EN QUANTITÉ* : en abondance. **3** Caractère de ce qui peut être mesuré. ◆ loc. *Quantité négligeable.* **4** L'ensemble des valeurs mesurables (s'oppose à *qualité*).

quanton [k(w)ɑ̃tɔ̃] n. m. ■ phys. Objet dont le comportement est décrit par la théorie quantique. *Les photons sont des quantons.*

quantum [k(w)ɑ̃tɔm], plur. **quanta** [k(w)ɑ̃ta] n. m. ■ phys. *Quantum d'énergie, d'action,* la plus petite quantité. *Théorie des quanta* (l'énergie se manifeste par petites quantités discontinues : particules).

quarantaine n. f. ■ **I 1** Nombre d'environ quarante. **2** Âge d'environ quarante ans. **II** Isolement (de quarante jours à l'origine) imposé en cas de risques contagieux. ◆ loc. *Mettre qqn EN QUARANTAINE* (fig. à l'écart).

quarante ■ **I** adj. numéral invar. **1** (cardinal) Quatre fois dix (40). **2** (ordinal) Quarantième. *Page quarante.* **II** n. m. invar. Le nombre, le numéro quarante. ► **quarantième** adj. et n.

quarantenaire adj. et n. ■ **1** dr. Qui dure quarante ans. *Prescription quarantenaire.* **2** Relatif à la quarantaine sanitaire. *Maladies quarantenaires.*

quark [kwaʀk] n. m. ■ phys. Particule fondamentale électrisée (dans les particules lourdes).

① **quart, quarte** adj. ■ vx Quatrième. «*Le Quart Livre*» (de Rabelais).

② **quart** n. m. ■ **I** Fraction, division en quatre parties égales. – vieilli Quart d'une livre (125 g). *Un quart de beurre.* – loc. *Au quart de tour* (d'un moteur) : fig. immédiatement. ♦ *QUART D'HEURE* : quinze minutes. **II 1** Service de quatre heures (d'un équipage). *Prendre le quart.* **2** loc. *LES TROIS QUARTS* : la plus grande partie. – *Portrait DE TROIS QUARTS,* entre face et profil.

quartanier n. m. ■ vén. Sanglier de quatre ans.

quartaut n. m. ■ vx ou région. Petit tonneau (à l'origine d'un quart de muid) d'une contenance variable (de 57 à 137 litres).

quart-de-rond n. m. ■ techn. Moulure à profil convexe. *Des quarts-de-rond.* ♦ Outil servant à faire cette moulure.

quarte n. f. ■ mus. Intervalle de quatre degrés dans la gamme diatonique.

quarté [k(w)aʀte] n. m. ■ Pari mutuel sur quatre chevaux (courses).

quartefeuille n. f. ■ blason Fleur à quatre feuilles (→ **quatre-feuilles**).

quartenier n. m. ■ ancienn^t Officier municipal préposé à la surveillance d'un quartier.

① **quarteron** n. m. ■ péj. Petit groupe.

② **quarteron, onne** n. ■ Fils, fille de blanc (blanche) et de mulâtre.

quartette [k(w)a-] n. m. ■ Ensemble de quatre musiciens de jazz.

quartidi [kwaʀtidi] n. m. ■ hist. Quatrième jour de la décade du calendrier républicain.

quartier n. m. ■ **I 1** Portion d'environ un quart. *Un quartier de bœuf.* **2** Phase de la Lune où une partie du disque est éclairée. **II 1** Partie d'une ville. **2** (dans des loc.) Cantonnement. *Quartiers d'hiver. QUARTIER GÉNÉRAL (Q. G.)* : bureaux du commandant. ♦ *QUARTIER LIBRE* : liberté pour sortir. **3** loc. *Ne pas faire de quartier* : ne pas épargner.

quartier-maître n. m. ■ Marin du premier grade au-dessus de celui du matelot.

quartile [kwaʀtil] n. m. ■ statist. **1** Chacune des trois valeurs qui divisent les éléments d'une distribution statistique en quatre parties d'effectif égal. **2** Chacune de ces parties. → **quantile.**

quart-monde n. m. ■ **1** Partie la plus défavorisée de la population, dans les pays développés. **2** (d'après l'anglais) Les pays les plus pauvres du tiers-monde.

quarto [kwaʀto] adv. ■ rare Quatrièmement. → aussi **tertio.**

quartz [kwaʀts] n. m. ■ Silice naturelle cristallisée. *Montre à quartz.*

quartzeux, euse [kwaʀtsø, øz] adj. ■ De la nature du quartz. *Sable quartzeux.*

quartzifère [kwaʀtsifɛʀ] adj. ■ minér. Qui contient du quartz.

quartzite [kwaʀtsit] n. m. ■ minér. Roche massive constituée de quartz en agrégats.

quasar n. m. ■ Source céleste d'ondes hertziennes (radiosource).

① **quasi** adv. ■ région. ou littér. Presque. *Le raisin est quasi mûr.* → **quasiment.** – *Quasi-certitude, quasi-totalité.*

② **quasi** n. m. ■ Haut de la cuisse (veau).

quasi-contrat n. m. ■ dr. Fait volontaire d'une personne dont il résulte un engagement quelconque envers un tiers.

quasi-délit n. m. ■ dr. Fait ou abstention illicite, causant à autrui un dommage, sans intention de nuire.

quasiment adv. ■ vieilli ou région. Quasi, à peu près, en quelque sorte.

quasi-usufruit n. m. ■ dr. Usufruit portant sur une chose consomptible, à charge de restituer la même.

quassia [kwa-] n. m. ■ bot. Petit arbre tropical fournissant le bois de Surinam et dont on extrait la *quassine* n. f. – syn. **quassier** [kwasje].

quater [kwatɛʀ] adv. ■ rare Pour la quatrième fois. *Le 12 ter et le 12 quater d'une rue.*

quaternaire [kwa-] adj. ■ **1** Formé de quatre éléments. **2** *Ère quaternaire* ou n. m. *le quaternaire* : ère géologique la plus récente (environ un million d'années).

quaterne [kwa-] n. m. ■ jeux Série de quatre numéros d'une même ligne horizontale, au loto.

quatorze ■ **I** adj. numér. invar. **1** (cardinal) Dix plus quatre (14). **2** (ordinal) Quatorzième. *Louis XIV.* – loc. *Comme en quatorze* (en l'an 1914), avec l'enthousiasme des débuts. **II** n. m. invar. Le nombre, le numéro quatorze. ► **quatorzième** adj. et n. ► **quatorzièmement** adv.

quatrain n. m. ■ Strophe de quatre vers.

quatre ■ **I** adj. numéral invar. **1** (cardinal) Trois plus un (4). → **quadr-, tétra-.** ♦ loc. *Se mettre en quatre* : se donner beaucoup de mal. – *Descendre quatre à quatre,* très vite. **2** (ordinal) Quatrième. *Henri IV.* **II** n. m. invar. Le chiffre, le nombre, le numéro quatre.

quatre-cent-vingt-et-un [kat(Rə)sɑ̃vɛ̃teœ̃] n. m. invar. ▪ Jeu de dés où quatre-deux-un est la combinaison la plus forte.

quatre-chemins n. m. invar. ▪ région. Carrefour. *Au quatre-chemins, continuer tout droit.*

quatre-épices n. m. ou f. invar. ▪ Nigelle cultivée, dont les graines donnent un assaisonnement rappelant le mélange dit des *quatre-épices* (poivre, girofle, muscade et gingembre).

quatre-feuilles n. m. invar. ▪ archit. Ornement gothique à quatre lobes. → **quadrilobe.**

quatre-heures n. m. invar. ▪ fam. Goûter.

quatre-huit n. m. invar. ▪ mus. Mesure à quatre temps, avec la croche pour unité.

quatre-mâts n. m. invar. ▪ Grand voilier à quatre mâts.

quatre-quarts n. m. invar. ▪ Gâteau où entrent à poids égal du beurre, de la farine, du sucre et des œufs.

quatre-quatre n. f. ou m. invar. ▪ Automobile à quatre roues motrices.

quatre-saisons → **saison**

quatre-vingt ▪ (prend un *s* final lorsqu'il n'est pas suivi d'un autre adj. numéral) **I** adj. numéral **1** (cardinal) Huit fois dix (80). → **octante.** ← *QUATRE-VINGT-DIX* : neuf fois dix (90). → **nonante.** **2** (ordinal) Quatre-vingtième. *Page quatre-vingt.* **II** n. m. Le nombre, le numéro quatre-vingt. ► **quatre-vingtième** adj. et n.

quatrième ▪ **1** adj. numéral ordinal Qui suit le troisième (4e). ♦ n. *Le, la quatrième.* **2** adj. Se dit d'une partie d'un tout également divisé en quatre. → ② **quart.** ► **quatrièmement** adv.

quatrillion [k(w)atRiljɔ̃] n. m. ▪ Million de trillions (10^{24}).

quattrocento [kwatRotʃɛnto] n. m. ▪ Quinzième siècle italien. ← Mouvement et style artistique du début de la Renaissance.

quatuor [kwatɥɔR] n. m. ▪ **1** Œuvre musicale écrite pour quatre instruments ou quatre voix. *Quatuor à cordes,* pour deux violons, alto et violoncelle. **2** Groupe de quatre musiciens ou chanteurs (→ **quartette**).

① **que** conj. ▪ **1** avant une subordonnée complétive (à l'indic. ou au subj.) *Je crois qu'il est là. C'est dommage qu'il soit absent.* **2** avant une proposition circonstancielle *Il avait à peine fini qu'il s'en allait. Il reste au lit, non qu'il soit malade...* ♦ *NE... QUE... NE...* : sans que, avant que. *Il ne se passe pas une semaine qu'il ne vienne.* **3** substitut d'un autre mot *(quand, si, comme...) Quand il arriva et qu'elle le vit.* **4** introduit le second terme d'une compar. *Autant, plus, moins que...* **5** *NE... QUE...* → **seulement.** *Je n'aime que toi.* **6** (ordre, souhait... ; + subj.) *Qu'il entre !*

② **que** adv. interrog. ou exclam. ▪ *Que m'importe ? Que c'est beau !* → **comme.**

③ **que** pron. ▪ **I** Pronom relatif désignant une personne ou une chose. (objet direct) *Celle que j'aime.* ♦ (compl. indir. ou circonstanciel) *Depuis dix ans que nous habitons ici.* ♦ (attribut) *L'ami que vous êtes.* **II** Pronom interrogatif désignant une chose. **1** (objet direct) Quelle chose ? *Que faire ? Qu'y a-t-il ?* ♦ (interrog. indir.) → **quoi.** *Il ne savait plus que dire.* **2** (attribut) *Que deviens-tu ?* ♦ *QU'EST-CE QUE..., QUI... ?*

québécisme n. m. ▪ ling. Fait de langue propre au français du Québec.

québécois, oise adj. et n. ▪ Du Québec.

quebracho [kebRatʃo] n. m. ▪ Arbre d'Amérique du Sud, au bois riche en tanin.

quechua [ketʃwa] n. m. ▪ Langue amérindienne (Argentine, Pérou, Bolivie) qui fut celle des Incas. – var. **quichua.**

quel, quelle adj. ▪ **I** Adjectif interrogatif portant sur la nature, l'identité (de qqch., qqn). **1** interrog. dir. (attribut) *Quelle est donc cette jeune fille ?* → **qui.** ← (épithète) *Quelle jeune fille ?* **2** interrog. indir. *Il ne savait pas quelle route prendre.* **3** exclam. *Quelle idée !* **II** pron. interrog. Lequel, qui. *Des deux, quel est le meilleur ?* **III** adjectif relatif ; avec le verbe *être* au subj. *Quel, quelle qu'il, elle soit...* (correspond à : dans tous les cas). ≠ *quelque.*

quelconque adj. ▪ **1** adj. indéf. N'importe lequel. *Un quelconque individu.* ← sc. Qui n'a pas de propriété particulière. *Triangle quelconque.* **2** adj. qualificatif Sans qualité ou valeur particulière. → **ordinaire.**

quelque ▪ **I** adj. et adv. littér. *QUELQUE... QUE* (concessif) → **aussi, pour, si.** *Quelque difficile que ce soit.* **II** adj. indéf. **1** littér. Un, certain. *Il sera allé voir quelque ami.* ← *Quelque part**. ♦ Un peu de. *Depuis quelque temps.* **2** *QUELQUES* : un certain nombre de. → **plusieurs.** **3** adv. Environ. *Un livre de quelque vingt euros.*

quelque chose ; quelque part → **chose ; part**

quelquefois adv. ▪ **1** Un certain nombre de fois. **2** Parfois.

quelqu'un, une, plur. **quelques-uns, unes** pron. indéf. ▪ **I** au sing. **1** Une personne (indéterminée). *Il y a quelqu'un ?* ← *Il faut trouver quelqu'un de sérieux.* **2** Personne remarquable. *C'est quelqu'un !* **II** au plur. *Quelques-uns de* (ou *des*), un petit nombre indéterminé.

quémander v. tr. [1] ▪ Demander humblement et avec insistance. ► **quémandeur, euse** n.

qu'en-dira-t-on n. m. sing. ▪ Commentaires malveillants. *Se moquer du qu'en-dira-t-on.*

quenelle n. f. ▪ Rouleau de pâte légère où est incorporé un fin hachis.

quenotte n. f. ▪ fam. Petite dent (d'enfant).

quenouille n. f. ■ Petit bâton garni en haut d'une matière textile, que les femmes filaient en la dévidant (→ rouet).

quéquette n. f. ■ fam., enfantin Pénis.

quérable adj. ■ dr. Qu'on doit aller chercher. *Créance quérable*, que le créancier doit aller réclamer au débiteur.

quercitron n. m. ■ bot. Chêne de l'Amérique du Nord, dont l'écorce fournit un colorant jaune (*quercitrin* n. m. ou *quercitrine* n. f.).

querelle n. f. ■ Vif désaccord. → **dispute.** ➛ loc. *Chercher querelle à qqn*, le provoquer. → **noise.**

quereller v. tr. [1] ■ littér. Adresser des reproches à (qqn). ▷ v. pron. **se quereller** Avoir une querelle. → se **disputer.** ► **querelleur, euse** adj.

quérir v. tr. seulement inf. ■ vx Chercher.

quérulence n. f. ■ psych. Tendance pathologique à rechercher les querelles, à demander réparation.

questeur n. m. ■ **1** Antiq. romaine Magistrat qui assistait les consuls. **2** mod. Membre du bureau (*questure* n. f.) chargé des dépenses, de la sécurité, dans une assemblée politique.

question n. f. ■ **1** Demande pour apprendre qqch. → **interrogation.** *Poser une question à qqn.* **2** Sujet qui implique des difficultés. → **affaire, problème.** ➛ *Ce n'est pas la question* : il ne s'agit* pas de cela. ♦ impers. *Il est question de...*, il s'agit de... ➛ (éventualité) *Il est question de lui comme directeur. Il n'en est pas question.* ♦ *EN QUESTION*, dont il s'agit. ➛ *Mettre, remettre qqch. en question*, en cause. **3** anciennt Torture pour arracher des aveux. *Mettre qqn à la question.*

questionnaire n. m. ■ Liste de questions d'une enquête, d'un jeu.

questionner v. tr. [1] ■ Poser des questions à (qqn). ► **questionnement** n. m. ► **questionneur, euse** adj. et n.

quétaine adj. ■ (Canada) De mauvais goût, sans style, sans allure.

quête n. f. ■ **I** vx Recherche. *La quête du Graal.* ♦ loc. mod. *EN QUÊTE DE.* **II** Action de recueillir de l'argent pour des œuvres. → **collecte.**

quêter v. [1] ■ **I** v. tr. Demander, chercher comme un don, une faveur. → **mendier, solliciter. II** v. intr. Faire la quête (II). ► **quêteur, euse** n.

quetsche [kwɛtʃ] n. f. ■ **1** Prune oblongue, violette. **2** Son eau-de-vie.

quetzal n. m. ■ **1** Oiseau des forêts d'Amérique centrale, au plumage vert doré et rouge (oiseau sacré, dans l'Empire aztèque). **2** Unité monétaire du Guatemala. *Des quetzals.*

queue n. f. ■ **I 1** Appendice poilu qui prolonge la colonne vertébrale de mammifères (→ **caudal).** ➛ loc. fig. *La queue basse, entre les jambes* (chiens), piteusement. ➛ loc. adv. *À LA QUEUE LEU LEU* : l'un derrière l'autre (*leu* : «loup»). **2** Extrémité postérieure allongée du corps (poissons, reptiles, etc.). **3** Plumes du croupion (d'un oiseau). **4** loc. *Queue-de-morue, queue-de-pie* : basques. ➛ *QUEUE DE CHEVAL* : mèche de cheveux attachée à l'arrière de la tête. ♦ fam. *Pas la queue d'un, d'une* : pas un(e) seul(e). **5** Tige (d'une fleur, d'une feuille) ; attache (d'un fruit). **6** vulg. Membre viril. **II 1** Partie terminale, prolongement. ➛ *Piano* à queue.* **2** Manche. *La queue d'une poêle.* ♦ *Queue de billard* : long bâton arrondi qui sert à pousser les billes. **III 1** Derniers rangs, dernières personnes (d'un groupe). *La queue d'un cortège.* **2** File de personnes qui attendent leur tour. *Faire la queue.* **3** Arrière (d'un train...). *Monter en queue.* **4** Fin. ➛ loc. *Commencer par la queue. Sans queue ni tête*, incohérent.

queue-de-cochon n. f. ■ techn. Tarière terminée en vrille.

queue-de-morue ; queue-de-pie → **queue** (I, 4)

queue-de-rat n. f. ■ techn. Lime ronde et fine terminée en pointe.

queue-de-renard n. f. ■ **1** Sorte d'amarante. **2** techn. Outil taillé à deux biseaux servant à percer.

queusot n. m. ■ techn. Tube de verre permettant de faire le vide dans les ampoules électriques avant de les souder.

queuter v. intr. [1] ■ (au billard) Pousser la bille au moment où elle en touche une deuxième (faute).

queux n. m. ■ vx *Maître queux* : cuisinier.

qui pron. ■ **I** Pronom relatif. **1** (sujet ; avec antécédent) *La rue qui monte. Toi qui es malin.* ♦ (sans antécédent exprimé) Celui qui. *Qui va lentement va sûrement.* ➛ Ce qui. *Voilà qui doit être agréable.* **2** (compl.) Celui, celle que. *Qui vous savez*, la personne qu'on ne veut pas nommer. ➛ (compl. indir.) *L'homme à qui j'ai parlé, de qui je parle* (→ **dont),** *pour qui je vote.* **II** Pronom interrogatif. **1** (interrog. dir.) Quelle personne. *Qui te l'a dit ? Qui sont-ils ? Qui demandez-vous ?* ➛ (interrog. indir.) *Dis moi qui tu fréquentes, et je te dirai qui tu es.* **2** *QUI QUE* (+ subj.). *Qui que tu sois*, que tu sois tel ou tel. *Qui que ce soit*, n'importe qui.

à quia [akɥija] loc. adv. ■ vieilli *Réduire qqn à quia*, au silence.

quiche n. f. ■ Tarte salée garnie d'une préparation de crème, œufs et lard.

quichenotte n. f. ■ région. (Vendée et Charente-Maritime) Coiffe en forme de demi-cylindre horizontal. - var. **kichenotte.**

quichua → **quechua**

quick [kwik] n. m. ▪ Matière synthétique utilisée comme revêtement de courts de tennis en plein air.

quiconque ▪ **1** pron. rel. Toute personne qui. *Quiconque a voyagé sait que...* **2** pron. indéf. N'importe qui.

quid [kwid ; kɥid] adv. interrog. ▪ fam. (suivi de *de*) Qu'en est-il (de...) ? ; que penser (de...) ? *Quid de ta décision ?*

quidam [k(ɥ)idam] n. m. ▪ plais. Un certain individu. *Qui est ce quidam ?*

quiddité [k(ɥ)idite] n. f. ▪ philos. L'essence d'une chose, en tant qu'exprimée dans sa définition (par opposition à son *existence*).

quiescent, ente adj. ▪ **1** biol., méd. Se dit d'un organe en repos, d'un processus temporairement arrêté. **2** ling. Se dit, dans certaines langues, de lettres non prononcées.

quiet, quiète adj. ▪ vx Paisible, tranquille.

quiétisme n. m. ▪ hist. relig. Doctrine qui faisait consister la perfection chrétienne dans un état continuel d'union avec Dieu, où l'âme devient indifférente aux œuvres et même à son propre salut. *La querelle du quiétisme.* ► **quiétiste** adj. et n.

quiétude n. f. ▪ littér. Tranquillité, sérénité. ◆ loc. *En toute quiétude.*

quignon n. m. ▪ Gros croûton (de pain).

quillard n. m. ▪ mar. Voilier à quille. *Les quillards et les dériveurs.*

① **quille** n. f. ▪ **I 1** Jeu où on renverse des rouleaux de bois dressés avec une boule (→ bowling) ; ce rouleau. **2** fam. Jambe. **II** argot milit. Fin du service militaire.

② **quille** n. f. ▪ Pièce en longueur, sous un bateau, pour l'équilibrer.

quilleur, euse n. ▪ (Canada) Personne qui joue aux quilles.

quillier n. m. ▪ techn. Ensemble des neuf quilles d'un jeu.

quinaire ▪ didact. **1** adj. Exactement divisible par cinq. *Un nombre quinaire.* ◆ *Numération quinaire,* à base 5. **2** n. m. Monnaie romaine qui valait cinq as.

quincaillerie n. f. ▪ **1** Ustensiles en métal. **2** Industrie, commerce de ces objets. ► **quincaillier, ière** n.

quinconce n. m. ▪ *En quinconce,* quatre aux quatre angles, le cinquième au centre.

quindécemvir [k(ɥ)ɛ̃desɛmviʀ] n. m. ▪ Antiq. romaine Chacun des magistrats (quinze à l'origine) préposés à la garde des livres sibyllins et à l'organisation de certains sacrifices ou jeux.

quine n. m. ou f. ▪ région. Série gagnante de cinq numéros sur la même rangée horizontale, au loto.

quinine n. f. ▪ Alcaloïde extrait de l'écorce de quinquina, remède contre le paludisme.

quinoa n. m. ▪ Plante originaire d'Amérique du Sud, cultivée pour ses graines nutritives.

quinoléine n. f. ▪ chim. Composé basique hétérocyclique, à odeur aromatique.

quinolone n. f. ▪ méd. Médicament voisin des antibiotiques, produit par synthèse.

quinone n. f. ▪ chim. Composé aromatique dans lequel deux atomes d'hydrogène sont remplacés par deux atomes d'oxygène.

quinqu(a)- [kɛ̃ka ; kɥɛ̃kwa] Élément, du latin *quinque* « cinq ». → **pent(a)-**.

quinquagénaire adj. et n. ▪ (Personne) qui a entre cinquante et cinquante-neuf ans.

quinquennal, ale, aux adj. ▪ De cinq ans. *Plan quinquennal.* ► **quinquennat** n. m.

quinquet n. m. ▪ anciennt Lampe à huile.

quinquina n. m. ▪ **1** Écorce amère aux propriétés toniques et fébrifuges (→ **quinine**). **2** Apéritif au quinquina.

quint, quinte adj. ▪ vx Cinquième (ordinal). *Charles Quint.*

quintal, aux n. m. ▪ Unité de mesure de masse valant cent kilogrammes (symb. q).

① **quinte** n. f. ▪ **1** mus. Intervalle de cinq degrés dans la gamme diatonique. **2** Suite de cinq cartes d'une couleur.

② **quinte** n. f. ▪ Accès de toux.

quinté n. m. ▪ Pari mutuel sur cinq chevaux (courses).

quintefeuille ▪ **1** n. f. Potentille* rampante. ♦ blason Pièce figurant une fleur à cinq pétales. **2** n. m. archit. Rosace formée de cinq lobes.

quintessence n. f. ▪ L'essentiel et le plus pur de qqch.

quintessencié, ée adj. ▪ D'une subtilité excessive. → **alambiqué.**

quintette [k(ɥ)ɛ̃-] n. m. ▪ **1** Œuvre musicale pour cinq instruments ou cinq voix. **2** Orchestre de jazz de cinq musiciens.

quinteux, euse adj. ▪ vx Acariâtre.

quintidi n. m. ▪ hist. Cinquième jour de la décade, dans le calendrier républicain.

quintillion [kɛ̃tiljɔ̃] n. m. ▪ Million de quatrillions (10^{30}).

quinto [kɛ̃to ; kwinto] adv. ▪ rare Cinquièmement. → aussi **quarto.**

quintuple adj. ▪ **1** Répété cinq fois, qui vaut cinq fois plus. ◆ n. m. *Le quintuple.* **2** Constitué de cinq éléments. ► **quintupler** v. tr. et intr. [1]

quintuplés, ées n. pl. ▪ Les cinq enfants issus d'une même grossesse.

quinzaine n. f. ▪ **1** Nombre de quinze ou environ. **2** Deux semaines.

quinze ■ **I** adj. numéral invar. **1** (cardinal) Quatorze plus un (15). *Jeu à quinze* (rugby). *Quinze cents* (mille cinq cents). **2** (ordinal) Quinzième. *Page quinze.* **II** n. m. invar. Le nombre, le numéro quinze. ► **quinzième** adj. et n. ► **quinzièmement** adv.

quinziste n. ■ sports Joueur, joueuse de rugby à quinze.

quinzomadaire adj. et n. m. ■ Bimensuel. *Revue à parution quinzomadaire.*

quipou ou **quipu** [kipu] n. m. ■ Faisceau de cordelettes dont les nœuds équivalaient à l'écriture, chez les Incas.

quiproquo n. m. ■ Erreur, malentendu où l'on prend une personne, une chose pour une autre.

quiscale [kɥiskal] n. m. ■ zool. Oiseau passereau d'Amérique centrale, au plumage noir à reflets chatoyants.

quittance n. f. ■ Attestation écrite de remboursement. → **récépissé.**

quitte adj. ■ **1** Libéré d'une obligation, d'une dette. *Nous sommes quittes* (l'un envers l'autre). **2** (avec *tenir, considérer, estimer,* etc.) Libéré d'une obligation morale. **3** Débarrassé (d'une situation désagréable, d'obligations). ♦ loc. *En être quitte pour la peur :* n'avoir que la peur (et pas de mal). ➝ *QUITTE À* (+ inf.) : au risque de. **4** loc. *Jouer à QUITTE OU DOUBLE,* de manière à annuler ou doubler les résultats.

quitter v. tr. [1] ■ **I** *(Quitter qqn)* **1** Laisser (qqn). *Je te quitte, à bientôt.* → s'en **aller. 2** Laisser (qqn) pour très longtemps. ➝ pronom. → **rompre,** se **séparer. 3** loc. *Ne pas quitter qqn des yeux,* le regarder longuement. ♦ *Ne quittez pas !* (au téléphone). **4** (sujet chose) Ne plus être avec, ne plus concerner ou affecter (qqn). **II** *(Quitter qqch.)* **1** Laisser (un lieu) en s'éloignant. **2** (surtout négatif) → **enlever, ôter.** *Il ne quitte jamais son chapeau.* **3** Abandonner (une activité, un genre de vie).

quitus [kitys] n. m. ■ dr. Reconnaissance d'une gestion conforme aux obligations.

qui-vive n. m. invar. ■ loc. *Être sur le qui-vive,* sur ses gardes.

quiz [kwiz] n. m. ■ anglic. Jeu par questions et réponses.

quoi pron. ■ **I** Pronom relatif désignant une chose (précédé d'une préposition). **1** *Voilà de quoi il s'agit.* ➝ *Sans quoi ; faute de quoi.* → **autrement, sinon.** *Comme quoi... :* ce qui montre que... **2** *De quoi vivre, de quoi manger,* ce qu'il faut pour. ➝ *Je vous remercie. – Il n'y a pas de quoi.* **II** Pronom interrogatif. **1** Quelle chose. (interrog. indir.) *Je saurai à quoi m'en tenir.* ➝ (interrog. dir.) *À quoi penses-tu ?* **2** interj. → **comment.** *Quoi ? Qu'est-ce que c'est ?* **3** *QUOI QUE* (loc. concessive). *Quoi qu'il arrive. Quoi que ce soit :* n'importe quoi. *Quoi qu'il en soit :* de toute façon.

quoique conj. ■ (+ subj.) Bien que (et opposition, concession).

quolibet n. m. ■ littér. Propos moqueur.

quorum [k(w)ɔʀɔm] n. m. ■ dr. Nombre minimum de membres présents pour délibérer (assemblée).

quota [k(w)ɔta] n. m. ■ admin. Contingent ou pourcentage déterminé. *Quotas d'importation.*

quote-part n. f. ■ Part qui revient à chacun. → **quotité.** *Des quotes-parts.*

quotidien, enne ■ **I** adj. De chaque jour. **II** n. m. Journal qui paraît chaque jour. ► **quotidiennement** adv.

quotidienneté n. f. ■ littér. Caractère de ce qui est quotidien, habituel et banal.

quotient [-sjɑ̃] n. m. ■ **1** math. Résultat d'une division. **2** *Quotient intellectuel :* mesure par des tests du rapport de l'âge mental à l'âge réel (Q. I.).

quotité n. f. ■ dr. Montant d'une quote-part.

QWERTY [kwɛrti] adj. invar. ■ *Clavier QWERTY.* → **clavier.**

R

r [ɛʀ] n. m. ▪ Dix-huitième lettre, quatorzième consonne de l'alphabet.

r- → **re-**

Ra ▪ Symbole chimique du radium.

rab [ʀab] n. m. (abrév.) ▪ fam. Rabiot.

rabâcher v. [1] ▪ v. intr. Répéter continuellement, d'une manière fastidieuse. → **radoter, ressasser.** ◆ trans. *Rabâcher une histoire.* ▸ **rabâchage** n. m. ▸ **rabâcheur, euse** n.

rabais n. m. ▪ Diminution sur un prix. ◆ loc. adj. fig. *Au rabais* : médiocre.

rabaisser v. tr. [1] ▪ **1** Ramener à un état ou à un degré inférieur. → **rabattre. 2** Estimer ou mettre au-dessous de sa valeur réelle. → **déprécier.** ▸ **rabaissement** n. m.

raban n. m. ▪ mar. Tresse servant à amarrer, à fixer.

rabane n. f. ▪ Tissu de raphia.

rabat n. m. ▪ **1** Pièce d'étoffe formant plastron. **2** Partie qui peut se replier.

rabat-joie n. et adj. invar. ▪ (Personne) qui trouble la joie des autres.

rabattable adj. ▪ Qui peut se rabattre. *Siège rabattable.*

rabattage n. m. ▪ Action de rabattre (le gibier).

rabattement n. m. ▪ **1** Action de rabattre. **2** géom. Mouvement de rotation par lequel on applique un plan sur un des plans de projection.

rabatteur, euse n. ▪ **1** Personne chargée de rabattre le gibier. **2** péj. Personne qui fournit des clients, etc. à qqn.

rabattre v. tr. [41] ▪ **I 1** Diminuer en retranchant (une partie d'une somme). → **déduire, défalquer.** ◆ (intrans.) *EN RABATTRE* : abandonner de ses prétentions. **2** Amener à un niveau plus bas, faire retomber (sur). **3** Mettre à plat, appliquer contre qqch. *Rabattre le capot d'une voiture.* **II** Ramener par force dans une certaine direction. *Rabattre le gibier* (vers les chasseurs). ▷ v. pron. **se rabattre 1** Aller brusquement sur le côté. **2** *Se rabattre sur* (qqn, qqch.), accepter, faute de mieux.

rabattu, ue adj. ▪ Qui est abaissé ou replié. *Un chapeau aux bords rabattus.*

rabbin n. m. ▪ Chef religieux d'une communauté juive. - var. **rabbi.** ▸ **rabbinique** adj.

rabbinat n. m. ▪ Dignité, fonction de rabbin.

rabbinisme n. m. ▪ didact. Enseignement, doctrine des rabbins. → **Talmud.**

rabelaisien, ienne adj. ▪ Qui rappelle la verve truculente de Rabelais.

rabibocher v. tr. [1] ▪ fam. **1** vieilli Rafistoler. **2** Réconcilier. ◆ pronom. *Ils se sont rabibochés.* ▸ **rabibochage** n. m.

rabiot n. m. ▪ fam. Supplément. → **rab.**

rabioter v. intr. et tr. [1] ▪ fam. Faire de petits profits supplémentaires.

rabique adj. ▪ didact. Relatif à la rage (②).

râble n. m. ▪ **1** Partie charnue du dos (quadrupèdes). *Râble de lapin.* **2** loc. fam. *Tomber sur le râble à qqn*, l'agresser.

râblé, ée adj. ▪ **1** Qui a le râble épais. **2** (personnes) Trapu et vigoureux.

rabot n. m. ▪ Outil servant à enlever les inégalités du bois. → **varlope.**

raboter v. tr. [1] ▪ Aplanir au rabot. ▸ **rabotage** n. m.

raboteur n. m. ▪ Personne dont le métier est de raboter. *Raboteur de parquets.*

raboteux, euse adj. ▪ Dont la surface présente des inégalités. → **rugueux.**

raboudiner v. tr. ▪ (Canada) fam. **1** Rafistoler, bricoler. **2** Bafouiller, marmonner. → **bredouiller, grommeler.** ▷ v. pron. se **raboudiner** Se recroqueviller.

rabougri, ie adj. ▪ Mal conformé, chétif.

se **rabougrir** v. pron. [2] ▪ Être arrêté dans son développement. → s'**étioler.** ◆ Se ratatiner. ▸ **rabougrissement** n. m.

rabouillère n. f. ▪ région. Terrier d'un lapin de garenne.

rabouilleur, euse n. ▪ vx ou région. Personne qui trouble l'eau pour effrayer et pêcher les écrevisses.

rabouter v. tr. [1] ▪ région. ou techn. Mettre, assembler bout à bout.

rabrouer v. tr. [1] ▪ Traiter (qqn) avec rudesse. → **rembarrer.** ► **rabrouement** n. m.

racage n. m. ▪ mar. Collier disposé autour d'un mât pour diminuer le frottement d'une vergue.

racaille n. f. ▪ péj. Ensemble d'individus louches (craints ou méprisés). → **canaille.** ♦ *Une racaille* : un individu peu recommandable.

raccard n. m. ▪ (Suisse) Grange à blé.

raccommodage n. m. ▪ Action, manière de raccommoder.

raccommodement n. m. ▪ fam. Réconciliation.

raccommoder v. tr. [1] ▪ **1** vieilli Remettre en état. **2** Réparer à l'aiguille (du linge, un vêtement). → **rapiécer, ravauder, repriser. 3** fam. Réconcilier. ▷ v. pron. se **raccommoder** → se **réconcilier.**

raccommodeur, euse n. ▪ Personne qui raccommode.

raccompagner v. tr. [1] ▪ Accompagner (qqn qui s'en va). → **reconduire.**

raccord n. m. ▪ **1** Liaison entre deux choses, deux parties. *Un raccord de peinture.* ♦ Pièce qui raccorde. **2** cin. Manière dont deux plans s'enchaînent.

raccordement n. m. ▪ Action, manière de raccorder ; raccord.

raccorder v. tr. [1] ▪ **1** Relier par un raccord. **2** (sujet chose) Former un raccord.

raccourci n. m. ▪ **1** Ce qui est exprimé de façon ramassée, résumée. ♦ *EN RACCOURCI,* en résumé. **2** arts Réduction d'une figure vue en perspective. **3** Chemin plus court que le chemin ordinaire. **4** inform. *Raccourci clavier* : combinaison de touches permettant d'activer une commande sans passer par un menu.

raccourcir v. [2] ▪ **1** v. tr. Rendre plus court. **2** v. intr. Devenir plus court. → **rétrécir ; diminuer.** ► **raccourcissement** n. m.

raccroc [-o] n. m. ▪ loc. *PAR RACCROC* : par un hasard heureux. ♦ *DE RACCROC* : dû au hasard.

raccrochement n. m. ▪ Action de se raccrocher à (qqch.).

raccrocher v. tr. [1] ▪ **1** Remettre en accrochant (ce qui était décroché). ♦ *Raccrocher* (au téléphone), interrompre la communication. **2** Arrêter pour retenir (qqn qui passe). ▷ v. pron. se **raccrocher** Se retenir (à). ► **raccrochage** n. m.

race n. f. ▪ **I 1** Famille d'origine célèbre. ♦ loc. *Fin de race.* **2** Catégorie de personnes. → **espèce.** *La race des héros.* **II** Dans une espèce animale, ensemble d'individus réunissant les mêmes caractères héréditaires. **III** Ensemble d'êtres humains qui ont en commun la couleur naturelle de leur peau.

racé, ée adj. ▪ (personnes) Qui a une distinction, une élégance naturelles.

racémique adj. et n. m. ▪ chim. Se dit d'un mélange en proportions égales de deux énantiomères, optiquement inactif. ♦ n. m. Substance formée par ce mélange.

racer [rasœr ; resœr] n. m. ▪ anglic. Canot automobile très rapide.

rachat n. m. ▪ Action de (se) racheter.

racheter v. tr. [5] ▪ **I** Acheter de nouveau. ♦ Acheter (à qqn qui a acheté). *Racheter une entreprise.* **II 1** Sauver par la rédemption. **2** (compl. chose) Faire oublier ou pardonner. ▷ v. pron. se **racheter** Retrouver dignité, estime.

rachialgie n. f. ▪ méd. Douleur de la colonne vertébrale (rachis).

rachianesthésie n. f. ▪ méd. Anesthésie partielle consistant à injecter dans le canal rachidien une substance destinée à insensibiliser la partie inférieure du corps (→ **péridurale).**

rachidien, ienne adj. ▪ anat. De la colonne vertébrale. → **spinal.** *Canal rachidien.*

rachis [-is] n. m. ▪ anat. Colonne vertébrale ; épine dorsale.

rachitique adj. et n. ▪ Atteint de rachitisme. ♦ par ext. Malingre, chétif.

rachitisme n. m. ▪ Maladie de la croissance qui se manifeste par des déformations du squelette. ♦ Développement incomplet.

racial, iale, iaux adj. ▪ Relatif aux races (III). *Discrimination raciale.*

racinage n. m. ▪ Procédé par lequel on imite les veines du bois sur le cuir d'une reliure ; aspect du cuir ainsi traité.

racine n. f. ▪ **I 1** Partie des végétaux par laquelle ils se fixent au sol et se nourrissent. ♦ loc. fig. *Prendre racine* : rester debout et immobile. **2** fig., littér. Source, origine. *Attaquer le mal à la racine.* **II** Partie par laquelle un organe est implanté. *La racine d'une dent.* **III 1** math. *Racine carrée, cubique d'un nombre,* nombre dont le carré, le cube est égal à ce nombre. **2** ling. Élément irréductible d'un mot. → **radical.**

racinien, ienne adj. ▪ Propre à Racine et à son œuvre.

racisme n. m. ▪ **1** Idéologie postulant une hiérarchie des races (III). **2** Discrimination, hostilité envers un groupe humain. ► **raciste** adj. et n.

racket [-ɛt] n. m. ▪ anglic. Extorsion d'argent ou d'objets, par chantage, intimidation ou terreur. ► **racketter** v. tr. [1] ► **racketteur, euse** n.

racle n. f. ▪ région. Outil servant à racler. → **raclette, racloir.**

raclée n. f. ▪ fam. **1** Volée de coups. **2** fig. Défaite complète.

racler v. tr. [1] ▪ **1** Frotter rudement (une surface), notamment pour égaliser ou détacher ce qui adhère. ◆ *Se racler la gorge* (par une expiration brutale, pour s'éclaircir la voix). **2** Enlever (qqch.) en frottant. ▶ **raclement** n. m. *Raclement de gorge.*

raclette n. f. ▪ **1** Petit racloir. **2** Plat de fromage chauffé dont on racle la partie molle.

racleur, euse n. ▪ **1** Personne qui nettoie en raclant. *Racleur de peaux.* **2** Personne qui joue mal d'un instrument à cordes frottées. *Racleur de violon.*

racloir n. m. ▪ Outil servant à racler.

raclure n. f. ▪ Déchet de ce qui a été raclé. → **rognure.**

racoler v. tr. [1] ▪ péj. **1** Attirer, recruter. *Racoler des électeurs.* **2** (prostitué[e]) Accoster (qqn). ▶ **racolage** n. m.

racoleur, euse adj. ▪ péj. Qui cherche à retenir l'intérêt.

racontable adj. ▪ Qui peut être raconté (surtout avec négation). *Cela n'est guère racontable en public.*

racontar n. m. ▪ (surtout au plur.) Propos médisant ou sans fondement.

raconter v. tr. [1] ▪ **1** Exposer par un récit (des faits vrais ou présentés comme tels). → **conter, narrer, relater.** *Raconter une histoire.* **2** Décrire, dépeindre. **3** Dire à la légère ou de mauvaise foi. *Qu'est-ce que tu me racontes là ?* → **chanter.**

raconteur, euse n. ▪ (avec un compl.) Personne qui raconte. → **conteur.** *Un raconteur de balivernes.*

racornir v. tr. [2] ▪ Rendre dur comme de la corne ; dessécher. ▷ adj. **racorni, ie**

racornissement n. m. ▪ Fait de se racornir ; état de ce qui est racorni.

rad [ʀad] n. m. ▪ Ancienne unité de mesure de dose absorbée de rayonnements ionisants (symb. rd), égale à 10^{-2} gray.

radar n. m. ▪ Système de détection qui émet des ondes radioélectriques et en reçoit l'écho (pour déterminer des positions).

radariste n. ▪ Spécialiste du fonctionnement et de l'entretien des radars.

① **rade** n. f. ▪ **1** Grand bassin ayant une issue vers la mer et où les navires peuvent mouiller. **2** loc. fam. *EN RADE :* à l'abandon.

② **rade** n. m. ▪ argot Bar ; bistrot.

radeau n. m. ▪ Plate-forme de bois allant sur l'eau.

rader v. tr. [1] ▪ techn. Entamer un bloc de pierre en dessus et en dessous, pour le diviser.

radiaire adj. ▪ didact. Disposé en rayons autour d'un point central.

radial, ale, aux adj. ▪ **I** Du radius (os). **II** Relatif au rayon ; disposé selon un rayon.

radian n. m. ▪ Unité de mesure d'angle (symb. rad). *180° valent π radians.*

radiant, ante adj. ▪ Qui se propage par radiation ; qui émet des radiations.

radiateur n. m. ▪ **1** Appareil de chauffage à grande surface de rayonnement. **2** Organe de refroidissement des moteurs à explosion.

① **radiation** n. f. ▪ Action de radier.

② **radiation** n. f. ▪ Énergie émise et propagée sous forme d'ondes.

radical, ale, aux ▪ **I** adj. Qui tient à l'essence, au principe (d'une chose, d'un être) ou qui agit sur eux. *Changement radical.* → **total.** *Moyen radical.* **II** adj. Partisan de réformes politiques. ◆ n. *Les radicaux.* **III** n. m. **1** Forme prise par la racine* d'un mot. **2** chim. Groupement d'atomes qui conserve son identité. **3** math. Symbole ($\sqrt[n]{\ }$) qui représente la racine de degré *n* (d'un nombre).

radicalement adv. ▪ Dans son principe ; d'une manière radicale (I). → **totalement.**

radicaliser v. tr. [1] ▪ Rendre radical, plus intransigeant. ♦ pronom. Adopter un mode de vie, des opinions radicales. ▶ **radicalisation** n. f.

radicalisme n. m. ▪ Doctrine politique des radicaux.

radical-socialisme n. m. ▪ Doctrine du radical-socialiste.

radical-socialiste adj. et n. ▪ Relatif au parti républicain radical et radical-socialiste fondé en 1901. ◆ n. *Les radicaux-socialistes.* – abrév. fam. **rad-soc** [ʀadsɔk].

radicant, ante adj. ▪ bot. Qui développe des racines adventices.

radicelle n. f. ▪ bot. Racine secondaire.

radiculaire adj. ▪ **1** bot. Qui appartient à la radicule. **2** méd. Qui concerne la racine des nerfs crâniens ou rachidiens. ♦ Qui concerne la racine des dents.

radicule n. f. ▪ bot. Première racine d'un végétal, au début de la germination.

radiculite n. f. ▪ méd. Inflammation d'une racine nerveuse, spécialt des racines d'un nerf rachidien.

radié, ée ▪ didact. **1** adj. Qui présente des lignes rayonnant à partir d'un point central. *La fleur radiée de la pâquerette.* **2** n. f. pl. bot. Sous-famille de plantes composées aux fleurs radiées (pâquerette, tournesol...).

radier v. tr. 7 ▪ Faire disparaître (d'une liste...). → **effacer, rayer** ; ① **radiation.**

radiesthésie n. f. ▪ Détection grâce à des «radiations» qu'émettraient certains corps.

radiesthésiste n. ▪ Personne qui pratique la radiesthésie. → **sourcier.**

radieusement adv. ▪ littér. D'une manière radieuse, avec éclat.

radieux, euse adj. ▪ **1** Qui rayonne, brille d'un grand éclat. *Soleil radieux.* – *Journée radieuse.* **2** fig. Rayonnant de bonheur.

radin, ine adj. ▪ fam. Avare. ▶ **radinisme** n. f. **radinerie** et n. m.

radiner v. intr. 1 ▪ fam. Arriver, venir. – pronom. *Se radiner* (même sens).

① **radio** n. f. (abrév.) ▪ **I 1** Radiodiffusion*. **2** Station émettrice d'émissions radiophoniques. **3** Poste récepteur de radio. **II** Radiotélégraphie. **III** Radioscopie, radiographie.

② **radio** n. (abrév.) ▪ Spécialiste de radiotélégraphie (bateaux, avions...).

radio- Élément qui signifie «radiation» et «radiodiffusion».

radioactif, ive adj. ▪ Doué de radioactivité. *Isotope radioactif.*

radioactivité n. f. ▪ Propriété qu'ont certains noyaux atomiques **(→ radioélément)** de se transformer en émettant des rayonnements.

radioalignement n. m. ▪ techn. Méthode de balisage d'une ligne de navigation maritime ou aérienne par radiophares. → **radiobalisage.**

radioaltimètre n. m. ▪ techn. Appareil de navigation fonctionnant selon le principe du radar et capable de calculer l'altitude d'un avion.

radioamateur, trice n. ▪ Personne non professionnelle autorisée à émettre et à diffuser des messages sur ondes courtes. → **cibiste.**

radioastronomie n. f. ▪ didact. Branche de l'astrophysique qui étudie les rayonnements électromagnétiques des corps célestes **(→ radiosource).**

radiobalisage n. m. ▪ techn. Signalisation d'une route maritime ou aérienne par une suite de radiophares émettant des ondes facilement identifiables. → **radioalignement.**

radiobalise n. f. ▪ techn. Dispositif, appareil émetteur de signaux radioélectriques, pour le guidage ou la localisation.

radiobaliser v. tr. 1 ▪ techn. Signaler (une route) par radiobalisage.

radiobiologie n. f. ▪ didact. Partie de la biologie qui étudie les effets des radiations sur les êtres vivants.

radiocarbone n. m. ▪ sc. Carbone radioactif (carbone 14).

radiocassette n. f. ▪ Récepteur de radio avec lecteur de cassettes.

radiochimie n. f. ▪ didact. Partie de la chimie traitant des atomes radioactifs.

radiocobalt n. m. ▪ sc. Isotope radioactif du cobalt.

radiocommande n. f. ▪ techn. Commande à distance par ondes hertziennes.

radiocommunication n. f. ▪ techn. Communication au moyen d'ondes électromagnétiques ; télécommunication par un procédé radioélectrique. → **CB, radiomessagerie, radiotéléphonie.**

radiocompas n. m. ▪ aviat. Radiogoniomètre utilisé comme compas, permettant notamment de conserver un cap constant.

radiodermite n. f. ▪ méd. Lésion de la peau provoquée par les rayons X ou des substances radioactives.

radiodiagnostic [-gn-] n. m. ▪ méd. Technique de diagnostic par examen aux rayons X.

radiodiffuser v. tr. 1 ▪ Émettre et transmettre par radiodiffusion.

radiodiffusion n. f. ▪ Émission et transmission, par ondes hertziennes, de programmes variés **(→ radiophonique).**

radioélectricien, ienne n. ▪ Technicien, technicienne de la radioélectricité.

radioélectricité n. f. ▪ sc. Branche de la physique relative à la production et à l'utilisation des oscillations électriques de haute fréquence et des ondes radioélectriques.

radioélectrique adj. ▪ *Ondes radioélectriques.* → **hertzien.** *Signal radioélectrique.*

radioélément n. m. ▪ sc. Élément radioactif naturel ou artificiel.

radiofréquence n. f. ▪ Fréquence d'une onde électromagnétique, d'un signal électrique.

radiogalaxie n. f. ▪ astron. Galaxie accompagnée d'une radiosource.

radiogénique adj. ▪ Qui a des qualités que la radio peut mettre en valeur. *Voix radiogénique.*

radiogoniomètre n. m. ▪ Appareil récepteur permettant de déterminer l'angle et la direction d'un signal radioélectrique. *Radiogoniomètre de bord,* sur un navire, un avion. → **radiocompas.** – abrév. fam. **gonio** n. m.

radiogoniométrie n. f. ▪ techn. Ensemble des procédés permettant de déterminer la direction d'un poste émetteur de radio.

radiographie n. f. ▪ Enregistrement photographique de la structure d'un corps traversé par des rayons X. → ① **radio** (III). ▶ **radiographier** v. tr. 7 ▶ **radiographique** adj.

radioguider v. tr. 1 ▪ Guider à distance par ondes radioélectriques. ▶ **radioguidage** n. m.

radiohéliographe n. m. ▪ techn. Appareil (héliographe) qui mesure les émissions radioélectriques du Soleil.

radio-immunologie n. f. ▪ méd. Technique de dosage des grosses molécules biologiques utilisant des anticorps marqués par des isotopes radioactifs.

radio-isotope n. m. ▪ sc. Isotope radioactif (d'un élément).

radiolaire n. m. ▪ zool. Protozoaire marin à squelette siliceux à symétrie radiale et à fins pseudopodes.

radiolarite n. f. ▪ géol. Roche sédimentaire formée de squelettes de radiolaires.

radiolésion n. f. ▪ méd. Trouble somatique provoqué par les rayonnements ionisants.

radiolocalisation n. f. ▪ techn. Application des techniques radar à la localisation.

radiologie n. f. ▪ Utilisation (surtout médicale) des rayonnements, rayons X, etc. → **radiographie, radioscopie.** ▶ **radiologique** adj.

radiologue n. ▪ Spécialiste (spécialt médecin) de la radiologie.

radiolyse n. f. ▪ didact. Décomposition d'un corps sous l'action de radiations ionisantes.

radiomessagerie n. f. ▪ techn. Système de radiocommunication permettant la transmission de messages.

radiomètre n. m. ▪ phys. Appareil destiné à mesurer l'intensité d'un rayonnement lumineux, et spécialt des rayons solaires.

radionavigant n. m. ▪ Spécialiste assurant, à bord d'un navire ou d'un avion, les liaisons par radio. → **radiotélégraphiste ;** ② **radio.**

radionavigation n. f. ▪ Ensemble des techniques de navigation utilisant les signaux radioélectriques de réseaux de balises fixes. → **radiogoniométrie, radioguidage.**

radionécrose n. f. ▪ biol. Destruction des tissus par les rayons X.

radionucléide n. m. ▪ phys. Nucléide radioactif.

radiophare n. m. ▪ techn. Poste émetteur fixe produisant des ondes hertziennes fournissant un signal caractéristique.

radiophonie n. f. ▪ Transmission du son par ondes hertziennes (radiodiffusion, radiotéléphonie...). → ① **radio.**

radiophonique adj. ▪ De la radiodiffusion.

radiophotographie n. f. ▪ techn. Photographie d'une image de radioscopie projetée sur un écran fluorescent.

radioprotection n. f. ▪ didact. Ensemble des moyens pour se protéger des rayonnements ionisants.

radioreportage n. m. ▪ Reportage radiodiffusé.

radioreporter [-ɛʀ] n. m. ou **radioreporteur, trice** n. ▪ Journaliste spécialisé(e) dans les radioreportages.

radio-réveil n. m. ▪ Appareil de radio programmable servant de réveil. *Des radios-réveils.*

radioscopie n. f. ▪ Examen de l'image que forme un corps traversé par des rayons X. → ① **radio** (III).

radiosensible [-sɑ̃-] adj. ▪ biol. Sensible à l'action des rayonnements ionisants. *Tissus radiosensibles.*

radiosondage [-s-] n. m. ▪ techn. Mesure météorologique effectuée dans l'atmosphère à l'aide d'une radiosonde.

radiosonde [-s-] n. f. ▪ Appareil émetteur placé dans un ballon-sonde et transmettant au sol des renseignements météorologiques.

radiosource [-s-] n. f. ▪ astron. Objet céleste émettant des ondes radioélectriques. → **quasar, radiogalaxie.**

radio-taxi n. m. ▪ Taxi équipé en liaison radio avec une station centrale. *Des radio-taxis.*

radiotechnique n. f. ▪ Ensemble des procédés relatifs aux ondes radioélectriques. ◆ adj. Relatif à ces procédés.

radiotélégraphie n. f. ▪ Télégraphie sans fil, par ondes hertziennes. ▶ **radiotélégraphiste** n.

radiotéléphone n. m. ▪ Téléphone utilisant les ondes radioélectriques. ▶ **radiotéléphonie** n. f.

radiotélescope n. m. ▪ Instrument qui analyse les ondes émises par les corps célestes.

radiotélévisé, ée adj. ▪ Qui est à la fois radiodiffusé et télévisé.

radiothérapie n. f. ▪ méd. Application thérapeutique des rayonnements. ▶ **radiothérapeute** n.

radiotoxique adj. ▪ didact. Qui émet des rayonnements radioactifs toxiques pour les organismes vivants. ▶ **radiotoxicité** n. f.

radique adj. ▪ méd. Provoqué par la radiothérapie. *Lésions cutanées radiques.*

radis n. m. ▪ **1** Plante potagère à racine comestible (souvent rose). **2** loc. fam. *N'avoir plus un radis,* plus un sou.

radium [-jɔm] n. m. ▪ Élément chimique (symb. Ra, n° at. 88, masse at. 226,02), très radioactif.

radiumthérapie [-jɔm-] n. f. ▪ méd. Traitement par le radium ou le radon. → **curiethérapie, gammathérapie.**

radius [-ys] n. m. ▪ anat. Os long, situé à la partie externe de l'avant-bras.

radjah n. m. → **rajah**

radôme n. m. ■ techn. Dôme en matière plastique protégeant une antenne de télécommunications des intempéries.

radon n. m. ■ Élément radioactif naturel (symb. Rn, n° at. 86, masse at. 222,01), gaz rare produit par la désagrégation des isotopes du radium.

radoter v. intr. [1] ■ **1** Tenir des propos décousus et peu sensés. **2** Rabâcher, se répéter. ► **radotage** n. m. ► **radoteur, euse** n.

radoub [ʀadu] n. m. ■ Entretien, réparation de la coque d'un navire. *Bassin de radoub.* ► **radouber** v. tr. [1] → **calfater.**

radoucir v. tr. [2] ■ Rendre plus doux. ▷ v. pron. se **radoucir** ► **radoucissement** n. m. *Radoucissement (du temps).* → **redoux.**

rad-soc → **radical-socialiste**

radula n. f. ■ zool. Langue râpeuse de certains mollusques (escargot, patelle...).

rafale n. f. ■ **1** Coup de vent soudain et brutal. → **bourrasque.** ◆ *Une rafale de neige.* **2** Succession rapide de coups.

rafaler v. intr. [1] ■ (Canada) Souffler en rafales (vent), tourbillonner (neige).

raffermir v. tr. [2] ■ **1** Rendre plus ferme. → **affermir, durcir. 2** fig., littér. Remettre dans un état plus stable. → **fortifier.** ► **raffermissement** n. m.

raffermissant, ante adj. ■ Qui raffermit. *Crème raffermissante.*

raffinage n. m. ■ Opérations pour obtenir un corps pur ou un mélange défini. *Le raffinage du sucre ; du pétrole* **(→ raffinerie).**

raffinement n. m. ■ **1** Caractère de ce qui est raffiné (2). **2** Acte, chose qui dénote ou exige une grande recherche.

raffiner v. tr. [1] ■ **I** Procéder au raffinage de. **II 1** littér. Rendre plus subtil. → **affiner. 2** intrans. Rechercher la délicatesse ou la subtilité. ▷ adj. **raffiné, ée 1** Traité par raffinage. **2** Très délicat, subtil.

raffinerie n. f. ■ Usine où s'effectue le raffinage (du sucre, du pétrole...).

raffineur, euse n. ■ **1** Personne qui exploite une raffinerie ou qui y travaille. **2** n. f. techn. Bassin où s'effectue le raffinage de la pâte à papier.

raffinose n. f. ■ chim. Polysaccharide présent dans de nombreuses plantes (betterave, etc.) avec le saccharose.

rafflesia [ʀaflezja] n. m. ou **rafflésie** n. f. ■ bot. Plante d'Insulinde, sans racines et sans chlorophylle, parasite des lianes, dont la fleur est la plus grosse connue.

raffoler v. tr. ind. [1] ■ *RAFFOLER DE :* avoir un goût très vif pour (qqn, qqch.).

raffut n. m. ■ fam. Tapage, vacarme.

rafiot n. m. ■ Mauvais bateau.

rafistoler v. tr. [1] ■ Réparer grossièrement. ► **rafistolage** n. m.

① **rafle** n. f. ■ Arrestation massive, à l'improviste. → **descente** de police.

② **rafle** n. f. ■ Ensemble des pédoncules (d'une grappe de fruits : raisins, etc.).

rafler v. tr. [1] ■ fam. Prendre et emporter.

rafraîchir v. [2] ■ **I** v. tr. **1** Rendre frais, refroidir modérément. **2** Donner une sensation de fraîcheur à (qqn). ◆ pronom. *Se rafraîchir,* boire un rafraîchissement. **3** Ranimer, raviver. ◆ loc. *Rafraîchir la mémoire à qqn,* lui rappeler un souvenir oublié. **II** v. intr. Devenir plus frais. ▷ adj. **rafraîchi, ie** Rendu frais.

rafraîchissant, ante adj. ■ Qui rafraîchit.

rafraîchissement n. m. ■ **1** Action, fait de rafraîchir. **2** Boisson fraîche.

raft [ʀaft] n. m. ■ anglic. Embarcation gonflable pour la descente des rapides.

rafting n. m. ■ Sport qui consiste à descendre des rapides en raft.

raga n. m. ou f. ■ didact. Structure mélodique, base des improvisations de la musique savante indienne ; œuvre ainsi créée.

ragaillardir v. tr. [2] ■ Rendre de la vitalité, de l'entrain à (qqn). → **revigorer.**

① **rage** n. f. ■ **1** État, mouvement de colère ou de dépit qui rend agressif. → **fureur. 2** Envie violente et passionnée (de...). → **fureur. 3** (sujet chose) *FAIRE RAGE :* se déchaîner. **4** *Rage de dents :* mal de dents violent.

② **rage** n. f. ■ Maladie mortelle d'origine virale transmise à l'homme par la morsure de certains animaux **(→ enragé).**

rager v. intr. [3] ■ fam. Enrager. ► **rageant, ante** adj. → **exaspérant.**

rageur, euse adj. ■ **1** Sujet à la colère. **2** Qui dénote la colère. ► **rageusement** adv.

raggamuffin [-mœfin] n. m. ■ anglic. Style musical originaire de la Jamaïque, inspiré du reggae et du rap.

raglan n. m. ■ Pardessus ample, à emmanchures en biais. ◆ adj. invar. *Manches raglan.*

ragnagnas n. f. pl. ■ fam. Les règles (d'une femme). *Elle a ses ragnagnas.*

ragondin n. m. ■ Mammifère rongeur originaire d'Amérique du Sud.

ragot n. m. ■ fam. Bavardage malveillant.

ragougnasse n. f. ■ fam. Plat infect ; mauvaise cuisine.

ragoût n. m. ■ Plat de morceaux de viande et de légumes en sauce.

ragoûtant, ante adj. ▪ (avec une négation...) Appétissant. *Peu ragoûtant* (→ **dégoûtant**).

ragréer v. tr. [1] ▪ techn. Rendre régulière (une surface : façade, sol). *Ragréer un vieux parquet.*

ragtime [ʀagtajm] n. m. ▪ Musique de danse syncopée des Noirs américains.

raguer v. intr. ▪ mar. S'user, se déchirer sous l'effet d'un frottement. *Câble qui rague.*

rai n. m. ▪ littér. Rayon (de lumière).

raï n. m. ▪ Musique populaire arabe d'origine maghrébine, improvisation chantée.

raïa ou **raya** [ʀaja] n. m. ▪ hist. Sujet non musulman de l'Empire ottoman. → **roumi.**

raid [ʀɛd] n. m. ▪ **1** Opération militaire très rapide en territoire ennemi. ➝ *Raid aérien.* **2** Épreuve sportive d'endurance.

raide adj. ▪ **I 1** Qui ne se laisse pas plier, manque de souplesse. *Cheveux raides.* ♦ fam. (personnes) Sans argent. ➝ Ivre ; drogué. **2** Tendu au maximum. ➝ loc. *Être sur la corde* raide.* **3** Très incliné par rapport au plan horizontal. *Pente raide.* → **abrupt. II** abstrait **1** littér. Qui manque de spontanéité. → **guindé, sévère. 2** fam. Difficile à accepter, à croire. *C'est un peu raide.* **III** adv. **1** Violemment ; avec intensité. **2** *Raide mort* (emploi adj.) : mort soudainement. ► **raideur** n. f. → **rigidité.**

rai-de-cœur n. m. ▪ archit. Ornement formé de feuilles aiguës en forme de cœur alternant avec des fers de lance. *Des rais-de-cœur.*

raider [ʀɛdœʀ] n. m. ▪ anglic. Personne qui achète des titres en Bourse pour prendre le contrôle de sociétés.

raidi, ie adj. ▪ Devenu raide. *Corps raidi par le froid.* ➝ fig. *Raidi dans son obstination.*

raidillon n. m. ▪ Chemin en pente raide.

raidir v. tr. [2] ▪ Faire devenir raide ; priver de souplesse. *Raidir ses muscles.* → **contracter.** ▷ v. pron. se **raidir** Devenir raide. ➝ Tendre ses forces. ► **raidissement** n. m.

raidisseur n. m. ▪ techn. Appareil servant à raidir un fil de fer, un câble. ♦ Pièce destinée à diminuer la flexion ou le jeu d'une structure.

① **raie** n. f. ▪ **1** Ligne droite, bande mince et longue. → **rayure, trait. 2** Ligne de séparation entre les cheveux.

② **raie** n. f. ▪ Poisson cartilagineux au corps aplati en losange, à la chair délicate.

raifort n. m. ▪ **1** Condiment extrait d'une racine au goût piquant. **2** Radis noir d'hiver.

rail n. m. ▪ **1** Chacune des deux barres d'acier parallèles constituant une voie ferrée. ➝ loc. *Remettre* (qqn, qqch.) *sur les rails,* sur la bonne voie. **2** *Le rail* : le transport par voie ferrée. → **chemin de fer.**

railler v. tr. [1] ▪ littér. Ridiculiser, se moquer de. ► **railleur, euse** adj.

raillerie n. f. ▪ Moquerie pour railler. → **quolibet, sarcasme.**

rail-route ou **railroute** n. m. ▪ Mode de transport des marchandises utilisant simultanément la voie ferrée et la route. → **ferroutage.**

rainer v. tr. [1] ▪ techn. Entailler en faisant une rainure. → **rainurer.**

rainette n. f. ▪ Petite grenouille arboricole.

rainurage n. m. ▪ Tracé de rainures parallèles dans le revêtement d'une autoroute, pour augmenter l'adhérence.

rainure n. f. ▪ Entaille faite en long.

rainurer v. tr. [1] ▪ Marquer d'une rainure, faire des rainures à. → **rainer.**

raiponce n. f. ▪ Plante potagère dont les racines et les feuilles se mangent en salade.

raire v. intr. [50] ▪ Bramer (cerf, chevreuil). → **raller, réer.**

raïs [ʀais] n. m. ▪ Chef suprême, dans certains pays arabes (Égypte, notamment).

raisin n. m. ▪ *Le raisin* (collectif), *les raisins* : fruit de la vigne, ensemble de baies (grains) réunies en grappes sur la rafle*.

raisiné n. m. ▪ **1** Confiture de jus de raisin. **2** arg. Sang versé.

raisinet n. m. ▪ (Suisse) Groseille.

raison n. f. ▪ **I** (pensée, jugement) **1** La faculté qui permet à l'être humain de connaître, juger et agir conformément à des principes (→ **compréhension, entendement, esprit, intelligence**), et spécialt de bien juger et d'appliquer ce jugement à l'action (→ **discernement,** bon **sens ; rationnel**). ➝ loc. *L'âge de raison* (7 ans). ➝ *Mariage de raison* (réglé par les convenances). **2** Fonctionnement mental normal. → **lucidité.** *Perdre la raison,* devenir fou. **3** (dans des loc.) Ce qui est raisonnable. ➝ *Plus que de raison.* → à l'**excès.** ➝ littér. *Comme de raison* : comme la raison le suggère. **4** (dans des loc. ; opposé à *tort*) *AVOIR RAISON* : être dans le vrai, ne pas se tromper. ➝ *Donner raison à qqn,* juger qu'il a raison. **II** (principe, cause) **1** Ce qui permet d'expliquer (l'apparition d'un fait ; un acte...). → **cause, motif.** ♦ loc. *Pour la raison que.* → **parce que.** *EN RAISON DE.* → à **cause** de. ➝ *Se faire une raison* : se résigner. **2** Motif légitime qui justifie (qqch.) en expliquant. *Avoir une (bonne) raison d'espérer.* ♦ loc. *Avec (juste) raison.* → à juste **titre.** ➝ *À plus forte raison* : avec des raisons encore meilleures. → **a fortiori. 3** au plur. Arguments destinés à prouver. *Donner ses raisons.* **4** *AVOIR RAISON DE* (qqn, qqch.) : vaincre la résistance de. **III** *RAISON SOCIALE* : nom, désignation (d'une société). **IV** sc. Proportion, rapport. ➝ loc. *Augmenter, changer en raison directe, inverse de.* ➝ *À RAISON DE* : en comptant, sur la base de.

raisonnable adj. ▪ **1** Doué de raison (I), de jugement. → **intelligent, pensant. 2** Qui pense et agit selon la raison (I, 2). → **réfléchi, sensé.** ▪ (choses) Conforme à la raison. → **judicieux, sage. 3** Qui consent des conditions modérées. ♦ Qui correspond à la mesure normale. *Prix raisonnable.* ► **raisonnablement** adv.

raisonnant, ante adj. ▪ Qui raisonne.

raisonné, ée adj. ▪ **1** Soutenu par des raisons (II). **2** didact. Qui explique par des raisonnements. → **rationnel.**

raisonnement n. m. ▪ **1** Activité de la raison (I), manière dont elle s'exerce. **2** Fait de raisonner en vue de parvenir à une conclusion. *Raisonnement inductif, déductif.*

raisonner v. [1] ▪ **I** v. intr. **1** Faire usage de sa raison. → **penser ; philosopher. 2** Employer des arguments (pour convaincre, discuter). **3** Enchaîner les parties d'un raisonnement. *Raisonner par analogie.* **II** v. tr. Chercher à amener (qqn) à une attitude raisonnable. ▷ v. pron. **se raisonner** Se conformer à la raison. *Tâche de te raisonner.* ▪ (passif) *L'amour ne se raisonne pas.*

raisonneur, euse n. ▪ Personne qui discute, raisonne, réplique.

rajah [ʀa(d)ʒa] n. m. ▪ Prince hindou. → **maharajah.** - var. **radjah.**

rajeunir v. [2] ▪ **I** v. tr. **1** Rendre une certaine jeunesse à (qqn). **2** Attribuer un âge moins avancé à (qqn). **3** (sujet chose) Faire paraître (qqn) plus jeune. **4** Moderniser. *Rajeunir un équipement.* **5** Abaisser l'âge de (un groupe) en incluant des personnes plus jeunes. **II** v. intr. Reprendre les apparences de la jeunesse. ► **rajeunissement** n. m.

rajouter v. tr. [1] ▪ **1** Ajouter de nouveau ; en plus. **2** fam. *EN RAJOUTER.* → **exagérer.** ► **rajout** n. m. → **ajout.**

rajuster v. tr. [1] ▪ **1** Remettre (qqch.) en bonne place. *Rajuster sa tenue ;* pronom. *se rajuster.* **2** *Rajuster les salaires.* → **réajuster.** ► **rajustement** n. m.

raki n. m. ▪ Eau-de-vie parfumée à l'anis.

râlant, ante adj. ▪ fam. Qui fait râler. → **rageant.** *C'est râlant !*

① **râle** n. m. ▪ méd. Altération du bruit respiratoire, qui signale une affection pulmonaire.

② **râle** n. m. ▪ Petit échassier migrateur.

ralenti n. m. ▪ **1** Régime le plus bas d'un moteur. ♦ loc. *Au ralenti,* en ralentissant (le rythme...). **2** Procédé cinématographique qui fait paraître les mouvements plus lents.

ralentir v. [2] ▪ **I** v. tr. Rendre plus lent (un mouvement ; un processus...). **II** v. intr. Aller moins vite ; spécialt réduire la vitesse de son véhicule. ► **ralentissement** n. m.

ralentisseur n. m. ▪ Dispositif qui sert à ralentir. ♦ Petit dos d'âne.

râler v. intr. [1] ▪ **I** Faire entendre un râle en respirant. **II** fam. Manifester sa mauvaise humeur. → **protester.** ► **râleur, euse** n. et adj.

ralingue n. f. ▪ mar. Cordage auquel sont cousus les bords d'une voile pour les renforcer.

raller v. intr. ▪ rare Pousser son cri (cerf). → **bramer, raire.**

rallidé n. m. ▪ zool. Oiseau aux ailes courtes, à petite tête, et dont le type est le râle.

ralliement n. m. ▪ **1** Fait de rallier (une troupe), de se rallier. ♦ loc. *Point de ralliement,* lieu convenu pour se retrouver. ▪ *Signe de ralliement* (pour se reconnaître). **2** Fait de se rallier. → **adhésion.**

rallier v. tr. [7] ▪ **1** Regrouper (des personnes dispersées). → **rassembler. 2** fig. Unir pour une cause commune. **3** Rejoindre (un parti, etc.). *Rallier la majorité.* ▷ v. pron. **se rallier à** Adhérer à.

rallonge n. f. ▪ **1** Ce qui est ajouté pour rallonger. *La rallonge d'une table.* ♦ loc. fam. *Nom à rallonge,* à particule. **2** Prolongateur électrique. **3** fam. Supplément de prix.

rallonger v. tr. [3] ▪ Rendre plus long (en ajoutant un élément). ► **rallongement** n. m.

rallumer v. tr. [1] ▪ **1** Allumer de nouveau. ▪ sans compl. Redonner de la lumière. **2** fig. → **ranimer** (2). ► **rallumage** n. m.

rallye [ʀali] n. m. ▪ Course automobile où les concurrents doivent rallier un lieu.

RAM [ʀam] n. f. invar. (sigle angl.) ▪ inform. Mémoire* vive.

-rama → **-orama**

ramadan n. m. ▪ Mois pendant lequel les musulmans doivent s'astreindre à l'abstinence entre le lever et le coucher du soleil. → aussi **carême.**

ramage n. m. ▪ **I** *Tissu à ramages,* décoré de rameaux fleuris. **II** Chant des oiseaux.

ramager v. [3] ▪ **1** v. intr. Faire entendre son ramage (oiseau). **2** v. tr. Orner de ramages.

ramancher v. tr. [1] ▪ (Canada) fam. **1** Réparer, rafistoler (qqch.). **2** Soigner, guérir (qqn). ▪ Remettre (une articulation).

ramapithèque n. m. ▪ paléont. Fossile de primate supérieur, découvert en Inde, dont la denture rappelle celle du chimpanzé.

ramassage n. m. ▪ **1** Action de ramasser. **2** *Ramassage scolaire :* transport quotidien des écoliers par un service routier spécial.

ramassé, ée adj. ▪ Resserré en une masse. ▪ fig. *Style ramassé,* concis et dense.

ramasse-miettes n. m. invar. ▪ Ustensile pour ramasser les miettes sur la table.

ramasse-poussière n. m. invar. ▪ région. (Nord ; Belgique) **1** Pelle à poussière. → **ramassette.** **2** fam. Bibelot, élément de décoration qui retient la poussière (→ nid à poussière).

ramasser v. tr. [1] ▪ **I 1** Resserrer en une masse ; tenir serré. ◆ pronom. Se mettre en masse, en boule. **2** Réunir (des choses éparses). → **rassembler. 3** fam. *RAMASSER qqn*, l'arrêter (police, etc.). **II 1** Prendre par terre (ce qui s'y trouve). *Ramasser du bois mort, un caillou.* **2** pronom. fam. *Se ramasser* : tomber ; fig. échouer.

ramassette n. f. ▪ région. (Nord ; Belgique) Pelle à poussière. → **ramasse-poussière.**

ramasseur, euse n. ▪ **1** Personne qui ramasse. **2** Personne qui va chercher chez les producteurs (des denrées).

ramassis n. m. ▪ péj. Réunion (de choses ou de gens de peu de valeur). → **tas.**

rambarde n. f. ▪ Dispositif pour empêcher de tomber (d'un navire, d'un pont, etc.). → **garde-fou.**

ramboutan n. m. ▪ Fruit du Sud-Est asiatique à écorce rougeâtre épineuse, à pulpe blanche et juteuse.

ramdam [ʀamdam] n. m. ▪ fam. Tapage.

① **rame** n. f. ▪ Pièce de bois aplatie à une extrémité, pour propulser et diriger une embarcation. → **aviron.**

② **rame** n. f. ▪ Branche fichée en terre pour guider une plante grimpante.

③ **rame** n. f. ▪ **1** Ensemble de cinq cents feuilles (de papier). **2** File de wagons attelés. *Rame de métro.*

ramé, ée adj. ▪ *Cerf ramé* : jeune cerf dont les bois poussent.

rameau n. m. ▪ **1** Petite branche d'arbre. **2** Subdivision d'un vaisseau, d'un nerf...

① **ramée** n. f. ▪ littér. Les branches à feuilles d'un arbre. → **ramure.**

② **ramée** n. f. ▪ loc. fam. *Ne pas en fiche une ramée* (ou *une rame*) : ne rien faire.

ramenard, arde adj. ▪ fam. Qui la ramène, fait l'important.

ramender v. tr. [1] ▪ **1** Raccommoder (des filets de pêche). **2** Amender de nouveau (un terrain). **3** techn. Redorer à la feuille d'or.

ramendeur, euse n. ▪ Personne qui répare les filets de pêche.

ramener v. tr. [5] ▪ **1** Amener de nouveau (qqn). **2** Faire revenir. *Ramenez la voiture chez moi.* **3** Faire revenir (à un état, à un sujet). *On l'a ramené à lui.* → **ranimer.** ◆ *Ceci nous ramène à notre sujet.* **4** fig. Faire renaître, faire revenir. *Ramener la paix.* → **rétablir. 5** Amener (qqn), apporter (qqch.) avec soi, en revenant. → **rapporter. 6** fam. *Ramener sa fraise* : arriver, venir ; fig. manifester de la prétention. ◆ ellipt *La ramener.* → **crâner. 7** Conduire à un état plus simple. → **réduire.** ▷ v. pron. se **ramener 1** fam. Venir. *Ramène-toi !* **2** *Se ramener à* : se réduire à, consister seulement en.

ramequin n. m. ▪ **1** Petit gâteau au fromage. **2** Récipient individuel pour la cuisine.

① **ramer** v. intr. [1] ▪ **1** Manœuvrer les rames. **2** fam. Faire des efforts.

② **ramer** v. tr. [1] ▪ Soutenir (une plante) avec une rame (②).

ramette n. f. ▪ Petite rame de papier.

rameur, euse n. ▪ Personne qui rame, qui est chargée de ramer. *Un banc de rameurs.*

rameuter v. tr. [1] ▪ péj. Regrouper. *Rameuter ses partisans.*

rameux, euse adj. ▪ bot. Qui a de nombreux rameaux. *Branche rameuse.*

rami n. m. ▪ Jeu de cartes où l'on réunit des combinaisons de cartes qu'on étale.

ramie n. f. ▪ bot. Plante de l'Asie tropicale, sorte d'ortie fournissant un textile résistant.

ramier n. m. ▪ Gros pigeon sauvage.

ramification n. f. ▪ **1** Division en plusieurs rameaux ; chacune des divisions. **2** fig. Groupement secondaire. *Société qui a des ramifications à l'étranger.*

se **ramifier** v. pron. [7] ▪ Se diviser en plusieurs branches ; avoir des ramifications.

ramille n. f. ▪ Très petite branche.

ramingue adj. ▪ Se dit du cheval qui refuse d'avancer quand on lui fait sentir l'éperon. → **rétif.**

ramolli, ie adj. ▪ Devenu mou. ♦ fam. *Cerveau ramolli*, faible, sans idées.

ramollir v. tr. [2] ▪ Rendre mou ou moins dur. ▷ v. pron. se **ramollir**

ramollissement n. m. ▪ Fait de se ramollir. ◆ *Ramollissement cérébral* (lésion).

ramollo adj. ▪ fam. Ramolli ; faible.

ramoner v. tr. [1] ▪ Nettoyer en raclant pour débarrasser de la suie (les cheminées, les tuyaux). ► **ramonage** n. m.

ramoneur, euse n. ▪ Personne qui ramone.

rampant, ante adj. ▪ **1** Qui rampe (1 et 2). **2** fam. Qui reste à terre (aviation). ◆ n. *Les rampants.* **3** fig. Obséquieux, servile. **4** péj. Qui progresse sournoisement.

rampe n. f. ▪ **I 1** Plan incliné. ◆ spécialt *Rampe de lancement.* **2** Partie en pente. → **montée. II 1** Balustrade à hauteur d'appui. *Rampe d'escalier.* **2** Rangée de lumières au bord d'une scène de théâtre. ◆ loc. *Passer la rampe* : produire de l'effet sur un public.

ramper v. intr. [1] ▪ **1** (reptiles, etc.) Progresser sur le ventre (→ **reptation**). **2** (plantes) Se développer au sol, ou s'accrocher. **3** fig. et péj. Être soumis.

rampon n. m. ▪ (Suisse) Mâche, doucette.

ramponneau n. m. ▪ fam. Bourrade, coup (de poing).

ramure n. f. ▪ **1** littér. Branches, rameaux (d'un arbre). **2** Bois des cervidés. → **andouiller.**

ranatre n. f. ▪ zool. Insecte vivant à la surface des mares, communément appelé *punaise d'eau.*

rancard ou **rencard** n. m. ▪ fam. Rendez-vous.

rancarder ou **rencarder** v. tr. [1] ▪ argot Renseigner.

rancart n. m. ▪ loc. fam. *Mettre au rancart* : jeter, se débarrasser de. → **rebut.**

rance adj. ▪ (corps gras : beurre...) Qui a pris une odeur forte et un goût âcre.

ranch [ʀɑ̃tʃ] n. m. ▪ Ferme de la prairie, aux États-Unis. *Des ranchs* ou *ranches.*

ranche n. f. ▪ région. Échelon d'un rancher.

rancher n. m. ▪ région. Échelier.

ranci, ie adj. ▪ Devenu rance. ➛ n. m. *Sentir le ranci.*

rancio n. m. ▪ Vin de liqueur qu'on a laissé vieillir et qui est devenu doux et doré.

rancir v. intr. [2] ▪ Devenir rance. ► **rancissement** n. m.

rancœur n. f. ▪ littér. Ressentiment tenace. → **aigreur, rancune.**

rançon n. f. ▪ **1** Prix que l'on exige pour délivrer qqn qu'on tient captif. **2** fig. *La rançon de* (un avantage, un plaisir). → **contrepartie.**

rançonner v. tr. [1] ▪ Exiger de (qqn) une somme d'argent sous la contrainte.

rançonneur, euse n. ▪ Personne qui rançonne. ➛ → **exploiteur.**

rancune n. f. ▪ Souvenir hostile, tenace et avec un désir de vengeance. → **rancœur, ressentiment.**

rancunier, ière adj. ▪ Porté à la rancune.

rand [ʀɑ̃d] n. m. ▪ Unité monétaire de l'Afrique du Sud.

randomisation n. f. ▪ anglic., statist. Méthode pour supprimer les variables non étudiées. ► **randomiser** v. tr. [1]

randonnée n. f. ▪ Longue promenade. ➛ *Sentier de grande randonnée* (abrév. G. R.), pour les marcheurs. ► **randonner** v. intr. [1] ► **randonneur, euse** n.

rang [ʀɑ̃] n. m. ▪ **I 1** Suite (de personnes, de choses) disposées sur une même ligne, en largeur (opposé à *file*). → **rangée.** ♦ spécialt (soldats...) *Serrer les rangs. Rompre* les rangs.* **2** loc. *Être, se mettre* SUR LES RANGS : entrer en concurrence avec d'autres. ♦ fig. *Grossir les rangs des mécontents.* **3** *LE RANG* : l'ensemble des hommes de troupe. ➛ fig. *Rentrer dans le rang* : se soumettre à une discipline. **4** (Canada) Ensemble d'exploitations agricoles s'étendant sur la longueur en bandes parallèles, et perpendiculairement à une route, une rivière. **II 1** Situation dans une série. *Par rang de taille.* → **ordre. 2** Place, position dans une hiérarchie. *Un écrivain de second rang.* **3** Place (de qqn) dans la société. → **classe, condition, niveau.** *Le rang social de qqn.* ♦ loc. (personnes ; choses) *Du même rang,* de même valeur. **4** loc. *Mettre* AU RANG DE : compter parmi. → ① **ranger** (2).

range-CD n. m. invar. ▪ Meuble pour ranger les disques compacts.

rangée n. f. ▪ Rang (I, 1).

rangement n. m. ▪ Action de ranger.

① **ranger** v. tr. [3] ▪ **1** Disposer à sa place, avec ordre. → **classer, ordonner.** *Ranger ses affaires.* ♦ Mettre de l'ordre dans (un lieu). **2** Mettre au nombre, au rang de. *Un auteur à ranger parmi les classiques.* **3** Mettre de côté pour laisser le passage. *Ranger sa voiture.* ▷ v. pron. **se ranger 1** Se mettre de côté. **2** *Se ranger du côté de qqn,* prendre son parti. ➛ *Se ranger à l'avis de qqn* (→ **adopter**). **3** Adopter un genre de vie plus régulier, une conduite plus raisonnable. → s'**assagir.** ▷ adj. **rangé, ée 1** loc. *Bataille* rangée.* **2** Qui s'est rangé (3). → **sérieux.**

② **ranger** [ʀɑ̃dʒɛʀ ; -œʀ] n. m. ▪ **I** Garde dans un parc national (États-Unis). **II** Brodequin à tige montante.

rani n. f. ▪ Épouse d'un rajah. *Des ranis.*

ranidé n. m. ▪ Batracien dépourvu de queue (ex. la grenouille).

ranimer v. tr. [1] ▪ **1** Rendre la conscience, le mouvement à. → **réanimer. 2** Redonner de l'énergie, de la force à.

rantanplan interj. ▪ Onomatopée, roulement du tambour. - var. **rataplan.**

ranz [ʀɑ̃z] en Suisse romande ; [ʀɑ̃ts] n. m. ▪ *Ranz des vaches* : air de berger, chanson pastorale suisse.

raout [ʀaut] n. m. ▪ vieilli Réunion, fête mondaine.

rap [ʀap] n. m. ▪ anglic. Musique rythmée sur des paroles scandées, genre issu de la récitation des poètes noirs américains.

rapace ▪ **I** adj. Qui cherche à s'enrichir rapidement et brutalement. → **avide, cupide. II** n. m. Oiseau carnivore, aux doigts armés de serres, au bec puissant.

rapacité n. f. ▪ Avidité brutale.

rapailler v. tr. [1] ▪ (Canada) fam. Ramasser, rassembler (ce qui est épars).

rapatrié, ée adj. et n. ■ Qu'on a rapatrié (1).

rapatrier v. tr. 7 ■ **1** Assurer le retour de (qqn) sur le territoire du pays auquel il appartient par sa nationalité. **2** écon. *Rapatrier des capitaux.* ► **rapatriement** n. m.

râpe n. f. ■ **1** Lime à grosses entailles. **2** Ustensile de cuisine qui sert à râper.

① **râpé, ée** adj. ■ **1** Qu'on a râpé (1). *Gruyère râpé.* **2** (tissu) Usé par le frottement. → **élimé.**

② **râpé** adj. ■ fam. *C'est râpé,* se dit à l'occasion d'un contretemps, d'un espoir déçu.

râper v. tr. 1 ■ **1** Réduire en poudre grossière, en filaments. **2** Travailler à la râpe (1). ♦ fig. Irriter. *Vin qui râpe la gorge.*

râperie n. f. ■ techn. Atelier où l'on râpe les betteraves pour la fabrication du sucre.

rapetasser v. tr. 1 ■ fam. Réparer sommairement, grossièrement (un vêtement, etc.). → **raccommoder.** ► **rapetassage** n. m.

rapetisser v. 1 ■ **I** v. tr. **1** Rendre plus petit. **2** Faire paraître plus petit. **3** fig. Diminuer la valeur, le mérite de. **II** v. intr. Devenir plus petit, plus court. ► **rapetissement** n. m.

râpeux, euse adj. ■ **1** Hérissé d'aspérités. → **rugueux. 2** Qui râpe la gorge. → **âpre.**

raphia n. m. ■ Palmier à très longues feuilles. – Fibre de ces feuilles (→ **rabane).**

raphide n. f. ■ biol. Cristal en forme d'aiguilles qui se rencontre dans certaines cellules végétales ou animales.

rapiat, ate adj. et n. ■ fam. Avare (de façon mesquine). *Elle est rapiat* ou *rapiate.*

rapide ■ **I** adj. (opposé à *lent*) **1** (cours d'eau) Qui coule avec une grande vitesse. ♦ *Pente rapide.* → **abrupt, raide. 2** Qui peut se mouvoir à une vitesse élevée. **3** (sans idée de déplacement) Qui exécute vite. → **expéditif, prompt.** – Qui comprend vite. ♦ *Poison rapide,* qui agit vite. **4** Qui s'accomplit à une vitesse élevée, en peu de temps. *Guérison rapide.* – *Pellicule rapide,* très sensible. **5** *Voie* (de circulation) *rapide.* **II** n. m. **1** Partie d'un cours d'eau où le courant est rapide et tourbillonnant. **2** vieilli Train qui va plus vite que l'express (ne se dit pas du T. G. V.).

rapidement adv. ■ À une grande vitesse, en un temps bref. → **vite.**

rapidité n. f. ■ Caractère rapide.

rapido adv. ■ fam. Rapidement, sans attendre. → **presto.** – syn. **rapidos.**

rapiécer v. tr. 3 et 6 ■ Réparer ou raccommoder en mettant une pièce. → **repriser.** ► **rapiéçage** n. m.

rapière n. f. ■ anciennt Épée longue et effilée, à garde hémisphérique.

rapin n. m. ■ vieilli Artiste peintre.

rapine n. f. ■ littér. Vol, pillage.

raplapla adj. invar. ■ fam. **1** Fatigué ; sans force. **2** Aplati.

rappareiller v. tr. 1 ■ rare **1** Remettre (une chose) avec sa pareille ou ses pareilles. → **rapparier. 2** Remplacer les éléments manquants de (une série). → **réassortir.**

rapparier v. tr. 7 ■ rare **1** Remettre (une chose) avec sa pareille, pour reformer une paire. **2** Reformer un couple (d'animaux). *Rapparier des pigeons.* → **apparier.** ► **rappariement** n. m.

rappel n. m. ■ **1** Action d'appeler pour faire revenir. – loc. fig. *Battre le rappel* (pour réunir). ♦ Applaudissements pour faire revenir un artiste sur scène. **2** *RAPPEL À :* action de faire revenir qqn à. *Rappel à la raison.* **3** Fait de rappeler (II, 2). *Le rappel des titres de l'actualité* (d'un journal parlé). ♦ Avertissement d'avoir à payer. **4** Répétition qui renvoie à une même chose. – *Injection de rappel* (consolidant l'immunité). **5** alpin. Descente au moyen d'une corde qui peut être rappelée.

rappelé, ée adj. ■ **1** Qu'on fait revenir ou qu'on révoque pour raisons diplomatiques. *Ambassadeur rappelé.* **2** Appelé de nouveau sous les drapeaux. *Soldats rappelés.* → **mobilisé.**

rappeler v. tr. 4 ■ **I 1** Appeler pour faire revenir. **2** fig. *RAPPELER qqn À,* le faire revenir à. *Rappeler qqn à la raison.* **3** Appeler (qqn) de nouveau (au téléphone, etc.). **II 1** Faire revenir (qqch.) vers soi. **2** Faire revenir à la mémoire. *Rappelez-moi votre nom.* ♦ Faire venir à l'esprit par association d'idées. → **évoquer.** *Cela ne te rappelle rien ?* ▷ v. pron. **se rappeler 1** Rappeler (un souvenir) à sa mémoire ; avoir présent à l'esprit. → se **souvenir,** se **remémorer.** – REM. On dit *se rappeler qqch.,* et *se souvenir de qqch.* **2** *SE RAPPELER À,* faire souvenir de soi. *Je me rappelle à votre bon souvenir.*

rapper v. intr. 1 ■ Pratiquer le rap ; chanter du rap.

rappeur, euse n. ■ Chanteur, chanteuse de rap ; artiste qui fait du rap.

rappliquer v. intr. 1 ■ fam. Arriver.

rappointis n. m. ■ techn. Pointe à large tête qui sert à retenir un enduit (plâtre...) sur une paroi de bois.

rapport n. m. ■ **I** (Action, fait de rapporter) **1** Action de rapporter (ce qu'on a vu, entendu) ; récit, témoignage. **2** Compte rendu. *Rapport confidentiel.* **3** Fait de procurer un profit. → **produit, rendement.** – jeux Gain calculé en fonction de la mise. **II 1** Lien entre plusieurs objets. → **relation.** *Je ne vois pas le rapport.* **2** Relation de ressemblance ; traits, éléments communs. → **affinité, analogie.** – *EN RAPPORT AVEC :* qui correspond à. **3** sc. Quotient de deux grandeurs de même espèce. **4** loc. *PAR RAPPORT À :* en ce qui concerne. → **relativement** à. – Par comparaison avec. ♦ pop. *RAPPORT À :* à propos de. ♦ *Sous le rapport de :* du point de vue de.

→ *Sous tous (les) rapports :* à tous égards. **III** surtout au plur. **1** Relation* entre personnes. *Rapports de force.* → absolt Relations sexuelles. ♦ *Se mettre* EN RAPPORT *avec qqn.* → **contacter.** **2** Façon d'appréhender qqch. *Son rapport à l'argent.*

rapporter v. tr. [1] ▪ **I 1** Apporter (une chose qui avait été déplacée) à l'endroit initial (→ **remettre** (I, 1)), ou à une personne (→ **rendre**). **2** Apporter (qqch.) en revenant. *Tu rapporteras du pain.* **3** Ajouter (une chose) pour compléter ; spécialt coudre sur qqch. → au p. p. *Poches rapportées.* **4** Produire comme gain, bénéfice. *Investissement qui rapporte.* → **rentable.** **5** Venir dire, répéter (ce qu'on a appris, entendu). **II** RAPPORTER (qqch.) À : rattacher par une relation. **III** dr. → **abroger, annuler.** ▷ v. pron. **se rapporter 1** Avoir rapport (à), être en relation (avec). **2** S'EN RAPPORTER À *qqn,* lui faire confiance. → s'en **remettre** à ; se **fier** à.

rapporteur, euse ▪ **1** n. et adj. (Personne) qui rapporte (I, 5) ce qu'il faudrait taire. **2** n. Personne qui rend compte, qui rédige un rapport. **3** n. m. Instrument (demi-cercle gradué) pour mesurer ou tracer les angles.

rapprendre v. tr. → **réapprendre**

rapproché, ée adj. ▪ **1** Proche (de qqch.). **2** Proche dans le temps.

rapprochement n. m. ▪ Action de (se) rapprocher. ♦ spécialt Réconciliation. → *Faire un rapprochement entre deux événements.* → **lien, rapport.**

rapprocher v. tr. [1] ▪ **1** Mettre plus près de (qqn, qqch.) ; rendre plus proche. → fig. pronom. *Se rapprocher de son rêve.* **2** Faire approcher (d'un moment, d'un état à venir). **3** fig. Disposer (des personnes) à des rapports amicaux ; réconcilier. **4** abstrait Rattacher, associer. **5** pronom. Présenter une analogie avec, ressembler à.

rapsode ; rapsodie → **rhapsode ; rhapsodie**

rapt [ʀapt] n. m. ▪ Kidnappage.

raptus [ʀaptys] n. m. ▪ psych. Impulsion violente et soudaine pouvant conduire à commettre un acte grave (homicide, suicide, mutilation). *Raptus anxieux, épileptique.*

râpure n. f. ▪ techn. Ce qu'on enlève d'une substance qu'on travaille à la râpe.

raquer v. [1] ▪ fam. Payer.

raquette n. f. ▪ **1** Instrument ovale adapté à un manche, et permettant de lancer une balle, un volant. **2** Large semelle ovale pour marcher sur la neige.

raquetteur, euse n. ▪ (Canada) Personne qui se déplace sur la neige en raquettes.

rare adj. ▪ **1** (après le nom) Qui ne se rencontre pas souvent, dont il existe peu d'exemplaires. *Objet rare.* → loc. *Oiseau* rare.* → au plur. (avant le nom) *De rares exceptions.* **2** Peu fréquent. → **exceptionnel.** → *Tu te fais rare,* on te voit peu. → impers. *Il est rare de* (+ inf.) ; *que* (+ subj.). **3** Qui sort de l'ordinaire. → **remarquable.** → *Un peintre d'un rare talent.* **4** Peu abondant, peu fourni. *Herbe rare.* ► **rarement** adv.

raréfaction n. f. ▪ Fait de se raréfier.

raréfier v. tr. [7] ▪ Rendre rare, moins dense, moins fréquent. ▷ adj. **raréfié, ée** *Gaz raréfié,* sous une très faible pression.

rareté n. f. ▪ Qualité de ce qui est rare, peu commun ou peu fréquent.

rarissime adj. ▪ Extrêmement rare.

① **ras, rase** adj. ▪ **1** Coupé tout contre la peau. *Cheveux ras.* → *Chien à poil ras* (très court). ♦ adv. *Herbe tondue ras.* **2** loc. *En rase campagne :* en terrain découvert. → *Faire table* rase.* **3** Rempli jusqu'au bord sans dépasser. → loc. *À RAS BORD(S).* ♦ (adv.) loc. fam. *En avoir* RAS LE BOL, vulg. RAS LE CUL, en avoir assez. **4** À RAS DE, AU RAS DE loc. prép. : au plus près de la surface de, et au même niveau. ♦ À RAS loc. adv. *Coupé à ras.*

② **ras** [ʀɑs] n. m. ▪ Chef éthiopien.

R. A. S. [ɛʀɑɛs] interj. (sigle de *rien à signaler*) ▪ fam. Tout est normal, tout va bien. *Ça va, R. A. S.*

rasade n. f. ▪ Quantité de boisson servie à ras bords.

rasage n. m. ▪ Action de (se) raser.

rasant, ante adj. ▪ **1** Qui rase, passe tout près. **2** fam. Qui ennuie. → **barbant, rasoir.**

rascasse n. f. ▪ Poisson comestible à grosse tête hérissée d'épines.

rasé, ée adj. ▪ **1** Coupé à ras. *Poils, cheveux rasés.* **2** Dont le poil est coupé à ras. *Crâne rasé.* → (hommes) *Être rasé, bien rasé :* avoir la figure rasée, la barbe faite.

rase-mottes n. m. ▪ *Vol en rase-mottes,* très près du sol.

raser v. tr. [1] ▪ **I 1** Couper (le poil) au ras de la peau. *Raser la barbe.* → *Se raser les jambes.* ♦ *Raser qqn* (sa barbe). → pronom. *Se raser.* **2** fam. Ennuyer. → **barber. II** Abattre à ras de terre. *Tout le quartier a été rasé.* **III** Passer très près de (qqch.). → **frôler.**

raseur, euse n. et adj. ▪ fam. Qui ennuie.

rash n. m. ▪ méd. Éruption cutanée transitoire, lors de maladies fébriles (ordinairement non éruptives). → **érythème.** *Des rashs* ou *des rashes.*

rasibus [-ys] adv. ▪ fam. À ras, tout près. *Passer rasibus.* → *Cheveux coupés rasibus.*

rasoir ▪ **I** n. m. Instrument servant à raser les poils. **II** adj. invar. fam. Ennuyeux.

raspoutitsa n. f. ▪ géogr. Période de dégel avec formation d'une couche de boue gluante.

rassasié, ée adj. ▪ **1** Repu. *Convives rassasiés.* **2** fig. *Être rassasié de tout* **(→ saturé).**

rassasier v. tr. [7] ▪ **1** Satisfaire entièrement la faim de (qqn). **2** fig. Satisfaire pleinement les aspirations, les désirs de (qqn). ► **rassasiement** n. m.

rassemblement n. m. ▪ **1** Action de rassembler (des choses, des personnes dispersées). **2** Fait de se rassembler ; groupe ainsi formé. **3** Parti politique qui groupe diverses tendances.

rassembler v. tr. [1] ▪ **1** Faire venir au même endroit (des personnes). ➛ pronom. *Se rassembler.* ♦ fig. Réunir pour une action commune. **2** Mettre ensemble (des choses). **→ réunir.** **3** *Rassembler ses esprits* : reprendre son sang-froid. ► **rassembleur, euse** n.

rasseoir [-swaʀ] v. tr. [26] ▪ **1** Asseoir de nouveau. **2** Replacer (sur une base...).

rasséréné, ée adj. ▪ Calmé, apaisé.

rasséréner v. tr. [6] ▪ Ramener au calme, à la sérénité. **→ apaiser, rassurer.**

rassir v. intr. [2] ▪ Devenir rassis. *Ce pain commence à rassir* ; et pronom. *à se rassir.*

rassis, ise adj. ▪ **1** Qui n'est plus frais sans être encore dur. *Une brioche rassise* ou fam. *rassie.* **2** littér. Pondéré, réfléchi.

rassortiment ; rassortir → réassortiment ; réassortir

rassurer v. tr. [1] ▪ Rendre la confiance, la tranquillité d'esprit à (qqn). **→ apaiser, tranquilliser.** ➛ au p. p. *Je n'étais pas rassuré,* j'avais peur. ► **rassurant, ante** adj.

rasta ou **rastafari** n. ▪ Adepte du retour culturel à l'Afrique et de la musique reggae.

rastaquouère [-kwɛʀ] n. m. ▪ péj. et vieilli Étranger aux allures voyantes.

rat n. m. ▪ **1** Petit mammifère rongeur, à museau pointu et à très longue queue **(→ ① rate, raton).** ➛ loc. *Être fait comme un rat* : être pris au piège. ♦ *Rat d'Amérique,* ragondin. **2** fig. *Rat de bibliothèque,* personne qui passe son temps dans les livres. ♦ *Petit rat (de l'Opéra)* : jeune élève de la classe de danse de l'Opéra.

rata n. m. ▪ vieilli Ragoût grossier servi aux soldats. ➛ par ext. Mauvaise nourriture mal préparée.

ratafia n. m. ▪ Liqueur à base d'eau-de-vie et de sucre.

ratage n. m. ▪ Échec **(→ rater).**

rataplan interj. **→ rantanplan**

ratatiner v. tr. [1] ▪ Rapetisser, réduire la taille en déformant. ➛ pronom. *Se ratatiner.* ▷ adj. **ratatiné, ée 1** Rapetissé et déformé. **2** fig., fam. Démoli, hors d'usage.

ratatouille n. f. ▪ Plat de légumes (aubergines, courgettes, tomates...) cuits à l'huile.

① **rate** n. f. ▪ Rat femelle.

② **rate** n. f. ▪ Organe lymphoïde situé sous la partie gauche du diaphragme. ♦ loc. fam. *Se fouler la rate* : faire des efforts.

③ **rate → ratte**

raté, ée ▪ **I** n. m. Bruit anormal, dans un moteur à explosion. **II** n. Personne qui a raté sa vie, sa carrière.

② **raté, ée** adj. ▪ Qui a échoué. *Occasion ratée.*

râteau n. m. ▪ **1** Outil fait d'une traverse munie de dents et d'un long manche. **2** Raclette de croupier.

ratel n. m. ▪ zool. Blaireau d'Afrique très friand de miel.

râtelage n. m. ▪ Action de râteler, de ramasser avec un râteau.

râtelée n. f. ▪ Quantité ramassée d'un coup de râteau. *Une râtelée de foin.*

râteler v. tr. [4] ▪ Ramasser avec un râteau. **→ ratisser.**

râteleur, euse n. ▪ agric. Ouvrier, ouvrière agricole qui fait le râtelage.

râtelier n. m. ▪ **1** Barreaux parallèles inclinés contre un mur recevant le fourrage du bétail. ♦ loc. fig. *Manger à tous les râteliers* : tirer profit de toutes les situations. **2** fam. et vieilli Dentier.

rater v. [1] ▪ **I** v. intr. **1** (coup d'arme à feu) Ne pas partir. **2** Échouer. ➛ fam. *Ça n'a pas raté,* c'était prévisible. **II** v. tr. **1** Ne pas atteindre (ce qu'on visait). ➛ *Rater son train.* **2** fig. Ne pas profiter de. **→ manquer.** *Rater une occasion.* ➛ iron. *Il n'en rate pas une* : il les fait toutes (les bêtises). **3** Ne pas réussir. *Rater son effet.* ➛ au p. p. *C'est raté !* **→ râpé.**

ratiboiser v. tr. [1] ▪ fam. **1** Prendre, voler. **2** Ruiner (qqn). **3** Couper très court les cheveux de (qqn).

ratiche n. f. ▪ argot Dent.

ratichon n. m. ▪ vx, péj. Prêtre.

raticide n. m. ▪ Produit utilisé pour détruire les rats. **→ mort-aux-rats.**

ratier [-tje] n. m. ▪ Chien qui chasse les rats. ➛ appos. *Chien ratier.*

ratière [-tjɛʀ] n. f. ▪ Piège à rats. → souricière.

ratifier v. tr. [7] ▪ **1** Approuver ou confirmer par un acte authentique. **2** littér. Confirmer. *Ratifier une promesse.* ► **ratification** n. f.

ratinage n. m. ▪ techn. Action de ratiner une étoffe.

ratine n. f. ▪ Tissu de laine épais, cardé, dont le poil est tiré en dehors et frisé.

ratiner v. tr. [1] ▪ techn. Traiter (un drap, une étoffe) pour lui donner l'aspect de la ratine.

rating [ʀa- ; ʀe-] n. m. ■ anglic. **1** mar. Indice caractérisant un voilier, et qui détermine son handicap en compétition. **2** Indice qui classe les entreprises en fonction de leur solvabilité.

ratio [ʀasjo] n. m. ■ écon. Rapport de deux grandeurs variables.

ratiociner [ʀasjɔ-] v. intr. [1] ■ littér. Se perdre en raisonnements subtils et interminables. → **ergoter.** ► **ratiocination** n. f.

ratiocineur, euse [ʀasjɔ-] n. ■ littér. Personne qui se plaît à ratiociner, à ergoter.

ration n. f. ■ **1** Quantité (d'aliments) qui revient à qqn, un animal pendant une journée. **2** *Ration alimentaire* : aliments nécessaires à un organisme pour vingt-quatre heures. **3** *RATION DE* : quantité de (souvent iron.). *J'ai ma ration de soucis.*

rational, aux n. m. ■ didact. **I** Pièce d'étoffe ornée de pierreries que le grand prêtre des Hébreux portait sur la poitrine. → **pectoral. II** Titre de certains ouvrages de liturgie.

rationaliser v. tr. [1] ■ **1** Rendre rationnel, conforme à la raison. **2** Organiser avec méthode, bon sens. **3** psych. Justifier une conduite par des motifs rationnels. ► **rationalisation** n. f.

rationalisme n. m. ■ **1** philos. Doctrine selon laquelle toute connaissance certaine vient de la raison (opposé à *empirisme*). *Le rationalisme de Descartes.* **2** Croyance et confiance dans la raison (opposée à la religion, etc.). ► **rationaliste** adj. et n.

rationalité n. f. ■ philos. Caractère de ce qui est rationnel.

rationnel, elle adj. ■ **I 1** De la raison. *L'activité rationnelle,* le raisonnement. **2** Conforme à la raison, au bon sens. ◆ Organisé avec méthode. *Installation rationnelle.* **II** math. *Nombre rationnel,* qui peut être mis sous la forme d'un rapport entre deux entiers. ► **rationnellement** adv.

rationner v. tr. [1] ■ **1** Distribuer des rations limitées de (qqch.). **2** Imposer une ration à (qqn), restreindre sa consommation. ◆ pronom. *Se rationner.* ► **rationnement** n. m.

ratisser v. tr. [1] ■ **1** Nettoyer (le sol...) à l'aide d'un râteau. ◆ *Ratisser des feuilles mortes.* → **râteler.** ◆ loc. fig. *Ratisser large,* réunir le plus d'éléments possible. **2** (armée...) Fouiller méthodiquement. ► **ratissage** n. m.

ratissoire n. f. ■ Outil de jardinage servant à faire des sarclages et des binages légers.

ratite n. m. ■ Oiseau coureur dont le sternum est dépourvu de bréchet (ex. l'aptéryx, l'autruche, l'émeu, le nandou).

raton n. m. ■ **1** Jeune rat. **2** *RATON LAVEUR* : mammifère carnivore qui lave ses aliments avant de les absorber.

ratonnade n. f. ■ Expédition punitive organisée contre des Maghrébins.

ratonner v. [1] ■ **1** v. intr. Se livrer à des ratonnades. **2** v. tr. Exercer les brutalités d'une ratonnade sur (qqn).

ratonneur, euse n. ■ Personne qui se livre à des ratonnades.

ratoureux, euse adj. ■ (Canada) fam. Rusé, malin.

rattacher v. tr. [1] ■ **1** Attacher de nouveau ou ensemble. **2** fig. Faire dépendre (de qqch.), relier (à qqch.). ◆ pronom. *Tout ce qui se rattache à la question.* ► **rattachement** n. m.

rattachiste adj. et n. ■ (Belgique) Partisan du rattachement à la France des parties francophones de la Belgique.

rat-taupe n. m. ■ zool. Petit rongeur d'Europe centrale et orientale, sans queue, à fourrure épaisse, qui creuse des galeries dans le sol. → **spalax.** *Des rats-taupes.*

ratte n. f. ■ Pomme de terre oblongue, petite, très estimée. - var. **rate.**

rattrapable adj. ■ Que l'on peut rattraper.

rattrapage n. m. ■ *Classe de rattrapage,* pour des élèves retardés dans leurs études.

rattraper v. tr. [1] ■ **1** Attraper de nouveau. → **reprendre. 2** Attraper (ce qui allait tomber, s'en aller). **3** fig. Réparer (une erreur...). **4** S'activer pour compenser (une perte de temps). *Rattraper un retard.* **5** Rejoindre (qqn ou qqch. qui a de l'avance). ▷ v. pron. **se rattraper 1** Se raccrocher (à). **2** Agir pour pallier une insuffisance, réparer une maladresse.

rature n. f. ■ Trait tiré pour annuler ou remplacer ce qui est écrit.

raturer v. tr. [1] ■ Annuler, corriger par des ratures. ► **raturage** n. m.

rauque adj. ■ (voix) Qui produit des sons voilés ou gutturaux. ► **raucité** n. f. littér.

rauquement n. m. ■ rare Cri d'un animal qui rauque.

rauquer v. intr. [1] ■ **1** rare (tigre) Crier. → **feuler. 2** fig. et poét. Émettre un bruit semblable au cri du tigre.

rauwolfia [ʀovɔlfja] n. m. ■ bot. Arbre ou arbuste originaire d'Inde et d'Indonésie, dont les racines contiennent des alcaloïdes à propriétés sédatives et hypotensives **(→ réserpine).**

ravage n. m. ■ surtout au plur. **1** Dégâts importants. **2** Effet néfaste (de qqch.). ◆ littér. *Les ravages du temps* : les signes de vieillesse.

ravager v. tr. [3] ■ **1** Faire des ravages dans. → **dévaster, saccager. 2** fig. Apporter de graves perturbations physiques ou morales à. ▷ adj. **ravagé, ée 1** Endommagé ; marqué, flétri (par le temps, etc.). **2** fam. Fou, cinglé. ► **ravageur, euse** adj.

ravaler v. tr. 1 ▪ **I 1** Nettoyer, refaire le parement de (un mur, etc.). ► **ravalement** n. m. **2** fig., littér. Abaisser, déprécier. **II 1** Avaler (ce qu'on a dans la bouche). **2** fig. Retenir (ce qu'on allait dire) ; empêcher de se manifester.

ravaleur, euse n. ▪ Ouvrier, ouvrière qui travaille au ravalement.

ravauder v. tr. 1 ▪ vieilli Raccommoder à l'aiguille. ► **ravaudage** n. m. ► **ravaudeur, euse** n.

① **rave** n. f. ▪ (désigne plusieurs espèces) Plante potagère à racine comestible (betterave, navet...).

② **rave** [ʀɛv] n. f. ▪ Fête de grande ampleur, dédiée à la danse et à la musique techno. ► **raveur, euse** n. → **teufeur.**

ravenala [-e-] n. m. ▪ Arbre de Madagascar, voisin du bananier, dont une espèce est appelée *arbre du voyageur*.

ravenelle n. f. ▪ Giroflée des jardins. ◆ Radis sauvage.

ravi, ie adj. ▪ Très content, heureux. → **comblé, enchanté.** ◆ *Être ravi que* (+ subj.).

ravier n. m. ▪ Petit plat creux et oblong.

ravière n. f. ▪ agric. Terrain où l'on cultive des raves.

ravigote n. f. ▪ Vinaigrette très relevée.

ravigoter v. tr. 1 ▪ fam. Rendre plus vigoureux, redonner de la force à (qqn). → **revigorer.** ► **ravigotant, ante** adj.

ravin n. m. ▪ Vallée étroite et escarpée.

ravine n. f. ▪ Lit creusé par un torrent.

raviner v. tr. 1 ▪ **1** (eaux de ruissellement) Creuser (le sol) de sillons. **2** fig. Marquer de rides profondes. ► **ravinement** n. m.

raviole n. f. ▪ Petit carré de pâte renfermant une farce.

ravioli n. m. ▪ Petit carré de pâte farci.

ravir v. tr. 2 ▪ **1** littér. Prendre, enlever de force. **2** Plaire beaucoup à. → **enchanter, enthousiasmer ; ravissant.** ◆ *À RAVIR* loc. adv. : à merveille.

se **raviser** v. pron. 1 ▪ Changer d'avis.

ravissant, ante adj. ▪ Qui plaît beaucoup, touche par la beauté, le charme.

ravissement n. m. ▪ **1** vx Action de ravir (1). **2** → **enchantement** (2).

ravisseur, euse n. ▪ Personne qui a commis un rapt.

ravitaillement n. m. ▪ Action de (se) ravitailler. ◆ Ce qui ravitaille. → **vivres.**

ravitailler v. tr. 1 ▪ **1** Fournir (une communauté, une armée, qqn) en vivres. → **approvisionner. 2** *Ravitailler un avion en vol* (en carburant). ▷ v. pron. se **ravitailler**

ravitailleur n. m. ▪ Personne ou engin (navire, avion...) qui ravitaille.

raviver v. tr. 1 ▪ **1** Rendre plus vif. *Raviver le feu ; des couleurs.* **2** fig. Ranimer. ► **ravivage** n. m.

ravoir v. tr. (seulement inf.) ▪ **1** Avoir de nouveau (qqch.). → **récupérer. 2** fam. Remettre en bon état de propreté.

raya → **raïa**

rayé, ée adj. ▪ **1** Qui porte des rayures. **2** Qui porte des éraflures. **3** Supprimé (d'une liste).

rayer v. tr. 8 ▪ **1** Marquer de raies, en entamant la surface. *Le diamant raye le verre.* **2** Tracer un trait sur (un mot...) pour l'annuler. → **barrer, raturer.** ◆ *Rayer qqn d'une liste.* → **exclure, radier.**

rayère n. f. ▪ archit. Étroite ouverture verticale pratiquée dans le mur d'une tour pour en éclairer l'intérieur.

ray-grass [ʀɛgʀɑs] n. m. invar. ▪ Plante herbacée, variété d'ivraie employée pour les pelouses, les prairies artificielles.

① **rayon** n. m. ▪ **I 1** Trace de lumière en ligne ou en bande. ◆ *Les rayons du soleil*, sa lumière. **2** opt. Trajet d'une radiation. *Rayons convergents ; divergents.* **3** au plur. Radiations (→ **radio-**). *Rayons X*, rayonnement électromagnétique de faible longueur d'onde (→ radiographie, radioscopie). **II 1** Pièce reliant le moyeu (d'une roue) à la jante. **2** Segment joignant un point (d'un cercle, d'une sphère) à son centre. ◆ loc. *Dans un rayon de :* dans un espace circulaire de (distances). ◆ *Rayon d'action* (d'un navire, d'un avion) : fig. zone d'activité.

② **rayon** n. m. ▪ **1** Gâteau de cire fait par les abeilles. **2** Planche, tablette de rangement. → **rayonnage. 3** Partie d'un magasin affectée à un type de marchandises. ◆ loc. fam. *En connaître un rayon :* être compétent.

③ **rayon** n. m. ▪ agric. Petit sillon. *Semer, planter en rayons :* semer les graines en ligne droite.

rayonnage n. m. ▪ Rayons assemblés (meuble de rangement). → **étagère.**

rayonnant, ante adj. ▪ **1** Disposé en rayons (II). **2** Qui émet des rayons lumineux. **3** Qui rayonne (I, 3). → **radieux.**

rayonne n. f. ▪ Fibre textile artificielle.

rayonnement n. m. ▪ **1** Fait de rayonner. ◆ Ensemble de radiations. *Rayonnement infrarouge.* **2** fig. (→ **rayonner** (I, 3)).

rayonner v. intr. [1] ▪ **I 1** Émettre des rayons lumineux. → **irradier. 2** Se propager par rayonnement. *La chaleur rayonne.* **3** fig. Émettre un éclat, une influence heureuse. *Rayonner de bonheur.* **II 1** Être disposé en rayons. **2** Se manifester dans toutes les directions. *La douleur rayonne.* **3** (sujet personne) Se déplacer dans un certain rayon (à partir d'un lieu).

rayure n. f. ▪ **1** Bande, ligne qui se détache (quand il y en a plusieurs). **2** Éraflure ou rainure.

raz n. m. ▪ **1** mar. Courant marin violent, dans un passage étroit. **2** *RAZ DE MARÉE :* vague isolée et très haute, d'origine sismique ou volcanique. ➝ fig. Bouleversement social ou politique irrésistible.

razzia [ʀa(d)zja] n. f. ▪ Brusque attaque pour emporter un butin. ► **razzier** v. tr. [7] → **rafler.**

Rb ▪ Symbole chimique du rubidium.

re-, ré-, r- Élément (du latin *re-*) qui exprime le retour en arrière (ex. *rabattre*), à un état antérieur (ex. *rhabiller*) ou le renforcement, l'achèvement (ex. *réunir, ramasser*), la répétition ou la reprise (ex. *redire, refaire*).

Re ▪ Symbole chimique du rhénium.

ré n. m. invar. ▪ Deuxième note de la gamme d'ut.

réa n. m. ▪ Roue, poulie à gorge.

réabonner v. tr. [1] ▪ Abonner de nouveau. ► **réabonnement** n. m.

réabsorber v. tr. [1] ▪ Absorber de nouveau. ► **réabsorption** n. f.

réac adj. et n. ▪ fam. Réactionnaire.

réaccoutumer v. tr. [1] ▪ littér. Réhabituer. ► **réaccoutumance** n. f.

réactance n. f. ▪ électr. Quantité qui, ajoutée à la résistance, permet de calculer l'impédance pour un courant alternatif dont on connaît la période. *Bobine de réactance.*

réactant n. m. ▪ chim. Corps associé à une réaction chimique. → **réactif.**

réacteur n. m. ▪ **1** Moteur à réaction. **2** *Réacteur nucléaire,* où se produisent des réactions nucléaires.

réactif, ive adj. ▪ **I** sc. **1** Qui exerce une réaction, réagit. *Force réactive.* **2** n. m. chim. Substance qui prend part à une réaction chimique. **II** (personnes) *Soyez plus réactif !,* réagissez plus vite, plus efficacement.

réaction n. f. ▪ **I** sc. **1** Force qu'un corps agissant sur un autre détermine en retour chez celui-ci. ➝ *Avion à réaction* (par éjection de gaz). → **réacteur. 2** chim. Action réciproque de substances, avec des transformations chimiques. ➝ *Réaction en chaîne*.* **II 1** Réponse à une action par une action contraire. *Réaction de défense.* ➝ *Agir en, par réaction contre...* **2** Comportement (de qqn) face à une action extérieure. *Avoir une réaction de peur.* **III** Politique qui s'oppose aux changements, retourne au passé.

réactionnaire adj. ▪ De la réaction (III). ➝ n. *Un, une réactionnaire.* → **réac.**

réactionnel, elle adj. ▪ didact. Relatif à une réaction (I et II).

réactiver v. tr. [1] ▪ Rendre à nouveau actif. ► **réactivation** n. f.

réactivité n. f. ▪ **1** chim. Aptitude d'un élément, d'une molécule, à participer à une réaction. *La réactivité de l'aluminium.* **2** Capacité de réagir à une intervention, une stimulation extérieure. *Réactivité au stress.* ♦ méd. *Réactivité à un vaccin, à un allergène.*

réactogène adj. et n. m. ▪ méd. Se dit d'une substance allergène capable de déclencher dans l'organisme une réaction d'hypersensibilité.

réactualisation n. f. ▪ Fait de mettre à jour. *La réactualisation annuelle d'un ouvrage de référence.* ♦ Fait de rendre à nouveau actuel, présent. *La réactualisation d'un souvenir.*

réactualiser v. tr. [1] ▪ **1** Moderniser, mettre à jour. → **actualiser.** ➝ au p. p. *Des informations réactualisées.* **2** Rendre de nouveau présent. *Événement qui réactualise un conflit.*

réadapter v. tr. [1] ▪ Adapter de nouveau (qqn, qqch.). ► **réadaptation** n. f.

ready-made [ʀedimɛd] n. m. invar. ▪ hist. de l'art Objet ou ensemble d'objets sans aucune élaboration, élevé au rang d'objet d'art par l'artiste. *Les ready-made de Marcel Duchamp.*

réaffirmer v. tr. [1] ▪ Affirmer de nouveau.

réagine n. f. ▪ biol. Anticorps responsable d'une réaction allergique immédiate.

réagir v. intr. [2] ▪ **I** Avoir une réaction, des réactions. **II 1** *RÉAGIR SUR :* agir en retour ou réciproquement sur. → se **répercuter. 2** *RÉAGIR CONTRE,* s'opposer par une action contraire. ➝ *Essayez de réagir.* **3** tr. ind. *RÉAGIR (À).* → **répondre** à.

réajuster v. tr. [1] ▪ Adapter à de nouvelles conditions. *Réajuster les salaires* (au coût de la vie). → **rajuster.** ► **réajustement** n. m.

① **réal** n. m. ▪ Unité monétaire du Brésil.

② **réal, ale, aux** adj. ▪ hist. *Galère réale,* ou n. f. *une réale :* principale galère, destinée au roi, à l'amiral.

réaléser v. tr. [6] ▪ techn. Aléser de nouveau. *Réaléser des cylindres qui ont pris une forme ovale.* ► **réalésage** n. m.

réalgar n. m. ▪ minér. Sulfure naturel d'arsenic, de couleur rouge.

réalignement n. m. ■ Établissement d'une nouvelle valeur pour une monnaie, des prix. *Réalignement des prix.*

réaligner v. tr. [1] ■ Aligner de nouveau. ◆ *Se réaligner sur les positions dominantes.*

réalisable adj. ■ **1** Possible, faisable. **2** Transformable en argent.

réalisateur, trice n. ■ Personne qui dirige une réalisation (2). → **metteur** en scène.

réalisation n. f. ■ **1** Action, fait de rendre réel, effectif. → **création.** ♦ Chose réalisée. **2** Ensemble des opérations nécessaires à la création (d'un film...).

réaliser v. tr. [1] ■ **1** Faire passer à l'état de réalité (ce qui n'existait que dans l'esprit). → **accomplir, concrétiser, exécuter.** *Réaliser un projet.* ◆ pronom. *Son rêve s'est réalisé.* **2** dr. Faire. *Réaliser une vente.* **3** Être le réalisateur de (un film...). **4** Transformer en argent. *Réaliser son capital.* **5** (critiqué) Se faire une idée nette de. → **comprendre, saisir.**

réalisme n. m. ■ **1** Conception selon laquelle l'art doit évoquer la réalité telle qu'elle est, en évitant de l'idéaliser. → **naturalisme. 2** Attitude d'une personne qui tient compte de la réalité. ► **réaliste** adj.

réalistement adv. ■ rare D'une manière réaliste, en tenant fortement compte du réel.

réalité n. f. ■ **1** Caractère de ce qui est réel, de ce qui existe effectivement. *La réalité d'un fait.* **2** *La réalité* : ce qui existe ; l'existence réelle. *Le rêve, les illusions et la réalité.* ◆ *EN RÉALITÉ.* → **réellement. 3** Chose réelle. *Avoir le sens des réalités* (→ **réaliste**). ◆ loc. *Prendre ses désirs pour des réalités,* se faire des illusions.

reality show [Realitiʃo] n. m. ■ anglic. Émission de télévision qui présente des faits vécus, en faisant appel à des personnes du public ou à des comédiens.

realpolitik [Re-] n. f. ■ Politique internationale basée sur des considérations de rapports de force et de possibilités concrètes (sans influence idéologique). *Les exigences de la realpolitik.*

réaménagement n. m. ■ Action de réaménager ; son résultat. ◆ *Réaménagement d'une dette,* de ses modalités de remboursement. → **rééchelonnement.**

réaménager v. tr. [3] ■ Donner une nouvelle organisation à. → **réorganiser.** *Réaménager un dispositif.* ◆ *Réaménager son appartement.*

réamorcer v. tr. [3] ■ Amorcer de nouveau.

réanimateur, trice n. ■ **1** Spécialiste de la réanimation médicale. ◆ appos. *Médecin réanimateur.* **2** n. m. Appareil employé pour la respiration artificielle. → **respirateur.**

réanimer v. tr. [1] ■ Rétablir les fonctions vitales de (qqn). → **ranimer.** ► **réanimation** n. f.

réapparaître v. intr. [57] ■ Apparaître, paraître de nouveau. *La lune a réapparu, est réapparue.* ► **réapparition** n. f.

réapprendre v. tr. [58] ■ Apprendre de nouveau. - var. (moins cour.) **rapprendre.**

se **réapproprier** v. pron. [7] ■ S'approprier à nouveau (qqch.).

réapprovisionner v. tr. [1] ■ Approvisionner de nouveau. ◆ pronom. *Se réapprovisionner en carburant.* ► **réapprovisionnement** n. m.

réargenter v. tr. [1] ■ Argenter de nouveau. *Donner des couverts à réargenter.*

réarmer v. tr. [1] ■ Armer de nouveau. ♦ sans compl. (État) Recommencer à s'équiper pour la guerre. ► **réarmement** n. m.

réarrangement n. m. ■ Nouvel arrangement. → **réaménagement.** ♦ chim. *Réarrangement moléculaire* : migration d'atomes, de radicaux au sein de la molécule. → **isomérisation.**

réassigner v. tr. [1] ■ dr. Assigner de nouveau. *Réassigner le défaillant.* ► **réassignation** n. f.

réassortir v. tr. [2] ■ Reconstituer un assortiment, un stock de (qqch.). - var. (vieilli) **rassortir.** ► **réassortiment** et **réassort** n. m. - var. (vieilli) **rassortiment**

réassurance n. f. ■ dr. Opération par laquelle un assureur fait garantir par un autre assureur (→ **réassureur**) tout ou partie des risques qu'il a lui-même couverts.

réassurer v. tr. [1] ■ dr. Garantir (un assureur) par une réassurance.

réassureur n. m. ■ dr. Personne, organisme qui réassure un assureur.

rebab [Rəbab] n. m. ■ Instrument de musique oriental à une, deux ou trois cordes frottées ou pincées.

rebaptiser [R(ə)batize] v. tr. [1] ■ Nommer d'un autre nom. → **renommer.** *La rue a été rebaptisée.*

rébarbatif, ive adj. ■ **1** Qui rebute. **2** Difficile et ennuyeux.

rebâtir v. tr. [2] ■ Bâtir de nouveau.

rebattre v. tr. [41] ■ **1** rare Battre de nouveau. **2** *Rebattre les oreilles à qqn de qqch.,* lui en parler continuellement. ▷ adj. **rebattu, ue** *Thème rebattu.* → **éculé.**

rebec n. m. ■ mus. **1** Instrument de musique à trois cordes et à archet, à caisse piriforme, en usage au Moyen Âge. *Ménestrel s'accompagnant du rebec.* **2** Violon très simple, tel le rebab arabe.

rebelle adj. ■ **1** Qui rejette l'autorité légitime. ◆ n. → **insurgé.** ♦ littér. Indocile. **2** *REBELLE À* : réfractaire à (qqch.). **3** (choses) Qui résiste ; irrégulier. *Cheveux rebelles.* ▷ v. pron. se **rebeller** [1] → s'**insurger.**

rébellion n. f. ■ **1** Action de se rebeller ; acte de rebelle (1). → **révolte.** **2** Insubordination.

rebelote interj. ■ jeux → **belote.** ◆ fam., cour. *(Et) rebelote,* ça recommence.

rebeu n. et adj. ■ fam. Arabe, beur. *Des rebeux.* - var. **reubeu ;** on trouve parfois le fém. **rebeue.**

se **rebiffer** v. pron. [1] ■ fam. Réagir en protestant. → se **rebeller,** se **révolter.**

rebiquer v. intr. [1] ■ fam. Se retrousser en faisant un angle (mèche de cheveux, etc.).

reblochon n. m. ■ Fromage de vache, doux, à pâte grasse, fabriqué en Savoie.

reboiser v. tr. [1] ■ Planter d'arbres (un lieu déboisé). ► **reboisement** n. m.

rebond n. m. ■ Mouvement de ce qui rebondit (1).

rebondi, ie adj. ■ De forme arrondie. ◆ (formes humaines) → **rond.** *Joues rebondies.*

rebondir v. intr. [2] ■ **1** Faire des bonds après avoir heurté un obstacle. **2** fig. Reprendre après un temps d'arrêt. *Le débat rebondit.* ► **rebondissement** n. m.

rebord n. m. ■ Bord en saillie.

rebot n. m. ■ région. Pelote basque.

reboucher v. tr. [1] ■ Boucher de nouveau.

rebours n. m. ■ **I** *À REBOURS* **1** loc. adv. Dans le sens contraire au sens habituel ; à l'envers. **2** (adj.) *COMPTE À REBOURS :* vérification successive de toutes les opérations de lancement (fusée, etc.). **II** *À REBOURS DE, AU REBOURS DE* loc. prép. : contrairement à, à l'inverse de.

rebouteux, euse n. ■ fam. Guérisseur.

reboutonner v. tr. [1] ■ Boutonner de nouveau (un vêtement).

rebras n. m. ■ Partie d'un gant long qui s'étend sur le bras.

rebroussement n. m. ■ géom. *Point de rebroussement :* point d'une courbe plane où deux arcs de la courbe admettent la même tangente.

à **rebrousse-poil** loc. adv. ■ *Prendre qqn à rebrousse-poil,* de telle sorte qu'il se rebiffe.

rebrousser v. tr. [1] ■ **1** Relever (les cheveux, le poil) dans un sens contraire à la direction naturelle. **2** loc. *Rebrousser chemin :* s'en retourner en sens opposé.

rebuffade n. f. ■ littér. Refus brutal.

rébus [-ys] n. m. ■ Suite de dessins, de chiffres, de lettres évoquant par le son une phrase.

rebut n. m. ■ **1** Ce qu'on a rejeté. ◆ loc. *Mettre qqch. AU REBUT.* **2** Ce qu'il y a de plus mauvais (dans un ensemble). ◆ *Objet DE REBUT,* sans valeur.

rebuter v. tr. [1] ■ **1** Dégoûter (qqn) par les difficultés. → **décourager.** **2** Inspirer de la répugnance à. ► **rebutant, ante** adj.

recadrer v. tr. [1] ■ **1** Modifier le cadrage de (une photo). **2** Redéfinir le cadre, l'orientation de (une action, une politique, un projet). → **recentrer.** **3** Rappeler les règles à (qqn). ► **recadrage** n. m.

recalcifier v. tr. [7] ■ Enrichir en calcium.

récalcitrant, ante adj. ■ Qui résiste avec entêtement. → **indocile, rebelle, rétif.** ◆ n. *Les récalcitrants.*

recalculer v. tr. [1] ■ Calculer de nouveau.

recaler v. tr. [1] ■ fam. Refuser (qqn) à un examen. *Se faire recaler au bac.* ► **recalé, ée** adj. et n.

recapitaliser v. tr. [1] ■ fin. Augmenter ou reconstituer le capital de (une entreprise). ► **recapitalisation** n. f.

récapituler v. tr. [1] ■ Reprendre en énumérant les points principaux. → **résumer.** ◆ (En se rappelant ou en redisant). *Récapituler sa journée.* ► **récapitulation** n. f. ► **récapitulatif, ive** adj.

recaser v. tr. [1] ■ fam. Caser de nouveau.

recauser v. intr. [1] ■ fam. Causer de nouveau de. → **reparler.**

recéder v. tr. [6] ■ **1** Rendre (ce qui avait été cédé). → **rétrocéder.** ◆ Céder (ce qu'on avait acheté). → **revendre.** **2** Céder de nouveau.

recel n. m. ■ Fait de détenir sciemment des choses volées par un autre.

receler [ʀ(ə)səle ; ʀ(ə)sele] v. tr. [5] ■ **1** (sujet chose) Contenir en soi (une chose cachée, secrète). → **renfermer.** **2** Détenir, garder par un recel*. - var. **recéler** [6] ► **receleur, euse** n. - var. **recéleur, euse.**

récemment [-amɑ̃] adv. ■ À une époque récente. → **dernièrement.**

recenser v. tr. [1] ■ Dénombrer en détail (notamment, une population). ► **recensement** n. m.

recenseur, euse n. ■ Personne qui procède à un recensement de population. ◆ adj. *Agent recenseur.*

recension n. f. ■ didact. Examen critique (d'un texte).

récent, ente adj. ■ Qui s'est produit ou qui existe depuis peu de temps.

recentrer v. tr. [1] ■ **1** Remettre au centre ou diriger vers le centre, réorienter. **2** Réorienter sur l'objectif, sur ce qui est important, essentiel. *Recentrer le débat.* ◆ pronom. *Se recentrer sur les priorités.* ► **recentrage** n. m.

recéper v. tr. [6] ■ agric. Couper, tailler (un arbuste) près de terre pour faire venir des pousses plus fortes. ► **recépage** n. m.

récépissé n. m. ■ Écrit par lequel on reconnaît avoir reçu des objets, etc. → **reçu.**

réceptacle n. m. ▪ Contenant qui reçoit son contenu de diverses provenances.

récepteur, trice ▪ **I** n. m. Appareil qui reçoit des signaux véhiculés par des ondes. *Récepteur de radio.* → ② **poste. II** adj. Qui reçoit (des ondes).

réceptif, ive adj. ▪ **1** Susceptible de recevoir des impressions. → **sensible. 2** méd. Sensible (à l'action d'agents pathogènes). ► **réceptivité** n. f.

réception n. f. ▪ **I 1** Action de recevoir (une marchandise ; le ballon ; des ondes). **2** Manière dont le corps se reçoit, après un saut. **II 1** Action, manière de recevoir, d'accueillir (qqn). → **accueil. 2** Local où sont reçus des clients, des usagers. *La réception d'un hôtel.* **3** Réunion mondaine (chez qqn). **4** Fait de recevoir ou d'être reçu dans une assemblée.

réceptionnaire n. ▪ **1** Personne chargée d'assurer la réception et la vérification de marchandises. **2** Chef de la réception dans un hôtel. → **réceptionniste.**

réceptionner v. tr. [1] ▪ Recevoir, vérifier et enregistrer (une livraison).

réceptionniste n. ▪ Personne chargée de l'accueil, de la réception (de clients...).

recès n. m. ▪ **1** hist. Acte dans lequel les diètes de l'Empire germanique consignaient leurs délibérations avant de se retirer. **2** Procès-verbal de conventions arrêtées entre deux puissances. - var. **recez.**

récessif, ive adj. ▪ biol. *Gène récessif,* qui ne produit son effet que s'il existe sur les deux chromosomes de la paire (opposé à *dominant*).

récession n. f. ▪ Fort ralentissement de l'activité économique. → **crise.**

récessivité n. f. ▪ biol. Caractère récessif.

recette n. f. ▪ **I 1** Total des sommes d'argent reçues. ◆ au plur. Rentrées d'argent. *Recettes et dépenses.* **2** Bureau d'un receveur des impôts. → **perception. II 1** Procédé pour cuisiner (un plat) ; sa description détaillée. **2** fig. Moyen, procédé.

recevabilité n. f. ▪ dr. Caractère d'une action en justice dans laquelle on ne peut pas invoquer le défaut de droit d'agir d'une des parties. *La recevabilité d'un appel.*

recevable adj. ▪ Qui peut être reçu, accepté.

receveur, euse n. ▪ **1** Comptable public qui effectue les recettes publiques. *Receveur des contributions.* → **percepteur. 2** Employé préposé à la recette (transports). **3** méd. Personne qui reçoit du sang (transfusion), une greffe (opposé à *donneur*).

recevoir v. tr. [28] ▪ **I** (sens passif) *RECEVOIR qqch.* **1** Être mis en possession de (qqch.) par un envoi, un don, un paiement, etc. *Recevoir une lettre.* **2** Être atteint par (ce que l'on subit, éprouve). *Recevoir des coups ; un affront.* ◆ (sujet chose) Être l'objet de. *Le projet a reçu des modifications.* **II** (sens actif) **1** Faire entrer (qqn qui se présente). → **accueillir.** ◆ au p. p. *Être bien, mal reçu.* ◆ absolt Accueillir habituellement des invités ; des clients. **2** Laisser entrer (qqn) à certaines conditions (surtout au passif). *Être reçu à un examen,* admis. **3** littér. Admettre (qqch.) en esprit. → **accepter.** ◆ au p. p. *Initiative mal reçue.* ◆ *Idée* reçue.* ▷ v. pron. réfl. **se recevoir** sports Retomber d'une certaine façon, après un saut.

recez → **recès**

réchampir v. tr. [2] ▪ techn. Détacher du fond (des moulures, des ornements). ◆ par ext. Orner par ce procédé. *Réchampir les murs.* - syn. **rechampir.** ► **réchampissage** n. m. - syn. **rechampissage.**

de **rechange** loc. adj. ▪ **1** Destiné à remplacer (un élément identique). **2** fig. De remplacement.

rechanger v. tr. [3] ▪ Changer de nouveau.

rechanter v. tr. [1] ▪ Chanter de nouveau. *Rechantez-nous cette mélodie.*

rechaper v. tr. [1] ▪ Réparer (un pneu) en reconstituant la couche de caoutchouc usée. ◆ au p. p. *Pneu rechapé.* ► **rechapage** n. m.

réchapper v. tr. ind. [1] ▪ Échapper (à ce qui menace). *Réchapper à un danger ;* plus cour. *EN RÉCHAPPER.*

recharge n. f. ▪ **1** Action de recharger (un appareil). **2** Ce qui permet de recharger.

recharger v. tr. [3] ▪ **1** Charger de nouveau. **2** Remettre une charge dans (une arme) ; approvisionner de nouveau. ► **rechargeable** adj. ► **rechargement** n. m.

réchaud n. m. ▪ Ustensile de cuisine portatif, pour chauffer, faire cuire.

réchauffement n. m. ▪ Action de se réchauffer. *Le réchauffement de la planète.*

réchauffer v. tr. [1] ▪ **1** Chauffer (ce qui s'est refroidi). ► **réchauffage** n. m. **2** fig. Ranimer (un sentiment...). *Cela réchauffe le cœur.* → **réconforter.** ▷ v. pron. **se réchauffer 1** Redonner de la chaleur à son corps. **2** Devenir plus chaud. ▷ adj. **réchauffé, ée 1** Qu'on a réchauffé. ◆ Qui est réchauffé. **2** fig., péj. *Une plaisanterie réchauffée,* servie trop souvent.

réchauffeur n. m. ▪ techn. Dispositif (d'une chaudière) permettant de récupérer une partie de la chaleur du foyer.

rechausser v. tr. [1] ▪ **1** Chausser de nouveau. ◆ pronom. *Se rechausser.* **2** Remettre de la terre au pied de (un arbre, un arbuste). → ① **butter.**

rêche adj. ▪ Râpeux au toucher.

recherche n. f. ■ I 1 Effort pour trouver (qqch. ; qqn). 2 Effort de l'esprit vers (la connaissance). *La recherche de la vérité.* ➛ Travaux faits pour trouver des connaissances nouvelles. 3 *LA RECHERCHE* : le travail scientifique. 4 Action de chercher à obtenir. *La recherche du bonheur.* ♦ loc. *À LA RECHERCHE DE.* *«À la recherche du temps perdu»* (de Proust). II Raffinement. *S'habiller avec recherche.*

recherché, ée adj. ■ 1 Que l'on cherche à avoir, à fréquenter. 2 Qui témoigne de recherche (II). → **raffiné.**

rechercher v. tr. [1] ■ 1 Chercher à découvrir, à retrouver (qqch. ; qqn). 2 Chercher à connaître, à découvrir. *Rechercher si...* 3 Tenter d'obtenir, d'avoir.

recherchiste n. ■ (Canada) Personne qui fait des recherches documentaires (pour la radio, la télévision...).

rechigner v. tr. ind. [1] ■ *RECHIGNER À* : témoigner de la mauvaise volonté pour.

rechristianiser [-kʀ-] v. tr. [1] ■ Ramener à la foi chrétienne (un pays, un milieu déchristianisé).

rechute n. f. ■ Nouvel accès (d'une maladie qui était en voie de guérison). ≠ *récidive.* ► **rechuter** v. intr. [1]

récidive n. f. ■ 1 Réapparition (d'une maladie qui était guérie). ≠ *rechute.* 2 Fait de commettre la même faute ou infraction.

récidiver v. intr. [1] ■ 1 (maladie) Réapparaître, recommencer. 2 Se rendre coupable de récidive (2). ► **récidiviste** n.

récif n. m. ■ Rochers à fleur d'eau, dans la mer. → **écueil.** ➛ *Récif de corail.*

récifal, ale, aux adj. ■ Qui se rapporte aux récifs ; formé de récifs. *Flore récifale.*

récipiendaire [-pjɑ̃-] n. ■ littér. Personne qui vient de recevoir (un diplôme, une décoration...), d'être reçue (dans une assemblée...). → **impétrant.**

récipient [-pjɑ̃] n. m. ■ Ustensile creux qui sert à recueillir, à contenir des substances.

réciproque ■ 1 adj. Qui implique un échange de même nature (entre deux). → **mutuel.** ♦ gramm. *Verbe pronominal réciproque* (ex. ils se battent). 2 n. f. *Il aime Lise, mais la réciproque n'est pas vraie.* ► **réciprocité** n. f.

réciproquement adv. ■ De façon réciproque. → **mutuellement.** ➛ *ET RÉCIPROQUEMENT.* → **vice versa.**

réciproquer v. tr. [1] ■ (Afrique, Belgique) Échanger, donner réciproquement ; rendre la réciproque. *Je vous réciproque vos vœux.*

récit n. m. ■ Relation orale ou écrite (de faits). → **exposé, narration ; raconter.**

récital n. m. ■ Séance musicale, artistique consacrée à un seul artiste.

récitant, ante n. ■ Personne qui récite, déclame (musique → **récitatif,** théâtre).

récitatif n. m. ■ mus. Chant qui se rapproche des inflexions de la parole.

réciter v. tr. [1] ■ Dire à haute voix (ce qu'on sait par cœur ; un texte). ► **récitation** n. f.

réclamant, ante adj. et n. ■ dr. (Personne) qui présente une réclamation.

réclamation n. f. ■ Action de réclamer, de demander la reconnaissance d'un droit.

réclame n. f. ■ 1 vieilli Publicité. ♦ *Articles EN RÉCLAME,* en vente à prix réduit. 2 fig. Ce qui fait valoir, ce qui assure le succès.

réclamer v. tr. [1] ■ I 1 Demander (comme une chose indispensable) en insistant. → **exiger.** *Réclamer le silence.* ➛ *Réclamer qqn,* sa présence. 2 Demander comme dû, comme juste. → **revendiquer.** *Réclamer sa part.* II intrans. Faire une réclamation. → **protester.** ▷ v. pron. se **réclamer** de Invoquer en sa faveur.

reclassement n. m. ■ 1 Nouveau classement (spécialt pour les salaires). 2 Affectation (de qqn) à une nouvelle activité.

reclasser v. tr. [1] ■ 1 Classer de nouveau. 2 Procéder au reclassement de (qqn).

reclus, use n. ■ littér. Personne qui vit retirée du monde. ➛ adj. *Existence recluse.*

réclusion n. f. ■ 1 État d'une personne recluse. 2 Privation de liberté.

réclusionnaire n. ■ dr. Personne condamnée à la réclusion. → **détenu.**

recoiffer v. tr. [1] ■ Coiffer de nouveau.

recoin n. m. ■ 1 Endroit caché, retiré. 2 fig. Partie secrète. *Les recoins de la conscience.*

récoler v. tr. [1] ■ dr. Procéder à la vérification de (un inventaire...). ► **récolement** n. m.

récollection n. f. ■ relig. Action de se recueillir ; retraite spirituelle.

recoller v. tr. [1] ■ Coller de nouveau ; réparer en collant.

récollet n. m. ■ cathol. Religieux franciscain réformé.

récoltant, ante adj. et n. ■ Qui procède lui-même à la récolte. *Viticulteur, propriétaire récoltant.*

récolte n. f. ■ 1 Action de recueillir (les produits de la terre) ; les produits recueillis. → **cueillette, ramassage ; moisson, vendange.** 2 fig. Ce qu'on recueille à la suite d'une recherche.

récolter v. tr. [1] ■ 1 Faire la récolte de. → **cueillir, recueillir.** 2 fig. Gagner, recueillir. *Récolter des renseignements.* → **glaner.**

récolteur, euse n. ■ Personne employée à la récolte, spécialt du caoutchouc.

recombinaison n. f. ▪ biol. Brassage (des gènes) entraînant l'apparition, dans la descendance, de traits qui n'existaient ensemble chez aucun des parents.

recombinant, ante adj. ▪ biochim. *ADN recombinant*, obtenu par recombinaison de fragments d'origines différentes. ♦ par ext. Produit par génie génétique, avec un ADN ainsi modifié. *Vaccin recombinant.*

recommandable adj. ▪ Digne d'être recommandé, estimé.

recommandation n. f. ▪ **1** Action de recommander (qqn). *Lettre de recommandation.* **2** Action de conseiller (qqch.) avec insistance. *Faire des recommandations à qqn.*

recommander v. tr. [1] ▪ **1** Demander pour (qqn) la protection, l'aide de qqn. *Recommander un ami à, auprès de qqn.* **2** Vanter les avantages de. *Recommander un livre à qqn.* **3** Demander avec insistance (qqch.) à qqn. *Je te recommande la visite ; d'y aller.* **4** Soumettre (un envoi postal) à une taxe spéciale qui garantit sa remise en mains propres. ➝ au p. p. *Lettre recommandée.* ▷ v. pron. se **recommander** *Se recommander de qqn*, invoquer son appui.

recommencer v. [3] ▪ **I** v. tr. **1** Commencer de nouveau (ce qu'on avait interrompu, abandonné). → **reprendre.** ➝ *RECOMMENCER À* (+ inf.). → se **remettre** à. **2** Faire de nouveau depuis le début. → **refaire. II** v. intr. Se produire de nouveau (après une interruption). ► **recommencement** n. m.

récompense n. f. ▪ Bien matériel ou moral donné ou reçu pour une bonne action, des mérites.

récompenser v. tr. [1] ▪ Gratifier (qqn) d'une récompense. *Récompenser qqn de, pour ses efforts.* ➝ *Récompenser le travail de qqn.*

recomposé, ée adj. ▪ *Famille recomposée*, dans laquelle des enfants sont issus d'une union antérieure de l'un des parents.

recomposer v. tr. [1] ▪ Composer (ce qui est décomposé, défait). → **reformer.**

recompter [ʀ(ə)kɔ̃te] v. tr. [1] ▪ Compter de nouveau.

réconcilier v. tr. [7] ▪ **1** Remettre en accord, en harmonie (des personnes brouillées). ♦ pronom. *Se réconcilier avec qqn.* **2** Concilier (ce qui est opposé). *Réconcilier la politique et la morale.* ► **réconciliation** n. f.

reconductible adj. ▪ Qui peut être reconduit. *Un bail reconductible.*

reconduction n. f. ▪ Acte par lequel on reconduit (un bail...). *Tacite reconduction.*

reconduire v. tr. [38] ▪ **1** Accompagner (qqn qui s'en va) à son domicile. → **raccompagner, ramener. 2** dr., admin. Renouveler ou proroger (un contrat, etc.) (→ **reconduction).** ► **reconduite** n. f.

réconfort n. m. ▪ Ce qui redonne du courage, de l'espoir.

réconfortant, ante adj. ▪ Qui réconforte.

réconforter v. tr. [1] ▪ Donner, redonner du courage, de l'énergie, des forces à (qqn). → **remonter** (II, 5).

reconnaissable adj. ▪ Qui peut être facilement reconnu, distingué.

reconnaissance n. f. ▪ **I 1** Fait de reconnaître (I). ➝ *Reconnaissance de la parole* (par un ordinateur). **2** Fait de se reconnaître. ➝ *Signe de reconnaissance.* **II 1** littér. Aveu, confession (d'une faute). **2** Examen (d'un lieu). → **exploration.** ➝ *Envoyer un détachement EN RECONNAISSANCE.* **3** Action de reconnaître juridiquement. *Reconnaissance d'enfant.* ➝ *Reconnaissance de dette.* **III** Fait de reconnaître (un bienfait reçu). → **gratitude.** ➝ loc. *La reconnaissance du ventre* (pour avoir été nourri).

reconnaissant, ante adj. ▪ Qui ressent, témoigne de la reconnaissance (III).

reconnaître v. tr. [57] ▪ **I** (Saisir par la pensée) **1** Identifier (qqn, qqch.) par la mémoire. *Je reconnais cet endroit.* **2** Identifier (qqch., qqn) au moyen d'un caractère ou en tant qu'appartenant à une catégorie. *Reconnaître une fleur.* ➝ *RECONNAÎTRE qqn, qqch. À*, l'identifier grâce à (tel caractère...). *Reconnaître qqn à sa démarche.* **II 1** Admettre (un acte). *Reconnaître ses torts.* → **avouer. 2** Admettre (qqch.). → **convenir** de. *Je lui reconnais cette qualité.* **3** Constater. **4** Chercher à connaître. *Reconnaître le terrain.* → **reconnaissance** (II, 2). **5** Admettre officiellement l'existence juridique de (→ **reconnaissance** (II, 3)). ▷ v. pron. se **reconnaître 1** réfl. Retrouver son image, s'identifier. ♦ Identifier les lieux où l'on se trouve. → se **retrouver.** ➝ fig. *Ne plus s'y reconnaître*, se perdre. **2** récipr. *Ils se sont reconnus tout de suite.* **3** passif Être reconnu ou reconnaissable. *Le rossignol se reconnaît à son chant.* ▷ adj. **reconnu, ue** Admis pour vrai ou important.

reconquérir v. tr. [21] ▪ Reprendre par une conquête. ➝ fig. *Reconquérir sa liberté.*

reconquête n. f. ▪ Action de reconquérir.

reconsidérer v. tr. [6] ▪ Considérer de nouveau (une question...).

reconstituant, ante adj. ▪ Propre à redonner des forces à (l'organisme).

reconstituer v. tr. [1] ▪ **1** Constituer, former de nouveau. **2** Rétablir dans sa forme, dans son état d'origine (une chose disparue). **3** Rétablir dans son état antérieur (et normal). ► **reconstitution** n. f. *Une reconstitution historique.*

reconstructeur, trice adj. ▪ Qui reconstruit. ➝ *Chirurgie reconstructrice.* → **réparateur.**

reconstruire v. tr. [38] ■ **1** Construire de nouveau (ce qui était démoli). → **rebâtir. 2** Refaire ; reconstituer (2). ► **reconstruction** n. f.

recontacter v. tr. [1] ■ Reprendre contact avec (qqn).

reconventionnel, elle adj. ■ dr. *Demande reconventionnelle*, introduite par le défendeur, et tendant à atténuer la demande principale.

reconversion n. f. ■ **1** Adaptation à des conditions nouvelles. *Reconversion économique, technique.* **2** Affectation, adaptation (de qqn) à un nouvel emploi.

reconvertir v. tr. [2] ■ Procéder à la reconversion de. ◆ pronom. *Se reconvertir.*

recopier v. tr. [7] ■ Copier (un texte déjà écrit). ◆ Mettre au propre. *Recopier un devoir.* ► **recopiage** n. m.

record n. m. ■ **1** Exploit sportif supérieur dans une spécialité. *Détenteur, détentrice d'un record* (par anglic. *recordman, recordwoman*). **2** Résultat supérieur dans le même domaine. *Record de productivité.* **3** adj. Jamais atteint. *Production record.* ◆ *En un temps record* : très vite.

recordman [R(ə)kɔRdman] n. m. ■ faux anglic. Détenteur d'un record. *Des recordmans* ou *des recordmen* [-mɛn].

recordwoman [R(ə)kɔRdwuman] n. f. ■ faux anglic. Détentrice d'un record. *Des recordwomans* ou *des recordwomen* [-mɛn].

recorriger v. tr. [3] ■ Corriger une nouvelle fois.

recors n. m. ■ anciennt Adjoint d'huissier.

recoucher v. tr. [1] ■ Coucher de nouveau. ◆ pronom. *Se recoucher.*

recoudre v. tr. [48] ■ Coudre (ce qui est décousu).

recoupe n. f. ■ techn. **1** Morceau qui tombe lorsqu'on coupe ou taille une matière. **2** Farine grossière de seconde mouture.

recoupement n. m. ■ Rencontre de renseignements de sources différentes, pour établir un fait, vérifier.

recouper v. tr. [1] ■ **1** Couper de nouveau. **2** Coïncider avec, en confirmant. ◆ pronom. *Leurs déclarations se recoupent.*

recourber v. tr. [1] ■ Rendre courbe.

recourir v. [11] ■ **I** v. intr. et tr. Courir à nouveau. **II** *RECOURIR À* v. tr. ind. **1** Demander une aide à (qqn). *Recourir à un ami.* **2** Mettre en œuvre (un moyen). *Recourir au mensonge.*

recours n. m. ■ **I 1** Action de recourir (à qqn, qqch.). *Le recours à la force.* ◆ *AVOIR RECOURS À* (qqn, qqch.), faire appel à. → **recourir** (II). **2** Ce à quoi on recourt, dernier moyen efficace. **II** dr. Procédure destinée à obtenir (d'une juridiction) le nouvel examen d'une question. → **pourvoi.** ◆ *Recours en grâce.*

recouvrable adj. ■ Qui peut être recouvré. → **percevable.**

recouvrer v. tr. [1] ■ **1** littér. Rentrer en possession de. *Recouvrer son argent ; la santé.* **2** Recevoir le paiement de (une somme due). → **encaisser.** ► ① **recouvrement** n. m.

recouvrir v. tr. [18] ■ **I 1** Couvrir de nouveau. **2** Mettre un nouveau revêtement à (un siège...). **II 1** Couvrir entièrement. **2** (sujet chose) Cacher, masquer. *Sa désinvolture recouvre une grande timidité.* **3** abstrait S'appliquer à, correspondre à. *Notion qui recouvre plusieurs idées.* → **embrasser.** ► ② **recouvrement** n. m.

recracher v. tr. [1] ■ Rejeter de la bouche.

récréance n. f. ■ dr. *Lettre de récréance*, par laquelle un ambassadeur est invité à quitter son poste.

récréatif, ive adj. ■ Qui récrée, distrait.

récréation n. f. ■ **1** littér. Divertissement. **2** Temps de délassement accordé aux élèves.

recréer v. tr. [1] ■ **1** Créer de nouveau. **2** Reconstituer. *Recréer l'atmosphère d'une époque.* **3** Réinventer. ► **recréation** n. f.

récréer v. tr. [1] ■ littér. Délasser (qqn) par une occupation agréable. → **distraire.**

se **récrier** v. pron. [7] ■ littér. S'exclamer sous l'effet d'une vive émotion (indignation...).

récriminateur, trice adj. et n. ■ Se dit d'une personne portée à récriminer.

récriminer v. intr. [1] ■ Manifester son mécontentement avec amertume et âpreté. ◆ *Récriminer contre qqn*, se plaindre de lui. ► **récrimination** n. f. (surtout au plur.).

récrire ou **réécrire** v. tr. [39] ■ Écrire, rédiger de nouveau (→ **réécriture).**

recristallisation n. f. ■ minér. Transformation des roches par dissolution des minéraux cristallins et formation de cristaux différents.

se **recroqueviller** v. pron. [1] ■ **1** Se rétracter, se recourber en se desséchant. **2** (personnes) Se ramasser sur soi-même.

recru, ue adj. ■ littér. *Recru (de fatigue).* → **éreinté, fourbu.**

recrû n. m. ■ arbor. Ensemble des pousses qui se développent sur les souches après la coupe d'un taillis.

recrudescence n. f. ■ **1** Aggravation (d'une maladie) après une amélioration. *Recrudescence d'une épidémie.* **2** Réapparition sous une forme plus intense. *Recrudescence de la criminalité.* ► **recrudescent, ente** adj.

recrue n. f. ■ **1** Soldat qui vient d'être recruté. → **conscrit. 2** *Nouvelle recrue* : personne qui vient s'ajouter (à un groupe).

recruter v. tr. [1] ■ **1** Engager (des hommes) pour former une troupe (→ **recrue**). **2** Amener (qqn) à faire partie d'un groupe. *Recruter des collaborateurs.* ▶ **recrutement** n. m.

recruteur, euse n. ■ Personne chargée de recruter. ◆ appos. *Agent recruteur.*

recta adv. ■ fam. Exactement. *Payer recta.*

rectal, ale, aux adj. ■ didact. Du rectum. → **anal.** *Température rectale.*

rectangle ■ **1** adj. Dont un angle au moins est droit. *Triangle rectangle.* **2** n. m. Quadrilatère dont les quatre angles sont droits.

rectangulaire adj. ■ Qui a la forme d'un rectangle.

recteur, trice n. ■ **1** Universitaire qui est à la tête d'une académie. ♦ (Belgique, Canada) Chef d'une université. **2** n. m. région. (Bretagne) Curé.

rectificatif, ive adj. et n. m. ■ (Texte) destiné à rectifier (une chose inexacte).

rectifier v. tr. [7] ■ **1** Rendre droit. *Rectifier un alignement.* **2** Modifier (qqch.) pour rendre conforme ou plus exact. ◆ loc. *Rectifier le tir*.* **3** Faire disparaître (une erreur...) en corrigeant. ▶ **rectifiable** adj. ▶ **rectification** n. f.

rectifieur, euse n. ■ techn. **1** Ouvrier, ouvrière qui rectifie les pièces mécaniques. **2** n. f. Machine-outil servant à rectifier les pièces sorties des machines.

rectiligne adj. ■ **1** math. Limité par des droites. **2** En ligne droite.

rectilinéaire adj. ■ photogr. *Objectif rectilinéaire*, qui donne des images non déformées sur les bords.

rection n. f. ■ ling. Propriété qu'a le verbe d'être accompagné d'un complément direct ou indirect.

rectite n. f. ■ méd. Inflammation du rectum.

rectitude n. f. ■ littér. Qualité de ce qui est juste, exact. → **droiture ; rigueur.**

recto n. m. ■ Première page d'un feuillet (s'oppose à *verso*).

rectocolite n. f. ■ méd. Inflammation simultanée du rectum et du côlon.

rectoral, ale, aux adj. ■ Qui appartient au recteur, provient du recteur.

rectorat n. m. ■ Charge, bureaux d'un recteur (1).

rectorragie n. f. ■ méd. Émission de sang par l'anus.

rectoscopie n. f. ■ méd. Examen endoscopique du rectum.

rectrice adj. f. ■ zool. *Plumes rectrices* : grandes plumes de la queue des oiseaux, qui dirigent leur vol.

rectum [-ɔm] n. m. ■ anat. Portion terminale du gros intestin, qui aboutit à l'anus (→ **rectal**).

① **reçu, ue** adj. → **recevoir**

② **reçu** n. m. ■ Écrit par lequel on reconnaît avoir reçu une somme, un objet. → **quittance, récépissé.**

recueil [ʀəkœj] n. m. ■ Ouvrage réunissant des écrits, des documents. *Recueil de morceaux choisis.* → **anthologie, florilège.**

recueillir [-kœj-] v. tr. [12] ■ **I 1** littér. Cueillir, ramasser pour utiliser ultérieurement. *Les abeilles recueillent le pollen.* ◆ fig. *Recueillir des fonds.* → **collecter, réunir.** ◆ *Recueillir des témoignages.* **2** Faire entrer et séjourner dans un récipient. *Recueillir l'eau de pluie.* **3** Recevoir (par héritage, etc.). **4** Rassembler, réunir (des éléments dispersés). **II** Prendre avec, chez soi pour protéger (un animal, qqn). ▷ v. pron. **se recueillir 1** Concentrer sa pensée sur la vie spirituelle. **2** S'isoler du monde extérieur. ▶ **recueillement** n. m.

recuire v. tr. [38] ■ Cuire de nouveau.

recuit n. m. ■ techn. Opération thermique destinée à améliorer (un métal, etc.).

recul [-yl] n. m. ■ **1** Action de reculer, mouvement ou pas en arrière. ◆ spécialt *Le recul d'une arme à feu.* ♦ fig. Régression. **2** Position éloignée permettant une appréciation meilleure. ♦ fig. *Prendre du recul* (pour apprécier une situation).

reculade n. f. ■ littér. et péj. Fait de reculer, de céder. → **dérobade.**

reculé, ée adj. ■ **1** Lointain et difficile d'accès. **2** Ancien.

reculée n. f. ■ géogr. Fond d'une vallée jurassienne en cul-de-sac aux parois abruptes.

reculer v. [1] ■ **I** v. intr. **1** Aller, faire mouvement en arrière. ♦ loc. fig. *Reculer pour mieux sauter*, attendre pour avoir plus de chances de réussir. **2** fig. (sujet chose) Perdre du terrain. **3** fig. Se dérober (devant une difficulté). *Reculer devant le danger.* **II** v. tr. **1** Porter en arrière. *Reculer son siège.* ◆ pronom. *Se reculer pour mieux voir.* **2** Reporter à plus tard. → **ajourner, différer.**

à **reculons** loc. adv. ■ En reculant, en allant en arrière. ♦ fig. En sens inverse du progrès.

récupérateur, trice n. ■ **1** Personne qui récupère des matériaux usagés pour les réutiliser. **2** n. m. Appareil destiné à récupérer de la chaleur ou de l'énergie.

récupérer v. tr. [6] ■ **1** Rentrer en possession de (ce qu'on avait perdu, dépensé). → **recouvrer.** ◆ *Avoir besoin de récupérer (ses forces).* ♦ fam. Retrouver, reprendre. **2** Recueillir (ce qui serait perdu ou inutilisé). → **recycler.** *Récupérer de la ferraille.* ♦ fig. (polit.) Détourner pour utiliser. *Récupérer les mécontents.* **3** Intégrer (qqn) en le reclassant. *Récupérer des délinquants.* **4** Fournir (un temps de travail) ou bénéficier de (un temps de repos) en remplacement. ► **récupérable** adj. ► **récupération** n. f.

récurer v. tr. [1] ▪ Nettoyer en frottant. ► **récurage** n. m.

récurrence n. f. ▪ didact. **1** Retour, répétition. **2** *Raisonnement par récurrence,* qui étend à une série de termes une propriété vraie pour deux d'entre eux. ► **récurrent, ente** adj.

récursif, ive adj. ▪ didact. Qui peut être répété un nombre indéfini de fois par l'application de la même règle. ► **récursivité** n. f.

récursoire adj. ▪ dr. *Action récursoire,* qui donne, qui ouvre un recours contre qqn.

récuser v. tr. [1] ▪ **1** dr. Refuser d'accepter (qqn) comme juge, arbitre, témoin... **2** Refuser, rejeter. ▷ v. pron. se **récuser** Affirmer son incompétence (sur une question). ► **récusable** adj. (contr. *irrécusable*) ► **récusation** n. f.

recyclable adj. ▪ Qui peut être recyclé (matière). ► **recyclabilité** n. f.

recyclage n. m. ▪ **1** Changement de l'orientation scolaire (d'un élève). **2** Formation professionnelle complémentaire. **3** Fait de traiter et réintroduire (des déchets récupérés) dans le cycle de production.

recycler v. tr. [1] ▪ **1** Effectuer le recyclage de (qqn). → pronom. *Se recycler en vue d'une reconversion.* **2** Soumettre à un recyclage (3). → au p. p. *Papier recyclé.*

recyclerie n. f. ▪ Centre communautaire de recyclage d'objets, revendus à prix modique. → **ressourcerie.**

recycleur, euse n. ▪ **1** n. m. Dispositif qui recycle l'air expiré par le plongeur afin de maintenir la qualité du mélange gazeux. **2** Professionnel(le) du recyclage.

rédacteur, trice n. ▪ Personne qui assure la rédaction d'un texte. → *Rédacteur en chef* (d'un journal).

rédaction n. f. ▪ **1** Action ou manière de rédiger (un texte). **2** Ensemble des rédacteurs (d'un journal, d'une œuvre collective) ; locaux où ils travaillent. **3** Devoir de français. → **narration.**

rédactionnel, elle adj. ▪ Relatif à la rédaction (d'un texte).

redan n. m. ▪ archit. **1** Ouvrage de fortification composé de deux faces qui forment un angle saillant. **2** Ressaut sur une surface horizontale ou verticale. → **saillie. 3** → **redent.**

reddition n. f. ▪ Fait de se rendre, de capituler. → **capitulation.**

redécouvrir v. tr. [18] ▪ Découvrir de nouveau. ♦ Découvrir d'une autre façon. *J'ai redécouvert Proust.*

redéfaire v. tr. [60] ▪ Défaire de nouveau.

redéfinir v. tr. [2] ▪ Donner une nouvelle définition de ; déterminer de façon nouvelle. *Redéfinir des objectifs.* ► **redéfinition** n. f.

redemander v. tr. [1] ▪ **1** Demander de nouveau. **2** Demander de rendre.

redémarrer v. intr. [1] ▪ Démarrer de nouveau. ♦ fig. *L'économie est en train de redémarrer.* ► **redémarrage** n. m.

rédempteur, trice [-dɑ̃pt-] ▪ **1** n. m. relig. chrét. *Le Rédempteur,* le Christ (qui a racheté le genre humain par sa mort). **2** adj. Qui rachète (moralement).

rédemption [-dɑ̃psjɔ̃] n. f. ▪ **1** relig. Rachat du genre humain par le Christ. **2** Fait de (se) racheter (au sens moral).

redent n. m. ▪ archit. Ornement gothique formé d'une suite de découpures en forme de dents. - var. **redan.**

redenté, ée adj. ▪ archit. Se dit d'un ornement constitué de trois arcs de cercle qui se coupent deux à deux.

redéploiement n. m. ▪ Réorganisation (militaire, économique).

redéployer v. tr. [8] ▪ Opérer le redéploiement de.

redescendre v. [41] ▪ **I** v. intr. Descendre de nouveau ; descendre après être monté. **II** v. tr. *Redescendre un escalier ; un meuble.*

redevable adj. ▪ **1** Qui est ou demeure débiteur envers qqn. **2** *Être redevable de qqch. à qqn,* bénéficier de qqch. grâce à lui.

redevance n. f. ▪ **1** Somme qui doit être payée à échéances déterminées (rente, dette, etc.). **2** Taxe.

redevenir v. intr. [22] ▪ Devenir de nouveau, recommencer à être (ce qu'on était).

redevoir v. tr. [28] ▪ dr. Devoir encore.

rédhibition n. f. ▪ dr. Annulation d'une vente par l'acheteur quand la chose achetée présente un vice rédhibitoire.

rédhibitoire adj. ▪ littér. Qui constitue un défaut, un empêchement absolu, radical. ♦ dr. *Vice rédhibitoire* (dans une vente, qu'on peut annuler).

rédie n. f. ▪ zool. Forme larvaire de la douve (②), qui se développe dans le corps de certains mollusques et se transforme en cercaire.

rediffuser v. tr. [1] ▪ (radio...) Diffuser de nouveau (une émission). ► **rediffusion** n. f.

rédiger v. tr. [3] ▪ Écrire (un texte) sous une certaine forme (→ **rédaction).**

redimensionner v. tr. [1] ▪ inform. Modifier les dimensions de (un élément graphique).

rédimer v. tr. [1] ▪ relig. Racheter ; sauver (→ **rédemption).**

redingote n. f. ▪ Manteau ajusté à la taille.

redire v. tr. [37] ■ **I 1** Dire (qqch.) de nouveau. **2** Dire (qqch.) plusieurs fois. → **répéter. 3** Dire (ce qu'un autre a déjà dit). **II** (tr. ind.) *Avoir, trouver À REDIRE À qqch.*, à critiquer. *Il n'y a rien à redire.*

rediscuter v. tr. [1] ■ Remettre en discussion. *Rediscuter un projet.*

redistribuer v. tr. [1] ■ Distribuer, répartir une nouvelle fois et autrement. ► **redistribution** n. f.

redistributif, ive adj. ■ Qui redistribue (des ressources). *Un système fiscal redistributif.*

redite n. f. ■ Chose répétée inutilement.

redondance n. f. ■ **1** Abondance excessive dans le discours (développements, redites). **2** didact. Ce qui apporte une information déjà donnée sous une autre forme. ► **redondant, ante** adj. → **verbeux ; superflu.**

redonner v. tr. [1] ■ Donner de nouveau ; rendre. → **restituer.**

redorer v. tr. [1] ■ Dorer de nouveau.

redoublant, ante n. ■ Élève qui redouble.

redoublé, ée adj. ■ Répété. ➛ loc. *À coups redoublés*, violents et précipités.

redoublement n. m. ■ Fait de redoubler.

redoubler v. [1] ■ **I** v. tr. **1** Rendre double (→ **doubler**) ou plus fort. **2** Recommencer une année d'études dans (une classe). → **redoublant. II** v. tr. ind. *REDOUBLER DE* : apporter, montrer encore plus de. *Redoubler d'efforts.* **III** v. intr. (sujet chose) Recommencer en augmentant. *La pluie redouble (de force).*

redoutable adj. ■ Qui est à craindre. *Un adversaire redoutable.* ► **redoutablement** adv.

redoute n. f. ■ ancien Petit fort de terre ou de maçonnerie.

redouter v. tr. [1] ■ **1** Craindre comme menaçant. **2** Craindre, appréhender. *Redouter l'avenir.* ➛ *Redouter de* (+ inf.), *que* (+ subj.).

redoux n. m. ■ Radoucissement de la température (lorsqu'il fait froid).

à la **redresse** loc. adj. ■ fam. Qui se fait respecter par la force. *Un gars à la redresse.*

redressement n. m. ■ Action de (se) redresser.

redresser v. tr. [1] ■ **1** Remettre dans une position droite ou verticale. *Redresser la tête.* **2** Hausser l'avant de (un avion). ♦ Remettre droit les roues de (un véhicule). **3** Rendre droit, plan. *Redresser une tôle tordue.* ♦ fig. Rectifier ou corriger. ➛ *Redresser la situation.* ▷ v. pron. **se redresser 1** Se remettre droit, debout. ➛ fig. → se **relever. 2** Se tenir plus droit.

redresseur, euse ■ **1** n. *Redresseur, redresseuse de torts* : justicier, justicière. **2** adj. techn. Qui redresse.

réductase n. f. ■ biochim. Enzyme qui active un processus organique d'oxydoréduction.

réducteur, trice adj. ■ Qui réduit, limite, simplifie.

réductible adj. ■ Qui peut être réduit.

réduction n. f. ■ **I** Opération consistant à réduire (un os...), à réduire (I) à... (→ **résolution**). ♦ chim. Réaction dans laquelle un corps perd une partie de son oxygène, ou dans laquelle un atome ou un ion gagne des électrons. **II 1** Action de réduire en quantité. → **diminution.** ➛ absolt *Réduction de 10%.* → **rabais, remise. 2** *EN RÉDUCTION* loc. adv. : en plus petit, en miniature.

réductionnisme n. m. ■ didact. Réduction d'un domaine de connaissance à un autre, considéré comme plus fondamental. ► **réductionniste** adj. et n.

réduire v. tr. [38] ■ **I 1** méd. Remettre en place (un os, un organe déplacé). ➛ *Réduire une fracture.* **2** *RÉDUIRE qqch. À*, ramener à ses éléments, à un état plus simple. → **résoudre. 3** *RÉDUIRE qqch. EN* : mettre (en petites parties). *Réduire un objet en miettes.* ➛ pronom. *Se réduire en poudre.* **4** Soumettre. *Réduire un peuple (en esclavage).* **5** Faire épaissir, concentrer. *Réduire une sauce.* **II** Diminuer en quantité. → **limiter, restreindre.** *Réduire le personnel.* ♦ Reproduire à un format inférieur. ♦ Abréger. *Réduire un texte.*

① **réduit, ite** adj. ■ **1** Rendu plus petit. ➛ Reproduit à petite échelle. *Modèle* réduit.* **2** Diminué de prix. *Tarif réduit.* **3** Restreint (en nombre, en importance).

② **réduit** n. m. ■ **1** Local exigu, sombre et pauvre. **2** Recoin.

réduplication n. f. ■ ling. Redoublement d'un mot (ex. *faire ami ami*).

réduve n. m. ■ Punaise prédatrice qui aspire le sang et la chair d'autres insectes.

rééchelonner v. tr. [1] ■ écon. Réaménager (une échéance) sur une période plus longue. *Rééchelonner la dette d'un pays.* ► **rééchelonnement** n. m.

réécrire → **récrire**

réécriture n. f. ■ Action de réécrire (un texto) pour l'améliorer ou l'adapter.

réédifier v. tr. [7] ■ littér. Édifier de nouveau (ce qui a été détruit). ► **réédification** n. f.

rééditer v. tr. [1] ■ **1** Donner une nouvelle édition de. **2** fig., fam. Répéter, refaire.

réédition n. f. ■ **1** Action de rééditer ; nouvelle édition. **2** fig., fam. Répétition.

rééduquer v. tr. [1] ■ **1** Refaire l'éducation de (une fonction, un organe). ➛ *Rééduquer un dyslexique.* **2** Éduquer une nouvelle fois et différemment. ► **rééducation** n. f.

réel, elle ■ **I** adj. **1** Qui existe en fait. *Personnage réel* (opposé à *imaginaire, fictif*). **2** Qui est bien conforme à sa définition. → **véritable, vrai.** *La signification réelle d'un mot.* ♦ (avant le nom) Sensible, notable. *Un réel plaisir.* **3** math. *Nombre réel,* d'un ensemble comprenant les nombres entiers, rationnels et irrationnels. **4** opt. *Image réelle* (opposé à *virtuel*), formée à l'intersection de rayons convergents. **II** n. m. La réalité.

rééligible adj. ■ Légalement apte à être réélu.

réélire v. tr. [43] ■ Élire de nouveau (qqn) à la même fonction. ► **réélection** n. f.

réellement adv. ■ En fait, en réalité. → **effectivement, véritablement, vraiment.**

réembaucher v. tr. [1] ■ Embaucher de nouveau (qqn). - var. **rembaucher.**

réémetteur n. m. ■ télécomm. Émetteur local destiné à relayer un émetteur principal. → **relais.**

réemployer ou **remployer** v. tr. [8] ■ Employer de nouveau. ► **réemploi** ou **remploi** n. m.

réemprunter → **remprunter**

réensemencer v. tr. [3] ■ Ensemencer de nouveau. ► **réensemencement** n. m.

réentendre v. tr. [41] ■ Entendre de nouveau.

rééquilibrer v. tr. [1] ■ Redonner un équilibre à (ce qui l'avait perdu). ► **rééquilibrage** n. m.

réer v. intr. [1] ■ Bramer (cerf, chevreuil). → **raire, raller.**

réescompte [-kɔ̃t] n. m. ■ fin. Opération par laquelle une banque centrale escompte les effets présentés par une autre banque et déjà escomptés par celle-ci. ► **réescompter** v. tr. [1]

réessayer v. tr. [8] ■ **1** Essayer de nouveau (un vêtement). **2** Faire un nouvel essai. - syn. **ressayer.**

réévaluation n. f. ■ **1** Nouvelle évaluation. **2** Augmentation de la parité de (une monnaie).

réévaluer v. tr. [1] ■ **1** Évaluer de nouveau. **2** Procéder à la réévaluation (2) de.

réexaminer v. tr. [1] ■ Procéder à un nouvel examen de. → **reconsidérer.** ► **réexamen** n. m.

réexpédier v. tr. [7] ■ Expédier à une nouvelle destination. ◆ Renvoyer (une chose) d'où elle vient. ► **réexpédition** n. f.

réexporter v. tr. [1] ■ Exporter à destination d'un autre pays (des marchandises importées). ► **réexportation** n. f.

réfaction n. f. ■ comm. Réduction sur le prix des marchandises, au moment de la livraison, lorsqu'elles ne présentent pas la qualité convenue.

refaire v. tr. [60] ■ **1** Faire de nouveau (ce qu'on a déjà fait ou ce qui a déjà été fait). → **recommencer. 2** Changer complètement. *Refaire sa vie.* **3** Remettre en état. → **réparer, restaurer ; réfection.** ◆ *Se refaire une santé.* **4** fam. Tromper (qqn). → **rouler.** ▷ v. pron. **se refaire 1** Rétablir sa situation financière. **2** *On ne se refait pas !*, on ne peut se faire autre qu'on est.

réfection n. f. ■ Action de refaire (3).

réfectoire n. m. ■ Salle à manger (d'une communauté).

de refend loc. adj. ■ **1** maçonnerie *Mur de refend :* mur porteur formant séparation dans l'intérieur d'un bâtiment. **2** techn. *Bois de refend,* scié en long.

refendre v. tr. [41] ■ techn. Fendre ou scier dans le sens de la longueur.

référé n. m. ■ dr. Procédure d'urgence pour régler provisoirement un litige.

référence n. f. ■ **1** Action ou moyen de se référer, de situer par rapport à. ◆ géom. Détermination de coordonnées par rapport à des axes. **2** Fait de se référer (à un texte, une autorité, etc.). *Ouvrages de référence,* à consulter. ♦ Information consultée. *Référence bibliographique.* **3** au plur. Attestation servant de garantie. *Avoir de sérieuses références.*

référencement n. m. ■ **1** Fait de référencer (un article). **2** Enregistrement (d'un site web) dans les moteurs de recherche.

référencer v. tr. [3] ■ **1** Attribuer une référence à. **2** comm. Introduire (un article) dans la liste des produits vendus.

référendum [-ʀɛ̃dɔm ; -ʀɑ̃-] n. m. ■ Vote par lequel les citoyens peuvent approuver ou rejeter une mesure proposée. ► **référendaire** adj.

① **référent** n. m. ■ didact. Ce à quoi renvoie un signe linguistique. *Référent imaginaire* (par ex. pour le mot *licorne*).

② **référent** n. m. ■ admin. Personne qui sert d'interlocuteur (auprès d'un organisme). *Référent social.* ◆ appos. *Médecin référent* (en France), choisi par un patient pour coordonner ses soins de santé.

référer v. [6] ■ **1** v. pron. *SE RÉFÉRER À :* recourir, se reporter à, comme à une autorité. *Se référer à un texte* (→ référence). ◆ (sujet chose) Se rapporter à. **2** v. tr. ind. *EN RÉFÉRER À qqn,* lui soumettre un cas.

refermable adj. ■ Que l'on peut refermer après utilisation.

refermer v. tr. [1] ■ Fermer (ce qu'on avait ouvert ou ce qui s'était ouvert).

refiler v. tr. [1] ■ fam. Remettre, donner (qqch. dont on veut se débarrasser).

refinancement n. m. ■ Action par laquelle une banque peut reconstituer ses réserves financières.

refinancer v. tr. 3 ■ Financer à nouveau ou davantage, de manière à reconstituer des réserves.

réfléchir v. 2 ■ **I** v. tr. Renvoyer (les ondes) par réflexion. *Miroir qui réfléchit une image.* ➙ pronom. → se **refléter. II 1** v. intr. Faire usage de la réflexion. → **penser** ; se **concentrer.** *Cela donne à réfléchir.* **2** v. tr. ind. *RÉFLÉCHIR SUR un problème.* ➙ *RÉFLÉCHIR À qqch.* → **examiner, penser** à. ♦ trans. *RÉFLÉCHIR QUE* : juger après réflexion que. ▷ adj. **réfléchi, ie I** gramm. *Verbe pronominal réfléchi,* qui indique que l'action du sujet fait retour à lui-même (ex. je me lave). ➙ *Pronom (personnel) réfléchi* (ex. je *me* suis trouvé un appartement). **II** Caractérisé par la réflexion (II). → **posé, prudent, raisonnable.** ➙ loc. *Tout bien réfléchi. C'est tout réfléchi* (ma décision est prise).

réfléchissant, ante adj. ■ Qui réfléchit (la lumière, une onde).

réflecteur n. m. ■ Dispositif destiné à réfléchir (la lumière, les ondes...).

① **réflectivité** n. f. ■ phys. Rapport de l'énergie réfléchie à l'énergie incidente totale.

② **réflectivité** n. f. ■ physiol. Propriété de certaines parties du corps à réagir à une excitation par un réflexe.

reflet n. m. ■ **1** Lumière réfléchie. *Reflets métalliques.* **2** Image réfléchie. **3** fig. Image, écho. *L'écriture, reflet de la personnalité.*

refléter v. tr. 6 ■ **1** Réfléchir (la lumière) en produisant des reflets. *Miroir qui reflète les objets.* ➙ pronom. *Se refléter dans..., sur...* **2** fig. Être, présenter un reflet de. → **traduire.** *Ses paroles reflètent sa pensée.*

refleurir v. intr. 2 ■ Fleurir de nouveau.

reflex [ʀeflɛks] adj. et n. m. ■ photogr. (Appareil) qui montre l'image par un miroir.

réflexe n. m. ■ **1** Réaction automatique, involontaire et immédiate (d'un organisme vivant) à une stimulation. ➙ adj. *Mouvement réflexe.* **2** Réaction spontanée à une situation nouvelle.

réflexibilité n. f. ■ sc. Caractère de ce qui peut être réfléchi. *La réflexibilité des rayons lumineux.*

réflexible adj. ■ sc. Qui peut être réfléchi. *Rayon réflexible.*

réflexion n. f. ■ **I** Changement de direction des ondes (lumineuses, sonores, etc.) qui rencontrent un corps (→ **réfléchir** (I)). *Réflexion et réfraction**. **II 1** Retour de la pensée sur elle-même (→ **réfléchir** (II)). ➙ loc. *Réflexion faite* : après y avoir réfléchi. *À la réflexion* : quand on y réfléchit bien. ♦ Qualité d'un esprit qui sait réfléchir. → **discernement, intelligence. 2** Pensée exprimée. ♦ Remarque adressée à qqn (spécialt, désobligeante).

réflexologie n. f. ■ **1** didact. Étude scientifique des réflexes. **2** *Réflexologie plantaire* : technique de stimulation du corps par des massages plantaires.

réflexothérapie n. f. ■ méd. Méthode thérapeutique qui consiste à provoquer des réflexes susceptibles de jouer un rôle utile pour l'organisme.

refluer v. intr. 1 ■ Se mettre à couler, à aller en sens contraire. → se **retirer.**

reflux [-fly] n. m. ■ **1** Mouvement des eaux marines qui refluent. **2** Mouvement en arrière (de gens, etc.).

refonder v. tr. 1 ■ Fonder une nouvelle fois, sur de nouvelles bases (un parti...). ► **refondation** n. f.

refondre v. tr. 41 ■ Remanier pour améliorer (un ouvrage). ► **refonte** n. f.

reforestation n. f. ■ Reboisement.

réformable adj. ■ Qui peut ou doit être réformé.

reformage n. m. ■ techn. Procédé de raffinage consistant à transformer les essences lourdes afin d'augmenter l'indice d'octane.

réformateur, trice ■ **1** n. Personne qui veut réformer. ➙ hist. Fondateur d'une Église réformée*. **2** adj. Qui réforme.

réformation n. f. ■ Action de réformer. ♦ dr. Modification d'un jugement par une juridiction du second degré.

réforme n. f. ■ **I 1** Changement qu'on apporte (dans les mœurs, les lois, les institutions) afin d'en obtenir de meilleurs résultats. *Réformes sociales.* ➙ Changement progressif (opposé à révolution). **2** hist. *LA RÉFORME* : mouvement religieux du XVIe siècle, qui fonda le protestantisme. **II** Situation du militaire réformé.

réformé, ée adj. ■ **I** hist. Issu de la Réforme (I, 2). → **protestant. II** Reconnu inapte au service. *Soldat réformé* ; n. m. *un réformé.*

reformer v. tr. 1 ■ Former de nouveau, refaire (ce qui était défait). → **reconstituer.**

réformer v. tr. 1 ■ **I 1** Rétablir dans sa forme primitive (une règle...). **2** vieilli Corriger. *Réformer son caractère.* **3** Changer en mieux (une institution...). → **améliorer ; réforme.** *Réformer la Constitution.* **II** milit. Retirer du service, classer comme inapte au service.

réformette n. f. ■ fam. Réforme jugée superficielle.

réformisme n. m. ■ Politique qui préconise des réformes plutôt qu'une transformation des structures. ► **réformiste** n. et adj.

reformuler v. tr. 1 ■ Formuler à nouveau, généralement de façon plus claire. *Reformuler sa demande.*

refouillement n. m. ■ techn., arts Action d'évider, de creuser. *Refouillement d'un chapiteau.* ► **refouiller** v. tr. 1

refoulé, ée adj. ■ 1 psych. Qui a fait l'objet du refoulement (2). 2 fam. Qui a refoulé ses instincts (notamment sexuels). → **inhibé.** ➙ n. *Un refoulé.*

refoulement n. m. ■ 1 Action de refouler (2) (des personnes). 2 psych. Mécanisme inconscient par lequel la conscience rejette un désir que le moi, le surmoi ne supportent pas. ➙ cour. Refus des pulsions sexuelles.

refouler v. tr. 1 ■ 1 Faire refluer (un liquide). 2 Repousser (des personnes). *Refouler des immigrés.* 3 Faire rentrer en soi (ce qui veut s'extérioriser). → **réprimer, retenir.** *Refouler ses larmes, un désir.*

refouloir n. m. ■ anciennt Cylindre muni d'une hampe qui servait à refouler la charge dans les canons se chargeant par la bouche.

refourguer v. tr. 1 ■ fam. Vendre, remettre à qqn en l'abusant. → **refiler.**

réfractaire adj. ■ I (personnes) 1 *RÉFRACTAIRE À* : qui résiste à, refuse de se soumettre à. → **rebelle.** ➙ n. *Un réfractaire.* ♦ fig. *Être réfractaire à l'algèbre.* 2 hist. *Prêtre réfractaire,* qui avait refusé de prêter serment à la constitution civile du clergé (en 1790). II (choses) Qui résiste à de très hautes températures.

réfracter v. tr. 1 ■ Faire dévier (une onde) par réfraction.

réfracteur, trice adj. et n. m. ■ techn. Qui sert à réfracter la lumière.

réfraction n. f. ■ Déviation d'une onde (lumineuse, etc.) qui traverse deux milieux où la vitesse de propagation est différente (→ **réfringent**). *Réfraction et réflexion**.

réfractomètre n. m. ■ phys. Appareil permettant de mesurer les indices de réfraction.

refrain n. m. ■ 1 Suite de mots répétée à la fin de chaque couplet d'une chanson. 2 fig. Paroles, idées répétées. → **rengaine.**

réfrangible adj. ■ vx Qui peut être réfracté.

refréner [ʀe-] v. tr. 6 ■ Réprimer par une contrainte. → **contenir.** - var. **réfréner.**

réfrigérant, ante adj. ■ 1 Qui produit du froid. 2 fig. *Un accueil réfrigérant.*

réfrigérateur n. m. ■ Appareil qui produit du froid pour conserver les aliments.

réfrigéré, ée adj. ■ Qui est réfrigéré. ♦ fam. (personnes) Qui a très froid. → **gelé.**

réfrigérer v. tr. 6 ■ 1 Refroidir artificiellement. ► **réfrigération** n. f. 2 fig., fam. Mettre (qqn) mal à l'aise par un comportement froid.

réfringence n. f. ■ phys. Capacité de réfracter la lumière.

réfringent, ente adj. ■ Qui produit la réfraction. *La cornée est un milieu réfringent.*

refroidir v. 2 ■ I v. tr. 1 Rendre plus froid ou moins chaud. → **rafraîchir ; congeler, geler, réfrigérer.** 2 fig. Diminuer l'ardeur de. *Son accueil nous a refroidis.* → **glacer.** II v. intr. Devenir plus froid, moins chaud.

refroidissement n. m. ■ 1 Abaissement de la température. 2 Malaise (grippe, rhume...) dû au froid. 3 fig. Diminution (d'un sentiment).

refroidisseur n. m. ■ Appareil servant à refroidir ou à limiter les échauffements. → **réfrigérant.** ➙ adj. m. *Système refroidisseur.*

refuge n. m. ■ 1 Lieu où l'on se réfugie. → **abri, asile.** ♦ fig. *Un refuge contre le désespoir.* ➙ (adj.) *Une valeur refuge,* sûre. 2 Abri de haute montagne.

réfugié, ée adj. et n. ■ (Personne) qui a dû fuir son pays. *Des réfugiés politiques.* ♦ dr. Personne ayant obtenu l'asile politique.

se **réfugier** v. pron. 7 ■ Se retirer (en un lieu) pour s'y mettre à l'abri (→ **refuge**). ♦ fig. *Se réfugier dans le silence.*

refus n. m. ■ Action, fait de refuser. ➙ fam. *Ce n'est pas de refus* : j'accepte.

refuser v. tr. 1 ■ 1 Ne pas accorder (ce qui est demandé). 2 Ne pas vouloir reconnaître (une qualité) à qqn. → **dénier.** 3 Ne pas accepter. *Refuser une invitation.* ♦ *REFUSER DE* (+ inf.). 4 (compl. personne) Ne pas laisser entrer. ➙ Ne pas recevoir à un examen. ▷ v. pron. **se refuser** 1 (passif) *Une telle offre ne se refuse pas.* 2 *SE REFUSER À* : ne pas consentir à (faire qqch.).

réfutable adj. ■ Que l'on peut réfuter. *Argument facilement réfutable.*

réfuter v. tr. 1 ■ Repousser (un raisonnement) en prouvant sa fausseté. ► **réfutation** n. f.

refuznik n. ■ hist. Juif soviétique auquel les autorités refusaient l'autorisation d'émigrer. *Des refuzniks.*

reg [ʀɛg] n. m. ■ géogr. Désert rocheux.

regagner v. tr. 1 ■ 1 Retrouver (ce qu'on avait perdu). 2 Retourner à. *Regagner sa place.*

① **regain** n. m. ■ Herbe qui repousse dans une prairie après la première coupe.

② **regain** n. m. ■ Retour, reprise. *Un regain d'activité.*

régal n. m. ■ Nourriture délicieuse. → **délice.** ♦ fig. *Un régal pour l'esprit.*

à la **régalade** loc. adv. ■ *Boire à la régalade,* en versant dans la bouche sans que le récipient touche les lèvres.

① **régale** n. f. ■ hist. Droit qu'avaient les rois de France de percevoir les revenus des évêchés vacants.

② **régale** n. m. ■ mus. L'un des jeux à anches de l'orgue, appelé aussi *voix humaine.*

③ **régale** adj. f. ▪ chim. *Eau régale,* mélange d'acide chlorhydrique et d'acide nitrique ayant la propriété de dissoudre l'or et le platine.

régaler v. tr. [1] ▪ Offrir un bon repas, un bon plat à (qqn). ▷ v. pron. **se régaler** Manger avec plaisir.

régalien, ienne adj. ▪ **1** hist. *Droits régaliens,* du roi. → ① **régale. 2** polit. Qui relève de l'autorité souveraine. *Les missions régaliennes de l'État.*

regard n. m. ▪ **1** Action de regarder ; expression des yeux. **2** *AU REGARD DE* loc. prép. : en ce qui concerne. ♦ *EN REGARD* loc. adv. : en face, vis-à-vis. **3** Ouverture (dans un conduit, une cave...).

regardable adj. ▪ Supportable à regarder.

regardant, ante adj. ▪ Très économe.

regarder v. tr. [1] ▪ **I 1** Faire en sorte de voir, s'appliquer à voir (qqn, qqch.). → **examiner, observer.** ♦ fam. *Regardez-moi ce travail !,* constatez vous-même. ♦ (+ inf.) *Regarder la pluie tomber, tomber la pluie.* **2** absolt Observer. *Regardez bien.* **3** Envisager, considérer (de telle ou telle façon). → **voir.** *Regarder la réalité en face.* **4** (sujet chose) Avoir rapport à. → **concerner.** *Ça ne vous regarde pas.* **II** v. tr. ind. *REGARDER À* (qqch.) : considérer attentivement, tenir compte de. *Regarder à la dépense* (→ **regardant).** ➝ *Y regarder à deux fois* (avant de se décider, etc.).

regarnir v. tr. [2] ▪ Garnir de nouveau (ce qui était dégarni).

régate n. f. ▪ Course de bateaux sur un parcours (sur mer, rivière...). ► **régatier, ière** n. ► **régater** v. intr. [1]

régence n. f. ▪ Gouvernement d'une monarchie par un régent*. ♦ *La Régence,* celle du duc d'Orléans (1715-1723). ➝ *Style Régence,* de cette époque.

régénéré, ée adj. ▪ Reconstitué dans son état premier. *Caoutchouc régénéré.*

régénérer v. tr. [6] ▪ **1** Reconstituer (un tissu vivant). **2** Renouveler en redonnant les qualités perdues. ► **régénération** n. f. ► **régénérateur, trice** adj.

régent, ente n. ▪ **1** Personne qui exerce le pouvoir politique (régence) pendant la minorité ou l'absence d'un souverain. ➝ adj. *Prince régent.* **2** Personne qui régit, administre.

régenter v. tr. [1] ▪ Diriger avec une autorité excessive ou injustifiée.

reggae [ʀege] n. m. ▪ Musique des Noirs de la Jamaïque, au rythme marqué.

régicide ▪ **1** n. Assassin d'un roi. **2** n. m. Meurtre d'un roi.

régie n. f. ▪ **1** Entreprise confiée par l'État à un établissement qui le représente. **2** Organisation matérielle (d'un spectacle, d'une émission).

regimber v. intr. [1] ▪ Résister en refusant.

① **régime** n. m. ▪ **1** Organisation politique, économique, sociale (d'un État). *Régime parlementaire.* ➝ *L'Ancien Régime,* la monarchie française avant 1789. **2** Dispositions qui organisent une institution. *Régime fiscal.* **3** Conduite à suivre en matière d'hygiène. ➝ Alimentation raisonnée. *Suivre un régime.* **4** Manière dont se produisent certains phénomènes physiques (mouvements...). ➝ *Le régime d'un moteur* (nombre de tours ; allure). loc. *À plein régime* (fig. avec le maximum d'intensité). ♦ géogr. Conditions d'un phénomène (météorologique, hydrographique). **5** gramm. Complément d'objet.

② **régime** n. m. ▪ Ensemble de fruits en grappe (bananiers, dattiers).

régiment n. m. ▪ **1** Corps de troupe placé sous la direction d'un colonel. ♦ *Le régiment* : l'armée. **2** fam. Grand nombre.

régimentaire adj. ▪ D'un régiment. *Train régimentaire.*

région n. f. ▪ **1** Territoire possédant des caractères particuliers. → **contrée, pays.** ♦ Unité territoriale administrative (→ **province). 2** Étendue de pays (autour d'une ville). *La région de Pau.* **3** Zone d'un organe. *La région lombaire.*

régional, ale, aux adj. ▪ **1** Relatif à une région (1). **2** Qui regroupe des nations voisines. *Accords régionaux.* ► **régionalement** adv.

régionaliser v. tr. [1] ▪ Décentraliser par région. ► **régionalisation** n. f.

régionalisme n. m. ▪ **1** Tendance à favoriser les caractères régionaux, à l'autonomie des régions. **2** ling. Fait de langue propre à une région.

régionaliste ▪ **1** adj. et n. Partisan du régionalisme. **2** adj. Qui illustre une région. *Écrivain régionaliste.*

régir v. tr. [2] ▪ **1** vieilli Administrer (→ **régisseur). 2** (lois, règles) Déterminer, régler.

régisseur, euse n. ▪ **1** Personne qui administre, gère (une propriété). → **intendant. 2** théâtre Personne qui organise des représentations.

registre n. m. ▪ **I 1** Cahier. ➝ *Registre du commerce,* où doivent s'inscrire les commerçants. **2** inform. Petite mémoire. **II 1** Étendue de l'échelle musicale (d'une voix, d'un instrument). → **tessiture. 2** fig. Tonalité propre (d'une œuvre, du discours).

réglable adj. ▪ Qu'on peut régler.

réglage n. m. ▪ Fait, manière de régler (un dispositif, un mécanisme...).

règle n. f. ▪ **I** Instrument allongé qui sert à tirer des traits, à mesurer une longueur. **II 1** Indication, prescription de ce qui doit être fait. → **loi, norme, principe.** ▸ *Règle de grammaire.* **2** loc. *Selon les règles, dans les règles,* comme il se doit. ▸ *En règle générale.* → **généralement.** ♦ *EN RÈGLE* loc. adj. : conforme aux usages ; aux prescriptions légales. *Papiers en règle.* **3** Discipline religieuse (d'un ordre). **4** Procédé arithmétique. *Règle de trois**. **III** au plur. Écoulement sanguin périodique chez la femme. → **menstrues.** *Avoir ses règles.*

réglé, ée adj. ▪ **I 1** Soumis à des règles. **2** (jeune fille) Qui a eu ses premières règles (→ **nubile, pubère**). **II** → **régler.**

règlement n. m. ▪ **I 1** Action, fait de régler (une affaire, un différend). **2** Action de régler (un compte ; une note). *Règlement par chèque.* **II 1** Décision administrative. → **arrêté, décret. 2** Ensemble de règles de fonctionnement.

réglementaire adj. ▪ Conforme à, fixé par un règlement. ▸ **réglementairement** adv.

réglementer v. tr. [1] ▪ Assujettir à un règlement ; organiser selon un règlement. ▸ **réglementation** n. f.

régler v. tr. [6] ▪ **I** Couvrir (du papier...) de lignes droites parallèles. **II 1** *Régler son pas, sa conduite sur qqn, qqch.,* prendre pour modèle. **2** Fixer, définitivement ou exactement. *Régler les termes d'un accord.* **3** Mettre au point le fonctionnement de (un dispositif, un mécanisme...). ▸ au p. p. *Carburateur mal réglé.* **III 1** Résoudre, terminer. ▸ au p. p. *C'est une affaire réglée.* **2** Payer. *Régler une facture ; un fournisseur.* ▸ absolt *Régler en espèces.*

règles n. f. pl. → **règle** (III)

réglet n. m. ▪ **1** Petite lame graduée de métal souple. **2** Petite moulure étroite et plate.

réglette n. f. ▪ Petite règle.

régleur, euse n. ▪ Ouvrier, ouvrière spécialisé(e) dans le réglage de certains appareils ou machines.

réglisse n. f. ▪ Plante à racine brune, comestible. ▸ *Sucer de la réglisse.*

réglo adj. invar. ▪ fam. Régulier, honnête.

régloir n. m. ▪ techn. Petit outil de cordonnier en bois ou en os.

réglure n. f. ▪ Opération qui consiste à régler du papier ; lignes ainsi tracées.

régnant, ante adj. ▪ **1** Qui règne. **2** fig., littér. Qui domine, qui a cours. → **dominant.**

règne n. m. ▪ **I 1** Exercice du pouvoir souverain. **2** fig. Pouvoir absolu ; influence prédominante. **II** anciennt *Règne minéral, végétal, animal,* les trois grandes divisions de la nature.

régner v. intr. [6] ▪ **1** Exercer le pouvoir monarchique (→ **règne**). **2** Exercer un pouvoir absolu. *Il règne en maître.* ♦ (sujet chose) Avoir une influence prédominante. **3** (sujet chose) Exister, s'être établi (quelque part). *Faire régner l'ordre.*

regonfler v. tr. [1] ▪ Gonfler (qqch.) de nouveau. ♦ fam. Redonner du courage à (qqn).

regorger v. tr. ind. [3] ▪ Abonder (de).

régresser v. intr. [1] ▪ Subir une régression.

régression n. f. ▪ Évolution qui ramène à un degré moindre (→ **recul ; diminution**), à un stade antérieur. ▸ **régressif, ive** adj.

regret n. m. ▪ **I** Peine causée par la perte d'un bien. *Le regret du pays natal ; du passé.* → **nostalgie. II 1** Mécontentement ou chagrin (d'une situation passée). → **remords, repentir. 2** Déplaisir. ▸ *À REGRET* loc. adv. : contre son désir. ▸ (politesse) *Nous sommes au regret de...*

regretter v. tr. [1] ▪ **I** Éprouver le désir douloureux de (ce qu'on n'a plus). *Regretter sa jeunesse.* ♦ Ressentir péniblement l'absence ou la mort de (qqn). ▸ au p. p. *Notre regretté confrère* (→ défunt). **II 1** Être mécontent de (une action, une situation passée). → se **repentir.** ♦ *Regretter de* (+ inf.). → s'**excuser. 2** Être mécontent de (ce qui contrarie un désir). → **déplorer.** ▸ *Regretter que* (+ subj.). ▸ **regrettable** adj. → **fâcheux.**

regrèvement n. m. ▪ fin. Augmentation de l'impôt. → **surimposition.** contr. *dégrèvement.*

regros n. m. ▪ techn. Grosse écorce de chêne utilisée pour faire le tan.

regrossir v. intr. [2] ▪ Grossir de nouveau, reprendre du poids.

regrouper v. tr. [1] ▪ **1** Grouper de nouveau (ce qui s'était dispersé). **2** Réunir (des éléments dispersés). ▸ **regroupement** n. m.

régulariser v. tr. [1] ▪ **1** Rendre conforme aux lois ; à la règle. → **normaliser.** *Régulariser sa situation* (administrative...). **2** Rendre régulier (ce qui est inégal, intermittent). ▸ **régularisation** n. f.

régularité n. f. ▪ **1** Caractère régulier. **2** Conformité aux règles, aux lois. **3** Fait de présenter des proportions régulières (I, 2).

régulateur, trice ▪ **I** adj. Qui règle, qui régularise. **II** n. m. Système maintenant la régularité d'un fonctionnement.

régulation n. f. ▪ Fait d'assurer le fonctionnement correct, régulier. *La régulation du trafic. Régulation des naissances.* → **contrôle.** ▸ *Régulation thermique* (mammifères, oiseaux).

régule n. m. ▪ techn. Alliage à base d'antimoine utilisé comme antifriction.

réguler v. tr. [1] ▪ didact. Assurer la régulation de. *Réguler le trafic routier.*

régulier, ière adj. ■ **I** (choses) **1** Qui est conforme aux règles. → **normal.** *Verbes réguliers*, qui suivent les règles de la conjugaison. ➤ Conforme aux lois, aux règlements. → **réglementaire. 2** Qui présente un caractère de symétrie, d'ordre, d'harmonie. *Une écriture régulière.* ➤ *Rythme régulier*, uniforme. **3** Qui se renouvelle à intervalles égaux. ♦ Qui n'est pas occasionnel, mais habituel. *Un service régulier de cars.* ♦ Qui ne change pas. **II** (personnes) **1** Qui appartient à un ordre religieux (→ **règle** (II, 3)). *Clergé régulier et clergé séculier.* **2** *Armée régulière*, contrôlée par le pouvoir central. **3** Qui agit sans changer de rythme, de niveau. *Être régulier dans son travail.* **4** fam. Qui respecte les règles. *Régulier en affaires.* → **correct ;** fam. **réglo.**

régulière n. f. ■ fam., vieilli Maîtresse en titre. ➤ Épouse légitime.

régulièrement adv. ■ **1** D'une manière régulière (I, 1), légale. **2** Avec régularité.

régurgiter v. tr. [1] ■ didact. Faire revenir de l'estomac. → **rendre.** ► **régurgitation** n. f.

réhabilitable adj. ■ Qui peut être réhabilité.

réhabiliter v. tr. [1] ■ **1** Rétablir dans l'estime, dans la considération (notamment, en reconnaissant l'innocence). **2** Remettre en bon état pour l'habitation. → **rénover.** ► **réhabilitation** n. f.

réhabituer v. tr. [1] ■ Faire reprendre une habitude perdue à (qqn). → **réaccoutumer.**

rehausser v. tr. [1] ■ **1** Hausser davantage. → **élever, surélever. 2** fig. Faire valoir davantage. ➤ au p. p. *Rehaussé de* : orné de. **3** peint. Donner plus de relief à.

rehausseur n. m. ■ Dispositif qui surélève un enfant en voiture afin qu'il soit correctement protégé par la ceinture de sécurité.

rehaut n. m. ■ peint. Touche claire qui accuse les lumières.

réhoboam [-am] n. m. ■ Grosse bouteille de champagne d'une capacité de six bouteilles ordinaires. → **jéroboam.**

réhydrater v. tr. [1] ■ Hydrater de nouveau. ► **réhydratation** n. f.

réifier v. tr. [7] ■ philos. Transformer en chose ; donner le caractère d'une chose à. → **chosifier.** ► **réification** n. f.

réimperméabiliser v. tr. [1] ■ Imperméabiliser de nouveau.

réimplantation n. f. ■ **1** méd. Remise en place (d'un organe ou d'un membre sectionné). ➤ Réinsertion (d'une dent) dans son alvéole. **2** Nouvelle implantation (d'un établissement industriel).

réimplanter v. tr. [1] ■ **1** méd. Pratiquer la réimplantation de (un organe). **2** Implanter de nouveau (un établissement industriel).

réimporter v. tr. [1] ■ Faire rentrer dans leur pays d'origine (des marchandises qui ont été exportées). ► **réimportation** n. f.

réimposer v. tr. [1] ■ Imposer de nouveau (par une nouvelle taxe ou un nouvel impôt).

réimprimer v. tr. [1] ■ Imprimer de nouveau (sous la même forme). ► **réimpression** n. f.

rein n. m. ■ **1** au plur. Partie inférieure du dos. → **lombes.** ➤ vieilli *Tour de reins* : lumbago. ♦ loc. fig. *Avoir les reins solides* : être de taille à résister. **2** Chacun des deux organes qui élaborent l'urine. → **néphr(o)-.** ➤ *Rein artificiel* (appareil de dialyse).

se **réincarner** v. pron. [1] ■ relig. S'incarner dans un nouveau corps. ► **réincarnation** n. f. → **métempsychose.**

réincorporer v. tr. [1] ■ Incorporer de nouveau.

reine n. f. ■ **1** Épouse d'un roi. ♦ *Reine mère* : mère du souverain. **2** Femme qui détient l'autorité souveraine dans un royaume. ♦ fig. *Reine de beauté.* **3** jeux Pièce du jeu d'échecs, à l'action la plus étendue. ➤ (aux cartes) → **dame. 4** Femelle féconde (d'abeille...), unique dans la colonie.

reine-claude n. f. ■ Prune verte parfumée.

reine-des-prés n. f. ■ Plante herbacée vivace appelée aussi *spirée.*

reine-marguerite n. f. ■ Plante aux fleurs blanches, roses ou mauves ; ces fleurs.

reinette n. f. ■ Pomme très parfumée.

réinitialiser v. tr. [1] ■ inform. Redémarrer (un ordinateur, un système) après un blocage. ♦ Remettre (une application, un système) dans son état initial. ► **réinitialisation** n. f.

réinjecter v. tr. [1] ■ Injecter de nouveau. ➤ fin. Réintroduire (des capitaux) dans un circuit économique.

réinscriptible adj. ■ techn. Sur lequel de nouvelles données peuvent être enregistrées.

réinsérer v. tr. [6] ■ Réadapter à la vie sociale. ➤ pronom. *Se réinsérer.* ► **réinsertion** n. f.

réinstaller v. tr. [1] ■ Installer de nouveau. ► **réinstallation** n. f.

réintégrer v. tr. [6] ■ **1** Revenir dans (un lieu). **2** Rétablir. *On l'a réintégré dans ses fonctions.* ► **réintégration** n. f.

réintroduire v. tr. [38] ■ Introduire de nouveau. ► **réintroduction** n. f.

réinventer v. tr. [1] ■ Inventer de nouveau.

réinvestir v. tr. [2] ■ Investir de nouveau. *Réinvestir les bénéfices dans une entreprise.*

réinviter v. tr. [1] ■ Inviter à nouveau.

réitératif, ive adj. ■ Qui réitère. *Structure réitérative.*

réitérer v. tr. [6] ■ Faire de nouveau ou plusieurs fois. → **répéter.** ► **réitération** n. f.

reître [ʀɛtʀ] n. m. ■ 1 anciennt Cavalier allemand. 2 littér. Guerrier brutal. → **soudard.**

rejaillir v. intr. [2] ■ 1 (liquide) Jaillir en étant renvoyé. 2 fig. REJAILLIR SUR *qqn* : retomber, se reporter sur. *Son succès a rejailli sur nous.* ► **rejaillissement** n. m.

rejet n. m. ■ I Nouvelle pousse (d'une plante). → **rejeton** (1). II Action de rejeter, d'évacuer ; de renvoyer après. III 1 Action de rejeter (II). *Le rejet d'un recours en grâce.* ♦ Attitude de refus. 2 Intolérance de l'organisme (à une greffe).

rejeter v. tr. [4] ■ I 1 Jeter en sens inverse (ce qu'on a reçu ou pris). ♦ Évacuer, expulser. 2 fig. Faire retomber (sur un autre). *Rejeter une responsabilité sur qqn.* 3 Porter ou mettre ailleurs avec force. *Rejeter la tête en arrière.* II 1 Écarter, refuser (qqch.). *Rejeter une proposition.* → **décliner ; repousser.** 2 Écarter (qqn) en repoussant. *Être rejeté par ses proches.*

rejeton n. m. ■ 1 Rejet (I). 2 fam. Enfant ; fils.

rejoindre v. tr. [49] ■ 1 Aller retrouver (qqn ; un groupe). ♦ Regagner (un lieu). 2 (sujet chose) Venir en contact avec. *La rue rejoint un boulevard.* 3 Rattraper (qqn qui a de l'avance).

rejointoyer v. tr. [8] ■ techn. Refaire les joints de (une maçonnerie).

réjouir v. tr. [2] ■ Rendre joyeux, faire plaisir à. → **amuser, égayer.** ▷ v. pron. se **réjouir** *Se réjouir de qqch., à la pensée de...* → se **féliciter** de. ► **réjouissant, ante** adj.

réjouissance n. f. ■ Joie collective. ♦ au plur. → **fête.**

relâche ■ I n. m. ou f. (Arrêt) 1 loc. adv. SANS RELÂCHE : sans répit. 2 Fermeture momentanée (d'une salle de spectacle). II n. f. mar. Action de relâcher (II).

relâcher v. [1] ■ I v. tr. 1 Rendre moins tendu ou moins serré. → **desserrer, détendre.** *Relâcher son étreinte.* 2 fig. Faire ou laisser perdre sa force ; détendre. *Relâcher son attention.* 3 Remettre (qqn) en liberté. → **libérer, relaxer.** II v. intr. mar. Faire escale. ▷ v. pron. **se relâcher** Devenir plus lâche, moins serré ; fig. moins rigoureux. ▷ adj. **relâché, ée** ► **relâchement** n. m.

relais n. m. ■ 1 anciennt Lieu où des chevaux étaient postés pour remplacer les chevaux fatigués. 2 loc. *Prendre le relais de.* → **relayer ; relève.** 3 *(Course de) relais* : épreuve disputée entre équipes qui se relaient. 4 Travail par roulement. 5 Intermédiaire (entre personnes ou choses). 6 sc., techn. Dispositif pour retransmettre un signal radioélectrique.

se **relaisser** v. pron. [1] ■ chasse S'arrêter après avoir longtemps couru (animal poursuivi). *Lièvre qui se relaisse.*

relancer v. [3] ■ I v. tr. 1 Lancer à son tour (une chose reçue). → **renvoyer.** 2 Remettre en marche. *Relancer un moteur ; l'économie.* 3 Poursuivre (qqn) avec insistance, pour obtenir qqch. de lui. II v. intr. jeux Augmenter l'enjeu. ► **relance** n. f.

relaps, apse [-aps] adj. ■ relig. Retombé dans une hérésie, après l'avoir abjurée. *Jeanne d'Arc fut brûlée comme relapse.*

relater v. tr. [1] ■ littér. Raconter d'une manière précise et détaillée.

relatif, ive adj. ■ I 1 Qui présente une relation avec ; au plur. qui ont une relation mutuelle. ♦ math. *Entier relatif* (affecté du signe + ou du signe –). 2 Qui n'est ni absolu, ni indépendant. 3 Incomplet, imparfait. *Un confort relatif.* 4 RELATIF À : se rapportant à, concernant. II gramm. Qui établit une relation entre un nom ou un pronom (→ **antécédent**) et une subordonnée. *Pronoms* (qui, que, dont...), *adjectifs relatifs* (lequel, quel). – *Proposition relative* et n. f. *une relative,* introduite par un pronom relatif.

relation n. f. ■ I didact. Fait de relater ; récit (spécialt, d'un voyageur). II (Lien, rapport) 1 Rapport de dépendance. *Relation de cause à effet.* 2 Lien de dépendance ou d'influence réciproque (entre personnes ; groupes, États) ; au plur. fait de se fréquenter. → **commerce, contact, rapport.** – *Être, se mettre, rester* EN RELATION(S). ♦ *Avoir des relations* : connaître des gens influents. 3 Personne avec qui on a des relations. → **connaissance.** 4 *Relations publiques* : techniques d'information et de promotion. → **communication.** ► **relationnel, elle** adj.

relationniste n. ■ (Canada) Personne chargée des relations publiques dans un organisme, une entreprise.

relativement adv. ■ 1 Par une relation. – *Relativement à...* → **quant** à. 2 D'une manière relative. → **plutôt.**

relativiser v. tr. [1] ■ Faire perdre son caractère absolu à (qqch.), en le mettant en relation avec qqch. d'autre.

relativisme n. m. ■ philos. 1 Doctrine qui admet la relativité de la connaissance humaine. *Le relativisme de Kant.* 2 Doctrine selon laquelle les valeurs morales, esthétiques dépendent de facteurs historiques, sociaux, ... et n'ont rien d'absolu.

relativiste adj. ■ 1 philos. Qui admet, professe le relativisme. 2 phys. Qui concerne, relève de la théorie de la relativité. *Lois relativistes.*

relativité n. f. ■ I Caractère de ce qui est relatif (I). *La relativité du jugement humain.* II *Théorie de la relativité,* exprimant le rapport des lois physiques avec le mouvement.

relaver v. tr. 1 ▪ **1** Laver de nouveau. *Linge à relaver.* **2** (Suisse) Laver. *Relaver la vaisselle.* ➛ intrans. Faire la vaisselle.

relax ou **relax, axe** [Rəlaks] adj. ▪ fam. **1** Qui favorise la détente. **2** À l'aise, détendu. ♦ adv. *Conduire relax.*

relaxation n. f. ▪ **I** didact. Diminution ou suppression d'une tension. **II** anglic. Détente par des procédés psychologiques actifs. ➛ cour. Repos, détente.

① **relaxe** n. f. ▪ dr. Décision par laquelle un tribunal déclare un prévenu non coupable.

② **relaxe** → **relax**

① **relaxer** v. tr. 1 ▪ dr. Déclarer (un prévenu) non coupable (tribunal).

② **relaxer** v. tr. 1 ▪ Détendre (qqn...). *Ce bain m'a relaxé.* ▷ v. pron. **se relaxer**

relayer v. tr. 8 ▪ Remplacer (qqn) dans une activité en prenant sa suite. ▷ v. pron. **se relayer** (→ **relais,** 2, 3 et 4).

relayeur, euse n. ▪ sports Participant(e) d'une course de relais.

relecture n. f. ▪ Action de relire.

reléguer v. tr. 6 ▪ **1** dr. (anciennt) Exiler pénalement. **2** Envoyer, placer (qqn, qqch.) en un lieu écarté ou médiocre. *Reléguer un objet au grenier.* ♦ fig. *Reléguer qqn dans une fonction subalterne.* ► **relégation** n. f.

relent n. m. ▪ (souvent au plur.) **1** Mauvaise odeur qui persiste. **2** fig. Trace, soupçon.

relevage n. m. ▪ Action de relever. *Le relevage du train d'atterrissage.*

relevailles n. f. pl. ▪ vieilli ou rural Période qui suit l'accouchement.

relève n. f. ▪ **1** Remplacement (de qqn, d'une équipe), dans un travail continu, une action collective. *Prendre la relève.* → **relayer. 2** Personnes qui assurent ce remplacement.

relevé n. m. ▪ Action de relever, de noter ; ce qu'on a noté.

relèvement n. m. ▪ **1** Redressement. **2** Action de relever (II), de hausser.

relever v. tr. 5 ▪ **I 1** Remettre debout. *Relever des ruines.* **2** fig. Remettre en bon état. *Relever l'économie.* **3** Ramasser, collecter. *Relever les copies.* **4** Faire remarquer. → **noter, souligner.** ♦ Noter par écrit ou par un croquis (→ **relevé**). **II 1** Diriger, orienter vers le haut (une partie du corps, d'un vêtement). *Relever la tête ; son col.* **2** Donner plus de hauteur à (→ **élever**) ; fig. élever le chiffre de (→ **hausser, majorer**). **3** fig. Augmenter la valeur de. → **rehausser.** *Relever le niveau.* **4** Donner plus de goût, de relief, de l'attrait à. → **agrémenter, pimenter. III 1** Assurer la relève de (qqn). *Relever une sentinelle.* **2** *RELEVER qqn DE,* le libérer de (une obligation). ➛ *Relever qqn de ses fonctions.* → **destituer. IV** v. tr. ind. *RELEVER DE* **1** Dépendre de (une autorité). **2** (sujet chose) Être du ressort, du domaine de. **V** v. intr. *RELEVER DE :* se rétablir, se remettre de. *Relever de maladie.* ▷ v. pron. **se relever 1** Reprendre la position verticale. ♦ fig. *Se relever d'un échec.* **2** Se diriger vers le haut. **3** (récipr.) Se remplacer (dans une tâche). → se **relayer.** ▷ adj. **relevé, ée 1** Dirigé, ramené vers le haut. ➛ *Virage relevé,* à courbe extérieure plus haute. **2** Épicé, piquant. *Sauce relevée.* ► **releveur, euse** adj. et n.

reliage n. m. ▪ techn. Opération par laquelle on relie ou cercle les douves (d'un tonneau, d'une cuve). → **cerclage.**

relief n. m. ▪ **I** au plur. Restes (d'un repas). **II 1** *UN RELIEF :* ce qui fait saillie. ♦ arts Ouvrage comportant des éléments qui se détachent sur un fond plan (→ bas-relief, haut-relief). **2** Caractère (d'une image) donnant l'impression d'une profondeur, de plans différents. **3** Forme de la surface terrestre. *Étude du relief* (→ **géomorphologie, orographie, topographie**). **4** *EN RELIEF,* qui fait saillie. **5** fig. Apparence plus nette, du fait des oppositions. ➛ *Mettre en relief,* en évidence.

relier v. tr. 7 ▪ **I 1** Lier ensemble. **2** Mettre en communication avec. → **joindre, raccorder. 3** fig. Mettre en rapport. *Relier des indices.* **II** Attacher ensemble (des feuillets) avec une couverture rigide. ➛ au p. p. *Livre relié et livre broché.* ► **relieur, euse** n.

religieusement adv. ▪ **1** Avec religion. **2** Avec attention. → **scrupuleusement.**

religieux, euse ▪ **I** adj. **1** Qui concerne la religion. *Doctrines religieuses.* → **dogme, théologie.** ➛ *Art religieux.* → **sacré. 2** Qui croit en une religion. → **croyant. 3** fig. Qui présente les caractères du sentiment ou du comportement religieux. *Un silence religieux.* **4** *Mante* religieuse.* **II** n. Personne qui a prononcé des vœux dans un ordre. → **moine, nonne, sœur. III** n. f. Pâtisserie faite de deux choux superposés.

religion n. f. ▪ **1** Croyance en un principe supérieur dont dépend la destinée humaine. **2** Croyance, conviction religieuse (de qqn). → **foi.** ♦ *Être sans religion* (→ **agnostique, areligieux, athée**). **3** Système de croyances et de pratiques propre à un groupe social. → **culte.** *Religion animiste, polythéiste. Religions monothéistes.* → **christianisme ; islamisme ; judaïsme.** *Les religions orientales.* → **bouddhisme, hindouisme. 4** loc. *Entrer en religion :* prononcer ses vœux de religieux (II). **5** fig. Culte, attachement à des valeurs.

religionnaire n. ▪ hist. Membre de la religion réformée. → **protestant.**

religiosité n. f. ▪ Inclination sentimentale vers la religion.

reliquaire n. m. ▪ Coffret précieux renfermant des reliques (→ **châsse**).

reliquat n. m. ▪ Ce qui reste (d'une somme).

relique n. f. ▪ **1** Reste d'un saint, objet auquel on rend un culte. **2** Objet du passé auquel on attache du prix.

relire v. tr. [43] ▪ **1** Lire de nouveau (ce qu'on a déjà lu). **2** Lire en vue de corriger.

reliure n. f. ▪ **1** Action ou art de relier (un livre). **2** Couverture d'un livre relié.

reloger v. tr. [3] ▪ Procurer un nouveau logement à (qqn). ► **relogement** n. m.

relooker [-lu-] v. tr. [1] ▪ anglic., fam. Donner une nouvelle apparence, un nouveau look à. *Relooker une gamme de produits.* ► **relookage** n. m.

relou, e adj. ▪ fam. Lourd, dépourvu de finesse. *Ils sont relous, ces mecs. Une blague reloue.*

relouer v. tr. [1] ▪ Louer (②) de nouveau.

réluctance n. f. ▪ phys. Propriété (d'un circuit, d'un matériau) de s'opposer au passage d'un flux magnétique.

reluire v. intr. [38] ▪ Luire en réfléchissant la lumière, en produisant des reflets. → **briller.**

reluisant, ante adj. ▪ **1** Qui reluit. **2** fig. *Un avenir peu reluisant,* peu brillant.

reluquer v. tr. [1] ▪ fam. Regarder du coin de l'œil, avec convoitise. → **guigner, lorgner.**

rem [ʀɛm] n. m. (sigle de l'angl. *Röntgen Equivalent Man*) ▪ Ancienne unité de mesure d'équivalent de dose de radiation absorbée par un organisme vivant, égale à 10^{-2} sieverts.

remâcher v. tr. [1] ▪ Revenir sans cesse en esprit sur. → **ressasser, ruminer.**

remailler → **remmailler**

remake [ʀimɛk] n. m. ▪ anglic. Nouvelle version (d'un film, d'une œuvre littéraire).

rémanence n. f. ▪ sc. Persistance d'un phénomène après disparition de sa cause.

rémanent, ente adj. ▪ sc. Qui subsiste par rémanence. *Image rémanente.*

remanger v. tr. [3] ▪ Manger une autre fois (le même type de nourriture).

remanier v. tr. [7] ▪ **1** Modifier (un texte). → **refondre. 2** Modifier la composition de (un ensemble). *Remanier le gouvernement.* ► **remaniement** n. m.

remaquiller v. tr. [1] ▪ Maquiller, farder de nouveau ; refaire le maquillage de. ▷ v. pron. **se remaquiller**

remarcher v. intr. [1] ▪ **1** (personnes) Marcher après une infirmité qui empêchait de marcher. **2** (choses) Fonctionner de nouveau (après une panne, une grève, etc.). *La télévision remarche.*

se remarier v. pron. [7] ▪ Se marier à nouveau. ► **remariage** n. m.

remarquable adj. ▪ Digne d'être remarqué (→ **marquant, notable**) ; spécialt par son mérite, sa qualité. ► **remarquablement** adv. → **très ; admirablement, étonnamment.**

remarque n. f. ▪ **1** Action de remarquer (qqch.). *Il en a déjà fait la remarque.* **2** Observation (spécialt critique).

remarquer v. tr. [1] ▪ **1** Avoir la vue, l'attention frappée par (qqch.). → **apercevoir, découvrir.** *Remarquer qqch. du premier coup d'œil.* ◆ pronom. (passif) *Cela ne se remarque pas.* → se **voir.** ◆ *Remarquer que* (+ indic.). **2** Distinguer particulièrement (qqn, qqch. parmi d'autres). ♦ (plutôt péj.) *SE FAIRE REMARQUER* : attirer sur soi l'attention. ▷ adj. **remarqué, ée** *Une absence remarquée.*

remastériser v. tr. [1] ▪ anglic. Refaire en studio un enregistrement original (→ ① **master**) de (une œuvre musicale). ◆ au p. p. *Un disque remastérisé.* ► **remastérisation** n. f.

remballer v. tr. [1] ▪ **1** Emballer de nouveau. ► **remballage** n. m. **2** fig., fam. *Il peut remballer ses compliments,* ne pas les dire.

rembarquer v. [1] ▪ **1** v. tr. Embarquer (ce qu'on avait débarqué). **2** *Se rembarquer* v. pron. ; *rembarquer* v. intr. : s'embarquer de nouveau. ► **rembarquement** n. m.

rembarrer v. tr. [1] ▪ Repousser brutalement (qqn) par un refus.

rembaucher → **réembaucher**

remblai n. m. ▪ Fait de rapporter des terres (pour combler, faire une levée) ; ces terres.

remblaver v. tr. [1] ▪ agric. Emblaver à nouveau, quand le premier emblavage n'a pas réussi. → **réensemencer.**

remblayer v. tr. [8] ▪ Faire des travaux de remblai sur. ► **remblayage** n. m.

remblayeuse n. f. ▪ Machine de terrassement qui fait le remblayage.

rembobiner v. tr. [1] ▪ Bobiner, enrouler de nouveau. ► **rembobinage** n. m.

remboîter v. tr. [1] ▪ Remettre en place (ce qui était déboîté). ► **remboîtement** n. m.

rembourrer v. tr. [1] ▪ Garnir de bourre. → **bourrer, capitonner, matelasser.** ▷ adj. **rembourré, ée** *Siège rembourré.* ◆ fam. (personnes) Grassouillet. ► **rembourrage** n. m.

rembourreur, euse n. ▪ (Canada) Personne qui rembourre, recouvre les meubles. → **tapissier.**

remboursement n. m. ▪ Action de rembourser. ◆ *Envoi contre remboursement,* contre paiement à la livraison.

rembourser v. tr. [1] ▪ **1** Rendre à qqn (ce qu'il a déboursé). **2** Rendre à (qqn) ce qu'il a déboursé. ► **remboursable** adj. *Prêt remboursable sur, en dix ans.*

se **rembrunir** v. pron. [2] ▪ Prendre un air sombre, chagrin. ➝ au p. p. *Mine rembrunie.*

rembucher v. tr. [1] ▪ chasse Faire rentrer (la bête) dans le bois en la poursuivant. ♦ pronom. *Cerf qui se rembuche.* ► **rembuchement** n. m.

remède n. m. ▪ **1** Substance employée au traitement d'une maladie. → **médicament.** ➝ loc. *Remède de bonne femme,* empirique et traditionnel. *Remède de cheval,* brutal. **2** fig. Ce qui peut diminuer, guérir une souffrance morale. ➝ loc. prov. *Aux grands maux, les grands remèdes.*

remédiable adj. ▪ À quoi l'on peut remédier.

remédiation n. f. ▪ didact. Dispositif pédagogique mis en place pour combler les lacunes, corriger les apprentissages erronés d'un élève.

remédier v. tr. ind. [7] ▪ *REMÉDIER À* : apporter un remède (2) à.

remembrance n. f. ▪ vx ou littér. Souvenir.

remembrer v. tr. [1] ▪ Rassembler (des parcelles de terre). ► **remembrement** n. m.

remémoration n. f. ▪ Action de remémorer, de se remémorer. ➝ psych. Rappel volontaire du souvenir.

remémorer v. tr. [1] ▪ littér. Remettre en mémoire. → **rappeler.** ▷ v. pron. se **remémorer**

remercier v. tr. [7] ▪ **1** Dire merci, témoigner de la reconnaissance à (qqn). ► **remerciement** n. m. **2** Renvoyer, licencier (qqn).

réméré n. m. ▪ dr. Rachat possible de son bien par le vendeur. *Clause de réméré.*

remettant, ante n. ▪ dr. comm. Personne qui remet une valeur (lettre de change, chèque) à sa banque.

remettre v. tr. [56] ▪ **I 1** Mettre à sa place antérieure. ➝ fig. *Remettre qqn à sa place,* le rabrouer. **2** fig. *Remettre en esprit, en mémoire* : rappeler (une chose oubliée). ➝ *Remettre qqn.* → **reconnaître. 3** Mettre de nouveau sur soi. **4** Rétablir. *Remettre le courant.* ➝ *Remettre de l'ordre.* ♦ Réconforter (qqn). **5** Mettre plus de. → **ajouter.** *J'ai remis du sel.* ➝ fam. *EN REMETTRE* : exagérer. **6** Replacer (dans la position antérieure). ➝ loc. *Remettre qqn sur pied.* → **guérir. 7** *REMETTRE À, EN* (→ mettre à, en). *Remettre à neuf ; en état.* ➝ *Remettre en cause.* **II 1** Mettre en la possession ou au pouvoir de qqn. *Remettre un paquet à son destinataire.* **2** Faire grâce de (une obligation). *Remettre une dette.* ➝ *Remettre les péchés.* → **pardonner ; rémission. III** Renvoyer (qqch.) à plus tard. → **ajourner, différer.** ➝ (au p. p.) loc. *Ce n'est que partie remise* : ce sera pour une autre fois. **IV** fam. *REMETTRE ÇA* : recommencer ; spécialt resservir ou reprendre à boire. ▷ v. pron. **se remettre I 1** *Se remettre debout.* ➝ *Le temps s'est remis au beau.* **2** *SE REMETTRE À* (+ n. ou inf.). → **recommencer** à. **3** *SE REMETTRE (DE)* : revenir à un état meilleur. → se **rétablir.** ➝ *Se remettre de sa frayeur.* **4** *Se remettre avec qqn, se remettre ensemble* : vivre de nouveau ensemble. **II 1** *Se remettre entre les mains de qqn.* **2** *S'EN REMETTRE À qqn,* lui faire confiance. → se **fier.**

rémige n. f. ▪ Grande plume rigide de l'aile (des oiseaux). → **penne.**

remilitariser v. tr. [1] ▪ Militariser de nouveau. → **réarmer.** ► **remilitarisation** n. f.

réminiscence n. f. ▪ littér. Souvenir imprécis, où domine la tonalité affective.

remis, ise ▪ Participe passé de *remettre.*

remise n. f. ▪ **I** Action de remettre. **1** loc. *REMISE EN, À* (correspond à : *mise** *en, à*). *Remise en marche ; à neuf.* ➝ *Remise en question.* **2** Action de mettre en la possession de (qqn). **3** Renonciation (à une créance). *Remise de dette.* **4** Réduction, diminution. ➝ *Remise de peine* : réduction de la peine (d'un condamné). ➝ spécialt Réduction de prix. → **rabais. 5** Renvoi à plus tard. → **ajournement. II** Local où l'on range des voitures, des objets.

remiser v. tr. [1] ▪ **1** Ranger (un véhicule). → **garer. 2** Ranger à l'écart.

rémissible adj. ▪ didact. Digne de rémission, de pardon.

rémission n. f. ▪ **1** Action de remettre (II, 2) (les péchés). → **absolution.** ♦ loc. *SANS RÉMISSION* : sans indulgence. **2** Diminution momentanée (d'un mal). → **répit.**

rémittent, ente adj. ▪ méd. (maladie...) Qui présente des périodes d'accalmie.

remix n. m. ▪ anglic. Nouveau mixage (d'une chanson...).

remixer v. tr. [1] ▪ Faire un remix, une nouvelle orchestration de (une chanson...).

rémiz [-iz] n. m. ▪ zool. Petit oiseau (passereau), de la famille des mésanges.

remmailler [ʀɑ̃m-] v. tr. [1] ▪ Réparer en remontant les mailles. ► **remmaillage** n. m. ► **remmailleur, euse** n.

remmener [ʀɑ̃m-] v. tr. [5] ▪ Emmener (qqn) au lieu d'où on l'a amené. → **ramener.**

remnographie n. f. ▪ méd. Méthode de reconstitution d'images anatomiques fondée sur la résonance magnétique nucléaire.

remodeler v. tr. [5] ▪ **1** Transformer en améliorant la forme de (qqch.). **2** Remanier, réorganiser. ► **remodelage** n. m.

remontage n. m. ▪ Action de remonter.

remontant, ante adj. ▪ Qui remonte (II, 5). ➝ n. m. *Un remontant.* → **cordial, tonique.**

remonte n. f. ■ Action d'aller d'aval en amont. *La descente et la remonte des bateaux.* ♦ Le fait, pour les poissons, de remonter une rivière afin de frayer.

remonté, ée adj. ■ fam. En colère. *Il est drôlement remonté contre toi.*

remontée n. f. ■ **1** Action de remonter. ➝ Fait de remonter (une pente, une rivière). **2** Dispositif servant à remonter les skieurs. *Remontée mécanique* (→ **remonte-pente**).

remonte-pente n. m. ■ Câble pour hisser les skieurs en haut d'une pente. → **téléski** ; fam. **tire-fesses.** *Des remonte-pentes.*

remonter v. [1] ■ **I** v. intr. **1** Monter de nouveau ; regagner l'endroit d'où l'on est descendu. **2** Aller vers le haut (route), en amont (fleuve). ➝ fig. Aller vers l'origine. **3** *REMONTER À* : avoir son origine à (une époque passée). → **dater.** **II** v. tr. **1** Parcourir de nouveau vers le haut. ➝ *Remonter le peloton*, s'en rapprocher. **2** Parcourir vers l'amont (un cours d'eau). **3** Monter (qqch.) de nouveau. **4** Tendre le ressort de (un mécanisme). *Remonter un réveil* (→ **remontoir**). **5** fig. Raffermir. *Remonter le moral de qqn* (→ **réconforter**). ➝ par ext. Redonner de la force à (qqn). → **ragaillardir, revigorer.** **6** Monter (ce qui était démonté). **7** Regarnir. *Remonter sa garde-robe.*

remontoir n. m. ■ Dispositif pour remonter un mécanisme.

remontrance n. f. ■ surtout au plur. Critique motivée et raisonnée. → **réprimande.**

remontrer v. tr. [1] ■ **I** *EN REMONTRER À* (qqn), se montrer supérieur à lui ; lui donner des leçons. **II** Montrer de nouveau.

rémora n. m. ■ Poisson qui se fixe à de gros poissons.

remords n. m. ■ Sentiment pénible, honteux, par conscience d'avoir mal agi.

remorque n. f. ■ **1** (dans des loc.) Action de remorquer. *Prendre un bateau EN REMORQUE.* **2** loc. fig. *Être à la remorque* : rester en arrière. *Être à la remorque de qqn*, se laisser mener. **3** Câble de remorque. **4** Véhicule sans moteur, destiné à être tiré par un autre (→ **semi-remorque**).

remorquer v. tr. [1] ■ **1** Tirer (un navire) au moyen d'un câble. → **haler, touer.** **2** Tirer (un véhicule ; fig. qqn). ► **remorquage** n. m.

remorqueur n. m. ■ Navire muni de dispositifs de remorquage.

rémoulade n. f. ■ Mayonnaise à la moutarde, à l'ail. ➝ appos. *Céleri rémoulade.*

remoulage n. m. ■ techn. Farine qui adhère encore au son, extrait par deuxième mouture. → **recoupe.**

rémouleur, euse n. ■ Artisan qui aiguise les instruments tranchants.

remous n. m. ■ **1** Tourbillon dans l'eau, un fluide. **2** Mouvement confus (d'une foule). **3** fig. Agitation.

rempailler v. tr. [1] ■ Regarnir (un siège) de paille. ► **rempaillage** n. m. ► **rempailleur, euse** n.

rempart n. m. ■ **1** Forte muraille d'une enceinte. ♦ au plur. Zone des remparts (dans une ville). **2** littér. Ce qui sert de défense, de protection.

rempiéter v. tr. [6] ■ techn. Réparer, refaire le pied de (une construction). ► **rempiètement** ou **rempiétement** n. m.

rempiler v. [1] ■ **1** v. tr. Empiler de nouveau. **2** v. intr. fam. Se rengager (dans l'armée).

remplaçable adj. ■ Qui peut être remplacé.

remplaçant, ante n. ■ Personne qui en remplace momentanément une autre.

remplacement n. m. ■ Action, fait de remplacer qqn, qqch. ➝ *Faire un remplacement* (→ **remplaçant**).

remplacer v. tr. [3] ■ **1** Mettre (qqn, qqch.) à la place de (qqn, qqch.), pour continuer, améliorer. → **changer.** **2** Être mis, se mettre à la place de (qqch., qqn). **3** Tenir lieu de. → **suppléer.** **4** Exercer temporairement les fonctions de (qqn).

remplage n. m. ■ archéol. Réseau de pierre garnissant l'intérieur d'une fenêtre ou d'une rose, dans le style gothique.

rempli, ie adj. ■ **1** Plein. *Un bol rempli de lait.* ➝ *Salle remplie.* → **bondé,** ② **comble.** ➝ Occupé dans sa durée. *Vie bien remplie.* **2** *Rempli de*, qui contient en grande quantité.

remplir v. tr. [2] ■ **I 1** (Remplir de). Rendre plein, utiliser entièrement (un espace disponible). ➝ fig. *Ce succès l'a rempli d'orgueil.* ➝ pronom. *La salle s'est remplie.* ♦ Couvrir entièrement. *Remplir une feuille de dessins.* **2** Compléter (les espaces en blanc). *Remplir un formulaire.* **II** Rendre plein par sa présence. ♦ fig. Occuper entièrement. *Les occupations qui remplissent sa vie.* **III 1** Exercer, accomplir (une fonction...). ➝ *Remplir ses engagements.* → **tenir.** **2** *Remplir des conditions.* → **satisfaire** à.

remplissage n. m. ■ **1** Fait de (se) remplir. **2** péj. Ce qui allonge un texte inutilement. → **délayage.**

remploi ; remployer → **réemploi ; réemployer**

se **remplumer** v. pron. [1] ■ **1** (oiseaux) Se couvrir de nouvelles plumes. **2** fam. Reprendre du poids.

rempocher v. tr. [1] ■ Remettre dans sa poche.

rempoissonner v. tr. [1] ■ Repeupler de poissons. ► **rempoissonnement** n. m.

remporter v. tr. [1] ■ **I** Emporter (ce qu'on avait apporté). → **reprendre.** **II** Gagner. *Remporter un prix ; un grand succès.*

rempoter v. tr. [1] ■ Changer (une plante) de pot. ► **rempotage** n. m.

remprunter ou **réemprunter** v. tr. [1] ■ Emprunter de nouveau.

remuage n. m. ■ techn. **1** Opération par laquelle on remue le blé pour l'éventer. **2** Mouvement d'oscillation imprimé aux bouteilles de champagne pour faire tomber le dépôt sur le bouchon.

remuant, ante adj. ■ **1** Qui remue beaucoup. **2** Qui a des activités multiples.

remue-ménage n. m. invar. ■ Mouvements, déplacements bruyants et désordonnés.

remue-méninges n. m. invar. ■ Recomm. off. pour *brainstorming.*

remuer v. [1] ■ **I** v. tr. **1** Faire changer de position. → **bouger, déplacer.** **2** Déplacer dans ses parties, ses éléments. *Remuer la salade.* ➝ loc. *Remuer ciel et terre* : faire appel à tous les moyens. **3** fig. → **agiter.** *Remuer des souvenirs.* ♦ Bouleverser, émouvoir (qqn). ➝ au p. p. *Il semble très remué.* **II** v. intr. **1** Bouger, changer de position. **2** fig. Commencer à agir. ▷ v. pron. se **remuer** Se mouvoir, faire des mouvements. ➝ fig. Se dépenser. ► **remuement** n. m.

remueur, euse n. ■ techn. Personne chargée du remuage des bouteilles de champagne.

remugle n. m. ■ littér. Odeur désagréable de renfermé.

rémunérateur, trice adj. ■ Qui paie bien, procure des bénéfices. → **lucratif.**

rémunération n. f. ■ Rétribution d'un service, d'un travail. → **salaire.**

rémunératoire adj. ■ dr. Qui a un caractère de récompense. *Legs rémunératoire.*

rémunérer v. tr. [6] ■ Payer (un service, un travail ; qqn). → **rétribuer.**

renâcler v. intr. [1] ■ **1** (animaux) Renifler en signe de mécontentement. **2** fig. Témoigner de la répugnance (devant une contrainte).

renaissance n. f. ■ **I 1** relig. Nouvelle naissance. **2** fig. Nouvel essor. → **renouveau.** **II** (avec maj.) Essor intellectuel provoqué, aux XVe et XVIe siècles, par le retour aux idées et à l'art antiques ; période et style artistique qui y correspondent.

renaissant, ante adj. ■ **1** Qui renaît. **2** didact. De la Renaissance.

renaître v. intr. [59] (p. p. très rare, à cause du prénom *René*) ■ **1** Naître de nouveau. **2** littér. *RENAÎTRE À* : revenir dans (tel ou tel état). **3** Reprendre des forces. → **revivre.** **4** Recommencer à vivre, à croître.

rénal, ale, aux adj. ■ Relatif au rein ou à sa région. → **néphrétique.**

renard n. m. ■ **1** Mammifère carnivore à la tête triangulaire et effilée. **2** Fourrure de cet animal. **3** fig. Personne rusée, subtile.

renarde n. f. ■ Renard femelle.

renardeau n. m. ■ Petit du renard.

renardière n. f. ■ Terrier du renard.

renauder v. intr. [1] ■ pop., vx Protester avec mauvaise humeur. → **râler, rouspéter.**

rencard ; rencarder → **rancard ; rancarder**

renchérir v. intr. [2] ■ **1** Devenir plus cher. **2** fig. *RENCHÉRIR SUR qqn, qqch.*, aller encore plus loin, en action ou en paroles. ► **renchérissement** n. m.

se **rencogner** v. pron. [1] ■ → se **blottir.**

rencontre n. f. ■ **I** littér. Circonstance fortuite, hasard. ➝ *DE RENCONTRE* loc. adj. : fortuit. **II 1** Fait, pour deux personnes, de se trouver en contact. *Une rencontre agréable.* ➝ *Aller À LA RENCONTRE DE* : au-devant de. **2** Engagement, combat, match. *Rencontre de boxe.* ➝ Discussion. *Rencontre au sommet.* **3** (choses) Fait de se trouver en contact.

rencontrer v. tr. [1] ■ **1** Se trouver en présence de (qqn). *Rencontrer qqn par hasard.* ➝ Être opposé en compétition à (un adversaire). ♦ Faire la connaissance de. ♦ Trouver (parmi d'autres). *Un homme comme on en rencontre peu.* **2** Se trouver près de, en présence de (qqch.). ➝ (sujet chose) *Son regard rencontra le mien.* ▷ v. pron. se **rencontrer** **1** Se trouver en même temps au même endroit. ♦ fig. Partager, exprimer les mêmes idées ou sentiments. **2** (sujet chose) Entrer en contact. **3** (passif) Se trouver, exister.

rendement n. m. ■ **1** Produit de la terre, par rapport à la surface. ♦ Production relative (par rapport au matériel, au capital, au travail, etc.). → **productivité.** **2** Produit, gain. ➝ Efficacité.

rendez-vous n. m. ■ **1** Rencontre convenue entre des personnes. **2** Lieu de rencontre.

rendormir v. [16] ■ Endormir de nouveau. ➝ pronom. *Se rendormir.*

rendre v. tr. [41] ■ **I 1** Donner en retour (ce qui est dû). *Je vous rends votre argent* (→ **rembourser).** ♦ Donner (sans idée de restitution). *Rendre service à qqn.* **2** Donner en retour, restituer. ♦ Rapporter au vendeur (ce qu'on a acheté). **3** Redonner. *Ce traitement m'a rendu des forces.* **4** Donner en retour (en échange de ce qu'on a reçu). *Rendre un baiser.* **5** intrans. Produire, rapporter. **II 1** Laisser échapper (ce qu'on ne peut garder, retenir). ➝ spécialt Vomir. ♦ fig. *Rendre l'âme, l'esprit, le dernier soupir* : mourir. **2** Faire entendre (un son). **3** Céder, livrer. loc. *Rendre les armes.* **III** Faire devenir. *Il me rendra fou.* ➝ au passif *Le jugement a été rendu public.* **IV** Exprimer (par le langage, en traduisant ; par un moyen plastique ou graphique). ◆ au p. p. *Détail bien rendu* (→ **rendu**). ▷ v. pron. **se rendre 1** *Se rendre à* : céder à. *Se rendre aux prières de qqn.* ◆ absolt Se soumettre, se livrer (→ **reddition**). **2** Se transporter, aller. *Se rendre à son travail.* **3** (suivi d'un attribut) Devenir par son propre fait. *Vous allez vous rendre malade.* ▷ adj. ① **rendu, ue 1** Parvenir à sa destination. *Nous voilà rendus.* **2** Extrêmement fatigué. → **fourbu.**

② **rendu** n. m. ▪ **1** loc. *C'est un prêté* pour un rendu.* **2** arts Exécution restituant l'impression donnée par la réalité.

rendzine n. f. ▪ géol., géogr. Sol peu lessivé, fréquent sur les pentes calcaires.

rêne n. f. ▪ Chacune des courroies fixées aux harnais, et servant à diriger l'animal. ◆ loc. *Prendre les rênes,* diriger.

renégat, ate n. ▪ Personne qui a renié sa religion. → **apostat.** ◆ Personne qui a trahi.

renégocier v. tr. 7 ▪ Négocier à nouveau les termes de (un accord, un contrat). *Renégocier un contrat d'assurance.* ▶ **renégociable** adj. ▶ **renégociation** n. f.

reneiger v. impers. 3 ▪ Neiger de nouveau.

rénette n. f. ▪ techn. Instrument servant à tailler le sabot du cheval. ◆ Outil à pointe recourbée et tranchante. *Rénette de charpentier.*

renfermé, ée ▪ **1** adj. Qui ne montre pas ses sentiments. → **dissimulé. 2** n. m. Mauvaise odeur d'un lieu mal aéré. → **remugle.**

renfermer v. tr. 1 ▪ **1** Tenir caché (un sentiment). → **dissimuler. 2** (sujet chose) Tenir contenu. ◆ Comprendre, contenir (qqch. d'abstrait).

renfiler v. tr. 1 ▪ Enfiler une nouvelle fois. *Faire renfiler un collier de perles.*

renfler v. tr. 1 ▪ rare Rendre convexe, bombé. ▷ v. pron. **se renfler** ▷ adj. **renflé, ée** ▶ **renflement** n. m.

renflouer v. tr. 1 ▪ **1** Remettre (un navire) à flot. **2** fig. Sauver (qqn, une entreprise) de difficultés financières. ▶ **renflouage** et **renflouement** n. m.

renfoncement n. m. ▪ **1** Ce qui forme un creux. **2** Recoin, partie en retrait.

renfoncer v. tr. 3 ▪ Enfoncer plus avant, plus fort.

renforçateur, trice ▪ **I** adj. Qui renforce. *Agent renforçateur.* **II** n. m. Produit qui augmente l'intensité (de qqch.). *Renforçateur de goût* (additif alimentaire). → **exhausteur.** ◆ photogr. Solution dont l'effet est d'augmenter les contrastes, l'intensité des noirs.

renforcer v. tr. 3 ▪ **1** Rendre plus fort, plus solide. → **consolider. 2** Rendre plus intense. **3** fig. Rendre plus ferme, plus certain. → **fortifier ; confirmer.** ▶ **renforcement** n. m.

renfort n. m. ▪ **1** Effectifs et matériel destinés à renforcer une armée. ◆ fig. Supplément (de personnes). **2** loc. *À grand renfort de* : par une grande quantité de.

se **renfrogner** v. pron. 1 ▪ Témoigner son mécontentement par une expression contractée du visage. ▷ adj. **renfrogné, ée 1** *Visage renfrogné.* **2** (personnes) Maussade, revêche.

rengager v. tr. 3 ▪ Engager de nouveau. ◆ *SE RENGAGER* v. pron. ou *RENGAGER* v. intr. : reprendre du service (dans l'armée). ▶ **rengagement** n. m.

rengaine n. f. ▪ **1** Formule répétée à tout propos. **2** Chanson ressassée.

rengainer v. tr. 1 ▪ **1** Remettre dans la gaine, l'étui. **2** fig., fam. Retenir (ce qu'on allait manifester, exprimer).

se **rengorger** v. pron. 3 ▪ **1** (oiseaux) Gonfler la gorge. **2** (personnes) Prendre une attitude avantageuse, vaniteuse.

rengréner v. tr. 6 ▪ techn. Engager de nouveau dans un engrenage. - var. **rengrener** 5 ▶ **rengrènement** n. m.

renier v. tr. 7 ▪ **1** Déclarer faussement qu'on ne connaît pas (qqn). *Renier sa famille.* **2** Renoncer à (ce qui inspire la fidélité). *Renier ses engagements,* s'y dérober. ▶ **reniement** n. m.

reniflard n. m. ▪ techn. **1** Soupape de chaudière à vapeur. **2** Dispositif pour évacuer les vapeurs d'huile (d'un carter de moteur). → **purgeur.**

renifler v. 1 ▪ **1** v. intr. Aspirer bruyamment par le nez. **2** v. tr. Aspirer par le nez, sentir (qqch.). ◆ fig. → **flairer.** ▶ **reniflement** n. m.

réniforme adj. ▪ didact. En forme de rein.

rénine n. f. ▪ biochim. Enzyme sécrétée par le rein, qui contrôle la tension artérielle et le volume vasculaire.

rénitent, ente adj. ▪ méd. Qui oppose une certaine résistance au toucher et donne une impression d'élasticité. *Tumeur rénitente.* ▶ **rénitence** n. f.

renne n. m. ▪ Mammifère ruminant de grande taille, aux bois aplatis, qui vit dans les régions froides du Nord. → **caribou.**

renom n. m. ▪ Opinion favorable et largement répandue. → **renommée, réputation.** ◆ loc. adj. *En renom, de renom* : renommé.

renommé, ée adj. ▪ Qui a du renom, de la renommée. → **célèbre, réputé.**

renommée n. f. ▪ Fait (pour qqn, qqch.) d'être largement connu et, spécialt, favorablement connu. → **célébrité, gloire, notoriété, renom.**

renommer v. tr. 1 ▪ **1** Nommer, élire une seconde fois. **2** Donner un nouveau nom à (qqch.). *Renommer une rue.* → **rebaptiser.** *Renommer un fichier informatique.*

renon n. m. ■ (Belgique) Résiliation d'un bail. *Donner son renon.*

renonçant, ante adj. et n. ■ relig. Qui renonce à la vie laïque et recherche son salut dans l'ascèse.

renonce n. f. ■ Aux cartes, fait de ne pas fournir la couleur qui est demandée. *Faire une renonce à pique.*

renoncement n. m. ■ Fait de renoncer (à qqch.) au profit d'une valeur morale.

renoncer v. tr. ind. [3] ■ RENONCER À **1** Abandonner un droit sur (qqch.). *Renoncer à un héritage.* ♦ Abandonner l'idée de. *Renoncer à un projet ; à comprendre.* **2** Abandonner volontairement (un bien, une habitude...). **3** *Renoncer à qqn,* cesser de rechercher sa compagnie. ► **renonciation** n. f.

renonciataire n. ■ dr. Personne en faveur de laquelle on a renoncé à un droit, à un bien (opposé à *renonciateur*).

renonciateur, trice n. ■ dr. Personne qui renonce à un bien, à un droit, en faveur d'un renonciataire.

renoncule n. f. ■ Plante herbacée, à fleurs jaunes **(→ bouton-d'or),** blanches ou rouges.

renouée n. f. ■ Plante herbacée, à tige noueuse, répandue sur tout le globe. *Renouée liseron* ou *faux liseron ; renouée des oiseaux.* ➤ *Renouée cultivée.* → ② **sarrasin.**

renouer v. [1] ■ **I** v. tr. **1** Refaire un nœud à ; nouer (ce qui est dénoué). **2** fig. Rétablir après une interruption. *Renouer la conversation.* **II** v. intr. RENOUER AVEC : reprendre des relations avec.

renouveau n. m. ■ **1** littér. Retour du printemps. **2** fig. Nouvel épanouissement.

renouvelable adj. ■ Qui peut être renouvelé. *Énergies renouvelables.*

renouveler v. tr. [4] ■ **1** Remplacer par une chose nouvelle et semblable (ce qui a servi, est altéré...). ♦ Remplacer une partie des membres de (un groupe). **2** Changer (qqch.) en donnant une forme nouvelle. → **rénover. 3** Donner une validité nouvelle à (ce qui expire). *Renouveler un bail.* → **reconduire. 4** Faire de nouveau → **réitérer.** *Renouveler une demande.* ▷ v. pron. **se renouveler 1** Être remplacé. ➤ Prendre une forme nouvelle. **2** (personnes) Changer son activité, se montrer inventif. **3** Se reproduire. ► **renouvellement** n. m.

rénover v. tr. [1] ■ **1** Améliorer en donnant une forme nouvelle. → **moderniser, renouveler. 2** Remettre à neuf. → **réhabiliter.** ► **rénovateur, trice** adj. et n. ► **rénovation** n. f.

renseignement n. m. ■ **1** Ce par quoi on renseigne (qqn), on se renseigne. → **indication, information. 2** *Les renseignements,* service de renseignements.

renseigner v. tr. [1] ■ Éclairer, informer sur un point précis. ➤ pronom. *Se renseigner.*

rentabiliser v. tr. [1] ■ Rendre rentable. ► **rentabilisation** n. f.

rentable adj. ■ **1** Qui produit une rente, un bénéfice. **2** fam. Qui donne des résultats. ► **rentabilité** n. f.

rente n. f. ■ **1** Revenu périodique d'un bien, d'un capital. ➤ loc. *Vivre de ses rentes* (sans travailler). **2** Somme d'argent qu'une personne doit donner périodiquement à une autre. *Rente viagère.* **3** Emprunt de l'État.

renter v. tr. [1] ■ vieilli Doter d'une rente (1 ou 2).

rentier, ière [-tje, jɛʀ] n. ■ Personne qui a des rentes, qui vit de ses rentes.

rentoiler v. tr. [1] ■ Regarnir d'une toile nouvelle. ➤ spécialt Fixer sur une toile neuve (une peinture). ► **rentoilage** n. m.

rentrant, ante adj. ■ **1** Qui peut être rentré. **2** ANGLE RENTRANT, de plus de 180° (opposé à *saillant*).

rentre-dedans n. m. ■ fam. Attitude de séduction active, insistante, directe. *Faire du rentre-dedans à qqn.*

rentrée n. f. ■ **I 1** Fait de rentrer (I, 1 et 2). **2** Reprise des activités après une interruption. *La rentrée parlementaire.* ➤ *La rentrée des classes ;* absolt *la rentrée.* **3** Retour (d'un artiste) à la scène. ➤ *Préparer sa rentrée politique.* **II** (choses) **1** Mise à l'abri. **2** *Rentrée (d'argent).* → **recette.**

rentrer v. [1] ■ **I** v. intr. (auxiliaire *être*) **1** Entrer de nouveau (dans un lieu ; une situation). ♦ loc. *Rentrer dans ses droits, dans ses frais*.* **2** Revenir (chez soi). **3** Reprendre ses activités, ses fonctions **(→ rentrée). 4** littér. *Rentrer en soi-même.* → se **recueillir. 5** (sans idée de répétition ni de retour) Entrer. ➤ (argent) Être perçu. **II** v. tr. (auxiliaire *avoir*) **1** Mettre ou remettre à l'intérieur, dedans. *Rentrer les foins.* ➤ *Rentrer le ventre,* le faire plat. **2** Dissimuler, faire disparaître (sous, dans). ➤ fig. *Rentrer ses larmes.* → **refouler.** ➤ au p. p. *Colère rentrée.*

renversant, ante adj. ■ Qui renverse, étonne beaucoup. → **stupéfiant.**

renverse n. f. ■ **1** mar. (courant, marée) Changement de sens. **2** loc. adv. À LA RENVERSE : sur le dos. *Tomber à la renverse.*

renversé, ée adj. ■ **1** Mis à l'envers. ➤ *Crème renversée,* qu'on retourne pour la servir. **2** Stupéfait. **3** Que l'on a renversé (4, 5 et 6).

renversement n. m. ■ Fait de renverser. ➤ spécialt *Renversement de situation.* → **retournement.**

renverser v. tr. [1] ■ **1** Mettre de façon que la partie supérieure devienne inférieure. *Renverser un seau.* **2** Disposer ou faire mouvoir en sens inverse **(→ inverser).** ♦ intrans. mar. *La* *marée renverse,* s'inverse. **3** Troubler, étonner beaucoup (qqn). **4** Faire tomber à la renverse (qqn), faire tomber (qqch.). ◆ Répandre (un liquide). **5** fig. Faire tomber. → **abattre.** **6** Incliner en arrière. *Renverser la tête.* ▷ v. pron. se **renverser**

renvider v. tr. [1] ■ techn. Enrouler (le fil) sur les bobines d'un métier à tisser. - contr. *dévider.*

renvoi n. m. ■ **I 1** Action, fait de renvoyer. **2** Fait d'envoyer à une autorité. **3** Indication invitant le lecteur à se reporter (à un passage). **4** Ajournement, remise à plus tard. **II** Éructation. → fam. **rot.**

renvoyer v. tr. [8] sauf futur *je renverrai* et cond. *je renverrais* ■ **1** Faire retourner (qqn) là où il était. ◆ Faire repartir (qqn dont on ne souhaite plus la présence). **2** Faire partir. → **congédier ; licencier.** **3** Faire reporter (qqch.) à qqn. → **rendre.** **4** Relancer. *Renvoyer le ballon.* ♦ (sujet chose) Réfléchir, répercuter (la lumière, le son...). **5** Adresser (qqn) à une autorité plus compétente. ♦ Faire se reporter **(→ renvoi** (3)**).** **6** Ajourner.

réoccuper v. tr. [1] ■ Occuper de nouveau. ► **réoccupation** n. f.

réorchestrer [-k-] v. tr. [1] ■ Faire une nouvelle orchestration de (une œuvre déjà orchestrée). ► **réorchestration** n. f.

réorganiser v. tr. [1] ■ Organiser de nouveau, autrement. ► **réorganisation** n. f.

réorienter v. tr. [1] ■ Orienter dans une nouvelle direction ; donner une nouvelle orientation à. *Réorienter sa carrière.* ► **réorientation** n. f.

réouverture n. f. ■ Fait de rouvrir.

repaire n. m. ■ Refuge (de bêtes sauvages ; d'individus dangereux).

repairer v. intr. [1] ■ vén. (gibier) Être au gîte, au repaire.

repaître v. tr. [57] ■ littér. Nourrir, rassasier. ▷ v. pron. se **repaître (→ repu).** ◆ fig., littér. *Se repaître d'illusions.*

répandre v. tr. [41] ■ **I 1** Faire tomber (un liquide) ; disperser, étaler (des objets). **2** (sujet chose) Produire et envoyer autour de soi (de la lumière, etc.). → **diffuser, émettre.** *Répandre une odeur.* **II 1** littér. Donner avec profusion. → **prodiguer.** **2** Faire régner (un sentiment). *Répandre la terreur.* → **jeter, semer.** ♦ Diffuser, propager. **3** Rendre public. *Répandre une rumeur.* → **colporter.** ▷ v. pron. se **répandre** **1** Couler ; s'étaler. **2** Se propager. *Le bruit s'est répandu que...* **3** (personnes) *SE RÉPANDRE EN :* exprimer ses sentiments par une abondance de. *Se répandre en compliments.*

répandu, ue adj. ■ (opinions...) Commun à un grand nombre de personnes.

réparable adj. ■ Qu'on peut réparer.

reparaître v. intr. [57] ■ **1** Paraître de nouveau. → **réapparaître.** **2** Se manifester de nouveau.

réparateur, trice ■ **1** n. Artisan qui répare des objets. **2** adj. Qui reconstitue. ◆ *Chirurgie réparatrice.*

réparation n. f. ■ **1** Opération, travail qui consiste à réparer. *L'ascenseur est EN RÉPARATION.* **2** Action de réparer (une faute, etc.). ◆ loc. *Demander réparation* (d'une offense). ◆ sports *Surface de réparation :* partie du terrain où une faute donne lieu à une pénalité. ♦ Dédommagement.

réparer v. tr. [1] ■ **1** Remettre en bon état (ce qui a été endommagé, ce qui s'est détérioré). *Réparer une bicyclette.* ◆ *Réparer un accroc.* **2** Corriger (une faute, etc.). *Réparer un oubli.* → **remédier** à.

reparler v. tr. ind. [1] ■ Parler de nouveau (de qqch., de qqn ; à qqn).

① **repartir** [ʀe- ; ʀ(ə)-] v. intr. [16] ■ littér. Répliquer, répondre. ► **repartie** [ʀepaʀti] n. f. → **réplique, riposte.**

② **repartir** v. intr. [16] ■ **1** Partir de nouveau (après un temps d'arrêt). **2** fig. Recommencer. *Repartir à, de zéro.* ◆ (sujet chose) Reprendre. **3** Revenir.

répartir v. tr. [2] ■ **1** Partager selon des conventions précises. *Répartir qqch. entre plusieurs personnes.* **2** Disposer dans un espace. ◆ au p. p. *Chargement mal réparti.* **3** Étaler dans le temps. **4** Classer. ► **répartition** n. f. → **distribution ; disposition ; classement.**

répartiteur, trice n. ■ **1** littér. Personne qui a pour rôle de répartir (1) qqch. → **distributeur.** **2** n. m. techn. Dispositif permettant de répartir des fluides, des produits.

reparution n. f. ■ Fait de reparaître. *Reparution de journaux après la guerre.*

repas n. m. ■ Action de se nourrir, répétée quotidiennement à heures réglées **(→ petit-déjeuner ; déjeuner ; dîner, souper).**

repasser v. [1] ■ **I** v. intr. Passer de nouveau. *Je repasserai (vous voir).* → **revenir.** **II** v. tr. **1** Passer, franchir de nouveau ou en retournant. **2** Passer de nouveau (qqch.) à qqn. *Repasser les plats.* **3** Faire passer à nouveau (dans son esprit). *Repasser les événements de sa vie.* **4** Apprendre en revenant sur le même sujet. *Repasser ses leçons.* **III 1** Affiler, aiguiser (une lame). **2** Rendre lisse et net (du linge, du tissu, etc.). *Fer à repasser.* ► **repassage** n. m. ► **repasseuse** n. f.

repasseur, euse n. ■ Personne qui affûte les lames. → **rémouleur.**

repêcher v. tr. [1] ■ **1** Retirer de l'eau (ce qui y est tombé). *Repêcher un noyé.* **2** fam. Recevoir (un candidat...) après une épreuve supplémentaire. ► **repêchage** n. m.

repeindre v. tr. [52] ■ Peindre de nouveau.

repeint n. m. ▪ arts Partie (d'un tableau) qui a été repeinte.

repenser v. tr. [1] ▪ **1** (tr. ind.) *Repenser à* : penser de nouveau à, réfléchir encore à (qqch.). **2** Reconsidérer.

repentance n. f. ▪ Souvenir douloureux, regret de ses fautes, de ses péchés. → **②repentir.**

repentant, ante adj. ▪ Qui se repent.

① se **repentir** v. pron. [16] ▪ **1** Ressentir le regret (d'une faute), avec le désir de réparer. **2** Regretter vivement d'avoir fait ou dit (qqch.). ▷ adj. **repenti, ie**

② **repentir** n. m. ▪ **1** Vif regret (d'une faute ; d'un acte). → **remords ; contrition. 2** arts Changement apporté à une œuvre.

repérable adj. ▪ sc. Se dit d'une grandeur pour laquelle on peut comparer deux valeurs mais dont on ne peut définir ni la somme ni le rapport. *La température Celsius est une grandeur repérable.*

repérage n. m. ▪ Opération par laquelle on repère (qqch.). ◆ (cinéma...) Recherche des lieux de tournage.

repercer v. tr. [3] ▪ techn. Découper à jour suivant un tracé. ◆ au p. p. *Ouvrage d'orfèvrerie repercé.* ► **reperçage** n. m.

répercussion n. f. ▪ **1** Fait d'être répercuté. **2** fig. Conséquence indirecte. → **incidence.**

répercuter v. tr. [1] ▪ **1** Renvoyer (un son, une onde). → **réfléchir. 2** fam. (critiqué) Transmettre. *Répercuter un ordre.* ▷ v. pron. se **répercuter**

reperdre v. tr. [41] ▪ Perdre (ce qu'on a gagné) ; perdre de nouveau. *Il a tout reperdu au poker.* ◆ *J'ai reperdu les kilos que j'avais pris.*

repère n. m. ▪ **1** Marque qui sert à retrouver. **2** POINT DE REPÈRE, REPÈRE : objet ou endroit choisi pour s'orienter, se retrouver. **3** math. Éléments définissant un système de coordonnées.

repérer v. tr. [6] ▪ **1** Marquer, situer grâce à des repères. *Repérer un emplacement.* **2** fam. Remarquer (qqch. ; qqn). ◆ *Se faire repérer.* ▷ v. pron. se **repérer** Reconnaître où l'on est.

répertoire n. m. ▪ **1** Inventaire (liste, recueil...) où les matières sont classées. ◆ Carnet permettant de classer (des adresses, etc.). **2** Liste des pièces qui forment le fonds d'un théâtre. ◆ *Le répertoire d'un artiste.*

répertorier v. tr. [7] ▪ **1** Inscrire dans un répertoire. **2** Faire le répertoire de.

répéter v. tr. [6] ▪ **1** Dire de nouveau. → **redire. 2** Exprimer, dire (ce qu'un autre a dit). *C'est un secret, ne le répétez pas.* **3** Recommencer (une action...). *Répéter une expérience.* ◆ pronom. Se reproduire. **4** Redire ou refaire pour apprendre. *Répéter un rôle* (→ **répétition).** ▷ v. pron. se **répéter** (personnes) Redire les mêmes choses. ▷ p. p. adj. **répété, ée**

répéteur n. m. ▪ télécomm. Organe qui amplifie ou régénère le signal passant sur une voie de transmission (relais amplificateur).

répétiteur, trice n. ▪ Personne qui fait travailler un élève.

répétitif, ive adj. ▪ Qui se répète d'une manière monotone. ► **répétitivité** n. f.

répétition n. f. ▪ **1** Fait d'être répété (1). **2** Fait de répéter (3). ◆ *Armes À RÉPÉTITION* (à chargement automatique). **3** Séance de travail pour mettre au point (spectacle, musique). **4** Leçon particulière (→ **répétiteur).**

repeupler v. tr. [1] ▪ **1** (êtres humains) Peupler de nouveau. **2** Regarnir (un lieu) d'espèces animales ou végétales. ► **repeuplement** n. m.

repiquer v. tr. [1] ▪ **1** Mettre en terre (de jeunes plants). → **replanter. 2** journal. Reprendre (un texte). ◆ Copier par un nouvel enregistrement. *Repiquer un D. V. D.* **3** v. tr. ind. fam. *REPIQUER À* : revenir à, recommencer. ► **repiquage** n. m.

répit n. m. ▪ Arrêt d'une chose pénible. ◆ *SANS RÉPIT* : sans arrêt, sans cesse.

replacer v. tr. [3] ▪ Remettre en place.

replanter v. tr. [1] ▪ **1** Planter de nouveau. → **repiquer. 2** Repeupler (de végétaux).

replat n. m. ▪ géogr. Partie plate en épaulement sur une pente. → **plate-forme.**

replâtrer v. tr. [1] ▪ **1** Plâtrer de nouveau ; reboucher avec du plâtre. **2** fig. Réparer, remanier sommairement. ► **replâtrage** n. m.

replet, ète adj. ▪ Qui a de l'embonpoint. → **dodu, grassouillet.**

réplétion n. f. ▪ didact. État d'un organe (humain) rempli, surchargé.

repleuvoir v. impers. [23] ▪ Pleuvoir de nouveau. *Voilà qu'il repleut !*

repli n. m. ▪ **I 1** Pli qui se répète (d'une étoffe...). ◆ Pli profond. *Les replis de l'intestin.* **2** fig. Partie dissimulée, secrète. **II** Action, fait de se replier.

repliable adj. ▪ Qui peut être replié. → aussi **rabattable.** *Couteau à lame repliable.* → **rentrant.**

réplication n. f. ▪ biol. Reproduction par copie du matériel génétique.

replier v. tr. [7] ▪ **1** Plier de nouveau. **2** Ramener en pliant (ce qui a été déployé). *L'oiseau replie ses ailes.* ◆ pronom. *Se replier sur soi-même,* rentrer en soi-même, s'isoler. **3** Faire reculer en bon ordre (une troupe). ◆ pronom. *Se replier.*

réplique n. f. ▪ **I 1** Riposte. ◆ Objection. *Argument sans réplique.* **2** Élément d'un dialogue, qu'un acteur doit dire. ◆ loc. *Donner la réplique à* (un acteur). ◆ *Se donner la réplique,* se répondre, discuter. **II 1** arts Œuvre semblable à un original. → **copie. 2** Exemplaire identique. → **double.**

répliquer v. tr. 1 ■ **1** (v. tr. ind.) *Répliquer à*, répondre vivement en s'opposant. **2** *RÉPLIQUER* (qqch.) *À qqn*, répondre par une réplique.

replonger v. 3 ■ Plonger de nouveau. ➛ pronom. (fig.) *Se replonger dans sa lecture.*

répondant, ante n. ■ Garant (pour qqn). ♦ fam. *Avoir du répondant*, de l'argent ; de la repartie.

répondeur n. m. ■ Appareil relié à un poste téléphonique et qui délivre un message enregistré.

répondre v. tr. ind. 41 ■ **I 1** *RÉPONDRE À qqn* : faire connaître sa pensée en retour. *Répondez-moi franchement.* ➛ (En s'opposant) → **répliquer, riposter.** ➛ *Répondre à une question ; à des attaques.* **2** Réagir (à un appel). ➛ *Répondre au nom de Jean* (avoir pour nom). **3** *RÉPONDRE* (qqch.) *À qqn, À qqch.* : dire, écrire en réponse. *Elle a répondu oui, que...* **II 1** *RÉPONDRE À*. (sujet chose) Être en accord avec. → **correspondre** à. ♦ Réagir (par...). *Répondre à la force par la force.* ➛ (sujet chose) *L'organisme répond aux excitations extérieures.* **2** (personnes) *RÉPONDRE DE* : s'engager en faveur de ; se porter garant de (qqn). ♦ S'engager en affirmant (qqch.). → **assurer, garantir.** *Je réponds du succès ; j'en réponds.*

répons [-ɔ̃] n. m. ■ mus. Chant liturgique d'un soliste, répété par le chœur.

réponse n. f. ■ **1** Action de répondre. ➛ loc. *Avoir réponse à tout* : faire face à toutes les situations. **2** Solution apportée (à une question) par le raisonnement. **3** Réfutation. ➛ *Droit de réponse* : droit de faire insérer une réponse dans un journal. ♦ Riposte. **4** Réaction à un appel. **5** Réaction à une stimulation. *Réponse musculaire* (→ **réflexe**).

repopulation n. f. ■ Augmentation d'une population après une période de baisse.

report n. m. ■ **1** Fait de renvoyer à plus tard. **2** Fait de reporter ailleurs ; de reporter un total. **3** *Report des voix* (sur un candidat, lors d'une élection).

reportage n. m. ■ **1** Article, émission où un, une journaliste relate une enquête. **2** Métier de reporter (②) ; genre journalistique qui s'y rapporte.

① **reporter** v. tr. 1 ■ **I** Porter (une chose) à l'endroit où elle se trouvait. → **rapporter.** **II 1** Renvoyer à plus tard. → **ajourner, remettre.** **2** Écrire ailleurs (notamment, un total). **3** *REPORTER SUR* : appliquer à (un autre objet). *Reporter sa voix sur un autre candidat.* **4** anglic. *Reporter à qqn*, lui rendre compte. ▷ v. pron. **se reporter** (à) Revenir en esprit, se référer à.

② **reporter** [ʀ(ə)pɔʀtɛʀ ; -œʀ] n. m. ou **reporteur, trice** n. ■ Journaliste qui fait des reportages. *Elle est grand reporter.*

repos n. m. ■ **1** Fait de se reposer ; temps pendant lequel on se repose. ♦ Position militaire détendue (opposé à *garde-à-vous*). **2** Arrêt du mouvement, de l'activité (d'un organisme). → **immobilité, inaction.** *Au repos.* **3** Paix, tranquillité. ➛ loc. *De tout repos* : sûr, assuré. ♦ Moment de calme (dans les événements...). → **détente, répit.** **4** relig. *Le repos éternel* (des âmes, au ciel).

reposant, ante adj. ■ Qui repose. → **délassant.**

repose- Élément invariable tiré du verbe *reposer.*

reposé, ée adj. ■ Qui s'est reposé. ♦ *À TÊTE REPOSÉE* loc. adv. : en prenant le temps de réfléchir.

repose-bras n. m. invar. ■ Accoudoir de la banquette d'une voiture. → **appuie-bras.**

reposée n. f. ■ vén. Lieu où un animal se repose le jour.

repose-pied n. m. ■ Appui fixé au cadre d'une motocyclette, où l'on peut poser le pied. *Des repose-pieds.*

① **reposer** v. 1 ■ **I** v. intr. **1** littér. Rester immobile ou allongé de manière à se délasser. ➛ (sujet chose) Être calme, immobile. **2** (d'un mort) Être étendu ; enterré. *Ici repose...* (→ ci-gît). **3** *REPOSER SUR* : être établi sur (un support) ; être fondé sur. **4** Rester immobile. ♦ *Laisser reposer la terre*, la laisser en jachère. **II** v. tr. **1** Mettre dans une position qui délasse. **2** Délasser. *Cette pénombre repose la vue.* ➛ sans compl. *Ça repose.* ▷ v. pron. **se reposer** **1** Se délasser. **2** *SE REPOSER SUR qqn*, lui faire confiance. → **compter** sur.

② **reposer** v. tr. 1 ■ Poser de nouveau. ➛ pronom. *Le problème se repose.*

repose-tête n. m. ■ Appuie-tête. *Des repose-têtes.*

repositionnable adj. ■ *Adhésif repositionnable*, qui peut être collé et décollé à plusieurs reprises.

repositionner v. tr. 1 ■ **1** Remettre dans une bonne position. **2** Redéfinir le positionnement commercial de (un produit).

reposoir n. m. ■ Support en forme d'autel sur lequel on dépose le saint sacrement.

repoussage n. m. ■ techn. Procédé qui consiste à taper avec un marteau sur un outil qui imprime un relief à la matière travaillée.

repoussant, ante adj. ■ Qui inspire de la répulsion. → **répulsif ; dégoûtant.**

repousse n. f. ■ Action de repousser. *La repousse des cheveux.*

① **repousser** v. tr. 1 ■ **1** Pousser (qqn) en arrière, faire reculer. → **écarter, éloigner.** ♦ Accueillir mal. → **éconduire, rabrouer.** **2** Pousser (qqch.) en arrière ou en sens contraire. ♦ techn. Travailler (du cuir, du métal) pour y faire apparaître des reliefs. ➝ au p. p. *Cuir repoussé.* **3** Refuser d'accepter, de céder à. *Repousser les offres de qqn.*

② **repousser** v. intr. [1] ▪ Pousser de nouveau. *L'herbe repousse.*

repoussoir n. m. ▪ Chose ou personne qui en fait valoir une autre par contraste. ➝ fam. *C'est un vrai repoussoir :* il, elle est laid(e).

répréhensible adj. ▪ (actions) Qui mérite d'être blâmé, repris (II). → **blâmable, condamnable.** *Acte, conduite répréhensible.*

reprendre v. [58] ▪ **I** v. tr. **1** Prendre de nouveau (ce qu'on n'a plus). ➝ loc. *Reprendre ses esprits.* → **revenir** à soi. **2** Prendre à nouveau (ce qu'on avait donné). ➝ Prendre (ce qu'on a vendu) en remboursant. **3** REPRENDRE DE (qqch.), en prendre une seconde fois. **4** Prendre de nouveau (qqn). ♦ loc. *On ne m'y reprendra plus,* je ne me laisserai plus tromper. **5** Recommencer après une interruption (→ **reprise**). *Reprendre ses études.* ➝ *La vie reprend son cours.* ♦ Prendre de nouveau la parole pour dire (qqch.). **6** Retravailler pour améliorer. *Reprendre un texte.* → **remanier. 7** *Reprendre une pièce de théâtre :* la rejouer. **8** *Reprendre une entreprise,* la racheter pour en continuer l'activité (→ **repreneur**). **9** Redire, répéter. *Reprendre un refrain en chœur.* **II** v. tr. littér. Critiquer (qqn), blâmer, condamner (qqch.) par des remarques (→ **répréhensible**). **III** v. intr. **1** Retrouver de la vigueur. *Les affaires reprennent.* **2** Recommencer. *La pluie reprit de plus belle.* ▷ v. pron. **se reprendre** Se ressaisir. ➝ Corriger ses propos. ♦ *S'y reprendre à plusieurs fois (pour faire qqch.).* ➝ *Se reprendre à* (+ inf.) : se remettre à, recommencer à.

repreneur, euse n. ▪ Personne qui reprend (I, 8), rachète une entreprise.

représailles n. f. pl. ▪ Riposte à un mauvais procédé, à un acte illicite (États).

représentant, ante n. ▪ **I 1** Personne qui représente qqn, un groupe, agit en son nom. → **agent, mandataire.** *Représentant syndical.* **2** Personne désignée pour représenter un État, un gouvernement (→ **diplomate**). **3** Personne qui visite la clientèle pour une entreprise. **II** Individu (personne, animal, chose) que l'on considère comme type (d'une classe, d'une catégorie).

représentatif, ive adj. ▪ **1** Qui représente (I, 1), rend sensible (quelque chose d'autre). **2** Relatif à la représentation (II) (d'un groupe). **3** Qui représente (I, 5) bien. → **typique.** ► **représentativité** n. f.

représentation n. f. ▪ **I 1** Fait de représenter (I, 1) ; image, signe qui représente. **2** Fait de représenter (une pièce...). → **spectacle. 3** didact. Processus par lequel une image est présentée aux sens. → **perception. II 1** Fait de représenter (qqn ; un groupe). → **délégation.** ➝ Ceux qui représentent le peuple. **2** Métier de représentant (de commerce). **III** Vie sociale exigée par une situation. *Frais de représentation.*

représenter v. tr. [1] ▪ **I 1** Présenter à l'esprit, rendre sensible (un objet, une chose abstraite) par autre chose, par un signe. → **évoquer, exprimer ; symboliser.** ♦ Évoquer par un procédé graphique, plastique. ➝ (de l'œuvre) *Qu'est-ce que ça représente ?* **2** Évoquer à l'esprit, par le langage. → **décrire, dépeindre. 3** Montrer (un spectacle) à un public. **4** Rendre présent à l'esprit, à la conscience (ce qui n'est pas perçu). ➝ *Se représenter (qqch.).* → **concevoir, imaginer.** *Se représenter l'avenir.* **5** Être un exemple de. → **symboliser.** *Il représente le talent.* ➝ (choses équivalentes) *Cela représente beaucoup pour lui.* **6** littér. Faire observer à qqn. *Il lui représenta la nécessité de...* **II 1** Agir pour (qqn ; un groupe). **2** Être le représentant de (une entreprise). **III** Présenter de nouveau. ♦ pronom. *Se représenter à un examen.* ➝ *Si l'occasion se représente.*

représseur n. m. ▪ biochim. Protéine qui régule la transcription* génétique.

répressif, ive adj. ▪ Qui réprime.

répression n. f. ▪ **1** Action de réprimer (2). → **châtiment, punition.** *La répression du crime, des fraudes.* **2** Fait d'arrêter (une révolte) par la violence.

réprimande n. f. ▪ Blâme adressé avec sévérité (à un inférieur). → **remontrance.** ► **réprimander** v. tr. [1] → **blâmer.**

réprimer v. tr. [1] ▪ **1** Empêcher (un sentiment, une tendance) de se développer, de s'exprimer. → **contenir, refréner. 2** Empêcher (une chose jugée dangereuse pour la société) de se manifester.

reprint [ʀəpʀint] n. m. ▪ anglic. Réédition photographique (d'un ouvrage).

repris, ise → **reprendre**

repris de justice n. m. ▪ Personne qui a déjà été condamnée (au pénal). → **récidiviste.**

reprise n. f. ▪ **I 1** Action de reprendre (I, 5) après une interruption. *La reprise des hostilités.* ♦ Partie d'une action. loc. *À deux, trois ; plusieurs, maintes reprises* (→ **fois**). ♦ spécialt *Combat* (de boxe) *en trois reprises* (→ **round**). **2** (moteur...) Passage rapide à un régime supérieur. **3** Fait de reprendre pour remanier, adapter ou répéter. ♦ spécialt Raccommodage d'un tissu (→ **repriser**). **4** Somme versée pour succéder au locataire d'un appartement. **II** Fait de prendre un nouvel essor. *Reprise économique.*

repriser v. tr. [1] ▪ Raccommoder.

réprobation n. f. ▪ Fait de réprouver* ; désapprobation. ► **réprobateur, trice** adj.

reproche n. m. ■ Blâme formulé pour inspirer la honte ou le regret. → **remontrance, réprimande.** ♦ loc. *Sans reproche(s).* → **irréprochable.**

reprocher v. tr. 1 ■ *Reprocher* (qqch.) *à qqn,* lui faire observer avec reproche. *On lui reproche sa désinvolture.* ➛ pronom. *Se reprocher qqch.* ♦ Critiquer, trouver à redire à (qqch.).

reproducteur, trice adj. ■ Qui sert à la reproduction (animale, végétale).

reproductible adj. ■ didact. Qui peut être reproduit.

reproductif, ive adj. ■ didact. De la reproduction. *Clonage reproductif.*

reproduction n. f. ■ **I** Fonction par laquelle les êtres vivants se reproduisent. **II 1** Action de reproduire, de copier. *Reproduction interdite.* ➛ Image obtenue à partir d'un original. **2** sociol. Fait de perpétuer.

reproduire v. tr. 38 ■ **1** Répéter, rendre fidèlement (qqch.). → **imiter, représenter. 2** Copier (un modèle). *Reproduire un texte.* ♦ (sujet chose) Constituer une image, une réplique de. **3** Perpétuer, répéter. ▷ v. pron. **se reproduire 1** Produire des êtres vivants de son espèce. **2** Se produire de nouveau. → **recommencer,** se **répéter.**

reprogrammer v. tr. 1 ■ **1** inform. Refaire le programme de. **2** biol. Pratiquer une manipulation génétique permettant à (une cellule, un organisme) d'accomplir un programme précis. ► **reprogrammation** n. f.

reprographie n. f. ■ techn. Ensemble des procédés de reproduction des documents écrits. ► **reprographier** v. tr. 7 ► **reprographique** adj.

réprouvé, ée n. ■ Personne rejetée (par la société → **paria ;** par Dieu → **damné**).

réprouver v. tr. 1 ■ **1** Rejeter en condamnant (qqch., qqn). → **blâmer ; réprobation. 2** relig. Damner.

reps [ʀɛps] n. m. ■ Tissu d'ameublement en grosse toile.

reptation n. f. ■ (reptiles...) Locomotion dans laquelle le corps progresse sur sa face ventrale (→ **ramper**).

reptile n. m. ■ Animal qui rampe (vx) ; vertébré, généralement ovipare, à peau couverte d'écailles (serpents, lézards, tortues, crocodiles). *Reptiles fossiles* (dinosaure, ptérodactyle).

reptilien, ienne adj. ■ **1** Relatif aux reptiles. **2** *Cerveau reptilien :* la plus primitive des trois parties du cerveau des primates.

repu, ue adj. ■ **1** Qui a mangé à satiété. → **rassasié. 2** fig. Assouvi.

républicain, aine ■ **1** adj. et n. Partisan de la république. **2** adj. De la république.

républicanisme n. m. ■ Doctrine des républicains.

republication n. f. ■ Nouvelle publication (d'un texte). → **réédition.**

république n. f. ■ **1** Forme de gouvernement où le chef de l'État (→ **président**) n'est pas seul à détenir le pouvoir qui n'est pas héréditaire. **2** État ainsi gouverné.

répudier v. tr. 7 ■ **1** (dans certaines civilisations) Renvoyer (son épouse) en rompant légalement le mariage. **2** littér. Rejeter, renier (un sentiment, une idée). ► **répudiation** n. f.

répugnance n. f. ■ **1** Sensation de dégoût. → **répulsion. 2** Vif sentiment de mépris, de dégoût qui fait qu'on évite (qqn, qqch.). → **horreur. 3** Manque d'enthousiasme.

répugnant, ante adj. ■ **1** Qui inspire de la répugnance (physique). → **dégoûtant, écœurant, repoussant. 2** Ignoble (moralement).

répugner v. tr. ind. 1 ■ **1** littér. Éprouver de la répugnance pour (qqch.). *Il répugne au mensonge ; à mentir.* **2** Inspirer de la répugnance à (qqn) ; faire horreur. *Le mensonge lui répugne.*

répulsif, ive ■ **1** adj. Qui repousse (①). **2** n. m. Produit qui repousse (des animaux indésirables).

répulsion n. f. ■ Répugnance (physique ou morale). → **dégoût, écœurement.**

réputation n. f. ■ **1** Fait d'être honorablement connu du point de vue moral. **2** Fait d'être connu (honorablement ou non). *Avoir bonne, mauvaise réputation.* ♦ *Avoir la réputation de,* être considéré comme.

réputer v. tr. 1 ■ littér. (+ attribut) Tenir pour, considérer comme. ♦ passif *(Être) réputé* (+ adj. ; + inf.) : avoir la réputation de, passer pour. *Des terres réputées incultes.* ▷ adj. **réputé, ée** → **célèbre, connu, fameux.**

requérant, ante adj. et n. ■ dr. Se dit d'une personne qui réclame en justice. *La partie requérante.*

requérir v. tr. 21 ■ **1** littér. Demander, solliciter. *Requérir de l'aide.* **2** dr. Réclamer au nom de la loi (→ **requête**). **3** littér. (sujet chose) Demander, réclamer. *Cela requiert de la patience.* ▷ adj. **requis, ise** Exigé. *Avoir l'âge requis.*

requête n. f. ■ **1** littér. Demande instante. **2** dr. Demande écrite présentée devant une juridiction.

requiem [ʀekɥijɛm] n. m. invar. ■ **1** Prière catholique pour les morts. **2** Partie de la messe des morts mise en musique.

requin n. m. ■ **1** Poisson au corps fuselé, très puissant et très vorace. → **squale. 2** fig. Personne impitoyable en affaires.

requinquer v. tr. [1] ■ fam. Redonner des forces, de l'entrain à. ◆ pronom. *Elle s'est bien requinquée.*

requin-taupe n. m. ■ Requin de grande taille, à museau conique. → **lamie, touille.** *Des requins-taupes.*

requis, ise → **requérir**

réquisit [Rekwizit] n. m. ■ philos. Ce qui est exigé par l'esprit pour obtenir un résultat. → **exigence.**

réquisition n. f. ■ Opération par laquelle l'Administration exige qqch. (bien, service). *Réquisition de véhicules.*

réquisitionner v. tr. [1] ■ **1** Prendre, utiliser par réquisition. **2** fam. Utiliser (qqn) d'autorité.

réquisitoire n. m. ■ **1** dr. Discours de l'accusation. **2** Attaque verbale.

RER ou **R. E. R.** [ɛRøɛR] n. m. (sigle de *réseau express régional*) ■ Métro régional desservant Paris et sa région. *Ligne de RER.*

resalir [-s-] v. tr. [2] ■ Salir de nouveau.

rescapé, ée n. ■ Personne réchappée d'un accident.

rescindant, ante adj. ■ dr. Qui donne lieu à la rescision. - syn. **rescisoire.**

rescinder v. tr. [1] ■ dr. Annuler (un acte) pour cause de lésion.

rescision n. f. ■ dr. Annulation (d'un acte) pour cause de lésion.

rescisoire → **rescindant**

à la **rescousse** loc. adv. ■ Au secours, à l'aide. *Appeler ; venir à la rescousse.*

rescrit n. m. ■ **1** Ordonnance, décret du roi, de l'empereur. **2** Lettre du pape portant décision d'un procès, d'un point de droit.

réseau n. m. ■ **1** Ensemble de lignes, de bandes, etc., entrelacées. **2** Ensemble de voies, de moyens de communication. *Réseau routier ; téléphonique.* **3** Répartition des éléments d'une organisation. ◆ Organisation clandestine. *Réseau d'espionnage.* ◆ *RÉSEAU SOCIAL* : groupe de personnes liées par des goûts, des intérêts communs. ◆ Plate-forme d'échange et de partage d'informations, sur Internet. **4** Ensemble d'ordinateurs connectés, susceptibles d'échanger des informations. *Réseau local. Le réseau des réseaux* : Internet.

résection [-s-] n. f. ■ chir. Opération chirurgicale qui consiste à couper, à retrancher (*réséquer* v. tr. [6]).

réséda n. m. ■ Plante aux fleurs odorantes disposées en grappe.

resemer → **ressemer**

réséquer [-s-] v. tr. [6] ■ chir. Enlever par résection.

réserpine n. f. ■ pharm. Alcaloïde extrait du rauwolfia.

réservataire adj. et n. m. ■ dr. Se dit d'un héritier qui a droit à la réserve légale.

réservation n. f. ■ Fait de réserver (3).

réserve n. f. ■ **I** Ce qu'on réserve (2) ; élément qu'on n'accepte pas (au moment). *Faire, émettre des réserves sur* (une opinion, etc.). ◆ loc. *SOUS TOUTES RÉSERVES* : sans garantie. ◆ *SOUS RÉSERVE (DE)* : sous condition ; à condition (de). *Sous réserve de vérification.* ◆ *SANS RÉSERVE* loc. adv. et adj. : sans restriction, sans réticence. **II** Qualité qui consiste à se garder de tout excès. → **circonspection, retenue.** ◆ *Se tenir SUR LA RÉSERVE,* garder une attitude réservée. **III 1** Quantité accumulée pour en disposer plus tard. → **provision.** ◆ Quantité non encore exploitée (d'un minéral). **2** loc. *Avoir, mettre qqch. EN RÉSERVE* : garder. → **de côté. 3** milit. *Les réserves* : troupe gardée disponible. ◆ *La réserve* (s'oppose à *armée active*). *Officier de réserve* (→ **réserviste**). **IV 1** Territoire où la nature est protégée. **2** (Amérique du Nord) Territoire réservé aux Indiens. **3** Local où l'on garde à part (des objets).

réservé, ée adj. ■ **I** Qui a été réservé. *Chasse réservée.* ◆ *Place réservée.* **II** Qui fait preuve de réserve (II).

réserver v. tr. [1] ■ **1** Destiner exclusivement ou spécialement (à qqn, un groupe). **2** S'abstenir d'utiliser immédiatement (qqch.), en vue d'une occasion plus favorable. → **garder.** ◆ *Réserver son jugement* (→ **réserve** (I)). **3** Mettre de côté, faire mettre à part (ce qu'on veut trouver disponible) (→ **retenir ; réservation**). **4** Destiner (qqch. à qqn). *Le sort qui nous est réservé.* ▷ v. pron. se **réserver 1** S'abstenir d'agir (pour conserver une possibilité). ◆ spécialt Manger peu afin de garder de l'appétit. **2** Réserver pour soi-même. *Je me réserve le droit d'intervenir.* ◆ *Se réserver de* (+ inf.) : conserver pour l'avenir la possibilité de (faire qqch.).

réserviste n. ■ Membre d'une armée de réserve.

réservoir n. m. ■ Bassin, récipient où un liquide peut s'accumuler.

résidant, ante adj. → **résident**

résidence n. f. ■ **1** Fait de résider en un lieu ; ce lieu. ◆ dr. Lieu où une personne habite ou travaille, sans y avoir nécessairement son domicile. **2** Habitation (confortable) où l'on réside. ◆ *Résidence secondaire,* maison de vacances.

résident, ente n. ■ Personne qui réside (en un lieu, spécialt dans un autre pays que son pays d'origine). - var. **résidant, ante.**

résidentiel, elle adj. ■ De la résidence (surtout des beaux quartiers).

résider v. intr. [1] ■ **1** (personnes) Être établi d'une manière habituelle (dans un lieu). → **demeurer. 2** (sujet chose) Avoir son siège, son principe (en, dans).

résidu n. m. ■ **1** péj. Reste sans valeur. → **déchet. 2** Ce qui reste après une opération physique ou chimique.

résiduel, elle adj. ■ didact. Qui constitue un reste, un résidu. ➛ fig. *Chômage résiduel.*

résignation n. f. ■ Fait d'accepter sans protester ; tendance à se soumettre.

résigner v. tr. [1] ■ littér. Abandonner (une fonction). *Résigner sa charge.* ▷ v. pron. **se résigner** à Accepter sans protester (une chose pénible). ➛ absolt Se soumettre. ▷ adj. **résigné, ée**

résiliable adj. ■ Qui peut être résilié.

résilience n. f. ■ psychol. (emplois antérieurs en sc.) Capacité à vivre et se développer, en surmontant les chocs, les traumatismes.

résilient, iente adj. ■ psych. Qui fait preuve de résilience.

résilier v. tr. [7] ■ Dissoudre (un contrat). *Résilier un bail.* ► **résiliation** n. f.

résille n. f. ■ Tissu de larges mailles (spécialt, pour les cheveux). ➛ appos. *Bas résille.*

résine n. f. ■ **1** Substance visqueuse qui suinte de certains végétaux. **2** Composé constituant des matières plastiques.

résiné, ée adj. et n. m. ■ *Vin résiné,* contenant de la résine de pin.

résineux, euse adj. ■ **1** Qui produit de la résine (1). ➛ n. m. *Les principaux résineux sont des conifères.* **2** Propre à la résine (1).

résinier, ière ■ **1** n. Personne qui récolte la résine des pins **(→ gemmer). 2** adj. Relatif à la résine.

résipiscence [-si-] n. f. ■ littér. Reconnaissance d'une faute et volonté de correction. → ②**repentir.**

résistance n. f. ■ **I 1** Fait de résister, d'opposer une force (à une autre) ; cette force. *La résistance de l'air.* ♦ sc. Capacité d'annuler ou de diminuer l'effet d'une force. ➛ *Résistance des matériaux,* étude de leur comportement quand ils sont soumis à des forces, des contraintes. **2** électr. *Résistance (électrique),* rapport entre la tension et l'intensité du courant. ➛ cour. Conducteur qui dégage de la chaleur. **3** Endurance physique. **4** loc. *Plat de résistance,* plat principal d'un repas. **II 1** Fait de résister (II). *Résistance passive,* refus d'obéir. ♦ Ce qui s'oppose à la volonté. *Rencontrer de la résistance.* **2** Action de s'opposer à une attaque. ♦ hist. (avec maj.) *La Résistance* (à l'occupant allemand pendant la Seconde Guerre mondiale).

résistant, ante adj. ■ **1** Qui résiste à une force contraire ; à l'effort, à l'usure. **2** (êtres vivants) Endurant, robuste. **3** n. Personne qui appartenait à la Résistance (II, 2).

résister v. tr. ind. [1] ■ *RÉSISTER À* **I** (valeur passive) **1** (sujet chose) Ne pas céder, ne pas s'altérer sous l'effet de. **2** (êtres vivants) Ne pas être altéré par (ce qui menace l'organisme). *Résister à la fatigue.* ➛ Supporter sans faiblir (ce qui est pénible). **3** (choses) Se maintenir, survivre. **II** (valeur active) **1** Faire effort contre l'usage de la force. se **défendre. 2** S'opposer à (qqch., qqn qui contrarie les désirs, menace la liberté). → **lutter contre. 3** (contexte amoureux) Repousser (qqn). **4** S'opposer à (ce qui plaît, tente). *Résister à une tentation.*

résistible adj. ■ À qui, à quoi l'on peut résister.

résistif, ive adj. ■ sc. Doué de résistivité.

résistivité n. f. ■ électr. Résistance spécifique d'une substance.

resituer [-s-] v. tr. [1] ■ Situer, abstraitement, par rapport au reste. *Resituer un débat dans son contexte.*

resocialiser [-s-] v. tr. [1] ■ Redonner une vie sociale normale à (une personne exclue). → **réinsérer.** ► **resocialisation** n. f.

résolu, ue adj. ■ Décidé, déterminé. ► **résolument** adv.

résolutif, ive ■ **1** adj. et n. méd. Qui calme les inflammations. **2** adj. didact. Qui détermine la résolution. → **décisif.**

résolution n. f. ■ **I 1** didact. Transformation (d'une substance qui se résout). *La résolution de l'eau en vapeur.* **2** Opération par laquelle l'esprit résout (une difficulté). **II 1** Décision volontaire arrêtée après délibération. **2** Comportement, caractère d'une personne résolue. → **détermination, énergie, fermeté.**

résolutoire adj. ■ dr. Qui entraîne la résolution d'un contrat.

résolvante n. f. ■ math. *Résolvante d'une équation :* seconde équation qui permet la résolution de la première.

résonance n. f. ■ **1** Augmentation de la durée ou de l'intensité des vibrations. *Caisse de résonance.* **2** fig., littér. Effet de ce qui se répercute (dans l'esprit...). → **écho. 3** sc. Augmentation de l'amplitude d'une oscillation. ♦ *Résonance magnétique nucléaire (R. M. N.),* utilisée en imagerie médicale **(→ I. R. M.).**

résonateur n. m. ■ Appareil, milieu où peut se produire un phénomène de résonance.

résonner v. intr. [1] ■ **1** Produire un son accompagné de résonances. **2** (sons) Retentir avec des résonances. **3** (lieux) S'emplir d'échos.

résorbable adj. ■ Qui peut être résorbé. *Fil résorbable.*

résorber v. tr. 1 ▪ méd. Faire disparaître par résorption. ▸ pronom. *Hématome qui se résorbe.* ♦ fig. *Résorber un déficit.*

résorcinol n. m. ▪ chim. Phénol employé comme antiseptique et dans la préparation de certains colorants. - syn. **résorcine** n. f.

résorption n. f. ▪ méd. Disparition (d'un produit pathologique repris par la circulation sanguine ou lymphatique). ♦ fig. *La résorption du chômage.*

résoudre v. tr. 51 ▪ **I 1** (p. p. *résous, oute*) Transformer en ses éléments. → **dissoudre, décomposer. 2** (p. p. *résolu, ue*) Découvrir la solution de. **II** (p. p. *résolu, ue*) **1** Déterminer (qqn) à prendre une résolution. ▸ passif *Il est résolu à partir.* ▸ pronom. *Se résoudre (à).* → se **décider. 2** Décider. *Ils ont résolu sa perte, de le perdre.*

respect [-pɛ] n. m. ▪ **1** Sentiment qui porte à accorder à qqn de la considération en raison de la valeur qu'on lui reconnaît. → **déférence.** ▸ loc. *Sauf votre respect,* en s'excusant d'une parole trop libre. ♦ Vénération. **2** au plur. Témoignage de respect. *Mes respects.* **3** Fait de respecter (2). *Le respect des convenances.* **4** *Tenir qqn en respect,* dans une soumission forcée.

respectable adj. ▪ **1** Digne de respect. → **estimable, honorable. 2** Assez important (quantité). ▶ **respectabilité** n. f.

respecter v. tr. 1 ▪ **1** Considérer avec respect (1). → **honorer ; vénérer. 2** Ne pas porter atteinte à. → **observer.** *Respecter la loi ; les convenances.* ▷ v. pron. se **respecter** ▸ loc. adj. fam. *QUI SE RESPECTE :* digne de son nom, de sa réputation. *C'est indigne d'un homme qui se respecte.*

respectif, ive adj. ▪ Qui concerne chaque chose, chaque personne (parmi plusieurs). ▶ **respectivement** adv.

respectueux, euse adj. ▪ **1** Qui éprouve ou témoigne du respect. **2** Qui marque du respect. ▸ loc. *Rester à (une) distance respectueuse,* assez grande. **3** *RESPECTUEUX DE :* soucieux de ne pas porter atteinte à. ▶ **respectueusement** adv.

respirable adj. ▪ Que l'on peut respirer.

respirateur n. m. ▪ **1** Masque qui filtre l'air. **2** Appareil pour la respiration artificielle. → **réanimateur.**

respiration n. f. ▪ **1** Fait de respirer ; manière de respirer. *Retenir sa respiration.* → **souffle.** ♦ *Respiration artificielle.* **2** didact. Absorption de l'oxygène et rejet du gaz carbonique.

respiratoire adj. ▪ **1** Qui permet la respiration. **2** De la respiration.

respirer v. 1 ▪ **I** v. intr. **1** Absorber l'air dans la cage thoracique, puis l'en rejeter. → **inspirer, expirer. 2** Avoir un moment de calme, de répit. → **souffler. II** v. tr. Aspirer (respiration). *Respirer le bon air.* **III** v. tr. Dégager une impression de. *Il respire la santé.*

resplendir v. intr. 2 ▪ littér. Briller d'un vif éclat. ▸ fig. *Son visage resplendit de joie.* → **rayonner.** ▶ **resplendissant, ante** adj.

resplendissement n. m. ▪ littér. Éclat de ce qui resplendit.

responsabiliser v. tr. 1 ▪ Donner à (qqn) le sens des responsabilités. ▶ **responsabilisation** n. f.

responsabilité n. f. ▪ **I** Fait d'être responsable (I). **II** dr. **1** Obligation, pour un gouvernement, de quitter le pouvoir lorsque le corps législatif lui retire sa confiance. **2** Obligation de réparer le dommage que l'on a causé par sa faute.

responsable adj. ▪ **I 1** Qui doit répondre de ses actes ou de ceux d'autrui. ♦ Qui est la cause volontaire (de qqch.). ▸ n. fam. *Qui est le responsable de cette farce ?* **2** Chargé de. *Le ministre responsable de la justice.* ▸ n. → **dirigeant.** *Responsable syndical.* **3** Raisonnable, réfléchi. *Une attitude responsable.* **II** dr. Qui a la responsabilité (II).

resquiller v. 1 ▪ **1** v. intr. Entrer sans payer (spectacles, transports). **2** v. tr. Obtenir (qqch.) sans y avoir droit. ▶ **resquille** n. f. ▶ **resquilleur, euse** n.

ressac [ʀə-] n. m. ▪ Retour brutal des vagues sur elles-mêmes.

ressaigner [ʀ(ə)-] v. intr. 1 ▪ Saigner de nouveau.

se **ressaisir** [ʀ(ə)-] v. pron. 2 ▪ Redevenir calme et maître de soi.

ressasser [ʀ(ə)-] v. tr. 1 ▪ Revenir sur, répéter de façon lassante.

ressaut [ʀə-] n. m. ▪ Saillie.

ressayer → **réessayer**

ressemblance [ʀ(ə)-] n. f. ▪ **1** Rapport entre des objets, des personnes présentant des éléments identiques apparents. ▸ au plur. Traits communs. *Ressemblances et différences.* **2** Rapport entre la chose et son modèle, tel que la chose donne l'image du modèle. ▶ **ressemblant, ante** [ʀ(ə)-] adj.

ressembler [ʀ(ə)-] v. tr. ind. 1 ▪ *RESSEMBLER À* **1** Avoir de la ressemblance, des traits physiques ou moraux communs. *Il ressemble à son père, en plus calme.* ▸ pronom. *Ils se ressemblent.* ▸ loc. *Cela ne ressemble à rien,* c'est très original ; péj. c'est informe. **2** Avoir de la ressemblance (2) avec (un modèle). **3** Être digne de (qqn). *Cela lui ressemble tout à fait.*

ressemeler [ʀ(ə)səm(ə)le] v. tr. 4 ▪ Garnir (des chaussures) de semelles neuves. ▶ **ressemelage** n. m.

ressemer [ʀ(ə)səme ; ʀəs(ə)me] v. tr. 5 ■ Semer à nouveau. - var. **resemer.**

ressenti [ʀ(ə)-] n. m. ■ Impression, sensation physique ou mentale.

ressentiment [ʀ(ə)-] n. m. ■ Fait de se souvenir avec rancune. → **rancœur.**

ressentir [ʀ(ə)-] v. tr. 16 ■ **1** littér. Sentir l'effet moral de. *Ressentir une injure.* **2** Être pleinement conscient de (un état affectif). → **éprouver.** *Ressentir de la sympathie pour qqn.* **3** Éprouver (une sensation physique). ▷ v. pron. se **ressentir** de Continuer à éprouver les effets de (une maladie, un mal). *Se ressentir d'une chute.*

resserre [ʀəsɛʀ] n. f. ■ Local où l'on range des objets. → **remise.**

resserrer [ʀ(ə)-] v. tr. 1 ■ **1** Réduire (qqch.) en contractant, en rapprochant les éléments. **2** Rapprocher de nouveau ou davantage en serrant. ▷ v. pron. se **resserrer** ► **resserrement** n. m.

resservir [ʀ(ə)-] v. 14 ■ **1** v. tr. Servir de nouveau (qqch. ; qqn). **2** v. intr. Être encore utilisable. *Cela peut resservir.*

① **ressort** [ʀ(ə)-] n. m. ■ **1** Pièce qui produit un mouvement en utilisant ses propriétés élastiques. **2** fig., littér. Énergie, force cachée. ♦ loc. *Avoir du ressort.*

② **ressort** [ʀ(ə)-] n. m. ■ **1** loc. *En dernier ressort :* sans possibilité de recours ; finalement. **2** Compétence. ← loc. *Du ressort de...*

① **ressortir** [ʀ(ə)-] v. 16 ■ **I** v. intr. (auxiliaire *être*) **1** Sortir (d'un lieu) peu après être entré. **2** Paraître avec plus de relief, être saillant. → se **détacher.** ← *Le motif ressort mieux sur ce fond.* **3** impers. Apparaître comme conséquence. → **résulter.** *Il ressort de notre conversation que...* **II** v. tr. (auxiliaire *avoir*) Sortir (qqch.) de nouveau.

② **ressortir** [ʀ(ə)-] v. tr. ind. 2 ■ *RESSORTIR À* **1** dr. Être du ressort, de la compétence de (une juridiction). → **relever** de. **2** littér. Dépendre de, concerner.

ressortissant, ante [ʀ(ə)-] n. ■ Personne qui relève de l'autorité d'un autre pays que celui dans lequel elle vit.

ressouder [ʀ(ə)-] v. tr. 1 ■ Souder de nouveau. ♦ Souder (ce qui était brisé).

ressource [ʀ(ə)-] n. f. ■ **I** Ce qui peut améliorer une situation. → **recours.** **II** au plur. **1** Moyens (en argent, personnes, réserves...) dont dispose qqn, une collectivité. *De maigres ressources.* ← *Les ressources humaines* (d'une entreprise) : le personnel. **2** Moyens intellectuels et possibilités d'action. ← loc. *Un homme de ressources.* ← au sing. *Il a de la ressource.* ♦ Moyens, possibilités (d'un art, etc.).

ressourcement [ʀ(ə)-] n. m. ■ Retour aux sources, aux valeurs fondamentales.

se **ressourcer** [ʀ(ə)-] v. pron. 3 ■ Trouver des forces en revenant à ses racines.

ressourcerie [ʀ(ə)-] n. f. (marque déposée) ■ Recyclerie.

se **ressouvenir** [ʀ(ə)-] v. pron. 22 ■ littér. Se souvenir (d'une chose ancienne, oubliée).

ressuer [ʀə-] v. tr. 1 ■ techn. Affiner (un métal brut) par fusion partielle. ► **ressuage** n. m.

ressui n. m. ■ vén. Lieu où les bêtes fauves vont se sécher (après la pluie, la rosée).

ressusciter v. 1 ■ **I** v. intr. **1** Être de nouveau vivant. → **résurrection.** **2** Revenir à la santé, à la vie. **II** v. tr. **1** Ramener de la mort à la vie. **2** Guérir (qqn) d'une grave maladie. **3** fig. Faire revivre en esprit. ← Faire renaître. *Ressusciter un art.*

ressuyage n. m. ■ techn. Opération par laquelle on fait sécher.

ressuyer v. tr. 8 ■ vx ou région. Faire sécher.

① **restant, ante** adj. ■ **1** Qui reste (d'un ensemble). **2** loc. *Poste* restante.*

② **restant** n. m. ■ Ce qui reste. → **reste.**

restaurant n. m. ■ Établissement où l'on sert des repas moyennant paiement. ← *Café-restaurant.* → **bistrot, brasserie.** - abrév. fam. **restau** ou **resto.**

① **restaurateur, trice** n. ■ Spécialiste de la restauration des œuvres d'art.

② **restaurateur, trice** n. ■ Personne qui tient un restaurant.

① **restauration** n. f. ■ **1** Action de restaurer (①, 1). ♦ Rétablissement au pouvoir de (un régime). ← *La Restauration*, celle des Bourbons (1814-1830). **2** Action de restaurer (①, 2).

② **restauration** n. f. ■ Activité de restaurateur. *Restauration rapide.* → anglic. **fast-food.**

① **restaurer** v. tr. 1 ■ **1** littér. Rétablir en son état ancien ou en sa forme première (qqch. d'abstrait). **2** Redonner son aspect premier à (une œuvre d'art, un monument).

② **restaurer** v. tr. 1 ■ littér. Nourrir (qqn). ▷ v. pron. se **restaurer** Manger. → se **sustenter.**

restauroute n. m. → **restoroute**

reste n. m. ■ **I 1** Ce qui subsiste de (un tout dont une partie a été supprimée). → **restant ; rester** (II). *Le reste d'une somme d'argent.* ← loc. *Partir sans demander son reste,* sans insister. ♦ *Le reste de sa vie.* ← loc. *Le reste du temps.* ♦ *Le reste de mes amis est venu* ou (littér.) *sont venus.* ♦ absolt *Ne t'occupe pas du reste.* **2** loc. adv. *DE RESTE :* plus qu'il n'en faut. ♦ *Être, demeurer EN RESTE,* être le débiteur, l'obligé (de qqn). ♦ *AU RESTE* (littér.) ; *DU RESTE :* d'ailleurs, au surplus. **II** Élément restant d'un tout. **1** *Les restes d'une cité antique. Un reste d'amour.* ♦ loc. *Avoir de beaux restes,* des restes de beauté (femme).

2 littér. *Les restes de qqn,* son cadavre. **3** (dans un calcul) Élément restant d'une quantité, après soustraction ou division. **4** péj. *Les restes,* ce qu'on a laissé, négligé (spécialt, de nourriture).

rester v. intr. [1] ■ **I 1** Continuer d'être dans un lieu. → **demeurer.** *Rester chez soi, à tel endroit.* ♦ sans compl. de lieu (s'oppose à *partir, s'en aller*) *Je ne peux pas rester.* **2** Continuer d'être (dans une position, une situation, un état). *Rester debout.* ➝ *RESTER À* (+ inf.). *Rester à travailler.* ➝ (+ attribut) *Rester immobile.* **3** Subsister à travers le temps. *C'est une œuvre qui restera.* → **durer.** **4** *RESTER À qqn :* continuer d'être, d'appartenir à qqn. *Ce surnom lui est resté.* **5** *EN RESTER À :* s'arrêter, être arrêté à. *Où en es-tu resté de ta lecture ?* ➝ *EN RESTER LÀ :* ne pas continuer. *Restons-en là.* **II** (éléments d'un tout) **1** Être encore présent (après élimination des autres éléments). → **subsister ; reste.** ➝ impers. *Il reste du pain.* **2** *RESTER À* (+ inf.). *Le plus dur reste à faire.* ➝ impers. *Le temps qu'il me reste à vivre.* **3** impers. (+ indic.) *Il n'en reste pas moins que...,* il n'en est pas moins vrai que... ➝ littér. *RESTE QUE* (+ indic.) : toujours est-il que.

restituable adj. ■ dr. Que l'on doit restituer, rendre. *Sommes restituables aux héritiers.*

restituer v. tr. [1] ■ **1** Rendre. *Restituer un objet volé.* **2** Reconstituer à l'aide de fragments, de documents, etc. ♦ Reproduire.

restitution n. f. ■ Fait de restituer (qqch.).

resto n. m. → **restaurant**

restoroute n. m. ■ Restaurant situé au bord d'une autoroute. - var. **restauroute.**

restreindre v. tr. [52] ■ Ramener dans des limites plus étroites. → **diminuer, limiter, réduire.** ▷ v. pron. se **restreindre** **1** *Le champ de nos recherches se restreint.* **2** (personnes) Restreindre ses dépenses. ▷ adj. **restreint, einte** Limité.

restrictif, ive adj. ■ Qui restreint. → **limitatif ;** opposé à *extensif.*

restriction n. f. ■ **1** Ce qui restreint le développement, la portée de qqch. ➝ *Faire des restrictions,* des réserves. ➝ loc. adv. *SANS RESTRICTION :* entièrement. **2** Fait de rendre, de devenir moindre. **3** au plur. Mesures pour réduire la consommation, privations.

restructurer [ʀ(ə)-] v. tr. [1] ■ Donner une nouvelle structure à. → **réorganiser.** ▶ **restructuration** n. f.

resucée [ʀ(ə)s-] n. f. ■ fam. **1** Nouvelle quantité (bue). **2** fig. Répétition.

résultante n. f. ■ Conséquence, résultat de l'action de plusieurs facteurs.

résultat n. m. ■ **1** Ce qui arrive et est produit par une cause. → **conséquence, effet.** **2** Ce que produit une activité consciente, un moyen. → **fin.** *Le résultat d'une expérience.* **3** sc. Dernière phase d'une opération ; solution. **4** Admission ou échec (à un examen...) ; issue (d'une compétition...). *Le résultat des courses* (fig. la conséquence).

résulter v. intr. [1] seulement inf., p. prés. et 3e pers. ■ *RÉSULTER DE* **1** Être le résultat de. → **découler.** **2** impers. (avec *que* + indic.) *Il en a, il en est résulté que...* → ①**ressortir.**

résumé n. m. ■ **1** Abrégé, condensé. **2** *EN RÉSUMÉ* loc. adv. : en peu de mots ; à tout prendre, somme toute.

résumer v. tr. [1] ■ **1** Abréger. ➝ Présenter brièvement. *Résumer la situation.* ➝ pronom. *Résumons-nous.* **2** *Se résumer à :* aboutir.

résurgence n. f. ■ **1** didact. Eaux souterraines qui ressortent à la surface. → **source.** ▶ **résurgent, ente** adj. **2** fig. Fait de réapparaître, de resurgir.

resurgir [ʀ(ə)s-] v. intr. [2] ■ Surgir, apparaître brusquement de nouveau.

résurrection n. f. ■ **1** Retour de la mort à la vie. → **ressusciter.** **2** Fait de ressusciter (le passé). **3** Retour à l'activité ; nouvel essor.

retable n. m. ■ Partie postérieure décorée (peinte, sculptée) d'un autel ; l'œuvre.

rétablir v. tr. [2] ■ **I 1** Établir de nouveau (ce qui a été oublié, altéré). *Rétablir la vérité.* **2** Remettre (qqn dans une situation, un état). **3** Faire exister ou fonctionner de nouveau. *Rétablir l'ordre.* **II** Remettre (qqn) en bonne santé. ➝ pronom. *Elle s'est rétablie.*

rétablissement n. m. ■ **1** Action de rétablir (I et II). **2** Mouvement de gymnastique, traction des bras. ➝ fig. Effort pour retrouver l'équilibre.

retaille n. f. ■ techn. **1** Nouvelle taille (d'une pierre précieuse). **2** Partie enlevée (d'un objet, d'une matière).

retailler v. tr. [1] ■ Tailler de nouveau. *Retailler un costume.*

rétamer v. tr. [1] ■ **1** Étamer de nouveau (un ustensile). *Faire rétamer des casseroles.* **2** fig., fam. Démolir, esquinter. ▷ v. pron. se **rétamer** fam. **1** Tomber. **2** fig. Échouer. ▷ adj. **rétamé, ée** ▶ **rétamage** n. m.

rétameur, euse n. ■ Personne qui rétame des ustensiles.

retape n. f. ■ fam. Racolage.

retaper v. tr. [1] ■ **1** Réparer, arranger sommairement. *Retaper une vieille maison.* **2** Remettre en bonne santé, en forme. ➝ pronom. *Il a besoin de se retaper.*

retard n. m. ■ **1** Fait d'arriver après le moment fixé, attendu ; temps de retard. *Avoir du, un retard. Arriver, être, se mettre EN RETARD. Avoir une heure de retard.* **2** Fait d'agir trop tard, de n'avoir pas encore fait ce que l'on aurait dû faire. *Avoir du courrier en retard.* **3** Différence en moins entre l'heure marquée et l'heure réelle. **4** Action de retarder (I, 2). → **ajournement, atermoiement.** ◆ SANS RETARD : sans délai. ◆ appos. pharm. Se dit d'un médicament conçu pour une diffusion progressive dans l'organisme. **5** Fait d'être moins avancé dans un développement. *Retard économique.*

retardataire adj. ■ **1** Qui arrive, est en retard. ◆ n. *Un, une retardataire.* **2** Qui est en retard sur son époque.

retardateur, trice ■ **I** adj. Qui retarde, ralentit un mouvement. *Frottement retardateur.* **II** n. m. **1** chim. Substance qui ralentit la vitesse des réactions chimiques (opposé à *catalyseur*). **2** Dispositif qui diffère le déclenchement (d'un appareil photo).

retardé, ée adj. ■ Qui a du retard (5). *Un enfant retardé.* → **arriéré, attardé.**

à **retardement** loc. adj. ■ *Engin, bombe à retardement,* muni d'un dispositif qui diffère la déflagration.

retarder v. [1] ■ **I** v. tr. **1** Faire arriver en retard. ◆ Faire aller plus lentement (dans une activité). **2** Faire se produire plus tard. → **ajourner, différer, remettre. II** v. intr. **1** (montre, etc.) Marquer une heure moins avancée que l'heure réelle. **2** Avoir des idées, des goûts du passé. ◆ Découvrir qqch. longtemps après les autres.

retendoir n. m. ■ techn. Clé pour régler la tension des cordes de piano.

retendre v. tr. [41] ■ Tendre de nouveau, tendre (ce qui est détendu). *Retendre les cordes d'une guitare.*

retenir v. tr. [22] ■ **I 1** Garder pour soi, en vue d'un usage futur. ◆ spécialt Garder (une somme). → **déduire, prélever. 2** Réserver (ce qu'on veut trouver disponible). *Retenir une chambre dans un hôtel.* **3** Conserver dans sa mémoire. → se **souvenir.** ◆ iron. *Je vous retiens !* **4** Prendre en considération pour en tirer parti. *Je retiens votre proposition.* **5** Faire une retenue (arithmétique). **II 1** Faire rester (qqn). → **garder, immobiliser.** ◆ *Je ne vous retiens pas* (formule pour congédier). **2** Susciter l'intérêt de. *Votre offre a retenu notre attention.* **3** Maintenir (qqch.) en place. **4** (sujet chose) Ne pas laisser passer. *Barrage qui retient l'eau.* **5** (sujet personne) S'empêcher d'émettre. *Retenir un cri.* **6** Maintenir, tirer en arrière. → **arrêter.** *Retenir qqn par le bras.* **7** Empêcher (qqn) d'agir. *Retenez-moi ou je fais un malheur !* ▷ v. pron. se **retenir 1** Faire effort pour ne pas tomber. **2** Attendre pour céder (à un désir, un besoin ; spécialt ses besoins naturels).

retenter v. tr. [1] ■ Essayer, tenter de nouveau. *Un coup à retenter.*

rétenteur, trice adj. et n. ■ **1** didact. Qui retient, qui exerce une action pour retenir. *Muscle rétenteur.* **2** dr. (Personne) qui exerce un droit de rétention.

rétention n. f. ■ **1** Fait de retenir pour soi. *Rétention d'informations.* **2** *Centre de rétention,* où sont retenus des étrangers en situation irrégulière. **3** Fait de ne pas évacuer de l'organisme. *Rétention d'urine.*

retentir v. intr. [2] ■ **1** littér. Être rempli par un bruit. ◆ *La salle retentissait d'acclamations.* **2** (son) Se faire entendre avec force. *Un coup de tonnerre retentit.* **3** didact. *Retentir sur* : avoir des répercussions sur.

retentissant, ante adj. ■ **1** Qui retentit (2). **2** Qui a un retentissement (2).

retentissement n. m. ■ **1** Effet indirect ou effet en retour. → **répercussion. 2** Fait de susciter les réactions du public.

retenue n. f. ■ **I 1** Prélèvement sur une rémunération. **2** Chiffre qu'on réserve pour l'ajouter à la colonne suivante, dans une opération. **II 1** Fait de retenir en dehors des heures de cours. → **consigne. 2** Fait de retenir (l'eau) ; barrage. **III** littér. Fait de se contenir. → **pondération, réserve.**

rétiaire [ʀetjɛʀ ; ʀesjɛʀ] n. m. ■ Gladiateur romain armé d'un filet, d'un trident et d'un poignard.

réticence n. f. ■ **1** Omission volontaire d'une chose qu'on devrait dire. → **sous-entendu. 2** par ext. Témoignage de réserve. → **hésitation.**

réticent, ente adj. ■ **1** Qui n'exprime pas ce qu'il pourrait. **2** par ext. Qui manifeste de la réserve.

réticulaire adj. ■ didact. **1** Qui forme un réseau, ressemble à un réseau. ◆ phys. *Énergie réticulaire,* nécessaire à la formation d'un réseau cristallin. **2** anat. Qui se rapporte à un réseau, à un réticulum.

réticulation n. f. ■ didact. **1** Formation de rides, de lignes réticulaires sur une surface ; son résultat. **2** chim. Transformation d'un polymère linéaire en polymère tridimensionnel par création de liaisons transversales.

réticule n. m. ■ **1** sc. Système de fils croisés d'un instrument d'optique. **2** Petit sac à main (de femme).

réticulé, ée adj. ■ sc. En forme de réseau.

réticuler v. tr. [1] ■ chim. Provoquer la réticulation de (un polymère).

réticulocyte n. m. ■ méd. Jeune globule rouge.

réticuloendothélial, ale, aux adj. ■ anat. *Système réticuloendothélial,* impliqué dans les mécanismes de défense de l'organisme.

réticulum [-ɔm] n. m. ■ **1** biol. Réseau très fin de fibres, de vaisseaux. *Réticulum endoplasmique.* **2** anat. Premier estomac des ruminants. → **rumen.**

rétif, ive adj. ■ **1** Qui s'arrête, refuse d'avancer. *Cheval rétif.* **2** Difficile à persuader. → **récalcitrant.**

rétinal n. m. ▪ biol. Aldéhyde de la vitamine A entrant, avec l'opsine, dans la composition du pourpre rétinien.

rétine n. f. ▪ Membrane interne de l'œil, qui reçoit les impressions et les transmet au nerf optique. ► **rétinien, ienne** adj.

rétinite n. f. ▪ méd. Inflammation de la rétine.

rétinoïque adj. ▪ chim. *Acide rétinoïque* : vitamine A acide, utilisée en dermatologie et en cosmétologie.

rétinol n. m. ▪ biochim. Vitamine A, alcool provenant du métabolisme des carotènes.

rétinopathie n. f. ▪ méd. Affection de la rétine.

rétique → **rhétique**

retirage n. m. ▪ Nouveau tirage (d'un livre, etc.).

retiration n. f. ▪ imprim. Opération destinée à imprimer le verso d'une feuille.

retiré, ée adj. ▪ **1** (personnes) Qui s'est retiré (du monde, des affaires...). **2** (choses) Éloigné, situé dans un lieu isolé.

retirer v. tr. [1] ▪ **I 1** *Retirer de* : faire sortir (qqn, qqch.) de. **2** Faire sortir (qqch.) à son profit. *Retirer de l'argent à la banque.* ◆ Obtenir. *Retirer un bénéfice.* **3** Reculer. *Retire ta main !* **4** Enlever (ce qui couvre). *Retirer ses vêtements.* **5** *Retirer* (qqch.) *à* (qqn) : enlever, priver de. **6** Cesser de présenter. → **retrait.** *Retirer une plainte.* **II** Tirer de nouveau. *Retirer une photo.* ▷ v. pron. **se retirer 1** Partir, s'éloigner. ◆ S'abriter. **2** (fluides) Refluer. *La mer se retire.*

retisser v. tr. [1] ▪ Tisser de nouveau. ◆ fig. *Retisser des relations.*

rétivité n. f. ▪ Caractère d'une monture, d'une personne rétive. - var. **rétiveté.**

retombée n. f. ▪ **1** Mouvement de ce qui retombe. **2** Choses qui retombent. *Retombées radioactives.* **3** (souvent au plur.) Conséquence. → **répercussion.**

retomber v. intr. [1] ▪ **I** (êtres vivants) **1** Tomber de nouveau. ◆ Toucher terre après s'être élevé. ◆ loc. *Retomber sur ses pieds,* se tirer d'une situation difficile. **2** Tomber de nouveau (dans une situation mauvaise). **II** (sujet chose) **1** Tomber, s'abaisser (après avoir été plus haut). → **redescendre. 2** Pendre librement. *Ses cheveux retombent sur ses épaules.* **3** Revenir (dans un état négatif). *Retomber dans l'oubli.* **4** Cesser d'agir. *Sa colère est retombée.* **5** (sujet chose abstraite) Être rejeté (sur). *La responsabilité est retombée sur lui.*

retoquer v. tr. [1] ▪ (d'abord dans le contexte scolaire) Refuser, repousser, faire échouer (une initiative...). ► **retoquage** n. m. *Retoquage du budget.*

retordage n. m. ▪ techn. Opération par laquelle on retord le fil.

retordeur, euse n. ▪ techn. **1** Ouvrier, ouvrière qui effectue le retordage. **2** n. f. Machine à retordre.

retordre v. tr. [41] ▪ Assembler (des fils) en tordant. ◆ loc. fig. *Donner du fil* à retordre à qqn.*

rétorquer v. tr. [1] ▪ littér. Retourner contre qqn (un argument). ◆ cour. *Rétorquer que.*

retors, orse adj. ▪ **1** Retordu. **2** fig. Plein de ruse, d'une habileté tortueuse.

rétorsion n. f. ▪ Fait d'agir par représailles. *Mesures de rétorsion.*

retouche n. f. ▪ **1** Action de retoucher (un travail...). **2** Adaptation d'un vêtement de confection.

retoucher v. tr. [1] ▪ **1** Reprendre (un travail, une œuvre) en corrigeant. *Retoucher une photo.* **2** Faire des retouches (2) à (un vêtement). ► **retoucheur, euse** n.

retour n. m. ▪ **I 1** Fait de repartir pour l'endroit d'où l'on est venu. **2** Parcours, temps pour revenir au point de départ (opposé à *aller*). **3** Moment où l'on revient. *Je ne l'ai pas vu depuis son retour.* ◆ loc. *À MON (TON...) RETOUR (DE) ; AU RETOUR DE.* **4** Mouvement de ce qui retourne. ◆ loc. *Par retour (du courrier).* **5** Action de retourner (I, 6). → **renvoi. II** (Mouvement inverse d'un précédent ; dans des loc.). *Retour de bâton,* réaction imprévue en sens opposé. ◆ *Retour de flamme* (mouvement accidentel de gaz enflammés), *retour de manivelle* (mouvement brutal de la manivelle en sens inverse) : fig. contrecoup ; changement brutal. ♦ *Match retour,* opposant deux équipes qui se sont déjà rencontrées (dans un match aller). ♦ *Effet, action, choc EN RETOUR,* qui s'exerce en sens inverse de la première fois. → **contrecoup, rétroaction. III** abstrait Fait de revenir. **1** *RETOUR À* (un état antérieur). *Le retour au calme.* **2** *Être sur le retour,* commencer à prendre de l'âge, vieillir. ◆ *Retour d'âge* : la ménopause. **3** *Retour en arrière,* fait de remonter à un point antérieur d'une narration. **4** loc. *Par un juste retour des choses,* par un juste retournement de la situation. **5** Fait de revenir, de réapparaître. ◆ loc. *L'éternel retour* : le retour cyclique des événements. **6** loc. *SANS RETOUR* : de façon irréversible. ♦ *EN RETOUR* : en échange, en compensation.

retourne n. f. ▪ jeux Carte qu'on retourne après la distribution afin de déterminer l'atout.

retournement n. m. ▪ **1** Action de retourner (qqch.). **2** fig. Changement brusque et complet d'attitude, d'opinion. → **revirement. 3** Transformation soudaine et complète (de situation). → **renversement.**

retourner v. [1] ▪ **I** v. tr. **1** Tourner à l'envers. ◆ *Retourner une carte* (pour voir la figure). ◆ loc. *Savoir de quoi il retourne,* de quoi il s'agit. **2** Mettre la face intérieure à l'extérieur. ◆ fig. *Retourner sa veste*.* ◆ Changer complètement. *Retourner la situation.* **3** Bouleverser (qqn). ➝ au p. p. *J'en suis toute retournée !* **4** Modifier par la permutation des éléments. *Retourner un mot* (→ **verlan**). **5** Diriger dans le sens opposé. *On peut retourner l'argument contre vous.* **6** Renvoyer. *Retourner une marchandise.* **7** Tourner de nouveau. ♦ (souvent avec *tourner**) Examiner longuement (une idée, etc.). **II** v. intr. **1** Aller au lieu d'où l'on est venu. → **rentrer ; revenir.** **2** Aller de nouveau. **3** *RETOURNER À :* retrouver (un état initial, un stade antérieur). **4** (sujet chose) Être restitué (à son possesseur). ▷ v. pron. se **retourner** **1** *S'EN RETOURNER :* repartir pour le lieu d'où l'on est venu. → **revenir.** **2** Changer de position en se tournant. **3** Tourner la tête en arrière (pour regarder). *On se retournait sur son passage.* **4** *SE RETOURNER CONTRE :* combattre (qqn, qqch. dont on avait pris le parti). ➝ (sujet chose) Devenir nuisible. **5** fam. S'adapter aux circonstances. *Laissez-moi le temps de me retourner.*

retracer v. tr. [3] ■ Raconter de manière à faire revivre.

① **rétracter** v. tr. [1] ■ littér. Nier, retirer (ce qu'on avait dit). ▷ v. pron. se **rétracter** → se **dédire** ► **rétractation** n. f.

② **rétracter** v. tr. [1] ■ Contracter (un organe...) en rétrécissant.

rétracteur, trice ■ adj. **1** anat. Qui permet à une partie du corps de se rétracter. **2** n. m. chir. Instrument de chirurgie servant à repousser les tissus ou certains organes. → **écarteur.**

rétractibilité n. f. ■ techn. Propriété d'une pièce de bois de varier dans ses dimensions selon l'humidité atmosphérique.

rétractif, ive adj. ■ didact. Qui produit une rétraction. *Force rétractive.*

rétraction n. f. ■ Réaction par laquelle certains animaux, certains organes se rétractent. ♦ Contraction. *Rétraction musculaire.* ► **rétractile** adj. *Griffes rétractiles.* ► **rétractilité** n. f.

retraduire v. tr. [38] ■ **1** Traduire de nouveau (un texte). **2** Traduire (un texte qui est lui-même une traduction). ► **retraduction** n. f.

retrait n. m. ■ **I** Fait de se retirer. ♦ loc. *EN RETRAIT :* en arrière de l'alignement. ➝ fig. *Être, rester en retrait.* **II** Action de retirer. *Retrait du permis de conduire.*

retraitant, ante n. ■ relig. Personne qui se retire dans la prière et le recueillement.

retraite n. f. ■ **I** **1** vx Fait de se retirer. ➝ loc. *Retraite aux flambeaux :* défilé avec flambeaux, lampions. **2** Recul délibéré et méthodique (d'une armée). ➝ loc. *Battre en retraite :* reculer ; fig. céder. **II** **1** Période passée dans la prière et le recueillement. **2** Cessation du travail, d'un emploi (du fait de l'âge). loc. *Être à la retraite.* ♦ Pension de retraité. **3** littér. Lieu où l'on se retire.

retraité, ée adj. et n. ■ (Personne) qui est à la retraite (II, 2).

retraiter v. tr. [1] ■ techn. Traiter pour une nouvelle utilisation. ► **retraitement** n. m.

retranchement n. m. ■ Position fortifiée pour protéger les défenseurs. ➝ loc. fig. *Forcer, pousser qqn dans ses derniers retranchements,* l'attaquer violemment.

retrancher v. tr. [1] ■ Enlever d'un tout (une partie, un élément). → **enlever, prélever, soustraire.** ▷ v. pron. se **retrancher** Se protéger par des retranchements. ➝ fig. *Se retrancher derrière un prétexte.*

retranscrire v. tr. [39] ■ Transcrire de nouveau. → **recopier.** ► **retranscription** n. f.

retransmetteur n. m. ■ techn. Appareil qui reçoit un signal et le retransmet plus loin. → **relais.**

retransmettre v. tr. [56] ■ **1** Transmettre de nouveau, à d'autres (un message). **2** Diffuser (dans une émission). ► **retransmission** n. f.

retravailler v. [1] ■ **1** v. tr. Travailler de nouveau. *Retravailler un discours.* ♦ tr. ind. Se remettre (à un travail). *Retravailler à un ouvrage.* **2** v. intr. Reprendre son activité après une interruption (congé, chômage).

rétrécir v. [2] ■ **I** v. tr. Rendre plus étroit, diminuer la largeur de (qqch.). **II** v. intr. Devenir plus étroit, plus court. ▷ v. pron. se **rétrécir** ▷ adj. **rétréci, ie**

rétrécissement n. m. ■ Fait de se rétrécir. ➝ spécialt *Rétrécissement mitral.*

retreindre ou **rétreindre** v. tr. [52] ■ techn. Modeler au marteau (une plaque, un tube). ► **rétreint** n. m. et **rétreinte** n. f.

retrempe n. f. ■ techn. Nouvelle trempe.

retremper v. tr. [1] ■ **1** techn. Donner une nouvelle trempe à (un métal). ➝ fig. Redonner de la force à. **2** Tremper de nouveau. *Retremper du linge.* ▷ v. pron. se **retremper** dans Se replonger dans (un milieu).

rétribuer v. tr. [1] ■ **1** Donner de l'argent en contrepartie de (un service, un travail). → **payer, rémunérer.** **2** Payer (qqn). ► **rétribution** n. f.

retriever [ʀetʀivœʀ] n. m. ■ anglic., chasse Chien d'arrêt qui rapporte le gibier.

① **rétro** adj. invar. ■ Qui imite un style démodé assez récent.

② **rétro** n. m. → **rétroviseur**

rétro- Élément, du latin *retro* «en arrière».

rétroactes n. m. pl. ■ (Belgique) Antécédents. *Les rétroactes d'une affaire.*

rétroactif, ive adj. ■ Qui exerce une action sur le passé. ► **rétroactivement** adv. ► **rétroactivité** n. f.

rétroaction n. f. ■ 1 didact. Effet rétroactif. 2 littér. Action en retour.

rétroagir v. intr. [2] ■ littér. Agir sur le passé, avoir un effet rétroactif.

rétrocéder v. tr. [6] ■ 1 Céder à qqn (ce qu'on avait reçu de lui). → **rendre.** 2 Vendre à un tiers (ce qui vient d'être acheté). ► **rétrocession** n. f.

rétrochargeuse n. f. ■ techn. Chargeuse dont le godet peut être rempli à l'avant et déchargé à l'arrière.

rétrocommission n. f. ■ Somme d'argent dont une partie est reversée de manière occulte par l'intermédiaire, après la conclusion d'un marché.

rétroéclairage n. m. ■ électron. Éclairage intégré à l'arrière d'un écran (souvent à cristaux liquides).

rétrofléchi, ie adj. ■ bot., méd. Dont la partie supérieure est déviée vers l'arrière. *Utérus rétrofléchi.*

rétroflexe adj. ■ phonét. Articulé avec la pointe de la langue retournée vers l'arrière de la bouche.

rétroflexion n. f. ■ méd. Inclinaison vers l'arrière de la partie supérieure (d'un organe) avec formation d'un angle de flexion. *Rétroflexion et rétroversion.*

rétrofusée n. f. ■ Fusée servant au freinage ou au recul (d'un engin spatial).

rétrogradation n. f. ■ 1 didact. Mouvement rétrograde. 2 Sanction, mesure qui fait reculer dans la hiérarchie, dans un classement (sportif).

rétrograde adj. ■ 1 didact. Qui va vers l'arrière. 2 cour. Qui s'oppose à l'évolution, au progrès. → **réactionnaire.**

rétrograder v. [1] ■ I v. intr. 1 littér. Aller, marcher vers l'arrière. → **reculer.** 2 Aller contre le progrès. → **régresser.** 3 Passer à la vitesse inférieure, en conduisant un véhicule. II v. tr. Faire reculer (qqn) dans une hiérarchie, un classement.

rétrogression n. f. ■ didact. Mouvement, marche en arrière. → **recul, rétrogradation.**

rétropédalage n. m. ■ techn. Action de pédaler à l'envers. *Freiner par rétropédalage.* ► **rétropédaler** v. intr. [1]

rétroplanning n. m. ■ Calendrier prévisionnel élaboré en partant de la date à laquelle le travail doit être terminé.

rétroposition n. f. ■ didact. Position (d'un organe) en totalité en arrière de la position normale.

rétroprojecteur n. m. ■ Projecteur de démonstration (qui projette vers l'arrière).

rétroprojection n. f. ■ Projection à l'aide d'un rétroprojecteur.

rétropropulsion n. f. ■ techn. Freinage d'un engin spatial par rétrofusées.

rétrospectif, ive adj. ■ 1 Qui concerne le passé. 2 (sentiment) Qui s'applique à des faits passés. *Peur rétrospective.* ► **rétrospectivement** adv.

rétrospective n. f. ■ Exposition qui présente l'évolution d'un artiste.

retroussé, ée adj. ■ Qui est remonté, relevé. ◆ spécialt *Nez retroussé.*

retrousser v. tr. [1] ■ Replier vers le haut et vers l'extérieur. → **relever.** *Retrousser ses manches.*

retrouvailles n. f. pl. ■ Fait, pour des personnes séparées, de se retrouver.

retrouver v. tr. [1] ■ I 1 Voir se présenter de nouveau. *C'est une occasion que vous ne retrouverez pas.* 2 Découvrir de nouveau (ce qui a été oublié). *Retrouver un secret.* 3 Trouver (qqn) de nouveau (quelque part). 4 Trouver quelque part (ce qui existe déjà ailleurs). *On retrouve chez le fils le sourire de la mère.* II Trouver (une personne disparue), avoir de nouveau (un état perdu). *Retrouver le sommeil.* III Être de nouveau en présence de (qqn, qqch. dont on était séparé). ▷ v. pron. **se retrouver** 1 récipr. Être de nouveau ensemble. 2 réfl. Retrouver son chemin. ◆ fig. *Se retrouver dans ; s'y retrouver,* s'y reconnaître. ♦ fam. *S'y retrouver,* tirer profit, avantage. 3 réfl. Se trouver soudainement (dans une situation). *Se retrouver seul ; au chômage.*

rétroversion n. f. ■ méd. Inclinaison (d'un organe) en arrière, sans flexion, selon son axe vertical. *Rétroversion de l'utérus.*

rétrovirus [-ys] n. m. ■ Virus dont la famille comprend celui du sida. ► **rétroviral, ale, aux** adj.

rétroviseur n. m. ■ Miroir qui permet au conducteur d'un véhicule de voir derrière lui. - abrév. **rétro.**

rets n. m. ■ vx Filet (pour la chasse).

reubeu → **rebeu**

réunifier v. tr. [7] ■ Rétablir l'unité de (un pays). ► **réunification** n. f.

réunion n. f. ■ I (choses) 1 Fait de réunir (une province à un État). → **annexion, rattachement.** 2 Fait de réunir, de rassembler (des choses éparses). → **assemblage.** II (personnes) 1 Fait de se retrouver ensemble. → **rassemblement ; rencontre.** 2 Fait de réunir des personnes (pour le plaisir ou le travail) ; ces personnes. → **assemblée.**

réunionite n. f. ■ fam. Manie de faire des réunions.

réunir v. tr. [2] ■ I 1 Mettre ensemble ; joindre (des choses). → **assembler, grouper, rassembler.** 2 Avoir en soi (des éléments d'origines diverses). II Mettre ensemble (des personnes). ◆ pronom. Former une réunion (II, 2).

réussir v. [2] ■ **I** v. intr. **1** (sujet chose) Avoir une heureuse issue, un bon résultat. ➛ *RÉUSSIR À qqn*, avoir (pour lui) d'heureux résultats. **2** (personnes) Obtenir de bons résultats, le succès. ◆ (tr. ind.) *RÉUSSIR À. Réussir à un examen, à faire qqch.* → **arriver, parvenir.** **II** v. tr. *Réussir qqch.* : exécuter, faire avec succès. ▷ adj. **réussi, ie**

réussite n. f. ■ **I 1** Succès (de qqch.). **2** Fait d'avoir réussi. **II** Jeu de cartes auquel on joue seul. → **patience.**

réutiliser v. tr. [1] ■ Utiliser de nouveau. ► **réutilisable** adj. ► **réutilisation** n. f.

revaloir v. tr. [29] rare sauf à l'inf., au futur et au cond. ■ Rendre la pareille à qqn ; se venger. *Je vous revaudrai ça.*

revaloriser v. tr. [1] ■ **1** Rendre sa valeur à. **2** Donner une plus grande importance à. ► **revalorisation** n. f.

revanchard, arde adj. et n. ■ péj. Qui veut prendre une revanche (militaire).

revanche n. f. ■ **1** Fait de reprendre l'avantage (sur qqn). ◆ jeux, sports Partie, match qui donne une nouvelle chance de gagner. **2** loc. *À charge de revanche* : à condition qu'on rendra la pareille. **3** loc. adv. *EN REVANCHE* : inversement.

revanchisme n. m. ■ polit. Attitude politique inspirée par l'esprit de revanche (après une défaite).

revascularisation n. f. ■ chir. Intervention visant à rétablir la circulation sanguine dans un organe insuffisamment irrigué.

rêvasser v. intr. [1] ■ S'abandonner à une rêverie. ► **rêvasserie** n. f. ► **rêvasseur, euse** adj. et n.

rêve n. m. ■ **1** Suite de phénomènes psychiques (images, affects...), pendant le sommeil. → **songe ; onirique.** ➛ *S'évanouir, disparaître comme un rêve,* sans laisser de trace. **2** Construction de l'imagination à l'état de veille. *Un beau rêve.* ➛ *De rêve,* idéal. ◆ *LE RÊVE* : l'imagination créatrice. *Le rêve et la réalité.* **3** fam. Objet d'un désir.

rêvé, ée adj. ■ **1** Qui existe en rêve, dans un rêve. **2** Qui convient tout à fait. → **idéal.**

revêche adj. ■ Acariâtre, hargneux.

① **réveil** n. m. ■ **1** Passage du sommeil à l'état de veille. **2** fig. Fait de reprendre une activité. *Le réveil de la nature.*

② **réveil** n. m. ■ Réveille-matin.

réveille-matin n. m. invar. ■ Pendule à sonnerie réglable. → ②**réveil.**

réveiller v. tr. [1] ■ **1** Tirer (qqn, un animal) du sommeil. **2** Ramener à l'activité (une personne). *Réveiller qqn de sa torpeur.* ➛ (compl. chose) → **ranimer.** ▷ v. pron. **se réveiller 1** Sortir du sommeil. **2** (sujet chose) Reprendre de la vigueur.

réveillon n. m. ■ Repas de fête de la nuit de Noël ou de la nuit du 31 décembre.

réveillonner v. intr. [1] ■ Faire un réveillon.

révélateur, trice ■ **I** n. m. Solution qui rend visible l'image, en photo. **II** adj. Qui révèle (qqch.). → **significatif.**

révélation n. f. ■ **1** Fait de révéler (ce qui était secret). ◆ Information qui apporte des éléments nouveaux. **2** Phénomène par lequel des vérités cachées sont révélées d'une manière surnaturelle. **3** Ce qui apparaît brusquement comme une connaissance nouvelle. **4** Personne qui se fait connaître brusquement.

révéler v. tr. [6] ■ **1** Faire connaître (ce qui était inconnu, secret). → **dévoiler ; révélation** (1 et 2). **2** Faire connaître (par un signe). → **indiquer, montrer.** ▷ v. pron. **se révéler** Se manifester. *Cette hypothèse s'est révélée exacte.* ▷ adj. **révélé, ée** *Religion révélée,* fondée sur une révélation (2).

revenant, ante n. ■ **1** Âme d'un mort supposée revenir de l'autre monde. → **fantôme.** **2** Personne qui revient (après une longue absence).

revendeur, euse n. ■ Personne qui vend après avoir acheté.

revendication n. f. ■ Fait de revendiquer (un bien ; un droit, un dû) ; ce qu'on revendique. ► **revendicatif, ive** adj.

revendiquer v. tr. [1] ■ **1** Réclamer (ce à quoi on a droit). **2** Demander avec force. → **exiger, réclamer.** *Revendiquer un droit.* **3** Assumer la responsabilité de (spécialt, d'un acte criminel). *Revendiquer un attentat.*

revendre v. tr. [41] ■ **1** Vendre ce qu'on a acheté. **2** loc. *AVOIR qqch. À REVENDRE,* beaucoup.

revenez-y [ʀ(ə)vənezi] n. m. invar. ■ fam. *Un goût de revenez-y,* très agréable.

revenir v. intr. [22] ■ **I 1** Venir de nouveau (là où on était déjà venu). → **repasser.** ◆ (chose) Apparaître ou se manifester de nouveau. **2** Reprendre (ce qu'on avait laissé). ➛ *Nous y reviendrons,* nous en parlerons plus tard. **3** (chose abstraite) Se présenter de nouveau (après être sorti de l'esprit). *Ça me revient !* **4** *REVENIR À SOI* : reprendre conscience. **5** (chose) Devoir être donné ; appartenir. *Cet argent me revient.* **6** *Sa tête ne me revient pas,* ne me plaît pas. **7** loc. Équivaloir. *Cela revient au même,* c'est la même chose. **8** Coûter au total (à qqn). **II** *REVENIR SUR* Examiner à nouveau. ➛ Annuler. **III 1** Partir, venir (d'un lieu où l'on était allé). → **rentrer, retourner.** *Revenir dans son pays.* **2** *S'EN REVENIR.* v. pron. littér. S'en retourner. **IV** *FAIRE REVENIR* (un aliment) : passer dans un corps gras chaud. → **rissoler.**

revente n. f. ■ Action de revendre ; son résultat. *La revente d'une voiture.*

revenu n. m. ▪ Ce qui revient (I, 5) à qqn. *Impôt sur le revenu.* ◆ *Revenu national,* valeur des biens produits par une nation.

revenue n. f. ▪ sylvic. Pousse nouvelle des bois de taillis.

rêver v. [1] ▪ **I** v. intr. **1** Laisser aller son imagination. → **rêvasser ; rêverie.** ◆ tr. ind. *RÊVER À :* penser vaguement à, imaginer. **2** Faire des rêves (1). ◆ tr. ind. *RÊVER DE :* voir, entendre en rêve (qqn, qqch.). **3** S'absorber dans ses désirs ; souhaiter (de). **II** v. tr. **1** littér. Imaginer, désirer idéalement. *Ce n'est pas la vie que j'avais rêvée.* **2** Former en dormant (une image...). *Rêver que* (+ indic.).

réverbère n. m. ▪ Appareil destiné à l'éclairage de la voie publique.

réverbérer v. tr. [6] ▪ Renvoyer (la lumière, la chaleur, le son). → **réfléchir.** ► **réverbération** n. f.

reverdir v. intr. [2] ▪ Retrouver sa verdure. ► **reverdissement** n. m.

révérence n. f. ▪ **I** littér. Grand respect. → **déférence, vénération. II** Salut cérémonieux, inclination du buste en pliant les genoux. ◆ loc. *Tirer sa révérence (à qqn),* s'en aller.

révérencieux, ieuse adj. ▪ littér. Respectueux.

révérend, ende ▪ **1** adj. Épithète honorifique devant *père* et *mère* (en parlant de religieux). ◆ n. *Mon révérend.* **2** n. m. Pasteur anglican.

révérer v. tr. [6] ▪ littér. Traiter avec un grand respect. → **honorer, vénérer.**

rêverie n. f. ▪ **1** Activité d'imagination qui n'est pas dirigée par l'attention, mais par l'affectivité. **2** péj. Idée chimérique.

revernir v. tr. [2] ▪ Revêtir d'une nouvelle couche de vernis.

revers n. m. ▪ **I 1** Côté opposé à l'endroit. → **envers, verso. 2** Côté (d'une médaille, d'une monnaie) opposé à la face principale. → **pile.** ◆ loc. fig. *Le revers de la médaille :* les inconvénients (de ce qui a des avantages). **3** Partie repliée d'un vêtement. **4** *Prendre À REVERS,* par-derrière. **5** Geste par lequel on écarte, on frappe, etc., avec le dos de la main en avant (spécialt avec une raquette). **II** fig. Événement inattendu, qui change une situation en mal. → **échec.**

reverser v. tr. [1] ▪ **1** Verser de nouveau. **2** Reporter.

réversibilité n. f. ▪ didact. Caractère de ce qui est réversible. *Réversibilité d'une réaction chimique.*

réversible adj. ▪ **1** Qui peut se reproduire en sens inverse. **2** Qui peut se porter à l'envers comme à l'endroit (vêtement).

réversion n. f. ▪ **1** (parfois prononcé [ʀəvɛʀsjɔ̃] par influence de *reverser*) dr. Droit de retour. *Pension de réversion,* versée au conjoint d'une personne décédée qui en aurait bénéficié. **2** biol. Changement dans l'ADN qui inverse ou compense une altération causée par une mutation.

reversoir n. m. ▪ techn. Barrage par-dessus lequel l'eau s'écoule en nappe.

révertant n. m. ▪ anglic., biol. Dérivé par réversion d'une cellule ou d'un organisme après mutation.

revêtement n. m. ▪ Élément qui recouvre une surface, pour la protéger, la consolider.

revêtir v. tr. [20] ▪ **I 1** Couvrir (qqn) d'un vêtement. **2** Investir. *Revêtir qqn d'une dignité.* **3** Couvrir d'une apparence, d'un aspect. **4** Orner ou protéger par un revêtement. **II 1** Mettre sur soi (un habillement spécial). → **endosser. 2** fig. Avoir, prendre (un aspect).

rêveur, euse adj. ▪ Qui se laisse aller à la rêverie. ◆ n. *C'est un rêveur.* ♦ loc. *Cela laisse rêveur,* perplexe. ► **rêveusement** adv.

prix de **revient** → **prix**

revif n. m. ▪ **1** mar. Montée de l'eau, entre marée basse et marée haute. **2** littér. Retour de vigueur.

revigorer v. tr. [1] ▪ Redonner de la vigueur à (qqn). → **ragaillardir.** ► **revigorant, ante** adj.

revirement n. m. ▪ Changement brusque et complet dans les dispositions, les opinions. → **retournement, volte-face.**

réviser v. tr. [1] ▪ **1** Modifier par une révision de. **2** Vérifier le bon état de (qqch.). **3** Revoir (ce qu'on a appris).

réviseur, euse n. ▪ Personne qui révise, revoit.

révision n. f. ▪ **1** Action d'examiner de nouveau en vue de corriger ou de modifier (spécialt, dr., une décision juridique). ◆ Mise à jour. *Révision des listes électorales.* **2** Examen (de qqch.) pour réviser (2). **3** Action de réviser (3), de revoir.

révisionnisme n. m. ▪ **1** Position qui remet en question une doctrine politique. **2** « Révision » de l'histoire par négation (du génocide des Juifs, etc.). → **négationnisme.**

révisionniste n. et adj. ▪ **1** Partisan d'une révision. **2** Partisan du révisionnisme (1 ou 2).

revisiter v. tr. [1] ▪ **1** Visiter de nouveau. **2** Interpréter d'une manière nouvelle.

revisser v. tr. [1] ▪ Visser (ce qui était dévissé). *Revisser une ampoule.*

revitaliser v. tr. [1] ▪ **1** Redonner de la vitalité à. **2** fig. Faire revivre. → **revivifier.** *Revitaliser une alliance.* ► **revitalisation** n. f.

revival [Rivajvœl] n. m. ▪ anglic. Renaissance d'un art, d'une mode, d'un état d'esprit. → **reviviscence.** ◆ spécialt Renouveau du jazz traditionnel. appos. *Jazz revival.*

revivifier v. tr. 7 ▪ littér. Vivifier de nouveau, donner une nouvelle vie à. → **ranimer, réveiller.** ▸ **revivification** n. f.

revivre v. 46 ▪ **I** v. intr. **1** → **ressusciter.** **2** Retrouver ses forces, son énergie. **3** (choses) Renaître. **II** v. tr. Vivre ou ressentir de nouveau (qqch.).

révocable adj. ▪ Qui peut être révoqué. ▸ **révocabilité** n. f.

révocation n. f. ▪ Action de révoquer.

révocatoire adj. ▪ dr. Qui produit révocation.

revoici prép. ▪ fam. Voici de nouveau.

revoilà prép. ▪ fam. Voilà de nouveau.

revoir v. tr. 30 ▪ **I 1** Être de nouveau en présence de (qqn). ♦ *AU REVOIR,* se dit lorsque l'on se sépare. ◆ n. m. invar. *Des au revoir.* **2** Retourner dans (un lieu qu'on avait quitté). **3** Regarder de nouveau ; assister de nouveau à (un spectacle). **II 1** Examiner de nouveau pour corriger. ◆ au p. p. *Édition revue et corrigée.* **2** Apprendre de nouveau pour se remettre en mémoire.

révoltant, ante adj. ▪ Qui révolte, indigne.

révolte n. f. ▪ **1** Action violente par laquelle un groupe tente de détruire l'autorité politique, la règle sociale. → **insurrection, rébellion, soulèvement.** **2** Attitude de refus et d'hostilité.

révolté, ée adj. ▪ **1** Qui est en révolte. → **insurgé, rebelle.** **2** Qui a une attitude d'opposition. **3** Rempli d'indignation. → **outré.**

révolter v. tr. 1 ▪ **1** rare Porter à la révolte. → **soulever.** ◆ pronom. *Se révolter* (plus cour.). **2** Soulever (qqn) d'indignation, remplir de réprobation. → **indigner.**

révolu, ue adj. ▪ (espace de temps) Écoulé, terminé. *Une époque révolue.*

révolution n. f. ▪ **I** sc. **1** Retour périodique d'un astre à un point de son orbite. **2** Rotation complète d'un corps mobile autour de son axe *(axe de révolution).* **II 1** Changement très important dans la société. *La révolution industrielle.* **2** Renversement du régime constitutionnel accompagné de grands changements sociaux. ◆ spécialt *La Révolution,* celle de 1789, en France. **3** Les forces révolutionnaires.

révolutionnaire adj. ▪ **1** Qui a le caractère d'une révolution (II, 2). ♦ Propre à une révolution (II, 2). **2** adj. et n. Partisan de la révolution. **3** Qui apporte des changements radicaux. *Une voiture révolutionnaire.*

révolutionnarisme n. m. ▪ Tendance à considérer l'action révolutionnaire comme une fin politique en soi (souvent péj.). ▸ **révolutionnariste** adj. et n.

révolutionner v. tr. 1 ▪ **1** Agiter violemment. **2** Transformer radicalement. → **bouleverser.**

revolver [Revɔlvɛr] n. m. ▪ Arme à feu courte et portative, à barillet. ≠ *pistolet.*

revolving [Revɔlviŋ] adj. invar. ▪ anglic. *Crédit revolving :* crédit qui se reconstitue au fur et à mesure des remboursements.

révoquer v. tr. 1 ▪ **1** Destituer (un fonctionnaire, un magistrat...). → **casser.** **2** dr. Annuler (un acte juridique).

revouloir v. tr. 31 ▪ fam. Vouloir de nouveau ou encore. *Il reste du gâteau, tu en reveux ?*

à la **revoyure** loc. interj. ▪ fam. Au revoir.

revue n. f. ▪ **I 1** Examen détaillé. → **inventaire.** ◆ *Revue de presse.* **2** Cérémonie militaire de présentation des troupes. → **défilé, parade.** **3** loc. *Passer en revue :* examiner successivement et en détail. **II** Spectacle de variétés ou de music-hall. **III** Publication périodique. → **magazine, périodique.**

revuiste n. ▪ Auteur de revues (II).

révulsé, ée adj. ▪ (visage...) Qui a une expression bouleversée. ◆ *Yeux révulsés,* tournés de sorte qu'on ne voit presque plus la pupille.

révulser v. tr. 1 ▪ **1** rare Bouleverser (le visage, les yeux). **2** Bouleverser (qqn), indigner. *Ça me révulse !*

révulsion n. f. ▪ Procédé thérapeutique consistant à provoquer un afflux de sang afin de dégager un organe atteint de congestion ou d'inflammation. ▸ **révulsif, ive** adj.

① **rewriter** [RiRajte ; Rə-] v. tr. 1 ▪ anglic. Réécrire, remanier (un texte destiné à être publié).

② **rewriter** [RiRajtœR ; Rə-] n. m. ▪ anglic. Personne chargée de réécrire des textes destinés à être publiés. → **adaptateur, réviseur.** - var. **rewriteur, euse** n.

rewriting [RiRajtiŋ ; Rə-] n. m. ▪ anglic. Action de réécrire, de mettre en forme (un texte destiné à être publié). → **adaptation, réécriture.**

rez-de-chaussée [Re-] n. m. invar. ▪ Partie inférieure d'un édifice dont le plancher est au niveau du sol (→ aussi étage).

rez-de-jardin [Re-] n. m. invar. ▪ Partie de plain-pied avec un jardin.

Rf ▪ Symbole chimique du rutherfordium.

RFID n. f. (sigle angl.) ▪ techn. Méthode d'identification à distance par radiofréquences. ◆ appos. *Puces RFID.*

Rg ▪ Symbole chimique du rœntgenium.

rH [ɛRaʃ] n. m. ▪ chim. Potentiel d'oxydoréduction (d'un corps).

Rh ▪ **1** Symbole de *rhésus.* **2** Symbole chimique du rhodium.

rhabdomancie n. f. ▪ Radiesthésie pratiquée avec une baguette. ► **rhabdomancien, ienne** n.

rhabiller v. tr. [1] ▪ Habiller de nouveau. ♦ pronom. *Les baigneurs se rhabillaient.*

rhapsode ou **rapsode** n. m. ▪ Chanteur-poète de la Grèce antique qui allait de ville en ville.

rhapsodie ou **rapsodie** n. f. ▪ **1** Antiq. grecque Poème épique. **2** mus. Pièce instrumentale de composition très libre.

rhapsodique ou **rapsodique** adj. ▪ Qui a le caractère d'une rhapsodie.

rhénan, ane adj. ▪ Du Rhin.

rhénium [-jɔm] n. m. ▪ chim. Élément atomique (symb. Re ; n° at. 75 ; masse at. 186,20), métal blanc brillant.

rhéo- Élément, du grec *rheô, rhein* «couler».

rhéobase n. f. ▪ physiol. Intensité minimale de courant électrique continu nécessaire pour obtenir une réponse à une excitation.

rhéologie n. f. ▪ phys. Branche de la mécanique qui étudie la résistance des matériaux aux contraintes et aux déformations.

rhéologique adj. ▪ phys. Relatif à la rhéologie, aux écoulements visqueux.

rhéomètre n. m. ▪ phys. Régulateur de débit d'un fluide soumis à des pressions variables.

rhéophile adj. ▪ biol. Qui vit dans les eaux torrentielles.

rhéostat n. m. ▪ Résistance variable réglant l'intensité d'un courant électrique.

rhésus [-ys] n. m. ▪ **I** zool. Singe du genre macaque. **II** méd. Facteur d'un système de groupes sanguins (symb. Rh) (d'abord étudié chez les singes rhésus).

rhéteur n. m. ▪ Orateur, écrivain qui use de rhétorique.

rhétien, enne adj. et n. m. ▪ géol. Se dit de l'étage le plus récent du trias (période jurassique).

rhétique ou **rétique** ▪ **1** adj. Qui appartient à la région des Alpes située entre Rhin et Danube. *Alpes rhétiques.* **2** n. m. Rhéto-roman.

rhétorique ▪ **I** n. f. **1** Technique de la mise en œuvre des moyens d'expression (par la composition, les figures) pour persuader. **2** péj. Éloquence purement formelle. **II** adj. De la rhétorique. ► **rhétoricien, ienne** n.

rhétoriqueur n. m. ▪ hist. littér. *Les grands rhétoriqueurs* : poètes raffinés (fin XVe-début XVIe siècle).

rhéto-roman, ane adj. et n. m. ▪ ling. Se dit des dialectes romans de Suisse orientale (→ **romanche**), du Tyrol et du Frioul. ♦ n. m. Ensemble des dialectes romans de la Rhétie.

rhinanthe n. m. ▪ bot. Plante des prairies, appelée aussi *crête-de-coq.*

rhinencéphale n. m. ▪ anat. Partie la plus primitive du cortex cérébral.

rhingrave ▪ **1** n. m. Titre des princes allemands de la région rhénane. **2** n. f. anciennt Haut-de-chausses très ample attaché par des rubans, à la mode en France au XVIIe siècle.

rhinite n. f. ▪ méd. Inflammation aiguë de la muqueuse des fosses nasales. → **coryza, rhume.**

rhin(o)- Élément, du grec *rhis, rhinos* «nez».

rhinocéros [-ɔs] n. m. ▪ Mammifère de grande taille, à la peau épaisse et rugueuse, qui porte une ou deux cornes sur le nez.

rhinolaryngite n. f. ▪ méd. Laryngite accompagnée de rhinite.

rhinologie n. f. ▪ méd. Partie de la médecine qui traite les maladies du nez.

rhinolophe n. m. ▪ zool. Chauve-souris qui présente une membrane semi-circulaire sur le nez.

rhinopharyngé, ée adj. ▪ méd. Relatif au rhinopharynx. *Affection rhinopharyngée.*

rhinopharyngite n. f. ▪ Affection du rhinopharynx.

rhinopharynx [-ɛ̃ks] n. m. ▪ Partie supérieure du pharynx.

rhinoplastie n. f. ▪ chir. Chirurgie plastique du nez.

rhinoscopie n. f. ▪ méd. Examen endoscopique des fosses nasales.

rhinovirus [-ys] n. m. ▪ biol. Virus à ADN responsable du rhume et des infections des voies respiratoires supérieures.

rhizo- Élément, du grec *rhiza* «racine».

rhizobium [-jɔm] n. m. ▪ biol. Genre de bactéries anaérobies vivant en symbiose dans les racines de légumineuses et en assurant la fixation d'azote.

rhizome n. m. ▪ Tige souterraine, qui porte des racines et des tiges aériennes. *Rhizomes d'iris.*

rhizopode n. m. ▪ zool. Protozoaire qui émet des pseudopodes servant à la locomotion et à la préhension. *Les amibes sont des rhizopodes.*

rhizosphère n. f. ▪ didact. Partie du sol proche des racines des plantes.

rhizostome n. m. ▪ zool. Méduse de grande taille, commune sur les rives sablonneuses, à gros tentacules périphériques.

rhizotome n. m. ▪ techn. Instrument servant à couper les racines. → **coupe-racine.**

rhizotomie n. f. ▪ chir. Section des racines nerveuses issues de la moelle épinière, en vue de soulager la douleur.

rho n. m. invar. ▪ Lettre de l'alphabet grec (Ρ, ρ) correspondant au *r* français. - var. **rhô, rô.**

rhodamine n. f. ▪ chim. Matière colorante rouge du groupe des phtaléines.

rhodanien, ienne adj. ▪ Du Rhône.

rhodia n. m. ▪ Textile artificiel, à base d'acétate et de cellulose.

rhodiage n. m. ▪ techn. Revêtement d'une couche de rhodium sur une surface métallique.

rhodié, ée adj. ▪ chim. Qui contient du rhodium. *Platine rhodié.*

rhodite n. f. ▪ chim. Alliage naturel d'or et de rhodium.

rhodium [-jɔm] n. m. ▪ chim. Élément atomique (symb. Rh ; n° at. 45 ; masse at. 102,90), métal très dur, extrait des minerais de platine et d'or avec lesquels il forme des alliages naturels (→ **rhodite).**

rhod(o)- Élément, du grec *rhodon* «rose (couleur)».

rhododendron [-dɛ̃dʀɔ̃] n. m. ▪ Arbuste à feuilles persistantes, aux fleurs colorées.

rhodoïd [-ɔid] n. m. ▪ Matière plastique translucide à base d'acétate de cellulose.

rhodophycées n. f. pl. ▪ bot. Famille d'algues rouges à forte teneur en pigment rouge, masquant la chlorophylle.

rhodopsine n. f. ▪ biol. Pigment sensible à la lumière présent dans la rétine, appelé aussi *pourpre rétinien.*

rhombe n. m. ▪ **1** vx ou littér. Losange. **2** Instrument de musique traditionnel, formé d'une lame de bois que l'on fait ronfler par rotation rapide au bout d'une cordelette.

rhombencéphale n. m. ▪ anat. Partie de l'encéphale qui comprend le bulbe rachidien, la protubérance annulaire, le cervelet et le quatrième ventricule.

rhombique adj. ▪ didact. En forme de losange.

rhomb(o)- Élément savant, du grec *rhombos* «losange».

rhomboèdre n. m. ▪ géom. Hexaèdre dont les six faces sont des losanges. ♦ Cristal dont les faces sont six losanges égaux. ► **rhomboédrique** adj.

rhomboïde n. m. et adj. ▪ Quadrilatère aux diagonales orthogonales, symétrique par rapport à l'une d'entre elles. *Cerf-volant en forme de rhomboïde.* ► **rhomboïdal, ale, aux** adj.

rhotacisme n. m. ▪ didact. Difficulté ou impossibilité de prononcer le *r.* ♦ Substitution de la consonne *r* à une autre.

rhovyl n. m. ▪ Textile synthétique à base de chlorure de polyvinyle pur.

rhubarbe n. f. ▪ Plante à larges feuilles portées par de gros pétioles comestibles.

rhum [ʀɔm] n. m. ▪ Eau-de-vie de canne à sucre.

rhumatisant, ante adj. et n. ▪ Atteint de rhumatisme.

rhumatisme n. m. ▪ Affection douloureuse, aiguë ou chronique des articulations, des muscles. → **arthrite.** ► **rhumatismal, ale, aux** adj.

rhumatoïde adj. ▪ méd. *Polyarthrite rhumatoïde,* polyarthrite chronique évolutive, qui atteint les articulations des membres.

rhumatologie n. f. ▪ méd. Médecine des affections rhumatismales. ► **rhumatologue** n.

rhumb ou **rumb** [ʀɔ̃b] n. m. ▪ mar. Aire de vent.

rhume n. m. ▪ Inflammation des muqueuses respiratoires. ➛ *Rhume de cerveau.* → **coryza.**

rhumer [ʀɔme] v. tr. [1] ▪ Additionner de rhum, parfumer au rhum.

rhumerie [ʀɔmʀi] n. f. ▪ Distillerie de rhum.

rhynchite [ʀɛ̃kit] n. m. ▪ zool. Coléoptère dont certaines espèces sont nuisibles aux arbres fruitiers.

rhynch(o)- [ʀɛ̃ko] Élément, du grec *rhughos* «groin, bec».

rhynchonelle n. f. ▪ zool. Invertébré marin très courant aux ères primaire et secondaire.

rhynchote n. m. ▪ zool. Hémiptère.

rhyolithe ou **rhyolite** ▪ n. f. géol. Roche volcanique de même composition que le granit (feldspath et quartz), à pâte partiellement vitreuse.

rhythm and blues [ʀitmɛnbluz] n. m. invar. ▪ anglic. Musique populaire des États-Unis inspirée du blues, du gospel et du rock.

rhyton n. m. ▪ archéol. Coupe en corne, en forme de corne ou de tête d'animal.

ria n. f. ▪ géogr. Vallée fluviale envahie par la mer. → **aber.** *Rias et fjords*.*

riad [ʀijad] n. m. ▪ Au Maroc, maison urbaine traditionnelle construite autour d'un patio ou d'un jardin intérieur.

rial n. m. ▪ Unité monétaire de l'Iran, du Yémen, du sultanat d'Oman, d'Arabie saoudite et du Qatar.

riant, ante adj. ▪ **1** Qui exprime la gaieté. **2** Gai, agréable. *Paysage riant.*

R. I. B. [ɛʀibe ; ʀib] n. m. (sigle) ▪ Relevé d'identité bancaire.

ribambelle n. f. ▪ Longue suite (de personnes ou de choses en grand nombre).

ribaud, aude n. et adj. ▪ vx Personne débauchée.

ribo- Élément tiré de *ribose.*

riboflavine n. f. ■ biol. Vitamine B2. → **lactoflavine.**

ribonucléase n. f. ■ biochim. Enzyme qui catalyse l'hydrolyse de l'acide ribonucléique.

ribonucléique adj. ■ biol. *Acide ribonucléique.* → **ARN.**

ribose n. m. ■ chim. Sucre (ose), constituant des acides nucléiques.

ribosome n. m. ■ biol. Organite du cytoplasme de la cellule, actif dans la synthèse des protéines.

ribosomique adj. ■ biochim. Relatif au ribosome. *ARN ribosomique.* - syn. **ribosomal, ale, aux.**

ribote n. f. ■ vx et plais. Joyeux excès de table et de boisson. → **bombance, fête, noce.**

ribouldingue n. f. ■ fam., vieilli Partie de plaisir, noce. → ②**bombe.**

ribouler v. intr. [1] ■ *Ribouler des yeux* : regarder en roulant des yeux d'un air stupéfait.

ribozyme n. m. ■ biochim. Molécule d'ARN capable d'assembler des morceaux d'ARN selon les processus habituels aux enzymes.

ricain, aine adj. et n. ■ fam. Américain des États-Unis.

ricaner v. intr. [1] ■ **1** Rire à demi de façon méprisante ou sarcastique. **2** Rire de façon stupide, sans motif ou par gêne. ► **ricanement** n. m. ► **ricaneur, euse** n. et adj.

richard, arde n. ■ fam. et péj. Riche.

riche adj. ■ **I** Qui a de la fortune, possède des richesses. ♦ n. m. péj. *Nouveau riche* : personne récemment enrichie. → **parvenu. II** (choses) **1** Qui suppose la richesse, semble coûteux. → **somptueux. 2** *RICHE EN* : qui possède beaucoup de. - *RICHE DE. Un livre riche d'enseignements.* **3** Qui peut beaucoup produire. *Un sol riche.* → **fertile.** - fam. *Une riche idée,* excellente. ► **richement** adv.

richelieu n. m. ■ Chaussure basse lacée.

richesse n. f. ■ **I 1** Possession de grands biens. → **argent, fortune, opulence. 2** Qualité de ce qui est couteux. **3** Qualité de ce qui a en abondance les éléments requis. *La richesse de sa documentation.* **II** *LES RICHESSES* **1** Les possessions matérielles. **2** Ressources (d'un pays, d'une collectivité). **3** Objets de valeur. ♦ Biens d'ordre intellectuel, esthétique. → **trésor.**

richissime adj. ■ Extrêmement riche.

ricin n. m. ■ Plante à graines oléagineuses. - *Huile de ricin* (purgatif, lubrifiant).

ricine n. f. ■ biochim. Glycoprotéine présente dans les graines de ricin, toxine pouvant inhiber la synthèse des protéines et entraîner la mort cellulaire.

rickettsie n. f. ■ biol. Bactérie, agent de la rickettsiose, transmise à l'homme et à l'animal par les poux et les tiques.

rickettsiose n. f. ■ méd. Maladie infectieuse voisine du typhus, causée par les rickettsies.

rickshaw [ʀikʃo] n. m. ■ Voiture légère tirée par une bicyclette ou un scooter, destinée au transport des personnes en Asie. → **cyclopousse.**

ricocher v. intr. [1] ■ Rebondir.

ricochet n. m. ■ **1** Rebond d'une pierre lancée obliquement sur la surface de l'eau. ♦ *Faire ricochet* (projectile) : rebondir. **2** fig. *PAR RICOCHET* : par contrecoup, indirectement.

ricotta n. f. ■ Fromage frais italien, fait à partir du petit-lait d'autres fromages.

ric-rac adv. ■ fam. Exactement ; tout juste.

rictus [-ys] n. m. ■ Contraction de la bouche, en sourire grimaçant.

ride n. f. ■ **1** Petit pli de la peau (dû notamment à l'âge.) → **ridule. 2** Légère ondulation ; pli, sillon.

ridé, ée adj. ■ Marqué de rides.

rideau n. m. ■ **1** Pièce d'étoffe mobile (pour tamiser la lumière, etc.). **2** Grande draperie (ou toile peinte) qui sépare la scène de la salle, au théâtre. **3** *Rideau de fer,* isolant une scène, protégeant une devanture. ♦ hist. Ligne qui isolait en Europe les pays communistes. **4** *RIDEAU DE* : chose capable d'arrêter la vue, de faire écran.

ridelle n. f. ■ Châssis latéral (charrette, camion).

rider v. tr. [1] ■ **1** Marquer, sillonner de rides. **2** Marquer d'ondulations, de plis.

ridicule ■ **I** adj. **1** Qui fait rire, se moquer ; laid, bête. ♦ → **absurde, déraisonnable. 2** Insignifiant. *Une somme ridicule.* **II** n. m. **1** loc. *Tourner qqn en ridicule,* le rendre ridicule. **2** Ce qui rend ridicule, excite le rire, la moquerie. *Craindre le ridicule.* - prov. *Le ridicule tue (ne tue pas).* ► **ridiculement** adv.

ridiculiser v. tr. [1] ■ Rendre ridicule.

ridule n. f. ■ Ride très fine.

riel n. m. ■ Unité monétaire du Cambodge.

rien pron. indéf., n. m. et adv. ■ **I** nominal indéfini **1** Quelque chose (en contexte négatif). *Rester sans rien faire.* **2** (avec *ne*) Aucune chose, nulle chose. *Je n'ai rien vu. Vous n'aurez rien du tout,* absolument rien. *Il ne comprend rien à rien. Cela ne fait rien,* cela n'a pas d'importance. - *RIEN DE* (+ adj. ou adv.). *Il n'y a rien de mieux, de tel.* - *RIEN QUI, QUE* (le plus souvent + subj.). - *N'AVOIR RIEN DE* (+ nom ; + adj.), n'être pas du tout. ♦ (sujet) *Rien ne va plus* (spécialt, au jeu, il est trop tard pour miser). ♦ (attribut) *Ce n'est rien.* - loc. *Comme si de rien n'était* : comme si rien ne s'était passé. **3** loc. adv. *EN RIEN* (positif) : en quoi que ce soit. *Sans gêner en rien son action.* – *NE... EN RIEN* : d'aucune manière, pas du tout. **4** Nulle chose. *Rien à faire* : la chose est impossible. *«Je vous remercie. - De rien»*, je vous en prie. ♦ (comparaison) loc. *En moins de rien*, en très peu de temps. ♦ *Deux, trois fois rien* : une chose insignifiante. ♦ *RIEN QUE.* → **seulement ; uniquement. 5** (après une prép.) *POUR RIEN* : inutilement ou sans raison. – Sans payer ou à bas prix. *Je l'ai eu pour rien.* ♦ (après un nom) *DE RIEN DU TOUT* : sans valeur, sans importance. **II** n. m. **1** *UN RIEN* : peu de chose. *Un rien l'amuse.* – *Perdre son temps à des riens.* → **bagatelle.** ♦ *UN RIEN DE* : un peu de. – *En un rien de temps.* → **promptement. 2** *UN RIEN* loc. adv. : un peu, légèrement. *C'est un rien trop grand.* **III** adv. fam. (par antiphrase) Très. *Il est rien bête !*

riesling [ʀisliŋ] n. m. ■ Cépage blanc cultivé en Alsace ; vin blanc sec issu de ce cépage.

rieur, rieuse ■ **1** n. Personne en train de rire. – loc. *Mettre les rieurs de son côté* : faire rire aux dépens de son adversaire. **2** adj. Qui s'amuse, exprime la gaieté.

rif ou **riffe** n. m. ■ argot, vx Feu. ♦ Bagarre, combat. → **rififi.**

riff n. m. ■ mus. Courte phrase musicale, à la mélodie simple et au rythme marqué, répétée par l'orchestre dans l'exécution d'un morceau de jazz. *Riff de guitare.*

rififi n. m. ■ fam., vieilli Bagarre.

riflard n. m. ■ fam., vieilli Parapluie.

rifle n. m. ■ Carabine d'origine anglaise à long canon rayé. *Carabine 22 long rifle*, carabine de chasse ou de sport.

rift [ʀift] n. m. ■ géogr. Fossé tectonique correspondant à une zone de fracture de l'écorce terrestre.

rigatoni n. m. ■ au plur. Pâtes alimentaires en forme de gros tuyau strié.

rigaudon ou **rigodon** n. m. ■ Danse française à la mode aux XVIIe et XVIIIe siècles. ♦ Air vif sur lequel on la dansait.

rigide adj. ■ **1** concret Qui ne se déforme pas. → **raide. 2** Qui se refuse aux concessions. → **inflexible, rigoureux.** ♦ Sans souplesse. *Éducation rigide.* ► **rigidité** n. f. → **raideur ; austérité, rigorisme.**

rigidifier v. tr. [7] ■ Rendre rigide, plus rigide. → **raidir,** ⓒ **tendre.**

rigodon → **rigaudon**

rigolade n. f. ■ fam. **1** Amusement. **2** Chose ridicule ou sans importance.

rigolage n. m. ■ techn. Creusement de rigoles (pour irriguer, drainer). – Traçage de rigoles pour semer.

rigolard, arde adj. ■ fam. Gai.

rigole n. f. ■ Petit conduit pour l'écoulement des eaux.

rigoler v. intr. [1] ■ fam. **1** Rire, s'amuser. **2** Plaisanter. *Là, on ne rigole plus.*

rigolo, ote ■ fam. **I** adj. **1** Qui amuse, fait rire. – n. *Un petit rigolo.* **2** Curieux, étrange. **II** n. Personne à qui l'on ne peut pas faire confiance.

rigorisme n. m. ■ Respect strict des principes. → **rigidité.** ► **rigoriste** n. et adj.

rigotte n. f. ■ Petit fromage cylindrique fait d'un mélange de lait de vache et de chèvre.

rigoureusement adv. ■ **1** D'une manière rigoureuse (1 ou 3). **2** Absolument, totalement. *C'est rigoureusement exact.*

rigoureux, euse adj. ■ **1** Qui fait preuve de rigueur (1). – *Une morale rigoureuse.* → **rigide. 2** Dur à supporter. *Un hiver rigoureux.* **3** D'une exactitude inflexible. ♦ Mené avec précision.

rigueur n. f. ■ **1** Sévérité, dureté extrême. – loc. *TENIR RIGUEUR à qqn (de...)*, lui garder rancune (de...). **2** au plur. littér. *Les rigueurs de l'hiver.* **3** Exactitude, logique inflexible. **4** *DE RIGUEUR* loc. adj. : imposé. → **obligatoire. 5** loc. adv. *À LA RIGUEUR* : en cas de nécessité. – *En toute rigueur* : absolument.

rikiki adj. invar. → **riquiqui**

rillettes n. f. pl. ■ Viande (porc, etc.) hachée et cuite dans la graisse.

rillons n. m. pl. ■ Résidus de viande de porc cuits dans leur graisse.

rimailler v. intr. [1] ■ péj. Faire de mauvais vers. ► **rimailleur, euse** n.

rimaye [-aj] n. f. ■ région. Crevasse qui sépare un glacier de son névé.

rime n. f. ■ **1** Disposition de sons identiques à la finale de mots placés à la fin de deux ou plusieurs vers. → aussi **assonance.** *Rime riche* (ex. image-hommage). **2** loc. *Sans rime ni raison* : d'une manière incompréhensible, absurde.

rimer v. intr. [1] ■ **1** Faire des vers. **2** Constituer une rime. **3** loc. *Cela ne rime à rien* : cela n'a aucun sens. ▷ adj. **rimé, ée** *Poésie rimée.*

rimeur, euse n. ■ Poète médiocre.

rimmel n. m. (nom déposé) ■ Fard pour les cils. → **mascara.**

rinçage n. m. ■ **1** Action de rincer. **2** Teinture légère (des cheveux).

rinceau n. m. ■ Ornement architectural en forme d'arabesque végétale.

rince-doigts [-dwa] n. m. invar. ■ Petit récipient pour se laver les doigts à table.

rincée n. f. ■ fam. **1** vieilli Volée de coups. ♦ Défaite. **2** Pluie torrentielle, averse.

rincer v. tr. 3 ▪ **1** Nettoyer à l'eau (un récipient). **2** Passer à l'eau (ce qui a été lavé). **3** fam. *Se rincer l'œil* : regarder avec plaisir.

rincette n. f. ▪ fam., région. Eau-de-vie que l'on boit dans sa tasse, après le café.

rinçure n. f. ▪ Eau qui a servi à rincer.

rinforzando [ʀinfɔʀtsando ; -dzɑ̃do] adv. ▪ mus. En renforçant subitement le son.

ring [ʀiŋ] n. m. ▪ Estrade de boxe, de lutte entourée de cordes.

① **ringard** n. m. ▪ Barre de fer servant à attiser le feu.

② **ringard, arde** ▪ fam. **I** n. Personne (d'abord comédien) démodée ou incapable. **II** adj. Démodé ; médiocre.

ringardise n. f. ▪ fam. Caractère ringard.

ringardiser v. tr. 1 ▪ fam. Rendre ringard.

ripaille n. f. ▪ fam. Repas où l'on mange beaucoup et bien. → **bombance.** ► **ripailler** v. intr. 1 ► **ripailleur, euse** adj. et n.

ripaton n. m. ▪ pop., vieilli Pied (d'une personne).

riper v. intr. 1 ▪ Glisser de côté, déraper.

ripolin n. m. ▪ Peinture laquée brillante. ► **ripoliner** v. tr. 1

riposte n. f. ▪ **1** Réponse vive, instantanée. **2** Vive réaction de défense. → **contre-attaque.**

riposter v. intr. 1 ▪ **1** Adresser une riposte. ➛ trans. *Riposter que.* → **répliquer, rétorquer.** **2** Répondre par une attaque (à une attaque).

ripou adj. ▪ fam. Corrompu. ➛ n. m. Policier vénal. *Des ripous.*

ripper [-œʀ] n. m. ▪ anglic., techn. Engin de travaux publics muni de dents métalliques pour défoncer les terrains durs. → **défonceuse.**

ripple-mark [ʀipœlmaʀk] n. f. ▪ anglic., géogr. Petite ride de sable formée par le clapotement à la surface des plages. *Des ripple-marks.*

ripuaire adj. et n. ▪ hist. Riverain du Rhin.

riquiqui adj. invar. ▪ fam. Petit ; mesquin. - var. **rikiki.**

① **rire** v. intr. 36 ▪ **1** Exprimer la gaieté par un mouvement de la bouche, accompagné d'expirations saccadées. ➛ loc. *Le mot pour rire,* la plaisanterie. ➛ loc. prov. *Rira bien qui rira le dernier,* annonce une revanche. **2** S'amuser. → se **divertir.** **3** Plaisanter. *Vous voulez rire ?* **4** *RIRE DE* : se moquer de (qqn, qqch.). ➛ pronom. *Se rire des difficultés.*

② **rire** n. m. ▪ Fait de rire. ➛ *Avoir le, un fou rire* : ne plus pouvoir s'arrêter de rire.

① **ris** n. m. ▪ mar. Partie d'une voile qu'on peut replier pour diminuer sa surface.

② **ris** n. m. ▪ Thymus comestible (veau, agneau).

① **risée** n. f. ▪ *Être un objet de risée,* de moquerie. ➛ *Être la risée de tous,* un objet de risée.

② **risée** n. f. ▪ mar. Rafale de vent.

risette n. f. ▪ Sourire (surtout des enfants).

risible adj. ▪ Un peu ridicule.

risorius [-jys] n. m. ▪ anat. Muscle de la commissure des lèvres, contribuant à l'expression du rire.

risotto n. m. ▪ Riz préparé à l'italienne.

risque n. m. ▪ **1** Danger prévisible. ➛ loc. *À vos risques et périls*.* ➛ *Courir le risque de,* s'y exposer. ➛ *Au risque de* (+ inf.), en risquant. ♦ *À RISQUE(S)* loc. adj. : qui présente un risque. **2** dr. Éventualité d'un dommage. *Assurance tous risques* (→ **multirisque).** **3** Fait de s'exposer à un danger (pour obtenir un avantage). *Prendre des risques.*

risqué, ée adj. ▪ Qui comporte des risques. → **dangereux.** *Une entreprise risquée.*

risquer v. tr. 1 ▪ **1** Exposer. *Risquer sa vie.* ➛ loc. *Risquer le tout* pour le tout.* ➛ loc. *Risquer un œil à la fenêtre.* **2** Tenter (ce qui comporte des risques). *Risquer une démarche.* ➛ *Risquer une remarque, une question.* **3** S'exposer à (un danger, un inconvénient). *Risquer la mort.* ➛ *Vos bagages ne risquent rien ici.* **4** *RISQUER DE* (+ inf.). S'exposer à (qqch. de fâcheux). ♦ *RISQUER QUE* (+ subj.). ▷ v. pron. **se risquer** **1** S'exposer, avec la conscience du risque. **2** *SE RISQUER À* (+ inf.), se hasarder à.

risque-tout n. invar. et adj. invar. ▪ (Personne) qui pousse l'audace jusqu'à l'imprudence.

rissole n. f. ▪ Petit pâté frit.

rissoler v. tr. 1 ▪ Exposer à une température élevée (une viande, des légumes, etc.) de manière à dorer.

ristourne n. f. ▪ **1** Remise accordée à un client. **2** Commission versée à un intermédiaire. ► **ristourner** v. tr. 1

ristrette n. m. ▪ (Suisse) Café très serré.

rital, ale n. et adj. ▪ fam., péj. Italien, Italienne. *Les Ritals.*

rite n. m. ▪ **1** Cérémonies d'une religion. → **culte, rituel.** **2** fig. Pratique réglée, invariable.

ritournelle n. f. ▪ Air à couplets répétés.

ritualiser v. tr. 1 ▪ didact. Organiser, régler selon des rites ou comme par des rites.

rituel, elle ▪ **I** adj. **1** D'un rite. **2** fig. Réglé comme par un rite. **II** n. m. **1** Recueil, ensemble des rites catholiques. **2** fig. Ensemble d'habitudes, de règles. ► **rituellement** adv.

rivage n. m. ▪ **1** Terre qui borde une mer. → **côte, littoral.** **2** Zone soumise à l'action des marées. → **grève, estran.**

rival, ale, aux ▪ **I** n. **1** Personne qui dispute à autrui ce qu'un seul peut obtenir. → **adversaire, concurrent.** ♦ spécialt *Des rivaux amoureux.* **2** loc. *Sans rival,* inégalable. **II** adj. Opposé (à qqn ou à qqch.) pour disputer un avantage (sans violence).

rivaliser v. intr. 1 ▪ Être en concurrence, chercher à égaler.

rivalité n. f. ▪ Situation de rival. ▸ *Une, des rivalités.* → **opposition.**

rive n. f. ▪ **1** Bande de terre qui borde un cours d'eau, un lac. *La rive droite et la rive gauche d'un fleuve* (dans le sens du courant). ▸ par ext. *Habiter rive gauche, à Paris.* **2** Rivage (1).

rivelaine n. f. ▪ techn. Outil de mineur, pic à deux pointes.

river v. tr. 1 ▪ **I 1** Attacher solidement au moyen de pièces de métal. **2** fig. Attacher fermement, fixer (surtout passif et p. p.). **II 1** Rabattre l'extrémité de (un clou, une pointe...) sur la pièce traversée. ▸ loc. fig. *River son clou à qqn,* le réduire au silence. **2** Fixer par des rivets. → **riveter.**

riverain, aine n. ▪ **1** Personne qui habite le long d'un cours d'eau, d'un lac. **2** fig. *Les riverains d'une rue, d'une route.*

riveraineté n. f. ▪ dr. Ensemble des droits des propriétaires riverains d'un cours d'eau.

rivet n. m. ▪ Tige munie d'une tête et dont l'autre extrémité est aplatie au moment de l'assemblage.

riveter v. tr. 4 ▪ Assembler au moyen de rivets.
▸ **rivetage** n. m.

riveteuse n. f. ▪ techn. Machine servant à poser des rivets.

rivière n. f. ▪ **1** Cours d'eau naturel de moyenne importance ou qui se jette dans un autre cours d'eau (s'oppose à *fleuve*). **2** sports Fossé rempli d'eau. **3** fig. *Rivière de diamants* : collier de diamants.

rivoir n. m. ▪ techn. Marteau ou machine à river.

rivulaire ▪ **1** adj. Qui croît dans les ruisseaux ou sur leurs bords. **2** n. f. bot. Algue bleue filamenteuse des rivières.

rivure n. f. ▪ techn. **1** Action de river ; son résultat. **2** Tête d'une broche métallique.

rixdale n. f. ▪ hist. Ancienne monnaie d'argent en usage dans le nord et l'est de l'Europe.

rixe n. f. ▪ Querelle violente.

riz n. m. ▪ **1** Céréale *(Graminées)* riche en amidon. **2** Grain de cette plante, préparé pour la consommation.

rizerie n. f. ▪ Usine où l'on traite le riz.

riziculteur, trice n. ▪ Cultivateur de riz.

riziculture n. f. ▪ Culture du riz.

rizière n. f. ▪ Terrain (souvent inondé) où l'on cultive le riz ; plantation de riz.

riz-pain-sel n. m. invar. ▪ argot Militaire du service de l'intendance.

RMA [ɛʀɛma] n. m. (sigle) ▪ Revenu minimum d'activité.

RMI [ɛʀɛmi] n. m. (sigle de *revenu minimum d'insertion*) ▪ anciennt (en France) Revenu garanti aux personnes démunies (remplacé par le R. S. A.).
▸ **RMIste** ou **RMiste** n. - var. **érémiste.**

RMN n. f. (sigle) ▪ Résonance* magnétique nucléaire.

Rn ▪ Symbole chimique du radon.

RN n. f. ▪ Abréviation de *route nationale. La RN 7.*

RNIS ou **R. N. I. S.** (sigle) ▪ techn. «Réseau numérique à intégration de services», réseau de télécommunications intégrant voix, image et données sur une même liaison.

rô → **rho**

road movie [ʀodmuvi] n. m. ▪ anglic. Film relatant un long trajet, un voyage par la route ; ce genre cinématographique. *Des road movies.*

roadster [ʀodstɛʀ] n. m. ▪ **1** Automobile décapotable à deux places. **2** Moto puissante et maniable, sans carénage.

robe n. f. ▪ **I 1** Vêtement féminin de dessus, d'un seul tenant. **2** Vêtement ancien d'un seul tenant (hommes). ♦ *Robe de juge.* ▸ loc. *Les gens de robe,* autrefois, les hommes de loi. **3** *Robe de chambre* : long vêtement d'intérieur. **II** Pelage (cheval, fauves...).

rober v. tr. 1 ▪ techn. Entourer (un cigare) d'une robe.

robert n. m. ▪ fam. Sein.

robin n. m. ▪ vx Homme de robe, magistrat.

robinet n. m. ▪ Appareil servant à régler le passage d'un fluide dans un tuyau.

robinetterie n. f. ▪ **1** Industrie, commerce des robinets. **2** Ensemble de robinets.

robineux, euse n. ▪ (Canada) Ivrogne, clochard.

robinier n. m. ▪ Arbre épineux à fleurs blanches en grappes, appelé aussi *faux acacia.*

robinsonnade n. f. ▪ Récit d'aventures, de vie loin de la civilisation.

roboratif, ive adj. ▪ littér. Qui revigore.

robot n. m. ▪ **1** Machine à l'aspect humain. ▸ fig. Être humain réduit à l'état d'automate. **2** Mécanisme automatique complexe. ▸ Appareil ménager à usages variés.

roboticien, ienne n. ▪ Spécialiste de la robotique.

robotique n. f. ▪ Technique des robots (2).

robotiser v. tr. [1] ■ **1** Équiper de robots (2). **2** Transformer (qqn) en robot (1). ► **robotisation** n. f.

robusta n. m. ■ Variété de café cultivé en Afrique.

robuste adj. ■ **1** Fort et résistant. → **vigoureux.** **2** fig. Ferme, inébranlable. ► **robustesse** n. f.

roc n. m. ■ **1** littér. Rocher. **2** *LE ROC* : matière rocheuse et dure. **3** fig. *Solide comme un roc, le roc.*

rocade n. f. ■ Route de dérivation.

rocaillage n. m. ■ techn. Revêtement, ornementation en rocaille.

rocaille n. f. ■ **1** Pierres qui jonchent le sol ; terrain plein de pierres. **2** Décoration de cailloux, coquillages, etc. (jardins). **3** Style ornemental (période Louis XV-Régence) baroque. → **rococo.**

rocailleur n. m. ■ techn. Ouvrier spécialisé dans la confection de rocailles.

rocailleux, euse adj. ■ **1** Plein de pierres. **2** fig. Dur et heurté. ➝ *Une voix rocailleuse,* rauque.

rocambolesque adj. ■ Plein de péripéties extraordinaires. ➝ Extravagant.

rocelle n. f. ■ bot. Lichen tinctorial qui pousse sur les pierres, fournissant l'orseille.

rochage n. m. ■ techn. Dégagement de gaz dissous dans une masse métallique en fusion.

roche n. f. ■ **1** Rocher. ➝ sc. Assemblage de minéraux. **2** *LA ROCHE* : la pierre (surtout dure). ➝ *Eau de roche* : eau de source très limpide.

rocher n. m. ■ **1** Grande masse de roche. ♦ Paroi rocheuse. **2** anat. Partie massive de l'os temporal. **3** Gâteau, confiserie en forme de rocher.

① **rochet** n. m. ■ **1** anciennt Tunique courte, au Moyen Âge. **2** Surplis à manches étroites de certains dignitaires ecclésiastiques. **3** Mantelet de cérémonie des pairs d'Angleterre.

② **rochet** n. m. ■ techn. **1** Bobine de filature sur laquelle on enroule la soie. **2** mécan. *Roue à rochet* : roue dentée qui tourne dans un seul sens.

rocheux, euse adj. ■ **1** Couvert, formé de rochers. **2** Formé de roche.

rochier n. m. ■ Requin des côtes françaises.

rock ou **rock and roll** [ʀɔkɛnʀɔl] n. m. ■ anglic. Musique populaire à rythme marqué, issue du blues, du jazz. ➝ Danse sur cette musique. ♦ adj. *Des groupes rocks* ou *rock* (invar.).

rockeur, euse n. ■ Chanteur, musicien de rock and roll.

rocking-chair [-(t)ʃɛʀ] n. m. ■ Fauteuil à bascule. *Des rocking-chairs.*

rococo ■ **1** n. m. Style décoratif baroque du XVIIIe siècle. ➝ adj. invar. *L'art rococo.* → **rocaille** (3). **2** adj. invar. Démodé, vieillot.

rocou n. m. ■ Colorant naturel rouge orangé extrait des graines du rocouyer.

rocouyer n. m. ■ Arbrisseau d'Amérique tropicale dont la graine fournit le rocou.

rodéo n. m. ■ **1** (en Amérique du Nord) Fête comportant des épreuves où un cavalier doit maîtriser la bête (cheval, taureau) qu'il monte, capturer un veau au lasso. **2** fam. Course bruyante et agitée (voitures, motos).

roder v. tr. [1] ■ **1** Faire fonctionner (un moteur neuf, une voiture neuve) avec précaution. **2** fig., fam. Mettre au point (une chose nouvelle) par des essais. ▷ p. p. **rodé, ée** (choses ; personnes). ► **rodage** n. m.

rôder v. intr. [1] ■ **1** Errer avec des intentions suspectes. **2** Errer au hasard. → **vagabonder.** ► **rôdeur, euse** n.

rodomont n. m. ■ littér. Fanfaron.

rodomontade n. f. ■ Fanfaronnade.

rœntgen → **röntgen**

rœntgenium [ʀœntgenjɔm] n. m. ■ Élément radioactif (symb. Rg, n° at. 111, masse at. 272).

rœstis → **röstis**

rogations n. f. pl. ■ cathol. Cérémonies pour bénir les travaux des champs.

rogatoire adj. ■ dr. Relatif à une demande. ➝ *Commission rogatoire* (pour faire agir un tribunal).

rogaton n. m. ■ fam. (surtout au plur.) Bribe de nourriture ; reste d'un repas.

rogne n. f. ■ fam. Colère, mauvaise humeur.

rogner v. tr. [1] ■ **1** Couper, rectifier les contours ou prélever. ➝ loc. fig. *Rogner les ailes à qqn,* lui enlever ses moyens d'action. **2** fig. Diminuer d'une petite quantité.

rognon n. m. ■ Rein (d'un animal), destiné à la cuisine.

rognonnade n. f. ■ Longe de veau cuite avec le rognon enveloppé de sa graisse.

rognonner v. intr. [1] ■ fam., vieilli Grommeler, bougonner.

rognure n. f. ■ **1** surtout au plur. Ce que l'on enlève quand on rogne qqch. **2** Déchet.

rogomme n. m. ■ loc. *Voix de rogomme,* enrouée, éraillée.

rogue adj. ■ littér. Arrogant. ➝ *Un ton rogue.*

rogué, ée adj. ■ Qui contient des œufs (poisson).

rohart n. m. ■ Ivoire tiré des défenses du morse, des dents de l'hippopotame.

roi n. m. ■ **1** Chef souverain (homme) de certains États (→ **royaume**), accédant au pouvoir par voie héréditaire. ➝ *Le Roi-Soleil*, Louis XIV. ➝ *La fête des Rois (mages)*. → **Épiphanie.** ♦ appos. invar. *Bleu roi* : bleu très vif. **2** fig. Personne qui domine (dans un domaine). **3** Chef, représentant éminent. *Le roi des animaux*, le lion. ➝ fam. *C'est le roi des imbéciles.* **4** Pièce la plus importante du jeu d'échecs. ➝ Carte à jouer figurant un roi.

roitelet n. m. ■ **I** Roi d'un petit pays. **II** Petit oiseau passereau.

rôle n. m. ■ **I** dr. admin. Registre, liste. *Rôle d'équipage* (d'un navire). ➝ Liste des contribuables. ♦ *À TOUR DE RÔLE* loc. adv. : chacun à son tour. **II 1** Partie d'un texte que doit dire sur scène un acteur. ➝ Personnage qu'il représente. **2** Conduite sociale. ➝ loc. *Avoir le beau rôle* : apparaître à son avantage. ➝ *Jeu de rôle*, dans lequel les joueurs incarnent des personnages. **3** Influence, fonction (dans un ensemble).

rôliste n. ■ Personne qui participe à un jeu de rôle*.

roller [-œʀ] n. m. ■ anglic. Patin à roulettes en ligne fixées sur une chaussure rigide. ➝ Sport pratiqué avec ces patins.

rolleur, euse n. ■ Personne qui pratique le roller.

rollier n. m. ■ Gros passereau, sorte de geai à grosse tête et à longue queue.

rollmops [-ɔps] n. m. ■ Filet de hareng mariné dans du vinaigre.

① **rom** [ʀɔm] n. et adj. ■ Membre d'un peuple nomade originaire de l'Inde, apparu en Europe centrale au XIVe siècle. → **bohémien, gitan, tsigane.** *Les Roms.* ♦ n. m. *Le rom* (langue indo-européenne). – syn. **romani** n. m.

② **ROM** [ʀɔm] n. f. invar. (sigle angl.) ■ inform. Mémoire non modifiable.

romain, aine adj. ■ **1** De l'ancienne Rome et son empire. → **latin.** ♦ n. *Les Romains.* ➝ loc. *Un travail de Romain* : une œuvre longue et difficile. **2** typogr. *Caractère romain*, à hampes verticales (s'oppose à *italique*). **3** De Rome (ville ; siège de la papauté).

① **romaine** n. f. ■ Laitue à feuilles allongées et croquantes.

② **romaine** adj. f. et n. f. ■ *(Balance) romaine*, formée d'un fléau à bras inégaux.

romaïque adj. et n. m. ■ *Langue romaïque* ou n. m. *le romaïque* : grec moderne parlé. → **démotique.**

① **roman** n. m. ■ **I** ling. Langue issue du latin oral, qui a abouti au français. **II 1** hist. littér. Récit en cette langue, contant des aventures merveilleuses. **2** cour. Œuvre d'imagination en prose qui présente des personnages donnés comme réels. *Romans et nouvelles**. ➝ *Le nouveau roman*, qui refuse les conventions du roman traditionnel.

② **roman, ane** adj. ■ **I 1** *La langue romane* : le roman (①, I) de Gaule. **2** *Les langues romanes*, issues du latin populaire (français, italien, espagnol, catalan, portugais, roumain, etc.). **II** Relatif à l'art médiéval d'Europe occidentale, avant le gothique. *Église ; sculpture romane.* ➝ n. m. Art, style roman.

romance n. f. ■ **1** Chanson sentimentale. **2** Histoire d'amour. → **idylle.**

romancer v. tr. [3] ■ Présenter en donnant les caractères du roman (→ romanesque).

romancero [-eʀo] n. m. ■ hist. littér. Recueil de poèmes épiques espagnols en octosyllabes. *Le romancero du Cid.*

romanche n. m. ■ Langue romane des Grisons (Suisse).

romancier, ière n. ■ Auteur de romans.

romand, ande adj. ■ Où l'on parle le français (en Suisse).

romanesco n. m. ■ Chou à fines fleurettes en forme de pyramides. ➝ en appos. *Des choux romanesco.*

romanesque adj. ■ **1** Qui offre les caractères traditionnels du roman (aventures, sentiments, etc.). **2** Imaginatif et sentimental. **3** Propre au roman.

romani → ① **rom**

romanichel, elle n. ■ péj. Tsigane nomade.

romanisant, ante adj. ■ **1** relig. Qui se rapproche du rite romain. *Église grecque romanisante.* **2** Qui s'occupe de linguistique romane. ➝ n. *Les romanisants.*

romaniser v. [1] ■ **I** v. intr. Suivre les dogmes de l'Église catholique romaine. **II** v. tr. **1** Rendre catholique romain. **2** Imposer les mœurs romaines, la langue latine à (un peuple vaincu). **3** Mettre, translittérer (une langue) en alphabet latin. ▸ **romanisation** n. f.

romanisme n. m. ■ relig. Doctrine de l'Église catholique romaine.

romaniste n. ■ didact. Spécialiste des langues romanes, de leur comparaison.

romanité n. f. ■ Civilisation de la Rome antique.

romano n. ■ pop., péj. Romanichel.

roman-photo n. m. ■ Récit sous forme d'une série de photos accompagnées de courts dialogues.

romantique adj. ■ **1** Du romantisme (1). ➝ n. *Les classiques et les romantiques.* **2** D'une sensibilité idéaliste, rêveuse (comme dans le romantisme). ➝ *Ambiance romantique.*

romantisme n. m. ▪ **1** Mouvement littéraire et artistique en réaction contre le classicisme et le rationalisme (début XIXe s.). **2** Caractère, esprit romantique (2).

romarin n. m. ▪ Arbuste aromatique à feuilles persistantes et à fleurs bleues.

rombière n. f. ▪ péj. Femme d'âge mûr, ennuyeuse, prétentieuse, ridicule.

rompre v. [41] ▪ **I** v. tr. **1** littér. Casser. ➤ *Applaudir à tout rompre*, très fort. ➤ loc. *Rompre la glace*.* **2** Briser (une chose souple). **3** Défaire (un arrangement, un ordre). ➤ loc. *Rompre les rangs*, les quitter. **4** Cesser, interrompre. *Rompre le silence* (en parlant). ♦ Interrompre (des relations) ; cesser de respecter (une promesse) (→ **rupture**). **II** v. intr. **1** littér. Casser. **2** sports Reculer. **3** Renoncer soudain à des relations d'amitié, d'amour (avec qqn). → se **brouiller**. ➤ *Rompre avec qqch.*, cesser de pratiquer.

rompu, ue adj. ▪ **1** Cassé. ➤ loc. *À bâtons* rompus*. **2** Très fatigué. → **fourbu**. **3** littér. *ROMPU À* : très exercé à (une discipline...).

romsteck ou **rumsteck** [ʀɔmstɛk] n. m. ▪ Partie de l'aloyau, qui se mange rôtie ou grillée.

ronce n. f. ▪ **1** Arbuste épineux aux fruits comestibles (→ **mûre**). **2** Nœuds, veines de certains bois.

ronceraie n. f. ▪ Terrain où croissent des ronces.

ronceux, euse adj. ▪ **1** littér. Plein de ronces. *Chemin ronceux*. **2** techn. Qui présente des ronces (2).

ronchon, onne n. ▪ fam. Personne qui ronchonne. ➤ adj. *Elle est ronchonne* (ou invar. *ronchon*).

ronchonner v. intr. [1] ▪ fam. Manifester son mécontentement en protestant. → **bougonner, grogner, râler**. ► **ronchonnement** n. m. ► **ronchonneur, euse** n.

roncier n. m. ▪ Buisson de ronces.

rond, ronde ▪ **I** adj. **1** En forme de cercle ou de sphère. **2** En arc de cercle. *Tuiles rondes*. ➤ Arrondi, voûté. ♦ (parties du corps) Charnu, rebondi. ➤ (personnes) Gros et court. **3** (quantité ; nombre) Entier ; spécialt qui se termine par un zéro. **4** (personnes) Qui agit sans détours. *Un homme rond en affaires*. **5** fam. Ivre. **6** adv. (dans des loc.) *Tourner rond* (moteur...), d'une manière régulière. **II** n. m. **1** Figure circulaire. → **cercle, circonférence**. ♦ *EN ROND* loc. adv. : en cercle. **2** Objet matériel de forme ronde. *Rond de serviette* (anneau). ♦ Tranche ronde. → **rondelle**. *Un rond de saucisson*. ♦ fam. Sou. *Ils ont des ronds*, de l'argent. **3** loc. *Faire des ronds de jambe*, des politesses exagérées.

rondache n. f. ▪ anciennt Grand bouclier circulaire utilisé au XVIe siècle par les fantassins.

rond-de-cuir n. m. ▪ **1** Coussin en forme d'anneau. **2** péj. Employé de bureau.

ronde n. f. ▪ **1** *À LA RONDE* : alentour ; tour à tour (personnes installées en rond). **2** Visite de surveillance. **3** Danse où plusieurs personnes forment un cercle et tournent. **4** Écriture à jambages courbes. **5** Note de musique évidée et sans queue.

rondeau n. m. ▪ Poème à forme fixe, sur deux rimes avec des vers répétés.

ronde-bosse n. f. ▪ Sculpture en relief, détachée du fond.

rondelet, ette adj. ▪ **1** Qui a des formes arrondies. → **dodu, potelé**. **2** *Une somme rondelette*, assez importante. → **coquet**.

rondelle n. f. ▪ **1** Pièce ronde, peu épaisse, généralement évidée. **2** Tranche ronde.

rondement adv. ▪ **1** Avec efficacité. **2** D'une manière franche et directe.

rondeur n. f. ▪ **1** Forme ronde (d'une partie du corps). **2** Caractère rond (I, 4).

① **rondier** → **rônier**

② **rondier** n. m. ▪ rare Personne chargée de faire des rondes de surveillance.

rondin n. m. ▪ Morceau de bois cylindrique (chauffage ; construction).

rondo n. m. ▪ mus. Pièce brillante à couplets et refrain, finale de la sonate.

rondouillard, arde adj. ▪ fam. Grassouillet. → **rondelet**.

rond-point n. m. ▪ Place circulaire d'où rayonnent plusieurs avenues. → **carrefour**.

ronéo n. f. (nom déposé) ▪ anciennt Machine qui servait à reproduire des textes au moyen de stencils. ► **ronéotyper** v. tr. [1]

rôneraie n. f. ▪ Endroit planté de rôniers.

ronflant, ante adj. ▪ péj. Grandiloquent, plein d'emphase. → **pompeux**.

ronfler v. intr. [1] ▪ **1** Faire, en respirant pendant le sommeil, un fort bruit du nez. **2** (sujet chose) → **ronronner, vrombir**. ► **ronflement** n. m. ► **ronfleur, euse** n.

ronger v. tr. [3] ▪ **1** User en coupant avec les dents (incisives) par petits morceaux. ➤ (vers, insectes) Attaquer, détruire. ➤ loc. fig. *Ronger son frein*.* **2** (sujet chose) Attaquer, détruire peu à peu (qqch.). → **corroder**. **3** fig. → **torturer, tourmenter**. ➤ fam. *Se ronger les sangs*, se faire du souci.

rongeur, euse ▪ **1** adj. Qui ronge. **2** n. m. Mammifère à incisives tranchantes.

rônier n. m. ▪ Borasse. – syn. **rondier**.

ronron n. m. ▪ **1** fam. Ronflement sourd et continu. ♦ fig. Routine. **2** Petit grondement régulier du chat.

ronronner v. intr. [1] ▪ (chat) Faire entendre des ronrons. ► **ronronnement** n. m.

röntgen [RøntgɛN ; Rœn-] n. m. ▪ Ancienne unité de mesure d'exposition de rayonnement (symb. R) valant 2,58·10^{-4} coulombs* par kilogramme. - var. **rœntgen.**

rookerie [RU-] n. f. ▪ anglic., zool. Colonie d'oiseaux polaires. ◆ Communauté d'otaries. - syn. **roquerie.**

roque n. m. ▪ échecs Fait de roquer. *Grand roque ; petit roque.*

roquefort n. m. ▪ Fromage de lait de brebis, à moisissures.

roquer v. intr. [1] ▪ échecs Intervertir le roi et une tour.

roquerie → **rookerie**

roquet n. m. ▪ **1** Petit chien hargneux. **2** fig. Personne hargneuse.

roquetin n. m. ▪ techn. Petite bobine utilisée pour le dévidage des fils d'argent ou de soie.

① **roquette** n. f. ▪ Fusée militaire.

② **roquette** n. f. ▪ Plante, cultivée pour ses feuilles qu'on mange en salade. ◆ Cette salade.

rorqual [-k(w)al] n. m. ▪ Mammifère marin voisin de la baleine.

rosace n. f. ▪ **1** Figure faite de courbes inscrites dans un cercle (ornement). **2** Grand vitrail d'église, circulaire. → **rose.**

rosacée n. f. ▪ bot. Plante à feuilles dentées, à étamines nombreuses (famille des *Rosacées* : ex. l'aubépine, le rosier).

rosage n. m. ▪ **1** Variété de rhododendron. **2** Laurier-rose.

rosaire n. m. ▪ Grand chapelet de quinze dizaines d'Ave ; ses prières.

rosalbin n. m. ▪ Cacatoès gris à tête blanche et rose.

rosaniline n. f. ▪ chim. Base azotée dont les dérivés sont des colorants (fuchsine, bleu de Lyon, etc.).

rosat adj. invar. ▪ pharm. Se dit de préparations où il entre des roses, spécialt des roses rouges. *Pommade rosat pour les lèvres.*

rosâtre adj. ▪ Qui est d'un rose peu franc.

rosbif [Rɔsbif] n. m. ▪ Morceau de bœuf à rôtir (généralement aloyau).

① **rose** n. f. ▪ **I 1** Fleur du rosier, décorative et odorante. *Rose sauvage.* → **églantine.** ◆ *Eau de rose* : essence de roses. fig. *Un roman à l'eau de rose,* mièvre. ♦ loc. fam. *Envoyer qqn sur les roses,* le rembarrer. **2** *Bois de rose* : bois de couleur rosée. **3** (autres fleurs) *Rose trémière**. *Laurier**-*rose.* **II 1** Grand vitrail circulaire. → **rosace. 2** *Rose des vents* : étoile à 32 divisions (aires), sur le cadran d'une boussole, etc. **3** *Rose de sable, des sables* : cristallisation de gypse.

② **rose** adj. et n. m. ▪ **1** adj. D'un rouge très pâle. ◆ loc. *Ce n'est pas rose* : ce n'est pas gai. **2** n. m. Couleur rose. *Rose bonbon,* vif. ◆ *Voir la vie, l'avenir... EN ROSE,* avec optimisme (s'oppose à *en noir*).

rosé, ée adj. ▪ Légèrement teinté de rose. ◆ *Vin rosé* et n. m. *du rosé.*

roseau n. m. ▪ Plante aquatique à tige droite et lisse. ♦ La tige.

rose-croix n. m. invar. ▪ **1** Membre de la Rose-Croix **(→ rosicrucien). 2** Grade de la franc-maçonnerie, supérieur à celui de maître.

rosée n. f. ▪ Vapeur d'eau qui se condense et se dépose en fines gouttelettes.

roselet n. m. ▪ Hermine dans son pelage d'été, d'un roux jaunâtre. ◆ Fourrure rousse d'hermine.

roselier, ière ▪ didact. **1** adj. Qui produit des roseaux ; où poussent des roseaux. *Marais roselier.* **2** n. f. Lieu où poussent des roseaux.

roséole n. f. ▪ Éruption de taches rosées (maladies ou intoxications).

roser v. tr. [1] ▪ littér. Donner une teinte rose à (qqch.). → **rosir.**

roseraie n. f. ▪ Plantation de rosiers.

rosette n. f. ▪ **1** Nœud à boucles d'un ruban. **2** Insigne du grade d'officier, dans certains ordres. **3** Saucisson d'origine lyonnaise.

roseur n. f. ▪ rare Couleur rose, rosée.

roseval n. f. ▪ Pomme de terre à la peau rose et à la pulpe rosée. *Des rosevals.*

rosicrucien, ienne adj. ▪ didact. Relatif à la Rose-Croix, aux rose-croix. *L'ordre rosicrucien.*

rosier n. m. ▪ Arbrisseau épineux portant les roses. ► **rosiériste** n. → **horticulteur.**

rosière n. f. ▪ ancienn Jeune fille vertueuse qui recevait une couronne de roses.

rosir v. [2] ▪ Devenir, rendre rose.

rosissement n. m. ▪ Action de rosir. *Un léger rosissement du visage.*

rosse n. f. ▪ **I** Mauvais cheval. **II** fig. Personne méchante (aussi adj.).

rosser v. tr. [1] ▪ Battre violemment. ► **rossée** n. f.

rosserie n. f. ▪ **1** Parole ou action rosse. → **méchanceté. 2** Caractère rosse.

rossignol n. m. ▪ **I** Oiseau passereau, au chant varié et harmonieux. **II** Instrument pour crocheter les portes.

rossinante n. f. ▪ vieilli Mauvais cheval, maigre et poussif. → **rosse.**

rossolis [-i] n. m. ▪ bot. → **droséra.**

röstis [Røʃti ; Røsti] n. m. pl. ▪ (Suisse) Galettes de pommes de terre râpées et rissolées. – var. **rœstis.**

rostral, ale, aux adj. ▪ Antiq. romaine *Colonne rostrale,* érigée en souvenir d'une victoire navale.

rostre n. m. ▪ **1** Antiq. romaine Éperon de navire. **2** zool. Prolongement pointu, vers l'avant du corps (crustacés ; insectes...).

-rostre Élément, du latin *rostrum* «bec».

rot n. m. ▪ fam. Renvoi de gaz de l'estomac par la bouche.

rôt n. m. ▪ littér. Rôti. *La fumée du rôt.*

rotacteur n. m. ▪ techn. Contacteur à tambour rotatif, utilisé dans les télévisions.

rotang [-ɑ̃g] n. m. ▪ bot. Palmier dont les tiges fournissent le rotin.

rotateur, trice adj. ▪ rare Qui fait tourner autour d'un axe. *Force rotatrice.* ♦ anat. *Muscle rotateur.* ➛ n. m. *Les rotateurs du dos,* qui portent la face antérieure de la vertèbre du côté opposé à la rotation.

rotatif, ive adj. ▪ Qui agit par rotation.

rotation n. f. ▪ **1** didact. Mouvement d'un corps autour d'un axe (matériel ou non). ➛ Mouvement circulaire. → **tour. 2** Fait d'alterner ; fréquence de mouvements. *La rotation des avions d'une ligne.*

rotative n. f. ▪ Presse à imprimer continue, agissant au moyen de cylindres.

rotativiste n. ▪ imprim. Technicien, technicienne qui conduit une rotative.

rotatoire adj. ▪ Caractérisé par une rotation. → **circulaire, giratoire.**

rotavirus [-ys] n. m. ▪ biol. Virus responsable de gastroentérites chez l'enfant.

rotengle n. m. ▪ Gardon rouge.

roténone n. f. ▪ Substance extraite de plantes tropicales, insecticide toxique pour de nombreux animaux.

roter v. intr. [1] ▪ fam. Faire des rots.

rôti n. m. ▪ Morceau de viande de boucherie, cuit à feu vif.

rôtie n. f. ▪ Tranche de pain grillé. → **toast.**

rotin n. m. ▪ Tige du rotang. *Meuble en rotin.*

rôtir v. [2] ▪ **1** v. tr. Faire cuire (de la viande) à feu vif. ➛ au p. p. *Poulet rôti.* ♦ fig. pronom. *Se rôtir au soleil.* **2** v. intr. Cuire à feu vif.

rôtissage n. m. ▪ Action de rôtir.

rôtisserie n. f. ▪ **1** Boutique de rôtisseur. **2** Restaurant de viandes rôties.

rôtisseur, euse n. ▪ Personne qui prépare et vend des viandes rôties.

rôtissoire n. f. ▪ Four à rôtir.

rotogravure n. f. ▪ techn. Procédé d'héliogravure sur cylindre, permettant le tirage sur rotative.

rotonde n. f. ▪ Édifice circulaire.

rotondité n. f. ▪ Caractère de ce qui est rond, sphérique.

rotor n. m. ▪ Partie mobile d'un mécanisme rotatif (hélicoptère, etc.).

rotrouenge n. f. ▪ Poème du Moyen Âge, composé de plusieurs strophes et terminé par un refrain. – var. **rotruenge.**

rottweiler [Rɔtvajlœʀ] n. m. ▪ Chien de taille moyenne, très puissant, trapu, à poil ras, noir et fauve.

rotule n. f. ▪ Os plat, à la partie antérieure du genou. ♦ loc. fam. *Être sur les rotules,* très fatigué. ► **rotulien, ienne** adj.

roture n. f. ▪ littér. Condition, classe des roturiers (opposé à *noblesse*).

roturier, ière adj. et n. ▪ (Personne) non noble.

rouable n. m. ▪ techn. **1** Perche à crochet dont le boulanger se sert pour tirer la braise du four. **2** Râteau servant à ramasser le sel dans les salines.

rouage n. m. ▪ **1** Chacune des pièces (petites roues) d'un mécanisme (d'horlogerie, etc.). **2** fig. Partie essentielle (d'un ensemble qui fonctionne).

rouan, anne adj. et n. ▪ (Cheval) dont la robe est mêlée de poils blancs, roux et noirs. *Jument rouanne.*

rouanne n. f. ▪ techn. **1** Outil servant à dégrossir et creuser le bois. **2** Compas pour marquer les tonneaux.

roubignoles n. f. pl. ▪ fam. Testicules. → **roupettes, roustons.**

roublard, arde adj. et n. ▪ fam. (Personne) qui fait preuve d'astuce et de ruse. ► **roublardise** n. f.

rouble n. m. ▪ Unité monétaire de la Russie.

rouchi n. m. ▪ Parler picard du Hainaut français (Valenciennes et sa région).

roucoulant, ante adj. ▪ Qui roucoule.

roucouler v. intr. [1] ▪ **1** (pigeon, tourterelle) Faire entendre son cri. **2** Tenir des propos tendres. ► **roucoulement** n. m.

roudoudou n. m. ▪ Pâte sucrée moulée dans une coquille.

roue n. f. ▪ **1** Disque tournant sur un axe, utilisé comme organe de déplacement. ➛ *Roue de secours,* de rechange. ➛ *ROUE LIBRE :* dispositif permettant de rouler sans apport d'énergie. ➛ loc. *Pousser à la roue,* aider qqn à réussir. *La cinquième roue du carrosse,* un élément inutile. **2** Disque rotatif, organe de transmission. → **poulie, rouage.** *Roue dentée.* **3** Supplice qui consistait à attacher le condamné sur une roue et à lui rompre les membres. **4** *Grande roue* : attraction foraine, manège en forme de roue dressée. **5** *FAIRE LA ROUE* : tourner latéralement sur soi-même, sur les mains et sur les pieds. ➡ (oiseaux) Déployer en rond les plumes de la queue. ➡ fig., péj. → se **pavaner.** **6** Disque, cylindre. *Une roue de gruyère.*

roué, ée n. ▪ littér. **1** Supplicié par la roue (3). **2** Personne rusée et sans scrupules. ➡ adj. → **rusé.** ► **rouerie** n. f.

rouelle n. f. ▪ Partie de la cuisse de veau au-dessus du jarret, coupée en rond.

roue-pelle n. f. ▪ Excavatrice comportant une roue à godets, utilisée pour les grands travaux. *Des roues-pelles.*

rouer v. tr. [1] ▪ **1** Supplicier sur la roue (3). **2** loc. *Rouer qqn de coups,* battre.

rouet n. m. ▪ anciennt Machine à roue servant à filer (chanvre, laine, lin, etc.).

rouf n. m. ▪ mar. Petite construction élevée sur le pont d'un navire.

rouflaquettes n. f. pl. ▪ fam. Favoris courts.

rougail n. m. et **rougaille** n. f. ▪ Préparation de la cuisine créole, à base de légumes et de piment. *Rougail de morue. Des rougails.*

rouge adj. et n. ▪ **I** adj. **1** Qui est de la couleur du sang, du rubis, etc. (extrémité du spectre solaire). → **carmin, écarlate, pourpre.** *Le drapeau rouge* (révolutionnaire). ♦ *VIN ROUGE,* fait avec des raisins ayant leur peau. ➡ n. m. *Un coup de rouge.* **2** D'extrême gauche (drapeau rouge). → **révolutionnaire.** ➡ hist. Soviétique. *L'armée rouge.* **3** Porté à l'incandescence. *Fer rouge.* **4** (personnes) Dont la peau est ou devient rouge, par l'afflux du sang (peau claire). *Être rouge de colère.* ♦ adv. *Se fâcher tout rouge. Voir rouge,* avoir un accès de colère. **II** n. m. **1** Couleur rouge. **2** Colorant ; pigment rouge. ♦ Fard rouge. *Rouge à lèvres.* **3** Couleur, aspect, état du métal incandescent. **4** Teinte rouge que prend la peau du visage. **5** (Couleur des signaux d'interdiction) loc. fig. *Être dans le rouge,* dans une situation critique.

rougeâtre adj. ▪ Légèrement rouge.

rougeaud, aude adj. ▪ Qui a le teint rouge.

rouge-gorge n. m. ▪ Oiseau passereau à gorge et poitrine d'un roux vif.

rougeole [-ʒɔl] n. f. ▪ Maladie infectieuse caractérisée par une éruption de taches rouges sur la peau. → aussi **rubéole.** ► **rougeoleux, euse** adj. et n.

rougeoyer [-ʒwaj-] v. intr. [8] ▪ Prendre une teinte rougeâtre. ► **rougeoiement** n. m. ► **rougeoyant, ante** adj.

rouge-queue n. m. ▪ Petit passereau, appelé communément *rossignol des murailles.*

rouget n. m. ▪ Poisson de mer de couleur rouge, très estimé. *Rouget barbet.*

rougeur n. f. ▪ **1** littér. Couleur rouge. **2** Coloration rouge du visage. **3** Tache rouge sur la peau.

rough [ʀœf] n. m. ▪ anglic. **1** Partie non entretenue d'un terrain de golf. **2** Ébauche, projet, dans les arts graphiques. → **crayonné.**

rougir v. [2] ▪ **I** v. intr. **1** Devenir rouge. ➡ (personnes) → s'**empourprer.** **2** Éprouver de la confusion. **II** v. tr. **1** Rendre rouge. **2** Chauffer (un métal) au rouge. ► **rougissant, ante** adj. ► **rougissement** n. m.

rouille n. f. ▪ **1** Produit rougeâtre de la corrosion du fer (oxygénation). ♦ adj. invar. D'un rouge brun. **2** Maladie des végétaux. **3** Ailloli relevé de piment rouge.

rouillé, ée adj. ▪ **1** Couvert de rouille. *Un clou rouillé.* **2** fig. Qui a perdu son agilité, son adresse. → **engourdi.** *Avoir les jambes rouillées.*

rouiller v. [1] ▪ **I** v. intr. Se couvrir de rouille. **II** v. tr. **1** Couvrir de rouille. ➡ pronom. *La grille se rouille.* **2** fig. Rendre moins alerte (le corps, l'esprit) par manque d'exercice.

rouir v. tr. [2] ▪ techn. Isoler les fibres textiles (du lin, du chanvre) par macération.

rouissage n. m. ▪ techn. Action de rouir des fibres textiles.

rouissoir n. m. ▪ techn. Lieu où l'on fait rouir le lin, le chanvre.

roulade n. f. ▪ **1** Mouvement qui consiste à s'enrouler sur soi-même. → **galipette.** **2** Tranche (de viande, de poisson) roulée et garnie.

roulage n. m. ▪ **1** Action de rouler. **2** Transport de marchandises par des voitures. *Entreprise de roulage.* ➡ Transport souterrain du charbon dans une mine. **3** agric. Opération consistant à tasser la couche superficielle des labours au rouleau.

roulant, ante adj. ▪ **1** Qui roule. ♦ *Personnel roulant* (dans les transports). **2** Qui glisse sur des rouleaux pour transporter, déplacer. *Tapis roulant.* **3** *Feu roulant,* tir continu. ➡ fig. *Un feu roulant de questions.*

roulante n. f. ▪ fam., milit. Cuisine ambulante.

roulé, ée adj. ▪ **1** Enroulé. **2** *R roulé* (→ **rouler** I, 5). **3** fam. (personnes) *Bien roulé(e)* : bien fait(e).

rouleau n. m. ▪ **I 1** Bande enroulée de forme cylindrique. ➡ loc. *Être au bout du rouleau,* à bout de ressources, de forces. **2** Chose enroulée, objets roulés. ♦ *Rouleau de printemps* : crêpe de riz fourrée (cuisine d'Extrême-Orient). **3** Grosse vague qui se brise. **4** Saut en hauteur où le corps roule au-dessus de la barre. **II 1** Cylindre que l'on fait rouler. ➡ *Rouleau compresseur,* pour aplanir le macadam. **2** Objet cylindrique destiné à recevoir ce qui s'enroule.

roulé-boulé n. m. ■ Culbute par laquelle on tombe en se roulant en boule.

roulement n. m. ■ **1** Action, fait de rouler (II). ◆ Mécanisme destiné à diminuer les frottements. *Roulement à billes.* **2** Bruit de ce qui roule. *Un roulement de tambour.* **3** Mouvement de ce qui tourne. **4** (argent) Fait de circuler. **5** Alternance de personnes qui se relaient.

rouler v. [1] ■ **I** v. tr. **1** Déplacer (un corps arrondi) en le faisant tourner sur lui-même. ◆ loc. *Rouler sa bosse,* voyager beaucoup. **2** Déplacer (un objet muni de roues, de roulettes). **3** Mettre en rouleau. *Rouler un tapis.* → **enrouler.** **4** Imprimer un balancement à. *Rouler les hanches en marchant.* ◆ fam. *Rouler les mécaniques**. **5** *Rouler les r,* les faire vibrer. **6** fam. Tromper. **II** v. intr. **1** Avancer en tournant sur soi-même. *Faire rouler un tonneau.* **2** Tomber et tourner sur soi-même. **3** Avancer au moyen de roues, de roulettes. ◆ (personnes) Avancer dans un véhicule à roues. **4** (bateau) Être agité de roulis. **5** (bruit) Se prolonger en vibrant. **6** (conversation...) *ROULER SUR :* avoir pour sujet. → **porter** sur. ▷ v. pron. **se rouler** **1** Rouler son corps allongé. ◆ loc. *C'est à se rouler par terre (de rire).* **2** S'envelopper (dans). → s'**enrouler.**

roulette n. f. ■ **1** Petite roue. ◆ loc. *Marcher, aller comme sur des roulettes,* très bien. **2** Instrument à roue dentée. ◆ Fraise (de dentiste). **3** Jeu de hasard où une boule dans une cuvette tournante détermine un numéro gagnant.

rouleur, euse n. ■ sports Cycliste qui soutient un train régulier et très rapide. → **pédaleur.**

rouleuse n. f. ■ Petite machine à rouler les cigarettes.

roulier n. m. ■ anciennt Voiturier.

roulis n. m. ■ Oscillation transversale d'un bateau. *Roulis et tangage**.

roulotte n. f. ■ **1** Voiture aménagée où vivent des nomades. **2** (Canada) Remorque aménagée pour servir de logement. → **caravane.**

roulure n. f. ■ **1** techn. Maladie des arbres, décollement des couches ligneuses dû au gel. **2** vulg. (injure) Prostituée.

roumain, aine adj. et n. ■ De Roumanie. *Les Roumains.* ◆ n. m. *Le roumain* (langue romane).

roumi n. ■ Chrétien, Européen, pour un musulman. *Un roumi, une roumi* (ou *une roumie*).

round [ʀaund ; ʀund] n. m. ■ Reprise (d'un combat de boxe ; fig. d'une lutte).

roupettes n. f. pl. ■ fam. Testicules. → **roubignoles.**

① **roupie** n. f. ■ loc. fam. *De la roupie de sansonnet :* une chose insignifiante.

② **roupie** n. f. ■ Unité monétaire de l'Inde, du Pakistan, du Népal, etc.

roupiller v. intr. [1] ■ fam. Dormir.

roupillon n. m. ■ fam. Petit somme.

rouquin, ine adj. et n. ■ fam. (Personne) qui a les cheveux roux.

rouscailler v. intr. [1] ■ fam. Rouspéter.

rouspéter v. intr. [6] ■ fam. Protester, réclamer (contre qqch.). → **râler.** ▸ **rouspétance** n. f. ▸ **rouspéteur, euse** n.

roussâtre adj. ■ Qui tire sur le roux.

rousse n. f. ■ argot Police.

rousseau n. m. ■ Dorade rose.

rousselé, ée adj. ■ région. (Ouest ; Canada) Marqué, couvert de taches de rousseur*. *Peau rousselée.*

rousselet n. m. ■ Poire à la peau rougeâtre.

rousserolle n. f. ■ Petit passereau vivant au bord de l'eau, appelé aussi *fauvette des roseaux, fauvette des marais.* - var. **rousserole.**

roussette n. f. ■ **1** Squale de petite taille, appelé aussi *chien de mer.* **2** Grande chauve-souris.

rousseur n. f. ■ **1** Couleur rousse. ◆ *Tache de rousseur :* tache rousse de la peau. → **éphélides.** **2** Tache roussâtre sur le papier.

roussi n. m. ■ Odeur d'une chose qui a légèrement brûlé. ◆ loc. *Sentir le roussi,* mal tourner, se gâter (affaire, situation).

roussir v. [2] ■ Devenir ; rendre roux, roussâtre (spécialt en brûlant légèrement).

rouste n. f. ■ fam. Volée (de coups).

roustons n. m. pl. ■ fam. Testicules. → **roubignoles, roupettes.**

routage n. m. ■ techn. Action de router.

routard, arde n. ■ Personne qui voyage librement et à peu de frais.

route n. f. ■ **1** Voie de communication terrestre importante. ◆ *La grande route, la grand-route,* la route principale. ♦ *La route,* les communications automobiles. ◆ *Tenir la route* (fig. agir de manière fiable et durable). **2** Chemin suivi ou à suivre dans une direction déterminée. → **itinéraire.** ♦ Itinéraire (ligne) que suit un navire, un avion. ◆ fig. *Faire fausse route :* se tromper. **3** loc. *Mettre EN ROUTE,* en marche (un moteur, une machine). ◆ fig. *Mise en route* (d'une affaire). **4** fig. Chemin. *Vous êtes sur la bonne route.* → **voie.**

router v. tr. [1] ■ **1** techn. Grouper (des imprimés) selon leur destination. **2** mar. Fixer la route, l'itinéraire de (un navire). **3** inform. Acheminer (des données) au sein d'un réseau.

routeur, euse n. ▪ **I 1** Personne qui assure le routage des imprimés, des colis. **2** mar. Personne qui détermine la route à suivre par un navire. **II** n. m. inform., télécomm. Outil logiciel ou matériel qui assure le routage des données au sein d'un réseau.

① **routier, ière** ▪ **1** adj. Relatif aux routes. *Réseau routier.* **2** n. Conducteur, conductrice de poids lourds. ◆ n. m. Restaurant fréquenté par les routiers.

② **routier** n. m. ▪ *Vieux routier,* vieux soldat ; fig. homme expérimenté.

routine n. f. ▪ **1** Habitudes, préjugés répétitifs, empêchant le progrès. **2** anglic. (non péj.) *De routine :* courant, habituel. ► **routinier, ière** adj.

rouvraie n. f. ▪ Lieu planté de chênes rouvres.

rouvre n. m. ▪ Petit chêne. ➛ appos. *Chêne rouvre.*

rouvrir v. [18] ▪ **I** v. tr. Ouvrir de nouveau (ce qui a été fermé). ➛ *Rouvrir un débat.* **II** v. intr. Être de nouveau ouvert.

roux, rousse adj. ▪ **1** D'une couleur entre l'orangé et le rouge. → **fauve.** *Cheveux roux.* ◆ n. m. Couleur rousse. **2** adj. et n. (Personne) dont les cheveux sont roux. → **rouquin.** **3** *Beurre roux,* qu'on a fait roussir. ➛ n. m. Sauce de farine roussie dans du beurre. **4** *Lune rousse :* lune d'avril (censée roussir, geler la végétation).

royal, ale, aux adj. ▪ **1** Du roi ; qui concerne un roi. ➛ *La Marine royale* et n. f. *la Royale* (mod. la marine militaire). **2** Digne d'un roi. *Un cadeau royal.* ► **royalement** adv.

royaliste n. et adj. ▪ Partisan du roi, du régime monarchique. → **monarchiste.** ➛ loc. *Être plus royaliste que le roi :* défendre les intérêts de qqn, etc., avec plus d'ardeur qu'il ne le fait lui-même. ► **royalisme** n. m.

royalties [ʀwajalti] n. f. pl. ▪ anglic. Redevance versée au propriétaire d'un brevet, à un auteur ; à un pays producteur de pétrole.

royaume n. m. ▪ **1** État, territoire gouverné par un roi, une reine. **2** relig. *Le royaume de Dieu, des cieux,* le règne de Dieu dans les âmes.

royauté n. f. ▪ Dignité, pouvoir de roi.

-rragie Élément (du grec *rhêgnumi* «jaillir») qui signifie «flux anormal».

-rrhée Élément (du grec *rhein* «couler») qui signifie «écoulement».

RSA ou **R. S. A.** [ɛʀɛsa] n. m. (sigle de *revenu de solidarité active*) ▪ (en France) Revenu garanti aux chômeurs qui retrouvent un travail, allocation constituant un complément de revenu.

RSS n. m. (sigle angl.) ▪ inform. Format de description des contenus d'un site web qui permet de les mettre à disposition d'autres sites.

RTT ou **R. T. T.** n. f. (sigle) ▪ (en France) Réduction (légale) du temps de travail. ➛ Congé pris à ce titre. *Être en RTT.*

ru n. m. ▪ région. Petit ruisseau.

Ru ▪ Symbole chimique du ruthénium.

ruade n. f. ▪ Mouvement des chevaux, ânes..., qui lancent en arrière leurs membres postérieurs. → **ruer** (II).

ruban n. m. ▪ **1** Étroite bande de tissu. **2** Bande de tissu, insigne de décorations. **3** Bande d'une matière flexible. *Ruban adhésif.*

rubané, ée adj. ▪ **1** Couvert de traces étroites et allongées. *Marbre rubané.* **2** Plat et mince comme un ruban. *Algues rubanées.*

rubanerie n. f. ▪ Fabrication, commerce en gros des rubans, galons.

rubanier n. m. ▪ Plante aquatique à feuilles rubanées, appelée aussi *ruban d'eau.*

rubato [ʀy- ; ʀu-] adv. ▪ mus. (indication de mouvement) Avec une grande liberté rythmique. *Jouer rubato.* ➛ n. m. *Des rubatos.*

rubéfaction n. f. ▪ méd. Congestion cutanée passagère, provoquée par un rubéfiant. → **rougeur.**

rubéfiant, iante adj. et n. m. ▪ méd. Qui produit une congestion passagère et locale, par application sur la peau.

rubellite n. f. ▪ minér. Variété de tourmaline, généralement rose.

rubéole n. f. ▪ Maladie éruptive contagieuse voisine de la rougeole. ► **rubéoleux, euse** adj. et n.

rubescence n. f. ▪ didact. Rougeur de la peau. ► **rubescent, ente** adj.

rubican adj. m. ▪ *Cheval rubican,* dont la robe est semée de poils blancs.

rubicond, onde adj. ▪ (visage) Très rouge.

rubidium [-jɔm] n. m. ▪ Élément atomique (symb. Rb, n° at. 37, masse at. 85,46), métal blanc, mou, du groupe des alcalins.

rubigineux, euse adj. ▪ didact. **1** Couvert de rouille. **2** Couleur de rouille.

rubis n. m. ▪ **1** Pierre précieuse d'un beau rouge. **2** Monture de pivot en pierre dure (horlogerie). **3** loc. *Payer rubis sur l'ongle :* payer comptant et en totalité.

rubrique n. f. ▪ **1** Titre indiquant la matière d'un article de presse. **2** Article sur un sujet. → **chronique.**

ruche n. f. ▪ **1** Abri aménagé pour un essaim d'abeilles. **2** Colonie d'abeilles d'une ruche. ◆ fig. Lieu où règne une activité incessante.

ruché n. m. ▪ Bande d'étoffe plissée servant d'ornement.

rucher n. m. ▪ Emplacement de ruches ; ensemble de ruches.

rudbeckia n. m. ▪ Plante cultivée pour ses fleurs aux vives couleurs.

rude adj. ▪ **1** (personnes, manières...) Simple et grossier. **2** (personnes) littér. Dur, sévère. ◆ Redoutable. **3** (choses) Pénible. ◆ loc. *À rude épreuve**. **4** Dur au toucher (→ **rugueux**), à l'ouïe. *Une voix rude.* **5** fam. (avant le nom) Remarquable en son genre. → **fameux, sacré.**

rudement adv. ▪ **1** De façon brutale. **2** Avec dureté. **3** fam. Beaucoup. *C'est rudement bon.*

rudenté, ée adj. ▪ archit. Orné de rudentures. *Colonnes rudentées.*

rudenture n. f. ▪ archit. Ornement torsadé au bas des cannelures d'une colonne.

rudéral, ale, aux adj. ▪ bot. Qui croît parmi les décombres.

rudération n. f. ▪ techn. Pavage en cailloux, en petites pierres.

rudesse n. f. ▪ Caractère rude (1 à 4).

rudiment n. m. ▪ **1** au plur. Notions élémentaires ; ébauche (d'un système). **2** Ébauche ou reste (d'un organe). *Un rudiment d'aile.*

rudimentaire adj. ▪ **1** Peu développé ; sommaire. **2** (organe) À l'état d'ébauche ou de résidu.

rudiste n. m. ▪ paléont. Mollusque lamellibranche fossile, à coquille épaisse (ère secondaire).

rudologie n. f. ▪ didact. Étude des déchets, de leur élimination.

rudoyer v. tr. [8] ▪ Traiter rudement.

① **rue** n. f. ▪ **1** Voie d'importance moyenne, bordée de maisons, dans une agglomération. → **artère.** *Les rues et les avenues.* ◆ loc. *À tous les coins de rue* : partout. **2** *L'homme de la rue*, l'homme moyen, le premier venu. ◆ loc. *Être À LA RUE*, sans domicile. ◆ (Siège des manifestations populaires). *Descendre dans la rue.*

② **rue** n. f. ▪ Plante des prés vivace, à fleurs jaunes. *La rue fétide.*

ruée n. f. ▪ Mouvement rapide de personnes dans une direction.

ruelle n. f. ▪ **I** Petite rue étroite. → **venelle.** **II** Espace libre entre un lit et le mur. ◆ (au XVIIe siècle) Chambre, alcôve.

ruer v. [1] ▪ **I** *SE RUER* v. pron. S'élancer avec violence. → se **précipiter.** *La foule se rua vers la sortie.* **II** v. intr. Lancer des ruades. ◆ loc. fig. *Ruer dans les brancards* : regimber, résister.

ruffian ou **rufian** n. m. ▪ vx ou littér. Souteneur. ◆ mod. Aventurier.

ruflette n. f. ▪ Galon cousu en haut des rideaux afin de les froncer et de les accrocher.

rugby n. m. ▪ Sport d'équipe dans lequel il faut poser un ballon ovale derrière la ligne de but de l'adversaire (→ **essai**), ou le faire passer entre les poteaux de but. ► **rugbyman** [-man] n. m.

rugbystique adj. ▪ Relatif au rugby.

rugine n. f. ▪ Instrument de chirurgie, sorte de rabot pour racler les os.

ruginer v. tr. [1] ▪ chir. Racler (un os) avec la rugine.

rugir v. intr. [2] ▪ **1** (lion, fauves) Pousser des rugissements. **2** (personnes) Pousser des cris. → **hurler.** **3** Produire un bruit sourd et puissant.

rugissement n. m. ▪ **1** Cri du lion et de certains fauves (tigres, panthères, etc.). **2** Cri rauque. **3** (choses) Grondement sourd et puissant.

rugueux, euse adj. ▪ Dont la surface présente de petites aspérités, et qui est rude au toucher. ► **rugosité** n. f.

ruine n. f. ▪ **I 1** (surtout plur.) Débris d'un édifice ancien ou écroulé. → **décombres, vestige.** ◆ *Une ruine.* **2** Personne dégradée par l'âge, la maladie... **II 1** Écroulement d'un édifice. ◆ *Menacer ruine.* ◆ *Tomber en ruine.* **2** Destruction, perte. *C'est la ruine de ses espérances.* **3** Perte de la fortune. *Être au bord de la ruine.*

ruiner v. tr. [1] ▪ **1** Endommager gravement. ◆ *Ruiner sa santé.* **2** Causer la ruine, la perte de. → **détruire.** **3** Faire perdre la fortune à ; faire trop dépenser. ◆ pronom. *Se ruiner en médicaments.* ▷ p. p. **ruiné, ée**

ruineux, euse adj. ▪ Qui amène la ruine, des dépenses excessives.

ruiniforme adj. ▪ géol. Qui a pris un aspect de ruine, sous l'action de l'érosion. *Rochers ruiniformes.*

ruinure n. f. ▪ techn. Entaille dans une solive, un poteau, pour augmenter la prise de la maçonnerie.

ruisseau n. m. ▪ **1** Petit cours d'eau. → **ru, torrent.** ◆ par exagér. *Des ruisseaux de larmes.* **2** Caniveau. ◆ loc. *Dans le ruisseau*, dans une situation dégradante.

ruisseler v. intr. [4] ▪ **1** Couler sans arrêt en formant un courant d'eau. *La pluie ruisselle.* **2** Se répandre à profusion (soleil, etc.). **3** *RUISSELER DE* : être couvert de (un liquide qui ruisselle). ► **ruisselant, ante** adj.

ruisselet n. m. ▪ Petit ruisseau.

ruissellement n. m. ▪ Fait de ruisseler. ◆ géol. *Ruissellement pluvial* : écoulement des eaux de pluie.

rumb → **rhumb**

rumba [Rumba] n. f. ▪ Danse d'origine cubaine ; musique de cette danse.

rumen [-ɛn] n. m. ▪ zool. Premier estomac des ruminants. → **panse, réticulum.**

rumeur n. f. ▪ **1** Bruit, nouvelle de source incontrôlée qui se répand. **2** Bruit confus (de voix, etc.).

ruminant n. m. ▪ Mammifère ongulé qui peut ruminer (ex. bovidés, cervidés).

ruminer v. tr. [1] ▪ **1** (ruminants) Mâcher de nouveau (des aliments revenus de l'estomac), avant de les avaler. → **ruminant. 2** (personnes) Tourner et retourner lentement dans son esprit. *Ruminer son chagrin.* ► **rumination** n. f.

rumsteck n. m. → **romsteck**

runabout [ʀœnabaut] n. m. ▪ anglic. Canot automobile à moteur intérieur très puissant. *Des runabouts.*

rune n. f. ▪ didact. Caractère de l'ancien alphabet des langues germaniques. ► **runique** adj.

ruolz [ʀɥɔls] n. m. ▪ Alliage argenté par galvanoplastie. *Des couverts en ruolz.*

rupestre adj. ▪ didact. **1** Qui vit dans les rochers. *Flore rupestre.* **2** *Art rupestre,* exécuté sur une paroi rocheuse.

rupicole n. m. ▪ zool. Oiseau passereau appelé communément *coq de roche.*

rupin, ine adj. et n. ▪ fam. Riche.

rupteur n. m. ▪ techn. Dispositif qui interrompt un courant électrique.

rupture n. f. ▪ **1** Fait de se casser, de se rompre. **2** Cessation brusque. *Rupture des relations diplomatiques.* ◆ *Rupture de contrat.* ◆ *Rupture de stock* (quand le stock est insuffisant). ♦ *Être EN RUPTURE AVEC,* en opposition affirmée à. **3** Brouille.

rural, ale, aux adj. ▪ **1** Qui concerne la vie dans les campagnes. *Exploitation rurale.* → **agricole. 2** n. m. pl. *Les ruraux.* → **campagnard ; paysan.**

ruralité n. f. ▪ didact. Caractère de ce qui est rural, qui se rapporte aux choses de la campagne.

rurbain, aine adj. ▪ géogr. Concerné par la rurbanisation. *Commune rurbaine.* ♦ n. Personne qui habite en zone rurbaine.

rurbanisation n. f. ▪ géogr. Urbanisation lâche des zones rurales à proximité de villes dont elles deviennent les banlieues.

ruse n. f. ▪ **1** Procédé habile pour tromper. → **artifice, feinte, manœuvre, stratagème, subterfuge. 2** *LA RUSE :* art de dissimuler, de tromper.

rusé, ée adj. ▪ Qui a, emploie ou exprime de la ruse. → **malin, roublard.**

ruser v. intr. [1] ▪ Agir avec ruse.

rush [ʀœʃ] n. m. ▪ anglic. **1** Afflux brusque d'un grand nombre de personnes. → **ruée. 2** au plur. (cinéma) Épreuves de tournage (avant montage).

russe adj. et n. ▪ De Russie. ◆ n. *Les Russes.* ♦ n. m. Langue slave parlée en Russie, et dans d'autres pays d'Europe et d'Asie.

russifier v. tr. [7] ▪ Rendre russe ; imposer la langue, les mœurs, les institutions russes à. → aussi **soviétiser.** ► **russification** n. f.

russophile adj. et n. ▪ Qui est favorable aux Russes, à la Russie.

russophobe adj. et n. ▪ Qui déteste les Russes, la Russie, sa politique.

russophone adj. et n. ▪ Qui parle le russe.

russule n. f. ▪ Champignon à lamelles, dont plusieurs variétés sont comestibles.

rustaud, aude adj. ▪ Qui a des manières grossières et maladroites. ◆ n. → **rustre.**

rusticage n. m. ▪ techn. **1** Mortier peu épais qu'on projette sur un mur pour le rustiquer. **2** Action de rustiquer.

rustine n. f. ▪ Rondelle de caoutchouc qui sert à réparer une chambre à air.

rustique adj. ▪ **1** littér. De la campagne. → **agreste, champêtre, rural. 2** (mobilier) Dans un style traditionnel régional. **3** péj. Très simple et peu raffiné. ► **rusticité** n. f.

rustiquer v. tr. [1] ▪ techn. Tailler, travailler (une pierre, une surface) pour lui donner un aspect brut.

rustre n. m. ▪ Homme grossier. → **goujat, malotru, rustaud.**

rut [ʀyt] n. m. ▪ Période d'activité sexuelle des mammifères. ◆ *En rut* (→ en chaleur).

rutabaga n. m. ▪ Plante à tige renflée, à chair jaune, comestible.

ruthénium [-jɔm] n. m. ▪ chim. Élément atomique (symb. Ru, n° at. 44, masse at. 101,07), métal rare extrait des minerais de platine.

rutherfordium [-jɔm] n. m. ▪ chim. Élément atomique radioactif (symb. Rf, n° at. 104, masse at. 261,108), métal produit artificiellement.

rutilance n. f. ▪ littér. Caractère, aspect, éclat de ce qui est rutilant. → **brillance.** - syn. **rutilement** n. m.

rutilant, ante adj. ▪ **1** littér. D'un rouge ardent. **2** Qui brille d'un vif éclat. ► **rutiler** v. intr. [1]

rutile n. m. ▪ géol. Bioxyde naturel de titane.

rutoside n. m. ▪ biochim. Substance glucidique extraite des feuilles de la rue (②), à propriétés vitaminiques (vitamine P).

rye [ʀaj] n. m. ▪ anglic. Whisky de seigle.

rythme n. m. ▪ **1** Mouvement du discours poétique, de la phrase, qui résulte de son agencement, de la répartition des accents. **2** Répartition des sons musicaux dans le temps (intensité et durée). → **mesure, mouvement, tempo. 3** arts Distribution des masses, des lignes. **4** Mouvement périodique, régulier. ➛ *Rythme biologique :* variation périodique des phénomènes biologiques, dans le monde vivant. → **biorythme ; horloge** interne. **5** Allure à laquelle se déroule un processus. → **cadence, vitesse.**

rythmer v. tr. [1] ▪ **1** Soumettre à un rythme. *Rythmer sa marche.* **2** Souligner le rythme de (une phrase, un morceau de musique...). → **scander.** ▷ adj. **rythmé, ée**

rythmicien, ienne n. ▪ didact. **1** Spécialiste de rythmique grecque ou latine. **2** Poète habile dans le maniement des rythmes.

rythmicité n. f. ▪ Caractère de ce qui est rythmique, qui présente un rythme.

rythmique adj. ▪ **1** Soumis à un rythme régulier. **2** Relatif au rythme. *Accent rythmique.* ♦ n. f. Étude des rythmes dans la langue. ► **rythmiquement** adv.

S

s [ɛs] n. m. ▪ **1** Dix-neuvième lettre, quinzième consonne de l'alphabet. *L's* ou *le s.* **2** Forme sinueuse du s.

S ▪ Symbole chimique du soufre.

sa adj. poss. → ① **son**

sabayon [-aj-] n. m. ▪ Crème mousseuse aromatisée de vin doux ou de champagne.

sabbat n. m. ▪ **1** Repos que les juifs pratiquants doivent observer le samedi. - var. **shabbat** [ʃabat] n. m. **2** Assemblée de sorciers.

sabbatique adj. ▪ **1** Du sabbat (1). **2** *Année sabbatique,* congé d'un an.

① **sabéen, éenne** n. et adj. ▪ relig. Membre d'une secte judéo-chrétienne mentionnée dans le Coran.

② **sabéen, éenne** adj. ▪ hist. Du pays de Saba (Yémen). ➛ n. *Les Sabéens.*

sabéisme n. m. ▪ Religion des Sabéens.

sabelle n. f. ▪ zool. Ver marin aux branchies en panache.

sabellianisme n. m. ▪ relig. Doctrine de Sabellius, selon laquelle la Trinité se manifeste sous trois aspects d'une même personne.

sabine n. f. ▪ Genévrier du sud de l'Europe.

sabir n. m. ▪ **1** Mélange d'arabe, de français, d'espagnol, d'italien qui était parlé dans les ports de Méditerranée. **2** péj. Jargon.

sable n. m. ▪ **1** Ensemble de petits grains minéraux (quartz) séparés, recouvrant le sol. ➛ *Sables mouvants.* **2** adj. invar. Beige très clair.

sablé, ée ▪ **1** n. m. Petit gâteau sec à pâte friable. **2** adj. Friable.

sabler v. tr. [1] ▪ **1** Couvrir de sable. **2** techn. Couler dans un moule de sable. **3** loc. *Sabler le champagne,* le boire. **4** techn. Décaper à la sableuse. ► **sablage** n. m.

sablerie n. f. ▪ techn. Partie d'une fonderie où l'on fait les moules en sable.

sableur, euse ▪ **I** n. Ouvrier, ouvrière qui sable (2 et 4). **II** n. f. Machine qui projette un jet de sable.

sableux, euse adj. ▪ Qui contient du sable.

sablier n. m. ▪ Instrument pour mesurer le temps par écoulement de sable.

sablière n. f. ▪ Carrière de sable.

sablon n. m. ▪ techn. Sable très fin, abrasif.

sablonner v. tr. [1] ▪ techn. Récurer avec du sablon.

sablonneux, euse adj. ▪ Naturellement couvert ou constitué de sable.

sablonnière n. f. ▪ Carrière de sable. → **sablière.**

sabord n. m. ▪ Ouverture pour les canons, sur les vaisseaux de guerre.

saborder v. tr. [1] ▪ **1** Couler volontairement (un navire). **2** fig. Sacrifier (une activité, une entreprise). ▷ v. pron. se **saborder** ► **sabordage** n. m.

sabot n. m. ▪ **1** Chaussure paysanne faite d'une pièce de bois évidée. ➛ loc. ... *avec ses gros sabots,* ses intentions trop claires. **2** Enveloppe cornée qui entoure l'extrémité des doigts chez les ongulés (cheval, etc.). **3** *Sabot (de frein),* pièce mobile qui frotte sur la jante. **4** appos. *Baignoire sabot,* courte.

saboter v. tr. [1] ▪ **1** Faire vite et mal. → **bâcler.** **2** Détériorer ou détruire. ➛ fig. *Saboter un projet.* ► **sabotage** n. m. ► **saboteur, euse** n.

saboterie n. f. ▪ Fabrication de sabots. ♦ Fabrique de sabots.

sabotier, ière [-tje, jɛʀ] n. ▪ Personne qui fabrique, qui vend des sabots.

sabra n. ▪ Citoyen juif d'Israël, né sur place.

sabrage n. m. ▪ techn. Opération consistant à ôter les débris végétaux des toisons de mouton.

sabre n. m. ▪ **1** Arme blanche, à lame courbe à simple tranchant. ♦ loc. *Traîneur de sabre :* militaire belliqueux. **2** Escrime au sabre.

sabrer v. tr. [1] ▪ **I** Frapper à coups de sabre. ► **sabreur, euse** n. **II** fig. **1** Couper dans (un texte). **2** Éliminer (qqch., qqn). ➛ fam. *Sabrer un candidat.*

sabretache n. f. ■ anciennt Sac plat en cuir, que les cavaliers suspendaient à leur ceinturon, à côté du sabre.

sabreuse n. f. ■ Machine utilisée pour le sabrage des peaux de mouton.

saburral, ale, aux adj. ■ méd. *Langue saburrale*, recouverte d'un enduit blanchâtre.

saburre n. f. ■ méd. ancien Résidu qu'on supposait accumulé dans l'estomac à la suite de mauvaises digestions.

① **sac** n. m. ■ **I 1** Contenant souple, ouvert par le haut. ♦ *Sac de couchage* (fait de duvet). **2** loc. *Mettre dans le même sac* : considérer aussi mal. *Prendre qqn la main dans le sac*, sur le fait. ➛ *Avoir plus d'un tour dans son sac* : être très malin. ♦ fam. *Sac à vin* : ivrogne. ➛ *L'affaire est dans le sac* : le succès est assuré. ➛ *Vider son sac* : avouer. **3** Objet souple où l'on peut ranger, transporter qqch. *Sac à dos*. ♦ *SAC (À MAIN)* (pour les femmes). **II** didact. Cavité de l'organisme. *Sac lacrymal*.

② **sac** n. m. ■ Pillage (d'une ville, d'une région). ➛ *Mettre à sac* : piller. → **saccager.**

saccade n. f. ■ Mouvement brusque et irrégulier. ► **saccadé, ée** adj.

saccager v. tr. [3] ■ **1** Mettre à sac (→ ② **sac**), en détruisant et en volant. → **piller, ravager.** **2** Mettre en désordre. ► **saccage** n. m. ► **saccageur, euse** n. et adj.

saccharase n. f. ■ biochim. Enzyme qui active l'hydrolyse du saccharose en fructose et en glucose. → **invertase, sucrase.**

saccharate n. m. ■ chim. Sel de l'acide obtenu par oxydation du saccharose, du glucose. ➛ Combinaison du saccharose avec les bases (→ **sucrate**).

sacchareux, euse adj. ■ didact. De la nature du sucre, du saccharose.

saccharifère adj. ■ didact. Qui produit ou contient du sucre.

saccharifier v. tr. [7] ■ chim. Transformer en sucre. ► **saccharification** n. f.

saccharimètre n. m. ■ sc. Appareil destiné à déterminer la concentration en sucre d'une solution, notamment à partir de son pouvoir rotatoire.

saccharine n. f. (n. déposé) ■ Substance blanche, succédané du sucre.

sacchar(o)- [-ka-] Élément, du grec *sakkharon* «sucre». → **gluc(o)-.**

saccharoïde adj. ■ minér. Qui a l'apparence du sucre cristallisé. *Gypse saccharoïde*.

saccharolé, ée adj. et n. m. ■ pharm. Se dit d'un médicament contenant du sucre, destiné à être consommé par voie orale.

saccharomyces [-ɛs] n. m. ■ bot. Nom générique des levures.

saccharose n. m. ■ didact. Sucre alimentaire.

sacciforme adj. ■ didact. Qui a une forme de sac.

saccule n. m. ■ anat. Vésicule située dans la partie inférieure du vestibule de l'oreille interne.

sacculiforme adj. ■ didact. En forme de petit sac, de vésicule.

sacculine n. f. ■ zool. Petit crustacé parasite des crabes, qui à l'état adulte régresse à l'état d'un petit sac.

sacerdoce n. m. ■ **1** Dignité ou fonction de prêtre. **2** fig. Fonction qui exige du dévouement.

sacerdotal, ale, aux adj. ■ Propre au sacerdoce, aux prêtres.

sachem [saʃɛm] n. m. ■ Chef, conseiller (Amérindiens).

sachet n. m. ■ Petit sac ; poche.

sacoche n. f. ■ Sac de cuir ou de toile forte. ➛ Cartable.

sacolève n. m. ■ mar. Voilier marchand à trois mâts, au pont relevé vers l'arrière, en usage aux XVIIe et XVIIIe siècles dans le Levant.

sacome n. m. ■ archit. Moulure en saillie.

sacquer ou **saquer** v. tr. [1] ■ fam. **1** Renvoyer, congédier ; noter sévèrement. **2** *Ne pas pouvoir sacquer qqn*, le détester.

sacral, ale, aux adj. ■ didact. Du sacré.

sacraliser v. tr. [1] ■ didact. Attribuer un caractère sacré à. ► **sacralisation** n. f.

sacramentaire ■ **1** n. hist. Au XVIe siècle, Hérétique qui niait la présence réelle dans l'Eucharistie. **2** adj. Relatif aux sacrements. → **sacramentel.**

sacramental, ale, aux ■ relig. **1** n. m. Rite sacré, institué par l'Église, pour obtenir des effets d'ordre spirituel. **2** adj. vx → **sacramentel.**

sacramentel, elle adj. ■ didact. Des sacrements.

sacrant adj. m. ■ (Canada) Contrariant, embêtant. *C'est sacrant !* ➛ loc. *Au plus sacrant* : au plus vite.

① **sacre** n. m. ■ **1** Cérémonie par laquelle l'Église consacre un souverain, un évêque. **2** fig. Consécration solennelle.

② **sacre** n. m. ■ (Canada) Juron.

① **sacré, ée** adj. ■ **I 1** Qui appartient à un domaine interdit et inviolable et fait l'objet d'une vénération religieuse. → **saint, tabou.** ➛ n. m. *Le sacré et le profane*. **2** Digne d'un respect absolu. *Un droit sacré*. **II** fam. (avant le n. ; valeur intensive) *C'est un sacré menteur*. → **fichu.** ► **sacrément** adv. fam. → **très.**

② **sacré, ée** adj. ■ anat. Du sacrum.

sacrebleu interj. ■ vx Juron familier.

Sacré-Cœur n. m. ■ Cœur de Jésus-Christ.

sacrement n. m. ■ Rite sacré institué par Jésus-Christ, pour produire ou augmenter la grâce dans les âmes. *Le saint(-)sacrement :* l'eucharistie.

① **sacrer** v. tr. 1 ■ Consacrer (qqn) par un sacre (①).

② **sacrer** v. intr. 1 ■ vieilli ou région. (Canada) Jurer, blasphémer **(→ ② sacre).**

sacrificateur, trice n. ■ Prêtre, prêtresse préposé(e) aux sacrifices.

sacrificatoire adj. ■ didact. Propre à un sacrifice, aux sacrifices (1).

sacrifice n. m. ■ **1** Offrande rituelle à la divinité, destruction ou abandon de ce qui est offert. *Sacrifices humains,* d'êtres humains. ◆ cathol. *Le saint sacrifice :* la messe. **2** Renoncement ou privation volontaire. ♦ *Le goût du sacrifice.* → **dévouement.** ► **sacrificiel, ielle** adj.

sacrifier v. tr. 7 ■ **1** Offrir en sacrifice (1). → **immoler.** ♦ intrans. SACRIFIER À. ◆ fig. *Sacrifier à la mode,* s'y conformer. **2** Abandonner ou négliger (qqch., qqn). *Il a sacrifié ses proches à sa carrière.* **3** Donner. ◆ au p. p. *Marchandises sacrifiées,* soldées à bas prix. ▷ v. pron. se **sacrifier** → se **dévouer.**

sacrilège ■ **I** n. m. Profanation de ce qui est sacré. **II** n. Personne qui a commis un sacrilège. → **profanateur.** ◆ adj. *Un attentat sacrilège.*

sacripant n. m. ■ fam. Chenapan.

sacristain, aine n. ■ Préposé(e) à la sacristie, à l'entretien de l'église. → **bedeau.**

sacristi interj. ■ vx Juron familier. → **sapristi.**

sacristie n. f. ■ Annexe d'une église où sont déposés les objets du culte.

sacro- Élément savant tiré de *sacrum.*

sacro-iliaque adj. ■ anat. Relatif au sacrum et à l'os iliaque. *Articulations sacro-iliaques.*

sacro-saint, sacro-sainte adj. ■ **1** vx Saint et sacré. **2** mod. Trop respecté. *Ses sacro-saints principes.*

sacrum [-ɔm] n. m. ■ Os formé par la réunion de cinq vertèbres **(→ ② sacré),** à la partie inférieure de la colonne vertébrale.

sadducéen, enne n. et adj. ■ Antiq. Membre d'une secte de juifs conservateurs qui n'acceptaient pas la tradition orale (à la différence des pharisiens). - var. **saducéen, enne.**

sadien, ienne adj. ■ didact. Relatif à l'œuvre du marquis de Sade.

sadique adj. et n. ■ Qui manifeste du sadisme. ► **sadiquement** adv.

sadisme n. m. ■ **1** psych. Comportement sexuel dans lequel le plaisir ne peut être obtenu qu'en faisant souffrir. **2** cour. Goût de faire souffrir.

sadomasochisme n. m. ■ psych. Comportement sexuel qui associe sadisme et masochisme. ► **sadomasochiste** adj. et n.

saducéen, enne → **sadducéen**

SAE [ɛsaø] adj. (sigle angl.) ■ techn. *Classification SAE :* classification des huiles pour moteurs, d'après leur viscosité **(→ grade).** *Numéro SAE.*

safari n. m. ■ Expédition de chasse, en Afrique.

safari-photo n. m. ■ Expédition organisée dans une réserve naturelle en vue de photographier ou filmer les animaux sauvages.

① **safran** n. m. ■ **1** Plante (crocus) à stigmates orangés. **2** Condiment en poudre provenant de ces stigmates. **3** Couleur jaune orangé.

② **safran** n. m. ■ Pièce principale d'un gouvernail de navire.

safrané, ée adj. ■ **1** Assaisonné au safran. *Riz safrané.* **2** Jaune safran.

safre n. m. ■ Verre bleu coloré à l'oxyde bleu de cobalt, imitant le saphir.

saga n. f. ■ **1** littér. Récit scandinave ancien, historique ou mythologique. **2** Histoire légendaire. ◆ par ext. Longue histoire mouvementée.

sagace adj. ■ littér. Qui a de la sagacité.

sagacité n. f. ■ Pénétration faite d'intuition, de finesse. → **perspicacité.**

sagaie n. f. ■ Lance, javelot.

sagard n. m. ■ région. (Vosges) Scieur qui débite le bois en planches.

sage adj. ■ **1** littér. Qui a du savoir, est juste, peut être imité. ◆ n. m. *Agir en sage.* **2** Réfléchi et modéré. ♦ (choses) Mesuré. **3** Calme et docile (enfants).

sage-femme [-fam] n. f. ■ Femme qui veille à la grossesse et à l'accouchement des femmes.

sagement adv. ■ D'une manière sage (2).

sagesse n. f. ■ **1** Philosophie, conduite du sage (1). **2** Modération et prudence dans la conduite. *La voix de la sagesse.* → **raison.** ♦ (choses) Mesure. **3** Docilité (enfants).

sagette n. f. ■ **1** vx Flèche. **2** bot. → ② **sagittaire.**

sagine n. f. ■ bot. Petite plante herbacée à fleurs blanches, formant gazon.

① **Sagittaire** n. m. ■ Constellation zodiacale et neuvième signe du zodiaque (22 novembre-20 décembre). ◆ *Être Sagittaire,* de ce signe.

② **sagittaire** n. f. ■ bot. Plante aquatique herbacée, à feuilles sagittées, appelée aussi *flèche d'eau.* → **sagette.**

sagittal, ale, aux adj. ■ didact. **1** En forme de flèche. **2** *Plan sagittal :* plan vertical perpendiculaire au plan vu de face.

sagitté, ée adj. ■ didact. En forme de fer de flèche, de lance. *Feuilles sagittées.*

sagou n. m. ▪ Fécule jaunâtre que l'on extrait de la moelle de divers palmiers (sagoutier, zamier).

sagouin, ouine n. ▪ Personne, enfant malpropre.

sagoutier n. m. ▪ bot. Palmier dont la moelle produit le sagou.

sagum [-ɔm] n. m. ▪ didact. Court manteau de laine que portaient les Romains et les Gaulois à la guerre. → ① **saie.**

saharien, ienne adj. et n. ▪ Du Sahara.

saharienne n. f. ▪ Veste de toile.

sahélien, ienne adj. et n. ▪ Du Sahel.

sahraoui, ie [saʀawi] adj. et n. ▪ Du Sahara occidental.

saï [sai ; saj] n. m. ▪ Sapajou.

① **saie** n. f. ▪ Sagum.

② **saie** n. f. ▪ techn. Petite brosse en soies de porc, utilisée par les orfèvres.

saïga [sajga] n. m. ▪ Petite antilope.

saignant, ante adj. ▪ **1** Qui dégoutte de sang. **2** (viande) Peu cuit.

saignée n. f. ▪ **I 1** Évacuation provoquée de sang. **2** fig. Perte humaine (par la guerre, etc.). **II 1** Pli entre le bras et l'avant-bras. **2** Entaille.

saignement n. m. ▪ Écoulement de sang.

saigner v. [1] ▪ **I** v. intr. **1** (corps, organe) Perdre du sang. **2** fam. impers. *Ça va saigner :* il va y avoir des coups. **II** v. tr. **1** Faire une saignée à (qqn). **2** Égorger (un animal). **3** fig. Épuiser (qqn) en lui retirant ses ressources. ➛ pronom. loc. *Se saigner aux quatre veines :* donner tout ce qu'on a.

saigneur, euse n. ▪ techn. Personne qui récolte le latex en saignant les arbres à caoutchouc.

saignoir n. m. ▪ Couteau à saigner les animaux de boucherie.

saillant, ante adj. ▪ **1** Qui avance, dépasse. ➛ *Angle saillant* (opposé à *rentrant*). **2** fig. Qu'on remarque. → **frappant.**

saillie n. f. ▪ **I 1** littér. Trait d'esprit brillant. **2** Accouplement des animaux domestiques. **II** Partie qui dépasse l'alignement.

saillir v. [2] ▪ **I** v. tr. (animaux mâles) Couvrir (la femelle). **II** v. intr. [13] ou littér. [2] Avancer en formant une saillie (II).

saïmiri n. m. ▪ Singe de petite taille, à longue queue.

sain, saine adj. ▪ **1** Qui est en bonne santé. ♦ loc. *SAIN ET SAUF :* en bon état, après un danger. ➛ *Être sain de corps et d'esprit.* **2** Considéré comme bon et normal (opposé à *malsain*). *De saines lectures.* ♦ *Une vie saine.* **3** fig. Qui ne présente aucune anomalie. ► **sainement** adv.

sainbois n. m. ▪ Variété de daphné ; son écorce (vésicatoire).

saindoux n. m. ▪ Graisse de porc fondue.

sainfoin n. m. ▪ Plante à fleurs rouges (fourrage).

saint, sainte ▪ **I** n. **1** cathol. Personne qui est après sa mort l'objet d'un culte public, en raison de sa perfection. ♦ loc. *Un petit saint,* un personnage vertueux. **2** (autres religions) *Les saints de l'islam.* **3** Personne d'une vertu, d'une patience exemplaires. **4** n. m. *Le Saint des Saints,* la partie du Temple la plus sacrée (→ **sanctuaire).** ➛ fig. L'endroit le plus secret et le plus important (d'une organisation...). **II** adj. **1** (devant le nom du saint, de la sainte) *Saint Paul.* ➛ *La sainte Famille :* Jésus, Joseph et Marie. **2** Qui mène une vie religieuse irréprochable. **3** Qui a un caractère sacré, religieux (judéo-chrétien). *L'histoire sainte.* ♦ loc. *Toute la sainte journée :* toute la journée. **4** Inspiré par la piété. *Une sainte indignation.*

saint-bernard n. m. ▪ Grand chien de montagne dressé à porter secours aux voyageurs égarés. *Des saint-bernard(s).*

saint-cyrien, ienne n. ▪ Élève ou ancien(ne) élève de l'École militaire de Saint-Cyr.

sainte-maure n. m. ▪ Fromage de lait de chèvre, de forme allongée.

saintement adv. ▪ D'une manière sainte.

saint-émilion [sɛ̃t-] n. m. ▪ Bordeaux rouge corsé, produit sur les coteaux de Saint-Émilion.

sainte nitouche n. f. (de *n'y touche [pas]*) ▪ Personne qui affecte l'innocence.

Saint-Esprit → **esprit**

sainteté n. f. ▪ **1** Caractère d'une personne ou d'une chose sainte. **2** *Sa, Votre Sainteté,* titre du pape.

saint-frusquin n. m. ▪ fam. Ce qu'on a d'argent, d'effets... ➛ (en fin d'énumération) *...et tout le saint-frusquin :* et tout le reste.

à la **saint-glinglin** loc. adv. ▪ fam. À une date indéfiniment reportée. → **jamais.**

saint-honoré [sɛ̃t-] n. m. ▪ Gâteau à la crème Chantilly garni de petits choux.

saint-marcellin [-səlɛ̃] n. m. ▪ Petit fromage à base de lait de vache, à pâte molle.

saint-nectaire n. m. ▪ Fromage d'Auvergne au lait de vache.

Saint-Office [sɛ̃t-] n. m. invar. ▪ hist. *Le Saint-Office :* le tribunal de l'Inquisition.

saint-paulin n. m. ▪ Fromage affiné à pâte pressée, voisin du port-salut.

Saint-Père n. m. ▪ *Le Saint-Père :* le pape.

saint-pierre n. m. ▪ Poisson de mer plat, à chair estimée.

saint-sacrement → **sacrement**

Saint-Sépulcre → **sépulcre**

Saint-Siège n. m. ▪ Papauté.

saint-simonien, ienne adj. ▪ Relatif à Saint-Simon ou à sa doctrine. *Socialisme saint-simonien.* ♦ Partisan ou disciple de Saint-Simon. ➝ n. *Les saint-simoniens.*

saint-simonisme n. m. ▪ Doctrine de Saint-Simon et des saint-simoniens, caractérisée par l'industrialisme et le progressisme.

saisi, ie adj. ▪ dr. (personnes, choses) Qui fait l'objet d'une saisie (1).

saisie n. f. ▪ **1** Procédure par laquelle des biens sont remis à la justice, à l'autorité dans l'intérêt d'un créancier. **2** Prise de possession (d'objets interdits). *La saisie d'un journal.* **3** Enregistrement de données (informatique).

saisine n. f. ▪ dr. **1** Prérogative de saisir (I, 7). **2** Droit à la possession d'un héritage.

saisir v. tr. [2] ▪ **I 1** Prendre dans sa main (qqch.) avec force ou rapidité. → **attraper.** **2** *Saisir qqn, un animal,* le retenir. **3** Se mettre promptement en mesure d'utiliser. *Une occasion à saisir.* **4** Parvenir à percevoir. *Je saisissais des bribes de conversation.* **5** (sensations, émotions, etc.) S'emparer brusquement des sens, de l'esprit de (qqn). *Un frisson de peur la saisit.* ➝ Faire une impression vive et forte sur (qqn). **6** Exposer à un feu vif (ce qu'on fait cuire). **7** Procéder à la saisie (1) de, pour faire respecter un droit. ➝ *Saisir qqn,* saisir ses biens. ♦ (→ saisie (2)) *Saisir un numéro d'un journal.* **8** Effectuer la saisie (3) de. *Saisir dix pages.* **II** dr. Porter devant (une juridiction). *Saisir un tribunal d'une affaire.* ▷ v. pron. **se saisir** (de) Mettre en sa possession. → s'**emparer** de.

saisissable adj. ▪ **1** dr. Qui peut faire l'objet d'une saisie. **2** Qui peut être compris ou perçu. → **compréhensible.**

saisissant, ante adj. ▪ **I** Qui surprend. → **étonnant, frappant.** *Une ressemblance saisissante.* **II** dr. Qui pratique une saisie (1).

saisissement n. m. ▪ Effet soudain d'une sensation ou d'une émotion.

saison n. f. ▪ **1** Époque de l'année caractérisée par son climat et par l'état de la végétation. ➝ *Marchand(e) de(s) quatre saisons :* marchand(e) ambulant(e) de légumes et de fruits. **2** Chacune des quatre (printemps, été, automne et hiver) ou deux *(saison sèche ; des pluies)* divisions de l'année. **3** Époque de l'année. *Saison théâtrale.* ♦ absolt Époque où les vacanciers affluent.

saisonnalité n. f. ▪ Caractère saisonnier (d'un phénomène).

saisonnier, ière adj. ▪ **1** Propre à une saison. **2** Qui ne dure qu'une saison. *Travail saisonnier.*

sajou → **sapajou**

saké n. m. ▪ Alcool de riz japonais.

saki n. m. ▪ zool. Singe d'Amazonie, à l'épaisse fourrure grise.

sakièh ou **sakieh** n. f. ▪ Noria égyptienne actionnée par des bœufs.

salace adj. ▪ littér. (hommes) Porté à l'acte sexuel. → **lubrique.** ➝ *Propos salaces.* ► **salacité** n. f.

salade n. f. ▪ **1** Feuilles d'herbes potagères crues, assaisonnées. **2** Plante cultivée dont on fait la salade (laitues, chicorées...). **3** Plat froid assaisonné d'une vinaigrette. *Salade niçoise* (olives, tomates, anchois, etc.). ➝ *Homard, poireaux en salade.* ➝ loc. *EN SALADE.* **4** *Salade de fruits :* fruits coupés et mélangés. **5** fig., fam. Mélange confus. **6** fig., fam. *Vendre sa salade :* chercher à convaincre. ➝ au plur. Histoires, mensonges. *Pas de salades !*

saladier n. m. ▪ Récipient à salade.

salafisme n. m. ▪ relig. Doctrine prônant le retour aux valeurs fondamentales de l'islam. ► **salafiste** adj. et n.

salage n. m. ▪ **1** Le fait de saler (pour assaisonner, conserver). **2** Action de répandre du sel sur la chaussée enneigée ou verglacée.

salaire n. m. ▪ **1** Somme d'argent payable régulièrement par l'employeur à la personne qu'il emploie (s'oppose à *émoluments, honoraires, indemnités*). **2** fig. Ce par quoi on est payé (récompensé ou puni). prov. *Toute peine mérite salaire.*

salaison n. f. ▪ **1** Fait de saler (un produit alimentaire) pour conserver. **2** Ce produit.

salamalecs n. m. pl. ▪ fam. Politesses exagérées.

salamandre n. f. ▪ **1** Petit batracien noir taché de jaune. **2** (nom déposé) Poêle.

salami n. m. ▪ Gros saucisson sec.

salangane n. f. ▪ zool. Oiseau d'Asie dont le nid est comestible (nid d'hirondelle*).

salant adj. m. ▪ Qui produit du sel. *Marais* salant.*

salarial, ale, aux adj. ▪ Du salaire (1).

salariat n. m. ▪ **1** Condition de salarié. **2** Ensemble des salariés.

salarier v. tr. [7] ▪ Rétribuer par un salaire (1). ▷ adj. et n. **salarié, ée**

salaud n. m. ▪ fam. Homme méprisable, moralement répugnant. ♦ adj. m. *Il est vraiment salaud.*

sale adj. ▪ **I** concret (après le nom) **1** Qui n'est pas propre. → **dégoûtant, malpropre.** **2** *Couleur sale,* indécise, ternie. **3** (n. m.) loc. fam. *Mettre* (du linge) *au sale,* à laver. **II** fig. **1** *Argent sale,* issu d'activités condamnées par la loi. **2** fam. *Histoires sales.* → **cochon, grivois.** **3** (avant le nom) Très désagréable. *Une sale histoire. Une sale gueule.* ♦ Méprisable. *Un sale type.* → **salaud.**

① **salé, ée** adj. ■ **I 1** Qui contient naturellement du sel. **2** Assaisonné ou conservé avec du sel. **II 1** fig. Licencieux, grivois. **2** fam. Exagéré, excessif. *La note est salée !*

② **salé** n. m. ■ Porc salé. ◆ *PETIT SALÉ* : poitrine de porc (peu salée).

salement adv. ■ **1** D'une manière sale, en salissant. **2** péj. Très.

saler v. tr. [1] ■ **1** Assaisonner avec du sel. **2** Imprégner de sel ou plonger dans la saumure **(→ salaison). 3** Recouvrir de sel. *Saler une route.*

saleron n. m. ■ Partie creuse d'une salière. ♦ Salière individuelle.

salésien, ienne adj. et n. ■ Relatif à saint François de Sales. *Congrégation salésienne.* ◆ n. Prêtre ou religieuse d'un ordre salésien.

saleté n. f. ■ **1** Caractère de ce qui est sale. **→ malpropreté. 2** Ce qui est sale, mal tenu ; ce qui salit. **→ crasse, ordure. 3** fig. Chose immorale. **4** fam. Chose sans valeur.

saleur, euse n. ■ **1** Personne dont le métier est de saler, de faire des salaisons. *Saleur de choux* (pour la choucroute). ◆ *Saleur de morue,* sur un bateau de pêche. **2** n. f. Véhicule utilisé pour le salage des chaussées.

salicaire n. f. ■ Plante à grands épis de fleurs rouges, qui pousse près de l'eau.

salicine n. f. ■ chim. Salicoside.

salicional, aux n. m. ■ mus. Jeu de fond d'orgue, de petite taille.

salicole adj. ■ didact. Relatif à l'extraction et aux industries chimiques du sel.

salicorne n. f. ■ Plante des terrains salés.

salicoside n. m. ■ chim. Glucoside contenu dans l'écorce de saule ou de peuplier, à propriétés analgésiques. **→ salicine.**

salicylate n. m. ■ chim. Sel ou ester de l'acide salicylique.

salicylique adj. ■ *Acide salicylique* : antiseptique dont dérive l'aspirine.

salien, ienne adj. ■ hist. *Francs Saliens* : membres d'une tribu franque, chez laquelle la succession des terres était réservée aux hommes **(→ salique).**

salière n. f. ■ **1** Récipient contenant du sel. **2** fam. Creux derrière la clavicule.

salifère adj. ■ didact. Qui contient du sel. *Bassin salifère.*

salifiable adj. ■ chim. Se dit d'un composé susceptible d'être transformé en sel. *Base salifiable.*

salifier v. tr. [7] ■ chim. Faire réagir un acide sur (une base), avec production de sel et d'eau. ► **salification** n. f.

saligaud n. m. ■ fam. Salaud.

salignon n. m. ■ techn. Pain de sel obtenu par évaporation de l'eau d'une fontaine salée.

salin, ine ■ **I** adj. **1** Qui contient du sel, est formé de sel. **2** chim. Relatif à un sel. **II** n. m. Marais* salant. **→ saline.**

saline n. f. ■ **1** Entreprise de production du sel. **2** Marais* salant. **→ salin.**

salinier, ière ■ **1** adj. Relatif à la production de sel. **2** n. techn. Producteur de sel. **→ paludier, saunier.**

salinisation n. f. ■ Augmentation de la teneur en sel (d'un sol, d'une eau).

salinité n. f. ■ Teneur en sel (d'un milieu).

salique adj. ■ hist. *Loi salique* (des Francs Saliens*), qui excluait les femmes de la succession (à la terre, à la couronne).

salir v. tr. [2] ■ **1** Rendre sale. **→ souiller, tacher. 2** fig. Avilir. ▷ v. pron. se **salir** ► **salissant, ante** adj.

salissure n. f. ■ Ce qui salit.

salive n. f. ■ Liquide produit par les glandes salivaires dans la bouche. ◆ loc. *Perdre sa salive* : parler en vain. ► **salivaire** adj.

saliver v. intr. [1] ■ Sécréter de la salive. ► **salivation** n. f.

salle n. f. ■ **1** (dans des loc.) Pièce d'habitation. *SALLE À MANGER,* pour les repas. *SALLE DE BAIN,* pour le bain et la toilette. *SALLE D'EAU,* pour la toilette. *SALLE DE SÉJOUR*.* **2** Vaste local, dans un édifice public. *Salle polyvalente.* ◆ Local pour recevoir des spectateurs. loc. *Les salles obscures* : les cinémas. **3** Le public (d'une salle).

salmanazar n. m. ■ Très grosse bouteille de champagne (équivalant à douze bouteilles champenoises).

salmigondis n. m. ■ Mélange disparate.

salmis n. m. ■ Gibier rôti en sauce.

salmonelle n. f. ■ biol. Bactérie produisant des toxines agissant sur le système neurovégétatif et induisant des infections intestinales. - syn. **salmonella.**

salmonellose n. f. ■ Maladie infectieuse due à des salmonelles.

salmoniculture n. f. ■ Élevage des saumons et autres salmonidés. ► **salmoniculteur, trice** n.

salmonidé n. m. ■ Poisson osseux à deux nageoires dorsales (ex. le saumon, la truite).

saloir n. m. ■ Récipient, local destiné aux salaisons.

salon n. m. ■ **I 1** Pièce de réception (dans un logement privé). ◆ Mobilier de salon. *Un salon Louis XV.* **2** Lieu de réunion, dans une maison où l'on reçoit. ◆ loc. *Le dernier salon où l'on cause,* endroit où l'on bavarde. **3** Salle (d'un établissement ouvert au public). *Salon de coiffure.* ◆ *Salon de thé.* **II 1** Exposition périodique d'œuvres d'artistes vivants. *Le Salon d'automne.* **2** Manifestation commerciale, exposition.

salonnard, arde n. ▪ péj. Habitué(e) des salons mondains.

salonnier, ière adj. et n. ▪ Propre aux salons (I, 2), à l'esprit mondain des salons. ♦ n. Habitué(e) des salons. → péj. **salonnard.**

saloon [salun] n. m. ▪ anglic. Bar (au Far West).

salopard n. m. ▪ fam. Salaud.

salope n. f. ▪ fam. Femme méprisable.

saloper v. tr. [1] ▪ fam. **1** Faire très mal (un travail). **2** Salir énormément.

saloperie n. f. ▪ fam. Saleté (2 à 4).

salopette n. f. ▪ **1** Vêtement de travail à plastron. → **bleu, combinaison. 2** Pantalon à bretelles et à plastron.

salopiaud ou **salopiot** n. m. ▪ fam. Salaud. → **saligaud.**

salpe n. f. ▪ Petit animal marin des mers tropicales, ayant l'aspect d'une éponge.

salpêtre n. m. ▪ Couche de nitrates pulvérulente, sur les vieux murs humides.

salpicon n. m. ▪ cuis. Préparation d'aliments (volaille, jambon, champignons...) coupés en dés et liés par une sauce pour servir de garniture.

salpingite n. f. ▪ méd. Inflammation d'une trompe de l'utérus.

salpingographie n. f. ▪ méd. Radiographie des trompes utérines.

salsa n. f. ▪ Musique afro-cubaine au rythme marqué.

salse n. f. ▪ géol. Dégagement d'hydrocarbures gazeux mêlés à de l'eau, à la surface terrestre (volcan de boue).

salsepareille n. f. ▪ Arbuste épineux à racine dépurative.

salsifis n. m. ▪ Plante potagère à longue racine comestible ; cette racine.

saltarelle n. f. ▪ Danse populaire italienne rapide et sautillante ; musique sur laquelle elle se danse.

saltation n. f. ▪ **1** Technique des sauts dans la danse, la pantomime. **2** paléont. Apparition brusque d'une nouvelle espèce vivante.

saltatoire adj. ▪ **1** didact. Adapté au saut. *L'appareil saltatoire de la sauterelle.* **2** méd. Caractérisé par des sautillements, des soubresauts. *Chorée saltatoire* (cour. *danse de Saint-Guy*).

saltimbanque n. ▪ Personne qui fait des tours d'adresse en public. → **bateleur.**

salto n. m. ▪ sports Saut périlleux.

salubre adj. ▪ (air, climat, milieu) Qui a une action favorable sur l'organisme. → **sain.**

salubrité n. f. ▪ **1** Caractère salubre. **2** Hygiène préservant des maladies. *Salubrité publique.*

saluer v. tr. [1] ▪ **1** Adresser un salut (II, 2). **2** Manifester du respect à (qqch.) par des pratiques réglées. *Saluer le drapeau.* **3** Accueillir par des manifestations extérieures. **4** *Saluer qqn comme..., saluer en lui...*, l'honorer, le reconnaître comme.

salure n. f. ▪ didact. Teneur en sel.

salut n. m. ▪ **I 1** Fait d'être sauvé, de garder ou de recouvrer un état heureux, prospère. ← *Le salut public* : la protection de la nation. **2** relig. Félicité éternelle. ♦ *L'Armée du Salut*, association religieuse philanthropique (► **salutiste** n.). **II 1** littér. Formule par laquelle on souhaite à qqn, santé, prospérité. **2** Formule d'accueil ou d'adieu. *Salut tout le monde !* **3** Démonstration de civilité qu'on fait en rencontrant qqn. ♦ Geste de salut. *Salut militaire.* **4** Cérémonie d'hommage.

salutaire adj. ▪ Qui a une action favorable. → **bienfaisant, bon, utile.**

salutation n. f. ▪ **1** Manière de saluer exagérée. **2** au plur. *Veuillez agréer mes respectueuses salutations.*

salvateur, trice adj. ▪ littér. Qui sauve.

salve n. f. ▪ **1** Décharge d'armes à feu ; coups de canon. **2** fig. *Une salve d'applaudissements.*

samare n. f. ▪ bot. Fruit sec à péricarpe prolongé en aile membraneuse.

samaritain, aine n. et adj. ▪ hist. relig. Juif de Samarie. ← loc. *Faire, jouer le bon Samaritain*, se montrer secourable, prêt à se dévouer.

samarium [-jɔm] n. m. ▪ chim. Métal rare (symb. Sm ; n° at. 62 ; masse at. 150,36) du groupe des lanthanides.

samba [sɑ̃(m)ba] n. f. ▪ Danse brésilienne à deux temps ; sa musique.

samedi n. m. ▪ Sixième jour de la semaine, qui succède au vendredi.

samizdat [samizdat] n. m. ▪ hist. (en U. R. S. S.) Diffusion clandestine d'ouvrages interdits.

sammy n. m. ▪ fam. Surnom amical donné aux soldats américains lors de la Première Guerre mondiale. *Les sammies.*

samole n. m. ▪ bot. Plante herbacée des lieux humides, dont une espèce est appelée *mouron d'eau.*

samouraï [-ʀaj] n. m. ▪ Guerrier japonais de la société féodale.

samoussa ou **samosa** n. m. ▪ Petit pâté garni de hachis (de viande, de légumes) et frit (cuisine indienne, créole...).

samovar n. m. ▪ Bouilloire à thé russe.

samoyède [-ɔj-] adj. et n. ▪ Relatif aux Samoyèdes. *Chien samoyède,* utilisé pour la traction des traîneaux. → **husky.** ♦ n. m. Groupe de langues de la famille ouralienne.

sampan n. m. ▪ Petite embarcation (Chine).

sample n. m. ▪ anglic. Échantillon d'un morceau de musique existant, retravaillé sur ordinateur.

sampler v. tr. [1] ▪ anglic., mus. Échantillonner* des sons.

sampleur ou **sampler** [sɑ̃plœʀ] n. m. ▪ anglic., mus. Échantillonneur de sons.

sampot n. m. ▪ Pièce de tissu drapée de manière à former une culotte, portée en Thaïlande, au Laos et au Cambodge.

SAMU [samy] n. m. invar. (sigle de *service d'aide médicale d'urgence*) ▪ (en France) Service hospitalier disposant d'unités mobiles, pour les premiers secours et le transport vers les hôpitaux.

sanatorium [-jɔm] n. m. ▪ Maison de soins des tuberculeux pulmonaires. - abrév. **sana.**

sancerre n. m. ▪ Vin sec de Sancerre.

sanctificateur, trice n. et adj. ▪ relig. (Personne) qui sanctifie.

sanctifier v. tr. [7] ▪ **1** Rendre saint. → **consacrer. 2** Révérer comme saint. ► **sanctifiant, ante** adj. ► **sanctification** n. f.

sanction n. f. ▪ **I** Approbation, confirmation. ♦ dr. Approbation (d'une loi). **II** Peine établie par une autorité pour réprimer un acte. ♦ *Sanctions économiques prises contre un pays.*

sanctionner v. tr. [1] ▪ **1** Confirmer, entériner. ➛ au p. p. *Études sanctionnées par un diplôme.* **2** Punir par une sanction (II).

sanctuaire n. m. ▪ **1** Lieu le plus saint d'un temple. → **saint** (I, 4). **2** Édifice, lieu saint. **3** fig. Territoire inviolable.

sanctuariser v. tr. [1] ▪ Donner à (un territoire) le statut de sanctuaire, de zone protégée.

sanctus [-ys] n. m. ▪ Hymne de louange, dans la liturgie catholique. ➛ Partie de la messe où l'on chante cet hymne.

sandale n. f. ▪ Chaussure légère à cordons ou à lanières. → **nu-pieds.** ► **sandalette** n. f.

sandaraque n. f. ▪ Résine extraite d'une espèce de thuya, utilisée pour la préparation de vernis et de siccatifs.

sanderling [sɑ̃dɛʀliŋ] n. m. ▪ Oiseau des rivages marins, appelé aussi *bécasseau des sables.*

sandow [sɑ̃do] n. m. (nom déposé) ▪ Câble élastique. → **tendeur.**

sandre n. m. ▪ Poisson de rivière voisin de la perche.

sandwich [sɑ̃dwi(t)ʃ] n. m. ▪ **1** Aliments froids entre deux tranches de pain. *Des sandwichs* ou *des sandwiches.* **2** loc. fam. *Être pris* EN SANDWICH, coincé.

sandwicherie n. f. ▪ Boutique, échoppe où l'on vend des sandwichs, des boissons.

sang [sɑ̃] n. m. ▪ **1** Liquide rouge qui circule dans les vaisseaux, à travers l'organisme. → **hémat(o)- ; -émie.** ➛ loc. *Mon sang n'a fait qu'un tour,* j'ai été bouleversé. ➛ *Coup de sang :* congestion ; fig. violente colère. *Jusqu'au sang :* jusqu'à faire saigner. ♦ (Sang versé) *Avoir du sang sur les mains,* avoir commis un crime. ➛ EN SANG (→ **ensanglanté ; saigner, sanglant). 2** (dans des loc.) Principe de vie. *Avoir le sang chaud :* être irascible, ou impétueux. ➛ fam. *Avoir du sang de poulet, de navet :* être sans vigueur, être lâche. ➛ *Se faire du mauvais sang,* du souci. ➛ *Il, elle a ça* DANS LE SANG *:* c'est une tendance profonde. **3** BON SANG *!,* juron familier. **4** (Idée d'hérédité, de parenté) *Les liens du sang. La voix du sang :* l'instinct familial.

sang-de-dragon ou **sang-dragon** n. m. ▪ Résine rouge foncé, fournie par le dragonnier, servant à colorer les vernis.

sang-froid n. m. invar. ▪ Maîtrise de soi. ➛ *Faire qqch. de sang-froid,* délibérément et consciemment.

sanglant, ante adj. ▪ **1** En sang, couvert de sang. **2** Qui fait couler le sang. → **meurtrier.**

sangle n. f. ▪ Bande large et plate qu'on tend pour maintenir ou serrer qqch.

sangler v. tr. [1] ▪ Serrer (une sangle, etc.).

sanglier n. m. ▪ Porc sauvage à peau garnie de soies dures. → **laie, marcassin.**

sanglot n. m. ▪ Respiration saccadée et bruyante, dans les crises de larmes. ► **sangloter** v. intr. [1]

sang-mêlé n. invar. ▪ vieilli Métis.

sangria n. f. ▪ Vin à l'orange.

sangsue [sɑ̃sy] n. f. ▪ Ver annélide muni de deux ventouses, qui suce le sang. ♦ fig. Personne avide, qui s'accroche.

sanguin, ine adj. ▪ **1** Du sang, de sa circulation. **2** Couleur de sang. **3** méd. anc. *Tempérament sanguin* (corpulence, face rouge, caractère irascible). ➛ n. m. *C'est un sanguin.*

sanguinaire adj. ▪ Qui aime tuer, faire couler le sang.

sanguine n. f. ▪ **1** Hématite rouge (mine de crayon). ♦ Dessin à la sanguine. **2** Orange à la pulpe rouge sang.

sanguinolent, ente adj. ▪ **1** Couvert, teinté de sang. **2** D'un rouge sang.

sanguisorbe [-s-] n. f. ▪ bot. Plante communément appelée *pimprenelle**.

sanhédrin [sanedʀɛ̃] n. m. ■ hist. Tribunal religieux et civil de la Palestine antique.

sanicle n. f. ■ Plante des régions humides, à fleurs en ombelles, appelée aussi *herbe de Saint-Laurent.*

sanie n. f. ■ vx ou littér. Pus mêlé de sang.

sanieux, euse adj. ■ méd. (vx) Qui contient, laisse écouler de la sanie. *Plaie sanieuse.*

sanisette n. f. ■ Toilettes aménagées sur la voie publique.

sanitaire adj. ■ **1** Relatif à la santé publique et à l'hygiène. **2** Se dit des appareils et installations qui distribuent et évacuent l'eau dans les habitations (lavabos, W.-C., etc.). ◆ n. m. pl. *Les sanitaires.*

sans prép. ■ **1** Qui n'a pas (de) (exprime l'absence, le manque, la privation). *Un film sans intérêt.* ♦ *Sans toi, j'étais mort !,* si tu n'avais pas été là. ◆ *Sans quoi, sans cela...* → **autrement, sinon. 2** loc. conj. *SANS QUE* (+ subj.). **3** adv. fam. *Comment faire sans ?*

sans-abri [sɑ̃z-] n. invar. ■ Personne qui n'a pas de logement. → **sans-logis.**

sans-cœur n. invar. ■ fam. Personne insensible à la souffrance d'autrui.

sanscrit, ite → **sanskrit, ite**

sans-culotte n. m. ■ hist. Révolutionnaire (les aristocrates portaient la culotte (1)).

sans-emploi [sɑ̃z-] n. invar. ■ (surtout au plur.) Personne sans travail. → **chômeur.**

sansevière n. f. ■ Plante tropicale, qui fournit une fibre textile très résistante.

sans-façon n. m. invar. ■ littér. Désinvolture. ♦ Simplicité dans les manières.

sans-faute n. m. invar. ■ Prestation parfaite.

sans-fil n. m. invar. ■ Message radio.

sans-filiste n. ■ **1** Opérateur de T. S. F. → ②**radio. 2** Personne qui pratique la T. S. F. en amateur. *Des sans-filistes.*

sans-gêne ■ **1** adj. invar. D'une familiarité excessive. ◆ n. invar. *Un, une sans-gêne.* **2** n. m. invar. Attitude d'une personne qui ne se gêne pas pour les autres.

sans-grade n. m. ■ Simple soldat. ♦ fig. Subalterne.

sanskrit, ite ou **sanscrit, ite** n. m. ■ Langue indo-européenne, langue classique de la civilisation brahmanique de l'Inde.

sans-le-sou n. invar. ■ fam. Personne sans argent.

sans-logis n. ■ → **sans-abri.**

sansonnet n. m. ■ Étourneau.

sans-papiers n. ■ Personne en situation irrégulière car dépourvue des documents d'identité requis dans le pays dans lequel elle se trouve.

sans-parti n. invar. ■ Personne qui n'est inscrite à aucun parti.

sans-patrie n. invar. ■ Personne qui n'a juridiquement pas de patrie. → **apatride.**

sans-souci adj. invar. ■ Insouciant.

santal, als n. m. ■ Arbre exotique qui fournit une essence balsamique. ◆ Ce parfum.

santé n. f. ■ **1** Bon état physiologique d'un être vivant, fonctionnement régulier et harmonieux de l'organisme. ◆ *Boire à la santé de qqn,* en son honneur. **2** Fonctionnement de l'organisme. *Être en mauvaise santé.* **3** Équilibre psychique. *Santé mentale.* **4** État sanitaire d'une société. *La santé publique.* → **hygiène ; sanitaire.**

santiag [sɑ̃tjag] n. f. ■ Botte de cuir à piqûres décoratives, à bout effilé.

santoline n. f. ■ Arbrisseau aromatique dont les feuilles ont des propriétés vermifuges.

santon n. m. ■ Figurine des crèches provençales.

santonnier, ière n. ■ Artisan qui fabrique des santons.

santour n. m. ■ Cithare d'Iran et d'Inde, dont on frappe les cordes avec deux fines baguettes.

sanve n. f. ■ région. Moutarde des champs. → **sénevé.**

saoul ; saouler → **soûl ; soûler**

sapajou n. m. ■ Petit singe d'Amérique, à longue queue préhensile. - syn. **sajou.**

sapèque n. f. ■ Ancienne monnaie chinoise et indochinoise de faible valeur.

① **saper** v. tr. [1] ■ **1** Détruire les assises de (une construction) pour faire écrouler. **2** fig. → **ébranler, miner.** ◆ fam. *Il m'a sapé le moral.* ► ①**sape** n. f.

② **se saper** v. pron. [1] ■ fam. S'habiller. ▷ p. p. **sapé, ée** ► ②**sape** n. f. fam. → **fringues.**

saperde n. f. ■ Coléoptère dont les larves vivent dans le bois.

saperlipopette interj. ■ vx Juron familier exprimant le dépit. - var. **saperlotte.**

sapeur n. m. ■ Soldat du génie employé à la sape (①) et à d'autres travaux.

sapeur-pompier n. m. ■ admin. Pompier.

saphène n. f. ■ anat. Chacune des deux veines qui collectent le sang des veines superficielles de la jambe.

saphique adj. ■ littér. De l'homosexualité féminine. ► **saphisme** n. m.

saphir n. m. ■ Pierre précieuse très dure, transparente et bleue.

sapide adj. ■ didact. Qui a de la saveur (contr. *insipide*). ► **sapidité** n. f.

sapience n. f. ■ vx Sagesse et science.

sapiential, iale, iaux adj. et n. m. ▪ théol. *Les livres sapientiaux* ou *les sapientiaux* : les livres de la Bible qui contiennent surtout des maximes morales.

sapin n. m. ▪ **1** Conifère à tronc droit, à feuilles (aiguilles) persistantes. ➛ *Sapin de Noël* (en réalité épicéa), décoré. **2** Bois de cet arbre. ➛ loc. fam. *Ça sent le sapin* (le cercueil) : la mort.

sapinage n. m. ▪ (Canada) Branches de sapin, de conifères.

sapine n. f. ▪ techn. Appareil de levage, pylône supportant une grue, utilisé sur les chantiers de construction.

sapinette n. f. ▪ Épicéa d'Amérique du Nord.

sapinière n. f. ▪ Plantation de sapins.

sapiteur n. m. ▪ dr. mar. Expert chargé d'estimer la valeur des marchandises.

saponaire n. f. ▪ Plante à fleurs roses et odorantes, qui contient une substance moussante.

saponifiable adj. ▪ didact. Que l'on peut transformer en savon. *Graisses saponifiables.*

saponifier v. tr. 7 ▪ chim. Transformer en savon. ► **saponification** n. f.

sapotille n. f. ▪ Grosse baie, fruit du sapotillier.

sapotillier n. m. ▪ Grand arbre d'Amérique centrale, dont le bois répand en brûlant une odeur d'encens. - syn. **sapotier.**

sapristi interj. ▪ vieilli Juron familier exprimant l'étonnement ou l'exaspération.

sapro- Élément, du grec *sapros* «putride».

sapropèle n. m. ▪ géol. Vase organique à l'origine de la formation des pétroles.

saprophage adj. et n. m. ▪ zool. Qui se nourrit de matières putréfiées. → **détritivore.**

saprophyte adj. et n. m. ▪ **1** biol. Qui tire les substances qui lui sont nécessaires des matières organiques en décomposition. *Champignons saprophytes.* **2** méd. *Germes saprophytes,* qui vivent dans l'organisme sans être pathogènes.

saquer v. tr. → **sacquer**

sarabande n. f. ▪ **I 1** Danse d'origine espagnole, au rythme vif. **2** loc. *Danser, faire la sarabande* : faire du tapage, du vacarme. **3** fig. Succession rapide d'éléments disparates. **II** mus. Ancienne danse grave et lente ; sa musique.

sarbacane n. f. ▪ Tube creux servant à lancer de petits projectiles, par le souffle.

sarcasme n. m. ▪ Dérision ; raillerie.

sarcastique adj. ▪ Moqueur et méchant. ► **sarcastiquement** adv.

sarcelle n. f. ▪ Oiseau palmipède, plus petit que le canard.

sarcler v. tr. 1 ▪ **1** Arracher en extirpant les racines. **2** Débarrasser des herbes nuisibles. ► **sarclage** n. m.

sarclette n. f. ▪ Petit sarcloir.

sarcleur, euse n. ▪ **1** Personne employée à sarcler. **2** n. f. Machine à sarcler.

sarcloir n. m. ▪ Outil servant à sarcler.

sarc(o)- Élément savant, du grec *sarx, sarkos* «chair».

sarcome n. m. ▪ méd. Tumeur maligne. ► **sarcomateux, euse** adj.

sarcomère n. m. ▪ anat. Unité fonctionnelle contractile de la fibrille musculaire striée.

sarcophage n. m. ▪ Cercueil de pierre.

sarcoplasme n. m. ▪ biol. Cytoplasme qui entoure les fibrilles des fibres musculaires. ► **sarcoplasmique** adj.

sarcopte n. m. ▪ Acarien de la gale (1).

sardane n. f. ▪ Danse catalane (ronde).

sarde adj. ▪ De la Sardaigne. ➛ n. *Les Sardes.* ♦ n. m. *Le sarde* (parler roman).

sardine n. f. ▪ **1** Petit poisson de mer. ➛ *Sardines à l'huile. Boîte de sardines.* **2** Piquet de tente de camping.

sardinerie n. f. ▪ Conserverie de sardines.

sardinier, ière ▪ **I** adj. Relatif à la pêche, à la conserve des sardines. ➛ n. m. *Un sardinier* (bateau). **II** n. Pêcheur, conserveur de sardines.

sardoine n. f. ▪ Variété de calcédoine de couleur brunâtre.

sardonique adj. ▪ D'une moquerie amère, méchante. → **sarcastique.** ► **sardoniquement** adv.

sardonyx [-iks] n. f. ▪ minér. Agate blanche et orangée.

sargasse n. f. ▪ Algue brune, très répandue au nord-est des Antilles *(mer des Sargasses).*

sari n. m. ▪ en Inde Vêtement traditionnel féminin fait d'une longue étoffe drapée.

sariette → **sarriette**

sarigue n. f. ▪ Petit mammifère (marsupial), à longue queue préhensile.

sarin n. m. ▪ chim. Gaz de combat (arme chimique), extrêmement toxique.

sarisse n. f. ▪ Antiq. Longue lance des soldats macédoniens.

S. A. R. L. [ɛsaɛʀɛl] n. f. (sigle) ▪ Société à responsabilité (des associés) limitée (au montant de leurs apports).

sarment n. m. ▪ **1** Rameau de vigne devenu ligneux. **2** Tige de plante grimpante.

sarmenter v. intr. 1 ▪ agric. Ramasser les sarments, après la taille de la vigne.

sarmenteux, euse adj. ▪ bot. Dont la tige longue et grêle s'appuie sur des supports. *Rosier sarmenteux.*

sarong [saʀɔ̃(g)] n. m. ▪ Pagne étroit porté en Malaisie.

sarouel n. m. ▪ Pantalon flottant à large fond. - var. **saroual.**

sarracénie n. f. ▪ Plante d'Amérique du Nord dont les feuilles peuvent capturer les insectes.

sarrancolin n. m. ▪ Marbre rouge violacé veiné de gris.

① **sarrasin, ine** n. ▪ au Moyen Âge Musulman d'Orient, d'Afrique ou d'Espagne. → **maure.** ➛ adj. *Les invasions sarrasines.*

② **sarrasin** n. m. ▪ Céréale *(blé noir).*

sarrau, aus n. m. ▪ Blouse de travail en toile.

sarrette n. f. ▪ Plante à feuilles dentelées, apparentée aux chardons. → **serratule.** - syn. **serrette.**

sarriette ou **sariette** n. f. ▪ Plante à feuilles aromatiques.

sarrussophone n. m. ▪ mus. Instrument à vent à anche double, au timbre proche de celui du saxophone. - var. **sarrusophone.**

sas [sɑs] n. m. ▪ **1** Tamis cerclé de bois. **2** Bassin entre les deux portes d'une écluse. **3** Pièce étanche qui permet le passage. *Le sas d'un engin spatial.*

sashimi n. m. ▪ Plat japonais de poisson cru en tranches.

sassafras n. m. ▪ Arbre aromatique voisin du laurier.

sassement n. m. ▪ Action de faire passer au sas, au tamis ou par le sas d'une écluse.

sassenage n. m. ▪ Fromage à pâte ferme fait d'un mélange de lait de vache, de chèvre et de brebis.

sasser v. tr. [1] ▪ Passer au sas. → **cribler, tamiser.**

satan n. m. ▪ vx Diable, démon. ♦ *Le grand Satan :* l'esprit du mal (islam chiite).

satané, ée adj. ▪ (épithète ; avant le nom) Maudit (au sens faible). *Une satanée pluie.*

satanique adj. ▪ **1** De Satan. **2** Diabolique, infernal.

satanisme n. m. ▪ didact. Culte de Satan.

sataniste adj. et n. ▪ Qui s'adonne au satanisme.

saté n. m. ▪ Plat asiatique (Indonésie, Malaisie), brochettes de viande ou de poisson grillé.

satellisation n. f. ▪ Lancement et mise en orbite (d'un satellite artificiel). ➛ Action de satelliser un pays.

satelliser v. tr. [1] ▪ Transformer en satellite (I ou III). ➛ au p. p. *Fusée satellisée.*

satellitaire adj. ▪ **1** Obtenu par satellite. *Images satellitaires.* **2** Qui utilise les liaisons par satellite. *Téléphone satellitaire.*

satellite n. m. ▪ **I 1** Corps céleste gravitant autour d'une planète. *La Lune est le satellite (naturel) de la Terre.* **2** *Satellite (artificiel) :* engin placé en orbite autour d'un astre. **II** Bâtiment annexe relié à un centre. **III** fig. Personne ou nation sous la dépendance d'une autre.

sati ▪ **1** n. f. invar. Veuve qui s'immolait rituellement sur le bûcher funéraire de son mari, en Inde. **2** n. m. invar. Ce rite.

satiété [-sje-] n. f. ▪ littér. État d'indifférence après satisfaction des besoins, des désirs. ♦ loc. adv. *À SATIÉTÉ :* jusqu'à la satiété. ➛ *Répéter qqch. à satiété,* trop.

satin n. m. ▪ Étoffe (de soie, de coton...) lisse et lustrée sur l'endroit.

satiné, ée adj. ▪ Qui a la douceur du satin. *Une peau satinée.*

satiner v. tr. [1] ▪ techn. Lustrer (une étoffe, un papier...) pour donner l'apparence du satin. ► **satinage** n. m.

satinette n. f. ▪ Étoffe satinée.

satire n. f. ▪ **1** Poème où l'auteur attaque les vices, les ridicules de ses contemporains. **2** Écrit, discours pamphlétaire, critique. ► **satirique** adj. ► **satiriste** n.

satisfaction n. f. ▪ **1** Fait de satisfaire, d'accorder à (qqn). *Obtenir satisfaction.* → **gain** de cause. **2** Sentiment de bien-être, plaisir qui résulte d'un accomplissement. → **contentement.** ➛ loc. *Donner (toute) satisfaction,* convenir parfaitement. **3** *(Une, des satisfactions)* Plaisir, occasion de plaisir. **4** Action de satisfaire (un besoin, un désir). → **assouvissement.**

satisfaire v. tr. [60] ▪ **I 1** Donner à (qqn) ce qu'il demande, en étant tel qu'on est, en faisant qqch. ♦ (sujet chose) → **convenir, plaire.** ♦ pronom. *Il se satisfait de peu.* → se **contenter.** **2** Contenter (un besoin, un désir). → **assouvir.** **II** v. tr. ind. *SATISFAIRE À :* remplir (une exigence).

satisfaisant, ante [-fə-] adj. ▪ Qui correspond à ce qu'on peut attendre. *Un résultat satisfaisant.*

satisfait, aite adj. ▪ **1** Qui a ce qu'il veut. → **comblé, content.** **2** *SATISFAIT DE :* content de. ♦ *Un air satisfait.* → **suffisant.** **3** *Besoin satisfait :* assouvi, réalisé.

satisfecit [-fesit] n. m. invar. ▪ littér. Approbation. *Donner un satisfecit.*

satori n. m. ▪ didact. Éveil à la connaissance de la vérité (bouddhisme japonais).

satrape n. m. ▪ **1** hist. Gouverneur d'une province, dans l'ancien Empire perse. **2** fig., littér. Homme puissant, qui dépense beaucoup.

satrapie n. f. ■ hist. Division administrative de la Perse antique.

saturateur n. m. ■ Dispositif qui humidifie l'air par évaporation. → **humidificateur.**

saturé, ée adj. ■ **1** sc. (solution) Qui renferme la quantité maximale d'une substance dissoute. ♦ (composé chimique) Qui ne peut fixer de nouveaux éléments. *Hydrocarbures saturés.* **2** Qui ne peut contenir plus. ➝ *Marché saturé* (d'un produit). **3** fig. *Être saturé de qqch.*, avoir assez.

saturer v. tr. [1] ■ Remplir complètement; rendre saturé. ▶ **saturation** n. f.

saturnales n. f. pl. ■ Antiq. rom. Fêtes célébrées en l'honneur de Saturne.

saturne n. m. ■ alchim. Plomb (→ **saturnisme).**

saturnie n. f. ■ Grand papillon de nuit, communément appelé *paon-de-nuit.*

saturnien, ienne adj. ■ **1** didact. De Saturne. **2** littér. Triste, mélancolique.

saturnisme n. m. ■ méd. Intoxication par les sels de plomb. ▶ **saturnin, ine** adj.

satyre n. m. ■ **1** mythol. grecque Divinité à corps humain, à cornes et à pieds de bouc. → ①**faune. 2** fig. Homme lubrique.

satyriasis [-is] n. m. ■ didact. Désirs sexuels excessifs (homme).

sauce n. f. ■ **1** Préparation liquide ou onctueuse pour accommoder un mets. **2** loc. *Mettre à toutes les sauces,* employer de toutes les façons. **3** fam. Averse, forte pluie. → **saucée.**

saucée n. f. ■ fam. Averse, forte pluie qui trempe.

saucer v. tr. [3] ■ **1** Essuyer en enlevant la sauce (pour la manger). **2** fam. *Se faire saucer, être saucé* : recevoir la pluie.

saucette n. f. ■ (Canada) Courte baignade.

saucier n. m. ■ Cuisinier spécialisé dans la préparation des sauces.

saucière n. f. ■ Récipient à sauces.

sauciflard n. m. ■ fam. Saucisson.

saucisse n. f. ■ **1** Préparation, cuite ou chauffée, de viande maigre hachée et de gras de porc *(chair à saucisse),* assaisonnée et entourée d'un boyau. **2** Ballon captif de forme allongée. **3** fam. Imbécile. → **andouille.**

saucisson n. m. ■ Préparation de charcuterie cuite dans un boyau. ➝ loc. *Être ficelé comme un saucisson,* mal habillé. ▶ **saucissonné, ée** adj. → **boudiné.**

saucissonnage n. m. ■ fam. Découpage, répartition en plusieurs tranches (d'un travail, d'un programme). *Le saucissonnage des crédits.*

saucissonner v. [1] ■ fam. **1** v. intr. Manger un repas froid sur le pouce. **2** v. tr. Diviser, répartir en tranches.

saudade [saudad] n. f. ■ Sentiment mélancolique mêlé de rêverie et d'un désir imprécis. *Le fado, expression privilégiée de la saudade.*

①**sauf** prép. ■ **1** À l'exclusion de. → **excepté, hormis.** *Tous, sauf lui.* ♦ À moins de. *Sauf erreur.* ➝ littér. SAUF À (+ inf.). → **quitte** à. **2** SAUF QUE (+ indic.) : avec cette réserve que. **3** loc. *Sauf votre respect*.*

②**sauf, sauve** adj. ■ Indemne, sauvé (dans des loc.). *Sain* et sauf. Laisser la vie sauve à qqn,* l'épargner.

sauf-conduit n. m. ■ Document qui permet d'aller quelque part. → **laissez-passer.** *Des sauf-conduits.*

sauge n. f. ■ Plante aromatique.

saugrenu, ue adj. ■ Bizarre et ridicule.

saule n. m. ■ Arbre ou arbrisseau qui croît dans les lieux humides. *Saule pleureur*.* ▶ **saulaie** n. f.

saumâtre adj. ■ **1** De goût amer et salé. *Eau saumâtre.* **2** fig. Amer, désagréable. ➝ loc. fam. *La trouver saumâtre* (la situation).

saumon n. m. ■ **1** Gros poisson de mer migrateur à chair rose, qui remonte les fleuves au moment du frai. **2** adj. invar. D'un rose tendre orangé.

saumoné, ée adj. ■ *Truite saumonée,* à chair rose.

saumoneau n. m. ■ Jeune saumon. →②**tacon.**

saumonette n. f. ■ Roussette.

saumure n. f. ■ Préparation liquide salée (pour la conservation des aliments).

saumurer v. tr. [1] ■ techn. Mettre dans la saumure pour conserver. ▶ **saumurage** n. m.

sauna n. m. ■ Bain de vapeur sèche, d'origine finlandaise.

saunage n. m. ■ Récolte du sel dans un marais salant. - syn. **saunaison** n. f.

sauner v. intr. [1] ■ techn. (marais salant) Produire du sel.

saunier n. m. ■ **1** Exploitant, ouvrier des salines. **2** hist. *FAUX SAUNIER* : contrebandier du sel.

saupiquet n. m. ■ Sauce vinaigrée.

saupoudrer v. tr. [1] ■ **1** Éparpiller une substance pulvérulente sur. *Saupoudrer un gâteau de farine.* **2** fig. Parsemer. **3** Distribuer peu à beaucoup. ▶ **saupoudrage** n. m.

saupoudreuse n. f. ■ Flacon à bouchon percé de trous.

saur adj. m. ■ *Hareng saur,* fumé.

saurage → **saurissage**

-saure Élément savant, du grec *saura* «lézard», qui entre dans des noms de sauriens fossiles (ex. *dinosaure*).

saurer v. tr. [1] ■ techn. Faire sécher à la fumée (un aliment saumuré) pour conserver. - au p. p. *Harengs saurés.* → **saur.**

sauret ■ **1** adj. vx Saur. **2** n. m. région. (Nord ; Belgique) Hareng saur.

saurien n. m. ■ Reptile à pattes (ex. le lézard, le caméléon), à espèces vivantes ou fossiles (→ -saure).

saurissage n. m. ■ techn. Opération qui consiste à saurer les poissons. - syn. **saurage.**

saurisserie n. f. ■ techn. Usine où l'on saure les poissons.

saurisseur, euse n. ■ techn. Personne qui saure les poissons.

sauropode n. m. ■ paléont. Reptile gigantesque du secondaire (ex. le brontosaure, le dinosaure).

saussaie n. f. ■ vx ou région. Saulaie.

saut n. m. ■ **1** Mouvement par lequel un homme, un animal s'élève au-dessus du sol ou se projette à distance. → **bond.** - *Saut périlleux*.* - *Saut de l'ange,* plongeon les bras écartés. ♦ Discipline sportive (hauteur ; longueur). **2** Mouvement, déplacement brusque (pour changer de position). - loc. *Au saut du lit* : au lever. **3** *Faire un saut* (quelque part), y passer rapidement. **4** (choses) Bond. ♦ Chute (d'eau). **5** fig. Changement brusque.

saut-de-loup n. m. ■ Large fossé défendant l'accès à un lieu privé. *Des sauts-de-loup.*

saut-de-mouton n. m. ■ techn. Passage d'une route au-dessus d'une autre, pour éviter les croisements. *Des sauts-de-mouton.*

saute n. f. ■ (dans des expr.) Brusque changement. *Saute de vent ; d'humeur.*

sauté, ée ■ **1** adj. Cuit à feu vif et en remuant. **2** n. m. Aliment sauté dans un corps gras. *Un sauté de veau.*

saute-mouton n. m. ■ Jeu où l'on saute par-dessus un autre joueur courbé.

sauter v. [1] ■ **I** v. intr. **1** Faire un saut. - loc. fam. *Sauter au plafond, en l'air* (par colère, indignation, surprise...). - *Reculer* pour mieux sauter.* **2** Monter, descendre, se lever... vivement. *Sauter dans un taxi.* ♦ Se jeter, se précipiter. - fam. *Sauter au cou*.* **3** (sujet chose) loc. fig. *Sauter aux yeux* : être évident. **4** fig. Aller, passer rapidement (d'une chose à une autre). **5** (sujet chose) Être déplacé, projeté brusquement. *La chaîne du vélo a sauté.* **6** Exploser. ♦ *Les plombs ont sauté,* ont fondu. ♦ fam. (personnes) Être renvoyé soudain. **7** *FAIRE SAUTER* (un aliment). → **sauté.** **II** v. tr. **1** Franchir par un saut. - loc. *Sauter le pas* : se décider. **2** Passer sans s'y arrêter. *Sauter une ligne* (en lisant). - *Sauter un repas.* **3** fam. Avoir des relations sexuelles avec (qqn).

sautereau n. m. ■ techn. Languette mobile munie d'un bec, qui fait vibrer la corde, dans un instrument à clavier et à cordes pincées (clavecin...).

sauterelle n. f. ■ **1** Insecte sauteur à grandes pattes postérieures repliées. ≠ *criquet.* **2** fig. Personne maigre et sèche.

sauterie n. f. ■ vieilli ou plais. Réunion dansante.

sauternes n. m. ■ Vin de Bordeaux blanc, fruité et sucré.

saute-ruisseau n. m. ■ vieilli Jeune garçon de courses. *Des saute-ruisseaux.*

sauteur, euse ■ **I** n. **1** Athlète spécialiste du saut. ♦ n. m. Cheval dressé pour le saut. **2** Personne sans sérieux. **II** adj. (animaux) Qui avance en sautant.

sauteuse n. f. ■ Casserole pour sautés (2).

sautillant, ante adj. ■ Qui sautille. - *Musique sautillante,* saccadée.

sautiller v. intr. [1] ■ Faire de petits sauts successifs. ▶ **sautillement** n. m.

sautoir n. m. ■ **I** Chaîne ou long collier. - *Porter un bijou en sautoir.* **II** Emplacement pour les sauts des athlètes.

sauvage adj. et n. ■ **I** **1** (animaux) Qui vit en liberté dans la nature. *Animaux sauvages.* - Non domestiqué. *Chat ; canard sauvage.* **2** péj. adj. et n. (êtres humains) Primitif (s'oppose à *civilisé*). **3** (végétaux) Qui pousse et se développe naturellement sans être cultivé. **4** (lieux) Que la présence humaine n'a pas marqué ; peu hospitalier. **5** Spontané, ni contrôlé ni organisé. *Une grève sauvage.* - *Camping sauvage.* **II** **1** Qui fuit toute relation avec les hommes. → **insociable, misanthrope.** - n. *C'est un, une sauvage.* → **ours.** **2** D'une nature rude, brutale. **3** Inhumain, barbare. *Des cris sauvages.*

sauvagement adv. ■ D'une manière brutale, barbare, féroce.

sauvageon, onne ■ **1** n. m. Arbre non greffé. **2** n. Enfant farouche.

sauvagerie n. f. ■ Caractère d'une personne sauvage (II, 1 et 3). → **misanthropie ; barbarie, cruauté.**

sauvagin, ine adj. ■ chasse (odeur, goût) Propre à certains oiseaux sauvages.

sauvagine n. f. ■ chasse Oiseaux sauvages des zones aquatiques (gibier).

sauvegarde n. f. ■ **1** Protection et garantie (de la personne, des droits) assurées par une institution. *La sauvegarde de la justice.* **2** Protection, défense. *La sauvegarde du patrimoine culturel.* **3** inform. Copie de sécurité. *Faire une copie de sauvegarde, une sauvegarde.* ▶ **sauvegarder** v. tr. [1]

sauve-qui-peut n. m. invar. ■ Fuite générale et désordonnée. → **débandade, déroute.**

sauver v. tr. [1] ▪ **1** Faire échapper à un grave danger. ♦ *SAUVER DE* : soustraire à, tirer de. *Sauver qqn de la misère.* ♦ relig. Assurer le salut (I, 2) de. **2** Empêcher la perte de (qqch.). *Il m'a sauvé la vie.* ➔ loc. fam. *SAUVER LES MEUBLES* : sauver l'indispensable. **3** Faire accepter, rendre passable (qqch. de médiocre). *Les acteurs arrivent à sauver le film.* ▷ v. pron. se **sauver 1** S'enfuir. **2** fam. *Le lait se sauve.* → **déborder.**

sauvetage n. m. ▪ **1** Action de sauver (un navire en détresse, qqn qui se noie). **2** Action de sauver d'un sinistre (incendie, etc.). *Équipes de sauvetage.*

sauveté n. f. ▪ **1** hist. Bourgade franche qui servait de refuge aux errants. **2** apic. *Cellules de sauveté*, où les abeilles élèvent des reines.

sauveteur, euse n. ▪ Personne qui sauve qqn ; opère un sauvetage.

à la **sauvette** loc. adv. ▪ **1** *Vendre à la sauvette*, vendre en fraude sur la voie publique. **2** péj. À la hâte, secrètement.

sauveur, euse n. ▪ Personne qui sauve (qqn, une collectivité). ♦ n. m. *Le Sauveur* : Jésus-Christ.

sauvignon n. m. ▪ Cépage blanc. ♦ Vin de ce cépage.

savamment adv. ▪ **1** D'une manière savante. **2** Avec une grande habileté.

savane n. f. ▪ Vaste prairie des régions tropicales, pauvre en arbres.

savant, ante ▪ **I** adj. **1** Qui sait beaucoup, en matière d'érudition ou de science. → **docte, érudit, instruit.** ➔ *Être savant en...* → **compétent, expert.** ➔ *Conversation savante.* **2** Qui n'est pas facilement accessible. → **compliqué, recherché.** *Musique savante.* **3** Qui est très habile (dans un art, une spécialité). ♦ (animal) Dressé à faire des tours d'adresse. **4** Où il y a une grande habileté. *De savantes précautions.* **II 1** n. vx Personne très cultivée. **2** n. m. Chercheur scientifique important. *Marie Curie fut un grand savant.*

savarin n. m. ▪ Gâteau, baba en forme de couronne, imbibé de sirop alcoolisé.

savart n. m. ▪ mus. Unité pratique d'intervalle musical.

savate n. f. ▪ **1** Vieille chaussure ou pantoufle. ➔ loc. *Traîner la savate* : vivre misérablement. **2** Sport de combat où l'on porte des coups de pied à l'adversaire.

savetier n. m. ▪ vx Cordonnier.

saveur n. f. ▪ **1** Qualité perçue par le sens du goût. → **goût ; sapidité. 2** fig. Qualité de ce qui est agréable, plaisant.

① **savoir** v. tr. [32] p. p. *su, sue* ▪ **I 1** Avoir présent à l'esprit (qqch. que l'on identifie) ; connaître. *Je ne sais pas son nom.* ➔ *Avez-vous su la nouvelle ?* → **apprendre.** ➔ *FAIRE SAVOIR* : annoncer. **2** Être conscient* de. ➔ *Être poète sans le savoir.* ➔ pronom. (suivi d'un attribut) *Il se sait aimé.* **3** Avoir dans l'esprit (des connaissances rationnelles). *Savoir qqch., savoir que* (+ ind.). ➔ *Que sais-je ?* (devise de Montaigne). **4** Être en mesure d'utiliser, de pratiquer. *Il sait son métier.* **5** Avoir présent à l'esprit, de manière à pouvoir répéter. *Savoir son rôle.* **II** loc. *N'être pas sans savoir* : savoir. ♦ (souligne une affirmation) *Il est gentil, tu sais.* ♦ *À SAVOIR* loc. conj. : c'est-à-dire. ♦ *QUE JE SACHE* : autant que je puisse savoir. **III** (+ inf.) **1** Être capable de, par un apprentissage. *Savoir lire et écrire ; s'exprimer.* **2** Avoir la possibilité de. *Savoir écouter.* **3** (au cond. et en tour négatif avec *ne* seul) Pouvoir.

② **savoir** n. m. ▪ Connaissances. → **culture, instruction, science.**

savoir-faire n. m. invar. ▪ Habileté à résoudre les problèmes pratiques.

savoir-vivre n. m. invar. ▪ Qualité de politesse et de tact.

savon n. m. ▪ **1** Produit de dégraissage et de lavage, obtenu par l'action d'un alcali sur un corps gras. *Du savon ; un savon.* **2** loc. fam. *Passer un savon à qqn*, le réprimander.

savonnée n. f. ▪ (Belgique) Eau savonneuse.

savonner v. tr. [1] ▪ Laver avec du savon. ► **savonnage** n. m.

savonnerie n. f. ▪ Usine de savon.

savonnette n. f. ▪ Petit savon de toilette.

savonneux, euse adj. ▪ Qui contient du savon. fig. *Pente savonneuse* (où l'on glisse).

savonnier, ière n. ▪ **I 1** Fabricant de savon. **2** adj. Relatif à la fabrication et au commerce du savon. **II** n. m. Arbre exotique dont l'écorce contient une substance moussante.

savourer v. tr. [1] ▪ **1** Manger, boire avec lenteur et attention, pour apprécier. → **déguster. 2** fig. Se délecter de.

savoureux, euse adj. ▪ **1** Qui a une saveur agréable, délicate. → **délectable, succulent. 2** fig. Plaisant. ► **savoureusement** adv.

saxatile adj. ▪ didact. Qui vit parmi les rochers, croît sur les rochers. → **saxicole.**

saxe n. m. ▪ Porcelaine de Saxe ; objet fait de cette porcelaine.

saxhorn n. m. ▪ Instrument de musique à vent en cuivre, à embouchure et à pistons.

saxicole adj. ▪ didact. Qui vit parmi les rochers, croît sur les rochers. → **saxatile.**

saxifrage n. f. ▪ Plante herbacée qui pousse dans les fissures des murs et des rochers.

saxo → **saxophone**

saxon, onne adj. et n. ▪ De la Saxe.

saxophone n. m. ▪ Instrument à vent à anche simple et à clefs. - abrév. **saxo.** *Saxo alto, ténor.* ► **saxophoniste** n.

saynète [sɛ-] n. f. ▪ Courte pièce comique avec peu de personnages. → **sketch.**

sayon n. m. ▪ anciennt **1** Casaque grossière de paysan. **2** Casaque de guerre des Gaulois et des Romains.

Sb ▪ Symbole chimique de l'antimoine.

sbire n. m. ▪ péj. Homme de main.

Sc ▪ Symbole chimique du scandium.

scabieuse n. f. ▪ Plante herbacée à fleurs mauves, dépurative.

scabieux, ieuse adj. ▪ méd. Relatif à la gale. *Éruption scabieuse.*

scabreux, euse adj. ▪ De nature à choquer la décence.

scaferlati n. m. ▪ Tabac finement découpé, pour la pipe ou la cigarette.

① **scalaire** adj. ▪ math. *Grandeur scalaire,* définie par sa mesure (s'oppose à *vectoriel*).

② **scalaire** n. m. ▪ Poisson originaire d'Amazonie, au corps aplati et rayé de jaune et de noir.

scalde n. m. ▪ hist. littér. Ancien poète chanteur scandinave. ► **scaldique** adj.

scalène adj. ▪ géom. *Triangle scalène,* dont les trois côtés sont de longueurs inégales.

scalp [skalp] n. m. ▪ **1** Action de scalper. hist. *Danse du scalp.* **2** Trophée constitué par la peau du crâne avec sa chevelure.

scalpel n. m. ▪ Petit couteau à manche plat pour inciser et disséquer (chirurgie).

scalper v. tr. [1] ▪ Dépouiller (qqn) du cuir chevelu par incision de la peau. → **scalp.**

scampi n. m. pl. ▪ Langoustines ou grosses crevettes frites, en beignets.

scan [skan] n. m. ▪ anglic. **1** Numériseur. → ① **scanner. 2** Numérisation. **3** Document numérisé.

scandale n. m. ▪ **1** Effet fâcheux produit dans le public par des actes ou des propos condamnables. *Faire scandale.* **2** Désordre, esclandre. *Faire du scandale.* **3** Affaire publique où des personnalités sont compromises. **4** Fait immoral, révoltant. → **honte.** *C'est un scandale !*

scandaleux, euse adj. ▪ **1** Qui cause du scandale (1). **2** Qui constitue un scandale (4). → **honteux, révoltant.** ► **scandaleusement** adv.

scandaliser v. tr. [1] ▪ Apparaître comme un scandale à. → **choquer, indigner.**

scander v. tr. [1] ▪ **1** Analyser (un vers) en ses éléments métriques. **2** Prononcer en rythmant. *Scander un slogan.*

scandinave adj. et n. ▪ De Scandinavie.

scandium [-jɔm] n. m. ▪ chim. Corps simple (symb. Sc, n° at. 21, masse at. 44,95), métal qu'on trouve dans certains minerais des terres rares.

① **scanner** [-nɛʀ] n. m. ▪ anglic. **1** méd. Appareil d'examen radiographique composé d'un système de tomographie et d'un ordinateur. → **tomodensitomètre.** ♦ Examen réalisé à l'aide de cet appareil. ♦ Image ainsi obtenue. → **scan. 2** techn. → **numériseur.** ► ② **scanner** v. tr. [1]

scanographie n. f. ▪ méd. Technique du scanner. ➝ Image obtenue par scanner.

scansion n. f. ▪ didact. Action, manière de scander (un vers).

scaphandre n. m. ▪ Équipement de plongée individuel à casque étanche. ➝ par analogie *Scaphandre de cosmonaute.*

scaphandrier, ière n. ▪ Plongeur, plongeuse muni(e) d'un scaphandre.

scaphoïde adj. ▪ anat. *L'os scaphoïde,* ou n. m. *le scaphoïde* : l'os le plus volumineux de la rangée supérieure des os du carpe, du côté externe.

scapula n. f. ▪ anat. Omoplate.

① **scapulaire** n. m. ▪ relig. cathol. Objet de dévotion composé de deux petits morceaux d'étoffe bénits tenus par des cordons.

② **scapulaire** adj. ▪ anat. De l'épaule.

scapulalgie n. f. ▪ méd. Douleur de l'épaule.

scapulohuméral, ale, aux adj. ▪ anat. Qui appartient à l'omoplate et à l'humérus.

scarabée n. m. ▪ Insecte coléoptère.

scare n. m. ▪ Poisson tropical aux vives couleurs, appelé couramment *poisson-perroquet.*

scarieux, ieuse adj. ▪ bot. Se dit d'un organe membraneux, desséché et translucide.

scarifier v. tr. [7] ▪ méd. Inciser superficiellement (la peau, les muqueuses). ► **scarification** n. f.

scarlatine n. f. ▪ Maladie contagieuse avec éruption de plaques rouges.

scarole n. f. ▪ Salade de chicorée.

scat [skat] n. m. ▪ anglic. Style vocal propre au jazz, chant sur des syllabes arbitraires.

scato- Élément savant, du grec *skôr, skatos* « excrément ».

scatologie n. f. ▪ Écrit ou propos grossier, où il est question d'excréments. ► **scatologique** adj.

scatophage adj. ▪ didact. (insecte) Qui se nourrit d'excréments. → **coprophage.**

scatophile adj. ▪ didact. Qui vit ou croît sur les excréments.

sceau n. m. ▪ **1** Cachet officiel. ♦ loc. *Le, la garde* des Sceaux.* **2** Empreinte du cachet (→ sceller) ; cire, plomb portant cette empreinte. **3** fig., littér. Ce qui authentifie ; marque distinctive. ➛ loc. *Sous le sceau du secret.*

sceau-de-Salomon n. m. ▪ Plante à fleurs blanc verdâtre (liliacée). *Des sceaux-de-Salomon.*

scélérat, ate n. ▪ littér. Criminel. ➛ adj. littér. (choses) Infâme. ► **scélératesse** n. f.

scellé n. m. ▪ (surtout au plur.) Bande portant des cachets revêtus d'un sceau officiel.

sceller v. tr. [1] ▪ **I 1** Marquer ; fermer au moyen d'un sceau. **2** fig. Confirmer solennellement. *Sceller un pacte.* **II 1** Fermer hermétiquement. **2** Fixer (avec du ciment, etc.). ➛ au p. p. *Barreaux scellés.* ► **scellement** n. m.

scénario n. m. ▪ **1** Description de l'action d'un film, d'une émission, avec indications techniques et dialogues. ♦ Texte (d'une bande dessinée). **2** fig. Déroulement (d'un processus) selon un plan.

scénariser v. tr. [1] ▪ Introduire un scénario dans (une production audiovisuelle). *Scénariser un clip.* ► **scénarisation** n. f.

scénariste n. ▪ Auteur de scénarios de films. *Elle est scénariste et dialoguiste.*

scène n. f. ▪ **I 1** Emplacement d'un théâtre où les acteurs paraissent. → **planche** (les planches), **plateau.** ➛ *METTRE EN SCÈNE :* représenter au théâtre, au cinéma, à la télévision. *Metteur* en scène ; mise* en scène.* ♦ loc. fig. *Occuper le devant de la scène,* une position en vue. **2** *La scène :* le théâtre, l'art dramatique. *La scène et l'écran.* **3** L'action*. *La scène se passe à Londres.* **II 1** Partie, division d'un acte, dans une pièce de théâtre. **2** Action partielle ayant une unité, dans une œuvre (livre, film...). *Scène d'amour.* **3** Action représentée en peinture. *Scène d'intérieur.* **4** Action, événement dont on se trouve témoin. **5** Explosion de colère, dispute bruyante. *Scène de ménage* (dans un couple).

scénique adj. ▪ De la scène, du théâtre.

scénographie n. f. ▪ didact. Art et technique de l'espace théâtral. ► **scénographe** n. ► **scénographique** adj.

scénologie n. f. ▪ didact. Art et technique de la mise en scène théâtrale.

scepticisme n. m. ▪ **1** Doctrine selon laquelle l'esprit humain ne peut atteindre aucune vérité générale (philosophie, religion). **2** Refus d'admettre une chose sans examen critique. **3** Attitude critique faite de défiance à l'égard des idées reçues.

sceptique ▪ **I** n. Personne, philosophe qui adopte le scepticisme. **II** adj. *Philosophe sceptique.* ♦ *Une moue sceptique.*

sceptiquement adv. ▪ D'une manière sceptique, avec incrédulité.

sceptre n. m. ▪ **1** Bâton de commandement, signe d'autorité du souverain. **2** fig., littér. La royauté.

schah ou **shah** n. m. ▪ Souverain de la Perse, puis de l'Iran.

schako → **shako**

schappe n. m. ou f. ▪ techn. Fils obtenus par la filature des déchets de soie. *Fils de schappe :* bourre de soie.

schapska → **chapska**

scheik → **cheik**

schelem → **chelem**

schéma n. m. ▪ **1** Représentation simplifiée et fonctionnelle. *Le schéma d'un moteur.* **2** Description, représentation mentale réduite aux traits essentiels.

schématique adj. ▪ **1** D'un schéma. **2** Simplifié ; sans nuances. ► **schématiquement** adv.

schématiser v. tr. [1] ▪ Présenter de façon schématique. ► **schématisation** n. f.

schématisme n. m. ▪ **1** philos. Chez Kant, Emploi du schème. **2** (souvent péj.) Caractère schématique, trop simplifié.

schème n. m. ▪ didact. **1** philos. Chez Kant, Représentation intermédiaire entre les phénomènes perçus par les sens et les catégories de l'entendement. *Schème transcendantal.* **2** Représentation abstraite, structure d'ensemble (d'un objet, d'un processus). → **forme, structure.**

schéol n. m. ▪ relig. Séjour des morts, dans la Bible. → **enfer, géhenne.**

scherzo [skɛʀdzo] n. m. ▪ Morceau musical vif et gai.

schiedam [skidam] n. m. ▪ région. Eau-de-vie de grain parfumée au genièvre, aux Pays-Bas, en Belgique et dans le nord de la France. → **genièvre, péquet.**

schilling n. m. ▪ Ancienne unité monétaire de l'Autriche (avant l'euro). ≠ *shilling.*

schisme n. m. ▪ **1** Séparation des fidèles d'une religion, sous des autorités différentes. *Le schisme d'Orient* (entre les Églises d'Occident et d'Orient). **2** Scission (d'un parti...). ► **schismatique** adj. et n.

schiste n. m. ▪ Roche à structure feuilletée. ➛ *Gaz de schiste :* hydrocarbure contenu dans des roches sédimentaires argileuses. ► **schisteux, euse** adj.

schistosité n. f. ▪ didact. Structure schisteuse, feuilletée d'une roche.

schistosomiase n. f. ▪ → **bilharziose.**

schize [skiz] n. f. ▪ didact. Coupure, disjonction.

schiz(o)- [skizo] Élément (du grec *skhizein* «fendre») qui signifie «divisé, séparé».

schizogamie n. f. ▪ biol. Reproduction asexuée par division de l'organisme. → **scissiparité.**

schizogonie n. f. ▪ zool. Cycle de reproduction asexuée des sporozoaires et de certains autres protozoaires, par division multiple de la cellule.

schizoïdie n. f. ▪ psych. Constitution mentale prédisposant à la schizophrénie (repli sur soi, difficulté d'adaptation aux réalités extérieures). ▶ **schizoïde** adj.

schizophrénie n. f. ▪ Psychose caractérisée par une grave division de la personnalité et la perte du contact avec la réalité. ▶ **schizophrène** adj. et n. - abrév. **schizo.**

schizophrénique adj. ▪ psych. Relatif à la schizophrénie. *Tendances schizophréniques.*

schlague n. f. ▪ **1** hist. Punition (coups de baguette) autrefois en usage dans les armées allemandes. **2** fig. Manière brutale de se faire obéir.

schlass [ʃlas] adj. ▪ fam. Ivre.

schleu → **chleu**

schlinguer v. intr. [1] ▪ fam. Sentir mauvais.

schlitte n. f. ▪ région. Traîneau qui sert à descendre le bois abattu (Vosges...).

schlitter v. tr. [1] ▪ région. ou techn. Transporter (du bois) au moyen de la schlitte. ▶ **schlittage** n. m.

schlitteur n. m. ▪ région. ou techn. Ouvrier qui conduit une schlitte.

schmilblick n. m. ▪ loc. fam. *Faire avancer le schmilblick* : faire progresser les choses.

schnaps [ʃnaps] n. m. ▪ Eau-de-vie de pomme de terre ou de grain.

schnauzer [ʃnozɛʀ ; ʃnaozɛʀ] n. m. ▪ Chien rappelant le griffon, assez grand, à poil dru.

schnock n. ▪ fam. Imbécile. - var. **schnoque, chnoque.**

schnorchel [ʃnɔʀkɛl] n. m. ▪ mar. Tube qui permet aux sous-marins d'utiliser en plongée leurs moteurs diesels. - var. **schnorkel.**

schnouf n. f. ▪ argot Drogue en poudre que l'on prise. - var. **chnouf.**

schofar n. m. ▪ Trompe faite d'une corne de bélier, instrument de musique à vent en usage dans le rituel israélite. - var. **chofar.**

scholiaste → **scoliaste**

scholie → **scolie**

schooner [skunœʀ ; ʃunœʀ] n. m. ▪ anciennt Petit navire à deux mâts, goélette utilisée pour la pêche et le commerce.

schorre n. m. ▪ géol. Partie haute d'un marais littoral, submergée aux grandes marées.

schtroumpf n. m. (onomatopée ; aussi utilisé comme nom dans la bande dessinée des *Schtroumpfs*) ▪ fam. Truc, machin. ✦ Personne quelconque.

schuss [ʃus] n. m. ▪ Descente à skis en suivant la plus grande pente. ✦ adv. *Descendre (tout) schuss.*

schwa [ʃva] n. m. ▪ ling. Voyelle neutre, appelée *e* muet* en français. - var. anc. **chva.**

SCI [ɛssei] n. f. (sigle) ▪ Société civile immobilière.

sciage n. m. ▪ Action, manière de scier.

scialytique n. m. ▪ didact. Appareil d'éclairage qu'on utilise dans les salles d'opération et qui supprime les ombres portées.

sciatique ▪ **1** adj. anat. Du bassin, de la hanche. *Nerf sciatique.* **2** n. f. Douleur le long du nerf sciatique.

scie n. f. ▪ **1** Outil ou machine à lame servant à couper des matières dures. **2** *POISSON-SCIE* ou *SCIE* : poisson (squale) dont le museau s'allonge en une lame portant deux rangées de dents. **3** *Scie musicale*, lame d'acier qu'on fait vibrer. **4** Rengaine.

sciemment [sjamɑ̃] adv. ▪ En connaissance de cause, volontairement.

science [sjɑ̃s] n. f. ▪ **I** vieilli Connaissances générales (de qqn). → ②**savoir.** «*Science sans conscience n'est que ruine de l'âme*» (Rabelais). ✦ loc. *Un puits* de science.* **II 1** Ensemble de connaissances d'une valeur universelle, portant sur les faits et relations vérifiables, selon des méthodes déterminées (observation, expérience ; hypothèses et déduction). *Sciences exactes ; pures ; appliquées ; expérimentales. Sciences naturelles ; sciences de la vie. Sciences humaines* (psychologie, sociologie, linguistique, etc.). *Étude critique des sciences.* → **épistémologie.** ♦ absolt *LES SCIENCES*, celles où le calcul, la déduction, l'observation ont une grande part (mathématiques, astronomie, physique, chimie, biologie, etc.). **2** *LA SCIENCE* : ensemble des travaux et des résultats des sciences.

science-fiction [sjɑ̃-] n. f. ▪ Genre littéraire et artistique qui évoque un état futur du monde (→ **anticipation).** - abrév. **S.-F.**

sciène n. f. ▪ zool. Poisson osseux de grande taille, à la chair très estimée. *Sciène d'eau douce, sciène marine.*

scientificité [sjɑ̃-] n. f. ▪ Caractère de ce qui est scientifique. *La scientificité d'une théorie.*

scientifique [sjɑ̃-] ▪ **I** adj. **1** De la, des sciences. **2** Conforme aux exigences d'objectivité, de méthode, de précision de la science. **II** n. Spécialiste d'une science. → **chercheur, savant.** *Les littéraires et les scientifiques.*

scientifiquement [sjɑ̃-] adv. ▪ **1** D'une manière scientifique. **2** Du point de vue de la science.

scientisme [sjɑ̃-] n. m. ▪ Attitude philosophique consistant à considérer que la connaissance ne peut être atteinte que par la science. ► **scientiste** adj. et n.

scier v. tr. 7 ▪ **1** Couper avec une scie, une tronçonneuse. **2** fam., vieilli Ennuyer, fatiguer (qqn). **3** fam. Stupéfier. ► **scieur, scieuse** n.

scierie n. f. ▪ Usine où on débite du bois à la scie.

scieuse n. f. ▪ techn. Machine à scier.

scille [sil] n. f. ▪ Plante herbacée, bulbeuse (liliacée), très voisine de la jacinthe, ornementale ou cultivée pour ses propriétés médicinales.

scinder v. tr. 1 ▪ Diviser (qqch. ; un groupe) (→ **scission**). ▷ v. pron. se **scinder**

scinque n. m. ▪ zool. Reptile saurien du Sahara.

scintigraphie n. f. ▪ méd. Méthode d'exploration (d'un organe) par injection d'une substance radioactive. ► **scintigraphique** adj.

scintillant, ante adj. ▪ Qui scintille.

scintillateur n. m. ▪ phys. Appareil permettant de détecter les particules électrisées par les scintillations qu'elles produisent sur un écran fluorescent.

scintillation n. f. ▪ **1** Modification rapide et répétée de la lumière des étoiles. **2** Lumière qui scintille.

scintiller v. intr. 1 ▪ **1** (astres) Briller d'un éclat caractérisé par la scintillation. **2** Briller d'un éclat intermittent. ► **scintillement** n. m.

scion n. m. ▪ Jeune branche (d'arbre) droite et flexible.

sciotte n. f. ▪ techn. Scie à main de marbrier, de tailleur de pierres.

scirpe n. m. ▪ bot. Plante herbacée des marais et des terrains humides, dont une espèce, appelée *jonc des chaisiers* (ou *des tonneliers*), est employée en vannerie.

scission n. f. ▪ Action de (se) scinder. → **division, séparation.**

scissionner v. intr. 1 ▪ polit. Faire scission.

scissionnisme n. m. ▪ polit. Tendance à la scission. ► **scissionniste** adj. et n. → **dissident.**

scissiparité n. f. ▪ biol. Reproduction par division de l'organisme. ► **scissipare** adj.

scissure n. f. ▪ anat. Sillon à la surface d'organes (cerveau, poumon...).

sciure n. f. ▪ Déchets en poussière d'une matière qu'on scie (notamment le bois).

sciuridé n. m. ▪ zool. Rongeur de petite taille, au pelage long, à queue touffue (ex. l'écureuil, la marmotte).

scléral, ale, aux adj. ▪ anat. Relatif à la sclérotique. *La conjonctive sclérale.*

scléranthe n. m. ▪ Petite plante à feuilles dures, mauvaise herbe très répandue en Europe.

sclérenchyme n. m. ▪ bot. Tissu végétal de soutien constitué de cellules à membranes lignifiées.

scléreux, euse adj. ▪ pathol. Qui possède les caractères d'une sclérose, qui est atteint de sclérose. *Tissu scléreux.*

sclér(o)- Élément, du grec *sklêros* «dur».

sclérodermie n. f. ▪ méd. Affection cutanée, sclérose des couches profondes de la peau.

scléroprotéine n. f. ▪ biol. Protéine complexe, très peu soluble, formant la charpente de nombreux tissus animaux. → **collagène, kératine.**

sclérose n. f. ▪ **1** méd. Durcissement pathologique (d'un organe, d'un tissu). ➝ *Sclérose en plaques*, grave maladie du système nerveux central. **2** fig. Paralysie.

se **scléroser** v. pron. 1 ▪ **1** méd. (organes, tissus) Être atteint de sclérose. **2** fig. Se figer, ne plus évoluer. ▷ adj. **sclérosé, ée**

sclérote n. m. ▪ bot. Corps dur fait de mycélium aggloméré, formé par certains champignons pour résister en milieu hostile.

sclérotique n. f. ▪ anat. Membrane fibreuse (blanc de l'œil) entourant le globe oculaire.

scolaire adj. ▪ **1** Des écoles, de l'enseignement. *Âge scolaire* : âge légal de l'*obligation scolaire* (en France, loi Jules Ferry du 28 mars 1882). **2** péj. Livresque, peu original.

scolarisable adj. ▪ Qui peut être scolarisé, en âge d'aller à l'école.

scolariser v. tr. 1 ▪ **1** Pourvoir (un lieu) d'établissements scolaires. **2** Soumettre à un enseignement scolaire régulier. ➝ au p. p. *Enfants scolarisés.* ► **scolarisation** n. f.

scolarité n. f. ▪ Études scolaires régulières ; leur durée.

scolasticat n. m. ▪ relig. Maison annexe d'un couvent, où de jeunes religieux font leurs études de théologie et de philosophie ; durée de ces études.

scolastique ▪ didact. **I** n. f. Philosophie et théologie enseignées au Moyen Âge par l'Université. **II** adj. De la scolastique. ♦ Dialectique et formaliste.

scolex [-ɛks] n. m. ▪ zool. Partie antérieure (appelée aussi *tête*) des vers cestodes, pourvue de ventouses, de crochets.

scoliaste n. m. ▪ didact. Commentateur ancien, auteur de scolies. *Les scoliastes d'Alexandrie.* ♦ par ext. Annotateur, commentateur érudit. - var. **scholiaste.**

scolie n. f. ▪ didact. Note philologique, historique, due à un commentateur ancien, et servant à l'interprétation d'un texte de l'Antiquité. → **annotation.** ♦ Note critique. - var. **scholie.**

scoliose n. f. ■ Déviation latérale de la colonne vertébrale.

scoliotique adj. ■ méd. De la scoliose ; qui souffre d'une scoliose.

① **scolopendre** n. f. ■ Fougère à feuilles entières qui croît dans les lieux humides.

② **scolopendre** n. f. ■ Mille-pattes.

scolyte n. m. ■ zool. Insecte coléoptère qui vit sous l'écorce des arbres, creusant de nombreuses galeries sinueuses dans le bois.

scombridé n. m. ■ zool. Poisson téléostéen à nageoire dorsale épineuse, au corps allongé, à la peau lisse (ex. le maquereau, le thon).

scone n. m. ■ anglic. Petit cake rond.

sconse n. m. ■ Fourrure de la mouffette, noire à bandes blanches. - var. **skunks.**

scoop [skup] n. m. ■ anglic. Nouvelle importante en exclusivité.

scooter [skutœʀ ; skutɛʀ] n. m. ■ Motocycle léger, caréné, à plancher.

-scope, -scopie Éléments, du grec *skopein* «observer» (instruments...).

scopie n. f. ■ fam. Radioscopie.

scopolamine n. f. ■ chim. Alcaloïde voisin de l'atropine, extrait de plusieurs plantes solanacées, et utilisé en médecine.

scorbut [-yt] n. m. ■ Maladie due à l'insuffisance de vitamine C. ► **scorbutique** adj. et n.

score n. m. ■ **1** Décompte des points au cours d'une partie, d'un match. *Score final.* **2** Résultat chiffré (élection, compétition).

scorie n. f. ■ rare au sing. **1** Résidu solide (fusion de minerais ; combustion de houille...). **2** Lave refroidie, légère et fragmentée. **3** fig. Partie médiocre, mauvaise.

scorpène n. f. ■ zool. Poisson de petite dimension, à peau visqueuse, à tête forte et hérissée d'épines, communément appelé *crapaud, diable* ou *scorpion de mer.* → **rascasse.**

scorpion n. m. ■ **1** Petit animal (arachnide) dont la queue porte un aiguillon crochu et venimeux. **2** astrol. Huitième signe du zodiaque (23 octobre-21 novembre). → *Elle est Scorpion.*

scorsonère n. f. ■ bot. Plante dicotylédone dont une variété à peau noire (→ **salsifis**) est cultivée comme plante alimentaire.

① **scotch** n. m. ■ Whisky écossais.

② **scotch** n. m. (nom déposé) ■ Ruban adhésif transparent (de cette marque).

scotcher v. tr. [1] ■ Coller avec du scotch.

scotch-terrier n. m. ■ Chien terrier de taille moyenne, à poils durs.

scotome n. m. ■ méd. Lacune dans le champ visuel due à l'insensibilité de certains points de la rétine.

scotomiser v. tr. [1] ■ psych. Rejeter inconsciemment hors du champ de la conscience (une réalité pénible). ► **scotomisation** n. f. → **forclusion.**

scoubidou n. m. ■ Petit objet fait de fils de plastique tressés.

scoumoune n. f. ■ argot Malchance. *Avoir la scoumoune.* → **poisse.**

scoured [-ɛd] n. m. ■ anglic., techn. Laine lavée directement sur le dos du mouton, avant la tonte.

scout, scoute [skut] ■ **1** n. m. Jeune qui fait partie d'une organisation de scoutisme. ♦ adj. Du scoutisme. **2** n. fig. Idéaliste naïf. → **boy-scout.**

scoutisme n. m. ■ Mouvement éducatif complétant la formation de l'enfant par des activités collectives et de plein air.

SCPI [ɛssepei] n. f. (sigle) ■ Société civile de placement immobilier.

scrabble [skʀabl] n. m. (marque déposée) ■ anglic. Jeu de société combinant des lettres (jetons) en mots.

scrabbleur, euse n. ■ Personne qui joue au scrabble.

scrapbooking [-bukiŋ] n. m. ■ faux anglic. Loisir créatif qui consiste à personnaliser un album de photos, de souvenirs (collages...).

scraper [skʀapœʀ ; skʀɛpœʀ] n. m. ■ anglic., techn. Engin de terrassement automoteur utilisé pour araser le sol. - recomm. off. *scrapeur.* → **décapeuse.**

① **scratch** n. m. ■ anglic. Effet produit en faisant patiner un disque vinyle sur une platine à l'aide des doigts. *Des scratchs.*

② **scratch** n. m. ■ Fermeture velcro.

scratcher v. [1] ■ **I** v. tr. sports Rayer le nom de (un joueur qui ne se présente pas à temps). **II** v. intr. mus. Faire un scratch sur un disque vinyle qui tourne.

scriban n. m. ■ Secrétaire du XVIIe siècle à abattant et à tiroirs, surmonté d'un corps d'armoire. - syn. **scribanne** n. f.

scribe n. m. ■ **1** ancienn*t* Copiste. ♦ Antiq. Fonctionnaire sachant écrire. *Les scribes égyptiens.* **2** Antiq. juive Docteur de la Loi.

scribouillard, arde n. ■ péj. Employé(e) aux écritures.

scribouilleur, euse n. ■ fam. Mauvais écrivain.

scripophile n. ■ didact. Collectionneur de vieux titres boursiers. ► **scripophilie** n. f. ► **scripophilique** adj.

script [skʀipt] n. m. ▪ I Écriture à la main proche des caractères d'imprimerie. II Découpage technique et dialogues (d'un film, etc.). → **scénario.**

scripte n. ▪ Personne chargée de noter les détails de chaque prise de vues (d'un film, etc.) pour en assurer la continuité.

scripteur, trice n. ▪ 1 n. m. relig. Officier de la chancellerie pontificale, qui écrit les bulles. 2 didact. Personne qui a écrit un texte manuscrit. ➝ Personne qui écrit. *Les locuteurs, les lecteurs et les scripteurs d'une langue.*

scripturaire adj. ▪ didact. Relatif à l'Écriture sainte. *Exégèse scripturaire.*

scriptural, ale, aux adj. ▪ *Monnaie scripturale,* qui circule par simple jeu d'écriture.

scrofulaire n. f. ▪ bot. Plante herbacée vivace à l'odeur fétide. *La scrofulaire noueuse* ou *herbe aux écrouelles.*

scrofule n. f. ▪ 1 Lésion de tuberculose cutanée, ganglionnaire ou osseuse. 2 vx Écrouelles. ▶ **scrofuleux, euse** adj. et n.

scrogneugneu interj. ▪ Interjection, juron atténué.

scrotal, ale, aux adj. ▪ anat. Du scrotum.

scrotum [-ɔm] n. m. ▪ anat. Enveloppe des testicules. → **bourse(s).**

scrub [skʀœb] n. m. ▪ anglic., géogr. Brousse épaisse d'Australie, formée de buissons.

scrupule n. m. ▪ 1 Incertitude, inquiétude de conscience sur un point de morale. ➝ littér. *Avoir scrupule à ; se faire (un) scrupule de* (+ inf.), hésiter (par scrupule). 2 Exigence, rigueur en morale (→ **scrupuleux).**

scrupuleux, euse adj. ▪ 1 Qui a beaucoup de scrupules ; qui est exigeant sur le plan moral. ➝ (choses) *Une honnêteté scrupuleuse.* 2 Qui respecte strictement les règles, les prescriptions. ▶ **scrupuleusement** adv.

scrutateur, trice ▪ I adj. littér. Qui scrute. II n. Personne qui participe au dépouillement d'un scrutin.

scruter v. tr. [1] ▪ Examiner avec soin pour découvrir. *Scruter l'horizon.* ♦ *Scruter les intentions de qqn.*

scrutin n. m. ▪ 1 Vote au moyen de bulletins. 2 Opérations électorales ; type d'élections.

scud [skyd ; skœd] n. m. ▪ fam. Attaque verbale. *Envoyer des scuds à qqn.*

sculpter [-lte] v. tr. [1] ▪ 1 Produire (une œuvre d'art) par la sculpture. 2 Façonner (une matière dure) par la sculpture. *Sculpter le bois.*

sculpteur, trice [-lt-] n. ▪ Personne qui pratique la sculpture.

sculptural, ale, aux [-lt-] adj. ▪ 1 didact. Relatif à la sculpture. 2 Qui a la beauté formelle des sculptures classiques.

sculpture [-lt-] n. f. ▪ 1 Représentation, production d'un objet dans l'espace, au moyen d'une matière à laquelle on impose une forme. ➝ Œuvres d'art qui en résultent. 2 *Une sculpture* (→ **statue).**

scutellaire n. f. ▪ bot. Plante herbacée vivace, à tige carrée, à fleurs roses ou bleues ornementales.

S. D. F. n. (sigle) ▪ Personne «sans domicile fixe», sans ressources, qui mène une vie misérable. → **sans-abri.**

se pron. pers. (*s'* devant voyelle ou *h* muet) ▪ Soi, à soi (3ᵉ personne). *Il se soigne. Elle s'est lavé les mains. Ils se sont revus.* ➝ impers. *Cela ne se fait pas.*

Se ▪ Symbole chimique du sélénium.

seaborgium [sibɔʀgjɔm] n. m. ▪ chim. Élément atomique (symb. Sg, n° at. 106, masse at. 263,1182), métal radioactif produit artificiellement.

sea-line [silajn] n. m. ▪ anglic., techn. Canalisation en partie sous-marine pour le transport des hydrocarbures. *Des sea-lines.*

séance n. f. ▪ 1 Réunion de membres siégeant (assemblée). *Les séances du Parlement.* → **session.** ➝ loc. *Séance tenante* (fig. immédiatement). 2 Durée déterminée consacrée à une occupation. *Séance de rééducation.* 3 Temps d'un spectacle. *Séance de cinéma.*

① **séant** n. m. ▪ loc. *Se dresser, se mettre* SUR SON SÉANT *:* s'asseoir, se dresser.

② **séant, ante** adj. ▪ littér. Qui sied (→ **seoir).** → **bienséant, convenable.**

seau n. m. ▪ Récipient cylindrique muni d'une anse (pour les liquides, etc.). ➝ loc. fam. *Il pleut à seaux,* abondamment.

sébacé, ée adj. ▪ didact. Relatif au sébum. ➝ *Glandes sébacées,* qui sécrètent le sébum.

sébaste [sebast] n. m. ▪ zool. Poisson voisin de la rascasse, à tête écailleuse et épineuse.

sébile n. f. ▪ Petite coupe de bois (pour mendier).

sebka n. f. ▪ géogr. Au Sahara, Lac salé occupant le fond d'une dépression. → **chott.** - var. **sebkha.**

séborrhée n. f. ▪ Sécrétion excessive de sébum. ▶ **séborrhéique** adj.

sébum [-ɔm] n. m. ▪ Sécrétion grasse des glandes sébacées.

sec, sèche adj. ▪ I 1 Qui n'est pas ou est peu imprégné de liquide. *Du bois sec.* ➝ Sans pluie. *Un temps sec.* ➝ *Avoir la gorge sèche :* avoir soif. 2 Déshydraté, séché. *Légumes secs* (s'oppose à *frais*). 3 Sans accompagnement. *Mur de pierres sèches,* sans ciment. 4 (parties du corps) Qui a peu de sécrétions. *Peau sèche.* 5 (personnes) Maigre. 6 Qui manque de moelleux ou de douceur. *Voix sèche. Coup sec,* rapide et bref. **II 1** Qui manque de sensibilité, de gentillesse. → **dur. 2** (style...) Sans ornements ; sans charme. → **austère. 3** fam. *Rester sec,* ne savoir que répondre. **III** n. m. **1** Sécheresse ; endroit sec. *Mettre qqch. au sec.* **2** *À SEC* loc. adj. : sans eau. *Rivière à sec.* ▬ fam. Sans argent. *Ils sont à sec.* **IV** adv. **1** *Il boit sec,* beaucoup. **2** Rudement et rapidement. *Frapper sec.* **3** fam. *AUSSI SEC* loc. adv. : sans hésiter.

sécable adj. ■ didact. Qui peut être coupé.

secam [sekam] n. m. ■ Système de télévision en couleurs, adopté en France et par certains autres pays. ▬ adj. *Le système secam.*

sécant, ante adj. ■ géom. Qui coupe (une ligne, un plan, etc.). ▬ n. f. Droite sécante.

sécateur n. m. ■ Gros ciseaux à ressort.

sécession n. f. ■ Séparation d'une partie de la population d'un État pour former un État distinct ou se réunir à un autre. *Faire sécession.* ▬ hist. *La guerre de Sécession,* entre le Nord et le Sud des États-Unis (1861-1865). ► **sécessionniste** adj. et n.

séchage n. m. ■ Action de (faire) sécher.

séchant, ante adj. ■ Qui effectue un séchage. *Lave-linge séchant.*

sèche n. f. ■ fam. Cigarette.

sèche-cheveux n. m. invar. ■ Petit séchoir à cheveux électrique.

sèche-linge n. m. invar. ■ Appareil, machine qui sert à sécher le linge.

sèche-mains n. m. invar. ■ Appareil servant à sécher les mains par émission d'air chaud.

sèchement adv. ■ D'une manière sèche, sans douceur.

sécher v. [6] ■ **I** v. tr. **1** Rendre sec. *Se sécher les cheveux.* ▬ pronom. → s'**essuyer. 2** Absorber ou faire s'évaporer (un liquide). *Sécher ses larmes.* **3** fam. Manquer volontairement et sans être excusé. *Sécher la classe.* **II** v. intr. **1** Devenir sec. ▬ *Sécher sur pied* (plantes) ; fig. (personnes) : se consumer d'ennui. **2** S'évaporer. **3** fam. Rester sec (II, 3).

sécheresse n. f. ■ **1** État de ce qui est sec. → **aridité. 2** Temps sec, insuffisance des pluies. **3** fig. Caractère sec (II), dur.

sécherie n. f. ■ Lieu où l'on fait sécher diverses matières ou produits. *Sécherie de poisson.*

sécheur n. m. ■ Appareil de séchage. ▬ Séchoir industriel.

sécheuse n. f. ■ (Canada) Machine à sécher le linge. → **sèche-linge.**

séchoir n. m. ■ **1** Lieu, dispositif aménagé pour le séchage. **2** Appareil servant à faire sécher des matières humides. *Séchoir à cheveux.*

second, onde [s(ə)gɔ̃, ɔ̃d] ■ **I** adj. **1** Qui vient après une chose de même nature ; qui suit le premier. → **deuxième.** *En second lieu.* **2** Qui vient après le plus important ou le meilleur. *Billet de seconde (classe).* ♦ n. *Le second d'une course.* ♦ loc. *EN SECOND.* **3** Qui constitue une nouvelle forme de qqch. d'unique. → **autre.** *Il a été un second père pour moi.* **4** (après le n.) Qui dérive d'une chose primitive. *Causes secondes.* ♦ *État second,* état pathologique où l'on est comme dédoublé ; état anormal, bizarre. **II 1** n. Personne qui aide qqn. → **adjoint, assistant.** ▬ n. m. Officier de marine qui vient après le commandant. **2** n. f. Classe qui précède la première.

secondaire [s(ə)g-] adj. ■ **1** Qui vient au second rang, est de moindre importance. *Rôle secondaire.* **2** Qui constitue un second ordre (s'oppose à *primaire*). *L'enseignement secondaire* ou n. m. *le secondaire,* de la sixième à la terminale (en France). ▬ *Ère secondaire* ou n. m. *le secondaire,* ère géologique (de la sédimentation). → **mésozoïque. 3** → **second** (I, 4). *Effets secondaires d'un médicament.* ▬ écon. *Secteur secondaire :* activités productrices de matières transformées.

secondairement adv. ■ D'une manière secondaire, accessoire.

seconde [s(ə)gɔ̃d] n. f. ■ **1** Soixantième partie de la minute (symb. s). ♦ Temps très bref. → **instant. 2** Unité d'angle égale au 1/60 de la minute (symb. ").

secondement [s(ə)g-] adv. ■ En second lieu. → **deuxièmement, secundo.**

seconder [s(ə)g-] v. tr. [1] ■ Aider (qqn) en tant que second. → **assister.**

secouer v. tr. [1] ■ **1** Remuer avec force, dans un sens puis dans l'autre. *Secouer un tapis.* **2** Remuer à plusieurs reprises (une partie du corps). *Secouer la tête.* → **hocher. 3** Se débarrasser de (qqch.) par des secousses. *Secouer la poussière d'un tapis.* **4** Ébranler. *Le choc l'a bien secoué.* **5** fam. *Secouer qqn, lui secouer les puces,* le forcer à agir. ▬ pronom. *Allons, secoue-toi !*

secoueur n. m. ■ techn. Crible d'une batteuse, pour débarrasser les pailles des grains.

secourable adj. ■ littér. Qui secourt. ▬ loc. *Prêter, tendre une MAIN SECOURABLE à qqn.*

secourir v. tr. [11] ■ Aider (qqn) à se tirer d'un danger ; assister (qqn) dans le besoin.

secourisme n. m. ■ Méthode de sauvetage et d'aide aux victimes d'accidents. ► **secouriste** n.

secours n. m. ■ **1** Concours extérieur qui aide à sortir d'une situation difficile. → **appui, assistance, soutien.** ▬ *Au secours !,* appel à l'aide. **2** Aide matérielle ou financière. *Secours aux sans-abri.* **3** Moyens pour porter assistance.

♦ au plur. Services de secours. *Appelez les secours !* **4** Soins que l'on donne à un malade, à un blessé dans un état critique. *Premiers secours.* **5** Utilité. *N'être d'aucun secours.* **6** (choses) *DE SECOURS :* destiné à servir en cas de nécessité. *Sortie de secours.*

secousse n. f. ▪ **1** Mouvement brusque (de ce qui est secoué). ➛ *Secousse sismique.* **2** fig. Choc psychologique. **3** loc. fam. *Il n'en fiche pas une secousse,* il ne fait rien.

① **secret, ète** adj. ▪ **1** Qui n'est connu que de peu de personnes ; qui est ou doit être caché au public. *Renseignements secrets.* → **confidentiel ;** cf. anglic. *top secret* adj. ➛ *Police secrète.* ♦ spécialt Ésotérique, occulte. **2** Difficile à trouver. *Code secret.* **3** Qui ne se manifeste pas. → **intérieur, intime.** *Pensées secrètes.* **4** (personnes) Qui ne se confie pas. → **réservé.**

② **secret** n. m. ▪ **1** Ensemble de connaissances, d'informations qui doivent être réservées à quelques-uns (tenues secrètes) et qu'on ne doit pas révéler. ➛ *Secret d'État.* **2** *Être dans le secret,* dans la connaissance réservée à quelques-uns. **3** Explication, raison cachée. *Le secret de l'affaire.* → **clé. 4** Moyen connu seulement de quelques personnes. *Secret de fabrication.* **5** *EN SECRET,* sans que personne ne le sache. **6** *Mettre qqn AU SECRET,* l'emprisonner dans un lieu caché. **7** Discrétion, silence sur une chose secrète. *Secret professionnel.* **8** Mécanisme dont le fonctionnement est secret.

secrétage n. m. ▪ techn. Opération qui consiste à secréter les peaux.

secrétaire ▪ **I** n. **1** n. m. ancienn Personnage relevant directement d'une autorité politique. ➛ n. mod. *Secrétaire d'État,* membre du gouvernement sous l'autorité d'un ministre ; (aux États-Unis) ministre des Affaires étrangères. ➛ *Secrétaire d'ambassade.* **2** Personne qui s'occupe de l'organisation et du fonctionnement (d'un organisme). ➛ *Secrétaire de rédaction* (d'un journal). **3** Personne dont le métier est d'assurer la rédaction du courrier, de préparer des dossiers (pour qqn). **II** n. m. Meuble à tiroirs et à tablette mobile destiné à ranger des papiers.

secrétairerie n. f. ▪ Poste, fonction du cardinal secrétaire d'État au Vatican. ➛ Services de ce secrétaire d'État.

secrétariat n. m. ▪ **1** Fonction de secrétaire. **2** Service dirigé par un(e) secrétaire. **3** Métier de secrétaire (I, 3).

secrètement adv. ▪ D'une manière secrète (→ en secret), non apparente.

secréter v. tr. 6 ▪ techn. Frotter avec le *secret* (solution de nitrate de mercure) pour faciliter le feutrage. *Secréter des peaux, des poils.*

sécréter v. tr. 6 ▪ **1** Produire par sécrétion. **2** fig. *Ce film sécrète l'ennui.* → **distiller.**

sécréteur, trice adj. ▪ Qui opère la sécrétion, qui sert à la sécrétion.

sécrétine n. f. ▪ physiol. Hormone produite par la muqueuse du duodénum, qui stimule les sécrétions du pancréas.

sécrétion n. f. ▪ **1** Production d'une substance organique par un tissu. *Glandes à sécrétion interne* (endocrines), *externe* (exocrines). **2** Substance ainsi produite.

sécrétoire adj. ▪ physiol. Qui a rapport à la sécrétion. *Cellules sécrétoires.*

sectaire n. ▪ Personne intolérante, d'esprit étroit (en politique, religion, etc.). ➛ adj. *Esprit sectaire.* ► **sectarisme** n. m.

sectateur, trice n. ▪ vx Adepte, partisan.

secte n. f. ▪ **1** Groupe religieux organisé (à l'intérieur d'une foi). **2** Communauté mystique sous l'influence de maîtres, de gourous. **3** péj. Coterie, clan.

secteur n. m. ▪ **1** géom. Partie (d'un plan) limitée par deux demi-droites. *Secteur angulaire.* **2** Terrain d'opérations d'une unité militaire. **3** fam. Endroit, lieu. → **coin.** *Il va falloir changer de secteur.* **4** Division artificielle d'un territoire, d'un réseau. → **zone.** ♦ (Réseau électrique) *Panne de secteur.* **5** écon. Ensemble d'activités et d'entreprises de la même catégorie. *Secteur privé ; public.* **6** Domaine ; partie.

section n. f. ▪ **I 1** géom. Figure qui résulte de l'intersection de deux autres. **2** Forme d'une chose coupée transversalement. *Section circulaire d'un tube.* **3** Dessin en coupe. **II** didact. Action de couper. *La section d'un tendon.* **III 1** Élément, partie, division (d'un groupe). *Section syndicale.* ➛ *Section électorale.* **2** Partie (d'un ensemble).

sectionner v. tr. 1 ▪ **1** Diviser (un ensemble) en sections (III). → **fractionner. 2** Couper net. ► **sectionnement** n. m.

sectionneur n. m. ▪ électr. Appareil qui sert à couper le courant sur une section de ligne électrique pour y permettre les réparations. → **disjoncteur.**

sectoriel, ielle adj. ▪ D'un secteur (5).

sectoriser v. tr. 1 ▪ Répartir par secteurs. ► **sectorisation** n. f.

séculaire adj. ▪ Qui existe depuis un siècle (→ **centenaire**), plusieurs siècles.

séculier, ière adj. ▪ **1** Qui appartient au siècle* (II), à la vie laïque. **2** (religieux) Qui vit dans le siècle (par oppos. à *régulier*). *Le clergé séculier.* ► **séculariser** v. tr. 1

secundo [səgɔ̃do] adv. ▪ En second lieu. *Primo..., secundo...*

sécuriser v. tr. 1 ▪ Apporter, donner une impression de sécurité à (qqn). → **rassurer.** ► **sécurisant, ante** adj.

sécurit [-it] n. m. ■ Verre trempé, qui se brise en très petits morceaux non coupants. ◆ en appos. *Verre sécurit.*

sécuritaire adj. ■ De la sécurité publique. ◆ Qui favorise la recherche de sécurité.

sécurité n. f. ■ **1** État d'esprit confiant et tranquille. **2** Absence réelle de danger. *Être en sécurité.* → en **sûreté.** ◆ (collectif) *La sécurité publique* (→ **ordre**). *Forces de sécurité* (police, armée). **3** *Sécurité sociale,* (en France) organisation qui garantit les individus contre certains risques (risques sociaux). **4** Protection contre les accidents. *Sécurité routière.* ◆ DE SÉCURITÉ (dispositifs). *Ceinture de sécurité* (pour automobilistes).

sédatif, ive adj. et n. m. ■ (Remède) calmant.

sédation n. f. ■ didact. Action de calmer, apaisement par un sédatif. *Sédation de la douleur.*

sédentaire adj. ■ **1** Qui se passe, s'exerce dans un même lieu. *Une vie sédentaire.* **2** Dont l'habitat est fixe (opposé à *nomade*). ► **sédentariser** v. tr. [1] ► **sédentarisation** n. f.

sédentarité n. f. ■ didact. Mode de vie d'une population sédentaire. *Sédentarité et nomadisme.*

sedia gestatoria [sedja-] n. f. ■ relig. cathol. Chaise à porteurs sur laquelle prenait place le pape au cours de certaines cérémonies.

sédiment n. m. ■ **1** méd. Dépôt de matières dans un liquide organique. **2** Dépôt naturel, terrain dû à l'action d'agents externes (eau, vent, etc.).

sédimentaire adj. ■ Produit ou constitué par un sédiment (2). *Roches sédimentaires.*

sédimentation n. f. ■ **1** méd. Formation de sédiment (1). ◆ *Vitesse de sédimentation* (des hématies). **2** Formation des sédiments (2).

sédimenter v. tr. [1] ■ didact. Former par sédimentation.

sédimentologie n. f. ■ géol. Étude des roches sédimentaires et de leur formation. ► **sédimentologique** adj. ► **sédimentologue** n.

séditieux, euse adj. ■ littér. **1** Qui prend part à une sédition. → **factieux.** **2** Qui provoque une sédition. *Écrits séditieux.*

sédition n. f. ■ littér. Révolte concertée contre l'autorité publique. → **insurrection.**

séducteur, trice n. ■ Personne qui séduit, qui fait habituellement des conquêtes. ◆ adj. *Sourire séducteur.*

séduction n. f. ■ **1** Action de séduire, d'entraîner. **2** Moyen de séduire ; charme.

séduire v. tr. [38] ■ **1** Amener (qqn) à des relations sexuelles. **2** Convaincre, conquérir (qqn), en employant tous les moyens de plaire. **3** (sujet chose) Attirer de façon irrésistible. → **captiver, fasciner.** ► **séduisant, ante** adj.

sedum [sedɔm] n. m. ■ bot. Orpin.

seersucker [siʀsœkœʀ] n. m. ■ anglic. Tissu de coton gaufré, écossais ou rayé.

séfarade n. et adj. ■ Juif des pays méditerranéens (hors Israël) (s'oppose à *ashkénaze*). – var. **sépharade.**

séga n. m. ■ Genre musical et danse de couple répandus dans certaines îles de l'océan Indien.

ségala n. m. ■ région. (Massif central) Terre acide propre à la culture du seigle.

seghia → **seguia**

segment n. m. ■ **1** math. Portion (d'une figure géométrique). *Segment de droite.* **2** Partie distincte (d'un organe). **3** Pièce mécanique subdivisée. *Segment de piston.*

segmentaire adj. ■ didact. Qui concerne un segment.

segmentation n. f. ■ **1** Division en segments. → **fractionnement.** **2** biol. Premières divisions de l'œuf fécondé.

segmenter v. tr. [1] ■ Diviser, partager en segments.

ségrégatif, ive adj. ■ Qui tient de la ségrégation, opère une séparation.

ségrégation n. f. ■ Séparation imposée d'un groupe social d'avec les autres. → **discrimination.** *Ségrégation raciale.*

ségrégationnisme n. m. ■ polit. Politique de ségrégation sociale ; opinions et méthodes procédant de l'idée de ségrégation. ► **ségrégationniste** adj. et n.

séguedille n. f. ■ Danse espagnole, sur un rythme à trois temps, avec accompagnement de guitare et castagnettes ; musique et chant qui l'accompagnent.

seguia [segja] n. f. ■ Canal d'irrigation, en Afrique du Nord. – var. **seghia.**

seiche n. f. ■ Mollusque marin (céphalopode) à coquille interne *(os de seiche)* (→ sépia).

séide n. m. ■ littér. Homme de main fanatique.

seigle n. m. ■ Céréale dont les grains produisent une farine brune ; cette farine.

seigneur n. m. ■ **1** hist. Maître féodal (→ **suzerain**). ◆ prov. *À tout seigneur tout honneur,* à chacun selon son mérite. **2** Titre honorifique donné aux grands personnages (hommes). → **gentilhomme, noble.** ◆ *Grand seigneur* (fig. noble par sa conduite). **3** relig. *Le Seigneur* : Dieu. ◆ *Notre-Seigneur Jésus-Christ.*

seigneurial, ale, aux adj. ■ **1** hist. Du seigneur. **2** littér. Digne d'un seigneur. → **magnifique, noble, princier.**

seigneurie n. f. ■ **1** hist. Pouvoir, droits, terre d'un seigneur. **2** *Votre, Sa Seigneurie* (titre).

seille n. f. ■ vx ou région. Seau en bois ou en toile. *Seille à traire.*

seime n. f. ■ vétér. Fissure verticale, maladie du sabot des équidés due à une lésion.

sein n. m. ▪ **I** **1** littér. Devant de la poitrine. ◆ fig. *Le sein de Dieu,* le paradis. **2** littér. Partie du corps féminin où l'enfant est conçu, porté. → **entrailles, flanc.** **3** littér. Partie intérieure (d'une chose). *Le sein de la terre.* ◆ cour. *Au sein de :* dans, parmi. **II** **1** vx Poitrine de femme. **2** Mamelle féminine. *Les seins. Cancer du sein.*

seine ou **senne** n. f. ▪ Filet de pêche en demi-cercle.

seing [sɛ̃] n. m. ▪ loc. dr. *Seing privé :* signature d'un acte non notarié.

séisme n. m. ▪ Tremblement* de terre.

seitan [seitan ; setɑ̃] n. m. ▪ Préparation alimentaire à base de gluten.

seize ▪ **I** adj. numéral invar. **1** (cardinal) Dix plus six (16). *Elle a seize ans.* **2** (ordinal) Seizième. *La page seize.* **II** n. m. invar. Le nombre, le numéro seize. ► **seizième** adj. et n. ► **seizièmement** adv.

séjour n. m. ▪ **1** Fait de séjourner, de demeurer en un lieu. ◆ *Carte de séjour* (résidents étrangers). **2** Temps de séjour. *Un bref séjour à la mer.* **3** *(SALLE DE) SÉJOUR :* pièce principale. **4** littér. Lieu où l'on séjourne.

séjourner v. tr. [1] ▪ **1** Habiter (dans un lieu) sans y être fixé. **2** (sujet chose) Rester longtemps à la même place.

sel n. m. ▪ **1** Substance (chlorure de sodium) blanche, soluble dans l'eau, qui sert à l'assaisonnement et à la conservation des aliments. ♦ *Sel de céleri* (assaisonnement). **2** fig. Ce qui donne du piquant, de l'intérêt. **3** hist. des sc. Solide ressemblant au sel (obtenu par évaporation). ◆ *Sels (anglais),* que l'on faisait respirer aux personnes évanouies. **4** chim. Composé résultant de l'action d'un acide sur une base.

sélacien, ienne ▪ zool. **1** adj. Cartilagineux. **2** n. m. Poisson au squelette cartilagineux, à la peau recouverte d'écailles en plaques (ex. la raie, les requins).

sélaginelle n. f. ▪ bot. Plante rampante, à très petites feuilles terminées par une épine, cultivée comme ornementale.

sélect, ecte [selɛkt] adj. ▪ fam., vieilli Choisi, distingué. → **chic, élégant.**

sélecter v. tr. [1] ▪ techn., inform. Effectuer la sélection de ; obtenir au moyen d'une opération de sélection.

sélecteur n. m. ▪ Appareil ou dispositif permettant une sélection. ◆ Pédale de changement de vitesse (moto).

sélectif, ive adj. ▪ Qui opère un choix, une sélection. *Épreuve sélective.*

sélection n. f. ▪ **1** Choix (de ce qui convient le mieux ; des meilleurs éléments). ◆ *Sélection de données* (informatiques). **2** Choix d'animaux reproducteurs. **3** *Sélection naturelle,* théorie de Darwin selon laquelle l'élimination naturelle des individus les moins aptes dans la «lutte pour la vie» perfectionne l'espèce. **4** Ce qui est choisi. *Une sélection de films.*

sélectionner v. tr. [1] ▪ Choisir par une sélection. ► **sélectionneur, euse** n.

sélectivement adv. ▪ D'une manière sélective, par une sélection.

sélectivité n. f. ▪ radio Qualité d'un récepteur qui sépare bien les ondes de fréquences voisines.

sélène adj. ▪ didact. Relatif à la Lune. → ② **sélénite.**

-sélène → **séléno-**

séléniate n. m. ▪ chim. Sel de l'acide sélénique. *Séléniate de plomb.*

Sélénien, ienne n. ▪ didact. Habitant autrefois présumé de la Lune. → ② **sélénite.** *Les Terriens et les Séléniens.*

sélénieux adj. m. ▪ chim. Se dit d'un acide du sélénium qui se présente en cristaux, et de l'anhydride correspondant.

sélénique adj. m. ▪ chim. Se dit d'un acide du sélénium, liquide huileux, et de l'anhydride correspondant.

① **sélénite** n. m. ▪ chim. Sel de l'acide sélénieux.

② **sélénite** ▪ didact. **1** n. Habitant autrefois présumé de la Lune. *Les Terriens et les Sélénites.* → **Sélénien.** **2** adj. Relatif à la Lune. → ① **lunaire, sélène.** *Le sol sélénite.*

sélénium [-jɔm] n. m. ▪ Corps simple (symb. Se, n° at. 34, masse at. 78,96), utilisé dans les cellules photoélectriques.

séléniure n. m. ▪ chim. Combinaison du sélénium avec un corps simple. *Séléniure de carbone.*

séléno-, -sélène Éléments, du grec *selênê* «Lune».

sélénographie n. f. ▪ astron. Étude descriptive de la Lune. ► **sélénographique** adj.

sélénologie n. f. ▪ didact. Étude de la Lune. ► **sélénologue** n.

① **self** n. m. ▪ → **self-service.**

② **self** n. f. ▪ → **self-inductance.**

self- Élément, de l'anglais *self* «soi-même». → ① **auto-.**

self-control n. m. ▪ anglic. Contrôle, maîtrise de soi.

selfie n. m. ▪ anglic. Autoportrait numérique, généralement pris avec un smartphone et publié sur les réseaux sociaux.

self-inductance n. f. ▪ anglic., phys. Inductance. *Des self-inductances.* – syn. **auto-inductance** et **self.**

self-induction n. f. ▪ anglic., phys. Induction produite à travers un circuit électrique par les variations du flux qui le parcourt. *Coefficient de self-induction.* → **inductance.**

self-made-man [sɛlfmɛdman] n. m. ▪ anglic. Homme qui ne doit sa réussite qu'à lui-même. *Des self-made-mans* (ou *-men*). – REM. Le fém. est *self-made-woman* [-wuman].

self-service n. m. ▪ anglic. Libre-service. – abrév. fam. **self.**

① **selle** n. f. ▪ **1** Siège du cavalier placé sur le dos du cheval. ➝ *EN SELLE,* à cheval. ➝ fig. *Mettre qqn en selle,* l'aider dans ses débuts. **2** Petit siège de cuir adapté à un cycle. **3** Partie de la croupe (du mouton, etc.).

② **selle** n. f. ▪ **1** vx Chaise percée. ➝ mod. *Aller à la selle :* expulser les matières fécales. **2** *Les selles,* les matières fécales.

seller v. tr. [1] ▪ Munir (un cheval) d'une selle.

sellerie n. f. ▪ **1** Ensemble de selles, de harnais. **2** Métier de sellier.

sellette n. f. ▪ vx Petit siège sur lequel on faisait asseoir les accusés. ➝ mod. loc. *Être SUR LA SELLETTE :* être interrogé ou jugé.

sellier, ière n. ▪ Fabricant, marchand de selles, de harnais. → **bourrelier.**

selon prép. ▪ **1** En se conformant à. → **conformément** à, **suivant.** *Faire qqch. selon les règles.* **2** Si l'on se rapporte à ; d'après. *Selon moi...* ➝ *Selon toute vraisemblance.* **3** *SELON QUE* (+ indic.). *«Selon que vous serez puissant ou misérable [...]»* (La Fontaine).

selve n. f. ▪ géogr. Forêt de type amazonien. – var. **selva.**

semailles n. f. pl. ▪ **1** Action de semer (→ **semis**). **2** Grain que l'on sème.

semaine n. f. ▪ **1** Cycle de sept jours (lundi, mardi, mercredi, jeudi, vendredi, samedi, dimanche). *Une fois par semaine* (→ **hebdomadaire**). ➝ L'ensemble des jours ouvrables. **2** Période de sept jours (quel que soit le jour initial). ➝ loc. fam. *À la petite semaine :* à court terme.

semainier n. m. ▪ Agenda divisé selon les jours de la semaine.

sémanticien, ienne n. ▪ didact. Spécialiste de sémantique.

sémantique ▪ didact. **1** n. f. Étude du sens, de la signification dans le langage. **2** adj. Qui concerne le sens. *Analyse sémantique.* ► **sémantiquement** adv.

sémantisme n. m. ▪ didact. Contenu sémantique. *Mot au riche sémantisme.*

sémaphore n. m. ▪ Système de signaux optiques (navires ; chemin de fer). ► **sémaphorique** adj.

semblable ▪ **I** adj. **1** Qui ressemble (à). → **analogue.** *Une maison semblable à beaucoup d'autres.* ♦ Pareil. *En semblable occasion.* **2** au plur. Qui se ressemblent entre eux. *Triangles semblables,* dont les angles sont égaux deux à deux. **3** littér. (souvent avant le nom) De cette nature. → **tel.** **II** n. Être, personne de même espèce. *Fuir ses semblables.*

semblablement adv. ▪ rare D'une manière semblable, pareillement.

semblant n. m. ▪ **1** littér. *Un semblant de,* quelque chose qui n'a que l'apparence de. → **simulacre.** **2** loc. *FAIRE SEMBLANT DE* (+ inf.) : se donner l'apparence de, faire comme si. → **feindre.** ➝ absolt Simuler.

sembler v. intr. [1] ▪ **1** (+ attribut) Paraître (tel) pour qqn. *Les heures m'ont semblé longues.* ➝ (+ inf.) *Vous semblez le regretter.* **2** impers. (+ attribut) *Il (me) semble inutile de discuter.* ➝ *Quand bon lui semble,* quand cela lui plaît. ♦ *IL SEMBLE QUE :* on dirait. *Il semble que* (+ indic.) (c'est certain) ; (+ subj.) (ce n'est pas certain). ♦ (+ inf.) *Il me semble la connaître.*

sème n. m. ▪ ling. Unité minimale différentielle de signification (dans l'analyse du sens d'un mot).

semelle n. f. ▪ **1** Pièce constituant la partie inférieure de la chaussure. ➝ loc. *Ne pas quitter qqn d'une semelle :* rester constamment avec lui. **2** Pièce découpée que l'on place à l'intérieur d'une chaussure. **3** techn. Pièce plate servant d'appui.

semence n. f. ▪ **1** Graines qu'on sème. **2** Sperme. **3** Clou court à tête plate.

semencier, ière n. ▪ Personne ou entreprise productrice de semences.

semer v. tr. [5] ▪ **1** Répandre en surface ou mettre en terre (des semences). *Semer du blé.* ➝ loc. *Récolter ce qu'on a semé,* avoir les résultats qu'on mérite. **2** Répandre. → **disséminer, parsemer.** ♦ fig. *Semer la discorde, la ruine, la zizanie.* **3** fam. *Semer qqn ;* le laisser sur place, le devancer.

semestre n. m. ▪ **1** Moitié d'une année (six mois). **2** Somme payée tous les six mois. ► **semestriel, ielle** adj.

semestrialiser v. tr. [1] ▪ Organiser (l'année universitaire) en semestres. ➝ au p. p. *Enseignement semestrialisé.* ► **semestrialisation** n. f.

semestriellement adv. ▪ Une fois par semestre, tous les six mois.

semeur, euse n. ▪ **1** Personne qui sème (1). **2** Propagateur. *Un semeur de discorde.*

semi- [s(ə)mi] Élément (invariable), du latin *semi-* «demi». → **demi-, hémi-.**

semi-automatique adj. ▪ En partie automatique.

semi-auxiliaire adj. et n. m. ▪ *Verbe semi-auxiliaire*, qui, construit avec un infinitif, peut servir d'auxiliaire (ex. aller, devoir, faire, laisser, paraître...).

semi-chenillé, ée adj. et n. m. ▪ Se dit d'un véhicule chenillé dont les roues directrices sont libres.

semi-circulaire adj. ▪ En demi-cercle.

semi-coke n. m. ▪ techn. Produit de la distillation de la houille, coke imparfait.

semi-conducteur ▪ n. m. Corps non métallique qui conduit imparfaitement l'électricité.

semi-conducteur, trice n. m. et adj. ▪ Corps non métallique qui conduit imparfaitement l'électricité.

semi-conserve n. f. ▪ techn. Conserve partiellement stérilisée.

semi-consonne n. f. ▪ Voyelle en fonction de consonne (ex. [j] dans *pied*).

semi-dominance n. f. ▪ biol. Dominance incomplète (d'un caractère génétique).

semi-fini, ie adj. ▪ (produit) Qui a subi une transformation et doit en subir d'autres avant d'être commercialisé.

semi-liberté n. f. ▪ dr. Régime pénitentiaire qui permet au détenu de travailler à l'extérieur pendant la journée.

sémillant, ante adj. ▪ littér. D'une vivacité, d'un entrain plaisants. → **fringant.**

sémillon n. m. ▪ Cépage blanc de la Gironde, aux raisins très sucrés.

semi-lunaire adj. ▪ anat. En forme de croissant, de demi-lune. *Os semi-lunaire* ou *le semi-lunaire* : un des huit petits os du carpe (poignet).

semi-marathon n. m. ▪ Course à pied de 21,1 km, sur route.

séminaire n. m. ▪ **1** Établissement religieux où étudient les jeunes clercs. **2** Groupe de travail. ♦ Réunion d'étude.

séminal, ale, aux adj. ▪ Relatif au sperme.

séminariste n. m. ▪ Élève de séminaire (1).

séminifère adj. ▪ anat. Qui conduit le sperme. *Tubes séminifères.*

semi-nomadisme n. m. ▪ géogr. Genre de vie alliant l'agriculture à l'élevage nomade (notamment en bordure des déserts). ► **semi-nomade** adj. et n.

séminome n. m. ▪ méd. Cancer du testicule.

sémio- Élément (du grec *sêmeion* «signe») qui signifie «signe, sens ; symptôme».

sémiologie n. f. ▪ didact. **1** méd. Étude des signes des maladies. → **symptomatologie. 2** Science qui étudie les systèmes de signes. → **sémiotique.** ► **sémiologique** adj. ► **sémiologue** n.

sémiométrie n. f. ▪ Méthode d'analyse cherchant à déterminer le système de valeurs d'un individu en le faisant réagir à une sélection de mots.

sémiotique ▪ didact. **1** n. f. Théorie générale des systèmes de signes. → **sémiologie** (2). **2** adj. De la sémiotique. ► **sémioticien, ienne** n.

semi-ouvert, erte adj. ▪ math. Ouvert d'un côté, fermé de l'autre. *Intervalles semi-ouverts.*

semi-ouvré, ée adj. ▪ écon. → **semi-fini.**

semi-perméable adj. ▪ phys. *Membrane semi-perméable*, qui permet le passage de certaines substances tout en en arrêtant d'autres.

semi-précieux, euse adj. ▪ *Pierre semi-précieuse* : pierre fine. *Alliage semi-précieux.*

semi-produit n. m. ▪ écon. Produit partiellement élaboré (→ **semi-fini, semi-ouvré**) et qui doit subir d'autres opérations avant d'être mis sur le marché. *Des semi-produits.*

semi-public, ique adj. ▪ dr. Qui est en partie public et en partie privé. *Organismes semi-publics.*

sémique adj. ▪ ling. Qui concerne la structure du contenu (→ **sémantique**) et les unités minimales de signification (→ **sème**). *Analyse sémique.*

semi-remorque ▪ **1** n. f. Remorque d'un camion, dont le train avant n'a pas de roues. **2** n. m. Camion à semi-remorque.

semi-rigide adj. ▪ *Dirigeable semi-rigide*, à enveloppe souple et à charpente rigide.

semis n. m. ▪ **1** Action, manière de semer. **2** Terrain ensemencé. **3** fig. Petit motif ornemental répété.

sémite n. ▪ **1** Personne d'un groupe ethnique originaire d'Asie occidentale. **2** abusivt Juif.

sémitique adj. ▪ *Langue sémitique*, possédant des racines de trois lettres (hébreu, arabe).

semi-voyelle n. f. ▪ Voyelle ou groupe vocalique qui a une fonction de consonne. → **semi-consonne.** *Des semi-voyelles.*

semnopithèque n. m. ▪ zool. Singe d'Asie méridionale, à longue queue, vivant en troupes dans les arbres.

semoir n. m. ▪ Machine agricole, dispositif qui sert à semer le grain.

semonce n. f. ▪ **1** Ordre donné à un navire de montrer ses couleurs, de s'arrêter. ← *Coup de semonce* (d'un canon). **2** Avertissement sous forme de reproches.

semoncer v. tr. [3] ▪ Le fait d'adresser une semonce à (un navire). ← rare Réprimander qqn.

semoule n. f. ▪ Farine granulée (blé dur...). *La semoule du couscous.* ♦ appos. *Sucre semoule* : sucre en poudre.

semoulerie n. f. ▪ **1** Fabrication, industrie de la semoule. **2** Usine où l'on fabrique de la semoule. ► **semoulier, ière** adj. et n.

sempervirent, ente [sɛ̃pɛʀviʀɑ̃, ɑ̃t] adj. ▪ bot. *Plante sempervirente*, qui conserve un feuillage vert toute l'année. - syn. **semper virens** [sɛ̃pɛʀ viʀɛ̃s] (mot latin).

sempervivum [sɛ̃pɛʀvivɔm] n. m. invar. ▪ bot. Joubarbe.

sempiternel, elle [sɑ̃- ; sɛ̃-] adj. ▪ Continuel et lassant. ► **sempiternellement** adv.

semple n. m. ▪ techn. Ensemble de ficelles tendues, constituant une partie d'un métier à tisser la soie.

sénat n. m. ▪ **1** hist. Conseil souverain de la Rome antique. **2** mod. Assemblée législative élue au suffrage indirect ou représentant des collectivités.

sénateur, trice n. ▪ Membre d'un sénat (2). ► **sénatorial, ale, aux** adj.

sénatus-consulte [-tys-] n. m. ▪ hist. Décret d'un sénat.

senau n. m. ▪ mar., vx Navire marchand gréé en brick.

séné n. m. ▪ Arbrisseau produisant des gousses dont on extrait une drogue laxative ; cette drogue. → **cassier.**

sénéchal, aux n. m. ▪ hist. Officier du roi.

sénéchaussée n. f. ▪ hist. **1** Étendue de la juridiction d'un sénéchal. **2** Tribunal du sénéchal.

séneçon n. m. ▪ Plante herbacée ou arborescente.

senellier → **cenellier**

sénescence n. f. ▪ didact. Vieillissement de l'organisme. → **sénilité.**

sénescent, ente adj. ▪ didact. Qui présente les caractères de la sénescence. *Sujet sénescent.*

sénestre ou **senestre** [sənɛstʀ] adj. ▪ vx Gauche.

sénestrorsum [-ɔm] adj. invar. et adv. ▪ didact. Se dit d'un enroulement contraire au sens des aiguilles d'une montre (contr. *dextrorsum*). - var. **senestrorsum.**

sénevé n. m. ▪ Moutarde sauvage.

sénile adj. ▪ De vieillard.

sénilisme n. m. ▪ didact. Vieillissement prématuré chez un adulte ou un enfant.

sénilité n. f. ▪ État pathologique caractéristique de la vieillesse avancée.

sénior ou **senior** adj. et n. ▪ **1** anglic. Sportif de la catégorie adulte. **2** Personne âgée de plus de 45 ans.

séniorité n. f. ▪ anglic., ethnol. Prééminence et garanties déterminées par l'ancienneté (2) au sein d'un groupe social.

senne n. f. → **seine**

sénologie n. f. ▪ méd. Spécialité médicale qui étudie les affections du sein. ► **sénologue** n.

① **sens** [sɑ̃s] n. m. ▪ **I 1** Faculté d'éprouver les impressions (→ **sensation),** correspondant à un organe récepteur spécifique. *Les cinq sens traditionnels* (vue, ouïe, odorat, goût, toucher). ➛ *Le sixième sens*, l'intuition. ➛ loc. *Tomber sous le sens* : être évident. **2** au plur. littér. *LES SENS* (chez l'être humain) : instinct sexuel (→ **sensualité). 3** *LE SENS DE...* : faculté de connaître intuitivement. *Avoir le sens de l'humour.* **II 1** *BON SENS* : capacité de bien juger, sans passion. **2** *SENS COMMUN* : manière de juger commune et raisonnable. **3** (dans des loc.) Manière de juger ou de voir. *À mon sens*, à mon avis. *En un sens*, d'un certain point de vue. **III 1** Idée que représente un signe. → **signification.** *Le sens d'un mot, d'un mythe.* **2** Idée générale (concept) à laquelle correspond un mot, une expression. *Sens propre, figuré.* **3** Explication, justification. *Ce qui donne un sens à la vie.*

② **sens** [sɑ̃s] n. m. ▪ **1** Direction ; position dans l'espace (plan, volume). *Tourner qqch. dans tous les sens.* ♦ loc. adv. *SENS DESSUS DESSOUS* : (choses) à l'envers ; dans un grand désordre ou trouble. **2** Mouvement orienté. *Sens d'une rotation : sens des aiguilles d'une montre* (à droite), *sens trigonométrique* (à gauche). **3** fig. Direction que prend une activité. ♦ Direction générale (irréversible). *Le sens de l'histoire.*

sensation n. f. ▪ **1** Impression perçue directement par les organes des sens. *Sensations auditives, olfactives.* **2** État qui résulte d'impressions reçues. *Aimer les sensations fortes.* → **émotion. 3** *FAIRE SENSATION*, faire une forte impression. ➛ *À SENSATION* loc. adj. *La presse à sensation.*

sensationnalisme n. m. ▪ Goût, recherche du sensationnel. *Presse assoiffée de sensationnalisme.*

sensationnel, elle adj. ▪ **1** Qui fait sensation. **2** Exceptionnel.

sensé, ée adj. ▪ Qui a du bon sens. → **raisonnable, sage.**

senseur n. m. ▪ anglic., techn. **1** abusivt Capteur. **2** Dispositif optoélectronique permettant de définir l'orientation réelle (d'un satellite).

sensibilisateur, trice adj. ▪ Qui sensibilise, peut sensibiliser. ♦ n. m. photogr. Produit permettant de sensibiliser une émulsion photographique.

sensibiliser v. tr. [1] ▪ **1** Rendre sensible à l'action de la lumière (une émulsion photographique). **2** Rendre sensible (l'organisme) à une agression (par allergie, etc.). **3** Rendre (qqn ; un groupe) sensible à (surtout au p. p.). ► **sensibilisation** n. f.

sensibilité n. f. ■ **1** physiol. Propriété (d'un être vivant, d'un organe) de réagir d'une façon adéquate aux modifications du milieu. → **excitabilité.** **2** Propriété de l'être humain sensible (I, 3). *Artiste plein de sensibilité.* **3** (choses) Caractère sensible (I, 4).

sensible adj. ■ **I** (sens actif) **1** Capable de sensation et de perception. *Une ouïe sensible* (→ **fin**). ➝ *Être sensible au froid.* ➝ *Être sensible du foie,* fragile. **2** Susceptible de douleur. *Endroit sensible.* **3** Apte à ressentir fortement les impressions. → **émotif, hypersensible, impressionnable.** ➝ *SENSIBLE À... :* qui ressent vivement. **4** (objets) Qui réagit à de faibles variations. *Balance sensible.* **II** (sens passif) **1** Qui peut être perçu par les sens. → **tangible.** *La réalité sensible.* **2** Assez important pour être perçu. *Un progrès sensible.* **3** anglic. Que l'on doit traiter avec précaution.

sensiblement adv. ■ **1** À peu près. *Ils sont sensiblement de la même taille.* **2** Notablement.

sensiblerie n. f. ■ Sensibilité (2) exagérée.

sensitif, ive adj. ■ **1** physiol. Qui transmet les sensations. *Nerfs sensitifs.* **2** littér. Qui est particulièrement sensible (3).

sensitive n. f. ■ Mimosa dont les feuilles se rétractent au contact.

sensoriel, elle adj. ■ Qui concerne les organes des sens.

sensorimétrie n. f. ■ psych. Étude des variations des sensations en fonction des variations de la stimulation. ► **sensorimétrique** adj.

sensorimoteur, trice adj. ■ psych. Qui concerne à la fois les fonctions sensorielles et la motricité (opposé à *idéomoteur*).

sensualisme n. m. ■ philos. Doctrine d'après laquelle les connaissances viennent des sensations. ► **sensualiste** adj. et n.

sensualité n. f. ■ **1** Tempérament d'une personne sensuelle (2). **2** Caractère sensuel.

sensuel, elle adj. ■ **1** Propre aux sens. **2** (personnes) Porté à rechercher et à goûter tout ce qui flatte les sens (spécialt en amour). **3** Qui annonce la sensualité. *Une bouche sensuelle.* ► **sensuellement** adv.

sent-bon [sɑ̃bɔ̃] n. m. sing. ■ fam. Parfum.

sente n. f. ■ région. Sentier.

sentence n. f. ■ **1** Décision d'un juge, d'un arbitre. → **jugement, verdict.** **2** Maxime.

sentencieux, euse adj. ■ Solennel et affecté. ► **sentencieusement** adv.

senteur n. f. ■ littér. Odeur (agréable).

senti, ie adj. ■ littér. Empreint de sincérité, de sensibilité. *Une description sentie.* ➝ *BIEN SENTI :* exprimé avec force et conviction.

sentier [-tje] n. m. ■ Chemin étroit pour les piétons et les bêtes. ➝ loc. fig. *Les sentiers battus :* les usages communs.

sentiment n. m. ■ **I 1** Connaissance comportant des éléments affectifs et intuitifs. → **impression.** *Un sentiment d'abandon.* **2** littér. Capacité d'apprécier. → ①**sens** (I, 3). **3** littér. Avis, opinion. *J'ai le sentiment que...* **II 1** État affectif complexe, stable et durable. → **émotion, passion.** ➝ spécialt Amour. ♦ *Les (bons) sentiments,* les inclinations généreuses, altruistes. ➝ (formules de politesse) *Sentiments distingués.* **2** *Le sentiment :* la vie affective. ➝ péj. Sensiblerie.

sentimental, ale, aux adj. ■ **1** Qui concerne la vie affective et, spécialt, l'amour. *«L'Éducation sentimentale»* (roman de Flaubert). **2** Qui provient de causes subjectives et affectives. *La valeur sentimentale d'un objet.* **3** (personnes) Qui donne de l'importance aux sentiments et les manifeste. ➝ n. *C'est un sentimental.* ♦ (choses) *Romance sentimentale.* ► **sentimentalement** adv.

sentimentalisme n. m. ■ Tendance à la sentimentalité.

sentimentalité n. f. ■ Caractère sentimental (3).

sentine n. f. ■ **1** mar. Fond de cale où s'amassent les eaux. **2** littér. Lieu sale.

sentinelle n. f. ■ **1** Soldat qui a la charge de faire le guet, de protéger un lieu, etc. **2** appos. Qui permet de témoigner d'un processus. *Organisme sentinelle.*

sentir v. tr. [16] ■ **I 1** Connaître, pouvoir réagir à (un fait, une qualité...) par des sensations. → **percevoir.** *Je sens un courant d'air.* **2** Avoir la sensation* de (une odeur). *Sentir un parfum ; une fleur.* ➝ fam. *Ne pas pouvoir sentir qqn,* le détester. **3** Avoir conscience de ; avoir l'intuition de. → **pressentir.** *Il sentait le danger ; que c'était grave.* **4** Apprécier. *Sentir la beauté de qqch.* **5** Éprouver. → **ressentir.** *Sentir de l'admiration, de la crainte.* **6** *FAIRE SENTIR,* faire éprouver. ➝ (sujet chose) *Se faire sentir.* **II 1** Dégager, répandre une odeur de. → **senteur.** *Ça sent le renfermé.* ➝ absolt Sentir mauvais. *Il sent des pieds.* **2** fig. Évoquer. ▷ v. pron. **se sentir 1** Éprouver une sensation, une impression. *Elle se sent heureuse. Se sentir mieux.* ➝ (+ inf.) Avoir conscience de. *Elle s'est sentie tomber.* **2** loc. *Ne plus se sentir de (joie,* etc.) : être transporté de. **3** fam. *Ils ne peuvent pas se sentir,* ils se détestent.

seoir [swaʀ] v. intr. [26] seulement 3ᵉ pers. prés., imp., futur, cond. et p. prés. ■ littér. Convenir. *Cette robe vous sied à merveille.* → **seyant.** ➝ impers. *Comme il sied.*

sépale n. m. ■ Foliole du calice (d'une fleur).

séparable adj. ■ Qui peut être séparé.

séparateur, trice ■ **1** adj. Qui sépare, a la propriété de séparer. **2** n. m. Appareil destiné à séparer les composants d'un mélange.

♦ Cloison isolante entre les plaques d'un accumulateur. ♦ inform. Délimiteur.

séparation n. f. ■ **1** (choses) Action de (se) séparer ; fait d'être séparé. **2** (personnes) Fait de se quitter. **3** Ce qui sépare (mur, cloison, haie...).

séparatiste n. ■ Personne qui réclame une séparation politique. → **autonomiste.** ◆ adj. *Mouvement séparatiste.* ► **séparatisme** n. m.

séparer v. tr. 1 ■ **1** Faire cesser d'être avec autre chose, d'être ensemble. → **dissocier, isoler. 2** Faire que (des personnes) ne soient plus ensemble. *Séparer des amoureux.* ◆ *On a séparé les combattants.* ♦ (sujet chose) *Leurs goûts les séparent.* **3** Distinguer, traiter à part. → **différencier.** *Séparer théorie et pratique.* ▷ v. pron. se **séparer 1** *SE SÉPARER DE* : cesser d'être avec. → **quitter.** ◆ (récipr.) *Ils se sont séparés à l'amiable.* ♦ Ne plus garder avec soi. *Il ne se sépare jamais de sa canne.* **2** Se diviser. *Le chemin se sépare en deux.* ▷ adj. **séparé, ée** ► **séparément** adv.

sépharade → **séfarade**

sépia n. f. ■ **1** zool. Liquide noirâtre sécrété par la seiche. **2** Colorant brun foncé. ♦ Dessin, lavis à la sépia.

sépiolite n. f. ■ minér. Silicate hydraté naturel de magnésium, appelé aussi *écume de mer.* → **magnésite.**

seppuku [sepuku] n. m. ■ didact. Suicide rituel, au Japon. → **hara-kiri.**

seps [sɛps] n. m. ■ zool. Lézard à pattes très courtes, des régions méditerranéennes.

-sepsie, -septique Éléments, du grec *sepsis* «putréfaction».

sepsis [sɛpsis] n. m. ■ méd. Inflammation générale et violente de l'organisme en réponse à une infection bactérienne. → **septicémie.**

sept [sɛt] ■ **I** adj. numéral invar. **1** (cardinal) Six plus un (7). → **hepta-. 2** (ordinal) Septième. **II** n. m. invar. Le chiffre, le nombre, le numéro sept.

septain [sɛtɛ̃] n. m. ■ Poème ou strophe de sept vers.

septantaine [-pt-] n. f. ■ région. (Est ; Belgique, Suisse) Nombre de soixante-dix ou environ. ◆ *Il a passé la septantaine.*

septante [-pt-] adj. numéral cardinal ■ (Belgique, Suisse) Soixante-dix.

septantième [-pt-] adj. numéral ordinal ■ vx ou région. (Belgique, Suisse) Soixante-dixième.

septembre [-pt-] n. m. ■ Neuvième mois.

septemvir [sɛptɛmviʀ] n. m. ■ Antiq. romaine Chacun des sept magistrats d'une commission chargée du partage des terres.

septennal, ale, aux [-pt-]adj. ■ didact. **1** Qui revient tous les sept ans. **2** Qui dure sept ans. *Présidence septennale.* ► **septennalité** n. f.

septennat [-pt-] n. m. ■ Durée de sept ans (d'une fonction).

septentrion [-pt-] n. m. ■ vx Le nord. ► **septentrional, ale, aux** adj.

septicémie [-pt-] n. f. ■ Maladie (infection générale grave) due à des germes dans le sang. ► **septicémique** adj.

septidi [-pt-] n. m. ■ hist. Septième jour de la décade, dans le calendrier républicain.

septième [sɛt-] ■ **1** adj. numéral ordinal Qui suit le sixième (7e). ◆ loc. *Le septième art* : le cinéma. ♦ n. *Le, la septième.* **2** adj. et n. m. Se dit d'une partie d'un tout également divisé en sept. ► **septièmement** [sɛt-] adv.

septique [-pt-] adj. ■ **1** méd. Qui produit l'infection ou l'accompagne. **2** *Fosse septique,* fosse d'aisances où les excréments sont transformés en composés minéraux.

septmoncel [semɔ̃sɛl] n. m. ■ Fromage à pâte persillée appelé aussi *bleu de Gex.*

septuagénaire [-pt-] adj. ■ De soixante-dix à soixante-dix-neuf ans. ◆ n. *Un, une septuagénaire.*

septum [sɛptɔm] n. m. ■ anat. Cloison séparant deux cavités (d'un organe, d'un organisme). *Septum nasal.*

septuor [-pt-] n. m. ■ mus. Composition vocale ou instrumentale à sept parties. ♦ Formation musicale de sept exécutants.

septuple [-pt-] adj. ■ Qui vaut sept fois (une quantité). ◆ n. m. *Le septuple.*

septupler [-pt-] v. 1 ■ **1** v. tr. Multiplier par sept. *Septupler la mise.* **2** v. intr. Devenir sept fois plus élevé.

sépulcral, ale, aux adj. ■ Funèbre.

sépulcre n. m. ■ littér. Tombeau. ◆ *Le Saint-Sépulcre* : le tombeau du Christ.

sépulture n. f. ■ **1** littér. Inhumation. **2** Lieu où est déposé le corps d'un défunt (tombe...).

séquelle n. f. ■ surtout au plur. **1** Lésion ou trouble qui persiste. **2** Suite (néfaste). fig. *Les séquelles d'une guerre.*

séquençage n. m. ■ biol. Description systématique des séquences de nucléotides (d'un génome).

séquence n. f. ■ **1** jeux Série de cinq cartes qui se suivent. **2** cin. Succession de plans formant une scène. **3** didact. Suite ordonnée. ► **séquentiel, ielle** adj.

séquencer v. tr. 3 ■ biol. Effectuer le séquençage de.

séquenceur n. m. ■ inform. Dispositif qui commande une suite ordonnée de processus.

séquentiellement adv. ■ didact. Selon une ou plusieurs séquences (3).

séquestre n. m. ▪ dr. Dépôt (d'une chose litigieuse) entre les mains d'un tiers. *Mettre des biens SOUS SÉQUESTRE.*

séquestrer v. tr. [1] ▪ Enfermer et isoler (qqn) (délit). *Ils séquestrent leur fille. Séquestrer des otages.* ► **séquestration** n. f.

sequin n. m. ▪ hist. Monnaie d'or de Venise.

séquoia [sekɔja] n. m ▪ Très grand conifère de Californie.

sérac n. m. ▪ Bloc de glace entouré de crevasses, dans un glacier.

sérail n. m. ▪ **1** hist. Palais du sultan turc. *Des sérails.* ➝ fig. Milieu fermé, influent. **2** vx Harem.

serapeum [seʀapeɔm] n. m. ▪ archéol. Nécropole du dieu Apis, en Égypte. ♦ Temple où l'on adorait les divinités gréco-égyptiennes, à l'époque hellénistique.

séraphin n. m. ▪ relig. chrét. Ange supérieur. ► **séraphique** adj.

serbe adj. et n. ▪ De Serbie. ➝ n. *Les Serbes.* ♦ n. m. *Le serbe* (langue slave).

serbo-croate adj. et n. ▪ Qui appartient à la Serbie et à la Croatie. ♦ n. m. *Le serbo-croate* (langue slave).

① **serein, eine** adj. ▪ **1** littér. (ciel, temps) Pur et calme. **2** fig. Moralement calme, paisible. ♦ *Un jugement serein.* → **impartial.** ► **sereinement** adv.

② **serein** n. m. ▪ littér. ou région. Humidité ou fraîcheur du soir.

sérénade n. f. ▪ **1** Concert nocturne sous les fenêtres d'une femme courtisée. **2** mus. Composition pour instruments. **3** fam. Tapage.

sérendipité n. f. ▪ anglic., didact. Capacité, aptitude à faire par hasard une découverte inattendue et à en saisir l'utilité (scientifique, pratique).

sérénissime adj. ▪ vx Titre honorifique.

sérénité n. f. ▪ État, caractère serein.

séreux, euse adj. ▪ Du sérum ; qui produit ou renferme du sérum. *Membrane séreuse* et n. f. *séreuse.*

serf, serve [sɛʀ(f), sɛʀv] n. ▪ hist. (féodalité) Paysan sans liberté personnelle, attaché à une terre. ➝ adj. *Condition serve* (→ **servage).**

serfouette n. f. ▪ Outil de jardinage, petite pioche dont le fer est large et carré d'un côté et en fourche de l'autre.

serfouir v. tr. [2] ▪ agric. Sarcler, biner à la serfouette. ► **serfouissage** n. m.

serge n. f. ▪ Étoffe à côtes obliques.

sergé n. m. ▪ Tissu à côtes obliques (une des trois armures fondamentales).

sergent, ente n. ▪ **1** n. m. ancienn^t Officier de justice. **2** Sous-officier inférieur.

sérialisme n. m. ▪ mus. Doctrine, caractère de la musique sérielle. → **dodécaphonisme.**

sériation n. f. ▪ didact. Fait de sérier (des problèmes, des questions).

sérici- Élément (du grec *sêrikos* « de soie ») qui signifie « soie ».

séricicole adj. ▪ techn. Qui concerne l'élevage des vers à soie.

sériciculture n. f. ▪ Élevage des vers à soie. ► **sériciculteur, trice** n.

séricigène adj. ▪ didact. Qui produit la sécrétion d'où l'on tire la soie. *Glandes séricigènes.*

séricine n. f. ▪ chim. L'une des protéines de la soie.

série n. f. ▪ **1** sc. Suite de nombres, d'expressions, de composés chimiques, etc. qui répondent à une loi. **2** Suite déterminée et limitée. *Une série de timbres.* ➝ loc. *Série noire* : succession de catastrophes. ♦ spécial^t *FINS DE SÉRIES* (de vêtements). ♦ (dans le temps) → **séquence.** ➝ mus. Suite de douze demi-tons de la gamme (→ **sériel).** ➝ *Série (télévisée)* : cycle de téléfilms ayant une unité narrative. **3** Petit groupe (d'un classement). → **catégorie.** *Ranger par séries.* ➝ *Film de série B,* à petit budget. **4** Ensemble d'objets fabriqués identiques. *Voiture de série.* ➝ fig. *HORS SÉRIE* : exceptionnel.

sériel, elle adj. ▪ didact. Qui forme une série. ♦ *Musique sérielle,* fondée sur la série. → **dodécaphonique.**

sérier v. tr. [7] ▪ Disposer par séries (2 et 3).

sérieusement adv. ▪ **1** Avec réflexion et application. ♦ Sans plaisanter. **2** Réellement. *Il songe sérieusement à émigrer.* **3** Fortement.

sérieux, euse ▪ **I** adj. **1** Qui considère les choses importantes. → **posé, raisonnable.** ➝ *Un travail sérieux.* **2** Sans gaieté. **3** Sur qui (ou sur quoi) l'on peut compter. → **sûr. 4** Qui ne prend pas de libertés avec la morale sexuelle. → **rangé, sage. 5** Qui mérite considération. → **important.** *Revenons aux choses sérieuses.* ➝ *Un sérieux effort.* ♦ Qui inspire de l'inquiétude. *La situation est sérieuse.* → **préoccupant. II** n. m. **1** État d'une personne qui ne plaisante pas. *Garder son sérieux.* **2** Qualité d'une personne sérieuse, appliquée. **3** *PRENDRE* (qqch., qqn) *AU SÉRIEUX,* en considération.

sérigraphie n. f. ▪ techn. Impression à l'aide d'un écran de tissu.

serin n. m. ▪ **1** Petit passereau chanteur au plumage jaune. → **canari. 2** fam. Niais.

sérine n. f. ▪ biochim. Acide aminé des protéines (de la soie, en particulier) qui possède une fonction alcool pouvant acquérir un radical phosphoryle.

seriner v. tr. [1] ▪ Répéter inlassablement (qqch. à qqn) en ennuyant.

seringat n. m. ▪ Arbrisseau à fleurs blanches odorantes. - var. **seringa.**

seringue n. f. ▪ Petite pompe munie d'une aiguille pour injecter ou prélever des liquides dans l'organisme (→ piqûre).

seringuero [seRiŋgweRo] n. m. ▪ Récolteur de caoutchouc, dans la forêt brésilienne.

sérique adj. ▪ Relatif à un sérum.

serment n. m. ▪ **1** Affirmation ou promesse solennelle faite en invoquant la morale, un être sacré. *Prêter serment. Témoigner* SOUS SERMENT. ◆ Engagement solennel prononcé en public. *Serment d'Hippocrate* (déontologie médicale). **2** Promesse d'amour durable, de fidélité.

sermon n. m. ▪ **1** Discours prononcé en chaire par un prédicateur. **2** péj. Discours moralisateur.

sermonnaire n. m. ▪ didact. Auteur de sermons. ♦ Recueil de sermons.

sermonner v. tr. [1] ▪ Adresser des conseils ou des remontrances à (qqn). ► **sermonneur, euse** n. et adj.

séro- Élément savant tiré de *sérum*.

séroconversion n. f. ▪ méd. Changement d'état, de séronégatif à séropositif (ou, plus rarement, l'inverse).

sérodiagnostic [-gn-] n. m. ▪ méd. Diagnostic de maladies infectieuses par recherche d'anticorps spécifiques dans le sérum.

sérologie n. f. ▪ sc. Étude des sérums (immunologie). ► **sérologique** adj. ► **sérologiste** n.

séronégatif, ive adj. et n. ▪ (Personne) qui présente un sérodiagnostic négatif (spécialt, pour le virus du sida). ► **séronégativité** n. f.

séropositif, ive adj. et n. ▪ (Personne) qui présente un sérodiagnostic positif (spécialt pour le virus du sida). - abrév. fam. **séropo.** ► **séropositivité** n. f.

sérosité n. f. ▪ Liquide sécrété par les membranes séreuses*.

sérothérapie n. f. ▪ méd. Emploi thérapeutique de sérums sanguins immunisants. ► **sérothérapique** adj.

sérotonine n. f. ▪ biochim. Substance aminée élaborée par certaines cellules de l'intestin et du cerveau, jouant un rôle important comme vasoconstricteur et neurotransmetteur.

sérovaccination n. f. ▪ méd. Immunisation par l'action d'un sérum associé à un vaccin.

serpe n. f. ▪ Outil formé d'une large lame tranchante en croissant, emmanchée, pour tailler le bois. → **faucille.** ◆ loc. *Visage taillé à la serpe*, anguleux.

serpent n. m. ▪ **1** Reptile à corps cylindrique très allongé, sans membres apparents (→ **ophidiens).** ◆ *Serpent à lunettes* : naja. *Serpent à sonnettes* : crotale. **2** *Serpent de mer* : monstre marin mythique ; fig. thème rebattu. **3** loc. *Une prudence, une ruse de serpent*, extrême.

serpentaire n. m. ▪ Oiseau rapace diurne d'Afrique, qui se nourrit de reptiles.

serpente n. f. ▪ techn. Papier très fin et transparent servant à protéger les gravures des livres.

serpenteau n. m. ▪ **1** Jeune serpent. **2** techn. Petite fusée volante à mouvement sinueux (feux d'artifice).

serpenter v. intr. [1] ▪ Aller ou être disposé suivant une ligne sinueuse. → **onduler.**

serpentin n. m. ▪ **1** Tuyau en spirale ou à plusieurs coudes (dans un appareil). **2** Petit rouleau de papier coloré qui se déroule.

serpentine n. f. ▪ minér. Roche métamorphique (silicate de magnésium) vert sombre, parcourue de petits filons fibreux.

serpette n. f. ▪ Petite serpe.

serpigineux, euse adj. ▪ méd. Se dit de certaines affections de la peau (ulcères, érésipèles...) qui guérissent à un endroit en progressant ailleurs.

serpillière n. f. ▪ Pièce de toile pour laver les sols. → région. **wassingue.**

serpolet n. m. ▪ Plante odoriférante. → **thym.**

serpule n. f. ▪ zool. Ver marin (annélide) vivant dans un tube calcaire.

serrage n. m. ▪ Action de serrer.

serran n. m. ▪ Poisson carnassier des mers chaudes, appelé aussi *perche de mer*.

serratule n. f. ▪ bot. Plante vivace à feuilles dentelées et fleurs violettes. → **sarrette.**

① **serre** n. f. ▪ surtout plur. Griffe ou ongle des rapaces. *Les serres de l'aigle.*

② **serre** n. f. ▪ Construction vitrée où l'on met des plantes à l'abri. ◆ *Effet de serre* (réchauffement de l'atmosphère terrestre).

serré, ée adj. ▪ **1** Comprimé, contracté. *Avoir la gorge serrée ; le cœur serré* (→ serrer, 1, 3). **2** Ajusté. **3** au plur. Placés l'un tout contre l'autre. *Serrés comme des sardines*, très serrés. **4** Dont les éléments sont très rapprochés. → **compact, dense. 5** fig. *Une discussion serrée*, difficile, acharnée.

serre-file n. m. ▪ **1** Gradé placé derrière une troupe en marche. *Des serre-files.* **2** mar. Dernier navire d'une ligne de convoi, de combat.

serre-fils [-fil] n. m. invar. ▪ techn. Dispositif servant à connecter deux fils électriques.

serre-joint n. m. ▪ techn. Outil servant à maintenir serré un assemblage, un collage. *Des serre-joints.*

serre-livres n. m. invar. ▪ Objet servant à maintenir des livres debout.

serrement n. m. ▪ **1** Action de serrer. *Serrement de main.* **2** Fait d'être serré (4).

serrer v. tr. [1] ▪ **1** Saisir ou maintenir vigoureusement, de manière à comprimer. – *Serrer la main à qqn* (pour le saluer). – Prendre (qqn) entre ses bras. → **embrasser. 2** région. Ranger, mettre à l'abri. **3** (sensation) Faire peser une sorte de pression sur (la gorge, le cœur) (→ serré, 1). **4** Rapprocher (des choses, des personnes). **5** Contracter (le poing ; les mâchoires...). **6** Rendre plus étroit (un lien). *Serrer une ceinture.* – (choses) Comprimer en entourant. **7** Faire mouvoir de manière à rapprocher, à fermer. *Serrer un frein.* – loc. *Serrer la vis* à qqn.* **8** Rester, passer tout près de. *Serrer qqn de près.* ♦ intrans. *Serrez à droite* (en conduisant). ▷ v. pron. se **serrer**

serre-tête n. m. ▪ Bandeau, demi-cercle qui maintient les cheveux. *Des serre-tête(s).*

serrette → **sarrette**

serriste n. ▪ techn. Spécialiste des cultures en serres.

serrure n. f. ▪ Dispositif fixe de fermeture (d'une porte...) comportant un mécanisme **(→ gâche, pêne)** manœuvré par une clé, etc.

serrurerie n. f. ▪ **1** Métier de serrurier. **2** Ferronnerie.

serrurier, ière n. ▪ **1** Artisan qui fait, vend des serrures, des clés. **2** Entrepreneur, ouvrier en serrurerie (2).

sertão [sɛʀtɑ̃] n. m. ▪ géogr. Zone semi-aride du nord-est du Brésil, éloignée des côtes, où l'on pratique l'élevage extensif.

sertir v. tr. [2] ▪ **1** Enchâsser (une pierre précieuse). – au p. p. SERTI DE : incrusté de. **2** techn. Assujettir sans soudure. ▶ **sertissage** n. m. ▶ **sertisseur, euse** n.

sertissure n. f. ▪ Manière dont une pierre précieuse est sertie. – Partie du chaton qui sertit la pierre.

sérum [seʀɔm] n. m. ▪ **1** *Sérum sanguin,* partie liquide du plasma. → **séro- ; sérique. 2** Préparation à base d'un sérum sanguin contenant un anticorps spécifique, utilisée comme vaccin. *Sérum antitétanique.* – *Sérum de vérité,* penthotal. – *Sérum physiologique,* solution saline analogue au plasma sanguin.

sérumalbumine [-ɔm-] n. f. ▪ biochim. Principale protéine du plasma sanguin.

servage n. m. ▪ Condition du serf*.

serval, als n. m. ▪ Petit félin de la savane, à la robe tigrée.

servant ▪ **I** adj. m. *Chevalier* servant.* **II** n. m. **1** Clerc ou laïque qui aide le prêtre pendant la messe. **2** Soldat chargé d'approvisionner une pièce d'artillerie.

servante n. f. ▪ vieilli Fille, femme employée comme domestique.

serve → **serf**

serveur, euse n. ▪ **1** Personne qui sert les clients (café, restaurant). **2** Personne qui met la balle en jeu (tennis, etc.), qui distribue les cartes... **3** n. m. inform. Système chargé de fournir des informations à d'autres systèmes. **4** n. m. *Serveur vocal,* qui délivre des messages enregistrés.

serviable adj. ▪ Prêt à rendre service. → **complaisant, obligeant.** ▶ **serviabilité** n. f.

service n. m. ▪ **I** (Obligation et action de servir) **1** Ensemble des devoirs envers l'État, la société. – admin. *Service national ;* cour. SERVICE (MILITAIRE) : temps qu'un citoyen doit passer dans l'armée (dans certains pays). – *États de service :* carrière d'un militaire. **2** Travail particulier que l'on doit accomplir. → **fonction.** *Être de service.* **3** Fonction de domestique. ♦ Travail de la personne chargée de servir des clients. ♦ *Escalier* DE SERVICE (affecté aux fournisseurs, etc.). **4** Action, manière de servir des convives, de servir les plats à table. ♦ Ensemble de repas servis à la fois (restaurant, cantine...). ♦ Assortiment de vaisselle ou de linge pour la table. **II 1** (dans des expr.) AU SERVICE : à la disposition de (qqn). *(Je suis) à votre service.* **2** UN, DES SERVICES : ce que l'on fait pour qqn. → **aide, faveur.** – loc. *Rendre service à qqn,* lui être utile. **3** au plur. Ce qu'on fait pour qqn contre rémunération. *Offrir ses services* (à un employeur). **4** écon. Activité qui présente une valeur économique (sans être ni produire un bien). *Société de services.* **III 1** Ensemble d'opérations par lesquelles on fait fonctionner (qqch.). *Le service d'un canon.* → **servant** (2). **2** Coup par lequel on sert la balle (au tennis, etc.). **3** Expédition, distribution. – loc. *Service de presse* (d'un livre aux journalistes). **4** loc. *Mettre qqch.* EN SERVICE : en usage. – HORS SERVICE (voir ce mot). **IV 1** Fonction d'utilité commune, publique (SERVICE PUBLIC) ; activité organisée qui la remplit. **2** Travail dans ces activités. loc. *Être à cheval sur le service,* très pointilleux. **3** Organisation, organe chargé d'une fonction précise.

serviette n. f. ▪ **1** Pièce de linge. *Serviette de table ; de toilette.* – *Serviette en papier.* **2** *Serviette hygiénique* : bande absorbante (portée pendant les règles). **3** Sac rectangulaire à compartiments.

servile adj. ▪ **1** didact. Propre aux esclaves et aux serfs. **2** littér. Bassement soumis. → **obséquieux. 3** Étroitement soumis à un modèle. *Une servile imitation.* ▶ **servilement** adv. ▶ **servilité** n. f.

servir v. tr. [14] ■ **I** *SERVIR qqn.* **1** S'acquitter d'obligations, de tâches envers (une personne, une entité à laquelle on obéit). *Il a bien servi son pays.* ♦ *Servir qqn à table.* ➝ (commerce) *Servir un client,* lui fournir ce qu'il demande. **2** Aider, appuyer (qqn). *Servir qqn ; les intérêts de qqn.* ➝ (sujet chose) *Sa discrétion l'a servi.* → **aider. II** *SERVIR qqch.* **1** Mettre à la disposition de qqn. ➝ Mettre (la balle) en jeu (tennis, etc.) ; distribuer (les cartes). **2** Mettre (une chose) en état de se dérouler ou de fonctionner. ➝ spécialt *Servir la messe.* **III** v. tr. ind. **1** *SERVIR À.* Être utile à (qqn). ♦ Être utilisé pour (qqch.). *À quoi sert cet outil ?* **2** *SERVIR DE.* Être utilisé comme, tenir lieu de. *Cela te servira de leçon.* ▷ v. pron. se **servir 1** Prendre ce dont on a besoin. **2** *SE SERVIR DE qqch.*, l'utiliser. ➝ *Se servir de qqn,* l'exploiter.

serviteur n. m. ■ **1** littér. Celui qui sert (qqn, une institution). *Un serviteur de l'État.* **2** plais. *Votre serviteur :* moi-même.

servitude n. f. ■ **1** Dépendance totale d'une personne ou d'une nation soumise à une autre. → **asservissement, sujétion. 2** Ce qui crée ou peut créer un état de dépendance. → **contrainte.** *Les servitudes d'un métier.* **3** dr. Charge liée à un immeuble, un terrain. *Servitude de passage.*

servo- Élément (du latin *servus* « esclave ») qui désigne un asservissement mécanique.

servocommande n. f. ■ techn. Mécanisme automatique, qui fonctionne par amplification d'une force.

servofrein n. m. ■ techn. Servocommande de freinage.

servomécanisme n. m. ■ techn. Mécanisme automatique capable d'accomplir une tâche complexe.

servomoteur n. m. ■ techn. Organe servant à diriger le mouvement (d'un moteur, d'un engin).

servovalve n. f. ■ techn. Valve à ouverture commandée électriquement.

ses adj. poss. → ① **son**

sésame n. m. ■ **I** Plante oléagineuse ; sa graine. **II** (de la formule « *Sésame, ouvre-toi* » ouvrant la caverne aux trésors) Mot, formule qui fait accéder à qqch., obtenir qqch.

sésamoïde adj. et n. m. ■ anat. Se dit des petits os du carpe et du tarse.

sesbania n. m. ou **sesbanie** n. f. ■ bot. Arbrisseau tropical cultivé en Inde pour la filasse tirée de ses tiges.

sessile adj. ■ didact. *Organe sessile,* attaché directement, sans pédicule ni pétiole.

session n. f. ■ Période pendant laquelle une assemblée, un jury peut siéger.

sesterce n. m. ■ Ancienne monnaie romaine, division du denier.

set [sɛt] n. m. ■ anglic. **I** Manche d'un match (tennis, etc.). **II** *Set de table,* napperons d'un service de table ; abusivt un de ces napperons.

sétacé, ée adj. ■ bot. Qui a les caractères morphologiques des soies de porc.

setier [sətje] n. m. ■ anciennt Mesure pour les grains (entre 150 et 300 litres).

séton n. m. ■ Drain passé sous la peau avec deux orifices différents. ➝ *Blessure, plaie en séton,* à deux orifices d'entrée et de sortie, faits par un projectile.

setter [setɛʀ] n. m. ■ Chien de chasse à poils longs. *Setter irlandais.*

seuil n. m. ■ **1** Partie inférieure de l'ouverture d'une porte ; entrée d'une maison. **2** fig. *AU SEUIL DE :* au commencement de. **3** didact. Limite. *Seuil critique.*

seul, seule adj. ■ **I** (attribut) **1** Qui se trouve sans compagnie, séparé des autres. → **isolé, solitaire.** ➝ *Être seul avec qqn.* ➝ *SEUL À SEUL,* en particulier. **2** Qui a peu de relations avec d'autres personnes. → **solitaire. 3** Unique. *Seul de son espèce.* **II** (épithète) **1** après le nom Qui n'est pas accompagné. *Un homme seul.* ➝ loc. *Faire cavalier* seul.* **2** avant le nom Un (et pas plus). → **unique.** *C'est ma seule consolation.* **III** valeur d'adv. **1** Seulement. *Seuls comptent les faits.* ➝ *Lui seul en est capable.* **2** Sans aide. *Je vais le faire (tout) seul.* **IV** n. *UN, UNE SEUL(E) :* une seule personne, une seule chose. ➝ *LE, LA SEUL(E) :* la seule personne.

seulement adv. ■ **1** Sans rien d'autre. *Il y avait seulement trois personnes.* **2** loc. (souhait) *Si seulement :* si encore, si au moins. **3** (en tête de proposition) Mais. *C'est une belle voiture, seulement elle coûte cher.*

seulet, ette adj. ■ vx Seul.

sève n. f. ■ Liquide nutritif qui circule dans les plantes vasculaires.

sévère adj. ■ **1** (personnes) Exigeant, critique ; qui punit. *Être sévère avec, envers qqn.* ➝ *Un visage sévère.* **2** (choses) *Sentence sévère.* ➝ Très rigoureux. *Des mesures sévères.* **3** littér. Qui ne cherche pas à plaire. **4** Très grave, très difficile. *Une sévère défaite.* ► **sévèrement** adv.

sévérité n. f. ■ **1** Caractère sévère (1 et 2). **2** littér. Caractère austère, sérieux.

sévices n. m. pl. ■ Mauvais traitements corporels par qui exerce une autorité sur la victime (enfants, malades...).

sévir v. intr. [2] ■ Exercer la répression avec rigueur.

sevrer v. tr. [5] ■ **1** Cesser progressivement d'alimenter en lait (un enfant ; un jeune animal), pour donner une nourriture plus solide. ♦ Priver progressivement d'alcool, de drogue en désintoxiquant. *Sevrer un toxicomane.* **2** littér. *SEVRER qqn DE,* le priver de (qqch. d'agréable). ► **sevrage** n. m.

sèvres n. m. ■ Porcelaine fabriquée à la manufacture de Sèvres ; objet fait avec cette porcelaine. *Service en sèvres.*

sévrienne n. f. ■ Élève, ancienne élève de l'École normale supérieure de jeunes filles (autrefois à Sèvres).

sévruga n. m. ■ Caviar aux grains gris de petite taille, l'un des plus appréciés.

sexage n. m. ■ biol. **1** Reconnaissance du sexe (des jeunes animaux, des poussins). **2** Détermination du sexe (d'un embryon).

sexagénaire adj. et n. ■ (Personne) qui a entre soixante et soixante-neuf ans.

sexagésimal, ale, aux adj. ■ math. Qui a pour base le nombre soixante. *Système sexagésimal.*

sex-appeal [sɛksapil] n. m. ■ anglic. vieilli Charme, attrait sensuel (d'une personne).

sexe n. m. ■ **I** (chez les humains) **1** Conformation qui distingue l'homme de la femme. *Enfant de sexe masculin, féminin.* **2** Qualité d'homme ou de femme. *L'égalité des sexes.* **3** loc. iron. *Le sexe fort,* les hommes. *Le sexe faible, le deuxième sexe, le beau sexe,* les femmes. **4** *Le sexe* : la sexualité (2). **5** Parties sexuelles. *Le sexe de l'homme.* → **pénis ; testicule.** *Le sexe de la femme.* → **vulve ; clitoris, vagin. II** biol. Caractères et fonctions qui distinguent le mâle de la femelle en leur assignant un rôle dans la reproduction dite sexuée.

sexisme n. m. ■ Discrimination fondée sur le sexe (à l'égard des femmes). ► **sexiste** n. et adj.

sexologie n. f. ■ didact. Étude de la sexualité des êtres humains. ► **sexologue** n.

sexothérapie n. f. ■ Traitement psychologique des problèmes sexuels.

sex-ratio [-sjo] n. m. ■ anglic., démogr. Rapport entre le nombre d'individus de sexe masculin et ceux de sexe féminin. *Le sex-ratio des décès.*

sex-shop [sɛksʃɔp] n. m. ■ anglic. Magasin d'articles érotiques ou pornographiques. *Des sex-shops.*

sex-symbol [sɛks-] n. m. ■ anglic. vieilli Vedette symbolisant un idéal de charme sensuel. *Des sex-symbols.*

sextant n. m. ■ Instrument qui permet, au moyen d'un sixième de cercle gradué, de mesurer la hauteur des astres.

sexte n. f. ■ relig. Petite heure de l'office qui se récite après tierce (vers 12 h), dans la liturgie catholique.

sextidi n. m. ■ hist. Sixième jour de la décade, dans le calendrier républicain.

sextillion [-il-] n. m. ■ rare Un million de quintillions (10^{36}).

sextolet n. m. ■ mus. Groupe de six notes égales qui s'exécutent dans le même temps que quatre notes de même valeur.

sex-toy [sekstɔj] n. m. ■ anglic. Objet, instrument destiné à procurer du plaisir sexuel. *Des sex-toys.*

sextuor n. m. ■ **1** Composition musicale à six parties. **2** Orchestre de six instruments.

sextuple adj. ■ Qui vaut six fois (une quantité donnée). ◆ n. m. *Le sextuple.*

sextupler v. [1] ■ **1** v. tr. Multiplier par six. **2** v. intr. Devenir sextuple.

sexualité n. f. ■ **1** biol. Caractère de ce qui est sexué, caractères propres à chaque sexe. *La sexualité des plantes.* **2** Comportements liés à l'instinct sexuel. → **libido.**

sexué, ée adj. ■ biol. **1** Qui a un sexe ; mâle ou femelle. **2** Qui se fait par la conjonction des sexes. *La reproduction sexuée.*

sexuel, elle adj. ■ **1** Relatif au sexe (II ou I, 1). *Organes sexuels.* → **génital. 2** De la sexualité. *L'acte sexuel.* ► **sexuellement** adv.

sexy adj. invar. ■ anglic. **1** Sexuellement attirant, qui excite le désir. **2** fam. (hors du contexte sexuel) Agréable, attirant.

seyant, ante adj. ■ Qui va bien, flatte la personne qui le porte. *Une coiffure seyante.*

S.-F. n. f. → **science-fiction**

sfumato [sfumato] n. m. ■ peint. Modelé vaporeux. *Le sfumato de Vinci.*

Sg ■ Symbole chimique du seaborgium.

sgraffite n. m. ■ Procédé de décoration murale en camaïeu, par grattage d'un enduit clair sur un fond de stuc sombre. → **fresque.**

shabbat → **sabbat**

shah n. m. → **schah**

shaker [ʃɛkœʀ] n. m. ■ anglic. Double timbale qu'on secoue pour la préparation des cocktails.

shakespearien, ienne [ʃɛkspiʀjɛ̃, jɛn] adj. et n. ■ De Shakespeare, de son théâtre. *Drame shakespearien.* ♦ Adepte de Shakespeare.

shako n. m. ■ Coiffure militaire d'apparat, rigide, à visière. - var. **schako.**

shampooing ou **shampoing** [ʃɑ̃pwɛ̃] n. m. ■ **1** Lavage des cheveux et du cuir chevelu. ♦ Produit pour ce lavage. **2** *Shampooing à moquette.* ► **shampouiner** v. tr. [1] ► **shampouineur, euse** n.

shantung [ʃɑ̃tuŋ] n. m. ■ Tissu de soie voisin du pongé. - var. **chantoung.**

sharia n. f. → **charia**

sharpeï [ʃaʀpɛj] n. m. ■ Chien trapu au poil court et dur, à la peau formant des plis.

shekel [ʃekɛl] n. m. ■ Unité monétaire israélienne.

shérif n. m. ■ **1** (en Angleterre) Magistrat d'un comté qui applique la loi. **2** (aux États-Unis) Officier de police élu, à la tête d'un comté.

sherpa n. m. ■ Guide de haute montagne (Népal).

sherry n. m. ■ anglic. Xérès.

shetland [ʃɛtlɑ̃d] n. m. ■ Tissu de laine d'Écosse.

shiatsu [ʃiatsy] n. m. ■ Massage de relaxation par pression des doigts sur des points du corps.

shiisme → **chiisme**

shiitaké n. m. ■ Champignon de culture employé dans la cuisine asiatique.

shiite → **chiite**

shilling [ʃiliŋ] n. m. ■ Ancienne monnaie britannique (1/20 de livre). ≠ *schilling.*

shilom [-ɔm] n. m. ■ Petite pipe pour fumer le haschisch.

shimmy n. m. ■ anglic. Tremblement et flottement des roues et du train avant d'une automobile.

shintoïsme [ʃintɔism] n. m. ■ didact. Religion japonaise, polythéisme animiste. ► **shintoïste** adj. et n.

shipchandler [ʃipʃɑ̃dlœʀ] n. m. ■ anglic. Personne qui tient un commerce de fournitures pour bateaux.

shit [ʃit] n. m. ■ anglic., fam. Haschisch.

shoah n. f. ■ hist. Massacre des Juifs (génocide) par les nazis (1939-1945). → **holocauste.**

shocking [ʃɔkiŋ] adj. invar. et interj. ■ anglic., vieilli ou plais. Choquant, inconvenant. ◆ interj. *Shocking !*

shogun [ʃɔgun] n. m. ■ hist. Général en chef des armées, au Japon (XIIe au XIXe siècle).

shoot [ʃut] n. m. ■ anglic. **I** (au football) Tir (au but) ou dégagement puissant. **II** fam. Piqûre, injection d'un stupéfiant. → ② **fixe.**

shooter [ʃute] v. 1 ■ anglic. **I** v. intr. Tirer au but, dégager au pied. **II** v. tr. fam. Injecter un stupéfiant à (qqn). ▷ v. pron. se **shooter**

shopping n. m. ■ anglic. Visite aux magasins pour regarder (→ **lèche-vitrine**), faire des achats. ◆ Au Canada, on dit *magasinage**.

short [ʃɔʀt] n. m. ■ anglic. Culotte courte (pour le sport, les vacances).

shorty n. m. ■ anglic. **1** Combinaison de plongée s'arrêtant aux genoux. **2** Caleçon collant plus court que le boxer.

shot [ʃɔt] n. m. (fém. au Canada) ■ anglic. Petit verre d'alcool fort. *Des shots de vodka.*

show [ʃo] n. m. ■ anglic. Spectacle centré sur une vedette.

show-business [ʃobiznɛs] n. m. ■ anglic. Industrie, métier du spectacle. – abrév. fam. **show-biz** [ʃobiz].

show-room [ʃoʀum] n. m. ■ anglic. Local d'exposition d'un créateur, d'un designer. *Des show-rooms.*

shrapnel ou **shrapnell** n. m. ■ Obus rempli de balles, qu'il projette en éclatant.

shunt [ʃœt] n. m. ■ anglic. **1** électr. Résistance en dérivation. **2** méd. Déviation de la circulation sanguine. ► **shunter** v. tr. 1

① **si** conj. *s'* devant *il, ils* ■ **I 1** Introduit soit une condition, soit une supposition. *Si j'avais su, je ne serais pas venu.* ◆ *Et si ça tourne mal ?* ◆ (souhait, regret) *Si seulement, si au moins...* **2** (dans des loc.) *SI CE N'EST...* → **sinon.** *SI CE N'EST QUE... :* sauf que... **3** n. m. invar. Hypothèse, supposition. *Avec des si...* **II** (non hypothétique) **1** Marque un lien logique. *S'il revient, c'est qu'il t'aime.* → **puisque. 2** (introduisant une complétive, une interrogative indirecte) *Tu me diras si c'est lui.* **3** (exclamatif) *Regarde si c'est beau !* → **combien.**

② **si** adv. ■ S'emploie pour « oui », en réponse à une phrase négative. *Tu n'iras pas. – Si !*

③ **si** adv. ■ **1** À un tel degré. → **tellement.** *Ce n'est pas si facile.* **2** *SI BIEN QUE* loc. conj. : de sorte que. **3** adv. de compar. (avec *que*) Au même degré (que) ; aussi (que).

④ **si** n. m. invar. ■ Septième note de la gamme d'ut.

Si ■ Symbole chimique du silicium.

sial n. m. ■ géol., vieilli Couche superficielle du globe terrestre (lithosphère) surtout formée de silice et d'aluminium.

sialagogue adj. et n. m. ■ méd. Qui accroît la sécrétion de la salive.

sialis [-is] n. m. ■ zool. Insecte brun dont la larve est aquatique.

sialorrhée n. f. ■ méd. Salivation excessive.

siamois, oise adj. ■ **I** vx Thaïlandais. ◆ *Chat siamois* et n. m. *un siamois :* chat à poil ras et aux yeux bleus. **II** *Frères siamois, sœurs siamoises,* jumeaux, jumelles rattaché(e)s l'un(e) à l'autre par une partie de leur corps.

sibérien, enne adj. ■ De Sibérie. ◆ fig. *Un froid sibérien,* extrême.

sibilant, ante adj. ■ méd. Qui produit un sifflement. *Râle sibilant.*

sibylle n. f. ■ Antiq. Devineresse (→ pythie).

sibyllin, ine adj. ■ littér. Dont le sens est caché. *Des propos sibyllins.*

sic adv. ■ (entre parenthèses après un mot, une expression) En citant textuellement.

sicaire n. m. ■ vx ou littér. Tueur à gages.

sicav [sikav] n. f. invar. (sigle de *société d'investissement à capital variable*) ■ Portefeuille de valeurs mobilières détenu collectivement. ◆ Une de ces valeurs ; action.

siccatif, ive adj. ■ Qui fait sécher. ➝ n. m. Produit siccatif.

siccité n. f. ■ didact. État de ce qui est sec. → **sécheresse.**

sicilien, ienne adj. et n. ■ De Sicile. *La mafia sicilienne.*

sida n. m. (sigle de *syndrome d'immunodéficience acquise* [ou *immunodéficitaire acquis*]) ■ Maladie très grave d'origine virale, caractérisée par une chute brutale des défenses immunitaires de l'organisme. *Virus du sida.* → **V. I. H. ; séropositif** ► **sidéen, enne** adj. et n.

side-car [sidkaʀ ; sajdkaʀ] n. m. ■ anglic. Habitacle à une roue et pour un passager, monté sur le côté d'une moto.

sidéral, ale, aux adj. ■ didact. Qui a rapport aux astres, aux étoiles.

sidération n. f. ■ méd. Anéantissement soudain des fonctions vitales, avec état de mort apparente, sous l'effet d'un violent choc émotionnel.

sidérer v. tr. [6] ■ Frapper de stupeur. → **abasourdir, stupéfier.** ► **sidérant, ante** adj.

sidérite n. f. ■ minér. Carbonate naturel de fer. → **sidérose.**

sidér(o)- Élément, du grec *sidêros* «fer».

sidérographie n. f. ■ techn. Gravure sur acier.

sidérolithique adj. ■ géol. Qui contient beaucoup de concrétions ferrugineuses.

sidérophiline n. f. ■ biochim. Glycoprotéine liant le fer. → **transferrine.**

sidérose n. f. ■ **1** géol. Carbonate naturel de fer. → **sidérite. 2** méd. Maladie pulmonaire due à l'inhalation de poussière de fer.

sidérostat n. m. ■ astron. Appareil muni d'un miroir plan permettant d'observer un astre dans une direction fixe et d'en réfléchir l'image. → **héliostat.**

sidéroxylon n. m. ■ bot. Arbre des régions subtropicales qui fournit un bois très dur et imputrescible appelé *bois de fer.*

sidérurgie n. f. ■ Métallurgie du fer, de la fonte, de l'acier. ► **sidérurgique** adj. ► **sidérurgiste** n.

sidologie n. f. ■ didact. Branche de la médecine consacrée à l'étude et au traitement du sida.

sidologue n. ■ didact. Médecin ou biologiste spécialiste du sida.

siècle n. m. ■ **I 1** Période de cent ans dont le début est déterminé par rapport à une ère. *Le Vᵉ siècle après Jésus-Christ* (de 401 à 500), *avant J.-C.* (de 499 à 400). **2** Période de cent années environ. *Le siècle des Lumières*.* ♦ Époque où l'on vit. **3** Durée de cent années (→ **centenaire ; séculaire). 4** au plur. Très longue période. **II** relig. *Le siècle,* le monde temporel (→ **monde ; séculier).**

siège n. m. ■ **I 1** Lieu où se trouve la résidence principale (d'une autorité, d'une société...). ➝ *SIÈGE SOCIAL :* domicile légal (d'une société). **2** Lieu où se produit (un phénomène). *Le siège d'une douleur.* **II** Opérations militaires pour prendre une ville, une place forte (→ **assiéger).** ➝ *ÉTAT DE SIÈGE.* **III 1** Objet fabriqué pour qu'on puisse s'y asseoir. **2** Place, fonction d'un membre d'une assemblée. *Siège de député.* **3** Dignité d'évêque, de pontife. **IV** (dans des loc.) Partie du corps humain sur laquelle on s'assied. *Bain de siège. Enfant qui se présente par le siège* (lors d'un accouchement).

siéger v. intr. [3] et [6] ■ **1** Tenir séance, être en séance. **2** Occuper une fonction. **3** Avoir son siège (I) à tel endroit.

siemens [simɛns ; sjemɛ̃s] n. m. ■ Unité de mesure de conductance électrique (symb. S), qui correspond à un ampère par volt.

sien, sienne adj. et pron. poss. de la 3ᵉ pers. du sing. ■ (Qui appartient à soi) **I** adj. littér. *Les idées qu'il a faites siennes.* **II** pron. *Je préfère mon vélo au sien.* **III** n. **1** *Y mettre du sien,* de la bonne volonté. ♦ fam. *Faire des siennes,* des sottises. **2** *Les siens,* sa famille, ses amis ; ses partisans.

sierra n. f. ■ Montagne à relief allongé.

sieste n. f. ■ Repos d'après midi.

sieur n. m. ■ dr. ou péj. Monsieur.

sievert [sivɛʀt] n. m. ■ Unité SI de mesure d'équivalent de dose de rayonnement ionisant (symb. Sv). *Un sievert vaut 100 rems.*

sifflage n. m. ■ vétér. Râle sifflant. → **cornage.**

sifflant, ante adj. ■ Qui s'accompagne d'un sifflement. *Respiration sifflante.*

sifflement n. m. ■ Son émis en sifflant.

siffler v. [1] ■ **I** v. intr. **1** Émettre un son aigu en faisant échapper l'air par une ouverture étroite (bouche, sifflet...). **2** Produire un son analogue. *Le vent sifflait dans la cheminée.* **3** *Avoir les oreilles qui sifflent :* éprouver une sensation de sifflement. **II** v. tr. **1** Moduler (un air) en sifflant. **2** Appeler ou signaler en sifflant. *Siffler son chien.* **3** Désapprouver bruyamment (→ **sifflet** (2)). **4** fam. Boire d'un trait.

sifflet n. m. ■ **1** Petit instrument formé d'un tuyau court à ouverture en biseau *(en sifflet),* servant à émettre un son aigu. ➝ *Coup de sifflet.* **2** Sifflement. ➝ Fait de siffler pour désapprouver. **3** loc. fam. *Couper le sifflet à qqn,* lui couper la parole.

siffleur, euse adj. ■ Qui siffle. *Merle siffleur.*

siffleux n. m. ■ (Canada) Marmotte.

siffloter v. intr. [1] ■ Siffler négligemment en modulant un air. ➝ trans. *Siffloter un air.* ► **sifflotement** n. m.

sifilet n. m. ▪ Oiseau de paradis à plumage noir de Nouvelle-Guinée, dont le mâle porte sur la tête six longues plumes minces.

sigillaire [-il-] adj. ▪ didact. Muni d'un sceau. ♦ Relatif aux sceaux.

sigillé, ée [-il-] adj. ▪ didact. Marqué d'un sceau.

sigillographie [-il-] n. f. ▪ didact. Étude scientifique des sceaux.

sigisbée n. m. ▪ vx ou iron. Chevalier* servant (d'une femme).

siglaison n. f. ▪ Formation de sigles.

sigle n. m. ▪ Suite d'initiales servant d'abréviation (ex. H. L. M.). → **acronyme.**

siglé, ée adj. ▪ Qui porte un sigle comme élément de décoration (accessoire de mode). *Sac siglé.*

sigma n. m. invar. ▪ Dix-huitième lettre de l'alphabet grec (Σ, σ), notant la sifflante sourde [s].

sigmoïde adj. et n. ▪ anat. Qui a la forme d'un sigma grec majuscule. *Valvules sigmoïdes,* à l'entrée de l'aorte et de l'artère pulmonaire. *Côlon sigmoïde* ou n. m. *le sigmoïde,* dernier segment du côlon, précédant le rectum.

signal, aux n. m. ▪ **1** Signe convenu (geste, son...) pour indiquer un moment, déclencher qqch. *Donner le signal du départ.* **2** Signe transmettant une information. *Signal d'alarme.* ➝ *Signaux routiers.*

signalé, ée adj. ▪ (devant le nom) Remarquable. *Un signalé service.* → **insigne.**

signalement n. m. ▪ Description physique (d'une personne recherchée).

signaler v. tr. [1] ▪ **1** Annoncer par un signal. ➝ au p. p. *Virage signalé.* **2** Faire remarquer ou connaître (qqch.). *On a signalé leur présence à Paris.* ♦ Appeler l'attention sur (qqn). ▷ v. pron. se **signaler** Se faire remarquer (en bien ou en mal).

signalétique adj. et n. f. ▪ Qui donne un signalement.

signalisation n. f. ▪ Emploi, disposition des signaux (sur une voie).

signaliser v. tr. [1] ▪ Munir d'un ensemble de signaux coordonnés.

signataire n. ▪ Personne, autorité qui a signé un acte, etc.

signature n. f. ▪ **1** Inscription qu'une personne fait de son nom pour certifier, engager sa responsabilité. **2** Action de signer (un écrit, un acte).

signe n. m. ▪ **I 1** Chose perçue qui permet de conclure à l'existence ou à la vérité (d'une autre chose). → **indice, marque, signal, symbole, symptôme.** *Signes cliniques d'une maladie.* → **symptôme.** *Donner des signes de fatigue.* ➝ loc. *Ne pas donner signe de vie :* ne donner aucune nouvelle. *C'est bon signe, c'est mauvais signe.* **2** Élément ou caractère qui permet de distinguer, de reconnaître. **II 1** Mouvement ou geste destiné à communiquer. → **signal.** ➝ *Faire signe à qqn.* ➝ *En signe de,* pour manifester, exprimer. ➝ *Langue des signes :* langage codé (gestes...) utilisé par les sourds. **2** Représentation matérielle simple, conventionnelle (de qqch.). → **symbole.** *Le noir, signe de deuil.* ♦ Emblème. *Le signe de la croix* (→ se **signer**). **3** didact. Objet perceptible qui renvoie à une chose qu'il évoque. *Étude des signes.* → **sémiologie, sémiotique ; sémantique. 4** astrol. Figure de l'une des douze constellations du zodiaque.

① **signer** v. [1] ▪ **I** v. tr. Revêtir de sa signature (une lettre, une œuvre d'art...). **II** v. intr. S'exprimer en langage des signes*.

② se **signer** v. pron. [1] ▪ Faire le signe de croix.

signet n. m. ▪ **1** Ruban, bande pour marquer un endroit d'un livre. **2** inform. Favori (II, 5).

signifiance n. f. ▪ didact. Le fait d'avoir du sens.

signifiant, ante ▪ **1** adj. Qui signifie. **2** n. m. ling. Partie matérielle du signe, opposée et liée au signifié*.

significatif, ive adj. ▪ Qui signifie, exprime ou renseigne clairement. → **expressif.**

signification n. f. ▪ **1** Ce que signifie (une chose, un fait). ♦ Sens (d'un signe, d'un mot). **2** dr. Action de signifier.

signifié n. m. ▪ ling. Contenu du signe, opposé et lié au signifiant*. → ① **sens.**

signifier v. tr. [7] ▪ **1** (sujet chose) Avoir pour sens, être le signe de. → **désigner,** vouloir **dire. 2** (sujet personne) Faire connaître par des signes clairs. *Il nous a signifié ses intentions.* ♦ dr. Faire savoir. → **notifier.**

sikh, sikhe n. et adj. ▪ Membre d'une communauté religieuse de l'Inde.

silane n. m. ▪ chim. Composé hydrogéné de silicium, préparé par électrolyse des silicates d'aluminium.

silence n. m. ▪ **I 1** Fait de ne pas parler ; absence de parole. *Garder le silence,* se taire. ➝ *Minute de silence* (en hommage aux morts). ♦ *Un silence :* un moment pendant lequel on ne dit rien. **2** Fait de ne pas exprimer, de ne pas divulguer. *Promettre le silence.* → **secret.** ➝ *Passer qqch. sous silence,* le taire. **II 1** Absence de bruit. **2** mus. Interruption du son ; signe qui l'indique. → **pause, soupir.**

silencieux, euse adj. ▪ **I 1** Qui garde le silence. → **muet.** ♦ Qui ne s'accompagne pas de paroles. *Un bonheur silencieux.* **2** Qui se fait, fonctionne sans bruit. ♦ Où le silence et le calme règnent. **II** n. m. Dispositif qui étouffe le bruit (arme, moteur). ► **silencieusement** adv.

silentbloc [silɑ̃tblɔk ; silɛ̃ntblɔk] n. m. ■ anglic., techn. Petit bloc de caoutchouc, interposé entre des pièces mécaniques à faible mouvement rotatif, qui absorbe bruits et vibrations.

silex [-ɛks] n. m. ■ **1** Roche siliceuse. **2** Outil préhistorique en silex.

silhouette n. f. ■ **1** Forme qui se profile sur un fond plus clair. ➝ Dessin aux contours schématiques. **2** Allure ou ligne générale (d'une personne). *Une silhouette jeune.*

silhouetter v. tr. [1] ■ Représenter en silhouette.

silicate n. m. ■ Minéral, combinaison de silice avec un oxyde métallique.

silice n. f. ■ Oxyde de silicium, très dur. → **quartz.** ► **siliceux, euse** adj.

silicicole adj. ■ bot. Qui croît en terrain siliceux.

silicium [-jɔm] n. m. ■ Corps simple (symb. Si, n° at. 14, masse at. 28,08), métalloïde du groupe du carbone.

siliciure n. m. ■ chim. Combinaison de silicium et d'un autre élément. *Siliciure de carbone.*

silicone n. f. ■ Dérivé du silicium (résines, matières plastiques).

siliconer v. tr. [1] ■ **1** Garnir de silicone. **2** Injecter du gel de silicone dans (une partie du corps). *Se faire siliconer les seins, les lèvres.*

silicose n. f. ■ Maladie pulmonaire due à l'inhalation de poussières de silice.

silicotique adj. et n. ■ méd. Relatif à la silicose. ♦ Atteint de silicose.

silionne n. f. ■ techn. Fibre continue de verre, formée de filaments extrêmement fins.

silique n. f. ■ bot. Fruit sec déhiscent dont la cavité se divise en deux par une fausse cloison.

sillage n. m. ■ Trace qu'un bateau laisse derrière lui à la surface de l'eau. ➝ loc. (abstrait) *Dans le sillage de... :* derrière.

sillet n. m. ■ mus. Petite pièce de bois collée sur le manche de certains instruments à cordes pour empêcher que les cordes n'appuient sur la touche. *Sillet de chevalet d'un violon.*

sillon n. m. ■ **1** Tranchée ouverte dans la terre par la charrue. ➝ au plur. poét. Les champs cultivés. **2** Fente, ride. ➝ anat. *Les sillons du cerveau.*

sillonner v. tr. [1] ■ **1** Creuser en faisant des sillons, des fentes. ➝ au p. p. *Un front sillonné de rides.* **2** Traverser d'un bout à l'autre ; parcourir en tous sens. *Les éclairs sillonnaient le ciel.*

silo n. m. ■ Réservoir où l'on entrepose les produits agricoles (→ **ensiler).**

silotage n. m. ■ techn. Conservation en silo. → **ensilage.**

silphe n. m. ■ zool. Insecte coléoptère, au corps noir et plat, dont une espèce s'attaque aux betteraves.

silure n. m. ■ Poisson à longs barbillons, aussi appelé *poisson-chat.*

silurien, ienne adj. ■ géol. Qui concerne la troisième période de l'ère primaire. ➝ n. m. *Le silurien,* cette période.

silvaner ou **sylvaner** [-ɛʀ] n. m. ■ Cépage blanc cultivé en Alsace, en Allemagne... ; vin de ce cépage.

SIM [sim] n. f. (sigle angl.) ■ *(Carte) SIM :* carte à puce d'un téléphone portable.

sima n. m. ■ géol. Couche intermédiaire de l'écorce terrestre où prédominent la silice et le magnésium.

simagrée n. f. ■ (surtout au plur.) Comportement affecté, pour attirer l'attention. → **manière.**

simarre n. f. ■ anciennt Longue robe d'homme ou de femme, faite de riche étoffe. ➝ Partie antérieure de la robe des magistrats.

simaruba n. m. ■ bot. Arbre d'Amérique tropicale dont on extrait de l'écorce une substance amère. → **quassia.**

simbleau n. m. ■ techn. Cordeau servant à tracer des cercles de grande dimension.

simien n. m. ■ Primate du sous-ordre comprenant les singes (et anthropoïdes).

simiesque adj. ■ littér. Qui tient du singe.

similaire adj. ■ À peu près semblable. → **analogue, équivalent.** ► **similarité** n. f.

simili n. m. et f. ■ **1** n. m. Imitation d'une matière plus précieuse. *Sac en simili.* → **similicuir.** ♦ Cliché ou film tramé obtenu par similigravure. **2** n. f. Similigravure.

simili- Élément (du latin *similis* «semblable») qui signifie «imitation». → **pseudo-.**

similicuir n. m. ■ Matière plastique imitant le cuir. → **skaï.**

similigravure n. f. ■ Photogravure en demi-teinte au moyen de trames.

similiser v. tr. [1] ■ techn. Traiter (le coton) de façon à lui donner un aspect mercerisé, soyeux. ➝ au p. p. *Coton similisé.*

similiste n. ■ techn. Spécialiste en similigravure.

similitude n. f. ■ Relation entre choses semblables. → **analogie, ressemblance.**

similor n. m. ■ Métal imitant l'or. → **chrysocale.**

simoun [-un] n. m. ■ Vent chaud et sec du désert (Arabie, etc.). → **khamsin, sirocco.**

simple adj. ■ **I** (personnes) **1** Qui agit selon ses sentiments, sans affectation, sans calcul. **2** Sans prétention. *Il a su rester simple.* **3** De condition modeste. **4** Qui a peu de finesse, se laisse facilement tromper. → **crédule, simplet.** ♦ adj. et n. *SIMPLE D'ESPRIT,* arriéré mental. **II** (choses) **1** Qui n'est pas composé de parties, est indécomposable. *Corps (chimiques) simples* (→ **élément**). ➝ n. m. *Varier du simple au double.* **2** (avant le nom) Qui est uniquement (ce que le substantif implique). *Une simple formalité.* → **pur. 3** Qui est formé d'un petit nombre de parties, d'éléments (opposé à *complexe*). **4** Facile à comprendre, à utiliser (opposé à *compliqué, difficile*). ➝ loc. *Simple comme bonjour*.* **5** Qui comporte peu d'ornements (opposé à *recherché*). **III** n. m. **1** (au plur.) Plante médicinale. *Cueillir des simples.* **2** Partie de tennis, de tennis de table entre deux adversaires (opposé à *double*).

simplement adv. ■ **1** Avec simplicité. **2** Seulement. *Je voulais simplement te dire...*

simplet, ette adj. ■ Trop simple ; naïf.

simplexe n. m. ■ math. Ensemble formé par les parties d'un ensemble.

simplicité n. f. ■ **I 1** Comportement naturel et spontané. → **naturel. 2** Caractère d'une personne simple (I, 2). ➝ loc. *En toute simplicité :* sans cérémonie. **II** (choses) Caractère de ce qui est simple (II, 1, 4 et 5).

simplificateur, trice adj. et n. ■ Qui a pour but ou pour effet de simplifier (souvent péj.). *Une explication simplificatrice.* ♦ (Personne) qui simplifie.

simplifié, ée adj. ■ Qui a fait l'objet d'une simplification, d'une schématisation. *Formule simplifiée.*

simplifier v. tr. [7] ■ Rendre plus simple (II). ► **simplification** n. f.

simplisme n. m. ■ Défaut de l'esprit simpliste, de ce qui est simpliste.

simpliste adj. ■ Qui simplifie outre mesure. → **réducteur.**

simulacre n. m. ■ littér. Ce qui n'a que l'apparence (de ce qu'il prétend être). *Un simulacre de procès.*

simulateur, trice ■ **1** n. Personne qui simule (1). **2** n. m. Appareil qui simule (3) un fonctionnement. *Simulateur de vol.*

simulation n. f. ■ **1** Action de simuler (un sentiment ; une maladie). **2** techn. Représentation simulée (par simulateur).

simuler v. tr. [1] ■ **1** Imiter l'apparence de. → **feindre.** *Simuler un malaise.* **2** (sujet chose) Avoir l'apparence de. **3** techn. Représenter artificiellement (un fonctionnement ; un processus).

simulie n. f. ■ zool. Insecte diptère, moustique vecteur de l'onchocercose, très dangereux pour le bétail.

simultané, ée adj. ■ **1** Qui a lieu au même moment. → **concomitant, synchrone. 2** *Interprétation, traduction simultanée,* en même temps que parle l'orateur. ► **simultanéité** n. f. ► **simultanément** adv.

simultanéisme n. m. ■ Procédé de narration qui consiste à présenter sans transition des événements simultanés (appartenant à des actions parallèles).

sin- → **sin(o)-**

sinanthrope n. m. ■ Grand primate fossile (hominien), découvert en Chine.

sinapisé, ée adj. ■ À base de farine de moutarde. *Cataplasme sinapisé.*

sinapisme n. m. ■ anciennt Traitement révulsif par cataplasme à la farine de moutarde.

sincère adj. ■ **1** Disposé à reconnaître la vérité et à faire connaître ce qu'il pense. → **franc, loyal.** ➝ (épithète) Véritable, authentique. *Ami sincère.* **2** Réellement pensé ou senti. *Repentir sincère.* ► **sincèrement** adv. ► **sincérité** n. f.

sinciput [sɛ̃sipyt] n. m. ■ anat. Partie supérieure de la voûte du crâne. ► **sincipital, ale, aux** adj.

sinécure n. f. ■ Charge ou emploi où l'on est rétribué sans avoir rien à faire. ➝ loc. *Ce n'est pas une sinécure.*

sine die [sinedje] loc. adv. ■ Sans fixer de date pour une autre séance. *Ajourner un débat sine die.*

sine qua non [sinekwanɔn] loc. adj. invar. ■ *Condition sine qua non,* indispensable.

singalette n. f. ■ Mousseline de coton très claire et très apprêtée.

singe n. m. ■ **I 1** Mammifère (primate) à face nue, au cerveau développé, aux membres préhensiles. → **simien ; pithéc(o)-.** ➝ *Un singe (mâle) et une guenon.* **2** loc. *Payer en monnaie de singe,* par de belles paroles. ➝ *Faire le singe :* faire des singeries. **3** fig. Personne laide. **II** fam. Corned-beef.

singer v. tr. [3] ■ **1** Imiter maladroitement ou en caricature. → **contrefaire. 2** Simuler.

singerie n. f. ■ **I 1** au plur. Grimace, attitude comique. **2** fig. Imitation maladroite ou caricaturale. **II** Ménagerie de singes.

single [siŋgœl] ■ anglic. **1** adj. Occupé par une seule personne (chambre, cabine, wagon-lit). - recomm. off. *individuel, elle.* **2** n. m. Disque comportant moins de quatre titres. ♦ Morceau principal de ce disque.

singlet n. m. ■ (Belgique) Maillot de corps masculin, sans manche.

singleton n. m. ▪ **1** Unique carte d'une certaine couleur, dans la main d'un joueur (au boston, au whist, au bridge). **2** math. Ensemble constitué d'un seul élément.

singulariser v. tr. [1] ▪ Distinguer des autres par qqch. de peu courant. ▷ v. pron. **se singulariser**

singularité n. f. ▪ **1** littér. Caractère exceptionnel de ce qui se distingue. → **étrangeté, originalité. 2** Particularité.

singulier, ière ▪ **I** adj. **1** loc. *Combat singulier,* entre une personne et un seul adversaire. **2** littér. Différent des autres. ♦ cour. Digne d'être remarqué ; rare et remarquable. *Un charme très singulier.* **II** n. m. Catégorie grammaticale qui exprime l'unité (opposé à *pluriel*).

singulièrement adv. ▪ **1** Particulièrement. **2** Beaucoup, très. **3** littér. Étrangement.

siniser v. tr. [1] ▪ didact. Répandre la civilisation chinoise dans (un pays). ► **sinisation** n. f.

sinistralité n. f. ▪ dr. Taux de sinistres.

① **sinistre** adj. ▪ **1** Qui fait craindre un malheur, une catastrophe. ♦ Menaçant, inquiétant ; effrayant. **2** (sens affaibli) Triste et ennuyeux. *Une soirée sinistre.* **3** avant le nom (intensif) *Un sinistre crétin.*

② **sinistre** n. m. ▪ **1** Événement catastrophique naturel (incendie, inondation, etc.) qui occasionne des pertes, des dommages. **2** Dommages ou pertes subis par un assuré. ► **sinistré, ée** adj. et n.

sinistrement adv. ▪ D'une manière sinistre.

sinistrose n. f. ▪ **1** psych. État mental de certains accidentés qui s'exagèrent leur infirmité. **2** Pessimisme (collectif) excessif.

sinité n. f. ▪ didact. Ensemble des caractères, des manières de penser propres à la civilisation chinoise.

sin(o)- Élément qui signifie «de la Chine».

sinologie n. f. ▪ didact. Études sur la Chine. ► **sinologue** n.

sinon conj. ▪ **1** En dehors de ; si ce n'est. *Que faire sinon accepter ?* **2** (concession) À défaut de. *Sinon..., du moins...* ♦ Peut-être même. *Un air hautain sinon agressif.* → **voire. 3** Si la supposition (énoncée) ne se réalise pas. → **autrement, sans** quoi. *Si tu es là, tant mieux ; sinon, on avisera.*

sinople n. m. ▪ blason Émail héraldique, de couleur verte.

sinoque adj. ▪ fam. Fou.

sinuer v. intr. [1] ▪ littér. Être sinueux, faire des détours, des sinuosités. → **serpenter.**

sinueux, euse adj. ▪ Qui présente des courbes irrégulières. ► **sinuosité** n. f.

① **sinus** [-ys] n. m. ▪ **1** Cavité de certains os de la face (frontal, maxillaire supérieur). **2** Renflement de vaisseaux sanguins.

② **sinus** [-ys] n. m. ▪ *Sinus d'un angle :* rapport entre la longueur d'une perpendiculaire menée d'un côté de l'angle sur l'autre côté, et celle de l'hypoténuse du triangle rectangle ainsi formé (→ **trigonométrie).**

sinusite n. f. ▪ Inflammation des sinus de la face.

sinusoïde n. f. ▪ math. Courbe des variations du sinus (ou du cosinus) d'un angle. ► **sinusoïdal, ale, aux** adj.

sionisme n. m. ▪ Mouvement favorable à un État juif en Palestine. ► **sioniste** adj. et n.

sioux n. et adj. ▪ Membre d'une ethnie amérindienne de guerriers (Dakota, etc.). ▬ loc. *Une ruse de Sioux,* très habile.

siphon n. m. ▪ **1** Tube courbé ou appareil permettant de faire communiquer deux liquides. **2** Bouteille remplie d'une boisson gazeuse sous pression et munie d'un bouchon à levier.

siphonné, ée adj. ▪ fam. Fou.

siphonner v. tr. [1] ▪ Transvaser, vider à l'aide d'un siphon. ► **siphonnage** n. m.

siphonophore n. m. ▪ zool. Cnidaire qui forme des colonies composées de polypes et de méduses.

sipo n. m. ▪ Arbre africain au bois de couleur rougeâtre ; ce bois, utilisé en ébénisterie.

sire n. m. ▪ **1** vx Sieur, monsieur. ♦ loc. *Un triste sire :* un individu peu recommandable. **2** (appellatif) Titre donné à un souverain. → votre **majesté.**

sirène n. f. ▪ **I** mythol. Être fabuleux, femme à corps d'oiseau ou queue de poisson, qui passait pour attirer, par la douceur de son chant, les navigateurs sur les écueils. **II** Puissant appareil sonore (alarme, signal).

sirénien n. m. ▪ zool. Mammifère aquatique qui a la forme d'un poisson (ex. le dugong, le lamantin).

sirex [-ɛks] n. m. ▪ zool. Insecte hyménoptère térébrant, dont la femelle est pourvue d'une tarière puissante, appelé aussi *mouche à scie.*

sirli n. m. ▪ zool. Alouette de taille moyenne, vivant en Europe du Sud-Est et sur les hauts plateaux d'Afrique.

sirocco n. m. ▪ Vent de sud-est chaud et sec. → **simoun.**

sirop n. m. ▪ Solution de sucre dans de l'eau, du jus de fruit... *Sirop d'orgeat.*

siroter v. tr. [1] ▪ fam. Boire à petits coups.

sirtaki n. m. ▪ Danse populaire grecque.

sirupeux, euse adj. ▪ **1** De la consistance du sirop. **2** fig., péj. *Musique sirupeuse.*

sirventès [siʀvɑ̃tɛs ; siʀvɛ̃tɛs] n. m. ■ hist. littér. Poème moral ou satirique, inspiré le plus souvent de l'actualité politique, que chantait le troubadour. - var. **sirvente.**

sis, sise adj. ■ dr. ou littér. Situé.

sisal, als n. m. ■ Fibre de feuille d'agave.

sismicité n. f. ■ didact. Fréquence et intensité des séismes d'une région donnée.

sismique adj. ■ Relatif aux séismes. *Secousse sismique.* → **tellurique.**

sism(o)- Élément savant (du grec *seismos* «secousse») qui signifie «séisme».

sismogramme n. m. ■ didact. Tracé d'un sismographe.

sismographe n. m. ■ Appareil qui enregistre les mesures des séismes.

sismologie n. f. ■ Étude des séismes. ► **sismologique** adj. ► **sismologue** n.

sismothérapie n. f. ■ méd. Traitement par des convulsions provoquées notamment à l'aide du courant électrique (électrochoc).

sistership [sistœʀʃip] n. m. ■ anglic. Navire identique, construit suivant le même modèle (que les autres de la série).

sistre n. m. ■ Instrument de musique à percussion comportant des objets qui s'entrechoquent quand on le secoue.

sisymbre n. m. ■ bot. Plante annuelle (crucifère), dont une variété (herbe aux chantres) était utilisée contre l'enrouement. → **vélar.**

sitar n. m. ■ Instrument de musique à cordes pincées (en Inde). ≠ cithare.

sitariste n. ■ Joueur, joueuse de sitar.

sitcom [sitkɔm] n. f. ■ anglic., télév. Comédie de situation tournée en studio, en brefs épisodes.

site n. m. ■ **I 1** Paysage (du point de vue de l'esthétique, du pittoresque). **2** Configuration d'un lieu (en rapport avec son utilisation). *Site archéologique.* **II** anglic. Serveur de données accessible par Internet. *Site web, site Internet,* affichant des documents hypertextes (pages).

sit-in [sitin] n. m. invar. ■ anglic. Manifestation non-violente consistant à s'asseoir en groupes sur la voie publique.

sitographie n. f. ■ Liste de sites Internet relatifs à un sujet donné.

sitôt adv. ■ **1** adv. de temps Aussitôt. *Sitôt dit, sitôt fait.* ◆ loc. adv. *PAS DE SITÔT* (→ pas de si tôt*). *Il ne reviendra pas de sitôt.* **2** *SITÔT QUE* loc. conj. (+ indic.) : aussitôt que, dès que.

sittelle n. f. ■ Petit oiseau (passereau) qui grimpe avec agilité sur les troncs. → **grimpereau.**

situation n. f. ■ **1** Fait d'être dans un lieu ; place occupée dans un espace. → **emplacement.** **2** Circonstances dans lesquelles une personne se trouve. *Être maître de la situation.* ◆ *Situation de famille* (célibataire, marié...). ◆ loc. *Être EN SITUATION DE* (+ inf.), bien placé pour. ♦ (pays, collectivité) *La situation est grave.* **3** Emploi, poste rémunérateur stable. *Il a une belle situation.* **4** Ensemble des relations qui unissent une personne, un groupe à son milieu.

situationnel, elle adj. ■ didact. Relatif à une situation. *Contexte situationnel.*

situationnisme n. m. ■ Mouvement de contestation radical des années 60. ► **situationniste** adj. et n.

situer v. tr. [1] ■ **1** Placer en un lieu. *L'auteur a situé l'action à Londres.* **2** Mettre à une certaine place. ◆ fam. *On ne le situe pas bien,* on ne voit pas quelle sorte d'homme c'est. ▷ v. pron. **se situer 1** passif Se trouver. ◆ Avoir lieu. **2** réfl. (personnes) Préciser sa position (sens propre et figuré).

six [sis] ■ **I** adj. numéral **1** (cardinal) Cinq plus un (6). → **hexa-.** **2** (ordinal) Sixième. *Page six.* **II** n. m. Le chiffre, le nombre, le numéro six.

sixain → **sizain**

six-huit [sisɥit] n. m. invar. ■ mus. *Mesure à six-huit* (6/8) : mesure à deux temps dont la noire pointée est l'unité de temps.

sixième [siz-] ■ **1** adj. numéral ordinal Qui suit le cinquième (6e). ◆ n. f. Classe qui commence l'enseignement secondaire (en France). ♦ n. *Le, la sixième.* **2** adj. et n. m. Se dit d'une partie d'un tout divisé également en six. ► **sixièmement** adv.

à la **six-quatre-deux** [alasiskatdø] loc. adv. ■ fam. À la hâte ; sans soin.

sixte n. f. ■ mus. Sixième degré de la gamme diatonique. ◆ Intervalle de six degrés.

sizain n. m. ■ **1** jeux Paquet de six jeux de cartes. **2** hist. littér. Petite pièce de poésie, strophe composée de six vers et construite sur deux ou trois rimes (→ **stance**). - var. **sixain** [sizɛ̃].

sizerin n. m. ■ Oiseau (passereau) voisin de la linotte, commun dans les forêts du nord de l'Europe et de l'Amérique.

ska n. m. ■ Style musical issu du rock, du reggae et du jazz, né à la Jamaïque dans les années 1960, à la mode vers 1980. ◆ appos. *Des groupes ska.*

skaï [skaj] n. m. (nom déposé) ■ Tissu enduit de matière synthétique, imitant le cuir.

skate-board [skɛtbɔʀd] n. m. ■ anglic. Planche* à roulettes. - abrév. fam. **skate.** ► **skateur, euse** n.

skatepark [skɛt-] n. m. ■ anglic. Lieu aménagé pour la pratique du skateboard.

skating [skɛtiŋ] n. m. ■ anglic. Patinage avec des patins à roulettes. ♦ Lieu, piste où l'on pratique ce sport.

skeleton [skəletɔn] n. m. ▪ sports Petite luge métallique sur laquelle on se place sur le ventre. ♦ Sport ainsi pratiqué, dans un couloir de glace.

sketch n. m. ▪ anglic. Courte scène, comique et enlevée, pour un petit nombre d'acteurs. → **saynète.** *Des sketch(e)s.*

ski n. m. ▪ **1** Longue lame relevée à l'avant, placée sous le pied pour glisser sur la neige. **2** *Le ski :* la locomotion, le sport en skis (descente, slalom, saut...). ➝ *Ski de fond. Ski de randonnée,* hors des pistes balisées. **3** *Ski nautique :* sport où l'on glisse sur l'eau. ≠ *surf.*

skiascopie n. f. ▪ méd. Examen de l'ombre pupillaire pour déterminer le degré de réfraction de l'œil.

ski-bob n. m. ▪ anglic. Véhicule léger, analogue à une bicyclette et monté sur skis. *Des ski-bobs.* ➝ *Faire du ski-bob.*

skier v. intr. [7] ▪ Aller en skis, faire du ski. ► **skiable** adj. (piste) ► **skieur, euse** n.

skiff n. m. ▪ Bateau de sport très long, effilé, pour un seul rameur.

skinhead [skinɛd] n. ▪ anglic. Jeune au crâne rasé qui prône parfois la violence. – abrév. fam. **skin.**

skippeur, euse n. ▪ anglic. **1** Chef de bord d'un yacht de croisière. **2** Barreur d'un voilier de régates.

skunks n. m. → **sconse**

skye-terrier [skaj-] n. m. ▪ anglic. Chien d'agrément, terrier à longs poils. *Des skye-terriers.*

slalom [slalɔm] n. m. ▪ Descente sinueuse à skis où l'on passe entre des piquets (→ **porte).** *Slalom géant* (portes plus espacées). ♦ fig. *Faire du slalom entre les voitures* (moto, vélo...). ► **slalomer** v. intr. [1] ► **slalomeur, euse** n.

slam [slam] n. m. ▪ anglic. Poésie, narration scandée librement, de manière rythmée. ► **slameur, euse** n.

slash n. m. ▪ anglic., inform. Barre oblique (/), qui marque une séparation.

slave adj. et n. ▪ Se dit des peuples d'Europe centrale et orientale dont les langues sont apparentées (*langues slaves :* bulgare, polonais, russe, etc. ; plusieurs sont écrites en alphabet cyrillique).

slavisant, ante ▪ didact. **1** n. Linguiste spécialiste des langues slaves. – syn. vieilli **slaviste.** **2** adj. Qui a certains caractères slaves.

slaviser v. tr. [1] ▪ didact. Rendre slave (linguistiquement ; culturellement ; démographiquement).

slavistique n. f. ▪ didact. Linguistique des langues slaves.

slavon, onne adj. et n. ▪ De Slavonie. ➝ n. *Les Slavons.* ♦ n. m. *Le slavon* (langue).

slavophile adj. et n. ▪ didact. (Personne) qui aime les Slaves, les civilisations slaves.

sleeping [slipiŋ] n. m. ▪ anglic., vx Wagon-lit.

slice [slajs] n. m. ▪ anglic., sports **1** Effet donné à une balle de tennis en la frappant latéralement et de haut en bas. *Le lift et le slice.* **2** Coup qui fait dévier la balle à droite, au golf.

slicer [slajse] v. tr. [3] ▪ anglic., sports Frapper (la balle de tennis, de golf) en faisant un slice.

slim n. m. ▪ anglic. Pantalon très moulant. ➝ appos. *Un jean slim.*

slip [slip] n. m. ▪ Culotte échancrée sur les cuisses (sous-vêtement ou maillot de bain).

slogan n. m. ▪ Formule concise et frappante (publicité, propagande).

sloop [slup] n. m. ▪ Voilier à un seul mât.

sloughi [slugi] n. m. ▪ Lévrier d'Afrique du Nord.

slovaque adj. et n. ▪ De la Slovaquie. ➝ n. *Les Slovaques.* ♦ n. m. *Le slovaque* (langue slave).

slovène adj. et n. ▪ De la Slovénie. ➝ n. *Les Slovènes.* ♦ n. m. *Le slovène* (langue slave).

slow [slo] n. m. ▪ anglic. Danse lente à pas glissés ; sa musique.

slurp [slyʀp ; slœʀp] interj. ▪ Bruit que fait l'aspiration d'un liquide.

Sm ▪ Symbole chimique du samarium.

smack interj. ▪ Bruit d'un baiser sonore. ➝ n. m. Ce baiser.

smala n. f. ▪ **1** Réunion de tentes abritant la famille, le personnel d'un chef arabe. **2** fam. Famille ou suite nombreuse.

smalt [smalt] n. m. ▪ techn. *Bleu de smalt* ou *smalt :* colorant bleu, dit *bleu d'azur.*

smaltite n. f. ▪ minér. Arséniure naturel de cobalt.

smaragdin, ine adj. ▪ didact. D'un vert émeraude.

smaragdite n. f. ▪ minér. Silicate naturel de couleur verte.

smart [smaʀt] adj. invar. ▪ vieilli Élégant, chic.

smartphone [smaʀtfɔn] n. m. (marque déposée) ▪ anglic. Téléphone mobile possédant des fonctions d'assistant personnel, aux utilisations variées (Internet, jeux...).

smash [sma(t)ʃ] n. m. ▪ anglic. (tennis, volley-ball...) Coup qui rabat violemment une balle haute. *Des smash(e)s.*

smasher v. intr. [1] ▪ anglic. Faire un smash.

smectique adj. ▪ phys. Se dit de l'état d'un liquide où les molécules ne peuvent se déplacer qu'à l'intérieur des couches parallèles d'espacement régulier.

S. M. I. C. [smik] n. m. (sigle) ▪ Salaire minimum interprofessionnel de croissance. ► **smicard, arde** n.

smiley [smajlɛ] n. m. ▪ anglic., inform. Suite de caractères alphanumériques qui évoque un visage et traduit l'état émotionnel du rédacteur d'un message électronique. → **émoticône.**

smille n. f. ▪ techn. Marteau à deux pointes avec lequel le maçon pique les moellons pour en régulariser les faces.

smithsonite [smitsɔnit] n. f. ▪ minér. Carbonate naturel de zinc.

smocks [smɔk] n. m. pl. ▪ anglic. Fronces décoratives, brodées.

smog [smɔg] n. m. ▪ anglic. Brouillard épais formé de particules de suie et de gouttes d'eau.

smoking n. m. ▪ Tenue de soirée pour hommes.

smolt n. m. ▪ anglic., pêche Jeune saumon qui redescend vers la mer.

smoothie [smuzi ; -si] n. m. ▪ Boisson onctueuse à base de fruits mixés (avec du lait, du yaourt...).

SMS ou **S. M. S.** n. m. (sigle angl.) ▪ anglic. Service de messages écrits entre téléphones mobiles ; message ainsi transmis. *Recevoir, envoyer des SMS.*

smurf [smœʀf] n. m. ▪ Danse caractérisée par des mouvements saccadés et ondulatoires. ► **smurfer** v. intr. [1] ► **smurfeur, euse** n.

Sn ▪ Symbole chimique de l'étain.

snack-bar ou **snack** n. m. ▪ anglic. Café-restaurant où l'on sert rapidement des plats simples. *Des snack-bars ; des snacks.*

snif ou **sniff** interj. ▪ Onomatopée, bruit de reniflement.

sniffer v. tr. [1] ▪ anglic. Priser (un stupéfiant). ► **sniffeur, euse** n.

sniper [snajpœʀ] n. m. ▪ anglic. Tireur isolé et embusqué.

snob [snɔb] n. ▪ Personne qui admire et imite sans discernement les manières, les goûts, les modes des milieux dits distingués. ◆ adj. *Des manières snob(s).*

snober v. tr. [1] ▪ 1 Traiter (qqn) de haut. **2** Impressionner.

snobinard, arde adj. et n. ▪ fam., péj. Un peu snob.

snobisme n. m. ▪ Comportement de snob.

snowboard [snobɔʀd] n. m. ▪ anglic. Sport de glisse qui se pratique sur la neige, debout sur une planche ; cette planche. → **monoski.**

snowpark [snopaʀk] n. m. ▪ anglic. Espace enneigé réservé aux surfeurs, avec des bosses et des tremplins pour exécuter des figures à ski.

soap-opéra [sopɔpeʀa] n. m. ▪ anglic. Série télévisée populaire. - abrév. fam. **soap** [sop] n. m.

sobre adj. ▪ **1** Qui mange, boit (spécialt, de l'alcool) avec modération. → **tempérant.** ◆ loc. fam. *Sobre comme un chameau.* **2** littér. (personnes) Mesuré, modéré. **3** cour. (choses) → **classique, simple.** ► **sobrement** adv.

sobriété n. f. ▪ **1** Comportement d'une personne sobre (1). **2** Modération, réserve. **3** (choses) Simplicité.

sobriquet n. m. ▪ Surnom familier.

soc n. m. ▪ Lame de la charrue.

soccer [sɔkœʀ] n. m. ▪ anglic. (Canada) Jeu de ballon au pied, collectif. → **football.**

sociabiliser v. [1] ▪ **1** v. tr. Rendre sociable. **2** v. intr. Rechercher et entretenir des relations aimables. *Sociabiliser avec ses voisins.* ► **sociabilisation** n. f.

sociable adj. ▪ **1** didact. Capable de vivre en société. **2** Capable de relations humaines faciles. ► **sociabilité** n. f.

social, ale, aux adj. ▪ **1** Relatif à un groupe d'humains **(→ société),** et aux rapports de ses membres. ◆ *Animaux sociaux,* qui vivent en société. **2** Propre à la société constituée. *Milieu social.* → **condition. 3** Relatif aux rapports entre les classes de la société. *Conflits sociaux.* **4** Qui se rapporte à l'amélioration de la condition des moins favorisés. *Politique sociale.* ◆ n. m. *Le social.* **5** Relatif à une société civile ou commerciale. *Siège social.*

social-démocrate adj. et n. ▪ Socialiste réformiste. ► **social-démocratie** n. f.

socialement adv. ▪ Quant aux rapports sociaux, spécialt entre classes sociales.

socialiser v. tr. [1] ▪ **1** didact. Susciter les rapports sociaux chez (qqn), entre (des individus). **2** Gérer ou diriger au nom de la société entière (par la propriété collective). ► **socialisation** n. f.

socialisme n. m. ▪ **1** Attitude politique et sociale qui entend faire prévaloir l'intérêt général sur les intérêts particuliers, par une organisation concertée (opposé à *libéralisme*). *Socialisme d'État.* **2** (vocabulaire marxiste) Phase transitoire avant le communisme.

socialiste adj. ▪ **1** Du socialisme. *Les partis socialistes.* ◆ n. *Un, une socialiste.* **2** adj. et n. (Personne) qui appartient à un parti socialiste.

sociétaire adj. et n. ▪ (Personne) qui fait partie d'une société (d'acteurs).

sociétal, ale, aux adj. ▪ De société. *Un problème sociétal.*

sociétariat n. m. ▪ admin. Qualité de sociétaire. *Le sociétariat de la Comédie-Française.*

société n. f. ▪ **I 1** vx Vie en compagnie, en groupe. *Aimer la société.* ➛ loc. JEUX DE SOCIÉTÉ, qui se jouent à plusieurs. **2** Compagnie habituelle. *Se plaire dans la société des femmes.* **II 1** État des êtres vivants qui vivent en groupes organisés. *Les abeilles vivent en société.* **2** Ensemble des personnes entre lesquelles existent des rapports durables et organisés (avec des institutions, etc.) ; milieu humain. ➛ Groupe social. *Les sociétés primitives. La société de consommation.* **3** Ensemble de personnes réunies (à un moment ou habituellement). *La (haute) société,* les personnes aisées qui ont une vie mondaine. **III 1** Compagnie ou association religieuse. → **congrégation.** **2** Organisation fondée pour un travail commun ou une action commune. *Société secrète.* **3** Groupement contractuel constitué par les apports d'associés. ➛ *Société civile,* non commerciale. ♦ spécialt SOCIÉTÉ (COMMERCIALE), qui réalise des opérations commerciales à but lucratif. *Société anonyme**.

socio- Élément tiré de *social* ou de *société* (ex. *socioéconomique, sociolinguistique*).

sociobiologie n. f. ▪ didact. Étude des fondements biologiques des comportements sociaux. ► **sociobiologique** adj. ► **sociobiologiste** n.

socioculturel, elle adj. ▪ Qui concerne les structures sociales et leurs cultures.

sociodrame n. m. ▪ psych. Psychothérapie de groupe reposant sur l'improvisation de scènes dramatiques sur un thème. → **psychodrame.**

socioéconomique adj. ▪ didact. Relatif aux phénomènes sociaux, économiques et à leurs relations.

sociogenèse n. f. ▪ didact. Développement du comportement social de l'individu. ♦ Rôle joué par l'environnement social dans la genèse et l'évolution des troubles psychiques.

sociogramme n. m. ▪ didact. (psych., sociol.) Représentation graphique des relations individuelles entre les membres d'un groupe.

sociolecte n. m. ▪ ling. Usage langagier d'un groupe social, à l'exception des usages liés à la zone géographique (dialectes). *Sociolecte et idiolecte.*

sociolinguistique [-gɥi-] n. f. ▪ didact. Partie de la linguistique qui traite des relations entre langage, culture et société. ► **sociolinguiste** n.

sociologie n. f. ▪ **1** Étude scientifique des faits sociaux humains. **2** Étude des sociétés. *Sociologie animale.* ► **sociologue** n.

sociologique adj. ▪ **1** De la sociologie. **2** (abusivt) Relatif aux faits étudiés par la sociologie. → **social.** ► **sociologiquement** adv.

sociologisme n. m. ▪ didact. Théorie suivant laquelle la sociologie suffit à rendre compte des faits sociaux, indépendamment de la psychologie, de la physiologie, etc.

sociométrie n. f. ▪ didact. Méthode de mesure des relations et réactions humaines. ► **sociométrique** adj.

sociopathe n. et adj. ▪ psych. (Personne) affectée de troubles de la personnalité entraînant un comportement asocial.

sociopolitique adj. ▪ Qui concerne à la fois les données sociales et politiques. *Le profil sociopolitique des électeurs.*

socioprofessionnel, elle adj. ▪ didact. Se dit des catégories classant une population selon l'activité professionnelle.

sociothérapie n. f. ▪ didact. Psychothérapie visant à l'intégration de l'individu à un groupe, ou à une amélioration des relations dans le groupe (→ **sociodrame).**

socket n. m. ▪ (Belgique) Douille dans laquelle on fixe le culot d'une ampoule. ➛ par métonymie Culot d'une ampoule. – var. **so(c)quet.**

socle n. m. ▪ Base (d'une construction, d'un objet).

socque n. m. ▪ **1** Antiq. romaine Chaussure basse portée par les acteurs de comédie. **2** Chaussure à semelle de bois. → **sabot.**

socquet → **socket**

socquette n. f. ▪ Chaussette basse.

socratique adj. ▪ didact. De Socrate.

soda n. m. ▪ Boisson gazeuse aromatisée. ♦ Eau gazéifiée.

sodé, ée adj. ▪ chim. Qui contient de la soude ou du sodium.

sodium [-jɔm] n. m. ▪ Corps simple (symb. Na, n° at. 11, masse at. 22,98), métal alcalin mou d'un blanc argenté, qui brûle à l'air et réagit violemment avec l'eau, en produisant de la soude et de l'hydrogène. *Chlorure de sodium* (sel). ► **sodique** adj. chim.

sodoku [-u] n. m. ▪ méd. Maladie infectieuse transmise par la morsure de rongeurs (rat...).

sodomie n. f. ▪ Pratique du coït anal. ► **sodomite** n. m. vieilli

sodomiser v. tr. [1] ▪ Pratiquer la sodomie sur (qqn).

sœur n. f. ▪ **1** Personne de sexe féminin, considérée par rapport aux autres enfants des mêmes parents. *Sœur aînée, sœur cadette.* **2** Nom d'affection donné à une femme. ♦ appos. ÂME SŒUR. **3** fig. Se dit de choses apparentées (mots féminins). **4** Titre de religieuses. *Ma sœur.* ➛ loc. fam. BONNE SŒUR : religieuse. ► **sœurette** n. f. (terme d'affection).

sofa n. m. ▪ Lit de repos. → **canapé.**

soffite n. m. ▪ archit. Dessous d'un ouvrage, d'un larmier. ♦ Plafond à caissons décorés de rosaces.

soft [sɔft] adj. invar. ▪ anglic. **1** Sans violence, calme. *Une discussion soft.* **2** spécialt Se dit de la forme allusive des images et spectacles pornographiques.

softball [sɔftbol] n. m. ▪ anglic. Base-ball pratiqué sur un terrain plus petit avec une balle plus grosse et moins dure.

software [sɔftwaʀ ; -wɛʀ] n. m. ▪ anglic. (opposé à *hardware*) Logiciel.

soi pron. pers. réfl. (de la 3e pers.) ▪ **I** (personnes) **1** (sujet indéterminé) *Avoir confiance en soi.* ◆ *Chez soi* (→ **chez-soi**). **2** vx (sujet déterminé) → **lui, elle, eux.** *Il regardait droit devant soi.* **II** (choses) loc. *Cela va de soi* : c'est naturel, évident. ◆ *EN SOI* : de par sa nature propre. **III** *SOI-MÊME. Être soi-même.* **IV** n. m. invar. **1** La personnalité de chacun. → **moi. 2** psych. Ensemble des pulsions inconscientes. → **ça.**

soi-disant ▪ **1** adj. invar. Qui se dit, qui prétend être (tel). *De soi-disant amis.* ♦ (emploi critiqué) *Une soi-disant démocratie.* **2** adv. Prétendument. *Il est là soi-disant pour affaires.*

① **soie** n. f. ▪ **I 1** Substance filiforme sécrétée par des larves (*vers à soie* → **bombyx**), utilisée comme textile (→ **sériciculture**). ◆ Tissu de soie. ♦ *Soie sauvage*, produite par d'autres chenilles. **2** *Papier de soie* : papier fin, translucide et brillant. **II** Poil long et rude (porc, sanglier).

② **soie** n. f. ▪ techn. Prolongement en pointe de la lame (d'un couteau, d'une épée, etc.) qu'on encastre dans le manche ou la poignée.

soierie n. f. ▪ **1** Tissu de soie. **2** Industrie et commerce de la soie.

soif n. f. ▪ **1** Sensation correspondant à un besoin de l'organisme en eau. ◆ loc. fig. *Jusqu'à plus soif* : à satiété. *Rester sur sa soif* : n'être pas satisfait. **2** fig. *Soif de* : désir.

soiffard, arde adj. ▪ fam. Toujours prêt à boire (de l'alcool). ◆ n. *Des soiffards.*

soignable adj. ▪ Que l'on peut soigner.

soignant, ante adj. ▪ *Personnel soignant* (d'un hôpital), chargé des soins.

soigner v. tr. [1] ▪ **1** S'occuper du bien-être et du contentement de (qqn), du bon état de (qqch.). *Soigner sa clientèle ; ses outils.* **2** Apporter du soin à (ce que l'on fait). *Soigner les détails.* **3** S'occuper de rétablir la santé de (qqn). *Le médecin qui me soigne* (→ médecin **traitant**). ♦ S'occuper de guérir (un mal). *Soigner son rhume.* ▷ adj. **soigné, ée** *Des mains soignées.* ♦ *Cuisine soignée.* ▷ v. pron. se **soigner 1** S'occuper de son bien-être, de son apparence physique. **2** Faire ce qu'il faut pour guérir. **3** passif (maladie) Pouvoir être soigné. *Ça se soigne !*, il est fou.

soigneur, euse n. ▪ Personne qui prend soin de (un sportif, un boxeur).

soigneux, euse adj. ▪ **1** *Soigneux de* (qqch.) : qui prend soin de. **2** Qui apporte du soin à ce qu'il fait. **3** Fait avec soin, avec méthode. ► **soigneusement** adv.

soin n. m. ▪ **1** littér. Pensée qui occupe l'esprit, préoccupation. ◆ *AVOIR, PRENDRE SOIN DE* (+ inf.) : s'occuper de. → **veiller** à. **2** *AVOIR, PRENDRE SOIN DE* (qqn, qqch.) : soigner (1). **3** Travail confié. ◆ *LES SOINS.* Actes par lesquels on soigne (1). → **attention, prévenance.** *Aux bons soins de M. X* (lettre). ◆ loc. *Être aux petits soins pour qqn* : être très attentionné. **4** spécialt Actions par lesquelles on conserve ou rétablit la santé (→ **soigner** (3)). *Premiers soins.* **5** Manière appliquée, exacte, scrupuleuse (de faire qqch.). → **sérieux. 6** Ordre et propreté ; aspect soigné.

soir n. m. ▪ **1** Fin du jour (→ **vespéral**). ♦ Temps après midi. *Cinq heures du soir* (s'oppose à *matin*). **2** Les dernières heures du jour et les premières de la nuit (s'oppose à *après-midi*). → **soirée.** ◆ loc. *Le Grand Soir* : le jour de la révolution sociale.

soirée n. f. ▪ **1** Temps compris entre le déclin du jour et le moment où l'on s'endort. → **soir ; veillée. 2** Réunion après le repas du soir. ◆ *Tenue de soirée*, habillée. **3** Spectacle, le soir (opposé à *matinée*).

soit ▪ **I** conj. **1** *SOIT... SOIT...* (alternative). → **ou.** ◆ *SOIT QUE... SOIT QUE...* (+ subj.). **2** *SOIT* : étant donné. *Soit un triangle rectangle.* ◆ À savoir, c'est-à-dire. *Soixante secondes, soit une minute.* **II** *SOIT* adv. d'affirmation. Bon ; admettons.

soixantaine n. f. ▪ **1** Nombre de soixante ou environ. **2** Âge de soixante ans.

soixante [swasɑ̃t] ▪ **I** adj. numéral invar. **1** (cardinal) Six fois dix (60). ◆ *Soixante-dix* (70). → **septante. 2** (ordinal) Soixantième. *Page soixante.* **II** n. m. invar. Le nombre, le numéro soixante. ► **soixantième** adj. et n.

soixante-huitard, arde adj. et n. ▪ fam. Des événements de Mai* 1968.

soja n. m. ▪ Plante légumineuse d'Extrême-Orient, aux graines comestibles.

① **sol** n. m. ▪ **1** Partie superficielle de l'écorce terrestre. → **terre.** ◆ par ext. *Le sol lunaire.* **2** Territoire. ◆ *Le droit du sol*, qui vient du lieu de naissance. **3** Terrain. *Science des sols.* → **pédologie. 4** Surface plane constituant la limite inférieure d'une construction, d'un local. *Un sol en terre battue.*

② **sol** n. m. invar. ▪ Cinquième degré de la gamme de do ; signe qui le représente.

③ **sol** n. m. ▪ chim. Solution colloïdale.

④ **sol** n. m. ▪ Unité monétaire du Pérou.

solage n. m. ▪ (Canada) Fondations (d'une construction).

solaire adj. ▪ **1** Du Soleil (position, mouvement). *Heure solaire.* **2** Du Soleil (astre). ➛ *Système solaire.* **3** Qui fonctionne grâce au soleil. *Cadran solaire.* **4** Qui protège du soleil. *Crème solaire.* ♦ n. f. pl. Lunettes de soleil. *Une paire de solaires.* **5** fig., littér. Radieux, rayonnant. **6** De forme rayonnante. *Plexus* solaire.*

solanacée n. f. ▪ bot. Plante dicotylédone (ex. : aubergine, pomme de terre).

solarisation n. f. ▪ photogr. Exposition à la lumière (d'une surface sensible) pendant le développement, pour obtenir des effets spéciaux.

solarium [-jɔm] n. m. ▪ Lieu aménagé pour les bains de soleil.

soldanelle n. f. ▪ Plante vivace qui croît dans les régions montagneuses.

soldat n. m. ▪ **1** Homme qui sert dans une armée. → **militaire.** **2** *(Simple) soldat* : militaire non gradé des armées de terre et de l'air. *Soldats et marins.* ➛ appos. *Une femme soldat.* → **soldate.** **3** fig. *Soldat de,* combattant, défenseur au service de (une cause). **4** *Soldats de plomb, petits soldats* : figurines (jouets).

soldate n. f. ▪ Femme qui sert dans une armée. → **militaire.**

soldatesque adj. ▪ Propre aux soldats.

① **solde** n. f. ▪ **1** Rémunération des militaires. ➛ par ext. *Congé sans solde.* **2** loc. péj. *À LA SOLDE DE* (qqn), payé, acheté par qqn.

② **solde** n. m. ▪ **1** Différence entre le crédit et le débit, dans un compte. *Solde créditeur.* ➛ absolt *Le solde* : ce qui reste à payer. **2** *EN SOLDE* : vendu au rabais. ♦ au plur. *SOLDES* : articles vendus en solde.

solder v. tr. [1] ▪ **1** Arrêter, clore (un compte). ➛ Acquitter (une dette...). **2** pronom. (compte, budget) *SE SOLDER PAR* : faire apparaître à la clôture un solde de. ➛ fig. Aboutir en définitive à. **3** Mettre, vendre (qqch.) en solde. ▷ adj. **soldé, ée** ► **soldeur, euse** n.

solderie n. f. ▪ Commerce spécialisé dans les ventes à prix réduits.

① **sole** n. f. ▪ zool. Partie cornée formant le dessous du sabot (cheval, âne...).

② **sole** n. f. ▪ Poisson de mer plat et ovale.

③ **sole** n. f. ▪ techn. **1** Pièce de bois posée à plat et servant d'appui dans les charpentes. **2** Partie d'un four qui reçoit les produits à traiter.

soléaire adj. et n. m. ▪ anat. *Muscle soléaire* : muscle large et épais de la face postérieure de la jambe.

solécisme n. m. ▪ Emploi syntaxique fautif (ex. *je suis été*). ≠ barbarisme.

soleil n. m. ▪ **1** Astre qui donne lumière et chaleur à la Terre, et rythme la vie à sa surface. *Sous le soleil,* sur la terre. ♦ sc. (avec maj.) Cet astre, en tant qu'étoile de la Galaxie. → **héli(o)- ; solaire.** **2** Lumière de cet astre ; temps ensoleillé. *Il fait soleil.* ♦ Rayons du soleil. ➛ *Coup de soleil* : insolation ou brûlure causée par le soleil. ♦ Endroit exposé aux rayons du soleil. *En plein soleil.* ➛ *AU SOLEIL.* *Avoir des biens au soleil,* des propriétés immobilières. **3** Image de cet astre, cercle entouré de rayons. **4** Pièce d'artifice, cercle tournant. **5** Tour acrobatique autour d'un axe horizontal. **6** Fleur de tournesol.

solen [-ɛn] n. m. ▪ zool. Mollusque (lamellibranche) à coquille droite allongée, qui vit enfoncé verticalement dans le sable. → **couteau.**

solennel, elle [-anɛl] adj. ▪ **1** Célébré par des cérémonies publiques. **2** Accompagné de formalités qui donnent de l'importance. *Un serment solennel.* **3** (souvent péj.) Qui a une gravité propre aux grandes occasions. ► **solennellement** [-an-] adv.

solenniser [-an-] v. tr. [1] ▪ **1** Fêter de façon solennelle. **2** Rendre solennel.

solennité [-an-] n. f. ▪ **1** Fête solennelle. **2** Caractère solennel.

solénoïde n. m. ▪ Fil conducteur enroulé qui crée un champ magnétique sur son axe quand il est parcouru par un courant.

soleret n. m. ▪ Partie de l'armure qui protégeait le pied.

solfatare n. f. ▪ Terrain qui dégage des fumerolles. ► **solfatarien, ienne** adj.

solfège n. m. ▪ Étude des principes élémentaires de la musique et de sa notation.

solfier v. tr. [7] ▪ Chanter (un morceau de musique) en nommant les notes.

solidage n. f. ▪ bot. Plante vivace, à fleurs jaunes en capitules, communément appelée *verge d'or.*

solidaire adj. ▪ **1** (personnes) Lié par une responsabilité et des intérêts communs. **2** (choses) En dépendance réciproque. ► **solidairement** adv.

solidariser v. tr. [1] ▪ Rendre solidaire. ▷ v. pron. se **solidariser**

solidarité n. f. ▪ Fait d'être solidaire ; obligation d'assistance mutuelle. ♦ Sentiment humanitaire qui pousse à assister autrui.

solide adj. ▪ **I 1** Qui a de la consistance, qui n'est pas liquide. ♦ (en physique) *L'état solide* (opposé à *gazeux* et à *liquide*). ➛ n. m. *Les solides* : les corps solides. **2** n. m. géom. Figure à trois dimensions, limitée par une surface fermée, à volume mesurable. **II 1** Qui résiste aux efforts, à l'usure. → **résistant, robuste.** **2** fig. Sur quoi l'on peut s'appuyer, compter. *Une amitié* *solide*. **3** (personnes) Qui a une santé à toute épreuve. ➝ Équilibré, sérieux. **4** fam. Important, intense. *Un solide appétit.* ► **solidement** adv.

solidifier v. tr. 7 ▪ Donner une consistance solide à (une substance). → **durcir.** ► **solidification** n. f.

solidité n. f. ▪ Caractère de ce qui est solide (II, 1 et 2).

soliflore n. m. ▪ Vase destiné à recevoir une seule fleur.

solifluxion n. f. ▪ géol. Glissement de terrain consistant en un lent écoulement de boue.

soliloque n. m. ▪ Monologue. ► **soliloquer** v. intr. 1

solin n. m. ▪ techn. Petite bande d'enduit permettant de raccorder des surfaces, d'assurer une étanchéité.

solipsisme n. m. ▪ philos. Théorie d'après laquelle il n'y aurait pour le sujet pensant d'autre réalité que lui-même.

soliste n. ▪ Musicien qui joue en solo.

solitaire ▪ **I** adj. **1** Qui vit seul, dans la solitude. **2** *Fleur solitaire* (ex. la tulipe). *Ver solitaire.* → **ténia. 3** Qui se passe, s'accomplit dans la solitude. ➝ loc. *Plaisir solitaire :* masturbation. **4** (lieu) Où l'on est seul. **II** n. Personne qui vit seule ; agit, travaille seule. **III** n. m. **1** Sanglier mâle sans compagnie. **2** Diamant monté seul.

solitairement adv. ▪ Dans la solitude.

solitude n. f. ▪ **1** Situation d'une personne qui est seule. *Vivre dans la solitude.* → **isolement. 2** littér. Lieu solitaire. ➝ Atmosphère, aspect solitaire. *La solitude des forêts.*

solive n. f. ▪ Pièce de charpente qui soutient le plancher.

solliciter v. tr. 1 ▪ **I 1** Chercher à éveiller (l'attention, la curiosité). **2** Agir sur (qqn) en attirant l'attention. *Être sollicité par la publicité.* **3** Faire appel à, prier (qqn) de façon pressante en vue d'obtenir qqch. **II 1** *Solliciter qqch. (de qqn),* le lui demander dans les formes. *Solliciter une audience.* **2** Forcer l'interprétation de (un texte). ► **sollicitation** n. f.

solliciteur, euse n. ▪ Personne qui sollicite qqch. → **quémandeur.**

sollicitude n. f. ▪ Attention soutenue et affectueuse.

solo n. m. ▪ **1** Morceau joué ou chanté par un seul interprète. *Des solos* ou *des soli.* ♦ *En solo :* sans accompagnement. **2** *(Spectacle) solo :* recomm. off. pour l'anglic. *one man show.* **3** *En solo :* seul(e), en solitaire. *Vacances en solo.*

solstice n. m. ▪ Chacune des deux époques où le Soleil atteint son plus grand éloignement de l'équateur. *Solstice d'hiver* (21 ou 22 décembre), *d'été* (21 ou 22 juin).

soluble adj. ▪ contr. *insoluble* **1** Qui peut se dissoudre (dans un liquide). **2** Qui peut être résolu. ► **solubiliser** v. tr. 1 ► **solubilité** n. f.

soluté n. m. ▪ Remède liquide contenant une substance en solution.

solution n. f. ▪ **I 1** Opération mentale par laquelle on surmonte une difficulté, on résout un problème. **2** Actes qui peuvent résoudre une difficulté. *Une solution de facilité,* qui exige un faible effort. ♦ hist. *La solution finale :* le projet d'extermination totale des Juifs par les nazis. **3** Manière dont une situation compliquée se dénoue. → **dénouement, issue. II 1** loc. *Solution de continuité :* interruption. → **coupure, rupture. 2** Action de (se) dissoudre dans un liquide. → **dissolution. 3** Mélange homogène ; liquide contenant un solide dissous.

solutionner v. tr. 1 ▪ (mot critiqué) Résoudre (un problème).

solutréen, enne adj. et n. m. ▪ didact. Relatif à une période du paléolithique récent et à la culture qui y correspond. ➝ n. m. *Le solutréen précède le magdalénien.*

solvable adj. ▪ Qui a les moyens de payer. ► **solvabilité** n. f.

solvant n. m. ▪ Substance qui peut dissoudre d'autres substances.

solvatation n. f. ▪ chim. Association moléculaire entre un soluté et son solvant.

solvate n. m. ▪ chim. Corps obtenu par solvatation.

soma n. m. ▪ biol. Ensemble des cellules non sexuelles d'un être vivant (opposé à *germen*).

somatique adj. ▪ **1** Qui concerne le corps (opposé à *psychique*). **2** Qui provient de causes physiques. → **physiologique.**

somatiser v. tr. 1 ▪ Rendre somatique, physiologique (un trouble psychique). ► **somatisation** n. f.

somato- Élément, du grec *sôma* « corps ».

somatostatine n. f. ▪ biochim. Hormone peptidique du cerveau, inhibant la sécrétion des hormones de croissance.

somatotrope adj. ▪ biochim. *Hormones somatotropes,* sécrétées par l'hypophyse, qui favorisent la croissance.

somatotropine n. f. ▪ biochim. Hormone somatotrope.

sombre adj. ▪ **I 1** Peu éclairé, qui reçoit peu de lumière. → **obscur.** ➝ *Il fait sombre.* **2** Foncé. *Un manteau sombre.* **II** fig. **1** Morose, triste. **2** (choses) D'une tristesse tragique ou menaçante. → **sinistre.** *L'avenir est sombre.* **3** fam. (avant le nom) Déplorable, lamentable. *Un sombre idiot.*

sombrer v. intr. [1] ■ **1** (bateau) Cesser de flotter, s'enfoncer dans l'eau. → **couler,** faire **naufrage. 2** fig. Disparaître, s'anéantir. *Sombrer dans le désespoir.*

sombrero [sɔ̃bʀeʀo] n. m. ■ Chapeau à larges bords (Amérique latine).

-some Élément, du grec *sôma* «corps».

somesthésie n. f. ■ didact. Sensibilité générale excluant les perceptions fournies par les organes sensoriels.

somite n. m. ■ embryol., zool. Métamère.

sommable adj. ■ didact. Dont la somme peut être calculée.

sommaire adj. ■ **I 1** Résumé brièvement. **2** Qui est fait promptement, sans formalité. → **expéditif.** *Exécution sommaire.* **3** Réduit à sa forme la plus simple. → **élémentaire, rudimentaire.** ► **sommairement** adv. **II** n. m. Bref résumé des chapitres (livre), des articles (revue).

sommation n. f. ■ Mise en demeure (spécialt de se rendre, de se disperser, etc.).

① **somme** n. f. ■ **1** math. Quantité formée de quantités additionnées ; résultat d'une addition. **2** fig. Total. ◆ Masse, quantité. *Une somme de travail considérable.* ◆ *EN SOMME* loc. adv. : tout bien considéré. ◆ *SOMME TOUTE.* → **finalement. 3** *Somme (d'argent)* : quantité déterminée d'argent. **4** didact. Synthèse de connaissances (œuvre). *Une somme philosophique.*

② **somme** n. f. ■ loc. *BÊTE DE SOMME* : bête qui porte les fardeaux.

③ **somme** n. m. ■ Court sommeil.

sommeil n. m. ■ **1** État (d'une personne, d'un animal) qui dort, avec suspension de la vigilance. ◆ *Le premier sommeil.* ◆ Envie de dormir. *Tomber de sommeil.* **2** Hibernation. **3** littér. *Le sommeil éternel, le dernier sommeil* : la mort. **4** fig. Inactivité. ◆ *Être en sommeil.*

sommeiller v. intr. [1] ■ Dormir d'un sommeil léger et bref.

sommeilleux, euse adj. ■ **1** littér. Qui sommeille, est plein de sommeil. **2** Atteint de la maladie du sommeil. ◆ n. *Un sommeilleux.*

sommelier, ière n. ■ Personne chargée de la cave, des vins, dans un restaurant.

sommellerie n. f. ■ Fonction de sommelier. ◆ par ext. Lieu où le sommelier range les vins.

① **sommer** v. tr. [1] ■ dr. Mettre (qqn) en demeure (de faire qqch.) dans les formes ; avertir par une sommation. *Sommer qqn à comparaître.* → **assigner.** ◆ *Je vous somme de répondre.* → **ordonner.**

② **sommer** v. tr. [1] ■ math. Faire la somme de (plusieurs quantités).

sommet n. m. ■ **1** Point ou endroit le plus élevé. → **faîte, haut.** ◆ Point culminant. **2** fig. Degré le plus élevé. *Être au sommet de la gloire.* ◆ *Conférence au sommet,* ou ellipt *sommet,* entre des dirigeants suprêmes. **3** Intersection de deux côtés (d'un angle, d'un polygone).

sommier n. m. ■ **I** Partie d'un lit qui supporte le matelas. **II** admin. Gros registre.

sommital, ale, aux adj. ■ didact. Qui est au sommet.

sommité n. f. ■ **I** didact. Extrémité (d'une tige, d'une plante). **II** Personnage éminent. → **personnalité.**

somnambule [-ɔmn-] n. et adj. ■ **1** (Personne) qui marche, agit pendant son sommeil. **2** (Personne) qui agit dans un sommeil hypnotique. ► **somnambulique** adj. ► **somnambulisme** n. m.

somnifère [-ɔmn-] adj. et n. m. ■ (Médicament) qui provoque le sommeil.

somnolence [-ɔmn-] n. f. ■ **1** Demi-sommeil. → **torpeur. 2** Tendance à s'assoupir. ► **somnolent, ente** adj.

somnoler [-ɔmn-] v. intr. [1] ■ Être dans un état de somnolence, dormir à demi.

somptuaire adj. ■ **1** Antiq. *Loi somptuaire,* qui, à Rome, restreignait les dépenses de luxe. **2** *Dépenses somptuaires,* de luxe.

somptueux, euse adj. ■ D'une beauté coûteuse, d'un luxe visible. → **fastueux.** ► **somptueusement** adv. ► **somptuosité** n. f.

① **son, sa, ses** adj. poss. (3e pers. du sing.) ■ Relatif à la personne ou la chose dont il est question. *Son parapluie. Sa voiture. Son amie.*

② **son** n. m. ■ Sensation auditive créée par une vibration dans l'air. → aussi **bruit.** ◆ *Vitesse du son* (→ Mach). ◆ *Sons musicaux.*

③ **son** n. m. ■ **1** Résidu de la mouture provenant de l'enveloppe des grains. **2** Sciure servant à bourrer. *Poupée de son.* **3** loc. *Tache de son* : tache de rousseur.

sonagramme ; sonagraphe → **sonogramme ; sonographe**

sonar n. m. ■ Appareil de détection sous-marine par réflexion des ondes sonores.

sonate n. f. ■ **1** Composition musicale pour un ou deux instruments. **2** Forme de la sonate (et symphonie, concerto, quatuor...).

sonatine n. f. ■ Petite sonate.

sondage n. m. ■ **1** Exploration à la sonde (1). **2** Introduction d'une sonde (2) dans l'organisme. **3** *Sondage (d'opinion)* : enquête auprès d'un échantillon de population.

sonde n. f. ■ **1** Instrument qui sert à déterminer la profondeur de l'eau et la nature du fond. ◆ Appareil de mesure des altitudes.

2 Instrument pour explorer les canaux de l'organisme ; pour l'alimentation artificielle. **3** Appareil servant aux forages et aux sondages du sol **(→ trépan). 4** *Sonde spatiale* : engin non habité.

sonder v. tr. [1] ▪ **1** Reconnaître au moyen d'une sonde. **2** fig. Chercher à entrer dans le secret de (la conscience, le cœur...). ♦ *Sonder l'opinion* **(→ sondage** (3)**).** ► **sondeur, euse** n.

songe n. m. ▪ littér. Rêve.

songe-creux n. m. invar. ▪ littér. Personne qui nourrit son esprit de chimères.

songer v. [3] ▪ **1** v. tr. ind. SONGER À : penser à ; réfléchir à. ◆ Envisager. *Il songe à se marier.* **2** v. tr. *Songer que* : prendre en considération.

songerie n. f. ▪ littér. Rêverie.

songeur, euse adj. ▪ Pensif et un peu inquiet ou troublé.

sonie n. f. ▪ sc. Intensité d'un son appréciée par la sensation auditive qu'il détermine.

sonique adj. ▪ didact. Relatif au son, spécialt à la vitesse du son.

sonnaille n. f. ▪ Cloche, clochette attachée au cou d'un animal domestique.

① **sonnailler** n. m. ▪ Animal qui porte une sonnaille, en tête du troupeau.

② **sonnailler** v. intr. [1] ▪ Sonner, tinter.

sonnant, ante adj. ▪ **1** (heure) Qui est en train de sonner. **→ tapant.** *À cinq heures sonnantes.* **2** loc. *Espèces sonnantes (et trébuchantes)* : pièces de monnaie.

sonné, ée adj. ▪ **1** Annoncé par une sonnerie. *Il est midi sonné.* **→** ③**passé. 2** Assommé par un coup. **3** fam. Fou.

sonner v. [1] ▪ **I** v. intr. **1** Retentir sous un choc. *Les cloches sonnent.* **2** Produire une sonnerie. *Le téléphone a sonné.* **3** *Sonner bien, mal,* être harmonieux ou non (mot, phrase...). **4** Faire fonctionner une sonnerie. *Entrez sans sonner.* **II** v. tr. ind. *Sonner du cor* : jouer. *Sonner du biniou, de l'accordéon.* **III** v. tr. **1** Faire résonner. **2** Faire entendre (une sonnerie). *Sonner le glas.* **3** Appeler (qqn) par une sonnerie. **4** Assommer, étourdir d'un coup de poing.

sonnerie n. f. ▪ **1** Son de ce qui sonne ou d'un instrument dont on sonne. *La sonnerie du téléphone.* **2** Appareil, mécanisme avertisseur. **→ sonnette.**

sonnet n. m. ▪ Petit poème à forme fixe (deux quatrains, deux tercets).

sonnette n. f. ▪ Petit instrument métallique (clochette) qui sonne pour avertir. ◆ Timbre ; sonnerie.

sonneur, euse n. ▪ **1** Personne qui sonne les cloches. ◆ loc. *Dormir comme un sonneur* (que les cloches ne réveillent pas). **2** Musicien, personne qui sonne d'un instrument. *Sonneur de cornemuse.*

sono n. f. **→ sonorisation**

sonogramme n. m. ▪ didact. Représentation graphique d'un son obtenue à l'aide d'un sonographe. - syn. **sonagramme.**

sonographe n. m. ▪ didact. Appareil permettant l'analyse spectrale des sons. - syn. **sonagraphe.**

sonomètre n. m. ▪ techn. Instrument de mesure de l'intensité des bruits.

sonore adj. ▪ **1** Qui résonne fort. *Une voix sonore.* ◆ n. f. *Une sonore* (opposé à *sourde*), consonne dont l'émission s'accompagne de vibrations du larynx (ex. [b]). **2** (lieu) Qui renvoie ou propage le son. **3** Relatif au son. *Ondes sonores.* ◆ *Effets sonores.*

sonorisation n. f. ▪ **1** Action de sonoriser. **2** Matériel d'amplification. - abrév. **sono.**

sonoriser v. tr. [1] ▪ **1** Rendre sonore. **2** Adjoindre du son à (un film, un spectacle). **3** Munir (une salle) d'une sonorisation (2).

sonorité n. f. ▪ **1** Qualité d'un son (d'une voix). **2** Qualité acoustique (d'un local).

sonothèque n. f. ▪ Collection d'enregistrements de bruits, d'effets sonores.

sonotone n. m. (nom déposé) ▪ Appareil destiné aux malentendants, constitué d'un amplificateur que l'on place près de l'oreille. **→ audiophone.**

sopalin n. m. (marque déposée) ▪ Papier absorbant à usage ménager. **→ essuie-tout.**

sophisme n. m. ▪ Argument, raisonnement faux malgré une apparence de vérité.

sophiste ▪ **1** n. m. Antiq. grecque Maître de rhétorique et de philosophie. **2** n. Personne qui fait des sophismes.

sophistication n. f. ▪ anglic. **1** Caractère sophistiqué. **2** Complexité technique.

sophistique ▪ didact. **1** adj. Qui constitue un sophisme. *Un raisonnement sophistique.* **2** n. f. Art des sophistes.

sophistiqué, ée adj. ▪ **1** Alambiqué, affecté. **2** anglic. Complexe, perfectionné. *Du matériel très sophistiqué.*

sophistiquer v. tr. [1] ▪ **1** Rendre recherché, raffiné. **2** Rendre plus perfectionné, élaboré. ◆ pronom. *Les techniques se sophistiquent.*

sophora n. m. ▪ Grand arbre exotique utilisé pour l'ornement des parcs, des avenues.

sophrologie n. f. ▪ didact. Maîtrise de la douleur, de l'angoisse (→ relaxation). ► **sophrologue** n.

soporifique adj. ▪ **1** Qui provoque le sommeil. ◆ n. m. *Un soporifique.* **→ somnifère. 2** fig., fam. Endormant, ennuyeux.

sopraniste n. m. ▪ mus. Soprano homme.

soprano ■ **1** n. m. La plus élevée des voix (enfants, femmes). **2** n. Personne qui a cette voix. *Un, une soprano.*

soquet → **socket**

sorbe n. f. ■ Fruit du sorbier, baie orangée.

sorbet n. m. ■ Glace légère, sans crème, généralement à base de jus de fruit.

sorbetière [-ətjɛʀ] n. f. ■ Appareil pour préparer les glaces et les sorbets.

sorbier n. m. ■ Arbre produisant des baies *(sorbes)* comestibles. → **alisier.**

sorbitol n. m. ■ biochim. Polyalcool dérivé du glucose ou du fructose, employé comme édulcorant.

sorbonnard, arde n. ■ péj. Étudiant ou professeur de la Sorbonne.

sorcellerie n. f. ■ Pratique des sorciers. ➝ *C'est de la sorcellerie.* → **magie.**

sorcier, ière ■ **I 1** n. Personne qui pratique une magie secrète, illicite ou dangereuse. → **magicien.** ♦ loc. *Chasse aux sorcières* : persécution organisée. **2** n. f. fig. *(Vieille) sorcière* : vieille femme laide et méchante. **II** (adj. m.) loc. fam. *Ce n'est pas sorcier* : ce n'est pas difficile.

sordide adj. ■ **1** Sale et misérable. **2** fig. Intéressé et mesquin. ▶ **sordidement** adv. ▶ **sordidité** n. f.

sore n. m. ■ bot. Amas de sporanges sous la feuille d'une fougère.

sorgho n. m. ■ Graminée des pays chauds, utilisée comme céréale.

sornette n. f. ■ surtout au plur. Baliverne.

sororal, ale, aux adj. ■ didact. D'une sœur, de sœurs (correspond à *fraternel*).

sororité n. f. ■ didact. Solidarité entre femmes (considérée comme spécifique).

sorption n. f. ■ sc. Fixation (→ **absorption, adsorption**) ou libération (→ **désorption**) de molécules d'un gaz au contact de la surface d'un solide.

sort n. m. ■ **1** Ce qui arrive (à qqn) du fait du hasard ou du destin. → **destinée.** *Abandonner qqn à son (triste) sort.* ➝ FAIRE UN SORT À *qqch.*, littér. le mettre en valeur ; fam. s'en débarrasser. **2** Puissance fixant le cours des choses. ➝ *Le mauvais sort* : la malchance. **3** Désignation par le hasard. *Le sort décidera.* ➝ loc. *Tirer au sort.* ➝ *Le sort en est jeté.* **4** Effet magique néfaste (surtout dans : *jeter un sort*). → **envoûtement, sortilège.**

sortable adj. ■ Présentable.

sortant, ante adj. ■ **1** Qui sort (I, 5). *Les numéros sortants.* → **gagnant.** **2** Qui cesse de faire partie d'une assemblée. *Député sortant.*

sorte n. f. ■ **1** Ensemble (de gens ou d'objets caractérisés). → **espèce, genre.** *Cette sorte de gens. Des fruits de toutes sortes.* **2** UNE SORTE DE : ce qui se rapproche de. → une **espèce** de. **3** loc. littér. DE LA SORTE : de cette façon, ainsi. ➝ EN QUELQUE SORTE : d'une certaine manière ; pour ainsi dire. ➝ DE SORTE À (+ inf.) : de manière à. ➝ DE TELLE SORTE QUE : de telle manière que. ➝ DE SORTE QUE : si bien que. ➝ FAIRE EN SORTE QUE (+ subj.), DE (+ inf.) : s'arranger pour (que).

sortie [-ti] n. f. ■ **I 1** Action de quitter un lieu ; moment où (qqn) sort. *À la sortie de l'école.* **2** Action militaire pour sortir d'un lieu. ♦ fig. Attaque verbale. **3** Fait de sortir (I, 2). ➝ fam. *Être* DE SORTIE. **4** (capitaux...) Fait de sortir d'un pays. **5** Fait d'être produit, livré au public. *La sortie d'un livre.* → **parution.** **6** Somme dépensée. *Les rentrées et les sorties.* **7** inform. Émission vers l'extérieur (par oppos. à *entrée*). **II** Endroit par où les personnes, les choses sortent. → **issue.** *Sortie de secours.* → **porte.** **III** *Sortie de bain* : peignoir que l'on porte après le bain.

sortilège n. m. ■ **1** Artifice de sorcier. **2** Influence magique. → **charme ; sort** (4).

① **sortir** v. [16] ■ v. intr. (avec l'auxiliaire *être*) contr. *entrer* **I 1** Aller hors (d'un lieu). *Sortir de chez soi.* ➝ absolt Quitter une maison, une pièce. *Il est sorti discrètement.* **2** Aller dehors. ➝ Aller hors de chez soi pour se distraire (→ **sortie** (3)). *Ils sortent beaucoup.* ♦ *Sortir avec qqn, ensemble* (relations amoureuses). **3** (objet en mouvement, fluide) Aller hors (de). *Eau qui sort d'une source. La voiture est sortie de la route.* **4** Apparaître à l'extérieur. → **pousser ; percer.** *Les bourgeons sortent.* ♦ (film, livre...) Paraître. **5** Se produire (au jeu, au tirage au sort). **II** (personnes) **1** Quitter (le lieu d'une occupation). *Sortir de table* : avoir fini de manger. ➝ absolt *Les élèves sortent à cinq heures.* **2** Quitter (une occupation). ➝ fam. (+ inf.) *Je sors d'en prendre !* **3** Quitter (un état), faire ou voir cesser (une situation). **4** Ne pas se tenir (à une chose fixée). → s'**écarter.** *Vous sortez du sujet.* ♦ Être en dehors (de). *Sortir de l'ordinaire.* **III** Avoir son origine (dans). → **venir** de. ➝ *Il sort d'une bonne famille.* ♦ Avoir été formé (quelque part). *Sortir d'une grande école.* **IV** v. tr. (avec l'auxiliaire *avoir*) **1** Mener dehors (un animal). *Je vais sortir le chien.* ➝ fam. Mener (qqn) au spectacle, etc. **2** Placer dehors (qqch.). **3** fam. Expulser, jeter dehors (qqn). ➝ Éliminer (un concurrent...). **4** Tirer (d'un état, d'une situation). *Il faut le sortir de là.* ♦ pronom. S'EN SORTIR : se dégager d'une mauvaise situation. → s'en **tirer.** **5** Produire pour le public, mettre en vente. **6** fam. Dire, débiter.

② **sortir** n. m. ■ littér. *Au sortir de* : en sortant de (un lieu ; un état, une occupation).

S. O. S. [ɛsoɛs] n. m. ■ Appel au secours (d'un bateau, d'un avion...).

sosie n. m. ▪ Personne qui a une ressemblance parfaite avec une autre.

sostenuto [sɔstenuto] adv. ▪ mus. De façon égale et soutenue. *Allegro sostenuto.* ➤ n. m. Passage joué sostenuto. *Des sostenutos.*

sot, sotte adj. ▪ littér. **1** Sans intelligence ni jugement. → **bête, idiot, stupide.** ♦ n. *Un pauvre sot.* **2** Qui dénote un manque d'intelligence et de jugement. *Une sotte vanité.*

sotch n. m. ▪ géogr. Grande dépression fermée, dans les Causses. → **doline.**

sotie [-ti] n. f. ▪ hist. littér. Farce satirique et allégorique du Moyen Âge.

sot-l'y-laisse n. m. invar. ▪ Morceau délicat et caché d'une volaille.

sottement adv. ▪ D'une manière sotte.

sottise n. f. ▪ **1** littér. Manque d'intelligence et de jugement. → **bêtise, stupidité.** **2** Parole ou action sotte. **3** Maladresse, acte de désobéissance (d'enfant).

sottisier n. m. ▪ Recueil de sottises (2) ou de platitudes de personnes connues.

sou n. m. ▪ **1** anciennt Le vingtième du franc, cinq centimes. ♦ mod. Pièce de monnaie. *Machine à sous.* **2** loc. Petite somme. *Amasser* SOU À SOU, SOU PAR SOU. *Être* SANS LE SOU, sans argent. *Il n'a pas un sou de bon sens,* pas du tout. **3** au plur. Argent. *Des sous !* ➤ loc. *Une question de gros sous,* d'intérêt.

souahéli → **swahili**

soubassement n. m. ▪ Partie inférieure (d'une construction...). → **base.**

soubresaut [-so] n. m. ▪ **1** Secousse imprévue. **2** Mouvement convulsif.

soubressade n. f. ▪ Grosse saucisse pimentée, de consistance molle.

soubrette n. f. ▪ littér. Servante.

soubreveste n. f. ▪ Longue veste sans manches que portaient les mousquetaires.

souche n. f. ▪ **1** Base du tronc et racines (d'un arbre coupé). ➤ loc. *Dormir comme une souche,* profondément. **2** fig. (dans des loc.) Origine d'une lignée. *De vieille souche.* ♦ Origine. *Mot de souche germanique.* **3** Partie d'un document qui reste, quand on en a détaché l'autre partie. → **talon.**

① **souchet** n. m. ▪ Plante herbacée qui pousse au bord de l'eau.

② **souchet** n. m. ▪ Canard migrateur au bec noir très élargi à l'extrémité.

souchette n. f. ▪ Champignon basidiomycète à lames et à pied coriace.

souchong [-g] n. m. ▪ Thé noir de Chine à larges feuilles.

① **souci** n. m. ▪ **1** Préoccupation inquiète (à propos de qqn ou de qqch.). → **tracas.** *Se faire du souci.* **2** Objet de cette préoccupation. *Un, des soucis.* **3** Intérêt soutenu. *Le souci de la perfection.*

② **souci** n. m. ▪ Petite plante de jardin, à fleurs jaunes ou orangées. ➤ Sa fleur.

se **soucier** v. pron. [7] ▪ (surtout négatif) Se préoccuper de. *Je ne m'en soucie guère.*

soucieusement adv. ▪ littér. Avec inquiétude, d'un air soucieux.

soucieux, euse adj. ▪ **1** Absorbé par le souci. → **inquiet, préoccupé.** **2** SOUCIEUX DE : qui se soucie de.

soucoupe n. f. ▪ **1** Petite assiette qui se place sous une tasse. **2** *Soucoupe volante :* objet volant d'origine extraterrestre. → **ovni.**

soudage n. m. ▪ Action de souder (1).

soudain, aine ▪ **I** adj. Qui se produit en très peu de temps, sans avoir été prévu. → **brusque, rapide, subit.** **II** adv. Dans l'instant même. ► **soudainement** adv.

soudaineté n. f. ▪ Caractère soudain.

soudard n. m. ▪ littér. Soldat brutal.

soude n. f. ▪ **1** Carbonate de sodium. **2** *Soude caustique :* hydroxyde de sodium. **3** pharm. *Bicarbonate de soude,* de sodium.

souder v. tr. [1] ▪ **1** Joindre (des pièces métalliques) par fusion. ➤ absolt *Lampe à souder* (→ **chalumeau).** **2** Unir étroitement. ➤ au p. p. *Une équipe très soudée.*

soudeur, euse n. ▪ **1** Spécialiste de la soudure. **2** n. f. Machine à souder.

soudier, ière ▪ techn. **1** adj. Relatif à la soude, à sa production. **2** n. f. Fabrique de soude.

soudoyer v. tr. [8] ▪ Acheter de manière immorale le concours de (qqn).

soudure n. f. ▪ **1** Alliage fusible servant à souder les métaux. **2** Ce qui est soudé. ➤ Soudage. **3** fig. *Faire la soudure :* assurer la continuité.

soue n. f. ▪ agric. ou région. Étable à cochons.

soufflage n. m. ▪ Opération par laquelle on façonne un verre en le soufflant.

soufflant, ante adj. ▪ **1** Qui sert à souffler. **2** fig., fam. Qui coupe le souffle.

soufflante n. f. ▪ techn. Compresseur utilisé pour le soufflage de l'air nécessaire au fonctionnement d'un haut fourneau ou d'un convertisseur.

soufflard n. m. ▪ géol. **1** Orifice d'où s'échappe un gaz. **2** Dégagement brusque de vapeur d'eau, dans une zone volcanique.

souffle n. m. ▪ **I** **1** Mouvement de l'air produit en soufflant. **2** Expiration. → **haleine.** ♦ La respiration. *Couper le souffle à qqn* (fig., stupéfier).

◆ *À bout de souffle,* épuisé. **3** *Le souffle* : la capacité à ne pas s'essouffler. *Avoir du souffle.* ◆ fig. *Second souffle,* regain d'énergie. **4** fig. Force qui anime, crée. *Souffle créateur.* → **inspiration. II 1** Mouvement de l'air dans l'atmosphère. → **vent ; courant. 2** Air, fluide déplacé (par une différence de pression). → **poussée.** *Le souffle d'un réacteur.* **3** Bruit anormal (cœur, poumons). **4** Bruit de fond (radio).

soufflé, ée ■ **I** adj. **1** Gonflé. *Beignet soufflé.* **2** Bouffi, boursouflé. **3** fam. Stupéfait. **II** n. m. Préparation de pâte légère qui se gonfle à la cuisson.

soufflement n. m. ■ Action de souffler ; bruit, mouvement de l'air qui en résulte.

souffler v. [1] ■ **I** v. intr. **1** Expulser de l'air par la bouche ou par le nez. *Souffler sur le feu.* **2** Respirer avec peine. → **haleter.** ◆ Reprendre haleine. *Prendre le temps de souffler.* **3** (vent) Produire un mouvement de l'air. **II** v. tr. **1** Éteindre en soufflant. **2** fam. *SOUFFLER qqch. à qqn,* le lui enlever. **3** Détruire par un souffle violent. ◆ au p. p. *Maison soufflée par une explosion.* **4** Envoyer de l'air, du gaz dans (qqch.). *Souffler le verre* (pour le façonner). **5** Faire sortir en soufflant. *Souffler la fumée par le nez.* **6** loc. *Ne pas souffler mot* : ne rien dire. ◆ Dire discrètement (qqch.) pour aider qqn. *Souffler une réplique à un acteur* (→ **souffleur**). **7** fam. Stupéfier (→ **soufflant**).

soufflerie n. f. ■ **1** Machine qui souffle de l'air. *La soufflerie d'une forge.* **2** Installation étudiant les mouvements d'un fluide, de l'air (avions, etc.).

soufflet n. m. ■ **I 1** Instrument qui sert à souffler de l'air. **2** Partie pliante ou souple entre deux parties rigides. *Sac à soufflets.* **II** littér. Gifle (► **souffleter** v. tr. [4]). ◆ fig. Insulte grave.

souffleur, euse ■ **I** n. **1** Personne qui façonne le verre par soufflage. **2** (au théâtre) Personne qui souffle leur rôle aux acteurs. **II** n. f. (Canada) Chasse-neige qui projette la neige à distance.

soufflure n. f. ■ techn. Bulle de gaz.

souffrance n. f. ■ **1** Fait de souffrir* ; douleur. **2** *EN SOUFFRANCE* : (marchandises) en attente ; en suspens.

souffrant, ante adj. ■ **1** littér. Qui souffre. **2** Légèrement malade. → **indisposé.**

souffre-douleur n. m. invar. ■ Personne qui est en butte aux mauvais traitements.

souffreteux, euse adj. ■ De santé fragile. → **maladif, malingre.**

souffrir v. [18] ■ **I** v. tr. littér. **1** Supporter (qqch. de pénible). → **endurer.** ◆ loc. *Ne pas souffrir* (qqn). **2** Permettre, tolérer. *Souffrez que...* (+ subj.). ◆ (sujet chose) *Une loi qui ne souffre aucune exception.* → **admettre. II** v. intr. **1** Éprouver des douleurs physiques ou morales ; avoir mal. *Où souffrez-vous ?* ◆ *SOUFFRIR DE* (origine, cause). *Souffrir du froid ; de la solitude.* **2** (sujet chose) Éprouver un dommage. → **pâtir. 3** trans. loc. *Souffrir le martyre, mille morts,* souffrir beaucoup.

soufi, ie adj. et n. ■ Adepte du soufisme.

soufisme n. m. ■ Courant mystique de l'islam, qui vise au pur amour de Dieu.

soufre n. m. ■ Corps simple (symb. S, n° at. 16, masse at. 32,066), solide, jaune citron. → **sulf(o)-.** ◆ loc. *Sentir le soufre,* paraître diabolique.

soufrer v. tr. [1] ■ **1** Imprégner, enduire de soufre. ◆ au p. p. *Allumettes soufrées.* **2** Traiter (la vigne) à l'anhydride sulfureux. ► **soufrage** n. m.

soufreur, euse n. ■ techn. **1** Ouvrier, ouvrière qui prépare ou répand le soufre. **2** n. f. Pulvérisateur à soufre.

soufrière n. f. ■ Lieu d'où l'on extrait le soufre.

souhait n. m. ■ **1** Désir d'obtenir qqch., de voir un événement se produire. → **vœu. 2** loc. adv. *À SOUHAIT* : autant que possible.

souhaiter v. tr. [1] ■ Désirer (qqch.) pour soi ou pour autrui. → **espérer.** *Je souhaite qu'il réussisse.* ◆ *Je vous souhaite bonne chance.* ► **souhaitable** adj.

souillard n. m. ■ techn. Trou percé dans une dalle, dans un mur, pour l'écoulement des eaux.

souillarde n. f. ■ région. Arrière-cuisine.

souille n. f. ■ Bourbier où le sanglier aime à se vautrer.

souiller v. tr. [1] ■ littér. Salir. ◆ fig. *On tente de souiller sa mémoire.*

souillon n. f. ■ littér. Femme malpropre.

souillure n. f. ■ littér. **1** Saleté, tache. **2** fig. Tache morale, flétrissure.

soui-manga n. m. ■ Petit oiseau (passereau) de l'Afrique tropicale, colibri au long bec recourbé. - var. **souimanga.**

souk n. m. ■ **1** Marché couvert des pays arabes. **2** fam. Lieu de désordre.

soul n. f. ■ anglic. Musique vocale des États-Unis issue du rhythm and blues.

soûl, soûle [su, sul] adj. ■ **I 1** littér. *Être soûl de qqch.,* en être rassasié. **2** (n. m.) *TOUT MON (TON, SON...) SOÛL* loc. adv. : à satiété. **II** fam. Ivre. - var. **saoul, saoule.**

soulagement n. m. ■ **1** Action ou manière de soulager ; ce qui soulage. **2** État d'une personne soulagée. *Soupir de soulagement.*

soulager v. tr. [3] ■ **1** Débarrasser (qqn, un animal, qqch.) de (une partie d'un fardeau), dispenser de. **2** Débarrasser partiellement (qqn) de ce qui pèse sur lui (douleur, inquiétude, etc.). **3** Rendre (un mal) moins pénible à supporter. ▷ v. pron. se **soulager 1** Se libérer de ce qui pèse. **2** fam. Satisfaire un besoin naturel.

soulane n. f. ▪ région. Versant ensoleillé d'une montagne, dans les Pyrénées.

soûlard, arde adj. ▪ fam. Ivrogne. - syn. **soûlaud, aude** et **soûlot, ote.**

soûler v. tr. 1 ▪ **1** Enivrer. ➛ pronom. *Se soûler au whisky.* **2** fig. Griser. **3** fam. Ennuyer, fatiguer (► **soûlant, ante** adj.). - var. **saouler.**

soûlerie n. f. ▪ fam. Fait de se soûler.

soulèvement n. m. ▪ **1** Fait de soulever, d'être soulevé. **2** fig. Révolte massive.

soulever v. tr. 5 ▪ **1** Lever à une faible hauteur ; relever. **2** Faire s'élever. *Soulever de la poussière.* ➛ loc. *Soulever le cœur*.* **3** fig. Transporter, exalter (qqn). **4** Entraîner à la révolte. *Soulever le peuple contre un dictateur.* **5** Exciter puissamment (une réaction...). *Soulever l'enthousiasme.* **6** Faire que se pose (une question, un problème). → **poser. 7** fam. Enlever, prendre.

soulier n. m. ▪ Chaussure épaisse, qui couvre bien le pied. ➛ loc. *Être dans ses petits souliers,* mal à l'aise.

souligner v. tr. 1 ▪ **1** Tirer une ligne, un trait sous (des mots qu'on veut signaler). ♦ Border d'un trait qui met en valeur. **2** fig. Accentuer ; mettre en valeur. ► **soulignage** et **soulignement** n. m.

soûlographe n. ▪ fam. Ivrogne.

soûlographie n. f. ▪ fam. → **soûlerie.**

soûlon, onne n. ▪ région. Ivrogne.

soûlot, ote → **soûlard**

soulte n. f. ▪ dr. Somme d'argent qui compense une inégalité (partage, etc.).

soumettre v. tr. 56 ▪ **1** Mettre dans un état de dépendance ; ramener à l'obéissance. *Soumettre des rebelles.* **2** Mettre dans l'obligation d'obéir, de faire. → **assujettir.** ➛ au p. p. *Revenus soumis à l'impôt.* **3** Présenter, proposer. *Soumettre un manuscrit à un éditeur.* ▷ v. pron. se **soumettre** ▷ adj. **soumis, ise** Docile, obéissant.

soumission n. f. ▪ **1** Fait de se soumettre ; attitude soumise. → **obéissance. 2** dr. Devis établi en réponse à un appel d'offres.

soumissionnaire n. et adj. ▪ dr. Se dit d'une personne qui fait une soumission (2).

soumissionner v. tr. 1 ▪ dr. Proposer par une soumission (2).

soupape n. f. ▪ Pièce mobile qui s'ouvre et se ferme. → **clapet, valve.**

soupçon n. m. ▪ **1** Fait d'attribuer à qqn des actes, des intentions blâmables. → **suspicion.** ➛ *Être au-dessus, à l'abri de tout soupçon.* **2** Fait de soupçonner (qqch.). **3** Ce qui laisse supposer la présence (de qqch.) ; très petite quantité. *Un soupçon de gin.*

soupçonner v. tr. 1 ▪ **1** Faire peser des soupçons sur (qqn). → **suspecter. 2** Pressentir (qqch.). *Soupçonner un danger.* ► **soupçonnable** adj.

soupçonneusement adv. ▪ littér. En concevant des soupçons, avec suspicion.

soupçonneux, euse adj. ▪ Enclin aux soupçons. → **méfiant ; suspicieux.**

soupe n. f. ▪ **I 1** vx Tranche de pain arrosée de bouillon. **2** loc. *Être trempé comme une soupe,* complètement trempé (par la pluie). **II 1** Potage ou bouillon épaissi. ♦ loc. fam. *Un gros plein de soupe,* un homme très gros. ➛ *Être* SOUPE AU LAIT, irascible. **2** loc. *Soupe populaire,* repas gratuit servi aux défavorisés. **3** loc. fam. *Aller à la soupe :* chercher les avantages. ➛ *Cracher* dans la soupe.*

soupente n. f. ▪ Réduit aménagé dans la hauteur d'une pièce ou sous un escalier.

① **souper** v. intr. 1 ▪ **1** vx ou région. Prendre le repas du soir. → ① **dîner. 2** fam. *J'en ai soupé :* j'en ai assez.

② **souper** n. m. ▪ **1** vx ou région. Dîner. **2** Repas que l'on prend tard dans la nuit.

soupeser v. tr. 5 ▪ **1** Soulever et soutenir un moment. **2** fig. Peser, évaluer.

soupière n. f. ▪ Récipient où l'on sert la soupe ou le potage ; son contenu.

soupir n. m. ▪ **1** Inspiration ou respiration bruyante, exprimant l'émotion. ➛ loc. *Le dernier soupir* (de la mort). → **souffle. 2** mus. Silence correspondant à une noire.

soupirail, aux n. m. ▪ Ouverture donnant de l'air, du jour à un sous-sol.

soupirant n. m. ▪ plais. Celui qui fait la cour à une femme.

soupirer v. 1 ▪ **1** v. intr. Pousser des soupirs. ♦ *Soupirer après, pour* (qqn, qqch.) : désirer. **2** v. tr. Dire en soupirant.

souple adj. ▪ **1** Que l'on peut plier et replier facilement, sans casser. → **flexible.** ♦ (corps, personnes) Qui se plie avec aisance. **2** fig. Capable de s'adapter ; accommodant. ► **souplement** adv.

souplesse n. f. ▪ **1** Propriété de ce qui est souple (1). → **flexibilité. 2** Caractère, action d'une personne souple (2).

souplex [-ɛks] n. m. ▪ Appartement sur plusieurs niveaux dont un en sous-sol.

souquenille n. f. ▪ vieilli Longue blouse de travail.

souquer v. 1 ▪ mar. Tirer fortement (sur les avirons).

sourate n. f. ■ Chapitre du Coran. - var. **surate** [suʀat] n. f.

source n. f. ■ **1** Eau qui sort de terre ; son emplacement. ➛ loc. fig. *Cela coule* de source.* ♦ spécialt *La source d'un cours d'eau.* **2** fig. Origine, principe. *Une source de profit.* **3** Origine (d'une information). *Savoir de source sûre.* **4** Point d'où rayonne (une énergie). *Une source de chaleur.*

sourceur, euse n. ■ comm. Personne dont le métier est de rechercher ce qui peut satisfaire le client en explorant les ressources existantes.

sourcier, ière n. ■ Personne censée pouvoir découvrir les sources (par radiesthésie).

sourcil [-si] n. m. ■ (êtres humains) Arc garni de poils qui surplombe les yeux.

sourcilier, ière adj. ■ *Arcade sourcilière,* des sourcils.

sourciller v. intr. [1] ■ (négatif) Manifester son trouble, son mécontentement. *Il a répondu sans sourciller.*

sourcilleux, euse adj. ■ littér. Sévère.

sourd, sourde ■ **I** adj. et n. **1** Qui entend mal (→ **malentendant**) ou n'entend pas (→ **surdité**). ➛ loc. *Sourd comme un pot* : complètement sourd. ♦ n. *Un sourd, une sourde.* ➛ loc. *Crier ; cogner comme un sourd,* de toutes ses forces. ➛ *Dialogue de sourds,* où les interlocuteurs ne se comprennent pas. **2** fig., littér. *SOURD À* (qqch.) : insensible à. **II** adj. (choses) **1** Peu sonore. ➛ n. f. *Une sourde* (opposé à *sonore*), consonne émise sans vibration des cordes vocales (ex. [p]). **2** Qui se manifeste peu. *Une douleur sourde.*

sourdement adv. ■ **1** Avec un bruit sourd. **2** D'une manière cachée.

sourdine n. f. ■ **1** Dispositif pour amortir le son (cordes, cuivres...). **2** loc. *EN SOURDINE* : sans éclat. → **discrètement.**

sourdingue adj. ■ fam. et péj. Sourd.

sourd-muet, sourde-muette adj. et n. ■ Que sa surdité a rendu muet. ➛ *Les sourds-muets.*

sourdre v. intr. seulement inf. et 3ᵉ pers. de l'indic. : *il sourd, ils sourdent ; il sourdait, ils sourdaient* ■ littér. Naître, surgir.

souriant, ante adj. ■ **1** Qui sourit, est aimable et gai. **2** Plaisant, agréable.

souriceau n. m. ■ Jeune souris.

souricière n. f. ■ **1** Piège à souris. **2** fig. Piège tendu par la police.

① **sourire** v. intr. [36] ■ **1** Prendre une expression rieuse ou ironique. ≠ *rire.* **2** (sujet chose) Être agréable ; favorable. *La chance lui a souri.*

② **sourire** n. m. ■ Expression d'un visage qui sourit. ➛ *Avoir le sourire* : être content.

souris n. f. ■ **1** Petit mammifère rongeur. **2** fam. Jeune fille, jeune femme. **3** Muscle à l'extrémité du gigot. **4** Boîtier au moyen duquel on transmet des instructions à un ordinateur.

sournois, oise adj. ■ **1** Qui dissimule dans une intention malveillante. **2** Qui ne se déclare pas franchement. *Une douleur sournoise.* ► **sournoisement** adv.

sournoiserie n. f. ■ Caractère sournois. ♦ Action sournoise.

sous prép. ■ **I 1** Marque la position en bas, ou en dedans (contr. *sur*). → **dessous. 2** En étant exposé à. *Sous le feu de l'ennemi.* **II** fig. **1** (subordination ou dépendance) *Sous condition*.* ➛ *Malade sous perfusion.* **2** (temporel) Pendant le règne de. *Sous Louis XIV.* ➛ loc. *Sous peu* : bientôt. **3** (causal) Par l'effet de. *Sous la pression des événements.* **4** En considérant (par un aspect). *Vu sous cet angle.*

sous- ■ Préfixe tiré de *sous,* qui marque la position inférieure (ex. *sous-sol*), la subordination (ex. *sous-préfet*), la subdivision (ex. *sous-ensemble*), etc. → **hypo-, infra-, sub-.**

sous-affluent [suz-] n. m. ■ géogr. Affluent d'un affluent (d'une rivière).

sous-alimentation [suz-] n. f. ■ Grave insuffisance alimentaire.

sous-alimenté, ée [suz-] adj. ■ Victime de sous-alimentation.

sous-amendement [suz-] n. m. ■ dr. Amendement proposé ou apporté à un amendement.

sous-barbe n. f. ■ **1** Pièce du harnais du cheval qui réunit les deux montants du licol. **2** mar. Câble ou chaîne qui maintient le beaupré par-dessous.

sous-bois n. m. ■ Végétation qui pousse sous les arbres (forêt).

sous-brigadier, ière n. ■ Douanier, gardien de la paix dont le rang est inférieur à celui du brigadier.

sous-chef n. ■ Personne qui vient immédiatement après un chef.

sous-chemise n. f. ■ Couverture légère dans laquelle on insère des documents pour les classer dans une chemise.

sous-classe n. f. ■ sc. nat. Subdivision de la classification des êtres vivants, immédiatement inférieure à la classe.

sous-clavier, ière adj. ■ anat. Qui est sous la clavicule. *Artère sous-clavière.*

sous-comité n. m. ■ Comité constitué à l'intérieur d'un comité.

sous-commission n. f. ■ Commission secondaire.

sous-consommation n. f. ■ Consommation inférieure à la normale.

sous-continent n. m. ▪ Partie importante et différenciée d'un continent.

sous-couche n. f. ▪ **1** Première couche de peinture, qui sert de support aux suivantes. **2** Couche de neige sous la neige fraîche.

souscrire v. [39] ▪ **1** v. tr. vieilli Revêtir (un acte) de sa signature. ♦ S'engager à payer. *Souscrire un abonnement.* **2** v. tr. ind. littér. *SOUSCRIRE À :* donner son adhésion à. → **acquiescer, consentir** à. ♦ S'engager à fournir une somme pour. *Souscrire à un emprunt.* ► **souscription** n. f. ► **souscripteur, trice** n.

sous-culture n. f. ▪ Culture d'un groupe social déterminé, parfois considérée comme marginale ou inférieure.

sous-cutané, ée adj. ▪ Qui est situé ou se fait sous la peau. → **hypodermique.**

sous-déclarer v. tr. [1] ▪ Déclarer qqch. au-dessous de sa valeur réelle. ► **sous-déclaration** n. f.

sous-développé, ée adj. ▪ Dont le développement économique est insuffisant. *Pays sous-développés* (ou *en voie de développement*). ► **sous-développement** n. m.

sous-directeur, trice n. ▪ Directeur, directrice en second.

sous-dominante n. f. ▪ mus. Quatrième degré de la gamme diatonique (opposé à *sus-dominante*).

sous-effectif [suz-] n. m. ▪ Effectif insuffisant pour assurer le bon fonctionnement d'une opération, d'une entreprise.

sous-embranchement [suz-] n. m. ▪ sc. nat. Subdivision d'un embranchement, dans la classification des êtres vivants.

sous-emploi [suz-] n. m. ▪ Emploi insuffisant des travailleurs disponibles (→ chômage).

sous-employer [suz-] v. tr. [8] ▪ Utiliser insuffisamment les possibilités, les capacités de (qqn, qqch.). ▷ p. p. **sous-employé, ée**

sous-ensemble [suz-] n. m. ▪ math. Ensemble inclus dans un autre.

sous-entendre [suz-] v. tr. [41] ▪ Avoir dans l'esprit sans dire expressément. ➛ impers. *Il est sous-entendu que...*

sous-entendu [suz-] n. m. ▪ **1** Action de sous-entendre. **2** Allusion.

sous-entrepreneur [suz-] n. m. ▪ écon. Entrepreneur qui exécute en sous-traitance une partie des travaux d'un autre entrepreneur.

sous-équipé, ée [suz-] adj. ▪ Dont l'équipement est insuffisant par rapport aux besoins.

sous-équipement [suz-] n. m. ▪ Insuffisance en équipements, en infrastructures, par rapport aux besoins.

sous-espace [suz-] n. m. ▪ math. *Sous-espace vectoriel :* partie d'un espace vectoriel ayant elle-même une structure d'espace vectoriel.

sous-espèce [suz-] n. f. ▪ sc. nat. Subdivision de l'espèce, dans la classification des êtres vivants.

sous-estimer [suz-] v. tr. [1] ▪ Estimer au-dessous de sa valeur. → **sous-évaluer.** ► **sous-estimation** n. f.

sous-évaluer [suz-] v. tr. [1] ▪ Estimer (qqch.) à une valeur inférieure à la valeur réelle. → **sous-estimer.** ➛ au p. p. *Monnaie, devise sous-évaluée.* ► **sous-évaluation** n. f.

sous-exploiter [suz-] v. tr. [1] ▪ Exploiter de façon insuffisante. ► **sous-exploitation** n. f.

sous-exposer [suz-] v. tr. [1] ▪ Exposer insuffisamment (une pellicule, un film) à la lumière. ▷ p. p. **sous-exposé, ée** ► **sous-exposition** n. f.

sous-faîte n. m. ▪ techn. Pièce de charpente posée horizontalement au-dessous du faîte.

sous-famille n. f. ▪ sc. nat. Subdivision de la classification des animaux, inférieure à la famille.

sous-fifre n. m. ▪ fam. Subalterne.

sous-garde n. f. ▪ techn. Pièce protégeant la détente (d'une arme à feu). *Sous-garde d'un fusil.* → **pontet.**

sous-genre n. m. ▪ sc. nat. Division venant après le genre, dans la classification des êtres vivants.

sous-gorge n. f. ▪ Partie de la bride qui passe sous la gorge du cheval.

sous-gouverneur n. m. ▪ Adjoint du gouverneur de certaines banques. *Sous-gouverneur de la Banque de France.*

sous-groupe n. m. ▪ **1** Groupe faisant partie d'un groupe plus important (dans une classification, une répartition). **2** math. Partie d'un groupe ayant elle-même une structure de groupe.

sous-homme [suz-] n. m. ▪ Homme privé de sa dignité d'homme.

sous-humanité [suz-] n. f. ▪ État de sous-homme ; ensemble des sous-hommes.

sous-information [suz-] n. f. ▪ Insuffisance d'information. ► **sous-informé, ée** adj.

sous-jacent, ente adj. ▪ **1** Qui s'étend au-dessous. **2** fig. Caché, implicite.

sous-lieutenant, ante n. ▪ Officier du premier grade des officiers, au-dessous du lieutenant.

sous-louer v. tr. [1] ▪ **1** Donner à loyer (ce dont on est locataire principal). **2** Prendre à loyer du locataire principal. ► **sous-locataire** n. ► **sous-location** n. f.

① en **sous-main** loc. adv. ▪ littér. En secret ; clandestinement.

② **sous-main** n. m. invar. ▪ Support sur lequel on place le papier pour écrire.

sous-maître n. m. ▪ Sous-officier de l'école d'équitation de Saumur.

sous-maîtresse n. f. ▪ Surveillante d'une maison de tolérance. → **maquerelle.**

sous-marin, ine ▪ **I** adj. Qui est dans, sous la mer. **II** n. m. **1** Navire capable de naviguer en plongée. **2** fam. Personne qui espionne, agit secrètement. **3** (Canada) Sandwich de forme allongée.

sous-marinier, ière n. ▪ Membre de l'équipage d'un sous-marin.

sous-marque n. f. ▪ Marque secondaire d'un fabricant.

sous-maxillaire [-il-] adj. ▪ anat. Qui est placé sous la mâchoire. *Glande sous-maxillaire.*

sous-merde n. f. ▪ fam., péj. Chose, personne nulle, lamentable.

sous-ministre n. ▪ (Canada) Haut fonctionnaire qui seconde un(e) ministre.

sous-multiple n. m. ▪ Grandeur contenue un nombre entier de fois dans une autre.

sous-munition n. f. ▪ Chacune des armes renfermées dans un conteneur (bombe, missile) destiné à s'ouvrir et à les éjecter. *Bombes à sous-munitions.*

sous-nappe n. f. ▪ Molleton, tapis qu'on met sous la nappe.

sous-occipital, ale, aux [suz-] adj. ▪ méd. Qui est situé, ou qui s'effectue au-dessous de l'os occipital.

en **sous-œuvre** [-suz-] loc. adv. ▪ techn. Par les fondations, le fondement. *Reprise en sous-œuvre d'une construction.* ♦ fig. Par la base.

sous-officier, ière [suz-] n. ▪ Militaire auxiliaire de l'officier (de sergent à adjudant). - abrév. fam. **sous-off** [suzɔf].

sous-orbitaire [suz-] adj. anat. ▪ Situé au-dessous de l'orbite.

sous-ordre [suz-] n. m. ▪ biol. Division d'un ordre, dans la classification des êtres vivants.

sous-palan adj. ▪ mar. Se dit d'une marchandise qui doit être livrée au port prête pour l'embarquement.

sous-payer v. tr. [8] ▪ Payer insuffisamment.

sous-peuplé, ée adj. ▪ Dont le peuplement est faible.

sous-peuplement n. m. ▪ État d'un pays insuffisamment peuplé (compte tenu de ses ressources potentielles).

sous-pied n. m. ▪ Bande qui passe sous le pied pour maintenir tendu un pantalon.

sous-plat n. m. ▪ région. (Nord, Belgique, Canada) Dessous-de-plat.

sous-préfectoral, ale, aux adj. ▪ Qui appartient, a rapport à une sous-préfecture, à un sous-préfet.

sous-préfecture n. f. ▪ (en France) Ville ; lieu où réside le sous-préfet.

sous-préfet n. m. ▪ (en France) Fonctionnaire représentant le pouvoir central dans un arrondissement.

sous-préfète n. f. ▪ **1** vieilli Femme d'un sous-préfet. **2** Femme sous-préfet.

sous-production n. f. ▪ Production insuffisante.

sous-produit n. m. ▪ **1** Produit secondaire. **2** Mauvaise imitation.

sous-programme n. m. ▪ inform. Programme secondaire pouvant être utilisé en plusieurs points d'un programme principal.

sous-prolétariat n. m. ▪ Classe sociale la plus misérable. ► **sous-prolétaire** adj. et n.

sous-pull n. m. ▪ Pull à col haut, à mailles très fines, qui se porte sous un autre vêtement.

sous-qualifié, iée adj. ▪ Qui n'a pas la qualification nécessaire pour un emploi déterminé. *Main-d'œuvre sous-qualifiée.*

sous-scapulaire adj. ▪ anat. Situé sous l'omoplate. *Muscle sous-scapulaire.*

sous-secrétaire n. ▪ *Sous-secrétaire d'État* : membre du gouvernement auquel est dévolue une partie de la compétence d'un ministre ou d'un secrétaire d'État.

sous-secrétariat n. m. ▪ *Sous-secrétariat (d'État)* : fonction, services d'un sous-secrétaire d'État.

sous-seing [-sɛ̃] n. m. invar. ▪ dr. Acte sous seing privé.

soussigné, ée adj. ▪ dr. Qui a signé plus bas. - n. *Les soussignés.*

sous-sol n. m. ▪ **1** Terrain au-dessous du sol. **2** Construction au-dessous du rez-de-chaussée.

sous-soleuse n. f. ▪ agric. Charrue remuant le sol en profondeur, sans le retourner.

sous-station n. f. ▪ techn. Station secondaire (d'un réseau de distribution d'électricité).

sous-tasse n. f. ▪ région. Soucoupe.

sous-tendre v. tr. [41] ▪ **1** Constituer ou joindre les extrémités de (un arc ; une voûte). **2** fig. Servir de base à.

sous-tension n. f. ▪ électr. Tension inférieure à la normale.

sous-titrage n. m. ▪ Opération qui consiste à sous-titrer ; ensemble des sous-titres.

sous-titre n. m. ▪ **1** Titre secondaire. **2** Traduction du dialogue d'un film, en bas de l'image. ► **sous-titrer** v. tr. [1]

sous-toilé, ée adj. ▪ (voilier) Muni d'une surface de voile réduite (opposé à *surtoilé*).

sous-total, aux n. m. ▪ Total intermédiaire, dans un calcul.

soustractif, ive adj. ▪ math. Relatif à la soustraction.

soustraction n. f. ▪ **1** dr. Vol (→ **soustraire** (1)). **2** Opération inverse de l'addition, par laquelle on retranche.

soustraire v. tr. [50] ▪ **1** Enlever (qqch.), par ruse, fraude. → **voler. 2** Faire échapper (à qqch. à quoi on est exposé). *Soustraire qqn aux questions.* **3** Retrancher par soustraction (un nombre d'un autre).

sous-traitant, ante n. ▪ Personne chargée d'un travail pour le compte d'un entrepreneur principal. ► **sous-traitance** n. f.

sous-traiter v. tr. [1] ▪ Confier à un sous-traitant.

sous-utiliser [suz-] v. tr. [1] ▪ Utiliser de façon insuffisante.

sous-ventrière n. f. ▪ Courroie attachée aux deux limons d'une voiture et qui passe sous le ventre du cheval. ♦ loc. fam. *Manger à s'en faire péter la sous-ventrière,* avec excès, s'empiffrer.

sous-verge n. m. ▪ Cheval non monté attelé à la droite d'un cheval monté par le conducteur, dans un attelage.

sous-verre n. m. invar. ▪ Image, photo placée entre une plaque de verre et un fond rigide.

sous-vêtement n. m. ▪ Vêtement de dessous (slip, culotte, soutien-gorge...).

sous-virer v. intr. [1] ▪ techn. En parlant d'une automobile, Déraper par les roues avant, l'axe médian s'orientant vers l'extérieur du virage (opposé à *survirer*).

sous-vireur, euse adj. ▪ techn. Qui a tendance à sous-virer. *Automobile sous-vireuse.*

soutache n. f. ▪ Galon cousu servant d'ornement (→ **ganse**).

soutacher v. tr. [1] ▪ Orner de soutaches.

soutane n. f. ▪ Longue robe d'ecclésiastique.

soute n. f. ▪ Magasin, dans la cale (navire ; avion). *Soute à charbon* (anciens cargos).

soutenance n. f. ▪ Action de soutenir (un mémoire, une thèse de doctorat).

soutènement n. m. ▪ loc. *Mur de soutènement,* qui soutient (une pression).

souteneur n. m. ▪ Proxénète.

soutenir v. tr. [22] ▪ **I 1** Tenir (qqch.) en place, en servant de support ou d'appui. **2** Maintenir debout (qqn). **3** Fortifier. **4** Apporter secours, réconfort à. *Son amitié m'a soutenu.* **5** Appuyer en défendant (qqn, qqch.). *Soutenir un candidat, un parti.* **6** Affirmer, faire valoir. *Soutenir une opinion* (► **soutenable** adj.). ⁃ spécialt Présenter et défendre devant un jury (une thèse). ♦ *Soutenir que...,* affirmer, assurer que. **II** Subir sans fléchir (une force, une action qui s'exerce). ⁃ *Soutenir le regard de qqn,* le regarder sans baisser les yeux.

soutenu, ue adj. ▪ **1** Constant, régulier. *Attention soutenue.* **2** Accentué, prononcé. *Un bleu soutenu.* **3** (style) Qui évite la familiarité, respecte la norme écrite.

souterrain, aine ▪ **I** adj. **1** Qui est ou se fait sous terre. **2** fig., littér. Caché, obscur. **II** n. m. Passage souterrain.

soutien [-tjɛ̃] n. m. ▪ **1** Action ou moyen de soutenir (I, 4 et 5). → **aide, appui. 2** Personne qui soutient (une cause, un parti...). ⁃ *Soutien de famille,* qui assure la subsistance de sa famille.

soutien-gorge n. m. ▪ Sous-vêtement féminin destiné à soutenir les seins.

soutier [-tje] n. m. ▪ Matelot chargé du service de la soute à charbon.

soutif n. m. ▪ fam. Soutien-gorge.

soutirer v. tr. [1] ▪ **I** Transvaser doucement (le vin, le cidre...) pour éliminer les dépôts. ► **soutirage** n. m. **II** *Soutirer (qqch.) à qqn,* obtenir de lui par ruse, malgré lui.

soutra n. m. ▪ didact. Précepte sanskrit. ⁃ Recueil d'aphorismes de ce genre. – var. **sûtra.**

souvenance n. f. ▪ littér. Souvenir.

① **souvenir** v. [22] ▪ **I** v. pron. SE SOUVENIR (DE) **1** Avoir de nouveau présent à l'esprit (le passé). → se **rappeler.** *Je me souviens de cette rencontre, je m'en souviens.* **2** à l'impératif Penser à. *Souvenez-vous de vos promesses.* **II** v. intr. impers. littér. Revenir à la mémoire. *T'en souvient-il ?*

② **souvenir** n. m. ▪ **I 1** Fait de se souvenir. *Avoir le souvenir de...* **2** Ce qui revient du passé à l'esprit. *Souvenir d'enfance.* ⁃ *Meilleurs souvenirs* (formule). **II** (objets concrets) **1** Ce qui fait souvenir, témoignage (du passé). **2** Objet, cadeau (qui fait qu'on pense à qqn). ⁃ *Boutique de souvenirs.*

souvent adv. ▪ Plusieurs fois, à plusieurs reprises (dans un temps limité). ⁃ *Le plus souvent,* dans la plupart des cas.

souventes fois adv. ▪ région. Souvent.

① **souverain, aine** ▪ **I** adj. **1** Suprême. ⁃ *Un remède souverain contre...* → **sûr. 2** Dont le pouvoir n'est pas limité. ⁃ *Le souverain pontife*.* ♦ Qui possède la souveraineté (2). **3** Qui exprime un sentiment de supériorité. *Un souverain mépris.* **II** n. Chef d'État monarchique. → **empereur, roi.**

② **souverain** n. m. ▪ Ancienne monnaie d'or anglaise, valant une livre sterling.

souverainement adv. ▪ **1** littér. Supérieurement. **2** En souverain.

souveraineté n. f. ▪ **1** Autorité suprême (d'un souverain, d'une nation...). *La souveraineté du peuple, fondement de la démocratie.* **2** Indépendance (pour un État).

souverainiste adj. et n. ▪ polit. **1** (au Canada) Partisan de la souveraineté du Québec. **2** (en Europe) Partisan d'un respect absolu de la souveraineté des États (dans l'Union, par ex.). ► **souverainisme** n. m.

souvlaki n. m. ▪ Brochette de viande grillée (cuisine grecque). *Des souvlakis.*

soviet [sɔvjɛt] n. m. ▪ hist. (Russie...) Conseil de délégués ouvriers et soldats (1917). ◆ *Soviet suprême :* parlement de l'U. R. S. S.

soviétique adj. et n. ▪ hist. Relatif à l'État fédéral socialiste (1917-1991) dit *Union soviétique* (U. R. S. S.). ◆ n. *Les Soviétiques.*

soviétiser v. tr. 1 ▪ hist. Soumettre à l'autorité ou à l'influence de l'Union soviétique. ◆ au p. p. *États soviétisés.* → aussi **russifier.** ► **soviétisation** n. f.

soviétologue n. ▪ Spécialiste de la politique soviétique (→ **kremlinologie).**

sovkhoze [sɔvkoz] n. m. ▪ hist. En U. R. S. S., Ferme pilote qui appartenait à l'État.

soyeux, euse ▪ **1** adj. Doux et brillant. **2** n. m. Industriel de la soierie.

spa n. m. ▪ Centre de beauté, de remise en forme (dans un hôtel de luxe...).

spacieux, euse adj. ▪ Où l'on a beaucoup d'espace. ► **spacieusement** adv.

spadassin n. m. ▪ anciennt Assassin à gages.

spadice n. m. ▪ bot. Inflorescence en épi ou en panicule enveloppée par une bractée (→ **spathe).**

spaetzle [ʃpɛtzœl(ə) ; ʃpɛtzlə] n. m. pl. ▪ région. (Alsace) Pâtes alimentaires en lanières. *Civet aux spaetzle.*

spaghetti [spageti] n. m. ▪ au plur. Pâtes alimentaires fines et longues.

spahi n. m. ▪ anciennt Cavalier maghrébin de l'armée française.

spalax [-ks] n. m. ▪ zool. Petit rongeur d'Europe, sans queue, qui creuse des galeries dans le sol. → **rat-taupe.**

spallation n. f. ▪ phys. Réaction nucléaire provoquée par des particules accélérées avec une si grande énergie que le noyau qu'elles bombardent éjecte des particules plus légères.

spalter [-ɛʀ] n. m. ▪ techn. Brosse de peintre en bâtiment, utilisée pour faire les faux bois.

spam [spam] n. m. ▪ anglic. Envoi massif de messages électroniques non désirés ; ce type de messages.

sparadrap n. m. ▪ Bande adhésive utilisée pour protéger les plaies.

spartakiste adj. et n. ▪ hist. Membre d'un mouvement socialiste et communiste allemand animé par Karl Liebknecht et Rosa Luxemburg (1916-1919). ► **spartakisme** n. m.

sparterie n. f. ▪ Fabrication d'objets en fibres végétales vannées ou tissées.

spartiate [-sjat] adj. et n. ▪ **I 1** Citoyen de l'ancienne Sparte (Lacédémone). **2** adj. Qui évoque l'austérité de Sparte. **II** n. f. Sandale montante en lanières croisées.

spasme n. m. ▪ Contraction brusque et involontaire d'un ou de plusieurs muscles.

spasmodique adj. ▪ Caractérisé par des spasmes ; relatif aux spasmes. → **convulsif.**

spasmolytique adj. et n. m. ▪ méd. Qui supprime les spasmes. → **antispasmodique.**

spasmophilie n. f. ▪ méd. Tendance aux spasmes musculaires et viscéraux. ► **spasmophile** adj. et n.

spatangue n. m. ▪ zool. Oursin ovoïde, à piquants courts, vivant dans les sables vaseux.

spath n. m. ▪ minér., vx Cristal lamellaire.

spathe n. f. ▪ **1** archéol. Épée à large lame des Gaulois et des Germains. **2** bot. Grande bractée en forme de sac, de cornet, enveloppant un spadice.

spatial, ale, aux adj. ▪ **1** Qui se rapporte à l'espace (s'oppose à *temporel*). **2** Relatif à l'espace cosmique.

spatialiser v. tr. 1 ▪ didact. Adapter (un engin, un appareillage...) aux conditions de l'espace. ► **spatialisation** n. f.

spatialité n. f. ▪ didact. Caractère de ce qui est spatial.

spatio- Élément tiré de *spatial.*

spationaute n. ▪ Membre d'équipage d'un engin spatial. → **astronaute, cosmonaute, taïkonaute.**

spatiotemporel, elle adj. ▪ didact. Qui appartient à l'espace et au temps.

spatule n. f. ▪ **1** Instrument à lame plate et large. **2** Extrémité d'un ski.

spatulé, ée adj. ▪ didact. En spatule, large et plat du bout. *Bec spatulé.*

speaker [spikœʀ] n. m. ▪ anglic., vieilli Présentateur (de radio...).

speakerine [spikʀin] n. f. ▪ vieilli Présentatrice (de radio...).

spécial, ale, aux adj. ▪ **1** Qui concerne une espèce de choses (opposé à *général*). **2** Particulier (à qqn, un groupe ; une chose). *Un régime spécial.* ♦ Employé dans des circonstances extraordinaires. *L'envoyé spécial d'un journal.* **3** fam. Qui n'est pas ordinaire.

spécialement adv. ▪ **1** Notamment. ◆ Dans un sens restreint (mot). **2** D'une manière caractéristique. ◆ fam. *Pas spécialement,* pas tellement.

spécialisé, ée adj. ▪ Qui a une spécialité. *Éducateur spécialisé.* ◆ *Ouvrages spécialisés.*

spécialiser v. tr. 1 ▪ Employer dans une spécialité. ▷ v. pron. se **spécialiser** ► **spécialisation** n. f.

spécialiste n. ▪ **1** Personne qui a des connaissances approfondies dans un domaine déterminé (science, technique...). ➛ spécialt Médecin qui s'est spécialisé (opposé à *généraliste*). **2** fam. Personne qui est coutumière (de qqch.).

spécialité n. f. ▪ **1** didact. Caractère de ce qui est spécial. **2** Ensemble de connaissances sur un objet d'étude limité. → **branche, discipline, domaine, partie.** ➛ *Langages de spécialité.* **3** Activité déterminée. *Spécialités régionales* (culinaires). **4** fam. Comportement particulier et personnel.

spéciation n. f. ▪ sc. Formation d'espèces nouvelles ; différenciation des espèces.

spécieux, euse adj. ▪ littér. Qui n'a qu'une belle apparence. *Idée spécieuse.*

spécificité n. f. ▪ didact. Caractère de ce qui est spécifique.

spécifier v. tr. 7 ▪ Caractériser ou mentionner de façon précise. → **préciser.** ► **spécification** n. f.

spécifique adj. ▪ **1** didact. Propre à une espèce* et à elle seule. *Terme spécifique* (opposé à *générique*). **2** Propre à une chose. → **caractéristique.** ► **spécifiquement** adv.

spécimen [-ɛn] n. m. ▪ **1** Individu, unité qui donne une idée de l'espèce. → **échantillon, exemple, représentant. 2** Exemplaire publicitaire.

spéciosité n. f. ▪ rare Caractère de ce qui est spécieux. *La spéciosité d'un argument.*

spécisme n. m. ▪ didact. Idéologie qui postule la supériorité de l'être humain sur les animaux. ► **spéciste** adj. et n.

speck n. m. ▪ Jambon cru légèrement fumé.

spectacle n. m. ▪ **1** Ensemble de choses, de faits qui s'offre au regard. *Le spectacle de la nature.* ➛ loc. péj. *Se donner en spectacle.* **2** Représentation (théâtre, cinéma...) ; ce qu'on présente au public (→ **séance).** ♦ Activités de théâtre, cinéma, music-hall, télévision, etc. **3** loc. *Pièce, revue à grand spectacle,* à mise en scène somptueuse.

spectaculaire adj. ▪ Qui frappe l'imagination. *Un exploit spectaculaire.*

spectateur, trice n. ▪ Personne qui regarde un spectacle (1 et 2).

spectral, ale, aux adj. ▪ **I** De spectre (I). **II** sc. Relatif aux spectres (II).

spectre n. m. ▪ **I 1** Apparition effrayante d'un mort. → **fantôme, revenant. 2** fig., littér. Perspective menaçante. *Le spectre de la guerre.* **II 1** sc. Image analytique résultant de la décomposition d'un phénomène vibratoire (rayonnement, son...). *Le spectre solaire.* **2** Champ d'action (d'un antibiotique).

spectrochimique adj. ▪ sc. Qui utilise l'analyse spectrale, en chimie.

spectrogramme n. m. ▪ phys. Photographie (ou dessin) reproduisant le spectre obtenu avec un spectrographe.

spectrographe n. m. ▪ phys. Appareil permettant d'enregistrer un spectre, après avoir produit et sélectionné des radiations visibles ou invisibles. → **spectromètre.**

spectrographie n. f. ▪ Formation et analyse des spectres pour étudier la constitution des atomes, des molécules. ► **spectrographique** adj.

spectrohéliographe n. m. ▪ astron. Spectrographe à haute résolution servant à obtenir des images photographiques monochromes du Soleil.

spectromètre n. m. ▪ phys. Appareil d'étude des spectres (optiques ou électroniques).

spectrométrie n. f. ▪ phys. Analyse spectrale, spectrographie.

spectrophotomètre n. m. ▪ techn. Appareil permettant de mesurer des grandeurs énergétiques associées aux spectres.

spectrophotométrie n. f. ▪ techn. Étude photométrique des différentes régions spectrales des sources.

spectroscope n. m. ▪ sc. Instrument pour produire ou examiner des spectres (II, 1).

spectroscopie n. f. ▪ sc. Étude des spectres (II, 1), en physique, astronomie.

spéculaire adj. ▪ didact. **1** Qui réfléchit la lumière comme un miroir. **2** D'un miroir. *Image spéculaire.*

spéculateur, trice n. ▪ Personne qui fait des spéculations (II).

spéculation n. f. ▪ **I** didact. Théorie, recherche abstraite. **II** Opération financière fondée sur les fluctuations du marché. ► **spéculatif, ive** adj.

spéculer v. intr. 1 ▪ **I** didact. Se livrer à la spéculation (I). **II** Faire des spéculations (II). ♦ fig. *Spéculer sur qqch.* → **compter** sur.

spéculoos [-os] n. m. ▪ Biscuit belge au sucre candi. - var. **spéculos.**

spéculum [-ɔm] n. m. ▪ méd. Instrument pour explorer des cavités de l'organisme.

speech [spitʃ] n. m. ▪ Petite allocution de circonstance. *Des speechs* ou *des speeches.*

speed [spid] ▪ anglic., fam. **1** n. m. Amphétamine, L. S. D. *Prendre du speed.* **2** adj. invar. Qui a pris des amphétamines. ♦ Très agité, excité. *Être speed.* - syn. **speedé, ée.**

spéléo- Élément, du grec *spêlaion* «caverne, grotte».

spéléologie n. f. ■ Exploration et étude des cavités du sous-sol. - abrév. fam. **spéléo.** ► **spéléologique** adj. ► **spéléologue** n.

spencer [spɛnsœʀ ; -ɛʀ] n. m. ■ Veste courte et ajustée.

spéos [speos] n. m. ■ archéol. Temple d'Égypte creusé dans le roc.

spergule n. f. ■ bot. Petite plante herbacée, à feuilles en lanières, dont une variété est appelée *fourrage de disette.*

spermaceti [-seti] n. m. ■ didact. Blanc de baleine*.

spermaphyte n. m. ■ bot. Plante à organes de reproduction apparents et développés (fleurs) ou plante à graines. → **phanérogame.** - syn. **spermatophyte.**

spermatide n. f. ■ biol. Cellule sexuelle mâle dont dérive le spermatozoïde.

spermatique adj. ■ Du sperme, relatif au sperme. ♦ anat. *Cordon spermatique,* comprenant le canal déférent.

spermat(o)-, sperm(o)-, -sperme, -spermie Éléments, du grec *sperma, spermatos* «sperme ; semence ; graine».

spermatocyte n. m. ■ biol. Cellule germinale mâle qui devient une spermatide, puis un spermatozoïde.

spermatogenèse n. f. ■ biol. Ensemble des processus qui aboutissent à la formation des spermatozoïdes. ► **spermatogénétique** adj.

spermatogonie n. f. ■ biol. Cellule souche qui forme par division les spermatocytes.

spermatophore n. m. ■ zool. Organe contenant des agglomérats de cellules reproductrices mâles, chez les céphalopodes.

spermatophyte → **spermaphyte**

spermatozoïde n. m. ■ Cellule reproductrice (gamète) mâle des animaux sexués.

sperme n. m. ■ Liquide séminal.

spermicide n. m. ■ Contraceptif local qui, introduit dans le vagin, détruit les spermatozoïdes.

spermogramme n. m. ■ méd. Résultats fournis par l'examen en laboratoire du sperme.

spermophile n. m. ■ zool. Petit rongeur voisin de la marmotte, à abajoues volumineuses, qui vit dans des terriers où il entasse des graines.

sphaigne n. f. ■ Mousse des marais dont la décomposition est à l'origine de la formation de la tourbe.

sphénodon n. m. ■ zool. Grand lézard de Nouvelle-Zélande.

sphénoïde n. m. ■ anat. Os constituant de la base de la boîte crânienne, au niveau des fosses nasales et des cavités orbitaires. ◆ adj. *Os sphénoïde.* ► **sphénoïdal, ale, aux** adj.

sphère n. f. ■ **1** Surface fermée dont tous les points sont à égale distance (rayon) du centre ; solide limité par cette surface. ◆ *Sphère céleste.* **2** fig. Domaine, milieu. *Les hautes sphères de la politique.*

sphérique adj. ■ **1** En forme de sphère. → **rond.** **2** géom. De la sphère.

sphéroïde n. m. ■ Solide à peu près sphérique. *La Terre est un sphéroïde.*

sphéromètre n. m. ■ phys. Instrument servant à mesurer la courbure des surfaces sphériques (en particulier celles des verres d'optique).

sphincter [-ɛʀ] n. m. ■ Muscle annulaire autour d'un orifice naturel qu'il ferme en se contractant. ► **sphinctérien, ienne** adj.

sphinge n. f. ■ Sphinx féminin.

sphinx [sfɛ̃ks] n. m. ■ **I 1** Lion ailé à tête et buste de femme, qui tuait les voyageurs incapables de résoudre une énigme. *Œdipe résolut l'énigme du Sphinx.* ♦ Statue de sphinx (art égyptien). **2** fig. Personne énigmatique. **II** Grand papillon du crépuscule, au vol puissant.

sphygmo- Élément, du grec *sphugmos* «pouls, pulsation».

sphygmomanomètre n. m. ■ méd. Appareil servant à mesurer la tension artérielle. → **tensiomètre.** - syn. **sphygmotensiomètre.**

sphyrène n. f. ■ zool. Poisson de mer, à la mâchoire inférieure saillante.

spi → **spinnaker**

spic → ②**aspic**

spicilège n. m. ■ didact. Recueil d'actes, de documents, de notes, d'essais. *«Le Spicilège»* (de Montesquieu).

spicule n. m. ■ **1** sc. nat. Chacun des petits bâtonnets calcaires ou siliceux constituant le squelette des éponges. **2** astron. Jet de matière dans la chromosphère solaire.

spiegel [spigœl ; ʃpi-] n. m. ■ techn. Alliage de fer, manganèse et carbone, employé dans la fabrication de l'acier Bessemer.

spin [spin] n. m. ■ sc. Moment cinétique (d'une particule). *Le spin de l'électron.*

spina-bifida n. m. invar. ■ méd. Malformation congénitale, fissure d'un ou de plusieurs arcs vertébraux postérieurs.

spinal, ale, aux adj. ■ anat. De la colonne vertébrale, ou de la moelle épinière.

spinelle n. m. ■ Aluminate naturel de magnésium, utilisé en joaillerie.

spinnaker [spinakɛʀ ; spinɛkœʀ] n. m. ■ anglic. Grande voile triangulaire. - abrév. **spi.**

spinosaure n. m. ■ Dinosaure carnivore du crétacé, dont les vertèbres formaient une crête dorsale.

spinosisme n. m. ▪ didact. Système philosophique de Spinoza. – var. **spinozisme.** ► **spinosiste** ou **spinoziste** adj. et n.

spiral, ale, aux adj. ▪ rare Qui a la forme d'une spirale. *Ressort spiral.*

spirale n. f. ▪ **1** géom. Courbe plane qui décrit des révolutions autour d'un point en s'en écartant. **2** cour. (abusif en sc.) Hélice.

spiralé, ée adj. ▪ Roulé en spirale.

spire n. f. ▪ didact. Tour complet (d'une spirale ; d'une hélice).

spirée n. f. ▪ Plante herbacée ou arbrisseau (rosacée), à fleurs décoratives. → **reine-des-prés.**

spiritain n. m. ▪ relig., rare Membre de la congrégation des Pères du Saint-Esprit.

spirite n. ▪ Personne qui évoque les esprits, qui s'occupe de spiritisme.

spiritisme n. m. ▪ Science occulte fondée sur les manifestations des esprits.

spiritual → **negro-spiritual**

spiritualiser v. tr. [1] ▪ littér. Doter d'un caractère de spiritualité, d'élévation morale. ► **spiritualisation** n. f.

spiritualisme n. m. ▪ Philosophie de l'esprit (opposé à *matérialisme*). *Spiritualisme athée ; religieux.* ► **spiritualiste** adj. et n.

spiritualité n. f. ▪ **1** philos. Caractère de ce qui est spirituel, indépendant de la matière. **2** relig. Croyances et pratiques de la vie spirituelle. **3** Aspiration morale.

spirituel, elle adj. ▪ **I 1** philos. Qui est de l'ordre de l'esprit. → **immatériel. 2** relig. De l'âme, émanation d'un principe supérieur. *La vie spirituelle.* **3** De l'esprit, moral. *Les valeurs spirituelles d'une civilisation.* **II** Qui est plein d'esprit, de drôlerie fine.

spirituellement adv. ▪ Avec esprit, de manière spirituelle (II).

spiritueux, euse adj. et n. m. ▪ (Boisson) qui contient une forte proportion d'alcool.

spirochète [-k-] n. m. ▪ Micro-organisme à corps grêle et spiralé, mobile par des mouvements en vrille. → **leptospire, tréponème.**

spirochétose [-k-] n. f. ▪ méd. Maladie causée par un spirochète (→ **borréliose, leptospirose, tréponématose).**

spirographe n. m. ▪ zool. Ver sédentaire marin dont les branchies céphaliques forment un panache en hélice.

spirogyre n. f. ▪ Algue d'eau douce commune.

spiroïdal, ale, aux adj. ▪ didact. En forme de spire, de spirale.

spiromètre n. m. ▪ méd. Instrument mesurant la capacité pulmonaire. ► **spirométrie** n. f. ► **spirométrique** adj.

spirorbe n. m. ▪ zool. Petit ver sédentaire marin construisant sur les rochers, les coquillages, un tube calcaire spiralé dans lequel il vit.

spiruline n. f. ▪ Algue bleue microscopique des eaux chaudes et saumâtres, riche en nutriments.

spitant, ante adj. ▪ (Belgique) Déluré, éveillé. *Une enfant très spitante.*

splanchnique [splɑ̃knik] adj. ▪ anat. Qui appartient aux viscères. *Nerfs splanchniques.*

splanchnologie [-k-] n. f. ▪ didact. Partie de l'anatomie qui traite des viscères.

spleen [splin] n. m. ▪ littér. Mélancolie, dégoût de toute chose. → **cafard.**

spleenétique [splin-] adj. ▪ rare et littér. Qui ressent, exprime le spleen.

splendeur n. f. ▪ **1** littér. Grand éclat de lumière. **2** Beauté pleine de luxe, de magnificence. **3** Chose splendide.

splendide adj. ▪ **1** Plein d'éclat. *Il fait un temps splendide.* **2** Riche et beau. → **magnifique.** *Une fête splendide.* **3** D'une beauté éclatante. → **superbe.** ► **splendidement** adv.

splénectomie n. f. ▪ chir. Ablation totale ou partielle de la rate.

splénique adj. ▪ anat. Qui appartient, est relatif à la rate. *Artère splénique.*

splén(o)- Élément, du grec *splên* «rate».

splénomégalie n. f. ▪ méd. Augmentation anormale du volume de la rate.

spoiler [spɔjlœʀ] n. m. ▪ anglic., techn. Élément de carrosserie qui améliore l'aérodynamisme (d'une voiture).

spolier v. tr. [7] ▪ Dépouiller (qqn) par violence, fraude ou abus de pouvoir. ► **spoliateur, trice** adj. et n. ► **spoliation** n. f.

spondée n. m. ▪ didact. Pied de deux syllabes longues (grec, latin).

spondias [-ɑs] n. m. ▪ bot. Arbre exotique à fruits comestibles dits *pommes de Cythère.*

spondylarthrite n. f. ▪ méd. Arthrite de la colonne vertébrale.

spondylite n. f. ▪ méd. Inflammation d'un ou de plusieurs corps vertébraux et des disques correspondants.

spongiaire n. m. ▪ zool. Organisme animal aquatique primitif, pluricellulaire (embranchement des *Spongiaires,* composé des éponges).

spongieux, euse adj. ▪ **1** Qui rappelle l'éponge, par sa structure et sa consistance. **2** Qui s'imbibe. *Un sol spongieux.*

spongiforme adj. ▪ didact. Qui a la forme d'une éponge. ◆ (maladie) Qui donne aux tissus une apparence d'éponge. *Encéphalopathie spongiforme.*

spongille [-il] n. f. ▪ zool. Éponge d'eau douce.

spongiosité n. f. ▪ didact. Caractère de ce qui est spongieux.

sponsor [spɔ̃sɔʀ ; spɔn-] n. m. ▪ anglic. Personne, entreprise qui finance une initiative sportive, culturelle. → **mécène.** ▸ **sponsoriser** v. tr. 1

spontané, ée adj. ▪ **1** Que l'on fait de soi-même, sans être incité ni contraint. *Des aveux spontanés.* **2** Non provoqué. → **naturel.** **3** (actions, paroles) Direct, instinctif. ♦ (personnes) Qui obéit au premier mouvement. ▸ **spontanément** adv.

spontanéisme n. m. ▪ polit. Doctrine ou attitude qui repose sur la confiance dans la spontanéité révolutionnaire des masses, la spontanéité créatrice de l'individu. ▸ **spontanéiste** adj. et n.

spontanéité n. f. ▪ Caractère spontané.

sporadicité n. f. ▪ didact. Caractère de ce qui est sporadique.

sporadique adj. ▪ Qui se produit çà et là et d'une manière irrégulière. ▸ **sporadiquement** adv.

sporange n. m. ▪ bot. Organe qui renferme ou produit les spores.

spore n. f. ▪ biol. Corpuscule reproducteur de végétaux et protistes.

sporogone n. m. ▪ bot. Appareil producteur des spores chez les bryophytes.

sporophyte n. m. ▪ bot. Organisme producteur de spores d'une espèce à reproduction sexuée.

sporozoaire n. m. ▪ zool. Protozoaire parasite, dont le cycle de reproduction débute par une spore (ex. la coccidie, le plasmodium).

sport n. m. ▪ **1** Activité physique de jeu et d'effort, dans le respect de règles. → éducation **physique ; athlétisme, gymnastique.** ♦ loc. fam. *Il va y avoir du sport !*, de la bagarre. **2** Forme particulière de cette activité. *Pratiquer plusieurs sports.*

sportif, ive adj. ▪ **1** De sport. *Épreuves sportives.* **2** Qui pratique, qui aime le sport. – n. *Des sportifs.* ♦ Qui atteste la pratique du sport. *Une allure sportive.* **3** Qui respecte l'esprit du sport : franc jeu, loyauté... ▸ **sportivement** adv. ▸ **sportivité** n. f.

sportswear [spɔʀtswɛʀ] n. m. ▪ anglic. Habillement de sport.

sportule n. f. ▪ didact. (Antiq. romaine) Don, en nature ou en argent, que les patrons accordaient chaque jour à leurs clients.

sporulation n. f. ▪ biol., bot. Formation des spores ; reproduction par spores.

sporuler v. intr. 1 ▪ biol., bot. Se reproduire par spores, produire des spores.

spot [spɔt] n. m. ▪ anglic. **1** Point lumineux (sur un écran...). **2** Petit projecteur. **3** Bref message publicitaire. **4** fam. Lieu prisé. *Spot de surf.*

sprat [spʀat] n. m. ▪ Petit poisson, voisin du hareng.

spray n. m. ▪ anglic. Liquide pulvérisé.

springbok [spʀiŋbɔk] n. m. ▪ Antilope du sud de l'Afrique.

sprint [spʀint] n. m. ▪ Allure de course la plus rapide possible d'un coureur en fin de parcours. – Course de vitesse sur petite distance (athlétisme, cyclisme). ▸ ① **sprinter** v. intr. 1

sprinteur, euse [spʀintœʀ, øz] n. ou ② **sprinter** n. m. ▪ Sportif spécialiste des courses de vitesse, des sprints.

sprue n. f. ▪ méd. Affection intestinale chronique caractérisée par une diarrhée fréquente et abondante.

spumescent, ente adj. ▪ didact. Qui est semblable à de l'écume ; qui produit de l'écume.

spumeux, euse adj. ▪ didact. Qui a l'aspect de l'écume, qui contient de l'écume. – méd. *Expectoration spumeuse.*

squale [skwal] n. m. ▪ Requin.

squamate [skwa-] n. m. ▪ zool. Reptile à écailles, à fosses temporales inférieures ouvertes vers le bas (ex. les lézards, les serpents).

squame [skwam] n. f. ▪ **1** didact. Écaille (de poisson, de serpent...). **2** Lamelle qui se détache de l'épiderme (→ **desquamation).**

squameux, euse [skwa-] adj. ▪ didact. Écailleux.

squamifère [skwa-] adj. ▪ zool., vieilli Qui est recouvert d'écailles. → **écailleux, squameux.**

squamule [skwa-] n. f. ▪ zool. Fine écaille cornée ou membraneuse, comme celles des ailes des papillons et de certains insectes.

square [skwaʀ] n. m. ▪ Petit jardin public.

squash [skwaʃ] n. m. ▪ anglic. Sport où deux joueurs se renvoient une balle en la frappant à la raquette contre un mur.

squat [skwat] n. m. ▪ anglic. **1** Occupation (d'un lieu) par des squatteurs. **2** Local ainsi occupé. ▸ **squatter** v. tr. 1

squatteur, euse [skwatœʀ, øz] n. ▪ anglic. Résident illégal, dans un local vacant.

squaw [skwo] n. f. ▪ Femme amérindienne.

squeeze [skwiz] n. m. ▪ anglic. Action, fait de squeezer l'adversaire, au bridge.

squeezer [skwize] v. tr. 1 ▪ anglic. **1** Au bridge, Obliger (l'adversaire) à se défausser, à supprimer sa garde dans les couleurs qui lui restent. **2** fam. Prendre l'avantage sur (qqn) sans lui laisser d'échappatoire.

squelette n. m. ■ **I 1** Charpente osseuse (des vertébrés). **2** Restes osseux d'un humain ou d'un animal mort. **II 1** Structure, charpente (d'un immeuble...). **2** Grandes lignes (d'un ensemble, d'une œuvre). → **plan.**

squelettique adj. ■ **1** Qui évoque un squelette (par sa maigreur). ♦ fig. Très réduit. **2** anat. Du squelette (I, 1).

squille n. f. ■ zool. Crustacé comestible appelé aussi *sauterelle, mante* ou *cigale de mer.*

squirre ou **squirrhe** n. m. ■ pathol. Forme de cancer (épithélioma) de consistance dure (sclérose avec rétraction des tissus). *Squirre du sein.* ► **squirreux, euse** ou **squirrheux, euse** adj.

Sr ■ Symbole chimique du strontium.

S. R. A. S. [sʀas] n. m. (sigle) ■ «Syndrome respiratoire aigu sévère», pneumopathie épidémique, d'origine virale.

S. S. n. m. (sigle allemand) ■ hist. Membre de la police militarisée nazie.

stabat mater [stabatmatɛʀ] n. m. invar. ■ relig. Prose du missel romain rappelant la douleur de la mère du Christ crucifié. ◆ Œuvre musicale sur ces paroles. *Le Stabat mater de Pergolèse.*

stabilisant, ante ■ **1** adj. Qui rend stable. **2** n. m. chim. Additif incorporé à une matière pour la rendre plus stable.

stabilisateur, trice ■ **1** adj. Propre à stabiliser. **2** n. m. Dispositif destiné à stabiliser (un véhicule), à équilibrer.

stabiliser v. tr. [1] ■ **1** Rendre stable (1 et 2). **2** Amener (un système, une substance) à la stabilité. ► **stabilisation** n. f.

stabilité n. f. ■ **1** Caractère de ce qui tend à demeurer stable. **2** Équilibre permanent. ♦ Propriété (d'un véhicule...) de revenir à sa position d'équilibre. **3** Tendance (d'un composé chimique, d'un système physique) à rester dans un état défini.

stable adj. ■ **1** Qui n'est pas sujet à changer, à disparaître ; qui demeure dans le même état. → **durable.** *Équilibre stable.* **2** Qui est en équilibre stable. *Cette échelle n'est pas stable.* **3** Doué de stabilité (3).

stabulation n. f. ■ agric. Élevage en étable.

staccato adv. ■ mus. En jouant les notes détachées (s'oppose à *legato*).

stade n. m. ■ **I 1** Distance (180 m environ) sur laquelle on disputait les courses (Grèce antique). **2** Terrain aménagé pour la pratique des sports, souvent entouré de gradins, de tribunes. *Stade olympique.* **II** Chacune des étapes, des formes successives (d'une évolution).

stadia n. m. ■ techn., sc. Instrument (mire graduée) permettant de mesurer les distances.

stadier, ière ■ **1** adj. Relatif aux stades. **2** n. Personne employée dans un stade pour l'accueil et la sécurité du public.

① **staff** n. m. ■ Matériau fait de plâtre et de fibres végétales. → **stuc.**

② **staff** n. m. ■ anglic. Groupe de travail.

staffer v. tr. [1] ■ techn. Réaliser en staff. ► **staffeur, euse** n.

stage n. m. ■ **1** Période d'études pratiques. **2** Période de formation professionnelle.

stagflation n. f. ■ anglic., écon. Situation économique caractérisée par la stagnation de l'activité, de la production, et par l'inflation des prix.

stagiaire adj. et n. ■ Qui fait un stage.

stagner [-gn-] v. intr. [1] ■ **1** (fluides) Rester immobile sans couler, sans se renouveler. **2** fig. Être inerte, ne pas évoluer. *Les affaires stagnent.* ► **stagnant, ante** [-gn-] adj. ► **stagnation** [-gn-] n. f.

stakhanovisme n. m. ■ hist. Encouragement à la production, en U. R. S. S. ► **stakhanoviste** adj. et n.

stakning n. m. ■ Le fait d'avancer à ski en poussant simultanément sur les deux bâtons.

stalactite n. f. ■ Concrétion calcaire qui descend de la voûte vers le sol d'une grotte. ≠ *stalagmite.*

stalag [-ag] n. m. ■ Camp allemand de prisonniers de guerre non officiers (1940-1945).

stalagmite n. f. ■ Concrétion calcaire qui monte du sol vers la voûte d'une grotte. ≠ *stalactite.*

stalinien, ienne ■ **1** adj. Relatif à Staline. **2** adj. et n. Partisan du stalinisme.

stalinisme n. m. ■ Doctrine et politique totalitaire de Staline.

stalle n. f. ■ **1** Siège de bois à dossier élevé (dans le chœur d'une église). **2** Compartiment cloisonné réservé à un animal (étable, écurie). → **box.**

staminal, ale, aux adj. ■ bot. Relatif aux étamines.

staminé, ée adj. ■ bot. *Fleur staminée,* pourvue d'étamines.

staminifère adj. ■ bot. Qui porte des étamines.

stance n. f. ■ au plur. Poème, suite de strophes lyriques d'inspiration grave.

stand [stɑ̃d] n. m. ■ **I 1** Emplacement réservé, dans une exposition, une foire. **2** Emplacement pour le ravitaillement, les réparations (courses automobiles...). **II** *Stand (de tir)* : emplacement pour le tir à la cible.

① **standard** ■ anglic. **I** n. m. **1** Type, norme de fabrication. **2** Morceau de musique célèbre. **II** adj. invar. Conforme à un type, à une norme.

⊸ loc. comm. *Échange standard,* d'une pièce usée contre une autre du même type.

② **standard** n. m. ▪ Dispositif de connexion dans un réseau téléphonique.

standardiser v. tr. 1 ▪ anglic. Rendre conforme à un standard. → **normaliser.** ► **standardisation** n. f.

standardiste n. ▪ Personne chargée du service d'un standard téléphonique.

stand-by [stɑ̃dbaj] ▪ anglic. **1** n. m. invar. Embarquement de dernière minute dans un avion en fonction des places vacantes. *Voyager en stand-by.* ⊸ *Passager (en) stand-by* (cf. sur liste d'attente). ⊸ adj. invar. *Des billets stand-by.* **2** fig. En suspens, à l'arrêt, en veilleuse. *Le projet est en stand-by.*

standing n. m. ▪ anglic. **1** Niveau de vie et rang social. **2** (choses) Grand confort. *Grand standing :* luxe.

stand-up [stɛ̃dœp] n. m. invar. ▪ anglic. Spectacle solo d'un humoriste, de style spontané et sans personnages.

stanneux, euse adj. ▪ chim. *Composés, sels stanneux,* de l'étain bivalent.

stannifère adj. ▪ minér. Qui contient de l'étain.

stannique adj. ▪ chim. *Composés, sels stanniques,* de l'étain quadrivalent. *Oxyde stannique.* → **cassitérite.**

staphisaigre n. f. ▪ bot. Espèce du genre dauphinelle, à graines toxiques, utilisée en décoction comme insecticide (d'où son nom courant, *herbe aux poux*).

staphylier n. m. ▪ bot. Arbrisseau d'Europe appelé aussi *faux pistachier,* dont les graines peuvent se consommer comme des pistaches.

① **staphylin** n. m. ▪ zool. Coléoptère carnassier à élytres très courts.

② **staphylin, ine** adj. ▪ anat. Qui appartient, est relatif à la luette. → **uvulaire.**

staphylococcie n. f. ▪ méd. Infection provoquée par un staphylocoque. → **anthrax, furonculose, impétigo, pyodermite.** ► **staphylococcique** adj.

staphylocoque n. m. ▪ Bactérie, agent d'infections (anthrax, furoncle).

star n. f. ▪ anglic. Vedette du spectacle (femme ou homme). → **étoile.**

starets [staʀɛts] n. m. ▪ didact. (hist.) Dans l'ancienne Russie, Ermite ou pèlerin considéré comme thaumaturge ou prophète, et souvent choisi comme maître spirituel. - var. **stariets** [staʀjɛts].

starie n. f. ▪ mar. Nombre de jours stipulés pour les opérations de chargement et de déchargement d'un navire. → aussi **surestarie.** - syn. **estarie.**

stariser v. tr. 1 ▪ fam. Transformer en star, en vedette. - syn. **starifier** 7 ► **starisation** n. f. - syn. **starification.**

starking n. f. ▪ Variété de pomme rouge, originaire d'Amérique.

starlette n. f. ▪ Jeune actrice qui rêve d'une carrière de star.

star-système n. m. ▪ anglic. Dans le monde du spectacle, Organisation de la production, de la diffusion et de la promotion basée sur le culte de la vedette. - var. **star-system.**

starter [staʀtɛʀ] n. m. ▪ anglic. **I** sports Personne qui donne le départ d'une course. **II** cour. Dispositif de démarrage à froid d'un moteur à explosion.

starting-block n. m. ▪ anglic. Dispositif sur lequel les coureurs prennent appui au départ. *Des starting-blocks.*

starting-gate [-gɛt] n. m. ▪ anglic., turf Barrière faite de rubans élastiques tendus, qu'on relève au départ d'une course de chevaux. *Des starting-gates.*

start-up [staʀtœp] n. f. invar. ▪ anglic., écon. Jeune entreprise à fort potentiel, dans les techniques de l'informatique, du multimédia.

stase n. f. ▪ méd. Arrêt ou ralentissement considérable de la circulation ou de l'écoulement (d'un liquide organique). → **congestion.**

-stat Élément, du grec *statos* « stable ».

statère n. m. ▪ Antiq. grecque Monnaie valant de deux à quatre drachmes.

statice n. f. ou m. ▪ Plante herbacée à fleurs roses, bleues.

statif, ive n. m. ▪ techn. Partie métallique massive servant de support à un appareil optique. *Le statif d'un microscope.*

statine n. f. ▪ pharm. Inhibiteur de l'enzyme qui contrôle la synthèse du cholestérol.

station n. f. ▪ **I** Fait de s'arrêter. → **arrêt, halte.** ⊸ spécialt *Les stations du chemin de croix.* **II 1** Endroit où l'on effectue des observations. *Station météorologique.* ♦ *Station d'épuration. Station d'essence.* → **station-service.** ♦ *Station* (d'émission) *de radio, de télévision.* **2** Endroit aménagé pour l'arrêt momentané de véhicules (autobus, taxis...). **3** *Station thermale, de ski,* etc. : lieu de séjour. **III** Fait de se tenir (de telle façon) ; spécialt fait de se tenir debout. *Station verticale.*

stationnaire adj. ▪ **1** didact. Qui s'arrête, reste un certain temps à la même place. **2** Qui n'évolue pas.

stationnement n. m. ▪ **1** Fait de stationner, pour un véhicule. **2** (Canada) Espace aménagé pour le stationnement des véhicules.

stationner v. intr. [1] ▪ Faire une station (I). ◆ (véhicule) Être rangé sur la voie publique ; être garé. *Parc pour stationner.* → **parking**(anglic.) ; **stationnement** (2).

station-service n. f. ▪ Poste de distribution d'essence et d'entretien des véhicules. *Des stations-service.*

statique adj. ▪ **1** Relatif aux états d'équilibre. ♦ n. f. Étude des corps en équilibre (s'oppose à *dynamique*). **2** Qui est fixé, n'évolue pas.

statiquement adv. ▪ D'une manière statique, d'un point de vue statique.

statisticien, ienne n. ▪ Spécialiste de la statistique.

statistique ▪ **I** n. f. Interprétation mathématique de données complexes et nombreuses. ◆ Données numériques ainsi traitées. **II** adj. De la statistique ; des phénomènes quantitatifs complexes. ► **statistiquement** adv.

stator n. m. ▪ techn. Partie fixe d'un moteur électrique (opposé à *rotor*).

statoréacteur n. m. ▪ aviat. Réacteur sans organe mobile, composé d'un diffuseur, d'une chambre de combustion et d'une tuyère.

statthalter [ʃtataltɛʀ ; ʃtataltœʀ] n. m. ▪ hist. Gouverneur allemand, spécialt en Alsace-Lorraine, de 1879 à 1918.

statuaire n. f. ▪ Art de représenter en sculpture la figure humaine ou animale.

statue n. f. ▪ Sculpture* représentant en entier un être vivant.

statuer v. intr. [1] ▪ *Statuer sur qqch.*, prendre une décision à propos de.

statuette n. f. ▪ Statue de petite taille.

statufier v. tr. [7] ▪ plais. Représenter (qqn) par une statue. ◆ fig. Aduler.

statu quo [-kwo] n. m. invar. ▪ État actuel des choses. *Maintenir le statu quo.*

stature n. f. ▪ **1** Taille, importance (du corps humain debout). *Une haute stature.* **2** fig. Importance (de qqn). → **envergure.**

statut n. m. ▪ **1** Textes qui règlent la situation (d'une personne, d'un groupe). *Le statut des fonctionnaires.* **2** Situation dans la société, position. *Le statut de la femme.* **3** au plur. Suite d'articles définissant une association, une société, et réglant son fonctionnement.

statutaire adj. ▪ Conforme aux statuts. ► **statutairement** adv.

staurotide n. f. ▪ didact. Silicate naturel d'aluminium et de fer, présentant souvent des macles en croix, appelé aussi *pierre de croix.*

stawug [stavyg] n. m. ▪ Technique du ski nordique qui combine le stakning avec les pas alternatifs.

stayer [stɛjœʀ] n. m. ▪ anglic. **1** turf Cheval apte aux courses sur longue distance. **2** cyclisme Coureur de demi-fond. ◆ Coureur sur piste derrière moto.

steak [stɛk] n. m. ▪ Tranche de bœuf grillée. → **bifteck.** *Un steak frites.*

steamer [stimœʀ] n. m. ▪ vieilli Bateau à vapeur. → **vapeur** (II).

stéarate n. m. ▪ chim. Sel ou ester de l'acide stéarique.

stéarine n. f. ▪ Corps obtenu à partir des graisses naturelles. *Bougie en stéarine.*

stéarique adj. ▪ biochim. *Acide stéarique :* acide gras saturé, abondant surtout dans le suif de bœuf et de mouton.

stéatite n. f. ▪ minér. Silicate de magnésium naturel, talc compact ou granulaire.

stéat(o)- Élément, du grec *stear, steatos* «graisse».

stéatopyge adj. ▪ didact. Dont le tissu adipeux est très développé au niveau des fesses ; à très grosses fesses. → aussi **callipyge.**

stéatopygie n. f. ▪ didact. Hypertrophie graisseuse des fesses.

stéatose n. f. ▪ pathol. Accumulation anormale de graisses dans les cellules. *Stéatose du foie.* → **cirrhose.**

steeple [stipl] n. m. ▪ anglic. Course à pied avec obstacles.

steeple-chase [stipœlʃɛz] n. m. ▪ anglic. Course d'obstacles pour les chevaux.

stéganographie n. f. ▪ inform. Procédé de dissimulation d'un message au sein de données.

stégo- Élément, du grec *stegos* «toit».

stégomyie [-mii] n. f. ▪ zool. Moustique des régions chaudes qui transmet la fièvre jaune, la dengue, le chikungunya... - var. **stegomyia.**

stégosaure n. m. ▪ paléont. Grand reptile dinosaurien herbivore du jurassique, au dos couvert de larges plaques osseuses.

steinbock [stɛnbɔk ; stɛjn-] n. m. ▪ Petite antilope d'Afrique australe, aux cornes courtes.

stèle n. f. ▪ Pierre portant une inscription, des ornements sculptés. *Stèle funéraire.*

stellaire adj. ▪ Des étoiles.

stellite n. m. ▪ techn. Alliage à haute teneur en cobalt (plus de 40 %), contenant du chrome, du tungstène, etc.

stem [stɛm] n. m. ▪ ski Virage à ski effectué en écartant le talon du ski amont puis en rétablissant le parallélisme des skis. - var. **stemm.**

stemmate n. m. ▪ zool. Œil simple des larves d'insectes (→ **ocelle).**

stencil [stɛnsil] n. m. ▪ anglic. Papier paraffiné servant à la polycopie.

sténo- Élément, du grec *stenos* «étroit».

sténodactylographie ou (abrév.) **sténodactylo** n. f. ▪ Emploi combiné de la sténographie et de la dactylographie. ► **sténodactylo(graphe)** n.

sténogramme n. m. ▪ rare ou techn. Tracé en sténographie d'une syllabe ou d'un mot.

sténographie ou (abrév.) **sténo** n. f. ▪ **1** Écriture abrégée et simplifiée, permettant de noter la parole à la vitesse de prononciation. **2** Métier de sténographe. ► **sténo(graphe)** n. ► **sténographique** adj.

sténographier v. tr. [7] ▪ Noter par la sténographie.

sténohalin, ine adj. ▪ zool. Qui ne peut vivre que dans les eaux de salinité constante ou voisine.

sténopé n. m. ▪ photogr. Petit trou dans une paroi faisant office d'objectif photographique.

sténose n. f. ▪ pathol. Rétrécissement d'un vaisseau, d'un orifice. ► **sténosé, ée** adj. *Artère sténosée.*

sténotype n. f. ▪ Appareil qui sert à sténographier mécaniquement. *Clavier, touches d'une sténotype.*

sténotypie n. f. ▪ Sténographie mécanique. ► **sténotypiste** n.

stent [stɛnt] n. m. ▪ anglic., chir. Petit dispositif en forme de tube, destiné à maintenir ouvert un vaisseau sténosé.

stentor n. m. ▪ *Voix de stentor* : voix forte, retentissante.

steppage n. m. ▪ méd. Anomalie de la marche obligeant à lever très haut la jambe à chaque pas.

steppe n. f. ▪ Grande plaine inculte, couverte d'herbe rase. ◆ arts *Art des steppes,* des peuples nomades (Russie méridionale...), à l'âge du bronze. ► **steppique** adj.

steppeur n. m. ▪ anglic., hippol. Cheval de trot à l'allure vive, qui lève haut et lance bien en avant ses membres antérieurs. – var. **stepper.**

stéradian n. m. ▪ Unité de mesure d'angle solide (symb. sr).

stercoraire ▪ **I** n. m. Oiseau palmipède des mers arctiques, qui se nourrit de poisson dérobé à d'autres oiseaux. **II** adj. didact. Relatif aux excréments.

stercoral, ale, aux adj. ▪ sc., méd. Qui concerne les excréments ou en contient. → **excrémentiel, stercoraire.**

sterculiacée n. f. ▪ bot. Plante dicotylédone des régions tropicales comme le cacaoyer, le colatier.

stère n. m. ▪ Volume (de bois) de 1 m^3.

stéréo- Élément (du grec *stereos* «solide») qui signifie «solide», «volume» et «relief».

stéréochimie n. f. ▪ didact. Branche de la chimie qui étudie la disposition dans l'espace des atomes d'une molécule. ► **stéréochimique** adj.

stéréocomparateur n. m. ▪ techn. Appareil de mesure qui, à partir de clichés photographiques, permet de donner avec précision la position de points topographiques.

stéréognosie [-gn-] n. f. ▪ didact. Reconnaissance ou identification des objets par le toucher.

stéréogramme n. m. ▪ techn. Épreuve photographique double, destinée à la vision stéréoscopique.

stéréographie n. f. ▪ sc. Représentation des objets à trois dimensions par projection sur un plan. ► **stéréographique** adj.

stéréo-isomère n. m. ▪ chim. Forme chimique, molécule ne différant des autres isomères que par sa configuration spatiale. ► **stéréoisomérie** n. f.

stéréométrie n. f. ▪ sc. Application pratique de la géométrie à la mesure des solides naturels (cubage, jaugeage, métrage). ► **stéréométrique** adj.

stéréophonie ou (abrév.) **stéréo** n. f. ▪ Son reproduit par plusieurs sources dans l'espace. ► **stéréo(phonique)** adj.

stéréophotographie n. f. ▪ techn. Photographie stéréoscopique.

stéréoscope n. m. ▪ didact. Instrument d'optique basé sur le principe de la stéréoscopie.

stéréoscopie n. f. ▪ didact. Reproduction avec impression de relief, au moyen de deux images d'un objet. ► **stéréoscopique** adj.

stéréospécificité n. f. ▪ chim. Propriété des catalyseurs qui entraînent la formation d'un isomère spécifique à structure régulière. ► **stéréospécifique** adj.

stéréotaxie n. f. ▪ méd. Technique de repérage en trois dimensions des structures internes du cerveau.

stéréotomie n. f. ▪ techn. Taille et coupe (des pierres et matériaux de construction). ► **stéréotomique** adj.

stéréotype n. m. ▪ **1** Opinion toute faite réduisant les particularités. → **cliché. 2** didact. Association stable de signes. ► **stéréotypé, ée** adj. *Formules stéréotypées.*

stéréotypie n. f. ▪ didact. Caractère stéréotypé. ◆ psych. Tendance à conserver la même attitude, à répéter un mouvement, des paroles. *Stéréotypie des schizophrènes.*

stérer v. tr. [6] ▪ techn. Mesurer (du bois) au stère.

stérile adj. ■ **I 1** (êtres vivants) Inapte à la reproduction. **2** (sol) Qui ne produit pas de végétaux utiles. **3** Exempt de germe microbien. **II** fig. Qui ne donne aucun résultat positif. *Des discussions stériles.*

stérilement adv. ■ D'une manière stérile.

stérilet n. m. ■ Dispositif anticonceptionnel placé dans l'utérus.

stérilisateur n. m. ■ Appareil de stérilisation (2).

stérilisation n. f. ■ **1** Suppression de la capacité de procréer. **2** Opération qui consiste à détruire les germes microbiens.

stériliser v. tr. [1] ■ **1** Rendre stérile, infécond (sens propre et fig.). **2** Opérer la stérilisation (2) de (qqch.) → **aseptiser, désinfecter, pasteuriser.** ➝ au p. p. *Lait stérilisé.*

stérilité n. f. ■ État, caractère de ce qui est stérile (I et II).

stérique adj. ■ chim. Relatif à la configuration spatiale d'un composé chimique **(→ stéréochimie).**

sterlet n. m. ■ Esturgeon d'une variété de la mer du Nord, de la mer Noire et des fleuves russes.

sterling adj. invar. ■ *Livre sterling.* → ② **livre.**

sternal, ale, aux adj. ■ anat. Qui a rapport au sternum. *Côtes sternales.*

sterne n. f. ■ Petit oiseau marin voisin de la mouette, aussi appelé *hirondelle de mer.*

sterno-cléido-mastoïdien adj. m. et n. m. ■ anat. Se dit d'un muscle qui s'insère sur le sternum, la clavicule et l'apophyse mastoïde.

sternum [-ɔm] n. m. ■ Os du thorax (qui reçoit les côtes).

sternutation n. f. ■ didact. Fait d'éternuer.

sternutatoire adj. ■ didact. Qui provoque des éternuements.

stéroïde n. m. ■ Hormone d'une famille comprenant le cholestérol, les hormones sexuelles, etc. ► **stéroïdien, ienne** adj.

stérol n. m. ■ biochim. Alcool polycyclique de masse moléculaire élevée. *Les stérols sont des stéroïdes.* ► **stérolique** adj.

stertoreux, euse adj. ■ méd. *Respiration stertoreuse* : respiration bruyante accompagnée de ronflement.

stéthoscope n. m. ■ Instrument destiné à l'auscultation.

stetson [stɛtsɔn] n. m. ■ anglic. Chapeau à larges bords relevés.

stévia n. m. ou f. ■ Plante d'Amérique du Sud contenant un glucoside au fort pouvoir sucrant. ➝ Produit extrait de cette plante, utilisé comme édulcorant.

steward [stiwaʀt] n. m. ■ anglic. **1** Maître d'hôtel, sur un paquebot. **2** Membre (homme) du personnel de cabine d'un avion.

stibié, iée adj. ■ pharm. Qui contient de l'antimoine. *Médicament stibié.*

stibine n. f. ■ chim. Sulfure naturel d'antimoine (Sb_2S_3).

stick n. m. ■ anglic. **1** Cravache. **2** Produit en bâtonnet.

sticker [stikœʀ] n. m. ■ anglic., comm. Autocollant apposé sur un produit, un emballage.

stigmate n. m. ■ **I 1** au plur. relig. Marques miraculeuses disposées sur le corps comme les cinq blessures du Christ (► **stigmatisé, ée** adj.). **2** Cicatrice, marque. **3** fig. Marque, signe laid ou honteux. **II 1** zool. Orifice respiratoire des trachées des insectes. **2** bot. Orifice du pistil.

stigmatique adj. ■ opt. Qui présente la qualité de stigmatisme.

stigmatiser v. tr. [1] ■ littér. Dénoncer comme infâme, condamner avec force. ► **stigmatisation** n. f.

stigmatisme n. m. ■ opt. Qualité d'un système optique qui donne une image nette d'un point objet (opposé à *astigmatisme*).

stillation [-il-] n. f. ■ didact. Écoulement d'un liquide qui tombe goutte à goutte. *Formation des stalactites par stillation de l'eau.*

stilligoutte [-il-] n. m. ■ didact. Compte-gouttes.

stilton [-ɔn] n. m. ■ Fromage à pâte persillée, d'origine anglaise.

stimulant, ante adj. ■ **1** Qui augmente l'activité physique ou psychique. ➝ n. m. → **fortifiant, tonique. 2** Qui stimule.

stimulateur, trice ■ **1** adj. littér. Qui stimule. → **stimulant. 2** n. m. *Stimulateur cardiaque* : appareil implanté dans l'organisme, pour assurer le rythme cardiaque (cf. anglic. *pacemaker*).

stimulation n. f. ■ Action de stimuler. ➝ Ce qui stimule.

stimuler v. tr. [1] ■ **1** Augmenter l'énergie, l'activité de (qqn). **2** Augmenter l'activité de (une fonction organique).

stimuline n. f. ■ physiol. Substance capable d'accroître l'activité d'un organe ou d'un tissu.

stimulus [-ys] n. m. ■ didact. Cause capable de provoquer la réaction d'un organisme vivant. *Les stimuli* (ou *les stimulus*) *sensoriels.*

stipe n. m. ■ bot. Tige ligneuse (fougères...).

stipendier v. tr. [7] ■ littér. Corrompre, payer pour une basse besogne. → **soudoyer.**

stipule n. f. ■ bot. Chacun des deux appendices insérés à la base du pétiole (d'une feuille).

stipuler v. tr. [1] ■ **1** dr. Énoncer comme condition (dans un contrat, un acte). **2** Faire savoir expressément. → **préciser.** ► **stipulation** n. f.

stochastique [stɔk-] ▪ didact. **1** adj. Qui se produit par l'effet du hasard. **2** n. f. Calcul de probabilités statistiques.

stock n. m. ▪ **1** Quantité (de marchandises en réserve). *Être en rupture* de stock.* **2** fam. Choses en réserve ; provisions.

stock-car n. m. ▪ anglic. Course où de vieilles voitures font des carambolages.

stocker v. tr. [1] ▪ Mettre, garder (qqch.) en stock, en réserve. ► **stockage** n. m.

stockfisch n. m. invar. ▪ Morue séchée à l'air ; poisson salé et séché.

stock-option n. f. ▪ anglic., écon. Option sur l'achat d'actions, au sein d'une entreprise ; titre ainsi attribué.

stœchiométrie [stek-] n. f. ▪ chim. Étude des proportions suivant lesquelles les corps réagissent ou se combinent entre eux. ► **stœchiométrique** adj.

stoïcisme n. m. ▪ **1** philos. Doctrine des philosophes antiques (appelés *stoïciens*), selon laquelle le bonheur est dans la vertu, la fermeté d'âme. **2** Courage pour supporter la douleur, le malheur.

stoïque adj. et n. ▪ (Personne) qui fait preuve de stoïcisme (2). ► **stoïquement** adv.

stokes [stɔks] n. m. ▪ phys. Ancienne unité CGS. de mesure de la viscosité cinématique (symb. St) équivalant à 10^{-4} mètre carré par seconde.

STOL [stɔl] n. m. (sigle angl., de *short taking-off and landing*) ▪ techn. Avion susceptible de décoller ou d'atterrir sur une distance très courte. recomm. off. *adac* (avion à décollage et à atterrissage courts).

stolon n. m. ▪ bot. Tige rampante qui s'enracine en produisant de nouveaux pieds.

stolonifère adj. ▪ bot. Qui produit des stolons.

stomacal, ale, aux adj. ▪ méd. De l'estomac. → **gastrique.**

stomachique adj. ▪ méd., vieilli Qui facilite la digestion gastrique.

stomate n. m. ▪ bot. Ouverture naturelle sur l'épiderme de la tige ou de la feuille, qui assure des échanges gazeux avec le milieu extérieur (respiration, excrétion). → **pore.**

stomatite n. f. ▪ méd. Inflammation de la muqueuse buccale.

stomat(o)- Élément savant, du grec *stoma, stomatos* «bouche».

stomatologie n. f. ▪ didact. Médecine de la bouche et des dents. ► **stomatologiste** ou **stomatologue** n.

stomie n. f. ▪ Abouchement d'un viscère creux (estomac, côlon, uretère...) à la peau, créé chirurgicalement. ➛ absolt Colostomie.

stomiser v. tr. [1] ▪ Pratiquer une stomie sur (qqn).

stomoxe n. m. ▪ zool. Mouche piqueuse susceptible de transmettre notamment le bacille du charbon, appelée aussi *mouche charbonneuse.*

stop [stɔp] ▪ **I** interj. Commandement ou cri d'arrêt. ♦ Mot séparant les phrases des télégrammes. **II** n. m. **1** Feu arrière d'une automobile, qui s'allume quand on freine. **2** Panneau routier imposant l'arrêt complet. ➛ Au Québec, on emploie *arrêt.* **3** fam. Auto-stop. *Elle est venue en stop.*

① **stopper** v. [1] ▪ **I** v. tr. Arrêter. **II** v. intr. (véhicule...) S'arrêter.

② **stopper** v. tr. [1] ▪ Réparer (une déchirure ; un vêtement déchiré) en refaisant la trame et la chaîne. ► **stoppage** n. m.

① **stoppeur, euse** n. ▪ Personne dont le métier est de stopper les étoffes.

② **stoppeur, euse** n. ▪ Au football, Arrière central chargé de surveiller et d'arrêter l'attaque adverse.

③ **stoppeur, euse** n. ▪ fam. Auto-stoppeur, auto-stoppeuse.

store n. m. ▪ Rideau ou assemblage souple qui s'enroule ou se replie vers le haut.

storiste n. ▪ comm. Fabricant ou commerçant de stores et dispositifs analogues.

story-board [-bɔʀd] n. m. ▪ anglic. Montage de dessins réalisé avant le tournage (d'une séquence) pour visualiser les plans.

stoupa n. m. → **stûpa**

stout [staut] n. f. ▪ Bière brune, amère.

strabique adj. ▪ didact. Relatif au strabisme ; atteint de strabisme.

strabisme n. m. ▪ didact. Défaut de parallélisme des deux axes visuels **(→ loucher).**

stradiot, stradiote → estradiot

stradivarius [-ys] n. m. ▪ Violon, alto ou violoncelle fabriqué par Stradivari.

stramoine n. f. ou **stramonium** [-jɔm] n. m. ▪ bot. Datura appelée aussi *pomme épineuse,* dont les feuilles contiennent plusieurs alcaloïdes toxiques.

strangulation n. f. ▪ didact. Fait d'étrangler (qqn).

strapontin n. m. ▪ Siège d'appoint fixe à abattant.

strass [-s] n. m. ▪ Verre coloré ornemental.

strasse n. f. ▪ techn. Bourre, rebut de soie.

stratagème n. m. ▪ Ruse habile.

strate n. f. ▪ Couche constitutive (d'un terrain → **stratifié,** d'un ensemble), niveau.

stratège n. ▪ **1** n. m. Antiq. grecque Magistrat chargé des questions militaires. **2** Spécialiste en stratégie (opposé à *tacticien*). **3** fig. Personne habile à élaborer des plans, à manœuvrer.

stratégie n. f. ▪ **1** Art de faire évoluer une armée en campagne jusqu'au moment du contact avec l'ennemi (opposé à *tactique*). ◆ Conduite générale de la guerre. **2** fig. *La stratégie d'un parti politique.*

stratégique adj. ▪ **1** (opposé à *tactique*) De la stratégie (1). **2** Relatif à la guerre ; qui présente un intérêt militaire. **3** fig. Qui donne un avantage (contre un adversaire).

stratifié, ée ▪ **1** adj. Disposé en strates. **2** adj. et n. m. (Matériau) constitué de couches (lamelles, fibre...). ► **stratification** n. f.

stratigraphie n. f. ▪ **1** géol. Étude de la stratification des roches sédimentaires et de l'âge des terrains. **2** méd. Tomographie à source fixe. ► **stratigraphique** adj.

stratiome n. m. ▪ zool. Mouche à l'abdomen large et aplati, qui vit parmi les plantes aquatiques.

strato- Élément, du latin *stratum* «chose étendue».

stratocumulus [-ys] n. m. ▪ didact. Couche de nuages minces.

stratopause n. f. ▪ sc. Limite supérieure de la stratosphère.

stratosphère n. f. ▪ Couche de l'atmosphère entre 12 et 50 km d'altitude. ► **stratosphérique** adj.

stratus [-ys] n. m. ▪ didact. Nuage bas formant un voile continu.

streaming [stʀimiŋ] n. m. ▪ anglic. Diffusion en ligne et en continu de données multimédias. *Regarder un film en streaming.*

street art [stʀitaʀt] n. m. ▪ anglic. Mouvement artistique utilisant l'espace public comme champ d'intervention.

strélitzia n. m. ▪ bot. Plante d'Afrique tropicale, aux fleurs ornementales orangées et bleues, appelée aussi *fleur perroquet, perroquet.*

strepto- Élément, du grec *streptos* «tordu».

streptococcie n. f. ▪ méd. Infection par des streptocoques. ► **streptococcique** adj.

streptocoque n. m. ▪ Bactérie en chaînette, cause d'infections.

streptomycine n. f. ▪ Antibiotique utilisé contre la tuberculose.

stress n. m. ▪ anglic. **1** didact. Réaction de l'organisme à une agression. **2** Fait traumatisant. ◆ cour. Situation de tension.

stressant, ante adj. ▪ anglic. Qui provoque un stress, une tension.

stresser v. tr. [1] ▪ anglic. Causer un stress, une tension à (qqn). ▷ p. p. adj. **stressé, ée**

stretch n. m. (nom déposé) ▪ anglic. Tissu rendu élastique dans sa largeur.

stretching n. m. ▪ anglic. Gymnastique douce basée sur des étirements musculaires.

striation n. f. ▪ didact. **1** Disposition par stries parallèles ; ensemble de stries. **2** Opération qui consiste à tracer des stries sur une surface.

strict, stricte [-ikt] adj. ▪ **1** Qui laisse très peu de liberté d'action ou d'interprétation. → **étroit.** *Des principes stricts.* → **sévère. 2** (personnes) Qui ne tolère aucun relâchement. **3** Qui constitue un minimum. *C'est son droit le plus strict.* ◆ *Au sens strict du mot.* → **étroit ; stricto sensu. 4** (choses) Très correct et sans ornements. *Vêtements stricts.* ► **strictement** adv.

striction n. f. ▪ **1** méd. Constriction, resserrement. **2** phys. Resserrement, diminution de section (d'une pièce métallique soumise à une traction, d'un plasma, d'un fluide soumis à des forces électromagnétiques).

stricto sensu [-sɛ̃sy] loc. adv. ▪ didact. Au sens le plus précis, strict (mot, terme).

strident, ente adj. ▪ (bruit, son) Qui est à la fois aigu et intense. ► **stridence** n. f.

stridor n. m. ▪ méd. Bruit strident lors de l'inspiration, parfois provoqué par une obstruction partielle du larynx ou de la trachée.

stridulant, ante adj. ▪ didact. ou littér. Qui produit une stridulation. *Insectes stridulants.*

stridulation n. f. ▪ Bruit modulé de certains insectes (cigales, criquets...).

striduler v. intr. [1] ▪ didact. ou littér. Produire une stridulation. *La cigale stridule.*

striduleux, euse adj. ▪ méd. Qui a un son aigu et sifflant, qui produit un stridor. *Laryngite striduleuse* : faux croup.

strie n. f. ▪ Petit sillon, rayure ou ligne (parmi plusieurs parallèles).

strié, ée adj. ▪ Couvert, marqué de stries. ◆ anat. *Muscles striés,* qui se contractent volontairement (s'oppose à *muscles lisses*).

strier v. tr. [7] ▪ Marquer de stries.

strige n. f. ▪ littér. Esprit nocturne, vampire tenant de la femme et de la chienne. - var. **stryge.**

strigile n. m. ▪ didact. **1** Antiq. Racloir pour nettoyer et frictionner le corps. **2** archéol. Cannelure en forme de S utilisée dans la décoration des sarcophages antiques.

string n. m. ▪ anglic. Cache-sexe tenu par des liens.

strioscopie n. f. ▪ sc. Méthode photographique pour étudier les ondes de choc. ► **strioscopique** adj.

stripage n. m. ▪ phys. nucléaire Réaction nucléaire dans laquelle un nucléon d'un noyau projectile est capté par un noyau cible, les autres étant diffusés. - recomm. off. pour *stripping.*

stripping n. m. ▪ anglic. **1** chir. Méthode d'ablation chirurgicale des varices. équivalents recommandés *éveinage, phlébectomie.* **2** phys. nucléaire → **stripage** (recomm. off.).

strip-tease [stʀiptiz] n. m. ▪ anglic. Spectacle au cours duquel une femme, un homme se déshabille de manière suggestive. ► **strip-teaseur, euse** n.

striure n. f. ▪ Disposition par stries ; manière dont qqch. est strié. → **rayure.**

strobile n. m. ▪ **1** bot. Formation compacte en forme d'épi ou de cône (chez les fougères, les conifères, le houblon, etc.). **2** zool. Ensemble des segments **(→ proglottis)** qui forme le corps du ténia.

strobo- Élément, du grec *strobos* «rotation».

stroboscope n. m. ▪ didact. Instrument faisant apparaître immobile ou lent ce qui est animé d'un mouvement périodique rapide.

stroboscopie n. f. ▪ phys. Méthode d'observation des objets en mouvement à l'aide du stroboscope. ► **stroboscopique** adj.

stroma n. m. ▪ biol. Trame conjonctive d'un tissu. ◆ spécialt, pathol. Tissu conjonctif constituant la charpente d'une tumeur cancéreuse.

strombe n. m. ▪ zool. Mollusque gastéropode tropical de grande taille, dont la coquille porte une large fente.

strombolien, enne adj. ▪ Du Stromboli. ◆ géol. *Volcan du type strombolien,* caractérisé par une lave très fluide et des éruptions violentes avec projection de bombes et de petites pierres.

strongyle n. m. ▪ zool. Long ver cylindrique (nématode) parasite des mammifères. - syn. **strongle.**

strongylose n. f. ▪ vétér. Maladie parasitaire des animaux domestiques, notamment les équidés, due au strongyle.

strontium [-sjɔm] n. m. ▪ chim. Élément (symb. Sr, n° at. 38, masse at. 87,62), métal parfois radioactif.

strophantus [-ys] n. m. ▪ bot. Liane tropicale, dont les graines renferment des glucosides à propriétés cardiotoniques.

strophe n. f. ▪ Ensemble structuré de plusieurs vers.

structural, ale, aux adj. ▪ didact. **1** De la structure. **2** Qui étudie les structures.

structuralisme n. m. ▪ didact. Théorie qui privilégie la structure sur les éléments. ► **structuraliste** adj. et n.

structuration n. f. ▪ didact. Le fait de donner ou d'acquérir une structure. *Structuration de la personnalité.* ◆ inform. *Structuration de données.*

structure n. f. ▪ **1** Disposition visible des parties (d'un bâtiment ; d'une œuvre). **2** Agencement des parties (d'un ensemble). → **constitution.** *La structure de l'atome.* **3** sc. Système complexe formé de phénomènes solidaires, conçu en fonction des relations entre ses parties. *Structures logiques.*

structurel, elle adj. ▪ Des structures (2) (opposé à *conjoncturel*). ► **structurellement** adv.

structurer v. tr. [1] ▪ Donner une structure à. ▷ v. pron. se **structurer** Acquérir une structure. ▷ adj. **structuré, ée**

strudel [ʃtʀudœl] n. m. ▪ Pâtisserie garnie de morceaux de pomme et de raisins secs.

strychnine [stʀik-] n. f. ▪ Poison violent, alcaloïde extrait de la noix vomique.

stryge → **strige**

stuc n. m. ▪ Matériau de plâtre et de colle, qui imite le marbre.

stucage n. m. ▪ techn. Application de stuc ; son résultat.

stucateur, trice n. ▪ techn. Spécialiste qui prépare, applique ou travaille le stuc.

stud-book [stœdbuk] n. m. ▪ anglic. Registre portant les noms, les généalogies, les victoires des pur-sang.

studette n. f. ▪ fam. Petit studio (II).

studieusement adv. ▪ D'une manière studieuse, appliquée et sérieuse. *Réviser studieusement.*

studieux, euse adj. ▪ **1** Qui aime l'étude. **2** (choses) Favorable ou consacré à l'étude.

studio n. m. ▪ **I 1** Atelier de photographe. **2** Locaux de prises de vues (cinéma, télévision), de son (radio). **3** Petite salle de spectacle (cinéma...). **II** Appartement d'une seule pièce principale.

stuka [ʃtuka ; styka] n. m. ▪ hist. Bombardier allemand d'attaque en piqué, en action pendant la Seconde Guerre mondiale.

stûpa [stupa] n. m. ▪ Monument bouddhique commémoratif. - var. **stoupa.**

stupéfaction n. f. ▪ État d'une personne stupéfaite.

stupéfaire v. tr. [60] ; rare sauf 3ᵉ pers. sing. prés. et temps composés ▪ Frapper de stupeur. → **étonner, stupéfier.** «*On l'eût stupéfaite en prononçant le mot*» (Romains).

stupéfait, aite adj. ▪ Frappé de stupeur (2) ; étonné au point d'être sans réactions.

stupéfiant, ante ▪ **I** adj. **1** littér. Qui stupéfie (1). **2** Qui frappe de stupeur (2). **II** n. m. Substance toxique (narcotique, euphorisant...). → **drogue.**

stupéfier v. tr. 7 ■ 1 littér. Engourdir en inhibant les centres nerveux. 2 Frapper de stupéfaction.

stupeur n. f. ■ 1 littér. État d'inertie, d'insensibilité profondes. 2 Étonnement profond. → **stupéfaction.**

stupide adj. ■ 1 littér. Frappé de stupeur. → **hébété.** 2 Dénué d'intelligence. 3 Absurde. *Une obstination stupide.* ▶ **stupidement** adv.

stupidité n. f. ■ 1 Caractère d'une personne, d'une chose stupide. → **bêtise, idiotie.** 2 Action ou parole stupide. → **ânerie.**

stuporeux adj. ■ psych. De la stupeur. *Mélancolie stuporeuse.*

stupre n. m. ■ littér. Débauche. → **luxure.**

stuquer v. tr. 1 ■ Enduire de stuc. ◆ au p. p. *Décoration stuquée.*

① **style** n. m. ■ I 1 Part de l'expression qui n'est pas imposée par la grammaire, la logique ni la norme de la langue. → **écriture, expression.** «*Le style est l'homme même*» (Buffon). ◆ *Un style original. Style familier, soutenu.* → **registre.** 2 Manière esthétique d'écrire. *Auteur qui manque de style.* II Manière de traiter la matière et les formes dans une œuvre d'art. *Le style d'un peintre. Le style Empire.* ♦ (objets) *DE STYLE* loc. adj. : qui appartient à un style ancien défini. III Manière personnelle d'agir, de se comporter, etc. *Style de vie.*

② **style** n. m. ■ didact. 1 Antiq. Poinçon pour écrire. 2 Tige d'un cadran solaire. 3 bot. Partie allongée du pistil entre l'ovaire et les stigmates.

stylé, ée adj. ■ 1 (personnel hôtelier...) Qui accomplit son service dans les formes. 2 Qui a du style, de l'allure.

stylet n. m. ■ 1 Poignard effilé. 2 zool. Pointe qui arme la bouche (insectes).

stylicien, ienne n. ■ Recommandation officielle pour *designer.*

stylique n. f. ■ → **design.**

styliser v. tr. 1 ■ Représenter (un objet) en simplifiant les formes. ◆ au p. p. *Fleurs stylisées.* ▶ **stylisation** n. f.

stylisme n. m. ■ I littér. Souci extrême, souvent exagéré du style, de la forme. II mod. Activité, profession de styliste (2). → **design, esthétique** (industrielle).

styliste n. ■ 1 Artiste remarquable par son style. 2 Spécialiste de la création de modèles (mode, ameublement). → **modéliste.**

stylisticien, ienne n. ■ didact. Spécialiste de la stylistique, de l'étude du style.

stylistique ■ didact. I n. f. Étude du style (I), de ses procédés (→ **rhétorique).** II adj. Relatif au style.

stylite n. m. ■ didact. Solitaire qui vivait au sommet d'une colonne ou d'une tour.

stylo n. m. ■ Porte-plume à réservoir d'encre. ◆ *Stylo à bille* (ou *stylo-bille*).

stylobate n. m. ■ archit. Soubassement continu, orné de moulures, supportant une rangée de colonnes.

stylo-feutre n. m. → **feutre** (2)

styloïde adj. ■ anat. Se dit de certaines apophyses allongées.

stylomine n. m. ■ Portemine.

styrax [-aks] n. m. ■ 1 bot. Petit arbre des régions chaudes dont certaines espèces fournissent des baumes. 2 Baume extrait des arbres du genre liquidambar et styrax, employé en parfumerie et en pharmacie.

styrène n. m. ■ chim. Hydrocarbure benzénique (→ **polystyrène).**

su, sue ■ Participe passé du verbe *savoir.*

au **su de** loc. prép. ■ littér. La chose étant connue de. → au **vu** et au su de.

suage n. m. ■ 1 mar. Humidité qui sort du bois d'un bateau neuf. 2 techn. Eau qui suinte (du bois chauffé, etc.).

suaire n. m. ■ littér. Linceul.

suant, ante adj. ■ 1 Qui transpire. 2 fam. Qui fait suer (I, 3) ; très ennuyeux.

suave adj. ■ littér. D'une douceur délicieuse. ▶ **suavement** adv. ▶ **suavité** n. f.

sub- Élément, du latin *sub* «sous».

subalpin, ine adj. ■ géogr. Qui est situé au pied, en bordure des Alpes.

subalterne ■ 1 adj. Qui occupe un rang inférieur. ♦ *Un rôle subalterne,* secondaire. 2 n. Subordonné.

subaquatique [-kwa-] adj. ■ didact. Qui existe, qui a lieu sous l'eau. → **immergé, sous-marin.**

subarctique adj. ■ Qui est situé ou qui concerne les régions situées immédiatement au sud de l'Arctique.

subatomique adj. ■ phys. Inférieur au niveau atomique. *Particules subatomiques,* situées à l'intérieur de l'atome, et notamment du noyau. → **nucléaire.**

subconscient, ente [-jɑ̃, -ɑ̃t] ■ ≠ *inconscient* 1 adj. Qui n'est pas clairement conscient. 2 n. m. Conscience vague.

subdésertique adj. ■ géogr. Dont les conditions biogéographiques sont voisines de celles du désert. → **semi-aride.** *Climat subdésertique.*

subdiviser v. tr. 1 ■ Diviser (un tout déjà divisé ; une partie d'un tout divisé). ▷ v. pron. se **subdiviser** ▷ p. p. **subdivisé, ée**

subdivision n. f. ■ 1 Fait d'être subdivisé. 2 Partie obtenue en subdivisant.

subduction n. f. ■ géol. Glissement d'une plaque lithosphérique océanique sous une plaque adjacente avançant en sens opposé.

subéquatorial, iale, iaux [-kwa-] adj. ▪ géogr. Qui est proche de l'équateur ; dont les caractères biogéographiques sont proches de ceux de l'équateur. *Climat subéquatorial.*

suber [-ɛʀ] n. m. ▪ bot. Liège.

subéreux, euse adj. ▪ bot. De la nature du liège.

subérine n. f. ▪ biochim. Substance lipidique du liège, provenant d'une transformation de la cellulose.

subintrant, ante adj. ▪ méd. Se dit d'accès (de fièvre, de convulsions) dont l'un commence avant que le précédent ne soit terminé. *Crises épileptiques subintrantes.*

subir v. tr. [2] ▪ **I** (sujet personne) **1** Être l'objet sur lequel s'exerce (une action, un pouvoir). *Subir un interrogatoire.* **2** Se soumettre volontairement à (un traitement, un examen). *Subir une opération.* **3** Supporter. *Il va falloir subir ce raseur.* **II** (sujet chose) Être l'objet de (une action, une modification).

subit, ite adj. ▪ Qui arrive, se produit de façon soudaine. → **brusque, inopiné.** *Mort subite.* ► **subitement** adv.

subito adv. ▪ fam. Subitement.

subjacent, ente adj. ▪ littér. Sous-jacent.

subjectif, ive adj. ▪ **1** philos. Qui concerne le sujet (②, IV, 3) en tant que personne consciente (opposé à *objectif*). *La pensée, phénomène subjectif.* **2** Propre à une personne en particulier. → **personnel. 3** Partial. *Critique subjective.* ► **subjectivement** adv.

subjectivisme n. m. ▪ **1** philos. Théorie qui ramène l'existence à celle du sujet, de la pensée. **2** Attitude subjective (2 et 3). ► **subjectiviste** adj. et n.

subjectivité n. f. ▪ **1** philos. Caractère de ce qui appartient au sujet, à l'individu seul. **2** Attitude subjective (2).

subjonctif n. m. ▪ Mode personnel du verbe, exprimant un écart par rapport au réel et caractérisant des subordonnées.

subjuguer v. tr. [1] ▪ **1** vx Soumettre. **2** Séduire fortement. → **envoûter.**

sublimation n. f. ▪ **I** chim. Passage direct de l'état solide à l'état gazeux. **II** psych. Fait de sublimer (II).

sublime ▪ littér. **I** adj. **1** Qui est très haut, moralement, esthétiquement. *Un dévouement ; une musique sublime.* **2** (personnes) D'un génie ou d'une vertu exceptionnels. **II** n. m. Ce qu'il y a de plus élevé, dans l'ordre moral, esthétique... ► **sublimement** adv.

sublimé n. m. ▪ chim. Produit d'une sublimation (I).

sublimer v. tr. [1] ▪ **I** chim. Opérer la sublimation (I) de (une substance). **II** psych. Transposer (des pulsions) sur un plan supérieur de réalisation (art, action...).

subliminal, ale, aux adj. ▪ psych. Inférieur au seuil de la conscience.

sublingual, ale, aux [-gwal, o] adj. ▪ Sous la langue. *Par voie sublinguale.*

submerger v. tr. [3] ▪ **1** (liquide...) Recouvrir complètement. → **inonder, noyer. 2** fig. Envahir complètement. *La panique le submergea.* ➝ *Être submergé de travail.*

submersible ▪ **1** adj. Qui peut être recouvert d'eau. **2** n. m. Sous-marin.

submersion n. f. ▪ didact. Fait de submerger, d'être submergé.

subodorer v. tr. [1] ▪ Deviner, pressentir.

suborbital, ale, aux adj. ▪ didact. Se dit des caractéristiques d'un véhicule spatial avant la mise en orbite. *Vitesse suborbitale.*

subordination n. f. ▪ **1** Fait d'être soumis (à une autorité). → **dépendance. 2** Fait de subordonner (2) une chose à une autre. **3** (opposé à *coordination*) Construction des propositions subordonnées.

subordonnant, ante adj. et n. m. ▪ gramm. Qui établit un lien de subordination.

subordonné, ée adj. ▪ **1** Soumis à une autorité. ♦ n. Personne placée sous l'autorité d'une autre. → **subalterne. 2** *Proposition subordonnée* et n. f. *subordonnée* : proposition qui est dans une relation de dépendance par rapport à la principale.

subordonner v. tr. [1] ▪ **1** Placer (une personne, un groupe) sous l'autorité de qqn, dans une hiérarchie (surtout passif et p. p.). **2** Soumettre à une condition.

suborner v. tr. [1] ▪ **1** vieilli Détourner du droit chemin. **2** dr. Corrompre (un témoin). ► **subornation** n. f. ► **suborneur, euse** n.

subrécargue n. m. ▪ mar. Agent qui représente les intérêts de l'armateur ou de l'affréteur à bord d'un navire.

subreptice adj. ▪ Fait par surprise, à l'insu de qqn. ► **subrepticement** adv.

subrogé, ée adj. ▪ loc. dr. SUBROGÉ TUTEUR, SUBROGÉE TUTRICE : personne chargée de défendre les intérêts du pupille en cas de conflit avec le tuteur.

subroger v. tr. [3] ▪ dr. Substituer une personne ou une chose à une autre. ► **subrogation** n. f.

subsaharien, ienne adj. ▪ Relatif aux régions situées au sud du Sahara. *L'Afrique subsaharienne.*

subséquemment [sypsekamɑ̃] adv. ▪ didact. ou plais. En conséquence de quoi.

subséquent, ente [-ps-] adj. ■ didact. Qui vient immédiatement après.

subside [-bz- ; -ps-] n. m. ■ Somme versée à titre d'aide, de subvention, etc.

subsidiaire [-bz- ; -ps-] adj. ■ Secondaire, accessoire. ◆ *Question subsidiaire,* destinée à départager les gagnants d'un concours. ► **subsidiairement** adv.

subsidiarité n. f. ■ Qualité, statut de ce qui est subsidiaire. ◆ polit. *Principe de subsidiarité,* selon lequel une autorité centrale ne peut effectuer que les tâches qui ne peuvent pas être réalisées à l'échelon inférieur.

subsidiation n. f. ■ (Belgique) Allocation d'une subvention.

subsidier [-bz- ; -ps-] v. tr. [7] ■ (Belgique) Subventionner.

subsistance [-bz-] n. f. ■ Fait de subsister ; ce qui sert à pourvoir aux besoins matériels essentiels. *Moyens de subsistance.*

subsister [-bz-] v. intr. [1] ■ **1** (sujet chose) Continuer d'exister (malgré les difficultés). **2** (sujet personne) Pourvoir à ses besoins essentiels. → **survivre.**

subsonique [-ps-] adj. ■ Moins rapide que le son (opposé à *supersonique*).

substance n. f. ■ **I 1** philos. Ce qui est permanent (opposé à ce qui change). **2** Ce qu'il y a d'essentiel (dans une pensée, un écrit...). ◆ loc. *EN SUBSTANCE* : pour l'essentiel. **II 1** philos. Ce qui existe par soi-même. → ② **être. 2** Ce dont qqch. est fait (opposé à *forme, accident(s)*...). **3** Matière caractérisée par ses propriétés. *Substances médicamenteuses.*

substantialisme n. m. ■ philos. Doctrine qui admet l'existence d'une substance (I, 1 ou II, 1). ► **substantialiste** adj. et n.

substantialité n. f. ■ philos. Caractère de ce qui est une substance.

substantiel, elle adj. ■ **1** didact. Qui appartient à la chose en soi. **2** Important ; considérable. *Des avantages substantiels.* **3** spécialt Nourrissant.

substantif, ive ■ **1** n. m. Mot désignant en principe une substance (II) et qui peut être le sujet d'un verbe. → **nom. 2** adj. gramm. Du nom. → **nominal.**

substantifique adj. ■ loc. *La SUBSTANTIFIQUE MOELLE* (Rabelais) : la valeur profonde, l'intérêt essentiel (d'une œuvre ; de qqch.).

substantivement adv. ■ Avec valeur de substantif. *Un adjectif pris substantivement.*

substantiver v. tr. [1] ■ gramm. Transformer en substantif. ► **substantivation** n. f.

substituable adj. ■ Qui peut être substitué, remplacé (par autre chose). *Médicaments substituables.*

substituer v. tr. [1] ■ Remplacer par (qqch. du même genre, qqn) pour faire jouer le même rôle. ◆ pronom. *Se substituer à qqn.* ► **substitution** n. f.

substitut, ute n. ■ **1** dr. Magistrat du ministère public (qui en remplace un autre). *Une substitut(e).* **2** n. m. didact. Ce qui tient lieu d'autre chose.

substitutif, ive [sypstitytif, iv] adj. ■ didact. Qui peut remplacer, tenir lieu de (qqch.). ◆ méd. *Traitement substitutif,* qui supplée à une déficience.

substrat n. m. ■ didact. **1** Ce qui sert de support (à une réalité). → **essence,** ② **être, substance. 2** Langue supplantée par une autre mais dont l'influence reste sensible. *Le substrat gaulois en français.*

subsumer v. tr. [1] ■ philos. Penser (un objet individuel) comme compris dans un ensemble.

subterfuge n. m. ■ Moyen habile pour se tirer d'embarras. → **stratagème.**

subtil, ile adj. ■ **I 1** Habile et fin. ♦ (actions, paroles) *Une remarque subtile.* **2** *Odeur subtile,* pénétrante. **II** Difficile à percevoir, à définir. *Nuance subtile.* ► **subtilement** adv.

subtiliser v. [1] ■ **I** v. tr. Dérober avec adresse (qqch.). **II** v. intr. Raffiner à l'extrême. ► **subtilisation** n. f.

subtilité n. f. ■ **1** Caractère d'une personne, d'une chose subtile. → **finesse. 2** Pensée, parole, nuance subtile.

subtropical, ale, aux adj. ■ didact. Situé entre les tropiques. → **intertropical.**

subulé, ée adj. ■ sc. nat. Qui s'effile en pointe.

suburbain, aine adj. ■ Qui entoure une grande ville. *Zone suburbaine.* → **banlieue.**

subvenir v. tr. ind. [22] auxiliaire *avoir* ■ *SUBVENIR À,* fournir en nature, en argent, ce qui est nécessaire. → **pourvoir** à.

subvention n. f. ■ Aide financière accordée par l'État.

subventionner v. tr. [1] ■ Soutenir par une subvention. ◆ p. p. *Théâtre subventionné.*

subversif, ive adj. ■ Qui renverse ou menace l'ordre établi. *Menées subversives.*

subversion n. f. ■ **1** Action subversive. **2** Idéologie subversive.

subvertir v. tr. [2] ■ didact. Bouleverser, renverser (un ordre...) (→ **subversion).**

suc n. m. ■ **1** Liquide extrait des tissus animaux ou végétaux. **2** Liquide de sécrétion. *Le suc gastrique.*

succédané n. m. ■ **1** Médicament, produit qui peut en remplacer un autre. → **ersatz. 2** abstrait Ce qui peut remplacer.

succéder v. 6 ▪ I *SUCCÉDER À* v. tr. ind. **1** Venir après (qqn) de manière à prendre sa charge, sa place (→ **successeur**). **2** (sujet chose) Se produire, venir après. II *SE SUCCÉDER* v. pron. (le p. p. *succédé* reste invar.) Venir l'un après l'autre.

succenturié adj. m. ▪ zool. *Ventricule succenturié* : renflement de l'œsophage des oiseaux.

succès n. m. ▪ **1** Heureux résultat. ◆ *Sans succès* : en vain. **2** Fait, pour qqn, de parvenir à un résultat souhaité. → **réussite.** ◆ Événement heureux. **3** Fait d'obtenir une audience nombreuse et favorable, d'être connu du public. *La pièce a du succès.* ♦ *UN SUCCÈS* : ce qui a du succès. **4** Fait de plaire.

successeur n. ▪ **1** Personne qui succède ou doit succéder (à qqn). **2** dr. Héritier (→ **succession**).

successibilité n. f. ▪ dr. Droit à la succession.

successible adj. ▪ dr. **1** Qui est apte à recueillir une succession. *Descendants successibles.* **2** Qui donne droit à la succession. *Parent au degré successible.*

successif, ive adj. ▪ au plur. Qui se succèdent. ► **successivement** adv.

succession n. f. ▪ I **1** Transmission du patrimoine d'une personne décédée (à des vivants). → **héritage.** **2** Fait de succéder (I, 1) à qqn. II Ensemble de faits, de choses qui se succèdent selon un ordre ; cet ordre. → **enchaînement, série, suite.**

successoral, ale, aux adj. ▪ dr. Relatif aux successions (I).

succin n. m. ▪ didact. Ambre jaune.

succinct, incte [-ɛ̃, -ɛ̃t] adj. ▪ **1** Exprimé en peu de mots. → **concis.** ◆ (personnes) *Soyez succinct.* → **bref.** **2** plais. Peu abondant. *Un repas succinct.* ► **succinctement** [-sɛ̃t-] adv.

succinique adj. ▪ chim. *Acide succinique* ($C_4H_6O_4$) : acide organique qui intervient dans le métabolisme des lipides.

succion [sy(k)sjɔ̃] n. f. ▪ didact. Action de sucer, d'aspirer. *Bruit de succion.*

succomber v. intr. 1 ▪ I **1** Être vaincu dans une lutte. **2** Mourir. II *SUCCOMBER À* : ne pas résister à. *Succomber à la tentation.*

succube n. m. ▪ relig. chrét. Démon femelle. ≠ *incube.*

succulent, ente adj. ▪ Qui a une saveur délicieuse. → **savoureux.** ► **succulence** n. f.

succursale n. f. ▪ Établissement qui dépend d'un siège central. → **annexe, filiale.** ◆ *Magasin à succursales multiples.*

suce n. f. ▪ région., fam. Tétine.

sucer v. tr. 3 ▪ **1** Aspirer, faire fondre (qqch.) avec les lèvres, la langue. *Sucer des pastilles.* **2** Porter à la bouche et aspirer. *Sucer son pouce.* ♦ (érotique) *Sucer qqn* (→ **cunnilinctus, fellation**). **3** (animaux) Aspirer (un liquide nutritif) (→ **suçoir**).

sucette n. f. ▪ **1** Bonbon fixé à un bâtonnet. **2** Petite tétine. **3** région. Suçon.

suceur, euse adj. ▪ (insectes) Qui aspire sa nourriture avec une trompe.

suçoir n. m. ▪ Trompe d'un insecte suceur.

suçon n. m. ▪ Trace sur la peau sucée.

suçoter v. tr. 1 ▪ Sucer longuement et délicatement. ► **suçotement** n. m.

sucrage n. m. ▪ Action de sucrer.

sucrant, ante adj. ▪ (substance) Qui sucre. ◆ *Pouvoir sucrant.*

sucrase n. f. ▪ biochim. Enzyme qui active l'hydrolyse du saccharose en fructose et en glucose. → **invertase, saccharase.**

sucrate n. m. ▪ biochim. Composé d'un sucre avec un oxyde basique.

sucre n. m. ▪ **1** Substance alimentaire (saccharose) de saveur douce, soluble dans l'eau. → **gluc(o)-, sacchar(o)-.** ◆ loc. *Être tout sucre tout miel* : se faire très doux. *Casser du sucre sur le dos de qqn,* en médire. ♦ *Un sucre* : un morceau de sucre. **2** *SUCRE D'ORGE* : bonbon en bâton. **3** chim. Glucide. *Sucres rapides ; lents.*

sucré, ée adj. ▪ **1** Qui a le goût du sucre. ◆ Additionné de sucre. *Café trop sucré.* **2** fig. et péj. Doucereux, mielleux.

sucrer v. tr. 1 ▪ **1** Additionner de sucre (ou d'une matière sucrante) ; rendre sucré. ◆ loc. fam. *Sucrer les fraises* : être agité d'un tremblement. **2** fam. Supprimer, confisquer, prendre. ▷ v. pron. se **sucrer** fam. **1** Se servir en sucre. **2** Faire de gros bénéfices (au détriment des autres).

sucrerie n. f. ▪ **1** Usine où l'on fabrique le sucre. → **raffinerie.** **2** Friandise à base de sucre. → **bonbon, confiserie.**

sucrette n. f. ▪ Pastille édulcorante.

sucrier, ière ▪ **1** adj. Qui produit le sucre. **2** n. m. Récipient pour le sucre.

sucrin adj. m. et n. m. ▪ *Melon sucrin,* très sucré.

sucrine n. f. ▪ Laitue à feuilles épaisses, à la saveur sucrée.

sud [syd] n. m. ▪ **1** Direction, point cardinal à l'opposé du nord. ♦ adj. invar. *Le pôle Sud.* → **antarctique.** **2** Régions de l'hémisphère Sud. ◆ Région sud (d'un pays...). → **Midi.**

sud-africain, aine adj. ▪ De l'Afrique du Sud, spécialt de l'Union sud-africaine. ◆ n. *Les Sud-Africains.* → **afrikaner.**

sud-américain, aine adj. ▪ De l'Amérique du Sud. ◆ n. *Les Sud-Américains.*

sudamina n. m. ▪ méd. Éruption cutanée due à la transpiration.

sudation n. f. ▪ Transpiration (→ **suer**).

sudatoire adj. ▪ méd. Qui s'accompagne de sudation.

sud-coréen, enne adj. ▪ De la Corée du Sud. ➜ n. *Les Sud-Coréens.*

sud-est [sydɛst] n. m. ▪ Direction, espace entre le sud et l'est. ➜ adj. invar. *La région sud-est.*

sudiste n. et adj. ▪ hist. Partisan de l'indépendance des États du Sud et de l'esclavagisme, aux États-Unis (guerre de Sécession).

sudoku [sudoku] n. m. ▪ Jeu de chiffres consistant à compléter une grille de neuf fois neuf cases avec les chiffres de 1 à 9.

sudoral, ale, aux adj. ▪ méd. Relatif à la sueur. *Sécrétion sudorale.*

sudorifère adj. ▪ anat. Qui conduit la sueur.

sudorifique adj. ▪ méd. Qui provoque la sudation.

sudoripare adj. ▪ anat. Qui sécrète la sueur. *Glandes sudoripares.*

sud-ouest [sydwɛst] n. m. ▪ **1** Direction, espace entre le sud et l'ouest. **2** adj. invar. *La région sud-ouest.*

sud-vietnamien, ienne adj. et n. ▪ Du Vietnam du Sud (avant la réunification). ➜ n. *Les Sud-Vietnamiens.*

suède n. m. ▪ Peau utilisée avec le côté chair à l'extérieur. ► **suédé, ée** adj. *Cuir suédé.*

suédine n. f. ▪ Tissu imitant le suède.

suédois, oise adj. et n. ▪ De Suède. *Allumettes suédoises* (de sûreté). ➜ n. *Les Suédois.* ♦ n. m. *Le suédois* (langue germanique).

suée n. f. ▪ fam. Transpiration abondante.

suer v. 1 ▪ **I** v. intr. **1** Produire de la sueur. → **transpirer. 2** fig. Se donner du mal. **3** fam. *FAIRE SUER (qqn)* : fatiguer, embêter (qqn). **4** techn. Dégager de l'humidité. **II** v. tr. **1** Rendre par les pores de la peau. ➜ loc. *Suer sang et eau* : se donner beaucoup de peine. **2** Exhaler. *Ce type sue l'ennui.* → **respirer.**

suet [sɥɛ(t)] n. m. invar. ▪ mar. Sud-est. *Un vent de suet.*

suette n. f. ▪ méd. *Suette (miliaire)* : maladie contagieuse caractérisée par une sudation abondante et une éruption cutanée de petites vésicules blanchâtres.

sueur n. f. ▪ **1** Liquide (eau, sels, acides gras), qui suinte des pores de la peau. → **sudation, transpiration. 2** Fait de suer. ♦ loc. SUEUR FROIDE (avec frissons) ; fig. peur intense (surtout plur.). **3** fig. Le travail, l'effort.

suffire v. tr. ind. 37 ▪ **I** (sujet chose) **1** *SUFFIRE À, POUR* : avoir juste la quantité, la qualité, la force nécessaire à, pour (qqch.). *Cela suffit à mon bonheur.* **2** *SUFFIRE À,* être de nature à contenter (qqn). *Votre parole me suffit.* ♦ absolt *ÇA SUFFIT (comme ça) !* : je suis, nous sommes excédé(s). **3** impers. *IL SUFFIT À* (qqn) *DE* (+ inf.). ➜ *Il suffisait d'y penser.* ♦ avec *que* (+ subj.) *Il suffit que tu viennes.* **II** (sujet personne) *SUFFIRE À* **1** Être capable de satisfaire à (qqch.). *Suffire à ses besoins.* **2** Être pour (qqn) tel qu'il n'ait pas besoin d'un autre. ▷ v. pron. se **suffire** *Se suffire à soi-même.*

suffisamment adv. ▪ En quantité, d'une manière suffisante (I). → **assez.**

suffisance n. f. ▪ **I** vx ou région. Quantité suffisante (à qqn). *Avoir du vin en, à sa suffisance.* **II** littér. Caractère d'une personne suffisante (II).

suffisant, ante adj. ▪ **I** (choses) Qui suffit. ➜ *Je n'ai pas la place suffisante* (→ assez de). **II** (personnes) littér. Prétentieux, vaniteux. ➜ *Un air suffisant.*

suffixal, ale, aux adj. ▪ ling. Relatif au suffixe ; qui constitue ou utilise un suffixe. *Élément suffixal. Dérivation suffixale.*

suffixe n. m. ▪ didact. Élément de formation (affixe) placé après un radical pour former un dérivé. *«-able» est un suffixe.*

suffixer v. tr. 1 ▪ didact. Pourvoir d'un suffixe. ➜ au p. p. *Mot suffixé.* ► **suffixation** n. f.

suffocant, ante adj. ▪ **1** Qui fait suffoquer (II, 1). → **étouffant. 2** fig. Qui indigne.

suffoquer v. 1 ▪ **I** v. tr. **1** (sujet chose) Empêcher (qqn) de respirer. → **étouffer, oppresser. 2** fig. *La colère le suffoquait.* **3** Stupéfier. **II** v. intr. **1** Respirer avec difficulté, perdre le souffle. → **étouffer.** ► **suffocation** n. f. **2** fig. *SUFFOQUER DE. Suffoquer d'indignation.*

suffragant, ante ▪ **1** adj. m. et n. m. relig. Se dit d'un évêque dépendant (de tel archevêque). **2** n. Personne qui a droit de suffrage dans une assemblée, un jury.

suffrage n. m. ▪ **1** Acte par lequel on déclare sa volonté, dans une délibération. → **vote.** *Suffrage universel*.* ♦ → **voix.** *Unanimité des suffrages.* **2** littér. Opinion, avis favorable.

suffragette n. f. ▪ hist. Militante du droit de vote féminin (accordé en 1928 en Grande-Bretagne).

suffusion n. f. ▪ méd. Infiltration de sang dans les tissus. → **épanchement.**

suggérer v. tr. 6 ▪ **1** (sujet personne) Faire penser (qqch.) sans exprimer ni formuler. → **insinuer, sous-entendre.** ➜ *Suggérer à qqn de* (+ inf.). → **conseiller. 2** (sujet chose) Faire naître (une idée...) dans l'esprit. → **évoquer.**

suggestibilité n. f. ▪ didact. Aptitude à être influencé par une suggestion.

suggestible adj. ▪ didact. Qui accepte facilement les suggestions.

suggestif, ive adj. ▪ **1** Qui peut suggérer (2) des idées, des sentiments. **2** Qui suggère des idées érotiques.

suggestion n. f. ▪ **1** Action de suggérer. ♦ Idée, projet proposé. → **conseil, proposition. 2** Fait d'inspirer à qqn une idée, une croyance, etc. sans qu'il en ait conscience (par hypnose...). ► **suggestionner** v. tr. [1]

suicidaire adj. ▪ **1** Du suicide ; qui mène au suicide. **2** Qui a des idées de suicide. – n. *Un, une suicidaire.* **3** fig. Qui mène à l'échec. *Un projet suicidaire.*

suicidant, ante n. ▪ didact. Personne qui a tenté de se suicider.

suicide n. m. ▪ **1** Fait de se donner volontairement la mort (ou de le tenter). **2** Fait de risquer sa vie. **3** appos. *Attentat suicide.* – *Avion-suicide.* → **kamikaze.**

se **suicider** v. pron. [1] ▪ Se tuer par suicide. → se **supprimer.** ▷ adj. et n. **suicidé, ée**

suidés n. m. pl. ▪ zool. Famille de mammifères au corps massif, couvert de soies, au groin fouisseur et aux pattes courtes (ex. le phacochère).

suie n. f. ▪ Noir de fumée mêlé d'impuretés que produisent les combustibles.

suif n. m. ▪ Graisse animale fondue.

suiffer v. tr. [1] ▪ Enduire de suif. – var. **suifer.**

suiffeux, euse adj. ▪ De la nature du suif.

sui generis [sɥiʒeneʀis] loc. adj. invar. ▪ Propre à une espèce, à une chose. → **spécifique.**

suint n. m. ▪ Graisse que sécrète la peau du mouton, et qui se mêle à la laine.

suintement n. m. ▪ **1** Fait de suinter. **2** Liquide, humidité qui suinte.

suinter v. intr. [1] ▪ **1** S'écouler très lentement, sortir goutte à goutte. **2** Produire un liquide qui s'écoule goutte à goutte. ► **suintant, ante** adj.

suisse adj. et n. ▪ **I 1** De la Suisse. → **helvétique.** ♦ n. *Un Suisse ; une Suisse* ou *une Suissesse.* **2** loc. *Manger, boire* EN SUISSE, tout seul ou en cachette. **II** n. m. Employé chargé de la garde d'une église. → **bedeau. III** n. m. (Canada) Petit écureuil rayé.

suite n. f. ▪ **I** (dans des loc.) **1** Situation de ce qui suit. *Prendre la suite de qqn,* lui succéder. – *FAIRE SUITE À :* venir après, suivre. ♦ *À LA SUITE DE,* derrière, après ; à cause de. – *À LA SUITE.* → **successivement. 2** Ordre de ce qui se suit en formant un sens. – *Des mots* SANS SUITE, incohérents. – *Esprit de suite :* constance dans les idées. – loc. *Avoir de la suite dans les idées :* être entêté. **3** *ET AINSI DE SUITE :* en continuant de la même façon. **4** *TOUT DE SUITE :* sans délai, immédiatement après (ou, critiqué : *de suite*). **II** (Ce qui suit, vient après) **1** Personnes qui se déplacent avec un supérieur. *La suite présidentielle.* **2** Ce qui suit qqch. ; ce qui vient après. **3** Temps qui vient après. – *DANS, PAR LA SUITE.* → **depuis, ensuite. 4** Ce qui résulte (de qqch.). → **effet, résultat.** *Un projet sans suite.* – au plur. *Les suites d'une maladie.* → **séquelle.** ♦ *DONNER SUITE À :* poursuivre, continuer à s'occuper de. – admin. *Suite à votre lettre du tant,* en réponse à. – *PAR SUITE (DE) :* à cause, en conséquence (de). **5** Ensemble de choses, de personnes qui se suivent. **6** Composition musicale faite de plusieurs pièces de même tonalité. **7** anglic. Appartement dans un hôtel de luxe. **8** *Suite parentale :* grande chambre intégrant une salle de bains, un dressing.

suitée adj. f. ▪ techn. (femelle) Suivie de ses petits.

① **suivant, ante** adj. ▪ **1** Qui suit, qui vient immédiatement après. ♦ n. *Au suivant !* **2** Qui va être énoncé après. – n. *Mon idée est la suivante :...*

② **suivant** prép. ▪ **1** Conformément à ; en suivant. → **selon ;** d'**après. 2** *Suivant que* loc. conj. (+ indic.) : dans la mesure où, selon que.

suivante n. f. ▪ anciennt Dame de compagnie.

suiveur, euse n. ▪ **1** Personne qui suit (qqn, une course). **2** fig. Personne qui ne fait que suivre (III). → **imitateur.**

suivi, ie ▪ **I** adj. **1** Qui se fait d'une manière continue. **2** Dont les éléments s'enchaînent. *Un raisonnement suivi.* **II** n. m. Surveillance continue.

suivisme n. m. ▪ Attitude de suiveur (2). ► **suiviste** adj. et n.

suivre v. tr. [40] ▪ **I 1** Aller derrière (qqn qui marche, avance). *Suivre qqn de près.* ♦ (sujet chose) Être transporté après (qqn). *Faire suivre son courrier.* **2** Aller derrière pour rattraper, surveiller. → **poursuivre. 3** Aller avec (qqn qui a l'initiative). → **accompagner.** ♦ loc. *Suivre le mouvement :* aller avec les autres. **4** *Suivre des yeux, du regard* (ce qui se déplace). ♦ loc. fig. *Suivez mon regard :* vous voyez tous à qui je fais allusion. **5** Être placé ou considéré après, dans un ordre. – impers. *COMME SUIT :* comme il est dit dans ce qui suit. **6** Venir, se produire après, dans le temps. → **succéder** à. **II 1** Aller dans (une direction, une voie). *Suivre un chemin.* – (sujet chose) *Suivre son cours :* évoluer normalement. **2** Aller le long de. → **longer. 3** fig. Garder (une idée, etc.) avec constance. ♦ S'occuper régulièrement à (qqch.). *Suivre un traitement ; des cours ; un régime.* **III** Se conformer à. *Suivre son penchant.* → s'**abandonner** à. – *Un exemple à suivre.* → **imiter.** – absolt *Il ne fait que suivre* (→ **suiveur).** ♦ *Suivre la règle.* → **obéir** à. *Suivre une méthode.* **IV 1** Rester attentif à. *Suivre la conversation.* **2** Observer dans son cours. *Suivre un match.* ♦ *Suivre qqn,* surveiller, diriger. *Médecin qui suit un malade.* **3** Comprendre dans son déroulement (un raisonnement...). – par ext. *Vous me suivez ?* ▷ v. pron. se **suivre**

① **sujet, ette** ■ **I** adj. Exposé à. *Être sujet au vertige.* ♦ *Sujet à caution**. **II** n. m. **1** Personne soumise à une autorité souveraine. *Le roi et ses sujets.* **2** Ressortissant d'un État.

② **sujet** n. m. ■ **I 1** Ce sur quoi s'exerce (la réflexion). *Des sujets de méditation.* ➛ Ce dont il s'agit. ➛ AU SUJET DE : à propos de. **2** Thème, domaine traité, étudié. *Un bon sujet de roman. Devoir hors (du) sujet.* **3** Ce qui est représenté, dans une œuvre plastique. **II** SUJET DE : ce qui fournit matière, occasion à (un sentiment, une action). → **motif, occasion, raison.** *Un sujet de dispute.* **III** gramm. Terme considéré comme le point de départ de l'énoncé, qui régit le verbe. *Sujet, verbe et complément.* **IV 1** Personne (dans des expr.). ➛ *Mauvais sujet* : personne qui se conduit mal. **2** Être vivant soumis à l'observation. *Sujet d'expérience.* **3** philos. Être pensant, considéré comme le siège de la connaissance (s'oppose à *objet*). → **subjectif.**

sujétion n. f. ■ **1** Situation de sujet (①, II) d'un souverain. **2** littér. Obligation pénible, contrainte.

sulcature n. f. ■ géol. Trace en forme de sillon.

sulciforme adj. ■ didact. Qui a la forme d'un sillon.

sulfamide n. m. ■ pharm. Produit de synthèse, médicament des maladies infectieuses.

sulfatation n. f. ■ techn. Production de sulfate de plomb sur les plaques d'un accumulateur électrique.

sulfate n. m. ■ Sel de l'acide sulfurique.

sulfaté, ée adj. ■ **1** Qui contient un sulfate. **2** Traité au sulfate. *Vignes sulfatées.*

sulfater v. tr. [1] ■ Traiter (un végétal) par le sulfate de cuivre ou de fer. ► **sulfatage** n. m.

sulfateuse n. f. ■ **1** Appareil servant à sulfater. **2** argot Mitraillette.

sulfhydrique adj. ■ chim., vx *Acide sulfhydrique* : hydrogène sulfuré.

sulfinisation n. f. ■ techn. Cémentation (des alliages ferreux) par diffusion superficielle de soufre.

sulfitage n. m. ■ techn. Traitement à l'anhydride sulfureux.

sulfite n. m. ■ chim. Sel de l'acide sulfureux.

sulf(o)- Élément, du latin *sulfur* «soufre».

sulfone n. f. ■ chim. Composé renfermant le groupement SO_2 (nom générique).

sulfoné, ée adj. ■ chim. Qui contient le radical SO_3H.

sulfosel [-s-] n. m. ■ chim. Sel complexe renfermant le groupe SO_4 dans l'anion.

sulfuration n. f. ■ chim. Combinaison d'une substance avec le soufre ; transformation d'un corps en sulfure.

sulfure n. m. ■ Composé du soufre avec un élément (métal, etc.).

sulfuré, ée adj. ■ Combiné avec le soufre.

sulfurer v. tr. [1] ■ Traiter (un végétal) au sulfure de carbone. ► **sulfurage** n. m.

sulfureux, euse adj. ■ **1** Qui contient du soufre. *Anhydride sulfureux* ou *gaz sulfureux*, gaz incolore, suffocant. ➛ *Acide sulfureux* : composé du soufre (H_2SO_3), existant en solution. **2** fig., littér. Qui évoque le démon, l'enfer (→ sentir le soufre*).

sulfurique adj. ■ *Acide sulfurique* : acide dérivé du soufre, corrosif. → **vitriol.**

sulfurisé, ée adj. ■ Traité à l'acide sulfurique. *Papier sulfurisé.*

sulky n. m. ■ anglic. Voiture légère à deux roues, sans caisse. *Des sulkys* ou *sulkies.*

sultan n. m. ■ Souverain de l'Empire ottoman, de pays musulmans. ► **sultanat** n. m.

sultane n. f. ■ Épouse d'un sultan.

sumac n. m. ■ bot. Arbre apparenté au pistachier, au manguier, riche en tanin.

summum [sɔ(m)mɔm] n. m. ■ Le plus haut point, le plus haut degré. → **comble, sommet.**

sumo n. m. ■ **1** Lutte japonaise, pratiquée par des professionnels exceptionnellement grands et corpulents. **2** Lutteur de sumo. - syn. **sumotori** n. m.

sunlight [sœnlajt] n. m. ■ anglic. Projecteur puissant.

sunna n. f. ■ didact. Tradition orthodoxe de la religion islamique. ► **sunnite** adj. et n. (s'oppose à *chiite*).

sunnisme n. m. ■ didact. Doctrine religieuse de sunnites.

① **super** [-ɛʀ] n. m. ■ Supercarburant.

② **super** [-ɛʀ] adj. invar. ■ fam. Supérieur dans son genre ; formidable. → **extra.**

super- Élément (du latin *super* «sur») qui signifie «au-dessus, sur» ou «supérieur». → **hyper-, sur- ; sus-.**

superalliage n. m. ■ techn. Alliage possédant une grande résistance aux pressions et aux températures élevées.

superamas n. m. ■ astron. Amas d'amas galactiques.

① **superbe** n. f. ■ littér. Assurance, attitude orgueilleuse.

② **superbe** adj. ■ **1** vx ou littér. Orgueilleux ; majestueux. **2** D'une beauté, d'une qualité extrême. → **magnifique, splendide.** ► **superbement** adv.

superbénéfice n. m. ■ Bénéfice très élevé. → **superprofit.**

supercalculateur n. m. ▪ Ordinateur d'une très grande puissance de calcul. → **superordinateur.**

supercarburant n. m. ▪ Carburant (essence) de qualité supérieure. → ① **super.**

superchampion, ionne n. ▪ Champion(ne) célèbre qui a obtenu de nombreuses victoires.

supercherie n. f. ▪ Tromperie par substitution du faux à l'authentique. → **fraude.**

superclasse n. f. ▪ sc. nat. Subdivision de la classification des êtres vivants, supérieure à la classe.

supercritique adj. ▪ aéron. Se dit d'une aile d'avion dont le profil permet un vol sonique sans accroissement de la traînée.

supère adj. ▪ bot. *Ovaire supère,* situé au-dessus du point d'insertion des autres parties de la fleur (opposé à *infère*).

supérette n. f. ▪ comm. Petit supermarché.

superfamille n. f. ▪ sc. nat. Subdivision de la classification des animaux, supérieure à la famille.

superfétation n. f. ▪ didact. Production superfétatoire, addition inutile.

superfétatoire adj. ▪ littér. Qui s'ajoute inutilement (à une chose utile). → **superflu.**

superficialité n. f. ▪ didact. Caractère superficiel.

superficie n. f. ▪ **1** Surface ; sa mesure. **2** fig., littér. Aspect superficiel.

superficiel, elle adj. ▪ **1** Propre à la surface. *Plaie superficielle.* **2** fig. Qui n'est ni profond ni essentiel. *Esprit superficiel.* → **futile, léger.** ► **superficiellement** adv.

superfin, ine adj. ▪ Extrêmement fin ; d'une qualité supérieure. → **surfin.**

superflu, ue adj. ▪ **1** Qui n'est pas strictement nécessaire. ➛ n. m. «*Le superflu, chose très nécessaire*» (Voltaire). **2** Qui est en trop. ➛ *Il est superflu d'insister.* ► **superfluité** n. f. littér.

superfluide adj. et n. m. ▪ phys. Se dit de l'hélium à une température extrêmement basse, quand sa viscosité s'abaisse brusquement. ► **superfluidité** n. f.

supergéant, ante ▪ **1** adj. astron. *Étoile supergéante,* d'un type analogue aux géantes, mais beaucoup plus grande. ➛ n. f. *Une supergéante rouge.* **2** n. m. Épreuve de ski plus longue que le slalom géant. - var. **super-G.**

supergrand n. m. ▪ fam. Superpuissance (surtout à propos des États-Unis et de l'U. R. S. S. avant sa disparition).

super-héros n. m. invar. ▪ Personnage fantastique doué de pouvoirs surhumains.

superhétérodyne adj. et n. m. ▪ techn. Se dit d'un récepteur qui transforme les oscillations de haute fréquence en oscillations de moyenne fréquence.

super-huit [sypɛʀɥit] adj. invar. et n. m. invar. ▪ Format de film d'amateur, plus large que le huit millimètres.

supérieur, eure adj. ▪ (opposé à *inférieur*) **I** Qui est plus haut, en haut. *La lèvre supérieure.* **II 1** *Supérieur à :* qui a une valeur plus grande que. ♦ absolt *Qualité supérieure.* **2** *Supérieur à :* plus grand que. *Un nombre supérieur à 10.* **3** Plus avancé dans une évolution. *Les animaux supérieurs :* les vertébrés. **4** Plus élevé dans une hiérarchie. *Cadres supérieurs.* ♦ n. m. Personne placée au-dessus dans la hiérarchie. *En référer à son supérieur.* ♦ n. Religieux, religieuse qui dirige une communauté. **III** Qui témoigne d'un sentiment de supériorité. → **arrogant, dédaigneux.**

supérieurement adv. ▪ D'une manière supérieure (II). ➛ fam. Très.

supériorité n. f. ▪ **1** Fait d'être supérieur (II). → **avantage. 2** Qualité d'une personne supérieure.

superlatif n. m. ▪ **1** Terme qui exprime le degré supérieur d'une qualité. ♦ par ext. Terme exagéré, hyperbolique. *Abuser des superlatifs.* **2** gramm. *Le superlatif :* l'ensemble des procédés grammaticaux qui expriment la qualité au degré le plus élevé. *Superlatif relatif* (ex. le plus, le moindre) ; *absolu* (ex. très).

superléger n. m. ▪ Boxeur de la catégorie de poids entre 60 et 63,5 kg. - var. **super-léger.**

superman [-man] n. m. ▪ anglic., fam. (souvent iron.) Homme supérieur. *Jouer les supermans* ou *les supermen* [-mɛn].

supermarché n. m. ▪ Magasin à grande surface (de 400 à 2 500 m²).

supernova, plur. **supernovæ** [-nɔve] n. f. ▪ astron. Explosion très lumineuse d'une étoile ; cette étoile.

superordinateur n. m. ▪ Ordinateur d'une très grande puissance de calcul. → **supercalculateur.**

superordre n. m. ▪ sc. nat. Subdivision de la classification des êtres vivants, supérieure à l'ordre.

superpétrolier n. m. ▪ Pétrolier de plus de 100 000 tonnes. → **supertanker.**

superphosphate n. m. ▪ Engrais artificiel à base de phosphate de calcium.

superposer v. tr. [1] ▪ Mettre, poser au-dessus, par-dessus ; disposer l'un au-dessus de l'autre. ➛ au p. p. *Lits superposés.* ♦ fig. Mettre en plus ; accumuler. ▷ v. pron. se **superposer** ► **superposable** adj.

superposition n. f. ▪ **1** Action, fait de superposer. **2** Ensemble de choses superposées.

superproduction n. f. ▪ Film, spectacle réalisé à grands frais.

superprofit n. m. ▪ Profit très important. → **superbénéfice.**

superpuissance n. f. ▪ État qui dépasse en importance les autres puissances mondiales.

supersonique adj. ▪ Dont la vitesse est supérieure à celle du son (opposé à *subsonique*).

superstar n. f. ▪ anglic. Vedette, personnalité très célèbre.

superstitieux, euse adj. ▪ Qui a de la superstition. ◆ *Pratiques superstitieuses.* ▶ **superstitieusement** adv.

superstition n. f. ▪ **1** (en religion) Comportement irrationnel vis-à-vis du sacré. **2** cour. Croyance aux présages, aux signes (d'événements bons ou mauvais).

superstructure n. f. ▪ (opposé à *infrastructure*) **1** Partie (d'une construction) au-dessus du sol. **2** (marxisme) Système d'institutions, d'idéologies, dépendant d'une structure économique.

supertanker [-œʀ] n. m. ▪ anglic. Pétrolier de plus de 100 000 tonnes. → **superpétrolier.**

superviser v. tr. 1 ▪ Contrôler (un travail) sans entrer dans les détails. ▶ **superviseur, euse** n. ▶ **supervision** n. f.

superwoman [-wuman] n. f. ▪ anglic., fam. (souvent iron.) Femme supérieure. *Des superwomans* ou *des superwomen* [-mɛn].

supin n. m. ▪ gramm. Forme du verbe latin (substantif verbal).

supinateur n. m. ▪ anat. Chacun des deux muscles de l'avant-bras qui déterminent la supination. ◆ adj. m. *Muscles supinateurs.*

supination n. f. ▪ didact. (opposé à *pronation*) Rotation externe de la main et de l'avant-bras.

supion n. m. ▪ région. Petite seiche. *Supions à l'ail.*

supplanter v. tr. 1 ▪ **1** Prendre la place de (qqn) en l'évinçant. **2** (sujet chose) Éliminer (une chose) en la remplaçant.

suppléant, ante adj. ▪ Qui supplée qqn dans ses fonctions. ◆ n. → **remplaçant.** ▶ **suppléance** n. f.

suppléer v. 1 ▪ **I** v. tr. dir. littér. **1** Mettre à la place de (ce qui manque) ; combler en remplaçant. *Suppléer une lacune.* **2** *Suppléer qqn,* remplir ses fonctions **(→ suppléant).** **II** v. tr. ind. *SUPPLÉER À.* Remédier à en remplaçant, en compensant.

supplément n. m. ▪ **1** Ce qui est ajouté à une chose déjà complète, spécialt à une publication. **2** Somme payée en plus du tarif ordinaire. *Train à supplément.* **3** *EN SUPPLÉMENT :* en plus.

supplémentaire adj. ▪ Qui constitue un supplément. *Heures* (de travail) *supplémentaires,* en plus de l'horaire normal. ▶ **supplémentairement** adv.

supplémentation n. f. ▪ Apport supplémentaire pour pallier une carence. *Supplémentation en vitamines, en minéraux.*

supplémenter v. tr. 1 ▪ **1** Charger (qqn) d'un supplément à payer. ◆ par ext. *Supplémenter un billet.* **2** Enrichir (un aliment). ◆ au p. p. *Lait supplémenté.*

supplétif, ive adj. ▪ (troupes...) Recruté temporairement. ◆ n. m. *Des supplétifs.*

supplétoire adj. ▪ dr. Qui est déféré pour suppléer les preuves insuffisantes. *Serment supplétoire.*

suppliant, ante ▪ **1** adj. Qui supplie. **2** n. Personne qui supplie.

supplication n. f. ▪ Prière instante faite avec soumission.

supplice n. m. ▪ **1** Peine corporelle grave, très douloureuse, mortelle ou non, infligée par la justice **(→ torture).** ◆ *Le dernier supplice :* la peine de mort. ♦ loc. *Le supplice de Tantale :* situation où l'on est proche de l'objet de ses désirs, sans pouvoir l'atteindre. **2** Souffrance très vive (physique ou morale). ◆ *Être, mettre au supplice,* dans une situation très pénible.

supplicier v. tr. 7 ▪ **1** Livrer au supplice. **2** fig., littér. Torturer moralement.

supplier v. tr. 7 ▪ Prier (qqn) avec insistance et humilité, en demandant qqch. comme une grâce. → **implorer ; supplication.**

supplique n. f. ▪ Humble demande. → **requête.**

support n. m. ▪ **1** Ce sur quoi repose ou s'appuie une chose. ◆ Assemblage destiné à recevoir, à supporter un instrument (chevalet, trépied...). **2** Ce qui sert de base (à une image : papier, toile...). ◆ *Support publicitaire.*

supportable adj. ▪ **1** Que l'on peut supporter (s'oppose à *insupportable*). **2** Que l'on peut admettre, accepter.

supporter v. tr. 1 ▪ **I 1** (sujet chose) Recevoir le poids, la poussée de (qqch.) sur soi. → **soutenir.** **2** Avoir (qqch.) à subir. *Supporter les conséquences de ses actes.* **II 1** Subir les effets pénibles de (qqch.) sans faiblir. → **endurer.** **2** Subir de la part d'autrui, sans résistance ni réaction. **3** Admettre (qqn). *Je ne peux pas le supporter.* ◆ (compl. de chose) Admettre. *Il ne supporte pas l'hypocrisie.* **4** Subir sans dommage (une action physique). → **résister** à. *Bien supporter le froid.* **III** anglic. Encourager, soutenir (un sportif, une équipe).

supporteur, trice [sypɔʀtœʀ, tʀis] n. ▪ anglic. Partisan (d'un sportif, d'une équipe) qui manifeste son soutien.

supposé, ée adj. ▪ **1** Considéré comme probable. *L'auteur supposé d'un vol.* → **présumé.** **2** Qui n'est pas authentique. *Sous un nom supposé,* faux.

supposément adv. ▪ (Canada) Prétendument.

supposer v. tr. [1] ▪ **I 1** Poser à titre d'hypothèse. *Supposons le problème résolu.* ➛ (avec *que* et le subj.) *Supposez que ce soit vrai.* → **imaginer.** **2** Croire, considérer comme probable. → **présumer.** *Je suppose que vous étiez là.* **II** (sujet chose) Comporter comme condition nécessaire. → **impliquer.**

supposition n. f. ▪ **I** Action de supposer (I) ; ce que l'on suppose. → **hypothèse. II** dr. Substitution frauduleuse.

suppositoire n. m. ▪ Préparation pharmaceutique de forme conique, que l'on introduit dans l'anus.

suppôt n. m. ▪ littér. Partisan (d'une personne, d'une chose nuisible). ➛ loc. *Suppôt de Satan :* démon.

suppresseur n. m. ▪ biol. Gène capable de supprimer les effets des mutations d'autres gènes.

suppression n. f. ▪ Action de supprimer. ➛ *Suppressions d'emplois.*

supprimer v. tr. [1] ▪ **1** Faire disparaître, faire cesser d'être en défaisant (qqch. qui gêne). ♦ Réduire considérablement. *L'avion supprime les distances.* **2** Faire cesser d'être dans un ensemble. → **ôter, retrancher. 3** Faire disparaître (qqn) en tuant. → **éliminer.** ➛ pronom. Se suicider.

suppurant, ante adj. ▪ Qui suppure. *Plaie suppurante.* → **purulent.**

suppurer v. intr. [1] ▪ Laisser écouler du pus. *La plaie suppure* (→ purulent). ► **suppuration** n. f.

supputer v. tr. [1] ▪ **1** Évaluer indirectement par un calcul. **2** Apprécier (les chances, la probabilité). *Supputer ses chances de réussite.* ► **supputation** n. f.

supra adv. ▪ Sert à renvoyer à un passage qui se trouve avant (→ ci-dessus, plus haut).

supra- Élément, du latin *supra* «au-delà».

supraconductivité n. f. ▪ phys. Phénomène par lequel la résistivité de certains matériaux (*supraconducteurs* n. m.) décroît progressivement jusqu'à une valeur proche de zéro, à mesure que leur température s'abaisse.

supraliminaire adj. ▪ didact. Supérieur au seuil. *Stimulus supraliminaire,* capable d'éveiller une sensation.

supranational, ale, aux adj. ▪ Placé au-dessus des institutions nationales. *Organisme supranational.*

suprasensible [-s-] adj. ▪ didact. Qui n'est pas accessible aux sens ; qui est supérieur à la réalité sensible. → **extrasensible, surnaturel.**

supraterrestre adj. ▪ De l'au-delà. *Le monde supraterrestre.*

suprématie n. f. ▪ **1** Situation politique dominante. → **hégémonie, prééminence. 2** Domination, supériorité intellectuelle, morale. → **ascendant.**

suprématisme n. m. ▪ arts École artistique russe (abstraction géométrique dépouillée).

suprême ▪ **I** adj. **1** Qui est au-dessus de tous, dans son genre. ➛ relig. *L'Être suprême :* Dieu. ♦ Le plus élevé en valeur. **2** Qui est le dernier (avec une idée de solennité ou de tragique). *L'instant, l'heure suprême,* de la mort. **II** n. m. Filets (de poisson, de volaille) servis avec un velouté à la crème *(sauce suprême).*

suprêmement adv. ▪ Au suprême degré ; extrêmement.

① **sur** prép. ▪ **I** (Position «en haut» ou «en dehors») contr. *sous* **1** (surface, chose qui en porte une autre) *Poser un objet sur une table.* ➛ (accumulation) *Les uns sur les autres.* **2** (surface ou chose atteinte) *Appuyer sur un bouton. Tirer sur qqn.* ♦ (en enlevant) *Impôt sur le revenu.* ➛ (proportion) *Un jour sur deux.* **3** (sans contact) Au-dessus de ; plus haut que. **4** (direction) *Sur votre droite.* **II** D'après. **1** *Juger les gens sur la mine.* ♦ Relativement à. *Apprendre qqch. sur qqn.* → à **propos** de. **2** (temporel) Immédiatement après. loc. *Sur le coup.* ➛ *Sur ce*.* ♦ *Être sur le départ,* près de partir. **3** (supériorité) *Prendre l'avantage sur qqn.*

② **sur, sure** adj. ▪ Qui a un goût acide. → **aigrelet.** *Pommes sures.*

sur- Élément tiré de ① *sur* qui signifie «plus haut, au-dessus» et «en excès». → **hyper-, super-, sus-.**

sûr, sûre adj. ▪ **I** (personnes) *SÛR DE* **1** Qui tient pour assuré (un événement). → **certain, convaincu.** *Être sûr du résultat ; de réussir.* ➛ *Être sûr de qqn,* avoir confiance en lui. **2** Qui sait avec certitude. *J'en suis sûr.* **II 1** (choses) Qui ne présente pas de danger (→ **sécurité, sûreté).** *En lieu sûr,* à l'abri. **2** En qui, en quoi l'on peut avoir confiance. *Un ami sûr.* ➛ loc. *À COUP SÛR :* sans risque d'échec. **3** Qui fonctionne, agit avec efficacité et exactitude. **4** Considéré comme vrai ou inéluctable. → **assuré, certain, évident. 5** loc. adv. *BIEN SÛR :* c'est évident. ➛ vx ou pop. *POUR SÛR :* certainement.

surabondance n. f. ▪ Abondance extrême ou excessive. → **pléthore, profusion.**

surabondant, ante adj. ▪ Très ou trop abondant ou nombreux. ► **surabondamment** adv.

surabonder v. intr. [1] ▪ littér. Exister en quantité plus grande qu'il n'est nécessaire.

suractif, ive adj. ▪ Très actif, très efficace. *Nettoyant suractif.* → **surpuissant.**

suractivité n. f. ▪ Activité supérieure à la normale.

surah n. m. ▪ Étoffe de soie croisée, légère et souple.

suraigu, uë [-gy] adj. ▪ (son...) Très aigu.

surajouter v. tr. 1 ▪ Ajouter (qqch. à ce qui est déjà complet), ajouter après coup.

suralimenter v. tr. 1 ▪ **1** Alimenter au-delà de la normale. **2** Fournir à (un moteur) plus de combustible que la normale. ▷ p. p. **suralimenté, ée** ▶ **suralimentation** n. f.

suranné, ée adj. ▪ littér. Qui évoque une époque révolue. → **démodé, obsolète.**

surarbitre n. m. ▪ dr. Arbitre choisi pour trancher, en cas de contestation.

surarmement n. m. ▪ Armement excessif. *La course au surarmement.*

surarmer v. tr. 1 ▪ Armer de manière excessive. ◆ au p. p. *Pays surarmé.*

surate n. f. → **sourate**

surbaissé, ée adj. ▪ **1** archit. *Arc surbaissé*, dont la hauteur est inférieure à la moitié de l'ouverture. – contr. *surhaussé.* **2** *Voiture surbaissée*, très basse.

surbooké, ée adj. ▪ anglic., fam. Surchargé (de rendez-vous...).

surbooking n. m. ▪ anglic. techn. → **surréservation.**

surboum n. f. ▪ vieilli Surprise-partie. → **boum.**

surbrillance n. f. ▪ inform. Marque (contraste lumineux...) appliquée à une zone de l'écran d'un ordinateur.

surcapacité n. f. ▪ écon. Capacité de production supérieure aux besoins.

surcapitalisation n. f. ▪ fin. Cours excessif d'un titre de société par rapport à la valeur économique de celle-ci ; différence entre la valeur boursière des titres et leur valeur réelle.

surcharge n. f. ▪ **I 1** Charge ajoutée ou en excès. **2** Fait de surcharger, d'être surchargé. **3** fig. Excès, surabondance. **II** Mot, inscription qui en recouvre un(e) autre.

surchargé, ée adj. ▪ **1** Qui est trop chargé. ◆ Trop orné. **2** Qui a trop d'occupations, de travail. **3** Qui porte une surcharge (II).

surcharger v. tr. 3 ▪ **I 1** Charger d'un poids qui excède la charge ordinaire ou permise. **2** fig. → **encombrer. 3** Imposer une charge excessive à (qqn). **II** Marquer d'une surcharge (II).

surchauffe n. f. ▪ **1** Fait de chauffer au-delà de la normale. **2** écon. Tension excessive dans l'activité économique.

surchauffer v. tr. 1 ▪ Chauffer à l'excès. ▷ adj. **surchauffé, ée** (fig.) Surexcité, exalté.

surchemise n. f. ▪ Chemise large en tissu épais.

surchoix adj. ▪ Premier choix, qualité supérieure (d'une marchandise). *Viande surchoix.* → ② **extra.** ◆ n. m. *Du surchoix.*

surclasser v. tr. 1 ▪ Avoir une supériorité sur.

surcompensation n. f. ▪ fin. Égalisation du rapport des charges et des recettes de plusieurs caisses.

surcomposé, ée adj. ▪ gramm. Temps composé d'un verbe dont l'auxiliaire est à un temps composé (ex. quand *j'ai eu terminé*).

surcompression n. f. ▪ techn. Augmentation de la compression d'un gaz, spécialt du mélange gazeux d'un moteur à explosion.

surcomprimer v. tr. 1 ▪ techn. Augmenter la compression de (un gaz déjà comprimé). ◆ au p. p. *Moteur surcomprimé.* – On dit abusivt *surcompressé.*

surconsommation n. f. ▪ Consommation excessive.

surcontrer v. tr. 1 ▪ Contrer (l'adversaire) au bridge.

surcostal, ale, aux adj. ▪ anat. Situé sur les côtes. *Muscles surcostaux.*

surcot n. m. ▪ hist. Vêtement porté par-dessus la cotte, au Moyen Âge.

surcouper v. intr. 1 ▪ (aux cartes) Couper avec un atout supérieur (après une coupe).

surcoût n. m. ▪ Coût supplémentaire.

surcroît n. m. ▪ Ce qui vient s'ajouter à ce qu'on a déjà. ◆ littér. *DE SURCROÎT, PAR SURCROÎT* loc. adv. : en plus.

surdent n. f. ▪ rare Dent surnuméraire ou dent qui pousse avant que la précédente ne soit tombée. ◆ vétér. Dent de cheval plus longue que les autres.

surdéterminant, ante adj. ▪ didact. Qui produit une surdétermination ou y concourt.

surdétermination n. f. ▪ **1** psych. Caractère d'une conduite déterminée par plusieurs motivations concourantes. **2** ling. Restriction du sens d'un terme par le contexte.

surdéterminé, ée adj. ▪ psych. Qui fait l'objet d'une surdétermination. *L'hystérie est surdéterminée.*

surdimensionné, ée adj. ▪ Dont les dimensions sont excessives. → **démesuré.**

surdimutité n. f. ▪ État de sourd-muet.

surdité n. f. ▪ Abolition de l'ouïe.

surdos n. m. ▪ techn. Bande de cuir qui sert à retenir les traits, sur le dos d'un cheval.

surdosage n. m. ▪ Dosage excessif (médicaments).

surdose n. f. ▪ Dose excessive, parfois mortelle (d'un stupéfiant, d'un médicament) (→ anglic. overdose).

surdoué, ée adj. et n. ■ Dont l'intelligence évaluée est très supérieure à la moyenne.

sureau n. m. ■ Arbrisseau à baies rouges ou noires, dont la tige peut s'évider.

sureffectif n. m. ■ Effectif trop important.

surélever v. tr. [5] ■ Donner plus de hauteur à. ► **surélévation** n. f.

surelle n. f. ■ région. (Ouest) Oseille.

suremballage n. m. ■ Emballage de protection ou de renfort. ♦ Abus d'emballages. *Le suremballage des jouets.*

sûrement adv. ■ **1** En sûreté. **2** De manière sûre, certaine (→ à coup sûr). **3** adv. de phrase → **certainement.** *On va sûrement le condamner.* **4** De façon très probable.

surémission n. f. ■ fin. Émission excessive de papier-monnaie.

suremploi n. m. ■ écon. Emploi excessif de la main-d'œuvre disponible. – contr. *sous-emploi.*

surenchère n. f. ■ **1** Enchère supérieure à la précédente. **2** Fait de surenchérir (2).

surenchérir v. intr. [2] ■ **1** Faire une surenchère (1). **2** fig. *Surenchérir sur* : proposer, promettre plus que (qqn).

surenchérissement n. m. ■ Fait de surenchérir.

surenchérisseur, euse n. ■ dr. Personne qui fait une surenchère dans une adjudication.

surendettement n. m. ■ Endettement excessif (par rapport aux ressources). ► **surendetté, ée** adj. *Ménage surendetté.*

suréquiper v. tr. [1] ■ Équiper au-delà des besoins. ► **suréquipement** n. m.

surérogation n. f. ■ vx ou littér. Ce que l'on fait au-delà de ce qui est dû ou obligé.

surérogatoire adj. ■ littér. Qui est fait en plus, supplémentaire.

surestarie n. f. ■ mar. Dépassement du temps convenu par contrat **(→ starie)** pour le chargement ou le déchargement d'un navire. – Somme payée à l'armateur en cas de retard.

surestimer v. tr. [1] ■ **1** Estimer au-delà de son prix. **2** Apprécier au-delà de sa valeur. – pronom. *Il se surestime.* ► **surestimation** n. f.

suret, ette adj. ■ Légèrement sur, acide.

sûreté n. f. ■ **I 1** (vieilli, sauf en loc.) Absence de risque, de danger. → **sécurité.** prov. *Prudence est mère de sûreté.* – *EN SÛRETÉ* : à l'abri du danger. **2** Garantie de sécurité. *Atteinte à la sûreté de l'État.* ♦ anciennt *Sûreté nationale, la Sûreté,* direction de la police. **II** Caractère de ce qui est sûr, sans danger ou sans risque d'erreur. **III** dr. Garantie.

surévaluer v. tr. [1] ■ Évaluer au-dessus de sa valeur réelle. ► **surévaluation** n. f.

surexciter v. tr. [1] ■ Exciter à l'extrême ; mettre dans un état d'exaltation, de nervosité extrême. ▷ adj. **surexcité, ée** ► **surexcitation** n. f.

surexploiter v. tr. [1] ■ Exploiter outre mesure. *Surexploiter les ressources de la planète.*

surexposer v. tr. [1] ■ Exposer à la lumière (une pellicule, un film) plus longtemps que la normale. ► **surexposition** n. f.

surf [sœʀf] n. m. ■ anglic. Sport qui consiste à se laisser porter, sur une planche, par une vague déferlante ; cette planche. ♦ *Surf des neiges* (pratiqué sur la neige). → **monoski, snowboard.**

surfaçage n. m. ■ techn. Polissage mécanique (d'une surface) par bandes successives.

surface n. f. ■ **1** Partie extérieure (d'un corps), qui le limite en tous sens ; face apparente. *La surface de l'eau.* – *FAIRE SURFACE.* → **émerger.** fig. *Faire, refaire surface* : se manifester (de nouveau). ♦ fig. Les apparences (opposé à *fond*). **2** Aire, superficie. – *(Magasin à) grande surface* : hypermarché. **3** Figure géométrique à deux dimensions. **4** phys. Limite entre deux milieux physiques différents.

surfacer v. tr. [3] ■ techn. Polir mécaniquement (une surface) en opérant par bandes successives.

surfaceuse n. f. ■ techn. Machine à surfacer.

surfacturer v. tr. [1] ■ Facturer à un prix supérieur au prix réel. – au p. p. *Appel surfacturé.*

surfait, aite adj. ■ Trop apprécié, inférieur à sa réputation.

surfaix n. m. ■ techn. Sangle servant à maintenir une charge sur le dos d'une bête de trait.

surfer [sœʀfe] v. intr. [1] ■ **1** Faire du surf. **2** fig. Passer d'un site Internet à un autre, en cliquant sur les liens hypertextes. → **naviguer.** ► **surfeur, euse** n.

surfil n. m. ■ cout. Action de surfiler. → **surfilage.**

surfilage n. m. ■ Surfil. ♦ techn. Supplément de torsion donné au fil.

surfiler v. tr. [1] ■ Passer un fil sur le bord de (un tissu).

surfin, ine adj. ■ De la qualité la plus fine. → **superfin.** *Chocolats surfins.*

surfondu, ue adj. ■ phys. En surfusion.

surfusion n. f. ■ phys. État d'une substance qui reste liquide au-delà de son point de solidification.

surgeler v. tr. [5] ■ Congeler rapidement et à très basse température (un produit alimentaire). ▷ adj. et n. m. **surgelé, ée** ► **surgélation** n. f.

surgénérateur, trice adj. et n. m. ■ techn. (Réacteur) qui produit plus de matière fissile qu'il n'en consomme.

surgeon n. m. ■ arbor. Rejet qui pousse au pied d'un arbre.

surgeonner v. intr. [1] ■ arbor. Produire des surgeons, des drageons. → **drageonner.**

surgir v. intr. [2] ■ **1** Apparaître brusquement en s'élevant, en sortant (de). **2** abstrait Se manifester brusquement. ► **surgissement** n. m.

surhaussé, ée adj. ■ archit. Dont la hauteur est supérieure à la moitié de la largeur. *Arc surhaussé.* - contr. *surbaissé.*

surhomme n. m. ■ Être humain doté de capacités exceptionnelles.

surhumain, aine adj. ■ Qui apparaît au-dessus des forces humaines normales.

surhumanité n. f. ■ littér. Caractère de ce qui est surhumain.

suricate n. m. ■ Petit mammifère carnivore, voisin de la mangouste.

surimi n. m. ■ Préparation alimentaire (japonaise) à base de chair de poisson.

surimpression n. f. ■ Impression de plusieurs images sur une surface sensible.

surin n. m. ■ argot Couteau, poignard. ► **suriner** v. tr. [1] ► **surineur, euse** n.

se **surinfecter** v. pron. [1] ■ méd. S'infecter par de nouveaux germes pathogènes. *L'angine s'est surinfectée.*

surinfection n. f. ■ Infection supplémentaire, au cours d'une maladie infectieuse.

surintendant n. m. ■ Titre de ministres, sous l'Ancien Régime.

surintensité n. f. ■ électr. Intensité anormalement forte (d'un courant).

surinvestir v. [2] ■ **1** v. intr. fin. Investir à l'excès. **2** v. tr. psych. Trop investir dans (qqch.).

surinvestissement n. m. ■ **1** Investissement supérieur aux besoins. **2** psych. Action de mettre trop d'énergie psychique dans (une activité, un objet). *Surinvestissement affectif.*

surir v. intr. [2] ■ Devenir sur, un peu aigre.

surjaler v. intr. [1] ■ mar. Être engagé sous le jas et faire un tour par-dessus. *La chaîne de l'ancre surjale.*

surjectif, ive adj. ■ math. *Application surjective :* surjection.

surjection n. f. ■ math. Application telle que tout élément de l'ensemble d'arrivée soit l'image d'au moins un élément de l'ensemble de départ.

surjet n. m. ■ Point de couture serré servant à assembler bord à bord. ► **surjeter** v. tr. [4]

surjouer v. tr. [1] ■ Jouer (un rôle au théâtre, au cinéma) avec un excès fâcheux.

sur-le-champ → **champ** (II, 2).

surlendemain n. m. ■ Jour qui suit le lendemain **(→ après-demain).**

surligner v. tr. [1] ■ Marquer (du texte) à l'encre transparente. ► **surlignage** n. m. ► **surligneur** n. m. **(→ marqueur).**

surlonge n. f. ■ Morceau du bœuf, autour des premières vertèbres dorsales.

surloyer n. m. ■ Somme payée en plus du loyer principal par le locataire d'un appartement.

surmédicaliser v. tr. [1] ■ Médicaliser à l'excès. *Surmédicaliser la grossesse.*

surmenage n. m. ■ Fait de (se) surmener ; troubles qui en résultent.

surmener v. tr. [5] ■ Fatiguer à l'excès. ▷ v. pron. se **surmener** ▷ adj. **surmené, ée**

surmoi n. m. ■ psych. L'une des trois instances de la personnalité (selon Freud), agissant sur le moi par interdits.

surmonter v. tr. [1] ■ **1** Être placé, situé au-dessus de. **2** Venir à bout de, vaincre. *Surmonter sa peur.* ► **surmontable** adj.

surmortalité n. f. ■ démogr. Supériorité d'un taux de mortalité par rapport à un autre. *Surmortalité masculine.*

surmoulage n. m. ■ techn. Action de surmouler. ◆ Moulage pris sur un moulage.

surmoule n. m. ■ techn. Moule pris sur un moulage et servant à fabriquer des copies.

surmouler v. tr. [1] ■ techn. En sculpture, Mouler dans un moule obtenu sur un moulage (et non sur le modèle ou l'œuvre originale).

surmulet n. m. ■ Rouget (poisson).

surmulot n. m. ■ Gros rat commun.

surmultiplié, ée adj. ■ *Vitesse surmultipliée,* permettant de donner à l'arbre de transmission une vitesse supérieure à celle du moteur. ► **surmultiplication** n. f.

surnager v. intr. [3] ■ **1** Se soutenir, rester à la surface d'un liquide. → aussi **flotter. 2** fig. Subsister, se maintenir.

surnatalité n. f. ■ démogr. Taux de natalité supérieur à l'accroissement des biens de consommation. *Surnatalité et surpopulation.*

surnaturel, elle adj. ■ **1** relig. D'origine divine. **2** Qui ne s'explique pas par les lois naturelles. → **magique, merveilleux.** ◆ n. m. *Admettre le surnaturel.*

surnom n. m. ■ Nom ajouté ou substitué **(→ sobriquet).**

surnombre n. m. ■ *En surnombre :* en plus de la normale **(→ surnuméraire).**

surnommer v. tr. [1] ■ Désigner par un surnom.

surnuméraire adj. ■ Qui est en surnombre.

suroffre n. f. ■ dr. Offre supérieure à une offre précédente. → **surenchère.**

suroît n. m. ▪ I mar. Vent du sud-ouest. II Chapeau imperméable (de marin).

suros [-o] n. m. ▪ vétér. Tumeur osseuse des membres du cheval. → **exostose.**

suroxyder v. tr. [1] ▪ chim. Oxyder au maximum ; transformer en peroxyde. → **peroxyder.**

surpassement n. m. ▪ littér. Action de (se) surpasser. *Le surpassement de soi.*

surpasser v. tr. [1] ▪ **1** vieilli Dépasser, excéder. **2** Être supérieur à (qqn) sous certains rapports. *Surpasser qqn en habileté.* ▷ v. pron. se **surpasser**

surpayer v. tr. [8] ▪ Payer (qqn) au-dessus du salaire normal ou de ce qu'il mérite. ◆ Acheter trop cher (qqch.).

surpêche n. f. ▪ Pêche intensive compromettant les ressources de la mer.

surpeuplé, ée adj. ▪ Où la population est trop nombreuse.

surpeuplement n. m. ▪ **1** État d'un lieu surpeuplé. **2** Surpopulation.

surpiqûre n. f. ▪ Piqûre apparente, souvent décorative (sur un vêtement, un sac, une chaussure).

surplace n. m. ▪ *Faire du surplace :* ne pas avancer. - var. **sur-place.**

surplis n. m. ▪ Vêtement liturgique, souvent plissé, porté par-dessus la soutane.

surplomb [-plɔ̃] n. m. ▪ Partie (d'un bâtiment...) qui est en saillie. ◆ *En surplomb :* qui présente un surplomb.

surplombement n. m. ▪ Fait de surplomber, d'être en surplomb.

surplomber v. [1] ▪ **1** v. intr. Dépasser par le sommet la ligne de l'aplomb. **2** v. tr. Dominer, faire saillie au-dessus de. ► **surplombant, ante** adj.

surplus n. m. ▪ **1** Ce qui excède la quantité, la somme voulue. → **excédent.** ◆ Stock vendu à bas prix. **2** loc. littér. *Au surplus :* au reste ; en outre.

surpoids n. m. ▪ Poids excessif. *Être en surpoids.*

surpopulation n. f. ▪ Population excessive (par rapport aux ressources).

surprenant, ante adj. ▪ **1** Qui surprend, étonne. **2** Remarquable.

surprendre v. tr. [58] ▪ **1** Prendre sur le fait. *Surprendre un voleur.* **2** Découvrir (ce que qqn cache). **3** Se présenter inopinément à (qqn). *Surprendre qqn chez lui.* **4** (sujet chose) Arriver sans être attendu, prévu. *L'orage nous a surpris.* **5** Étonner, déconcerter ; être inattendu **(→ surprenant).** ▷ v. pron. se **surprendre** *Se surprendre à* (+ inf.) : s'apercevoir soudain en train de.

surpression n. f. ▪ techn. Pression supérieure à la normale.

surprime n. f. ▪ Prime supplémentaire exigée par un assureur en cas de risque aggravé ou pour couvrir un risque nouveau.

surpris, ise → **surprendre**

surprise n. f. ▪ **1** Action ou attaque inopinée (surtout dans *PAR SURPRISE*). **2** État d'une personne surprise ; étonnement dû à ce qui surprend (4 et 5). **3** Ce qui surprend ; chose inattendue. *Bonne, mauvaise surprise.* ◆ appos. *Grève surprise.* **4** Plaisir ou cadeau qui surprend agréablement. *Préparer une surprise à qqn.*

surprise-partie n. f. ▪ vieilli Soirée ou après-midi dansante. *Des surprises-parties.*

surproducteur, trice adj. ▪ Qui produit en excès. *Pays surproducteurs.*

surproduction n. f. ▪ Production excessive. ► **surproduire** v. tr. [38]

surprotecteur, trice adj. ▪ (personnes) Qui protège de manière excessive. *Mère surprotectrice.*

surprotéger v. tr. [6] et [3] ▪ Protéger à l'excès.

surpuissant, ante adj. ▪ Très puissant. *Moteur surpuissant.*

surqualifié, ée adj. ▪ Qui a un niveau de qualification trop élevé par rapport au travail demandé. *Main-d'œuvre surqualifiée.*

surréagir [-RR-] v. intr. [2] ▪ Réagir de manière exagérée.

surréalisme [-RR-] n. m. ▪ Forme d'art utilisant des forces psychiques (automatisme, rêve, inconscient) libérées du contrôle de la raison. ◆ Mouvement littéraire et artistique qui y correspond.

surréaliste [-RR-] adj. ▪ **1** Du surréalisme. ◆ *Peintre surréaliste.* ◆ n. *Les surréalistes.* **2** fam. Étrange, extravagant.

surrection [-(R)R-] n. f. ▪ géol. Soulèvement lent et progressif d'une zone de l'écorce terrestre.

surrégénérateur, trice [-RR-] adj. ▪ techn. → **surgénérateur.**

surrégime [-RR-] n. m. ▪ techn. Régime (d'un moteur) supérieur au régime normal.

surrénal, ale, aux [-(R)R-] adj. ▪ Placé au-dessus du rein. ◆ *Glande surrénale* et n. f. *surrénale,* produisant l'adrénaline. ► **surrénalien, ienne** adj.

surréservation [-RR-] n. f. ▪ Réservation de places (transports, spectacles...) en surnombre, par erreur ou calcul.

sursalaire n. m. ▪ Supplément au salaire normal.

sursaut n. m. ▪ **1** Mouvement involontaire qui fait qu'on se dresse brusquement. ◆ loc. *EN SURSAUT.* **2** *Sursaut de :* regain subit (d'un sentiment).

sursauter v. intr. [1] ▪ Avoir un sursaut. → **tressaillir, tressauter.**

surseoir [-swaʀ] v. tr. ind. [26] (forme en -oi) ▪ *SURSEOIR À* : attendre l'expiration d'un délai pour procéder à (un acte juridique...). → **différer, remettre.**

sursis n. m. ▪ **1** Remise à une date postérieure. ◆ *Sursis (à l'exécution des peines).* **2** Période de répit. → **délai.** ◆ *EN SURSIS.*

sursitaire adj. et n. ▪ (Personne) qui bénéficie d'un sursis.

sursoufflage n. m. ▪ techn. Alimentation forcée en air soufflé (des convertisseurs, lors de l'affinage de l'acier).

surstock n. m. ▪ Stock en excédent par rapport à un quota habituel, à une demande.

surtaux n. m. ▪ Taux excessif.

surtaxe n. f. ▪ Majoration d'une taxe.

surtaxer v. tr. [1] ▪ Taxer à l'excès. ◆ Frapper d'une surtaxe. ◆ au p. p. *Numéros de téléphone surtaxés.*

surtension n. f. ▪ électr. Élévation, supérieure à la normale, de la différence de potentiel appliquée à un appareil. → **survoltage.**

surtoilé, ée adj. ▪ mar. (voilier) Qui a une surface de voilure supérieure à la normale (opposé à *sous-toilé*).

surtondre v. tr. [41] ▪ Couper les extrémités de (la laine, du poil) après le lavage des peaux.

① **surtout** adv. ▪ **1** Avant tout, plus que toute autre chose. ◆ (ordre...) *Surtout ne dites rien !* **2** Plus particulièrement. **3** fam. (critiqué) *SURTOUT QUE* : d'autant plus que.

② **surtout** n. m. ▪ Pièce de vaisselle ou d'orfèvrerie décorative.

survaleur n. f. ▪ didact. Valeur excessive attribuée à une chose.

survaloriser v. tr. [1] ▪ Accorder une valeur excessive à. *Survaloriser la réussite sociale.*

surveillance n. f. ▪ Fait de surveiller ; actes de contrôle suivi.

surveillant, ante n. ▪ **1** Personne qui surveille. → **garde, gardien. 2** Personne chargée de la discipline (école, communauté).

surveiller v. tr. [1] ▪ **1** Observer avec une attention soutenue, en limitant la liberté. ◆ au p. p. *Liberté surveillée* (de délinquants non incarcérés). **2** Suivre avec attention pour contrôler (un processus). → **inspecter. 3** Être attentif à (ce que l'on fait...). *Surveiller sa ligne.*

survenance n. f. ▪ rare ou dr. Fait de survenir. *Survenance d'un sinistre.*

survenir v. intr. [22] ▪ Arriver, venir à l'improviste, brusquement.

survente n. f. ▪ comm. Vente à un prix trop élevé. ◆ Surbooking. *Survente de billets d'avion.*

survenue n. f. ▪ littér. Fait de survenir, d'arriver à l'improviste.

surveste n. f. ▪ Veste large et ample, qui se porte sur une autre.

survêtement n. m. ▪ Vêtement de sport. → **jogging.**

survie n. f. ▪ **1** Vie après la mort (dans les croyances religieuses). **2** Fait de survivre.

survirer v. intr. [1] ▪ autom. Déraper par l'arrière, l'axe du véhicule s'orientant vers l'intérieur du virage (opposé à *sous-virer*). ▶ **survirage** n. m.

survitaminé, ée adj. ▪ Auquel on a incorporé une quantité importante de vitamines. *Boisson survitaminée.* ◆ fig. et fam. Très énergique.

survitrage n. m. ▪ Vitre qui se superpose à une autre par l'intermédiaire d'un châssis, à des fins d'isolation.

survivance n. f. ▪ Ce qui survit, ce qui subsiste (d'une chose disparue). *Une survivance du passé.*

survivant, ante adj. ▪ **1** Qui survit à qqn, à d'autres. **2** Qui survit à une époque, à une société. ◆ (choses) Qui subsiste. **3** Qui a échappé à la mort (là où d'autres sont morts). → **rescapé.** ◆ n. *Il n'y a aucun survivant.*

survivre v. tr. ind. [46] ▪ *SURVIVRE À* **1** Demeurer en vie après la mort de (qqn). *Elle a survécu à ses enfants.* ◆ Vivre encore après (un temps révolu, une chose passée). **2** (sujet chose) Durer plus longtemps que. **3** Échapper à (une mort violente et collective). → **survivant. 4** sans compl. Continuer à vivre, rester en vie. ◆ (sujet chose) → **subsister.** ▷ v. pron. **se survivre** Vivre encore (dans qqn, qqch. ; ou après un événement comparé à une mort). → se **perpétuer.**

survoler v. tr. [1] ▪ **1** (oiseau, avion...) Voler au-dessus de. **2** fig. Examiner rapidement. ▶ **survol** n. m.

survoltage n. m. ▪ électr. Augmentation anormale de la tension. → **surtension.**

survolter v. tr. [1] ▪ **1** Augmenter la tension électrique de (qqch.) au-delà de la valeur normale. **2** Surexciter. ▷ adj. **survolté, ée**

survolteur n. m. ▪ électr. Appareil destiné à survolter le courant.

survolteur-dévolteur n. m. ▪ électr. Transformateur qui augmente ou diminue la tension à volonté.

sus [sy(s)] adv. ▪ **1** vx *Courir sus à l'ennemi,* l'attaquer. **2** *EN SUS (DE),* en plus (de).

sus- [sys] Élément, qui signifie « en haut, sur ».

susceptible adj. ▪ **I** *SUSCEPTIBLE DE* **1** Qui peut présenter (un caractère), recevoir (une impression), subir (une modification). *Texte susceptible de deux interprétations.* **2** (choses, personnes) (+ inf.) Capable de (à l'occasion). **II** Particulièrement sensible dans son amour-propre ; qui se vexe. → **ombrageux.** ► **susceptibilité** n. f.

susciter v. tr. 1 ■ **1** littér. Faire exister, agir (qqch. ; qqn) pour aider ou pour contrecarrer (qqn). *On lui a suscité des ennuis.* **2** Faire naître (un sentiment, une idée...). → **éveiller, provoquer.**

suscription n. f. ■ admin. Adresse d'une lettre.

susdit, dite [sysdi, dit] adj. et n. ■ didact. Dit, mentionné ci-dessus.

sus-dominante n. f. ■ mus. Sixième degré de la gamme diatonique (opposé à *sous-dominante*).

sus-hépatique adj. ■ anat. Qui est situé au-dessus du foie. *Veines sus-hépatiques.*

sushi [suʃi] n. m. ■ Plat japonais, riz assaisonné accompagné de poisson cru.

sus-maxillaire [-il-] adj. et n. m. ■ anat. De la mâchoire supérieure. *L'os sus-maxillaire* ou n. m. *le sus-maxillaire.*

susmentionné, ée adj. ■ admin. Mentionné plus haut. *L'article susmentionné.*

susnommé, ée adj. et n. ■ admin. Nommé plus haut. *Les personnes susnommées.*

suspect, ecte [-ɛ(kt), ɛkt] adj. ■ **1** adj. et n. (Personne) qui est soupçonné ou éveille les soupçons. ♦ *Suspect de* : que l'on peut soupçonner de (→ **suspicion**). **2** (choses) Qui éveille les soupçons, le doute.

suspecter v. tr. 1 ■ Tenir pour suspect (qqn, qqch.). → **soupçonner.**

suspendre v. tr. 41 ■ **I 1** Interrompre (une action) pour quelque temps. *On a suspendu la séance.* **2** Mettre un terme aux activités de, aux effets de. *Suspendre un journal.* **3** Remettre à plus tard, réserver. *Suspendre son jugement.* **II 1** Tenir ou faire tenir de manière à faire pendre. *Suspendre un tableau au mur.* **2** (passif) *Être suspendu à,* très attentif à. *Suspendu aux lèvres de qqn.* ▷ adj. **suspendu, ue 1** *Pont suspendu,* dont le tablier est maintenu par des câbles. ♦ *Véhicule bien, mal suspendu* (→ **suspension**). **2** En hauteur. *Jardins suspendus,* en terrasses.

suspens n. m. ■ **1** loc. adv. *EN SUSPENS* : dans l'indécision ; sans achèvement. *La question reste en suspens.* **2** littér. Incertitude, appréhension (→ **suspense**).

suspense [syspɛns] n. m. ■ anglic. Moment (film, récit...) qui fait naître un sentiment d'attente angoissée.

suspenseur adj. m. ■ anat. Qui soutient. *Ligaments suspenseurs* (du foie, de l'œsophage).

suspensif, ive adj. ■ dr. Qui suspend, interrompt le cours d'une décision de justice. *Appel suspensif.*

suspension n. f. ■ **I** (→ suspendre, I) **1** Interruption ou remise à plus tard. **2** Fait de retirer ses fonctions (à un magistrat, etc.). **3** *Points de suspension* : signe de ponctuation (...) qui marque l'interruption. **II** (→ suspendre, II) **1** Manière dont un objet suspendu est maintenu en équilibre stable. **2** Appui élastique (d'un véhicule) sur ses roues ; pièces (amortisseurs, ressorts...) assurant cette élasticité. **3** chim. (surtout dans *en suspension*) État d'un solide en fines particules divisées dans un liquide ou un gaz. **4** Appareil d'éclairage destiné à être suspendu. → **lustre.**

suspensoir n. m. ■ Bandage, dispositif destiné à soutenir un organe, spécialt le scrotum et les testicules.

suspente n. f. ■ **1** Corde, câble reliant la voilure d'un parachute, d'un parapente au harnais ou la nacelle au filet d'un ballon. **2** techn. Organe reliant les câbles porteurs d'un pont suspendu à la charpente d'un tablier. **3** (Suisse) Boucle permettant de suspendre un vêtement, un torchon. → **bride.**

suspicieux, euse adj. ■ littér. Plein de suspicion. → **soupçonneux.** ► **suspicieusement** adv.

suspicion n. f. ■ littér. Fait de considérer comme suspect. → **défiance, méfiance.**

sustentateur, trice adj. ■ Qui assure la sustentation. *Surfaces sustentatrices d'un avion,* sur lesquelles s'exerce la portance.

sustentation n. f. ■ didact. Fait de (se) soutenir en équilibre.

sustenter v. tr. 1 ■ didact. Soutenir les forces de (qqn) par la nourriture. ▷ v. pron. **se sustenter** plais. Se nourrir.

sus-tonique n. f. ■ mus. Deuxième degré de la gamme diatonique.

susurrer [sys-] v. 1 ■ **1** v. intr. Murmurer doucement. **2** v. tr. Dire en susurrant.

susvisé, ée adj. ■ admin. Visé plus haut.

sûtra → **soutra**

suture n. f. ■ Réunion, à l'aide de fils, de parties de chair coupées. *Points de suture.* ► **sutural, ale, aux** adj.

suturer v. tr. 1 ■ Réunir par une suture. *Suturer les bords d'une plaie.* → **coudre, recoudre.**

suzerain, aine n. ■ hist. Seigneur qui avait concédé un fief à un vassal (système féodal).

suzeraineté n. f. ■ hist. Qualité de suzerain.

svastika ou **swastika** [svastika] n. m. ■ Symbole religieux hindou, croix aux branches coudées (→ croix gammée).

svelte adj. ■ Qui produit par sa forme élancée une impression de légèreté. ► **sveltesse** n. f.

S. V. P. [silvuplɛ ; ɛsvepe] ■ Abréviation de *s'il vous plaît.*

swahili, ie [swaili] n. m. et adj. ▪ Langue bantoue parlée dans l'est de l'Afrique. – var. **souahéli, ie.**

swap n. m. ▪ anglic., fin. Accord de crédit réciproque. – recomm. off. *crédit croisé, échange financier.*

sweater [switœʀ ; swɛ-] n. m. ▪ anglic. Gilet en maille, à manches longues.

sweat-shirt [switʃœʀt ; swɛt-] n. m. ▪ anglic. Pull-over en coton épais, serré à la taille. *Des sweat-shirts.*

sweepstake [swipstɛk] n. m. ▪ anglic. Loterie basée sur une course de chevaux.

① **swing** [swiŋ] n. m. ▪ anglic. **1** boxe Large coup de poing donné vers l'intérieur. **2** golf Mouvement du joueur qui frappe la balle.

② **swing** [swiŋ] n. m. ▪ anglic. **1** Qualité rythmique (fluidité, pulsation...) propre au jazz. **2** Jazz classique (1930-1960).

swinguer [swiŋge] v. intr. 1 ▪ anglic. Jouer avec swing ; avoir du swing.

sybarite n. ▪ littér. Personne qui recherche les plaisirs de la vie. ► **sybaritisme** n. m.

sycomore n. m. ▪ **1** Figuier originaire d'Égypte. **2** Érable (faux platane).

sycophante n. m. ▪ littér. Délateur ; espion.

sycosis [-is] n. m. ▪ méd. Folliculite bactérienne des poils de la barbe et de la moustache, provoquée par un staphylocoque.

syénite n. f. ▪ minér. Roche magmatique grenue, constituée principalement de feldspaths alcalins, de biotite et d'amphibole.

syl- → **syn-**

syllabaire n. m. ▪ **1** Manuel, livre élémentaire de lecture. **2** didact. Signe d'une écriture, correspondant à une syllabe.

syllabe n. f. ▪ Voyelle, consonne ou groupe se prononçant d'une seule émission de voix. ► **syllabique** adj.

syllabus [-ys] n. m. ▪ **1** relig. Liste de propositions émanant de l'autorité ecclésiastique. **2** (Belgique) Support de cours, dans l'enseignement supérieur. → **polycopié.**

syllepse n. f. ▪ gramm. Accord des mots selon le sens (ex. «minuit sonnèrent»).

syllogisme n. m. ▪ Raisonnement déductif rigoureux qui lie des prémisses[A] à une conclusion. ► **syllogistique** adj.

syllogomanie n. f. ▪ didact. Accumulation pathologique d'objets.

sylphe n. m. ▪ Génie aérien des mythologies gauloise, celtique et germanique.

sylphide n. f. ▪ littér. Génie aérien féminin plein de grâce. ◆ *Une taille de sylphide.*

sylvain n. m. ▪ didact. Divinité latine des forêts.

sylvaner → **silvaner**

sylve n. f. ▪ poét. Forêt, bois.

sylvestre adj. ▪ littér. Relatif, propre aux forêts, aux bois. ◆ *Pin sylvestre.*

sylv(i)- Élément, du latin *sylva* «forêt».

sylvicole adj. ▪ **1** didact. Qui vit dans les forêts. **2** techn. Relatif à la sylviculture. → **forestier.**

sylviculture n. f. ▪ Exploitation des arbres forestiers. ► **sylviculteur, trice** n.

sylvinite n. f. ▪ agric. Minerai de potassium formé de chlorure de potassium et de chlorure de sodium, utilisé comme engrais.

sym- → **syn-**

symbiose n. f. ▪ **1** sc. Association biologique, durable et réciproque, entre deux organismes. *Algue et champignon vivant en symbiose* (lichen). **2** littér. Étroite union. → **fusion.** ► **symbiotique** adj.

symbiote adj. et n. m. ▪ sc. (Organisme) qui vit en symbiose.

symbole n. m. ▪ **1** Être, objet ou fait perceptible, qui évoque spontanément (dans une culture) quelque chose d'abstrait ou d'absent. *La colombe, symbole de la paix.* ◆ littér. → **allégorie, image, métaphore. 2** Signe arbitraire. *Symbole algébrique.* **3** Personne qui incarne, représente, évoque (qqch.) de façon exemplaire. → **personnification.**

symbolique ▪ **I** adj. **1** Qui constitue un symbole, repose sur des symboles. **2** Qui est le signe d'autre chose. *L'euro symbolique de dommages et intérêts.* ► **symboliquement** adv. **II** n. f. **1** Système de symboles. **2** Étude, théorie des symboles.

symboliser v. tr. 1 ▪ **1** Représenter par un symbole. **2** (sujet personne ou chose) Être le symbole de (une abstraction). ► **symbolisation** n. f.

symbolisme n. m. ▪ **1** Système de symboles. **2** Mouvement littéraire et artistique (fin du XIXe s.) qui s'efforça de fonder l'art sur une vision symbolique et spirituelle du monde. ► **symboliste** adj. et n.

symétrie n. f. ▪ **1** littér. Régularité et harmonie. **2** Distribution régulière de parties, d'objets semblables de part et d'autre d'un axe ou autour d'un centre.

symétrique adj. ▪ Qui présente une symétrie (2). ► **symétriquement** adv.

sympa adj. ▪ fam. Sympathique.

sympathectomie n. f. ▪ méd. Ablation d'un nerf, d'un ou de plusieurs ganglions du système sympathique.

sympathie n. f. ▪ **I 1** Relations entre personnes qui, ayant des affinités, se conviennent, se plaisent. → **entente. 2** Sentiment chaleureux et spontané qu'une personne éprouve (pour une autre). ◆ *Accueillir un projet avec sympathie.* **3** littér. Fait de ressentir ce qui touche autrui. → **compassion. II** vx Affinité.

sympathique adj. ■ **I 1** Qui inspire la sympathie. → **agréable, aimable.** ♦ (choses) *Un geste sympathique.* **2** fam. Très agréable. *Une soirée sympathique.* **3** Relatif à la sympathie (I, 3). ► **sympathiquement** adv. **II 1** vx Qui est en affinité avec (autre chose). - mod. loc. *Encre* sympathique.* **2** n. m. physiol. *LE SYMPATHIQUE :* le système nerveux périphérique qui commande les mouvements inconscients.

sympathisant, ante n. ■ Personne qui, sans appartenir à un parti, à un groupe, approuve son action.

sympathiser v. intr. [1] ■ **1** S'entendre bien dès la première rencontre. *Ils ont tout de suite sympathisé.* **2** Être en affinité (avec qqn).

sympatrique adj. ■ biol. Se dit d'espèces voisines vivant dans une même aire géographique sans s'hybrider.

symphonie n. f. ■ **1** Composition musicale à plusieurs mouvements (forme sonate), exécutée par un orchestre. **2** fig., littér. *Symphonie de :* ensemble harmonieux de.

symphonique adj. ■ **1** *Poème symphonique :* composition musicale pour orchestre, illustrant un thème. **2** De la symphonie ; de la musique classique pour grand orchestre. *Orchestre symphonique.*

symphoniste n. ■ Compositeur ou exécutant de symphonies.

symphorine n. f. ■ Arbuste buissonnant originaire d'Amérique du Nord, à petites fleurs roses et à baies blanches ou roses.

symphyse n. f. ■ anat. Articulation peu mobile. *La symphyse pubienne.*

symposium [-jɔm] n. m. ■ Congrès scientifique.

symptomatique adj. ■ **1** méd. Qui constitue un symptôme. **2** Qui révèle ou fait prévoir. → **révélateur.**

symptomatologie n. f. ■ méd. Étude des symptômes des maladies. → **sémiologie** (1).

symptôme n. m. ■ **1** Phénomène, caractère perceptible ou observable lié à un état, une maladie dont il est le signe*. → aussi **syndrome ; prodrome.** **2** fig. Signe (d'un état, d'une évolution).

syn- Élément, du grec *sun* «avec». - var. **syl-, sym-.**

synagogue n. f. ■ **1** Temple israélite. **2** didact. La religion juive.

synallagmatique adj. ■ dr. Qui comporte une obligation réciproque entre les parties.

synapse n. f. ■ didact. Région de contact entre deux neurones. ► **synaptique** adj.

synarchie n. f. ■ didact. Gouvernement d'un État par plusieurs personnes.

synarthrose n. f. ■ anat. Articulation fixe qui ne permet pas le mouvement.

synchondrose [-k-] n. f. ■ anat. Synarthrose dans laquelle l'union des pièces osseuses est assurée par du cartilage.

synchrocyclotron [-kʀ-] n. m. ■ phys. Cyclotron dans lequel le synchronisme des corpuscules avec la tension haute fréquence est obtenu par une modulation de fréquence de cette tension.

synchrone [-kʀ-] adj. ■ Qui se produit dans le même temps. → **simultané.**

synchronie [-kʀ-] n. f. ■ **1** ling. Ensemble des faits linguistiques considérés à un moment donné (opposé à *diachronie*). **2** Caractère synchrone. ► **synchronique** adj. ► **synchroniquement** adv.

synchroniser [-kʀ-] v. tr. [1] ■ **1** techn. Rendre synchrones (des phénomènes, des mouvements, des mécanismes) ; spécialt la piste sonore et les images de (un film). → **postsynchroniser.** **2** cour. Faire s'accomplir simultanément (des actions). ▷ adj. **synchronisé, ée** ► **synchronisation** n. f.

synchronisme [-kʀ-] n. m. ■ **1** Caractère de ce qui est synchrone ou synchronisé. **2** (événements) Coïncidence de dates, identité d'époques.

synchrotron [-kʀ-] n. m. ■ phys. Cyclotron dans lequel le champ magnétique varie avec la vitesse des particules.

synclinal n. m. ■ géol. Pli concave vers le haut (opposé à *anticlinal*).

syncope n. f. ■ **I** Perte de connaissance brutale. → **évanouissement.** ► **syncopal, ale, aux** adj. méd. **II** mus. Prolongation sur un temps fort d'un élément accentué d'un temps faible.

syncopé, ée adj. ■ mus. Caractérisé par des syncopes (II). *Rythme syncopé.*

syncoper v. [1] ■ mus. **1** v. tr. Unir (une note) à la suivante en formant une syncope. **2** v. intr. Former une syncope.

syncrétisme n. m. ■ didact. Combinaison de doctrines (religieuses, philosophiques). ► **syncrétique** adj. ► **syncrétiste** adj. et n.

syncristalliser v. intr. [1] ■ chim. Cristalliser ensemble.

syncytium [-tjɔm] n. m. ■ biol. Masse de cytoplasme à plusieurs noyaux.

syndactylie n. f. ■ pathol. Malformation caractérisée par la soudure de deux ou plusieurs doigts ou orteils.

syndic n. m. ■ **1** Mandataire choisi par les copropriétaires d'un immeuble, et chargé de l'administrer. **2** dr. Administrateur provisoire d'une entreprise en faillite.

syndical, ale, aux adj. ■ **1** Relatif à un syndicat (1). *Chambre syndicale.* **2** Relatif à un syndicat (2) de salariés, au syndicalisme.

syndicaliser v. tr. [1] ▪ Donner une conscience syndicale à (un secteur professionnel). ◆ au p. p. *Secteur économique peu syndicalisé.* ▶ **syndicalisation** n. f.

syndicalisme n. m. ▪ Fait social et politique que représentent l'existence et l'action des syndicats de travailleurs salariés.

syndicaliste ▪ **1** adj. et n. Militant d'un syndicat. **2** adj. Du syndicalisme.

syndicat n. m. ▪ **1** Association qui a pour objet la défense d'intérêts communs. ◆ *Syndicat d'initiative* : organisme de développement du tourisme dans une localité. **2** Association de défense d'intérêts professionnels. *Syndicat patronal.* ♦ spécialt Syndicat ouvrier ou de salariés.

syndiqué, ée adj. et n. ▪ (Personne) qui est membre d'un syndicat.

syndiquer v. tr. [1] ▪ Grouper (des personnes), organiser (une profession) en syndicat. ▷ v. pron. se **syndiquer**

syndrome n. m. ▪ méd. Ensemble de symptômes caractérisant un état pathologique.

synecdoque n. f. ▪ didact. Figure de rhétorique qui consiste à prendre le plus pour le moins, la partie pour le tout, etc., ou inversement. → aussi **métonymie.**

synéchie n. f. ▪ pathol. Fusion de deux tissus contigus normalement séparés. *Synéchie utérine.*

synérèse n. f. ▪ phonét. Prononciation de deux voyelles contiguës d'un même mot en une seule syllabe (opposé à *diérèse*). → **contraction.**

synergie n. f. ▪ didact. **1** Action coordonnée d'organes. *Synergie musculaire.* **2** Aide réciproque de plusieurs éléments. ▶ **synergique** adj.

synesthésie n. f. ▪ méd. Trouble de la perception dans lequel une sensation supplémentaire est ressentie dans une autre région du corps que celle qui est perçue normalement.

syngnathe [-gn-] n. m. ▪ zool. Poisson de mer au long corps grêle, au museau allongé, appelé aussi *aiguille de mer.*

synode n. m. ▪ relig. Assemblée d'ecclésiastiques. ▶ **synodique** adj.

synonyme ▪ **1** adj. Se dit de mots ou d'expressions qui ont un sens très voisin. **2** n. m. Mot, expression synonyme (d'un[e] autre). ▶ **synonymie** n. f. ▶ **synonymique** adj.

synopse n. f. ▪ relig. Livre qui présente les Évangiles, en rapprochant les passages relatifs aux mêmes événements. → **synoptique** (2).

synopsie n. f. ▪ méd. Forme de synesthésie appelée aussi *audition colorée* dans laquelle le sujet perçoit un son associé à une couleur déterminée.

synopsis [-is] n. m. ▪ cin. Récit bref qui constitue un schéma de scénario.

synoptique adj. ▪ **1** Qui donne une vue générale. *Tableau synoptique.* **2** relig. *Les Évangiles synoptiques* (Matthieu, Marc, Luc dont les plans sont analogues).

synostose n. f. ▪ anat. Union de deux pièces osseuses à l'origine séparées.

synovie n. f. ▪ Liquide qui lubrifie les articulations mobiles. *Épanchement de synovie* (notamment au genou). ▶ **synovial, ale, aux** adj.

synovite n. f. ▪ méd. Inflammation d'une membrane ou d'une gaine synoviale. *Synovite du genou.*

syntacticien, ienne n. ▪ didact. Spécialiste de la syntaxe.

① **syntactique** adj. → **syntaxique**

② **syntactique** n. f. ▪ didact. Science des combinaisons et de l'ordre ; syntaxe ou syntagmatique logique.

syntagmatique ▪ ling. **1** adj. Du syntagme. **2** n. f. Étude des syntagmes.

syntagme n. m. ▪ ling. Groupe de morphèmes ou de mots formant une unité dans la phrase. *Syntagme nominal, verbal.*

syntaxe n. f. ▪ didact. **1** Étude des règles grammaticales d'une langue ; ces règles. → **grammaire.** **2** Relations entre les unités linguistiques. ▶ **syntaxique** ou **syntactique** adj.

synthèse n. f. ▪ **I 1** Activité mentale permettant d'aller des notions simples aux notions composées (opposé à *analyse*). **2** Vue d'ensemble. **3** Formation d'un tout matériel au moyen d'éléments. ◆ Préparation (d'un composé chimique) à partir d'éléments. *Produit de synthèse.* → **synthétique** (2). ◆ *Images de synthèse,* produites par des moyens informatiques, électroniques... **II 1** Ensemble complexe d'objets de pensée. **2** Notion philosophique qui réalise l'accord de la thèse et de l'antithèse (→ **dialectique).**

synthétase n. f. ▪ biochim. Enzyme qui réalise une synthèse en formant une liaison entre deux molécules.

synthétique adj. ▪ **1** De synthèse. **2** Produit par synthèse chimique (artificielle). **3** (esprit) Apte à la synthèse. ▶ **synthétiquement** adv.

synthétiser v. tr. [1] ▪ Associer, combiner par une synthèse.

synthétiseur n. m. ▪ Instrument de musique électronique à clavier dont le son est produit par une synthèse acoustique.

syntone adj. ▪ psych. (personnes) Dont les sentiments, les tendances sont en harmonie.

syntonie n. f. ▪ phys. État de circuits électriques qui ont des oscillations de même fréquence. *Circuits en syntonie,* accordés sur la même longueur d'onde.

syntonisation n. f. ▪ phys. Accord de deux circuits oscillants. ➛ Réglage de résonance qui assure le rendement maximum.

syntoniser v. tr. [1] ▪ phys. **1** Mettre en syntonie. **2** (Canada) Sélectionner (une fréquence). *Syntoniser une station de radio.*

syntoniseur n. m. ▪ Tuner.

syphiligraphie n. f. ▪ didact. Étude médicale de la syphilis. ► **syphiligraphe** n.

syphilis [-is] n. f. ▪ Maladie vénérienne causée par un tréponème. ► **syphilitique** adj. et n.

syrah n. m. ou f. ▪ Cépage noir, à petits grains, surtout utilisé dans les vins de la vallée du Rhône ; vin de ce cépage.

syriaque n. m. ▪ Langue sémitique ancienne du groupe araméen (Syrie, Palestine, Arabie), langue littéraire et liturgique du IIIe au XIIIe siècle.

syringe n. f. ▪ archéol. Tombe royale de l'Égypte pharaonique, creusée dans le roc en forme de galerie.

syringomyélie n. f. ▪ méd. Maladie chronique de la moelle épinière, caractérisée par la formation d'une cavité allongée près du canal central.

syrinx n. f. ou rare m. ▪ Flûte de Pan.

syrphe n. m. ▪ zool. Insecte diptère, mouche à abdomen jaune et noir, aux antennes courtes et au vol rapide.

syrte n. f. ▪ **1** vx, au plur. Sables mouvants. **2** Région côtière sablonneuse.

systématicien, ienne n. ▪ didact. Spécialiste de la systématique (II, 1). → **taxinomiste.**

systématique ▪ **I** adj. **1** D'un système intellectuel. **2** Qui procède, est organisé avec méthode. ➛ *Un refus systématique,* entêté. **3** Qui pense ou agit selon un système. **II** n. f. didact. **1** Science des classifications des êtres vivants. → **taxinomie. 2** Ensemble (de données, de méthodes) relevant d'un système de pensée. ► **systématiquement** adv.

systématiser v. tr. [1] ▪ Réunir en système. ► **systématisation** n. f.

système n. m. ▪ **I 1** Ensemble abstrait dont les éléments sont coordonnés par une loi, une théorie. *Le système astronomique de Copernic.* ♦ *Le système décimal.* **2** Ensemble de pratiques organisées en fonction d'un but. → **méthode.** *Le système de défense d'un accusé.* ➛ fam. Moyen habile. *Le système D*.* **3** Ensemble de pratiques et d'institutions. → **régime.** ♦ péj. La société sentie comme contraignante. *Il refuse le système.* **4** péj. *Esprit de système :* tendance à faire prévaloir la conformité à un système sur une juste appréciation du réel. **II 1** Ensemble complexe d'éléments de même nature ou fonction. *Le système solaire. Le système nerveux.* ♦ fam. *Le système :* les nerfs. *Il me tape sur le système.* **2** Dispositif ou appareil complexe. *Système d'alarme.*

systémique adj. ▪ didact. Relatif à un système (I, 1 ou II, 1) dans son ensemble.

systole n. f. ▪ physiol. Contraction du cœur. ► **systolique** adj.

systyle n. m. ▪ archit. Ordonnance où les colonnes sont de deux diamètres différents. ➛ adj. *Portique systyle.*

syzygie n. f. ▪ astron. Position de la Lune, d'une planète en conjonction ou en opposition avec le Soleil.

T

t [te] n. m. invar. ■ **1** Vingtième lettre, seizième consonne de l'alphabet. **2** (ajouté entre le verbe et le pronom sujet) *Arrive-t-il, puisse-t-on* (comme *arrivent-ils,* etc.). **3** Forme du T majuscule. *Antenne en T.* → aussi **té.**

① **ta** → ① **ton**

② **Ta** ■ Symbole chimique du tantale.

① **tabac** [-ba] n. m. ■ **1** Plante à larges feuilles, qui contient un alcaloïde, la nicotine. **2** Feuilles de tabac séchées et préparées. ♦ Consommation, habitude du tabac (→ **fumer**). **3** *Bureau de tabac ; tabac* : magasin pour fumeurs.

② **tabac** [-ba] n. m. ■ **1** loc. *PASSER qqn À TABAC* : tabasser. **2** loc. fam. *Faire un tabac,* avoir un grand succès.

tabacologie n. f. ■ méd. Discipline médicale qui étudie le tabac et les effets du tabagisme. ► **tabacologue** n.

tabacomanie n. f. ■ didact. Abus du tabac. → **nicotinisme, tabagisme.**

tabaculteur, trice n. ■ agric. Personne spécialisée dans la culture du tabac. ► **tabaculture** n. f.

tabagie n. f. ■ **1** Endroit mal aéré où il y a beaucoup de fumée de tabac. **2** (Canada) Magasin qui vend du tabac, des boissons, des journaux...

tabagique adj. ■ méd. Relatif au tabagisme. *La dépendance tabagique.*

tabagisme n. m. ■ méd. Habitude de fumer ; intoxication, troubles provoqués par l'usage du tabac.

tabard n. m. ■ Au Moyen Âge, Manteau court et ample porté sur l'armure.

tabasco n. m. (marque déposée) ■ Condiment liquide à base de piment rouge, de vinaigre et d'épices.

tabasser v. tr. [1] ■ fam. Rouer de coups. ► **tabassage** n. m.

tabatière [-tjɛʀ] n. f. ■ **1** Petite boîte pour le tabac à priser. **2** Lucarne à charnière.

tabellaire adj. ■ typogr. *Impression tabellaire,* qui se faisait avec des planches gravées, avant l'invention des caractères mobiles.

tabellion n. m. ■ plais. Notaire.

tabernacle n. m. ■ relig. Petite armoire d'autel qui contient le ciboire.

tabès [-ɛs] n. m. ■ méd. Forme de syphilis touchant la moelle épinière, caractérisée par une incoordination des mouvements et de violentes douleurs. → aussi **paralysie** (générale). - var. **tabes.** ► **tabétique** adj. et n.

tabla n. m. ■ Instrument indien à percussion, petites timbales.

tablar n. m. ■ (Suisse) **1** Étagère. **2** Terrasse, parcelle (de vigne) soutenue par un mur. - var. **tablard.**

tablature n. f. ■ Figuration graphique des sons musicaux propres à un instrument.

table n. f. ■ **I** Meuble sur pied(s) à partie supérieure plane. **1** spécialt Meuble sur lequel on mange. - *DE TABLE* : qui sert au repas. - loc. *Se mettre à table* (fig., fam. avouer). ♦ La nourriture. *Les plaisirs de la table.* ♦ Personnes à table. → **tablée. 2** (Autres usages). *Table à dessin.* - *Table à repasser.* - *Table de jeu.* loc. *Jouer cartes sur table,* ne rien dissimuler. **3** *Table ronde,* autour de laquelle peuvent s'asseoir plusieurs personnes (sans hiérarchie). - Réunion pour discuter d'un problème. ♦ *Tour de table* : prise de parole successive. **4** Table à tiroirs, tablettes, etc. *Table de chevet.* **5** *Table d'orientation* : surface plane sur laquelle sont figurées les directions, la topographie. **6** loc. *La sainte table,* l'autel. **II 1** *Table (d'harmonie),* partie d'un instrument de musique, sur laquelle les cordes sont tendues. **2** Tableau. *Table d'écoute**. **3** Tableau, support d'écriture. - loc. *Faire table rase* : écarter, rejeter ce qui était admis. ♦ *Les tables de la Loi* (remises par Dieu à Moïse) : les commandements de Dieu. ♦ Présentation méthodique. *Table des matières* : dans un livre, énumération des chapitres. ♦ Recueil d'informations, de données. → **tableau** (III). *Tables de multiplication.*

tableau n. m. ■ **I 1** Peinture sur un support rigide autonome. **2** *Tableau vivant* : groupe de personnages immobiles. **3** Image, scène réelle. *Un tableau touchant.* **4** *Tableau de chasse* : ensemble des animaux abattus ; fig. ensemble de succès. **5** Description ou évocation imagée, par le langage. → **récit.** **6** Subdivision d'un acte, au théâtre. **II 1** Panneau destiné à recevoir une inscription, une annonce. *Tableau d'affichage.* **2** *Tableau (noir)* : panneau sur lequel on écrit à la craie, dans une classe. *Tableau blanc interactif (TBI)* : écran relié à un ordinateur. ◆ *Au tableau* : en interrogation. **3** Support plat de présentation. ♦ *Tableau de bord* (d'un avion, d'une voiture) : panneau des instruments de bord. **III** (Ce qui est écrit sur un tableau) **1** Liste par ordre (de personnes). ◆ *Tableau d'honneur* : liste des plus méritants. **2** Série ordonnée de données, de renseignements. → **table ; tableur.**

tableautin n. m. ▪ Petit tableau (I, 1).

tablée n. f. ▪ Personnes qui prennent ensemble un repas. → **table** (I, 1).

tabler v. intr. [1] ▪ *Tabler sur* (qqch., qqn) : baser une estimation sur. → **compter** sur.

tabletier, ière [-tje, jɛʀ] n. ▪ Personne qui fabrique ou vend de la tabletterie.

tablettage n. m. ▪ (Canada) fam. Fait de tabletter (qqn), de le mettre à l'écart.

tablette n. f. ▪ **1** anciennt Petite surface plane à inscriptions. ◆ loc. *Noter qqch. sur ses tablettes,* en prendre note. **2** Petite planche horizontale. ♦ Plaque servant de support, d'ornement. *Tablette de lavabo.* **3** Produit alimentaire présenté en petites plaques. *Tablette de chocolat.* **4** Ordinateur sans fil à écran tactile, adapté au livre* électronique.

tabletter v. tr. [1] ▪ (Canada) fam. **1** Mettre (qqn) à l'écart, sur la touche. **2** Mettre (qqch.) de côté (cf. mettre aux oubliettes, au placard).

tabletterie n. f. ▪ **1** Fabrication, commerce d'objets plats en bois précieux, ivoire, os (échiquiers, damiers, tablettes). **2** Ces objets.

tableur n. m. ▪ Logiciel pour la création de tableaux (III, 2).

tablier n. m. ▪ **I 1** Plate-forme horizontale (d'un pont). **2** Plaque de protection. *Le tablier d'une cheminée.* **II** Pièce d'étoffe qui protège le devant du corps. ◆ loc. fig. *Rendre son tablier,* démissionner.

tabloïd n. m. ▪ anglic. Quotidien ou périodique de petit format.

tabou, e n. m. et adj. ▪ **1** didact. Interdiction religieuse appliquée à ce qui est considéré comme impur ou interdit (sacré). ◆ adj. Exclu de l'usage commun. **2** Ce sur quoi on fait silence, par crainte, pudeur. *Les tabous sexuels.* ◆ adj. *Sujets tabous.*

tabouer v. tr. [1] ▪ didact. Rendre tabou.

taboulé n. m. ▪ Plat (libanais) de semoule de blé crue, menthe, persil, assaisonné.

tabouret n. m. ▪ Siège sans bras ni dossier, à pied(s). *Tabouret pliant.* → **pliant.**

tabulaire adj. ▪ didact. **1** Disposé en tables, en tableaux (III, 2). **2** En forme de table.

tabulateur n. m. ▪ Dispositif pour aligner des signes en colonnes, en tableaux.

tabulation n. f. ▪ inform. Caractère remplaçant plusieurs espaces. *Touche de tabulation.*

tabulatrice n. f. ▪ Machine à trier des informations, utilisant les cartes perforées.

tabun [tabun] n. m. ▪ chim. Gaz de combat (arme chimique), très dangereux.

tac n. m. ▪ loc. *Répondre, riposter* DU TAC AU TAC, riposter immédiatement.

tacaud n. m. ▪ Poisson de petite taille, commun dans l'Atlantique.

tacca n. m. ▪ bot. Plante tropicale à grandes feuilles découpées, dont les tubercules fournissent une fécule comestible.

tacet [tasɛt] n. m. ▪ mus. Silence d'un instrument, d'une voix, pendant une partie d'un morceau.

tache n. f. ▪ **I 1** Petite étendue de couleur, d'aspect différent (d'un fond). **2** *Taches solaires,* zones sombres à la surface du Soleil. **II 1** Surface salie ; la substance qui salit. *Tache d'encre.* **2** loc. *Faire tache* : rompre une harmonie. **3** fig. Souillure morale. *Une réputation sans tache.*

tâche n. f. ▪ **1** Travail qu'on doit exécuter. ◆ loc. *À LA TÂCHE,* payé selon l'ouvrage. **2** Conduite commandée. → **mission, rôle.**

tachéomètre [-k-] n. m. ▪ techn. Instrument dérivé du théodolite, permettant de lever rapidement un plan nivelé. ► **tachéométrie** n. f.

tacher v. tr. [1] ▪ Salir en faisant des taches (II). ▷ v. pron. **se tacher 1** Faire des taches sur ses vêtements. **2** (sujet chose) Se salir. ▷ p. p. **taché, ée**

tâcher v. [1] ▪ **1** v. tr. ind. *TÂCHER DE* (+ inf.) : faire des efforts pour. → s'**efforcer, essayer.** **2** v. tr. dir. *TÂCHER QUE* (+ subj.) : faire en sorte que.

tâcheron, onne n. ▪ Personne qui travaille beaucoup, mais sans initiative.

tacheter v. tr. [4] ▪ Couvrir de petites taches (I). ▷ adj. **tacheté, ée** *Animal tacheté.*

tacheture n. f. ▪ Ensemble des marques de ce qui est tacheté ; aspect tacheté.

tachine [-k-] n. f. ou m. ▪ zool. Grosse mouche, qui vit sur les fleurs et dont les larves sont parasites des chenilles.

tachisme n. m. ▪ Peinture par taches de couleur juxtaposées. ► **tachiste** adj. et n.

tachy- [taki] Élément savant, du grec *takhus* «rapide».

tachyarythmie n. f. ▪ méd. Accélération et irrégularité des battements du cœur.

tachycardie n. f. ▪ Accélération du rythme des battements du cœur.

tachygenèse n. f. ▪ biol. Accélération du développement de l'embryon chez certains crustacés et insectes. ► **tachygénétique** adj.

tachygraphe n. m. ▪ techn. Appareil enregistreur de vitesse (pour les véhicules automobiles...).

tachyphagie n. f. ▪ méd. Action de manger trop vite.

tachyphémie n. f. ▪ didact. Trouble de la parole caractérisé par l'accélération du débit.

tachyphylaxie n. f. ▪ méd. Immunisation rapide contre l'action d'une dose mortelle de poison, par inoculation préalable d'une dose non mortelle du même poison.

tacite adj. ▪ Non exprimé entre plusieurs personnes. → **implicite.** ► **tacitement** adv.

taciturne adj. ▪ Qui parle peu, reste silencieux. ► **taciturnité** n. f. littér.

tacle n. m. ▪ anglic. (football) Action de prendre le contrôle du ballon, dans les pieds de l'adversaire. ♦ fig. Prise de contrôle subite, aux dépens de qqn. ► **tacler** v. tr. [1]

taco n. m. ▪ Crêpe (tortilla) de maïs farcie, roulée et frite.

tacon n. m. ▪ Jeune saumon qui n'est pas encore descendu à la mer.

taconeos [-s] n. m. pl. ▪ didact. Martèlement rythmé des talons, dans le flamenco.

tacot n. m. ▪ fam. Vieille voiture (bruyante).

tact [takt] n. m. ▪ **1** physiol. Sens du toucher. **2** fig. Réserve, respect d'autrui dans les relations humaines. → **délicatesse, doigté.**

tactile adj. ▪ **1** Qui concerne les sensations du tact, du toucher. → didact. **haptique.** ◆ (animaux) *Poils tactiles,* qui servent au toucher. **2** *Écran tactile,* fonctionnant par contact du doigt.

tactique ▪ **I** n. f. **1** Art de combiner tous les moyens militaires au combat ; exécution des plans de la stratégie*. **2** Moyens coordonnés. *Tactique parlementaire.* **II** adj. Relatif à la tactique. *Armes tactiques* (opposé à *stratégique*), à moyenne portée. ◆ *Habileté tactique.* ► **tacticien, ienne** n. et adj.

tactiquement adv. ▪ Du point de vue de la tactique.

tadelakt n. m. ▪ Enduit coloré imperméable, fait de chaux polie, traditionnel dans le Sud marocain.

tadorne n. m. ▪ Grand canard sauvage, migrateur, à bec rouge.

tædium vitæ [tedjɔmvite] n. m. ▪ pathol. État permanent de lassitude, manque d'appétence, sans cause observable, chez des sujets lucides menant une vie sociale et professionnelle considérée comme normale. → **mélancolie, spleen.**

taekwondo [tekwɔ̃do] n. m. ▪ Sport de combat d'origine coréenne, sans arme.

taf n. m. ▪ fam. Métier ; travail.

taffe n. f. ▪ fam. Bouffée de cigarette.

taffetas n. m. ▪ Tissu de soie uni.

tafia n. m. ▪ ancienn Alcool tiré des mélasses de canne à sucre.

tag [tag] n. m. ▪ anglic. Graffiti formant une signature d'intention décorative. ► **taguer** v. tr. [1] ► **tagueur, euse** n.

tagal, als n. m. ▪ **1** ling. Langue malayo-polynésienne, parlée par les Tagals (Philippines). → **tagalog. 2** Fibre végétale tirée de certains palmiers.

tagalog [-ɔg] n. m. ▪ ling. Langue malayo-polynésienne, parlée par les Tagals (Philippines). → **tagal.**

tagète n. m. ▪ bot. Plante ornementale, appelée communément *œillet, rose d'Inde,* à fleurs orangées ou jaunes.

tagine → **tajine**

tagliatelle [taljatɛl] n. f. ▪ souvent plur. Pâte alimentaire en forme de mince lanière.

taïaut [tajo] interj. ▪ (chasse à courre) Cri pour signaler la bête.

taï chi n. m. ▪ Gymnastique chinoise consistant en un enchaînement lent de mouvements. - syn. **taï-chi-chuan** [tajʃiʃwan].

taie n. f. ▪ **1** Enveloppe de tissu (d'un oreiller). **2** anat. Tache opaque de la cornée.

taïga n. f. ▪ Forêt de conifères qui borde la toundra (Russie septentrionale).

taïkonaute n. ▪ Occupant d'un vaisseau spatial chinois. → **spationaute.**

taillable adj. ▪ hist. Soumis à l'impôt de la taille. *Taillable et corvéable à merci* (fig. exploitable à volonté).

taillader v. tr. [1] ▪ Couper en plusieurs endroits. → **entailler.**

taillage n. m. ▪ techn. Découpage de la terre à briques en tranches minces. ◆ Usinage spécial (de certaines pièces métalliques).

taillandier, ière n. ▪ techn. Personne qui fabrique les outils et fers tranchants utilisés par les cultivateurs et certains artisans. ◆ appos. *Ouvrier taillandier.* ► **taillanderie** n. f.

① **taille** n. f. ▪ **1** Opération qui consiste à tailler qqch. ; forme qu'on donne à une chose en la taillant. ◆ loc. *PIERRE DE TAILLE.* **2** Tranchant de l'épée, du sabre. *Frapper d'estoc* et de taille.*

② **taille** n. f. ▪ hist. Redevance payée au seigneur féodal (→ **taillable).**

③ **taille** n. f. ▪ **I 1** Hauteur du corps, debout et droit. → **stature. 2** loc. *À LA TAILLE DE, DE LA TAILLE DE :* en rapport avec. ◆ *ÊTRE DE TAILLE À* (+ inf.) : avoir les qualités nécessaires pour. → **capable** de. **3** Conformation (du corps) par rapport aux vêtements. **4** Grosseur ou grandeur. → **dimension, format.** – fam. *DE TAILLE* : très important. ‖ Partie resserrée du tronc entre les côtes et les hanches. *Avoir la taille fine.* – *S'enfoncer jusqu'à la taille.* ♦ Partie correspondante du vêtement.

taillé, ée adj. ▪ **1** Fait, bâti (corps humain). *Ce garçon est taillé en athlète.* **2** fig. *Être taillé pour* : être fait pour, apte à. **3** Coupé. *Haie taillée.* – *Cheveux taillés en brosse.*

taille-crayon n. m. ▪ Instrument pour tailler les crayons. *Des taille-crayons.*

taille-douce n. f. ▪ **1** Gravure en creux. **2** Gravure sur cuivre. *Des tailles-douces.*

taille-haie n. m. ▪ Cisaille électrique pour tailler les haies. *Des taille-haies.*

tailler v. [1] ▪ **I** v. tr. **1** Couper, travailler (une matière, un objet) avec un instrument tranchant, de manière à donner une forme. *Tailler un arbre,* ses branches. **2** Confectionner, obtenir (une chose) en découpant. – *Tailler un vêtement* (→ **tailleur**). ♦ fig. *Se tailler un beau succès,* l'obtenir. ‖ *SE TAILLER* v. pron. fam. Partir en hâte, s'enfuir.

taillerie n. f. ▪ Atelier où l'on taille des pierres précieuses ou semi-précieuses. *Taillerie de diamants.* – Industrie, art de la taille de ces pierres.

tailleur, euse n. ▪ **I 1** Personne qui fait des vêtements sur mesure pour hommes. ♦ loc. *S'asseoir en tailleur,* les jambes repliées et croisées, genoux écartés. **2** n. m. Costume de femme (veste et jupe ou pantalon de même tissu). ‖ Personne qui taille, qui façonne (qqch.) par la taille. *Tailleur de pierre.*

taillis n. m. ▪ Partie d'un bois où il n'y a que des arbres de faible dimension.

tailloir n. m. ▪ archit. Partie supérieure d'un chapiteau, tablette carrée ou polygonale sur laquelle repose la retombée des voûtes. → **abaque.**

taillole n. f. ▪ région. (Provence) Ceinture de laine enroulée autour de la taille.

tain n. m. ▪ Amalgame métallique (étain, mercure) appliqué derrière un miroir.

taire v. tr. [54] sauf *il tait* et p. p. fém. *tue* ▪ Ne pas dire ; ne pas exprimer (qqch.). → **cacher, celer.** *Taire ses raisons.* ▷ v. pron. **se taire 1** Rester sans parler, s'abstenir de s'exprimer. – *Savoir se taire,* être discret. **2** Cesser de parler (ou de crier, de pleurer). ♦ (ellipse de *se*) *FAIRE TAIRE qqn* : forcer à se taire. – fig. *Faire taire l'opposition.* **3** (sujet chose) Ne plus se faire entendre.

taiseux, euse n. et adj. ▪ (Personne) qui, par nature, ne parle guère. → **taciturne.**

tajine n. m. ▪ Ragoût (de mouton...) cuit à l'étouffée (cuisine marocaine). *Tajine d'agneau.* – Plat en terre au couvercle conique, pour cuire ce ragoût. – var. **tagine.**

talc n. m. ▪ Silicate naturel de magnésium. – Poudre de cette substance.

talé, ée adj. ▪ (fruit) Meurtri.

① **talent** n. m. ▪ Antiq. **1** Poids de 20 à 27 kg, dans la Grèce antique. **2** Monnaie de compte (un talent d'argent).

② **talent** n. m. ▪ **1** Aptitude particulière, dans une activité. → **capacité, don. 2** *LE TALENT* : aptitude remarquable dans le domaine intellectuel ou artistique. **3** Personne qui a du talent. *Jeunes talents.*

talentueux, euse adj. ▪ Qui a du talent. ▶ **talentueusement** adv.

taleth [talɛt] n. m. ▪ relig. Châle pourvu de franges, dont les juifs se couvrent les épaules pour prier.

taliban, ane n. ▪ Membre d'un mouvement islamiste armé extrémiste, en Afghanistan.

talion n. m. ▪ hist. Châtiment qui inflige au coupable le mal qu'il a fait subir. – *La loi du talion* (œil pour œil, dent pour dent).

talisman n. m. ▪ Objet portant des signes, et auquel on attribue des pouvoirs magiques. → **amulette.** ▶ **talismanique** adj.

talitre n. m. ▪ zool. Petit crustacé sauteur qui vit au bord des plages, appelé couramment *puce de sable, de mer.*

talkie-walkie [tokiwoki] n. m. ▪ anglic. Petit poste émetteur-récepteur de radio, portatif. *Des talkies-walkies.*

talk-show [tokʃo] n. m. ▪ anglic. Émission de télévision présentant des conversations entre un animateur et des invités.

tallage n. m. ▪ agric. **1** Ensemble des talles. *Le tallage d'une variété de blé.* **2** Production des talles.

talle n. f. ▪ bot. Tige adventice au collet d'une plante. → **rejeton.**

taller v. intr. [1] ▪ agric. Émettre des tiges secondaires à la base de sa tige. *Plus le blé talle, plus il produit.*

tallipot n. m. ▪ bot. Palmier à larges feuilles en éventail, qui pousse dans le sud de l'Inde et au Sri Lanka.

Talmud [-yd] n. m. ▪ Enseignements des grands rabbins. ▶ **talmudique** adj.

talmudiste n. m. ▪ didact. **1** Auteur, compilateur du Talmud. **2** Érudit spécialiste du Talmud.

talochage n. m. ▪ techn. Fait d'enduire (de plâtre, de mortier...) à la taloche.

① **taloche** n. f. ▪ fam. Gifle.

② **taloche** n. f. ▪ techn. Planche munie d'une poignée, qui sert à étendre un enduit (plâtre, mortier...).

① **talocher** v. tr. [1] ▪ fam. et vieilli Donner une taloche à (qqn). → **gifler.**

② **talocher** v. tr. [1] ▪ techn. Lisser à la taloche.

talon n. m. ▪ **I 1** Partie postérieure du pied humain, qui touche le sol pendant la marche. ➝ *Talon d'Achille,* point vulnérable. ♦ *Marcher, être* SUR LES TALONS *de qqn,* le suivre de tout près. → **talonner.** ➝ *Tourner les talons,* partir. **2** Partie (d'un bas, d'une chaussette, etc.) qui enveloppe le talon. **3** Pièce qui rehausse l'arrière d'une chaussure. *Talons hauts ; plats.* **II 1** Reste, dernier morceau (d'un jambon...). **2** Ce qui reste d'un jeu de cartes après distribution. **3** Partie non détachable d'un carnet à souches.

talonnade n. f. ▪ (au football) Geste consistant à frapper la balle en arrière, avec le talon.

talonner v. tr. [1] ▪ **1** Suivre ou poursuivre de très près. ♦ fig. Harceler. ➝ (sujet chose) *La peur le talonnait.* **2** Frapper du talon. **3** rugby *Talonner (la balle),* lors d'une mêlée, repousser le ballon vers son camp d'un coup de talon. ▶ **talonnage** n. m. ▶ **talonneur, euse** n.

talonnette n. f. ▪ **1** Lame de liège placée sous le talon à l'intérieur de la chaussure. **2** Ruban cousu au bas des jambes d'un pantalon pour en éviter l'usure.

talonnière n. f. ▪ **1** didact. Aile que le dieu Mercure porte à chaque talon. **2** méd. Étrier de contention d'une table d'opération.

talquer v. tr. [1] ▪ Enduire, saupoudrer de talc. ▷ p. p. **talqué, ée**

talure n. f. ▪ région. Meurtrissure d'un fruit talé.

talus n. m. ▪ Terrain en pente très inclinée, aménagé par des travaux de terrassement. ♦ Ouvrage de fortifications.

talweg [talvɛg] n. m. ▪ géogr. Ligne de plus grande pente d'une vallée. - var. **thalweg.**

tamandua n. m. ▪ zool. Mammifère édenté voisin du tamanoir, arboricole et insectivore, qui vit en Amérique du Sud. → **fourmilier.**

tamanoir n. m. ▪ Mammifère édenté, appelé aussi *grand fourmilier,* à la langue effilée et visqueuse qui lui sert à capturer les fourmis.

① **tamarin** n. m. ▪ Fruit du tamarinier, utilisé notamment comme laxatif.

② **tamarin** n. m. ▪ zool. Singe de petite taille qui vit en Amérique du Sud.

tamarinier n. m. ▪ Grand arbre exotique à fleurs en grappes, qui donne le tamarin.

tamaris [-is] ou **tamarix** [-iks] n. m. ▪ Arbrisseau décoratif, à petites feuilles, à fleurs roses en épi.

tambouille n. f. ▪ fam. Cuisine (généralement médiocre). ➝ *Faire la tambouille.*

tambour n. m. ▪ **I 1** Instrument à percussion, formé de deux peaux tendues sur un cadre cylindrique (→ **caisse).** ➝ Bruit du tambour. ♦ loc. *Sans tambour ni trompette,* sans attirer l'attention. **2** Personne qui bat le tambour. **3** par ext. Instrument à percussion à membrane tendue. → **tambourin, tam-tam ; caisse.** ➝ *Tambour de basque.* → **tambourin. II 1** Petite entrée à double porte, servant à isoler l'intérieur d'un édifice. ♦ Tourniquet formé de quatre portes vitrées, en croix. **2** Métier circulaire pour broder. **3** Cylindre (d'un treuil, d'une machine). **4** *Tambour de frein,* cylindre dans lequel frottent les segments.

tambourin n. m. ▪ **1** Tambour* (I, 3) de basque. **2** Tambour haut et étroit, à une seule baguette.

tambourinaire n. m. ▪ Joueur de tambourin (2).

tambouriner v. [1] ▪ **I** v. intr. Faire un bruit de roulement, de batterie. ➝ par analogie *La grêle tambourine contre le toit.* **II** v. tr. Jouer (un rythme) sur un tambour. ▶ **tambourinage** et **tambourinement** n. m.

tambourineur, euse n. ▪ **1** Personne qui joue du tambourin. → **tambourinaire. 2** Joueur de tambour, de tam-tam, etc., en Afrique et en Asie.

tambour-major n. ▪ Sous-officier qui dirige une formation musicale militaire.

tamia n. m. ▪ Écureuil d'Amérique du Nord et de Russie, au pelage rayé. → **suisse.**

tamier n. m. ▪ bot. Plante grimpante, aux baies rouges et aux feuilles cordées.

tamis n. m. ▪ **1** Instrument qui sert à passer et à séparer les éléments d'un mélange. → **crible, sas ; chinois, passoire. 2** Partie cordée d'une raquette de tennis.

tamiser v. tr. [1] ▪ **1** Trier, passer au tamis. **2** Laisser passer (la lumière) en partie. ➝ au p. p. *Lumière tamisée.* ▶ **tamisage** n. m.

tamiserie n. f. ▪ techn. Fabrique de tamis, de cribles, de sas. ♦ Commerce, fabrication de ces instruments.

tamiseur, euse n. ▪ techn. **1** Personne qui tamise certaines substances (en verrerie, droguerie...). **2** n. m. Tamis grossier, crible pour les cendres du foyer. **3** n. f. Machine à tamiser (industries alimentaires).

tamoul, e adj. et n. ▪ Des Tamouls (peuple de l'Inde...). ➝ n. m. *Le tamoul* (langue).

tamouré n. m. ▪ Danse polynésienne.

tampico n. m. ▪ Crin végétal provenant d'un agave du Mexique.

tampon n. m. ▪ **I 1** Petite masse dure ou pressée, pour boucher un trou, empêcher l'écoulement d'un liquide. → **bouchon. 2** Cheville plantée pour y fixer un clou, une vis. **3** Masse de matière souple, servant à étendre un liquide. ➝ *Tampon à récurer,* formé d'une masse de fils. **4** Petite masse de gaze, d'ouate..., pour étancher le sang, nettoyer la peau, etc. ➝ *Tampon hygiénique, périodique,* porté dans le vagin pendant les règles. **5** *EN TAMPON* : froissé en boule (papier, tissu). **II** Timbre encré pour oblitérer. ♦ Cachet, oblitération. **III 1** Ce qui amortit les chocs, empêche les heurts. ➛ fig. *Servir de tampon entre deux personnes.* ➛ appos. *État, zone tampon.* **2** appos. inform. *Mémoire tampon* (d'un ordinateur), collectant temporairement les données. **3** appos. chim. *Solution tampon,* permettant de maintenir le pH.

tamponnade n. f. ▪ méd. Compression brutale du cœur par épanchement péricardique, pouvant provoquer une mort subite.

tamponnage n. m. ▪ chim. Action de tamponner (une solution).

tamponner v. tr. 1 ▪ **I 1** Enfoncer des chevilles dans (un mur). **2** Frotter avec un tampon. ➛ loc. fam. *Il s'en tamponne* : il s'en moque. **II** Timbrer, apposer un tampon (II) sur. **III 1** Heurter avec les tampons (III, 1). ♦ (véhicules) Heurter violemment. **2** chim. Ajouter une solution tampon (III, 3) à. ➛ au p. p. *Aspirine tamponnée.* ► **tamponnement** n. m.

tamponneur, euse adj. ▪ Qui tamponne. ♦ *Autos tamponneuses* : attraction foraine, petites voitures électriques qui se heurtent.

tamponnoir n. m. ▪ techn. Mèche d'acier avec laquelle on perce les murs, les cloisons pour y placer un tampon, une cheville, un taquet.

tam-tam [tamtam] n. m. invar. ▪ **1** Tambour en usage en Afrique noire pour la musique, la transmission de messages. **2** fig. Bruit, publicité tapageuse.

tan n. m. ▪ techn. Tanin* d'écorce de chêne (→ **tanner**).

tanagra n. m. ou f. ▪ Figurine grecque antique en terre cuite, simple et gracieuse.

tanaisie n. f. ▪ bot. Plante des talus, à fleurs jaunes, appelée communément *barbotine, herbe aux coqs, aux mites.*

tancer v. tr. 3 ▪ littér. Réprimander.

tanche n. f. ▪ Poisson d'eau douce, à peau sombre et gluante, à chair délicate.

tandem [-ɛm] n. m. ▪ **1** Bicyclette à deux sièges placés l'un derrière l'autre. **2** fig., fam. Deux personnes associées. ➛ loc. *En tandem.*

tandis que loc. conj. ▪ **1** Dans le même moment que. **2** (opposition) → **alors** que.

tandoori [-uʀi] adj. et n. m. ▪ cuis. Mariné dans une sauce épicée et cuit au four (viande). *Poulet tandoori.* ➛ n. m. *Un tandoori.* – var. **tandouri.**

tanga n. m. ▪ Slip ou maillot de bain très échancré.

tangage n. m. ▪ Mouvement alternatif d'un navire dont l'avant et l'arrière plongent (≠ roulis). ➛ par analogie *Le tangage d'un avion.*

tangara n. m. ▪ Oiseau passereau d'Amérique du Sud, au plumage à vives couleurs.

tangelo [-elo] n. m. ▪ Agrume de la taille d'une grosse orange, issu du croisement du pomélo et de la mandarine.

tangent, ente adj. ▪ **1** géom. Qui touche en un seul point, sans couper (une ligne, une surface). ► **tangence** n. f. **2** Qui se fait de justesse. *C'était tangent.*

tangente n. f. ▪ **1** *Tangente à une courbe, à une surface,* droite qui la touche en un seul point. ➛ math. Rapport du sinus au cosinus. **2** loc. fig. *Prendre la tangente* : s'esquiver.

tangentiel, elle ▪ **1** adj. Qui a rapport aux tangentes. *Force tangentielle,* exercée dans le sens de la tangente à une courbe. **2** n. f. Liaison (ferroviaire...) de banlieue à banlieue.

tangentiellement adv. ▪ didact. D'une manière tangentielle. *Force exercée tangentiellement.*

tangerine n. f. ▪ Hybride de mandarine et d'orange amère.

tangible adj. ▪ **1** Que l'on peut connaître en touchant. → **matériel, palpable. 2** Dont la réalité est évidente. *Des preuves tangibles.* ► **tangibilité** n. f.

tangiblement adv. ▪ D'une manière tangible.

tango n. m. ▪ Musique et danse originaires d'Argentine, sur un rythme à deux temps.

tangon n. m. ▪ mar. Poutre mobile établie horizontalement à l'extérieur d'un navire, pour amarrer les embarcations.

tangram [tangʀam] n. m. ▪ Jeu de réflexion d'origine chinoise, puzzle constitué de sept pièces à assembler.

tangue n. f. ▪ région. Sable vaseux du littoral de la Manche, utilisé comme engrais.

tanguer v. intr. 1 ▪ Remuer par tangage. ➛ fig. Osciller.

tanière n. f. ▪ **1** Retraite (d'une bête sauvage). **2** péj. ou plais. Lieu où l'on s'isole.

tanin ou **tannin** n. m. ▪ **1** Substance végétale rendant les peaux imputrescibles (par ex. le *tan*). **2** Cette substance provenant du raisin (vins rouges).

taniser v. tr. 1 ▪ techn. **1** Ajouter du tan à (une substance). **2** Ajouter du tanin à (un moût, un vin). – var. **tanniser.** ► **tanisage** ou **tannisage** n. m.

tank [tɑ̃k] n. m. ▪ **I** Citerne d'un navire pétrolier. ♦ Réservoir de stockage. **II** vieilli Char d'assaut. ► **tankiste** n. m. (soldat).

tanker [tɑ̃kœʀ] n. m. ▪ Bateau-citerne transportant du pétrole. → **pétrolier.**

tannant, ante adj. ▪ fam. Qui tanne (II).

tanne n. f. ▪ **1** techn. Marque brune qui reste sur une peau après le tannage. **2** méd. → ① **loupe.**

tanné, ée adj. ▪ **1** Qui a subi le tannage. *Peaux tannées.* **2** (personnes) Dont la peau est brunie par le soleil, les intempéries.

tannée n. f. ▪ fam. Volée de coups.

tanner v. tr. 1 ▪ I Préparer (les peaux) pour les rendre imputrescibles et en faire du cuir (→ **tan, tanin ; mégisserie**). ► **tannage** n. m. II fam. Agacer, importuner.

tannerie n. f. ▪ Établissement où l'on tanne les peaux.

tanneur, euse n. ▪ 1 Personne qui tanne les peaux. 2 Fabricant, vendeur de cuirs.

tannin n. m. → **tanin**

tannique adj. ▪ techn. Constitué par le tanin ; qui contient du tanin. *Vin rouge tannique.* ♦ chim. *Acide tannique* : solide blanc amorphe extrait de la noix de galle.

tanniser v. tr. → **taniser**

tanrec → **tenrec**

tansad [tɑ̃sad] n. m. ▪ anglic. Selle pour passager, sur une moto.

tant adv. et nominal ▪ I adv. de quantité, d'intensité 1 TANT QUE, l'action étant telle (force, longueur...) qu'elle devient la cause d'un effet. → **tellement.** *Elle a tant couru qu'elle est essoufflée.* 2 TANT DE... QUE... : une si grande quantité, un si grand nombre de... que... ◆ (renforcé) TANT ET SI BIEN *que...* 3 (sans *que*) Tellement. *Il vous aimait tant.* 4 TANT DE : une si grande quantité de. *Ne faites pas tant d'histoires.* ◆ TANT SOIT PEU : si peu que ce soit. subst. *Un tant soit peu* (et adj.). ◆ TANT S'EN FAUT : il s'en faut de beaucoup. 5 littér. (introduisant la cause) *Il s'en alla, tant il était déçu.* → **tellement.** II nominal Une quantité (non exprimée). *Toucher tant,* telle somme. ◆ TANT ET PLUS : beaucoup. III (comparaison) 1 TANT... QUE (+ proposition négative, interrogative). → **autant.** *Il ne craint pas tant l'isolement que le silence.* ◆ TANT QUE, en phrase affirmative. → **autant.** *Tant qu'il vous plaira.* ◆ TOUS TANT QUE *vous êtes* : sans exception. 2 EN TANT QUE (avec un verbe), dans la mesure où. ◆ (avec un nom) *En tant que responsable...* 3 TANT... QUE... : aussi bien... que... ◆ TANT BIEN QUE MAL (+ verbe d'action) : ni bien ni mal et avec peine. 4 TANT QU'À (+ inf.) : puisqu'il faut. ◆ TANT QU'À FAIRE. 5 TANT MIEUX, TANT PIS, exprimant la joie, le dépit. ◆ *Tant pis pour lui,* c'est dommage, mais c'est sa faute. IV TANT QUE : aussi longtemps que. ◆ *Tant que vous y êtes* : en continuant de la même façon (→ pendant).

tantale n. m. ▪ I zool. Oiseau échassier d'Amérique centrale, voisin de la cigogne. II chim. Élément (symb. Ta, n° at. 73, masse at. 180,95), métal très dense.

tante n. f. ▪ I 1 Sœur du père ou de la mère ; femme de l'oncle. → **tantine, tata.** 2 fam. *Ma tante* : le Crédit municipal, le mont-de-piété. II injurieux Homosexuel.

tantième [-tjɛm] n. m. ▪ Pourcentage (d'un tout). *Le tantième du chiffre de vente.*

tantine n. f. ▪ (enfantin) (Ma) tante.

tantinet ▪ 1 n. m. *Un tantinet de,* un petit peu de. 2 UN TANTINET loc. adv. : un peu.

tant mieux ; tant pis → **tant** (III, 5)

tantôt adv. ▪ 1 Cet après-midi. 2 région. Peu de temps avant, après. 3 TANTÔT..., TANTÔT... : à un moment, puis à un autre.

tantouze n. f. ▪ vulg. et injurieux Homosexuel efféminé. → **tante, tata.** - var. **tantouse.**

tantrisme n. m. ▪ relig. Hindouisme inspiré des *tantras,* livres sacrés ésotériques. ► **tantrique** adj.

taoïsme n. m. ▪ Doctrine de Lao-tseu, enseignant la solidarité totale entre la nature et l'homme. ► **taoïste** adj. et n.

taon [tɑ̃] n. m. ▪ Insecte piqueur et suceur.

tapage n. m. ▪ Bruit violent, esclandre produit par un groupe. → **vacarme.** ◆ dr. *Tapage nocturne.*

tapageur, euse adj. ▪ 1 vieilli Qui fait du tapage. 2 Outrancier. → **tape-à-l'œil.**

tapant, ante adj. ▪ À l'instant même où sonne (une heure). *À neuf heures tapantes.*

tapas n. f. pl. ▪ Assortiment de petites entrées variées, à l'espagnole.

tape n. f. ▪ Coup du plat de la main.

tapé, ée adj. ▪ 1 Trop mûr, pourri par endroits. → **talé.** ♦ fig., fam. Marqué par l'âge, la fatigue. 2 vieilli, fam. *Bien tapé* : réussi.

tape-à-l'œil [-œj] adj. invar. ▪ Qui attire l'attention par des couleurs voyantes, un luxe tapageur. → **clinquant.** ◆ n. m. invar. *Du tape-à-l'œil.*

tapecul ou **tape-cul** [-ky] n. m. ▪ 1 Voiture mal suspendue. 2 Exercice de trot sans étriers, à cheval.

tapée n. f. ▪ fam. Grande quantité.

tapement n. m. ▪ 1 Action de taper. 2 Bruit ainsi produit.

tapenade n. f. ▪ Préparation de câpres, olives noires et anchois écrasés.

taper v. 1 ▪ I v. tr. 1 Frapper du plat de la main. ♦ Donner des coups sur (qqch.). → **cogner, frapper.** 2 Produire (un bruit) en tapant. *Taper trois coups.* 3 Écrire (un texte) à la machine à écrire (→ **dactylographier ; frappe**), à l'ordinateur (→ **saisir**). 4 fam. Emprunter de l'argent à (qqn). → **tapeur.** II v. intr. 1 Donner des coups. → **cogner.** *Taper des mains, dans ses mains.* → **applaudir.** 2 loc. fig. *Taper sur qqn,* dire du mal de lui. ◆ *Taper sur les nerfs à, de qqn,* l'agacer. ◆ *Taper dans l'œil,* plaire vivement. 3 *Le soleil tape, tape dur,* chauffe très fort. 4 fam. TAPER DANS, cogner. *Taper dans le tas.* ◆ Prendre dans, se servir de. *Taper dans les provisions.* III SE TAPER + compl. (faux pronom.) fam. 1 Manger, boire (qqch.). 2 Avoir des relations sexuelles avec (qqn). 3 Faire (une corvée). ♦ Supporter. → se **farcir.** 4 *S'en taper* : s'en moquer.

tapette n. f. ▪ **I 1** Instrument (raquette) pour taper (sur qqch.). **2** Piège à ressort pour les souris. **II** injurieux Homosexuel.

tapeur, euse n. ▪ Personne qui emprunte souvent de l'argent.

taphophilie n. f. ▪ psych. Attrait pathologique pour les tombes et les cimetières.

tapin n. m. ▪ argot **1** Racolage de prostituée. *Faire le tapin.* → **tapiner** (cf. faire le trottoir*). **2** Prostituée. → **tapineuse.**

tapiner v. intr. [1] ▪ argot Racoler dans la rue et se prostituer.

tapineuse n. f. ▪ argot Prostituée. → **tapin.**

en **tapinois** loc. adv. ▪ En se cachant, à la dérobée. → en **catimini.**

tapioca n. m. ▪ Fécule de la racine de manioc. ➤ Potage au tapioca.

se **tapir** v. pron. [2] ▪ Se cacher, se dissimuler en se blottissant. ▷ p. p. **tapi, ie**

tapir n. m. ▪ Mammifère ongulé, herbivore, bas sur pattes, à nez en trompe.

tapis n. m. ▪ **1** Ouvrage textile, le plus souvent à étendre sur le sol. ➤ *Marchand de tapis,* marchand ambulant de tapis ; fig. et péj. personne qui marchande âprement. ➤ loc. *Le tapis rouge,* les honneurs. **2** Revêtement souple de sol (tissu, natte, etc.). ➤ *TAPIS-BROSSE :* paillasson. ➤ (boxe) *Envoyer son adversaire AU TAPIS,* au sol. **3** *Tapis roulant :* surface plane mobile pour le transport des personnes, des marchandises. **4** Couche, surface. *Un tapis de neige.* **5** Pièce de tissu sur un meuble. ➤ loc. *Mettre une question sur le tapis,* la discuter.

tapisser v. tr. [1] ▪ **1** Couvrir de tapisseries (2), pour orner. **2** (sujet chose) Recouvrir (un mur, une paroi) en l'ornant. ♦ Recouvrir complètement. *Le lierre tapissait le mur.*

tapisserie n. f. ▪ **1** Ouvrage d'art tissé à la main, dont le dessin résulte de l'armure même. ♦ loc. *Faire tapisserie :* n'être pas invité(e) à danser ; rester seul(e). **2** Papier peint ou tissu tendu sur les murs. **3** Ouvrage à l'aiguille, sur canevas.

tapissier, ière n. ▪ **1** Personne qui fabrique et vend des tissus d'ameublement, de décoration. **2** Personne qui tapisse (1).

taponnage n. m. ▪ (Canada) fam. Fait de taponner, de perdre son temps.

taponner v. [1] ▪ (Canada) fam. **1** v. tr. Toucher, tâter. **2** v. intr. Perdre son temps. *On va encore taponner à l'aéroport.*

tapoter v. tr. [1] ▪ Frapper légèrement à petits coups répétés. ► **tapotement** n. m.

tapuscrit n. m. ▪ Texte original (manuscrit) tapé à la machine, à l'ordinateur.

taque n. f. ▪ **1** techn. Plaque de fonte appliquée sur le fond d'une cheminée. **2** (Belgique) Plaque de fonte servant à couvrir un fourneau, un égout.

taquer v. tr. [1] ▪ imprim., ancienn Mettre de niveau (les caractères) avec un outil en bois (le *taquoir* n. m.).

taquet n. m. ▪ **1** Pièce de bois qui maintient en place qqch. → **loquet. 2** mar. Pièce servant à enrouler des cordages.

taquin, ine adj. et n. ▪ (Personne) qui prend plaisir à irriter, pour plaisanter.

taquiner v. tr. [1] ▪ **1** S'amuser à irriter, à contrarier (qqn) dans de petites choses. → **asticoter. 2** (sujet chose) Être la cause d'une douleur légère. ► **taquinerie** n. f.

tarabiscoté, ée adj. ▪ **1** Surchargé d'ornements. **2** Inutilement compliqué.

tarabuster v. tr. [1] ▪ **1** Importuner (qqn) de manière insistante. **2** (sujet chose) Causer de la contrariété, de l'inquiétude à (qqn).

tarage n. m. ▪ comm. Opération qui consiste à tarer un récipient ou un emballage avant de le remplir.

tarama n. m. ▪ Préparation d'œufs de cabillaud fumés, à la crème et au citron.

tarare n. m. ▪ techn. Appareil qui sépare les grains de blé de la balle, par ventilation.

tarasque n. f. ▪ Animal fabuleux, dragon.

taratata interj. ▪ Exprime la défiance.

taraud n. m. ▪ techn. Outil d'acier servant à faire des pas de vis.

taraudage n. m. ▪ techn. **1** Action de tarauder ; son résultat. **2** Filetage intérieur d'un trou cylindrique.

tarauder v. tr. [1] ▪ **1** techn. Percer (une matière dure) pour pratiquer un pas de vis. **2** fig. (surtout passif et p. p.) Tourmenter.

taraudeur, euse ▪ **1** n. Ouvrier, ouvrière qui taille des filets en creux. ♦ n. f. Machine-outil servant à tarauder et à fileter. **2** adj. Qui taraude, transperce. *Insecte taraudeur.*

taravelle n. f. ▪ région. Plantoir en forme d'étrier, employé en Bordelais et dans les Charentes, pour planter la vigne.

tarbouche n. m. ▪ Bonnet rouge cylindrique portant un gland de soie, coiffure masculine en usage en Égypte et en Turquie. - var. **tarbouch.**

tard adv. ▪ **1** Après le moment habituel ; après un long temps (opposé à *tôt*). ➤ *TÔT OU TARD :* inévitablement. ➤ *Au plus tard.* ➤ *PLUS TARD :* dans l'avenir. → **ultérieurement ; après. 2** À la fin d'une période ; à une heure avancée. ➤ adj. *Il est, il se fait tard.* **3** n. m. *SUR LE TARD :* à un âge avancé.

tarder v. intr. 1 ▪ **1** Se faire attendre ; être lent à venir. **2** Rester longtemps avant de commencer à agir. *Sans tarder,* tout de suite. ▪ *Tarder à* (+ inf.). **3** impers. *IL ME (TE, LUI...) TARDE DE* (+ inf.) ; *QUE* (+ subj.), je suis (tu es...) impatient de, que...

tardif, ive adj. ▪ **1** Qui apparaît, qui a lieu tard, vers la fin. **2** Qui a lieu tard dans la journée. *Heure tardive.* → **avancé.** ♦ Qui vient trop tard. *Des remords tardifs.* **3** (opposé à *précoce*) Qui se forme, se développe plus lentement, plus tard que la moyenne.

tardigrade n. m. et adj. ▪ **1** n. m. zool. Petit acarien pourvu de quatre paires de pattes non articulées, qui vit dans les mousses ou l'eau. **2** adj. didact. et vx Qui marche lentement.

tardivement adv. ▪ Tard.

tare n. f. ▪ **I** techn. Poids de l'emballage, du récipient pesé avec une marchandise. ♦ Poids équivalent, qu'on ne compte pas dans le poids total. **II 1** Grave défaut. **2** Anomalie héréditaire.

taré, ée adj. ▪ **1** Affecté d'une tare (II). **2** fam. (personnes) adj. et n. → **débile, idiot.**

tarente n. f. ▪ région. (sud de la France) Lézard grimpeur, gecko.

tarentelle n. f. ▪ Danse du sud de l'Italie, sur un rythme très rapide.

tarentule n. f. ▪ Grosse araignée venimeuse des pays chauds.

tarer v. tr. 1 ▪ Peser (un emballage, un récipient) pour déterminer la tare (I).

taret n. m. ▪ Mollusque au corps vermiforme, qui creuse des galeries dans les bois immergés.

targette n. f. ▪ Petit verrou.

se **targuer** v. pron. 1 ▪ littér. Se prévaloir (de qqch., de faire qqch.) avec ostentation.

targui, ie n. et adj. → **touareg**

tari, ie adj. ▪ Sans eau. *Une rivière tarie.*

taricheute [-køt] n. m. ▪ hist. Embaumeur, dans l'ancienne Égypte.

tarière n. f. ▪ **1** Grande vrille à bois. **2** Prolongement de l'abdomen (d'insectes) capable de creuser des trous.

tarif n. m. ▪ **1** Tableau ou liste de droits à acquitter, de prix ; ces prix. **2** Prix tarifé ou usuel. ► **tarifaire** adj.

tarifer v. tr. 1 ▪ Fixer à un montant déterminé. ▷ p. p. **tarifé, ée** ► **tarification** n. f.

① **tarin** n. m. ▪ Petit chardonneret jaune, vert et noir qui vit en Europe occidentale. *Tarin des aulnes.*

② **tarin** n. m. ▪ fam. Nez. → ② **pif.** *Un gros tarin.*

tarir v. 2 ▪ **I** v. intr. **1** Cesser de couler ; s'épuiser. *La source a tari.* **2** fig. *La conversation tarit.* ▪ (personnes) *NE PAS TARIR sur, de,* ne pas cesser de parler de. **II** v. tr. Faire cesser de couler ; mettre à sec. → **assécher.** ▷ v. pron. **se tarir** ► **tarissement** n. m.

tarlatane n. f. ▪ Étoffe de coton très peu serrée et très apprêtée.

tarlouze n. f. ▪ vulg. et injurieux Homosexuel. → **tantouze.** - var. **tarlouse.**

tarmac n. m. ▪ Voie de circulation, de stationnement des avions, dans un aéroport.

taro n. m. ▪ bot. Plante tropicale cultivée pour son tubercule alimentaire. → **colocase.**

tarot n. m. ▪ Carte à jouer portant des figures spéciales (cartomancie ; jeu).

tarpan n. m. ▪ Cheval retourné à l'état sauvage, dans les steppes d'Asie.

tarpon n. m. ▪ zool. Grand poisson de l'Atlantique tropical, recherché pour ses écailles.

tarse n. m. ▪ anat. Partie postérieure du squelette du pied. ► **tarsien, ienne** adj.

tarsectomie n. f. ▪ méd. Ablation totale ou partielle des os du tarse.

tarsier n. m. ▪ zool. Petit mammifère lémurien vivant en Malaisie.

① **tartan** n. m. ▪ Étoffe de laine écossaise propre à un clan. ♦ Tissu à décor quadrillé.

② **tartan** n. m. (nom déposé) ▪ Revêtement de pistes d'athlétisme.

tartane n. f. ▪ Petit navire de la Méditerranée, utilisé autrefois pour la pêche et le cabotage.

tartare adj. ▪ **1** hist. Des populations d'Asie centrale (Turcs et Mongols). **2** *Sauce tartare,* mayonnaise épicée. ♦ *Steak tartare* et n. m. *un tartare,* viande crue, hachée, assaisonnée (syn. *filet américain* [Belgique]).

tartarin n. m. ▪ fam. Fanfaron, vantard.

tarte n. f. ▪ **I 1** Fond de pâte entouré d'un rebord et garni. ♦ loc. fig. *Tarte à la crème :* argument, thème banal. ♦ fam. *C'est pas de la tarte !,* c'est difficile. **2** fam. Coup, gifle. **II** adj. fam. (avec ou sans accord) Laid ; sot et ridicule. → **cloche.** ▪ (choses) Démodé. - syn. fam. **tartignolle** (sens II).

tartelette n. f. ▪ Petite tarte individuelle.

tartiflette n. f. ▪ Gratin de pommes de terre au reblochon (plat savoyard).

tartignolle adj. ▪ fam. Sot ; un peu ridicule ; laid. → **tarte.** - var. **tartignole.**

tartine n. f. ▪ **1** Tranche de pain recouverte d'un produit alimentaire étalé. ► **tartiner** v. tr. 1 **2** fam. Discours interminable.

tartrate n. m. ▪ chim. Sel de l'acide tartrique.

tartre n. m. ▪ **1** Dépôt qui se forme dans les récipients contenant du vin. **2** Dépôt (phosphate de calcium) au collet des dents. **3** Croûte calcaire laissée par l'eau.

tartreux, euse adj. ▪ Relatif au tartre ; constitué par du tartre ou qui en contient.

tartrique adj. ▪ chim. *Acide tartrique* : acide-alcool extrait du tartre (1), utilisé pour la fabrication des levures chimiques, des sels effervescents.

tartufe ou **tartuffe** n. m. ▪ Personne hypocrite. ► **tartuferie** ou **tartufferie** n. f.

tarzan n. m. ▪ fam. et plais. Bel athlète.

tas n. m. ▪ **1** Amas (de matériaux, de morceaux, d'objets). **2** fig. Grande quantité, grand nombre (de choses). ♦ fam. *Un tas de gens.* ➤ *Tirer, taper* DANS LE TAS, sans viser précisément qqn. **3** loc. SUR LE TAS. *Grève sur le tas,* sur le lieu du travail. fam. *Être formé sur le tas,* par le travail même.

taser [-zɛʀ] n. m. (marque déposée) ▪ Pistolet à impulsion électrique à effet paralysant.

tasse n. f. ▪ **1** Petit récipient à anse ou à oreilles, servant à boire. ♦ Son contenu. **2** loc. fam. *Boire une tasse, la tasse,* avaler de l'eau en se baignant. *Ce n'est pas ma tasse de thé* : cela n'est pas dans mes goûts.

tassé, ée adj. ▪ **1** Affaissé. → **recroquevillé.** **2** fam. BIEN TASSÉ : qui remplit bien le verre. ➤ *Un café bien tassé,* très fort.

tasseau n. m. ▪ Petit support de tablette.

tasser v. tr. 1 ▪ **1** Comprimer le plus possible, en tapant, poussant, serrant. *Tasser ses affaires dans un sac.* **2** (compl. personne) Entasser. ▷ v. pron. se **tasser** **1** S'affaisser sur soi-même. **2** (sujet chose) fam. S'arranger (après un incident). ► **tassement** n. m.

tassette n. f. ▪ archéol. Plaque d'acier articulée qui, dans les armures, protégeait le haut des cuisses.

tassili n. m. ▪ géogr. Plateau de grès, au Sahara.

taste-vin [tastəvɛ̃] ou **tâte-vin** n. m. invar. ▪ Petite tasse plate des dégustateurs de vin.

TAT [teate ; tat] n. m. (sigle angl.) ▪ psych. Test projectif par interprétation d'images.

tata n. f. ▪ fam. **1** Tante. **2** Homosexuel.

tatami n. m. ▪ Tapis de sol, pour les sports de combat (judo, karaté, etc.).

tatane n. f. ▪ fam. Chaussure.

tatar n. m. ▪ Langue turque parlée dans la vallée de la Volga, les monts Oural et la Sibérie.

tâter v. tr. 1 ▪ **1** Toucher avec la main, pour explorer, éprouver, reconnaître. ➤ loc. *Tâter le terrain*.* **2** fig. Chercher à connaître les forces ou les dispositions de (qqn). → **sonder.** ♦ pronom. SE TÂTER : hésiter. **3** intrans. fig. TÂTER DE : essayer.

tâteur n. m. ▪ techn. Organe de contrôle d'une machine.

tatie [-ti] n. f. ▪ fam., enfantin Tante.

tatillon, onne adj. ▪ Exagérément minutieux, exigeant. → **pointilleux.**

tatin n. f. ▪ Tarte faite de pommes caramélisées et recouvertes d'une pâte mince, servie « renversée ». *Une tatin, une tarte tatin.*

tâtonner v. intr. 1 ▪ **1** Tâter plusieurs fois le sol, les objets autour de soi, pour se diriger ou trouver qqch. dans l'obscurité. **2** fig. Hésiter, faute de compréhension. ♦ Faire des essais pour découvrir une solution. ► **tâtonnant, ante** adj. ► **tâtonnement** n. m.

à **tâtons** loc. adv. ▪ **1** En tâtonnant (1). **2** fig. En hésitant, sans méthode.

tatou n. m. ▪ Mammifère édenté d'Amérique du Sud, à carapace.

tatouer v. tr. 1 ▪ **1** Marquer, orner (une partie du corps) de dessins indélébiles par piqûres de matières colorantes sous l'épiderme. **2** Exécuter (un dessin) de cette manière. ► **tatouage** n. m. ► **tatoueur, euse** n.

tau n. m. invar. ▪ Lettre grecque correspondant au t (Τ, τ).

taud n. m. ▪ mar. Abri de toile goudronnée, qu'on établit sur le pont d'une embarcation en cas de pluie.

taudis n. m. ▪ **1** Logement misérable, sans confort ni hygiène. **2** Logement mal tenu.

taule ou **tôle** n. f. ▪ fam. **1** Chambre. **2** Prison. ► **taulard, arde** n. → **prisonnier.**

taulier, ière ou **tôlier, ière** n. ▪ fam. et péj. Propriétaire, gérant d'un hôtel.

① **taupe** n. f. ▪ **1** Petit mammifère insectivore qui vit sous terre en creusant des galeries. ➤ loc. *Myope comme une taupe,* très myope. **2** Fourrure de la taupe. **3** fam. Espion infiltré dans un milieu.

② **taupe** n. f. ▪ argot scol. Classe de mathématiques* spéciales.

taupé, ée adj. et n. m. ▪ Se dit d'un feutre dont l'aspect, le toucher rappelle le poil de la taupe. ♦ n. m. Chapeau de feutre taupé.

taupe-grillon n. m. ▪ Courtilière (insecte). *Des taupes-grillons.*

taupier n. m. ▪ techn. Ouvrier chargé de détruire les taupes.

taupière n. f. ▪ techn. Piège à taupes.

taupin n. m. ▪ **1** Insecte (coléoptère) dont la larve cause de grands dégâts dans les cultures en sectionnant les racines. **2** argot Élève de mathématiques spéciales (→ ② **taupe**).

taupinière n. f. ▪ Monticule de terre formé par la taupe qui creuse des galeries.

taure n. f. ▪ région. ou techn. Génisse.

taureau n. m. ▪ **1** Mâle de la vache, apte à la reproduction. ➛ loc. *Prendre le taureau par les cornes :* affronter les difficultés. **2** Deuxième signe du zodiaque (21 avril-20 mai). ➛ *Être Taureau.*

taurillon n. m. ▪ Jeune taureau.

taurin, ine adj. ▪ Relatif au taureau, spécialt au taureau de combat, aux corridas.

taurine n. f. ▪ biochim. Acide aminé, substance azotée qui intervient notamment dans la fonction musculaire.

taurobole n. m. ▪ Antiq. Sacrifice expiatoire, dans les cultes de Cybèle et de Mithra, où le prêtre se faisait arroser du sang d'un taureau égorgé.

tauromachie n. f. ▪ Art de la corrida. ► **tauromachique** adj.

tauto- Élément, du grec *tauto* «le même».

tautochrone [-kʀ-] adj. ▪ sc. Qui a lieu dans des temps égaux. → **isochrone.**

tautologie n. f. ▪ **1** log. Proposition toujours vraie. **2** péj. Répétition inutile. → **pléonasme, truisme.** ► **tautologique** adj.

tautomère adj. et n. m. ▪ chim. (Corps) qui a la propriété d'exister sous plusieurs formes en équilibre plus ou moins stable. ► **tautomérie** n. f.

taux n. m. ▪ **1** Montant d'une imposition, d'un prix fixé par l'État, l'usage. *Taux de change, d'intérêt.* **2** Proportion d'un élément variable. *Taux d'urée sanguin.* ➛ Pourcentage. *Taux de mortalité.*

tauzin n. m. ▪ Chêne noir du sud-ouest de la France, à feuilles cotonneuses.

tavelé, ée adj. ▪ Marqué de petites taches. → **tacheté.** ► **tavelure** n. f.

taverne n. f. ▪ **1** anciennt Établissement où l'on mangeait et l'on buvait en payant. → **auberge.** **2** Cabaret, débit de boissons, de bière (en Angleterre ; au Canada). **3** Café-restaurant de genre ancien et rustique. ► **tavernier, ière** n. vx.

tavillon n. m. ▪ (Suisse) Petit bardeau servant à recouvrir les toits.

taxable adj. ▪ Qui peut être soumis à une taxe. → **imposable.**

taxage n. m. ▪ (Québec) Racket opéré entre jeunes.

taxateur, trice n. ▪ Personne qui fixe une taxe, une imposition.

taxe n. f. ▪ **1** Prélèvement fiscal, impôt perçu par l'État. *Taxe à la valeur ajoutée.* → **T. V. A.** **2** Somme que doit payer le bénéficiaire d'une prestation des établissements publics, de l'administration.

taxer v. tr. [1] ▪ **I 1** (État, tribunal) Fixer à une somme déterminée. **2** Soumettre à une imposition, à une taxe. ♦ Percevoir une taxe sur. → **imposer.** ► **taxation** n. f. **3** fam. Dépouiller (qqn) ; prendre. **II** fig. TAXER *qqn* DE, accuser de. ♦ Qualifier de.

taxi n. m. ▪ Automobile conduite, munie d'un compteur (→ taximètre), qu'on loue pour un trajet. *Chauffeur de taxi.*

taxi- Élément, du grec *taxis* «ordre».

taxidermie n. f. ▪ didact. Art de préparer, d'empailler les animaux morts. ► **taxidermique** adj. ► **taxidermiste** n.

taxie n. f. ▪ biol. Mouvement déclenché par des agents externes, chez les organismes se déplaçant librement dans l'espace.

taxi-girl [-gœʀl] n. f. ▪ Jeune femme qui loue ses services comme partenaire de danse, dans un bar, un cabaret. → **entraîneuse.**

taximan [-man] n. m. ▪ (Afrique, Belgique) Chauffeur de taxi. *Des taximen* [-mɛn] ou *des taximans.*

taximètre n. m. ▪ Compteur de taxi qui détermine le prix de la course.

taxinomie n. f. ▪ didact. Science des classifications. ► **taxinomique** adj. ► **taxinomiste** n.

taxiphone n. m. ▪ vieilli Téléphone public à pièces.

taxodium [-jɔm] n. m. ▪ Grand arbre, conifère du sud des États-Unis, appelé aussi *cyprès chauve.*

taxol n. m. ▪ biochim. Terpène extrait de plusieurs espèces d'if, aux propriétés cytotoxiques.

taxon n. m. ▪ sc. nat. Unité taxinomique (famille, genre, espèce...).

tayloriser v. tr. [1] ▪ écon. Appliquer le taylorisme à (un travail, une production). ► **taylorisation** n. f.

taylorisme [tɛl-] n. m. ▪ Méthode d'organisation rationnelle du travail industriel, basée sur des améliorations techniques.

Tb ▪ Symbole chimique du terbium.

Tc ▪ Symbole chimique du technétium.

tchador n. m. ▪ Voile noir porté par les musulmanes chiites.

tchao interj. → **ciao**

tchapalo n. m. ▪ (Afrique) Bière de petit mil ou de sorgho.

tcharchaf n. m. ▪ Voile avec lequel les femmes turques se cachaient le visage.

tchat → ② **chat**

tchatcher v. intr. [1] ▪ fam. Bavarder, parler beaucoup. ► **tchatche** n. f. → **bagout.** ► **tchatcheur, euse** n.

tchat(t)er ; tchat(t)eur, euse → ② **chat**

tchécoslovaque adj. et n. ▪ hist. Relatif à la Tchécoslovaquie (jusqu'en 1992).

tchèque adj. et n. ▪ De la République tchèque. ➛ n. *Les Tchèques.* ♦ n. m. *Le tchèque* (langue slave).

tchernoziom [tʃɛʀnozjɔm] n. m. ▪ géogr. Sol noir très fertile (Russie, Ukraine).

tchin-tchin [tʃintʃin] interj. ▪ fam. Interjection pour trinquer.

tchitola n. m. ▪ techn. Bois résineux d'Afrique, utilisé en menuiserie.

te pron. pers. ▪ Pronom personnel de la deuxième personne du singulier, complément (s'élide en *t'* devant voyelle ou *h* muet). **1** (compl. d'objet direct) *Je te quitte.* **2** (compl. indir.) À toi. *Cela te plaît ?* **3** (dans une forme pronom.) *Ne te perds pas.*

Te ▪ Symbole chimique du tellure.

té n. m. ▪ Règle plate, en équerre.

teasing [tiziŋ] n. m. ▪ anglic., publicité Procédé publicitaire consistant à susciter la curiosité par un message dont le sens sera dévoilé plus tard par la publicité proprement dite.

tec [tɛk] n. f. invar. (sigle de *tonne équivalent charbon*) ▪ métrologie Unité de mesure thermique correspondant aux thermies produites par une tonne de charbon.

technétium [tɛknesjɔm] n. m. ▪ chim. Élément atomique radioactif artificiel (symb. Tc, n° at. 43, masse at. 98,90).

technétronique [tɛk-] adj. ▪ didact. Qui est fondé à la fois sur la technologie et l'électronique.

technicien, ienne [tɛk-] ▪ **I** n. **1** Personne qui possède, connaît une technique. → **professionnel, spécialiste. 2** Agent spécialisé dirigé par un ingénieur. **II** adj. Qui fait prévaloir la technique.

techniciser [tɛk-] v. tr. 1 ▪ didact. Rendre technique ; pourvoir de moyens techniques. ► **technicisation** n. f.

technicisme [tɛk-] n. m. ▪ didact. Tendance à privilégier la technique dans tous les domaines. ► **techniciste** adj.

technicité [tɛk-] n. f. ▪ Caractère technique, méthodique et professionnel.

technico-commercial, iale, iaux [tɛk-] adj. ▪ Qui relève à la fois de la technique et du commerce.

technicolor [tɛk-] n. m. ▪ Procédé de cinéma en couleurs. *Film en technicolor.*

technique [tɛknik] ▪ **I** adj. **1** Qui appartient à un domaine spécialisé d'activité ou de connaissance. *Termes techniques.* **2** (en art) Qui concerne les procédés de travail (plus que l'inspiration). **3** Des applications de la science dans la production et l'économie. **4** Qui concerne le matériel. *Incident technique.* **II** n. f. **1** Procédés et méthodes employés pour produire une œuvre, obtenir un résultat matériel. → **art, métier. 2** fam. Manière de faire. *N'avoir pas la (bonne) technique.* **3** Procédés méthodiques, fondés sur des connaissances scientifiques, employés à la production. *Les techniques de pointe* (dites par anglicisme *technologies*). ► **techniquement** adv.

techno n. f. ▪ Musique électronique répétitive au rythme rapide, très marqué. ➛ adj. *Des soirées technos.*

techno- [tɛkno] Élément, du grec *tekhnê* «métier, procédé».

technocrate n. m. ▪ Responsable qui fait prévaloir les aspects techniques. ► **technocratie** n. f. ► **technocratique** adj.

technocratiser v. tr. 1 ▪ didact. Rendre technocratique ; soumettre à l'autorité des technocrates. ► **technocratisation** n. f.

technologie n. f. ▪ **1** Étude des techniques, des outils. **2** anglic. Technique (II, 3). ► **technologique** adj. ► **technologiquement** adv.

technologue n. ▪ Spécialiste de la technologie. – syn. **technologiste.**

technopole n. f. ▪ Zone regroupant des structures de recherche et d'enseignement techniques, des industries de pointe.

technopôle n. m. ▪ Site aménagé pour accueillir des entreprises, en favoriser la création et le développement.

technoscience [-jɑ̃s] n. f. ▪ didact. Recherche scientifique axée sur l'innovation technique. ► **technoscientifique** adj.

technostructure n. f. ▪ didact. Ensemble des technocrates et des techniciens qui commandent le processus de prise de décision.

teck ou **tek** n. m. ▪ **1** Arbre des zones tropicales. **2** Son bois imputrescible.

teckel n. m. ▪ Basset d'origine allemande, à pattes très courtes.

tectonique ▪ géol. **1** n. f. Étude de la structure de l'écorce terrestre. ♦ Processus étudiés par cette science. **2** adj. Relatif à la tectonique.

tectrice adj. f. et n. f. ▪ zool. *Les plumes tectrices* ou *les tectrices* : plumes du dos des oiseaux.

Te Deum [tedeɔm] n. m. invar. ▪ Chant catholique de louange et d'action de grâces.

tee [ti] n. m. ▪ anglic. golf Petit socle sur lequel la balle de golf est frappée.

teenager [tinɛdʒœʀ] n. ▪ anglic., vieilli Adolescent.

tee-shirt [tiʃœʀt] n. m. ▪ anglic. Maillot de coton à manches, en forme de T. – var. **T-shirt, t-shirt.**

téflon n. m. (nom déposé) ▪ Matière plastique très résistante aux agents chimiques et à la température.

tégénaire n. f. ▪ Araignée sédentaire qui tend sa toile dans les endroits humides des maisons.

tégument n. m. ▪ **1** anat. Tissu vivant qui recouvre le corps (peau), avec ses appendices (poils, plumes, écailles, etc.). **2** bot. Enveloppe protectrice. ▸ **tégumentaire** adj.

teigne n. f. ▪ **1** Petit papillon de couleur terne (ex. la mite). **2** cour. Maladie parasitaire du cuir chevelu. → **pelade.** ♦ fig. Personne méchante, hargneuse.

teigneux, euse adj. ▪ **1** Qui a la teigne. ◂ n. *Un teigneux.* **2** fam. Hargneux, agressif.

teille n. f. ▪ techn. **1** Liber du tilleul, dont on fait des cordes, des nattes. **2** Écorce de la tige de chanvre. - syn. **tille.**

teiller v. tr. [1] ▪ techn. Débarrasser (le chanvre, le lin) de la teille. - syn. **tiller.** ▸ **teillage** n. m. - syn. **tillage.**

teilleuse n. f. ▪ techn. Machine à teiller. - syn. **tilleuse.**

teindre v. tr. [52] ▪ **1** Imprégner (qqch.) d'une substance colorante (par teinture). **2** littér. Colorer. → **teinter.** ▹ adj. ① **teint, teinte** *Cheveux teints.*

② **teint** n. m. ▪ **I** dans des loc. Teinture. *Tissu grand teint,* dont la teinture résiste. ◂ fig. et plais. *BON TEINT* : résistant, solide. **II** Nuance de la couleur du visage. → **carnation.**

teintant, ante adj. ▪ Qui sert à teinter. → **colorant.**

teinte n. f. ▪ **1** Couleur le plus souvent complexe ; nuance. → **ton. 2** fig. Apparence peu marquée. *Une légère teinte d'ironie.*

teinté, ée adj. ▪ Légèrement coloré. *Lunettes à verres teintés.*

teinter v. tr. [1] ▪ **1** Couvrir uniformément d'une teinte légère, colorer légèrement. ◂ pronom. *Le ciel se teintait de rouge.* **2** fig. Marquer d'une teinte (2) (surtout pronom. et p. p.). *Souvenirs teintés de nostalgie.*

teinture n. f. ▪ **I** Action de teindre (qqch.). **II 1** Matière colorante pour teindre. **2** Solution dans l'alcool. *Teinture d'iode.* **3** fig. Connaissance superficielle. → **vernis.**

teinturerie n. f. ▪ **1** Industrie de la teinture (I). **2** Magasin de teinturier (2).

teinturier, ière n. ▪ **1** techn. Personne qui effectue la teinture. **2** cour. Professionnel qui entretient les vêtements (nettoyage...).

tel, telle adj. et pron. ▪ **I 1** Semblable, du même genre. → **pareil.** *Je m'étonne qu'il tienne de tels propos.* ♦ *COMME TEL* : à ce titre. ◂ *EN TANT QUE TEL* : par sa seule nature. ♦ (redoublé) loc. prov. *Tel père, tel fils.* **2** *TEL QUE* : comme. *Les arbres tels que les conifères.* **3** (en tête de phrase) *Tel, telle est,* voilà. ♦ littér. Comme. *Il a filé telle une flèche.* **4** *TEL QUEL* : sans modification. *Laisser les choses telles quelles* (incorrect : *telles que*). **II 1** (intensité) Si grand, si important. → **pareil, semblable.** ◂ *À tel point.* → **tellement.** ◂ *RIEN DE TEL* : rien de si efficace. **2** (conséquence) *J'ai eu une telle peur que je me suis enfui.* **III** indéfini Un... particulier. **1** adj. (sans article) *Tel(le) ou tel(le)...,* un(e) ou un(e) autre. ♦ (désignant ce qu'on ne nomme pas) *Tel jour, à telle heure.* **2** pron. littér. Certain, quelqu'un. **3** *UN TEL,* tenant lieu d'un nom propre. *Madame Une telle.* ◂ *La famille Un tel* ou *Untel.*

télamon n. m. ▪ archit. Statue qui supporte une corniche, un entablement. → **atlante.**

télé n. f. (abrév.) ▪ **1** → **télévision.** *Regarder la télé.* **2** → **téléviseur.** *Télé couleur.*

télé- Élément, du grec *têle* «loin» qui signifie «au loin, à distance» (ex. *télécommunication*). ♦ Élément tiré de *télévision* (ex. *téléfilm*) ; de *téléphérique* (ex. *télésiège*) ; de *téléphone, télécommunication* (ex. *télécarte, téléachat*).

téléachat ou **télé-achat** n. m. ▪ Offre à la vente par l'intermédiaire d'un support audiovisuel, de la télévision.

téléacteur, trice n. ▪ Personne qui réalise des enquêtes, de la prospection par téléphone.

téléaffichage n. m. ▪ Affichage télécommandé (notamment d'horaires, dans les aéroports, les gares).

téléalarme n. f. ▪ Dispositif qui permet de déclencher une alarme à distance.

télébenne n. f. ▪ Téléphérique à un seul câble et à plusieurs petites cabines. → **télécabine.**

télécabine n. f. ▪ Téléphérique à plusieurs petites cabines. → **télébenne.**

télécarte n. f. (marque déposée) ▪ Carte de téléphone.

téléchargement n. m. ▪ inform. Transfert téléinformatique de données. ▸ **télécharger** v. tr. [3]

téléchirurgie n. f. ▪ didact. Chirurgie à distance, réalisée à l'aide d'un robot.

télécommande n. f. ▪ Commande à distance d'un appareil. ▸ **télécommander** v. tr. [1] → **téléguider.**

télécommunication n. f. ▪ Procédés de transmission d'informations à distance (téléphone, télévision, Internet...).

téléconférence n. f. ▪ Discussion entre des interlocuteurs qui se trouvent dans des lieux différents et sont reliés entre eux par des moyens de télécommunication. → **audioconférence, visioconférence.**

téléconseil n. m. ▪ Assistance téléphonique aux clients d'une entreprise.

téléconseiller, ère n. ▪ Personne qui fournit une assistance téléphonique aux clients d'une entreprise.

télécopie n. f. ■ Procédé de reproduction à distance d'un document graphique semblable à l'original. → anglic. **fax.** ► **télécopier** v. tr. 7 ► **télécopieur** n. m. → **fax.**

télédéclaration n. f. ■ Déclaration de revenus effectuée sur Internet.

télédétection n. f. ■ didact. Science et techniques de la détection à distance.

télédiffuser v. tr. 1 ■ Diffuser par télévision. → **téléviser.** ► **télédiffusion** n. f.

télédistribution n. f. ■ techn. Procédé de diffusion de programmes télévisés par câble ou par relais hertziens.

téléenseignement n. m. ■ Mode d'enseignement à distance (par correspondance, Internet, etc.).

téléfax → **fax** (étym.).

téléférique → **téléphérique**

téléfilm [-film] n. m. ■ Film réalisé pour la télévision. → aussi **série.**

téléga n. f. ■ Charrette à quatre roues, utilisée en Russie. - syn. **télègue.**

télégénie n. f. ■ Qualité d'une personne qui passe bien à la télévision.

télégénique adj. ■ (personnes) Dont l'image télévisée est agréable (→ photogénique).

télégestion n. f. ■ Gestion à distance des informations au moyen d'un système téléinformatique.

télégramme n. m. ■ Communication transmise autrefois par télégraphe ou radiotélégraphie.

télégraphe n. m. ■ anciennt Système de transmission de signaux par une ligne électrique.

télégraphie n. f. ■ **1** anciennt Technique de la transmission par télégraphe électrique. **2** vx *Télégraphie sans fil.* → **T. S. F.**

télégraphier v. tr. 7 ■ Transmettre par télégraphe.

télégraphique adj. ■ **1** Du télégraphe. **2** Expédié par télégraphe ou télégramme. **3** *Style télégraphique,* abrégé. ► **télégraphiquement** adv.

télégraphiste n. ■ **1** Spécialiste de télégraphie. **2** Personne qui délivrait les télégrammes.

télègue → **téléga**

téléguider v. tr. 1 ■ **1** Diriger, guider à distance (un véhicule, un engin). **2** fig. Inspirer, conduire par une influence secrète. ▷ adj. **téléguidé, ée** ► **téléguidage** n. m.

téléimprimeur n. m. ■ techn. Appareil télégraphique qui permet l'envoi direct d'un texte par clavier dactylographique et son inscription au poste de réception. → **téléscripteur.**

téléinformatique n. f. ■ Informatique par transmission à distance. ◆ adj. *Réseau téléinformatique.*

téléjournal, aux n. m. ■ (Suisse, Canada) Journal télévisé.

télékinésie n. f. ■ didact. Mouvement spontané d'objet sans intervention d'une énergie observable. → **psychokinésie.** ► **télékinétique** adj.

télémaintenance n. f. ■ techn. Maintenance à distance d'un véhicule spatial au moyen de liaisons de télémesure et de télécommande.

télémanipulateur n. m. ■ techn. Dispositif permettant la télémanipulation.

télémanipulation n. f. ■ techn. Manipulation à distance (de substances dangereuses, d'objets inaccessibles...).

télémark n. m. ■ Technique de ski alpin laissant le talon libre.

télémarketing [-ke-] n. m. ■ Marketing par téléphone. ♦ par ext. → **télévente.**

télématique n. f. ■ Techniques combinant l'informatique et les télécommunications. ◆ adj. *Systèmes télématiques.*

télémédecine n. f. ■ Médecine qui se pratique à distance à l'aide des technologies de l'information et de la communication.

télémesure n. f. ■ Technique de lecture à distance des données d'un appareil de mesure.

télémètre n. m. ■ Appareil de mesure des distances par un procédé optique. ► **télémétrie** n. f. ► **télémétrique** adj.

télencéphale n. m. ■ anat. Partie du cerveau formée des deux hémisphères cérébraux et des lobes olfactifs.

téléo-, télo- Éléments, du grec *telos* «fin, but» et *tel(e)ios* «complet, achevé».

téléobjectif n. m. ■ Objectif photographique à longue distance focale, servant à photographier des objets éloignés.

téléologie n. f. ■ didact. Étude philosophique de la finalité*, des moyens et des fins. ► **téléologique** adj.

téléonomie n. f. ■ didact. Étude des lois de la finalité. - var. **télénomie.** ► **téléonomique** adj.

téléopérateur, trice n. ■ Personne qui effectue des opérations de télémarketing.

téléosaure n. m. ■ paléont. Reptile fossile de l'ère secondaire.

téléostéen n. m. ■ zool. Poisson vertébré au squelette complètement ossifié et à nageoire caudale à lobes égaux.

télépaiement n. m. ■ Paiement à distance, par des moyens informatiques.

télépathie n. f. ■ Sentiment de communication à distance par la pensée. ► **télépathe** n. et adj. ► **télépathique** adj.

télépéage n. m. ■ Péage autoroutier automatique par identification informatique à distance des usagers.

téléphérage n. m. ■ techn. Procédé de transport par des véhicules suspendus et portés par des câbles aériens.

téléphérique n. m. ■ Dispositif de transport par cabine suspendue à un câble (→ télécabine) ; la cabine. - var. **téléférique.**

téléphone n. m. ■ **1** Instrument qui permet de transmettre à distance et recevoir des sons, par circuit électrique. ◆ Système mettant en liaison un grand nombre de personnes au moyen de cet appareil. ◆ *Coup de téléphone,* appel, communication téléphonique. **2** Appareil constitué d'un combiné* microphone-récepteur. *Téléphone portable.* → **portable.** ► **téléphonique** adj. ► **téléphoniquement** adv.

téléphoner v. [1] ■ **1** v. tr. Communiquer, transmettre par téléphone. **2** v. tr. ind. *(à)* et intr. Parler au téléphone.

téléphonie n. f. ■ Ensemble des techniques et des opérations concernant la transmission des sons à distance. ◆ *La téléphonie mobile.*

téléphoniste n. ■ Personne chargée d'assurer les liaisons téléphoniques.

téléphotographie n. f. ■ techn. Photographie au téléobjectif.

téléport n. m. ■ Complexe de télécommunication destiné à recevoir et à distribuer des informations à des utilisateurs dans une zone d'activité.

téléporter v. tr. [1] ■ Transporter (qqn, qqch.) d'un lieu à un autre sans parcours physique (dans les récits de science-fiction). ► **téléportation** n. f.

téléradar n. m. ■ techn. Technique d'émission ou de réception d'une image radar au moyen de la télévision.

téléradiographie n. f. ■ méd. Radiographie effectuée à une distance d'au moins 1,50 m, donnant une image grandeur nature de l'organe et supprimant la déformation conique de l'image.

téléréalité n. f. ■ Genre télévisuel qui consiste à filmer la vie quotidienne de candidats placés dans des situations déterminées.

téléreportage n. m. ■ vieilli Reportage télévisé.

téléroman n. m. ■ (Canada) Feuilleton télévisé.

télescope n. m. ■ Instrument d'optique à miroir pour l'observation des objets éloignés, des astres. ≠ *lunette.*

télescoper v. tr. [1] ■ Rentrer dans, enfoncer par un choc violent (un autre véhicule). → **heurter, tamponner ; carambolage.** ▷ v. pron. **se télescoper** (fig. Se mêler). ► **télescopage** n. m.

télescopique adj. ■ **I** Qui se fait à l'aide du télescope. **II** Dont les éléments s'emboîtent et coulissent.

téléscripteur n. m. ■ Appareil télégraphique qui transmet un texte. → **télex.** - syn. **télétype.**

téléservice [-s-] n. m. ■ Service accessible à distance (par téléphone, Internet...).

télésiège [-s-] n. m. ■ Série de sièges suspendus à un câble unique (téléphérique).

télésignalisation [-s-] n. f. ■ techn. Signalisation à distance (par câbles ou par voie hertzienne).

téléski n. m. ■ Remonte-pente pour skieurs.

téléspectateur, trice n. ■ Spectateur et auditeur de la télévision.

télesthésie n. f. ■ didact. Perception à distance de phénomènes, d'événements. → **télépathie.**

télésurveillance [-s-] n. f. ■ techn. Surveillance à distance, à l'aide de moyens électroniques.

télétex [-ɛks] n. m. ■ télécomm. Service et technique de traitement automatique et transmission de textes par télématique.

télétexte n. m. ■ Système de vidéographie qui permet la diffusion de textes par un réseau de télévision. *Sous-titrage par télétexte.*

téléthon n. m. ■ Longue émission de télévision, à caractère caritatif (recherche médicale...).

télétoxie n. f. ■ biol. Intoxication de certains êtres vivants provoquée par les toxines sécrétées par l'un d'entre eux et répandues dans le milieu ambiant. ► **télétoxique** adj.

télétraitement n. m. ■ inform. Traitement de données par des terminaux éloignés.

télétransmettre v. tr. [56] ■ Transmettre (des informations) à distance par un réseau télématique. ► **télétransmission** n. f.

télétravail n. m. ■ Activité professionnelle exercée à distance d'une entreprise, grâce aux outils de télécommunication. ► **télétravailleur, euse** n.

télétype n. m. ■ → **téléscripteur.**

télévangéliste n. ■ (aux États-Unis) Prédicateur qui anime des émissions religieuses à la télévision.

télévendeur, euse n. ■ Personne qui fait de la vente à distance.

télévente n. f. ■ Vente par téléphone ou télématique ; prospection par téléphone.

téléviser v. tr. [1] ■ Transmettre par télévision. ▷ p. p. **télévisé, ée** *Programmes télévisés.*

téléviseur n. m. ■ Poste récepteur de télévision. → **télévision** (3) ; **télé.**

télévision n. f. ■ **1** Technique de transmission des images, après analyse (en points et en lignes) et transformation en ondes hertziennes. **2** Élaboration et diffusion d'informations et de spectacles par cette technique. ◆ Les programmes. **3** Poste récepteur de télévision. → **téléviseur ; télé.**

télévisuel, elle adj. ■ De la télévision, en tant que moyen d'expression.

télex [-ɛks] n. m. ■ Dactylographie à distance par téléscripteur. ◆ Message ainsi transmis. ► **télexer** v. tr. [1] ► **télexiste** n.

tell n. m. ■ archéol. Colline artificielle formée par des ruines.

tellement adv. ■ **1** À un degré si élevé. → **si.** ◆ *TELLEMENT... QUE...* → **si. 2** fam. *TELLEMENT DE.* → **tant. 3** (+ proposition causale) Tant. *On ne le reconnaît plus, tellement il a changé.*

tellien, ienne adj. ■ archéol. Relatif à un tell.

tellière n. m. ■ Format de papier (34×44). ◆ adj. *Papier tellière.*

tellurate n. m. ■ chim. Sel ou ester de l'acide tellurique.

tellure n. m. ■ Élément atomique (symb. Te, n° at. 52, masse at. 127,6), souvent combiné à des métaux lourds ou précieux.

tellureux, euse adj. ■ chim. Se dit d'un acide H_2TeO_3 dérivé du tellure.

tellurhydrique adj. ■ chim. Se dit d'un acide H_2Te, appelé aussi *hydrure de tellure.*

① **tellurique** adj. ■ De la Terre. ◆ *Secousse tellurique* : tremblement* de terre. → **séisme.**

② **tellurique** adj. ■ chim. *Acide tellurique* (H_6O_6Te), *anhydride tellurique* (TeO_3), dérivés du tellure.

tellurisme n. m. ■ didact. Influence de la terre sur les mœurs de l'homme en société.

tellurure n. m. ■ chim. Sel ou ester de l'acide tellurhydrique.

télolécithe adj. ■ biol. *Œuf télolécithe,* caractérisé par un volume considérable de vitellus localisé à l'un des pôles (reptiles, oiseaux).

télomère n. m. ■ biol. Extrémité d'un chromosome.

télophase n. f. ■ biol. Phase terminale de la mitose qui aboutit à la formation des deux cellules filles.

télougou → **telugu**

telson n. m. ■ zool. Dernier anneau de l'abdomen des arthropodes.

telugu [telugu] n. m. ■ L'une des principales langues dravidiennes de l'Inde du Sud. - var. **télougou.**

temenos [temenɔs] n. m. ■ Antiq. grecque Terrain sacré fermé par une enceinte, sur lequel était édifié un temple.

téméraire adj. ■ **1** Hardi avec imprudence. **2** (choses) *Une action téméraire.* → **audacieux.** ◆ *Jugement téméraire,* porté à la légère. ► **témérairement** adv. ► **témérité** n. f.

témoignage n. m. ■ **1** Déclaration de ce que l'on a vu, entendu, servant à l'établissement de la vérité. **2** Déclaration d'un témoin en justice. → **déposition.** *Faux témoignage* : inexact et de mauvaise foi (délit). **3** Marque, preuve (de qqch.).

témoigner v. [1] ■ **I** v. tr. dir. **1** Certifier qu'on a vu ou entendu. → **attester.** *Témoigner avoir fait, qu'on a fait...* **2** Exprimer, faire paraître (un sentiment...). → **manifester, montrer. 3** (sujet chose) littér. (avec *que, combien*) Être l'indice, le signe de. **II** intrans. Faire un témoignage (2). *Témoigner en justice.* **III** v. tr. ind. *TÉMOIGNER DE* **1** Confirmer la vérité, la valeur de (qqch.), par des paroles, des actes, son existence même. **2** (sujet chose) Être le signe de. *Il est généreux, sa conduite en témoigne.*

témoin n. m. ■ **I 1** Personne qui peut certifier qqch., en témoigner. *Témoin oculaire.* ◆ loc. *PRENDRE qqn À TÉMOIN* : invoquer son témoignage. **2** dr. Personne en présence de qui s'est accompli un fait et qui est appelée à l'attester en justice. ◆ *FAUX TÉMOIN* : personne qui fait un faux témoignage. **3** Personne qui doit certifier les identités, l'exactitude des déclarations, lors d'un acte officiel. *Les témoins d'un mariage.* **4** Personne qui assiste à un événement. *J'ai été témoin de la scène.* **II 1** littér. Ce qui, par son existence, permet de constater, de vérifier. *Les derniers témoins d'une civilisation.* **2** appos. Élément de comparaison. *Sujet témoin* (dans une expérience). ◆ *Lampe témoin* (contrôle). **3** sports Bâtonnet que doivent se passer les coureurs de relais. **III** (en tête de phrase) invar. À preuve.

tempe n. f. ■ Côté de la tête, entre le coin de l'œil et le haut de l'oreille.

a **tempera** [atɑ̃peʀa] loc. adj. ■ peint. Se dit d'une couleur délayée dans de l'eau additionnée d'un agglutinant (gomme, colle, œuf) ; ce procédé de peinture. → ① **détrempe.** ◆ loc. adv. *Peindre a tempera.* - syn. à la **tempera.**

tempérament n. m. ■ **I 1** Constitution physiologique ; traits de caractère en résultant. ◆ absolt *C'est un tempérament,* une forte personnalité. **2** *Avoir du tempérament,* des appétits sexuels. **II 1** *Vente À TEMPÉRAMENT,* à crédit échelonné. **2** mus. Organisation de l'échelle des sons, qui donne une valeur commune au dièse d'une note et au bémol de la note immédiatement supérieure (→ **tempéré).**

tempérance n. f. ■ littér. Modération dans les plaisirs (nourriture, alcool...). ► **tempérant, ante** adj. littér. → **frugal, sobre.**

température n. f. ■ **1** Degré de chaleur ou de froid de l'atmosphère en un lieu. (en physique) Manifestation de l'énergie cinétique d'un système thermodynamique. **2** Chaleur du corps. *Animaux à température fixe* (à «sang chaud»), *variable* (à «sang froid»). **3** *Avoir de la température.* → **fièvre.**

tempéré, ée adj. ▪ **1** *Climat tempéré*, ni très chaud ni très froid. → **doux. 2** mus. Réglé par le tempérament (II, 2). «*Le Clavier* (ou *Clavecin*) *bien tempéré*» (de J.-S. Bach).

tempérer v. tr. [6] ▪ **1** Adoucir la température de. **2** fig., littér. Adoucir et modérer. → **atténuer.**

tempête n. f. ▪ **1** Violente perturbation atmosphérique ; vent rapide, orage. → **bourrasque, cyclone, ouragan, tourmente.** ◆ *Tempête de neige.* ♦ spécialt Ce temps sur la mer. ♦ appos. *Lampe-tempête*, à flamme protégée. **2** fig. *Une tempête de rires*, une explosion subite. ♦ Troubles violents.

tempêter v. intr. [1] ▪ Manifester à grand bruit sa colère. → **fulminer.**

tempétueux, euse adj. ▪ **1** littér. Où les tempêtes sont fréquentes. **2** fig. → **tumultueux.**

temple n. m. ▪ **1** Édifice public consacré au culte d'une divinité (église, synagogue, mosquée...). *Un temple bouddhiste.* ◆ spécialt Temple protestant. **2** hist. *Le Temple* : ordre de moines-soldats fondé lors des premières croisades près du temple de Jérusalem.

templier n. m. ▪ hist. Chevalier de l'ordre religieux et militaire du Temple (2).

tempo [tɛmpo ; tɛ̃po] n. m. ▪ **1** mus. Notation d'un mouvement. *Des tempos* (ou *tempi*). **2** (jazz) Vitesse d'exécution.

temporaire adj. ▪ **1** Qui ne dure ou ne doit durer qu'un temps limité. → **momentané, provisoire.** ◆ loc. *Travail temporaire.* **2** Qui n'exerce ses activités que pour un temps. ► **temporairement** adv.

temporal, ale, aux adj. ▪ Des tempes.

temporel, elle adj. ▪ **1** relig. Qui est du domaine du temps qui passe (opposé à *éternel*). ◆ Des choses matérielles (opposé à *spirituel*). → **séculier, terrestre. 2** gramm. Qui indique le temps, les temps. **3** didact. Relatif au temps ; situé dans le temps (surtout opposé à *spatial*). → **spatiotemporel.** ► **temporalité** n. f.

temporellement adv. ▪ didact. Relativement au temps.

temporiser v. intr. [1] ▪ Différer d'agir, par calcul. ► **temporisation** n. f. ► **temporisateur, trice** adj. et n.

temps [tɑ̃] n. m. ▪ **I** Continuité indéfinie, milieu où se déroulent la succession des événements et des phénomènes, leur représentation dans la conscience. *Le temps et l'espace.* **1** La durée. *Le temps presse* : il faut agir rapidement. *Dans, en peu de temps.* ◆ (Grandeur mesurable) *Unités de temps* (jour, heure, minute, seconde). **2** Portion limitée de durée. *Emploi du temps.* ◆ loc. conj. *Voilà* BEAU TEMPS *que* : il y a longtemps que. ◆ *La plupart du temps* : le plus souvent. *Tout le temps* : continuellement. ◆ *LE TEMPS DE* (+ inf.), *QUE* (+ subj.) : le temps nécessaire pour. ♦ loc. *Prendre (tout) son temps*, ne pas se presser. **3** mus. Chacune des divisions égales de la mesure. ◆ loc. *En deux temps, trois mouvements*, très rapidement. **4** Chacune des phases (d'une manœuvre, d'une opération, d'un cycle). *Moteur à quatre temps.* **5** Durée chronométrée d'une course. ♦ *TEMPS MORT* (dans un match) ; fig. période sans activité. **II 1** Point repérable dans une succession par référence à un «avant» et un «après». → **date, époque, instant, moment.** ◆ loc. *Chaque chose EN SON TEMPS*, quand il convient. **2** Époque (de qqn, qqch.). → **ère, siècle.** *Être de son temps.* ♦ *LES TEMPS (actuels). Les temps sont durs.* ◆ *Ces derniers temps*, il y a peu. **3** Époque, moment de la vie. ◆ *DE MON TEMPS*, quand j'étais jeune. ♦ *Se donner, prendre DU BON TEMPS*, s'amuser. **4** *Le temps de* (+ inf.) : le bon moment pour. ◆ *IL EST TEMPS DE* (+ inf.), *QUE* (+ subj.), le moment est venu. **5** loc. adv. *À TEMPS* : juste assez tôt. ◆ *EN MÊME TEMPS* : simultanément ; à la fois, aussi bien. ◆ *ENTRE TEMPS.* → **entretemps.** ◆ *DE TEMPS EN TEMPS, DE TEMPS À AUTRE* : à des intervalles de temps irréguliers. ◆ *DE TOUT TEMPS* : depuis toujours. ◆ *EN TOUT TEMPS* : toujours. ◆ *DANS LE TEMPS* : autrefois, jadis. ♦ loc. conj. *DU TEMPS QUE* (+ indic.) : lorsque. ◆ *AU TEMPS, DU TEMPS OÙ.* → **quand. 6** gramm. Forme verbale particulière à valeur temporelle. *Temps et modes.* ◆ (en français) *Temps simples* : présent, imparfait, passé simple, futur. *Temps composés* (formés avec un auxiliaire). **III** *LE TEMPS* : entité (souvent personnifiée) représentative du changement continuel de l'univers. ◆ *TUER LE TEMPS* : s'occuper. **IV** État de l'atmosphère à un moment donné (→ **météorologie**). *Beau, mauvais temps.*

tempura [tɛmpuʀa] n. m. ▪ Beignet très léger de légumes ou de poisson (cuisine japonaise).

tenable adj. ▪ (en emploi négatif) Supportable.

tenace adj. ▪ **1** Dont on se débarrasse difficilement. *Des préjugés tenaces.* → **durable.** ◆ *Odeur tenace.* **2** (personnes) Qui tient fermement à ses opinions, ses décisions. → **obstiné, persévérant.** ► **tenacement** adv. ► **ténacité** n. f.

tenaillant, ante adj. ▪ littér. Qui tenaille, fait souffrir. *Une faim tenaillante.*

tenaille n. f. ▪ (surtout au plur.) Outil formé de deux pièces articulées, à mâchoires.

tenaillement n. m. ▪ Action de tenailler. *Le tenaillement du remords.*

tenailler v. tr. [1] ▪ Faire beaucoup souffrir. *La faim, le remords le tenaille.*

tenancier, ière n. ▪ Personne qui tient une exploitation. ♦ admin. ou péj. Personne qui tient un établissement surveillé.

tenant, ante ▪ **I** adj. **1** Qui se poursuit. ♦ loc. *Séance* tenante.* **2** Qui tient, est attaché. **II** n. **1** sports *Le tenant (la tenante) du titre.* → **détenteur. 2** Partisan. *Les tenants d'une doctrine.*

3 n. m. (choses) *D'un seul tenant* : d'une seule pièce. ♦ (n. m. pl.) loc. *Les tenants et les aboutissants**.

tendance ■ **I** n. f. **1** Disposition à être, à agir, à se comporter d'une certaine façon. → **inclination, penchant.** ➤ AVOIR TENDANCE À (+ inf.) : être enclin à. **2** Orientation commune. *Quelle est sa tendance politique ?* **3** Évolution (de qqch.) dans un même sens. → **direction, orientation.** *Les tendances de la mode.* **II** adj. fam. (invar.) Conforme aux dernières modes. *C'est très tendance.*

tendanciel, ielle adj. ■ Qui marque une tendance (3).

tendancieux, euse adj. ■ Qui manifeste des préjugés. → **partial.** *Récit tendancieux.* ► **tendancieusement** adv.

tende n. f. ■ *Tende de tranche* : morceau de bœuf situé sur la face interne de la cuisse.

tendelle n. f. ■ chasse Collet pour prendre les grives.

tender [-ɛʀ] n. m. ■ anciennt Wagon contenant le combustible et l'eau nécessaires à une locomotive à vapeur.

tenderie n. f. ■ Chasse où l'on tend des pièges (aux oiseaux) ; terrain où l'on tend ces pièges.

tendeur n. m. ■ **1** Appareil servant à tendre (une chaîne de bicyclette, des fils, etc.). **2** Câble élastique de fixation.

tendineux, euse adj. ■ Qui contient beaucoup de tendons.

tendinite n. f. ■ méd. Inflammation d'un tendon (1).

tendon n. m. ■ **1** Organe conjonctif, fibreux, d'un blanc nacré, par lequel un muscle s'insère sur un os. *Tendon d'Achille* (au talon). **2** Cet organe, dans une viande.

① **tendre** v. [41] ■ **I** v. tr. dir. **1** Tirer sur (une chose souple ou élastique), de manière à la rendre droite. *Tendre un arc.* → **bander.** ➤ *Tendre ses muscles,* les raidir. ♦ fig. pronom. *Leurs rapports se sont tendus.* **2** Déployer. *Tendre un filet.* ➤ fig. *Tendre un piège, une embuscade.* **3** Tapisser (→ **tenture**). ➤ au p. p. *Mur tendu de papier.* **4** Allonger ou présenter en avançant (une partie du corps). *Tendre la main,* pour prendre, demander ; aider, secourir. ➤ loc. *Tendre l'oreille* : écouter avec attention. → **dresser. 5** Présenter (qqch.) à qqn. → **donner.** ➤ *Tendre la main, les bras à qqn.* **II** v. tr. ind. **1** TENDRE À, VERS : avoir un but, une fin et s'en rapprocher. → **viser** à. **2** (sujet chose) TENDRE À (+ inf.) : avoir tendance à, évoluer de façon à. *La situation tend à s'améliorer.* ♦ *Tendre à prouver que...,* sembler prouver.

② **tendre** adj. ■ **1** (choses) Qui se laisse (plus) facilement entamer (opposé à *dur*). → **mou.** ♦ *Viande tendre* (► **tendreté** n. f.). **2** Délicat, fragile. ➤ *L'âge tendre,* le jeune âge. *Tendre enfance.* **3** (personnes) Porté à la sensibilité, aux affections. → **sensible.** ➤ n. *Un, une tendre.* → **sentimental.** ♦ (sentiments) Qui présente un caractère de douceur et de délicatesse. → **tendresse.** ♦ Qui manifeste l'affection. *Un regard tendre.* **4** (couleurs) Doux, atténué.

tendrement adv. ■ Avec tendresse.

tendresse n. f. ■ Sentiment tendre (3).

① **tendron** n. m. ■ Morceau de viande (veau, bœuf), paroi inférieure du thorax.

② **tendron** n. m. ■ vx Fille d'âge tendre.

tendu, ue adj. ■ **1** Rendu droit par traction. *Corde tendue.* ♦ fig. *Volonté tendue,* qui s'applique avec effort à qqch. **2** (personnes ; opposé à *détendu*). → **contracté, préoccupé, soucieux. 3** Qui menace de se dégrader. *Des rapports tendus.* **4** Que l'on tend (I, 5). ➤ loc. *Politique de la main tendue.*

ténèbres n. f. pl. ■ Obscurité profonde. → **noir.** ➤ fig., littér. *Les ténèbres de l'inconscient.* ♦ littér. *La ténèbre.*

ténébreux, euse adj. ■ **1** littér. Où règne une obscurité menaçante. → **sombre. 2** Secret et dangereux. → **mystérieux. 3** (personnes) Sombre et mélancolique. ➤ (n.) loc. *Un beau ténébreux.*

ténébrion n. m. ■ Insecte (coléoptère) d'un noir profond, qui habite les lieux sombres et dont la larve vit dans la farine (ver de farine).

tènement n. m. ■ région. Ensemble de propriétés contiguës.

ténesme n. m. ■ méd. Tension douloureuse avec sensation de brûlure et envies continuelles d'aller à la selle ou d'uriner.

teneur n. f. ■ **1** Contenu exact (d'un écrit officiel). *La teneur du décret.* **2** Quantité (d'un élément) contenue, en pourcentage. *La teneur en métal d'un minerai.*

ténia ou **tænia** n. m. ■ Long ver parasite de l'intestin. → **ver** solitaire.

ténifuge adj. et n. m. ■ méd. Qui provoque l'expulsion du ténia.

tenir v. [22] ■ **I** v. tr. **1** Avoir, garder avec soi en empêchant de tomber, de s'échapper. *Tenir un bébé dans ses bras.* **2** Faire rester (qqch., qqn) en place, dans une situation, un état pendant un certain temps. → **maintenir.** ➤ loc. *Tenir qqn en respect, en échec.* **3** Saisir (un être qui s'échappe), s'emparer de. *Nous le tenons.* **4** Résister à (dans des expr.). *Tenir le vin, l'alcool.* ➤ *Tenir tête* à.* ➤ *Tenir le coup.* **5** Avoir en sa possession (surtout abstrait). → **détenir.** *Je tiens la solution.* ♦ prov. *Mieux vaut tenir que courir,* avoir effectivement qu'espérer. ➤ (*Tu tiens,* substantivé) *Un tiens vaut mieux que deux tu l'auras,* mieux vaut un bien réel que des promesses. ♦ TIENS !, TENEZ !, prends, prenez. ➤ TIENS ! (marque l'étonnement). **6** TENIR EN (et n. d'attitude psychologique) : avoir en. *Tenir qqn en haute estime.* **7** TENIR (un renseignement...) DE *qqn*, l'avoir par lui. ♦ Avoir par hérédité. *Il tient cela de son père.* **II** v. tr. (sens affaibli) **1** Occuper (un espace). *Cela tient trop de place.* **2** Occuper (un lieu), sans s'en écarter. *Tenez votre droite !* **3** Remplir (une activité). *Tenir son rôle.* ♦ Diriger, gérer. *Tenir un hôtel.* ♦ Réunir (une assemblée). **4** *TENIR... POUR* : considérer comme, croire. **5** Observer fidèlement (ce qu'on a promis). *Tenir parole.* **III** v. intr. **1** Être attaché, fixé ; se maintenir. *Tenir droit ; debout.* ◆ loc. *Cette histoire ne tient pas debout*, est invraisemblable. **2** Être solide, ne pas céder, ne pas se défaire. ◆ *Il n'y a pas de raison qui tienne*, qui puisse s'opposer à... ♦ Résister à l'épreuve du temps. → **durer.** *Leur mariage tient toujours.* **3** (sujet personne) Résister. ◆ loc. *TENIR BON* : ne pas céder. **4** Être compris, contenu dans un espace. → **entrer.** *Ça ne tient pas dans le coffre.* **IV** v. tr. ind. **1** *TENIR À qqn, À qqch.*, y être attaché par un sentiment durable. ♦ Vouloir absolument (qqch.). *Si vous y tenez...* **2** (sujet chose) *TENIR À qqch.*, avoir un rapport de dépendance. → **provenir, résulter.** ◆ impers. *Il ne tient qu'à vous que* (+ subj.), *de* (+ inf.), cela ne dépend que de vous. ◆ *Qu'à cela ne tienne !*, peu importe. **3** *TENIR DE qqn, DE qqch.* : ressembler à. *Il a de qui tenir*, ses parents ont bien ce trait qu'il possède. ♦ Participer de la nature de (qqch.). *Cela tient du miracle.* ▷ v. pron. **se tenir** (réfl.) **1** *SE TENIR À qqch.* : tenir qqch. afin de garder une position. **2** Être, demeurer (dans une position). *Tiens-toi droit !* ♦ (choses) *Une histoire qui se tient*, cohérente. **3** Être (quelque part). *Il se tenait sur le seuil.* ♦ Être et rester (dans un état). *Se tenir sur la réserve.* ◆ (et adj.) *Se tenir tranquille.* **4** *S'EN TENIR À* (qqch.), ne vouloir rien de plus. *Je m'en tiens aux ordres.* ◆ loc. *Savoir à quoi s'en tenir*, être fixé. **5** (récipr.) Se tenir l'un l'autre. ♦ (chose) Être dans une dépendance réciproque. ▷ **tenu, ue 1** v. passif *ÊTRE TENU À, DE* (+ inf.) : obligé, contraint. **2** adj. (choses) *BIEN, MAL TENU*, bien (mal) arrangé, entretenu.

tennis [tenis] n. m. ■ **1** Sport dans lequel deux ou quatre joueurs se renvoient une balle, à l'aide de raquettes, de part et d'autre d'un filet. ♦ *Tennis de table.* → **ping-pong. 2** Terrain de tennis. → **court. 3** n. m. ou f. Chaussure de sport basse.

tennis-elbow [tenisɛlbo] n. m. ■ anglic. Épicondylite fréquente chez les joueurs de tennis.

tennisman [tenisman] n. m. ■ Joueur de tennis. *Des tennismans* ou *des tennismen.*

tennistique adj. ■ Relatif au tennis.

tenon n. m. ■ Partie saillante d'un assemblage, qui s'ajuste à une mortaise.

tenonner v. tr. [1] ■ techn. Mettre un tenon sur (une pièce de bois).

ténor n. m. ■ **1** Voix d'homme au-dessus du baryton ; le chanteur. → aussi **contre-ténor.** ♦ adj. Se dit des instruments ayant ce registre. **2** fig. Personnage très en vue.

ténorino n. m. ■ mus. Ténor très léger, qui utilise la voix de tête dans l'aigu.

ténoriser v. intr. ■ mus. Chanter comme un ténor, dans le registre du ténor.

ténorite n. f. ■ minér. Oxyde naturel de cuivre.

ténotomie n. f. ■ méd. Section chirurgicale d'un tendon.

tenrec ou **tanrec** n. m. ■ zool. Mammifère insectivore de Madagascar, au museau pointu, au corps couvert de poils et de piquants.

tenseur n. m. ■ **1** Muscle qui produit une tension. **2** math. Être mathématique, généralisation de la notion de vecteur. ▶ **tensoriel, elle** adj. *Calcul tensoriel.*

tensioactif, ive adj. et n. m. ■ chim. Capable d'augmenter les capacités d'étalement, de mouillage d'un liquide, en abaissant sa tension superficielle.

tensiomètre n. m. ■ Appareil servant à mesurer la tension (artérielle, etc.).

tension n. f. ■ **I 1** État d'une substance souple ou élastique tendue (opposé à *détente*). **2** phys. Force qui agit de manière à écarter, à séparer les parties d'un corps. **3** *Tension (artérielle, veineuse)*, pression du sang. ◆ *Avoir de la tension*, de l'hypertension. **4** électr. Différence de potentiel. *Haute tension ; basse tension.* **II 1** Effort intellectuel ; application soutenue. → **concentration. 2** État de ce qui menace de rompre ; situation tendue. *La tension internationale.* **3** *Tension nerveuse*, énervement.

tenson n. f. ■ hist. littér. Genre poétique dialogué du Moyen Âge, où les interlocuteurs s'opposent sur un sujet donné. ◆ Poème de ce genre.

tentaculaire adj. ■ Qui se développe dans toutes les directions.

tentacule n. m. ■ Organe allongé muni de ventouses (poulpes, calmars).

tentant, ante adj. ■ Qui tente, éveille l'envie. *Un menu tentant.*

tentateur, trice n. et adj. ■ (Personne) qui cherche à tenter, à séduire. ◆ *Le Tentateur* : le démon.

tentation n. f. ■ **1** relig. Impulsion qui pousse au péché, au mal. **2** Ce qui tente (I, 2).

tentative n. f. ■ Action par laquelle on s'efforce d'obtenir un résultat. → **essai.**

tente n. f. ■ Abri fait d'une matière souple tendue sur des supports (mâts, piquets).

tenter v. tr. [1] ■ **I 1** relig. Essayer d'entraîner au mal, au péché. → **tentation. 2** (sujet chose) Éveiller le désir, l'envie de (qqn). *Se laisser tenter.* ◆ *Être tenté, très tenté*, avoir envie (d'une chose). **II** Éprouver (les chances de réussite) ; essayer. → **tentative.** ◆ loc. *Tenter sa chance*, tenter de réussir.

tenthrède n. f. ■ zool. Insecte hyménoptère appelé *mouche à scie.*

tenture n. f. ▪ Pièce de tapisserie, de décoration murale.

tenu, ue → **tenir**

ténu, ue adj. ▪ Très mince, très fin. ► **ténuité** n. f.

tenue n. f. ▪ **I 1** Fait, manière de tenir, gérer (un établissement). *La tenue d'une maison*, son entretien. **2** Fait de tenir (une séance, une réunion...). **3** *Tenue de route* : aptitude d'un véhicule à se maintenir dans la direction commandée. **II 1** Fait de bien se tenir ; correction des manières. **2** Façon de se tenir (bien ou mal). *Bonne tenue à table*. **3** Manière dont une personne est habillée. → **mise.** ♦ Habillement particulier. *Tenue de sport*. ◆ fam. *Être en petite tenue*, peu vêtu. **4** fin. Fermeté du cours (d'une valeur), en Bourse.

tenure n. f. ▪ hist. Dans la féodalité, Mode de concession d'une terre ; cette terre. *Tenure noble, féodale*. → **fief.** ◆ Relation de dépendance (d'un fief par rapport à un autre). → **mouvance.**

tenuto [tenuto] adv. ▪ mus. En tenant les notes pendant toute la durée de leur émission. ◆ n. m. Passage joué tenuto. *Des tenutos*.

téocalli n. m. ▪ archéol. Chez les Aztèques, pyramide tronquée portant un temple et un autel à son sommet.

tep [tɛp] n. f. invar. (sigle de *tonne équivalent pétrole*) ▪ techn. Unité de mesure thermique équivalant à la quantité d'énergie produite sous forme de chaleur par la combustion d'une tonne de pétrole brut.

tephillin ou **téphillin** [tefilin] n. m. pl. ▪ relig. Phylactères.

téphrochronologie [-kʀ-] n. f. ▪ géol. Procédé de datation par l'analyse stratigraphique des cendres volcaniques réparties sur le globe par les vents.

téphrosie n. f. ▪ bot. Plante exotique (légumineuse) dont une espèce fournit un indigo et une autre un insecticide.

tepidarium ou **tépidarium** [tepidaʀjɔm] n. m. ▪ Antiq. romaine Partie des bains romains maintenue à température modérée.

tequila [tekila] n. f. ▪ Alcool d'agave (mexicain).

① **ter** [tɛʀ] adv. ▪ **1** mus. Indication d'avoir à répéter un passage trois fois. **2** (après un nombre) Troisième (après *bis*).

② **TER** [teøɛʀ] n. m. (sigle) ▪ (en France) « Train express régional », reliant des pôles régionaux.

téra- Élément qui indique la multiplication par un million de millions (10^{12}) de l'unité dont il précède le nom (symb. T).

téragone n. m. ▪ géom. Polygone qui a un très grand nombre de côtés.

térato- Élément savant, du grec *teras, teratos* « monstre ».

tératogène adj. ▪ méd. Qui, par son action sur l'embryon, peut produire un monstre. *Substance tératogène*.

tératogenèse n. f. ▪ biol. Formation et développement de formes anormales ou monstrueuses.

tératologie n. f. ▪ biol. Science qui étudie les malformations des êtres vivants. ► **tératologique** adj. ► **tératologue** n.

tératome n. m. ▪ didact. Tumeur des cellules germinales des mammifères qui garde la capacité de se différencier en structures embryonnaires précoces.

terbium [-jɔm] n. m. ▪ chim. Élément atomique du groupe des terres rares (symb. Tb ; n° at. 65 ; masse at. 158,92).

tercer → **tiercer**

tercet n. m. ▪ Strophe de trois vers.

térébelle n. f. ▪ zool. Ver marin dont la partie inférieure du corps est dissimulée dans un fourreau gélatineux recouvert de grains de sable et dont la partie supérieure porte des branchies et des tentacules.

terebellum ou **térébellum** [teʀebelɔm] n. m. ▪ zool. Mollusque gastéropode de l'océan Indien, couramment appelé *tarière*.

térébenthine n. f. ▪ Résine végétale recueillie par incision (conifères).

térébinthe n. m. ▪ Pistachier qui donne une résine très aromatique.

térébrant, ante adj. ▪ didact. **1** *Insecte térébrant*, qui perce des trous. **2** *Douleur térébrante*, sensation de percement.

térébration n. f. ▪ méd. Perforation chirurgicale ou spontanée.

térébratule n. f. ▪ zool. Animal marin, à coquille lisse en forme de V ou de W.

téréphtalique adj. ▪ chim. *Acide téréphtalique* : isomère de l'acide phtalique dont les sels réagissent avec les glycols pour former des résines polyesters (→ **tergal**).

tergal n. m. (nom déposé) ▪ Fibre synthétique de polyester.

tergiverser v. intr. [1] ▪ littér. Raisonner pour éviter de donner une réponse nette, retarder une décision. → **atermoyer, temporiser.** ► **tergiversation** n. f.

termaillage n. m. ▪ fin. Décalage des règlements des transactions internationales, afin de tirer profit des variations de taux de change.

① **terme** n. m. ▪ **1** Limite fixée dans le temps. ◆ *Mettre un terme à qqch.*, faire cesser. ♦ *À TERME* : avec un terme fixé. *Vente à terme* (opposé à *au comptant*). → à **crédit.** ◆ *À court, à long terme*, dans un temps bref, long. **2** Date de paiement des loyers. ♦ Le loyer. **3** littér. Dernier élément, dernier stade. → **conclusion, fin.**

Mener qqch. à (son) terme. → **terminer.** **4** *Accouchement À TERME*, dans le temps normal. ➝ *Enfant né avant terme.* → **prématuré.**

② **terme** n. m. ■ **I 1** Mot, expression. *Chercher le terme exact.* **2** au plur. Discours ; manière de s'exprimer. ➝ loc. *EN (ces, d'autres...) TERMES* : à l'aide de ces, d'autres... mots. **3** Mot appartenant à une terminologie (1). *Termes techniques.* **4** Élément simple, objet d'une relation. *Les termes d'une équation.* ♦ fig. *Moyen terme* : solution, situation intermédiaire. **II** loc. *Être en bons, en mauvais termes avec qqn* : entretenir de bonnes, de mauvaises relations avec qqn.

terminaison n. f. ■ **1** Dernier élément d'un mot. → **finale.** **2** Extrémité. ➝ anat. *Terminaisons nerveuses.*

① **terminal, ale, aux** adj. ■ Qui forme le dernier élément. → **final.** *Phase terminale.* ♦ n. f. (en France) Dernière classe du lycée.

② **terminal, aux** n. m. ■ anglic. **1** Installations pour le déchargement de navires de transport (pétroliers, etc.). **2** Périphérique d'utilisation à distance d'un ordinateur. **3** Point de départ des passagers d'un aéroport.

terminer v. tr. [1] ■ **1** Faire cesser volontairement (qqch. dans le temps). *Terminer un débat.* → **clore, lever.** **2** Mener à terme (ce qui est en cours). → **achever, finir.** *Terminer un travail.* ♦ Passer la dernière partie de (un temps). *Terminer la soirée au cinéma.* **3** (sujet chose) Constituer, former le dernier élément de (qqch.). ▷ v. pron. se **terminer** **1** Prendre fin (dans l'espace ou dans le temps). **2** *SE TERMINER PAR* : avoir pour dernier élément. **3** *SE TERMINER EN.* ➝ (dans l'espace) *Clocher qui se termine en pointe.* ➝ (dans le temps) *L'histoire se termine en queue de poisson.*

terminologie n. f. ■ **1** Ensemble organisé de termes appartenant à un domaine spécial (science, technique, institutions). ♦ Vocabulaire didactique. **2** Étude des systèmes de termes et de notions. ► **terminologique** adj. ► **terminologue** n.

terminus [-ys] n. m. ■ Dernière station (d'une ligne de transports).

termite n. m. ■ Insecte social qui ronge le bois par l'intérieur. *Un termite.*

termitière [-tjɛʀ] n. f. ■ Nid de termites, butte de terre durcie percée de galeries.

ternaire adj. ■ Composé de trois éléments.

terne adj. ■ **1** Qui manque d'éclat, reflète peu la lumière. *Couleur terne.* ➝ *Regard terne,* inexpressif. **2** Sans intérêt.

ternir v. tr. [2] ■ **1** Rendre terne (1). **2** Porter atteinte à. *Ternir la réputation de qqn.* → **salir.**

terpène n. m. ■ chim. Hydrocarbure naturel ($C_{10}H_{16}$) extrait d'huiles essentielles et de résines végétales. ► **terpénique** adj.

terpinol n. m. ■ chim. Isomère d'un composé terpénique utilisé en pharmacie et dans la préparation des parfums.

terrain n. m. ■ **I 1** Étendue de terre (dans son relief ou sa situation). → **sol.** *En terrain plat.* ➝ fig. *Un terrain glissant,* une situation dangereuse. ➝ loc. adj. *TOUT TERRAIN.* → **tout-terrain.** **2** Portion plus ou moins étendue et épaisse de l'écorce terrestre, quant à sa nature, son âge, son origine (souvent au plur.). *Terrains glaciaires.* **3** *LE TERRAIN,* la zone des opérations militaires. ➝ loc. *Sur le terrain* (fig. sur place). *Tâter, préparer le terrain.* ➝ fig. *Terrain d'entente.* ➝ *Gagner, perdre du terrain,* avancer, reculer (aussi fig.). ♦ loc. *Un homme de terrain,* en contact avec les réalités. **4** État (d'un organisme, d'un organe...), quant à sa résistance à la maladie. **II 1** Espace, étendue de terres. *Terrain vague**. **2** Emplacement aménagé. *Terrain de jeu.*

terraqué, ée adj. ■ vx ou littér. Composé de terre et d'eau en parlant de notre monde. *La planète terraquée,* la Terre.

terrarium [-jɔm] n. m. ■ Emplacement aménagé pour l'élevage et l'observation de petits animaux (araignées, serpents...). → **vivarium.**

terrasse n. f. ■ **1** Levée de terre plane. *Cultures en terrasses.* **2** Plate-forme en plein air (≠ balcon). ➝ Toiture plate, accessible. **3** Partie d'un café sur un trottoir.

terrassement n. m. ■ **1** Opération par laquelle on creuse et on déplace la terre. *Travaux de terrassement.* **2** Les terres déplacées.

① **terrasser** v. tr. [1] ■ Creuser et déplacer la terre de. *Terrasser des fondations.*

② **terrasser** v. tr. [1] ■ Abattre, renverser (qqn), jeter à terre dans une lutte.

terrassier, ière n. ■ Ouvrier, ouvrière employé(e) aux travaux de terrassement.

terre n. f. ■ **I 1** Surface sur laquelle les humains, les animaux se tiennent et marchent. → **sol.** ➝ *À TERRE, PAR TERRE* : sur le sol. ➝ loc. fig. *Avoir les pieds SUR TERRE* : être réaliste. **2** (concret) Couche superficielle de la croûte terrestre (lorsqu'elle n'est pas rocheuse). *Un chemin de terre,* non revêtu. **3** L'élément où poussent les végétaux. *Cultiver la terre.* ♦ *LES TERRES* : étendue de terrain où poussent les végétaux. *Terres cultivées.* → **champ.** **4** *LA TERRE* : la vie paysanne, l'agriculture. ➝ loc. *Le retour à la terre.* **5** Étendue de surfaces cultivables, objet de possession. → **domaine, propriété, terrain.** ♦ au plur. *Se retirer sur ses terres.* **6** Vaste étendue de la surface solide du globe. *Les terres australes.* **7** *LA TERRE, LES TERRES* (opposé à la mer, à l'air). → **continent, île.** *La terre ferme.* ➝ *L'armée de terre* (opposé à la marine, l'aviation). **8** La croûte terrestre. ➝ loc. *Tremblement** *de terre.* **9** Le sol, considéré comme ayant un potentiel électrique égal à zéro. ➝ loc. *Prise de* *terre.* **II 1** (avec maj.) Planète appartenant au système solaire et où vivent de nombreuses espèces, dont l'humanité. **2** L'ensemble des lieux de la surface de la planète, en tant que milieu. → **monde.** ◆ loc. *Remuer* ciel et terre.* **III 1** Matière pulvérulente contenant généralement de l'argile, et servant à fabriquer des objets. *Terre glaise.* ◆ *TERRE CUITE.* **2** Colorant minéral. *Terre de Sienne.*

terre à terre loc. adj. invar. ■ Matériel et peu poétique. → **prosaïque.**

terreau n. m. ■ Engrais naturel, formé de terre végétale et de produits de décomposition. → **humus.**

terreauter v. tr. 1 ■ hortic. Améliorer (une terre) avec du terreau.

terre de Sienne → **terre** (III, 2)

terre-neuvas n. m. invar. ■ Navire ou marin qui pêche à Terre-Neuve.

terre-neuve n. m. invar. ■ Gros chien à tête large, à longs poils.

terre-plein n. m. ■ Plate-forme, levée de terre soutenue par une maçonnerie.

se **terrer** v. pron. 1 ■ **1** (animaux) Se cacher dans un terrier, se blottir. **2** Se mettre à l'abri dans un lieu couvert ou souterrain.

terrestre adj. ■ **1** De la planète Terre. *Le globe terrestre.* **2** Qui vit sur la surface solide de la Terre. ♦ (opposé à *aérien, maritime*) *Transports terrestres.* **3** (opposé à *céleste*) Du monde où vit l'homme.

terreur n. f. ■ **1** Peur extrême qui bouleverse, paralyse. → **effroi, épouvante, frayeur. 2** Peur collective qu'on fait régner pour briser une résistance (→ **terrorisme**). ◆ Régime fondé sur l'emploi de l'arbitraire imposé et de la violence (spécialt en France, 1793-94). **3** Être qui inspire une grande peur. ◆ Personnage redoutable (aussi iron.).

terreux, euse adj. ■ **1** De la nature ou de la couleur de la terre. **2** Mêlé de terre.

terrible adj. ■ **1** (choses) Qui inspire de la terreur (1). → **effrayant, terrifiant.** ♦ (personnes) n. *Ivan le Terrible.* **2** Très pénible, très fort. *Un froid terrible.* **3** (personnes) Agressif, turbulent. *Un enfant terrible.* → **intenable, insupportable. 4** fam. Extraordinaire ; excellent. ► **terriblement** adv.

terricole adj. ■ zool. Qui vit dans la terre ou dans la vase (opposé à *aéricole*). *Ver terricole.* ◆ n. m. *Un terricole.*

terrien, ienne ■ **I** adj. **1** Qui possède des terres. *Propriétaire terrien.* → **foncier. 2** littér. Qui concerne la terre, les paysans (opposé à *citadin*). **II** n. Habitant de la planète Terre (opposé aux extraterrestres imaginés).

terrier n. m. ■ **I** Trou, galerie que certains animaux creusent dans la terre. **II** Chien pour la chasse des animaux à terrier.

terrifier v. tr. 7 ■ **1** Frapper (qqn) de terreur. → **effrayer, terroriser. 2** (sens affaibli) Inquiéter, faire peur. ► **terrifiant, ante** adj.

terrigène adj. ■ **1** géol. Qui a été arraché à la terre par l'érosion ou entraîné par un cours d'eau. *Dépôts terrigènes.* **2** biol. D'origine terrestre. *Bactéries terrigènes.*

terril [-i(l)] ou **terri** n. m. ■ Grand tas de déblais près d'une mine. → **crassier.**

terrine n. f. ■ Récipient de terre où l'on fait cuire et où l'on conserve certains aliments. ♦ Son contenu. ◆ spécialt Pâté.

territoire n. m. ■ **1** Étendue de la surface terrestre sur laquelle vit un groupe humain. ◆ *Aménagement du territoire,* politique de répartition des activités selon un plan. **2** Étendue de pays sur laquelle s'exerce une autorité. *Le territoire de la commune.* ♦ Pays qui ne constitue pas un État souverain. **3** Zone qu'un animal se réserve.

territorial, ale, aux adj. ■ **1** Qui consiste en un territoire, le concerne. *Les eaux territoriales* (d'un État riverain). **2** vieilli Qui concerne la défense du territoire national.

territorialité n. f. ■ dr. Qualité juridique tenant au territoire. *Territorialité d'un impôt.*

terroir n. m. ■ **1** Région rurale. *Accent du terroir.* **2** Terres d'une région fournissant un produit agricole caractéristique.

terroriser v. tr. 1 ■ Frapper de terreur, faire vivre dans la terreur. → **terrifier.**

terrorisme n. m. ■ **1** Emploi systématique de la violence pour atteindre un but idéologique ; ces actes de violence. **2** Attitude d'intolérance, d'intimidation. ► **terroriste** adj. et n.

terser → **tiercer**

tertiaire adj. ■ **I** géol. *Ère tertiaire* ou n. m. *le tertiaire* : ère géologique (environ 70 millions d'années) marquée par les plissements alpins, la diversification des mammifères. **II** écon. *Secteur tertiaire* ou n. m. *le tertiaire* : activités qui ne produisent pas des biens de consommation (commerce, services, administration).

tertiarisation n. f. ■ écon. Développement du secteur tertiaire.

tertio adv. ■ En troisième lieu (après *primo, secundo*). → **troisièmement.**

tertre n. m. ■ Petite éminence isolée à sommet aplati. → **butte, monticule.**

terza rima n. f. ■ hist. littér. Poème formé de tercets dont le premier et le troisième vers riment ensemble, tandis que le second fournit les rimes extrêmes du tercet suivant (a, b, a — b, c, b — c, d, c, etc.).

tes → ① **ton**

tesla n. m. ■ phys. Unité de mesure d'induction et de densité de flux magnétique (symb. T), valant un weber par mètre carré.

tesselle n. f. ▪ techn. Chacun des petits éléments formant une composition ornementale (mosaïque, pavement, etc.).

tessère n. f. ▪ Dans la Rome antique, Tablette ou jeton ayant divers usages (billet de théâtre, bulletin de vote, etc.).

tessiture n. f. ▪ mus. Étendue des sons (d'une voix, d'un instrument). → **registre.**

tesson n. m. ▪ Débris (de verre, poterie).

① **test** [tɛst] n. m. ▪ **1** psych. Épreuve qui permet de déceler les aptitudes, les caractères psychiques d'une personne. **2** Contrôle biologique ou chimique. *Test de grossesse.* **3** Épreuve ou expérience décisive.

② **test** → **têt**

testacé, ée adj. ▪ zool. Couvert d'une coquille.

testacelle n. f. ▪ zool. Mollusque gastéropode, pourvu d'une petite coquille à l'arrière du corps, qui vit enfoui dans le sol.

testage n. m. ▪ techn. Méthode de sélection des reproducteurs d'après la valeur de leurs descendants.

testament n. m. ▪ **I** relig. chrét. Partie de la Bible. *L'Ancien, le Nouveau* (→ **évangile**) *Testament.* **II 1** Acte par lequel une personne dispose des biens qu'elle laissera en mourant. **2** fig. Suprême expression de la pensée et de l'art de qqn.

testamentaire adj. ▪ Qui se fait par testament, se rapporte à un testament.

① **tester** v. tr. [1] ▪ **1** Soumettre à des tests. **2** Contrôler, éprouver (qqch.).

② **tester** v. intr. [1] ▪ dr. Disposer de ses biens par testament. ▸ **testateur, trice** n.

testeur, euse n. ▪ **1** Personne qui fait passer des tests. **2** n. m. techn. Appareil de contrôle pour l'observation de certains phénomènes. ◆ Appareil effectuant des diagnostics sur des composants ou des équipements.

testiculaire adj. ▪ Qui concerne les testicules.

testicule n. m. ▪ Glande génitale mâle, productrice des spermatozoïdes. ♦ Cet organe et ses enveloppes (→ ① **bourse, scrotum**), chez l'homme.

testimonial, ale, aux adj. ▪ Qui repose sur des témoignages. *Preuve testimoniale.*

testologie n. f. ▪ didact. Science qui a pour objet la conception et l'interprétation de tests psychologiques. → **psychométrie.**

testostérone n. f. ▪ biochim. Hormone mâle sécrétée par les testicules.

têt [tɛ] ou **test** [tɛst] n. m. ▪ **1** vx Tesson. **2** mod., chim. *Têt à rôtir* : coupelle en terre réfractaire employée pour la calcination ou l'oxydation de certaines substances. *Têt à gaz* : support en terre cuite qui supporte une éprouvette à gaz.

tétanie n. f. ▪ méd. Affection se traduisant par des contractures, des spasmes.

tétaniser v. tr. [1] ▪ **1** méd. Mettre en état de tétanie. **2** fig. Figer, paralyser. ▸ **tétanisation** n. f.

tétanos [-os] n. m. ▪ **1** Grave maladie infectieuse, contraction douloureuse des muscles avec des crises convulsives. **2** *Tétanos musculaire* : contraction prolongée d'un muscle. ▸ **tétanique** adj.

têtard n. m. ▪ Larve de batracien, à grosse tête prolongée par un corps effilé.

tête n. f. ▪ **I 1** Extrémité antérieure des animaux, portant la bouche et les principaux organes des sens (quand elle est distincte). → **céphal(o)-.** *La tête d'un oiseau, d'un poisson, d'un serpent.* **2** Partie supérieure du corps (d'un être humain) contenant le cerveau. ♦ loc. *La tête haute,* redressée ; fig. (adverbial) avec fierté. *La tête basse* (fig. → **confus, honteux**). ◆ *Être tombé sur la tête* : être un peu fou. ◆ *Ne savoir où donner de la tête* : avoir trop d'occupations. ◆ *En avoir par-dessus la tête,* assez. ◆ *En tête à tête avec qqn* : avec lui seul. ♦ *TENIR TÊTE* : résister. **3** Sommet de la tête où poussent les cheveux. *Tête nue,* sans chapeau. **4** (En tant que partie vitale) *Risquer sa tête,* sa vie. ◆ loc. *Donner sa tête à couper que* : affirmer avec conviction. **5** Le visage, l'expression. *Une bonne tête.* → fam. **bouille.** *Tête à claques.* ◆ *FAIRE LA TÊTE.* → **bouder.** ♦ Visage (qui rend qqn reconnaissable). *J'ai vu cette tête-là quelque part.* **6** Représentation de cette partie du corps de l'homme, des animaux supérieurs. ◆ loc. fig. *Être la tête de Turc de qqn* : être sans cesse en butte à ses railleries. **7** *Tête de mort* : crâne humain. **8** Hauteur d'une tête humaine. *Il la dépasse d'une tête.* ♦ Longueur d'une tête de cheval, dans une course. **9** Coup de tête dans la balle, au football. **10** Partie (d'une chose) où l'on peut poser la tête. *La tête du lit.* → **chevet. II 1** Le siège de la pensée, chez l'être humain. → **cerveau, cervelle, esprit.** ◆ loc. *Être tête en l'air* : être étourdi. *Une grosse tête* : une personne savante. péj. *Avoir la grosse tête* : être prétentieux. ◆ *Il n'a pas de tête,* il oublie tout. ◆ *Une femme de tête,* énergique, efficace. ◆ *Calculer DE TÊTE,* mentalement. ◆ *Une idée derrière la tête,* une intention cachée. ♦ *Se mettre dans la tête, en tête (qqch. ; de..., que...)* : décider ; imaginer, se persuader. ♦ *Je n'ai plus son nom EN TÊTE,* je ne m'en souviens plus. **2** Le siège des états psychologiques. *Perdre la tête* : s'affoler. *Avoir la tête à ce qu'on fait,* l'attention. *N'en faire qu'à sa tête* : agir selon sa fantaisie. ◆ *Coup de tête* : décision, action irréfléchie. **3** (Raison). loc. *Perdre la tête* : devenir fou. *Avoir toute sa tête.* **III 1** (Personne). *Une forte tête* : une personne qui s'oppose aux autres et fait ce qu'elle veut. *Une mauvaise tête.* **2** *PAR TÊTE* : par personne, par individu. ◆ fam. *Par tête de pipe* (même sens). **3** Personne qui conçoit et dirige. **4** Animal d'un troupeau. *Cent têtes de bétail.* **IV** (choses) **1** Extrémité, partie terminale. *La tête d'un clou.* ➛ *Tête de lecture.* **2** Partie antérieure (d'une chose qui se déplace). *La tête d'un train.* ➛ *Tête chercheuse* : dispositif (d'une fusée...) pouvant modifier sa trajectoire vers l'objectif. **3** Partie antérieure (d'une chose orientée). ➛ *Tête de liste,* premier nom. **4** Place de ce qui est à l'avant ou au début (surtout : *de, en tête*). *Wagon de tête.* **5** Place de la personne qui dirige, commande. *Prendre la tête.* ➛ *À LA TÊTE de...* : en dirigeant.

tété n. m. ▪ fam. Sein. → **lolo, nichon.**

tête-à-queue n. m. invar. ▪ Volte-face (d'un cheval, d'un véhicule).

tête-à-tête n. m. invar. ▪ Situation de deux personnes qui se trouvent seules ensemble ou s'isolent.

têteau n. m. ▪ région. Arbre étêté qui commence à refaire des branches.

tête-bêche loc. adv. ▪ Parallèlement et en sens inverse, opposé.

tète-chèvre n. m. ▪ région. Engoulevent.

tête-de-clou n. m. ▪ archit. Petite pyramide ornementale à quatre faces.

tête-de-loup n. f. ▪ Brosse ronde à long manche, pour nettoyer les plafonds.

tête-de-nègre ▪ **1** adj. invar. et n. m. invar. De couleur marron foncé. **2** n. f. Pâtisserie faite d'une meringue sphérique enrobée de chocolat. *Des têtes-de-nègre.*

téter v. tr. [6] ▪ Boire (le lait) en suçant le mamelon ou une tétine. ► **tétée** n. f.

téterelle n. f. ▪ Petit embout que l'on applique au bout du sein pour faciliter l'allaitement.

têtière n. f. ▪ **1** Partie inférieure de la bride (→ **caveçon**) qui passe derrière les oreilles et soutient le mors. **2** Garniture ou petit coussin placé sur le dossier d'un fauteuil, d'un divan pour appuyer la tête. **3** mar. Partie renforcée au point de drisse d'une voile triangulaire.

tétine n. f. ▪ **1** Mamelle de certains mammifères. → **pis. 2** Embouchure percée d'un biberon. ♦ Embout de caoutchouc qu'on donne à sucer à un bébé.

téton n. m. ▪ fam. Mamelon (I).

tétra n. m. ▪ Nom courant de divers poissons d'aquarium.

tétra- Élément, du grec *tetra-* «quatre».

tétrachlorure [-kl-] n. m. ▪ chim. Composé dont la molécule comporte quatre atomes de chlore. *Tétrachlorure de carbone* (employé comme détachant).

tétracycline n. f. ▪ méd. Antibiotique à large spectre, actif sur de nombreuses bactéries.

tétradactyle adj. ▪ zool. Qui a quatre doigts au pied.

tétrade n. f. ▪ **1** didact. Groupe de quatre éléments. **2** biol. Ensemble formé par une paire de chromosomes dédoublés, lors de la méiose.

tétraèdre n. m. ▪ Polyèdre à quatre faces triangulaires. ► **tétraédrique** adj.

tétragone n. f. ▪ Plante potagère à feuilles épaisses, appelée parfois *épinard d'été.*

tétralogie n. f. ▪ Ensemble de quatre œuvres (spécialt : quatre opéras de Wagner).

tétramère ▪ **1** adj. zool. (insectes) Dont les tarses sont composés de quatre parties. **2** n. m. biochim. Oligomère formé de quatre monomères.

tétraplégie n. f. ▪ méd. Paralysie des quatre membres. ► **tétraplégique** adj. et n.

tétraploïde adj. et n. m. ▪ biol. (Individu) dont les cellules ont quatre stocks de chromosomes au lieu de deux.

tétrapode n. m. et adj. ▪ Se dit de vertébrés à quatre membres (apparents ou non).

tétraptère adj. et n. m. ▪ zool. (insectes) Qui possède deux paires d'ailes.

tétrarchat [-ka] n. m. ▪ didact. Fonction, dignité de tétrarque.

tétrarque n. m. ▪ Antiq. Gouverneur de l'une des quatre régions d'une province. ► **tétrarchie** n. f.

tétras [-ɑ(s)] n. m. ▪ Gallinacé sauvage des montagnes (→ coq de bruyère).

tétrastyle adj. et n. m. ▪ archit. Dont la façade présente quatre colonnes de front. *Un temple tétrastyle* ou n. m. *un tétrastyle.*

tétrasyllabe [-s-] n. m. et adj. ▪ didact. Se dit d'un mot, d'un vers qui a quatre syllabes. → **quadrisyllabe.** ► **tétrasyllabique** adj.

tétratomique adj. ▪ chim. Se dit d'un corps qui contient quatre atomes par molécule.

tétravalent, ente adj. ▪ chim. Qui a pour valence 4. → **quadrivalent.**

tétrode n. f. ▪ techn. Tube électronique possédant quatre électrodes.

tétrodon n. m. ▪ **1** zool. Poisson des mers chaudes qui peut augmenter de volume à volonté, appelé parfois *poisson-globe.* **2** archit. Construction modulaire qui peut être agrandie.

tette n. f. ▪ zool. Bout de la mamelle, chez les animaux.

têtu, ue adj. ▪ Entêté, obstiné. → **buté.**

teuf n. f. (verlan) ▪ fam. Fête.

teufeur, euse n. ▪ fam. Habitué(e) des fêtes, et spécialt des raves*.

teuf-teuf n. m. invar. ▪ Bruit du moteur à explosion. ➛ Vieille auto.

teurgoule n. f. ▪ région. (Normandie) Dessert à base de riz et de lait, cuit au four dans une terrine.

teuton, onne adj. et n. ▪ **1** hist. Relatif aux anciens Teutons. **2** péj. Allemand. ► **teutonique** adj. → **germanique.**

tex [tɛks] n. m. ▪ techn. Unité de titrage d'un fil, correspondant à un gramme au kilomètre de fil **(→ décitex).**

tex-mex adj. ▪ Se dit de la cuisine mexicaine adaptée aux États-Unis (d'abord, au Texas).

texte n. m. ▪ **1** Les termes, les phrases qui constituent un écrit, une œuvre. *Le texte d'une chanson.* **2** La composition, la page imprimée. **3** dr. Écrit authentique. *Le texte d'un testament.* **4** Page, fragment d'une œuvre. *Textes choisis.* **→ morceau.**

texter v. 1 ▪ **I** v. intr. Rédiger, envoyer un texto. **II** v. tr. **1** Envoyer un texto à (qqn). **2** Envoyer par texto. *Texter une adresse à qqn.*

textile adj. et n. m. ▪ **1** Susceptible d'être tissé. ◆ n. m. Matière textile. **2** Qui concerne les tissus. ◆ n. m. L'industrie textile.

① **texto** adv. ▪ fam. Textuellement. *C'est ce qu'il m'a dit texto.*

② **texto** n. m. ▪ Bref message échangé entre téléphones portables. **→ minimessage, SMS.**

textuel, elle adj. ▪ **1** Conforme au texte. **2** didact. Du texte. ► **textuellement** adv.

texturant n. m. ▪ techn. Agent de texture.

texture n. f. ▪ Arrangement, disposition (des éléments d'une matière, d'un tout). **→ constitution, structure.**

texturer v. tr. 1 ▪ techn. Traiter (un fil synthétique) pour lui donner du gonflant, de l'élasticité.

T. G. V. [teʒeve] n. m. (sigle ; marque déposée) ▪ (en France) Train à grande vitesse.

Th ▪ Symbole chimique du thorium.

thaï, thaïe [taj] adj. et n. ▪ Se dit de langues de l'Asie du Sud-Est, parlées notamment par les Thaïlandais, et des peuples qui les parlent. ♦ n. m. *Le thaï* : ces langues.

thaïlandais, aise adj. et n. ▪ De Thaïlande. *Cuisine thaïlandaise.* ◆ n. *Les Thaïlandais.*

thalamus [-ys] n. m. ▪ Les deux noyaux de substance grise, à la base du cerveau. → aussi **hypothalamus.** ► **thalamique** adj.

thalassémie n. f. ▪ méd. Maladie génétique caractérisée par la synthèse défectueuse de l'hémoglobine.

thalasso- Élément savant, du grec *thalassa* «mer».

thalassothérapie n. f. ▪ Usage thérapeutique de l'eau de mer. - abrév. fam. **thalasso.**

thalassotoque adj. et n. m. ▪ zool. (Poisson) qui vit en eau douce mais se reproduit en mer.

thaler [talɛʀ] n. m. ▪ Ancienne monnaie allemande d'argent.

thalidomide n. m. (Acad.) ou f. ▪ méd. Tranquillisant (qui s'est révélé tératogène).

thalle n. m. ▪ bot. Appareil végétatif des plantes inférieures sans feuilles, tiges ni racines.

thallium [-jɔm] n. m. ▪ chim. Élément atomique (symb. Tl ; n° at. 81 ; masse at. 204,38), métal blanc bleuté, très malléable et très toxique.

thallophyte n. f. ▪ bot. Végétal inférieur dont l'appareil végétatif est un thalle.

thalweg n. m. **→ talweg**

thanato- Élément savant, du grec *thanatos* «mort».

thanatologie n. f. ▪ didact. Étude des différents aspects (biologiques, sociologiques, médicolégaux) de la mort.

thanatopraxie n. f. ▪ didact. Technique de l'embaumement des cadavres.

thanatos [-s] n. m. ▪ psych. Ensemble des pulsions de mort (souvent opposé à *éros*).

thaumaturge adj. ▪ didact. ou littér. Qui fait des miracles. ◆ n. m. Faiseur de miracles.

thaumaturgie n. f. ▪ didact. Pouvoir des thaumaturges.

thé n. m. ▪ **1** Arbre ou arbrisseau d'Asie, cultivé pour ses feuilles **(→ théine).** ♦ Feuilles de thé séchées. **2** Boisson de thé infusé. **3** Réunion où l'on sert du thé, des gâteaux.

théatin n. m. ▪ Religieux de l'ordre fondé par P. Carafa, évêque de Theato, pour réformer les mœurs du clergé.

théâtral, ale, aux adj. ▪ **1** Qui appartient au théâtre ; de théâtre (II, 1). **2** fig. et péj. Artificiel, excessif. *Une attitude théâtrale.* ► **théâtralement** adv. ► **théâtralité** n. f.

théâtraliser v. tr. 1 ▪ didact. Donner un caractère théâtral à.

théâtralisme n. m. ▪ psych. Tendance aux manifestations émotives spectaculaires.

théâtre n. m. ▪ **I 1** Antiq. Construction en plein air réservée aux spectacles, adossée à une colline creusée en hémicycle. **→ amphithéâtre.** ♦ mod. Construction ou salle destinée aux spectacles. **2** Entreprise de spectacles dramatiques **(→ compagnie, troupe). 3** fig. *Le théâtre de* : le cadre de (un événement). **II 1** Art visant à représenter devant un public des êtres humains agissant et parlant. **→ scène ; dramatique.** *Pièce de théâtre.* ◆ fig. *Coup de théâtre* : retournement d'une situation. **2** Genre littéraire ; œuvres dramatiques*. **→ comédie, drame, tragédie. 3** Activités de l'acteur ; profession de comédien de théâtre (et de metteur en scène, etc.).

théâtreux, euse n. ▪ fam. Professionnel du théâtre.

théâtrothérapie n. f. ▪ psych. Thérapie basée sur l'improvisation théâtrale.

thébaïde n. f. ▪ littér. Lieu isolé et sauvage, où l'on mène une vie austère, calme et solitaire.

thébaïne n. f. ▪ chim. Alcaloïde très toxique extrait de l'opium.

thébaïque adj. ■ didact. Relatif à l'opium, qui contient de l'opium. → **opiacé.**

thébaïsme n. m. ■ didact. Intoxication par l'opium. → **opiomanie.**

-thée Élément, du grec *theos* «dieu».

théier n. m. ■ Arbre à thé.

théière n. f. ■ Récipient pour le thé.

théine n. f. ■ didact. Variété de caféine des feuilles de thé (alcaloïde).

théisme n. m. ■ didact. Croyance en un dieu unique. → **déisme.** ► **théiste** adj. et n.

-théisme, -théiste Éléments, du grec *theos* «dieu» (ex. *monothéisme*).

thématique ■ **I** adj. Relatif à un thème. *Catalogue thématique.* **II** n. f. didact. Ensemble, système organisé de thèmes.

thématisme n. m. ■ didact. Organisation d'une œuvre littéraire ou musicale autour de thèmes.

thème n. m. ■ **1** Sujet, idée qu'on développe (dans un discours, un ouvrage). → **objet, sujet.** **2** Traduction d'un texte de la langue maternelle dans une langue étrangère (s'oppose à *version*). ◆ loc. *Un fort en thème :* un très bon élève. **3** mus. Dessin mélodique répété ou objet de variations. → **motif.**

thénar n. m. ■ anat. Saillie formée sur la paume de la main par les muscles du pouce.

théo- Élément, du grec *theos* «dieu».

théobromine n. f. ■ biochim. Alcaloïde du cacao, présent également dans le thé, le café, la noix de cola.

théocratie n. f. ■ didact. Régime où une religion, les prêtres jouent un rôle politique important. ► **théocratique** adj.

théodicée n. f. ■ didact. Justification de la bonté divine par la réfutation des arguments tirés de l'existence du mal.

théodolite n. m. ■ sc. Instrument de visée, servant à mesurer les angles.

théogonie n. f. ■ (religions polythéistes) Récit de la naissance des dieux. → **mythologie.** ► **théogonique** adj.

théologal, ale, aux adj. ■ (religion chrétienne) *Vertus théologales,* qui ont Dieu pour objet (foi, espérance, charité).

théologie n. f. ■ (religions monothéistes) Étude des questions religieuses fondée sur les textes sacrés, les dogmes. ► **théologique** adj. ► **théologien, ienne** n.

théophilanthrope n. ■ hist. Adepte d'un système philosophique et religieux d'inspiration déiste, en vogue à la fin du XVIIIe siècle et opposé au catholicisme.

théophylline n. f. ■ biochim. Principal alcaloïde des feuilles de thé.

théorbe n. m. ■ Luth à sonorité grave.

théorème n. m. ■ Proposition démontrable qui résulte d'autres propositions.

théoricien, ienne n. ■ **1** Personne qui connaît la théorie ; spécialt qui s'occupe de théorie plus que d'applications. **2** Personne qui élabore, défend une théorie.

① **théorie** n. f. ■ **1** Ensemble d'idées, de concepts abstraits dans un domaine. → **conception, doctrine, système.** ◆ *Théorie et pratique.* ◆ EN THÉORIE : en envisageant la question abstraitement. **2** sc. Système d'hypothèses, de connaissances vérifiées et de règles logiques.

② **théorie** n. f. ■ littér. Cortège, procession.

théorique adj. ■ **1** De la théorie ; qui élabore des théories. *Recherche théorique.* → **fondamental.** **2** souvent péj. Conçu, étudié d'une manière abstraite et souvent irréaliste.

théoriquement adv. ■ **1** D'une manière théorique. **2** En principe, normalement.

théoriser v. [1] ■ **1** v. intr. Émettre, présenter une théorie. **2** v. tr. Mettre en théorie.

théosophie n. f. ■ Doctrine ésotérique du divin, fondée sur la contemplation, l'illumination intérieure. ► **théosophe** n.

thèque n. f. ■ biol. Enveloppe, graine. *Thèque du follicule ovarien.*

-thèque Élément (du grec *thêkê* «coffre») qui signifie «endroit où l'on garde».

thérapeute n. ■ didact. Personne qui soigne des malades. → **médecin.**

thérapeutique ■ **1** adj. Qui concerne le traitement des maladies ; apte à guérir. **2** n. f. didact. Médecine de soins.

thérapie n. f. ■ **1** didact. Traitement médical. → **soin(s).** **2** Psychothérapie.

-thérapie Élément, du grec *therapeia* «soin, cure» (ex. *psychothérapie*).

thériaque n. f. ■ méd., ancien Électuaire contenant notamment de l'opium, qui était employé contre la morsure des serpents.

théridion n. m. ■ zool. Petite araignée aux couleurs vives qui construit une toile irrégulière. - var. **theridium** [-jɔm].

thérien n. m. ■ zool. Mammifère évolué qui porte ses petits en développement et qui ne pond pas d'œufs (sous-classe des *Thériens*).

thermal, ale, aux adj. ■ **1** (source, eau) De température élevée et à propriétés thérapeutiques. **2** Où l'on utilise ces eaux. *Station, cure thermale.* ► **thermalisme** n. m.

thermalité n. f. ■ didact. Propriété d'une eau naturelle qui sort de la source à une température relativement élevée.

-therme, -thermie, -thermique Éléments, du grec *thermos* «chaud».

thermes n. m. pl. ■ Établissement de bains publics de l'Antiquité.

thermicien, ienne n. ▪ Spécialiste de l'énergie thermique.

thermicité n. f. ▪ phys. Le fait d'avoir un effet thermique.

thermidor n. m. ▪ Onzième mois du calendrier républicain (19 juillet-18 août).

thermie n. f. ▪ Ancienne unité de quantité de chaleur.

thermique ▪ **1** adj. Relatif à la chaleur, à la température. ➛ *Centrale thermique* (produisant de l'électricité). ► **thermiquement** adv. **2** n. f. Partie de la physique qui étudie les phénomènes thermiques.

thermisation n. f. ▪ techn. Traitement thermique doux que l'on fait subir au lait de fromagerie pour réduire la flore microbienne.

thermistance n. f. ▪ phys. Résistance électrique dont la valeur varie rapidement en fonction de la température, et spécialt en raison inverse de la température.

thermite n. f. ▪ techn. Mélange de poudre d'aluminium et d'oxyde ferrique utilisé dans l'industrie de l'aluminium.

therm(o)- Élément, du grec *thermos* «chaud».

thermocautère n. m. ▪ méd. Instrument pour cautériser par la chaleur.

thermochimie n. f. ▪ sc. Étude des quantités de chaleur mises en jeu par les réactions chimiques.

thermocline n. f. ▪ didact. Différence de température entre deux zones d'eau de mer contiguës, l'eau plus chaude se trouvant en surface, l'eau froide dans les fonds.

thermocollant, ante adj. et n. m. ▪ Que la chaleur rend adhésif. ♦ n. m. Tissu, ruban thermocollant.

thermocouple n. m. ▪ phys. Instrument qui permet de repérer les hautes températures et de mesurer l'énergie rayonnante.

thermodurcissable adj. ▪ techn. Se dit des matières plastiques auxquelles un échauffement prolongé fait perdre leur élasticité.

thermodynamicien, ienne n. ▪ Spécialiste de la thermodynamique.

thermodynamique n. f. ▪ Science (physique) des relations entre phénomènes thermiques et mécaniques. ♦ adj. *Potentiel thermodynamique.*

thermoélectricité n. f. ▪ sc. **1** Étude des relations entre phénomènes thermiques et électriques. **2** Électricité produite par énergie thermique. ► **thermoélectrique** adj.

thermoélectronique adj. ▪ phys. *Effet thermoélectronique* : émission d'électrons par les métaux incandescents.

thermoformage n. m. ▪ Technique de mise en forme (d'un matériau) par chauffage.

thermogène adj. ▪ didact. Qui produit de la chaleur.

thermogenèse n. f. ▪ biol. Production de la chaleur physiologique.

thermogénie n. f. ▪ phys. Ensemble des techniques ayant pour objet la production d'énergie calorifique.

thermographie n. f. ▪ Technique d'enregistrement graphique des températures d'un corps par détection de son rayonnement. ► **thermographe** n. m.

thermogravimétrie n. f. ▪ phys. Technique consistant à enregistrer les variations de masse d'un échantillon (liquide ou solide) en fonction de la température et du temps.

thermoluminescence n. f. ▪ sc. Luminescence provoquée par l'élévation de température d'une substance préalablement excitée par irradiation.

thermolyse n. f. ▪ **1** chim. Décomposition d'un corps par la chaleur. → **pyrolyse. 2** physiol. Déperdition de chaleur par l'organisme (processus normal de thermorégulation).

thermomagnétique adj. ▪ phys. Qui concerne le magnétisme lié à la température.

thermomécanique adj. ▪ phys. Où interviennent simultanément des phénomènes mécaniques et thermiques.

thermomètre n. m. ▪ Instrument destiné à la mesure des températures. ➛ spécialt *Thermomètre médical,* mesurant la température interne du corps.

thermométrie n. f. ▪ sc. Mesure scientifique des températures. ► **thermométrique** adj.

thermonucléaire adj. ▪ phys. Relatif à la fusion de noyaux d'atomes légers à très haute température. *Bombe thermonucléaire* (cour. : *bombe H*).

thermophile adj. et n. m. ▪ biol. (Organisme) qui vit à des températures élevées. *Bactéries thermophiles.*

thermoplastique adj. ▪ techn. Se dit d'une matière malléable à la chaleur.

thermoplongeur n. m. ▪ Petit appareil formé d'une résistance électrique, que l'on plonge dans de l'eau pour la faire chauffer.

thermopompe n. f. ▪ techn. Pompe à chaleur.

thermopropulsion n. f. ▪ sc. Propulsion d'un mobile obtenue directement par l'énergie thermique d'une combustion. ► **thermopropulsif, ive** adj.

thermorégulateur, trice ▪ **1** n. m. Mécanisme permettant de régler la chaleur dans divers appareils. **2** adj. Qui concerne la thermorégulation.

thermorégulation n. f. ■ biol. Mécanisme régulateur par lequel la température interne du corps des animaux homéothermes reste constante.

thermorésistant, ante adj. ■ **1** techn. Se dit d'une matière plastique qui résiste à la chaleur. **2** biol. Se dit d'un organisme qui résiste à des températures élevées.

thermos [-os] n. m. ou f. (nom déposé) ■ Récipient isolant. ➛ appos. *Bouteille thermos.*

thermosensible [-s-] adj. ■ techn. Dont les propriétés peuvent varier en fonction de la température. *Papier thermosensible.*

thermosphère n. f. ■ phys. Couche de l'atmosphère située au-dessus de la mésosphère, caractérisée par une augmentation continue de la température avec l'altitude.

thermostable adj. ■ sc. Se dit d'un composé ou d'un objet qui, dans des conditions déterminées, reste stable sous l'action de la chaleur. → **réfractaire.**

thermostat n. m. ■ Appareil qui maintient une température constante dans une enceinte.

thermostatique adj. ■ Qui permet de maintenir une température constante.

thésard, arde n. ■ fam. Personne qui prépare une thèse. → **doctorant.**

thésauriser v. [1] ■ littér. **1** v. intr. Amasser de l'argent pour le garder. → **capitaliser, économiser, épargner. 2** v. tr. Amasser (de l'argent). ► **thésaurisation** n. f. ► **thésauriseur, euse** n.

thésaurus ou **thesaurus** [tezoʀys] n. m ■ didact. Répertoire structuré de termes (mots-clés) pour le classement.

thèse n. f ■ **1** Proposition ou théorie qu'on tient pour vraie et qu'on défend. ➛ *Pièce, roman À THÈSE,* qui illustre une thèse (morale ou autre). **2** Ouvrage présenté pour l'obtention du doctorat. **3** philos. Premier moment de la démarche dialectique (→ antithèse, synthèse).

thesmophories n. f. pl. ■ Antiq. grecque Fêtes en l'honneur de Déméter, célébrées par les femmes.

thêta n. m. invar. ■ Huitième lettre de l'alphabet grec (Θ, θ).

thétique adj. ■ philos. Relatif à une thèse. *Jugements thétiques.* ♦ Qui pose qqch. en tant qu'existant. *Conscience thétique.* → **existentiel.**

théurgie n. f. ■ didact. Magie faisant appel aux esprits surnaturels dont l'homme utilise les pouvoirs.

THG n. f. (sigle) ■ chim. Stéroïde anabolisant de synthèse. *Dopage à la THG.*

thiamine n. f. ■ biochim. Vitamine B1.

thibaude n. f. ■ Molleton ou feutre placé entre le sol et les tapis.

think tank ou **think-tank** [sinktɑ̃k] n. m. ■ anglic. Groupe de réflexion privé qui produit des études sur des thèmes de société. *Des think tanks, des think-tanks.* – recomm. off. *laboratoire d'idées.*

thi(o)- Élément, du grec *theion* «soufre».

thioalcool [-ɔl] n. m. ■ chim. Alcool ou phénol sulfuré. – abrév. **thiol.**

thionine n. f. ■ chim. Matière colorante, appelée aussi *violet de Lauth.*

thionique adj. ■ chim. Qui concerne le soufre. *Série thionique,* des acides oxygénés du soufre.

thiosulfate [-s-] n. m. ■ chim. Sulfate dans lequel un atome périphérique d'oxygène est remplacé par un atome de soufre.

thiosulfurique [-s-] adj. ■ chim. *Acide thiosulfurique :* acide instable qui se décompose en soufre et en acide sulfureux.

thio-urée n. f. ■ chim. Composé qui dérive de l'urée par substitution de soufre à l'oxygène.

thixotrope adj. ■ chim. Se dit de gels qui se liquéfient par agitation et se régénèrent au repos. ♦ géol. *Sédiments thixotropes,* qui génèrent les sables mouvants.

thomisme n. m. ■ philos. Système théologique et philosophique de saint Thomas d'Aquin. ► **thomiste** adj. et n.

thon n. m. ■ Poisson de grande taille qui vit dans l'Atlantique et la Méditerranée.

thonaire n. m. ■ Série de filets mis bout à bout, dont une extrémité est amarrée à la côte et l'autre au bateau.

thonier n. m. ■ Navire de pêche au thon.

thonine n. f. ■ Petit thon de Méditerranée.

Thora n. f. → **Torah**

thoracentèse [-sɛ̃-] n. f. ■ méd. Ponction de la paroi thoracique pour évacuer du liquide de la plèvre.

thoraco- Élément, du grec *thôrax* «thorax».

thoracoplastie n. f. ■ méd. Ablation d'une ou de plusieurs côtes, pour provoquer l'affaissement du poumon et l'arrêt de son fonctionnement.

thorax [-aks] n. m. ■ **1** chez l'être humain Cavité limitée par le diaphragme, les côtes et le sternum. **2** vertébrés Partie antérieure du tronc. **3** Partie du corps de l'insecte portant les organes locomoteurs. ► **thoracique** adj. *Cage thoracique.*

thorite n. f. ■ minér. Silicate naturel de thorium ($ThSiO_4$), de couleur brun rouge.

thorium [-jɔm] n. m. ■ chim. Élément (symb. Th, n° at. 90, masse at. 232,038), métal gris à isotope radioactif.

thoron n. m. ■ chim. Émanation du thorium, isotope du radon.

thréonine n. f. ▪ biochim. Acide aminé, l'un des principaux constituants des protéines.

thridace n. f. ▪ pharm. Extrait sec de laitue employé comme calmant.

thriller [sʀilœʀ] n. m. ▪ anglic. Récit, film (policier, fantastique) provoquant des sensations fortes.

thrips [tʀips] n. m. ▪ zool. Insecte de petite taille, à ailes nervurées, qui s'attaque à de nombreuses plantes.

thrombine n. f. ▪ biochim. Enzyme favorisant la coagulation du sang.

thromb(o)- Élément, du grec *thrombos* «caillot».

thrombocyte n. m. ▪ méd. Plaquette sanguine.

thrombokinase n. f. ▪ biochim. Enzyme sécrétée par les plaquettes sanguines.

thrombophlébite n. f. ▪ méd. Inflammation des parois d'une veine, compliquée de thrombose.

thrombose n. f. ▪ Formation d'un caillot dans un vaisseau sanguin ou dans le cœur.

thrombus [-ys] n. m. ▪ méd. Masse sanguine coagulée à l'origine d'une thrombose.

thulium [-jɔm] n. m. ▪ chim. Élément atomique (symb. Tm ; n° at. 69 ; masse at. 168,93), métal blanc argenté, du groupe des terres rares, utilisé dans la fabrication des ferrites.

thune n. f. ▪ fam. Argent. - var. **tune.**

thuriféraire n. m. ▪ **1** relig. Porteur d'encensoir. **2** fig., littér. Flatteur.

thuya [tyja] n. m. ▪ Grand conifère proche du cyprès.

thylacine n. m. ▪ zool. Mammifère carnivore (marsupial), appelé aussi *loup de Tasmanie.*

thym n. m. ▪ Plante aromatique des garrigues.

thymie n. f. ▪ psych., rare Humeur.

thymine n. f. ▪ biochim. Base azotée entrant dans la composition des acides désoxyribonucléiques.

thymique adj. ▪ méd. Qui appartient au thymus.

thymoanaleptique adj. et n. m. ▪ psych. Médicament psychotrope et antidépresseur.

thymocyte n. m. ▪ biol. Cellule du système immunitaire se différenciant dans le thymus. - syn. **lymphocyte T.**

thymol n. m. ▪ chim. Crésol, d'odeur agréable, qui se trouve dans les essences de thym, de serpolet et d'une ombellifère de l'Inde.

thymus [timys] n. m. ▪ Glande située à la partie inférieure du cou. ➛ *Thymus de veau.* ⟶ **ris** de veau.

thyratron n. m. ▪ électron. Tube à gaz, à cathode chaude, utilisé notamment comme redresseur de courant alternatif.

thyréo-, thyro- Éléments signifiant «thyroïde».

thyréotrope adj. ▪ méd. Se dit d'une substance qui a une action stimulante sur la sécrétion de la glande thyroïde.

thyristor n. m. ▪ électron. Composant semi-conducteur possédant une électrode de commande permettant de déclencher le passage du courant dans une seule direction.

thyroglobuline n. f. ▪ biochim. Protéine iodée des vésicules thyroïdiennes **(⟶ thyroxine).**

thyroïde adj. et n. f. ▪ Se dit de la glande endocrine située à la partie antérieure et inférieure du cou. ► **thyroïdien, ienne** adj.

thyroïdectomie n. f. ▪ méd. Ablation de la thyroïde.

thyroïdite n. f. ▪ méd. Inflammation de la glande thyroïde.

thyrotrophine ou **thyrotropine** n. f. ▪ biochim. Hormone du lobe antérieur de l'hypophyse qui stimule la production des hormones de la glande thyroïdienne. ⟶ **thyroxine.**

thyroxine n. f. ▪ biochim. L'une des principales hormones thyroïdiennes, libérée dans le sang par l'hydrolyse de la thyroglobuline et contenant de l'iode.

thyrse n. m. ▪ **1** mythol. Bâton entouré de feuilles, attribut de Bacchus. **2** bot. Inflorescence en grappe fusiforme.

Ti ▪ Symbole chimique du titane.

tian n. m. ▪ région. (Provence) Plat en terre cuite. ➛ Flan aux légumes cuit dans ce plat.

tiare n. f. ▪ anciennt Coiffure papale à trois couronnes. ➛ fig. Dignité papale.

tiaré n. m. ▪ Plante de la Polynésie dont les fleurs servent à la préparation du monoï.

tibétain, aine adj. et n. ▪ Du Tibet.

tibia n. m. ▪ **1** Os du devant de la jambe, en forme de prisme triangulaire. ► **tibial, ale, aux** adj. **2** Le devant de la jambe.

tic n. m. ▪ **1** Mouvement convulsif, geste bref automatique. **2** Geste, attitude répétitive. ⟶ **manie.**

tichodrome [-k-] n. m. ▪ Passereau gris et rouge qui vit sur les rochers.

ticket n. m. ▪ **1** Rectangle de carton, de papier, donnant droit à un service. ⟶ **billet.** ➛ *Ticket modérateur*.* **2** fam. *Avoir un ticket avec qqn,* lui plaire manifestement.

tic-tac ou **tic tac** interj. et n. m. invar. ▪ Bruit sec et uniforme (d'horlogerie, etc.).

tie-break [tajbʀɛk] n. m. ▪ anglic. (au tennis) Jeu décisif (pour départager).

tiède adj. ▪ **1** Légèrement chaud, ni chaud ni froid. ➛ adv. *Boire tiède.* ► **tiédasse** adj. (péj.) **2** fig. Qui a peu d'ardeur, peu d'enthousiasme. **3** littér. Doux et agréable.

tiédeur n. f. ▪ Caractère tiède.

tiédir v. [2] ▪ **I** v. intr. Devenir tiède (1 et 2). **II** v. tr. Rendre tiède (1). ► **tiédissement** n. m.

tien, tienne [tjɛ̃, tjɛn] adj. et pron. poss. de la 2e pers. du sing. ▪ **I** adj. littér. De toi. → **ton.** *Un tien parent.* **II** pron. poss. *Le tien, la tienne, les tiens, les tiennes,* l'objet ou l'être lié à la personne à qui l'on s'adresse par *tu.* **III** n. **1** *DU TIEN* (partitif). *Il faut y mettre du tien* (→ sien (III, 1)). **2** *LES TIENS,* ta famille, tes amis, etc.

tiens [tjɛ̃] ▪ Forme du verbe *tenir.*

tierce n. f. ▪ **1** Intervalle musical de trois degrés (ex. do-mi). **2** Trois cartes de même couleur qui se suivent. **3** relig. cathol. Petite heure de l'office (vers 9 h), après prime.

tiercé adj. m. et n. m. ▪ *(Pari) tiercé,* pari mutuel où l'on parie sur trois chevaux, en précisant l'ordre d'arrivée. → **P. M. U.**

tiercelet n. m. ▪ Mâle de certains oiseaux de proie. *Tiercelet de faucon.* – Faucon mâle.

tiercer v. tr. [3] ▪ agric. Donner un troisième labour à (une terre). *Tiercer une vigne.* – var. **tercer, terser.**

tierceron n. m. ▪ archit. Nervure supplémentaire de certaines voûtes gothiques, unissant l'extrémité de la lierne aux angles de la voûte.

tiers, tierce [tjɛʀ, tjɛʀs] ▪ **I** adj. **1** vx Troisième. *Le «Tiers Livre», de Rabelais.* – *Le tiers état*.* **2** loc. *Une tierce personne :* une personne extérieure. ♦ → **tiers-monde.** **II** n. m. **1** *Un tiers :* une personne étrangère (à une affaire, un groupe...). **2** Fraction d'un tout divisé en trois parties égales. ♦ *Tiers provisionnel*.*

tiers-monde n. m. ▪ Ensemble des pays pauvres dits en voie de développement.

tiers-mondisation n. f. ▪ Évolution économique caractérisée par un appauvrissement et une absence de croissance, qui affecte un pays qui n'appartient pas au tiers-monde.

tiers-mondisme n. m. ▪ Solidarité avec le tiers-monde. ► **tiers-mondiste** adj. et n.

tiers-point n. m. ▪ **1** archit. *Arc en tiers-point,* inscrit dans un triangle équilatéral (arc brisé équilatéral, abusivt ogive). **2** techn. Lime, poinçon à section triangulaire.

tif n. m. ▪ fam. (surtout au plur.) Cheveu.

tifosi n. m. ▪ Supporteur italien.

tige n. f. ▪ **I** Partie allongée (d'une plante), qui porte les feuilles. **II** fig. **1** Partie (d'une chaussure, d'une botte) qui couvre le dessus du pied. **2** Pièce mince et allongée.

tigelle n. f. ▪ bot. Partie de l'embryon comprise entre la radicule et les cotylédons, qui devient la tige.

tignasse n. f. ▪ Chevelure touffue, rebelle.

tigre, tigresse n. ▪ Le plus grand des félins, carnassier, au pelage jaune roux rayé de bandes noires transversales.

tigré, ée adj. ▪ Marqué de taches ou de bandes foncées. *Chat tigré.*

tigridie n. f. ▪ bot. Plante herbacée, bulbeuse, à sépales violets mouchetés de jaune et de rouge.

tigron n. m. ▪ Félin, hybride d'une lionne et d'un tigre.

tiguidou adj. ▪ (Canada) fam. Très bien, parfait. *C'est tiguidou !*

tilbury n. m. ▪ anciennt Voiture à cheval, cabriolet léger à deux places.

tilde [tild(e)] n. m. ▪ Signe en forme de S couché (˜) qui se met au-dessus du *n,* en espagnol, lorsqu'il se prononce [ɲ].

tillac n. m. ▪ Pont supérieur (d'un navire).

tillandsie n. f. ou **tillandsia** [-il-] n. m. ▪ bot. Plante d'Amérique tropicale, aux nombreuses variétés, le plus souvent épiphytes.

tille ; tiller → **teille ; teiller**

tilleul n. m. ▪ **1** Grand arbre à fleurs blanches ou jaunâtres odorantes. ♦ Son bois. **2** Infusion de fleurs de tilleul.

tilt [tilt] n. m. ▪ anglic. Signal qui interrompt la partie, au billard électrique. – loc. *FAIRE TILT* (fig. attirer soudain l'attention). *Ça a fait tilt :* j'ai soudain compris. ► **tilter** v. intr. [1]

timbale n. f. ▪ **I** Grand tambour hémisphérique. **II** **1** Gobelet cylindrique de métal. – *Décrocher la timbale :* obtenir une chose disputée. **2** Moule de cuisine circulaire. ♦ Préparation cuite dans ce moule.

timbalier, ière n. ▪ Musicien(ne) qui joue des timbales (I).

timbrage n. m. ▪ Opération qui consiste à timbrer (spécialt, une lettre).

timbre n. m. ▪ **I** **1** Calotte de métal, qui, frappée, émet une sonnerie. *Timbre de bicyclette.* → **sonnette.** **2** mus. Qualité spécifique des sons. → **sonorité.** *Le timbre du hautbois.* **II** **1** Marque, cachet que doivent porter certains documents officiels ; droit perçu sur ce timbre. *Timbre fiscal.* **2** Marque sur un document, garantie d'origine. ♦ Instrument pour imprimer cette marque. → **cachet, tampon.** **3** *TIMBRE* ou *TIMBRE-POSTE :* vignette qui, collée sur un objet confié à la poste, a une valeur d'affranchissement. *Des timbres-poste.* **4** méd. Pastille adhésive imprégnée d'un médicament, d'une substance. → **patch.**

timbré, ée adj. ▪ **I** mus. Qui a du timbre (I, 2). **II** **1** Marqué d'un timbre (II, 1). *Papier timbré.* **2** Qui porte un timbre-poste. *Enveloppe timbrée.* **III** (personnes) fam. Un peu fou.

timbrer v. tr. [1] ▪ Marquer d'un timbre (II).

timide adj. ▪ **1** Qui manque d'audace. → **timoré.** **2** Qui manque d'assurance. – n. *Un, une timide.* ► **timidement** adv.

timidité n. f. ▪ **1** Manque d'audace, de vigueur dans l'action ou la pensée. **2** Manque d'aisance et d'assurance en société. → **gaucherie, modestie.**

timing [tajmiŋ] n. m. ▪ anglic. Répartition dans le temps des différentes tâches à effectuer.

timon n. m. ▪ Pièce de bois de chaque côté de laquelle on attelle une bête de trait.

timonerie n. f. ▪ mar. **1** Service de timonier. **2** Partie du navire qui abrite les appareils de navigation.

timonier, ière n. ▪ Personne chargée de la direction du navire (→ barre). ➛ loc. fig. *Le Grand Timonier* : Mao Zedong.

timoré, ée adj. ▪ Qui craint le risque, les responsabilités. → **craintif, pusillanime.**

tin n. m. ▪ mar. Pièce de bois qui supporte la quille d'un navire en construction.

tinamou n. m. ▪ zool. Gallinacé d'Amérique du Sud à ailes réduites et à queue très courte, qui niche sur le sol.

tinctorial, ale, aux adj. ▪ didact. **1** Qui sert à teindre. **2** Relatif à la teinture.

tinette n. f. ▪ Lieux d'aisances rudimentaires.

tintamarre n. m. ▪ Grand bruit discordant.

tintement n. m. ▪ Bruit de ce qui tinte. ♦ *Tintement d'oreilles* (bourdonnement).

tinter v. intr. [1] ▪ **1** Produire des sons aigus qui se succèdent lentement. **2** Produire des sons clairs et aigus.

tintin n. m. ▪ loc. fam. *Faire tintin* : se priver.

tintinnabuler v. intr. [1] ▪ littér. Sonner (clochette, grelot) ; tinter de manière irrégulière.

tintouin n. m. ▪ fam. **1** Bruit fatigant. **2** Souci, tracas. *Se donner du tintouin.*

T. I. P. ou **TIP** n. m. (sigle) ▪ «Titre interbancaire de paiement», document imprimé permettant un paiement par prélèvement bancaire (s'il est signé).

tipi [tipi] n. m. ▪ Tente de forme conique des Indiens d'Amérique du Nord.

TIPP [teipepe] n. f. (sigle) ▪ fin. Taxe intérieure sur les produits pétroliers.

tipule n. f. ▪ zool. Insecte diptère de grande taille, à longues pattes grêles, dont les larves rongent les racines.

tique n. f. ▪ Acarien parasite des animaux, se nourrissant de sang, transmetteur de maladies contagieuses.

tiquer v. intr. [1] ▪ Manifester par la physionomie, ou par un tic, son mécontentement. *Il a tiqué sur le prix.*

tiqueté, ée adj. ▪ Marqué de petites taches. → **moucheté, piqueté, tacheté.** *Des fruits tiquetés.* → **tavelé.**

tir n. m. ▪ **I 1** Fait de tirer (IV), de lancer un projectile (à l'aide d'une arme). ♦ Lancement (d'un engin). **2** Direction selon laquelle une arme à feu lance ses projectiles ; leur trajectoire. *Ajuster, régler le tir* (aussi fig.). → **viser.** **II** Emplacement aménagé pour tirer à la cible. → **stand.** *Tir forain.* ➛ *Tir au pigeon* : dispositif pour s'exercer au tir des oiseaux au vol (→ aussi **ball-trap).**

tirade n. f. ▪ **1** Développement récité sans interruption par un personnage de théâtre. **2** Longue phrase emphatique.

tirage n. m. ▪ **I** (→ tirer, I) **1** techn. Allongement, étirage. **2** loc. fam. *Il y a du tirage,* des difficultés, des frictions. **3** Circulation de l'air facilitant la combustion. *Régler le tirage d'un poêle.* **II** (→ tirer, III, 3 et 4) **1** Fait d'imprimer, de reproduire par impression. **2** Ce qui est imprimé. ♦ Ensemble des exemplaires tirés en une fois. *Journal à gros tirage.* **3** Impression définitive (d'une gravure). **4** Opération par laquelle on obtient une image positive (épreuve) d'un cliché photographique. **III** (→ tirer, VI) **1** Fait de tirer le vin. → **soutirage.** **2** *Tirage au sort* : désignation par le sort. ➛ Fait de tirer au hasard des numéros. *Le tirage d'une loterie.*

tiraillement n. m. ▪ **1** Fait de tirailler (I, 1). **2** fig. Fait d'être tiraillé entre des sentiments, des désirs. **3** Sensation douloureuse, crampe.

tirailler v. [1] ▪ **I** v. tr. **1** Tirer (I) à plusieurs reprises, en diverses directions. **2** fig. Solliciter de façon contradictoire et importune (surtout passif et p. p.). *Être tiraillé entre des sentiments contraires.* **II** v. intr. Tirer (IV) souvent, à volonté (→ **tirailleur).**

tirailleur n. m. ▪ **1** Soldat détaché pour tirer à volonté sur l'ennemi. ➛ *En tirailleurs,* en lignes espacées. **2** anciennt (en France) Soldat de troupes d'infanterie coloniale.

tiramisu [-su] n. m. ▪ Entremets d'origine italienne à base de mascarpone et de biscuit, parfumé au café et saupoudré de cacao.

tirant n. m. ▪ **1** Ce qui sert à tirer (I). **2** *Tirant (d'eau)* : masse d'eau que déplace un navire ; distance verticale entre la ligne de flottaison et la quille.

tirasse n. f. ▪ **1** chasse Filet pour prendre certains oiseaux (cailles, perdrix). **2** mus. Pédale permettant d'accoupler le pédalier d'un orgue aux claviers, ou bien les claviers entre eux.

① **tire** n. f. ▪ loc. *VOL À LA TIRE,* en tirant de la poche, du sac (→ **pickpocket).**

② **tire** n. f. ▪ argot Voiture.

③ **tire** n. f. ▪ (Canada) Confiserie à la mélasse ou au sirop d'érable.

tiré, ée adj. ▪ **I** Qui a été tiré, tendu. ♦ Amaigri par la fatigue. *Traits tirés.* **II** Qui a été tiré, imprimé. ➛ n. m. *Tiré à part* : extrait.

tire-au-cul n. invar. ▪ fam. Personne paresseuse. → **tire-au-flanc.**

tire-au-flanc [-flɑ̃] n. invar. ▪ n. m. Soldat qui cherche à échapper aux corvées. ♦ n. Paresseux.

tire-bonde n. m. ▪ techn. Outil servant à retirer la bonde d'un tonneau. *Des tire-bondes.*

tire-botte n. m. ▪ **1** Crochet qui sert à tirer une botte, pour la mettre. *Des tire-bottes.* **2** Planchette entaillée où l'on emboîte le talon, pour se débotter.

tire-bouchon n. m. ▪ **1** Hélice de métal qu'on enfonce dans le bouchon d'une bouteille pour le retirer. *Des tire-bouchons.* **2** loc. *En tire-bouchon :* en hélice (► **tire(-)bouchonner** v. [1]).

tire-braise n. m. invar. ▪ techn. Pique-feu dont se sert le boulanger pour retirer la braise du four.

tire-clou n. m. ▪ techn. Outil formé d'une tige plate et dentée, pour arracher les clous.

à **tire-d'aile** loc. adv. ▪ **1** Avec des coups d'ailes rapides. **2** fig. Très vite.

tirée n. f. ▪ fam. Longue distance pénible à parcourir. → **trotte.**

tire-fesses n. m. invar. ▪ fam. Téléski.

tire-fond n. m. ▪ Longue vis à tête carrée ou ronde. *Des tire-fond(s).*

tire-jus n. m. invar. ▪ fam. Mouchoir.

tire-laine n. m. ▪ vx Voleur.

tire-lait n. m. ▪ Petit appareil permettant d'aspirer le lait du sein. *Des tire-lait(s).*

à **tire-larigot** loc. adv. ▪ En quantité.

tire-ligne n. m. ▪ Instrument de métal servant à tracer des lignes égales.

tirelire n. f. ▪ **1** Récipient percé d'une fente par où on introduit les pièces de monnaie pour les conserver. **2** fam. Tête.

tire-nerf [-nɛʀ] n. m. ▪ chir. Aiguille filetée servant à l'extraction des nerfs dentaires.

tirer v. [1] ▪ **I** v. tr. **1** Amener vers soi une extrémité, ou éloigner les extrémités de (qqch.). → **allonger, étirer, tendre.** *Tirer une corde.* ▫ loc. fig. *Tirer les ficelles*.* **2** Faire aller vers soi. *Tirer et pousser un tiroir.* ♦ Faire mouvoir latéralement (→ **tirette).** *Tirer un verrou.* **3** Faire avancer en déplaçant. *Tirer une charrette.* **4** v. tr. ind. TIRER SUR : faire effort sur, pour tendre, amener vers soi. *Tirer sur une corde.* ♦ Exercer une forte aspiration sur. *Tirer sur sa pipe.* ▫ intrans. *Poêle qui tire bien* (→ **tirage** (I, 3)). **5** v. intr. Subir une tension. ▫ *La peau lui tire.* **II** (idée d'« aller ») **1** v. intr. TIRER À SA FIN : approcher de son terme. → **toucher. 2** TIRER SUR : se rapprocher de, évoquer. *Un bleu tirant sur le vert.* **3** v. tr. fam. Passer péniblement (une durée). *Plus qu'une heure à tirer !* **III** v. tr. **1** Allonger sur le papier (une figure). → **tracer. 2** loc. *Se faire tirer le portrait,* portraiturer. **3** Imprimer (→ **tirage).** ▫ trans. ind. *Ce journal tire à trente mille (exemplaires).* ▫ loc. *Bon à tirer :* mention portée sur les épreuves corrigées, bonnes pour l'impression. **4** photogr. Obtenir (l'image positive). **IV** v. tr. **1** Envoyer au loin (un projectile) au moyen d'une arme. → **tir.** ▫ *Tirer sur qqn,* le viser. ♦ intrans. TIRER À, avec (une arme). *Tirer à l'arc.* **2** Faire partir (une arme lourde). *Tirer le canon.* **3** Chercher à atteindre (qqn, un animal) par un tir. **4** intrans. Lancer sa boule sans la faire rouler. *Je tire ou je pointe ?* **5** très fam. *Tirer son coup :* avoir un rapport sexuel (homme). **V** v. tr. (Faire sortir) **1** Faire sortir (une chose) d'un contenant. → **retirer, sortir.** *Tirer un mouchoir de son sac.* ▫ *Tirer qqn du lit.* **2** Choisir parmi d'autres. *Tirer qqch. au sort.* ▫ *Tirer les cartes* (→ **cartomancie). 3** *(Tirer qqn de...)* Faire cesser d'être retenu dans un lieu, une situation. → **délivrer, sortir.** *Tirer un blessé des décombres.* ▫ loc. *Tirer qqn d'affaire,* le sauver. **VI** v. tr. **1** Obtenir (un produit) en utilisant une matière première, une origine. → **extraire.** *Tirer le vin.* → **soutirer.** ▫ passif *L'opium est tiré d'un pavot.* **2** dans des loc. (*tirer* + nom + *de*) Obtenir (qqch.) de qqn, qqch. *Tirer vanité de :* s'enorgueillir de. *Tirer parti* de.* ♦ Obtenir (des paroles, une action) de qqn. *On ne peut rien en tirer,* il reste muet ou inactif. **3** Obtenir (de l'argent, un avantage matériel). → **retirer.** ♦ fam. Voler. *Se faire tirer (son sac)* (→ ① **tire). 4** loc. *Tirer au sort :* obtenir par le hasard. **5** Déduire. *Tirer des conclusions hâtives.* **6** Emprunter (son origine, sa raison d'être) de qqch. *Tirer sa force, son pouvoir de...* ▷ v. pron. se **tirer 1** fam. Partir, s'en aller ; s'enfuir. **2** fam. S'écouler lentement (durée) ; se terminer (tâche fastidieuse). **3** SE TIRER DE : échapper de ; venir à bout de. ♦ S'EN TIRER : en réchapper, en sortir indemne. ▫ Réussir une chose difficile. *Il s'en est bien tiré.* ▫ En être quitte pour. *Il s'en tire avec un mois de prison.*

tiret n. m. ▪ **1** Petit trait horizontal après un mot interrompu en fin de ligne. **2** Trait un peu plus long (pour ponctuer...). → **division. 3** Trait d'union (dans un mot).

tiretaine n. f. ▪ anciennt Grosse étoffe (de laine, coton).

tirette n. f. ▪ **1** Tige ou pièce métallique qui se tire. **2** Planchette mobile.

tireur, euse n. ▪ **1** Personne qui se sert d'une arme à feu. *Tireur d'élite.* **2** n. m. Personne qui tire un chèque. → **émetteur.** ♦ n. f. *Tireuse de cartes :* cartomancienne.

tireuse n. f. ▪ techn. **1** Appareil effectuant le tirage des films positifs. **2** Dispositif permettant de tirer la bière à la pression, dans un café.

tire-veille n. m. invar. ▪ mar. Chacun des deux filins reliés au gouvernail permettant de le manœuvrer.

tire-veine n. m. ▪ chir. Instrument utilisé pour l'ablation d'un segment de veine (recomm. off. pour *stripper*). *Des tire-veines.*

tiroir n. m. ▪ **1** Compartiment coulissant emboîté (d'un meuble, etc.). ♦ *Fond de tiroir* (fig. chose vieille, sans valeur). ➝ loc. *Les fonds de tiroirs* : tout l'argent disponible. **2** (au théâtre...) *À TIROIRS* : avec des scènes emboîtées dans l'action principale. ➝ fam. *Nom à tiroirs.* → à **rallonge.**

tiroir-caisse n. m. ▪ Caisse enregistreuse à tiroir automatique.

tisane n. f. ▪ Boisson contenant une substance végétale médicale ou hygiénique.

tisanière n. f. ▪ Tasse à tisane.

tison n. m. ▪ Reste d'un morceau de bois, d'une bûche dont une partie a brûlé.

tisonner v. tr. [1] ▪ Remuer la braise de (un foyer, un feu). → **attiser.**

tisonnier n. m. ▪ Longue barre de fer pour attiser le feu.

tissage n. m. ▪ **1** Opérations par lesquelles on entrelace des fils textiles pour produire des étoffes ou tissus. **2** Établissement, ateliers où s'exécutent ces opérations.

tisser v. tr. [1] ▪ **1** Fabriquer (un tissu) par tissage. ♦ Transformer (un textile) en tissu. *Tisser de la laine.* ➝ *Métier à tisser.* ♦ *L'araignée tisse sa toile.* **2** fig., littér. Former, élaborer comme par tissage. ➝ au p. p. *TISSÉ* ou littér. *TISSU. Un livre tissu* (ou *tissé*) *d'aventures compliquées.*

tisserand, ande n. ▪ Ouvrier(ère) qui fabrique des tissus sur métier à bras.

tisserin n. m. ▪ Passereau d'Afrique équatoriale, qui construit de remarquables nids tissés en feuilles de palmiers.

tisseur, euse n. ▪ Ouvrier(ère) qui fait du tissage.

tissu n. m. ▪ **I 1** Surface souple constituée par un assemblage régulier de fils tissés ou à mailles. → **étoffe. 2** fig. Suite ininterrompue (de choses regrettables). *Un tissu de mensonges.* **II 1** biol. Ensemble de cellules de l'organisme analogues, assurant la même fonction **(→ histologie).** *Le tissu osseux.* **2** fig. *Le tissu urbain.*

tissulaire adj. ▪ biol. Relatif aux tissus (II).

titan n. m. (nom mythol.) ▪ littér. Géant. ➝ loc. *Un travail de titan.*

titane n. m. ▪ Élément (symb. Ti, n° at. 22, masse at. 47,88), métal blanc brillant.

titanesque adj. ▪ littér. **1** Gigantesque. **2** Grandiose et difficile.

titanique adj. ▪ chim. Se dit des oxydes et acides dérivés du titane.

titi n. m. ▪ Gamin déluré et malicieux.

titiller v. tr. [1] ▪ **1** Chatouiller agréablement. **2** fig. Exciter. ► **titillation** n. f.

titisme n. m. ▪ hist., polit. Doctrine du maréchal Tito en Yougoslavie. ► **titiste** adj. et n.

titrage n. m. ▪ Action de titrer (① et ②).

① **titre** n. m. ▪ **I 1** Désignation honorifique de dignité. *Titres de noblesse.* **2** Nom de charge, de fonction, de grade. ♦ *EN TITRE* : qui a effectivement le titre d'une fonction (opposé à *auxiliaire, suppléant*). → **titulaire.** ➝ *Fournisseur en titre.* → **attitré. 3** Qualité de gagnant, de champion. **4** *À TITRE ; À TITRE DE* loc. prép., en tant que, comme. ➝ *À CE TITRE* : pour cette raison. ➝ *AU MÊME TITRE (que),* de la même manière (que). ➝ *À TITRE* (+ adj.). *À titre amical,* amicalement. **II 1** Document qui constate et prouve un droit. → **certificat.** ➝ *Titre de transport,* billet, carte, ticket. ♦ Certificat représentatif d'une valeur de Bourse. **2** loc. *À JUSTE TITRE* : à bon droit. **III 1** Proportion d'or, d'argent dans un alliage. **2** chim. Rapport de la masse ou du volume d'une substance dissoute à la masse ou au volume de solution. → **degré.**

② **titre** n. m. ▪ **1** Nom donné (à une œuvre, un livre). *Faux titre* : titre simple sur la page précédant la page de titre. ♦ *Le titre d'une chanson, d'un film, d'un tableau.* **2** Expression, phrase qui présente un article de journal. *Gros titres.* **3** dr. Subdivision du livre (d'un recueil juridique).

titré, ée adj. ▪ **I** Qui possède un titre de noblesse. **II** chim. Dont le titre (III) est connu. *Liqueur, solution titrée.*

① **titrer** v. tr. [1] ▪ **I** Donner un titre de noblesse à (qqn). **II** Déterminer le titre (III) de. ♦ Avoir (tant de degrés) pour titre.

② **titrer** v. tr. [1] ▪ Intituler (→ ② titre).

titreuse n. f. ▪ techn. **1** cinéma Appareil permettant de filmer titres et sous-titres. **2** imprim. Machine utilisée pour composer les gros titres.

titrimétrie n. f. ▪ chim. Mesure du titre d'une solution. → **volumétrie.** ► **titrimétrique** adj.

titrisation n. f. ▪ fin. Transformation (des créances détenues par une banque) en titres négociables.

tituber v. intr. [1] ▪ Vaciller, aller de droite et de gauche, en marchant. → **chanceler.** ► **titubant, ante** adj.

titulaire adj. et n. ▪ **1** Qui a une fonction pour laquelle il a été nommé personnellement **(→ ① titre).** ➝ n. *Le, la titulaire d'un poste.* **2** Qui possède (un droit, un diplôme...). ► **titulariser** v. tr. [1] ► **titularisation** n. f.

titularisable adj. ▪ Qui peut être titularisé.

titulature n. f. ▪ didact. Ensemble des titres portés par une personne, une famille.

Tl ▪ Symbole chimique du thallium.

Tm ▪ Symbole chimique du thulium.

TMS → **musculosquelettique**

① **T. N. T.** n. m. (sigle) ▪ Trinitrotoluène (explosif).

②**T. N. T.** n. f. (sigle) ▪ «Télévision numérique terrestre», diffusée par voie hertzienne.

toast [tost] n. m. ▪ **I** Discours par quoi l'on propose de boire en l'honneur de qqn ou de qqch. **II** Tranche de pain de mie grillée.

toasteur [tostœʀ] n. m. ▪ Ustensile électrique pour griller les toasts. → **grille-pain.**

toboggan n. m. ▪ **1** Traîneau à longs patins métalliques. **2** Longue rampe inclinée sur laquelle on peut glisser. **3** Glissière de manutention ; de circulation automobile.

①**toc** interj. ▪ Bruit sec, heurt.

②**toc** n. m. ▪ **1** Imitation sans valeur. **2** adj. invar. fam. Faux et prétentieux.

③**toc** n. m. (sigle) ▪ Trouble obsessionnel compulsif (→ **obsession,** 2). - var. **TOC.**

tocade → **toquade**

tocante ou **toquante** n. f. ▪ fam. Montre.

tocard, arde ou **toquard, arde** ▪ **1** adj. fam. Ridicule, laid. **2** n. fam. Personne incapable. ♦ n. m. Mauvais cheval.

toccata n. f. ▪ Pièce de musique pour clavier, à rythme régulier et marqué.

toco-, -tocie Éléments, du grec *tokos* «accouchement» (ex. *dystocie*).

tocophérol n. m. ▪ biochim. Composé organique entrant dans la composition de la vitamine E (facteur de fertilité).

tocsin n. m. ▪ Sonnerie de cloche répétée et prolongée, pour donner l'alarme.

tofu [tɔfu] n. m. ▪ Pâté de soja (japonais).

toge n. f. ▪ **1** Ample pièce d'étoffe sans coutures dans laquelle les Romains se drapaient. **2** Robe de cérémonie (avocats...).

tohu-bohu [tɔybɔy] n. m. invar. ▪ **1** vieilli Confusion. **2** Bruit confus.

toi pron. pers. ▪ Pronom personnel (forme tonique) de la 2e personne, qui représente la personne à qui l'on s'adresse. → **tu. 1** avec un impératif (sauf devant *en* et *y* → **te**) *Toi, viens ici !* ‑ (verbes pronominaux) *Mets-toi là.* **2** avec un infinitif *Toi, nous quitter ?* ‑ sujet d'un participe *Toi parti...* **3** (coordonné) *Paul et toi* (vous) *partirez devant.* ‑ *Il invitera tes parents et toi.* ♦ (comparaison) *Il est plus gentil que toi.* **4** (renforçant *tu*) *Toi, tu vas aller te coucher.* **5** (attribut) *Si j'étais toi,* à ta place. **6** (précédé d'une préposition) *Chez toi. Je suis fier de toi.* **7** (renforcé) *TOI-MÊME.*

toile n. f. ▪ **I 1** Tissu d'armure (II) unie, de lin, coton, chanvre. **2** Pièce de toile. ♦ loc. fam. (Écran). *Se faire une toile,* aller au cinéma. **II 1** Pièce de toile sur châssis, servant de support pour une peinture. ♦ Tableau. **2** loc. *Toile de fond,* ce qui sert d'arrière-plan. **III 1** Réseau de fils (d'araignée). **2** *La Toile :* partie d'Internet regroupant les sites du réseau mondial. → **web.**

toilé, ée adj. ▪ Garni, couvert de toile. *Reliure toilée.* ‑ *Papier toilé,* dont le grain imite la toile.

toilerie n. f. ▪ Fabrication, commerce des toiles de lin, coton, chanvre. ‑ Atelier, fabrique de toiles.

toilette n. f. ▪ **I 1** Fait de se préparer pour paraître en public ; spécialt, de s'habiller, de se parer. **2** Manière dont une femme est vêtue. ‑ *UNE TOILETTE :* les vêtements (d'une femme). **3** Soins de propreté du corps. *Faire sa toilette.* **II** au plur. Lieu, pièce aménagé(e) pour y satisfaire les besoins naturels. *Aller aux toilettes.*

toiletter v. tr. [1] ▪ **1** Faire la toilette de (un animal de compagnie). **2** fig. Retoucher légèrement. ▸ **toilettage** n. m.

toise n. f. ▪ **1** ancienn Mesure de longueur de 6 pieds. **2** Tige verticale graduée pour mesurer la taille humaine.

toiser v. tr. [1] ▪ Regarder avec mépris.

toison n. f. ▪ **1** Pelage laineux des ovidés. **2** Chevelure ou poils humains très fournis. ‑ Poils abondants (animaux).

toit n. m. ▪ **1** Surface supérieure (d'un édifice) ; matériaux recouvrant une construction. → **couverture, toiture.** ♦ loc. *Crier qqch. sur les toits,* divulguer. ‑ *Le toit du monde :* le Tibet. **2** Maison, abri. *Être sans toit.* **3** Paroi supérieure (d'un véhicule). *Voiture à toit ouvrant.*

toiture n. f. ▪ Couverture d'un édifice avec son armature.

tokamak n. m. ▪ phys. Appareil, sorte de mini-réacteur dans lequel on réalise les essais de fusion nucléaire.

tokay n. m. ▪ **1** [tokaj] Vin de liqueur de Hongrie. **2** [tokɛ] Pinot gris d'Alsace ; vin issu de ce cépage.

①**tôle** n. f. ▪ Feuille de fer ou d'acier obtenue par laminage. ♦ *Tôle ondulée.*

②**tôle** n. f. → **taule**

tôlée adj. f. ▪ fam. *Neige tôlée :* neige qui a gelé après un début de fusion.

tolérable adj. ▪ **1** Qu'on peut tolérer, excuser. → **admissible. 2** Supportable.

tolérance n. f. ▪ **I 1** Fait de respecter les attitudes différentes des siennes, la liberté d'autrui en matière d'opinions. **2** Ce qui est toléré. **3** ancienn *Maison de tolérance,* de prostitution. **II 1** Aptitude de l'organisme à supporter (un médicament...). **2** techn. Limite de l'écart admis entre les prévisions et les caractéristiques réelles.

tolérant, ante adj. ▪ Qui manifeste de la tolérance (I, 1).

tolérer v. tr. [6] ▪ **I 1** Laisser se produire ou subsister (une chose qu'on aurait le droit ou la possibilité d'empêcher). → **permettre.** ‑ au p. p. *Stationnement toléré.* ♦ Admettre avec indulgence (qqch. qu'on n'approuve pas).

2 Supporter avec patience. → **endurer.** ♦ *Tolérer qqn* (malgré ses défauts). **II** (organisme vivant) Supporter sans réaction fâcheuse (→ **tolérance** (II)).

tôlerie n. f. ▪ **1** Fabrication, commerce de la tôle. **2** Atelier où l'on travaille la tôle. **3** (collectif) Ensemble des tôles (d'un objet).

tolet n. m. ▪ Cheville de fer ou de bois sur le plat-bord d'une embarcation, qui sert de point d'appui à l'aviron.

① **tôlier** n. m. ▪ Personne qui fabrique, travaille ou vend la tôle.

② **tôlier, ière** → **taulier**

tolite n. f. ▪ techn. Trinitrotoluène*. →① **T. N. T.**

tollé n. m. ▪ Clameur collective de protestation indignée. → **huée.**

tolu n. m. ▪ *Baume de Tolu,* tiré de la résine d'un arbre d'Amérique du Sud, utilisé contre la bronchite. *Sirop de tolu.*

toluène n. m. ▪ Hydrocarbure benzénique.

toluidine n. f. ▪ chim., techn. Amine aromatique obtenue par réduction du toluène, utilisée pour fabriquer des colorants.

tomahawk [tɔmaok] n. m. ▪ Hache de guerre des Indiens d'Amérique du Nord.

tomaison n. f. ▪ Indication du numéro du tome (d'un ouvrage).

tomate n. f. ▪ **1** Plante potagère annuelle. **2** Fruit sphérique rouge de cette plante.

tombac n. m. ▪ techn. Alliage de cuivre (plus de 80 %) et de zinc (laiton), pouvant renfermer de petites quantités d'étain.

tombal, ale, aux adj. ▪ **1** Qui appartient à une tombe. *Pierre tombale* : dalle. **2** littér. Qui évoque la mort.

tombant, ante adj. ▪ **1** *À la nuit tombante* : au crépuscule. **2** Qui s'affaisse.

tombe n. f. ▪ **1** Lieu où l'on ensevelit un mort, fosse recouverte d'une dalle. → **sépulture, tombeau.** ♦ loc. *Avoir un pied dans la tombe,* être près de mourir. **2** Pierre tombale, monument funéraire.

tombé n. m. ▪ *Le tombé d'un tissu, d'un vêtement,* le fait de bien tomber, de bien s'adapter au corps.

tombeau n. m. ▪ **1** Sépulture à monument. → **caveau, mausolée, sépulcre, stèle. 2** fig., littér. Lieu clos, sombre, d'aspect funèbre. **3** loc. *Rouler à tombeau ouvert,* à une vitesse excessive. **4** *Le tombeau de...* : œuvre en l'honneur de (un artiste défunt).

tombée n. f. ▪ littér. Chute (de neige, de pluie...). ♦ loc. *La tombée de la nuit,* moment où la nuit tombe, crépuscule.

tombelle n. f. ▪ archéol. Petite butte funéraire. → **tumulus.**

tomber v. intr. [1] auxiliaire *être* (sauf V) ▪ **I 1** Être entraîné à terre en perdant son équilibre, son assise (→ **chute**). ➛ loc. *Tomber de fatigue, de sommeil* : être épuisé. ♦ Être tué. ♦ (Sans aller à terre). *Se laisser tomber dans un fauteuil.* ♦ (sujet chose) S'écrouler. **2** fig. Cesser de régner, être renversé. *Le gouvernement est tombé.* **3** (abstrait) Être détruit ou disparaître. *La difficulté tombe.* **4** Perdre de sa force, décliner. *Le jour, le vent tombe. Sa colère est tombée.* **II 1** Être entraîné vers le sol, le bas. *Tomber dans le vide.* ➛ *La pluie tombe.* ♦ loc. *LAISSER TOMBER* : ne plus s'occuper de (qqch.), ne plus s'intéresser à (qqn). **2** (lumière, son, paroles, etc.) Arriver, parvenir du haut. *La nuit tombe.* **3** fig. (personnes) Être en décadence. *Il est tombé bien bas.* **4** (sujet chose) S'abaisser en étant suspendu ou soutenu. *Ses cheveux tombaient en boucles.* ♦ S'affaisser. *Des épaules qui tombent.* → **tombant. III 1** *TOMBER SUR* : s'élancer de toute sa force et par surprise sur. *Tomber sur qqn, lui tomber dessus* (fig. l'accabler). **2** *TOMBER DANS, EN,* se trouver entraîné dans (un état critique, une situation fâcheuse). *Tomber dans le désespoir.* ➛ *Tomber en panne.* **3** suivi d'un attribut Être, devenir (après une évolution rapide). *Tomber malade ; amoureux.* ➛ *Tomber d'accord,* s'accorder. **IV 1** Arriver ou se présenter inopinément. → **survenir.** ➛ *TOMBER SUR* (qqn, qqch.) : rencontrer par hasard. ➛ *Tomber sous la main,* à portée de. ➛ *Tomber sous le sens* : être évident. ♦ *TOMBER BIEN, MAL* : arriver à propos ou non. **2** Arriver, par une coïncidence. *Noël tombe un dimanche.* **V** v. tr. (auxiliaire *avoir*) **1** Plaquer (qqn) au sol. **2** fam. Séduire (→ **tombeur**). **3** loc. fam. *Tomber la veste,* l'enlever.

tombereau n. m. ▪ Grosse voiture ou engin muni d'une benne. ♦ Son contenu.

tombeur, euse n. ▪ fam. Séducteur, séductrice.

tombola n. f. ▪ Loterie où chaque gagnant reçoit un lot en nature.

tombolo n. m. ▪ géogr. Cordon littoral reliant une île au continent.

tome n. m. ▪ **1** Division principale (d'un ouvrage). **2** Volume (d'un ouvrage en plusieurs volumes).

-tome, -tomie, tomo- Éléments, du grec *temnein* « couper ». → **-ectomie.**

tomenteux, euse adj. ▪ bot. Couvert de poils fins ou d'un duvet.

tomette n. f. ▪ Petite brique de carrelage, de forme hexagonale, de couleur rouge.

tomme n. f. ▪ **1** Fromage fermenté, à pâte pressée (chèvre, brebis ou vache). ➛ spécialt Tomme de Savoie. **2** région. Fromage frais de lait de vache ou de chèvre.

tommy n. m. ▪ fam., vieilli Soldat anglais. *Les tommies.*

tomodensitomètre n. m. ▪ méd. Appareil de radiodiagnostic composé d'un système de tomographie et d'un ordinateur qui fournit les résultats sous forme d'images. → ① **scanner.**

tomodensitométrie n. f. ▪ méd. Technique du tomodensitomètre. → **scanographie.**

tomographie n. f. ▪ méd. Image radiographique en coupe (→ **scanographie ; stratigraphie).** ▸ **tomographique** adj.

tom-pouce [tɔm-] n. m. invar. ▪ fam. Homme très petit.

① **ton, ta, tes** adj. poss. ▪ **I** (sens subjectif) **1** Qui est à toi, t'appartient. **2** (devant un n. de personne) En rapport (avec la personne à qui on dit *tu*). *Ton père, ta mère, tes amis.* **II** (sens objectif) *Ton juge,* celui qui te juge. *À ta vue,* en te voyant.

② **ton** n. m. ▪ **I 1** Hauteur de la voix. *Changement de ton.* **2** Qualité de la voix humaine, en hauteur, par ext., en timbre et en intensité, pour exprimer. → **accent, intonation.** ▸ loc. *SUR* (tel) *TON. Dire, répéter qqch. SUR TOUS LES TONS,* de toutes les manières. ♦ *Le ton amical d'une lettre.* **3** loc. *DE BON TON :* de bon goût. **II 1** ling. Accent de hauteur. ♦ Hauteur d'un son propre au système phonologique (dans les *langues à tons :* chinois, langues africaines, suédois...). **2** mus. Intervalle qui sépare deux notes consécutives de la gamme (dans une tonalité*). *Ton majeur. Demi-ton.* **3** mus. Hauteur absolue d'une échelle de sons musicaux (réglée par le diapason) ; échelle musicale d'une hauteur déterminée (désignée par la tonique). *Le ton de si bémol majeur, mineur.* **4** Hauteur des sons émis par la voix ou par un instrument. ▸ loc. *Se mettre DANS LE TON :* s'accorder. **III** Teinte, nuance. ▸ *TON SUR TON :* dans une même couleur nuancée.

tonal, ale, als adj. ▪ mus. **1** Qui concerne ou définit un ton (II). **2** De la tonalité (I). *Musique tonale et musique modale.*

tonalité n. f. ▪ **I 1** Système musical fondé sur la disposition des tons et demi-tons dans la gamme. **2** emploi critiqué Ton (II, 3). **3** Hauteur, timbre (de sons, d'une voix). **4** Son que l'on entend dans certains téléphones quand on décroche le combiné. **II** Ton (III) dominant.

tonca → **tonka**

tondage n. m. ▪ **1** Opération par laquelle on égalise les poils du drap. → ① **tonture. 2** Le fait de tondre le poil (de certains animaux). *Tondage du cheval.*

tondaison n. f. ▪ Laine qui provient de la tonte.

tondeur, euse n. ▪ Personne dont le métier est de tondre (le drap, les animaux). *Tondeur de moutons.*

tondeuse n. f. ▪ **1** Instrument destiné à tondre le poil, les cheveux. **2** Petite faucheuse rotative. *Tondeuse à gazon.*

tondre v. tr. [41] ▪ **1** Couper à ras (les poils, la laine). **2** Dépouiller (un animal) de ses poils, (une personne) de ses cheveux en les coupant ras. ♦ fig. Voler (qqn). **3** Couper à ras. *Tondre le gazon.* ▹ adj. **tondu, ue**

toner [tɔnɛʀ] n. m. ▪ anglic., techn. Poudre pigmentée apte à se déposer sur le papier (copieurs, imprimantes).

tong n. f. ▪ Sandale légère formée d'une semelle et d'une bride en V passée entre les deux premiers orteils.

tonicardiaque adj. ▪ méd. Qui exerce un effet tonique sur le cœur. → **cardiotonique.** ▸ n. m. *L'adrénaline est un tonicardiaque.*

tonicité n. f. ▪ didact. Caractère de ce qui est tonique (①).

-tonie Élément, du grec *tonos* « tension ».

tonifier v. tr. [7] ▪ Avoir un effet tonique sur. → **vivifier.** ▸ **tonifiant, ante** adj.

① **tonique** adj. ▪ **I 1** Qui fortifie, reconstitue les forces. *Médicament tonique ;* n. m. *un tonique.* → **fortifiant, remontant. 2** Qui raffermit la peau. **3** fig. Stimulant. **II 1** Qui porte le ton (II). *Voyelle, syllabe tonique.* **2** Qui marque le ton (II, 1). *Accent tonique.*

② **tonique** n. f. ▪ mus. Première note de la gamme qui désigne le ton (d'un morceau).

tonitruant, ante adj. ▪ Qui fait un bruit de tonnerre, un bruit énorme.

tonitruer v. intr. [1] ▪ Faire un bruit de tonnerre ; parler, crier d'une voix très forte.

tonka n. m. ▪ Fruit d'un arbre d'Amérique tropicale, d'où l'on extrait la coumarine*. ▸ en appos. *Fève tonka.* – var. **tonca.**

tonlieu n. m. ▪ hist. Impôt ou taxe que l'on percevait au Moyen Âge sur les marchandises transportées ; droit payé par les marchands pour étaler dans les foires et marchés. *Les tonlieux.*

tonnage n. m. ▪ **1** Capacité de transport d'un navire de commerce (en tonneaux). → **jauge. 2** Capacité totale de navires marchands.

tonnant, ante adj. ▪ **1** didact. Qui tonne. **2** *Une voix tonnante.* → **tonitruant.**

tonne n. f. ▪ **I 1** Unité de masse, mesure valant 1000 kilogrammes (symb. t). **2** Mesure du poids (des véhicules...). **3** loc. *Des tonnes :* beaucoup. **II** techn. Grand tonneau.

① **tonneau** n. m. ▪ **I** Grand récipient cylindrique en bois, renflé au milieu. → **barrique.** ▸ spécialt Tonneau de vin. **II** Unité internationale de volume (2,83 m³), pour la capacité des navires (→ **jauge, tonnage).**

② **tonneau** n. m. ▪ Tour complet (d'un avion) autour de son axe. ♦ Tour complet (d'une voiture) sur le côté (accident).

tonnelage n. m. ▪ comm. *Marchandises de tonnelage,* qu'on met en tonneaux.

tonnelet n. m. ■ Petit tonneau. → **baril.**

tonnelier n. m. ■ Artisan, ouvrier qui fabrique et répare les tonneaux.

tonnelle n. f. ■ Petit abri circulaire à sommet arrondi garni de plantes.

tonnellerie n. f. ■ Métier, atelier, industrie, commerce du tonnelier. ◆ Articles fabriqués par le tonnelier.

tonner v. intr. [1] ■ **1** impers. Éclater (tonnerre). **2** Faire un bruit de tonnerre. *Le canon tonne.* → **gronder. 3** Exprimer violemment sa colère. → **fulminer.**

tonnerre n. m. ■ **1** Bruit de la foudre, accompagnant l'éclair. *Coup de tonnerre* (fig. événement brutal et imprévu). **2** Bruit très fort. *Un tonnerre d'applaudissements.* **3** loc. adj. fam. *Du tonnerre,* extraordinaire.

tonométrie n. f. ■ **1** phys. Étude des solutions diluées, au moyen de la mesure de leurs pressions de vapeur. **2** méd. Mesure des tensions (artérielle, veineuse, oculaire).

tonsure n. f. ■ **1** Petit cercle rasé au sommet de la tête des ecclésiastiques. ► **tonsurer** v. tr. [1] ◆ au p. p. *Clerc tonsuré.* **2** fam. Calvitie circulaire au sommet de la tête.

tonte n. f. ■ **1** Action de tondre. *La tonte des moutons.* **2** Laine de tonte.

① **tontine** n. f. ■ Association de personnes qui mettent de l'argent en commun.

② **tontine** n. f. ■ hortic. Corbeille ou paillon servant à protéger les racines d'un arbuste que l'on veut transplanter.

tontiner v. tr. [1] ■ hortic. Garnir d'une tontine.

tonton n. m. ■ fam. Oncle.

① **tonture** n. f. ■ techn. Action de tondre le drap. → **tondage.** Le poil tondu.

② **tonture** n. f. ■ mar. Courbure des ponts des navires, légèrement relevés aux extrémités.

tonus [-ys] n. m. ■ **1** Légère contraction permanente du muscle vivant. **2** Énergie, dynamisme.

① **top** [tɔp] n. m. ■ Signal sonore qu'on donne pour déterminer un instant.

② **top** [tɔp] ■ anglic. **I** Élément, de l'angl. *top* «sommet» signifiant «extrême, supérieur» ; ex. *top niveau, top secret.* **II** fam. **1** adj. Supérieur, excellent. *Il est trop top !* **2** n. m. Le sommet, ce qu'il y a de mieux. *C'est le top.*

topaze n. f. ■ Pierre fine (silicate), pâle ou jaune, transparente.

top-case [tɔpkɛz] n. m. ■ Mallette fixée à l'arrière d'une moto. *Des top-cases.*

toper v. intr. [1] ■ surtout à l'impér. Accepter un défi, un enjeu, en tapant dans la main.

topette n. f. ■ Petite bouteille longue et étroite.

tophacé, ée adj. ■ méd. Relatif au tophus ; qui constitue un tophus. *Concrétion tophacée.*

tophus [-ys] n. m. ■ méd. Concrétion d'urate de sodium ou de calcium qui se forme, chez les goutteux, aux articulations et parfois au bord du pavillon de l'oreille.

topiaire n. f. ■ didact. Art de tailler architecturalement les arbres des jardins. ◆ adj. *L'art topiaire.*

topinambour n. m. ■ Tubercule consommé comme légume ou destiné au bétail.

topique adj. ■ didact. **1** Relatif à un lieu. ◆ méd. *Médicament topique,* ou n. m. *un topique,* agissant sur un point précis du corps. **2** Relatif à un lieu du discours. ♦ n. f. log. Théorie des catégories générales.

topless [tɔplɛs] adj. invar. ■ anglic. Sans soutien-gorge ; les seins nus. *Danseuses topless.*

top-modèle n. ■ anglic. Mannequin vedette. *Des top-modèles.* ◆ (d'une femme) *C'est un(e) top-modèle.* - var. **top-model.**

top niveau n. m. ■ fam. Niveau supérieur. → **sommet.**

topo n. m. ■ fam. Discours, exposé. → **laïus.**

topo- Élément, du grec *topos* «lieu».

topographie n. f. ■ **1** Technique du levé des cartes et des plans de terrains. → **cartographie. 2** Configuration, relief (d'un lieu...). ► **topographe** n. ► **topographique** adj.

topoguide n. m. ■ Guide topographique destiné aux randonneurs.

topologie n. f. ■ sc. Géométrie de situation, qui étudie les positions indépendamment des formes et des grandeurs. ► **topologique** adj.

topométrie n. f. ■ Ensemble des travaux effectués sur le terrain pour procéder aux relevés métriques nécessaires à l'établissement d'une carte. ► **topométrique** adj.

toponyme n. m. ■ ling. Nom de lieu.

toponymie n. f. ■ ling. Étude des noms de lieux, de leur étymologie. ► **toponymique** adj. ► **toponymiste** n.

top-secret ou **top secret** adj. invar. ■ anglic. Absolument confidentiel, tout à fait secret. *Un projet top-secret.*

toquade n. f. ■ fam. Goût très vif, passager, souvent bizarre, pour qqch. ou qqn. → **caprice, lubie.** - var. **tocade.**

toquante → **tocante**

toquard → **tocard**

toque n. f. ■ Coiffure cylindrique, casquette sans bords. *Toque de jockey.*

toqué, ée adj. ■ fam. **1** Un peu fou, bizarre. ◆ n. *Un vieux toqué.* **2** *Toqué de* : épris de.

① **toquer** v. intr. [1] ■ fam. Frapper légèrement, discrètement sur (qqch.).

② se **toquer** v. pron. [1] ■ fam. *Se toquer de,* s'amouracher (→ **toquade).**

Torah ou **Thora** n. f. ▪ Le Pentateuque, dans la tradition juive.

torche n. f. ▪ **1** Flambeau grossier. **2** *Torche électrique* : lampe de poche cylindrique.

torche-cul [-ky] n. m. ▪ fam. **1** Ce avec quoi on s'essuie après être allé à la selle. **2** Écrit, journal méprisable. → **torchon.**

torcher v. tr. [1] ▪ **I** fam. ou région. **1** Essuyer pour nettoyer. **2** spécialt *Torcher le derrière d'un enfant.* - pronom. *Se torcher* (fig. se moquer de). **II** Faire vite et mal. → **bâcler.** ▷ adj. **torché, ée**

torchère n. f. ▪ **1** Candélabre monumental. **2** Tuyauterie élevée pour brûler les gaz excédentaires d'hydrocarbures (raffineries).

torchis n. m. ▪ Terre argileuse malaxée avec de la paille hachée (→ **pisé).**

torchon n. m. ▪ **1** Toile qui sert à essuyer la vaisselle, les meubles. ♦ loc. *Les torchons et les serviettes,* choses, gens de valeur faible ou importante. - *Le torchon brûle,* il y a une querelle. **2** fam. Écrit sale, mal présenté.

torchonner v. tr. [1] ▪ fam. Bâcler. → **torcher.** ▷ adj. **torchonné, ée**

torcol n. m. ▪ Passereau grimpeur, à cou flexible.

tordage n. m. ▪ techn. Action de tordre ; opération qui consiste à joindre bout à bout en les tordant les fils d'une chaîne nouvelle à ceux d'une chaîne terminée. *Le tordage de la soie.*

tordant, ante adj. ▪ fam. Très drôle, très amusant. → **marrant.**

tord-boyaux n. m. invar. ▪ fam. Eau-de-vie très forte, de mauvaise qualité.

tordeur, euse n. ▪ **1** techn. Retordeur ; préposé au tordage. ♦ n. f. Machine qui sert à tordre les fils de fer pour en faire des câbles. **2** n. f. Chenille de divers papillons qui attaque les végétaux et roule les feuilles en cornets.

tord-nez n. m. invar. ▪ vétér. Instrument à l'aide duquel on saisit le nez d'un cheval que l'on veut contenir.

tordoir n. m. ▪ techn. Bâton qui sert à tordre et à serrer une corde.

tordre v. tr. [41] ▪ **1** Déformer par torsion, enrouler en hélice. *Tordre du linge mouillé.* **2** Soumettre (un membre, une partie du corps) à une torsion. - *Tordre le cou à qqn,* l'étrangler. **3** Déformer par flexion ; plier. *Tordre une barre de fer.* **4** Plier brutalement (une articulation) ; déformer. *Se tordre le pied.* ▷ v. pron. **se tordre 1** Se plier en deux. *Se tordre de rire* (→ **tordant). 2** Se plier, se courber en tous sens.

tordu, ue adj. ▪ **1** Dévié, tourné de travers ; qui n'est pas droit. **2** fig. *Avoir l'esprit tordu,* bizarre. ♦ fam. Fou.

tore n. m. ▪ **1** Moulure en demi-cylindre. ♦ géom. Surface de révolution en anneau. **2** Anneau doué de propriétés magnétiques.

toréador n. m. ▪ vx Torero.

toréer v. intr. [1] ▪ Combattre le taureau selon les règles de la tauromachie.

torero [tɔʀeʀo] n. m. ▪ Homme qui combat le taureau (en corrida). → **matador.** - REM. Pour les femmes, on emploie parfois *torera.*

torgnole n. f. ▪ Série de coups.

torii [tɔʀii] n. m. invar. ▪ arts Portique ornemental des temples japonais shintoïstes.

toril [-il] n. m. ▪ Enceinte des taureaux, avant une corrida.

torique adj. ▪ Qui a la forme d'un tore.

tornade n. f. ▪ Mouvement tournant de l'atmosphère (régions tropicales). → **cyclone, ouragan.**

toroïdal, ale, aux adj. ▪ didact. En forme de tore. → **torique.**

toron n. m. ▪ Fils tordus ensemble.

toronneuse n. f. ▪ techn. Machine qui tord les torons.

torpeur n. f. ▪ Diminution de la sensibilité, de l'activité, sans perte de conscience.

torpide adj. ▪ **1** littér. Qui est dans un état de torpeur ; qui a le caractère de la torpeur. **2** méd. Qui ne manifeste aucune tendance à l'amélioration ni à l'aggravation.

torpille n. f. ▪ **1** Poisson capable de produire une décharge électrique. **2** Engin de guerre sous-marin chargé d'explosifs.

torpiller v. tr. [1] ▪ **1** Faire sauter à l'aide de torpilles. **2** fig. Attaquer sournoisement. *Torpiller un projet.* ▶ **torpillage** n. m.

torpilleur n. m. ▪ Bateau de guerre léger et rapide (→ aussi **contre-torpilleur).**

torque ▪ **1** n. f. Torsade. **2** n. m. archéol. Collier métallique rigide.

torr n. m. ▪ Unité pratique de mesure des faibles pressions correspondant à la pression de 1 mm de mercure.

torréfacteur, trice n. ▪ **1** n. m. Appareil pour torréfier. **2** Commerçant qui vend le café qu'il torréfie.

torréfier v. tr. [7] ▪ Brûler à feu nu, par début de calcination. *Torréfier du café.* ▶ **torréfaction** n. f.

torrent n. m. ▪ **1** Cours d'eau à forte pente, à débit rapide et irrégulier. **2** Écoulement rapide et brutal. - loc. *Il pleut à torrents,* abondamment. **3** fig. Grande abondance (de ce qui afflue violemment). *Des torrents de larmes.* ▶ **torrentiel, ielle** adj.

torrentueux, euse adj. ▪ littér. Qui forme, constitue un torrent. *Ruisseau torrentueux.*

torride adj. ▪ **1** Où la chaleur est extrême. - par ext. *Une chaleur torride.* **2** fam. Très érotique.

tors, torse adj. ■ **1** *Colonne torse,* à fût contourné en spirale. **2** *Jambes torses,* tordues, arquées.

torsade n. f. ■ **1** Rouleau de fils, cordons tordus ensemble (ornement). ➛ *Des torsades de cheveux.* **2** Motif ornemental en hélice. ► **torsader** v. tr. [1] ► **torsadé, ée** adj.

torse n. m. ■ **1** Buste, poitrine. **2** Sculpture représentant un tronc.

torsion n. f. ■ **1** Action de tordre. **2** État, position de ce qui est tordu.

tort n. m. ■ **I** (sans article) **1** *AVOIR TORT* : ne pas avoir le droit, la raison de son côté, se tromper (opposé à *avoir raison*). ➛ *Avoir tort de* (+ inf.). ♦ *DONNER TORT À* : accuser, désapprouver. ➛ *Les faits vous ont donné tort.* **2** *À TORT* : pour de mauvaises, de fausses raisons. ➛ *À TORT OU À RAISON* : quelle que soit la réalité. ➛ *À TORT ET À TRAVERS* : sans raison ni justesse. **3** *DANS SON TORT, EN TORT* (relativement à la loi, à une autre personne). **II 1** Action, attitude blâmable. *Reconnaître ses torts.* **2** Action, attitude qui constitue une erreur, une faute. *Il a le tort de trop parler.* **3** Fait d'agir injustement contre qqn. → **préjudice.** ➛ *FAIRE (DU) TORT À qqn.*

torticolis n. m. ■ Torsion douloureuse du cou avec inclinaison de la tête.

tortilla n. f. ■ Galette de maïs (parfois de blé), plat populaire au Mexique.

tortillard n. m. ■ Train d'intérêt local dont la voie fait de nombreux détours.

tortiller v. [1] ■ **I** v. tr. Tordre à plusieurs tours (une chose souple). **II** v. intr. **1** Se remuer en ondulant. *Tortiller des fesses.* **2** loc. fam. *IL N'Y A PAS À TORTILLER,* à hésiter. ▷ v. pron. se **tortiller** ► **tortillement** n. m.

tortillon n. m. ■ Chose tortillée.

tortionnaire n. et adj. ■ (Personne) qui fait subir des tortures. → **bourreau.**

tortorer v. tr. [1] ■ argot Manger.

tortu, ue adj. ■ vx ou littér. Tordu.

tortue n. f. ■ Reptile à quatre pattes courtes, à carapace, à tête munie d'un bec corné, à marche lente.

tortueux, euse adj. ■ **1** Qui présente des courbes irrégulières. → **sinueux. 2** fig. Hypocrite. ► **tortueusement** adv.

torture n. f. ■ **1** Souffrances physiques infligées notamment pour faire avouer. ♦ fig. *Mettre qqn À LA TORTURE,* embarrasser, laisser dans l'incertitude. **2** Souffrance intolérable. *Les tortures de la jalousie.*

torturer v. tr. [1] ■ **1** Faire subir des tortures à (qqn). *Torturer un prisonnier.* → **supplicier ; tortionnaire. 2** Faire beaucoup souffrir. → **martyriser. 3** Déformer par force. ➛ au p. p. *Un visage torturé.*

torve adj. ■ (regard) Oblique et menaçant.

tory n. m. ■ (en Grande-Bretagne) Conservateur.

toscan, ane adj. et n. ■ De la Toscane. ➛ n. *Les Toscans.* ♦ n. m. *Le toscan* : ensemble de dialectes devenu la base de l'italien.

tosser v. intr. [1] ■ mar. Cogner fortement et de manière répétée sous l'effet du ressac.

tôt adv. ■ **1** Au bout de peu de temps, avant le moment habituel ou normal (opposé à *tard*). *Arriver tôt, plus tôt, très tôt.* ➛ loc. *Dans une heure AU PLUS TÔT,* pas avant. ➛ *Il ne viendra pas DE SI TÔT* (ou de sitôt). **2** Au commencement d'une portion de temps. *Se lever tôt,* de bonne heure. **3** loc. *Avoir tôt fait de,* vite fait.

total, ale, aux ■ **1** adj. Qui affecte toutes les parties, tous les éléments. → **absolu, complet, général.** *Confiance totale.* ♦ Pris dans son entier. *La somme totale* (→ **global). ► totalement** adv. **2** n. m. Quantité totale. *Faire le total* : additionner le tout. ➛ *AU TOTAL* (fig. tout bien considéré). → en **somme. 3** n. f. pop. Hystérectomie. ♦ fig., fam. *C'est LA TOTALE !* : c'est le comble.

totaliser v. tr. [1] ■ **1** Additionner. **2** Compter au total. *L'équipe qui totalise le plus grand nombre de points.* ► **totalisation** n. f. ► **totalisateur, trice** adj.

totalitaire adj. ■ **1** *Régime totalitaire* : régime à parti unique, dictatorial, n'admettant aucune opposition organisée. ► **totalitarisme** n. m. **2** didact. Qui englobe la totalité des éléments (d'un ensemble).

totalité n. f. ■ Réunion totale des parties ou éléments constitutifs (d'un tout). → **intégralité.** ➛ *EN TOTALITÉ* : au total, intégralement.

totem [tɔtɛm] n. m. ■ Animal considéré comme l'ancêtre et le protecteur d'un clan. ➛ Sa représentation (mât sculpté). ► **totémique** adj. ► **totémisme** n. m.

totipotent, ente adj. ■ biol. Se dit des cellules embryonnaires non encore différenciées. ► **totipotence** n. f.

toto n. m. ■ fam. Pou. *Avoir des totos.*

toton n. m. ■ littér. Petite toupie.

touage n. m. ■ Remorquage (→ **touer).**

touareg [twaʀɛg] n. et adj. ■ Nomade du Sahara. – *Touareg* est un pluriel, à l'origine. On emploie aussi au singulier TARGUI, IE.

toubab [tubab] n. et adj. ■ français d'Afrique **1** Européen, Blanc. **2** péj. Africain ayant adopté le mode de vie européen.

toubib [tubib] n. ■ fam. Médecin.

toucan n. m. ■ Oiseau grimpeur au plumage éclatant, à gros bec.

① **touchant** prép. ■ littér. Au sujet de. *Je ne sais rien touchant cette affaire.*

② **touchant, ante** adj. ■ **1** littér. Qui fait naître de la pitié. **2** Qui émeut. → **attendrissant.**

touchau n. m. ▪ techn. Ensemble de petites plaques d'alliage d'or ou d'argent de titres différents, permettant de déterminer le titre d'un bijou.

touche n. f. ▪ **I 1** Action, manière de poser la couleur sur la toile. ➜ Couleur posée d'un coup de pinceau. ♦ fig. *Mettre une touche de gaieté* (dans un décor, une toilette). **2** loc. *Pierre de touche.* → **pierre** (I, 3). **3** au rugby, au football *Ligne de touche* ou *la touche* : limite latérale du champ de jeu. ♦ loc. *Rester, être mis SUR LA TOUCHE*, hors du jeu. **4** pêche Action du poisson qui mord à l'hameçon. **5** Action, fait de toucher (escrime, billard). **6** fig., fam. *Faire une touche* : rencontrer qqn à qui l'on plaît. **II** Chacun des petits leviers d'un clavier que l'on frappe des doigts. *Les touches d'un piano, d'un ordinateur.* **III** fam. Aspect, allure d'ensemble. → **tournure.** *Il a une drôle de touche.*

touche-à-tout n. m. invar. ▪ **1** Personne, enfant qui touche à tout. **2** Personne qui se disperse en activités multiples.

① **toucher** v. tr. [1] ▪ **I 1** Entrer en contact avec (qqn, qqch.) en éprouvant les sensations du toucher. ♦ (choses) Atteindre, prendre contact avec. **2** Atteindre (l'adversaire) avec contact ou par projectile. **3** (compl. n. de personne) Joindre, arriver à rencontrer (qqn), par un intermédiaire (lettre, téléphone). → **atteindre, contacter.** *Où peut-on vous toucher ?* **4** Entrer en possession de, percevoir (de l'argent, un salaire...). **5** abstrait Émouvoir, spécialt en excitant la compassion, la sympathie. → **attendrir ;** ② **touchant.** *Ses larmes m'ont touché.* **II** (sans mouvement) **1** Se trouver en contact avec ; être tout proche de. *Sa maison touche l'église.* **2** fig. Concerner, avoir un rapport avec. *C'est un problème qui les touche de près.* **III** v. tr. ind. *TOUCHER À.* **1** Porter la main sur, pour prendre, utiliser. *Cet enfant touche à tout* (→ **touche-à-tout**). ♦ (négatif) *Ne pas toucher à* : ne pas utiliser. **2** abstrait Se mêler, s'occuper de (qqch.). *Il vaut mieux ne pas toucher à ce sujet.* → **aborder.** ➜ *Un air de ne pas y toucher*, faussement innocent (→ **sainte nitouche**). **3** littér. Atteindre, arriver à (un point). *Nous touchons au but.* ➜ (temps) *TOUCHER À SA FIN.* **4** fig. Avoir presque le caractère de. → **confiner.** *Sa minutie touche à la névrose.*

② **toucher** n. m. ▪ **1** Un des cinq sens, sensibilité dans l'exploration des objets par palpation. → **tact. 2** Action, manière de toucher. → **contact.** *Le velours est doux au toucher.* **3** Manière de jouer d'un instrument à touches. **4** méd. Exploration à la main d'une cavité naturelle du corps. → **palpation.**

à **touche-touche** loc. adv. ▪ fam. En se touchant presque ; en se suivant de très près.

touée n. f. ▪ mar. **1** Câble, chaîne servant à touer. **2** par ext. Longueur de chaîne filée en mouillant l'ancre.

touer v. tr. [1] ▪ Faire avancer en tirant, en remorquant (un navire).

toueur n. m. ▪ Remorqueur qui avance par touage et tire des péniches.

touffe n. f. ▪ Assemblage naturel de plantes, de poils, de brins..., rapprochés par la base.

touffeur n. f. ▪ littér. Atmosphère chaude et étouffante.

touffu, ue adj. ▪ **1** Qui est en touffes. **2** fig. Trop complexe et dense.

touillage n. m. ▪ fam. Action de touiller.

touille n. m. ▪ région. Lamie (squale).

touiller v. tr. [1] ▪ fam. Remuer, agiter.

touillette n. f. ▪ fam. Petite spatule qui sert à remuer les boissons chaudes délivrées par un distributeur automatique.

toujours adv. de temps ▪ **1** Dans la totalité de la vie, du souvenir. *Je l'ai toujours su. Ça ne durera pas toujours.* → **éternellement.** ♦ À chaque instant. *Il est toujours à l'heure.* ➜ *COMME TOUJOURS* : comme dans tous les autres cas. ➜ *PRESQUE TOUJOURS* : très souvent. ➜ *DEPUIS TOUJOURS* (→ de tout temps). ➜ *POUR TOUJOURS.* → **définitivement ;** à **jamais. 2** Encore maintenant, encore au moment considéré. *Je l'aime toujours.* ➜ *Il n'est toujours pas parti* : pas encore. **3** Dans toute circonstance. ♦ loc. *TOUJOURS EST-IL (QUE)* : cependant...

touk-touk n. m. ▪ Tricycle motorisé aménagé pour faire office de taxi (Asie, Afrique). *Des touk-touks.* – var. **tuk-tuk** [tuktuk].

touladi n. m. ▪ Grosse truite grise d'Amérique du Nord.

touloupe n. f. ▪ Peau d'agneau, de mouton ; veste en peau de mouton des paysans russes.

toundra [tun-] n. f. ▪ Steppe de la zone arctique, à mousses, lichens.

toungouze [tun-] adj. ▪ Se dit d'un groupe de langues de l'Eurasie et de l'Asie septentrionale (comprenant le mandchou).

toupet n. m. ▪ **I** Touffe de cheveux au-dessus du front. **II** fig., fam. Hardiesse, assurance effrontée. → **aplomb, culot.**

toupie n. f. ▪ **1** Petit objet conique ou sphérique, pouvant se maintenir en équilibre en tournant sur une pointe. → **toton. 2** injure *(Vieille) toupie*, femme désagréable.

toupillon n. m. ▪ Petit toupet. ♦ Petite touffe, bouquet de branches. ♦ Touffe de poils de la queue des bovidés.

touque n. f. ▪ Récipient métallique pour la conservation et le transport des poudres, pâtes, liquides. → **fût.**

① **tour** n. f. ▪ **1** Bâtiment (souvent cylindrique) construit en hauteur, dominant un édifice. *La tour d'un château.* → **donjon.** ➜ Clocher à sommet plat. ♦ Immeuble à nombreux étages.

→ **gratte-ciel.** **2** Construction en hauteur. *La tour Eiffel.* ♦ TOUR DE CONTRÔLE : local surélevé pour le contrôle des activités d'un aérodrome. **3** aux échecs Pièce en forme de tour crénelée, qui avance en ligne. **4** loc. *Tour d'ivoire* : retraite hautaine. **5** allus. biblique *Tour de Babel* : lieu où l'on parle toutes les langues.

② **tour** n. m. ▪ **I 1** Limite circulaire. → **circonférence.** *Tour de taille.* **2** Chose qui en recouvre une autre en l'entourant (vêtements, garnitures). **3** *FAIRE LE TOUR de qqch.* : aller autour. ➝ fig. Passer en revue. **4** *FAIRE UN TOUR,* une petite sortie. → **promenade. 5** *TOUR DE...* : parcours, voyage où l'on revient au point de départ. → **circuit, périple.** *Faire le tour du monde.* ➝ *Tour de France (cycliste).* **II 1** Mouvement giratoire. → **rotation.** *Un tour de manivelle.* ➝ loc. *Partir au quart* de tour. Monter, grimper dans les tours* : augmenter le régime moteur ; fig. s'emporter. *À double* tour.* **2** loc. *À tour de bras* : de toute la force du bras ; fig. avec acharnement. **3** *En un tour de main* : très vite. → en un **tournemain.** ➝ *Tour de main,* habileté. **4** *Tour de reins*.* **III 1** Mouvement, exercice difficile à exécuter. *Tour de cartes.* ➝ *Tour de force* : action difficile, remarquable. **2** Action qui suppose de l'adresse, de la ruse. *Avoir plus d'un tour dans son sac.* ➝ *JOUER un TOUR à qqn,* agir à son détriment. ➝ *Le tour est joué,* c'est accompli, terminé. ➝ *BON TOUR* : plaisanterie. **IV (→ tournure) 1** Aspect. *Le tour que prend la situation.* **2** *Tour d'esprit* : manière d'être caractéristique d'un certain esprit. **V 1** loc. *À MON (TON...) TOUR,* à moi (toi...) d'agir (jouer, parler, etc.). ➝ *Chacun son tour.* **2** loc. *TOUR À TOUR* : (personnes) l'un, puis l'autre. ➝ (états, actions) → **alternativement, successivement.** ♦ *À tour de rôle*.* **3** *Tour de chant* : série de morceaux interprétés par un chanteur, une chanteuse. **4** *Tour de scrutin* : vote (d'une élection qui en compte plusieurs).

③ **tour** n. m. ▪ **1** Dispositif, machine-outil qui sert à façonner des pièces par rotation. **2** Armoire cylindrique tournant sur pivot.

touraillage n. m. ▪ techn. Opération qui consiste à sécher le malt vert après la germination.

touraille n. f. ▪ techn. Étuve dans laquelle on sèche l'orge germé pour arrêter la germination.

touraillon n. m. ▪ Germes d'orge séchés.

① **tourbe** n. f. ▪ Matière combustible végétale spongieuse et légère. ► **tourbière** n. f.

② **tourbe** n. f. ▪ péj., vx Foule misérable.

tourbeux, euse adj. ▪ Qui est de la nature de la tourbe, contient de la tourbe. *Sol tourbeux.*

tourbier, ière ▪ **1** n. Ouvrier, ouvrière qui travaille à l'extraction, à la préparation de la tourbe. ♦ Propriétaire, exploitant d'une tourbière. **2** adj. Relatif à la tourbe ; qui contient suffisamment de tourbe pour qu'on l'exploite.

tourbillon n. m. ▪ **1** Masse d'air qui tournoie rapidement. **2** (fluides, particules) Mouvement tournoyant et rapide. → **remous. 3** fig., littér. Ce qui entraîne dans un mouvement rapide. *Un tourbillon de plaisirs.*

tourbillonner v. intr. [1] ▪ **1** Former un tourbillon. **2** fig. Être agité par un mouvement rapide, irrésistible. ► **tourbillonnant, ante** adj. ► **tourbillonnement** n. m.

tourelle n. f. ▪ **1** Petite tour. **2** Abri blindé contenant des pièces d'artillerie.

tourillon n. m. ▪ techn. **1** Pièce cylindrique servant d'axe. ➝ Axe ou pivot d'une arme lourde (canon, etc.). **2** Cheville de bois rainurée servant à assembler des pièces de menuiserie.

tourin n. m. ▪ Soupe à l'oignon, à l'ail (spécialité du Périgord).

tourisme n. m. ▪ **1** Fait de voyager pour son plaisir. *Voiture DE TOURISME,* pour les déplacements privés. **2** Activités liées aux déplacements des touristes. ► **touristique** adj.

tourista n. f. ▪ fam. Diarrhée infectieuse qui touche de nombreux voyageurs. - var. **turista.**

touriste n. ▪ **1** Personne qui fait du tourisme. **2** *Classe touriste,* à tarif réduit.

tourmaline n. f. ▪ Pierre fine aux tons divers.

tourment n. m. ▪ **1** littér. Très grande souffrance. → **supplice, torture. 2** Grave souci.

tourmente n. f. ▪ **1** littér. Tempête soudaine et violente. → **bourrasque, orage. 2** fig. Troubles sociaux violents et profonds.

tourmenté, ée adj. ▪ **1** En proie aux tourments. → **anxieux, inquiet. 2** Agité. ➝ fig., littér. *Une période, une vie tourmentée.* **3** De forme très irrégulière. *Un relief tourmenté.* → **accidenté. 4** Chargé d'ornements.

tourmenter v. tr. [1] ▪ **1** Affliger de tourments ; angoisser. **2** (sujet chose) Faire souffrir ; préoccuper en angoissant. ▷ v. pron. **se tourmenter** → s'**inquiéter,** se **tracasser.**

tourmentin n. m. ▪ mar. Petit foc en toile très résistante qu'on utilise par gros temps.

tournage n. m. ▪ Action de tourner (I, 8) un film. → **réalisation.**

tournailler v. intr. [1] ▪ Aller et venir en tournant, sans but précis. → **tournicoter.**

① **tournant, ante** adj. ▪ **1** Qui tourne (III), pivote sur soi-même. **2** Qui contourne, prend à revers. *Mouvement tournant.* **3** Qui fait des détours. → **sinueux. 4** *Grève tournante,* qui affecte plusieurs secteurs.

② **tournant** n. m. ▪ **1** Endroit où une voie tourne. → **coude, courbe ; virage. 2** loc. fam. *Je t'aurai AU TOURNANT,* je me vengerai dès que possible. **3** fig. Moment où ce qui évolue change de direction.

tournante n. f. ▪ fam. Viol collectif.

tourne n. f. ▪ imprim. Dans un journal, Suite d'un article renvoyée à une autre page.

tourne-à-gauche n. m. invar. ▪ techn. Outil formé d'un levier et creusé d'une encoche, servant à tordre, à faire tourner une pièce.

tournebouler v. tr. [1] ▪ fam. Mettre l'esprit à l'envers. ▷ p. p. **tourneboulé, ée**

tournebroche n. m. ▪ Mécanisme servant à faire tourner une broche. → **rôtissoire.**

tourne-disque n. m. ▪ vieilli Appareil pour écouter des disques microsillons. → ① **platine.** *Des tourne-disques.*

tournedos n. m. ▪ Tranche de filet de bœuf.

tournée n. f. ▪ **1** Voyage professionnel à itinéraire fixé. *La tournée du facteur.* ◆ *Troupe de théâtre en tournée.* **2** Visite d'endroits de même sorte. → **virée.** ◆ loc. *La tournée des grands-ducs*.* **3** fam. Consommations offertes à plusieurs personnes, au café.

en un **tournemain** loc. adv. ▪ En un instant (→ en un tour de main).

tourne-pierre n. m. ▪ Oiseau échassier qui se nourrit de petits animaux qu'il trouve sous les pierres. *Des tourne-pierres.*

tourner v. [1] ▪ **I** v. tr. **1** Faire mouvoir en cercle, en courbe, autour d'un axe, d'un centre. *Tourner une manivelle.* ◆ *Tourner et retourner qqch.,* manier (fig. examiner) en tous sens. **2** Remuer circulairement. *Tourner une sauce.* **3** loc. *Tourner la tête à, de qqn.,* étourdir ; fig. rendre amoureux. **4** *Tourner les pages d'un livre,* en lisant, en feuilletant. **5** Mettre, présenter (qqch.) en sens inverse. ◆ loc. *Tourner le dos*.* **6** Diriger (par rotation). *Tourner la tête.* ◆ abstrait *Tourner toutes ses pensées vers...* → **appliquer.** ◆ loc. (au p. p.) *Avoir l'esprit mal tourné,* qui interprète de façon scabreuse. **7** Suivre en changeant de direction. *Tourner le coin de la rue.* **8** (de *tourner la manivelle* de la caméra) *Tourner un film :* faire un film (→ **tournage).** ◆ absolt *Silence, on tourne !* **II** v. tr. **1** Façonner (un objet) au tour (③). **2** Arranger (les mots) d'une certaine manière. ◆ au p. p. *Un compliment bien tourné.* **3** TOURNER EN, À, transformer (qqn ou qqch.). *Tourner qqn en dérision.* **III** v. intr. **1** Se mouvoir circulairement ou décrire une ligne courbe (autour de qqch.). *La Terre tourne autour du Soleil.* ◆ (personnes) *Tourner en rond*.* **2** TOURNER AUTOUR, évoluer sans s'éloigner. ◆ loc. *Tourner autour de qqn,* lui faire la cour. ♦ (conversation, etc.) Avoir pour centre d'intérêt. **3** Avoir un mouvement circulaire autour d'un axe. *La porte tourne sur ses gonds.* ◆ loc. *L'heure tourne :* le temps passe. **4** Fonctionner (par rotation). *Le moteur tourne.* ♦ fig. Fonctionner, marcher. *Faire tourner une entreprise.* **5** loc. *La tête lui tourne,* il est étourdi. **6** Changer de direction. *Tournez à gauche !* ◆ *La chance a tourné,* changé. **7** TOURNER À..., EN... : changer d'aspect, d'état. → se **transformer. 8** Évoluer. ◆ loc. TOURNER BIEN, MAL. ◆ (personnes) *Elle a mal tourné.* **9** Devenir aigre (lait) ; se décomposer (mayonnaise). ▷ v. pron. **se tourner 1** Aller, se mettre dans une nouvelle direction. **2** fig. S'orienter.

tournesol [-s-] n. m. ▪ **I** Plante à grande fleur jaune (→ **hélianthe, soleil),** à graines oléagineuses. *Huile de tournesol.* **II** chim. Substance qui tourne au rouge sous l'action d'un acide, au bleu sous l'action des bases.

tourneur, euse n. ▪ **I** Personne qui travaille au tour (③). **II** appos. *Derviche* tourneur.*

tournevis [-vis] n. m. ▪ Outil pour tourner les vis, à extrémité aplatie ou cruciforme.

tournicoter v. intr. [1] ▪ fam. Tourniquer.

tourniole n. f. ▪ fam. Panaris autour de l'ongle.

tourniquer v. intr. [1] ▪ Aller et venir sur place, sans but. – syn. fam. **tournicoter.**

tourniquet n. m. ▪ **1** Appareil tournant, en croix, pouvant livrer passage aux personnes, chacune à son tour. ◆ Porte à tambour. **2** Plate-forme horizontale tournant sur un pivot (jeu). ♦ Présentoir tournant. **3** Arroseur qui tourne sous la force de l'eau.

tournis n. m. ▪ **1** Maladie des bêtes à cornes (qui tournoient). **2** fam. Vertige.

tournoi n. m. ▪ **1** (au Moyen Âge) Combat courtois entre chevaliers. **2** fig., littér. Lutte d'émulation. **3** sports Concours à plusieurs séries d'épreuves.

tournois adj. invar. ▪ anciennt Se disait de la monnaie frappée à Tours, devenue par la suite monnaie royale.

tournoyer v. intr. [8] ▪ **1** Décrire des courbes sans s'éloigner. **2** Tourner sur soi (→ **pivoter).** ◆ Tourner en hélice (→ **tourbillonner).** ▶ **tournoyant, ante** adj. ▶ **tournoiement** n. m.

tournure n. f. ▪ **I 1** Forme donnée à l'expression, à la phrase. *Tournure élégante.* **2** Air, apparence (d'une chose) ; aspect général (des événements). → **allure.** ◆ loc. **3** *Tournure d'esprit :* manière d'envisager les choses. **II** anciennt Rembourrage sous la robe, au bas du dos (→ faux cul).

touron n. m. ▪ Confiserie aux amandes, aux noisettes, sorte de nougat très tendre.

tour-opérateur n. m. ▪ anglic. Entreprise qui organise et commercialise des voyages à forfait. *Des tour-opérateurs.* – recomm. off. *voyagiste.*

tourte n. f. ▪ **1** Pâtisserie ronde garnie de produits salés. **2** fam. Imbécile, idiot.

① **tourteau** n. m. ▪ Résidu de graines, de fruits oléagineux, aliment pour le bétail.

② **tourteau** n. m. ▪ Gros crabe à chair estimée (appelé aussi *dormeur*).

tourtereau n. m. ▪ **1** Jeune tourterelle. **2** fig. *Des tourtereaux :* de jeunes amoureux.

tourterelle n. f. ■ Oiseau voisin du pigeon, mais plus petit.

tourtière [-tjɛʀ] n. f. ■ **1** Ustensile pour faire des tourtes. **2** région. Tourte.

tous → ①**tout**

toussailler v. intr. [1] ■ Tousser faiblement et souvent.

Toussaint n. f. ■ Fête catholique en l'honneur de tous les saints, le 1er novembre.

tousser v. intr. [1] ■ Avoir un accès de toux. ♦ fig. *Moteur qui tousse,* qui a des ratés.

toussoter v. intr. [1] ■ Tousser d'une petite toux peu bruyante. ► **toussotement** n. m.

①**tout** [tu] ; **toute ; tous** [tu ; tus] ; **toutes** adj., pron. et adv. ■ **I** TOUT, TOUTE (pas de pluriel) adj. qualificatif Complet, entier **(→ totalité). 1** *Tout le jour, toute la nuit.* – TOUT LE MONDE : l'ensemble des gens ; chacun d'eux. – TOUT UN, TOUTE UNE... *C'est toute une affaire,* une véritable, une grave affaire. – TOUT CE QU'IL Y A DE (+ nom pluriel) : tous les... – fam. *Des gens tout ce qu'il y a de plus cultivé* (ou *cultivés*), très cultivés. **2** (dans des loc. ; nom sans article) *Avoir tout intérêt à,* un intérêt évident et grand à. *À toute vitesse*. De toute beauté*.* – POUR TOUT(E) : en fait de..., pour seul(e)... – LE TOUT-PARIS (ou nom de grande ville) : les personnes les plus notables. **3** TOUT, TOUTE À : entièrement à. *Elle était toute à son travail.* – TOUT, TOUTE EN, DE, entièrement. *Elles sont tout de bleu vêtues.* **II** adj. indéf. **1** TOUS, TOUTES (toujours plur.) : l'ensemble, la totalité de, sans rien excepter ; le plus grand nombre de. *Tous les hommes.* – C'EST TOUT UN, la même chose. **2** TOUS, TOUTES (plur. de *chaque*), marque la périodicité, l'intervalle. *Tous les ans, je voyage.* **3** TOUT, TOUTE (singulier ; + nom sans article) : un quelconque, n'importe lequel. *Toute personne.* → **quiconque.** – *Avant toute chose.* **III** pron. **1** TOUS, TOUTES (plur.). *Ils sont tous venus. Tous sont venus.* – loc. *Tous autant que nous sommes :* nous, sans exception. – Ceux dont il est question ; la collectivité entière. *Nous avons tous nos défauts.* **2** TOUT (masc. sing.) : l'ensemble des choses dont il est question (contr. *rien*). *Tout va bien.* – TOUT EST LÀ : là réside le problème. – C'EST TOUT, marque la fin du discours. *Ce n'est pas tout :* il reste encore qqch. – *Ce n'est pas tout de..., que de... :* ce n'est pas assez. – VOILÀ TOUT, ce n'était pas si important. *Il a trop bu, voilà tout.* – COMME TOUT : extrêmement. *Elle est jolie comme tout.* ♦ EN TOUT : complètement ; au total. *En tout et pour tout.* **IV** adv. TOUT (parfois TOUTE, TOUTES) : entièrement, complètement **(→ absolument, bien, exactement, extrêmement). 1** Invariable au masc., et devant les adj. fém. commençant par une voyelle ou un *h* muet. *Ils sont tout jeunes. Tout entière.* – Variable devant les adj. fém. commençant par une consonne ou par un *h* aspiré. *Toute belle. Elle est toute honteuse.* ♦ TOUT AUTRE : complètement différent. ♦ TOUT... (+ adj.) QUE (+ indic. ou subj.). → **bien que.** *Tout malin qu'il soit.* **2** TOUT, invar., devant une préposition, un adverbe. *Elle était tout en larmes.* – loc. *Tout à coup*. Tout à l'heure*. TOUT AU PLUS.* **3** TOUT À FAIT. → **entièrement, totalement.** ♦ en réponse Exactement. **4** TOUT EN... (+ p. prés.), en même temps que. *Il chante tout en travaillant.* **5** TOUT, invar., + épithète ou attribut. *Je suis tout ouïe*.*

②**tout,** plur. **touts** n. m. ■ **I 1** LE TOUT : l'ensemble en question. → **totalité.** *Vendez le tout.* – loc. *Le tout pour le tout,* tout ce qu'on peut perdre pour pouvoir tout gagner. **2** UN, LE TOUT : l'ensemble. *Former un tout.* ♦ *Mon tout :* le mot à trouver dans une charade. **3** L'ensemble de toutes choses. *Le (grand) tout.* → **univers. 4** LE TOUT : ce qu'il y a de plus important. *Le tout est d'être attentif.* **II** loc. adv. **1** DU TOUT AU TOUT : complètement (d'un changement). **2** PAS DU TOUT : absolument pas. *Rien du tout :* absolument rien.

tout-à-l'égout [tut-] n. m. invar. ■ Envoi à l'égout des eaux usées.

tout à trac [tutatʀak] loc. adv. ■ vieilli En s'exprimant soudainement.

toute-boîte ou **toutes-boîtes** n. m. ■ (Belgique) Imprimé publicitaire, publication gratuite, distribués dans les boîtes aux lettres. *Avertir la population par un toute-boîte, un toutes-boîtes.*

toute-épice n. f. ■ Condiment constitué de graines de nigelle. *Des toutes-épices* [tutepis].

toutefois adv. ■ En considérant toutes les circonstances et malgré elles. → **cependant, néanmoins, pourtant.**

tout-en-un [tutɑ̃nœ̃] n. m. ■ **1** Ouvrage de référence qui regroupe en un volume des informations variées. **2** Appareil qui regroupe les fonctionnalités de plusieurs appareils. *Tout-en-un qui fait office d'imprimante, de scanner et de photocopieur.*

toute-puissance n. f ■ Puissance absolue.

tout-fou adj. m. et n. m. ■ fam. Très excité.

toutim [tutim] n. m. ■ argot *Et le toutim, et tout le toutim :* et le tout, et tout le reste.

toutou n. m. ■ affectif Chien.

tout-petit n. m. ■ Très jeune enfant.

tout-puissant, toute-puissante adj. ■ **1** Qui peut tout, dont la puissance est absolue. ♦ n. m. relig. *Le Tout-Puissant :* Dieu. **2** Qui a un très grand pouvoir.

tout-terrain adj. ■ (véhicule) Capable de rouler hors des routes. – n. *Des tout-terrains.* ♦ *Vélo tout-terrain.* → **V. T. T.**

à **tout-va** loc. adv. ■ Sans retenue.

tout-venant n. m. invar. ■ Tout ce qui se présente (sans tri).

toux n. f. ■ Expulsion forcée et bruyante d'air à travers la glotte rétrécie **(→ tousser).** *Une toux grasse, sèche,* avec, sans expectoration.

township [tɔnʃip ; taon-]n. f. ou m. ■ anglic., hist. (en Afrique du Sud) District assigné à la population noire et qui, dans le cadre de l'apartheid, constituait une sorte de ghetto.

toxémie n. f. ■ méd. Présence de toxines dans le sang. ► **toxémique** adj.

toxicité n. f. ■ Caractère toxique.

toxico- Élément, du latin *toxicum* «poison».

toxicodépendance n. f. ■ didact. État d'une personne qui ne peut plus se passer d'une drogue. ► **toxicodépendant, ante** adj.

toxicodermie n. f. ■ méd. Affection cutanée provoquée par des médicaments. - syn. **toxidermie.**

toxicologie n. f. ■ Étude des poisons. ► **toxicologique** adj. ► **toxicologue** n.

toxicomanie n. f. ■ État engendré par la prise répétée de substances toxiques (drogues, stupéfiants), créant un état de dépendance. ► **toxicomane** adj. et n. ► **toxicomaniaque** adj.

toxicose n. f. ■ méd. Intoxication endogène.

toxidermie → **toxicodermie**

toxi-infectieux, ieuse adj. ■ méd. À la fois toxique et infectieux.

toxi-infection n. f. ■ méd. Infection compliquée d'intoxication, due à des toxines produites par des micro-organismes. *Les toxi-infections alimentaires.* → **intoxication.**

toxine n. f. ■ méd. Substance toxique élaborée par un organisme vivant.

toxique ■ **1** n. m. didact. Poison. **2** adj. Qui agit comme un poison.

toxocarose n. f. ■ méd. Maladie transmise par un ver parasite présent dans les excréments des animaux domestiques et atteignant surtout les enfants.

toxoplasme n. m. ■ Protozoaire parasite dont une espèce provoque la toxoplasmose.

toxoplasmose n. f. ■ méd. Maladie causée par le toxoplasme, dangereuse pour le fœtus humain.

TPE n. f. (sigle de *très petite entreprise*) ■ Entreprise de moins de 20 salariés.

trabée n. f. ■ Antiq. romaine Toge de pourpre, ou ornée de bandes de pourpre horizontales.

traboule n. f. ■ (à Lyon) Passage qui traverse un pâté de maisons.

trac n. m. ■ Peur ou angoisse (notamment avant d'affronter le public).

traçabilité n. f. ■ anglic., comm. Capacité (d'un produit) à être suivi, de la production à la distribution. ► **traçable** adj.

traçage n. m. ■ techn. Opération consistant à exécuter le tracé d'un schéma, d'une pièce à exécuter, etc.

traçant, ante adj. ■ **1** bot. *Racine traçante,* horizontale. **2** *Balle traçante,* qui laisse une trace lumineuse.

tracas n. m. ■ **1** vieilli (au sing.) Embarras, peine, effort. **2** (souvent au plur.) Souci ou dérangement d'ordre matériel.

tracasser v. tr. [1] ■ Tourmenter avec insistance. ▷ v. pron. se **tracasser** ► **tracasserie** n. f. ► **tracassier, ière** adj.

tracassin n. m. ■ fam., vieilli Humeur inquiète, chagrine. ♦ Souci.

trace n. f. ■ **1** Empreinte (3) que laisse le passage d'un être ou d'un objet. ♦ loc. *Suivre qqn À LA TRACE.* ◆ fig. *Suivre les traces de qqn,* son exemple. **2** Marque. *Traces de fatigue.* ♦ Ce qui subsiste. → **reste, vestige. 3** Très petite quantité perceptible.

tracé n. m. ■ **1** Lignes d'un plan. → **graphique. 2** Ligne continue, dans la nature. *Le tracé sinueux d'un ruisseau.* **3** Contours graphiques.

tracelet → **traceret**

tracer v. tr. [3] ■ **1** Indiquer en faisant une trace. → **frayer.** ◆ fig. *Tracer le chemin, la voie :* donner l'exemple. **2** Suivre le parcours de (qqch.). *Tracer un colis.* **3** Mener (une ligne) dans une direction. ♦ Former, en faisant des traits. *Tracer un triangle.* ♦ Écrire. *Tracer quelques lignes.*

traceret n. m. ■ techn. Traçoir (de charpentier, etc.). - syn. **tracelet.**

traceur, euse n. ■ **1** Personne qui trace (qqch.), établit un tracé. **2** n. m. sc. Isotope radioactif dont on peut suivre la trace.

trachée n. f. ■ Portion du conduit respiratoire entre l'extrémité du larynx et l'origine des bronches. ► **trachéal, ale, aux** [tʀak-]. adj.

trachée-artère n. f. ■ vieilli Trachée.

trachéite [-ke-] n. f. ■ Inflammation de la trachée.

trachéobronchite [-ke-] n. f. ■ méd. Inflammation simultanée de la trachée et des bronches.

trachéotomie [-ke-] n. f. ■ Incision chirurgicale de la trachée.

trachome [tʀakom] n. m. ■ méd. Conjonctivite contagieuse.

trachyte [-k-] n. m. ■ minér. Roche volcanique, composée surtout de feldspath et de silice. → **obsidienne.** ► **trachytique** adj.

traçoir n. m. ■ Poinçon servant à faire des tracés sur le bois, le métal, etc. → **traceret.**

tract [tʀakt] n. m. ■ Petite feuille ou brochure gratuite de propagande.

tractable adj. ■ Qu'on peut tracter.

① **tractage** n. m. ■ Action de tracter. *Tractage d'une caravane.*

② **tractage** n. m. ■ Distribution de tracts. *Campagne de tractage.*

tractation n. f. ▪ péj. (surtout au plur.) Négociation clandestine compliquée.

① **tracter** v. tr. [1] ▪ Tirer au moyen d'un tracteur, d'un véhicule à moteur. → **remorquer.** ▷ adj. **tracté, ée**

② **tracter** v. intr. [1] ▪ Distribuer des tracts.

tracteur n. m. ▪ Véhicule automobile destiné à la traction (3).

traction n. f. ▪ **1** techn. Action de tirer en tendant. **2** Mouvement de gymnastique consistant à tirer le corps (suspendu), en tendant et raidissant les bras. **3** Action de traîner, d'entraîner (par la force animale, un moteur, etc.). ◆ *Traction avant :* dispositif à roues avant motrices.

tractopelle n. f. ▪ techn. Tracteur muni d'une pelle mécanique.

tractoriste n. ▪ Conducteur, conductrice de tracteur.

tractus [-ys] n. m. ▪ anat. Faisceaux de fibres (nerveuses, musculaires, conjonctives). ♦ Ensemble d'organes qui constitue un appareil. *Le tractus urogénital.*

trader [tʀɛdœʀ] n. m. ▪ anglic. Opérateur de marchés financiers. → **broker.**

tradescantia [tʀadɛskɑ̃sja] n. m. ▪ bot. Plante exotique ornementale, aux longues tiges rampantes, communément appelée *misère.*

trade-union [tʀɛdynjɔ̃] n. f. ▪ anglic. Syndicat ouvrier corporatiste, en Grande-Bretagne. *Des trade-unions.*

trade-unionisme n. m. ▪ anglic. Mouvement des trade-unions, en Grande-Bretagne. ► **trade-unioniste** adj. et n.

tradition n. f. ▪ **1** Doctrine, pratique transmise depuis longtemps. **2** Notions relatives au passé, transmises par les générations. → **folklore, légende, mythe.** *Tradition orale.* **3** Coutume, héritage du passé.

traditionalisme n. m. ▪ Attachement aux coutumes, aux techniques traditionnelles. → **conservatisme.** ♦ spécialt Intégrisme religieux. ► **traditionaliste** adj. et n.

traditionnel, elle adj. ▪ **1** Fondé sur la tradition (religieuse, politique, culturelle). **2** (avant le nom) D'un usage ancien, habituel. ► **traditionnellement** adv.

traducteur, trice n. ▪ Auteur d'une traduction. ♦ n. m. ou f. Appareil fournissant des éléments de traduction.

traduction n. f. ▪ **1** Action, manière de traduire (II, 1). *Traduction orale, simultanée.* → **interprétation.** *Traduction assistée par ordinateur (T. A. O.).* **2** Texte ou ouvrage traduit. **3** fig. Expression, transposition.

traduire v. tr. [38] p. p. *traduit, e* ▪ **I** dr. Citer, déférer. *Traduire qqn en justice.* **II** **1** Faire passer d'une langue dans une autre, en tendant à l'équivalence de sens et de valeur des deux énoncés. ◆ au p. p. *Roman traduit de l'italien.* ► **traduisible** adj. **2** Exprimer par le langage, l'art. **3** Manifester aux yeux d'un observateur (un enchaînement, un rapport). ◆ pronom. *Sa politique s'est traduite par un échec.* → se **solder.**

trafic n. m. ▪ **I** péj. Commerce clandestin, immoral ou illicite. ◆ *Trafic d'influence :* corruption. **II** **1** Mouvement général des trains. **2** par ext. *Trafic maritime, routier, aérien.* ♦ Circulation routière. **3** Nombre de visiteurs d'un site web.

traficoter v. intr. [1] ▪ fam. Trafiquer. ► **traficotage** n. m.

trafiquant, ante n. ▪ péj. Personne qui trafique (1). *Un trafiquant de drogue.*

trafiquer v. tr. [1] ▪ **1** Acheter et vendre en réalisant des profits illicites. **2** fam. Modifier (un objet, un produit) pour tromper. ◆ au p. p. *Moteur trafiqué.* **3** fam. Faire (qqch. de mystérieux).

tragédie n. f. ▪ **1** Œuvre dramatique (surtout en vers), représentant des personnages illustres aux prises avec des conflits intérieurs et un destin exceptionnel et malheureux. **2** fig. Drame (dans la vie réelle).

tragédien, ienne n. ▪ Acteur, actrice qui joue les rôles tragiques.

tragicomédie n. f. ▪ **1** didact. Tragédie dont l'action est romanesque et le dénouement heureux (ex. « *Le Cid* »). **2** fig. Situation où le comique se mêle au tragique. ► **tragicomique** adj.

tragique adj. ▪ **1** De la tragédie (1) et du drame ; qui évoque une situation où l'homme prend douloureusement conscience d'une fatalité. ◆ n. m. *Les tragiques grecs.* ♦ n. m. *Le tragique et le comique.* **2** Qui inspire l'émotion par un caractère effrayant ou funeste. → **dramatique, terrible.** *Il a eu une fin tragique.* ♦ n. m. *Prendre qqch. au tragique.* ► **tragiquement** adv.

tragus [-ys] n. m. ▪ anat. Saillie aplatie triangulaire de l'orifice externe du conduit auditif.

trahir v. tr. [2] ▪ **1** Livrer ou abandonner (qqn à qui l'on doit fidélité). → **dénoncer, vendre.** ♦ *Trahir son pays.* **2** Cesser d'être fidèle à (qqn). *Trahir un ami.* **3** Lâcher, cesser de seconder. *Ses forces le trahissent.* **4** Livrer (un secret). → **divulguer, révéler.** ♦ (choses) *Sa voix ne trahit aucune émotion.* ▷ v. pron. se **trahir** Laisser apparaître ce qu'on voulait cacher.

trahison n. f. ▪ **1** Crime d'une personne qui trahit, passe à l'ennemi. ◆ *Haute trahison :* intelligence avec une puissance étrangère ou ennemie en guerre. **2** Action de trahir (2). → **traîtrise.**

trail [tʀɛ(j)l] n. m. ▪ anglic. Moto tout-terrain.

train n. m. ▪ **I 1** File de choses traînées, tirées. *Un train de péniches.* **2** techn. Suite ou ensemble de choses semblables qui fonctionnent ensemble. *Un train de pneus.* ➛ fig. *Un train de réformes.* **3** loc. *Train de maison :* domesticité, dépenses. ➛ *Mener* GRAND TRAIN *:* vivre dans le luxe. **II** cour. La locomotive et l'ensemble des voitures (wagons) qu'elle entraîne. → **convoi, rame.** ➛ loc. fig. *Prendre le train en marche :* s'associer à une action en cours. ➛ *Un train peut en cacher un autre* (fig. ce qui est visible peut cacher qqch. d'autre). ♦ Moyen de transport ferroviaire. → **chemin de fer, rail.** *Voyager par le train.* **III 1** Partie qui porte le corps d'une voiture et à laquelle sont attachées les roues. ➛ *Train d'atterrissage* (d'un avion). **2** *Train de devant, de derrière :* partie de devant (→ **avant-train**), de derrière (→ **arrière-train**) des animaux de trait. **3** pop. Derrière. *Filer le train à qqn.* **IV** fig. (Allure, marche) **1** dans des loc. *Du train où vont les choses :* si les choses continuent comme cela. ➛ *Aller son train :* suivre son cours. ♦ *TRAIN DE VIE :* manière de vivre (de qqn), relativement aux dépenses courantes. **2** Allure (du cheval, d'une monture, d'un véhicule, d'une personne). ➛ loc. *Aller bon train. Un train d'enfer,* très rapide. *À FOND DE TRAIN,* très vite. **3** *EN TRAIN* loc. adv. : en mouvement, en action, ou en humeur d'agir. *MISE EN TRAIN :* début d'exécution. ♦ *EN TRAIN DE* (+ inf.) loc. prép., marque l'action en cours.

traînailler v. intr. [1] ▪ **1** Traîner, lambiner. **2** Errer inoccupé. – syn. **traînasser.**

traînant, ante adj. ▪ **1** Qui traîne par terre ; qui pend. **2** (sons) Monotone et lent.

traînard, arde n. ▪ **1** Personne qui traîne, reste en arrière. **2** Personne trop lente dans son travail. → **lambin.**

traînasser → **traînailler**

traîne n. f. ▪ **1** Fait de traîner (II). ➛ loc. *Ciel de traîne.* ♦ *À LA TRAÎNE* loc. adv. : en traînant (II, 4). **2** Bas d'un vêtement qui traîne à terre. *Robe de mariée à traîne.*

traîneau n. m. ▪ Voiture à patins allant sur la neige.

traîne-bûche n. m. ▪ Larve aquatique de la phrygane. *Des traîne-bûches.*

traîne-buisson n. m. ▪ région. Fauvette d'hiver. *Des traîne-buissons.*

traînée n. f. ▪ **I 1** Longue trace laissée sur une surface par une substance répandue. ➛ loc. *Comme une traînée de poudre :* très rapidement. **2** Ce qui suit un corps en mouvement. *La traînée lumineuse d'une comète.* ♦ Bande allongée. **II** fam. (insulte) Femme de mauvaise vie.

traîne-misère n. invar. ▪ Personne qui traîne partout sa misère. → **gueux, miséreux.**

traîner v. [1] ▪ **I** v. tr. **1** Tirer après soi (→ **traction**) ; déplacer en tirant sans soulever. *Traîner un meuble.* loc. *Traîner les pieds* (fig. obéir sans empressement). ♦ *Traîner la jambe, la patte :* avoir de la difficulté à marcher. **2** Forcer (qqn) à aller (quelque part). *Traîner qqn à une soirée.* **3** Amener, avoir partout avec soi par nécessité (ce qui encombre, gêne). → fam. **trimballer.** ➛ *Traîner une grippe.* **II** v. intr. **1** Pendre sur le sol. *Vos lacets traînent par terre.* ♦ S'étendre en longueur. **2** Être posé, laissé sans être rangé. **3** Durer trop longtemps. → s'**éterniser.** loc. *Traîner en longueur.* **4** Rester en arrière d'un groupe qui avance. ➛ S'attarder (→ **traînard**). ♦ Agir trop lentement. → **lambiner.** **5** péj. Aller sans but. → **errer, vagabonder.** *Traîner dans les rues.* ▷ v. pron. **se traîner 1** Avancer, marcher avec peine. **2** Aller à contrecœur. *Se traîner à une soirée.* **3** Avancer à plat ventre ou à genoux. **4** (choses) Durer trop longtemps.

traîne-savate n. ▪ fam. Personne oisive, indigente. *Des traîne-savates.* → **traîne-semelle.**

traîne-semelle n. ▪ fam. Personne oisive, indigente. → **traîne-savate.** *Des traîne-semelles.*

traîneur, euse n. ▪ **1** Personne qui traîne (qqch.) [surtout, *traîneur de sabre*]. **2** → **traînard.**

training n. m. ▪ anglic. Entraînement (sportif).

train-train n. m. invar. ▪ Marche régulière sans imprévu. → **routine.**

traire v. tr. [50] ▪ Tirer le lait de (la femelle d'animaux domestiques) en pressant le pis.

trait n. m. ▪ **I 1** dans des loc. Fait de tirer. → **traction.** *Bête, animal* DE TRAIT, destiné à tirer des voitures. **2** Projectile lancé à la main (javelot, lance) ou avec un arc (flèche). **3** dans des loc. Fait de boire en une seule fois (→ **gorgée**). *Boire à longs traits.* ♦ *D'UN TRAIT,* d'un seul coup. **4** Fait de dessiner (→ **tirer** (III)) une ou des lignes. *Dessin* AU TRAIT, fait seulement de lignes. ➛ *Esquisser à grands traits,* rapidement. ♦ Ligne (spécialt ligne droite). *Tracer un trait.* TRAIT POUR TRAIT, avec une parfaite exactitude. ♦ → **trait d'union.** **5** au plur. Les lignes caractéristiques du visage. *Avoir des traits réguliers.* **II** fig. **1** *TRAIT DE,* acte, fait qui constitue le signe de (une qualité, une capacité). *Un trait de courage, de génie.* ➛ *Un trait d'esprit,* une parole spirituelle. **2** loc. *AVOIR TRAIT À :* se rapporter à, concerner. **3** Élément caractéristique qui permet de reconnaître. **4** Bon mot, mot d'esprit.

traitable adj. ▪ littér. Accommodant.

traitant, ante adj. ▪ (médecin) Qui traite les malades.

trait d'union n. m. ▪ **1** Petit trait horizontal reliant les éléments de mots composés (ex. arc-en-ciel) ou le verbe et un pronom (ex. crois-tu ?). **2** fig. Intermédiaire.

traite n. f. ▪ **I 1** ancient *La traite (des esclaves, des Noirs)* : le commerce des esclaves noirs. **2** Lettre de change ; effet de commerce. **II** vieilli Trajet effectué sans s'arrêter. ➝ mod. *D'UNE (seule) TRAITE* loc. adv. : sans interruption. **III** Action de traire (les vaches, etc.).

traité n. m. ▪ **1** Exposé didactique d'un sujet. **2** Acte juridique par lequel des États établissent des décisions communes. → **pacte.**

traitement n. m. ▪ **1** Comportement, actes à l'égard de qqn. *Mauvais traitements* : coups, sévices. **2** Manière de soigner (un malade, une maladie) ; moyens employés pour guérir. → **médication, thérapeutique. 3** Rémunération (d'un fonctionnaire, de professions socialement importantes). **4** Manière de traiter (une substance). ♦ *Traitement de l'information* (par ordinateur). ➝ *Traitement de texte,* logiciel pour composer, corriger, éditer des textes. **5** Manière de traiter (un sujet, un problème).

traiter v. [1] ▪ **I** v. tr. (compl. personne) **1** Agir, se conduire envers (qqn) de telle ou telle manière. *Traiter qqn assez bien. Il la traite en adulte.* **2** littér. Convier ou recevoir à sa table. **3** Soumettre à un traitement médical. → **soigner. 4** *TRAITER DE* : qualifier de. ➝ loc. *Traiter qqn de tous les noms* (injurieux). **II** v. tr. (compl. chose) **1** Régler (une affaire) en discutant, en négociant. **2** Soumettre (une substance) à des opérations de manière à la modifier. *Traiter un minerai.* ♦ *Traiter des cultures.* ➝ au p. p. *Citrons non traités.* **3** Soumettre (un objet) à la pensée pour exposer. *L'élève n'a pas traité le sujet.* ♦ arts Mettre en œuvre de telle ou telle manière. **4** inform. Soumettre (une information) à un programme. **III 1** v. tr. ind. *TRAITER DE* : avoir pour objet. *Un livre qui traite d'économie.* → **parler. 2** v. intr. Entrer en pourparlers. → **négocier, parlementer.**

traiteur n. m. ▪ Personne, entreprise qui prépare des repas, des plats à emporter.

traitillé n. m. ▪ (Suisse) Trait discontinu formé de petits traits. *Découpez suivant le traitillé.*

traître, traîtresse ▪ **I** n. **1** Personne qui trahit. ♦ loc. *Prendre qqn EN TRAÎTRE,* sournoisement. **2** langage classique Perfide, scélérat. **II** adj. **1** Qui trahit ou est capable de trahir. **2** (choses) Qui est nuisible sans le paraître. *Ce vin est traître.* ♦ loc. fam. *Ne pas dire UN TRAÎTRE MOT,* pas un seul mot.

traîtreusement adv. ▪ littér. Par traîtrise.

traîtrise n. f. ▪ **1** Caractère, comportement de traître. ♦ Acte de traître. → **trahison. 2** Danger que présente ce qui est traître (II, 2).

trajectographie n. f. ▪ didact. Technique de la trajectoire des engins spatiaux.

trajectoire n. f. ▪ Courbe décrite par le centre de gravité (d'un mobile).

trajet n. m. ▪ Fait de parcourir un espace, pour aller d'un lieu à un autre ; le chemin parcouru. → **parcours.** ➝ *Le trajet d'un nerf.*

tralala n. m. ▪ **1** fam. dans des loc. Luxe recherché et voyant. *Recevoir en grand tralala.* ➝ *Et tout le tralala* : et tout ce qui s'ensuit. **2** interj. Exprime la joie.

trâlée n. f. ▪ région. (Ouest ; Suisse, Canada) Grande quantité, longue suite.

tram [tʀam] n. m. ▪ Tramway.

tramail n. m. ▪ Grand filet de pêche formé de trois nappes superposées. - syn. **trémail.**

trame n. f. ▪ **1** Ensemble des fils en largeur qui se croisent avec les fils de chaîne* pour constituer un tissu. ♦ techn. Film finement quadrillé utilisé en photogravure. ➝ Lignes horizontales constituant une image de télévision. **2** fig. *La trame d'un récit.*

tramé, ée adj. ▪ Tissé. *Étoffe tramée (de) coton.* ➝ Tiré avec une trame. *Cliché tramé.*

tramer v. tr. [1] ▪ **1** techn. Tisser. ♦ Tirer ou agrandir (un cliché) avec une trame. **2** fig. Élaborer par des manœuvres cachées. → **combiner, machiner, ourdir.** ➝ pronom. (impers.) *Il se trame quelque chose.*

traminot, ote n. ▪ Employé(e) de tramway.

tramontane n. f. ▪ Vent du nord-ouest (côte méditerranéenne).

tramp n. m. [tʀɑ̃p] ▪ anglic. Cargo non affecté à une ligne régulière.

tramping n. m. ▪ anglic. Mode d'exploitation d'un cargo **(→ tramp)** qui touche tous les ports où se trouve le fret, sans itinéraire fixe. - recomm. off. *transport maritime à la demande.*

trampoline n. m. ▪ Surface souple sur laquelle on effectue des sauts.

tramway [tʀamwɛ] n. m. ▪ Chemin de fer urbain à rails plats ; voiture circulant sur ces rails. → **tram.**

tranchage n. m. ▪ **1** Action de trancher (un aliment). **2** techn. Opération par laquelle on débite le bois destiné aux placages.

tranchant, ante ▪ **I** adj. **1** Dur et effilé. → **coupant. 2** fig. Qui tranche (II, 2). → **cassant, impérieux. II** n. m. Côté mince, destiné à couper. → **taille.** ➝ loc. *À double tranchant,* se dit de ce qui peut se retourner contre qui l'emploie. ♦ *Le tranchant de la main* : le côté mince.

tranche n. f. ▪ **I** concret **1** Morceau (d'une chose comestible) coupé sur toute la largeur. *Tranche de jambon.* ➝ *Une tranche de gâteau.* → **part, portion.** ♦ *Tranche napolitaine* : glace à plusieurs parfums. **2** Partie moyenne de la cuisse de bœuf. **3** Partie des feuillets d'un livre qui est rognée. *Livre doré sur tranche(s).* **4** Bord mince (d'une médaille...). **II** abstrait **1** Série de chiffres. ➝ spécialt *Tranches d'imposition.* **2** Partie séparée (dans le temps) d'une opération. *Paiement en plusieurs tranches.* ◆ *Une tranche de vie* : scène, récit réaliste. ◆ loc. fam. *S'en payer une tranche* (de bon temps) : s'amuser. ◆ *Tranche d'âge* : âge compris entre deux limites.

tranchée n. f. ■ **1** Excavation en longueur dans le sol. **2** Fossé allongé, près des lignes ennemies. *Guerre de tranchées.*

tranchefile n. f. ■ Bourrelet entouré de fils qui renforce un dos de reliure.

tranche-montagne n. m. ■ vx ou littér. Fanfaron qui se vante d'exploits fabuleux. → **matamore, vantard.** *Des tranche-montagnes.*

trancher v. [1] ■ **I** v. tr. **1** Diviser, séparer d'une manière nette (avec un instrument tranchant*). → **couper.** ◆ Couper en tranches. **2** fig. Terminer par une décision, un choix ; résoudre (une affaire, une question). *Trancher un différend.* **II** v. intr. **1** loc. fig. *Trancher dans le vif* : agir de façon énergique. **2** Décider d'une manière franche, catégorique. **3** *TRANCHER SUR, AVEC* : se distinguer avec netteté ; former un contraste. → **contraster,** se **détacher, ressortir.** ▷ adj. **tranché, ée 1** Coupé en tranches. **2** fig. Qui se distingue nettement. *Couleurs tranchées.* ◆ *Opinion tranchée,* nette. → **catégorique.**

tranchet n. m. ■ techn. Outil tranchant, formé d'une lame plate, sans manche.

trancheur, euse ■ **I** n. **1** Personne chargée de trancher, de débiter. **2** Personne qui débite du bois à la trancheuse. **II** n. f. **1** techn. Machine à trancher le bois. **2** *Trancheuse à jambon* (machine).

tranchoir n. m. ■ **I** Support sur lequel on tranche (la viande, etc.). **II** Grande lame pour trancher (→ hachoir).

tranquille [-kil] adj. ■ **I 1** Où se manifestent un ordre, un équilibre durable. → **calme, immobile, silencieux.** *Mer tranquille.* ◆ Calme et régulier. *Un pas tranquille.* **2** (êtres vivants) Qui n'éprouve pas le besoin de mouvement, de bruit. → **paisible. 3** En repos, qui ne bouge pas. *Restez tranquilles !* → **sage. II 1** Qui éprouve un sentiment de sécurité, de paix. *Soyez tranquille* : ne vous inquiétez pas. **2** *LAISSER qqn TRANQUILLE,* ne pas l'inquiéter (→ en paix). ◆ *Avoir la conscience tranquille* : n'avoir rien à se reprocher. **3** fam. Qui est certain de la réalité de qqch. → **sûr.** *Il n'ira pas, je suis tranquille.*

tranquillement [-kil-] adv. ■ **1** D'une manière tranquille. → **paisiblement. 2** Sans émotion ni inquiétude. → **calmement.**

tranquillisant, ante [-kil-] ■ **1** adj. Qui tranquillise. **2** n. m. Médicament qui agit comme calmant global. → **neuroleptique.**

tranquilliser [-kil-] v. tr. [1] ■ Rendre (plus) tranquille. → **calmer, rassurer.**

tranquillité [-kil-] n. f. ■ **1** État stable, constant, ou modifié régulièrement et lentement. → **calme. 2** Stabilité morale ; état tranquille. → **calme, paix, quiétude, sérénité.**

trans adj. ■ chim. Se dit d'un stéréo-isomère dans lequel les atomes ou groupes d'atomes portés par les atomes de carbone sont situés de part et d'autre d'un plan de symétrie. *Isomères trans* (opposé à *cis*).

trans- Élément, du latin *trans* « au-delà de », « à travers » (ex. *transpercer*).

transaction [tʀɑ̃z-] n. f. ■ **1** dr. Contrat où chacun renonce à une partie de ses prétentions. ◆ cour. Compromis. **2** écon. Opération commerciale, financière.

transactionnel, elle [tʀɑ̃z-] adj. ■ **1** dr. Qui concerne une transaction. **2** (anglic.) psych. *Analyse transactionnelle* : thérapie visant les relations entre personnes.

transafricain, aine [tʀɑ̃z-] adj. ■ Qui traverse l'Afrique.

transalpin, ine [tʀɑ̃z-] adj. ■ Qui est au-delà des Alpes.

transamazonien, ienne [tʀɑ̃z-] adj. ■ Qui traverse l'Amazonie. *Route transamazonienne,* ou n. f. *la transamazonienne.*

transaminase [tʀɑ̃z-] n. f. ■ biochim. Enzyme qui transporte le groupement moléculaire NH_2 d'un corps à un autre.

transandin, ine [tʀɑ̃z-] adj. ■ Qui traverse les Andes.

transat [tʀɑ̃zat] ■ **1** n. m. Chaise longue pliante en toile. **2** n. f. Course transatlantique de voiliers.

transatlantique [tʀɑ̃z-] ■ **1** adj. Qui traverse l'Atlantique. ◆ n. m. *Un transatlantique* (paquebot). **2** n. m. Chaise longue. → **transat** (1).

transbahuter v. tr. [1] ■ fam. Transporter.

transborder v. tr. [1] ■ Faire passer d'un navire, d'un train, d'un véhicule à un autre. ► **transbordement** n. m.

transbordeur n. m. et adj. m. ■ *Transbordeur* ou *pont transbordeur* : pont mobile. ◆ *Navire transbordeur* : recomm. off. pour *ferry-boat.*

transcanadien, ienne adj. ■ Qui traverse le Canada. *Route transcanadienne,* ou n. f. *la transcanadienne.*

transcendant, ante adj. ■ **1** Qui s'élève au-dessus du niveau moyen. → **sublime, supérieur. 2** philos. Qui suppose un principe extérieur et supérieur (opposé à *immanent*). ► **transcendance** n. f.

transcendantal, ale, aux adj. ■ **1** philos. (chez Kant) Qui constitue une condition a priori de l'expérience. **2** anglic. *Méditation transcendantale,* par abstraction de la réalité sensible.

transcendantalisme n. m. ▪ philos. Système admettant des formes et des concepts a priori dominant l'expérience (opposé à *immanentisme*).

transcender v. tr. [1] ▪ Dépasser en étant supérieur ou d'un autre ordre, se situer au-delà de. ➝ pronom. *Se transcender* : se dépasser.

transcodage n. m. ▪ Traduction d'une information dans un code différent (spécialt en informatique). ► **transcoder** v. tr. [1]

transcodeur n. m. ▪ techn. Dispositif capable d'opérer un transcodage.

transconteneur n. m. ▪ techn. Conteneur de grande capacité, conçu pour un transport sans difficultés de transbordement. ➝ Navire porte-conteneurs.

transcontinental, ale, aux adj. ▪ Qui traverse un continent d'un bout à l'autre.

transcriptase n. f. ▪ biochim. *Transcriptase inverse* : enzyme qui catalyse la synthèse d'ADN, à partir d'une matrice d'ARN. → **rétrovirus.**

transcripteur, trice n. ▪ Personne qui transcrit.

transcription n. f. ▪ **1** Action de transcrire (1 et 2). → **copie, enregistrement ; translittération.** ➝ *Transcription phonétique.* **2** Action de transcrire une œuvre musicale. → **arrangement. 3** biol. *Transcription génétique* : transfert de l'information génétique des chromosomes de la cellule sur l'ARN.

transcrire v. tr. [39] ▪ **1** Copier très exactement, en reportant. **2** Noter (les mots d'une langue) dans un autre alphabet. **3** Adapter (une œuvre musicale).

transculturel, elle adj. ▪ didact. Relatif aux influences réciproques entre plusieurs cultures.

transdisciplinaire adj. ▪ didact. Qui traverse les frontières entre les disciplines. → **interdisciplinaire.**

transducteur n. m. ▪ techn. Dispositif assurant la transformation d'une grandeur physique en une autre.

transduction n. f. ▪ biol. Transfert génétique entre bactéries s'effectuant sous l'action d'un bactériophage.

transe n. f. ▪ **1** au plur. littér. Inquiétude ou appréhension extrêmement vive. **2** État du médium dépersonnalisé. **3** *Être, entrer en transe* : être hors de soi.

transept [tʀɑ̃sɛpt] n. m. ▪ Nef transversale d'une église en croix latine.

transférable adj. ▪ dr. Qui peut être transféré. *Valeurs transférables.* → **cessible, négociable.**

transférentiel, ielle adj. ▪ psych. Relatif au transfert (3).

transférer v. tr. [6] ▪ **1** Transporter en observant les formalités prescrites. *Transférer un prisonnier* (► **transfèrement** n. m.). **2** psych. Étendre (un sentiment) à un autre objet, par un transfert (3).

transferrine n. f. ▪ biochim. Molécule qui transporte le fer dans le sang.

transfert n. m. ▪ **1** dr. Déplacement d'une personne à une autre. **2** Déplacement d'un lieu à un autre. *Le transfert des cendres de Napoléon.* ➝ *Transfert de fonds.* **3** psych. Extension d'un affect à un autre objet. ➝ en psychanalyse Fait, pour le patient en analyse, de revivre une situation affective de son enfance dans sa relation avec l'analyste.

transfigurer v. tr. [1] ▪ **1** relig. chrét. Transformer en revêtant d'un aspect glorieux. **2** Transformer par une beauté et un éclat inhabituels. ► **transfiguration** n. f.

transfiler v. tr. ▪ mar. Joindre (deux toiles) bord à bord en passant un filin dans les œillets de l'une et de l'autre alternativement. *Transfiler une voile.*

transfini, ie adj. ▪ math. *Nombre transfini* : nombre d'éléments d'un ensemble infini, que l'on ne peut compter.

transfixion n. f. ▪ méd. Procédé qui consiste à traverser d'un coup avec un bistouri ou un scalpel la partie que l'on veut amputer.

transformable adj. ▪ Qui peut être transformé.

transformateur, trice ▪ **1** adj. Qui transforme. **2** n. m. Appareil modifiant la tension, la nature d'un courant électrique.

transformation n. f. ▪ **1** Action de transformer ; opération par laquelle on transforme. ➝ *Industrie de transformation.* ♦ au rugby Action de transformer un essai. **2** Fait de se transformer ; changement.

transformer v. tr. [1] ▪ **1** Faire passer d'une forme à une autre, donner un autre aspect à. → **changer, modifier, renouveler.** ♦ au rugby *Transformer un essai*, le faire suivre d'un but. **2** *TRANSFORMER EN* : changer en. ▷ v. pron. **se transformer 1** Prendre une autre forme, un autre aspect. → **changer, évoluer. 2** *SE TRANSFORMER EN* : prendre la forme, l'aspect, la nature de.

transformisme n. m. ▪ **1** sc. Théorie de l'évolution* par transformations successives. **2** Art du transformiste.

transformiste n. et adj. ▪ **1** sc. Partisan du transformisme (1). **2** Artiste de music-hall qui interprète de nombreux personnages en changeant de costume.

transfrontalier, ière adj. ▪ Qui concerne les deux côtés d'une frontière. *Relations transfrontalières.*

transfuge ▪ **1** n. m. milit. Déserteur qui passe à l'ennemi. → **traître. 2** n. Personne qui trahit une cause.

transfuser v. tr. [1] ▪ Faire passer (le sang d'un organisme [humain]) dans un autre. ▷ adj. **transfusé, ée** *Sang transfusé.* ♦ *Malade transfusé.*

transfuseur, euse n. ▪ **1** n. m. Appareil servant à la transfusion sanguine d'un donneur à un receveur. ◆ Dispositif pour la transfusion du sang conservé. **2** Médecin, infirmier qui effectue une transfusion sanguine.

transfusion n. f. ▪ *Transfusion (sanguine),* injection thérapeutique de sang humain dans la veine d'un malade, d'un accidenté.

transgène n. m. ▪ biol. Gène ajouté au patrimoine génétique d'un être vivant.

transgénique adj. ▪ (organisme) Dont le génome a été modifié (par *transgenèse* n. f.). → **O. G. M.** *Maïs transgénique.*

transgenre adj. et n. ▪ Qui concerne les personnes dont l'identité sexuelle psychique ne correspond pas au sexe biologique. ◆ n. *Les transgenres.*

transgresser v. tr. [1] ▪ Passer par-dessus (un ordre, une obligation, une loi). → **contrevenir** à, **violer.** ▸ **transgresseur** n. m. ▸ **transgressif, ive** adj. ▸ **transgression** n. f.

transhumance [tʀɑ̃z-] n. f. ▪ Migration du bétail de la plaine vers la montagne, pendant l'été. ▸ **transhumant, ante** adj. ▸ **transhumer** v. intr. [1]

transi, ie [tʀɑ̃zi] adj. ▪ Pénétré, engourdi (de froid ; d'un sentiment qui paralyse). ◆ iron. *Un amoureux transi,* timide.

transiger [tʀɑ̃z-] v. intr. [3] ▪ **1** Faire des concessions réciproques (→ **transaction**). **2** *TRANSIGER SUR, AVEC qqch.* : céder ou faire des concessions.

transir [tʀɑ̃ziʀ] v. tr. [2] seulement prés. de l'indic., temps composés et inf. ▪ littér. (froid, sentiment) Pénétrer, transpercer.

transistor [tʀɑ̃zistɔʀ] n. m. ▪ **1** électron. Dispositif électronique pour redresser, moduler ou amplifier les courants électriques. **2** Poste récepteur portatif de radio.

transistoriser [tʀɑ̃z-] v. tr. [1] ▪ Équiper de transistors (1).

transit [tʀɑ̃zit] n. m. ▪ **1** Situation d'une marchandise qui ne fait que traverser un lieu ; passage en franchise (surtout dans *en, de transit*). **2** *Voyageurs, passagers en transit,* qui ne subissent pas les contrôles. **3** physiol. Passage des aliments à travers les voies digestives. *Transit intestinal.* **4** astron. Passage d'un astre devant un autre.

transitaire [-z-] ▪ **1** adj. De transit. **2** n. Mandataire qui s'occupe des transits (1).

transiter [-z-] v. [1] ▪ **1** v. tr. Faire passer (des marchandises, etc.) en transit (1). **2** v. intr. Passer, voyager en transit (2).

transitif, ive [-z-] adj. ▪ Qui peut avoir un complément d'objet (opposé à *intransitif*). *Verbes transitifs directs ; indirects* (complément construit avec une préposition : *à, de...*). ▸ **transitivement** adv.

transition [-z-] n. f. ▪ **1** Manière de passer de l'expression d'une idée à une autre en les reliant. **2** Passage graduel d'un état à un autre ; état intermédiaire. → **évolution.** ◆ *SANS TRANSITION,* brusquement. ◆ *DE TRANSITION.* → **transitoire.**

transitionnel, elle [-z-] adj. ▪ **1** Qui marque une transition. → **transitoire. 2** psych. *Objet transitionnel* : objet (pouce, peluche) fortement investi par le jeune enfant. → fam. ② **doudou.**

transitivité [-z-] n. f. ▪ didact. Caractère de ce qui est transitif. *Transitivité d'un verbe.*

transitoire [-z-] adj. ▪ Qui constitue une transition. *Un régime transitoire.* ▸ **transitoirement** adv.

translatif, ive adj. ▪ dr. Par lequel on cède, on transfère à qqn. *Acte translatif de propriété* (cession, donation, vente).

translation n. f. ▪ **1** Transport, déplacement. **2** sc. Déplacement, mouvement (d'un corps, d'une figure) pendant lequel les positions d'une même droite restent parallèles.

translittération n. f. ▪ ling. Transcription lettre par lettre (→ **transcrire** (2)). ▸ **translittérer** v. tr. [6]

translocation n. f. ▪ biol. Anomalie génétique due à la cassure d'un segment de chromosome puis à son transfert sur un chromosome non homologue.

translucide adj. ▪ Qui laisse passer la lumière, mais n'est pas transparent. → **diaphane.** ▸ **translucidité** n. f. didact.

transmetteur n. m. et adj. ▪ Appareil qui sert à transmettre les signaux.

transmettre v. tr. [56] ▪ **1** Faire passer d'une personne à une autre (un bien, matériel ou moral). *Transmettre un héritage.* → **léguer.** *Transmettre son pouvoir à qqn.* → **déléguer. 2** Faire passer d'une personne à une autre (un écrit, des paroles, etc.) ; faire changer de lieu. *Transmettre une information.* → **communiquer ; transmission. 3** Faire parvenir (un phénomène physique) d'un lieu à un autre. *Corps qui transmettent l'électricité.* **4** Faire passer (un germe, une maladie) d'un organisme à un autre (→ **contaminer**).

transmigration n. f. ▪ relig. Passage (d'une âme) d'un corps dans un autre. → **métempsychose.**

transmigrer v. tr. [1] ▪ relig. Passer d'un corps dans un autre. *Âmes qui transmigrent.*

transmissibilité n. f. ▪ didact. Caractère de ce qui est transmissible.

transmissible adj. ▪ Qui peut être transmis. ♦ méd. → **contagieux.** *Infections sexuellement transmissibles.*

transmission n. f. ▪ **I 1** Action, fait de transmettre (1). ♦ *Transmission des caractères.* → **hérédité. 2** Contagion. **3** Action de faire connaître, de communiquer (un message...). ♦ *Transmission de pensée :* télépathie. **4** Déplacement (d'un phénomène physique) avec intermédiaires. *Transmission d'ondes sonores.* → **diffusion.** ➝ *Les organes de transmission d'une machine.* ♦ Système qui transmet le mouvement. **II** *Les* TRANSMISSIONS *:* moyens destinés à transmettre les informations. ♦ Troupes spécialisées qui mettent en œuvre ces moyens.

transmodulation n. f. ▪ techn. Déformation d'un signal radioélectrique, due à une interférence entre l'onde sur laquelle un récepteur est accordé et l'onde modulée d'un émetteur voisin.

transmuer v. tr. [1] ▪ littér. Transformer (qqch.) en altérant profondément sa nature.

transmutation n. f. ▪ **1** Changement d'une substance en une autre. ♦ phys. Transformation d'un élément chimique en un autre par modification du noyau atomique. **2** fig., littér. Changement de nature (→ **transmuer).**

transmuter v. tr. [1] ▪ Transmuer.

transnational, ale, aux adj. ▪ didact. Qui dépasse le cadre national, qui concerne plusieurs nations. → **multinational.**

transocéanique adj. ▪ Qui est au-delà de l'océan. ➝ Qui se fait à travers l'océan. *Course transocéanique.*

transparaître v. intr. [57] ▪ Se montrer au travers de qqch. ♦ fig. Apparaître.

transparence n. f. ▪ **1** Qualité d'un corps transparent. **2** *La transparence du teint,* sa clarté. **3** fig., littér. Clarté, évidence. → **limpidité.**

transparent, ente ▪ **I** adj. **1** Qui laisse passer la lumière et paraître avec netteté les objets qui se trouvent derrière (≠ *translucide*). **2** Translucide, diaphane. **3** fig. Qui laisse voir clairement la réalité, le sens. *Une allusion transparente.* → **clair. II** n. m. Panneau, tableau éclairé par-derrière.

transpercer v. tr. [3] ▪ **1** Percer de part en part. **2** fig., littér. (sentiment, émotion...) Atteindre en faisant souffrir. **3** Pénétrer. ► **transpercement** n. m.

transpiration n. f. ▪ **1** Sécrétion de la sueur. → **sudation. 2** Sueur.

transpirer v. intr. [1] ▪ **1** Sécréter de la sueur par les pores de la peau. → **suer. 2** fig., littér. (d'une information tenue cachée) Finir par être connu. *La nouvelle a transpiré.*

transplant n. m. ▪ Organe, tissu transplanté (→ greffe).

transplantable adj. ▪ Qui peut être transplanté. *Organe transplantable.*

transplantation n. f. ▪ **1** Action de transplanter (une plante, un arbre). **2** biol. Greffe d'un organe entier. ♦ Implantation d'un embryon dans un utérus. **3** fig. Déplacement (de personnes, d'animaux).

transplanter v. tr. [1] ▪ **1** Sortir (un végétal) de la terre pour replanter ailleurs. **2** biol. Greffer (un organe). **3** fig. Transporter (des populations...).

transplantoir n. m. ▪ techn. Outil pour transplanter.

transpolaire adj. ▪ Qui passe par le pôle. *Ligne aérienne transpolaire.*

transpondeur n. m. ▪ techn. Appareil équipant les cibles radar actives, et destiné à répondre aux impulsions radar. *Transpondeur d'un avion, d'un satellite.*

transport n. m. ▪ **I 1** Manière de déplacer ou de faire parvenir sur une distance assez longue. ➝ *Moyen de transport,* utilisé pour transporter les marchandises ou les personnes (véhicules, avions, navires). **2** au plur. Moyens d'acheminement. ➝ *Transports en commun,* des voyageurs dans des véhicules publics. **II** fig., littér. Vive émotion, sentiment passionné qui entraîne.

transporter v. tr. [1] ▪ **I 1** Déplacer (qqn, qqch.) d'un lieu à un autre en portant. **2** Faire passer d'un point à un autre. → **transmettre.** *Les ondes transportent l'énergie à distance.* ► **transportable** adj. **II** (sujet chose) Agiter (qqn) par un sentiment violent. → **enivrer, exalter ; transport** (II). ➝ au passif et p. p. *(Être) transporté de joie.*

transporteur, euse n. ▪ **1** Personne qui se charge de transporter (des marchandises ou des personnes) ; entrepreneur de transports. **2** n. m. Appareil, dispositif pour transporter des marchandises.

transposable adj. ▪ Qui peut être transposé.

transposer v. tr. [1] ▪ **I 1** (compl. plur. ou collectif) Placer en intervertissant l'ordre. **2** Faire passer dans un autre domaine. *Transposer au* XIXe *siècle l'histoire de Tristan et Iseult.* **II** mus. Faire passer (une structure musicale) dans un autre ton sans l'altérer.

transpositeur, trice n. m. et adj. ▪ mus. Dispositif adapté à un instrument, qui transpose la musique dans plusieurs tons. ➝ adj. *Piano transpositeur.*

transposition n. f. ▪ **1** Déplacement ou interversion dans l'ordre des éléments de la langue (ex. l'anagramme). **2** Fait de transposer (2). **3** mus. Fait de transposer un morceau de musique. ♦ Morceau transposé.

transposon n. m. ▪ biol. Élément génétique transposable, composé d'ADN dont les terminaisons sont constituées de séquences identiques inversées.

transpyrénéen, enne adj. ▪ Qui est au-delà des Pyrénées. ◆ Qui traverse les Pyrénées.

transsaharien, ienne adj. ▪ Qui traverse le Sahara.

transsexualisme n. m. ▪ psych. Sentiment d'appartenir au sexe opposé, souvent associé au désir de changer de sexe.

transsexualité n. f. ▪ didact. Situation d'une personne qui change de sexe.

transsexuel, elle adj. et n. ▪ **1** (Personne) qui a le sentiment d'appartenir au sexe opposé (à son sexe biologique). **2** (Personne) qui a changé de sexe.

transsibérien, ienne adj. ▪ Qui traverse la Sibérie. ◆ n. m. *Le Transsibérien* (chemin de fer).

transsonique adj. ▪ phys. *Vitesse transsonique*, voisine de celle du son.

transsubstantiation n. f. ▪ relig. cathol. Changement du pain et du vin en la substance du corps de Jésus-Christ.

transsudat n. m. ▪ méd. Liquide séreux, accumulé dans une cavité ou un tissu par suintement.

transsuder v. intr. [1] ▪ didact. Passer en fines gouttelettes. → **filtrer, suinter.** ▶ **transsudation** n. f.

transuranien, ienne [tʀɑ̃z-] adj. ▪ chim. Dont le nombre atomique est supérieur à celui de l'uranium.

transvaser v. tr. [1] ▪ Verser d'un récipient dans un autre. ▶ **transvasement** n. m.

transversal, ale, aux ▪ **I** adj. **1** Qui traverse une chose perpendiculairement à sa plus grande dimension. *Coupe transversale* (opposé à *longitudinal*). **2** Qui traverse, est en travers. ▶ **transversalement** adv. **II** n. f. Voie transversale.

transverse adj. ▪ anat. Se dit d'un organe qui est en travers. *Côlon transverse.*

transvestisme n. m. ▪ psych. Travestisme.

transvider v. tr. [1] ▪ Faire passer (un contenu) d'un récipient à un autre. → **transvaser.**

trapèze n. m. ▪ **I** Quadrilatère dont deux côtés sont parallèles (surtout lorsqu'ils sont inégaux). **II** Barre horizontale suspendue au moyen de deux cordes (sport...).

trapéziste n. ▪ Acrobate du trapèze.

trapézoïdal, ale, aux adj. ▪ didact. En forme de trapèze.

① **trappe** n. f. ▪ **1** Ouverture pratiquée dans un plancher, un plafond et munie d'une fermeture qui se rabat. **2** Piège, fosse recouverte (de branchages...). → **chausse-trape.**

② **Trappe** n. f. ▪ Ordre religieux cistercien.

trappeur, euse n. ▪ Professionnel(le) de la chasse qui fait commerce de fourrures.

trappillon n. m. ▪ Ouverture dans le plancher de la scène d'un théâtre pour donner passage aux décors.

trappiste n. m. ▪ Moine, religieux qui observe la règle réformée de la Trappe.

trappistine n. f. ▪ **I** Religieuse qui suit la règle cistercienne des trappistes. **II** Liqueur fabriquée par les trappistes.

trapu, ue adj. ▪ **1** (personnes) Qui est court et large, robuste. ◆ (choses) Ramassé, massif. **2** fam. Fort, savant. ◆ Difficile.

traquenard n. m. ▪ Piège.

traquer v. tr. [1] ▪ **1** Poursuivre (le gibier) en le serrant de plus en plus. **2** Poursuivre (qqn), le forcer dans sa retraite. ◆ au p. p. *Un homme traqué.* ▶ **traque** n. f.

traquet n. m. ▪ Petit passereau appelé aussi *cul-blanc, motteux.*

① **traqueur, euse** n. ▪ Chasseur qui traque, rabat le gibier.

② **traqueur, euse** adj. et n. ▪ fam. Qui a le trac. *Comédien traqueur.* ◆ n. *C'est une traqueuse.*

trash adj. invar. ▪ anglic., fam. Qui est volontairement sale, désagréable, de mauvais goût.

trattoria n. f. ▪ Restaurant populaire traditionnel, en Italie.

trauma n. m. ▪ **1** méd. Lésion, blessure produite par un impact. *Trauma crânien.* **2** psych. (emploi critiqué) Traumatisme (2).

traumatique adj. ▪ didact. Qui a rapport aux blessures. *Choc traumatique.*

traumatiser v. tr. [1] ▪ Provoquer un traumatisme chez (qqn). ▶ **traumatisant, ante** adj.

traumatisme n. m. ▪ **1** Troubles provoqués dans l'organisme par une lésion, une blessure grave. **2** Choc émotionnel très violent.

traumatologie n. f. ▪ didact. Médecine, chirurgie des traumatismes. ▶ **traumatologique** adj. ▶ **traumatologiste** ou **traumatologue** n.

① **travail, aux** n. m ▪ **I 1** Ensemble des activités humaines organisées, coordonnées en vue de produire ce qui est utile ; activité productive. *Travail manuel, intellectuel.* **2** Action ou façon de travailler (I, 1) une matière ; de manier un instrument. **3** Activités manuelles ou intellectuelles exercées pour parvenir à un résultat utile. → **besogne, tâche. 4** Manière dont un ouvrage, une chose ont été exécutés. *Travail soigné.* **II** *LES TRAVAUX.* **1** Suite d'opérations exigeant une activité physique suivie et l'emploi de moyens techniques. *Gros travaux,* pénibles. **2** *Travaux publics :* travaux de construction, de réparation, ou d'entretien d'utilité générale (ex. routes, ponts, etc.). **3** ancienn *Travaux forcés* (peine de droit commun). → **bagne.** **4** Recherches. *Travaux scientifiques.* **5** Délibérations (d'une assemblée) devant aboutir à une décision. **III 1** Activité laborieuse, rétribuée, dans une profession. → **emploi, gagne-pain, métier, profession, spécialité ;** fam. **boulot, job.** *Être sans travail* (→ **chômeur**). **2** L'ensemble des travailleurs, surtout agricoles et industriels. → **ouvrier, paysan ; main-d'œuvre.** **IV** Période des contractions, dans l'accouchement. **V** sc. **1** Action continue, progressive (d'une cause naturelle). *Le travail d'érosion.* **2** Fait de produire un effet utile. *Travail musculaire.* **3** phys. Produit d'une force par le déplacement de son point d'application.

② **travail, ails** n. m. ▪ techn. Dispositif servant à immobiliser les chevaux, les bœufs, pour les ferrer ou les soigner.

travailler v. [1] ▪ **I** v. tr. **1** Modifier par le travail ; rendre plus utile ou utilisable. *Travailler le bois. Travailler la terre.* → **cultiver.** ♦ Soumettre à un travail intellectuel, pour améliorer. *Travailler son style.* **2** Chercher à acquérir ou perfectionner par l'exercice, l'étude ou la pratique. **3** Soumettre à des influences volontaires. **4** *TRAVAILLER À... :* faire tous ses efforts pour obtenir (un résultat). *Travailler à la perte de qqn.* ♦ Consacrer son activité à (un ouvrage). **II** v. intr. **1** Agir d'une manière suivie, avec effort, pour obtenir un résultat utile. ♦ spécialt Étudier. *Élève qui travaille bien.* **2** Exercer une activité professionnelle, un métier. *Travailler en usine.* **3** S'exercer, effectuer un exercice. **4** (sujet chose : temps, force...) Agir. *Le temps travaille pour nous.* **5** Fonctionner pour la production. *Entreprise qui travaille pour l'exportation.* **III** v. intr. (choses) **1** Subir une force, une action. *Le bois a travaillé.* → se **déformer.** **2** Fermenter, subir une action interne. *Le vin travaille.* **3** fig. Être agité. *Son imagination travaille.* **IV** v. tr. Inquiéter, préoccuper. *Ça le travaille.*

travailleur, euse ▪ **I** n. **1** Personne qui travaille. **2** Personne qui exerce une activité professionnelle. ➛ *Les travailleurs,* les salariés (surtout ouvriers). → **prolétaire. II** adj. **1** Qui aime le travail. **2** Des travailleurs. *Les masses travailleuses.* → **laborieux.**

travailleuse n. f. ▪ Petit meuble pour ranger les travaux de couture.

travaillisme n. m. ▪ Doctrine politique du parti travailliste britannique.

travailliste n. et adj. ▪ Membre du Labour Party britannique (parti du *Travail*).

travailloter v. intr. [1] ▪ Travailler peu.

travée n. f. ▪ **1** techn. Portion (de voûte, de comble, de pont...) comprise entre deux points d'appui. **2** Rangée de tables, de sièges placés les uns derrière les autres.

travelage n. m. ▪ techn. Ensemble des traverses d'une voie ferrée ; nombre de traverses au kilomètre.

traveller's check ou **traveller's chèque** [tʀavlœʀ(s)ʃɛk] n. m. ▪ anglic. Chèque de voyage, payable en espèces dans tout établissement bancaire du pays où l'on se rend.

travelling [tʀavliŋ] n. m. ▪ anglic. Mouvement de la caméra placée sur un chariot, qui glisse sur des rails.

travelo n. m. ▪ fam. et péj. Travesti (I, 2).

travers n. m. ▪ **I** dans des loc. **1** *EN TRAVERS :* dans une position transversale. ➛ fig., littér. *Se mettre en travers de :* s'opposer à. **2** *À TRAVERS :* en traversant. ➛ fig. *À travers les âges.* ♦ *AU TRAVERS :* en passant d'un bout à l'autre ; de part en part. ➛ loc. *Passer au travers,* échapper. ♦ *PAR LE TRAVERS :* sur le côté. **3** *DE TRAVERS :* dans une direction, une position oblique ; qui n'est pas droit. → fam. de **traviole.** ➛ loc. *Regarder qqn de travers,* avec animosité, suspicion. ➛ *Raisonner de travers.* → **mal. 4** *À TORT* ET À TRAVERS.* **II** Léger défaut (de qqn). → **imperfection.**

traversable adj. ▪ Qui peut être traversé.

traversant, ante adj. ▪ Qui traverse, passe à travers. *Une douleur traversante.* ♦ (concret) *Appartement traversant,* qui donne sur les deux façades opposées d'un bâtiment.

traverse n. f. ▪ **I 1** Barre disposée en travers, servant à assembler, à consolider des montants. **2** Pièce placée en travers de la voie pour maintenir l'écartement des rails. **II** *Chemin de traverse.* → **raccourci.**

traversée n. f. ▪ **1** Action de traverser la mer, une grande étendue d'eau. **2** Action de traverser (un espace) d'un bout à l'autre.

traverser v. tr. [1] ▪ **I 1** Passer, pénétrer de part en part, à travers (un corps, un milieu). → **percer, transpercer. 2** Se frayer un passage à travers (une foule...). **II 1** Parcourir (un espace) en entier. *Traverser une ville. Traverser l'Atlantique.* ➛ Couper (une voie de communication), aller d'un bord à l'autre. *Traverser la rue.* **2** (sujet chose ; sans mouvement) S'étendre, s'allonger au travers de... *La route traverse la voie ferrée.* → **croiser. 3** Vivre (un espace de temps). *Traverser une période difficile.* **4** (sujet chose) Passer par (l'esprit, l'imagination).

traversier, ière ▪ **I** adj. vx Qui est en travers. *Rue traversière.* ➛ loc. *Flûte traversière* (horizontale). **II** n. m. (au Québec) Bac.

traversin n. m. ▪ Long coussin cylindrique, placé en travers, à la tête du lit. → **polochon.**

traversine n. f. ▪ techn. Traverse reliant des pilotis, les éléments d'un train de bois flotté. ♦ Traverse d'une palissade, d'un grillage.

travertin n. m. ▪ Calcaire présentant de petites cavités, utilisé en construction.

travesti, ie ■ **I 1** adj. Revêtu d'un déguisement. → **costumé.** ◆ n. m. *Un travesti,* un acteur jouant un rôle féminin. **2** n. m. Homme habillé et maquillé en femme. → fam. **travelo. II** n. m. vieilli Déguisement.

travestir v. [2] ■ **1** v. pron. *SE TRAVESTIR :* se déguiser (→ **travesti,** I, 1 et 2). **2** v. tr. Transformer en dénaturant. → **déformer, fausser.** *Travestir la vérité.* ▶ **travestissement** n. m.

travestisme n. m. ■ psych. Adoption habituelle des vêtements et des habitudes de l'autre sexe. - syn. **transvestisme.**

de **traviole** loc. adv. ■ fam. De travers.

trayeuse n. f. ■ Machine à traire.

trayon n. m. ■ Tétine du pis (d'une vache).

trébuchant, ante adj. ■ **1** Qui trébuche. **2** fig. Qui hésite à chaque difficulté. **3** loc. *Espèces sonnantes* et trébuchantes.*

trébucher v. intr. [1] ■ **1** Perdre soudain l'équilibre, faire un faux pas. → **chanceler. 2** fig. Être arrêté par une difficulté.

trébuchet n. m. ■ **1** Piège à oiseaux. **2** Petite balance pour les pesées délicates.

tréfiler v. tr. [1] ■ techn. Étirer (un métal) en le faisant passer par une filière. ▶ **tréfilage** n. m. ▶ **tréfilerie** n. f. (atelier, usine).

tréfileur, euse n. ■ techn. Ouvrier, ouvrière employé(e) au tréfilage.

trèfle n. m. ■ **1** Herbe des prairies aux feuilles à trois folioles. ◆ *Trèfle à quatre feuilles* (porte-bonheur). ♦ Se dit d'autres plantes à trois folioles. **2** Motif décoratif évoquant la feuille de trèfle. ♦ aux cartes Ce motif, de couleur noire. *As de trèfle.*

tréflé, ée adj. ■ didact. En forme de trèfle.

tréflière n. f. ■ Champ semé de trèfle.

tréfonds n. m. ■ littér. Ce qu'il y a de plus profond, de plus secret.

tréhalose n. m. ■ biochim. Disaccharide présent dans certains champignons.

treillage n. m. ■ Assemblage de lattes, d'échalas posés parallèlement ou croisés. ♦ Clôture à claire-voie. → ① **treillis.**

treillager v. tr. [3] ■ Garnir ou protéger d'un treillage.

treille n. f. ■ Vigne en berceau, en voûte (sur treillage, mur...) ; tonnelle où grimpe la vigne. ♦ loc. *Le jus de la treille,* le vin.

① **treillis** n. m. ■ Entrecroisement de lattes, de fils métalliques formant claire-voie.

② **treillis** n. m. ■ **1** Forte toile de chanvre. **2** Tenue militaire d'exercice ou de combat.

treillisser v. tr. [1] ■ Garnir d'un treillis (①).

treize ■ **I** adj. numéral invar. **1** (cardinal) Dix plus trois (13). *Treize cents* ou *mille trois cents (1300).* ◆ loc. *Treize à la douzaine,* treize pour le prix de douze. **2** (ordinal) Treizième. *Louis XIII (treize).* **II** n. m. invar. Le nombre, le numéro treize. ▶ **treizième** adj. et n. ▶ **treizièmement** adv.

treiziste n. m. ■ sports Joueur de rugby à treize.

trek → **trekking**

trekkeur, euse n. ■ Personne qui pratique le trekking.

trekking ou **trek** n. m. ■ anglic. Randonnée pédestre en montagne, avec guides et porteurs, pour visiter des lieux inaccessibles d'une autre manière.

tréma n. m. ■ Signe formé de deux points juxtaposés sur les voyelles *e, i, u* (la voyelle qui précède est prononcée séparément).

trémail → **tramail**

trématage n. m. ■ mar. Action de trémater. ◆ *Droit de trématage :* droit de priorité accordé à certains bateaux pour passer les écluses.

trémater v. tr. [1] ■ mar. Dépasser (un bateau) sur une voie fluviale.

trématode n. m. ■ zool. Ver plat parasite, à corps non segmenté, possédant des ventouses (classe des *Trématodes ;* ex. la douve).

tremblaie n. f. ■ région. Terrain planté de trembles.

tremblant, ante adj. ■ **1** Qui tremble. *Tremblant de froid.* → **grelottant. 2** Qui tremble de peur.

tremble n. m. ■ Peuplier à écorce lisse, à tige droite, dont les feuilles frissonnent.

tremblé, ée adj. ■ **1** Tracé d'une main tremblante. *Écriture tremblée.* **2** (son, voix) Qui tremble.

tremblement n. m. ■ **1** Secousses répétées qui agitent une chose. ◆ *TREMBLEMENT DE TERRE :* secousses en relation avec la déformation de l'écorce terrestre en un lieu. → **séisme ;** secousse **sismique. 2** Léger mouvement de ce qui tremble. **3** Agitation du corps par petites oscillations involontaires. → **convulsion. 4** loc. fam. *Et tout le tremblement :* et tout le reste.

trembler v. intr. [1] ■ **1** Être agité de petits mouvements répétés autour d'une position d'équilibre. ◆ Être ébranlé. *La terre tremble.* → **tremblement** de terre. ♦ (lumière) Produire une image vacillante. ♦ (voix, son) Varier rapidement (en intensité, hauteur). **2** (personnes) Être agité par une suite de petites contractions involontaires des muscles. *Trembler comme une feuille,* beaucoup. ◆ *Ses mains tremblent.* **3** fig. Avoir grand peur. *Je tremble qu'on ne l'ait vu. Trembler pour qqn,* craindre pour lui.

trembleur, euse ■ **1** adj. Tremblant. **2** n. m. Vibreur.

tremblotant, ante adj. ■ Qui tremblote. → **tremblant.** ◆ *Voix tremblotante.* → **chevrotant.**

tremblote n. f. ▪ fam. *Avoir la tremblote* : trembler (2).

trembloter v. intr. [1] ▪ Trembler (1, 2) légèrement. ► **tremblotement** n. m.

trémelle n. f. ▪ bot. Champignon basidiomycète à réceptacle gélatineux et irrégulier.

trémie n. f. ▪ Entonnoir en forme de pyramide renversée.

trémière adj. f. ▪ *Rose trémière,* plante décorative (guimauve) à fleurs roses.

trémolo n. m. ▪ **1** mus. Répétition très rapide d'un son. **2** Tremblement d'émotion (affecté) de la voix.

se **trémousser** v. pron. [1] ▪ S'agiter avec de petits mouvements vifs et irréguliers. → **frétiller,** se **tortiller.** ► **trémoussement** n. m.

trempage n. m. ▪ Action de tremper.

trempe n. f. ▪ **I 1** Immersion dans un bain froid (d'un métal, d'un alliage chauffé). **2** Qualité qu'un métal acquiert par la trempe. ♦ loc. fig. *DE (cette...) TREMPE* : de (cette...) qualité, de (ce...) caractère. **II** fam. Volée de coups.

tremper v. [1] ▪ **I** v. tr. **1** (liquide) Mouiller fortement, imbiber. ▬ passif et p. p. *Être trempé.* **2** Plonger (un solide) dans un liquide pour imbiber, enduire. ♦ Immerger, baigner. **3** techn. Soumettre à la trempe (I, 1). ▬ au p. p. *Acier trempé.* **4** fig. et littér. Aguerrir, fortifier. ▬ au p. p. *Caractère bien trempé,* énergique. **II** v. intr. **1** Rester plongé dans un liquide. **2** loc. (sujet personne) *TREMPER DANS* (une affaire malhonnête), y participer.

trempette n. f. ▪ *Faire trempette* : prendre un bain hâtif.

trempeur, euse n. ▪ techn. Ouvrier, ouvrière qui trempe l'acier ; qui trempe le papier.

tremplin n. m. ▪ **1** Planche élastique sur laquelle on prend élan pour sauter. **2** fig. *Les difficultés lui ont servi de tremplin.*

trémulation n. f. ▪ méd. Tremblement à secousses rapides et peu accusées. → **trépidation.**

trenail n. m. ▪ techn. Cheville servant à mettre le tire-fond dans les traverses des voies de chemin de fer. *Des trenails.*

trench-coat [tʀɛnʃkot] n. m. ▪ anglic. Imperméable à ceinture. – abrév. **trench.** *Des trench-coats ; des trenchs.*

trentain n. m. ▪ relig. cathol. Série de trente messes dites pour un défunt pendant trente jours consécutifs.

trentaine n. f. ▪ Nombre de trente. ♦ Âge d'environ trente ans.

trente ▪ **I** adj. numéral invar. **1** (cardinal) Trois fois dix (30). ♦ *TRENTE-SIX* : fam. un grand nombre indéterminé. ▬ loc. *Tous les trente-six du mois,* quasiment jamais. **2** (ordinal) Trentième. **II** n. m. invar. Le nombre, le numéro trente. ♦ loc. *Se mettre sur son trente et un* : mettre ses plus beaux habits. ► **trentième** adj. et n.

trentenaire adj. ▪ **1** rare Qui dure trente ans. **2** Dont l'âge est compris entre trente et trente-neuf ans. ▬ n. *Une trentenaire.*

trépan n. m. ▪ **1** chir. Instrument pour percer les os du crâne. **2** Vilebrequin pour forer. → **foreuse.**

trépaner v. tr. [1] ▪ chir. Percer la boîte crânienne de (qqn) à l'aide d'un trépan. ► **trépanation** n. f.

trépang → **tripang**

trépas n. m. ▪ vx ou littér. Mort (d'une personne). loc. *Passer de vie à trépas* : mourir.

trépasser v. intr. [1] ▪ littér. → **mourir.** ♦ au p. p. subst. *Les trépassés* : les morts.

trépidant, ante adj. ▪ **1** Agité de petites secousses. **2** (rythme) Très rapide et agité.

trépider v. intr. [1] ▪ Être agité de petites secousses fréquentes, d'oscillations rapides. → **vibrer.** ► **trépidation** n. f.

trépied n. m. ▪ Support à trois pieds.

trépigner v. intr. [1] ▪ Piétiner, frapper des pieds à plusieurs reprises. *Trépigner de colère.* ► **trépignement** n. m.

trépointe n. f. ▪ techn. Bande de cuir entre deux cuirs cousus ensemble, pour renforcer la couture.

tréponématose n. f. ▪ méd. Maladie infectieuse et contagieuse causée par des tréponèmes (syphilis, pian, etc.).

tréponème n. m. ▪ Micro-organisme responsable des maladies infectieuses.

très [tʀɛ] adv. devant une consonne, [tʀɛz] devant voyelle ou *h* muet ▪ À un haut degré. **1** (devant un adj.) *Très drôle.* → **extrêmement.** ▬ *Pas très,* moyennement, un peu. (euphémisme) *Il n'est pas très malin,* pas du tout. ▬ (+ terme à valeur d'adj.) *Être très en retard. Elle est déjà très femme.* **2** (devant un adv.) *Aller très vite.* **3** (dans des locutions verbales d'état) *Il fait très chaud. Il va très mal.* ▬ *J'ai très faim.* → **grand.**

trésaille n. f. ▪ techn. Pièce de bois horizontale qui maintient les ridelles d'une charrette.

trésor n. m. ▪ **I 1** Choses précieuses amassées et cachées. *Découvrir un trésor.* **2** souvent au plur. Grandes richesses concrètes. *Les trésors artistiques des musées.* ▬ Masse monétaire importante. **3** *LE TRÉSOR (PUBLIC)* : moyens financiers d'un État. ▬ (en France) Service financier de l'État. **II** fig. **1** *Un, des trésor(s) de* : une abondance précieuse de. *Des trésors de patience.* **2** Titre d'ouvrages encyclopédiques, de dictionnaires. **3** *Mon trésor,* terme d'affection.

trésorerie n. f. ■ **1** Administration du Trésor public. ➝ Services financiers. **2** État et gestion des fonds, des ressources. *Difficultés de trésorerie*, financières.

trésorier, ière n. ■ Personne chargée de l'administration des finances (d'une organisation). ➝ *Trésorier-payeur général*, qui gère le Trésor public dans un département.

tressage n. m. ■ Action de tresser.

tressaillement n. m. ■ Secousses musculaires qui agitent brusquement le corps.

tressaillir v. intr. [13] ■ Éprouver un tressaillement. → **sursauter, tressauter.**

tressauter v. intr. [1] ■ **1** Tressaillir. **2** (sujet chose) Être agité. ► **tressautement** n. m.

tresse n. f. ■ **1** Assemblage de trois mèches de cheveux entrecroisées à plat. → **natte.** **2** Cordon plat fait de fils entrelacés.

tresser v. tr. [1] ■ **1** Entrelacer (des brins de paille, de jonc ; des cheveux). **2** Faire (un objet) en entrelaçant des fils, des brins. ► **tresseur, euse** n.

tréteau n. m. ■ Pièce de bois, support, barre horizontale sur quatre pieds. *Table à tréteaux.*

treuil n. m. ■ Appareil de levage, cylindre tournant sur un axe et autour duquel s'enroule un câble. → **cabestan.** ► **treuiller** v. tr. [1] ► **treuillage** n. m.

trêve n. f. ■ **1** Cessation provisoire des combats, par convention. → **cessez-le-feu.** **2** fig. Interruption dans une lutte. **3** *SANS TRÊVE* : sans relâche. ➝ exclam. *TRÊVE DE...* : assez de. *Trêve de plaisanterie !*

trévire n. f. ■ mar. Cordage amarré à un corps-mort au haut d'un plan incliné et que l'on file pour amener au bas de ce plan une barrique, un fût. ► **trévirer** v. tr. [1]

trévise n. f. ■ Chicorée d'origine italienne, à cœurs pommés rouges veinés de blanc.

tri n. m. ■ Action de trier. *Le tri des lettres.*

tri- Élément du latin et grec *tri-* «trois».

triacide n. m. et adj. ■ chim. Se dit d'un corps possédant trois fonctions acide.

triade n. f. ■ didact. Groupe de trois.

triage n. m. ■ **1** Fait de trier ou de répartir. → **tri, choix.** **2** Séparation et regroupement des wagons. *Gare de triage.*

trial n. m. ■ anglic. Course de motos sur terrain accidenté. ♦ Moto pour ce sport.

trialcool n. m. ■ chim. Corps possédant trois fonctions alcool. - syn. **triol.**

triangle n. m. ■ **1** Figure géométrique, polygone à trois côtés. *Triangle isocèle, équilatéral, rectangle.* **2** Objet de cette forme. **3** Instrument de musique à percussion, tige d'acier repliée.

triangulaire adj. ■ **1** En forme de triangle. **2** fig. À trois éléments. *Élection triangulaire.*

triangulation n. f. ■ Division (d'un terrain) en triangles pour le mesurer.

trianguler v. tr. [1] ■ Faire la triangulation de (un terrain).

trias [-ɑs] n. m. ■ géol. Terrain du secondaire ancien dont les dépôts contiennent trois parties (grès, calcaire coquillier, marnes) ; sa période. ► **triasique** adj.

triathlète n. ■ Sportif spécialiste du triathlon.

triathlon n. m. ■ sport Épreuve d'athlétisme comprenant trois épreuves (natation, course cycliste et à pied).

triatomique adj. ■ chim. Qui a trois atomes.

tribade n. f. ■ vx ou littér. Femme homosexuelle. → **lesbienne.**

tribal, ale, aux adj. ■ didact. De la tribu.

tribalisme n. m. ■ sociol. Organisation sociale par tribus.

triballer v. tr. [1] ■ techn. Assouplir (les peaux) en les battant avec une petite tringle de fer (*triballe* n. f.).

tribart n. m. ■ techn. ou région. Bâton qu'on attache au cou d'un animal pour l'empêcher de passer au travers des haies.

tribasique adj. ■ chim. Qui possède trois fonctions base.

tribo- Élément, du grec *tribein* «frotter».

triboélectricité n. f. ■ phys. Électricité statique produite par frottement. ► **triboélectrique** adj.

tribologie n. f. ■ phys. Partie de la mécanique traitant du frottement et de ses effets.

triboluminescence n. f. ■ phys. Propriété des corps qui deviennent lumineux par frottement, écrasement ou rupture. ► **triboluminescent, ente** adj.

tribomètre n. m. ■ sc. Instrument pour mesurer la force d'un frottement.

tribométrie n. f. ■ sc. Mesure des frottements.

tribord n. m. ■ Côté droit d'un navire, en regardant vers l'avant (opposé à *bâbord*).

triboulet n. m. ■ techn. Tige graduée servant à mesurer le diamètre des bagues.

tribu n. f. ■ **1** Antiq. Division du peuple (juif, grec, romain). *Les douze tribus d'Israël.* **2** Groupe social et politique fondé sur la parenté ethnique, dans les sociétés pré-industrielles. **3** iron. Groupe nombreux.

tribulations n. f. pl. ■ Aventures plus ou moins désagréables.

tribun n. m. ■ **1** Antiq. Officier *(tribun militaire)* ou magistrat *(tribun de la plèbe)* romain. **2** littér. Défenseur éloquent (d'une idée...).

tribunal, aux n. m. ■ **1** Lieu où l'on rend la justice. → **palais** de justice. **2** Magistrats exerçant une juridiction (→ **chambre, cour**). **3** fig. Justice, jugement (de la postérité).

tribunat n. m. ▪ didact. Charge de tribun dans la Rome antique ; son exercice.

tribune n. f. ▪ **1** Emplacement élevé où sont réservées des places. *Tribune de presse.* ♦ Emplacement en gradins (dans un stade...). **2** Estrade d'où l'orateur (→ **tribun**) s'adresse à une assemblée. **3** fig. Rubrique offerte au public par un média.

tribunitien, ienne adj. ▪ **1** Antiq. Du tribun, du tribunat. *Le pouvoir tribunitien.* **2** littér. Du tribun, de l'orateur populaire.

tribut n. m. ▪ **1** Contribution forcée. **2** Contribution payée à une autorité. **3** fig., littér. *Payer un lourd tribut à...*

tributaire adj. ▪ **1** Qui paye tribut ; soumis à un pouvoir. **2** Qui dépend (de qqn, de qqch.). **3** (cours d'eau) → **affluent.**

tributyrine n. f. ▪ chim. Butyrine.

tric → **trick**

tricard, arde adj. et n. ▪ argot Interdit de séjour.

tricennal, ale, aux adj. ▪ didact. Qui couvre trente ans, porte sur trente ans.

tricentenaire ▪ **1** n. m. Troisième centenaire. **2** adj. rare Qui a trois cents ans.

tricéphale adj. ▪ didact. Qui a trois têtes.

triceps [-ɛps] adj. et n. m. ▪ (Muscle) dont une extrémité s'insère à trois points osseux.

tricératops [-ɔps] n. m. ▪ didact. Grand reptile fossile (dinosaurien) à trois cornes.

triche n. f. ▪ fam. Tricherie.

tricher v. intr. [1] ▪ **1** Enfreindre les règles d'un jeu en vue de gagner. **2** Enfreindre une règle, un usage. *Tricher à un examen.* **3** Dissimuler un défaut par un artifice. ► **tricherie** n. f. ► **tricheur, euse** n.

trichiasis [tʀikjazis] n. m. ▪ méd. Déviation des cils vers le globe oculaire.

trichine [-k-] n. f. ▪ Petit ver parasite de l'intestin (animaux, homme), et à l'état de larve dans les muscles, provoquant la trichinose.

trichiné, ée [-k-] adj. ▪ méd. Qui est envahi de trichines. *Muscle trichiné.*

trichineux, euse [-k-] adj. ▪ didact. Relatif à la trichine. - syn. **trichinal, ale, aux.**

trichinose [-k-] n. f. ▪ méd. Maladie provoquée par les larves de trichines (consommation de viande de porc infestée et mal cuite).

trichite [-k-] n. f. ▪ minér. Fibre minérale monocristalline de résistance très élevée. *Trichite d'alumine.*

trichloracétique [-kl-] adj. ▪ chim. *Acide trichloracétique* : acide organique dérivé de l'acide acétique.

trichloréthylène [-kl-] n. m. ▪ chim. Dérivé chloré de l'éthylène, solvant des corps gras.

trich(o)- [tʀiko], **-triche** Éléments, du grec *thrix, thrikhos* «poil, cheveu».

trichocéphale n. m. ▪ zool. Ver parasite (nématode) vivant dans l'intestin de l'être humain et de certains animaux.

trichogramme n. m. ▪ **I** zool. Insecte utilisé pour détruire les œufs des vers parasites des fruits. **II** méd. Examen des cheveux.

tricholome n. m. ▪ bot. Champignon à lamelles et à large chapeau, dont plusieurs espèces sont comestibles. → **griset, mousseron.**

trichoma n. m. ▪ méd. Enchevêtrement des cheveux, formant un feutrage avec des parasites, des poussières agglutinées par la graisse. - var. **trichome.**

trichomanie n. f. ▪ didact. Manie consistant à s'arracher les cheveux, les poils. - syn. **trichotillomanie.**

trichomonas [-ɑs] n. m. ▪ zool. Protozoaire flagellé, parasite des cavités naturelles de l'être humain et de certains animaux.

trichophyton n. m. ▪ bot. Champignon parasite qui se développe dans les cheveux, sur la peau, les ongles, produisant une sorte de teigne (*trichophytie* n. f.).

trichotillomanie → **trichomanie**

trichrome [-kʀ-] adj. ▪ techn. Obtenu par trichromie. *Photographie trichrome.*

trichromie [-kʀ-] n. f. ▪ techn. Procédé de reproduction des couleurs basé sur le bleu, le rouge et le jaune.

trick n. m. ▪ jeu Au whist, au bridge, La septième levée (la première à compter un point). - var. **tric.**

triclinique adj. ▪ phys. *Système triclinique* : système cristallin dont le seul élément de symétrie est le centre.

triclinium [-jɔm] n. m. ▪ Antiq. romaine Salle à manger à lits en pente, autour d'une table ronde ou carrée.

tricoises n. f. pl. ▪ techn. Tenailles de maréchal-ferrant.

tricolore adj. ▪ **1** De trois couleurs. **2** Des couleurs du drapeau français : bleu, blanc et rouge. ♦ *L'équipe tricolore,* française.

tricorne n. m. ▪ Chapeau à trois cornes.

tricot n. m. ▪ **1** Tissu formé d'une matière textile disposée en mailles. **2** Action de tricoter. *Faire du tricot.* **3** Vêtement tricoté. → **chandail, pull-over.** ◆ *Tricot de corps.* → **maillot.**

tricoter v. [1] ▪ **I** v. tr. Exécuter au tricot. ◆ sans compl. *Aiguilles à tricoter.* **II** v. intr. fig., fam. Bouger, courir vite. ► **tricotage** n. m.

tricotets n. m. pl. ▪ mus. Danse ancienne, gaie et rapide. ◆ Musique sur laquelle on l'exécutait. *Les tricotets de Rameau.*

tricoteur, euse ▪ **1** n. Personne qui tricote. ♦ n. f. hist. (Révolution française) Femme du peuple révolutionnaire. **2** n. f. Machine à tricoter.

tricourant adj. invar. ▪ Qui peut fonctionner avec trois types de courant électrique. *Locomotive tricourant.*

trictrac n. m. ▪ Jeu de dés, où l'on fait avancer des pions sur un plateau spécial.

tricuspide adj. ▪ anat. *Valvule tricuspide,* qui fait communiquer l'oreillette et le ventricule droits du cœur.

tricycle n. m. ▪ Cycle à trois roues.

tridacne n. m. ▪ zool. Grand mollusque des mers chaudes appelé aussi *bénitier.*

tridactyle adj. ▪ didact. Qui a trois doigts.

trident n. m. ▪ Fourche, harpon à trois pointes.

tridi n. m. ▪ Troisième jour de la décade, dans le calendrier républicain.

tridimensionnel, elle adj. ▪ didact. Qui a trois dimensions ; qui se développe dans un espace à trois dimensions.

trièdre n. m. ▪ géom. Figure formée par trois plans qui se coupent deux à deux.

triennal, ale, aux adj. ▪ Qui a lieu tous les trois ans ou dure trois ans.

trier v. tr. [7] ▪ **1** Choisir parmi d'autres ; extraire d'un plus grand nombre **(→ tri, triage).** ◆ loc. *Trier sur le volet*.* **2** Séparer en enlevant ce qui est mauvais. *Trier des lentilles.* **3** Répartir en groupes. → **classer.** *Trier ses papiers.* ◆ inform. *Trier des données* (selon un ordre). ► **trieur, euse** adj. et n.

triérarque n. m. ▪ Antiq. grecque Commandant d'une trière. ◆ Citoyen athénien tenu d'armer une trière à ses frais.

trière n. f. ▪ Antiq. grecque Bateau à trois rangs de rames. → **trirème.**

triester n. m. ▪ chim. Corps possédant trois fonctions ester.

trieur, trieuse n. ▪ **1** Personne chargée de trier qqch. *Trieur de minerai.* **2** n. m. Appareil servant au triage. **3** n. f. Machine à trier, à classer des fiches, etc.

trifide adj. ▪ sc. nat. Partagé en trois par des fentes profondes. *Organe trifide.*

trifoliolé, ée adj. ▪ bot. Dont le pétiole se termine par trois folioles.

triforium [-jɔm] n. m. ▪ archit. Galerie étroite à ouvertures (églises gothiques).

trifouiller v. [1] ▪ fam. **1** v. tr. Mettre en désordre. **2** v. intr. Fouiller (dans).

trigémellaire adj. ▪ méd. *Grossesse trigémellaire,* où se forment trois embryons **(→ triplé II).**

trigéminé, ée adj. ▪ méd. *Pouls trigéminé,* caractérisé par la succession de trois pulsations suivies d'une pause.

trigle n. m. ▪ zool. Rouget grondin.

triglycéride n. m. ▪ biochim. Ester du glycérol contenant trois molécules d'acides gras.

triglyphe n. m. ▪ archit. Ornement de la frise dorique, à trois ciselures.

trigone ▪ **I** adj. didact. Qui a trois angles. **II** n. m. didact. et sc. Espace ou région triangulaire.

trigonelle n. f. ▪ bot. Plante dicotylédone, aux feuilles trifoliolées.

trigonocéphale n. m. ▪ zool. Grand serpent venimeux à tête triangulaire, voisin des crotales.

trigonométrie n. f. ▪ math. Détermination des éléments des triangles au moyen des fonctions circulaires (sinus, cosinus, tangente...). ► **trigonométrique** adj.

trigramme n. m. ▪ didact. Mot de trois lettres. ◆ Groupe de trois caractères (dans une écriture, un code alphanumérique).

trijumeau adj. et n. m. ▪ *(Nerf) trijumeau,* cinquième nerf crânien, divisé en trois.

trilatéral, ale, aux adj. ▪ Qui engage trois parties. → **triparti.** *Accord trilatéral.*

trilingue adj. ▪ didact. **1** Qui est en trois langues. **2** Qui connaît trois langues.

trille n. m. ▪ mus. Battement rapide et ininterrompu sur deux notes voisines.

triller v. [1] ▪ **1** v. tr. Orner de trilles. *Triller un air.* **2** v. intr. Faire un trille.

trillion [tʀiljɔ̃] n. m. ▪ Un milliard de milliards (soit 10^{18}).

trilobé, ée adj. ▪ didact. Qui a trois lobes.

trilobite n. m. ▪ paléont. Arthropode marin fossile de l'époque primaire, dont le tégument dorsal est divisé en trois lobes.

triloculaire adj. ▪ didact. Divisé en trois loges.

trilogie n. f. ▪ Groupe de trois pièces de théâtre, de trois œuvres.

trimaran n. m. ▪ Voilier (multicoque) à trois coques.

trimard n. m. ▪ pop. **1** vx Route. **2** Vagabondage.

trimarder v. intr. [1] ▪ pop., vieilli Vagabonder sur les routes. ◆ trans. Transporter, trimballer.

trimardeur n. m. ▪ pop. et vx Vagabond.

trimballer v. tr. [1] ▪ fam. Mener, porter partout avec soi. ► **trimballage** n. m.

trimer v. intr. [1] ▪ Travailler avec effort.

trimère ▪ **1** adj. bot. Formé de trois parties semblables. **2** n. m. chim. Polymère dont la masse moléculaire est le triple de celle du monomère.

trimestre n. m. ▪ **1** Durée de trois mois. **2** Somme payée tous les trois mois. ► **trimestriel, ielle** adj. ► **trimestriellement** adv.

trimètre n. m. ▪ didact. Vers composé de trois mètres. ◆ Vers français partagé en trois unités métriques.

trimmer [tRimœR ; -εR] n. m. ▪ Engin de pêche formé d'un flotteur circulaire sur lequel est enroulé le fil.

trimoteur n. m. ▪ Avion à trois moteurs. → **triréacteur.**

trin, trine adj. ▪ relig. chrét. Divisé en trois (→ **trinité**).

tringle n. f. ▪ Tige rigide.

trinité n. f. ▪ **1** relig. chrét. *La Trinité* : Dieu unique en trois personnes. ♦ Fête religieuse (après la Pentecôte). **2** Groupe de trois dieux (→ **triade**), ou de trois principes.

trinitrobenzène [-bɛ̃-] n. m. ▪ chim. Dérivé isomère du benzène, utilisé comme explosif.

trinitrotoluène n. m. ▪ chim. Explosif dérivé du toluène. - abrév. cour. **T. N. T.**

trinôme n. m ▪ Polynôme à trois termes.

trinqueballe → **triqueballe**

trinquer v. intr. 1 ▪ **1** Choquer son verre contre celui d'un autre et boire à sa santé. **2** fam. Subir des désagréments.

① **trinquet** n. m. ▪ mar. Mât de misaine portant des voiles latines. *Trinquet d'une galère.*

② **trinquet** n. m. ▪ région. Salle quadrangulaire où l'on joue à la pelote basque.

trinquette n. f. ▪ mar. Voile d'avant triangulaire, en arrière du foc.

trio n. m. ▪ **1** mus. Morceau pour trois instruments ou trois voix. ◆ Groupe de trois musiciens. ◆ Seconde partie du menuet*. **2** Groupe de trois personnes.

triode n. f. ▪ phys. Tube à trois électrodes.

triol → **trialcool**

triolet n. m. ▪ mus. Groupe de trois notes de valeur égale valant deux temps.

triolisme n. m. ▪ Relations sexuelles entre trois personnes.

triomphal, ale, aux adj. ▪ **1** D'un triomphe (1 et 2). **2** Qui est accompagné d'honneurs, d'acclamations. **3** Qui constitue une grande réussite. ► **triomphalement** adv.

triomphalisme n. m. ▪ Croyance affichée au succès. ► **triomphaliste** adj. et n.

triomphant, ante adj. ▪ **1** Qui a remporté une éclatante victoire. **2** Qui manifeste une joie éclatante.

triomphateur, trice n. ▪ **1** Personne qui triomphe (II). **2** n. m. Antiq. Général romain à qui l'on faisait les honneurs du triomphe.

triomphe n. m. ▪ **1** Victoire éclatante à l'issue d'une lutte, d'une rivalité. **2** Antiq. Honneur décerné à un général romain victorieux. ♦ loc. *Arc* de triomphe.* **3** loc. *PORTER qqn EN TRIOMPHE*, le faire acclamer. **4** Grande satisfaction (après un succès). **5** Approbation enthousiaste du public.

triompher v. 1 ▪ **I** v. tr. ind. *TRIOMPHER DE* qqn, le vaincre avec éclat. ◆ *Triompher de qqch.*, en venir à bout. **II** v. intr. **1** Remporter une victoire absolue ; s'imposer de façon éclatante. **2** Éprouver un sentiment de triomphe. **3** Réussir brillamment (en public). → **exceller.**

trionyx [-iks] n. m. ▪ zool. Grande tortue d'eau douce, à carapace molle, très carnassière, des régions chaudes.

trip [tRip] n. m. ▪ anglic., fam. **1** État qui résulte de l'absorption de substances hallucinogènes. → **défonce. 2** Aventure intérieure. ◆ loc. *C'est pas mon trip*, je n'aime pas cela.

tripaille n. f. ▪ fam. Amas de tripes, d'entrailles.

tripale adj. ▪ mécan. À trois pales. *Hélice tripale.*

tripang ou **trépang** [-pɑ̃] n. m. ▪ Grosse holothurie comestible, très appréciée en Extrême-Orient.

triparti, ie ou **tripartite** adj. ▪ polit. Qui réunit trois parties. *Pacte tripartite.*

tripartisme n. m. ▪ Système de gouvernement tripartite.

tripartition n. f. ▪ didact. Division (d'une quantité, d'un ensemble) en trois parties.

tripatouiller v. tr. 1 ▪ **1** fam. Altérer (un texte original). ♦ Truquer (des comptes...). **2** (concret) Tripoter. ► **tripatouillage** n. m. ► **tripatouilleur, euse** n. et adj.

tripe n. f. ▪ **1** *Des tripes*, plat fait de boyaux de ruminants préparés. **2** fam. Intestin de l'homme ; ventre. **3** fig. et fam. Entrailles. *Prendre aux tripes*, bouleverser.

triperie n. f. ▪ Commerce du tripier.

tripette n. f. ▪ loc. vieilli *Ça ne vaut pas tripette* : cela ne vaut rien.

triphasé, ée adj. ▪ électr. *Courant triphasé*, à trois phases.

triphosphate n. m. et adj. ▪ chim., biol. Molécule présente dans toutes les cellules, servant de réserve d'énergie pour les biosynthèses. ◆ adj. *Adénosine triphosphate (ATP).*

triphtongue n. f. ▪ Voyelle dont le timbre varie deux fois en cours d'émission.

tripier, ière n. ▪ Commerçant qui vend des abats (tripes, etc.).

triplace adj. ▪ À trois places.

triplan n. m. ▪ Avion à trois plans de sustentation.

triple adj. ▪ **1** Qui équivaut à trois, se présente comme trois. *Triple menton*, qui fait trois plis. ◆ Qui concerne trois éléments. **2** Trois fois plus grand. ◆ n. m. *Le triple.*

triplé ▪ **I** n. m. sports Triple succès d'un athlète, d'une équipe. **II** au plur. *TRIPLÉS, ÉES* : trois enfants nés d'une même grossesse.

tripler v. 1 ▪ **1** v. tr. Rendre triple, multiplier par trois. **2** v. intr. Devenir triple. ► **triplement** n. m.

triplet n. m. ▪ sc. Association de trois éléments.

triplette n. f. ▪ Équipe de trois joueurs (aux boules, à la pétanque).

① **triplex** [-ɛks] n. m. ▪ Verre de sécurité formé de deux feuilles de verre séparées par une feuille d'acétate.

② **triplex** [-ɛks] n. m. ▪ **1** Appartement disposé sur trois étages. **2** (Canada) Maison comprenant trois logements superposés.

triplicata n. m. ▪ admin. Troisième copie (d'une pièce, d'un acte). *Des triplicatas.*

triploïde adj. et n. ▪ biol. Se dit d'un individu dont les cellules ont 3n chromosomes au lieu de 2n.

triplure n. f. ▪ Tissu en armure toile très apprêté, que l'on met entre la doublure et le tissu pour renforcer le vêtement.

tripode ▪ **1** adj. À trois pieds. *Mât tripode*, en forme de trépied. **2** n. m. Tourniquet à trois branches réglant l'accès des voyageurs au quai d'une gare ou d'un métro.

tripoli n. m. ▪ minér. Roche siliceuse d'origine organique. → **diatomite.** ♦ Matière pulvérulente tirée de cette roche et utilisée pour le polissage du verre et des métaux.

triporteur n. m. ▪ Tricycle muni d'une caisse pour le transport de marchandises.

tripot n. m. ▪ péj. Maison de jeu.

tripotée n. f. ▪ fam. **1** Raclée, volée. **2** *Une tripotée de* : un grand nombre de.

tripoter v. [1] ▪ **1** v. tr. Manier, tâter sans délicatesse. ◆ Toucher de manière répétée, machinalement. → **triturer. 2** v. intr. Se livrer à des combinaisons malhonnêtes. → **trafiquer.** ► **tripotage** n. m. ► **tripoteur, euse** n.

tripous ou **tripoux** n. m. pl. ▪ région. Tripes et abats (pieds de mouton, etc.).

triptyque n. m. ▪ **1** Peinture, sculpture composée d'un panneau central et de deux volets mobiles. ♦ Œuvre littéraire en trois tableaux ou récits. **2** Document douanier en trois feuillets.

trique n. f. ▪ Gros bâton pour frapper.

triqueballe ou **trinqueballe** n. m. ▪ Chariot, fardier destiné au transport d'objets longs et lourds.

trique-madame n. f. invar. ▪ bot., région. Orpin blanc.

triquet n. m. ▪ techn. Échafaudage de couvreur en forme de triangle.

triréacteur n. m. ▪ Avion à trois réacteurs.

trirectangle adj. ▪ géom. Qui a trois angles droits. *Trièdre trirectangle.*

trirègne n. m. ▪ didact. Tiare du pape ou triple couronne, symbolisant les trois pouvoirs, impérial, royal et sacerdotal.

trirème n. f. ▪ Antiq. Navire de guerre à trois rangées de rames. → **trière.**

trisaïeul, eule n. ▪ Père, mère du bisaïeul ou de la bisaïeule. *Mes trisaïeuls.*

trisannuel, elle adj. ▪ Qui a lieu tous les trois ans ou qui dure trois ans.

trisecteur, trice [-s-] adj. ▪ géom. Qui divise en trois parties. *Courbe trisectrice.*

trisection [-s-] n. f. ▪ géom. Division d'une grandeur en trois parties égales. *Trisection de l'angle.*

triskèle n. m. ▪ Symbole celtique formé de trois jambes ou trois branches incurvées.

trismus [-ys] n. m. ▪ méd. Contraction des muscles masticateurs, rendant difficile l'ouverture de la bouche.

trisoc [-s-] n. m. ▪ agric. Charrue à trois socs.

trisomie n. f. ▪ méd. Présence anormale d'un chromosome supplémentaire dans une paire. *Trisomie 21* : mongolisme. ► **trisomique** adj. et n.

① **trisser** v. intr. [1] ▪ rare Pousser son cri (hirondelle).

② **trisser** v. tr. [1] ▪ rare Répéter ou faire répéter trois fois de suite (un morceau), au concert, au théâtre.

③ **trisser** v. [1] ▪ fam. **1** v. intr. Partir. **2** v. pron. *Se trisser* : s'en aller, se sauver. → se **casser,** se **débiner.**

triste adj. ▪ **I 1** Qui éprouve un malaise douloureux. ♦ Habituellement sans gaieté. → **mélancolique, morose. 2** Qui exprime la tristesse. → **malheureux, sombre.** *De tristes pensées.* **3** (choses) Qui répand la tristesse. → **morne, sinistre. II** (choses) **1** Qui fait souffrir. → **affligeant, malheureux, pénible.** ◆ Qui raconte ou montre des choses pénibles. **2** Qui suscite des jugements pénibles. → **déplorable.** *Dans un triste état.* **3** péj. (avant le nom) Dont le caractère médiocre ou odieux afflige. → **lamentable.** *Quelle triste époque !* ► **tristement** adv.

tristesse n. f. ▪ **1** État affectif pénible et durable ; douleur morale générale. → **mélancolie, peine. 2** Moment où l'on est dans cet état ; ce qui le fait naître. → **chagrin. 3** Caractère de ce qui exprime ou suscite cet état. *La tristesse des ruines.*

tristounet, ette adj. ▪ fam. Un peu triste, morose.

trisyllabe [-s-] adj. et n. m. ▪ didact. Qui a trois syllabes. ► **trisyllabique** adj.

trithérapie n. f. ▪ Traitement associant trois médicaments.

triticale n. m. ▪ agric. Hybride de blé et de seigle.

tritium [tʀitjɔm] n. m. ▪ chim. Isotope radioactif de l'hydrogène (symb. T ou ^3H), et qui donne l'isotope 3 de l'hélium.

triton n. m. ▪ **I** mythol. Divinité marine à figure humaine et à queue de poisson. **II** zool. **1** Grand mollusque marin à coquille en spirale. **2** Batracien aquatique.

triturateur n. m. ▪ techn. Appareil servant à la trituration des substances. → **broyeur.** *Triturateur de chiffons dans l'industrie papetière.*

triturer v. tr. [1] ▪ **1** Réduire en poudre ou en pâte en écrasant. → **broyer. 2** Manier à fond. → **pétrir.** ◆ fam. *Se triturer les méninges, la cervelle* : se fatiguer l'esprit. **3** Manier avec insistance, machinalement. → **tripoter.** ► **trituration** n. f.

triumvir [tʀijɔmviʀ] n. m. ▪ Antiq. Magistrat romain chargé, avec deux collègues, d'une mission administrative. ► **triumviral, ale, aux** adj. ► **triumvirat** n. m.

trivalent, ente adj. ▪ chim. Qui possède la triple valence.

trivalve adj. ▪ sc. nat. Qui a trois valves.

trivial, ale, aux adj. ▪ **1** littér. Qui, à force d'usage, est devenu ordinaire, commun. **2** Vulgaire. ► **trivialement** adv. ► **trivialité** n. f.

troc n. m. ▪ Échange direct d'un bien contre un autre. ◆ Système économique sans monnaie. *Économie de troc.*

trocart n. m. ▪ méd. Tige métallique coulissant à l'intérieur d'une canule, servant à faire des ponctions.

trochaïque [-k-] adj. et n. m. ▪ prosodie antique Dont le pied fondamental est le trochée. *Vers trochaïque* ou n. m. *un trochaïque.*

trochanter [tʀɔkɑ̃tɛʀ] n. m. ▪ **1** anat. Chacune des deux apophyses de l'extrémité supérieure du fémur. **2** zool. Premier ou second article des pattes arrière des insectes.

troche ou **troque** n. f. ▪ Coquillage univalve en forme de toupie.

trochée n. m. ▪ prosodie antique Pied formé de deux syllabes, une longue et une brève.

trochin n. m. ▪ anat. Petite tubérosité de l'extrémité supérieure de l'humérus, située en dedans du trochiter.

trochiter [tʀɔkitɛʀ] n. m. ▪ anat. Grosse tubérosité de l'extrémité supérieure de l'humérus.

trochlée [tʀɔkle] n. f. ▪ anat. Surface articulaire en forme de poulie. *Trochlée fémorale.*

trochure n. f. ▪ vén. Quatrième andouiller du cerf.

troène n. m. ▪ Arbuste à petites fleurs blanches odorantes.

troglobie adj. ▪ didact. Qui vit dans les profondeurs souterraines. → **cavernicole.**

troglodyte n. m. ▪ Habitant d'une caverne, d'une grotte, d'une demeure aménagée dans le roc. ► **troglodytique** adj.

trogne n. f. ▪ fam. Visage grotesque.

trognon n. m. ▪ **1** Ce qui reste quand on a enlevé la partie comestible (d'un fruit, d'un légume). ◆ loc. fam. *Jusqu'au trognon* : jusqu'au bout, complètement. **2** fam. Terme d'affection. ◆ adj. Mignon.

troïka n. f. ▪ **1** Grand traîneau russe, attelé à trois chevaux de front. **2** Groupe de trois dirigeants, de trois entreprises.

trois ▪ **I** adj. numéral **1** (cardinal) Deux plus un (3). ◆ loc. *Règle de trois,* par laquelle on cherche le quatrième terme d'une proportion, les trois autres étant connus. **2** (ordinal) Troisième. *Page trois.* **II** n. m. Le chiffre, le nombre, le numéro trois.

trois-deux n. m. ▪ mus. Mesure à trois temps qui a la blanche pour unité.

trois-étoiles n. m. ▪ Hôtel ou restaurant réputé.

trois-huit [tʀwaɥit] n. m. pl. ▪ *Les trois-huit* : système de travail continu par trois équipes travaillant chacune huit heures.

troisième ▪ **1** adj. numéral ordinal Qui suit le deuxième (3e). ◆ n. *Le, la troisième.* **2** adj. et n. m. Se dit d'une partie d'un tout également divisé en trois. → **tiers.** ► **troisièmement** adv.

trois-mâts n. m. ▪ Voilier à trois mâts.

trois-points adj. ▪ fam. *Les frères trois-points* : les francs-maçons.

trois-ponts n. m. ▪ mar., anc. Navire de guerre à trois ponts.

trois-quarts n. m. ▪ **1** Manteau court. **2** au rugby Joueur placé entre les demis et les arrières.

trois-quatre n. m. invar. ▪ mus. Mesure à trois temps, avec la noire comme unité.

trois-roues n. m. ▪ Motocycle à trois roues.

① **troll** n. m. ▪ Lutin (scandinave).

② **troll** n. ▪ anglic. inform. Personne qui cherche à créer la polémique sur Internet. ◆ n. m. Message publié par un troll.

trolle n. m. ▪ bot. Plante vivace herbacée, aux fleurs jaunes globuleuses, appelée aussi *boule d'or.*

trolley n. m. ▪ Dispositif servant à transmettre le courant d'un câble conducteur au moteur d'un véhicule.

trolleybus [-ys] n. m. ▪ Autobus à trolley.

trombe n. f. ▪ **1** Cyclone tropical où une colonne tourbillonnante soulève la surface des eaux. → **tornade. 2** *Trombe d'eau* : forte pluie. **3** loc. *EN TROMBE, comme une trombe* : avec un mouvement rapide et violent.

trombidion n. m. ▪ zool. → **aoûtat.**

trombidiose n. f. ▪ méd. Dermatose provoquée par le trombidion.

trombine n. f. ▪ fam. Tête, visage.

trombinoscope n. m. ■ fam. Collection des portraits, des photos des personnes (d'un groupe...).

tromblon n. m. ■ anciennt Arme à feu au canon évasé.

trombone n. m. ■ I Instrument à vent, cuivre de grande taille, à embouchure. *Trombone à coulisse*, dont le tube s'allonge et se raccourcit. ♦ Joueur de trombone. II Petite agrafe de fil de fer repliée.

trommel n. m. ■ techn. Trieur rotatif servant à classer les minerais et les cailloux, selon leur grosseur.

trompe n. f. ■ I Instrument à vent, tube évasé en pavillon. *Trompe de chasse* : cor. II 1 Prolongement de l'appendice nasal de l'éléphant, organe tactile. 2 Organe buccal (de certains insectes). 3 anat. *Trompe de Fallope* : conduit par lequel l'ovule quitte l'ovaire. ♦ *Trompe d'Eustache* : canal qui relie le tympan au rhinopharynx.

trompe-la-mort n. invar. ■ fam. Personne qui échappe à la mort.

trompe-l'œil [-œj] n. m. invar. ■ 1 Peinture décorative visant à créer l'illusion d'objets réels en relief. 2 fig. Apparence illusoire.

tromper v. tr. [1] ■ 1 Induire (qqn) en erreur par mensonge, ruse. → **berner, duper, leurrer** ; fam. **rouler.** 2 (dans la vie amoureuse) Être infidèle à... 3 Échapper à. → **déjouer.** *Tromper la surveillance de ses gardiens.* 4 (sujet chose) Faire tomber (qqn) dans l'erreur. *La ressemblance vous trompe.* 5 littér. Décevoir. *L'événement a trompé notre attente.* 6 Donner une satisfaction illusoire ou momentanée à (un besoin, un désir). *Tromper la soif.* ▷ v. pron. se **tromper** Commettre une erreur. ♦ *Se tromper de...* (+ nom sans article). *Se tromper de route.* ♦ *Si je ne me trompe* : sauf erreur.

tromperie n. f. ■ Fait de tromper, d'induire volontairement en erreur. → **imposture.**

trompeter [tʀɔ̃pete] v. [4] ■ 1 v. intr. vx Jouer de la trompette. ♦ Pousser son cri, en parlant de l'aigle. → **glatir.** 2 v. tr. vx Annoncer (une nouvelle) à son de trompe. ♦ mod., fig. Publier bien haut et partout.

trompette ■ I n. f. 1 Instrument à vent, cuivre à embouchure (≠ *cornet, clairon*). 2 loc. EN TROMPETTE : relevé du bout. 3 Nom de coquillages ; de champignons. ➝ TROMPETTE-DE-LA-MORT : champignon noir apprécié. II n. m. Militaire joueur de trompette.

trompette-de-la-mort n. f. ■ cour. Champignon noir comestible (craterelle). - syn. **trompette-des-morts.**

trompettiste n. ■ Musicien qui joue de la trompette. *Trompettiste de jazz.*

trompeur, euse adj. ■ 1 Qui trompe, est capable de tromper (1). 2 (choses) Qui induit en erreur. *Apparences trompeuses.* ► **trompeusement** adv.

tronc [tʀɔ̃] n. m. ■ I 1 Partie inférieure et dénudée de la tige (d'un arbre). ♦ fig. *TRONC COMMUN* : partie commune. 2 Boîte percée d'une fente, où l'on dépose des offrandes. 3 anat. Partie principale (d'un nerf, d'un vaisseau). 4 Partie comprise entre la base et une section plane parallèle (d'un solide). *Tronc de cône.* II Partie du corps humain où sont fixés la tête et les membres. → **torse.**

troncation n. f. ■ didact. Procédé d'abrégement d'un mot.

tronche n. f. ■ fam. Tête. → **trombine.**

tronchet n. m. ■ techn. Gros billot de tonnelier, à trois pieds.

tronçon n. m. ■ 1 Partie coupée (d'un objet plus long que large). ➝ Morceau coupé (d'animaux à corps cylindrique). 2 Partie (d'une voie...). *Un tronçon d'autoroute.*

tronconique adj. ■ Qui constitue un tronc (I, 4) de cône.

tronçonner v. tr. [1] ■ Couper, diviser en tronçons. ► **tronçonnage** n. m.

tronçonneur, euse n. ■ techn. Ouvrier, ouvrière qui manœuvre une tronçonneuse.

tronçonneuse n. f. ■ Machine-outil, scie à chaîne à moteur.

tronculaire adj. ■ anat. Relatif à un tronc nerveux ou vasculaire.

trône n. m. ■ 1 Siège élevé sur lequel prend place un souverain. ♦ fam. et iron. Siège des cabinets. 2 fig. Puissance d'un souverain. → **souveraineté.** *Les prétendants au trône.*

trôner v. intr. [1] ■ 1 Siéger sur un trône. 2 Occuper la place d'honneur.

tronquer v. tr. [1] ■ 1 Couper en retranchant. 2 fig. et péj. Retrancher qqch. de. *Tronquer un texte.* ▷ adj. **tronqué, ée**

trop ■ I adv. 1 D'une manière excessive ; plus qu'il ne faudrait. *C'est trop cher.* ➝ *Trop peu* : pas assez. ➝ *Il a trop bu.* ➝ TROP... POUR. *C'est trop beau pour être vrai* : on n'ose y croire. ➝ *PAS TROP* : un peu. 2 Très suffisamment. → **beaucoup, très.** *Vous êtes trop aimable.* ♦ fam. Extrêmement. *C'était trop bien. Il est trop sympa !* 3 adjectivt fam. Excessif, incroyable (cf. angl. *too much*). *Il, elle est trop !* II nominal Une quantité excessive. *Il y en a trop.* ♦ DE TROP ; EN TROP : au-delà de ce qu'il fallait. *Boire un coup de trop.* ➝ DE TROP (attribut) : superflu. *Huit jours ne seront pas de trop.* ➝ *Être de trop, en trop* : être indésirable, importun. ♦ TROP DE (+ nom) : une quantité excessive de.

trope n. m. ■ didact. Figure de rhétorique par laquelle un mot, une expression sont détournés de leur sens propre.

-trope, -tropie, -tropisme Éléments, du grec *-tropos* «tourné vers».

tropézienne adj. f. et n. f. ■ *Tarte tropézienne* (marque déposée) : brioche garnie de crème parfumée à la fleur d'oranger.

trophée n. m. ■ **1** Antiq. Dépouille d'un ennemi vaincu. **2** Objet attestant une victoire. *Trophée de chasse* : tête empaillée de l'animal abattu. **3** Motif décoratif formé d'armes (→ **panoplie**), d'emblèmes.

trophique adj. ■ biol. Qui concerne la nutrition des tissus.

tropho-, -trophe Éléments savants, du grec *trophê* «nourriture».

trophoblaste n. m. ■ embryol. Chez les mammifères, Feuillet mince formé de cellules enveloppant l'œuf, fixé au tissu utérin et jouant un rôle nourricier.

trophonévrose n. f. ■ méd. Affection caractérisée par des troubles trophiques qu'on ne peut rattacher à une lésion nerveuse.

tropical, ale, aux adj. ■ **1** Qui concerne les tropiques. *Climat tropical* : type de climat chaud à forte variation des pluies. **2** *Une chaleur tropicale.*

tropicaliser v. tr. [1] ■ techn. Rendre (un matériau, un matériel) peu sensible à l'action du climat tropical. → au p. p. *Réfrigérateur tropicalisé.*

tropique n. m. ■ **1** Chacun des deux parallèles de la sphère terrestre, délimitant la zone où le Soleil passe au zénith, à chacun des solstices. *Tropique du Cancer* (hémisphère Nord), *du Capricorne* (Sud). **2** *Les tropiques,* la région intertropicale.

tropisme n. m. ■ **1** biol. Réaction d'orientation ou de locomotion orientée. **2** fig., littér. Réaction élémentaire.

tropo- Élément, du grec *tropos* «tour».

tropopause n. f. ■ sc. Zone de transition entre la troposphère et la stratosphère.

troposphère n. f. ■ sc. Partie de l'atmosphère au-dessous de la stratosphère.

trop-perçu n. m. ■ Ce qui a été perçu en sus de ce qui était dû. *Des trop-perçus.*

trop-plein n. m. ■ **1** Ce qui excède la capacité d'un récipient. → fig. Ce qui est en trop. *Un trop-plein de vie, d'énergie.* → **surabondance.** **2** Réservoir destiné à recevoir un liquide en excès. *Des trop-pleins.*

troque → **troche**

troquer v. tr. [1] ■ **1** Donner en troc. → **échanger.** **2** Changer, faire succéder à.

troquet n. m. ■ fam. Café. → **bistrot.**

trot n. m. ■ **1** Allure naturelle du cheval et de quelques quadrupèdes, intermédiaire entre le pas et le galop. **2** fam. AU TROT : rapidement, sans traîner.

trotskiste ou **trotskyste** n. et adj. ■ Partisan de Trotski, de sa doctrine de la révolution permanente. ► **trotskisme** ou **trotskysme** n. m.

trotte n. f. ■ fam. Chemin assez long à parcourir à pied.

trotte-menu adj. invar. ■ vx Qui trotte à petits pas.

trotter v. intr. [1] ■ **1** Aller au trot. **2** Marcher rapidement à petits pas. → **trottiner.** **3** fig. (sujet chose) *Une idée qui trotte par, dans la tête.*

trotteur n. m. ■ Cheval dressé à trotter.

trotteuse n. f. ■ Aiguille des secondes.

trottin n. m. ■ vx Jeune employée d'une modiste, d'une couturière, chargée de faire les courses.

trottinement n. m. ■ Action de trottiner. *Trottinement de souris.*

trottiner v. intr. [1] ■ **1** Avoir un trot très court. **2** Marcher à petits pas courts.

trottinette n. f. ■ **1** Patinette (jouet d'enfant). **2** fam. Petite automobile.

trottoir n. m. ■ **1** Chemin surélevé réservé à la circulation des piétons. ♦ loc. *Faire le trottoir* : se prostituer. **2** *Trottoir roulant* : plate-forme mécanique roulante.

trou n. m. ■ **I 1** Abaissement ou enfoncement naturel ou artificiel de la surface extérieure (de qqch.). *Tomber dans un trou.* → *Trou d'air* : courant atmosphérique descendant (avions). **2** Abri naturel ou creusé. → loc. *Faire son trou* : réussir. **3** loc. fig. *Boucher un trou* : combler un manque. → *Avoir un trou de mémoire,* un oubli momentané. ♦ *Trou normand* : verre d'alcool bu entre deux plats. **4** fam. Petit village perdu, retiré. **5** fam. Prison. **II 1** Ouverture pratiquée de part en part. *Le trou d'une aiguille.* → **chas.** **2** Endroit percé involontairement (par l'usure, etc.). **3** fam. Orifice, cavité anatomique. → fam. *Trous de nez.* → **narine.** → vulg. *Trou du cul* : anus. **III** astron. *Trou noir* : région de l'espace sans rayonnement.

troubadour n. m. ■ Poète lyrique courtois de langue d'oc. ≠ *trouvère*

troublant, ante adj. ■ **1** Qui rend perplexe. → **déconcertant.** **2** Qui éveille le désir.

① **trouble** adj. ■ **1** (liquide) Qui n'est pas limpide, contient des particules en suspension. ♦ Qui n'est pas net. *Image trouble.* → adv. *Voir trouble.* **2** fig. Équivoque, louche.

② **trouble** n. m. ■ **1** littér. au sing. Confusion, désordre. → cour. au plur. Ensemble d'événements caractérisés par l'agitation, le désordre social. → **insurrection.** **2** littér. État anormal et pénible d'agitation, d'angoisse. **3** souvent au plur. Modification pathologique des activités de l'organisme. *Troubles de la vue.* ➛ *Troubles mentaux.*

trouble-fête n. ▪ Personne qui trouble une situation agréable, des réjouissances. *Des trouble-fêtes.*

troubler v. tr. [1] ▪ **1** Altérer la clarté, la transparence de. *Troubler l'eau.* ➛ Rendre moins net. *La fatigue lui trouble la vue.* **2** Modifier, détruire (un état d'équilibre, de paix). *Troubler l'ordre public.* **3** Déranger, perturber. **4** (sentiment...) Priver (qqn) de lucidité. → **égarer.** ♦ *Troubler qqn,* rendre perplexe. *Un détail me trouble.* ♦ Émouvoir en suscitant le désir. ▷ v. pron. se **troubler** ▷ adj. **troublé, ée**

trouée n. f. ▪ **1** Large ouverture qui permet le passage, ou qui laisse voir. **2** Ouverture faite dans les rangs d'une armée ennemie. → **percée.** **3** Large passage naturel, en montagne. *La trouée de Belfort.*

trouer v. tr. [1] ▪ Faire un trou, des trous, une trouée dans. ▷ adj. **troué, ée**

troufion n. m. ▪ fam. Simple soldat.

trouille n. f. ▪ fam. Peur. → **frousse.** ▸ **trouillard, arde** adj. et n.

trouillomètre n. m. ▪ loc. fam. *Avoir le trouillomètre à zéro :* avoir très peur.

troupe n. f. ▪ **1** Réunion de gens qui vont ensemble. → **bande, groupe.** ➛ Groupe d'animaux de même espèce. **2** Groupe régulier et organisé de soldats. ➛ *LES TROUPES :* la force armée. ♦ *LA TROUPE :* les soldats (opposé à *officiers*). **3** Groupe de comédiens, d'artistes qui jouent ensemble. → **compagnie.**

troupeau n. m. ▪ **1** Réunion d'animaux domestiques qu'on élève ensemble. ➛ (bêtes sauvages) *Un troupeau d'éléphants.* **2** péj. Foule nombreuse et passive.

troupiale n. m. ▪ zool. Oiseau exotique (passereau) qui vit en troupe et bâtit des nids très élaborés.

troupier n. m. ▪ vx Simple soldat. ♦ adj. m. *Comique troupier :* genre comique à base d'histoires de soldats (vers 1900).

troussage n. m. ▪ cuis. Action de trousser une volaille.

trousse n. f. ▪ **I 1** ancienn Haut-de-chausses court et relevé. **2** loc. *AUX TROUSSES* (de qqn), à sa poursuite. *Avoir la police à ses trousses.* **II** Poche, étui à compartiments. *Trousse à outils.*

trousseau n. m. ▪ **I** *Trousseau de clés :* ensemble de clés réunies. **II** Vêtements, linge, etc. qu'emporte une jeune fille qui se marie, un enfant qui va en pension, en colonie de vacances.

trousse-pied n. m. ▪ techn. Lien qui maintient replié le pied d'un animal domestique qu'on soigne ou qu'on ferre. *Des trousse-pieds.*

trousse-queue n. m. ▪ techn. Gaine de cuir dans laquelle on passe la queue d'un cheval pour la relever.

① **troussequin** n. m. ▪ techn. Arcade postérieure relevée de l'arçon de la selle.

② **troussequin** → **trusquin**

trousser v. tr. [1] ▪ **1** *Trousser une volaille,* replier ses membres et les lier au corps. **2** vieilli Retrousser (un vêtement). **3** vieilli ou littér. Faire rapidement et habilement. *Trousser un sonnet.*

trousseur n. m. ▪ loc. fam. vieilli *Un trousseur de jupons :* un coureur.

trou-trou n. m. ▪ fam. Ornement de lingerie formé de petits trous alignés, dans lesquels on peut passer un ruban. *Volant à trous-trous.*

trouvable adj. ▪ Qu'on peut trouver.

trouvaille n. f. ▪ **1** Fait de trouver avec bonheur ; chose trouvée. **2** Idée, expression originale. *Les trouvailles d'un écrivain.*

trouver v. tr. [1] ▪ **I 1** Apercevoir, rencontrer (ce que l'on cherchait ou ce que l'on souhaitait avoir). → **découvrir.** **2** Se procurer, parvenir à avoir. *Trouver un emploi.* **3** Parvenir à rencontrer, à être avec (qqn). → **atteindre, joindre.** ➛ *Aller trouver qqn.* **II** Découvrir, rencontrer (qqch., qqn) sans avoir cherché. *J'ai trouvé un parapluie dans le taxi.* ♦ *Trouver la mort dans un accident.* **III 1** Découvrir par un effort de l'esprit, de l'imagination. → **imaginer, inventer.** *Trouver (le) moyen de...* **2** Pouvoir disposer de (temps, occasion, etc.). *Trouver le temps, la force de* (+ inf.). ➛ littér. *TROUVER À* (+ inf.) : trouver le moyen de. *TROUVER qqch. À* (+ inf.) : avoir à. **3** *TROUVER* (un sentiment) *DANS, À :* éprouver. *Trouver un malin plaisir à taquiner qqn.* **4** Voir (qqn, qqch.) se présenter d'une certaine manière. *J'ai trouvé porte close.* ➛ *On l'a trouvé évanoui.* ♦ *TROUVER* (un caractère, une qualité) *À* (qqn, qqch.), lui reconnaître. *Je lui trouve mauvaise mine.* ♦ *TROUVER qqn, qqch.* (+ attribut) : estimer, juger que qqn, qqch. est... *Je le trouve sympathique.* **5** *TROUVER QUE,* juger, estimer que. *Je trouve que c'est bon.* ▷ v. pron. se **trouver** **1** Découvrir sa véritable personnalité. **2** Être (en un endroit). *Le dossier se trouvait dans un tiroir.* ♦ Être (dans un état, une situation). *Se trouver dans l'embarras.* **3** *SE TROUVER* (+ inf.) : être, avoir... par hasard. *Elle se trouve être mon amie.* **4** impers. *IL SE TROUVE :* il existe, il y a. ➛ *IL SE TROUVE QUE :* il se fait que. **5** (avec un attribut) Se sentir (dans un état). ➛ loc. *SE TROUVER MAL :* s'évanouir. ➛ *SE TROUVER BIEN, MAL DE qqch.,* en tirer un avantage, en éprouver un désagrément. ♦ Se croire. *Se trouver trop gros.*

trouvère n. m. ▪ (au Moyen Âge) Poète et jongleur de la France du Nord, s'exprimant en langue d'oïl. ≠ *troubadour.*

truand, ande n. ▪ **1** vx Mendiant professionnel. **2** n. m. mod. Malfaiteur.

truander v. tr. [1] ■ fam. Voler, escroquer.

truanderie n. f. ■ vieilli État de truand ; ensemble des truands.

truble n. f. ■ Filet de pêche en forme de poche, ajusté à un cerceau muni d'un manche.

trublion n. m. ■ Agitateur.

truc n. m. ■ fam. **1** Façon d'agir qui requiert de l'habileté. → **combine, moyen.** ◆ Procédé habile. *Les trucs d'un prestidigitateur.* **2** Chose quelconque. → **machin.**

trucage ou **truquage** n. m. ■ **1** Fait de truquer, de falsifier. **2** cin. Procédé pour produire une illusion (→ effet spécial).

truchement n. m. ■ littér. **1** Personne qui parle à la place d'une autre. → **porte-parole. 2** loc. *Par le truchement de qqn,* par son intermédiaire.

trucider v. tr. [1] ■ fam. Tuer.

trucmuche n. m. ■ fam. Objet, personne que l'on ne nomme pas. → **machin, truc.**

truculent, ente adj. ■ Qui étonne et réjouit par ses excès. *Un personnage truculent.* → **pittoresque.** ▶ **truculence** n. f.

truelle n. f. ■ Outil de maçon, à manche coudé, pour étendre le mortier, l'enduit.

truellée n. f. ■ Quantité de plâtre prise en une fois sur la truelle.

truffe n. f. ■ **1** Tubercule souterrain (champignon), très recherché. ♦ *Truffe en chocolat* (friandise). **2** Extrémité du museau (du chien).

truffer v. tr. [1] ■ **1** Garnir de truffes. **2** fig. *Truffer de :* remplir de choses disséminées en abondance. ▷ adj. **truffé, ée 1** Garni de truffes. **2** fig. *Un devoir truffé de fautes.*

trufficulture n. f. ■ agric. Production méthodique de truffes.

truffier, ière adj. ■ **1** Où poussent les truffes. **2** (animal) Dressé à la recherche des truffes.

truffière n. f. ■ Terrain où poussent les truffes.

truie n. f. ■ Femelle du porc, du verrat.

truisme n. m. ■ littér. Vérité d'évidence. → **banalité, lapalissade, lieu** commun.

truite n. f. ■ Poisson à chair estimée qui vit surtout dans les eaux pures et vives. ♦ *Truite de mer* (poisson voisin du saumon).

truité, ée adj. ■ **1** (animal) Dont le pelage est marqué de petites taches rousses, brunes ou noires. *Jument truitée.* **2** techn. *Céramique, porcelaine truitée,* dont la surface est couverte d'un réseau de fentes. → **craquelé, fendillé.**

truiticulture n. f. ■ didact. Élevage des truites.

trullo, plur. **trulli** n. m. ■ géogr. Construction rurale de forme conique, en Italie du Sud.

trumeau n. m. ■ **1** Panneau (de menuiserie, de glace) entre deux fenêtres. **2** Panneau décoré au-dessus d'une cheminée.

truquage → **trucage**

truquer v. tr. [1] ■ Changer pour tromper, donner une fausse apparence. → **falsifier, maquiller.** ◆ au p. p. *Élections truquées.*

truqueur, euse n. ■ **1** Tricheur. **2** Technicien du trucage.

truquiste n. ■ techn. Spécialiste du trucage, au cinéma. → **truqueur** (2).

trusquin n. m. ■ techn. Outil de menuisier servant à tracer une ligne parallèle à l'arête d'une pièce de bois. – syn. **troussequin.**

trusquiner v. tr. [1] ■ techn. Tracer au trusquin.

trust [trœst] n. m. ■ anglic. **1** écon. Concentration financière réunissant plusieurs entreprises. **2** Entreprise assez puissante pour dominer un marché.

truster [trœste] v. tr. [1] ■ anglic. Accaparer, monopoliser.

trusteur, euse [trœs-] n. ■ Organisateur d'un trust. ◆ fig., fam. Personne qui truste, accapare qqch.

trypanosome n. m. ■ méd. Protozoaire parasite du sang. *La mouche tsé-tsé, véhicule des trypanosomes.*

trypanosomiase n. f. ■ méd. Maladie causée par le trypanosome. *Trypanosomiase africaine :* maladie du sommeil.

trypsine n. f. ■ biochim. Enzyme du suc pancréatique, susceptible d'hydrolyser certains polypeptides.

trypsinogène n. m. ■ biochim. Substance sécrétée par le pancréas (précurseur de la trypsine).

tsar n. m. ■ hist. Titre porté par les empereurs de Russie, des souverains slaves.

tsarévitch n. m. ■ hist. Fils aîné du tsar.

tsarine n. f. ■ hist. Femme du tsar. ◆ Impératrice de Russie.

tsarisme n. m. ■ hist. Régime autocratique des tsars ; période de l'histoire russe où ont régné les tsars. ▶ **tsariste** adj. et n.

tsé-tsé n. f. invar. ■ Mouche d'Afrique qui peut transmettre des trypanosomiases*. ◆ appos. *Mouche tsé-tsé.*

T. S. F. n. f. (sigle) ■ vx **1** Télégraphie sans fil, radiotélégraphie. **2** Radiodiffusion. ♦ Poste récepteur. → **radio.**

T-shirt → **tee-shirt**

tsigane (didact.) ou **tzigane** (cour.) [dzi- ; tsi-] n. et adj. ■ Personne d'une population venue de l'Inde, qui mène une vie nomade. → **bohémien, gitan, rom.** ◆ adj. *Musique tsigane.*

tsoin-tsoin interj. ■ fam. Interjection comique à la fin d'un couplet, d'un refrain.

tss-tss interj. ■ Interjection exprimant l'agacement, la désapprobation.

tsunami [tsu-] n. m. ▪ Mouvement océanique entraînant d'énormes vagues côtières. → **raz de marée.**

TTC ▪ Abréviation de *toutes taxes comprises. Prix HT et TTC.*

tu pron. pers. ▪ Pronom personnel sujet de la deuxième personne du singulier et des deux genres. *Tu as tort.* ♦ loc. *Être à tu et à toi avec qqn,* être très lié.

tuage n. m. ▪ **1** rare Abattage des bestiaux ; prix de cet abattage. **2** techn. Opération par laquelle on supprime un puits de pétrole par explosion.

tuant, ante adj. ▪ **1** fam. Épuisant, éreintant. **2** (personnes) Très énervant.

tub [tœb] n. m. ▪ Large cuvette de bain.

tuba n. m. ▪ **I** Instrument à vent (cuivre). **II** Tube respiratoire pour nager sous l'eau.

tubage n. m. ▪ méd. Introduction d'un tube dans un organe.

tubaire adj. ▪ méd. Relatif aux trompes de Fallope ou d'Eustache. *Grossesse tubaire,* extra-utérine.

tubard, arde adj. et n. ▪ fam., vieilli Tuberculeux.

tube n. m. ▪ **1** Conduit à section circulaire, ouvert à une extrémité ou aux deux. ➤ *Tube à essai :* éprouvette. ♦ Tuyau (de métal, etc.). ♦ loc. *À plein(s) tube(s) :* à pleine puissance. ♦ *Tube de* (ou *au*) *néon* (pour l'éclairage). **2** fam. Chanson à succès. **3** Organe creux et allongé. *Tube digestif :* conduits de l'appareil digestif. **4** Conditionnement cylindrique fermé.

tuber v. tr. [1] ▪ techn. Garnir de tubes (un trou de sonde).

tubercule n. m. ▪ **1** anat. Petite protubérance arrondie. *Les tubercules des molaires.* **2** méd. Petite masse solide arrondie (dans certaines maladies ; spécialt, dans la tuberculose). **3** Excroissance arrondie d'une racine, réserve nutritive (ex. la pomme de terre).

tuberculeux, euse adj. ▪ **1** Qui s'accompagne de tubercules (2) pathologiques. **2** Relatif à la tuberculose. ♦ Atteint de tuberculose. → vx **phtisique, poitrinaire.** ➤ n. *Un tuberculeux.*

tuberculide n. f. ▪ méd. Lésion cutanée due à une sensibilisation de l'organisme à la tuberculose, mais dans laquelle on ne trouve pas de bacilles tuberculeux.

tuberculine n. f. ▪ Extrait d'une culture de bacilles de Koch. → **cuti-réaction.**

tuberculinique adj. ▪ Relatif à la tuberculine. *Test tuberculinique.*

tuberculisation n. f. ▪ méd. Envahissement de l'organisme par le bacille tuberculeux.

tuberculose n. f. ▪ Maladie infectieuse (poumon, etc.), causée par le bacille de Koch.

tubéreuse n. f. ▪ Plante à bulbe, à grappes de fleurs blanches très parfumées.

tubéreux, euse adj. ▪ bot. Qui présente des tubercules. *Racine tubéreuse.*

tubérisation n. f. ▪ bot. Transformation (d'une tige, d'une racine) en tubercule.

tubérosité n. f. ▪ anat. Partie proéminente et arrondie.

tubi- Élément, du latin *tubus* «tube».

tubicole n. m. ▪ zool. Annélide qui vit dans le tube qu'il a sécrété.

tubifex [-ɛks] n. m. ▪ zool. Petit annélide tubicole appelé couramment *ver de vase.*

① **tubiste** n. m. ▪ techn. **1** Ouvrier qui travaille en caisson, sous l'eau. **2** Ouvrier qui fabrique des tubes de métal, des tubes électroniques.

② **tubiste** n. ▪ Musicien, musicienne qui joue du tuba.

tubitèle adj. et n. m. ▪ zool. *Araignée tubitèle* (ou n. m. *un tubitèle*), qui tisse une toile en forme de tube de fils de soie où elle se met à l'affût.

tubul- Élément, du latin *tubulus* «petit tube».

tubulaire adj. ▪ **1** Qui a la forme d'un tube. **2** Fait de tubes métalliques.

tubule n. m. ▪ anat. Structure en forme de petit tube. *Tubule rénal.*

tubulé, ée adj. ▪ **1** sc. nat. Qui présente un tube, des tubes. *Fleur tubulée du bleuet.* → **tubuliflore. 2** Qui présente une ou plusieurs tubulures.

tubuliflore adj. ▪ bot. Dont toutes les fleurs du capitule sont tubulées (chardon, bleuet).

tubulure n. f. ▪ Ensemble de tubes, de tuyaux d'une installation. → **tuyauterie.**

tudesque adj. et n. ▪ vx Allemand.

tue-chien n. m. ▪ région. Colchique d'automne. ➤ Morelle noire. *Des tue-chiens.*

tue-diable n. m. ▪ Appât à plusieurs hameçons pour la pêche à la truite. *Des tue-diables.*

tue-loup n. m. ▪ région. Aconit. *Des tue-loups.*

tue-mouche ▪ **1** n. m. Fausse oronge, champignon vénéneux. ➤ appos. *Amanite tue-mouche.* **2** adj. *Papier tue-mouche,* imprégné d'une substance empoisonnée (contre les insectes).

tuer v. tr. [1] ▪ **1** Faire mourir (qqn) de mort violente. **2** Faire mourir volontairement (un animal). **3** (sujet chose) Causer la mort de. **4** fig. Faire cesser. *La bureaucratie tue l'initiative.* **5** loc. *Tuer dans l'œuf,* étouffer avant tout développement. ➤ *Tuer le temps*.* **6** (sujet chose) Épuiser (qqn) en brisant la résistance. *Ces escaliers me tuent.* → **éreinter ; tuant.** ♦ Plonger dans le désarroi. → **désespérer.** ▷ v. pron. **se tuer 1** Être cause de sa propre mort (accident, suicide). **2** fig. User ses forces, compromettre sa santé. *Se tuer au travail.* ➤ SE TUER À (+ inf.) : se donner du mal. → s'**évertuer.** ▷ adj. **tué, ée**

tuerie n. f. ▪ Action de tuer en masse, sauvagement. → **carnage, massacre.**

à **tue-tête** loc. adv. ▪ D'une voix si forte qu'on étourdit.

tueur, euse n. ▪ **1** Personne qui tue. → **assassin, meurtrier.** *Tueur à gages.* ♦ *Tueur en série* : meurtrier dont les multiples crimes ont des caractères communs. **2** techn. Professionnel qui tue les bêtes dans un abattoir.

tuf n. m. ▪ Roche poreuse de faible densité.

tuffeau ou **tufeau** n. m. ▪ Tuf calcaire poreux et tendre, utilisé dans la construction. *Tuffeau de Touraine.*

tuile n. f. ▪ **I 1** Plaque de terre cuite servant à couvrir un édifice. **2** Petit gâteau sec moulé sur un rouleau. **II** fig., fam. Désagrément inattendu.

tuileau n. m. ▪ techn. Fragment de tuile.

tuiler v. tr. [1] ▪ techn. *Tuiler des opérations,* commencer chacune avant la fin de la précédente. ► **tuilage** n. m.

tuilerie n. f. ▪ Fabrique de tuiles. ♦ Four où elles sont cuites.

tuilier, ière ▪ **1** n. Ouvrier, ouvrière qui fait les tuiles. **2** adj. Relatif à la fabrication des tuiles.

tuk-tuk → **touk-touk**

tularémie n. f. ▪ méd. Maladie infectieuse due à un bacille, transmise par les tiques.

tulipe n. f. ▪ **1** Plante à bulbe dont la fleur renflée à la base est évasée à l'extrémité. **2** Sa fleur. **3** Objet (verre, globe, lampe...) de forme analogue.

tulipier n. m. ▪ Arbre (magnolia), dont la fleur ressemble à une tulipe.

tulle n. m. ▪ Tissu léger, réseau de mailles.

tullerie n. f. ▪ Industrie, commerce du tulle.

tullier, ière adj. ▪ Du tulle. *L'industrie tullière.*

tulliste n. ▪ Personne qui fabrique du tulle.

tuméfier v. tr. [7] ▪ Causer une augmentation de volume anormale à (une partie du corps). → **enfler, gonfler.** ▷ v. pron. se **tuméfier** ▷ adj. **tuméfié, ée** ► **tuméfaction** n. f.

tumescence n. f. ▪ didact. Gonflement des tissus. → **érection, turgescence.** ► **tumescent, ente** adj.

tumeur n. f. ▪ **1** Gonflement pathologique formant une saillie anormale. **2** Amas de cellules à multiplication anarchique. *Tumeur bénigne. Tumeur maligne.* → **cancer, sarcome.** ► **tumoral, ale, aux** adj.

tumorigène adj. ▪ méd. Qui provoque la formation de tumeurs.

tumulaire adj. ▪ didact. D'une tombe. → **tombal.** *Dalle tumulaire.*

tumulte n. m. ▪ Désordre bruyant ; bruit confus de personnes assemblées. → **brouhaha, chahut, vacarme.** ◄ par ext. *Le tumulte de la rue.* ♦ fig., littér. *Le tumulte des passions.*

tumultueux, euse adj. ▪ littér. **1** Agité et bruyant. **2** Violent. *Les flots tumultueux.* **3** Plein d'agitation, de trouble. *Vie tumultueuse.* ► **tumultueusement** adv.

tumulus [-ys] n. m. ▪ archéol. Tertre artificiel élevé au-dessus d'une tombe.

tune → **thune**

tuner [tynɛʀ ; tynœʀ] n. m. ▪ anglic. Récepteur de modulation de fréquence (radio). - recomm. off. *syntoniseur* n. m.

tungar n. m. ▪ électr. Redresseur de courants alternatifs, permettant le passage de grandes intensités.

tungstate n. m. ▪ chim. Sel renfermant l'anion WO_4.

tungstène n. m. ▪ Élément (symb. W, n° at. 74, masse at. 183,85), métal gris, très dense.

tunicier n. m. ▪ zool. Animal marin primitif protégé par une tunique cellulosique (sous-embranchement des *Tuniciers* ; ex. l'ascidie).

tuning n. m. ▪ anglic. Pratique consistant à apporter des modifications à un véhicule de série pour le personnaliser.

tunique n. f. ▪ **I 1** Dans l'Antiquité, Vêtement de dessous, chemise longue. **2** Veste, redingote (d'uniforme). **3** Chemisier. **II** anat. Membrane qui enveloppe (un organe).

tunisien, enne adj. ▪ De Tunisie. ◄ n. *Les Tunisiens.* ♦ *Encolure tunisienne,* arrondie et fendue sur le devant.

tunnel n. m. ▪ **1** Galerie souterraine d'une voie de communication. **2** loc. *Voir le bout du tunnel, sortir du tunnel,* d'une période difficile, pénible.

tunnelier n. m. ▪ techn. Engin destiné à forer des tunnels.

tupaïa n. m. ▪ Mammifère primitif d'Asie tropicale, sorte de musaraigne arboricole.

tupi, ie adj. et n. ▪ D'un groupe ethnique (amérindien) du Brésil et du Paraguay. ♦ n. m. *Le tupi* (langue).

tupinambis [-is] n. m. ▪ Grand lézard carnassier d'Amérique tropicale.

tupperware [typɛʀwɛʀ ; tœpœʀwɛʀ] n. m. (marque déposée) ▪ Récipient alimentaire en matière plastique, à couvercle hermétique.

tuque n. f. ▪ (Canada) Bonnet de laine en forme de cône, à bords roulés.

turban n. m. ▪ **1** Coiffure d'homme orientale, bande d'étoffe enroulée autour de la tête. **2** Coiffure de femme analogue.

turbé n. m. ▪ Édifice funéraire musulman, formé d'un cube surmonté d'une coupole basse.

turbellarié n. m. ▪ zool. Ver plat à épiderme cilié et à bouche ventrale (classe des *Turbellariés* ; ex. la planaire).

turbide adj. ▪ littér. Troublé, agité.

turbidimétrie n. f. ▪ sc. Mesure du trouble produit par les substances en suspension dans un milieu liquide.

turbidité n. f. ▪ sc. État d'un liquide trouble. ♦ Teneur en matériaux en suspension.

turbin n. m. ▪ fam., vieilli Travail, métier.

turbine n. f. ▪ Dispositif rotatif, transmettant le mouvement au moyen d'un arbre (→ **turbo-**). *Turbine à gaz.*

turbiné, ée adj. ▪ sc. nat. En forme de toupie, de cône. *Coquille turbinée.*

turbinelle n. f. ▪ Mollusque (gastéropode) à coquille épaisse, en forme de toupie.

① **turbiner** v. intr. 1 ▪ fam., vieilli Travailler dur, trimer.

② **turbiner** v. tr. 1 ▪ techn. **1** Utiliser (l'eau) pour actionner une turbine. **2** Faire passer dans une turbine.

turbo n. m. ▪ Turbocompresseur de suralimentation. ➛ appos. *Moteur turbo.*

turbo- Élément tiré de *turbine.*

turboalternateur n. m. ▪ techn. Groupe électrogène composé d'une turbine entraînant un alternateur.

turbocompressé, ée adj. ▪ autom. Se dit d'un moteur équipé d'un turbocompresseur.

turbocompresseur n. m. ▪ techn. Turbine destinée à augmenter la pression ou le débit d'un gaz. → **turbo.**

turbofiltre n. m. ▪ techn. Procédé de filtrage qui utilise un système rotatif.

turboforage n. m. ▪ techn. Système de forage dans lequel le trépan est entraîné par une turbine.

turbomachine n. f. ▪ techn. Appareil agissant sur un fluide au moyen d'un système rotatif à pales.

turbomoteur n. m. ▪ techn. Moteur à turbine à gaz.

turbopompe n. f. ▪ techn. **1** Turbomachine réceptrice destinée à élever la pression d'un gaz. **2** Pompe centrifuge entraînée par une turbine.

turbopropulseur n. m. ▪ techn. Moteur d'avion à turbine entraînant les hélices.

turboréacteur n. m. ▪ techn. Moteur d'avion à turbine alimentant les compresseurs.

turbot n. m. ▪ Poisson de mer plat à chair très estimée.

turbotière n. f. ▪ Récipient en forme de losange destiné à la cuisson des poissons plats.

turbotin n. m. ▪ Jeune turbot.

turbotrain n. m. ▪ Train propulsé par des turbines à gaz.

turbulence n. f. ▪ **1** Agitation désordonnée. ➛ Caractère turbulent (1). **2** phys. Formation de tourbillons, dans un fluide.

turbulent, ente adj. ▪ **1** Qui est souvent dans un état d'excitation bruyante. **2** phys. *Régime turbulent :* écoulement irrégulier des fluides, entraînant des turbulences (2).

turbulette n. f. ▪ Gigoteuse.

turc, turque ▪ **1** adj. De la Turquie (ottomane ou moderne). *Café turc,* fort, servi avec le marc. *Bain turc :* bain de vapeur. → **hammam.** ♦ *Être assis À LA TURQUE,* en tailleur. **2** n. *Les Turcs.* ➛ *Les jeunes Turcs :* les révolutionnaires turcs (au pouvoir en 1908). ♦ *Tête* de Turc.* **3** n. m. Langue parlée en Asie centrale, en Turquie et à Chypre.

turcique adj. ▪ anat. *Selle turcique :* face supérieure du corps de l'os sphénoïde, en forme de selle, où est logée la glande hypophyse.

turf [tyʀf ; tœʀf] n. m. ▪ Ce qui concerne les courses de chevaux.

turfiste [tyʀ- ; tœʀ-] n. ▪ Personne qui fréquente les courses de chevaux, qui parie.

turgescence n. f. ▪ physiol. Augmentation de volume (d'un organe ; spécialt la verge) par rétention de sang veineux. → **tumescence.** ► **turgescent, ente** adj.

turgide adj. ▪ littér. Gonflé, boursouflé.

turion n. m. ▪ bot., agric. Bourgeon souterrain ou formé à fleur de terre par une plante vivace. *Turions d'asperge.*

turista → **tourista**

turkmène adj. et n. ▪ Du Turkménistan. ➛ n. *Les Turkmènes.* ➛ n. m. *Le turkmène,* langue du groupe turc.

turlupiner v. tr. 1 ▪ fam. Tracasser.

① **turlutte** n. f. ▪ pêche Instrument constitué par une tige de plomb armée d'hameçons disposés en couronne.

② **turlutte** n. f. ▪ fam. Fellation. → **pipe.** - var. **turlute.**

turlututu interj. ▪ Exclamation moqueuse.

turne n. f. ▪ fam. Chambre ou maison sale et sans confort. → **taudis.**

turnep [tyʀnɛp] n. m. ▪ agric. Navet fourrager. - var. **turneps** [tyʀnɛp(s)].

turnover [tœʀnɔvœʀ] n. m. ▪ anglic., écon. Taux de renouvellement du personnel (d'une entreprise).

turpide adj. ▪ littér. et vieilli Qui a une certaine laideur morale.

turpitude n. f. ▪ littér. ou iron. **1** Caractère de bassesse, d'indignité. → **ignominie, infamie.** **2** Action, parole... basse, honteuse.

turquerie n. f. ▪ Objet, œuvre d'inspiration orientale, turque.

turquin adj. m. ▪ littér. D'un bleu foncé.

turquoise ▪ **1** n. f. Pierre fine opaque d'un bleu tirant sur le vert (bijou). **2** adj. invar. De couleur turquoise.

tussah n. m. ▪ Soie sauvage indienne.

tussilage n. m. ▪ Herbe vivace, dont les fleurs jaunes ont des propriétés pectorales.

tussor n. m. ▪ Étoffe de tussah. ➝ par ext. Étoffe légère de soie.

tutélaire adj. ▪ **1** littér. (divinité) Qui assure une protection. **2** dr. De la tutelle.

tutelle n. f. ▪ **1** dr. Institution conférant à un tuteur le pouvoir de prendre soin de la personne et des biens d'un mineur ou d'un incapable. **2** État de dépendance. **3** Protection vigilante. *Être sous la tutelle des lois.* → **sauvegarde.**

tuteur, trice n. ▪ **I 1** Personne chargée d'une tutelle (1). *Le tuteur et son pupille.* **2** Enseignant qui suit et conseille un élève. **II** n. m. Tige fixée dans le sol pour soutenir ou redresser des plantes. → **perche,** ②**rame.**

tuteurer v. tr. [1] ▪ Munir (une plante) d'un tuteur. ► **tuteurage** n. m.

tuto → **tutoriel**

tutorat n. m. ▪ Qualité, fonction de tuteur (dans l'éducation).

tutoriel, ielle ▪ anglic. **1** adj. Relatif à l'enseignement assisté, au tutorat. **2** n. m. inform. Logiciel conçu pour faciliter la compréhension du fonctionnement d'un logiciel. ♦ Guide d'apprentissage (texte, vidéo). – abrév. fam. **tuto.** *Des tutos coiffure.*

tutoyer v. tr. [8] ▪ S'adresser à (qqn) en employant la deuxième personne du singulier *(tu).* ► **tutoiement** n. m.

tutti [tu(t)ti] n. m. invar. ▪ mus. Morceau exécuté par l'orchestre entier.

tutti frutti [tutifʀuti] loc. adj. invar. ▪ Composé ou parfumé avec des fruits variés. *Glace tutti frutti.*

tutti quanti [tutikwɑ̃ti] loc. nominale ▪ souvent péj. (après des noms de personnes) *Et tutti quanti :* et tous les gens de cette espèce.

tuttiste [tu(t)tist] n. m. ▪ Instrumentiste d'un orchestre qui joue les tutti.

tutu n. m. ▪ Jupe de gaze courte, évasée, portée par les danseuses de ballet classique.

tuyau n. m. ▪ **I 1** Conduit à section circulaire destiné à faire passer un liquide, un gaz. → **canalisation, conduite, tube. 2** Cylindre creux. ➝ loc. *Dans le tuyau de l'oreille :* tout bas. **3** Pli ornemental (d'un tissu) en forme de tube. **II** fam. Information confidentielle.

tuyauter v. tr. [1] ▪ **I** Orner de tuyaux (I, 3). ♦ au p. p. *Bonnet tuyauté.* ➝ n. m. Assemblage de tuyaux (I, 3). **II** fam. Donner un, des tuyaux (II) à (qqn).

tuyauterie n. f. ▪ Ensemble des tuyaux (d'une installation). → **canalisation.**

tuyauteur, euse n. ▪ **1** Personne chargée de la pose et de l'entretien des tuyauteries industrielles. **2** fam. Personne qui vend des tuyaux, aux courses ; qui donne un tuyau à qqn.

tuyère [tyjɛʀ ; tɥijɛʀ] n. f. ▪ Large tuyau d'admission ou de refoulement des gaz.

TV n. f. ▪ anglic., fam. Télévision ; téléviseur. → **télé.**

T. V. A. n. f. (sigle) ▪ Taxe à la valeur ajoutée, perçue à chaque stade du circuit économique.

tweed [twid] n. m. ▪ anglic. Tissu de laine cardée, à l'origine fabriqué en Écosse.

tweet [twit] n. m. ▪ anglic. Court message informatif posté sur Internet à l'intention de personnes abonnées.

tweeter [twite] v. [1] ▪ anglic. **I** v. intr. Publier des tweets. **II** v. tr. Publier dans un tweet.

twill [twil] n. m. ▪ anglic. Tissu souple d'armure sergé.

twin-set [twinsɛt] n. m. ▪ anglic. Ensemble formé d'un chandail et d'un pull assortis.

twist [twist] n. m. ▪ Danse avec mouvement rapide de rotation du bassin. ► **twister** v. intr. [1]

tylenchus [tilɛ̃kys] n. m. ▪ Ver (nématode) qui s'attaque à certaines plantes cultivées.

tympan n. m. ▪ **I** Espace compris entre le linteau et les voussures d'un portail (églises romanes, gothiques...). **II** Membrane fibreuse qui sépare le conduit auditif externe de l'oreille moyenne. ➝ loc. *Crever, déchirer le tympan :* assourdir.

tympanal, ale, aux adj. et n. m. ▪ anat. *Os tympanal* ou *le tympanal :* os du conduit auditif externe.

tympanique adj. ▪ anat. Du tympan.

tympaniser v. tr. [1] ▪ Casser les oreilles de (qqn).

tympanisme n. m. ▪ méd. État de l'abdomen quand l'intestin est distendu par des gaz.

tympanon n. m. ▪ Instrument de musique à cordes tendues sur une caisse trapézoïdale, frappé avec deux maillets.

tyndallisation n. f. ▪ chim. Procédé de stérilisation par chauffage discontinu à une température de 60 à 80 degrés.

typage n. m. ▪ didact. Classification en types.

type n. m. ▪ **I 1** Ensemble des traits caractéristiques d'une catégorie de personnes ou de choses. → **canon, idéal, modèle.** *Un type de beauté éternelle.* **2** sc. Caractères qui permettent de distinguer des catégories d'objets, de faits, d'individus. ♦ Schéma ou modèle de structure (→ **typologie).** ➝ *Types humains. Elle a le type nordique.* ➝ fam. *C'est tout à fait mon type,* le genre de personne qui me plaît. **3** Caractères d'une série d'objets fabriqués.

→ **norme, standard. 4** Personne ou chose qui réunit les principaux éléments d'un type (I, 1 et 2). → **personnification, représentant.** ▬ appos. *C'est la sportive type.* **II** fam. Homme en général, individu. → **mec.** *Un brave type.*

-type, -typie Éléments, du grec *tupos* «empreinte ; modèle».

typé, ée adj. ▪ Qui présente nettement les caractères d'un type.

typer v. tr. 1 ▪ Donner à (une création) les caractères apparents d'un type.

typesse n. f. ▪ fam. et péj. Femme, fille.

typha n. m. ▪ Grande plante amphibie, sorte de roseau à longues feuilles rubanées et longs épis. → **massette.**

typhique adj. ▪ Du typhus ou de la typhoïde. ♦ Qui en est atteint. ▬ n. *Un, une typhique.*

typhlite n. f. ▪ méd. Inflammation du cæcum.

typhoïde adj. et n. f. ▪ *Fièvre typhoïde,* ou n. f. *la typhoïde* : maladie infectieuse, contagieuse, caractérisée par une fièvre élevée, des troubles digestifs. ► **typhoïdique** adj.

typhon n. m. ▪ Cyclone (Pacifique).

typhose n. f. ▪ vétér. Maladie contagieuse des oiseaux de basse-cour.

typhus [-ys] n. m. ▪ Maladie infectieuse, épidémique, fièvre intense et brutale avec des rougeurs et un état de stupeur.

typicité n. f. ▪ .Caractère typique. ▬ spécialt Caractère marqué (d'un vin), en rapport avec le terroir, la vinification...

typique adj. ▪ **1** Qui constitue un type, un exemple caractéristique. *Un cas typique.* **2** Assez caractérisé pour servir d'exemple, de repère. → **spécifique.** ► **typiquement** adv.

typo- Élément, du grec *tupos* «marque».

typo → **typographe ; typographie**

typographe n. ▪ Professionnel(le) de la typographie. - abrév. **typo** n.

typographie n. f. ▪ **1** Techniques permettant de reproduire des textes par l'impression d'un assemblage de caractères en relief (par opposition aux procédés par report) ; spécialt les opérations de composition. **2** Manière dont un texte est imprimé. - abrév. **typo** n. f. ► **typographique** adj. ► **typographiquement** adv.

typologie n. f. ▪ didact. **1** Science de l'élaboration des types, facilitant la classification. **2** Système de types. → **classification.** ► **typologique** adj.

typomètre n. m. ▪ typogr. Règle graduée en points typographiques, utilisée dans les métiers de l'imprimerie.

typon n. m. ▪ imprim. Film à points tramés, destiné à être reproduit sur la plaque offset.

tyramine n. f. ▪ biochim. Amine dérivée de la tyrosine.

tyran n. m. ▪ **1** Antiq. Chez les Grecs, celui qui s'emparait du pouvoir par la force. **2** Personne qui exerce le pouvoir absolu de manière oppressive. **3** fig. Personne qui abuse de son pouvoir.

tyranneau n. m. ▪ littér. Petit tyran.

tyrannicide n. ▪ littér. **1** Personne qui tue un tyran. **2** n. m. Meurtre d'un tyran.

tyrannie n. f. ▪ **1** Antiq. Usurpation et exercice du pouvoir par un tyran (1). **2** Gouvernement absolu, oppressif et arbitraire. → **despotisme, dictature. 3** littér. Abus de pouvoir. ♦ Contrainte impérieuse. *La tyrannie de la mode.* ► **tyrannique** adj. ► **tyranniquement** adv.

tyranniser v. tr. 1 ▪ Traiter (qqn) avec tyrannie. → **opprimer, persécuter.**

tyrannosaure n. m. ▪ Grand reptile fossile carnivore du secondaire.

tyrolien, ienne ▪ **1** adj. et n. Du Tyrol. ▬ *Chapeau tyrolien.* **2** n. f. Chant à trois temps, avec passage rapide de la voix de poitrine à la voix de tête (→ **iodler).**

tyrosinase n. f. ▪ biochim. Enzyme qui active l'oxydation de la tyrosine, aboutissant à la production de mélanine.

tyrosine n. f. ▪ biochim. Acide aminé essentiel très répandu, dont de nombreux composés organiques dérivent (mélanine, adrénaline...).

tyrothricine n. f. ▪ méd. Antibiotique extrait des cultures d'une bactérie, employé en applications locales dans diverses affections de la peau, de la bouche et du pharynx.

tzatziki n. m. ▪ Préparation à base de concombre et de yaourt (cuisine grecque).

U

u [y] n. m. ▪ Vingt et unième lettre, cinquième voyelle de l'alphabet. ➝ *En U* : en forme de U.

U ▪ Symbole chimique de l'uranium.

ubac n. m. ▪ géogr. Versant d'une montagne exposé au nord (opposé à *adret*).

ubériser v. tr. [1] ▪ Transformer (un secteur d'activité) avec un modèle économique tirant parti du numérique. *Start-up qui ubérise le secteur de l'hôtellerie.* ► **ubérisation** n. f.

ubiquiste [-kɥist] adj. et n. ▪ didact. Qui est présent partout à la fois. → **omniprésent.** ♦ biol. *Espèce ubiquiste,* que l'on rencontre dans des territoires étendus et variés.

ubiquité [-kɥi-] n. f. ▪ littér. Possibilité d'être présent en plusieurs lieux à la fois.

ubuesque adj. ▪ Qui rappelle le personnage d'Ubu (d'Alfred Jarry), par un caractère comiquement cruel et couard.

uchronie [-k-] n. f. ▪ didact. Récit d'événements fictifs à partir d'un point de départ historique.

ufologie n. f. ▪ anglic. Étude des objets volants non identifiés (ovnis). ► **ufologique** adj. ► **ufologue** n.

UFR [yɛfɛʀ] n. f. invar. (sigle) ▪ En France, Structure universitaire associant des départements de formation, des laboratoires et des centres de recherche.

uhlan n. m. ▪ hist. Cavalier mercenaire des armées de Pologne, d'Allemagne, etc.

U. H. T. [yaʃte] n. f. (sigle de *ultra-haute température*) ▪ Stérilisation par élévation à haute température pendant un temps très court. ➝ appos. *Lait U. H. T.*

ukase → **oukase**

ukrainien, ienne adj. et n. ▪ De l'Ukraine. ➝ n. *Les Ukrainiens.* ♦ n. m. *L'ukrainien* (langue slave).

***ukulélé** [(j)uku-] n. m. ▪ Guitare hawaïenne d'origine portugaise, au son proche de celui du banjo.

ulcératif, ive adj. ▪ méd. Qui a trait à l'ulcération, produit une ulcération.

ulcération n. f. ▪ didact. **1** Formation d'un ulcère. **2** Ulcère. *Ulcérations cancéreuses.*

ulcère n. m. ▪ Perte de substance de la peau, d'une muqueuse sous forme de plaie qui ne cicatrise pas. *Ulcère à* (ou *de*) *l'estomac.*

ulcérer v. tr. [6] ▪ **I** méd. Produire un ulcère sur. **II** fig. Blesser (qqn) profondément, en l'irritant. ▻ adj. **ulcéré, ée** (sens I et II).

ulcéreux, euse adj. ▪ méd. **1** De la nature de l'ulcère. **2** adj. et n. Atteint d'un ulcère de l'estomac ou du duodénum.

uléma [ylema ; u-] n. m. ▪ Théologien musulman. – var. **ouléma.**

ulluque n. m. ▪ bot. Plante d'Amérique du Sud, à tubercules comestibles.

U. L. M. [yɛlɛm] n. m. (sigle de *ultraléger motorisé*) ▪ Petit avion monoplace ou biplace, de conception simplifiée.

ulmiste n. ▪ Personne qui fait de l'U. L. M.

ulna n. m. ▪ anat. Cubitus. ► **ulnaire** adj.

ultérieur, eure adj. ▪ Qui sera, arrivera plus tard. → **futur, postérieur.** ► **ultérieurement** adv. → **après, ensuite.**

ultimatum [-ɔm] n. m. ▪ Dernières conditions présentées par un État à un autre et comportant une sommation. ♦ par ext. Exigence impérative, mise en demeure.

ultime adj. ▪ Dernier, final (dans le temps).

ultimo adv. ▪ rare En dernier lieu (après *primo, secundo...*).

ultra n. ▪ Réactionnaire extrémiste. *Des ultra(s).* ➝ adj. invar. *Elles sont ultra.*

ultra- Élément, du latin *ultra* «au-delà», qui exprime l'excès, l'exagération.

ultrabasique adj. ▪ minér. Se dit d'une roche sombre à minéraux lourds et riche en silice.

ultracentrifugation n. f. ▪ sc. Centrifugation très rapide effectuée par ultracentrifugeuse.

ultracentrifugeuse n. f. ▪ sc., techn. Centrifugeuse dont la vitesse de rotation dépasse 50 000 tours par minute.

ultrafiltration n. f. ▪ sc. Filtration à travers une membrane très fine, qui retient les particules microscopiques.

ultrafiltre n. m. ▪ sc. Membrane à pores très fins, qui retient les particules microscopiques.

ultralibéral, ale, aux adj. et n. ▪ Libéral (au sens économique) sans concession ; partisan de l'ultralibéralisme.

ultralibéralisme n. m. ▪ **1** hist. Attitude des libéraux extrémistes sous la Restauration. **2** Système prônant le libéralisme absolu, encourageant l'économie de marché, l'entreprise privée, le désengagement de l'État.

ultramarin, ine adj. ▪ **1** littér. De couleur outremer. **2** adj. et n. rare Des pays, de la France d'outre-mer.

ultramicroscope n. m. ▪ sc. Microscope optique muni d'un dispositif d'éclairement qui permet de rendre visibles des objets trop petits pour être observés au microscope optique classique.

ultramoderne adj. ▪ Très moderne.

ultramontain, aine adj. et n. ▪ relig. Qui soutient la position traditionnelle de l'Église italienne (pouvoir absolu du pape), par opposition à *gallican*.

ultramontanisme n. m. ▪ relig. Politique favorable à l'autorité absolue du pape, à la primauté de l'Église romaine.

ultra-petita [-pe-] adv. ▪ dr. Au-delà de ce qui a été demandé. *Juge qui statue ultra-petita.* ◆ n. m. Fait de statuer sur une chose non demandée, d'accorder plus qu'il n'a été demandé. *Vice d'ultra-petita.*

ultrapression n. f. ▪ phys. Pression extrêmement élevée atteignant plusieurs milliers d'atmosphères.

ultraroyaliste adj. et n. ▪ hist. Partisan extrémiste des principes de l'Ancien Régime (royauté absolue, de droit divin), sous la Restauration. → **ultra.**

ultrasensible [-s-] adj. ▪ Très sensible.

ultrason [-sɔ̃] n. m. ▪ Vibration sonore de fréquence très élevée, non perceptible par l'oreille humaine.

ultrasonique [-s-] adj. ▪ Qui se rapporte aux ultrasons. *Fréquence ultrasonique.* → **ultrasonore.**

ultrasonore [-s-] adj. ▪ Qui se rapporte aux ultrasons. *Ondes ultrasonores.* → **ultrasonique.**

ultraviolet, ette adj. ▪ (radiations électromagnétiques) Dont la longueur d'onde se situe entre celle de la lumière visible et celle des rayons X. *Rayons ultraviolets ;* n. m. pl. *les ultraviolets* (abrév. U. V.).

ululement ; ululer → **hululement ; hululer**

ulve n. f. ▪ bot. Algue verte, communément appelée *laitue de mer.*

umami [u-] n. m. ▪ didact. Saveur considérée comme l'une des cinq saveurs fondamentales.

umbanda [um-] n. m. ▪ Culte syncrétiste afro-brésilien mêlant spiritisme, magie blanche, éléments catholiques et africains. ► **umbandiste** adj. et n.

UMTS [yɛmteɛs] n. m. (sigle angl.) ▪ anglic., télécomm. Norme de téléphonie mobile à haut débit.

un, une ▪ **I** numéral Expression de l'unité. → **mon(o)-, uni-. 1** adj. cardinal (invar. en nombre) *Une ou deux fois. Six heures une* (minute). ◆ loc. *Il était moins une :* il s'en fallait de très peu (de temps). ◆ *PAS UN..., PAS UNE... :* aucun(e), nul(le). **2** pron. *Il en reste un.* ◆ *UN À UN, UNE À UNE ; UN PAR UN, UNE PAR UNE :* à tour de rôle et un(e) seul(e) à la fois. **3** n. m. invar. *Un et un (font) deux.* ◆ loc. *Ne faire qu'un avec :* se confondre avec. **4** ordinal Premier. *La page un* (→ **une**). ♦ n. m. *Il habite au un de la rue.* ♦ n. f. (commandement) *Une !... deux !...* ◆ fam. *Ne faire ni une ni deux**. **II** adj. qualificatif (après le nom ou attribut) Qui n'a pas de parties et ne peut être divisé. *La République une et indivisible.* **III** art. indéf. (plur. *des*) **1** Désigne un individu, un élément distinct mais indéterminé. *Un homme est venu. J'ai reçu une lettre.* **2** (avec le pron. *en*) *En fumer une* (cigarette). ◆ *En voilà un qui ne s'en fait pas !* **3** (en phrase exclamative ; emphatique) *Il fait une chaleur !* **4** (devant un nom propre) Une personne telle que... *Un don Juan.* ◆ Une personne de telle famille. *Une Bonaparte.* **IV** pron. indéf. *Une de mes camarades. Un de ces jours.* ◆ *L'UN, L'UNE ; LES UNS, LES UNES. L'un d'eux est venu. L'un et l'autre**.

unanime adj. ▪ **1** au plur. Qui ont tous le même avis (→ d'**accord**). **2** Qui exprime un avis commun à plusieurs. *Accord unanime.* **3** Qui est fait par tous, en même temps. *Un rire unanime.* ► **unanimement** adv.

unanimisme n. m. ▪ **1** littér. Doctrine littéraire d'après laquelle l'auteur doit exprimer la vie unanime, les états d'âme collectifs. ► **unanimiste** adj. et n. **2** Accord complet, consensus. *Un unanimisme préélectoral.*

unanimité n. f. ▪ Conformité d'opinion ou d'intention entre tous les membres d'un groupe. → **accord, consensus.**

unau n. m. ▪ zool. Mammifère d'Amérique tropicale, variété de paresseux*. *Des unaus.*

unci- [ɔ̃si] Élément, du latin *uncus* «crochet».

unciné, ée adj. ▪ bot. Qui porte un crochet, se termine en crochet, par des crochets.

undéc(i)- Élément, du latin *undecim* «onze».

underground [œndœʀgʀaund ; œ̃dɛʀgʀ(a)und] adj. invar. et n. m. ■ anglic. Se dit d'un mouvement artistique indépendant des circuits commerciaux traditionnels.

***une** n. f. ■ Première page d'un journal.

unetelle → **tel**

unguéal, ale, aux adj. ■ didact. Relatif à l'ongle. *Phalange unguéale.*

ungu(i)- [ɔ̃gɥi] Élément savant, du latin *unguis* «ongle».

unguifère adj. ■ didact. Qui porte un ongle, qui a des ongles.

uni, unie adj. ■ **I 1** Qui est avec *(uni à, avec)* ou qui sont ensemble *(unis)* de manière à former un tout ou à être en union. *Les États-Unis (d'Amérique).* **2** vieilli Joint, réuni (concret ou abstrait). **3** Formé d'éléments liés ; qui constitue une unité. *Le Royaume-Uni.* **4** En bonne entente (opposé à *désuni*). **II** Dont les éléments sont semblables ; qui ne présente pas d'inégalité, de variation apparente. → **cohérent, homogène. 1** (surface) Sans aspérités. → **égal, lisse.** ♦ De couleur, d'aspect uniforme. **2** vx ou littér. Qui s'écoule sans changement. *Vie unie.*

uni- Élément, du latin *unus* «un». → **mon(o)-** ; contr. *multi-, poly-.*

uniate adj. ■ Se dit des Églises chrétiennes orientales liées au catholicisme.

uniaxe [yni-] adj. ■ sc. Qui n'a qu'un axe.

unicellulaire adj. ■ biol. Formé d'une seule cellule. *Organismes unicellulaires.* ➛ n. m. *Les unicellulaires.* → **protiste.**

unicité n. f. ■ didact. Caractère unique.

unicolore adj. ■ didact. D'une seule couleur. → **uni ; monochrome.** contr. *multicolore.*

unicorne ■ adj. Qui n'a qu'une corne.

unidimensionnel, elle adj. ■ didact. Qui n'a qu'une dimension.

unidirectionnel, elle adj. ■ sc. Qui se propage, qui reçoit ou propage dans une seule direction.

unidose n. f. ■ Conditionnement contenant la quantité de produit nécessaire à un usage unique.

unième adj. numéral ordinal ■ (après un numéral) Qui vient en premier, immédiatement après une dizaine (sauf dix, soixante-dix, quatre-vingt-dix), une centaine, un millier. *Vingt et unième. Cent unième.* ► **unièmement** adv.

unifier v. tr. [7] ■ **1** Faire de (plusieurs éléments) une seule et même chose ; faire l'unité de. → **unir.** *Unifier deux régions ; un pays.* **2** Rendre semblables (des éléments rassemblés). → **normaliser, uniformiser. 3** Rendre homogène. ▷ v. pron. **s'unifier** ► **unification** n. f. ► **unificateur, trice** adj.

unifilaire adj. ■ techn. Qui ne comprend qu'un fil électrique. *Circuit unifilaire.*

uniflore adj. ■ bot. Qui ne porte qu'une fleur.

unifolié, ée ■ **1** adj. bot. Qui ne porte qu'une feuille. **2** n. m. (Canada) Drapeau du Canada.

uniforme ■ **I** adj. **1** Qui présente des éléments tous semblables ; dont toutes les parties sont ou paraissent identiques. → **régulier.** *Mouvement uniforme.* **2** Qui ne varie pas ou peu. **3** Analogue, identique. **II** n. m. Costume militaire réglementaire. ♦ Vêtement déterminé (d'un groupe).

uniformément adv. ■ **1** D'une manière uniforme. **2** Comme tous (toutes) les autres.

uniformiser v. tr. [1] ■ **1** Rendre uniforme. **2** Rendre semblables ou moins différents. → **unifier.** ► **uniformisation** n. f.

uniformité n. f. ■ **1** Caractère uniforme. **2** Absence de changement, de variété.

unijambiste adj. ■ Qui a été amputé d'une jambe. ➛ n. *Un(e) unijambiste.*

unilatéral, ale, aux adj. ■ **1** Qui ne se fait que d'un côté. **2** dr. Qui n'engage qu'une seule partie. **3** Qui provient d'un seul, n'intéresse qu'un seul (lorsque plusieurs sont concernés). *Décision unilatérale.* ► **unilatéralement** adv.

unilatéralisme n. m. ■ polit. Attitude qui consiste, pour une puissance, à décider d'une action sans tenir compte du point de vue des autres, ni des instances internationales. ► **unilatéraliste** adj. et n.

unilinéaire adj. ■ ethnol. Se dit d'un mode de filiation ne reconnaissant qu'une seule ligne.

unilingue adj. ■ didact. Qui est en une seule langue. → **monolingue.** ♦ Qui parle, écrit une seule langue. ► **unilinguisme** n. m.

uniment adv. ■ D'une manière unie. ♦ littér. Avec régularité.

uninominal, ale, aux adj. ■ admin. Qui porte sur un seul nom. *Scrutin, vote uninominal* (opposé à *de liste*).

union n. f. ■ **I 1** Relation qui existe entre des personnes ou choses considérées comme formant un ensemble **(→ unir).** *Union étroite, solide.* **2** Relation réciproque entre personnes ; vie en commun. → **attachement.** ➛ *Union libre.* → **concubinage. 3** État dans lequel se trouvent des personnes, des groupes liés. ➛ (Entre États) *L'Union européenne* (1993). **4** Entente (entre personnes, groupes). → **concorde, harmonie.** prov. *L'union fait la force.* **II** Ensemble de personnes unies. → **association, groupement, ligue. III** Réunion. *L'union de deux terres.*

unionisme n. m. ■ **1** hist. Doctrine politique des unionistes. **2** Doctrine des partisans d'une union (internationale, économique) ; type d'intégration économique.

unioniste ■ **1** n. hist. Partisan de l'union politique, de l'unité (à propos de l'Amérique du Nord ; de l'Irlande du Nord et de la Grande-Bretagne). ♦ Au Québec, Membre de l'ancien parti de l'Union nationale. ♦ par ext. Partisan du maintien de l'union dans un État fédéral. **2** adj. *Éclaireurs unionistes* : scouts protestants français.

uniovulé, ée [yni-] adj. ■ bot. Qui ne possède qu'un ovule. *Loge uniovulée.*

unipare adj. ■ biol. Se dit des femelles des mammifères lorsqu'elles ne portent généralement qu'un seul petit. ♦ Se dit d'une femme qui n'a eu qu'un seul enfant (opposé à *multipare*).

unipersonnel, elle adj. et n. m. ■ **1** ling. Se dit des verbes qui ne peuvent être employés qu'à la 3e personne du singulier. **2** dr. *Entreprise unipersonnelle à responsabilité limitée (EURL),* ne comportant qu'un associé.

unipolaire adj. ■ Qui ne concerne qu'un des deux pôles. *Câble unipolaire. Neurone unipolaire.*

unique adj. ■ **I** (quantitatif) **1** Qui est un seul, n'est pas accompagné par d'autres du même genre. *Son unique fils.* **2** Qui est un seul et répond seul à sa désignation. *Dieu unique en trois personnes* (Trinité des catholiques). ♦ Qui est le même pour plusieurs choses, plusieurs cas. *Prix unique.* – *Marché unique,* sans frontières intérieures. **II** (qualitatif ; le comparatif et le superlatif sont possibles) Qui est ou paraît différent des autres. → **irremplaçable ; exceptionnel.** *Un artiste unique.* ♦ fam. Qui étonne beaucoup (en bien ou en mal). *Il est vraiment unique !* → **extravagant.**

uniquement adv. ■ **1** littér. → **exclusivement.** **2** Seulement, sans autre motif.

unir v. tr. [2] ■ **1** Mettre ensemble (les éléments d'un tout). → **assembler, confondre, réunir.** **2** Faire exister, vivre ensemble (des personnes). – spécialt *Le maire qui les a unis.* → **marier.** ♦ (sujet chose) Constituer la cause de l'union entre (des personnes). *L'amitié qui les unit.* **3** Associer par un lien politique, économique. → **allier ; union.** **4** Avoir, posséder à la fois (des caractères différents et souvent en opposition). *Unir la force à la douceur.* ▷ v. pron. **s'unir 1** récipr. Ne plus former qu'un tout. → **fusionner,** se **mêler.** ♦ Former une union. ♦ Faire cause commune. **2** passif (sujet chose) Se trouver ensemble, de manière à former un tout. **3** réfl. *S'unir à, avec qqn* (spécialt par des liens affectifs, le mariage). ♦ (sujet chose) Se trouver avec, s'allier à.

unisexe [-s-] adj. ■ (habillement...) Destiné indifféremment aux hommes et aux femmes.

unisexualité [-s-] n. f. ■ biol. Caractère d'un organe, d'un être unisexué.

unisexué, ée [-s-] adj. ■ biol. Qui n'a qu'un seul sexe (opposé à *bisexué, hermaphrodite*).

unisson n. m. ■ Son unique produit par plusieurs voix ou instruments. ♦ loc. *Chanter À L'UNISSON.* – fig. *Cœurs à l'unisson.*

unitaire adj. ■ **1** Qui forme une unité politique. **2** Relatif à l'unité. *Prix unitaire.*

unité n. f. ■ **I 1** Caractère de ce qui est unique. – *UNITÉ DE...,* caractère unique. *Unité de vues.* → **conformité, identité.** **2** didact. Caractère de ce qui n'a pas de parties, ne peut être divisé. ♦ État de ce qui forme un tout fonctionnel. *Faire l'unité de* (→ **unifier**). **3** Cohérence interne. → **cohésion, homogénéité. II** Chose qui est une. **1** Élément ou structure faisant partie d'un ensemble. *Unité de production.* **2** Formation militaire spécifique. **3** Objet fabriqué (identique à d'autres). → **pièce.** *Prix à l'unité.* **4** Élément arithmétique qui forme les nombres. – spécialt (nombres de deux chiffres et plus) Chiffre placé à droite de celui des dizaines. **5** Grandeur finie servant de base à la mesure des autres grandeurs de même espèce. → **étalon.** *Unités de mesure.* – *Unité monétaire.* → **monnaie.**

univalent, ente adj. ■ chim. → **monovalent.**

univalve adj. ■ didact. Dont la coquille n'est formée que d'une pièce.

univers n. m. ■ **1** Ensemble des groupes humains sur la Terre. **2** L'ensemble de tout ce qui existe. → **monde, nature.** – sc. Ensemble de la matière, dans l'espace et le temps. *Théories de l'univers.* **3** fig. Milieu matériel ou moral. *L'univers de l'enfance.*

universaliser v. tr. [1] ■ Rendre universel ; répandre largement. → **diffuser, généraliser.** ► **universalisation** n. f.

universalisme n. m. ■ **1** relig. Doctrine, croyance selon laquelle tous les hommes peuvent être sauvés. **2** philos. Doctrine qui considère la réalité comme un tout unique, dont dépendent les individus (opposé à *individualisme, atomisme*). ► **universaliste** adj. et n.

universalité n. f. ■ **1** Caractère universel. **2** Caractère d'un esprit universel (2).

universaux n. m. pl. ■ **1** hist. philos. Les cinq concepts qui définissent les diverses manières dont un prédicat est lié au sujet par un rapport (le genre, l'espèce, la différence, le propre et l'accident). **2** *Les universaux du langage* : ensemble de concepts, formes, relations supposés exister dans toutes les langues du monde.

universel, elle adj. ■ **1** Qui s'étend, s'applique à la totalité des objets (personnes ou choses) qui existent. → **général.** *Notion universelle.* ♦ n. m. didact. *L'universel et le particulier.* **2** Dont les connaissances, les aptitudes s'appliquent à tous les sujets. **3** dr. À qui échoit la totalité d'un patrimoine. *Légataire universel.* **4** Qui concerne la totalité des humains. ♦ *Suffrage* *universel*, étendu à tous (sauf les exceptions prévues par la loi). ♦ Commun à tous ou à un groupe. *Raison universelle.* **5** Qui concerne l'univers entier. *Gravitation universelle.*

universellement adv. ■ Par tous les humains. → **mondialement.**

universitaire adj. ■ **1** Relatif à l'Université (1). ◆ n. Membre de l'Université (enseignant(e), chercheur). **2** Relatif aux universités.

université n. f. ■ **1** *L'Université :* le corps des maîtres de l'enseignement public des divers degrés. **2** *Une université :* établissement public d'enseignement supérieur. → **faculté.**

univitellin, ine adj. ■ biol. Se dit de jumeaux (appelés aussi *vrais jumeaux*) provenant du même œuf (opposé à *bivitellin*). → **monozygote.**

univoque adj. ■ didact. Qui garde toujours le même sens (s'oppose à *ambigu, équivoque*). ► **univocité** n. f. didact.

untel, unetelle → **tel**

upas [ypa(s)] n. m. ■ bot. Poison végétal utilisé par les populations des îles de la Sonde pour empoisonner les flèches. ◆ Arbre dont est tiré ce poison.

upérisation n. f. ■ techn. Méthode de stérilisation (des aliments liquides) par injection continue de vapeur très chaude.

uppercut [ypɛʀkyt] n. m. ■ anglic. (boxe) Coup porté de bas en haut. → **crochet.**

upsilon [-ɔn] n. m. invar. ■ Vingtième lettre de l'alphabet grec (Υ, υ).

upwelling [œpweliŋ] n. m. ■ anglic., didact. Remontée vers la surface des eaux froides profondes, le long de certains littoraux océaniques.

uracile n. m. ■ biochim. Base pyrimidique qui entre dans la constitution des acides ribonucléiques.

uraète n. m. ■ zool. Aigle d'Australie, de très grande envergure.

uræus [yʀeys] n. m. ■ archéol. Représentation du serpent naja dressé et portant sur la tête un disque solaire (attribut des pharaons).

uranate n. m. ■ chim. Sel de l'acide uranique.

uranie n. f. ■ zool. Papillon de grande taille aux vives couleurs.

uranifère adj. ■ minér. Qui contient de l'uranium.

uraninite n. f. ■ minér. → **pechblende.**

uranique adj. ■ chim. De l'uranium. *Acide uranique.*

uranisme n. m. ■ didact. Homosexualité masculine.

uranium [-jɔm] n. m. ■ Élément radioactif naturel (symb. U, n° at. 92, masse at. 238,03), métal gris, dur, présent dans plusieurs minerais.

urano- Élément (du grec *ouranos* « ciel ») signifiant « voûte du palais ».

uranoscope n. m. ■ zool. Poisson osseux commun en Méditerranée, appelé aussi *rascasse blanche.*

uranyle n. m. ■ chim. Radical UO_2. *Sel d'uranyle.*

urate n. m. ■ chim. Sel ou ester de l'acide urique. *Dépôts d'urates.* → ③**goutte.**

urbain, aine adj. ■ **I** Qui est de la ville, des villes (s'oppose à *rural*). *Habitat urbain.* **II** littér. Qui témoigne, fait preuve d'urbanité.

urbanisable adj. ■ Qui peut être urbanisé. *Zone urbanisable.*

urbanisation n. f. ■ Concentration de la population dans les villes.

urbaniser v. tr. [1] ■ Donner le caractère urbain à (un lieu) ; transformer en ville.

urbanisme n. m. ■ Méthodes permettant d'adapter l'habitat urbain aux besoins humains. *Architecture et urbanisme.* ► **urbaniste** n.

urbanistique adj. ■ didact. Qui a trait à l'urbanisation, à l'urbanisme. *Politique urbanistique.*

urbanité n. f. ■ littér. Politesse affable.

urbi et orbi [yʀbiɛtɔʀbi] loc. adv. et adj. ■ relig. Se dit de la bénédiction que le pape donne à Rome et au monde entier. ◆ fig. *Proclamer qqch. urbi et orbi*, partout.

urdu → **ourdou**

ure → **urus**

-ure Suffixe indiquant que le composé chimique est un sel d'hydracide : *sulfure, chlorure.*

urédinales n. f. pl. ■ bot. Ordre de champignons parasites des plantes supérieures, produisant des rouilles.

urée n. f. ■ Substance que l'on rencontre dans le sang et l'urine des carnivores.

uréique adj. ■ Qui est contenu dans le sang sous forme d'urée.

urémie n. f. ■ méd. Intoxication due à une accumulation d'urée dans le sang. ► **urémique** adj. et n.

uretère n. m. ■ Canal qui conduit l'urine du rein à la vessie. ► **urétéral, ale, aux** adj.

urétérite n. f. ■ méd. Inflammation des uretères.

uréthane ou **uréthanne** n. m. ■ chim. Ester carbonique de formule type $NH_2-CO-OR$, R représentant un radical hydrocarboné. → **polyuréthane.**

urètre n. m. ■ Canal excréteur de l'urine, de la vessie au méat urinaire. ► **urétral, ale, aux** adj.

urétrite n. f. ■ méd. Inflammation de l'urètre.

urgemment [-amɑ̃] adv. ■ D'une manière urgente, sans retard.

urgence n. f. ■ **1** Caractère de ce qui est urgent. **2** Nécessité d'agir vite. *En cas d'urgence.* ◆ *Une urgence* : un malade à soigner sans délai. ◆ *Service des urgences, dans un hôpital. Médecin spécialiste des urgences* (► **urgentiste** n.). **3** *D'URGENCE* loc. adv. : sans délai, en toute hâte.

urgent, ente adj. ■ Dont on doit s'occuper sans retard. → **pressant, pressé.**

urger v. intr. [3] seulement 3e pers. du sing. ■ fam. Être urgent. → **presser.** *Ça urge !*

uricémie n. f. ■ méd. Teneur du sang en acide urique.

-urie Élément, du grec *ourêsis* «action d'uriner».

urinaire adj. ■ Qui a rapport à l'urine. ◆ *Appareil urinaire,* rein, uretère, urètre, vessie. → **urogénital.**

urinal, aux n. m. ■ Récipient à col incliné où un homme peut uriner allongé.

urine n. f. ■ Liquide organique clair et ambré, odorant, qui se forme dans le rein, passe dans les uretères, séjourne dans la vessie et est évacué (→ **miction**) par l'urètre. ◆ *Les urines,* l'urine évacuée.

uriner v. intr. [1] ■ Évacuer l'urine.

urineux, euse adj. ■ méd. Qui a rapport à l'urine. *Odeur urineuse.*

urinifère adj. ■ anat. Qui conduit l'urine.

urinoir n. m. ■ Petit édifice où les hommes vont uriner. → **vespasienne ;** fam. **pissotière.**

urique adj. ■ *Acide urique :* substance azotée à propriétés acides, éliminée par les urines.

URL ou **U. R. L.** n. m. (sigle) ■ inform., anglic. Système standardisé d'attribution des adresses, sur Internet. ◆ Adresse d'un site, sur Internet.

urne n. f. ■ **1** Vase servant à renfermer les cendres d'un mort. **2** Vase antique à flancs arrondis. **3** Boîte à couvercle fendu, où l'on dépose des bulletins de vote.

uro- Élément, du grec *oûron* «urine».

urobiline n. f. ■ méd. Pigment biliaire jaune orangé, résultant de la dégradation de la bilirubine dans l'intestin.

urodèle n. m. ■ zool. Amphibien à corps allongé, aux membres propres à la reptation (ex. la salamandre).

urogénital, ale, aux adj. ■ didact. Qui a rapport aux appareils urinaire et génital.

urographie n. f. ■ méd. Radiographie de l'appareil urinaire.

urolagnie n. f. ■ didact. Pratique sexuelle liée à une érotisation de l'urine. → **ondinisme.**

urologie n. f. ■ méd. Médecine de l'appareil urinaire. ► **urologique** adj. ► **urologue** n.

uropode n. m. ■ zool. Appendice abdominal des crustacés.

uropygial, iale, iaux adj. ■ zool. Du croupion des oiseaux. *Plumes uropygiales.*

uropygien, ienne adj. ■ zool. *Glande uropygienne :* glande située à la base du croupion, dont la sécrétion protège les plumes.

ursidé n. m. ■ zool. Mammifère carnivore et plantigrade (ex. l'ours).

ursuline n. f. ■ Religieuse d'un ordre fondé en 1537, en Italie, par sainte Angèle de Mérici.

urticacée n. f. ■ bot. Plante dicotylédone apétale, annuelle ou vivace (ex. l'ortie).

urticaire n. f. ■ Éruption cutanée passagère, accompagnée de démangeaisons.

urticant, ante adj. ■ didact. Dont la piqûre ou le contact produit une urtication.

urtication n. f. ■ didact. Inflammation cutanée associée à une sensation de brûlure.

urubu n. m. ■ zool. Petit vautour d'Amérique tropicale.

urus [-ys] n. m. ■ zool. Aurochs ; bison d'Europe. - var. **ure.**

us [ys] n. m. pl. ■ loc. *Les US ET COUTUMES :* les mœurs, les usages traditionnels.

usage n. m. ■ **I 1** Action d'user, de se servir (de qqch.). → **emploi, utilisation.** *L'usage d'un outil ; de la force.* **2** Mise en activité effective (d'une faculté). → **exercice.** *L'usage de la parole.* **3** loc. *FAIRE USAGE DE :* se servir de. → **utiliser ; employer.** ◆ *À L'USAGE :* lorsqu'on s'en sert. ◆ *HORS D'USAGE :* qui ne peut plus servir et, spécialt, fonctionner. **4** Fait de pouvoir produire un effet particulier et voulu. → **fonction, utilité.** *Un canif à multiples usages.* ◆ *À USAGE (DE) :* destiné à être utilisé (de telle ou telle façon). ◆ *À L'USAGE DE :* destiné à être utilisé par (qqn...). → **pour. 5** Fait d'employer les éléments du langage dans le discours, la parole ; manière dont ils sont employés. **II 1** Pratique que l'ancienneté ou la fréquence rend normale, dans une société. *Un usage ancien.* ◆ au plur. Comportements considérés comme les meilleurs, ou normaux. **2** *L'USAGE :* l'ensemble des pratiques sociales. → **coutume, habitude.** *Suivre l'usage.* ◆ *D'USAGE :* habituel, normal. **3** littér. Les bonnes manières. *Manquer d'usage.* **III** dr. Droit réel qui permet à son titulaire (l'usager) de se servir d'une chose appartenant à autrui. → **usufruit.**

usagé, ée adj. ■ Qui a déjà servi, beaucoup servi (≠ *usé*).

usager, ère n. ▪ **1** dr. Titulaire d'un droit réel d'usage (III). **2** Personne qui utilise (qqch. ; un service...). → **utilisateur.**

usant, ante adj. ▪ Qui use la santé.

USB n. m. (sigle angl.) ▪ anglic., inform. Prise (port) permettant de connecter des périphériques à un ordinateur. ◆ appos. *Clé USB,* support de mémoire, qui se connecte sur un port USB.

usé, ée adj. ▪ **1** Altéré par un usage prolongé, par des actions physiques. *Souliers usés.* ♦ *Eaux usées,* salies. **2** Diminué, affaibli, notamment par la répétition. → **démodé, éculé.** **3** Dont les forces, la santé sont diminuées.

user v. [1] ▪ **I** *USER DE* v. tr. ind. **1** (compl. chose abstraite) Avoir recours à (qqch.), mettre en œuvre. → se **servir** de, **utiliser ; usage.** *User d'un droit ; d'un stratagème.* ♦ Se servir de (un élément du langage). **2** vx ou littér. *EN USER... avec qqn,* se comporter d'une certaine manière. **II** v. tr. dir. **1** Modifier (qqch.) progressivement en enlevant des parties, en altérant l'aspect, par un usage prolongé. → **abîmer, élimer ; usure.** *User ses vêtements.* ♦ Altérer ou entamer (qqch.). ◆ au p. p. *Terrains usés par l'érosion.* **2** Diminuer, affaiblir par une action progressive. *User sa santé.* **3** (sujet chose) Diminuer les forces de (qqn). → **épuiser.** ▷ v. pron. s'**user 1** Se détériorer à l'usage. **2** fig. S'affaiblir avec le temps.

usine n. f. ▪ **1** Établissement de la grande industrie destiné à la fabrication d'objets ou de produits, à la transformation de matières premières, à la production d'énergie. **2** La grande industrie. *Ouvrier d'usine.* ◆ *Travail en usine.* **3** fam. Local qui évoque une usine.

usiner v. tr. [1] ▪ **1** Façonner avec une machine-outil. **2** Fabriquer dans une usine. ► **usinage** n. m.

usité, ée adj. ▪ Qui est employé, en usage. *Un mot usité.* → **courant, usuel.**

usnée n. f. ▪ bot. Lichen de couleur grisâtre, à longs cils.

ustensile n. m. ▪ Objet ou accessoire d'usage domestique, sans mécanisme ou à mécanisme simple. *Ustensiles de cuisine.*

usucapion n. f. ▪ dr. Prescription acquisitive.

usuel, elle ▪ **1** adj. Qui est utilisé habituellement. ► **usuellement** adv. **2** n. m. Ouvrage de référence, de consultation (notamment, dans une bibliothèque).

usufructuaire adj. ▪ dr. Qui a rapport à l'usufruit.

usufruit n. m. ▪ dr. Jouissance légale d'un bien dont on n'a pas la propriété. ► **usufruitier, ière** n. dr.

① **usure** n. f. ▪ **1** Détérioration par un usage prolongé **(→ user** (II, 1)**). 2** Diminution ou altération (d'une qualité, de la santé). ♦ Fait d'user les forces de qqn. *Guerre d'usure.* **3** État de ce qui est détérioré par l'usage.

② **usure** n. f. ▪ Intérêt de taux excessif ; fait de prendre un tel intérêt. ◆ fig., littér. *AVEC USURE :* au-delà de ce que l'on a reçu. ► **usuraire** adj.

usurier, ière n. ▪ Prêteur à usure (②).

usurper v. tr. [1] ▪ S'approprier sans droit, par la violence ou la fraude (un pouvoir, une dignité, un bien...). ♦ Obtenir de façon illégitime. ◆ au p. p. *Une réputation usurpée,* imméritée. ► **usurpation** n. f. ► **usurpateur, trice** n. → **imposteur.**

ut [yt] n. m. invar. ▪ **1** Do (note). → aussi **contre-ut. 2** Ton de do. *Clé d'ut.*

utérin, ine adj. ▪ **1** dr. Se dit des frères et sœurs ayant la même mère, mais un père différent. **2** anat. Relatif à l'utérus.

utérus [-ys] n. m. ▪ (chez la femme) Organe situé entre la vessie et le rectum, destiné à contenir l'œuf, l'embryon jusqu'à son complet développement. → vx **matrice.** ◆ (chez les animaux vivipares) Organe de la gestation chez la femelle.

utile adj. ▪ **1** Dont l'usage, l'emploi est ou peut être avantageux, satisfait un besoin. *Des conseils utiles.* ◆ *Il est utile de* (+ inf.) ; *que* (+ subj.). ◆ *UTILE À* (+ inf.) : qu'il est utile de. ◆ *Charge utile,* que peut transporter un véhicule. ♦ n. m. *L'UTILE.* → **bien, utilité.** ◆ loc. *Joindre l'utile à l'agréable.* **2** (personnes) Dont l'activité est ou peut être avantageusement mise au service d'autrui. ♦ *Animaux utiles* (opposé à *nuisible*). **3** *En temps utile :* au moment opportun.

utilement adv. ▪ D'une manière utile.

utilisable adj. ▪ Qui peut être utilisé.

utiliser v. tr. [1] ▪ **1** Rendre utile, faire servir à une fin précise. → **employer,** se **servir** de. **2** Employer. *Utiliser un procédé.* ► **utilisation** n. f. (action ; manière). ► **utilisateur, trice** n. → **usager.**

utilitaire adj. ▪ **1** Qui vise essentiellement à l'utile. ◆ *Véhicules utilitaires :* camions, autocars, etc. (opposé à *de tourisme*). **2** péj. Préoccupé des seuls intérêts matériels.

utilitarisme n. m. ▪ philos. Doctrine selon laquelle l'utile est le principe de toutes les valeurs. ► **utilitariste** adj. et n.

utilité n. f. ▪ **1** Caractère de ce qui est utile. **2** Le bien ou l'intérêt (de qqn). *Pour mon utilité.* → **convenance.** ◆ *Association reconnue d'utilité publique.* **3** Emploi subalterne d'acteur. loc. *Jouer les utilités.*

utopie n. f. ▪ Idéal, vue politique ou sociale qui ne tient pas compte de la réalité. ♦ Conception ou projet qui paraît irréalisable. → **chimère, rêve.** ► **utopique** adj.

utopiste n. ▪ Auteur d'utopies ; esprit attaché à des utopies. → **rêveur.**

utriculaire ▪ **1** n. f. bot. Herbe aquatique portant des utricules qui servent à la capture de petits animaux. **2** adj. didact. En forme d'utricule.

utricule n. m. ▪ **1** bot. Petit organe en forme d'outre porté par certains végétaux. **2** anat. Vésicule occupant la partie supérieure du vestibule de l'oreille interne.

U. V. [yve] n. m. pl. ▪ → **ultraviolet.**

uval, ale, aux adj. ▪ didact. Du raisin.

uva-ursi n. m. invar. ▪ bot. Busserole.

uvée n. f. ▪ anat. Tunique moyenne de l'œil, comprenant la choroïde et l'iris.

uvéite n. f. ▪ méd. Inflammation de l'uvée.

uvulaire adj. et n. f. ▪ anat. Qui a rapport à la luette. ♦ phonét. *R uvulaire*, produit par l'action de la luette vibrant contre le dos de la langue.

uvule n. f. ▪ anat. Luette.

uxorilocal, ale, aux adj. ▪ didact. Se dit du type de résidence des couples lorsqu'elle est déterminée par la résidence de l'épouse.

V

v [ve] n. m. ■ Vingt-deuxième lettre de l'alphabet, dix-septième consonne. ➛ *Décolleté en V*, en pointe. ♦ *V* : cinq (en chiffres romains).

V ■ Symbole chimique du vanadium.

V1, V2 [veœ̃, vedø] n. m. invar. ■ Fusée porteuse d'explosifs, utilisée par les Allemands contre les Alliés en 1944-1945.

va ■ **1** Forme du verbe *aller**. ♦ fam. *Va pour* : je suis d'accord pour. **2** interj. *Va !*, s'emploie pour encourager ou menacer.

vacance n. f. ■ **I 1** Période où les tribunaux interrompent leur activité. **2** État d'une charge, d'un poste vacant. **II** au plur. **1** Période pendant laquelle les écoles, les universités ne sont pas en activité. **2** Repos, cessation des occupations ordinaires. ♦ Temps de repos accordé aux salariés. → **congé.**

vacancier, ière n. ■ Personne en vacances. → **estivant.**

vacant, ante adj. ■ **1** Qui n'a pas de titulaire. **2** Libre. *Siège vacant.*

vacarme n. m. ■ **1** Grand bruit de personnes assemblées. **2** Bruit assourdissant.

vacataire n. et adj. ■ Personne affectée à une fonction pour un temps déterminé.

vacation n. f. ■ admin. Temps consacré à l'accomplissement d'une fonction. ➛ Travail fait pendant ce temps.

vaccaire n. f. ■ bot. Plante à fleurs roses appelée aussi *saponaire des vaches.*

vaccin n. m. ■ Substance pathogène qui, inoculée, confère l'immunité contre une maladie.

vaccinal, ale, aux adj. ■ **1** méd. Qui a rapport à la vaccine. **2** Qui a trait à la vaccination, qui est causé par une vaccination.

vaccination n. f. ■ Inoculation d'un vaccin.

vaccine n. f. ■ vieilli Maladie infectieuse des bovins, inoculée contre la variole.

vacciner v. tr. 1 ■ Immuniser par un vaccin. ▷ p. p. **vacciné, ée 1** *Enfants vaccinés.* **2** fig., fam. *Être vacciné contre qqch.*, préservé par l'expérience d'une chose désagréable.

vaccinogène adj. ■ didact. Se dit d'un organisme producteur de vaccin.

vaccinoïde ■ méd. **1** n. f. Éruption vaccinale bénigne que l'on observe souvent chez un sujet vacciné à nouveau. **2** adj. Qui ressemble à la vaccine. *Réaction vaccinoïde.*

vaccinostyle n. m. ■ méd. Lancette à vacciner.

vaccinothérapie n. f. ■ méd. Traitement des maladies infectieuses par les vaccins.

vachard, arde adj. ■ fam. Méchant. *Une réflexion vacharde.*

vache n. f. ■ **I 1** Femelle du taureau (en boucherie, on dit *du bœuf*). *Jeune vache.* → **génisse.** ➛ anglic. *Maladie de la vache folle* ; fam. *la vache folle* : encéphalopathie spongiforme bovine (épizootie). **2** loc. *Vache à lait* : personne, chose qu'on exploite. ➛ *Manger de la vache enragée* : en être réduit à de dures privations. **3** Poils, cuir de vache apprêtés (→ **vachette). II** fam. **1** Personne méchante. ➛ *Peau de vache* (même sens). ➛ *Un coup en vache*, nuisible et hypocrite. ➛ par ext. Salaud. *Ah ! les vaches, ils m'ont oublié !* ♦ spécialt, vx Gendarme, agent de police. *Mort aux vaches !* **2** *La vache !*, exclamation d'étonnement, d'admiration (→ **vachement)** ou d'indignation. **3** adj. Méchant, injuste.

vachement adv. ■ fam. **1** Méchamment. **2** (intensif, admiratif) Beaucoup ; très.

vacher, ère n. ■ Personne qui mène paître les vaches et les soigne.

vacherie n. f. ■ fam. **1** Parole, action méchante. **2** Caractère vache (II, 3), méchant. **3** Chose ratée, nulle.

vacherin n. m. ■ **I** Fromage de vache de Franche-Comté. **II** Meringue à la crème fraîche.

vachette n. f. ■ **1** Jeune vache. **2** Cuir de génisse.

vaciller [-ije ; -ile] v. intr. 1 ■ **1** Être animé de mouvements répétés, alternatifs ; être en équilibre instable. → **chanceler. 2** (lumière) Trembler, être sur le point de s'éteindre ; scintiller faiblement. → **trembloter. 3** fig. (mémoire...) Devenir faible, incertain ; manquer de solidité. ► **vacillant, ante** adj. ► **vacillement** n. m. ou **vacillation** n. f.

vacuité n. f. ■ **1** didact. État de ce qui est vide. **2** Vide moral, intellectuel. ≠ *viduité.*

vacuole n. f. ▪ didact. Petite cavité. ► **vacuolaire** adj.

vacuome n. m. ▪ biol. Ensemble des vacuoles aqueuses d'une cellule végétale.

vacuum [vakɥɔm] n. m. ▪ sc. Espace vide, sans matière. → **vide.**

vade-mecum [vademekɔm] n. m. invar. ▪ littér. Livre (manuel, guide) que l'on garde sur soi pour le consulter.

vadrouille n. f. ▪ **I** mar. Tampon à manche, balai pour nettoyer le pont d'un navire. **II** fam. Action de vadrouiller.

vadrouiller v. intr. [1] ▪ fam. Se promener sans but précis. → **flâner.**

vadrouilleur, euse adj. et n. ▪ fam. Qui vadrouille, traîne sans but.

va-et-vient n. m. invar. ▪ **1** Dispositif servant à établir une communication dans les deux sens. ◆ spécialt Dispositif électrique permettant d'allumer et d'éteindre de plusieurs endroits. **2** Mouvement alternatif. **3** Allées et venues.

vagabond, onde ▪ **I** adj. **1** littér. Qui mène une vie errante. → **nomade. 2** fig. Qui change sans cesse. *Humeur vagabonde.* **II** n. Personne sans domicile fixe et sans ressources.

vagabonder v. intr. [1] ▪ **1** Circuler sans but, sans avoir de lieu de repos. → **errer. 2** fig. Passer sans s'arrêter d'un sujet à l'autre. ► **vagabondage** n. m.

vagal, ale, aux adj. ▪ anat. Relatif au nerf vague. ◆ méd. *Malaise vagal.*

vagin n. m. ▪ Organe sexuel féminin, conduit qui s'étend de l'utérus à la vulve. ► **vaginal, ale, aux** adj.

vaginisme n. m. ▪ méd. Contraction spasmodique des muscles constricteurs du vagin, qui peut se produire au cours d'un rapport sexuel.

vaginite n. f. ▪ Inflammation de la muqueuse du vagin.

vagir v. intr. [2] ▪ Pousser de faibles cris.

vagissant, ante adj. ▪ Qui vagit.

vagissement n. m. ▪ **1** Cri du nouveau-né. **2** Cri plaintif et faible (animaux).

vagolytique adj. ▪ physiol. Qui paralyse le nerf vague.

vagotonie n. f. ▪ méd. Prédominance de l'activité du système parasympathique (du *nerf vague*), se traduisant principalement par une lenteur du pouls, une tension artérielle basse, etc. ► **vagotonique** adj. et n.

① **vague** n. f. ▪ **1** Inégalité de la surface d'une étendue liquide (mer, lac...) agitée ; masse d'eau qui se soulève et s'abaisse. **2** fig. Mouvement analogue. *Une vague d'enthousiasme.* ◆ loc. *Faire des vagues,* des remous. ◆ *La nouvelle vague :* la dernière génération ou tendance. ◆ (idée de déferlement) *Vague de chaleur, de froid.* **3** Masse (d'hommes, de choses) qui se répand brusquement. **4** Surface ondulée. *Les vagues d'une chevelure.*

② **vague** adj. ▪ *Terrain vague,* vide de constructions, en ville.

③ **vague** ▪ **I** adj. **1** Que l'esprit a du mal à saisir, mouvant, mal défini. → **confus, incertain ; flou, indéfini.** ◆ (avant le n.) Insuffisant, faible. *Je n'en ai qu'une vague idée.* **2** *Regard vague,* qui exprime l'indécision. **3** Perçu d'une manière imparfaite. *De vagues contours.* **4** Qui n'est pas ajusté, serré. *Manteau vague.* **5** (avant le n.) Dont l'identité précise importe peu ; quelconque. *Un vague cousin.* **II** n. m. **1** Ce qui n'est pas défini, fixé (espace, domaine). *Regarder dans le vague.* ◆ *Rester dans le vague :* ne pas préciser sa pensée. **2** loc. *Vague à l'âme :* mélancolie. **III** adj. *Le nerf vague :* le nerf pneumogastrique.

vaguelette n. f. ▪ Petite vague. → **ride.**

vaguement adv. ▪ **1** D'une manière vague, en termes imprécis. **2** D'une manière incertaine ou douteuse.

vaguemestre n. m. ▪ Sous-officier chargé de la poste (armée, marine).

vaguer v. intr. [1] ▪ littér. Aller au hasard, sans but précis. → **errer.** ◆ fig. (pensées, regards) Errer, ne pas se fixer. → **vagabonder.**

vahiné n. f. ▪ Femme de Tahiti.

vaigrage n. m. ▪ mar. Ensemble des vaigres ; côté intérieur des membrures.

vaigre n. f. ▪ mar. Planche qui revêt le côté intérieur des membrures d'un navire.

vaillance n. f. ▪ **1** littér. Bravoure. **2** Courage d'une personne que la souffrance, le travail n'effraient pas.

vaillant, ante adj. ▪ **I 1** littér. Plein de bravoure, de courage (pour se battre, pour le travail). **2** région. Vigoureux. **II** vx Qui vaut qqch. ◆ loc. *N'avoir pas un sou vaillant :* être pauvre. ► **vaillamment** adv.

vaillantie [-ti] n. f. ▪ bot. Plante herbacée des lieux arides, à fleurs blanches ou jaunâtres.

vain, vaine adj. ▪ **I** (choses) **1** littér. Dépourvu de valeur, de sens. → **insignifiant.** loc. *Ce n'est pas un vain mot.* ◆ Qui n'a pas de base sérieuse. → **illusoire.** *Un vain espoir.* **2** Sans efficacité. **II** (personnes) littér. Fier de soi sans avoir de raisons de l'être (→ **vanité). III** *EN VAIN* loc. adv. : sans résultat, sans que la chose en vaille la peine. ► **vainement** adv.

vaincre v. tr. [42] ▪ **1** L'emporter par les armes sur (un ennemi). → **battre.** ◆ Dominer. **2** L'emporter sur (un adversaire, un concurrent) dans une compétition. **3** Faire reculer ou disparaître. → **dominer, surmonter.** *Vaincre sa timidité.*

vaincu, ue adj. ▪ (opposé à *vainqueur*) Qui a subi une défaite. *S'avouer vaincu :* reconnaître sa défaite. ◆ n. *Malheur aux vaincus !*

vainqueur n. ▪ **1** Personne qui a gagné une bataille, une guerre. ➛ adj. Victorieux. **2** Gagnant(e). → **champion, lauréat.** *La grande vainqueur du tournoi.* **3** Personne qui a triomphé (d'une force, d'une difficulté naturelle). *Le vainqueur de l'Everest.*

vair n. m. ▪ Fourrure de petit-gris.

① **vairon** n. m. ▪ Petit poisson des eaux courantes, au corps cylindrique.

② **vairon** adj. m. ▪ Se dit des yeux à l'iris cerclé d'une teinte blanchâtre.

vaisseau n. m. ▪ **I 1** vieilli Bateau d'une certaine importance. → **navire ; bâtiment. 2** *Vaisseau spatial* : véhicule des astronautes. **II** Espace allongé que forme l'intérieur d'un grand bâtiment, surtout voûté. → **nef. III** Organe, tube où circulent des liquides organiques, et spécialt le sang (artères, veines). → **vasculaire.**

vaisselier n. m. ▪ Meuble rustique, buffet où la vaisselle est exposée.

vaisselle n. f. ▪ **1** Ensemble des récipients qui servent à présenter, à mettre la nourriture. **2** Ces récipients qu'il faut laver. ➛ Lavage de la vaisselle.

① **val,** plur. **vaux** ou **vals** n. m. ▪ **1** (dans des noms de lieux) Vallée. *Le Val de Loire.* **2** loc. *Par monts* et par vaux.*

② **VAL** [val] n. m. (sigle de *véhicule automatique léger*) ▪ (en France) Métro entièrement automatisé, sans conducteur.

valable adj. ▪ **1** Qui remplit les conditions requises (pour être accepté). → **valide.** *Contrat valable.* **2** Qui a une valeur reconnue. → **acceptable, sérieux.** *Sans raison valable.* **3** (emploi critiqué) Qui a des qualités appréciables. *Une solution valable.*

valablement adv. ▪ **1** De manière à produire ses effets juridiques. **2** À bon droit. **3** D'une manière appréciable.

valdinguer v. intr. [1] ▪ fam. Tomber. ➛ *Envoyer valdinguer.* → **promener.**

valençay n. m. ▪ Fromage de chèvre en forme de pyramide. *Des valençays.*

valence n. f. ▪ Nombre de liaisons chimiques qu'un atome ou un ion peut avoir avec ceux d'autres substances, en combinaison.

valenciennes n. f. ▪ Dentelle fine, fabriquée initialement à Valenciennes, puis en Belgique.

-valent, ente Élément qui signifie (en chimie) « qui a pour valence ».

valentinite n. f. ▪ minér. Oxyde naturel d'antimoine.

valériane n. f. ▪ Plante à fleurs roses ou blanches, à la racine ramifiée.

valérianelle n. f. ▪ bot. Mâche.

valérique adj. ▪ chim. *Acide valérique,* extrait de la valériane.

valet n. m. ▪ **I 1** Domestique. → **laquais, serviteur.** ➛ anciennt *Valet de pied* : domestique en livrée. ➛ *Valet de chambre* : domestique masculin. **2** Salarié chargé de travaux manuels. *Valet de ferme* : ouvrier agricole. **II** Carte à jouer sur laquelle est représenté un jeune écuyer. *Le valet de pique.*

valetaille n. f. ▪ péj. Ensemble de personnes serviles.

valétudinaire adj. et n. ▪ littér. Maladif.

valeur n. f. ▪ **I 1** Ce qui rend une personne digne d'estime. → **mérite.** *C'est un homme de grande valeur.* **2** littér. Courage (→ **valeureux). II 1** Caractère mesurable (d'un objet) qui le rend susceptible d'être échangé, d'être désiré. → **prix ; valoir.** ➛ loc. *Mettre en valeur* : faire valoir, faire produire (un bien matériel, un capital) ; fig. montrer à son avantage. **2** Qualité estimée, en économie. *Taxe à la valeur ajoutée.* → **T. V. A. 3** *Valeurs (mobilières)* : titres. *Valeurs cotées (en Bourse).* → **effet, titre. III 1** Caractère de ce qui est digne d'estime (selon une norme sociale). **2** Qualité estimée. ➛ loc. *Jugement de valeur,* par lequel on affirme que qqch. est plus ou moins digne d'estime. **3** Qualité de ce qui produit l'effet souhaité. *La valeur d'une méthode.* → **efficacité. 4** UNE VALEUR : ce qui est vrai, beau, bien (pour une culture). *Les valeurs morales, esthétiques.* **IV 1** Mesure (d'une grandeur, d'une quantité variable). ➛ Quantité approximative. *Ajoutez la valeur d'un verre d'eau.* **2** Effet, fonction d'un signe, par convention. *La valeur des cartes change selon les jeux.* ♦ mus. Durée relative (d'une note, d'un silence). ♦ didact. Sens, dans un système d'oppositions.

valeureux, euse adj. ▪ littér. Brave, courageux. → **vaillant.** ▸ **valeureusement** adv.

valgus [-ys] adj. et n. m. ▪ méd. Se dit du pied, du genou, de la cuisse, de la main qui sont déviés en dehors (opposé à *varus*). *Pied bot valgus.* ♦ n. m. *Valgus du pied.*

valide adj. ▪ **1** Qui est en bonne santé, capable de travail, d'exercice. **2** (choses) Qui présente les conditions requises pour produire son effet. → **valable.**

valider v. tr. [1] ▪ Rendre ou déclarer valide (2). → **entériner, homologuer, ratifier.** ▸ **validation** n. f.

validité n. f. ▪ Caractère valide (2).

valine n. f. ▪ biochim. Acide aminé essentiel, l'un des constituants des protéines.

valise n. f. ▪ **1** Bagage de forme rectangulaire, pouvant être porté à la main. **2** *Valise diplomatique* : correspondance et objets transportés couverts par l'immunité diplomatique. **3** fig., fam. Poche sous les yeux.

vallée n. f. ▪ **1** Espace allongé entre deux zones plus élevées (pli concave) ou situé de part et d'autre du lit d'un cours d'eau. → **val, vallon ;**

gorge, ravin. ♦ relig. *Vallée de larmes,* la vie terrestre. **2** Région qu'arrose un cours d'eau. → **bassin. 3** en montagne Région moins haute (par oppos. aux sommets).

valleuse n. f. ■ région. (Ouest) Petite vallée suspendue, formant entaille dans une falaise.

vallisnérie n. f. ■ bot. Plante herbacée aquatique à longues feuilles rubanées.

vallon n. m. ■ Petite dépression allongée entre deux collines, deux coteaux. → **vallée.** ► **vallonné, ée** adj.

vallonnement n. m. ■ Relief de vallons et de collines.

valoche n. f. ■ fam. Valise (1 et 3).

valoir v. [29] ■ **I** v. intr. **1** Correspondre à (une valeur) ; avoir un rapport d'égalité avec (autre chose) selon une estimation. → **coûter, faire.** *Valoir peu, beaucoup.* **2** Correspondre, dans le jugement des humains, à (une qualité, une utilité). *Prendre une chose pour ce qu'elle vaut.* ◆ *Cela ne lui vaut rien,* ne lui réussit pas. **3** sans compl. Avoir de la valeur, de l'intérêt, de l'utilité ; agir, s'appliquer. *Cette loi vaut pour tout le monde.* ◆ loc. *Cela ne me dit rien qui vaille :* cela m'inquiète. ◆ *Vaille que vaille :* tant bien que mal. ◆ *À valoir :* dont la valeur est à déduire (somme). **4** *FAIRE VALOIR :* faire apprécier plus. ◆ Rendre efficace. *Faire valoir ses droits,* les exercer, les défendre. ◆ *Se faire valoir :* se montrer à son avantage. ♦ Rendre productif (un bien). → **exploiter. 5** Être égal en valeur à (qqch. ; qqn d'autre). ◆ pronom. Être équivalent. **6** *VALOIR MIEUX QUE* (+ nom) : avoir plus de valeur que. ♦ impers. *Il vaut mieux, mieux vaut :* il est préférable de. ◆ *Il vaut mieux que* (+ subj.). **7** Mériter (un effort, un sacrifice). *Cela vaut le dérangement.* ◆ loc. *Valoir la peine,* fam. *le coup :* mériter qu'on prenne la peine (de...) ; être bon, excellent. **II** v. tr. Faire obtenir, avoir pour conséquence. → **procurer.** *Qu'est-ce qui me vaut cet honneur ?*

valoriser v. tr. [1] ■ **1** Faire prendre de la valeur à (qqch., un bien), augmenter la valeur attribuée à (qqch.). **2** Augmenter la valeur reconnue de (qqn). ► **valorisant, ante** adj. ► **valorisation** n. f.

valpolicella [valpɔlitʃɛlla ; -ʃela] n. m. ■ Vin rouge italien, fruité et peu corsé.

valse n. f. ■ **1** Danse à trois temps, où chaque couple tourne sur lui-même. ◆ Musique au rythme de cette danse. *Les valses de Chopin.* **2** fig., fam. Mouvement fréquent de personnel. *La valse des ministres.* ♦ Changements répétés. *La valse des prix.*

valser v. intr. [1] ■ **1** Danser la valse, une valse. ► **valseur, euse** n. **2** fam. Être projeté. ◆ *Faire valser :* déplacer. *Envoyer valser qqn,* le rembarrer **(→ promener).**

valseuses n. f. pl. ■ argot Testicules.

valve n. f. ■ **1** Chacune des deux parties de la coquille (bivalve*) de mollusques et crustacés. **2** Système de régulation d'un courant de fluide. ◆ Soupape à clapet. *Valve de chambre à air.* **3** Appareil qui laisse passer le courant électrique dans un sens.

valvule n. f. ■ anat. Repli qui règle le débit des vaisseaux. ► **valvulaire** adj.

valvuloplastie n. f. ■ chir. Opération par laquelle on répare une valvule cardiaque.

vamp [vɑ̃p] n. f. ■ anglic. Femme fatale.

vamper v. tr. [1] ■ fam. Séduire par des allures de vamp.

vampire n. m. ■ **I 1** Fantôme censé sortir la nuit de son tombeau pour aller sucer le sang des vivants. **2** fig. Homme avide d'argent. ♦ Meurtrier cruel. **II** Chauve-souris insectivore de l'Amérique du Sud, qui suce parfois le sang des animaux.

vampirique adj. ■ Relatif aux vampires, qui ressemble aux vampires.

vampiriser v. tr. [1] ■ Absorber la substance, la force vitale de (qqn), en le dominant psychologiquement.

vampirisme n. m. ■ **1** vx Faits attribués aux vampires ; croyance à leur activité. **2** fig. Âpre avidité, exploitation féroce.

① **van** n. m. ■ Large panier à anses, à fond plat, qui sert à vanner les grains.

② **van** n. m. ■ anglic. Voiture servant au transport des chevaux de course.

vanadinite n. f. ■ minér. Combinaison naturelle du plomb avec le chlore et le vanadium.

vanadique adj. ■ chim. Se dit des dérivés du vanadium pentavalent.

vanadium [-jɔm] n. m. ■ chim. Élément (symb. V, n° at. 23, masse at. 50,94), métal blanc peu fusible.

vandale n. ■ Destructeur brutal, ignorant.

vandaliser v. tr. [1] ■ Détériorer volontairement (des œuvres d'art, des biens publics).

vandalisme n. m. ■ Destruction ou détérioration des œuvres d'art, des équipements publics.

vandoise n. f. ■ Poisson d'eau douce, aussi appelé *chevesne, meunier.*

vanesse n. f. ■ Papillon diurne aux riches couleurs, au vol rapide.

vanille n. f. ■ **1** Gousse du vanillier, qui, séchée, devient noire et aromatique. **2** La substance aromatique. ► **vanillé, ée** adj.

vanillier n. m. ■ Plante tropicale à tige grimpante, dont le fruit est la vanille.

vanillisme [-li-] n. m. ■ méd. Intoxication provoquée par la manipulation ou l'ingestion de la vanille.

vanillon n. m. ■ comm. Vanille d'une variété à petites gousses du Mexique et des Antilles.

vanité n. f. ■ I 1 vieilli Caractère de ce qui est vain (I, 1 et 2). 2 Défaut d'une personne vaine*, trop satisfaite d'elle-même. → **fatuité, prétention, suffisance.** II didact. Image, tableau évoquant la vanité (I, 1), la futilité des choses humaines et la mort.

vaniteux, euse adj. et n. ■ Plein de vanité (I, 2). → **orgueilleux, prétentieux, suffisant.**

vanity-case [-kɛz] n. m. ■ anglic. Petit bagage ou sac pour les produits de beauté féminins. *Des vanity-cases.* - abrév. **vanity.** *Des vanitys.*

vannage n. m. ■ Action de vanner (I).

vannage n. m. ■ Action de vanner (les grains).

① **vanne** n. f. ■ Panneau vertical mobile réglant le débit dans une canalisation. *Les vannes d'une écluse.*

② **vanne** n. f. ■ fam. Plaisanterie ou allusion désobligeante.

vanné, ée adj. ■ fam. Très fatigué.

vanneau n. m. ■ Oiseau échassier de la taille du pigeon, à huppe noire.

vannelle n. f. ■ techn. Petite vanne d'écluse. ♦ Petite valve d'une conduite d'eau.

vanner v. tr. 1 ■ I Secouer dans un van (les grains), pour trier, nettoyer. II fig. Accabler de fatigue (→ **vanné**).

vannerie n. f. ■ 1 Fabrication des objets tressés avec des fibres végétales, des tiges (osier, rotin). 2 Objets ainsi fabriqués. ► **vannier, ière** n.

vannet n. m. ■ techn. Filet de pêche qu'on tend sur le bord de la mer pour qu'il soit recouvert par le flux.

vanneur, euse n. ■ Personne qui vanne (I) les grains.

vannure n. f. ■ Matières (balle, paille) séparées du grain par le vannage.

vantail, aux n. m. ■ Panneau mobile. → **battant.**

vantard, arde adj. ■ Qui a l'habitude de se vanter. ◆ n. *Quel vantard !* ► **vantardise** n. f.

vanter v. 1 ■ v. tr. littér. Parler très favorablement de (qqn ou qqch.) ; louer, avec excès. ▷ v. pron. se **vanter** 1 Exagérer ses mérites. 2 *SE VANTER DE* : tirer vanité de, prétendre avoir fait. ♦ Prétendre être capable de (faire qqch.).

va-nu-pieds n. invar. ■ Vagabond misérable.

vape n. f. ■ loc. *Être dans la vape, dans les vapes,* dans l'hébétude, la somnolence.

vapeur ■ I n. f. 1 Amas visible, traînée de très fines gouttelettes d'eau suspendues dans l'air. → **brouillard, brume, nuage.** 2 *Vapeur (d'eau),* eau à l'état gazeux, au-dessus de son point d'ébullition. ◆ *À VAPEUR*, actionné par la vapeur d'eau. ◆ loc. *Renverser la vapeur* (fig. agir en sens contraire). ◆ *À toute vapeur* : à toute vitesse. ♦ *Bain de vapeur.* → **étuve.** 3 sc. Substance à l'état gazeux au-dessous de sa température critique. *Vapeur d'essence.* 4 Troubles, malaises (exhalaisons montant au cerveau). *Les vapeurs de l'ivresse.* II n. m. vx Bateau à vapeur.

vapocraquage n. m. ■ techn. Craquage* d'un hydrocarbure en présence de vapeur d'eau.

vaporeux, euse adj. ■ 1 littér. Voilé par des vapeurs. → **nébuleux.** 2 Léger, fin et transparent. *Tutu vaporeux.*

vaporisage n. m. ■ techn. Opération consistant à soumettre des textiles à l'action de la vapeur, en vue de donner de l'apprêt, de fixer les couleurs.

vaporisateur n. m. ■ Pulvérisateur, atomiseur.

vaporiser v. tr. 1 ■ 1 Disperser et projeter en fines gouttelettes. → **pulvériser.** 2 didact. Transformer en vapeur. ▷ v. pron. se **vaporiser** ► **vaporisation** n. f.

vapoter v. intr. 1 ■ fam. Utiliser une cigarette électronique. ► **vapotage** n. m.

vapoteur, euse n. ■ fam. 1 Personne qui utilise une cigarette électronique. 2 n. f. Cigarette électronique.

vaquer v. tr. ind. 1 ■ *Vaquer à* : s'occuper de. *Vaquer à ses occupations.*

varaigne n. f. ■ région. (Ouest) Ouverture par laquelle l'eau de mer entre dans un marais salant.

varan n. m. ■ zool. Reptile saurien, grand lézard.

① **varangue** n. f. ■ mar. Pièce courbe ou fourchue, placée sur la quille, perpendiculaire à l'axe du navire.

② **varangue** n. f. ■ Véranda en usage dans les pays de l'océan Indien.

varappe n. f. ■ Ascension d'un couloir rocheux, d'une paroi, en montagne. ► **varapper** v. intr. 1 ► **varappeur, euse** n.

varech [-ɛk] n. m. ■ Algues, goémons rejetés par la mer, qu'on récolte sur le rivage.

vareuse n. f. ■ 1 Blouse courte en grosse toile. 2 Veste d'uniforme. ◆ Veste ample.

varia n. m. pl. ■ didact. Recueil d'œuvres variées.

variable adj. ■ 1 Susceptible de se modifier, de changer souvent. → **changeant, incertain, instable.** *Temps variable.* ◆ *Vent variable* (en direction ou intensité). ♦ sc. Qui prend, peut prendre plusieurs valeurs distinctes. ◆ n. f. Symbole ou terme auquel on peut attribuer plusieurs valeurs numériques différentes (s'oppose à *constante*). 2 Qui prend plusieurs aspects, fonctions (selon les circonstances...). 3 Conçu, fabriqué pour subir des variations. *Objectif à focale variable.* ► **variabilité** n. f.

variance n. f. ■ statist. Moyenne des carrés des écarts. *L'écart type, racine carrée de la variance.*

variant n. m. ▪ biol. Organisme qui se différencie des autres membres de la même espèce par des caractères mineurs.

variante n. f. ▪ **1** Élément d'un texte qui présente des différences par rapport à la version éditée ; différence entre versions. **2** Forme ou solution légèrement différente. **3** Mot, expression qui s'écarte d'un type. *Variantes dialectales.*

variateur n. m. ▪ **1** mécan. *Variateur de vitesse :* appareil permettant de transmettre le mouvement d'un arbre à un autre arbre en modifiant la vitesse de rotation de ce dernier. **2** Dispositif permettant de faire varier une intensité électrique. *Le variateur d'une lampe halogène.*

variation n. f. ▪ **1** Suite de changements. **2** Passage d'un état à un autre ; différence entre deux états successifs. → **modification. 3** Écart entre deux valeurs numériques (d'une variable) ; modification d'une grandeur. *Variations de température.* **4** mus. Composition formée d'un thème et de ses modifications (transpositions, développements...). *Variations pour piano.*

varice n. f. ▪ Dilatation (permanente) d'un vaisseau, d'une veine (surtout aux jambes).

varicelle n. f. ▪ Maladie infectieuse, contagieuse, à éruptions.

varicocèle n. f. ▪ pathol. Dilatation variqueuse des veines du cordon spermatique, des veines ovariennes.

varicosité n. f. ▪ pathol. Dilatation permanente des veines, parfois avec nécrose.

varié, ée adj. ▪ **1** Qui présente des aspects ou des éléments distincts. → **divers. 2** au plur. Qui donnent une impression de diversité. *Hors-d'œuvre variés.*

varier v. [7] ▪ **I** v. tr. **1** Donner à (une seule chose) plusieurs aspects distincts. *Varier son alimentation.* **2** Rendre (plusieurs choses) nettement distinctes, diverses. *Varier ses lectures.* **II** v. intr. **1** Présenter au cours d'une durée plusieurs modifications ; changer. ♦ (personnes) Ne pas conserver la même attitude, les mêmes opinions. **2** (sujet chose) Se réaliser sous des formes diverses. → **différer.**

variétal, ale, aux adj. ▪ didact. D'une variété, en sciences. *Caractères spécifiques* (de l'espèce) *et caractères variétaux.*

variété n. f. ▪ **1** Caractère d'un ensemble formé d'éléments variés ; différences entre ces éléments. → **diversité. 2** Subdivision de l'espèce, délimitée par la variation de caractères individuels. **3** au plur. Titre de recueils sur des sujets variés. ♦ *Spectacle, émission de variétés,* comprenant des attractions variées.

variole n. f. ▪ Maladie infectieuse, épidémique et contagieuse, avec éruption de boutons. → petite **vérole.** ▶ **varioleux, euse** adj. et n. et **variolique** adj.

variolé, ée adj. ▪ méd. Marqué de cicatrices dues à la variole. *Un visage variolé.*

variomètre n. m. ▪ **1** techn. Appareil servant à la mesure des inductances électriques. **2** aviat. Instrument de mesure des vitesses ascensionnelles.

variorum [-ɔm] adj. invar. ▪ didact. *Édition variorum,* avec l'ensemble des notes et commentaires donnés sur un auteur ou une œuvre.

variqueux, euse adj. ▪ Accompagné de varices. *Ulcère variqueux.*

varlope n. f. ▪ Grand rabot à poignée, qui se manie à deux mains.

varloper v. tr. [1] ▪ techn. Travailler (le bois) à la varlope.

varon n. m. ▪ vétér. Tumeur avec perforation, sur la peau des bovins, provoquée par la larve de l'hypoderme ; cette larve. – var. **varron.**

varus [-ys] adj. et n. m. ▪ méd. Se dit du pied, du genou, de la cuisse, de la main, quand ils sont tournés en dedans (opposé à *valgus*). *Un tibia varus.* ➛ n. m. *Un varus :* un pied bot varus.

varve n. f. ▪ géol. Mince lit de vase.

vasard, arde adj. et n. m. ▪ région. Constitué de vase. *Sable vasard,* mêlé de vase. ➛ n. m. Fond de vase molle.

vasculaire adj. ▪ didact. Qui appartient aux vaisseaux (III), contient des vaisseaux. ♦ bot. (végétaux) À tige, racine(s) et feuilles.

vasculariser v. tr. [1] ▪ didact. Pourvoir de vaisseaux (III) (surtout pronom. et p. p.). *Tissus vascularisés.* ▶ **vascularisation** n. f.

① **vase** n. m. ▪ **1** Récipient pour des usages nobles, ou à valeur artistique. *Vases grecs.* **2** Récipient pour les fleurs coupées. **3** *Vases sacrés,* destinés à la célébration de la messe. **4** Récipient utilisé en chimie. ➛ loc. *Le principe des vases communicants* (fig. se dit de deux choses dont l'une s'accroît quand l'autre diminue). **5** loc. *En vase clos :* sans communication avec l'extérieur.

② **vase** n. f. ▪ Dépôt de terre et de particules organiques en décomposition (dans l'eau).

vasectomie n. f. ▪ méd. Section des canaux déférents des testicules (entraînant la stérilité).

vaseline n. f. ▪ Substance molle (mélange d'hydrocarbures), utilisée en pharmacie.

vaseliner v. tr. [1] ▪ Enduire de vaseline.

vaser v. impers. [1] ▪ argot Pleuvoir.

vaseux, euse adj. ▪ **I** Qui contient de la vase, est formé de vase. **II** fam. **1** (personnes) Faible, en état de malaise. **2** (choses abstraites) Trouble, embarrassé.

vasière n. f. ▪ région. ou techn. **1** Endroit, fond vaseux. **2** Premier bassin d'un marais salant, où arrive l'eau de mer. **3** Parc à moules.

vasistas [-ɑs] n. m. ▪ Petit vantail pouvant s'ouvrir dans une porte ou une fenêtre.

vas(o)- Élément, du latin *vas* «récipient».

vasoconstricteur, trice adj. ■ (nerf) Qui commande la diminution du calibre d'un vaisseau. ► **vasoconstriction** n. f.

vasodilatateur, trice adj. ■ (nerf) Qui commande la dilatation des vaisseaux. ► **vasodilatation** n. f.

vasomoteur, trice adj. ■ Relatif à la dilatation et à la contraction des vaisseaux.

vasopresseur n. m. ■ méd. Substance qui contracte les artères.

vasopressine n. f. ■ méd. Hormone hypophysaire qui contracte les artères et élève la pression sanguine.

vasouiller v. intr. [1] ■ fam. Être hésitant, peu sûr de soi, maladroit (dans une réponse...). ► **vasouillard, arde** adj. → **vaseux** (II).

vasque n. f. ■ **1** Bassin ornemental peu profond. **2** Large coupe décorative. **3** Cuvette de lavabo évasée.

vassal, ale, aux n. ■ **1** hist. Sous le système féodal, Homme lié personnellement à un seigneur, un suzerain qui lui concédait la possession d'un fief. **2** Personne, groupe dépendant d'un autre. ► **vassalité** n. f.

vassaliser v. tr. [1] ■ hist. ou littér. Asservir, rendre semblable à un vassal. ► **vassalisation** n. f.

vaste adj. ■ **1** (surface) Très grand, immense. **2** Très grand (construction). ➛ Ample. **3** Important en quantité. **4** Étendu dans sa portée ou son action. *Un vaste sujet.*

vastitude n. f. ■ littér. Caractère de ce qui est vaste ; immensité (concret et abstrait).

va-t-en-guerre n. invar. ■ fam. Militaire, personne qui pousse à la guerre ; partisan de la force dans un conflit. → **belliciste.** ➛ adj. invar. *Des ministres va-t-en-guerre.* ♦ fig. Personne qui recherche le combat, l'affrontement.

vaticane adj. f. ■ didact. Qui a rapport, appartient au Vatican, au Saint-Siège. *La Bibliothèque vaticane* ou *la Vaticane* n. f.

vaticinateur, trice n. ■ littér. Personne qui prétend connaître l'avenir.

vaticiner v. intr. [1] ■ littér. Prédire l'avenir (en parlant comme un oracle), prophétiser. ► **vaticination** n. f.

va-tout n. m. invar. ■ aux cartes Coup où l'on risque tout son argent. ➛ loc. fig. *Jouer son va-tout :* risquer le tout pour le tout.

vau n. m. ■ techn. Pièce porteuse d'un cintre, utilisée pendant la construction d'une voûte. *Des vaux.*

vauchérie n. f. ■ bot. Algue verte filamenteuse, qui croît sur la terre humide ou dans les eaux douces.

vauclusien, ienne adj. et n. ■ **1** Du Vaucluse. **2** géol. *Source vauclusienne,* source karstique*, rivière souterraine venant au jour. → **résurgence.**

vaudeville [-vil] n. m. ■ Comédie légère, divertissante, fertile en rebondissements. ♦ Situation réelle analogue. ► **vaudevillesque** adj.

vaudevilliste [-vil-] n. ■ Auteur de vaudevilles.

① **vaudois, oise** n. ■ Membre d'une secte chrétienne intégriste du Moyen Âge, en France. ➛ adj. *L'hérésie vaudoise.*

② **vaudois, oise** adj. et n. ■ Du pays de Vaud (en Suisse romande).

vaudou, e n. m. et adj. ■ Culte religieux des Antilles, d'Haïti, mélange de pratiques magiques, de sorcellerie et d'éléments chrétiens. ➛ adj. *Cérémonies vaudoues.*

à vau-l'eau loc. adv. ■ loc. fig. *Aller à vau-l'eau :* péricliter par inaction, passivité.

vaurien, enne n. ■ **1** vx Bandit, brigand. **2** Enfant, adolescent effronté.

vautour n. m. ■ **1** Oiseau rapace de grande taille, au bec crochu, à la tête et au cou dénudés. **2** fig. Personne dure et rapace.

vautrait n. m. ■ chasse Grand équipage de chiens pour la chasse au sanglier.

se vautrer v. pron. [1] ■ **1** Se coucher, s'étendre (sur, dans qqch.), en prenant une position abandonnée. ➛ au p. p. *Rester vautré sur son lit.* **2** fig. Se complaire (dans un vice...).

vavasseur n. m. ■ hist. (féodalité) Vassal d'un arrière-fief.

à la va-vite loc. adv. ■ Trop rapidement et sans soin.

vé n. m. ■ techn. Sorte de cale, en forme de v.

veau n. m. ■ **I 1** Petit de la vache, mâle ou femelle, pendant sa première année. ♦ allus. biblique *Adorer le Veau d'or :* avoir le culte de l'argent. **2** Viande de cet animal (viande blanche). **3** Peau de veau ou de génisse, tannée et apprêtée. → ② **box, vélin. II** fig., fam. **1** Nigaud, paresseux. **2** Automobile peu nerveuse.

vécés n. m. pl. ■ fam. Toilettes.

vecteur n. m. ■ **1** math. Segment de droite orienté, être mathématique sur lequel on peut effectuer des opérations. *Vecteurs et tenseurs.* ► **vectoriel, ielle** adj. **2** biol. Animal transmettant un agent infectieux. **3** fig. Intermédiaire. **4** milit. Véhicule capable de transporter une charge nucléaire.

vectoriser v. tr. [1] ■ inform. Transformer (une image) en mode point en image vectorielle. ► **vectorisation** n. f.

vécu, ue ■ adj. Qui appartient à l'expérience de la vie. *Histoire vécue.* → **vrai.** ♦ n. m. *Le vécu,* l'expérience vécue.

véda n. m. ■ didact. Texte religieux et poétique de l'Inde ancienne **(→ védique).**

vedettariat n. m. ▪ Condition de vedette (I, 3). ➛ Système social, culturel où les vedettes sont essentielles.

vedette n. f. ▪ **I 1** *Mettre EN VEDETTE* : mettre en évidence, en valeur. **2** Fait d'avoir son nom imprimé en gros caractères. ♦ fig. *Avoir, tenir la vedette.* **3** Artiste, personne qui jouit d'une grande renommée. → **star.** **II** Petit navire de guerre d'observation. ➛ Canot rapide.

védique adj. ▪ didact. Relatif aux védas.

védisme n. m. ▪ didact. (relig.) Brahmanisme primitif.

végane n. et adj. ▪ Personne qui exclut de son alimentation et de son mode de vie tout produit d'origine animale. ➛ adj. *Le mouvement végane.* → **véganisme.**

véganisme n. m. ▪ Mode de vie des véganes.

végétal, ale, aux n. m. et adj. ▪ **I** n. m. Être vivant caractérisé par des mouvements et une sensibilité plus faibles que les animaux, une composition chimique particulière, une nutrition à partir d'éléments simples. → ①**plante, végétation ; botanique.** **II** adj. **1** Relatif aux plantes. *Règne végétal.* **2** Qui provient de végétaux. *Huiles végétales.*

végétalien, enne adj. et n. ▪ *Régime végétalien,* d'où sont exclus tous les produits d'origine animale. ➛ n. Personne qui suit ce régime. ► **végétalisme** n. m.

végétalisation n. f. ▪ Mise en place d'une couverture végétale.

végétaliser v. tr. [1] ▪ Garnir, couvrir (une surface) de végétaux.

végétarien, enne adj. et n. ▪ *Régime végétarien,* d'où sont exclus la viande, la volaille, le poisson. ➛ n. Personne qui suit ce régime. ► **végétarisme** n. m.

végétatif, ive adj. ▪ **I** Des fonctions contrôlées par le système neurovégétatif. **II** Inactif et immobile. → **végéter** (2).

végétation n. f. ▪ **I** Ensemble des végétaux, des plantes qui poussent en un lieu. → **flore.** **II** au plur. Hypertrophie des replis de la peau ou des muqueuses, notamment des amygdales *(végétations adénoïdes).*

végéter v. intr. [6] ▪ **1** (plantes) Croître avec difficulté. **2** (personnes) Avoir une activité réduite ; vivre dans la médiocrité. ♦ (choses) *Son entreprise végète.*

véhément, ente adj. ▪ littér. Qui a une grande force expressive, qui entraîne ou émeut. → **enflammé, fougueux.** ► **véhémence** n. f.

véhiculaire adj. ▪ didact. *Langue véhiculaire,* qui sert entre peuples de langues différentes (≠ *vernaculaire*).

véhicule n. m. ▪ **I** didact. Ce qui sert à transmettre, à communiquer. *Le langage, véhicule de la pensée.* ♦ relig. Voie du salut, dans le bouddhisme. *Le grand, le petit véhicule* (formes du bouddhisme). **II** cour. Engin de transport à roues, à moyen de propulsion.

véhiculer v. tr. [1] ▪ **1** Transporter (qqn) avec un véhicule (II). **2** Constituer un véhicule (I) pour (qqch.).

veille n. f. ▪ **I 1** Action de veiller (I, 1) ; moment sans sommeil. **2** Garde de nuit. *Prendre la veille.* **3** État d'une personne qui ne dort pas (opposé à *sommeil*). **II** Jour qui en précède un autre. ➛ loc. fam. *Ce n'est pas demain la veille* : ce n'est pas pour bientôt. ➛ *À LA VEILLE DE* (un événement), dans la période qui le précède. ➛ *Être à la veille de* (+ inf.), sur le point de.

veillée n. f. ▪ **1** Temps qui s'écoule entre le repas du soir et le coucher, autrefois consacré à des réunions familiales ou de voisinage. **2** loc. *Veillée d'armes* : préparation à une épreuve. **3** Action de veiller un malade, un mort ; temps passé à le veiller.

veiller v. [1] ▪ **I** v. intr. **1** Rester volontairement éveillé pendant le temps habituel du sommeil. **2** Être en éveil, vigilant. **II 1** v. tr. dir. Rester la nuit auprès de (un malade pour s'occuper de lui ; un mort). **2** v. tr. ind. *VEILLER À qqch.*, s'en occuper activement. ➛ *VEILLER SUR qqn.*

veilleur, euse n. ▪ **1** Soldat de garde. **2** *Veilleur, veilleuse de nuit* : gardien(ne) (d'un hôtel, d'une entreprise...) qui est de service la nuit.

veilleuse n. f. ▪ **1** Petite lampe qu'on laisse allumée pendant la nuit. ➛ Lanterne d'automobile. ➛ loc. fig. *Mettre EN VEILLEUSE* : réduire l'intensité, l'activité. **2** Petite flamme (d'un réchaud, etc.).

veinard, arde adj. et n. ▪ fam. (Personne) qui a de la veine (IV). → **chanceux.**

veine n. f. ▪ **I 1** Vaisseau à ramifications convergentes, qui ramène le sang des capillaires au cœur (s'oppose à *artère*). **2** Les vaisseaux sanguins, symboles de la vie (dans des loc.). *Ne pas avoir de sang dans les veines* : être lâche. **II 1** Filon mince (d'un minéral). **2** Dessin coloré, mince et sinueux (dans le bois, les pierres dures). **III 1** Inspiration de l'artiste. *Veine poétique. Être en veine,* inspiré. **2** *EN VEINE DE* : disposé à. **IV** fam. et vieilli Chance (opposé à *déveine*). → **bol, pot.**

veiné, ée adj. ▪ **I** Qui présente des veines apparentes sous la peau. **II** Qui présente des veines (II), des filons.

veineux, euse adj. ▪ Qui a rapport aux veines (I) (opposé à *artériel*).

veinosité n. f. ▪ méd. Petite veine visible à travers la peau.

veinule n. f. ▪ **1** Petit vaisseau qui, convergeant avec d'autres, forme les veines. **2** bot. Ramification des nervures des feuilles.

veinure n. f. ▪ Dessin des veines du bois, du marbre. ➛ Aspect veiné.

vêlage n. m. ▪ **1** Fait de vêler. **2** géogr. Désagrégation (de la banquise).

vélaire adj. et n. f. ■ phonét. Se dit d'une consonne articulée près du voile du palais (ex. [k]).

velarium ou **vélarium** [velaʀjɔm] n. m. ■ Antiq. Grande toile tendue (sur un amphithéâtre, un cirque). *Des velariums.*

velcro n. m. invar. (nom déposé) ■ Ensemble de deux rubans qui s'agrippent par contact.

veld [vɛlt] n. m. ■ géogr. Steppe herbeuse de l'Afrique du Sud.

vêler v. intr. [1] ■ (vache) Mettre bas.

vél(i)- Élément, du latin *velum* «voile (de bateau)».

vélie n. f. ■ zool. Insecte aquatique qui court à la surface de l'eau, appelé aussi *araignée d'eau.*

vélin n. m. ■ **1** Peau de veau mort-né (→ parchemin). ♦ Cuir de veau. *Reliure de vélin.* **2** Papier très blanc et de pâte très fine.

véliplanchiste n. ■ Personne qui pratique la planche à voile.

vélique adj. ■ didact. Des voiles. *Point vélique :* centre de voilure.

vélite n. m. ■ hist. Soldat d'infanterie légère.

vélivole adj. et n. ■ Relatif au vol à voile ; qui pratique le vol à voile.

velléité n. f. ■ Intention qui n'aboutit pas à une décision. ► **velléitaire** adj. et n.

vélo n. m. ■ **1** Bicyclette. **2** Fait de monter, de rouler à bicyclette. → **cyclisme.**

véloce adj. ■ littér. Agile, rapide. ► **vélocement** adv.

vélocimétrie n. f. ■ didact. Mesure des vitesses.

vélocipède n. m. ■ anciennt Appareil de locomotion, ancêtre de la bicyclette. ► **vélocipédique** adj.

vélocité n. f. ■ **1** rare Mouvement rapide ; rapidité. **2** Agilité, vitesse dans le jeu (d'un instrument de musique).

vélocross n. m. ■ Vélo tout-terrain sans garde-boue ni suspension. → **VTT.**

vélodrome n. m. ■ Piste entourée de gradins, pour les courses cyclistes.

vélomoteur n. m. ■ Vélo à moteur de petite cylindrée, entre 50 et 125 cm^3. → **cyclomoteur.**

vélomotoriste n. ■ rare Personne qui roule à vélomoteur.

véloski n. m. ■ Engin de sport d'hiver, sorte de bicyclette dont les roues seraient remplacées par des skis. → **ski-bob** (anglic.).

velot n. m. ■ techn. Veau mort-né ; sa peau, servant à fabriquer le vélin.

velours n. m. ■ **1** Tissu à deux chaînes superposées dont l'endroit est formé de poils très serrés et dressés. *Velours uni, côtelé.* ♦ loc. fig. *Jouer sur le (du) velours :* agir sans risques. ➝ *Faire patte de velours :* dissimuler un dessein de nuire sous une douceur affectée. **2** fig. Ce qui donne une impression de douceur au toucher, à la vue, au goût. ➝ plais. *Des yeux de velours,* des yeux doux.

velouté, ée adj. et n. m. ■ **1** Qui a la douceur du velours. *Une pêche veloutée.* ♦ fig. *Voix veloutée.* **2** Doux et onctueux (au goût). ♦ n. m. Potage onctueux. **3** n. m. Douceur de ce qui est velouté au toucher ou à l'aspect. *Le velouté de la peau.*

velouter v. tr. [1] ■ Donner l'apparence, la douceur du velours à.

velouteux, euse adj. ■ Qui, au toucher, rappelle le velours. → **velouté.** *Lainage velouteux.*

veloutine n. f. ■ **1** vieilli Poudre de toilette qui veloute la peau. **2** Tissu de coton qui a été gratté pour avoir un aspect velouté (→ **suédine).**

velu, ue adj. ■ Qui a les poils très abondants.

vélum ou **velum** [velɔm] n. m. ■ **1** Grande pièce d'étoffe pour protéger de la pluie, du soleil, tamiser la lumière. **2** zool. Membrane (de méduses) servant à la locomotion.

velux [velyks] n. m. (marque déposée) ■ Fenêtre conçue pour être installée dans un toit en pente. - var. **vélux.**

velvote n. f. ■ Plante à feuilles velues (linaire, etc.).

venaison n. f. ■ Chair de grand gibier (cerf, chevreuil, daim, sanglier).

vénal, ale, aux adj. ■ **1** Qui se laisse corrompre. *Un politicien vénal.* ➝ (choses) *Amour vénal.* **2** écon. Estimé en argent. *La valeur vénale d'un bien.*

vénalement adv. ■ D'une manière vénale. *Agir vénalement.*

vénalité n. f. ■ **1** Fait d'être cédé pour de l'argent au mépris des valeurs morales. **2** Caractère vénal ; corruption. **3** hist. *La vénalité des charges, des offices,* le fait qu'ils s'achetaient et se vendaient.

à tout venant loc. ■ À chacun, à tout le monde (→ tout-venant).

vendable adj. ■ Qui peut être vendu.

vendange n. f. ■ **1** Fait de recueillir les raisins mûrs pour la fabrication du vin. **2** au plur. Époque des vendanges. **3** Raisin récolté pour faire le vin.

vendanger v. [3] ■ **1** v. tr. Récolter les raisins de (la vigne) ; récolter (les raisins) pour faire le vin. **2** v. intr. Faire la vendange. ► **vendangeur, euse** n.

vendangeuse n. f. ■ **I** Plante qui fleurit à l'automne (aster, colchique sauvage). **II** Machine automotrice effectuant la récolte des raisins.

vendéen, enne adj. et n. ■ De la Vendée. ♦ hist. De l'insurrection royaliste des provinces de l'Ouest, pendant la Révolution. ➝ n. *Les Vendéens.* → **chouan.**

vendémiaire n. m. ▪ hist. Premier mois du calendrier révolutionnaire qui commençait le 22 (ou 23) septembre.

vendetta [vɑ̃deta ; -ɛtta] n. f. ▪ Coutume (d'abord italienne, corse) de vengeance réciproque entre deux familles ennemies.

vendeur, euse ▪ **I** n. **1** Personne qui vend ou a vendu (qqch.). **2** Personne dont la profession est de vendre (en général, sans commerce fixe). ♦ Employé qui vend aux clients. **3** Personne qui connaît et applique les procédés de vente. **II** adj. **1** Disposé à vendre. *Il n'est pas vendeur à ce prix.* **2** Qui fait vendre. *Une présentation très vendeuse.*

vendre v. tr. [41] ▪ **1** Céder (qqch.) à qqn en échange d'une somme d'argent. *Il a vendu sa voiture à un ami.* ▸ *À vendre* : offert pour la vente. ♦ Faire commerce de (ce que l'on a fabriqué ou acheté). ♦ Organiser, faire la vente. *Pays qui vend à l'étranger.* → **exporter. 2** souvent péj. Accorder ou céder (un avantage, un service) en faisant payer. **3** Exiger qqch. en échange de. *Vendre chèrement sa vie* : se défendre avec vaillance. **4** Trahir, dénoncer (qqn). ▷ v. pron. se **vendre 1** (passif) Être vendu. **2** (réfl.) Se mettre au service de qqn par intérêt matériel. *Se vendre à un parti.*

vendredi n. m. ▪ Cinquième jour de la semaine, qui succède au jeudi. *Le vendredi saint* : anniversaire de la Crucifixion.

vendu, ue adj. ▪ **1** (choses) Cédé pour de l'argent. **2** (personnes) Qui a promis ses services pour de l'argent. *Juge vendu.* → **corrompu, vénal. 3** n. Personne qui a trahi pour de l'argent. → **traître.** ♦ Crapule.

venelle n. f. ▪ Petite rue étroite. → **ruelle.**

vénéneux, euse adj. ▪ (végétaux) Qui contient un poison. → **toxique.**

vénérable adj. ▪ **1** littér. ou plais. Digne de vénération. ▸ *D'un âge vénérable* : très vieux. **2** n. relig. Personne qui a obtenu le premier degré de la canonisation. ♦ Président d'une loge maçonnique.

vénérer v. tr. [6] ▪ **1** Considérer avec le respect dû aux choses sacrées. → **adorer, révérer. 2** littér. Avoir un grand respect, empreint d'affection, pour (qqn, qqch.). ▶ **vénération** n. f. → **culte, dévotion.**

vénerie n. f. ▪ **1** Art de la chasse à courre. **2** Administration des officiers des chasses (→ **veneur**).

vénérien, enne adj. ▪ *Maladies vénériennes* : maladies contagieuses transmises par les rapports sexuels. → **M. S. T.**

vénérologie n. f. ▪ méd. Médecine des maladies vénériennes. ▶ **vénérologique** adj. ▶ **vénérologue** n.

venet n. m. ▪ pêche Enceinte demi-circulaire de filets verticaux pour retenir le poisson à marée basse.

veneur n. m. ▪ Personne qui organise les chasses à courre. ▸ *Grand veneur* : chef d'une vénerie (2).

vengeance n. f. ▪ Action de se venger ; dédommagement moral de l'offensé par punition de l'offenseur (→ **vendetta**). ▸ prov. *La vengeance est un plat qui se mange froid.*

venger v. tr. [3] ▪ **1** Dédommager moralement (qqn) en punissant son offenseur. *Venger qqn d'une injure.* ▸ (sujet chose) Constituer une vengeance, une compensation. **2** littér. Réparer (une offense) en punissant l'offenseur. *Venger une injure.* ▷ v. pron. se **venger** *Se venger de qqn, d'un acte.*

vengeron n. m. ▪ (Suisse) Gardon.

vengeur, vengeresse ▪ **1** adj. Qui venge (une personne, sa mémoire, ses intérêts). **2** n. Personne qui venge, punit.

véniel, elle adj. ▪ relig. *Péché véniel* : faute digne de pardon (opposé à *péché mortel*).

venimeux, euse adj. ▪ **1** (animaux) Qui a du venin. **2** fig. Haineux, perfide.

venin n. m. ▪ **1** Substance toxique sécrétée par certains animaux, et qu'ils injectent. ▸ Substance végétale toxique. **2** fig. Méchanceté perfide. loc. *Cracher son venin* : dire des méchancetés.

venir v. intr. [22] ▪ **I** (sens spatial) Se déplacer de manière à aboutir dans un lieu. **1** (sans compl. de lieu) *Venez avec moi* : accompagnez-moi. ▸ loc. VOIR VENIR. *Je te vois venir* : je devine tes intentions. ▸ (avec un compl. marquant le terme du mouvement) VENIR À, CHEZ, DANS... *Venez ici. Il vient vers nous.* ♦ (sujet chose) *Idée qui vient à l'esprit.* ▸ impers. *Jamais ça ne m'est venu à l'esprit.* **2** (abstrait) Parvenir (à un but, une étape). loc. *Venir à bout de qqch.* ♦ fig. VENIR À (un sujet, une question). → **aborder.** ▸ EN VENIR À : finir par faire, par employer. **3** VENIR DE (avec un compl. marquant le point de départ, l'origine). *D'où venez-vous ?* ▸ *Une montre qui lui venait de son père* (par héritage). ♦ Provenir, sortir de. ♦ (avec un compl. de cause) → **découler.** *Son échec vient d'une erreur.* **II** (+ inf.) **1** Se déplacer (pour faire). *Je viendrai vous chercher à midi.* **2** VENIR À (+ inf. ; surtout à la 3e pers.) : se trouver en train de (faire, subir qqch.). *Si elle venait à mourir.* ▸ impers. *S'il venait à passer quelqu'un.* **3** VENIR DE (+ inf.) : avoir (fait) très récemment, avoir juste fini de. *Elle vient de sortir.* **III 1** (personnes) *Ceux qui viendront après nous.* → **succéder.** ▸ (événements) Arriver. *Prendre les choses comme elles viennent.* ▸ (temps) *L'heure est venue de réfléchir.* ▸ au p. p. *La nuit venue*, tombée. ♦ loc. adv. À VENIR. *Les générations à venir*, futures. **2** (végétaux) Naître et se développer. → **pousser.** *Un sol où le blé vient bien.* **3** (idées, créations) *Les idées ne viennent pas. Alors, ça vient ?* : allez-vous répondre ? ▷ v. pron. s'en **venir** région. Venir, arriver.

vénitien, ienne adj. et n. ▪ De la ville de Venise. ▸ *Blond vénitien* : un peu roux.

vent n. m. ▪ **I 1** Mouvement de l'atmosphère ; déplacement d'air. ♦ loc. *Passer en* COUP DE VENT : rapidement. ♦ loc. *Au vent* (dans la direction du vent) ; *sous le vent* (dans la direction opposée). *Vent debout**. ♦ *À VENT* : mû par le vent. *Moulin à vent.* ♦ *Les quatre vents* : les quatre points cardinaux. *Aux quatre vents ; à tous les vents* : partout, en tous sens. **2** L'atmosphère, l'air (agité de courants). *En plein vent* : en plein air. **3** loc. fig. *Contre vents et marées* : envers et contre tout. *Avoir le vent en poupe**. *Être dans le vent*, à la mode. ➝ *Quel bon vent vous amène ?* : quelle est la cause de votre venue ? (formule d'accueil). ➝ *Le vent tourne* : les événements vont changer. **4** *Du vent* : des choses vaines, vides. **5** *AVOIR VENT DE* : avoir connaissance de. **II 1** Déplacement d'air, de gaz. ➝ *Faire du vent*, faire l'important. **2** *Instrument* (de musique) *à vent*, dans lequel on souffle. **3** au plur. Gaz intestinaux. → **pet.**

ventail, aux n. m. ▪ archéol. Partie de la visière des casques clos (→ **heaume**) par où passait l'air.

vente n. f. ▪ **1** Échange d'un bien contre de l'argent (→ **vendre**). ➝ *En vente* : disponible pour la vente. **2** Réunion au cours de laquelle on vend publiquement. *Vente aux enchères.*

venté, ée adj. ▪ Soumis au vent.

venter v. impers. [1] ▪ *Il vente* : il fait du vent. ➝ loc. *Qu'il pleuve ou qu'il vente* : par tous les temps.

venteux, euse adj. ▪ Où il y a beaucoup de vent.

ventilateur n. m. ▪ Appareil servant à brasser de l'air. ➝ spécialt Mécanisme qui refroidit un moteur.

ventiler v. tr. [1] ▪ **I** Produire un courant d'air dans, sur (en brassant, en renouvelant l'air). → **aérer. II 1** Répartir (une somme totale) entre plusieurs comptes. *Ventiler les dépenses.* **2** Répartir en plusieurs groupes (des choses, des personnes). ▶ **ventilation** n. f.

ventileuse n. f. ▪ zool. Abeille qui bat des ailes à l'entrée de la ruche pour la ventiler, en renouveler l'atmosphère.

ventôse n. m. ▪ hist. Sixième mois du calendrier révolutionnaire commençant le 19, 20 ou 21 février.

ventouse n. f. ▪ **1** Petite cloche de verre appliquée sur la peau après qu'on y a raréfié l'air. **2** Organe où un vide partiel se fait, et qui sert à sucer, aspirer. **3** Dispositif qui se fixe par vide partiel.

ventral, ale, aux adj. ▪ **1** Du ventre. → **abdominal. 2** Qui se porte sur le ventre.

ventre n. m. ▪ **I** (chez l'être humain) **1** Partie antérieure de la cavité qui contient l'intestin (→ **abdomen**) ; paroi antérieure du bassin. *Le dos et le ventre.* ➝ loc. *À plat ventre.* fig. *Se mettre à plat ventre devant qqn* : s'humilier. ♦ *Danse du ventre* : danse orientale où la danseuse remue les hanches et le bassin. **2** (animaux) Paroi inférieure du corps (opposé à *dos*). ➝ loc. fig. *Courir ventre à terre*, très vite. **3** Proéminence que forme la paroi antérieure de l'abdomen. *Avoir du ventre.* **4** L'abdomen, siège de la digestion (estomac et intestins). ➝ loc. *Avoir le ventre creux*, l'estomac vide. *Avoir les yeux plus grands que le ventre* : préjuger de son appétit, et fig. de ses forces. **5** L'abdomen féminin, siège de la gestation. **6** Intérieur du corps ; siège de la vie, de l'énergie. ➝ loc. *Avoir du cœur au ventre*, du courage. **II** Partie creuse (d'un objet renflé).

ventrèche n. f. ▪ région. (Sud-Ouest) Lard de poitrine.

ventrée n. f. ▪ fam. Nourriture copieuse.

ventricule n. m. ▪ anat. **1** Chacun des deux compartiments inférieurs (du cœur), séparés par une cloison. **2** Chacune des cavités de l'encéphale. ▶ **ventriculaire** adj.

ventrière n. f. ▪ Pièce de toile servant à soutenir et soulever un animal (pour l'embarquer par exemple).

ventriloque adj. et n. ▪ (Personne) qui peut articuler des paroles sans remuer les lèvres.

ventriloquie n. f. ▪ didact. Technique du ventriloque.

ventripotent, ente adj. ▪ littér. Qui a un gros ventre.

ventru, ue adj. ▪ **1** Qui a un gros ventre. **2** (choses) Renflé, bombé.

venturi n. m. ▪ techn. Appareil de mesure du débit des fluides.

venu, ue adj. et n. ▪ **1** littér. *Être bien, mal venu* : arriver à propos ou non ; être bien ou mal accueilli. ➝ *Être mal venu de* (+ inf.) : n'être pas fondé à. **2** *Bien, mal venu* : qui s'est développé (bien, mal). **3** n. *Le, la premier(ère) venu(e)* : n'importe qui.

venue n. f. ▪ **1** Action, fait de venir (I). → **arrivée.** *Des allées* et venues.* **2** littér. Action, fait de venir (III), de se produire, d'arriver. **3** loc. *D'une seule venue, tout d'une venue* : d'un seul jet (végétaux).

vénus [-ys] n. f. (nom mythol.) ▪ **I** Très belle femme. **II** zool. Mollusque bivalve. → **praire.**

vénusien, ienne adj. ▪ De la planète Vénus.

vénusté n. f. ▪ littér. Grâce, beauté digne de Vénus.

vépéciste n. ▪ techn. Spécialiste, entreprise qui fait de la VPC.

vêpres n. f. pl. ▪ Office catholique de l'après-midi.

ver [vɛʀ] n. m. ▪ **I** cour. **1** Petit animal au corps mou (insecte, larve) sans pattes. ♦ *VER (DE TERRE)* : lombric terrestre. ➝ *Ver solitaire* : ténia. ➝ *Ver blanc* : larve de hanneton ; asticot. ➝ *Ver luisant* : femelle du lampyre qui brille la nuit ; luciole. ➝ *Ver à soie :* chenille du bombyx du mûrier. **2** loc. *Tirer les vers du nez de qqn,* le faire parler. **3** Vermine qui, selon la croyance populaire, ronge la chair des morts. **II** zool. Métazoaire au corps mou, sans cavité centrale *(vers plats)* ou avec cette cavité (annélides, etc.).

véracité n. f. ■ **1** littér. Qualité d'une personne qui dit la vérité. **2** Exactitude, authenticité. *La véracité d'un témoignage.*

véraison n. f. ■ agric. Maturation des fruits, spécialt du raisin qui prend couleur.

véranda n. f. ■ Galerie vitrée contre une maison, servant de petit salon.

vératre n. m. ■ bot. Plante vivace, vénéneuse. *Vératre blanc,* utilisé comme émétique et purgatif.

verbal, ale, aux adj. ■ **I** Relatif au verbe (II). *Locution verbale :* groupe de mots formé d'un verbe et d'un complément (ex. prendre froid). **II 1** Qui se fait de vive voix (opposé à *écrit*). → **oral.** *Promesse verbale.* **2** Qui se fait, s'exprime par la parole. *Violence verbale.* **3** Qui concerne les mots plutôt que la chose ou l'idée. → **formel.** ► **verbalement** adv.

verbalisateur, trice adj. et n. ■ Personne qui dresse un procès-verbal. *Agent verbalisateur.*

verbaliser v. [1] ■ **I** v. intr. Dresser un procès-verbal (1). **II** v. tr. psych. Exprimer (qqch.) par le langage. ► **verbalisation** n. f.

verbalisme n. m. ■ péj. Utilisation des mots pour eux-mêmes au détriment de l'idée.

verbatim ■ didact. **1** adv. Selon les termes exacts. **2** n. m Compte rendu écrit précis (d'un débat...).

verbe n. m. ■ **I 1** (avec maj.) relig. chrét. Parole (de Dieu) adressée aux hommes. **2** littér. Expression de la pensée au moyen du langage, d'une langue. *La magie du verbe.* **3** Ton de voix. loc. *Avoir le verbe haut :* parler très fort, avec hauteur. **II** Mot qui exprime une action, un état, un devenir, et qui présente un système complexe de formes. *Conjuguer un verbe.*

verbeux, euse adj. ■ Qui dit les choses en trop de paroles, trop de mots. ► **verbeusement** adv. ► **verbosité** n. f.

verbiage n. m. ■ Abondance de paroles ; discours verbeux. → **bavardage.**

verbicruciste n. ■ Auteur de grilles de mots croisés.

verbigération n. f. ■ psych. Discours incohérents de certains malades atteints de manie ou de démence.

verboquet n. m. ■ techn. Cordage qui sert à guider et stabiliser un fardeau que l'on hisse.

verdâtre adj. ■ D'un vert un peu sale.

verdelet, ette adj. ■ vx ou région. *Vin verdelet,* un peu vert, légèrement acide.

verdeur n. f. ■ **1** Vigueur de la jeunesse (chez qqn qui n'est plus jeune). **2** Acidité (d'un fruit vert, d'un vin trop vert). **3** Liberté, spontanéité dans le langage.

verdict [-ik(t)] n. m. ■ **1** Déclaration par laquelle le jury répond, après délibération, aux questions du tribunal. → **sentence. 2** Jugement (d'une autorité).

verdier n. m. ■ Oiseau passereau, de la taille du moineau, à plumage verdâtre.

verdir v. intr. [2] ■ **1** Devenir vert. ➝ (végétaux) Pousser. **2** Blêmir (de peur...).

verdissage n. m. ■ rare ou techn. Action de rendre vert ou de devenir vert. → **verdissement.** *Verdissage des bronzes neufs.*

verdissant, ante adj. ■ Qui verdit.

verdissement n. m. ■ rare ou techn. Fait de devenir vert. → **verdissage.** *Verdissement des huîtres.*

verdoyant, ante adj. ■ Qui verdoie.

verdoyer v. intr. [8] ■ rare (végétaux, campagne) Donner une sensation dominante de vert. ► **verdoiement** n. m.

verdure n. f. ■ **1** Couleur verte de la végétation. **2** Plantes, herbes, feuilles. **3** Plante potagère que l'on mange crue.

véreux, euse adj. ■ **1** Gâté par des vers. **2** fig. (personnes) Foncièrement malhonnête. ➝ *Affaire véreuse.* → **louche.**

verge n. f. ■ **I** littér. Baguette (pour frapper, battre). **II** Organe de la copulation (chez l'homme et les mammifères). → **pénis.**

vergé, ée adj. ■ **1** Se dit du papier marqué de vergeures. ➝ n. m. *Du vergé.* **2** Se dit d'une étoffe à fils saillants.

vergence n. f. ■ phys. Inverse de la distance focale d'un système optique centré. *Vergence positive* **(→ convergence),** *négative* **(→ divergence).**

vergeoise n. f. ■ techn. Sucre brun fabriqué avec des déchets de raffinerie.

verger n. m. ■ Terrain planté d'arbres fruitiers.

vergerette n. f. ■ Érigéron.

vergeté, ée adj. ■ Marqué de vergetures.

vergette n. f. ■ Petite verge, petite baguette.

vergeture n. f. ■ (surtout au plur.) Petites marques sur la peau aux endroits distendus.

vergeure [vɛʀʒyʀ] n. f. ■ techn. Fil de cuivre du châssis utilisé dans la fabrication du papier. ♦ Motif que laissent ces fils, dans le filigrane du papier *vergé.*

verglas n. m. ■ Couche de glace naturelle très mince qui se forme sur le sol. ► **verglaçant, ante** adj. *Pluie verglaçante.* ► **verglacé, ée** adj.

vergne n. m. ■ région. Aulne. - var. **verne.**

vergobret n. m. ■ hist. Chef et juge suprême de certaines confédérations gauloises.

vergogne n. f. ▪ loc. adv. et adj. *Sans vergogne* : sans honte, sans scrupule.

vergue n. f. ▪ Longue pièce de bois disposée sur un mât pour soutenir une voile.

véridicité n. f. ▪ littér. Caractère véridique (de qqn, qqch.).

véridique adj. ▪ **1** littér. Qui dit la vérité, qui rapporte qqch. avec exactitude. *Témoin véridique.* **2** cour. Conforme à la vérité. → **authentique, exact.** ► **véridiquement** adv.

vérifiable adj. ▪ Qui peut être vérifié ; dont on peut prouver la vérité.

vérifier v. tr. 7 ▪ **1** Examiner la valeur de (qqch.), par confrontation avec les faits observés ou par un contrôle de la cohérence interne. ◆ *Vérifier si* (+ indic.), *que* (+ indic.), examiner pour constater que. **2** Examiner (une chose) de manière à établir si elle fonctionne correctement. *Vérifier ses freins.* **3** Reconnaître ou faire reconnaître pour vrai. → **prouver.** *Vérifier une hypothèse.* ◆ (sujet chose) Constituer le signe de la vérité de (qqch.). → **confirmer.** ◆ pronom. *SE VÉRIFIER* : se révéler exact, juste. ► **vérification** n. f. ► **vérificateur, trice** n.

vérifieur, euse n. ▪ techn. Personne chargée d'une vérification. → **vérificateur.**

vérin n. m. ▪ Appareil de levage à vis.

vérine ou **verrine** n. f. ▪ mar. Bout de filin muni d'un croc ou d'une griffe, pour manier les chaînes d'ancre.

vérisme n. m. ▪ didact. Naturalisme italien (fin XIXᵉ s.). ► **vériste** adj. et n.

véritable adj. ▪ **1** vx Sincère. ♦ vieilli Exact. **2** Qui n'est pas imité. *Or véritable.* **3** Réel (pas seulement apparent). *On ignore son véritable nom.* **4** Qui mérite son nom. *C'est une véritable canaille.* ► **véritablement** adv.

vérité n. f. ▪ **1** Ce à quoi l'esprit peut et doit donner son assentiment (rapport de conformité avec l'objet de pensée, cohérence interne de la pensée) [opposé à *erreur, illusion*]. **2** Connaissance conforme au réel ; son expression (opposé à *erreur, ignorance* ou à *mensonge*). *C'est l'entière, la pure vérité.* ◆ *Dire la vérité.* ◆ *EN VÉRITÉ* loc. adv. → **assurément, certainement, vraiment.** ◆ *À LA VÉRITÉ* loc. adv. : pour être exact. ◆ loc. *Minute, heure... DE VÉRITÉ* : moment décisif. **3** Conformité au sentiment de la réalité. *La vérité d'un portrait* (→ **ressemblance**), *d'un personnage* (→ **vraisemblance**). **4** *Une vérité* : idée, assertion vraie. → **conviction, évidence.** ◆ loc. *Vérités premières*, évidentes mais indémontrables. ◆ *Dire ses quatre vérités à qqn*, lui dire sur son compte des choses désobligeantes. **5** Le réel. → **réalité.** **6** Expression sincère, vraie.

verjus n. m. ▪ Suc acide de raisin vert.

verjuté, ée adj. ▪ Qui contient du verjus. *Sauce verjutée.*

verlan n. m. ▪ Procédé argotique, inversion des syllabes de certains mots.

vermée n. f. ▪ pêche Appât fait de vers enfilés à une ficelle.

① **vermeil, eille** adj. ▪ (teint, peau) D'un rouge vif et léger. *Teint vermeil.*

② **vermeil** n. m. ▪ Argent recouvert d'une dorure d'un ton chaud. *Plats en vermeil.*

vermet n. m. ▪ zool. Mollusque gastéropode des mers chaudes ou tempérées, qui vit fixé sur les rochers.

vermi- Élément, du latin *vermis* «ver».

vermicelle n. m. ▪ Pâtes à potage en forme de fils très minces. *Du vermicelle.*

vermiculaire adj. ▪ Qui a la forme, l'aspect d'un petit ver.

vermiculé, ée adj. ▪ Orné de petites stries sinueuses.

vermiculure n. f. ▪ arts Motif ornemental d'un ouvrage vermiculé.

vermiforme adj. ▪ En forme de ver. *Appendice vermiforme.* → **vermiculaire.**

vermifuge adj. et n. m. ▪ (Remède) qui provoque l'expulsion des vers intestinaux. ► **vermifuger** v. tr. 3

vermiller v. intr. 1 ▪ Fouiller la terre du groin (sanglier, cochon) pour y trouver des vers, des racines. → aussi **vermillonner.**

vermillon n. m. ▪ Couleur d'un rouge vif tirant sur l'orangé. ◆ adj. invar. *Des robes vermillon.*

vermillonner v. intr. 1 ▪ Se dit du blaireau qui fouille la terre. → aussi **vermiller.**

vermine n. f. ▪ **1** (collectif) Insectes parasites. **2** fig., littér. Ensemble d'individus méprisables. → **canaille, racaille.**

vermineux, euse adj. ▪ méd. Relatif aux vers intestinaux.

vermis [-is] n. m. ▪ anat., zool. Partie médiane du cervelet des mammifères et des oiseaux.

vermisseau n. m. ▪ Petit ver, petite larve.

se vermouler v. pron. 1 ▪ rare Devenir vermoulu.

vermoulu, ue adj. ▪ Rongé, mangé par les vers (objets en bois). ► **vermoulure** n. f.

vermout ou **vermouth** [-ut] n. m. ▪ Apéritif à base de vin aromatisé.

vernaculaire adj. ▪ didact. Propre au pays. *Langue vernaculaire* : dialecte (≠ *véhiculaire*).

vernal, ale, aux adj. ▪ didact. Du printemps. ◆ *Point vernal* : intersection de l'équateur et de l'écliptique à l'équinoxe.

vernalisation n. f. ▪ agric., bot. Technique d'avancement ou de retardement du cycle d'un végétal par traitement thermique des semences.

verne → **vergne**

verni, ie adj. ▪ **I** Enduit de vernis. **II** fam. Qui a de la chance.

vernier n. m. ▪ techn. Instrument formé de deux règles graduées, servant à la mesure précise des subdivisions d'une échelle.

vernir v. tr. 2 ▪ Enduire de vernis.

vernis n. m. ▪ **1** Solution résineuse qui laisse une pellicule brillante. **2** fig. Apparence séduisante et superficielle.

vernissage n. m. ▪ **1** Action de vernir, de vernisser. **2** Jour d'ouverture d'une exposition (de peinture...). → **inauguration.**

vernisser v. tr. 1 ▪ Enduire de vernis (une poterie, une faïence...).

vernisseur, euse n. ▪ Spécialiste des travaux de vernissage. *Vernisseur en lutherie.*

vernix caseosa [vɛʀnikskazeoza] n. m. invar. ▪ Substance blanchâtre, grasse, qui enduit la peau du nouveau-né.

vérole n. f. ▪ **1** *Petite vérole* : variole. **2** fam. et vx Syphilis. ▶ **vérolé, ée** adj. et n.

véronal, als n. m. ▪ Barbiturique employé comme somnifère.

① **véronique** n. f. ▪ Plante à fleurs bleues.

② **véronique** n. f. ▪ Passe exécutée par le torero avec la cape.

verranne n. f. ▪ techn. Fibre de verre discontinue, à brins de longueur variable.

verrat n. m. ▪ Porc* mâle, reproducteur.

verre n. m. ▪ **I** Substance fabriquée, dure, cassante et transparente (silicates alcalins). ♦ *Laine de verre,* matériau de fils de verre (isolant...). ◆ *Papier de verre,* débris de verre fixés au papier, à la toile (abrasif). **II 1** Plaque, lame, morceau, objet de verre. ◆ *Verres optiques.* → **lunette(s). 2** Récipient à boire (en verre, cristal, matière plastique...). *Lever son verre* (pour trinquer). **3** Contenu d'un verre. ◆ Boisson alcoolisée (au café). *Payer un verre à qqn.* → fam. **pot.** ◆ loc. fam. *Avoir un verre dans le nez,* être ivre.

verrée n. f. ▪ (Suisse) Réunion où l'on offre à boire, vin d'honneur. *La verrée de Noël.*

verrerie n. f. ▪ **1** Usine où l'on travaille le verre ; fabrication du verre. **2** Commerce du verre. ♦ Objets en verre.

verrier, ière n. ▪ **1** Personne qui fabrique des objets en verre. **2** Artiste qui fait des vitraux ; peintre sur verre.

verrière n. f. ▪ **1** Grande ouverture ornée de vitraux. **2** Grand vitrage ; toit vitré.

① **verrine** n. f. ▪ **1** techn. Petit globe de verre protégeant une lampe, une source de lumière. **2** Récipient en verre pour la conservation des aliments. **3** Préparation (mise en bouche, dessert) joliment présentée dans un petit verre.

② **verrine** → **vérine**

verroterie n. f. ▪ Verre coloré et travaillé, dont on fait des bijoux et des ornements.

verrou n. m. ▪ **1** Pièce de métal allongée qui coulisse horizontalement (fermeture). ◆ loc. *Sous les verrous,* en prison. **2** géol. Barre rocheuse fermant une vallée glaciaire. **3** fig. Ce qui bloque, ferme.

verrouiller v. tr. 1 ▪ **1** Fermer à l'aide d'un verrou. **2** Bloquer, fermer ; immobiliser. ▶ **verrouillage** n. m.

verrucosité n. f. ▪ pathol. Excroissance de la peau ou d'une muqueuse dont la surface mamelonnée, grisâtre, est couverte d'une couche cornée dure.

verrue n. f. ▪ **1** Petite excroissance cornée de la peau. **2** fig., littér. Ce qui défigure.

verruqueux, euse adj. ▪ **1** En forme de verrue. **2** Qui a des verrues.

① **vers** prép. ▪ **1** En direction de. *Courir vers la sortie.* ♦ fig. *C'est un pas vers la solution.* **2** (sans mouvement) Du côté de ; aux environs de. **3** À peu près (à telle époque). *Vers la mi-juin.*

② **vers** n. m. ▪ **1** Fragment d'énoncé formant une unité rythmique définie par des règles, et appartenant à une œuvre poétique. *Vers libres,* non rimés et irréguliers. **2** *Les vers,* l'écriture en vers. → **poésie.**

versaillais, aise adj. et n. ▪ De Versailles. ♦ hist. Fidèle à l'Assemblée nationale qui siégeait à Versailles et combattit la Commune.

versant n. m. ▪ Chacune des deux pentes (d'une montagne, d'une vallée).

versatile adj. ▪ Qui change facilement d'opinion. → **changeant, inconstant.** ▶ **versatilité** n. f.

verse n. f. ▪ **I** *Pleuvoir À VERSE* loc. adv., en abondance. **II** État des végétaux versés sur le sol (par les pluies, la maladie).

versé, ée adj. ▪ littér. *Versé dans,* expérimenté et savant en (une matière).

Verseau n. m. ▪ Onzième signe du zodiaque (20 janvier-18 février). ◆ *Elles sont Verseau.*

versement n. m. ▪ Action de verser de l'argent. → **paiement.** ♦ L'argent versé.

verser v. 1 ▪ **I** v. tr. **1** Faire tomber, faire couler (un liquide) d'un récipient qu'on incline. ◆ Servir (une boisson). **2** Répandre. ◆ *Verser le sang* (en blessant, en tuant). *Verser son sang,* être blessé, ou mourir. **3** Donner en répandant. → **prodiguer. 4** Apporter (de l'argent). → **payer ; versement.** ♦ Déposer, annexer (des documents). *Verser une pièce au dossier.* **5** Affecter (qqn) à une arme. → **incorporer.** *On l'a versé, il a été versé dans l'infanterie.* **II** v. intr. **1** Basculer et tomber sur le côté. **2** fig. *VERSER DANS...* : tomber dans.

verset n. m. ▪ **1** Paragraphe (d'un texte sacré). *Les versets de la Bible.* **2** liturgie Brève formule récitée ou chantée à l'office. **3** Suite de phrases rythmées d'une seule respiration, dans un texte poétique.

verseur n. m. ▪ Appareil servant à verser (1). ♦ adj. *Bec verseur.*

verseuse n. f. ▪ Cafetière en métal à poignée droite horizontale.

versicolore adj. ▪ didact. Aux couleurs changeantes ou variées.

versification n. f. ▪ **1** Technique du vers régulier (→ **métrique, prosodie**). **2** Technique du vers propre à un poète.

versifier v. tr. [7] ▪ Mettre en vers. ➛ au p. p. *Récit versifié.* ► **versificateur, trice** n.

version n. f. ▪ **1** Traduction (d'un texte en langue étrangère) dans une langue maternelle (opposé à *thème*). **2** Chacun des états d'un texte modifié. ♦ *Film en version originale* (abrév. V. O.), avec la bande sonore originale. **3** Manière de présenter, d'interpréter des faits. *La version du témoin.*

vers-librisme n. m. ▪ hist. littér. École, mouvement des poètes symbolistes partisans du vers libre. ► **vers-libriste** adj. et n.

verso n. m. ▪ Envers d'un feuillet.

versoir n. m. ▪ Pièce de la charrue qui rabat la terre sur le côté.

verste n. f. ▪ Ancienne unité de distance (1067 m), en Russie.

versus [-ys] prép. ▪ didact. Opposé à, par opposition à. Usité surtout en abrév. (*vs*). *Vieux vs neuf.*

vert, verte ▪ **I** adj. **1** Intermédiaire entre le bleu et le jaune. *Une robe verte.* ➛ *Chêne vert,* à feuilles persistantes. *Lézard vert.* ➛ *Feu vert,* indiquant que la voie est libre. ➛ par exagér. *Être vert de peur.* **2** Qui n'est pas mûr ; qui a encore de la sève. *Légumes verts* (consommés non séchés). ➛ loc. *Des vertes et des pas mûres,* des choses scandaleuses, choquantes. **3** (personnes) Qui a de la vigueur. *Un vieillard très vert* (→ **verdeur**). **4** *Langue verte :* argot. **5** Qui concerne la végétation. ➛ Relatif à la nature, à la campagne. ➛ Qui contribue au respect de l'environnement. ♦ n. m. *Les Verts,* les écologistes (en politique). **II** n. m. **1** Couleur verte. **2** Feuilles vertes, verdure ; fourrage frais. ➛ loc. *Se mettre au vert :* aller se reposer à la campagne.

vert-de-gris ▪ **1** n. m. invar. Dépôt verdâtre sur le cuivre, le bronze. ► **vert-de-grisé, ée** adj. **2** adj. invar. D'un vert grisâtre.

vertèbre n. f. ▪ Chacun des os qui forment la colonne vertébrale. ► **vertébral, ale, aux** adj.

vertébré, ée ▪ **1** adj. Qui a des vertèbres, un squelette (s'oppose à *invertébré*). **2** n. m. pl. *LES VERTÉBRÉS :* l'embranchement du règne animal formé des animaux à colonne vertébrale (poissons, batraciens, reptiles, oiseaux, mammifères).

vertébrothérapie n. f. ▪ méd. Traitement des douleurs cervicales, dorsales, lombaires par des manipulations de la colonne vertébrale.

vertement adv. ▪ Avec vivacité, rudesse.

vertex [-ɛks] n. m. ▪ anat. Point le plus élevé sur la ligne médiane de la voûte du crâne.

vertical, ale, aux adj. et n. ▪ **1** adj. Qui suit la direction de la pesanteur ; perpendiculaire à l'horizontale. **2** n. f. Ligne, position verticale. ► **verticalement** adv. ► **verticalité** n. f.

verticille [-il] n. m. ▪ bot. **1** Groupe de plus de deux feuilles qui naissent au même niveau sur la tige, en anneau. **2** abusivt Organes disposés circulairement autour de la partie centrale d'une fleur (pétales, sépales, étamines).

verticillé, ée [-ile] adj. ▪ bot. Disposé en verticille, en anneau. *Feuilles verticillées.*

vertige n. m. ▪ **1** Impression de perte d'équilibre et de mouvement, d'oscillations (alors qu'on est immobile). → **étourdissement.** **2** Peur pathologique de tomber dans le vide. **3** fig. État, trouble d'une personne égarée.

vertigineux, euse adj. ▪ **1** Du vertige (1 et 2). **2** cour. Très haut, très profond ; qui donnerait le vertige (2). **3** fig. Très grand, très rapide. *Hausse vertigineuse des prix.* ► **vertigineusement** adv.

vertu n. f. ▪ **I** **1** vieilli Force morale avec laquelle l'être humain tend au bien (opposé à *vice*). ♦ Conduite, vie vertueuse. **2** vx Chasteté ; fidélité conjugale (d'une femme). ➛ loc. *Femme de petite vertu,* de mœurs légères. **3** Disposition à accomplir des actes moraux par un effort de volonté. **II** **1** littér. Principe actif. → **pouvoir, propriété.** **2** *EN VERTU DE* loc. prép. : par le pouvoir de. *En vertu des pouvoirs qui me sont conférés.*

vertubleu interj. ▪ vx Juron en usage autrefois. → **vertuchou, vertudieu.**

vertuchou interj. ▪ vx Juron en usage autrefois. → **vertubleu, vertudieu.**

vertudieu interj. ▪ vx Juron en usage autrefois. → **vertubleu, vertuchou.**

vertueux, euse adj. ▪ **1** vieilli (personnes) Qui a des vertus morales. **2** vieilli (femme) Chaste ou fidèle. **3** littér. (choses) Qui a le caractère de la vertu. ► **vertueusement** adv.

vertugadin n. m. ▪ anciennt Armature faisant bouffer la jupe. → **panier.**

verve n. f. ▪ Imagination et fantaisie dans la parole. ➛ *Être EN VERVE :* faire preuve d'esprit (IV, 6).

verveine n. f. ▪ **1** Plante dont une espèce *(verveine officinale)* a des vertus calmantes. **2** Infusion de verveine officinale.

vervet n. m. ▪ Primate d'Afrique au pelage gris vert, aux parties génitales très colorées, appelé aussi *singe vert.*

① **verveux** n. m. ▪ techn. Filet de pêche conique monté sur des cercles.

② **verveux, euse** adj. ▪ rare Qui a de la verve.

vésanie n. f. ▪ vx Folie.

vesce n. f. ▪ Plante herbacée à vrilles fleuries, ressemblant aux pois de senteur.

vésical, ale, aux adj. ▪ anat. De la vessie.

vésicant, ante adj. ▪ méd. Qui détermine des ampoules sur la peau.

vésication n. f. ▪ méd. Formation d'ampoules sur la peau par l'action d'un vésicatoire.

vésicatoire n. m. ▪ méd. Remède pour provoquer une révulsion de l'épiderme.

vésiculaire adj. ▪ didact. **1** En forme de vésicule. **2** Des vésicules pulmonaires. ♦ De la vésicule biliaire.

vésicule n. f. ▪ Cavité, petit sac membraneux. ➤ *Vésicule (biliaire),* qui emmagasine la bile du foie.

vésiculeux, euse adj. ▪ didact. En forme de vésicule. → **vésiculaire.** ♦ Qui porte des vésicules. *Fucus vésiculeux.*

vesou n. m. ▪ techn. Jus de la canne à sucre écrasée.

vespa n. f. (marque déposée) ▪ Scooter de cette marque.

vespasienne n. f. ▪ vieilli Urinoir public.

vespéral, ale, aux adj. ▪ littér. Du soir.

vespertilion n. m. ▪ zool. Chauve-souris à ailes courtes et larges, commune en France.

vesse n. f. ▪ Pet silencieux.

vesse-de-loup n. f. ▪ Champignon à spores grisâtres.

vesser v. intr. [1] ▪ vieilli Lâcher une vesse, un pet. → **péter.**

vessie n. f. ▪ **1** Organe creux dans lequel s'accumule l'urine (→ **vésical**). **2** Vessie d'animal desséchée, formant sac. ➤ loc. *Prendre des vessies pour des lanternes,* se tromper grossièrement. **3** (poissons) *Vessie natatoire,* sac membraneux qui équilibre l'animal dans l'eau.

vestale n. f. ▪ (Antiq. romaine) Prêtresse de Vesta, vouée à la chasteté.

veste n. f. ▪ **1** Vêtement de dessus court, avec manches, ouvert devant. → **veston.** ➤ *Veste de pyjama.* **2** loc. *Ramasser une veste,* subir un échec. *Retourner sa veste,* changer de parti.

vestiaire [-tjɛʀ] n. m. ▪ **1** Lieu où l'on dépose les vêtements d'extérieur, dans un établissement public. **2** Lieu où l'on revêt une tenue (sportive, professionnelle). **3** Les vêtements d'une garde-robe.

vestibule n. m. ▪ Pièce d'entrée. → **hall.**

vestige n. m. ▪ surtout plur. **1** Ce qui demeure (d'une chose disparue, d'un groupe, d'une culture). **2** Ce qui reste (de qqch.). *Des vestiges de grandeur.*

vestimentaire adj. ▪ Des vêtements.

veston n. m. ▪ Veste d'un complet d'homme.

vêtement n. m. ▪ **1** plur. Habillement (avec le linge) ; spécialt vêtements de dessus (opposé à *sous-vêtements*). → **habits.** ♦ (sing. collectif) *L'industrie du vêtement.* **2** UN VÊTEMENT : une pièce de l'habillement de dessus.

vétéran n. m. ▪ **1** Ancien combattant. **2** Personne pleine d'expérience. **3** Sportif de la catégorie des plus âgés. REM. Au fém. on rencontre la forme *vétérane.*

vétérinaire ▪ **1** adj. Qui a rapport au soin des bêtes. *Médecine vétérinaire.* **2** n. Médecin vétérinaire. – abrév. fam. **véto.**

vététiste n. ▪ Personne qui pratique le V. T. T.

vétille n. f. ▪ Chose insignifiante. → **bagatelle, broutille.**

vétiller v. intr. [1] ▪ vx ou littér. **1** S'occuper à des choses insignifiantes. **2** Chicaner, chercher querelle sur des riens.

vétilleux, euse adj. ▪ littér. Qui s'attache à des détails, à des vétilles.

vêtir v. tr. [20] ▪ littér. Couvrir (qqn) de vêtements ; mettre un vêtement à (qqn). → **habiller.** ▷ v. pron. se **vêtir** littér. ▷ adj. **vêtu, ue** Qui porte un vêtement (contr. *nu*). → **habillé.**

vétiver [-ɛʀ] n. m. ▪ **1** Plante tropicale à racine utilisée en parfumerie. **2** Son parfum.

veto [veto] n. m. invar. ▪ Opposition à une décision. *Droit de veto.*

véto → **vétérinaire**

vêture n. f. ▪ **I** relig. Cérémonie de prise d'habit ou de voile. **II** littér. Vêtement.

vétuste adj. ▪ Qui est vieux, dégradé (choses, bâtiments, installations). ► **vétusté** n. f.

veuf, veuve ▪ **1** adj. Dont le conjoint est mort. **2** n. Personne veuve. ➤ loc. iron. *Défenseur de la veuve et de l'orphelin.* **3** n. f. Passereau d'Afrique au plumage noir et blanc.

veule adj. ▪ Qui n'a aucune énergie, aucune volonté. → **faible, lâche.** ► **veulerie** n. f.

veuvage n. m. ▪ Situation, état d'une personne veuve et non remariée.

vexant, ante adj. ▪ **1** Qui contrarie, peine. → **contrariant, irritant. 2** Qui blesse l'amour-propre. → **blessant.**

vexation n. f. ▪ **1** vx Brimade, persécution (→ **vexer** (1)). **2** Blessure d'amour-propre. → **humiliation, mortification.** ► **vexatoire** adj.

vexer v. tr. [1] ▪ **1** vx Maltraiter par abus de pouvoir. **2** Blesser (qqn) dans son amour-propre. ▷ v. pron. se **vexer** → se **formaliser,** se **froisser.** ▷ adj. **vexé, ée**

vexillologie [-il-] n. f. ▪ didact. Étude des drapeaux. ► **vexillologue** n.

VHS adj. (marque déposée) ▪ anglic. Norme de systèmes vidéo destinés au public non professionnel.

via prép. ▪ Par la voie de, en passant par.

viabiliser v. tr. [1] ▪ Rendre apte à la construction en effectuant des travaux de viabilité. ▷ p. p. **viabilisé, ée** ► **viabilisation** n. f.

① **viabilité** n. f. ▪ **1** État d'une voie où l'on peut circuler. **2** admin. Travaux d'aménagement (voirie, égouts, adductions) à exécuter avant de construire sur un terrain.

② **viabilité** n. f. ▪ **1** État d'un organisme viable (1). **2** Caractère viable (2).

viable adj. ▪ **1** (fœtus...) Apte à vivre. **2** Qui présente les conditions nécessaires pour durer, se développer. *Affaire viable.*

viaduc n. m. ▪ Pont de grande longueur servant au passage d'une voie.

via ferrata n. f. ▪ Équipement fixé à une paroi rocheuse pour rendre possible ou faciliter l'ascension. ◆ Activité ainsi pratiquée.

viager, ère ▪ adj. Qui se termine avec la vie d'une personne. *Rente viagère.* ◆ n. m. *Le viager. Vendre une maison* EN VIAGER, moyennant une rente viagère.

viande n. f. ▪ **1** Chair des mammifères et des oiseaux en tant que nourriture. *Viande de boucherie. Viande rouge* (bœuf, cheval, mouton) ; *blanche* (volaille, veau, porc). **2** fam. Chair de l'homme, corps. *Étaler sa viande,* se dénuder. ◆ *Viande froide :* cadavre.

viander [vjɑ̃de] v. [1] ▪ **I** v. intr. vén. Pâturer, en parlant du cerf, du daim, du chevreuil. **II** *SE VIANDER* v. pron. fam. Avoir un accident de la route. *Ils se sont viandés en moto.*

viatique n. m. ▪ **1** relig. cathol. Communion portée à un mourant. **2** fig., littér. Secours indispensable.

vibrant, ante adj. ▪ **1** Qui est en vibration. ◆ n. f. phonét. Consonne produite par la vibration de la langue ou du gosier. **2** Qui exprime ou trahit une forte émotion. *Un discours vibrant.*

vibraphone n. m. ▪ Instrument de musique formé de plaques métalliques frappées. ► **vibraphoniste** n.

vibrateur n. m. ▪ techn. Appareil qui produit, qui transmet des vibrations (sonores, etc.).

vibratile adj. ▪ biol. Animé de mouvements rapides de flexion et d'extension.

vibration n. f. ▪ **1** Mouvement, état de ce qui vibre ; ses effets. **2** phys. Oscillation de fréquence élevée. *Vibrations sonores.* **3** Tremblement. ◆ anglic. Ondes supposées agir sur le psychisme. ► **vibratoire** adj.

vibrato n. m. ▪ mus. Tremblement rapide d'un son. → **trémolo.**

vibrer v. intr. [1] ▪ **1** Se mouvoir périodiquement et rapidement autour de sa position d'équilibre avec une très faible amplitude. *Faire vibrer un diapason.* **2** (voix) Avoir une sonorité tremblée qui dénote l'émotion. **3** fig. Être ému, exalté.

vibreur n. m. ▪ Élément qui produit, transmet une vibration.

vibrion n. m. ▪ **I** sc. Bactérie de forme incurvée. **II** fam. Personne très agitée (► **vibrionner** v. intr. [1]).

vibrisse n. f. ▪ sc. Poil tactile. → **moustache.**

vibromasseur n. m. ▪ Appareil électrique qui produit des massages par vibration.

vicaire n. m. ▪ **1** Celui qui exerce en second des fonctions ecclésiastiques. ◆ Prêtre qui aide le curé. **2** *Le vicaire de Dieu :* le pape. ► **vicariat** n. m.

vicariant, iante adj. ▪ didact. **1** Qui remplace, qui se substitue (à autre chose). **2** méd., vieilli *Organe vicariant,* capable de suppléer à l'insuffisance fonctionnelle d'un autre organe. ► **vicariance** n. f.

vice n. m. ▪ **I 1** vieilli *LE VICE :* disposition habituelle au mal ; conduite qui en résulte. → **immoralité, mal ;** relig. **péché** (opposé à *vertu*) **2** vieilli *UN VICE :* défaut grave que réprouve la morale sociale. ◆ spécialt Perversion sexuelle. **3** Mauvaise habitude. **II** Imperfection grave. → **défaut, défectuosité.** *Vice de fabrication.* ◆ dr. *Vice de forme :* absence d'une formalité obligatoire qui rend nul un acte juridique.

vice- ▪ Particule invariable, du latin *vice* « à la place de » (noms de grades, de fonctions immédiatement inférieurs).

vice-amiral, ale, aux n. ▪ Officier de grade immédiatement inférieur à celui d'amiral. *Des vice-amiraux.*

vice-consul, e n. ▪ Personne qui remplit les fonctions de consul dans une résidence où il n'y a pas de consulat. ► **vice-consulat** n. m.

vicelard, arde adj. ▪ fam. Vicieux. ◆ n. *Un, une vicelarde.*

vicennal, ale, aux adj. ▪ didact. **1** Qui couvre une période de vingt ans. **2** Qui a lieu tous les vingt ans.

vice-président, ente n. ▪ Personne qui seconde ou supplée un(e) président(e). ► **vice-présidence** n. f. ► **vice-présidentiel, ielle** adj.

vice-recteur, trice n. ▪ Personne qui supplée le recteur.

vice-roi n. m. ▪ hist. Celui à qui un roi, un empereur a délégué son autorité pour gouverner un royaume, une province. ► **vice-royauté** n. f.

vicésimal, ale, aux adj. ▪ math. Qui a pour base le nombre vingt.

vice versa [vis(e)vɛʀsa] loc. adv. ▪ Réciproquement, inversement. – var. **vice-versa.**

vichy n. m. ▪ Toile de coton à carreaux.

vichyssois, oise adj. et n. ▪ **1** De Vichy. **2** hist. Du gouvernement, du régime de Pétain, installé à Vichy. → **pétainiste, vichyste.**

vichyste adj. et n. ▪ hist. Du gouvernement de Vichy. → **vichyssois** ◆ Partisan du régime de Vichy. → **pétainiste.** ◆ n. *Les vichystes et les gaullistes.*

viciation n. f. ▪ vieilli Action de vicier (le sang, l'air), de se vicier.

vicier v. tr. [7] ▪ **1** dr. Rendre défectueux. **2** littér. Corrompre. → **polluer.** ▷ adj. **vicié, ée** Impur, pollué. *Air vicié.*

vicieux, euse adj. ▪ **I 1** littér. Qui a des vices (1). → **corrompu, dépravé.** ♦ Ombrageux et rétif (cheval...). **2** Qui a des mœurs sexuelles que la société réprouve. → **pervers.** ➛ n. *Un vieux vicieux.* → **satyre. 3** fam. Rusé et malhonnête (personnes, procédés). **II** (choses) **1** vx Défectueux, mauvais, entaché de vices (II). **2** *Cercle* vicieux.* ► **vicieusement** adj.

vicinal, ale, aux adj. ▪ *Chemin vicinal,* voie qui relie des villages.

vicissitudes n. f. pl. ▪ littér. Événements, surtout malheureux, de la vie.

vicomte n. m. ▪ Personne possédant le titre de noblesse au-dessous du comte. ► **vicomté** n. m. ► **vicomtesse** n. f.

victime n. f. ▪ **1** Créature vivante offerte en sacrifice aux dieux. **2** Personne qui subit des injustices, qui souffre. *Se prendre pour une victime.* **3** Personne tuée ou blessée. ♦ Personne arbitrairement tuée, condamnée à mort. *Les victimes du nazisme.*

victimiser v. tr. [1] ▪ anglic. Transformer en victime. ► **victimisation** n. f.

victimologie n. f. ▪ didact. Branche de la criminologie qui étudie le statut psychosocial des victimes de crimes et de délits. ► **victimologique** adj. ► **victimologue** n.

victoire n. f. ▪ **1** Succès dans un combat, une bataille, une guerre (s'oppose à *défaite*). ➛ loc. *Une victoire à la Pyrrhus,* trop chèrement acquise. **2** Heureuse issue d'une lutte, d'une compétition, pour qui a eu l'avantage (s'oppose à *échec*). *Une victoire facile.* ➛ loc. *Crier, chanter victoire,* se glorifier d'une réussite.

victoria n. f. ▪ anciennt Voiture à cheval découverte, à quatre roues.

victorien, ienne adj. ▪ Relatif à la reine Victoria, à son règne.

victorieux, euse adj. ▪ **1** Qui a remporté une victoire. → **vainqueur.** *Armée victorieuse.* ➛ *L'équipe victorieuse.* **2** Qui exprime, évoque une victoire. → **triomphant.** ► **victorieusement** adv.

victuailles n. f. pl. ▪ Provisions de bouche. → **vivres.**

vidage n. m. ▪ Action de vider (II, 2).

vidame n. m. ▪ féodalité Officier qui remplaçait les seigneurs ecclésiastiques dans les fonctions juridiques ou militaires.

vidange n. f. ▪ **1** Action de vider de matières sales. *Vidange du réservoir d'huile d'une voiture.* **2** Ce qui est enlevé, vidé. **3** Mécanisme qui sert à vider l'eau.

vidanger v. tr. [3] ▪ **1** Faire la vidange de (une fosse, un réservoir). **2** Évacuer par une vidange. *Vidanger l'huile d'un moteur.*

vidangeur, euse n. ▪ Personne qui fait la vidange des fosses d'aisances.

vide ▪ **I** adj. (opposé à *plein*) **1** Qui ne contient rien de perceptible. ➛ math. *Ensemble vide,* qui n'a aucun élément. **2** Dépourvu de son contenu normal. ➛ loc. *Rentrer les mains vides,* sans rapporter ce que l'on allait chercher. ♦ (local, lieu) Inoccupé. ♦ fig. loc. *Avoir la tête, l'esprit vide,* ne plus avoir momentanément ses connaissances, ses souvenirs. **3** (durée) Qui n'est pas employé ; sans occupation. **4** Qui manque d'intérêt, de substance. *Des propos vides.* → **vain ; vacuité. II** n. m. **1** Espace qui n'est pas occupé par de la matière ; par des choses ou des personnes. ♦ Abaissement important de la pression d'un gaz. **2** Espace où il n'y a aucun corps solide susceptible de servir d'appui. ➛ *Regarder dans le vide* (fig. dans le vague). **3** UN VIDE : espace vide ; fente, ouverture. ➛ fig. Ce qui est ressenti comme un manque. *Son départ laisse un grand vide.* **4** Absence d'intérêt, de contenu. *Le vide de son existence.* → **néant, vacuité. 5** À VIDE loc. adv. Sans rien contenir. ♦ Sans avoir l'effet attendu. *Tourner à vide.* ➛ fig. *Il raisonne à vide.* ♦ loc. *Passage à vide :* moment où un mécanisme tourne à vide ; fig. moment d'inactivité.

vidéaste n. ▪ Personne qui réalise des films vidéo.

vide-cave n. m. ▪ Pompe hydraulique pour évacuer l'eau d'un local inondé.

vide-dressing [-iŋ] n. m. ▪ Vente de vêtements d'occasion par des particuliers. *Des vide-dressings.*

vide-grenier n. m. ▪ Vente d'objets d'occasion par des particuliers qui souhaitent s'en défaire.

vidéo ▪ **I** adj. invar. Qui concerne l'enregistrement et la retransmission des images et des sons sur un écran. *Signal vidéo.* ➛ *Caméra vidéo. Jeu vidéo.* **II** n. f. Ensemble des techniques vidéo. ♦ Équipement vidéo. ♦ Enregistrement vidéo.

vidéo- Élément (du latin *video* « je vois ») signifiant « de la transmission des images ».

vidéocassette n. f. ▪ Cassette vidéo.

vidéoclip → ② **clip**

vidéoclub [-klœb] n. m. ▪ Boutique qui vend ou loue des enregistrements vidéo.

vidéocommunication n. f. ▪ techn. Ensemble des techniques permettant de transmettre des informations sous forme d'images fixes ou animées (câble, satellite...).

vidéoconférence → **visioconférence**

vidéodisque n. m. ▪ Disque optique restituant images et sons. *Le DVD a supplanté le vidéodisque.*

vidéofréquence n. f. ■ techn. Fréquence qui donne un signal d'image en télévision.

vidéogramme n. m. ■ techn. Support permettant l'enregistrement et la conservation d'un document audiovisuel ; ce document.

vidéographie n. f. ■ techn. Transmission des messages graphiques et alphanumériques sur un écran. → **télétexte.**

vidéophonie n. f. ■ techn. Transmission de signaux vidéo par câbles téléphoniques.

vidéoprotection n. f. ■ Vidéosurveillance.

vide-ordures n. m. invar. ■ Conduit vertical pour jeter les ordures (dans un immeuble).

vidéosurveillance n. f. ■ Surveillance (notamment des lieux publics) par caméras vidéo.

vidéotex [-tɛks] n. m. ■ anglic. techn. Système qui relie un terminal et des bases de données, via le réseau téléphonique.

vidéothèque n. f. ■ Collection de documents vidéo. ◆ Lieu où on les entrepose.

vidéotransmission n. f. ■ audiovisuel Retransmission de programmes audiovisuels sur grand écran.

vide-poches n. m. invar. ■ Petit meuble ou récipient où l'on peut déposer de petits objets (qui étaient dans les poches).

vide-pomme n. m. ■ Instrument servant à ôter le cœur d'une pomme entière.

vider v. tr. [1] ■ **I 1** Rendre vide (un contenant) (opposé à *remplir*). ◆ *VIDER... DANS, SUR* : répandre le contenu de... quelque part. → **verser. 2** Ôter les entrailles de (un poisson, une volaille) pour le faire cuire. ◆ fig. *Vider son cœur* : s'épancher. **3** *VIDER... DE* : débarrasser de. ◆ pronom. *La ville se vide en août.* **4** S'en aller de. loc. *Vider les lieux*, partir. **5** fam. Épuiser les forces de (qqn). → **crever, éreinter ; vidé** (2). **6** fig. Faire en sorte que (une question) soit réglée. → **résoudre, terminer.** *Vider une querelle.* **II 1** Enlever (qqch.) de son contenant. *Aller vider les ordures.* → **jeter. 2** fam. Faire sortir brutalement (qqn) d'un lieu, d'un emploi. → **chasser, renvoyer.** ▷ adj. **vidé, ée** (personnes) **1** Épuisé, sans forces. **2** Sans ressources morales. → **fini.**

videur, euse n. ■ Personne qui est chargée de vider (spécialt (II, 2) les indésirables).

vide-vite n. m. invar. ■ techn. Dispositif de vidange rapide.

vidimer v. tr. [1] ■ admin. Certifier conforme à l'original, après avoir collationné. *Vidimer la copie d'un acte.*

vidimus [-ys] n. m. ■ admin. Attestation par laquelle on certifie qu'un acte a été vidimé. ◆ Acte certifié conforme.

vidoir n. m. ■ techn. Cuvette dans laquelle on déverse les eaux de vidange.

viduité n. f. ■ **I** dr. État de veuf, de veuve. **II** littér. Abandon, solitude (≠ *vacuité*).

vidure n. f. ■ Ce qu'on enlève en vidant une volaille, un poisson.

vie n. f. ■ **I 1** Fait de vivre ; état des êtres organisés qui évoluent de la naissance à la mort. → **existence.** *Donner la vie à un enfant*, enfanter. ◆ Vigueur, vivacité. *Un enfant plein de vie.* **2** Animation que l'artiste donne à son œuvre. *Un portrait plein de vie.* **3** *LA VIE* : l'ensemble des phénomènes (croissance, métabolisme, reproduction) que présente la matière organisée (organismes animaux ou végétaux), de la naissance à la mort. *Science de la vie.* → **biologie.** ◆ La matière vivante. *La vie animale, végétale.* **4** Temps compris entre la naissance et la mort. *Espérance* de vie.* ◆ relig. *Cette vie, la vie terrestre* (opposée à *l'autre vie, la vie future, éternelle*). ◆ Temps qui reste à vivre à un individu. *Amis pour la vie.* ◆ *À VIE* : jusqu'à la mort. *Prison à vie.* → **perpétuité. 5** Activités, événements qui remplissent la vie (4), pour chaque être. *Écrire la vie de qqn.* → **biographie. 6** Manière de vivre (d'un individu, d'un groupe). ◆ loc. *Mener, faire la vie dure à qqn*, le tourmenter. ◆ vieilli *Femme de mauvaise vie*, prostituée. **7** (suivi d'une épithète, d'un compl.) Part de l'activité humaine. *La vie privée et la vie professionnelle.* ◆ Le monde, l'univers où s'exerce une activité psychique. *La vie affective.* **8** Moyens matériels (nourriture, argent) d'assurer la subsistance d'un être vivant. *Niveau de vie.* **9** absolt Le cours des choses humaines. *Regarder la vie en face.* **II** Existence dont le caractère temporel et dynamique évoque la vie. **1** (monde humain) *La vie des mots, des cultures.* **2** (monde inorganique) *La vie des étoiles.* **3** *AVOIR LA VIE DURE* : résister. *Une erreur qui a la vie dure.*

vieil, vieille → **vieux**

vieillard, arde n. ■ Personne d'un grand âge.

vieillerie n. f. ■ **1** Objet vieux, démodé, usé. **2** Idée rebattue ; œuvre démodée.

vieillesse n. f. ■ s'oppose à *jeunesse* **1** Dernière période de la vie humaine, caractérisée par le ralentissement des activités biologiques (→ **sénescence). 2** Fait d'être vieux. **3** Les personnes âgées (→ troisième âge).

vieilli, ie adj. ■ **1** Marqué par l'âge. **2** Qui a perdu de sa force, de son intérêt, avec le temps. → **usé. 3** ling. *Mots, termes vieillis*, qui sont encore compris mais employés plus rarement.

vieillir v. [2] ■ **I** v. intr. **1** Prendre de l'âge. **2** Acquérir les caractères de la vieillesse ; changer par vieillissement. → **décliner.** *Il a beaucoup vieilli depuis sa maladie.* **3** (sujet chose) Perdre de son intérêt avec le temps. *Ce film a vieilli.* ◆ Être en voie de disparition. ◆ au p. p. *Mot vieilli.* **4** (produits) Acquérir certaines qualités avec le temps. *Faire vieillir du vin.* **II** v. tr. **1** (sujet chose) Faire paraître plus vieux (opposé à *rajeunir*). *Cette coiffure te vieillit.*

2 Attribuer à (qqn) un âge supérieur à son âge réel. ► **vieillissant, ante** adj.

vieillissement n. m. ▪ **1** Fait de devenir vieux, ou de s'affaiblir par l'effet de l'âge. ◆ Augmentation de la proportion de vieillards. **2** Fait de se démoder. **3** Fait de vieillir (vins, fromages...).

vieillot, otte adj. ▪ Qui a un caractère vieilli, un peu ridicule. → **désuet, suranné.**

vielle n. f. ▪ Instrument de musique à cordes frottées par une roue à manivelle.

vielleur, euse n. ▪ Personne qui joue de la vielle. – syn. **vielleux, euse.**

viennois, oise adj. et n. ▪ **1** De Vienne, en Autriche. ◆ n. *Les Viennois.* **2** *Café, chocolat viennois,* avec de la crème Chantilly.

viennoiserie n. f. ▪ Boulangerie fine.

vierge n. f. et adj. ▪ **I** n. f. **1** Fille qui n'a jamais eu de rapports sexuels. → **pucelle.** **2** *La (Sainte) Vierge,* Marie, mère de Jésus. ◆ Sa représentation (tableau, statue). **3** Sixième signe du zodiaque (23 août-22 septembre). ◆ *Ils sont Vierge.* **II** adj. **1** Qui n'a jamais eu de relations sexuelles. *Il est vierge.* → **puceau.** **2** Qui n'a jamais été touché, sali ou utilisé. *Feuille* (de papier) *vierge,* où l'on n'a pas écrit. *Casier judiciaire vierge.* ◆ VIERGE DE. *Être vierge de toute accusation.* **3** Qui n'est mélangé à rien d'autre. *Laine vierge.* **4** Inculte, inexploité. ◆ *Forêt vierge :* forêt tropicale impénétrable. **5** *Vigne** (3) *vierge.*

vietnamien, ienne adj. ▪ Du Viêtnam. → **nord-vietnamien, sud-vietnamien.** ◆ n. *Les Vietnamiens.* ♦ n. m. Langue parlée au Viêtnam.

viet vo dao [vjɛt-] n. m. ▪ Art martial vietnamien.

vieux ou **vieil** (plur. **vieux**), **vieille** ▪ *vieil* devant voyelle ou *h* muet : *un vieil homme, un vieil arbre* (mais *un homme vieux*) **I** adj. (êtres vivants) opposé à *jeune* **1** Qui a vécu longtemps ; qui est dans la vieillesse. → **âgé.** **2** Qui a les caractères physiques ou moraux d'une personne âgée. → **sénile.** *Être vieux avant l'âge.* **3** loc. *Sur ses vieux jours,* dans sa vieillesse. **4** Qui est depuis longtemps dans l'état indiqué. *Vieux garçon, vieille fille,* célibataire. **5** (avec *assez, trop, plus, moins*) Âgé. *Elle est plus vieille que moi.* **II** adj. (choses) opposé à *neuf, nouveau* **1** Qui existe depuis longtemps. → **ancien.** *Une vieille voiture.* ♦ *Vieux rose :* adouci, moins vif. ♦ (vins, alcools) Amélioré par le temps. *Vin vieux.* **2** Hors d'usage, inutilisable. **3** Dont l'origine, le début est ancien. ◆ loc. *Le Vieux Monde :* l'Europe. ◆ *VIEUX, VIEILLE DE* (+ numéral) : qui date de. ♦ péj. Qui a perdu son intérêt, ses qualités, avec la nouveauté. ◆ loc. *Vieux jeu**. **4** Qui a existé autrefois, il y a longtemps. *Une vieille coutume.* loc. *Le bon vieux temps.* **III** n. **1** *UN VIEUX, UNE VIEILLE.* → **vieillard.** ◆ loc. *Un vieux de la vieille* (de la *vieille garde*), un vieux soldat (Premier Empire) ; fig. un ancien. **2** Personne âgée. *Les vieux du village.* **3** fam. (avec le poss.) Père, mère ; parents. *Ses vieux sont morts.* **4** fam. Terme d'amitié (même entre personnes jeunes). *Mon vieux, ma vieille.* **5** fam. *Coup de vieux :* vieillissement subit. **IV** n. f. Labre (poisson).

vieux-lille n. m. invar. ▪ Fromage de Maroilles très longuement affiné.

vif, vive adj. ▪ **I** vx ou dans des loc. Vivant, vivante. *Jeanne d'Arc a été brûlée vive.* ◆ loc. *Être plus mort que vif,* paralysé de peur, d'émotion. **II** **1** Dont la vitalité se manifeste par la rapidité, la vivacité* des mouvements et des réactions. → **agile, alerte, éveillé.** *Un enfant vif.* **2** Qui s'emporte facilement. → **emporté, violent.** ◆ *Échanger des propos très vifs.* **3** Rapide. *Intelligence vive.* **III** (choses) **1** Mis à nu. *Vive arête,* nette, aiguë. **2** *Eau vive,* eau pure qui coule. ◆ *Air vif,* frais et pur. **3** Intense. *Couleurs vives.* ◆ (sensations, émotions) → **fort.** *Une vive douleur.* → **aigu.** **IV** n. m. **1** dr. Personne vivante. *Donation entre vifs.* **2** loc. *SUR LE VIF :* d'après nature. **3** fig. *Entrer DANS LE VIF du sujet, du débat,* toucher à l'essentiel. ♦ *À VIF :* avec la chair vive à nu. fig. *Avoir les nerfs, la sensibilité à vif.* ♦ *Être atteint, touché, blessé, piqué AU VIF,* au point le plus sensible.

vif-argent n. m. ▪ **1** vx Mercure (métal). **2** fig. *Du vif-argent,* une personne très vive.

vigie n. f. ▪ **1** Matelot en observation (dans la mâture ou à la proue). **2** Son poste d'observation.

vigilant, ante adj. ▪ **1** Qui surveille avec une attention soutenue. → **attentif.** **2** physiol. Aptitude de l'organisme aux réactions. ► **vigilance** n. f.

① **vigile** n. f. ▪ relig. cathol. Veille d'une fête importante.

② **vigile** n. m. ▪ Membre d'une police privée, d'un organisme de défense.

vigne n. f. ▪ **1** Arbrisseau grimpant, à fruits en grappes (→ **raisin**), cultivé pour la production du vin. *Pied de vigne.* → **cep.** *Culture de la vigne.* → **vignoble, viticulture.** **2** Plantation de vignes. → **vignoble.** **3** *Vigne vierge :* plante décorative grimpante.

vigneau n. m. ▪ Coquillage comestible des côtes rocheuses. → **bigorneau, littorine.** – var. **vignot.**

vigneron, onne n. ▪ Personne qui cultive la vigne, fait le vin. → **viticulteur.**

vignette n. f. ▪ **1** Motif ornemental dans un livre. ♦ Petite illustration. **2** Petit carré de papier, étiquette ou timbre.

vignettiste n. ▪ anciennt Dessinateur, graveur de vignettes.

vigneture n. f. ▪ Ornement de feuilles de vigne qui encadrait les miniatures.

vignoble n. m. ▪ Plantation de vignes. ◆ Ensemble de vignes (d'une région).

vignot → **vigneau**

vigogne n. f. ■ **1** Animal ruminant du genre lama, à pelage fin. **2** Laine de vigogne.

vigoureux, euse adj. ■ **1** Qui a de la vigueur. → **énergique, fort, robuste, solide. 2** Qui s'exprime, agit avec efficacité. *Style vigoureux.* ► **vigoureusement** adv.

viguerie n. f. ■ Fonction de viguier ; territoire de sa juridiction.

vigueur n. f. ■ **1** Force, énergie (d'un être en pleine santé et dans la plénitude de son développement). **2** Activité intellectuelle libre et efficace. *Vigueur de l'expression.* → **fermeté, véhémence. 3** arts Netteté pleine de force. **4** *EN VIGUEUR :* en application actuellement ; en usage.

viguier n. m. ■ **1** hist. Magistrat qui avait des fonctions analogues à celles du prévôt, dans le Midi. **2** Magistrat, en Andorre.

V. I. H. [veiaʃ] n. m. (sigle de *virus de l'immunodéficience humaine*) ■ Virus responsable du sida. → anglic. **L. A. V.** - syn. (anglic.) **H. I. V.**

viking n. m. et adj. ■ hist. Marin scandinave, dans l'expansion maritime du VIIIe au XIe siècle. ◆ adj. *Bateau viking.* → **drakkar.**

vil, vile adj. ■ **1** littér. Qui inspire le mépris ; sans dignité, sans courage. *Vil flatteur.* ◆ *Action vile.* → **vilenie. 2** *À vil prix :* à très bas prix.

vilain, aine ■ **I** n. (au Moyen Âge) Paysan libre (qui n'était pas serf). → **manant.** ◆ prov. *Jeux de main, jeux de vilain,* jeu qui risque de dégénérer. **II** adj. **1** Se dit d'un enfant qui ne se conduit pas bien (opposé à *gentil*). **2** Désagréable à voir. → **laid. 3** (temps) Mauvais, laid. **4** Dont l'apparence est inquiétante. *Une vilaine blessure.* ◆ (au moral) *Il lui a joué un vilain tour.* → **sale.** ◆ n. m. *Il va y avoir du vilain,* un éclat, une dispute. ► **vilainement** adv.

vilayet [vilajɛt] n. m. ■ hist. Province de l'empire ottoman.

vilebrequin n. m. ■ **1** Outil pour percer, formé d'une mèche que l'on fait tourner à l'aide d'une manivelle coudée. **2** techn. Arbre articulé avec des bielles, qui transforme un mouvement rectiligne (pistons) en rotation.

vilement adv. ■ vieilli ou littér. D'une manière vile, basse.

vilenie [vil(ə)ni ; vileni] n. f. ■ littér. **1** Action vile et basse. **2** Caractère vil.

vilipender v. tr. [1] ■ littér. Dénoncer comme vil, méprisable. → **bafouer, honnir.**

villa [villa] n. f. ■ **1** Maison de plaisance avec un jardin. **2** Voie calme, impasse.

villafranchien, ienne [vil-] adj. et n. m. ■ géol. Se dit de l'étage le plus ancien du quaternaire.

village [vil-] n. m. ■ **1** Agglomération rurale autonome (≠ *hameau*). *Gros village.* → **bourg, bourgade.** ◆ *Village de toile.* → **camping. 2** Les habitants d'un village.

villageois, oise [vil-] adj. ■ **1** adj. D'un village, de ses habitants. → **campagnard, rural. 2** n. Habitant d'un village.

villanelle [vil-] n. f. ■ didact. **1** Chanson, poésie pastorale ; danse qu'elle accompagnait. **2** Poème de forme fixe (fin du XVIe s.) à couplets de trois vers et à refrains, terminé par un quatrain.

ville [vil] n. f. ■ **1** Réunion importante de constructions constituant un milieu social autonome, et une entité économique (commerce, industrie, administration). → **cité.** ◆ loc. *La Ville lumière,* Paris. *La Ville éternelle,* Rome. ◆ *Ville d'eaux,* station thermale. ◆ *En ville, à la ville :* dans la ville. ◆ hist. de France (XVIIe-XVIIIe siècles) *La Ville et la Cour :* Paris et Versailles. **2** L'administration, la personne morale de la ville. → **municipalité.** *Travaux financés par la ville.* **3** La vie, les habitudes sociales dans une grande ville (→ **urbain**). ◆ *Les gens de la ville.* → **citadin. 4** Les habitants de la ville. *Toute la ville en parle.*

villégiature [vi(l)le-] n. f. ■ Séjour de repos, à la campagne ou dans un lieu de plaisance. ◆ Lieu de ce séjour. ► **villégiaturer** v. intr. [1]

villeux, euse [vil-] adj. ■ sc. nat. Qui porte des villosités. ◆ méd. *Tumeur villeuse.*

villosité [vil-] n. f. ■ anat. Saillie filiforme qui donne un aspect velu à une surface.

vin n. m. ■ **1** Boisson alcoolisée provenant de la fermentation du raisin. *Vin rouge, rosé, blanc. Vin vieux. Grand vin.* → **cru.** *Vin de pays,* provenant d'un terroir non délimité. ◆ *Vins doux, vins de liqueur,* auxquels on ajoute de l'alcool de raisin en cours de fermentation. **2** *Le vin,* symbole de l'ivresse. *Avoir le vin gai, triste.* loc. *Être entre deux vins,* légèrement ivre. **3** relig. cathol. L'une des deux espèces sous lesquelles se fait la consécration. **4** par ext. *Vin de palme* (sève de palmier fermentée).

vinage n. m. ■ techn. Opération par laquelle on ajoute de l'alcool à un vin (pour obtenir des vins doux, des vins de liqueur).

vinaigre n. m. ■ Vin ou solution alcoolisée après fermentation acétique (assaisonnement, condiment). *Vinaigre de vin, d'alcool. Huile et vinaigre.* ◆ loc. fig. *Tourner au vinaigre,* tourner mal, empirer. ◆ fam. *Faire vinaigre,* se dépêcher.

vinaigrer v. tr. [1] ■ Assaisonner avec du vinaigre. ▷ adj. **vinaigré, ée**

vinaigrerie n. f. ■ Fabrique de vinaigre. ◆ Fabrication et commerce des vinaigres.

vinaigrette n. f. ■ Sauce faite d'huile et de vinaigre ; assaisonnement (salade, crudités).

vinaigrier, ière n. ■ **1** Personne qui fait, vend du vinaigre. **2** n. m. Flacon pour le vinaigre.

vinasse n. f. ■ fam. Mauvais vin rouge.

vindas [vɛ̃da(s)] n. m. ■ techn. Petit treuil ou cabestan volant.

vindicatif, ive adj. ▪ Porté à la vengeance. ► **vindicativement** adv.

vindicte n. f. ▪ loc. dr. *Vindicte publique* : poursuite et punition des crimes au nom de la société.

viner v. tr. [1] ▪ techn. Additionner d'alcool (le moût, le vin).

vineux, euse adj. ▪ **1** Qui a la couleur du vin rouge. **2** Qui a l'odeur du vin.

vingt [vɛ̃ ; vɛ̃t] adj. numéral ([vɛ̃] isolé ou devant consonne, [vɛ̃t] en liaison et dans les nombres de *vingt-deux* à *vingt-neuf*) ▪ **I 1** (cardinal) Deux fois dix (20). *Vingt dollars.* **2** (ordinal) Vingtième. *Les années vingt,* entre 1920 et 1930. **II** n. m. Le nombre, le numéro vingt. ♦ fam. *VINGT-DEUX !,* attention ! ► **vingtième** adj. ► **vingtièmement** adv.

vingtaine [vɛ̃t-] n. f. ▪ Nombre approximatif de vingt.

vini- Élément, du latin *vinum* « vin ».

vinicole adj. ▪ Relatif à la culture de la vigne et à la production du vin.

vinifère adj. ▪ didact. Qui produit de la vigne.

vinificateur, trice n. ▪ Spécialiste de la vinification.

vinification n. f. ▪ Transformation du moût en vin. ♦ Fermentation alcoolique, transformation des glucides en alcool par des levures.

vinifier v. tr. [7] ▪ Traiter (les moûts) pour faire le vin.

vinique adj. ▪ didact. Du vin. *Alcool vinique.*

vintage [vintɛdʒ] ▪ anglic. **I** n. m. Porto millésimé. **II** adj. **1** Se dit de modèles anciens d'automobiles. **2** Se dit d'objets (vêtements, affiches...) déjà anciens et conservés depuis leur création. ➛ n. m. *Porter du vintage.*

vinyle n. m. ▪ **1** Radical chimique qui entre dans la composition des matières plastiques. **2** Matière plastique imitant le cuir (ameublement, vêtements...). **3** Disque microsillon (fabriqué à partir du vinyle). *Une collection de vinyles.*

vinylique adj. ▪ chim. Se dit d'une substance renfermant le groupement vinyle. *Éther vinylique.*

vinylite n. f. ▪ Mélange de chlorure et d'acétate de vinyle polymérisés, utilisé pour la fabrication des disques microsillons.

vioc ou **vioque** adj. et n. ▪ fam., péj. Vieux.

viol n. m. ▪ Acte par lequel une personne en force une autre à avoir des relations sexuelles avec elle, par violence (crime).

violacé, ée adj. ▪ Qui tire sur le violet.

violat adj. m. ▪ pharm., vieilli Qui contient de l'extrait de violettes. *Sirop violat.*

violation n. f. ▪ Action de violer (un engagement, un droit), de profaner. ► **violateur, trice** n.

violâtre adj. ▪ Qui tire sur le violet (→ **violacé**) ; d'un violet un peu fade.

viole n. f. ▪ Instrument de musique à cordes et à archet. ♦ *VIOLE DE GAMBE* : grande viole à six cordes, placée entre les jambes.

violemment [-amɑ̃] adv. ▪ **1** Avec une force brutale. → **brutalement.** **2** Vivement. *Réagir violemment.*

violence n. f. ▪ **1** Force brutale pour soumettre qqn. → **brutalité.** ➛ Manifestations sociales de cette force brutale. *Escalade de la violence.* ♦ loc. *FAIRE VIOLENCE à qqn* : le faire agir contre sa volonté, par force ou intimidation. *Se faire violence* : se forcer, se contraindre. **2** Acte violent. *Subir des violences.* → **sévices ; viol.** ➛ loc. *Se faire une douce violence* : accepter avec plaisir après une résistance affectée. **3** Disposition naturelle à l'expression brutale. **4** Force brutale ; intensité (d'un sentiment...).

violent, ente adj. ▪ **1** Qui agit ou s'exprime avec violence, sans aucune retenue. → **brutal.** ➛ n. *C'est un violent.* ♦ *Des propos violents.* **2** Qui a un intense pouvoir d'action ou d'expression. *Un violent orage.* ♦ Qui a un effet intense sur les sens. *Impression violente.* **3** Qui exige de la force, de l'énergie. *Faire de violents efforts.* ➛ *Mort violente,* accident, meurtre.

violenter v. tr. [1] ▪ Violer (II).

violer v. tr. [1] ▪ **I** (compl. chose) **1** Agir contre, porter atteinte à (ce qu'on doit respecter). → **enfreindre, transgresser.** *Violer un traité.* **2** Ouvrir, pénétrer dans (un lieu sacré ou protégé). *Violer une sépulture.* → **profaner.** **II** Posséder sexuellement (une personne) contre sa volonté. → **violenter ; viol.** ► **violeur, euse** n.

violet, ette ▪ **1** adj. Mêlé de bleu et de rouge. **2** n. m. Couleur violette.

violette n. f. ▪ Petite plante à fleurs souvent violettes, solitaires, à cinq pétales ; sa fleur. ♦ Essence, parfum de violette.

violier n. m. ▪ Giroflée rouge.

violine adj. ▪ Violet foncé. → **lie-de-vin.**

violiste n. ▪ Musicien qui joue de la viole de gambe.

violon n. m. ▪ **I 1** Instrument de musique à quatre cordes que l'on frotte avec un archet, et qui se tient entre l'épaule et le menton. ➛ *La famille des violons* (altos, violoncelles, contrebasses ; viole). ➛ loc. *Accordez vos violons !,* mettez-vous d'accord. ➛ *Violon d'Ingres* : activité favorite, en dehors de la profession (le peintre Ingres jouait du violon). **2** Violoniste. **II** fam. Prison d'un poste de police.

violoncelle n. m. ▪ Instrument à cordes, plus grand que le violon, tenu entre les jambes (→ viole de gambe). ► **violoncelliste** n.

violoner v. intr. [1] ▪ fam. Jouer du violon. ♦ trans. *Violoner un air.*

violoneux n. m. ▪ anciennt Violoniste de village.

violoniste n. ▪ Instrumentiste jouant du violon.

vioque → **vioc**

viorne n. f. ▪ **1** Arbrisseau à fleurs blanches. **2** Clématite.

VIP [veipe ; viajpi] n. m. invar. (sigle de l'angl. *very important person*) ▪ fam. Personnalité de marque.

vipère n. f. ▪ Serpent à tête triangulaire aplatie, à deux crochets à venin. ♦ loc. *Une langue de vipère, une vipère,* une personne médisante. ► **vipérin, ine** adj.

vipereau n. m. ▪ Petit de la vipère.

vipéridé n. m. ▪ zool. Vipère ou crotale. *La famille des Vipéridés.*

vir-, -vir Éléments, du latin *vir* « homme ».

virage n. m. ▪ **I 1** Mouvement d'un véhicule qui tourne. *Virage sur l'aile* (avions). **2** Forte courbure du tracé (d'une voie). → **coude, tournant. 3** fig. Changement radical d'orientation, d'attitude. **II** chim. Changement de couleur (d'un réactif).

virago n. f. ▪ péj. Femme d'allure masculine, aux manières rudes et autoritaires.

viral, ale, aux adj. ▪ **1** Qui se rapporte à un virus. ♦ Provoqué par un virus. **2** Relatif aux virus informatiques. **3** Qui se propage rapidement sur Internet.

virée n. f. ▪ fam. Promenade, voyage rapide. → **balade.**

virelai n. m. ▪ didact. Poème du Moyen Âge, petite pièce sur deux rimes avec refrain.

virement n. m. ▪ Transfert de fonds d'un compte à un autre.

virémie n. f. ▪ méd. Présence d'un virus dans le sang.

virer v. [1] ▪ **I 1** v. tr. mar. Faire tourner. **2** v. intr. Tourner sur soi, en rond. **3** v. intr. mar. Changer de direction. ♦ par ext. (voiture...) *Braquer pour virer.* **II** v. tr. **1** Transporter (une somme) d'un compte à un autre (→ **virement). 2** fam. *Virer qqn,* le renvoyer. **III** v. intr. **1** Changer d'aspect, de couleur. **2** *Cuti-réaction qui vire,* qui devient positive. - trans. *Virer sa cuti*.* **3** VIRER À : devenir. *Virer au rouge.*

virescence n. f. ▪ bot. Verdissement de parties ordinairement colorées (d'un végétal).

vireux, euse adj. ▪ Vénéneux. *Amanite vireuse.*

virevolte n. f. ▪ **1** Mouvement de ce qui fait un demi-tour. **2** fig. Changement (spécialt, d'opinion). → **revirement, volte-face.**

virevolter v. intr. [1] ▪ **1** Tourner rapidement sur soi. **2** fig. Aller en tous sens, changer continuellement. → **papillonner.** ► **virevoltant, ante** adj.

① **virginal, ale, aux** adj. ▪ D'une vierge.

② **virginal** n. m. ▪ mus. Épinette en usage en Angleterre (XVIe-XVIIe siècles).

virginité n. f. ▪ État d'une personne vierge.

virgule n. f. ▪ **1** Signe de ponctuation (,) marquant une pause de peu de durée à l'intérieur de la phrase. **2** Signe (,) qui précède la décimale dans un nombre décimal (→ anglic. point).

viril, ile adj. ▪ **1** De l'homme adulte. → **mâle, masculin. 2** Qui a l'appétit sexuel d'un homme normal. **3** Qui a les caractères correspondant à une image biologique et sociale de l'homme (énergie, force...). ► **virilement** adv.

virilisation n. f. ▪ méd. Apparition, chez une femme, de caractères sexuels secondaires masculins, en particulier de poils (→ **hirsutisme).**

viriliser v. tr. [1] ▪ Donner un aspect viril à. ♦ biol. Masculiniser.

virilisme n. m. ▪ méd. État d'une femme qui présente des caractères sexuels secondaires de type masculin (pilosité, timbre de voix, etc.) et dont la fonction génitale est perturbée.

virilité n. f. ▪ **1** Ensemble des attributs et caractères de l'homme, du mâle. **2** Puissance sexuelle masculine. **3** Caractère viril (3).

virilocal, ale, aux adj. ▪ ethnol. Se dit du type de résidence dans laquelle le couple habite dans la famille du mari. → **patrilocal.**

virion n. m. ▪ biol. Particule infectieuse d'un virus, formée d'un acide nucléique et de protéines.

virocide adj. et n. m. ▪ didact. Qui détruit le pouvoir infectieux d'un virus. → **antiviral.** - n. m. *Un virocide.* - var. **virucide.**

virole n. f. ▪ Petite bague de métal pour assujettir qqch. à l'extrémité d'un manche.

virolier n. m. ▪ techn. Ouvrier qui fabrique des viroles.

virologie n. f. ▪ sc. Étude des virus. ► **virologique** adj. ► **virologiste** ou **virologue** n.

virose n. f. ▪ méd. Affection causée par un virus.

virtuel, elle adj. ▪ **1** Qui est à l'état de simple possibilité ; qui a en soi les conditions de sa réalisation. → **possible, potentiel. 2** phys. *Image virtuelle,* qui se forme dans le prolongement des rayons lumineux. ► **virtualité** n. f.

virtuellement adv. ▪ **1** didact. En puissance. → **potentiellement. 2** Selon toute probabilité. → **en principe.**

virtuose n. ▪ **1** Chanteur(euse), instrumentiste ayant une technique brillante. **2** Personne, artiste extrêmement habile.

virtuosité n. f. ▪ **1** Talent, technique de virtuose. **2** Technique brillante ; habileté supérieure. → **brio.**

virucide → **virocide**

virulence n. f. ▪ **1** Violence agressive. *La virulence d'un propos.* **2** Aptitude des germes pathogènes à se développer et à sécréter des toxines. - Caractère nocif, dangereux. ► **virulent, ente** adj.

virure n. f. ▪ mar. File de bordages, s'étendant sur toute la longueur de la carène d'un pont.

virus [-ys] n. m. ▪ **1** Germe pathogène. ◆ Micro-organisme capable de former sa propre substance par synthèse (sans échanges). *Maladies à virus* (→ **viral**). **2** fig. Principe moral dangereux et contagieux. ♦ Goût excessif. *Il a le virus du jeu.* **3** inform. Instruction qui perturbe le fonctionnement d'un système informatique.

vis [vis] n. f. ▪ **1** Tige présentant une partie saillant en hélice (filet), et que l'on fait agir en la faisant tourner sur elle-même. ◆ loc. *Serrer la vis à qqn,* le traiter avec sévérité. **2** *Escalier à vis,* en hélice. **3** *Vis platinée**.

visa n. m. ▪ **1** Formule apposée sur un acte pour le valider. *Visa de censure* (d'un film). **2** Formule exigée, en plus du passeport, pour entrer dans certains pays.

visage n. m. ▪ **1** Partie antérieure de la tête humaine. → **face, figure.** *Un beau visage.* ◆ loc. *À visage découvert,* sans se cacher. ◆ *À visage humain :* qui respecte les droits de l'homme. **2** Expression du visage. ◆ loc. *Faire bon, mauvais visage à qqn,* bien, mal l'accueillir. **3** La personne. *Mettre un nom sur un visage.* ◆ loc. *Les Visages pâles,* les Blancs (pour les Indiens d'Amérique). **4** Aspect particulier et reconnaissable (de qqch.). *Le vrai visage des États-Unis.*

visagiste n. ▪ Esthéticien, coiffeur spécialisé dans la mise en valeur du visage.

vis-à-vis [vizavi] ▪ **I** *VIS-À-VIS DE* loc. prép. **1** En face de (concret). **2** fig. En présence de, devant (de manière à confronter). *J'ai honte vis-à-vis de lui.* ◆ En regard, en comparaison de. **3** Envers (qqn). **II** n. m. **1** Position de deux personnes, de deux choses qui se font face. **2** Personne, chose placée en face d'une autre.

viscache n. f. ▪ zool. Petit rongeur d'Amérique du Sud, appelé *lièvre des pampas.*

viscéral, ale, aux adj. ▪ **1** Relatif aux viscères. **2** (sentiment) Profond et irraisonné. ► **viscéralement** adv.

viscère n. m. ▪ anat. Organe contenu dans une cavité du corps (cerveau, cœur, estomac, foie, intestin, poumon, rate, rein, utérus). ♦ cour. *Les viscères.* → **boyau(x), entrailles.**

viscose n. f. ▪ techn. Solution colloïdale de cellulose et de soude.

viscosimètre n. m. ▪ techn. Appareil servant à déterminer la viscosité des fluides.

viscosité n. f. ▪ **1** État de ce qui est visqueux (1). **2** Caractère visqueux (2), gluant.

visé n. m. ▪ Le fait de viser avec une arme à feu. *Tir au visé* (opposé à *au jugé*).

visée n. f. ▪ **1** Action de diriger la vue, une arme, un instrument d'optique vers un but, un objectif. **2** fig. surtout plur. Direction de l'esprit vers un but. → **ambition, intention.**

① **viser** v. [1] ▪ **I** v. intr. **1** Diriger attentivement vers le but, la cible à atteindre. **2** fig. *Viser haut,* avoir de grandes ambitions. **II** v. tr. ind. *VISER À.* Avoir en vue (une fin). ◆ (+ inf.) Tendre à. **III** v. tr. dir. **1** Regarder attentivement (un but, une cible) afin de l'atteindre. **2** fig. Avoir en vue, s'efforcer d'atteindre (un résultat). **3** (sujet chose) S'appliquer à. → **concerner.** ◆ passif et p. p. *Être, se sentir visé,* être l'objet d'une allusion, d'une critique. **4** fam. Regarder.

② **viser** v. tr. [1] ▪ Revêtir (un acte) d'un visa*. *Faire viser son passeport.*

viseur n. m. ▪ Instrument, dispositif optique servant à effectuer une visée (1), à délimiter le champ (photo, cinéma, vidéo).

visibilité n. f. ▪ **1** Caractère de ce qui est perceptible par la vue. **2** Qualité de l'atmosphère, permettant de voir (plus ou moins loin). *Bonne, mauvaise visibilité.* **3** Possibilité de voir les abords. *Virage sans visibilité.*

visible adj. ▪ **1** Qui peut être vu. *Visible à l'œil nu, au microscope.* **2** Sensible à la vue. *Le monde visible.* ◆ n. m. *Le visible et l'invisible.* **3** Qui peut être constaté par les sens. → **manifeste, sensible.** *Un plaisir visible.* ◆ impers. *Il est visible que* (+ indic.), clair, évident. **4** (personnes) En état de recevoir une visite, d'être vu (habillé, apprêté). → **présentable.**

visiblement adv. ▪ **1** En se manifestant à la vue. **2** D'une manière évidente, claire.

visière n. f. ▪ **1** Partie d'une casquette, d'un képi qui abrite les yeux. **2** Pièce qui protège les yeux. ◆ *Mettre sa main en visière devant ses yeux.*

visioconférence n. f. ▪ techn. Système de télécommunication permettant de réunir des personnes éloignées dans des conditions proches de celles d'une réunion ordinaire.

vision n. f. ▪ **I 1** Perception du monde extérieur par la vue. **2** fig. Action de se représenter en esprit. → **représentation.** *Une vision confuse de l'avenir.* **II** (Une, des visions) **1** Chose surnaturelle qui apparaît. → **apparition, révélation.** **2** Représentation imaginaire. → **idée, rêve.**

visionique n. f. ▪ Ensemble des techniques liées au traitement informatique des images.

visionnaire ▪ **1** n. Personne qui a des visions. → **illuminé.** ◆ Personne qui a la vision de ce qui est caché. → **voyant.** **2** adj. Capable d'anticiper, qui a une vision de l'avenir. *Un art visionnaire.*

visionner v. tr. [1] ▪ **1** Examiner techniquement (un film). **2** Faire apparaître sur un écran de visualisation. ► **visionnage** n. m.

visionneuse n. f. ▪ Dispositif optique grossissant, pour examiner un film, des diapositives.

visiophone n. m. ▪ Téléphone où chaque correspondant a une image de l'autre. ► **visiophonie** n. f.

Visitation n. f. ▪ relig. cathol. Visite de la Sainte Vierge à sainte Élisabeth, alors enceinte de Jean-Baptiste ; fête commémorant cet événement.

visite n. f. ▪ **I 1** Fait d'aller voir (qqn) et de rester avec lui un certain temps ; fait de recevoir un visiteur. *Rendre visite à qqn.* **2** La personne qui se rend chez une autre. *Tu as une visite,* fam. *de la visite.* **3** (contexte professionnel) Fait de se rendre auprès d'un malade, pour un médecin. ◆ Action de visiter (un client). *Les visites d'un représentant.* **II 1** Fait de se rendre (dans un lieu) pour parcourir, visiter. *Visite touristique.* **2** Fait d'aller examiner, inspecter. *Visite d'expert.* ◆ *Visite de douane.* → **fouille.** **3** Examen de patients, de malades par un médecin à l'hôpital, en clinique.

visiter v. tr. 1 ▪ **I 1** rare Faire une visite à (qqn). **2** Se rendre auprès de (qqn) pour l'assister, le soigner. **II 1** Aller voir (qqch.), parcourir (un lieu) en examinant. *Visiter un pays, un musée.* **2** Examiner, inspecter.

visiteur, euse n. ▪ **I 1** Personne qui va voir qqn chez lui, lui fait une visite. *Reconduire un visiteur.* **2** Personne qui visite (un pensionnaire, un malade, un prisonnier). **II 1** Personne qui inspecte, examine. **2** Personne qui visite un lieu. → **touriste.** **3** sports Membre d'une équipe qui se déplace et joue sur le terrain de l'adversaire.

visnage n. m. ▪ Fenouil annuel.

vison n. m. ▪ **1** Mammifère voisin du putois, chassé et élevé pour sa fourrure très estimée. **2** Sa fourrure. ♦ Vêtement en vison.

visonnière n. f. ▪ Élevage de visons.

visqueux, euse adj. ▪ **1** (liquide) Qui est épais et s'écoule avec difficulté. **2** péj. Dont la surface est couverte d'une couche gluante. **3** fig. Répugnant par un caractère de bassesse, de traîtrise.

visser v. tr. 1 ▪ **1** Fixer, faire tenir avec une vis, des vis. **2** Serrer en tournant sur un pas de vis (opposé à *dévisser*). **3** fig., fam. Traiter sévèrement (qqn), contraindre. ► **vissage** n. m.

visserie n. f. ▪ Ensemble des pièces métalliques avec un pas de vis (vis, écrous, boulons). ◆ Établissement où on les fabrique.

visseuse n. f. ▪ techn. Machine à visser.

visu (de) → **de visu**

visualiser v. tr. 1 ▪ **1** Rendre visible (ce qui ne l'est pas). **2** inform. Faire apparaître sur un écran (les résultats d'un traitement). → **afficher.** ► **visualisation** n. f.

visuel, elle ▪ **1** adj. Relatif à la vue. *Mémoire visuelle.* **2** n. Personne chez qui les sensations visuelles prédominent. **3** adj. Qui fait appel au sens de la vue. *Méthode visuelle.* ► **visuellement** adv.

vit [vi] n. m. ▪ vx Sexe de l'homme. → **verge.**

vital, ale, aux adj. ▪ **1** Qui concerne, constitue la vie. ◆ *Principe vital, force vitale.* **2** Essentiel à la vie (d'un individu, d'une collectivité). → **indispensable.** *Espace* vital.*

vitalisme n. m. ▪ didact. Doctrine d'après laquelle les phénomènes vitaux sont irréductibles. ► **vitaliste** adj. et n.

vitalité n. f. ▪ Caractère de ce qui manifeste une santé, une activité remarquables.

vitamine n. f. ▪ Substance organique, sans valeur énergétique, mais indispensable à l'organisme. *Vitamine A* (de croissance), *C* (antiscorbutique), *D* (antirachitique). ► **vitaminé, ée** adj. ► **vitaminique** adj.

vite ▪ **I** adv. **1** En parcourant un grand espace en peu de temps. *Aller, courir vite.* **2** En peu de temps. → **rapidement.** *Faire vite,* se dépêcher. ◆ (avec un impér.) Immédiatement. *Partez vite.* **3** Au bout d'une courte durée. *On sera plus vite arrivé.* ◆ *Au plus vite,* dans le plus court délai. ◆ loc. adv. fam. *VITE FAIT* : rapidement. *Vite fait bien fait.* **II** adj. sports *Le coureur le plus vite.*

vitellus [-ys] n. m. ▪ biol. Substance qui constitue les réserves de l'œuf, de l'embryon. ► **vitellin, ine** adj.

vitelotte n. f. ▪ Pomme de terre de forme oblongue, à la peau et à la chair violacées.

vitesse n. f. ▪ **I** (sens absolu) **1** Fait ou pouvoir de parcourir un grand espace en peu de temps. → **célérité, rapidité, vélocité.** *Calculer la vitesse d'un mobile. Course de vitesse.* **2** Fait d'accomplir une action en peu de temps. → **hâte, promptitude.** ◆ loc. fam. *EN VITESSE* : au plus vite. **II** (sens relatif) **1** Fait d'aller plus ou moins vite. → **allure.** *Compteur de vitesse.* ◆ loc. *À TOUTE VITESSE* : très vite. *Vitesse de croisière*.* ◆ loc. *Perte de vitesse* (d'un avion, capable d'entraîner la chute). fig. *En perte de vitesse,* qui ne se développe plus. ◆ fig. *À deux vitesses,* qui varie selon les types d'usagers (économie, médecine...). **2** Rapport entre la vitesse de rotation de l'arbre moteur et celle des roues. *Changement de vitesse.* ◆ loc. fam. *En quatrième vitesse,* très vite. **3** sc. Quantité exprimée par le rapport d'une distance au temps mis à la parcourir.

viti- Élément, du latin *vitis* «vigne».

viticole adj. ▪ Relatif à la culture de la vigne et à la production du vin.

viticulture n. f. ▪ Culture de la vigne. ► **viticulteur, trice** n. → **vigneron.**

vitiligo n. m. ▪ méd. Affection de la peau caractérisée par la présence de taches décolorées, entourées par un bord foncé.

vitrage n. m. ▪ **1** Ensemble de vitres (d'une baie, d'une serre, etc.). **2** Châssis garni de vitres.

vitrail, aux n. m. ▪ Panneau constitué de morceaux de verre colorés, assemblés pour former une décoration. ◆ *Le vitrail,* la technique, l'art des vitraux.

vitre n. f. ▪ **1** Panneau de verre garnissant une ouverture (fenêtre, porte, etc.). → **carreau.** **2** Panneau de verre garnissant les portières d'un véhicule. → **glace.**

① **vitré, ée** adj. ▪ anat. *Corps vitré* ou n. m. *le vitré* : masse transparente entre la rétine et le cristallin. ◆ *Humeur vitrée de l'œil,* remplissant le corps vitré. → **vitreux.**

vitrer v. tr. 1 ▪ Garnir de vitres. ▷ adj. ② **vitré, ée** *Porte vitrée.*

vitrerie n. f. ▪ Industrie des vitres et glaces.

vitreux, euse adj. ▪ **1** Qui ressemble au verre fondu. **2** Dont l'éclat est terni. *Œil, regard vitreux.*

vitrier, ière n. ▪ Personne qui vend, coupe et pose les vitres, les pièces de verre.

vitrifier v. tr. 7 ▪ **1** Transformer en verre par fusion ; donner la consistance du verre à (une matière). ◆ pronom. *Se vitrifier.* **2** Recouvrir d'une matière plastique transparente. ◆ au p. p. *Parquet vitrifié.* ▶ **vitrification** n. f.

vitrine n. f. ▪ **1** Devanture vitrée d'un local commercial ; espace où l'on expose des objets à vendre ; son contenu. **2** Petite armoire vitrée.

vitriol n. m. ▪ **1** Acide sulfurique concentré, très corrosif. **2** fig. *Portrait au vitriol.*

vitrioler v. tr. 1 ▪ Lancer du vitriol sur (qqn) pour le défigurer. ▶ **vitriolage** n. m.

vitrioleur, euse n. ▪ Personne qui défigure qqn en le vitriolant.

vitrocéramique n. f. ▪ Matière constituée de très petits cristaux de minerai de fer et de sable fondu disposés dans une phase vitreuse.

vitulaire adj. ▪ vétér. *Fièvre vitulaire* : fièvre puerpérale des vaches.

vitupérateur, trice adj. et n. ▪ Qui vitupère, critique.

vitupérer v. 6 ▪ **1** v. tr. littér. Blâmer vivement. **2** v. intr. *Vitupérer contre qqn, qqch.,* protester violemment. ▶ **vitupération** n. f.

vivable adj. ▪ **1** Où l'on peut vivre. **2** (personnes) Que l'on peut supporter.

① **vivace** adj. ▪ **1** Résistant, robuste (plantes, animaux inférieurs). **2** bot. *Plante vivace,* qui vit plus de deux années. **3** Qui se maintient sans défaillance. *Souvenir vivace.*

② **vivace** [vivatʃe] adj. invar. et adv. ▪ mus. D'un mouvement rapide (plus que l'allégro).

vivacité n. f. ▪ **1** Caractère de ce qui a de la vie, est vif. *La vivacité d'un enfant. Vivacité d'esprit.* **2** Caractère de ce qui a de l'intensité. *La vivacité d'un coloris.* **3** Caractère vif (II, 2), emporté ou agressif.

vivandière n. f. ▪ ancienn Cantinière.

vivant, ante adj. ▪ **I 1** Qui vit, est en vie. ◆ n. *Les vivants et les morts.* **2** Plein de vie. → **vif.** *Un enfant très vivant.* ◆ (œuvres, personnages...) Qui a l'expression, les qualités de ce qui vit réellement. **3** Doué de vie. → **animé, organisé.** **4** Constitué par des êtres vivants. *Tableaux vivants.* **5** (lieu) Plein de vie, d'animation. → **animé.** **6** (choses) Actif, actuel. *Langues vivantes* (opposé à langues mortes). ◆ *Son souvenir est toujours vivant.* **II** n. m. *Du vivant de..., de son vivant* : pendant la vie de (qqn), sa vie.

vivarium [-jɔm] n. m. ▪ didact. Espace aménagé pour de petits animaux vivants (insectes, reptiles, etc.).

vivat n. m. ▪ Acclamation. → **ovation.**

① **vive** n. f. ▪ Poisson aux nageoires épineuses, vivant dans le sable.

② **vive** exclam. ▪ Acclamation envers qqn, qqch. à qui l'on souhaite de durer. → **vivat.** *Vive la République !* ◆ (avec un nom au plur.) *Vive les vacances !*

vivement adv. ▪ **1** Avec vivacité, ardeur. **2** exclam. Exprime un souhait d'accomplissement rapide. *Vivement les vacances !* ◆ *Vivement que* (+ subj.). **3** D'un ton vif, avec un peu de colère. **4** Avec force, intensité. *Être vivement affecté par une nouvelle.*

viveur n. m. ▪ vieilli Fêtard.

vivi- Élément, du latin *vivus* « vivant ».

vivier n. m. ▪ **1** Étang, bassin où l'on garde du poisson, des crustacés. **2** fig. Milieu favorable au développement d'idées, de personnalités.

vivifier v. tr. 7 ▪ Donner de la vitalité à (qqn). → **stimuler, tonifier.** ▶ **vivifiant, ante** adj.

vivipare adj. ▪ Se dit d'un animal dont l'œuf se développe complètement à l'intérieur de l'utérus maternel. ▶ **viviparité** n. f.

vivisection [-s-] n. f. ▪ Opération pratiquée à titre d'expérience sur les animaux vivants. ▶ **vivisecteur, trice** n.

vivoir n. m. ▪ rare Salle de séjour.

vivoter v. intr. 1 ▪ **1** Vivre au ralenti, avec de petits moyens. → **végéter.** **2** (sujet chose) Subsister ; avoir une activité faible.

vivre v. 46 ▪ **I** v. intr. (sujet être vivant) **1** Être en vie. *Il vit encore.* ◆ loc. *Se laisser vivre,* vivre sans faire d'effort. **2** (avec un compl. de durée) Avoir une vie de. *Vivre cent ans.* **3** Passer une partie de sa vie en résidant habituellement (dans un lieu). → **habiter.** *Vivre à la campagne.* **4** Mener une certaine vie. *Vivre seul ; avec qqn.* ♦ loc. *Art de vivre,* de se conduire. ◆ *Être facile, difficile à vivre.* **5** Subsister par des moyens matériels. *Vivre de son travail. Avoir de quoi vivre.* **6** Réaliser toutes les possibilités de la vie. ◆ *Avoir beaucoup vécu,* avoir eu une vie riche d'expériences. **7** (sujet chose) Exister ; subsister. **II** v. tr. (sujet personne) **1** Avoir, mener (telle ou telle vie). ◆ Passer (un temps). *Vivre des jours heureux.* → **couler.** **2** Éprouver par l'expérience de la vie. *Vivre un grand amour.* ♦ Traduire en actes réels. *Vivre son art.*

vivré, ée adj. ▪ blason Ondulé comme un serpent.

vivres n. m. pl. ■ Ce qui sert à l'alimentation humaine. ♦ loc. *Couper les vivres à qqn,* le priver de moyens de subsistance.

vivrier, ière adj. ■ Dont les produits sont destinés à l'alimentation. *Cultures vivrières.*

vizir n. m. ■ Ministre, sous l'empire ottoman. *Grand vizir.*

vlan interj. ■ Onomatopée, bruit fort et sec.

V. O. [veo] n. f. (sigle) ■ Version originale. *Film en V. O.*

vobulateur n. m. ■ électron. Générateur d'un signal électrique dont la fréquence évolue selon une loi périodique.

vocable n. m. ■ Mot d'une langue.

vocabulaire n. m. ■ **1** Dictionnaire succinct ou spécialisé. **2** Ensemble de mots (d'un texte ; disponibles). *Enrichir son vocabulaire.* **3** Termes spécialisés (d'une science, d'un art...). → **terminologie.**

vocal, ale, aux adj. ■ **1** Qui produit la voix. *Cordes vocales.* **2** De la voix ; du chant.

vocalement adv. ■ didact. En utilisant la voix, la parole. → **oralement.**

vocalique adj. ■ ling. Qui a rapport aux voyelles.

vocalisation n. f. ■ **1** Changement d'une consonne en voyelle. **2** mus. Fait de vocaliser, de faire des vocalises.

vocaliser v. intr. [1] ■ Chanter, en parcourant une échelle de sons et sur une seule syllabe. ► **vocalise** n. f.

vocatif n. m. ■ gramm. Cas employé pour s'adresser directement à qqn, à qqch.

vocation n. f. ■ **1** Mouvement intérieur par lequel qqn se sent appelé par Dieu. **2** Inclination, penchant (pour une profession, un état). *Vocation artistique.* **3** Destination morale. → **mission.**

vociférateur, trice n. ■ littér. Personne qui vocifère.

vociférer v. intr. [6] ■ Parler en criant et avec colère. → **hurler.** ◆ trans. *Vociférer des injures.* ► **vocifération** n. f.

vocodeur n. m. ■ électron. Appareil qui analyse la voix et permet la synthèse des réponses vocales.

vodka n. f. ■ Eau-de-vie de grain (seigle, orge).

vœu n. m. ■ **1** Promesse faite à Dieu ; engagement religieux **(→ votif ; vouer).** *Faire vœu de pauvreté.* **2** Engagement, résolution (envers soi-même). **3** Souhait que s'accomplisse qqch. ◆ au plur. Souhaits. *Envoyer ses vœux.* **4** Demande, requête.

vogoul ou **vogoule** n. m. et adj. ■ ling. Langue ougrienne parlée dans l'Oural.

① **vogue** n. f. ■ *En vogue* : à la mode.

② **vogue** n. f. ■ région. Fête, foire annuelle.

voguer v. intr. [1] ■ littér. **1** Avancer avec des rames. **2** Naviguer. ◆ loc. *Vogue la galère !* : advienne que pourra !

voici prép. ■ **1** Désigne une chose ou une personne relativement proche (alors opposé à *voilà*). **2** Désigne ce qui arrive, approche ; ce dont il va être question (opposé à *voilà* (2)). *Voici la pluie.* **3** (présentant un nom, un pronom, une complétive) → **voilà.** *Vous voici rassuré. Voici comment il faut faire.*

voie n. f. ■ **I 1** Espace à parcourir pour aller quelque part. → **chemin, passage.** *Suivre la bonne voie.* ♦ loc. fig. *La Voie lactée*.* **2** Cet espace tracé et aménagé. → **artère, chemin, route, rue.** *Voie de communication.* ◆ (collectif) *La voie publique* (faisant partie du domaine public). ◆ *Voie de garage.* ◆ *Voie navigable* : fleuve, canal. **3** Partie d'une route de la largeur d'un véhicule. *Route à deux voies.* **4** *Voie (FERRÉE)* : ensemble des rails mis bout à bout (→ chemin de fer). **5** (collectif) *La voie maritime, aérienne* : les transports par mer, air. **II** par ext. **1** chasse Lieux par lesquels est passée la bête. ◆ loc. fig. *Mettre qqn sur la voie,* l'aider à trouver. **2** Trace laissée par une voiture. ◆ techn. Écartement des roues. **3** Passage. ◆ loc. *Voie d'eau* : ouverture accidentelle (de la coque d'un navire). ♦ Passage, conduit anatomique. *Les voies digestives.* ◆ *Par voie buccale.* **III** fig. **1** Conduite, suite d'actes orientés vers une fin. *Préparer la voie.* → **passage.** ♦ *Les voies de Dieu,* ses desseins, ses intentions. **2** Conduite suivie ou à suivre ; façon de procéder. → **moyen.** ◆ loc. *Voie de fait* : violence. **3** Intermédiaire. *Réclamer par la voie hiérarchique.* ◆ loc. *Par voie de conséquence* : en conséquence. **4** *EN VOIE DE,* en se modifiant dans un sens déterminé.

voilà prép. ■ **1** Désigne une personne ou une chose relativement éloignée (alors opposé à *voici*) ; par ext. une personne, une chose en général (syn. de *voici*). *Le voilà, votre ami.* ♦ loc. adv. *EN VOILÀ* : voilà de ceci. *En veux-tu en voilà* : tant qu'on en veut. ♦ *Voilà !,* interjection qui répond à un appel, à une demande. **2** Désignant les choses dont il vient d'être question (opposé à *voici* (2)). *Voilà tout.* ◆ *En voilà assez* : cela suffit. **3** présentant un nom, un pronom, une complétive *Voilà le facteur. Voilà que... Nous voilà arrivés.* ◆ loc. *Nous y voilà* : nous abordons enfin le problème. ♦ vx *Voilà-t-il* [ti] *pas* (étonnement, surprise). **4** Il y a (telle durée). *Voilà quinze jours qu'il est parti.*

voilage n. m. ■ Grand rideau de voile.

① **voile** n. m. ■ **I 1** Étoffe qui cache une ouverture, un monument, une plaque. **2** Morceau d'étoffe destiné à cacher (en partie) le visage (pour des motifs religieux, esthétiques...). ◆ loc. *Prendre le voile* : se faire religieuse catholique. **3** Tissu léger et fin. **II** fig. **1** Ce qui cache qqch. *Lever le voile* : révéler. → **dévoiler.** **2** Ce qui rend moins net. *Un voile de brume.* ◆ méd.

Voile au poumon. **III** *Voile du palais* : cloison musculaire et membraneuse, qui sépare la bouche du pharynx.

② **voile** n. f. ■ **1** Pièce de tissu très résistant (attachée à un mât), destinée à recevoir l'action du vent pour faire avancer un bateau. *Bateau à voiles.* ♦ loc. fam. *Mettre les voiles* : s'en aller. **2** Navigation (de plaisance) à voile. ➝ Sport nautique sur voilier. **3** *Vol à voile* : pilotage des planeurs. **4** *Planche* à voile.*

voilement n. m. ■ État d'une pièce voilée. *Voilement d'une planche.*

① **voiler** v. tr. [1] ■ **1** Couvrir, cacher d'un voile. *Voiler une statue.* ➝ loc. (allus. biblique) *Se voiler la face* : refuser de voir (ce qui indigne, choque). **2** fig., littér. Dissimuler. *Voiler la vérité.* **3** Rendre moins visible, moins net. → **obscurcir.** ➝ pronom. *Le ciel se voile,* se couvre. ▷ adj. **voilé, ée 1** Couvert d'un voile. **2** fig. Rendu moins perceptible. *Des reproches voilés.* **3** Qui a peu d'éclat, de netteté. *Regard voilé.* → **terne. 4** (voix) Qui émet des sons sans clarté.

② se **voiler** v. pron. [1] ■ Se déformer, ne plus être plan. ➝ au p. p. *Roue voilée.*

voilerie n. f. ■ Atelier pour la confection et la réparation des voiles de bateau.

voilette n. f. ■ Petit voile transparent sur un chapeau de femme.

voilier, ière n. ■ **I** n. m. Bateau à voiles (de nos jours, spécialt bateau de sport ou de plaisance). *Course de voiliers.* → **régate. II** Professionnel(le) qui fait ou répare les voiles. **III** n. m. Oiseau à longues ailes, capable d'utiliser les courants aériens.

voilure n. f. ■ **1** Ensemble des voiles (d'un navire). **2** Ensemble des surfaces portantes d'un avion. ♦ Toile d'un parachute.

voir v. [30] ■ **I** v. intr. Percevoir les images des objets par la vue. ➝ loc. fig. *Voir loin* : prévoir. **II** v. tr. dir. **1** Percevoir (qqch.) par les yeux. *Je l'ai à peine vu.* → **apercevoir, entrevoir.** ♦ loc. *Voir le jour* : naître ; (choses) paraître. ♦ *FAIRE VOIR* : montrer. ♦ *LAISSER VOIR* : permettre qu'on voie ; ne pas cacher. ♦ Avoir l'image de (qqn, qqch.) dans l'esprit. → se **représenter.** ♦ *VOIR...* (+ inf.). *Je vois tout tourner.* ➝ loc. *Voir venir,* attendre. ➝ (sujet chose) *Le pays qui l'a vue naître,* où elle est née. ♦ *VOIR...* (+ attribut). *Vous m'en voyez ravi.* ➝ loc. fam. *Je voudrais vous y voir !* (dans cet état, cette situation) : vous ne feriez pas mieux. **2** Être spectateur, témoin de (qqch.). *Aller voir une pièce de théâtre.* → **assister** à. *J'ai déjà vu ce film.* ➝ *Voir du pays*.* **3** Être, se trouver en présence de (qqn). → **rencontrer.** *Aller voir qqn,* lui rendre visite. ➝ fam. *Je ne peux pas le voir (en peinture),* je le déteste. **4** Regarder attentivement, avec intérêt. → **examiner.** *Voyons cela.* ➝ *Voir un malade.* **5** fig. Se faire une opinion sur (qqch.). ➝ absolt *Nous allons voir,* réfléchir (avant un choix). *On verra* : on avisera. ♦ *POUR VOIR* : pour se faire une opinion. ➝ menace *Essaie un peu, pour voir !* ♦ *VOIR QUE, COMME, COMBIEN...* → **constater.** ♦ (en incise) *Vois-tu, voyez-vous,* appuie une opinion. ♦ *VOYONS !,* rappel à la raison. **6** Se représenter par la pensée. → **concevoir, imaginer.** *Je vois* : je comprends bien. ♦ *Voir grand* : avoir de grands projets. **7** *AVOIR qqch. À VOIR (avec, dans)* : avoir une relation, un rapport avec (seulement avec *pas, rien, peu*). **III** v. tr. ind. *VOIR À* (+ inf.) : songer, veiller à. *Nous verrons à vous augmenter plus tard.* ▷ v. pron. **se voir 1** (réfl.) Voir sa propre image. *Se voir dans la glace.* ➝ (semi-auxiliaire) *Elle s'est vue contrainte de renoncer. Elle s'est vu refuser l'entrée,* on lui a refusé... ♦ S'imaginer. *Je me voyais déjà arrivé.* **2** (récipr.) Se rencontrer, se trouver ensemble. *Ils ne se voient plus.* → se **fréquenter. 3** (passif) Être, pouvoir être vu. ➝ Se trouver. *Cela se voit tous les jours* : c'est fréquent.

voire adv. ■ **1** *Voire !,* exprime le doute. **2** Et (peut-être) même. *Plusieurs mois, voire un an.*

voirie n. f. ■ admin. Aménagement et entretien des voies, des chemins ; administration publique qui s'en occupe. ♦ Enlèvement quotidien des ordures.

voisement n. m. ■ phonét. Résonance produite par la vibration des cordes vocales, lors de l'articulation.

voisin, ine ■ **I** adj. **1** Qui est à une faible distance. → **proche, rapproché.** ➝ Qui est à côté. *Les pays voisins.* ♦ Proche dans le temps. **2** Qui présente une ressemblance. *Espèces voisines.* ➝ *Voisin de...* : proche de. **II** n. **1** Personne qui vit, habite le plus près. ➝ Personne qui occupe la place la plus proche. *Mon voisin de table.* **2** Autrui. → **prochain.** *Envier le sort du voisin.*

voisinage n. m. ■ **1** Ensemble des voisins. → **entourage. 2** Relations entre voisins. *Relations de bon voisinage.* **3** Proximité. ♦ Espace à proximité. → **environs, parages.**

voisiner v. intr. [1] ■ *Voisiner avec* : être placé près de.

voiturage n. m. ■ vieilli Transport en voiture.

voiture n. f. ■ **1** Véhicule monté sur roues, tiré ou poussé par un animal, un humain. *Voiture à cheval. Voiture à bras,* poussée ou tirée par des personnes. ♦ *Voiture d'enfant.* → **landau, poussette. 2** Automobile. *Voiture de course, de sport, de tourisme.* **3** chemins de fer Grand véhicule sur rails, destiné aux voyageurs (≠ *wagon*). ➝ loc. *En voiture !* : le train va partir. ♦ *Voiture-bar, voiture-lit.*

voiture-bar n. f. ■ Voiture (3) aménagée en bar. *Des voitures-bars.* → vieilli **wagon-bar.**

voiturer v. tr. [1] ■ Transporter en voiture. → **véhiculer.**

voiturette n. f. ■ Petite voiture. *Une voiturette électrique.*

voiturier, ière n. ■ **1** n. m. ancienn Charretier ; conducteur de voiture. **2** Employé(e) chargé(e) de garer les voitures des clients.

voïvodat n. m. ■ hist. Titre, dignité de voïvode.

voïvode n. m. ■ hist. **1** Gouverneur militaire (Europe orientale). **2** Prince (Roumanie, Bulgarie).

voïvodie n. f. ■ hist. Gouvernement d'un voïvode. ➛ mod. En Pologne, District administratif.

voix n. f. ■ **I 1** Ensemble des sons produits par les vibrations des cordes vocales **(→ vocal ; phon-).** ♦ LA VOIX, organe de la parole. loc. *De vive voix* : oralement. **2** Parole. *Obéir à la voix d'un chef.* ➛ loc. *De la voix et du geste.* **3** Cri (d'un animal). *Chien qui donne de la voix.* **4** Bruit, son (d'instruments de musique, de phénomènes naturels...). **II** fig. **1** Ce que l'être humain ressent en lui-même, qui l'avertit, l'inspire. *La voix de la raison.* **2** Expression de l'opinion. *La voix du peuple.* ♦ Droit de donner son opinion ; suffrage. **→ vote. III** gramm. Aspect de l'action verbale, suivant qu'elle est considérée comme accomplie par le sujet *(voix active)*, ou subie par lui *(voix passive)*.

① **vol** n. m. ■ **1** Ensemble des mouvements coordonnés faits par les animaux capables de se maintenir et de se déplacer en l'air **(→ ① voler).** *Prendre son vol* : s'envoler ; fig. prendre son essor. ➛ *AU VOL* : rapidement, au passage. *Saisir au vol.* ➛ *À vol d'oiseau*.* ➛ *DE HAUT VOL* : de grande envergure. **2** Fait de se soutenir et de se déplacer dans l'air (aérostats, avions...). ➛ *En vol, en plein vol* : pendant le vol. ♦ Déplacement aérien. ♦ *Vol à voile* (planeurs) ; *libre* (deltaplane). **3** Distance parcourue en volant (oiseaux, insectes). **4** La quantité (d'oiseaux, d'insectes) qui se déplacent ensemble dans l'air.

② **vol** n. m. ■ **1** Fait de s'emparer du bien d'autrui **(→ ② voler),** par la force ou à son insu. **2** Fait de voler (II, 2), d'escroquer (qqn).

volage adj. ■ Qui change facilement de sentiments (spécialt en amour).

volaille n. f. ■ **1** Ensemble des oiseaux qu'on élève **(→ aviculture).** ♦ Viande de volaille. **2** Oiseau de basse-cour. **→ volatile.**

volailler, ère n. ■ Marchand(e) de volailles.

volailleur, euse n. ■ Éleveur, producteur de volailles.

① **volant, ante** adj. ■ **1** Capable de s'élever dans les airs (pour ce qui n'en est en général pas capable). *Poisson volant.* ♦ Qui se déplace en avion. *Personnel volant.* **→ navigant. 2** milit. Qui intervient en fonction des besoins. **3** Mobile. *Pont volant.* ♦ *Feuille* (de papier) *volante*, détachée.

② **volant** n. m. ■ **I** Petit morceau de liège, de bois, de plastique, muni de plumes en couronne, destiné à être lancé à l'aide d'une raquette. ➛ *Jouer au volant.* **II** Garniture de tissu, libre à un bord. **III 1** Roue de régularisation. ➛ fig. *Volant de sécurité.* **2** Dispositif circulaire pour orienter les roues directrices d'une automobile.

volapük [-pyk] n. m. ■ Langue artificielle forgée sur l'anglais simplifié.

volatil, ile adj. ■ Qui passe facilement à l'état de vapeur. ► **volatilité** n. f.

volatile n. m. ■ **1** vx Oiseau. **2** mod. Oiseau domestique, de basse-cour. **→ volaille.**

volatiliser v. tr. [1] ■ Faire passer à l'état gazeux. ▷ v. pron. se **volatiliser** (fig.) Disparaître, s'éclipser. ► **volatilisation** n. f.

vol-au-vent n. m. invar. ■ Croûte de pâte feuilletée garnie d'une préparation en sauce. **→ timbale.**

volcan n. m. ■ **1** Montagne qui émet ou a émis des matières en fusion. *L'éruption d'un volcan.* **2** fig. Violence dangereuse ; danger imminent.

volcanique adj. ■ **1** Relatif aux volcans et à leur activité. **2** fig. Ardent, impétueux.

volcanisme n. m. ■ didact. Ensemble des manifestations volcaniques.

volcanologie n. f. ■ didact. Science qui étudie les phénomènes volcaniques. – var. vieilli **vulcanologie.** ► **volcanologue** n. – var. **vulcanologue.**

vole n. f. ■ Aux cartes, Coup où l'un des joueurs fait toutes les levées. *Faire la vole.*

volée n. f. ■ **I 1** littér. Envol, essor. **2** Groupe d'oiseaux qui volent ensemble. **3** *De haute volée* : de grande envergure. **II 1** Mouvement rapide ou violent (de ce qui est lancé, jeté ou balancé). *Une volée de flèches.* ➛ *À la volée ; à toute volée* : en faisant un mouvement ample. **2** Mouvement de ce qui a été lancé et n'a pas encore touché le sol. *Attraper qqch. à la volée.* ➛ (tennis...) Renvoi d'une balle avant qu'elle n'ait touché le sol. **3** Série (de coups rapprochés).

volémie n. f. ■ physiol. Volume sanguin total.

① **voler** v. intr. [1] ■ **1** Se soutenir et se déplacer dans l'air au moyen d'ailes. ♦ (ballons, engins) Se soutenir et se déplacer au-dessus du sol. ♦ (personnes) Être dans un appareil en vol. **2** Être projeté dans l'air. ➛ loc. *Voler en éclats* : éclater. ♦ Flotter. *Voile qui vole au vent.* **3** Aller très vite, s'élancer. *Voler au secours de qqn.*

② **voler** v. tr. [1] ■ **I** (compl. chose) **1** Prendre (ce qui appartient à qqn) contre son gré ou à son insu. **→ dérober,** s'**emparer** de. ➛ sans compl. *Impulsion à voler.* **→ kleptomanie. 2** S'approprier, prendre (ce à quoi on n'a pas droit). **→ usurper.** ➛ loc. fam. *Il ne l'a pas volé* : il l'a bien mérité. **II** (compl. personne) **1** Dépouiller (qqn) de son bien, de sa propriété, par force ou par ruse. **→ cambrioler, détrousser, dévaliser. 2** Ne pas donner ce que l'on doit ou prendre plus qu'il n'est dû à (qqn). **→ escroquer.** ▷ adj. **volé, ée**

volerie n. f. ▪ anciennt Chasse avec des oiseaux de proie. → **fauconnerie.**

volet n. m. ▪ **1** Panneau ou battant qui protège une baie (à l'extérieur ou à l'intérieur). → **contrevent, jalousie, persienne. 2** Vantail, aile, partie (d'un objet qui se replie). **3** loc. *Trier sur le volet* : choisir avec le plus grand soin.

voleter v. intr. 4 ▪ Voler à petits coups d'aile.

volette n. f. ▪ Claie pour égoutter les fromages. ♦ Grille circulaire sur laquelle on pose une pâtisserie.

voleur, euse ▪ **I** n. **1** Personne qui vole (②) ou a volé le bien d'autrui ; personne qui tire ses ressources de délits de vol. → **cambrioleur ;** argot **casseur.** ➛ *Voleur de grand chemin*, qui opérait sur les grandes routes. **2** Personne qui détourne à son profit l'argent d'autrui, qui vole (②, I, 2). → **escroc. II** adj. Qui a l'habitude de voler (②), a tendance à voler.

volière n. f. ▪ Enclos grillagé où les oiseaux enfermés peuvent voler.

volige n. f. ▪ Latte sur laquelle sont fixées les ardoises, les tuiles d'un toit.

voliger v. tr. ▪ techn. Garnir (un toit) de voliges.

volis n. m. ▪ arbor. Cime d'un arbre rompue ou arrachée par le vent.

volition n. f. ▪ didact. Acte de volonté. ► **volitif, ive** adj.

volley-ball [vɔlɛbol] n. m. ▪ anglic. Sport opposant deux équipes de six joueurs, où l'on renvoie un ballon à la main par-dessus un filet. - abrév. **volley.** ► ①**volleyeur, euse** n.

volleyer v. intr. 1 ▪ anglic. Pratiquer la volée, au tennis. ► ②**volleyeur, euse** n.

volontaire adj. ▪ **1** Qui résulte d'un acte de volonté (et non de l'automatisme, des réflexes). → **délibéré, intentionnel, voulu.** ♦ Qui n'est pas forcé, obligatoire. *Contribution volontaire.* **2** Qui manifeste de la décision. → **opiniâtre. 3** Qui agit librement, sans contrainte extérieure. ➛ *Engagé volontaire* (soldat). ➛ n. m. *Les volontaires et les appelés.* ♦ n. Personne bénévole qui offre ses services. ► **volontariat** n. m.

volontairement adv. ▪ Par un acte volontaire. → **délibérément, intentionnellement.**

volontariste n. ▪ Personne qui croit pouvoir soumettre le réel à sa volonté. ➛ adj. *Attitude volontariste.* ► **volontarisme** n. m.

volonté n. f. ▪ **I 1** Décision conforme à une intention ; sa manifestation. → **détermination, résolution ; vouloir.** ♦ loc. fam. *Faire les quatre volontés de qqn*, tout ce qu'il veut. ➛ loc. *À VOLONTÉ* : de la manière qu'on veut et autant qu'on veut. → à **discrétion.** ➛ loc. *Les dernières volontés de qqn*, celles qu'il manifeste avant de mourir. **2** *BONNE VOLONTÉ* : disposition à bien faire, à faire avec plaisir (→ **volontiers).** ➛ *Mobiliser les bonnes volontés.* ♦ *MAUVAISE VOLONTÉ* : disposition à se dérober (aux ordres, aux devoirs) ou à faire de mauvaise grâce. **II** Faculté de vouloir, de se déterminer librement à agir ou à s'abstenir. → **caractère ; énergie, fermeté.** ➛ *Une volonté de fer.*

volontiers [-tje] adv. ▪ **1** Par inclination et avec plaisir. → de bonne **grâce,** de bon **gré.** *J'irai volontiers vous voir.* ➛ (en réponse) → **oui. 2** Par une tendance naturelle ou ordinaire. *Il reste volontiers sans parler.*

volorécepteur n. m. ▪ biochim. Récepteur sensible aux variations de volume sanguin.

volt [vɔlt] n. m. ▪ Unité de force électromotrice et de différence de potentiel (symb. V).

voltage n. m. ▪ Différence de potentiel (mesurée en volts). ➛ Nombre de volts pour lequel un appareil électrique fonctionne normalement.

voltaïque adj. ▪ Relatif à la pile Volta. *Arc voltaïque* : arc électrique.

voltaire n. m. ▪ Fauteuil à siège bas, à dossier élevé.

voltairianisme n. m. ▪ didact. Esprit voltairien, irréligieux.

voltairien, ienne adj. et n. ▪ **1** De Voltaire. **2** Incrédule, sceptique et spirituel (à la manière de Voltaire).

voltamètre n. m. ▪ techn. Cuve à électrolyse.

voltampère n. m. ▪ sc. Unité de puissance apparente (symb. VA) d'un courant alternatif.

volte n. f. ▪ (cheval) Tour sur soi-même.

volte-face n. f. invar. ▪ **1** Action de se retourner pour faire face. *Faire volte-face.* → **demi-tour. 2** fig. Changement brusque et total d'opinion, d'attitude. → **revirement.**

voltige n. f. ▪ **1** Exercice d'acrobatie au trapèze volant. **2** Exercices acrobatiques à cheval. ➛ Acrobatie aérienne.

voltiger v. intr. 3 ▪ **1** Faire de la voltige. **2** (insectes, petits oiseaux) Voleter. **3** (choses légères) Voler, flotter çà et là. ► **voltigement** n. m.

voltigeur, euse n. ▪ **1** Acrobate qui fait de la voltige. **2** n. m. Élément motorisé d'une unité mobile (police...).

voltmètre n. m. ▪ techn. Appareil mesurant les différences de potentiel.

volubile adj. ▪ Qui parle avec abondance, rapidité. → **bavard, loquace.** ➛ *Une explication volubile.* ► **volubilité** n. f.

volubilis [-is] n. m. ▪ Plante ornementale, grimpante, à grandes fleurs. → **liseron.**

volucelle n. f. ▪ zool. Mouche ressemblant au bourdon.

volucompteur [-kɔ̃tœʀ] n. m. ▪ techn. Compteur d'un distributeur d'essence.

volumateur, trice adj. et n. m. ▪ Qui donne du volume (à la chevelure, aux cils).

volume n. m. ■ **I 1** Réunion de cahiers (notamment imprimés) brochés ou reliés ensemble. → **livre.** **2** Chacune des parties, brochées ou reliées à part, d'un ouvrage. → **tome.** **II 1** Partie de l'espace qu'occupe un corps ; quantité qui la mesure. *Le volume d'un récipient.* → **capacité, contenance.** ➛ *Eau oxygénée à vingt volumes,* susceptible de dégager vingt fois son propre volume en oxygène. **2** géom. Figure à trois dimensions, limitée par des surfaces. → **solide.** **3** Quantité globale, masse. *Le volume de la production.* **4** Intensité (de la voix). → **ampleur.** ♦ *Volume sonore,* intensité des sons.

volumétrie n. f. ■ phys. Détermination des volumes. ♦ chim. Méthode consistant à verser, dans un volume d'une solution à doser, un réactif jusqu'au terme de la réaction. → **titrimétrie.** ► **volumétrique** adj.

volumineux, euse adj. ■ Qui a un grand volume, occupe une grande place. → **gros ; embarrassant, encombrant.**

volumique adj. ■ phys. Relatif à l'unité de volume. *Masse volumique.*

volupté n. f. ■ littér. **1** Vif plaisir des sens (surtout plaisir sexuel) ; jouissance. **2** Plaisir moral ou esthétique très vif. → **délectation.**

voluptuaire adj. ■ dr. Se dit des dépenses faites pour le plaisir, consacrées au luxe ou à la fantaisie. → **somptuaire.**

voluptueux, euse adj. ■ **1** Qui aime, recherche la jouissance, les plaisirs raffinés. ➛ n. → **épicurien, sybarite.** ♦ Qui est porté aux plaisirs de l'amour. **2** Qui exprime ou inspire les plaisirs amoureux. ► **voluptueusement** adv.

volute n. f. ■ **1** archit. Ornement sculpté en spirale. **2** Forme enroulée en hélice. *Des volutes de fumée.*

volvaire n. f. ■ Champignon basidiomycète à lames et à volve.

volvation n. f. ■ zool. Action, pour certains animaux, de se rouler en boule pour se protéger. *Volvation du hérisson.*

volve n. f. ■ bot. Membrane qui enveloppe le pied et le chapeau de certains champignons jeunes.

volvoce ou **volvox** [-ɔks] n. m. ■ bot. Algue verte des eaux douces.

volvulus [-ys] n. m. ■ méd. Torsion d'un organe creux entraînant son obstruction.

vomer [-ɛʀ] n. m. ■ anat. Os du nez, partie de la cloison des fosses nasales.

vomi n. m. ■ fam. Vomissure.

vomique adj. ■ *Noix vomique :* fruit d'un arbre de l'Inde (► **vomiquier** n. m.), qui a des propriétés vomitives et contient de la strychnine.

vomir v. tr. [2] ■ **1** Rejeter par la bouche de manière spasmodique. → **régurgiter, rendre ;** fam. **gerber.** *Vomir son repas.* ♦ sans compl. *Avoir envie de vomir :* avoir des nausées. **2** fig. Rejeter, critiquer avec répugnance. → **exécrer.** **3** littér. Laisser sortir, projeter au dehors. ➛ au p. p. *Laves vomies par un volcan.* ♦ fig. Proférer avec violence (des injures, des blasphèmes). ► **vomissement** n. m.

vomissure n. f. ■ Matière vomie.

vomitif, ive adj. ■ **1** Qui fait vomir. → **émétique.** ➛ n. m. *Un vomitif.* **2** fig., fam. Répugnant.

vomitoire ■ **1** n. m. Antiq. romaine Large passage qui servait à évacuer la foule (d'un théâtre, d'un amphithéâtre). **2** adj. *Sac vomitoire,* pour passagers d'un avion en cas de nausée.

vomito negro [-negʀo] n. m. ■ méd. Fièvre jaune.

vorace adj. ■ **1** Qui dévore, mange avec avidité. ➛ *Un appétit vorace.* **2** fig. Avide, insatiable. *Une curiosité vorace.* ► **voracement** adv.

voracité n. f. ■ **1** Avidité à manger. **2** fig. Avidité à satisfaire un désir. ➛ Âpreté au gain.

-vore Élément, du latin *vorare* «manger». → **-phage.**

vortex [-ɛks] n. m. ■ didact. Tourbillon.

vorticelle n. f. ■ zool. Protozoaire en forme d'entonnoir à cils vibratiles, et vivant fixé sur les végétaux par un pédoncule.

vos → **votre**

votant, ante n. ■ Personne qui a le droit de voter, qui participe à un vote.

votation n. f. ■ (Suisse) Vote ; élections.

vote n. m. ■ **1** Opinion exprimée, dans une assemblée délibérante, un corps politique. ➛ Suffrage, dans une élection. ♦ Fait d'exprimer ou de pouvoir exprimer une telle opinion. *Droit de vote.* ♦ Mode de scrutin. *Vote à main levée.* **2** Fait de voter pour. *Le vote d'une loi.* → **adoption.**

voter v. [1] ■ **1** v. intr. Exprimer son opinion par son vote, son suffrage. *Voter pour tel candidat.* **2** v. tr. Décider par un vote. *Voter une loi.*

votif, ive adj. ■ Qui commémore l'accomplissement d'un vœu. ➛ *Fête votive :* fête du saint auquel est vouée une paroisse.

votre, plur. **vos** ■ Adjectif possessif de la deuxième personne du pluriel, correspondant au pronom *vous.* **I 1** (représentant un groupe dont le locuteur est exclu) *Vos histoires ne m'intéressent pas.* **2** (représentant une seule personne à laquelle on s'adresse au pluriel de politesse, au lieu de *ton*) *Donnez-moi votre adresse, Monsieur.* **II** De vous, de votre personne. *Pour votre bien.*

vôtre, plur. **vôtres** ■ **I** adj. poss. (attribut) littér. À vous. *Amicalement vôtre* (formule). **II** pron. poss. (avec l'article) *LE VÔTRE, LA VÔTRE, LES VÔTRES,* ce qui a rapport à un groupe de personnes auquel le locuteur n'appartient pas ; à une personne à laquelle on s'adresse au pluriel de politesse (au lieu de *tien*). ♦ *À la vôtre :* à votre santé. **III** n. **1** loc. *Il faut que vous y mettiez du vôtre* (→ sien*). **2** *LES VÔTRES* : vos parents, vos amis... *Je ne pourrai être des vôtres,* être parmi vous.

vouer v. tr. [1] ▪ **1** relig. Consacrer à Dieu, à un saint, par un vœu. ◆ (pronom.) loc. *Ne plus savoir à quel saint se vouer,* à qui recourir. **2** littér. Promettre solennellement d'avoir, de garder. *Vouer à qqn une haine implacable.* **3** Consacrer. *Vouer tout son temps à.* **4** (sujet chose) Destiner irrévocablement à. → **condamner.** ▷ adj. **voué, ée** *Quartier voué à la démolition.*

vouivre n. f. ▪ région. Serpent fabuleux.

① **vouloir** v. tr. [31] ▪ **I 1** Avoir la volonté, le désir de. → **désirer, souhaiter.** *Vouloir qqch.* ♦ (+ inf.) *Je veux y aller. Je voudrais le voir.* ◆ fam. (sujet chose) *Le feu ne veut pas prendre.* **2** *VOULOIR QUE* (suivi d'une complétive au subj., dont le sujet ne peut être celui de *vouloir*). *Il veut que je lui fasse la lecture.* ◆ *Si tu veux, si vous voulez, si on veut.* **3** (avec un nom, un pronom compl.) Prétendre obtenir, ou souhaiter que se produise... → **demander, désirer.** *Il veut sa tranquillité.* ♦ *Vouloir qqn* : désirer, accepter pour partenaire. ♦ *Vouloir qqch. à qqn,* souhaiter que qqch. arrive à qqn. *Je ne lui veux aucun mal.* ◆ *Vouloir qqch. de qqn,* vouloir obtenir de lui. → **attendre. 4** fam. *EN VOULOIR* : avoir de la volonté, de l'ambition. **5** *EN VOULOIR À* : s'en prendre à. ◆ Garder rancune à (qqn). *Il m'en veut.* ◆ pronom. Se reprocher de. → se **repentir.** *Je m'en veux d'avoir accepté.* **6** *VOULOIR DE qqch., DE qqn* : être disposé à accepter. **7** sans compl. Faire preuve de volonté. *Vouloir, c'est pouvoir.* **II** (sujet chose) *Le hasard voulut qu'ils soient réunis.* ♦ Donner pour vrai, affirmer. *La légende veut que* (+ subj.). **III** Consentir, accepter. *Si vous voulez (bien) me suivre.* ◆ (prière polie) *Veuillez avoir l'obligeance de...* ♦ *VOULOIR BIEN* : accepter ; être d'accord pour.

② **vouloir** n. m. ▪ **1** littér. Faculté de vouloir. → **volonté. 2** *Bon, mauvais vouloir* : bonne, mauvaise volonté.

voulu, ue adj. ▪ **1** Exigé, requis. **2** Délibéré, volontaire.

vous pron. pers. ▪ **I** Pronom personnel de la deuxième personne du pluriel (réel ou de politesse). **1** pluriel *Vous pouvez venir tous les trois.* **2** singulier (remplaçant *tu, toi*). *Que voulez-vous ?* **3** (renforcé) *Voyez vous-même.* **II** nominal *Dire vous à qqn.* → **vouvoyer.**

voussoir n. m. ▪ archit. Pierre taillée entrant dans la construction d'une voûte ou d'un arc. → **claveau.**

voussure n. f. ▪ Courbure (d'un arc...).

voûte n. f. ▪ **1** Ouvrage de maçonnerie cintré, fait de pierres spécialement taillées, s'appuyant sur des supports, et servant de couverture. **2** Paroi, région supérieure courbe. ◆ *La voûte céleste.* ♦ *Voûte plantaire* : courbure inférieure du pied.

voûter v. tr. [1] ▪ **1** Fermer (le haut d'une construction) par une voûte. **2** Courber (qqn). ◆ pronom. *Il commence à se voûter.* ▷ adj. **voûté, ée 1** *Cave voûtée.* **2** Dont le dos est courbé et ne peut plus se redresser. *Un vieillard voûté.* ◆ *Dos voûté.*

vouvoyer v. tr. [8] ▪ S'adresser à (qqn) en employant la deuxième personne du pluriel, *vous.* ► **vouvoiement** n. m.

vouvray n. m. ▪ Vin blanc (pineau) issu d'un cépage de la région de Vouvray.

vox populi [vɔks-] n. f. invar. ▪ littér. La « voix du peuple », l'opinion du plus grand nombre.

voyage n. m. ▪ **1** Déplacement d'une personne qui se rend en un lieu assez éloigné. *Faire un grand voyage. Voyage en avion.* ◆ loc. *Partir en voyage.* ♦ loc. *Les gens du voyage,* les forains. ◆ *Le dernier voyage,* la mort. **2** Course que fait un chauffeur, un porteur pour transporter qqn, qqch.

voyager v. intr. [3] ▪ **1** Faire un voyage. *Voyager en train.* ◆ Aller en différents lieux pour voir du pays. *Il a beaucoup voyagé.* **2** (représentants, voyageurs de commerce) Faire des tournées. **3** (sujet chose) Être transporté.

voyageur, euse n. ▪ **1** Personne qui est en voyage. ◆ Usager d'un transport public. → **passager. 2** Personne qui voyage, pour explorer, faire du tourisme. **3** *Voyageur (de commerce)* : représentant de commerce. → **V. R. P.**

voyagiste n. ▪ Personne, organisme qui commercialise des voyages.

① **voyant, ante** ▪ **I** n. **1** Personne réputée avoir un don de seconde vue ; qui fait métier de prédire l'avenir (► **voyance** n. f.). ♦ Visionnaire. **2** Personne qui voit. *Voyants et non-voyants.* **II** n. m. Signal lumineux.

② **voyant, ante** adj. ▪ Qui attire la vue, qui se voit de loin. péj. *Couleurs voyantes.*

voyelle n. f. ▪ Phonème caractérisé par une résonance de la cavité buccale plus ou moins ouverte. ♦ Lettre qui le note.

voyer n. m. ▪ admin. Agent chargé de l'entretien de la voirie.

voyeur, euse n. ▪ Personne qui assiste pour son plaisir à une scène érotique. ► **voyeurisme** n. m.

voyou n. m. ▪ **1** Homme du peuple ayant des activités délictueuses. **2** Mauvais sujet. **3** adj. *Un air voyou.*

voyoucratie n. f. ▪ fam. Pouvoir exercé par des voyous, des personnes corrompues.

VPC n. f. invar. ▪ Sigle de *vente par correspondance.*

en vrac loc. adv. ▪ **1** (marchandises) Pêle-mêle, sans être arrimé et sans emballage. **2** En désordre. **3** Au poids (opposé à *en paquet*). *Acheter du riz en vrac.*

vrai, vraie ▪ **I** adj. **1** Qui présente un caractère de vérité ; à quoi on peut et doit donner son assentiment (opposé à *faux*, à *mensonger*). → **certain, exact, incontestable, sûr, véritable.** *Une histoire vraie.* **2** Réel, effectif (opposé à *imaginaire*). **3** (avant le nom) Conforme à son apparence ou à sa désignation. → **véritable.** *De vraies perles* (opposé à *faux*). *Un vrai Renoir.* → **authentique.** – (intensif) *C'est un vrai salaud.* → **véritable. 4** Qui donne un sentiment de réalité, en art ; sincère, naturel. *Des personnages vrais.* **5** littér. (personnes) Sincère, véridique. **II** n. m. *LE VRAI* **1** La vérité. ♦ La réalité. *Vous êtes dans le vrai.* **2** loc. *À dire vrai ; à vrai dire,* introduit une restriction. – fam. (lang. enfantin) *Pour de vrai* : vraiment. **III** adv. Conformément à notre sentiment de la réalité. *Faire vrai.* – fam. (détaché en tête ou en incise) Vraiment.

vraiment adv. ▪ **1** D'une façon indiscutable. → **effectivement.** *Il a vraiment réussi.* **2** S'emploie pour souligner une affirmation. → **franchement.** *Vraiment, il exagère !* ♦ *Vraiment ?*, est-ce vrai ? **3** *PAS VRAIMENT* : pas complètement, un peu.

vraisemblable adj. ▪ **1** Qui peut être considéré comme vrai ; qui semble vrai. *Hypothèse vraisemblable.* → **plausible. 2** (événements futurs) *Son succès est vraisemblable.* → **possible, probable.** ► **vraisemblablement** adv.

vraisemblance n. f. ▪ Caractère vraisemblable ; apparence de vérité.

vraquier n. m. ▪ Navire qui transporte des marchandises en vrac.

vrillage n. m. ▪ techn. **1** Défaut de fils textiles qui vrillent. **2** Torsion donnée aux pales d'une hélice, aux ailes d'un avion.

vrille n. f. ▪ **1** Organe de fixation de plantes grimpantes, qui s'enroule en hélice. **2** Outil formé d'une tige que termine une vis. **3** *En vrille* : en hélice.

vrillée n. f. ▪ bot. Renouée, appelée aussi *faux liseron.*

vriller v. [1] ▪ **1** v. intr. S'enrouler sur soi-même. **2** v. tr. Percer avec une vrille.

vrillette n. f. ▪ Petit coléoptère dont la larve ronge les vieux meubles.

vrombir v. intr. [2] ▪ Produire un son vibré par un mouvement périodique rapide. → **bourdonner, ronfler.** ► **vrombissant, ante** adj. ► **vrombissement** n. m.

vroum [vʀum] interj. ▪ Onomatopée imitant un bruit de moteur.

V. R. P. n. (sigle de *voyageur, représentant placier*) ▪ Voyageur*, voyageuse de commerce.

vs → **versus**

V. S. N. n. m. (sigle) ▪ anciennt Volontaire du service national civil, en coopération. → **coopérant.**

V. T. C. n. m. (sigle de *vélo tout chemin*) ▪ Vélo plus léger que le V. T. T., conçu pour une utilisation sur route et pour les randonnées sur les chemins.

V. T. T. n. m. (sigle) ▪ Vélo tout-terrain.

vu, vue ▪ **I** adj. **1** Perçu par le regard. – loc. *Ni vu ni connu* : sans que personne en sache rien. ♦ n. m. *Au vu et au su de tout le monde,* ouvertement. – *C'est du déjà vu, du jamais vu.* **2** Compris. *C'est bien vu ?* – ellipt *Vu ?* **3** *Être bien, mal vu,* considéré. **II** *VU* prép. **1** En considérant, eu égard à. *Vu la qualité, c'est cher.* **2** loc. conj. *VU QUE* : étant donné que.

vue n. f. ▪ **I** Action, fait de voir*. **1** Sens par lequel les stimulations lumineuses donnent naissance à des sensations (lumière, couleur, forme), produisant une représentation de l'espace. *L'œil, organe de la vue.* **2** Manière de percevoir les sensations visuelles. → **vision.** *Avoir une bonne vue.* **3** (dans des loc.) Regard. *À première vue* : au premier coup d'œil. – *Connaître qqn DE VUE,* l'avoir déjà vu, sans avoir d'autres relations. ♦ *À VUE D'ŒIL* : d'une manière visible ; très vite. – plais. *À vue de nez*.* **4** Les yeux. *S'abîmer la vue.* – loc. fam. *En mettre plein la vue à qqn,* l'éblouir. → **épater. II** Ce qui est vu. **1** Étendue de ce qu'on peut voir d'un lieu. → **panorama. 2** Aspect sous lequel se présente (un objet) (→ **point de vue).** ♦ *EN VUE* : aisément visible. fig. *Un personnage en vue,* marquant. **3** *La vue de...* → **spectacle, vision.** *La vue du sang le rend malade.* **4** Ce qui représente (un lieu) ; image, photo. *Une vue de Madrid.* **5** Orientation permettant de voir. *Chambre avec vue sur la mer.* **III** fig. **1** Faculté de former des images mentales ; son exercice. – *Seconde vue, double vue* : faculté de voir par l'esprit des objets réels, des faits qui sont hors de portée des yeux (→ **voyant). 2** Image, idée. – loc. *ÉCHANGE DE VUES* : entretien, discussion. – *Une vue de l'esprit,* une vue théorique. **3** *Avoir qqch. EN VUE,* y songer, l'envisager. – *Avoir qqn en vue pour un poste.* ♦ loc. prép. *EN VUE DE* : de manière à permettre, à préparer (une fin, un but). → **pour. 4** au plur. Dessein, projet. – *Avoir des vues sur qqn,* penser à lui pour un projet (spécialt séduction, mariage).

vulcain n. m. ▪ Papillon rouge et noir, au vol rapide.

vulcanales n. f. pl. ▪ Antiq. romaine Fêtes en l'honneur de Vulcain.

vulcanien, ienne adj. ▪ géol. Se dit d'un type de volcan ou d'éruption caractérisé par une lave très visqueuse et des explosions.

vulcaniser v. tr. [1] ▪ Traiter (le caoutchouc) par le soufre pour augmenter sa résistance. ► **vulcanisation** n. f.

vulcanologie ; vulcanologue → **volcanologie ; volcanologue**

vulgaire ▪ **I** adj. **1** vx Très répandu. ♦ didact. Connu de tous (langue). *Le nom vulgaire d'une plante.* → **courant, usuel. 2** (avant le nom) Quelconque, ordinaire. *Un vulgaire menteur.* **3** péj. Qui manque d'élévation ou de distinction. → **commun, grossier, trivial.** ♦ spécialt Qui choque la bienséance. **II** n. m. vx ou littér. Le commun des hommes (souvent péj.). → **foule, masse.**

vulgairement adv. ▪ **1** didact. *Appelé vulgairement,* dans le langage courant (opposé à *scientifiquement*). **2** péj. Avec vulgarité.

vulgarisation n. f. ▪ Fait d'adapter des connaissances techniques, scientifiques, pour les rendre accessibles à un lecteur non spécialiste. ► **vulgarisateur, trice** n.

vulgariser v. tr. [1] ▪ **1** Répandre (des connaissances) en mettant à la portée du grand public (→ **vulgarisation). 2** péj. Rendre ou faire paraître vulgaire.

vulgarisme n. m. ▪ didact. Expression, tournure populaire et fautive.

vulgarité n. f. ▪ **1** Caractère vulgaire (I, 3). → **bassesse, trivialité. 2** Manière vulgaire.

vulgate n. f. ▪ didact. Traduction latine de la Bible.

vulgum pecus [vylgɔmpekys] n. m. sing. ▪ fam. Le commun des mortels, les ignorants.

vulnérable adj. ▪ **1** Qui peut être blessé, frappé par un mal physique. **2** fig. Qui peut être facilement atteint, attaqué. ► **vulnérabilité** n. f.

vulnéraire ▪ **1** n. m. vx Remède qu'on appliquait sur les plaies. **2** n. f. Plante utilisée en médecine populaire.

vulnérant, ante adj. ▪ Qui blesse. *Armes vulnérantes.* ➛ sc. nat. *Animaux vulnérants, plantes vulnérantes,* capables de blesser, de provoquer des lésions.

vulpin, ine ▪ **1** adj. didact. Du renard. *Rage vulpine.* **2** n. m. Plante herbacée (graminée) à panicules en forme de queue de renard.

vultueux, euse adj. ▪ didact. Se dit d'un visage congestionné, gonflé. → **bouffi.**

vulve n. f. ▪ Ensemble des organes génitaux externes de la femme (et des femelles de mammifères). ➛ spécialt Orifice extérieur du vagin. ► **vulvaire** adj.

vulvite n. f. ▪ méd. Inflammation de la vulve.

vumètre n. m. ▪ Appareil électrique qui mesure le volume sonore d'un signal électroacoustique.

vuvuzela [vuvuzela] n. f. ▪ Instrument à vent rudimentaire, utilisé lors des rencontres de football en Afrique australe.

W

w [dubləve] n. m. ▪ Vingt-troisième lettre, dix-huitième consonne de l'alphabet, notant les sons [v] (ex. *wagon*) ou [w] (ex. *watt*).

W ▪ Symbole chimique du tungstène.

wagnérien, ienne adj. et n. ▪ Qui concerne Wagner et sa musique. ♦ Adepte de Wagner.

wagon n. m. ▪ Véhicule sur rails, tiré par une locomotive. *Wagon de marchandises.*

wagon-bar n. m. ▪ vieilli → **voiture-bar.**

wagon-citerne n. m. ▪ Wagon-réservoir aménagé pour le transport des liquides. *Des wagons-citernes.*

wagon-lit n. m. ▪ Voiture d'un train formée de compartiments équipés de lits et de cabinets de toilette. *Des wagons-lits.* - syn. **voiture-lit.**

wagonnet n. m. ▪ Petit chariot sur rails, destiné au transport de matériaux en vrac dans les mines.

wagon-restaurant n. m. ▪ Voiture d'un train aménagée en restaurant. *Des wagons-restaurants.*

wagon-tombereau n. m. ▪ techn. Wagon à bords élevés, dont le chargement se fait par le haut et le déchargement par des portes latérales.

wagon-trémie n. m. ▪ techn. Wagon à trémie servant au transport des matériaux en vrac. *Des wagons-trémies.*

wahhabisme [waabism] n. m. ▪ didact. Doctrine puritaine islamique, intégrisme musulman.

wahhabite [waabit] adj. et n. ▪ didact. Du wahhabisme ; partisan du wahhabisme.

wakamé [wa-] n. m. ▪ Algue marine brune utilisée dans la cuisine asiatique.

walé → **awalé**

wali [wali] n. m. ▪ En Algérie, Haut fonctionnaire responsable d'une wilaya.

walkman [wɔ(l)kman] n. m. (nom déposé) ▪ anglic. → **baladeur.**

walkyrie n. f. ▪ Déesse guerrière des mythologies germaniques, décidant du sort des combats et de la mort des guerriers.

wallaby [walabi] n. m. ▪ Kangourou de petite taille, de diverses espèces.

wallingant, ante [walɛ̃gɑ̃, ɑ̃t] n. et adj. ▪ Partisan de l'autonomie de la Wallonie. *Les wallingants et les flamingants.*

wallon, onne [walɔ̃, ɔn] adj. et n. ▪ De la Wallonie. ➛ n. *Les Wallons.* ♦ n. m. Dialecte français d'oïl, parlé en Belgique.

wallonisme [walɔnism] n. m. ▪ ling. Emprunt au wallon, dans le français de Belgique. → **belgicisme.**

waouh [wau] interj. ▪ fam. Exclamation exprimant l'admiration. → ② **ouah.**

WAP [wap] n. m. (sigle) ▪ anglic. Technique permettant l'accès des téléphones mobiles à Internet.

wapiti [wapiti] n. m. ▪ Grand cerf d'Amérique du Nord.

warning [waʀniŋ] n. m. ▪ anglic. Feux de détresse.

warrant n. m. ▪ **1** dr. Effet de commerce délivré aux commerçants lors d'un dépôt de marchandises. → **récépissé. 2** fin. Titre donnant à son propriétaire le droit d'en acquérir un autre, selon des conditions définies.

warranter v. tr. 1 ▪ dr. Gager (une marchandise) par un warrant. ► **warrantage** n. m.

wasabi [wazabi] n. m. ▪ Condiment japonais en pâte, voisin du raifort.

washingtonia [waʃiŋtɔnja] n. m. ▪ Grand palmier de Californie et du Mexique.

WASP [wasp] n. (angl. des États-Unis, sigle de *white anglo-saxon protestant*) ▪ anglic. (aux États-Unis) Anglo-Saxon blanc et protestant (modèle valorisé).

wassingue [wasɛ̃g ; vasɛ̃g] n. f. ▪ région. (Belgique, Nord de la France) Serpillière.

water-ballast [watɛʀbalast] n. m. ▪ anglic. Réservoir d'eau (navire). ➛ Réservoir de plongée (sous-marin). *Des water-ballasts.*

water-closet → **waters, W.-C.**

watergang [watɛʀgɑ̃g] n. m. ▪ région. (Nord ; Belgique) Canal, fossé en bordure d'un polder ou d'un chemin.

wateringue [watʀɛ̃g] n. m. ou f. ▪ région. (Nord ; Belgique) Ensemble des travaux d'assèchement et de drainage.

water-polo [watɛʀ-] n. m. ▪ anglic. Jeu de ballon qui se pratique dans l'eau, et où s'opposent deux équipes de sept nageurs.

waterproof [watɛʀpʀuf] adj. invar. ▪ anglic. À l'épreuve de l'eau. → **étanche.**

waters [watɛʀ] n. m. pl. ▪ faux anglic. Lieux d'aisance. ➝ Cuvette des lieux d'aisances. - syn. vieilli **water-closet(s).** → **W.-C.**

waterzooi [watɛʀzɔj] n. m. ▪ (Belgique) Ragoût de viande blanche ou de poisson aux légumes. - var. **waterzoï.**

watt [wat] n. m. ▪ Unité de mesure de puissance (symb. W) équivalant à un travail de un joule par seconde.

wattheure [watœʀ] n. m. ▪ Unité de mesure d'énergie, de travail et de quantité de chaleur (symb. Wh) valant 3 600 joules.

wattman [watman] n. m. ▪ vx Conducteur de tramway.

wattmètre [watmɛtʀ] n. m. ▪ électr. Appareil de mesure de la puissance électrique.

wax [waks] n. m. ▪ anglic. Tissu africain de coton, imprimé à la cire, de couleurs vives.

W.-C. [dublǝvese ; vese] n. m. pl. ▪ Abréviation de *water-closet(s).* → **waters.**

web [wɛb] n. m. ▪ anglic. Ensemble des données reliées par des liens hypertextes*, sur Internet. *Surfer sur le web* (ou *le Web*). ➝ appos. *Page web* : document multimédia du web.

web- ▪ Élément entrant dans la composition de mots en rapport avec Internet. → **cyber-, e-.**

webcam [wɛbkam] n. f. ▪ anglic. Caméra numérique miniaturisée permettant de diffuser des images vidéo sur Internet.

webdesign [wɛbdizajn] n. m. ▪ anglic. Conception d'interfaces web. ► **webdesigner** [-œʀ] n.

weber [vebɛʀ] n. m. ▪ phys. Unité de mesure de flux d'induction magnétique (symb. Wb).

webmestre [wɛbmɛstʀ] n. ▪ inform. Personne responsable de l'administration technique et éditoriale d'un site web. - syn. anglic. **webmaster** [wɛbmastœʀ].

webzine [wɛb-] n. m. ▪ Magazine sur Internet.

week-end [wikɛnd] n. m. ▪ anglic. Congé de fin de semaine, comprenant le samedi et le dimanche. *Des week-ends.*

welter [wɛltɛʀ ; vɛltɛʀ] n. m. ▪ anglic., boxe Poids mi-moyen.

western [wɛstɛʀn] n. m. ▪ anglic. Film sur la conquête de l'ouest des États-Unis. ♦ Genre cinématographique de ces films.

wharf [waʀf] n. m. ▪ anglic. Appontement formant jetée.

whig [wig] n. ▪ hist. Membre du parti libéral anglais (XVIIIe-XIXe s. ; s'oppose à *tory*).

whipcord [wipkɔʀd] n. m. ▪ anglic. Tissu serré à côtes obliques.

whiskey [wiskɛ] n. m. ▪ Whisky irlandais à base d'orge.

whisky [wiski] n. m. ▪ Eau-de-vie de grain (seigle, orge, maïs), fabriquée principalement dans les îles Britanniques et en Amérique du Nord. *Des whiskys.* ♦ Verre de cette eau-de-vie.

whist [wist] n. m. ▪ anglic. Jeu de cartes du XIXe siècle, ancêtre du bridge.

white spirit [wajtspiʀit] n. m. ▪ anglic. Produit de la distillation du pétrole utilisé comme solvant. - var. **white-spirit.**

widget [widʒɛt] n. m. ▪ anglic. inform. Petite application utilitaire.

wi-fi ou **wifi** [wifi] n. m. invar. ▪ anglic. Technique qui permet la communication sans fil entre divers appareils (ordinateur, téléviseur...).

wigwam [wigwam] n. m. ▪ Habitation traditionnelle (tente, hutte) des Amérindiens (États-Unis, Canada).

wiki [wiki] n. m. ▪ anglic. Site Internet collaboratif.

wilaya [wilaja] n. f. ▪ admin. Division territoriale de l'Algérie.

williams [wiljams] n. f. ▪ Poire d'une variété fondante et parfumée. ➝ appos. *Poires williams.*

winch [win(t)ʃ] n. m. ▪ anglic. Petit treuil à main (navires de plaisance). → **cabestan.**

winchester [win(t)ʃɛstɛʀ] n. f. ▪ Carabine à répétition.

windsurf [windsœʀf] n. m. ▪ anglic. Planche à voile.

winstub [vinʃtub] n. f. ▪ Débit de vin traditionnel, en Alsace.

wintergreen [wintɛʀgʀin ; -tœʀ-] n. m. ▪ *Essence de wintergreen* : huile essentielle extraite des feuilles de gaulthérie ou de l'écorce de bouleau.

wishbone [wiʃbon] n. m. ▪ anglic. Espar formé d'un arceau très allongé qui entoure la voile, dans certains gréements. *Le wishbone d'une planche à voile.*

wisigoth, othe [vizigo, ɔt] adj. ▪ Des Wisigoths. - syn. **wisigothique.**

witloof [witlɔf] n. f. ▪ Chicorée sauvage qui, traitée par étiolement, donne l'endive.

wok [wɔk] n. m. ▪ Sauteuse à hauts bords et à fond arrondi, utilisée dans la cuisine asiatique.

wolfram [vɔlfʀam] n. m. ▪ vx Tungstate naturel de fer et de manganèse.

wolof ou **ouolof** [wɔlɔf] n. m. ▪ Langue véhiculaire, la plus parlée au Sénégal. ◆ adj. *La grammaire wolof.*

wombat [wɔ̃ba] n. m. ▪ Petit marsupial d'Australie, aux membres courts, aux pattes fouisseuses.

won [wɔn] n. m. ▪ Unité monétaire de la Corée du Nord et du Sud. *Des wons* ou *des won.*

woofer [wufœʀ] n. m. ▪ anglic., techn. Haut-parleur des sons graves.

world music [wɔʀldmjuzik] n. f. ▪ anglic. Ensemble des formes musicales qui n'appartiennent pas aux courants répandus en Occident.

wormien adj. m. ▪ anat. *Os wormiens* : petits os surnuméraires du crâne.

wrap n. m. ▪ anglic. Tortilla de blé roulée en forme de cornet et garnie.

würm n. m. ▪ géol. La dernière des quatre grandes glaciations du quaternaire dans les Alpes. ► **würmien, ienne** adj.

wyandotte n. f. ▪ Poule d'une race américaine, excellente pondeuse.

X Y

x [iks] n. m. ▪ **I 1** Vingt-quatrième lettre, dix-neuvième consonne de l'alphabet. **2** Forme de cette lettre. *Tréteaux en X.* **3** en algèbre Symbole désignant une inconnue. *Les x et les y.* ➛ Chose, personne inconnue. *X années,* un temps non spécifié. ♦ *Rayons** X. **4** Classé comme pornographique. *Film X.* **5** fam. *L'X* : l'École polytechnique. ➛ *Un, une X* : un, une polytechnicien(ne). **II** X : dix (en chiffres romains).

xanthie n. f. ▪ zool. Papillon de nuit, jaune et roux. → **noctuelle.**

xanthine n. f. ▪ biochim. Base organique dérivée de la purine et qui donne sa couleur jaune à l'urine.

xanth(o)- Élément savant, du grec *xanthos* «jaune».

xanthoderme adj. ▪ Se dit d'une personne dont la peau a une coloration jaune. ► **xanthodermie** n. f.

xanthome n. m. ▪ pathol. Petit nodule ou petite tache jaunâtre de la peau, constitués de cellules chargées de cholestérol.

xanthophylle n. f. ▪ bot. Pigment jaune, fixé sur les plastes, qui colore les feuilles, les pétales, les fruits.

Xe ▪ Symbole chimique du xénon.

xénarthre [gzenaʀtʀ ; kse-] n. m. ▪ zool. Mammifère placentaire d'Amérique du Sud, à deux ou trois doigts et sans dents antérieures (ordre des *Xénarthres* [autrefois *Édentés*] ; ex. le fourmilier, le paresseux, le tatou).

xén(o)- [gzeno] Élément savant, du grec *xenos* «étranger».

xénogreffe n. f. ▪ méd. Hétérogreffe où le donneur et le receveur appartiennent à des espèces différentes.

xénolite n. f. ▪ géol. Roche magmatique contenant une inclusion ou une enclave d'une autre roche.

xénon n. m. ▪ Élément (symb. Xe, n° at. 54, masse at. 131,29), le plus lourd des gaz rares de l'air.

xénophile adj. et n. ▪ rare Qui a de la sympathie pour les étrangers, ce qui vient de l'étranger. ► **xénophilie** n. f.

xénophobe adj. et n. ▪ Hostile par principe aux étrangers, à ce qui vient de l'étranger. *Racisme xénophobe.* ► **xénophobie** n. f.

xéranthème [gze- ; kse-] n. m. ▪ bot. Plante herbacée, communément appelée *immortelle annuelle.*

xérès [gzeʀɛs ; keʀɛs ; kseʀɛs] n. m. ▪ Vin blanc, apéritif de la région de Jerez (Andalousie). → anglic. **sherry.** – var. **jerez.**

xér(o)- [gzeʀo ; kseʀo] Élément savant, du grec *xêros* «sec».

xérodermie n. f. ▪ méd. Sécheresse anormale de la peau qui présente une desquamation.

xérographie n. f. ▪ Technique permettant de reproduire des documents sans contact, en nombre illimité. ► **xérographique** adj.

xérophile adj. ▪ bot. Qui vit, peut vivre dans des lieux secs.

xérophtalmie n. f. ▪ méd. Sécheresse et atrophie de la conjonctive, entraînant l'opacité de la cornée et la diminution ou la perte de la vision.

xi → **ksi**

xiang n. m. ▪ Dialecte chinois du Hunan.

ximénie [gzi- ; ksi-] n. f. ▪ bot. Petit arbre des régions tropicales, dont les fruits sont appelés *pommes ou citrons de mer.* – var. **ximenia** n. m.

xiphoïde [gzifɔid ; ksi-] adj. ▪ anat. *Appendice xiphoïde* : partie terminale inférieure du sternum. ♦ bot. En forme de glaive.

xiphophore [gzi- ; ksi-] n. m. ▪ zool. Petit poisson osseux du golfe du Mexique, à prolongement caudal en forme de glaive, appelé aussi *porte-épée.* – abrév. **xipho.**

XML n. m. (sigle angl., de *eXtensible Markup Language* «langage de balisage extensible») ▪ inform. Langage de structuration de données, utilisé notamment pour la gestion et l'échange d'informations sur Internet.

XXL adj. ▪ anglic. Se dit d'un vêtement de très grande taille. *Des robes XXL.* ➝ par ext. *Bouteille XXL.* ♦ fig. fam. Important, d'envergure. *Un projet XXL.*

xylème [gzi- ; ksi-] n. m. ▪ bot. Tissu végétal, formé de fibres ligneuses et de vaisseaux conduisant la sève brute, constituant le bois.

xylène [gzi- ; ksi-] n. m. ▪ chim. Hydrocarbure liquide extrait du benzol.

xylidine [gzi- ; ksi-] n. f. ▪ chim. Amine dérivée du xylène, utilisée dans la préparation des colorants azoïques.

xylo- [gzilo ; ksilo] Élément savant, du grec *xulon* «bois ; arbre».

xylocope n. m. et adj. ▪ zool. Abeille solitaire, dite *charpentière* ou *perce-bois*, qui creuse des galeries de ponte dans le bois mort.

xylographie n. f. ▪ didact. Gravure sur bois ; estampe réalisée par cette technique. ► **xylographe** n. ► **xylographique** adj.

xylophage adj. ▪ zool. Qui ronge le bois. ► **xylophagie** n. f.

xylophone n. m. ▪ Instrument à percussion formé de lames de bois sur lesquelles on frappe avec deux petits maillets. ♦ (abusif) Vibraphone (lames de métal).

xylophoniste n. ▪ Instrumentiste qui joue du xylophone.

xyste n. m. ▪ Antiq. grecque Galerie couverte d'un gymnase.

Y

① **y** [igʀɛk] n. m. ▪ **1** Vingt-cinquième lettre, sixième voyelle de l'alphabet, servant à noter les sons [i] et [j]. **2** math. Lettre désignant une seconde inconnue (après *x*), ou une fonction de la variable *x*.

② **y** pron. et adv. ▪ Représente une chose ou un énoncé. **1** Dans ce lieu, dans cela. *J'y vais. Allons-y.* ➝ *Ah ! j'y suis*, je comprends. **2** (représentant un compl. précédé de *à*) *J'y renonce.* ➝ (représentant un compl. précédé d'une autre prép.) *N'y comptez pas.* **3** loc. *Il y a* (→ **avoir**). ➝ *Vas-y !*, décide-toi. *Ça y est !*, c'est arrivé (enfin).

③ **y** ▪ S'emploie pour transcrire *il* ou *lui* dans la prononciation négligée. *Y en a pas* (il n'y en a pas). *Y a* (il y a). *J'y ai dit* (je lui ai dit).

Y ▪ Symbole chimique de l'yttrium.

***yacht** [jɔt] n. m. ▪ Grand navire de plaisance, à voiles ou à moteur.

***yacht-club** [jɔtklœb] n. m. ▪ anglic. Association groupant des pratiquants du yachting et des sports nautiques. *Des yacht-clubs.*

***yachting** [jɔtiŋ] n. m. ▪ Pratique de la navigation de plaisance.

***yack** ou **yak** n. m. ▪ Ruminant à longue toison soyeuse, domestiqué au Tibet.

***yakitori** n. m. ▪ Brochette de volaille marinée (plat japonais). *Des yakitoris.*

***yakuza** n. m. ▪ Malfaiteur japonais, membre d'une organisation mafieuse. *Des yakuzas.*

***yang** [jɑ̃g ; jɑ̃ŋ] ▪ → **yin.**

***yankee** [jɑ̃ki] n. ▪ **1** hist. Habitant du nord-est des États-Unis (→ aussi nordiste). **2** fam. Habitant des États-Unis. → **américain.** ➝ adj. *Les capitaux yankees.*

***yaourt** [jauʀt] n. m. ▪ Lait caillé et fermenté. ➝ Préparation industrielle analogue. – var. ***yoghourt.**

***yaourtière** n. f. ▪ Appareil servant à confectionner des yaourts.

***yard** [jaʀd] n. m. ▪ Mesure de longueur anglo-saxonne valant 0,914 mètre.

***yass** → **jass**

***yassa** n. m. ▪ Plat de viande ou de poisson cuit dans une sauce au citron (cuisine sénégalaise). ➝ appos. *Poulet yassa.*

***yatagan** n. m. ▪ Sabre turc, à lame recourbée vers la pointe. → **cimeterre.**

yazidi, ie → **yézidi**

Yb ▪ Symbole chimique de l'ytterbium.

***yearling** [jœʀliŋ] n. m. ▪ anglic. Cheval pur-sang âgé d'un an.

yèble → **hièble**

***yen** [jɛn] n. m. ▪ Unité monétaire du Japon.

***yeoman** [jɔman] n. m. ▪ Vétéran de la Garde, en costume du XVe s., qui paraît dans les cérémonies royales, en Angleterre. *Les yeomans* ou *les yeomen* [jɔmɛn].

***yéti** n. m. ▪ Monstre de légende, humanoïde de l'Himalaya, appelé aussi *l'abominable homme des neiges.*

yeuse n. f. ▪ Chêne vert. *L'yeuse.*

yeux → **œil**

***yéyé** n. et adj. invar. ▪ Qui concerne la musique, la mode, les goûts des jeunes des années 1960. – var. **yé-yé.**

***yézidi, ie** adj. et n. ▪ relig. **1** Relatif au yézidisme. **2** Adepte du yézidisme. ➝ n. *Les yézidis.* – var. ***yazidi, ie** et ***yézide.**

***yézidisme** n. m. ▪ relig. Religion monothéiste apparentée aux croyances de l'Iran antique.

***yiddish** [jidiʃ] adj. invar. ▪ Des parlers allemands des communautés juives d'Europe orientale. ➝ n. m. *Le yiddish* : ces parlers.

***yin** [jin] n. m. ■ Principe de la philosophie chinoise (confucianisme, taoïsme), formant couple avec le *yang*, et correspondant (le *yang*) à l'activité (le chaud, le feu) et (le *yin*) à la neutralité (le froid, la terre).

ylang-ylang → **ilang-ilang**

-yle Élément savant (du grec *hulê* «matière ; principe»), utilisé en chimie.

***yod** [jɔd] n. m. ■ phonét. Semi-consonne, transcrite en français par *-i- (pied), -y- (ayant), -il (soleil), -ille (maille).*

***yoga** n. m. ■ Doctrine et exercices traditionnels hindous, cherchant à libérer l'esprit des contraintes du corps par des pratiques psychiques et corporelles.

***yoghourt** [jɔguʀt] → **yaourt**

***yogi** [jɔgi] n. ■ n. m. Ascète hindou qui pratique le yoga. ♦ n. par ext. Personne qui pratique le yoga.

***yohimbehe** [jɔimbe] n. m. ■ bot. Arbre du Cameroun, dont le bois violacé est employé dans les mines, en construction navale.

***yohimbine** [jɔimbin] n. f. ■ biochim. Alcaloïde extrait de l'écorce de yohimbehe.

***yole** n. f. ■ Bateau non ponté, étroit et allongé, propulsé à l'aviron.

***Yom Kippour** [jɔm-] n. m. ■ Fête juive du Grand Pardon (en septembre ou octobre).

***yorkshire-terrier** [jɔʀkʃœʀtɛʀje] n. m. ■ anglic. Petit chien d'agrément, aux poils longs. *Des yorkshire-terriers.* - abrév. **yorkshire** et **york.**

***youpala** n. m. ■ Trotteur (3).

***youpi** interj. ■ Cri d'enthousiasme.

***youpin, ine** n. et adj. ■ péj. (injure raciste) Juif.

***yourte** ou **iourte** n. f. ■ Tente de peau des nomades de l'Asie centrale.

① ***youyou** [juju] n. m. ■ Petit canot, utilisé pour les transports d'un navire à la terre.

② ***youyou** n. m. ■ au plur. Cris aigus modulés et interrompus en plaçant et en enlevant la main devant la bouche (au Maghreb, au Sénégal...). *Des youyous de joie.*

***yoyo** n. m. (nom déposé) ■ Jeu fait de deux disques reliés par un axe, qu'on fait descendre et monter le long d'un fil. - var. **yo-yo** (invar.).

***yoyoter** ou ***yoyotter** v. intr. [1] ■ fam., vieilli Perdre la tête, divaguer. ➛ loc. *Yoyoter de la touffe* : être fou, dérangé.

ypérite n. f. ■ Gaz asphyxiant (utilisé comme gaz de combat).

yponomeute → **hyponomeute**

ypréau n. m. ■ région. Orme à larges feuilles. ➛ Peuplier blanc.

ysopet n. m. ■ hist. littér. (Moyen Âge) Recueil de fables. - var. **isopet.**

ytterbine n. f. ■ chim. Oxyde d'ytterbium.

ytterbium [-jɔm] n. m. ■ chim. Corps simple (symb. Yb, n° at. 70, masse at. 173,04), métal blanc du groupe des lanthanides.

yttria n. m. ■ chim. Oxyde naturel d'yttrium.

yttrialite n. f. ■ minér. Silicate naturel d'yttrium, de thorium.

yttrifère adj. ■ minér. Qui contient de l'yttrium.

yttrique adj. ■ chim. Se dit de composés de l'yttrium.

yttrium [-jɔm] n. m. ■ chim. Corps simple (symb. Y, n° at. 39, masse at. 88,90), métal gris proche des lanthanides.

***yuan** [jyan] n. m. ■ Unité monétaire de la Chine.

***yucca** [juka] n. m. ■ Plante originaire d'Amérique, arborescente.

***yuppie** [jupi] n. (sigle angl.) ■ anglic. Jeune cadre ambitieux et sans scrupules.

***yuzu** [juzu] n. m. ■ Agrume d'Asie, très parfumé.

Z

z [zɛd] n. m. ■ Vingt-sixième et dernière lettre, vingtième consonne de l'alphabet. ➛ loc. *De A* à Z.*

zabre n. m. ■ zool. Coléoptère parasite des céréales.

Z. A. C. [zak] n. f. (sigle) ■ Zone d'aménagement concerté.

① **Z. A. D.** [zad] n. f. (sigle de *zone d'aménagement différé*) ■ Zone dont l'aménagement est prévu pour une époque ultérieure.

② **ZAD** [zad] n. f. (marque déposée ; sigle *de zone à défendre*) ■ Zone (souvent rurale) que des militants écologistes occupent pour s'opposer à un projet d'aménagement.

zadiste n. et adj. (marque déposée) ■ Militant(e) qui occupe une ZAD (②).

zain adj. m. ■ didact. Se dit d'un cheval dont la robe, toute d'une couleur, n'a aucun poil blanc.

zakouski n. m. ■ Hors-d'œuvre à la russe (légumes, poissons, etc.). *Des zakouski(s).*

zamak n. m. ■ Alliage de zinc, d'aluminium et de magnésium, employé pour la construction mécanique. - var. **zamac.**

zamia n. m. ■ bot. Arbre des régions équatoriales, dont la moelle fournit le sagou. - syn. **zamier.**

zancle n. m. ■ zool. Poisson des mers océaniennes, au corps aplati, communément appelé *tranchoir.*

zanni [(d)zani] n. m. ■ hist. du théâtre Bouffon des comédies vénitiennes. - var. **zani.**

zanzi n. m. ■ Jeu de dés, qui se joue ordinairement à trois dés.

zaouïa n. f. ■ Établissement religieux sous l'autorité d'une confrérie musulmane, spécialement affecté à l'enseignement.

zapatéado n. m. ■ Danse espagnole sur un rythme à trois temps, scandée par des martèlements de pied.

zapper v. intr. [1] ■ Passer fréquemment d'un programme de télévision à un autre. ♦ fig. et fam. Passer rapidement d'une chose à une autre. ➛ par ext. Oublier. *Zapper un rendez-vous.* ► **zappage** n. m. ► **zappeur, euse** n.

zappette n. f. ■ fam. Télécommande (d'un téléviseur).

zarbi ou **zarb** adj. ■ fam. Bizarre, étrange. → **chelou.**

zarzuela [saʀzwela ; zaʀ-] n. f. ■ Petit drame lyrique espagnol où la déclamation alterne avec le chant.

zazou, e n. ■ (1941-1950 environ) Jeune qui se signalait par sa passion pour le jazz et son élégance tapageuse. ➛ adj. *Tenue zazoue.*

zébras n. m. pl. ■ anglic. Marquage au sol sur lequel il est interdit de circuler ou de s'arrêter.

zèbre n. m. ■ **1** Équidé d'Afrique, voisin de l'âne, à la robe rayée de bandes sombres, au galop rapide. **2** fam. Individu bizarre.

zébrer v. tr. [6] ■ Marquer de raies qui évoquent la robe du zèbre. ▷ adj. **zébré, ée**

zébrure n. f. ■ **1** Rayure du pelage d'un animal. **2** Marque de forme allongée.

zébu n. m. ■ Grand bœuf domestique, à bosse graisseuse sur le garrot.

zée n. m. ■ zool. Saint-pierre (poisson).

zélateur, trice n. ■ littér. Partisan ou défenseur zélé (d'une cause, de qqn).

zèle n. m. ■ Ardeur à servir une personne ou une cause à laquelle on est dévoué. *Travailler avec zèle.* ➛ loc. *Faire du zèle* : montrer un zèle inhabituel ou hypocrite.

zélé, ée adj. ■ Plein de zèle.

zellige n. m. ■ arts Petit morceau de céramique émaillée, pour l'ornementation, au Maroc.

zélote n. ■ littér. Personne animée d'un zèle fanatique.

zen [zɛn] ■ **I** n. m. École bouddhique du Japon où la méditation prend la première place. ➛ Courant esthétique qui en est issu, caractérisé par le dépouillement. **II** adj. invar. **1** Du zen japonais. **2** fig. Empreint de calme, de détachement. → **cool.** *Restons zen !*

zénana n. m. ■ **1** Appartement des femmes, chez les musulmans de l'Inde. **2** Étoffe cloquée employée pour les vêtements d'intérieur.

zénith n. m. ▪ **1** Point du ciel situé à la verticale de l'observateur (opposé à *nadir*). **2** fig., littér. Point culminant. → **apogée, sommet.** ▸ **zénithal, ale, aux** adj.

zénitude n. f. ▪ plais. État de sérénité.

zéolithe n. f. ▪ minér. Silicate naturel hydraté dont les gisements se rencontrent surtout dans les cavités des laves basiques. - var. **zéolite.**

ZEP [zɛp] n. f. (sigle) ▪ Zone d'éducation prioritaire, où l'action éducative est renforcée.

zéphyr n. m. ▪ **I** poét. Vent doux et agréable. **II** Toile de coton fine et souple.

zeppelin n. m. ▪ anciennt Grand dirigeable rigide à carcasse métallique.

zéro n. m. ▪ **1** Chiffre arabe (0) notant les ordres d'unités absentes. **2** Nombre qui représente un ensemble vide. **3** fam. Néant, rien. ➛ loc. *Avoir le moral à zéro,* être déprimé. *Repartir à zéro,* recommencer après avoir échoué. ♦ Chose ou personne insignifiante, nulle. **4** (en fonction d'adj.) Aucun. *Zéro faute.* **5** Point de départ d'une mesure. *Zéro degré. Zéro heure :* minuit. **6** Note la plus basse. *Zéro de conduite.* **7** appos. *Croissance zéro,* nulle.

zérotage n. m. ▪ sc. Détermination du point zéro (d'un thermomètre).

zeste n. m. ▪ **1** Petit morceau d'écorce fraîche (de citron...). **2** fig. Petite quantité.

zêta [(d)zɛta] n. m. invar. ▪ Sixième lettre de l'alphabet grec (Z, ζ).

zététique adj. ▪ didact. Qui cherche, qui examine (qualificatif donné aux philosophes sceptiques).

zeugma n. m. ▪ rhét. Construction qui consiste à ne pas énoncer de nouveau, quand l'esprit peut les rétablir aisément, un mot ou un groupe de mots déjà exprimés. - var. **zeugme.**

zeuzère n. f. ▪ zool. Papillon nocturne, dont les chenilles creusent des galeries dans les jeunes arbres.

zézayer v. intr. [8] ▪ Prononcer *z* à la place de *j* ou *s* à la place de *ch*. → fam. **zozoter.** ▸ **zézaiement** n. m.

zibeline n. f. ▪ Petit mammifère (martre) de la Sibérie et du Japon, à la fourrure précieuse. ♦ Fourrure de cet animal.

zidovudine n. f. ▪ méd. Médicament antirétroviral, utilisé dans le traitement du sida, couramment nommé *AZT*.

zieuter ou **zyeuter** v. tr. [1] ▪ fam. Jeter un coup d'œil pour regarder (qqch., qqn).

zig ou **zigue** n. m. ▪ fam. et vieilli Individu, type.

ziggourat [-at] n. f. ▪ archéol. Temple babylonien, en forme de pyramide à étages.

zigoto n. m. ▪ fam. et vieilli → **zig.** ➛ loc. *Faire le zigoto,* le malin, l'intéressant.

zigouigoui n. m. ▪ fam. Objet, dessin, forme que l'on ne nomme pas.

zigouiller v. tr. [1] ▪ fam. Tuer.

zigounette n. f. ▪ fam., plais. Sexe masculin (notamment, d'un jeune garçon).

zigzag [zigzag] n. m. ▪ Ligne brisée.

zigzagant, ante adj. ▪ Qui fait des zigzags. *Démarche zigzagante.*

zigzaguer v. intr. [1] ▪ Faire des zigzags, aller de travers.

zinc [zɛ̃g] n. m. ▪ **1** Élément (symb. Zn, n° at. 30, masse at. 65,39), métal dur d'un blanc bleuâtre, utilisé pour sa résistance à la corrosion par l'eau. **2** fam. Comptoir (d'un bar). **3** fam. Avion.

zincifère adj. ▪ sc. Qui contient du zinc. - syn. **zincique.**

zingage n. m. ▪ Opération consistant à recouvrir une pièce de fer, d'acier d'une couche de zinc.

zingaro, plur. **zingari** [(d)ziŋgaʀo ; zɛ̃-] n. m. ▪ vieilli Tsigane, bohémien.

zinguer v. tr. [1] ▪ **1** Revêtir de zinc. **2** Recouvrir (une pièce de fer, d'acier) d'une mince couche protectrice de zinc. → **galvaniser.**

zingueur, euse n. ▪ Ouvrier, ouvrière spécialisé(e) dans les revêtements en zinc.

zinjanthrope n. m. ▪ préhist. Australopithèque découvert en Tanzanie.

zinnia n. m. ▪ Plante d'origine exotique, ornementale, aux nombreuses variétés.

① **zinzin** ▪ fam. **I** n. m. Chose dont le genre échappe ; objet quelconque. → **bidule, machin.** **II** adj. invar. Un peu fou. → **cinglé, toqué ; zozo.** *Elles sont complètement zinzin.*

② **zinzin** n. m. ▪ fin. Société ou organisme amené par nature à investir des sommes importantes, influant ainsi sur l'évolution des cours boursiers.

zinzinuler v. intr. [1] ▪ didact. (mésange, fauvette) Pousser son cri.

zinzolin n. m. ▪ Violet rougeâtre.

zip [zip] n. m. ▪ anglic. Fermeture à glissière.

zipper v. tr. [1] ▪ Munir d'un zip ; fermer par un zip.

zircon n. m. ▪ Pierre semi-précieuse utilisée en bijouterie.

zircone n. f. ▪ chim. Oxyde de zirconium (ZrO_2).

zirconium [-jɔm] n. m. ▪ chim. Corps simple (symb. Zr ; n° at. 40 ; masse at. 91,22), métal blanc du groupe du titane.

zizanie n. f. ▪ Discorde. *Semer la zizanie* (entre *des personnes,* dans *un groupe*).

① **zizi** n. m. ▪ fam. Pénis (surtout d'un enfant). ➛ par ext. Sexe féminin.

② **zizi** n. m. ▪ Bruant d'une variété commune en France.

zloty n. m. ■ Unité monétaire de la Pologne.

Zn ■ Symbole chimique du zinc.

-zoaire Élément savant, du grec *zôon* «animal». → **zoo-.**

zob [zɔb] n. m. ■ vulg. Pénis.

zodiac n. m. ■ Canot pneumatique à moteur hors-bord.

zodiaque n. m. ■ **1** Zone circulaire du ciel à l'horizon, dans laquelle le Soleil et les constellations se lèvent au cours de l'année. **2** *Signes du zodiaque*, les douze figures qu'évoque la configuration des étoiles dans cette zone, et qui président, selon l'astrologie, à la destinée de chacun. ► **zodiacal, ale, aux** adj.

zoïle n. m. ■ littér. Critique injuste et envieux. → **détracteur.**

-zoïque Élément, du grec *zôikos* «relatif aux animaux».

zombie n. m. ■ **1** Revenant (dans les croyances vaudoues). **2** Cadavre animé qui se nourrit de la chair des vivants (récits fantastiques). **3** fig. Personne qui paraît vidée de sa substance, sans volonté. - var. **zombi.** ► **zombiesque** adj.

zona n. m. ■ méd. Maladie virale caractérisée par une éruption de vésicules disposées sur le trajet des nerfs sensitifs.

zonage n. m. ■ Division (d'un territoire) en différentes zones.

zonal, ale, aux adj. ■ géogr. Propre à une zone du globe. *Climat zonal.*

zonard, arde n. ■ fam. Personne qui vit dans une zone, une banlieue défavorisée.

① **zone** n. f. ■ **1** Partie d'une surface sphérique comprise entre deux plans parallèles. *La zone équatoriale.* **2** Partie importante (d'une surface). → **région, secteur. 3** Portion (de territoire). *Zone urbaine.* ➛ *Zone libre, zone occupée* (en France, 1940-1942). ♦ **absolt** Faubourg misérable. ➛ Banlieue défavorisée. **4** loc. *De seconde zone*, mineur, médiocre.

② **zone** n. f. ■ fam. Action de zoner.

zoné, ée adj. ■ minér. Qui présente des zones, des bandes de structure ou d'aspects différents. *Roche zonée.*

zoner v. intr. 1 ■ **1** fam. Mener une existence précaire. **2** Flâner, traîner sans but.

zonure n. m. ■ zool. Lézard d'Afrique du Sud, recouvert d'écailles épineuses et dont la queue présente des anneaux.

zoo [z(o)o] n. m. ■ Jardin zoologique.

zoo- [zoo] Élément savant, du grec *zôon* «être vivant, animal». → **-zoaire.**

zoogéographie n. f. ■ didact. Étude de la répartition de la vie animale sur le globe terrestre.

zooglée n. f. ■ sc. nat. Masse d'apparence gélatineuse, constituée de bactéries agglutinées.

zoologie n. f. ■ Partie des sciences naturelles qui étudie les animaux. ► **zoologiste** n.

zoologique adj. ■ Relatif à la zoologie, aux animaux. ➛ *Jardin zoologique*, parc où des animaux sont présentés dans des conditions rappelant leur vie en liberté. → **zoo.**

zoom [zum] n. m. ■ anglic. Objectif à focale variable. ♦ Effet obtenu en faisant varier cette focale. ► **zoomer** [zume] v. intr. 1

zoomorphe adj. ■ arts Qui représente des animaux.

zoomorphisme n. m. ■ didact. Métamorphose en animal.

zoonose n. f. ■ méd. Maladie infectieuse des animaux vertébrés transmissible à l'être humain (ex. la rage).

zoophilie n. f. ■ didact. Perversion sexuelle, relations avec des animaux. ► **zoophile** n. et adj.

zoophobie n. f. ■ didact. Peur morbide de certains animaux (insectes, araignées, serpents...). ► **zoophobe** n. et adj.

zooplancton n. m. ■ sc. Plancton animal.

zoopsie n. f. ■ psych. Hallucination visuelle qui consiste en vision d'animaux (généralement féroces et terrifiants).

zootechnicien, ienne [-tɛk-] n. ■ Spécialiste de la zootechnie.

zootechnie [-tɛkni] n. f. ■ didact. Étude scientifique de l'élevage des animaux, de leur reproduction et de leur adaptation à des besoins déterminés. ► **zootechnique** adj.

zoreille n. ■ fam. Métropolitain installé dans les DOM-ROM. → ② **métro.**

zorille n. f. ■ Mammifère carnivore d'Afrique, voisin des mouffettes, dont la fourrure est estimée. ➛ Cette fourrure.

zoroastrisme n. m. ■ Religion manichéenne fondée par Zarathoustra. ► **zoroastrien, ienne** adj. et n.

zostère n. f. ■ bot. Plante qui forme des prairies sous-marines.

zostérien, ienne adj. ■ méd. Propre au zona, causé par le zona.

zou interj. ■ fam. Allons !, vite !

zouave n. m. ■ **1** hist. Soldat algérien d'un corps d'infanterie coloniale créé en 1830. ➛ Fantassin français d'infanterie coloniale. **2** fig. *Faire le zouave*, faire le malin, le pitre.

zouk n. m. ■ Musique de danse très rythmée, originaire de la Guadeloupe et de la Martinique.

zouker v. intr. 1 ■ Danser le zouk. ► **zoukeur, euse** n.

zoulou, e adj. et n. ■ Relatif à un peuple noir d'Afrique du Sud.

zozo n. m. ■ Naïf, niais.

zozoter v. intr. [1] ▪ fam. Zézayer. ► **zozotement** n. m.

Zr ▪ Symbole chimique du zirconium.

zumba [zum-] n. f. (marque déposée) ▪ Méthode de fitness inspirée de danses latino-américaines.

Z. U. P. [zyp] ▪ Sigle de *zone à urbaniser en priorité.*

zut [zyt] interj. ▪ fam. Exclamation de dépit.

zwanze [zwɑ̃z ; swantse ; sv-] n. f. ▪ (Belgique) Plaisanterie populaire, à Bruxelles.

zwanzer v. intr. [1] ▪ (Belgique) Plaisanter avec l'humour bruxellois. ► **zwanzeur, euse** n.

zwinglianisme [zvɛ̃- ; swiŋ-] n. m. ▪ relig. Doctrine religieuse de Zwingli.

zydéco n. m. ou f. ▪ Musique populaire de Louisiane, influencée par le blues.

zyeuter → **zieuter**

zygène n. f. ▪ **1** Requin marteau. **2** Papillon aux antennes renflées en massue.

zygo- Élément, du grec *zugon* «joue» et «couple».

zygoma n. m. ▪ anat. Apophyse de la pommette.

zygomatique adj. ▪ anat. De la joue. *Les muscles zygomatiques.*

zygomorphe adj. ▪ bot. Se dit des fleurs symétriques par rapport à un plan (ex. l'orchidée).

zygopétale n. m. ▪ Orchidée tropicale d'une variété à ample labelle.

zygote n. m. ▪ biol. Œuf fécondé, avant la première segmentation. ▬ Cellule diploïde des végétaux, résultant de la fusion de deux gamètes.

zyklon n. m. ▪ Acide cyanhydrique, gaz mortel.

zymase n. f. ▪ biochim. Enzyme qui détermine la fermentation alcoolique du glucose.

zym(o)- Élément savant, du grec *zumê* «levain», signifiant «ferment, enzyme».

zythum [zitɔm] n. m. ▪ (Égypte antique) Boisson fermentée analogue à la bière.

zzz... [zzz] interj. ▪ Onomatopée, bruit de sifflement léger et continu. → **bzzz.**

ANNEXES

GRAMMAIRE

LES CLASSES DE MOTS

Chaque mot de la langue française appartient à une **catégorie grammaticale.** C'est sa **nature** ou sa **classe.** Dans ce dictionnaire, elle est indiquée pour chaque mot sous forme abrégée, après la transcription phonétique : *voiture* n. f. = nom féminin ; *confier* v. tr. = verbe transitif.

➤ Voir la liste des abréviations p. VII.

➥ Quelle que soit la place du mot dans la phrase, sa classe ne change pas.

Il y a **neuf classes** de mots. Il existe cinq classes de **mots variables** (ils varient en genre, en nombre et en personne) : les noms, les déterminants, les adjectifs, les verbes et les pronoms. Il existe quatre classes de **mots invariables** (leur forme ne change jamais) : les adverbes, les prépositions, les conjonctions et les interjections.

➥ Certains mots peuvent appartenir à plusieurs classes : *botanique* est un adjectif *(un jardin botanique)* et un nom féminin *(étudier la botanique) ; fort* est un adjectif *(un homme fort)* et un adverbe *(parler fort).*

Les noms

♦ Les noms communs

Ils servent à désigner les êtres et les choses qui appartiennent à une même catégorie : les **êtres vivants** *(un élève, un chat),* les **choses** *(une table),* les **idées** *(le bonheur, la justice)* et les **faits** *(un accident, une révolution).* Ils s'écrivent **sans majuscule** et sont généralement précédés d'un déterminant. Ils ont un **genre** masculin ou féminin : *un tas* (masculin), *une ombrelle* (féminin). Ils ont un **nombre** singulier ou pluriel : *un vase* (singulier), *des enfants* (pluriel).

On appelle **groupe nominal** l'ensemble des mots qui sont rattachés directement au nom. Le groupe nominal minimal est constitué d'un déterminant et d'un nom : *la maison ; ces chiens.* Le groupe nominal étendu est complété par une ou plusieurs expansions : un adjectif qualificatif *(la maison <u>fleurie</u>),* un autre groupe nominal *(quelques feuilles <u>de laurier</u>)* ou une proposition subordonnée relative *(le bouquet <u>qui est sur la table</u>).*

➥ Un nom commun peut être formé de plusieurs mots séparés ou non par un trait d'union. C'est alors un **nom composé :** *un chou-fleur, un porte-monnaie, une pomme de terre, un compte rendu.*

♦ Les noms propres

Ils servent à nommer des **entités individuelles :** personnes, lieux, monuments, périodes historiques, événements, etc. Ils commencent toujours par une **majuscule** et, quand ils sont précédés d'un déterminant, il s'agit le plus souvent de l'article défini : *Victor Hugo, Paris, les Français, les Alpes, le Panthéon, la Seconde Guerre mondiale.*

Les déterminants

Ils sont toujours placés **devant** le nom avec lequel ils forment le groupe nominal. Ils **s'accordent** en **genre** et en **nombre** avec lui.

Il existe **six sortes** de déterminants : les articles, les déterminants numéraux cardinaux, les déterminants possessifs, les déterminants démonstratifs, les déterminants interrogatifs et exclamatifs et les déterminants indéfinis.

↪ Hormis les articles, ces déterminants étaient autrefois classés parmi les adjectifs. C'est encore le cas dans certaines grammaires et dans certains dictionnaires.

♦ Les articles

Comme tous les déterminants, les articles se placent **devant** le nom. Ils en indiquent le **genre** et le **nombre.**

Il existe **trois sortes** d'articles : les articles définis, les articles indéfinis et les articles partitifs.

Les **articles définis** *le, la* et *les* déterminent soit des êtres ou des choses **déjà connus** *(le gâteau qu'il mange)*, soit des êtres ou des choses pris dans un **sens général** *(le chien est le meilleur ami de l'homme)*. Ils s'utilisent aussi devant certains noms propres : *la France*.

↪ **Le** et **la** deviennent **l'** devant une **voyelle** ou un **h muet** : *l'abricot, l'humeur*.

↪ Précédés de la préposition **à** ou **de**, les articles **le** et **les** se contractent pour former **au** *(à + le)*, **aux** *(à + les)*, **du** *(de + le)* et **des** *(de + les)* : *Je vais au cinéma. Je parle des enfants de Sophie.*

Les **articles indéfinis** *un, une* et *des* déterminent soit des êtres ou des choses qu'on évoque pour la **première fois** *(un homme est arrivé)*, soit des êtres ou des choses pris dans un **sens général** *(un enfant a besoin d'attention)*.

↪ ***Des*** est remplacé par **de** devant un adjectif qualificatif *(il lit des romans → il lit de longs romans)* et devant un nom COD dans une phrase négative *(il a pris des livres → il n'a pas pris de livres)*.

Les **articles partitifs** *du, de la* et *des* déterminent une **partie d'un ensemble** ou des **objets non comptables** : *Il mange du gâteau. Elle boit du café.* Ils signifient : « une certaine quantité de ».

♦ Les déterminants numéraux cardinaux

Ils servent à indiquer une **quantité précise** : *trois filles ; vingt pommes ; deux cents ans ; mille points.* Ils s'emploient également pour désigner les **années**, les **heures**, les **dates** et les **personnes d'une dynastie** : *1789 ; 8 h 25 ; le 14 octobre ; Louis XIV.*

➤ Voir le tableau des noms de nombres, p. 1193.

Ils sont **invariables sauf *vingt* et *cent*,** qui prennent un **s** quand ils sont multipliés et qu'ils ne sont pas suivis d'un autre nombre : *quatre-vingts ans* mais *quatre-vingt-un an ; cinq cents chaises* mais *cinq cent quatre chaises.*

↪ Quand ***cent*** et ***quatre-vingt*** sont suivis de ***millier, million, milliard,*** qui ne sont pas des déterminants numéraux mais des noms communs, ils prennent un **s** s'ils sont multipliés : *quatre-vingts millions ; deux cents milliards.*

↪ Quand ***cent*** et ***quatre-vingt*** ont une valeur ordinale, c'est-à-dire qu'ils n'indiquent plus une quantité mais un **rang** (un numéro de page, une année, etc.), ils restent **invariables** : *ce livre a deux cents pages* mais *ouvrez le livre à la page deux cent ; quatre-vingts ans* mais *l'année mille neuf cent quatre-vingt.*

➤ Pour les ordinaux, voir p. 1169.

♦ Les déterminants possessifs

Ils désignent le **possesseur** du nom qu'ils accompagnent : *la chambre de Manon → sa chambre ; la chambre des parents → leur chambre.*

Ils font partie du **groupe nominal** et se placent toujours **devant** le nom qu'ils déterminent.

Ils **s'accordent** en **personne** avec le nom désignant le possesseur *(tu manges ta glace ; Alexis mange sa glace)* ainsi qu'en **genre** et en **nombre** avec le nom désignant l'être ou la chose possédée *(il te rend ta chemise ; il te rend tes livres)*.

	un seul possesseur			plusieurs possesseurs		
	1re pers. sing.	**2e pers. sing.**	**3e pers. sing.**	**1re pers. pl.**	**2e pers. pl.**	**3e pers. pl.**
masculin singulier	mon	ton	son	notre	votre	leur
féminin singulier	ma	ta	sa	notre	votre	leur
pluriel	mes	tes	ses	nos	vos	leurs

➥ Il ne faut pas confondre **leur déterminant possessif** et **leur pronom personnel.** Le premier s'accorde en nombre avec le nom et peut être remplacé par un autre déterminant possessif : *Ils ont dit au revoir à leur ami.* → *Ils ont dit au revoir à leurs amis.* Le second est invariable et n'est pas remplaçable par un déterminant possessif : *Ils leur ont dit au revoir.*

Devant un **nom féminin** commençant par une **voyelle** ou un ***h* muet**, on emploie ***mon, ton, son*** à la place de **ma, ta, sa :** *mon idée, ton habileté.*

Lorsque la possession est évidente, comme pour les **parties du corps**, on emploie l'**article défini** au lieu du déterminant possessif : *Il a mal à la jambe. Je lui ai fait un signe de la tête.*

♦ Les déterminants démonstratifs

Ils désignent un être ou une chose que l'on peut **montrer** d'un regard ou d'un geste *(peux- tu me montrer Paris sur cette carte ?)* ou que l'on a **déjà évoqué** *(un homme est entré ; la fatigue de cet homme se lisait sur son visage).*

Ils servent également à indiquer un **temps rapproché** (passé ou futur) : *Il est venu ce matin. Je ne serai pas là cette semaine.*

Ils font partie du groupe nominal et **s'accordent** en **genre** et en **nombre** avec le nom qu'ils déterminent : *ce mur, cette fleur, ces plantes.*

	masculin	féminin
singulier	ce, cet	cette
pluriel	ces	ces

➥ Il ne faut pas confondre le **déterminant démonstratif** ***ces*** et le **déterminant possessif** ***ses* :** *Ces chiens aboient* (= les chiens dont on parle). *Ses chiens aboient* (= les chiens dont il est le maître).

Devant un **nom masculin** commençant par une **voyelle** ou un ***h* muet**, on emploie ***cet*** au lieu de ***ce* :** *cet animal, cet homme.*

♦ Les déterminants interrogatifs et exclamatifs

Les déterminants **interrogatifs** servent à **poser une question** sur la qualité ou l'identité de l'être ou de la chose désigné par le nom qu'ils déterminent.

Les déterminants **exclamatifs** servent à **exprimer le sentiment** (l'admiration, l'étonnement, la joie, le mépris, la peur, etc.) que l'on éprouve devant l'être ou la chose désigné par le nom qu'ils déterminent.

Ils s'accordent en **genre** et en **nombre** avec le nom qu'ils précèdent : *Quelle robe mets-tu ? Quels jolis cahiers tu as achetés !*

	singulier	pluriel
masculin	quel	quels
féminin	quelle	quelles

♦ Les déterminants indéfinis

Ils servent à exprimer une **nuance de quantité** du nom. Celle-ci peut être nulle *(aucun, nul, pas un)*, partielle ou indéfinie *(certains, maints, quelques, divers, différents, plusieurs)*, distributive *(chaque)* ou totale *(tout, tous)*. Ils servent également à exprimer une **nuance d'identité** afin d'indiquer une différence *(autre)*, une ressemblance ou une identité *(même, tel)*. Ils servent enfin à exprimer l'**indétermination** d'un être ou d'une chose *(n'importe quel, quelconque)*.

Ils **s'accordent** en **genre** et en **nombre** avec le nom qu'ils déterminent : *tous les matins ; certaines fois ; n'importe quelle table.*

On relève deux formes de déterminants indéfinis :

- les **mots simples** (*aucun, autre, certain, chaque, différents, divers, maint, même, plusieurs, quelconque, quelque, nul, tel, tout*, etc.) ;
- les **locutions** (*je ne sais quel, n'importe quel, pas un*, etc.).

➥ ***Aucun*, *nul*, *pas un*** et **personne** sont toujours accompagnés de la négation **ne** : *Aucun juré ne comprend pourquoi il a fait ça. Nul passant ne l'avait croisé. Pas une étoile n'était visible. Personne ne m'a prévenu.*

Aucun prend un *s* seulement devant les noms qui n'ont pas de singulier : *aucuns frais, aucunes mœurs.*

Chaque est toujours au singulier : *Ils ont parlé à chaque personne présente.*

Maint est toujours au pluriel dans l'expression *maintes et maintes fois.*

Il ne faut pas confondre **même déterminant indéfini** avec l'**adverbe *même*** qui signifie « y compris » et qui est invariable : *Même leurs amis sont venus.*

Au singulier, ***quelque*** remplace l'article indéfini *un* pour renforcer l'**indétermination :** *Il a sûrement eu quelque imprévu.* Il sert aussi à exprimer une **quantité indéterminée :** *Elle lui voue quelque sympathie depuis longtemps.* Au pluriel, il remplace l'article indéfini *des* et exprime une **petite quantité :** *Reprendrez-vous quelques biscuits ?*

Il ne faut pas confondre ***quelque* déterminant indéfini** avec **l'adverbe *quelque*** qui signifie « environ » et qui est invariable : *Ils habitent à quelque trente kilomètres.*

Il ne faut pas non plus confondre ***quelque*** avec la locution ***quelque... que*** qui introduit une proposition subordonnée conjonctive d'opposition au subjonctif : *Quelque timide qu'il soit, il fait du théâtre.*

Il ne faut pas confondre ***tout* déterminant indéfini avec l'adverbe *tout*.**

- S'il se rapporte à un nom ou un pronom, *tout* est un **déterminant** et s'accorde en genre et en nombre avec le nom ou le pronom qu'il précède : *Toutes les filles portaient des jupes et tous les garçons des pantalons. Tous ceux qui le souhaitent peuvent venir.*
- S'il précède un adjectif, un adverbe ou une locution adverbiale, *tout* est un **adverbe** qui ne s'accorde que dans certains cas.

➤ Voir l'accord de l'adverbe *tout* p. 1173.

Il ne faut donc pas confondre *elles sont tout heureuses* (= elles sont très heureuses) avec *elles sont toutes heureuses* (= chacune d'entre elles est heureuse).

➥ Certains déterminants indéfinis s'emploient aussi comme **adjectifs :** *Il est parti un certain matin de novembre. Il répète toujours les mêmes choses.*

Les adjectifs

♦ Les adjectifs qualificatifs

Ils permettent de **caractériser** le nom qu'ils complètent en donnant une information supplémentaire (qualité, défaut, taille, couleur...) : *Cette maison est blanche, ancienne, belle et spacieuse.*

Ils **s'accordent** en **genre** et en **nombre** avec le nom : *un plat chaud ; une boisson fraîche ; des chiens obéissants.*

➥ Le **participe passé** est souvent employé comme adjectif : *une feuille déchirée ; un air attendri.*

L'adjectif qualificatif peut se placer de différentes façons par rapport au nom auquel il se rapporte :

- **à côté** du nom, devant ou derrière *(des oiseaux superbes ; de superbes oiseaux) ;*
- **séparé** du nom par une **virgule** *(les oiseaux, gracieux et majestueux, se sont posés au bord de l'étang) ;*
- **séparé** du nom par un **verbe**, souvent le verbe *être* ou un autre verbe d'état *(les feuilles sont très longues ; elle reste impassible).*

➥ La **place** de l'adjectif devant ou derrière le nom peut entraîner un **sens différent** : *un grand homme* (= un homme important) ; *un homme grand* (= un homme de haute taille).

♦ Les adjectifs numéraux ordinaux

Ils indiquent l'**ordre**, le **rang** dans une suite : *premier, deuxième, troisième, vingtième, centième, millième,* etc. Comme les adjectifs qualificatifs, ils précisent et complètent le nom : *C'est son quatrième enfant.*

➥ ***Second*** tend à s'employer quand il n'y a pas de suite *(le Second Empire)*, **deuxième** quand il y a une suite *(il est deuxième du classement).*

Il ne faut pas confondre les adjectifs numéraux ordinaux avec les **adverbes numéraux** qui sont leurs dérivés : *premièrement, deuxièmement,* etc.

➤ Les numéraux cardinaux sont désormais classés parmi les déterminants : voir p. 1166.

Les verbes

Il existe deux grandes catégories de verbes.

- Les **verbes d'état** : le verbe *être* et ceux qui peuvent le remplacer *(avoir l'air, demeurer, devenir, paraître, rester, sembler).* Ils expriment ce que l'on est ou ce que l'on devient : *Je suis heureux. Elle paraît contente.*
- Les **verbes d'action** : tous les autres verbes (*travailler, jouer, dormir,* etc.). Ils expriment ce que l'on fait : *Je joue aux cartes. Ils dorment.*

La conjugaison d'un verbe est l'ensemble des formes qu'il peut prendre. Ces formes varient pour donner des indications de **temps** (passé, présent, futur), de **personnes** et de **modes.** Les modes se répartissent entre les **modes personnels** (l'indicatif, le subjonctif, le conditionnel et l'impératif) et les **modes impersonnels** (l'infinitif et le participe).

➤ Voir les tableaux de conjugaison p. 1197.

♦ Conjugaison

La conjugaison des verbes se répartit en **trois groupes.**

- 1er groupe : les verbes en **-er** (sauf *aller*).
- 2e groupe : les verbes en **-ir** dont le participe présent se termine en **-issant** *(finir → finissant).*
- 3e groupe : tous les autres verbes en **-ir** *(courir, partir)*, les verbes en **-oir** *(pouvoir, vouloir)*, en **-re** *(descendre, faire, moudre)* et le verbe **aller.**

↬ **Être** et **avoir** peuvent être des **verbes** *(je suis une fille ; j'ai un frère)* ou des **auxiliaires,** c'est-à-dire qu'ils aident à conjuguer d'autres verbes aux temps composés *(elle est allée à Lille ; nous avons chanté).*

Pour conjuguer un verbe, il faut l'analyser en **radical** et en **terminaison** (ou désinence). Le radical porte le sens du verbe. On le trouve souvent en retirant la terminaison de l'infinitif : *courir, chanter*. La terminaison donne des précisions de temps, de personne, de nombre et de mode.

↬ Le **radical** de certains verbes peut prendre **différentes formes :** *venir, je viens, nous venons, il viendra.*

♦ Construction

Les verbes se distinguent aussi selon leur construction. On en relève **quatre types** différents.

- Les verbes **transitifs,** qui acceptent un complément d'objet direct (COD) : *Elle mange une glace.*
- Les verbes **intransitifs,** qui n'admettent pas de COD : *Il marche.*
- Les verbes exclusivement **pronominaux :** *Ils s'agenouillent.*
- Les verbes **impersonnels,** employés uniquement à la 3e personne du singulier : *Il neige. Il faut du temps.*

Les pronoms

Ils **remplacent** un nom ou un groupe nominal.

On distingue **cinq sortes** de pronoms : les pronoms personnels, les pronoms possessifs, les pronoms démonstratifs, les pronoms indéfinis et les pronoms relatifs.

♦ Les pronoms personnels

Ils servent, d'une part, à **désigner une personne.** Les pronoms personnels de la **1re personne** *(je, me, moi, nous)* désignent celui (ou ceux) qui s'exprime(nt). Ceux de la **2e personne** *(tu, te, toi, vous)* désignent celui (ou ceux) à qui l'on s'adresse. Ceux de la **3e personne** (*il, elle,* etc.) désignent les êtres ou les choses dont on parle.

Les pronoms personnels servent, d'autre part, à **reprendre un nom déjà utilisé** afin d'éviter une répétition. Les pronoms personnels de la 3e personne remplacent ainsi un nom ou un groupe nominal : *Le chien aboie.* → *Il aboie. Les fleurs sont coupées* → *Elles sont coupées.*

Selon les mots qu'ils remplacent, ils **varient** en **personne,** en **genre** et en **nombre :** *Je parle à Alexis.* → *Je lui parle* (3e personne du singulier). *Je parle à Alexis et Sarah.* → *Je leur parle* (3e personne du pluriel).

Ils varient aussi selon leur **fonction** par rapport au verbe : *Alexis raconte une histoire à Charlotte.* → *Il* (sujet) *la* (COD) *lui* (COI) *raconte.*

	sujet	COD	COI
1re pers. sing.	je	me	me, moi
2e pers. sing	tu	te	te, toi
3e pers. sing	il/elle	le, la, se	lui, se, soi, en, y
1re pers. plur.	nous	nous	nous
2e pers. plur.	vous	vous	vous
3e pers. plur.	ils, elles	les	leur, eux, elles, se

➥ **Me, te, se, la** et **le s'élident** devant une **voyelle** ou un ***h* muet :** *Tu m'écoutes ? Ils t'ont applaudi. Il s'habille. Elle l'appelle souvent.*

En et ***y*** sont des adverbes de lieu *(j'en viens ; j'y suis)* mais peuvent s'employer comme des pronoms personnels.

- ***En*** remplace un nom ou un groupe nominal précédé du partitif ou de la préposition **de.** Il a alors le sens de « de lui, d'elle ou d'elles, d'eux, de cela » : *Je veux de l'eau. → J'en veux. Combien avez-vous de frères ? → J'en ai deux.*
- ***Y*** remplace un nom ou un groupe nominal précédé de la préposition **à** et a le sens de « à lui, à elle ou à elles, à eux, à cela » : *Je pense aux vacances. → J'y pense. Je me fie à son jugement. → Je m'y fie.*

Les **pronoms réfléchis** *(me, te, se, nous, vous)* ont la fonction de complément et renvoient au sujet du verbe : *Je me promène. Nous nous souvenons des vacances.*

➥ Les pronoms **le, la, les** et **leur** ne doivent pas être confondus avec des **déterminants.** Quand ils sont pronoms, ils **remplacent** un groupe nominal : *Je parle à mes amis. → Je leur parle.* Quand ils sont déterminants, ils **précèdent** un nom pour former un groupe nominal et s'accordent avec lui : *Ils prennent leurs affaires.*

♦ Les pronoms possessifs

Ils servent à **remplacer** un nom précédé d'un déterminant possessif : *J'ai acheté mon billet de train, as-tu le tien ?*

➥ Dans certaines expressions, ils ne remplacent aucun nom : *moi et les miens* (= moi et mes proches) ; *faire des siennes* (= faire des bêtises) ; *y mettre du sien* (= y mettre de la bonne volonté).

Ils **s'accordent** en **genre** et en **nombre** avec le groupe nominal qu'ils remplacent et selon la **personne** du possesseur.

possesseur	**possédé**			
	masc. sing.	**fém. sing.**	**masc. plur.**	**fém. plur.**
moi	le mien	la mienne	les miens	les miennes
toi	le tien	la tienne	les tiens	les tiennes
lui/elle	le sien	la sienne	les siens	les siennes
nous	le nôtre	la nôtre	les nôtres	les nôtres
vous	le vôtre	la vôtre	les vôtres	les vôtres
eux/elles	le leur	la leur	les leurs	les leurs

➥ Les pronoms possessifs ***les nôtres*** et ***les vôtres*** prennent un **accent circonflexe,** contrairement aux déterminants possessifs *notre* et *votre*.

♦ Les pronoms démonstratifs

Ils remplacent un nom précédé d'un déterminant démonstratif : *Ces hommes sont grands. → Ceux-ci sont grands.*

Ils désignent un être ou une chose que l'on peut **montrer** d'un regard ou d'un geste *(regarde cela)* ou que l'on a **déjà évoqué** *(sa chambre est aussi grande que celle de son frère).*

Ils **s'accordent** en **genre** et en **nombre** avec le groupe nominal qu'ils remplacent.

➥ Les pronoms **ce, ceci, cela** et **ça** sont **invariables** et reprennent une proposition ou une phrase : *On m'a dit qu'il ne viendrait pas, cela ne me surprend pas.*

	masc. sing.	fém. sing.	masc. plur.	fém. plur.	invariable
formes simples	celui	celle	ceux	celles	ce
formes composées	celui-ci	celle-ci	ceux-ci	celles-ci	ceci
	celui-là	celle-là	ceux-là	celles-là	cela, ça

Les **formes simples** sont toujours suivies d'un **complément** introduit par **de** ou d'une **proposition relative** : *J'ai raté le train de 10 h 50 donc je prendrai celui de midi/celui qui passe par Nancy.*

➥ Les pronoms démonstratifs renforcés par ***-ci*** renvoient à un être ou une chose **proche** dans l'espace ou dans le temps. Ceux renforcés par **-là** renvoient à un être ou une chose **éloigné** dans l'espace ou dans le temps.

♦ Les pronoms indéfinis

Ils **remplacent** un nom précédé d'un déterminant indéfini : *Aucun ne parlait* (= aucune personne ne parlait).

Ils se rapportent à un être ou une chose indéfini et servent à exprimer une nuance de **quantité** :

- nulle *(personne n'a rien fait ; pas un n'a bougé)* ;
- partielle ou indéfinie *(quelqu'un a téléphoné ; plusieurs se sont plaints ; certains vous diront que oui, d'autres que non)* ;
- distributive *(chacun a sa part de responsabilité)* ;
- totale *(tous sont venus).*

Ils servent également à exprimer une nuance d'identité afin d'exprimer une **différence** *(autre, autre chose, autrui)* ou une **similitude** *(le même)* : *Il demande conseil aux autres. Elle est restée la même.*

Ils servent enfin à exprimer l'**indétermination** d'un être ou d'une chose : *Ils sont allés chercher je ne sais quoi. Cela concerne n'importe qui.*

➥ Certains **adverbes de quantité** *(beaucoup, combien, assez, peu)* jouent parfois le rôle de pronoms indéfinis : *Beaucoup sont revenus.*

♦ Les pronoms relatifs

Ils servent à établir une **relation** entre le nom ou le pronom qu'ils représentent (l'antécédent) et une proposition subordonnée relative.

Ils se divisent en deux groupes : les pronoms relatifs **simples** et les pronoms relatifs **composés.**

Les premiers réunissent les pronoms ***qui, que, quoi, dont*** et **où.** Ils ne marquent ni le genre ni le nombre mais varient selon la **fonction** qu'ils occupent dans la proposition :

- *Paris est une ville qu'elle apprécie.* → COD.
- *Paris est la ville dont elle parle.* → COI.
- *Paris est la ville où elle vit.* → CC de lieu.

➥ ***Qui*** et **que,** s'ils ne marquent pas les catégories du genre et du nombre, servent cependant de relais en imposant au verbe et à l'adjectif de la proposition relative l'accord qu'aurait entraîné l'antécédent lui-même : *les femmes que j'ai vues.*

Les seconds comprennent le pronom **lequel** et ses formes contractées **auquel** *(à + lequel)* et **duquel** *(de + lequel).* Ils **s'accordent** en **genre** et en **nombre** avec leur antécédent : *Les films auxquels il fait référence sont introuvables.*

♦ Les pronoms interrogatifs

Ils se répartissent selon trois séries de formes : composées, simples et renforcées.

Les **formes composées** s'emploient avec un antécédent. Elles servent à poser une **question** sur des êtres ou des choses déjà **mentionnés** *(la bleue ou la rouge, laquelle préfères-tu ?)* ou qui vont l'être *(laquelle préfères-tu, la bleue ou la rouge ?).*

	singulier	pluriel
masculin	lequel	lesquels
féminin	laquelle	lesquelles

Les **formes simples** s'emploient sans antécédent : *Qui est venu ? Que fait-elle ? De quoi parles-tu ?*

	sujet	COD et attribut	complément prépositionnel
personne	qui	qui	qui
chose	—	que, quoi	quoi

Les **formes renforcées** s'emploient également sans antécédent : *qui est-ce qui ? qui est-ce que ? qu'est-ce qui ? qu'est-ce que ? qu'est-ce que c'est que ? à qui est-ce que ? de quoi est-ce que ?*, etc.

➥ Les formes composées **varient** en **genre** et en **nombre** : *Plusieurs candidats ont été entendus, lesquels retenez-vous ?* Les formes simples et renforcées sont **invariables** : *Qui va là ?*

Les adverbes

Ils servent à **modifier** ou **préciser le sens** d'un verbe, d'un adjectif, d'un autre adverbe ou d'une phrase : *Ils courent vite. Elle est très amusante. Il voyage assez souvent. Aujourd'hui, elle se repose.*

Ils se répartissent en deux groupes :

- les **mots simples** *(ici, là, hier, assez, heureusement...)* ;
- les **locutions adverbiales** *(à peu près, tout à coup...).*

➥ La plupart des adverbes sont formés à partir du **féminin** de l'adjectif auquel on ajoute le suffixe ***-ment*** : *lente* → *lentement* ; *claire* → *clairement*. De nombreux adverbes sont également créés à partir d'adjectifs : *s'arrêter net ; sentir bon.*

Tous les adverbes sont **invariables, sauf *tout*** qui s'accorde dans certains cas en genre et en nombre.

➥ ***Tout*** adverbe est **invariable** au **masculin** et devant les **adjectifs féminins** commençant par une **voyelle** ou un ***h* muet** : *ils sont tout contents ; tout entière.* Il **s'accorde** avec les **adjectifs féminins** commençant par une **consonne** ou un ***h* aspiré** : *de toutes jeunes filles ; elle est toute honteuse.*

Les prépositions

Ce sont des mots ou des locutions **invariables** qui servent à **introduire** un mot ou un groupe de mots ayant la fonction de complément. Elles permettent donc de marquer la **fonction** de ce mot ou groupe de mots :

- *Ils ont parlé de toi.* → COI.
- *Il a appelé pour prévenir de son retard.* → CC de but.

Elles peuvent se présenter sous la forme :

- d'un **mot** *(à, après, avant, avec, chez, contre, dans, de, depuis, derrière, dès, devant, en, entre, hors, malgré, par, parmi, pendant, pour, sans, sauf, sous, sur, vers,* etc.) ;
- d'une **locution invariable** *(à cause de, à moins de, à travers, afin de, au lieu de, avant de, d'après, en dépit de, en vue de, grâce à, jusqu'à, par-delà, près de, quant à,* etc.).

Le mot ou le groupe de mots introduit par une préposition peut être :

- un nom ou un groupe nominal *(vous avez résisté avec un grand courage)* ;
- un pronom *(pensez à lui)* ;
- un adverbe *(il est arrivé par là)* ;
- un verbe à l'infinitif *(ils pensent à adopter un enfant).*

↪ La préposition **en** suivie du **participe présent** forme le **gérondif** du verbe : *Il est entré en chantant.*

Les conjonctions

Ce sont des mots de liaison qui servent à **joindre** deux mots, deux groupes de mots ou deux propositions. Elles sont **invariables.**

Il existe deux sortes de conjonctions : les conjonctions de coordination et les conjonctions de subordination.

♦ Les conjonctions de coordination

Elles se présentent sous la forme de sept mots simples : ***mais, ou, et, donc, or, ni, car.*** Elles servent à **coordonner** deux mots, groupes de mots ou propositions de même fonction :

- *Mon frère et moi ressemblons à notre père.* → Sujets.
- *Ils sont ambitieux mais peu travailleurs.* → Attributs.
- *Il est parti car je suis restée.* → Propositions indépendantes.
- *Elle a dit qu'elle reviendrait et qu'elle resterait plus longtemps.* → Propositions subordonnées complétives.

↪ Il est incorrect de coordonner des compléments de fonctions différentes : **Il aime et obéit à ses parents.* Dans la phrase *il aime ses parents,* le groupe nominal est COD. Dans la phrase *il obéit à ses parents,* le groupe nominal est COI. Il faut donc dire : *Il aime ses parents et leur obéit.*

Les conjonctions de coordination peuvent se trouver dans des constructions symétriques ou parallèles sous la forme **et... et, ni... ni, ou... ou** : *Je ne suis disponible ni le mercredi ni le jeudi. Ou tu rentres ou tu sors, mais décide-toi !*

♦ Les conjonctions de subordination

Elles servent à **relier** une **proposition subordonnée complétive** ou **circonstancielle** à une proposition principale ou à une autre proposition subordonnée complétive ou circonstancielle et permettent de marquer le rapport de subordination qui existe entre les deux propositions : *Je pars parce que je suis très pressé.*

Elles se présentent sous la forme :

- d'un **mot** *(comme, lorsque, puisque, quand, que, quoique, si)* ;
- d'une **locution conjonctive** presque toujours formée avec **que** *(à condition que, au cas où, afin que, ainsi que, après que, avant que, bien que, de même que, de peur que, dès que, parce que, pour que, sans que, si bien que, sitôt que, tandis que...).*

Il ne faut pas confondre **que** conjonction de subordination introduisant une proposition subordonnée complétive *(j'espère qu'il va réussir)* ou circonstancielle *(il est tellement surpris qu'il ne peut plus parler)* avec :

- le pronom relatif qui introduit une subordonnée relative *(la table que tu as achetée est jolie)* ;

- le pronom interrogatif dans une interrogation directe et indirecte *(que voulez-vous ? je ne sais que faire)* ;
- l'adverbe interrogatif *(que ne l'avez-vous pas dit avant ?)* ;
- l'adverbe exclamatif *(que vous êtes bavardes !)* ;
- l'adverbe dans la locution adverbiale restrictive *ne... que (je n'ai que dix euros)*.

Il ne faut pas confondre **quand** conjonction de subordination introduisant une subordonnée circonstancielle *(quand tu la verras, tu le lui diras)* avec :

- l'adverbe interrogatif dans une interrogation directe et indirecte *(quand arrive-t-elle ? dites-moi quand elle doit arriver)* ;
- la locution prépositive *quant à (quant à moi, je suis d'accord)*.

Il ne faut pas confondre ***si*** conjonction de subordination introduisant une subordonnée circonstancielle *(si nous avions su, nous serions arrivés plus tôt)* avec :

- l'adverbe interrogatif dans une interrogation indirecte *(il veut savoir si tu es arrivé)* ;
- l'adverbe exclamatif *(regardez s'ils sont beaux !)* ;
- l'adverbe d'intensité *(ils ont l'air si heureux !)* ;
- l'adverbe d'affirmation *(ne sont-ils pas heureux ? si !)*.

Les interjections

Ce sont des mots ou groupes de mots **invariables** qui servent à exprimer un **sentiment** vif et soudain : *Zut, j'ai perdu mes lunettes. Chut, tais-toi !*

➥ Contrairement aux adverbes, aux prépositions et aux conjonctions, elles ne jouent aucun rôle grammatical dans la phrase.

Elles se présentent sous la forme d'une **onomatopée** *(eh, aïe, bof, beurk, brrr, zut)*, d'un **mot simple** *(attention ! bravo ! hourra ! silence ! vite ! voyons !)* ou d'une **locution interjective** *(à la bonne heure ! bon sang ! par exemple !)*.

LA FONCTION DES MOTS

La fonction d'un mot correspond au **rôle** qu'il joue dans la phrase par rapport à un autre mot ou un groupe de mots. Elle **varie** constamment selon le **sens**, la **place** et le **rôle** du mot dans la phrase : *un homme* peut être sujet dans une phrase *(un homme est entré)* et complément dans une autre *(je vois un homme)*.

➥ Connaître la fonction d'un mot permet de lui appliquer les **règles d'accord** qui le concernent : identifier un sujet permet, par exemple, de savoir avec quel mot s'accorde le verbe et comment le conjuguer : *Les enfants* (sujet) *pensent à leur chien*.

Il existe **huit fonctions** : le sujet, le complément d'objet (direct, indirect ou second), le complément circonstanciel, le complément d'agent, le complément du nom, l'attribut (du sujet ou du verbe), l'épithète et l'apposition.

Les fonctions des mots se définissent par rapport :

- au **verbe** (le sujet, les compléments d'objet et le complément d'agent) ;
- au **nom** (l'épithète, le complément du nom et l'apposition ainsi que l'attribut du sujet et du COD par l'intermédiaire du verbe) ;
- à la **phrase** (le complément circonstanciel).

Le sujet

C'est un élément indispensable de la phrase verbale : il ne peut **pas** être **supprimé**.

Il répond à la question *qui est-ce qui... ?* ou *qu'est-ce qui... ?* et peut être mis en relief par les expressions *c'est... qui* ou *ce sont... qui* : *Alexis arrive. → Qui est-ce qui arrive ?*

C'est Alexis qui arrive. Il commande l'**accord du verbe** en **personne**, en **genre** (aux temps composés) et en **nombre** (singulier ou pluriel).

Le sujet est le plus souvent un **nom** ou un **groupe nominal** *(son nouveau roman est passionnant)*, un **pronom** *(nous partons en vacances ; celui-ci est superbe)* ou un verbe à l'**infinitif** *(fuir était impossible)*. Il peut être aussi une **proposition subordonnée relative** : *Qui veut voyager loin ménage sa monture.*

➥ Le sujet peut toujours être remplacé par un pronom personnel, le plus souvent *il(s)* ou *elle(s)*, ou par le pronom démonstratif *cela*.

En général, le sujet est placé **avant** le verbe. Quand il est placé **après** le verbe, on dit qu'il est **inversé.** Cela se produit dans plusieurs cas.

- Dans les **phrases interrogatives,** il est relié au verbe par un trait d'union : *Dînez-vous au restaurant ce soir ?*
- Dans une proposition qui suit le **discours direct**, il indique qui est le locuteur : *« Attendez-moi, j'arrive ! », cria-t-elle.*
- Dans le **registre soutenu**, après certains compléments en tête de phrase (compléments circonstanciels ou adverbes), l'inversion produit un effet de mise en relief : *Au bord du lac vivait un pauvre pêcheur.* Dans ce cas, l'inversion du sujet n'est pas obligatoire.

➥ Lorsque le verbe se termine par une voyelle et qu'il est suivi d'un pronom, un ***t*** **euphonique** est placé entre deux traits d'union pour permettre de faire la liaison : *A-t-il eu peur ?*

➥ Dans une phrase interrogative, le nom sujet peut être repris après le verbe par un **pronom** : *Les voyages forment-ils la jeunesse ?*

Les compléments d'objet

Ce sont des compléments du verbe. Ils dépendent d'un **verbe transitif** et ne peuvent être supprimés sans que le sens de la phrase en soit modifié, contrairement aux compléments circonstanciels.

Il existe **trois types** de compléments d'objet qui dépendent de la construction du verbe.

- Certains se construisent **directement** : leur complément d'objet est direct (COD).
- D'autres exigent une **préposition** *(à/de...)* : leur complément d'objet est indirect (COI).
- Certains verbes qui se construisent avec un COD ou un COI admettent **un autre complément** d'objet qui est appelé complément d'objet second (COS).

♦ Le complément d'objet direct (COD)

Il complète un **verbe transitif direct** et se construit **sans préposition** : *Il a rencontré sa femme à l'université.*

Le COD ne peut **pas** être **supprimé** ni **déplacé**, au risque d'altérer fortement le sens de la phrase : *J'ai mangé des escargots pour la première fois.* → **J'ai mangé pour la première fois.* La phrase peut même devenir agrammaticale : *Elle a acheté les œuvres complètes de Voltaire.* → **Elle a acheté.*

Pour reconnaître un COD, on peut poser la question ***qui est-ce que ?*** ou ***qu'est-ce que ?*** : *Qu'est-ce que la clientèle apprécie ? La clientèle apprécie la qualité du service.* On peut aussi le remplacer par un **pronom personnel** : *Ils ont ouvert leur restaurant.* → *Ils l'ont ouvert.*

➥ On peut remplacer le COD par le **pronom *en*** lorsqu'il comprend un **article partitif** ou **défini** : *J'ai déjà mangé du requin.* → *J'en ai déjà mangé. Je prendrai une glace.* → *J'en prendrai une.*

On peut enfin reconnaître un COD au fait qu'il devient **sujet** quand le verbe est conjugué à la **voix passive** (➤ voir p. 1184) : *Tout le monde connaît Mozart.* → *Mozart est connu de tout le monde.*

Dans une phrase simple, le complément d'objet direct peut être un **nom** ou un **groupe nominal** *(il prépare un potage)*, un pronom *(elle préfère celui-ci ; je te crois)* ou un verbe à l'**infinitif** *(il ne sait pas répondre)*.

Il est généralement placé **après** le verbe : *Il mange une pomme.* Il **précède** le verbe uniquement :

- quand il est **pronom personnel** *(il nous voit)* ;
- dans certaines phrases **interrogatives** ou **exclamatives** *(quel livre as-tu acheté ? quelle mine tu as !)*.

➥ Il ne faut pas confondre le **COD** et le **sujet inversé** :

- *J'ai rencontré un vieux fermier.* → COD.
- *Derrière la colline, habitait un vieux fermier.* → Sujet inversé.

♦ Le complément d'objet indirect (COI)

Il complète un **verbe transitif indirect** et il est introduit par une **préposition**, le plus souvent **à** ou **de** : *Il parle de son travail. Elle s'intéresse à l'anthropologie.* Comme le COD, il ne peut **pas** être **supprimé** ni **déplacé**.

Pour reconnaître un COI, on peut poser la question **à quoi est-ce que ?** ou **de quoi est-ce que ?** : *De quoi est-ce qu'il parle ? Il parle de son nouveau travail.* On peut aussi le remplacer par un **pronom personnel** : *Il a parlé à sa mère.* → *Il lui a parlé.*

Le COI peut être un **nom** ou un **groupe nominal** *(il ressemble beaucoup à son frère)*, un **pronom personnel** *(il a confiance en toi)*, un **pronom démonstratif** *(il croit à cela)* ou un **pronom possessif** *(elle a parlé de ses projets, j'ai parlé des miens)*.

Lorsque le COI est un nom ou un groupe nominal, il se place **après** le verbe. Lorsqu'il est un pronom personnel, la préposition s'efface souvent et le pronom **précède** le verbe : *Il demande à sa sœur s'il peut rester.* → *Il lui demande s'il peut rester.*

♦ Le complément d'objet second (COS)

Il complète un verbe qui a **déjà** un **COD** ou un **COI** et il est introduit par les **prépositions à, de** ou **pour** : *Il offre des fleurs* (COD) *à sa mère* (COS).

Le COS se trouve principalement après des verbes signifiant « **donner** », « **retirer** » ou « **dire** » : *Elle parlera de toi* (COI) *à ses amis* (COS).

Il se place **avant ou après** le premier complément d'objet : *Il demande à ses collaborateurs le silence./Il demande le silence à ses collaborateurs.*

Les compléments circonstanciels (CC)

Ce sont des compléments de la phrase. Ils permettent de préciser dans quelles **circonstances** se déroule l'action exprimée par le verbe. Ils expriment non seulement des relations de **temps**, de **lieu**, de **manière**, de **moyen**, de **cause**, mais encore le **but**, la **quantité**, la **conséquence**, la **condition**, la **comparaison**, etc.

➥ Une même phrase peut comporter **plusieurs** compléments circonstanciels : *Il est arrivé à Paris* (CC de lieu) *ce matin* (CC de temps) *par le train* (CC de moyen) *pour affaires* (CC de cause).

Contrairement aux compléments d'objet, la plupart des compléments circonstanciels peuvent être **supprimés** ou **déplacés** à l'aide d'une virgule : *J'ai rencontré mon cousin à la médiathèque.* → *(À la médiathèque,) j'ai rencontré mon cousin.*

Les groupes nominaux compléments circonstanciels sont souvent introduits par une **préposition** ou une locution prépositive : *Elle s'est levée à huit heures.*

➥ Une même préposition peut, selon le contexte, prendre un sens différent :

- *Il séjourne à Paris.* → CC de lieu.
- *Il est parti à cinq heures.* → CC de temps.
- *Il est venu à bicyclette.* → CC de moyen.
- Les compléments circonstanciels peuvent aussi se construire directement **sans préposition.** Ce sont généralement des noms accompagnés d'un déterminant exprimant une nuance de **lieu**, de **temps** et de **quantité** (prix, poids et mesure) : *Il habite rue Jean-Jaurès. Elle dort le jour et travaille la nuit. Ce livre coûte 15 euros. Elle pesait 3,6 kilos à la naissance. Ils ont parcouru cent kilomètres.*

Le complément d'agent

Il désigne l'être ou la chose par lequel est accomplie l'action exprimée par le **verbe** employé à la **voix passive** (➤ voir p. 1184). Il est introduit par les prépositions **par** et **de** : *La souris est mangée par le chat. Elle est appréciée de ses voisins.*

Par s'emploie souvent avec des verbes pris au **sens propre** et exprimant une action **concrète** tandis que **de** s'emploie de préférence avec des verbes pris au **sens figuré** et exprimant un **sentiment** : *Le pont est submergé par les vagues./Je suis submergée de travail. Ma candidature a été retenue par la commission./Il est estimé de tous.*

➥ **Par** s'emploie encore souvent devant un nom **précédé d'un déterminant** tandis que **de** s'emploie de préférence devant un nom **sans déterminant** : *Le jardin est envahi par les mauvaises herbes/de mauvaises herbes.*

Seuls les verbes admettant une construction à la **voix passive** peuvent avoir un complément d'agent :

- les **verbes transitifs directs** *(la maison a été construite par son père)* ;
- les verbes transitifs indirects **désobéir, obéir** et **pardonner** *(il a été pardonné par tout le monde)* ;
- certains **verbes intransitifs** lorsqu'ils sont employés avec un sens transitif *(leur séparation a été mal vécue par la famille).*

La fonction de complément d'agent peut être occupée par un **nom** ou un **groupe nominal** *(il a été réveillé par ses voisins)*, un **pronom** *(elle est respectée par tous)*, une **proposition subordonnée relative** *(je suis indignée par ce qu'il a dit).*

➥ Il ne faut pas confondre les **compléments d'agent** avec les **compléments circonstanciels** introduits par la préposition **par** :

- *Elle a été contactée par l'agence.* → Complément d'agent.
- *Elle a été contactée par erreur.* → CC de cause.

Le complément du nom

Il sert à compléter le nom afin d'en préciser le sens : *Elle porte une robe longue en soie.* Il peut, la plupart du temps, être **supprimé** sans altérer le sens de la phrase.

La fonction de complément du nom peut être occupée par :

- un nom ou un groupe nominal *(il a reçu une carte de ses parents)* ;
- un pronom *(ce projet requiert la participation de tous)* ;
- un adverbe *(la journée d'hier a été très agréable)* ;
- un infinitif *(une machine à coudre)* ;
- une proposition subordonnée complétive *(l'idée qu'il revienne me fait peur)* ;
- une proposition subordonnée relative *(il a lu le passage dont je lui avais parlé).*

Il est souvent joint au nom par une **préposition**, le plus souvent **de**, mais aussi **à**, **contre**, **en**, **par**, **pour**, **sur** : *une cuillère à soupe ; un abri contre le vent ; une assiette en porcelaine ; la preuve par neuf ; une gamme pour enfants ; une vue sur la mer.*

➥ Le complément du nom peut être **directement** relié au nom : *l'affaire Dreyfus ; un café crème.*

Il se place généralement **après** le nom qu'il complète : *les fêtes de Noël*. Mais on le trouve aussi **avant** le nom dans les phrases interrogatives *(de quel guitariste ton frère est-il fan ?)* et dans la langue soutenue *(de sa grand-mère, il a hérité la force de caractère).*

Les attributs

Ils font apparaître une **qualité** attribuée au sujet (il s'agit alors d'un **attribut du sujet**) ou à l'objet (il s'agit alors d'un **attribut de l'objet**) par l'intermédiaire d'un verbe :

- *Pierre est sympathique.* → Attribut du sujet *Pierre*.
- *Je trouve Marie intelligente.* → Attribut de l'objet *Marie*.

Ce sont des éléments indispensables du groupe verbal et ils ne peuvent **pas** être **supprimés.**

♦ L'attribut du sujet

Il sert à identifier le sujet *(Pierre est mon frère)* ou à préciser une de ses caractéristiques *(Pierre est prudent).*

L'attribut du sujet entretient un rapport avec le sujet par l'intermédiaire du verbe **être** ou d'un **verbe attributif**, c'est-à-dire les **verbes d'état** et tout verbe équivalent : *tomber, naître, sortir, être nommé, être reconnu, se montrer, avoir l'air, passer pour*, etc.

Il **s'accorde** en **genre** et en **nombre** avec le sujet : *Elles nous ont paru émues.*

La fonction attribut du sujet peut être occupée par :

- un **adjectif** qualificatif ou un participe passé *(mon frère passe pour courageux ; cette pelouse est mal tondue) ;*
- un **nom** commun ou un groupe nominal *(il est médecin ; il passe pour un homme courageux) ;*
- un **pronom** *(elle est courageuse, je le suis aussi) ;*
- un **infinitif** introduit par *de (son plaisir dans la vie est de voyager) ;*
- une **proposition** *(le fait est que je connaissais déjà l'histoire).*

♦ L'attribut du COD

Il sert à préciser une des caractéristiques de l'objet : *Je trouve Luc intelligent. Il l'appelle son petit oiseau.*

➥ Le COD n'est pas toujours exprimé : *On dit que les carottes rendent aimable.*

L'attribut du COD se construit avec des **verbes transitifs** comme *appeler, croire, déclarer, dire, élire, estimer, faire, juger, laisser, nommer, trouver*, etc.

Il **s'accorde** en **genre** et en **nombre** avec le COD : *Je trouve ces fleurs belles.*

➥ Dans la phrase *je vois la lumière blanche*, si *blanche* est employé comme **attribut du COD**, la phrase signifie « je vois la lumière blanche alors qu'en réalité elle est d'une autre couleur ». Si *blanche* est employé comme **épithète** du nom *lumière*, la phrase signifie « je vois effectivement la lumière qui est de couleur blanche ».

En règle générale, l'attribut du COD se place **derrière** le COD qui l'introduit : *Je déclare la cérémonie ouverte*. Mais il arrive qu'il **précède** le COD : *Je juge inadmissible votre conduite.*

L'épithète

Il s'agit d'un **adjectif qualificatif** (ou un participe passé employé comme adjectif) qui fait partie du groupe nominal et qui est placé directement devant ou derrière le nom qu'il qualifie : *Il a vécu une aventure périlleuse/une périlleuse aventure.*

➥ L'épithète se distingue de l'attribut qui est relié au nom ou au groupe nominal par un verbe attributif : *Cette aventure est périlleuse.*

L'épithète est toujours placée **derrière** le nom quand elle est suivie d'un **complément** *(un fruit bon à manger)* ou qu'il s'agit d'un **participe passé** *(un travail terminé)*. Elle peut être placée **devant** le nom, en particulier pour des **adjectifs courts** comme *bon, beau, gros, haut, joli* ou *long : un bon repas ; un gros paquet ; une longue route.*

L'épithète **s'accorde** en genre et en **nombre** avec le ou les noms qu'elle qualifie : *la pleine lune*. Lorsqu'elle qualifie plusieurs noms, elle s'accorde au pluriel. Si le genre des noms est différent, l'accord se fait au masculin : *une chèvre et un agneau effrayés.*

➥ **Plusieurs** épithètes peuvent se rapporter à un même nom : *de jolies petites maisons fleuries.*

L'épithète peut être **séparée** du nom auquel elle se rapporte **par une virgule.** On parle alors d'**épithète détachée** : *L'autre voix, plus jolie, montait du vallon.* Une épithète détachée peut se rapporter à un **pronom** : *Assis sur le petit mur, je regardais la rivière.*

L'apposition

Il s'agit d'un nom placé **à côté** d'un autre nom pour en **compléter** le sens : *Camille, la mère de Pierre*. Le nom en apposition désigne obligatoirement **le même être** ou **le même objet** que le nom ou le pronom auquel il est apposé : *Arnaud, la nouvelle recrue de l'équipe, est très compétent.*

➥ Il ne faut pas confondre l'**apposition** et le **complément du nom.** La première établit un rapport d'équivalence entre le nom apposé et le nom complété : *la ville de Lyon* (= la ville qui est Lyon). Le second n'établit pas ce rapport : *la cathédrale de Lyon* (= la cathédrale située à Lyon).

En général, l'apposition **s'accorde** en **genre** et en **nombre** avec le nom ou le pronom auquel elle se rapporte : *Jean et Pierre, les amis de Lucie.*

Trois constructions sont possibles.

- Le nom en apposition suit **directement** le nom auquel il se rapporte. On parle alors d'**apposition liée** : *le roi Louis XVI ; la note do ; un remède miracle ; un médecin anesthésiste.*
- Le nom en apposition est **relié** au nom auquel il se rapporte par la préposition **de,** explétive (vide de sens) mais non supprimable : *le mois de septembre.*
- Le nom apposé est **séparé** du nom auquel il est apposé par une **virgule.** On parle alors d'**apposition détachée** : *Adolescent, il sortait presque tous les soirs. Victor Hugo, à la fois romancier, poète et dramaturge, est mon écrivain préféré.*

➥ Le nom apposé peut être **séparé** du nom auquel il se rapporte par **deux-points** : *J'ai rencontré d'anciennes connaissances : Alexis, Romane et Victor.*

Le nom est la classe de mot la plus fréquemment construite en apposition. Mais cette fonction peut aussi être occupée par :

- un **pronom** *(les nouveaux modèles, ceux-ci, sont arrivés hier)* ;
- un **infinitif** *(elle n'a peur que d'une chose, se tromper)* ;
- une subordonnée **complétive** *(je ne regrette qu'une chose, qu'ils soient partis)* ;
- une subordonnée **relative** *(si vous en êtes d'accord, ce dont je ne doute pas, vous pourriez venir lundi).*

Dans le cas de l'adjectif, on parle plutôt d'épithète.

➤ Voir ci-dessus.

LA PHRASE

Une phrase est une suite de mots qui :

- commence par une **majuscule** et s'achève sur une **ponctuation forte** *(. ? ! ...)* ;
- est grammaticalement **organisée** ;
- présente un **sens** dans un contexte donné.

Phrase verbale et phrase non verbale

Une **phrase verbale** est organisée autour d'un verbe conjugué : *Je cours tous les matins.*

Une **phrase non verbale** est organisée autour d'un autre mot :

- un nom ou un groupe nominal *(quelle horreur !)* ;
- un adjectif *(impossible de continuer !)* ;
- un infinitif *(ne pas manger à l'intérieur)* ;
- une interjection *(chut !)*.

➥ Une phrase non verbale peut comporter un **verbe conjugué.** Celui-ci n'est alors pas le noyau de la phrase mais seulement une **expansion** du nom : *Et boum la lampe qui tombe !*

Phrase simple et phrase complexe

Dans une **phrase verbale simple**, les groupes de mots sont organisés autour d'**un seul verbe** conjugué : *L'enfant lit un livre.*

La **phrase complexe** comporte plusieurs verbes conjugués, donc **plusieurs propositions :** *Il ouvre la porte et il pose un livre sur son bureau.*

Dans une phrase complexe, certaines propositions sont autonomes : on peut les transformer en phrases simples. Ce sont des **propositions indépendantes :** *Il a entendu cette chanson une seule fois mais il la reconnaît.* → *Il a entendu cette chanson une seule fois. Mais il la reconnaît.*

Les propositions indépendantes peuvent se combiner de deux façons :

- **juxtaposées**, c'est-à-dire séparées par un signe de **ponctuation faible** comme une virgule *(il a beaucoup travaillé, il en est fier)* ;
- **coordonnées** par un **mot de liaison** comme une conjonction de coordination, un adverbe ou une locution adverbiale *(il a beaucoup travaillé donc il a réussi)*.

➥ Certaines propositions fonctionnent comme une parenthèse dans la principale. Ce sont des **incises :** *Il vous attendra sous le petit pont, dit-elle, je vous le promets.*

Les autres propositions ne sont pas autonomes. Ce sont des **propositions subordonnées.** Elles dépendent d'une autre proposition appelée principale et sont introduites par un mot subordonnant (conjonction de subordination, pronom relatif, etc.) : *Il a beaucoup travaillé si bien qu'il a réussi.*

Ces propositions peuvent être de différentes natures selon la fonction qu'elles occupent par rapport à la principale.

- Si la proposition subordonnée complète un **groupe nominal**, c'est une **subordonnée relative :** *Il reconnaît cette chanson* (principale) *qu'il a entendue une seule fois* (relative).
- Si la proposition complète le **verbe** de la principale, c'est une **subordonnée conjonctive** (complément d'objet ou complément circonstanciel) : *Il reconnaît* (principale) *qu'il a déjà entendu cette chanson* (conjonctive COD). *Il reconnaît cette chanson* (principale) *alors qu'il ne l'a entendue qu'une seule fois* (conjonctive CC).

Phrase affirmative et phrase négative

Une phrase peut prendre une forme affirmative ou négative.

Une phrase est **affirmative** quand elle ne contient **pas de négation.** Elle indique qu'un fait a eu lieu ou qu'on est d'accord : *J'habite en ville. Je suis contente.*

Une phrase est **négative** quand elle contient une **négation.** Elle permet de nier quelque chose ou de dire qu'on n'est pas d'accord : *Je n'habite pas en ville. Je ne suis pas contente.*

La **négation** est généralement composée de **deux éléments** qui encadrent le verbe.

- Le premier élément **ne** est placé **devant** le verbe : *Il ne me regarde pas.* Il se place devant le verbe quand celui-ci est à l'**infinitif** : *Je préfère ne pas le voir.*
- Le deuxième élément est **variable** et se place le plus souvent **derrière** le verbe : *Elle ne lit jamais. Il ne regarde personne. Ils ne mangent rien.* Il peut se placer devant le verbe quand celui-ci est à l'infinitif : *Elle avoue ne jamais lire.*

Ne peut être **absent** dans les phrases **non verbales** *(pas de fromage ?)* et dans la langue **orale** et **familière** *(tu devrais pas dire ça).*

Ne peut être employé **seul** dans des **expressions figées** *(qu'à cela ne tienne)* et dans certaines **subordonnées de condition** *(si je ne me trompe ; si je ne m'abuse).*

➥ Attention à ne pas oublier l'adverbe **ne** après le pronom **on** dans une phrase négative à l'écrit : *On n'a pas vu ta cousine.*

Il arrive que **ne** soit employé dans certaines propositions **subordonnées affirmatives.** Il n'a alors ni valeur négative ni grammaticale. Cet élément, appelé **ne explétif,** est souvent **facultatif** et non exprimé dans la langue parlée. Il s'emploie généralement :

- après les verbes de **crainte** employés à la forme négative *(je crains qu'il ne soit trop tard)* et après **de crainte que** et **de peur que** ;
- après les verbes d'**empêchement**, de **précaution**, de **défense** *(évitez qu'il ne parte)* ;
- après les verbes de **doute** employés à la forme négative *(je ne doute pas qu'ils ne soient heureux ensemble)* ;
- dans les **propositions comparatives** après *plus, moins, mieux, autre, autrement, meilleur, moindre, pire, plutôt (il est plus jeune qu'il n'y paraît)* ;
- après **avant que, à moins que, sans que** *(à moins qu'elle ne te l'ait demandé, ne touche plus à rien !).*

Les types de phrase

Lorsqu'on parle à quelqu'un, on peut le faire dans l'intention de l'**informer,** de l'**interroger**, de lui **ordonner** ou de lui **conseiller** quelque chose. On peut aussi exprimer l'**émotion** que l'on ressent au moment où l'on parle (colère, étonnement, joie, déception, etc.). La phrase appartient donc à un type différent en fonction de l'intention de celui qui parle et de l'effet qu'il cherche à produire sur son interlocuteur.

Il existe **quatre types** de phrase : déclarative, interrogative, injonctive et exclamative.

♦ Le type déclaratif

On l'utilise pour donner un **renseignement**, une **information.** La phrase déclarative présente le plus souvent la construction **sujet/verbe/compléments** et se termine par un point. Le verbe est généralement au mode **indicatif** : *Mon frère travaille à Toulouse.*

♦ Le type interrogatif

Il sert à poser une **question.** On l'utilise donc généralement en vue d'obtenir une confirmation ou une information et il appelle une réponse.

La phrase interrogative est marquée par un **point d'interrogation** : *Viendrez-vous ? À quelle heure viendra-t-il ?*

Il existe **deux sortes** d'interrogation : totale ou partielle.

L'**interrogation totale** appelle une réponse par **oui** ou par **non.** Elle équivaut à la reprise de la question à la forme affirmative ou négative : *Êtes-vous bien arrivés ? → Oui, nous sommes bien arrivés./Non, nous ne sommes pas bien arrivés.*

Elle se construit de trois manières :

- en ajoutant un **point d'interrogation** à la phrase déclarative *(vous voulez quelque chose ?) ;*
- dans la langue parlée, avec l'expression **est-ce que** *(est-ce que vous voulez quelque chose ?) ;*
- dans la langue parlée soutenue et à l'écrit, **en inversant le sujet** qui se trouve derrière le verbe *(voulez-vous quelque chose ?).*

L'**interrogation partielle** porte sur un constituant de la phrase, soit :

- le sujet *(qui veut venir avec moi ?) ;*
- un complément essentiel *(qu'attends-tu pour rentrer ?) ;*
- un complément circonstanciel *(comment as-tu appris la nouvelle ?).*

Elle se construit à l'aide de **mots interrogatifs** placés en tête de phrase :

- les pronoms *qui, lequel, à/de quoi (qui est là ?) ;*
- le déterminant *quel (quelle saison préfères-tu ?) ;*
- un adverbe *(comment vas-tu ?).*

♦ Le type injonctif

On l'utilise pour donner un **ordre**, un **conseil**, exprimer une **défense** à son interlocuteur : *Ne regarde pas en bas !*

La phrase injonctive se termine par un **point** ou un **point d'exclamation.** Il peut s'agir d'une phrase **verbale** *(taisez-vous !)* ou **non verbale** *(silence !).*

Son verbe se conjugue aux **modes :**

- indicatif *(tu fermeras la porte en partant) ;*
- impératif *(claque la porte en partant) ;*
- subjonctif *(qu'il s'en aille !) ;*
- infinitif *(ne pas claquer les portes).*

♦ Le type exclamatif

On l'emploie pour transmettre un **sentiment** ou une **émotion** à son interlocuteur : *Ils ont gagné !*

La phrase exclamative se termine par un **point d'exclamation.**

Elle peut se construire comme :

- la phrase déclarative *(votre maison est magnifique !) ;*
- la phrase interrogative *(veux-tu me répondre !) ;*
- la phrase injonctive *(arrêtez de gémir !).*

Elle est marquée au moyen de certains mots comme :

- les adverbes **comme** et **que** *(qu'elle est intelligente ! comme tu as de la chance !) ;*
- des **interjections**, des **présentatifs**, des **déterminants** *(aïe, tu m'as fait mal ! voilà le travail ! quelle atrocité ! la menteuse !).*

↪ La phrase exclamative se présente souvent sous la forme d'une phrase **incomplète** ou **nominale** : *Si j'avais su ! Quel spectacle !*

Voix active et voix passive

Dans une phrase à la **voix active**, le sujet **effectue l'action** exprimée par **le verbe** : *Le chat mange la souris.* Dans une phrase à la **voix passive**, le sujet **subit l'action** exprimée par le verbe : *La souris est mangée par le chat.*

Le COD de la phrase à la voix active *(la souris)* devient donc le sujet de la phrase à la voix passive tandis que le sujet *(le chat)* devient le complément d'agent. De plus, le verbe prend une **forme composée** avec l'auxiliaire *être (mange → est mangée).*

ORTHOGRAPHE

LE PLURIEL

Le pluriel du nom

♦ Le nom simple

En règle générale, on forme le pluriel en ajoutant un **s**.

Il existe un certain nombre de cas particuliers :

terminaison du singulier	terminaison du pluriel	exceptions
-au, -eau, -eu	**-aux, -eaux, -eux :** *tuyaux, châteaux, jeux,* etc.	**-aus, -eus :** *landaus, bleus, pneus*
-al	**-aux :** *canaux, chevaux, journaux,* etc.	**-als :** *bals, carnavals, chacals, festivals, récitals, régals*
-ail	**-ails :** *chandails, cocktails, portails, rails,* etc.	**-aux :** *baux, coraux, émaux, soupiraux, travaux, vantaux, vitraux*
-ou	**-ous :** *cous, fous, gnous, nounous, sous,* etc.	**-oux :** *bijoux, cailloux, choux, genoux, hiboux, joujoux, poux*

♦ Le nom composé

La marque du pluriel s'ajoute aux éléments des noms composés en fonction de leur **classe** d'origine.

Les **adjectifs** et les **noms** prennent la marque du pluriel : *mes petits-enfants, des coffres-forts, des portes-fenêtres* (*porte* est ici un nom).

➥ Lorsque les deux éléments sont des noms et que le second est un **complément**, celui-ci reste invariable, qu'il soit introduit ou non par une préposition : *des pommes de terre, des pots de chambre, des arcs-en-ciel, des timbres-poste* (= des timbres de la Poste).

Les **prépositions**, les **adverbes** et les **verbes** restent invariables : *des contre-allées, des haut-parleurs, des porte-bébés* (*porte* est ici une forme du verbe *porter*).

Les **éléments savants** ne varient pas : *des micro-ordinateurs.*

Le pluriel de l'adjectif

En règle générale, on forme le pluriel en ajoutant un **s** : *un grand arbre → de grands arbres.* Si l'adjectif est déjà terminé par un **s** ou un **x**, il ne change pas au pluriel : *des immeubles bas ; des enfants heureux.*

Les adjectifs en **-al** font leur pluriel en *-aux (original → originaux),* hormis quelques exceptions : *bancals, fatals, natals, navals, tonals...*

↪ Certains adjectifs en *-al* acceptent le pluriel en *-al* ou en *-aux* : *austral* → *australs* ou *austraux*.

• Parmi les trois adjectifs en **-eu**, *bleu* et *feu* prennent un *s (des yeux bleus ; mes feus parents)* tandis que *hébreu* prend un *x (des textes hébreux)*.

➤ Pour l'adjectif composé, voir ci-après les cas d'invariabilité dans **L'accord de l'adjectif qualificatif.**

LES RÈGLES D'ACCORD

L'accord de l'adjectif qualificatif

♦ Généralités

L'adjectif qualificatif s'accorde en **genre** et en **nombre** avec le nom ou le pronom qu'il qualifie, quelle que soit sa fonction : *C'est une artiste prodigieuse. Ils sont charmants. Je trouve les mariés très beaux. Gênée, elle s'est esquivée rapidement.*

♦ Cas particuliers de l'adjectif attribut

Lorsqu'il est attribut du pronom personnel **on**, l'adjectif **s'accorde** :

• au **masculin singulier**, lorsqu'il désigne une ou plusieurs personnes *(on est grand dans la famille)* ;

• au **masculin** ou au **féminin pluriel** selon le cas lorsqu'il équivaut à *nous (on est courageuses, on ne va pas se laisser abattre)*.

Lorsqu'il est attribut du pronom **ce**, l'adjectif **s'accorde au masculin singulier** : *Attention aux légumes, c'est très chaud.*

Lorsqu'il est attribut de **vous**, pluriel de politesse, l'adjectif reste au **singulier** : *Léa, vous seriez gentille de m'accompagner.*

Lorsqu'il est construit avec **avoir l'air**, l'adjectif attribut s'accorde obligatoirement avec le sujet lorsque c'est un nom de **chose** : *La route a l'air mauvaise.* Lorsque le sujet désigne une **personne**, l'adjectif peut s'accorder avec le sujet *(elle a l'air douce)* ou avec *air* si l'on veut insister sur l'expression du visage *(elle a l'air soucieux)*. Si l'adjectif est suivi d'un complément, il reste au masculin singulier : *Elles ont l'air sérieux des adultes.*

♦ L'adjectif composé

Dans la plupart des cas, les deux éléments **s'accordent** en **genre** et en **nombre** : *deux jeunes sourds-muets ; du poulet à la sauce aigre-douce.*

Le **premier** des deux adjectifs reste parfois **invariable**, notamment quand il est employé comme adverbe, comme dans *grand-ducal, extrême-oriental, bas breton, haut allemand, franc-maçonnique, nouveau-né, mort-né*, etc. : *la langue haut allemande ; des symboles franc-maçonniques.*

↪ Quelques adjectifs employés comme adverbes devant un autre adjectif **s'accordent** en **genre** et en **nombre** :

• *nouveau* employé devant les participes passés autres que *né (nouveaux arrivés, nouvelles venues)* ;

• *premier* et *dernier* composés avec le participe passé *né (première-née, derniers-nés)* ;

• *grand* dans *des yeux grands ouverts* et *des fenêtres grandes ouvertes* ;

• *tout* dans *tout-puissant*, au féminin seulement *(des volontés toutes-puissantes)*.

Dans les adjectifs composés d'un **préfixe** (terminé par *-o* ou *-i*) et d'un **adjectif**, c'est l'adjectif qui s'accorde en genre et en nombre, le préfixe restant invariable : *des traditions sacro-saintes ; des œuvres tragi-comiques.*

♦ Les adjectifs invariables

Un certain nombre d'adjectifs ne s'accordent pas.

- Les **adjectifs de couleur** dérivés d'un nom (*chocolat, mandarine, marron, orange, saumon,* etc.) : *Il ne met que des chaussures marron.*
  - ➥ ***Mauve, rose, pourpre, fauve, incarnat*** et ***écarlate,*** bien que dérivés d'un nom, s'accordent en nombre : *des rideaux pourpres ; elles sont devenues écarlates.*
- Les **adjectifs de couleur** déterminés par un autre adjectif ou un nom : *des rideaux vert foncé ; des nappes bleu lavande ; des jupes bleu-gris.*
- Les adjectifs **plein** et **sauf** lorsqu'ils sont employés comme **prépositions** : *Elle a de l'argent plein les poches. Sa mère, sauf erreur, s'appelle Catherine.*
  - ➥ Lorsque *plein* et *sauf* sont placés **derrière** le nom auquel ils se rapportent, ils sont adjectifs et **s'accordent** avec le nom qu'ils qualifient : *Elle est arrivée les mains pleines de cadeaux. Elles sont rentrées saines et sauves.*
- Des adjectifs comme *bas, bon, cher, clair, court, droit, dur, ferme, fort, franc, haut, juste, net,* etc. **employés comme adverbes** après certains verbes : *Elle parle trop bas. La vie coûte cher. Il a gagné haut la main.*
- Les adjectifs ***demi, semi, mi*** et **nu** employés dans des mots composés : *Ils ont déclaré une demi-part. Il était dans une semi-conscience. Je l'ai reconnu à mi-distance. Elle est nu-tête.*
  - ➥ Lorsque **nu** est placé **derrière** le nom auquel il se rapporte, il **s'accorde** en **genre** et en **nombre** : *Elle était pieds nus.*
  - ➥ Lorsque ***demi*** est placé **derrière** le nom auquel il se rapporte, il **s'accorde** en **genre** uniquement : *Il a attendu deux heures et demie.*
- L'adjectif **feu** signifiant « défunt », lorsqu'il est placé **devant** le groupe nominal : *feu mes grands-parents.*
  - ➥ Lorsque **feu** s'intercale entre le nom et son déterminant, il **s'accorde** en **genre** et en **nombre** : *mes feus grands-parents.*
- L'adjectif **possible,** lorsqu'il renforce les adverbes ***le moins*** et ***le plus*** : *Il faut convaincre le plus de personnes possible.*

L'accord du participe passé employé seul

Le participe passé employé seul obéit aux règles de l'accord de l'adjectif qualificatif. Il **s'accorde** en **genre** et en **nombre** avec le nom ou le pronom auquel il se rapporte : *une grande porte fermée.*

Il existe quelques cas particuliers.

Attendu, (non/y) compris, entendu, excepté, ôté, passé, supposé, vu placés devant le nom s'emploient comme des prépositions et restent invariables : *Tout est compris, excepté la boisson. Passé six heures, le magasin sera fermé.*

➥ Ces participes **s'accordent** quand ils sont placés **derrière** le nom : *Tout est compris, la boisson exceptée. Il est six heures passées.*

Étant donné et ***mis à part*** peuvent être accordés ou non, qu'ils soient placés devant ou derrière le nom : *Mis(es) à part de petites rentes annuelles, il n'a aucun revenu.*

Ci-annexé, ci-inclus et ***ci-joint*** restent invariables lorsqu'ils sont employés comme adverbes. Dans ce cas, ils sont généralement placés en tête de phrase *(ci-joint les pièces à verser au dossier)* ou devant un nom sans déterminant *(vous trouverez ci-inclus copie de l'arrêté municipal).*

➥ Ces participes **s'accordent** quand ils sont employés avec la valeur d'un adjectif qualificatif. *Veuillez trouver mon CV et ma lettre de motivation ci-joints.*

Approuvé, lu et ***vu*** sont toujours invariables lorsqu'ils sont employés dans des locutions comme *lu et approuvé.*

➤ Pour l'accord du participe passé aux temps composés, voir p. 1195.

L'accord du verbe

♦ Généralités

Le verbe **s'accorde** en **nombre** et en **personne** avec son sujet, qu'il soit exprimé ou sous-entendu : *Ils couraient, trébuchaient, tombaient puis se relevaient vaillamment.*

Lorsqu'il y a **plusieurs sujets**, le verbe se met au **pluriel** : *Camille et Pierre arriveront demain.*

Le verbe ne marque pas le **genre** du sujet, sauf au **participe passé** : *Il est parti. Elle est partie.*

Si **plusieurs personnes** grammaticales sont en présence pour un même verbe, l'usage impose un **ordre de priorité.**

- La première personne l'emporte sur la deuxième et la troisième personne. Elle impose l'accord du verbe à la **première personne du pluriel** : *Toi et moi sommes satisfaits. Pierre et moi passerons te prendre.*
- La deuxième personne l'emporte sur la troisième et impose l'accord du verbe à la **deuxième personne du pluriel** : *Pierre et toi passerez me prendre.*

♦ Avec un nom collectif ou une fraction

Lorsque le sujet est constitué d'un nom déterminé par un autre **nom** de sens **collectif** *(armée, foule, bande, horde, nuée, multitude, troupe, dizaine, centaine,* etc.) ou par une **fraction** *(moitié, tiers, centième,* etc.), les **deux accords** sont possibles, suivant que l'accent est mis sur l'idée de **globalité** ou de **pluralité** : *Une foule d'étudiants s'est amassée/se sont amassés sur la place. Une dizaine de projets a été financée/ont été financés. Un tiers des spectateurs est parti/sont partis.*

➥ Lorsque le nom collectif est précédé d'un **article défini**, d'un **déterminant possessif** ou **démonstratif**, le verbe se met obligatoirement au **singulier** : *Le (son, ce) troupeau de brebis est descendu de la montagne.*

➥ Si la **fraction** est **au pluriel**, le verbe se met au **pluriel** : *Les trois quarts de la population sont favorables.*

♦ Avec un nom exprimant une quantité

Lorsque le sujet au pluriel est déterminé par un **adverbe de quantité** *(beaucoup, combien, force, nombre de, peu, quantité de, la plupart, trop)*, le verbe se met au **pluriel** : *Beaucoup de gens sont venus. La plupart des gens ont été recontactés.*

➥ **Employés seuls**, ces adverbes continuent d'entraîner un **accord au pluriel** : *Beaucoup y croient. La plupart sont encore là.*

Lorsque l'adverbe **peu** est précédé d'un article défini, d'un déterminant possessif ou démonstratif, le verbe se met généralement au **singulier** : *peu de gens m'ont convaincu* mais *ce peu de gens m'a convaincu*.

Lorsque le sujet est un **pronom personnel** déterminé par un **adverbe de quantité** ou un nom à sens **collectif** *(beaucoup d'entre nous, la majorité d'entre nous)*, les **deux accords** sont possibles : le verbe s'accorde soit avec *beaucoup de (beaucoup d'entre nous ont exprimé leur désaccord)*, soit avec *nous (beaucoup d'entre nous avons exprimé notre désaccord)*.

Avec **plus d'un**, l'accord se fait au **singulier** tandis qu'avec *moins de deux*, il se fait au **pluriel** : *Plus d'un jour m'a suffi. Moins de deux jours m'ont suffi.*

♦ Avec plusieurs sujets coordonnés ou juxtaposés

Lorsque les sujets sont coordonnés ou juxtaposés par ***et***, le verbe **s'accorde** au **pluriel** : *La mer et la montagne sont des destinations touristiques.*

Lorsque les sujets sont coordonnés par ***ni, ou*** ou avec les comparatifs ***comme*** et ***ainsi que***, le verbe se met au singulier ou au pluriel selon le sens.

- Si la coordination est **disjonctive** (un seul choix est possible, les termes étant exclusifs l'un de l'autre) ou qu'elle a le sens d'une **comparaison**, le verbe s'accorde au **singulier** : *Le maire ou son adjoint animera le conseil. Le brochet, comme la perche, est un poisson d'eau douce.*
- Si la coordination exprime l'idée d'un **ajout**, d'une **addition**, le verbe s'accorde au **pluriel** : *Ni l'appartement ni le chalet ne sont réservés. Le vin blanc comme le vin rouge me montent vite à la tête.*

♦ Avec *l'un et l'autre, ni l'un ni l'autre, l'un ou l'autre*

Lorsque le sujet est ***l'un et l'autre*** ou ***ni l'un ni l'autre***, les **deux accords** sont possibles, le pluriel étant cependant plus fréquent : *L'un et l'autre ont/a fait beaucoup pour lui. Ni l'un ni l'autre ne l'ont/a aidé.*

Lorsque le sujet est ***l'un ou l'autre***, le verbe s'accorde au **singulier** : *L'un ou l'autre me convient.*

♦ Avec un pronom

Lorsque le sujet est le pronom ***ce*** et qu'il introduit les pronoms personnels ***nous*** et ***vous***, le verbe s'accorde au **singulier** : *Qui commence, c'est nous ou c'est vous ?* Avec les pronoms ***eux*** et ***elles***, un **nom** ou un **groupe nominal pluriel**, le verbe s'accorde au **pluriel** : *Ce sont eux que je connais. Ce sont des professionnels.*

Lorsque le sujet est le pronom relatif **qui**, le verbe s'accorde à la même personne que l'**antécédent** : *C'est moi qui m'en occuperai. C'est vous qui êtes venus hier ?*

➥ Lorsque l'antécédent est ***le seul, le premier***, etc., et qu'il est **attribut du sujet**, le verbe s'accorde soit à la même personne que le **sujet**, soit à la même personne que l'**antécédent** attribut : *Tu es la première qui m'aies/ait jamais dit ça.*

Lorsque les sujets sont **résumés** ou **annoncés** par *aucun, chacun, nul, personne, rien, tout*, le verbe s'accorde au **singulier** : *Tout, meubles, vaisselle, literie, doit être déménagé avant ce soir.*

LES HOMONYMES

Ce sont des mots de **prononciation identique** (homophones) et de **sens différent**, qu'ils soient de même orthographe (homographes) ou non : *vert, verre, ver* et *vair* sont des homonymes homophones ; *frais* (adjectif) et *frais* (nom) sont des homonymes homographes.

Les homonymes peuvent se distinguer par :

- leur **étymologie** (*poids* vient du latin *pensum* et *pois* vient du latin *pisum ; sceau* vient du latin *sigillum* et *seau* vient du latin populaire *sitellus*) ;
- leur **genre** (*le mousse* et *la mousse*) ;
- leur **classe** grammaticale (*verre* est un nom et *vert* un adjectif).

Certains sont des **homophones grammaticaux.** On trouvera ci-dessous les plus fréquents.

a et à

A est une forme du verbe **avoir** à la 3e personne du présent de l'indicatif ; **à**, avec accent grave, est une **préposition** qui est toujours suivie d'un groupe nominal, d'un verbe à l'infinitif ou d'un pronom : *Il a pris le train. Elle habite à Paris.*

➥ Pour savoir s'il s'agit du verbe *avoir*, remplacer par le verbe à l'imparfait : *il avait pris le train* est possible mais pas **elle habite avait Paris.*

est, es et et

Est est la forme conjuguée du verbe **être** à la 3e personne du singulier du présent de l'indicatif ; ***es*** est la forme conjuguée du verbe ***être*** à la 2e personne du singulier du présent de l'indicatif ; ***et*** est une **conjonction de coordination** : *Tu es content ? Il est poli. Elle mange du riz et des épinards.*

➥ Pour savoir s'il s'agit du verbe *être*, remplacer par le verbe à l'imparfait : *tu étais content ?* et *il était poli* sont possibles mais pas **elle mange du riz était des épinards*.

ou et où

Ou est une **conjonction de coordination** ; ***où*** sert à indiquer un **lieu** : *Sais-tu où tu vas dormir ? À la maison ou chez des amis ?*

➥ Pour savoir s'il s'agit de la conjonction *ou*, remplacer par **ou bien** : *à la maison ou bien chez des amis* est possible mais pas **sais-tu ou bien tu vas dormir ?*

quand à et quant à

Quand est une **conjonction de subordination** qui indique le temps ; **quant,** toujours suivi de *à/au/aux*, est une **locution prépositionnelle** signifiant « en ce qui concerne » : *Quand à huit heures il n'est pas rentré, sa mère s'inquiète. Quant à lui, il arrivera demain.*

➥ Pour savoir s'il s'agit de la conjonction *quand*, remplacer par **lorsque** : *lorsqu'à huit heures il n'est pas rentré* est possible mais pas **lorsqu'à lui*.

sa, ça et çà

Sa est un **déterminant possessif** qui ne se rencontre que devant un nom ; **ça** est un **pronom** : *Sa mère lui a dit : « ça ne se fait pas ! »*

➥ Pour savoir s'il s'agit du possessif *sa*, remplacer par le possessif de la première personne : *ma mère* est possible mais pas **ma ne se fait pas*.

➥ Ne pas confondre le pronom *ça* et l'adverbe de lieu *çà* qui ne se rencontre que dans l'expression *çà et là*.

se et ce

Se est un **pronom réfléchi** employé avec un verbe ; ***ce*** est un **pronom** ou un **déterminant démonstratif** toujours suivi d'un nom : *Il se demande où il a mis ce pull qu'il aime tant.*

➥ Pour savoir s'il s'agit du démonstratif *ce*, remplacer par le démonstratif pluriel : *il a mis ces pulls* est possible mais pas **il ces demande*.

sont et son

Sont est la forme conjuguée du verbe ***être*** à la troisième personne du pluriel du présent de l'indicatif ; ***son*** est un **déterminant possessif,** toujours placé devant un nom : *Son frère et son oncle sont à Lyon.*

➥ Pour savoir s'il s'agit du possessif *son*, remplacer par le possessif de la première personne : *mon frère et mon oncle* est possible mais pas **mon à Lyon*.

LA PONCTUATION

Elle sert à marquer le **rapport** entre les propositions, à **organiser** et **structurer** la pensée, à donner un **sens** précis à la phrase.

➥ Une phrase comme *la boulangère dit la vendeuse est absente* change de sens selon la ponctuation :

- *La boulangère dit : « La vendeuse est absente. »* → C'est la vendeuse qui est absente.
- *La boulangère, dit la vendeuse, est absente.* → C'est la boulangère qui est absente.

En outre, la ponctuation sert à marquer les **pauses** et les **inflexions** de la voix lors de la lecture.

Le **point** indique la fin d'une phrase. La voix marque une forte pause : *Il faisait nuit. Les enfants jouaient sous les lampadaires.*

La **virgule** sert à séparer les éléments de la phrase qui ont une même fonction. La voix marque une brève pause : *Luc, mon ami d'enfance, vit en Autriche.*

Le **point-virgule** sépare des phrases plus fortement que la virgule, sans les isoler. Elles sont liées plus ou moins étroitement par le sens : *Il part tous les week-ends en randonnée ; sa femme l'accompagne.*

Les **deux-points** annoncent :
- une énumération *(la Picardie comptait trois départements : l'Aisne, l'Oise et la Somme) ;*
- des paroles rapportées ou une citation *(Rousseau a écrit : « toutes nos langues sont des ouvrages de l'art ») ;*
- une explication *(mon père est allé chez le médecin : il était malade).*

Les **points de suspension** sont utilisés pour :
- ménager un effet de surprise *(il l'attrapa par le cou... et l'embrassa) ;*
- marquer une hésitation *(il lui avoua que... qu'il était amoureux d'elle) ;*
- écourter une énumération *(elle aime les fruits rouges : les fraises, les framboises, les cerises...).*

↬ **Etc.** n'est jamais suivi de points de suspension.

Le **point d'interrogation** se place à la fin d'une phrase interrogative : *Quand te décideras-tu à venir ?*

↬ Dans une **interrogation indirecte,** on utilise le point : *Je me demande quand tu te décideras à venir.*

Les **guillemets** servent à :
- encadrer une citation : *(« La raison du plus fort est toujours la meilleure » est une citation de Jean de La Fontaine) ;*
- rapporter un discours direct *(la boulangère dit : « la vendeuse est absente ») ;*
- marquer un mot impropre ou familier *(c'est un peureux, un « pétochard »).*

Le **point d'exclamation** se place :
- à la fin d'une phrase exclamative *(qu'il est mignon, ce bébé ! ; taisez-vous !) ;*
- après une interjection *(atchoum !).*

Les **parenthèses** servent à isoler un mot ou un groupe de mots dans une phrase : *L'hypocrisie est un défaut (et pas le moindre) qui la caractérise.*

Le **tiret** sert à :
- indiquer un changement d'interlocuteur dans un dialogue *(qu'en penses-tu ? – je suis d'accord) ;*
- remplacer les parenthèses *(les Anglais – ou, plus exactement, les Britanniques – et les Allemands) ;*
- à introduire chaque élément d'une énumération.

LES MAJUSCULES

Les majuscules s'emploient dans différents cas.
- Au début d'une **phrase,** d'un **vers,** d'une **citation :** *Il était huit heures. Tous passèrent à table.*

- Après un **point**, un point d'exclamation, un point d'interrogation et des points de suspension lorsqu'ils terminent une phrase : *Quel bel ensemble ! Quelles belles chaussures ! Que dites-vous ? Vous allez nous quitter ?*
- Aux **noms propres** : *l'Asie, l'Aquitaine, Bordeaux, la Seine, Voltaire, Marcel Proust.*
- Aux **noms communs** employés comme noms propres : *rendez-vous devant l'Opéra ; la Renaissance.*
- Aux noms de **peuples** ou d'**habitants** *(un Français, des Catalans, les Parisiennes)*, contrairement aux adjectifs géographiques *(un plat catalan, des touristes allemands).*
- Aux noms de **rues** : *boulevard Voltaire ; rue des Cascades.*
- Aux noms de **fêtes civiles** ou **religieuses** : *le 14 Juillet ; le premier de l'An ; le Vendredi saint ; Yom Kippour ; l'Aïd.*
- Aux titres d'**œuvres**, de **journaux**, de **revues** : *Le Rouge et le Noir* de Stendhal ; *Le Monde ; la Nouvelle Revue française.*
- Aux **points cardinaux** :
  - lorsqu'ils sont employés substantivement pour désigner une **région**, un **territoire**, une **entité géographique** *(ils ont passé leurs vacances dans le Sud ; l'Ouest américain ; les pays de l'Est)* ;
  - lorsqu'ils sont employés comme **noms propres** *(la gare du Nord)* ;
  - lorsqu'ils sont **abrégés** *(le vent souffle S.-S.-O.).*

➥ Les points cardinaux s'écrivent avec une **minuscule** :

- lorsqu'ils indiquent une **direction**, une **orientation**, une **exposition** *(se diriger vers le nord ; Orléans est au sud-ouest de Paris ; la façade de la maison est plein sud)* ;
- lorsqu'ils sont employés **adjectivement** *(la côte ouest des États-Unis ; le Pacifique sud)* sauf dans *le pôle Nord, le pôle Sud, l'hémisphère Nord* et *l'hémisphère Sud.*

TABLEAU DES NOMS DE NOMBRES

REM. Les composés des adj. numéraux cardinaux s'écrivent avec des traits d'union (ex. : *dix-sept, quatre-vingt-un*), sauf si entrent dans leur composition les mots *et*, *cent* ou *mille*, lesquels ne sont jamais précédés ou suivis de trait d'union (ex. : *cent sept, vingt et un, trois mille vingt-deux*).

CARDINAUX	chiffres arabes	chiffres romains	ORDINAUX
un (m.), une (f.)	1	I	premier (1er), première (1re)
deux	2	II	second(e), deuxième (2e)
trois	3	III	troisième (3e)
quatre	4	IV	quatrième (4e)
cinq	5	V	cinquième (5e)
six	6	VI	sixième
sept	7	VII	septième
huit	8	VIII	huitième
neuf	9	IX	neuvième
dix	10	X	dixième
onze	11	XI	onzième
douze	12	XII	douzième
treize	13	XIII	treizième
quatorze	14	XIV	quatorzième
quinze	15	XV	quinzième
seize	16	XVI	seizième
dix-sept	17	XVII	dix-septième
dix-huit	18	XVIII	dix-huitième
dix-neuf	19	XIX	dix-neuvième
vingt	20	XX	vingtième (20e)
vingt et un (m.)	21	XXI	vingt et unième (21e)
vingt et une (f.)			
vingt-deux	22	XXII	vingt-deuxième (22e)
vingt-trois	23	XXIII	vingt-troisième (23e)
trente	30	XXX	trentième (30e)
trente et un (m.),	31	XXXI	trente et unième
trente et une (f.)			
trente-deux	32	XXXII	trente-deuxième
quarante	40	XL	quarantième
quarante et un(e)	41	XLI	quarante et unième
quarante-deux	42	XLII	quarante-deuxième
cinquante	50	L	cinquantième
cinquante et un(e)	51	LI	cinquante et unième
cinquante-deux	52	LII	cinquante-deuxième
soixante	60	LX	soixantième
soixante et un(e)	61	LXI	soixante et unième
soixante-deux	62	LXII	soixante-deuxième
soixante-dix	70	LXX	soixante-dixième
(ou, région., septante)			(ou, région., septantième)
soixante et onze	71	LXXI	soixante et onzième
(ou, région., septante et un[e])			(ou, région., septante et unième)
soixante-douze	72	LXXII	soixante-douzième
(ou, région., septante-deux)			(ou, région., septante-deuxième)
quatre-vingts	80	LXXX	quatre-vingtième
(ou, région., octante)			(ou, région., octantième)
quatre-vingt-un(e)	81	LXXXXI	quatre-vingt-unième
(ou, région., octante et un[e])			(ou, région., octante et unième)

CARDINAUX	chiffres arabes	chiffres romains	ORDINAUX
quatre-vingt-deux (ou, région., octante-deux)	82	LXXXII	quatre-vingt-deuxième (ou, région., octante-deuxième)
quatre-vingt-dix (ou, région., nonante)	90	XC	quatre-vingt-dixième (ou, région., nonantième)
quatre-vingt-onze (ou, région., nonante et un[e])	91	XCI	quatre-vingt-onzième (ou, région., nonante et unième)
quatre-vingt-douze (ou, région., nonante-deux)	92	XCII	quatre-vingt-douzième (ou, région., nonante-deuxième)
cent	100	C	centième
cent un(e)	101	CI	cent unième
cent deux	102	CII	cent deuxième
deux cents	200	CC	deux centième
deux cent un(e)	201	CCI	deux cent unième
trois cents	300	CCC	trois centième
trois cent un(e)	301	CCCI	trois cent unième
quatre cents	400	CD	quatre centième
cinq cents	500	D	cinq centième
neuf cent quatre-vingt-dix-neuf	999	IM	neuf cent quatre-vingt-dix-neuvième
mille	1 000	M	millième
mille un(e)	1 001	MI	mille unième
mille deux	1 002	MII	mille deuxième
mille cent (ou onze cents)	1 100	MC	mille centième
mille deux cents (ou douze cents)	1 200	MCC	mille deux centième
deux mille	2 000	MM	deux millième

Au-delà de *deux mille*, on n'emploie guère les chiffres romains

neuf mille neuf cent quatre-vingt-dix-neuf	9 999	neuf mille neuf cent quatre-vingt-dix-neuvième
dix mille	10 000	dix millième
quatre-vingt-dix-neuf mille neuf cent quatre-vingt-dix-neuf	99 999	quatre-vingt-dix-neuf mille neuf cent quatre-vingt-dix-neuf millième
cent mille	100 000	cent millième
cent mille un(e)	100 001	cent mille unième
cent mille deux	100 002	cent mille deuxième
cent un mille	101 000	cent un millième
un million	1 000 000	millionième
un milliard	1 000 000 000	milliardième

ACCORD DU PARTICIPE PASSÉ

avec AUXILIAIRE **AVOIR**

OBJET DIRECT	v. intr.	Nous avons ri (passé composé)
		Il m'a prêté des outils
		Les outils qu'il m'a prêtés
		Vos outils, je vous les ai rendus
		Cette décision, c'est lui qui l'a prise
		On vous a reçue, madame
		L'impression qu'il m'a faite est excellente
		Une des personnes que j'ai vues
		Après l'avoir vue, j'ai changé d'avis
		Dès qu'il nous a eu quittés, j'ai dormi
		Combien as-tu écrit de pages ? Combien de pages as-tu écrites ?
		Quelle joie nous avons eue !
	impers.	La patience qu'il a fallu ; la chaleur qu'il a fait
	double objet	La récompense que j'avais espéré qu'on lui donnerait
		La personne que j'avais prévenue que nous viendrions
OBJET INDIRECT		Ces histoires nous ont plu [à nous]
		On vous a écrit, madame
ELLIPSE DE *AVOIR*		Bien reçu ta longue lettre
		Vu la loi de 1994
VERBES DE MESURE	mesure	Les cinquante kilos qu'elle a pesé
		Les trente ans qu'il a vécu
		Les millions que cela a coûté
	objet	Les voitures qu'on a pesées
		Les horreurs qu'il a vécues
		Les efforts qu'il nous a coûtés
ATTRIBUT		Ce médicament les a rendus malades
		Il l'a traitée d'arriviste
	v. d'opinion	On les a crus (ou cru) morts
		Il l'aurait souhaitée (ou souhaité) plus attentive
		Une maison qu'on aurait dite (ou dit) récente
INFINITIF IMMÉDIAT		On les a laissés partir
		On les a laissé emmener [par qqn]
		Les musiciens que j'ai entendus jouer
		La musique que j'ai entendu jouer [par qqn]
	faire	Les paquets qu'il a fait partir
	(invar.)	Les paquets qu'il a fait expédier [par qqn]
	v. d'opinion	La lettre qu'il a dit, affirmé, nié avoir écrite
		Des tableaux qu'on avait cru, estimé, être des faux
	ellipse du v.	J'ai fait tous les efforts que j'ai pu [faire]
		Il a eu tous les honneurs qu'il a souhaité [avoir]
PRÉPOSITION ET INFINITIF		Les chemises que j'ai mis (ou mises) à sécher
		La difficulté que nous avons eu (ou eue) à surmonter
		La difficulté que nous avons eue à le convaincre
AVEC LE PRONOM *L'*		Elle était partie, comme je l'avais imaginé
		Elle était encore plus belle que je ne l'avais imaginé [cela], que je ne l'avais imaginée [elle]
EMPLOYÉ AVEC *EN*	OBJET DIRECT	Des pays, j'en ai vu ; j'en ai vu des pays !
		Des fautes, s'il en a commis
	quantité	J'ai donné des conseils plus que je n'en ai reçu (ou reçus)
		Des pays, j'en ai tant vu (ou vus)
		Des pages, combien en as-tu écrit (ou écrites) ?
	OBJET INDIRECT	Il gardait les cadeaux qu'il en avait reçus [de sa femme]

ACCORD DU PARTICIPE PASSÉ

avec AUXILIAIRE ÊTRE

VERBES NON PRONOMINAUX

v. intr.	Nous sommes partis
p. p. adj.	Nous sommes (ou on est) séparés et mécontents Nous lui sommes attachés et reconnaissants
passif	Elles ont été félicitées ; ayant été félicitées Bientôt nous sera confiée une mission
ellipse du v.	Inventée ou pas, son histoire est crédible Sa mission terminée, il revint Fini (ou finis), les soucis ! [c'est fini ou ils sont finis] Sept ôté de dix [le nombre sept]

VERBES PRONOMINAUX

ESSENTIELS		Elle s'est enfuie. Elles se sont tues. Elle s'y est mal prise Ils se sont emparés de l'objet ; ils s'en sont emparés
ACCIDENTELS	OBJET DIRECT réfl.	Elle s'est brûlée [brûler qqn] Elle s'est crue malade, elle s'est crue arrivée Elle s'est mise à chanter, à nous taquiner Autrefois s'est produite une chose analogue Ils se sont aperçus de leur erreur, ils s'en sont aperçus Elle s'est persuadée qu'on la trompait
	récipr.	Ils se sont rencontrés au théâtre On s'est bien connus, lui et moi
	passif	Ces modèles se sont bien vendus
	(impers.)	Il s'est vendu mille exemplaires du livre
	OBJET INDIRECT réfl.	Elle s'est plu, déplu, complu dans cette situation [plaire à qqn] Elle s'est plu à les contredire Ils se sont cru (ou crus) obligés d'attendre Elle s'est brûlé la main Elle s'est permis certaines choses ; les choses qu'elle s'est permises Elles se sont donné des objectifs ; elles s'en sont donné Elle s'est imaginé qu'on la trompait
	récipr.	Ils se sont parlé et ils se sont plu Ils se sont succédé et ils se sont nui Ils se sont écrit des lettres ; les lettres qu'ils se sont écrites ; des lettres, ils s'en sont écrit
AVEC L'INFINITIF IMMÉDIAT	OBJET DIRECT	Ils se sont laissés mourir [ils meurent] Ils se sont vus vieillir
	OBJET INDIRECT	Ils se sont laissé convaincre, faire [on les convainc] Elles se sont vu infliger une amende
SE FAIRE	attribut	Elles se sont faites plus aimables Elles se sont fait belles (se faire beau : loc. verbale)
	récipr.	Ils se sont fait des farces
	réfl.	Elle s'est fait des idées ; les idées qu'elle s'est faites
	inf.	Nous nous sommes fait prendre, avoir Elle s'est fait raccompagner par Paul Ils se sont fait faire le même costume

Pour l'accord du participe passé employé seul, voir p. 1187.

1 CHANTER — 1er groupe

INDICATIF

Présent
je chante
tu chantes
il/elle chante
nous chantons
vous chantez
ils/elles chantent

Passé composé
j'ai chanté
tu as chanté
il/elle a chanté
nous avons chanté
vous avez chanté
ils/elles ont chanté

Imparfait
je chantais
tu chantais
il/elle chantait
nous chantions
vous chantiez
ils/elles chantaient

Plus-que-parfait
j'avais chanté
tu avais chanté
il/elle avait chanté
nous avions chanté
vous aviez chanté
ils/elles avaient chanté

Passé simple
je chantai
tu chantas
il/elle chanta
nous chantâmes
vous chantâtes
ils/elles chantèrent

Passé antérieur
j'eus chanté
tu eus chanté
il/elle eut chanté
nous eûmes chanté
vous eûtes chanté
ils/elles eurent chanté

Futur simple
je chanterai
tu chanteras
il/elle chantera
nous chanterons
vous chanterez
ils/elles chanteront

Futur antérieur
j'aurai chanté
tu auras chanté
il/elle aura chanté
nous aurons chanté
vous aurez chanté
ils/elles auront chanté

SUBJONCTIF

Présent
que je chante
que tu chantes
qu'il/elle chante
que nous chantions
que vous chantiez
qu'ils/elles chantent

Imparfait
que je chantasse
que tu chantasses
qu'il/elle chantât
que nous chantassions
que vous chantassiez
qu'ils/elles chantassent

Passé
que j'aie chanté
que tu aies chanté
qu'il/elle ait chanté
que nous ayons chanté
que vous ayez chanté
qu'ils/elles aient chanté

Plus-que-parfait
que j'eusse chanté
que tu eusses chanté
qu'il/elle eût chanté
que nous eussions chanté
que vous eussiez chanté
qu'ils/elles eussent chanté

CONDITIONNEL

Présent
je chanterais
tu chanterais
il/elle chanterait
nous chanterions
vous chanteriez
ils/elles chanteraient

Passé 1re forme
j'aurais chanté
tu aurais chanté
il/elle aurait chanté
nous aurions chanté
vous auriez chanté
ils/elles auraient chanté

Passé 2e forme
j'eusse chanté
tu eusses chanté
il/elle eût chanté
nous eussions chanté
vous eussiez chanté
ils/elles eussent chanté

IMPÉRATIF

Présent chante
chantons
chantez

Passé aie chanté
ayons chanté
ayez chanté

INFINITIF

Présent chanter

Passé avoir chanté

PARTICIPE

Présent chantant

Passé chanté / chantée
chantés / chantées

Passé composé ayant chanté

REMARQUES : Cette série comprend la plupart des verbes en **-er** du 1er groupe. La plupart des verbes nouveaux sont formés sur ce modèle.
• Ne pas oublier le **i** des 1re et 2e personnes du pluriel de l'imparfait de l'indicatif et du présent du subjonctif des verbes en **-iller** (ex. *mouiller : nous mouillions, vous mouilliez)*, des verbes en **-gner** (ex. *signer : nous signions, vous signiez)* et des verbes en **-eyer** (ex. *grasseyer : nous grasseyions, vous grasseyiez)*.

1 NAVIGUER — 1er groupe

INDICATIF

Présent
je navigue
tu navigues
il/elle navigue
nous naviguons
vous naviguez
ils/elles naviguent

Passé composé
j'ai navigué
tu as navigué
il/elle a navigué
nous avons navigué
vous avez navigué
ils/elles ont navigué

Imparfait
je naviguais
tu naviguais
il/elle naviguait
nous naviguions
vous naviguiez
ils/elles naviguaient

Plus-que-parfait
j'avais navigué
tu avais navigué
il/elle avait navigué
nous avions navigué
vous aviez navigué
ils/elles avaient navigué

Passé simple
je naviguai
tu naviguas
il/elle navigua
nous naviguâmes
vous naviguâtes
ils/elles naviguèrent

Passé antérieur
j'eus navigué
tu eus navigué
il/elle eut navigué
nous eûmes navigué
vous eûtes navigué
ils/elles eurent navigué

Futur simple
je naviguerai
tu navigueras
il/elle naviguera
nous naviguerons
vous naviguerez
ils/elles navigueront

Futur antérieur
j'aurai navigué
tu auras navigué
il/elle aura navigué
nous aurons navigué
vous aurez navigué
ils/elles auront navigué

SUBJONCTIF

Présent
que je navigue
que tu navigues
qu'il/elle navigue
que nous naviguions
que vous naviguiez
qu'ils/elles naviguent

Imparfait
que je naviguasse
que tu naviguasses
qu'il/elle naviguât
que nous naviguassions
que vous naviguassiez
qu'ils/elles naviguassent

Passé
que j'aie navigué
que tu aies navigué
qu'il/elle ait navigué
que nous ayons navigué
que vous ayez navigué
qu'ils/elles aient navigué

Plus-que-parfait
que j'eusse navigué
que tu eusses navigué
qu'il/elle eût navigué
que nous eussions navigué
que vous eussiez navigué
qu'ils/elles eussent navigué

CONDITIONNEL

Présent
je naviguerais
tu naviguerais
il/elle naviguerait
nous naviguerions
vous navigueriez
ils/elles navigueraient

Passé 1re forme
j'aurais navigué
tu aurais navigué
il/elle aurait navigué
nous aurions navigué
vous auriez navigué
ils/elles auraient navigué

Passé 2e forme
j'eusse navigué
tu eusses navigué
il/elle eût navigué
nous eussions navigué
vous eussiez navigué
ils/elles eussent navigué

IMPÉRATIF

Présent navigue
naviguons
naviguez

Passé aie navigué
ayons navigué
ayez navigué

INFINITIF

Présent naviguer

Passé avoir navigué

PARTICIPE

Présent naviguant

Passé navigué

Passé composé ayant navigué

REMARQUES : On garde le **u** après le **g** même devant **a** et **o** *(naviguant)*.
• Les verbes en **-éguer** (ex. *léguer*) se conjuguent comme **céder** avec la particularité des verbes en **-guer**, c'est-à-dire avec le **u** après le **g**.

INDICATIF

Présent
je finis
tu finis
il/elle finit
nous finissons
vous finissez
ils/elles finissent

Passé composé
j'ai fini
tu as fini
il/elle a fini
nous avons fini
vous avez fini
ils/elles ont fini

Imparfait
je finissais
tu finissais
il/elle finissait
nous finissions
vous finissiez
ils/elles finissaient

Plus-que-parfait
j'avais fini
tu avais fini
il/elle avait fini
nous avions fini
vous aviez fini
ils/elles avaient fini

Passé simple
je finis
tu finis
il/elle finit
nous finîmes
vous finîtes
ils/elles finirent

Passé antérieur
j'eus fini
tu eus fini
il/elle eut fini
nous eûmes fini
vous eûtes fini
ils/elles eurent fini

Futur simple
je finirai
tu finiras
il/elle finira
nous finirons
vous finirez
ils/elles finiront

Futur antérieur
j'aurai fini
tu auras fini
il/elle aura fini
nous aurons fini
vous aurez fini
ils/elles auront fini

SUBJONCTIF

Présent
que je finisse
que tu finisses
qu'il/elle finisse
que nous finissions
que vous finissiez
qu'ils/elles finissent

Imparfait
que je finisse
que tu finisses
qu'il/elle finît
que nous finissions
que vous finissiez
qu'ils/elles finissent

Passé
que j'aie fini
que tu aies fini
qu'il/elle ait fini
que nous ayons fini
que vous ayez fini
qu'ils/elles aient fini

Plus-que-parfait
que j'eusse fini
que tu eusses fini
qu'il/elle eût fini
que nous eussions fini
que vous eussiez fini
qu'ils/elles eussent fini

CONDITIONNEL

Présent
je finirais
tu finirais
il/elle finirait
nous finirions
vous finiriez
ils/elles finiraient

Passé 1ʳᵉ forme
j'aurais fini
tu aurais fini
il/elle aurait fini
nous aurions fini
vous auriez fini
ils/elles auraient fini

Passé 2ᵉ forme
j'eusse fini
tu eusses fini
il/elle eût fini
nous eussions fini
vous eussiez fini
ils/elles eussent fini

IMPÉRATIF

Présent finis
finissons
finissez

Passé aie fini
ayons fini
ayez fini

INFINITIF

Présent finir

Passé avoir fini

PARTICIPE

Présent finissant

Passé fini / finie
finis / finies

Passé composé ayant fini

REMARQUES : Cette série comprend les verbes en **-ir** du 2ᵉ groupe.
- *Bénir* a pour participes passés *béni, ie (une région bénie des dieux)* et *bénit, ite (de l'eau bénite)*.
- *Maudire* se conjugue comme **finir** sauf à l'infinitif et au participe passé *(maudit, ite)*.
- Le verbe *faillir* au sens vieilli de « faire faillite » se conjugue comme **finir** et non comme *assaillir*.

INDICATIF

Présent
je place
tu places
il/elle place
nous plaçons
vous placez
ils/elles placent

Passé composé
j'ai placé
tu as placé
il/elle a placé
nous avons placé
vous avez placé
ils/elles ont placé

Imparfait
je plaçais
tu plaçais
il/elle plaçait
nous placions
vous placiez
ils/elles plaçaient

Plus-que-parfait
j'avais placé
tu avais placé
il/elle avait placé
nous avions placé
vous aviez placé
ils/elles avaient placé

Passé simple
je plaçai
tu plaças
il/elle plaça
nous plaçâmes
vous plaçâtes
ils/elles placèrent

Passé antérieur
j'eus placé
tu eus placé
il/elle eut placé
nous eûmes placé
vous eûtes placé
ils/elles eurent placé

Futur simple
je placerai
tu placeras
il/elle placera
nous placerons
vous placerez
ils/elles placeront

Futur antérieur
j'aurai placé
tu auras placé
il/elle aura placé
nous aurons placé
vous aurez placé
ils/elles auront placé

SUBJONCTIF

Présent
que je place
que tu places
qu'il/elle place
que nous placions
que vous placiez
qu'ils/elles placent

Imparfait
que je plaçasse
que tu plaçasses
qu'il/elle plaçât
que nous plaçassions
que vous plaçassiez
qu'ils/elles plaçassent

Passé
que j'aie placé
que tu aies placé
qu'il/elle ait placé
que nous ayons placé
que vous ayez placé
qu'ils/elles aient placé

Plus-que-parfait
que j'eusse placé
que tu eusses placé
qu'il/elle eût placé
que nous eussions placé
que vous eussiez placé
qu'ils/elles eussent placé

CONDITIONNEL

Présent
je placerais
tu placerais
il/elle placerait
nous placerions
vous placeriez
ils/elles placeraient

Passé 1re forme
j'aurais placé
tu aurais placé
il/elle aurait placé
nous aurions placé
vous auriez placé
ils/elles auraient placé

Passé 2e forme
j'eusse placé
tu eusses placé
il/elle eût placé
nous eussions placé
vous eussiez placé
ils/elles eussent placé

IMPÉRATIF

Présent place
plaçons
placez

Passé aie placé
ayons placé
ayez placé

INFINITIF

Présent placer

Passé avoir placé

PARTICIPE

Présent plaçant

Passé placé / placée
placés / placées

Passé composé ayant placé

REMARQUES : Les verbes en **-cer** présentent l'alternance **c/ç** devant **a** et **o**, pour maintenir la prononciation [s].
• Les verbes en **-ecer** (ex. *dépecer*) se conjuguent comme **placer** et **peler**, c'est-à-dire qu'ils présentent à la fois l'alternance **c/ç** devant **a** et **o** et l'alternance **e/è** devant un **e** muet.
• Les verbes en **-écer** (ex. *rapiécer*) se conjuguent comme **placer** et **céder**, c'est-à-dire qu'ils présentent à la fois l'alternance **c/ç** devant **a** et **o** et l'alternance **é/è** devant un **e** muet.

INDICATIF

Présent
je bouge
tu bouges
il/elle bouge
nous bougeons
vous bougez
ils/elles bougent

Passé composé
j'ai bougé
tu as bougé
il/elle a bougé
nous avons bougé
vous avez bougé
ils/elles ont bougé

Imparfait
je bougeais
tu bougeais
il/elle bougeait
nous bougions
vous bougiez
ils/elles bougeaient

Plus-que-parfait
j'avais bougé
tu avais bougé
il/elle avait bougé
nous avions bougé
vous aviez bougé
ils/elles avaient bougé

Passé simple
je bougeai
tu bougeas
il/elle bougea
nous bougeâmes
vous bougeâtes
ils/elles bougèrent

Passé antérieur
j'eus bougé
tu eus bougé
il/elle eut bougé
nous eûmes bougé
vous eûtes bougé
ils/elles eurent bougé

Futur simple
je bougerai
tu bougeras
il/elle bougera
nous bougerons
vous bougerez
ils/elles bougeront

Futur antérieur
j'aurai bougé
tu auras bougé
il/elle aura bougé
nous aurons bougé
vous aurez bougé
ils/elles auront bougé

SUBJONCTIF

Présent
que je bouge
que tu bouges
qu'il/elle bouge
que nous bougions
que vous bougiez
qu'ils/elles bougent

Imparfait
que je bougeasse
que tu bougeasses
qu'il/elle bougeât
que nous bougeassions
que vous bougeassiez
qu'ils/elles bougeassent

Passé
que j'aie bougé
que tu aies bougé
qu'il/elle ait bougé
que nous ayons bougé
que vous ayez bougé
qu'ils/elles aient bougé

Plus-que-parfait
que j'eusse bougé
que tu eusses bougé
qu'il/elle eût bougé
que nous eussions bougé
que vous eussiez bougé
qu'ils/elles eussent bougé

CONDITIONNEL

Présent
je bougerais
tu bougerais
il/elle bougerait
nous bougerions
vous bougeriez
ils/elles bougeraient

Passé 1re forme
j'aurais bougé
tu aurais bougé
il/elle aurait bougé
nous aurions bougé
vous auriez bougé
ils/elles auraient bougé

Passé 2e forme
j'eusse bougé
tu eusses bougé
il/elle eût bougé
nous eussions bougé
vous eussiez bougé
ils/elles eussent bougé

IMPÉRATIF

Présent bouge
bougeons
bougez

Passé aie bougé
ayons bougé
ayez bougé

INFINITIF

Présent bouger

Passé avoir bougé

PARTICIPE

Présent bougeant

Passé bougé / bougée
bougés / bougées

Passé composé ayant bougé

REMARQUES : Les verbes en **-ger** présentent l'alternance **g/ge** devant **a** et **o**, pour maintenir la prononciation [ʒ].
• Les verbes en **-éger** (ex. *protéger*) se conjuguent comme **bouger** et **céder**, c'est-à-dire qu'ils présentent à la fois l'alternance **g/ge** et l'alternance **é/è**.

INDICATIF

Présent
j'appelle
tu appelles
il/elle appelle
nous appelons
vous appelez
ils/elles appellent

Passé composé
j'ai appelé
tu as appelé
il/elle a appelé
nous avons appelé
vous avez appelé
ils/elles ont appelé

Imparfait
j'appelais
tu appelais
il/elle appelait
nous appelions
vous appeliez
ils/elles appelaient

Plus-que-parfait
j'avais appelé
tu avais appelé
il/elle avait appelé
nous avions appelé
vous aviez appelé
ils/elles avaient appelé

Passé simple
j'appelai
tu appelas
il/elle appela
nous appelâmes
vous appelâtes
ils/elles appelèrent

Passé antérieur
j'eus appelé
tu eus appelé
il/elle eut appelé
nous eûmes appelé
vous eûtes appelé
ils/elles eurent appelé

Futur simple
j'appellerai
tu appelleras
il/elle appellera
nous appellerons
vous appellerez
ils/elles appelleront

Futur antérieur
j'aurai appelé
tu auras appelé
il/elle aura appelé
nous aurons appelé
vous aurez appelé
ils/elles auront appelé

SUBJONCTIF

Présent
que j'appelle
que tu appelles
qu'il/elle appelle
que nous appelions
que vous appeliez
qu'ils/elles appellent

Imparfait
que j'appelasse
que tu appelasses
qu'il/elle appelât
que nous appelassions
que vous appelassiez
qu'ils/elles appelassent

Passé
que j'aie appelé
que tu aies appelé
qu'il/elle ait appelé
que nous ayons appelé
que vous ayez appelé
qu'ils/elles aient appelé

Plus-que-parfait
que j'eusse appelé
que tu eusses appelé
qu'il/elle eût appelé
que nous eussions appelé
que vous eussiez appelé
qu'ils/elles eussent appelé

CONDITIONNEL

Présent
j'appellerais
tu appellerais
il/elle appellerait
nous appellerions
vous appelleriez
ils/elles appelleraient

Passé 1re forme
j'aurais appelé
tu aurais appelé
il/elle aurait appelé
nous aurions appelé
vous auriez appelé
ils/elles auraient appelé

Passé 2e forme
j'eusse appelé
tu eusses appelé
il/elle eût appelé
nous eussions appelé
vous eussiez appelé
ils/elles eussent appelé

IMPÉRATIF

Présent appelle
appelons
appelez

Passé aie appelé
ayons appelé
ayez appelé

INFINITIF

Présent appeler

Passé avoir appelé

PARTICIPE

Présent appelant

Passé appelé / appelée
appelés / appelées

Passé composé ayant appelé

REMARQUES : La plupart des verbes en **-eler** doublent le **l** devant un **e** muet *(j'appelle, j'appellerai)*.
• Ces verbes en **-eler** peuvent se conjuguer comme **geler**, sauf **appeler** et ses composés (réforme de l'orthographe).

INDICATIF

Présent
je jette
tu jettes
il/elle jette
nous jetons
vous jetez
ils/elles jettent

Passé composé
j'ai jeté
tu as jeté
il/elle a jeté
nous avons jeté
vous avez jeté
ils/elles ont jeté

Imparfait
je jetais
tu jetais
il/elle jetait
nous jetions
vous jetiez
ils/elles jetaient

Plus-que-parfait
j'avais jeté
tu avais jeté
il/elle avait jeté
nous avions jeté
vous aviez jeté
ils/elles avaient jeté

Passé simple
je jetai
tu jetas
il/elle jeta
nous jetâmes
vous jetâtes
ils/elles jetèrent

Passé antérieur
j'eus jeté
tu eus jeté
il/elle eut jeté
nous eûmes jeté
vous eûtes jeté
ils/elles eurent jeté

Futur simple
je jetterai
tu jetteras
il/elle jettera
nous jetterons
vous jetterez
ils/elles jetteront

Futur antérieur
j'aurai jeté
tu auras jeté
il/elle aura jeté
nous aurons jeté
vous aurez jeté
ils/elles auront jeté

SUBJONCTIF

Présent
que je jette
que tu jettes
qu'il/elle jette
que nous jetions
que vous jetiez
qu'ils/elles jettent

Imparfait
que je jetasse
que tu jetasses
qu'il/elle jetât
que nous jetassions
que vous jetassiez
qu'ils/elles jetassent

Passé
que j'aie jeté
que tu aies jeté
qu'il/elle ait jeté
que nous ayons jeté
que vous ayez jeté
qu'ils/elles aient jeté

Plus-que-parfait
que j'eusse jeté
que tu eusses jeté
qu'il/elle eût jeté
que nous eussions jeté
que vous eussiez jeté
qu'ils/elles eussent jeté

CONDITIONNEL

Présent
je jetterais
tu jetterais
il/elle jetterait
nous jetterions
vous jetteriez
ils/elles jetteraient

Passé 1re forme
j'aurais jeté
tu aurais jeté
il/elle aurait jeté
nous aurions jeté
vous auriez jeté
ils/elles auraient jeté

Passé 2e forme
j'eusse jeté
tu eusses jeté
il/elle eût jeté
nous eussions jeté
vous eussiez jeté
ils/elles eussent jeté

IMPÉRATIF

Présent jette
jetons
jetez

Passé aie jeté
ayons jeté
ayez jeté

INFINITIF

Présent jeter

Passé avoir jeté

PARTICIPE

Présent jetant

Passé jeté / jetée
jetés / jetées

Passé composé ayant jeté

REMARQUES : La plupart des verbes en **-eter** doublent le **t** devant un **e** muet *(je jette, je jetterai)*.
• Ces verbes en **-eter** peuvent se conjuguer comme **acheter**, sauf **jeter** et ses composés (réforme de l'orthographe).

5 GELER

INDICATIF

Présent
je gèle
tu gèles
il/elle gèle
nous gelons
vous gelez
ils/elles gèlent

Passé composé
j'ai gelé
tu as gelé
il/elle a gelé
nous avons gelé
vous avez gelé
ils/elles ont gelé

Imparfait
je gelais
tu gelais
il/elle gelait
nous gelions
vous geliez
ils/elles gelaient

Plus-que-parfait
j'avais gelé
tu avais gelé
il/elle avait gelé
nous avions gelé
vous aviez gelé
ils/elles avaient gelé

Passé simple
je gelai
tu gelas
il/elle gela
nous gelâmes
vous gelâtes
ils/elles gelèrent

Passé antérieur
j'eus gelé
tu eus gelé
il/elle eut gelé
nous eûmes gelé
vous eûtes gelé
ils/elles eurent gelé

Futur simple
je gèlerai
tu gèleras
il/elle gèlera
nous gèlerons
vous gèlerez
ils/elles gèleront

Futur antérieur
j'aurai gelé
tu auras gelé
il/elle aura gelé
nous aurons gelé
vous aurez gelé
ils/elles auront gelé

SUBJONCTIF

Présent
que je gèle
que tu gèles
qu'il/elle gèle
que nous gelions
que vous geliez
qu'ils/elles gèlent

Imparfait
que je gelasse
que tu gelasses
qu'il/elle gelât
que nous gelassions
que vous gelassiez
qu'ils/elles gelassent

Passé
que j'aie gelé
que tu aies gelé
qu'il/elle ait gelé
que nous ayons gelé
que vous ayez gelé
qu'ils/elles aient gelé

Plus-que-parfait
que j'eusse gelé
que tu eusses gelé
qu'il/elle eût gelé
que nous eussions gelé
que vous eussiez gelé
qu'ils/elles eussent gelé

CONDITIONNEL

Présent
je gèlerais
tu gèlerais
il/elle gèlerait
nous gèlerions
vous gèleriez
ils/elles gèleraient

Passé 1re forme
j'aurais gelé
tu aurais gelé
il/elle aurait gelé
nous aurions gelé
vous auriez gelé
ils/elles auraient gelé

Passé 2e forme
j'eusse gelé
tu eusses gelé
il/elle eût gelé
nous eussions gelé
vous eussiez gelé
ils/elles eussent gelé

IMPÉRATIF

Présent gèle
gelons
gelez

Passé aie gelé
ayons gelé
ayez gelé

INFINITIF

Présent geler

Passé avoir gelé

PARTICIPE

Présent gelant

Passé gelé / gelée
gelés / gelées

Passé composé ayant gelé

REMARQUES : Cette série comprend les verbes en **e** + consonne(s) + **-er** (*lever, semer, mener, peser, sevrer*, etc.), qui présentent l'alternance **e/è** devant un **e** muet *(je gelais, je gèlerai)*.
• Tous les verbes en **-eler** (sauf *appeler* et ses composés) peuvent se conjuguer selon ce modèle (réforme de l'orthographe).

INDICATIF

Présent
j'achète
tu achètes
il/elle achète
nous achetons
vous achetez
ils/elles achètent

Passé composé
j'ai acheté
tu as acheté
il/elle a acheté
nous avons acheté
vous avez acheté
ils/elles ont acheté

Imparfait
j'achetais
tu achetais
il/elle achetait
nous achetions
vous achetiez
ils/elles achetaient

Plus-que-parfait
j'avais acheté
tu avais acheté
il/elle avait acheté
nous avions acheté
vous aviez acheté
ils/elles avaient acheté

Passé simple
j'achetai
tu achetas
il/elle acheta
nous achetâmes
vous achetâtes
ils/elles achetèrent

Passé antérieur
j'eus acheté
tu eus acheté
il/elle eut acheté
nous eûmes acheté
vous eûtes acheté
ils/elles eurent acheté

Futur simple
j'achèterai
tu achèteras
il/elle achètera
nous achèterons
vous achèterez
ils/elles achèteront

Futur antérieur
j'aurai acheté
tu auras acheté
il/elle aura acheté
nous aurons acheté
vous aurez acheté
ils/elles auront acheté

SUBJONCTIF

Présent
que j'achète
que tu achètes
qu'il/elle achète
que nous achetions
que vous achetiez
qu'ils/elles achètent

Imparfait
que j'achetasse
que tu achetasses
qu'il/elle achetât
que nous achetassions
que vous achetassiez
qu'ils/elles achetassent

Passé
que j'aie acheté
que tu aies acheté
qu'il/elle ait acheté
que nous ayons acheté
que vous ayez acheté
qu'ils/elles aient acheté

Plus-que-parfait
que j'eusse acheté
que tu eusses acheté
qu'il/elle eût acheté
que nous eussions acheté
que vous eussiez acheté
qu'ils/elles eussent acheté

CONDITIONNEL

Présent
j'achèterais
tu achèterais
il/elle achèterait
nous achèterions
vous achèteriez
ils/elles achèteraient

Passé 1re forme
j'aurais acheté
tu aurais acheté
il/elle aurait acheté
nous aurions acheté
vous auriez acheté
ils/elles auraient acheté

Passé 2e forme
j'eusse acheté
tu eusses acheté
il/elle eût acheté
nous eussions acheté
vous eussiez acheté
ils/elles eussent acheté

IMPÉRATIF

Présent achète
achetons
achetez

Passé aie acheté
ayons acheté
ayez acheté

INFINITIF

Présent acheter

Passé avoir acheté

PARTICIPE

Présent achetant

Passé acheté / achetée
achetés / achetées

Passé composé ayant acheté

REMARQUE : Tous les verbes en **-eter** (sauf *jeter* et ses composés) peuvent se conjuguer selon ce modèle (réforme de l'orthographe).

INDICATIF

Présent
je cède
tu cèdes
il/elle cède
nous cédons
vous cédez
ils/elles cèdent

Passé composé
j'ai cédé
tu as cédé
il/elle a cédé
nous avons cédé
vous avez cédé
ils/elles ont cédé

Imparfait
je cédais
tu cédais
il/elle cédait
nous cédions
vous cédiez
ils/elles cédaient

Plus-que-parfait
j'avais cédé
tu avais cédé
il/elle avait cédé
nous avions cédé
vous aviez cédé
ils/elles avaient cédé

Passé simple
je cédai
tu cédas
il/elle céda
nous cédâmes
vous cédâtes
ils/elles cédèrent

Passé antérieur
j'eus cédé
tu eus cédé
il/elle eut cédé
nous eûmes cédé
vous eûtes cédé
ils/elles eurent cédé

Futur simple
je céderai ou cèderai
tu céderas ou cèderas
il/elle cédera ou cèdera
nous céderons ou cèderons
vous céderez ou cèderez
ils/elles céderont
ou cèderont

Futur antérieur
j'aurai cédé
tu auras cédé
il/elle aura cédé
nous aurons cédé
vous aurez cédé
ils/elles auront cédé

SUBJONCTIF

Présent
que je cède
que tu cèdes
qu'il/elle cède
que nous cédions
que vous cédiez
qu'ils/elles cèdent

Imparfait
que je cédasse
que tu cédasses
qu'il/elle cédât
que nous cédassions
que vous cédassiez
qu'ils/elles cédassent

Passé
que j'aie cédé
que tu aies cédé
qu'il/elle ait cédé
que nous ayons cédé
que vous ayez cédé
qu'ils/elles aient cédé

Plus-que-parfait
que j'aie cédé
que tu aies cédé
qu'il/elle ait cédé
que nous ayons cédé
que vous ayez cédé
qu'ils/elles aient cédé

CONDITIONNEL

Présent
je céderais ou cèderais
tu céderais ou cèderais
il/elle céderait ou cèderait
nous céderions ou cèderions
vous céderiez ou cèderiez
ils/elles céderaient
ou cèderaient

Passé 1re forme
j'aurais cédé
tu aurais cédé
il/elle aurait cédé
nous aurions cédé
vous auriez cédé
ils/elles auraient cédé

Passé 2e forme
j'eusse cédé
tu eusses cédé
il/elle eût cédé
nous eussions cédé
vous eussiez cédé
ils/elles eussent cédé

IMPÉRATIF

Présent cède
cédons
cédez

Passé aie cédé
ayons cédé
ayez cédé

INFINITIF

Présent céder

Passé avoir cédé

PARTICIPE

Présent cédant

Passé cédé / cédée
cédés / cédées

Passé composé ayant cédé

REMARQUES : Cette série comprend les verbes en **é** + consonne(s) + **-er** (ex. *célébrer, lécher, préférer,* etc.), qui présentent l'alternance **é/è** devant un **e** muet *(je cédais, je cède)*.
• Les verbes en **-éger** (ex. *protéger*) se conjuguent comme **céder** et **bouger.** Les verbes en **-écer** (ex. *rapiécer*) se conjuguent comme **céder** et **placer.** Les verbes en **-éguer** (ex. *léguer*) se conjuguent comme **céder** et **naviguer.**
• La prononciation appelle l'accent grave au futur et au conditionnel *(je cèderai, je cèderais)*, préconisé par la réforme de l'orthographe de 1990.

INDICATIF

Présent
j'épie
tu épies
il/elle épie
nous épions
vous épiez
ils/elles épient

Passé composé
j'ai épié
tu as épié
il/elle a épié
nous avons épié
vous avez épié
ils/elles ont épié

Imparfait
j'épiais
tu épiais
il/elle épiait
nous épiions
vous épiiez
ils/elles épiaient

Plus-que-parfait
j'avais épié
tu avais épié
il/elle avait épié
nous avions épié
vous aviez épié
ils/elles avaient épié

Passé simple
j'épiai
tu épias
il/elle épia
nous épiâmes
vous épiâtes
ils/elles épièrent

Passé antérieur
j'eus épié
tu eus épié
il/elle eut épié
nous eûmes épié
vous eûtes épié
ils/elles eurent épié

Futur simple
j'épierai
tu épieras
il/elle épiera
nous épierons
vous épierez
ils/elles épieront

Futur antérieur
j'aurai épié
tu auras épié
il/elle aura épié
nous aurons épié
vous aurez épié
ils/elles auront épié

SUBJONCTIF

Présent
que j'épie
que tu épies
qu'il/elle épie
que nous épiions
que vous épiiez
qu'ils/elles épient

Imparfait
que j'épiasse
que tu épiasses
qu'il/elle épiât
que nous épiassions
que vous épiassiez
qu'ils/elles épiassent

Passé
que j'aie épié
que tu aies épié
qu'il/elle ait épié
que nous ayons épié
que vous ayez épié
qu'ils/elles aient épié

Plus-que-parfait
que j'eusse épié
que tu eusses épié
qu'il/elle eût épié
que nous eussions épié
que vous eussiez épié
qu'ils/elles eussent épié

CONDITIONNEL

Présent
j'épierais
tu épierais
il/elle épierait
nous épierions
vous épieriez
ils/elles épieraient

Passé 1re forme
j'aurais épié
tu aurais épié
il/elle aurait épié
nous aurions épié
vous auriez épié
ils/elles auraient épié

Passé 2e forme
j'eusse épié
tu eusses épié
il/elle eût épié
nous eussions épié
vous eussiez épié
ils/elles eussent épié

IMPÉRATIF

Présent épie
épions
épiez

Passé aie épié
ayons épié
ayez épié

INFINITIF

Présent épier

Passé avoir épié

PARTICIPE

Présent épiant

Passé épié / épiée
épiés / épiées

Passé composé ayant épié

REMARQUES : Attention aux deux **i** aux 1re et 2e personnes du pluriel de l'imparfait de l'indicatif et du présent du subjonctif *(nous épiions, vous épiiez)*.
• Attention au **e** après le **i** au futur et au conditionnel présent (ex. *j'épierai, tu épierais*).

INDICATIF

Présent
je prie
tu pries
il/elle prie
nous prions
vous priez
ils/elles prient

Passé composé
j'ai prié
tu as prié
il/elle a prié
nous avons prié
vous avez prié
ils/elles ont prié

Imparfait
je priais
tu priais
il/elle priait
nous priions
vous priiez
ils/elles priaient

Plus-que-parfait
j'avais prié
tu avais prié
il/elle avait prié
nous avions prié
vous aviez prié
ils/elles avaient prié

Passé simple
je priai
tu prias
il/elle pria
nous priâmes
vous priâtes
ils/elles prièrent

Passé antérieur
j'eus prié
tu eus prié
il/elle eut prié
nous eûmes prié
vous eûtes prié
ils/elles eurent prié

Futur simple
je prierai
tu prieras
il/elle priera
nous prierons
vous prierez
ils/elles prieront

Futur antérieur
j'aurai prié
tu auras prié
il/elle aura prié
nous aurons prié
vous aurez prié
ils/elles auront prié

SUBJONCTIF

Présent
que je prie
que tu pries
qu'il/elle prie
que nous priions
que vous priiez
qu'ils/elles prient

Imparfait
que je priasse
que tu priasses
qu'il/elle priât
que nous priassions
que vous priassiez
qu'ils/elles priassent

Passé
que j'aie prié
que tu aies prié
qu'il/elle ait prié
que nous ayons prié
que vous ayez prié
qu'ils/elles aient prié

Plus-que-parfait
que j'eusse prié
que tu eusses prié
qu'il/elle eût prié
que nous eussions prié
que vous eussiez prié
qu'ils/elles eussent prié

CONDITIONNEL

Présent
je prierais
tu prierais
il/elle prierait
nous prierions
vous prieriez
ils/elles prieraient

Passé 1re forme
j'aurais prié
tu aurais prié
il/elle aurait prié
nous aurions prié
vous auriez prié
ils/elles auraient prié

Passé 2e forme
j'eusse prié
tu eusses prié
il/elle eût prié
nous eussions prié
vous eussiez prié
ils/elles eussent prié

IMPÉRATIF

Présent prie
prions
priez

Passé aie prié
ayons prié
ayez prié

INFINITIF

Présent prier

Passé avoir prié

PARTICIPE

Présent priant

Passé prié / priée
priés / priées

Passé composé ayant prié

REMARQUES : Attention aux deux **i** aux 1re et 2e personnes du pluriel de l'imparfait de l'indicatif et du présent du subjonctif *(nous priions, vous priiez)*.
• Attention au **e** après le **i** au futur et au conditionnel présent *(je prierai, je prierais)*.

INDICATIF

Présent
je noie
tu noies
il/elle noie
nous noyons
vous noyez
ils/elles noient

Passé composé
j'ai noyé
tu as noyé
il/elle a noyé
nous avons noyé
vous avez noyé
ils/elles ont noyé

Imparfait
je noyais
tu noyais
il/elle noyait
nous noyions
vous noyiez
ils/elles noyaient

Plus-que-parfait
j'avais noyé
tu avais noyé
il/elle avait noyé
nous avions noyé
vous aviez noyé
ils/elles avaient noyé

Passé simple
je noyai
tu noyas
il/elle noya
nous noyâmes
vous noyâtes
ils/elles noyèrent

Passé antérieur
j'eus noyé
tu eus noyé
il/elle eut noyé
nous eûmes noyé
vous eûtes noyé
ils/elles eurent noyé

Futur simple
je noierai
tu noieras
il/elle noiera
nous noierons
vous noierez
ils/elles noieront

Futur antérieur
j'aurai noyé
tu auras noyé
il/elle aura noyé
nous aurons noyé
vous aurez noyé
ils/elles auront noyé

SUBJONCTIF

Présent
que je noie
que tu noies
qu'il/elle noie
que nous noyions
que vous noyiez
qu'ils/elles noient

Imparfait
que je noyasse
que tu noyasses
qu'il/elle noyât
que nous noyassions
que vous noyassiez
qu'ils/elles noyassent

Passé
que j'aie noyé
que tu aies noyé
qu'il/elle ait noyé
que nous ayons noyé
que vous ayez noyé
qu'ils/elles aient noyé

Plus-que-parfait
que j'eusse noyé
que tu eusses noyé
qu'il/elle eût noyé
que nous eussions noyé
que vous eussiez noyé
qu'ils/elles eussent noyé

CONDITIONNEL

Présent
je noierais
tu noierais
il/elle noierait
nous noierions
vous noieriez
ils/elles noieraient

Passé 1re forme
j'aurais noyé
tu aurais noyé
il/elle aurait noyé
nous aurions noyé
vous auriez noyé
ils/elles auraient noyé

Passé 2e forme
j'eusse noyé
tu eusses noyé
il/elle eût noyé
nous eussions noyé
vous eussiez noyé
ils/elles eussent noyé

IMPÉRATIF

Présent noie
noyons
noyez

Passé aie noyé
ayons noyé
ayez noyé

INFINITIF

Présent noyer

Passé avoir noyé

PARTICIPE

Présent noyant

Passé noyé / noyée
noyés / noyées

Passé composé ayant noyé

REMARQUES : Cette série comprend les verbes en **-oyer** et en **-uyer** (ex. *nettoyer, essuyer*), qui présentent l'alternance **y/i** devant un **e** muet *(je noie, je noierai)*.
• Attention de ne pas oublier le **i** aux 1re et 2e personnes du pluriel de l'imparfait de l'indicatif et du présent du subjonctif *(nous noyions, vous noyiez)*.
• Attention au **e** après le **i** au futur et au conditionnel présent *(je noierai, je noierais)*.
• *Envoyer* fait au futur *j'enverrai, tu enverras, il enverra, nous enverrons, vous enverrez, ils enverront*, et au conditionnel *j'enverrais, tu enverrais, il enverrait, nous enverrions, vous enverriez, ils enverraient*.

INDICATIF

Présent
je paie ou paye
tu paies ou payes
il/elle paie ou paye
nous payons
vous payez
ils/elles paient ou payent

Passé composé
j'ai payé
tu as payé
il/elle a payé
nous avons payé
vous avez payé
ils/elles ont payé

Imparfait
je payais
tu payais
il/elle payait
nous payions
vous payiez
ils/elles payaient

Plus-que-parfait
j'avais payé
tu avais payé
il/elle avait payé
nous avions payé
vous aviez payé
ils/elles avaient payé

Passé simple
je payai
tu payas
il/elle paya
nous payâmes
vous payâtes
ils/elles payèrent

Passé antérieur
j'eus payé
tu eus payé
il/elle eut payé
nous eûmes payé
vous eûtes payé
ils/elles eurent payé

Futur simple
je paierai ou payerai
tu paieras ou payeras
il/elle paiera ou payera
nous paierons ou payerons
vous paierez ou payerez
ils/elles paieront
ou payeront

Futur antérieur
j'aurai payé
tu auras payé
il/elle aura payé
nous aurons payé
vous aurez payé
ils/elles auront payé

SUBJONCTIF

Présent
que je paie ou paye
que tu paies ou payes
qu'il/elle paie ou paye
que nous payions
que vous payiez
qu'ils/elles paient ou payent

Imparfait
que je payasse
que tu payasses
qu'il/elle payât
que nous payassions
que vous payassiez
qu'ils/elles payassent

Passé
que j'aie payé
que tu aies payé
qu'il/elle ait payé
que nous ayons payé
que vous ayez payé
qu'ils/elles aient payé

Plus-que-parfait
que j'eusse payé
que tu eusses payé
qu'il/elle eût payé
que nous eussions payé
que vous eussiez payé
qu'ils/elles eussent payé

CONDITIONNEL

Présent
je paierais ou payerais
tu paierais ou payerais
il/elle paierait ou payerait
nous paierions ou payerions
vous paieriez ou payeriez
ils/elles paieraient
ou payeraient

Passé 1re forme
j'aurais payé
tu aurais payé
il/elle aurait payé
nous aurions payé
vous auriez payé
ils/elles auraient payé

Passé 2e forme
j'eusse payé
tu eusses payé
il/elle eût payé
nous eussions payé
vous eussiez payé
ils/elles eussent payé

IMPÉRATIF

Présent paie ou paye
payons
payez

Passé aie payé
ayons payé
ayez payé

INFINITIF

Présent payer

Passé avoir payé

PARTICIPE

Présent payant

Passé payé / payée
payés / payées

Passé composé ayant payé

REMARQUES : Cette série comprend les verbes en **-ayer**, qui présentent ou non l'alternance **y/i** devant un **e** muet *(je paie* ou *je paye)*.
• Attention de ne pas oublier le **i** aux 1re et 2e personnes du pluriel de l'imparfait de l'indicatif et du présent du subjonctif *(nous payions, vous payiez)*.
• Attention au **e** après le **i** au futur et au conditionnel présent *(je paierai, je paierais)*.

INDICATIF

Présent
je vais
tu vas
il/elle va
nous allons
vous allez
ils/elles vont

Passé composé
je suis allé/ée
tu es allé/ée
il/elle est allé/ée
nous sommes allés/ées
vous êtes allés/ées
ils/elles sont allés/ées

Imparfait
j'allais
tu allais
il/elle allait
nous allions
vous alliez
ils/elles allaient

Plus-que-parfait
j'étais allé/ée
tu étais allé/ée
il/elle était allé/ée
nous étions allés/ées
vous étiez allés/ées
ils/elles étaient allés/ées

Passé simple
j'allai
tu allas
il/elle alla
nous allâmes
vous allâtes
ils/elles allèrent

Passé antérieur
je fus allé/ée
tu fus allé/ée
il/elle fut allé/ée
nous fûmes allés/ées
vous fûtes allés/ées
ils/elles furent allés/ées

Futur simple
j'irai
tu iras
il/elle ira
nous irons
vous irez
ils/elles iront

Futur antérieur
je serai allé/ée
tu seras allé/ée
il/elle sera allé/ée
nous serons allés/ées
vous serez allés/ées
ils/elles seront allés/ées

SUBJONCTIF

Présent
que j'aille
que tu ailles
qu'il/elle aille
que nous allions
que vous alliez
qu'ils/elles aillent

Imparfait
que j'allasse
que tu allasses
qu'il/elle allât
que nous allassions
que vous allassiez
qu'ils/elles allassent

Passé
que je sois allé/ée
que tu sois allé/ée
qu'il/elle soit allé/ée
que nous soyons allés/ées
que vous soyez allés/ées
qu'ils/elles soient allés/ées

Plus-que-parfait
que je fusse allé/ée
que tu fusses allé/ée
qu'il/elle fût allé/ée
que nous fussions allés/ées
que vous fussiez allés/ées
qu'ils/elles fussent allés/ées

CONDITIONNEL

Présent
j'irais
tu irais
il/elle irait
nous irions
vous iriez
ils/elles iraient

Passé 1ʳᵉ forme
je serais allé/ée
tu serais allé/ée
il/elle serait allé/ée
nous serions allés/ées
vous seriez allés/ées
ils/elles seraient allés/ées

Passé 2ᵉ forme
je fusse allé/ée
tu fusses allé/ée
il/elle fût allé/ée
nous fussions allés/ées
vous fussiez allés/ées
ils/elles fussent allés/ées

IMPÉRATIF

Présent va
allons
allez

Passé sois allé/ée
soyons allés/ées
soyez allés/ées

INFINITIF

Présent aller

Passé être allé/allée
être allés/allées

PARTICIPE

Présent allant

Passé allé / allée
allés / allées

Passé composé étant allé/allée
étant allés/allées

REMARQUE : *S'en aller* se conjugue comme *aller*. Aux temps composés, il est préférable de placer l'auxiliaire entre *en* et *allé (je m'en suis allé)* mais l'autre ordre est courant et considéré comme correct *(je me suis en allé)*.

INDICATIF

Présent
je hais
tu hais
il/elle hait
nous haïssons
vous haïssez
ils/elles haïssent

Passé composé
j'ai haï
tu as haï
il/elle a haï
nous avons haï
vous avez haï
ils/elles ont haï

Imparfait
je haïssais
tu haïssais
il/elle haïssait
nous haïssions
vous haïssiez
ils/elles haïssaient

Plus-que-parfait
j'avais haï
tu avais haï
il/elle avait haï
nous avions haï
vous aviez haï
ils/elles avaient haï

Passé simple
je haïs
tu haïs
il/elle haït
nous haïmes
vous haïtes
ils/elles haïrent

Passé antérieur
j'eus haï
tu eus haï
il/elle eut haï
nous eûmes haï
vous eûtes haï
ils/elles eurent haï

Futur simple
je haïrai
tu haïras
il/elle haïra
nous haïrons
vous haïrez
ils/elles haïront

Futur antérieur
j'aurai haï
tu auras haï
il/elle aura haï
nous aurons haï
vous aurez haï
ils/elles auront haï

SUBJONCTIF

Présent
que je haïsse
que tu haïsses
qu'il/elle haïsse
que nous haïssions
que vous haïssiez
qu'ils/elles haïssent

Imparfait
que je haïsse
que tu haïsses
qu'il/elle haït
que nous haïssions
que vous haïssiez
qu'ils/elles haïssent

Passé
que j'aie haï
que tu aies haï
qu'il/elle ait haï
que nous ayons haï
que vous ayez haï
qu'ils/elles aient haï

Plus-que-parfait
que j'eusse haï
que tu eusses haï
qu'il/elle eût haï
que nous eussions haï
que vous eussiez haï
qu'ils/elles eussent haï

CONDITIONNEL

Présent
je haïrais
tu haïrais
il/elle haïrait
nous haïrions
vous haïriez
ils/elles haïraient

Passé 1re forme
j'aurais haï
tu aurais haï
il/elle aurait haï
nous aurions haï
vous auriez haï
ils/elles auraient haï

Passé 2e forme
j'eusse haï
tu eusses haï
il/elle eût haï
nous eussions haï
vous eussiez haï
ils/elles eussent haï

IMPÉRATIF

Présent hais
haïssons
haïssez

Passé aie haï
ayons haï
ayez haï

INFINITIF

Présent haïr

Passé avoir haï

PARTICIPE

Présent haïssant

Passé haï / haïe
haïs / haïes

Passé composé ayant haï

REMARQUES : Le verbe *haïr* se conjugue comme **finir** sauf aux trois personnes du singulier du présent de l'indicatif.
• À cause du tréma, il n'y a pas d'accent circonflexe au passé simple *(nous haïmes, vous haïtes)* et à l'imparfait du subjonctif *(qu'il, qu'elle haït)*.

INDICATIF

Présent
je cours
tu cours
il/elle court
nous courons
vous courez
ils/elles courent

Passé composé
j'ai couru
tu as couru
il/elle a couru
nous avons couru
vous avez couru
ils/elles ont couru

Imparfait
je courais
tu courais
il/elle courait
nous courions
vous couriez
ils/elles couraient

Plus-que-parfait
j'avais couru
tu avais couru
il/elle avait couru
nous avions couru
vous aviez couru
ils/elles avaient couru

Passé simple
je courus
tu courus
il/elle courut
nous courûmes
vous courûtes
ils/elles coururent

Passé antérieur
j'eus couru
tu eus couru
il/elle eut couru
nous eûmes couru
vous eûtes couru
ils/elles eurent couru

Futur simple
je courrai
tu courras
il/elle courra
nous courrons
vous courrez
ils/elles courront

Futur antérieur
j'aurai couru
tu auras couru
il/elle aura couru
nous aurons couru
vous aurez couru
ils/elles auront couru

SUBJONCTIF

Présent
que je coure
que tu coures
qu'il/elle coure
que nous courions
que vous couriez
qu'ils/elles courent

Imparfait
que je courusse
que tu courusses
qu'il/elle courût
que nous courussions
que vous courussiez
qu'ils/elles courussent

Passé
que j'aie couru
que tu aies couru
qu'il/elle ait couru
que nous ayons couru
que vous ayez couru
qu'ils/elles aient couru

Plus-que-parfait
que j'eusse couru
que tu eusses couru
qu'il/elle eût couru
que nous eussions couru
que vous eussiez couru
qu'ils/elles eussent couru

CONDITIONNEL

Présent
je courrais
tu courrais
il/elle courrait
nous courrions
vous courriez
ils/elles courraient

Passé 1re forme
j'aurais couru
tu aurais couru
il/elle aurait couru
nous aurions couru
vous auriez couru
ils/elles auraient couru

Passé 2e forme
j'eusse couru
tu eusses couru
il/elle eût couru
nous eussions couru
vous eussiez couru
ils/elles eussent couru

IMPÉRATIF

Présent cours
courons
courez

Passé aie couru
ayons couru
ayez couru

INFINITIF

Présent courir

Passé avoir couru

PARTICIPE

Présent courant

Passé couru / courue
courus / courues

Passé composé ayant couru

REMARQUE : On prononce les deux **r** au futur et au conditionnel.

12 CUEILLIR — 3ᵉ groupe

INDICATIF

Présent
je cueille
tu cueilles
il/elle cueille
nous cueillons
vous cueillez
ils/elles cueillent

Passé composé
j'ai cueilli
tu as cueilli
il/elle a cueilli
nous avons cueilli
vous avez cueilli
ils/elles ont cueilli

Imparfait
je cueillais
tu cueillais
il/elle cueillait
nous cueillions
vous cueilliez
ils/elles cueillaient

Plus-que-parfait
j'avais cueilli
tu avais cueilli
il/elle avait cueilli
nous avions cueilli
vous aviez cueilli
ils/elles avaient cueilli

Passé simple
je cueillis
tu cueillis
il/elle cueillit
nous cueillîmes
vous cueillîtes
ils/elles cueillirent

Passé antérieur
j'eus cueilli
tu eus cueilli
il/elle eut cueilli
nous eûmes cueilli
vous eûtes cueilli
ils/elles eurent cueilli

Futur simple
je cueillerai
tu cueilleras
il/elle cueillera
nous cueillerons
vous cueillerez
ils/elles cueilleront

Futur antérieur
j'aurai cueilli
tu auras cueilli
il/elle aura cueilli
nous aurons cueilli
vous aurez cueilli
ils/elles auront cueilli

SUBJONCTIF

Présent
que je cueille
que tu cueilles
qu'il/elle cueille
que nous cueillions
que vous cueilliez
qu'ils/elles cueillent

Imparfait
que je cueillisse
que tu cueillisses
qu'il/elle cueillît
que nous cueillissions
que vous cueillissiez
qu'ils/elles cueillissent

Passé
que j'aie cueilli
que tu aies cueilli
qu'il/elle ait cueilli
que nous ayons cueilli
que vous ayez cueilli
qu'ils/elles aient cueilli

Plus-que-parfait
que j'eusse cueilli
que tu eusses cueilli
qu'il/elle eût cueilli
que nous eussions cueilli
que vous eussiez cueilli
qu'ils/elles eussent cueilli

CONDITIONNEL

Présent
je cueillerais
tu cueillerais
il/elle cueillerait
nous cueillerions
vous cueilleriez
ils/elles cueilleraient

Passé 1ʳᵉ forme
j'aurais cueilli
tu aurais cueilli
il/elle aurait cueilli
nous aurions cueilli
vous auriez cueilli
ils/elles auraient cueilli

Passé 2ᵉ forme
j'eusse cueilli
tu eusses cueilli
il/elle eût cueilli
nous eussions cueilli
vous eussiez cueilli
ils/elles eussent cueilli

IMPÉRATIF

Présent cueille
cueillons
cueillez

Passé aie cueilli
ayons cueilli
ayez cueilli

INFINITIF

Présent cueillir

Passé avoir cueilli

PARTICIPE

Présent cueillant

Passé cueilli / cueillie
cueillis / cueillies

Passé composé ayant cueilli

REMARQUE : Attention de ne pas oublier le **i** aux 1ʳᵉ et 2ᵉ personnes du pluriel de l'imparfait de l'indicatif et du présent du subjonctif *(nous cueillions, vous cueilliez)*.

INDICATIF

Présent
j'assaille
tu assailles
il/elle assaille
nous assaillons
vous assaillez
ils/elles assaillent

Passé composé
j'ai assailli
tu as assailli
il/elle a assailli
nous avons assailli
vous avez assailli
ils/elles ont assailli

Imparfait
j'assaillais
tu assaillais
il/elle assaillait
nous assaillions
vous assailliez
ils/elles assaillaient

Plus-que-parfait
j'avais assailli
tu avais assailli
il/elle avait assailli
nous avions assailli
vous aviez assailli
ils/elles avaient assailli

Passé simple
j'assaillis
tu assaillis
il/elle assaillit
nous assaillîmes
vous assaillîtes
ils/elles assaillirent

Passé antérieur
j'eus assailli
tu eus assailli
il/elle eut assailli
nous eûmes assailli
vous eûtes assailli
ils/elles eurent assailli

Futur simple
j'assaillirai
tu assailliras
il/elle assaillira
nous assaillirons
vous assaillirez
ils/elles assailliront

Futur antérieur
j'aurai assailli
tu auras assailli
il/elle aura assailli
nous aurons assailli
vous aurez assailli
ils/elles auront assailli

SUBJONCTIF

Présent
que j'assaille
que tu assailles
qu'il/elle assaille
que nous assaillions
que vous assailliez
qu'ils/elles assaillent

Imparfait
que j'assaillisse
que tu assaillisses
qu'il/elle assaillît
que nous assaillissions
que vous assaillissiez
qu'ils/elles assaillissent

Passé
que j'aie assailli
que tu aies assailli
qu'il/elle ait assailli
que nous ayons assailli
que vous ayez assailli
qu'ils/elles aient assailli

Plus-que-parfait
que j'eusse assailli
que tu eusses assailli
qu'il/elle eût assailli
que nous eussions assailli
que vous eussiez assailli
qu'ils/elles eussent assailli

CONDITIONNEL

Présent
j'assaillirais
tu assaillirais
il/elle assaillirait
nous assaillirions
vous assailliriez
ils/elles assailliraient

Passé 1re forme
j'aurais assailli
tu aurais assailli
il/elle aurait assailli
nous aurions assailli
vous auriez assailli
ils/elles auraient assailli

Passé 2e forme
j'eusse assailli
tu eusses assailli
il/elle eût assailli
nous eussions assailli
vous eussiez assailli
ils/elles eussent assailli

IMPÉRATIF

Présent assaille
assaillons
assaillez

Passé aie assailli
ayons assailli
ayez assailli

INFINITIF

Présent assaillir

Passé avoir assailli

PARTICIPE

Présent assaillant

Passé assailli / assaillie
assaillis / assaillies

Passé composé ayant assailli

REMARQUE : Attention de ne pas oublier le **i** aux 1re et 2e personnes du pluriel de l'imparfait de l'indicatif et du présent du subjonctif *(nous assaillions, vous assailliez).*

INDICATIF

Présent
je sers
tu sers
il/elle sert
nous servons
vous servez
ils/elles servent

Passé composé
j'ai servi
tu as servi
il/elle a servi
nous avons servi
vous avez servi
ils/elles ont servi

Imparfait
je servais
tu servais
il/elle servait
nous servions
vous serviez
ils/elles servaient

Plus-que-parfait
j'avais servi
tu avais servi
il/elle avait servi
nous avions servi
vous aviez servi
ils/elles avaient servi

Passé simple
je servis
tu servis
il/elle servit
nous servîmes
vous servîtes
ils/elles servirent

Passé antérieur
j'eus servi
tu eus servi
il/elle eut servi
nous eûmes servi
vous eûtes servi
ils/elles eurent servi

Futur simple
je servirai
tu serviras
il/elle servira
nous servirons
vous servirez
ils/elles serviront

Futur antérieur
j'aurai servi
tu auras servi
il/elle aura servi
nous aurons servi
vous aurez servi
ils/elles auront servi

SUBJONCTIF

Présent
que je serve
que tu serves
qu'il/elle serve
que nous servions
que vous serviez
qu'ils/elles servent

Imparfait
que je servisse
que tu servisses
qu'il/elle servît
que nous servissions
que vous servissiez
qu'ils/elles servissent

Passé
que j'aie servi
que tu aies servi
qu'il/elle ait servi
que nous ayons servi
que vous ayez servi
qu'ils/elles aient servi

Plus-que-parfait
que j'eusse servi
que tu eusses servi
qu'il/elle eût servi
que nous eussions servi
que vous eussiez servi
qu'ils/elles eussent servi

CONDITIONNEL

Présent
je servirais
tu servirais
il/elle servirait
nous servirions
vous serviriez
ils/elles serviraient

Passé 1re forme
j'aurais servi
tu aurais servi
il/elle aurait servi
nous aurions servi
vous auriez servi
ils/elles auraient servi

Passé 2e forme
j'eusse servi
tu eusses servi
il/elle eût servi
nous eussions servi
vous eussiez servi
ils/elles eussent servi

IMPÉRATIF

Présent sers
servons
servez

Passé aie servi
ayons servi
ayez servi

INFINITIF

Présent servir

Passé avoir servi

PARTICIPE

Présent servant

Passé servi / servie
servis / servies

Passé composé ayant servi

INDICATIF

Présent
je bous
tu bous
il/elle bout
nous bouillons
vous bouillez
ils/elles bouillent

Passé composé
j'ai bouilli
tu as bouilli
il/elle a bouilli
nous avons bouilli
vous avez bouilli
ils/elles ont bouilli

Imparfait
je bouillais
tu bouillais
il/elle bouillait
nous bouillions
vous bouilliez
ils/elles bouillaient

Plus-que-parfait
j'avais bouilli
tu avais bouilli
il/elle avait bouilli
nous avions bouilli
vous aviez bouilli
ils/elles avaient bouilli

Passé simple
je bouillis
tu bouillis
il/elle bouillit
nous bouillîmes
vous bouillîtes
ils/elles bouillirent

Passé antérieur
j'eus bouilli
tu eus bouilli
il/elle eut bouilli
nous eûmes bouilli
vous eûtes bouilli
ils/elles eurent bouilli

Futur simple
je bouillirai
tu bouilliras
il/elle bouillira
nous bouillirons
vous bouillirez
ils/elles bouilliront

Futur antérieur
j'aurai bouilli
tu auras bouilli
il/elle aura bouilli
nous aurons bouilli
vous aurez bouilli
ils/elles auront bouilli

SUBJONCTIF

Présent
que je bouille
que tu bouilles
qu'il/elle bouille
que nous bouillions
que vous bouilliez
qu'ils/elles bouillent

Imparfait
que je bouillisse
que tu bouillisses
qu'il/elle bouillît
que nous bouillissions
que vous bouillissiez
qu'ils/elles bouillissent

Passé
que j'aie bouilli
que tu aies bouilli
qu'il/elle ait bouilli
que nous ayons bouilli
que vous ayez bouilli
qu'ils/elles aient bouilli

Plus-que-parfait
que j'eusse bouilli
que tu eusses bouilli
qu'il/elle eût bouilli
que nous eussions bouilli
que vous eussiez bouilli
qu'ils/elles eussent bouilli

CONDITIONNEL

Présent
je bouillirais
tu bouillirais
il/elle bouillirait
nous bouillirions
vous bouilliriez
ils/elles bouilliraient

Passé 1re forme
j'aurais bouilli
tu aurais bouilli
il/elle aurait bouilli
nous aurions bouilli
vous auriez bouilli
ils/elles auraient bouilli

Passé 2e forme
j'eusse bouilli
tu eusses bouilli
il/elle eût bouilli
nous eussions bouilli
vous eussiez bouilli
ils/elles eussent bouilli

IMPÉRATIF

Présent bous
bouillons
bouillez

Passé aie bouilli
ayons bouilli
ayez bouilli

INFINITIF

Présent bouillir

Passé avoir bouilli

PARTICIPE

Présent bouillant

Passé bouilli / bouillie
bouillis / bouillies

Passé composé ayant bouilli

REMARQUE : Attention de ne pas oublier le **i** aux 1re et 2e personnes du pluriel de l'imparfait de l'indicatif et du présent du subjonctif *(nous bouillions, vous bouilliez)*.

INDICATIF

Présent
je pars
tu pars
il/elle part
nous partons
vous partez
ils/elles partent

Passé composé
je suis parti/ie
tu es parti/ie
il/elle est parti/ie
nous sommes partis/ies
vous êtes partis/ies
ils/elles sont partis/ies

Imparfait
je partais
tu partais
il/elle partait
nous partions
vous partiez
ils/elles partaient

Plus-que-parfait
j'étais parti/ie
tu étais parti/ie
il/elle était parti/ie
nous étions partis/ies
vous étiez partis/ies
ils/elles étaient partis/ies

Passé simple
je partis
tu partis
il/elle partit
nous partîmes
vous partîtes
ils/elles partirent

Passé antérieur
je fus parti/ie
tu fus parti/ie
il/elle fut parti/ie
nous fûmes partis/ies
vous fûtes partis/ies
ils/elles furent partis/ies

Futur simple
je partirai
tu partiras
il/elle partira
nous partirons
vous partirez
ils/elles partiront

Futur antérieur
je serai parti/ie
tu seras parti/ie
il/elle sera parti/ie
nous serons partis/ies
vous serez partis/ies
ils/elles seront partis/ies

SUBJONCTIF

Présent
que je parte
que tu partes
qu'il/elle parte
que nous partions
que vous partiez
qu'ils/elles partent

Imparfait
que je partisse
que tu partisses
qu'il/elle partît
que nous partissions
que vous partissiez
qu'ils/elles partissent

Passé
que je sois parti/ie
que tu sois parti/ie
qu'il/elle soit parti/ie
que nous soyons partis/ies
que vous soyez partis/ies
qu'ils/elles soient partis/ies

Plus-que-parfait
que je fusse parti/ie
que tu fusses parti/ie
qu'il/elle fût parti/ie
que nous fussions partis/ies
que vous fussiez partis/ies
qu'ils/elles fussent partis/ies

CONDITIONNEL

Présent
je partirais
tu partirais
il/elle partirait
nous partirions
vous partiriez
ils/elles partiraient

Passé 1re forme
je serais parti/ie
tu serais parti/ie
il/elle serait parti/ie
nous serions partis/ies
vous seriez partis/ies
ils/elles seraient partis/ies

Passé 2e forme
je fusse parti/ie
tu fusses parti/ie
il/elle fût parti/ie
nous fussions partis/ies
vous fussiez partis/ies
ils/elles fussent partis/ies

IMPÉRATIF

Présent pars
partons
partez

Passé sois parti/ie
soyons partis/ies
soyez partis/ies

INFINITIF

Présent partir

Passé être parti/ie
être partis/ies

PARTICIPE

Présent partant

Passé parti / partie
partis / parties

Passé composé étant parti/ie
étant partis/ies

INDICATIF

Présent
je sens
tu sens
il/elle sent
nous sentons
vous sentez
ils/elles sentent

Passé composé
j'ai senti
tu as senti
il/elle a senti
nous avons senti
vous avez senti
ils/elles ont senti

Imparfait
je sentais
tu sentais
il/elle sentait
nous sentions
vous sentiez
ils/elles sentaient

Plus-que-parfait
j'avais senti
tu avais senti
il/elle avait senti
nous avions senti
vous aviez senti
ils/elles avaient senti

Passé simple
je sentis
tu sentis
il/elle sentit
nous sentîmes
vous sentîtes
ils/elles sentirent

Passé antérieur
j'eus senti
tu eus senti
il/elle eut senti
nous eûmes senti
vous eûtes senti
ils/elles eurent senti

Futur simple
je sentirai
tu sentiras
il/elle sentira
nous sentirons
vous sentirez
ils/elles sentiront

Futur antérieur
j'aurai senti
tu auras senti
il/elle aura senti
nous aurons senti
vous aurez senti
ils/elles auront senti

SUBJONCTIF

Présent
que je sente
que tu sentes
qu'il/elle sente
que nous sentions
que vous sentiez
qu'ils/elles sentent

Imparfait
que je sentisse
que tu sentisses
qu'il/elle sentît
que nous sentissions
que vous sentissiez
qu'ils/elles sentissent

Passé
que j'aie senti
que tu aies senti
qu'il/elle ait senti
que nous ayons senti
que vous ayez senti
qu'ils/elles aient senti

Plus-que-parfait
que j'eusse senti
que tu eusses senti
qu'il/elle eût senti
que nous eussions senti
que vous eussiez senti
qu'ils/elles eussent senti

CONDITIONNEL

Présent
je sentirais
tu sentirais
il/elle sentirait
nous sentirions
vous sentiriez
ils/elles sentiraient

Passé 1re forme
j'aurais senti
tu aurais senti
il/elle aurait senti
nous aurions senti
vous auriez senti
ils/elles auraient senti

Passé 2e forme
j'eusse senti
tu eusses senti
il/elle eût senti
nous eussions senti
vous eussiez senti
ils/elles eussent senti

IMPÉRATIF

Présent sens
sentons
sentez

Passé aie senti
ayons senti
ayez senti

INFINITIF

Présent sentir

Passé avoir senti

PARTICIPE

Présent sentant

Passé senti / sentie
sentis / senties

Passé composé ayant senti

REMARQUE : Cette série regroupe les verbes en **-mir** (*dormir* et composés), **-tir** (*sentir, mentir* et composés) et **-vir** (*chauvir*).

INDICATIF

Présent
je fuis
tu fuis
il/elle fuit
nous fuyons
vous fuyez
ils/elles fuient

Imparfait
je fuyais
tu fuyais
il/elle fuyait
nous fuyions
vous fuyiez
ils/elles fuyaient

Passé simple
je fuis
tu fuis
il/elle fuit
nous fuîmes
vous fuîtes
ils/elles fuirent

Futur simple
je fuirai
tu fuiras
il/elle fuira
nous fuirons
vous fuirez
ils/elles fuiront

Passé composé
j'ai fui
tu as fui
il/elle a fui
nous avons fui
vous avez fui
ils/elles ont fui

Plus-que-parfait
j'avais fui
tu avais fui
il/elle avait fui
nous avions fui
vous aviez fui
ils/elles avaient fui

Passé antérieur
j'eus fui
tu eus fui
il/elle eut fui
nous eûmes fui
vous eûtes fui
ils/elles eurent fui

Futur antérieur
j'aurai fui
tu auras fui
il/elle aura fui
nous aurons fui
vous aurez fui
ils/elles auront fui

SUBJONCTIF

Présent
que je fuie
que tu fuies
qu'il/elle fuie
que nous fuyions
que vous fuyiez
qu'ils/elles fuient

Imparfait
que je fuisse
que tu fuisses
qu'il/elle fuît
que nous fuissions
que vous fuissiez
qu'ils/elles fuissent

Passé
que j'aie fui
que tu aies fui
qu'il/elle ait fui
que nous ayons fui
que vous ayez fui
qu'ils/elles aient fui

Plus-que-parfait
que j'eusse fui
que tu eusses fui
qu'il/elle eût fui
que nous eussions fui
que vous eussiez fui
qu'ils/elles eussent fui

CONDITIONNEL

Présent
je fuirais
tu fuirais
il/elle fuirait
nous fuirions
vous fuiriez
ils/elles fuiraient

Passé 1re forme
j'aurais fui
tu aurais fui
il/elle aurait fui
nous aurions fui
vous auriez fui
ils/elles auraient fui

Passé 2e forme
j'eusse fui
tu eusses fui
il/elle eût fui
nous eussions fui
vous eussiez fui
ils/elles eussent fui

IMPÉRATIF

Présent fuis
fuyons
fuyez

Passé aie fui
ayons fui
ayez fui

INFINITIF

Présent fuir

Passé avoir fui

PARTICIPE

Présent fuyant

Passé fui / fuie
fuis / fuies

Passé composé ayant fui

REMARQUE : Attention de ne pas oublier le i aux 1re et 2e personnes du pluriel de l'imparfait de l'indicatif et du présent du subjonctif *(nous fuyions, vous fuyiez)*.

INDICATIF

Présent
je couvre
tu couvres
il/elle couvre
nous couvrons
vous couvrez
ils/elles couvrent

Passé composé
j'ai couvert
tu as couvert
il/elle a couvert
nous avons couvert
vous avez couvert
ils/elles ont couvert

Imparfait
je couvrais
tu couvrais
il/elle couvrait
nous couvrions
vous couvriez
ils/elles couvraient

Plus-que-parfait
j'avais couvert
tu avais couvert
il/elle avait couvert
nous avions couvert
vous aviez couvert
ils/elles avaient couvert

Passé simple
je couvris
tu couvris
il/elle couvrit
nous couvrîmes
vous couvrîtes
ils/elles couvrirent

Passé antérieur
j'eus couvert
tu eus couvert
il/elle eut couvert
nous eûmes couvert
vous eûtes couvert
ils/elles eurent couvert

Futur simple
je couvrirai
tu couvriras
il/elle couvrira
nous couvrirons
vous couvrirez
ils/elles couvriront

Futur antérieur
j'aurai couvert
tu auras couvert
il/elle aura couvert
nous aurons couvert
vous aurez couvert
ils/elles auront couvert

SUBJONCTIF

Présent
que je couvre
que tu couvres
qu'il/elle couvre
que nous couvrions
que vous couvriez
qu'ils/elles couvrent

Imparfait
que je couvrisse
que tu couvrisses
qu'il/elle couvrît
que nous couvrissions
que vous couvrissiez
qu'ils/elles couvrissent

Passé
que j'aie couvert
que tu aies couvert
qu'il/elle ait couvert
que nous ayons couvert
que vous ayez couvert
qu'ils/elles aient couvert

Plus-que-parfait
que j'eusse couvert
que tu eusses couvert
qu'il/elle eût couvert
que nous eussions couvert
que vous eussiez couvert
qu'ils/elles eussent couvert

CONDITIONNEL

Présent
je couvrirais
tu couvrirais
il/elle couvrirait
nous couvririons
vous couvririez
ils/elles couvriraient

Passé 1re forme
j'aurais couvert
tu aurais couvert
il/elle aurait couvert
nous aurions couvert
vous auriez couvert
ils/elles auraient couvert

Passé 2e forme
j'eusse couvert
tu eusses couvert
il/elle eût couvert
nous eussions couvert
vous eussiez couvert
ils/elles eussent couvert

IMPÉRATIF

Présent couvre
couvrons
couvrez

Passé aie couvert
ayons couvert
ayez couvert

INFINITIF

Présent couvrir

Passé avoir couvert

PARTICIPE

Présent couvrant

Passé couvert / couverte
couverts / couvertes

Passé composé ayant couvert

INDICATIF

Présent
je meurs
tu meurs
il/elle meurt
nous mourons
vous mourez
ils/elles meurent

Passé composé
je suis mort/te
tu es mort/te
il/elle est mort/te
nous sommes morts/tes
vous êtes morts/tes
ils/elles sont morts/tes

Imparfait
je mourais
tu mourais
il/elle mourait
nous mourions
vous mouriez
ils/elles mouraient

Plus-que-parfait
j'étais mort/te
tu étais mort/te
il/elle était mort/te
nous étions morts/tes
vous étiez morts/tes
ils/elles étaient morts/tes

Passé simple
je mourus
tu mourus
il/elle mourut
nous mourûmes
vous mourûtes
ils/elles moururent

Passé antérieur
je fus mort/te
tu fus mort/te
il/elle fut mort/te
nous fûmes morts/tes
vous fûtes morts/tes
ils/elles furent morts/tes

Futur simple
je mourrai
tu mourras
il/elle mourra
nous mourrons
vous mourrez
ils/elles mourront

Futur antérieur
je serai mort/te
tu seras mort/te
il/elle sera mort/te
nous serons morts/tes
vous serez morts/tes
ils/elles seront morts/tes

SUBJONCTIF

Présent
que je meure
que tu meures
qu'il/elle meure
que nous mourions
que vous mouriez
qu'ils/elles meurent

Imparfait
que je mourusse
que tu mourusses
qu'il/elle mourût
que nous mourussions
que vous mourussiez
qu'ils/elles mourussent

Passé
que je sois mort/te
que tu sois mort/te
qu'il/elle soit mort/te
que nous soyons morts/tes
que vous soyez morts/tes
qu'ils/elles soient morts/tes

Plus-que-parfait
que je fusse mort/te
que tu fusses mort/te
qu'il/elle fût mort/te
que nous fussions morts/tes
que vous fussiez morts/tes
qu'ils/elles fussent morts/tes

CONDITIONNEL

Présent
je mourrais
tu mourrais
il/elle mourrait
nous mourrions
vous mourriez
ils/elles mourraient

Passé 1re forme
je serais mort/te
tu serais mort/te
il/elle serait mort/te
nous serions morts/tes
vous seriez morts/tes
ils/elles seraient morts/tes

Passé 2e forme
je fusse mort/te
tu fusses mort/te
il/elle fût mort/te
nous fussions morts/tes
vous fussiez morts/tes
ils/elles fussent morts/tes

IMPÉRATIF

Présent meurs
mourons
mourez

Passé sois mort/te
soyons morts/tes
soyez morts/tes

INFINITIF

Présent mourir

Passé être mort/te
être morts/tes

PARTICIPE

Présent mourant

Passé mort / morte
morts / mortes

Passé composé étant mort/te
étant morts/tes

REMARQUE : On prononce les deux **r** au futur et au conditionnel.

INDICATIF

Présent
je vêts
tu vêts
il/elle vêt
nous vêtons
vous vêtez
ils/elles vêtent

Passé composé
j'ai vêtu
tu as vêtu
il/elle a vêtu
nous avons vêtu
vous avez vêtu
ils/elles ont vêtu

Imparfait
je vêtais
tu vêtais
il/elle vêtait
nous vêtions
vous vêtiez
ils/elles vêtaient

Plus-que-parfait
j'avais vêtu
tu avais vêtu
il/elle avait vêtu
nous avions vêtu
vous aviez vêtu
ils/elles avaient vêtu

Passé simple
je vêtis
tu vêtis
il/elle vêtit
nous vêtîmes
vous vêtîtes
ils/elles vêtirent

Passé antérieur
j'eus vêtu
tu eus vêtu
il/elle eut vêtu
nous eûmes vêtu
vous eûtes vêtu
ils/elles eurent vêtu

Futur simple
je vêtirai
tu vêtiras
il/elle vêtira
nous vêtirons
vous vêtirez
ils/elles vêtiront

Futur antérieur
j'aurai vêtu
tu auras vêtu
il/elle aura vêtu
nous aurons vêtu
vous aurez vêtu
ils/elles auront vêtu

SUBJONCTIF

Présent
que je vête
que tu vêtes
qu'il/elle vête
que nous vêtions
que vous vêtiez
qu'ils/elles vêtent

Imparfait
que je vêtisse
que tu vêtisses
qu'il/elle vêtît
que nous vêtissions
que vous vêtissiez
qu'ils/elles vêtissent

Passé
que j'aie vêtu
que tu aies vêtu
qu'il/elle ait vêtu
que nous ayons vêtu
que vous ayez vêtu
qu'ils/elles aient vêtu

Plus-que-parfait
que j'eusse vêtu
que tu eusses vêtu
qu'il/elle eût vêtu
que nous eussions vêtu
que vous eussiez vêtu
qu'ils/elles eussent vêtu

CONDITIONNEL

Présent
je vêtirais
tu vêtirais
il/elle vêtirait
nous vêtirions
vous vêtiriez
ils/elles vêtiraient

Passé 1re forme
j'aurais vêtu
tu aurais vêtu
il/elle aurait vêtu
nous aurions vêtu
vous auriez vêtu
ils/elles auraient vêtu

Passé 2e forme
j'eusse vêtu
tu eusses vêtu
il/elle eût vêtu
nous eussions vêtu
vous eussiez vêtu
ils/elles eussent vêtu

IMPÉRATIF

Présent vêts
vêtons
vêtez

Passé aie vêtu
ayons vêtu
ayez vêtu

INFINITIF

Présent vêtir

Passé avoir vêtu

PARTICIPE

Présent vêtant

Passé vêtu / vêtue
vêtus / vêtues

Passé composé ayant vêtu

REMARQUE : Cette série regroupe les composés de *vêtir*.

INDICATIF

Présent
j'acquiers
tu acquiers
il/elle acquiert
nous acquérons
vous acquérez
ils/elles acquièrent

Passé composé
j'ai acquis
tu as acquis
il/elle a acquis
nous avons acquis
vous avez acquis
ils/elles ont acquis

Imparfait
j'acquérais
tu acquérais
il/elle acquérait
nous acquérions
vous acquériez
ils/elles acquéraient

Plus-que-parfait
j'avais acquis
tu avais acquis
il/elle avait acquis
nous avions acquis
vous aviez acquis
ils/elles avaient acquis

Passé simple
j'acquis
tu acquis
il/elle acquit
nous acquîmes
vous acquîtes
ils/elles acquirent

Passé antérieur
j'eus acquis
tu eus acquis
il/elle eut acquis
nous eûmes acquis
vous eûtes acquis
ils/elles eurent acquis

Futur simple
j'acquerrai
tu acquerras
il/elle acquerra
nous acquerrons
vous acquerrez
ils/elles acquerront

Futur antérieur
j'aurai acquis
tu auras acquis
il/elle aura acquis
nous aurons acquis
vous aurez acquis
ils/elles auront acquis

SUBJONCTIF

Présent
que j'acquière
que tu acquières
qu'il/elle acquière
que nous acquérions
que vous acquériez
qu'ils/elles acquièrent

Imparfait
que j'acquisse
que tu acquisses
qu'il/elle acquît
que nous acquissions
que vous acquissiez
qu'ils/elles acquissent

Passé
que j'aie acquis
que tu aies acquis
qu'il/elle ait acquis
que nous ayons acquis
que vous ayez acquis
qu'ils/elles aient acquis

Plus-que-parfait
que j'eusse acquis
que tu eusses acquis
qu'il/elle eût acquis
que nous eussions acquis
que vous eussiez acquis
qu'ils/elles eussent acquis

CONDITIONNEL

Présent
j'acquerrais
tu acquerrais
il/elle acquerrait
nous acquerrions
vous acquerriez
ils/elles acquerraient

Passé 1re forme
j'aurais acquis
tu aurais acquis
il/elle aurait acquis
nous aurions acquis
vous auriez acquis
ils/elles auraient acquis

Passé 2e forme
j'eusse acquis
tu eusses acquis
il/elle eût acquis
nous eussions acquis
vous eussiez acquis
ils/elles eussent acquis

IMPÉRATIF

Présent acquiers
acquérons
acquérez

Passé aie acquis
ayons acquis
ayez acquis

INFINITIF

Présent acquérir

Passé avoir acquis

PARTICIPE

Présent acquérant

Passé acquis / acquise
acquis / acquises

Passé composé ayant acquis

REMARQUES : Il ne faut pas confondre *acquis*, participe passé de *acquérir*, et *acquit*, participe passé substantivé de *acquitter*.
• On prononce les deux **r** au futur et au conditionnel.

INDICATIF

Présent
je viens
tu viens
il/elle vient
nous venons
vous venez
ils/elles viennent

Passé composé
je suis venu/ue
tu es venu/ue
il/elle est venu/ue
nous sommes venus/ues
vous êtes venus/ues
ils/elles sont venus/ues

Imparfait
je venais
tu venais
il/elle venait
nous venions
vous veniez
ils/elles venaient

Plus-que-parfait
j'étais venu/ue
tu étais venu/ue
il/elle était venu/ue
nous étions venus/ues
vous étiez venus/ues
ils/elles étaient venus/ues

Passé simple
je vins
tu vins
il/elle vint
nous vînmes
vous vîntes
ils/elles vinrent

Passé antérieur
je fus venu/ue
tu fus venu/ue
il/elle fut venu/ue
nous fûmes venus/ues
vous fûtes venus/ues
ils/elles furent venus/ues

Futur simple
je viendrai
tu viendras
il/elle viendra
nous viendrons
vous viendrez
ils/elles viendront

Futur antérieur
je serai venu/ue
tu seras venu/ue
il/elle sera venu/ue
nous serons venus/ues
vous serez venus/ues
ils/elles seront venus/ues

SUBJONCTIF

Présent
que je vienne
que tu viennes
qu'il/elle vienne
que nous venions
que vous veniez
qu'ils/elles viennent

Imparfait
que je vinsse
que tu vinsses
qu'il/elle vînt
que nous vinssions
que vous vinssiez
qu'ils/elles vinssent

Passé
que je sois venu/ue
que tu sois venu/ue
qu'il/elle soit venu/ue
que nous soyons venus/ues
que vous soyez venus/ues
qu'ils/elles soient venus/ues

Plus-que-parfait
que je fusse venu/ue
que tu fusses venu/ue
qu'il/elle fût venu/ue
que nous fussions venus/ues
que vous fussiez venus/ues
qu'ils/elles fussent venus/ues

CONDITIONNEL

Présent
je viendrais
tu viendrais
il/elle viendrait
nous viendrions
vous viendriez
ils/elles viendraient

Passé 1re forme
je serais venu/ue
tu serais venu/ue
il/elle serait venu/ue
nous serions venus/ues
vous seriez venus/ues
ils/elles seraient venus/ues

Passé 2e forme
je fusse venu/ue
tu fusses venu/ue
il/elle fût venu/ue
nous fussions venus/ues
vous fussiez venus/ues
ils/elles fussent venus/ues

IMPÉRATIF

Présent viens
venons
venez

Passé sois venu/ue
soyons venus/ues
soyez venus/ues

INFINITIF

Présent venir

Passé être venu/venue
être venus/venues

PARTICIPE

Présent venant

Passé venu / venue
venus / venues

Passé composé étant venu/ue
étant venus/ues

INDICATIF

Présent
—
—
il pleut
—
—
ils/elles pleuvent

Passé composé
—
—
il a plu
—
—
ils/elles ont plu

Imparfait
—
—
il pleuvait
—
—
ils/elles pleuvaient

Plus-que-parfait
—
—
il avait plu
—
—
ils/elles avaient plu

Passé simple
—
—
il plut
—
—
ils/elles plurent

Passé antérieur
—
—
il eut plu
—
—
ils/elles eurent plu

Futur simple
—
—
il pleuvra
—
—
ils/elles pleuvront

Futur antérieur
—
—
il aura plu
—
—
ils/elles auront plu

SUBJONCTIF

Présent
—
—
qu'il pleuve
—
—
qu'ils/elles pleuvent

Imparfait
—
—
qu'il plût
—
—
qu'ils/elles plussent

Passé
—
—
qu'il ait plu
—
—
qu'ils/elles aient plu

Plus-que-parfait
—
—
qu'il eût plu
—
—
qu'ils/elles eussent plu

CONDITIONNEL

Présent
—
—
il pleuvrait
—
—
ils/elles pleuvraient

Passé 1re forme
—
—
il aurait plu
—
—
ils/elles auraient plu

Passé 2e forme
—
—
il eût plu
—
—
ils/elles eussent plu

IMPÉRATIF

Présent inusité

Passé inusité

INFINITIF

Présent pleuvoir

Passé avoir plu

PARTICIPE

Présent pleuvant

Passé plu

Passé composé ayant plu

REMARQUE : Ce verbe impersonnel a des emplois figurés au pluriel *(les coups, les balles pleuvaient)* mais de nombreuses formes sont inusitées.

INDICATIF

Présent
je prévois
tu prévois
il/elle prévoit
nous prévoyons
vous prévoyez
ils/elles prévoient

Passé composé
j'ai prévu
tu as prévu
il/elle a prévu
nous avons prévu
vous avez prévu
ils/elles ont prévu

Imparfait
je prévoyais
tu prévoyais
il/elle prévoyait
nous prévoyions
vous prévoyiez
ils/elles prévoyaient

Plus-que-parfait
j'avais prévu
tu avais prévu
il/elle avait prévu
nous avions prévu
vous aviez prévu
ils/elles avaient prévu

Passé simple
je prévis
tu prévis
il/elle prévit
nous prévîmes
vous prévîtes
ils/elles prévirent

Passé antérieur
j'eus prévu
tu eus prévu
il/elle eut prévu
nous eûmes prévu
vous eûtes prévu
ils/elles eurent prévu

Futur simple
je prévoirai
tu prévoiras
il/elle prévoira
nous prévoirons
vous prévoirez
ils/elles prévoiront

Futur antérieur
j'aurai prévu
tu auras prévu
il/elle aura prévu
nous aurons prévu
vous aurez prévu
ils/elles auront prévu

SUBJONCTIF

Présent
que je prévoie
que tu prévoies
qu'il/elle prévoie
que nous prévoyions
que vous prévoyiez
qu'ils/elles prévoient

Imparfait
que je prévisse
que tu prévisses
qu'il/elle prévît
que nous prévissions
que vous prévissiez
qu'ils/elles prévissent

Passé
que j'aie prévu
que tu aies prévu
qu'il/elle ait prévu
que nous ayons prévu
que vous ayez prévu
qu'ils/elles aient prévu

Plus-que-parfait
que j'eusse prévu
que tu eusses prévu
qu'il/elle eût prévu
que nous eussions prévu
que vous eussiez prévu
qu'ils/elles eussent prévu

CONDITIONNEL

Présent
je prévoirais
tu prévoirais
il/elle prévoirait
nous prévoirions
vous prévoiriez
ils/elles prévoiraient

Passé 1re forme
j'aurais prévu
tu aurais prévu
il/elle aurait prévu
nous aurions prévu
vous auriez prévu
ils/elles auraient prévu

Passé 2e forme
j'eusse prévu
tu eusses prévu
il/elle eût prévu
nous eussions prévu
vous eussiez prévu
ils/elles eussent prévu

IMPÉRATIF

Présent prévois
prévoyons
prévoyez

Passé aie prévu
ayons prévu
ayez prévu

INFINITIF

Présent prévoir

Passé avoir prévu

PARTICIPE

Présent prévoyant

Passé prévu / prévue
prévus / prévues

Passé composé ayant prévu

REMARQUES : *Prévoir* se conjugue comme *voir*, sauf au futur de l'indicatif et au présent du conditionnel.
• Attention de ne pas oublier le **i** aux 1re et 2e personnes du pluriel de l'imparfait de l'indicatif et du présent du subjonctif *(nous prévoyions, vous prévoyiez)*.

INDICATIF

Présent
je pourvois
tu pourvois
il/elle pourvoit
nous pourvoyons
vous pourvoyez
ils/elles pourvoient

Passé composé
j'ai pourvu
tu as pourvu
il/elle a pourvu
nous avons pourvu
vous avez pourvu
ils/elles ont pourvu

Imparfait
je pourvoyais
tu pourvoyais
il/elle pourvoyait
nous pourvoyions
vous pourvoyiez
ils/elles pourvoyaient

Plus-que-parfait
j'avais pourvu
tu avais pourvu
il/elle avait pourvu
nous avions pourvu
vous aviez pourvu
ils/elles avaient pourvu

Passé simple
je pourvus
tu pourvus
il/elle pourvut
nous pourvûmes
vous pourvûtes
ils/elles pourvurent

Passé antérieur
j'eus pourvu
tu eus pourvu
il/elle eut pourvu
nous eûmes pourvu
vous eûtes pourvu
ils/elles eurent pourvu

Futur simple
je pourvoirai
tu pourvoiras
il/elle pourvoira
nous pourvoirons
vous pourvoirez
ils/elles pourvoiront

Futur antérieur
j'aurai pourvu
tu auras pourvu
il/elle aura pourvu
nous aurons pourvu
vous aurez pourvu
ils/elles auront pourvu

SUBJONCTIF

Présent
que je pourvoie
que tu pourvoies
qu'il/elle pourvoie
que nous pourvoyions
que vous pourvoyiez
qu'ils/elles pourvoient

Imparfait
que je pourvusse
que tu pourvusses
qu'il/elle pourvût
que nous pourvussions
que vous pourvussiez
qu'ils/elles pourvussent

Passé
que j'aie pourvu
que tu aies pourvu
qu'il/elle ait pourvu
que nous ayons pourvu
que vous ayez pourvu
qu'ils/elles aient pourvu

Plus-que-parfait
que j'eusse pourvu
que tu eusses pourvu
qu'il/elle eût pourvu
que nous eussions pourvu
que vous eussiez pourvu
qu'ils/elles eussent pourvu

CONDITIONNEL

Présent
je pourvoirais
tu pourvoirais
il/elle pourvoirait
nous pourvoirions
vous pourvoiriez
ils/elles pourvoiraient

Passé 1re forme
j'aurais pourvu
tu aurais pourvu
il/elle aurait pourvu
nous aurions pourvu
vous auriez pourvu
ils/elles auraient pourvu

Passé 2e forme
j'eusse pourvu
tu eusses pourvu
il/elle eût pourvu
nous eussions pourvu
vous eussiez pourvu
ils/elles eussent pourvu

IMPÉRATIF

Présent pourvois
pourvoyons
pourvoyez

Passé aie pourvu
ayons pourvu
ayez pourvu

INFINITIF

Présent pourvoir

Passé avoir pourvu

PARTICIPE

Présent pourvoyant

Passé pourvu / pourvue
pourvus / pourvues

Passé composé ayant pourvu

REMARQUE : Attention de ne pas oublier le **i** aux 1re et 2e personnes du pluriel de l'imparfait de l'indicatif et du présent du subjonctif *(nous pourvoyions, vous pourvoyiez)*.

INDICATIF

Présent
j'assieds ou assois
tu assieds ou assois
il/elle assied ou assoit
nous asseyons ou assoyons
vous asseyez ou assoyez
ils/elles asseyent ou assoient

Passé composé
j'ai assis
tu as assis
il/elle a assis
nous avons assis
vous avez assis
ils/elles ont assis

Imparfait
j'asseyais ou assoyais
tu asseyais ou assoyais
il/elle asseyait ou assoyait
nous asseyions ou assoyions
vous asseyiez ou assoyiez
ils/elles asseyaient ou assoyaient

Plus-que-parfait
j'avais assis
tu avais assis
il/elle avait assis
nous avions assis
vous aviez assis
ils/elles avaient assis

Passé simple
j'assis
tu assis
il/elle assit
nous assîmes
vous assîtes
ils/elles assirent

Passé antérieur
j'eus assis
tu eus assis
il/elle eut assis
nous eûmes assis
vous eûtes assis
ils/elles eurent assis

Futur simple
j'assiérai ou assoirai
tu assiéras ou assoiras
il/elle assiéra ou assoira
nous assiérons ou assoirons
vous assiérez ou assoirez
ils/elles assiéront ou assoiront

Futur antérieur
j'aurai assis
tu auras assis
il/elle aura assis
nous aurons assis
vous aurez assis
ils/elles auront assis

SUBJONCTIF

Présent
que j'asseye ou assoie
que tu asseyes ou assoies
qu'il/elle asseye ou assoie
que nous asseyions ou assoyions
que vous asseyiez ou assoyiez
qu'ils/elles asseyent ou assoient

Imparfait
que j'assisse
que tu assisses
qu'il/elle assît
que nous assissions
que vous assissiez
qu'ils/elles assissent

Passé
que j'aie assis
que tu aies assis
qu'il/elle ait assis
que nous ayons assis
que vous ayez assis
qu'ils/elles aient assis

Plus-que-parfait
que j'eusse assis
que tu eusses assis
qu'il/elle eût assis
que nous eussions assis
que vous eussiez assis
qu'ils/elles eussent assis

CONDITIONNEL

Présent
j'assiérais ou assoirais
tu assiérais ou assoirais
il/elle assiérait ou assoirait
nous assiérions ou assoirions
vous assiériez ou assoiriez
ils/elles assiéraient ou assoiraient

Passé 1re forme
j'aurais assis
tu aurais assis
il/elle aurait assis
nous aurions assis
vous auriez assis
ils/elles auraient assis

Passé 2e forme
j'eusse assis
tu eusses assis
il/elle eût assis
nous eussions assis
vous eussiez assis
ils/elles eussent assis

IMPÉRATIF

Présent assieds ou assois
asseyons ou assoyons
asseyez ou assoyez

Passé aie assis
ayons assis
ayez assis

INFINITIF

Présent asseoir

Passé avoir assis

PARTICIPE

Présent asseyant ou assoyant

Passé assis / assise
assis / assises

Passé composé ayant assis

REMARQUES : Attention au i aux 1re et 2e personnes du pluriel de l'imparfait de l'indicatif et du présent du subjonctif *(nous asseyions, vous asseyiez, nous assoyions, vous assoyiez)*.
• *Surseoir* conserve le e de l'infinitif au futur et au conditionnel : *je surseoirai, je surseoirais. Seoir* (être assis) a pour participe présent *séant* et pour participe passé *sis, sise.*

INDICATIF

Présent
je meus
tu meus
il/elle meut
nous mouvons
vous mouvez
ils/elles meuvent

Passé composé
j'ai mû
tu as mû
il/elle a mû
nous avons mû
vous avez mû
ils/elles ont mû

Imparfait
je mouvais
tu mouvais
il/elle mouvait
nous mouvions
vous mouviez
ils/elles mouvaient

Plus-que-parfait
j'avais mû
tu avais mû
il/elle avait mû
nous avions mû
vous aviez mû
ils/elles avaient mû

Passé simple
je mus
tu mus
il/elle mut
nous mûmes
vous mûtes
ils/elles murent

Passé antérieur
j'eus mû
tu eus mû
il/elle eut mû
nous eûmes mû
vous eûtes mû
ils/elles eurent mû

Futur simple
je mouvrai
tu mouvras
il/elle mouvra
nous mouvrons
vous mouvrez
ils/elles mouvront

Futur antérieur
j'aurai mû
tu auras mû
il/elle aura mû
nous aurons mû
vous aurez mû
ils/elles auront mû

SUBJONCTIF

Présent
que je meuve
que tu meuves
qu'il/elle meuve
que nous mouvions
que vous mouviez
qu'ils/elles meuvent

Imparfait
que je musse
que tu musses
qu'il/elle mût
que nous mussions
que vous mussiez
qu'ils/elles mussent

Passé
que j'aie mû
que tu aies mû
qu'il/elle ait mû
que nous ayons mû
que vous ayez mû
qu'ils/elles aient mû

Plus-que-parfait
que j'eusse mû
que tu eusses mû
qu'il/elle eût mû
que nous eussions mû
que vous eussiez mû
qu'ils/elles eussent mû

CONDITIONNEL

Présent
je mouvrais
tu mouvrais
il/elle mouvrait
nous mouvrions
vous mouvriez
ils/elles mouvraient

Passé 1re forme
j'aurais mû
tu aurais mû
il/elle aurait mû
nous aurions mû
vous auriez mû
ils/elles auraient mû

Passé 2e forme
j'eusse mû
tu eusses mû
il/elle eût mû
nous eussions mû
vous eussiez mû
ils/elles eussent mû

IMPÉRATIF

Présent meus
mouvons
mouvez

Passé aie mû
ayons mû
ayez mû

INFINITIF

Présent mouvoir

Passé avoir mû

PARTICIPE

Présent mouvant

Passé mû / mue
mus / mues

Passé composé ayant mû

REMARQUES : La conjugaison complète est plus courante pour la forme pronominale *se mouvoir* que pour *mouvoir*. • Le participe passé s'écrit traditionnellement avec un accent circonflexe sur le *u*. Cependant, la réforme de l'orthographe de 1990 préconise la graphie sans accent circonflexe pour le participe passé *mu* à tous les temps composés, ceci afin d'harmoniser cette forme avec les participes passés des verbes *émouvoir* et *promouvoir (ému, promu)*. Ainsi les graphies *j'ai mu, nous aurions mu*, etc. ne sont plus considérées comme fautives.

INDICATIF

Présent
je reçois
tu reçois
il/elle reçoit
nous recevons
vous recevez
ils/elles reçoivent

Passé composé
j'ai reçu
tu as reçu
il/elle a reçu
nous avons reçu
vous avez reçu
ils/elles ont reçu

Imparfait
je recevais
tu recevais
il/elle recevait
nous recevions
vous receviez
ils/elles recevaient

Plus-que-parfait
j'avais reçu
tu avais reçu
il/elle avait reçu
nous avions reçu
vous aviez reçu
ils/elles avaient reçu

Passé simple
je reçus
tu reçus
il/elle reçut
nous reçûmes
vous reçûtes
ils/elles reçurent

Passé antérieur
j'eus reçu
tu eus reçu
il/elle eut reçu
nous eûmes reçu
vous eûtes reçu
ils/elles eurent reçu

Futur simple
je recevrai
tu recevras
il/elle recevra
nous recevrons
vous recevrez
ils/elles recevront

Futur antérieur
j'aurai reçu
tu auras reçu
il/elle aura reçu
nous aurons reçu
vous aurez reçu
ils/elles auront reçu

SUBJONCTIF

Présent
que je reçoive
que tu reçoives
qu'il/elle reçoive
que nous recevions
que vous receviez
qu'ils/elles reçoivent

Imparfait
que je reçusse
que tu reçusses
qu'il/elle reçût
que nous reçussions
que vous reçussiez
qu'ils/elles reçussent

Passé
que j'aie reçu
que tu aies reçu
qu'il/elle ait reçu
que nous ayons reçu
que vous ayez reçu
qu'ils/elles aient reçu

Plus-que-parfait
que j'eusse reçu
que tu eusses reçu
qu'il/elle eût reçu
que nous eussions reçu
que vous eussiez reçu
qu'ils/elles eussent reçu

CONDITIONNEL

Présent
je recevrais
tu recevrais
il/elle recevrait
nous recevrions
vous recevriez
ils/elles recevraient

Passé 1re forme
j'aurais reçu
tu aurais reçu
il/elle aurait reçu
nous aurions reçu
vous auriez reçu
ils/elles auraient reçu

Passé 2e forme
j'eusse reçu
tu eusses reçu
il/elle eût reçu
nous eussions reçu
vous eussiez reçu
ils/elles eussent reçu

IMPÉRATIF

Présent reçois
recevons
recevez

Passé aie reçu
ayons reçu
ayez reçu

INFINITIF

Présent recevoir

Passé avoir reçu

PARTICIPE

Présent recevant

Passé reçu / reçue
reçus / reçues

Passé composé ayant reçu

REMARQUES : Dans les verbes en **-cevoir**, **c** devient **ç** devant **o** et **u** pour garder le son [s].
• *Devoir, redevoir* font au participe passé *dû, due, dus, dues ; redû, redue, redus, redues.*

29 VALOIR

INDICATIF

Présent
je vaux
tu vaux
il/elle vaut
nous valons
vous valez
ils/elles valent

Passé composé
j'ai valu
tu as valu
il/elle a valu
nous avons valu
vous avez valu
ils/elles ont valu

Imparfait
je valais
tu valais
il/elle valait
nous valions
vous valiez
ils/elles valaient

Plus-que-parfait
j'avais valu
tu avais valu
il/elle avait valu
nous avions valu
vous aviez valu
ils/elles avaient valu

Passé simple
je valus
tu valus
il/elle valut
nous valûmes
vous valûtes
ils/elles valurent

Passé antérieur
j'eus valu
tu eus valu
il/elle eut valu
nous eûmes valu
vous eûtes valu
ils/elles eurent valu

Futur simple
je vaudrai
tu vaudras
il/elle vaudra
nous vaudrons
vous vaudrez
ils/elles vaudront

Futur antérieur
j'aurai valu
tu auras valu
il/elle aura valu
nous aurons valu
vous aurez valu
ils/elles auront valu

SUBJONCTIF

Présent
que je vaille
que tu vailles
qu'il/elle vaille
que nous valions
que vous valiez
qu'ils/elles vaillent

Imparfait
que je valusse
que tu valusses
qu'il/elle valût
que nous valussions
que vous valussiez
qu'ils/elles valussent

Passé
que j'aie valu
que tu aies valu
qu'il/elle ait valu
que nous ayons valu
que vous ayez valu
qu'ils/elles aient valu

Plus-que-parfait
que j'eusse valu
que tu eusses valu
qu'il/elle eût valu
que nous eussions valu
que vous eussiez valu
qu'ils/elles eussent valu

CONDITIONNEL

Présent
je vaudrais
tu vaudrais
il/elle vaudrait
nous vaudrions
vous vaudriez
ils/elles vaudraient

Passé 1re forme
j'aurais valu
tu aurais valu
il/elle aurait valu
nous aurions valu
vous auriez valu
ils/elles auraient valu

Passé 2e forme
j'eusse valu
tu eusses valu
il/elle eût valu
nous eussions valu
vous eussiez valu
ils/elles eussent valu

IMPÉRATIF

Présent vaux
valons
valez

Passé aie valu
ayons valu
ayez valu

INFINITIF

Présent valoir

Passé avoir valu

PARTICIPE

Présent valant

Passé valu / value
valus / values

Passé composé ayant valu

REMARQUE : Notez le **x** aux 1re et 2e personnes du singulier de l'indicatif présent et à la 2e personne du singulier de l'impératif présent.

INDICATIF

Présent
—
—
il faut
—
—
—

Passé composé
—
—
il a fallu
—
—
—

Imparfait
—
—
il fallait
—
—
—

Plus-que-parfait
—
—
il avait fallu
—
—
—

Passé simple
—
—
il fallut
—
—
—

Passé antérieur
—
—
il eut fallu
—
—
—

Futur simple
—
—
il faudra
—
—
—

Futur antérieur
—
—
il aura fallu
—
—
—

SUBJONCTIF

Présent
—
—
qu'il faille
—
—
—

Imparfait
—
—
qu'il fallût
—
—
—

Passé
—
—
qu'il ait fallu
—
—
—

Plus-que-parfait
—
—
qu'il eût fallu
—
—
—

CONDITIONNEL

Présent
—
—
il faudrait
—
—
—

Passé 1re forme
—
—
il aurait fallu
—
—
—

Passé 2e forme
—
—
il eût fallu
—
—
—

IMPÉRATIF

Présent inusité

Passé inusité

INFINITIF

Présent falloir

Passé inusité

PARTICIPE

Présent inusité

Passé fallu

Passé composé inusité

REMARQUE : Ce verbe est impersonnel ; de nombreuses formes sont inusitées.

INDICATIF

Présent
je vois
tu vois
il/elle voit
nous voyons
vous voyez
ils/elles voient

Passé composé
j'ai vu
tu as vu
il/elle a vu
nous avons vu
vous avez vu
ils/elles ont vu

Imparfait
je voyais
tu voyais
il/elle voyait
nous voyions
vous voyiez
ils/elles voyaient

Plus-que-parfait
j'avais vu
tu avais vu
il/elle avait vu
nous avions vu
vous aviez vu
ils/elles avaient vu

Passé simple
je vis
tu vis
il/elle vit
nous vîmes
vous vîtes
ils/elles virent

Passé antérieur
j'eus vu
tu eus vu
il/elle eut vu
nous eûmes vu
vous eûtes vu
ils/elles eurent vu

Futur simple
je verrai
tu verras
il/elle verra
nous verrons
vous verrez
ils/elles verront

Futur antérieur
j'aurai vu
tu auras vu
il/elle aura vu
nous aurons vu
vous aurez vu
ils/elles auront vu

SUBJONCTIF

Présent
que je voie
que tu voies
qu'il/elle voie
que nous voyions
que vous voyiez
qu'ils/elles voient

Imparfait
que je visse
que tu visses
qu'il/elle vît
que nous vissions
que vous vissiez
qu'ils/elles vissent

Passé
que j'aie vu
que tu aies vu
qu'il/elle ait vu
que nous ayons vu
que vous ayez vu
qu'ils/elles aient vu

Plus-que-parfait
que j'eusse vu
que tu eusses vu
qu'il/elle eût vu
que nous eussions vu
que vous eussiez vu
qu'ils/elles eussent vu

CONDITIONNEL

Présent
je verrais
tu verrais
il/elle verrait
nous verrions
vous verriez
ils/elles verraient

Passé 1re forme
j'aurais vu
tu aurais vu
il/elle aurait vu
nous aurions vu
vous auriez vu
ils/elles auraient vu

Passé 2e forme
j'eusse vu
tu eusses vu
il/elle eût vu
nous eussions vu
vous eussiez vu
ils/elles eussent vu

IMPÉRATIF

Présent vois
voyons
voyez

Passé aie vu
ayons vu
ayez vu

INFINITIF

Présent voir

Passé avoir vu

PARTICIPE

Présent voyant

Passé vu / vue
vus / vues

Passé composé ayant vu

REMARQUE : Attention de ne pas oublier le i aux 1re et 2e personnes du pluriel de l'imparfait de l'indicatif et du présent du subjonctif *(nous voyions, vous voyiez)*.

INDICATIF

Présent
je veux
tu veux
il/elle veut
nous voulons
vous voulez
ils/elles veulent

Passé composé
j'ai voulu
tu as voulu
il/elle a voulu
nous avons voulu
vous avez voulu
ils/elles ont voulu

Imparfait
je voulais
tu voulais
il/elle voulait
nous voulions
vous vouliez
ils/elles voulaient

Plus-que-parfait
j'avais voulu
tu avais voulu
il/elle avait voulu
nous avions voulu
vous aviez voulu
ils/elles avaient voulu

Passé simple
je voulus
tu voulus
il/elle voulut
nous voulûmes
vous voulûtes
ils/elles voulurent

Passé antérieur
j'eus voulu
tu eus voulu
il/elle eut voulu
nous eûmes voulu
vous eûtes voulu
ils/elles eurent voulu

Futur simple
je voudrai
tu voudras
il/elle voudra
nous voudrons
vous voudrez
ils/elles voudront

Futur antérieur
j'aurai voulu
tu auras voulu
il/elle aura voulu
nous aurons voulu
vous aurez voulu
ils/elles auront voulu

SUBJONCTIF

Présent
que je veuille
que tu veuilles
qu'il/elle veuille
que nous voulions
que vous vouliez
qu'ils/elles veuillent

Imparfait
que je voulusse
que tu voulusses
qu'il/elle voulût
que nous voulussions
que vous voulussiez
qu'ils/elles voulussent

Passé
que j'aie voulu
que tu aies voulu
qu'il/elle ait voulu
que nous ayons voulu
que vous ayez voulu
qu'ils/elles aient voulu

Plus-que-parfait
que j'eusse voulu
que tu eusses voulu
qu'il/elle eût voulu
que nous eussions voulu
que vous eussiez voulu
qu'ils/elles eussent voulu

CONDITIONNEL

Présent
je voudrais
tu voudrais
il/elle voudrait
nous voudrions
vous voudriez
ils/elles voudraient

Passé 1re forme
j'aurais voulu
tu aurais voulu
il/elle aurait voulu
nous aurions voulu
vous auriez voulu
ils/elles auraient voulu

Passé 2e forme
j'eusse voulu
tu eusses voulu
il/elle eût voulu
nous eussions voulu
vous eussiez voulu
ils/elles eussent voulu

IMPÉRATIF

Présent veux ou veuille
voulons
voulez ou veuillez

Passé aie voulu
ayons voulu
ayez voulu

INFINITIF

Présent vouloir

Passé avoir voulu

PARTICIPE

Présent voulant

Passé voulu / voulue
voulus / voulues

Passé composé ayant voulu

REMARQUE : L'impératif *veux, voulons, voulez* est rare sauf au négatif dans les expressions : *ne m'en veux pas, ne m'en voulez pas*. L'impératif *veuillez* est d'un emploi formel *(veuillez agréer...)*.

INDICATIF

Présent
je sais
tu sais
il/elle sait
nous savons
vous savez
ils/elles savent

Passé composé
j'ai su
tu as su
il/elle a su
nous avons su
vous avez su
ils/elles ont su

Imparfait
je savais
tu savais
il/elle savait
nous savions
vous saviez
ils/elles savaient

Plus-que-parfait
j'avais su
tu avais su
il/elle avait su
nous avions su
vous aviez su
ils/elles avaient su

Passé simple
je sus
tu sus
il/elle sut
nous sûmes
vous sûtes
ils/elles surent

Passé antérieur
j'eus su
tu eus su
il/elle eut su
nous eûmes su
vous eûtes su
ils/elles eurent su

Futur simple
je saurai
tu sauras
il/elle saura
nous saurons
vous saurez
ils/elles sauront

Futur antérieur
j'aurai su
tu auras su
il/elle aura su
nous aurons su
vous aurez su
ils/elles auront su

SUBJONCTIF

Présent
que je sache
que tu saches
qu'il/elle sache
que nous sachions
que vous sachiez
qu'ils/elles sachent

Imparfait
que je susse
que tu susses
qu'il/elle sût
que nous sussions
que vous sussiez
qu'ils/elles sussent

Passé
que j'aie su
que tu aies su
qu'il/elle ait su
que nous ayons su
que vous ayez su
qu'ils/elles aient su

Plus-que-parfait
que j'eusse su
que tu eusses su
qu'il/elle eût su
que nous eussions su
que vous eussiez su
qu'ils/elles eussent su

CONDITIONNEL

Présent
je saurais
tu saurais
il/elle saurait
nous saurions
vous sauriez
ils/elles sauraient

Passé 1ʳᵉ forme
j'aurais su
tu aurais su
il/elle aurait su
nous aurions su
vous auriez su
ils/elles auraient su

Passé 2ᵉ forme
j'eusse su
tu eusses su
il/elle eût su
nous eussions su
vous eussiez su
ils/elles eussent su

IMPÉRATIF

Présent sache
sachons
sachez

Passé aie su
ayons su
ayez su

INFINITIF

Présent savoir

Passé avoir su

PARTICIPE

Présent sachant

Passé su / sue
sus / sues

Passé composé ayant su

INDICATIF

Présent
je peux ou je puis
tu peux
il/elle peut
nous pouvons
vous pouvez
ils/elles peuvent

Passé composé
j'ai pu
tu as pu
il/elle a pu
nous avons pu
vous avez pu
ils/elles ont pu

Imparfait
je pouvais
tu pouvais
il/elle pouvait
nous pouvions
vous pouviez
ils/elles pouvaient

Plus-que-parfait
j'avais pu
tu avais pu
il/elle avait pu
nous avions pu
vous aviez pu
ils/elles avaient pu

Passé simple
je pus
tu pus
il/elle put
nous pûmes
vous pûtes
ils/elles purent

Passé antérieur
j'eus pu
tu eus pu
il/elle eut pu
nous eûmes pu
vous eûtes pu
ils/elles eurent pu

Futur simple
je pourrai
tu pourras
il/elle pourra
nous pourrons
vous pourrez
ils/elles pourront

Futur antérieur
j'aurai pu
tu auras pu
il/elle aura pu
nous aurons pu
vous aurez pu
ils/elles auront pu

SUBJONCTIF

Présent
que je puisse
que tu puisses
qu'il/elle puisse
que nous puissions
que vous puissiez
qu'ils/elles puissent

Imparfait
que je pusse
que tu pusses
qu'il/elle pût
que nous pussions
que vous pussiez
qu'ils/elles pussent

Passé
que j'aie pu
que tu aies pu
qu'il/elle ait pu
que nous ayons pu
que vous ayez pu
qu'ils/elles aient pu

Plus-que-parfait
que j'eusse pu
que tu eusses pu
qu'il/elle eût pu
que nous eussions pu
que vous eussiez pu
qu'ils/elles eussent pu

CONDITIONNEL

Présent
je pourrais
tu pourrais
il/elle pourrait
nous pourrions
vous pourriez
ils/elles pourraient

Passé 1re forme
j'aurais pu
tu aurais pu
il/elle aurait pu
nous aurions pu
vous auriez pu
ils/elles auraient pu

Passé 2e forme
j'eusse pu
tu eusses pu
il/elle eût pu
nous eussions pu
vous eussiez pu
ils/elles eussent pu

IMPÉRATIF

Présent inusité

Passé inusité

INFINITIF

Présent pouvoir

Passé avoir pu

PARTICIPE

Présent pouvant

Passé pu

Passé composé ayant pu

REMARQUE : À la forme interrogative, seule la forme *puis* est en usage *(puis-je venir ?)*. *Puis* est plus recherché que *peux* à la forme négative, et encore plus à l'affirmative.

INDICATIF

Présent
j'ai
tu as
il/elle a
nous avons
vous avez
ils/elles ont

Passé composé
j'ai eu
tu as eu
il/elle a eu
nous avons eu
vous avez eu
ils/elles ont eu

Imparfait
j'avais
tu avais
il/elle avait
nous avions
vous aviez
ils/elles avaient

Plus-que-parfait
j'avais eu
tu avais eu
il/elle avait eu
nous avions eu
vous aviez eu
ils/elles avaient eu

Passé simple
j'eus
tu eus
il/elle eut
nous eûmes
vous eûtes
ils/elles eurent

Passé antérieur
j'eus eu
tu eus eu
il/elle eut eu
nous eûmes eu
vous eûtes eu
ils/elles eurent eu

Futur simple
j'aurai
tu auras
il/elle aura
nous aurons
vous aurez
ils/elles auront

Futur antérieur
j'aurai eu
tu auras eu
il/elle aura eu
nous aurons eu
vous aurez eu
ils/elles auront eu

SUBJONCTIF

Présent
que j'aie
que tu aies
qu'il/elle ait
que nous ayons
que vous ayez
qu'ils/elles aient

Imparfait
que j'eusse
que tu eusses
qu'il/elle eût
que nous eussions
que vous eussiez
qu'ils/elles eussent

Passé
que j'aie eu
que tu aies eu
qu'il/elle ait eu
que nous ayons eu
que vous ayez eu
qu'ils/elles aient eu

Plus-que-parfait
que j'eusse eu
que tu eusses eu
qu'il/elle eût eu
que nous eussions eu
que vous eussiez eu
qu'ils/elles eussent eu

CONDITIONNEL

Présent
j'aurais
tu aurais
il/elle aurait
nous aurions
vous auriez
ils/elles auraient

Passé 1re forme
j'aurais eu
tu aurais eu
il/elle aurait eu
nous aurions eu
vous auriez eu
ils/elles auraient eu

Passé 2e forme
j'eusse eu
tu eusses eu
il/elle eût eu
nous eussions eu
vous eussiez eu
ils/elles eussent eu

IMPÉRATIF

Présent aie
ayons
ayez

Passé aie eu
ayons eu
ayez eu

INFINITIF

Présent avoir

Passé avoir eu

PARTICIPE

Présent ayant

Passé eu / eue
eus / eues

Passé composé ayant eu

REMARQUES : Attention, au subjonctif présent *ayez, ayons* ne prennent pas de i (à la différence de *payions, payiez)*.
• Le passé composé de **avoir** sert à former le passé surcomposé d'autres verbes *(quand j'ai eu fini)*.

INDICATIF

Présent
je conclus
tu conclus
il/elle conclut
nous concluons
vous concluez
ils/elles concluent

Passé composé
j'ai conclu
tu as conclu
il/elle a conclu
nous avons conclu
vous avez conclu
ils/elles ont conclu

Imparfait
je concluais
tu concluais
il/elle concluait
nous concluions
vous concluiez
ils/elles concluaient

Plus-que-parfait
j'avais conclu
tu avais conclu
il/elle avait conclu
nous avions conclu
vous aviez conclu
ils/elles avaient conclu

Passé simple
je conclus
tu conclus
il/elle conclut
nous conclûmes
vous conclûtes
ils/elles conclurent

Passé antérieur
j'eus conclu
tu eus conclu
il/elle eut conclu
nous eûmes conclu
vous eûtes conclu
ils/elles eurent conclu

Futur simple
je conclurai
tu concluras
il/elle conclura
nous conclurons
vous conclurez
ils/elles concluront

Futur antérieur
j'aurai conclu
tu auras conclu
il/elle aura conclu
nous aurons conclu
vous aurez conclu
ils/elles auront conclu

SUBJONCTIF

Présent
que je conclue
que tu conclues
qu'il/elle conclue
que nous concluions
que vous concluiez
qu'ils/elles concluent

Imparfait
que je conclusse
que tu conclusses
qu'il/elle conclût
que nous conclussions
que vous conclussiez
qu'ils/elles conclussent

Passé
que j'aie conclu
que tu aies conclu
qu'il/elle ait conclu
que nous ayons conclu
que vous ayez conclu
qu'ils/elles aient conclu

Plus-que-parfait
que j'eusse conclu
que tu eusses conclu
qu'il/elle eût conclu
que nous eussions conclu
que vous eussiez conclu
qu'ils/elles eussent conclu

CONDITIONNEL

Présent
je conclurais
tu conclurais
il/elle conclurait
nous conclurions
vous concluriez
ils/elles concluraient

Passé 1re forme
j'aurais conclu
tu aurais conclu
il/elle aurait conclu
nous aurions conclu
vous auriez conclu
ils/elles auraient conclu

Passé 2e forme
j'eusse conclu
tu eusses conclu
il/elle eût conclu
nous eussions conclu
vous eussiez conclu
ils/elles eussent conclu

IMPÉRATIF

Présent conclus
concluons
concluez

Passé aie conclu
ayons conclu
ayez conclu

INFINITIF

Présent conclure

Passé avoir conclu

PARTICIPE

Présent concluant

Passé conclu / conclue
conclus / conclues

Passé composé ayant conclu

REMARQUE : Notez que *exclure* et *conclure* font au participe passé *exclu, ue ; conclu, ue* tandis que *inclure* et *occlure* font au participe passé *inclus, use ; occlus, use*.

INDICATIF

Présent
je ris
tu ris
il/elle rit
nous rions
vous riez
ils/elles rient

Passé composé
j'ai ri
tu as ri
il/elle a ri
nous avons ri
vous avez ri
ils/elles ont ri

Imparfait
je riais
tu riais
il/elle riait
nous riions
vous riiez
ils/elles riaient

Plus-que-parfait
j'avais ri
tu avais ri
il/elle avait ri
nous avions ri
vous aviez ri
ils/elles avaient ri

Passé simple
je ris
tu ris
il/elle rit
nous rîmes
vous rîtes
ils/elles rirent

Passé antérieur
j'eus ri
tu eus ri
il/elle eut ri
nous eûmes ri
vous eûtes ri
ils/elles eurent ri

Futur simple
je rirai
tu riras
il/elle rira
nous rirons
vous rirez
ils/elles riront

Futur antérieur
j'aurai ri
tu auras ri
il/elle aura ri
nous aurons ri
vous aurez ri
ils/elles auront ri

SUBJONCTIF

Présent
que je rie
que tu ries
qu'il/elle rie
que nous riions
que vous riiez
qu'ils/elles rient

Imparfait
que je risse
que tu risses
qu'il/elle rît
que nous rissions
que vous rissiez
qu'ils/elles rissent

Passé
que j'aie ri
que tu aies ri
qu'il/elle ait ri
que nous ayons ri
que vous ayez ri
qu'ils/elles aient ri

Plus-que-parfait
que j'eusse ri
que tu eusses ri
qu'il/elle eût ri
que nous eussions ri
que vous eussiez ri
qu'ils/elles eussent ri

CONDITIONNEL

Présent
je rirais
tu rirais
il/elle rirait
nous ririons
vous ririez
ils/elles riraient

Passé 1re forme
j'aurais ri
tu aurais ri
il/elle aurait ri
nous aurions ri
vous auriez ri
ils/elles auraient ri

Passé 2e forme
j'eusse ri
tu eusses ri
il/elle eût ri
nous eussions ri
vous eussiez ri
ils/elles eussent ri

IMPÉRATIF

Présent ris
rions
riez

Passé aie ri
ayons ri
ayez ri

INFINITIF

Présent rire

Passé avoir ri

PARTICIPE

Présent riant

Passé ri

Passé composé ayant ri

REMARQUE : Attention aux deux **i** aux 1re et 2e personnes du pluriel de l'imparfait de l'indicatif et du présent du subjonctif *(nous riions, vous riiez)*.

INDICATIF

Présent
je dis
tu dis
il/elle dit
nous disons
vous dites
ils/elles disent

Passé composé
j'ai dit
tu as dit
il/elle a dit
nous avons dit
vous avez dit
ils/elles ont dit

Imparfait
je disais
tu disais
il/elle disait
nous disions
vous disiez
ils/elles disaient

Plus-que-parfait
j'avais dit
tu avais dit
il/elle avait dit
nous avions dit
vous aviez dit
ils/elles avaient dit

Passé simple
je dis
tu dis
il/elle dit
nous dîmes
vous dîtes
ils/elles dirent

Passé antérieur
j'eus dit
tu eus dit
il/elle eut dit
nous eûmes dit
vous eûtes dit
ils/elles eurent dit

Futur simple
je dirai
tu diras
il/elle dira
nous dirons
vous direz
ils/elles diront

Futur antérieur
j'aurai dit
tu auras dit
il/elle aura dit
nous aurons dit
vous aurez dit
ils/elles auront dit

SUBJONCTIF

Présent
que je dise
que tu dises
qu'il/elle dise
que nous disions
que vous disiez
qu'ils/elles disent

Imparfait
que je disse
que tu disses
qu'il/elle dît
que nous dissions
que vous dissiez
qu'ils/elles dissent

Passé
que j'aie dit
que tu aies dit
qu'il/elle ait dit
que nous ayons dit
que vous ayez dit
qu'ils/elles aient dit

Plus-que-parfait
que j'eusse dit
que tu eusses dit
qu'il/elle eût dit
que nous eussions dit
que vous eussiez dit
qu'ils/elles eussent dit

CONDITIONNEL

Présent
je dirais
tu dirais
il/elle dirait
nous dirions
vous diriez
ils/elles diraient

Passé 1re forme
j'aurais dit
tu aurais dit
il/elle aurait dit
nous aurions dit
vous auriez dit
ils/elles auraient dit

Passé 2e forme
j'eusse dit
tu eusses dit
il/elle eût dit
nous eussions dit
vous eussiez dit
ils/elles eussent dit

IMPÉRATIF

Présent dis
disons
dites

Passé aie dit
ayons dit
ayez dit

INFINITIF

Présent dire

Passé avoir dit

PARTICIPE

Présent disant

Passé dit / dite
dits / dites

Passé composé ayant dit

REMARQUES : *Médire, contredire, dédire, interdire, prédire* se conjuguent comme **dire** sauf au présent de l'indicatif et de l'impératif à la 2e personne du pluriel : *médisez, contredisez, dédisez, interdisez, prédisez*. Mais *redire* fait *vous redites*.
• *Maudire* se conjugue comme **finir** sauf au participe passé *(maudit, ite)* et à l'infinitif.
• Les 2e personnes du pluriel du présent de l'indicatif et de l'impératif sont irrégulières : *(vous) dites*.

INDICATIF

Présent
je suffis
tu suffis
il/elle suffit
nous suffisons
vous suffisez
ils/elles suffisent

Passé composé
j'ai suffi
tu as suffi
il/elle a suffi
nous avons suffi
vous avez suffi
ils/elles ont suffi

Imparfait
je suffisais
tu suffisais
il/elle suffisait
nous suffisions
vous suffisiez
ils/elles suffisaient

Plus-que-parfait
j'avais suffi
tu avais suffi
il/elle avait suffi
nous avions suffi
vous aviez suffi
ils/elles avaient suffi

Passé simple
je suffis
tu suffis
il/elle suffit
nous suffîmes
vous suffîtes
ils/elles suffirent

Passé antérieur
j'eus suffi
tu eus suffi
il/elle eut suffi
nous eûmes suffi
vous eûtes suffi
ils/elles eurent suffi

Futur simple
je suffirai
tu suffiras
il/elle suffira
nous suffirons
vous suffirez
ils/elles suffiront

Futur antérieur
j'aurai suffi
tu auras suffi
il/elle aura suffi
nous aurons suffi
vous aurez suffi
ils/elles auront suffi

SUBJONCTIF

Présent
que je suffise
que tu suffises
qu'il/elle suffise
que nous suffisions
que vous suffisiez
qu'ils/elles suffisent

Imparfait
que je suffisse
que tu suffisses
qu'il/elle suffît
que nous suffissions
que vous suffissiez
qu'ils/elles suffissent

Passé
que j'aie suffi
que tu aies suffi
qu'il/elle ait suffi
que nous ayons suffi
que vous ayez suffi
qu'ils/elles aient suffi

Plus-que-parfait
que j'eusse suffi
que tu eusses suffi
qu'il/elle eût suffi
que nous eussions suffi
que vous eussiez suffi
qu'ils/elles eussent suffi

CONDITIONNEL

Présent
je suffirais
tu suffirais
il/elle suffirait
nous suffirions
vous suffiriez
ils/elles suffiraient

Passé 1re forme
j'aurais suffi
tu aurais suffi
il/elle aurait suffi
nous aurions suffi
vous auriez suffi
ils/elles auraient suffi

Passé 2e forme
j'eusse suffi
tu eusses suffi
il/elle eût suffi
nous eussions suffi
vous eussiez suffi
ils/elles eussent suffi

IMPÉRATIF

Présent suffis
suffisons
suffisez

Passé aie suffi
ayons suffi
ayez suffi

INFINITIF

Présent suffire

Passé avoir suffi

PARTICIPE

Présent suffisant

Passé suffi

Passé composé ayant suffi

REMARQUE : Cette série comprend les verbes *suffire, confire et circoncire*, qui diffèrent cependant par leurs participes passés : *suffi* (invar.) ; *confit, ite ; circoncis, ise* (variables).

INDICATIF

Présent
je nuis
tu nuis
il/elle nuit
nous nuisons
vous nuisez
ils/elles nuisent

Passé composé
j'ai nui
tu as nui
il/elle a nui
nous avons nui
vous avez nui
ils/elles ont nui

Imparfait
je nuisais
tu nuisais
il/elle nuisait
nous nuisions
vous nuisiez
ils/elles nuisaient

Plus-que-parfait
j'avais nui
tu avais nui
il/elle avait nui
nous avions nui
vous aviez nui
ils/elles avaient nui

Passé simple
je nuisis
tu nuisis
il/elle nuisit
nous nuisîmes
vous nuisîtes
ils/elles nuisirent

Passé antérieur
j'eus nui
tu eus nui
il/elle eut nui
nous eûmes nui
vous eûtes nui
ils/elles eurent nui

Futur simple
je nuirai
tu nuiras
il/elle nuira
nous nuirons
vous nuirez
ils/elles nuiront

Futur antérieur
j'aurai nui
tu auras nui
il/elle aura nui
nous aurons nui
vous aurez nui
ils/elles auront nui

SUBJONCTIF

Présent
que je nuise
que tu nuises
qu'il/elle nuise
que nous nuisions
que vous nuisiez
qu'ils/elles nuisent

Imparfait
que je nuisisse
que tu nuisisses
qu'il/elle nuisît
que nous nuisissions
que vous nuisissiez
qu'ils/elles nuisissent

Passé
que j'aie nui
que tu aies nui
qu'il/elle ait nui
que nous ayons nui
que vous ayez nui
qu'ils/elles aient nui

Plus-que-parfait
que j'eusse nui
que tu eusses nui
qu'il/elle eût nui
que nous eussions nui
que vous eussiez nui
qu'ils/elles eussent nui

CONDITIONNEL

Présent
je nuirais
tu nuirais
il/elle nuirait
nous nuirions
vous nuiriez
ils/elles nuiraient

Passé 1ʳᵉ forme
j'aurais nui
tu aurais nui
il/elle aurait nui
nous aurions nui
vous auriez nui
ils/elles auraient nui

Passé 2ᵉ forme
j'eusse nui
tu eusses nui
il/elle eût nui
nous eussions nui
vous eussiez nui
ils/elles eussent nui

IMPÉRATIF

Présent nuis
nuisons
nuisez

Passé aie nui
ayons nui
ayez nui

INFINITIF

Présent nuire

Passé avoir nui

PARTICIPE

Présent nuisant

Passé nui

Passé composé ayant nui

REMARQUE : *Nuire*, *luire* et *reluire* ont un participe passé invariable.

INDICATIF

Présent
je conduis
tu conduis
il/elle conduit
nous conduisons
vous conduisez
ils/elles conduisent

Passé composé
j'ai conduit
tu as conduit
il/elle a conduit
nous avons conduit
vous avez conduit
ils/elles ont conduit

Imparfait
je conduisais
tu conduisais
il/elle conduisait
nous conduisions
vous conduisiez
ils/elles conduisaient

Plus-que-parfait
j'avais conduit
tu avais conduit
il/elle avait conduit
nous avions conduit
vous aviez conduit
ils/elles avaient conduit

Passé simple
je conduisis
tu conduisis
il/elle conduisit
nous conduisîmes
vous conduisîtes
ils/elles conduisirent

Passé antérieur
j'eus conduit
tu eus conduit
il/elle eut conduit
nous eûmes conduit
vous eûtes conduit
ils/elles eurent conduit

Futur simple
je conduirai
tu conduiras
il/elle conduira
nous conduirons
vous conduirez
ils/elles conduiront

Futur antérieur
j'aurai conduit
tu auras conduit
il/elle aura conduit
nous aurons conduit
vous aurez conduit
ils/elles auront conduit

SUBJONCTIF

Présent
que je conduise
que tu conduises
qu'il/elle conduise
que nous conduisions
que vous conduisiez
qu'ils/elles conduisent

Imparfait
que je conduisisse
que tu conduisisses
qu'il/elle conduisît
que nous conduisissions
que vous conduisissiez
qu'ils/elles conduisissent

Passé
que j'aie conduit
que tu aies conduit
qu'il/elle ait conduit
que nous ayons conduit
que vous ayez conduit
qu'ils/elles aient conduit

Plus-que-parfait
que j'eusse conduit
que tu eusses conduit
qu'il/elle eût conduit
que nous eussions conduit
que vous eussiez conduit
qu'ils/elles eussent conduit

CONDITIONNEL

Présent
je conduirais
tu conduirais
il/elle conduirait
nous conduirions
vous conduiriez
ils/elles conduiraient

Passé 1ʳᵉ forme
j'aurais conduit
tu aurais conduit
il/elle aurait conduit
nous aurions conduit
vous auriez conduit
ils/elles auraient conduit

Passé 2ᵉ forme
j'eusse conduit
tu eusses conduit
il/elle eût conduit
nous eussions conduit
vous eussiez conduit
ils/elles eussent conduit

IMPÉRATIF

Présent conduis
conduisons
conduisez

Passé aie conduit
ayons conduit
ayez conduit

INFINITIF

Présent conduire

Passé avoir conduit

PARTICIPE

Présent conduisant

Passé conduit / conduite
conduits / conduites

Passé composé ayant conduit

INDICATIF

Présent
j'écris
tu écris
il/elle écrit
nous écrivons
vous écrivez
ils/elles écrivent

Passé composé
j'ai écrit
tu as écrit
il/elle a écrit
nous avons écrit
vous avez écrit
ils/elles ont écrit

Imparfait
j'écrivais
tu écrivais
il/elle écrivait
nous écrivions
vous écriviez
ils/elles écrivaient

Plus-que-parfait
j'avais écrit
tu avais écrit
il/elle avait écrit
nous avions écrit
vous aviez écrit
ils/elles avaient écrit

Passé simple
j'écrivis
tu écrivis
il/elle écrivit
nous écrivîmes
vous écrivîtes
ils/elles écrivirent

Passé antérieur
j'eus écrit
tu eus écrit
il/elle eut écrit
nous eûmes écrit
vous eûtes écrit
ils/elles eurent écrit

Futur simple
j'écrirai
tu écriras
il/elle écrira
nous écrirons
vous écrirez
ils/elles écriront

Futur antérieur
j'aurai écrit
tu auras écrit
il/elle aura écrit
nous aurons écrit
vous aurez écrit
ils/elles auront écrit

SUBJONCTIF

Présent
que j'écrive
que tu écrives
qu'il/elle écrive
que nous écrivions
que vous écriviez
qu'ils/elles écrivent

Imparfait
que j'écrivisse
que tu écrivisses
qu'il/elle écrivît
que nous écrivissions
que vous écrivissiez
qu'ils/elles écrivissent

Passé
que j'aie écrit
que tu aies écrit
qu'il/elle ait écrit
que nous ayons écrit
que vous ayez écrit
qu'ils/elles aient écrit

Plus-que-parfait
que j'eusse écrit
que tu eusses écrit
qu'il/elle eût écrit
que nous eussions écrit
que vous eussiez écrit
qu'ils/elles eussent écrit

CONDITIONNEL

Présent
j'écrirais
tu écrirais
il/elle écrirait
nous écririons
vous écririez
ils/elles écriraient

Passé 1ʳᵉ forme
j'aurais écrit
tu aurais écrit
il/elle aurait écrit
nous aurions écrit
vous auriez écrit
ils/elles auraient écrit

Passé 2ᵉ forme
j'eusse écrit
tu eusses écrit
il/elle eût écrit
nous eussions écrit
vous eussiez écrit
ils/elles eussent écrit

IMPÉRATIF

Présent écris
écrivons
écrivez

Passé aie écrit
ayons écrit
ayez écrit

INFINITIF

Présent écrire

Passé avoir écrit

PARTICIPE

Présent écrivant

Passé écrit / écrite
écrits / écrites

Passé composé ayant écrit

INDICATIF

Présent
je suis
tu suis
il/elle suit
nous suivons
vous suivez
ils/elles suivent

Passé composé
j'ai suivi
tu as suivi
il/elle a suivi
nous avons suivi
vous avez suivi
ils/elles ont suivi

Imparfait
je suivais
tu suivais
il/elle suivait
nous suivions
vous suiviez
ils/elles suivaient

Plus-que-parfait
j'avais suivi
tu avais suivi
il/elle avait suivi
nous avions suivi
vous aviez suivi
ils/elles avaient suivi

Passé simple
je suivis
tu suivis
il/elle suivit
nous suivîmes
vous suivîtes
ils/elles suivirent

Passé antérieur
j'eus suivi
tu eus suivi
il/elle eut suivi
nous eûmes suivi
vous eûtes suivi
ils/elles eurent suivi

Futur simple
je suivrai
tu suivras
il/elle suivra
nous suivrons
vous suivrez
ils/elles suivront

Futur antérieur
j'aurai suivi
tu auras suivi
il/elle aura suivi
nous aurons suivi
vous aurez suivi
ils/elles auront suivi

SUBJONCTIF

Présent
que je suive
que tu suives
qu'il/elle suive
que nous suivions
que vous suiviez
qu'ils/elles suivent

Imparfait
que je suivisse
que tu suivisses
qu'il/elle suivît
que nous suivissions
que vous suivissiez
qu'ils/elles suivissent

Passé
que j'aie suivi
que tu aies suivi
qu'il/elle ait suivi
que nous ayons suivi
que vous ayez suivi
qu'ils/elles aient suivi

Plus-que-parfait
que j'eusse suivi
que tu eusses suivi
qu'il/elle eût suivi
que nous eussions suivi
que vous eussiez suivi
qu'ils/elles eussent suivi

CONDITIONNEL

Présent
je suivrais
tu suivrais
il/elle suivrait
nous suivrions
vous suivriez
ils/elles suivraient

Passé 1re forme
j'aurais suivi
tu aurais suivi
il/elle aurait suivi
nous aurions suivi
vous auriez suivi
ils/elles auraient suivi

Passé 2e forme
j'eusse suivi
tu eusses suivi
il/elle eût suivi
nous eussions suivi
vous eussiez suivi
ils/elles eussent suivi

IMPÉRATIF

Présent suis
suivons
suivez

Passé aie suivi
ayons suivi
ayez suivi

INFINITIF

Présent suivre

Passé avoir suivi

PARTICIPE

Présent suivant

Passé suivi / suivie
suivis / suivies

Passé composé ayant suivi

REMARQUE : Cette série regroupe les composés de *suivre*. *S'ensuivre*, verbe pronominal, forme ses temps composés avec *être* et n'est employé qu'aux 3e personnes et à l'infinitif.

INDICATIF

Présent
je rends
tu rends
il/elle rend
nous rendons
vous rendez
ils/elles rendent

Passé composé
j'ai rendu
tu as rendu
il/elle a rendu
nous avons rendu
vous avez rendu
ils/elles ont rendu

Imparfait
je rendais
tu rendais
il/elle rendait
nous rendions
vous rendiez
ils/elles rendaient

Plus-que-parfait
j'avais rendu
tu avais rendu
il/elle avait rendu
nous avions rendu
vous aviez rendu
ils/elles avaient rendu

Passé simple
je rendis
tu rendis
il/elle rendit
nous rendîmes
vous rendîtes
ils/elles rendirent

Passé antérieur
j'eus rendu
tu eus rendu
il/elle eut rendu
nous eûmes rendu
vous eûtes rendu
ils/elles eurent rendu

Futur simple
je rendrai
tu rendras
il/elle rendra
nous rendrons
vous rendrez
ils/elles rendront

Futur antérieur
j'aurai rendu
tu auras rendu
il/elle aura rendu
nous aurons rendu
vous aurez rendu
ils/elles auront rendu

SUBJONCTIF

Présent
que je rende
que tu rendes
qu'il/elle rende
que nous rendions
que vous rendiez
qu'ils/elles rendent

Imparfait
que je rendisse
que tu rendisses
qu'il/elle rendît
que nous rendissions
que vous rendissiez
qu'ils/elles rendissent

Passé
que j'aie rendu
que tu aies rendu
qu'il/elle ait rendu
que nous ayons rendu
que vous ayez rendu
qu'ils/elles aient rendu

Plus-que-parfait
que j'eusse rendu
que tu eusses rendu
qu'il/elle eût rendu
que nous eussions rendu
que vous eussiez rendu
qu'ils/elles eussent rendu

CONDITIONNEL

Présent
je rendrais
tu rendrais
il/elle rendrait
nous rendrions
vous rendriez
ils/elles rendraient

Passé 1re forme
j'aurais rendu
tu aurais rendu
il/elle aurait rendu
nous aurions rendu
vous auriez rendu
ils/elles auraient rendu

Passé 2e forme
j'eusse rendu
tu eusses rendu
il/elle eût rendu
nous eussions rendu
vous eussiez rendu
ils/elles eussent rendu

IMPÉRATIF

Présent rends
rendons
rendez

Passé aie rendu
ayons rendu
ayez rendu

INFINITIF

Présent rendre

Passé avoir rendu

PARTICIPE

Présent rendant

Passé rendu / rendue
rendus / rendues

Passé composé ayant rendu

REMARQUE : Cette série comprend les verbes en **-endre** (sauf *prendre* et ses dérivés), **-andre** (ex. *répandre*), **-erdre** (ex. *perdre*), **-ondre** (ex. *répondre*), et **-ordre** (ex. *mordre*).

INDICATIF

Présent
je romps
tu romps
il/elle rompt
nous rompons
vous rompez
ils/elles rompent

Passé composé
j'ai rompu
tu as rompu
il/elle a rompu
nous avons rompu
vous avez rompu
ils/elles ont rompu

Imparfait
je rompais
tu rompais
il/elle rompait
nous rompions
vous rompiez
ils/elles rompaient

Plus-que-parfait
j'avais rompu
tu avais rompu
il/elle avait rompu
nous avions rompu
vous aviez rompu
ils/elles avaient rompu

Passé simple
je rompis
tu rompis
il/elle rompit
nous rompîmes
vous rompîtes
ils/elles rompirent

Passé antérieur
j'eus rompu
tu eus rompu
il/elle eut rompu
nous eûmes rompu
vous eûtes rompu
ils/elles eurent rompu

Futur simple
je romprai
tu rompras
il/elle rompra
nous romprons
vous romprez
ils/elles rompront

Futur antérieur
j'aurai rompu
tu auras rompu
il/elle aura rompu
nous aurons rompu
vous aurez rompu
ils/elles auront rompu

SUBJONCTIF

Présent
que je rompe
que tu rompes
qu'il/elle rompe
que nous rompions
que vous rompiez
qu'ils/elles rompent

Imparfait
que je rompisse
que tu rompisses
qu'il/elle rompît
que nous rompissions
que vous rompissiez
qu'ils/elles rompissent

Passé
que j'aie rompu
que tu aies rompu
qu'il/elle ait rompu
que nous ayons rompu
que vous ayez rompu
qu'ils/elles aient rompu

Plus-que-parfait
que j'eusse rompu
que tu eusses rompu
qu'il/elle eût rompu
que nous eussions rompu
que vous eussiez rompu
qu'ils/elles eussent rompu

CONDITIONNEL

Présent
je romprais
tu romprais
il/elle romprait
nous romprions
vous rompriez
ils/elles rompraient

Passé 1re forme
j'aurais rompu
tu aurais rompu
il/elle aurait rompu
nous aurions rompu
vous auriez rompu
ils/elles auraient rompu

Passé 2e forme
j'eusse rompu
tu eusses rompu
il/elle eût rompu
nous eussions rompu
vous eussiez rompu
ils/elles eussent rompu

IMPÉRATIF

Présent romps
rompons
rompez

Passé aie rompu
ayons rompu
ayez rompu

INFINITIF

Présent rompre

Passé avoir rompu

PARTICIPE

Présent rompant

Passé rompu / rompue
rompus / rompues

Passé composé ayant rompu

REMARQUE : Les composés de *rompre (corrompre, interrompre)* se conjuguent sur ce modèle.

INDICATIF

Présent
je bats
tu bats
il/elle bat
nous battons
vous battez
ils/elles battent

Passé composé
j'ai battu
tu as battu
il/elle a battu
nous avons battu
vous avez battu
ils/elles ont battu

Imparfait
je battais
tu battais
il/elle battait
nous battions
vous battiez
ils/elles battaient

Plus-que-parfait
j'avais battu
tu avais battu
il/elle avait battu
nous avions battu
vous aviez battu
ils/elles avaient battu

Passé simple
je battis
tu battis
il/elle battit
nous battîmes
vous battîtes
ils/elles battirent

Passé antérieur
j'eus battu
tu eus battu
il/elle eut battu
nous eûmes battu
vous eûtes battu
ils/elles eurent battu

Futur simple
je battrai
tu battras
il/elle battra
nous battrons
vous battrez
ils/elles battront

Futur antérieur
j'aurai battu
tu auras battu
il/elle aura battu
nous aurons battu
vous aurez battu
ils/elles auront battu

SUBJONCTIF

Présent
que je batte
que tu battes
qu'il/elle batte
que nous battions
que vous battiez
qu'ils/elles battent

Imparfait
que je battisse
que tu battisses
qu'il/elle battît
que nous battissions
que vous battissiez
qu'ils/elles battissent

Passé
que j'aie battu
que tu aies battu
qu'il/elle ait battu
que nous ayons battu
que vous ayez battu
qu'ils/elles aient battu

Plus-que-parfait
que j'eusse battu
que tu eusses battu
qu'il/elle eût battu
que nous eussions battu
que vous eussiez battu
qu'ils/elles eussent battu

CONDITIONNEL

Présent
je battrais
tu battrais
il/elle battrait
nous battrions
vous battriez
ils/elles battraient

Passé 1re forme
j'aurais battu
tu aurais battu
il/elle aurait battu
nous aurions battu
vous auriez battu
ils/elles auraient battu

Passé 2e forme
j'eusse battu
tu eusses battu
il/elle eût battu
nous eussions battu
vous eussiez battu
ils/elles eussent battu

IMPÉRATIF

Présent bats
battons
battez

Passé aie battu
ayons battu
ayez battu

INFINITIF

Présent battre

Passé avoir battu

PARTICIPE

Présent battant

Passé battu / battue
battus / battues

Passé composé ayant battu

REMARQUE : Cette série comprend les composés du verbe *battre*.

INDICATIF

Présent
je vaincs
tu vaincs
il/elle vainc
nous vainquons
vous vainquez
ils/elles vainquent

Passé composé
j'ai vaincu
tu as vaincu
il/elle a vaincu
nous avons vaincu
vous avez vaincu
ils/elles ont vaincu

Imparfait
je vainquais
tu vainquais
il/elle vainquait
nous vainquions
vous vainquiez
ils/elles vainquaient

Plus-que-parfait
j'avais vaincu
tu avais vaincu
il/elle avait vaincu
nous avions vaincu
vous aviez vaincu
ils/elles avaient vaincu

Passé simple
je vainquis
tu vainquis
il/elle vainquit
nous vainquîmes
vous vainquîtes
ils/elles vainquirent

Passé antérieur
j'eus vaincu
tu eus vaincu
il/elle eut vaincu
nous eûmes vaincu
vous eûtes vaincu
ils/elles eurent vaincu

Futur simple
je vaincrai
tu vaincras
il/elle vaincra
nous vaincrons
vous vaincrez
ils/elles vaincront

Futur antérieur
j'aurai vaincu
tu auras vaincu
il/elle aura vaincu
nous aurons vaincu
vous aurez vaincu
ils/elles auront vaincu

SUBJONCTIF

Présent
que je vainque
que tu vainques
qu'il/elle vainque
que nous vainquions
que vous vainquiez
qu'ils/elles vainquent

Imparfait
que je vainquisse
que tu vainquisses
qu'il/elle vainquît
que nous vainquissions
que vous vainquissiez
qu'ils/elles vainquissent

Passé
que j'aie vaincu
que tu aies vaincu
qu'il/elle ait vaincu
que nous ayons vaincu
que vous ayez vaincu
qu'ils/elles aient vaincu

Plus-que-parfait
que j'eusse vaincu
que tu eusses vaincu
qu'il/elle eût vaincu
que nous eussions vaincu
que vous eussiez vaincu
qu'ils/elles eussent vaincu

CONDITIONNEL

Présent
je vaincrais
tu vaincrais
il/elle vaincrait
nous vaincrions
vous vaincriez
ils/elles vaincraient

Passé 1re forme
j'aurais vaincu
tu aurais vaincu
il/elle aurait vaincu
nous aurions vaincu
vous auriez vaincu
ils/elles auraient vaincu

Passé 2e forme
j'eusse vaincu
tu eusses vaincu
il/elle eût vaincu
nous eussions vaincu
vous eussiez vaincu
ils/elles eussent vaincu

IMPÉRATIF

Présent vaincs
vainquons
vainquez

Passé aie vaincu
ayons vaincu
ayez vaincu

INFINITIF

Présent vaincre

Passé avoir vaincu

PARTICIPE

Présent vainquant

Passé vaincu / vaincue
vaincus / vaincues

Passé composé ayant vaincu

REMARQUES : Cette série comprend *vaincre* et *convaincre*.
- Devant une voyelle autre que **u** prononcé, le son [k] se note **qu** (ex. *nous vainquons, je vainquis*).
- À la 3e personne du singulier du présent de l'indicatif, *vaincre* et *convaincre* ne prennent pas de **-t** *(il vainc, il convainc)*.

INDICATIF

Présent
je lis
tu lis
il/elle lit
nous lisons
vous lisez
ils/elles lisent

Passé composé
j'ai lu
tu as lu
il/elle a lu
nous avons lu
vous avez lu
ils/elles ont lu

Imparfait
je lisais
tu lisais
il/elle lisait
nous lisions
vous lisiez
ils/elles lisaient

Plus-que-parfait
j'avais lu
tu avais lu
il/elle avait lu
nous avions lu
vous aviez lu
ils/elles avaient lu

Passé simple
je lus
tu lus
il/elle lut
nous lûmes
vous lûtes
ils/elles lurent

Passé antérieur
j'eus lu
tu eus lu
il/elle eut lu
nous eûmes lu
vous eûtes lu
ils/elles eurent lu

Futur simple
je lirai
tu liras
il/elle lira
nous lirons
vous lirez
ils/elles liront

Futur antérieur
j'aurai lu
tu auras lu
il/elle aura lu
nous aurons lu
vous aurez lu
ils/elles auront lu

SUBJONCTIF

Présent
que je lise
que tu lises
qu'il/elle lise
que nous lisions
que vous lisiez
qu'ils/elles lisent

Imparfait
que je lusse
que tu lusses
qu'il/elle lût
que nous lussions
que vous lussiez
qu'ils/elles lussent

Passé
que j'aie lu
que tu aies lu
qu'il/elle ait lu
que nous ayons lu
que vous ayez lu
qu'ils/elles aient lu

Plus-que-parfait
que j'eusse lu
que tu eusses lu
qu'il/elle eût lu
que nous eussions lu
que vous eussiez lu
qu'ils/elles eussent lu

CONDITIONNEL

Présent
je lirais
tu lirais
il/elle lirait
nous lirions
vous liriez
ils/elles liraient

Passé 1re forme
j'aurais lu
tu aurais lu
il/elle aurait lu
nous aurions lu
vous auriez lu
ils/elles auraient lu

Passé 2e forme
j'eusse lu
tu eusses lu
il/elle eût lu
nous eussions lu
vous eussiez lu
ils/elles eussent lu

IMPÉRATIF

Présent lis
lisons
lisez

Passé aie lu
ayons lu
ayez lu

INFINITIF

Présent lire

Passé avoir lu

PARTICIPE

Présent lisant

Passé lu / lue
lus / lues

Passé composé ayant lu

REMARQUE : Cette série regroupe les composés de *lire*.

INDICATIF

Présent
je crois
tu crois
il/elle croit
nous croyons
vous croyez
ils/elles croient

Passé composé
j'ai cru
tu as cru
il/elle a cru
nous avons cru
vous avez cru
ils/elles ont cru

Imparfait
je croyais
tu croyais
il/elle croyait
nous croyions
vous croyiez
ils/elles croyaient

Plus-que-parfait
j'avais cru
tu avais cru
il/elle avait cru
nous avions cru
vous aviez cru
ils/elles avaient cru

Passé simple
je crus
tu crus
il/elle crut
nous crûmes
vous crûtes
ils/elles crurent

Passé antérieur
j'eus cru
tu eus cru
il/elle eut cru
nous eûmes cru
vous eûtes cru
ils/elles eurent cru

Futur simple
je croirai
tu croiras
il/elle croira
nous croirons
vous croirez
ils/elles croiront

Futur antérieur
j'aurai cru
tu auras cru
il/elle aura cru
nous aurons cru
vous aurez cru
ils/elles auront cru

SUBJONCTIF

Présent
que je croie
que tu croies
qu'il/elle croie
que nous croyions
que vous croyiez
qu'ils/elles croient

Imparfait
que je crusse
que tu crusses
qu'il/elle crût
que nous crussions
que vous crussiez
qu'ils/elles crussent

Passé
que j'aie cru
que tu aies cru
qu'il/elle ait cru
que nous ayons cru
que vous ayez cru
qu'ils/elles aient cru

Plus-que-parfait
que j'eusse cru
que tu eusses cru
qu'il/elle eût cru
que nous eussions cru
que vous eussiez cru
qu'ils/elles eussent cru

CONDITIONNEL

Présent
je croirais
tu croirais
il/elle croirait
nous croirions
vous croiriez
ils/elles croiraient

Passé 1ʳᵉ forme
j'aurais cru
tu aurais cru
il/elle aurait cru
nous aurions cru
vous auriez cru
ils/elles auraient cru

Passé 2ᵉ forme
j'eusse cru
tu eusses cru
il/elle eût cru
nous eussions cru
vous eussiez cru
ils/elles eussent cru

IMPÉRATIF

Présent crois
croyons
croyez

Passé aie cru
ayons cru
ayez cru

INFINITIF

Présent croire

Passé avoir cru

PARTICIPE

Présent croyant

Passé cru / crue
crus / crues

Passé composé ayant cru

REMARQUE : Attention de ne pas oublier le **i** aux 1ʳᵉ et 2ᵉ personnes du pluriel de l'imparfait de l'indicatif et du présent du subjonctif *(nous croyions, vous croyiez)*.

INDICATIF

Présent
je clos
tu clos
il/elle clôt
—
—
ils/elles closent

Passé composé
j'ai clos
tu as clos
il/elle a clos
nous avons clos
vous avez clos
ils/elles ont clos

Imparfait
inusité

Plus-que-parfait
j'avais clos
tu avais clos
il/elle avait clos
nous avions clos
vous aviez clos
ils/elles avaient clos

Passé simple
inusité

Passé antérieur
j'eus clos
tu eus clos
il/elle eut clos
nous eûmes clos
vous eûtes clos
ils/elles eurent clos

Futur simple
je clorai
tu cloras
il/elle clora
nous clorons
vous clorez
ils/elles cloront

Futur antérieur
j'aurai clos
tu auras clos
il/elle aura clos
nous aurons clos
vous aurez clos
ils/elles auront clos

SUBJONCTIF

Présent
que je close
que tu closes
qu'il/elle close
que nous closions
que vous closiez
qu'ils/elles closent

Imparfait
inusité

Passé
que j'aie clos
que tu aies clos
qu'il/elle ait clos
que nous ayons clos
que vous ayez clos
qu'ils/elles aient clos

Plus-que-parfait
que j'eusse clos
que tu eusses clos
qu'il/elle eût clos
que nous eussions clos
que vous eussiez clos
qu'ils/elles eussent clos

CONDITIONNEL

Présent
je clorais
tu clorais
il/elle clorait
nous clorions
vous cloriez
ils/elles cloraient

Passé 1re forme
j'aurais clos
tu aurais clos
il/elle aurait clos
nous aurions clos
vous auriez clos
ils/elles auraient clos

Passé 2e forme
j'eusse clos
tu eusses clos
il/elle eût clos
nous eussions clos
vous eussiez clos
ils/elles eussent clos

IMPÉRATIF

Présent clos
—
—

Passé aie clos
ayons clos
ayez clos

INFINITIF

Présent clore

Passé avoir clos

PARTICIPE

Présent closant

Passé clos / close
clos / closes

Passé composé ayant clos

REMARQUES : Cette série comprend le verbe *clore* et ses composés *déclore, éclore, enclore, forclore*.
• *Éclore* s'emploie surtout à l'infinitif, au présent et au participe passé, *forclore* à l'infinitif et au participe passé.
• Au présent de l'indicatif on écrit : *il éclot, il enclot, il déclot* sans accent circonflexe mais *il clôt* en prend un.

INDICATIF

Présent
je vis
tu vis
il/elle vit
nous vivons
vous vivez
ils/elles vivent

Passé composé
j'ai vécu
tu as vécu
il/elle a vécu
nous avons vécu
vous avez vécu
ils/elles ont vécu

Imparfait
je vivais
tu vivais
il/elle vivait
nous vivions
vous viviez
ils/elles vivaient

Plus-que-parfait
j'avais vécu
tu avais vécu
il/elle avait vécu
nous avions vécu
vous aviez vécu
ils/elles avaient vécu

Passé simple
je vécus
tu vécus
il/elle vécut
nous vécûmes
vous vécûtes
ils/elles vécurent

Passé antérieur
j'eus vécu
tu eus vécu
il/elle eut vécu
nous eûmes vécu
vous eûtes vécu
ils/elles eurent vécu

Futur simple
je vivrai
tu vivras
il/elle vivra
nous vivrons
vous vivrez
ils/elles vivront

Futur antérieur
j'aurai vécu
tu auras vécu
il/elle aura vécu
nous aurons vécu
vous aurez vécu
ils/elles auront vécu

SUBJONCTIF

Présent
que je vive
que tu vives
qu'il/elle vive
que nous vivions
que vous viviez
qu'ils/elles vivent

Imparfait
que je vécusse
que tu vécusses
qu'il/elle vécût
que nous vécussions
que vous vécussiez
qu'ils/elles vécussent

Passé
que j'aie vécu
que tu aies vécu
qu'il/elle ait vécu
que nous ayons vécu
que vous ayez vécu
qu'ils/elles aient vécu

Plus-que-parfait
que j'eusse vécu
que tu eusses vécu
qu'il/elle eût vécu
que nous eussions vécu
que vous eussiez vécu
qu'ils/elles eussent vécu

CONDITIONNEL

Présent
je vivrais
tu vivrais
il/elle vivrait
nous vivrions
vous vivriez
ils/elles vivraient

Passé 1re forme
j'aurais vécu
tu aurais vécu
il/elle aurait vécu
nous aurions vécu
vous auriez vécu
ils/elles auraient vécu

Passé 2e forme
j'eusse vécu
tu eusses vécu
il/elle eût vécu
nous eussions vécu
vous eussiez vécu
ils/elles eussent vécu

IMPÉRATIF

Présent vis
vivons
vivez

Passé aie vécu
ayons vécu
ayez vécu

INFINITIF

Présent vivre

Passé avoir vécu

PARTICIPE

Présent vivant

Passé vécu / vécue
vécus / vécues

Passé composé ayant vécu

REMARQUES : Cette série regroupe les composés de *vivre*.
• *Survivre* a un participe passé invariable *survécu*.

INDICATIF

Présent
je mouds
tu mouds
il/elle moud
nous moulons
vous moulez
ils/elles moulent

Passé composé
j'ai moulu
tu as moulu
il/elle a moulu
nous avons moulu
vous avez moulu
ils/elles ont moulu

Imparfait
je moulais
tu moulais
il/elle moulait
nous moulions
vous mouliez
ils/elles moulaient

Plus-que-parfait
j'avais moulu
tu avais moulu
il/elle avait moulu
nous avions moulu
vous aviez moulu
ils/elles avaient moulu

Passé simple
je moulus
tu moulus
il/elle moulut
nous moulûmes
vous moulûtes
ils/elles moulurent

Passé antérieur
j'eus moulu
tu eus moulu
il/elle eut moulu
nous eûmes moulu
vous eûtes moulu
ils/elles eurent moulu

Futur simple
je moudrai
tu moudras
il/elle moudra
nous moudrons
vous moudrez
ils/elles moudront

Futur antérieur
j'aurai moulu
tu auras moulu
il/elle aura moulu
nous aurons moulu
vous aurez moulu
ils/elles auront moulu

SUBJONCTIF

Présent
que je moule
que tu moules
qu'il/elle moule
que nous moulions
que vous mouliez
qu'ils/elles moulent

Imparfait
que je moulusse
que tu moulusses
qu'il/elle moulût
que nous moulussions
que vous moulussiez
qu'ils/elles moulussent

Passé
que j'aie moulu
que tu aies moulu
qu'il/elle ait moulu
que nous ayons moulu
que vous ayez moulu
qu'ils/elles aient moulu

Plus-que-parfait
que j'eusse moulu
que tu eusses moulu
qu'il/elle eût moulu
que nous eussions moulu
que vous eussiez moulu
qu'ils/elles eussent moulu

CONDITIONNEL

Présent
je moudrais
tu moudrais
il/elle moudrait
nous moudrions
vous moudriez
ils/elles moudraient

Passé 1re forme
j'aurais moulu
tu aurais moulu
il/elle aurait moulu
nous aurions moulu
vous auriez moulu
ils/elles auraient moulu

Passé 2e forme
j'eusse moulu
tu eusses moulu
il/elle eût moulu
nous eussions moulu
vous eussiez moulu
ils/elles eussent moulu

IMPÉRATIF

Présent mouds
moulons
moulez

Passé aie moulu
ayons moulu
ayez moulu

INFINITIF

Présent moudre

Passé avoir moulu

PARTICIPE

Présent moulant

Passé moulu / moulue
moulus / moulues

Passé composé ayant moulu

REMARQUE : Les formes conjuguées de ce verbe sont rarement utilisées (sauf *moudrai(s), moulu, ue*) par risque de confusion avec certaines formes du verbe *mouler*.

INDICATIF

Présent
je couds
tu couds
il/elle coud
nous cousons
vous cousez
ils/elles cousent

Passé composé
j'ai cousu
tu as cousu
il/elle a cousu
nous avons cousu
vous avez cousu
ils/elles ont cousu

Imparfait
je cousais
tu cousais
il/elle cousait
nous cousions
vous cousiez
ils/elles cousaient

Plus-que-parfait
j'avais cousu
tu avais cousu
il/elle avait cousu
nous avions cousu
vous aviez cousu
ils/elles avaient cousu

Passé simple
je cousis
tu cousis
il/elle cousit
nous cousîmes
vous cousîtes
ils/elles cousirent

Passé antérieur
j'eus cousu
tu eus cousu
il/elle eut cousu
nous eûmes cousu
vous eûtes cousu
ils/elles eurent cousu

Futur simple
je coudrai
tu coudras
il/elle coudra
nous coudrons
vous coudrez
ils/elles coudront

Futur antérieur
j'aurai cousu
tu auras cousu
il/elle aura cousu
nous aurons cousu
vous aurez cousu
ils/elles auront cousu

SUBJONCTIF

Présent
que je couse
que tu couses
qu'il/elle couse
que nous cousions
que vous cousiez
qu'ils/elles cousent

Imparfait
que je cousisse
que tu cousisses
qu'il/elle cousît
que nous cousissions
que vous cousissiez
qu'ils/elles cousissent

Passé
que j'aie cousu
que tu aies cousu
qu'il/elle ait cousu
que nous ayons cousu
que vous ayez cousu
qu'ils/elles aient cousu

Plus-que-parfait
que j'eusse cousu
que tu eusses cousu
qu'il/elle eût cousu
que nous eussions cousu
que vous eussiez cousu
qu'ils/elles eussent cousu

CONDITIONNEL

Présent
je coudrais
tu coudrais
il/elle coudrait
nous coudrions
vous coudriez
ils/elles coudraient

Passé 1ʳᵉ forme
j'aurais cousu
tu aurais cousu
il/elle aurait cousu
nous aurions cousu
vous auriez cousu
ils/elles auraient cousu

Passé 2ᵉ forme
j'eusse cousu
tu eusses cousu
il/elle eût cousu
nous eussions cousu
vous eussiez cousu
ils/elles eussent cousu

IMPÉRATIF

Présent couds
cousons
cousez

Passé aie cousu
ayons cousu
ayez cousu

INFINITIF

Présent coudre

Passé avoir cousu

PARTICIPE

Présent cousant

Passé cousu / cousue
cousus / cousues

Passé composé ayant cousu

INDICATIF

Présent
je joins
tu joins
il/elle joint
nous joignons
vous joignez
ils/elles joignent

Passé composé
j'ai joint
tu as joint
il/elle a joint
nous avons joint
vous avez joint
ils/elles ont joint

Imparfait
je joignais
tu joignais
il/elle joignait
nous joignions
vous joigniez
ils/elles joignaient

Plus-que-parfait
j'avais joint
tu avais joint
il/elle avait joint
nous avions joint
vous aviez joint
ils/elles avaient joint

Passé simple
je joignis
tu joignis
il/elle joignit
nous joignîmes
vous joignîtes
ils/elles joignirent

Passé antérieur
j'eus joint
tu eus joint
il/elle eut joint
nous eûmes joint
vous eûtes joint
ils/elles eurent joint

Futur simple
je joindrai
tu joindras
il/elle joindra
nous joindrons
vous joindrez
ils/elles joindront

Futur antérieur
j'aurai joint
tu auras joint
il/elle aura joint
nous aurons joint
vous aurez joint
ils/elles auront joint

SUBJONCTIF

Présent
que je joigne
que tu joignes
qu'il/elle joigne
que nous joignions
que vous joigniez
qu'ils/elles joignent

Imparfait
que je joignisse
que tu joignisses
qu'il/elle joignît
que nous joignissions
que vous joignissiez
qu'ils/elles joignissent

Passé
que j'aie joint
que tu aies joint
qu'il/elle ait joint
que nous ayons joint
que vous ayez joint
qu'ils/elles aient joint

Plus-que-parfait
que j'eusse joint
que tu eusses joint
qu'il/elle eût joint
que nous eussions joint
que vous eussiez joint
qu'ils/elles eussent joint

CONDITIONNEL

Présent
je joindrais
tu joindrais
il/elle joindrait
nous joindrions
vous joindriez
ils/elles joindraient

Passé 1re forme
j'aurais joint
tu aurais joint
il/elle aurait joint
nous aurions joint
vous auriez joint
ils/elles auraient joint

Passé 2e forme
j'eusse joint
tu eusses joint
il/elle eût joint
nous eussions joint
vous eussiez joint
ils/elles eussent joint

IMPÉRATIF

Présent joins
joignons
joignez

Passé aie joint
ayons joint
ayez joint

INFINITIF

Présent joindre

Passé avoir joint

PARTICIPE

Présent joignant

Passé joint / jointe
joints / jointes

Passé composé ayant joint

REMARQUE : Attention de ne pas oublier le **i** aux 1re et 2e personnes du pluriel de l'imparfait de l'indicatif et du présent du subjonctif *(nous joignions, vous joigniez)*.

INDICATIF

Présent
je trais
tu trais
il/elle trait
nous trayons
vous trayez
ils/elles traient

Passé composé
j'ai trait
tu as trait
il/elle a trait
nous avons trait
vous avez trait
ils/elles ont trait

Imparfait
je trayais
tu trayais
il/elle trayait
nous trayions
vous trayiez
ils/elles trayaient

Plus-que-parfait
j'avais trait
tu avais trait
il/elle avait trait
nous avions trait
vous aviez trait
ils/elles avaient trait

Passé simple
inusité

Passé antérieur
j'eus trait
tu eus trait
il/elle eut trait
nous eûmes trait
vous eûtes trait
ils/elles eurent trait

Futur simple
je trairai
tu trairas
il/elle traira
nous trairons
vous trairez
ils/elles trairont

Futur antérieur
j'aurai trait
tu auras trait
il/elle aura trait
nous aurons trait
vous aurez trait
ils/elles auront trait

SUBJONCTIF

Présent
que je traie
que tu traies
qu'il/elle traie
que nous trayions
que vous trayiez
qu'ils/elles traient

Imparfait
inusité

Passé
que j'aie trait
que tu aies trait
qu'il/elle ait trait
que nous ayons trait
que vous ayez trait
qu'ils/elles aient trait

Plus-que-parfait
que j'eusse trait
que tu eusses trait
qu'il/elle eût trait
que nous eussions trait
que vous eussiez trait
qu'ils/elles eussent trait

CONDITIONNEL

Présent
je trairais
tu trairais
il/elle trairait
nous trairions
vous trairiez
ils/elles trairaient

Passé 1re forme
j'aurais trait
tu aurais trait
il/elle aurait trait
nous aurions trait
vous auriez trait
ils/elles auraient trait

Passé 2e forme
j'eusse trait
tu eusses trait
il/elle eût trait
nous eussions trait
vous eussiez trait
ils/elles eussent trait

IMPÉRATIF

Présent trais
trayons
trayez

Passé aie trait
ayons trait
ayez trait

INFINITIF

Présent traire

Passé avoir trait

PARTICIPE

Présent trayant

Passé trait / traite
traits / traites

Passé composé ayant trait

REMARQUES : Les verbes de cette série (*attraire, distraire, soustraire*, etc.) sont inusités au passé simple et à l'imparfait du subjonctif.
• Attention de ne pas oublier le **i** aux 1re et 2e personnes du pluriel de l'imparfait de l'indicatif et du présent du subjonctif *(nous trayions, vous trayiez)*.

INDICATIF

Présent
j'absous
tu absous
il/elle absout
nous absolvons
vous absolvez
ils/elles absolvent

Passé composé
j'ai absous
tu as absous
il/elle a absous
nous avons absous
vous avez absous
ils/elles ont absous

Imparfait
j'absolvais
tu absolvais
il/elle absolvait
nous absolvions
vous absolviez
ils/elles absolvaient

Plus-que-parfait
j'avais absous
tu avais absous
il/elle avait absous
nous avions absous
vous aviez absous
ils/elles avaient absous

Passé simple
inusité

Passé antérieur
j'eus absous
tu eus absous
il/elle eut absous
nous eûmes absous
vous eûtes absous
ils/elles eurent absous

Futur simple
j'absoudrai
tu absoudras
il/elle absoudra
nous absoudrons
vous absoudrez
ils/elles absoudront

Futur antérieur
j'aurai absous
tu auras absous
il/elle aura absous
nous aurons absous
vous aurez absous
ils/elles auront absous

SUBJONCTIF

Présent
que j'absolve
que tu absolves
qu'il/elle absolve
que nous absolvions
que vous absolviez
qu'ils/elles absolvent

Imparfait
inusité

Passé
que j'aie absous
que tu aies absous
qu'il/elle ait absous
que nous ayons absous
que vous ayez absous
qu'ils/elles aient absous

Plus-que-parfait
que j'eusse absous
que tu eusses absous
qu'il/elle eût absous
que nous eussions absous
que vous eussiez absous
qu'ils/elles eussent absous

CONDITIONNEL

Présent
j'absoudrais
tu absoudrais
il/elle absoudrait
nous absoudrions
vous absoudriez
ils/elles absoudraient

Passé 1re forme
j'aurais absous
tu aurais absous
il/elle aurait absous
nous aurions absous
vous auriez absous
ils/elles auraient absous

Passé 2e forme
j'eusse absous
tu eusses absous
il/elle eût absous
nous eussions absous
vous eussiez absous
ils/elles eussent absous

IMPÉRATIF

Présent absous
absolvons
absolvez

Passé aie absous
ayons absous
ayez absous

INFINITIF

Présent absoudre

Passé avoir absous

PARTICIPE

Présent absolvant

Passé absous / absoute
absous / absoutes

Passé composé ayant absous

REMARQUES : Cette série comprend les verbes *absoudre*, *dissoudre* et *résoudre*.
• La réforme de l'orthographe de 1990 préconise d'employer les participes passés *absout*, *dissout* avec un **t** final, sur le modèle des féminins *absoute*, *dissoute*. Ainsi on peut écrire indifféremment *j'ai absous* ou *j'ai absout*.
• *Résoudre* se conjugue comme *absoudre* mais le passé simple *je résolus* est courant ; il a deux participes passés : *résolu, ue* pour le sens « statuer, se déterminer » (ex. *problème résolu*) et *résous, oute* pour le sens « dissoudre » (ex. *brouillard résous en pluie*).

INDICATIF

Présent
je crains
tu crains
il/elle craint
nous craignons
vous craignez
ils/elles craignent

Passé composé
j'ai craint
tu as craint
il/elle a craint
nous avons craint
vous avez craint
ils/elles ont craint

Imparfait
je craignais
tu craignais
il/elle craignait
nous craignions
vous craigniez
ils/elles craignaient

Plus-que-parfait
j'avais craint
tu avais craint
il/elle avait craint
nous avions craint
vous aviez craint
ils/elles avaient craint

Passé simple
je craignis
tu craignis
il/elle craignit
nous craignîmes
vous craignîtes
ils/elles craignirent

Passé antérieur
j'eus craint
tu eus craint
il/elle eut craint
nous eûmes craint
vous eûtes craint
ils/elles eurent craint

Futur simple
je craindrai
tu craindras
il/elle craindra
nous craindrons
vous craindrez
ils/elles craindront

Futur antérieur
j'aurai craint
tu auras craint
il/elle aura craint
nous aurons craint
vous aurez craint
ils/elles auront craint

SUBJONCTIF

Présent
que je craigne
que tu craignes
qu'il/elle craigne
que nous craignions
que vous craigniez
qu'ils/elles craignent

Imparfait
que je craignisse
que tu craignisses
qu'il/elle craignît
que nous craignissions
que vous craignissiez
qu'ils/elles craignissent

Passé
que j'aie craint
que tu aies craint
qu'il/elle ait craint
que nous ayons craint
que vous ayez craint
qu'ils/elles aient craint

Plus-que-parfait
que j'eusse craint
que tu eusses craint
qu'il/elle eût craint
que nous eussions craint
que vous eussiez craint
qu'ils/elles eussent craint

CONDITIONNEL

Présent
je craindrais
tu craindrais
il/elle craindrait
nous craindrions
vous craindriez
ils/elles craindraient

Passé 1re forme
j'aurais craint
tu aurais craint
il/elle aurait craint
nous aurions craint
vous auriez craint
ils/elles auraient craint

Passé 2e forme
j'eusse craint
tu eusses craint
il/elle eût craint
nous eussions craint
vous eussiez craint
ils/elles eussent craint

IMPÉRATIF

Présent crains
craignons
craignez

Passé aie craint
ayons craint
ayez craint

INFINITIF

Présent craindre

Passé avoir craint

PARTICIPE

Présent craignant

Passé craint / crainte
craints / craintes

Passé composé ayant craint

REMARQUE : Attention de ne pas oublier le **i** aux 1re et 2e personnes du pluriel de l'imparfait de l'indicatif et du présent du subjonctif *(nous craignions, vous craigniez)*.

INDICATIF

Présent
je peins
tu peins
il/elle peint
nous peignons
vous peignez
ils/elles peignent

Passé composé
j'ai peint
tu as peint
il/elle a peint
nous avons peint
vous avez peint
ils/elles ont peint

Imparfait
je peignais
tu peignais
il/elle peignait
nous peignions
vous peigniez
ils/elles peignaient

Plus-que-parfait
j'avais peint
tu avais peint
il/elle avait peint
nous avions peint
vous aviez peint
ils/elles avaient peint

Passé simple
je peignis
tu peignis
il/elle peignit
nous peignîmes
vous peignîtes
ils/elles peignirent

Passé antérieur
j'eus peint
tu eus peint
il/elle eut peint
nous eûmes peint
vous eûtes peint
ils/elles eurent peint

Futur simple
je peindrai
tu peindras
il/elle peindra
nous peindrons
vous peindrez
ils/elles peindront

Futur antérieur
j'aurai peint
tu auras peint
il/elle aura peint
nous aurons peint
vous aurez peint
ils/elles auront peint

SUBJONCTIF

Présent
que je peigne
que tu peignes
qu'il/elle peigne
que nous peignions
que vous peigniez
qu'ils/elles peignent

Imparfait
que je peignisse
que tu peignisses
qu'il/elle peignît
que nous peignissions
que vous peignissiez
qu'ils/elles peignissent

Passé
que j'aie peint
que tu aies peint
qu'il/elle ait peint
que nous ayons peint
que vous ayez peint
qu'ils/elles aient peint

Plus-que-parfait
que j'eusse peint
que tu eusses peint
qu'il/elle eût peint
que nous eussions peint
que vous eussiez peint
qu'ils/elles eussent peint

CONDITIONNEL

Présent
je peindrais
tu peindrais
il/elle peindrait
nous peindrions
vous peindriez
ils/elles peindraient

Passé 1re forme
j'aurais peint
tu aurais peint
il/elle aurait peint
nous aurions peint
vous auriez peint
ils/elles auraient peint

Passé 2e forme
j'eusse peint
tu eusses peint
il/elle eût peint
nous eussions peint
vous eussiez peint
ils/elles eussent peint

IMPÉRATIF

Présent peins
peignons
peignez

Passé aie peint
ayons peint
ayez peint

INFINITIF

Présent peindre

Passé avoir peint

PARTICIPE

Présent peignant

Passé peint / peinte
peints / peintes

Passé composé ayant peint

REMARQUES : Attention de ne pas oublier le **i** aux 1re et 2e personnes du pluriel de l'imparfait de l'indicatif et du présent du subjonctif *(nous peignions, vous peigniez)*.
• De nombreuses formes du verbe *peindre* sont communes avec le verbe *peigner*.

INDICATIF

Présent
je bois
tu bois
il/elle boit
nous buvons
vous buvez
ils/elles boivent

Passé composé
j'ai bu
tu as bu
il/elle a bu
nous avons bu
vous avez bu
ils/elles ont bu

Imparfait
je buvais
tu buvais
il/elle buvait
nous buvions
vous buviez
ils/elles buvaient

Plus-que-parfait
j'avais bu
tu avais bu
il/elle avait bu
nous avions bu
vous aviez bu
ils/elles avaient bu

Passé simple
je bus
tu bus
il/elle but
nous bûmes
vous bûtes
ils/elles burent

Passé antérieur
j'eus bu
tu eus bu
il/elle eut bu
nous eûmes bu
vous eûtes bu
ils/elles eurent bu

Futur simple
je boirai
tu boiras
il/elle boira
nous boirons
vous boirez
ils/elles boiront

Futur antérieur
j'aurai bu
tu auras bu
il/elle aura bu
nous aurons bu
vous aurez bu
ils/elles auront bu

SUBJONCTIF

Présent
que je boive
que tu boives
qu'il/elle boive
que nous buvions
que vous buviez
qu'ils/elles boivent

Imparfait
que je busse
que tu busses
qu'il/elle bût
que nous bussions
que vous bussiez
qu'ils/elles bussent

Passé
que j'aie bu
que tu aies bu
qu'il/elle ait bu
que nous ayons bu
que vous ayez bu
qu'ils/elles aient bu

Plus-que-parfait
que j'eusse bu
que tu eusses bu
qu'il/elle eût bu
que nous eussions bu
que vous eussiez bu
qu'ils/elles eussent bu

CONDITIONNEL

Présent
je boirais
tu boirais
il/elle boirait
nous boirions
vous boiriez
ils/elles boiraient

Passé 1ʳᵉ forme
j'aurais bu
tu aurais bu
il/elle aurait bu
nous aurions bu
vous auriez bu
ils/elles auraient bu

Passé 2ᵉ forme
j'eusse bu
tu eusses bu
il/elle eût bu
nous eussions bu
vous eussiez bu
ils/elles eussent bu

IMPÉRATIF

Présent bois
buvons
buvez

Passé aie bu
ayons bu
ayez bu

INFINITIF

Présent boire

Passé avoir bu

PARTICIPE

Présent buvant

Passé bu / bue
bus / bues

Passé composé ayant bu

INDICATIF

Présent
je plais
tu plais
il/elle plaît
nous plaisons
vous plaisez
ils/elles plaisent

Passé composé
j'ai plu
tu as plu
il/elle a plu
nous avons plu
vous avez plu
ils/elles ont plu

Imparfait
je plaisais
tu plaisais
il/elle plaisait
nous plaisions
vous plaisiez
ils/elles plaisaient

Plus-que-parfait
j'avais plu
tu avais plu
il/elle avait plu
nous avions plu
vous aviez plu
ils/elles avaient plu

Passé simple
je plus
tu plus
il/elle plut
nous plûmes
vous plûtes
ils/elles plurent

Passé antérieur
j'eus plu
tu eus plu
il/elle eut plu
nous eûmes plu
vous eûtes plu
ils/elles eurent plu

Futur simple
je plairai
tu plairas
il/elle plaira
nous plairons
vous plairez
ils/elles plairont

Futur antérieur
j'aurai plu
tu auras plu
il/elle aura plu
nous aurons plu
vous aurez plu
ils/elles auront plu

SUBJONCTIF

Présent
que je plaise
que tu plaises
qu'il/elle plaise
que nous plaisions
que vous plaisiez
qu'ils/elles plaisent

Imparfait
que je plusse
que tu plusses
qu'il/elle plût
que nous plussions
que vous plussiez
qu'ils/elles plussent

Passé
que j'aie plu
que tu aies plu
qu'il/elle ait plu
que nous ayons plu
que vous ayez plu
qu'ils/elles aient plu

Plus-que-parfait
que j'eusse plu
que tu eusses plu
qu'il/elle eût plu
que nous eussions plu
que vous eussiez plu
qu'ils/elles eussent plu

CONDITIONNEL

Présent
je plairais
tu plairais
il/elle plairait
nous plairions
vous plairiez
ils/elles plairaient

Passé 1re forme
j'aurais plu
tu aurais plu
il/elle aurait plu
nous aurions plu
vous auriez plu
ils/elles auraient plu

Passé 2e forme
j'eusse plu
tu eusses plu
il/elle eût plu
nous eussions plu
vous eussiez plu
ils/elles eussent plu

IMPÉRATIF

Présent plais
plaisons
plaisez

Passé aie plu
ayons plu
ayez plu

INFINITIF

Présent plaire

Passé avoir plu

PARTICIPE

Présent plaisant

Passé plu

Passé composé ayant plu

REMARQUES : *Complaire, déplaire* et *plaire* prennent traditionnellement un accent circonflexe au présent de l'indicatif : *il plaît*. Cependant, la réforme de l'orthographe de 1990 préconise l'abandon de cet accent. Les formes *il plait, il complait, il déplait* ne sont donc plus considérées comme fautives.
• *Taire* se conjugue comme **plaire** sauf au présent *(il tait)* et au participe passé *(tu, tue)*.

INDICATIF

Présent
je tais
tu tais
il/elle tait
nous taisons
vous taisez
ils/elles taisent

Passé composé
j'ai tu
tu as tu
il/elle a tu
nous avons tu
vous avez tu
ils/elles ont tu

Imparfait
je taisais
tu taisais
il/elle taisait
nous taisions
vous taisiez
ils/elles taisaient

Plus-que-parfait
j'avais tu
tu avais tu
il/elle avait tu
nous avions tu
vous aviez tu
ils/elles avaient tu

Passé simple
je tus
tu tus
il/elle tut
nous tûmes
vous tûtes
ils/elles turent

Passé antérieur
j'eus tu
tu eus tu
il/elle eut tu
nous eûmes tu
vous eûtes tu
ils/elles eurent tu

Futur simple
je tairai
tu tairas
il/elle taira
nous tairons
vous tairez
ils/elles tairont

Futur antérieur
j'aurai tu
tu auras tu
il/elle aura tu
nous aurons tu
vous aurez tu
ils/elles auront tu

SUBJONCTIF

Présent
que je taise
que tu taises
qu'il/elle taise
que nous taisions
que vous taisiez
qu'ils/elles taisent

Imparfait
que je tusse
que tu tusses
qu'il/elle tût
que nous tussions
que vous tussiez
qu'ils/elles tussent

Passé
j'aie tu
que tu aies tu
qu'il/elle ait tu
que nous ayons tu
que vous ayez tu
qu'ils/elles aient tu

Plus-que-parfait
que j'eusse tu
que tu eusses tu
qu'il/elle eût tu
que nous eussions tu
que vous eussiez tu
qu'ils/elles eussent tu

CONDITIONNEL

Présent
je tairais
tu tairais
il/elle tairait
nous tairions
vous tairiez
ils/elles tairaient

Passé 1ʳᵉ forme
j'aurais tu
tu aurais tu
il/elle aurait tu
nous aurions tu
vous auriez tu
ils/elles auraient tu

Passé 2ᵉ forme
j'eusse tu
tu eusses tu
il/elle eût tu
nous eussions tu
vous eussiez tu
ils/elles eussent tu

IMPÉRATIF

Présent tais
taisons
taisez

Passé aie tu
ayons tu
ayez tu

INFINITIF

Présent taire

Passé avoir tu

PARTICIPE

Présent taisant

Passé tu / tue
tus / tues

Passé composé ayant tu

INDICATIF

Présent
je croîs
tu croîs
il/elle croît
nous croissons
vous croissez
ils/elles croissent

Passé composé
j'ai crû
tu as crû
il/elle a crû
nous avons crû
vous avez crû
ils/elles ont crû

Imparfait
je croissais
tu croissais
il/elle croissait
nous croissions
vous croissiez
ils/elles croissaient

Plus-que-parfait
j'avais crû
tu avais crû
il/elle avait crû
nous avions crû
vous aviez crû
ils/elles avaient crû

Passé simple
je crûs
tu crûs
il/elle crût
nous crûmes
vous crûtes
ils/elles crûrent

Passé antérieur
j'eus crû
tu eus crû
il/elle eut crû
nous eûmes crû
vous eûtes crû
ils/elles eurent crû

Futur simple
je croîtrai
tu croîtras
il/elle croîtra
nous croîtrons
vous croîtrez
ils/elles croîtront

Futur antérieur
j'aurai crû
tu auras crû
il/elle aura crû
nous aurons crû
vous aurez crû
ils/elles auront crû

SUBJONCTIF

Présent
que je croisse
que tu croisses
qu'il/elle croisse
que nous croissions
que vous croissiez
qu'ils/elles croissent

Imparfait
que je crûsse
que tu crûsses
qu'il/elle crût
que nous crûssions
que vous crûssiez
qu'ils/elles crûssent

Passé
que j'aie crû
que tu aies crû
qu'il/elle ait crû
que nous ayons crû
que vous ayez crû
qu'ils/elles aient crû

Plus-que-parfait
que j'eusse crû
que tu eusses crû
qu'il/elle eût crû
que nous eussions crû
que vous eussiez crû
qu'ils/elles eussent crû

CONDITIONNEL

Présent
je croîtrais
tu croîtrais
il/elle croîtrait
nous croîtrions
vous croîtriez
ils/elles croîtraient

Passé 1re forme
j'aurais crû
tu aurais crû
il/elle aurait crû
nous aurions crû
vous auriez crû
ils/elles auraient crû

Passé 2e forme
j'eusse crû
tu eusses crû
il/elle eût crû
nous eussions crû
vous eussiez crû
ils/elles eussent crû

IMPÉRATIF

Présent croîs
croissons
croissez

Passé aie crû
ayons crû
ayez crû

INFINITIF

Présent croître

Passé avoir crû

PARTICIPE

Présent croissant

Passé crû / crue
crus / crues

Passé composé ayant crû

REMARQUE : Ce verbe prend traditionnellement un accent circonflexe sur le **i** devant le **t**. Cependant, la réforme de l'orthographe de 1990 préconise l'abandon de cet accent au futur et au conditionnel, temps auxquels la confusion entre les verbes *croître* et *croire* n'est pas possible. Ainsi les graphies *je croitrai, tu croitras, il croitra, nous croitrons, vous croitrez, ils croitront* et *je croitrais, tu croitrais, il croitrait, nous croitrions, vous croitriez, ils croitraient* ne sont plus considérées comme fautives.

INDICATIF

Présent
j'accrois
tu accrois
il/elle accroît
nous accroissons
vous accroissez
ils/elles accroissent

Passé composé
j'ai accru
tu as accru
il/elle a accru
nous avons accru
vous avez accru
ils/elles ont accru

Imparfait
j'accroissais
tu accroissais
il/elle accroissait
nous accroissions
vous accroissiez
ils/elles accroissaient

Plus-que-parfait
j'avais accru
tu avais accru
il/elle avait accru
nous avions accru
vous aviez accru
ils/elles avaient accru

Passé simple
j'accrus
tu accrus
il/elle accrut
nous accrûmes
vous accrûtes
ils/elles accrurent

Passé antérieur
j'eus accru
tu eus accru
il/elle eut accru
nous eûmes accru
vous eûtes accru
ils/elles eurent accru

Futur simple
j'accroîtrai
tu accroîtras
il/elle accroîtra
nous accroîtrons
vous accroîtrez
ils/elles accroîtront

Futur antérieur
j'aurai accru
tu auras accru
il/elle aura accru
nous aurons accru
vous aurez accru
ils/elles auront accru

SUBJONCTIF

Présent
que j'accroisse
que tu accroisses
qu'il/elle accroisse
que nous accroissions
que vous accroissiez
qu'ils/elles accroissent

Imparfait
que j'accrusse
que tu accrusses
qu'il/elle accrût
que nous accrussions
que vous accrussiez
qu'ils/elles accrussent

Passé
que j'aie accru
que tu aies accru
qu'il/elle ait accru
que nous ayons accru
que vous ayez accru
qu'ils/elles aient accru

Plus-que-parfait
que j'eusse accru
que tu eusses accru
qu'il/elle eût accru
que nous eussions accru
que vous eussiez accru
qu'ils/elles eussent accru

CONDITIONNEL

Présent
j'accroîtrais
tu accroîtrais
il/elle accroîtrait
nous accroîtrions
vous accroîtriez
ils/elles accroîtraient

Passé 1re forme
j'aurais accru
tu aurais accru
il/elle aurait accru
nous aurions accru
vous auriez accru
ils/elles auraient accru

Passé 2e forme
j'eusse accru
tu eusses accru
il/elle eût accru
nous eussions accru
vous eussiez accru
ils/elles eussent accru

IMPÉRATIF

Présent accrois
accroissons
accroissez

Passé aie accru
ayons accru
ayez accru

INFINITIF

Présent accroître

Passé avoir accru

PARTICIPE

Présent accroissant

Passé accru / accrue
accrus / accrues

Passé composé ayant accru

REMARQUE : Ce verbe prend traditionnellement un accent circonflexe sur le **i** devant le **t**. Cependant, la réforme de l'orthographe de 1990 préconise l'abandon de cet accent. Ainsi les graphies *j'accroitrai, tu accroitras, il accroitra, nous accroitrons, vous accroitrez, ils accroitront* et *j'accroitrais, tu accroitrais, il accroitrait, nous accroitrions, vous accroitriez, ils accroitraient* ne sont plus considérées comme fautives.

INDICATIF

Présent
je mets
tu mets
il/elle met
nous mettons
vous mettez
ils/elles mettent

Passé composé
j'ai mis
tu as mis
il/elle a mis
nous avons mis
vous avez mis
ils/elles ont mis

Imparfait
je mettais
tu mettais
il/elle mettait
nous mettions
vous mettiez
ils/elles mettaient

Plus-que-parfait
j'avais mis
tu avais mis
il/elle avait mis
nous avions mis
vous aviez mis
ils/elles avaient mis

Passé simple
je mis
tu mis
il/elle mit
nous mîmes
vous mîtes
ils/elles mirent

Passé antérieur
j'eus mis
tu eus mis
il/elle eut mis
nous eûmes mis
vous eûtes mis
ils/elles eurent mis

Futur simple
je mettrai
tu mettras
il/elle mettra
nous mettrons
vous mettrez
ils/elles mettront

Futur antérieur
j'aurai mis
tu auras mis
il/elle aura mis
nous aurons mis
vous aurez mis
ils/elles auront mis

SUBJONCTIF

Présent
que je mette
que tu mettes
qu'il/elle mette
que nous mettions
que vous mettiez
qu'ils/elles mettent

Imparfait
que je misse
que tu misses
qu'il/elle mît
que nous missions
que vous missiez
qu'ils/elles missent

Passé
que j'aie mis
que tu aies mis
qu'il/elle ait mis
que nous ayons mis
que vous ayez mis
qu'ils/elles aient mis

Plus-que-parfait
que j'eusse mis
que tu eusses mis
qu'il/elle eût mis
que nous eussions
mis que vous eussiez mis
qu'ils/elles eussent mis

CONDITIONNEL

Présent
je mettrais
tu mettrais
il/elle mettrait
nous mettrions
vous mettriez
ils/elles mettraient

Passé 1re forme
j'aurais mis
tu aurais mis
il/elle aurait mis
nous aurions mis
vous auriez mis
ils/elles auraient mis

Passé 2e forme
j'eusse mis
tu eusses mis
il/elle eût mis
nous eussions mis
vous eussiez mis
ils/elles eussent mis

IMPÉRATIF

Présent mets
mettons
mettez

Passé aie mis
ayons mis
ayez mis

INFINITIF

Présent mettre

Passé avoir mis

PARTICIPE

Présent mettant

Passé mis / mise
mis / mises

Passé composé ayant mis

REMARQUE : Cette série regroupe les composés de *mettre*.

INDICATIF

Présent
je connais
tu connais
il/elle connaît
nous connaissons
vous connaissez
ils/elles connaissent

Passé composé
j'ai connu
tu as connu
il/elle a connu
nous avons connu
vous avez connu
ils/elles ont connu

Imparfait
je connaissais
tu connaissais
il/elle connaissait
nous connaissions
vous connaissiez
ils/elles connaissaient

Plus-que-parfait
j'avais connu
tu avais connu
il/elle avait connu
nous avions connu
vous aviez connu
ils/elles avaient connu

Passé simple
je connus
tu connus
il/elle connut
nous connûmes
vous connûtes
ils/elles connurent

Passé antérieur
j'eus connu
tu eus connu
il/elle eut connu
nous eûmes connu
vous eûtes connu
ils/elles eurent connu

Futur simple
je connaîtrai
tu connaîtras
il/elle connaîtra
nous connaîtrons
vous connaîtrez
ils/elles connaîtront

Futur antérieur
j'aurai connu
tu auras connu
il/elle aura connu
nous aurons connu
vous aurez connu
ils/elles auront connu

SUBJONCTIF

Présent
que je connaisse
que tu connaisses
qu'il/elle connaisse
que nous connaissions
que vous connaissiez
qu'ils/elles connaissent

Imparfait
que je connusse
que tu connusses
qu'il/elle connût
que nous connussions
que vous connussiez
qu'ils/elles connussent

Passé
que j'aie connu
que tu aies connu
qu'il/elle ait connu
que nous ayons connu
que vous ayez connu
qu'ils/elles aient connu

Plus-que-parfait
que j'eusse connu
que tu eusses connu
qu'il/elle eût connu
que nous eussions connu
que vous eussiez connu
qu'ils/elles eussent connu

CONDITIONNEL

Présent
je connaîtrais
tu connaîtrais
il/elle connaîtrait
nous connaîtrions
vous connaîtriez
ils/elles connaîtraient

Passé 1re forme
j'aurais connu
tu aurais connu
il/elle aurait connu
nous aurions connu
vous auriez connu
ils/elles auraient connu

Passé 2e forme
j'eusse connu
tu eusses connu
il/elle eût connu
nous eussions connu
vous eussiez connu
ils/elles eussent connu

IMPÉRATIF

Présent connais
connaissons
connaissez

Passé aie connu
ayons connu
ayez connu

INFINITIF

Présent connaître

Passé avoir connu

PARTICIPE

Présent connaissant

Passé connu / connue
connus / connues

Passé composé ayant connu

REMARQUES : Le **i** prend traditionnellement un accent circonflexe devant un **t**. Cependant, la réforme de l'orthographe de 1990 préconise l'abandon de cet accent. Ainsi les graphies *connaitre, il connait, je connaitrai, tu connaitras, il connaitra, nous connaitrons, vous connaitrez, ils connaitront* et *je connaitrais, tu connaitrais, il connaitrait, nous connaitrions, vous connaitriez, ils connaitraient,* ne sont plus considérées comme fautives.
• *Paître* n'a ni temps composés ni participe passé, ni passé simple, ni subjonctif imparfait. Mais ces formes existent pour *repaître (repu, ue ; je repus).*

INDICATIF

Présent
je prends
tu prends
il/elle prend
nous prenons
vous prenez
ils/elles prennent

Passé composé
j'ai pris
tu as pris
il/elle a pris
nous avons pris
vous avez pris
ils/elles ont pris

Imparfait
je prenais
tu prenais
il/elle prenait
nous prenions
vous preniez
ils/elles prenaient

Plus-que-parfait
j'avais pris
tu avais pris
il/elle avait pris
nous avions pris
vous aviez pris
ils/elles avaient pris

Passé simple
je pris
tu pris
il/elle prit
nous prîmes
vous prîtes
ils/elles prirent

Passé antérieur
j'eus pris
tu eus pris
il/elle eut pris
nous eûmes pris
vous eûtes pris
ils/elles eurent pris

Futur simple
je prendrai
tu prendras
il/elle prendra
nous prendrons
vous prendrez
ils/elles prendront

Futur antérieur
j'aurai pris
tu auras pris
il/elle aura pris
nous aurons pris
vous aurez pris
ils/elles auront pris

SUBJONCTIF

Présent
que je prenne
que tu prennes
qu'il/elle prenne
que nous prenions
que vous preniez
qu'ils/elles prennent

Imparfait
que je prisse
que tu prisses
qu'il/elle prît
que nous prissions
que vous prissiez
qu'ils/elles prissent

Passé
que j'aie pris
que tu aies pris
qu'il/elle ait pris
que nous ayons pris
que vous ayez pris
qu'ils/elles aient pris

Plus-que-parfait
que j'eusse pris
que tu eusses pris
qu'il/elle eût pris
que nous eussions pris
que vous eussiez pris
qu'ils/elles eussent pris

CONDITIONNEL

Présent
je prendrais
tu prendrais
il/elle prendrait
nous prendrions
vous prendriez
ils/elles prendraient

Passé 1re forme
j'aurais pris
tu aurais pris
il/elle aurait pris
nous aurions pris
vous auriez pris
ils/elles auraient pris

Passé 2e forme
j'eusse pris
tu eusses pris
il/elle eût pris
nous eussions pris
vous eussiez pris
ils/elles eussent pris

IMPÉRATIF

Présent prends
prenons
prenez

Passé aie pris
ayons pris
ayez pris

INFINITIF

Présent prendre

Passé avoir pris

PARTICIPE

Présent prenant

Passé pris / prise
pris / prises

Passé composé ayant pris

REMARQUE : Cette série regroupe les composés de *prendre*.

INDICATIF

Présent
je nais
tu nais
il/elle naît
nous naissons
vous naissez
ils/elles naissent

Passé composé
je suis né/née
tu es né/née
il/elle est né/née
nous sommes nés/nées
vous êtes nés/nées
ils/elles sont nés/nées

Imparfait
je naissais
tu naissais
il/elle naissait
nous naissions
vous naissiez
ils/elles naissaient

Plus-que-parfait
j'étais né/née
tu étais né/née
il/elle était né/née
nous étions nés/nées
vous étiez nés/nées
ils/elles étaient nés/nées

Passé simple
je naquis
tu naquis
il/elle naquit
nous naquîmes
vous naquîtes
ils/elles naquirent

Passé antérieur
je fus né/née
tu fus né/née
il/elle fut né/née
nous fûmes nés/nées
vous fûtes nés/nées
ils/elles furent nés/nées

Futur simple
je naîtrai
tu naîtras
il/elle naîtra
nous naîtrons
vous naîtrez
ils/elles naîtront

Futur antérieur
je serai né/née
tu seras né/née
il/elle sera né/née
nous serons nés/nées
vous serez nés/nées
ils/elles seront nés/nées

SUBJONCTIF

Présent
que je naisse
que tu naisses
qu'il/elle naisse
que nous naissions
que vous naissiez
qu'ils/elles naissent

Imparfait
que je naquisse
que tu naquisses
qu'il/elle naquît
que nous naquissions
que vous naquissiez
qu'ils/elles naquissent

Passé
que je sois né/née
que tu sois né/née
qu'il/elle soit né/née
que nous soyons nés/nées
que vous soyez nés/nées
qu'ils/elles soient nés/nées

Plus-que-parfait
que je fusse né/née
que tu fusses né/née
qu'il/elle fût né/née
que nous fussions nés/nées
que vous fussiez nés/nées
qu'ils/elles fussent nés/nées

CONDITIONNEL

Présent
je naîtrais
tu naîtrais
il/elle naîtrait
nous naîtrions
vous naîtriez
ils/elles naîtraient

Passé 1re forme
je serais né/née
tu serais né/née
il/elle serait né/née
nous serions nés/nées
vous seriez nés/nées
ils/elles seraient nés/nées

Passé 2e forme
je fusse né/née
tu fusses né/née
il/elle fût né/née
nous fussions nés/nées
vous fussiez nés/nées
ils/elles fussent nés/nées

IMPÉRATIF

Présent nais
naissons
naissez

Passé sois né/née
soyons nés/nées
soyez nés/nées

INFINITIF

Présent naître

Passé être né/née
être nés/nées

PARTICIPE

Présent naissant

Passé né / née
nés / nées

Passé composé étant né/née
étant nés/nées

REMARQUE : Le **i** prend traditionnellement un accent circonflexe devant un **t.** Cependant, la réforme de l'orthographe de 1990 préconise l'abandon de cet accent. Ainsi les graphies *naitre, il nait, je naitrai, tu naitras, il naitra, nous naitrons, vous naitrez, ils naitront* et *je naitrais, tu naitrais, il naitrait, nous naitrions, vous naitriez, ils naitraient* ne sont plus considérées comme fautives.

INDICATIF

Présent
je fais
tu fais
il/elle fait
nous faisons
vous faites
ils/elles font

Passé composé
j'ai fait
tu as fait
il/elle a fait
nous avons fait
vous avez fait
ils/elles ont fait

Imparfait
je faisais
tu faisais
il/elle faisait
nous faisions
vous faisiez
ils/elles faisaient

Plus-que-parfait
j'avais fait
tu avais fait
il/elle avait fait
nous avions fait
vous aviez fait
ils/elles avaient fait

Passé simple
je fis
tu fis
il/elle fit
nous fîmes
vous fîtes
ils/elles firent

Passé antérieur
j'eus fait
tu eus fait
il/elle eut fait
nous eûmes fait
vous eûtes fait
ils/elles eurent fait

Futur simple
je ferai
tu feras
il/elle fera
nous ferons
vous ferez
ils/elles feront

Futur antérieur
j'aurai fait
tu auras fait
il/elle aura fait
nous aurons fait
vous aurez fait
ils/elles auront fait

SUBJONCTIF

Présent
que je fasse
que tu fasses
qu'il/elle fasse
que nous fassions
que vous fassiez
qu'ils/elles fassent

Imparfait
que je fisse
que tu fisses
qu'il/elle fît
que nous fissions
que vous fissiez
qu'ils/elles fissent

Passé
que j'aie fait
que tu aies fait
qu'il/elle ait fait
que nous ayons fait
que vous ayez fait
qu'ils/elles aient fait

Plus-que-parfait
que j'eusse fait
que tu eusses fait
qu'il/elle eût fait
que nous eussions fait
que vous eussiez fait
qu'ils/elles eussent fait

CONDITIONNEL

Présent
je ferais
tu ferais
il/elle ferait
nous ferions
vous feriez
ils/elles feraient

Passé 1re forme
j'aurais fait
tu aurais fait
il/elle aurait fait
nous aurions fait
vous auriez fait
ils/elles auraient fait

Passé 2e forme
j'eusse fait
tu eusses fait
il/elle eût fait
nous eussions fait
vous eussiez fait
ils/elles eussent fait

IMPÉRATIF

Présent fais
faisons
faites

Passé aie fait
ayons fait
ayez fait

INFINITIF

Présent faire

Passé avoir fait

PARTICIPE

Présent faisant

Passé fait / faite
faits / faites

Passé composé ayant fait

INDICATIF

Présent
je suis
tu es
il/elle est
nous sommes
vous êtes
ils/elles sont

Passé composé
j'ai été
tu as été
il/elle a été
nous avons été
vous avez été
ils/elles ont été

Imparfait
j'étais
tu étais
il/elle était
nous étions
vous étiez
ils/elles étaient

Plus-que-parfait
j'avais été
tu avais été
il/elle avait été
nous avions été
vous aviez été
ils/elles avaient été

Passé simple
je fus
tu fus
il/elle fut
nous fûmes
vous fûtes
ils/elles furent

Passé antérieur
j'eus été
tu eus été
il/elle eut été
nous eûmes été
vous eûtes été
ils/elles eurent été

Futur simple
je serai
tu seras
il/elle sera
nous serons
vous serez
ils/elles seront

Futur antérieur
j'aurai été
tu auras été
il/elle aura été
nous aurons été
vous aurez été
ils/elles auront été

SUBJONCTIF

Présent
que je sois
que tu sois
qu'il/elle soit
que nous soyons
que vous soyez
qu'ils/elles soient

Imparfait
que je fusse
que tu fusses
qu'il/elle fût
que nous fussions
que vous fussiez
qu'ils/elles fussent

Passé
que j'aie été
que tu aies été
qu'il/elle ait été
que nous ayons été
que vous ayez été
qu'ils/elles aient été

Plus-que-parfait
que j'eusse été
que tu eusses été
qu'il/elle eût été
que nous eussions été
que vous eussiez été
qu'ils/elles eussent été

CONDITIONNEL

Présent
je serais
tu serais
il/elle serait
nous serions
vous seriez
ils/elles seraient

Passé 1re forme
j'aurais été
tu aurais été
il/elle aurait été
nous aurions été
vous auriez été
ils/elles auraient été

Passé 2e forme
j'eusse été
tu eusses été
il/elle eût été
nous eussions été
vous eussiez été
ils/elles eussent été

IMPÉRATIF

Présent sois
soyons
soyez

Passé aie été
ayons été
ayez été

INFINITIF

Présent être

Passé avoir été

PARTICIPE

Présent étant

Passé été

Passé composé ayant été

REMARQUES : Aux temps composés, **être** se conjugue avec *avoir*.
• Le passé composé sert à former le passé surcomposé d'autres verbes (ex. *quand j'ai été parti*).

NOMS PROPRES DE LIEUX ET GENTILÉS CORRESPONDANTS

Cette liste donne, pour chaque nom de lieu (imprimé en gras), l'adjectif et nom qui lui correspond, le signe * signalant qu'il s'agit d'un terme officiel. On y joint les formes qui ne suivent pas les règles normales de formation (tels Angelinos, qui renvoie à **Los Angeles**, Archepontain à **Pont-de-l'Arche**, Briochin à **Saint-Brieuc** ou Briotin à **Briey**).

Ces adjectifs et noms d'habitants se nomment, d'après le latin, des *gentilés* : leur valeur étant absolument régulière, ils ne méritent pas de définition propre dans le corps du dictionnaire, mais leur forme exacte mérite d'être répertoriée.

Abbeville (Somme) Abbevillois, oise
Abidjan (Côte d'Ivoire) Abidjanais, aise*
Abkhazie (Géorgie) Abkhaze
Ablon-sur-Seine (Val-de-Marne) Ablonais, aise
Les **Abymes** (Guadeloupe) Abymien, ienne
Abyssinie (Afrique) Abyssin, ine ou Abyssinien, enne → **Éthiopie**
Acadie (Canada) Acadien, enne
Accra (Ghana) Accréen, éenne*
Açores (océan Atlantique) Açoréen, éenne
Acquae-Sextien, ienne ou Acquae-Sextian, iane → **Aix-en-Provence**
Adamois, oise → L'**Isle-Adam**
Adjarie (Géorgie) Adjar, are
Afghanistan* ou **Afghānistān** (Asie) Afghan, ane*
Afrique Africain, aine
Afrique du Nord Nord-Africain, aine
Afrique du Sud Sudafricain, aine* ou Sud-Africain, aine*
Agde (Hérault) Agathois, oise
Agéen, éenne → **Ay**
Agen (Lot-et-Garonne) Agenais, aise
L'**Aigle** (Orne) Aiglon, onne
Aigrefeuille-d'Aunis (Charente-Maritime) Aigrefeuillais, aise
Aiguebelle (Savoie) Aiguebellin, Aiguebellinche
Aigueperse (Puy-de-Dôme) Aiguepersois, oise
Aigues-Mortes (Gard) Aigues-Mortais, aise
Aiguilles (Hautes-Alpes) Aiguillon, onne
Aiguillon (Lot-et-Garonne) Aiguillonnais, aise
Aiguillon, onne → **Aiguilles**
Aiguillonnais, aise → **Aiguillon**
Aigurande (Indre) Aigurandais, aise
Aire-sur-l'Adour (Landes) Aturin, ine
Aire-sur-la-Lys (Pas-de-Calais) Airois, oise
Airvault (Deux-Sèvres) Airvaudais, aise
Aisne (France) Axonais, aise
Aix-en-Othe (Aube) Aixois, oise
Aix-en-Provence (Bouches-du-Rhône) Aixois, oise ; Acquae-Sextien, ienne ou Acquae-Sextian, iane
Aixe-sur-Vienne (Haute-Vienne) Aixois, oise
Aix-les-Bains (Savoie) Aixois, oise
Ajaccio (Corse-du-Sud) Ajaccien, enne
Akkad (Mésopotamie) Akkadien, ienne
Albanie (Europe) Albanais, aise*
Albenassien, ienne → **Aubenas**
Albert (Somme) Albertin, ine
Alberta (Canada) Albertain, aine
Albertin, ine → **Albert**
Albertivillarien, ienne → **Aubervilliers**
Albertville (Savoie) Albertvillois, oise
Albi (Tarn) Albigeois, oise
Albinien, ienne → **Aubigny-sur-Nère**
Alençon (Orne) Alençonnais, aise
îles **Aléoutiennes** (États-Unis) Aléoute
Alep (Syrie) Aleppin, ine
Alès (Gard) Alésien, ienne
Alexandrie (Égypte) Alexandrin, ine
Alfortville (Val-de-Marne) Alfortvillais, aise
Alger (Algérie) Algérois, oise*
Algérie (Afrique) Algérien, enne*
Algérois, oise → **Alger**
Allauch (Bouches-du-Rhône) Allaudien, ienne
Allemagne (Europe) Allemand, ande*
Allos (Alpes-de-Haute-Provence) Allossard, arde
Alnélois, oise → **Auneau**
Alpes (Europe) Alpin, ine
Alpes-de-Haute-Provence (France) Bas-Alpin, ine
Alpin, ine → **Alpes**
Alréen, éenne → **Auray**
Alsace (France) Alsacien, ienne
Altaï (Asie) Altaïque
Altaï (Russie) Altaïen, enne
Altiligérien, ienne → **Haute-Loire**
Altkirch (Bas-Rhin) Altkirchois, oise
Altoséquanais, aise → **Hauts-de-Seine**

Amandin, ine → **Saint-Amand-Montrond**
Amandinois, oise → **Saint-Amand-en-Puisaye, Saint-Amand-les-Eaux**
Amandois, oise → **Saint-Amand-en-Puisaye**
Amazonie (Amérique du Sud) Amazonien, enne
Ambérieu-en-Bugey (Ain) Ambarrois, oise
Ambert (Puy-de-Dôme) Ambertois, oise
Amboise (Indre-et-Loire) Amboisien, ienne
Amélie-les-Bains-Palalda (Pyrénées-Orientales) Amélien, enne ou Palaldéen, éenne
Américain, aine → **Amérique, États-Unis d'Amérique**
Amérique Américain, aine
Amérique du Nord Nord-Américain, aine
Amérique du Sud Sud-Américain, aine
Amérique latine Latino-Américain, aine
Amiens (Somme) Amiénois, oise
Amou (Landes) Amollois, oise
Amsterdam (Pays-Bas) Amstellodamien, ienne* ou Amstellodamois, oise
Ancenis (Loire-Atlantique) Ancenien, enne
Ancône (Italie) Anconitain, aine
Andalousie (Espagne) Andalou, ouse
Les Andelys (Eure) Andelisien, ienne
Andernos-les-Bains (Gironde) Andernosien, ienne
Andes (Amérique du Sud) Andin, ine
principauté d'**Andorre** (Europe) Andorran, ane*
Andorre-la-Vieille (principauté d'Andorre) Andorran, ane*
Andrésien, ienne → **Saint-André-de-l'Eure**
Angelinos [plur.] → **Los Angeles**
Angérien, ienne → **Saint-Jean-d'Angély**
Angers (Maine-et-Loire) Angevin, ine
Angevin, ine → **Angers, Anjou, Maine-et-Loire**
Angkor (Cambodge) Angkorien, ienne
Anglais, aise → **Angleterre**
Anglet (Pyrénées-Atlantiques) Angloy, oye
Angleterre (Grande-Bretagne, Europe) Anglais, aise
Angloy, oye → **Anglet**
Angola (Afrique) Angolais, aise*
Angoulême (Charente) Angoumoisin, ine
Aniane (Hérault) Anianais, aise
Anjou (France) Angevin, ine
Ankara (Turquie) Ankarien, ienne*
Annam (Viêtnam) Annamite
Annecy (Haute-Savoie) Annécien, ienne
Annemasse (Haute-Savoie) Annemassien, ienne
Annonay (Ardèche) Annonéen, éenne
Annot (Alpes-de-Haute-Provence) Annotain, aine
Antananarivo ou **Tananarive** (Madagascar) Tananarivien, ienne*
Antibes (Alpes-Maritimes) Antibois, oise
Antigua-et-Barbuda (Petites Antilles) Antiguayen, yenne* ou Antiguais et Barbudien [masc.], Antiguaise et Barbudienne [fém.]
Antilles (Amérique centrale) Antillais, aise
Antony (Hauts-de-Seine) Antonien, enne
Antraigues-sur-Volane (Ardèche) Antraiguain, aine
Antrain (Ille-et-Vilaine) Antrainais, aise
Anvers (Belgique) Anversois, oise
Anzin (Nord) Anzinois, oise
Vallée d'**Aoste** (Italie) Valdôtain, aine
Appalaches (États-Unis) Appalachien, ienne
Appaméen, éenne → **Pamiers**
Apt (Vaucluse) Aptésien, ienne
Aquitaine (France) Aquitain, aine
Arabie (Asie) Arabe
Arabie saoudite (Proche-Orient) Saoudien, enne*
Aragon (Espagne) Aragonais, aise
Aramon (Gard) Aramonais, aise
Arbois (Jura) Arboisien, ienne
Arcachon (Gironde) Arcachonnais, aise
Arcadie (Grèce) Arcadien, enne
Archepontain, aine → **Pont-de-l'Arche**
Arcis-sur-Aube (Aube) Arcisien, ienne
Les **Arcs** (Var) Arcois, oise
Ardèche (France) Ardéchois, oise
Ardenne (Belgique, France, Luxembourg) Ardennais, aise
Ardennes [dép.] (France) Ardennais, aise
Arédien, ienne → **Saint-Yrieix-la-Perche**
Arezzo (Italie) Arétin, ine
Argelès-Gazost (Hautes-Pyrénées) Argelésien, ienne
Argelès-sur-Mer (Pyrénées-Orientales) Argelésien, ienne
Argentacois, oise → **Argentat**
Argentais, aise → **Argent-sur-Sauldre**
Argentan (Orne) Argentanais, aise
Argentat (Corrèze) Argentacois, oise
Argenteuil (Val-d'Oise) Argenteuillais, aise
L'**Argentière-la-Bessée** (Hautes-Alpes) Argentiérois, oise
Argentine (Amérique du Sud) Argentin, ine*
Argenton-Château (Deux-Sèvres) Argentonnais, aise
Argenton-sur-Creuse (Indre) Argentonnais, aise
Argentré-du-Plessis (Ille-et-Vilaine) Argentréen, éenne*
Argent-sur-Sauldre (Cher) Argentais, aise
Ariège (France) Ariégeois, oise
Arles (Bouches-du-Rhône) Arlésien, ienne
Arleux (Nord) Arleusien, ienne
Arménie (Asie) Arménien, enne*
Armentières (Nord) Armentiérois, oise
Armorique (France) Armoricain, aine
Arnay-le-Duc (Côte-d'Or) Arnétois, oise
Arras (Pas-de-Calais) Arrageois, oise

Ars-en-Ré (Charente-Maritime) Arsais, aise
Artois (France) Artésien, ienne
Ascq (Nord) Ascquois, oise
Asie Asiatique ou Asiate (rare)
Asnières-sur-Seine (Hauts-de-Seine) Asniérois, oise
Assyrie (Asie) Assyrien, enne
Asturies (Espagne) Asturien, enne
Athégien, ienne → **Athis-Mons**
Athènes (Grèce) Athénien, ienne
Athis-de-l'Orne (Orne) Athisien, ienne
Athis-Mons (Essonne) Athégien, ienne
Aturin, ine → **Aire-sur-l'Adour**
Aubagne (Bouches-du-Rhône) Aubagnais, aise
Aubarnois, oise → **Le Bar-sur-Loup**
Aube (France) Aubois, oise
Aubenas (Ardèche) Albenassien, ienne
Aubervilliers (Seine-Saint-Denis) Albertivillarien, ienne
Aubeterre-sur-Dronne (Charente) Aubeterrien, ienne
Aubigny-sur-Nère (Cher) Albinien, ienne
Aubois, oise → **Aube**
Aubusson (Creuse) Aubussonnais, aise
Auch (Gers) Auscitain, aine
Auchel (Pas-de-Calais) Auchellois, oise
Aude (France) Audois, oise
Audierne (Finistère) Audiernais, aise
Audincourt (Doubs) Audincourtois, oise
Audois, oise → **Aude**
Audomarois, oise → **Saint-Omer**
Audonien, ienne → **Saint-Ouen**
Audruicq (Pas-de-Calais) Audruicquois, oise
Audun-le-Roman (Meurthe-et-Moselle) Audunois, oise
pays d'**Auge** (France) Augeron, onne
Aulnay-sous-Bois (Seine-Saint-Denis) Aulnaisien, ienne
Aulnoye-Aymeries (Nord) Aulnésien, ienne
Ault (Somme) Aultois, oise
Aumale (Seine-Maritime) Aumalois, oise
Aunay-sur-Odon (Calvados) Aunais, aise
Auneau (Eure-et-Loir) Alnélois, oise
Aunis (France) Aunisien, ienne
Aups (Var) Aupsois, oise
Auray (Morbihan) Alréen, éenne
Aurignac (Haute-Garonne) Aurignacais, aise
Aurillac (Cantal) Aurillacois, oise
Auscitain, aine → **Auch**
Australie Australien, enne*
Autriche (Europe) Autrichien, ienne*
Autun (Saône-et-Loire) Autunois, oise
Auvergne (France) Auvergnat, ate
Auxerre (Yonne) Auxerrois, oise
Avallon (Yonne) Avallonnais, aise
Avesnes-sur-Helpe (Nord) Avesnois, oise
Aveyron (France) Aveyronnais, aise
Avignon (Vaucluse) Avignonnais, aise
Avranches (Manche) Avranchinais, aise
Axonais, aise → **Aisne**
Ay ou **Aÿ** (Marne) Agéen, éenne
Azerbaïdjan (Caucase) Azéri, ie ou Azerbaïdjanais, aise*
Babylone (Mésopotamie) Babylonien, ienne
Baccarat (Meurthe-et-Moselle) Bachamois, oise
Bade (Allemagne) Badois, oise
Badonviller (Meurthe-et-Moselle) Badonvillois, oise
Bagdad (Irak) Bagdadien, ienne*
Bagnères-de-Bigorre (Hautes-Pyrénées) Bagnérais, aise
Bagnères-de-Luchon (Haute-Garonne) Luchonnais, aise
Bagneux (Hauts-de-Seine) Balnéolais, aise
Bagnolet (Seine-Saint-Denis) Bagnoletais, aise
Les **Bahamas** (océan Atlantique) Bahamien, ienne*
Bahreïn (Proche-Orient) Bahreïni [invar. en genre] ou Bahreïnien, ienne*
Baie-Mahault (Guadeloupe) Baie-Mahaultien, ienne
Baixas (Pyrénées-Orientales) Baixanenc, Baixanenque
Bajocasse → **Bayeux**
Balbynien, enne → **Bobigny**
Bâle (Suisse) Bâlois, oise
Baléares (Espagne) Baléare
Balgencien, enne → **Beaugency**
Bali (Asie) Balinais, aise
Balkans (Europe) Balkanique
Balnéolais, aise → **Bagneux**
Bâlois, oise → **Bâle**
Baltique (Europe) Balte
Bamako (Mali) Bamakois, oise*
Bandol (Var) Bandolais, aise
Bangkok (Thaïlande) Bangkokien, ienne*
Bangladesh (Asie) Bangladais, aise*
Bangui (République centrafricaine) Banguissois, oise*
Banjul (Gambie) Banjulais, aise*
Banyuls-sur-Mer (Pyrénées-Orientales) Banyulenc, Banyulencque
Bapaume (Pas-de-Calais) Bapalmois, oise
Baralbin, ine → **Bar-sur-Aube**
La **Barbade** (Petites Antilles) Barbadien, ienne*
Le **Barcarès** (Pyrénées-Orientales) Barcarésien, ienne
Barcelone (Espagne) Barcelonais, aise
Barcelonnette (Alpes-de-Haute-Provence) Barcelonnette
Bar-le-Duc (Meuse) Barisien, ienne
Barséquanais, aise → **Bar-sur-Seine**
Bar-sur-Aube (Aube) Baralbin, ine

Le **Bar-sur-Loup** (Alpes-Maritimes) Aubarnois, oise
Bar-sur-Seine (Aube) Barséquanais, aise
Bas-Alpin, ine → **Alpes-de-Haute-Provence**
Pays **basque** (Espagne, France) Basque, Basquaise ou Euskarien, ienne ou Euscarien, ienne
Bas-Rhin (France) Bas-Rhinois, oise
Basses-Alpes (France) → **Alpes-de-Haute-Provence**
Basse-Terre (Guadeloupe) Basse-Terrien, ienne
Bastia (Haute-Corse) Bastiais, iaise
République **batave** (Europe) Batave → **Pays-Bas**
Batzien, ienne → **Île-de-Batz**
Bavière (Allemagne) Bavarois, oise
Bayeux (Calvados) Bayeusain, aine ou Bajocasse
Bayonne (Pyrénées-Atlantiques) Bayonnais, aise
Béarn (France) Béarnais, aise
Beauce (France) Beauceron, onne
Beaugency (Loiret) Balgencien, enne
Beaune (Côte-d'Or) Beaunois, oise
Beauvais (Oise) Beauvaisien, ienne ou Beauvaisin, ine
Beauvillésois, oise → **Villiers-le-Bel**
Belfort [Territoire de et ville] (France) Belfortain, aine
Belgique (Europe) Belge*
Belgrade (Serbie) Belgradois, oise*
Bélize* ou **Belize** (Amérique centrale) Bélizais, aise ou Bélizien, ienne*
Bélizien, ienne → **Belmopan**
Bellac (Haute-Vienne) Bellachon, onne
Belle-Île (Morbihan) Bellilois, oise
Belley (Ain) Belleysan, ane
Bellifontain, aine → **Fontainebleau**
Bellilois, oise → **Belle-Île**
Belmopan (Amérique du Sud) Bélizien, ienne
Bénédictin, ine → **Saint-Benoît-du-Sault**
Bengale (Inde) Bengali, ie ou Bengalais, aise
Bénin (Afrique) Béninois, oise*
Béotie (Grèce) Béotien, enne
Bergame (Italie) Bergamasque
Bergerac (Dordogne) Bergeracois, oise
Berlin (Allemagne) Berlinois, oise*
Les **Bermudes** (océan Atlantique) Bermudien, ienne
Bernay (Eure) Bernayen, enne
Berne (Suisse) Bernois, oise*
Berrichon, onne → **Berry**
Berruyer, ère → **Bourges**
Berry (France) Berrichon, onne
Besançon (Doubs) Bisontin, ine
Béthune (Pas-de-Calais) Béthunois, oise
Beyrouth (Liban) Beyrouthin, ine*
Béziers (Hérault) Biterrois, oise
Bezons (Val-d'Oise) Bezonnais, aise
Bhoutan (Asie) Bhoutanais, aise*
Biafra (Nigeria) Biafrais, aise
Biarritz (Pyrénées-Atlantiques) Biarrot, ote
Bidart (Pyrénées-Atlantiques) Bidartars [plur.]
Biélorussie (Europe) Biélorusse*
Bigorre (France) Bigourdan, ane
Binche (Belgique) Binchois, oise
Birmanie (Asie) Birman, ane*
Biscaye (Espagne) Biscaïen, ïenne
Bisontin, ine → **Besançon**
Bissau ou **Bissao*** (Guinée-Bissau) Bissalien, ienne*
Bissau-Guinéen, éenne ou Bissaoguinéen, éenne → **Guinée-Bissau**
Biterrois, oise → **Béziers**
Bizerte (Tunisie) Bizertin, ine
Blagnac (Haute-Garonne) Blagnacais, aise
Le **Blanc** (Indre) Blancois, oise
Le **Blanc-Mesnil** (Seine-Saint-Denis) Blanc-Meslinois, oise
Blangy-sur-Bresle (Seine-Maritime) Blangeois, oise
Blaye (Gironde) Blayais, aise
Blois (Loir-et-Cher) Blésois, oise
Bobigny (Seine-Saint-Denis) Balbynien, enne
Bohême (République tchèque) Bohémien, ienne
Bois-Colombes (Hauts-de-Seine) Bois-Colombien, ienne
Bolivie (Amérique du Sud) Bolivien, enne*
Bologne (Italie) Bolonais, aise
Bondy (Seine-Saint-Denis) Bondynois, oise
Bône (Algérie) Bônois, oise
Bonifacio (Corse-du-Sud) Bonifacien, enne
Bonn (Allemagne) Bonnois, oise*
Bonneville (Haute-Savoie) Bonnevillois, oise
Bonnois, oise → **Bonn**
Bônois, oise → **Bône**
Borain, aine → **Borinage, Bourg-Saint-Maurice**
Bordeaux (Gironde) Bordelais, aise
Borinage (Belgique) Borain, aine
Bormes-les-Mimosas (Var) Borméen, éenne
Bornandin, ine → Le **Grand-Bornand**
Bosnie-Herzégovine (Europe) Bosniaque* ou Bosnien, enne
Boston (États-Unis) Bostonien, ienne
Botswana (Afrique) Botswanéen, éenne* ou Botswanais, aise
Boucau (Pyrénées-Atlantiques) Boucalais, aise
Bouches-du-Rhône (France) Buccorhodanien, ienne
Bougival (Yvelines) Bougivalais, aise
Boulay-Moselle (Moselle) Boulageois, oise
Boulogne-Billancourt (Hauts-de-Seine) Boulonnais, aise

Boulogne-sur-Mer (Pas-de-Calais) Boulonnais, aise
Bourbonnais (France) Bourbonnais, aise
Bourbourg (Nord) Bourbourgeois, oise
Bourcain, aine → **Bourg-lès-Valence**
Bourcat, ate → **Bourg-d'Oisans**
Bourg-Argental (Loire) Bourguisan, ane
Bourg-de-Péage (Drôme) Péageois, oise
Bourg-d'Oisans (Isère) Bourcat, ate
Bourg-en-Bresse (Ain) Burgien, ienne
Bourges (Cher) Berruyer, ère
Le **Bourget** (Seine-Saint-Denis) Bourgetin, ine
Bourg-la-Reine (Hauts-de-Seine) Réginaburgien, ienne ou Réginaborgien, ienne
Bourg-lès-Valence (Drôme) Bourcain, aine
Bourg-Madame (Pyrénées-Orientales) Guingettois, oise
Bourgogne (France) Bourguignon, onne
Bourg-Saint-Andéol (Ardèche) Bourguésan, ane
Bourg-Saint-Maurice (Savoie) Borain, aine
Bourguésan, ane → **Bourg-Saint-Andéol**
Bourguignon, onne → **Bourgogne**
Bourguisan, ane → **Bourg-Argental**
Bouriatie (Russie) Bouriate
Le **Bouscat** (Gironde) Bouscatais, aise
Brabant (Belgique) Brabançon, onne
Bragard, arde → **Saint-Dizier**
Brandebourg (Allemagne) Brandebourgeois, oise
Brasilia (Brésil) Brasilien, ienne*
Brazzaville (Congo) Brazzavillois, oise*
Bréhatin, ine → **Île-de-Bréhat**
Brénadien, ienne → **Brunoy**
Brésil (Amérique du Sud) Brésilien, ienne
Bressan, ane → **Bresse**
Bressaud, aude → La **Bresse**
Bresse (France) Bressan, ane
La **Bresse** (Vosges) Bressaud, aude
Bressuire (Deux-Sèvres) Bressuirais, aise
Brest (Finistère) Brestois, oise
Bretagne (France) Breton, onne
Brétigny-sur-Orge (Essonne) Brétignolais, aise
Brevinois, oise → **Saint-Brevin-les-Pins**
Briançon (Hautes-Alpes) Briançonnais, aise
Brie (France) Briard, arde
Brière (France) Briéron, onne
Briey (Meurthe-et-Moselle) Briotin, ine
Brignoles (Var) Brignolais, aise
Briochin, ine → **Saint-Brieuc**
Briotin, ine → **Briey**
Brioude (Haute-Loire) Brivadois, oise
Britannique → **Grande-Bretagne**
Britanno-Colombien, ienne → **Colombie-Britannique**
Brivadois, oise → **Brioude**
Brive-la-Gaillarde (Corrèze) Briviste
Bron (Rhône) Brondillant, ante
Brou (Eure-et-Loir) Broutain, aine
Bruay-la-Buissière (Pas-de-Calais) Bruaysien-labuissiérois, Bruaysienne-labuissiéroise
Bruges (Belgique) Brugeois, oise
Brunei (Asie) Brunéien, enne*
Brunoy (Essonne) Brénadien, ienne ou Brunoyen, enne
Bruxelles (Belgique) Bruxellois, oise*
Bucarest (Roumanie) Bucarestois, oise*
Buccorhodanien, ienne → **Bouches-du-Rhône**
Budapest (Hongrie) Budapestois, oise*
Buenos Aires (Argentine) Buenos-Airien, ienne*
Bujumbura (Burundi) Bujumburien, ienne* ou Bujumburais, aise
Bulgarie (Europe) Bulgare
Burgien, ienne → **Bourg-en-Bresse**
Burkina Faso* ou **Burkina** (Afrique) Burkinabé, ée ou Burkinais, aise
Burundi (Afrique) Burundais, aise*
Bussy-Saint-Georges (Seine-et-Marne) Buxangeorgien, ienne
Byzance (Europe) Byzantin, ine → **Istanbul**
Cabourg (Calvados) Cabourgeais, aise
Cachan (Val-de-Marne) Cachanais, aise
Cadix (Espagne) Gaditan, ane
Cadurcien, ienne → **Cahors**
Caen (Calvados) Caennais, aise
Cagnes-sur-Mer (Alpes-Maritimes) Cagnois, oise
Cahors (Lot) Cadurcien, ienne ou Cahorsin, ine ou Cahorsien, ienne
Le **Caire** (Égypte) Cairote*
Calabre (Italie) Calabrais, aise
Caladois, oise → **Villefranche-sur-Saône**
Calais (Pas-de-Calais) Calaisien, ienne
Calaisien, ienne → **Calais, Saint-Calais**
Calgary (Alberta) Calgarien, ienne
Californie (États-Unis) Californien, enne
Caluire-et-Cuire (Rhône) Caluirard, arde
Calvados (France) Calvadossien, ienne
Calvi (Haute-Corse) Calvais, aise
Camaret-sur-Mer (Finistère) Camarétois, oise
Camargue (France) Camarguais, aise ou Camarguin, ine ou Camarguen, enne
Cambodge (Asie) Cambodgien, ienne*
Cambrai (Nord) Cambrésien, ienne
Cameroun (Afrique) Camerounais, aise*
Campésien, ienne → **Champs-sur-Marne**
Campinien, ienne et Campinois, oise → **Champigny-sur-Marne**
pays de **Canaan** Cananéen, éenne
Canada (Amérique du Nord) Canadien, ienne*

Cananéen, éenne → pays de **Canaan**
Les **Canaries** (Espagne) Canarien, enne
Canaulais, aise → **Lacanau**
Candiote → **Crète**
Canet-en-Roussillon (Pyrénées-Orientales) Canétois, oise
Cannes (Alpes-Maritimes) Cannois, oise
Le **Cannet** (Alpes-Maritimes) Cannetan, ane
Cantal (France) Cantalien, ienne
Cantilien, enne → **Chantilly**
Canton (Chine) Cantonais, aise
Capbreton (Landes) Capbretonnais, aise
Capesterre-Belle-Eau (Guadeloupe) Capesterrien, ienne
Capoue (Italie) Capouan, ane
Le **Cap-Vert** (océan Atlantique) Cap-Verdien, ienne*
Caracas (Venezuela) Caracassien, ienne*
Caraïbes (Amérique centrale) Caraïbe ou Caribéen, éenne
Carcassonne (Aude) Carcassonnais, aise
Carélie (Russie) Carélien, enne
Carentan (Manche) Carentanais, aise
Carhaix-Plouguer (Finistère) Carhaisien, ienne
Caribéen, éenne → **Caraïbes**
Carioca → **Rio de Janeiro**
Carolomacérien, ienne → **Charleville-Mézières**
Carolorégien, ienne → **Charleroi**
Carpentras (Vaucluse) Carpentrassien, ienne
Carquefou (Loire-Atlantique) Carquefolien, ienne
Carrières-sur-Seine (Yvelines) Carrillon, onne ou Carriérois, oise
Carthage (Tunisie) Carthaginois, oise
Casablanca (Maroc) Casablancais, aise
Cassis (Bouches-du-Rhône) Cassidain, aine
Castelbriantais, aise → **Châteaubriant**
Castellane (Alpes-de-Haute-Provence) Castellanais, aise
Castelnaudary (Aude) Chaurien, ienne ou Castelnaudarien, enne
Castelneuvien, ienne → **Châteauneuf-la-Forêt**
Castelnovien, ienne → **Châteauneuf-sur-Charente**
Castélorien, ienne → **Château-du-Loir**
Castel-Papaux → **Châteauneuf-du-Pape**
Castelroussin, ine → **Châteauroux**
Castelsalinois, oise → **Château-Salins**
Castelsarrasin (Tarn-et-Garonne) Castelsarrasinois, oise
Castelvirois, oise → **Viry-Châtillon**
Castille (Espagne) Castillan, ane
Castrais, aise → **Castres,** La **Châtre**
Castres (Tarn) Castrais, aise
Castrogontérien, ienne → **Château-Gontier**
Castrothéodoricien, ienne → **Château-Thierry**
Catalogne (Espagne, France) Catalan, ane
Catovien, ienne → **Chatou**
Caucase Caucasien, ienne
Cauchois, oise → pays de **Caux**
Causses (France) Caussenard, arde
pays de **Caux** (France) Cauchois, oise
Cayenne (Guyane française) Cayennais, aise
Cazalin, ine → La **Teste-de-Buch**
La **Celle-Saint-Cloud** (Seine-et-Marne) Celloclodoaldien, ienne ou Cellois, oise
Cenon (Gironde) Cenonnais, aise
République **centrafricaine** (Afrique) Centrafricain, aine*
Cerdagne (Espagne, France) Cerdan, ane ou Cerdagnol, ole
Céret (Pyrénées-Orientales) Céretan, ane
Cévennes (France) Cévenol, ole
île de **Ceylan** (Asie) Ceylanais, aise ou Cingalais, aise ou Cinghalais, aise → **Sri Lanka**
Chaldée (Mésopotamie) Chaldéen, éenne
Challans (Vendée) Challandais, aise
Châlons-en-Champagne (Marne) Châlonnais, aise
Chalon-sur-Saône (Saône-et-Loire) Chalonnais, aise
Chambéry (Savoie) Chambérien, enne
Chamonix (Haute-Savoie) Chamoniard, arde
Champagne (France) Champenois, oise
Champagnole (Jura) Champagnolais, aise
Champesois, oise → **Champs-sur-Marne**
Champigny-sur-Marne (Val-de-Marne) Campinois, oise ou Campinien, enne
Champs-sur-Marne (Seine-et-Marne) Champesois, oise ou Campésien, ienne
Chantilly (Oise) Cantilien, enne
Charentais, aise → **Charente**
Charentais, aise maritime → **Charente-Maritime**
Charente (France) Charentais, aise
Charente-Maritime (France) Charentais, aise maritime
Charenton-le-Pont (Val-de-Marne) Charentonnais, aise
Charleroi (Belgique) Carolorégien, ienne
Charleville-Mézières (Ardennes) Carolomacérien, ienne
Charolles (Saône-et-Loire) Charollais, aise
Chartres (Eure-et-Loir) Chartrain, aine
Château-Arnoux-Saint-Auban (Alpes-de-Haute-Provence) Jarlandin, ine
Châteaubriant (Loire-Atlantique) Castelbriantais, aise
Château-Chinon (Nièvre) Château-Chinonais, aise
Le **Château-d'Oléron** (Charente-Maritime) Châtelain, aine
Château-du-Loir (Sarthe) Castélorien, ienne
Châteaudun (Eure-et-Loir) Dunois, oise

Château-Gontier (Mayenne) Castrogontérien, ienne
Châteaulin (Finistère) Châteaulinois, oise
Châteauneuf-du-Pape (Vaucluse) Châteauneuvois, oise ou Castel-Papaux [plur.]
Châteauneuf-la-Forêt (Haute-Vienne) Castelneuvien, ienne
Châteauneuf-sur-Charente (Charente) Castelnovien, ienne
Châteauneuvois, oise → **Châteauneuf-du-Pape**
Châteauroux (Indre) Castelroussin, ine
Château-Salins (Moselle) Castelsalinois, oise
Château-Thierry (Aisne) Castrothéodoricien, ienne
Châtelain, aine → Le **Château-d'Oléron**
Châtellerault (Vienne) Châtelleraudais, aise
Châtenay-Malabry (Hauts-de-Seine) Châtenaisien, ienne
Châtillon (Hauts-de-Seine) Châtillonais, aise
Chatou (Yvelines) Catovien, ienne
La **Châtre** (Indre) Castrais, aise
Chaumont (Haute-Marne) Chaumontais, aise
Chaurien, ienne → **Castelnaudary**
Chelles (Seine-et-Marne) Chellois, oise
Cherbourg (Manche) Cherbourgeois, oise
Le **Chesnay** (Yvelines) Chesnaysien, ienne
Chicoutimi (Québec) Chicoutimien, enne
Chili (Amérique du Sud) Chilien, enne*
Chine (Asie) Chinois, oise*
Chinon (Indre-et-Loire) Chinonais, aise
Choisy-le-Roi (Val-de-Marne) Choisyen, enne
Cholet (Maine-et-Loire) Choletais, aise
Chypre (Méditerranée) Chypriote* ou Cypriote
Cingalais, aise ou Cinghalais, aise → île de **Ceylan**
La **Ciotat** (Bouches-du-Rhône) Ciotaden, enne
Cirey-sur-Vezouve (Meurthe-et-Moselle) Ciréen, éenne
Cisjordanie (Proche-Orient) Cisjordanien, enne
Civray (Vienne) Civraisien, ienne
Clamart (Hauts-de-Seine) Clamartois, oise
Clamecy (Nièvre) Clamecycois, oise
Clermont (Oise) Clermontois, oise
Clermont-Ferrand (Puy-de-Dôme) Clermontois, oise
Clichy (Hauts-de-Seine) Clichois, oise ou Clichien, enne
Clichy-sous-Bois (Seine-Saint-Denis) Clichois, oise
Clodoaldien, ienne → **Saint-Cloud**
Cluses (Haute-Savoie) Clusien, ienne
Cochinchine (Viêtnam) Cochinchinois, oise
Cognac (Charente) Cognaçais, aise
Collioure (Pyrénées-Orientales) Colliourenc, encque
Colmar (Haut-Rhin) Colmarien, ienne
Colombes (Hauts-de-Seine) Colombien, ienne
Colombie (Amérique du Sud) Colombien, enne*
Colombie-Britannique (Canada) Britanno-Colombien, enne
Colombien, enne → **Colombie**
Colomiers (Haute-Garonne) Columérin, ine
Combourg (Ille-et-Vilaine) Combourgeois, oise
Combs-la-Ville (Seine-et-Marne) Combslavillais, aise
Commercy (Meuse) Commercien, enne
Les **Comores** (océan Indien) Comorien, ienne*
Compiègne (Oise) Compiégnois, oise
Comtois, oise → **Franche-Comté**
Concarneau (Finistère) Concarnois, oise
Condé-sur-l'Escaut (Nord) Condéen, éenne
Condom (Gers) Condomois, oise
Confolens (Charente) Confolentais, aise
Congo [république du] (Afrique) Congolais, aise*
Congo [république démocratique du] [anc. Zaïre] (Afrique) Congolais, aise*
Constantine (Algérie) Constantinois, oise
Copenhague (Danemark) Copenhaguois, oise*
Corbeil-Essonnes (Essonne) Corbeil-Essonnois, oise
Cordoue (Espagne) Cordouan, ane
Corée (Asie) Coréen, enne
Corée du Nord Nord-Coréen, enne
Corée du Sud Sud-Coréen, enne
Coréen, enne → **Corée**
Corfou (Grèce) Corfiote
Cormeilles-en-Parisis (Val-d'Oise) Cormeillais, aise
Corpopétrussien, ienne → **Saint-Pierre-des-Corps**
Corrèze (France) Corrézien, ienne
Corse (France) Corse
Corte (Haute-Corse) Cortenais, aise
Cosne-Cours-sur-Loire (Nièvre) Cosnois, oise
Costa Rica (Amérique centrale) Costaricain, aine ou Costaricien, ienne*
Costarmoricain, aine → **Côtes-d'Armor**
Côte d'Ivoire (Afrique) Ivoirien, ienne*
Côte-d'Or (France) Côte d'Orien, ienne
La **Côte-Saint-André** (Isère) Côtois, oise
Côtes-d'Armor (France) Costarmoricain, aine
Côtois, oise → La **Côte-Saint-André**
Cotonou (Bénin) Cotonois, oise*

Cotterézien, ienne → **Villers-Cotterêts**
Coudekerque-Branche (Nord) Coudekerquois, oise
Coulommiers (Seine-et-Marne) Coulumérien, ienne
La **Courneuve** (Seine-Saint-Denis) Courneuvien, ienne
Courtrai (Belgique) Courtraisien, ienne
Coutances (Manche) Coutançais, aise
Creil (Oise) Creillois, oise
Crest (Drôme) Crestois, oise
Crète (Grèce) Crétois, oise ou Candiote
Créteil (Val-de-Marne) Cristolien, ienne
Crétois, oise → île de **Crète**
Creuse (France) Creusois, oise
Cristolien, ienne → **Créteil**
Croatie (Europe) Croate*
Le **Croisic** (Loire-Atlantique) Croisicais, aise
Croix (Nord) Croisien, ienne
Le **Crotoy** (Somme) Crotellois, oise
Cuba (Amérique centrale) Cubain, aine*
Cubzaguais, aise → **Saint-André-de-Cubzac**
Cyprianenc, encque → **Saint-Cyprien**
Cypriannais, aise → **Saint-Cyprien**
Cypriote → **Chypre**
Dacquois, oise → **Dax**
Dahomey (Afrique) Dahoméen, éenne → **Bénin**
Dakar (Sénégal) Dakarois, oise*
Dalmatie (Croatie) Dalmate
Damas (Syrie) Damascène*
Dammarie-les-Lys (Seine-et-Marne) Dammarien, enne
Danemark (Europe) Danois, oise*
Danube (Europe centrale) Danubien, ienne
Dauphiné (France) Dauphinois, oise
Dax (Landes) Dacquois, oise
Décines-Charpieu (Rhône) Décinois, oise
Délos (Grèce) Délien, ienne ou Déliaque
Denain (Nord) Denaisien, ienne
Déodatien, ienne → **Saint-Dié-des-Vosges**
Deuil-la-Barre (Val-d'Oise) Deuillois, oise
Deux-Sèvres (France) Deux-Sévrien, ienne
Die (Drôme) Diois, Dioise
Dieppe (Seine-Maritime) Dieppois, oise
Digne-les-Bains (Alpes-de-Haute-Provence) Dignois, oise
Digoin (Saône-et-Loire) Digoinais, aise
Dijon (Côte-d'Or) Dijonnais, aise
Dinan (Côtes-d'Armor) Dinannais, aise
Diois, Dioise → **Die**
Dionysien, ienne → **Saint-Denis** (la Réunion); (Seine-Saint-Denis); **Sainte-Adresse** (Seine-Maritime)
Djerba (Tunisie) Djerbien, ienne
Djibouti [État et ville] (Afrique) Djiboutien, enne*
Dodoma (Tanzanie) Dodomais, aise*
Dole (Jura) Dolois, oise
Dominguois, oise → **Saint-Domingue** [ville]
République **dominicaine** (Antilles) Dominicain, aine*
La **Dominique** (Petites Antilles) Dominiquais, aise*
Dordogne (France) Dordognais, aise
Douai (Nord) Douaisien, ienne
Douarnenez (Finistère) Douarneniste
Doubs (département) Doubien, ienne
Doubs (ville) Doubien, ienne ou Doubiste
Douchanbé (Tadjikistan) Douchanbéen, éenne
Draguignan (Var) Dracénois, oise
Draveil (Essonne) Draveillois, oise
Dreux (Eure-et-Loir) Drouais, aise
Drôme (France) Drômois, oise
Drouais, aise → **Dreux**
Dryat, Dryate → **Saint-André-les-Vergers**
Dublin (Irlande) Dublinois, oise*
Dunkerque (Nord) Dunkerquois, oise
Dunois, oise → **Châteaudun**
Dzaoudzi (Mayotte) Dzaoudzien, enne
Eaubonne (Val-d'Oise) Eaubonnais, aise
Ébroïcien, ienne → **Évreux**
Échirolles (Isère) Échirollois, oise
Écosse (Grande-Bretagne) Écossais, aise
Édimbourg (Écosse) Édimbourgeois, oise
mer **Égée** Égéen, éenne
Égypte (Proche-Orient) Égyptien, ienne*
Élancourt (Yvelines) Élancourtois, oise
île d'**Elbe** (Italie) Elbois, oise
Elbeuf (Seine-Maritime) Elbeuvien, ienne
Elbois, oise → île d'**Elbe**
Émirats arabes unis (Arabie) Émirien, ienne*
Éolide (Asie Mineure) Éolien, ienne
Épernay (Marne) Sparnacien, ienne
Épinal (Vosges) Spinalien, ienne
Épinay-sur-Seine (Seine-Saint-Denis) Spinassien, ienne
Équateur (Amérique du Sud) Équatorien, ienne*
Équatoguinéen, éenne → **Guinée équatoriale**
Équatorien, ienne → **Équateur**
Erevan (Arménie) Erévanais, aise*
Ermont (Val-d'Oise) Ermontois, oise
Érythrée (Afrique) Érythréen, éenne*
Esfahâni → **Ispahan**
Espagne (Europe) Espagnol, ole*
Essonne (France) Essonnien, ienne
Estonie (Europe) Estonien, enne*
Étampes (Essonne) Étampois, oise
États-Unis d'Amérique États-Unien, enne ou Américain, aine*
Éthiopie (Afrique) Éthiopien, enne*
Étolie (Grèce) Étolien, enne
Étrurie (Italie) Étrusque
Eurasie Eurasien, enne

Europe Européen, éenne
Euskarien, ienne ou Euscarien, ienne → **Pays basque**
Évaux-les-Bains (Creuse) Évahonien, ienne
Évian-les-Bains (Haute-Savoie) Évianais, aise
Évreux (Eure) Ébroïcien, ienne
Évry (Essonne) Évryen, enne
Èze (Alpes-Maritimes) Ézasque
La **Falaise** (Yvelines) Falaisien, ienne
Le **Faouët** (Morbihan) Faouëtais, aise
Fassi, ie → **Fez**
Fécamp (Seine-Maritime) Fécampois, oise
Fère-Champenoise (Marne) Ferton, onne
îles **Féroé** (Danemark) Féringien, ienne ou Feroïen, ïenne
Ferrare (Italie) Ferrarais, aise
Ferton, onne → **Fère-Champenoise**
Fès ou **Fez** (Maroc) Fassi, ie
Fessenheim (Haut-Rhin) Fessenheimois, oise
Feurs (Loire) Forézien, ienne
Fidésien, ienne → **Sainte-Foy-lès-Lyon**
îles **Fidji*** ou **Fiji** (Océanie) Fidjien, enne*
Figeac (Lot) Figeacois, oise
Finistère (France) Finistérien, ienne
Finlande (Europe) Finlandais, aise* ou Finnois, oise
Flandre ou **Flandres** (Europe) Flamand, ande ou Flandrien, ienne
La **Flèche** (Sarthe) Fléchois, oise
Flers-de-l'Orne (Orne) Flérien, ienne
Fleurance (Gers) Fleurantin, ine
Fleury-les-Aubrais (Loiret) Fleuryssois, oise
Florac (Lozère) Floracois, oise
Florence (Italie) Florentin, ine
Florentinois, oise → **Saint-Florentin**
Floride (États-Unis) Floridien, ienne
Foix (Ariège) Fuxéen, éenne
Fontaine (Isère) Fontenois, oise
Fontainebleau (Seine-et-Marne) Bellifontain, aine
Fontenay-aux-Roses (Hauts-de-Seine) Fontenaisien, ienne
Fontenay-le-Comte (Vendée) Fontenaisien, ienne
Fontenay-sous-Bois (Val-de-Marne) Fontenaysien, ienne
Forbach (Moselle) Forbachois, oise
Forcalquier (Alpes-de-Haute-Provence) Forcalquiérien, ienne
Forézien, ienne → **Feurs**
Forges-les-Eaux (Seine-Maritime) Forgion, ionne
Formose (Asie) Formosan, ane → **Taiwan**
Fort-de-France (Martinique) Foyalais, aise
Fouesnant (Finistère) Fouesnantais, aise
Fougères (Ille-et-Vilaine) Fougerais, aise
Fouras (Charente-Maritime) Fourasin, ine
Fourchambault (Nièvre) Fourchambaultais, aise
Fourmies (Nord) Fourmisien, ienne
Foyalais, aise → **Fort-de-France**
Foyen, enne → **Sainte-Foy-la-Grande**
Français, aise → **France**
Franc-Comtois, oise → **Franche-Comté**
France (Europe) Français, aise*
Francfort-sur-le-Main (Allemagne) Francfortois, oise
Franche-Comté (France) Franc-Comtois, oise ou Comtois, oise
Francilien, ienne → **Île-de-France**
Franconville (Val-d'Oise) Franconvillois, oise
Fredericton (Nouveau-Brunswick) Frédérictonnais, aise
Fréjus (Var) Fréjusien, ienne
Fribourg (Suisse) Fribourgeois, oise
Frise (Pays-Bas) Frison, onne
Frontignan (Hérault) Frontignanais, aise
Fuégien, ienne → **Terre de Feu**
Futunien, ienne → **Wallis-et-Futuna**
Fuxéen, éenne → **Foix**
Gabalitain, aine → **Gévaudan**
Gabinien, ienne → **Gagny**
Gabon (Afrique) Gabonais, aise*
Gaborone (Botswana) Gaboronais, aise*
Gaditan, ane → **Cadix**
Gagny (Seine-Saint-Denis) Gabinien, ienne
Gaillac (Tarn) Gaillacois, oise
Galice (Espagne) Galicien, ienne
Galilée (Israël) Galiléen, éenne
pays de **Galles** (Grande-Bretagne) Gallois, oise
Gambie (Afrique) Gambien, enne*
Gand (Belgique) Gantois, oise
Gap (Hautes-Alpes) Gapençais, aise
Gard (France) Gardois, oise
Gardanne (Bouches-du-Rhône) Gardannais, aise
La **Garde** (Var) Gardéen, éenne
La **Garenne-Colombes** (Hauts-de-Seine) Garennois, oise
Garge-lès-Gonesse (Val-d'Oise) Gargeois, oise
Gascogne (France) Gascon, onne
péninsule de **Gaspé** ou **Gaspésie** (Québec) Gaspésien, enne
Gaule Gaulois, oise → **France**
Gênes (Italie) Génois, oise
Genève (Suisse) Genevois, oise
Gennevilliers (Hauts-de-Seine) Gennevillois, oise
Génois, oise → **Gênes**
Génovéfain, aine → **Sainte-Geneviève-des-Bois**
Géorgie (Caucase) Géorgien, enne*
Géorgie (États-Unis) Géorgien, enne
Gérardmer (Vosges) Géromois, oise

Gergolien, ienne → **Jargeau**
Germanie Germain, aine → **Allemagne**
Germanois, oise → **Saint-Germain-Laval**
Germanopratin, ine → **Saint-Germain-des-Prés**
Géromois, oise → **Gérardmer**
Gers (France) Gersois, oise
Gessien, ienne → **Gex**
Gévaudan (Lozère) Gabalitain, aine
Gex (Ain) Gessien, ienne ou Gexois, oise
Ghana (Afrique) Ghanéen, éenne*
Gibraltar (Europe) Gibraltarien, ienne
Gien (Loiret) Giennois, oise
Gillocrucien, ienne → **Saint-Gilles-Croix-de-Vie**
Gironde (France) Girondin, ine
Gisors (Eure) Gisorsien, ienne
Gonesse (Val-d'Oise) Gonessien, ienne
Le **Gosier** (Guadeloupe) Gosiérien, ienne ou Gosérien, ienne
Gourdon (Lot) Gourdonnais, aise
Goussainville (Val-d'Oise) Goussainvillois, oise
Gradignan (Gironde) Gradignanais, aise
Le **Grand-Bornand** (Haute-Savoie) Bornandin, ine
Grande-Bretagne (Europe) Britannique
Grande-Synthe (Nord) Grand-Synthois, oise
Le **Grand-Quevilly** (Seine-Maritime) Grand-Quevillais, aise
Grandvallier, ière → **Saint-Laurent-en-Grandvaux**
Granville (Manche) Granvillais, aise
Grasse (Alpes-Maritimes) Grassois, oise
Gratiennois, oise → **Saint-Gratien**
Le **Grau-du-Roi** (Gard) Graulens, enne
Grèce (Europe) Grec, Grecque*
Grenade (Espagne) Grenadin, ine
La **Grenade** (Petites Antilles) Grenadien, ienne*
Grenadin, ine → **Grenade**
Grenoble (Isère) Grenoblois, oise
Grésillon, onne → île de **Groix**
Grigny (Essonne) Grignois, oise ou Grignard, arde
canton des **Grisons** (Suisse) Grison, onne
Groenland (Amérique du Nord) Groenlandais, aise
île de **Groix** (Morbihan) Grésillon, onne
Gruissan (Aude) Gruissanais, aise
Guadeloupe (Antilles) Guadeloupéen, éenne
Guatemala ou **Guatémala*** [État] (Amérique centrale) Guatémaltèque
Guatemala [ville] (Guatemala) Guatémalien, ienne*
Guatémaltèque → **Guatemala** [État]
Guebwiller (Haut-Rhin) Guebwillerois, oise
Guérande (Loire-Atlantique) Guérandais, aise
Guéret (Creuse) Guérétois, oise
île de **Guernesey** (Grande-Bretagne) Guernesiais, iaise
Guidel (Morbihan) Guidélois, oise
Guinée (Afrique) Guinéen, éenne*
Guinée-Bissau ou **Guinée-Bissao*** (Afrique) Bissau-Guinéen, éenne ou Bissaoguinéen, éenne*
Guinée équatoriale (Afrique) Équatoguinéen, éenne*
Guinéen, éenne → **Guinée**
Guingamp (Côtes-d'Armor) Guingampais, aise
Guingettois, oise → **Bourg-Madame**
Guyana (Amérique du Sud) Guyanien, ienne*
Guyancourt (Yvelines) Guyancourtois, oise
Guyane (Amérique du Sud) Guyanais, aise
Guyanien, ienne → **Guyana**
Hagetmau (Landes) Hagetmautien, ienne
Hagondange (Moselle) Hagondangeois, oise
Haguenau (Bas-Rhin) Haguenovien, ienne
Haguenois, oise → La **Haye**
Haguenovien, ienne → **Haguenau**
Haillicourt (Pas-de-Calais) Haillicourtois, oise
Hainaut (Belgique) Hainuyer, ère ou Hannuyer, ère ou Hennuyer, ère
Haïti (Amérique centrale) Haïtien, enne*
Halifax (Nouvelle-Écosse) Haligonien, ienne
Ham (Somme) Hamois, oise
Hambourg (Allemagne) Hambourgeois, oise
Hamois, oise → **Ham**
Hannuyer, ère → **Hainaut**
Hanoi ou **Hanoï** (Viêtnam) Hanoïen, enne*
Hanovre (Allemagne) Hanovrien, ienne
Harare (Zimbabwe) Hararais, aise*
Haut-Alpin, ine → **Hautes-Alpes**
Haute-Garonne (France) Haut-Garonnais, aise
Haute-Loire (France) Altiligérien, ienne
Haute-Marne (France) Haut-Marnais, aise
Hautes-Alpes (France) Haut-Alpin, ine
Haute-Saône (France) Haut-Saônois, oise
Hautes-Pyrénées (France) Haut-Pyrénéen, Haute-Pyrénéenne
Haute-Vienne (France) Haut-Viennois, oise
Haut-Garonnais, aise → **Haute-Garonne**
Haut-Marnais, aise → **Haute-Marne**
Haut-Pyrénéen, Haute-Pyrénéenne → **Hautes-Pyrénées**
Haut-Rhin (France) Haut-Rhinois, oise
Haut-Saônois, oise → **Haute-Saône**
Hauts-de-Seine (France) Altoséquanais, aise
Haut-Viennois, oise → **Haute-Vienne**
La **Havane** (Cuba) Havanais, aise*
Le **Havre** (Seine-Maritime) Havrais, aise
Hawaii ou **Hawaï** (Polynésie) Hawaiien, Hawaiienne ou Hawaïen, ïenne
La **Haye** (Pays-Bas) Haguenois, oise*

La **Haye-du-Puits** (Manche) Haytillon, onne
L'**Haÿ-les-Roses** (Val-de-Marne) L'Hayssien, ienne
Haytillon, onne → La **Haye-du-Puits**
Hédé (Ille-et-Vilaine) Hédéen, éenne
Hellade Hellène → **Grèce**
Helsinki (Finlande) Helsinkien, enne*
Helvétie Helvète → **Suisse**
Hendaye (Pyrénées-Atlantiques) Hendayais, aise
Hénin-Beaumont (Pas-de-Calais) Héninois, oise
Hennebont (Morbihan) Hennebontais, aise
Hennuyer, ère → **Hainaut**
Hérault (France) Héraultais, aise
Herblay (Val-d'Oise) Herblaysien, ienne ou Herblaisien, ienne
Hérouville-Saint-Clair (Calvados) Hérouvillais, aise
Hesse (Allemagne) Hessois, oise
Hiérosolymite ou Hiérosolymitain, aine → **Jérusalem**
Hilairois, oise → **Saint-Hilaire-de-Riez**
Himalaya (Asie) Himalayen, enne
Hirson (Aisne) Hirsonnais, aise
Hollande (Europe) Hollandais, aise ou Néerlandais, aise
Hollywood (États-Unis) Hollywoodien, ienne
Honduras (Amérique centrale) Hondurien, ienne*
Honfleur (Calvados) Honfleurais, aise
Hong-Kong (Asie) Hongkongais, aise
Hongrie (Europe) Hongrois, oise* ou Magyar, are
Houilles (Yvelines) Ovillois, oise
Hull (Québec) Hullois, oise
Hyères (Var) Hyérois, oise
Ibérie Ibère → **Espagne**
Icaunais, aise → **Yonne**
Ignymontain, aine → **Montigny-le-Bretonneux**
Île-de-Batz (Finistère) Batzien, ienne
Île-de-Bréhat (Côtes-d'Armor) Bréhatin, ine
Île-de-France (France) Francilien, ienne
Île-de-Sein (Finistère) Sénan, ane
Île-du-Prince-Édouard (Canada) Prince-Édouardien, ienne
Île-d'Yeu (Vendée) Ogien, ienne
Illkirch-Graffenstaden (Bas-Rhin) Illkirchois, oise
Illyrie (Europe) Illyrien, enne
Inde (Asie) Indien, ienne*
Indochine (Asie) Indochinois, oise
Indonésie (Asie) Indonésien, enne*
Indre (France) Indrien, ienne
Ionie Ionien, enne
Irak* ou **Iraq** (Proche-Orient) Irakien, ienne* ; Iraqien, ienne ou Iraquien, ienne
Iran (Proche-Orient) Iranien, ienne
Iraqien, ienne ou Iraquien, ienne → **Irak**
Irlande (Europe) Irlandais, aise*
Isère (France) Isérois, oise ou Iseran, ane
Isigny-sur-Mer (Calvados) Isignais, aise
Islande (Europe) Islandais, aise*
L'**Isle-Adam** (Val-d'Oise) Adamois, oise
L'**Isle-d'Abeau** (Isère) Lillot, ote ou Lilôt, ôte
L'**Isle-Jourdain** (Gers) Lislois, oise
L'**Isle-sur-la-Sorgue** (Vaucluse) Islois, oise
Ispahan (Iran) Esfahâni [invar. en genre]
Israël (Proche-Orient) Israélien, ienne*
Isséen, éenne → **Issy-les-Moulineaux**
Issoire (Puy-de-Dôme) Issoirien, ienne
Issoudun (Indre) Issoldunois, oise
Issy-les-Moulineaux (Hauts-de-Seine) Isséen, éenne
Istamboul* ou **Istanbul*** (Turquie) Stambouliote ou Istanbuliote
Istres (Bouches-du-Rhône) Istréen, éenne
Italie (Europe) Italien, enne*
Ivoirien, ienne → **Côte d'Ivoire**
Ivry-sur-Seine (Val-de-Marne) Ivryen, enne
Jakarta (Indonésie) Jakartanais, aise*
Jamaïque (Antilles) Jamaïcain, aine ou Jamaïquain, aine*
Japon (Asie) Japonais, aise* ou Nippon, onne
Jargeau (Loiret) Gergolien, ienne
Jarlandin, ine → **Château-Arnoux-Saint-Auban**
Java (Indonésie) Javanais, aise
île de **Jersey** (Grande-Bretagne) Jersiais, iaise
Jérusalem (Israël) Hiérosolymite ou Hiérosolymitain, aine
Jocondien, ienne → **Joué-lès-Tours**
Joigny (Yonne) Jovinien, ienne
Joinville (Haute-Marne) Joinvillois, oise
Jonzac (Charente-Maritime) Jonzacais, aise
Jordanie (Proche-Orient) Jordanien, enne*
Joué-lès-Tours (Indre-et-Loire) Jocondien, ienne
Jovinien, ienne → **Joigny**
Jura (France) Jurassien, ienne
Kaboul (Afghanistan) Kaboulien, ienne*
Kabylie (Algérie) Kabyle
Kalmoukie (Russie) Kalmouk, e
Kampala (Ouganda) Kampalais, aise*
Kazakhstan (Asie) Kazakh, e ou Kazakhstanais, aise*
Kenya (Afrique) Kenyan, ane ou Kényan, ane*
Khakassie (Russie) Khakasse
Khartoum (Soudan) Khartoumais, aise*
Kiev (Ukraine) Kiévien, ienne*
Kigali (Rwanda) Kigalois, oise* ou Kigalien, enne
Kinshasa (Zaïre) Kinois, oise*
Kirghizstan* ou **Kirghizistan** (Asie) Kirghize
République des **Kiribati** (océan Pacifique) Kiribatien, ienne*

Kittitien et Névicien, Kittitienne et Névicienne → **Saint-Christophe-et-Niévès**
Kosovo (Europe) Kosovar, are* ou Kossovien, ienne*
Koweït [État et ville] (Arabie) Koweïtien, ienne*
Le **Kremlin-Bicêtre** (Val-de-Marne) Kremlinois, oise
Labrador (Québec, Terre-Neuve) Labradorien, ienne
Lacanau (Gironde) Canaulais, aise
Lacaune (Tarn) Lacaunais, aise
Lacédémone → **Sparte**
Lachine (Québec) Lachinois, oise
Lagnieu (Ain) Lagnolan, ane
Lagny-sur-Marne (Seine-et-Marne) Latignacien, ienne ou Laniaque
Lagos (Nigeria) Lagotien, ienne*
Lambersart (Nord) Lambersartois, oise
Le **Lamentin** (Martinique) Lamentinois, oise
Landais, aise → **Landes**
Landerneau (Finistère) Landernéen, éenne
Landes (France) Landais, aise
Landivisiau (Finistère) Landivisien, ienne
Landrecies (Nord) Landrecien, ienne
Lanester (Morbihan) Lanestérien, ienne
Langogne (Lozère) Langonais, aise
Langon (Gironde) Langonnais, aise
Langonais, aise → **Langogne**
Langonnais, aise → **Langon**
Langres (Haute-Marne) Langrois, oise
Languedoc (France) Languedocien, ienne
Laniaque → **Lagny-sur-Marne**
Lanmeur (Finistère) Lanmeurien, ienne
Lannion (Côtes-d'Armor) Lannionnais, aise
Laon (Aisne) Laonnois, oise
Laos (Asie) Laotien, ienne*
Lapalisse (Allier) Lapalissois, oise
Laponie (Europe) Lapon, one
Largentière (Ardèche) Largentièrois, oise
Larmor-Plage (Morbihan) Lamorien, ienne
Lasallois, oise → La **Salle**
Latignacien, ienne → **Lagny-sur-Marne**
Latino-Américain, aine → **Amérique latine**
Latvien, ienne → **Lettonie**
Laudinien, ienne → **Saint-Lô**
Laurentien, ienne → **Saint-Laurent**
Laurentin, ine → **Saint-Laurent-de-Cerdans** et **Saint-Laurent-du-Var**
Laurentinois, oise → **Saint-Laurent-du-Pont**
Lausanne (Suisse) Lausannois, oise
Laval (Mayenne) Lavallois, oise
Laval (Québec) Lavallois, oise
Le **Lavandou** (Var) Lavandourain, aine
Lédonien, ienne → **Lons-le-Saunier**
Leipzig (Allemagne) Leipzigois, oise
Lens (Pas-de-Calais) Lensois, oise
pays de **Léon** (Bretagne) Léonais, aise ou Léonard, arde
Lesbos [auj. Mytilène] (Grèce) Lesbien, ienne
Lescar (Pyrénées-Atlantiques) Lescarien, ienne
Lesotho (Afrique) Lesothan, ane ou Lesothien, ienne*
Lesparre-Médoc (Gironde) Lesparrain, aine
Lettonie (Europe) Letton, onne* ou Letton, one ou Latvien, ienne
Leucate (Aude) Leucadien, ienne
Levant Levantin, ine
Lézignan-Corbières (Aude) Lézignannais, aise
L'Hayssien, ienne → L'**Haÿ-les-Roses**
Liban (Proche-Orient) Libanais, aise*
Liberia (Afrique) Libérien, enne*
Libourne (Gironde) Libournais, aise
Libreville (Gabon) Librevillois, oise*
Libye (Afrique) Libyen, enne*
Liechtenstein (Europe) Liechtensteinois, oise*
Liège (Belgique) Liégeois, oise
Liévin (Pas-de-Calais) Liévinois, oise
Ligérien, ienne → **Loire**
Ligurie (Italie) Ligurien, enne
Les **Lilas** (Seine-Saint-Denis) Lilasien, ienne
Lille (Nord) Lillois, oise
Lillot, ote → L'**Isle-d'Abeau**
Lilongwe (Malawi) Lilongwais, aise*
Lima (Pérou) Liménien, ienne*
Limoges (Haute-Vienne) Limougeaud, aude
Limousin (France) Limousin, ine
Limoux (Aude) Limouxin, ine
Lisbonne (Portugal) Lisbonnin, ine* ou Lisboète
Lisieux (Calvados) Lexovien, ienne
Lislois, oise → L'**Isle-Jourdain**
Lituanie (Europe) Lituanien, enne* ou Lithuanien, enne
Livourne (Italie) Livournais, aise
Livry-Gargan (Seine-Saint-Denis) Livryen, enne
Loches (Indre-et-Loire) Lochois, oise
Loctudy (Finistère) Loctudiste
Lodève (Hérault) Lodévois, oise
Loire (France) Ligérien, ienne
Loir-et-Cher (France) Loir-et-Chérien, ienne
Lombardie (Italie) Lombard, arde
Lomé (Togo) Loméen, éenne*
Lomme (Nord) Lommois, oise
Londres (Angleterre) Londonien, ienne*
Longjumeau (Essonne) Longjumellois, oise
Longny-au-Perche (Orne) Longnycien, ienne
Longwy (Meurthe-et-Moselle) Longovicien, ienne
Lons-le-Saunier (Jura) Lédonien, ienne
Loos (Nord) Loossois, oise

Lorient (Morbihan) Lorientais, aise
Lormont (Gironde) Lormontais, aise
Lorraine (France) Lorrain, aine
Los Angeles (États-Unis) Angelinos [plur.]
Lot (France) Lotois, oise
Lot-et-Garonne (France) Lot-et-Garonnais, aise
Lotois, oise → **Lot**
Loudéac (Côtes-d'Armor) Loudéacien, ienne
Loudun (Vienne) Loudunais, aise
Louhans (Saône-et-Loire) Louhannais, aise
Louisiane (États-Unis) Louisianais, aise
Lourdes (Hautes-Pyrénées) Lourdais, aise
Louvain (Belgique) Louvaniste
Louveciennes (Yvelines) Louveciennois, oise
Louviers (Eure) Lovérien, ienne
Lozère (France) Lozérien, ienne
Luanda (Angola) Luandais, aise*
Lucanie (Italie) Lucanien, enne
Luchonnais, aise → **Bagnères-de-Luchon**
Luçon (Vendée) Luçonnais, aise
Lucques (Italie) Lucquois, oise
Lunel (Hérault) Lunellois, oise
Lunéville (Meurthe-et-Moselle) Lunévillois, oise
Lurcy-Lévis (Allier) Lurcyquois, oise
Lure (Haute-Saône) Luron, onne
Lusaka (Zambie) Lusakois, oise*
Lusitanie Lusitanien, ienne ou Lusitain, aine → **Portugal**
Lussac (Gironde) Lussacais, aise
Luxembourg [État et ville] (Europe) Luxembourgeois, oise*
Luxeuil-les-Bains (Haute-Saône) Luxovien, ienne
Luzarches (Val-d'Oise) Luzarchois, oise
Luzien, ienne → **Saint-Jean-de-Luz**
Lydie (Asie Mineure) Lydien, enne
Lyon (Rhône) Lyonnais, aise
Lyons-la-Forêt (Eure) Lyonsais, aise
Macao (Chine) Macanéen, éenne
Macédoine (Grèce ; Europe) Macédonien, ienne
Machecoul (Loire-Atlantique) Machecoulais, aise
Mâcon (Saône-et-Loire) Mâconnais, aise
Madagascar (océan Indien) Malgache*
îles de la **Madeleine** (Canada) Madelinot [masc.], Madelinienne [fém.]
La **Madeleine** (Nord) Madeleinois, oise
Madère (Portugal) Madérien, ienne ou Madérois, oise
Madrid (Espagne) Madrilène*
Maghreb (Afrique) Maghrébin, ine
Magyar, are → **Hongrie**
Mahorais, aise → **Mayotte**
Maine (France) Manceau, Mancelle
Maine-et-Loire (France) Angevin, ine
Maintenon (Eure-et-Loir) Maintenonnais, aise
Maisons-Alfort (Val-de-Marne) Maisonnais, aise
Maisons-Laffitte (Yvelines) Mansonnien, ienne
Majolan, ane → **Meyzieu**
Majorque (Espagne) Majorquin, ine
Malabar (Inde) Malabare
Malabo (Guinée équatoriale) Malabéen, éenne*
Malaisie* ou **Malaysia** (Asie) Malaisien, enne* ; Malaysien, enne
Malakoff (Hauts-de-Seine) Malakoffiot, iote ou Malakovite
Malawi (Afrique) Malawite*
Malaysia → **Malaisie**
îles **Maldives** (océan Indien) Maldivien, ienne*
Malgache → **Madagascar**
Mali (Afrique) Malien, enne*
Malines (Belgique) Malinois, oise
Malouin, ine → **Saint-Malo**
Malte (Europe) Maltais, aise*
Mamers (Sarthe) Mamertin, ine
Mamoudzou (Mayotte) Mamoudzou
île de **Man** (Grande-Bretagne) Mannois, oise
Managua (Nicaragua) Managuayen, yenne*
Manama (Bahreïn) Manaméen, éenne*
Manceau, Mancelle → **Maine,** Le **Mans**
Manche (France) Manchois, oise
Mandchourie ou **Manchourie** (Chine) Mandchou, e ; Manchou, e
Mandelieu-la-Napoule (Alpes-Maritimes) Mandolocien, ienne
Manille (Philippines) Manillais, aise*
Manitoba (Canada) Manitobain, aine
Mannois, oise → île de **Man**
Manosque (Alpes-de-Haute-Provence) Manosquin, ine
Le **Mans** (Sarthe) Manceau, Mancelle
Mantes-la-Jolie (Yvelines) Mantais, aise
Mantes-la-Ville (Yvelines) Mantevillois, oise
Mantoue (Italie) Mantouan, ane
Maputo (Mozambique) Maputais, aise*
Marans (Charente-Maritime) Marandais, aise
Marcq-en-Barœul (Nord) Marcquois, oise
Marennes (Charente-Maritime) Marennais, aise
Marignane (Bouches-du-Rhône) Marignanais, aise
Maringues (Puy-de-Dôme) Maringois, oise
Marle (Aisne) Marlois, oise
Marly-le-Roi (Yvelines) Marlychois, oise
Marmande (Lot-et-Garonne) Marmandais, aise
Marne (France) Marnais, aise

Maroc (Afrique) Marocain, aine*
Maromme (Seine-Maritime) Marommais, aise
îles **Marquises** (Polynésie) Marquésan, ane ou Marquisien, ienne
Mars (planète) Martien, ienne
Marseillan (Hérault) Marseillanais, aise
Marseille (Bouches-du-Rhône) Marseillais, aise
îles **Marshall** (Micronésie) Marshallais, aise*
Martégaux [plur.] → **Martigues**
Martien, ienne → **Mars**
Martigues (Bouches-du-Rhône) Martégaux [plur.]
Martinais, aise → **Saint-Martin-de-Ré**
Martinérois, oise → **Saint-Martin-d'Hères**
Martinique (Antilles) Martiniquais, aise
Marvejols (Lozère) Marvejolais, aise
Mascate (Oman) Mascatais, aise*
Maseru (Lesotho) Masérois, oise*
Masevaux (Haut-Rhin) Masopolitain, aine
Maskoutain, aine → **Saint-Hyacinthe**
Masopolitain, ain → **Masevaux**
Massy (Essonne) Massicois, oise
Matha (Charente-Maritime) Mathalien, ienne
Matoury (Guyane) Matourien, enne
Maubeuge (Nord) Maubeugeois, oise
Maubourguet (Hautes-Pyrénées) Maubourguetois, oise
Maure ou More → **Mauritanie**
Mauriac (Cantal) Mauriacois, oise
Maurice (océan Indien) Mauricien, ienne*
Mauritanie (Afrique) Mauritanien, enne*; [hist.] Maure ou More
Maxipontain, aine → **Pont-Sainte-Maxence**
Mayence (Allemagne) Mayençais, aise
Mayenne [dép. et ville] (France) Mayennais, aise
Mayotte (océan Indien) Mahorais, aise
Mazamet (Tarn) Mazamétain, aine
Mbabane (Swaziland) Mbabanais, aise*
Meaux (Seine-et-Marne) Meldois, oise
Médie Mède
Méditerranée Méditerranéen, éenne
Le **Mée-sur-Seine** (Seine-et-Marne) Méen, éenne
Mélanésie (Océanie) Mélanésien, enne
Meldois, oise → **Meaux**
Melun (Seine-et-Marne) Melunais, aise
Mende (Lozère) Mendois, oise
Ménéhildien, ienne → **Sainte-Menehould**
Mennetou-sur-Cher (Loir-et-Cher) Monestois, oise
Menton (Alpes-Maritimes) Mentonnais, aise
Merdrignac (Côtes-d'Armor) Merdrignacien, ienne
Mers-les-Bains (Somme) Mersois, oise
Merville (Nord) Mervillois, oise
Le **Mesnil-le-Roi** (Yvelines) Mesnilois, oise
Mésopotamie (Asie) Mésopotamien, enne
Metz (Moselle) Messin, ine
Meudon-la-Forêt (Hauts-de-Seine) Meudonnais, aise
Meulan (Yvelines) Meulanais, aise
Meursault (Côte-d'Or) Murisaltien, ienne
Meuse (France) Meusien, ienne
Mexique (Amérique centrale) Mexicain, aine*
Meyrueis (Lozère) Meyrueisien, ienne
Meyzieu (Rhône) Majolan, ane
Micronésie (Océanie) Micronésien, enne*
Milan (Italie) Milanais, aise
Millau (Aveyron) Millavois, oise
Milly-la-Forêt (Essonne) Milliacois, oise
Mimizan (Landes) Mimizanais, aise
Minho (Portugal) Minhote
Minorque (Espagne) Minorquin, ine
Miquelonnais, aise → **Saint-Pierre-et-Miquelon**
Miramas (Bouches-du-Rhône) Miramasséen, éenne
Mirande (Gers) Mirandais, aise
Mirapicien, ienne → **Mirepoix**
Mirebeau (Vienne) Mirebalais, aise
Mirepoix (Ariège) Mirapicien, ienne
Miribel (Ain) Miribelan, ane
Modane (Savoie) Modanais, aise
Modène (Italie) Modénais, aise
Moirans-en-Montagne (Jura) Moirantin, ine
Moissac (Tarn-et-Garonne) Moissagais, aise
Moldavie (Roumanie ; Europe) Moldave ; Moldave*
Molsheim (Bas-Rhin) Molsheimien, ienne ou Molsheimois, oise
Monaco [principauté et ville] (Europe) Monégasque*
Moncoutant (Deux-Sèvres) Moncoutantais, aise
Monégasque → **Monaco**
Monestois, oise → **Mennetou-sur-Cher**
Mongolie (Asie) Mongol, ole*
Monistrol-sur-Loire (Haute-Loire) Monistrolien, ienne
Monpazier (Dordogne) Monpaziérois, oise
Monrovia (Liberia) Monrovien, ienne*
Monségur (Gironde) Monségurais, aise
Mons-en-Barœul (Nord) Monsois, oise
Montaigu (Vendée) Montacutain, aine ou Montaigusien, ienne
Montalbanais, aise → **Montauban**
Montargis (Loiret) Montargois, oise
Montauban (Tarn-et-Garonne) Montalbanais, aise
Montbard (Côte-d'Or) Montbardois, oise
Montbéliard (Doubs) Montbéliardais, aise
Montbrison (Loire) Montbrisonnais, aise
Montbron (Charente) Montbronnais, aise

Montceau-les-Mines (Saône-et-Loire) Montcellien, ienne
Montcenis (Saône-et-Loire) Monticinois, oise
Montchanin (Saône-et-Loire) Montchaninois, oise
Montcuq (Lot) Montcuquois, oise
Mont-de-Marsan (Landes) Montois, oise
Montdidier (Somme) Montdidérien, ienne
Mont-Dore (Puy-de-Dôme) Mont-Dorien, ienne
Montélimar (Drôme) Montilien, ienne
Monténégro (Europe) Monténégrin, ine
Montevideo (Uruguay) Montévidéen, éenne*
Montfermeil (Seine-Saint-Denis) Montfermeillois, oise
Montgeron (Essonne) Montgeronnais, aise
Monticinois, oise → **Montcenis**
Montigny-le-Bretonneux (Yvelines) Ignymontain, aine
Montigny-lès-Metz (Moselle) Montignien, enne
Montilien, ienne → **Montélimar**
Montluçon (Allier) Montluçonnais, aise
Montmartre (Paris) Montmartrois, oise
Montmorency (Val-d'Oise) Montmorencéen, éenne
Montmorillon (Vienne) Montmorillonnais, aise
Montois, oise → **Mont-de-Marsan** et **Saint-Jean-de-Monts**
Montpellier (Hérault) Montpelliérain, aine
Montpon-Ménestérol (Dordogne) Montponnais, aise
Montréal (Québec) Montréalais, aise
Montréjeau (Haute-Garonne) Montréjeaulais, aise
Montreuil (Pas-de-Calais) Montreuillois, oise
Montreuil-sous-Bois (Seine-Saint-Denis) Montreuillois, oise
Montrichard (Loir-et-Cher) Montrichardais, aise
Montrouge (Hauts-de-Seine) Montrougien, ienne
Mont-Saint-Aignan (Seine-Maritime) Mont-Saint-Aignanais, aise
Moravie (République tchèque) Morave
Morbihan (France) Morbihannais, aise
Morcenx (Landes) Morcenais, aise
Moret-sur-Loing (Seine-et-Marne) Morétain, aine
Morlaas (Pyrénées-Atlantiques) Morlan, ane
Morlaix (Finistère) Morlaisien, ienne
Morlan, ane → **Morlaas**
Moroni (Comores) Moronais, aise*
Morsang-sur-Orge (Essonne) Morsaintois, oise
Mortagne-au-Perche (Orne) Mortagnais, aise
Mortain (Manche) Mortainais, aise
Morteau (Doubs) Mortuacien, ienne
Morvan (France) Morvandiau [masc.], Morvandelle [fém.]
Morzine (Haute-Savoie) Morzinois, oise
Moscou (Russie) Moscovite
Moselle (France) Mosellan, ane
Le **Moule** (Guadeloupe) Moulien, ienne
Moulins (Allier) Moulinois, oise
Mouy (Oise) Mouysard, arde
Mouzon (Ardennes) Mouzonnais, aise
Mozambique (Afrique) Mozambicain, aine*
Mulhouse (Haut-Rhin) Mulhousien, ienne
Munich (Allemagne) Munichois, oise
Murat (Cantal) Muratais, aise
La **Mure** (Isère) Murois, oise
Les **Mureaux** (Yvelines) Muriautin, ine
Muret (Haute-Garonne) Muretain, aine
Muriautin, ine → Les **Mureaux**
Murisaltien, ienne → **Meursault**
Murois, oise → La **Mure**
Murviel-lès-Béziers (Hérault) Murviellois, oise
Mussipontain, aine → **Pont-à-Mousson**
Mycènes Mycénien, ienne
Mytilène → **Lesbos**
Naborien, ienne → **Saint-Avold**
Nairobi (Kenya) Nairobien, enne*
Namibie (Afrique) Namibien, enne*
Namur (Belgique) Namurois, oise
Nancy (Meurthe-et-Moselle) Nancéien, ienne
Nantais, aise → **Nantes**
Nanterre (Hauts-de-Seine) Nanterrien, ienne
Nantes (Loire-Atlantique) Nantais, aise
Nantua (Ain) Nantuatien, ienne
Naples (Italie) Napolitain, aine
Narbonne (Aude) Narbonnais, aise
Nauru (Micronésie) Nauruan, ane*
Navarre (Espagne) Navarrais, aise ou vx Navarrin, ine
Nazairien, ienne → **Saint-Nazaire**
Nazareth (Galilée) Nazaréen, éenne
Ndjamena (Tchad) Ndjaménais, aise* ou Ndjaménois, oise
Néerlandais, aise → **Pays-Bas**
Nemours (Seine-et-Marne) Nemourien, ienne
Néo-Brisacien, ienne → **Neuf-Brisach**
Néo-Brunswickois, oise → **Nouveau-Brunswick**
Néo-Calédonien, enne → **Nouvelle-Calédonie**
Néocastrien, ienne → **Neufchâteau**
Néodomien, ienne → **Neuves-Maisons**
Néo-Écossais, aise → **Nouvelle-Écosse**
Néoguinéen, éenne → **Nouvelle-Guinée**
Néo-Hébridais, aise → **Nouvelles-Hébrides**
Néo-Orléanais, aise → La **Nouvelle-Orléans**
Néozélandais, aise → **Nouvelle-Zélande**
Népal (Asie) Népalais, aise*
Nérac (Lot-et-Garonne) Néracais, aise
Neuchâtel (Suisse) Neuchâtelois, oise

Neuf-Brisach (Haut-Rhin) Néo-Brisacien, ienne
Neufchâteau (Vosges) Néocastrien, ienne
Neufchâtel-en-Bray (Seine-Maritime) Neufchâtelois, oise
Neuilly-Plaisance (Seine-Saint-Denis) Nocéen, éenne
Neuilly-sur-Marne (Seine-Saint-Denis) Nocéen, éenne
Neuilly-sur-Seine (Hauts-de-Seine) Neuilléen, éenne
Neustrie (Gaule) Neustrien, enne
Neuves-Maisons (Meurthe-et-Moselle) Néodomien, ienne
Neuvic (Corrèze) Neuvicois, oise
Neuville-de-Poitou (Vienne) Neuvillois, oise
Nevers (Nièvre) Neversois, oise ou Nivernais, aise
New York (États-Unis) New-Yorkais, aise
Niamey (Niger) Niaméyen, enne*
Nicaragua (Amérique centrale) Nicaraguayen, yenne*
Nice (Alpes-Maritimes) Niçois, oise
Nicosie (Chypre) Nicosien, enne*
Nièvre (France) Nivernais, aise
Niger (Afrique) Nigérien, ienne*
Nigéria* ou **Nigeria** (Afrique) Nigérian, iane*
Nigérien, ienne → **Niger**
Nîmes (Gard) Nîmois, oise
Niort (Deux-Sèvres) Niortais, aise
Nippon, onne → **Japon**
Nivelles (Belgique) Nivellois, oise
Nivernais, aise → **Nevers, Nièvre**
Nocéen, éenne → **Neuilly-Plaisance** et **Neuilly-sur-Marne**
Nogaro (Gers) Nogarolien, ienne
Nogent (Haute-Marne) Nogentais, aise
Nogent-le-Rotrou (Eure-et-Loir) Nogentais, aise
Nogent-sur-Marne (Val-de-Marne) Nogentais, aise
Nogent-sur-Oise (Oise) Nogentais, aise
Noirmoutier-en-l'Île (Vendée) Noirmoutrin, ine
Noisy-le-Grand (Seine-Saint-Denis) Noiséen, éenne
Noisy-le-Sec (Seine-Saint-Denis) Noiséen, éenne
Nolay (Côte-d'Or) Nolaytois, oise
Nonancourt (Eure) Nonancourtois, oise
Nontron (Dordogne) Nontronnais, aise
Nord (France) Nordiste
Nord-Africain, aine → **Afrique du Nord**
Nord-Américain, aine → **Amérique du Nord**
Nord-Coréen, enne → **Corée du Nord**
Nordiste → **Nord**
Nord-Viêtnam (Asie) Nord-Vietnamien, ienne
Normandie (France) Normand, ande
Norvège (Europe) Norvégien, ienne*
Nouakchott (Mauritanie) Nouakchottois, oise*
Nouveau-Brunswick (Canada) Néo-Brunswickois, oise
Nouvelle-Calédonie (Océanie) Néo-Calédonien, enne
Nouvelle-Écosse (Canada) Néo-Écossais, aise
Nouvelle-Guinée (Mélanésie) Néoguinéen, éenne*
La **Nouvelle-Orléans** (États-Unis) Néo-Orléanais, aise
Nouvelles-Hébrides (Mélanésie) Néo-Hébridais, aise → **Vanuatu**
Nouvelle-Zélande (Océanie) Néozélandais, aise*
Le **Nouvion-en-Thiérache** (Aisne) Nouvionnais, aise
Nubie (Afrique) Nubien, ienne
Nuits-Saint-Georges (Côte-d'Or) Nuiton, onne
Numidie (Afrique) Numide
Nyons (Drôme) Nyonsais, aise
Occitanie (France) Occitan, ane
Océanie Océanien, ienne
Ogien, ienne → **Île-d'Yeu**
Oïrats [plur.] → **Altaï**
Oise (France) Oisien, ienne
île d'**Oléron** (Charente-Maritime) Oléronais, aise
Olivet (Loiret) Olivetain, aine
Olliergues (Puy-de-Dôme) Ollierguois, oise
Oloron-Sainte-Marie (Pyrénées-Atlantiques) Oloronais, aise
Oman (Arabie) Omanais, aise*
Ombrie (Italie) Ombrien, enne
Ontario (Canada) Ontarien, enne
Oradour-sur-Glane (Haute-Vienne) Radounaud, aude ou Radounau, ale
Oran [auj. Ouahran] (Algérie) Oranais, aise
Orange (Vaucluse) Orangeois, oise
Orléans (Loiret) Orléanais, aise
Orly (Val-de-Marne) Orlysien, ienne
Ormesson-sur-Marne (Val-de-Marne) Ormessonnais, aise
Ornais, aise → **Orne**
Ornans (Doubs) Ornanais, aise
Orne (France) Ornais, aise
Orthez (Pyrénées-Atlantiques) Orthézien, ienne
Orvault (Loire-Atlantique) Orvaltais, aise
Ossétie (Russie, Géorgie) Ossète
Ostende (Belgique) Ostendais, aise
Ottawa (Canada) Outaouais, aise*
Empire **ottoman** (Proche-Orient, Europe) Ottoman, ane → **Turquie**
Ouagadougou (Burkina-Faso) Ouagalais, aise*
Oudmourtie (Russie) Oudmourte

île d'**Ouessant** (Finistère) Ouessantin, ine ou Ouessantais, aise
Ouganda (Afrique) Ougandais, aise*
Ouistreham (Calvados) Ouistrehamais, aise
Oullins (Rhône) Oullinois, oise
Outaouais, aise → **Ottawa**
Outremont (Québec) Outremontais, aise
Ouzbékistan (Asie) Ouzbek ou Ouzbek, Ouzbèke*
Ovillois, oise → **Houilles**
Oxford (Angleterre) Oxonien, ienne ou Oxfordien, ienne
Oyonnax (Ain) Oyonnaxien, ienne
Ozoir-la-Ferrière (Seine-et-Marne) Ozoirien, ienne ou Ozophoricien, ienne
Pacéen, éenne → **Pacy-sur-Eure**
Pacénien, ienne → La **Paz**
Pacy-sur-Eure (Eure) Pacéen, éenne
Padoue (Italie) Padouan, ane
Paimbœuf (Loire-Atlantique) Paimblotin, ine
Paimpol (Côtes-d'Armor) Paimpolais, aise
Pakistan (Asie) Pakistanais, aise*
Le **Palais** (Morbihan) Palantin, ine
Palaiseau (Essonne) Palaisien, ienne
Le **Palais-sur-Vienne** (Haute-Vienne) Palaisien, ienne
Palaldéen, éenne → **Amélie-les-Bains-Palalda**
Palantin, ine → Le **Palais**
Les **Palaos** (océan Pacifique) Palaois, oise*
Palerme (Italie) Palermitain, aine ou Panormitain, aine
Palestine (Proche-Orient) Palestinien, ienne
Palois, oise → **Pau**
Pamiers (Ariège) Appaméen, éenne
Panamá ou **Panama*** (Amérique centrale) Panaméen, éenne* ou Panamien, ienne
Panormitain, aine → **Palerme**
Pantin (Seine-Saint-Denis) Pantinois, oise
Papouasie (Mélanésie) Papou, e ou Papoua [plur.] ou Papouasien, enne*
île de **Pâques** (Polynésie) Pascuan, ane
Paraguay (Amérique du Sud) Paraguayen, enne
Paray-le-Monial (Saône-et-Loire) Parodien, ienne
Paris (France) Parisien, ienne*
Parme (Italie) Parmesan, ane
Parodien, ienne → **Paray-le-Monial**
Parthenay (Deux-Sèvres) Parthenaisien, ienne
Pascuan, ane → île de **Pâques**
Patagonie (Argentine) Patagon, onne
Pau (Pyrénées-Atlantiques) Palois, oise
Pauillac (Gironde) Pauillacais, aise
Pauliste → **São Paulo**
Pavie (Italie) Pavesan, ane
Les **Pavillons-sous-Bois** (Seine-Saint-Denis) Pavillonnais, aise
Pays-Bas (Europe) Néerlandais, aise* → aussi **Hollande**
La **Paz** (Bolivie) Pacénien, ienne*
Péageois, oise → **Bourg-de-Péage**
Pékin (Chine) Pékinois, oise*
Péloponnèse (Grèce) Péloponnésien, ienne
Les **Pennes-Mirabeau** (Bouches-du-Rhône) Pennois, oise
Pennsylvanie (États-Unis) Pennsylvanien, ienne
Perche (France) Percheron, onne
Percy (Manche) Percyais, aise
Périgord (France) Périgourdin, ine
Périgueux (Dordogne) Périgourdin, ine
Pernes-les-Fontaines (Vaucluse) Pernois, oise
Péronne (Somme) Péronnais, aise
Pérou (Amérique du Sud) Péruvien, ienne*
Pérouges (Ain) Pérougien, ienne
Pérouse (Italie) Pérugin, ine
Perpignan (Pyrénées-Orientales) Perpignanais, aise
Le **Perreux-sur-Marne** (Val-de-Marne) Perreuxien, ienne
Persan (Val-d'Oise) Persanais, aise
Persan, ane → **Perse**
Persanais, aise → **Persan**
Perse (Proche-Orient) Persan, ane → **Iran**
Pérugin, ine → **Pérouse**
Péruvien, ienne → **Pérou**
Pessac (Gironde) Pessacais, aise
Petit-Bourg (Guadeloupe) Petit-Bourgeois, oise
Le **Petit-Quevilly** (Seine-Maritime) Quevillais, aise
Pétrifontain, aine → **Pierrefonds**
Pétruvien, ienne → **Saint-Pierre-sur-Dives**
Pézenas (Hérault) Piscénois, oise
Phalsbourg (Moselle) Phalsbourgeois, oise
Phénicie (Asie) Phénicien, enne
Philadelphie (États-Unis) Philadelphien, ienne
Philippines (Insulinde) Philippin, ine*
Phnom-Penh (Cambodge) Phnompenhois, oise*
Phocide (Grèce) Phocidien, ienne ou Phocéen, enne
Phrygie (Asie Mineure) Phrygien, enne
Picardie (France) Picard, arde
Pictavien, ienne → **Poitiers**
Picto-Charentais, aise → **Poitou-Charentes**
Piémont (Italie) Piémontais, aise
Pierre-Bénite (Rhône) Pierre-Bénitain, aine
Pierrefitte-sur-Seine (Seine-Saint-Denis) Pierrefittois, oise
Pierrefonds (Oise) Pétrifontain, aine
Pierrelatte (Drôme) Pierrelattin, ine
Pierrotin, ine → **Saint-Pierre**
Pisan, ane → **Pise**

Piscénois, oise → **Pézenas**
Pisciacais, aise → **Poissy**
Pise (Italie) Pisan, ane
Pithiviers (Loiret) Pithivérien, ienne
Plaisance (Italie) Placentin, ine
Plaisir (Yvelines) Plaisirois, oise
Le **Plessis-Robinson** (Hauts-de-Seine) Robinsonnais, aise
Ploërmel (Morbihan) Ploërmelais, aise
Plomeur (Finistère) Plomeurois, oise
Plouescat (Finistère) Plouescatais, aise
Plouha (Côtes-d'Armor) Plouhatin, ine
Pointe-à-Pitre (Guadeloupe) Pointois, oise
Poissy (Yvelines) Pisciacais, aise
Poitevin, ine → **Poitou**
Poitiers (Vienne) Pictavien, ienne
Poitou (France) Poitevin, ine
Poitou-Charentes (France) Picto-Charentais, aise
Poix-de-Picardie (Somme) Poyais, aise
Poligny (Jura) Polinois, oise
Pologne (Europe) Polonais, aise*
Polynésie (Océanie) Polynésien, enne
Pompéi (Italie) Pompéien, enne
Poncin (Ain) Poncinois, oise
Pondinois, oise → **Pont-d'Ain**
Ponot, ote → Le **Puy-en-Velay**
Pons (Charente-Maritime) Pontois, oise
Pont-à-Mousson (Meurthe-et-Moselle) Mussipontain, aine
Pontarlier (Doubs) Pontissalien, ienne
Pont-Audemer (Eure) Pont-Audemérien, ienne
Pontault-Combault (Seine-et-Marne) Pontellois-Combalusien, Pontelloise-Combalusienne
Pont-Aven (Finistère) Pontaveniste
Pont-d'Ain (Ain) Pondinois, oise
Pont-de-Chéruy (Isère) Pontois, oise
Pont-de-l'Arche (Eure) Archepontain, aine
Pont-en-Royans (Isère) Pontois, oise
Pontépiscopien, ienne → **Pont-l'Évêque**
Pontissalien, ienne → **Pontarlier**
Pontivy (Morbihan) Pontivyen, enne
Pont-l'Abbé (Finistère) Pont-l'Abbiste
Pont-l'Évêque (Calvados) Pontépiscopien, ienne
Pontois, oise → **Pons, Pont-de-Chéruy, Pont-en-Royans, Pont-Sainte-Maxence, Pont-sur-Yonne**
Pontoise (Val-d'Oise) Pontoisien, ienne
Pontorson (Manche) Pontorsonnais, aise
Pontrambertois, oise → **Saint-Just-Saint-Rambert**
Pontrieux (Côtes-d'Armor) Pontrivien, ienne
Pont-Sainte-Maxence (Oise) Maxipontain, aine ou Pontois, oise
Pont-sur-Yonne (Yonne) Pontois, oise
Pornic (Loire-Atlantique) Pornicais, aise
Pornichet (Loire-Atlantique) Pornichetain, aine
Le **Port** (la Réunion) Portois, oise
Portais, aise → **Port-Sainte-Marie**
Port-au-Prince (Haïti) Port-au-Princien, ienne*
Port-Louis (île Maurice) Port-Louisien, ienne*
Porto-Novo (Bénin) Porto-Novien, ienne*
Porto Rico (Amérique centrale) Portoricain, aine
Port-Sainte-Marie (Lot-et-Garonne) Portais, aise
Port-Saint-Louis-du-Rhône (Bouches-du-Rhône) Saint-Louisien, ienne
Port-sur-Saône (Haute-Saône) Portusien, ienne
Portugal (Europe) Portugais, aise*
Portusien, ienne → **Port-sur-Saône**
Port-Vendres (Pyrénées-Orientales) Port-Vendrais, aise
Port-Vila (Vanuatu) Port-Vilais, aise*
La **Possession** (la Réunion) Possessionnais, aise
Pouillon (Landes) Pouillonnais, aise
Le **Pouliguen** (Loire-Atlantique) Pouliguennais, aise
Poyais, aise → **Poix-de-Picardie**
Prades (Pyrénées-Orientales) Pradéen, éenne
Prague (République tchèque) Pragois, oise ou Praguois, oise*
Praia (Cap-Vert) Praïen, enne*
Prémery (Nièvre) Prémerycois, oise
Privas (Ardèche) Privadois, oise
Provence (France) Provençal, ale, aux
Provins (Seine-et-Marne) Provinois, oise
Prusse Prussien, ienne
Puget-Théniers (Alpes-Maritimes) Pugétais, aise
Puiseaux (Loiret) Puiseautin, ine
Puteaux (Hauts-de-Seine) Putéolien, ienne
Le **Puy-en-Velay** (Haute-Loire) Ponot, ote
Pylatais, aise → La **Teste-de-Buch**
Pyrénées (France) Pyrénéen, éenne
Pyrénées-Atlantiques (France) Pyrénéen-Atlantique, Pyrénéenne-Atlantique
Qatar* ou **Katar** (Proche-Orient) Qatari [plur.] ou Qatarien, ienne*
Québec [province et ville] (Canada) Québécois, oise
Quercinois, oise → **Quercy**
Quercitain, aine → Le **Quesnoy**
Quercy (France) Quercinois, oise
Le **Quesnoy** (Nord) Quercitain, aine
Quesnoy-sur-Deûle (Nord) Quesnoysien, ienne
Quiberon (Morbihan) Quiberonnais, aise
Quillan (Aude) Quillanais, aise
Quillebeuf-sur-Seine (Eure) Quillebois, oise

Quimper (Finistère) Quimpérois, oise
Quimperlé (Finistère) Quimperlois, oise
Quimpérois, oise → **Quimper**
Quinocéen, éenne → **Saint-Quay-Portrieux**
Quito (Équateur) Quiténien, ienne*
Rabastens (Tarn) Rabastinois, oise
Rabat (Maroc) Rabati* [invar.]
Radounaud, aude → **Oradour-sur-Glane**
Le **Raincy** (Seine-Saint-Denis) Raincéen, éenne
Raismes (Nord) Raismois, oise
Rambertois, oise → **Saint-Rambert-d'Albon**
Rambervillers (Vosges) Rambuvetais, aise
Rambouillet (Yvelines) Rambolitain, aine
Rambuvetais, aise → **Rambervillers**
Ravenne (Italie) Ravennate
île de **Ré** (Charente-Maritime) Rétais, aise
Redon (Ille-et-Vilaine) Redonnais, aise
Réginaburgien, ienne ou Réginaborgien, ienne → **Bourg-la-Reine**
Reims (Marne) Rémois, oise
Remiremont (Vosges) Romarimontain, aine
Rémois, oise → **Reims**
Renazé (Mayenne) Renazéen, éenne
Rennes (Ille-et-Vilaine) Rennais, aise
La **Réole** (Gironde) Réolais, aise
Restérien, ienne → **Retiers**
Rétais, aise → île de **Ré**
Rethel (Ardennes) Rethélois, oise
Retiers (Ille-et-Vilaine) Restérien, ienne
La **Réunion** (océan Indien) Réunionnais, aise
Rezé (Loire-Atlantique) Rezéen, éenne
Rhénanie (Allemagne) Rhénan, ane
Rhin Rhénan, ane
Rhodanien, ienne → **Rhône**
Rhodes (Grèce) Rhodien, ienne
Rhône (France) Rhodanien, ienne
Rhône-Alpes (France) Rhône-Alpin, ine
Ribeauvillé (Haut-Rhin) Ribeauvillois, oise
Les **Riceys** (Aube) Riceton, one
Riez (Alpes-de-Haute-Provence) Riézois, oise
Rif (Maroc) Rifain, aine
Rillieux-la-Pape (Rhône) Rilliard, arde
Rio de Janeiro (Brésil) Carioca [invar. en genre]
Riom (Puy-de-Dôme) Riomois, oise
Ris-Orangis (Essonne) Rissois, oise
Rive-de-Gier (Loire) Ripagérien, ienne
Rives (Isère) Rivois, oise
Rivesaltes (Pyrénées-Orientales) Rivesaltais, aise
Rivois, oise → **Rives**
Riyad (Arabie saoudite) Riyadien, ienne*
Roanne (Loire) Roannais, aise
Le **Robert** (Martinique) Robertin, ine
La **Roche-Bernard** (Morbihan) Rochois, oise
Rochechouart (Haute-Vienne) Rochechouartais, aise
Rochefort (Charente-Maritime) Rochefortais, aise
Rochelais, aise → La **Rochelle,** La **Roche-Posay**
Roche-la-Molière (Loire) Rouchon, onne
La **Rochelle** (Charente-Maritime) Rochelais, aise
La **Roche-Posay** (Vienne) Rochelais, aise
La **Roche-sur-Yon** (Vendée) Yonnais, aise
Rochois, oise → La **Roche-Bernard**
Rodez (Aveyron) Ruthénois, oise
Roissy-en-Brie (Seine-et-Marne) Roisséen, éenne
Roissy-en-France (Val-d'Oise) Roisséen, éenne
Romain, aine → **Rome**
Romainville (Seine-Saint-Denis) Romainvillois, oise
Romans-sur-Isère (Drôme) Romanais, aise
Romarimontain, aine → **Remiremont**
Rome (Italie) Romain, aine*
Romorantin-Lanthenay (Loir-et-Cher) Romorantinais, aise
Roquebrune-Cap-Martin (Alpes-Maritimes) Roquebrunois, oise
Rosny-sous-Bois (Seine-Saint-Denis) Rosnéen, éenne
Rotterdam (Pays-Bas) Rotterdamois, oise
Roubaix (Nord) Roubaisien, ienne
Rouchon, onne → **Roche-la-Molière**
Rouen (Seine-Maritime) Rouennais, aise
Rouergue (France) Rouergat, ate
Rougé (Loire-Atlantique) Rougéen, éenne
Roumanie (Europe) Roumain, aine*
Roussillon (Isère) Roussillonnais, aise
Roussillon (France) Roussillonnais, aise
Royadère → **Royat**
Royan (Charente-Maritime) Royannais, aise
Royat (Puy-de-Dôme) Royadère
Royaume-Uni → **Grande-Bretagne**
Roybon (Isère) Roybonnais, aise
Roye (Somme) Royen, enne
Royère (Creuse) Royéraud, aude
Rueil-Malmaison (Hauts-de-Seine) Rueillois, oise
Ruffec (Charente) Ruffécois, oise
Rumilly (Haute-Savoie) Rumillien, enne
Russie (Europe) Russe*
Ruthénie (Ukraine) Ruthénien, enne ou Ruthène
Ruthénois, oise → **Rodez**
Rwanda (Afrique) Rwandais, aise*
Saba Sabéen, éenne
Les **Sables-d'Olonne** (Vendée) Sablais, aise
Sablé-sur-Sarthe (Sarthe) Sabolien, ienne
Sabres (Landes) Sabrais, aise
Sagranier, ière → **Salers**
Sahara (Afrique) Saharien, ienne
Saint-Affrique (Aveyron) Saint-Africain, aine

Saint-Agrève (Ardèche) Saint-Agrèvois, oise
Saint-Aignan-sur-Cher (Loir-et-Cher) Saint-Aignanais, aise
Saintais, aise → **Saintes**
Saint-Alvère (Dordogne) Saint-Alvérois, oise
Saint-Amand-en-Puisaye (Nièvre) Amandinois, oise ou Amandois, oise
Saint-Amand-les-Eaux (Nord) Amandinois, oise
Saint-Amand-Montrond (Cher) Saint-Amandois, oise ou Amandin, ine
Saint-André (la Réunion) Saint-Andréen, éenne
Saint-André-de-Cubzac (Gironde) Cubzaguais, aise
Saint-André-de-l'Eure (Eure) Andrésien, ienne
Saint-Andréen, éenne → **Saint-André, Saint-André-les-Alpes**
Saint-André-les-Alpes (Alpes-de-Haute-Provence) Saint-Andréen, éenne
Saint-André-les-Vergers (Aube) Dryat, Dryate
Saint-Aubin-sur-Mer (Calvados) Saint-Aubinais, aise
Saint-Avold (Moselle) Naborien, ienne
Saint-Béat (Haute-Garonne) Saint-Béatais, aise
Saint-Benoît-du-Sault (Indre) Bénédictin, ine
Saint-Brevin-les-Pins (Loire-Atlantique) Brévinois, oise
Saint-Brieuc (Côtes-d'Armor) Briochin, ine
Saint-Calais (Sarthe) Calaisien, ienne
Saint-Céré (Lot) Saint-Céréen, éenne
Saint-Chamond (Loire) Saint-Chamonais, aise
Saint-Chinian (Hérault) Saint-Chinianais, aise
Saint-Christophe-et-Niévès (Petites Antilles) Kittitien et Névicien, Kittitienne et Névicienne*
Saint-Claude (Jura) San-Claudien, ienne ou Sanclaudien, ienne
Saint-Cloud (Hauts-de-Seine) Clodoaldien, ienne
Saint-Cyprien (Pyrénées-Orientales) Cypriannais, aise ou Cyprianenc, encque
Saint-Cyr-l'École (Yvelines) Saint-Cyrien, ienne
Saint-Denis (la Réunion) Dionysien, ienne
Saint-Denis (Seine-Saint-Denis) Dionysien, ienne
Saint-Dié-des-Vosges (Vosges) Déodatien, ienne
Saint-Dizier (Haute-Marne) Bragard, arde
Saint-Domingue [État] → [République] **dominicaine**
Saint-Domingue [ville] (République dominicaine) Dominguois, oise*
Sainte-Adresse (Seine-Maritime) Dionysien, ienne
Sainte-Anne (Guadeloupe) Sainte-Annais, aise
Sainte-Croix (Suisse) Sainte-Crix [invar.]
Sainte-Foy (Québec) Saint-Fidéen, éenne
Sainte-Foy-la-Grande (Gironde) Foyen, enne
Sainte-Foy-lès-Lyon (Rhône) Fidésien, ienne
Sainte-Geneviève-des-Bois (Essonne) Génovéfain, aine
Saint-Genis-Laval (Rhône) Saint-Genois, oise
Sainte-Lucie (Petites Antilles) Lucien, enne*
Sainte-Marie (Martinique) Samaritain, aine
Sainte-Menehould (Marne) Ménéhildien, ienne
Saintes (Charente-Maritime) Saintais, aise
Saintes-Marie-de-la-Mer (Bouches-du-Rhône) Saintois, oise
Saint-Estevard, arde → **Saint-Étienne-en-Dévoluy**
Sainte-Suzanne (Doubs) Feunus
Saint-Étienne (Loire) Stéphanois, oise
Saint-Étienne-du-Rouvray (Seine-Maritime) Stéphanais, aise
Saint-Étienne-en-Dévoluy (Hautes-Alpes) Saint-Estevard, arde
Saint-Fidéen, éenne → **Sainte-Foy**
Saint-Florentin (Yonne) Florentinois, oise
Saint-Flour (Cantal) Sanflorain, aine
Saint-Fons (Rhône) Saint-Foniard, iarde
Saint-François (Guadeloupe) Saint-Franciscain, aine
Saint-Fulgent (Vendée) Saint-Fulgentais, aise
Saint-Gall (Suisse) Saint-Gallois, oise
Saint-Gaudens (Haute-Garonne) Saint-Gaudinois, oise
Saint-Germain-des-Prés (Paris) Germanopratin, ine
Saint-Germain-en-Laye (Yvelines) Saint-Germanois, oise
Saint-Germain-Laval (Loire) Germanois, oise
Saint-Germanois, oise → **Saint-Germain-en-Laye**
Saint-Gervais-les-Bains (Haute-Savoie) Saint-Gervolain, aine ou Saint-Gervelin, ine
Saint-Gilles (Gard) Saint-Gillois, oise
Saint-Gilles-Croix-de-Vie (Vendée) Gillocrucien, ienne
Saint-Gillois, oise → **Saint-Gilles**
Saint-Girons (Ariège) Saint-Gironnais, aise
Saint-Gratien (Val-d'Oise) Saint-Gratiennois, oise ou Gratiennois, oise
Saint-Herblain (Loire-Atlantique) Herblinois, oise
Saint-Hilaire-de-Riez (Vendée) Hilairois, oise ou Saint-Hilairois, oise

Saint-Hyacinthe (Québec) Maskoutain, aine
Saint-Jean-Cap-Ferrat (Alpes-Maritimes) Saint-Jeannois, oise
Saint-Jean-d'Angély (Charente-Maritime) Angérien, ienne
Saint-Jean-de-la-Ruelle (Loiret) Stéoruellan, ane
Saint-Jean-de-Losne (Côte-d'Or) Saint-Jean-de-Losnais, aise
Saint-Jean-de-Luz (Pyrénées-Atlantiques) Luzien, ienne
Saint-Jean-de-Maurienne (Savoie) Saint-Jeannais, aise
Saint-Jean-de-Monts (Vendée) Montois, oise
Saint-Jeannais, aise → **Saint-Jean-de-Maurienne, Saint-Jean-Pied-de-Port**
Saint-Jeannois, oise → **Saint-Jean-Cap-Ferrat**
Saint-Jean-Pied-de-Port (Pyrénées-Atlantiques) Saint-Jeannais, aise
Saint-Joseph (la Réunion) Saint-Josephois, oise
Saint-Julien-Chapteuil (Haute-Loire) Saint-Julien, enne
Saint-Julien-du-Saut (Yonne) Saltusien, ienne
Saint-Julien-en-Genevois (Haute-Savoie) Saint-Juliennois, oise
Saint-Junien (Haute-Vienne) Saint-Juniaud, iaude
Saint-Juraud, aude → **Saint-Just-en-Chevalet**
Saint-Just-en-Chaussée (Oise) Saint-Justois, oise
Saint-Just-en-Chevalet (Loire) Saint-Juraud, aude
Saint-Justois, oise → **Saint-Just-en-Chaussée**
Saint-Just-Saint-Rambert (Loire) Pontrambertois, oise
Saint-Laurent (Québec) Laurentien, ienne
Saint-Laurent-de-Cerdans (Pyrénées-Orientales) Laurentin, ine
Saint-Laurent-de-Neste (Hautes-Pyrénées) Saint-Laurentin, ine
Saint-Laurent-du-Pont (Isère) Laurentinois, oise
Saint-Laurent-du-Var (Alpes-Maritimes) Laurentin, ine
Saint-Laurent-en-Grandvaux (Jura) Grandvallier, ière
Saint-Laurentin, ine → **Saint-Laurent-de-Neste**
Saint-Leu (la Réunion) Saint-Leusien, ienne
Saint-Lô (Manche) Saint-Lois, Saint-Loise ou Laudinien, ienne
Saint-Louis (la Réunion) Saint-Louisien, ienne
Saint-Louisien, ienne → **Port-Saint-Louis-du-Rhône**
Saint-Maixent-l'École (Deux-Sèvres) Saint-Maixentais, aise
Saint-Malo (Ille-et-Vilaine) Malouin, ine
Saint-Mandé (Val-de-Marne) Saint-Mandéen, éenne
Saint-Marcellin (Isère) Saint-Marcellinois, oise
Saint-Marin [État et ville] (Europe) San-Marinais, aise ou Saint-Marinais, aise*
Saint-Martin-de-Ré (Charente-Maritime) Martinais, aise
Saint-Martin-d'Hères (Isère) Martinérois, oise
Saint-Martin-Vésubie (Alpes-Maritimes) Saint-Martinois, oise
Saint-Maur-des-Fossés (Val-de-Marne) Saint-Maurien, ienne
Saint-Médard-en-Jalles (Gironde) Saint-Médardais, aise
Saint-Michel-sur-Orge (Essonne) Saint-Michellois, oise
Saint-Mihiel (Meuse) Saint-Mihielois, oise ou Sammiellois, oise
Saint-Nazaire (Loire-Atlantique) Nazairien, ienne
Saintois, oise → **Saintes-Marie-de-la-Mer**
Saint-Omer (Pas-de-Calais) Audomarois, oise
Saintonge (France) Saintongeais, aise
Saint-Ouen (Seine-Saint-Denis) Audonien, ienne
Saint-Ouen-l'Aumône (Val-d'Oise) Saint-Ouennais, aise
Saint-Paul ou **Saint-Paul-de-Vence** (Alpes-Maritimes) Saint-Paulois, oise
Saint-Paul-de-Fenouillet (Pyrénées-Orientales) Saint-Paulais, aise
Saint-Paul-Trois-Châteaux (Drôme) Tricastin, ine
Saint-Péray (Ardèche) Saint-Pérollais, aise
Saint-Pierrais, aise → **Saint-Pierre-et-Miquelon**
Saint-Pierre (Martinique) Pierrotin, ine
Saint-Pierre-des-Corps (Indre-et-Loire) Corpopétrussien, ienne
Saint-Pierre-et-Miquelon (océan Atlantique) Saint-Pierrais, aise et Miquelonnais, aise
Saint-Pierre-le-Moûtier (Nièvre) Saint-Pierrois, oise
Saint-Pierre-sur-Dives (Calvados) Pétruvien, ienne
Saint-Pierrois, oise → **Saint-Pierre-le-Moûtier**
Saint-Pol-de-Léon (Finistère) Saint-Politain, aine
Saint-Pol-sur-Ternoise (Pas-de-Calais) Saint-Polois, oise
Saint-Pons-de-Thomières (Hérault) Saint-Ponais, aise
Saint-Pourçain-sur-Sioule (Allier) Saint-Pourcinois, oise
Saint-Priest (Rhône) San-Priod, iode
Saint-Quay-Portrieux (Côtes-d'Armor) Quinocéen, éenne

Saint-Quentin (Aisne) Saint-Quentinois, oise
Saint-Rambert-d'Albon (Drôme) Rambertois, oise
Saint-Rémy-de-Provence (Bouches-du-Rhône) Saint-Rémois, oise
Saint-Rémy-sur-Durolle (Puy-de-Dôme) Saint-Rémois, oise
Saint-Sébastien-sur-Loire (Loire-Atlantique) Sébastiennais, aise
Saint-Servan-sur-Mer (Ille-et-Vilaine) Saint-Servantin, ine ou Servannais, aise
Saint-Sever (Landes) Saint-Severin, ine
Saint-Tropez (Var) Tropézien, ienne
Saint-Valery-en-Caux (Seine-Maritime) Valériquais, aise
Saint-Valéry-sur-Somme (Somme) Valéricain, aine
Saint-Vallier (Drôme) Saint-Valliérois, oise
Saint-Vincent-et-les-Grenadines ou **Saint-Vincent** (Petites Antilles) Saint-Vincentais et Grenadin, Saint-Vincentaise et Grenadine ; Vincentais, aise*
Saint-Yrieix-la-Perche (Haute-Vienne) Arédien, ienne
Salers (Cantal) Sagranier, ière
Salies-de-Béarn (Pyrénées-Atlantiques) Salisien, ienne
Salins-les-Bains (Jura) Salinois, oise
Salisien, ienne → **Salies-de-Béarn**
Sallanches (Haute-Savoie) Sallanchard, arde
La **Salle** (Québec) Lasallois, oise
îles **Salomon** (Mélanésie) Salomonais, aise* ou Salomonien, ienne
Salon-de-Provence (Bouches-du-Rhône) Salonnais, aise
Salonique (Grèce) Salonicien, ienne
Saltusien, ienne → **Saint-Julien-du-Saut**
Salvador (Amérique centrale) Salvadorien, ienne*
Samarie (Palestine) Samaritain, aine
Samien, ienne ou Samiote → **Samos**
Sammiellois, oise → **Saint-Mihiel**
Les **Samoa** (Polynésie) Samoen, enne*
Samoëns (Haute-Savoie) Septimontain, aine
Samos (Grèce) Samien, ienne ou Samiote
Sanary-sur-Mer (Var) Sanaryen, enne
Sancerre (Cher) Sancerrois, oise
San-Claudien, ienne ou Sanclaudien, ienne → **Saint-Claude**
Sanflorain, aine → **Saint-Flour**
Sangatte (Pas-de-Calais) Sangattois, oise
San-Marinais, aise → **Saint-Marin**
Sannois (Val-d'Oise) Sannoisien, ienne
Santoméen, éenne → **Sao Tomé-et-Principe**
Saône-et-Loire (France) Saône-et-Loirien, ienne
Saõ Paulo (Brésil) Pauliste
Sao Tomé-et-Principe (océan Atlantique) Santoméen, éenne*
Saoudien, ienne → **Arabie saoudite**
Sarajevo (Bosnie-Herzégovine) Sarajévien, ienne*
Sardaigne (Italie) Sarde
Sarlat-la-Canéda (Dordogne) Sarladais, aise
Sarre (Allemagne) Sarrois, oise
Sarrebourg (Moselle) Sarrebourgeois, oise
Sarrebruck (Allemagne) Sarrebruckois, oise
Sarreguemines (Moselle) Sarregueminois, oise
Sarrois, oise → **Sarre**
Sartène (Corse-du-Sud) Sartenais, aise
Sarthe (France) Sarthois, oise
Sartrouville (Yvelines) Sartrouvillois, oise
Sarzeau (Morbihan) Sarzeautin, ine
Saskatchewan (Canada) Saskatchewanais, aise
Saulieu (Côte-d'Or) Sédélocien, ienne
Saulxures-sur-Moselotte (Vosges) Saulxuron, onne
Saumur (Maine-et-Loire) Saumurois, oise
Sauveterrat, ate → **Sauveterre-de-Rouergue**
Sauveterre-de-Béarn (Pyrénées-Atlantiques) Sauveterrien, ienne
Sauveterre-de-Rouergue (Aveyron) Sauveterrat, ate
Sauveterrien, ienne → **Sauveterre-de-Béarn**
Savenay (Loire-Atlantique) Savenaisien, ienne
Saverne (Bas-Rhin) Savernois, oise
Savigny-le-Temple (Seine-et-Marne) Savignien, ienne
Savigny-sur-Orge (Essonne) Savinien, ienne
Savoie (France) Savoyard, arde ou Savoisien, ienne
Saxe (Allemagne) Saxon, onne
Scandinavie (Europe) Scandinave
Sceaux (Hauts-de-Seine) Scéen, éenne
Schiltigheim (Bas-Rhin) Schilikois, oise
Schoelcher (Martinique) Schoelcherois, oise
Sébastiennais, aise → **Saint-Sébastien-sur-Loire**
Seclin (Nord) Seclinois, oise
Sedan (Ardennes) Sedanais, aise
Sédélocien, ienne → **Saulieu**
Ségovie (Espagne) Ségovien, enne
Segré (Maine-et-Loire) Segréen, enne
Seine-et-Marne (France) Seine-et-Marnais, aise
Seine-Saint-Denis (France) Séquano-Dionysien, ienne
Sélestat (Bas-Rhin) Sélestadien, ienne
Semur-en-Auxois (Côte-d'Or) Semurois, oise
Sénan, ane → **Île-de-Sein**
Sénéçois, oise ou Sénécien, ienne → **Senez**
Sénégal (Afrique) Sénégalais, aise*
Sénégambie (Afrique) Sénégambien, enne
Senez (Alpes-de-Haute-Provence) Sénéçois, oise ou Sénécien, ienne

Senlis (Oise) Senlisien, ienne
Sens (Yonne) Sénonais, aise
Séoul (Corée du Sud) Séoulien, ienne*
Septimontain, aine → **Samoëns**
Séquano-Dionysien, ienne → **Seine-Saint-Denis**
Serbie (Europe) Serbe
Servannais, aise → **Saint-Servan-sur-Mer**
Sète (Hérault) Sétois, oise
Seurre (Côte-d'Or) Seurrois, oise
Séverac-le-Château (Aveyron) Séveragais, aise
Séville (Espagne) Sévillan, ane
Sevran (Seine-Saint-Denis) Sevranais, aise
Sèvres (Hauts-de-Seine) Sévrien, ienne
Les **Seychelles** (océan Indien) Seychellois, oise*
La **Seyne-sur-Mer** (Var) Seynois, oise
Sherbrooke (Québec) Sherbrookois, oise
Siam (Asie) Siamois, oise → **Thaïlande**
Sibérie (Russie) Sibérien, enne
Sicile (Italie) Sicilien, ienne
Sienne (Italie) Siennois, oise
Sierra Leone (Afrique) Sierraléonais, aise* ou Sierraléonien, ienne
Silésie (Pologne) Silésien, enne
Singapour [État et ville] (Asie) Singapourien, ienne*
Sissonne (Aisne) Sissonnais, aise
Sisteron (Alpes-de-Haute-Provence) Sisteronais, aise
Six-Fours-les-Plages (Var) Six-Fournais, aise
Slovaquie (Europe) Slovaque*
Slovénie (Europe) Slovène*
Smyrne [auj. Izmir] (Turquie) Smyrniote
Sochaux (Doubs) Sochalien, ienne
Sofia (Bulgarie) Sofiote*
Soignies (Belgique) Sonégien, ienne
Soiséen, éenne → **Soisy-sous-Montmorency**
Soissons (Aisne) Soissonnais, aise
Soisy-sous-Montmorency (Val-d'Oise) Soiséen, éenne
Solesmes (Nord) Solesmois, oise
Solesmes (Sarthe) Solesmien, ienne
Solesmois, oise → **Solesmes** (Nord)
Soleure (Suisse) Soleurois, oise
Solliès-Pont (Var) Solliès-Pontois, oise
Sologne (France) Solognot, ote
Solre-le-Château (Nord) Solrézien, ienne
Somalie (Afrique) Somalien, enne*
Sommières (Gard) Sommiérois, oise
Sonégien, ienne → **Soignies**
Sore (Landes) Sorien, ienne
Sospel (Alpes-Maritimes) Sospellois, oise
Sostranien, ienne → La **Souterraine**
Sotteville-lès-Rouen (Seine-Maritime) Sottevillais, aise
Soudan (Afrique) Soudanais, aise*
Soudan du Sud (Afrique) Sud-Soudanais, aise
Souillac (Lot) Souillagais, aise
Sourdeval (Manche) Sourdevalais, aise
Sousse (Tunisie) Soussien, ienne
La **Souterraine** (Creuse) Sostranien, ienne
Soviétique → **Union soviétique**
Spa (Belgique) Spadois, oise
Sparnacien, ienne → **Épernay**
Sparte ou **Lacédémone** (Grèce) Spartiate ; Lacédémonien, ienne
Spinalien, ienne → **Épinal**
Spinassien, ienne → **Épinay-sur-Seine**
Spiripontain, aine → **Pont-Saint-Esprit**
Sri Lanka (Asie) Sri Lankais, aise ou Srilankais, aise*
Stains (Seine-Saint-Denis) Stanois, oise
Stambouliote → **Istamboul**
Stéoruellan, ane → **Saint-Jean-de-la-Ruelle**
Stéphanais, aise → **Saint-Étienne-du-Rouvray**
Stéphanois, oise → **Saint-Étienne**
Stockholm (Suède) Stockholmois, oise*
Strasbourg (Bas-Rhin) Strasbourgeois, oise
Sucy-en-Brie (Val-de-Marne) Sucycien, ienne
Sud-Africain, aine → **Afrique du Sud**
Sud-Américain, aine → **Amérique du Sud**
Sud-Coréen, enne → **Corée du Sud**
Sud-Soudanais, aise → **Soudan du Sud**
Sud-Viêtnam (Asie) Sud-Vietnamien, ienne
Suède (Europe) Suédois, oise*
Suisse (Europe) Suisse, Suissesse*
Sully-sur-Loire (Loiret) Sullylois, oise
Sumène (Gard) Suménois, oise
Sumer (Mésopotamie) Sumérien, ienne
Suriname* ou **Surinam** (Amérique du Sud) Surinamien, ienne* ou Surinamais, aise
Swaziland (Afrique) Swazi, ie*
Sydney (Australie) Sydnéen, éenne
Syracuse (Sicile) Syracusain, aine
Syrie (Proche-Orient) Syrien, enne*
Tadjikistan (Asie) Tadjik, e*
Tahiti (Polynésie) Tahitien, enne
Taiwan (Asie) Taiwanais, aise
Talmont-Saint-Hilaire (Vendée) Talmondais, aise
Le **Tampon** (la Réunion) Tamponnais, aise
Tananarive → **Antananarivo**
Tanzanie (Afrique) Tanzanien, enne*
Tarare (Rhône) Tararien, ienne
Tarascon (Bouches-du-Rhône) Tarasconnais, aise
Tarbes (Hautes-Pyrénées) Tarbais, aise
Tarente (Italie) Tarentin, ine
Tarn (France) Tarnais, aise
Tartas (Landes) Tarusate
Tasmanie (Australie) Tasmanien, enne

Taulé (Finistère) Taulésien, ienne
Tchad (Afrique) Tchadien, ienne*
Tchécoslovaquie (Europe) Tchécoslovaque ou Tchèque → [République] **tchèque, Slovaquie**
République **tchèque** (Europe) Tchèque*
Tchèque → République **tchèque, Tchécoslovaquie**
Tchétchénie (Russie) Tchétchène
Tchouvachie (Russie) Tchouvache
Téhéran (Iran) Téhéranais, aise*
Tel-Aviv (Israël) Telavivien, ienne*
Tence (Haute-Loire) Tençois, oise
Tende (Alpes-Maritimes) Tendasque
Tergnier (Aisne) Ternois, oise
Terrasson-la-Villedieu (Dordogne) Terrassonnais, aise
Terre de Feu (Amérique du Sud) Fuégien, ienne
Terre-Neuve (Canada) Terre-Neuvien, ienne
La **Teste** (Gironde) Testerin, ine
La **Teste-de-Buch** (Gironde) Testerin, ine ou Cazalin, ine ou Pylatais, aise
Texas (États-Unis) Texan, ane
Thaïlande (Asie) Thaïlandais, aise*
Thann (Haut-Rhin) Thannois, oise
Thèbes (Grèce) Thébain, aine
Théopolitain, aine → **Villedieu-les-Poêles**
Théoule-sur-Mer (Alpes-Maritimes) Théoulien, ienne
Thessalie (Grèce) Thessalien, enne
Theux (Belgique) Theutois, oise
Thiais (Val-de-Marne) Thiaisien, ienne
Thiers (Puy-de-Dôme) Thiernois, oise
Le **Thillot** (Vosges) Thillotin, ine
Thionville (Moselle) Thionvillois, oise
Thiron-Gardais (Eure-et-Loir) Thironnais, aise
Thonon-les-Bains (Haute-Savoie) Thononais, aise
Thouars (Deux-Sèvres) Thouarsais, aise
Thrace (Europe) Thrace
Thuir (Pyrénées-Orientales) Thuirinois, oise
Tibet (Asie) Tibétain, aine
Tirana (Albanie) Tiranais, aise*
Togo (Afrique) Togolais, aise*
Tokyo (Japon) Tokyote* ou Tokyoïte
Les **Tonga** (Océanie) Tongien, ienne* ou Tongan, ane
Tonkin (Viêtnam) Tonkinois, oise
Tonneins (Lot-et-Garonne) Tonneinquais, aise
Tonnerre (Yonne) Tonnerrois, oise
Torcy (Seine-et-Marne) Torcéen, éenne
Toronto (Ontario) Torontois, oise
Toscane (Italie) Toscan, ane
Toul (Meurthe-et-Moselle) Toulois, oise
Toulon (Var) Toulonnais, aise
Toulouse (Haute-Garonne) Toulousain, aine
Le **Touquet-Paris-Plage** (Pas-de-Calais) Touquettois, oise
Touraine (France) Tourangeau, Tourangelle
Tourcoing (Nord) Tourquennois, oise
La **Tour-du-Pin** (Isère) Turripinois, oise
Tournai (Belgique) Tournaisien, ienne
Tournefeuille (Haute-Garonne) Tournefeuillais, aise
Tournon-sur-Rhône (Ardèche) Tournonais, aise
Tournus (Saône-et-Loire) Tournusien, ienne
Tourouvre (Orne) Tourouvrain, aine
Tourquennois, oise → **Tourcoing**
Tours (Indre-et-Loire) Tourangeau, Tourangelle
Le **Trait** (Seine-Maritime) Traiton, onne
Transylvanie (Roumanie) Transylvain, aine ou Transylvanien, enne
Trappes (Yvelines) Trappiste
Trébeurden (Côtes-d'Armor) Trébeurdinais, aise
Trécorrois, oise → **Tréguier**
Trégastel (Côtes-d'Armor) Trégastellois, oise
Tréguier (Côtes-d'Armor) Trégorrois, oise ou Trécorrois, oise
Treignac (Corrèze) Treignacois, oise
Trélon (Nord) Trélonais, aise
La **Tremblade** (Charente-Maritime) Trembladais, aise
Tremblay-en-France (Seine-Saint-Denis) Tremblaysien, ienne
Trèves (Allemagne) Trévire ou Trévère
Trévise (Italie) Trévisan, ane
Trévoux (Ain) Trévoltien, ienne
Tricastin, ine → **Saint-Paul-Trois-Châteaux**
Trieste (Italie) Triestin, ine
Trifluvien, ienne → **Trois-Rivières**
Trinité-et-Tobago (Petites Antilles) Trinidadien, ienne*
Tripoli (Libye) Tripolitain, aine*
Troie (Asie Mineure) Troyen, enne
Trois-Rivières (Québec) Trifluvien, ienne
Tropézien, ienne → **Saint-Tropez**
Trouville-sur-Mer (Calvados) Trouvillais, aise
Troyen, enne → **Troie, Troyes**
Troyes (Aube) Troyen, enne
Tulle (Corrèze) Tulliste
Tunis (Tunisie) Tunisois, oise*
Tunisie (Afrique) Tunisien, enne*
Tunisois, oise → **Tunis**
La **Turballe** (Loire) Turballais, aise
Turc, Turque → **Turquie**
Turin (Italie) Turinois, oise
Turkménistan (Asie) Turkmène*
Turquie (Proche-Orient) Turc, Turque*
Turripinois, oise → La **Tour-du-Pin**

Tuvalu (océan Pacifique) Tuvalais, aise* ou Tuvaluan, ane
Tyr (Phénicie) Tyrien, ienne
Tyrol (Autriche) Tyrolien, ienne
Ugine (Savoie) Uginois, oise
Ukraine (Europe) Ukrainien, ienne*
Les **Ulis** (Essonne) Ulissien, ienne
Union soviétique ou **U. R. S. S.** Soviétique
Uruguay (Amérique du Sud) Uruguayen, enne*
Ussel (Corrèze) Ussellois, oise
Ustaritz (Pyrénées-Atlantiques) Uztaritzar [invar.]
Utelle (Alpes-Maritimes) Utellien, ienne
Uzel (Côtes-d'Armor) Uzellois, oise
Uzerche (Corrèze) Uzerchois, oise
Uzès (Gard) Uzétien, ienne
Uztaritzar → **Ustaritz**
Vailly-sur-Aisne (Aisne) Vaillicien, ienne
Vaison-la-Romaine (Vaucluse) Vaisonnais, aise
Valachie (Roumanie) Valache
Valais (Suisse) Valaisan, ane ou anne
Val-de-Marne (France) Val-de-Marnais, aise
Val-d'Oise (France) Val-d'Oisien, ienne
Valdôtain, aine → Vallée d'**Aoste**
Valençay (Indre) Valencéen, éenne
Valence (Drôme) Valentinois, oise
Valencéen, éenne → **Valençay**
Valenciennes (Nord) Valenciennois, oise
Valentinois, oise → **Valence**
Valéricain, aine → **Saint-Valéry-sur-Somme**
Valériquais, aise → **Saint-Valery-en-Caux**
La **Valette-du-Var** (Var) Valettois, oise
Vallauris (Alpes-Maritimes) Vallaurien, enne
Valmont (Seine-Maritime) Valmontais, aise
Valognes (Manche) Valognais, aise
Valras-Plage (Hérault) Valrassien, ienne
Valréas (Vaucluse) Valréassien, ienne
Vancouver (Colombie-Britannique) Vancouvérois, oise
Vandœuvre-lès-Nancy (Meurthe-et-Moselle) Vandopérien, ienne
Vannes (Morbihan) Vannetais, aise
Vanuatu (Mélanésie) Vanuatuais, aise* ou Vanuatuan, ane
Vanves (Hauts-de-Seine) Vanvéen, éenne ou Vanviste
Var (France) Varois, oise
Varennes-sur-Allier (Allier) Varennois, oise
Varois, oise → **Var**
Varsovie (Pologne) Varsovien, enne*
Vaucluse (France) Vauclusien, ienne
canton de **Vaud** (Suisse) Vaudois, oise
Vaulx-en-Velin (Rhône) Vaudais, aise
Vauvert (Gard) Vauverdois, oise
Védrarien, ienne → **Verrières-le-Buisson**
Velay (France) Vellave
Vence (Alpes-Maritimes) Vençois, oise
Vendée (France) Vendéen, éenne
Vendôme (Loir-et-Cher) Vendômois, oise
Venezuela ou **Vénézuéla*** (Amérique du Sud) Vénézuélien, ienne* ou Vénézolan, ane
Venise (Italie) Vénitien, ienne
Vénissieux (Rhône) Vénissian, iane
Verdun (Meuse) Verdunois, oise
Verdun-sur-le-Doubs (Saône-et-Loire) Verdunois, oise
Vergt (Dordogne) Vernois, oise
Vermand (Aisne) Vermandois, oise
Vermont (États-Unis) Vermontois, oise
Verneuil-sur-Avre (Eure) Vernolien, ienne
Vernois, oise → **Vergt**
Vernolien, ienne → **Verneuil-sur-Avre**
Vernon (Eure) Vernonnais, aise
Vernoux-en-Vivarais (Ardèche) Vernousain, aine
Vérone (Italie) Véronais, aise
Verrières-le-Buisson (Essonne) Verriérois, oise ou Védrarien, ienne
Versailles (Yvelines) Versaillais, aise
Vertou (Loire-Atlantique) Vertavien, ienne
Vervins (Aisne) Vervinois, oise
Le **Vésinet** (Yvelines) Vésigondin, ine
Vesoul (Haute-Saône) Vésulien, ienne
Vevey (Suisse) Veveysan, ane
Vézelay (Yonne) Vézélien, ienne
Vibraye (Sarthe) Vibraysien, ienne
Vic-en-Bigorre (Hautes-Pyrénées) Vicquois, oise
Vicence (Italie) Vicentin, ine
Vic-Fezensac (Gers) Vicois, oise
Vichy (Allier) Vichyssois, oise
Vic-le-Comte (Puy-de-Dôme) Vicomtois, oise
Vico (Corse-du-Sud) Vicolais, aise
Vicois, oise → **Vic-Fezensac, Vic-sur-Cère**
Vicolais, aise → **Vico**
Vicomtois, oise → **Vic-le-Comte**
Vicquois, oise → **Vic-en-Bigorre**
Vic-sur-Cère (Cantal) Vicois, oise
Vienne (Autriche) Viennois, oise*
Vienne (Isère) Viennois, oise
Vientiane (Laos) Vientianais, aise*
Vierzon (Cher) Vierzonnais, aise
Vietnam* ou **Viêtnam*** (Asie) Vietnamien, ienne*
Le **Vigan** (Gard) Viganais, aise
Vigeois (Haute-Vienne) Vigeoyeux, euse
Vigneux-sur-Seine (Essonne) Vigneusien, ienne
Villandraut (Gironde) Villandrautais, aise
Villard-de-Lans (Isère) Villardien, ienne
Villarois, oise → **Villers-lès-Nancy**
Villedieu-les-Poêles (Manche) Théopolitain, aine

Villefort (Lozère) Villefortais, aise
Villefranche-de-Lauragais (Haute-Garonne) Villefranchois, oise
Villefranche-de-Rouergue (Aveyron) Villefranchois, oise
Villefranche-sur-Saône (Rhône) Caladois, oise
Villefranchois, oise → **Villefranche-de-Lauragais, Villefranche-de-Rouergue**
Villejuif (Val-de-Marne) Villejuifois, oise
Villemomble (Seine-Saint-Denis) Villemomblois, oise
Villemur (Haute-Garonne) Villemurien, ienne
Villenave-d'Ornon (Gironde) Villenavais, aise
Villeneuve-la-Garenne (Hauts-de-Seine) Villenogarennois, oise
Villeneuve-Loubet (Alpes-Maritimes) Villeneuvois, oise
Villeneuve-Saint-Georges (Val-de-Marne) Villeneuvois, oise
Villeneuve-sur-Lot (Lot-et-Garonne) Villeneuvois, oise
Villeneuve-sur-Yonne (Yonne) Villeneuvien, ienne
Villeneuvois, oise → **Villeneuve-Loubet, Villeneuve-Saint-Georges, Villeneuve-sur-Lot**
Villenogarennois, oise → **Villeneuve-la-Garenne**
Villeparisis (Seine-et-Marne) Villeparisien, enne
Villepinte (Seine-Saint-Denis) Villepintois, oise
Villérier, ière → **Villers-le-Lac**
Villers-Cotterêts (Aisne) Cotterézien, ienne
Villers-le-Lac (Doubs) Villérier, ière
Villers-lès-Nancy (Meurthe-et-Moselle) Villarois, oise
Villers-Saint-Paul (Oise) Villersois, oise
Villerupt (Meurthe-et-Moselle) Villeruptien, ienne
Villeurbanne (Rhône) Villeurbannais, aise
Villiers-le-Bel (Val-d'Oise) Beauvillésois, oise
Villiers-sur-Marne (Val-de-Marne) Villiérain, aine
Vimoutiers (Orne) Vimonastérien, ienne
Vimy (Pas-de-Calais) Vimynois, oise
Vinça (Pyrénées-Orientales) Vinçanais, aise
Vincennes (Val-de-Marne) Vincennois, oise
Vire (Calvados) Virois, oise
Viroflay (Yvelines) Viroflaysien, ienne
Virois, oise → **Vire**
Viry-Châtillon (Essonne) Castelvirois, oise
Vitré (Ille-et-Vilaine) Vitréen, éenne
Vitriot, iote → **Vitry-sur-Seine**
Vitrolles (Hautes-Alpes) Vitrollais, aise
Vitry-le-François (Marne) Vitryat, ate
Vitry-sur-Seine (Val-de-Marne) Vitriot, iote
Viviers (Ardèche) Vivarois, oise
Vizille (Isère) Vizillois, oise
Vogladien, ienne → **Vouillé**
Voiron (Isère) Voironnais, aise
Voltaïque → **Haute-Volta**
Volvic (Puy-de-Dôme) Volvicois, oise
Vosges (France) Vosgien, ienne
Vouillé (Vienne) Vouglaisien, ienne ou Vogladien, ienne
Vouvray (Indre-et-Loire) Vouvrillon, onne
Vouziers (Ardennes) Vouzinois, oise
îles **Wallis-et-Futuna** (Polynésie) Wallisien, ienne et Futunien, ienne
Wallonie (Belgique) Wallon, onne
Washington (États-Unis) Washingtonien, ienne*
Wasselonne (Bas-Rhin) Wasselonnais, aise
Wassy (Haute-Marne) Wasseyen, enne
Wattignies (Nord) Wattignisien, ienne
Wattrelos (Nord) Wattrelosien, ienne
Wimereux (Pas-de-Calais) Wimereusien, ienne
Winnipeg (Canada) Winnipégois, oise
Wissembourg (Bas-Rhin) Wissembourgeois, oise
Wurtenberg (Allemagne) Wurtembergeois, oise
Yamoussoukro (Côte d'Ivoire) Yamoussoukrois, oise*
Yaoundé (Cameroun) Yaoundéen, éenne*
Yémen (Arabie) Yéménite
Yenne (Savoie) Yennois, oise
Yerres (Essonne) Yerrois, oise
Yonnais, aise → La **Roche-sur-Yon**
Yonne (France) Icaunais, aise
Yssingeaux (Haute-Loire) Yssingelais, aise
Yvelines (France) Yvelinois, oise
Yvetot (Seine-Maritime) Yvetotais, aise
Yzeure (Allier) Yzeurien, ienne
Zagreb (Croatie) Zagrébois, oise*
Zaïre (Afrique) Zaïrois, oise → **Congo** [république démocratique du]
Zambie (Afrique) Zambien, enne*
Zélande (Pays-Bas) Zélandais, aise
Zicavo (Corse-du-Sud) Zicavais, aise
Zimbabwe ou **Zimbabwé*** (Afrique) Zimbabwéen, éenne*
Zurich (Suisse) Zurichois, oise

NOMS PROPRES

A

Alvar **Aalto** ▪ Architecte finlandais (1898-1976). Son style à la fois libre, rigoureux et dépouillé, son sens de l'intégration des constructions au paysage en font l'un des grands représentants du renouvellement architectural du XXe siècle, avec F. L. Wright.

Aar ou **Aare** n. m. ▪ Rivière de Suisse, affluent du Rhin. 295 km.

Aaron ▪ Bible Frère de Moïse.

Abadān ▪ Port d'Iran, sur le golfe Persique. 231 000 habitants.

Abba ▪ Groupe suédois de musique pop (1970-1983). *Dancing Queen ; Mamma Mia.*

Claudio **Abbado** ▪ Chef d'orchestre italien (1933-2014). Directeur de la Scala de Milan, puis successeur de Karajan à la tête de l'Orchestre philharmonique de Berlin jusqu'en 2002.

Ferhat **Abbas** ▪ Homme politique algérien (1899-1985). Fondateur de l'Union populaire algérienne (1938). Exilé, il fut le premier président du gouvernement provisoire de la République algérienne (1958-1961).

Mahmoud **Abbas** ▪ Homme politique palestinien (né en 1935). Premier ministre en 2003, il succéda à Yasser Arafat à la tête de l'OLP (2004) et comme président de l'Autorité palestinienne (2005).

Abbas Ier le Grand ▪ (1571-1629) Chah de Perse de 1587 à sa mort. Le plus célèbre des Safavides.

les **Abbassides** ▪ Dynastie de 37 califes arabes qui régna à Bagdad de 750 à 1258.

Abbeville ▪ Chef-lieu d'arrondissement de la Somme. 22 895 habitants.

ABC *(American Broadcasting Company)* ▪ Réseau américain de télévision créé en 1943.

Abdallah II ▪ Souverain de Jordanie (né en 1962). Il a succédé à son père Hussein en 1999.

Abd el-Kader ▪ Émir algérien (1807-1883). Chef de la résistance aux Français (1832-1847) lors de la conquête de l'Algérie. Penseur religieux.

Abd el-Krim ▪ Nationaliste marocain (1882-1963). Il dirigea la lutte contre les Espagnols et les Français (guerre du Rif).

Abe Kimifusa, dit **Abe Kōbō** ▪ Écrivain japonais (1924-1993). Poèmes, pièces de théâtre, romans *(La Face d'un autre ; Secret Rendez-vous).*

Abel ▪ Bible Fils d'Adam, tué par son frère aîné Caïn.

Niels **Abel** ▪ Mathématicien norvégien (1802-1829). Créateur de la théorie des intégrales elliptiques.

Pierre **Abélard** ▪ Théologien et philosophe français (1079-1142). Célèbre pour ses amours tragiques avec Héloïse.

Aberdeen ▪ Ville d'Écosse, sur la mer du Nord. 211 900 habitants.

l'**Aber Wrac'h** ▪ Aber (ou ria) de la côte du Finistère, près de Lannilis. 34 km.

Abidjan ▪ Ville principale de la Côte d'Ivoire. 4,4 millions d'habitants. Port. Anc. capitale.

l'**Abkhazie** n. f. ▪ République autonome de Géorgie (reconnue comme république indépendante par la Russie en 2008). 8 600 km². 250 000 habitants. Capitale : Soukhoumi.

Abou Dhabi ▪ Le plus important des Émirats arabes unis. 67 600 km². 2,8 millions d'habitants. ► **Abou Dhabi,** sa capitale (700 000 habitants), est aussi la capitale fédérale des Émirats.

Aboukir ▪ Localité d'Égypte où Nelson vainquit une escadre française en 1798.

Abou Simbel ▪ Site archéologique d'Égypte. Temples déplacés lors de la construction du barrage d'Assouan.

À bout de souffle ▪ Film français de Jean-Luc Godard (1959), avec Jean-Paul Belmondo.

Abraham ■ Patriarche de la Bible. Ancêtre des Arabes et des Juifs.

J. J. **Abrams** ■ Réalisateur américain (né en 1966). Il a tourné plusieurs épisodes de *Star Wars* et de *Mission : impossible.*

les **Abruzzes** ■ Montagnes calcaires d'Italie centrale. Région administrative 10 794 km². 1,26 million d'habitants. Chef-lieu : L'Aquila.

Absalon ou **Absalom** ■ Dans la Bible, un des fils du roi David. Il tenta de détrôner son père, mais fut vaincu par Joab. Outrepassant les ordres du roi, ce dernier tua le rebelle dont la longue chevelure s'était prise dans les branches d'un arbre.

Abu Bakr ■ Beau-père et successeur de Mahomet (v. 573-634).

Abuja ■ Capitale du Nigeria. 1 million d'habitants.

Abydos ■ Site archéologique d'Égypte.

Les **Abymes** ■ Ville de Guadeloupe, agglomération de Pointe-à-Pitre. 52 948 habitants (agglomération 250 129).

l'**Abyssinie** n. f. ■ Anc. nom de l'Éthiopie.

l'**Académie française** ■ Société créée en 1635 par Richelieu. Elle compte 40 membres, chargés de rédiger un dictionnaire.

l'**Acadie** n. f. ■ Ancienne province du Canada français. Elle correspond aujourd'hui à la Nouvelle-Écosse et au Nouveau-Brunswick.

Acapulco ■ Ville du Mexique, sur le Pacifique. 720 000 habitants. Station balnéaire.

Accra ■ Capitale et port du Ghana. 5,5 millions d'habitants.

Achab ■ Roi d'Israël de 874 à 853 avant J.-C. Allié à Tyr, il laissa sa femme Jézabel favoriser le culte de Baal, ce qui lui valut une réputation d'impiété ; la Bible lui oppose le prophète Élie.

les **Achéens** ■ Peuple indo-européen qui s'établit en Grèce au IIe millénaire avant J.-C. (civilisation de Mycènes).

les **Achéménides** ■ Dynastie perse qui régna de 550 à 330 avant J.-C.

l'**Achéron** n. m. ■ mythol. grecque Fleuve des Enfers.

Achgabat, anc. *Achkhabad* ■ Capitale du Turkménistan. 1 million d'habitants.

Achille ■ Héros de *L'Iliade.* Vainqueur d'Hector dans la guerre de Troie.

l'**Aconcagua** n. m. ■ Point culminant des Andes (Argentine). 6 960 m.

les **Açores** n. f. ■ Archipel portugais de l'océan Atlantique. 2 247 km². 243 000 habitants. Capitale : Ponta Delgada.

l'**Acropole** n. f. ■ Citadelle antique d'Athènes (Parthénon, Erechthéion).

l'**Actéon** ■ mythol. grecque À Thèbes, chasseur qui surprit Artémis dans son bain et qui, transformé en cerf par la déesse, fut dévoré par ses propres chiens.

Actes des apôtres ■ relig. Texte du Nouveau Testament attribué à saint Luc.

l'**Action française** ■ Mouvement d'extrême droite, nationaliste et antiparlementaire créé par Charles Maurras* au moment de l'affaire Dreyfus*.

Actium ■ Promontoire de Grèce (côte ouest). Victoire navale d'Octave sur Antoine et Cléopâtre (31 avant J.-C.).

l'**Actors Studio** ■ École d'art dramatique, fondée à New York en 1947. Les acteurs y sont incités à trouver en eux-mêmes, et non dans leur personnage, la vérité de leur jeu.

Adad ■ relig. Dieu de l'Orage et de la Fertilité, un des plus importants dieux akkadiens.

Adam ■ Bible Le premier homme.

Adam de la Halle ■ Trouvère et musicien français (v. 1240-v. 1285). *Le Jeu de la feuillée ; le Jeu de Robin et Marion.*

Addis-Abeba ou **Addis Abeba** ■ Capitale de l'Éthiopie. 3,2 millions d'habitants.

Adélaïde ■ Ville d'Australie. 1,1 million d'habitants.

la terre **Adélie** ■ Possession française de l'Antarctique (terres Australes). 432 000 km².

Aden ■ Port du Yémen. 600 000 habitants.

Konrad **Adenauer** ■ Homme d'État (démocrate-chrétien) allemand (1876-1967). Premier chancelier de la RFA, de 1949 à 1963.

Clément **Ader** ■ Ingénieur français, pionnier de l'aviation (1841-1925). Il inventa le mot *avion.*

l'**Adige** n. m. ■ Fleuve d'Italie du Nord. 410 km. Région du Haut-Adige. → **Trentin-Haut-Adige.**

l'**Adjarie** n. f. ■ République autonome de Géorgie. 3 000 km². 346 800 habitants. Capitale : Batoumi.

Alfred **Adler** ■ Psychologue autrichien (1870-1937). Élève de Freud, il s'en sépara pour promouvoir une théorie psychologique fondée sur la compensation du sentiment d'infériorité.

Adonis ■ mythol. grecque Dieu de la Végétation.

Ali Ahmad Saïd Esber, dit **Adonis** ■ Poète libanais d'origine syrienne (né en 1930). *Chants de Mihyar le Damascène ; Violence et Islam.*

Theodor **Adorno** ■ Philosophe et musicologue allemand (1903-1969).

l'**Adour** n. m. ▪ Fleuve du sud-ouest de la France. 335 km.

l'**Adriatique** n. f. ▪ Mer située entre l'Italie et la péninsule balkanique.

Endre **Ady** ▪ Poète hongrois (1877-1919). Son œuvre met au service d'un lyrisme marqué par Baudelaire et par Verlaine une langue d'une très grande richesse. *Sang et or ; À la tête des morts.*

l'**AEUMC** ou le **Nouvel Alena** (Accord États-Unis-Mexique-Canada) ▪ Accord de libre-échange qui succéda à l'Alena* en 2020.

les **Afars** ▪ Peuple d'Éthiopie.

Les **Affinités électives** ▪ Roman de Goethe (1808-1809).

l'**Afghanistan** n. m. ▪ État d'Asie centrale. 652 088 km². 30 millions d'habitants. Capitale : Kaboul.

AFNOR ▪ «Association française de normalisation», créée en 1926. Elle fait partie du Comité européen de normalisation (CEN) et de l'Organisation internationale de normalisation (ISO).

l'**AFP,** *Agence France-Presse* ▪ Agence de presse française, créée en 1944.

l'**Afrique** n. f. ▪ Un des six continents. 30,3 millions de km². 1,4 milliard d'habitants.

l'**Afrique du Sud** n. f. ▪ État d'Afrique australe. 1 221 037 km². 59 millions d'habitants. Capitale administrative : Pretoria ; capitale législative : Le Cap.

Agadir ▪ Port du Maroc, sur l'Atlantique. 421 800 habitants.

Aga Khan ▪ Titre porté par l'imam des ismaéliens (secte nizarite) depuis 1880.

Agamemnon ▪ Chef des Grecs pendant la guerre de Troie, dans *L'Iliade*. Il sacrifia sa fille Iphigénie pour obtenir la faveur des dieux.

Agar ou **Hagar** ▪ Dans la Bible, servante égyptienne d'Abraham à qui elle donne un fils, Ismaël. Elle est chassée dans le désert à cause de la jalousie de l'épouse de son maître, Sarah.

Agde ▪ Ville de l'Hérault. 29 201 habitants. Port à l'intersection de l'Hérault et du Canal du Midi. Station balnéaire au Cap-d'Agde.

Agen ▪ Chef-lieu du Lot-et-Garonne. 32 214 habitants.

Agénor ▪ Fils de Poséidon et de Libye, père de Cadmos et d'Europe.

Aggée ▪ relig. Prophète à qui est attribué l'un des livres de la Bible (Ancien Testament) (v. 500 av. J.-C.).

l'Adoration de l'**Agneau mystique** ▪ Polyptyque de Jan Van Eyck (1426-1432).

Agnès ▪ Personnage de *L'École des femmes* de Molière.

Samuel Joseph **Agnon** ▪ Écrivain israélien de langue hébraïque (1888-1970). Il allie dans ses récits le réalisme social et le symbolisme religieux.

Marie de Flavigny, comtesse d'**Agoult** ▪ Écrivaine française (1805-1876). Mariée au comte d'Agoult, elle fut la compagne de Liszt, dont elle eut trois enfants (Cosima épousa Wagner).

Agra ▪ Ville d'Inde (Uttar Pradesh). 1,7 million d'habitants. Mausolée du Tāj Mahal.

Agrigente ▪ Ville d'Italie, en Sicile. 54 600 habitants. Temples grecs (VIe-Ve s. avant J.-C.).

Agrippine la Jeune ▪ Princesse romaine (16-59). Mère de Néron et femme de Claude.

Ahasvérus ▪ folklore Nom donné au «Juif errant», qui aurait été condamné à errer sans fin pour avoir maltraité Jésus.

Bertie **Ahern** ▪ Homme politique irlandais (né en 1951). Premier ministre de la république d'Irlande de 1997 à 2008.

Mahmoud **Ahmadinejad** ▪ Homme politique iranien (né en 1956). Ultraconservateur. Il fut président de la République islamique d'Iran entre 2005 et 2013.

Ahmedabad ▪ Ville du nord-ouest de l'Inde (Gujarat). 6,3 millions d'habitants.

Ahriman, en persan *Angra Mainyu* ▪ relig. Principe du Mal, dans le mazdéisme. Chef des démons, l'«Esprit destructeur» est l'adversaire d'*Ahura Mazdâ*, parfois son jumeau dans certains textes.

Ahura Mazdâ ou **Ormazd** ▪ Dieu suprême du mazdéisme.

Aïcha ▪ Épouse favorite de Mahomet (v. 614-678).

Aïda ▪ Opéra de Verdi créé en 1871.

L'**Aigle** ▪ Commune de l'Orne. 7 903 habitants.

le mont **Aigoual** ▪ Point culminant des Cévennes. 1 565 m.

Aigues-Mortes ▪ Ville du Gard entourée de remparts. 8 664 habitants. Anc. port créé par Louis IX, auj. dans les terres.

l'**Ain** n. m. ▪ Rivière, affluent du Rhône. 200 km. ► l'**Ain** [01]. Département français de la Région Auvergne-Rhône-Alpes. 5 762 km². 657 856 habitants. Chef-lieu : Bourg-en-Bresse. Chefs-lieux d'arrondissement : Belley, Gex, Nantua.

Ainsi parlait Zarathoustra ▪ Poème philosophique de Nietzsche (1883-1885).

Airbus ▪ Consortium de constructeurs aéronautiques européens, créé en 1970. Fondé par l'Aérospatiale française et la Deutsche Aerospace (siège social à Toulouse).

Air France ▪ Compagnie française de transports aériens. Créée en 1933, elle s'est agrégée à la compagnie néerlandaise KLM en 2003 (« Air France-KLM »).

l'**Aisne** n. f. ▪ Rivière, affluent de l'Oise. 300 km. ► l'**Aisne** [02]. Département français de la Région Hauts-de-France. 7 378 km². 529 374 habitants. Chef-lieu : Laon. Chefs-lieux d'arrondissement : Château-Thierry, Saint-Quentin, Soissons, Vervins.

Ai Weiwei ▪ Artiste chinois (né en 1957). Il est l'auteur de photos critiques à l'encontre du régime et dut s'exiler. *Doigt d'honneur à Mao.*

Aix-en-Provence ▪ Chef-lieu d'arrondissement des Bouches-du-Rhône. 147 122 habitants. Ville d'art (cathédrale médiévale, hôtels des XVIIe-XVIIIe s.). Festival de musique.

Aix-la-Chapelle ▪ Ville d'Allemagne (Rhénanie-du-Nord-Westphalie). 239 200 habitants. Chapelle Palatine. Résidence de Charlemagne.

Aix-les-Bains ▪ Ville de la Savoie, au bord du lac du Bourget. 31 100 habitants.

Ajaccio ▪ Chef-lieu de la Corse-du-Sud. 72 647 habitants.

Ajanta ▪ Site archéologique d'Inde (Dekkan). Grottes bouddhiques.

Ajax ▪ Héros grec de *L'Iliade.*

golfe d'**Akaba** ou **Aqaba** ▪ Golfe de la mer Rouge qui sépare l'Arabie saoudite de la presqu'île du Sinaï ; son extrémité nord correspond à la limite méridionale d'Israël (port d'Eilat) et de la Jordanie (port d'Akaba).

Akademgorodok ▪ Quartier de Novossibirsk. Centre de recherche scientifique.

Muḥammad **Akbar** ▪ (1542-1605) Empereur moghol de l'Inde de 1556 à sa mort.

George **Akerlof** ▪ Économiste américain (né en 1940). Il a analysé les facteurs psychologiques irrationnels et inconscients qui influencent l'économie. Prix Nobel 2001.

Akhenaton ou **Akhnaton** ▪ Nom que se donna le pharaon Aménophis IV, roi d'Égypte de 1375 à 1354 avant J.-C. Il tenta d'imposer le monothéisme en instituant le culte solaire d'Aton.

Anna Andreïevna Gorenko, dite Anna **Akhmatova** ▪ Poétesse russe (1889-1966). Persécutée par les autorités soviétiques, elle fut réhabilitée après la mort de Staline.

Akihito ▪ 125e empereur du Japon, de 1989 à 2019 (né en 1933).

Akkad ou **Agadé** ▪ Puissante cité de Mésopotamie (IIIe millénaire avant J.-C.).

l'**Alabama** n. m. ▪ État du sud-est des États-Unis. 105 145 km². 4,8 millions d'habitants. Capitale : Montgomery.

Aladin ▪ Héros de contes arabes, le jeune Aladin trouve une lampe merveilleuse où est emprisonné un génie qui exécute ses ordres.

Roberto **Alagna** ▪ Ténor français (né en 1963). Interprète d'un vaste répertoire de l'opéra italien et français grâce à sa technique vocale et à son timbre clair.

Émile-Auguste Chartier, dit **Alain** ▪ Écrivain et philosophe français (1868-1951). Ses *Propos* sont de courts textes exprimant des idéaux républicains, démocratiques, pacifiques et laïques.

Henri Alban Fournier, dit **Alain-Fournier** ▪ Romancier français (1886-1914). Son chef-d'œuvre, *Le Grand Meaulnes* (1913), est une évocation poétique du regret de l'enfance et une réflexion sur le bonheur. Il fut porté disparu au combat.

les **Alamans** ▪ Tribus germaniques vaincues par Clovis en 496.

El-**Alamein** ▪ Localité d'Égypte où Montgomery battit Rommel (1942).

les **Alaouites** ▪ Dynastie régnant au Maroc depuis le XVIIe s.

À la recherche du temps perdu ▪ Œuvre romanesque de Marcel Proust, composée de 7 parties : *Du côté de chez Swann* (1913), *À l'ombre des jeunes filles en fleurs* (1918), *Le Côté de Guermantes* (1920), *Sodome et Gomorrhe* (1922), et, posthumes, *La Prisonnière* (1923), *Albertine disparue* (1925), *Le Temps retrouvé* (1927).

Alaric Ier ▪ Roi des Wisigoths de 395 à 410. Il envahit la Thrace et la Macédoine, et entra en Italie ; il atteignit Rome (en 410) qu'il pilla. Ce sac de Rome, le premier depuis huit siècles, marqua le début de la chute de l'Empire romain d'Occident.

l'**Alaska** n. m. ▪ État des États-Unis, au nord-ouest du Canada. 1 518 700 km². 627 000 habitants. Capitale : Juneau.

l'**Albanie** n. f. ▪ État des Balkans. 28 748 km². 2,8 millions d'habitants. Capitale : Tirana.

le duc d'**Albe** ▪ Général et homme d'État espagnol (1507-1582).

Edward Franklin **Albee** ▪ Auteur dramatique américain (1928-2016). *Zoo Story ; Qui a peur de Virginia Woolf ?*

Albe la Longue ▪ Anc. ville du Latium, détruite par Rome (665 avant J.-C.).

Isaac **Albéniz** ■ Compositeur espagnol (1860-1909). Pianiste virtuose, auteur d'*Iberia*.

Josef **Albers** ■ Peintre et critique américain d'origine allemande (1888-1976). Il enseigna au Bauhaus (1920-1933), puis s'expatria aux États-Unis. Constructivisme ; théorie de la couleur.

Albert Ier ■ (1848-1922) Prince de Monaco de 1889 à sa mort.

Albert Ier ■ (1875-1934) Roi des Belges de 1909 à sa mort.

Albert II ■ (né en 1934) Roi des Belges de 1993 à 2013.

Albert II ■ (né en 1958) Prince de Monaco depuis 2005.

saint **Albert le Grand** ■ Théologien allemand (v. 1200-1280).

l'**Alberta** n. f. ■ Province de l'ouest du Canada, dans la Prairie. 661 848 km^2. 4 millions d'habitants. Capitale : Edmonton. Autre ville : Calgary.

Léon Battista **Alberti** ■ Architecte, historien de l'art et humaniste italien de la Renaissance (1404-1472).

Rafael **Alberti** ■ Poète espagnol (1902-1999). D'abord peintre (cubiste), il s'exila pendant le franquisme.

Albertville ■ Chef-lieu d'arrondissement de la Savoie. 19 830 habitants.

Albi ■ Chef-lieu du Tarn. 49 094 habitants. Cathédrale gothique.

la croisade contre les **albigeois** ■ Guerre menée par la papauté et le roi de France contre les cathares (1209-1229).

Tomaso **Albinoni** ■ Compositeur italien (1671-1750). Opéras et œuvre instrumentale. Le célèbre *Adagio* fut «recréé» en 1945 par le musicologue Remo Giazotto à partir de quelques mesures.

Albion n. f. ■ Nom donné à l'Angleterre.

Albuquerque ■ Ville des États-Unis (Nouveau-Mexique), sur le Rio Grande. 546 000 habitants. Important centre de recherches atomiques depuis 1949 (universités de Californie et du Nouveau-Mexique).

Afonso de **Albuquerque** ■ Conquistador portugais (1453-1515). Gouverneur des Indes de 1508 à 1515.

Alcántara ■ Ville d'Espagne (Estrémadure), sur le Tage. 1 604 habitants. Pont romain.

Alcatraz ■ Île des États-Unis, dans la baie de San Francisco. Site d'une forteresse militaire, devenue prison fédérale de haute sécurité de 1934 à 1963.

Alceste ■ Personnage principal de la comédie de Molière *Le Misanthrope* (1666).

Alcibiade ■ Général et homme d'État athénien (v. 450-v. 404 avant J.-C.).

Alcools ■ Recueil poétique d'Apollinaire (1913).

Alcuin ■ Religieux anglo-saxon (v. 735-804). Conseiller de Charlemagne.

Buzz **Aldrin** ■ Astronaute américain (né en 1930). Membre de l'équipage Apollo* 11, il est le deuxième homme, après N. Armstrong, à avoir posé le pied sur la Lune.

Pierre **Alechinsky** ■ Peintre et poète belge (né en 1927). Membre du groupe Cobra, proche de l'expressionnisme abstrait.

Mateo **Alemán** ■ Écrivain espagnol (1547-1614). Auteur du premier roman picaresque, *La Vie de Guzmán d'Alfarache*.

Jean Le Rond d'**Alembert** ■ Mathématicien et philosophe français (1717-1783). Directeur de l'*Encyclopédie*, avec Diderot.

l'**Alena** (Accord de libre-échange nord-américain) ■ Accord entre les États-Unis, le Mexique et le Canada, entré en vigueur en 1994. Il fut remplacé par l'AEUMC* en 2020.

Alençon ■ Chef-lieu de l'Orne. 25 744 habitants.

l'**Alentejo** ■ Province du Portugal, au sud du Tage. 26 997 km^2. 764 300 habitants. Capitale : Evora.

les îles **Aléoutiennes** ■ Archipel de la mer de Béring appartenant aux États-Unis.

Alep ■ Ville du nord de la Syrie. Environ 2 millions d'habitants.

Aléria ■ Commune de Haute-Corse, près de Corte. 2 185 habitants. Monuments romains.

Alès ■ Chef-lieu d'arrondissement du Gard. 42 867 habitants.

Alésia ■ Site gallo-romain en Côte-d'Or. Victoire décisive de César sur les Gaulois (52 avant J.-C.).

Alessandria, en franç. *Alexandrie* ■ Ville d'Italie, dans le Piémont, sur le Tanaro. Chef-lieu de province. 85 400 habitants.

À l'est d'Éden ■ Roman de John Steinbeck (1952), adapté au cinéma par Elia Kazan (1955) avec James Dean.

Alexandre VI ■ (1431-1503) Pape de 1492 à sa mort, né Borgia. Père de César Borgia.

Alexandre Ier ■ (1777-1825) Tsar de Russie de 1801 à sa mort. Adversaire de Napoléon Ier.

Alexandre II ■ (1818-1881) Tsar de Russie de 1855 à sa mort. Il abolit le servage (1861).

Alexandre III ▪ (1845-1894) Tsar de Russie de 1881 à sa mort.

Alexandre Ier Karageorgévitch ▪ (1888-1934) Roi de Yougoslavie de 1921 à sa mort. Il fut assassiné à Marseille.

Alexandre le Grand ▪ (356-323 avant J.-C.) Roi de Macédoine de 336 avant J.-C. à sa mort. Son empire s'étendit à l'Égypte et jusqu'à l'Indus.

Alexandre Nevski ▪ (v. 1220-1263) Grand-duc de Novgorod de 1236 à 1251. Il battit les Suédois et les chevaliers Teutoniques.

Alexandrie ▪ Port d'Égypte. 5,1 millions d'habitants. Foyer de la civilisation hellénistique.

Alexandrie → **Alessandria**

Svetlana **Alexievitch** ▪ Écrivaine biélorusse (née en 1948). Ses récits rendent compte de l'empreinte du système socialiste sur l'âme des populations des pays de l'ex-URSS et de la nostalgie de l'époque soviétique. *La Fin de l'homme rouge.* Prix Nobel.

Jacques Stephen **Alexis** ▪ Romancier et homme politique haïtien (1922-1961). Réalisme social teinté de merveilleux. *Compère Général Soleil* ; *L'Espace d'un cillement.*

Vittorio **Alfieri** ▪ Auteur dramatique italien (1749-1803).

Alfortville ▪ Ville du Val-de-Marne. 45 151 habitants.

saint **Alfred le Grand** ▪ (849-899) Roi anglo-saxon de 878 à sa mort.

l'**Algarve** n. f. ▪ Province du sud du Portugal. 4 960 km². 421 500 habitants. Capitale : Faro.

Alger ▪ Capitale de l'Algérie. 1,5 million d'habitants.

l'**Algérie** n. f. ▪ État d'Afrique du Nord. 2 381 741 km². 44,6 millions d'habitants. Capitale : Alger. ► la guerre d'**Algérie** (1954-1962). Guerre d'indépendance des nationalistes algériens contre la France.

Algésiras ▪ Ville d'Espagne (Andalousie). 117 695 habitants. Port sur le détroit de Gibraltar, le 2e de la Méditerranée.

les **Algonquins** ou **Algonkins** ▪ Indiens d'Amérique du Nord.

l'**Alhambra** → **Grenade**

Ali ▪ Quatrième calife, époux de Fatima, la fille de Mahomet (v. 600-661).

Cassius Clay, devenu Muhammad **Ali** ▪ Boxeur américain (1942-2016). Champion du monde des poids lourds de 1964 à 1967, puis de 1974 à 1978. Converti à l'islam, il lutta contre la ségrégation raciale et la guerre du Viêtnam.

Ali Baba ▪ Héros des *Mille et Une Nuits.*

Alicante ▪ Port du sud de l'Espagne. 329 325 habitants.

Alice au pays des merveilles ▪ Conte de Lewis Carroll (1865).

Aliénor d'Aquitaine ▪ (v. 1122-1204) Reine de France puis d'Angleterre. Femme de Louis VII (1137) puis de Henri II d'Angleterre (1152).

Allah ▪ Nom du dieu unique dans l'islam.

Allahābād ▪ Ville d'Inde (Uttar Pradesh). 1,2 million d'habitants.

Alphonse **Allais** ▪ Écrivain français (1854-1905). D'abord journaliste, auteur de textes humoristiques célèbres : *On n'est pas des bœufs* (1896) ; *Le Captain Cap* (1902). Il écrivit aussi des comédies avec Tristan Bernard. Son comique repose souvent sur des jeux de langage.

la République fédérale d'**Allemagne** ou **RFA,** en all. *Bundesrepublik Deutschland* ou *BRD* ▪ État fédéral d'Europe centrale. 356 959 km². 81,8 millions d'habitants. Capitale : Berlin. De 1949 à 1990, l'Allemagne fut divisée en deux États : la RFA et la RDA (République démocratique allemande).

Woody **Allen** ▪ Cinéaste et acteur américain (né en 1935). Il pratique un humour spécifique à l'intellectuel juif new-yorkais. *Annie Hall* ; *Manhattan* ; *Crimes et Délits.*

Salvador **Allende** ▪ (1908-1973) Président (socialiste) de la République chilienne de 1970 à sa mort. Il se suicida lors du putsch militaire dirigé par Pinochet.

Alliance française ▪ Institution créée en 1883 pour promouvoir la langue et la culture françaises à travers le monde. Plus de 1 000 alliances installées dans 136 pays proposent des cours et des manifestations culturelles.

la Sainte-**Alliance** ▪ Pacte signé en 1815 entre la Russie, la Prusse et l'Autriche.

l'**Allier** n. m. ▪ Rivière, affluent de la Loire. 410 km. ► l'**Allier** [03]. Département français de la Région Auvergne-Rhône-Alpes. 7 381 km². 335 628 habitants. Chef-lieu : Moulins. Chefs-lieux d'arrondissement : Montluçon, Vichy.

les **Allobroges** ▪ Peuple celte établi en Gaule qui contrôlait le trafic fluvial sur le Rhône à partir du lac Léman : leurs places fortes étaient Vienne et Genève. Ils furent vaincus par les Romains au IIe s. avant J.-C.

l'**Alma** n. m. ▪ Fleuve de Crimée. Victoire franco-britannique sur les Russes (1854).

Almaty ▪ Ville du Kazakhstan, capitale jusqu'en 1997. 1,13 million d'habitants. Elle porta le nom d'Alma-Ata à l'époque soviétique.

Almería ▪ Ville d'Espagne (Andalousie), chef-lieu de province et port sur la Méditerranée. 189 680 habitants.

Pedro **Almodóvar** ▪ Cinéaste espagnol (né en 1949). Satire de la société espagnole, teintée d'humour noir. *Attache-moi ; Tout sur ma mère ; Parle avec elle ; Volver.*

les **Almohades** ▪ Dynastie berbère qui régna sur l'Andalousie et le Maghreb (1147-1269).

les **Almoravides** ▪ Dynastie berbère qui régna sur l'Afrique du Nord et l'Andalousie (1055-1147).

la baie d'**Along,** ou de **Ha Long** ▪ Baie du golfe du Tonkin, au nord du Viêtnam (près d'Haiphong). Paysage de hauts rochers calcaires surgissant des eaux (relief karstique).

l'**Alpe d'Huez** ▪ Station de sports d'hiver de l'Isère, dans le massif des Grandes Rousses. (Altitude : village, 1 450 m ; station, 1 860 m ; Pic Blanc, 3 330 m.).

les **Alpes** n. f. pl. ▪ Massif montagneux d'Europe. Point culminant : le mont Blanc, 4 807 m. ► les **Alpes-de-Haute-Provence** [04]. Département français de la Région Provence-Alpes-Côte d'Azur. 6 925 km². 165 451 habitants. Chef-lieu : Digne. Chefs-lieux d'arrondissement : Barcelonnette, Castellane, Forcalquier. ► les **Alpes-Maritimes** [06]. Département français de la Région Provence-Alpes-Côte d'Azur. 4 298 km². 1,10 million d'habitants. Chef-lieu : Nice. Chef-lieu d'arrondissement : Grasse. ► les **Hautes-Alpes** [05]. Département français de la Région Provence-Alpes-Côte d'Azur. 5 632 km². 140 605 habitants. Chef-lieu : Gap. Chef-lieu d'arrondissement : Briançon.

Alphonse ▪ Nom de plusieurs souverains espagnols. ► **Alphonse VIII le Noble** (1155-1214), roi de Castille de 1158 à sa mort, vainqueur des Maures à Las Navas de Tolosa (1212). ► **Alphonse X le Sage** (voir ci-dessous). ► **Alphonse XIII** (1886-1941), roi d'Espagne de 1902 à 1931.

Alphonse X, dit **le Sage** ▪ (1221-1284) Roi de Castille et de León de 1254 à 1284. Il doit sa gloire à son œuvre culturelle, qui réunit les différents courants (juif, chrétien et arabe) de la civilisation espagnole du XIIIe siècle. Il fit établir des tables astronomiques (dites *alphonsines*) et le premier code juridique en langue vernaculaire (les « Sept Parties »). Écrivain et poète, il composa notamment les *Cantigas de Santa Maria,* en l'honneur de la Vierge.

les **Alpilles** n. f. pl. ▪ Petite chaîne montagneuse de Provence. 493 m.

al-Qaida → **Qaida**

l'**Alsace** n. f. ▪ Anc. région administrative de l'est de la France → **Grand Est.** ► l'**Alsace-Lorraine.** Territoires annexés par les Allemands de 1871 à 1918 et de 1940 à 1944-1945. ► Ballon d'**Alsace.** Sommet du S. de la chaîne des Vosges qui culmine à 1 247 m.

l'**Altaï** n. m. ▪ Chaîne de montagnes d'Asie centrale. 4 506 m au mont Beloukha.

la grotte d'**Altamira** ▪ Site préhistorique d'Espagne. Peintures rupestres.

Albrecht **Altdorfer** ▪ Peintre et graveur allemand (v. 1480-1538).

Louis **Althusser** ▪ Philosophe français (1918-1990). A proposé une lecture non idéologique de Marx. *Pour Marx ; Lire le Capital.*

l'**Altiplano** n. m. ▪ Haute plaine des Andes (Bolivie).

Altkirch ▪ Chef-lieu d'arrondissement du Haut-Rhin. 5 658 habitants.

Robert **Altman** ▪ Réalisateur américain (1925-2006). *M. A. S. H.*

Alois **Alzheimer** ▪ Neurologue allemand (1864-1915). Il décrivit le syndrome de troubles de la mémoire et de désorientation qu'on appela *maladie d'Alzheimer* (atrophie cérébrale diffuse).

Amadis de Gaule ▪ Roman de chevalerie. Sans doute né en Espagne au XIVe s., récrit en 1508. Amadis est un chevalier accompli qui, après de nombreuses aventures, épouse sa dame, Oriane.

Jorge **Amado** ▪ Romancier brésilien (1912-2001). Œuvre marquée par le drame des ouvriers agricoles sans terre. *Bahia de tous les saints ; Dona Flor et ses deux maris ; Les Chemins de la faim.*

L'**Amant de lady Chatterley** ▪ Roman de D. H. Lawrence (1928).

Amarna → **Tell el-Armana**

l'**Amazone** n. f. ▪ Fleuve d'Amérique du Sud (6 762 km), le premier du monde par sa longueur et son débit. Né dans les Andes, il se jette dans l'Atlantique.

les **Amazones** n. f. ▪ mythol. grecque Peuple de femmes guerrières.

Amazonie ▪ Vaste région géographique (7 millions de km²) répartie sur huit pays d'Amérique du Sud autour du fleuve Amazone (Bolivie, Brésil, Colombie, Équateur, Guyana, Pérou, Suriname, Venezuela).

Ambert ▪ Chef-lieu d'arrondissement du Puy-de-Dôme. 6 636 habitants.

Amboise ▪ Ville d'Indre-et-Loire. 12 569 habitants. Château gothique et Renaissance. ▸ l'édit d'**Amboise** (1563) accorda aux protestants une amnistie complète et une certaine liberté de culte.

saint **Ambroise** ▪ Père et docteur de l'Église (v. 339-397). Évêque de Milan.

Amélie-les-Bains-Palalda ▪ Commune des Pyrénées-Orientales, sur le Tech. 3 581 habitants. Station thermale sur le versant sud du Canigou.

Aménophis ▪ Nom de quatre pharaons. ▸ **Aménophis IV** → **Akhenaton.**

Améric Vespuce → Amerigo **Vespucci**

l'**Amérique** n. f. ▪ Un des six continents. 42 millions de km². 1 milliard d'habitants. Elle est divisée en *Amérique du Nord* (Canada, États-Unis...), *Amérique centrale* (du Rio Grande à l'extrémité de l'isthme de Panama) et *Amérique du Sud* ou *latine*.

Les **Âmes mortes** ▪ Roman de Gogol (1842) publié sous le titre *Les Aventures de Tchitchikov ou les Âmes mortes*.

Henri Frédéric **Amiel** ▪ Écrivain suisse de langue française (1821-1881). Professeur d'esthétique et de philosophie. Monumental *Journal intime* écrit entre 1847 et 1881.

Amiens ▪ Chef-lieu de la Somme. 134 167 habitants. Cathédrale gothique.

Amman ▪ Capitale de la Jordanie. 1,8 million d'habitants.

Amnesty International ▪ Organisation de défense des droits de l'homme, fondée en 1961.

Amon ▪ Dieu de l'Égypte antique.

Amos ▪ relig. Prophète biblique, à qui est attribué l'un des livres de la Bible (Ancien Testament).

l'**Amou-Daria** n. m. ▪ Fleuve d'Asie. 2 540 km.

l'**Amour** ou **Heilong jiang** n. m. ▪ Fleuve frontière entre la Russie et la Chine. 4 354 km.

L'**Amour médecin** ▪ Comédie-ballet de Molière, musique de Lully (1665).

L'**Amour sacré et l'Amour profane** ▪ Tableau de Titien (v. 1515).

André-Marie **Ampère** ▪ Physicien français (1775-1836). Théoricien de l'électromagnétisme.

Amphitrite ▪ mythol. grecque Déesse de la mer, fille de Nérée (Néréide) et épouse de Poséidon.

Amphitryon ▪ mythol. grecque Petit-fils de Persée. Zeus prit son apparence pour séduire sa femme Alcmène, qui donna naissance à deux fils, Héraclès (fils de Zeus) et Iphiclès (fils d'Amphitryon).

Amphitryon ▪ Comédie de Molière (1668).

Amritsar ▪ Ville d'Inde (Panjab). 1 million d'habitants. Ville sainte des sikhs.

Amsterdam ▪ Ville des Pays-Bas, capitale politique du pays. 870 000 habitants. Canaux, musées (Rijksmuseum).

île **Amsterdam,** anciennement *île de La Nouvelle-Amsterdam* ▪ Île de l'Antarctique (terres Australes françaises), au sud de l'océan Indien, visitée en 1633 par Van Diemen, qui lui donna son nom.

Roald **Amundsen** ▪ Explorateur norvégien (1872-1928). Il mena la première expédition au pôle Sud (1911).

Jacques **Amyot** ▪ Humaniste français (1513-1593). Traducteur de Plutarque et de Longus.

Anacréon ▪ Poète grec (v. 570-v. 485 avant J.-C.).

l'**Anatolie** n. f. ▪ Anc. nom de l'Asie Mineure (Turquie d'Asie).

Anaxagore de Clazomènes ▪ Philosophe présocratique grec, de l'école ionienne (v. 500-v. 428 avant J.-C.).

Anaximandre de Milet ▪ Philosophe présocratique grec, de l'école ionienne (v. 610-546 avant J.-C.). Il fut le premier à tenter une explication de l'univers.

Ancenis ▪ Chef-lieu d'arrondissement de la Loire-Atlantique, sur la Loire. 11 081 habitants.

Anchorage ▪ Ville des États-Unis (Alaska), port de pêche et de commerce. 292 000 habitants.

l'**Ancien Régime** ▪ Régime politique (monarchie), économique et social de la France, du XVIᵉ s. jusqu'en 1789.

L'**Ancien Régime et la Révolution** ▪ Ouvrage historique de Tocqueville (1856).

Ancône, en ital. *Ancona* ▪ Port d'Italie sur l'Adriatique. 100 500 habitants.

l'**Andalousie** n. f., en espagnol *Andalucía* ▪ Région historique et communauté autonome du sud de l'Espagne. 87 268 km². 8,3 millions d'habitants. Capitale : Séville. Autres villes : Cordoue, Grenade.

les îles **Andaman** ▪ Archipel montagneux du golfe du Bengale. Avec les îles Nicobar, elles forment un Territoire de l'Union indienne (*Andaman et Nicobar* ; 8 249 km² ; 356 000 habitants ; chef-lieu : Port Blair).

les **Andelys** ▪ Chef-lieu d'arrondissement de l'Eure. 8 055 habitants.

Anderlecht ▪ Ville de Belgique (Bruxelles-Capitale). 120 890 habitants.

Hans Christian **Andersen** ▪ Écrivain danois (1805-1875). Auteur de romans, de pièces de théâtre, de 173 *Contes* qui incarnent le génie populaire nordique *(La Petite Sirène...)*, d'un style simple, délicat et pleins d'imagination.

Wes **Anderson** ▪ Réalisateur américain (né en 1969). Son style, esthétique et visuel, est parfois proche de la bande dessinée. *The Grand Budapest Hotel.*

les **Andes** n. f. pl. ▪ Chaîne montagneuse de l'Amérique du Sud (6 960 m à l'Aconcagua).

l'**Andhra Pradesh** n. m. ▪ État du sud-est de l'Inde. 160 205 km². 54 millions d'habitants. Capitale : Hyderabad.

Tadao **Andō** ▪ Architecte japonais (né en 1941). Il allie le modernisme occidental au dépouillement de la tradition japonaise.

la principauté d'**Andorre** n. f. ▪ État d'Europe, dans les Pyrénées. 465 km². 81 200 habitants. Capitale : Andorre-la-Vieille.

saint **André** ▪ Un des apôtres du Christ, frère de l'apôtre Pierre.

Andrea del Sarto ▪ Peintre florentin de la Renaissance (1486-1530).

Andrea Pisano → Andrea **Pisano**

Lou **Andreas-Salomé** ▪ Écrivaine allemande (1861-1937). Douée d'une grande intelligence, elle fut l'amie de Nietzsche et de Rilke, puis la disciple de Freud. Essais, souvenirs, correspondance.

Paul **Andreu** ▪ Architecte français (1938-2018). Concepteur d'une quarantaine d'aérogares, du terminal français du tunnel sous la Manche et de l'Opéra de Pékin.

Andromaque ▪ Femme du prince troyen Hector, dans *L'Iliade*. Elle a inspiré Euripide (v. 426 avant J.-C.) et Racine (1667).

Iouri Vladimirovitch **Andropov** ▪ Homme d'État soviétique (1914-1984). Président du KGB de 1967 à 1982, il succéda à Brejnev à la tête du PC et de l'État.

le pic d'**Aneto** ▪ Point culminant des Pyrénées, en Espagne. 3 404 m.

L'**Ange bleu** ▪ Film allemand de Josef von Sternberg (1930), avec Marlène Dietrich.

Guido di Pietro, dit Fra **Angelico** (*fra* : «frère» en italien) ▪ Peintre italien, dominicain (v. 1400-1455). Fresques du couvent de San Marco à Florence.

Johannes Scheffler, dit **Angelus Silesius** ▪ Théologien et poète mystique allemand (1624-1677). Il abjura le luthéranisme pour devenir franciscain. *Le Pèlerin chérubinique*, récit d'un voyage spirituel (1674).

Angers ▪ Chef-lieu de Maine-et-Loire. 155 876 habitants. Capitale historique de l'Anjou (château médiéval).

Angkor ▪ Site archéologique du Cambodge, anc. capitale des Khmers (IXᵉ-XVᵉ s.).

Ang Lee ▪ Réalisateur taiwanais (né en 1954). Son œuvre originale et hétéroclite mêle cultures orientale et occidentale. *Salé Sucré ; Le Secret de Brokeback Mountain.*

les **Angles** ▪ Peuple germanique qui envahit l'île de Bretagne au Vᵉ s., en même temps que les Saxons. → **Anglo-Saxons.**

Anglet ▪ Ville des Pyrénées-Atlantiques. 40 310 habitants. Station balnéaire.

l'**Angleterre** n. f. ▪ Partie centrale de l'île de Grande-Bretagne. 131 760 km². 53,01 millions d'habitants.

les îles **Anglo-Normandes,** en anglais *Channel Islands* ▪ Archipel britannique de la Manche comprenant Jersey, Guernesey, Aurigny et Sercq. 194 km². 150 000 habitants.

les **Anglo-Saxons** ▪ Les deux peuples germaniques qui s'établirent en Angleterre au Vᵉ s.

l'**Angola** n. m. ▪ État d'Afrique équatoriale. 1 246 000 km². 31 millions d'habitants. Capitale : Luanda.

Christine **Angot** ▪ Écrivaine française (née en 1959). Elle écrit des récits intimes sur son enfance douloureuse, notamment sur le poids de l'inceste.

Angoulême ▪ Chef-lieu de la Charente. 41 407 habitants. Cathédrale romane (remaniée au XIXᵉ s.). Festival international de la bande dessinée.

Anders Jonas **Ångström** ▪ Physicien suédois (1814-1874). Auteur de recherches sur le spectre solaire.

l'**Anhui** n. m. ▪ Province de l'est de la Chine. 139 700 km². 59 millions d'habitants. Capitale : Hefei.

l'**Anjou** n. m. ▪ Région historique de l'ouest de la France.

Ankara ▪ Capitale de la Turquie. 5,7 millions d'habitants. Cité importante dans l'Antiquité, sous le nom d'*Ancyre*.

Annaba ▪ Ville d'Algérie orientale, chef-lieu de wilaya. 376 000 habitants. Non loin se trouve le site de l'ancienne Hippone.

Anna Karénine ▪ Roman de Tolstoï (1873-1877).

Annales ▪ Œuvre de Tacite composée de 16 ou 18 livres écrits entre 115 et 117.

l'**Annam** n. m. ▪ Partie centrale du Viêtnam.

Kofi **Annan** ▪ Homme politique ghanéen (1938-2018). Il fut le secrétaire général de l'ONU de 1997 à 2006. Prix Nobel de la paix 2001.

l'**Annapurna** n. m. ▪ Un des sommets de l'Himalaya. 8 091 m.

sainte **Anne** ▪ Mère de la Vierge Marie, selon la tradition chrétienne.

Anne Boleyn ▪ Reine d'Angleterre (1507-1536). Seconde épouse d'Henri VIII qui la fit exécuter.

Annecy ▪ Chef-lieu de la Haute-Savoie, sur le *lac d'Annecy* (27 km^2). 131 766 habitants.

Anne d'Autriche ▪ Reine de France (1601-1666). Épouse de Louis XIII, régente durant la minorité de son fils Louis XIV, de 1643 à 1661.

Anne de Bretagne ▪ Duchesse de Bretagne, reine de France (1477-1514). Elle épousa Charles VIII en 1491 et Louis XII en 1499.

Anne de France ou **de Beaujeu** ▪ (1461-1522) Fille de Louis XI, régente de 1483 à 1491, pendant la minorité de Charles VIII.

L'**Année dernière à Marienbad** ▪ Film français d'Alain Resnais (1961).

Annemasse ▪ Ville de Haute-Savoie, à la frontière suisse, sur l'Arve. 37 485 habitants.

Anne Stuart ▪ (1665-1714) Reine d'Angleterre, d'Écosse et d'Irlande de 1702 à sa mort.

L'**Annonce faite à Marie** ▪ Drame de Paul Claudel (1912).

Jean **Anouilh** ▪ Auteur dramatique français (1910-1987). Œuvre ironique, critique, pessimiste, qu'il a rassemblée en «Pièces noires» *(Le Voyageur sans bagage ; Antigone)*, «Pièces roses» *(Le Rendez-vous de Senlis ; Léocadia)*, «Pièces brillantes», «Pièces grinçantes», etc.

ANPE ▪ «Agence nationale pour l'emploi», établissement public français, créé en 1967, qui a fusionné en 2008 avec divers organismes d'assurance chômage, pour former le Pôle emploi.

Jacques **Anquetil** ▪ Coureur cycliste français (1934-1987). Cinq fois vainqueur du Tour de France.

Abraham Hyacinthe **Anquetil-Duperron** ▪ Orientaliste français (1731-1805). Il se rendit aux Indes où il étudia les livres sacrés de Zarathoustra.

l'**Anschluss** n. m. ▪ Rattachement de l'Autriche à l'Allemagne, en 1938.

saint **Anselme** de Cantorbéry ou Canterbury ▪ Philosophe et théologien d'origine lombarde (1033-1109). Il enseigna la scolastique à Caen et devint archevêque de Canterbury en 1093. Son œuvre tente de concilier la foi chrétienne et la raison.

Ernest **Ansermet** ▪ Chef d'orchestre et compositeur suisse (1883-1969). Fondateur de l'Orchestre de la Suisse romande (1918), qu'il dirigea jusqu'en 1967.

Antakya → **Antioche**

Antananarivo ou **Tananarive** ▪ Capitale de Madagascar. 1,3 million d'habitants.

l'**Antarctique** n. m. ▪ Un des six continents, centré sur le pôle Sud. 14,2 millions de km^2. Environ 1 500 habitants. ► l'océan Glacial **Antarctique** ou océan **Austral.** Partie des océans Atlantique, Indien et Pacifique entourant le continent Antarctique.

Antée ▪ mythol. grecque Géant, fils de Poséidon et de Gaïa (la Terre), il tirait sa force du contact avec sa mère ; Héraclès l'affronta en allant chercher les pommes d'or du jardin des Hespérides, et le maintint en l'air pour le tuer en l'étouffant.

Antibes ▪ Ville des Alpes-Maritimes. 74 709 habitants.

Antigone ▪ Fille d'Œdipe. Condamnée à mort pour avoir enterré son frère Polynice malgré l'interdiction du roi Créon. Elle a inspiré Sophocle et Anouilh.

Antigua-et-Barbuda n. f. ▪ État des Antilles. 442 km^2. 86 295 habitants. Capitale : Saint John's.

les **Antilles** n. f. pl. ▪ Archipel américain qui sépare la *mer des Antilles* (ou mer des Caraïbes) de l'océan Atlantique. On distingue les *Grandes Antilles* (Cuba, Haïti, Jamaïque, Porto Rico) et les *Petites Antilles* (dont font partie la Guadeloupe et la Martinique).

Antinoüs ▪ Jeune Grec d'une grande beauté, favori de l'empereur Hadrien. Après sa mort accidentelle, Hadrien le mit au rang des dieux, lui consacra un temple et fonda en sa mémoire la ville d'Antinoë, sur le Nil.

Antioche, auj. *Antakya* ▪ Ville de Turquie. 213 600 habitants. Importante cité grecque d'Orient dans l'Antiquité.

Antiochos ▪ Nom de 13 rois séleucides de Syrie (IVe-Ier s. avant J.-C.).

Antiope ▪ mythol. grecque Fille du roi de Béotie, Nyctée, elle fut séduite par Zeus, qui avait pris la forme d'un satyre. Ses deux fils, Amphion et Zéthos, furent les fondateurs de Thèbes (Amphion avait le pouvoir de faire s'assembler les pierres en jouant de la lyre).

Antofagasta ▪ Ville du Chili, capitale de région administrative. 296 000 habitants. Port d'exportation du cuivre.

Marc **Antoine** ▪ Général romain (v. 83-30 avant J.-C.). Lieutenant de César, amant de Cléopâtre, il fut vaincu par son rival Octave à Actium, en 31 avant J.-C.

saint **Antoine de Padoue** ▪ Franciscain portugais (1195-1231).

Antoine et Cléopâtre ▪ Drame de Shakespeare (v. 1606).

Antonello da Messina ou **de Messine** ▪ Peintre italien (v. 1430-1479).

Antonin le Pieux ▪ (86-161) Empereur romain de 138 à sa mort. ► les **Antonins,** dynastie des empereurs romains de 96 à 192.

Michelangelo **Antonioni** ▪ Cinéaste italien (1912-2007). Films d'un style dépouillé et raffiné. *L'Avventura ; Blow up ; Profession reporter...*

Antony ▪ Chef-lieu d'arrondissement des Hauts-de-Seine. 62 906 habitants.

Anubis ▪ Dieu funéraire de l'anc. Égypte, à tête de chacal.

Anvers, en néerlandais *Antwerpen* ▪ Ville de Belgique. 529 247 habitants. Port sur l'Escaut. Ville d'art (cathédrale gothique, maisons anc.). ► la province d'**Anvers,** province de Belgique. 2 867 km^2. 1,8 million d'habitants. Chef-lieu : Anvers.

la Vallée d'**Aoste,** anciennement *le Val d'Aoste,* en italien *Valle d'Aosta* ▪ Région autonome de l'Italie, dans les Alpes. 3 262 km^2. 119 500 habitants. On y parle italien et français. ► **Aoste,** en italien Aosta, son chef-lieu. 34 000 habitants.

la nuit du 4 **août 1789** ▪ Date de l'abolition des privilèges par la Constituante.

les **Apaches** ▪ Indiens du sud-ouest des États-Unis.

l'**Apennin** n. m. ou les **Apennins** n. m. pl. ▪ Massif de l'Italie péninsulaire. 2 912 m au Gran Sasso.

Georges **Aperghis** ▪ Compositeur grec (né en 1945). Installé à Paris depuis 1963. Théâtre musical, opéras.

Aphrodite ▪ Déesse de la Beauté et de l'Amour. La *Vénus* romaine.

Apis ▪ Dieu funéraire d'Égypte, honoré sous la forme d'un taureau.

l'**Apocalypse** n. f. ▪ Dernier livre du Nouveau Testament, attribué à saint Jean.

Guillaume **Apollinaire** ▪ Poète français (1880-1918). Il renouvela la poésie française par une association inédite de modernité, de culture, d'humour et de simplicité. Poèmes «dessinés» *(Calligrammes),* nombreuses critiques d'art, proses d'une grande fantaisie. Ses amours et la guerre de 1914-1918 fournissent la matière principale de son œuvre poétique *(Alcools ; Poèmes à Lou).*

Apollo ▪ Programme spatial américain (1961-1972). 17 missions dont 11 habitées. Apollo 11 réussit le premier alunissage d'astronautes le 21 juillet 1969.

Apollon ou **Phébus** ▪ Dieu de la Lumière, de la Musique et de la Poésie.

Apologie de Socrate ▪ Dialogue de Platon.

les **Appalaches** n. m. pl. ▪ Montagnes de l'est de l'Amérique du Nord. 2 037 m au mont Mitchell.

l'**Appenzell** n. m. ▪ Ancien canton de Suisse divisé en 1597 en deux demi-cantons, devenus deux cantons en 1999. Fromages réputés. ► **Appenzell Rhodes-Extérieures.** 243 km^2. 54 954 habitants. Chef-lieu : Herisau. ► **Appenzell Rhodes-Intérieures.** 172 km^2. 16 003 habitants. Chef-lieu : Appenzell.

Nicolas **Appert** ▪ Industriel français (1749-1841). Inventeur d'un procédé de conservation des aliments par la chaleur, à l'origine de l'industrie de la conserve.

la voie **Appienne** ▪ Voie romaine qui reliait Rome à Brindisi.

Apple ▪ Entreprise multinationale américaine d'informatique, fondée par Steve Jobs et Steve Wozniak (1976).

Apt ▪ Chef-lieu d'arrondissement du Vaucluse. 10 889 habitants.

Apulée de Madaure, en latin *Lucius Apuleius* ▪ Écrivain latin du IIe s., rhéteur et philosophe. Il est l'auteur du seul «roman» latin à nous être parvenu en entier, *Les Métamorphoses* (ou *L'Âne d'or*).

Aqaba → **Akaba**

Aqmi ▪ Al-Qaida au Maghreb islamique.

Aqmola → **Astana**

Aqpa (al-Qaida dans la Péninsule arabique) ▪ Organisation terroriste islamiste issue de la fusion en 2009 des branches saoudienne et yéménite d'al-Qaida. Elle a revendiqué les attentats qui ont frappé la France en janvier 2015.

L'**Aquila** ▪ Ville d'Italie, chef-lieu de la province des Abruzzes. 68 500 habitants.

l'**Aquitaine** n. f. ▪ Anc. région administrative du sud-ouest de la France. → **Nouvelle-Aquitaine.**

les **Arabes** ▪ Habitants de la péninsule d'Arabie et, par extension, populations arabophones du Proche-Orient et d'Afrique du

Nord. Ils fondèrent aux VIIe-VIIIe s. un vaste empire s'étendant de l'Iran à l'Espagne.

l'**Arabie** n. f. ■ Péninsule désertique de l'extrémité sud-ouest de l'Asie.

l'**Arabie saoudite** n. f. ■ État d'Arabie. 2,2 millions de km^2. 33,4 millions d'habitants. Capitale : Riyad. Pétrole.

le golfe **Arabique** ou **Arabo-Persique** → golfe **Persique**

Yasser **Arafat** ■ Président de l'Autorité palestinienne, chef de l'OLP (1929-2004). Prix Nobel de la paix 1994 avec Y. Rabin et S. Peres pour les accords d'Oslo.

François **Arago** ■ Astronome et physicien français (1786-1853). Il découvrit l'aimantation du fer par courant électrique.

Louis **Aragon** ■ Écrivain français (1897-1982). D'abord surréaliste, puis communiste (1927). Œuvre multiforme : poèmes lyriques ou militants *(Le Crève-Cœur ; Les Yeux d'Elsa ; Le Fou d'Elsa)* ; romans *(Les Beaux Quartiers ; Aurélien ; La Semaine sainte ; Blanche ou l'Oubli)* ; méditations sur l'art.

l'**Aragon** n. m., en espagnol *Aragón* ■ Ancien royaume du nord-est de l'Espagne, aujourd'hui communauté autonome. 47 669 km^2. 1,3 million d'habitants. Capitale : Saragosse.

la mer d'**Aral** ■ Mer intérieure d'Asie centrale. Asséchée en partie par une utilisation excessive de ses eaux (15 000 km^2).

les **Araméens** ■ Peuple sémite du Proche-Orient (XIIIe-VIIIe s. avant J.-C.).

Aramis ■ Personnage d'Alexandre Dumas. Il est l'un des trois mousquetaires.

le mont **Ararat** ■ Massif d'Arménie (5 165 m). Selon la Bible, l'arche de Noé s'y serait échouée.

les **Araucans** ■ Indiens du Chili.

Diane **Arbus** ■ Photographe américaine (1923-1971). D'abord photographe de mode, elle se tourna vers le portrait, dont elle a changé les codes (portraits de marginaux, de malades mentaux...).

Arcachon ■ Chef-lieu d'arrondissement de la Gironde, sur le *bassin d'Arcachon*. 11 076 habitants. Station balnéaire.

l'**Arcadie** n. f. ■ Région de la Grèce antique.

Denys **Arcand** ■ Cinéaste canadien, québécois (né en 1941). *Le Déclin de l'empire américain ; Les Invasions barbares.*

l'**Arc de triomphe de l'Étoile** ■ Monument de Paris (1836), d'où partent les Champs-Élysées. Sculptures de Rude et de Pradier.

Arc-et-Senans ■ Commune du Doubs. 1 614 habitants. Saline royale construite par Ledoux.

L'**Archéologie du savoir** ■ Ouvrage de Michel Foucault (1969).

Archimède ■ Savant grec (v. 287-v. 212 avant J.-C.). Fondateur de l'hydrostatique.

L'**Archipel du Goulag** ■ Ouvrage d'Alexandre Soljenitsyne (1973).

Alexandre **Archipenko** ■ Sculpteur et peintre américain d'origine russe (1887-1964).

Giuseppe **Arcimboldo** ■ Peintre italien (v. 1527-1593). «Têtes composées», par assemblage de végétaux, d'animaux ou d'objets.

Arcole ■ Ville d'Italie, près de Vérone. Victoire de Bonaparte (1796) sur les Autrichiens.

l'**Arcom** ■ Autorité publique française de régulation de la communication audiovisuelle et numérique.

Les **Arcs** ■ Station de sports d'hiver de la Savoie, sur la commune de Bourg-Saint-Maurice.

l'**Arctique** n. m. ■ Région formée par l'*océan Glacial Arctique* (12,3 millions de km^2) et les terres centrées sur le pôle Nord.

l'**Ardèche** n. f. ■ Affluent du Rhône. 120 km. ► l'**Ardèche** [07]. Département français de la Région Auvergne-Rhône-Alpes. 5 511 km^2. 329 325 habitants. Chef-lieu : Privas. Chefs-lieux d'arrondissement : Largentière, Tournon-sur-Rhône.

l'**Ardenne** n. f. ■ Région partagée entre la Belgique, la France et le Luxembourg. ► **les Ardennes** [08]. Département français de la Région Grand Est. 5 234 km^2. 269 701 habitants. Chef-lieu : Charleville-Mézières. Chefs-lieux d'arrondissement : Rethel, Sedan, Vouziers.

Hannah **Arendt** ■ Philosophe américaine d'origine allemande qui écrivit en allemand et en anglais (1906-1975). Élève de Heidegger, elle fuit l'Allemagne nazie et mena une réflexion sur le totalitarisme et le mal *(Les Origines du totalitarisme)*.

Arès ou **Mars** → **Dieu de la guerre**

l'**Arétin** ■ Écrivain satirique italien (1492-1556). Auteur de comédies et de dialogues inventifs et licencieux : *Les Ragionamenti*.

Arezzo ■ Ville d'Italie (Toscane). 91 600 habitants. Fresques de Piero della Francesca.

Argan ■ Personnage principal de la comédie de Molière *Le Malade imaginaire* (1673).

Argelès-Gazost ■ Chef-lieu d'arrondissement des Hautes-Pyrénées. 2 897 habitants.

Argelès-sur-Mer ■ Ville des Pyrénées-Orientales. 10 593 habitants. Station balnéaire.

Argentan ▪ Chef-lieu d'arrondissement de l'Orne. 13 401 habitants.

Argenteuil ▪ Chef-lieu d'arrondissement du Val-d'Oise, sur la Seine. 108 567 habitants.

l'**Argentine** n. f. ▪ État fédéral d'Amérique du Sud. 2 780 400 km². 44,9 millions d'habitants. Capitale : Buenos Aires.

Martha **Argerich** ▪ Pianiste suisse et argentine (née en 1941). Soliste virtuose, elle joue également de la musique de chambre.

les **Argonautes** ▪ mythol. grecque Héros partis, à bord du navire *Argo*, à la conquête de la Toison d'or.

l'**Argonne** n. f. ▪ Région boisée entre la Champagne et la Lorraine. Combats en 1914-1918.

Argos ▪ Ville de Grèce (Péloponnèse). 25 500 habitants. D'après la mythologie, la plus anc. cité grecque.

le canton d'**Argovie,** en allemand *Aargau* ▪ Canton de Suisse. 1 404 km². 663 462 habitants. Chef-lieu : Aarau.

Argus ou **Argos** ▪ mythol. grecque Géant aux cent yeux vaincu par Hermès.

Ariane ▪ mythol. grecque Fille de Minos, elle aida Thésée à sortir du Labyrinthe grâce à une pelote de fil.

Ariane ▪ Fusée spatiale européenne.

Alfredo **Arias** ▪ Metteur en scène français d'origine argentine (né en 1944). Il arriva en France en 1970 avec sa troupe, le TSE. Spectacles musicaux, mise en scène d'opéras, présentant un univers féerique, plein d'exubérance et d'humour.

l'**Ariège** n. f. ▪ Rivière, affluent de la Garonne. 170 km. ► l'**Ariège** [09]. Département français de la Région Occitanie. 4 902 km². 153 954 habitants. Chef-lieu : Foix. Chefs-lieux d'arrondissement : Pamiers, Saint-Girons.

l'**Arioste** ▪ Poète italien (1474-1533). Son chef-d'œuvre est le *Roland furieux*, poème épique de 33 000 vers.

Aristarque de Samothrace ▪ Philologue grec (220-143 avant J.-C.). Directeur de la bibliothèque d'Alexandrie, il donna des éditions critiques des textes classiques, en premier lieu Homère.

Aristide ▪ Général et homme politique athénien (v. 550-v. 467 avant J.-C.).

Jean-Bertrand **Aristide** ▪ Homme d'État haïtien (né en 1953). Ancien prêtre catholique, président de la République (1990-1991, 1994-1995 et 2000-2004).

Aristophane ▪ Écrivain grec (v. 450-386 avant J.-C.). Auteur de comédies : *Les Grenouilles ; L'Assemblée des femmes*.

Aristophane de Byzance ▪ Grammairien et critique grec (v. 257-180 avant J.-C.). Il dirigea le musée et la bibliothèque d'Alexandrie.

Aristote dit **le Stagirite** ▪ Savant et philosophe grec (384-322 avant J.-C.). Il créa la logique et aborda tous les domaines du savoir.

l'**Arizona** n. m. ▪ État du sud-ouest des États-Unis. 295 014 km². 5,1 millions d'habitants. Capitale : Phoenix.

l'**Arkansas** n. m. ▪ État du sud des États-Unis. 137 539 km². 2,7 millions d'habitants. Capitale : Little Rock.

Arkhangelsk ▪ Port de Russie. 319 000 habitants.

Arlequin ▪ Personnage de la commedia dell'arte.

Arles ▪ Chef-lieu d'arrondissement des Bouches-du-Rhône. 50 968 habitants. Monuments romains et médiévaux. Rencontres de la photographie.

L'**Arlésienne** ▪ Drame d'Alphonse Daudet (1872), tiré d'un conte des *Lettres de mon moulin*.

Arlette-Léonie Bathiat, dite **Arletty** ▪ Actrice française (1898-1992). Elle composa au théâtre et au cinéma (notamment dans les films de Carné) un personnage de séductrice mystérieuse, aux accents faubouriens. *Hôtel du Nord ; Les Enfants du paradis.*

l'Invincible **Armada** ▪ Flotte de Philippe II d'Espagne, envoyée contre l'Angleterre en 1588 et détruite par la tempête.

l'**Armagnac** n. m. ▪ Région du Gers. Vignobles pour la production d'alcool *(l'armagnac)*.

les **armagnacs** ▪ Faction qui s'opposa aux bourguignons et aux Anglais lors de la guerre de Cent Ans.

Armand Fernandez, dit **Arman** ▪ Artiste (sculpteur) américain d'origine française (1928-2005). Installations, accumulations d'objets.

l'**Arménie** n. f. ▪ Région d'Asie occidentale. ► la république d'**Arménie.** État de Transcaucasie, qui fit partie de l'URSS. 29 800 km². 3 millions d'habitants. Capitale : Erevan.

Armentières ▪ Ville du Nord. 25 225 habitants. Ancien centre textile.

le Massif **armoricain** n. m. ▪ Massif ancien de l'ouest de la France.

l'**Armorique** n. f. ▪ Ancien nom de la Bretagne.

Louis **Armstrong** ▪ Musicien américain (trompettiste et chanteur) de jazz (1901-1971). Venu de La Nouvelle-Orléans, il fit sa carrière à New York et Chicago. Son style souverain à la trompette et sa voix, à la fois rauque et émouvante, son humour scénique aussi, en font la plus grande figure, avec Ellington, de la période du jazz qui va de 1925 à 1950.

Neil **Armstrong** ▪ Astronaute américain (1930-2012). Le premier homme ayant marché sur la Lune, en 1969, avec la mission Apollo*.

Lance **Armstrong** ▪ Cycliste américain (né en 1971). Titulaire du record de victoires dans le Tour de France (1999 à 2005), mais déchu de ses titres pour dopage en 2012.

les **Arnauld** ▪ Famille française, liée au jansénisme. ► Antoine **Arnauld** (1560-1619), conseiller d'État, restaura l'abbaye janséniste de Port-Royal. ► Antoine dit le **Grand Arnauld,** son fils (1612-1694), théologien, auteur avec Pierre Nicole de la *Logique de Port-Royal.*

l'**Arno** n. m. ▪ Fleuve d'Italie qui traverse Florence et Pise. 240 km.

Raymond **Aron** ▪ Sociologue français (1905-1983). L'un des principaux critiques du marxisme. Il polémiqua avec Sartre.

Jean ou Hans **Arp** ▪ Sculpteur et peintre abstrait français (1886-1966).

Fernando **Arrabal** ▪ Écrivain, auteur de théâtre et cinéaste espagnol d'expression française (né en 1932). Pour lui, la scène est le lieu d'un «cérémonial panique». Œuvre symbolique, lyrique et violente, marquée de sadomasochisme. *Le Grand Cérémonial ; J'irai comme un cheval fou* (cinéma).

Arras ▪ Chef-lieu du Pas-de-Calais. 42 337 habitants. Monuments du Moyen Âge et de la Renaissance.

Claudio **Arrau** ▪ Pianiste chilien (1903-1991). Interprète de la musique romantique (Beethoven, Chopin...).

les monts d'**Arrée** ▪ Chaîne de hauteurs granitiques de Bretagne (Finistère et Côtes-d'Armor). 387 m au Roc'h Ruz, point culminant de la Bretagne.

Svante **Arrhenius** ▪ Physicien suédois (1859-1927). Travaux sur les électrolytes.

Arromanches-les-Bains ▪ Commune du Calvados, où les Alliés débarquèrent le 6 juin 1944. 465 habitants.

L'**Arroseur arrosé** ▪ Film français de 49 secondes de Louis Lumière (1895), projeté lors de la première séance publique du cinématographe.

Kenneth **Arrow** ▪ Économiste américain (1921-2017). Il a montré que l'économie ne suffit pas à assurer l'équilibre social. Prix Nobel.

le curé d'**Ars** → saint **Jean-Baptiste Marie Vianney**

Arsace ▪ Fondateur de la dynastie parthe des *Arsacides* qui régna sur la Perse (250 avant J.-C.-244 apr. J.-C.).

Arsène Lupin ▪ Héros créé en 1905 par Maurice Leblanc, surnommé le «gentleman cambrioleur».

Charles de Batz, seigneur d'**Artagnan** ▪ Mousquetaire français (1611-1673). Immortalisé par A. Dumas dans *Les Trois Mousquetaires.*

Antonin **Artaud** ▪ Écrivain et homme de théâtre français (1896-1948). Œuvre lyrique, violente et incantatoire.

Artémis ▪ mythol. grecque Déesse de la Chasse, identifiée à la *Diane* des Romains.

Arthur ou **Artus** ▪ Roi celte légendaire (VIe s.), héros du cycle romanesque de la *Table ronde.*

Yann **Arthus-Bertrand** ▪ Photographe français (né en 1946). Il a dressé l'inventaire des plus beaux paysages de la planète. *La Terre vue du ciel.*

le musée national d'**Art moderne** ▪ Musée de Paris créé en 1937, installé depuis 1977 au Centre Georges-Pompidou. Il présente l'art moderne et contemporain depuis 1905.

l'**Artois** n. m. ▪ Anc. province de France (actuel Pas-de-Calais).

L'**Art poétique** ▪ Poème didactique de Nicolas Boileau (1674).

le musée des **Arts décoratifs** ▪ Musée de Paris fondé en 1877, consacré aux arts de la décoration intérieure depuis le Moyen Âge.

le Conservatoire national des **Arts et Métiers** (CNAM) ▪ Établissement d'enseignement fondé en 1794 à Paris, visant à l'application des sciences à l'industrie.

Aruba ▪ Île néerlandaise (Petites Antilles). 193 km². 101 500 habitants. Capitale : Oranjestad.

les **Arvernes** ▪ Gaulois d'Auvergne. Vercingétorix était leur chef.

les **Aryens** ▪ Dans l'Antiquité, peuple d'Iran et d'Inde du Nord, de langue indo-européenne.

Cosmas Damian **Asam** ▪ Peintre, décorateur et architecte allemand (1686-1739). Il travailla avec son frère Egid Quirin (1692-1750), réalisant de nombreuses décorations en Bavière, Tyrol, etc. Leur style parvient à une fusion de l'architecture et du décor.

l'**Asean** ou **Ansea** ▪ Association des nations du Sud-Est asiatique, créée en 1967.

les **Ases** n. m. pl. ▪ mythol. germanique Dieux guerriers.

Ashoka ▪ Empereur indien (v. 273-v. 237 avant J.-C.). Unificateur de l'Inde. Propagateur du bouddhisme.

l'**Asie** n. f. ▪ Un des six continents. 44 millions de km². 4,7 milliards d'habitants.

l'**Asie Mineure** ▪ Péninsule d'Asie comprenant la Turquie.

Isaac **Asimov** ▪ Écrivain américain d'origine russe (1920-1992). Professeur de chimie biologique à l'université de Boston, il a écrit des ouvrages de vulgarisation scientifique et des romans de science-fiction (la trilogie *Fondation,* 1951-1982).

Asmara ▪ Capitale de l'Érythrée. 900 000 habitants.

el-**Asnam** → **Chleff**

Asnières-sur-Seine ▪ Ville des Hauts-de-Seine. 88 004 habitants.

Aspasie ▪ Femme grecque célèbre pour sa beauté et son intelligence. Originaire de Milet, elle s'installa à Athènes (Vᵉ s. avant J.-C.), où elle n'était qu'une étrangère ; c'est pourquoi elle ne put être que la compagne respectée, et non l'épouse, de Périclès. Les adversaires de celui-ci la raillèrent comme une courtisane.

Alain **Aspect** ▪ Physicien français (né en 1947). Il a validé la théorie quantique. Prix Nobel 2022.

Hafiz al-**Assad** ▪ (1928-2000) Président de la République syrienne de 1971 à sa mort. ► Bachar al-**Assad,** son fils (né en 1965), lui a succédé.

l'**Assam** n. m. ▪ État du nord-est de l'Inde. 78 438 km². 35,6 millions d'habitants. Capitale : Dispur.

Julian Paul **Assange** ▪ Informaticien australien (né en 1971). Fondateur du site web WikiLeaks, emprisonné depuis 2019.

l'**Assemblée constituante** n. f. → **Constituante**

L'**Assemblée des femmes** ▪ Comédie d'Aristophane (392 avant J.-C.).

l'**Assemblée législative** n. f. ▪ Assemblée française élue en 1791 après la Constituante. La Convention lui succéda (1792).

l'**Assemblée nationale** n. f. ▪ Terme qui désigne sous les Constitutions de 1946 et de 1958 la Chambre des députés, en France.

Assise ▪ Ville d'Italie (Ombrie). 25 300 habitants. Basilique Saint-François décorée d'œuvres de Cimabue et de Giotto. Patrie de saint François d'Assise.

L'**Assommoir** ▪ Roman d'Émile Zola (1877), 7ᵉ volume du cycle des *Rougon-Macquart*.

Assouan ▪ Ville de Haute Égypte. 321 760 habitants. Barrage sur le Nil.

Assuérus ▪ Dans la Bible, nom donné au roi Xerxès Iᵉʳ.

Assur ▪ Ancienne capitale de l'Assyrie.

Assurbanipal ▪ Dernier grand roi d'Assyrie, de 669 à 631 avant J.-C.

l'**Assyrie** n. f. ▪ Anc. empire mésopotamien (XXᵉ-VIIᵉ s. avant J.-C.).

Frederick Austerlitz, dit Fred **Astaire** ▪ Acteur, danseur et chorégraphe américain (1899-1987). Virtuose des claquettes, il s'impose à l'écran : *Tous en scène*.

Astana ▪ Capitale du Kazakhstan. 1 340 000 habitants.

Astérix ▪ Personnage de bande dessinée, créé en 1959 par Goscinny et Uderzo.

Asti ▪ Ville d'Italie (Piémont). 71 300 habitants. Vins pétillants *(Asti spumante)*.

Astrakhan ▪ Port de Russie dans le delta de la Volga. 506 400 habitants.

L'**Astrée** ▪ Roman pastoral d'Honoré d'Urfé, publié en cinq parties (1607-1628).

Astrid ▪ Reine des Belges (1905-1935), épouse du roi Léopold III et mère de Baudouin Iᵉʳ.

Miguel Ángel **Asturias** ▪ Romancier et poète guatémaltèque (1899-1974). Il fit revivre les légendes mayas *(Hommes de maïs)*. Il a dénoncé l'injustice, la misère et la dictature *(Monsieur le Président)*. Prix Nobel 1967.

les **Asturies** n. f. ▪ Région historique et communauté autonome de l'Espagne. 10 565 km². 1,1 million d'habitants. Capitale : Oviedo.

Asunción, en français *Assomption* ▪ Capitale du Paraguay. 1,2 million d'habitants.

Atahualpa ▪ Dernier empereur inca (v. 1500-1533). Il fut mis à mort par le conquistador Pizarro.

Atatürk → **Mustafa Kemal**

Eugène **Atget** ▪ Photographe français (1857-1927). Réalisme documentaire et photos d'architecture à Paris.

Athalie ▪ Reine de Juda de 841 à 834 avant J.-C. Héroïne d'une tragédie de Racine.

Athéna ▪ mythol. grecque Déesse de la Raison, des Arts et des Sciences.

Athènes ▪ Capitale de la Grèce. 748 100 habitants (agglomération 3 millions). Célèbres monuments de l'Antiquité (Acropole), églises byzantines.

Athis-Mons ▪ Ville de l'Essonne. 35 641 habitants. Centre de contrôle de la navigation aérienne.

le mont **Athos** ▪ Montagne de Grèce. 2 033 m. Nombreux monastères orthodoxes.

Athos ▪ Personnage d'Alexandre Dumas. Il est l'un des trois mousquetaires.

Atlanta ▪ Ville des États-Unis, capitale de la Géorgie. 420 000 habitants (agglomération 6 millions).

l'**Atlantide** n. f. ▪ Île fabuleuse, engloutie, d'après Platon, v. 1500 avant J.-C.

l'océan **Atlantique** n. m. ▪ Océan entre l'Europe, l'Afrique et l'Amérique (106 millions de km^2).

Atlas ▪ mythol. grecque Géant condamné par Zeus à porter le ciel sur ses épaules.

l'**Atlas** n. m. ▪ Barrière montagneuse d'Afrique du Nord. 4 167 m au djebel Toubkal.

Aton ▪ Dieu solaire égyptien, dont le culte fut instauré par Akhénaton.

les **Atrides** ▪ mythol. grecque Descendants d'Atrée, roi de Mycènes.

Gabriel **Attal** ▪ Homme d'État français (né en 1989). Premier ministre depuis 2024.

Attila ▪ (v. 395-453) Roi des Huns de 434 à sa mort. Il constitua un État, de la mer Noire à la Gaule.

l'**Attique** n. f. ▪ Région de Grèce autour d'Athènes.

Margaret **Atwood** ▪ Écrivaine canadienne d'expression anglaise (née en 1948). Son œuvre est centrée sur le féminisme. *La Servante écarlate*.

Aubagne ▪ Ville des Bouches-du-Rhône. 47 190 habitants. Siège des unités de la Légion étrangère.

l'**Aube** n. f. ▪ Rivière, affluent de la Seine. 248 km. ► l'**Aube** [10]. Département français de la Région Grand Est. 6 010 km^2. 311 435 habitants. Chef-lieu : Troyes. Chefs-lieux d'arrondissement : Bar-sur-Aube, Nogent-sur-Seine.

Aubenas ▪ Ville de l'Ardèche. 12 403 habitants. Château (XIIe-XVIIIe s.).

Aubervilliers ▪ Ville de la Seine-Saint-Denis. 89 401 habitants. Port fluvial.

Agrippa d'**Aubigné** ▪ Écrivain français (1552-1630). Calviniste intransigeant, auteur d'une œuvre lyrique, satirique et épique : *les Tragiques*.

les monts d'**Aubrac** ▪ Plateau du sud du Massif central.

Martine **Aubry** ▪ Femme politique française (socialiste) (née en 1950). Elle fut à deux reprises ministre de l'Emploi. Elle est maire de Lille depuis 2001.

Aubusson ▪ Chef-lieu d'arrondissement de la Creuse. 3 181 habitants. Ateliers de tapisserie.

Auch ▪ Chef-lieu du Gers. 22 518 habitants. Cathédrale de style flamboyant.

Auckland ▪ Port et ville principale de la Nouvelle-Zélande. 1,4 million d'habitants.

l'**Aude** n. m. ▪ Fleuve de France. 220 km. ► l'**Aude** [11]. Département français de la Région Occitanie. 6 289 km^2. 375 217 habitants. Chef-lieu : Carcassonne. Chefs-lieux d'arrondissement : Limoux, Narbonne.

Wystan Hugh **Auden** ▪ Écrivain américain d'origine britannique (1907-1973).

Michel **Audiard** ▪ Scénariste, dialoguiste et réalisateur de cinéma français (1920-1985). Son style vert et caustique a marqué les films populaires français des années 1960 à 1980. *Les Tontons flingueurs*.

Jacques **Audiard** ▪ Scénariste et réalisateur français (né en 1952). Fils de Michel Audiard. *De battre mon cœur s'est arrêté ; Un prophète ; De rouille et d'os*.

Jacques **Audiberti** ▪ Écrivain français (1899-1965). Auteur de romans *(Abraxas ; Marie Dubois)*, de pièces de théâtre *(Le mal court)* et de poèmes, au style baroque et lyrique.

Audierne ▪ Ville du Finistère. 3 690 habitants. Station balnéaire et port de pêche.

John James **Audubon** ▪ Naturaliste et peintre américain (1785-1851). Il fit la description de la faune et de la flore d'Amérique du Nord, et l'illustra lui-même (435 planches en couleurs pour *Les Oiseaux d'Amérique*, 1827-1838).

l'**Aufklärung** n. f. allemand *Zeitalter der Aufklärung* «Siècle des lumières» ▪ Mouvement caractérisant la culture et la pensée allemandes du XVIIIe s.

le pays d'**Auge** ▪ Région du nord-est de la Normandie.

Augias ▪ Roi d'Élide, dont Héraclès nettoya les écuries en détournant les eaux de l'Alphée.

Augsbourg, en allemand *Augsburg* ▪ Ville d'Allemagne (Bavière). 267 900 habitants. ► la Confession d'**Augsbourg,** profession de foi des luthériens rédigée par Melanchthon (1530). ► la ligue d'**Augsbourg** réunit de 1686 à 1697 les opposants à Louis XIV (Angleterre, Hollande, Suède, Espagne).

Auguste ▪ (63 avant J.-C.-14 apr. J.-C.) Premier empereur romain, de 27 avant J.-C. à sa mort, appelé d'abord Octave, puis Octavien. Le siècle d'Auguste fut l'âge d'or du classicisme romain.

saint **Augustin** ▪ Docteur et Père de l'Église (354-430). Évêque d'Hippone, en Afrique du Nord, théologien, philosophe et écrivain latin de premier plan : *Les Confessions*.

Gaetana, dite Gae **Aulenti** ▪ Architecte et designer italienne (1927-2012). Elle dirigea la transformation de la gare d'Orsay, à Paris, en musée.

Aulnay-sous-Bois ▪ Ville de la Seine-Saint-Denis. 86 485 habitants.

Aulus Gellius, dit **Aulu-Gelle** ▪ Érudit latin (v. 130-v. 180). Auteur des *Nuits attiques,* recueil de notices traitant de grammaire, de philosophie, de droit, d'histoire et de littérature.

Henri d'Orléans, duc d'**Aumale** ▪ Général français (1822-1897). Fils de Louis-Philippe.

Aung San ▪ Homme politique birman (1915-1947). Opposé aux Britanniques, il tenta d'obtenir l'indépendance de son pays, mais fut assassiné.

Aung San Suu Kyi ▪ Femme politique birmane (née en 1945), fille d'Aung San. Elle fonda la Ligue nationale pour la démocratie et fut régulièrement détenue entre 1989 et 2010. Après la victoire de son parti aux législatives de 2015 elle fut nommée ministre des Affaires étrangères. Malgré son soutien, critiqué à l'international, à l'armée (massacre des Rohingyas en 2017), elle fut renversée par un putsch en 2021. Prix Nobel de la paix 1991.

l'**Aunis** n. m. ▪ Anc. province dans la région de La Rochelle.

Aurangzeb ▪ (1618-1707) Empereur moghol de l'Inde, de 1658 à sa mort.

Auray ▪ Ville du Morbihan. 14 155 habitants. Port.

Aurélia ▪ Nouvelle de Gérard de Nerval (1855).

Aurélien ▪ (v. 212-275) Empereur romain de 270 à sa mort. Il restaura un pouvoir fort.

Aurélien ▪ Roman de Louis Aragon (1945).

les **Aurès** n. m. pl. ▪ Massif de l'Algérie orientale. 2 326 m au djebel Chelia.

Aurillac ▪ Chef-lieu du Cantal. 25 703 habitants.

Vincent **Auriol** ▪ (1884-1966) Premier président (socialiste) de la IVe République, de 1947 à 1954.

Aurobindo Ghose, dit Shrî **Aurobindo** ▪ Philosophe et mystique indien d'expression anglaise et bengali (1872-1950). Il fonda à Pondichéry un centre spirituel *(ashram)* et y développa son propre yoga. Sa disciple et compagne, «la Mère», créa en 1968 près de Pondichéry la cité internationale d'Auroville.

L'**Aurore** ▪ Quotidien républicain socialiste français qui parut de 1897 à 1914.

Auschwitz ▪ Localité de Pologne. Le plus grand camp d'extermination nazi, en Pologne : entre 1,1 et 1,5 million de Juifs y furent tués entre 1940 et 1945.

Ausone, en latin *Decimus Magnus Ausonius* ▪ Poète latin (v. 310-v. 395). Professeur de rhétorique à Burdigala (Bordeaux), puis à Trèves, il a laissé de nombreux poèmes (parfois en grec) traitant de sujets variés. Le plus connu est un poème didactique, *La Moselle.*

Jane **Austen** ▪ Romancière britannique (1775-1817). Elle peint des personnages féminins observés avec humour et précision. *Orgueil et préjugés ; Persuasion.*

Paul **Auster** ▪ Romancier américain (1947-2024). Œuvre centrée sur la question de l'identité, et dont les personnages sont tentés par le néant. *Trilogie new-yorkaise ; Léviathan ; 4321.*

Austerlitz ▪ Localité de Moravie où Napoléon Ier battit l'armée austro-russe (2 déc. 1805).

l'océan **Austral** → océan **Antarctique**

les terres **Australes** ou les terres **Subantarctiques** ▪ Ensemble d'îles au large de l'Antarctique, dont les archipels Crozet et Kerguelen, qui constituent, avec la terre Adélie, la collectivité d'outre-mer des *terres Australes et Antarctiques françaises* (TAAF).

l'**Australie** n. f. ▪ État fédéral d'Océanie. 7 682 300 km². 21,1 millions d'habitants. Capitale : Canberra. Villes principales : Melbourne, Sydney.

l'**Austrasie** n. f. ▪ Royaume mérovingien (VIe-VIIIe s.) de l'est de la Gaule.

Autant en emporte le vent ▪ Unique roman de Margaret Mitchell (1936), adapté au cinéma par Victor Fleming (1939).

l'**Autriche** n. f., en allemand *Österreich* ▪ État fédéral d'Europe centrale. 83 872 km². 8,4 millions d'habitants. Capitale : Vienne.

l'**Autriche-Hongrie** ▪ Ancien État comprenant l'empire d'Autriche et le royaume de Hongrie sous l'autorité des Habsbourg (1867-1918).

Autun ▪ Chef-lieu d'arrondissement de la Saône-et-Loire. 13 205 habitants. Cathédrale romane.

l'**Auvergne** n. f. ▪ Anc. région administrative française.

Auvergne-Rhône-Alpes ▪ Région administrative de la France. Douze départements : Ain, Allier, Ardèche, Cantal, Drôme, Haute-Loire, Haute-Savoie, Isère, Loire, Puy-de-Dôme, Rhône, Savoie. 69 711 km². 8,08 millions d'habitants. Chef-lieu : Lyon.

Auvers-sur-Oise ▪ Ville du Val-d'Oise. 6 792 habitants. Séjour de nombreux peintres au XIXe s. (Cézanne, Pissarro, Van Gogh qui s'y donna la mort).

Auxerre ▪ Chef-lieu de l'Yonne. 34 151 habitants.

Avallon ▪ Chef-lieu d'arrondissement de l'Yonne. 6 414 habitants.

L'**Avare** ▪ Comédie de Molière (1668).

les **Avars** ▪ Tribu asiatique qui constitua du VIe au IXe s. un empire en Europe centrale.

Richard **Avedon** ▪ Photographe américain (1923-2004). Photographies avec participation du modèle : en mouvement ou figé, dans des poses inhabituelles.

Ibn Bājā, dit **Avempace** ▪ Philosophe et médecin arabe (mort en 1138).

le mont **Aventin** ▪ Une des sept collines de Rome.

Ibn Ruchd, dit **Averroès** ▪ Philosophe arabe et musulman d'Espagne (1126-1198). Commentateur d'Aristote.

Tex **Avery** ▪ Réalisateur américain de dessins animés (1908-1980). Créateur de films marqués par l'humour et la fantaisie (Droopy, Bugs Bunny, Daffy Duck...).

Avesnes-sur-Helpe ▪ Chef-lieu d'arrondissement du Nord. 4 158 habitants.

l'**Aveyron** n. m. ▪ Rivière, affluent du Tarn. 250 km. ► l'**Aveyron** [12]. Département français de la Région Occitanie. 8 749 km². 279 554 habitants. Chef-lieu : Rodez. Chefs-lieux d'arrondissement : Millau, Villefranche-de-Rouergue.

Ibn Gabirol, dit **Avicebron** ▪ Philosophe mystique juif espagnol (v. 1020-v. 1058).

Ibn Sinā, dit **Avicenne** ▪ Médecin, philosophe et mystique de l'islam (980-1037).

Avignon ▪ Chef-lieu du Vaucluse. 90 597 habitants. Résidence des papes au XIVe s. Ville d'art (palais-forteresse des Papes, pont Saint-Bénezet). Festival de théâtre.

Ávila ▪ Ville d'Espagne (Castille-et-León). 59 482 habitants. Enceinte et églises médiévales. Patrie de sainte Thérèse d'Ávila.

Amedeo **Avogadro** ▪ Chimiste italien (1776-1856). Théorie moléculaire des gaz.

Avoriaz ▪ Station de sports d'hiver de Haute-Savoie.

Avranches ▪ Chef-lieu d'arrondissement de la Manche. 10 277 habitants.

les **Aymaras** ▪ Indiens du Pérou et de Bolivie.

Marcel **Aymé** ▪ Écrivain français (1902-1967). Récits (romans et contes) d'une ironie critique : *La Jument verte*; *Uranus*; *Contes du chat perché*. Comédies.

Jean-Marc **Ayrault** ▪ Homme d'État français (né en 1950). Premier ministre socialiste de 2012 à 2014.

Azay-le-Rideau ▪ Commune d'Indre-et-Loire. 3 468 habitants. Château Renaissance.

l'**Azerbaïdjan** n. m. ▪ Région d'Asie occidentale. ► la république d'**Azerbaïdjan.** État de Transcaucasie. 86 600 km². 9,9 millions d'habitants. Capitale : Bakou.

al-**Azhar** ▪ Mosquée-université du Caire, fondée en 973 et rebâtie au XIVe siècle.

Azincourt ▪ Village du Pas-de-Calais. Importante victoire anglaise durant la guerre de Cent Ans (1415).

José Maria **Aznar** ▪ Homme politique espagnol (né en 1953). Premier ministre (droite populaire) de 1996 à 2004.

Charles Aznavourian dit **Aznavour** ▪ Auteur, compositeur et interprète franco-arménien (1924-2018). *La Bohème*.

la mer d'**Azov** ▪ Golfe de la mer Noire. 38 000 km².

les **Aztèques** ▪ Ancien peuple indien qui fonda un empire au Mexique (XVe s.).

B

Amadou Hampâté **Bâ** ▪ Écrivain malien (1901-1991). Il s'attacha à recueillir et transmettre la tradition orale de son pays. Textes historiques et sacrés de la tradition peule.

Baalbek ▪ Ville du Liban. 14 000 habitants. Temples antiques.

Baas ou **Baath** ▪ Parti arabe nationaliste et laïc. Dominant en Syrie depuis 1963, il le fut en Irak de 1968 à 2003.

Babar ▪ Personnage d'éléphant, héros de livres pour enfants, créé en 1931 par Jean de Brunhoff (1899-1937).

Charles **Babbage** ▪ Mathématicien anglais (1792-1871). Il tenta de réaliser des machines à calculer ; considéré pour cela comme un pionnier de l'informatique.

la tour de **Babel** ▪ Bible Tour dont la construction devait permettre aux hommes d'atteindre le ciel.

François Noël dit Gracchus **Babeuf** ▪ Révolutionnaire français (1760-1797). Partisan du communisme égalitaire.

Joseph **Babinski** ▪ Médecin français d'origine polonaise (1857-1932). Spécialiste de la pathologie nerveuse.

Bābur ▪ Souverain turc (1483-1530). Il fonda l'Empire moghol.

Babylone ▪ Ancienne ville de Mésopotamie, cœur de la principale civilisation de l'Asie antérieure. Les jardins suspendus étaient considérés comme l'une des Sept Merveilles du monde.

Betty Joan Perske, dite Lauren **Bacall** ▪ Actrice américaine (1924-2014). Elle fut la partenaire d'Humphrey Bogart.

Baccarat ▪ Ville de Meurthe-et-Moselle, près de Lunéville. 4 160 habitants. Cristallerie, fondée en 1764.

Les **Bacchantes** ▪ Tragédie posthume d'Euripide (405 avant J.-C.).

Bacchus ▪ Nom du dieu romain correspondant à Dionysos.

Jean-Sébastien **Bach** ▪ Musicien allemand (1685-1750). Musique religieuse (cantates, passions...), musique de chambre, musique pour clavier (orgue, clavecin...). Son œuvre monumentale, d'une puissance théorique unique, nourrie par une inventivité et une spiritualité constantes, est à la base de toute la musique occidentale postérieure. *Concertos brandebourgeois ; Le Clavier bien tempéré ; L'Art de la fugue*. Ses fils furent des compositeurs réputés, notamment Wilhelm Friedemann **Bach** (1710-1784), Carl Philipp Emanuel **Bach** (1714-1788) et Johann Christian **Bach** (1735-1782).

Gaston **Bachelard** ▪ Philosophe français (1884-1962). Il renouvela l'histoire et la perception de la science et analysa les symboles ainsi que l'imagination poétique.

Michelle **Bachelet** ▪ Femme d'État chilienne (née en 1951). Présidente (socialiste) de 2006 à 2018.

la **Bachkirie** ▪ République autonome de Russie. 143 600 km². 4,1 millions d'habitants. Capitale : Oufa.

Roger **Bacon** ▪ Théologien et philosophe anglais (v. 1214-1294). Précurseur de la science expérimentale.

Francis **Bacon** ▪ Philosophe et chancelier anglais (1561-1626). Théoricien de la méthode inductive et expérimentale.

Francis **Bacon** ▪ Peintre britannique (1909-1992). Son style expressionniste est fait pour engendrer l'angoisse.

la **Bactriane** ▪ Ancienne région de l'Asie centrale.

Badajoz ▪ Ville d'Espagne (Estrémadure), chef-lieu de province, sur le Guadiana, près du Portugal. 151 214 habitants.

le **Bade** ▪ Ancien État de l'Allemagne du sud-ouest, qui s'étendait sur la plaine rhénane de Bâle à Mannheim.

Baden-Baden ▪ Ville d'Allemagne (Bade-Wurtemberg). 55 440 habitants. Château Renaissance.

Robert **Baden-Powell** ▪ Général anglais (1857-1941). Il fonda le scoutisme en 1908.

le **Bade-Wurtemberg** ▪ Land d'Allemagne. 35 751 km². 10,8 millions d'habitants. Capitale : Stuttgart.

Robert **Badinter** ▪ Avocat et homme politique français (1928-2024). Époux d'Élisabeth Badinter. Ministre de la Justice de 1981 à 1986, il a fait voter l'abolition de la peine de mort en France (9 oct. 1981).

Élisabeth **Badinter** ▪ Philosophe et historienne française (née en 1944). Épouse de Robert Badinter. Spécialiste du XVIIIe siècle ; nombreuses publications sur la place de la femme dans la société, l'instinct maternel, les relations entre les sexes.

Joan **Baez** ▪ Interprète et compositrice américaine de chansons (née en 1941). Militante progressiste.

la terre de **Baffin** ▪ Île de l'archipel arctique canadien, séparée du Groenland par la *mer de Baffin*. 476 066 km².

Bagan → **Pagan**

Bagatelle ▪ Château situé à Paris à la lisière du bois de Boulogne.

les **Bagaudes** ▪ Paysans gaulois qui se révoltèrent contre la domination romaine en Gaule au IIIe s., puis en Espagne au Ve s.

Bagdad ▪ Capitale de l'Irak. 6,7 millions d'habitants. Ancienne capitale des Abbassides.

Bagnères-de-Bigorre ▪ Chef-lieu d'arrondissement des Hautes-Pyrénées. 7 034 habitants.

Bagnères-de-Luchon ▪ Ville de la Haute-Garonne. 2 222 habitants. Station thermale et climatique. Sports d'hiver.

Bagneux ▪ Ville des Hauts-de-Seine. 41 967 habitants.

Bagnoles-de-l'Orne ▪ Commune de l'Orne, près d'Alençon. 2 720 habitants. Station thermale.

Bagnolet ▪ Ville de la Seine-Saint-Denis. 38 470 habitants.

Dominique **Bagouet** ▪ Danseur et chorégraphe français (1951-1992). Figure de la nouvelle danse française contemporaine. *Le Saut de l'ange ; So Schnell.*

Petr Ivanovitch, prince **Bagration** ▪ Général russe (1765-1812). Il s'opposa à l'invasion de la Russie par Napoléon et fut tué à la bataille de la Moskova.

le Commonwealth des **Bahamas** ▪ État des Antilles composé de 700 îles. 13 935 km². 351 461 habitants. Capitale : Nassau.

Bahia ▪ État du Brésil. 566 978 km². 14 millions d'habitants. Capitale : Salvador.

le royaume de **Bahreïn** n. m. ▪ État du golfe Persique. 691 km². 1,5 million d'habitants. Capitale : Manama.

Baie-Mahault ▪ Ville de la Guadeloupe. 30 316 habitants.

Jean Antoine de **Baïf** ▪ Poète français (1532-1589). Membre de la Pléiade, il composa en latin et en français. *Mimes, enseignements et proverbes* (1576).

le lac **Baïkal** ▪ Lac de Russie, en Sibérie orientale (Bouriatie). 31 500 km².

Baïkonour ▪ Base aérospatiale située au Kazakhstan.

Le **Bain turc** ▪ Dernier tableau d'Ingres, achevé en 1859 mais retouché jusqu'en 1863.

Le **Baiser** ▪ Marbre de Rodin (1886).

Bajazet → **Bayazid Ier**

Bajazet ▪ Tragédie de Racine (1672).

Li Feigan, dit **Ba Jin** ou **Pa Kin** ▪ Écrivain et poète chinois (1904-2005).

Joséphine **Baker** ▪ Chanteuse, meneuse de revue et résistante française d'origine américaine (1906-1975). Médaillée de la Résistance, elle est entrée au Panthéon en 2021.

Chesney Henry, dit Chet **Baker** ▪ Trompettiste et chanteur de jazz américain (1929-1988).

le traité de **Bakhtchissaraï** ▪ Traité par lequel l'Empire ottoman céda l'Ukraine occidentale à la Russie (1681).

Bakou ▪ Capitale de l'Azerbaïdjan. 1,2 million d'habitants. Pétrole.

Mikhaïl **Bakounine** ▪ Révolutionnaire anarchiste russe (1814-1876).

Mili Alekseïevitch **Balakirev** ▪ Compositeur russe (1837-1910). Fondateur du groupe des Cinq* en 1857.

George **Balanchine** ▪ Chorégraphe russe naturalisé américain (1904-1983).

le lac **Balaton** ▪ Le plus grand lac de Hongrie. 596 km².

Vasco Núñez de **Balboa** ▪ Conquistador espagnol (1475-1517). Il découvrit l'océan Pacifique en 1513.

Bâle, en allemand *Basel* ▪ Ville de Suisse. 171 513 habitants (zone urbaine 546 761). ► canton de **Bâle-Ville** (37 km² ; 193 908 habitants ; chef-lieu : Bâle) ; canton de **Bâle-Campagne** (428 km² ; 287 023 habitants ; chef-lieu : Liestal).

les **Baléares** n. f. pl. ▪ Archipel méditerranéen. Communauté autonome de l'Espagne dont les îles principales sont Majorque, Minorque et Ibiza. 5 014 km². 1,1 million d'habitants. Capitale : Palma de Majorque.

lord **Balfour** ▪ Homme politique britannique (1848-1930). ► la déclaration **Balfour,** en 1917, préconise la création en Palestine d'un «foyer national juif».

Bali ▪ Île d'Indonésie. 5 621 km². 4,1 millions d'habitants. Chef-lieu : Denpasar.

les **Balkans** n. m. pl. ▪ Péninsule du sud de l'Europe (Bosnie-Herzégovine, Macédoine du Nord, Slovénie, Croatie, Monténégro, Serbie, Slovaquie, Kosovo, Albanie, Bulgarie, Grèce et Turquie d'Europe).

le lac **Balkhach** ▪ Lac du Kazakhstan. 17 300 km².

Édouard **Balladur** ▪ Homme d'État français (né en 1929). Premier ministre RPR* de 1993 à 1995.

Victor **Baltard** ▪ Architecte français (1805-1874). Anciennes halles de Paris.

les pays **baltes** ▪ L'Estonie, la Lettonie et la Lituanie.

Balthazar ▪ Un des Rois mages.

Balthasar Klossowski de Rola, dit **Balthus** ▪ Peintre français (1908-2001). Son style influencé par les primitifs italiens est dépouillé, ses couleurs discrètes ; on a surtout remarqué ses sujets, d'un érotisme suggestif (portraits de très jeunes filles, scènes d'intérieur équivoques).

Baltimore ▪ Port des États-Unis (Maryland). 621 000 habitants (agglomération 2,5 millions).

la mer **Baltique** ▪ Mer qui baigne les côtes d'Europe du Nord.

le **Baluchistan** ▪ Région aride s'étendant sur le Pakistan et l'Iran.

Honoré de **Balzac** ▪ Romancier français (1799-1850). Auteur de *la Comédie humaine,* ensemble de 95 romans et nouvelles *(Le Père Goriot, Le Lys dans la vallée, La Cousine Bette...).*

Bamako ▪ Capitale du Mali. 3 millions d'habitants.

les **Bambaras** ▪ Peuple d'Afrique (Mali).

Bamberg ▪ Ville d'Allemagne, à l'est de la Bavière. 71 000 habitants. Nombreux monuments anciens, cathédrale gothique du XIIIe siècle. Ce fut (1007) un évêché souverain, rattaché plus tard à la Bavière.

les **Bamilékés** ▪ Ethnie africaine qui peuple le sud-ouest du Cameroun.

Bâmyân ou **Bâmiyân** ▪ Site d'Afghanistan. Ses deux statues monumentales (53 m) du Bouddha, sculptées dans la falaise aux IIIe-IVe s., ont été détruites par les talibans en 2001.

Shigeru **Ban** ▪ Architecte japonais (né en 1957). Centre Pompidou-Metz. Prix Pritzker.

Bandiagara ▪ Ville du Mali. 12 000 habitants. Le *plateau de Bandiagara* est bordé à l'est par des falaises où vivent les Dogons.

Bandol ▪ Commune du Var, arrondissement de Toulon. 8 359 habitants. Vignobles.

Bandung, anciennement en français *Bandoeng* ▪ Ville d'Indonésie (Java). 2,4 millions d'habitants. ► **Conférence de Bandung,** réunissant en 1955 les pays d'Asie et d'Afrique (29) qui refusaient de s'aligner sur l'URSS comme sur les États-Unis.

Bangalore ▪ Ville d'Inde. 12 millions d'habitants.

Bangkok ▪ Capitale de la Thaïlande. 8,5 millions d'habitants. Temples bouddhiques. Ancien palais royal.

le **Bangladesh** ▪ État du sud de l'Asie. 144 000 km². 144 millions d'habitants. Capitale : Dacca. Ancien Pakistan oriental.

Bangui ▪ Capitale de la République centrafricaine. 725 000 habitants.

Ban Ki-moon ▪ Diplomate et homme politique sud-coréen (né en 1944). Secrétaire général de l'ONU de 2007 à 2016.

Banksy ▪ Artiste britannique (né en 1974). Figure majeure du street art ou art urbain. Pacifiste, critique de la société de consommation, il réalise des fresques humoristiques et satiriques.

la **Banque centrale européenne** (BCE) ▪ Créée en 1998 (traité de Maastricht), elle dicte la politique monétaire de la zone euro.

la **Banque européenne pour la reconstruction et le développement** (BERD) ▪ Créée en 1991 pour aider la transition des pays d'Europe centrale et de l'Est vers l'économie de marché.

la **Banque de France** ▪ Créée en 1800, nationalisée en 1945, elle a le monopole de l'émission des billets de banque. Indépendante depuis 1993, elle est une banque centrale nationale, liée à la Banque centrale européenne.

la **Banque mondiale** ▪ Créée en 1944 (accords de Bretton Woods) pour financer la reconstruction en Europe, elle regroupe aujourd'hui cinq organismes internationaux, dont la BIRD, chargés d'aider les pays en voie de développement.

Le **Banquet** ▪ Dialogue de Platon (v. 385 avant J.-C.).

les **Bantous** ▪ Peuples d'Afrique noire parlant des langues du même groupe.

Banyuls-sur-Mer ▪ Commune des Pyrénées-Orientales, arrondissement de Céret, sur la Côte vermeille. 4 600 habitants. Station balnéaire. Vins doux.

Théodore de **Banville** ▪ Poète français (1823-1891). Virtuose de la versification. *Odes funambulesques.*

Bao Dai ▪ Nom de règne de Nguyen Phuc Vinh Thuy (1913-1997), empereur du Viêtnam. Il fut déposé en 1955 et s'établit en France.

Bapaume ▪ Chef-lieu de canton du Pas-de-Calais, près d'Arras. 3 749 habitants.

Barabbas ▪ Bible Voleur condamné à mort et gracié par Pilate à la place de Jésus, à la demande du peuple.

Bārābudur → **Borobudur**

Ehud Brog, dit Ehud **Barak** ▪ Général et homme politique israélien (né en 1942). Premier ministre (travailliste) de 1999 à 2001.

la **Barbade** ▪ Île et État des Petites Antilles. 431 km². 274 000 habitants. Capitale : Bridgetown.

Monique Serf, dite **Barbara** ▪ Compositrice et interprète française de chansons (1930-1997). Sa voix contribua à charger d'une émotion profonde des textes lyriques et raffinés.

les **Barbares** ▪ Nom désignant dans l'Antiquité les non-Grecs pour les Grecs, puis les peuples qui envahirent l'Empire romain (IIIe-VIe s.).

La **Barbe bleue** ▪ Conte de Charles Perrault (1697).

Barbe-Noire ▪ Pirate anglais qui sévit dans l'Atlantique et la mer des Caraïbes (vers 1989-1718).

les **Barberousse** ▪ Corsaires turcs basés à Alger au XVIe s.

Frédéric Ier **Barberousse** → **Frédéric Ier**

Armand **Barbès** ▪ Révolutionnaire français (1809-1870).

Jules-Amédée **Barbey d'Aurevilly** ▪ Écrivain français (1808-1889). Polémiste catholique, auteur de récits insolites au style précis et pur. *Les Diaboliques.*

Le **Barbier de Séville ou la Précaution inutile** ▪ Comédie de Beaumarchais (1773).

Barbizon ▪ Commune de Seine-et-Marne. Séjour, au XIXe s., de peintres paysagistes (Millet, Daubigny...), précurseurs de l'impressionnisme. 1 245 habitants.

Henri **Barbusse** ▪ Écrivain français (1873-1935). *Le Feu,* roman évoquant de manière réaliste et dure la guerre de 1914-1918.

Le **Barcarès** ▪ Ville des Pyrénées-Orientales. 5 894 habitants. Station balnéaire.

Barcelone ▪ Ville et port d'Espagne, capitale de la Catalogne. 1,6 million d'habitants. Quartier gothique. Célèbres *Ramblas.* Œuvres de Gaudí.

Barcelonnette ▪ Chef-lieu d'arrondissement des Alpes-de-Haute-Provence. 2 561 habitants.

Brigitte **Bardot** ▪ Actrice de cinéma française (née en 1934). *Et Dieu créa la femme ; Le Mépris.*

Daniel **Barenboïm** ▪ Pianiste et chef d'orchestre argentin, espagnol, palestinien et israélien (né en 1942). Directeur musical de l'Orchestre symphonique de Chicago, il cofonda en 1999 le *West-Eastern Divan Orchestra,* qui réunit des jeunes instrumentistes palestiniens, israéliens et arabes.

la mer de **Barents** ▪ Mer de l'océan Arctique.

Bari ▪ Ville du sud de l'Italie, chef-lieu des Pouilles. 316 500 habitants. Port sur l'Adriatique. Ville ancienne.

Alessandro **Baricco** ▪ Écrivain italien (né en 1958). *Châteaux de la colère ; Novecento.*

René **Barjavel** ▪ Écrivain français (1911-1985). Pionnier de la science-fiction en France. *Ravage ; La Nuit des temps.*

Simon **Bar Kocheba** ou **Bar Kokheba** ▪ Chef de la seconde guerre juive contre Rome (132-135).

Bar-le-Duc ▪ Chef-lieu de la Meuse. 14 592 habitants.

Christian **Barnard** ▪ Chirurgien sud-africain (1922-2001). Il réalisa la première greffe cardiaque en 1967.

Antoine **Barnave** ▪ Révolutionnaire français (1761-1793). Un des chefs de la Constituante, guillotiné.

Julian **Barnes** ▪ Écrivain britannique (né en 1946). *Le Perroquet de Flaubert.*

Phineas Taylor **Barnum** ▪ Entrepreneur de spectacles américain (1810-1891). Il fonda le cirque Barnum en 1871.

Pío **Baroja** ▪ Écrivain basque espagnol (1872-1956). *Mémoires d'un homme d'action* (1911-1935).

Barranquilla ▪ Port de Colombie. 1,2 million d'habitants.

Paul, vicomte de **Barras** ▪ Révolutionnaire français (1755-1829). Membre le plus influent du Directoire.

Jean-Louis **Barrault** ▪ Homme de théâtre français (1910-1994).

Maurice **Barrès** ▪ Écrivain français (1862-1923). Homme politique de droite, nationaliste, militariste, il se revendiquait dans l'énergie individuelle *(Le Culte du moi),* enrichi par l'enracinement national (*Le Roman de l'énergie nationale,* trilogie, 1897-1902). Ses *Cahiers* forment un témoignage engagé sur l'époque.

Françoise **Barré-Sinoussi** ■ Biochimiste française (née en 1947). Prix Nobel 2008, avec L. Montagnier, pour la découverte, en 1983, du virus du sida.

sir James Matthew **Barrie** ■ Romancier et auteur dramatique britannique (1860-1937). Romans de mœurs écossaises. Créateur du personnage de Peter Pan (1904).

José Manuel Durão **Barroso** ■ Homme politique portugais (né en 1956). Premier ministre de 2002 à 2004. Président de la Commission européenne (2004-2014).

Jeanne Bécu, comtesse du **Barry** ■ Favorite de Louis XV (1743-1793), guillotinée.

Bar-sur-Aube ■ Chef-lieu d'arrondissement de l'Aube. 4 774 habitants.

Jean **Bart** ■ Corsaire français (1650-1702).

Clément Marty, dit **Bartabas** ■ Cavalier et créateur de spectacles équestres français (né en 1957). Ses spectacles réunissent chevaux, musiciens, danseurs et acrobates.

Karl **Barth** ■ Théologien protestant suisse (1886-1968). *Dogmatique*.

saint **Barthélemy** ■ L'un des douze apôtres.

Roland **Barthes** ■ Critique, poéticien et sémiologue français (1915-1980). *Le Degré zéro de l'écriture ; L'Empire des Signes ; Le Plaisir du texte*.

Frédéric Auguste **Bartholdi** ■ Sculpteur français (1834-1904). *La Liberté éclairant le monde* à New York.

Louis **Barthou** ■ Homme politique français (1862-1934). Président du Conseil (1913) et ministre des Affaires étrangères (1934), il mourut dans l'attentat qui tua Alexandre Ier de Yougoslavie.

Béla **Bartók** ■ Compositeur hongrois (1881-1945). Pianiste, spécialiste du folklore populaire hongrois, il marqua la musique du XXe siècle par une œuvre variée : piano, musique de chambre *(Quatuors)*, musique symphonique, œuvres scéniques.

Cecilia **Bartoli** ■ Cantatrice italienne (née en 1966). Elle a mis sa voix et sa technique exceptionnelles au service de l'opéra classique (Haydn, Mozart...) ainsi que d'un répertoire baroque exigeant (inédits, œuvres rares).

Baruch ■ Dans la Bible, secrétaire du prophète Jérémie.

Mikhaïl Nikolaïevitch **Barychnikov** ■ Danseur et chorégraphe américain d'origine russe (né en 1948). Après une carrière éclatante en Union soviétique, il émigra aux États-Unis en 1974. Il a dirigé plusieurs troupes américaines.

Georg **Baselitz** ■ Peintre et graveur allemand (né en 1938). Inspiré par l'expressionnisme et l'art informel, il est célèbre pour ses représentations de sujets «tête en bas».

le **Bas-Empire** ■ Dernière période de l'Empire romain (IIIe-Ve s.).

William, dit Count **Basie** ■ Pianiste, compositeur et chef d'orchestre de jazz américain (1904-1984). Le principal représentant du style swing de l'école de Kansas City.

Basile II le Bulgaroctone ■ Empereur byzantin de 963 à sa mort (v. 958-1025). Il anéantit la puissance bulgare.

l'église de **Basile-le-Bienheureux** ■ Église de Moscou, sur la place Rouge (1555-1561).

saint **Basile le Grand** ■ Docteur et Père de l'Église (v. 330-379).

le Pays **basque** ■ Région des Pyrénées occidentales (France et Espagne). En Espagne, elle forme une communauté autonome (7 261 km^{2} ; 2,1 millions d'habitants ; capitale : Vitoria).

Jean-Michel **Basquiat** ■ Peintre et graphiste américain d'origine portoricaine (1960-1988). Il utilisa tous les supports possibles, mêlant écriture, peinture, dessin.

Jacopo da Ponte, dit il **Bassano** ■ Peintre vénitien (v. 1517-1592).

Basse-Terre ■ Chef-lieu de la Guadeloupe. 9 892 habitants.

Bassora ou **Basra** ■ Port d'Irak. 825 000 habitants.

Bastia ■ Chef-lieu et port de Haute-Corse. 48 296 habitants.

la **Bastille** ■ Prison d'État, à Paris, prise par les Parisiens le 14 juillet 1789.

Bastogne ■ Ville de Belgique, chef-lieu d'arrondissement de la province de Luxembourg, dans l'Ardenne. 16 276 habitants.

Bataclan ■ Salle de spectacles parisienne. Le 13 nov. 2015, 90 personnes y furent assassinées par des terroristes de Daech.

Georges **Bataille** ■ Écrivain français (1897-1962). Son œuvre est une analyse impitoyable de la transgression, axée sur l'érotisme et la mort.

les **Bataves** ■ Peuple germain qui habitait les Pays-Bas au Ier s. avant J.-C.

Le **Bateau ivre** ■ Poème d'Arthur Rimbaud (1871).

le **Bateau-Lavoir** ■ Immeuble parisien du quartier Montmartre (détruit en 1970). Habité par des peintres et des poètes au début du XXe s., il fut l'un des centres d'éclosion du cubisme.

Bath ■ Ville d'Angleterre (Avon), au sud-est de Bristol, sur l'Avon. 94 000 habitants. Bâtiments et urbanisme du XVIIIe s. Station thermale depuis l'époque romaine.

Báthory ▪ Ancienne famille hongroise qui régna sur la Transylvanie. ► La princesse Élisabeth **Báthory** (1560-1614), nièce du roi de Pologne Étienne Ier Báthory, aurait fait tuer des jeunes filles pour se baigner dans leur sang.

Batman (anglais «l'homme chauve-souris») ▪ Personnage de justicier masqué, héros de bande dessinée américaine, créé en 1939 par Bill Finger et Bob Kane.

Baton Rouge ▪ Ville des États-Unis (Louisiane). 229 500 habitants. Industries pétrolières.

Gaston **Baty** ▪ Metteur en scène français et théoricien du théâtre (1885-1952).

l'île de **Batz** ▪ Île de la Manche, face à Roscoff (Finistère).

Baucis → Philémon

Charles **Baudelaire** ▪ Poète français (1821-1867). Outre *Les Fleurs du mal*, recueil versifié fondateur de la poésie moderne, son œuvre comprend des poèmes en prose, des textes admirables sur la littérature, la peinture, la musique *(Curiosités esthétiques ; L'Art romantique)*.

Jean-Louis **Baudelocque** ▪ Médecin français (1746-1810). Il contribua à faire de l'obstétrique une discipline scientifique. ► Louis Auguste **Baudelocque** (v. 1799-v. 1864). Neveu de Jean-Louis Baudelocque, il mit au point un procédé opératoire pour la césarienne.

Baudouin Ier ▪ (1930-1993) Roi des Belges de 1951 à sa mort.

Jean **Baudrillard** ▪ Philosophe français (1929-2007). Traducteur de Marx, il a développé une sémiologie sociale. *Le Système des objets ; La Transparence du mal.*

le **Bauhaus** ▪ École d'architecture fondée par Gropius à Weimar (1919-1933).

La **Baule-Escoublac** ▪ Ville de Loire-Atlantique. 16 160 habitants. Station balnéaire.

Étienne Blum, dit Étienne-Émile **Baulieu** ▪ Médecin français (né en 1926). Endocrinologue, il fit des recherches sur les hormones ; il a mis au point la pilule abortive en 1980.

Henri, dit Harry **Baur** ▪ Acteur français (1880-1943). Il interpréta au cinéma des personnages comme Jean Valjean, Hérode, Tarass Boulba, Raspoutine.

Pina **Bausch** ▪ Danseuse et chorégraphe allemande (1940-2009). Chorégraphies expressionnistes, proches du théâtre.

Les **Baux-de-Provence** ▪ Commune des Bouches-du-Rhône. Cité médiévale.

la **Bavière,** en allemand *Bayern* ▪ Land d'Allemagne. 70 554 km². 12,5 millions d'habitants. Capitale : Munich.

Pierre de **Bayard** ▪ Homme de guerre français, surnommé le «chevalier sans peur et sans reproche» (v. 1475-1524).

Bayazid Ier, en fr. *Bajazet* ▪ (1354-1403) Sultan ottoman de 1389 à 1402.

Bayeux ▪ Chef-lieu d'arrondissement du Calvados. 12 640 habitants. *Broderie de la reine Mathilde* (XIe s.) représentant la conquête de l'Angleterre par Guillaume le Conquérant. Cathédrale.

Pierre **Bayle** ▪ Écrivain et penseur français (1647-1706). Calviniste, il dut émigrer à Genève, puis à Rotterdam. Séparant la morale de la religion, prônant la liberté de conscience, il publia des *Nouvelles de la république des lettres* (1684-1687) et surtout un grand *Dictionnaire historique et critique* (4 volumes ; 1695-1697) portant sur les dogmes et les traditions. Il fut un précurseur de l'esprit des Lumières.

le **Bayon** ▪ Temple de la cité d'Angkor Thom, au Cambodge (XIIe siècle).

Bayonne ▪ Chef-lieu d'arrondissement des Pyrénées-Atlantiques. 52 006 habitants.

Bayreuth ▪ Ville d'Allemagne (Bavière). 72 000 habitants. Festival Wagner.

Achille **Bazaine** ▪ Maréchal de France (1811-1888).

Jean-Pierre Hervé-Bazin, dit Hervé **Bazin** ▪ Romancier français (1911-1996). Son œuvre est tournée vers la dénonciation des contraintes sociales bourgeoises. *Vipère au poing ; Au nom du fils.*

BBC ▪ Office national de la radio et de la télévision publique britannique *(British Broadcasting Company)*, créé en 1922.

BCE → Banque centrale européenne

Robert, dit Bob **Beamon** ▪ Athlète américain (né en 1946). Détenteur du record du monde de saut en longueur (à 8,90 m) de 1968 à 1991.

Aubrey Vincent **Beardsley** ▪ Dessinateur et écrivain britannique (1872-1898). L'esthétique de ses affiches, de ses illustrations est caractéristique de l'art nouveau.

le **Béarn** ▪ Anc. province du sud-ouest de la France. Capitale : Pau.

les **Beatles** n. m. pl. ▪ Groupe anglais de musique pop (1962-1970).

Cecil **Beaton** ▪ Photographe britannique (1904-1980). Célèbre pour ses photos de mode et de stars (Marlene Dietrich, Marilyn Monroe). Portraitiste officiel de la famille royale.

Beatrix Ire ▪ Reine des Pays-Bas de 1980 à 2013 (née en 1938).

Beaucaire ▪ Ville du Gard. 15 659 habitants. Château.

la **Beauce** ▪ Région du Bassin parisien.

Yves **Beauchemin** ▪ Romancier canadien (québécois) (né en 1941). *Le Matou ; Le Second Violon.*

Beaucoup de bruit pour rien ▪ Comédie de Shakespeare (v. 1598).

Alphonse **Beau de Rochas** ▪ Ingénieur français (1815-1893). Inventeur du cycle à quatre temps.

sir Francis **Beaufort** ▪ Amiral britannique (1774-1857). Il proposa en 1805 une échelle pour la mesure de la force des vents (*l'échelle de Beaufort*).

Beaugency ▪ Commune du Loiret. 7 384 habitants. Donjon du XIe siècle et abbatiale du XIIe siècle.

le **Beaujolais** ▪ Région de l'est du Massif central. Vignobles.

Victor-Lévy **Beaulieu** ▪ Romancier, auteur dramatique et poète canadien (québécois) d'expression française (né en 1945). *Don Quichotte de la démanche ; Sophie et Léon.*

Beaulieu-sur-Mer ▪ Commune des Alpes-Maritimes, près de Nice. 3 762 habitants.

Pierre Augustin Caron de **Beaumarchais** ▪ Auteur dramatique français (1732-1799). *Le Barbier de Séville ; Le Mariage de Figaro.*

Beaumes-de-Venise ▪ Chef-lieu de canton du Vaucluse, près de Carpentras. 2 379 habitants. Vin muscat réputé.

Beaune ▪ Chef-lieu d'arrondissement de la Côte-d'Or. 20 122 habitants. Hôtel-Dieu (XVe s.). Vins. ► la **côte de Beaune,** zone viticole de la Bourgogne, au nord et au sud de Beaune, qui fait suite, vers le sud, à la côte de Nuits.

Beauvais ▪ Chef-lieu de l'Oise. 56 889 habitants. Cathédrale gothique.

Simone de **Beauvoir** ▪ Écrivaine française (1908-1986). Philosophe de formation. Autrice de romans, de nouvelles, de souvenirs et d'essais, notamment sur la place de la femme dans la société. *Le Deuxième Sexe.*

Bécassine ▪ Personnage de bande dessinée, créé en 1905 (dessinateur : Joseph-Porphyre Pinchon), jeune servante bretonne naïve.

Cesare Bonesana, marquis de **Beccaria** ▪ Juriste italien (1738-1794). Il dénonça l'usage de la torture et contesta la peine de mort.

Sidney **Bechet** ▪ Musicien de jazz américain (1897-1959). Il joua de la clarinette et, surtout, du saxophone soprano.

Jacques **Becker** ▪ Cinéaste français (1906-1960). Description sensible de la réalité sociale française d'après-guerre. *Goupi Mains Rouges ; Rendez-vous de juillet ; Casque d'or.*

Samuel **Beckett** ▪ Écrivain irlandais d'expression anglaise et française (1906-1989). Auteur de romans *(Molloy)* et de pièces de théâtre *(En attendant Godot ; Oh, les beaux jours !)* d'un pessimisme extrême dans une langue d'une admirable simplicité, tant en français qu'en anglais.

Max **Beckmann** ▪ Peintre et dessinateur allemand (1884-1950). Il fuit le nazisme et s'installe aux Pays-Bas puis aux États-Unis. Expressionnisme d'une grande intensité chromatique.

Henri **Becquerel** ▪ Physicien français (1852-1908). Il découvrit la radioactivité.

saint **Bède le Vénérable** ▪ Historien anglo-saxon (v. 673-735).

Joseph **Bédier** ▪ Médiéviste français (1864-1938). Il édita et adapta en français moderne *Tristan et Iseut* et *La Chanson de Roland.*

les **Bédouins** ▪ Arabes nomades d'Afrique du Nord et du Proche-Orient.

sir Thomas **Beecham** ▪ Chef d'orchestre britannique (1879-1961). Fondateur, notamment, du London Philharmonic Orchestra.

Harriett Elizabeth **Beecher-Stowe** ▪ Romancière américaine (1811-1896). *La Case de l'oncle Tom.*

Beersheba ou **Be'er Sheva** ▪ Ville d'Israël, chef-lieu du district sud, dans le nord du Néguev. 185 400 habitants.

Ludwig van **Beethoven** ▪ Compositeur allemand (1770-1827). Auteur d'une œuvre immense : 9 symphonies, sonates, quatuors, musique de chambre, un opéra *(Fidelio)*, etc.

Menahem **Begin** ▪ Homme d'État israélien (1913-1992). Il signa la paix avec l'Égypte.

Bègles ▪ Ville de Gironde, banlieue sud-est de Bordeaux. 30 543 habitants.

Peter **Behrens** ▪ Architecte et dessinateur allemand (1868-1940).

Vitus **Behring** ▪ Navigateur et explorateur danois (1681-1741). ► le détroit de **Behring** → **Béring.**

Emil von **Behring** ▪ Médecin et bactériologiste allemand (1854-1917).

Beijing → **Pékin**

Maurice Berger dit **Béjart** ▪ (1927-2007). Danseur et chorégraphe français.

la **Bekaa** ▪ Haute plaine du Liban.

Bel-Ami ▪ Roman de Maupassant (1885).

le **Bélarus** → **Biélorussie**

Belau → **Palaos**

Belém ▪ Port du nord du Brésil, sur l'Amazone. 1,4 million d'habitants.

Belfast ▪ Capitale de l'Irlande du Nord. 280 500 habitants.

Belfort ▪ Chef-lieu du Territoire de Belfort. 45 458 habitants. ► **le Territoire de Belfort** [90]. Département français de la Région Bourgogne-Franche-Comté. 549 km². 140 120 habitants. Chef-lieu : Belfort.

la **Belgique** ▪ État fédéral d'Europe occidentale, groupant les régions *flamande, wallonne* et de *Bruxelles-Capitale*. 30 527 km². 11,49 millions d'habitants. Capitale : Bruxelles.

Belgrade ▪ Capitale de la Serbie. 1,6 million d'habitants.

Bélisaire ▪ Général byzantin (v. 500-565).

le **Belize** ou **Bélize** ▪ État d'Amérique centrale. 22 965 km². 408 000 habitants. Capitale : Belmopan. Anc. Honduras-Britannique.

Graham **Bell** ▪ Ingénieur américain (1847-1922). Inventeur du téléphone.

Bellac ▪ Chef-lieu d'arrondissement de la Haute-Vienne. 3 619 habitants.

Bellarmin → saint **Robert Bellarmin**

Joachim du **Bellay** ▪ Poète français de la Pléiade (1522-1560). Poèmes harmonieux, d'une émouvante simplicité. *Les Regrets*.

Rémi **Belleau** ▪ Poète français (1528-1577). Il fut l'un des membres de la Pléiade.

La **Belle au bois dormant** ▪ Conte de Charles Perrault (1697).

La **Belle et la Bête** ▪ Film français de Jean Cocteau (1946), avec Jean Marais, d'après un conte de Madame Leprince de Beaumont.

La **Belle Hélène** ▪ Opéra bouffe de Meilhac et Halévy, musique d'Offenbach (1864).

Belle-Île-en-Mer ▪ Île du Morbihan. 5 249 habitants. Chef-lieu : Le Palais.

Belleville ▪ Quartier de Paris.

Belley ▪ Chef-lieu d'arrondissement de l'Ain. 9 207 habitants.

Giovanni **Bellini** ▪ Peintre vénitien (v. 1433-1516).

Vincenzo **Bellini** ▪ Compositeur d'opéras italien (1801-1835). *Norma*.

Hans **Bellmer** ▪ Peintre français d'origine allemande (1902-1975). Surréaliste, il illustra les œuvres de Georges Bataille.

Bellone ▪ mythol. Déesse romaine de la Guerre.

Saul **Bellow** ▪ Romancier américain (1915-2005). Peinture de la minorité noire américaine. Prix Nobel 1976.

Paul **Belmondo** ▪ Sculpteur français (1898-1982), néoclassique. ► Jean-Paul **Belmondo,** son fils (1933-2021), acteur français de théâtre et de cinéma.

Belmopán ▪ Capitale du Belize. 25 000 habitants.

Belo Horizonte ▪ Ville du sud-est du Brésil. 2,4 millions d'habitants.

Bélouchistan → **Baluchistan**

Belphégor ▪ Dans la Bible, dieu Baal de la montagne de Péor, au pays de Moab (actuelle Jordanie).

Belzébuth ▪ Déformation du nom du dieu Baal. Un des noms du diable.

Zine el-Abidine **Ben Ali** ▪ Homme d'État tunisien (1936-2019). Président de la République de 1987 à 2011. Renversé par une révolution populaire.

Bénarès ou **Varanasi** ▪ Ville d'Inde, sur le Gange. 1,2 million d'habitants. L'une des sept villes saintes de l'hindouisme.

Ahmed **Ben Bella** ▪ Président de la République algérienne de 1963 à 1965 (1916-2012).

Julien **Benda** ▪ Romancier et essayiste français (1867-1956). *La France byzantine ; La Trahison des clercs*.

le **Benelux** ▪ Union économique de la Belgique, des Pays-Bas et du Luxembourg.

Edvard **Beneš** ▪ Homme politique tchécoslovaque (1884-1948). Ministre des Affaires étrangères de 1918 à 1935, il présida le gouvernement en exil à Londres (1941) ; président de la République en 1945, il se retira à la suite du coup de force communiste de 1948.

Bénévent ▪ Ville d'Italie, en Campanie, chef-lieu de province sur le Calore. 61 800 habitants.

le **Bengale** ▪ Région partagée en 1947 entre l'Inde (État du *Bengale-Occidental* : 88 752 km² ; 99,6 millions d'habitants ; capitale : Calcutta) et le Pakistan oriental, devenu en 1971 l'État indépendant du Bangladesh.

Benghazi ▪ Port de Libye. 800 000 habitants.

David **Ben Gourion** ▪ Homme politique israélien (1886-1973). Premier chef de gouvernement (travailliste) de l'État d'Israël.

Ben-Hur ▪ Film américain à grand spectacle de William Wyler (1959).

le royaume du **Bénin** ▪ Ancien royaume d'Afrique occidentale (XIᵉ-XIXᵉ s.).

le **Bénin,** anciennement *Dahomey* ▪ État d'Afrique occidentale. 112 622 km². 11,1 millions d'habitants. Capitale : Porto-Novo. Ville principale : Cotonou.

Benjamin ▪ Bible Dernier des douze fils de Jacob.

Walter **Benjamin** ▪ Écrivain et philosophe allemand (1892-1940). Théoricien de l'esthétique et de la traduction. D'origine juive, il fuit l'Allemagne en 1933. En 1940, il se suicida.

Tahar **Ben Jelloun** ▪ Écrivain marocain d'expression française (né en 1944). *L'Écrivain public ; La Nuit sacrée*.

Oussama **Ben Laden** ▪ Chef politique et religieux d'origine saoudienne (1957-2011). Fondateur d'al-Qaida* ; soupçonné de financer de nombreux groupes islamistes et de commanditer des attentats terroristes, il fut tué par un commando américain.

le **Ben Nevis** ▪ Point culminant de la Grande-Bretagne, en Écosse. 1 343 m.

Pierre **Benoit** ▪ Romancier français (1886-1962). *L'Atlantide ; Mademoiselle de la Ferté.*

Benoît ▪ Nom de papes. ► **Benoît XIV,** pape de 1740 à 1758, de tendance libérale. ► **Benoît XV,** pape de 1914 à 1922, mena une action humanitaire. ► **Benoît XVI,** le cardinal allemand Josef Ratzinger (1927-2022), fut élu en 2005 et renonça au pontificat en 2013.

saint **Benoît de Nursie** ▪ Fondateur (italien) de l'ordre bénédictin (v. 480-v. 547). Initiateur du monachisme en Occident.

Jeremy **Bentham** ▪ Philosophe et juriste anglais (1748-1832). Fondateur de l'utilitarisme moral.

Émile **Benveniste** ▪ Linguiste français (1902-1976). Spécialiste de la grammaire comparée des langues indo-européennes, il fit d'importantes recherches sur la formation des noms et sur le *Vocabulaire des institutions* dans ce domaine. Ses recherches en linguistique générale et en sémiotique sont exposées dans *Problèmes de linguistique générale.*

Eliézer Perelman, dit **Ben Yehuda** ▪ Journaliste et lexicographe lituanien (1858-1922). Sioniste, il s'établit à Jérusalem en 1881 et fut le principal artisan de la renaissance de l'hébreu, fondant plusieurs journaux et s'attelant à la réalisation d'un monumental dictionnaire (16 tomes).

la **Béotie** ▪ Région de Grèce centrale. Capitale antique : Thèbes. Capitale actuelle : Livadia.

le lai de **Beowulf** ▪ Poème héroïque en vieil anglais (Xe s.), connu par un manuscrit de la British Library (Londres).

Pierre de **Béranger** ▪ Chansonnier français (1780-1857).

les **Berbères** ▪ Peuples d'Afrique du Nord.

Nina Nikolaïevna **Berberova** ▪ Romancière et critique littéraire américaine d'origine et d'expression russes (1901-1993).

Berchtesgaden ▪ Ville d'Allemagne (Bavière). 7 700 habitants. Hitler y avait installé son «nid d'aigle».

Berck ▪ Ville du Pas-de-Calais. 13 442 habitants. Station balnéaire.

Bercy ▪ Quartier de l'est de Paris. Palais omnisport.

BERD → Banque européenne pour la reconstruction et le développement

Pierre **Bérégovoy** ▪ Homme politique (socialiste) français (1925-1993). Premier ministre de 1992 à 1993.

Bérénice ▪ Princesse juive (v. 28-79) dont l'histoire a inspiré Racine (1670).

la **Bérézina** ▪ Rivière de Biélorussie. Tragique retraite de l'armée de Napoléon (1812).

Alban **Berg** ▪ Compositeur autrichien (1885-1935). Élève de Schoenberg, il interpréta les principes du dodécaphonisme de manière personnelle. Œuvres symphoniques, concerto pour violon «À la mémoire d'un ange», musique de chambre, opéras : *Wozzeck ; Lulu* (inachevé).

Bergame, en italien *Bergamo* ▪ Ville d'Italie (Lombardie). 113 100 habitants. Monuments anciens dans la partie haute de la ville.

Bergen ▪ Port de Norvège. 260 400 habitants.

Bergen-Belsen ▪ Camp de concentration allemand nazi (1943-1945).

Bergerac ▪ Chef-lieu d'arrondissement de la Dordogne. 26 360 habitants. Vignobles.

Ingmar **Bergman** ▪ Cinéaste suédois (1918-2007). Il réalisa plus de 40 films d'une grande perfection formelle et d'une émotion profonde. *Le Septième Sceau ; Cris et chuchotements.*

Henri **Bergson** ▪ Philosophe français (1859-1941). Son attitude est spiritualiste et antidogmatique. *La Pensée et le Mouvant ; Matière et Mémoire.*

Lavrenti Pavlovitch **Beria** ▪ Homme politique soviétique (1899-1953). Il dirigea la police politique, fut ministre de l'Intérieur (1942-1946) et nommé maréchal (1945) ; il fut exécuté après la mort de Staline.

le détroit de **Béring** ou **Behring** ▪ Bras de mer formant un passage entre les océans Arctique et Pacifique.

Luciano **Berio** ▪ Compositeur italien (1925-2003). Il renouvela la musique du XXe siècle, mêlant l'art vocal et l'électroacoustique.

George **Berkeley** ▪ Évêque irlandais, philosophe idéaliste (1685-1753). Il affirme : «Être, c'est être perçu.»

Berkeley ▪ Ville des États-Unis (Californie). 112 600 habitants. Université.

Marius **Berliet** ▪ Industriel français (1866-1949). Il fonda en 1900 une entreprise de construction automobile (poids lourds).

Berlin ▪ Capitale et Land d'Allemagne. 889 km². 3,5 millions d'habitants.

Israël Isidore Berline, dit Irving **Berlin** ▪ Compositeur américain d'origine russe (1888-1989). Chansons et airs de danse popularisés par des comédies musicales.

Hector **Berlioz** ▪ Compositeur français (1803-1869). Le plus inventif des musiciens de sa génération, auteur d'une vaste œuvre symphonique (*La Symphonie fantastique* ; *Harold en Italie* ; *Requiem*...), de mélodies, d'une « légende dramatique », *La Damnation de Faust* (1846), d'un opéra (*Les Troyens à Carthage*)...

Silvio **Berlusconi** ▪ Homme d'affaires et homme politique italien (1936-2023). À la tête d'un groupe financier, de sociétés de construction, de distribution, de nombreux médias, il fut président du Conseil (1994 ; 2001-2006 ; 2008-2011).

les **Bermudes** n. f. pl. ▪ Archipel britannique de l'Atlantique, au nord-est des Antilles. 53 km². 64 237 habitants. Capitale : Hamilton.

sainte **Bernadette Soubirous** ▪ Paysanne de Lourdes (1844-1879). Ses visions sont à l'origine d'un pèlerinage.

Bernadotte → Charles XIV de Suède

Georges **Bernanos** ▪ Romancier et essayiste français (1888-1948). Catholique hanté par le problème du mal : *Sous le soleil de Satan* ; *Journal d'un curé de campagne* (romans) ; *Dialogues des carmélites* (pièce de théâtre).

Claude **Bernard** ▪ Physiologiste français (1813-1878). *Introduction à l'étude de la médecine expérimentale.*

Paul, dit Tristan **Bernard** ▪ Écrivain humoriste français (1866-1947).

Alain **Bernard** ▪ Nageur français (né en 1983). Médaillé d'or du 100 m nage libre aux Jeux olympiques de Pékin en 2008, record du monde en 2009 (46 secondes 94 centièmes).

saint **Bernard de Clairvaux** ▪ Fondateur (français) de l'abbaye de Clairvaux (1091-1153).

Bernart de Ventadorn ou **Bernard de Ventadour** ▪ Troubadour limousin du XIIe s. Il vécut à la cour d'Aliénor d'Aquitaine.

Henri **Bernardin de Saint-Pierre** ▪ Écrivain français (1737-1814). *Paul et Virginie* ; *Études de la nature* ; *Harmonies de la nature.*

Bernay ▪ Chef-lieu d'arrondissement de l'Eure. 9 654 habitants.

Berne, en allemand *Bern* ▪ Capitale fédérale de la Suisse. 133 800 habitants (zone urbaine 418 225). ▸ le canton de **Berne.** Canton de Suisse. 6 051 km². 1 026 513 habitants. Chef-lieu : Berne.

Thomas **Bernhard** ▪ Écrivain autrichien (1931-1989). Auteur de romans, de drames, de récits autobiographiques critiques à l'égard de la société bourgeoise.

Sarah **Bernhardt** ▪ Tragédienne française (1844-1923). *L'Aiglon.*

le **Bernin** ▪ Architecte et sculpteur baroque italien (1598-1680). Baldaquin et colonnade de Saint-Pierre de Rome.

la **Bernina** ▪ Massif des Alpes suisses (Grisons). 4 049 m au Piz Bernina.

les **Bernoulli** ▪ Famille de mathématiciens et physiciens suisses des XVIIe et XVIIIe s.

Leonard **Bernstein** ▪ Chef d'orchestre et compositeur américain (1918-1990). Auteur de la comédie musicale *West Side Story.*

l'étang de **Berre** ▪ Étang des Bouches-du-Rhône. Raffineries.

Pedro **Berruguete** ▪ Peintre espagnol (v. 1450-v. 1504). Retables à Ávila.

le **Berry** ▪ Région du centre de la France, au nord du Massif central. Ancienne province de France.

Charles-Ferdinand, duc de **Berry** ▪ (1778-1820) Fils de Charles X, chef des ultras. Il fut assassiné.

Chuck **Berry** ▪ Guitariste américain de rock (1926-2017).

Berthe, dite Berthe aux grands pieds ▪ Épouse de Pépin le Bref, mère de Charlemagne (v. 730-783).

Marcelin **Berthelot** ▪ Chimiste et homme politique français (1827-1907).

Claude Louis comte **Berthollet** ▪ Chimiste français (1748-1822).

Bernardo **Bertolucci** ▪ Cinéaste italien (1941-2018). Cinéaste de la jeunesse en révolte, il évolua vers un style plus académique. *Prima della rivoluzione* ; *Le Dernier Tango à Paris* ; *Le Dernier Empereur.*

Louis, dit Aloysius **Bertrand** ▪ Écrivain français (1807-1841). Ses poèmes en prose manifestent un goût romantique pour le Moyen Âge. *Gaspard de la nuit* a inspiré à Ravel trois ballades pour piano.

Pierre de **Bérulle** ▪ Prélat français (1575-1629). Il fonda l'ordre de l'Oratoire.

Jöns Jacob, baron **Berzelius** ▪ Chimiste suédois (1779-1848). Il créa la notation symbolique moderne.

Bès ▪ relig. Dieu égyptien, génie familier et protecteur représenté sous la forme d'un nain grimaçant.

Olivier **Besancenot** ▪ Homme politique français (né en 1974). Porte-parole de la Ligue communiste révolutionnaire (LCR), il fonda le Nouveau Parti anticapitaliste (NPA) en 2009.

Besançon ▪ Chef-lieu du Doubs. 118 258 habitants. Citadelle de Vauban. Palais de la Renaissance.

la **Bessarabie** ▪ Région partagée entre l'Ukraine et la Moldavie.

sir Henry **Bessemer** ▪ Ingénieur anglais (1813-1898). Inventeur d'un procédé de production de l'acier.

Luc **Besson** ▪ Cinéaste français (né en 1959). *Le Grand Bleu ; Nikita.*

La **Bête humaine** ▪ Roman d'Émile Zola (1890), 17e volume du cycle des *Rougon-Macquart.*

Bethléem ▪ Ville de Cisjordanie. 75 000 habitants. D'après les Évangiles, Jésus y naquit.

Bethsabée ▪ Bible Épouse du roi David et mère de Salomon.

Béthune ▪ Chef-lieu d'arrondissement du Pas-de-Calais. 24 983 habitants.

Alexandre Biyidi, dit Mongo **Beti** ▪ Écrivain camerounais (1932-2001). Installé en France à partir de 1951. *Ville cruelle ; Main basse sur le Cameroun.*

la chaîne **Bétique** ▪ Massif montagneux du sud-est de l'Espagne. 3 482 m au Mulhacén.

Bruno **Bettelheim** ▪ Psychiatre et psychanalyste américain d'origine autrichienne (1903-1990). Spécialiste des psychoses infantiles, notamment de l'autisme.

Joseph **Beuys** ▪ Artiste plasticien allemand (1921-1986). Son œuvre, contestataire ou narcissique et morbide, est censée exprimer son inconscient et libérer celui du spectateur. Ses «installations» comprennent des substances organiques (graisse, sang, os), des textiles, des animaux morts ou vivants et forment des psychodrames.

Aneurin **Bevan** ▪ Homme politique britannique (1897-1960). Ministre travailliste de la Santé (1945) et du Travail (1951). Un des créateurs des assurances maladie.

lord William Henry **Beveridge** ▪ Économiste britannique (1879-1963). Professeur d'économie, il proposa un *Rapport sur les assurances sociales* (dit «plan Beveridge») en 1942.

Beverly Hills ▪ Ville de Californie, intégrée à Los Angeles (États-Unis). 34 100 habitants. Lieu de résidence de nombreux acteurs et producteurs de cinéma.

Ernest **Bevin** ▪ Homme politique britannique (1887-1951). Syndicaliste, il présida le Conseil général des syndicats (Trade Unions Council) en 1937, fut ministre du Travail en 1940 et ministre travailliste des Affaires étrangères (1945-1951).

Henri **Beyle** → **Stendhal**

Beyrouth ▪ Capitale du Liban. 1,5 million d'habitants. Partie orientale habitée par les chrétiens, partie occidentale par les musulmans.

Théodore de **Bèze** ▪ Écrivain et théologien protestant (1519-1605). Il succéda à Calvin.

Béziers ▪ Chef-lieu d'arrondissement de l'Hérault. 78 683 habitants.

Bezons ▪ Ville du Val-d'Oise. 31 866 habitants.

Bhagavad-gītā ▪ Poème sanskrit incorporé au *Mahābhārata.*

Bhopal ▪ Ville d'Inde (Madhya Pradesh). 1,9 million d'habitants. Catastrophe industrielle en 1984 : 20 000 morts.

le royaume du **Bhoutan** ▪ État d'Asie, dans l'Himalaya. 46 500 km^2. 750 000 habitants. Capitale : Thimphou.

Zulfikar Ali **Bhutto** ▪ Homme d'État pakistanais (1928-1979). Président de la République puis Premier ministre (1971-1977). Il fut renversé et exécuté.

Benazir **Bhutto** ▪ Femme d'État pakistanaise, fille de Zulfikar Ali Bhutto (1953-2007). Première ministre (1988-1990 ; 1993-1996). Elle fut assassinée.

la république du **Biafra** ▪ Nom pris par la région sud-est du Nigeria en sécession de 1967 à 1970.

Biarritz ▪ Ville des Pyrénées-Atlantiques. 25 885 habitants. Station balnéaire.

la **Bible** ▪ Livre saint des juifs et des chrétiens. Écrite en hébreu, la Bible juive est composée de 24 livres (39 textes). Traduite en grec, elle est devenue l'Ancien Testament des chrétiens, qui lui ajoutent 27 textes écrits en grec, le Nouveau Testament : la Bible chrétienne regroupe l'Ancien et le Nouveau Testament ; l'Ancien Testament chrétien est augmenté de 7 livres, qui ne sont pas bibliques mais *apocryphes* pour les juifs et les protestants : les catholiques les nomment *deutérocanoniques.*

la **Bibliothèque nationale de France** (BNF) ▪ Établissement public comprenant deux sites principaux, Richelieu et Tolbiac (Bibliothèque François-Mitterrand), à Paris.

François Marie Xavier **Bichat** ▪ Anatomiste et physiologiste français (1771-1802).

Bichkek ▪ Capitale du Kirghizstan. 1 million d'habitants.

Bidart ▪ Ville des Pyrénées-Atlantiques. 7 224 habitants. Station climatique et balnéaire.

la **Bidassoa** ▪ Rivière du Pays basque à la frontière entre la France et l'Espagne.

Georges **Bidault** ▪ Homme politique français (1899-1983). Successeur de J. Moulin à la tête du Conseil national de la Résistance (1943), président du Conseil (1949-1950).

Joseph, dit Joe **Biden** ▪ Homme d'État américain (né en 1942). Vice-président de B. Obama, il devint le 46e président (démocrate) des États-Unis en 2021.

la **Biélorussie** ou le **Bélarus** ▪ État d'Europe orientale. 207 600 km^2. 9,4 millions d'habitants. Capitale : Minsk.

Bienne ▪ Ville de Suisse (canton de Berne). 54 600 habitants.

Fulgence **Bienvenüe** ▪ Ingénieur français (1852-1936). Il dressa les plans et dirigea les premiers travaux du métro parisien (1900).

Wolf **Biermann** ▪ Poète, auteur et chanteur allemand (né en 1936). Il choisit de vivre en RDA, où il fut bientôt déchu de sa nationalité (1976). Chansons de critique sociale et politique.

la **Bigorre** ▪ Région des Hautes-Pyrénées.

le **Bihar** ▪ État du nord-est de l'Inde. 94 163 km^2. 124 millions d'habitants. Capitale : Patna.

Bijapur ▪ Ville d'Inde (Karnataka) sur le plateau du Dekkan. 327 000 habitants. Capitale de la dynastie musulmane des Adil Shah, elle conserve de nombreux monuments.

Bikini ▪ Atoll des îles Marshall. Les États-Unis y firent des expériences atomiques.

Enki **Bilal** ▪ Dessinateur français de bandes dessinées fantastiques (né en 1951).

Bilbao ▪ Port d'Espagne (Biscaye). 351 356 habitants. Industries. Musée Guggenheim (1998).

Gilles **Binchois** ▪ Musicien franco-flamand (1400-1460). Œuvres sacrées ; chansons (sur ses propres textes ou ceux de Charles d'Orléans, Alain Chartier...).

Alfred **Binet** ▪ Psychologue français (1857-1911). Créateur des tests mentaux.

Jean-Baptiste **Biot** ▪ Astronome et physicien français (1774-1862). Recherches en astronomie et en physique.

la **BIRD** ▪ Banque internationale pour la reconstruction et le développement.

Bir Hakeim ▪ Localité de Libye où les Français résistèrent aux Allemands en 1942.

Birkenau ▪ Nom allemand de la ville polonaise de Brzezinka, près d'Oswiecim (Auschwitz). Les nazis y organisèrent un camp d'extermination de 1941 à 1945.

la **Birmanie** ou l'Union du **Myanmar** ▪ État d'Asie du Sud-Est. 676 579 km^2. 53,7 millions d'habitants. Capitale : Nay Pyi Taw (Rangoun jusqu'en 2006).

Birmingham ▪ Ville d'Angleterre (Midlands). 1 million d'habitants.

al-**Bīrūnī** ▪ Savant iranien de langue arabe (973-1048).

la **Biscaye,** en basque *Biskaia*, en espagnol *Vizcaya* ▪ Province basque d'Espagne. 2 217 km^2. 1,1 million d'habitants. Chef-lieu : Bilbao.

Biskra ▪ Ville d'Algérie, au pied des Aurès. 129 600 habitants.

Bismarck ▪ Homme d'État allemand (1815-1898). Artisan de l'unité allemande.

l'archipel **Bismarck** ▪ Îles de la Papouasie-Nouvelle-Guinée.

Bissau ou **Bissao** ▪ Capitale de la Guinée-Bissau. 388 000 habitants.

le **BIT** → **OIT**

les **Bituriges** ▪ Populations celtiques établies dans l'actuel Berry (capitale Avaricum, Bourges) et dans l'actuel Bordelais (capitale Burdigala, Bordeaux).

Bizerte ▪ Port du nord-est de la Tunisie. 114 400 habitants.

Georges **Bizet** ▪ Compositeur français (1838-1875). Opéras, opéras comiques *(L'Arlésienne ; Carmen)*.

Bjørnstjerne **Bjørnson** ▪ Auteur dramatique norvégien (1832-1910). Optimiste et humaniste, il écrivit, outre des drames et des comédies, des contes et des romans. Prix Nobel 1903.

les **Black Panthers** n. f. → **Panthères noires**

Blackpool ▪ Ville d'Angleterre, station balnéaire sur la mer d'Irlande. 142 300 habitants.

Blagnac ▪ Ville de la Haute-Garonne, banlieue de Toulouse. 26 101 habitants. Construction aéronautique (Airbus).

Anthony, dit Tony **Blair** ▪ Homme politique britannique (né en 1953). Premier ministre (travailliste) de 1997 à 2007.

Marie-Claire **Blais** ▪ Romancière canadienne d'expression française (1939-2021). *La Belle Bête ; Une saison dans la vie d'Emmanuel.*

William **Blake** ▪ Poète et graveur anglais (1757-1827). Sa formation de graveur le rapprocha de l'inspiration fantastique de Johann Füssli*. Il écrivit des poèmes lyriques et visionnaires qu'il transcrivit dans ses gravures, surtout après le choc de la mort de son frère (*Le Mariage du Ciel et de l'Enfer*, 1793). Il écrivit des poèmes cosmogoniques, illustrant notamment la Bible et Dante.

Louis **Blanc** ▪ Socialiste et historien français (1811-1882).

Le **Blanc** ▪ Chef-lieu d'arrondissement de l'Indre. 6 229 habitants.

le mont **Blanc** ▪ Point culminant des Alpes (4 807 m). Tunnel routier.

la mer **Blanche** ▪ Mer de l'océan Arctique, au nord-ouest de la Russie.

Blanche de Castille ▪ Reine de France (1188-1252). Épouse de Louis VIII et mère de Louis IX.

Blanche-Neige ▪ Héroïne d'un conte des frères Grimm (1812). Walt Disney en fit le sujet du premier dessin animé de long-métrage (1937).

Maurice **Blanchot** ▪ Critique et romancier français (1907-2003). Il est l'auteur de textes, en quête des formes littéraires, face à l'insignifiance et à la mort. *Thomas l'obscur.*

Le **Blanc-Mesnil** ▪ Ville de la Seine-Saint-Denis. 57 989 habitants.

sainte **Blandine** ▪ Jeune fille martyrisée avec les premiers chrétiens à Lyon en 177.

Louis Auguste **Blanqui** ▪ Socialiste français, théoricien révolutionnaire (1805-1881).

Vicente **Blasco Ibáñez** ▪ Romancier espagnol (1867-1928). Son réalisme populiste est au service de valeurs morales. *Arènes sanglantes,* critique de la corrida.

Blaye ▪ Chef-lieu d'arrondissement de la Gironde. 4 897 habitants. Vins (côtes-de-Blaye).

Louis **Blériot** ▪ Aviateur français (1872-1936). Première traversée de la Manche, en 1909.

Blida → el-**Boulaida**

Bertrand **Blier** ▪ Réalisateur français (né en 1939). *Les Valseuses ; Tenue de soirée.*

Roger **Blin** ▪ Acteur et metteur en scène de théâtre français (1907-1984). A créé notamment des pièces de Beckett et Genet.

Karen **Blixen** ▪ Romancière danoise (1885-1962). *La Ferme africaine.*

Marc **Bloch** ▪ Médiéviste français (1886-1944). Fondateur avec Lucien Febvre de l'école des Annales.

le **Blocus continental** ▪ Ensemble de mesures prises par Napoléon Ier à partir de 1806 pour tenter de bloquer l'économie britannique.

Blois ▪ Chef-lieu du Loir-et-Cher. 46 660 habitants. Château (XIIIe-XVIIe s.).

Aleksandr Aleksandrovitch **Blok** ▪ Poète russe (1880-1921). Principal représentant du symbolisme russe, il évolua vers un réalisme pessimiste. Son poème, *Les Douze,* concilie les valeurs révolutionnaires et chrétiennes.

Antoine **Blondin** ▪ Écrivain français (1922-1991). Ses romans sont d'une fantaisie désinvolte *(Les Enfants du Bon Dieu).* Il fut chroniqueur sportif.

Léon **Bloy** ▪ Écrivain et polémiste catholique français (1846-1917). Romans *(Le Désespéré ; La Femme pauvre),* pamphlets, journal intime d'un style baroque et violent.

Gebhard Leberecht von **Blücher** ▪ Général prussien (1742-1819). Soutenant Wellington, il vainquit Napoléon à Waterloo.

les **Blue Mountains** (anglais «montagnes bleues») ▪ Plateaux de grès de la cordillère australienne, à l'ouest de Sydney. Point culminant : 2 256 m.

Léon **Blum** ▪ Homme politique (socialiste) français (1872-1950). Il présida le premier gouvernement du Front* populaire.

Abû 'Abd Allah, dit **Boabdil** le Maure ▪ Dernier roi arabe de Grenade (1460-1527). Il régna de 1482 à 1492 sous le nom de Muhammad XI.

Franz **Boas** ▪ Anthropologue américain d'origine allemande (1858-1942). Il étudia particulièrement les populations indiennes d'Amérique du Nord.

Louis, dit Louison **Bobet** ▪ Coureur cycliste français (1925-1983). Il fut champion du monde sur route (1954) et triple vainqueur du Tour de France (1953-1955).

Bobigny ▪ Chef-lieu de la Seine-Saint-Denis. 54 906 habitants. Cimetière gaulois.

Boccace ▪ Écrivain italien (1313-1375). *Le Décaméron,* recueil de contes satiriques, érotiques influents sur la langue et la littérature italiennes.

Luigi **Boccherini** ▪ Compositeur italien (1743-1805). Violoncelliste virtuose, il fit carrière en Espagne. Il composa de nombreuses pièces de musique de chambre.

les **Bochimans** ▪ Peuple nomade du Sud-Ouest africain.

Jean **Bodel** ▪ Trouvère français (1165 ?-1210). Il est l'auteur de fabliaux, d'un poème épique (la *Chanson des Saxons*), d'une pièce de théâtre (le *Jeu de saint Nicolas*) et de poèmes.

Jean **Bodin** ▪ Économiste et philosophe français (1530-1596). *La République.*

la bibliothèque **Bodléienne** ▪ Bibliothèque fondée à Oxford, en 1602, par sir Thomas Bodley (1545-1613). Constamment enrichie, c'est une des plus importantes bibliothèques de recherche au monde.

les **Boers** ▪ Colons néerlandais, qui s'installèrent en Afrique du Sud dès 1652. ► la guerre des **Boers** opposa les Boers aux Anglais de 1899 à 1902.

Ricardo **Bofill** ▪ Architecte espagnol (1939-2022). Son esthétique néoclassique s'exprime dans le Quartier Antigone de Montpellier, dans le Teatre nacional de Catalunya (Barcelone).

Derek Van den Bogaerde, dit Dirk **Bogarde** ▪ Acteur britannique (1921-1999). Il créa des rôles mémorables pour J. Losey *(The Servant),* Visconti *(Mort à Venise),* Resnais *(Providence).*

Humphrey **Bogart** ▪ Acteur de cinéma américain (1899-1957). Son personnage, à la fois cynique et humain, a marqué son époque. *Casablanca ; Le Grand Sommeil ; La Comtesse aux pieds nus.*

Boğazkale, anciennement *Boğazköy* ▪ Site archéologique en Cappadoce (Turquie), identifié en 1906 comme la capitale de l'empire hittite, Hattousas.

Bogotá ▪ Capitale de la Colombie. 7,3 millions d'habitants.

La **Bohème** ▪ Opéra de Puccini, créé en 1896.

la **Bohême** ▪ Partie occidentale de la République tchèque. 52 770 km². 6,3 millions d'habitants.

Niels **Bohr** ▪ Physicien danois (1885-1962). Pionnier de la mécanique quantique. Modèles de l'atome.

François Adrien **Boieldieu** ▪ Compositeur français d'opéras et concertos (1775-1834). *La Dame blanche.*

Nicolas Despréaux, dit **Boileau-Despréaux** ou **Boileau** ▪ Écrivain classique français (1636-1711). *Satires ; L'Art poétique.*

Bois-Colombes ▪ Ville des Hauts-de-Seine. 29 555 habitants.

Pierre Le Pesant de **Boisguilbert** ▪ Économiste français (1646-1714). Il chercha à réformer le système fiscal, préconisant la liberté du commerce.

Bois-le-Duc ▪ Ville des Pays-Bas, chef-lieu du Brabant septentrional, au confluent de l'Aa et de la Dommel. 135 600 habitants.

Arrigo **Boito** ▪ Poète et compositeur italien (1842-1918). Il composa des opéras, puis fut surtout librettiste (notamment pour Verdi).

Jean-Bedel **Bokassa** ▪ Homme d'État centrafricain (1921-1996). Il présida un régime autoritaire (1966-1979).

Boko Haram ▪ Organisation terroriste islamiste nigériane fondée en 2002.

Boléro ▪ Ballet créé en 1928, musique de Maurice Ravel.

Henry Saint-John, vicomte **Bolingbroke** ▪ Homme politique anglais (1678-1751). Il s'opposa à Robert Walpole. Son déisme influença Pope, Voltaire et Rousseau.

Simón **Bolívar** ▪ Héros de l'indépendance sud-américaine (1783-1830).

la **Bolivie** ▪ État d'Amérique du Sud. 1 098 581 km². 11,6 millions d'habitants. Capitales : Sucre et La Paz.

Heinrich **Böll** ▪ Écrivain allemand (1917-1985). Romans d'esprit humaniste, socialiste et chrétien. *L'Honneur perdu de Katharina Blum.*

Bollywood → **Bombay**

Bologne, en italien *Bologna* ▪ Ville d'Italie, capitale de l'Émilie-Romagne. 371 200 habitants. Nombreux monuments du Moyen Âge. Université, la plus ancienne d'Europe.

Jean de **Bologne** → **Giambologna**

Jair **Bolsonaro** ▪ Président (extrême droite) du Brésil de 2019 à 2022 (né en 1955). Il fut très critiqué pour l'exploitation de la forêt amazonienne.

Usain **Bolt** ▪ Athlète jamaïcain (né en 1986). Spécialiste du sprint (9 médailles d'or olympiques).

Christian **Boltanski** ▪ Plasticien français (1944-2021). Il travailla sur la fragilité de l'existence et la mémoire.

Ludwig **Boltzmann** ▪ Physicien autrichien (1844-1906). Il a joué un grand rôle en thermodynamique.

János **Bolyai** ▪ Mathématicien hongrois (1802-1860). Il découvrit en 1831 un système de géométrie non euclidienne (la « géométrie absolue »).

Bernhard **Bolzano** ▪ Mathématicien et logicien tchèque d'origine italienne (1781-1848). Il fut un précurseur de la théorie des ensembles.

Alain **Bombard** ▪ Médecin et biologiste français (1924-2005). Il traversa l'Atlantique en canot pneumatique, dans des conditions de survie, en 1952.

Bombay, nom officiel (1995) *Mumbai* ▪ Port d'Inde, sur l'océan Indien. Grande métropole. Aéroport. Studios de cinéma dans la banlieue (« Bollywood »). 18,4 millions d'habitants.

les **Bonaparte** ▪ Famille corse d'origine italienne (Buonaparte). ► **Joseph** (1768-1844), roi de Naples puis roi d'Espagne. ► **Napoléon** → **Napoléon Ier**. ► **Lucien** (1775-1840), président du Conseil des Cinq-Cents. ► **Louis** (1778-1846), roi de Hollande, père de Napoléon III. ► **Pauline** (1780-1825), princesse Borghèse.

saint **Bonaventure** ▪ Théologien franciscain italien (1221-1274).

Edward **Bond** ▪ Dramaturge britannique (né en 1934). *Pièces de guerre.*

James **Bond** → **James Bond**

Bondy ▪ Ville de la Seine-Saint-Denis. 53 342 habitants.

Bône → **Annaba**

Omar **Bongo** ▪ Président de la république du Gabon de 1967 à sa mort (1935-2009). Son fils Ali Bongo Ondimba lui succéda.

Boniface VIII ▪ (1235-1303) Pape de 1294 à sa mort. Adversaire décidé de Philippe le Bel, qu'il menaça d'excommunication.

Bonifacio ▪ Ville de Corse-du-Sud. 3 204 habitants. Site naturel (falaises). Cité médiévale.

Bonn ▪ Ville d'Allemagne (Rhénanie-du-Nord-Westphalie). 314 300 habitants. Anc. capitale de la RFA.

Pierre **Bonnard** ▪ Peintre français (1867-1947). Indépendant des tendances reconnues de la peinture française, il reconsidéra l'impressionnisme en recherchant l'équilibre plastique et coloré, ainsi que l'expression, dans des sujets intimistes (intérieurs bourgeois, portraits et nus...), comme son ami Vuillard*.

Léon **Bonnat** ▪ Peintre français (1833-1922). Style académique d'une précision photographique.

le cap de **Bonne-Espérance** ▪ Pointe à l'extrême sud de l'Afrique.

Yves **Bonnefoy** ▪ Poète et traducteur français (1923-2016). Poèmes dépouillés, suggestifs *(Du mouvement et de l'immobilité de Douve)* ; écrits critiques sur la peinture, l'art, la poésie ; traductions de l'anglais (Shakespeare, Yeats).

Les **Bonnes** ▪ Pièce de Jean Genet (1947).

Bonneville ▪ Chef-lieu d'arrondissement de la Haute-Savoie. 12 511 habitants.

Jules Joseph **Bonnot** ▪ Criminel anarchiste français (1876-1912). La «bande à Bonnot» fut célèbre.

George **Boole** ▪ Mathématicien anglais (1815-1864). Créateur de la logique symbolique moderne.

John **Boorman** ▪ Cinéaste britannique (né en 1933). *Délivrance ; Excalibur.*

William **Booth** ▪ Réformateur britannique (1829-1912). Il fonda l'Armée du Salut.

Bora Bora ▪ Île volcanique de la Polynésie française. 10 549 habitants.

Bordeaux ▪ Chef-lieu de la Gironde et de la Région Nouvelle-Aquitaine, sur la Garonne. 259 809 habitants. Ville d'art et métropole économique. ► le **Bordelais** est célèbre pour ses vignobles.

Paul-Émile **Borduas** ▪ Peintre et sculpteur canadien (1905-1960).

Borée ▪ mythol. grecque Fils du Titan Astrée et d'Éos (l'Aube), dieu du Vent du nord que les Romains assimilèrent à leur Aquilon.

Joseph-Pierre Borel d'Hauterive, dit Petrus **Borel** ▪ Écrivain français (1809-1859). D'un sentimentalisme exacerbé, amateur d'humour noir *(Contes immoraux)*, il fut surnommé le Lycanthrope («l'Homme-Loup»).

Björn **Borg** ▪ Joueur de tennis suédois (né en 1956). Il remporta cinq fois le tournoi de Wimbledon et six fois les Internationaux de France au stade Roland-Garros (entre 1974 et 1981).

Jorge Luis **Borges** ▪ Écrivain argentin (1899-1986). Il élabora un univers imaginaire nouveau, avec des fictions fantastiques *(Fictions ; L'Aleph)* et en créant une sorte de bibliothèque interminable.

les **Borgia** ▪ Famille romaine. ► César **Borgia,** prélat et homme d'État italien (1476-1507), fils du pape Alexandre VI. ► Lucrèce **Borgia,** sa sœur (1480-1519), fut l'instrument de sa politique.

le **Borinage** ▪ Région de Belgique (Hainaut). Mines de charbon.

Boris Godounov ▪ (v. 1551-1605) Tsar de Russie de 1598 à sa mort. Son histoire a inspiré Pouchkine et Moussorgski.

Norman Ernest **Borlaug** ▪ Agronome américain (1914-2009). Travaux sur le blé. Engagé dans la lutte contre la faim dans le monde. Prix Nobel de la paix 1970.

Bormes-les-Mimosas ▪ Commune du Var. 8 162 habitants.

Max **Born** ▪ Physicien allemand naturalisé britannique (1882-1970). Il contribua à l'élaboration de la mécanique quantique.

Élisabeth **Borne** ▪ Femme d'État française (née en 1961). Première ministre (2022-2024).

Bornéo ▪ Île du Sud-Est asiatique partagée entre l'Indonésie, la Malaisie et Brunei. 736 561 km². Plus de 20 millions d'habitants.

Borobudur ▪ Célèbre monument bouddhique de Java (VIIIe s.).

Alexandre **Borodine** ▪ Compositeur russe (1833-1887). *Le Prince Igor.*

les Îles **Borromées,** en italien *Isole Borromee* ▪ Groupe de quatre îles dans le lac Majeur (Piémont, Italie) : Madre, Pescatori, San Giovanni et Bella.

Francesco **Borromini** ▪ Architecte baroque italien (1599-1667).

Jérôme **Bosch** ▪ Peintre flamand (v. 1450-1516). Scènes complexes, foisonnantes d'éléments symboliques, réalistes et imaginaires, de personnages hybrides et de monstres, dont la signification demeure mystérieuse.

Henri **Bosco** ▪ Écrivain français (1888-1976).

la **Bosnie-Herzégovine** ▪ État d'Europe méridionale. 51 129 km². 3,5 millions d'habitants. Capitale : Sarajevo.

le **Bosphore** ▪ Détroit entre l'Europe et l'Asie qui relie la mer Noire et la mer de Marmara.

Anatole Bisk, dit Alain **Bosquet** ▪ Écrivain, poète, traducteur et essayiste français (1919-1998).

Jacques Bénigne **Bossuet** ▪ Prélat et écrivain français (1627-1704). *Oraisons funèbres.*

Boston ▪ Port des États-Unis (Massachusetts). 617 600 habitants (agglomération 3,4 millions).

Fernando **Botero** ▪ Peintre et sculpteur colombien (1932-2023). Ses personnages et représentations de forme ronde, ballonnée, sont un hommage à l'art précolombien.

le signal de **Botrange** ▪ Point culminant de la Belgique, en Ardenne. 694 m.

le **Botswana** ▪ État d'Afrique australe. 600 372 km². 2,2 millions d'habitants. Capitale : Gaborone.

Sandro **Botticelli** ▪ Peintre italien (1445-1510). Son œuvre témoigne d'une maîtrise graphique absolue et d'un idéal de beauté. *Le Printemps.*

Sébastien **Bottin** ▪ Administrateur et statisticien français (1764-1853). Il publia un *Almanach du commerce* auquel il donna son nom en 1817. Après sa mort, les éditions Didot en firent le « Didot-Bottin ».

François **Boucher** ▪ Peintre et décorateur français (1703-1770). Il représente un monde sensuel et gracieux, par un dessin souple et des couleurs tendres.

Hélène **Boucher** ▪ Aviatrice française (1908-1934).

Jacques Boucher de Crèvecœur de Perthes, dit **Boucher de Perthes** ▪ Folkloriste français (1788-1868). Il fut le fondateur de la science préhistorique à partir de 1849.

les **Bouches-du-Rhône** [13] ▪ Département français de la Région Provence-Alpes-Côte d'Azur. 5 247 km². 2,05 millions d'habitants. Chef-lieu : Marseille. Chefs-lieux d'arrondissement : Aix-en-Provence, Arles, Istres.

André **Boucourechliev** ▪ Compositeur français d'origine bulgare (1925-1997). Musique sur bandes magnétiques ; séquences instrumentales aléatoires.

Bouddha ou **Śākyamuni** ▪ Fondateur du bouddhisme (v. 536-v. 480 avant J.-C.).

Eugène **Boudin** ▪ Peintre et dessinateur français (1824-1898). Marines, paysages, plages peints avec vivacité et délicatesse. Précurseur de l'impressionnisme.

Louis Antoine, comte de **Bougainville** ▪ Navigateur français (1729-1811).

Bouglione ▪ Famille française de gens du cirque d'origine italienne et gitane. Montreurs d'animaux en Italie dès le XVIIIe s., les Bouglione montèrent un cirque en 1924, et prirent en 1934 la direction du Cirque d'hiver à Paris.

William **Bouguereau** ▪ Peintre français (1825-1905). Portraits, compositions allégoriques de style académique.

Boukhara ▪ Ville d'Ouzbékistan. 237 900 habitants. Mosquées des Xe-XIIe s.

Nikolaï Ivanovitch **Boukharine** ▪ Révolutionnaire russe bolchevik (1888-1938). Exécuté sous Staline.

el-**Boulaida,** anciennement *Blida* ▪ Ville d'Algérie. 292 300 habitants.

Georges **Boulanger** ▪ Général français (1837-1891). Il menaça de renverser la République en 1889.

Boulay-Moselle ▪ Chef-lieu d'arrondissement de la Moselle. 5 565 habitants.

Boule de suif ▪ Nouvelle de Maupassant (1880).

Pierre **Boulez** ▪ Compositeur et chef d'orchestre français (1925-2016). Son œuvre abondante illustre les principes du dodécaphonisme de Schoenberg et Webern. Il a dirigé l'IRCAM de sa création (1974) à 1991.

Mikhaïl **Boulgakov** ▪ Écrivain soviétique (1891-1940). *Le Maître et Marguerite.*

André Charles **Boulle** ▪ Ébéniste français (1642-1732).

Pierre **Boulle** ▪ Écrivain français (1912-1994). Il est l'auteur de romans d'aventure et de science-fiction *(La Planète des singes).*

Étienne Louis **Boullée** ▪ Architecte français (1728-1799). Auteur de projets visionnaires.

Boulogne-Billancourt ▪ Chef-lieu d'arrondissement des Hauts-de-Seine. 120 911 habitants.

Boulogne-sur-Mer ▪ Chef-lieu d'arrondissement du Pas-de-Calais. 40 588 habitants. 1er port de pêche de France.

Houari **Boumédiène** ▪ (1932-1978) Président de la République algérienne de 1965 à sa mort.

Ivan **Bounine** ▪ Écrivain symboliste russe (1870-1953).

le **Bounty** ▪ Navire de la marine royale britannique. Son capitaine, à la suite d'une révolte, fut abandonné en mer en 1789 ; il put rejoindre l'Angleterre et faire juger les mutins, réfugiés sur l'île de Pitcairn.

Robert **Bourassa** ▪ Homme politique (libéral) canadien, québécois (1933-1996).

Nicolas **Bourbaki** ▪ Nom choisi par un collectif de jeunes mathématiciens de l'École normale supérieure. Le groupe Bourbaki fut créé en 1935, pour publier des *Éléments de mathématique* (depuis 1939).

les maisons de **Bourbon** ▪ Famille à laquelle appartinrent les rois de France de Henri IV à Charles X. ► les **Bourbons-Orléans,** branche cadette dont est issu Louis-Philippe **(**→ maison d'**Orléans).** ► les **Bourbons-Anjou,** branche qui régna sur l'Espagne à partir de 1700 (Philippe V).

l'île **Bourbon** → île de La **Réunion**

le palais **Bourbon** ▪ Siège de l'Assemblée nationale, à Paris.

le **Bourbonnais** ▪ Ancienne province de France (Allier).

La **Bourboule** ▪ Ville du Puy-de-Dôme. 1 757 habitants. Station thermale dans le Mont-Dore.

Louis **Bourdaloue** ▪ Prédicateur français (1632-1704). Il prêcha devant la Cour et les grands de 1670 à 1693.

Antoine **Bourdelle** ▪ Sculpteur français (1861-1929). *Héraclès archer.*

Pierre **Bourdieu** ▪ Sociologue français (1930-2002). Il étudia particulièrement la transmission de la culture. *La Distinction, critique sociale du jugement ; La Reproduction.*

Bourg-en-Bresse ▪ Chef-lieu de l'Ain. 41 681 habitants. Monastère de Brou (gothique flamboyant).

Bourg-la-Reine ▪ Chef-lieu de canton des Hauts-de-Seine, près d'Antony. 20 974 habitants.

Louise **Bourgeois** ▪ Sculptrice américaine d'origine française (1911-2010). Thème de la sexualité et de la maternité. *Maman* (immense araignée).

Le **Bourgeois gentilhomme** ▪ Comédie-ballet de Molière (1670), musique de Lully.

Bourges ▪ Chef-lieu du Cher. 64 362 habitants. Cathédrale. Palais Jacques-Cœur (XVe s.).

le lac du **Bourget** ▪ Lac des Alpes françaises, en Savoie (44 km^2).

la **Bourgogne** ▪ Anc. région administrative française → **Bourgogne-Franche-Comté.** Anc. province réunie à la France après la mort de Charles le Téméraire (1477).

Bourgogne-Franche-Comté ▪ Région administrative de la France. Huit départements : Côte-d'Or, Doubs, Haute-Saône, Jura, Nièvre, Saône-et-Loire, Territoire de Belfort, Yonne. 47 784 km^2. 2,80 millions d'habitants. Chef-lieu : Dijon. Vignobles.

Bourgoin-Jallieu ▪ Chef-lieu de canton de l'Isère, près de La Tour-du-Pin. 29 389 habitants.

Bourg-Saint-Maurice ▪ Chef-lieu de canton de la Savoie, près d'Albertville, en Tarentaise, station de sports d'hiver sur l'Isère. 7 160 habitants.

Habib **Bourguiba** ▪ (1903-2000) Président de la République tunisienne de 1957 à 1987.

les **bourguignons** → **armagnacs**

la **Bouriatie** ▪ République autonome de Russie. 351 300 km^2. 981 000 habitants. Capitale : Oulan-Oude.

André Raimbourg, dit **Bourvil** ▪ Chanteur d'opérette, puis acteur français (1917-1970). Il dut sa célébrité à ses chansons, puis à ses rôles comiques au cinéma.

Joë **Bousquet** ▪ Écrivain et poète français (1897-1950). Immobilisé par une blessure de guerre en 1918, il écrivit, en poèmes, correspondance et journal, une œuvre de méditation.

Abdelaziz **Bouteflika** ▪ Homme politique algérien (1937-2021). Président de la République depuis 1999, il fut renversé en 2019.

Boutros **Boutros-Ghali** ▪ Homme politique égyptien (1922-2016). Juriste, il fut ministre des Affaires étrangères (1977-1992), puis secrétaire général des Nations unies (1992-1996).

Dierick **Bouts** ▪ Peintre hollandais (v. 1415-1475). Sujets religieux délicats, à la perspective précise.

Bouvard et Pécuchet ▪ Œuvre satirique de Gustave Flaubert (inachevée et posthume, 1881).

Bouvines ▪ Site (près de Lille) d'une victoire de Philippe Auguste (1214) contre l'empereur germanique Othon IV et ses alliés.

David Robert Jones, dit David **Bowie** ▪ Compositeur, chanteur et acteur britannique (1947-2016).

Paul **Bowles** ▪ Compositeur et écrivain américain (1910-1999). Son œuvre littéraire mêle la fiction et l'autobiographie *(Un thé au Sahara).*

les **Boxers** ▪ Secte chinoise qui se révolta contre les Européens à Pékin en 1900.

sir Robert **Boyle** ▪ Physicien et chimiste irlandais (1627-1691). Il énonça, indépendamment de Mariotte, la loi de compressibilité des gaz.

Danny **Boyle** ▪ Réalisateur britannique (né en 1956). *Trainspotting ; Slumdog Millionaire.*

le musée **Boymans-Van Beuningen** ▪ Musée d'art de Rotterdam fondé en 1847.

la **Brabançonne** ▪ Hymne national belge, composé lors de l'insurrection contre le gouvernement hollandais (1830) par François Van Campenhout sur des paroles de Jenneval (Alexandre Dechez).

le **Brabant** ▪ Région historique située entre la Meuse et l'Escaut, partagée en trois provinces. ► le **Brabant-Septentrional,** aux Pays-Bas. 4 957 km^2. 2,42 millions d'habitants. Chef-lieu : Bois-le-Duc. ► le **Brabant flamand,** en Belgique. 2 106 km^2. 1,1 million d'habitants. Chef-lieu : Louvain. ► le **Brabant wallon,** en Belgique. 1 090 km^2. 406 019 habitants. Chef-lieu : Wavre.

Ray **Bradbury** ▪ Romancier américain de science-fiction (1920-2012). *Chroniques martiennes.*

Braga ▪ Ville du nord du Portugal. 99 300 habitants.

la maison de **Bragance** ▪ Famille qui a régné sur le Portugal (1640-1910) et le Brésil (1822-1889).

Tycho **Brahé** ■ Astronome danois (1546-1601). Catalogue de 777 étoiles.

Brahmā ■ Divinité hindoue.

le **Brahmapoutre** ■ Fleuve d'Asie. 2 900 km. Delta commun avec le Gange.

Johannes **Brahms** ■ Compositeur allemand (1833-1897). Œuvres pour piano, pour le chant *(lieder)*, symphonies continuant l'esprit de Beethoven, musique de chambre.

Louis **Braille** ■ Inventeur français de l'écriture pour les aveugles (1809-1852).

Bramante ■ Architecte italien de la Renaissance (1444-1514).

Constantin **Brancusi** ■ Sculpteur français d'origine roumaine (1876-1957). Initiateur de la sculpture moderne, il crée des formes stylisées jusqu'à l'abstraction.

le **Brandebourg** ■ Land d'Allemagne. 29 476 km². 2,5 millions d'habitants. Capitale : Potsdam. ► la porte de **Brandebourg** Arc de triomphe édifié au centre de Berlin en 1788.

Georg **Brandes** ■ Écrivain et critique danois (1842-1927).

Marlon **Brando** ■ Acteur américain de cinéma (1924-2004). *Un tramway nommé Désir ; Le Parrain.*

Willy **Brandt** ■ Homme d'État (social-démocrate) allemand (1913-1992). Chancelier de la RFA de 1969 à 1974.

Édouard **Branly** ■ Physicien français (1844-1940). Pionnier de la radiodiffusion.

Pierre de Bourdeille, seigneur de **Brantôme** ■ Écrivain français (v. 1538-1614). *Mémoires. Vie des dames galantes.*

Georges **Braque** ■ Peintre français (1882-1963). L'un des créateurs du cubisme avec Picasso. Il développa ensuite un style très personnel, où la composition et la couleur exaltent la surface.

Brasília ■ Capitale du Brésil. 3,7 millions d'habitants. Édifiée à partir de 1956 par Costa et Niemeyer.

Braşov ■ Ville de Roumanie. 277 300 habitants.

Gyula Halász, dit **Brassaï** ■ Photographe français d'origine hongroise (1899-1984).

Brassempouy ■ Village des Landes. On y a retrouvé en 1894 des vestiges archéologiques, dont la statuette d'ivoire dite « Vénus de Brassempouy », première représentation connue d'un visage humain (Paléolithique supérieur).

Georges **Brassens** ■ Compositeur, auteur et chanteur français (1921-1981). Poète populaire sensible et anticonformiste, dont les chansons aux mélodies faussement simples marquèrent son temps *(Les Copains d'abord).*

Bratislava ■ Capitale de la Slovaquie. 428 700 habitants.

Fernand **Braudel** ■ Historien français (1902-1985). Il inspira la « nouvelle histoire » en l'élargissant aux sciences humaines et à la géographie. *La Méditerranée.*

Wernher von **Braun** ■ Savant allemand naturalisé américain (1912-1977). Père des fusées modernes.

le pays de **Bray** ■ Région de Normandie.

Pierre Savorgnan de **Brazza** ■ Explorateur italien naturalisé français (1852-1905). Colonisateur du Congo.

Brazzaville ■ Capitale du Congo. 1,4 million d'habitants.

Bertolt **Brecht** ■ Auteur dramatique allemand (1898-1956). Critique de la société, d'un point de vue marxiste. Créateur d'un théâtre épique, fondé sur l'« effet de distanciation » : *L'Opéra de quat'sous ; Mère Courage et ses enfants.*

Breda ■ Ville des Pays-Bas (Brabant-Septentrional). 170 300 habitants.

Brégançon ■ Cap de Provence (Var) où se trouve un fort du XVIe s., résidence d'été des présidents de la République française depuis 1968.

Goran **Bregović** ■ Compositeur yougoslave (né en 1950). Il mêle musiques traditionnelles gitanes et slaves, rock et musique électronique.

Louis **Breguet** ■ Ingénieur français (1880-1955). Pionnier de l'aéronautique.

l'île de **Bréhat** ■ Île des Côtes-d'Armor.

Leonid **Brejnev** ■ (1906-1982) Homme politique soviétique, au pouvoir de 1964 à sa mort.

Jacques **Brel** ■ Compositeur, auteur et chanteur belge (1929-1978). D'une poésie dramatique, marquées par la mort, la solitude, l'amour malheureux, parfois violemment critiques de la société, ses chansons étaient servies par une interprétation passionnée.

Brême, en allemand *Bremen* ■ Port (547 400 habitants) sur la Weser et Land d'Allemagne (686 000 habitants).

Alfred **Brendel** ■ Pianiste autrichien (né en 1931). Interprète exceptionnel de Schubert et de Beethoven.

Sydney **Brenner** ■ Biologiste britannique et sud-africain (1927-2019). Découverte de l'ARN messager. Prix Nobel 2002.

Brennus ■ Chef des Gaulois Senones qui envahirent l'Italie et ravagèrent Rome en 390 ou 387 avant J.-C. La légende lui attribue la formule « Malheur aux vaincus » *(Vae victis).*

Clemens **Brentano** ▪ Écrivain romantique allemand (1778-1842). Converti au catholicisme. Il est l'auteur, avec Achim von Arnim, d'un célèbre recueil de poèmes, *Le Cor enchanté de l'enfant*, ainsi que de contes. ► Élisabeth, dite Bettina **Brentano-von Arnim,** sœur de Clemens (1785-1859). Elle épousa Achim von Arnim, publia une correspondance avec Goethe, ainsi que des écrits politiques.

Brescia ▪ Ville d'Italie (Lombardie). 187 600 habitants.

Rodolphe **Bresdin** ▪ Graveur français (1822-1885). Au service d'une inspiration fantastique, son graphisme est libre et tourmenté. Il collabora à la *Revue fantaisiste* de Théophile Gautier et influença Odilon Redon.

le **Brésil** ▪ État fédéral d'Amérique du Sud. 8 514 000 km². 211,8 millions d'habitants. Capitale : Brasília. Principales villes : São Paulo, Rio de Janeiro, Belo Horizonte, Salvador, Belém, Manaus. Langue : portugais.

Breslau → Wrocław

la **Bresse** ▪ Région de l'est de la France. Ville principale : Bourg-en-Bresse.

Robert **Bresson** ▪ Cinéaste français (1901-1999). Films d'un style dépouillé et d'un profond humanisme. *Les Dames du bois de Boulogne ; Mouchette* (d'après Bernanos).

Bressuire ▪ Chef-lieu d'arrondissement des Deux-Sèvres. 19 862 habitants.

Brest ▪ Chef-lieu d'arrondissement et port du Finistère, sur la rive nord de la *rade de Brest.* 139 456 habitants.

Brest, jusqu'en 1921 *Brest-Litovsk* ▪ Ville de Biélorussie. 320 920 habitants. ► le traité de **Brest-Litovsk** (3 mars 1918) mit fin à la guerre russo-allemande.

la **Bretagne** ▪ Péninsule de l'ouest de la France. Région administrative comptant quatre départements : Côtes-d'Armor, Finistère, Ille-et-Vilaine, Morbihan. 27 000 km². 3,37 millions d'habitants. Chef-lieu : Rennes.

Claire **Bretécher** ▪ Autrice française de bandes dessinées (1940-2020). *Les Frustrés ; Agrippine.*

Brétigny-sur-Orge ▪ Ville de l'Essonne. 27 006 habitants.

André **Breton** ▪ Écrivain français (1896-1966). Poète, il fut l'un des fondateurs du mouvement surréaliste, continuant le dadaïsme. *Manifeste du surréalisme* (1924). Un temps communiste (1927), il rompit avec le Parti et le stalinisme. Ses thèmes principaux (l'inconscient, le rêve, l'amour fou...) aboutirent à une contre-morale passablement dogmatique. Son style de prosateur est admiré. *Nadja ; Arcane 17.*

les accords de **Bretton Woods** ▪ Accords signés en juillet 1944 par 44 pays. Ils instaurèrent le dollar comme monnaie de réserve (seule convertible en or) et créèrent le FMI et la BIRD, qui devint la Banque* mondiale.

Breughel → Bruegel

Brexit n. m. ▪ Retrait du Royaume-Uni de l'Union européenne, voté par référendum en juin 2016 et effectif en déc. 2020.

Briançon ▪ Chef-lieu d'arrondissement des Hautes-Alpes. 10 780 habitants.

Aristide **Briand** ▪ Homme d'État français (1862-1932). Socialiste, ardent partisan d'une politique de paix et de coopération internationale. 11 fois président du Conseil. Prix Nobel de la paix 1926.

le pacte **Briand-Kellogg** ▪ Pacte signé en 1928 par 57 pays à l'instigation d'Aristide Briand et du diplomate américain Frank Billings Kellogg. Il mettait la guerre hors la loi et proposait une fédération européenne.

BRICS ▪ Groupe de 5 pays émergents formé par le Brésil, la Russie, l'Inde, la Chine et l'Afrique du Sud.

la **Brie** ▪ Plateau fertile du Bassin parisien. Villes principales : Meaux, Melun.

la **Brière** ▪ Région de marais au nord de l'estuaire de la Loire (Loire-Atlantique). Parc naturel régional depuis 1970.

Briey ▪ Chef-lieu d'arrondissement de Meurthe-et-Moselle. 8 041 habitants.

les **Brigades internationales** ▪ Volontaires étrangers qui combattirent aux côtés des républicains espagnols (1936-1938).

les Brigades rouges ▪ Groupe de terroristes italiens qui commit des attentats contre des personnalités politiques dans les années 1970 (assassinat d'Aldo Moro).

Brighton ▪ Ville d'Angleterre (East Sussex). 150 000 habitants. Station balnéaire.

Brignoles ▪ Chef-lieu d'arrondissement du Var. 17 652 habitants.

Anthelme **Brillat-Savarin** ▪ Gastronome et écrivain français (1755-1826). *Physiologie du goût.*

Brindisi ▪ Ville d'Italie, chef-lieu de province dans les Pouilles. 89 000 habitants. Port sur l'Adriatique, c'est l'antique *Brundusium.*

André **Brink** ▪ Romancier et traducteur sud-africain d'expression afrikaans (néerlandaise) (1935-2015). Romans critiques contre le régime d'apartheid et le racisme *(Une saison blanche et sèche ; Au plus noir de la nuit).*

Marie-Madeleine d'Aubray, marquise de **Brinvilliers** ▪ Principale protagoniste de l'«affaire des Poisons» (1630-1676). Elle fut brûlée pour avoir empoisonné son père et ses frères.

Brioude ▪ Chef-lieu d'arrondissement de la Haute-Loire. 6 537 habitants.

Brisbane ▪ Port d'Australie, sur l'océan Pacifique. 2,5 millions d'habitants.

Jacques Pierre Brissot, dit **Brissot de Warville** ▪ Révolutionnaire français (1754-1793). Chef des Girondins, il fut guillotiné.

Bristol ▪ Port d'Angleterre, sur l'Avon. 535 700 habitants.

Britannicus ▪ Rival malheureux de Néron (41-55). Son destin a inspiré Racine (1669).

les îles **Britanniques** ▪ La Grande-Bretagne, l'Irlande et 5 000 îles environnantes.

le **British Museum** ▪ Musée de Londres fondé en 1753.

Benjamin **Britten** ▪ Compositeur anglais (1913-1976). Œuvre multiforme, symphonique, vocale et surtout lyrique (opéras, comme *Peter Grimes, le Tour d'écrou,* d'après Henry James).

Brive-la-Gaillarde ▪ Chef-lieu d'arrondissement de la Corrèze. 45 910 habitants.

Brno ▪ Ville de la République tchèque (Moravie). 366 700 habitants.

Broadway ▪ Grande avenue de Manhattan (New York), réputée pour sa vie nocturne et ses théâtres.

Paul **Broca** ▪ Chirurgien français (1824-1880). Recherche des localisations cérébrales.

Brocéliande ▪ Forêt légendaire de Bretagne décrite dans les romans de la Table ronde.

Hermann **Broch** ▪ Romancier autrichien (1886-1951). Romans critiques décrivant la décadence des valeurs bourgeoises (*Les Somnambules,* trilogie).

Joseph **Brodsky** ▪ Poète soviétique naturalisé américain (1940-1996). *Urania.*

Louis de **Broglie** ▪ Physicien français (1892-1987). Créateur de la mécanique ondulatoire.

Bron ▪ Ville du Rhône, banlieue de Lyon. 42 442 habitants.

Alexandre Théodore **Brongniart** ▪ Architecte néoclassique français (1739-1813). Bourse de Paris.

Charlotte **Brontë** ▪ Poète et romancière anglaise (1816-1855). Romans en partie biographiques, dont *Jane Eyre.* ► Emily **Brontë.** Poète et romancière, sœur de Charlotte, autrice d'un chef-d'œuvre de la littérature anglaise, *Wuthering Heights* (connu sous le titre : *Les Hauts de Hurlevent*).

le **Bronx** ▪ District de New York.

Peter **Brook** ▪ Metteur en scène britannique de théâtre et de cinéma (1925-2022). Directeur du théâtre des Bouffes du Nord à Paris. *Le Mahābhārata.*

Brooklyn ▪ District de New York.

Louise **Brooks** ▪ Actrice américaine (1906-1985). Elle fut la *Loulou* de G. W. Pabst (1929).

Salomon de **Brosse** ▪ Architecte français (1571-1626). Palais du Luxembourg.

Pierre **Brossolette** ▪ Journaliste français (1903-1944). Il fut un des organisateurs de la Résistance et, arrêté par les Allemands, se suicida pour échapper à la torture. Ses cendres sont au Panthéon.

François **Broussais** ▪ Médecin français (1772-1838).

Brousse → Bursa

Robert **Brown** ▪ Botaniste écossais (1773-1858).

James **Brown** ▪ Chanteur américain (1933-2006). Musicien et homme de scène, il renouvela le rhythm and blues.

James Gordon **Brown** ▪ Homme d'État britannique (né en 1951). Longtemps ministre des Finances (travailliste), il succéda à Tony Blair comme Premier ministre (2007-2010).

Dan **Brown** ▪ Romancier américain (né en 1964). Ses intrigues puisent dans l'histoire du catholicisme, des sociétés secrètes, de l'art et de l'ésotérisme. *Da Vinci Code.*

Robert **Browning** ▪ Poète romantique anglais (1812-1889). *L'Anneau et le Livre.*

Tod **Browning** ▪ Cinéaste américain (1882-1962). L'un des maîtres du cinéma fantastique. *Freaks.*

Libéral **Bruant** ▪ Architecte et ingénieur français (v. 1636-1697). Hôtel des Invalides.

Aristide **Bruant** ▪ Chansonnier français (1851-1925). Il utilise l'argot dans ses chansons (*Dans la rue,* recueil).

Bruay-la-Buissière ▪ Commune du Pas-de-Calais. 21 953 habitants.

Anton **Bruckner** ▪ Compositeur romantique autrichien (1824-1896). Symphonies à l'orchestration riche ; œuvres religieuses.

Pieter **Bruegel l'Ancien** ▪ Peintre flamand (v. 1525-1569). Œuvre d'une grande invention et perfection formelle, satirique et morale. Scènes populaires, «diableries» influencées par Jérôme Bosch *(Les Aveugles).* ► Son fils Pieter II, dit **Bruegel le Jeune** (v. 1564-1638), continua son œuvre. ► Son second fils Jan, dit **Bruegel de Velours** (1568-1625), peignit avec raffinement des fleurs, des natures mortes.

Bruges ▪ Ville de Belgique, chef-lieu de la Flandre-Occidentale. 118 656 habitants. Monuments médiévaux, musées. Canaux.

Le **Bruit et la Fureur** ▪ Roman de Faulkner (1929).

le 18 **Brumaire an VIII** ▪ 9 novembre 1799, journée au cours de laquelle Bonaparte renversa le Directoire.

George Bryan **Brummell** ▪ Aristocrate britannique (1778-1840). Ce fut le «roi de la mode» et son nom a représenté à l'époque romantique l'idéal du dandy.

Brunehaut ▪ Reine d'Austrasie (v. 543-613).

le **Brunei** ▪ État du nord de Bornéo. 5 785 km². 442 000 habitants. Capitale : Bandar Seri Begawan.

Filippo **Brunelleschi** ▪ Architecte et sculpteur italien de la Renaissance (1377-1446). Coupole du Dôme de Florence.

Jean **Brunhes** ▪ Géographe français (1869-1930). Il est le créateur d'une véritable et synthétique «géographie humaine» (titre d'un ouvrage, 1910).

Brünhild ou **Brunehilde** ▪ Personnage féminin de la mythologie germanique, repris par le romantisme.

saint **Bruno** ▪ Fondateur de l'ordre des chartreux (v. 1035-1101).

Giordano **Bruno** ▪ Philosophe italien (1548-1600). Brûlé pour hérésie.

Brunoy ▪ Ville de l'Essonne. 25 344 habitants.

Charles Guillaume duc de **Brunswick** ▪ Chef des armées austro-prussiennes (1735-1806). Il lança le «manifeste de Brunswick» contre la France en 1792.

Brutus ▪ Fils adoptif de César, et l'un de ses meurtriers (v. 85-42 avant J.-C.).

Bruxelles, en néerlandais *Brussel* ▪ Capitale de la Belgique. 185 103 habitants. Cathédrale, Grand-Place. Musées. ► la Région de **Bruxelles-Capitale.** Région administrative de Belgique. 161,4 km². 1,21 milllion d'habitants.

Martin **Buber** ▪ Philosophe israélien d'origine autrichienne (1878-1965). Son spiritualisme méditatif est issu du courant judaïque hassidique, populaire et anti-intellectualiste. *Je et Tu* (1923).

Bucarest ▪ Capitale de la Roumanie. 1,9 million d'habitants.

Bucéphale ▪ Cheval noir d'Alexandre le Grand, qu'il accompagna vingt ans dans ses conquêtes.

Martin **Bucer** ou **Butzer** ▪ Théologien protestant allemand (1491-1551).

Buchenwald ▪ Camp de concentration nazi (1937-1945), près de Weimar.

Georg **Büchner** ▪ Écrivain romantique allemand (1813-1837). *Woyzeck ; La Mort de Danton.*

Pearl **Buck** ▪ Romancière américaine (1892-1973). *La Terre chinoise.*

Buckingham Palace ▪ Palais situé à Londres, actuelle résidence royale.

Les **Bucoliques** ▪ Première grande œuvre de Virgile (42-39 avant J.-C.).

la **Bucovine** ▪ Région des Carpates partagée entre la Roumanie, la Moldavie et l'Ukraine.

Budapest ▪ Capitale de la Hongrie, sur le Danube. 1,8 million d'habitants.

Guillaume **Budé** ▪ Humaniste et érudit français (1467-1540).

Buenos Aires ▪ Capitale de l'Argentine. 2,8 millions d'habitants (agglomération 17 millions).

Buffalo ▪ Ville des États-Unis, sur le lac Érié, proche des chutes du Niagara. 292 700 habitants.

William Cody, dit **Buffalo Bill** ▪ Aventurier américain (1846-1917).

Bernard **Buffet** ▪ Peintre français (1928-1999). Il se fit connaître par des toiles d'un graphisme maigre et de couleurs discrètes, puis changea de manière.

Georges Louis Leclerc, comte de **Buffon** ▪ Naturaliste français (1707-1788). *Histoire naturelle* (40 volumes).

Ettore **Bugatti** ▪ Industriel français d'origine italienne (1881-1947). Il construisit des automobiles de course et de grand luxe.

Thomas **Bugeaud** ▪ Maréchal de France (1784-1849). Gouverneur de l'Algérie de 1840 à 1847.

le **Bugey** ▪ Région du Jura français.

Bujumbura ▪ Capitale économique du Burundi. 1,5 million d'habitants.

la **Bulgarie** ▪ État des Balkans. 110 912 km². 6,9 millions d'habitants. Capitale : Sofia.

John **Bull** ▪ Compositeur anglais (v. 1562-1628). Musique pour clavier.

Fredrik Rosing **Bull** ▪ Ingénieur norvégien (1882-1925). Il inventa une des premières machines à cartes perforées (1919). Ses brevets furent acquis par un groupe français qui prit son nom (1931).

Bernhard, prince von **Bülow** ▪ (1849-1929) Chancelier allemand de 1900 à 1909.

Rudolf **Bultmann** ▪ Théologien luthérien allemand (1884-1976).

le **Bundesrat** ▪ L'une des deux chambres législatives de la République fédérale allemande. Ce «Conseil fédéral» représente les États au Parlement.

le **Bundestag** ▪ L'une des deux chambres législatives de la République fédérale allemande. Cette «Diète fédérale», élue au suffrage universel direct, élit le chancelier fédéral.

Robert Wilhelm **Bunsen** ▪ Physicien allemand (1811-1899). Il inventa un bec de gaz (bec *Bunsen*).

Luis **Buñuel** ▪ Cinéaste espagnol (1900-1983). Œuvres d'abord surréalistes *(Un chien andalou)* et anarchistes *(L'Âge d'or)*, puis auteur, au Mexique et en Europe, de films poétiques et satiriques d'une grande force imaginaire et expressive *(Los Olvidados ; Nazarín ; Le Charme discret de la bourgeoisie ; Viridiana...)*.

John **Bunyan** ▪ Écrivain anglais (1628-1688). Pasteur baptiste, il composa un roman allégorique, *Le Voyage du pèlerin* («de ce monde au monde à venir», 1678).

Daniel **Buren** ▪ Sculpteur et peintre français (né en 1938). Partisan de l'art «in situ». Colonnes rayées dans la cour du Palais-Royal à Paris.

Gottfried August **Bürger** ▪ Poète et traducteur allemand (1747-1794). Il est l'auteur de ballades d'inspiration populaire, telle *Lénore*.

Anthony **Burgess** ▪ Romancier britannique (1917-1993). *Orange mécanique*.

les **Burgondes** ▪ Peuple germanique qui fonda au Vᵉ s. un royaume.

Burgos ▪ Ville d'Espagne (Castille-et-Léon). 178 864 habitants. Cathédrale.

Les **Burgraves** ▪ Drame de Victor Hugo (1843).

Edmund **Burke** ▪ Homme politique et penseur politique britannique (1729-1797). Il fut l'adversaire de la Révolution française qui ne pouvait, selon lui, qu'aboutir à la tyrannie.

le **Burkina Faso,** anciennement *Haute-Volta* ▪ État de l'Afrique occidentale. 274 000 km^2. 20 millions d'habitants. Capitale : Ouagadougou.

Edward **Burne-Jones** ▪ Peintre préraphaélite anglais (1833-1898). *L'Enchantement de Merlin*.

Robert **Burns** ▪ Poète écossais (1759-1796).

Edgar Rice **Burroughs** ▪ Romancier américain (1875-1950). Auteur de romans d'aventure et de science-fiction, et créateur du personnage de Tarzan (1912).

William **Burroughs** ▪ Écrivain américain (1914-1997). Une des personnalités marquantes de la *beat generation* «génération perdue» *(Le Festin nu)*.

Bursa, anciennement *Brousse* ▪ Ville de Turquie. 1,7 million d'habitants. Capitale des sultans ottomans au XIVᵉ s. Nombreux monuments.

Tim **Burton** ▪ Réalisateur américain (né en 1958). Films et films d'animation à l'univers fantastique, sombre et ironique. *Batman ; Edward aux mains d'argent ; Mars attacks !*

le **Burundi,** anciennement *Urundi* ▪ État d'Afrique centrale. 27 834 km^2. 11,5 millions d'habitants. Capitale : Gitega ; capitale économique : Bujumbura.

George **Bush** ▪ 41ᵉ président (républicain) des États-Unis de 1989 à 1993 (1924-2018). ► George W. **Bush,** son fils (né en 1946), 43ᵉ président (républicain) des États-Unis de 2001 à 2009.

Ferruccio **Busoni** ▪ Compositeur et pianiste allemand d'origine italienne (1866-1924). Il a composé dans tous les genres et fait des recherches novatrices en harmonie.

Bussy-Saint-Georges ▪ Ville de Seine-et-Marne. 19 458 habitants.

Samuel **Butler** ▪ Poète anglais (1612-1680). Auteur d'un poème burlesque antipuritain, *Hudibras*, et d'autres œuvres satiriques.

Samuel **Butler** ▪ Romancier britannique (1835-1902). Auteur de romans satiriques, recourant parfois à l'imaginaire, à la manière de Swift : *Erewhon*, anagramme de *Nowhere*, «nulle part».

Michel **Butor** ▪ Écrivain français (1926-2016), d'abord représentant du «nouveau roman» *(La Modification)*, puis d'une littérature expérimentale. Critiques d'art.

Dietrich **Buxtehude** ▪ Organiste et compositeur allemand d'origine danoise (1637-1707). Il influença Haendel et Bach.

Dino **Buzzati** ▪ Romancier italien (1906-1972). Auteur de récits où l'étrangeté se dégage d'un réalisme délicat *(Le Désert des Tartares)*.

Byblos ▪ Ancienne cité phénicienne.

William **Byrd** ▪ Compositeur anglais (1543-1623). Il fut organiste de la Chapelle royale. Il a composé de la musique d'église, souvent polyphonique, ainsi que des œuvres profanes, vocales et instrumentales.

lord **Byron** ▪ Poète romantique anglais (1788-1824). *Don Juan ; Le Pèlerinage de Childe Harold*.

Byzance ▪ Ancien nom de Constantinople. Elle fut la capitale de l'*Empire byzantin* qui, de 476 à 1453, succéda en Orient à l'Empire romain.

C

Montserrat **Caballé** ▪ Soprano espagnole (1933-2018). Elle s'est illustrée dans le répertoire du bel canto italien.

Étienne **Cabet** ▪ Socialiste utopiste français (1788-1856). *Le Voyage en Icarie.*

les **Cabot** ▪ Famille de navigateurs italiens des XVe-XVIe s. Jean ou John (v. 1450-1499) et son fils, Sébastien (v. 1476-1557).

Cabourg ▪ Ville du Calvados. 3 511 habitants. Station balnéaire.

Pedro Álvares **Cabral** ▪ Navigateur portugais (v. 1460-1526). Il prit possession du Brésil en 1500.

Christian **Cabrol** ▪ Chirurgien français (1925-2017). Il a réalisé les premières transplantations cardiaques en France.

Jean Cabut dit **Cabu** ▪ Dessinateur français (1938-2015). Créateur du Grand Duduche et du «Beauf», collaborateur au *Canard enchaîné,* il fut assassiné le 7 janvier 2015 au siège de *Charlie Hebdo* par des terroristes islamistes.

Cachan ▪ Ville du Val-de-Marne. 30 214 habitants.

le **Cachemire** ▪ Région partagée depuis 1949 entre l'Inde et le Pakistan.

le **CAC 40** n. m. ▪ Indice de la Bourse de Paris, créé en 1988, qui représente la moyenne des 40 sociétés françaises cotées les plus importantes.

Cadet Rousselle ▪ Héros d'une chanson de 1792.

Cadix, en espagnol *Cádiz* ▪ Port d'Espagne (Andalousie). 124 014 habitants.

Georges **Cadoudal** ▪ Chef chouan (1771-1804). Exécuté pour complot.

le mont **Caelius** ▪ Une des sept collines de Rome.

Caen ▪ Chef-lieu du Calvados. 107 250 habitants. Églises médiévales.

John **Cage** ▪ Compositeur américain (1912-1992). Musique aléatoire ; «pianos préparés».

Cagliari ▪ Port d'Italie (Sardaigne). 164 200 habitants.

Alexandre **Cagliostro** ▪ Aventurier italien (1743-1795).

Cagnes-sur-Mer ▪ Ville des Alpes-Maritimes. 52 100 habitants.

Cahors ▪ Chef-lieu du Lot. 20 159 habitants. Pont Valentré. Cathédrale romane à coupoles.

Joseph **Caillaux** ▪ Homme d'État (radical) français (1863-1944).

Gustave **Caillebotte** ▪ Peintre français (1848-1894). Son œuvre est distincte de celle des impressionnistes qu'il admirait, et se signale par la construction, ainsi que par les sujets (paysages urbains, scènes de travail). Il légua une collection de tableaux aujourd'hui intégrée au musée d'Orsay.

René **Caillié** ▪ Explorateur français (1799-1838). Il visita Tombouctou.

Roger **Caillois** ▪ Écrivain français (1913-1978). Il fit connaître en France la littérature latino-américaine moderne. Ses principaux essais concernent la sociologie et l'esthétique. *L'Homme et le Sacré ; Les Jeux et les Hommes.*

les îles **Caïmans** ▪ Archipel britannique des Antilles.

Caïn ▪ Bible Fils d'Adam et Ève. Il tua son frère Abel.

Joseph, dit **Caïphe** ▪ relig. Grand prêtre juif de Jérusalem de 26 à 37 apr. J.-C. Suivant les Évangiles, il est le principal responsable de la condamnation de Jésus.

Le **Caire** ▪ Capitale de l'Égypte, sur le Nil. 9,5 millions d'habitants (agglomération 20 millions). Université al-Azhar. Musées.

la **Calabre,** en italien *Calabria* ▪ Région administrative du sud de l'Italie. 15 080 km^{2}. 2 millions d'habitants. Chef-lieu : Catanzaro.

Louis **Calaferte** ▪ Écrivain et poète français d'origine italienne (1928-1994). Œuvres réalistes et lyriques, souvent violentes et désespérées. *Partage des vivants ; Requiem des innocents ; La Mécanique des femmes.*

Calais ■ Chef-lieu d'arrondissement et port du Pas-de-Calais. 67 544 habitants. ► le **pas de Calais.** Détroit entre la France et l'Angleterre. 31 km. Tunnel sous la Manche (ferroviaire).

le Pas-de-**Calais** → le **Pas-de-Calais**

Calcutta ■ Port d'Inde (Bengale-Occidental). 13,2 millions d'habitants.

Alexander **Calder** ■ Sculpteur et peintre américain (1898-1976). Mobiles.

Pedro **Calderón de la Barca** ■ Auteur dramatique espagnol (1600-1681). *La vie est un songe.*

Erskine **Caldwell** ■ Écrivain américain (1903-1987). Il évoque de manière dramatique et comique les «pauvres Blancs» du sud des États-Unis. *La Route au tabac ; Le Petit Arpent du bon Dieu.*

Calgary ■ Ville du Canada (Alberta). 1,2 million d'habitants (zone urbaine 1,4).

Cali ■ Ville de Colombie. 2,1 millions d'habitants.

la **Californie** ■ État de l'ouest des États-Unis. 411 012 km². 34 millions d'habitants. Capitale : Sacramento. Villes principales : Los Angeles, San Francisco.

Caligula ■ Empereur romain (12-41). D'abord politiquement libéral, il sombra dans une folie narcissique et sanguinaire, et fut assassiné.

Callao ■ Port du Pérou. 389 600 habitants.

Maria Kalogeropoulos, dite Maria **Callas** ■ Cantatrice grecque (1923-1977). Remarquable par son tempérament de tragédienne ; au cinéma, elle a interprété *Médée* avec Pasolini.

Sophie **Calle** ■ Plasticienne française (née en 1953). Elle met en scène son intimité.

Calligrammes ■ Recueil de poèmes de Guillaume Apollinaire (1918).

Callimaque ■ Grammairien et poète grec (v. -310/305-v. -240). Il dressa un catalogue de la Bibliothèque d'Alexandrie et composa de nombreux poèmes. *Hymnes* aux dieux ; *Épigrammes.*

Jacques **Callot** ■ Graveur et dessinateur français (1592-1635). Sa maîtrise technique du dessin baroque est au service d'un message social. *Les Misères et malheurs de la guerre.*

Albert **Calmette** ■ Médecin et bactériologiste français (1863-1933). Il mit au point, avec Camille Guérin, le vaccin contre la tuberculose, dit BCG («Bacille de Calmette et Guérin»).

Charles de **Calonne** ■ Ministre de Louis XVI (1734-1802).

Caluire-et-Cuire ■ Ville du Rhône, banlieue de Lyon. 43 355 habitants.

le **Calvados** [14] ■ Département français de la Région Normandie. 5 692 km². 697 547 habitants. Chef-lieu : Caen. Chefs-lieux d'arrondissement : Bayeux, Lisieux, Vire Normandie.

Calvi ■ Chef-lieu d'arrondissement de la Haute-Corse, au fond du *golfe de Calvi.* 5 766 habitants.

Jean **Calvin** ■ Penseur religieux et écrivain français, ayant vécu à Genève (1509-1564). Érudit et humaniste, il adhéra à la Réforme, dirigea l'Église réformée de France, puis celle de Genève. Sa doctrine démocratique et d'un moralisme intolérant est exposée dans l'*Institution de la religion chrétienne* (1538 en latin), dont la version française (1541) est un modèle de prose, par la clarté et la modernité.

Italo **Calvino** ■ Écrivain italien (1923-1985). Il se fit connaître par des contes fantastiques *(Le Baron perché)* et fut membre de l'Oulipo.

Calypso ■ Nymphe de la mythologie grecque.

Camaret-sur-Mer ■ Commune du Finistère. 2 462 habitants. Fortin de Vauban. Station balnéaire.

la **Camargue** ■ Région du sud de la France, à l'embouchure du Rhône. Parc naturel.

Jean-Jacques Régis de **Cambacérès** ■ Juriste et homme politique français (1753-1824), l'un des auteurs du Code civil (1804). Il fut consul avec Bonaparte et Lebrun (1799).

le royaume du **Cambodge** ■ État d'Asie du Sud-Est. 181 000 km². 15,3 millions d'habitants. Capitale : Phnom Penh.

Cambrai ■ Chef-lieu d'arrondissement du Nord. 31 559 habitants. ► la **paix de Cambrai** ou la **paix des Dames** fut signée en 1529 entre Louise de Savoie, représentant son fils François Ier, et Marguerite d'Autriche, représentant son neveu Charles Quint.

Cambridge ■ Ville du sud-est de l'Angleterre. 108 900 habitants. Université.

Pierre **Cambronne** ■ Général français (1770-1842). Célèbre pour son apostrophe aux Anglais, qui le sommaient de se rendre, à Waterloo. On lui attribue la réplique dite «le mot de Cambronne» (merde !).

James **Cameron** ■ Cinéaste canadien (né en 1954). Films spectaculaires à gros budget, utilisant les techniques de trucage et les effets spéciaux les plus novateurs. *Terminator ; Titanic ; Avatar.*

David **Cameron** ■ Homme d'État britannique (né en 1966). Chef du parti conservateur (2005), Premier ministre de 2010 à 2016.

le **Cameroun** ■ État d'Afrique centrale. 475 442 km². 27 millions d'habitants. Capitale : Yaoundé.

Andrea **Camilleri** ■ Écrivain italien (1925-2019). Outre des romans historiques *(L'Opéra de Vigàta)*, il est l'auteur de romans policiers, autour du personnage du commissaire Montalbano, dans lesquels il associe l'italien et le dialecte sicilien. *La Forme de l'eau ; Un été ardent.*

Luís de **Camoens,** en portugais *Camões* ■ Poète portugais (v. 1524-1580). *Les Lusiades.*

Tommaso **Campanella** ■ Dominicain italien (1568-1639). Auteur d'une utopie politique, *La Cité du soleil.*

la **Campanie,** en italien *Campania* ■ Région administrative du sud de l'Italie. 13 595 km². 5,7 millions d'habitants. Chef-lieu : Naples.

Camp David ■ Résidence du président des États-Unis, dans le Maryland. ► En septembre 1978, les *accords de Camp David* préparèrent le traité de paix israélo-égyptien. En 2000, la réunion de Yasser Arafat et Ehud Barak autour de Bill Clinton ne put aboutir à la résolution du conflit israélo-palestinien.

la **Campine** ■ Plaine du nord de la Belgique.

Jane **Campion** ■ Cinéaste néo-zélandaise (née en 1954). Portraits de femmes romanesques et ambitieux. *Un ange à ma table ; La Leçon de piano ; Bright Star.*

Campoformio ■ Ville de Vénétie. 7 244 habitants. ► le **traité de Campoformio.** Traité entre la France et l'Autriche (1797).

André **Campra** ■ Compositeur français (1660-1744). Il composa des pièces religieuses et créa le genre de l'opéra-ballet *(L'Europe galante).*

Albert **Camus** ■ Écrivain français (1913-1960). Moraliste à la prose dépouillée. Romans *(L'Étranger ; La Peste ; La Chute)*, pièces de théâtre *(Caligula)*, essais *(L'Homme révolté).* Son influence fut mondiale.

Cana ■ Ville de Galilée où Jésus aurait transformé l'eau en vin.

le pays de **Canaan** → les **Cananéens**

le **Canada** ■ État fédéral d'Amérique du Nord. 9 984 670 km². 35,1 millions d'habitants. Capitale : Ottawa. Formé de 10 États ou provinces (Québec, Ontario, Nouveau-Brunswick, Nouvelle-Écosse, Manitoba, Saskatchewan, Alberta, Colombie-Britannique, Île-du-Prince-Édouard, Terre-Neuve-et-Labrador) et de 3 territoires (Territoires du Nord-Ouest, Nunavut et Yukon).

Antonio Canal, dit **Canaletto** ■ Peintre italien (1697-1768). Vues de Venise.

les **Cananéens** ■ Habitants du pays de **Canaan,** la Terre promise selon la Bible (Phénicie-Palestine). Ils furent vaincus par les Hébreux (XIᵉ s. avant J.-C.).

les **Canaques** → les **Kanaks**

les îles **Canaries** n. f. pl. ■ Archipel de l'océan Atlantique, au large du Sahara. Communauté autonome espagnole. 7 273 km². 2 millions d'habitants. Capitale : Las Palmas et Santa Cruz de Tenerife.

cap **Canaveral** ■ Base aérospatiale américaine en Floride.

Canberra ■ Capitale fédérale de l'Australie. 390 000 habitants.

Cancale ■ Chef-lieu de canton d'Ille-et-Vilaine, sur la baie du Mont-Saint-Michel, près de Saint-Malo. 5 313 habitants. Ostréiculture.

Candide ou l'Optimisme ■ Conte philosophique de Voltaire (1759).

Candie ■ Ancien nom d'Héraklion.

la **Canebière** ■ Célèbre avenue du centre de Marseille, aboutissant au Vieux-Port.

Canet-en-Roussillon ■ Ville des Pyrénées-Orientales. 12 653 habitants. Station balnéaire.

Elias **Canetti** ■ Écrivain de langue allemande, naturalisé britannique (1905-1994). Un roman *(Autodafé)* et une autobiographie sont ses œuvres majeures.

le **Canigou** ■ Massif granitique des Pyrénées. 2 784 m.

Cannes ■ Ville des Alpes-Maritimes. 72 435 habitants. Station balnéaire. Festival du cinéma.

Cannes ■ Anc. ville d'Italie du Sud. Victoire d'Hannibal sur les Romains (216 avant J.-C.).

Le **Cannet** ■ Ville des Alpes-Maritimes, banlieue de Cannes. 42 125 habitants.

Canossa ■ Village d'Italie où l'empereur Henri IV vint implorer le pardon du pape Grégoire VII (1077).

Antonio **Canova** ■ Sculpteur néoclassique italien (1757-1822). *L'Amour et Psyché.*

la **Cantabrie,** en espagnol *Cantabria* ■ Région historique et communauté autonome du nord de l'Espagne. 5 289 km². 592 543 habitants. Capitale : Santander.

les monts **Cantabriques** ■ Chaîne de montagnes qui prolonge les Pyrénées le long du golfe de Gascogne, au nord-ouest de la péninsule Ibérique, jusqu'à la Galice. 2 648 m au Torrecerredo.

le **Cantal** ■ Massif d'Auvergne. ► le **Cantal** [15]. Département français de la Région Auvergne-Rhône-Alpes. 5 777 km². 144 379 habitants.

Chef-lieu : Aurillac. Chefs-lieux d'arrondissement : Mauriac, Saint-Flour.

La **Cantatrice chauve** ▪ Pièce d'Eugène Ionesco (1950).

Canterbury ▪ Ville d'Angleterre (Kent). 135 300 habitants. Cathédrale gothique.

le **Cantique des cantiques** ▪ Livre de la Bible, traditionnellement attribué au roi Salomon. C'est l'un des «Cinq Rouleaux» de la Bible hébraïque.

Canton ou **Guangzhou** ▪ Port de Chine (Guangdong). 9,7 millions d'habitants.

Georg **Cantor** ▪ Mathématicien allemand (1845-1918). Initiateur de la théorie des ensembles.

Canzoniere ▪ Recueil de poésie de Pétrarque (v. 1335).

Le **Cap** ▪ Port et capitale législative de l'Afrique du Sud. 1,9 million d'habitants.

André Friedmann, dit Robert **Capa** ▪ Photographe américain d'origine hongroise (1913-1954). Il couvrit les guerres d'Espagne et du Viêtnam (où il fut tué par une mine). Fondateur de l'agence Magnum, avec Robert Cartier-Bresson, en 1947.

Capbreton ▪ Commune des Landes. 9 181 habitants. Station balnéaire.

Karel **Čapek** ▪ Écrivain tchèque d'inspiration fantastique (1890-1938). Nombreuses œuvres, dont *RUR, Les Robots universels de Rossum,* où il invente le mot *robot.*

Capesterre-Belle-Eau ▪ Commune de Guadeloupe (Basse-Terre). 17 628 habitants. Eau minérale.

les **Capétiens** ▪ Dynastie des rois de France qui régna de 987 (Hugues Capet) à 1328.

Cap-Ferret ▪ Station balnéaire de la Gironde, à l'entrée du bassin d'Arcachon. Ostréiculture.

Cap-Haïtien ▪ Ville d'Haïti, chef-lieu du département du Nord. 262 000 habitants. Anciennement appelée Cap-François, elle fut la capitale de Saint-Domingue jusqu'en 1770.

Le **Capitaine Fracasse** ▪ Roman picaresque de Théophile Gautier (1863).

Le **Capital** ▪ Ouvrage de Karl Marx (1867-1910).

le **Capitole** ▪ Nom donné à l'une des sept collines de Rome. ► Siège du Sénat et de la Chambre des représentants des États-Unis, à Washington.

Al **Capone** ▪ Gangster américain, d'origine italienne (1895-1947).

Truman Streckfus Persons, dit Truman **Capote** ▪ Romancier américain (1924-1984). Récits autour du thème du mal, parfois légers *(Petit déjeuner chez Tiffany),* parfois tragiques *(De sang froid).*

Capoue, en italien *Capua* ▪ Ville d'Italie (Campanie), prise par Hannibal en 215 avant J.-C. L'armée romaine s'y établit après la bataille de Cannes, s'amollissant dans les «délices de Capoue».

la **Cappadoce** ▪ Ancien pays d'Asie Mineure, aujourd'hui partie orientale de la Turquie.

Frank **Capra** ▪ Cinéaste, écrivain et producteur de cinéma américain d'origine italienne (1897-1991). Films optimistes, d'un humour moralisateur. *L'Extravagant Mr Deeds ; Arsenic et vieilles dentelles.*

Capri ▪ Île d'Italie (golfe de Naples). 10 km^2. 12 500 habitants. Chef-lieu : Capri (7 400 habitants.).

Les **Caprices de Marianne** ▪ Comédie d'Alfred de Musset jouée en 1851.

le **Cap-Vert** ▪ Archipel et État au large du Sénégal. 4 033 km^2. 550 000 habitants. Capitale : Praia.

le marquis de **Carabas** ▪ Personnage du conte *Le Chat botté,* de Charles Perrault.

la fée **Carabosse** ▪ Fée malfaisante, vieille et bossue.

Caracalla ▪ (188-217) Empereur romain de 211 à sa mort. Il combattit pour l'unification de l'Empire.

Caracas ▪ Capitale du Venezuela. 2 millions d'habitants.

Les **Caractères ou les Mœurs de ce siècle** ▪ Œuvre de La Bruyère (1688).

Ion Luca **Caragiale** ▪ Écrivain et dramaturge roumain (1852-1912). Il est l'auteur de comédies d'intrigues recourant souvent au comique verbal, et de nouvelles.

les **Caraïbes** ▪ Ancien peuple des Petites Antilles. ► la mer des **Caraïbes** → **Antilles.**

Emmanuel Poiré, dit **Caran d'Ache** ▪ Dessinateur humoristique français (1859-1909).

Michelangelo Merisi, dit il **Caravaggio,** en français *le Caravage* ▪ Peintre italien (1573-1610). Le plus grand peintre de l'école romaine, dont l'œuvre réaliste est transfigurée par le traitement de la lumière. Son influence fut immense (le «caravagisme»).

Carcassonne ▪ Chef-lieu de l'Aude. Forteresse (la Cité) entourée de remparts médiévaux. 46 673 habitants.

François Carcopino-Tusoli, dit Francis **Carco** ▪ Écrivain et poète français (1886-1958). Son œuvre évoque Montmartre et les mauvais garçons *(Jésus la Caille)*. Il écrivit des études psychologiques *(L'Homme traqué)* et des biographies libres (de Villon, Verlaine, Utrillo...).

Jérôme **Cardan** ▪ Médecin, mathématicien et philosophe italien (1501-1576). Inventeur du *cardan*.

Lázaro **Cárdenas** ▪ Homme d'État mexicain (1895-1970). Président de la République de 1934 à 1940.

Cardiff ▪ Port de Grande-Bretagne et capitale du pays de Galles. 335 000 habitants.

Fernando Henrique **Cardoso** ▪ Sociologue brésilien (né en 1931). Il fut président de la République de 1994 à 2002.

la **Carélie** ▪ Région du nord de l'Europe, dont une partie appartient à la Finlande, la plus grande partie étant russe. ► la **Carélie** République de la fédération de Russie, limitrophe de la Finlande. 172 000 km². 717 000 habitants. Capitale : Petrozavodsk.

Marie-Antoine, dit Antonin **Carême** ▪ Cuisinier, pâtissier et maître d'hôtel français (1784-1833).

Carentan ▪ Commune de la Manche. 10 227 habitants. Port de plaisance.

Carhaix-Plouguer ▪ Commune du Finistère. 7 165 habitants.

la **CARICOM (Communauté des Caraïbes)** ▪ Organisation d'États des Caraïbes instituée en 1973 et qui regroupe quinze membres.

la **Carie** ▪ Ancienne région du sud-ouest de l'Asie Mineure, au sud du Méandre. Satrapie indépendante, elle fut hellénisée sous le règne de Mausole (IVᵉ s. avant J.-C.).

la **Carinthie** ▪ Land d'Autriche. 9 533 km². 557 671 habitants. Capitale : Klagenfurt.

don **Carlos** ▪ Infant d'Espagne (1788-1855). Il provoqua les *guerres carlistes* contre Isabelle II.

Carolyn **Carlson** ▪ Danseuse et chorégraphe américaine (née en 1943). D'abord soliste dans la compagnie d'A. Nikolais, elle dirigea de nombreux ballets en Europe (Venise ; Stockholm ; Centre chorégraphique national de Roubaix, 2004-2013).

Thomas **Carlyle** ▪ Historien et philosophe britannique (1795-1881). Il est l'auteur d'un autoportrait intellectuel, *Sartor resartus* («Le Tailleur retaillé»).

la **Carmagnole** ▪ Chant révolutionnaire composé en 1792.

le **Carmel** ▪ Ordre religieux né sur le mont Carmel (Palestine, XIIᵉ s.).

Carmen ▪ Héroïne d'un récit de Prosper Mérimée (1845), devenue la figure d'un opéra de Bizet (1875).

Carmina Burana ▪ Collection de pièces vocales composées entre le XIᵉ et le début du XIIIᵉ siècle.

Carnac ▪ Commune du Morbihan. Monuments mégalithiques. 4 231 habitants.

Rudolf **Carnap** ▪ Logicien et philosophe allemand naturalisé américain (1891-1970). Représentant du positivisme logique.

l'hôtel **Carnavalet** ▪ Hôtel parisien (1544), aujourd'hui musée de l'histoire de Paris.

Marcel **Carné** ▪ Cinéaste français (1909-1996). Ses plus grands films sont nés d'une collaboration avec Prévert, de *Quai des brumes* et *Hôtel du Nord* aux *Visiteurs du soir* et aux *Enfants du paradis*.

Andrew **Carnegie** ▪ Industriel et philanthrope américain (1835-1919). Il fit fortune dans la sidérurgie et se consacra, à partir de 1901, aux fondations qu'il finançait.

Lazare **Carnot** ▪ Révolutionnaire et savant français (1753-1823). Surnommé «l'organisateur de la victoire». ► Sadi **Carnot,** son fils (1796-1832), précurseur de la thermodynamique. ► Marie François Sadi **Carnot,** son petit-fils (1837-1894), président de la République de 1887 à son assassinat.

la **Caroline du Nord** ▪ État du sud-est des États-Unis. 135 000 km². 6 millions d'habitants. Capitale : Raleigh. ► la **Caroline du Sud.** État au sud du précédent. 79 176 km². 4 millions d'habitants. Capitale : Columbia.

les îles **Carolines** ▪ Archipel de Micronésie.

les **Carolingiens** ▪ Dynastie franque qui succéda aux Mérovingiens. Elle régna sur la France de 751 à 987 et tenta de restaurer l'empire d'Occident (Charlemagne).

Vittore **Carpaccio** ▪ Peintre italien de l'école vénitienne (v. 1460-v. 1525). Auteur de cycles narratifs, de scènes spectaculaires, de *vedute* («vues») de villes, aux compositions amples, aux riches couleurs et aux détails pittoresques.

les **Carpates** n. f. pl. ▪ Ensemble montagneux d'Europe centrale.

Jean-Baptiste **Carpeaux** ▪ Sculpteur français (1827-1875). *La Danse*.

Georges **Carpentier** ▪ Boxeur français (1894-1975). Champion d'Europe toutes catégories. Champion du monde des mi-lourds (1920).

Alejo **Carpentier** ▪ Romancier et musicologue cubain (1904-1980). *Concert baroque*.

Carpentras ▪ Chef-lieu d'arrondissement du Vaucluse. 29 865 habitants.

les frères **Carrache** ▪ Peintres italiens de la fin du XVIe s. de style maniériste (école de Bologne). Ludovico (1555-1619), Agostino (1557-1602), et Annibale (1560-1609) décorateur du palais Farnèse à Rome.

Carrare ▪ Ville d'Italie (Toscane). 65 000 habitants. Marbres.

Hélène Carrère dite **Carrère d'Encausse** ▪ Historienne française (1929-2023). Spécialiste de l'Union soviétique *(L'Empire éclaté)*. Académie française.

Emmanuel **Carrère** ▪ Écrivain français (né en 1957). *Un roman russe* ; *Limonov* ; *Yoga*.

Jean-Claude **Carrière** ▪ Écrivain et scénariste français (1931-2021). Outre de nombreux scénarios, il a écrit des romans *(La Controverse de Valladolid)* et une adaptation du Mahabharata.

Charles Dodgson, dit Lewis **Carroll** ▪ Écrivain, photographe et logicien anglais (1832-1898). Le sommet littéraire de son œuvre consiste en récits pour la jeunesse : *Alice au pays des merveilles* ; *Sylvie et Bruno*.

l'arc de triomphe du **Carrousel** ▪ Monument parisien construit de 1806 à 1808, à l'entrée de l'ancien palais des Tuileries.

Cartagena, en français *Carthagène* ▪ Ville d'Espagne, au sud de la Région de Murcie. 215 757 habitants. Port fondé par le Carthaginois Hasdrubal.

Cartagena de Indias, en français *Carthagène* ▪ Ville de Colombie, port fondé en 1533 sur la mer des Caraïbes par les Espagnols, capitale du département de Bolívar. 895 400 habitants.

Jimmy **Carter** ▪ 39e président (démocrate) des États-Unis, de 1977 à 1981 (né en 1924).

Carthage ▪ Ville d'Afrique du Nord. Fondée par les Phéniciens v. 814 avant J.-C., elle s'opposa à Rome qui la rasa (fin des guerres puniques, 146 avant J.-C.).

Carthagène → Cartagena

Jacques **Cartier** ▪ Navigateur français (1491-1557). Il prit possession du Canada en 1534.

sir Georges Étienne **Cartier** ▪ Homme politique canadien (1814-1873). Un des créateurs de la Confédération canadienne.

Henri **Cartier-Bresson** ▪ Photographe français (1908-2004). Ses photos d'une expressivité humaine intense sont toujours d'une composition parfaite.

Louis Dominique Bourguignon, dit **Cartouche** ▪ Célèbre bandit français (1693-1721).

Enrico **Caruso** ▪ Chanteur (ténor) italien (1873-1921). La qualité de sa voix, dans l'interprétation de l'opéra italien, lui valut une notoriété mondiale.

Raymond **Carver** ▪ Nouvelliste et poète américain (1938-1988). Il décrivit dans ses livres le désespoir et la solitude des Américains ordinaires : *Tais-toi je t'en prie* ; *Parlez-moi d'amour* ; *Les Vitamines du bonheur*.

Casablanca ▪ Port du Maroc, sur l'Atlantique. 3,3 millions d'habitants. Grande Mosquée.

Pablo **Casals** [kazals] ▪ Violoncelliste espagnol (catalan) (1876-1973). Admirable interprète de J.-S. Bach, il s'exila d'Espagne sous Franco et se fixa en France à Prades, où il créa un festival de musique.

la **Casamance** ▪ Fleuve et région du Sénégal, comprise entre la Gambie et la Guinée-Bissau.

Giacomo Girolamo **Casanova** ▪ Aventurier et mémorialiste italien, modèle du séducteur (1725-1798).

Maria **Casarès** ▪ Comédienne française d'origine espagnole (1922-1996). Elle a joué au théâtre (avec Vilar, Blin, Chéreau) et au cinéma (avec Carné, Bresson, Cocteau).

La **Case de l'oncle Tom** ▪ Roman antiesclavagiste de Harriet Beecher-Stowe (1852).

le **Casino de Paris** ▪ Salle de spectacle fondée en 1890 à Paris. Mistinguett et Maurice Chevalier firent son succès.

la mer **Caspienne** ▪ La plus vaste mer fermée du monde en Asie. Sa superficie varie de 371 000 à 393 000 km^{2}.

les **Casques bleus** ▪ Militaires de la force d'urgence de l'ONU, constituée des contingents fournis par les États membres.

Cassandre ▪ mythol. grecque Princesse troyenne dont les sombres prophéties n'étaient jamais écoutées.

John **Cassavetes** ▪ Cinéaste et comédien américain (1929-1989). Son style dépouillé révèle les psychologies par des gros plans. *Husbands* ; *Faces* ; *Une femme sous influence*.

Casse-noisette et le roi des souris ▪ Ballet-féerie, musique de Tchaïkovski (créé en 1892).

le mont **Cassin,** en italien *monte Cassino* ▪ Colline d'Italie du Sud où saint Benoît fonda un monastère en 529.

René **Cassin** ▪ Juriste français (1887-1976). Résistant, il fit adopter la Déclaration universelle des droits de l'homme (1948).

les **Cassini** ▪ Dynastie d'astronomes et de cartographes français (XVIIe-XVIIIe s.).

Flavius Magnus Aurelius Cassiodorus, dit **Cassiodore** ▪ Écrivain et homme d'État romain (v. 490-583). Il se retira en 540 et mena en Calabre une vie de moine érudit.

Ernst **Cassirer** ▪ Philosophe allemand (1874-1945). *Philosophie des formes symboliques*.

Cassis ▪ Ville des Bouches-du-Rhône, près de Marseille. 6 782 habitants. Vins blancs.

Jean **Cassou** ▪ Écrivain et critique d'art français (1897-1986). Auteur d'études sur l'histoire de l'Espagne, de romans, de poèmes sur son expérience de la Résistance. Il fut conservateur en chef du Musée national d'art moderne de 1946 à 1965.

le **Castel del Monte** ▪ Château construit près de Bari vers 1240 pour Frédéric II.

Castel Gandolfo ▪ Ville d'Italie, sur le lac d'Albano, près de Rome. 7 900 habitants. Résidence d'été des papes.

Castellane ▪ Chef-lieu d'arrondissement des Alpes-de-Haute-Provence. 1 462 habitants.

Castelnaudary ▪ Chef-lieu de canton de l'Aude, près de Carcassonne. 12 467 habitants. Son cassoulet est renommé.

Castelsarrasin ▪ Chef-lieu d'arrondissement de Tarn-et-Garonne. 14 131 habitants.

Jean **Castex** ▪ Homme d'État français (né en 1965). Premier ministre d'Emmanuel Macron de 2020 à 2022.

Baldassare **Castiglione** ▪ Écrivain italien (1478-1529). *Le Parfait Courtisan.*

la **Castille** ▪ Ancien royaume du centre de l'Espagne, aujourd'hui divisé en cinq communautés autonomes : **Castille-La Manche** (*Castilla-La Mancha* ; 79 226 km² ; 2 millions d'habitants ; capitale : Tolède), **Castille-et-Léon** (*Castilla-León* ; 94 147 km² ; 2,5 millions d'habitants ; Cantabrie ; La Rioja) et **Madrid.**

Castor et **Pollux** ▪ mythol. grecque Fils jumeaux de Zeus et Léda, dits *les Dioscures.*

Castor et Pollux ▪ Tragédie lyrique composée par J.-P. Rameau (créée en 1737).

Castres ▪ Chef-lieu d'arrondissement du Tarn. 42 394 habitants.

Josué de **Castro** ▪ Médecin et géographe brésilien (1908-1973). Il devint spécialiste mondial des problèmes nutritionnels *(Géographie de la faim).* Il fut déchu de ses droits politiques après le coup d'État de 1964 et s'exila en France.

Fidel **Castro** ▪ Révolutionnaire et homme d'État cubain au pouvoir de 1959 à 2008 (1926-2016). Il établit à Cuba une dictature de référence communiste. Son frère Raúl lui succéda en 2008.

Raúl **Castro** ▪ Homme d'État cubain (né en 1931). Frère de Fidel Castro. Chef de l'État de 2008 à 2018 et secrétaire général du Parti communiste de 2011 à 2021.

les champs **Catalauniques** ▪ Plaine de Champagne où Attila fut vaincu par les Romains (451).

Çatal Höyük ▪ Site néolithique de Turquie (Anatolie).

la **Catalogne,** en catalan *Catalunya,* en espagnol *Cataluña* ▪ Communauté autonome et région historique du nord-est de l'Espagne. 31 930 km². 7,5 millions d'habitants. Capitale : Barcelone.

Catane ▪ Port d'Italie (Sicile). 313 100 habitants.

Catanzaro ▪ Chef-lieu de la province de Calabre (Italie), sur l'isthme de Marcinellata. 95 300 habitants.

Le **Cateau-Cambrésis** ▪ Commune du Nord où furent signés les traités qui mirent fin aux guerres d'Italie (1559). 7 016 habitants.

Les **Catégories** ▪ Traité logique d'Aristote.

Catherine II la Grande ▪ (1729-1796) Impératrice de Russie de 1762 à sa mort.

Catherine d'Aragón ▪ Première épouse d'Henri VIII, qui la répudia (1485-1536).

Catherine de Médicis ▪ Reine de France (1519-1589). Épouse d'Henri II, régente durant la minorité de son fils, Charles IX.

sainte **Catherine de Sienne** ▪ Mystique italienne (1347-1380).

Catilina ▪ Patricien et conspirateur romain (v. 108-62 avant J.-C.). Il fut dénoncé par Cicéron.

Caton l'Ancien ou **le Censeur** ▪ Homme politique romain (234-149 avant J.-C.). Symbole des qualités romaines d'austérité et de vertu. ► **Caton d'Utique,** son arrière-petit-fils (93-46 avant J.-C.), ultime adversaire républicain de César.

Catulle ▪ Poète latin (v. 87-v. 54 avant J.-C.). Poèmes lyriques et érotiques.

le **Caucase** ▪ Ensemble montagneux s'étendant entre la mer Noire et la Caspienne. 5 642 m au mont Elbrouz.

Pierre **Cauchon** ▪ Religieux français (1371-1442). En tant qu'évêque de Beauvais, il présida, à Rouen, le tribunal qui fit condamner Jeanne d'Arc.

Augustin, baron **Cauchy** ▪ Mathématicien français (1789-1857). Il a profondément réorganisé l'analyse.

Caudebec-en-Caux ▪ Chef-lieu de canton de Seine-Maritime, près de Rouen, sur la Seine. 4 092 habitants.

les **Causses** n. m. pl. ▪ Plateaux calcaires du sud du Massif central.

le pays de **Caux** ▪ Région de Normandie.

Jean **Cavaillès** ▪ Philosophe et logicien français (1903-1944). Chef d'un mouvement de résistance, il fut exécuté par les Allemands.

Cavaillon ▪ Ville du Vaucluse. 25 832 habitants. Monuments anciens ; synagogue du XVIIIe s. Melons.

René Robert **Cavelier de La Salle** ▪ Explorateur français (1643-1687). Il explora les Grands Lacs et descendit le Mississippi jusqu'au golfe du Mexique.

Henry **Cavendish** ▪ Physicien et chimiste anglais (1731-1810). Il réalisa la première analyse précise de l'air.

Les **Caves du Vatican** ▪ Roman d'André Gide (1914).

Camillo Benso, comte de **Cavour** ▪ Homme politique italien (1810-1861). Artisan de l'unité italienne.

Cayenne ▪ Chef-lieu de la Guyane française. 65 956 habitants. Anc. bagne.

Jean **Cayrol** ▪ Poète et romancier français (1911-2005). Il fut marqué par son expérience de déporté. Il est l'auteur du scénario de *Nuit et brouillard,* d'Alain Resnais. Il a écrit des poèmes, des romans *(Les Corps étrangers),* des essais.

CBS *(Columbia Broadcasting System)* ▪ Réseau de radio et de télévision américain, fondé en 1927.

la **CDU** *(Christlich-Demokratische Union)* ▪ Parti politique (démocratie chrétienne), l'un des deux principaux partis d'Allemagne avec le SPD.

CEA, *Commissariat à l'énergie atomique* ▪ Organisme public français de recherche dans les domaines de l'énergie atomique (technologie, défense, santé), créé en 1945.

Nicolae **Ceaușescu** ▪ Homme d'État roumain (1918-1989). Dictateur *(conducator)* communiste, au pouvoir de 1965 à 1989, il fut renversé puis exécuté.

la **CEDEAO** (Communauté économique des États de l'Afrique de l'Ouest) ▪ Association de 15 États d'Afrique occidentale créée en 1975.

la **CEE,** *Communauté économique européenne* ▪ «Marché commun» entre l'Allemagne, la France, l'Italie, le Benelux (1957), le Danemark, le Royaume-Uni, l'Irlande (1973), la Grèce (1981), le Portugal et l'Espagne (1986). La CEE est devenue en 1993 l'Union européenne.

la **CEI,** *Communauté des États indépendants* ▪ Communauté, créée en 1991, réunissant les républiques de l'ex-URSS (sauf les États baltes [à partir de 2009]).

Paul Antschel, dit Paul **Celan** ▪ Poète et traducteur français d'origine roumaine et d'expression allemande (1920-1970). Son œuvre, parfois hermétique, est l'un des joyaux de la poésie allemande. Il fut profondément marqué par la Shoah et se donna la mort.

les **Célèbes** → **Sulawesi**

Célimène ▪ Personnage du *Misanthrope* de Molière.

Louis-Ferdinand Destouches, dit **Céline** ▪ Romancier français (1894-1961). Œuvre romanesque en forme d'autobiographie transfigurée, renouvelant la prose, dès le *Voyage au bout de la nuit* et *Mort à crédit* jusqu'aux récits hallucinés de la fin. Son antisémitisme pathologique et ses répercussions l'entraînèrent dans un pessimisme apocalyptique.

Benvenuto **Cellini** ▪ Sculpteur et orfèvre italien (1500-1571). La perfection technique et la force ornementale de son œuvre en font une figure majeure de la Renaissance italienne. Il publia des *Mémoires.*

Anders **Celsius** ▪ Astronome et physicien suédois (1701-1744). Il créa l'échelle thermométrique centésimale.

les **Celtes** ▪ Population indo-européenne, venue d'Allemagne et apparue au IIe millénaire avant J.-C.

les **Celtibères** ▪ Populations celtes établies en territoire ibère, à l'ouest de la péninsule hispanique.

Frédéric Sauser, dit Blaise **Cendrars** ▪ Écrivain français d'origine suisse (1887-1961). Ses poèmes visent à embrasser le monde entier *(La Prose du Transsibérien).* Récits de vies aventureuses, autobiographie poétique *(Bourlinguer).*

Cendrillon ▪ Personnage de conte de fées, titre d'un conte de Charles Perrault (1697).

La **Cène** ▪ Peinture murale de Léonard de Vinci (1495-1497, réfectoire du couvent de Santa Maria delle Grazie, Milan).

Cenon ▪ Ville de la Gironde, banlieue de Bordeaux. 26 047 habitants.

la guerre de **Cent Ans** ▪ Conflits (1337-1453) qui opposèrent la France et l'Angleterre.

Cent ans de solitude ▪ Roman de Gabriel García Márquez (1967).

les **Centaures** n. m. ▪ mythol. grecque Êtres mi-hommes mi-chevaux.

les **Cent-Jours** ▪ Dernière période du règne de Napoléon Ier, au cours de laquelle il tenta de restaurer l'Empire (20 mars-22 juin 1815). Vaincu à Waterloo, il abdiqua.

la République **centrafricaine** ou la **Centrafrique** ▪ État d'Afrique centrale. 622 436 km^2. 6 millions d'habitants. Capitale : Bangui.

Central Park ▪ Vaste parc au centre de New York (de la 8e à la 5e Avenue et de la 59e à la 110e Rue). Ce fut le premier parc public aménagé aux États-Unis.

le **Centre** ▪ Anc. région administrative française.

Centre national d'art et de culture Georges-Pompidou, couramment appelé *le Centre Pompidou* ▪ Complexe culturel édifié sur le plateau Beaubourg, à Paris (IVe arrondissement), à l'initiative de Georges Pompidou. Inauguré en 1977, il comprend le Musée national d'art moderne et le Département du développement culturel. L'IRCAM lui est associé. Le centre possède une antenne à Metz depuis 2010 et à Shanghai depuis 2019.

Centre-Val de Loire ▪ Région administrative de la France. Six départements : Cher, Eure-et-Loir, Indre, Indre-et-Loire, Loiret, Loir-et-Cher. 39 151 km^2. 2,57 millions d'habitants. Chef-lieu : Orléans.

Cerbère ▪ mythol. grecque Chien à trois têtes, gardien des Enfers.

la **Cerdagne** ▪ Région de l'est des Pyrénées.

Marcel **Cerdan** ▪ Boxeur français (1916-1949). Il fut champion du monde des poids moyens en 1948.

Cérès → **Déméter**

Céret ▪ Chef-lieu d'arrondissement des Pyrénées-Orientales. 7 753 habitants.

Cergy ▪ Chef-lieu du Val-d'Oise. 67 790 habitants.

La **Cerisaie** ▪ Comédie d'Anton Tchekhov (1904).

le **Cern** ▪ Conseil européen pour la recherche nucléaire, aujourd'hui Laboratoire européen de physique des particules, créé en 1954. Il possède le plus puissant accélérateur de particules au monde, le LHC.

Enrico, dit Henri **Cernuschi** ▪ Banquier français d'origine italienne (1821-1896). Il légua à la ville de Paris son hôtel et les collections artistiques constituées lors d'un voyage en Orient (musée Cernuschi, 1898).

Miguel de **Cervantès** ▪ Écrivain espagnol (1547-1616). *Don Quichotte de la Manche,* son chef-d'œuvre, constitue un moment majeur dans la vie intellectuelle de l'Europe. Les *Nouvelles exemplaires* illustrent son génie de conteur.

le mont **Cervin** ▪ Sommet des Alpes, en Suisse. 4 478 m.

Aimé **Césaire** ▪ Écrivain et homme politique français (martiniquais) (1913-2008). Défenseur de la négritude. Auteur de poèmes (*Cahier d'un retour au pays natal,* écrit en 1938-1939 ; *Soleil cou coupé,* 1948), de pièces de théâtre anticolonialistes, portant «le grand cri nègre».

Jules **César** ▪ Homme d'État romain (101-44 avant J.-C.). Il conquit la Gaule et lutta contre Pompée et le Sénat. Il fut assassiné. Auteur de *Commentaires de la guerre des Gaules.*

César Baldaccini, dit **César** ▪ Sculpteur français (1921-1998). Sculptures en métal, d'abord expressionnistes, puis structurées et équilibrées. Ses «compressions», notamment d'automobiles, l'ont rendu célèbre.

Césarée ▪ Nom donné dans l'Antiquité à plusieurs villes, en l'honneur des empereurs romains (César). ► **Césarée de Cappadoce** (aujourd'hui Kayseri, Turquie). ► **Césarée de Palestine** (aujourd'hui centre touristique d'Israël). ► **Césarée de Maurétanie** (aujourd'hui Cherchell, Algérie).

le **CETA** ▪ Traité global de libre-échange entre l'Union européenne et le Canada entré provisoirement en vigueur en 2017.

Ceuta ▪ Port franc situé au Maroc sous souveraineté espagnole. 18 km^2. 83 517 habitants.

les **Cévennes** n. f. pl. ▪ Bordure sud-est du Massif central. Parc national.

Ceylan → **Sri Lanka**

Paul **Cézanne** ▪ Peintre français (1839-1906). D'abord proche des impressionnistes, il annonça le cubisme par sa reconstruction des formes. *Les Joueurs de cartes ; La Montagne Sainte-Victoire.*

la **CFDT,** *Confédération française démocratique du travail* ▪ Syndicat français issu de la *Confédération française des travailleurs chrétiens* (CFTC) en 1964.

la **CGC,** *Confédération générale des cadres* ▪ Syndicat français de cadres, créé en 1944.

la **CGT,** *Confédération générale du travail* ▪ Le plus important syndicat ouvrier français, créé en 1895.

la **CGT-FO** → **FO**

Jacques **Chaban-Delmas** ▪ Homme politique (gaulliste) français (1915-2000). Premier ministre de 1969 à 1972.

Chablis ▪ Chef-lieu de canton de l'Yonne, près d'Auxerre, sur le Serein. 2 171 habitants. Vins blancs réputés.

Emmanuel **Chabrier** ▪ Compositeur français (1841-1894). Mélodies, œuvres pour piano, pour l'orchestre ; ouvrages lyriques.

Claude **Chabrol** ▪ Cinéaste français (1930-2010). Films d'un réalisme critique, ironique et cruel, dépeignant la société bourgeoise de la province française. *Que la bête meure ; Le Boucher ; La Cérémonie.*

le **Chaco** ou **Gran Chaco** ▪ Vaste plaine de l'Argentine et du Paraguay. 400 000 km^2.

Chadli Bendjedid, dit **Chadli** ▪ Colonel et homme politique algérien (1929-2012). Il fut président de la République de 1979 à 1992.

sir James **Chadwick** ▪ Physicien britannique (1891-1974). Élève de Rutherford, il découvrit l'existence du neutron en 1932.

Marc **Chagall** ▪ Artiste français d'origine russe (1887-1985). Œuvre inspirée par le folklore juif d'Europe orientale, puis thèmes bibliques. Grand coloriste, il privilégie l'effusion lyrique.

Youssef **Chahine** ▪ Cinéaste égyptien (1926-2008). Son cinéma humaniste prône la tolérance et la liberté. *Le Sixième Jour ; Le Destin.*

le palais de **Chaillot** ▪ Bâtiment formant deux ailes en courbe, construit en 1937 sur l'emplacement du palais du Trocadéro*, à Paris. Il abrite plusieurs musées et un théâtre, et se prolonge par un jardin jusqu'à la Seine.

La **Chaise-Dieu** ▪ Chef-lieu de canton de la Haute-Loire, près de Brioude (Auvergne). 608 habitants. L'église gothique Saint-Robert a été reconstruite en 1344 sur l'ancienne abbatiale fondée en 1044. Festival de musique.

la **Chaldée** ▪ Pays des **Chaldéens** (Babylonie, en Basse-Mésopotamie).

Fedor **Chaliapine** ▪ Chanteur russe d'opéra (1873-1938).

Challans ▪ Commune de la Vendée. 21 900 habitants. Aviculture (canards).

Châlons-en-Champagne, jusqu'en 1995 *Châlons-sur-Marne* ▪ Chef-lieu de la Marne. 44 336 habitants.

Chalon-sur-Saône ▪ Chef-lieu d'arrondissement de Saône-et-Loire. 45 094 habitants.

Cham ▪ Bible Second fils de Noé.

Joseph **Chamberlain** ▪ Homme politique britannique (1836-1914). ► Arthur Neville **Chamberlain,** son fils (1869-1940), Premier ministre de 1937 à 1940.

Chambéry ▪ Chef-lieu de la Savoie. 59 172 habitants.

Chambolle-Musigny ▪ Commune de Côte-d'Or, près de Dijon. 285 habitants. Vin rouge renommé (bourgogne, côtes-de-nuits).

Chambord ▪ Commune de Loir-et-Cher. Château de la Renaissance. 92 habitants.

les **Chambres de Raphaël** ▪ Salles de l'appartement de Jules II au Vatican, décorées par Raphaël à partir de 1509.

Nicolas de **Chamfort** ▪ Moraliste français (1741-1794). Auteur de pensées et anecdotes spirituelles et caustiques *(Maximes et Pensées).*

Patrick **Chamoiseau** ▪ Écrivain français (né en 1953). Chantre de la culture martiniquaise et du créole ; son œuvre associe l'analyse historique et le romanesque. *Texaco.*

Chamonix-Mont-Blanc ▪ Ville de Haute-Savoie, dominée par le mont Blanc. 8 644 habitants. Centre d'alpinisme. Importante station de ski.

la **Champagne** ▪ Anc. province de l'est du Bassin parisien. Vins. ► la **Champagne-Ardenne.** Anc. région administrative → **Grand Est.**

Champagnole ▪ Commune du Jura. 8 040 habitants.

Philippe de **Champaigne** ▪ Peintre français d'origine flamande (1602-1674). Portraits et scènes religieuses d'un classicisme dépouillé.

Champigny-sur-Marne ▪ Ville du Val-de-Marne. 77 439 habitants.

Samuel de **Champlain** ▪ Colonisateur français du Canada (v. 1567-1635).

la chartreuse de **Champmol** ▪ Monastère fondé par Philippe le Hardi (1383), près de Dijon, pour recevoir les sépultures des ducs de Bourgogne.

Jean-François **Champollion** ▪ Égyptologue français (1790-1832). Il déchiffra les hiéroglyphes grâce à la pierre de Rosette.

les **champs Élysées** ▪ mythol. grecque Séjour des morts vertueux.

les **Champs-Élysées** ▪ Célèbre avenue de Paris.

le Théâtre des **Champs-Élysées** ▪ Théâtre parisien comprenant trois salles de spectacle, construit par A. Perret, décoré par Bourdelle et Lalique (1913).

Champs-sur-Marne ▪ Ville de Seine-et-Marne. 25 230 habitants. Château du XVIIIe siècle.

Chandernagor ou **Chandannagar** ▪ Ville d'Inde (Bengale-Occidental). 166 000 habitants. Ancien comptoir français.

Chandigarh ▪ Ville du nord de l'Inde. 1,6 million d'habitants. Conçue par Le Corbusier.

Raymond **Chandler** ▪ Auteur américain de romans policiers (1888-1959). Ses intrigues violentes, ses personnages bien typés, immoraux, renouvelèrent le roman criminel.

Gabrielle Chasnel, dite Coco **Chanel** ▪ Couturière française (1883-1971). La maison qu'elle a créée est devenue un des symboles internationaux de l'élégance et du luxe.

Changchun ▪ Ville de Chine (Jilin). 3,4 millions d'habitants.

Jean-Pierre **Changeux** ▪ Biologiste français (né en 1936). Spécialiste du fonctionnement du système nerveux *(L'Homme neuronal).*

Chang jiang ou **Yang-tseu kiang,** en français *le fleuve Bleu* ▪ Fleuve de Chine. 6 300 km.

Changsha ▪ Ville de Chine (Hunan). 3,1 millions d'habitants.

La **Chanson de Roland** ▪ La plus ancienne chanson de geste française, écrite dans la seconde moitié du XIe siècle.

Chantilly ▪ Ville de l'Oise. 10 604 habitants. Château.

Chants de Maldoror ▪ Épopée en prose d'Isidore Ducasse, dit le comte de Lautréamont (1868 et 1869).

Les **Chants du crépuscule** ▪ Recueil lyrique de Victor Hugo (1835).

le **Chao Phraya** ▪ Principal fleuve de Thaïlande, formé par la réunion de quatre affluents. 1 200 km. Il se jette dans le golfe du Siam après avoir traversé Bangkok.

Chaource ▪ Chef-lieu de canton de l'Aube, près de Troyes. 1 017 habitants. Fromage.

sir Charles Spencer Chaplin, dit Charlie **Chaplin** ▪ Acteur et cinéaste anglais (1889-1977). Il se produisit sur scène très jeune. Il émigra aux États-Unis où, à partir de 1913, il créa à Hollywood, partant de la comédie burlesque (Mack Sennett) un univers poétique, critique et comique, centré sur un personnage inoubliable, Charlot (*Charlie* en anglais). Il quitta les États-Unis pendant la crise du maccarthysme et se fixa en Suisse. Nombreux films courts, et *The Kid, La Ruée vers l'or, Les Lumières de la ville, Le Dictateur, Monsieur Verdoux, Limelight* (en français *Les Feux de la rampe*).

Maurice **Chappaz** ▪ Écrivain et poète suisse d'expression française (1916-2009). Ses poèmes et ses récits évoquent avec force et lyrisme son pays natal, le Valais, non sans une tendance mystique.

Claude **Chappe** ▪ Ingénieur français (1763-1805). Inventeur du télégraphe aérien.

Jean **Chaptal** ▪ Chimiste français (1756-1832). Pionnier de l'industrie chimique.

René **Char** ▪ Poète français (1907-1988). Œuvre engagée et morale (une «leçon de vie»), d'une rigueur extrême, soulignant les rapports entre la poétique et les arts plastiques.

Jean-Martin **Charcot** ▪ Neurologue français (1825-1893). ► Jean-Baptiste **Charcot,** son fils (1867-1936), explora les régions polaires.

Jean-Siméon **Chardin** ▪ Peintre français (1699-1779). Maître de la nature morte et de la suggestion de la réalité, des matières.

la **Charente** ▪ Fleuve de France. 360 km. ► la **Charente** [16]. Département français de la Région Nouvelle-Aquitaine. 5 956 km². 351 718 habitants. Chef-lieu : Angoulême. Chefs-lieux d'arrondissement : Cognac, Confolens.

la **Charente-Maritime** [17]. ▪ Département français de la Région Nouvelle-Aquitaine. 6 864 km². 655 709 habitants. Chef-lieu : La Rochelle. Chefs-lieux d'arrondissement : Jonzac, Rochefort, Saintes, Saint-Jean-d'Angély.

Charenton-le-Pont ▪ Ville du Val-de-Marne. 29 632 habitants.

Jean **Charest** ▪ Homme politique canadien (né en 1958). Premier ministre du Québec de 2003 à 2012.

le **Chari** ▪ Fleuve d'Afrique qui se jette dans le lac Tchad. 1 100 km.

La **Charité-sur-Loire** ▪ Chef-lieu de canton de la Nièvre, près de Cosne. Il y fut établi, au milieu du XIe s., le premier prieuré dépendant de l'abbaye bénédictine de Cluny. 4 673 habitants.

Charlemagne ou **Charles Ier le Grand** ▪ (742-814) Roi des Francs, sacré empereur d'Occident en 800.

Charleroi ▪ Ville de Belgique (Hainaut). 202 746 habitants.

Charles ▪ Nom de plusieurs souverains européens.
1 EMPEREURS D'ALLEMAGNE ► **Charles III le Gros** (839-888). Empereur d'Occident de 881 à 887, roi de France de 884 à 887. ► **Charles V,** dit **Charles Quint** (1500-1558). Roi d'Espagne (Charles Ier) après 1516, empereur germanique après 1519, il lutta contre François Ier et abdiqua en 1556.
2 ROI D'ANGLETERRE ► **Charles Ier** (1600-1649). Roi en 1625, il fut vaincu par Cromwell et exécuté. ► **Charles III** (né en 1948). Roi du Royaume-Uni et chef du Commonwealth depuis 2022.
3 DUC DE BOURGOGNE ► **Charles le Téméraire** (1433-1477). Duc en 1467, il s'opposa à Louis XI.
4 ROI D'ESPAGNE ► **Charles Ier** → 1. empereurs d'Allemagne, **Charles Quint.**
5 ROIS DE FRANCE ► **Charles Ier** → **Charlemagne.** ► **Charles II le Chauve** (823-877). Roi après 843, empereur d'Occident après 875. ► **Charles III le Gros** → 1. empereurs d'Allemagne, **Charles III.** ► **Charles III le Simple** (870-930). Roi de 898 à 922. ► **Charles IV le Bel** (1294-1328). Roi de France et de Navarre de 1322 à sa mort. ► **Charles V le Sage** (1338-1380). Roi de 1364 à sa mort. ► **Charles VI le Bien-Aimé** ou **le Fou** (1368-1422). Roi de 1380 à sa mort. ► **Charles VII** (1403-1461). Roi de 1422 à sa mort. ► **Charles VIII** (1470-1498). Roi de 1483 à sa mort. ► **Charles IX** (1550-1574). Roi de 1560 à sa mort. ► **Charles X** (1757-1836). Roi en 1824. Il fut renversé par la révolution de 1830.
6 ROIS DE SUÈDE ► **Charles XII** (1682-1718). Roi de 1697 à sa mort. Victorieux contre le Danemark, il fut battu par les Russes. ► **Charles XIV**

ou **Charles-Jean** (1763-1844). Nom de règne du maréchal français Charles Jean-Baptiste Bernadotte, roi de 1818 à sa mort.

Ray Robinson, dit Ray **Charles** ▪ Chanteur, pianiste et compositeur américain (1932-2004). À partir du blues et du gospel, il acquit une notoriété mondiale dans un répertoire plus varié.

saint **Charles Borromée** ▪ Cardinal italien (1538-1584). Défenseur de la Contre-Réforme.

Charles Martel ▪ Maire du palais franc (v. 688-741). Il repoussa les Arabes à Poitiers en 732.

Charleston ▪ Ville de Caroline du Sud (États-Unis), sur l'Atlantique. 96 650 habitants. Port ; centre touristique (maisons anciennes).

Charleston ▪ Capitale de la Virginie-Occidentale (États-Unis). 53 000 habitants.

Charleville-Mézières ▪ Chef-lieu des Ardennes. 46 388 habitants.

Charlie Hebdo ▪ Journal satirique français, créé en 1969 par Cavanna et le professeur Choron, connu pour ses caricatures. Il fut menacé à partir de 2006 pour avoir publié des caricatures de Mahomet. Le 7 janvier 2015, deux terroristes islamistes attaquèrent son siège et assassinèrent douze personnes dont les caricaturistes Cabu, Philippe Honoré, Tignous, Wolinski et Charb.

Charlot → Charlie **Chaplin**

le **Charolais** ▪ Région du nord-est du Massif central. Bovins.

Charolles ▪ Chef-lieu d'arrondissement de Saône-et-Loire. 2 849 habitants.

Charon ▪ mythol. grecque Pilote («nocher») des Enfers, qui fait traverser l'Achéron aux âmes des morts.

Georges **Charpak** ▪ Physicien français (1924-2010). Il inventa un détecteur de particules. Prix Nobel 1992.

Marc Antoine **Charpentier** ▪ Compositeur français (1634-1704). L'un des principaux représentants de la musique baroque en France. Célèbre *Te Deum*.

Emmanuelle **Charpentier** ▪ Microbiologiste française (née en 1968). Elle mit au point des ciseaux moléculaires permettant de modifier les gènes d'une cellule. Prix Nobel 2020.

Pierre **Charron** ▪ Moraliste français (1541-1603). Il publia en 1603 *De la sagesse*, ouvrage inspiré par l'œuvre de Montaigne.

la Grande **Charte** ▪ Charte imposée par les barons d'Angleterre au roi Jean sans Terre en 1215.

la **Charte constitutionnelle** ▪ Charte octroyée par Louis XVIII aux Français lors de la première Restauration, en 1814. Elle instaura la monarchie constitutionnelle et définit les mécanismes fondamentaux du régime parlementaire.

Alain **Chartier** ▪ Écrivain et poète français (1390-1430). *Le Quadrilogue invectif*, allégorie politique. *La Belle Dame sans merci*, poèmes courtois et patriotiques.

Chartres ▪ Chef-lieu d'Eure-et-Loir. 38 443 habitants. Cathédrale gothique aux célèbres statues et vitraux.

la Grande-**Chartreuse** ▪ Monastère fondé dans le massif alpin du même nom par saint Bruno, en 1084.

La **Chartreuse de Parme** ▪ Roman de Stendhal (1839).

Charybde et **Scylla** ▪ mythol. grecque Monstres fabuleux gardant le détroit de Messine.

Jerome **Charyn** ▪ Auteur américain de romans policiers (né en 1937). *Zyeux bleus ; Marilyn la Dingue.*

Michel **Chasles** ▪ Mathématicien français (1793-1880). Géométrie projective.

Théodore **Chassériau** ▪ Peintre français (1819-1856). *Suzanne au bain.*

Le **Chat botté** ▪ Conte de Charles Perrault (1697).

François-René, vicomte de **Chateaubriand** ▪ Écrivain français (1768-1848). Défenseur du christianisme *(Le Génie du christianisme ; Les Martyrs)* et de la monarchie légitimiste, il fut l'initiateur de la prose lyrique du romantisme *(Atala ; René)*. Auteur de nombreux écrits politiques, évocateur sensible des Indiens d'Amérique, il poursuivit sa méditation religieuse *(La Vie de Rancé)* et couronna son œuvre par les *Mémoires d'outre-tombe*, dont l'admirable style et la «mélancolie moderne» (T. Gautier) firent l'admiration de tous.

Châteaubriant ▪ Chef-lieu d'arrondissement de la Loire-Atlantique. 12 016 habitants.

Château-Chinon-Ville ▪ Chef-lieu d'arrondissement de la Nièvre. 1 934 habitants.

Châteaudun ▪ Chef-lieu d'arrondissement d'Eure-et-Loir. 12 949 habitants.

Château-Gontier-sur-Mayenne ▪ Chef-lieu d'arrondissement de la Mayenne. 16 845 habitants.

Châteaulin ▪ Chef-lieu d'arrondissement du Finistère. 5 156 habitants.

Châteauneuf-du-Pape ▪ Ville du Vaucluse, près d'Avignon. 2 061 habitants. Vins rouges célèbres depuis Jean XXII («vin du Pape»), qui fit construire le château en 1317.

Châteauroux ▪ Chef-lieu de l'Indre. 43 331 habitants.

Château-Salins ▪ Chef-lieu d'arrondissement de la Moselle. 2 304 habitants.

Château-Thierry ▪ Chef-lieu d'arrondissement de l'Aisne. 15 306 habitants.

le Grand et le Petit **Châtelet** ▪ Anciennes forteresses parisiennes qui protégeaient l'accès de la Cité (IXe s., reconstruites au XIIe s.).

Châtellerault ▪ Chef-lieu d'arrondissement de la Vienne. 31 573 habitants.

Châtenay-Malabry ▪ Ville des Hauts-de-Seine. 34 383 habitants.

Chatila → **Sabra**

Châtillon ▪ Ville des Hauts-de-Seine. 36 392 habitants.

Les **Châtiments** ▪ Recueil satirique de Victor Hugo (1853).

Le **Chat noir** ▪ Cabaret parisien fondé en 1881 à Montmartre.

Chatou ▪ Ville des Yvelines. 29 709 habitants.

La **Châtre** ▪ Chef-lieu d'arrondissement de l'Indre. 4 048 habitants.

le **Chatt al-Arab** ▪ Fleuve d'Irak formé par la confluence du Tigre et de l'Euphrate.

Geoffrey **Chaucer** ▪ Poète anglais (v. 1340-1400). *Contes de Cantorbéry.*

Chaumont ▪ Chef-lieu de la Haute-Marne. 21 770 habitants.

La **Chaux-de-Fonds** ▪ Ville de Suisse. 36 700 habitants (zone urbaine 47 500).

Hugo **Chávez** ▪ Homme d'État vénézuélien (1954-2013). Président de 1999 à 2013. Anticapitaliste, allié du régime castriste, il obtint le soutien de mouvements populaires et de l'armée.

Damien **Chazelle** ▪ Réalisateur et scénariste américain (né en 1985). La musique tient une place primordiale dans tous ses films : *Whiplash ; La La Land.*

Andrée **Chedid** ▪ Écrivaine française d'origine libanaise (1920-2011). Son œuvre est un questionnement fervent, mystique et sensuel sur la condition humaine.

Chelles ▪ Ville de Seine-et-Marne. 54 372 habitants.

le **Chemin des Dames** ▪ Route de crête (Aisne), théâtre de violents combats en 1917 et 1918.

Chengdu ▪ Ville de Chine (Sichuan). 6,3 millions d'habitants.

André **Chénier** ▪ Poète français (1762-1794). Son lyrisme délicat annonce le romantisme. Il fut guillotiné sous la Terreur. *Iambes.*

Chennaï, anc. *Madras* ▪ Capitale du Tamil Nadu, État du sud de l'Inde. 8,6 millions d'habitants.

Chenonceaux ▪ Commune d'Indre-et-Loire. 345 habitants. Château Renaissance, comportant un pont à cinq arches sur le Cher.

Chéops → **Khéops**

Chéphren → **Khéphren**

le **Cher** ▪ Rivière, affluent de la Loire. 368 km. ► le **Cher** [18]. Département français de la Région Centre-Val de Loire. 7 227 km². 300 933 habitants. Chef-lieu : Bourges. Chefs-lieux d'arrondissement : Saint-Amand-Montrond, Vierzon.

Cherbourg-en-Cotentin ▪ Chef-lieu d'arrondissement et port de la Manche. 77 789 habitants.

Cherchell ▪ Ville d'Algérie (wilaya de Tipasa). 34 000 habitants. Comptoir carthaginois, la ville rebaptisée Césarée par Juba II fut la capitale de la Maurétanie et le second port d'Afrique après Carthage.

Patrice **Chéreau** ▪ Metteur en scène et cinéaste français (1944-2013). Mises en scènes hardies et puissantes du répertoire classique. Création d'œuvres de Koltès. Films et mises en scène d'opéras.

Luigi **Cherubini** ▪ Compositeur italien (1760-1842). Son œuvre comprend de la musique religieuse, de la musique de chambre et des opéras *(Médée).*

Le **Chesnay** ▪ Ville des Yvelines. 31 057 habitants.

Jacques **Chessex** ▪ Écrivain et poète suisse de langue française (1934-2009). Ses romans évoquent le sort dramatique de personnages passionnés *(L'Ogre).*

Gilbert Keith **Chesterton** ▪ Romancier et essayiste britannique (1874-1936). Attiré par le catholicisme (auquel il se convertira), il est l'auteur de romans mettant en scène un prêtre détective (le père Brown), d'études sur l'art et de récits sur des thèmes religieux et métaphysiques.

Ferdinand Cheval, dit le facteur **Cheval** ▪ Facteur dans la Drôme, il édifia un « palais idéal » à Hauterives où il demeurait (1836-1924). Son œuvre inventive est comparable à celles des peintres naïfs.

Maurice **Chevalier** ▪ Artiste français de music-hall (1888-1972). Par la chanson et le cinéma, il incarna l'optimisme populaire parisien, tant en France qu'à Hollywood.

Le **Chevalier à la rose** ▪ Opéra de Richard Strauss (1911).

Cheverny ▪ Commune du Loir-et-Cher. 918 habitants. Château Renaissance et classique.

Eugène **Chevreul** ▪ Chimiste français (1786-1889). Analyse des corps gras.

Chevreuse ▪ Ville des Yvelines, près de Rambouillet, sur l'Yvette. 5 572 habitants. ► la **vallée de Chevreuse** Vallée de l'Yvette près de Chevreuse, aux paysages vallonnés (parc naturel régional).

les **Cheyennes** ▪ Indiens d'Amérique du Nord.

Chiang Maï ▪ Ville de Thaïlande. 174 000 habitants.

Chianti [kjɑ̃ti] ▪ Région d'Italie, en Toscane (province de Sienne). Vin rouge réputé.

le **Chiapas** ▪ État du sud-est du Mexique, voisin du Guatemala. 74 211 km². 4,8 millions d'habitants. Terre indienne (où se trouve le site de Palenque), il fut le théâtre d'une rébellion «zapatiste» en 1994.

Chiba ▪ Port du Japon (Honshu). 924 300 habitants.

Chibougamau ▪ Ville minière (or, cuivre et argent) du Canada (Québec), fondée en 1950. 7 600 habitants. Réserve naturelle près du lac Chibougamau.

Chicago ▪ Ville des États-Unis, sur le lac Michigan. 2,7 millions d'habitants (agglomération 9 millions).

Chichén Itzá ▪ Site archéologique maya du Mexique.

Chicoutimi ▪ Ville du Canada (Québec), au confluent des rivières Chicoutimi et Saguenay, intégrée à la ville de Saguenay (Saguenay-Chicoutimi) dont elle est un arrondissement.

Chikamatsu Monzaemon ▪ Auteur dramatique japonais (1653-1724). Il écrivit des drames pour le théâtre de marionnettes japonais. On l'a surnommé le «Shakespeare du Japon».

Childebert Iᵉʳ ▪ (v. 495-558) Roi mérovingien de 511 à sa mort, fils de Clovis.

Childéric ▪ Nom de trois rois mérovingiens. ► **Childéric Iᵉʳ** (v. 436-481), père de Clovis. ► **Childéric III** (mort en 755), dernier roi mérovingien, déposé en 751.

Lucinda **Childs** ▪ Danseuse américaine (née en 1940). Représentante de la danse minimaliste et répétitive. *Einstein on the Beach*.

le **Chili** ▪ État d'Amérique du Sud. 756 945 km². 19,4 millions d'habitants. Capitale : Santiago.

Chilpéric Iᵉʳ ▪ (539-584) Roi de Neustrie de 561 à sa mort. Époux de Frédégonde.

Chimay ▪ Ville de Belgique (Hainaut). 9 800 habitants. Abbaye cistercienne de Scourmont (bières «trappistes» et fromages).

le **Chimborazo** ▪ Volcan des Andes (Équateur). 6 268 m.

Chimène ▪ Personnage du *Cid* de Corneille.

la **Chimère** ▪ mythol. grecque Monstre à trois têtes (lion, chèvre et dragon).

la **Chine** ▪ État d'Asie le plus peuplé du monde. 9 560 000 km². 1,24 milliard d'habitants. Capitale : Pékin (Beijing).

Chinon ▪ Chef-lieu d'arrondissement d'Indre-et-Loire. 8 063 habitants.

Chioggia [kjɔdzja] ▪ Ville d'Italie, en face de Venise, port de pêche et station balnéaire. 52 000 habitants.

l'île de **Chios** ▪ Île grecque de la mer Égée.

Thomas **Chippendale** ▪ Ébéniste anglais (v. 1718-1779). Il créa un style décoratif durable.

Jacques **Chirac** ▪ Homme d'État français (1932-2019). Président de la République française de 1995 à 2007.

Chirāz ▪ Ville d'Iran. 1,2 million d'habitants.

Chirico → Giorgio **De Chirico**

Chisinau, anciennement *Kichinev* ▪ Capitale de la Moldavie. 664 000 habitants.

Chittagong ▪ Port du Bangladesh. 2,5 millions d'habitants.

Chlef, anciennement *Orléansville*, puis *El-Asnam* ▪ Ville d'Algérie. 224 000 habitants.

Choderlos de Laclos → Laclos

Les **Choéphores** ▪ Tragédie d'Eschyle (458 avant J.-C.), la seconde de la trilogie l'*Orestie*.

Étienne François, duc de **Choiseul** ▪ Ministre de Louis XV (1719-1785).

Choisy-le-Roi ▪ Ville du Val-de-Marne. 46 229 habitants.

Cholet ▪ Chef-lieu d'arrondissement de Maine-et-Loire. 54 357 habitants.

Mikhaïl Alexandrovitch **Cholokhov** ▪ Romancier soviétique (1905-1984). Le plus inspiré des écrivains officiels de l'URSS, il évoque avec un souffle épique la terre et le peuple de son pays *(Le Don paisible)*.

Noam **Chomsky** ▪ Linguiste américain (né en 1928). Il a voulu donner à la linguistique structurale le pouvoir prédictif d'une science naturelle, par sa «grammaire générative transformationnelle». Après son activité de linguiste, il écrivit des ouvrages hostiles à la politique néo-impérialiste des États-Unis.

Chongqing ▪ Ville et municipalité autonome de Chine, sur le Chang jiang. 6,2 millions d'habitants.

Frédéric **Chopin** ▪ Compositeur polonais (1810-1849). Il a révolutionné l'art du piano, par des œuvres romantiques d'un style personnel. *Polonaises* ; *Mazurkas* ; *Valses*.

Dmitri **Chostakovitch** ■ Compositeur soviétique (1906-1975). Œuvre symphonique puissante ; musique de chambre. *Lady Macbeth de Mzensk.*

Chou En-lai → **Zhou** Enlai

Les **Chouans** ■ Roman de Balzac (1829).

Driss **Chraïbi** ■ Romancier marocain d'expression française (1926-2007). Il évoque dans un style imagé et puissant le drame des ex-colonisés contraints à l'émigration *(Le Passé simple).*

Chrétien de Troyes ■ Écrivain français (v. 1135-v. 1183). Ses romans de chevalerie en vers de huit syllabes *(Lancelot, Yvain ou le Chevalier au lion, Perceval ou le Conte du Graal),* issus de légendes celtiques, mêlent le réalisme au surréel, célébrant à la fois l'amour courtois et la mystique chrétienne.

Christian ■ Nom de dix rois du Danemark.

Mary Clarissa Miller, dite Agatha **Christie** ■ Romancière anglaise (1890-1976). Ses récits d'intrigue et d'énigme sont d'une grande habileté inventive. Elle créa les personnages d'Hercule Poirot et de miss Marple.

William **Christie** ■ Claveciniste et chef d'orchestre français et américain (né en 1944). Spécialiste de la musique française baroque, il a fondé en 1979 l'ensemble *Les Arts florissants* (titre d'une œuvre de Charpentier). On lui doit la renaissance d'une bonne partie du répertoire français (notamment Rameau, Lully...).

Christie's ■ Société de vente aux enchères fondée en 1766, à Londres, par James Christie, elle réalisa des transactions prestigieuses.

Christine ■ (1626-1689) Reine de Suède de 1632 à 1654. Elle abdiqua pour se convertir au catholicisme.

Christine de Pisan ■ Poète française (v. 1363-v. 1430). *La Cité des dames.*

Christo Javacheff, dit **Christo** ■ Artiste américain d'origine bulgare (1935-2020). Il a emballé plusieurs moments dont le Pont-Neuf (Paris) et le Reichstag (Berlin).

sir Winston **Churchill** ■ Homme politique (conservateur) britannique (1874-1965). Premier ministre (1940-1945 ; 1951-1955), artisan de l'effort de guerre britannique.

les frères **Churriguera** ■ Architectes baroques espagnols des années 1700, à l'origine d'un style décoratif influent *(art churrigueresque).*

La **Chute** ■ Roman d'Albert Camus (1956).

Chypre ■ Île et État de la Méditerranée orientale. 9 251 km². 900 000 habitants. Capitale : Nicosie. L'île est partagée entre la Grèce et la Turquie, la partie grecque ayant seule adhéré à l'Union européenne.

la **CIA** *(Central Intelligence Agency)* ■ Agence d'espionnage et de contre-espionnage des États-Unis, fondée en 1947.

Cicéron ■ Homme politique, orateur et écrivain romain (106-43 avant J.-C.). Il a porté l'art oratoire latin à son apogée, *Catilinaires ; Philippiques...*

Rodrigo Díaz de Bivár, dit le **Cid Campeador** ■ Chef de guerre espagnol (1043-1099). Sa légende a inspiré Corneille (1636).

la **Cilicie** ■ Région du sud de la Turquie.

Cimabue ■ Peintre florentin primitif (v. 1240-v. 1302). Maître de Giotto.

Domenico **Cimarosa** ■ Compositeur italien (1749-1801). *Le Mariage secret.*

les **Cimbres** ■ Ancien peuple germanique qui émigra vers le sud, jusqu'à la Gaule. Ils furent vaincus par Marius en 101 avant J.-C.

Le **Cimetière marin** ■ Pièce maîtresse du dernier recueil de vers, *Charmes* (1922), de Paul Valéry.

Cincinnati ■ Ville des États-Unis (Ohio). 297 000 habitants (agglomération 1,6 million).

Cincinnatus ■ Paysan romain (Vᵉ s. avant J.-C.). Glorieux soldat, il retourna à sa charrue, refusant les honneurs.

Cinecittà [tʃinetʃita] ■ Centre cinématographique, fondé au sud-est de Rome en 1936. Cette «ville du cinéma» connut son apogée dans les années 1950 avec la vogue des péplums.

la **Cinémathèque française** ■ Association créée à Paris, en 1936, par Henri Langlois, Georges Franju et Jean Mitry. Installée en 1963 au palais de Chaillot, en 2005 rue de Bercy (XIIᵉ arrondissement), avec la Bibliothèque du film.

Charles Albert **Cingria** ■ Écrivain suisse de langue française (1883-1954). Ouvrages d'érudition, chroniques sur des sujets variés *(Bois sec, bois vert).*

Lucius Cornelius **Cinna** ■ Homme politique romain au pouvoir de 87 avant J.-C. à sa mort (84 avant J.-C.).

Cnoius Cornelius **Cinna** ■ Conspirateur romain, opposé à Auguste (Iᵉʳ s. avant J.-C.). Corneille en fit le héros d'une tragédie (1642).

le groupe des **Cinq** ■ Musiciens russes du XIXᵉ s. : Balakirev, Borodine, César Cui, Moussorgski, Rimski-Korsakov.

Henri Coiffier de Ruzé d'Effiat, marquis de **Cinq-Mars** ■ Favori de Louis XIII (1620-1642). Il conspira contre Richelieu et fut exécuté avec son ami de Thou. L'affaire inspira un roman, *Cinq-Mars*, à Alfred de Vigny.

le monte **Cinto** ■ Point culminant de la Corse. 2 706 m.

Cintra → **Sintra**

le **CIO,** *Comité international olympique* ■ Organisation non gouvernementale fondée en 1894 par Pierre de Coubertin pour promouvoir et organiser les Jeux olympiques.

Emil Michel **Cioran** ■ Essayiste roumain d'expression française (1911-1995). Moraliste d'un pessimisme teinté d'humour *(De l'inconvénient d'être né).*

La **Ciotat** ■ Commune des Bouches-du-Rhône, arrondissement de Marseille, sur la côte méditerranéenne. 36 441 habitants. Station balnéaire. Port de pêche.

Circé ■ Magicienne de *L'Odyssée.*

la Gaule **cisalpine** ■ Nom donné par les Romains à l'Italie du Nord.

la **Cisjordanie** ■ Région à l'ouest du Jourdain occupée par Israël depuis 1967, sauf Jéricho et sa région sous autogouvernement palestinien depuis 1994, ainsi que plusieurs grandes villes depuis 1995, et coupée de l'extérieur par un «mur de sécurité» édifié par Israël à partir de 2002. 2,35 millions d'habitants.

l'île de la **Cité** ■ Île sur la Seine, site originaire de la ville de Paris.

Cîteaux ■ Abbaye fondée en Bourgogne en 1098, berceau de l'ordre cistercien.

La **Cité de Dieu** ■ Ouvrage de saint Augustin (413-427) en 22 livres.

la **Cité de la musique** ■ Établissement français créé en 1995, sur le site du parc de la Villette, à Paris.

la **Cité des sciences et de l'industrie** ■ Établissement français de vulgarisation scientifique et technique, construit sur le site du parc de la Villette, à Paris, ouvert en 1986.

la **Cité interdite** ■ Palais impérial construit lors du transfert de la cour de Nankin à Pékin, sous les Ming, entre 1407 et 1420. Résidence impériale, elle fut interdite à tous les étrangers au palais. La place Tiananmen a été aménagée à sa porte sud.

Citizen Kane ■ Film américain d'Orson Welles (1941).

André **Citroën** ■ Industriel français de l'automobile (1878-1935).

Ciudad de Guatemala ■ Capitale du Guatemala. 3,1 millions d'habitants.

Ciudad Juárez ■ Ville du Mexique. 1,3 million habitants.

Cixi ou **Ts'eu-hi** ■ (1835-1908) Impératrice et régente de Chine de 1875 à sa mort.

sainte **Claire** ■ Fondatrice, avec saint François, des clarisses (v. 1193-1253).

Clairvaux ■ Abbaye cistercienne dans l'Aube, transformée en prison en 1808.

Clamart ■ Commune des Hauts-de-Seine. 53 179 habitants.

Clamecy ■ Chef-lieu d'arrondissement de la Nièvre. 3 594 habitants.

Édouard **Claparède** ■ Psychologue suisse (1873-1940). Il se spécialisa dans la psychologie de l'enfant et la pédagogie (diagnostic des aptitudes).

Claude Ier ■ Empereur romain de 41 à sa mort (10 avant J.-C.-54). Époux de Messaline puis d'Agrippine, qui l'assassina.

Paul **Claudel** ■ Poète et auteur dramatique français (1868-1955). Son œuvre pour le théâtre glorifie l'amour de Dieu *(Partage de midi ; Le Soulier de satin).* Ses poèmes, d'un lyrisme concentré font souvent référence à la poésie japonaise. ► Camille **Claudel,** sa sœur (1864-1943). Sculptrice française.

Philippe **Claudel** ■ Écrivain français (né en 1962). Romans : *Les Âmes grises, La Petite Fille de monsieur Linh.* Il a aussi réalisé plusieurs films : *Il y a longtemps que je t'aime.*

Hugo **Claus** ■ Écrivain belge d'expression néerlandaise (1929-2008).

Karl von **Clausewitz** ■ Général prussien (1780-1831). Théoricien de la guerre.

Rudolf **Clausius** ■ Physicien allemand (1822-1888). Thermodynamique.

Le **Clavier bien tempéré** ■ Œuvre pour clavier de J.-S. Bach (1722 et 1744).

Jonathan, dit Johnny **Clegg** ■ Chanteur et musicien sud-africain (1953-2019). Il a combattu l'apartheid, jouant avec des musiciens noirs et pratiquant la musique et la danse des Zoulous. Son «rock zoulou», mêlant les musiques africaines à la guitare électrique, lui valut le surnom de «zoulou blanc».

Clélie ■ Roman de Madeleine de Scudéry (1654 à 1660).

Georges **Clemenceau** ■ Homme d'État (radical) français (1841-1929). Artisan de l'effort de guerre français à partir de 1917. Président du Conseil (1917-1920).

Clément V ■ Pape élu en 1305 (mort en 1314). Il s'installa à Avignon.

Clément VII ■ (1478-1534) Jules de Médicis, pape de 1523 à sa mort. Il excommunia Henri VIII.

Cléopâtre VII ■ (69-30 avant J.-C.) Reine d'Égypte de 51 avant J.-C. à sa mort. Maîtresse de César puis d'Antoine, elle se suicida après Actium.

Clermont ■ Chef-lieu d'arrondissement de l'Oise. 10 268 habitants.

Clermont-Ferrand ■ Chef-lieu du Puy-de-Dôme. 147 284 habitants. Églises médiévales.

Stephen **Cleveland** ▪ (1837-1908) Président des États-Unis de 1885 à 1889 et de 1893 à 1897.

Cleveland ▪ Ville des États-Unis (Ohio). 397 000 habitants.

Clichy-la-Garenne ▪ Ville des Hauts-de-Seine. 62 933 habitants.

Clichy-sous-Bois ▪ Ville de la Seine-Saint-Denis. 29 568 habitants.

Bill **Clinton** ▪ Président (démocrate) des États-Unis de 1993 à 2001 (né en 1946). Il a connu de nombreux succès en politique étrangère.

Hillary Rodham **Clinton** ▪ Femme d'État américaine (née en 1947). Épouse de Bill Clinton. Sénatrice démocrate de l'État de New York (2000-2009), puis secrétaire d'État du président Obama (2009-2013).

Clio ▪ mythol. grecque Muse de la Poésie épique et de l'Histoire.

Clipperton ▪ Atoll inhabité de l'océan Pacifique, à 1 300 km des côtes du Mexique. Il fut disputé entre la France et le Mexique et dépend de la Polynésie française.

Clisthène ▪ Homme d'État athénien (fin VIe s. avant J.-C.).

George **Clooney** ▪ Acteur, réalisateur et producteur américain (né en 1961). Charme, humour et dérision vont chez lui de pair avec des idées progressistes.

Clotaire Ier ▪ Dernier fils de Clovis (497-561).

Clotilde ▪ Princesse burgonde, fille de Chilpéric (v. 475-545). Elle épousa en 492-493 Clovis dont elle favorisa la conversion au catholicisme.

Jean **Clouet** ▪ Peintre français d'origine flamande (v. 1485-1541). Il est l'auteur de miniatures, de portraits peints et de dessins d'une extrême finesse, minutieux dans le détail et d'une grande force psychologique. Il eut un grand succès à la cour des Valois. ► François **Clouet,** son fils (v. 1515-1572), continua la manière de Jean, avec délicatesse et élégance. Portraits, notamment de François Ier, scènes dans le goût maniériste de l'école de Fontainebleau.

Henri-Georges **Clouzot** ▪ Cinéaste et scénariste français (1907-1977). Films d'un réalisme critique, souvent très noir. *Le Corbeau ; Quai des orfèvres.*

Clovis Ier ▪ (v. 466-511) Roi des Francs de 481 à sa mort. Il se convertit au christianisme.

Cluj-Napoca ▪ Ville de Roumanie (Transylvanie). 328 000 habitants.

Cluny ▪ Ville de Saône-et-Loire. 4 931 habitants.

l'abbaye de **Cluny** ▪ Fondée en 910 par le duc Guillaume d'Aquitaine, elle fut aux trois quarts détruite à la Révolution et au début du XIXe siècle.

l'hôtel et le musée de **Cluny** ▪ Ancienne résidence parisienne des abbés de Cluny, édifiée de 1485 à 1500. Aujourd'hui musée du Moyen Âge.

Cluses ▪ Commune de la Haute-Savoie. 16 976 habitants.

Clytemnestre ▪ mythol. grecque Elle tua son époux Agamemnon et fut tuée par son fils Oreste.

CNN *(Cable News Network)* ▪ Chaîne de télévision américaine émettant sur le réseau câblé, créée en 1980 par Ted Turner. Elle diffuse de l'information en continu, dans le monde entier.

Cnossos ou **Knossos** ▪ Site archéologique de la Crète. Dédale y construisit un labyrinthe pour enfermer le Minotaure.

le **CNPF** ▪ Le Conseil national du patronat français, fondé en 1945, rebaptisé MEDEF en 1998.

CNRS, *Centre national de la recherche scientifique* ▪ Établissement public français créé en 1939, consacré à la recherche fondamentale.

Coblence, en allemand *Koblenz* ▪ Ville d'Allemagne (Rhénanie-Palatinat). 108 200 habitants. Refuge des émigrés français en 1793.

Cobra ▪ Mouvement artistique expressionniste (1948-1951). Son nom reprend les premières lettres de Copenhague, Bruxelles et Amsterdam.

Pierre **Cochereau** ▪ Compositeur et organiste français (1924-1984). Il fut titulaire des grandes orgues à Notre-Dame de Paris de 1955 à 1984.

la **Cochinchine** ▪ Nom donné par les Français au sud du Viêtnam.

Jean **Cocteau** ▪ Écrivain, cinéaste, homme de théâtre et artiste français (1889-1963). Il est l'auteur de romans *(Les Enfants terribles ; Thomas l'Imposteur),* de poèmes, de pièces de théâtre *(Les Parents terribles),* de films *(La Belle et la Bête).* Ses thèmes vont de la mythologie antique à la modernité. Proche de l'avant-garde de son temps, il fut aussi un dessinateur notoire.

le **Code civil** ou **Code Napoléon** ▪ Recueil de droit civil français (1804).

Jonathan **Coe** ▪ Écrivain britannique (né en 1961). Il a dénoncé les injustices de la politique libérale britannique : *Testament à l'anglaise ; La Maison du sommeil.*

Paulo **Coelho** ▪ Écrivain brésilien (né en 1947). *L'Alchimiste,* roman initiatique.

Joël et Ethan **Coen** ▪ Cinéastes américains (nés en 1954 et 1957). Auteurs de comédies et de films policiers mêlant humour noir, sens de l'absurde, suspense et critique du mode de vie américain. *Barton Fink ; The Big Lebowski ; Fargo ; No Country for Old Men.*

Coëtquidan → Saint-Cyr

Jacques **Cœur** ▪ Négociant français, argentier de Charles VII (v. 1395-1456).

Cognac ▪ Chef-lieu d'arrondissement de la Charente. 18 606 habitants. Eau-de-vie.

Albert **Cohen** ▪ Écrivain suisse d'expression française (1895-1981). *Belle du Seigneur.*

Leonard **Cohen** ▪ Écrivain et chanteur canadien d'expression anglaise (1934-2016). *Suzanne ; So long, Marianne.*

Claude **Cohen-Tannoudji** ▪ Physicien français spécialiste de l'optique quantique (né en 1933). Prix Nobel 1997.

Daniel **Cohn-Bendit** ▪ Homme politique allemand (né en 1945). Actif en France (où il est né), il fut une figure majeure de mai 1968 en France. Expulsé, il s'installa en Allemagne et se joignit aux Verts ; partisan du fédéralisme européen.

Coimbra ▪ Ville du Portugal. 139 000 habitants. Université.

Coire ▪ Ville de Suisse (Grisons). 32 400 habitants.

Jean-Baptiste **Colbert** ▪ Ministre de Louis XIV (1619-1683). Il favorisa l'essor du commerce et de l'industrie.

la **Colchide** ▪ Ancienne région située au sud du Caucase et à l'est de la mer Noire. Dans les légendes grecques, c'est le pays de Médée et de la Toison d'or.

Ornette **Coleman** ▪ Saxophoniste, trompettiste et violoniste de jazz américain (1930-2015). L'un des fondateurs du free-jazz.

Samuel **Coleridge** ▪ Poète romantique anglais (1772-1834). *Le Dit du vieux marin.*

Sidonie Gabrielle Colette, dite **Colette** ▪ Romancière française (1873-1954). Son œuvre, abondante et variée, conserve l'unité d'un style précis et savoureux. Série des *Claudine ; La Vagabonde ; Le Blé en herbe.*

Gaspard de Châtillon, sire de **Coligny** ▪ Chef protestant tué à la Saint-Barthélemy (1519-1572).

le **Colisée** ▪ Amphithéâtre de Rome (v. 80).

le **Collège de France** ▪ Établissement d'enseignement fondé à Paris en 1530 par François Ier.

Collioure ▪ Commune des Pyrénées-Orientales. 2 400 habitants. Port de pêche. Séjour de peintres (Matisse, Picasso...) au début du XXe siècle.

Colmar ▪ Chef-lieu du Haut-Rhin. 68 294 habitants.

Cologne, en allemand *Köln* ▪ Ville d'Allemagne, sur le Rhin (Rhénanie-du-Nord-Westphalie). 1 million d'habitants. Cathédrale gothique.

Christophe **Colomb** ▪ Navigateur d'origine italienne, au service de l'Espagne (v. 1451-1506). Il découvrit l'Amérique (1492).

Colombes ▪ Ville des Hauts-de-Seine. 86 775 habitants.

Colombey-les-Deux-Églises ▪ Commune de Haute-Marne, près de Chaumont. 693 habitants. Ancienne propriété (La Boisserie), tombe et mémorial du général de Gaulle.

la **Colombie** ▪ État d'Amérique du Sud. 1 141 748 km². 50,3 millions d'habitants. Capitale : Bogotá.

la **Colombie-Britannique** ▪ Province du Canada. 944 735 km². 4,6 millions d'habitants. Capitale : Victoria. Port de Vancouver.

Colombo ▪ Capitale commerciale et port du Sri Lanka. 647 100 habitants. ► le plan de **Colombo** fut signé à Londres en 1950-1951 pour le développement économique du sud et du sud-est de l'Asie.

Colomiers ▪ Ville de la Haute-Garonne, banlieue de Toulouse. 39 866 habitants. Constructions aéronautiques.

Le **Colonel Chabert** ▪ Roman de Balzac (1832).

le **Colorado** ▪ Fleuve des États-Unis et du Mexique. 2 250 km. ► le **Colorado.** État de l'ouest des États-Unis. 270 000 km². 5,7 millions d'habitants. Capitale : Denver.

John **Coltrane** ▪ Saxophoniste ténor et musicien de jazz américain (1926-1967). Il évolua du style bop au free-jazz.

Michel Colucci, dit **Coluche** ▪ Comédien français (1944-1986). Il devint célèbre grâce à ses sketches satiriques. Il fonda les «Restos du cœur» en 1985.

la **Columbia** ▪ Fleuve d'Amérique du Nord. 1 953 km.

l'université **Columbia** ▪ Université américaine (privée), située à New York. Créée sous le nom de King's College en 1754.

le district fédéral de **Columbia** ▪ District des États-Unis où se trouve la capitale fédérale, Washington. 179 km². 572 000 habitants.

Columbine ▪ V. des États-Unis (Colorado). 24 280 habitants. Le 20 avril 1999, deux étudiants assassinèrent douze élèves et un professeur dans leur lycée avant de se suicider.

Columbus ▪ Ville des États-Unis (Ohio). 787 000 habitants.

les **Comanches** ▪ Indiens d'Amérique du Nord.

Robert **Combas** ▪ Peintre français (né en 1957). Inspirée par la bande dessinée, l'art populaire et le rock, son œuvre se distingue par ses couleurs vives.

Émile **Combes** ▪ Homme politique (radical) français (1835-1921). Il réalisa la séparation des Églises et de l'État.

Combourg ▪ Ville d'Ille-et-Vilaine. 6 082 habitants. Château féodal (XIe s.-XVe s.) où Chateaubriand passa son enfance.

Combs-la-Ville ▪ Ville de Seine-et-Marne. 21 657 habitants.

Côme, en italien *Como* ▪ Ville d'Italie (Lombardie), sur le *lac de Côme*. 78 700 habitants.

la **Comédie-Française** ▪ Coopérative de comédiens français, née en 1680 à Paris de la fusion des troupes de l'Hôtel de Bourgogne (théâtre tragique) et de l'Hôtel Guénégaud (troupe «de Molière», mort sept ans auparavant).

La **Comédie humaine** ▪ Titre général donné en 1841 par Balzac à son œuvre romanesque.

Luigi **Comencini** ▪ Cinéaste italien (1916-2007). Auteur de films évoquant l'enfance et l'adolescence, et de comédies d'un humour grinçant *(L'Incompris)*.

Jan Amos Komenský, en latin **Comenius** ▪ Écrivain, humaniste et pédagogue tchèque (1592-1670). *La Grande Didactique*.

le **Comité de salut public** ▪ Organisme de l'exécutif pendant la Révolution française (1793-1795).

Commercy ▪ Chef-lieu d'arrondissement de la Meuse. 5 352 habitants.

Commode ▪ (161-192) Empereur romain de 180 à son assassinat.

le **Commonwealth** ▪ Fédération d'États souverains issus de l'ancien Empire britannique, formée en 1931 (56 membres en 2022).

la **Commune** ▪ Gouvernement révolutionnaire instauré à Paris (mars-mai 1871).

le Parti **communiste** français ▪ Parti politique créé en 1920 au congrès de Tours.

Philippe de **Commynes** ▪ Historien français (v. 1447-1511).

les **Comnènes** ▪ Empereurs byzantins (XIe s.).

l'Union des **Comores** ▪ État insulaire de l'océan Indien. 1 862 km². 691 000 habitants. Capitale : Moroni. Anc. colonie française.

Compiègne ▪ Chef-lieu d'arrondissement de l'Oise. 40 453 habitants. Château. Forêt.

Compostelle → **Saint-Jacques-de-Compostelle**

Arthur **Compton** ▪ Physicien américain (1892-1962). Travaux sur les rayons X.

le **Comtat venaissin** ▪ Ancienne région autour d'Avignon, propriété des papes de 1274 à 1791.

Auguste **Comte** ▪ Philosophe français (1798-1857). Il fonda le positivisme.

Le **Comte de Monte-Cristo** ▪ Roman d'Alexandre Dumas (1844).

Conakry ▪ Capitale et port de la Guinée. 1,56 million d'habitants.

Concarneau ▪ Port du Finistère. 20 209 habitants.

Concepción ▪ Port du Chili. 212 000 habitants.

la **Conciergerie** ▪ Ancienne prison de Paris.

Concino **Concini,** dit **le maréchal d'Ancre** ▪ Ministre de Marie de Médicis, éliminé par Louis XIII (1575-1617).

le **Concordat de 1801** ▪ Concordat conclu entre Bonaparte et Pie VII stipulant que les évêques et les prêtres devaient prêter serment de fidélité au gouvernement.

Louis II, dit **le Grand Condé** ▪ Général français (1621-1686). Vainqueur des Espagnols à Rocroi (1643).

Condé-sur-l'Escaut ▪ Commune du Nord. 9 445 habitants. Château des princes de Condé (XVe s.).

Étienne Bonnot de **Condillac** ▪ Philosophe et logicien français (1715-1780). Il place la sensation à l'origine des connaissances, les humains accédant à la pensée grâce aux signes du langage, et toute science étant «une langue bien faite». *Traité des sensations* ; *Logique* (1780).

La **Condition humaine** ▪ Roman d'André Malraux (1933).

Condom ▪ Chef-lieu d'arrondissement du Gers. 6 478 habitants.

Marie Jean Antoine Nicolas de Caritat, marquis de **Condorcet** ▪ Philosophe et homme politique français (1743-1794). Il collabora à l'*Encyclopédie*. Il écrivit l'*Esquisse d'un tableau historique des progrès de l'esprit humain*. Persécuté sous la Terreur, il se suicida.

Condrieu ▪ Chef-lieu de canton du Rhône, sur le Rhône près de Lyon. 3 949 habitants. Vin blanc (côtes-du-rhône).

la **Confédération germanique** ▪ Union politique des États allemands (1815-1866).

La **Confession d'un enfant du siècle** ▪ Roman semi-autobiographique d'Alfred de Musset (1836).

Les **Confessions** ▪ Ouvrage de saint Augustin (397-401).

Les **Confessions** ▪ Récit autobiographique de J.-J. Rousseau (posthume 1782 et 1789).

Raphaël **Confiant** ▪ Écrivain français (né en 1951). Auteur d'ouvrages en créole *(Bitako-a)* et en français *(Le Nègre et l'Amiral ; L'Hôtel du Bon Plaisir)*.

Conflans-Sainte-Honorine ▪ Chef-lieu de canton des Yvelines, près de Saint-Germain-en-Laye. 35 957 habitants. Port fluvial au confluent de la Seine et de l'Oise.

Confolens ▪ Chef-lieu d'arrondissement de la Charente. 2 720 habitants.

Kongfuzi ou K'ong-tseu («maître Kong»), dit en latin **Confucius** ▪ Penseur chinois (v. 555-v. 479 avant l'ère chrétienne). Son enseignement, transmis par ses disciples, influença la pensée chinoise jusqu'à nos jours. Il professait une morale sociale modérée, respectueuse des usages et de la tradition.

le **Congo** ▪ État d'Afrique équatoriale. 341 821 km^2. 5,3 millions d'habitants. Capitale : Brazzaville.

la République démocratique du **Congo,** jusqu'en 1997 *Zaïre* ▪ État de l'Afrique équatoriale. 2 345 000 km^2. 100 millions d'habitants. Capitale : Kinshasa. ► le fleuve **Congo,** 4 700 km, le deuxième d'Afrique par sa longueur.

le **Connecticut** ▪ État du nord-est des États-Unis. 12 850 km^2. 3,4 millions d'habitants. Capitale : Hartford.

le **Connemara** ▪ Région de l'ouest de l'Irlande.

sir Thomas, dit Sean **Connery** ▪ Acteur britannique (1930-2020). Il interpréta le personnage de James Bond et tourna pour Spielberg *(Indiana Jones)* ou encore Annaud *(Le Nom de la rose)*.

Alain **Connes** ▪ Mathématicien français (né en 1947). Ses recherches sur les géométries «non commutatives» dégagent des cadres pour les modèles de la physique théorique. Médaille Fields.

Conques ▪ Village de l'Aveyron, dans l'arrondissement de Rodez. Ancienne abbaye bénédictine : église romane d'un style très pur, trésor, vitraux de Soulages.

Le **Conquet** ▪ Commune du Finistère, près de Brest. Port de pêche et station balnéaire. 2 768 habitants.

Conrad ▪ Nom de quatre souverains germaniques (Xe-XIIIe s.).

Joseph **Conrad** ▪ Romancier anglais d'origine polonaise (1857-1924). Marin de la marine marchande britannique. Ses récits de voyages maritimes et d'aventures témoignent d'un sens du tragique et d'un grand humanisme *(Lord Jim ; Au cœur des ténèbres ; Typhon)*.

le **Conseil constitutionnel** ▪ Organe créé par la Constitution française de 1958 et chargé de veiller à son respect.

le **Conseil national de la Résistance** ▪ Organisme fondé en 1943 pour unifier les divers mouvements de la Résistance.

le **Conseil supérieur de l'audiovisuel** → **CSA**

le **Conservatoire national des arts et métiers** → **arts et métiers** (le Conservatoire national des)

le **Conservatoire national supérieur d'art dramatique** ▪ École de théâtre dont le siège est à Paris.

le **Conservatoire national supérieur de musique et de danse** (CNSMD) ▪ École située à Paris et à Lyon.

Considérations sur les causes de la grandeur des Romains et de leur décadence ▪ Ouvrage historique et philosophique de Montesquieu (1734).

De la **consolation de la philosophie** ▪ Ouvrage philosophique de Boèce.

John **Constable** ▪ Peintre anglais (1776-1837). Maître du paysage.

Constance, en allemand *Konstanz* ▪ Ville d'Allemagne (Bade-Wurtemberg), sur le *lac de Constance*. 74 500 habitants.

Constance Ier Chlore ▪ (?-306) Empereur romain de 305 à sa mort.

Constance II ▪ (317-361) Empereur romain de 337 à sa mort. Fils de Constantin Ier.

Benjamin **Constant** ▪ Homme politique et écrivain français d'origine suisse (1767-1830). Il doit sa réputation littéraire à ses romans *(Cécile ; Adolphe)*, à sa *Correspondance* et à ses *Journaux intimes*.

Constantin Ier le Grand ▪ (entre 270 et 288-337) Empereur romain de 306 à sa mort. Fondateur de l'Empire chrétien, qu'il dota d'une nouvelle capitale : Constantinople.

Constantine ▪ Ville d'Algérie. 520 000 habitants.

Constantinople ▪ L'anc. Byzance, capitale de l'empire d'Orient (395-1453). → **İstanbul.**

Constantza ou **Constanţa** ▪ Port de Roumanie. 304 300 habitants.

la **Constituante** ▪ Première Assemblée nationale de la Révolution française (1789-1791).

le **Consulat** ▪ Gouvernement de la France, de 1799 à 1804, qui précéda l'Empire.

Les **Contemplations** ▪ Recueil de poésies de Victor Hugo (1856).

Les **Contes d'Hoffmann** ▪ Opéra fantastique d'Offenbach (1881).

Les **Contes du chat perché** ▪ Recueil de contes de Marcel Aymé (1934, 1950 et 1958).

Du **contrat social ou Principes du droit politique** ▪ Écrit philosophique de Rousseau (1762).

la **Contre-Réforme** ▪ Réforme catholique qui suivit au XVIe s. la Réforme protestante.

Contrexéville ▪ Commune des Vosges. 3 105 habitants. Station thermale.

la **Convention** ▪ Assemblée qui gouverna la France de 1792 à 1795 et proclama la République.

les îles **Cook** ▪ Archipel de Polynésie éparpillé sur 2 200 000 km² au centre de l'océan Pacifique.

James **Cook** ▪ Navigateur anglais (1728-1779). Il explora les îles du Pacifique, rapportant de nombreuses connaissances géographiques et ethnographiques. Il fut tué par les indigènes des îles Sandwich (Hawaï).

James Fenimore **Cooper** ▪ Écrivain américain (1789-1851). *Le Dernier des Mohicans.*

Gary **Cooper** ▪ Acteur américain (1901-1961). *Le train sifflera trois fois.*

Copacabana ▪ Plage de Rio de Janeiro.

Copenhague ▪ Capitale et port du Danemark. 644 000 habitants (zone urbaine 1,3 million).

Nicolas **Copernic** ▪ Astronome polonais (1473-1543). Il démontra le mouvement des planètes autour du Soleil.

Raúl Taborda Damonte, dit **Copi** ▪ Dessinateur, écrivain et dramaturge argentin d'expression française (1939-1987). Ses dessins et son théâtre explorent avec humour la psychologie sexuelle.

Yves **Coppens** ▪ Paléontologue français (1934-2022). Il dirigeait l'équipe qui découvrit l'australopithèque «Lucy», en Éthiopie, en 1974.

Francis Ford **Coppola** ▪ Cinéaste et producteur américain (né en 1939). Ses films témoignent d'une grande maîtrise dans la force expressive. *Le Parrain ; Apocalypse Now.* ► Sofia **Coppola,** sa fille (née en 1971), réalisatrice. *Virgin Suicides ; Marie-Antoinette.*

la mer de **Corail** ▪ Partie du Pacifique comprise entre l'Australie et la Mélanésie.

le **Coran** ▪ Livre sacré des musulmans (écrit en arabe). Message transmis par Allah à Mahomet.

Corbeil-Essonnes ▪ Chef-lieu de canton de l'Essonne, près d'Évry, au confluent de l'Essonne et de la Seine. 52 340 habitants.

les **Corbières** n. f. pl. ▪ Bordure nord-est des Pyrénées. Région vinicole.

Charlotte **Corday** ▪ Personnage de la Révolution française (1768-1793). Elle poignarda Marat.

le club des **Cordeliers** ▪ Cercle révolutionnaire (1790-1794), animé par Marat.

Córdoba ▪ Ville d'Argentine. 1,4 million d'habitants.

Cordoue, en espagnol *Córdoba* ▪ Ville d'Espagne (Andalousie), sur le Guadalquivir. 328 326 habitants. Pont romain. Centre historique. Mosquée omeyade (la Grande Mosquée), qui fut transformée en cathédrale sous Charles Quint.

la **Corée** ▪ Péninsule d'Asie, divisée depuis 1948 en deux États. ► la république populaire démocratique de Corée ou **Corée du Nord.** 120 538 km². 24 millions d'habitants. Capitale : Pyongyang. ► la république de Corée ou **Corée du Sud.** 99 274 km². 51 millions d'habitants. Capitale : Séoul.

Arcangelo **Corelli** ▪ Compositeur et violoniste italien (1653-1713).

Corfou ▪ Une des îles Ioniennes en Grèce. 641 km². 105 000 habitants.

Corinthe ▪ Port de Grèce, sur l'isthme du même nom. 30 000 habitants.

Coriolan ▪ Général romain (v. 488 avant J.-C.).

Gaspard **Coriolis** ▪ Mathématicien français (1792-1843). Théorème de mécanique.

Cork, en gaélique *Corcaigh* ▪ Port de la république d'Irlande. 119 000 habitants (agglomération 190 400).

Cormeilles-en-Parisis ▪ Ville du Val-d'Oise. 26 074 habitants.

la **Corne d'or** ▪ Baie située au sud du Bosphore, côté ouest (européen). Ce port naturel a constitué le cœur de Constantinople-Istanbul.

Pierre **Corneille** ▪ Auteur dramatique français (1606-1684). Il évolua de l'esthétique baroque au classicisme, dans des tragédies confrontant ses héros à des choix difficiles. *L'Illusion comique ; Le Cid ; Horace ; Cinna ; Polyeucte.*

la **Cornouaille** ▪ Région du sud-ouest de la Bretagne (Finistère).

les **Cornouailles,** en anglais *Cornwall* ▪ Région à l'extrémité sud-ouest de l'Angleterre.

La **Corogne,** en espagnol *La Coruña* ▪ Port d'Espagne (Galice). 245 053 habitants.

Vincenzo Maria **Coronelli** ▪ Moine et cartographe italien (1650-1718).

Jean-Baptiste Camille **Corot** ▪ Peintre français (1796-1875). Grand paysagiste.

le **Corrège** ▪ Peintre italien (v. 1489-1534). Il innova dans le baroque par un «nouveau style tendre».

la **Corrèze** [19] ▪ Département français de la Région Nouvelle-Aquitaine. 5 865 km^2. 239 190 habitants. Chef-lieu : Tulle. Chefs-lieux d'arrondissement : Brive-la-Gaillarde, Ussel.

la **Corse** ▪ Île montagneuse de la Méditerranée. 8 569 km^2. 343 701 habitants. Elle forme une collectivité territoriale comprenant deux départements. ► la **Haute-Corse** [2B]. 4 555 km^2. 182 887 habitants. Chef-lieu : Bastia. Chefs-lieux d'arrondissement : Calvi, Corte. ► la **Corse-du-Sud** [2A]. 4 014 km^2. 160 814 habitants. Chef-lieu : Ajaccio. Chef-lieu d'arrondissement : Sartène.

Julio **Cortázar** ▪ Écrivain argentin naturalisé français (1914-1984). Son œuvre est marquée par le fantastique. *Marelle ; Les Armes secrètes ; Heures indues.*

Corte ▪ Chef-lieu d'arrondissement de la Haute-Corse. 7 549 habitants.

Hernán **Cortés** ▪ Conquistador espagnol (1485-1547). Vainqueur des Aztèques.

Cortina d'Ampezzo ▪ Ville d'Italie orientale, en Vénétie (province de Belluno), station de sports d'hiver dans les Dolomites. 1 210 m. 6 100 habitants.

Corto Maltese ▪ Personnage de bandes dessinées créé par Hugo Pratt (1967).

Alfred **Cortot** ▪ Pianiste français (1877-1962). Il fonda avec Alfred Mangeot l'École normale de musique de Paris (1919).

les **Cosaques** ▪ Population guerrière installée dans le sud de la Russie.

Cosette ▪ Personnage du roman de Victor Hugo *Les Misérables.*

Così fan tutte ▪ Opéra de Mozart (1790) sur un livret de Lorenzo Da Ponte.

Cosne-Cours-sur-Loire ▪ Chef-lieu d'arrondissement de la Nièvre. 9 415 habitants.

la **Costa Brava** ▪ Littoral de la Catalogne (Espagne).

la **Costa del Sol** ▪ Région du sud de l'Espagne, donnant sur la Méditerranée («Côte du soleil»), de part et d'autre de Málaga.

Konstantinos Gavras, dit **Costa-Gavras** ▪ Cinéaste français d'origine grecque (né en 1933). Ses films ont dénoncé le totalitarisme militaire *(Z)* aussi bien que communiste *(L'Aveu).*

le **Costa Rica** ▪ État d'Amérique centrale. 51 000 km^2. 4,5 millions d'habitants. Capitale : San José.

la **Côte d'Azur** ▪ Littoral méditerranéen entre Cassis et Menton.

la **Côte d'Ivoire** ▪ État d'Afrique occidentale. 322 463 km^2. 26 millions d'habitants. Capitale : Yamoussoukro. Ville principale : Abidjan.

la **Côte-d'Or** [21] ▪ Département français de la Région Bourgogne-Franche-Comté. 8 803 km^2. 535 078 habitants. Chef-lieu : Dijon. Chefs-lieux d'arrondissement : Beaune, Montbard.

le **Cotentin** ▪ Presqu'île de Normandie.

les **Côtes-d'Armor** [22] ▪ Département français de la Région Bretagne. 6 996 km^2. 603 640 habitants. Chef-lieu : Saint-Brieuc. Chefs-lieux d'arrondissement : Dinan, Guingamp, Lannion.

Cotonou ▪ Port du Bénin. 679 000 habitants.

Robert de **Cotte** ▪ Architecte français (1656-1735). Palais épiscopal de Rohan à Strasbourg.

René **Coty** ▪ (1882-1962) Président de la République française de 1954 à 1959.

Pierre de **Coubertin** ▪ Pédagogue français (1863-1937). Promoteur du sport, il fut l'initiateur français des Jeux olympiques modernes.

Coudekerque-Branche ▪ Ville du Nord, banlieue de Dunkerque. 20 708 habitants.

le **Couesnon** ▪ Fleuve côtier se jetant dans la baie du Mont-Saint-Michel. 90 km.

Charles Augustin de **Coulomb** ▪ Physicien français (1736-1806). Lois d'attraction électrique et magnétique.

Coulommiers ▪ Chef-lieu de canton de Seine-et-Marne, près de Meaux, sur le Grand Morin. 14 953 habitants. Fromage.

François **Couperin,** dit le Grand ▪ Compositeur français (1668-1733). Son œuvre pour clavecin est un sommet de la musique française.

Gustave **Courbet** ▪ Peintre français (1819-1877). D'abord influencé par Delacroix et le romantisme, il évolua vers un réalisme social. Il adhéra au mouvement révolutionnaire de la Commune. Ses qualités de coloriste, la puissance et l'originalité de ses compositions en font l'un des plus grands peintres du XIXe siècle. *Un enterrement à Ornans ; L'Atelier du peintre.*

Courbevoie ▪ Chef-lieu de canton des Hauts-de-Seine, près de Nanterre, sur la Seine. 82 074 habitants. La commune abrite une partie du quartier de la Défense.

Courchevel ▪ Station française de sports d'hiver, en Savoie.

Paul-Louis **Courier** ▪ Pamphlétaire français (1772-1825).

Courmayeur ▪ Ville d'Italie, station de sports d'hiver dans la vallée d'Aoste. 2 800 habitants. Altitude entre 1 228 et 3 369 m (au pied du mont Blanc).

La **Courneuve** ▪ Ville de la Seine-Saint-Denis. 46 828 habitants.

Antoine Augustin **Cournot** ▪ Mathématicien, économiste et philosophe français (1801-1877). Spécialiste du calcul des probabilités.

Le **Couronnement de la Vierge** ▪ Retable d'Enguerrand Quarton (1453-1454).

la **Cour pénale internationale** ▪ Organisation internationale indépendante, installée à La Haye pour juger les crimes contre l'humanité.

Georges **Courteline** ▪ Auteur dramatique français (1858-1929). Ses comédies tournent en dérision l'Administration et la bourgeoisie.

Courtrai ▪ Ville de Belgique. 77 109 habitants. Défaite des Français devant les Flamands (1302).

La **Cousine Bette** ▪ Roman de Balzac (1846).

Le **Cousin Pons** ▪ Roman de Balzac (1847).

Jacques-Yves **Cousteau** ▪ Océanographe et cinéaste français (1910-1997).

les **Coustou** ▪ Famille de sculpteurs français des XVIIe-XVIIIe s.

Coutances ▪ Chef-lieu d'arrondissement de la Manche. 8 380 habitants.

Coventry ▪ Ville d'Angleterre (Midlands). 300 800 habitants.

Antoine **Coysevox** ▪ Sculpteur français (1640-1720). L'un des préférés de Louis XIV, il fut l'un des principaux décorateurs de Versailles.

Cracovie, en polonais *Kraków* ▪ Ville du sud de la Pologne. 756 300 habitants. Nombreux monuments.

Lucas **Cranach,** dit l'Ancien ▪ Peintre et graveur allemand (1472-1553). Ses thèmes religieux et profanes sont influencés par la Renaissance italienne, mais son style expressif est dans la tradition germanique, avec un traitement original et sensuel de la beauté féminine. ► Son fils Lucas, dit **Cranach** le Jeune (1515-1586), continua son œuvre.

Crassus ▪ Général et homme politique romain (114-53 avant J.-C.).

la **Crau** ▪ Plaine des Bouches-du-Rhône.

Lucille Fay Le Sueur, dite Joan **Crawford** ▪ Actrice américaine de cinéma (1904-1977).

Prosper Jolyot de Crébillon, dit **Crébillon père** ▪ Auteur dramatique français (1674-1762). *Atrée et Thyeste.*

Claude Crébillon, dit **Crébillon fils** ▪ Écrivain français (1707-1777), fils de Prosper. *Les Égarements du cœur et de l'esprit ; Le Sopha.*

Crécy-en-Ponthieu ▪ Commune de la Somme. 1 366 habitants. Défaite française face aux Anglais en 1346.

Creil ▪ Ville de l'Oise. 35 970 habitants. Centre ferroviaire.

Crémone ▪ Ville d'Italie, sur le Pô (Lombardie). Au XVIe s., plusieurs fabricants de violons (luthiers) s'y installèrent ; ce fut au XVIIe la patrie de Stradivarius.

Créon ▪ Roi légendaire de Thèbes, frère de Jocaste.

Crest ▪ Ville de la Drôme. 8 707 habitants. Donjon (XIIe s.).

Crésus ▪ Roi de Lydie (v. 561-546 avant J.-C.), à la fortune légendaire. Il fut vaincu par Cyrus le Grand.

la **Crète** ▪ Île grecque de la Méditerranée. 8 331 km^2. 570 000 habitants. Capitale : Héraklion.

Créteil ▪ Chef-lieu du Val-de-Marne. 92 566 habitants.

la **Creuse** ▪ Rivière, affluent de la Vienne. 255 km. ► la **Creuse** [23]. Département français de la Région Nouvelle-Aquitaine. 5 571 km^2. 115 995 habitants. Chef-lieu : Guéret. Chef-lieu d'arrondissement : Aubusson.

Le **Creusot** ▪ Chef-lieu de canton de Saône-et-Loire, près d'Autun ; centre industriel aux XIXe et XXe s. (aciéries). 21 057 habitants.

René **Crevel** ▪ Écrivain français (1900-1935). Il fit partie du groupe surréaliste, tout en dénonçant la vanité de sa révolte et en se tournant vers la violence et la folie *(La Mort difficile).* Il se suicida.

Le **Cri** ▪ Tableau d'Edvard Munch (1893).

Francis **Crick** ▪ Biochimiste anglais (1916-2004). → **Watson.**

Crime et Châtiment ▪ Roman de Dostoïevski (1866).

la **Crimée** ▪ Presqu'île située au sud de l'Ukraine. Elle a demandé son rattachement à la Russie en 2014. ► la guerre de **Crimée** (1854-1855) vit la victoire de la France et de l'Angleterre, alliées de la Turquie, contre la Russie.

Cris et Chuchotements ▪ Film suédois d'Ingmar Bergman (1972).

Francesco **Crispi** ▪ Homme politique italien (1819-1901).

Critique de la raison pure ▪ Traité philosophique de Kant.

Criton ▪ Dialogue de Platon.

Carlo **Crivelli** ▪ Peintre italien (v. 1430-v. 1495). Sa maîtrise graphique manifeste les leçons du gothique tardif.

la **Croatie** ▪ État des Balkans. 56 538 km^2. 4,28 millions d'habitants. Capitale : Zagreb.

Benedetto **Croce** ▪ Philosophe hégélien, historien et critique italien (1866-1952).

les **croisades** n. f. ▪ Expéditions entreprises contre les musulmans, pour délivrer les Lieux saints. Il y eut neuf croisades (XIe-XIIIe s.).

Le **Croisic** ▪ Ville de la Loire-Atlantique. 4 114 habitants. Station balnéaire. Marais salants.

Croix ▪ Ville du Nord, banlieue de Lille. 20 574 habitants.

la **Croix-Rouge** ▪ Organisation internationale d'assistance humanitaire, créée par Henri Dunant en 1863. Le **Croissant-Rouge,** équivalent de la Croix-Rouge dans le monde musulman, a été reconnu par la conférence de Genève en 1949. En 1986, les organisations ont été réunies dans le *Mouvement international de la Croix-Rouge et du Croissant-Rouge*. En 2005, un troisième emblème, le «Cristal rouge», a été ajouté aux deux premiers.

Cro-Magnon ▪ Site préhistorique de Dordogne (*homme de Cro-Magnon,* 30 000 avant J.-C.).

Oliver **Cromwell** ▪ Homme politique anglais (1599-1658). Il fit exécuter Charles Ier et instaura la république.

Cromwell ▪ Drame de Victor Hugo (1827).

David **Cronenberg** ▪ Cinéaste canadien (né en 1943). Thèmes de prédilection : la transformation du corps, les problèmes d'identité, la violence. *Rage ; La Mouche ; Faux-semblants.*

Cronos ▪ mythol. grecque Père de Zeus, identifié au *Saturne* des Romains.

Cronstadt → **Kronstadt**

sir William **Crookes** ▪ Physicien et chimiste britannique (1832-1919). Inventeur du tube cathodique.

Charles **Cros** ▪ Poète et savant français (1842-1888). Inventeur du phonographe.

Le **Crotoy** ▪ Ville de la Somme. 1 979 habitants. Station balnéaire.

l'archipel des **Crozet** ▪ Archipel français de l'océan Indien. 505 km².

Crozon ▪ Chef-lieu de canton du Finistère, près de Châteaulin. 7 360 habitants. ► la **presqu'île de Crozon,** péninsule entre la rade de Brest et la baie de Douarnenez.

Robert **Crumb** ▪ Dessinateur américain (né en 1943). Il introduisit dans la bande dessinée l'autobiographie et l'évocation des fantasmes, mêlées à la critique sociale.

le **CSA,** *Conseil supérieur de l'audiovisuel* ▪ Organisme créé en 1989, dont la mission était de garantir la liberté de la communication audiovisuelle en France. Il fait partie de l'Arcom depuis 2022.

Cuba ▪ Île et État des Antilles. 110 860 km². 11,2 millions d'habitants. Capitale : La Havane.

Cuenca ▪ Ville d'Espagne (Castilla-La Mancha), chef-lieu de province au confluent du Júcar et du Huécar. 56 472 habitants.

Cuenca ▪ Ville d'Équateur, capitale de province, au sud de la cordillère des Andes. 279 000 habitants.

Hugues **Cuenod** ▪ Chanteur (ténor) suisse (1902-2010). Il participa avec Nadia Boulanger à la redécouverte d'un vaste répertoire, et eut une très longue carrière.

Cuernavaca ▪ Ville du Mexique, au sud de Mexico, capitale de l'État de Morelos. 339 000 habitants. Centre intellectuel.

Joseph **Cugnot** ▪ Ingénieur militaire français (1725-1804). Il inventa la première voiture automobile à vapeur (le *fardier* de Cugnot).

Cesar Antonovitch **Cui** ▪ Compositeur russe (1835-1918). Membre du groupe des Cinq*, il est l'auteur d'opéras *(Le Prisonnier du Caucase),* de symphonies, de pièces de musique de chambre.

Le **Cuirassé Potemkine** ▪ Film soviétique de Sergueï M. Eisenstein (1925).

Jacques **Cujas** ▪ Jurisconsulte français (1520-1590).

George **Cukor** ▪ Cinéaste américain (1899-1983). Films pleins d'esprit et d'élégance *(Une étoile est née ; My Fair Lady).*

Cumes ▪ Site archéologique d'Italie (Campanie).

Tristão da **Cunha** ▪ Navigateur portugais (v. 1460-1540). Il découvrit le groupe d'îles qui porte son nom.

Merce **Cunningham** ▪ Danseur et chorégraphe américain (1919-2009).

Cupidon ▪ Dieu romain de l'Amour, identifié à l'*Éros* grec.

Curaçao ▪ Île des Antilles néerlandaises. 444 km². 150 500 habitants. Capitale : Willemstad.

les **Curiaces** → **Horaces**

Pierre **Curie** ▪ Physicien français (1859-1906). Il découvrit, avec son frère Paul Jacques, la piézoélectricité et, avec sa femme, M. Curie, le polonium et le radium. Prix Nobel (1903), avec Marie Curie et Becquerel.

Marie **Curie** née Maria Skłodowska ▪ Physicienne française d'origine polonaise (1867-1934). Elle découvrit la radioactivité du thorium et, avec son mari, P. Curie, le polonium et le radium. En collaboration avec A. Debierne, elle obtint du radium métallique pur. Prix Nobel (physique) 1903 et (chimie) 1911.

Curitiba ▪ Ville du Brésil (Paraná). 1,8 million d'habitants.

Mihály Kertész, dit Michael **Curtiz** ■ Cinéaste américain (1888-1962). *La Charge de la brigade légère.*

Georges, baron **Cuvier** ■ Zoologiste français (1769-1832). Il fonda l'anatomie comparée et la paléontologie.

Cuzco ■ Ville du Pérou, à 3 600 m. 101 200 habitants. Berceau de l'Empire inca.

Cybèle ■ Déesse orientale de la Fertilité.

les **Cyclades** n. f. pl. ■ Îles grecques de la mer Égée.

les **Cyclopes** n. m. ■ mythol. grecque Géants n'ayant qu'un œil, au milieu du front.

Savinien de **Cyrano de Bergerac** ■ Écrivain français (1619-1655). Poète burlesque et romancier utopique à l'imagination débordante. Il est aussi l'auteur d'une comédie *(Le Pédant joué)*, dont Molière s'inspira. Son personnage est évoqué de manière très infidèle par Edmond Rostand (1897).

la **Cyrénaïque** ■ Région orientale de la Libye.

les saints **Cyrille et Méthode** ■ Évangélisateurs des Slaves (IXe s.).

Boris **Cyrulnik** ■ Médecin, éthologiste, psychanalyste et écrivain français (né en 1937). Théorie de la résilience (capacité à se développer malgré les traumatismes). *Un merveilleux malheur ; Les Vilains Petits Canards.*

Cyrus II le Grand ■ Fondateur de l'Empire perse achéménide (v. 580-v. 530 avant J.-C.).

Cythère ■ Île grecque de la mer Égée, au sud du Péloponnèse.

Karl **Czerny** ■ Compositeur et pianiste autrichien (1791-1857). Élève de Beethoven, il eut lui-même Liszt pour disciple.

Częstochowa ■ Ville du sud de la Pologne. 245 000 habitants. Pèlerinage.

György, dit Georges **Cziffra** ■ Pianiste français d'origine hongroise (1921-1994). Spécialiste de Liszt.

D

Dacca ou **Dhaka** ▪ Capitale du Bangladesh. 7,3 millions d'habitants.

Dachau ▪ Camp de concentration nazi (1933-1945) en Bavière.

la **Dacie** ▪ Région de l'Antiquité correspondant à la Roumanie actuelle.

Daech ou **Daesh** (arabe «État islamique en Irak et au Levant») ou **État islamique** (EI) ▪ Organisation terroriste djihadiste formée en 2006 en Irak. Elle prit de l'ampleur à partir de 2011 en profitant de la guerre civile en Syrie. Ses membres, qui se réclament d'une branche radicale du sunnisme, pratiquent une politique de terreur sur les populations civiles (y compris musulmanes), se livrent à la décapitation d'otages et mènent des attentats dans de nombreuses villes. Après la perte en 2019 de son califat autoproclamé en Irak et en Syrie, ses combattants se sont déployés dans les régions voisines.

Daegu → **Taegu**

Daft Punk ▪ Groupe français de musique électronique (2000-2021) formé de Thomas Bangalter et Guy-Manuel de Homem-Christo. Leur tête était dissimulée par un casque.

Stig **Dagerman** ▪ Écrivain suédois (1923-1954). *L'Île des condamnés.*

Dagobert Ier ▪ (v. 600-639) Roi mérovingien des Francs de 629 à sa mort.

Jacques **Daguerre** ▪ Inventeur français (1787-1851). Procédés photographiques (daguerréotype).

le **Daguestan** ou **Daghestan** ▪ République autonome de Russie (Caucase). 50 300 km². 2,6 millions d'habitants. Capitale : Makhatchkala.

Roald **Dahl** ▪ Écrivain britannique de nouvelles et de romans pour enfants (1916-1990). *Charlie et la Chocolaterie.*

le **Dahomey** → **Bénin**

Daily Mail (anglais «le courrier quotidien») ▪ Quotidien britannique fondé en 1896. Conservateur.

Daily Mirror (anglais «le miroir quotidien») ▪ Quotidien britannique fondé en 1903. Proche des travaillistes.

Gottlieb **Daimler** ▪ Ingénieur allemand (1834-1900). Inventeur du moteur à essence.

Dakar ▪ Capitale et port du Sénégal. 3,1 millions d'habitants.

le **Dakota du Nord** ▪ État du nord des États-Unis. 183 022 km². 642 200 habitants. Capitale : Bismarck. ► le **Dakota du Sud.** État au sud du précédent. 199 552 km². 754 800 habitants. Capitale : Pierre.

Édouard **Daladier** ▪ Homme politique (radical) français (1884-1970).

Dalat ▪ Ville du Viêtnam, à 1 500 m d'altitude. 185 000 habitants.

la **Dalécarlie** ▪ Région montagneuse de Suède centrale.

Salvador **Dali** ▪ Peintre espagnol (catalan) (1904-1989). Son iconographie surréaliste et sa fantaisie personnelle le rendirent célèbre comme artiste et comme personnage. Théoricien saugrenu de la «paranoïa critique», il sut irriter et séduire. Le peintre demeure d'une habileté prodigieuse, jusque dans l'académisme.

Dalian ▪ Ville de Chine (Liaoning). 3,9 millions d'habitants.

Dalila ▪ Personnage de la Bible. → **Samson**

Dallas ▪ Ville des États-Unis (Texas). 1,2 million d'habitants (agglomération 5,2 millions).

la **Dalmatie** ▪ Région historique des Balkans, aujourd'hui en Croatie.

John **Dalton** ▪ Chimiste anglais (1766-1844). Il est le fondateur de la théorie atomique moderne.

Damas ▪ Capitale de la Syrie. 1,8 million d'habitants. Grande mosquée des Omeyades.

La **Dame à la licorne** ▪ Ensemble de six tapisseries réalisées entre 1484 et 1500 par un atelier du Nord.

La **Dame aux camélias** ▪ Drame d'Alexandre Dumas fils (1852).

La **Dame de pique** ■ Œuvre de Pouchkine (1834).

Damiette ■ Port d'Égypte, au nord-est du Caire. 282 880 habitants.

Dammarie-les-Lys ■ Ville de Seine-et-Marne. 22 318 habitants.

Damoclès ■ Courtisan de Denys l'Ancien (IVe s. avant J.-C.). Ce dernier le fit s'asseoir sous une épée suspendue à un fil.

Dampierre-en-Yvelines ■ Commune des Yvelines. 1 012 habitants. Château.

les **Danaïdes** n. f. pl. ■ mythol. grecque Meurtrières de leurs époux, elles furent condamnées à verser de l'eau dans un tonneau sans fond.

Da Nang ■ Ville et port du Viêtnam. 771 000 habitants. Industries. Les Américains y établirent une base militaire pendant la guerre du Viêtnam.

Dandolo ■ Famille noble de Venise. ► Enrico **Dandolo** (1110-1205) fut doge de 1192 à sa mort. ► Andrea **Dandolo** (1307-1354), doge en 1342, écrivit l'histoire de Venise.

le **Danemark** ■ État d'Europe du Nord. 43 098 km². 5,8 millions d'habitants. Capitale : Copenhague.

Daniel ■ Bible Prophète et personnage principal du *livre de Daniel*, livre biblique composé vers 168 avant J.-C. Il sortit indemne de la fosse aux lions.

Gabriele **D'Annunzio** ■ Écrivain italien (1863-1938).

Dante Alighieri ■ Écrivain italien (1265-1321). Il est l'auteur de recueils poétiques *(La Vita nuova)*, d'un traité philosophique *(Le Banquet)* et d'un poème allégorique *(La Divine Comédie)*, l'un des premiers chefs-d'œuvre de la littérature italienne. Son action sur la fixation de la langue italienne à partir du dialecte florentin fut essentielle.

Georges Jacques **Danton** ■ Révolutionnaire français (1759-1794). Condamné à mort par le Tribunal révolutionnaire, il fut exécuté.

Dantzig ou **Danzig** ▸ **Gdańsk**

le **Danube** ■ Fleuve d'Europe. 2 850 km. Né en Allemagne, il se jette dans la mer Noire.

Pastorales de **Daphnis et Chloé** ■ Roman grec de Longus (probablement fin du IIe siècle-début du IIIe siècle).

Emanuele Conegliano, dit Lorenzo **Da Ponte** ■ Librettiste italien (1749-1838). Il écrivit des livrets d'opéras pour Mozart *(Don Giovanni, Cosi fan tutte)*. Il fonda l'opéra de New York.

Dapsang ou **K2** ■ 2e sommet du monde, dans l'Himalaya. 8 611 m.

Frédéric **Dard** ■ Écrivain français (1921-2000). Il publia sous son nom et sous celui de son personnage-narrateur, San-Antonio.

le détroit des **Dardanelles** ■ Détroit entre la mer Égée et la mer de Marmara.

Jean-Pierre et Luc **Dardenne** ■ Réalisateurs belges (nés en 1951 et 1954). Films réalistes et socialement engagés : *Rosetta ; L'Enfant*.

Dar es-Salaam ou **Dar es Salam** ■ Anc. capitale et port de la Tanzanie. 2 millions d'habitants.

Darfour n. m. ■ Région montagneuse du Soudan occidental.

Georges **Darien** ■ Journaliste et romancier français (1862-1921), antimilitariste et anticonformiste. *Biribi ; Le Voleur*.

Darios ou **Darius le Grand** ■ Roi de Perse de 522 à 486 avant J.-C. Vaincu à Marathon.

Darjeeling ou **Darjiling** ■ Ville du Bengale, en altitude. 73 000 habitants. Plantations de thé.

Dark Vador ■ Personnage de la saga *Star Wars* créée par George Lucas. Chevalier de l'ordre du Jedi, Anakin Skywalker bascule du côté obscur de la force à la mort de sa mère et change d'identité. Il porte une armure noire et un masque qui rend sa voix caverneuse.

François **Darlan** ■ Homme d'État français (1881-1942). Aux côtés de Pétain, il a dirigé la politique collaborationniste de 1940 à 1942.

Darmstadt ■ Ville d'Allemagne, dans la Hesse. 140 000 habitants. Industries.

Marie **Darrieussecq** ■ Écrivaine française (née en 1969). *Truismes* aborde le thème de la métamorphose.

Danielle **Darrieux** ■ Comédienne française de cinéma (1917-2017). Elle tourna une centaine de films (*Madame de*, de Max Ophuls).

Raymond Arthur **Dart** ■ Paléontologue et anatomiste australien (1893-1988). En 1924, il découvrit en Afrique du Sud «l'enfant de Taung», le premier australopithèque.

Darwin ■ Ville du nord de l'Australie, sur la mer de Timor. 71 900 habitants.

Charles **Darwin** ■ Naturaliste anglais (1809-1882). Par plusieurs écrits majeurs, il fonda la théorie de l'évolution des espèces vivantes par la sélection naturelle, l'influence du milieu et l'importance fonctionnelle des organes (suivant alors Lamarck*). Ses théories sont encore combattues par les tenants du créationnisme.

Marcel **Dassault** ■ Ingénieur français, industriel de l'aéronautique (1892-1986).

Louis Jean-Marie **Daubenton** ■ Naturaliste français (1716-1800), il contribua à la rédaction de l'*Histoire naturelle de Buffon*.

Charles-François **Daubigny** ■ Peintre pré-impressionniste français (1817-1878).

Alphonse **Daudet** ▪ Écrivain français (1840-1897). *Les Lettres de mon moulin ; Tartarin de Tarascon.*

Léon **Daudet** ▪ Journaliste et écrivain français (1868-1942). Il collabora à l'*Action française.*

Honoré **Daumier** ▪ Dessinateur et peintre français (1808-1879). Son œuvre de caricaturiste le rendit célèbre ; il est aussi l'un des peintres les plus originaux de son temps par la liberté et la modernité de sa technique, qui annonce parfois l'expressionnisme.

le **Dauphiné** ▪ Région du sud-est de la France. Ville principale : Grenoble.

David ▪ Roi d'Israël (v. 1000 avant J.-C.). Il vainquit le géant Goliath et fonda Jérusalem.

Jacques Louis **David** ▪ Peintre néoclassique français (1748-1825). Portraits. *Marat assassiné ; Le Sacre de Napoléon Ier.*

David Copperfield ▪ Roman autobiographique de Charles Dickens (1849-1850).

Alexandra **David-Néel** ▪ Exploratrice et écrivaine française (1868-1969). Elle fut la première Occidentale à pénétrer la cité interdite de Lhassa.

Ruth Elizabeth, dite Bette **Davis** ▪ Comédienne américaine (1908-1989). Elle incarna au cinéma des femmes insoumises et énergiques (*Ève,* de Mankiewicz).

Miles **Davis** ▪ Trompettiste de jazz américain (1926-1991). Il participa avec Charlie Parker au développement du style bop, puis au style cool (*Birth of the Cool,* 1949-1950), au free-jazz (*Freedom Jazz Dance,* 1966) et enfin au jazz-rock. Son style très personnel, sa sonorité lisse et pure, son sens mélodique en firent l'un des jazzmen les plus populaires.

sir Colin **Davis** ▪ Chef d'orchestre britannique (1927-2013). Dirigea de la musique orchestrale et de la musique lyrique (Berlioz, notamment).

Angela **Davis** ▪ Professeur de philosophie américaine (née en 1944). Figure de la lutte contre la discrimination raciale aux États-Unis.

Davos ▪ Ville de Suisse, dans les Grisons. Station d'été et d'hiver. Forum économique mondial annuel.

le plan **Dawes** ▪ Plan (1923-1924) précisant les modalités de paiement par l'Allemagne des réparations exigées par le traité de Versailles.

Dax ▪ Chef-lieu d'arrondissement des Landes. 21 044 habitants. Station thermale.

les **Dayaks** ▪ Populations non malaises de Bornéo. Environ 3 millions.

Moshe **Dayan** ▪ Général et homme politique israélien (1915-1981).

James **Dean** ▪ Acteur de cinéma américain (1931-1955). *La Fureur de vivre.*

Deauville ▪ Commune du Calvados. 3 567 habitants. Station balnéaire. Hippodromes. Festival du film américain.

Guy **Debord** ▪ Essayiste français (1931-1994). Il fut l'un des fondateurs de l'Internationale situationniste *(La Société du spectacle).*

Régis **Debray** ▪ Écrivain politique et essayiste français (né en 1940). Auteur d'essais sur les religions. Fondateur de la médiologie, science des communications dans la société.

Michel **Debré** ▪ Homme politique (gaulliste) français (1912-1996). Premier ministre de 1959 à 1962.

Debrecen ▪ Ville de Hongrie. 211 000 habitants.

Charles **De Brouckère** ▪ Homme politique belge (1796-1860).

Claude **Debussy** ▪ Compositeur français (1862-1918). Opéras *(Pelléas et Mélisande),* musique de chambre, musique symphonique *(La Mer).* Il renouvela l'harmonie.

Le **Décaméron** ▪ Recueil de Boccace (1349-1353).

Élie, duc **Decazes** ▪ Ministre libéral de Louis XVIII (1780-1860).

le **Deccan** → **Dekkan**

Giorgio **De Chirico** ▪ Peintre italien (1888-1978). L'un des principaux représentants de la peinture métaphysique.

Décines-Charpieu ▪ Ville du Rhône, banlieue de Lyon. 28 913 habitants.

la **Déclaration des droits** → **droits** (la Déclaration des)

la **Déclaration des droits de l'homme et du citoyen** → **droits de l'homme et du citoyen** (la Déclaration des)

la **Déclaration universelle des droits de l'homme** → **droits de l'homme** (la Déclaration universelle des)

Charles **De Coster** ▪ Écrivain belge d'expression française (1827-1879). *Les Aventures d'Ulenspiegel et de Laamme Goedzack au pays de Flandres et ailleurs.*

Philippe **Decouflé** ▪ Chorégraphe et danseur français (né en 1961). Ses chorégraphies associent la danse contemporaine et l'art du cirque. *Codex ; Decodex ; Octopus.*

le palais de la **Découverte** ▪ Établissement dédié à la vulgarisation scientifique et installé dans le Grand Palais depuis 1937.

Dédale ▪ mythol. grecque Père d'Icare et architecte du Labyrinthe de Cnossos.

Richard **Dedekind** ▪ Mathématicien allemand (1831-1916). Théorie des idéaux.

la **Défense** ▪ Quartier d'affaires et ensemble résidentiel de l'ouest de la banlieue parisienne. La *Grande Arche de la Défense* fut inaugurée en 1989.

Défense et Illustration de la langue française ▪ Manifeste littéraire publié en 1549 sous le nom de Joachim du Bellay exposant le programme des poètes qui constitueront la Pléiade.

le gouvernement de la **Défense nationale** ▪ Gouvernement qui succéda au Second Empire (1870-1871).

Daniel **Defoe** ▪ Écrivain anglais (1660-1731). Poète satirique, journaliste, féministe, il écrivit des romans *(Moll Flanders ; Journal de l'année de la peste)*, après avoir publié son œuvre la plus célèbre, *Robinson Crusoé*.

Edgar **Degas** ▪ Peintre et sculpteur français (1834-1917). Observateur attentif du quotidien (danseuses, repasseuses, femmes à la toilette).

Alcide **De Gasperi** ▪ Homme politique (démocrate chrétien) italien (1881-1954).

Pieter **De Hooch** ou **De Hoogh** ▪ Peintre hollandais (1629-1683). Ses œuvres peintes à Delft présentent des affinités avec celles de Vermeer.

Le **Déjeuner sur l'herbe** ▪ Tableau de Manet (1863).

Ann Teresa **De Keersmaeker** ▪ Danseuse et chorégraphe belge (née en 1960).

le **Dekkan** ou **Deccan** ▪ Partie méridionale de la péninsule indienne.

Frederik Willem **De Klerk** ▪ Homme d'État sud-africain (1936-2021). Il signa un accord avec Nelson Mandela, ouvrant la voie à l'abandon de l'apartheid. Prix Nobel de la paix 1993.

Willem **De Kooning** ▪ Peintre américain d'origine néerlandaise (1904-1997). Style violemment expressionniste.

Eugène **Delacroix** ▪ Peintre français (1798-1863). Par la force du dessin et de la couleur, la perfection dans la composition, il atteignit le sommet de la peinture romantique. *La Liberté guidant le peuple ; La Mort de Sardanapale.*

Michel Richard **Delalande** ▪ Compositeur français (1657-1726). Ballets. Motets. *Symphonies pour les soupers du Roy.*

Jean **Delannoy** ▪ Réalisateur français (1908-2008). *L'Éternel Retour ; La Symphonie pastorale.*

Robert **Delaunay** ▪ Peintre français (1885-1941). Influencé par le cubisme, il a évolué vers l'art abstrait. *La Tour Eiffel.* ► Sonia **Delaunay,** sa femme (1885-1979), également peintre, s'est consacrée en partie aux arts décoratifs.

le **Delaware** ▪ État du nord-est des États-Unis. 6 138 km². 783 600 habitants. Capitale : Dover.

Théophile **Delcassé** ▪ Homme politique français (1852-1923).

Philippe **Delerm** ▪ Écrivain français (né en 1950). Il décrit la vie ordinaire. *La Première Gorgée de bière et autres plaisirs minuscules.*

Gilles **Deleuze** ▪ Philosophe français (1925-1995). *L'Anti-Œdipe*, avec F. Guattari.

Delft ▪ Ville des Pays-Bas (Hollande-Méridionale). 104 000 habitants. Ville d'art. Faïences.

Delhi ▪ Ville d'Inde englobant la ville nouvelle de **New Delhi,** capitale fédérale de l'Inde. 12,8 millions d'habitants. Monuments moghols.

Piero **della Francesca** → **Piero della Francesca**

les **Della Robbia** ▪ Sculpteurs florentins des XVᵉ-XVIᵉ s.

Alfred **Deller** ▪ Chanteur (contre-ténor) britannique (1912-1979), fondateur du *Deller Consort* (1948), interprète privilégié de Purcell.

Louis **Delluc** ▪ Cinéaste et théoricien français du cinéma (1890-1924).

Alain **Delon** ▪ Comédien français (né en 1935). Il tourna notamment pour René Clément *(Plein Soleil)*, Visconti *(Rocco et ses frères ; Le Guépard)*, Melville *(Le Samouraï)*, Losey *(Monsieur Klein)*.

Philibert **Delorme** ▪ Architecte français (v. 1510-v. 1570). Château d'Anet.

Jacques **Delors** ▪ Homme politique (socialiste) français (1925-2023). Président de la Commission européenne de Bruxelles (1985-1995).

Délos ▪ Île des Cyclades, en Grèce. Centre de la ligue maritime dirigée par Athènes (Vᵉ s. avant J.-C.). Site archéologique (sanctuaire d'Apollon).

Delphes ▪ Ville de l'anc. Grèce, centre du culte d'Apollon qui donnait des oracles. Site archéologique.

le plan **Delta** ▪ Plan d'aménagement entrepris aux Pays-Bas après les inondations de 1953, destiné à fermer quatre bras de mer.

Joseph **Delteil** ▪ Écrivain français (1894-1978). *Sur le fleuve Amour.*

Paul **Delvaux** ▪ Peintre surréaliste belge (1897-1994). Tableaux de grand format, représentant souvent des nus féminins dans des situations oniriques. *Train de nuit.*

Déméter ▪ mythol. grecque Déesse de l'Agriculture, la *Cérès* des Romains.

Cecil Blount, dit Cecil B. **DeMille** ▪ Cinéaste américain (1881-1959). Auteur de films à grand spectacle, souvent d'inspiration biblique.

De la **démocratie en Amérique** ▪ Ouvrage de philosophie politique de Tocqueville (1835 et 1840).

Démocrite ▪ Penseur matérialiste grec (v. 460-v. 370 avant J.-C.).

Les **Demoiselles d'Avignon** ▪ Tableau de Picasso (inachevé, 1907).

Démosthène ▪ Homme politique et orateur athénien (384-322 avant J.-C.). *Philippiques.*

Jacques **Demy** ▪ Réalisateur français de cinéma (1931-1990). Comédies musicales originales *(Les Parapluies de Cherbourg ; Les Demoiselles de Rochefort ; Peau d'âne).*

Denain ▪ Ville du Nord. 20 415 habitants.

Denali anciennement *mont McKinley* ▪ Mont de la chaîne d'Alaska aux États-Unis. Point culminant de l'Amérique du Nord.

Dendérah ▪ Ancienne ville de Haute Égypte, au sud de Louxor. Temple de l'époque des Ptolémées.

Catherine Dorléac, dite Catherine **Deneuve** ▪ Actrice française (née en 1943). Remarquée très jeune pour sa beauté, elle tourna avec J. Demy, Truffaut, Polanski, Buñuel, Ferreri, Téchiné..., construisant une carrière majeure dans le cinéma européen.

Deng Xiaoping ▪ Homme d'État chinois (1904-1997), au pouvoir de 1978 à sa mort.

Robert **De Niro** ▪ Comédien américain de cinéma (né en 1943). Il joua notamment dans plusieurs films de Martin Scorsese. *Taxi Driver ; Raging Bull.*

saint **Denis** ou **Denys** ▪ Premier évêque de Paris (v. 250). Martyr.

Maurice **Denis** ▪ Peintre français (1870-1943). Théoricien des nabis.

Dominique Vivant, baron **Denon** ▪ Écrivain et graveur français (1747-1825). Spécialiste de l'art égyptien, administrateur pour le compte de Bonaparte.

La **Dentellière** ▪ Tableau de Vermeer de Delft (v. 1665).

Denver ▪ Ville des États-Unis (Colorado). 600 000 habitants (agglomération 2,6 millions).

Denys l'Ancien ▪ Tyran de Syracuse (430-367 avant J.-C.).

Brian **De Palma** ▪ Réalisateur américain (né en 1940). *Scarface ; Les Incorruptibles.*

Gérard **Depardieu** ▪ Acteur français (né en 1948). Il mena sa carrière des films confidentiels (avec Duras) aux grands rôles tragiques (avec Pialat, Ferreri, Truffaut), en passant par d'énormes succès publics (*Les Valseuses*, de B. Blier).

Raymond **Depardon** ▪ Photographe français (né en 1942). Reportages *(Urgences ; Faits divers).* Photos de la France rurale.

René **Depestre** ▪ Écrivain haïtien d'expression française (né en 1926). Poèmes, nouvelles, romans *(Hadriana dans tous mes rêves).*

Thomas **De Quincey** ▪ Écrivain anglais (1785-1859). *Les Confessions d'un opiomane anglais.*

André **Derain** ▪ Peintre français (1880-1954). L'un des représentants les plus audacieux du fauvisme.

Derby ▪ Ville d'Angleterre (Derbyshire). 255 000 habitants.

Le **Dernier Jour d'un condamné** ▪ Récit de Victor Hugo (1829).

Paul **Déroulède** ▪ Écrivain nationaliste et homme politique français (1846-1914).

Jacques **Derrida** ▪ Philosophe français (1930-2004). Il a développé un mode de pensée qui fait de la «différence» un acte pour mieux «déconstruire» le passé, et lutté contre la primauté de la parole (le logos).

Agnès **Desarthe** ▪ Écrivaine française (née en 1966). Elle écrit dans un style enlevé des romans pour la jeunesse *(La Plus Belle Fille du monde)* et pour adultes *(Ce cœur changeant).*

Marceline **Desbordes-Valmore** ▪ Poète française (1786-1859).

René **Descartes** ▪ Philosophe et savant français (1596-1650). Il a défendu la primauté absolue de la raison analytique, pour atteindre la vérité, appliquant ce principe à la science, créant un univers mécaniste maîtrisable par les mathématiques et la physique. Malgré les critiques (Pascal, notamment), son influence fut immense sur toute la philosophie occidentale *(Discours de la méthode).*

Eustache **Deschamps** ▪ Poète français (v. 1344-v. 1406). Disciple de Guillaume de Machaut, théoricien de la poésie, il est l'auteur de poésies (rondeaux, ballades...) de style réaliste et très personnel.

Jérôme **Deschamps** ▪ Metteur en scène et comédien français (né en 1947). Il fonda la compagnie des Deschiens, remarquée pour son univers burlesque et l'interprétation décalée de ses acteurs.

Paul **Deschanel** ▪ (1855-1922) Président de la République française en 1920.

Desdémone ▪ Héroïne de la tragédie de Shakespeare *Othello.*

Le **Désert des Tartares** ▪ Roman de Dino Buzzati (1940).

Vittorio **De Sica** ▪ Cinéaste néoréaliste italien naturalisé français (1902-1974). *Le Voleur de bicyclette.*

Richard **Desjardins** ■ Auteur, compositeur et chanteur canadien d'expression française (né en 1948).

Des Moines ■ Ville des États-Unis, capitale de l'Iowa. 203 400 habitants.

Camille **Desmoulins** ■ Publiciste et conventionnel français (1760-1794).

Robert **Desnos** ■ Poète français (1900-1945). Surréaliste et militant de la liberté *(Corps et Biens)*.

Virginie **Despentes** ■ Écrivaine française (née en 1969). Elle écrit des romans à l'érotisme cru dont certains autobiographiques. *Bye Bye Blondie ; King Kong Théorie ; Vernon Subutex.*

Charles **Despiau** ■ Sculpteur et dessinateur français (1874-1946). Son style harmonieux et équilibré évoque celui de Maillol.

Arnaud **Desplechin** ■ Cinéaste français (né en 1960). *Comment je me suis disputé... (ma vie sexuelle).*

Jean-Jacques **Dessalines** ■ (v. 1758-1806) Empereur d'Haïti en 1804.

Antoine Louis Claude, comte de **Destutt de Tracy** ■ Philosophe français (1754-1836), fondateur de l'école des idéologues.

Detroit ■ Ville des États-Unis (Michigan). 713 800 habitants (agglomération 5,4 millions). Industries automobiles.

Deuil-la-Barre ■ Ville du Val-d'Oise. 22 050 habitants.

le **Deutéronome** n. m. ■ Cinquième livre du Pentateuque.

la guerre des **Deux-Roses** ■ Guerre civile anglaise entre les maisons d'York et de Lancastre (1455-1485).

les **Deux-Sèvres** n. f. pl. [79] ■ Département français de la Région Nouvelle-Aquitaine. 6 036 km^2. 374 481 habitants. Chef-lieu : Niort. Chefs-lieux d'arrondissement : Bressuire, Parthenay.

Eamon **De Valera** ■ Homme d'État irlandais (1882-1975). Chef du parti nationaliste, le Sinn Féin, fondateur de la république d'Irlande en 1937 et président de la République de 1959 à 1973.

Achille **Devéria** ■ Dessinateur et peintre français (1800-1857). Il fut l'interprète romantique de la vie mondaine.

la guerre de **Dévolution** ■ Guerre par laquelle Louis XIV prit à l'Espagne le sud de la Flandre, notamment Lille (1668).

le **Devon** ■ Comté du sud-ouest de l'Angleterre. 6 715 km^2. 758 000 habitants. Chef-lieu : Exeter.

Corneille **De Vos** ■ Peintre flamand (v. 1585-1651). Il fut collaborateur de Rubens et peignit des portraits. ► Paul **De Vos,** son frère (1596-1673) fut aussi un peintre notable.

Raymond **Devos** ■ Comédien et auteur français de monologues (1922-2006). Il joua avec les mots, de manière virtuose et comique, souvent sur le thème de l'absurde.

Hugo **De Vries** ■ Botaniste et généticien hollandais (1848-1935). Il étudia les mutations.

John **Dewey** ■ Philosophe et pédagogue américain (1859-1952). Il est l'auteur de méthodes actives en pédagogie.

Melvil **Dewey** ■ Bibliographe américain (1851-1931). Il mit au point un système décimal de classification des livres.

Dhaka → Dacca

André **Dhôtel** ■ Romancier français (1900-1991). Ses récits sont d'inspiration rêveuse, parfois fantastique *(Le Pays où l'on n'arrive jamais)*.

Le **Diable au corps** ■ Roman de Raymond Radiguet (1923).

Serge de **Diaghilev** ■ Créateur des Ballets russes (1872-1929).

Les **Dialogues** ■ Nom donné à l'ensemble de l'œuvre de Platon, présentée sous forme de discussions entre Socrate et différents interlocuteurs.

Diane → Artémis

Diane de Poitiers ■ Maîtresse d'Henri II (1499-1566).

Bartolomeu **Dias** ■ Navigateur portugais (v. 1450-1500). Il franchit le premier le cap de Bonne-Espérance.

Porfirio **Díaz** ■ Homme politique mexicain (1830-1915). Maître du pays de 1876 à 1911.

Mohammed **Dib** ■ Poète et romancier algérien d'expression française (1920-2003).

Leonardo **DiCaprio** ■ Acteur américain (né en 1974). *Titanic ; Shutter Island.*

Charles **Dickens** ■ Romancier anglais (1812-1870). Romancier prolifique, il décrivit de manière critique et sensible de nombreux aspects de la société anglaise de son temps, aboutissant à des thèmes humanistes universels *(Oliver Twist ; Le Magasin d'antiquités ; Martin Chuzzlewit ; David Copperfield ; Les Grandes Espérances)*. L'humour des *Aventures de M. Pickwick*, le charme des *Contes de Noël* éclairent le pessimisme de sa critique.

Joël **Dicker** ■ Écrivain suisse d'expression française (né en 1985). *La Vérité sur l'affaire Harry Quebert.*

Emily **Dickinson** ▪ Poétesse américaine (1830-1886). Son œuvre, publiée après sa mort, a exercé une grande influence sur la poésie des États-Unis.

Dictionnaire philosophique portatif ▪ Ouvrage de Voltaire (édité en 1764, remanié jusqu'en 1770).

Denis **Diderot** ▪ Écrivain français (1713-1784). Auteur multiforme, conteur qui mêle vivacité et profondeur *(Le Neveu de Rameau ; Jacques le Fataliste et son maître)*, il s'est montré philosophe de la nature et de l'émotion, passionné par l'art et la technique, par la morale et la politique, dans de nombreux textes comme dans la préface et les articles du «dictionnaire raisonné» qu'il dirigea avec d'Alembert, l'*Encyclopédie*.

Didon ou **Elissa** ▪ Princesse de Tyr et reine de Carthage. D'après Virgile, abandonnée par Énée, elle se suicide (*Énéide*, 29-19 avant J.-C.).

Didon et Énée ▪ Opéra de Purcell (1689).

Die ▪ Chef-lieu d'arrondissement de la Drôme. 4 770 habitants. Vins.

Điện Biên Phủ ▪ Site du nord du Viêtnam. Défaite des Français contre le Viêt-minh (1954).

Dieppe ▪ Chef-lieu d'arrondissement et port de la Seine-Maritime. 28 091 habitants.

Rudolf **Diesel** ▪ Ingénieur allemand (1858-1913). Inventeur du moteur sans carburateur, utilisant des carburants lourds, qui porte son nom.

Maria Magdalena, dite Marlène **Dietrich** ▪ Actrice allemande naturalisée américaine (1901-1992). *L'Ange bleu*, de von Sternberg.

Digne-les-Bains ▪ Chef-lieu des Alpes-de-Haute-Provence. 16 864 habitants.

Digoin ▪ Commune de Saône-et-Loire. 7 616 habitants. Musée de la céramique.

Dijon ▪ Chef-lieu de la Côte-d'Or et de la Région Bourgogne-Franche-Comté. 159 106 habitants. Cathédrale. Édifices de la Renaissance. Palais ducal.

Dimitri IV Donskoï ▪ Grand prince de Russie (1350-1389), vainqueur des Mongols en 1380.

Dinan ▪ Chef-lieu d'arrondissement des Côtes-d'Armor. 14 682 habitants.

Dinant ▪ Ville de Belgique (Namur). 13 374 habitants.

Dinard ▪ Ville d'Ille-et-Vilaine. 10 235 habitants. Station balnéaire.

Dioclétien ▪ (245-v. 313) Empereur romain de 284 à 305. Il abdiqua.

Diodore de Sicile ▪ Historien grec (v. 90-v. 20 avant J.-C.).

le **Diois** ▪ Massif des Préalpes du Sud.

Dionysos ▪ mythologie grecque Dieu de la vigne, du vin et de la démesure, le *Bacchus* des Romains.

Birago **Diop** ▪ Écrivain sénégalais d'expression française (1906-1989). *Les Contes d'Amadou Koumba*.

Christian **Dior** ▪ Couturier français (1905-1957). Style «new-look».

les **Dioscures** → **Castor et Pollux**

Abdou **Diouf** ▪ Président de la république du Sénégal de 1981 à 2000 (né en 1935).

Paul **Dirac** ▪ Physicien britannique (1902-1984). Un des pères de la mécanique quantique.

le **Directoire** ▪ Régime politique de la France de 1795 à 1799.

Elio **Di Rupo** ▪ Homme politique belge (né en 1951). Premier ministre (socialiste) de 2011 à 2014.

Le **Discobole** ▪ Statue en bronze de Myron (ve s. avant J.-C.) dont on a plusieurs copies.

Discours de la méthode pour bien conduire sa raison et chercher la vérité dans les sciences ▪ Traité philosophique de Descartes (1637).

Discours sur l'origine et les fondements de l'inégalité parmi les hommes ▪ Œuvre de J.-J. Rousseau (1755).

Walt **Disney** ▪ Réalisateur américain de dessins animés (1901-1966).

Benjamin **Disraeli** ▪ Homme politique (conservateur) britannique (1804-1881).

La **Divine Comédie** ▪ Poème de Dante (v. 1306-1321).

Otto **Dix** ▪ Peintre et graveur expressionniste allemand (1891-1969).

Dixmude, en néerlandais *Diksmuide* ▪ Ville de Belgique, siège de combats en 1914, rasée puis reconstruite en style flamand. 15 800 habitants.

Diyarbakır ▪ Ville de Turquie, en Anatolie orientale. 1 million d'habitants.

Fatma Zohra Imalhayène, dite Assia **Djebar** ▪ Romancière algérienne d'expression française (1936-2015). *Femmes d'Alger dans leur appartement ; La Femme sans sépulture*. Académie française.

Djeddah ou **Djedda** ▪ Port d'Arabie saoudite sur la mer Rouge. 2,8 millions d'habitants.

Djerba ▪ Île de Tunisie. 514 km^2. 175 000 habitants.

Philippe **Djian** ▪ Écrivain français (né en 1949). *37°2 le matin*.

la république de **Djibouti** ▪ État du nord-est de l'Afrique. 23 200 km^2. 1 million d'habitants. Capitale : Djibouti (542 000 habitants).

le **Djurdjura** ■ Chaîne montagneuse d'Algérie. 2 309 m au pic Lalla-Khadidja.

le **Dniepr** ■ Fleuve de Russie, de Biélorussie et d'Ukraine. 2 200 km.

le **Dniestr** ■ Fleuve d'Ukraine et de Moldavie. 1 352 km.

Dnipro ■ Ville d'Ukraine, sur le Dniepr. 1 million d'habitants.

Alfred **Döblin** ■ Romancier allemand (1878-1957). *Berlin Alexanderplatz.*

la **Dobroudja** ■ Région partagée entre la Roumanie et la Bulgarie.

Docteur Jekyll et Mister Hyde ■ Nouvelle de R. L. Stevenson (1885).

Le **Docteur Jivago** ■ Roman de Boris Pasternak (1957), adapté au cinéma par David Lean (1965).

le **Dodécanèse** ■ Archipel grec de la mer Égée dont fait partie Rhodes.

Dodoma ■ Capitale de la Tanzanie. 410 000 habitants.

le palais des **Doges** ■ Palais vénitien, résidence des doges et siège du gouvernement de la République vénitienne.

les **Dogons** ■ Peuple du Mali.

Doha ■ Capitale du Qatar. 872 000 habitants.

Robert **Doisneau** ■ Photographe français (1912-1994).

Xavier **Dolan** ■ Réalisateur et acteur canadien québécois (né en 1989). Après quatre films (dont *Laurence Anyways*), il obtint à vingt-cinq ans le prix du jury du Festival de Cannes pour *Mommy* puis, en 2016, le grand prix pour *Juste la fin du monde.*

La **Dolce Vita** ■ Film italien de Federico Fellini (1959), avec Marcello Mastroianni.

Dole ■ Chef-lieu d'arrondissement du Jura. 23 611 habitants.

Étienne **Dolet** ■ Humaniste et imprimeur français, brûlé pour hérésie (1509-1546).

Engelbert **Dollfuss** ■ Homme politique autrichien (1892-1934). Assassiné par les nazis.

les **Dolomites** n. f. pl. ou **Alpes dolomitiques** ■ Massif italien des Alpes orientales. Point culminant : la Marmolada, 3 343 m.

Françoise **Dolto** ■ Psychanalyste française (1908-1988). Elle eut une grande influence sur l'éducation *(La Cause des enfants).*

la **Dombes** ■ Région française (Ain).

le puy de **Dôme** ■ Point culminant (1 465 m) des volcans de la *chaîne des Puys* ou *monts Dôme* en Auvergne.

Placido **Domingo** ■ Chanteur (ténor) espagnol (né en 1941). Son répertoire est l'opéra italien, notamment Verdi.

la République **dominicaine** ■ État de l'est de l'île d'Haïti. 48 730 km². 10,3 millions d'habitants. Capitale : Saint-Domingue.

saint **Dominique** ■ Religieux espagnol, fondateur de l'ordre des dominicains (v. 1170-1221).

le Commonwealth de **Dominique** ■ Île et État des Antilles. 751 km². 71 500 habitants. Capitale : Roseau.

Domitien ■ (51-96) Empereur romain de 81 à son assassinat.

Domrémy-la-Pucelle ■ Village des Vosges. Patrie de Jeanne d'Arc.

le **Don** ■ Fleuve de Russie (1 870 km).

Donato di Niccolò di Betto Bardi, dit **Donatello** ■ Sculpteur italien (v. 1386-1466). L'un des plus grands artistes de la Renaissance italienne, actif à Florence, il influença Michel-Ange et toute l'esthétique de son temps. Son *David* est célèbre.

le **Donbass** ■ Bassin houiller d'Ukraine et de Russie.

Stanley **Donen** ■ Réalisateur américain (1924-2019). *Chantons sous la pluie.*

Donetsk ■ Ville d'Ukraine. 1,1 million d'habitants. ► la république populaire de **Donetsk** est un État sécessionniste de l'Ukraine qui fut autoproclamé en 2014.

Don Giovanni ■ Opéra de Mozart*, livret de Da Ponte (1787).

Gaetano **Donizetti** ■ Compositeur romantique italien, auteur de nombreux opéras (1797-1848).

Don Juan ■ Personnage mythique du séducteur libertin, mis en scène par Tirso de Molina (v. 1625), Molière (1665), Mozart (1787).

Don Quichotte ■ Roman de Cervantès (1605-1615).

Christian **Doppler** ■ Physicien autrichien (1803-1853).

la **Dordogne** ■ Rivière, affluent de la Garonne. 483 km. ► la **Dordogne** [24]. Département français de la Région Nouvelle-Aquitaine. 9 222 km². 412 807 habitants. Chef-lieu : Périgueux. Chefs-lieux d'arrondissement : Bergerac, Nontron, Sarlat-la-Canéda.

Gustave **Doré** ■ Dessinateur, graveur et peintre romantique français (1832-1883).

Roland Lécavelé, dit Roland **Dorgelès** ■ Romancier français (1885-1973). *Les Croix de bois,* récit de la guerre de 1914-1918.

les **Doriens** ■ Peuple grec de l'Antiquité.

Jacques **Doriot** ■ Homme politique français (1898-1945). Il collabora avec les nazis.

Dortmund ■ Ville d'Allemagne (Rhénanie-du-Nord-Westphalie). 597 400 habitants.

John **Dos Passos** ▪ Écrivain américain (1896-1970). *Manhattan Transfer.*

Fedor **Dostoïevski** ▪ Écrivain russe (1821-1881). Spiritualiste chrétien fasciné par la présence du mal, il a écrit des romans d'un humanisme fervent, d'une générosité angoissée et d'une puissance dramatique intense *(Crime et Châtiment ; L'Idiot ; Les Démons ; Les Frères Karamazov)*, ainsi que des souvenirs tragiques *(Souvenirs de la maison des morts).*

Christian **Dotremont** ▪ Écrivain et dessinateur belge d'expression française (1922-1979). Inventeur des « logogrammes », caractères abstraits, glosés par une phrase poétique.

Douai ▪ Chef-lieu d'arrondissement du Nord. 39 842 habitants.

Douala ▪ Port du Cameroun. 3 millions d'habitants.

le **Douanier Rousseau** → Henri **Rousseau**

Douarnenez ▪ Port du Finistère. 13 956 habitants.

le fort de **Douaumont** ▪ Enjeu de combats meurtriers durant la bataille de Verdun.

le **Doubs** ▪ Rivière, affluent de la Saône. 430 km. ► le **Doubs** [25]. Département français de la Région Bourgogne-Franche-Comté. 5 228 km². 545 209 habitants. Chef-lieu : Besançon. Chefs-lieux d'arrondissement : Montbéliard, Pontarlier.

Douchanbé ▪ Capitale du Tadjikistan. 846 400 habitants.

Paul **Doumer** ▪ (1857-1932) Président (radical) de la République française de 1931 à son assassinat.

Gaston **Doumergue** ▪ (1863-1937) Président (radical) de la République française de 1924 à 1931.

le **Douro,** en espagnol *Duero* ▪ Fleuve de la péninsule Ibérique qui se jette dans l'Atlantique à Porto. 850 km.

Douvres, en anglais *Dover* ▪ Port d'Angleterre (sur le pas de Calais). 42 000 habitants.

Alexandre Petrovitch **Dovjenko** ▪ Cinéaste ukrainien (1894-1956). Auteur de films lyriques à la gloire de la nature *(La Terre).*

l'indice **Dow Jones** n. m. ▪ Indice de la Bourse de New York, créé en 1896, établi à partir de trente grandes valeurs industrielles.

Downing Street ▪ Rue de Londres où se trouve la résidence du Premier ministre.

sir Arthur Conan **Doyle** ▪ Écrivain écossais (1859-1930). Romans policiers dont le héros est Sherlock Holmes.

Dracula (roumain *dracul* « le dragon ») ▪ Personnage de vampire, inspiré d'un tyran roumain historique, et créé par le romancier anglais Bram Stoker.

Draguignan ▪ Chef-lieu d'arrondissement du Var. 39 434 habitants.

sir Francis **Drake** ▪ Navigateur et corsaire anglais (v. 1540-1596).

Drancy ▪ Commune de Seine-Saint-Denis. 71 276 habitants. Camp d'internement pour les juifs sous l'occupation allemande.

la **Drave** ▪ Rivière, affluent du Danube. 707 km.

Draveil ▪ Ville de l'Essonne. 28 595 habitants.

les **Dravidiens** ▪ Peuples du sud de l'Inde (Dekkan).

Dresde, en allemand *Dresden* ▪ Ville d'Allemagne (Saxe). 556 780 habitants. La ville a été détruite par les bombardements alliés de 1945.

Dreux ▪ Chef-lieu d'arrondissement d'Eure-et-Loir. 30 744 habitants.

Carl Theodor **Dreyer** ▪ Cinéaste danois (1889-1968). *Dies irae ; La Passion de Jeanne d'Arc.*

l'affaire **Dreyfus** n. f. ▪ Crise majeure de la IIIe République (1894-1906) qui a pour origine la condamnation injuste du capitaine d'origine juive Alfred Dreyfus (1859-1935) pour espionnage au profit de l'Allemagne.

Pierre **Drieu la Rochelle** ▪ Écrivain français (1893-1945). Influencé par Barrès et Maurras, ce poète et romancier sensible *(Le Feu follet)* fut tenté par le fascisme et collabora avec les nazis. Il se suicida en 1945.

la Déclaration des **droits,** en anglais *Bill of Rights* ▪ Texte constitutionnel anglais rédigé en 1689 par le Parlement pour limiter la prérogative royale et rappeler les droits fondamentaux du royaume.

la Convention internationale des **droits de l'enfant** ▪ Convention adoptée par l'Assemblée générale des Nations unies en 1989. Elle énonce les droits des enfants du monde entier (non-discrimination, droit de vivre, de recevoir des soins et une éducation, droit au respect de ses opinions).

la Déclaration universelle des **droits de l'homme** ▪ Déclaration adoptée le 10 décembre 1948 par l'Assemblée générale des Nations unies, affirmant les droits individuels fondamentaux.

la Déclaration des **droits de l'homme et du citoyen** ▪ Déclaration votée par l'Assemblée constituante le 26 août 1789.

la **Drôme** ▪ Rivière, affluent du Rhône. 110 km. ► la **Drôme** [26]. Département français de la Région Auvergne-Rhône-Alpes. 6 576 km².

517 709 habitants. Chef-lieu : Valence. Chefs-lieux d'arrondissement : Die, Nyons.

les **Druzes** ▪ Secte arabe issue des ismaïliens (Syrie, Galilée, Liban).

John **Dryden** ▪ Auteur dramatique classique anglais (1631-1700).

Dubaï ▪ Un des Émirats arabes unis. 3 840 km^2. 3 millions d'habitants. Capitale : Dubaï. Pétrole, tourisme de luxe, place financière.

Alexander **Dubček** ▪ Homme politique tchécoslovaque (1921-1992). Instigateur du «printemps de Prague» (1968).

Marcel **Dubé** ▪ Auteur dramatique canadien (québécois) (1930-2016). *Zone ; Bilan.*

Roland **Dubillard** ▪ Auteur de théâtre, poète et acteur français (1923-2011). *Naïves hirondelles ; Les Diablogues.*

Dublin ▪ Capitale et port de la république d'Irlande. 588 200 habitants (agglomération 1,4 million).

Charles **Du Bos** ▪ Critique littéraire et essayiste français (1882-1939). Important *Journal.*

Albert **Dubout** ▪ Dessinateur comique français (1905-1976).

Dubrovnik, anciennement *Raguse* ▪ Port de Croatie, sur la côte dalmate. 27 000 habitants. Cité ancienne.

Jean **Dubuffet** ▪ Peintre français (1901-1985). Théoricien de l'«art brut».

Georges **Duby** ▪ Médiéviste français (1919-1996).

Maxime **Du Camp** ▪ Écrivain français (1822-1894). Ami de Flaubert, il écrivit avec lui *Par les champs et par les grèves.* Auteur de plusieurs ouvrages sur Paris et de *Souvenirs littéraires.*

Marcel **Duchamp** ▪ Artiste français (1887-1968). Pionnier du dadaïsme, avec ses objets *ready-made.* ► Raymond **Duchamp-Villon,** son frère (1876-1918), sculpteur proche du cubisme.

Gaston **Duchamp** → Jacques **Villon**

Réjean **Ducharme** ▪ Écrivain canadien (québécois) (1941-2017). Sa virtuosité linguistique est au service d'une peinture tragi-comique de la société québécoise. *Le Nez qui voque ; L'Hiver de force.*

le père **Duchesne** ou **Duchêne** ▪ Titre de nombreux pamphlets et feuilles révolutionnaires dont la plus célèbre fut fondée par Hébert (1790-1794).

Guillaume **Dufay** ▪ Compositeur franco-flamand (v. 1400-1474). Il fit la synthèse de la polyphonie française et de la mélodie italienne.

Esther **Duflo** ▪ Économiste française (née en 1972). Elle mène des travaux sur le mode de vie des populations pauvres et sur les actions mises en place pour améliorer leur condition *(Repenser la pauvreté).* Prix Nobel 2019.

le **Dufourspitze** ▪ Point culminant de la Suisse (4 634 m).

Raoul **Dufy** ▪ Peintre et décorateur français (1877-1953). Il évolua du fauvisme à une peinture légère, claire, colorée. *La Fée Électricité.*

René **Duguay-Trouin** ▪ Corsaire français (1673-1736).

Bertrand **Du Guesclin** ▪ Connétable de France, héros de la guerre de Cent-Ans (v. 1320-1380).

Georges **Duhamel** ▪ Écrivain français (1884-1966). *Récits des temps de guerre ; Chronique des Pasquier.*

Karl Eugen **Dühring** ▪ Philosophe et économiste allemand (1833-1921), sociodémocrate, opposé à Marx et Engels.

Duisbourg, en allemand *Duisburg* ▪ Ville d'Allemagne (Rhénanie-Westphalie), au confluent du Rhin et de la Ruhr. 544 000 habitants. Port fluvial.

Paul **Dukas** ▪ Compositeur français (1865-1935). *L'Apprenti sorcier.*

Germaine **Dulac** ▪ Cinéaste française (1882-1942). Pionnière de l'avant-garde dans les années 1920, elle fonda la Fédération française des ciné-clubs.

Dulcinée ▪ Personnage de servante dans le *Don Quichotte* de Cervantès.

John Foster **Dulles** ▪ Homme politique américain (1888-1959). Responsable de la politique étrangère américaine durant la guerre froide.

Charles **Dullin** ▪ Acteur et metteur en scène français de théâtre (1885-1949). Fondateur de l'*Atelier,* pédagogue du théâtre. Au cinéma, *Volpone.*

Jean-Baptiste **Dumas** ▪ Chimiste français (1800-1884).

Alexandre **Dumas** ▪ Écrivain français (1802-1870). Sa virtuosité narrative en fait le plus populaire des romanciers de son temps. Souvenirs et récits de voyage passionnants. *Le Comte de Monte-Cristo ; Les Trois Mousquetaires.* ► Alexandre **Dumas fils,** son fils (1824-1895), auteur dramatique. *La Dame aux camélias.*

le plan de **Dumbarton Oaks** ▪ Plan prévoyant la création d'une Organisation des Nations unies, élaboré en 1944 à Dumbarton Oaks, par les États-Unis, la Grande-Bretagne, l'URSS et la Chine.

Georges **Dumézil** ▪ Historien français des religions (1898-1986). Il a mis en lumière la théorie des trois fonctions (prêtre, guerrier, paysan) dans les sociétés indoeuropéennes.

Hugo **Duminil-Copin** ▪ Mathématicien français (né en 1985). Travaux en physique statistique. Médaille Fields 2022.

René **Dumont** ▪ Agronome français (1904-2001). Il dénonça l'attitude des pays riches, notamment à l'égard de l'Afrique. Premier candidat écologiste à la présidentielle (1974).

Jules **Dumont d'Urville** ▪ Navigateur français (1790-1842). Découverte de la terre Adélie.

Charles François **Dumouriez** ▪ Général français (1739-1823). Il passa aux Autrichiens en 1793.

Henri **Dunant** ▪ Philanthrope suisse, créateur de la Croix-Rouge (1828-1910).

Isadora **Duncan** ▪ Danseuse américaine (1877-1927).

Dundee ▪ Port de l'est de l'Écosse (Tayside). 145 500 habitants.

Dunkerque ▪ Chef-lieu d'arrondissement et port du Nord. 86 545 habitants.

John **Dunlop** ▪ Inventeur britannique (1840-1921). Créateur du pneumatique.

Jean **Dunois,** dit **le Bâtard d'Orléans** ▪ Homme de guerre français (1402-1468). Il fut le compagnon d'armes de Jeanne d'Arc.

John **Duns Scot** ▪ Théologien et philosophe écossais (v. 1266-1308).

Henri **Duparc** ▪ Compositeur français (1848-1933). Il détruisit une grande partie de son œuvre, ne conservant que des mélodies.

Joseph François **Dupleix** ▪ Gouverneur français de l'Inde (1697-1763).

Pierre **Dupont de Nemours** ▪ Économiste français (1739-1817). Il émigra aux États-Unis.

Marcel **Dupré** ▪ Organiste et compositeur français (1886-1971).

Guillaume **Dupuytren** ▪ Chirurgien français (1777-1835).

Abraham **Duquesne** ▪ Marin français (1610-1688).

la **Durance** ▪ Rivière, affluent du Rhône. 323 km.

Durandal ou **Durendal** ▪ Nom de l'épée de Roland.

Marguerite **Duras** ▪ Romancière et cinéaste française (1914-1996). Ses récits d'apparence statique sont vivifiés par l'exigence et la passion de l'écriture. *Moderato cantabile. L'Amant.* Scénariste de *Hiroshima mon amour.*

Durban ▪ Port d'Afrique du Sud (Kwazulu-Natal). 3,6 millions d'habitants.

Albrecht **Dürer** ▪ Artiste allemand de la Renaissance (1471-1528). Remarquable graveur *(Melencolia I)*, peintre *(Les Quatre Apôtres)*, théoricien *(Traité des proportions du corps humain)* et grand anatomiste.

Durham ▪ Ville du nord de l'Angleterre. 38 000 habitants. Cathédrale (XIe-XIIe s.).

Émile **Durkheim** ▪ Sociologue français (1858-1917). Il établit les principes fondateurs de la sociologie.

Lawrence **Durrell** ▪ Romancier anglais (1912-1990). *Le Quatuor d'Alexandrie.*

Friedrich **Dürrenmatt** ▪ Écrivain suisse de langue allemande (1921-1991). Pièces de théâtre *(La Visite de la vieille dame)*.

Buenaventura **Durruti** ▪ Syndicaliste anarchiste espagnol (1896-1936). Tué lors de la guerre d'Espagne.

Victor **Duruy** ▪ Historien et homme politique français (1811-1894).

Pascal **Dusapin** ▪ Compositeur de musique contemporaine français (né en 1955). Compositions pour voix, pour orchestre *(Solos)*, opéras.

Düsseldorf ▪ Ville d'Allemagne (Rhénanie-du-Nord-Westphalie), sur le Rhin. 621 800 habitants.

Henri **Dutilleux** ▪ Compositeur français (1916-2013). *Métaboles ; Timbres, espace, mouvement ; Le Temps de l'horloge.*

François **Duvalier** ▪ Homme d'État haïtien (1909-1971), au pouvoir de 1957 à sa mort. ► Jean-Claude **Duvalier** (1951-2014), son fils, lui succéda et fut renversé en 1986.

Julien **Duvivier** ▪ Cinéaste français (1896-1967). *La Bandera ; Pépé le Moko.*

la **Dvina occidentale** ▪ Fleuve de Russie, de Biélorussie et de Lettonie. 1 020 km.

Antonín **Dvořák** ▪ Compositeur tchèque (1841-1904). *Symphonie «Du Nouveau Monde».* Opéras *(Rusalka)*, musique religieuse...

Bob **Dylan** ▪ Chanteur américain (né en 1941). Contestataire de style rock et folk. *Blowin' in the Wind.* Prix Nobel de littérature 2016.

Dzaoudzi ▪ Ville de Mayotte. 14 311 habitants.

E

George **Eastman** ▪ Inventeur et industriel américain (1854-1932). Pionnier de la photographie et du cinéma.

Clint **Eastwood** ▪ Acteur et réalisateur américain (né en 1930). Films policiers, westerns, œuvres personnelles. *Honky Tonk Man ; Sur la route de Madison ; Million Dollar Baby.*

Eaubonne ▪ Ville du Val-d'Oise. 25 498 habitants.

Isabelle **Eberhardt** ▪ Écrivaine française d'origine russe (1877-1904). Convertie à l'islam, elle mena une vie aventureuse en Algérie et dans le Sahara. *Notes de route.*

Friedrich **Ebert** ▪ (1871-1925) Président (social-démocrate) de la République allemande de 1919 à 1925.

l'**Èbre** n. m., en espagnol *Ebro* ▪ Fleuve d'Espagne. 950 km.

Ecbatane ▪ Ancienne capitale des Mèdes **(→ Hamadān).**

L'**Ecclésiaste** ▪ Livre de la Bible (IIIe s. avant J.-C.), parfois attribué à Salomon.

Jean **Echenoz** ▪ Écrivain français (né en 1947). Auteur de nombreux romans *(Cherokee)* parmi lesquels des biographies *(Ravel ; Courir).*

Échirolles ▪ Ville de l'Isère, banlieue de Grenoble. 36 970 habitants.

Maître **Eckhart** ▪ Dominicain et mystique allemand (v. 1260-v. 1327).

Umberto **Eco** ▪ Écrivain et sémioticien italien (1932-2016). Il est l'auteur d'essais sur l'esthétique, la sociologie, la littérature, et de romans inventifs qui l'ont rendu célèbre *(Le Nom de la rose ; L'Île du jour d'avant).*

L'**École des femmes** ▪ Comédie de Molière (1662).

l'**École militaire** ▪ Monument de Paris (XVIIIe s.) abritant des établissements supérieurs d'enseignement militaire.

l'**Écosse** n. f., en anglais *Scotland* ▪ Partie la plus au nord de la Grande-Bretagne. 78 772 km^2. 5,3 millions d'habitants. Capitale : Édimbourg.

Écouen ▪ Ville du Val-d'Oise. 7 099 habitants. Château de la Renaissance.

massif des **Écrins** ▪ Massif des Alpes. Mont Pelvoux (3 943 m). Parc national.

sir Arthur **Eddington** ▪ Astronome britannique (1882-1944). Ses expériences contribuèrent à vérifier la théorie de la relativité d'Einstein.

Éden ▪ Dans la Bible (Genèse), lieu où Dieu dispose le paradis terrestre pour Adam et Ève.

Édesse ▪ Ancienne ville de Mésopotamie.

Edfou ▪ Ville du sud de l'Égypte. 84 400 habitants. Temple consacré à Horus.

Édimbourg, en anglais *Edinburgh* ▪ Capitale de l'Écosse. 498 000 habitants.

Edirne, anciennement *Andrinople* ▪ Ville de Turquie, en Europe, près de la Grèce et de la Bulgarie. 175 000 habitants. Ville historique, monuments anciens.

Thomas **Edison** ▪ Inventeur américain (1847-1931). Phonographe. Lampe à incandescence.

Edmonton ▪ Ville du Canada (Alberta). 932 546 habitants.

saint **Édouard le Confesseur** ▪ (v. 1002-1066) Roi d'Angleterre de 1042 à sa mort.

Édouard ▪ Nom de plusieurs rois d'Angleterre. ► **Édouard III** (1312-1377). Roi de 1327 à sa mort. Il déclencha la guerre de Cent Ans. ► **Édouard VII** (1841-1910). Roi de 1901 à sa mort. ► **Édouard VIII** (1894-1972) ne régna qu'un an, en 1936. Il abdiqua et prit le titre de *duc de Windsor.*

Édouard d'Angleterre, dit le Prince Noir ▪ Prince de Galles (1330-1376). Fils d'Édouard III, vainqueur de Jean II le Bon à Poitiers (1356).

le lac **Édouard** ▪ Lac entre la République démocratique du Congo et l'Ouganda. 2 150 km^2.

L'**Éducation sentimentale** ▪ Roman de Gustave Flaubert (1869).

les **Éduens** ▪ Peuple gaulois (Bourgogne, Morvan, Mâconnais), le plus puissant avec les Arvernes.

la mer **Égée** ▪ Partie de la Méditerranée entre la Grèce et la Turquie.

William **Eggleston** ▪ Photographe américain (né en 1939). Ses sujets banals témoignent de l'Amérique de la deuxième moitié du XXe siècle.

Égine ▪ Île grecque entre Athènes et le Péloponnèse.

la République arabe d'**Égypte** ▪ État du nord-est de l'Afrique. 1 001 449 km². 102 millions d'habitants. Capitale : Le Caire.

Joseph von **Eichendorff** ▪ Poète et romancier allemand (1788-1857).

Gustave **Eiffel** ▪ Ingénieur français (1832-1923). Il réalisa, à Paris, *la tour* **Eiffel** (1887-1889).

l'**Eiger** n. m. ▪ Sommet des Alpes bernoises en Suisse. 3 970 m.

Eiichirō Oda → Oda

Eilat ▪ Ville et station balnéaire du sud d'Israël, au bord de la mer Rouge. 46 300 habitants.

Eindhoven ▪ Ville des Pays-Bas (Brabant septentrional). 209 700 habitants. Musée Philips ; musée d'Art moderne.

Einsiedeln ▪ Ville de Suisse (Schweiz). 13 550 habitants. Abbaye de style baroque.

Albert **Einstein** ▪ Physicien allemand naturalisé américain (1879-1955). Ses théories de la relativité (relativité restreinte, relativité générale) ont bouleversé la science moderne. Prix Nobel 1921.

l'**Éire** n. f. ▪ Nom gaélique de l'Irlande.

Dwight **Eisenhower** ▪ (1890-1969) Chef des forces alliées en 1943-1945 et président (républicain) des États-Unis, de 1953 à 1961.

Sergueï Mikhaïlovitch Aïzenchtaïn, en français Serge **Eisenstein** ▪ Cinéaste russe de l'époque soviétique (1898-1948). Metteur en scène de théâtre, décorateur, il développa au cinéma son génie de l'image et du montage, au service de l'idéologie léniniste. *Le Cuirassé Potemkine ; Octobre ; Que Viva Mexico !* (au Mexique, inachevé) ; *Alexandre Nevski ; Ivan le Terrible.*

EL → Daech

Élagabal ou **Héliogabale** ▪ (204-222) Empereur romain de 218 à sa mort.

l'**Élam** n. m. ▪ Royaume antique à l'est du Tigre. C'est la *Susiane* des Grecs.

Élancourt ▪ Ville des Yvelines. 25 857 habitants.

l'**Elbe** n. f. ▪ Fleuve d'Europe centrale. 1 165 km.

l'île d'**Elbe** ▪ Île italienne où Napoléon Ier séjourna en exil (1814-1815).

Elbeuf ▪ Ville de Seine-Maritime, ancien centre de l'industrie du drap. 16 087 habitants.

l'**Elbourz** n. m. ▪ Chaîne montagneuse du nord de l'Iran. 5 671 m au Demāvend.

l'**Elbrouz** n. m. ▪ Point culminant du Caucase. 5 642 m.

l'**Eldorado** n. m. ▪ Contrée mythique d'Amérique du Sud dont rêvaient les conquérants espagnols.

Électre ▪ mythol. grecque Fille d'Agamemnon et de Clytemnestre. Pour venger son père, elle fit tuer sa mère.

Éleusis ▪ Ville de Grèce (Attique), où étaient célébrés dans l'Antiquité *les mystères d'***Éleusis,** liés au culte de Déméter.

sir Edward **Elgar** ▪ Compositeur anglais (1857-1934).

Mircea **Eliade** ▪ Historien des religions et romancier roumain (1907-1986). *Traité d'histoire des religions ; Aspects du mythe.*

Élie ▪ Prophète de la Bible.

Mary Ann Evans, dite George **Eliot** ▪ Romancière anglaise (1819-1880). Elle est l'autrice de « romans d'idées » généreux et humanistes.

Thomas Stearns **Eliot** ▪ Poète anglais d'origine américaine (1888-1965). L'une des figures majeures de la poésie anglaise du XXe siècle.

sainte **Élisabeth** ▪ Mère de Jean-Baptiste et cousine de la Vierge Marie.

Élisabeth Ire ▪ (1533-1603) Reine d'Angleterre de 1558 à sa mort. Fille d'Henri VIII.

Élisabeth II ▪ (1926-2022) Reine du Royaume-Uni de 1952 à sa mort.

Élisabeth de Wittelsbach ▪ (1837-1898) Impératrice d'Autriche, épouse de François-Joseph Ier. Elle fut surnommée Sissi.

Élisabeth Petrovna ▪ (1709-1762) Impératrice de Russie de 1741 à sa mort, fille de Pierre Ier.

Edward Kennedy, dit Duke **Ellington** ▪ Pianiste et chef d'orchestre de jazz américain (1899-1974).

Bret Easton **Ellis** ▪ Écrivain américain (né en 1964). *American Psycho.*

Ellora ▪ Site archéologique d'Inde. Temple creusé dans le roc (Kailāsa).

Lee Earle, dit James **Ellroy** ▪ Écrivain américain (né en 1948). Romans noirs ; obsessions, crimes et perversions hantent son œuvre, marquée par sa relation à sa mère, qui fut assassinée en 1958. *Le Dahlia noir ; L.A. Confidential ; Ma part d'ombre.*

Éloge de la folie ▪ Ouvrage satirique d'Érasme (1511).

saint **Éloi** ▪ Orfèvre franc, évêque, conseiller du roi Dagobert (v. 588-660).

El Paso ▪ Ville des États-Unis (Texas). 650 000 habitants.

Elseneur, en danois *Helsingør* ■ Port du Danemark. 35 000 habitants. Shakespeare y situa l'action d'*Hamlet*.

Max **Elskamp** ■ Poète belge d'expression française, d'inspiration populaire et mystique (1862-1931).

Boris **Eltsine** ■ (1931-2007) Président de la Fédération de Russie de 1991 à 1999.

Eugène Grindel, dit Paul **Éluard** ■ Poète français (1895-1952). Tenté par les avant-gardes (dada, puis le surréalisme), il y exprima un lyrisme personnel généreux au service de la justice et de la liberté *(«J'écris ton nom... Liberté»)*.

l'**Élysée** n. m. ■ Résidence du président de la République française (à Paris).

les champs **Élysées** → **champs Élysées**

les **Elzévir** ou **Elsevier** ■ Imprimeurs hollandais des XVIe et XVIIe s.

L'**Embarquement pour Cythère** ■ Tableau d'Antoine Watteau (1717).

Ralph Waldo **Emerson** ■ Essayiste et poète idéaliste américain (1803-1882).

Émile ou De l'éducation ■ Roman pédagogique de Rousseau (1762).

l'**Émilie** n. f. ■ Région du nord de l'Italie, réunie à la Romagne en 1859 pour former l'**Émilie-Romagne** (22 123 km^2 ; 3,98 millions d'habitants. ; chef-lieu : Bologne).

Mihai **Eminescu** ■ Poète romantique roumain (1850-1889).

la fédération des **Émirats arabes unis** ■ Fédération de sept émirats de la péninsule Arabique (Abou Dhabi, Dubaï, Sharjah, Ajman, Umm al-Qaïwain, Ras al-Khaima et Fujaïrah). 83 657 km^2. 4,8 millions d'habitants. Capitale : Abou Dhabi.

Emmaüs ■ Bourg de Judée. Dans l'Évangile, Jésus y apparaît à deux disciples après sa résurrection.

Emmental ou **Emmenthal** («vallée de l'Emme») ■ Vallée de Suisse, dans le canton de Berne. Fromages.

Anne Catherine **Emmerich** → Clemens **Brentano**

Empédocle ■ Penseur grec (v. 490-v. 435 avant J.-C.), philosophe et poète.

le Premier **Empire** ■ Gouvernement de la France sous Napoléon Ier (1804-1814 et mars-juin 1815).

le Second **Empire** ■ Gouvernement de la France sous Napoléon III (1852-1870).

Empire State Building ■ Gratte-ciel de style Art déco situé à New York (1931).

la dépêche d'**Ems** ■ Dépêche qui provoqua la guerre franco-allemande de 1870.

l'**ENA** ■ «École nationale d'administration», école française qui formait les hauts responsables de l'Administration (1945-2021). Elle a été remplacée par l'Institut national du service public.

En attendant Godot ■ Pièce de Samuel Beckett (1953).

Juan del **Encina** ■ Compositeur et poète dramatique espagnol (1469-v. 1529). Églogues comiques et tragiques ; chants polyphoniques.

l'**Encyclopédie** ■ Ouvrage, dirigé par Diderot et d'Alembert, «Dictionnaire raisonné» scientifique et technique dans l'esprit des Lumières (1751-1772).

Énée ■ Prince troyen légendaire, héros de l'*Énéide*.

Énéide ■ Poème épique de Virgile (29-19 avant J.-C.).

Les **Enfants du paradis** ■ Film français de Marcel Carné (1945), scénario et dialogues de Jacques Prévert, avec Arletty, Jean-Louis Barrault, Maria Casarès.

l'**Engadine** n. f. ■ Région de Suisse orientale, haute vallée de l'Inn (Grisons). Altitude de 1 000 à 1 900 m.

Friedrich **Engels** ■ Théoricien socialiste allemand (1820-1895). Ami de Marx, avec lequel il écrivit le *Manifeste du parti communiste* et acheva la rédaction du *Capital*.

le duc d'**Enghien** ■ Dernier des Condé (1772-1804), fusillé sur ordre de Bonaparte.

Enghien-les-Bains [ɑ̃gɛ̃] ■ Ville résidentielle et station thermale du Val-d'Oise. 11 416 habitants.

François **Englert** ■ Physicien belge (né en 1932). A proposé au même moment que Peter Higgs mais indépendamment de lui, l'existence du boson de Higgs. Prix Nobel 2013, avec P. Higgs.

L'**Enlèvement au sérail** ■ Comédie lyrique de Mozart (1782).

Enna ■ Ville du centre de la Sicile, à 942 m d'altitude. 29 000 habitants.

James Sydney **Ensor** ■ Peintre et graveur belge (1860-1949), au style expressionniste puissant.

l'**Entente cordiale** n. f. ■ Politique de rapprochement franco-britannique, inaugurée par Guizot.

Un **enterrement à Ornans** ■ Tableau de Gustave Courbet (1850).

L'**Enterrement du comte d'Orgaz** ■ Tableau du Greco (1586).

l'**Entre-Deux-Mers** n. m. ■ Région du Bordelais, entre Garonne et Dordogne. Vignobles.

Éole ■ mythol. grecque Dieu des Vents.

les îles **Éoliennes** ou **Lipari** ▪ Archipel italien de la mer Tyrrhénienne.

József **Eötvös** ▪ Écrivain et homme politique hongrois (1813-1871). Il voyagea en Europe, notamment en France *(Le Chartreux)*. Romans décrivant la vie rurale en Hongrie.

Peter **Eötvös** ▪ Compositeur et chef d'orchestre hongrois (1944-2024). Musique orchestrale ; opéras.

Épaminondas ▪ Général et homme d'État grec (v. 418-362 avant J.-C.).

l'abbé de l'**Épée** ▪ Éducateur français des sourds-muets (1712-1789).

Épernay ▪ Chef-lieu d'arrondissement de la Marne. 22 362 habitants. Champagne.

Éphèse ▪ Ancienne ville d'Asie Mineure. Temple d'Artémis.

Épictète ▪ Philosophe stoïcien latin de langue grecque (50-v. 130).

Épicure ▪ Philosophe grec (341-270 avant J.-C.).

Épidaure ▪ Ancienne ville de Grèce. Sanctuaire d'Asclépios, théâtre.

Épinal ▪ Chef-lieu des Vosges. 31 832 habitants.

Épinay-sur-Seine ▪ Ville de la Seine-Saint-Denis. 54 419 habitants.

l'**Épire** n. f. ▪ Région montagneuse partagée entre la Grèce (9 302 km^2 ; 360 000 habitants) et l'Albanie.

l'**Épître aux Romains** → **Romains** (l'Épître aux)

Epsom ▪ Ville d'Angleterre (Surrey). 75 000 habitants. Courses de chevaux.

Jean **Epstein** ▪ Cinéaste français (1897-1953). Théoricien, réalisateur inventif *(Le Tempestaire ; Finis terrae)*.

l'**Équateur** n. m. ▪ État d'Amérique du Sud, sur le Pacifique. 283 561 km^2. 17,5 millions d'habitants. Capitale : Quito.

Érasme ▪ Humaniste hollandais (v. 1469-1536). *Éloge de la folie*.

Ératosthène ▪ Astronome, mathématicien et géographe grec (v. 276-v. 194 avant J.-C.).

Erckmann-Chatrian ▪ Nom de plume adopté par Émile Erckmann (1822-1899) et Alexandre Chatrian (1826-1890), romanciers français d'Alsace. *L'Ami Fritz*.

Recep Tayyip **Erdoğan** ▪ Homme d'État turc (né en 1954). Fondateur du parti Justice et Développement (AKP), Premier ministre (2003) puis président de la République (2014).

l'**Éréchtéion** [eʀɛktejɔ̃] n. m. ▪ Temple sur l'Acropole à Athènes.

Erevan ▪ Capitale de l'Arménie. 1,1 million d'habitants.

Erfurt ▪ Ville d'Allemagne (Thuringe). 210 500 habitants.

le lac **Érié** ▪ Grand Lac américain, situé à la frontière entre les États-Unis et le Canada, entre le lac Huron et le lac Ontario (25 800 km^2).

Erik le Rouge ▪ Chef norvégien (v. 940-v. 1010). Il découvrit le Groenland.

les **Érinyes** n. f. pl. ▪ mythol. grecque Déesses de la Vengeance, les *Furies* des Romains.

l'**Ermitage** n. m. ▪ Palais de Saint-Pétersbourg. Musée.

Ermont ▪ Ville du Val-d'Oise. 29 230 habitants.

Annie **Ernaux** ▪ Écrivaine française (née en 1940). Dans un style dépouillé, elle écrit essentiellement des romans autobiographiques. *La Place*. Prix Nobel 2022.

Max **Ernst** ▪ Artiste allemand naturalisé français (1891-1976). Œuvre où l'imaginaire s'allie à l'humour, servi par une perfection technique dans de nombreux procédés.

Éros ▪ Dieu grec de l'Amour, le *Cupidon* des Romains.

l'**Érythrée** n. f. ▪ État d'Afrique de l'Est sur la mer Rouge. 117 600 km^2. 5,2 millions d'habitants. Capitale : Asmara.

Ésaü ▪ Bible Frère aîné de Jacob, auquel il vendit son droit d'aînesse.

l'**Escaut** n. m. ▪ Fleuve de France, de Belgique et des Pays-Bas. 430 km.

Christoph **Eschenbach** ▪ Chef d'orchestre et pianiste allemand (né en 1940).

Eschine ▪ Orateur grec (v. 390-314 avant J.-C.), adversaire de Démosthène.

Eschyle ▪ Fondateur de la tragédie grecque (v. 525-456 avant J.-C.). *Les Perses ; L'Orestie*.

le Grand Lac des **Esclaves** ▪ Lac du nord du Canada. 27 800 km^2.

Auguste **Escoffier** ▪ Cuisinier français (1846-1935). *Guide culinaire*.

Esculape ▪ Dieu romain de la Médecine, l'*Asclépios* des Grecs.

l'**Escurial** n. m., en espagnol *El Escorial* ▪ Palais et monastère édifié près de Madrid par Philippe II.

Esdras [ɛsdʀas] ▪ Personnage biblique, scribe et prêtre du Ve s. avant J.-C.

Esméralda ▪ Personnage de gitane dans *Notre-Dame de Paris*, de Victor Hugo.

Ésope ▪ Fabuliste grec (VIe s. avant J.-C.).

l'**Espagne** n. f. ▪ État du sud-ouest de l'Europe. 504 748 km^2. 47 millions d'habitants. Capitale : Madrid.

la guerre d'**Espagne** ▪ Guerre civile qui opposa les républicains aux nationalistes (**→ Franco**) de 1936 à 1939.

L'**Espoir** ▪ Roman d'André Malraux (1937).

De l'**esprit des lois** ▪ Œuvre de Montesquieu (1748).

l'**Esquilin** n. m. ▪ Une des collines de Rome.

les **Esquimaux** ou **Eskimos** → **Inuits**

Jean-Étienne Dominique **Esquirol** ▪ Médecin et psychiatre français (1772-1840). Il poursuivit les travaux et l'action de Pinel.

Les **Essais** ▪ Œuvre de Montaigne, écrite à partir de 1572 et poursuivie jusqu'à sa mort, en 1592.

Essen ▪ Ville d'Allemagne (Rhénanie-du-Nord-Westphalie). 589 500 habitants. Centre métallurgique de la Ruhr.

l'**Essex** n. m. ▪ Comté de l'Angleterre. 3 674 km². 1,55 million d'habitants. Chef-lieu : Chelmsford.

l'**Essonne** n. f. ▪ Rivière, affluent de la Seine. 90 km. ► l'**Essonne** [91]. Département français de la Région Île-de-France. 2 284 km². 1,31 million d'habitants. Chef-lieu : Évry. Chefs-lieux d'arrondissement : Étampes, Palaiseau.

l'**Estaque** n. f. ▪ Chaînon des Alpes de Provence, allant du sud de l'étang de Berre au nord-ouest de Marseille. ► l'**Estaque,** banlieue de Marseille.

les **Este** ▪ Famille d'Italie. Ducs de Ferrare (1240-1597) et de Modène (1288-1796).

l'**Esterel** n. m. ▪ Massif de Provence. Point culminant : Mont Vinaigre, 614 m.

Maurice **Estève** ▪ Peintre français (1904-2001). Œuvres abstraites équilibrées et fortement rythmées.

Esther ▪ Bible Héroïne qui épouse le roi de Perse et obtient la grâce des juifs. Son histoire a inspiré Racine (1689).

les **Estienne** ▪ Imprimeurs et humanistes français du XVIe s. ► Robert **Estienne** (1498-1559) et Henri **Estienne,** son fils (1531-1598).

l'**Estonie** n. f. ▪ L'un des trois pays baltes. 45 100 km². 1,3 million d'habitants. Capitale : Tallinn.

Estoril ▪ Station balnéaire du Portugal, proche de Lisbonne. Circuit automobile.

Gabrielle d'**Estrées** ▪ Favorite d'Henri IV (1573-1599).

l'**Estrémadure** n. f. ▪ Communauté autonome du sud-ouest de l'Espagne. 41 602 km². 1,1 million d'habitants. Capitale : Mérida.

l'**Estrémadure portugaise** n. f. ▪ Province côtière du Portugal, près de Lisbonne.

l'**Eswatini,** n. m., ancien *Swaziland* ▪ État d'Afrique australe. 17 363 km². 1 million d'habitants. Capitale : Mbabane.

ETA (*Euskadi Ta Azkâtasuna* : «Pays basque et sa liberté») ▪ Mouvement indépendantiste basque apparu en 1959. Il s'est dissous en 2018.

Étampes ▪ Chef-lieu d'arrondissement de l'Essonne. 26 251 habitants.

l'**État français** → **Vichy**

l'**État islamique** → **Daech**

les **États-Unis d'Amérique,** en anglais *United States of America (USA)* ▪ État fédéral d'Amérique du Nord. 9 363 353 km². 328 millions d'habitants. Capitale : Washington.

l'**Éthiopie** n. f. ▪ État d'Afrique de l'Est. 1 104 294 km². 102 millions d'habitants. Capitale : Addis-Abeba.

L'**Éthique** ▪ Œuvre de Spinoza (1677).

saint **Étienne** ▪ Diacre à Jérusalem (Ier s.). Premier martyr chrétien.

saint **Étienne Ier** ▪ (v. 969-1038) Premier roi de Hongrie, de 997 à sa mort. Il imposa le christianisme.

Jean-Louis **Étienne** ▪ Médecin et explorateur français (né en 1946). Nombreuses expéditions scientifiques au pôle Nord et dans l'Antarctique.

l'**Etna** n. m. ▪ Volcan de Sicile (3 329 m).

l'**Étolie** n. f. ▪ Région de l'anc. Grèce.

Eton ▪ Ville du sud de l'Angleterre. 4 000 habitants. Célèbre école fondée en 1440.

L'**Étranger** ▪ Roman d'Albert Camus (1942).

L'**Être et le Néant** ▪ Essai philosophique de Jean-Paul Sartre (1943).

Étretat ▪ Commune de Seine-Maritime. 1 238 habitants. Station balnéaire.

l'**Étrurie** n. f. ▪ Ancienne région d'Italie (correspondant approximativement à l'actuelle Toscane). ► les **Étrusques,** ses habitants, apparus au VIIIe s. avant J.-C. et soumis v. 350 avant J.-C. par les Romains.

Eubée ▪ Île grecque de la mer Égée.

Euclide ▪ Mathématicien grec d'Alexandrie (IIIe s. avant J.-C.). Créateur de la géométrie classique.

Eudes ▪ (v. 860-898) Roi de France de 888 à sa mort.

Eugène de Savoie-Carignan, dit le Prince **Eugène** ▪ Homme de guerre au service de l'Autriche (1663-1736).

Eugène Onéguine ▪ Roman en vers d'Alexandre Pouchkine (1833) qui inspira un opéra à Tchaïkovski (1879).

Eugénie de Montijo, dite l'impératrice **Eugénie** ▪ Femme de Napoléon III (1826-1920).

Eugénie Grandet ▪ Roman de Balzac (1833).

Leonhard **Euler** ▪ Mathématicien suisse (1707-1783). Un des fondateurs de l'analyse moderne.

les **Euménides** n. f. pl. ▪ Nom («les Bienveillantes») donné aux Érinyes dans la tragédie d'Eschyle qui porte ce titre.

Eupen ▪ Ville de Belgique (province de Liège). 19 000 habitants.

l'**Euphrate** n. m. ▪ Fleuve d'Asie occidentale. 2 330 km.

l'**Eurasie** n. f. ▪ Masse continentale formée par l'Asie et l'Europe.

l'**Eure** n. f. ▪ Rivière, affluent de la Seine. 225 km. ► l'**Eure** [27]. Département français de la Région Normandie. 6 037 km^2. 599 668 habitants. Chef-lieu : Évreux. Chefs-lieux d'arrondissement : Les Andelys, Bernay.

l'**Eure-et-Loir** [28] n. m. ▪ Département français de la Région Centre-Val de Loire. 5 939 km^2. 431 443 habitants. Chef-lieu : Chartres. Chefs-lieux d'arrondissement : Châteaudun, Dreux, Nogent-le-Rotrou.

Euripide ▪ Poète tragique grec (480-406 avant J.-C.). *Iphigénie à Aulis*.

Europe ▪ mythol. grecque Princesse phénicienne que Zeus enlève, métamorphosé en taureau blanc. De leur union naissent Minos, Rhadamante et Sarpédon.

l'**Europe** n. f. ▪ Un des six continents. 10 millions de km^2. 747 millions d'habitants. → **Union européenne.**

Europe Écologie-Les Verts → **les Verts**

Europoort ▪ Avant-port de Rotterdam.

Eurydice → **Orphée**

Euterpe ▪ Muse présidant aux fêtes, dans la mythologie grecque.

les **Évangiles** n. m. pl. ▪ Dans le Nouveau Testament, récits de la vie de Jésus par Matthieu, Marc, Luc et Jean.

Walker **Evans** ▪ Photographe américain (1903-1975). Il réalisa une œuvre documentaire de style épuré (portraits de fermiers du Sud américain).

Ève ▪ Bible La première femme.

le mont **Everest** ▪ Point culminant du globe dans l'Himalaya. 8 848 m.

les **Everglades** ▪ Marécage du sud de la Floride (États-Unis).

Évian-les-Bains ▪ Ville de Haute-Savoie, où furent signés les *accords d'Évian* (1962), qui mirent fin à la guerre d'Algérie. 9 117 habitants. Station thermale.

Evora ▪ Ville du Portugal, capitale de la région de l'Alentejo. 55 400 habitants.

Évreux ▪ Chef-lieu de l'Eure. 46 869 habitants.

Évry-Courcouronnes ▪ Chef-lieu de l'Essonne. 66 106 habitants.

Exeter ▪ Ville du sud de l'Angleterre (Devon). 113 500 habitants. Cathédrale (XIIIe-XIVe s.).

l'**Express** ▪ Hebdomadaire français fondé en 1953 par J.-J. Servan-Schreiber et Françoise Giroud.

Eyjafjallajökull ou **Eyjafjöll** ▪ Volcan d'Islande (1 651 m).

la bataille d'**Eylau** ▪ Bataille entre Napoléon et les Russes qui battirent en retraite (1807).

Les **Eyzies-de-Tayac-Sireuil** ▪ Commune de Dordogne. 1 109 habitants. Sites préhistoriques.

Ézéchiel ▪ Bible Un des quatre grands prophètes (VIe s. avant J.-C.).

F

Laurent **Fabius** ▪ Homme d'État français (né en 1946). Premier ministre (socialiste) de 1984 à 1986.

Fables ▪ Ensemble de trois recueils de La Fontaine (1668, 1678 et 1694).

Jean Henri **Fabre** ▪ Entomologiste français (1823-1915).

Philippe Fabre, dit **Fabre d'Églantine** ▪ Écrivain et révolutionnaire français (1750-1794). Auteur du calendrier républicain.

Fabrice del Dongo ▪ Personnage principal de *La Chartreuse de Parme*, roman de Stendhal.

Facebook ▪ Réseau social en ligne créé par Mark Zuckerberg en 2004.

Fachoda ▪ Ville du Soudan du Sud, occupée en 1898 par les Français, qui furent contraints de la livrer aux Anglais.

Faenza ▪ Ville d'Italie (Émilie-Romagne). 53 600 habitants. Vaisselle en céramique. Le mot *faïence* vient de ce nom.

les Hautes **Fagnes** n. f. pl. ▪ Plateau de l'Ardenne belge.

Fahd ▪ (1922-2005) Roi d'Arabie saoudite de 1982 à sa mort.

Daniel Gabriel **Fahrenheit** ▪ Physicien allemand (1686-1736). Inventeur d'une échelle thermométrique.

Louis **Faidherbe** ▪ Général français (1818-1889). Gouverneur du Sénégal.

La **Faim** ▪ Roman de Knut Hamsun (1890).

Faisalabad, anc. *Lyallpur* ▪ Ville du Pakistan (Panjab). 2 millions d'habitants.

les **Falachas** ▪ Population noire d'Éthiopie pratiquant le judaïsme.

Falaise ▪ Commune du Calvados. 7 849 habitants. Enceinte du XIIIe s., château des premiers ducs de Normandie.

les îles **Falkland** → îles **Malouines**

Manuel de **Falla** ▪ Compositeur espagnol (1876-1946). Œuvre variée, d'inspiration populaire et raffinée. *L'Amour sorcier*.

Armand **Fallières** ▪ (1841-1931) Président (gauche républicaine) de la République française de 1906 à 1913.

Gabriel **Fallope** ▪ Chirurgien et anatomiste italien (1523-1562).

Frédéric comte de **Falloux** ▪ Homme politique français (1811-1886). Il favorisa l'enseignement catholique (*loi Falloux*, 1850).

Falstaff ▪ Personnage de Shakespeare, vantard, poltron mais d'une lucidité cynique.

Eugène **Fama** ▪ Économiste américain (né en 1939). Ses travaux portent sur l'efficience des marchés. Prix Nobel 2013.

pacte de **Famine** ▪ Contrat conclu en 1765 par Louis XV et Terray avec les négociants de grains. Il fut dénoncé comme une tentative de spéculer sur les grains.

Fangataufa → **Tuamotu**

Juan Manuel **Fangio** ▪ Coureur automobile argentin (1911-1995). Il fut cinq fois champion du monde de formule 1 de 1951 à 1957.

John **Fante** ▪ Écrivain américain (1900-1983). Témoignage critique plein d'humour de la société américaine. *Demande à la poussière ; Mon chien stupide*.

Henri **Fantin-Latour** ▪ Peintre réaliste français (1836-1904). Natures mortes, portraits.

Fantômas ▪ Personnage créé en 1911 dans les romans de Pierre Souvestre et Marcel Allain, adaptés au cinéma par Louis Feuillade.

FAO (anglais *Food and Agriculture Organization*) ▪ Organisation créée en 1945, dans le cadre de l'ONU, pour l'amélioration de la nutrition et des rendements agricoles. Siège à Rome.

al-**Fārābī** ▪ Philosophe arabo-islamique de langue arabe (872-950).

Michael **Faraday** ▪ Physicien et chimiste anglais (1791-1867). Découverte de l'induction électromagnétique.

les **Farc,** Forces armées révolutionnaires de Colombie ▪ Mouvement de guérilla colombien d'inspiration marxiste, créé en 1964.

Léon-Paul **Fargue** ▪ Poète et chroniqueur français (1876-1947). Poèmes lyriques, pleins de fantaisie, dans une langue riche en trouvailles, du cocasse au mélancolique *(Ludions ; Le Piéton de Paris).*

Asghar **Farhadi** ▪ Cinéaste iranien (né en 1972). *Une séparation ; Le Client.*

Carlo Broschi, dit **Farinelli** ▪ Chanteur italien (1705-1782). Il fut l'un des castrats les plus célèbres.

Alexandre **Farnèse** ▪ Régent des Pays-Bas pour Philippe II d'Espagne (1545-1592).

palais **Farnèse** ▪ Palais romain élevé au XVIe s. et achevé par Michel-Ange. Actuel siège de l'ambassade de France en Italie.

le **Far West** ▪ Nom traditionnel des territoires de l'ouest des États-Unis.

Rainer Werner **Fassbinder** ▪ Cinéaste allemand (1945-1982). Œuvre très abondante, de critique sociale virulente.

le **Fatah** ▪ Mouvement de libération de la Palestine, fondé en 1959. Il a rejoint en 1968 l'OLP dont il est devenu la principale composante.

Fatima ▪ Ville du Portugal. Pèlerinage à la Vierge qui y serait apparue en 1917.

Faṭima ▪ Fille du prophète Mahomet, épouse d'Ali (v. 606-633).

les **Fatimides** ▪ Dynastie musulmane qui régna sur le Maghreb et l'Égypte (X^e-XIIe s.).

William **Faulkner** ▪ Romancier américain (1897-1962). Fidèle à ses origines sudistes, il évoqua dans plusieurs romans la société décadente du Mississippi, renouvelant le genre du roman *(Le Bruit et la Fureur ; Sanctuaire).* Prix Nobel 1949.

Félix **Faure** ▪ (1841-1899) Président (républicain modéré) de la République française de 1895 à sa mort.

Élie **Faure** ▪ Critique et historien français de l'art (1873-1937). *L'Esprit des formes,* réflexion sur l'esthétique, complète son *Histoire de l'art,* vaste synthèse culturelle dans un style lyrique.

Gabriel **Fauré** ▪ Compositeur français (1845-1924). Mélodies, musique de chambre et orchestrale. *Requiem.*

Les **Fausses Confidences** ▪ Comédie de Marivaux (1737).

Faust ▪ Personnage légendaire qui vendit son âme au diable afin d'obtenir la connaissance et le plaisir. Il a notamment inspiré Goethe, Gounod et Berlioz.

Jean **Fautrier** ▪ Peintre français (1898-1964). Style «informel».

Les **Faux-Monnayeurs** ▪ Roman d'André Gide (1925-1926).

Charles-Simon **Favart** ▪ Auteur dramatique et librettiste français (1710-1792). La salle de l'Opéra-Comique (1783, reconstruite en 1898) porte son nom.

Fayçal ibn Hussein, devenu **Fayçal Ier** ▪ Premier souverain (hachémite) d'Irak (1883-1933). Fils du chérif de la Mecque, il dirigea la lutte arabe contre les Ottomans avec l'aide des Britanniques (Lawrence d'Arabie), mais son rêve d'une «grande Syrie» se heurta à l'opposition française. Roi d'Irak en 1921, il obtint l'indépendance de son pays en 1932.

Fayçal Ier ▪ (1906-1975) Frère d'Ibn Séoud, il lui succéda comme roi d'Arabie. Il fut assassiné par un de ses neveux ; son frère Khaled lui succéda.

le **Fayoum** ▪ Région de haute Égypte au sud-ouest du Caire.

le **FBI** (anglais *Federal Bureau of Investigation*) ▪ Organisme fédéral chargé d'enquêter sur les violations des lois fédérales des États-Unis. Créé en 1908 par Theodore Roosevelt, il élargit son activité à l'espionnage, puis à la lutte anticommuniste, à l'occasion de la Seconde Guerre mondiale.

Lucien **Febvre** ▪ Historien français (1878-1956), fondateur avec Marc Bloch de l'école des Annales.

Fécamp ▪ Chef-lieu de canton de la Seine-Maritime, près du Havre, sur la côte du pays de Caux. 18 054 habitants. Son abbaye bénédictine (fondée en 658), lieu de pèlerinage, devint au XVIe s. le centre de fabrication de la liqueur appelée Bénédictine.

la **FED** (anglais *Federal Reserve System*) ▪ Banque centrale des États-Unis, fondée en 1913.

Roger **Federer** ▪ Joueur de tennis suisse (né en 1981). Il détenait, en 2018, le record masculin de vingt titres remportés en Grand Chelem.

le mur des **Fédérés** ▪ Mur du cimetière du Père-Lachaise, à Paris, où furent exécutés les derniers communards (28 mai 1871).

Felipe VI ou **Philippe VI** ▪ (né en 1968) Roi d'Espagne (depuis 2014). Fils et successeur du roi Juan Carlos Ier qui abdiqua en sa faveur.

Federico **Fellini** ▪ Cinéaste italien (1920-1993). Il subit l'influence du néoréalisme (Rossellini, etc.) avant de s'affirmer comme un auteur complet, critique de l'aliénation sociale, poète de l'image, créateur d'un cinéma onirique et visionnaire. *La Strada ; La Dolce Vita ; Huit et demi ; Fellini Roma ; Amarcord.*

les **Femen** ▪ Groupe de contestation féministe créé en Ukraine en 2008.

le prix **Femina** ▪ Prix littéraire français, créé en 1904, attribué par un jury féminin.

La **Femme du boulanger** ▪ Film de Marcel Pagnol (1938) avec Raimu.

Les **Femmes savantes** ■ Comédie de Molière (1672).

la **FEN,** Fédération de l'Éducation nationale ■ Syndicat français d'enseignants, devenu UNSA Éducation en 2000.

François de Salignac de La Mothe **Fénelon** ■ Prélat et écrivain français (1651-1715). *Les Aventures de Télémaque.*

Félix **Fénéon** ■ Écrivain et critique français (1861-1944). Lié aux symbolistes, il fit connaître l'œuvre de Rimbaud, puis celle de Joyce, et contribua à la diffusion de l'impressionnisme.

Mouloud **Feraoun** ■ Écrivain algérien d'expression française (1913-1962). Il fut assassiné par l'OAS *(Le Fils du pauvre).*

Ferdawsī → Firdoussi

Ferdinand ■ Nom de plusieurs souverains européens.
1 EMPEREUR D'ALLEMAGNE ► **Ferdinand Ier** (1503-1564). Empereur germanique à la suite de son frère Charles Quint en 1556.
2 ROIS D'ESPAGNE ► **Ferdinand le Catholique** (1452-1516). Roi d'Aragon de 1479 à sa mort, époux d'Isabelle de Castille. ► **Ferdinand VII** (1784-1833), détrôné par Napoléon en 1808, rétabli en 1814.

Sándor **Ferenczi** ■ Neurologue, psychiatre et psychanalyste hongrois (1873-1933). *Thalassa, psychanalyse des origines de la vie sexuelle.*

le **Fergana** ou **Ferghana** ■ Région d'Ouzbékistan, du Kirghizstan et du Tadjikistan.

Lawrence **Ferlinghetti** ■ Poète américain (1919-2021). Figure de la beat generation.

Pierre de **Fermat** ■ Mathématicien français (1601-1665). Calcul différentiel et intégral.

Enrico **Fermi** ■ Physicien italien (1901-1954). Première pile atomique.

Fernand Contandin, dit **Fernandel** ■ Acteur français (1903-1971). Il connut le succès au cinéma dans des rôles comiques (*François Ier* ; série des *Don Camillo*) ou dramatiques *(La Vache et le Prisonnier).*

les îles **Féroé** ou **Faeroe** ■ Archipel danois de l'Atlantique Nord. 1 400 km^2. 47 500 habitants. Chef-lieu : Thorshavn.

Elena **Ferrante** ■ Écrivaine italienne (née en 1943). *L'Amie prodigieuse.*

Ferrare ■ Ville d'Italie (Émilie-Romagne). 131 000 habitants. Château d'Este (XIVe-XVIe s.).

Enzo **Ferrari** ■ Constructeur automobile italien (1898-1988).

Jean Tenenbaum, dit Jean **Ferrat** ■ Auteur-compositeur et chanteur français (1930-2010). Marqué par le nazisme, proche du parti communiste, il a mis en musique des poèmes d'Aragon.

Léo **Ferré** ■ Auteur-compositeur et chanteur français (1916-1993). Chansons réalistes, puis longs textes poétiques, de tendance anarchiste. Il mit en musique nombre de poètes (Aragon, notamment).

Marco **Ferreri** ■ Cinéaste italien (1928-1997). Films satiriques, réalisés en Espagne *(El Cochecito)*, en Italie et en France *(Dillinger est mort ; La Grande Bouffe).*

Jacques **Ferron** ■ Écrivain canadien d'expression française (1921-1985). *Contes du pays incertain.*

Jules **Ferry** ■ Homme politique français (1832-1893). Il réforma l'enseignement primaire et favorisa l'essor colonial.

Fès ou **Fez** ■ Ville du Maroc. 1,2 million d'habitants. Ville d'art, inscrite au patrimoine mondial de l'humanité.

Fessenheim ■ Commune du Haut-Rhin. 2 282 habitants. Centrale hydroélectrique et centrale nucléaire (la mise à l'arrêt débuta en 2020).

Ludwig **Feuerbach** ■ Philosophe allemand (1804-1872). Disciple de Hegel, il étudia le christianisme, aboutissant à un humanisme matérialiste et naturaliste.

Louis **Feuillade** ■ Cinéaste français (1873-1925). Ciné-romans. *Fantômas ; Judex.*

le club des **Feuillants** ■ Club révolutionnaire rassemblant les monarchistes constitutionnels (1791-1792).

Feurs ■ Commune de la Loire. 8 352 habitants.

Paul **Féval** ■ Écrivain français (1817-1887). Auteur de romans-feuilletons à la suite d'Eugène Sue *(Les Mystères de Londres)*, il connut le succès en imaginant les aventures du chevalier de Lagardère *(Le Bossu).*

février 1848 → révolution française de 1848

Georges **Feydeau** ■ Auteur dramatique français (1862-1921). Un des maîtres du vaudeville. *Le Dindon.*

Jacques Frédérix, dit Jacques **Feyder** ■ Cinéaste français d'origine belge (1885-1948). *Thérèse Raquin* (muet) ; *La Kermesse héroïque.*

Richard Phillips **Feynman** ■ Physicien américain (1918-1988). Il étudia les interactions entre électrons et photons (électrodynamique quantique).

les **FFI** (Forces françaises de l'intérieur) ■ Forces militaires formées en 1944 par l'unification des groupements militaires clandestins engagés dans la Résistance.

Fianarantsoa ■ Ville de Madagascar. 189 900 habitants.

Johann Gottlieb **Fichte** ■ Philosophe idéaliste allemand (1762-1814).

les îles **Fidji** ■ Archipel et État de Mélanésie. 18 333 km^2. 828 000 habitants. Capitale : Suva.

Henry **Fielding** ■ Écrivain satirique et journaliste anglais (1707-1754). *Tom Jones.*

John Charles **Fields** ■ Mathématicien canadien (1863-1932). Il proposa de créer une médaille pour compenser l'absence de prix Nobel de mathématiques. La *médaille Fields* est attribuée depuis 1936.

Figaro ■ Personnage de Beaumarchais, utilisé dans les opéras de Mozart *(Les Noces de Figaro)*, de Rossini.

Figeac ■ Chef-lieu d'arrondissement du Lot. 9 784 habitants.

Les **Filles du feu** ■ Recueil de nouvelles de Gérard de Nerval (1854).

François **Fillon** ■ Homme politique français (né en 1954). Premier ministre issu de l'UMP (2007-2012).

le **Finistère** [29] ■ Département français de la Région Bretagne. 6 785 km². 917 179 habitants. Chef-lieu : Quimper. Chefs-lieux d'arrondissement : Brest, Châteaulin, Morlaix.

le cap **Finisterre** ■ Extrémité nord-ouest de l'Espagne.

Alain **Finkielkraut** ■ Philosophe français (né en 1949). Sa réflexion porte sur la période contemporaine *(La Défaite de la pensée)*. Académie française.

la **Finlande** ■ État du nord de l'Europe. 337 032 km². 5,5 millions d'habitants. Capitale : Helsinki.

Vigdis **Finnbogadóttir** ■ Femme politique islandaise (née en 1930). Elle fut la première femme élue chef d'État, en tant que présidente de la république d'Islande (1980-1996).

Firdoussi ou **Ferdawsī** ■ Poète persan (v. 940-1020). Le *Livre des rois.*

Edwin **Fischer** ■ Pianiste suisse (1886-1960). Interprète majeur de la musique allemande, et pédagogue exceptionnel.

Robert James, dit Bobby **Fischer** ■ Joueur d'échecs américain naturalisé islandais (1943-2008). Champion du monde en 1972.

Dietrich **Fischer-Dieskau** ■ Baryton allemand (1925-2012). Sa voix exceptionnelle et sa musicalité lui permirent d'aborder de nombreux répertoires, et notamment les *lieder* romantiques.

Johann Bernhard **Fischer von Erlach** ■ Architecte autrichien de style baroque (1656-1723). Église Saint-Charles-Borromée à Vienne.

Fitch Ratings ■ Agence de notation financière fondée à New York en 1913 par John Knowles Fitch.

Francis Scott **Fitzgerald** ■ Écrivain américain (1896-1940). *Gatsby le Magnifique.*

Ella **Fitzgerald** ■ Chanteuse de jazz américaine (1918-1996). Son registre étendu, sa sûreté mélodique et rythmique en firent une des grandes voix du jazz.

Fiume → **Rijeka**

Robert **Flaherty** ■ Cinéaste américain (1884-1951). Documentariste *(Nanouk l'Esquimau).*

la Région **flamande** ■ Région administrative néerlandophone du nord de la Belgique. 13 522 km². 6,62 millions d'habitants. Capitale : Bruxelles.

Nicolas **Flamel** ■ Écrivain public et libraire français (v. 1330-1418). On lui attribua au XVIIe s. des textes qui le firent considérer comme le plus grand des alchimistes du Moyen Âge.

Camille **Flammarion** ■ Astronome français (1842-1925).

la **Flandre** ou les **Flandres** ■ Région historique partagée auj. entre la France et la Belgique, où elle constitue deux provinces. ► la **Flandre-Occidentale,** en néerlandais West-Vlaanderen. 3 144 km². 1,2 million d'habitants. Chef-lieu : Bruges. ► la **Flandre-Orientale,** en néerlandais Oost-Vlaanderen. 2 982 km². 1,52 million d'habitants. Chef-lieu : Gand.

Gustave **Flaubert** ■ Écrivain français (1821-1880). Romans. Contes. Abondante correspondance. *Madame Bovary ; Salammbô ; L'Éducation sentimentale.*

les **Flaviens** ■ Dynastie d'empereurs romains de 69 à 96 (Vespasien, Titus et Domitien).

Flavius Josèphe ■ Historien juif rallié à Rome (37-v. 100). *Antiquités judaïques.*

La **Flèche** ■ Chef-lieu d'arrondissement de la Sarthe. 15 078 habitants.

le maître de **Flémalle** ■ Nom donné à un peintre flamand anonyme, identifié avec Robert Campin (1378-1444). Proche de Van Eyck et de Van der Weyden par le style, il intègre des objets profanes à des compositions religieuses à la symbolique complexe. *Nativité de Dijon ; Retable de Mérode* (Annonciation).

sir Alexander **Fleming** ■ Médecin anglais (1881-1955). Il découvrit la pénicilline, ouvrant la voie au traitement antibiotique des maladies infectieuses.

Victor **Fleming** ■ Cinéaste américain (1883-1949). *Le Magicien d'Oz ; Autant en emporte le vent* (1939).

Flers ■ Commune de l'Orne. 14 589 habitants.

Laura **Flessel-Colovic** ■ Escrimeuse française (née en 1971). Nombreux titres mondiaux à l'épée, individuels et par équipe.

Les **Fleurs du mal** ■ Recueil de poèmes de Charles Baudelaire (1857 ; augmenté en 1861 ; édition posthume 1868).

Fleurus ■ Commune de Belgique. Victoire française sur les Autrichiens (1794).

le cardinal de **Fleury** ▪ Ministre de Louis XV (1653-1743).

Fleury-les-Aubrais ▪ Ville du Loiret, banlieue d'Orléans. 21 104 habitants.

Fleury-Mérogis ▪ Commune de l'Essonne, près d'Évry. 13 708 habitants. Plus grand centre pénitentiaire d'Europe.

le **fleuve Bleu** → **Chang jiang**

le **fleuve Jaune** → **Huang he**

le **FLN,** *Front de libération nationale* ▪ Parti nationaliste proclamé en 1954. Il dirigea la lutte pour l'indépendance lors de la guerre d'Algérie et a joué ensuite un rôle de premier plan dans la vie politique algérienne.

Florac ▪ Chef-lieu d'arrondissement de la Lozère. 2 082 habitants.

Flore ▪ mythol. romaine Déesse des Fleurs, la *Chloris* des Grecs.

Florence, en italien **Firenze** ▪ Ville d'Italie (Toscane). 356 000 habitants. Sous les Médicis, foyer de la Renaissance. Ville d'art (édifices civils et religieux des XIVe-XVIe s. ; Palazzo Vecchio ; musée des Offices).

Jean-Pierre Claris de **Florian** ▪ Écrivain français (1755-1794). Comédies, romans ; fables.

la **Floride** ▪ État du sud-est des États-Unis. 151 940 km^2. 16 millions d'habitants. Capitale : Tallahassee. Ville principale : Miami.

La **Flûte enchantée** ▪ Opéra de Mozart (1791).

le **FMI** (Fonds monétaire international) ▪ Institution internationale, créée en 1944, veillant à la stabilité des changes. 189 membres en 2020.

FO, Force ouvrière ▪ Syndicat français, issu d'une scission de la CGT en 1948.

Dario **Fo** ▪ Acteur, auteur et metteur en scène italien (1926-2016). Spectacles inspirés de la comédie populaire, inventifs et contestataires. Prix Nobel en 1997.

Ferdinand **Foch** ▪ Maréchal de France (1851-1929). Généralissime des forces alliées en 1918.

Henri **Focillon** ▪ Historien et philosophe de l'art français (1881-1943). Auteur de travaux d'histoire de l'art, et notamment d'une synthèse sur l'*Art d'Occident au Moyen Âge* (roman et gothique). La *Vie des formes* est une réflexion sur l'esthétique.

Foix ▪ Chef-lieu de l'Ariège. 9 515 habitants. ► le comté de **Foix.** Anc. province.

Gerolamo, dit Teofilo **Folengo** ▪ Poète italien (1491-1544). Il a créé la poésie « macaronique » dans son *Baldus*, publié sous le nom de Merlin Coccaïe (1517).

Folies-Bergère ▪ Salle de spectacles parisienne, construite en 1867.

Folkestone ▪ Port d'Angleterre (Kent). 51 000 habitants.

Raoul **Follereau** ▪ Journaliste français (1903-1977). Il consacra sa vie à la lutte contre la lèpre (création de la Journée mondiale des lépreux en 1954).

Henry **Fonda** ▪ Acteur américain de cinéma (1905-1982). Il incarna divers types de héros, chez Fritz Lang, John Ford, Hitchcock. ► Jane **Fonda.** Actrice américaine, fille de H. Fonda (née en 1937). Militante progressiste. ► Peter **Fonda.** Acteur et réalisateur américain, fils de H. Fonda (1939-2019).

les **Fons** ▪ Peuple du Bénin.

Fontaine ▪ Commune de l'Isère, banlieue de Grenoble. 23 049 habitants.

Pierre François **Fontaine** ▪ Architecte français associé à Percier (1762-1853).

Fontainebleau ▪ Chef-lieu d'arrondissement de Seine-et-Marne. 15 903 habitants. Forêt. Château bâti par François Ier (1527).

Theodor **Fontane** ▪ Écrivain allemand (1819-1898). Romans d'un réalisme descriptif.

Fontenay-aux-Roses ▪ Ville des Hauts-de-Seine. 25 174 habitants. Centre d'études nucléaires.

Fontenay-le-Comte ▪ Chef-lieu d'arrondissement de la Vendée. 13 138 habitants.

Fontenay-sous-Bois ▪ Ville du Val-de-Marne. 51 386 habitants.

Bernard de **Fontenelle** ▪ Écrivain français (1657-1757). Vulgarisateur scientifique. *Entretiens sur la pluralité des mondes.*

Fontenoy ▪ Commune de Belgique. Victoire du maréchal de Saxe sur les Anglo-Hollandais, en 1745.

l'abbaye de **Fontevrault** ou **Fontevraud** ▪ Abbaye (Maine-et-Loire) fondée à la fin du XIe s. Abbatiale romane (tombeaux des Plantagenêts).

abbaye de **Fontfroide** ▪ Abbaye cistercienne fondée au XIe s. dans une gorge des Corbières (Aude).

Font-Romeu-Odeillo-Via ▪ Commune des Pyrénées-Orientales. 1 791 habitants. Station climatique.

Jean-Louis **Forain** ▪ Peintre, dessinateur et graveur français (1852-1931).

Forbach ▪ Chef-lieu d'arrondissement de la Moselle. 21 509 habitants.

Forcalquier ▪ Chef-lieu d'arrondissement des Alpes-de-Haute-Provence. 5 115 habitants.

John **Ford** ▪ Auteur dramatique anglais (1586-1639). Ses tragédies sont d'un baroque exubérant *(Dommage qu'elle soit une putain).*

Henry **Ford** ▪ Industriel américain (1863-1947). Pionnier de l'industrie automobile.

John **Ford** ▪ Cinéaste américain (1894-1973). Son sens de l'épopée et des relations humaines simples et fortes trouve un aboutissement dans le western *(La Chevauchée fantastique ; My Darling Clementine)*, mais aussi dans le drame social *(Les Raisins de la colère)*.

Gerald **Ford** ▪ Homme d'État américain (1913-2006). Vice-président des États-Unis, il devint président en 1974, du fait de la démission forcée de Richard Nixon. En 1976, il fut battu par Jimmy Carter.

Foreign Office n. m. ▪ Ministère britannique des Affaires étrangères.

la **Forêt-Noire,** en allemand **Schwarzwald** ▪ Massif montagneux d'Allemagne, en bordure du Rhin. 1 493 m au Feldberg.

le **Forez** ▪ Région du Massif central.

Miloš **Forman** ▪ Cinéaste américain d'origine tchécoslovaque (1932-2018). *Vol au-dessus d'un nid de coucou ; Amadeus* (sur la vie de Mozart).

Formose → **Taiwan**

Edward Morgan **Forster** ▪ Romancier anglais (1879-1970). *La Route des Indes.*

William **Forsythe** ▪ Chorégraphe américain (né en 1949). Il renouvela le ballet, alliant vitesse, acrobatie et effets de lumière. *Artifact.*

Paul **Fort** ▪ Poète français (1872-1960).

Fortaleza ▪ Port du nord du Brésil. 2,5 millions d'habitants.

Fort-de-France ▪ Chef-lieu de la Martinique. 75 286 habitants.

Fort Worth ▪ Ville des États-Unis (Texas). 741 200 habitants.

Ugo **Foscolo** ▪ Écrivain préromantique italien (1778-1827). *Les Tombeaux.*

Fos-sur-Mer ▪ Ville des Bouches-du-Rhône. 15 512 habitants. ▸ **Fos-Étang-de-Berre.** Zone industrielle (→ étang de **Berre**).

sir Norman **Foster** ▪ Architecte britannique (né en 1935). Nombreux ponts (viaduc de Millau), aéroports et monuments de Londres (City Hall, 30st Mary Axe surnommé « le cornichon »).

Charles de Foucauld, dit le père de **Foucauld** ▪ Prêtre et missionnaire français au Sahara (1858-1916).

Léon **Foucault** ▪ Physicien français (1819-1868). Inventeur du gyroscope.

Michel **Foucault** ▪ Philosophe et critique français (1926-1984). Analysant l'histoire des idées à la manière d'une « archéologie », il s'intéressa à la médecine, à la folie, aux sciences humaines *(Les Mots et les Choses)*, à l'histoire de la sexualité, aux prisons *(Surveiller et punir)*.

Joseph **Fouché** ▪ Homme politique français (1759-1820). Ministre de la Police sous l'Empire et Louis XVIII.

Fouesnant ▪ Commune du Finistère, en Cornouaille. 10 060 habitants.

Fougères ▪ Chef-lieu d'arrondissement de l'Ille-et-Vilaine. 20 505 habitants.

Fujita Tsuguharu, devenu Léonard **Foujita** ▪ Peintre français d'origine japonaise (1886-1968). Peintures (notamment de personnages féminins, de chats...) d'un graphisme élégant.

les **Foulbés** → les **Peuls**

Jean **Fouquet** ▪ Peintre et miniaturiste français (v. 1420-v. 1477).

Nicolas **Fouquet** ▪ Surintendant des Finances de Louis XIV (1615-1680). Disgracié en 1661.

Antoine **Fouquier-Tinville** ▪ Accusateur public du Tribunal révolutionnaire, guillotiné (1746-1795).

Les **Fourberies de Scapin** ▪ Comédie de Molière (1671).

Joseph **Fourier** ▪ Mathématicien français (1768-1830). Découverte des séries trigonométriques.

Charles **Fourier** ▪ Philosophe utopiste français (1772-1837). Partisan de l'organisation de phalanstères.

Les **Fourons,** en néerlandais **Voeren** ▪ Commune de Belgique. Lieu symbole de la querelle linguistique belge.

Fourvière ▪ Colline dominant Lyon. Basilique.

le **Fouta-Djalon** ▪ Massif montagneux de Guinée.

George **Fox** ▪ Protestant anglais, fondateur de la secte des quakers (1624-1691).

Fra Angelico → Fra **Angelico**

Jean-Honoré **Fragonard** ▪ Peintre français (1732-1806). Son œuvre sensuelle et vive paraît typique du XVIIIe siècle. Sa manière possède une vivacité et un dynamisme originaux, annonçant les audaces techniques du XIXe siècle.

Anatole François Thibault, dit Anatole **France** ▪ Écrivain français (1844-1924). Ses romans d'une facture classique et raffinée, ses critiques littéraires, ses nouvelles allient scepticisme et humanisme. Laïque et anticlérical, il fut partisan de Zola dans l'affaire Dreyfus, puis du socialisme, tout en dénonçant le danger des engagements politiques absolus. Prix Nobel 1921.

la **France** ▪ État d'Europe occidentale. 543 965 km². 67,16 millions d'habitants (métropole : 65,26 millions). Capitale : Paris.

Piero della **Francesca** → **Piero della Francesca**

France Télévisions ▪ Société nationale française de télévision, créée en 1992.

Francfort-sur-le-Main ▪ Ville d'Allemagne (Hesse). 651 600 habitants. Foire du livre. ► le traité de **Francfort** (10 mai 1871) mit fin à la guerre franco-allemande de 1870.

Francfort-sur-l'Oder ▪ Ville d'Allemagne (Brandebourg). 61 900 habitants.

la **Franche-Comté** ▪ Anc. région administrative de l'est de la France → **Bourgogne-Franche-Comté.**

César **Franck** ▪ Compositeur et organiste français d'origine belge (1822-1890). Après la cinquantaine, il composa des œuvres religieuses, des poèmes symphoniques d'esprit romantique mais très personnels. Comme professeur, il influença toute l'école française (Vincent d'Indy, Henri Duparc...).

Francisco **Franco** ▪ Général et homme d'État espagnol (1892-1975). Au pouvoir de 1938 à sa mort. Il prit le titre de *caudillo* «guide». Il désigna Juan Carlos de Bourbon comme son successeur.

la guerre **franco-allemande de 1870** ▪ Conflit entre Napoléon III et Guillaume Ier (1870-1871). La défaite de Sedan provoqua la chute de l'Empire français, l'annexion de l'Alsace-Lorraine par l'Allemagne et confirma l'unité allemande.

François ▪ (né en 1936). Le premier pape sud-américain, élu en 2013 après la renonciation de Benoît XVI.

François ▪ Nom de plusieurs souverains européens.
1 EMPEREURS D'ALLEMAGNE ► **François Ier** (1708-1765). Empereur germanique de 1745 à sa mort. ► **François II** (1768-1835). Dernier souverain du Saint Empire romain germanique (1792-1806) et premier empereur d'Autriche, de 1804 à sa mort, sous le nom de François Ier.
2 ROIS DE FRANCE ► **François Ier** (1494-1547). Roi de 1515 à sa mort, il s'opposa à la puissance de Charles Quint. ► **François II** (1544-1560). Roi de 1559 à sa mort.

saint **François d'Assise** ▪ Religieux italien (v. 1182-1226). Il fonda l'ordre des Franciscains.

saint **François de Sales** ▪ Évêque de Genève (1567-1622). *Introduction à la vie dévote.*

François-Ferdinand de Habsbourg ▪ Archiduc héritier d'Autriche (1863-1914). Son assassinat à Sarajevo déclencha la guerre de 1914.

François-Joseph Ier ▪ (1830-1916) Empereur d'Autriche de 1848 à sa mort, roi de Hongrie après 1867.

François le Champi ▪ Roman de George Sand (1847-1848).

saint **François Xavier** ▪ Jésuite et missionnaire espagnol aux Indes et au Japon (1506-1552).

la **Franconie** ▪ Région d'Allemagne (Bavière).

Franconville ▪ Ville du Val-d'Oise. 37 347 habitants.

les **Francs** ▪ Peuple germanique qui envahit la Belgique et la Gaule romaines (Ve-VIe s.).

Georges **Franju** ▪ Cinéaste français (1912-1987). Il fut l'un des fondateurs de la Cinémathèque* française. *Les Yeux sans visage ; Judex.*

Annelies Marie, dite Anne **Frank** ▪ Jeune allemande d'origine juive (1929-1945). Déportée avec sa famille, elle laissa un *Journal* en néerlandais, tenu de 1942 à 1944 (publié en 1947), où elle relatait sa vie quotidienne dans leur cachette.

Frankenstein ▪ Héros du roman de Mary Shelley *Frankenstein ou le Prométhée moderne* (1817).

Benjamin **Franklin** ▪ Savant et homme politique américain (1706-1790). Il participa aux actes fondateurs de l'indépendance des États-Unis. Il inventa le paratonnerre.

André **Franquin** ▪ Dessinateur belge de bandes dessinées (1924-1997). Il reprit et anima les personnages de Spirou, publication illustrée pour les jeunes, et créa le Marsupilami (1952) et Gaston Lagaffe (1957).

les **Fratellini** ▪ Famille de clowns d'origine italienne, installée en France. ► Paul, François, Albert **Fratellini** formèrent une équipe célèbre au début du XXe siècle.

sir James George **Frazer** ▪ Ethnologue britannique (1854-1941). *Le Rameau d'or.*

Stephen **Frears** ▪ Cinéaste britannique (né en 1941). Avec un humour corrosif, il dépeint les réalités sociales de son pays *(The Van)*, les tabous sexuels *(My Beautiful Laundrette)*, le monde politique *(The Queen).*

Frédégonde ▪ (v. 545-597) Reine de Neustrie, épouse de Chilpéric Ier.

Frédéric ▪ Nom de plusieurs souverains européens.
1 EMPEREURS D'ALLEMAGNE ► **Frédéric Ier Barberousse** (v. 1122-1190). Empereur de 1155 à sa mort. Il raffermit l'autorité impériale et mourut en croisade. ► **Frédéric II** (1194-1250). Empereur en 1212, roi de Sicile, il fut excommunié et déposé par le pape en 1245.
2 ROI DE PRUSSE ► **Frédéric II le Grand** (1712-1786). Roi de 1740 à sa mort. Modèle du despote éclairé. Correspondit avec Voltaire.

Frédéric-Guillaume, dit **le Grand Électeur** ▪ (1620-1688) Électeur de Brandebourg et duc de Prusse, fondateur de la future puissance prussienne.

Frédéric-Guillaume Ier, dit **le Roi-Sergent** ▪ (1688-1740) Roi de Prusse de 1713 à sa mort. Il installa une armée et une administration modernes.

Frederiksborg ▪ Château royal du Danemark (XVIIe s., reconstruit au XIXe s.).

Freetown ▪ Capitale de la Sierra Leone. 690 000 habitants.

Gottlob **Frege** ▪ Mathématicien et logicien allemand (1848-1925). Il renouvela les théories des mathématiques et celle de la sémantique.

Marguerite Boulch, dite **Fréhel** ▪ Chanteuse française (1891-1951). Elle interpréta des chansons réalistes.

le cap **Fréhel** ▪ Cap de la côte bretonne (Côtes-d'Armor). Réserve ornithologique.

Célestin **Freinet** ▪ Éducateur français (1896-1966). Fondateur d'une école expérimentale.

Fréjus ▪ Ville du Var. 55 750 habitants.

le col de ou du **Fréjus** ▪ Col des Alpes reliant la Maurienne au Piémont. 2 540 m. Tunnel ferroviaire et tunnel routier.

Les **Frères Karamazov** ▪ Roman de Dostoïevski (1879-1880).

Girolamo **Frescobaldi** ▪ Compositeur et organiste italien (1583-1643).

Augustin **Fresnel** ▪ Physicien français (1788-1827). Il a élaboré la théorie ondulatoire de la lumière.

Fresnes ▪ Ville du Val-de-Marne. 28 556 habitants. Prison.

Sigmund **Freud** ▪ Neurologue autrichien, fondateur de la psychanalyse (1856-1939). Ses hypothèses sur l'inconscient, le «ça», le moi et le surmoi, le refoulement des pulsions, sur l'importance centrale de la sexualité, ont révolutionné la psychologie, créé une thérapeutique par le seul langage et transformé la vision de l'être humain, malgré de vives critiques, pendant sa vie et après sa mort.

Anna **Freud** ▪ Psychanalyste britannique d'origine autrichienne (1895-1982). Fille de S. Freud, elle se spécialisa dans la psychanalyse infantile et étudia les mécanismes de défense.

Lucian **Freud** ▪ Peintre britannique (1922-2011). Petit-fils de S. Freud. Style expressionniste, parfois proche de Francis Bacon.

Gisèle **Freund** ▪ Photographe française d'origine allemande (1908-2000). Elle fut l'une des premières à utiliser la couleur pour ses portraits d'écrivains et d'artistes.

Fribourg ▪ Ville de Suisse. 38 500 habitants. ► le canton de **Fribourg.** 1 671 km². 311 914 habitants. Chef-lieu : Fribourg.

Fribourg-en-Brisgau ▪ Ville d'Allemagne (Bade-Wurtemberg). 214 700 habitants. Cathédrale (XIIIe-XVe s.).

bataille de **Friedland** ▪ Victoire de Napoléon, le 14 juin 1807, sur l'armée russe.

Caspar David **Friedrich** ▪ Peintre romantique allemand (1774-1840).

le **Frioul** ▪ Région historique partagée entre la Slovénie et l'Italie, où elle fait partie de la région administrative autonome de **Frioul-Vénétie-Julienne** (7 846 km² ; 1,2 million d'habitants ; chef-lieu : Trieste).

Karl von **Frisch** ▪ Zoologiste autrichien (1886-1982). Il étudia le mode de communication des abeilles.

Max **Frisch** ▪ Auteur dramatique suisse de langue allemande (1911-1991).

la **Frise** ▪ Région partagée entre l'Allemagne et les Pays-Bas.

Jean **Froissart** ▪ Écrivain français (v. 1337-v. 1400). *Chroniques.*

Nicolas **Froment** ▪ Peintre français (v. 1425-v. 1484). *Le Buisson ardent.*

Eugène **Fromentin** ▪ Peintre et écrivain français (1820-1876). Peintre romantique, romancier sensible *(Dominique)*, auteur de récits de voyage.

la **Fronde** ▪ Troubles politiques contre Mazarin, durant la minorité de Louis XIV.

le **Front populaire** ▪ Coalition des forces de gauche qui dirigea la France (1936-1938) et entreprit plusieurs réformes sociales.

Louis de Buade de **Frontenac** ▪ Administrateur français (1622-1698). Gouverneur général de la Nouvelle-France (Canada) de 1672 à 1682, puis de 1689 à sa mort.

Frontignan ▪ Chef-lieu de canton de l'Hérault, près de Montpellier. 23 485 habitants. Port sur le canal du Rhône à Sète. Vin de muscat.

Frounze → Bichkek

René **Frydman** ▪ Médecin (gynécologue) français (né en 1943). Il est à l'origine de la naissance du premier bébé français issu d'une fécondation in vitro, en 1982 (avec J. Testart*) et du premier «bébé-médicament» français en 2011.

le **FSB** (Service fédéral de sécurité russe) ▪ Services de renseignements russes issus du KGB après la guerre froide.

Carlos **Fuentes** ▪ Romancier mexicain (1928-2012). Critique de la société mexicaine. *La Mort d'Artemio Cruz.*

les **Fugger** ▪ Banquiers allemands, financiers des Habsbourg aux XVe et XVIe s.

Fujian ▪ Province côtière du sud-est de la Chine. 120 000 km². 34,1 millions d'habitants. Capitale : Fuzhou.

Alberto **Fujimori** ▪ Homme d'État péruvien d'origine japonaise (né en 1938). Président de la République de 1990 à 2000. Il fut condamné en 2009 pour avoir ordonné des massacres de civils et gracié en 2017.

le **Fuji Yama** ou **mont Fuji,** en japonais *Fuji San* ▪ Volcan du Japon, point culminant du pays (3 776 m).

Fukuoka ▪ Port du Japon (Kyūshū). 1,4 million d'habitants.

Fukushima ▪ Ville du Japon (Honshū). 292 600 habitants. Accident nucléaire à la centrale de Fukushima Daiichi en 2011, suite à un tsunami.

Samuel **Fuller** ▪ Cinéaste américain (1911-1997). Un style violent anime ses films de guerre, ses westerns, ses films policiers.

Robert **Fulton** ▪ Ingénieur américain (1765-1815). Constructeur du premier sous-marin en 1798.

Louis de **Funès** ▪ Comédien français (1914-1983). Il devint célèbre pour ses rôles comiques (*Oscar* ; *La Grande Vadrouille* ; *Les Aventures de Rabbi Jacob*).

François **Furet** ▪ Historien français spécialisé dans l'histoire de la Révolution française (1927-1997).

Antoine **Furetière** ▪ Écrivain et lexicographe français (1619-1688). *Dictionnaire universel* (publié en 1690) ; *Le Roman bourgeois*.

les **Furies** → **Érinyes**

Wilhelm **Furtwängler** ▪ Chef d'orchestre allemand (1886-1954).

Johann Heinrich **Füssli** ▪ Peintre et dessinateur suisse (1741-1825) ; également écrivain. Il traita des thèmes tragiques inspirés de Shakespeare, des sujets fantastiques et allégoriques dans un style influencé par le maniérisme italien.

Numa Denis **Fustel de Coulanges** ▪ Historien français (1830-1889). *La Cité antique*.

Futuna ▪ Île de la Polynésie française, dans la collectivité de Wallis-et-Futuna. 4 300 habitants.

le **Futuroscope** ▪ Parc d'attractions scientifiques créé en 1986 à Jaunay-Clan, près de Poitiers.

Fuzhou ou **Fou-tcheou** ▪ Port de Chine (Fujian). 2,8 millions d'habitants.

G

le **G7** ▪ Organisation regroupant les sept pays les plus industrialisés du monde (Allemagne, Canada, États-Unis, France, Grande-Bretagne, Italie, Japon) rejoints par la Russie (le «G8»).

le **G10** ▪ Groupe de discussion regroupant les ministres des Finances et les directeurs des banques centrales des pays du G8 ainsi que de la Belgique, la Suisse et la Suède (en fait, 11 pays).

le **G20** ▪ Groupe de discussion international créé en 1999 entre les ministres des Finances et les directeurs des banques centrales de 19 pays (les pays du G8 et 11 pays à économie émergente) et des représentants de l'Union européenne.

Gabès ▪ Port de Tunisie. 116 300 habitants.

Jean **Gabin** ▪ Acteur de cinéma français (1904-1976). *La Grande Illusion ; le Quai des brumes.*

Clark **Gable** ▪ Acteur américain (1901-1960). Il interpréta surtout des rôles de séducteur viril.

Naum Pevsner, dit Naum **Gabo** ▪ Sculpteur américain d'origine russe (1890-1977).

le **Gabon** ▪ État d'Afrique équatoriale. 267 667 km². 2,1 millions d'habitants. Capitale : Libreville.

Dennis **Gabor** ▪ Physicien britannique (1900-1979). Il découvrit le principe de l'holographie.

Émile **Gaboriau** ▪ Écrivain et journaliste français (1832-1873). Il fut l'un des inventeurs (avec Edgar Poe) du roman policier *(L'Affaire Lerouge).*

Gaborone ▪ Capitale du Botswana. 282 200 habitants.

saint **Gabriel** ▪ Évangiles. Archange de l'Annonciation.

Jacques **Gabriel** ▪ Architecte français (1667-1742). Il acheva le palais Bourbon. ► Jacques-Ange **Gabriel,** son fils (1698-1782). Il édifia le Petit Trianon à Versailles.

Hans Georg **Gadamer** ▪ Philosophe allemand (1900-2002). Théoricien de l'herméneutique.

les **GAFAM** (acronyme de Google, Apple, Facebook, Amazon et Microsoft) ▪ Les cinq premières entreprises de l'économie numérique.

Youri **Gagarine** ▪ Cosmonaute soviétique (1934-1968). Le premier homme qui alla dans l'espace.

Gagny ▪ Ville de la Seine-Saint-Denis. 39 588 habitants.

Gaia ▪ Satellite européen lancé en 2013.

Gaïa ou **Gê** ▪ mythol. grecque La Terre.

Gaillac ▪ Commune du Tarn. 15 245 habitants.

Lucien Ginsburg, dit Serge **Gainsbourg** ▪ Chanteur, auteur et compositeur français (1928-1991). Il adopta un style décalé et provocateur.

Thomas **Gainsborough** ▪ Peintre anglais (1727-1788). Il associa l'art du portrait à celui du paysage.

Le **Gai Savoir** ▪ Ouvrage philosophique de Nietzsche (1882-1887).

Galaad ▪ Personnage du *cycle breton,* fils de Lancelot.

les îles **Galápagos** ▪ Archipel de l'océan Pacifique, formant une province de l'Équateur. 25 000 habitants.

Galatée ▪ mythol. grecque Fille du dieu marin Nérée (Néréide). Cette nymphe est courtisée par le cyclope Polyphème qui tue le berger Acis qu'elle lui préférait.

Servius Sulpicius **Galba** ▪ (v. l'an 3-69) Empereur romain, il succéda à Néron et fut assassiné par Othon.

John Kenneth **Galbraith** ▪ Économiste américain (1908-2006). Il défendit le rôle des institutions et des investissements publics en économie.

le **Galibier** ▪ Col des Hautes-Alpes, entre Briançon et la Maurienne (2 642 m), un des obstacles les plus célèbres du Tour de France.

la **Galice,** en espagnol *Galicia* ▪ Communauté autonome du nord-ouest de l'Espagne. 29 434 km². 2,7 millions d'habitants. Capitale : Saint-Jacques-de-Compostelle.

la **Galicie** ▪ Région partagée entre la Pologne et l'Ukraine.

Claude **Galien** ▪ Médecin grec (v. 131-v. 201). Découvertes en anatomie.

Galilée ▪ Mathématicien, physicien et astronome italien (1564-1642). L'un des grands fondateurs de la physique moderne. L'Église le condamna pour ses idées en astronomie, contraires au dogme.

la **Galilée** ▪ Région du nord de la Palestine, aujourd'hui en Israël.

Galileo ▪ Système européen de navigation et de positionnement par satellite.

Franz Josef **Gall** ▪ Médecin allemand (1758-1828). Pionnier des recherches neurologiques, il en tira un système imaginant les fonctions du cerveau à partir de la forme du crâne (la *phrénologie*).

Émile **Gallé** ▪ Verrier et ébéniste français (1846-1904). Un des créateurs de l'Art nouveau (école de Nancy).

le pays de **Galles,** en anglais *Wales* ▪ Pays de l'ouest de la Grande-Bretagne. 20 768 km². 2,9 millions d'habitants. Capitale : Cardiff.

le prince de **Galles** ▪ Titre porté par les fils aînés des souverains britanniques.

Joseph **Gallieni** ▪ Maréchal de France et administrateur colonial (1849-1916).

Gaston **Gallimard** ▪ Éditeur français (1881-1975). Il fonda en 1911 les éditions de la *Nouvelle* Revue française* (créée en 1909 grâce à André Gide) qui prirent son nom en 1919.

Jean-Claude **Gallotta** ▪ Chorégraphe et danseur français (né en 1950). Créateur d'une danse énergique, sensuelle et poétique. *Ulysse ; Mammame ; Des gens qui dansent.*

George Horace **Gallup** ▪ Statisticien américain, créateur d'un institut de sondages d'opinion (1901-1984).

Évariste **Galois** ▪ Mathématicien français (1811-1832). Théorie des groupes de substitution.

John **Galsworthy** ▪ Écrivain anglais (1867-1933). Peintre sans complaisance de la société victorienne *(La Saga des Forsyte).*

Luigi **Galvani** ▪ Médecin et physicien italien (1737-1798).

Vasco de **Gama** ▪ Navigateur portugais (1469-1524). Il atteignit les Indes par la route de B. Dias (1497).

Léon **Gambetta** ▪ Homme d'État français (1838-1882). Un des fondateurs de la IIIe République.

la **Gambie** ▪ Fleuve d'Afrique de l'Ouest. 1 130 km. ► la **Gambie.** État d'Afrique occidentale. 11 300 km². 2 millions d'habitants. Capitale : Banjul.

Maurice Gustave **Gamelin** ▪ Général français (1872-1958). Commandant en chef des forces alliées en 1939, il fut remplacé par Weygand dès mai 1940.

George **Gamow** ▪ Physicien américain d'origine russe (1904-1968).

Abel **Gance** ▪ Cinéaste français (1889-1981). Sa puissance et son lyrisme se manifestent dans de grands thèmes historiques. *La Roue ; Napoléon.*

Gand, en néerlandais *Gent* ▪ Port de Belgique (Flandre-Orientale), sur l'Escaut. 263 927 habitants. Ville d'art.

le **Gandhara** ▪ Anc. région du nord-ouest de l'Inde (actuel district de Peshawar, Afghanistan). Limite orientale du monde hellénistique, où se développa, du Ier au Ve s., un art qualifié de «gréco-bouddhique».

Mohandas Karamchand Gandhi, dit le Mahatma («grande âme») **Gandhi** ▪ Homme politique et philosophe indien, principal artisan de l'indépendance de l'Inde (1869-1948). Fervent défenseur de la non-violence, il fut assassiné.

Indira **Gandhi** ▪ Femme d'État indienne (1917-1984). Fille de Nehru. Premier ministre de 1966 à 1977 puis de 1980 à son assassinat. Son fils Rajiv **Gandhi** (1944-1991) qui lui succéda jusqu'en 1989 fut aussi assassiné.

Ganelon ▪ Personnage de chevalier félon dans *La Chanson de Roland.*

Ganesha ▪ relig. Dieu de l'hindouisme, fils de Shiva et de Prajapati, représenté avec une tête d'éléphant.

le **Gange** ▪ Fleuve sacré du nord de l'Inde. 3 090 km.

le **Gansu** ▪ Province du nord de la Chine. 454 300 km². 25,5 millions d'habitants. Capitale : Lanzhou.

Ganymède ▪ mythol. grecque Jeune Troyen enlevé par Zeus (sous la forme d'un aigle) qui en fit son échanson. Il devint le Verseau du zodiaque.

Gao Xingjian ▪ Écrivain et artiste chinois naturalisé français (né en 1940). Prix Nobel de littérature en 2000. *La Montagne de l'âme.*

Gap ▪ Chef-lieu des Hautes-Alpes. 40 111 habitants.

Garabit ■ Village du Cantal, au sud de Clermont-Ferrand. Gustave Eiffel y construisit entre 1882 et 1884 un viaduc métallique, permettant à la voie de chemin de fer de franchir la Truyère à une hauteur de 122 m.

Claude **Garamond** ou **Garamont** ■ Imprimeur français (1499-1561). Il créa les premiers caractères typographiques de l'imprimerie française dont l'un porte son nom.

Greta Gustafsson, dite Greta **Garbo** ■ Actrice de cinéma américaine d'origine suédoise, active en Suède, puis aux États-Unis (1905-1990). Sa prestance, sa beauté sereine, son regard la firent surnommer «la Divine». *La Reine Christine ; Ninotchka.*

Federico **García Lorca** ■ Poète et auteur dramatique espagnol (1899-1936). *Noces de sang ; La Maison de Bernarda.*

Gabriel **García Márquez** ■ Écrivain colombien (1928-2014). «La plus grande révélation de la langue espagnole depuis le *Don Quichotte* de Cervantès» (Pablo Neruda). *Cent ans de solitude ; Chronique d'une mort annoncée.* Prix Nobel.

Garcilaso de la Vega ■ Poète espagnol (1503-1536). Auteur de poèmes d'amour, d'une sensibilité exceptionnelle.

Garcilaso de la Vega, dit l'Inca ■ Historien péruvien d'expression espagnole (1539-1616). Fils d'un conquérant espagnol (Sebastián **Garcilaso de la Vega,** 1495-1559) et d'une princesse inca, il est l'auteur de *Commentaires royaux* (1609) à la gloire de l'Empire inca.

le **Gard** ■ Rivière, affluent du Rhône. 130 km. ► le **Gard** [30]. Département français de la Région Occitanie. 5 848 km^2. 751 457 habitants. Chef-lieu : Nîmes. Chefs-lieux d'arrondissement : Alès, Le Vigan.

le pont du **Gard** ■ Aqueduc romain construit v. 19 avant J.-C.

Gardanne ■ Commune des Bouches-du-Rhône, au nord de Marseille. 21 501 habitants.

le lac de **Garde** ■ Lac glaciaire d'Italie du Nord. 370 km^2.

La **Garde** ■ Ville du Var, banlieue de Toulon. 25 563 habitants.

Charles Gardes, dit Carlos **Gardel** ■ Auteur-compositeur et interprète argentin d'origine française (1890-1935). Il acquit une célébrité mondiale comme chanteur de tango.

sir John Eliot **Gardiner** ■ Chef d'orchestre anglais (né en 1943).

Ava **Gardner** ■ Actrice américaine de cinéma (1922-1990). *La Comtesse aux pieds nus,* de Joseph Mankiewicz.

La **Garenne-Colombes** ■ Ville des Hauts-de-Seine. 29 624 habitants.

Gargamelle ■ Personnage de Rabelais, femme de Grandgousier et mère de Gargantua.

Gargantua ■ Héros de Rabelais. Géant, père de Pantagruel.

Garges-lès-Gonesse ■ Ville du Val-d'Oise. 43 215 habitants.

Giuseppe **Garibaldi** ■ Révolutionnaire italien, héros de l'unification italienne (1807-1882).

Garmisch-Partenkirchen ■ Ville d'Allemagne (Bavière). 28 000 habitants. Station de sports d'hiver.

Charles **Garnier** ■ Architecte français (1825-1898). Opéra de Paris.

la **Garonne** ■ Fleuve français né en Espagne et se jetant dans l'Atlantique. 650 km. ► la **Haute-Garonne** [31]. Département français de la Région Occitanie. 6 309 km^2. 1,42 million d'habitants. Chef-lieu : Toulouse. Chefs-lieux d'arrondissement : Muret, Saint-Gaudens.

Gérard **Garouste** ■ Peintre français (né en 1946). Style «post-moderne» à tendance baroque.

Roland **Garros** ■ Aviateur français (1888-1918), le premier à franchir la Méditerranée (1913). → **Roland-Garros.**

Romain Kacew, dit Romain **Gary** ■ Écrivain français d'origine russe (1914-1980). Prix Goncourt en 1956 *(Les Racines du ciel),* il créa en 1974 le personnage d'Émile Ajar, auteur fictif de *La Vie devant soi,* grâce auquel il obtint le prix une seconde fois.

la **Gascogne** ■ Anc. région du sud-ouest de la France. ► le golfe de **Gascogne,** golfe de l'Atlantique qui borde la France et l'Espagne.

Gaspard ■ Un des Rois mages.

la **Gaspésie** ■ Péninsule du Québec à l'ouest du golfe du Saint-Laurent.

Pierre Gassend, dit **Gassendi** ■ Philosophe et savant français (1592-1655).

Gaston III de Foix, dit **Gaston Phœbus** ■ Comte de Foix et vicomte de Béarn (1331-1391). Il protégea les lettres et les arts.

le **Gâtinais** ■ Région du Bassin parisien.

Gatineau ■ Ville du Canada (Québec), près d'Ottawa. 276 245 habitants.

Gatsby le Magnifique ■ Roman de F. S. Fitzgerald (1925).

le **GATT** *(General Agreement on Tarifs and Trades)* ■ Accord signé à Genève en 1947 pour organiser le commerce mondial et les politiques douanières des signataires.

Sauveur Dante, dit Armand **Gatti** ■ Cinéaste et auteur dramatique français (1924-2017). Son théâtre est celui d'un militant révolutionnaire.

Laurent **Gaudé** ▪ Écrivain français (né en 1972). Il écrit pour le théâtre *(Le Tigre bleu de l'Euphrate)* et publie des romans qui empruntent souvent à la mythologie *(La Mort du roi Tsongor ; Le Soleil des Scorta)*.

Antonio **Gaudí** ▪ Architecte espagnol (catalan) (1852-1926). Sa maîtrise technique dans l'«art nouveau» est au service d'une puissance visionnaire. Basilique de la Sagrada Familia à Barcelone.

Paul **Gauguin** ▪ Peintre et sculpteur français (1848-1903). Par son traitement des couleurs, d'abord avec les peintres de l'école de Pont-Aven, en Bretagne, puis à Tahiti, il eut une grande influence sur l'art du XXe s.

la **Gaule** ▪ Nom donné par les Romains au territoire correspondant à la France, à la Belgique et à l'Italie du Nord.

Charles de **Gaulle** ▪ Général et homme d'État français (1890-1970). Il organisa la Résistance contre l'Allemagne et fut le premier président de la Ve République de 1959 à 1969. Outre leur valeur historique, ses *Mémoires* révèlent un écrivain de grand talent.

Geneviève de **Gaulle-Anthonioz** ▪ Résistante française, nièce de Charles de Gaulle (1920-2002). Arrêtée en 1943 par la Gestapo, elle a raconté sa détention à Ravensbrück dans *La Traversée de la nuit*.

le **Gault et Millau** ▪ Guide gastronomique français créé en 1969 par Henri Gault et Christian Millau.

Jean-Paul **Gaultier** ▪ Couturier français (né en 1952). Les emblèmes de sa marque, créée en 1976, sont la marinière et le corset. Il s'est écarté du clivage entre mode féminine et mode masculine (jupe pour homme).

Léon **Gaumont** ▪ Inventeur et industriel français, pionnier du cinéma (1863-1946).

Carl Friedrich **Gauss** ▪ Mathématicien allemand, physicien et astronome (1777-1855). Travaux en algèbre, en analyse et en géométrie.

Théophile **Gautier** ▪ Écrivain français (1811-1872). La perfection formelle de sa poésie *(Émaux et Camées)*, la vivacité truculente de ses récits *(Le Capitaine Fracasse)* en font une figure majeure du romantisme français.

Gauvain ▪ Personnage du *cycle breton*, neveu du roi Artus.

le cirque de **Gavarnie** ▪ Vaste site des Hautes-Pyrénées.

Gavroche ▪ Personnage des *Misérables* de Victor Hugo, devenu le symbole du «titi» parisien, frondeur et courageux.

John **Gay** ▪ Auteur dramatique anglais (1685-1732). *L'Opéra du gueux*.

Louis Joseph **Gay-Lussac** ▪ Physicien et chimiste français (1778-1850).

Gaza ▪ Ville de Palestine. 580 000 habitants. Capitale de la *bande de Gaza* qui compose avec la Cisjordanie les Territoires palestiniens. Elle est contrôlée par le Hamas depuis 2006. 2 millions d'habitants.

Gaziantep ▪ Ville de Turquie. 1 714 700 habitants.

Laurent **Gbagbo** ▪ Homme d'État ivoirien (né en 1945). Président de la République de 2000 à 2010. Il fut emprisonné pour crimes contre l'humanité pour la guerre civile résultant de son refus de se retirer après sa défaite électorale.

Gdańsk, anciennement *Dantzig* ▪ Port de Pologne. 456 700 habitants. Constructions navales.

Gê → **Gaïa**

Hailé **Gébrésélassié** ▪ Coureur éthiopien (né en 1973). Détenteur de nombreux titres, il apparaît comme l'un des plus grands coureurs de fond (10 000 m, marathon) de tous les temps.

Frank Owen **Gehry** ▪ Architecte américain (né en 1929). Auteur des musées Guggenheim de Bilbao en Espagne et d'Abou Dhabi, de l'American Center (devenu la Cinémathèque* française) et de la Fondation Louis-Vuitton de Paris.

Hans **Geiger** ▪ Physicien allemand (1882-1945). Le *compteur Geiger-Müller* : détecteur de particules radioactives.

Andre **Geim** ▪ Physicien néerlandais d'origine russe (né en 1958). Avec K. Novoselov*, il isola un cristal de carbone, le graphène, qui permet une plus grande rapidité des ordinateurs.

Claude **Gellée** → le **Lorrain**

Murray **Gell-Mann** ▪ Physicien américain (1929-2019). Il émit en 1964 l'hypothèse de l'existence des quarks.

Gelsenkirchen ▪ Ville d'Allemagne (Rhénanie-du-Nord-Westphalie). 288 400 habitants. Premier centre charbonnier de la Ruhr.

Firmin **Gémier** ▪ Directeur de théâtre français (1869-1933). Il dirigea l'Odéon (1920-1933).

le **Generalife** n. m. ▪ Résidence d'été des souverains maures de Grenade, décorée au XIVe s.

Gênes, en italien *Genova* ▪ Port d'Italie (Ligurie). 610 000 habitants.

la **Genèse** ▪ Premier livre de la Bible.

Jean **Genet** ▪ Écrivain français (1910-1986). Auteur de romans *(Notre-Dame des Fleurs ; Querelle de Brest)*, de *Poèmes*, de pièces de théâtre *(Les Bonnes ; Le Balcon)*. Son style raffîné contraste avec la violence de son inspiration.

Genève ▪ Ville de Suisse, sur le lac Léman. 200 000 habitants. Ville anc., siège de nombreux organismes internationaux. ► le canton de **Genève** 282 km². 592 000 habitants. ► la conférence de **Genève** (avril-juillet 1954) aboutit à un cessez-le-feu en Indochine et au partage du Viêtnam en deux zones. ► les conventions de **Genève,** signées en 1864, 1906, 1929 et 1949, statuèrent sur la protection des victimes de guerre.

sainte **Geneviève** ▪ Patronne de Paris, dont elle aurait détourné les armées d'Attila (v. 422-502).

Maurice **Genevoix** ▪ Écrivain français (1890-1980). Après avoir écrit des romans de guerre, il exploita une veine réaliste et régionaliste, évoquant la nature dans un style très pur *(Raboliot ; Tendre bestiaire).*

Gengis Khān ou **Temüjin** ▪ Fondateur de l'Empire mongol (v. 1167-1227).

Genji → **Minamoto**

Genji Monogatari ▪ Œuvre de la romancière Murasaki Shikibu (v. 978-v. 1015), le «Dit ou Conte de Genji» est le premier roman japonais, racontant les aventures d'un noble et de son fils à la cour de Heian. Adapté au cinéma par Mizoguchi.

Stéphanie Félicité du Crest, comtesse de **Genlis** ▪ Écrivaine française (1746-1830). Elle publia entre autres des mémoires.

Pierre-Gilles de **Gennes** ▪ Physicien français (1932-2007). Travaux en physique de la matière condensée. Prix Nobel 1991.

Gennevilliers ▪ Ville des Hauts-de-Seine. 49 880 habitants.

Gentile da Fabriano ▪ Peintre italien (v. 1370-1427). *L'Adoration des Mages.*

Étienne **Geoffroy Saint-Hilaire** ▪ Naturaliste français (1772-1844).

George ▪ Nom de six rois britanniques. ► **George V.** Roi de Grande-Bretagne de 1910 à sa mort (1865-1936). ► **George VI.** Roi de Grande-Bretagne de 1936 à sa mort (1895-1952).

Stefan **George** ▪ Poète allemand (1868-1933).

saint **Georges** ▪ Personnage de martyr dont le culte apparaît en Palestine au Vᵉ siècle et se répand en Europe après les croisades. La légende le montre tuant un dragon auquel allait être sacrifiée une princesse.

Georgetown ▪ Capitale du Guyana. 200 000 habitants.

la **Géorgie** ▪ État situé au bord de la mer Noire. 69 700 km². 4 millions d'habitants. Capitale : Tbilissi. À la suite de conflits séparatistes armés, la Russie a reconnu l'indépendance de l'Abkhazie et de l'Ossétie du Sud en 2008.

la **Géorgie** ▪ État du sud-est des États-Unis. 152 589 km². 9,7 millions d'habitants. Capitale : Atlanta.

Les **Géorgiques** ▪ Poème didactique de Virgile (v. 38 avant J.-C.-v. 29 avant J.-C.).

Gérardmer ▪ Ville des Vosges. 7 822 habitants. Station de sports d'hiver.

le mont **Gerbier-de-Jonc** ▪ Mont d'origine volcanique de l'Ardèche où la Loire prend sa source.

Gergovie ▪ Anc. ville de Gaule (Auvergne). Victoire de Vercingétorix sur César en 52 avant J.-C.

Théodore **Géricault** ▪ Peintre français (1791-1824). De style romantique brillant, il atteint un tragique absolu dans *Le Radeau de la Méduse.*

Sylvie **Germain** ▪ Écrivaine française (née en 1954). Avec une rare capacité d'imaginaire, elle questionne sur le silence de Dieu et sur le mal. *Jours de colère ; Magnus.*

les **Germains** ▪ Peuple probablement originaire de Scandinavie qui envahit l'Europe à partir du IIIᵉ s. avant J.-C.

Germanicus ▪ Général romain (15 avant J.-C.-19). Il rétablit l'ordre en Germanie.

la **Germanie** ▪ Région entre le Rhin et la Vistule, habitée dans l'Antiquité par les Germains.

Germinal ▪ Roman d'Émile Zola (1885).

Go Khla Yeh, dit **Geronimo** ▪ Chef de guerre apache (1829-1909). Il combattit pendant trente ans les Mexicains et les Américains.

le **Gers** ▪ Rivière, affluent de la Garonne. 178 km. ► le **Gers** [32]. Département français de la Région Occitanie. 6 291 km². 191 819 habitants. Chef-lieu : Auch. Chefs-lieux d'arrondissement : Condom, Mirande.

George **Gershwin** ▪ Compositeur américain (1898-1937). Il introduisit l'influence du jazz dans l'écriture de l'orchestre symphonique classique. *Rhapsody in Blue.*

la **Gestapo** ▪ Police politique du régime nazi.

Carlo **Gesualdo,** prince de Venosa ▪ Compositeur italien (v. 1560-1613). Ce prince à la vie aventureuse et tragique écrivit des madrigaux admirables.

Gethsémani ▪ Jardin du mont des Oliviers où Jésus pria la nuit qui précéda sa Passion.

Jean Paul **Getty** ▪ Industriel américain (1892-1976). Il employa une fortune acquise dans le commerce du pétrole à des collections d'art, léguées au *J. P. Getty Museum* de Malibu (Californie) et au *Centre Getty* de Los Angeles.

Gettysburg ▪ Ville des États-Unis (Pennsylvanie). 7 600 habitants. Victoire des nordistes durant la guerre de Sécession.

Stanley, dit Stan **Getz** ▪ Saxophoniste et musicien de jazz américain (1927-1991).

le **Gévaudan** ▪ Plateau du Massif central.

Gevrey-Chambertin ▪ Ville de la Côte-d'Or (Bourgogne). 3 115 habitants. Célèbres vins rouges de la côte de Nuits.

Gex ▪ Chef-lieu d'arrondissement de l'Ain. 13 177 habitants.

l'empire du **Ghana** ▪ Anc. État africain (IVe-XIe s.).

le **Ghana** ▪ État de l'Afrique occidentale. 239 460 km^2. 30 millions d'habitants. Capitale : Accra.

Ghardaïa ▪ Ville et oasis du nord du Sahara algérien, au cœur du Mzab. 62 000 habitants.

Muhammad al-**Ghazâlî** ▪ Théologien et mystique persan d'expression arabe, connu en Europe, au Moyen Âge, sous le nom d'*Algazel* (1058-1111).

Adémar Martens, dit Michel de **Ghelderode** ▪ Écrivain et auteur dramatique belge d'expression française (1898-1962). *La Balade du Grand Macabre*, mise en musique par G. Ligeti.

Lorenzo **Ghiberti** ▪ Orfèvre, sculpteur et architecte italien de la Renaissance (1378-1455). Portes du baptistère de Florence.

Domenico Bigordi, dit **Ghirlandaio** («le marchand de couronnes, de guirlandes») ▪ Peintre italien, actif à Florence et à Rome (1449-1494). Dans ses portraits et ses fresques, il joint la maîtrise du dessin, de la couleur et de la composition.

Alberto **Giacometti** ▪ Sculpteur suisse (1901-1966). Établi à Paris, il élabora, après avoir rompu avec le surréalisme, un style entièrement personnel, sculptant des personnages filiformes fondus dans l'espace. Ses peintures et dessins, aux traits fouillés évoquent eux aussi le rapport brouillé des apparences à l'espace de vision.

Giambologna ou **Jean de Boulogne** ou **Jean Bologne** ▪ Sculpteur maniériste flamand (1529-1608).

Giáp → **Võ Nguyên Giáp**

Edward **Gibbon** ▪ Historien britannique (1737-1794). Il est l'auteur d'une monumentale *Histoire du déclin et de la chute de l'empire romain* (1776).

Orlando **Gibbons** ▪ Compositeur anglais (1583-1625). Organiste, il a composé des pièces profanes aussi bien que religieuses.

Josiah Willard **Gibbs** ▪ Physicien américain (1839-1903). Il jeta les bases de la physicochimie.

les **gibelins** → les **guelfes**

Gibraltar ▪ Port britannique, à l'extrême sud de l'Espagne. 30 000 habitants. ► le **détroit de Gibraltar** réunit l'Atlantique à la Méditerranée.

Gibran Khalil **Gibran** ▪ Peintre et écrivain libanais d'expression arabe et anglaise (1883-1931). *Le Prophète*.

André **Gide** ▪ Écrivain français (1869-1951). Ses œuvres de jeunesse, notamment *Paludes*, témoignent d'une réflexion originale sur la création littéraire. Il est l'auteur d'essais moraux et philosophiques, de récits romanesques (*Les Caves du Vatican*, satirique ; *Les Faux-Monnayeurs*), de témoignages sur l'Afrique colonisée et la jeune URSS, d'une vaste correspondance et surtout d'un *Journal* dont la sincérité fait songer à J.-J. Rousseau. Prix Nobel 1947.

le **GIEC** (Groupe d'experts intergouvernemental sur l'évolution du climat) ▪ Organisme, fondé en 1988, dont le rôle consiste à évaluer le changement climatique, ses effets potentiels, ainsi que les solutions envisageables pour y remédier. Prix Nobel de la paix.

sir Arthur John **Gielgud** ▪ Acteur et metteur en scène britannique (1904-2000). Rôles shakespeariens.

Gien ▪ Commune du Loiret. 13 305 habitants. Faïencerie.

la presqu'île de **Giens** ▪ Presqu'île du Var.

Walter **Gieseking** ▪ Pianiste allemand (1895-1953). Interprète privilégié de Debussy et Ravel. *Traité du piano moderne*.

Gif-sur-Yvette ▪ Commune de l'Essonne, arrondissement de Palaiseau. 21 439 habitants. Laboratoires de recherche scientifique.

Gijón ▪ Port d'Espagne (Asturies). 276 969 habitants.

Gilberto **Gil** ▪ Chanteur, compositeur et guitariste brésilien (né en 1942).

Gilbert et George (Gilbert Proesch et George Passmore) ▪ Artistes britanniques (nés en 1943 et 1942). Gigantesques photomontages, aux couleurs primaires criardes, évoquant des vitraux.

Gilgamesh ▪ Héros d'une épopée mésopotamienne du IIIe millénaire avant J.-C.

Dizzy **Gillespie** ▪ Trompettiste de jazz et chef d'orchestre américain (1917-1993). Un des créateurs du be-bop.

Allen **Ginsberg** ▪ Poète américain (1926-1997). Grand voyageur, très critique à l'égard de la «normalité» et de la politique des États-Unis.

Jean **Giono** ▪ Écrivain français (1895-1970). Il a célébré la nature et la vie rustique dans sa Provence natale *(Regain ; Le Chant du monde)*, avant d'évoluer vers un art plus classique *(Le Hussard sur le toit)*.

Luca **Giordano** ▪ Peintre et décorateur baroque italien (1634-1705).

Giorgio da Castelfranco, dit **Giorgione** ▪ Peintre vénitien (v. 1477-1510). Ses œuvres, trop rares, suffisent à en faire l'un des grands fondateurs de l'école vénitienne. *La Tempête ; Les Trois Philosophes.*

Giotto di Bondone ▪ Artiste florentin (v. 1266-1337). Outre son œuvre majeure d'architecte (le campanile de Florence) et de sculpteur, il est l'un des fondateurs de la peinture italienne du XIVe siècle, par la construction des formes dans l'espace. Fresques de la *Vie de saint François* à Assise et de la chapelle des Scrovegni à Padoue.

la **Giralda** n. f. ▪ Tour de Séville, minaret de l'ancienne mosquée (XIIe siècle).

René **Girard** ▪ Essayiste français (1923-2015). Son œuvre combine critique littéraire et réflexion anthropologique, puis théologique *(La Violence et le Sacré)*.

François **Girardon** ▪ Sculpteur classique français (1628-1715).

Henri **Giraud** ▪ Général français (1879-1949). Rival de De Gaulle avec qui il dirigea le Comité français de libération nationale à Alger (1943).

Jean **Giraud** ▪ Dessinateur français (1938-2012). Il est l'auteur de bandes dessinées réalistes sous le nom de Gir *(Blueberry)*, oniriques sous le nom de Mœbius *(L'Incal)*.

Jean **Giraudoux** ▪ Auteur dramatique français (1882-1944). Son théâtre, d'abord optimiste *(Amphitryon 38 ; Intermezzo)*, devint pathétique *(La guerre de Troie n'aura pas lieu ; La Folle de Chaillot)*.

le **Giro** [dʒiʀo] («le Tour») ▪ Tour d'Italie, épreuve cycliste.

la **Gironde** ▪ Estuaire formé par la Garonne et la Dordogne. ► la **Gironde** [33]. Département français de la Région Nouvelle-Aquitaine. 10 725 km². 1,64 million d'habitants. Chef-lieu : Bordeaux. Chefs-lieux d'arrondissement : Arcachon, Blaye, Langon, Lesparre-Médoc, Libourne.

les **Girondins** ▪ Groupe de révolutionnaires modérés français (Brissot, Roland), éliminés par les Montagnards en 1793.

Valéry **Giscard d'Estaing** ▪ Homme d'État français (1926-2020). Ministre des Finances (1962-1966 et 1969-1974) puis président de la République de 1974 à 1981.

Carlo Maria **Giulini** ▪ Chef d'orchestre italien (1914-2005). Célèbre pour ses directions d'opéras.

Giulio Romano → **Jules Romain**

Giunta Pisano → Giunta **Pisano**

Giverny ▪ Commune de l'Eure, arrondissement des Andelys. 486 habitants. Maison et jardin de Claude Monet.

Givry ▪ Commune de Saône-et-Loire, arrondissement de Chalon-sur-Saône. 3 678 habitants. Église du XVIIIe siècle. Vins de la côte chalonnaise.

Gizeh ou **Guizeh** ▪ Ville d'Égypte, faubourg du Caire. 4,1 millions d'habitants. Sphinx et pyramides de Khéops, Khéphren et Mykérinos.

la mer de **Glace** ▪ Glacier du Mont-Blanc.

William Ewart **Gladstone** ▪ Homme politique (libéral) britannique (1809-1898). Rival de Disraeli.

Glanum ▪ Site grec puis romain de Gaule, près de Saint-Rémy-de-Provence.

le canton de **Glaris**, en allemand *Glarus* ▪ Canton de Suisse. 685 km². 40 147 habitants. Chef-lieu : Glaris.

Glasgow ▪ Ville d'Écosse. 590 000 habitants.

Philip **Glass** ▪ Compositeur américain (né en 1937). L'un des chefs de file de la musique minimaliste répétitive *(Einstein on the Beach)*.

Aleksandr **Glazounov** ▪ Compositeur russe (1865-1936).

les îles de **Glénan** ▪ Îlots du Finistère. Centre nautique.

John **Glenn** ▪ Premier astronaute américain à effectuer un vol orbital, en 1962 (1921-2016).

le plateau des **Glières** ▪ Plateau de Haute-Savoie. Maquis de résistants, exterminés en 1944.

Mikhaïl **Glinka** ▪ Compositeur russe (1804-1857). *La Vie pour le tsar.*

Édouard **Glissant** ▪ Écrivain martiniquais (1928-2011). Il célèbre le pays et le peuple antillais dans des romans *(La Lézarde ; Malemort)* d'une langue riche, influencée par le créole. Essais sur la création littéraire et le langage *(Le Discours antillais)*.

les Trois **Glorieuses** → **révolution française de 1830**

Gloucester ▪ Port d'Angleterre. 136 300 habitants. Monuments médiévaux.

Christoph Willibald von **Gluck** ■ Compositeur allemand (1714-1787). Il a renouvelé le style lyrique : *Orphée et Eurydice ; Alceste ; Armide.*

Goa ■ État de la côte ouest de l'Inde, anc. colonie portugaise. 3 702 km². 1,4 million d'habitants. Capitale : Panaji.

les **Gobelins** ■ Manufacture de tapisseries à Paris fondée en 1662.

le désert de **Gobi** ■ Désert d'Asie centrale.

Joseph Arthur de **Gobineau** ■ Écrivain français (1816-1882). *Les Pléiades.*

Jean-Luc **Godard** ■ Cinéaste franco-suisse (1930-2022). Figure emblématique de la Nouvelle Vague. *À bout de souffle ; Pierrot le Fou ; Le Mépris.*

Jacques **Godbout** ■ Écrivain canadien québécois (né en 1933). Auteur de poèmes, de romans *(Salut Galarneau ; D'amour P. Q.)* où l'influence du français populaire de Montréal (le joual) est sensible. Il a réalisé plusieurs films.

Godefroy de Bouillon ■ (1061-1100) Chef de la première croisade, élu roi de Jérusalem.

Kurt **Gödel** ■ Logicien et philosophe autrichien naturalisé américain (1906-1978).

Manuel de **Godoy** ■ (1767-1851) Premier ministre de Charles IV d'Espagne.

Joseph Paul **Goebbels** ■ Homme politique allemand (1897-1945). Chargé par Hitler de la propagande nazie.

Johann Wolfgang von **Goethe** ■ Écrivain allemand (1749-1832). Il fut l'un des chefs de file du *Sturm und Drang,* avant d'incarner le classicisme allemand *(Les Souffrances du jeune Werther ; Wilhelm Meister ; Faust).*

Gog et Magog ■ relig. Peuples cités dans la Bible et dans le Coran, qui symbolisent la barbarie prête à déferler sur le monde, mais finalement vaincue par Dieu.

Nikolaï **Gogol** ■ Écrivain russe (1809-1852). Son œuvre constitue une caricature impitoyable des faiblesses humaines. *Le Nez ; Les Âmes mortes.*

le **Golan** ■ Plateau du sud de la Syrie, occupé par Israël depuis 1967 et annexé en 1981.

Golconde ■ Ancienne cité d'Inde (Deccan), fondée au début du XVIe s., absorbée par l'Empire moghol à la fin du XVIIe s. Elle était célèbre pour ses richesses, ainsi que pour son école de peinture.

Nancy, dite Nan, **Goldin** ■ Photographe américaine (née en 1953). Photos des milieux undergrounds des années 1970 à 2000.

William **Golding** ■ Écrivain britannique (1911-1993). *Sa Majesté-des-Mouches.*

Carlo **Goldoni** ■ Auteur italien de pièces comiques (1707-1793). *La Locandiera ; La Villégiature.* Il écrivit des *Mémoires* en français.

Oliver **Goldsmith** ■ Écrivain anglais (1728-1774). *Le Vicaire de Wakefield.*

le **Golfe** ■ Le golfe Persique ou Arabique. ► la guerre du **Golfe.** Conflit qui opposa l'Irak, après son invasion du Koweït en août 1990, à une coalition de 30 pays, conduite par les États-Unis sous l'égide de l'ONU.

le **Golgotha** ■ Site près de Jérusalem, où Jésus fut crucifié.

Goliath ■ Bible Géant vaincu par David.

Witold **Gombrowicz** ■ Écrivain polonais (1904-1969). Œuvre romanesque *(Ferdydurke ; La Pornographie)* et théâtrale.

Gomel ■ Ville de Biélorussie. 503 400 habitants.

Ramón **Gomez de la Serna** ■ Écrivain espagnol (1888-1963). Le «ramonisme» consiste en une négation de la réalité perçue, remplacée par l'humour métaphorique. Romans *(Le Marché aux puces ; Le Docteur invraisemblable).*

Gomorrhe → **Sodome**

Władysław **Gomułka** ■ Homme d'État (communiste) polonais (1905-1982), au pouvoir de 1956 à 1970.

Nuno **Gonçalves** ■ Peintre portugais, actif de 1450 à 1480.

les frères **Goncourt** ■ Écrivains français. Edmond (1822-1896) et Jules (1830-1870). Auteurs de romans naturalistes et d'un *Journal* qui découvre avec un talent parfois cruel l'intimité de la vie littéraire parisienne. Edmond fonda l'Académie Goncourt, décernant un prix littéraire annuel.

Michel **Gondry** ■ Réalisateur français (né en 1963). *Soyez sympas, rembobinez* lança la vogue des remakes faits à la maison (nouvelle version d'un film réalisée sans budget).

le **Gondwana** ■ Continent qui aurait réuni, à l'ère primaire, l'Inde, l'Afrique, l'Australie, l'Amérique du Sud et l'Antarctique.

Gonesse ■ Ville du Val-d'Oise. 25 853 habitants.

Luis de **Góngora y Argote** ■ Poète baroque espagnol au style raffiné (1561-1627). *Pyrame et Thisbé.*

Ivan **Gontcharov** ■ Romancier russe (1812-1891). *Oblomov.*

Natalia **Gontcharova** ■ Peintre russe (1881-1962). Compagne de Larionov, elle participa au rayonnisme et fut l'un des pionniers de l'art abstrait.

Felipe **González Márquez** ▪ Homme politique espagnol (né en 1942). Premier ministre (socialiste) de 1982 à 1996.

Jane **Goodall** ▪ Ethologue britannique (née en 1934). Elle a étudié le comportement des chimpanzés dans leur environnement (Tanzanie).

Benjamin David, dit Benny **Goodman** ▪ Clarinettiste et chef d'orchestre américain de jazz (1909-1986).

Google ▪ Entreprise américaine d'informatique créée en 1998. Elle a développé un moteur de recherche sur Internet.

Mikhaïl **Gorbatchev** ▪ Homme politique (communiste) soviétique (1931-2022). Secrétaire général du PC en 1985, il fut président de l'URSS en 1990. Il mena une politique de réformes *(perestroïka)*. Il fut contraint à la démission en 1991. Prix Nobel de la paix 1990.

Gordes ▪ Chef-lieu de canton du Vaucluse. 1 666 habitants. Site et village pittoresques.

Nadine **Gordimer** ▪ Romancière sud-africaine (1923-2014). *Ceux de July*. Prix Nobel 1991.

Albert Arnold, dit Al **Gore** ▪ Homme politique américain (né en 1948). Vice-président des États-Unis de 1992 à 1999 aux côtés de Bill Clinton. Prix Nobel de la paix 2007 pour son engagement dans la défense de l'environnement.

l'île de **Gorée** ▪ Île du Sénégal, face à Dakar. Anc. point de transit de la traite des esclaves.

les **Gorgones** n. f. pl. ▪ mythol. grecque Trois monstres à la chevelure faite de serpents. Méduse est la plus célèbre.

Hermann **Göring** ▪ Maréchal allemand (1893-1946). Chef de la *Luftwaffe* de 1935 à 1945.

Maxime **Gorki** ▪ Écrivain russe (1868-1936). *Les Bas-Fonds ; La Mère.*

Gorki → Nijni-Novgorod

René **Goscinny** ▪ Écrivain et scénariste de bandes dessinées français (1926-1977). Il créa le personnage du Petit Nicolas (1956), les scénarios de *Lucky Luke* (1956) et, dans le journal *Pilote* (1959), la série dessinée par Uderzo* d'*Astérix* (1959).

Le **Gosier** ▪ Ville de la Guadeloupe, au sud-est de Pointe-à-Pitre. 26 919 habitants.

Göteborg ▪ Port de Suède. 489 800 habitants.

les **Goths** ▪ Peuple de Germains qui se divisa au IVe s. entre Ostrogoths et Wisigoths.

Göttingen ▪ Ville d'Allemagne (Basse-Saxe). 127 700 habitants. Université.

Gouda ▪ Ville des Pays-Bas (Hollande-Méridionale). 71 000 habitants. Fromages.

Jean-Paul **Goude** ▪ Chorégraphe français (né en 1940). Clips publicitaires (les lutins de Kodak, Galeries Lafayette, Perrier). Univers facétieux et métissé (défilé du Bicentenaire sur les Champs-Élysées en 1989).

Goudéa ou **Gudea** ▪ Roi de Lagash, au sud de Sumer, vers 2120 avant J.-C. Il fut le promoteur d'une «renaissance» sumérienne, attestée par plusieurs statues et inscriptions (musée du Louvre, Paris).

Olympe de **Gouges** ▪ Féministe française (1748-1793).

Jean **Goujon** ▪ Sculpteur et architecte français de la Renaissance (1510-v. 1566).

Glenn **Gould** ▪ Pianiste canadien (1932-1982). Interprète majeur de l'œuvre de clavier de J.-S. Bach.

Stephen Jay **Gould** ▪ Paléontologue américain (1941-2002). L'un des auteurs d'une théorie de l'évolution par brusques éliminations d'espèces *(L'Éventail du vivant)*.

Charles **Gounod** ▪ Compositeur français (1818-1893). Auteur d'opéras *(Faust)* et de musique religieuse *(Messe solennelle de sainte Cécile)*.

Gourdon ▪ Chef-lieu d'arrondissement du Lot. 3 959 habitants.

Remy de **Gourmont** ▪ Écrivain français (1858-1915). Son œuvre multiforme (poèmes, romans, essais) relève d'abord du symbolisme, puis d'un hédonisme sceptique *(Esthétique de la langue française ; La Culture des idées ; Promenades littéraires ; Promenades philosophiques)*.

Goussainville ▪ Ville du Val-d'Oise. 30 910 habitants.

Francisco de **Goya** y Lucientes ▪ Peintre espagnol (1746-1828). Ses manières successives le conduisirent de la grâce et du charme de scènes populaires à d'admirables portraits expressifs, puis à un style puissant, sombre et violent, d'une imagination visionnaire. Ses recueils de gravures *(Tauromachie ; Caprices ; Désastres de la guerre)* sont d'une puissance expressive inégalée.

Carlo **Gozzi** ▪ Auteur dramatique italien (1720-1806). *Turandot.*

Benozzo **Gozzoli** ▪ Peintre italien (1420-1497). Il fut l'assistant de Fra Angelico. Style narratif et descriptif, révélant un amour de la couleur et des matières.

le **Graal** ou **Saint-Graal** ▪ Vase sacré qui, selon la légende, servit à la Cène et qui recueillit le sang du Christ.

les frères **Gracchus** ▪ Tribuns romains. Tiberius (v. 162-133 avant J.-C.) et Caius (v. 154-121 avant J.-C.). Ils firent voter une loi agraire mais furent assassinés.

les trois **Grâces** ▪ Déesses de la Beauté, chez les Grecs et les Romains (Aglaé, Thalie, Euphrosyne).

Louis Poirier, dit Julien **Gracq** ▪ Écrivain français (1910-2007). Géographe de formation, il élabora une œuvre romanesque, poétique et critique *(Lettrines)* de premier plan, par la perfection du style. *Le Rivage des Syrtes ; Un balcon en forêt.*

Gradignan ▪ Ville de la Gironde, banlieue de Bordeaux. 25 871 habitants.

Martha **Graham** ▪ Danseuse et chorégraphe américaine (1894-1991).

Zénobe **Gramme** ▪ Électricien belge (1826-1901). Inventeur de la dynamo.

Antonio **Gramsci** ▪ Philosophe marxiste et homme politique italien (1891-1937).

Enrique **Granados** ▪ Compositeur espagnol (1867-1916). *Goyescas.*

Le **Grand-Bornand** ▪ Commune de la Haute-Savoie. 2 082 habitants. Station de sports d'hiver.

le **Grand Canyon** ▪ Gorge du Colorado dans l'Arizona (États-Unis).

la **Grande-Bretagne** ▪ Île de l'archipel britannique comprenant l'Angleterre, le pays de Galles, l'Écosse et formant, avec l'Irlande du Nord, le Royaume-Uni. 244 046 km². 63,2 millions d'habitants. Capitale : Londres.

la **Grande Grèce** ▪ Nom donné dans l'Antiquité au sud de l'Italie et à la Sicile.

La **Grande Illusion** ▪ Film français de Jean Renoir (1937), avec Jean Gabin.

La **Grande-Motte** ▪ Commune de l'Hérault, station balnéaire créée en 1967, à l'architecture caractéristique (immeubles en pyramides). 8 638 habitants.

Les **Grandes Baigneuses** ▪ Tableau de Cézanne (1899-1906).

le **Grand Est** ▪ Région administrative de l'est de la France. Dix départements : Ardennes, Aube, Bas-Rhin, Haute-Marne, Haut-Rhin, Marne, Meurthe-et-Moselle, Meuse, Moselle, Vosges. 57 433 km². 5,56 millions d'habitants. Chef-lieu : Strasbourg.

Grande-Synthe ▪ Commune du Nord, banlieue de Dunkerque. 20 635 habitants.

Grandgousier ▪ Personnage de Rabelais dans *Gargantua* et dans *Pantagruel.* Père de Gargantua.

Le **Grand Meaulnes** ▪ Roman d'Alain-Fournier (1913).

Le **Grand-Quevilly** ▪ Commune de la Seine-Maritime, banlieue de Rouen. 26 034 habitants.

les **Grands Lacs** ▪ Ensemble de lacs d'Amérique du Nord, reliés entre eux, de Duluth à la baie du Saint-Laurent (Supérieur, Michigan, Huron, Érié, Ontario).

La **Granja** ▪ Résidence royale d'Espagne, au sud-est de Ségovie, construite vers 1720.

Ulysses **Grant** ▪ (1822-1885) Général américain, commandant des armées nordistes, président (républicain) des États-Unis de 1869 à 1877.

Archibald Leach, dit Cary **Grant** ▪ Acteur américain (1904-1986). Créateur d'un personnage désinvolte, charmeur et plein d'humour. Interprète d'Hitchcock *(La Mort aux trousses)*, de Hawks *(L'Impossible M. Bébé)* et de Capra *(Arsenic et vieilles dentelles).*

Granville ▪ Commune de la Manche. 12 558 habitants. Station portuaire et balnéaire.

Stéphane **Grappelli** ▪ Violoniste français de jazz (1908-1997).

Günter **Grass** ▪ Écrivain allemand (1927-2015). Il est l'auteur de poèmes, de pièces de théâtre et surtout de romans mêlant la réflexion historique au fantastique. *Le Tambour ; Les Années de chien ; Le Turbot.* Prix Nobel 1999.

Grasse ▪ Chef-lieu d'arrondissement des Alpes-Maritimes. 48 708 habitants. Parfumerie.

Bernard **Grasset** ▪ Éditeur français (1881-1955). Il créa sa maison d'édition en 1907.

Le **Grau-du-Roi** ▪ Commune du Gard. 8 356 habitants. Station balnéaire.

Graz ▪ Ville d'Autriche (Styrie). 265 318 habitants.

Arnoul **Gréban** ▪ Écrivain français (v. 1425-v. 1495). Auteur du plus important des mystères médiévaux, le *Mystère de la Passion.*

la **Grèce** ▪ État du sud-est de l'Europe. 131 957 km². 11 millions d'habitants. Capitale : Athènes.

le **Greco** ▪ Peintre espagnol d'origine crétoise (1541-1614). Formé en Italie, il se fixa à Tolède ; son style (tons sombres, personnages aux traits étirés et disproportionnés), associe la tradition byzantine et le maniérisme italien dans une expression très personnelle. *L'Enterrement du comte d'Orgaz.*

Julien **Green** ▪ Écrivain français d'origine américaine (1900-1998). Toute son œuvre, les romans *(Léviathan ; Moïra)* comme son théâtre et son immense journal, sont une réflexion morale pathétique et pudique sur la condition humaine.

Graham **Greene** ▪ Écrivain anglais (1904-1991). Ses récits mettent souvent en scène l'histoire contemporaine avec une grande intensité dramatique.

Greenpeace ▪ Mouvement écologiste international, fondé en 1971 pour lutter selon les principes de la non-violence contre les essais nucléaires et l'extermination des espèces animales.

Greenwich ▪ Bourg du Grand Londres. 215 000 habitants. Le *méridien de Greenwich* a été adopté comme méridien d'origine.

Grégoire ▪ Nom de seize papes. ► saint **Grégoire Ier**, dit **Grégoire le Grand** (v. 540-604). Pape de 590 à sa mort. Il réforma la liturgie et le chant d'Église. ► saint **Grégoire VII** (v.1020-1085). Pape de 1073 à sa mort. Il lutta contre l'empereur d'Allemagne Henri IV (querelle des Investitures). ► **Grégoire XIII** (1502-1585). Pape de 1572 à sa mort. Il réforma le calendrier.

Henri Grégoire, dit l'abbé **Grégoire** ▪ Ecclésiastique et révolutionnaire français (1750-1831).

saint **Grégoire de Nazianze** ▪ Docteur de l'Église (v. 330-v. 390).

saint **Grégoire de Nysse** ▪ Père de l'Église (v. 335-v. 395).

saint **Grégoire de Tours** ▪ Évêque de Tours et historien (v. 538-v. 594). *Histoire des Francs.*

Grenade ▪ Île et État des Antilles. 345 km². 110 000 habitants. Capitale : Saint George's.

Grenade ▪ Ville d'Espagne (Andalousie). 241 003 habitants. Monuments médiévaux. Palais mauresque de l'Alhambra (XIIIe-XIVe s.). Quartier gitan.

les îles **Grenadines** ▪ Archipel des Petites Antilles.

Grenelle ▪ Quartier du XVe arrondissement de Paris. ► les accords de **Grenelle** ont été négociés à la suite des événements de mai 1968 par le gouvernement, le patronat et les organisations syndicales ; ils ont été signés le 7 juin 1968.

Grenoble ▪ Chef-lieu de l'Isère, sur l'Isère. 158 240 habitants.

Jean-Baptiste **Greuze** ▪ Peintre français (1725-1805). *La Cruche cassée.*

la place de **Grève** ▪ Place de Paris, auj. place de l'Hôtel-de-Ville.

musée **Grévin** ▪ Musée de figures de cire créé en 1882 à Paris.

Jules **Grévy** ▪ Président de la République française de 1879 à 1887 (1807-1891).

Marcel **Griaule** ▪ Ethnologue français (1898-1956). Il étudia particulièrement les Dogons. *Dieu d'eau ; Renard pâle, ethnologie des Dogons,* avec Germaine Dieterlen (1903-1999).

Aleksandr **Griboïedov** ▪ Dramaturge russe (1795-1829).

Edvard **Grieg** ▪ Compositeur norvégien (1843-1907). *Peer Gynt.*

David Wark **Griffith** ▪ Cinéaste américain (1875-1948). L'un des créateurs du cinéma moderne. *La Naissance d'une nation ; Intolérance.*

Grigny ▪ Commune de l'Essonne. 27 571 habitants.

Franz **Grillparzer** ▪ Auteur dramatique autrichien (1791-1872). Son attitude romantique se tempère d'un sens délicat des nuances *(Les Vagues de la mer et de l'amour).*

Grimaldi ▪ Famille d'origine génoise, connue depuis le XIIIe s. ► Rainier **Grimaldi,** chassé de Gênes, se réfugia à Monaco en 1297 ; son fils, Charles **Grimaldi,** y fonda la principauté.

Jacob **Grimm** ▪ Philologue et écrivain allemand (1785-1863). Il publia avec son frère Wilhelm (1786-1859) des *Contes d'enfants et du foyer,* et commença la rédaction du plus grand dictionnaire de la langue allemande.

Hans von **Grimmelshausen** ▪ Romancier allemand (v. 1620-1676). *Les Aventures de Simplicius Simplicissimus.*

Pierre **Gripari** ▪ Écrivain français (1925-1990). Auteur des *Contes de la rue Broca,* dont *La Sorcière de la rue Mouffetard.*

Juan **Gris** ▪ Peintre cubiste espagnol (1887-1927). *Pierrots et Arlequins.*

les **Grisons** ▪ Canton de Suisse. 7 105 km². 198 380 habitants. Chef-lieu : Coire.

Adrien Wettach, dit **Grock** ▪ Artiste suisse de cirque, acrobate, puis clown (1880-1959).

Georg **Groddeck** ▪ Médecin allemand (1866-1934). Fondateur de la médecine psychosomatique.

le **Groenland** ▪ Île danoise au nord-est du Canada, couverte de glace. 2 175 600 km². 56 600 habitants. Chef-lieu : Nuuk.

l'île de **Groix** ▪ Île du Morbihan.

Marcel **Gromaire** ▪ Peintre français (1892-1971). Il est proche de l'expressionnisme, mais avec des formes massives. *La Guerre.*

Andreï Andreievitch **Gromyko** ▪ Homme d'État soviétique (1909-1989). Il fit partie des créateurs de l'ONU, et fut ministre des Affaires étrangères de l'URSS puis président du Soviet suprême.

Groningue, en néerlandais *Groningen* ▪ Ville du N.-E. des Pays-Bas. 234 900 habitants.

Walter **Gropius** ▪ Architecte américain d'origine allemande, fondateur du Bauhaus (1883-1969).

Antoine, baron **Gros** ▪ Peintre français de l'épopée napoléonienne (1771-1835).

David **Grossman** ▪ Écrivain israélien (né en 1954). Militant pour une solution négociée au conflit entre Israël et la Palestine. *L'Enfant zigzag.*

George **Grosz** ▪ Peintre et dessinateur allemand naturalisé américain (1893-1959). Son sens de la satire et du grotesque s'est exercé contre la bourgeoisie allemande, puis la société des États-Unis.

Alexandre **Grothendieck** ▪ Mathématicien français (1928-2014). Il est considéré comme le plus grand mathématicien de la seconde moitié du XXe s.

Hugo de Groot, dit **Grotius** ▪ Juriste hollandais (1583-1645). Un des fondateurs du droit international *(Du droit de la guerre et de la paix).*

Jerzy **Grotowski** ▪ Metteur en scène et théoricien du théâtre français d'origine polonaise (1933-1999). Il prôna un théâtre « pauvre » fondé sur l'acteur et sur la relation au spectateur.

le marquis de **Grouchy** ▪ Maréchal français (1766-1847).

Groznyï ▪ Ville de Russie, capitale de la Tchétchénie. 300 000 habitants. Détruite par les Russes en 1995 et 1999.

Gruissan ▪ Commune de l'Aude. 5 131 habitants.

Jean-Claude **Grumberg** ▪ Dramaturge et scénariste français (né en 1939). Thèmes de l'antisémitisme et du racisme. *En r'venant d'Expo ; L'Atelier ; Zone libre.*

Matthias **Grünewald** ▪ Peintre allemand (v. 1460 ou v. 1475-1528). Sa science de la lumière et des formes tourmentées est au service d'une inspiration de visionnaire tragique. *Le Retable d'Issenheim,* à Colmar.

Gruss ▪ Famille française d'artistes et de directeurs de cirque. ► Alexis **Gruss** (né en 1944) a créé et dirigé le *Cirque à l'ancienne.*

Gstaad ▪ Village de Suisse (canton de Berne). Station d'été et de sports d'hiver.

Guadalajara ▪ Ville du Mexique. 1,5 million d'habitants.

Guadalcanal ▪ Île volcanique des Salomon. Violents combats américano-japonais (1942-1943).

le **Guadalquivir** ▪ Fleuve d'Espagne qui se jette dans l'Atlantique. 657 km.

la **Guadeloupe** [971] ▪ Îles (Grande-Terre et Basse-Terre) des Antilles qui constituent une région et un département français d'outre-mer. 1 709 km^{2}. 383 559 habitants. Chef-lieu : Basse-Terre. Chef-lieu d'arrondissement : Pointe-à-Pitre.

Guam ou **Guaham** ▪ Île principale de l'archipel des Mariannes.

le **Guangdong** ▪ Province côtière du sud de la Chine. 178 000 km^{2}. 104,3 millions d'habitants. Capitale : Canton.

le **Guangxi** ▪ Région autonome du sud de la Chine. 236 000 km^{2}. 46 millions d'habitants. Capitale : Nanning.

Guangzhou → **Canton**

Guantánamo ▪ Ville de Cuba. 243 800 habitants. Base navale américaine. En 2002, les États-Unis y établirent un bagne où furent enfermés des prisonniers soupçonnés de terrorisme.

les Indiens **Guaranis** ▪ Indiens d'Amérique du Sud (Paraguay).

Francesco **Guardi** ▪ Peintre italien (1712-1793). Vues de Venise, d'une vivacité d'exécution et d'une poésie exceptionnelles.

le **Guatemala** ou **Guatémala** ▪ État d'Amérique centrale. 108 889 km^{2}. 16,9 millions d'habitants. Capitale : Ciudad de Guatemala.

Guayaquil ▪ Port de l'Équateur. 2 millions d'habitants.

Gudea → **Goudéa**

Guebwiller ▪ Ville du Haut-Rhin. 10 988 habitants.

le ballon de **Guebwiller** ▪ Point culminant des Vosges (1 424 m).

les **guelfes** n. m. ▪ Nom donné au XIIIe s., en Italie, aux partisans du pape, unis contre les gibelins, partisans de l'empereur d'Allemagne.

Guelmim ▪ Ville du Maroc. 118 318 habitants.

Guenièvre ▪ Personnage du *cycle breton* des chevaliers de la Table ronde. Épouse du roi Artus.

Le **Guépard** ▪ Roman de G. Tomasi di Lampedusa (1958), adapté au cinéma par Luchino Visconti (1963).

la **Guépéou** (russe, « police politique d'État ») ▪ Police politique soviétique de 1922 à 1934. Avec des pouvoirs quasi illimités, elle fut responsable de nombreux crimes et persécutions.

Guérande ▪ Chef-lieu de canton de la Loire-Atlantique, près de Saint-Nazaire. 16 042 habitants. Les marais salants de la presqu'île de Guérande sont reconnus depuis 1995 comme zone humide d'importance internationale (convention de Ramsar, Iran, 1971).

le **Guerchin** ▪ Peintre italien (1591-1666). Œuvre lyrique et dramatique d'un maniérisme raffiné.

Guéret ▪ Chef-lieu de la Creuse. 12 698 habitants.

Camille **Guérin** ▪ Biologiste français (1872-1961). → **Calmette.**

Guernesey ▪ Une des îles Anglo-Normandes. 63 km². 62 600 habitants. Chef-lieu : Saint Peter Port.

Guernica y Luno ▪ Ville d'Espagne (Biscaye). 16 727 habitants. La ville fut bombardée en 1937 par les Allemands alliés de Franco. Il y eut près de 2 000 victimes. Picasso a donné le nom de «Guernica» à un monumental tableau consacré au thème de la guerre civile (1937).

la **guerre de 1870** → guerre **franco-allemande**

La **guerre de Troie n'aura pas lieu** ▪ Pièce de Jean Giraudoux (1935).

Guerre et Paix ▪ Roman de Léon Tolstoï (1863-1869).

la **guerre froide** ▪ Tension diplomatique et militaire entre les États-Unis et l'URSS de 1948 à 1989.

la Première **Guerre mondiale** ▪ Premier conflit mondial de l'histoire (1914-1918). Il opposa deux blocs : d'une part la Serbie, les États de la Triple-Entente (France, Royaume-Uni, Russie) et leurs alliés (Belgique, Japon, Italie, Roumanie, Grèce et États-Unis) ; d'autre part les puissances centrales (Allemagne, Autriche-Hongrie), l'Empire ottoman et la Bulgarie. Ces derniers furent vaincus.

la Seconde **Guerre mondiale** ▪ Conflit qui, de 1939 à 1945, opposa les forces de l'Axe (Allemagne, Italie, Japon) aux Alliés (France, Royaume-Uni, URSS, États-Unis). Ces derniers furent vainqueurs.

Du **Guesclin** → **Du Guesclin**

Jules **Guesde** ▪ Socialiste marxiste français (1845-1922).

Gueugnon ▪ Chef-lieu de canton de la Saône-et-Loire, près de Charolles, sur l'Arroux. 6 685 habitants. Sidérurgie.

Ernesto **Guevara** dit le Che ▪ Révolutionnaire argentin (1928-1967). Compagnon de Castro.

musées **Guggenheim** ▪ Musées de New York et de Bilbao consacrés à l'art du XXe s.

Gui d'Arezzo ▪ Bénédictin italien, théoricien de la musique (v. 990-v. 1050).

Guidel ▪ Commune du Morbihan. 11 743 habitants.

Guignol ▪ Marionnette créée à Lyon vers 1808.

Guillaume ▪ Nom de plusieurs souverains européens.
1 EMPEREURS D'ALLEMAGNE ► **Guillaume Ier** (1797-1888). Roi de Prusse après 1861 et empereur d'Allemagne de 1871 à sa mort. ► **Guillaume II** (1859-1941). Empereur en 1888, il abdiqua en 1918.
2 ROIS D'ANGLETERRE ► **Guillaume Ier**, dit **Guillaume le Conquérant** (1027-1087). Duc de Normandie, roi d'Angleterre de 1066 à sa mort. ► **Guillaume III d'Orange-Nassau** (1650-1702). Stathouder des Provinces-Unies (1672), roi d'Angleterre de 1689 à sa mort.

Guillaume de Lorris ▪ Poète français (v. 1200-v. 1238). Auteur avec Jean de Meung du *Roman de la rose*.

Guillaume de Machaut ▪ Compositeur et poète français (v. 1300-v. 1377). Un des maîtres de la polyphonie.

Guillaume d'Occam ou **d'Ockham** ▪ Théologien et philosophe nominaliste anglais (v. 1290-v. 1349).

Guillaume Tell ▪ Héros légendaire de l'indépendance suisse (v. 1300).

Sylvie **Guillem** ▪ Danseuse étoile française (née en 1965). Ancienne gymnaste, elle met une technique exceptionnelle au service d'un talent unique dans sa génération.

Nicolas **Guillén** ▪ Poète cubain (1904-1989). Sans répudier la tradition hispanique, il puisa son inspiration à la culture noire de Cuba.

Louis **Guilloux** ▪ Romancier français (1899-1980). Humanisme et foi révolutionnaire *(La Maison du peuple)* animent ses romans, d'un style réaliste. *Le Sang noir*.

Hector **Guimard** ▪ Architecte français, principal représentant de l'Art nouveau (1867-1942).

Émile **Guimet** ▪ Industriel lyonnais (1836-1918). Passionné d'histoire des religions, il ouvrit ses collections orientales en 1879, puis les transféra à Paris dans le musée qui prit son nom (1879), avant de devenir le *Musée national des arts asiatiques*.

la **Guinée** ▪ État d'Afrique occidentale. 245 857 km². 12,7 millions d'habitants. Capitale : Conakry.

la **Guinée-Bissau** ou **Guinée-Bissao** ▪ État d'Afrique occidentale. 36 125 km². 1,8 million d'habitants. Capitale : Bissau.

la **Guinée équatoriale** ▪ État d'Afrique occidentale. 28 051 km². 1,2 million d'habitants. Capitale : Malabo.

Guingamp ▪ Chef-lieu d'arrondissement des Côtes-d'Armor. 7 115 habitants.

le **Guipúzcoa** ▪ Province basque d'Espagne. 1 997 km². 708 428 habitants. Chef-lieu : Saint-Sébastien.

les **Guise** ▪ Famille noble de Lorraine. François (1519-1563) et Henri (1550-1588) furent les chefs du parti catholique en France pendant les guerres de Religion.

Sacha **Guitry** ▪ Acteur, cinéaste et auteur français de comédies (1885-1957). *Le Roman d'un tricheur*.

Guiyang ▪ Ville du sud de la Chine (Guizhou). 2,5 millions d'habitants.

Guizeh → **Gizeh**

le **Guizhou** ▪ Province du sud de la Chine. 176 000 km². 34,8 millions d'habitants. Capitale : Guiyang.

François **Guizot** ▪ Historien français, théoricien libéral, ministre de Louis-Philippe (1787-1874).

le **Gujarat** ▪ État du nord-ouest de l'Inde. 196 024 km². 63,8 millions d'habitants. Capitale : Gandhinagar.

Abdullah **Gül** ▪ Homme politique turc (né en 1950). Président de la République (2007-2014).

Calouste Sarkis **Gulbenkian** ▪ Homme d'affaires et mécène britannique d'origine arménienne (1869-1955). Son immense fortune lui permit d'acquérir une admirable collection d'art, léguée à la *Fondation Gulbenkian* de Lisbonne.

le **Gulf Stream** ▪ Courant marin chaud de l'Atlantique, né dans le golfe du Mexique.

Gulliver ▪ Héros d'un roman de Jonathan Swift (1726).

les **Gupta** ▪ Dynastie indienne (IVe-Ve s.).

Gustave ▪ Nom de plusieurs rois de Suède. ► **Gustave Ier Vasa** (v. 1495-1560). Roi de 1523 à sa mort, après avoir rompu l'union avec le Danemark. ► **Gustave II Adolphe** (1594-1632). Roi de 1611 à sa mort.

Johannes Gensfleisch, dit **Gutenberg** ▪ Inventeur allemand de l'imprimerie (avant 1400-1468).

Alice **Guy** ▪ Cinéaste française (1873-1968). Première femme réalisatrice et scénariste de films.

le **Guyana** ▪ État d'Amérique du Sud. 214 970 km². 760 000 habitants. Capitale : Georgetown.

Guyancourt ▪ Commune des Yvelines. 29 269 habitants.

la **Guyane** [973] ▪ Région et département français d'outre-mer. 91 000 km². 285 133 habitants. Chef-lieu : Cayenne. Chef-lieu d'arrondissement : Saint-Laurent-du-Maroni. Centre spatial guyanais à Kourou.

la **Guyenne** ▪ Ancienne province française (Aquitaine). Capitale : Bordeaux.

Georges **Guynemer** ▪ Héros de l'aviation militaire française (1894-1917).

Constantin **Guys** [gis] ▪ Dessinateur et aquarelliste français (1802-1892). Ses dessins de voyage, de la vie militaire et mondaine témoignent d'une vivacité exceptionnelle de trait. Baudelaire y voyait un témoin parfait de la vie moderne.

Louis Bernard **Guyton de Morveau** ▪ Savant français (1727-1818). Chimiste et homme politique révolutionnaire. Il réalisa en tant que savant la synthèse de l'ammoniac et étudia les affinités chimiques. Il avait eu l'idée d'une nouvelle « nomenclature » (terminologie) chimique, réalisée avec Lavoisier* (1787).

Gwalior ▪ Ville d'Inde (Madhya Pradesh). 1,1 million d'habitants.

H

Haakon ▪ Nom de sept rois de Norvège.

Haarlem ▪ Ville des Pays-Bas (Hollande-Septentrionale). 160 000 habitants. Ville d'art.

Jürgen **Habermas** ▪ Philosophe et sociologue allemand (né en 1929). Il critique l'importance sociale de la technique.

Hissène **Habré** ▪ Homme d'État tchadien (1942-2021). Il conquit le pouvoir par la guerre (1973-1982) et fut déposé en 1990. Il fut condamné à la prison à perpétuité pour crimes contre l'humanité.

la maison de **Habsbourg** ▪ Dynastie qui régna notamment sur le Saint Empire romain germanique, sur l'Autriche (1278-1918), sur l'Espagne (1516-1700) et sur la Hongrie (1526-1918).

les **Hachémites** ou **Hachimites** ▪ Famille qui, depuis le XIe s., a fourni les souverains de La Mecque.

Jeanne Laisné, dite Jeanne **Hachette** ▪ Héroïne française (née v. 1454). Elle défendit Beauvais, assiégé par Charles le Téméraire.

Louis **Hachette** ▪ Éditeur français (1800-1864).

Hadès ▪ mythol. grecque Dieu des Enfers, le *Pluton* des Romains.

Hadrien ▪ (76-138) Empereur romain de 117 à sa mort (76-138).

Ernst **Haeckel** ▪ Biologiste allemand (1834-1919). L'un des fondateurs de l'embryologie. Il créa le mot *écologie*.

Georg Friedrich **Haendel** ▪ Compositeur anglais d'origine allemande (1685-1759). Son œuvre immense intègre les influences italienne, allemande, française et anglaise. Musique instrumentale et surtout vocale : cantates, oratorios (notamment *Le Messie*), quarante opéras.

Muḥammad **Ḥāfeẓ** ou **Ḥāfiẓ** ▪ Poète lyrique persan (v. 1320-v. 1389). *Divan*.

Hagondange ▪ Commune de la Moselle, banlieue de Metz. 9 332 habitants.

la **Hague** ▪ Cap du nord-ouest du Cotentin. ► La **Hague**. Commune du Cotentin. 11 257 habitants.

Haguenau ▪ Chef-lieu d'arrondissement du Bas-Rhin. 35 448 habitants.

Otto **Hahn** ▪ Chimiste allemand (1879-1968). C'est l'un des deux découvreurs de la fission nucléaire (avec F. Strassmann).

Christian **Hahnemann** ▪ Médecin allemand (1755-1843). Fondateur de l'homéopathie.

Haïfa ▪ Port d'Israël. 266 300 habitants.

Hailé Sélassié Ier ▪ Négus d'Éthiopie (1892-1975), renversé en 1974.

le **Hainaut** ▪ Province de Belgique. 3 785 km². 1,34 million d'habitants. Chef-lieu : Mons.

Haiphong ▪ Port du Viêtnam. 841 520 habitants.

Haïti, anciennement *Hispaniola* ▪ Île des Antilles partagée entre la République dominicaine et la république d'Haïti. ► La république **d'Haïti.** 27 750 km². 10,4 millions d'habitants. Capitale : Port-au-Prince.

Ludovic **Halévy** ▪ Écrivain français (1834-1908). → **Meilhac.**

Halifax ▪ Port du Canada (Nouvelle-Écosse). 403 131 habitants.

Gisèle **Halimi** ▪ Avocate et militante féministe (1927-2020). Elle contribua à l'avancée des droits des femmes (avortement, reconnaissance du viol comme un crime).

al-**Ḥallāj** ▪ Mystique musulman condamné à mort pour ses idées inspirées du soufisme (v. 858-922).

Halle ▪ Ville d'Allemagne (Saxe-Anhalt). 233 900 habitants. Monuments anciens. Université.

les **Halles** n. f. pl. ▪ Quartier du centre de Paris.

Edmund **Halley** ▪ Astronome britannique (1656-1742). Il prédit le retour périodique d'une comète.

Hallstatt ▪ Village autrichien et site préhistorique ayant donné son nom au premier âge du fer.

Jean-Philippe Smet, dit Johnny **Hallyday** ▪ Chanteur français (1943-2017). « Idole » durable du rock and roll en France.

Frans **Hals** ■ Peintre hollandais (v. 1580-1666). Portraits, tableaux corporatifs. Son style large et puissant évolua vers la gravité et le tragique, servis par une maîtrise des gris et des noirs.

Hamadān, anciennement *Ecbatane* ■ Ville d'Iran. 550 000 habitants. Monuments anciens.

le **Hamas** («Mouvement de la résistance islamique») ■ Mouvement politique palestinien créé en 1987 à Gaza qui revendique pour la Palestine un État islamique. Sa branche armée recourt aux attentats ; l'État d'Israël le combat par la force.

Hambourg, en allemand *Hamburg* ■ Port et Land d'Allemagne, sur l'Elbe. 755 km². 1,79 million d'habitants.

Hamilcar Barca ■ Chef carthaginois (v. 290-229 avant J.-C.). Père d'Hannibal.

Hamilton ■ Ville du Canada (Ontario). 536 917 habitants.

sir William Rowan **Hamilton** ■ Mathématicien et physicien irlandais (1805-1865). Algébriste, créateur du terme de *vecteur*.

Hamlet ■ Prince danois (IIe s. ?) dont la légende inspira Shakespeare (*Hamlet*, v. 1600).

Hammamet ■ Ville de Tunisie. 63 100 habitants. Station balnéaire.

Hammerfest ■ Ville de Norvège, la plus septentrionale d'Europe. 9 900 habitants.

Dashiell **Hammett** ■ Auteur américain de romans policiers (1894-1961). Récits dénonçant la rapacité et la violence *(Le Faucon maltais)*.

Hammourabi ou **Hammurabi** ■ Fondateur du premier Empire babylonien (XVIIIe s. avant J.-C.). Auteur d'un code de lois.

Hampshire ■ Comté du sud de l'Angleterre. 1 240 000 habitants.

Lionel **Hampton** ■ (1909-2002) Pianiste, vibraphoniste et chef d'orchestre américain de jazz.

Knut **Hamsun** ■ Romancier norvégien (1859-1952). Il évoque le vagabondage et la misère *(La Faim)*, dénonce les vices de la société. Il fut tenté par le nazisme. Prix Nobel 1920.

les **Han** ■ Dynastie chinoise (206 avant J.-C.-220 apr. J.-C.).

Peter **Handke** ■ Romancier et auteur dramatique autrichien (né en 1942). Pièces radiophoniques, récits romanesques, «journal» d'idées, essais, scénarios. Prix Nobel.

Michael **Haneke** ■ Cinéaste autrichien (né en 1942). Dans un univers glacé et oppressant, il dépeint la violence, le refoulement et l'obscurantisme. *Funny Games ; La Pianiste ; Le Ruban blanc.*

Hangzhou ■ Ville de Chine (Zhejiang). 5,1 millions d'habitants.

Hannibal ■ Général et homme d'État carthaginois (v. 247-183 avant J.-C.). Il déclencha la deuxième guerre punique.

Hanoi ■ Capitale du Viêtnam sur le delta du fleuve Rouge. 3,6 millions d'habitants.

le **Hanovre** ■ Ancien État d'Allemagne du Nord, incorporé en 1945 à l'État de Basse-Saxe. ► **Hanovre,** en allemand *Hannover*. Ville d'Allemagne (Basse-Saxe). 515 000 habitants.

la **Hanse** ■ Association de villes marchandes d'Allemagne du Nord (XIIe-XVIIe s.).

Simon **Hantaï** ■ Peintre français d'origine hongroise (1922-2008). D'abord surréaliste, puis adepte d'une «peinture de signes» d'esprit fantastique.

les **Haoussas** ■ Peuple musulman du Niger et du Nigeria.

Harare ■ Capitale du Zimbabwe. 1 450 000 habitants.

Harbin ou **Kharbin** ■ Ville du nord-est de la Chine (Heilongjiang). 4,5 millions d'habitants.

Jules Hardouin, dit **Hardouin-Mansart** ■ Architecte classique français (1646-1708). Il acheva le château de Versailles.

Thomas **Hardy** ■ Écrivain anglais (1840-1928). Poèmes, nouvelles, romans *(Tess d'Urberville ; Jude l'Obscur)*.

Oliver **Hardy** → Stan **Laurel**

Saad **Hariri** ■ Homme d'État libanais et saoudien (né en 1970). Premier ministre du Liban de 2009 à 2011 et de 2016 à 2020.

Harlem ■ Quartier de New York, au nord de Manhattan, majoritairement habité par les Noirs.

Nikolaus **Harnoncourt** ■ Musicien autrichien, professeur et chef d'orchestre (1929-2016). Il a enregistré de nombreux disques (notamment l'intégrale des cantates de J.-S. Bach, avec Gustav Leonhardt).

Serge **Haroche** ■ Physicien français (né en 1944). L'un des fondateurs de l'électrodynamique quantique en cavité qui consiste à étudier comment interagissent des atomes qui traversent un à un une «boîte» dans laquelle sont piégés des photons. Ces recherches permettent de tester le traitement quantique de l'information. Prix Nobel 2012.

Harold II ■ Roi d'Angleterre, de 1066 à sa mort (né v. 1022). Il fut vaincu par Guillaume le Conquérant et tué à la bataille d'Hastings.

Haroun al-Rachid ■ Calife abbasside (766-809).

Harpagon ■ Personnage de Molière incarnant l'avarice *(L'Avare)*.

Stephen **Harper** ■ Homme politique canadien (né en 1959). Premier ministre (conservateur) du Canada de 2006 à 2015.

les **Harpies** n. f. pl. ■ mythol. grecque Divinités mi-oiseaux mi-femmes. Ravisseuses d'âmes.

Harry Potter ▪ Série de sept romans écrite par l'écrivaine britannique J. K. Rowling entre 1997 et 2007 et dont le héros est un jeune sorcier.

Hans **Hartung** ▪ Peintre abstrait allemand naturalisé français (1904-1989).

Harvard ▪ La plus ancienne université (1636) des États-Unis, à Cambridge, dans le Massachusetts.

William **Harvey** ▪ Médecin anglais (1578-1657). Il découvrit la circulation sanguine.

le **Harz** ▪ Massif montagneux hercynien d'Allemagne centrale.

Jaroslav **Hašek** ▪ Écrivain tchèque (1883-1923). Anarchiste et satiriste. *Le Brave Soldat Chveik*.

Clara **Haskil** ▪ Pianiste roumaine (1895-1960). Interprète de Mozart, Schubert.

Hassan II ▪ (1929-1999) Roi du Maroc de 1961 à sa mort.

Hasselt ▪ Ville de Belgique (Limbourg). 78 714 habitants.

Hassi Messaoud ▪ Gisements pétrolifères du Sahara algérien, au sud-est d'Ouargla.

Hastings ▪ Port du sud de l'Angleterre. 93 000 habitants. Victoire de Guillaume le Conquérant sur Harold II (1066).

Hatchepsout ▪ Reine d'Égypte de la XVIIIe dynastie (v. 1504-1483 avant J.-C.). Elle évinça son neveu Touthmôsis III, et mena une politique de paix. Son temple de Deir-el-Bahari se trouve en face de Karnak.

Hathor ▪ Déesse égyptienne, personnification du Ciel, sous la forme d'une vache aux cornes en lyre, mère d'Horus, le Soleil.

le baron **Haussmann** ▪ Préfet de la Seine (1809-1891). Il dirigea les grands travaux de Paris.

la **Haute-Volta** → le **Burkina Faso**

les **Hauts-de-France** ▪ Région administrative de la France. Cinq départements : Aisne, Nord, Oise, Pas-de-Calais, Somme. 31 813 km^2. 6 millions d'habitants. Chef-lieu : Lille.

Les **Hauts de Hurlevent** ▪ Roman d'Emily Brontë (1847).

les **Hauts-de-Seine** [92] ▪ Département français de la Région Île-de-France. 175 km^2. 1,63 million d'habitants. Chef-lieu : Nanterre. Chefs-lieux d'arrondissement : Antony, Boulogne-Billancourt.

l'abbé René Just **Haüy** ▪ Minéralogiste français (1743-1822). ► Valentin **Haüy,** son frère (1745-1822). Éducateur français des jeunes aveugles.

La **Havane** ▪ Capitale de Cuba. 2,2 millions d'habitants.

l'Agence **Havas** ▪ Agence française d'information et de publicité, créée en 1835 par Charles Henri Havas (1783-1858). Son secteur d'information donna naissance à l'Agence France-Presse (AFP) en 1944.

Václav **Havel** ▪ Dramaturge et homme d'État tchèque (1936-2011). Président de la république de Tchécoslovaquie (1989-1992) puis de la République tchèque (1993-2003).

Le **Havre** ▪ Chef-lieu d'arrondissement et port de la Seine-Maritime. 165 830 habitants.

les îles **Hawaii** ou **Hawaï** ▪ Archipel de Polynésie, formant l'un des États des États-Unis. 16 600 km^2. 1,36 million d'habitants. Capitale : Honolulu.

Howard **Hawks** ▪ Cinéaste américain (1896-1977). À la fois scénariste, réalisateur, producteur, il est l'auteur de films de genres très divers *(Rio Bravo ; Scarface ; Le Grand Sommeil).*

Nathaniel **Hawthorne** ▪ Romancier américain (1804-1864). Il dépeint les milieux puritains de Nouvelle-Angleterre. *La Lettre écarlate*.

Joseph **Haydn** ▪ Compositeur autrichien (1732-1809). Nombreuses symphonies ; quatuors qui renouvellent le genre, oratorios *(Les Saisons ; La Création)*, opéras, musique religieuse *(Stabat mater)*. Il exerça une profonde influence sur Mozart, puis sur Beethoven.

La **Haye,** en néerlandais *Den Haag* ou *'s-Gravenhage* ▪ Ville des Pays-Bas (Hollande-Méridionale), siège du gouvernement. 553 400 habitants. Musée du Mauritshuis (chefs-d'œuvre de l'école hollandaise). Siège de la Cour internationale de justice.

L'**Haÿ-les-Roses** ▪ Chef-lieu d'arrondissement du Val-de-Marne. 31 647 habitants.

Marguerite Cansino, dite Rita **Hayworth** ▪ Actrice américaine de cinéma (1918-1987). *Gilda ; La Dame de Shanghai*, d'Orson Welles.

Michel **Hazanavicius** ▪ Réalisateur français (né en 1967). C'est avec son acteur de prédilection, Jean Dujardin, qu'il tourna des parodies de films d'espionnage *(OSS 117)* et *The Artist*, récompensé par cinq Oscars en 2012.

Hazebrouck ▪ Ville du département du Nord, près de Dunkerque. 21 464 habitants.

le **HCR** ▪ Haut Commissariat des Nations unies pour les réfugiés. Fondé en 1951. Prix Nobel de la paix 1954 et 1981.

William Randolf **Hearst** ▪ Magnat de la presse américaine (1863-1951). Personnage mégalomane et secret, qui inspira le *Citizen Kane* d'Orson Welles.

Hebei ▪ Province du nord de la Chine. 187 700 km^2. 71,8 millions d'habitants. Capitale : Shijiazhuang.

Jacques **Hébert** ▪ Révolutionnaire français (1757-1794). Opposé aux modérés, il fut éliminé par Robespierre.

Anne **Hébert** ▪ Romancière et poète québécoise (1916-2000). Ses poèmes et ses romans expriment avec discrétion l'angoisse d'exister. *Les Fous de Bassan.*

les **Hébreux** ▪ Peuple sémitique du Proche-Orient ancien dont la Bible retrace l'histoire.

les îles **Hébrides** ▪ Archipel britannique à l'ouest de l'Écosse.

Hébron, en arabe *al-Khalīl* ▪ Ville de Palestine, en Cisjordanie. 163 000 habitants.

Hécate ▪ mythol. grecque Déesse de la Magie.

Hector ▪ Héros troyen de *L'Iliade* tué par Achille.

le **Hedjaz** ou **Hijāz** ▪ Barrière montagneuse de l'Arabie saoudite. Point culminant : 2 579 m.

Georg Wilhelm Friedrich **Hegel** ▪ Philosophe allemand (1770-1831). Sa philosophie spiritualiste est fondée sur la dialectique. *La Phénoménologie de l'esprit.*

Martin **Heidegger** ▪ Philosophe allemand (1889-1976). Maître de l'existentialisme athée *(L'Être et le Temps).* Ses rapports intellectuels avec le nazisme prêtent à controverse.

Heidelberg ▪ Ville d'Allemagne (Bade-Wurtemberg). 142 900 habitants. Université.

Jascha **Heifetz** ▪ Violoniste américain d'origine polonaise (1901-1987). Répertoire surtout romantique.

Heilbronn ▪ Ville d'Allemagne (Bade-Wurtemberg), port sur le Neckar. 121 400 habitants.

le **Heilongjiang** ▪ Province du nord-est de la Chine, bordée par le fleuve **Heilong jiang** (ou Amour*).

Heinrich **Heine** ▪ Poète romantique et publiciste allemand (1797-1856). Ses attitudes politiques, libérales et socialistes, sa sensibilité en ont fait un médiateur entre les cultures allemande et française.

Werner **Heisenberg** ▪ Physicien allemand (1901-1976). L'un des fondateurs de la mécanique quantique.

Hélène ▪ Héroïne de *L'Iliade.* Son enlèvement par Pâris déclencha la guerre de Troie.

Helgoland ou **Héligoland** ▪ Petite île de la mer du Nord, base navale allemande (sous-marins) jusqu'en 1945.

Héliodore ▪ Ministre du roi de Syrie Séleucos IV (mort en 175 avant J.-C.). D'après la Bible, il tenta de s'emparer des trésors du temple de Jérusalem, et en fut chassé.

Héliogabale → **Élagabal**

Hélios ▪ mythol. grecque Dieu du Soleil. ▶ **Héliopolis.** Ancienne ville d'Égypte consacrée au culte du Soleil.

Hermann von **Helmholtz** ▪ Physicien et physiologiste allemand (1821-1894). Il fut l'un des fondateurs de la thermodynamique et contribua à la philosophie des sciences.

Héloïse ▪ Abbesse française (1101-1164). → **Abélard.**

Helsinki ▪ Capitale de la Finlande. 658 400 habitants.

l'**Helvétie** n. f. ▪ Anc. partie orientale de la Gaule correspondant à la Suisse.

Claude Adrien **Helvétius** ▪ Philosophe matérialiste français (1715-1771). *De l'esprit.*

Ernest **Hemingway** ▪ Romancier américain (1899-1961). Ses récits, romans et nouvelles, célèbrent l'action et l'énergie vitale, mais sont hantés par la mort *(L'Adieu aux armes ; Pour qui sonne le glas ; Le Vieil Homme et la Mer).* Prix Nobel 1954.

Louis **Hémon** ▪ Écrivain français (1880-1913). *Maria Chapdelaine.*

Henan ▪ Province de la Chine. 167 000 km^2. 94 millions d'habitants. Capitale : Zhengzhou.

Hendaye ▪ Ville et port des Pyrénées-Atlantiques, à la frontière de la France et de l'Espagne, près de Bayonne. 17 621 habitants.

Barbara **Hendricks** ▪ Cantatrice américaine (soprano) (née en 1948).

James Marshall, dit Jimi **Hendrix** ▪ Guitariste et chanteur américain de musique pop (1942-1970).

Hénin-Beaumont ▪ Ville du Pas-de-Calais. 25 886 habitants.

Henri ▪ Nom de plusieurs souverains européens.
1 ROIS ET EMPEREURS D'ALLEMAGNE ▶ **Henri Ier l'Oiseleur** (v. 875-936). Roi de 919 à sa mort. ▶ Saint **Henri II** (973-1024). Roi après 1002, empereur de 1014 à sa mort. ▶ **Henri III** (1017-1058). Empereur de 1046 à sa mort. ▶ **Henri IV** (1050-1106). Empereur de 1084 à sa mort. Il lutta contre le pape Grégoire VII. ▶ **Henri V** (1081-1125). Empereur de 1111 à sa mort. Il mit fin à la querelle des Investitures. ▶ **Henri VI** (1165-1197). Empereur de 1191 à sa mort.
2 ROIS D'ANGLETERRE ▶ **Henri Ier Beauclerc** (1068-1135). Roi de 1100 à sa mort. ▶ **Henri II** (1133-1189). Roi de 1154 à sa mort, mari d'Aliénor d'Aquitaine. ▶ **Henri III** (1207-1272). Roi de 1216 à sa mort. ▶ **Henri IV** (1367-1413). Roi de 1399 à sa mort. ▶ **Henri V** (1387-1422). Roi de 1413 à sa mort, vainqueur des Français à Azincourt (1415). ▶ **Henri VI** (1421-1471). Roi de 1422 à 1461. ▶ **Henri VII** (1457-1509). Roi de 1485 à sa mort. Il mit fin à la guerre des Deux-Roses. ▶ **Henri VIII** (1491-1547). Roi de 1509 à sa mort, marié six fois. Il est le fondateur de

l'anglicanisme.
3 ROIS DE FRANCE ► **Henri Ier** (v. 1008-1060). Roi de 1031 à sa mort. ► **Henri II** (1519-1559). Roi de 1547 à sa mort. ► **Henri III** (1551-1589). Roi de 1574 à sa mort. Il fut tué par un moine ligueur. ► **Henri IV** (1553-1610). Roi de 1589 à sa mort. Il mit fin aux guerres de Religion. Assassiné par Ravaillac.
4 GRAND-DUC DE LUXEMBOURG ► **Henri** (né en 1955). Il a succédé à son père, le grand-duc Jean, en 2000.

Henriette-Anne d'Angleterre ▪ Duchesse d'Orléans, épouse du frère de Louis XIV (1644-1670). Oraison funèbre par Bossuet.

Henri le Navigateur ▪ Prince portugais (1394-1460). Il dirigea l'exploration du littoral de l'Afrique.

Pierre **Henry** ▪ Compositeur français (1927-2017). Fondateur de la musique concrète avec Pierre Schaeffer. *Messe pour le temps présent.*

Katharine **Hepburn** ▪ Actrice de cinéma américaine (1907-2003). Elle joua dans des comédies de George Cukor et dans *African Queen*, de John Huston (avec H. Bogart).

Audrey **Hepburn** ▪ Actrice américaine de cinéma (1929-1993). *Vacances romaines ; My Fair Lady.*

Héphaïstos ▪ mythol. grecque Dieu du Feu et des Forgerons, le *Vulcain* des Romains.

Héra ▪ mythol. grecque Déesse du Mariage, la *Junon* des Romains.

Héraclès ▪ mythol. grecque Héros célèbre pour sa force et ses exploits : les «Douze Travaux» ; *Hercule* chez les Latins.

Héraclite ▪ Penseur présocratique grec (v. 576-v. 480 avant J.-C.).

Héraklion, anciennement *Candie* ▪ Port de Crète. 165 000 habitants.

l'**Hérault** n. m. ▪ Fleuve côtier du sud de la France. 160 km. ► l'**Hérault** [34]. Département français de la Région Occitanie. 6 224 km². 1,19 million d'habitants. Chef-lieu : Montpellier. Chefs-lieux d'arrondissement : Béziers, Lodève.

Herblay ▪ Ville du Val-d'Oise. 31 747 habitants.

Herculanum ▪ Ville de l'Italie anc. (Campanie), ensevelie par le Vésuve avec Pompéi, en 79.

Hercule → Héraclès

Johann Gottfried **Herder** ▪ Philosophe allemand (1744-1803). Prédécesseur de Goethe, il considérait que la culture et la langue d'une nation reflètent son génie populaire.

José Maria de **Heredia** ▪ Poète français (1842-1905). Maître de la poésie «parnassienne» *(Les Trophées).*

Georges Remi, dit **Hergé** ▪ Dessinateur belge, créateur de Tintin (1907-1983).

Hermaphrodite ▪ mythol. grecque Fils d'Hermès et d'Aphrodite.

Hermès ▪ mythol. grecque Dieu du Commerce et messager des dieux, le *Mercure* latin.

Hernani, ou l'Honneur castillan ▪ Drame de Victor Hugo (1830).

Hérode Ier le Grand ▪ Roi des Juifs (73-4 avant J.-C.). Selon l'Évangile, il ordonna le «massacre des Innocents».

Hérode Antipas ▪ Fils du précédent (4 avant J.-C.-39). Dans l'Évangile, il fit décapiter Jean-Baptiste.

Hérodiade ▪ Princesse juive, épouse d'Hérode Antipas (7 avant J.-C.-39).

Hérodote ▪ Historien grec (v. 484-v. 425 avant J.-C.).

Hérouville-Saint-Clair ▪ Ville du Calvados, banlieue de Caen. 22 150 habitants.

Édouard **Herriot** ▪ Écrivain et homme politique (radical) français (1872-1957).

Philippe **Hersant** ▪ Compositeur français (né en 1948). Son œuvre, essentiellement consonante, s'inspire de la littérature *(Le Château des Carpathes).*

sir William **Herschel** ▪ Astronome anglais (1738-1822). Il découvrit Uranus.

Heinrich **Hertz** ▪ Physicien allemand (1857-1894). Il découvrit les ondes électromagnétiques dites *hertziennes.*

Ejner **Hertzsprung** ▪ Astronome danois (1873-1967). Auteur, avec H. N. Russell, d'une classification des étoiles.

la **Herzégovine** ▪ Région des Balkans, au sud de la Bosnie.

Theodor **Herzl** ▪ Écrivain juif hongrois, fondateur du sionisme (1860-1904).

Werner Stipetic, dit Werner **Herzog** ▪ Cinéaste allemand (né en 1942). Personnages marginaux et solitaires. *Aguirre, la colère de Dieu ; L'Énigme de Kaspar Hauser ; Fitzcarraldo.*

Hésiode ▪ Poète grec (VIIIe-VIIe s. avant J.-C.). *Les Travaux et les Jours.*

les **Hespérides** n. f. pl. ▪ mythol. grecque Nymphes gardiennes du jardin où poussaient des pommes d'or.

Rudolf **Hess** ▪ Homme politique allemand, collaborateur de Hitler (1894-1987).

Hermann **Hesse** ▪ Romancier allemand naturalisé suisse (1877-1962). Il oppose la quête spirituelle personnelle à la décadence de la civilisation moderne *(Le Loup des steppes ; Le Jeu des perles de verre).*

la **Hesse** ▪ Land d'Allemagne. 21 114 km². 6,1 millions d'habitants. Capitale : Wiesbaden.

Stéphane **Hessel** ▪ Diplomate et homme politique français (1917-2013). *Indignez-vous !*

Pierre-Jules **Hetzel** ■ Éditeur français (1814-1886). Outre les œuvres de Jules Verne, il publia George Sand, Zola, des ouvrages illustrés. Il écrivit des romans sous le nom de P. J. Stahl.

le **Hezbollah** (arabe «parti d'Allah») ■ Mouvement chiite libanais fondé en 1982 pour lutter contre Israël.

Jacques **Higelin** ■ Chanteur et auteur-compositeur français (1940-2018).

Peter W. **Higgs** ■ Physicien britannique (1929-2024). Découvreur de la particule élémentaire dite «boson de Higgs». Prix Nobel 2013, avec F. Englert.

les **Highlands** ■ Région du nord de l'Écosse.

Patricia **Highsmith** ■ Romancière américaine, autrice d'histoires policières (1921-1995). *L'Inconnu du Nord-Express* (adapté au cinéma par Hitchcock).

Nazım **Hikmet** ■ Écrivain turc (1902-1963). Pièces de théâtre, poèmes *(C'est un dur métier que l'exil)*, inspirés par ses convictions nationales et marxistes.

David **Hilbert** ■ Mathématicien allemand (1862-1943). Il formalisa la géométrie.

Lukas von **Hildebrandt** ■ Architecte baroque autrichien (1668-1745).

sir Edmund **Hillary** ■ Alpiniste néozélandais (1919-2008). Il fut le premier à parvenir au sommet de l'Everest, avec le sherpa Tenzing Norgay (1914-1986).

l'**Himalaya** n. m. ■ La plus haute chaîne de montagnes du monde (8 850 m à l'Everest), située en Asie.

Chester **Himes** ■ Romancier américain (1909-1984). Œuvres antiracistes et romans policiers truculents situés à Harlem.

Heinrich **Himmler** ■ Homme politique allemand (1900-1945). Chef de la Gestapo, il organisa l'extermination des juifs.

Bernard **Hinault** ■ Cycliste français (né en 1954). Cinq fois vainqueur du Tour de France.

Paul **Hindemith** ■ Compositeur et théoricien allemand de la musique (1895-1963).

Paul von **Hindenburg** ■ Maréchal allemand (1847-1934). Général en chef lors de la Première Guerre mondiale. Président du Reich, il nomma Hitler chancelier.

l'**Hindū Kush** n. m. ■ Chaîne montagneuse d'Afghanistan et du Pakistan. Point culminant : Tirich Mir, 7 690 m.

Hipparque ■ Astronome grec (IIe s. avant J.-C.). Il découvrit la précession des équinoxes.

Hippocrate ■ Médecin grec (v. 460-v. 377 avant J.-C.). Il établit la théorie des humeurs et demeura pendant des siècles, à côté de Galien, la principale référence de la médecine en Occident.

Hippolyte ■ mythol. Reine des Amazones, tuée par Héraclès.

Hirohito ■ (1901-1989) Empereur du Japon de 1926 à sa mort.

Hiroshige ■ Dessinateur japonais (1797-1858). Estampes de style *ukiyo-e*.

Hiroshima ■ Port du Japon (Honshū). 1,15 million d'habitants. Les Américains y larguèrent la première bombe atomique le 6 août 1945.

Hiroshima mon amour ■ Film d'Alain Resnais (1959), sur un scénario de Marguerite Duras.

Hirson ■ Commune de l'Aisne. 8 685 habitants.

Damien **Hirst** ■ Sculpteur britannique (né en 1965). Il traite de la déchéance et de la mort. *The Physical Impossibility of Death in the Mind of Someone Living* : requin-tigre conservé dans du formol. *For the Love of God* : crâne humain incrusté de diamants.

Hispaniola → **Haïti**

Histoire naturelle ■ Ouvrage scientifique de Buffon rédigé à partir de 1744.

Histoires extraordinaires ■ Recueil de nouvelles d'Edgar Poe (1840).

sir Alfred **Hitchcock** ■ Cinéaste britannique naturalisé américain (1899-1980). Considéré comme le «maître du suspense», il conserva le sens britannique de l'humour, dans des films d'une grande maîtrise technique *(L'Inconnu du Nord-Express ; La Mort aux trousses ; Psychose)*.

Adolf **Hitler** ■ Homme d'État allemand d'origine autrichienne (1889-1945). Chef du parti nazi. Au pouvoir de 1933 à 1945, il établit un régime totalitaire antisémite et raciste et provoqua la Seconde Guerre mondiale.

les **Hittites** ■ Peuple d'Anatolie qui forma un empire du XXe au XIIe s. avant J.-C.

Meindert **Hobbema** ■ Peintre hollandais, paysagiste (1638-1709).

Thomas **Hobbes** ■ Philosophe anglais (1588-1679). Matérialiste empirique, il professait une morale fondée sur l'efficacité. Sa théorie politique associe l'idée de contrat social au pouvoir absolu (*Léviathan*, 1651).

Lazare **Hoche** ■ Général de la Révolution française (1768-1797). Il pacifia la Vendée.

Hồ Chí Minh ■ Homme d'État (communiste) vietnamien (1890-1969). Artisan de l'indépendance du pays.

Hồ Chí Minh-Ville, anc. *Saigon* ■ Ville du sud du Viêtnam. 7 millions d'habitants.

David **Hockney** ■ Peintre britannique (né en 1937). Un des créateurs du pop art. Série des *Bigger Splash* (piscines).

Enver **Hodja** → Enver **Hoxha**

Ernst Theodor Amadeus **Hoffmann** ▪ Écrivain et compositeur allemand (1776-1822). Ses contes font preuve d'une imagination fantastique *(Les Élixirs du diable)*.

Jules **Hoffmann** ▪ Biologiste français (né en 1941). Il découvrit les principes des réponses du système immunitaire. Prix Nobel 2011.

Hugo von **Hofmannsthal** ▪ Auteur dramatique autrichien (1874-1929). Son théâtre lyrique et métaphysique mêle le pathétique à l'ironie. Il écrivit des livrets d'opéra pour Richard Strauss.

William **Hogarth** ▪ Peintre et graveur anglais (1697-1764). Il fit la satire des mœurs de son époque.

le **Hoggar** ▪ Massif volcanique du Sahara. Point culminant : Tahat, 2 918 m.

les **Hohenzollern** ▪ Famille allemande qui régna sur la Prusse (1701-1918) et établit l'Empire allemand.

le **Hohneck** ▪ Sommet des Vosges. 1 363 m.

Hokkaidō ▪ Île du nord du Japon. 78 521 km^2. 5,63 millions d'habitants.

Hokusai ▪ Peintre et graveur japonais (1760-1849). Il renouvela l'art de l'estampe.

le baron d'**Holbach** ▪ Philosophe français (1723-1789). Collaborateur de l'*Encyclopédie*, il défendit un matérialisme athée.

les **Holbein** ▪ Famille de peintres allemands. ► **Holbein l'Ancien** (v. 1465-1524) exécuta des retables et des portraits. ► **Holbein le Jeune,** son fils (1497-1543), devint le peintre du roi Henri VIII d'Angleterre. Portraits. *Les Ambassadeurs*.

Friedrich **Hölderlin** ▪ Poète allemand (1770-1843). Il célèbre les idéaux de la Grèce antique et la communion avec la nature avec un lyrisme qui prépare le romantisme.

Eleanora, dite Billie **Holiday** ou Lady Day ▪ Chanteuse de jazz américaine (1915-1959). Elle enregistra avec Teddy Wilson, Count Basie, Lester Young.

François **Hollande** ▪ Homme politique français (né en 1954). Premier secrétaire du Parti socialiste (1997-2008), il fut président de la République de 2012 à 2017.

la **Hollande** ▪ Région la plus riche et la plus peuplée des Pays-Bas, divisée en deux provinces. ► la **Hollande-Méridionale.** 2 905 km^2. 3,7 millions d'habitants. Chef-lieu : La Haye. ► la **Hollande-Septentrionale.** 2 668 km^2. 2,9 millions d'habitants. Chef-lieu : Haarlem.

Hollywood ▪ Faubourg de Los Angeles (Californie). Studios de cinéma.

Sherlock **Holmes** ▪ Personnage célèbre des romans policiers de Conan Doyle, qui résout des énigmes.

Holopherne ▪ Personnage de la Bible. Général de Nabuchodonosor, il assiège Béthulie. Judith le séduit et le décapite.

le **Holstein** → le **Schleswig-Holstein**

Homère ▪ Poète grec à qui on attribue *L'Iliade* et *L'Odyssée* (IXe s. avant J.-C.).

musée de l'**Homme** ▪ Musée d'ethnographie, d'anthropologie et de préhistoire installé au palais de Chaillot depuis 1937.

L'**Homme qui rit** ▪ Roman de Victor Hugo (1869).

L'**Homme sans qualités** ▪ Œuvre inachevée de R. Musil, publiée à partir de 1930.

Homs ▪ Ville de Syrie. 775 400 habitants.

Hondō → **Honshū**

le **Honduras** ▪ État d'Amérique centrale. 112 088 km^2. 9,3 millions d'habitants. Capitale : Tegucigalpa.

Arthur **Honegger** ▪ Compositeur suisse (1892-1955). Œuvre symphonique et vocale, musique de chambre. Il renouvela l'expression théâtrale lyrique *(Jeanne au bûcher)*.

Honfleur ▪ Ville du Calvados. 6 742 habitants. Port pittoresque. Maisons anciennes.

Hong Kong ▪ Territoire du sud de la Chine. 1 068 km^2. 7 millions d'habitants.

la **Hongrie** ▪ État d'Europe centrale. 93 030 km^2. 9,7 millions d'habitants. Capitale : Budapest.

Honolulu ▪ Ville des États-Unis (Hawaii). 371 700 habitants.

Honorius, en latin *Flavius Honorius* ▪ (384-423) Premier empereur de l'« Empire d'Occident », au pouvoir de 395 à sa mort. Il laissa d'abord ce pouvoir au Vandale Stilicon, qui battit le « Barbare » Alaric, mais l'élimina ensuite (408).

Honshū, anciennement *Hondō* ▪ La plus grande et la plus peuplée des îles du Japon. 230 822 km^2. 100 millions d'habitants.

John Edgar **Hoover** ▪ Directeur du FBI (1895-1972). Il mena une traque acharnée à l'encontre des communistes ou supposés tels.

les **Hopis** ▪ Groupe des Indiens Pueblos.

Edward **Hopper** ▪ Peintre américain (1882-1967). Son réalisme précis, impersonnel, en fait un précurseur du pop art.

Horace ▪ Poète latin (65-8 avant J.-C.). Il célèbre l'amour, la vie rustique, la simplicité et la liberté intérieure (*Satires* ; *Épîtres* ; *Odes*, d'esprit stoïcien).

Horace ▪ Tragédie de Corneille (1640).

les trois **Horaces** ▪ Nom de trois frères romains (VIIe s. avant J.-C.). Ils triomphèrent des Curiaces, champions d'Albe.

la **Horde d'Or** ▪ Khanat mongol qui s'étendait de la Russie au Caucase (XIIIe-XVe s.).

Max **Horkheimer** ■ Sociologue et philosophe allemand, de l'« école de Francfort » (1895-1973). Critique de la société industrielle et de la culture de masse, proche d'Adorno.

Le **Horla** ■ Recueil de contes de Maupassant (1887).

le cap **Horn** ■ Pointe la plus australe de l'Amérique du Sud.

Vladimir **Horowitz** ■ Pianiste américain d'origine russe (1904-1989). Interprète virtuose de Chopin, Liszt, et du répertoire russe.

Victor **Horta** ■ Architecte belge (1861-1947). Pionnier de l'Art nouveau.

Miklós **Horthy** ■ Amiral et dictateur hongrois (1868-1957), au pouvoir de 1920 à 1944.

Horus ■ mythol. égyptienne Dieu du Soleil.

Hōryūji ■ Temple bouddhique fondé en 607 au sud de Nara.

Hossegor ■ Station balnéaire française des Landes.

Hôtel-Dieu ■ Hôpital construit sur le parvis de Notre-Dame de Paris.

Hôtel du Nord ■ Film de Marcel Carné (1938), avec Arletty et Louis Jouvet.

les **Hottentots** ■ Peuple nomade de Namibie.

Jean Antoine **Houdon** ■ Sculpteur français (1741-1828). Bustes.

Michel Thomas, dit Michel **Houellebecq** ■ Écrivain français (né en 1958). Son ton provocateur, son cynisme en font une voix particulière dans la littérature française. *Extension du domaine de la lutte ; Les Particules élémentaires ; La Carte et le Territoire.*

La **Hougue** ■ Fort à l'entrée de la rade du même nom, sur la côte est du Cotentin.

Hou Hsiao-hsien ■ Cinéaste taiwanais (né en 1947). L'insularité, la recherche de la liberté, la construction de l'identité individuelle sont au centre de son œuvre, qui associe poésie et délicatesse à une grande crudité. *Un temps pour vivre, un temps pour mourir ; Les Fleurs de Shanghai ; Three Times.*

Houilles ■ Ville des Yvelines. 33 250 habitants.

Félix **Houphouët-Boigny** ■ (1905-1993) Président de la République ivoirienne de 1960 à sa mort.

Houston ■ Port des États-Unis (Texas). 1,9 million d'habitants (agglomération 4,7 millions).

Enver **Hoxha** ou **Hodja** ■ Homme d'État (communiste) albanais (1908-1985), au pouvoir de 1945 à sa mort.

le **Huang he** ou **Houang-ho,** en français *le fleuve Jaune* ■ Fleuve de Chine du Nord. 5 464 km.

Edwin Powell **Hubble** ■ Astronome américain (1889-1953). Il se consacra à l'étude des galaxies.

Hubble ■ Télescope spatial américain lancé en 1990.

le **Hubei** ■ Province du centre de la Chine. 185 900 km². 57,8 millions d'habitants. Capitale : Wuhan.

saint **Hubert** ■ Évêque de Tongres, Maastricht, Liège (656-727). Héros d'une légende où, lors d'une chasse, un cerf lui apparaît surmonté d'un crucifix.

l'**Hudson** n. m. ■ Fleuve des États-Unis qui relie New York aux Grands Lacs. 500 km.

la baie d'**Hudson** ■ Mer intérieure du Canada.

Huế ■ Ville du Viêtnam. 341 000 habitants.

Huesca ■ Ville d'Espagne (Aragon). 52 031 habitants.

Victor **Hugo** ■ Écrivain français (1802-1885). Chef de file des romantiques, poète *(La Légende des siècles),* dramaturge *(Hernani ; Ruy Blas)* et romancier *(Notre-Dame de Paris ; Les Misérables).* Hugo fut un dessinateur exceptionnel. Son rôle politique, sa lutte contre Napoléon III, son exil eurent une influence énorme sur l'opinion.

Hugues Capet ■ (v. 941-996) Roi de France de 987 à sa mort. Il fonda la dynastie des Capétiens.

Huis clos ■ Pièce de Sartre (1944).

Hu Jintao ■ Homme d'État chinois (né en 1942). Président de la République (2003-2013).

Hull ■ Ville francophone du Canada, province du Québec, en face d'Ottawa, fusionnée dans Gatineau.

Nicolas **Hulot** ■ Homme politique français (né en 1955). Militant écologiste, ministre de la Transition écologique et solidaire (2017-2018).

L'**Humanité** ■ Quotidien français créé en 1904 par Jaurès. Organe socialiste, puis du Parti communiste de 1920 à 1999.

Wilhelm von **Humboldt** ■ Linguiste et philosophe allemand (1767-1835). Il étudia de nombreuses langues et élabora une théorie du langage. ► Alexander von **Humboldt,** son frère (1769-1859). Naturaliste, grand voyageur.

David **Hume** ■ Philosophe empiriste et historien écossais (1711-1776).

Hunan ■ Province du sud de la Chine. 210 000 km². 65,7 millions d'habitants. Capitale : Changsha.

les **Huns** ■ Peuple nomade d'Asie qui dévasta l'Europe au Vᵉ s. → **Attila.**

le lac **Huron** ■ Grand Lac des États-Unis. 59 500 km².

les **Hurons** ■ Indiens du Canada.

Jan **Hus** ■ Réformateur religieux tchèque (v. 1371-1415). Il fut brûlé comme hérétique.

Le **Hussard sur le toit** ■ Roman de Jean Giono (1951).

Hussein ▪ (1935-1999) Roi de Jordanie de 1952 à sa mort.

Saddam **Hussein** ▪ Homme d'État irakien (1937-2006), au pouvoir de 1979 à 2003. Il fut accusé de crimes contre l'humanité, jugé en Irak, condamné à mort et pendu.

Edmund **Husserl** ▪ Philosophe allemand (1859-1938). Il a fondé la phénoménologie.

John **Huston** ▪ Cinéaste américain (1906-1987). Il illustre avec humour l'énergie et l'esprit d'aventure *(Le Faucon maltais ; Le Trésor de la Sierra Madre ; Les Désaxés)*.

Nancy **Huston** ▪ Écrivaine canadienne d'expression anglaise et française (née en 1953). Romans *(Instruments des ténèbres ; Lignes de faille)*, essais.

James **Hutton** ▪ Chimiste et géologue britannique (1726-1797). Il fut l'un des fondateurs de la géologie moderne.

les **Hutus** ▪ Population du Rwanda et du Burundi. → **Tutsis.**

Aldous **Huxley** ▪ Écrivain anglais (1894-1963). Il exprime une vision du monde ironique et critique *(Contrepoint)* et imagine un avenir effroyable *(Le Meilleur des mondes)*.

Christiaan **Huygens** ▪ Physicien et astronome néerlandais (1629-1695). Lois de la force centrifuge. Théorie ondulatoire de la lumière.

Joris-Karl **Huysmans** ▪ Écrivain français (1848-1907). Après des romans naturalistes assez cruels, il chercha un remède à la bassesse et à la bêtise dans l'occultisme et le raffinement sensuel, puis dans la foi chrétienne *(À rebours ; Là-Bas ; La Cathédrale)*.

Hyde Park ▪ Parc de Londres, situé à l'ouest résidentiel de la ville.

Hyderabad ▪ Ville d'Inde (Andhra Pradesh et Telangana). 7,6 millions d'habitants.

Hyderabad ▪ Ville du Pakistan. 1,7 million d'habitants.

Hydre de Lerne n. f. ▪ mythol. Monstre représenté comme un serpent à plusieurs têtes, tué par Héraclès.

Hyères ▪ Commune du Var, à l'est de Toulon. 54 615 habitants. Vestiges d'un château et d'une enceinte fortifiée.

les îles d'**Hyères** ▪ Archipel du Var (Porquerolles, Port-Cros, l'île du Levant).

les **Hyksos** ▪ Envahisseurs asiatiques qui dominèrent l'Égypte de 1785 à 1580 avant J.-C.

le mont **Hymette** ▪ Montagne au sud d'Athènes. 1 026 m.

Hypathie ▪ Érudite, philosophe et mathématicienne grecque (370-415). Directrice d'une école de philosophie à Alexandrie, elle fut massacrée à l'instigation de moines chrétiens.

I

Iago ▪ Personnage d'*Othello* de Shakespeare (1604). Il pousse Othello à tuer sa femme, Desdémone.

Iahvé → **Yahvé**

la **Iakoutie** → république de **Sakha**

Iaroslavl ▪ Ville de Russie, sur la Volga. 613 200 habitants. Églises des XVIe-XVIIe s.

Iaşi ▪ Ville de Roumanie (Moldavie). 303 000 habitants. Centre culturel.

Ibadan ▪ Ville du Nigeria. 3,2 millions d'habitants.

les **Ibères** ▪ Peuple établi en Espagne, au temps de la conquête romaine (Ier s.). ► la péninsule **Ibérique,** nom donné à l'ensemble que constituent l'Espagne et le Portugal.

Ibiza ▪ Île de l'archipel des Baléares. 572 km^2. 132 637 habitants.

Ibn 'Arabī ▪ Philosophe, poète et mystique musulman (1165-1241). Le grand maître du soufisme.

Ibn Baṭṭūṭa ▪ Voyageur et géographe arabe (1304-1377).

Ibn Khaldoun ▪ Historien et philosophe arabe (1332-1406). Il fut un grand précurseur des sciences humaines, notamment de la sociologie.

Ibn Séoud ▪ (1887-1953) Roi d'Arabie saoudite de 1932 à sa mort.

les **Ibos** ▪ Peuple du Nigeria oriental (Biafra).

Ibrahim Pacha ▪ Chef militaire et homme d'État égyptien (1789-1848).

Henrik **Ibsen** ▪ Auteur dramatique norvégien (1828-1906). Son théâtre exprime une philosophie du courage, plus pessimiste à la fin de sa vie. *Brand ; Peer Gynt ; Maison de poupée.*

Icare ▪ mythol. grecque Fils de Dédale. Enfermé dans le Labyrinthe, il s'en échappe au moyen d'ailes attachées avec de la cire. Icare, s'étant approché trop près du soleil, la cire fond et il tombe dans la mer.

l'**Idaho** n. m. ▪ État du nord-ouest des États-Unis. 216 413 km^2. 1,5 million d'habitants. Capitale : Boise.

L'**Idiot** ▪ Roman de Dostoïevski (1868).

Idoménée ▪ Roi légendaire de Crète et personnage de *L'Iliade.*

Iekaterinbourg, anciennement *Sverdlovsk* ▪ Ville de Russie. 1,3 million d'habitants.

Iéna, en allemand *Jena* ▪ Ville d'Allemagne (Thuringe). 102 700 habitants. Victoire de Napoléon Ier sur les Prussiens en 1806.

l'**Iénisseï** n. m. ▪ Fleuve de Russie. 3 487 km.

If ▪ Îlot français de la Méditerranée, en face de Marseille.

l'**IFOP** ▪ « Institut français d'opinion publique », fondé en 1938. Sondages d'opinion.

l'**IGN** ▪ « Institut géographique national » (français) fondé en 1940.

saint **Ignace de Loyola** ▪ Fondateur (espagnol) des jésuites (1491-1556).

Iguaçu ▪ Rivière du Brésil. 1 045 km. Chutes d'eau spectaculaires.

Ijevsk ▪ Ville de Russie (Oudmourtie). 632 100 habitants.

L'**Île au trésor** ▪ Roman de Stevenson (1883).

l'**Île-de-France** n. f. ▪ Région administrative de la France, au cœur du Bassin parisien. Huit départements : Essonne, Hauts-de-Seine, Paris, Seine-et-Marne, Seine-Saint-Denis, Val-de-Marne, Val-d'Oise, Yvelines. 12 012 km^2. 12,27 millions d'habitants. Chef-lieu : Paris.

l'**Île-Rousse** ▪ Commune de Haute-Corse, arrondissement de Calvi. 3 224 habitants. Port. Centre touristique.

L'**Iliade** ▪ Épopée grecque attribuée à Homère. Récit de la guerre de Troie. Le texte demeura un modèle pour toute la littérature occidentale, avec *L'Odyssée.*

Sergueï Vladimirovitch **Iliouchine** ▪ Ingénieur aéronautique russe (1894-1977). Il conçut de nombreux modèles d'avions.

l'**Ill** n. m. ▪ Rivière d'Alsace, affluent du Rhin. 208 km.

l'**Ille-et-Vilaine** [35] n. f. ▪ Département français de la Région Bretagne. 6 852 km². 1,09 million d'habitants. Chef-lieu : Rennes. Chefs-lieux d'arrondissement : Fougères, Redon, Saint-Malo.

Ivan **Illich** ▪ Philosophe autrichien de langue anglaise (1926-2002). D'abord prêtre au Mexique ; il a mené une réflexion sur les mutations sociales et culturelles de la 2de moitié du XXe siècle. Son livre *La Convivialité* (1973) a eu une grande influence dans le monde entier.

Illiers-Combray ▪ Localité d'Eure-et-Loir. 3 237 habitants. Le bourg d'Illiers servit de modèle à Marcel Proust pour le «Combray» d'*À la recherche du temps perdu*, d'où le nom actuel (1971).

l'**Illinois** n. m. ▪ État du centre des États-Unis. 146 756 km². 12,8 millions d'habitants. Capitale : Springfield. Ville principale : Chicago.

Illkirch-Graffenstaden ▪ Ville du Bas-Rhin, banlieue de Strasbourg. 27 087 habitants.

Illuminations ▪ Recueil de poèmes d'Arthur Rimbaud (1886).

L'**Illusion comique** ▪ Tragicomédie de Pierre Corneille (1636).

Illusions perdues ▪ Roman de Balzac (1837-1843).

l'**Illyrie** n. f. ▪ Anc. nom de la partie nord des Balkans.

Shohei **Imamura** ▪ Cinéaste japonais (1926-2006). Assistant d'Ozu, il réalisa ensuite des films sobres et réalistes. *La Ballade de Narayama ; L'Anguille.*

Imhotep ▪ Architecte et ministre égyptien de l'Antiquité (v. 2800 avant J.-C.). Il construisit la première pyramide à degrés, à Saqqara. Il fut adoré comme un dieu.

l'**INA** *(Institut national de l'audiovisuel)* ▪ Établissement public industriel et commercial français, créé en 1975. Il est chargé de collecter et de sauvegarder les archives de la radio et de la télévision.

Incas ▪ Anc. peuple du Pérou qui fonda un puissant empire qui connut son apogée au XVe s. avant d'être détruit par les Espagnols en 1532.

Inch'ŏn ▪ Port de Corée du Sud. 2,8 millions d'habitants.

l'**Inde** n. f. ▪ État fédéral d'Asie. 3 287 263 km². 1,37 milliard d'habitants. Capitale : New Delhi.

la guerre de l'**Indépendance américaine** ▪ Guerre qui opposa le Royaume-Uni à ses colonies d'Amérique du Nord de 1775 à 1782 et aboutit à la création des États-Unis.

Les **Indes galantes** ▪ Opéra-ballet de Rameau (1735).

les **Indes occidentales** ▪ Nom donné à l'Amérique par les Européens qui la découvrirent, à la suite de Christophe Colomb, par confusion avec les Indes. *Compagnie (française, hollandaise) des Indes occidentales* : compagnies commerciales des XVIIe et XVIIIe s., exploitant les richesses de l'Amérique.

l'**Indiana** n. m. ▪ État du centre des États-Unis. 94 153 km². 6 millions d'habitants. Capitale : Indianapolis.

Indianapolis ▪ Ville des États-Unis (Indiana). 820 400 habitants. Circuit automobile.

l'océan **Indien** ▪ Océan entre l'Afrique, l'Asie et l'Australie. 75 millions de km².

les **Indiens** ou **Amérindiens** ▪ Nom donné aux indigènes d'Amérique par les Européens.

l'**Indochine** n. f. ▪ Péninsule asiatique qui comprend la Birmanie, le Laos, la Thaïlande, le Cambodge, le Viêtnam et la Malaisie. ► la guerre d'**Indochine :** guerre d'indépendance des Vietnamiens, qui aboutit au départ des Français (1946-1954).

l'**Indonésie** n. f. ▪ État d'Asie du Sud-Est, formé d'un archipel d'environ 13 000 îles dont Java, Bali, Sumatra, Célèbes, la Papouasie occidentale (partie de l'île de Nouvelle-Guinée) et Kalimantan (partie indonésienne de Bornéo). 1 919 400 km². 267 millions d'habitants. Capitale : Jakarta.

Indore ▪ Ville d'Inde (Madhya Pradesh). 1,6 million d'habitants.

Indra ▪ Divinité védique de l'Inde, considérée comme le roi des dieux.

l'**Indre** n. f. ▪ Rivière, affluent de la Loire. 265 km. ► l'**Indre** [36]. Département français de la Région Centre-Val de Loire. 6 824 km². 218 707 habitants. Chef-lieu : Châteauroux. Chefs-lieux d'arrondissement : Le Blanc, La Châtre, Issoudun.

l'**Indre-et-Loire** [37] n. f. ▪ Département français de la Région Centre-Val de Loire. 6 126 km². 612 119 habitants. Chef-lieu : Tours. Chefs-lieux d'arrondissement : Chinon, Loches.

Arnaldur **Indridason** ▪ Écrivain islandais (né en 1961). L'un des représentants du «polar nordique».

Miguel **Indurain** ▪ Cycliste espagnol (né en 1964). Deux fois vainqueur du Tour d'Italie, cinq fois du Tour de France (1991-1995).

l'**Indus** n. m. ▪ Fleuve d'Inde et du Pakistan. 3 180 km. Ses rives abritèrent une civilisation brillante du IIIe au IIe millénaire avant J.-C.

Vincent d'**Indy** ▪ Compositeur français (1851-1931). Élève de César Franck*, admirateur de Wagner, il est l'auteur d'une œuvre importante en musique de chambre et symphonique, utilisant souvent le folklore français. Il fut aussi un pédagogue et un chef d'orchestre éclectique.

Inés de Castro ▪ Héroïne espagnole (v. 1320-1355), assassinée sur ordre du roi de Portugal Alphonse IV pour avoir épousé secrètement son fils. Elle inspira Camoens, Montherlant *(La Reine morte)*.

Désiré Émile **Inghelbrecht** ▪ Chef d'orchestre et compositeur français (1880-1965).

l'**Ingouchie** n. f. ▪ République autonome de Russie. 2 700 km². 497 400 habitants. Capitale : Nazran.

Dominique **Ingres** ▪ Peintre français (1780-1867). Portraits, nus, scènes mythologiques, qui valent surtout par la perfection du dessin, et une composition obtenue aussi par la couleur *(Le Bain turc)*.

l'**Inn** n. m. ▪ Rivière de Suisse, d'Autriche et d'Allemagne, affluent du Danube. 525 km.

Innocent ▪ Nom de treize papes. ► **Innocent III.** Pape de 1198 à sa mort (1160-1216). Il lutta contre Philippe Auguste, Jean sans Terre et prêcha la quatrième croisade et la croisade contre les albigeois.

fontaine des **Innocents** ▪ Fontaine de Paris édifiée par Pierre Lescot, sculptures de Jean Goujon (1549).

Innsbruck ▪ Ville d'Autriche (Tyrol), sur l'Inn. 121 329 habitants. Édifices des XVe-XVIIIe s.

İsmet **İnönü** ▪ Général et homme politique turc (1884-1973), au pouvoir de 1923 à 1950.

l'**Inquisition** n. f. ▪ Juridiction créée par l'Église pour lutter contre l'hérésie (XIIIe-XVIIIe s.).

l'**INRA** ▪ Institut national (français) de la recherche agronomique (fondé en 1946).

l'**INSEE** ▪ Institut national (français) de la statistique et des études économiques (fondé en 1946).

l'**INSERM** ▪ Institut national (français) de la santé et de la recherche médicale (fondé en 1964).

L'**Insoutenable Légèreté de l'être** ▪ Roman de Milan Kundera (1984).

l'**Institut de France** ▪ Ensemble formé par l'Académie française, l'Académie des sciences, l'Académie des beaux-arts, l'Académie des inscriptions et belles-lettres et l'Académie des sciences morales et politiques, qu'abrite le *palais de l'Institut*, à Paris, édifice du XVIIe s.

l'**Institut du monde arabe** ▪ Fondation créée en 1987, à Paris, afin de faire connaître et rayonner la culture arabe en France. Bibliothèque. Musée.

l'**Institut Pasteur** ▪ Établissement scientifique créé en France (1888), fondation privée reconnue d'utilité publique. Il existe 32 instituts Pasteur, en France et hors de France.

l'**Insulinde** n. f. ▪ Nom des îles du Sud-Est asiatique : Indonésie et Philippines.

l'**Internationale** n. f. ▪ Organisation des partis ouvriers ayant pour but l'avènement du socialisme. Il y eut quatre Internationales. ► **l'Internationale.** Hymne révolutionnaire composé par E. Pottier et P. Degeyter en 1871.

Interpol ▪ Organisation internationale de police criminelle, créée en 1923, composée de 194 pays membres.

L'**Interprétation des rêves** ▪ Texte de Freud (1900).

l'**Intifada** n. f. (mot arabe «soulèvement») ▪ Soulèvement populaire palestinien contre la présence israélienne dans les territoires occupés de Palestine (1987-1993). «Deuxième intifada», en 2000.

les **Inuits** ▪ Nom que se donne le peuple longtemps appelé les Esquimaux, peuple des régions arctiques et subarctiques (Groenland, Labrador, Alaska...).

l'hôtel des **Invalides** ▪ Monument de Paris construit au XVIIIe s. par Hardouin-Mansart.

Inverness ▪ Ville d'Écosse, au nord-est. 48 000 habitants.

la querelle des **Investitures** ▪ Conflit entre la papauté et le Saint Empire romain germanique (1059-1122).

Io ▪ mythol. grecque Prêtresse d'Héra, aimée de Zeus et changée par lui en génisse.

Eugène **Ionesco** ▪ Auteur dramatique français d'origine roumaine (1909-1994). Il décrit l'incommunicabilité entre les êtres, dans des pièces d'une drôlerie symbolique *(La Cantatrice chauve ; Les Chaises ; Le roi se meurt)*.

l'**Ionie** n. f. ▪ Anc. région d'Asie Mineure sur la mer Égée. ► **les Ioniens,** chassés de Grèce, s'y installèrent au XIIe s. avant J.-C. et fondèrent notamment Samos, Éphèse et Milet. ► **la mer Ionienne** est la partie de la Méditerranée qui s'étend entre l'Italie et la Grèce. ► **les îles Ioniennes.** Archipel grec (Corfou, Ithaque, Cythère, Leucade, Céphalonie, Zante).

l'**Iowa** n. m. ▪ État du centre des États-Unis. 145 791 km². 3 millions d'habitants. Capitale : Des Moines.

Iphigénie ▪ mythol. grecque Fille d'Agamemnon que son père sacrifie pour obtenir des vents favorables. Elle a inspiré Racine.

Jean Robert **Ipoustéguy** ▪ Sculpteur français (1920-2006).

Ipsos ▪ Société française de sondages et d'études de marché (1975).

l'IRA n. f. *(Irish Republican Army)* ■ Organisation armée irlandaise, fondée en 1919. Après l'indépendance de l'Eire, l'IRA reprit la lutte armée en 1946 en Irlande du Nord (Ulster).

l'Irak ou **l'Iraq** n. m. ■ État d'Asie occidentale. 440 000 km². 38,2 millions d'habitants. Capitale : Bagdad.

l'Iran n. m. ■ État d'Asie occidentale. 1 648 000 km². 79 millions d'habitants. Capitale : Téhéran.

l'IRCAM ou **Ircam** *(Institut de recherche et de coordination acoustique-musique)* ■ Organisme français de recherche et de création musicale, fondé en 1974. Il permit la création de nombreuses œuvres contemporaines (Berio, Boulez, Pierre Henry, Stockhausen, etc.).

Irène ■ Impératrice d'Orient (v. 752-803).

l'Irian Jaya n. m. ■ Partie occidentale de la Nouvelle-Guinée, appelée aujourd'hui Papouasie occidentale.

Irkoutsk ■ Ville de Russie. 587 800 habitants.

l'Irlande n. f. ■ Île située à l'ouest de la Grande-Bretagne. 84 000 km². Elle est divisée, depuis 1922, entre la république d'Irlande et l'Irlande du Nord. ► **la république** ou **l'État libre d'Irlande** (*Éire* en langue irlandaise). 70 280 km². 5,1 millions d'habitants. Capitale : Dublin. ► **l'Irlande du Nord** fait partie du Royaume-Uni. 14 120 km². 1,7 million d'habitants. Capitale : Belfast.

la mer **d'Iroise** ■ Bras de mer de la côte occidentale de Bretagne.

les **Iroquois** ■ Indiens d'Amérique du Nord.

l'Irtych n. m. ■ Rivière de Sibérie, affluent de l'Ob. 4 248 km.

Washington **Irving** ■ Écrivain et historien américain (1783-1859). Contes humoristiques *(Rip Van Winkle)*.

John **Irving** ■ Écrivain américain (né en 1942). *Le Monde selon Garp*.

Isaac ■ Bible Patriarche, fils d'Abraham. Son père allait le sacrifier lorsque Dieu lui substitua un bélier.

Isabeau de Bavière ■ Reine de France (1371-1435). Régente pendant la folie de son époux Charles VI.

Isabelle Ire la Catholique ■ (1451-1504) Reine de Castille de 1474 à sa mort, épouse de Ferdinand d'Aragon.

Isabelle II ■ (1830-1904) Reine d'Espagne de 1833 à 1868.

Isaïe ■ Bible Prophète hébreu (VIIIe s. avant J.-C.).

l'Isar n. m. ■ Rivière d'Allemagne, affluent du Danube. 352 km.

Ise ■ Ville du Japon (Honshū). 127 900 habitants. Sanctuaires shintoïstes.

col de **l'Iseran** ■ Col des Alpes françaises, en Savoie. 2 764 m.

l'Isère n. f. ■ Rivière, affluent du Rhône. 290 km. ► **l'Isère** [38]. Département français de la Région Auvergne-Rhône-Alpes. 7 467 km². 1,28 million d'habitants. Chef-lieu : Grenoble. Chefs-lieux d'arrondissement : La Tour-du-Pin, Vienne.

Iseult → Tristan et Iseult

Ishiguro Kazuo ■ Écrivain britannique d'origine japonaise (né en 1954). *Les Vestiges du jour* (porté à l'écran par James Ivory). Prix Nobel 2017.

Ishtar ou **Ashtart** ■ Déesse de la Fécondité, dans les religions anc. de l'Asie antérieure, l'*Astarté* des Grecs.

saint **Isidore de Séville** ■ Évêque espagnol, écrivain latin (v. 570-636). *Les Étymologies*, encyclopédie.

Isigny-sur-Mer ■ Ville de Normandie. 3 590 habitants. Beurre, crème.

Isis ■ Déesse de l'anc. Égypte, épouse d'Osiris.

Islamabad ■ Capitale du Pakistan. 1 million d'habitants.

l'Islande n. f. ■ État insulaire du nord de l'Atlantique. 102 828 km². 313 400 habitants. Capitale : Reykjavík.

Ismaël ■ Bible Fils d'Abraham et de sa servante, considéré comme l'ancêtre des Arabes.

Isocrate ■ Orateur grec de l'Antiquité (436-338 avant J.-C.).

Ispahan ou **Isfahan** ■ Ville d'Iran. 1,9 million d'habitants. Ville d'art : Grande Mosquée, XIe-XVIIIe s.

Israël ■ Bible Mot hébreu qui désigne : 1° Jacob ; 2° les tribus issues de ses douze fils ; 3° le royaume fondé après la mort de Salomon ; 4° le peuple juif.

Israël ■ Pays du Proche-Orient. 20 770 km². 7,1 millions d'habitants. Capitale : Jérusalem (reconnue par les États-Unis depuis 2017 mais non reconnue par l'ONU). Tel-Aviv-Jaffa est le siège du gouvernement. ► **les guerres israélo-arabes.** Conflits qui opposèrent Israël et les pays arabes qui refusèrent de reconnaître cet État, qui occupe une partie de la Cisjordanie. Il y eut cinq guerres en 1948-1949, en 1956, en 1967 *(guerre des Six Jours)*, en 1973 *(guerre du Kippour)* et de 1982 à 1985, puis les Intifadas, des affrontements avec le Hezbollah libanais en 2006 et une offensive contre le Hamas à Gaza en déc. 2008.

Issenheim ■ Commune d'Alsace (Haut-Rhin). 3 449 habitants. Un cloître y abritait le retable de Grünewald, aujourd'hui au musée de Colmar.

Issoire ▪ Chef-lieu d'arrondissement du Puy-de-Dôme. 15 297 habitants.

Issoudun ▪ Chef-lieu d'arrondissement de l'Indre. 11 314 habitants.

Issy-les-Moulineaux ▪ Ville des Hauts-de-Seine. 67 937 habitants.

İstanbul, anciennement *Byzance*, puis *Constantinople* ▪ Ville et port de Turquie, sur la rive européenne du Bosphore, carrefour entre l'Europe et l'Asie. 15,2 millions d'habitants. Mosquées Sainte-Sophie, Süleymaniye ; palais de Topkapı.

Istiqlāl ▪ Parti nationaliste marocain, fondé en 1937.

Panaït **Istrati** ▪ Écrivain roumain (1884-1935). Récits de voyage, romans aux thèmes sociaux réalistes et cyniques *(Les Chardons du Baragan)*. Ses premiers romans étaient écrits en français.

Istres ▪ Chef-lieu d'arrondissement des Bouches-du-Rhône. 44 438 habitants.

l'**Istrie** n. f. ▪ Région de Croatie et de Slovénie, en face de Venise.

l'**Italie** n. f. ▪ État d'Europe méridionale. 301 230 km^2. 59,4 millions d'habitants. Capitale : Rome.

les guerres d'**Italie** ▪ Expéditions menées par les rois de France de 1494 à 1559.

Jean **Itard** ▪ Médecin français (1774-1838). Rééducateur d'enfants sourds-muets, il traita Victor l'« enfant sauvage » de l'Aveyron.

Ithaque ▪ Une des îles Ioniennes, patrie d'Ulysse dans *L'Odyssée*.

Ivan IV, dit **Ivan le Terrible** ▪ (1530-1584) Premier tsar de Russie de 1547 à sa mort.

Ivanhoé ▪ Personnage de Walter Scott, héros loyal envers Richard Cœur de Lion (1819).

Charles **Ives** ▪ Compositeur américain (1874-1954). Ce fut un précurseur de Stravinsky, Bartók et de l'atonalité.

James **Ivory** ▪ Cinéaste américain (né en 1928). Films sur le thème des civilisations en contact ; adaptations de Henry James, de E. M. Forster. *Chambre avec vue ; Les Vestiges du jour.*

Ivry-sur-Seine ▪ Ville du Val-de-Marne. 64 016 habitants. Fort d'Ivry.

Ixelles ▪ Ville de Belgique, près de Bruxelles (Bruxelles-Capitale). 87 632 habitants.

İzmir, anciennement *Smyrne* ▪ Port de Turquie, sur la mer Égée. 2,8 millions d'habitants.

le col de l'**Izoard** ▪ Col des Hautes-Alpes à 2 360 m d'altitude.

les **Izvestia** (russe « les nouvelles ») ▪ Quotidien russe fondé en 1917, très influent avant la fin du régime soviétique.

J

Edmond **Jabès** ▪ Écrivain français, né en Égypte (1912-1983). Poèmes ; essais philosophiques *(Livre des questions ; Livre des ressemblances ; Livre des limites).*

Jaca ▪ Ville d'Espagne (Aragon). 12 857 habitants. Monuments historiques.

Philippe **Jaccottet** ▪ Poète et traducteur suisse d'expression française (1925-2021). Il a traduit Leopardi, Musil, Rilke.

Jack l'Éventreur, en anglais *Jack the Ripper* ▪ Criminel anglais de la fin du XIXe s. Il resta inconnu.

Andrew **Jackson** ▪ (1767-1845) Président (démocrate) des États-Unis, de 1829 à 1837.

Mahalia **Jackson** ▪ Chanteuse américaine de gospel (1911-1972).

Milt **Jackson** ▪ Musicien de jazz américain (1923-1999). Vibraphoniste de style bop, membre du Modern Jazz Quartet.

Michael **Jackson** ▪ Chanteur américain de musique pop (1958-2009).

Jacksonville ▪ Port des États-Unis (Floride). 735 600 habitants.

Jacob ▪ Bible Patriarche hébreu. Ses douze fils furent les pères des douze tribus d'Israël.

Jacob ▪ Famille d'ébénistes français. Georges Jacob (1759-1814). ► Ses fils, Georges et François Honoré **Jacob,** continuèrent son œuvre.

Max **Jacob** ▪ Poète français (1876-1944). *Le Cornet à dés,* poèmes en prose d'une grande invention verbale (1917). Humour et mysticisme chrétien dans les poèmes et les romans qui suivirent.

François **Jacob** ▪ Biochimiste et généticien français (1920-2013). Auteur de *La Logique du vivant.* Prix Nobel 2013.

les **Jacobins** ▪ Club révolutionnaire créé en 1789. Dominé par les Montagnards, il soutint Robespierre.

René **Jacobs** ▪ Contre-ténor, musicologue et chef d'orchestre belge (né en 1946). Spécialiste de la musique baroque : musique vocale, opéras.

Joseph-Marie **Jacquard** ▪ Mécanicien français (1752-1834). Inventeur d'un métier à tisser automatique.

Albert **Jacquard** ▪ Généticien français (1925-2013). Auteur de nombreux essais et ouvrages de vulgarisation. *L'Éloge de la différence.*

la **Jacquerie** ▪ Soulèvement de paysans dans le Beauvaisis en 1358, écrasé par le roi de Navarre, Charles II le Mauvais.

saint **Jacques,** dit le Majeur ▪ Apôtre de Jésus (mort en 44). Considéré comme l'évangélisateur de l'Espagne.

saint **Jacques,** dit le Juste ou le Mineur ▪ Apôtre de Jésus (mort en 62). Il serait mort lapidé.

Jacques Ier Stuart ▪ (1566-1625) Roi d'Écosse en 1567, d'Angleterre et d'Irlande de 1603 à sa mort.

Jacques II ▪ (1633-1701) Roi de Grande-Bretagne de 1685 à 1688. Son gendre, Guillaume d'Orange, l'obligea à s'exiler en France.

Iacopo da Varazze, en français **Jacques de Voragine** ▪ Religieux (dominicain) italien (v. 1230-1298), auteur de la *Légende dorée (Legenda aurea).*

Jacques le Fataliste et son maître ▪ Roman de Diderot (1778-1780).

Jacquou le Croquant ▪ Roman d'Eugène Le Roy (1899).

Jaén ▪ Ville d'Espagne (Andalousie). 116 469 habitants. Monuments anciens.

Jaffa → Tel-Aviv-Jaffa

Jaffna ▪ Ville du Sri Lanka. 81 000 habitants.

les **Jagellons** ▪ Dynastie lituanienne qui régna sur la Pologne de 1386 à 1572.

'Amr ibn Baḥr al-**Jāḥiz** ▪ Écrivain arabe (v. 780-869). *Le Livre des avares.*

Jahvé → Yahvé

Jaipur ▪ Ville d'Inde (Rajasthan). 3 millions d'habitants.

Jakarta, anciennement *Batavia* ▪ Capitale fédérale d'Indonésie. 9,6 millions d'habitants.

Roman **Jakobson** ■ Linguiste et poéticien russe naturalisé américain (1896-1982). Fondateur, avec Troubetskoï, de la phonologie et, avec Morris Halle, de la phonologie générative.

la **Jamaïque** ■ Île et État des Antilles. 10 991 km². 2,7 millions d'habitants. Capitale : Kingston.

William **James** ■ Philosophe américain, tenant du pragmatisme (1842-1910).

Henry **James** ■ Romancier américain naturalisé anglais (1843-1916). Il écrivit des récits complexes, d'une grande pénétration psychologique *(Les Ambassadeurs ; La Coupe d'or ; Les Ailes de la colombe)* et des nouvelles envoûtantes *(Ce que savait Maisie ; Le Tour d'écrou)*.

Phyllis Dorothy, dite P. D. **James,** baronne of Holland Park ■ Romancière britannique (1920-2014). Romans policiers très documentés. *À visage couvert ; Meurtres en blouses blanches.*

LeBron **James** ■ Basketteur américain (né en 1984).

James Bond ■ Personnage d'agent secret, créé par le romancier britannique Ian Fleming et repris au cinéma.

Francis **Jammes** ■ Écrivain français (1868-1938). Poèmes et romans d'une délicate simplicité, empreints de ferveur chrétienne *(Les Géorgiques chrétiennes)*.

Jamshedpur ■ Ville d'Inde (Bihar). 1,1 million d'habitants.

Leoš **Janáček** ■ Compositeur tchèque (1854-1928). *Jenufa* (opéra).

Jane Eyre ■ Roman de Charlotte Brontë (1847).

Clément **Janequin** ■ Compositeur français (v. 1485-1558). Maître de la chanson polyphonique.

le **Janicule** ■ Une des collines de Rome.

Vladimir **Jankélévitch** ■ Philosophe français (1903-1985). Auteur d'œuvres de morale, il écrivit aussi des essais sur la musique.

Jansénius ■ Théologien néerlandais, à l'origine du jansénisme (1585-1638).

Jules **Janssen** ■ Astronome français (1824-1907). Découvreur de l'hélium avec Lockyer (1836-1920) en 1868.

Janus ■ mythol. romaine Dieu à deux visages, gardien des portes du ciel.

Japhet ■ Patriarche de la Bible, fils de Noé, ancêtre mythique des peuples d'Asie.

le **Japon** ■ État et archipel d'Asie. 377 765 km². 126,4 millions d'habitants. Îles principales (du nord au sud) : Hokkaidō, Honshū ou Hondō, Shikoku, Kyūshū, les Ryūkyū (dont Okinawa). Capitale : Tōkyō.

Jim **Jarmusch** ■ Cinéaste américain (né en 1953). *Stranger than Paradise ; Down by Law.*

Jarnac ■ Ville de la Charente. 4 447 habitants. En 1569, le duc d'Anjou, futur roi Henri III, y battit les troupes protestantes et le prince de Condé fut tué. On parle du *coup de Jarnac.*

Philippe **Jaroussky** ■ Contre-ténor français (né en 1978). Répertoire allant de Monteverdi au XXIe siècle.

Maurice **Jarre** ■ Compositeur français (1924-2009). Musiques de théâtre et de cinéma. ► Jean-Michel **Jarre,** son fils (né en 1948), auteur de spectacles de sons, couleurs et lumières.

Keith **Jarrett** ■ Musicien de jazz américain (né en 1945). Artiste polyvalent, mais surtout pianiste, maître de l'improvisation.

Alfred **Jarry** ■ Écrivain français (1873-1907). Il créa le personnage du père Ubu *(Ubu roi)*, écrivit des textes, proses et poèmes symbolistes recherchés et inventa la « pataphysique », science fantaisiste des solutions imaginaires.

Wojciech **Jaruzelski** ■ Général polonais (1923-2014). Il proclama en 1981 l'« état de guerre » pour lutter contre le syndicat Solidarité. Président de la République, il dut s'effacer devant Lech Wałęsa (1990).

Jason ■ mythol. grecque Chef des Argonautes, parti à la conquête de la Toison d'or.

Karl **Jaspers** ■ Philosophe allemand (1883-1969). Représentant de l'existentialisme chrétien.

le fleuve **Jaune** → **Huang he**

la mer **Jaune** ■ Mer entre la Chine et la Corée.

Jean **Jaurès** ■ Homme politique français, figure marquante du socialisme (1859-1914). Opposé à la guerre, il fut assassiné.

Java ■ Île volcanique d'Indonésie. 132 186 km². 125,9 millions d'habitants. Ville principale : Jakarta.

Michel **Jazy** ■ Athlète français (né en 1936). Il fut champion d'Europe du 1 500 m.

Andreï Alexandrovitch **Jdanov** ■ Homme politique soviétique (1886-1948). Théoricien du « réalisme socialiste », il défendit l'orthodoxie stalinienne dans tous les domaines.

saint **Jean** ■ Apôtre de Jésus. On lui attribue le quatrième Évangile et l'Apocalypse.

Jean ■ Nom de vingt-trois papes. ► **Jean XXIII.** Pape de 1958 à sa mort (1881-1963). Il convoqua le IIe concile du Vatican. Canonisé en 2014.

Jean ■ Nom de plusieurs souverains européens.

1 ROI D'ANGLETERRE ► **Jean sans Terre** (1167-1216). Roi de 1199 à sa mort. Il fut condamné par Philippe Auguste à perdre ses terres françaises.

2 DUC DE BOURGOGNE ► **Jean sans Peur** (1371-1419). Duc de 1404 à sa mort. Il fut assassiné.

3 ROIS DE FRANCE ► **Jean Ier le Posthume,** fils posthume de Louis X. Il ne vécut que cinq jours (1316). ► **Jean II le Bon** (1319-1364). Roi de 1350

à sa mort. Prisonnier des Anglais, il mourut en captivité.
4 ROI DE POLOGNE ► **Jean III Sobieski** (1624-1696). Roi de 1674 à sa mort. Vainqueur des Turcs.
5 ROI DE PORTUGAL ► **Jean Ier le Grand** (1357-1433). Roi de 1385 à sa mort.
6 GRAND-DUC DE LUXEMBOURG ► **Jean** (1921-2019), grand-duc de 1964 à 2000. Il a abdiqué en faveur de son fils, Henri.

saint **Jean-Baptiste** ▪ Prophète juif (mort v. 28). Il reconnut Jésus comme Messie et le baptisa dans le Jourdain. Il fut décapité.

saint **Jean-Baptiste de La Salle** ▪ Prêtre français, créateur des frères des Écoles chrétiennes (1651-1719).

saint **Jean-Baptiste Marie Vianney** ▪ Prêtre français (1786-1859). Curé d'Ars (Ain).

Jean Bodel → Bodel

saint **Jean Bosco** ▪ Prêtre italien (1815-1888). Fondateur de la congrégation des salésiens.

saint **Jean Chrysostome** ▪ Docteur de l'Église, patriarche de Constantinople (v. 349-407).

Juan de Yepes, saint **Jean de la Croix** ▪ Écrivain mystique espagnol (1542-1591). Réformateur des carmels d'Espagne, il fut persécuté pour son action. Il écrivit des poèmes et quatre traités mystiques d'une foi exaltée et lyrique, d'un style admirable.

Jean de Meung ▪ Écrivain français (1250-v. 1305). Auteur du *Roman de la rose* avec Guillaume de Lorris.

Jeanne III d'Albret ▪ Reine de Navarre (1528-1572). Mère d'Henri IV.

sainte **Jeanne d'Arc,** dite **la Pucelle d'Orléans** ▪ Héroïne française née à Domrémy (v. 1412-1431). Pendant la guerre de Cent Ans, elle délivra Orléans et fit sacrer Charles VII à Reims (1429). Prisonnière des Anglais, elle fut brûlée à Rouen.

Jeanne la Folle ▪ (1479-1555) Reine de Castille de 1504 à sa mort. Mère de Charles Quint.

Jean Paul → Richter

Jean-Paul Ier ▪ (1912-1978) Pape d'août 1978 à sa mort, en septembre.

Jean-Paul II ▪ (1920-2005) Le premier pape polonais, élu en 1978. Son charisme et son inlassable activité pour propager la foi catholique en firent un pontife d'exception. Canonisé en 2014.

Jean Valjean ▪ Personnage central des *Misérables,* roman de Victor Hugo.

Thomas **Jefferson** ▪ Homme d'État, troisième président des États-Unis (1743-1826) ; président de 1801 à 1809. Il rédigea la Déclaration d'indépendance de 1776, et milita pour l'abolition de l'esclavage. Très cultivé, écrivain, architecte, il exprima l'idéal humanitaire de son temps.

Jéhovah ▪ Autre nom de Yahvé.

les témoins de **Jéhovah** ▪ Secte chrétienne fondée aux États-Unis, en 1872.

Elfriede **Jelinek** ▪ Écrivaine autrichienne (née en 1946). Féministe et critique de la société autrichienne. *La Pianiste.* Prix Nobel 2004.

Jemappes, anciennement *Jemmapes* ▪ Anc. commune de Belgique. Dumouriez y vainquit les Autrichiens en 1792.

Edward **Jenner** ▪ Médecin anglais (1749-1823). Inventeur du premier vaccin (contre la variole).

Johannes Vilhelm **Jensen** ▪ Romancier danois (1873-1950). Auteur d'un grand roman historique, *Le Long Voyage.*

Jérémie ▪ Bible Prophète hébreu (v. 650-v. 580 avant J.-C.).

Jerez de la Frontera ▪ Ville d'Espagne (Andalousie). 202 700 habitants. Réputée pour ses vins.

Jéricho ▪ Ville de Palestine, sous autogouvernement palestinien. 20 000 habitants.

Jéroboam Ier ▪ Nom du premier roi d'Israël, de 931 à 910 avant l'ère chrétienne.

saint **Jérôme** ▪ Père et docteur de l'Église (v. 347-420). Auteur de la *Vulgate.*

Jersey ▪ Une des îles Anglo-Normandes. 116 km². 97 000 habitants. Chef-lieu : Saint-Hélier.

Jérusalem ▪ Ville de Palestine, capitale de l'État d'Israël (non reconnue par l'ONU mais reconnue par les États-Unis), cité sainte pour les religions juive, chrétienne et musulmane. Saint-Sépulcre, Mur des Lamentations, Dôme du Rocher. 733 300 habitants.

La **Jérusalem délivrée** ▪ Poème en 20 chants du Tasse.

Otto **Jespersen** ▪ Linguiste danois (1860-1943). Son œuvre englobe la phonétique, la linguistique générale, la grammaire historique de l'anglais.

Arbre de **Jessé** ▪ Représentation de la généalogie de Jésus.

Jésus ou **Jésus-Christ** ▪ Fondateur de la religion chrétienne. Messie et fils de Dieu. Il serait né à Bethléem et mort crucifié en 28 ou 29 de l'ère chrétienne.

la Compagnie de **Jésus** ▪ Ordre de clercs réguliers (jésuites) fondé en 1540 par Ignace de Loyola et voué à l'enseignement.

Le **Jeu de la feuillée** ▪ Comédie d'Adam de la Halle (v. 1276).

Le **Jeu de l'amour et du hasard** ▪ Comédie de Marivaux (1730).

le serment du **Jeu de paume** ▪ Serment prêté le 20 juin 1789 par les députés du tiers état, afin de donner une constitution à la France **(→ Constituante).**

musée du **Jeu-de-Paume** ▪ Salle d'exposition de Paris installée dans l'ancien Jeu de paume des Tuileries.

les **Jeunes-Turcs** ▪ Officiers, membres d'un mouvement réformiste de Turquie, de 1868 à la Première Guerre mondiale.

Jean-Pierre **Jeunet** ▪ Cinéaste français (né en 1953). *Le Fabuleux Destin d'Amélie Poulain.*

Jeux interdits ▪ Film de René Clément (1952).

Jézabel ▪ Princesse tyrienne, épouse du roi d'Israël Achab et mère d'Athalie (IXe s. avant l'ère chrétienne). Selon la Bible, despotique et idolâtre, elle fut assassinée.

le **Jharkhand** ▪ État d'Inde situé dans le nord-est du pays. 79 700 km^2. 26,9 millions d'habitants. Capitale : Ranchi.

Jiang Jieshi ou **Tchang Kaï-chek** ▪ Maréchal et homme d'État chinois (1886-1975). Chef du Guomindang, il lutta contre les communistes et se réfugia à Taiwan après 1949.

Jiang Qing ou **Kiang K'ing** ▪ Femme politique chinoise (1914-1991). Épouse de Mao Zedong, elle domina la vie politique pendant la «Révolution culturelle», puis fut jugée et condamnée, après la mort de Mao.

Jiangsu ▪ Province côtière de l'est de la Chine. 102 600 km^2. 78,6 millions d'habitants. Capitale : Nankin.

le **Jiangxi** ▪ Province du sud de la Chine. 167 000 km^2. 44,5 millions d'habitants. Capitale : Nanchang.

Jiang Zemin ou **Kiang Tsé-min** ▪ Homme d'État chinois (1926-2022). Président de la République de 1993 à 2003.

le **Jilin** ▪ Province du nord-est de la Chine. 187 400 km^2. 27,4 millions d'habitants. Capitale : Changchun.

Jinan ▪ Ville de Chine (Shangdong). 3,5 millions d'habitants.

Muḥammad ʿAli **Jinnāh** ▪ Homme politique pakistanais (1876-1948). Fondateur du Pakistan.

les **Jivaros** ▪ Indiens d'Amazonie.

saint **Joachim** ▪ Père de la Vierge Marie.

Job ▪ Bible Homme juste qui accepta tous les malheurs que Dieu lui envoya.

Steven Paul, dit Steve **Jobs** ▪ Informaticien américain (1955-2011). Cofondateur de Apple (1976).

la **Joconde** ▪ Nom de la Florentine Monna («Madame») Lisa, épouse du marquis del *Giocondo*, et de son célèbre portrait par Léonard de Vinci (musée du Louvre).

Jocrisse ▪ Personnage de théâtre apparu au XVIIIe s., type de ridicule berné.

Étienne **Jodelle** ▪ Auteur dramatique français (1532-1573). *Cléopâtre captive.*

Jodhpur ▪ Ville d'Inde (Rajasthan). 1,1 million d'habitants.

Joseph **Joffre** ▪ Maréchal de France (1852-1931). Vainqueur de la bataille de la Marne en 1914.

Jogjakarta ou **Yogyakarta** ▪ Ville d'Indonésie, capitale de province. 430 000 habitants. Non loin, se trouve le grand temple de Borobudur.

Johannesburg ▪ Ville d'Afrique du Sud. 3,9 millions d'habitants.

Tony **Johannot** ▪ Peintre et illustrateur français (1803-1852). Il travailla avec ses frères Charles et Alfred.

John Bull ▪ Personnage créé en 1712 dans des pamphlets, personnification du peuple anglais.

Jasper **Johns** ▪ Peintre américain (né en 1930). Représentant du pop art et du minimalisme. Série de drapeaux.

Samuel **Johnson** ▪ Écrivain anglais (1709-1784). Critique influent, moraliste, il est l'auteur d'un innovant *Dictionnaire de la langue anglaise.*

Lyndon **Johnson** ▪ (1908-1973) Président (démocrate) des États-Unis de 1963 à 1969.

Daniel **Johnson** ▪ Homme d'État canadien (1915-1968). Premier ministre du Québec de 1966 à sa mort. ► Ses fils, Daniel et Pierre-Marc **Johnson,** furent tous deux Premiers ministres.

Erwin, dit Magic **Johnson** ▪ Basketteur américain (né en 1959).

Alexander Boris de Pfeffel, dit Boris **Johnson** ▪ Homme d'État britannique (né en 1964). Premier ministre (conservateur) de 2019 à 2022. Il mena les négociations du Brexit.

Ellen **Johnson-Sirleaf** ▪ Femme d'État libérienne (née en 1938). Présidente de la République de 2006 à 2018. Prix Nobel de la paix 2011.

Joigny ▪ Commune de l'Yonne. 9 381 habitants.

Jean de **Joinville** ▪ Chroniqueur français (1225-1317). Conseiller de Louis IX.

Irène **Joliot-Curie** ▪ Physicienne française (1897-1956). Fille de Pierre et de Marie Curie, elle étudia la radioactivité et contribua à la naissance de la physique nucléaire. Prix Nobel de chimie 1935 avec son mari. ► Frédéric **Joliot-Curie,** son mari (1900-1958), étudia avec elle la radioactivité artificielle et la fission de l'atome.

André **Jolivet** ▪ Compositeur et chef d'orchestre français (1905-1974).

Niccolò **Jommelli** ▪ Compositeur italien (1714-1774). *Miserere.*

Jonas ▪ Bible Personnage d'un livre biblique, qui, avalé par une baleine, aurait passé trois jours dans son ventre.

Inigo **Jones** ▪ Architecte et décorateur anglais (1573-1652). Son style, classique, est influencé notamment par Palladio.

Johan Barthold **Jongkind** ▪ Peintre et aquarelliste néerlandais (1819-1891). Ses paysages délicats annoncent l'impressionnisme.

Ben **Jonson** ▪ Écrivain anglais élisabéthain (1572-1637), auteur de comédies. *Volpone ; L'Alchimiste.*

Jonzac ▪ Chef-lieu d'arrondissement de la Charente-Maritime. 3 542 habitants.

Kurt **Jooss** ▪ Danseur et chorégraphe allemand (1901-1979).

Scott **Joplin** ▪ Compositeur et pianiste américain (1868-1917). L'un des créateurs du ragtime.

Janis **Joplin** ▪ Chanteuse américaine (1943-1970). La première vedette féminine du rock.

les Grandes **Jorasses** ▪ Sommets du massif du Mont-Blanc. 4 206 m.

Jacob **Jordaens** ▪ Peintre flamand (1593-1678). Ses tableaux illustrent un style baroque flamand truculent, développant certains aspects de l'œuvre de Rubens.

Michael **Jordan** ▪ Basketteur américain (né en 1963).

Philippe **Jordan** ▪ Chef d'orchestre suisse (né en 1974).

la **Jordanie** ▪ État du Proche-Orient. 92 000 km². 10 millions d'habitants. Capitale : Amman.

Asger Oluf Jørgensen, dit Asger **Jorn** ▪ Peintre danois (1914-1973). Son style relève de l'expressionnisme abstrait. L'un des fondateurs du groupe Cobra (Copenhague-Bruxelles-Amsterdam).

Joseph ▪ Bible Fils de Jacob, vendu par ses frères.

saint **Joseph** ▪ Bible Époux de la Vierge Marie.

Joseph II ▪ (1741-1790) Empereur germanique de 1765 à sa mort. Fils de Marie-Thérèse, despote éclairé.

Flavius **Josèphe** → **Flavius Josèphe**

Joséphine, née Marie-Josèphe **Tascher de La Pagerie** ▪ Impératrice des Français (1763-1814). Veuve d'Alexandre de Beauharnais, elle épousa Napoléon Ier qui la répudia en 1809.

Lionel **Jospin** ▪ Homme d'État français (né en 1937). Premier ministre (socialiste) (1997-2002).

Josquin des Prés ▪ Compositeur français (v. 1440-1521). Un des maîtres de la polyphonie.

Josué ▪ Bible Successeur de Moïse (v. XIIe s. avant J.-C.). Il fait tomber les murs de Jéricho au son des trompettes.

Joseph **Joubert** ▪ Écrivain français (1754-1824). Auteur de maximes et de pensées morales.

Joué-lès-Tours ▪ Ville d'Indre-et-Loire, banlieue de Tours. 38 750 habitants.

Les **Joueurs de cartes** ▪ Tableau de Cézanne (v. 1890-1895).

le marquis de **Jouffroy d'Abbans** ▪ Ingénieur français (1751-1832). Il fit fonctionner le premier bateau à vapeur (1776).

Marcel **Jouhandeau** ▪ Écrivain français (1888-1979). Prosateur abondant, évocateur de la province *(Chaminadour)*, moraliste à la fois cynique et mystique, ce fut un ironiste cruel étalant sa vie privée *(Chroniques maritales)*.

Léon **Jouhaux** ▪ Syndicaliste français (1879-1954). Secrétaire général de la CGT de 1909 à 1947, l'un des fondateurs de la CGT-FO.

Gueorgui **Joukov** ▪ Maréchal soviétique (1896-1974). Vainqueur de la bataille de Stalingrad (1942), signataire de la capitulation allemande (1945).

James Prescott **Joule** ▪ Physicien anglais (1818-1889). Un des fondateurs de la thermodynamique.

le **Jourdain** ▪ Fleuve de Palestine qui sépare la Jordanie de la Cisjordanie. 350 km.

Jean-Baptiste **Jourdan** ▪ Maréchal de France (1762-1833). Vainqueur à Fleurus (1794).

Journal d'un curé de campagne ▪ Roman de G. Bernanos (1936).

Journal officiel (de la République française) ▪ Quotidien créé en 1848, il succéda au *Moniteur universel.*

Pierre Jean **Jouve** ▪ Poète et romancier français (1887-1976). *Moires.*

Louis **Jouvet** ▪ Acteur, metteur en scène et directeur de théâtre français (1887-1951). Rôles importants au théâtre (Giraudoux, Molière) et au cinéma *(Topaze ; Knock ; Quai des orfèvres)*.

fort de **Joux** ▪ Château du Xe s., sur le Doubs, qui servit de prison au XVIIIe s.

Jouy-en-Josas ▪ Commune des Yvelines. 7 983 habitants. Oberkampf y créa une industrie textile *(toiles de Jouy)*. Siège de l'École des hautes études commerciales (HEC). Centre de recherche de l'INRA.

James **Joyce** ▪ Écrivain irlandais (1882-1941). Après des récits évocateurs *(Gens de Dublin)*, il publia *Ulysse*, somme psychologique et sociale critique, d'une écriture novatrice et d'une composition élaborée. *Finnegans Wake* fait exploser la langue anglaise au point de construire un objet formel et poétique à peu près intraduisible.

Attila **József** ▪ Poète hongrois (1905-1937). Il tenta la synthèse entre le surréalisme et le folklore hongrois.

Jean René, dit **JR** ▪ Artiste français (né en 1983). Il placarde d'immenses photos sur les murs du monde entier.

Juan Carlos Ier ▪ Roi d'Espagne de 1975 à 2014 (né en 1938).

don **Juan d'Autriche** ▪ Prince espagnol (1545-1578). Il remporta la victoire de Lépante sur les Turcs (1571).

Juan-les-Pins ▪ Station balnéaire des Alpes-Maritimes.

Benito **Juárez** ▪ (1806-1872) Président de la République mexicaine de 1858 à sa mort. Vainqueur de l'empereur Maximilien.

Juda ▪ Bible Fils de Jacob.

le royaume de **Juda** ▪ fut fondé après la mort de Salomon dans le sud de la Palestine (931-587 avant J.-C.).

Judas dit l'Iscariote ▪ Apôtre qui trahit Jésus.

saint **Jude** ou **Thaddée** ▪ Un des douze apôtres.

la **Judée** ▪ Région du sud de la Palestine.

Judith ▪ Bible Héroïne juive qui tua le général assyrien Holopherne.

les **Juges** ▪ Titre d'un Livre de la Bible, le deuxième des Livres historiques, évoquant les restaurateurs du culte de Jahvé (ex. Jephté, Samson).

Clément **Juglar** ▪ Économiste français (1819-1905). Théorie des cycles économiques.

Jugurtha ▪ Roi de Numidie vaincu par les Romains (v. 160-v. 104 avant J.-C.).

le 14 **Juillet 1789** → **Bastille**

la monarchie de **Juillet** ▪ Nom donné au règne de Louis-Philippe Ier (1830-1848).

Alphonse **Juin** ▪ Maréchal de France (1888-1967). Vainqueur à Garigliano (1944).

appel de **juin 40** ▪ Discours du 18 juin 1940 à la radio de Londres, où le général de Gaulle appelait les Français à combattre les Allemands, malgré la défaite.

Jules II ▪ (1443-1513) Pape de 1503 à sa mort. Grand mécène.

Jules César ▪ Tragédie de Shakespeare (1599).

Jules et Jim ▪ Film de François Truffaut (1962).

Jules Romain, en italien *Giulio Romano* ▪ Peintre et architecte italien (1492 ou 1499-1546). Palais du Tè à Mantoue.

Jules **Romains** → **Romains**

Juliana ▪ (1909-2004) Reine des Pays-Bas de 1948 à 1980. Elle abdiqua.

Julien l'Apostat ▪ (331-363) Empereur romain d'Orient de 361 à sa mort. Il tenta de restaurer la religion païenne.

Juliénas ▪ Commune du département du Rhône, dans le Beaujolais. 886 habitants. Vin.

Julien Sorel ▪ Héros du roman de Stendhal *Le Rouge et le Noir*.

l'abbaye de **Jumièges** ▪ Ruines d'une abbaye fondée en 654 près de Rouen. Église abbatiale (XIe s.).

Juneau ▪ Ville des États-Unis, capitale de l'Alaska. 31 300 habitants.

Carl Gustav **Jung** ▪ Psychiatre suisse (1875-1961). Il élabora le concept d'« inconscient collectif ».

Ernst **Jünger** ▪ Écrivain allemand (1895-1998). Sa fascination pour la guerre le rendit proche du national-socialisme, qu'il condamna ensuite. *Orages d'acier ; Sur les falaises de marbre.*

la **Jungfrau** ▪ Sommet des Alpes suisses 4 158 m.

Juvan de **Juni** ▪ Sculpteur espagnol d'origine française (*Juni* pour *Joigny*) (1507-1577). L'un des principaux artistes de la Renaissance en Espagne, de style maniériste.

Junon ▪ mythol. romaine Épouse de Jupiter, l'*Héra* des Grecs.

Andoche **Junot,** duc d'Abrantès ▪ Général français (1771-1813).

Jupiter ▪ mythol. romaine Père des dieux, assimilé au *Zeus* des Grecs. ► **Jupiter.** Planète, la plus grosse du système solaire. Diamètre : 143 000 km.

Alain **Juppé** ▪ Homme d'État français (né en 1945). Plusieurs fois ministre et Premier ministre de 1995 à 1997. Maire de Bordeaux (1995-2019).

le **Jura** ▪ Chaîne de montagnes de France, de Suisse, d'Allemagne. 1 720 m au Crêt de la Neige. ► le **Jura** [39]. Département français de la Région Bourgogne-Franche-Comté. 5 053 km². 258 798 habitants. Chef-lieu : Lons-le-Saunier. Chefs-lieux d'arrondissement : Dole, Saint-Claude. ► le **Jura.** Canton de la Suisse. 836 km². 73 122 habitants. Chef-lieu : Delémont.

Antoine Laurent de **Jussieu** ▪ Botaniste français (1748-1836). Méthode de classification des plantes.

Justine ou les Malheurs de la vertu ▪ Roman du marquis de Sade (1791).

Justinien Ier ▪ (482-565) Empereur romain d'Orient de 527 à sa mort. Grand conquérant, bâtisseur et législateur.

le **Jutland,** en danois *Jylland* ▪ Presqu'île danoise. Bataille navale anglo-allemande en 1916.

Claude **Jutra** ▪ Cinéaste canadien d'expression française (1930-1986). *À tout prendre ; Mon oncle Antoine.*

Filippo **Juvara** ▪ Architecte et décorateur italien (1676-1736). Il construisit plusieurs châteaux et finit sa carrière par les plans du château royal de Madrid.

Juvénal ▪ Poète latin (v. 55-v. 140). Il est l'auteur de satires passionnées dans lesquelles il dénonce les mœurs corrompues de la Rome du IIe s.

K

K2 → **Dapsang**

la **Kaaba** ou al-**Ka'ba** ▪ Édifice sacré au centre de la mosquée de La Mecque.

la **Kabardino-Balkarie** ▪ République autonome de Russie, dans le Caucase. 12 500 km². 900 500 habitants. Capitale : Naltchik.

Kaboul ▪ Capitale de l'Afghanistan. 2,5 millions d'habitants.

la **Kabylie** ▪ Massifs montagneux d'Algérie. 2 004 m au Grand Babor. ► les **Kabyles,** population d'origine berbère.

János **Kádár** ▪ Homme d'État (communiste) hongrois (1912-1989), à la tête de son pays de 1956 à 1988.

Ismaïl **Kadaré** ▪ Écrivain albanais (1936-2024). Auteur de puissants récits historiques sur son pays, et d'essais sur la poésie et l'art. *Le Palais des rêves.*

Muammar al-**Kadhafi** ▪ Homme d'État libyen (1942-2011), «Guide de la révolution» au pouvoir depuis 1969, dictateur violemment contesté par son peuple, il fut renversé et tué en 2011.

Franz **Kafka** ▪ Écrivain tchèque d'expression allemande (1883-1924). L'un des écrivains les plus importants du XXe siècle. Il crée dans ses romans un univers oppressant et absurde où les institutions écrasent la liberté humaine *(Le Procès ; Le Château).* Des récits plus brefs donnent à l'angoisse d'exister une réalité fantastique *(La Métamorphose ; Le Terrier).*

Mauricio **Kagel** ▪ Compositeur argentin (1931-2008). Théâtre musical, œuvres électroacoustiques. *Der Schall ; Mare Nostrum.*

Frida **Kahlo** ▪ Peintre mexicaine (1910-1954). Son style est réaliste, très coloré, avec des éléments surréalistes.

Daniel-Henry **Kahnweiler** ▪ Amateur et commerçant d'art français d'origine allemande (1884-1979). Il soutint et promut les cubistes et les «fauves».

Kairouan ▪ Ville de Tunisie. 117 900 habitants. Ville sainte de l'Islam. Mosquées.

le désert de **Kalahari** ▪ Cuvette désertique d'Afrique australe.

Kālī ▪ Divinité hindoue honorée par des sacrifices sanglants.

Kaliningrad, anciennement *Königsberg* ▪ Port de Russie, près de la Baltique. 430 300 habitants.

la **Kalmoukie** ▪ République autonome de Russie. 75 900 km². 292 400 habitants. Capitale : Elista.

Kamakura ▪ Ville du Japon, au sud-est de Tokyo. 171 200 habitants. Ville d'art : temples, grand bouddha.

Kāma Sūtra (sanskrit «préceptes sur le désir») ▪ Texte classique indien (IVe s.), donnant des rites sur les relations érotiques.

Lev Borissovitch Rosenfeld, dit **Kamenev** ▪ Homme politique russe (1883-1936). L'un des compagnons de Lénine, il dirigea la *Pravda,* contribua à l'élimination politique de Trotski avant de s'en rapprocher. Condamné à mort aux procès de Moscou (1935), exécuté, puis réhabilité (1988).

Kampala ▪ Capitale de l'Ouganda. 2 millions d'habitants.

le **Kampuchéa** ▪ Nom du Cambodge de 1976 à 1989.

le **Kamtchatka** ▪ Presqu'île de Sibérie.

les **Kanaks** ou **Canaques** ▪ Peuple d'Océanie vivant notamment en Nouvelle-Calédonie.

Kandahar ou **Qandahār** ▪ Ville au sud de l'Afghanistan, à 1 000 m d'altitude. 530 000 habitants.

Wassily **Kandinsky** ▪ Peintre et théoricien russe naturalisé français (1866-1944). Un des créateurs de l'art abstrait.

Kandy ▪ Ville du Sri Lanka, anc. capitale de royaume. 109 000 habitants. Temple bouddhique.

Kangchenjunga ▪ Sommet de l'Himalaya. 8 586 m.

Kano ▪ Ville du Nigeria. 3 millions d'habitants.

Kanpur, anciennement *Cawnpore* ▪ Ville d'Inde (Uttar Pradesh). 2,9 millions d'habitants.

le **Kansas** ▪ État du centre des États-Unis. 213 095 km². 2,8 millions d'habitants. Capitale : Topeka.

Kansas City ▪ Ville des États-Unis, sur le Missouri. 460 000 habitants (agglomération 1,8 million).

Emmanuel **Kant** ▪ Philosophe allemand (1724-1804). Explorant tous les domaines philosophiques, il élabora une critique générale de la connaissance humaine *(Critique de la raison pure)*, la morale *(Critique de la raison pratique)*, la religion, l'esthétique. Son influence sur la pensée occidentale des XIXe et XXe siècles fut immense.

Tadeusz **Kantor** ▪ Metteur en scène et peintre polonais (1915-1990). *La Classe morte.*

Kaohsiung ou **Gaoxiong** ▪ Port de Taiwan. 2,8 millions d'habitants.

Kaolack ▪ Ville du Sénégal. 230 000 habitants.

Anish **Kapoor** ▪ Sculpteur britannique d'origine indienne (né en 1954). Ses sculptures monumentales se caractérisent par leurs formes bombées ou creuses, parfois recouvertes de pigments purs *(Dirty Corner).*

Kappel ou **Cappel** ▪ Localité de Suisse, au sud de Zurich. ► la Paix de **Kappel** (1529) a mis fin à la première guerre entre Zwingli et les catholiques.

Nikola **Karabatic** ▪ Handballeur français d'origine serbo-croate (né en 1964). Médaille d'or aux Jeux olympiques de 2008, 2012 et 2020.

le **Kara-Bogaz** ou **Kara-Bogaz-Gol** ▪ Golfe de la mer Caspienne, au Turkménistan, en partie asséché. Production de sel.

Karachi ▪ Port du Pakistan. 14,9 millions d'habitants.

Vuk **Karadžić** ▪ Écrivain et réformateur de la langue serbe (1787-1864).

Karaganda → **Qaraghandy**

Djorgje Petrovitch **Karageorges** ▪ Homme politique serbe (1752-1817). Fondateur de la dynastie des *Karageorgévitch* qui régna sur la Serbie de 1808 à 1941.

Herbert von **Karajan** ▪ Chef d'orchestre autrichien (1908-1989).

la **Karakalpakie** ▪ République autonome d'Ouzbékistan. 164 900 km^2. 1,25 million d'habitants. Capitale : Noukous.

le **Karakoram** ▪ Massif montagneux de l'ouest de l'Himalaya. 8 611 m au Dapsang.

la **Karatchaïevo-Tcherkessie** ▪ République autonome de Russie. 14 100 km^2. 439 700 habitants. Capitale : Tcherkessk.

Karen ▪ État du sud-est de la Birmanie, peuplé par les Karens. 1,5 million d'habitants.

Karlovy Vary, en allemand *Karlsbad* ▪ Ville tchèque. 50 700 habitants. Station thermale. ► congrès de **Karlsbad** (1819), conduit par Metternich pour réprimer le mouvement libéral.

Karlsruhe ▪ Ville d'Allemagne (Bade-Wurtemberg). 275 600 habitants.

Karnak ▪ Site archéologique d'Égypte (partie nord de Thèbes). Temple d'Amon.

Karnataka, anciennement *Mysore* ▪ État du sud-ouest de l'Inde. 191 773 km^2. 67 millions d'habitants. Capitale : Bangalore.

Anatoli **Karpov** ▪ Joueur d'échecs russe (né en 1951). Champion du monde d'échecs de 1975 à 1985.

Hamid **Karzaï** ▪ Homme politique (pachtoun) afghan (né en 1957). Il a dirigé le pays de 2001 à 2014.

Garry Weinstein, dit **Kasparov** ▪ Joueur d'échecs russe puis croate (né en 1963). Devenu champion du monde d'échecs en 1985, en battant Karpov, il le resta jusqu'en 2000.

Kassel ▪ Ville d'Allemagne (Hesse). 192 600 habitants. Château impérial (IXe s.).

Alfred **Kastler** ▪ Physicien français (1902-1984). Mise au point du pompage optique.

le **Katanga** → **Shaba**

Kateb Yacine ▪ Écrivain algérien d'expression française (1929-1989). La situation de sa patrie lui donne l'occasion de développer le tragique de l'aliénation. *Nedjma.*

Katmandou ou **Kathmandu** ▪ Capitale du Népal. 671 800 habitants.

Katowice ▪ Ville de Pologne. 314 500 habitants.

Katyn ▪ Localité de Russie où furent découverts les cadavres de 4 500 officiers polonais exécutés par les Soviétiques en 1940-1941.

Kaunas ▪ Ville de Lituanie. 358 000 habitants.

Kenneth **Kaunda** ▪ Homme d'État zambien (1924-2021). Il mena son pays à l'indépendance. Président de 1964 à 1991.

Karl **Kautsky** ▪ Homme politique allemand, théoricien de la social-démocratie (1854-1938). Éditeur et commentateur de Marx, puis réformiste attaqué par Lénine.

Yasunari **Kawabata** ▪ Romancier japonais (1899-1972). Romans d'un style concis, au contenu sensible et tragique, exprimant le regret des valeurs du Japon traditionnel. *Pays de neige.* Prix Nobel 1968.

Kawasaki ▪ Ville du Japon (Honshū). 1,3 million d'habitants.

Kaysersberg ▪ Commune d'Alsace (Haut-Rhin). 4 412 habitants. Château.

le **Kazakhstan** ▪ État d'Asie centrale. 2 717 300 km^2. 18,6 millions d'habitants. Capitale : Astana.

Elia **Kazan** ▪ Cinéaste américain (1909-2003). *À l'est d'Éden ; America, America.*

Kazan ▪ Ville de Russie, sur la Volga (Tatarstan). 1,4 million d'habitants.

Nikos **Kazantzakis** ▪ Écrivain grec (1883-1957). Poète *(L'Odyssée)*, penseur, romancier *(Alexis Zorba ; Le Christ recrucifié)*.

Edmund **Kean** ▪ Tragédien anglais (1787-1833). Sa vie inspira Dumas.

Buster **Keaton** ▪ Acteur et cinéaste américain (1895-1966). Le comique du personnage est fondé sur l'impassibilité («l'homme qui ne rit jamais»). *Le Cameraman*.

John **Keats** ▪ Poète romantique anglais (1795-1821). *Endymion ; Odes*, développant les grands thèmes du romantisme, dans un style très pur.

Keflavík ▪ Ville d'Islande. 13 300 habitants. Port. Aéroport de Reykjavík.

Urho **Kekkonen** ▪ Homme politique finlandais (1900-1986). Président de la République de 1956 à 1981.

Friedrich August **Kekulé von Stradonitz** ▪ Chimiste allemand (1829-1896). Débuts de la chimie organique structurale.

François **Kellermann** duc de **Valmy** ▪ Maréchal de France (1735-1820). Vainqueur à Valmy (1792).

Eugene Curran, dit Gene **Kelly** ▪ Danseur et chorégraphe américain (1912-1998). Il tourna dans des comédies musicales, dont *Un Américain à Paris* et *Chantons sous la pluie*.

lord **Kelvin** → sir William **Thomson**

Mustafa **Kemal** → **Mustafa Kemal**

Wilhelm **Kempff** ▪ Pianiste allemand (1895-1991). Il fut l'interprète privilégié de Beethoven et de Schumann.

Kenitra, anciennement *Port-Lyautey* ▪ Port du Maroc. 431 000 habitants.

John Fitzgerald **Kennedy** ▪ (1917-1963) Président (démocrate) des États-Unis, de 1961 à son assassinat. ► Robert Francis **Kennedy,** son frère (1925-1968). Il fut assassiné lors de sa campagne pour la candidature démocrate à la présidence.

Douglas **Kennedy** ▪ Écrivain américain (né en 1955). Thrillers ponctués d'humour. *La Poursuite du bonheur*.

le **Kent** ▪ Comté du sud-est de l'Angleterre. 3 732 km². 1,5 million d'habitants. Chef-lieu : Maidstone.

le **Kentucky** ▪ État du centre des États-Unis. 104 623 km². 4,3 millions d'habitants. Capitale : Frankfort.

le **Kenya** ▪ État de l'Afrique de l'Est. 582 646 km². 48 millions d'habitants. Capitale : Nairobi.

Jomo **Kenyatta** ▪ Homme d'État kényan (1893-1978). Premier président du Kenya de 1964 à sa mort. ► Son fils, Uhuru **Kenyatta** (né en 1961), fut président de 2013 à 2022.

Johannes **Kepler** ▪ Astronome allemand (1571-1630). Il énonça les lois du mouvement des planètes autour du Soleil.

le **Kerala** ▪ État du sud de l'Inde. 35 millions d'habitants. Langue : le malayalam.

Diébédo Francis **Kéré** ▪ Architecte burkinabé et allemand (né en 1965). Construction selon des techniques traditionnelles.

Aleksandr **Kerenski** ▪ Homme politique russe (1881-1970). Renversé par les bolcheviks en 1917.

les îles **Kerguelen** ▪ Archipel français du sud de l'océan Indien.

Jack **Kerouac** ▪ Écrivain américain (1922-1969). *Sur la route*.

Imre **Kertész** ▪ Écrivain hongrois (1929-2016). Romancier, évocateur des camps de concentration nazis. Prix Nobel 2002.

Joseph **Kessel** ▪ Journaliste et romancier français (1898-1979). *Le Lion*.

John Maynard **Keynes** ▪ Économiste britannique (1883-1946). Il chercha à concilier les principes essentiels du capitalisme libéral et l'intervention de l'État pour assurer le plein-emploi.

Key West ▪ Île des États-Unis, en Floride, vers l'extrémité d'un arc de cercle de petites îles (les *Keys*), allant jusqu'à Key Largo.

le **KGB** ▪ Organisme soviétique chargé du renseignement à l'intérieur et à l'extérieur de l'URSS.

Khabarovsk ▪ Ville de Russie, sur l'Amour. 580 000 habitants.

Khadīja ▪ Première épouse de Mahomet (morte en 619).

la **Khakassie** ▪ République autonome de Russie, au nord de l'Altaï. 61 900 km². 546 100 habitants. Capitale : Abakan.

Ali **Khamenei** ▪ Religieux et homme politique iranien (né en 1939), président de 1982 à 1989. Désigné comme Guide suprême de la Révolution islamique à la mort de Khomeiny.

Kharbin → **Harbin**

Kharkiv, anciennement *Kharkov* ▪ Ville d'Ukraine. 1,62 million d'habitants.

Khartoum ▪ Capitale du Soudan. 1,4 million d'habitants.

Aram Ilitch **Khatchatourian** ▪ Compositeur arménien (1903-1978). Ballets, symphonies, concertos.

'Umar ou Omar **Khayyām** ou **Khayām** ▪ Savant (astronome), philosophe et poète persan (v. 1050-v. 1123). Auteur de quatrains *(robayat)* d'un épicurisme sceptique.

Khéops ou **Chéops** ▪ Deuxième pharaon de la IVe dynastie égyptienne (v. 2650 avant J.-C.). Il fit édifier la plus grande des pyramides de Gizeh.

Khéphren ou **Chéphren** ▪ Quatrième pharaon de la IVe dynastie égyptienne (v. 2620 avant J.-C.). Fils de Khéops, il fit construire la deuxième pyramide de Gizeh.

Kherson ▪ Ville d'Ukraine, sur le Dniepr inférieur. 300 000 habitants.

les **Khmers** ▪ Peuple du Cambodge. ► les **Khmers rouges.** Nom des communistes cambodgiens au pouvoir de 1975 à 1979.

l'imam **Khomeiny** ▪ Chef chiite iranien, fondateur de la république islamique d'Iran en 1979 (1902-1989).

le **Khorāssān** ▪ Province de l'est de l'Iran. 7 millions d'habitants. Chef-lieu : Meched.

Nikita **Khrouchtchev** ▪ Homme politique soviétique (1894-1971), au pouvoir de 1958 à 1964.

Abbas **Kiarostami** ▪ Cinéaste iranien (1940-2016). Cinéma subtil, d'une grande profondeur et d'une lenteur calculée. *Au travers des oliviers ; Le Goût de la cerise ; Le vent nous emportera ; Ten.*

Kichinev → **Chisinau**

Kiel ▪ Port d'Allemagne (Schleswig-Holstein). 233 000 habitants.

Søren **Kierkegaard** ▪ Philosophe et penseur religieux danois (1813-1855). Il exprima l'angoisse et la souffrance de la personne humaine devant la liberté et le problème moral, le saut irrationnel de la foi étant vécu dans la «crainte et [le] tremblement». *Le Journal d'un séducteur ; Le Concept d'angoisse.*

Krzysztof **Kieślowski** ▪ Cinéaste polonais (1941-1996). *Le Décalogue ; Trois couleurs* (trilogie : *Bleu ; Blanc ; Rouge*).

Kiev ▪ Capitale de l'Ukraine. 2,6 millions d'habitants. Cathédrale Sainte-Sophie (XIe s.).

Kigali ▪ Capitale du Rwanda. 1 million d'habitants.

les **Kikouyous** ▪ Peuple du Kenya, de langue bantoue, établi autour du mont Kenya.

le **Kilimandjaro,** aujourd'hui *pic Uhuru* ▪ Point culminant de l'Afrique. 5 895 m.

Kim Il-sung ▪ Homme d'État (communiste) nord-coréen (1912-1994), au pouvoir dictatorial de 1948 à sa mort. ► **Kim Jong-il,** son fils (1942-2011), lui succéda en 1994.

Kim Jong-un ▪ Homme d'État nord-coréen, fils de Kim Jong-il (né en 1983 ou 1984). Au pouvoir depuis 2011, il maintient le régime dictatorial. Défiant l'Occident, il met en place un arsenal nucléaire.

Motoo **Kimura** ▪ Biologiste japonais (1924-1994). Il développa une théorie génétique de l'évolution.

William Lyon Mackenzie **King** → **Mackenzie King**

Martin Luther **King** ▪ Pasteur noir américain (1929-1968). Il lutta contre la ségrégation raciale, prônant la non-violence. Il organisa en 1963 une marche sur Washington pour obtenir une loi sur les droits civiques. Il fut assassiné.

Stephen **King** ▪ Écrivain américain (né en 1947). *Carrie ; Misery.*

King Kong ▪ Film américain de Merian C. Cooper et Ernest B. Schoedsack (1933).

Kingston ▪ Capitale de la Jamaïque. 940 000 habitants.

Kinshasa, anciennement *Léopoldville* ▪ Capitale de la République démocratique du Congo. 14 millions d'habitants.

Rudyard **Kipling** ▪ Écrivain anglais (1865-1936). Dans des contes et des récits d'imagination, il transmet une morale de l'énergie et une défense de l'Empire britannique et de ses valeurs. *Le Livre de la jungle ; Kim.*

Athanasius **Kircher** ▪ Jésuite, érudit et orientaliste allemand (1601-1680).

Gustav **Kirchhoff** ▪ Physicien allemand (1824-1887). Fondateur de l'analyse spectrale.

Ernst Ludwig **Kirchner** ▪ Peintre allemand (1880-1938). Son style est proche des Fauves et des expressionnistes.

le **Kirghizstan** ou **Kirghizistan** ou la **Kirghizie** ▪ État d'Asie centrale. 198 500 km². 6,2 millions d'habitants. Capitale : Bichkek.

Kiribati ▪ État de l'Océanie. 717,1 km². 103 000 habitants. Capitale : Tarawa.

Kirkūk ▪ Ville du nord de l'Irak. 600 000 habitants. Combats des Kurdes contre le pouvoir central irakien (1991).

Sergueï Mironovitch Kostrikov, dit **Kirov** ▪ Homme politique russe (1886-1934). Membre du comité central du Parti communiste, il fut assassiné.

Danilo **Kiš** ▪ Écrivain serbe (1935-1989). Œuvre touffue sur l'enfermement stalinien, les camps nazis...

Kisangani, anciennement *Stanleyville* ▪ Ville de la République démocratique du Congo sur le fleuve Zaïre. 1 million d'habitants. Université.

Henry Alfred **Kissinger** ▪ Homme politique américain d'origine allemande (1923-2023). Il fut conseiller de R. Nixon.

Kitākyūshū ▪ Ville du Japon (Kyūshū). 993 500 habitants. Sidérurgie.

Takeshi **Kitano** ▪ Cinéaste et acteur japonais (né en 1947). Œuvres violentes (évoquant le «milieu» des yakusas) et aussi oniriques. *Sonatine ; L'Été de Kikujiro.*

lord Herbert **Kitchener** ■ Maréchal britannique (1850-1916).

Kitzbühel ■ Ville d'Autriche (Tyrol). 8 600 habitants. Station de sports d'hiver.

le lac **Kivu** ■ Lac entre la République démocratique du Congo et le Rwanda. 2 650 km².

Klagenfurt ■ Ville d'Autriche (Carinthie). 90 100 habitants.

Klaipėda, anciennement *Memel* ■ Port de Lituanie, sur la Baltique. 185 900 habitants.

Serge **Klarsfeld** ■ Historien français (né en 1935). Avocat, il se consacra à la poursuite des responsables nazis des massacres de la Shoah, avec sa femme Beate (allemande, née en 1939).

Jean-Baptiste **Kléber** ■ Général français (1753-1800). Il réprima la contre-révolution en Vendée.

Paul **Klee** ■ Peintre et théoricien suisse allemand (1879-1940). Créateur de formes à partir d'éléments simples, fonctionnant parfois comme des idéogrammes. *Carrés magiques.*

Melanie **Klein** ■ Psychanalyste autrichienne naturalisée britannique (1882-1960). *La Psychanalyse des enfants.*

Yves **Klein** ■ Peintre français (1928-1962). Ses monochromes bleus le rendirent célèbre.

William **Klein** ■ Photographe et cinéaste américain (1926-2022).

Naomi **Klein** ■ Journaliste et essayiste canadienne (née en 1970). Militante altermondialiste. *No Logo.*

Heinrich von **Kleist** ■ Dramaturge allemand (1777-1811). Œuvre théâtrale passionnée et complexe, inspirée par l'histoire *(Le Prince de Hombourg).* Nouvelles évoquant la révolte contre l'injustice.

Gustav **Klimt** ■ Peintre et décorateur autrichien (1862-1918). Art nouveau, au graphisme subtil, aux couleurs éclatantes.

le **Klondike** ■ Rivière du Canada (150 km), lieu d'une ruée vers l'or en 1896.

Friedrich **Klopstock** ■ Poète et auteur dramatique allemand (1724-1803). Poèmes épiques et lyriques empreints de mysticisme. Tragédies bibliques.

Pierre **Klossowski** ■ Traducteur, écrivain et dessinateur français (1905-2001), frère du peintre Balthus. Essais sur Sade, Nietzsche ; romans hermétiques et érotiques.

la **Knesset** ou **Knesseth** ■ Parlement israélien, qui compte 120 membres, élus pour quatre ans.

Knock ou le Triomphe de la médecine ■ Pièce de Jules Romains (1923).

John **Knox** ■ Réformateur religieux écossais (v. 1505-1572). Fondateur de l'Église presbytérienne.

Knud ou **Knut,** en français *Canut* ■ (v. 995-1035) Roi du Danemark de 1018 à sa mort. Roi d'Angleterre en 1017. Roi de Norvège en 1030.

Kōbe ■ Port du Japon (Honshū). 1,53 million d'habitants.

Robert **Koch** ■ Médecin allemand (1843-1910). *Bacille de Koch* : agent de la tuberculose.

Zoltán **Kodály** ■ Compositeur et folkloriste hongrois (1882-1967). Œuvre variée, souvent inspirée par le folklore hongrois, comme celle de son ami Béla Bartók.

Charles **Kœchlin** [keklɛ̃] ■ Compositeur français (1867-1950). Auteur de musique de chambre et symphonique, de mélodies.

Arthur **Koestler** ■ Écrivain britannique d'origine hongroise (1905-1983). Romans *(Le Zéro et l'Infini),* essais *(Le Yoghi et le Commissaire)* dénonçant le totalitarisme.

Kurt **Koffka** ■ Psychologue américain d'origine allemande (1886-1941). Ce fut l'un des créateurs de la théorie de la forme.

Helmut **Kohl** ■ Homme politique (démocrate-chrétien) allemand (1930-2017). Chancelier de 1982 à 1998.

Oskar **Kokoschka** ■ Peintre autrichien (1886-1980). Peintures d'une touche large, violente, d'un expressionnisme souvent angoissé.

la presqu'île de **Kola** ■ Péninsule du nord de la Russie.

Aleksandr Vassilievitch **Koltchak** ■ Amiral et homme politique russe (1874-1920). Il lutta contre la révolution bolchevique, instaurant une dictature (Sibérie, Oural, Volga), fut battu et exécuté.

Bernard-Marie **Koltès** ■ Auteur dramatique français (1948-1989). Son théâtre évoque, de façon dépouillée, la pauvreté des relations humaines. Il collabora avec le metteur en scène Patrice Chéreau *(Combat de nègre et de chiens).* Il mourut du sida.

la **Kolyma** ■ Fleuve de Russie, en Sibérie orientale. 2 129 km.

le **Komintern** ■ Nom donné à la IIIe Internationale (1919-1943).

la république des **Komis** ■ République autonome de Russie. 415 000 km². 1,1 million d'habitants. Capitale : Syktyvkar.

Kongzi ou **K'ong-tseu** → **Confucius**

Kōnigsberg → **Kaliningrad**

Maxim **Kontsevich** ■ Mathématicien russe puis français (né en 1964). Médaille Fields 1998 pour ses travaux relatifs à la cosmologie quantique.

Konya ■ Ville de Turquie. 1 million d'habitants. Mosquée du XIIIe s.

Rem **Koolhaas** ■ Architecte néerlandais (né en 1944). Édifices de taille démesurée (siège de la télévision chinoise, à Pékin).

Jeff **Koons** ▪ Artiste américain (né en 1955). Œuvres marquées par le kitsch et la couleur. *Balloon Dog ;* série des bouquets de tulipes.

Raymond **Kopa** ▪ Footballeur français (1931-2017).

Sándor Laszlo Kellner, dit sir Alexander **Korda** ▪ Producteur et réalisateur de films, britannique d'origine hongroise (1893-1956).

Tadeusz **Kościuszko** ▪ Officier et patriote polonais (1746-1817).

Košice ▪ Ville de Slovaquie. 240 400 habitants.

Joseph **Kosma** ▪ Compositeur français d'origine hongroise (1905-1969). Mélodies ; chansons (paroles de Prévert, Aragon, Sartre, Queneau) ; musiques de films.

le **Kosovo** ▪ État de l'Europe du Sud-Est. 10 887 km². 1,9 million d'habitants. Capitale : Priština. Indépendance proclamée en 2008, reconnue par une partie de la communauté internationale.

Lajos **Kossuth** ▪ Homme politique et écrivain hongrois (1802-1894). Chef de la révolution de 1848.

Kouïbychev → **Samara**

Koumassi ou **Kumasi** ▪ Ville du Ghana. 1 million d'habitants.

les îles **Kouriles** ▪ Archipel russe au nord du Japon. 15 600 km².

Kourou ▪ Ville de la Guyane française. 24 805 habitants. Base de lancement de fusées (Ariane et Soyouz).

Ahmadou **Kourouma** ▪ Romancier ivoirien d'expression française (1927-2003). Il décrit de manière critique et avec une force émotive la situation politique de l'Afrique.

Mikhaïl **Koutouzov** ▪ Feld-maréchal russe (1745-1813). Vainqueur de Napoléon Ier en 1812.

le **Kouzbass** ▪ Bassin houiller de Russie en Sibérie.

Sofia Vassilievna **Kovalevskaïa** ▪ Mathématicienne russe (1850-1891). Elle étudia les équations aux dérivées partielles et écrivit par ailleurs des romans.

l'État du **Koweït** ▪ Émirat d'Arabie. 17 818 km². 4,5 millions d'habitants. Capitale : Koweït.

Alexandre **Koyré** ▪ Philosophe des sciences français d'origine russe (1882-1964). *Du monde clos à l'univers infini.*

le **Krakatau** ▪ Îlot volcanique d'Indonésie dont l'éruption fit 30 000 morts (1883).

Krasnodar ▪ Ville de Russie, dans le Caucase. 744 900 habitants.

Krasnoïarsk ▪ Ville de Russie, en Sibérie orientale. 973 800 habitants.

Hans Adolf **Krebs** ▪ Biochimiste britannique d'origine allemande (1900-1981). Il étudia l'apport d'énergie à la cellule vivante *(cycle de Krebs).*

Bruno **Kreisky** ▪ Homme politique autrichien (1911-1990). Il fut chancelier de 1970 à 1983.

le **Kremlin** ▪ Ancienne citadelle de Moscou. Cathédrales et palais des XVIe-XVIIIe s. Siège du gouvernement russe.

Le **Kremlin-Bicêtre** ▪ Ville du Val-de-Marne. 24 513 habitants. Hôpital.

Kathrine **Kressmann Taylor** ▪ Écrivaine américaine d'origine allemande (1903-1996). Elle imagina une dramatique correspondance fictive entre deux amis dont l'un devient antisémite lors de la montée du nazisme : *Inconnu à cette adresse.*

Krishna ou **Kriṣṇa** ▪ Divinité hindoue.

Julia **Kristeva** ▪ Écrivaine française d'origine bulgare (née en 1941). Sémiologue, psychanalyste et théoricienne de la littérature.

Krivoï-Rog → **Kryvyï Rih**

Kronstadt ▪ Base navale russe dans le golfe de Finlande. Mutineries révolutionnaires en 1825, 1905, 1917 et 1921.

Petr, prince **Kropotkine** ▪ Révolutionnaire anarchiste russe (1842-1921).

Paul **Kruger** ▪ Homme d'État sud-africain (1825-1904). Président du Transvaal, il mena la guerre des Boers.

Paul **Krugman** ▪ Économiste américain (né en 1953). Concept de la « concurrence imparfaite ». Prix Nobel 2008.

Alfred **Krupp** ▪ Industriel allemand de la sidérurgie (1812-1887).

Ivan Andreïevitch **Krylov** ▪ Écrivain et journaliste russe (1769-1844). Auteur de célèbres fables.

Kryvyï Rih ▪ Ville d'Ukraine. 717 000 habitants.

Kuala Lumpur ▪ Capitale fédérale de la Malaisie. 1,3 million d'habitants.

Kūbilaï Khān ▪ Empereur mongol de 1260 à sa mort (1215-1294).

Stanley **Kubrick** ▪ Cinéaste américain (1928-1999). Son œuvre comporte des adaptations littéraires assez classiques *(Lolita ; Barry Lyndon)*, des visions personnelles puissantes *(2001 : l'Odyssée de l'espace ; Orange mécanique)* et des satires antimilitaristes *(Les Sentiers de la gloire).*

le **Ku Klux Klan** ▪ Société secrète américaine créée vers 1865 et opposée à l'intégration des Noirs.

Béla **Kun** ▪ Homme politique (communiste) hongrois (1886-1937). Il prit le pouvoir en 1919 puis fut chassé par Horthy.

Milan **Kundera** ▪ Écrivain français d'origine tchèque (1929-2023). Romans critiques sur son pays d'origine *(La Plaisanterie)* et méditation sur l'existence *(L'Insoutenable Légèreté de l'être).*

Kunming ▪ Ville de Chine (Yunnan). 3,2 millions d'habitants.

František **Kupka** ▪ Peintre tchèque installé à Paris (1871-1957). Art abstrait, voué au lyrisme de la couleur.

les **Kurdes** ▪ Peuple de l'ouest de l'Asie (env. 30 millions) réparti surtout en Turquie, Iran, Irak et Syrie. ► le **Kurdistan.** Région de l'ouest de l'Asie.

Akira **Kurosawa** ▪ Cinéaste japonais (1910-1998). Œuvre puissante, parfois violente, d'une grande beauté formelle, inspirée par la tradition japonaise *(Rashōmon ; Les Sept Samouraïs)* comme par des chefs-d'œuvre de la littérature mondiale *(L'Idiot,* d'après Dostoïevski ; *Le Château de l'araignée,* d'après *Macbeth).*

Kuroshio ▪ Courant marin chaud du Pacifique occidental.

György **Kurtág** ▪ Compositeur hongrois né en Roumanie (en 1926). Musique de chambre et pour la voix.

Jerzy **Kuryłowicz** ▪ Linguiste polonais, comparatiste des langues indo-européennes (1895-1978).

Emir **Kusturica** [kusturitsa] ▪ Cinéaste français d'origine yougoslave (né en 1955). Œuvres baroques, où la culture et la musique tsiganes jouent un grand rôle. *Le Temps des Gitans.*

Kwangju ▪ Ville de Corée du Sud. 1,5 million d'habitants.

Kyōto ▪ Ville du Japon (Honshū) et anc. capitale du pays. 1,5 million d'habitants. Nombreux temples. ► protocole de **Kyōto :** accord international portant sur la réduction des gaz à « effet de serre », signé en 1997 et en vigueur de 2005 à 2020. Il a été remplacé par l'accord de Paris sur le climat.

Kyūshū ▪ La plus méridionale des quatre principales îles du Japon. 42 780 km². 14 millions d'habitants.

L

Louise **Labé** ■ Poète française (v. 1524-1566). Ses élégies et ses sonnets, d'une forme parfaite, évoquent les joies et les peines de l'amour.

Eugène **Labiche** ■ Auteur français de comédies (1815-1888). Ce fut l'observateur critique et amusé de la bourgeoisie de son temps, dans des vaudevilles où des personnages médiocres et sans idéal animent des intrigues comiques menées avec brio. Une centaine de pièces, dont *Un chapeau de paille d'Italie*, et *Le Voyage de M. Perrichon*.

Étienne de **La Boétie** ■ Écrivain français (1530-1563). Moraliste. Il entretint une amitié profonde avec Montaigne. *Discours de la servitude volontaire*.

Henri **Laborit** ■ Biologiste et essayiste français (1914-1995). Ouvrages de philosophie biologique sur le comportement humain. Création de médicaments psychotropes.

Bertrand François Mahé de **La Bourdonnais** ■ Marin et administrateur français (1699-1753). Il contribua à l'expansion coloniale française dans l'océan Indien et aux Indes.

le **Labrador** ■ Péninsule du nord-est du Canada.

Jean de **La Bruyère** ■ Écrivain français (1645-1696). Adaptant et enrichissant les *Caractères* du grec Théophraste, il composa progressivement une œuvre originale qui dépeint la société de son temps et crée des personnages-types de valeur universelle, qu'on peut comparer à ceux de Molière.

le **Labyrinthe** n. m. → **Dédale**

Le **Lac** ■ Poème de Lamartine (1820).

Jacques **Lacan** ■ Psychiatre et psychanalyste français (1901-1981). Suivant la voie tracée par Freud, il décrit la subjectivité du «stade du miroir» et montre dans le langage le modèle de la structuration de l'inconscient. *Écrits*.

Lacanau ■ Commune de la Gironde. 5 064 habitants. Station balnéaire de Lacanau-Océan.

Le **Lac des cygnes** ■ Ballet de Tchaïkovski (1877).

Lacédémone → **Sparte**

Étienne de La Ville comte de **Lacépède** ■ Naturaliste français (1756-1825).

Pierre Choderlos de **Laclos** ■ Écrivain français (1741-1803). Officier et ingénieur militaire, il est l'auteur d'un roman par lettres, *Les Liaisons dangereuses*, traité du cynisme et du mal qui, par sa perfection formelle, est l'une des grandes œuvres de la littérature du XVIIIe siècle.

Charles Marie de **La Condamine** ■ Savant et voyageur français (1701-1774).

la **Laconie** ■ Région de Grèce autour de Sparte.

Henri **Lacordaire** ■ Prêtre, dominicain et prédicateur français (1802-1861).

René **Lacoste** ■ Champion de tennis français (1904-1996). Une chemise de sport porte son nom.

Yves **Lacoste** ■ Géographe français (né en 1929). Fondateur de la revue *Hérodote*, à l'origine d'une pensée géopolitique. Spécialiste du Maghreb et du postcolonialisme.

Lacq ■ Gisement de gaz naturel (exploité de 1957 à 2013) des Pyrénées-Atlantiques.

Jacques de **Lacretelle** ■ Romancier et essayiste français (1888-1985). *Silbermann*.

le Grand **Lac Salé** ■ Marécage salé de l'ouest des États-Unis (Utah).

le **Ladakh** ■ Région montagneuse (de 3 000 à 6 000 m) du Cachemire.

le lac **Ladoga** ■ Lac de Russie (Carélie). 17 700 km^2.

René **Laennec** ■ Médecin français (1781-1826). Il inventa le stéthoscope.

Laërte ■ Personnage de *L'Odyssée*, roi d'Ithaque et père d'Ulysse.

Paul **Lafargue** ■ Socialiste français (1842-1911). *Le Droit à la paresse*.

Marie-Madeleine Pioche de La Vergne, comtesse de **La Fayette** ■ Romancière française (1634-1693). Auteur de nouvelles et de mémoires politiques, elle écrivit un roman, *La Princesse de Clèves*, d'un style très pur et d'une grande pénétration psychologique.

Marie Joseph, marquis de **La Fayette** ■ Général et homme politique français (1757-1834). Héros de la guerre d'Indépendance américaine, il participa aux révolutions de 1789 et de 1830.

Dany **Laferrière** ▪ Écrivain canadien, québécois, d'origine haïtienne (né en 1953). *Comment faire l'amour avec un nègre sans se fatiguer.*

Jean de **La Fontaine** ▪ Poète français (1621-1695). Ses *Contes*, souvent licencieux, suivent la tradition de Boccace. Ses *Fables*, d'une admirable liberté poétique, sont une critique de la société et de la politique au moyen de personnages animaux illustrant une morale épicurienne ou cynique.

Jules **Laforgue** ▪ Poète français (1860-1887). Il fut un maître du vers libre, d'une expression sensible et délicate. *Complaintes.*

Lagash, aujourd'hui *Tell al-Hibā* ▪ Cité de Sumer, en Mésopotamie (Irak).

Pär **Lagerkvist** ▪ Écrivain suédois (1891-1974). L'angoisse qu'expriment la plupart de ses œuvres s'applique à une réaction violente contre les dictatures. *Le Bourreau.*

Selma **Lagerlöf** ▪ Romancière suédoise (1858-1940). Son inspiration sensible et imagée l'apparente à Andersen. *Le Merveilleux Voyage de Nils Holgersson.*

Laghouat ▪ Ville et oasis du nord du Sahara, en Algérie. 215 000 habitants.

les **Lagides** ▪ Dynastie qui régna sur l'Égypte de 323 à 30 avant J.-C.

Lagny-sur-Marne ▪ Ville de Seine-et-Marne. 21 139 habitants.

Lagos ▪ Ancienne capitale et port du Nigeria. 5,8 millions d'habitants.

Alexandre **Lagoya** ▪ Guitariste classique français d'origine égyptienne (1929-1999).

Joseph Louis de **Lagrange** ▪ Mathématicien français (1736-1813).

Léo **Lagrange** ▪ Homme politique français (1900-1940). Sous-secrétaire d'État aux Sports sous le Front populaire.

Laguiole [lajɔl] ▪ Commune de l'Aveyron (Aubrac), connue par sa coutellerie. 1 230 habitants.

Jean-François Delaharpe, dit de **La Harpe** ▪ Critique et dramaturge français (1739-1803). *Cours de littérature ancienne et moderne.* Antirévolutionnaire déclaré.

Frédéric César de **La Harpe** ▪ Homme politique suisse (1754-1838).

Lahore ▪ Ville du Pakistan. 11,1 millions d'habitants.

Joseph **Lakanal** ▪ Révolutionnaire français (1762-1845). Conventionnel, il organisa l'enseignement public.

Michel Richard de **Lalande** → **Delalande**

Joseph Jerôme Lefrançois de **Lalande** ▪ Astronome français (1732-1807).

René **Lalique** ▪ Verrier et décorateur français (1860-1945). Art nouveau.

Thomas de **Lally-Tollendal** ▪ Général français qui combattit en Inde (1702-1766).

Jean-Baptiste de Monet de **Lamarck** ▪ Naturaliste français (1744-1829). Il élabora la première théorie de l'évolution des êtres vivants.

Alphonse de **Lamartine** ▪ Poète et homme politique français (1790-1869). Son lyrisme fervent et sa maîtrise formelle en font l'un des représentants majeurs du romantisme en France *(Méditations poétiques; Harmonies poétiques et religieuses).* Poèmes épiques *(Jocelyn)*, souvenirs de voyage, ouvrages d'histoire et de critique littéraire. Il eut un rôle politique important.

Lambersart ▪ Ville du Nord, banlieue de Lille. 27 425 habitants.

Johann Heinrich **Lambert** ▪ Mathématicien et philosophe allemand (1728-1777).

Félicité de **Lamennais** ou **La Mennais** ▪ Écrivain et penseur catholique français (1782-1854). *Paroles d'un croyant.*

Livre des **Lamentations** ▪ Livre de la Bible attribué à Jérémie.

Le **Lamentin** ▪ Ville de la Martinique. 39 628 habitants. Aéroport.

Julien Offray de **La Mettrie** ▪ Philosophe et médecin français (1709-1751), matérialiste. *L'Homme-machine.*

Christophe Louis Juchault de **Lamoricière** ▪ Général et homme politique français (1806-1865). Il prit part à la conquête de l'Algérie.

François de **La Mothe Le Vayer** [-vaje] ▪ Philosophe français (1588-1672). Son scepticisme critique en fait un des principaux «libertins» du XVIIe s.

le prince Giuseppe Tomasi di **Lampedusa** ▪ Romancier italien (1896-1957). *Le Guépard*, roman posthume, écrit après 60 ans.

Lampedusa ▪ Île italienne de la Méditerranée, entre Malte et la Tunisie. 5 500 habitants. Centre d'accueil de migrants depuis les années 1990.

le **Lancashire** ▪ Comté d'Angleterre. 3 043 km^{2}. 1,13 million d'habitants. Chef-lieu : Preston.

Burton Stephen, dit Burt **Lancaster** ▪ Acteur américain de cinéma (1912-1994). *Vera Cruz.*

la maison de **Lancastre** ▪ Famille noble anglaise opposée à la maison d'York durant la guerre des Deux-Roses.

Lancelot du Lac ▪ Personnage du *cycle breton*, chevalier du roi Artus (Arthur), il apparaît dans *Lancelot ou le Chevalier à la charrette* de Chrétien de Troyes.

Lev Davidovitch **Landau** ▪ Physicien russe (1908-1968). Il étudia notamment la supraconductivité, les plasmas, la théorie des champs.

Landau ▪ Ville d'Allemagne (Rhénanie-Palatinat). 43 200 habitants.

Landerneau ▪ Ville de Bretagne (Finistère). 16 025 habitants.

les **Landes** n. f. pl. ▪ Région forestière d'Aquitaine. ▶ les **Landes** [40]. Département français de la Région Nouvelle-Aquitaine. 9 316 km². 418 122 habitants. Chef-lieu : Mont-de-Marsan. Chef-lieu d'arrondissement : Dax.

Landivisiau ▪ Commune du Finistère. 9 204 habitants.

Wanda **Landowska** ▪ Claveciniste polonaise (1877-1959). Pédagogue et concertiste, elle a contribué à la renaissance du clavecin.

Henri Désiré **Landru** ▪ Criminel français (1869-1922). Il fut condamné à mort et exécuté pour le meurtre de dix femmes.

Karl **Landsteiner** ▪ Médecin américain d'origine autrichienne (1868-1943). Père de l'immunologie sanguine.

Lanester ▪ Ville du Morbihan, banlieue de Lorient. 22 940 habitants.

Fritz **Lang** ▪ Cinéaste autrichien naturalisé américain (1890-1976). Son œuvre européenne est de style expressionniste *(Metropolis ; M le Maudit)*. Ses films réalisés aux États-Unis conservent une perfection formelle et un dépouillement dramatique remarquables.

Dorothy **Lange** ▪ Photographe américaine (1895-1965). Célèbre pour ses photos des communautés rurales pauvres lors de la Grande Dépression. *Migrant Mother*.

Paul **Langevin** ▪ Physicien français (1872-1946). Il mit au point le sonar.

Langley ▪ V. des États-Unis (Virginie). Siège de la CIA.

Henri **Langlois** ▪ Conservateur français (1914-1977). Il fut l'un des fondateurs de la Cinémathèque* française, et son directeur. Il fit restaurer de nombreux films.

Irving **Langmuir** ▪ Physicien et chimiste américain (1881-1957).

Langon ▪ Chef-lieu d'arrondissement de la Gironde. 7 366 habitants.

Langres ▪ Chef-lieu d'arrondissement de la Haute-Marne. 7 682 habitants.

le **Languedoc** ▪ Anc. province du sud de la France. Capitale : Toulouse.

le **Languedoc-Roussillon** ▪ Anc. région administrative du sud de la France → **Occitanie.**

Lannemezan ▪ Commune des Hautes-Pyrénées. 5 803 habitants. ▶ le plateau de **Lannemezan.** Plateau situé au pied des Pyrénées centrales.

Lannion ▪ Chef-lieu d'arrondissement des Côtes-d'Armor. 20 451 habitants.

Lanzhou ou **Lanchow** ▪ Ville de Chine (Gansu). 2,4 millions d'habitants.

Claude **Lanzmann** ▪ Réalisateur français (1925-2018). Il a réuni des témoignages sur les camps de concentration nazis *(Shoah)*.

Laocoon ▪ Personnage mythologique grec, prêtre d'Apollon à Troie. Il tente d'empêcher les Troyens de faire entrer le cheval qui cache les guerriers grecs. Ayant profané l'autel du dieu, celui-ci se venge en envoyant deux énormes serpents pour étouffer ses fils, que Laocoon tente de défendre. La scène est le sujet d'une célèbre sculpture.

Laon [lɑ̃] ▪ Chef-lieu de l'Aisne. 24 091 habitants. Monuments anciens ; cathédrale gothique.

le **Laos** ▪ État d'Asie du Sud-Est. 236 800 km². 7 millions d'habitants. Capitale : Vientiane.

Lao-tseu ou **Laozi** ▪ Philosophe chinois (v. 570-490 avant J.-C.). Fondateur du taoïsme.

Jacques de Chabannes, seigneur de **La Palice** ▪ Homme de guerre français (v. 1470-1525). Une chanson en son honneur se terminait par « un quart d'heure avant sa mort, il était encore en vie », et on lui attribua injustement cette naïveté, qu'on appela plus tard une *lapalissade*.

Jean-François de Galaup, comte de **Lapérouse** ▪ Navigateur français, mort dans le Pacifique (1741-1788).

Pierre Simon de **Laplace** ▪ Mathématicien, physicien et astronome français (1749-1827). Calcul des probabilités.

la **Laponie** ▪ Région d'Europe septentrionale.

Jean de **La Quintinie** ▪ Agronome français, créateur de jardins (1626-1688).

Valery **Larbaud** ▪ Écrivain français (1881-1957). Dans une prose délicate, il évoque avec humour son personnage de poète cosmopolite et fortuné. *A. O. Barnabooth ; Fermina Márquez ; Enfantines*.

Largentière ▪ Chef-lieu d'arrondissement de l'Ardèche. 1 573 habitants.

Honoré-Charles Baston, comte de **Lariboisière** ▪ Homme politique français (1788-1868). Il servit successivement Napoléon Ier, la Restauration et Louis Napoléon Bonaparte. Sa femme, Elisa Roy (1794-1851), fonda l'hôpital parisien qui porte son nom.

Mikhaïl **Larionov** ▪ Peintre russe naturalisé français (1881-1964). L'un des fondateurs du mouvement « rayonniste ».

Larmor-Plage ▪ Commune du Morbihan. 8 277 habitants. Station balnéaire de Lorient.

François duc de **La Rochefoucauld** ▪ Écrivain français (1613-1680). Moraliste lucide et désabusé, auteur de *Maximes* concises et de grand style.

Henri de **La Rochejaquelein** ▪ Un des chefs de la guerre de Vendée (1772-1794).

Pierre **Larousse** ▪ (1817-1875) Encyclopédiste, pédagogue et éditeur français. *Grand Dictionnaire universel du XIXe siècle*.

Carl **Larsson** ▪ Peintre, illustrateur et graveur suédois (1853-1919). Illustrateur d'œuvres de Strindberg.

Stieg **Larsson** ▪ Journaliste et écrivain suédois (1954-2000). Engagé contre l'extrême droite. Auteur de *Millenium*, spectaculaire trilogie policière.

Jacques Henri **Lartigue** ▪ Photographe français (1894-1986).

le causse du **Larzac** ▪ Causse du sud du Massif central (1 000 km²).

René Robert Cavelier de **La Salle** → **Cavelier de La Salle**

Bartolomé de **Las Casas** ▪ Dominicain espagnol (1470-1566). Il prit la défense des Indiens.

la grotte de **Lascaux** ▪ Site préhistorique de Dordogne orné de peintures rupestres (15 000-14 500 avant J.-C.).

Lily **Laskine** ▪ Harpiste française (1893-1988). Spécialiste de la musique française (Debussy, Ravel...).

Ferdinand **Lassalle** ▪ Homme politique (socialiste) allemand (1825-1864).

Roland de **Lassus** ▪ Compositeur franco-flamand (v. 1532-1594). Il introduisit dans la polyphonie l'enrichissement harmonique.

Las Vegas ▪ Ville des États-Unis (Nevada). 584 000 habitants. Industrie du spectacle et des jeux d'argent.

Pierre **Latécoère** ▪ Industriel français, constructeur d'avions (1883-1943).

les **Latins** ▪ Habitants du Latium puis de l'Italie antique.

le **Latium,** en italien *Lazio* ▪ Région administrative de l'Italie centrale. 17 203 km². 5,1 millions d'habitants. Chef-lieu : Rome.

Georges de **La Tour** ▪ Peintre français (1593-1652). Œuvres souvent construites par les effets de lumière *(La Madeleine à la veilleuse)* et d'une composition savante, au modelé délicat, d'une expressivité psychologique aiguë *(Le Tricheur à l'as de trèfle).*

Maurice Quentin de **La Tour** ▪ Peintre français (1704-1788). Portraits au pastel.

Théophile Corret de **La Tour d'Auvergne** ▪ Officier français (1743-1800), héros des guerres de la Révolution, tué à l'armée du Rhin.

Patrice de **La Tour du Pin** ▪ Poète français (1911-1975), d'inspiration chrétienne, mystique et symbolique.

le **Latran** ▪ Résidence des papes à Rome de 313 à 1304. ► les accords du **Latran,** signés en 1929, marquent la naissance de l'État du Vatican.

Georges de **La Trémoille** [-muj] ▪ Homme politique français (après 1382-1446). Grand chambellan de Charles VI, il tenta d'écarter Jeanne d'Arc.

Jean-Marie de **Lattre de Tassigny** ▪ Maréchal de France (1889-1952). Il représenta la France dans la signature de la capitulation allemande (Berlin, 8 mai 1945).

Charles **Laughton** ▪ Comédien britannique, puis américain (1899-1962). Connu pour sa rondeur physique et son humour. Il réalisa un unique film, *La Nuit du chasseur* (1955).

la **Laurasie** ▪ Continent qui aurait réuni à l'ère primaire l'Amérique du Nord, l'Europe et une partie de l'Asie.

Stan **Laurel** ▪ Acteur américain d'origine britannique (1890-1965). Il forma avec Oliver Hardy (1892-1957) un célèbre duo comique.

Marie **Laurencin** ▪ Peintre français (1885-1956). Ses tableaux aux couleurs douces tendent à la stylisation décorative. *Apollinaire et ses amis.*

Henri **Laurens** ▪ Sculpteur français (1885-1954). Influencé par le cubisme, puis par Maillol : *Femmes couchées.*

saint **Laurent** ▪ Diacre romain du IIIᵉ s., supplicié sur un gril lors d'une persécution antichrétienne.

les **Laurentides** ▪ Région de collines du Canada (Québec). Parc national.

sir Wilfrid **Laurier** ▪ Homme politique (libéral) canadien (1841-1919).

Lausanne ▪ Ville de Suisse sur le lac Léman, chef-lieu du canton de Vaud. 138 905 habitants (zone urbaine 403 200). ► le traité de **Lausanne.** Conclu le 24 juillet 1923 entre les Alliés et le gouvernement turc, il attribua à la Turquie la partie orientale de la Thrace.

le col du **Lautaret** ▪ Col des Alpes françaises, 2 057 m.

Isidore Ducasse, dit le comte de **Lautréamont** ▪ Écrivain français (1846-1870). Précurseur du surréalisme : *les Chants de Maldoror.*

saint François-Xavier de Montmorency **Laval** ▪ Prélat français (1623-1708). Premier évêque de la Nouvelle-France (Canada) et fondateur du séminaire de Québec.

Pierre **Laval** ▪ Homme politique français (1883-1945). Au sein du gouvernement de Vichy, il mena la politique de collaboration avec l'Allemagne. Il fut fusillé à la Libération.

Laval ▪ Chef-lieu de la Mayenne. 49 617 habitants. Le Vieux Château (XIIIᵉ-XVᵉ s.). Cathédrale.

Laval ▪ Ville du Canada (Québec), dans l'agglomération de Montréal. 422 993 habitants. Université.

La Valette ▪ Ville principale et capitale de Malte, qui prit le nom du grand maître de l'ordre de Malte, Jean Parisot de La Valette (1494-1568). 6 300 habitants. Port. Nombreux monuments.

Le **Lavandou** ▪ Commune du Var. 5 980 habitants. Station balnéaire.

Johann Kaspar **Lavater** ▪ Écrivain et théologien suisse d'expression allemande (1741-1801). Il est l'un des créateurs de la physiognomonie, étude du caractère par les traits du visage.

Jorge **Lavelli** ▪ Metteur en scène de théâtre et d'opéras français d'origine argentine (1931-2023).

Charles, cardinal **Lavigerie** ▪ Cardinal français (1825-1892). Évangélisation de l'Afrique.

Ernest **Lavisse** ▪ Historien français (1842-1922). *Histoire de la France.*

Antoine Laurent de **Lavoisier** ▪ Chimiste français (1743-1794). Il distingua, peu après Priestley, les composants de l'air. Introduisant la mesure précise dans toute expérimentation, il découvrit les divers rôles de l'oxygène, la composition de l'eau et élabora une théorie des acides. Révolutionnant la chimie, il en établit la terminologie (avec Guyton* de Morveau notamment). Il fut guillotiné sous la Terreur en tant que «fermier général» enrichi.

John **Law** ▪ Financier écossais, ministre du Régent (1671-1729). Sa banque connut une faillite retentissante.

sir Thomas **Lawrence** ▪ Peintre anglais (1769-1830). Portraitiste délicat.

David Herbert **Lawrence** ▪ Écrivain anglais (1885-1930). Il fit de l'érotisme le fondement de sa philosophie de la vie *(L'Amant de Lady Chatterley).* Des séjours en Italie et au Mexique inspirèrent poèmes et romans *(Femmes amoureuses ; Le Serpent à plumes).*

Ernest Orlando **Lawrence** ▪ Physicien américain (1901-1958). Inventeur du cyclotron.

Thomas Edward, dit **Lawrence d'Arabie** ▪ Officier et écrivain anglais (1888-1935). Organisateur de la révolte arabe contre les Turcs. *Les Sept Piliers de la sagesse.*

Halldór Kiljan **Laxness** ▪ Écrivain islandais (1902-1998). Études de mœurs, souvent marquées par l'ironie. *La Cloche d'Islande.*

saint **Lazare** ▪ Évangiles. Ami de Jésus, ressuscité par Jésus.

Pierre **Lazareff** ▪ Journaliste français (1907-1972). Il fut directeur de *France-Soir,* à partir de 1944.

Louis **Leakey** ▪ Paléontologue britannique (1903-1972). Avec sa femme Mary, il découvrit, au nord de la Tanzanie, le zinjanthrope et l'Homo habilis.

David **Lean** ▪ Cinéaste britannique (1908-1991). *Brève rencontre ; Le Pont de la rivière Kwaï ; Le Docteur Jivago.*

Paul **Léautaud** ▪ Écrivain français (1872-1956). Misanthrope caustique et non conformiste, auteur d'un important *Journal littéraire.*

Maurice **Leblanc** ▪ Romancier français (1864-1941). Créateur du personnage d'Arsène Lupin.

Charles **Le Brun** ▪ Peintre classique français (1619-1690). Ses compositions équilibrées, décoratives, sont vivifiées par la couleur.

Albert **Lebrun** ▪ (1871-1950) Président de la République française, de 1932 à 1940.

David John Moore Cornwell, dit John **le Carré** ▪ Romancier britannique (1931-2020). Agent des services secrets britanniques dans les années 1960, il écrivit des récits d'espionnage *(L'Espion qui venait du froid ; La Taupe).*

Lecce [lɛtʃe] ▪ Ville d'Italie, au sud des Pouilles. 83 300 habitants. Monuments de style baroque.

Philippe de Hauteclocque, dit **Leclerc** ▪ Maréchal de France (1902-1947). Il libéra Paris et Strasbourg en 1944.

Félix **Leclerc** ▪ Chanteur, auteur et compositeur canadien d'expression française (1914-1988). *Moi, mes souliers.*

Jean-Marie Gustave **Le Clézio** ▪ Écrivain français et mauricien (né en 1940). Œuvre romanesque ouverte aux cultures de l'océan Indien, du Mexique et de l'Afrique, et critique de la civilisation techno-industrielle. *Le Procès-Verbal ; Les Géants ; Désert ; Le Chercheur d'or.* Prix Nobel 2008.

Charles Marie Leconte, dit **Leconte de Lisle** ▪ Poète français (1818-1894). Chef de file de la poésie parnassienne. *Poèmes antiques ; Poèmes barbares.*

Charles-Édouard Jeanneret, dit **Le Corbusier** ▪ Architecte et théoricien français d'origine suisse (1887-1965). Il contribua à la mutation de l'architecture et de l'urbanisme.

Léda ▪ mythol. grecque Mère de Castor et Pollux. Zeus prend la forme d'un cygne pour la séduire.

Claude Nicolas **Ledoux** ▪ Architecte français (1736-1806). Les salines d'Arc-et-Senans illustrent les projets d'utopies architecturales qu'il a toujours conçus.

Alexandre Auguste **Ledru-Rollin** ▪ Homme politique français (1807-1874). Républicain.

Ozias **Leduc** ▪ Peintre canadien (1864-1955). Portraits, paysages, natures mortes.

Fernand **Leduc** ▪ Peintre canadien (1916-2014). Travaux sur la lumière et la couleur.

Lê Dúc Tho ▪ Homme politique vietnamien (1912-1990). Cofondateur du Viêt Minh en 1941 et négociateur des accords de Paris en 1973 pour mettre fin à la guerre au Viêtnam.

Robert Edward **Lee** ▪ Général américain, chef des armées sudistes (1807-1870).

Stanley Martin Lieber, dit Stan **Lee** ▪ Scénariste de bandes dessinées et de films d'action américain (1922-2018). Créateur de *Spiderman, X-Men* et *Hulk.*

Leeds ▪ Ville du nord de l'Angleterre (Yorkshire). 474 600 habitants.

Leeuwarden ▪ Ville des Pays-Bas (Frise). 92 300 habitants.

Antonie Van **Leeuwenhoek** ▪ Savant hollandais (1632-1723). Il construisit des microscopes et étudia grâce à eux des bactéries, des animaux microscopiques, et les spermatozoïdes.

François Joseph **Lefebvre** ▪ Officier français (1755-1820), l'un des maréchaux du premier Empire.

Henri **Lefebvre** ▪ Philosophe et sociologue français (1901-1991). Marxiste.

Jacques **Lefèvre d'Étaples** ▪ Humaniste français (v. 1450-1537). Traducteur de la Bible en français.

Lefkosia → **Nicosie**

La **Légende des siècles** ▪ Recueil de poèmes de Victor Hugo (1859-1877).

Adrien Marie **Legendre** ▪ Mathématicien français (1752-1833). Géométrie, théorie des nombres.

Fernand **Léger** ▪ Peintre français (1881-1955). Il créa une imagerie vigoureuse, servie par un traitement original des zones colorées, et célébrant le travail ouvrier *(Les Constructeurs)*.

la **Légion d'honneur** ▪ Ordre français créé par Bonaparte en 1802.

Jacques **Le Goff** ▪ Historien français (1924-2014). Spécialiste du Moyen Âge, il s'inscrivit dans la tradition de l'École française des Annales (la «nouvelle histoire»).

Franz **Lehár** ▪ Compositeur autrichien d'opérettes (1870-1948). *La Veuve joyeuse.*

Jean-Marie **Lehn** ▪ Chimiste français (né en 1939). Il définit un domaine nouveau, concernant les interactions entre molécules (chimie supramoléculaire). Prix Nobel 1987.

Gottfried Wilhelm **Leibniz** ▪ Philosophe, logicien et savant allemand (1646-1716). Ses œuvres concernent les mathématiques, la logique (*De arte combinatoria*, écrit avant 20 ans), la théologie (il était luthérien), l'histoire, le droit et la philosophie. Il expose une théorie rationaliste, spiritualiste et optimiste *(La Monadologie)*. Ses œuvres sont écrites en latin, en allemand et en français.

Leicester ▪ Ville d'Angleterre (Leicestershire). 443 000 habitants.

Leipzig ▪ Ville d'Allemagne (Saxe). 497 500 habitants.

Michel **Leiris** ▪ Écrivain et ethnologue français (1901-1990). *L'Âge d'homme ; La Règle du jeu.*

Claude **Le Jeune** ▪ Compositeur français (v. 1530-1600). Psaumes, motets.

Guillaume **Lekeu** ▪ Compositeur belge (1870-1894). Musique de chambre, d'une grande richesse mélodique.

Claude **Lelouch** ▪ Réalisateur français (né en 1937). *Un homme et une femme. L'aventure c'est l'aventure.*

Frédérick **Lemaître** ▪ Acteur français (1800-1876). *L'Auberge des Adrets.*

abbé Georges **Lemaître** ▪ Mathématicien et astronome belge (1894-1966). Théorie de l'univers en expansion, appelée (d'abord par dérision) théorie du *big bang.*

le lac **Léman** ou lac de **Genève** ▪ Lac de Suisse et de France. 582 km^2.

Roger **Lemelin** ▪ Écrivain canadien d'expression française (1919-1992). Les quartiers populaires de Québec servent de cadre à des intrigues foisonnantes. *Les Plouffe.*

Jacques **Lemercier** ▪ Architecte classique français (v. 1585-1654).

Jean-Paul **Lemieux** ▪ Peintre canadien (1904-1990). Scènes inspirées de l'art populaire ; paysages nordiques traités schématiquement.

la **Lena** ▪ Fleuve de Russie en Sibérie centrale. 4 400 km.

Antoine, Louis et Mathieu, les frères **Le Nain** ▪ Peintres français (actifs au XVIIe siècle). Portraits, scènes allégoriques et, surtout, représentations réalistes admirables de la vie paysanne. Leur vie est mal connue et leurs œuvres, influencées par la peinture flamande ou par Caravage, mal attribuées entre eux.

Anne, dite Ninon de **Lenclos** ▪ Femme de lettres française (1616-1706). Elle fut l'inspiratrice intellectuelle des «libertins».

Vladimir Ilitch Oulianov, dit **Lénine** ▪ Homme politique et théoricien marxiste russe (1870-1924). Il organisa la révolution d'Octobre en 1917, et fonda l'État soviétique.

Leningrad → Saint-Pétersbourg

André **Le Nôtre** ▪ Architecte français de jardins, créateur du jardin «à la française» (1613-1700).

Lens ▪ Chef-lieu d'arrondissement du Pas-de-Calais. 32 458 habitants.

Jakob **Lenz** ▪ Auteur dramatique allemand (1751-1792). *Les Soldats.*

Léon ▪ Nom de treize papes. ► saint **Léon Ier le Grand.** Pape de 440 à sa mort (en 461). Il arrêta l'invasion des Huns en Italie en 452. ► **Léon X** (1475-1521). Pape de 1513 à sa mort. ► **Léon XIII** (1810-1903). Pape de 1878 à sa mort. Il promut un catholicisme social.

le **León** ▪ Région historique et province du nord-ouest de l'Espagne (Castille-et-León).

le **Léon** ▪ Région du nord du Finistère.

al-Hasan ibn Muhammad al-Fâsi, dit **Léon l'Africain** ▪ Érudit arabe, né dans le califat de Grenade (v. 1483-v. 1554). Capturé, placé au service du pape Léon X, devenu chrétien, alors nommé Giovanni Leo (Jean Léon), il est l'auteur d'une *Description de l'Afrique* (en italien).

Léonard de Vinci ▪ Peintre, architecte, sculpteur et savant italien (1452-1519). Artiste génial, esprit universel, il eut une influence capitale dans l'histoire de la Renaissance. *La Cène ; La Joconde.*

Sergio **Leone** ▪ Cinéaste italien (1929-1989). *Il était une fois en Amérique* et plusieurs westerns (appelés «westerns spaghettis»).

Gustav **Leonhardt** ▪ Claveciniste, chef d'orchestre et musicologue néerlandais (1928-2012). Spécialiste de J.-S. Bach, il enregistra avec N. Harnoncourt l'intégrale des cantates. Comme soliste, il interpréta notamment de la musique baroque française.

Léonidas Ier ▪ Roi de Sparte (mort v. 480 avant J.-C.). Mort aux Thermopyles.

Wassily **Leontief** ▪ Économiste américain d'origine russe (1906-1999). Étude de la croissance industrielle.

Konstantin Nikolaïevitch **Leontiev** ▪ Philosophe et écrivain russe (1831-1891). Nationaliste et conservateur, il combattait l'influence de l'Occident.

Giacomo comte **Leopardi** ■ Poète romantique italien (1798-1837). Le plus grand représentant du romantisme en Italie, d'un pessimisme inspiré. *Canti.*

Léopold ■ Nom de plusieurs souverains européens.
1 EMPEREURS D'ALLEMAGNE ► **Léopold Ier** (1640-1705). Empereur de 1658 à sa mort. ► **Léopold II** (1747-1792). Empereur de 1790 à sa mort.
2 ROIS DE BELGIQUE ► **Léopold Ier,** prince de **Saxe-Cobourg** (1790-1865). Roi de 1831 à sa mort. ► **Léopold II** (1835-1909). Roi de 1865 à sa mort. Sous son règne, la Belgique annexa le Congo. ► **Léopold III** (1901-1983). Roi de 1934 à 1951. Il abdiqua.

Lépante ■ Port de Grèce (Péloponnèse). Victoire des chrétiens sur les Ottomans (1571).

Louis **Lépine** ■ Préfet de police, il créa le concours *Lépine* des inventeurs (1846-1933).

Pierre **Lépine** ■ Médecin français (1901-1989). Il fut l'un des deux premiers à réaliser un vaccin contre la poliomyélite.

Jeanne-Marie **Leprince de Beaumont** ■ Femme de lettres française (1711-1780). Contes : *La Belle et la Bête.*

Louis **Leprince-Ringuet** ■ Physicien français (1901-2000). Recherches sur les rayons cosmiques, les mésons.

Leptis Magna ■ Ville antique de Tripolitaine (Libye), à l'est de Tripoli. Fondation phénicienne ; ruines romaines.

Lérida, en catalan *Lleida* ■ Ville d'Espagne (Catalogne). 127 300 habitants. Cathédrale romane.

les îles de **Lérins** ■ Îles des Alpes-Maritimes au large de Cannes.

Mikhaïl **Lermontov** ■ Écrivain russe (1814-1841). Poète romantique *(La Mort du poète)*, il est aussi l'auteur du premier roman psychologique russe, *Un héros de notre temps.*

André **Leroi-Gourhan** ■ Préhistorien français (1911-1986).

Pierre **Leroux** ■ Philosophe et homme politique français (1797-1871). Disciple de Claude Henri de Saint-Simon, il fut l'un des principaux socialistes «utopiques». Nombreux ouvrages. Journaliste : *La Revue indépendante ; La Revue sociale.*

Gaston **Leroux** ■ Écrivain français (1868-1927). Auteur de romans policiers, créateur du personnage du journaliste-détective Rouletabille. *Le Mystère de la chambre jaune ; Le Parfum de la dame en noir.*

Eugène **Le Roy** ■ Écrivain français (1836-1907). *Jacquou le Croquant,* récit d'une révolte paysanne en Périgord.

Emmanuel **Le Roy Ladurie** ■ Historien français (1929-2023). Étude des phénomènes anthropologiques à évolution lente. *Montaillou, village occitan ; Histoire du climat.*

Alain René **Lesage** ■ Écrivain français (1668-1747). *Le Diable boiteux ; Gil Blas.*

Lesbos ou **Mytilène** ■ Île grecque de la mer Égée. 1 630 km². 90 000 habitants.

Pierre **Lescot** ■ Architecte français de la Renaissance (1515-1578).

Nikolaï **Leskov** ■ Écrivain russe (1831-1895). *Gens d'Église.*

le **Lesotho** ■ État d'Afrique australe. 30 355 km². 2,1 millions d'habitants. Capitale : Maseru.

Lesparre-Médoc ■ Chef-lieu d'arrondissement de la Gironde. 5 826 habitants.

Les Républicains ■ Parti politique français de droite, nouveau nom adopté par l'Union pour un mouvement populaire (UMP) en 2015.

Ferdinand de **Lesseps** ■ Diplomate français (1805-1894). Il fit creuser le canal de Suez, mais échoua à percer celui de Panamá.

Gotthold Ephraim **Lessing** ■ Auteur dramatique allemand (1729-1781). Esprit à la fois logique et passionné, il exerça une grande influence sur la littérature allemande. *Laokoon ; Nathan le Sage,* apologie de la tolérance.

Doris **Lessing** ■ Romancière britannique (1919-2013). *Le Carnet d'or.* Prix Nobel 2007.

Pierre de **L'Estoile** ■ Chroniqueur français sous Henri III et Henri IV (v. 1545-1611). *Journal.*

Lestrygons n. m. pl. ■ Peuple de géants anthropophages de *L'Odyssée* d'Homère.

Michel **Le Tellier** ■ Ministre d'Anne d'Autriche puis de Louis XIV (1603-1685). Père de Louvois.

Yves **Leterme** ■ Homme politique belge (né en 1960). Premier ministre (chrétien démocrate) (2008 ; 2009-2010).

Léthé ■ Divinité grecque de l'oubli. ► le **Léthé.** Fleuve de la mythologie, que franchissent les âmes des morts et dont les eaux donnent l'oubli.

la **Lettonie** ■ L'un des trois pays baltes. 64 500 km². 2,37 millions d'habitants. Capitale : Riga.

Lettres à Lucilius ■ Œuvre de Sénèque.

Les **Lettres de mon moulin** ■ Recueil de contes d'Alphonse Daudet (1866).

Lettres persanes ■ Roman épistolaire de Montesquieu (1721).

Leucate ■ Commune de l'Aude, sur le golfe du Lion. 4 581 habitants. Stations balnéaires de Leucate-Plage, Port-Leucate et Port-Barcarès.

Levallois-Perret ■ Ville des Hauts-de-Seine. 67 258 habitants.

le **Levant** ■ Anc. nom du littoral oriental de la Méditerranée.

l'île du **Levant** ■ Une des îles d'Hyères.

Louis **Le Vau** ■ Architecte français (1612-1670). Il réalisa le château de Vaux-le-Vicomte, remania le Louvre et Versailles.

Claude **Léveillée** ■ Auteur, compositeur et chanteur canadien d'expression française (1932-2011).

Leverkusen ■ Ville d'Allemagne (Rhénanie-Westphalie). 162 100 habitants. Industries.

Urbain **Le Verrier** ■ Astronome français (1811-1877). Découverte de Neptune.

René **Lévesque** ■ Homme politique québécois (1922-1987). Fondateur du Parti québécois (PQ), Premier ministre du Québec de 1976 à 1985.

Lévi ■ Bible Fils de Jacob.

le **Léviathan** ■ Bible Monstre marin.

Le **Léviathan** ■ Ouvrage de Thomas Hobbes (1651).

Emmanuel **Levinas** ■ Philosophe français (1905-1995). Interprète de la pensée phénoménologique à la lumière de la théologie juive. *Totalité et Infini.*

Claude **Lévi-Strauss** ■ Anthropologue français (1908-2009). Il introduisit le structuralisme dans l'anthropologie. *Tristes tropiques ; Anthropologie structurale.*

le **Lévitique** ■ Livre de la Bible, faisant partie du Pentateuque.

Marc **Levy** ■ Écrivain français (né en 1961). Auteur de comédies romantiques et d'intrigues policières.

Lucien **Lévy-Bruhl** ■ Sociologue français (1857-1939). *La Mentalité primitive.*

Kurt **Lewin** ■ Psychologue allemand naturalisé américain (1890-1947). Théorie «topologique» de la psychologie.

Matthew Gregory **Lewis** ■ Écrivain anglais (1775-1818). *Le Moine,* roman «noir», inspiré de ceux d'Anne Radcliffe, influença Balzac, puis Antonin Artaud.

Sinclair **Lewis** ■ Écrivain américain (1885-1951). Œuvre réaliste, critique de la société des États-Unis. *Babbitt ; Elmer Gantry.* Prix Nobel 1930.

Joseph Levitch, dit Jerry **Lewis** ■ Acteur comique américain de cinéma (1926-2017).

Carlton McHinley, dit Carl **Lewis** ■ Athlète américain (né en 1961), neuf fois champion olympique (de 1984 à 1996).

Lexington ■ Ville des États-Unis (Kentucky). 296 000 habitants.

Lexington ■ Ville des États-Unis (Massachusetts), près de Boston. 31 400 habitants. La première bataille de la guerre d'Indépendance y eut lieu, en 1775.

Leyde ■ Ville des Pays-Bas (Hollande-Méridionale). 117 500 habitants. Université.

Lézignan-Corbières ■ Commune de l'Aude. 11 112 habitants. Centre vinicole.

Lhassa ou **Lhasa** ■ Capitale du Tibet (Chine). 600 000 habitants. Palais des dalaï-lamas, le Potala. La ville était la résidence du dalaï-lama, jusqu'à l'exil de Tenzin* Gyatso.

Marcel **L'Herbier** ■ Réalisateur français (1888-1979). Il voulait associer l'expression humaniste et la recherche formelle. *L'Inhumaine ; Forfaiture.* Il fonda l'Institut des hautes études cinématographiques (IDHEC) en 1943.

Michel de **L'Hospital** ■ Ministre de Catherine de Médicis (v. 1504-1573). Il mena une politique de tolérance envers les protestants.

Les **Liaisons dangereuses** ■ Roman épistolaire de Choderlos de Laclos (1782).

le **Liaoning** ■ Province du nord-est de la Chine. 145 700 km². 43,7 millions d'habitants. Capitale : Shenyang.

le **Liban** ■ État du Proche-Orient. 10 452 km². 5,4 millions d'habitants. Capitale : Beyrouth.

Libération ■ Mouvement français de résistance à l'occupation allemande, fondé par E. d'Astier de La Vigerie en 1941. Journal de ce mouvement (1941-1964).

Libération ■ Quotidien fondé en 1973 par l'Agence Presse-Libération, dirigé par J.-P. Sartre, puis par un autre de ses cofondateurs, Serge July (de 1974 à 2006). D'abord militant et d'extrême gauche, «*Libé*» reparut après une interruption (1981), devenant un quotidien d'information orienté à gauche.

le **Liberia** ou **Libéria** ■ État d'Afrique occidentale. 111 370 km². 4,7 millions d'habitants. Capitale : Monrovia.

statue de la **Liberté** ou La **Liberté éclairant le monde** ■ Statue de Bartholdi, dans le port de New York (1886).

La **Liberté guidant le peuple** ■ Tableau de Delacroix (1830).

Libourne ■ Chef-lieu d'arrondissement de la Gironde. 24 432 habitants. Vignobles.

Libreville ■ Capitale et port du Gabon. 704 000 habitants.

la **Libye** ■ État d'Afrique du Nord. 1 759 540 km². 6,3 millions d'habitants. Capitale : Tripoli.

Roy **Lichtenstein** ■ Peintre américain (1923-1997). L'un des représentants du pop art, inspiré par la bande dessinée.

la **Licra** ■ «Ligue internationale contre le racisme et l'antisémitisme», association fondée en 1927, surtout vouée au combat contre l'antisémitisme.

le **lido** de Venise ■ Bande de terre qui sépare Venise de l'Adriatique. Station balnéaire.

Justus baron von **Liebig** ■ Chimiste allemand (1803-1873). Fondateur de la chimie agricole.

Karl **Liebknecht** ■ Socialiste allemand (1871-1919). Fondateur, avec Rosa Luxemburg, du parti communiste allemand. Il fut assassiné. → **Spartakus.**

la principauté de **Liechtenstein** ■ État d'Europe centrale. 160 km². 37 623 habitants. Capitale : Vaduz.

Liège, en néerlandais *Luik*, en allemand *Lüttich* ▪ Ville de Belgique. 197 217 habitants. Ville d'art. ► la province de **Liège.** Province de Belgique. 3 862 km². 1,10 million d'habitants. Chef-lieu : Liège.

Liévin ▪ Ville du Pas-de-Calais, banlieue de Lens. 30 102 habitants.

Serge **Lifar** ▪ Danseur et chorégraphe français d'origine russe (1905-1986). Nombreuses créations chorégraphiques.

György **Ligeti** ▪ Compositeur hongrois naturalisé autrichien (1923-2006). D'abord influencé par Bartok, il s'est tourné vers la musique de Debussy et certaines musiques d'Asie, pour créer «de nouveaux types d'intonation». *Le Grand Macabre* (opéra) ; pièces pour orchestre ; musique de chambre.

la **Ligue** ou **Sainte Ligue** ou **Sainte Union** ▪ Confédération de catholiques français fondée par Henri de Guise contre les protestants (1576-1594).

la Ligue des États arabes, dite la **Ligue arabe** ▪ Organisation fondée en 1945. Siège au Caire, à Tunis (1979-1990), puis au Caire de nouveau.

la **Ligue des droits de l'homme** ▪ Ligue fondée en 1898, pour défendre la liberté humaine contre l'arbitraire.

les **Ligures** ▪ Ancien peuple du nord de l'Italie. ► la **Ligurie,** en italien *Liguria*. Région administrative d'Italie. 5 416 km². 1,57 million d'habitants. Chef-lieu : Gênes.

le **Likoud** (mot hébreu «rassemblement») ▪ Parti politique israélien de droite. Il fut dirigé par M. Begin, I. Shamir, B. Nétanyahou et A. Sharon. A. Sharon et E. Olmert firent scission en 2005 pour former Kadima. Le parti est dirigé par B. Nétanyahou.

Suzanne **Lilar** ▪ Écrivaine belge d'expression française (1901-1992). Pièces de théâtre, romans, essais (*Le Malentendu du deuxième sexe*).

Les **Lilas** ▪ Ville de la Seine-Saint-Denis. 23 276 habitants. Fort de Romainville.

Lille ▪ Chef-lieu du Nord et de la Région Hauts-de-France. 236 234 habitants. Nombreux édifices anciens. Important musée d'art.

Lilliput ▪ Pays imaginé par Swift dans *Les Voyages de Lemuel Gulliver*.

Lilongwe ▪ Capitale du Malawi. 1 million d'habitants.

Lima ▪ Capitale du Pérou. 270 000 habitants (aggl. 9,6 millions). Monuments des XVIᵉ, XVIIᵉ et XVIIIᵉ s.

les **Limagnes** n. f. pl. ▪ Plaines du Massif central drainées par l'Allier.

Limassol ▪ Port de la côte sud de Chypre. 140 000 habitants.

Pol, Jean et Hermann de **Limbourg** ▪ Miniaturistes flamands (début du XVᵉ s.). *Les Très Riches Heures du duc de Berry*, leur chef-d'œuvre, achevé par Jean Colombe.

le **Limbourg,** en néerlandais *Limburg* ▪ Province de Belgique. 2 422 km². 877 370 habitants. Chef-lieu : Hasselt. ► le **Limbourg,** en néerlandais *Limburg*. Province des Pays-Bas. 2 170 km². 1,1 million d'habitants. Chef-lieu : Maastricht.

Limerick ▪ Ville d'Irlande, à l'ouest. 61 570 habitants (agglomération 90 800). Chef-lieu de comté.

Limoges ▪ Chef-lieu de la Haute-Vienne. 130 592 habitants. Porcelaine.

le **Limousin** ▪ Anc. région administrative du centre de la France. → **Nouvelle-Aquitaine.**

Limoux ▪ Chef-lieu d'arrondissement de l'Aude. 10 161 habitants.

le **Limpopo** ▪ Fleuve d'Afrique australe qui se jette dans l'océan Indien. 1 600 km.

Lin Biao ou **Lin Piao** ▪ Maréchal chinois (1907-1971), collaborateur de Mao Zedong.

Abraham **Lincoln** ▪ (1809-1865) Président (républicain) des États-Unis, de 1861 à son assassinat. Son élection provoqua la guerre de Sécession. Il abolit l'esclavage (1863).

Lincoln ▪ Ville d'Angleterre (Lincolnshire). 100 000 habitants. Cathédrale gothique.

Charles **Lindbergh** ▪ Aviateur américain (1902-1974). Première traversée de l'Atlantique Nord dans le sens Amérique-France en avion (1927).

Max **Linder** ▪ Acteur et cinéaste comique français (1883-1925). *L'Étroit Mousquetaire*.

Jérôme **Lindon** ▪ Éditeur français (1925-2001). Il publia aux Éditions de Minuit les auteurs du «nouveau roman». Éditeur de Samuel Beckett, Claude Simon et Marguerite Duras.

Carl von **Linné** ▪ Naturaliste suédois (1707-1778). Nomenclature binaire des êtres vivants.

Linz ▪ Ville d'Autriche (Haute-Autriche). 191 107 habitants.

le golfe du **Lion** ▪ Golfe de la Méditerranée, baignant les côtes françaises.

Pierre **Lions** ▪ Mathématicien français (né en 1956). Mécanique des fluides très dilués. Médaille Fields 1994.

Jean-Étienne **Liotard** ▪ Peintre et pastelliste suisse (1702-1789).

les îles **Lipari** → îles **Éoliennes**

Dinu **Lipatti** ▪ Pianiste roumain (1917-1950). Il interpréta surtout Mozart, Chopin, Bartók.

Jacques **Lipchitz** ▪ Sculpteur lituanien naturalisé français (1891-1973).

Li Peng ▪ Homme d'État chinois (1928-2019). Premier ministre (1988-1998) puis président de l'Assemblée nationale populaire (1998-2003).

Fra Filippo **Lippi** ▪ Peintre italien (v. 1406-1469). Scènes de la vie de la Vierge.

Lisbonne, en portugais *Lisboa* ▪ Capitale du Portugal, sur l'estuaire du Tage. 509 800 habitants.

Lisieux ▪ Chef-lieu d'arrondissement du Calvados. 19 755 habitants. Pèlerinage.

Eliezer Markovitch, dit El **Lissitski** ▪ Peintre et architecte russe (1890-1941). Adepte d'un géométrisme abstrait et de la fusion des arts, proche des «constructivistes», il travailla surtout en Allemagne.

Joseph **Lister** ▪ Chirurgien anglais (1827-1912). Créateur de l'antisepsie.

Franz **Liszt** ▪ Compositeur et pianiste hongrois (1811-1886). *Préludes.*

Little Rock ▪ Ville des États-Unis, capitale de l'Arkansas. 193 500 habitants. Le gouverneur Faubus y maintint la ségrégation des Noirs, notamment dans l'enseignement, contre le gouvernement fédéral, en 1957.

Émile **Littré** ▪ Lexicographe français (1801-1881). *Dictionnaire de la langue française.* Il fut aussi un précurseur de la «nouvelle histoire» et un adepte de l'épistémologie d'Auguste Comte.

la **Lituanie** ▪ L'un des trois pays baltes. 65 200 km². 3 millions d'habitants. Capitale : Vilnius.

Liu Xiaobo ▪ Intellectuel et professeur de littérature chinois (1955-2017). Incarcéré pour ses publications réclamant une Chine démocratique. Prix Nobel de la paix 2010.

Livarot-Pays d'Auge ▪ Commune du Calvados, près de Lisieux. 6 183 habitants. Fromages (le *livarot*).

Liverpool ▪ Port d'Angleterre (Merseyside). 552 000 habitants.

David **Livingstone** ▪ Missionnaire et explorateur britannique de l'Afrique centrale (1813-1873).

la **Livonie,** en allemand *Livland* ▪ Anc. nom de la région balte comprenant la Lettonie et l'Estonie.

Livourne, en italien *Livorno* ▪ Port d'Italie (Toscane). 156 300 habitants.

Le **Livre de la jungle** ▪ Recueil de récits de Rudyard Kipling (1894).

Livry-Gargan ▪ Ville de la Seine-Saint-Denis. 45 618 habitants.

Ljubljana ▪ Capitale de la Slovénie. 266 000 habitants.

Lleida → **Lérida**

Harold **Lloyd** ▪ Acteur comique américain de cinéma (1893-1971). Personnage du jeune homme timide à lunettes, qui se tire de manière flegmatique, parfois acrobatique, des pires situations.

David **Lloyd George** ▪ Homme politique (libéral) britannique (1863-1945).

la **Lloyd's** ▪ Communauté internationale d'assureurs, dont le nom est tiré du café d'Edward Lloyd, fréquenté par les armateurs dans le dernier tiers du XVIIIe s. ; il était situé près de la Tour de Londres. Elle fut légalisée en 1871.

Ramón **Llull** → Raymond **Lulle**

Kenneth, dit Ken **Loach** ▪ Cinéaste britannique (né en 1936). Films critiques sur la société moderne *(Kes ; Family Life ; Le vent se lève).*

Nikolaï **Lobatchevski** ▪ Mathématicien russe, créateur d'une géométrie non euclidienne (1792-1856).

António **Lobo Antunes** ▪ Écrivain portugais (né en 1942). *Le Cul de Judas ; La Splendeur du Portugal ; Traité des passions de l'âme.*

Locarno ▪ Ville de Suisse (Tessin), au bord du lac Majeur. 16 122 habitants (zone urbaine 55 761).

Loches ▪ Chef-lieu d'arrondissement d'Indre-et-Loire. 6 165 habitants. Ancienne cité fortifiée.

John **Locke** ▪ Philosophe anglais (1632-1704). Il associe l'empirisme et la pensée logique, créant une «sémiotique» (théorie du signe et du langage). *Essai sur l'entendement humain.*

sir Norman **Lockyer** → **Janssen**

la **Locride** ▪ Ancienne région de la Grèce centrale.

Loctudy ▪ Commune du Finistère, près de Quimper. 3 980 habitants.

Lodève ▪ Chef-lieu d'arrondissement de l'Hérault. 7 382 habitants.

David **Lodge** ▪ Écrivain britannique (1935-2025). Critique envers les intellectuels et le milieu universitaire *(Un tout petit monde).*

Łódź ▪ Ville de Pologne. 760 300 habitants. Centre culturel et scientifique.

Sébastien **Loeb** ▪ Pilote de rallye automobile français (né en 1974). Neuf fois champion du monde des rallyes (2004-2012).

Raymond **Loewy** ▪ Dessinateur industriel américain né en France (1893-1986). Auteur de *La laideur se vend mal.*

les îles **Lofoten** ▪ Archipel de Norvège. 1 350 km². 24 000 habitants.

Loges n. f. pl. ▪ Galeries du Vatican décorées par Raphaël.

Lohengrin ▪ Héros d'une légende allemande du XIIIe s., fils de Parzival (ou Parsifal). Titre d'un opéra de Wagner.

le **Loir** ▪ Rivière, affluent de la Sarthe. 311 km.

la **Loire** ▪ Fleuve français. 1 012 km. ► la **Loire** [42]. Département français de la Région Auvergne-Rhône-Alpes. 4 773 km². 768 508 habitants. Chef-lieu : Saint-Étienne. Chefs-lieux d'arrondissement : Montbrison, Roanne. ► la **Haute-Loire** [43]. Département français de la Région Auvergne-Rhône-Alpes. 5 001 km². 227 489 habitants. Chef-lieu : Le Puy. Chefs-lieux d'arrondissement : Brioude, Yssingeaux. ► la **Loire-Atlantique** [44]. Département français de la Région Pays de la Loire. 6 979 km². 1,45 million d'habitants. Chef-lieu : Nantes. Chefs-lieux d'arrondissement : Châteaubriant, Saint-Nazaire. ► la Région **Pays de la Loire.** Région administrative de l'ouest de la

France. Cinq départements : Loire-Atlantique, Maine-et-Loire, Mayenne, Sarthe et Vendée. 31 126 km². 3,83 millions d'habitants. Chef-lieu : Nantes. ► les châteaux de la **Loire.** Édifices royaux ou princiers édifiés au XVe s. et à la Renaissance. → **Amboise, Azay-le-Rideau, Blois, Chambord, Chenonceaux, Cheverny, Valençay.**

le **Loiret** [45] ■ Département français de la Région Centre-Val de Loire. 6 775 km². 682 304 habitants. Chef-lieu : Orléans. Chefs-lieux d'arrondissement : Montargis, Pithiviers.

le **Loir-et-Cher** [41] ■ Département français de la Région Centre-Val de Loire. 6 421 km². 329 357 habitants. Chef-lieu : Blois. Chefs-lieux d'arrondissement : Romorantin-Lanthenay, Vendôme.

Lokman → **Luqmān**

Lolita ■ Roman de Nabokov (1955).

les **Lollards** → **Wyclif**

la **Lombardie** ■ Région administrative du nord de l'Italie. 23 856 km². 9 millions d'habitants. Chef-lieu : Milan. ► les **Lombards,** peuple germanique qui la conquit et fut vaincu par Charlemagne en 774.

Lombok ■ Île d'Indonésie. 11 808 km². 2,4 millions d'habitants.

Lomé ■ Capitale du Togo. 921 000 habitants.

Étienne de **Loménie de Brienne** ■ Prélat français, ministre de Louis XVI (1727-1794).

Mikhaïl **Lomonossov** ■ Écrivain et savant russe (1711-1765). Esprit universel, il fut considéré comme le père de la littérature russe moderne.

John Griffith, dit Jack **London** ■ Écrivain américain (1876-1916). Récits d'aventures et de critique sociale *(Martin Eden ; L'Appel de la forêt ; Croc-Blanc).*

Londonderry ■ Port d'Irlande du Nord. 105 100 habitants.

Albert **Londres** ■ Journaliste français (1884-1932). Grand reporter, il écrivit de nombreux ouvrages. Un prix de journalisme porte son nom.

Londres, en anglais *London* ■ Capitale et port de la Grande-Bretagne sur la Tamise. 8,2 millions d'habitants (9,7 millions pour le *Grand Londres*). Nombreux monuments (Westminster, Tour de Londres, Buckingham Palace...) et musées.

Long Beach ■ Port des États-Unis (Californie). 461 500 habitants (agglomération 9,5 millions).

Longchamp ■ Hippodrome parisien, dans le bois de Boulogne.

Henry Wadsworth **Longfellow** ■ Poète américain (1807-1882). Outre un roman philosophique et des récits en partie autobiographiques, il évoqua divers aspects des États-Unis — les Acadiens dans *Évangeline,* les Indiens dans *Hiawatha* —, élaborant une sorte d'épopée nationale qui en fit un poète officiel.

Pietro **Longhi** ■ Peintre italien (1702-1785).

Long Island ■ Île où se trouvent deux quartiers (Brooklyn, Queens) de New York.

Longjumeau ■ Ville de l'Essonne. 21 105 habitants.

Jeannie **Longo-Ciprelli** ■ Cycliste française (née en 1958). Championne olympique (1996), elle remporta trois Tours de France.

la **Longue Marche** ■ Marche de 10 000 li (12 000 km) des troupes communistes chinoises, de 1934 à 1936, sous la direction de Mao Zedong.

Longwy [lɔ̃wi] ■ Ville de Meurthe-et-Moselle. 15 117 habitants. Ancien centre minier.

Lons-le-Saunier ■ Chef-lieu du Jura. 17 092 habitants.

Loos ■ Commune du Nord, banlieue de Lille. 22 896 habitants.

Felix **Lope de Vega** ■ Auteur dramatique espagnol (1562-1635). Il produisit près de 1 800 comédies et 400 pièces édifiantes d'un réalisme vigoureux. Ses chefs-d'œuvre *(L'Étoile de Séville ; Le Chien du jardinier ; Le Châtiment sans vengeance)* sont des comédies de mœurs.

Lorca → **Garcia Lorca**

Hendrik Antoon **Lorentz** ■ Physicien néerlandais (1853-1928). Théorie des électrons.

Konrad **Lorenz** ■ Zoologiste autrichien (1903-1989). Travaux fondateurs en éthologie.

Lorenzaccio ■ Drame d'Alfred de Musset (1834).

les **Lorenzetti** ■ Peintres toscans du XIVe s. ► Pietro (v. 1280-1348) et son frère Ambrogio (v. 1290-1348).

Lorient ■ Chef-lieu d'arrondissement et port du Morbihan. 57 412 habitants. Cité de la voile Éric-Tabarly.

le **Loristan, Lorestan, Louristan** ou **Luristan** ■ Région de l'ouest de l'Iran. Bronzes (XIXe au XIIe s. avant J.-C.).

Lormont ■ Ville de la Gironde, banlieue de Bordeaux. 22 913 habitants.

Claude Gellée, dit le **Lorrain** ■ Peintre français (1600-1682). Paysages et ports avec architectures antiques, dans une lumière de couchant.

la **Lorraine** ■ Anc. province et anc. région administrative de l'est de la France. → **Grand Est.**

Los Alamos ■ Ville des États-Unis (Nouveau-Mexique). 12 000 habitants. Centre de recherches nucléaires, près duquel la première bombe atomique fut expérimentée le 16 juillet 1945.

Los Angeles ■ Ville des États-Unis (Californie). 3,8 millions d'habitants (agglomération 16,4 millions).

Joseph **Losey** ■ Réalisateur américain (1909-1984). Engagé à gauche, il choisit l'exil durant le Maccarthysme. *Don Giovanni ; Monsieur Klein ; The Servant.*

le **Lot** ▪ Rivière, affluent de la Garonne. 481 km. ► le **Lot** [46]. Département français de la Région Occitanie. 5 215 km^2. 174 670 habitants. Chef-lieu : Cahors. Chefs-lieux d'arrondissement : Figeac, Gourdon.

le **Lot-et-Garonne** [47] ▪ Département français de la Région Nouvelle-Aquitaine. 5 360 km^2. 330 844 habitants. Chef-lieu : Agen. Chefs-lieux d'arrondissement : Marmande, Nérac, Villeneuve-sur-Lot.

Loth ▪ Bible Personnage dont la femme est changée en statue de sel pour avoir regardé la destruction de Sodome.

Lothaire Ier ▪ (795-855) Empereur d'Occident, de 840 à sa mort. Le traité de Verdun ne lui laissa que la Lotharingie.

Lothaire ▪ (941-986) Roi de France de 954 à sa mort.

la **Lotharingie** ▪ Ancien royaume cédé à Lothaire Ier après le traité de Verdun, et dont le cœur est la Lorraine actuelle.

Julien Viaud, dit Pierre **Loti** ▪ Romancier français (1850-1923). Auteur de romans inspirés par ses voyages d'officier de marine, et par la vie des marins. *Pêcheur d'Islande.*

Lotophages n. m. pl. ▪ Peuple fabuleux de *L'Odyssée* d'Homère.

Lorenzo **Lotto** ▪ Peintre italien (1480-1556). *Le Mariage de sainte Catherine.*

Émile **Loubet** ▪ (1838-1929) Président de la République française de 1899 à 1906.

Loudéac ▪ Commune des Côtes-d'Armor. 9 652 habitants.

Loudun ▪ Commune de la Vienne. 6 702 habitants.

Lougansk ou **Louhansk** ▪ Ville d'Ukraine, dans le Donbass. 453 000 habitants.

Louhans ▪ Chef-lieu d'arrondissement de Saône-et-Loire. 6 451 habitants.

Louis ▪ Nom de nombreux souverains européens.
1 EMPEREURS D'ALLEMAGNE ► **Louis Ier le Pieux** → 3. rois de France. ► **Louis II le Germanique** (v. 805-876). Roi de Germanie de 843 à sa mort. ► **Louis IV de Bavière** (v. 1286-1347). Empereur de 1328 à sa mort.
2 ROI DE BAVIÈRE ► **Louis II de Bavière** ou **de Wittelsbach** (1845-1886). Roi de 1864 à sa mort.
3 ROIS DE FRANCE ► **Louis Ier le Pieux** (778-840). Fils de Charlemagne, empereur d'Occident de 814 à sa mort. ► **Louis II le Bègue** ou **le Fainéant** (846-879). Roi de 877 à sa mort. ► **Louis III** (v. 863-882). Roi de 879 à sa mort. ► **Louis IV d'Outre-Mer** (921-954). Roi de 936 à sa mort. ► **Louis V le Fainéant** (v. 967-987). Roi en 986-987, dernier des Carolingiens. ► **Louis VI le Gros** (v. 1081-1137). Roi de 1108 à sa mort. Il augmenta le pouvoir de la monarchie. ► **Louis VII le Jeune** (v. 1120-1180). Roi de 1137 à sa mort. Sa rupture avec Aliénor d'Aquitaine amorça la guerre de Cent Ans. ► **Louis VIII le Lion** (1187-1226). Roi de 1223 à sa mort. ► **Louis IX** ou **Saint Louis** (1214-1270). Roi de 1226 à sa mort (canonisé en 1297). Il mourut en croisade. ► **Louis X le Hutin** (1289-1316). Roi de 1314 à sa mort. ► **Louis XI** (1423-1483). Roi de 1461 à sa mort. Il consolida son pouvoir et l'unité du royaume. ► **Louis XII** (1462-1515). Roi de 1498 à sa mort. ► **Louis XIII** (1601-1643). Roi de 1610 à sa mort. Avec Richelieu, il prépara l'absolutisme et l'hégémonie de la France en Europe. ► **Louis XIV,** dit **le Roi-Soleil** (1638-1715). Roi de 1643 à sa mort. Il porta l'absolutisme monarchique à son paroxysme et favorisa l'épanouissement des arts et des lettres. ► **Louis XV le Bien-Aimé** (1710-1774). Roi de 1715 à sa mort. Son règne fut marqué par des difficultés financières. ► **Louis XVI** (1754-1793). Roi de 1774 à 1792. Jugé par la Convention, il fut guillotiné. ► **Louis XVII,** mort dans la prison du Temple (1785-1795). ► **Louis XVIII** (1755-1824). Roi de 1814 à sa mort, frère de Louis XVI. → **Restauration**
4 ROI DE HONGRIE ► **Louis Ier le Grand** (1326-1382). Roi de Hongrie de 1342 à sa mort, et de Pologne à partir de 1370.

sainte **Louise de Marillac** ▪ Religieuse française (1591-1660). Collaboratrice de saint Vincent de Paul.

Louise de Savoie ▪ Mère de François Ier, régente du royaume lors des guerres d'Italie (1476-1531).

la **Louisiane** ▪ État du sud des États-Unis. 125 625 km^2. 4,47 millions d'habitants. Capitale : Baton Rouge. Ville principale : La Nouvelle-Orléans.

Louis-Philippe Ier ▪ (1773-1850) Roi des Français de 1830 à 1848. → monarchie de **Juillet**

Louisville ▪ Ville des États-Unis (Kentucky). 600 000 habitants. Centre industriel.

Louksor → **Louxor**

Lourdes ▪ Ville des Hautes-Pyrénées. 13 247 habitants. Pèlerinage.

le **Louristan** → **Loristan**

Louvain, en néerlandais *Leuven* ▪ Ville de Belgique (Brabant flamand). 102 275 habitants. Université.

La **Louvière** ▪ Ville de Belgique (Hainaut). 81 138 habitants.

François Michel Le Tellier, marquis de **Louvois** ▪ Ministre de Louis XIV (1639-1691). Il réorganisa l'armée.

le **Louvre** ▪ Ancienne résidence royale, située à Paris, devenue musée national. Pyramide de verre construite par Pei (1989). ► **Le Louvre-Lens.** Extension du musée à Lens. ► **Le Louvre Abou Dhabi.** Conçu par Jean Nouvel, il a ouvert en 2017.

Louxor ou **Louksor** ▪ Ville d'Égypte, sur le site de Thèbes. 243 900 habitants. Temple d'Amon.

Howard Phillips **Lovecraft** ▪ Écrivain américain (1890-1937). Récits fantastiques suscitant une mythologie de l'épouvante (*La Couleur tombée du ciel ; L'Abomination de Dunwich*).

Richard **Lovelace** ■ Poète et auteur dramatique anglais (1618-1657). Poète galant, soldat valeureux, il acquit une réputation de séducteur.

les **Lowlands** n. f. pl., en français *Basses Terres* ■ Région du centre de l'Écosse. Ville principale : Glasgow.

Malcolm **Lowry** ■ Romancier anglais (1909-1957). Auteur de contes, de poèmes et surtout de romans, parmi lesquels *Au-dessous du volcan* (1947), récit symbolique d'une errance désespérée, hantée par l'alcool et la mystique.

les îles **Loyauté** ■ Archipel français du Pacifique, dépendant de la Nouvelle-Calédonie.

le mont **Lozère** ■ Massif des Cévennes. 1 699 m. ► la **Lozère** [48]. Département français de la Région Occitanie. 5 178 km². 76 633 habitants. Chef-lieu : Mende. Chef-lieu d'arrondissement : Florac.

Luanda ■ Capitale de l'Angola. 6,7 millions d'habitants.

Luang Prabang ■ Ville du Laos, anc. capitale royale. 55 000 habitants. Monuments bouddhiques.

Lübeck ■ Port d'Allemagne (Schleswig-Holstein). 213 600 habitants.

le **Luberon** ou **Lubéron** ■ Chaîne calcaire du sud des Alpes.

Ernst **Lubitsch** ■ Cinéaste américain d'origine allemande (1892-1947). Films spirituels et gais jusque dans la tragédie *(Ninotchka ; The Shop Around the Corner ; To Be or Not to Be)*.

Lublin ■ Ville de Pologne. 353 500 habitants.

Lubumbashi, anc. *Élisabethville* ■ Ville de la République démocratique du Congo, dans le Shaba. 1,3 million d'habitants.

saint **Luc** ■ Évangéliste.

Lucain ■ Poète latin (39-65). La *Pharsale,* récit dramatique de la guerre civile entre César et Pompée.

George **Lucas** ■ Cinéaste et producteur américain (né en 1945). *La Guerre des étoiles.*

Lucas de Leyde ■ Peintre hollandais (1494-1533). Portraits, scènes bibliques, peintures de genre *(Les Gueux)*.

Lucerne, en allemand *Luzern* ■ Ville de Suisse. 81 000 habitants (zone urbaine 229 407). ► le canton de **Lucerne.** 1 493 km². 413 120 habitants. Chef-lieu : Lucerne.

Lucien de Samosate ■ Écrivain satirique grec (v. 125-v. 192). *Histoire véritable.*

Lucien Leuwen ■ Roman inachevé de Stendhal (1855).

Lucifer ■ Autre nom de Satan.

Lucknow ■ Ville d'Inde (Uttar Pradesh). 2,9 millions d'habitants.

Luçon ■ Commune de la Vendée. 9 541 habitants.

Luçon ou **Lusón** ■ Île principale des Philippines. 104 684 km². 41,6 millions d'habitants. Ville principale : Manille.

Lucques, en italien *Lucca* ■ Ville d'Italie (Toscane). 81 900 habitants. Cathédrale et églises romanes.

Lucrèce ■ Dame romaine (morte en 509 avant J.-C.). Son viol par un fils de Tarquin et son suicide provoquèrent la chute de la royauté.

Lucrèce ■ Poète latin (v. 98-55 avant J.-C.). Poète philosophe matérialiste, disciple d'Épicure, auteur du *De natura rerum.*

Lucrèce Borgia ■ Drame de Victor Hugo (1833).

Lucullus ■ Général romain célèbre pour son raffinement gastronomique (v. 106-56 avant J.-C.).

Lucy ■ Nom donné (d'après une chanson des Beatles) à un spécimen féminin d'australopithèque dont le squelette, datant de -3,2 millions d'années, fut découvert en 1974 en Éthiopie par Yves Coppens, D. C. Johanson et M. Taieb.

Erich **Ludendorff** ■ Général allemand (1865-1937). Collaborateur de Hindenburg.

Ludovic Sforza, dit le More ■ Duc de Milan (1451-1508).

la **Luftwaffe** ■ L'« armée de l'air » du IIIe Reich.

Lugano ■ Ville de Suisse (Tessin), au bord du *lac de Lugano.* 63 490 habitants (zone urbaine 151 207). Station touristique.

Aurélien Lugné, dit **Lugné-Poe** ■ Acteur et metteur en scène français de théâtre (1869-1940). Il fonda le *Théâtre de l'Œuvre,* et fit connaître en France Ibsen *(Peer Gynt),* Jarry *(Ubu roi)*...

Bernardino **Luini** ■ Peintre Italien (v. 1480-1532). Maître de la Renaissance lombarde. Fresques à la lumière douce.

György **Lukács** ■ Philosophe marxiste et homme politique hongrois (1885-1971). *Histoire et Conscience de classe.*

Luis Inácio Da Silva, dit **Lula** ■ Homme d'État brésilien (né en 1945). Issu d'une famille de paysans pauvres, il devint ouvrier, puis dirigeant syndical. Président de la République de 2002 à 2010 et depuis 2023.

Ramón Llull, en français Raymond **Lulle** ■ Philosophe, théologien et poète catalan (v. 1232-1316). Il donna à la langue catalane sa forme littéraire.

Jean-Baptiste **Lully** ou **Lulli** ■ Compositeur français d'origine italienne (1632-1687). Il écrivit des ballets, et collabora avec Molière. Il obtint de Louis XIV le privilège d'être le seul autorisé à écrire des opéras. Hostile à l'opéra italien, il imposa la primauté de la déclamation lyrique, créant l'opéra « à la française ».

Sidney **Lumet** ■ Réalisateur américain (1924-2011). *Serpico ; Un après-midi de chien.*

les frères **Lumière** ■ Industriels français, inventeurs du cinématographe en 1895. Auguste (1862-1954) et Louis (1864-1948).

les **Lumières** ▪ Mouvement d'idées de l'Europe du XVIIIe s. fondé sur la confiance dans le progrès et la raison, la lutte contre le fanatisme au nom de la liberté de pensée.

Patrice **Lumumba** ▪ Homme d'État congolais (1925-1961). Premier ministre du Congo devenu indépendant (1960), il fut assassiné.

la **Lune** ▪ Satellite situé à 384 000 km de la Terre. Diamètre : 3 476 km. → **Armstrong.**

Lunel ▪ Ville de l'Hérault. 26 356 habitants. Centre vinicole.

Lunéville ▪ Chef-lieu d'arrondissement de Meurthe-et-Moselle. 17 858 habitants.

Luoyang ▪ Ville de Chine (Henan). 1,5 million d'habitants.

Arsène **Lupin** ▪ Personnage de «gentleman cambrioleur», créé par Maurice Leblanc.

Luqmān ou **Lokman** ▪ Auteur arabe légendaire, cité dans le Coran.

Jean **Lurçat** ▪ Peintre français (1892-1966). Il rénova l'art de la tapisserie.

Lure ▪ Chef-lieu d'arrondissement de la Haute-Saône. 7 960 habitants.

le **Luristan** → **Loristan**

Lusaka ▪ Capitale de la Zambie. 2,6 millions d'habitants.

la **Lusitanie** ▪ Province romaine d'Espagne (actuel Portugal).

Lutèce ▪ Ville de Gaule, site primitif de Paris.

Martin **Luther** ▪ Réformateur religieux allemand (1483-1546). Un des fondateurs de la Réforme protestante.

François de Montmorency-Bouteville, duc de **Luxembourg** ▪ Maréchal de France (1628-1695). Vainqueur à Fleurus, Steinkerque, Neerwinden.

Luxembourg ▪ Capitale du grand-duché de Luxembourg. 122 300 habitants. ► le grand-duché de **Luxembourg.** État d'Europe occidentale. 2 586 km². 626 108 habitants. Capitale : Luxembourg.

le **Luxembourg** ▪ Province de Belgique. 4 439 km². 286 752 habitants. Chef-lieu : Arlon.

le palais du **Luxembourg** ▪ Palais de Paris (XVIIe s.), qui abrite le Sénat depuis 1958. Célèbre jardin.

Rosa **Luxemburg** ▪ Socialiste révolutionnaire polonaise naturalisée allemande (1870-1919). Elle fut assassinée lors de la répression de l'insurrection spartakiste. → **Spartakus**

Luxeuil-les-Bains ▪ Commune de la Haute-Saône. 6 644 habitants. Ancienne cité gallo-romaine réputée pour ses sources thermales.

Zhou Shuren, dit **Lu Xun** ou **Lou Siun** ▪ Écrivain et traducteur chinois (1881-1936). Poésies, essais, nouvelles *(La Véridique Histoire de Ah Q).*

Luynes ▪ Famille noble française d'origine toscane. ► le connétable Charles d'Albert de **Luynes** (1578-1621) fut le favori de Louis XIII et joua un rôle politique important.

Lviv anciennement *Lvov* ▪ Ville d'Ukraine. 798 000 habitants.

André **Lwoff** ▪ Biologiste français (1902-1994). Génétique moléculaire.

Lyallpur → **Faisalabad**

Louis Hubert **Lyautey** ▪ Maréchal de France (1854-1934). Administrateur colonial au Maroc.

le **Lycabette** ▪ Colline dominant le centre d'Athènes.

Lycurgue ▪ Législateur mythique de Sparte ayant vécu au IXe s. avant J.-C.

la **Lydie** ▪ Anc. contrée d'Asie Mineure.

sir Charles **Lyell** ▪ Géologue britannique (1797-1875). L'un des fondateurs de l'étude scientifique de la Terre.

John **Lyly** ▪ Écrivain et auteur dramatique anglais (v. 1553-1606). Style maniériste. Son roman *Euphues ou l'Anatomie de l'esprit* caractérisa l'«euphuisme» élisabéthain.

David **Lynch** ▪ Cinéaste américain (né en 1946). *Elephant Man ; Sailor et Lula ; Mulholland Drive ; Inland Empire.*

Lyon ▪ Chef-lieu du Rhône et de la Région Auvergne-Rhône-Alpes, au confluent du Rhône et de la Saône. 522 228 habitants (agglomération 1,69 million). Nombreux édifices civils et religieux anc. ► les monts du **Lyonnais.** Montagnes de l'est du Massif central.

Jean-François **Lyotard** ▪ Philosophe français (1924-1998). Phénoménologue, il combina de manière critique les influences de Freud et de Marx.

Le **Lys dans la vallée** ▪ Roman de Balzac (1835).

Lysimaque ▪ Général macédonien (v. 360-v. 280 avant J.-C.). Lieutenant d'Alexandre le Grand. Roi de Thrace, il conquit un empire.

Lysippe ▪ Sculpteur grec (v. 390-après 310 avant J.-C.). Le style réaliste et harmonieux de ses bronzes présage l'évolution de l'art grec après lui.

Lysistrata ▪ Personnage féminin créé par Aristophane, dans la comédie qui porte ce titre (411 avant J.-C.). Lysistrata réunit les femmes dans une «grève du sexe», pour contraindre les hommes à faire la paix (entre Athènes et Sparte).

M

Maastricht ou **Maëstricht** ▪ Ville des Pays-Bas (Limbourg). 119 000 habitants. ► le traité de **Maastricht,** signé en 1992, a donné naissance à l'Union européenne.

Wangari **Maathai** ▪ Femme politique et militante écologiste kényane (1940-2011). Prix Nobel de la paix 2004.

Lorin **Maazel** ▪ Chef d'orchestre américain (1930-2014).

Alain **Mabanckou** ▪ Écrivain congolais d'expression française (né en 1966). Auteur de romans, de poèmes, et professeur de littérature francophone aux États-Unis. *Verre cassé ; Black bazar.*

dom Jean **Mabillon** ▪ Religieux (bénédictin) et érudit français (1632-1707). Fondateur d'une science des manuscrits qu'il nomma *diplomatica.*

John Loudon **McAdam** ▪ Ingénieur britannique (écossais) [1756-1836]. Il est l'inventeur du macadam.

Macao ▪ Territoire de la Chine du Sud, faisant face à Hong-Kong. 16 km². 552 500 habitants.

Douglas **MacArthur** ▪ Général américain (1880-1964). Il reçut la reddition du Japon en 1945.

Thomas Babington, baron **Macaulay** ▪ Historien et homme politique anglais (1800-1859). Administrateur en Inde, député, il publia des essais littéraires et historiques.

Macbeth ▪ Roi d'Écosse de 1040 à sa mort (1057). Il a inspiré une tragédie à Shakespeare (1606).

les **Maccabées** ▪ Famille de patriotes juifs (IIe s. avant J.-C.).

Leo **McCarey** ▪ Cinéaste américain (1898-1969). Films burlesques (avec les Marx Brothers, W. C. Fields), puis comédies et mélodrames. *La Route semée d'étoiles ; Elle et lui.*

Joseph **McCarthy** ▪ Sénateur républicain américain (1908-1957). Il mena plusieurs campagnes anticommunistes virulentes.

Carson **McCullers** ▪ Romancière américaine (1917-1967). *Le cœur est un chasseur solitaire.*

la **Macédoine** ▪ Région historique de la péninsule des Balkans, aujourd'hui partagée entre la Grèce (34 178 km² ; 2,7 millions d'habitants ; ville principale : Thessalonique), la Macédoine et la Bulgarie. ► la **Macédoine du Nord.** État d'Europe méridionale. 25 713 km². 2 millions d'habitants. Capitale : Skopje.

Ernst **Mach** ▪ Physicien et philosophe autrichien (1838-1916). Le *nombre de Mach* mesure les vitesses supersoniques.

Antonio **Machado** ▪ Poète espagnol (1875-1939). Sa poésie est intime et profonde *(Solitudes),* évocatrice de l'Espagne *(Champs de Castille),* puis philosophique *(Chants nouveaux).* Républicain, il mourut en exil sous le régime de Franco.

Joaquim Maria **Machado de Assis** ▪ Poète et romancier brésilien (1839-1908).

Guillaume de **Machaut** → **Guillaume de Machaut**

Nicolas **Machiavel** ▪ Homme politique et philosophe florentin (1469-1527). Auteur d'un traité de philosophie politique, *Le Prince.* Sa théorie politique, souvent mal interprétée sous le nom de «machiavélisme», est réaliste : le détenteur du pouvoir ne cherche qu'à le conserver, sans se préoccuper du bien public ; il sait utiliser la force, mais aussi les apparences (ce qui s'applique aujourd'hui aux médias). L'actualité de Machiavel reste forte.

Machu Picchu ▪ Site inca du Pérou, situé à 2 045 m d'altitude.

August **Macke** ▪ Peintre allemand (1887-1914). Il évolua de l'impressionnisme au groupe allemand expressionniste du «Cavalier bleu» et au colorisme de Delaunay.

le **Mackenzie** ▪ Fleuve du Canada. 4 600 km.

William Lyon **Mackenzie** ▪ Homme politique canadien d'origine écossaise (1795-1861). Il déclencha en Ontario une rébellion anti-anglaise, qui échoua. ► Son petit-fils, William Lyon **Mackenzie King** (1874-1950), fut Premier ministre (libéral) du Canada (1921-1930, puis 1935-1948).

sir Compton **Mackenzie** ▪ Auteur dramatique et romancier britannique (1883-1972). *Sinister Street (L'Impasse) ; Whisky à gogo.*

le mont **McKinley** → **Denali**

Marshall **McLuhan** ▪ Penseur et essayiste canadien (1911-1980). Précurseur dans l'étude des communications et des médias de masse. *La Galaxie Gutenberg ; Comprendre les médias.*

Patrice, comte de **Mac-Mahon,** duc de Magenta ▪ (1808-1898) Maréchal de France, président de la République de 1873 à 1879.

Mâcon ▪ Chef-lieu de la Saône-et-Loire. 34 414 habitants.

Pierre **Mac Orlan** ▪ Écrivain français (1882-1970). Récits réalistes où l'aventure peut surgir du quotidien. *Le Quai des brumes.*

James **Macpherson** ▪ Poète écossais (1736-1796). Auteur des *Poèmes d'Ossian**.

Emmanuel **Macron** ▪ Homme d'État français (né en 1977). Ministre de l'Économie, de l'Industrie et du Numérique (2014-2016). Fondateur du parti social-libéral En Marche !, il a été élu président de la République en 2017 et réélu en 2022.

Madagascar ▪ Île et État de l'océan Indien, au sud-est de l'Afrique. 587 014 km^2. 25,6 millions d'habitants. Capitale : Antananarivo.

Madame Bovary ▪ Roman de Gustave Flaubert (1857).

Madame Butterfly ▪ Opéra de Puccini (1904).

l'abri de la **Madeleine** ▪ Site préhistorique de la Dordogne.

sainte **Madeleine** → **Marie Madeleine**

l'église de la **Madeleine** ▪ Église de Paris, construite à la fin du XVIIIe s.

Mademoiselle de Maupin ▪ Roman de Théophile Gautier (1835-1836).

Madère, en portugais *Madeira* ▪ Archipel portugais de l'Atlantique. 794 km^2. 245 500 habitants. Capitale : Funchal. Vins liquoreux.

Bruno **Maderna** ▪ Compositeur italien (1920-1973). Style dodécaphoniste ; musique électroacoustique ; théâtre lyrique *(Hyperion ; Satyricon).*

le **Madhya Pradesh** ▪ État du centre de l'Inde. 442 841 km^2. 85 millions d'habitants. Capitale : Bhopal.

Madras → **Chennaï**

la sierra **Madre** ▪ Nom donné aux principales chaînes de montagnes du Mexique.

Madrid ▪ Capitale de l'Espagne. 3,19 millions d'habitants. ► **Madrid.** Communauté autonome de l'Espagne. 7 995 km^2. 6,4 millions d'habitants.

Madura ▪ Île d'Indonésie. 4 500 km^2. 3 millions d'habitants.

Madurai ▪ Ville d'Inde du Sud (Tamil Nadu). 1,2 million d'habitants.

le **Maelström** ▪ Tourbillon produit par les courants de marée, dans un chenal des îles Lofoten.

Maëstricht → **Maastricht**

Maurice **Maeterlinck** ▪ Écrivain belge d'expression française (1862-1949). Poète symboliste, il écrivit pour le théâtre, notamment *Pelléas et Mélisande,* que Debussy devait mettre en musique. Il est l'auteur de nombreux ouvrages de réflexion philosophique affirmant une adhésion lyrique au monde.

Magdebourg, en allemand *Magdeburg* ▪ Ville d'Allemagne (Saxe-Anhalt). 229 700 habitants.

Fernand de **Magellan** ▪ Navigateur portugais (v. 1480-1521). Il entreprit en 1519 le premier voyage autour du monde. ► le détroit de **Magellan** sépare l'Amérique du Sud et la Terre de Feu.

Magenta ▪ Ville d'Italie (Lombardie). 22 800 habitants. Victoire française sur les Autrichiens en 1859.

les Rois **mages** ▪ Dans la légende chrétienne, les trois rois venus rendre hommage à Jésus : Balthazar, Gaspard et Melchior.

le **Maghreb** ▪ Ensemble des pays du nord-ouest de l'Afrique (Maroc, Algérie, Tunisie).

la ligne **Maginot** ▪ Ligne de fortifications érigée à la frontière nord-est de la France, contournée par les Allemands en 1940.

Anna **Magnani** ▪ Comédienne italienne (1908-1973). Elle tourna avec les plus grands réalisateurs italiens (De Sica, Rossellini, Visconti, Pasolini).

Alessandro **Magnasco** ▪ Peintre italien (1667-1749). Style tourmenté, sombre et visionnaire.

Alberto **Magnelli** ▪ Peintre italien (1888-1971). Stylisations angulaires influencées par le cubisme et par Matisse.

Magog → **Gog et Magog**

René **Magritte** ▪ Peintre belge (1898-1967). Créateur d'images surréalistes, adepte d'une «peinture d'idée» qui constitue une réflexion sur la perception du réel, souvent par l'humour.

les **Magyars** ▪ Nom ethnique des Hongrois.

le **Mahābhārata** ▪ Récit épique indien d'époque védique (v. 1000 avant J.-C.) comprenant la *Bhagavad-gītā.*

Mahajanga ou **Majunga** ▪ Port de Madagascar. 244 700 habitants.

le **Maharashtra** ▪ État d'Inde. 307 760 km^2. 123 millions d'habitants. Capitale : Bombay.

Naguib **Mahfouz** ▪ Romancier égyptien (1912-2006). *Le Voleur et les Chiens ; Le Cœur de la nuit.* Prix Nobel 1988.

Gustav **Mahler** ■ Compositeur et chef d'orchestre autrichien (1860-1911). Il est l'auteur de 10 symphonies et d'une cinquantaine de *lieder*, la plupart pour voix et orchestre *(Chants de Jeunesse)*.

Mahomet ■ Prophète et fondateur de l'islam (v. 570-632). À la fois grand politique, administrateur et homme de foi, il reçut la révélation du Coran et répandit la croyance de ceux qui «remettent leur âme à Allah», les *muslimin* (musulmans).

Mai 68 ■ Crise économique, sociale, politique et culturelle que traversa la Ve République française lors du mois de mai 1968. Des mouvements de contestation ébranlèrent toute la société, entraînant un changement durable dans les valeurs et les comportements.

Vladimir Vladimirovitch **Maïakovski** ■ Poète soviétique, né en Géorgie (1893-1930). Il adhéra au futurisme *(Nuage en pantalon)*, rallia la révolution en 1917, célébrant en 1924 la mort de Lénine, mais donna libre cours dans ses pièces à la satire (*La Punaise ; Les Bains*, qui s'attaque à la bureaucratie). Il a renouvelé la langue poétique russe. Il se suicida.

le commissaire **Maigret** ■ Personnage créé par Georges Simenon dans un cycle de romans policiers célèbres.

Norman **Mailer** ■ Romancier et journaliste américain (1923-2007). Polémiste de gauche, très combatif. *Les Nus et les Morts*.

Antonine **Maillet** ■ Romancière et dramaturge canadienne d'expression française (née en 1929). Elle illustra l'histoire et la culture populaire de l'Acadie. *La Sagouine ; Pélagie-la-charrette*.

Aristide **Maillol** ■ Sculpteur et peintre français (1861-1944). Nus féminins, sensuels et harmonieux.

Mosheh ben Maïmon, dit Moïse **Maïmonide** ■ Philosophe, théologien et médecin juif, d'Andalousie, puis d'Égypte (1135-1204). Il dut fuir Cordoue, les juifs y étant persécutés, pour Fès, puis la Palestine et l'Égypte, où il fut médecin à la cour de Saladin. Commentateur de la Mishna (noyau du Talmud), il est l'auteur du *Guide des égarés*, écrit en arabe, traduit en hébreu, qui veut accorder philosophie d'inspiration grecque et judaïsme.

le **Main** ■ Fleuve d'Allemagne, affluent du Rhin. 524 km.

le **Maine** ■ État du nord-est des États-Unis. 86 027 km². 1,2 million d'habitants. Capitale : Augusta.

le **Maine** ■ Anc. région de l'ouest de la France. Ville principale : Le Mans.

Marie François Pierre Gontier de Biran, dit **Maine de Biran** ■ Philosophe français (1766-1824). Philosophie spiritualiste de la volonté.

le **Maine-et-Loire** [49] ■ Département français de la Région Pays de la Loire. 7 151 km². 820 713 habitants. Chef-lieu : Angers. Chefs-lieux d'arrondissement : Cholet, Saumur, Segré-en-Anjou Bleu.

Françoise d'Aubigné, marquise de **Maintenon** ■ Maîtresse de Louis XIV qui l'épousa en secret (1635-1719).

la **Maison Blanche,** en anglais *White House* ■ Résidence du président des États-Unis, à Washington.

la **Maison carrée** ■ Temple romain de Nîmes (16 avant J.-C.-4).

Paul de Chomedey de **Maisonneuve** ■ Militaire et administrateur français (1612-1676). Fondateur de Montréal, en Nouvelle-France (Canada), en 1642.

Maisons-Alfort ■ Ville du Val-de-Marne. 57 639 habitants. École nationale vétérinaire.

Maisons-Laffitte ■ Ville des Yvelines. 23 204 habitants. Hippodrome. Château construit par Mansart (XVIIe s.).

le comte Joseph de **Maistre** ■ Écrivain français (1753-1821). Critique de la Révolution. *Soirées de Saint-Pétersbourg*.

le lac **Majeur** ■ Lac d'Italie et de la Suisse. 212 km².

Louis **Majorelle** ■ Ébéniste français de l'école de Nancy (1859-1926). Meubles de style «art nouveau». ► Son fils Jacques **Majorelle** (1886-1962), peintre et décorateur, se fixa à Marrakech *(jardins Majorelle)*.

Majorque, en espagnol *Mallorca* ■ Île espagnole des Baléares. 3 064 km². 873 414 habitants. Capitale : Palma de Majorque.

Makarios III ■ (1913-1977) Prélat et président de la république de Chypre de 1960 à sa mort.

Makassar ■ Port d'Indonésie dans l'île de Célèbes. 1,1 million d'habitants.

Miriam **Makeba** ■ Chanteuse sud-africaine (1932-2008). Symbole de la lutte contre l'apartheid, elle mit fin à une longue vie d'exil à la libération de N. Mandela.

la côte de **Malabar** ■ Région littorale du sud-ouest de l'Inde.

Malabo ■ Capitale de la Guinée équatoriale. 257 000 habitants.

la presqu'île de **Malacca** ■ Péninsule de l'Asie du Sud-Est partagée entre la Malaisie et la Thaïlande.

Le **Malade imaginaire** ■ Comédie de Molière (1673).

la **Maladetta** ou **Maladeta** ■ Massif des Pyrénées. 3 404 m au pic d'Aneto.

Málaga ■ Port d'Espagne, en Andalousie. 561 435 habitants. Vin réputé.

la fédération de **Malaisie** ▪ État fédéral d'Asie du Sud-Est. 329 758 km². 32,4 millions d'habitants. Capitale : Kuala Lumpur.

Malakoff ▪ Ville des Hauts-de-Seine. 31 230 habitants.

Malala Yousafzaï dite **Malala** ▪ Militante pakistanaise pour les droits des femmes à l'éducation (née en 1997). Elle survécut à une tentative d'assassinat menée par les talibans. Prix Nobel de la paix 2014.

Curzio **Malaparte** ▪ Écrivain italien (1898-1957). Journaliste, cinéaste, écrivain baroque, successivement fasciste et exclu du parti, il s'illustra en commentant la guerre et l'occupation de Naples par l'armée américaine *(Kaputt ; La Peau)*.

Malatesta ▪ Famille de guerriers *(condottieri)* italiens. Le plus célèbre, Sigismond **Malatesta** (1417-1468), combattit pour le Saint-Siège, puis pour Venise et contre le pape Pie II. Vaincu, il fut excommunié. À Rimini, il protégea les artistes et les savants.

Jean **Malaurie** ▪ Ethnologue français (né en 1922). Spécialiste de l'Arctique et des Inuits *(Les Derniers Rois de Thulé)*. Créateur de la collection *Terre humaine*. Films.

le **Malawi** ▪ État d'Afrique de l'Est. 119 310 km². 18 millions d'habitants. Capitale : Lilongwe. C'est l'ancien Nyasaland.

Malcolm Little, dit **Malcolm X** ▪ Homme politique américain (1925-1965). Il appartint au mouvement des musulmans noirs (Black Muslims) et milita pour un État noir indépendant. Il fut assassiné.

les îles **Maldives** n. f. pl. ▪ État constitué par un archipel de l'océan Indien. 298 km². 417 500 habitants. Capitale : Malé.

Nicolas **Malebranche** ▪ Philosophe français, prêtre oratorien (1638-1715). Il développa les idées de Descartes sur l'entendement dans une perspective chrétienne, proche de saint Augustin, insistant sur la « vision en Dieu ».

Chrétien Guillaume de Lamoignon de **Malesherbes** ▪ Magistrat français (1721-1794). Il défendit Louis XVI pendant son procès.

Kazimir **Malevitch** ▪ Peintre abstrait russe (1878-1935). *Carré blanc sur fond blanc.*

François de **Malherbe** ▪ Poète français (1555-1628). Un des fondateurs du classicisme français.

le **Mali** ▪ État d'Afrique de l'Ouest. 1 240 142 km². 19 millions d'habitants. Capitale : Bamako. Ancien Soudan français.

la **Malibran** ▪ Cantatrice française d'origine espagnole (1808-1836).

Malines ▪ Ville de Belgique (Anvers). 86 921 habitants.

Bronislaw Kaspar **Malinowski** ▪ Anthropologue britannique d'origine polonaise (1884-1942). Il étudia la vie sociale et les mœurs sexuelles des peuples du Pacifique (notamment des îles Trobriand) d'un point de vue fonctionnaliste (basé sur les fonctions que mécanismes ou comportements remplissent). *Une théorie scientifique de la culture.*

Stéphane **Mallarmé** ▪ Poète français (1842-1898). D'une rigueur absolue, il a transcendé le symbolisme de sa génération, qu'il domine, par la recherche de la pureté verbale au service du « livre », conçu comme « œuvre d'art totale » *(Un coup de dés jamais n'abolira le hasard)*.

Louis **Malle** ▪ Cinéaste français (1932-1995). *Ascenseur pour l'échafaud ; Lacombe Lucien ; Au revoir les enfants.*

Robert **Mallet-Stevens** ▪ Architecte et décorateur français (1886-1945). Style dépouillé typique des années 1930 (style « international »).

Malmö ▪ Port de Suède. 276 200 habitants.

Hector **Malot** ▪ Écrivain français (1830-1907). *Sans famille.*

les îles **Malouines,** en espagnol *Malvinas*, en anglais *Falkland* ▪ Colonie britannique au large des côtes de l'Argentine. 12 000 km². 2 400 habitants. Capitale : Port Stanley.

André **Malraux** ▪ Écrivain et homme politique français (1901-1976). Romancier de l'action et de l'énergie révolutionnaire *(La Condition humaine ; L'Espoir)*, il se consacra ensuite à l'acte créateur de l'art, conçu comme un « antidestin » *(Les Voix du silence ; La Métamorphose des dieux)*. Gaulliste passionné, ministre des Affaires culturelles de 1959 à 1969, il écrivit des *Antimémoires.*

Malte ▪ Île et État de Méditerranée. 316 km². 514 560 habitants. Capitale : La Valette.

Thomas Robert **Malthus** ▪ Pasteur et économiste anglais (1766-1834). Partisan de la limitation des naissances (malthusianisme).

les **mamelouks** n. m. pl. ▪ Milice d'élite qui détint le pouvoir en Égypte de 1250 à 1517.

Mamers ▪ Chef-lieu d'arrondissement de la Sarthe. 5 082 habitants.

Mamoudzou ▪ Chef-lieu du département de Mayotte, sur l'île de Grande-Terre. 71 437 habitants.

l'île de **Man** ▪ Île britannique en mer d'Irlande. 572 km². 76 300 habitants. Chef-lieu : Douglas.

Managua ▪ Capitale du Nicaragua. 937 500 habitants.

Manama ▪ Capitale du Bahreïn. 203 000 habitants.

Laure **Manaudou** ▪ Nageuse française (née en 1986). Spécialiste du demi-fond, du dos et des épreuves quatre nages.

Florent **Manaudou** ■ Nageur français (né en 1990). Plusieurs fois champion du monde (nage libre et papillon) et médaille d'or aux J. O. de 2012.

Manaus ■ Ville du Brésil (Amazonas). 1,8 million d'habitants.

la **Manche,** en espagnol *la Mancha* ■ Plateau aride de Castille.

la **Manche,** en anglais *the Channel* ■ Mer de l'Europe de l'Ouest entre la Grande-Bretagne et la France. ► le tunnel sous la **Manche.** Tunnel ferroviaire ouvert depuis 1994. ► la **Manche** [50]. Département français de la Région Normandie. 5 947 km². 495 093 habitants. Chef-lieu : Saint-Lô. Chefs-lieux d'arrondissement : Avranches, Cherbourg-en-Cotentin, Coutances.

Manchester ■ Ville d'Angleterre. 510 700 habitants (agglomération 2,5 millions).

Jeanne **Mance** ■ Dame française (1606-1673). Fondatrice de l'Hôtel-Dieu de Montréal.

Manco Capac ■ Fondateur mythique de l'empire inca, dont le nom fut repris par **Manco Capac II,** dernier souverain inca (jusqu'en 1537).

Mandalay ■ Anc. capitale de Birmanie. 1,22 million d'habitants.

la **Mandchourie** ■ Anc. nom de la Chine du Nord-Est. ► les **Mandchous** conquirent la Chine au XVIIe s. (dynastie des Qing).

Nelson **Mandela** ■ Homme d'État sud-africain (1918-2013). Emprisonné de 1962 à 1990. Premier président noir de l'Afrique du Sud, de 1994 à 1999. Prix Nobel de la paix 1993.

Benoît **Mandelbrot** ■ Mathématicien français d'origine polonaise (1924-2010). Il découvrit et étudia les fractales.

Mandelieu-la-Napoule ■ Ville des Alpes-Maritimes. 21 772 habitants. Station balnéaire.

Ossip **Mandelstam** ■ Poète soviétique (1891-1938). Poèmes et textes autobiographiques. Arrêté par la police de Staline, il mourut dans un camp.

les **Mandingues** ■ Groupe ethnique d'Afrique occidentale.

Louis **Mandrin** ■ Brigand français (v. 1725-1755).

Alfred **Manessier** ■ Peintre français (1911-1993). Compositions abstraites d'intention spiritualiste. Tapisseries, vitraux d'églises.

Édouard **Manet** ■ Peintre français (1832-1883). Précurseur de l'impressionnisme, il renouvela le traitement de l'espace et la représentation des volumes, mettant en valeur les contours. *Le Déjeuner sur l'herbe ; Olympia.*

Manhattan ■ District de New York dans le sud de l'île de Manhattan.

Mani ou **Manès** ■ Prophète perse, fondateur de la religion manichéenne (216-277).

la **Manicouagan** ■ Rivière du Canada (Québec), affluent du Saint-Laurent (rive gauche). Installations hydroélectriques.

Manille ■ Capitale et port des Philippines, dans l'île de Luçon. 1,78 million d'habitants. ► **Metro-Manila** (Metropolitan Manila Area) «Le Grand Manille», créé en 1975 à l'intérieur de la province de Rizal. 12 millions d'habitants. Il englobe 14 villes.

le **Manitoba** ■ Province du centre du Canada. 647 797 km². 1,27 million d'habitants. Capitale : Winnipeg. ► le lac **Manitoba.** 4 706 km².

Henning **Mankell** ■ Écrivain et homme de théâtre suédois (1948-2015). Auteur de pièces de théâtre, de romans policiers, il a créé le personnage de l'inspecteur Kurt Wallander. *Meurtriers sans visage ; La Muraille invisible ; L'Homme inquiet.*

Joseph Leo **Mankiewicz** ■ Cinéaste américain (1909-1993). Disciple de Ernst Lubitsch, il réalisa des films complexes habités par la recherche de la vérité sur les personnages, où les dialogues sont essentiels *(Ève ; La Comtesse aux pieds nus).*

Thomas **Mann** ■ Écrivain allemand (1875-1955). Il a conduit dans une grande œuvre romanesque l'évocation des aspects extrêmes de la sensibilité allemande (*Les Buddenbrook,* 1901 ; *La Mort à Venise,* 1912). Devenu démocrate et antinazi, il rechercha la fusion du mythe et de l'humanisme (*Docteur Faustus,* 1947). Il émigra en Suisse en 1933. ► Son frère Heinrich **Mann** (1871-1950), au style violent, fut un précurseur de l'expressionnisme. Son roman *Professeur Unrat* devint au cinéma *L'Ange bleu.* Opposé au nazisme, il émigra en France en 1933, puis aux États-Unis.

le **Manneken-Pis** (néerlandais «petit homme qui pisse») ■ Sculpture de Duquesnoy le Vieux (1619), ornant une fontaine de Bruxelles. Elle représente un petit garçon lâchant un filet d'eau.

Carl Gustav, baron **Mannerheim** ■ Maréchal et homme d'État finlandais (1867-1951). Il devint aide de camp du tsar Nicolas II, puis mena la guerre contre les bolcheviks en 1917. Il lutta encore contre la Russie soviétique en 1939. Président de la Finlande (1944-1946).

Mannheim ■ Ville et port d'Allemagne, sur le Rhin (Bade-Wurtemberg). 306 700 habitants.

Manuel Rodríguez Sanchez, dit **Manolete** ■ Torero espagnol (1917-1947). Considéré comme le plus grand matador de son époque. Il mourut dans l'arène.

Histoire du chevalier des Grieux et de **Manon Lescaut** ■ Roman de l'abbé Prévost (1731).

Manosque ■ Ville des Alpes-de-Haute-Provence. 23 018 habitants. Églises romanes. Vestiges d'une enceinte (XIIIe, XIVe s.).

Missak **Manouchian** ▪ Poète et résistant arménien (1906-1944). Organisateur d'un réseau de résistants en France (présentés par les Allemands sur "l'affiche rouge"), il fut fusillé avec ses camarades.

Emmanuel Radnistky, dit **Man Ray** ▪ Photographe et peintre américain (1890-1976). Collages, «aérographes», photographies surréalistes.

Le **Mans** ▪ Chef-lieu de la Sarthe. 145 155 habitants. Cathédrale romane et gothique.

François **Mansart** ▪ Architecte français (1598-1666). Château de Maisons-Laffitte. ► Jules **Hardouin-Mansart → Hardouin.**

Katherine **Mansfield** ▪ Écrivaine néo-zélandaise (1888-1923). Poèmes, nouvelles, correspondance.

Andrea **Mantegna** ▪ Peintre et graveur italien de la Renaissance (1431-1506). Son traitement homogène de l'espace crée, par le dramatisme des figures, une tension tragique *(Christ mort)*.

Mantes-la-Jolie ▪ Chef-lieu d'arrondissement des Yvelines. 43 945 habitants.

Mantoue, en italien *Mantova* ▪ Ville d'Italie, en Lombardie. 47 800 habitants.

Manuel Ier le Grand ▪ (1469-1521) Roi du Portugal de 1495 à sa mort. Il encouragea les grandes explorations.

Alessandro **Manzoni** ▪ Écrivain italien (1785-1873). *Les Fiancés.*

Mao Zedong ou **Mao Tsé-toung** ▪ Homme d'État chinois (1893-1976). Il contribua à fonder le Parti communiste chinois, puis organisa une «Longue Marche» pour rallier le paysannat chinois à l'action de l'armée populaire. En 1949, il proclama la République populaire chinoise, qu'il présida jusqu'en 1959. Contre le pragmatisme des cadres du Parti, il manœuvra le mouvement des «Gardes rouges» pour une «Révolution culturelle» destructrice. En 1972, il dut renoncer au pouvoir réel.

les **Maori** ou **Maoris** ▪ Population polynésienne de Nouvelle-Zélande.

Maputo, anciennement *Lourenço Marques* ▪ Capitale du Mozambique. 1 million d'habitants.

Maracaibo ▪ Ville du Venezuela. 1,61 million d'habitants.

lac **Maracaibo** ▪ Lac du Venezuela, le plus grand d'Amérique du Sud. Pétrole.

Diego Armando **Maradona** ▪ Footballeur argentin (1960-2020).

Marin **Marais** ▪ Compositeur français (1656-1728). Il écrivit des opéras et de nombreuses pièces instrumentales. Sa musique pour la viole, son instrument (environ 700 pièces), atteint des sommets de souplesse et de raffinement.

Jean Villain-Marais, dit Jean **Marais** ▪ Acteur français de théâtre et de cinéma (1913-1998). Il interpréta notamment Cocteau, au cinéma comme au théâtre, ainsi que quelques films de cape et d'épée.

le **Marais** ▪ Quartier du centre de Paris.

le **Marais** → la **Plaine**

le **Marañón** ▪ Une des branches mères de l'Amazone. 1 800 km.

Jean-Paul **Marat** ▪ Révolutionnaire français (1743-1793). Il fut assassiné par Charlotte Corday.

Marathon ▪ Anc. ville de Grèce (Attique). Miltiade y vainquit les Perses en 490 avant J.-C.

saint **Marc** ▪ Auteur du IIe Évangile.

Marc Aurèle ▪ Empereur, de 161 à sa mort, et philosophe romain (121-180). *Pensées* d'inspiration stoïcienne.

François Séverin **Marceau** ▪ Général révolutionnaire français (1769-1796).

Marcel **Marceau** ▪ Mime français (1923-2007).

Étienne **Marcel** ▪ Prévôt des marchands de Paris (v. 1315-1358).

Georges **Marchais** ▪ Homme politique (communiste) français (1920-1997).

Le **Marchand de Venise** ▪ Comédie de Shakespeare (1596).

la **Marche** ▪ Anc. province du centre de la France. Capitale : Guéret.

les **Marches** n. f. pl. ▪ Région administrative de l'Italie centrale. 9 694 km². 1,47 million d'habitants. Chef-lieu : Ancône.

Guglielmo **Marconi** ▪ Physicien italien (1874-1937). Premier poste de télégraphie sans fil.

Marcq-en-Barœul ▪ Ville du Nord, banlieue de Lille. 38 604 habitants.

Herbert **Marcuse** ▪ Philosophe américain d'origine allemande (1898-1979). Critique de la société, d'un point de vue marxiste et psychanalytique. Il fut la référence de la révolte de mai 1968.

Mar del Plata ▪ Port d'Argentine sur l'Atlantique. 564 000 habitants.

Marduk ou **Mardouk** ▪ Dieu de Babylone.

La **Mare au diable** ▪ Roman de George Sand (1846).

Marengo ▪ Ville du Piémont. Victoire de Bonaparte sur les Autrichiens (1800).

Marennes ▪ Commune de la Charente-Maritime. 6 203 habitants. Ostréiculture.

Étienne Jules **Marey** ▪ Physiologiste français (1830-1904). Comme médecin, il étudia l'activité cardiaque. Son invention, la chronophotographie (1892), en fait un précurseur du cinéma. → **Muybridge**

Marguerite II, en danois *Margrethe II* ▪ Reine du Danemark depuis 1972 (née en 1940).

Marguerite d'Autriche ▪ Duchesse de Savoie, gouvernante des Pays-Bas (1480-1530).

Marguerite de Navarre ou **d'Angoulême** ▪ Reine de Navarre, sœur de François Ier et écrivain (1492-1549). *L'Heptaméron.*

Marguerite de Valois, dite *la reine Margot* ▪ Reine de Navarre, première femme d'Henri IV (1553-1615).

Marguerite Valdemarsdotter ▪ Reine du Danemark, de Norvège et de Suède (1353-1412).

Mari ▪ Anc. cité de Mésopotamie, sur l'Euphrate (v. 3000 avant J.-C.).

Le **Mariage de Figaro ou la Folle Journée** ▪ Comédie de Beaumarchais (1784). Elle inspira *Les Noces de Figaro* de Mozart (1786).

Marianne ▪ Représentation de la République française par un buste placé en évidence dans toutes les mairies de France.

les îles **Mariannes** ▪ Archipel de la Micronésie. ► le Commonwealth des **Mariannes du Nord** est un État associé aux États-Unis. 477 km². 69 200 habitants. Capitale : Garapan. ► la fosse des **Mariannes,** dont la profondeur a été explorée jusqu'à presque 11 000 m.

sainte **Marie** ou la **Vierge Marie** ▪ Épouse de Joseph, mère de Jésus.

Marie-Antoinette ▪ Reine de France (1755-1793). Épouse de Louis XVI. Elle fut guillotinée.

Marie-Christine de Habsbourg-Lorraine ▪ Régente d'Espagne de 1885 à 1902 (1858-1929).

Marie, dite **Marie de France** ▪ Poète française (1154-1189). Elle écrivit, en ancien français d'Angleterre, des *lais,* poésies en octosyllabes évoquant les légendes celtiques.

Marie de Médicis ▪ Reine de France (1573-1642). Seconde épouse d'Henri IV. Régente durant la minorité de son fils Louis XIII (1610-1614).

Marie-Galante ▪ Île des Antilles françaises, dépendant de la Guadeloupe.

Marie Leszczyńska ▪ Reine de France (1703-1768). Épouse de Louis XV.

Marie-Louise de Habsbourg-Lorraine ▪ Épouse de Napoléon Ier (1791-1847).

sainte **Marie Madeleine** ▪ Nom de trois personnages différents de l'Évangile.

Marie Ire Stuart ▪ Reine d'Écosse (1542-1587). Mariée à François II, reine de France en 1559-1560. Décapitée par ordre d'Élisabeth Ire d'Angleterre.

Marie Stuart ▪ Drame de Schiller (1800).

Marie-Thérèse ▪ Impératrice d'Autriche de 1745 à sa mort (1717-1780). Elle mena une politique centralisatrice.

Marie-Thérèse d'Autriche ▪ (1638-1683) Reine de France par son mariage avec Louis XIV en 1660.

Auguste **Mariette** ▪ Égyptologue français (1821-1881). Fouilles à Saqqara.

Marie Ire Tudor, dite **Marie la Catholique** ou **Marie la Sanglante** ▪ (1516-1558) Reine d'Angleterre de 1553 à sa mort. Elle persécuta les protestants.

Marignan ▪ Ville de Lombardie. Victoire de François Ier sur les Suisses en 1515.

Marignane ▪ Ville des Bouches-du-Rhône. 32 515 habitants. Aéroport de Marseille.

Le **Marin** ▪ Chef-lieu d'arrondissement de la Martinique. 8 647 habitants.

Filippo **Marinetti** ▪ Écrivain italien (1876-1944). Fondateur du futurisme.

Giambattista Marino, dit le Cavalier **Marin** ▪ Poète italien (1569-1625). Il mit à la mode le style précieux.

l'abbé Edme **Mariotte** ▪ Physicien français (v. 1620-1684). *Loi de Boyle-Mariotte :* loi de compressibilité des gaz.

Marioupol, précédemment *Jdanov* ▪ Port d'Ukraine. 520 000 habitants.

la république des **Maris** ▪ République autonome de Russie, sur la Volga. 23 200 km². 728 000 habitants. Capitale : Iochkar-Ola.

Jacques **Maritain** ▪ Philosophe français (1882-1973). Humaniste chrétien, spécialiste de saint Thomas d'Aquin.

Caius **Marius** ▪ Général romain (157-86 avant J.-C.). Adversaire de Sylla.

Marius ▪ Pièce de Marcel Pagnol (1929), avec Raimu. Elle a été adaptée au cinéma par Alexander Korda (1931).

Pierre Carlet de **Marivaux** ▪ Romancier et auteur dramatique français (1688-1763). Il est l'auteur de comédies subtiles sur l'amour et les différences sociales *(La Double Inconstance ; Le Jeu de l'amour et du hasard ; Les Fausses Confidences).*

Andreï Andreïevitch **Markov** ▪ Mathématicien russe (1856-1922). Étude de la probabilité *(Chaînes de Markov).*

le duc de **Marlborough** ▪ Général et homme politique anglais (1650-1722).

Robert Nesta, dit Bob **Marley** ▪ Chanteur jamaïcain (1945-1981). Il fit connaître la musique reggae dans le monde entier.

Christopher **Marlowe** ▪ Auteur dramatique anglais (1564-1593). *La Tragique Histoire du docteur Faust.*

Marly-le-Roi ▪ Commune des Yvelines. 16 352 habitants. Château de Louis XIV, détruit en 1816.

Marmande ▪ Chef-lieu d'arrondissement de Lot-et-Garonne. 17 265 habitants.

la mer de **Marmara** ▪ Mer entre la mer Égée et la mer Noire.

la **Marne** ▪ Rivière, affluent de la Seine. 525 km. Victoires françaises contre les troupes allemandes en septembre 1914 et en juillet 1918. ► la **Marne** [51]. Département français de la Région Grand Est. 8 205 km². 566 659 habitants. Chef-lieu : Châlons-en-Champagne. Chefs-lieux d'arrondissement : Épernay, Reims, Vitry-le-François. ► la **Haute-Marne** [52]. Département français de la Région Grand Est. 6 210 km². 171 798 habitants. Chef-lieu : Chaumont. Chefs-lieux d'arrondissement : Langres, Saint-Dizier.

Marne-la-Vallée ▪ Commune à l'est de Paris (Seine-et-Marne). Parc d'attractions.

le royaume du **Maroc** ▪ État d'Afrique du Nord, le plus occidental du Maghreb. 706 550 km² (y compris le Sahara-Occidental). 33,84 millions d'habitants. Capitale : Rabat.

le **Maroni** ▪ Fleuve d'Amérique du Sud, qui sépare la Guyane et le Suriname. Saint-Laurent-du-Maroni se trouve près de son embouchure.

Clément **Marot** ▪ Poète français (1496-1544). Ses œuvres, qui contribuèrent à épurer la langue, témoignent d'une inventivité et d'une fantaisie verbales exceptionnelles *(Adolescence clémentine)*.

Albert **Marquet** ▪ Peintre français (1875-1947). Formes simplifiées et expressives. « Il est notre Hokusaï » (Matisse).

les îles **Marquises** ▪ Archipel de la Polynésie française. 1 274 km². 9 346 habitants.

Marrakech ▪ Ville du Maroc, au pied du Haut-Atlas. 971 000 habitants.

Mars ▪ mythol. romaine Dieu de la Guerre, l'*Arès* grec. ► **Mars.** Planète du système solaire. Diamètre : 6 794 km.

Marsala ▪ Ville de Sicile. 77 800 habitants. Vins doux.

Wynton **Marsalis** ▪ Trompettiste et compositeur de jazz américain (né en 1961).

la **Marseillaise** ▪ Hymne national français composé en 1792 par Rouget de Lisle.

Marseillan ▪ Ville de l'Hérault. 7 692 habitants. Conchyliculture. Station balnéaire.

Marseille ▪ Port et chef-lieu des Bouches-du-Rhône et de la Région Provence-Alpes-Côte d'Azur. 870 321 habitants (agglomération 1,62 million).

George Catlett **Marshall** ▪ Général et homme politique américain (1880-1959). ► le plan **Marshall,** plan d'assistance à l'Europe (1948).

la république des îles **Marshall** ▪ État insulaire de Micronésie. 181 km². 50 800 habitants. Capitale : Delap-Uliga-Darrit.

Édouard **Martel** ▪ Spéléologue français (1859-1938). Fondateur de la spéléologie.

Maurice **Martenot** ▪ Ingénieur français (1898-1980). Inventeur des *ondes Martenot,* instrument de musique électronique.

Wilfried **Martens** ▪ Homme politique belge (1936-2014). Premier ministre (social-chrétien) de 1979 à 1991.

José **Martí** ▪ Révolutionnaire et écrivain cubain (1853-1895).

Martial ▪ Poète latin (v. 40-v. 104).

Martigues ▪ Ville des Bouches-du-Rhône, sur l'étang de Berre. 48 506 habitants. Canaux.

saint **Martin** ▪ Évêque de Tours (316-397). Selon la tradition, il partagea son manteau avec un pauvre.

Martin V ▪ (1368-1431) Pape de 1417 à sa mort. Son élection mit fin au grand schisme d'Occident.

Paul **Martin** ▪ Homme politique canadien (né en 1938). Premier ministre (libéral) du Canada (2003-2006).

Roger **Martin du Gard** ▪ Romancier français (1881-1958). *Les Thibault,* grande fresque familiale, morale et sociale, d'un style réaliste et sensible.

André **Martinet** ▪ Linguiste français (1908-1999). Phonologie, linguistique fonctionnelle.

Francesco di Giorgio **Martini** ▪ Architecte, peintre et sculpteur italien (1439-1502).

Simone **Martini** ▪ Peintre italien de l'école siennoise (v. 1282-1344). *Annonciation.*

la **Martinique** [972] ▪ Île des Antilles formant une région et un département français d'outre-mer. 1 106 km². 361 225 habitants. Chef-lieu : Fort-de-France. Chefs-lieux d'arrondissement : Le Marin, La Trinité.

Bohuslav **Martinů** ▪ Compositeur tchèque (1890-1959). Symphonies, concertos, opéras, musique de chambre.

Emmanuel de **Martonne** ▪ Géographe français (1873-1955). *Traité de géographie physique.*

André **Marty** ▪ Homme politique français (1886-1956). Marin mutiné en 1919, en mer Noire, condamné, amnistié (1923), figure majeure du Parti communiste français, il fut commandant des Brigades internationales (1936-38). Exclu du parti en 1953.

Karl **Marx** ▪ Philosophe, économiste et penseur politique allemand (1818-1883). Son œuvre philosophique fut en partie écrite avec F. Engels. Ses analyses économiques *(Contribution à la critique de l'économie politique ; Le Capital)*, historiques et politiques *(Les Luttes de classes en France)*, ainsi que le célèbre *Manifeste du parti communiste* de 1848, font de lui, à travers les suites mondiales du marxisme, et aussi grâce à l'antimarxisme, le penseur le plus influent du XIXe s. Fondateur de la Ire Internationale.

les **Marx Brothers** ▪ Acteurs comiques américains : Chico (1891-1961), Harpo (1893-1964) et Groucho (1895-1977), leur frère Zeppo (1901-1979) étant associé à leur carrière jusqu'en 1935. *Monnaie de singe ; Une nuit à l'Opéra.*

le **Maryland** ▪ État de l'est des États-Unis. 31 296 km². 5,3 millions d'habitants. Capitale : Annapolis. Ville princ. : Baltimore.

Tommaso di ser Giovanni Cassai, dit **Masaccio** ▪ Peintre italien (1401-1428). L'un des initiateurs de la peinture de la Renaissance à Florence, comme Donatello le fut de la sculpture. Ses œuvres majeures accomplissent une révolution picturale : perspective, traitement des volumes, dynamisme, force expressive retrouvant la puissance de Giotto. Son influence fut immense par exemple sur Piero della Francesca.

Tomáš **Masaryk** ▪ (1850-1937) Fondateur et premier président de la République tchécoslovaque de 1918 à 1935.

les îles **Mascareignes** n. f. pl. ▪ Archipel de l'océan Indien (Maurice, la Réunion).

Mascate ou **Masqat** ▪ Capitale du sultanat d'Oman. 26 700 habitants (zone urbaine 832 000).

Le **Mas-d'Azil** ▪ Site préhistorique de l'Ariège. Grotte et musée.

Maseru ▪ Capitale du Lesotho. 120 000 habitants.

Masinissa ou **Massinissa** ▪ Roi de Numidie, allié des Romains (v. 240-148 avant J.-C.).

Gaston **Maspero** ▪ Égyptologue français (1846-1916). ► Son fils, Henri **Maspero,** sinologue français (1883-1945), mourut en déportation à Buchenwald. ► François **Maspero** (1932-2015), fils d'Henri, éditeur et écrivain français.

le **Massachusetts** ▪ État du nord-est des États-Unis. 21 408 km². 6,35 millions d'habitants. Capitale : Boston.

Massachusetts Institute of Technology (MIT) ▪ École supérieure scientifique des États-Unis, près de Cambridge, fondée en 1881. Physique, électronique, sciences humaines et sociales.

Massada ▪ Forteresse d'Israël, surplombant la mer Morte, où les Juifs (les zélotes) résistèrent aux Romains (73).

les **Massaïs** ou **Masaïs** ▪ Peuple du Kenya et de la Tanzanie.

André **Masséna,** duc de Rivoli, prince d'Essling ▪ Maréchal de Napoléon Ier (1756-1817).

Jules **Massenet** ▪ Compositeur français (1842-1912). *Manon.*

le **Massif central** ▪ Région montagneuse du centre de la France.

Louis **Massignon** ▪ Orientaliste français (1883-1962). Travaux sur l'islam et ses mystiques.

Jean-Baptiste **Massillon** ▪ Prédicateur français (1663-1742). *Oraisons* et *Sermons,* d'une langue élégante et harmonieuse.

André **Masson** ▪ Peintre français (1896-1987). Proche des surréalistes.

Ahmed Shah Massoud, dit le Commandant **Massoud** ▪ Homme politique afghan (1953-2001). Il lutta contre l'occupation soviétique et, après la victoire, fut ministre ; puis, il rejoignit l'opposition et combattit les talibans. Il fut assassiné par des islamistes.

Massy ▪ Ville de l'Essonne. 50 506 habitants. Centre tertiaire et industriel (technologie de pointe). Nœud ferroviaire.

Marcello **Mastroianni** ▪ Acteur italien de théâtre (dirigé par Visconti), puis de cinéma (1924-1996). Interprète masculin favori de Fellini : *La Dolce Vita, Huit et demi.*

Margaretha Geertruida Zelle, dite **Mata Hari** ▪ Aventurière et espionne néerlandaise (1878-1917). Danseuse, elle interprétait des danses indiennes et javanaises ; impliquée en France dans une affaire d'espionnage pour l'Allemagne, elle fut fusillée.

Matamore («tueur de Maures») ▪ Personnage de fanfaron de la comédie italienne.

Mathias Ier Corvin ▪ Roi de Hongrie de 1458 à sa mort (1440-1490).

Georges **Mathieu** ▪ Peintre français (1921-2012).Œuvres abstraites, fondées sur une « esthétique de la vitesse » et du geste, évoquant la calligraphie asiatique.

Mathilde de Flandre, dite **la reine Mathilde** ▪ Épouse de Guillaume le Conquérant (morte en 1083).

Mathusalem ou **Mathusala** ▪ Bible Patriarche qui aurait vécu 969 ans.

l'hôtel **Matignon** ▪ Hôtel parisien, attribué au Premier ministre de la France. ► les accords de **Matignon** (7 juin 1936) furent conclus entre les représentants du patronat et ceux de la Confédération générale du travail (CGT) pour permettre un certain nombre d'avancées sociales (salaire minimum, semaine de 40 heures, congés payés, reconnaissance du droit syndical, etc.).

Henri **Matisse** ▪ Peintre, dessinateur et sculpteur français (1869-1954). L'un des maîtres de l'art du XXe s., par la perfection et le dynamisme du dessin, la composition par des couleurs franches *(La Danse).*

le **Mato Grosso** ▪ Plateau de l'ouest du Brésil.

Matoury ▪ Ville de la Guyane. 34 474 habitants.

Roberto **Matta** ▪ Peintre chilien (1911-2002), surréaliste.

saint **Matthieu** ▪ Apôtre et évangéliste.

Charles Robert **Maturin** ▪ Écrivain irlandais (1782-1824). *Melmoth ou l'Homme errant.*

Maubeuge ▪ Commune du Nord. 29 625 habitants.

Somerset **Maugham** ▪ Écrivain anglais (1874-1965). *Servitude humaine.*

Mauna Kea ▪ Volcan éteint, point culminant de Hawaii. 4 205 m.

Guy de **Maupassant** ▪ Écrivain français (1850-1893). Un maître de la nouvelle et du court roman réalistes. *Bel-Ami ; Une vie.*

le chancelier de **Maupeou** ▪ Ministre de Louis XV (1714-1792).

Pierre Louis Moreau de **Maupertuis** ▪ Mathématicien et naturaliste français (1698-1759). En mécanique, «principe de moindre action» ; en biologie, il fut un précurseur du transformisme.

les **Maures** n. m. pl. ▪ Massif côtier du Var.

la **Maurétanie** ou **Mauritanie** (en latin *Mauritania* ou *Mauretania*) ▪ Dans l'Antiquité, royaume de l'ouest de l'Afrique du Nord.

François **Mauriac** ▪ Romancier français (1885-1970). Son œuvre évoque l'inquiétude du chrétien hanté par le péché et le salut. Sa critique de la bourgeoisie est impitoyable. *Thérèse Desqueyroux ; Le Nœud de vipères.* Il fut aussi un polémiste et un mémorialiste influent.

Mauriac ▪ Chef-lieu d'arrondissement du Cantal. 3 489 habitants. Église romane.

l'île **Maurice** ▪ État insulaire de l'océan Indien. 2 040 km². 1,3 million d'habitants. Capitale : Port-Louis.

la **Maurienne** ▪ Vallée de la Savoie.

la **Mauritanie** → **Maurétanie**

la **Mauritanie** ▪ État de l'Afrique de l'Ouest. 1 031 000 km². 4,3 millions d'habitants. Capitale : Nouakchott.

Émile Herzog, dit André **Maurois** ▪ Écrivain français (1885-1967). Récits humoristiques, romans, nouvelles, synthèses historiques, biographies.

Pierre **Maurois** ▪ Homme d'État français (1928-2013). Premier ministre (socialiste) de 1988 à 1992.

Charles **Maurras** ▪ Écrivain et homme politique français (1868-1952). Nationaliste et monarchiste. *Anthinéa.*

Mausole ▪ Satrape d'Asie Mineure, dans la Carie soumise à l'empire perse. Révolté contre Artaxerxès, il obtint l'indépendance de la région. À sa mort, sa sœur et épouse, Artémise, lui éleva un magnifique tombeau (de là vient le mot de *mausolée*).

Marcel **Mauss** ▪ Sociologue français (1873-1950). *Essai sur le don.*

Les **Maximes** ▪ Ouvrage de La Rochefoucauld, publié sous le titre *Réflexions ou Sentences et maximes morales* (1664).

Maximilien ▪ (1832-1867) Empereur du Mexique de 1864 à sa mort. Il fut fusillé.

Maximilien Ier ▪ (1459-1519) Archiduc d'Autriche, empereur germanique de 1493 à sa mort.

James Clerk **Maxwell** ▪ Physicien écossais (1831-1879). Les *équations de Maxwell* : lois du champ électromagnétique.

Theresa **May** ▪ Femme d'État britannique (née en 1956). Leader du parti conservateur, Premier ministre de 2016 à 2019.

les **Mayas** ▪ Peuple d'Amérique centrale qui fonda une brillante civilisation (IIIe-XVIe s.).

Mayence ▪ Ville d'Allemagne (Rhénanie-Palatinat), sur le Rhin. 196 900 habitants. Cathédrale romane.

Mayenne ▪ Chef-lieu d'arrondissement de la Mayenne. 12 805 habitants.

la **Mayenne** ▪ Rivière, affluent de la Sarthe. 200 km. ► la **Mayenne** [53]. Département français de la Région Pays de la Loire. 5 213 km². 306 538 habitants. Chef-lieu : Laval. Chefs-lieux d'arrondissement : Château-Gontier-sur-Mayenne, Mayenne.

Mayerling ▪ Village d'Autriche, près de Vienne, où furent trouvés morts l'archiduc héritier Rodolphe de Habsbourg et la baronne Marie Vetsera.

le **Mayflower** ▪ Navire qui, en 1620, transporta les premiers colons anglais en Amérique du Nord.

Félix **Mayol** ▪ Chanteur français de café-concert (1872-1941). Créateur de chansons célèbres à la Belle Époque.

Mayotte ▪ Région et département français d'outre-mer, à l'est des Comores. 373 km². 256 518 habitants. Chef-lieu : Mamoudzou.

Mazamet ▪ Ville du Tarn. 9 953 habitants. Industrie des peaux.

Mazār-é Charīf ▪ Ville d'Afghanistan, au nord du pays. 469 200 habitants. Tombeau (supposé) du calife Ali, cousin de Mahomet, objet de culte pour les chiites.

Jules **Mazarin** ▪ Cardinal et homme d'État français d'origine italienne (1602-1661). Il réprima la Fronde, mit fin à la guerre de Trente Ans.

la bibliothèque **Mazarine** ▪ Bibliothèque personnelle de Mazarin, elle fut rattachée à la bibliothèque de l'Institut de France en 1945.

Mazatlán ▪ Port du Mexique. 381 000 habitants.

Ivan **Mazeppa** ▪ Chef des Cosaques, gouverneur de l'Ukraine (v. 1644-1709).

la **Mazurie** ▪ Région du nord-est de la Pologne. 1 426 900 habitants. Lacs et forêts.

Giuseppe **Mazzini** ▪ Patriote et révolutionnaire italien (v. 1805-1872).

Mbabane ▪ Capitale de l'Eswatini. 52 000 habitants.

Thabo **Mbeki** ▪ Homme d'État sud-africain (né en 1942). Premier successeur de Nelson Mandela à la présidence de la République (1999-2008).

Mbuji-Mayi ▪ Ville de la République démocratique du Congo. 1,2 million d'habitants.

Mc... → **Mac...**

Margaret **Mead** ▪ Anthropologue américaine (1901-1978). Elle étudia les sociétés des Samoa, de Nouvelle-Guinée et de Bali, appliquant des méthodes freudiennes et structuralistes.

le **Méandre** ▪ Fleuve de Turquie (584 km) au cours sinueux.

Meaux ▪ Chef-lieu d'arrondissement de la Seine-et-Marne. 55 709 habitants. Cathédrale.

Mécène ▪ Chevalier romain (v. 69-8 avant J.-C.). Ministre d'Auguste, il protégea les arts.

Mechhed ou **Machhad** ▪ Ville d'Iran. 2,4 millions d'habitants. Pèlerinage chiite.

le **Mecklembourg-Poméranie-Occidentale,** en allemand *Mecklenburg-Vorpommern* ▪ Land d'Allemagne. 23 559 km^2. 1,7 million d'habitants. Capitale : Schwerin.

La **Mecque** ▪ Ville d'Arabie saoudite, capitale religieuse de l'islam. 1,29 million d'habitants. Patrie du prophète Mahomet. Pèlerinage.

Medan ▪ Port d'Indonésie (Sumatra). 1,9 million d'habitants.

Le **Médecin malgré lui** ▪ Comédie de Molière (1666).

Médée ▪ mythol. grecque Magicienne. Abandonnée par Jason, elle se venge en tuant ses propres enfants.

Médée ▪ Tragédie d'Euripide (431 avant J.-C.).

le **MEDEF** (Mouvement des entreprises françaises) → **CNPF**

Medellín ▪ Ville de Colombie. 2,3 millions d'habitants.

les **Mèdes** ▪ Anc. peuple d'Iran vaincu par les Perses (550 avant J.-C.).

le palais **Medici Riccardi** ▪ Palais édifié à Florence à partir de 1430 pour Cosme l'Ancien et les Médicis et agrandi au XVIIe s. par le marquis de Riccardi.

les **Médicis** ▪ Famille de marchands et de banquiers qui domina l'histoire de Florence (XVe-XVIIIe s.). ► Cosme ou Cosimo de **Médicis** (1389-1464), le «Père de la Patrie». ► Laurent ou Lorenzo de **Médicis,** dit **Laurent le Magnifique** (1449-1492), protégea les artistes et les savants. ► Alexandre ou Alessandro de **Médicis** (v. 1510-1537), exerça une dictature sur Florence. Assassiné par son cousin Lorenzaccio.

la villa **Médicis** ▪ Villa de Rome, édifiée vers 1560. Siège de l'Académie de France à Rome depuis 1803, elle accueille des artistes.

la **Médie** ▪ Pays des Mèdes.

Médine ▪ Ville d'Arabie saoudite. 918 900 habitants. Ville sainte de l'islam. Pèlerinage.

les guerres **médiques** ▪ Conflits qui opposèrent les cités grecques à l'Empire perse au Ve s. avant J.-C.

Les **Méditations métaphysiques** ▪ Traité de Descartes (1641).

la mer **Méditerranée** ▪ Mer intérieure entre l'Afrique, l'Asie et l'Europe. 2,9 millions de km^2.

le **Médoc** ▪ Région viticole du Bordelais.

Méduse ▪ L'une des trois Gorgones.

Dmitri Anatolievitch **Medvedev** ▪ Homme d'État russe (né en 1965). Président de Russie (2008-2012) puis Premier ministre (2012-2020).

Mégare ▪ Ville de Grèce, près d'Athènes, prospère dans l'Antiquité.

Mégère ▪ Divinité infernale grecque.

La **Mégère apprivoisée** ▪ Comédie de Shakespeare (1594).

Megève ▪ Commune de la Haute-Savoie. 2 999 habitants. Station de sports d'hiver.

Méhémet Ali ou **Muḥammad ʿAlī** ▪ Vice-roi d'Égypte de 1805 à sa mort (1769-1849). Fondateur de l'Égypte moderne.

Mehmet ▪ Nom de six sultans ottomans. ► **Mehmet II.** Sultan de 1451 à sa mort (1432-1481). Il prit Constantinople (1453).

Étienne **Méhul** ▪ Compositeur français (1763-1817). Auteur d'opéras dans la tradition de Gluck.

Mutsuhito, dit **Meiji Tennō** ▪ (1852-1912) Empereur japonais de 1867 à sa mort. Le créateur du Japon moderne *(ère Meiji)*.

Henri **Meilhac** [mɛjak] ▪ Auteur dramatique français (1831-1897). En collaboration avec Ludovic Halévy*, il est l'auteur des livrets de nombreux opéras bouffes d'Offenbach, ainsi que de celui du *Carmen* de Bizet.

Le **Meilleur des mondes** ▪ Roman d'Aldous Huxley (1932).

Mein Kampf ▪ Ouvrage dans lequel Adolf Hitler expose les principes du national-socialisme (1924).

Golda **Meir** ▪ Femme politique (travailliste) israélienne (1898-1978).

Jean Louis Ernest **Meissonier** ▪ Peintre français (1815-1891). Scènes militaires d'un réalisme minutieux.

Lise **Meitner** ▪ Physicienne autrichienne (1878-1968). Physique nucléaire ; radioéléments.

Meknès ▪ Ville du Maroc. 632 000 habitants.

le **Mékong** ▪ Fleuve de Chine et d'Indochine. 4 200 km.

Melanchthon ▪ Réformateur religieux allemand (1497-1560). Disciple de Luther.

la **Mélanésie** ▪ Ensemble d'îles du Pacifique (Océanie), comprenant principalement la Nouvelle-Guinée, la Nouvelle-Calédonie et les îles Fidji.

Helen Mitchell, dite Nellie **Melba** ▪ Cantatrice australienne (1861-1931). La *pêche Melba* fut créée en son honneur.

Melbourne ▪ Ville et port d'Australie. 3,7 millions d'habitants.

Melchior ▪ Un des Rois mages.

Melchisédech [mɛlkisedɛk] ▪ Personnage de la Bible (Genèse). Il bénit Abraham.

Georges **Méliès** ▪ Cinéaste français (1861-1938). Pionnier du septième art, inventif et poétique. *Le Voyage dans la Lune.*

Melilla ▪ Ville constituant une enclave espagnole sur la côte méditerranéenne du Maroc, au nord-est du rif. 14 km^2. 81 323 habitants. Port franc.

Melmoth ▪ Personnage du roman de Charles Robert Maturin, *Melmoth, l'Homme errant.* Il inspira notamment Balzac (1835).

Melpomène ▪ mythol. grecque Muse du chant et de l'harmonie.

Melun ▪ Chef-lieu du département de Seine-et-Marne. 41 609 habitants.

Mélusine ▪ Personnage de légende médiévale, fée qui devient tous les samedis une femme-serpent.

Herman **Melville** ▪ Écrivain américain (1819-1891). Auteur de romans allégoriques et épiques. *Moby Dick ou la Baleine blanche.*

Jean-Pierre Grumbach, dit Jean-Pierre **Melville** ▪ Cinéaste français (1917-1973). Adaptations de Vercors, Cocteau *(Les Enfants terribles)*; films rigoureux influencés par le cinéma américain *(Le Doulos ; Le Samouraï).*

Memel → **Klaïpeda**

Hans **Memling** ▪ Peintre flamand d'origine rhénane (v. 1433-1494). Son œuvre, peinte à Bruges, témoigne d'une extraordinaire virtuosité technique, d'un sens de l'équilibre dans la composition et d'une émotion contenue, aussi sensible à la figure humaine qu'à la nature.

Mémoires d'Hadrien ▪ Roman historique de Marguerite Yourcenar (1951).

Mémoires d'outre-tombe ▪ Autobiographie de Chateaubriand, commencée en 1809 et poursuivie jusqu'à la fin de sa vie, en 1848.

Memphis ▪ Ville anc. d'Égypte.

Memphis ▪ Ville des États-Unis (Tennessee). 647 000 habitants (agglomération 1,1 million).

Ménade ▪ Nymphe du cortège de Dionysos.

Gilles **Ménage** ▪ Érudit et écrivain français (1613-1692). Auteur du premier grand dictionnaire étymologique du français.

Mende ▪ Chef-lieu de la Lozère. 12 336 habitants. Cathédrale (XVIIe s.).

Gregor Johann **Mendel** ▪ Botaniste et religieux morave (1822-1884). Lois fondamentales de la génétique.

Dmitri **Mendeleïev** ▪ Chimiste russe (1834-1907). Classification périodique des éléments chimiques.

Moses ou Moïse **Mendelssohn** ▪ Philosophe allemand (1729-1789). Réformiste du judaïsme.

Felix **Mendelssohn-Bartholdy** ▪ Compositeur allemand (1809-1847). Entre romantisme et classicisme, il a composé une œuvre sensible, toute de clarté et de charme. Pièces orchestrales, musique de chambre et musique de scène.

Pierre **Mendès France** ▪ Homme politique français (1907-1982). Président du Conseil en 1954-1955.

Mendoza ▪ Ville d'Argentine. 699 000 habitants (agglomération). ▶ la province de **Mendoza.** Province d'Argentine, au pied des Andes.

Ménélas ▪ Roi mythique de Sparte. L'enlèvement de son épouse Hélène déclencha la guerre de Troie.

Ménélik II ▪ Négus d'Éthiopie de 1889 à sa mort (1844-1913). Il modernisa l'empire.

Ménilmontant ▪ Quartier de Paris.

Les **Ménines** ▪ Tableau de Vélasquez (1656).

Gian Carlo **Menotti** ▪ Compositeur américain d'origine italienne (1911-2007). Opéras *(Le Médium ; Le Consul).*

Menton ▪ Ville des Alpes-Maritimes. 30 679 habitants. Station touristique.

Mentor ▪ Dans *L'Odyssée,* ami d'Ulysse et précepteur de son fils Télémaque.

sir Yehudi **Menuhin** ▪ Violoniste américain d'origine russe (1916-1999).

Méphistophélès ▪ Autre nom du diable.

le **Mercantour** ▪ Massif des Alpes françaises du sud. Point culminant : cime de Gélas, 3 143 m. Parc national.

Gerhard Kremer, dit Gerardus **Mercator** ▪ Géographe flamand (1512-1594). Inventeur d'un système de projection graphique.

Louis Sébastien **Mercier** ▪ Écrivain français (1740-1814). *Tableau de Paris.*

Eddy **Merckx** ▪ Coureur cycliste belge (né en 1945). A gagné toutes les grandes «classiques» du cyclisme. Cinq fois vainqueur du Tour d'Italie et du Tour de France.

le **Mercosur** (en espagnol), **Mercosul** (en portugais) [«marché du Sud»] ■ Union douanière entre pays d'Amérique latine, créée en 1991. Membres permanents : Bolivie, Brésil, Argentine, Uruguay, Paraguay, Venezuela.

Maria Amalia, dite Melina **Mercouri** ■ Actrice et femme politique grecque (1923-1994). Actrice de théâtre, puis de cinéma (films de Jules Dassin, son mari). Elle fut ministre socialiste grecque de la culture.

Mercure ■ mythol. romaine Dieu protecteur des commerçants et des voyageurs, assimilé à l'Hermès grec. ► **Mercure,** planète du système solaire. Diamètre : 4 878 km.

Mercure de France ■ Revue littéraire française, fondée en 1889, dont le titre reprend celui du *Mercure galant* (1672).

Mercurey ■ Commune de Saône-et-Loire. 1 231 habitants. Vins (côte chalonnaise).

Mère Courage et ses enfants ■ Pièce de Bertolt Brecht (1938).

George **Meredith** ■ Écrivain anglais (1828-1909). *L'Égoïste.*

Dmitri Sergueïevitch **Merejkovski** ■ Écrivain russe (1866-1941). D'inspiration à la fois païenne et chrétienne, il s'opposa au bolchevisme et émigra en France.

Méribel-les-Allues ■ Station de sports d'hiver des Alpes françaises (Savoie).

Mérida ■ Ville d'Espagne (Estrémadure). 57 810 habitants. Ruines romaines.

Mérida ■ Ville du Mexique, capitale du Yucatán, fondée en 1542 sur l'emplacement d'une ville maya. 777 600 habitants. Les ruines de Chichén Itzá et d'Uxmal en sont proches.

Mérignac ■ Commune de la banlieue de Bordeaux. 74 009 habitants. Aéroport.

Prosper **Mérimée** ■ Écrivain français (1803-1870). Auteur de récits historiques, de nouvelles concises et fortes *(Mateo Falcone, Tamango, Le Vase étrusque)* et de deux brefs romans (*Colomba* et *Carmen*), il fut l'un des grands prosateurs de son temps. Son rôle de sauveur des monuments historiques français fut essentiel.

Angela **Merkel** ■ Femme politique allemande (née en 1954). Originaire de la RDA, docteur en physique, elle fut chancelière (chrétienne démocrate) de 2005 à 2021.

Maurice **Merleau-Ponty** ■ Philosophe français (1908-1961). Influencé par la phénoménologie de Husserl et par Marx ; il rompit avec le communisme en 1945.

Merlin l'Enchanteur ■ Enchanteur, personnage mythique des légendes celtiques. Épris de la fée Viviane, il demeure en son pouvoir.

Jean **Mermoz** ■ Aviateur français (1901-1936).

Mérovée ■ Ancêtre des Mérovingiens, roi supposé des Francs Saliens (milieu du Ve s.).

les **Mérovingiens** ■ Première dynastie de rois Francs qui régna de 481 à 751.

Mers el-Kébir, en arabe *Marṣā al-Kabīr* ■ Commune d'Algérie. 18 000 habitants. En 1940, les Britanniques y bombardèrent une escadre française.

l'abbé Marin **Mersenne** ■ Philosophe et savant français (1588-1648).

Pierre **Mertens** ■ Écrivain belge d'expression française (né en 1939). Romans et nouvelles de structure complexe, quasi musicale.

la **Meseta** (espagnol «le plateau») ■ Plateau central de la péninsule Ibérique.

Franz Anton **Mesmer** ■ Médecin allemand (1734-1815). Il prétendit avoir découvert le fluide du «magnétisme animal», capable de guérir toutes les maladies. Il eut à Paris de nombreux adeptes.

la **Mésopotamie** ■ Région de l'Asie ancienne, entre le Tigre et l'Euphrate (Irak actuel).

André **Messager** ■ Compositeur et chef d'orchestre français (1853-1929).

Ahmed **Messali Hadj** ■ Homme politique algérien (1898-1974). Dès 1924, il fonda en France un mouvement nationaliste algérien.

Messaline ■ Impératrice romaine (morte en 48). Femme de Claude.

Willy **Messerschmitt** ■ Ingénieur allemand, constructeur d'avions (1898-1978).

Olivier **Messiaen** ■ Compositeur français (1908-1992). Innovation du langage musical et volonté de traduire une spiritualité religieuse caractérisent une œuvre abondante. Écrits de théorie musicale.

Messine, en italien *Messina* ■ Port d'Italie (Sicile). 252 000 habitants.

Les **Métamorphoses** ■ Épopée mythologique en 15 livres, composée par Ovide à partir de 1 avant J.-C.

Pierre **Métastase** ■ Poète et librettiste italien (1698-1782). *Didon abandonnée.*

Ilia Ilitch **Metchnikov** ou Élie **Metchnikoff** ■ Biologiste russe (1845-1916). Il travailla en France avec Pasteur et découvrit la phagocytose.

saint **Méthode** → saint **Cyrille**

Alfred **Métraux** ■ Anthropologue français né en Suisse (1902-1963). Travaux sur l'île de Pâques, les Amérindiens, le vaudou.

Metropolis ■ Film allemand de Fritz Lang (1927).

le **Metropolitan Museum of Art,** fam. *le Met'* ■ Le principal musée d'art de New York, fondé en 1870.

le **Metropolitan Opera,** fam. *le Met'* ■ Opéra de New York, le premier des États-Unis (1883).

Gabriel **Metsu** ■ Peintre hollandais (1629-1667). Portraits, œuvres religieuses.

Quentin **Metsys** ou **Matsys** ▪ Peintre flamand actif à Anvers (1465 ou 1466-1530). *Le Changeur et sa femme.*

le prince de **Metternich** ▪ Homme politique autrichien (1773-1859). Conservateur, artisan du congrès de Vienne.

Metz ▪ Chef-lieu de la Moselle. 120 211 habitants. Églises médiévales. Place d'Armes (XVIIIe s.).

Meudon ▪ Commune des Hauts-de-Seine. 45 825 habitants. Observatoire, laboratoires.

Meursault ▪ Commune de Bourgogne (Côte-d'Or). 1 404 habitants. Vins blancs renommés.

la **Meurthe** ▪ Rivière, affluent de la Moselle. 160 km. ► la **Meurthe-et-Moselle** [54]. Département français de la Région Grand Est. 5 279 km². 732 590 habitants. Chef-lieu : Nancy. Chefs-lieux d'arrondissement : Lunéville, Toul, Val de Briey.

la **Meuse** ▪ Fleuve de France, de Belgique et des Pays-Bas. 950 km. ► la **Meuse** [55], département français de la Région Grand Est. 6 220 km². 183 001 habitants. Chef-lieu : Bar-le-Duc. Chefs-lieux d'arrondissement : Commercy, Verdun.

Mexico ▪ Capitale du Mexique. 8,8 millions d'habitants (agglomération 20,1 millions). Vestiges aztèques. Monuments baroques.

les États-Unis du **Mexique** ▪ État fédéral d'Amérique centrale. 1 972 546 km². 126,6 millions d'habitants. Capitale : Mexico.

Yves **Meyer** ▪ Mathématicien français (né en 1939). Théorie des nombres et statistique.

Jakob Liebmann Beer, dit Giacomo ou Jacques **Meyerbeer** ▪ Compositeur allemand (1791-1864). Établi à Paris, il écrivit notamment des opéras *(Robert le Diable ; Le Prophète).*

Vsevolod Emilievitch **Meyerhold** ▪ Metteur en scène et scénographe soviétique de théâtre (1874-1940). Il révolutionna le langage théâtral jusqu'en 1938, et fut arrêté, puis exécuté sous Staline.

Meyzieu ▪ Ville du Rhône, banlieue de Lyon. 35 134 habitants.

le **Mezzogiorno** ▪ Ensemble des régions du sud de l'Italie, de la Sicile et de la Sardaigne marquées par le sous-développement.

Miami ▪ Ville côtière des États-Unis (Floride). 399 500 habitants (conurbation avec Fort Lauderdale-Pompano Beach 6,2 millions).

Henri **Michaux** ▪ Écrivain, poète et peintre français d'origine belge (1899-1984). Doutant de la cohérence du monde et du langage qui l'exprime, il élabora une œuvre à la fois intime, douloureuse et ouverte sur le monde *(Ecuador, Un barbare en Asie).* Mais l'expérience intérieure est pour lui l'essentiel *(La nuit remue, Plume,* etc.). Ses poèmes sont des exorcismes. Il mêla l'imaginaire à l'expérience extrême des stupéfiants *(Misérable miracle).* Son œuvre de dessinateur et de peintre, aux formes humaines déconstruites, complète cette expérience.

saint **Michel** ou **Michaël** ▪ Bible Archange de la tradition juive et chrétienne.

Michel ▪ Nom de neuf empereurs byzantins.

Louise **Michel** ▪ Révolutionnaire française (1830-1905). Elle prit part à la Commune.

Charles **Michel** ▪ Homme d'État belge (né en 1975). Premier ministre (centre droit) de 2014 à 2019 puis président du Conseil européen.

Michelangelo Buonarroti, dit **Michel-Ange** ▪ Sculpteur, peintre, architecte et poète de la Renaissance italienne (1475-1564). Son œuvre célèbre le divin à travers le culte de la beauté humaine. La chapelle Sixtine ; *Pietà ; Moïse* (sculptures).

Jules **Michelet** ▪ Historien et écrivain français (1798-1874). Désireux de faire de l'histoire une «résurrection de la vie intégrale», il mit ses vertus lyriques et épiques d'écrivain au service d'une vision nationale et romantique *(Histoire de la Révolution française ; Histoire de France).* Il a publié aussi des essais inspirés *(L'Oiseau ; La Mer ; La Sorcière...).*

Michelin ▪ Famille d'industriels français. Édouard (1859-1940) réalisa les premiers pneus démontables ; André (1852-1931) travailla avec son frère et créa en 1900 le *Guide Michelin.*

Albert **Michelson** ▪ Physicien américain (1852-1931). Il mesura avec Edward Morley la vitesse de la lumière.

le **Michigan** ▪ État du centre nord des États-Unis. 250 504 km². 9,94 millions d'habitants. Capitale : Lansing. ► le lac **Michigan.** Grand lac des États-Unis. 57 994 km².

Mikhaïl **Michoustine** ▪ Homme d'État russe (né en 1966). Premier ministre depuis 2020.

Mickey Mouse ▪ Personnage animal, souris *(mouse)* dessinée par Walt Disney, devenu l'emblème des entreprises Disney.

Adam **Mickiewicz** ▪ Poète polonais (1798-1855). *Monsieur Thadée.*

Micromégas ▪ Conte philosophique de Voltaire (1752).

la **Micronésie** ▪ Ensemble d'îlots du Pacifique, à l'est des Philippines (Mariannes, Carolines, Marshall). ► la fédération des États de **Micronésie.** État insulaire. 701 km². 104 500 habitants. Capitale : Palikir.

Microsoft (de *soft,* dans *software* «logiciel») ▪ Entreprise multinationale américaine d'informatique, fondée par Bill Gates (1975).

Midas ▪ Roi légendaire de Phrygie qui changeait en or tout ce qu'il touchait.

le **Middle West** ▪ Région des États-Unis, au sud des Grands Lacs.

le canal du **Midi** ▪ Canal qui relie la Garonne à la Méditerranée. 241 km.

Midi-Pyrénées ▪ Anc. région administrative du sud-ouest de la France.

les **Midlands** n. f. pl. ▪ Région industrielle du centre de l'Angleterre. Ville principale : Birmingham.

les îles **Midway** ▪ Îles américaines du Pacifique. Victoire navale des États-Unis sur le Japon en 1942.

Ludwig **Mies van der Rohe** ▪ Architecte allemand naturalisé américain (1886-1969). Gratte-ciel à ossature d'acier et paroi vitrée.

Mi Fu ou **Mi Fei** ▪ Peintre et poète chinois (1051-1107).

Pierre **Mignard** ▪ Peintre français (1612-1695). Portraitiste.

Milan, en italien *Milano* ▪ Ville d'Italie (Lombardie). 1,26 million d'habitants. Cathédrale gothique. Théâtre de la Scala (XVIIIe s.).

Milarepa ▪ Ascète tibétain qui aurait vécu au XIe s. et fondé la secte bouddhiste qui donna naissance au lamaïsme.

Milet ▪ Ville d'Asie Mineure, dans l'Antiquité.

Darius **Milhaud** ▪ Compositeur français (1892-1974).Œuvre variée (opéras, ballets, musique d'orchestre, musique de chambre, cantates, mélodies) et novatrice, allant du sensible à l'épique, de la gravité à l'ironie.

la **Milice** ▪ Organisation paramilitaire française fondée en 1943 par le gouvernement de Vichy.

John Stuart **Mill** ▪ Philosophe, logicien et économiste anglais (1806-1873). *L'Utilitarisme.*

sir John Everett **Millais** ▪ Peintre anglais (1829-1896), l'un des fondateurs de l'école préraphaélite (avec D. G. Rossetti et William H. Hunt).

Millau ▪ Chef-lieu d'arrondissement de l'Aveyron. 21 482 habitants. Très haut viaduc reliant le Larzac au Causse Rouge.

Les **Mille et Une Nuits** ▪ Recueil de contes arabes ayant pour héroïne Schéhérazade.

1984 ▪ Roman d'anticipation de George Orwell (1949).

Millenium ▪ Trilogie policière (2005-2007) du Suédois Stieg Larsson qui mourut un an avant sa parution.

Henry **Miller** ▪ Écrivain américain (1891-1980). Auteur d'une œuvre autobiographique d'une ampleur épique, marquée par l'érotisme. *Tropique du Cancer ; La Crucifixion en rose.*

Glenn **Miller** ▪ Chef d'orchestre américain de jazz (1904-1944). Style «swing».

Arthur **Miller** ▪ Auteur dramatique américain (1915-2005). Il fut inquiété pendant le maccarthysme. Son œuvre est une critique du rêve américain (la liberté, la richesse offertes à tous) et de l'hypocrisie sociale. *Les Sorcières de Salem ; Mort d'un commis voyageur ; Les Désaxés* (film de John Huston).

Alexandre **Millerand** ▪ Président de la République française de 1920 à 1924 (1859-1943).

Jean-François **Millet** ▪ Peintre français (1814-1875). Ses œuvres majeures, à la fois réalistes et lyriques, célèbrent la vie paysanne *(Les Glaneuses)*, la nature, la foi *(L'Angélus)*, le travail ouvrier. Elles allient le classicisme de la composition, la finesse des couleurs et la liberté de facture. Van Gogh l'admira.

le plateau de **Millevaches** ▪ Plateau du Limousin. 919 m au mont Bessou.

Robert Andrews **Millikan** ▪ Physicien américain (1868-1953). Atomiste, il détermina la charge de l'électron et la valeur de la constante de Planck.

Henri **Milne-Edwards** ▪ Physiologiste belge, puis français (1800-1885). ► Alphonse **Milne-Edwards,** son fils (1835-1900), naturaliste.

Milo, en grec *Mílos* ▪ Île grecque des Cyclades où fut découverte en 1820 la statue dite *Vénus de Milo.*

Milon de Crotone ▪ Athlète et général grec de l'Antiquité (VIe-Ve s. avant J.-C.). Lutteur, chef de guerre (entre Crotone et Sybaris).

Slobodan **Milosevič** ▪ Homme d'État serbe (1941-2006). Président de la Serbie, il mena une politique nationaliste et violente au Kosovo, à l'égard des Albanais, en Bosnie et en Croatie. Battu aux élections de 2000, il fut mis en jugement au Tribunal pénal international de La Haye. Il mourut en détention.

Oscar Vladislas de Lubicz-**Milosz** ▪ Poète français d'origine lituanienne (1877-1939).

Czesław **Miłosz** ▪ Écrivain polonais naturalisé américain (1911-2004).

Miltiade ▪ Stratège athénien (540-489 avant J.-C.). Vainqueur à Marathon.

John **Milton** ▪ Écrivain anglais (1608-1674). Auteur de poèmes et d'écrits polémiques religieux. Devenu aveugle, il se consacra à son chef-d'œuvre, *Le Paradis perdu,* tragédie visionnaire dont le personnage central est Satan, le révolté. L'œuvre a été traduite en français par Chateaubriand.

le pont **Milvius** ▪ Pont sur le Tibre. Constantin y vainquit Maxence en 312, assurant le triomphe du christianisme.

Milwaukee ▪ Ville des États-Unis (Wisconsin). 595 000 habitants (conurbation avec Racine 1,7 million).

Mimizan ▪ Ville des Landes. 7 321 habitants. Station balnéaire.

Alain **Mimoun** ▪ Athlète français (1921-2013). Coureur de fond.

Minamata ▪ Ville du Japon, sur l'île de Kyūshū. 26 900 habitants. De 1932 à 1966, sa baie fut contaminée par d'importants rejets de mercure qui provoquèrent des troubles neurologiques et de nombreux décès.

les **Minamoto** ou **Genji** ▪ Clan japonais qui joua un rôle important dans l'histoire du Japon du XIe au XIIIe s.

Minas Gerais ▪ État de l'est du Brésil. 586 624 km^2. 19,6 millions d'habitants. Capitale : Belo Horizonte.

Mindanao ▪ Île des Philippines. 94 627 km^2. 24,1 millions d'habitants.

Minerve ▪ mythol. romaine Déesse identifiée à l'*Athéna* des Grecs.

le **Minervois** ▪ Région du Languedoc. Vins.

les **Ming** ▪ Dynastie chinoise (1368-1644).

Charles, dit Charlie **Mingus** ▪ Contrebassiste et compositeur américain de jazz (1922-1979).

Hermann **Minkowski** ▪ Mathématicien allemand (1864-1909). Sa théorie de l'espace-temps est adaptée à celle de la relativité restreinte de son ancien élève Albert Einstein.

Alexandre **Minkowski** ▪ Médecin et résistant français (1915-2004). À l'origine de la néonatalogie en France, il s'intéressa aux traumatismes psychologiques des enfants. ► Marc **Minkowski,** son fils (né en 1962), bassoniste et chef d'orchestre.

Minneapolis ▪ Ville des États-Unis (Minnesota), sur le Mississippi. 382 600 habitants (conurbation avec Saint Paul 2,97 millions).

Vincente **Minnelli** ▪ Cinéaste américain (1910-1986). Comédies musicales.

le **Minnesota** ▪ État du centre des États-Unis. 217 736 km^2. 4,9 millions d'habitants. Capitale : Saint Paul.

Minorque, en espagnol *Menorca* ▪ Île de l'archipel espagnol des Baléares. 668 km^2. 88 434 habitants.

Minos ▪ Roi légendaire de Crète, devenu un des juges des Enfers.

le **Minotaure** ▪ mythol. grecque Monstre mi-homme, mi-taureau, enfermé par Minos dans le Labyrinthe et tué par Thésée.

Minsk ▪ Capitale de la Biélorussie. 1,7 million d'habitants.

Miquelon ▪ Archipel français de l'Atlantique constitué de deux îles. → **Saint-Pierre et Miquelon**

Victor Riqueti, marquis de **Mirabeau** ▪ Économiste français (1715-1789). Théorie de la population *(L'Ami des hommes),* théorie de l'impôt.

Honoré Gabriel Riqueti, comte de **Mirabeau** ▪ Homme politique français (1749-1791). Fils du marquis de Mirabeau, orateur brillant, ouvert aux idées nouvelles, partisan d'une monarchie constitutionnelle, il joua un rôle décisif dans les débuts de la Révolution.

Miramas ▪ Ville des Bouches-du-Rhône. 26 433 habitants. Ruines d'un château du XIIIe s. Installations du Commissariat à l'énergie atomique.

Francisco de **Miranda** ▪ Patriote vénézuélien (1750-1816).

Mirande ▪ Chef-lieu d'arrondissement du Gers. 3 445 habitants.

Octave **Mirbeau** ▪ Écrivain français (1848-1917). De tendance anarchiste, antibourgeois, il écrivit des romans *(Le Journal d'une femme de chambre)* et des pièces de théâtre *(Les affaires sont les affaires)* violemment satiriques.

Mireille Hartuch, dite **Mireille** ▪ Chanteuse et compositrice française de chansons (1906-1996). Elle renouvela le style de la chanson française. Elle créa le *Petit Conservatoire de la chanson* (1954).

Joan **Miró** ▪ Peintre, sculpteur, céramiste espagnol (catalan) (1893-1983). Il adhéra au mouvement surréaliste, puis élabora un univers très personnel de formes simples, de signes et de taches de couleurs franches, en général plein d'humour et de gaieté.

Gaston **Miron** ▪ Poète canadien (québécois) d'expression française (1928-1996). Il exprime lyriquement son engagement politique pour l'indépendance du Québec. *L'Homme rapaillé.*

Le **Misanthrope** ▪ Comédie de Molière (1666).

Les **Misérables** ▪ Roman de Victor Hugo (1862).

Yukio **Mishima** ▪ Écrivain japonais (1925-1970). Passionné de la tradition, hostile à l'occidentalisation, il se suicida au sabre, par seppuku (hara-kiri). *Le Pavillon d'or.*

Mishnah ou **Michna** n. f. ▪ Dans le judaïsme, compilation des enseignements et des décisions de rabbins interprétant la Torah.

le **Mississippi** ▪ Fleuve des États-Unis. 3 780 km. ► le **Mississippi.** État du sud des États-Unis. 123 584 km^2. 2,84 millions d'habitants. Capitale : Jackson.

Missolonghi ▪ Ville de Grèce (Étolie) 13 000 habitants. Lieu essentiel de la résistance contre les Turcs (1821-1826). Byron y est mort.

le **Missouri** ▪ Rivière des États-Unis, affluent du Mississippi. 3 767 km. ► le **Missouri.** État du centre des États-Unis. 180 456 km^2. 5,59 millions d'habitants. Capitale : Jefferson City.

Jeanne Bourgeois, dite **Mistinguett** ▪ Vedette française de music-hall (1875-1956).

Frederi, en français Frédéric **Mistral** ▪ Écrivain français d'expression occitane (provençale) et française (1830-1914). L'un des fondateurs du félibrige, il célébra l'occitan de Provence et ce pays par des poèmes épiques et lyriques *(Mirèio [Mireille], Calendau [Calendal])*. Il publia un dictionnaire du provençal, *le Trésor du félibrige*. Prix Nobel 1904.

Lucila Godoy Alcayaga, dite Gabriela **Mistral** ■ Poète chilienne (1889-1957). Chantre chrétienne de la douleur et de l'amour. Prix Nobel 1945.

MIT [ɛmajti] → **Massachusetts Institute of Technology**

Mitanni ■ Empire de l'Antiquité qui régna sur l'Arménie et l'Assyrie, aux XVe et XIVe s. avant J.-C., en bonne relation avec l'Égypte des pharaons.

Margaret **Mitchell** ■ Romancière américaine (1900-1949). *Autant en emporte le vent.*

Robert **Mitchum** ■ Acteur américain de cinéma (1917-1997). Films policiers, westerns (*Rivière sans retour*, de Preminger). *La Nuit du chasseur*, de Charles Laughton.

Mithra ■ Dieu solaire de l'ancien Iran. Son culte se répandit dans le monde grec et romain.

Mithridate VI Eupator ■ Roi du Pont (v. 132-63 avant J.-C.). Vaincu par Pompée. Il s'était immunisé contre les poisons.

la **Mitidja** ■ Plaine d'Algérie, arrière-pays d'Alger.

Eilhard **Mitscherlich** ■ Chimiste allemand (1794-1863). Il découvrit l'isomorphisme des cristaux.

François **Mitterrand** ■ Homme d'État français (1916-1996). Député dès 1946, plusieurs fois ministre, il réunit le Parti socialiste aux radicaux de gauche et aux communistes par un «programme commun» (1973). Élu en 1981 président de la République, réélu en 1988, il agit en faveur de la construction de l'Europe. Auteur de plusieurs ouvrages politiques.

les **Mixtèques** ■ Populations de l'ancien Mexique (civilisations d'Oaxaca).

Hayao **Miyazaki** ■ Réalisateur japonais de dessins animés (né en 1941). Auteur d'une œuvre de portée universelle, d'une inventivité stupéfiante, dont les thèmes privilégiés sont l'enfance, les dangers du pouvoir et de la guerre, les rapports entre l'être humain et la nature. *Nausicaä de la vallée du vent ; Princesse Mononoké ; Le Voyage de Chihiro ; Le Château ambulant.*

Kenji **Mizoguchi** ■ Cinéaste japonais (1898-1956). Ses plus grands films, d'un style raffiné, aux images superbes, accusent l'injustice de la société japonaise ancienne et moderne, associant le réalisme au sens de la légende et de l'épopée, l'amour de la tradition à l'humanisme. *Les Contes de la lune vague après la pluie ; Les Amants crucifiés ; La Rue de la honte.*

MLF ■ Mouvement de libération de la femme (créé en 1970).

Mnémosyne ■ mythol. grecque Mère des neuf Muses, personnifiant la Mémoire.

Ariane **Mnouchkine** ■ Metteur en scène et animatrice française de théâtre (née en 1939). Fondatrice du *Théâtre du Soleil*. *Le Dernier Caravansérail ; Les Naufragés du Fol Espoir.* Au cinéma : *1789 ; Molière.*

les **Moabites** ■ Peuple sémitique de l'Antiquité (XIVe-XIIIe s. avant J.-C.), descendants du personnage biblique Moab.

August Ferdinand **Möbius** ■ Astronome et mathématicien allemand (1790-1868). En topologie, il conçut la *bande* (ou *ruban*) *de Möbius*, à un seul côté.

Sese Seko **Mobutu** ■ (1930-1997) Officier et homme d'État du Zaïre, au pouvoir de 1965 à 1997.

Moby Dick ■ Roman d'Herman Melville (1851).

Moctezuma ou **Montezuma II** ■ Empereur aztèque (1466-1520). Il fut soumis par Cortés.

Modane ■ Commune de Savoie. 3 010 habitants. Accès au tunnel du Fréjus.

le **MoDem,** *Mouvement Démocrate* ■ Parti politique français centriste, issu de l'UDF* créé en 2007 par François Bayrou.

Modène, en italien *Modena* ■ Ville d'Italie (Émilie-Romagne). 175 500 habitants. Cathédrale.

Patrick **Modiano** ■ Écrivain français (né en 1945). Ses romans, en partie autobiographiques, sont une méditation sensible à propos du passé, de la mémoire et du mal. Prix Nobel 2014.

Amedeo **Modigliani** ■ Peintre italien (1884-1920). Établi à Paris en 1906, il y élabora une œuvre originale, bien qu'influencée par Cézanne et Picasso. Ses portraits et nus féminins, ses sculptures, sont une recherche d'équilibre et de grâce par l'élongation des formes.

Mœbius → Jean **Giraud**

Mogadiscio ■ Capitale de la Somalie, sur l'océan Indien. 2,3 millions d'habitants.

les **Moghols** ou **Mogols** ■ Dynastie qui régna sur le nord de l'Inde de 1526 à 1858.

Mohammed V ■ Sultan puis roi du Maroc (1909-1961). Il obtint de la France l'indépendance.

Mohammed VI ■ Roi du Maroc (né en 1963). Fils aîné du roi Hassan II, il lui succéda à sa mort, en 1999.

le désert **Mohave** → **Mojave**

Mohenjo-Daro ■ Site archéologique du Pakistan, siège de la «civilisation de l'Indus» (2500-1500 avant J.-C.). Cette civilisation.

les **Mohicans** ■ Indiens d'Amérique du Nord.

László **Moholy-Nagy** ▪ Artiste hongrois (1895-1946). Peintre abstrait et sculpteur, il privilégia les formes géométriques et fut membre du Bauhaus.

les **Moires,** en grec *Moïrai* ▪ Divinités grecques du destin, correspondant aux Parques romaines.

Moïse, en hébreu *Moshé* ▪ Prophète, fondateur de la religion et de la nation d'Israël qu'il guida jusqu'à la Terre promise (XIIIe s. avant J.-C.).

Moissac ▪ Commune de Tarn-et-Garonne. 13 738 habitants. Église et cloître roman riche en sculptures.

Igor Aleksandrovitch **Moïsseïev** ▪ Danseur et chorégraphe russe (1906-2007). *Le Ballet Moïsseïev* s'est mis au service de la danse populaire russe.

le désert **Mojave** ou **Mohave** ▪ Région du sud-est de la Californie (États-Unis).

Moka ▪ Au XVIIIe s., port de Sanaa (Yémen) exportant les aromates et le café renommé de la région.

la **Moldavie** ▪ Région de Roumanie. ► la république de **Moldavie.** État d'Europe orientale. 33 700 km². 4 millions d'habitants. Capitale : Chisinau.

Molenbeek-Saint-Jean ▪ Commune de Belgique (Bruxelles-Capitale). 97 979 habitants.

Jean-Baptiste Poquelin, dit **Molière** ▪ Comédien et auteur dramatique français (1622-1673). Ses comédies en prose et en vers (*L'École des femmes ; Tartuffe ; Dom Juan ; Le Misanthrope ; L'Avare ; Le Bourgeois gentilhomme ; Les Fourberies de Scapin ; Les Femmes savantes ; le Malade imaginaire)* en font, par le sens du comique et de la critique sociale, le plus grand dramaturge français avec Racine.

Guy **Mollet** ▪ Homme d'État (socialiste) français (1905-1975).

le **Moloch** ▪ Bible Divinité cananéenne à qui l'on sacrifiait des enfants.

Viatcheslav Skriabine, dit **Molotov** ▪ Diplomate et homme politique soviétique (1890-1986).

Molsheim ▪ Chef-lieu d'arrondissement du Bas-Rhin. 9 352 habitants.

le comte Helmuth von **Moltke** ▪ Maréchal prussien (1800-1891).

les **Moluques** n. f. pl. ▪ Archipel d'Indonésie. 74 505 km². 2,8 millions d'habitants. Capitale : Ambon.

MOMA → Museum of Modern Art

Mombasa ou **Mombassa** ▪ Port du S.-E. du Kenya. 1,2 million d'habitants.

Theodor **Mommsen** ▪ Historien allemand (1817-1903). Histoire romaine.

la principauté de **Monaco** ▪ État enclavé dans le département des Alpes-Maritimes. 1,5 km². 31 100 habitants. Capitale : Monaco.

Monastir ▪ Ville de Tunisie. 71 600 habitants. Station balnéaire.

Monbazillac ▪ Commune de la Dordogne. 800 habitants. Vins liquoreux.

Mönchengladbach ▪ Ville d'Allemagne (Rhénanie-du-Nord-Westphalie), à l'ouest de Düsseldorf. 270 000 habitants.

Moncton ▪ Ville du Canada (Nouveau-Brunswick). 71 889 habitants (zone urbaine 126 400). Université francophone.

Le **Monde** ▪ Quotidien français fondé en 1944 par Hubert Beuve-Méry.

Henri **Mondor** ▪ Chirurgien et écrivain français (1885-1962). Ouvrages sur Pasteur, Mallarmé, Valéry.

Piet **Mondrian** ▪ Peintre néerlandais (1872-1944). Abstraction géométrique.

Claude **Monet** ▪ Peintre français (1840-1926). Il imposa une vision subjective, «impressionniste» de la nature *(Impression, soleil levant ; Les Meules ; La Cathédrale de Rouen)*, allant jusqu'à la quasi-abstraction *(Nymphéas)*.

Henry de **Monfreid** ▪ Écrivain français (1879-1974). Il mena une vie aventureuse autour de la mer Rouge.

Gaspard **Monge,** comte de Péluse ▪ Mathématicien français (1746-1818). Créateur de la géométrie descriptive.

les **Mongols** ▪ Nomades d'Asie centrale, qui conquirent un vaste empire aux XIIIe-XIVe s. → **Gengis Khān.** ► la **Mongolie.** État du centre est de l'Asie. 1 565 000 km². 3,1 millions d'habitants. Capitale : Oulan Bator. ► la **Mongolie-Intérieure,** en chinois *Nei Menggu.* Région autonome du nord de la Chine. 1 183 000 km². 24,7 millions d'habitants. Capitale : Hohhot.

Thelonious **Monk** ▪ Pianiste et compositeur américain de jazz (1917-1982). Son influence sur l'évolution du jazz fut essentielle.

Blaise, seigneur de **Monluc** ou **Montluc** ▪ Maréchal de France et écrivain (v. 1500-1577). Chroniqueur : *Commentaires.*

l'hôtel de la **Monnaie** ▪ Bâtiment édifié à Paris par Jacques Denis Antoine de 1768 à 1774, abritant le centre de la fabrication monétaire en France.

Jean **Monnet** ▪ Économiste français (1888-1979). Père de l'union européenne.

Henri **Monnier** ▪ Écrivain et dessinateur français (1799-1877). Créateur du personnage ridicule de bourgeois Joseph Prud'homme. Observateur exceptionnel du français populaire au milieu du XIXe s.

Jacques **Monod** ▪ Biochimiste français (1910-1976). *Le Hasard et la Nécessité.* Prix Nobel 1965.

Théodore **Monod** ▪ Naturaliste et explorateur français (1902-2000). Il parcourut et étudia le Sahara, et publia des ouvrages alliant la recherche scientifique, la méditation humaniste et le respect de la nature.

Jacques **Monory** ▪ Peintre français (1924-2018), influencé par le pop art.

Monreale ▪ Ville de Sicile, proche de Palerme. 28 000 habitants. Cathédrale du XIIe s., mosaïques.

James **Monroe** ▪ (1758-1831) Président des États-Unis de 1817 à 1825.

Norma Jean Baker, dite Marilyn **Monroe** ▪ Actrice américaine de cinéma (1926-1962). *Sept ans de réflexion ; Certains l'aiment chaud ; Les Désaxés.*

Monrovia ▪ Capitale du Liberia. 844 000 habitants.

Mons ▪ Ville de Belgique (Hainaut). 95 887 habitants.

Mons-en-Barœul ▪ Ville du Nord, banlieue de Lille. 21 564 habitants.

la paix de **Monsieur** ou la paix de **Beaulieu** ou la paix de **Loches** ▪ Accord signé en 1576 entre catholiques et protestants, par l'intermédiaire de Monsieur, duc d'Alençon, frère du roi Henri III.

Monsieur Jourdain ▪ Personnage principal du *Bourgeois gentilhomme* de Molière.

les **Montagnards** ▪ Groupe de révolutionnaires français qui proscrirent les Girondins et dominèrent la Convention jusqu'à la chute de Robespierre (1794).

La **Montagne magique** ▪ Roman de Thomas Mann (1924).

Luc **Montagnier** ▪ Médecin français (1932-2022). Prix Nobel 2008, avec F. Barré-Sinoussi, pour la découverte du virus du sida (1983).

Michel Eyquem de **Montaigne** ▪ Écrivain français (1533-1592). Une morale humaniste de la tolérance, exaltant les valeurs antiques, une virtuosité dans l'emploi des citations (de Plutarque, Sénèque, etc.), jointe à une sincérité primesautière, ont valu au Montaigne des *Essais* de sévères critiques (Pascal) et de durables admirations. Son style savoureux, «à sauts et à gambades», reste marqué de l'influence latine.

Charles Forbes, comte de **Montalembert** ▪ Homme politique français (1810-1870). Un des chefs du catholicisme libéral.

le **Montana** ▪ État du nord-ouest des États-Unis. 381 087 km^2. 902 200 habitants. Capitale : Helena.

Ivo Livi, dit Yves **Montand** ▪ Comédien et chanteur français (1921-1991).

Montargis ▪ Chef-lieu d'arrondissement du Loiret. 14 738 habitants.

Montauban ▪ Chef-lieu du département de Tarn-et-Garonne. 61 677 habitants. Cathédrale (XVIIe s.).

Montbard ▪ Chef-lieu d'arrondissement de la Côte-d'Or. 4 831 habitants.

Montbéliard ▪ Chef-lieu d'arrondissement du Doubs. 25 726 habitants.

le massif du **Mont-Blanc** → le mont **Blanc**

Montbrison ▪ Chef-lieu d'arrondissement de la Loire. 15 943 habitants.

le marquis de **Montcalm** de Saint-Véran ▪ Général français (1712-1759). Il fut tué par les Anglais devant Québec.

Montceau-les-Mines ▪ Ville de Saône-et-Loire. 17 239 habitants.

le **Mont-Cenis** ▪ Massif des Alpes du Nord. 3 612 m à la pointe Ronce.

Antoine de **Montchrestien** ▪ Auteur dramatique et économiste français (v. 1575-1621). *Sophonisbe.*

Mont-de-Marsan ▪ Chef-lieu des Landes. 29 953 habitants.

Montdidier ▪ Chef-lieu d'arrondissement de la Somme. 6 051 habitants.

le massif du **Mont-Dore** ▪ Massif volcanique d'Auvergne culminant au puy de Sancy (1 885 m).

Monte-Carlo ▪ Quartier de Monaco.

Montélimar ▪ Ville de la Drôme. 39 790 habitants. Olivier de Serres y introduisit la culture des amandiers, base de la fabrication du nougat.

le **Monténégro** ▪ État de l'Europe du Sud-Est. 13 812 km^2. 620 100 habitants. Capitale : Podgorica.

Monterrey ▪ Ville du Mexique. 1,14 million d'habitants.

la marquise de **Montespan** ▪ Maîtresse de Louis XIV de 1667 à 1679 (1641-1707).

Charles de Secondat, baron de La Brède et de **Montesquieu** ▪ Écrivain et penseur français (1689-1755). Après la satire sociale spirituelle des *Lettres persanes*, il publia un ouvrage sur l'Antiquité romaine. Il élabora une théorie du droit dans la société, selon l'esprit libéral du parlementarisme (*L'Esprit des lois*, 1748) ; il y expose ses idées sur les garanties institutionnelles à apporter aux libertés, notamment la séparation des pouvoirs (législatif, exécutif et judiciaire). Son influence fut considérable sur la philosophie des Lumières et sur le droit public. Ses pensées furent publiées longtemps après sa mort (*Cahiers*, 1941).

Maria **Montessori** ▪ Pédagogue italienne (1870-1952).

Pierre **Monteux** ▪ Chef d'orchestre français (1875-1964). Il créa des œuvres de Ravel, Debussy, Stravinsky, et fonda l'Orchestre symphonique de Paris (1929-1938).

Claudio **Monteverdi** ▪ Compositeur italien (1567-1643). Sa musique vocale marque un tournant décisif en Europe. Nombreux madrigaux. Opéras. *Orfeo* («Orphée» ; 1607), premier drame lyrique de l'histoire ; *Le Couronnement de Poppée*.

Montevideo ▪ Capitale de l'Uruguay. 1,27 million d'habitants.

Montezuma → **Moctezuma**

Montfermeil ▪ Ville de la Seine-Saint-Denis. 28 006 habitants.

Montferrand ▪ Ville ancienne d'Auvergne, aujourd'hui faubourg de Clermont-Ferrand. Édifices du XIIIe au XVIIe s.

Simon IV, comte de **Montfort** ▪ Chef de la croisade contre les albigeois (v. 1150-1218).

Montfort-l'Amaury ▪ Commune des Yvelines. 2 903 habitants. Monuments anciens.

Montgeron ▪ Ville de l'Essonne. 23 943 habitants.

les frères de **Montgolfier** ▪ Papetiers français, Joseph (1740-1810) et Étienne (1745-1799), inventeurs des premiers aérostats ou *montgolfières*.

lord **Montgomery** of Alamein ▪ Maréchal britannique (1887-1976). Vainqueur de Rommel, à El-Alamein, en 1942.

Henry Millon de **Montherlant** ▪ Écrivain français (1895-1972). Auteur de romans célébrant l'héroïsme et le sport, sévère pour les valeurs bourgeoises et féminines *(Les Célibataires ; Pitié pour les femmes)*, il écrivit aussi des pièces d'un style noble et hautain *(La Reine morte ; Port-Royal)*.

Mario **Monti** ▪ Homme d'État italien (né en 1943). Président du Conseil (2011-2013).

Montigny-le-Bretonneux ▪ Ville des Yvelines. 31 854 habitants.

Montigny-lès-Metz ▪ Ville de la Moselle, banlieue de Metz. 21 788 habitants.

Montlhéry ▪ Commune de l'Essonne. 8 561 habitants. Tour d'un château détruit. Autodrome.

Blaise de **Montluc** → **Monluc**

Montluçon ▪ Chef-lieu d'arrondissement de l'Allier. 33 822 habitants.

Montmartre ▪ Quartier de Paris situé sur une butte (130 m). Basilique du Sacré-Cœur.

les **Montmorency** ▪ Famille noble française (XIIe-XVIIe s.). ► Anne, duc de **Montmorency,** compagnon d'armes de François Ier (1493-1567). ► Henri II de **Montmorency** (1595-1632), condamné à mort pour complot contre Richelieu et exécuté.

Montmorency ▪ Chef-lieu de canton du Val-d'Oise. 21 688 habitants.

Montmorillon ▪ Chef-lieu d'arrondissement de la Vienne. 5 914 habitants.

Montoire ▪ Commune du Loir-et-Cher. 4 300 habitants. Lieu de deux entrevues en octobre 1940, entre Hitler et Pierre Laval, puis Hitler et Pétain.

Montparnasse ▪ Quartier de Paris.

Montpellier ▪ Chef-lieu de l'Hérault. 299 096 habitants. Cathédrale. Hôtels des XVIIe-XVIIIe s.

la duchesse de **Montpensier,** dite **la Grande Mademoiselle** ▪ Nièce de Louis XIII (1627-1693). Elle prit part à la Fronde.

Montréal ▪ Ville du Canada (Québec), port sur le Saint-Laurent. 1,8 million d'habitants (zone urbaine 4 millions).

Montreuil, anciennement **Montreuil-sous-Bois** ▪ Ville de la Seine-Saint-Denis. 111 367 habitants. Église gothique (XIIe-XVIIe siècles).

Montreuil-sur-Mer ▪ Chef-lieu d'arrondissement du Pas-de-Calais. 1 913 habitants.

Montreux ▪ Ville de Suisse (Vaud). 26 574 habitants.

Montrouge ▪ Banlieue de Paris (Hauts-de-Seine). 47 907 habitants. Fort où Pétain fut emprisonné en 1945.

Mont-Saint-Aignan ▪ Ville de la Seine-Maritime, banlieue de Rouen. 19 686 habitants. Centre universitaire.

Le **Mont-Saint-Michel** ▪ Commune de la Manche, sur un îlot rocheux. Abbaye bénédictine (XIIe-XIIIe s.).

Montségur ▪ Village de l'Ariège. Ruines du château où les albigeois furent vaincus et exterminés, en 1244.

Montserrat ▪ Massif montagneux d'Espagne (Catalogne), près de Barcelone. Abbaye bénédictine, lieu de pèlerinage. Le prénom féminin *Montserrat* se réfère à la vierge de Montserrat.

Monza ▪ Ville d'Italie (Lombardie). 120 200 habitants. Monuments anciens. Circuit automobile.

Moody's ▪ Agence de notation financière créée en 1909 par John Moody.

Thomas **Moore** ▪ Poète irlandais (1779-1852). *Lalla Rookh*.

Georges Augustus **Moore** ▪ Écrivain irlandais (1852-1933). Poèmes, romans, essais sur des sujets religieux, autobiographie.

Henry **Moore** ▪ Sculpteur et dessinateur britannique (1898-1986). Créateur de formes puissantes et inventives.

Michael **Moore** ▪ Réalisateur américain (né en 1954). Critique des politiques capitalistes et de la société américaine. *Bowling for Columbine ; Fahrenheit 9/11.*

Moorea ▪ Île volcanique de Polynésie française, dans les *îles du Vent,* à l'ouest de Tahiti.

Guy **Môquet** ▪ Militant communiste français (1924-1941). Fusillé par les Allemands, il devint l'un des symboles de la Résistance française.

Evo **Morales** ▪ Homme d'État bolivien (né en 1959). Leader syndicaliste et progressiste, président de la République de Bolivie de 2005 à 2019 (premier président amérindien du pays).

Paul **Morand** ▪ Écrivain français (1888-1976). Cosmopolite, conservateur, observateur lucide, il publia des romans et récits de voyage écrits dans un style brillant : *L'Europe galante.*

Giorgio **Morandi** ▪ Peintre italien (1890-1964). Natures mortes.

Elsa **Morante** ▪ Écrivaine italienne (1912-1985). *La Storia.*

Alberto **Moravia** ▪ Écrivain italien (1907-1990). Romans d'un pessimisme critique et d'un style dépouillé *(La Belle Romaine ; L'Ennui ; Le Mépris).*

la **Moravie** ▪ Région de la République tchèque. 26 094 km². 2,3 millions d'habitants. Villes principales : Brno, Ostrava.

le **Morbihan** [56] ▪ Département français de la Région Bretagne. 6 763 km². 764 161 habitants. Chef-lieu : Vannes. Chefs-lieux d'arrondissement : Lorient, Pontivy. ► le golfe du **Morbihan** Golfe de Bretagne, presque fermé, parsemé de nombreuses îles. Sur ses bords se trouvent Auray et Vannes.

la **Mordovie** ▪ République autonome de Russie. 26 200 km². 790 000 habitants. Capitale : Saransk.

saint Thomas **More** ▪ Humaniste et chancelier anglais (1478-1535). *L'Utopie.*

Jean Victor **Moreau** ▪ Général français (1763-1813). Rival de Napoléon.

Gustave **Moreau** ▪ Peintre symboliste français (1826-1898).

Jeanne **Moreau** ▪ Actrice française (1928-2017). Nombreux films avec de grands metteurs en scène (Louis Malle, Truffaut, Welles, Losey...). Chansons.

Pierre **Morency** ▪ Poète et auteur dramatique canadien d'expression française (né en 1942). *L'Œil américain.*

Lucie Marguerite Monceau, dite Marguerite **Moreno** ▪ Actrice française de théâtre (*La Folle de Chaillot,* de Giraudoux) et de cinéma (1871-1948). Elle fut l'amie de Colette.

Jacob Levy **Moreno** ▪ Psychosociologue américain d'origine roumaine (1892-1974).

Roland **Moreno** ▪ Ingénieur français (1945-2012). Il inventa la carte à puce en 1975.

Louis **Moreri** ▪ Érudit français (1643-1680). Auteur du *Grand Dictionnaire historique* qui porte son nom.

Giovanni, dit Nanni **Moretti** ▪ Cinéaste, scénariste et acteur italien (né en 1953). Comédies ironiques de critique sociale. *Journal intime ; Le Caïman ; Habemus Papam.*

Lewis Henry **Morgan** ▪ Ethnologue américain (1818-1881). L'un des créateurs de l'anthropologie.

John Pierpont **Morgan** ▪ Financier et industriel américain (1837-1913). Fils de financier, il fonda le trust de l'acier. ► Son fils John Pierpont **Morgan** (1867-1943) dirigea la firme et la banque Morgan. Le premier fut un grand collectionneur d'œuvres d'art, le second soutint l'effort de guerre des Alliés en 1914-1918.

Thomas Hunt **Morgan** ▪ Généticien américain (1866-1945). Fondateur de la génétique moderne.

Simone Roussel, dite Michèle **Morgan** ▪ Actrice française de cinéma (1920-2016). *Le Quai des Brumes* (Carné et Prévert) ; *Remorques* (Grémillon).

la fée **Morgane** ▪ Personnage des légendes celtiques, fée bienveillante.

Oskar **Morgenstern** ▪ Économiste américain d'origine autrichienne (1902-1977). Théorie des comportements économiques (avec J. von Neumann).

Edgar **Morin** ▪ Sociologue et essayiste français (né en 1921). Philosophie anthropologique. Méthodologie.

Berthe **Morisot** ▪ Peintre impressionniste française (1841-1895).

Morlaix ▪ Chef-lieu d'arrondissement du Finistère. 14 709 habitants.

Edward Williams **Morley** ▪ Physicien américain (1838-1923). → **Michelson**

Charles duc de **Morny** ▪ Demi-frère de Napoléon III (1811-1865). Il joua un grand rôle sous le Second Empire.

Moroni ▪ Capitale des Comores. 25 000 habitants.

Morphée ▪ mythol. grecque Dieu des Songes.

Ennio **Morricone** ▪ Compositeur italien de musique de film (1928-2020). *Il était une fois dans l'Ouest ; Il était une fois en Amérique.*

William **Morris** ▪ Écrivain, peintre, décorateur, théoricien politique anglais (1834-1896). Il tenta de créer un nouvel artisanat créatif.

Maurice de Bévère, dit **Morris** ▪ Dessinateur belge de bandes dessinées (1923-2001). Créateur du personnage de Lucky Luke.

Toni **Morrison** ▪ Romancière américaine (1931-2019). Romans sur Harlem et la communauté noire. Son œuvre constitue une quête de l'identité noire américaine, entre l'histoire (l'exil et l'esclavage) et la réalité sociale contemporaine. *Beloved ; Jazz ; Un don*. Prix Nobel 1993.

James Douglas, dit Jim **Morrison** ▪ Auteur et interprète américain de rock (1943-1971). Cofondateur du groupe *The Doors* en 1965, mort d'overdose, il est une des figures des années 1960.

Morsang-sur-Orge ▪ Ville de l'Essonne. 20 149 habitants.

Samuel **Morse** ▪ Physicien américain (1791-1872). Il réalisa un télégraphe électrique et conçut l'alphabet de signaux qui porte son nom.

Mort à crédit ▪ Roman de Louis-Ferdinand Céline (1936).

Mortagne-au-Perche ▪ Chef-lieu d'arrondissement de l'Orne. 3 758 habitants.

La **Mort à Venise** ▪ Nouvelle de Thomas Mann (1912), adaptée au cinéma par Luchino Visconti (1971).

la mer **Morte** ▪ Mer intérieure à l'eau très salée, située entre Israël et la Jordanie. ► les manuscrits de la mer **Morte** → **Qumrān.**

Morteau ▪ Commune du Jura, dans le Doubs. 6 851 habitants. Saucisses fumées.

Ferdinand Lamothe, dit Jelly Roll **Morton** ▪ Pianiste et compositeur américain de ragtime et de jazz (1885-1941). Il enregistra à Chicago, à partir de 1925.

le **Morvan** ▪ Région montagneuse proche de la Bourgogne.

Morzine ▪ Commune de la Haute-Savoie. 2 690 habitants. Station de sports d'hiver.

Moscou ▪ Capitale de la Russie sur la Moskova. 11,5 millions d'habitants. Kremlin, cathédrale Basile-le-Bienheureux, place Rouge.

la **Moselle** ▪ Rivière, affluent du Rhin. 550 km. ► la **Moselle** [57]. Département français de la Région Grand Est. 6 216 km^2. 1,05 million d'habitants. Chef-lieu : Metz. Chefs-lieux d'arrondissement : Forbach, Sarrebourg, Sarreguemines, Thionville.

la **Moskova** ▪ Rivière de Russie, qui traverse Moscou. 473 km.

le **Mossad** (hébreu «institution») ▪ Organisation israélienne de renseignements et d'expéditions spéciales, fondée en 1951 par Ben Gourion.

Muḥammad **Mossadegh** ▪ Homme d'État iranien (1882-1967).

les **Mossis** ▪ Peuple du Burkina Faso.

Mossoul ▪ Ville d'Irak. 1,1 million d'habitants.

Mostaganem ▪ Ville et port d'Algérie. 144 100 habitants.

Mostar ▪ Ville de Bosnie. 65 300 habitants. Célèbre pont, détruit par l'artillerie croate (1993), reconstruit en 2004.

Robert **Motherwell** ▪ Peintre américain (1915-1991). Art abstrait.

Les **Mots** ▪ Récit autobiographique de Jean-Paul Sartre (1964).

Les **Mots et les Choses** ▪ Ouvrage de Michel Foucault (1966).

Hosnī **Moubarak** ▪ Homme d'État égyptien (1928-2020). Président de la République égyptienne de 1981 à 2011, il fut renversé par une révolution populaire.

La **Mouette** ▪ Pièce d'Anton Tchekhov (1896).

Mougins ▪ Commune des Alpes-Maritimes, près de Cannes. 20 180 habitants.

Moukden ou **Mukden** ▪ Anc. nom de la ville chinoise de Shenyang (province de Liaoning). Bataille de la guerre russo-japonaise, en février-mars 1905. En 1931, un incident y servit de prétexte à l'invasion de la Mandchourie par le Japon.

Le **Moule** ▪ Ville de la Guadeloupe, sur la côte atlantique de l'île de Grande-Terre. 22 230 habitants.

Jean **Moulin** ▪ Héros de la Résistance française (1899-1943). Président du Conseil national de la Résistance, il fut livré aux nazis et torturé à mort.

le **Moulin de la Galette** ▪ Ancien moulin de Montmartre, nom d'un bal rendu célèbre par les peintres impressionnistes.

le **Moulin-Rouge** ▪ Bal et spectacle parisien de Montmartre (place Blanche), créé en 1888. Lieu de naissance du french cancan.

Moulins ▪ Chef-lieu de l'Allier. 19 444 habitants. Cathédrale (triptyque du Maître de Moulins).

Jean Sully Mounet, dit **Mounet-Sully** ▪ Acteur français (1841-1916).

Emmanuel **Mounier** ▪ Philosophe français (1905-1950). Doctrine de socialisme chrétien, appelée «personnalisme». Fondateur de la revue *Esprit*.

lord **Mountbatten** of Burma ▪ Amiral britannique, dernier vice-roi de l'Inde (1900-1979).

Mourmansk ▪ Port de Russie, au-delà du cercle polaire. 307 200 habitants.

Mouscron ▪ Ville de Belgique (Hainaut). 58 767 habitants.

Modest Petrovitch **Moussorgski** ▪ Compositeur russe (1839-1881). Autodidacte, il créa une œuvre puissante, expressive : mélodies, chœurs, pièces pour piano (dont *Tableaux d'une exposition*, orchestrés plus tard par Ravel), œuvres symphoniques. Son opéra *Boris Godounov* (1874) est exceptionnel par son lyrisme et sa puissance dramatique.

la **Movida** ▪ Mouvement culturel festif et contestataire apparu en Espagne, d'abord à Madrid, au début des années 1980, illustrant le renouveau démocratique du pays.

le **Mozambique** ▪ État de l'Afrique de l'Est. 799 380 km². 27,9 millions d'habitants. Capitale : Maputo.

Wolfgang Amadeus **Mozart** ▪ Compositeur allemand (1756-1791). Auteur d'opéras *(Les Noces de Figaro ; Don Giovanni ; La Flûte enchantée)*, symphonies, concertos, sonates, quatuors, musique sacrée *(Requiem)*. Les sommets de son œuvre, abondante dès son très jeune âge, en font l'un des plus grands musiciens européens.

Mozi ou **Mo-tseu** ▪ Philosophe chinois (v. 468-v. 381 avant J.-C.). Doctrine sociale opposée à celle de Confucius.

le **Mucem** ▪ Musée des civilisations de l'Europe et de la Méditerranée, situé à Marseille.

Alfons **Mucha** ▪ Peintre et affichiste tchèque (1850-1939). Un des plus grands représentants du style 1900 (« Art nouveau »), au graphisme sinueux et au sens ornemental intense.

Mucius Scaevola ▪ Héros légendaire romain (VIe s. avant J.-C.).

Robert Gabriel **Mugabe** ▪ Homme politique du Zimbabwe (1924-2019). Président de la République de 1987 à 2017.

Muḥammad Rizā Chāh ▪ Chah d'Iran (1919-1980). Il succéda à son père Rizā Chāh en 1941 ; il pratiqua une politique autoritaire et répressive, et fut renversé en 1978.

Mukden → **Moukden**

Mulhouse ▪ Chef-lieu d'arrondissement du Haut-Rhin, sur l'Ill. 108 038 habitants.

Friedrich Max, dit Max **Müller** ▪ Linguiste et mythologue allemand établi en Angleterre (1823-1900). Étude des religions de l'Inde.

Heiner **Müller** ▪ Écrivain allemand (1929-1995). Pièces de théâtre dans la lignée de Brecht. Essais.

Herta **Müller** ▪ Écrivaine allemande d'origine roumaine (née en 1953). Ses œuvres dénoncent l'injustice et l'oppression. *Le renard était déjà le chasseur.* Prix Nobel 2009.

Gerald Joseph, dit Gerry **Mulligan** ▪ Saxophoniste et chef d'orchestre américain de jazz (1927-1996). Il joua avec Miles Davis, forma un quartette avec Chet Baker (1952).

Brian **Mulroney** ▪ Homme d'État canadien (né en 1939). Premier ministre (conservateur) de 1984 à 1993.

Multan ▪ Ville du Pakistan. 1,8 million d'habitants.

Mumbai → **Bombay**

Edvard **Munch** [mɔ̃k] ▪ Peintre norvégien (1863-1944). Dans des compositions simplifiées aux couleurs intenses, il fut l'un des grands représentants de l'expressionnisme. Son tableau le plus célèbre, *Le Cri* (1893), résume la puissance symbolique et tragique de son art.

Charles **Munch** ▪ Chef d'orchestre français (1891-1968).

Karl Friedrich Hieronymus, baron von **Münchhausen** ▪ Officier allemand (1720-1797). Connu par le récit de ses aventures fantastiques.

Karl **Münchinger** ▪ Chef d'orchestre allemand (1915-1980). L'un des premiers à se spécialiser dans la musique baroque (Bach, Vivaldi).

Munich, en allemand *München* ▪ Ville d'Allemagne (Bavière). 1,45 million d'habitants. Ville d'art (monuments baroques). ► **les accords de Munich** signés entre la France, le Royaume-Uni, l'Italie et l'Allemagne permirent à Hitler d'annexer les Sudètes (1938).

Alice **Munro** ▪ Écrivaine canadienne d'expression anglaise (1931-2024). Surtout connue pour ses nouvelles. Les femmes sont au centre de son œuvre. *L'Amour d'une honnête femme.* Prix Nobel 2013.

Munster ▪ Province du sud de l'Irlande. 1 340 000 habitants. Capitale : Cork.

Münster ▪ Ville d'Allemagne (Rhénanie-du-Nord-Westphalie). 280 000 habitants.

Thomas **Münzer** ▪ Réformateur religieux allemand (1489-1525). Chef anabaptiste de la révolte des paysans.

la Grande **Muraille de Chine** ▪ Muraille élevée aux IVe et IIIe s. avant J.-C. entre la Chine et la Mongolie. Environ 6 700 km.

Haruki **Murakami** ▪ Écrivain japonais (né en 1949). Auteur de récits où des éléments fantastiques s'intègrent à la normalité. Familier de la culture occidentale, il fut également traducteur. *La Course au mouton sauvage ; Kafka sur le rivage ; 1Q84.*

Takashi **Murakami** ▪ Peintre japonais (né en 1962). Immenses toiles aux couleurs acidulées créant un univers pop.

Murano ▪ Ville dans une île de la lagune de Venise. Verrerie depuis le XIIIe s.

Shikibu **Murasaki** ▪ Romancière japonaise (v. 978-v. 1015). Auteur du *Genji monogatari.*

Murat ▪ Nom de plusieurs sultans ottomans. ► **Murat Ier** (v. 1319-1389) fonda le corps des janissaires.

Joachim **Murat** ▪ Époux de Caroline Bonaparte, maréchal d'Empire, roi de Naples (1767-1815).

Murcie, en espagnol *Murcia* ▪ Ville du sud-est de l'Espagne. 437 667 habitants. Cathédrale gothique. Capitale de la communauté autonome de Murcie. 11 317 km². 1 462 125 habitants.

Iris **Murdoch** ▪ Romancière britannique (1919-1999). Récits philosophiques et policiers.

Les **Mureaux** ■ Ville des Yvelines. 33 543 habitants. Construction aéronautique.

Muret ■ Chef-lieu d'arrondissement de la Haute-Garonne. 24 762 habitants.

Henri **Murger** ■ Écrivain français (1822-1861). *Les Scènes de la vie de bohème.*

Bartolomé Esteban **Murillo** ■ Peintre espagnol (1618-1682). Son style tendre et fluide, original dans l'école espagnole, est au service de la foi et de l'enfance, niant les aspects pénibles de la réalité (images sentimentales de jeunes mendiants).

Friedrich Wilhelm Plumpe, dit F. W. **Murnau** ■ Cinéaste allemand, puis américain (1889-1931).Œuvre expressionniste et baroque *(Nosferatu le vampire, le Dernier des hommes, Faust),* couronnée par un drame lyrique, *L'Aurore,* tourné aux États-Unis (1927). Il réalisa encore à Tahiti *Tabou,* avec R. Flaherty.

le **Murray** ■ Fleuve du sud-est de l'Australie. 2 508 km.

Mururoa ■ Atoll de l'archipel de Tuamotu. Base française d'essais nucléaires.

le **musée des Arts décoratifs** → **Arts décoratifs** (le musée des)

le **musée national d'Art moderne** → **Art moderne** (le musée national d')

les **Muses** ■ mythol. grecque Les neuf filles de Zeus et de Mnémosyne, divinités des chants et des sciences : Calliope, Clio, Érato, Euterpe, Melpomène, Polymnie, Terpsichore, Thalie, Uranie.

Muséum national d'histoire naturelle ■ Établissement scientifique français, fondé à Paris en 1793, succédant au Jardin royal dit Jardin des plantes.

Museum of Modern Art *(MOMA)* ■ Musée d'art moderne de la ville de New York, créé en 1929. D'importants travaux de rénovation ont doublé la surface du musée (nov. 2004).

Robert **Musil** ■ Romancier autrichien (1880-1942). Son œuvre témoigne à la fois d'un profond pouvoir critique de la société et d'une authenticité psychologique intense, de l'émotion à l'ironie. *Les Désarrois de l'élève Törless ; L'Homme sans qualités,* œuvre majeure inachevée, fut redécouverte après sa mort.

Alfred de **Musset** ■ Écrivain romantique français (1810-1857). Auteur de pièces de théâtre *(Lorenzaccio ; On ne badine pas avec l'amour),* de poèmes *(Les Nuits),* d'un roman *(La Confession d'un enfant du siècle).* Son œuvre lyrique a vieilli, mais Musset dramaturge et Musset prosateur sont parmi les plus grands du romantisme français.

Guillaume **Musso** ■ Écrivain français (né en 1974). Romans à suspense. *L'Appel de l'ange ; Central Park.*

Benito **Mussolini** ■ Homme d'État italien, le fondateur du fascisme (1883-1945). Au pouvoir après 1922, le *Duce* s'engagea aux côtés d'Hitler durant la Seconde Guerre mondiale.

Mustafa Kemal, dit **Atatürk** ■ Fondateur de la Turquie moderne et président de la République de 1923 à sa mort (1881-1938).

Mutzig ■ Commune du Bas-Rhin. 6 083 habitants. Brasserie.

Edward James Muggeridge, dit Eadweard **Muybridge** ■ Photographe américain d'origine britannique (1830-1904). Inventeur d'un «fusil photographique», il analysa les mouvements par la photo, comme Marey*.

l'Union de **Myanmar** → **Birmanie**

Mycènes ■ Ancienne ville de Grèce (Péloponnèse). Foyer de la première civilisation hellénique, dite *mycénienne.*

Mykérinos ■ Pharaon de la IVᵉ dynastie égyptienne (v. 2609 avant J.-C.). Fils de Khéphren*, il fit construire à Gizeh la moins élevée des trois pyramides.

Mykonos ou **Míkonos** ■ Île grecque de la mer Égée (Cyclades).

les **Myrmidons** ■ Ancien peuple de Thessalie.

Myron ■ Sculpteur grec de l'Antiquité (vᵉ s. avant J.-C.). Auteur du célèbre *Discobole.*

Mysore ■ Ville d'Inde, dans le Karnataka. 990 000 habitants. Elle a donné son nom à un État princier de l'Inde du Sud, qui est devenu le Karnataka*.

Les **Mystères de Paris** ■ Roman d'Eugène Sue (1842-1843).

Le **Mythe de Sisyphe** ■ Essai d'Albert Camus (1942).

Mytilène → **Lesbos**

le **Mzab** ■ Région du nord du Sahara algérien, autour de Ghardaïa. Les Mzabites émigrent souvent dans les villes d'Algérie pour exercer un commerce. Architecture remarquable.

N

les **Nabis** n. m. pl. (hébreu « prophètes ») ▪ Groupe de peintres formé en 1888 autour de Maurice Denis, sous l'influence de Van Gogh et de Gauguin.

Vladimir **Nabokov** ▪ Écrivain américain d'origine russe (1899-1977). D'abord en russe, puis en anglais, il construisit son œuvre sur l'illusion, la parodie, la dérision et l'ironie scandaleuse. *Lolita ; Feu pâle.*

Nabonide ▪ Dernier roi de Babylone (VIe s. avant J.-C.) fait prisonnier par Cyrus.

Nabucco ▪ Opéra de Verdi (1842).

Nabuchodonosor II ▪ Roi de Babylone de 605 à 562 avant J.-C. Il prit Jérusalem et déporta le peuple juif à Babylone.

James **Nachtwey** ▪ Photographe américain (né en 1948). Photos de nombreux conflits et des tours jumelles à New York le 11 septembre 2001.

Rafael **Nadal** ▪ Joueur de tennis espagnol (né en 1986). Spécialiste de la terre battue, 14 fois vainqueur du tournoi de Roland-Garros.

Félix Tournachon, dit **Nadar** ▪ Photographe français (1820-1910). Il publia dans son *Panthéon Nadar* les photos de ses contemporains célèbres. Il effectua des ascensions dans son ballon *Le Géant*, prenant les premiers clichés aériens.

Ralph **Nader** ▪ Avocat américain (né en 1934). Il se consacra à la défense des consommateurs, contre les abus des industries et de la publicité.

Nadja ▪ Récit d'André Breton (1928).

le **Nadjd** → **Nedjd**

Nagano ▪ Ville du Japon (Honshū), dans les montagnes. 378 500 habitants. Sports d'hiver.

Nagasaki ▪ Ville du Japon (Kyūshū) sur laquelle les Américains lancèrent, en août 1945, la seconde bombe atomique. 442 700 habitants.

Nagoya ▪ Port du Japon, dans l'île de Honshū. 2,2 millions d'habitants.

Nagpur ▪ Ville d'Inde (Maharashtra). 2,1 millions d'habitants.

Imre **Nagy** ▪ Homme politique hongrois (1896-1958). Au pouvoir après les émeutes de 1956, il fut exécuté par le régime de Kádár.

sir Vidiadhar Surajprasad **Naipaul** ▪ Écrivain anglais d'origine indienne (1932 à Trinité-et-Tobago-2018). Auteur de nombreux récits de voyage, où il critique les traditions de l'Inde, de reportages, d'essais et surtout de romans *(Mr. Stone ; À la courbe du fleuve)* d'un grand pessimisme politique. Prix Nobel 2001.

Nairobi ▪ Capitale du Kenya. 4,4 millions d'habitants.

La **Naissance de Vénus** ▪ Tableau de Botticelli (1485).

Najaf ou **Nedjef** ▪ Ville d'Irak. 180 000 habitants. Centre de pèlerinage chiite.

le **Nakhitchevan** ▪ République d'Azerbaïdjan, enclavée en Arménie. 5 500 km^2. 300 000 habitants. Capitale : Nakhitchevan.

le désert du **Namib** ▪ Région côtière aride de la Namibie.

la **Namibie** ▪ État d'Afrique australe. 824 268 km^2. 4 millions d'habitants. Capitale : Windhoek.

Namur ▪ Ville de Belgique. 111 432 habitants. ► la province de **Namur.** Province de Belgique. 3 666 km^2. 495 832 habitants. Chef-lieu : Namur.

Nana ▪ Roman de Zola (1880).

Nanchang ▪ Ville de Chine (Jiangxi). 1,7 million d'habitants.

Nancy ▪ Chef-lieu de Meurthe-et-Moselle. 104 403 habitants. Nombreuses œuvres architecturales du XVIIIe s. (places Stanislas et de la Carrière). ► l'école de **Nancy,** fondée par Gallé à la fin du XIXe s. pour renouveler les arts décoratifs.

Nankin, en chinois *Nanjing* ▪ Ville de Chine. 5,8 millions d'habitants. Port sur le Chang jiang.

Fridtjof **Nansen** ▪ Explorateur et homme politique norvégien (1861-1930).

Nanterre ▪ Chef-lieu des Hauts-de-Seine. 95 782 habitants. Université.

Nantes ▪ Chef-lieu de la Loire-Atlantique et de la Région Pays de la Loire. 320 732 habitants. Château gothique et Renaissance. ► l'édit de

Nantes, accordant la liberté de culte aux protestants, fut signé par Henri IV en 1598 et révoqué par Louis XIV en 1685.

Nantua ▪ Chef-lieu d'arrondissement de l'Ain. 3 453 habitants.

Nantucket ▪ Île des États-Unis (Massachusetts), au sud-est du cap Cod. Ancien centre de pêche à la baleine.

John **Napier** ou **Neper** ▪ Mathématicien écossais (1550-1617). Il découvrit les logarithmes.

Naples, en italien *Napoli* ▪ Ville d'Italie (Campanie), au pied du Vésuve. 1 million d'habitants. Édifices civils et religieux médiévaux et baroques.

Naplouse ou **Nābulus** ▪ Ville de Cisjordanie. 126 000 habitants.

Napoléon Ier ▪ (1769-1821) Napoléon Bonaparte, empereur des Français de 1804 à 1815. Brillant conquérant de l'Italie, il s'empara du pouvoir lors du coup d'État du 18 brumaire (1799). Vaincu par l'Europe coalisée (1814), forcé d'abdiquer, il réussit à reprendre le pouvoir en 1815 (→ **Cent-Jours**), mais fut définitivement vaincu à Waterloo et déporté à Sainte-Hélène. ► **Napoléon II,** son fils, roi de Rome, duc de Reichstadt, ne régna pas (1811-1832).

Napoléon III ▪ (1808-1873) Louis Napoléon Bonaparte, empereur des Français de 1852 à 1870. Neveu de Napoléon Ier. Président de la IIe République (1848) puis empereur après le coup d'État du 2 décembre 1851 (→ second **Empire**). Déchu après la défaite de Sedan face à la Prusse.

Nara ▪ Ville du Japon (Honshū). 370 100 habitants. Capitale du Japon au VIIIe s. Temples.

la **Narbonnaise** ▪ Province de la Gaule romaine, formée en 27 avant J.-C. par Auguste et englobant la Provincia (Provence).

Narbonne ▪ Chef-lieu d'arrondissement de l'Aude. 56 123 habitants. Cathédrale gothique (inachevée).

Narcisse ▪ mythol. grecque Jeune homme amoureux de son image, reflétée dans l'eau.

Narita ▪ Ville du Japon (Honshū). 100 700 habitants. Aéroport de Tokyo.

Naruhito ▪ Empereur du Japon depuis 2019 (né en 1960).

Narvik ▪ Ville et port du nord-ouest de la Norvège. 14 000 habitants. Exportation du minerai de fer suédois. Envahie par les troupes allemandes en avril 1940 (bataille de Narvik).

la **NASA** *(National Aeronautics and Space Administration)* ▪ Agence gouvernementale américaine pour la recherche spatiale et aéronautique, fondée en 1958.

le **Nasdaq** ▪ Indice boursier du marché électronique des valeurs aux États-Unis, créé en 1971.

John **Nash** ▪ Mathématicien américain (1928-2015). Sa théorie des «jeux non coopératifs» trouva des applications dans le domaine de l'analyse microéconomique. Prix Nobel 1994.

Nashville ▪ Ville des États-Unis (Tennessee). 601 200 habitants. Studios d'enregistrement de musique (country...).

Nassau ▪ Capitale des Bahamas. 246 329 habitants.

Gamal Abdel **Nasser** ▪ Homme d'État égyptien (1918-1970). Président de la République égyptienne de 1954 à sa mort. Champion de l'unité arabe.

Yves **Nat** ▪ Pianiste français (1890-1956).

le **Natal** ▪ Région d'Afrique du Sud comprise dans la province du Kwazulu-Natal.

Natal ▪ Port du Brésil (Rio Grande do Norte). 804 000 habitants.

les **Natchez** ▪ Ancienne tribu d'Indiens d'Amérique du Nord. Chateaubriand leur a consacré un récit.

Nathan ▪ Prophète de la Bible, conseiller de David.

la **National Gallery** ▪ Le plus grand musée de peinture de Londres, fondé en 1824.

la **National Gallery of Art** ▪ Musée de Washington (1941). Pei a construit un nouveau bâtiment pour l'art contemporain (1978).

Jean-Marc **Nattier** ▪ Peintre français (1685-1766). Portraits.

Charles **Naudin** ▪ Botaniste français (1815-1899). Précurseur de la génétique.

Nauplie ▪ Ville de Grèce (Péloponnèse), port d'Argos. 13 000 habitants.

Nauru ▪ Île et État de Micronésie. 22 km². 13 000 habitants. Capitale : Yaren.

La **Nausée** ▪ Roman de Sartre (1938).

les **Navajos** ▪ Indiens des États-Unis.

Navarin ▪ Ancien nom de Pylos, ville et port de Grèce. Une bataille navale près de Navarin opposa en 1827 la flotte de la Triple Alliance (Grande-Bretagne, France, Russie) aux Turco-Égyptiens, qui furent battus.

la **Navarre,** en espagnol *Navarra* ▪ Communauté autonome d'Espagne. 10 421 km². 640 125 habitants. Capitale : Pampelune. Le royaume de Navarre fut annexé à l'Espagne (1515), sauf la *Basse-Navarre* rattachée à la France par Henri IV.

Las **Navas de Tolosa** ▪ Hameau dans le nord de l'Espagne où les rois chrétiens (Aragon, Castille, León et Navarre) battirent les musulmans, en 1212. Début de la «reconquista».

Naxos ▪ Île grecque, la plus grande des Cyclades. 428 km². 18 000 habitants.

Nay Pyi Taw ou **Naypyidaw** ▪ Capitale politique de la Birmanie depuis 2006. 1 million d'habitants. Située à 350 km au nord de Rangoun.

Nazaré ■ Ville et port du Portugal. 15 100 habitants. Pêche artisanale. Tourisme.

Nazareth ■ Ville d'Israël, en Galilée. 64 800 habitants. D'après les Évangiles, Jésus y passa son enfance.

NBC *(National Broadcasting Company)* ■ Réseau de télévision des États-Unis, en concurrence avec trois autres grands réseaux.

Marie **NDiaye** ■ Écrivaine française (née en 1967). Œuvre à la construction très maîtrisée, aux frontières du réel et du fantastique. Elle explore les questions de la famille, de la cruauté, de la pauvreté, du sentiment d'être étranger. *Rosie Carpe ; Trois femmes puissantes.*

N'Djamena ou **N'Djaména,** anciennement *Fort-Lamy* ■ Capitale du Tchad, sur le Chari. 820 000 habitants.

l'homme de **Neandertal** ou **Néanderthal** ■ Squelette découvert en 1856 en Allemagne, datant du paléolithique et représentant un type d'hominidé.

le **Nebraska** ■ État du centre des États-Unis. 200 018 km^2. 1,8 million d'habitants. Capitale : Lincoln.

le **Neckar** ■ Fleuve d'Allemagne, affluent du Rhin. 370 km.

Jacques **Necker** ■ Banquier genevois, ministre de Louis XVI à la veille de la Révolution (1732-1804).

Nectanébo ■ Nom de deux pharaons égyptiens (XXXe dynastie, IVe s. avant J.-C.).

le **Nedjd** ou **Nadjd** ■ Vaste plateau désertique d'Arabie saoudite.

Nedjef → **Najaf**

Joseph **Needham** ■ Sinologue britannique (1900-1995). Histoire des sciences et des techniques en Chine.

Louis **Néel** ■ Physicien français (1904-2000). Étude du ferromagnétisme.

Néfertari ■ Reine d'Égypte (XIIIe s. avant J.-C.). Épouse de Ramsès II.

Néfertiti ■ Reine d'Égypte (XIVe s. avant J.-C.). Épouse d'Aménophis IV.

le río **Negro** ■ Fleuve d'Amérique du Sud, affluent de l'Amazone. 2 200 km.

le **Néguev** ■ Région désertique du sud d'Israël.

Jawaharlal **Nehru** ■ Homme d'État indien (1889-1964). Premier ministre de l'Inde de 1947 à sa mort.

le crêt de la **Neige** ■ Point culminant du Jura. 1 720 m.

la **Neisse** de Lusace ■ Rivière d'Europe centrale, affluent de l'Oder. 256 km.

Nikolaï Alekseïévitch **Nekrassov** ■ Journaliste et poète russe (1821-1877). Critique sociale ; poésie populaire.

Viktor Platonovitch **Nekrassov** ■ Écrivain russe (1911-1987). Romans de guerre et de déportation. Reportages. Il s'exila d'URSS en 1974.

Horatio **Nelson** ■ Amiral anglais qui vainquit les Français à Aboukir et à Trafalgar, où il fut tué (1758-1805).

Nelson Mandela Bay, anciennement *Port Elizabeth* ■ Ville et port d'Afrique du Sud. 652 000 habitants.

Némée ■ Localité de Grèce (Argolide). Dans la légende, Hercule en débarrasse un terrible lion. Des jeux s'y célébrèrent à partir du VIe s. avant J.-C. *(jeux néméens).*

Némésis ■ mythol. grecque Déesse de la Vengeance.

Nemours ■ Ville de Seine-et-Marne, sur le Loing. 12 966 habitants. Musée de préhistoire.

Louis Charles Philippe d'Orléans, duc de **Nemours** ■ Prince français (1814-1896), fils de Louis-Philippe.

Nemrod ■ Bible Roi de Babel et fondateur de Ninive. Grand chasseur.

Pietro **Nenni** ■ Homme politique (socialiste) italien (1891-1980).

NEP (russe «nouvelle politique économique») ■ Période de semi-socialisme, laissant place à l'économie privée, après le «communisme de guerre», instaurée par Lénine (1921), puis dénoncée par Trotski et Staline (1928).

la république fédérale du **Népal** ■ État d'Asie, entre la Chine et l'Inde. 147 200 km^2. 29,3 millions d'habitants. Capitale : Katmandou.

John **Neper** → **Napier**

Neptune ■ mythol. romaine Dieu de la Mer, le *Poséidon* des Grecs. ► **Neptune.** Planète du système solaire. Diamètre : 50 000 km.

Nérac ■ Chef-lieu d'arrondissement de Lot-et-Garonne. 6 854 habitants.

les **Néréides** ■ mythol. grecque Divinités marines, filles du dieu Nérée (Amphitrite, Thétis, Galatée, etc.).

Walther **Nernst** ■ Physicien et chimiste allemand (1864-1941). Inventeur d'une lampe à incandescence. Étude des très basses températures.

Néron ■ Empereur romain, symbole du tyran fou et sanguinaire (37-68).

Ricardo Neftalí Reyes, dit Pablo **Neruda** ■ Poète chilien (1904-1973). Son œuvre lyrique et puissante célèbre la terre vierge, l'amour et la révolution. *Le Chant général* évoque l'Amérique d'avant la conquête espagnole. Prix Nobel 1971.

Gérard Labrunie, dit Gérard de **Nerval** ■ Écrivain français (1808-1855). Mêlant le rêve et la vie, son œuvre en prose et en vers révèle un univers hanté par le passé et marqué par la folie. *Aurélia ; Les Filles du feu ; Voyage en Orient.*

Pier Luigi **Nervi** ▪ Ingénieur et architecte italien (1891-1979).

tour de **Nesle** [nɛl] ▪ Ancienne défense de l'enceinte de Philippe Auguste, à Paris.

le loch («lac») **Ness** ▪ Lac d'Écosse, près d'Inverness. Légende de Nessie, le monstre du loch Ness.

Nessos ou **Nessus** ▪ mythol. grecque Centaure tué par Héraclès.

Nestor ▪ Roi légendaire de Pylos.

Nestorius ▪ Hérésiarque chrétien (v. 380-451), condamné au concile d'Éphèse.

Benyamin **Nétanyahou** ▪ Homme politique israélien (né en 1949). Dirigeant du Likoud, Premier ministre de 1996 à 1999, puis de 2009 à 2021 et depuis 2022. Mis en examen pour corruption en 2019.

Neuchâtel ▪ Ville de Suisse sur le *lac de Neuchâtel*. 33 772 habitants (zone urbaine 77 800). ► le canton de **Neuchâtel.** 803 km². 178 567 habitants. Chef-lieu : Neuchâtel.

Neufchâteau ▪ Chef-lieu d'arrondissement des Vosges. 6 644 habitants.

Neuilly-Plaisance ▪ Commune de la Seine-Saint-Denis. 20 934 habitants.

Neuilly-sur-Marne ▪ Ville de la Seine-Saint-Denis. 36 535 habitants.

Neuilly-sur-Seine ▪ Commune des Hauts-de-Seine. 59 388 habitants. ► le traité de **Neuilly** fut signé le 27 nov. 1919 entre les Alliés et la Bulgarie. Celle-ci cédait des territoires à la Grèce, à la Roumanie et à la Yougoslavie, et devait réduire son armée.

Balthasar **Neumann** ▪ Architecte allemand du baroque (1687-1753).

Johannes, puis John von **Neumann** ▪ Mathématicien américain d'origine hongroise (1903-1957). Il établit les «Fondements mathématiques de la mécanique quantique» (titre ; 1932), participa à la création de la cybernétique et de la théorie des jeux (1944, avec O. Morgenstern).

la **Neustrie** ▪ Royaume mérovingien de l'est de la Gaule.

la **Néva** ▪ Fleuve de Russie qui traverse Saint-Pétersbourg. 74 km.

la sierra **Nevada** ▪ Chaîne montagneuse du sud de l'Espagne culminant au Mulhacén (3 482 m).

la sierra **Nevada** ▪ Chaîne montagneuse de l'ouest des États-Unis, culminant au mont Whitney (4 418 m).

le **Nevada** ▪ État de l'ouest des États-Unis. 286 299 km². 2 millions d'habitants. Capitale : Carson City.

Nevers ▪ Chef-lieu de la Nièvre. 32 284 habitants. Cathédrale médiévale. Palais ducal Renaissance.

Alexandre **Nevski** → **Alexandre Nevski**

Newcastle upon Tyne ▪ Ville d'Angleterre (Northumberland). 259 600 habitants.

le **New Deal** ▪ Politique de F. D. Roosevelt contre la crise de 1929 caractérisée par une intervention de l'État dans la vie économique et sociale.

New Delhi ▪ Partie moderne de l'agglomération de Delhi et capitale de l'Inde. 295 000 habitants.

le **New Hampshire** ▪ État du nord-est des États-Unis. 24 192 km². 1,23 million d'habitants. Capitale : Concord.

New Haven ▪ Ville des États-Unis (Connecticut). 130 000 habitants. Université Yale.

le **New Jersey** ▪ État de l'est des États-Unis. 21 300 km². 8,8 millions d'habitants. Capitale : Trenton.

John Henry **Newman** ▪ Théologien et cardinal anglais (1801-1890). Anglican converti au catholicisme.

Paul **Newman** ▪ Acteur américain (1925-2008). *La Chatte sur un toit brûlant ; Butch Cassidy et le Kid ; La Couleur de l'argent.*

New Mexico → **Nouveau-Mexique**

New Orleans → La **Nouvelle-Orléans**

Newport ▪ Ville du nord-est des États-Unis (Rhode Island). 27 000 habitants. Festival de jazz.

Newport News ▪ Ville et port des États-Unis (Virginie). 180 000 habitants. Chantiers navals.

New Tapei City ou **Nouveau Tapei** ▪ Ville de Taiwan qui entoure Taipei, la capitale, 3,9 millions d'habitants.

sir Isaac **Newton** ▪ Mathématicien, physicien et astronome anglais (1642-1727). Établissant fondements et méthodes de la physique moderne (avant les bouleversements du XXe s.), il découvrit la loi de l'attraction universelle (qu'il nomma *gravitation*). Ses nombreuses activités de théologien (il fut arianiste) et d'alchimiste ont été oubliées par la postérité, qui ne retint que ses découvertes mathématiques (les «fluxions»), physiques, chimiques et astronomiques.

Helmut **Newton** ▪ Photographe australien d'origine allemande (1920-2004). Il renouvela le style de la photo de mode.

New York ▪ Ville et port des États-Unis sur l'Atlantique. 8 millions d'habitants (agglomération 21,2 millions). ► l'État de **New York.** État du nord-est des États-Unis. 127 433 km². 19,4 millions d'habitants. Capitale : Albany. Ville principale : New York.

The **New York Times** ▪ Quotidien américain, fondé en 1851. A donné naissance à un groupe multimédia.

Michel **Ney** ▪ Maréchal de France (1769-1815). Il fut fusillé à la Restauration.

Ngorongoro ▪ Grand cratère du nord de la Tanzanie. Réserve d'animaux.

Nguyên ▪ Grande et ancienne famille du Viêtnam, qui unifia le pays et lui donna son nom en 1804.

Nguyên Du ▪ Poète vietnamien (1765-1820).

Nguyên Trai ▪ Homme politique et lettré vietnamien (1380-1442). Il contribua à élaborer la langue nationale.

le **Niagara** ▪ Cours d'eau entre le Canada et les États-Unis, coupé par les *chutes du Niagara* (hautes de 50 m). ► **Niagara Falls** («les chutes»). Ville des États-Unis (État de New York), à la frontière canadienne. 88 071 habitants. Tourisme.

Niamey ▪ Capitale du Niger. 1,3 million d'habitants.

les **Nibelungen** n. m. pl. ▪ mythol. germanique Nains habitant le monde souterrain.

le **Nicaragua** ▪ État d'Amérique centrale. 139 700 km². 5,6 millions d'habitants. Capitale : Managua.

Nice ▪ Chef-lieu des Alpes-Maritimes. 343 477 habitants. Station touristique. Un attentat djihadiste y fut commis le 14 juillet 2016.

Nicée, aujourd'hui *İznik* ▪ Ancienne ville d'Asie Mineure (Turquie). ► le premier concile de **Nicée** (325) condamna l'arianisme. ► le second concile de **Nicée** (787) condamna les iconoclastes.

Nicéphore ▪ Nom d'empereurs byzantins. ► **Nicéphore Ier le Logothète,** empereur de 802 à sa mort en 811. ► **Nicéphore II Phocas.** Conquérant, il agrandit l'empire. Empereur de 963 à son assassinat en 969.

William **Nicholson** ▪ Physicien anglais (1753-1815). Il découvrit l'électrolyse de l'eau.

Ben **Nicholson** ▪ Peintre et sculpteur anglais (1894-1982). Peintures abstraites géométriques.

Jack **Nicholson** ▪ Acteur et cinéaste américain (né en 1937). Son visage mobile en fait un «méchant» parfait. *Easy Rider ; Vol au-dessus d'un nid de coucou ; Batman.*

les îles **Nicobar** → **Andaman**

Nicola Pisano → Nicola **Pisano**

saint **Nicolas** ▪ Évêque de Myre, en Lycie (Asie Mineure) au début du IVe s., objet de nombreuses légendes, dont celle du dispensateur de cadeaux, à Noël (Santa Claus). Patron de la Russie.

Nicolas Ier ▪ (1796-1855) Tsar de Russie de 1825 à sa mort. Il engagea la guerre de Crimée.

Nicolas II ▪ (1868-1918) Dernier tsar de Russie, de 1894 à 1917. Renversé et exécuté par les révolutionnaires.

saint **Nicolas de Flüe** ▪ Saint patron de la Suisse (1417-1487). Soldat, puis ermite, il évita une guerre civile à la Suisse.

Pierre **Nicole** ▪ Moraliste et logicien français (1625-1695). Janséniste de Port-Royal, coauteur (avec A. Arnauld) de la *Logique de Port-Royal.*

Nicosie ou **Lefkosía** ▪ Capitale de Chypre. 273 600 habitants.

Jean **Nicot** ▪ Diplomate français (v. 1530-1600). Il introduisit en France le tabac. Auteur du *Trésor de la langue française,* dictionnaire publié peu après sa mort (1606).

Nidwald → **Unterwald**

Carl August **Nielsen** ▪ Compositeur et chef d'orchestre danois (1865-1931). Opéras, symphonies, musique de chambre.

le **Niémen,** en russe *Nieman* ▪ Fleuve de Biélorussie et de Lituanie. 937 km.

Oscar **Niemeyer** ▪ Architecte brésilien (1907-2012). Édifices à Brasília.

Joseph, dit Nicéphore **Niépce** ▪ Physicien français (1765-1833). Inventeur de la photographie.

Friedrich **Nietzsche** ▪ Philosophe allemand (1844-1900). Aux valeurs décadentes de la morale établie, il oppose la volonté de puissance et le dépassement de l'homme *(Ainsi parlait Zarathoustra ; Par-delà le bien et le mal).*

Ippolito **Nievo** ▪ Écrivain italien (1831-1861). Romans, nouvelles, poèmes. Il évoque les combats pour l'indépendance italienne dans *Confessions d'un octogénaire.*

la **Nièvre** ▪ Rivière, affluent de la Loire. 53 km. ► la **Nièvre** [58]. Département français de la Région Bourgogne-Franche-Comté. 6 888 km². 202 670 habitants. Chef-lieu : Nevers. Chefs-lieux d'arrondissement : Château-Chinon, Clamecy, Cosne-Cours-sur-Loire.

le **Niger** ▪ Fleuve d'Afrique occidentale. 4 200 km.

le **Niger** ▪ État d'Afrique de l'Ouest. 1 267 000 km². 23 millions d'habitants. Capitale : Niamey.

le **Nigeria** ou **Nigéria** ▪ État fédéral d'Afrique de l'Ouest. 923 773 km². 216 millions d'habitants. Capitale : Abuja. Villes principales : Lagos, Ibadan.

Serge **Nigg** ▪ Compositeur français (1924-2008). Influencé par Stravinski et Messiaen, il est l'auteur d'œuvres dodécaphoniques, puis «néoromantiques».

Florence **Nightingale** ▪ Infirmière anglaise (1820-1910). Elle créa des hôpitaux militaires de campagne et organisa la formation des soignants hospitaliers.

Vaslav **Nijinski** ▪ Danseur et chorégraphe russe (1889-1950).

Nijni-Novgorod, anc. *Gorki* ▪ Ville de Russie, sur la Volga. 1,3 million d'habitants.

l'indice **Nikkei** n. m. ▪ Indice de la Bourse de Tokyo, créé en 1949, calculé sur la base de 225 valeurs japonaises.

Nikko ▪ Ville du Japon (Honshū), au nord de Tokyo. 16 400 habitants. Parc national. Temples de style Ming.

Alwin **Nikolais** ▪ Chorégraphe américain (1912-1993).

le **Nil** ▪ Fleuve d'Afrique, le plus long du monde, avec l'Amazone. 6 671 km. Il se jette dans la Méditerranée.

Nimègue, en néerlandais *Nijmegen* ▪ Ville des Pays-Bas (Gueldre). 179 000 habitants (zone urbaine 278 600). Les *traités de Nimègue* (1678-1679) mirent fin à la guerre de Hollande.

Nîmes ▪ Chef-lieu du Gard. 147 496 habitants. Monuments romains : arènes, Maison carrée.

Roger **Nimier** ▪ Romancier et journaliste français (1925-1962). *Le Hussard bleu.*

Anaïs **Nin** ▪ Écrivaine américaine née en France (1903-1977). Amie de D. H. Lawrence, elle collabora avec Henry Miller *(Contes érotiques).* Poèmes, nouvelles, romans. *Journal* (1966-1980), essai d'écriture «au féminin».

Ninive ▪ Capitale de l'Assyrie, détruite en 612 avant J.-C. Le site a été dévasté par des djihadistes en 2016.

El **Niño** ▪ Courant chaud saisonnier, à l'est du Pacifique Sud, créateur de phénomènes climatiques.

Niort ▪ Chef-lieu des Deux-Sèvres. 58 966 habitants.

Niterói ▪ Ville du Brésil, anc. capitale de l'État de Rio de Janeiro. 487 300 habitants.

Nithard ▪ Chroniqueur français (mort v. 844). Sa chronique contient le texte des *Serments de Strasbourg.*

le **Nivernais** ▪ Anc. province de France. Capitale : Nevers.

Richard **Nixon** ▪ Homme d'État américain (1913-1994). Président (républicain) de 1969 à 1974. Il dut démissionner après le scandale du Watergate.

Paul **Nizan** ▪ Écrivain français (1905-1940). Il est l'auteur de romans et de textes politiques violemment antibourgeois et anticolonialistes *(Aden Arabie ; La Conspiration).*

Kwame **Nkrumah** ▪ Homme d'État ghanéen (1909-1972). Premier président de la République du Ghana (1960-1966).

Anna de **Noailles** ▪ Poète et romancière française (1876-1933). *Le Cœur innombrable.*

Alfred **Nobel** ▪ Chimiste et industriel suédois (1833-1896). Il mit au point la dynamite et créa les *prix Nobel.*

Umberto **Nobile** ▪ Aviateur et explorateur italien des régions arctiques (1885-1978).

Les **Noces de Figaro** ▪ Opéra bouffe de Mozart (1786).

Charles **Nodier** ▪ Écrivain romantique français (1780-1844). Il écrivit des *Contes,* mêlant rêve, fantastique et réalité.

Noé ▪ Bible Patriarche hébreu. Il est le seul à échapper au Déluge, grâce à l'*arche de Noé* que Yahvé lui a ordonné de construire.

Bernard **Noël** ▪ Écrivain français (1930-2021). Poèmes et romans *(le Château de Cène).*

Nogent-le-Rotrou ▪ Chef-lieu d'arrondissement d'Eure-et-Loir. 9 433 habitants.

Nogent-sur-Marne ▪ Chef-lieu d'arrondissement du Val-de-Marne. 33 578 habitants.

Nogent-sur-Seine ▪ Chef-lieu d'arrondissement de l'Aube. 5 946 habitants. Centrale nucléaire.

Yves Salmon, dit Victor **Noir** ▪ Journaliste français (1848-1870). Son assassinat par le prince Pierre Bonaparte déclencha une manifestation républicaine contre le régime de Napoléon III.

la mer **Noire,** anciennement *Pont-Euxin* ▪ Mer intérieure entre l'Europe et l'Asie. 461 000 km^2.

Noirmoutier ▪ Île de Vendée. 9 200 habitants. Marais salants.

Noisy-le-Grand ▪ Ville de la Seine-Saint-Denis. 68 930 habitants.

Noisy-le-Sec ▪ Ville de la Seine-Saint-Denis. 45 043 habitants.

Emil **Nolde** ▪ Peintre et graveur expressionniste allemand (1867-1956).

Livre des **Nombres** ▪ Quatrième livre du Pentateuque (Bible).

Le **Nom de la rose** ▪ Roman policier d'Umberto Eco qui se déroule dans une abbaye au Moyen Âge (1980).

Luigi **Nono** ▪ Compositeur italien (1924-1990). Musique sérielle.

Nontron ▪ Chef-lieu d'arrondissement de la Dordogne. 3 040 habitants.

Pierre **Nora** ▪ Historien français (né en 1931). *Lieux de mémoire.*

le cap **Nord** ▪ Point le plus septentrional d'Europe (Norvège).

la mer du **Nord** ▪ Partie de l'océan Atlantique située au nord-ouest de l'Europe. 570 000 km^2.

le **Nord** [59] ▪ Département français de la Région Hauts-de-France. 5 738 km^2. 2,61 millions d'habitants. Chef-lieu : Lille. Chefs-lieux d'arrondissement : Avesnes-sur-Helpe, Cambrai, Douai, Dunkerque, Valenciennes.

Adolf Erik, baron **Nordenskjöld** ▪ Explorateur et naturaliste suédois (1832-1901). Il parcourut l'Arctique. ► Otto **Nordenskjöld,** son neveu (1869-1928), explora l'Arctique et l'Antarctique.

le **Nordeste** ▪ Région située au nord-est du Brésil, surpeuplée et sous-développée.

les Territoires du **Nord-Ouest,** en anglais *Northwest Territories* ▪ Régions septentrionales du Canada (centre et ouest), gérées par le gouvernement fédéral. 1 346 106 km^2. 41 500 habitants. Capitale : Yellowknife. Populations amérindiennes, inuits et d'origine européenne.

le passage du **Nord-Ouest** ■ Passage maritime entre l'Atlantique et le Pacifique : archipel arctique canadien, mer de Beaufort, détroit de Béring. Amundsen réussit le premier à le franchir entièrement (1903-1906).

le **Nord-Pas-de-Calais** ■ Anc. région administrative française.

le **Norfolk** ■ Comté du sud-est de l'Angleterre. Chef-lieu : Norwich.

Norfolk ■ Ville des États-Unis (Virginie), près de Newport News. 243 000 habitants.

Jessye **Norman** ■ Cantatrice (soprano) américaine (1945-2019).

la **Normandie** ■ Anc. province française. Aujourd'hui région administrative de la France. Cinq départements : Calvados, Eure, Manche, Orne, Seine-Maritime. 29 906 km². 3,33 millions d'habitants. Chef-lieu : Rouen. ► la **Basse-Normandie.** Anc. région administrative. ► la **Haute-Normandie.** Anc. région administrative. → **Normandie.**

le régiment **Normandie-Niémen** ■ Formation aérienne de chasse française, intégrée à une division aérienne soviétique (1942-1945).

les **Normands** → **Vikings**

Norodom Sihanouk ■ Roi du Cambodge de 1941 à 1955 et de 1993 à 2004 (1922-2012).

Frank **Norris** ■ Journaliste et romancier américain (1870-1902). Récits naturalistes et de critique sociale, influencés par Zola.

Norrköping ■ Ville et port du sud-est de la Suède. 125 500 habitants.

Northampton ■ Ville du centre de l'Angleterre. 215 000 habitants.

le **Northumberland** ■ Comté du nord-ouest de l'Angleterre, à la frontière de l'Écosse. 307 200 habitants.

le royaume de **Norvège** ■ État d'Europe du Nord (Scandinavie). 323 879 km². 5,2 millions d'habitants. Capitale : Oslo.

Norwich ■ Ville d'Angleterre (Norfolk). 186 600 habitants. Cathédrale romane (XIᵉ s.).

Nosferatu ■ Personnage de vampire, avatar du Dracula de Bram Stoker, dans le film célèbre de Murnau qui porte son nom (1922).

Michel de Nostre-Dame, dit **Nostradamus** ■ Médecin et astrologue français (1503-1566). Célèbre pour ses prédictions, contenues dans des quatrains ésotériques réédités jusqu'à nos jours.

Nosy Be ■ Île au nord-ouest de Madagascar. 40 000 habitants.

Amélie **Nothomb** ■ Écrivaine belge (née en 1967). Romans où le burlesque côtoie le tragique. *Hygiène de l'assassin ; Soif.*

Noto ■ Ville d'Italie, en Sicile. 22 000 habitants. Nombreux édifices baroques.

Notre-Dame de Paris ■ Cathédrale parisienne, dans l'île de la Cité (1163-1345).

Notre-Dame de Paris ■ Roman de Victor Hugo (1831).

Notre-Dame-des-Landes ■ Commune de Loire-Atlantique appartenant au site retenu en 1963 pour la réalisation de l'aéroport du Grand Ouest. Combattu par les riverains et des mouvements écologistes, le projet fut abandonné en 2018.

Nottingham ■ Ville d'Angleterre (Nottinghamshire). 289 000 habitants.

Nouakchott ■ Capitale de la Mauritanie. 958 000 habitants.

Claude **Nougaro** ■ Auteur, compositeur et interprète français de chansons (1929-2004). Toulousain inspiré par le jazz et la musique brésilienne.

Paul **Nougé** ■ Écrivain belge d'expression française (1895-1967). Surréaliste, mais hostile à l'écriture automatique, il collabora avec Magritte.

Nouméa ■ Chef-lieu de la Nouvelle-Calédonie. 94 285 habitants.

Rudolf **Noureïev** ■ Danseur et chorégraphe soviétique, naturalisé autrichien (1938-1993).

Les **Nourritures terrestres** ■ Œuvre d'André Gide (1897).

Noursoultan anciennement *Astana* ■ Capitale du Kazakhstan. 311 200 habitants.

Germain **Nouveau** ■ Poète français (1851-1920). Comme ceux de Verlaine, ses poèmes vont de la sensualité érotique au mysticisme.

le **Nouveau-Brunswick** ■ Province de l'est du Canada. 72 909 km². 747 101 habitants. Capitale : Fredericton.

le **Nouveau-Mexique** ■ État du sud-ouest des États-Unis. 315 115 km². 2 millions d'habitants. Capitale : Santa Fe.

Jean **Nouvel** ■ Architecte français (né en 1945). Institut du monde arabe, musée du quai Branly-Jacques-Chirac et Philharmonie, à Paris, Louvre Abou Dhabi, musée national du Qatar.

l'île de La **Nouvelle-Amsterdam** → île **Amsterdam**

la **Nouvelle-Angleterre** ■ Région du nord-est des États-Unis correspondant aux colonies anglaises fondées sur la côte atlantique.

la **Nouvelle-Aquitaine** ■ Région administrative du sud-ouest de la France. Douze départements : Charente, Charente-Maritime, Corrèze, Creuse, Deux-Sèvres, Dordogne, Gironde, Haute-Vienne, Landes, Lot-et-Garonne, Pyrénées-Atlantiques, Vienne. 84 059 km². 6,03 millions d'habitants. Chef-lieu : Bordeaux.

la **Nouvelle-Bretagne,** en anglais *New Britain* ■ Île de l'archipel Bismarck (Papouasie-Nouvelle-Guinée). 404 600 habitants. Volcans de plus de 2 000 m.

la **Nouvelle-Calédonie** ▪ Île française du Pacifique formant une collectivité territoriale. 19 200 km². 271 407 habitants. Chef-lieu : Nouméa.

la **Nouvelle-Écosse** ▪ Province de l'est du Canada. 55 284 km². 923 592 habitants. Capitale : Halifax.

la **Nouvelle-France** ▪ Terme désignant les possessions françaises au Canada, aux XVIIe et XVIIIe siècles. → **Canada.**

la **Nouvelle-Galles du Sud** ▪ État du sud-est de l'Australie. 801 428 km². 7,4 millions d'habitants. Capitale : Sydney.

la **Nouvelle-Guinée** ▪ Immense île de l'océan Pacifique (775 210 km²), partagée entre l'Indonésie (→ **Papouasie occidentale**) et la Papouasie-Nouvelle-Guinée.

Julie ou la **Nouvelle Héloïse** ▪ Roman épistolaire de Rousseau (1761).

La **Nouvelle-Orléans,** en anglais *New Orleans* ▪ Ville des États-Unis (Louisiane), sur le Mississippi. 344 000 habitants (agglomération 1,3 million).

La **Nouvelle Revue française** ▪ Revue littéraire française fondée en 1909. Doublée en 1911 d'une maison d'édition, devenue depuis Gallimard*, la *NRF* fut animée notamment par Gide et Paulhan.

les **Nouvelles-Hébrides** → **Vanuatu**

la **Nouvelle-Zélande** ▪ État d'Océanie. 267 844 km². 5,12 millions d'habitants. Capitale : Wellington.

la **Nouvelle-Zemble** ▪ Archipel arctique de Russie.

Nova Iguaçu ▪ Ville du Brésil (Rio de Janeiro). 787 000 habitants.

Friedrich **Novalis** ▪ Poète romantique allemand (1772-1801). Sa poésie exprime la nostalgie de la mystique ; un « idéalisme magique » résulte de l'interprétation allégorique de la nature (*Hymnes à la nuit*).

Novare, en italien *Novara* ▪ Ville d'Italie (Piémont). 100 900 habitants. Monuments anciens.

Jean Georges **Noverre** ▪ Danseur et chorégraphe français (1727-1810). Il réforma la danse dans le sens d'une expression plus naturelle des sentiments.

Novgorod ▪ Ville de Russie. 223 000 habitants. Anc. principauté. Kremlin et églises anciennes.

Novi Sad ▪ Ville de Serbie (Voïvodine). 232 000 habitants.

Novokouznetsk ▪ Ville de Russie dans le Kouzbass. 550 100 habitants.

Konstantin **Novoselov** ▪ Physicien russo-britannique (né en 1974). Travaux, avec A. Geim*, relatifs à la miniaturisation électronique.

Novossibirsk ▪ Ville de Russie, en Sibérie occidentale. 1,6 million d'habitants. Centre scientifique d'Akademgorodok*.

Nowa Huta ▪ Ancienne ville industrielle de Pologne, aujourd'hui quartier de Cracovie.

Noyon ▪ Ville de l'Oise. 13 197 habitants. Cathédrale du premier art gothique.

Violette **Nozière** ▪ (1915-1966) Accusée d'avoir empoisonné ses parents, condamnée à mort, puis graciée en 1945 et réhabilitée en 1963.

la **NRF** → La **Nouvelle Revue française**

la **Nubie** ▪ Région désertique du Soudan et de l'Égypte.

La **Nuit du chasseur** ▪ Film de Charles Laughton (1955).

la côte de **Nuits** ▪ Région de Bourgogne (Côte-d'Or), située au nord de la côte de Beaune. Vins : Gevrey-Chambertin, Chambolle-Musigny, Vougeot, Vosne-Romanée, Nuits-Saint-Georges...

Numance ▪ Ancienne ville d'Espagne, près de Soria, qui résista à la conquête romaine et fut rasée (133 avant J.-C.). Sa résistance inspira Cervantès (*Numance*, drame).

Numa Pompilius ▪ Second roi légendaire de Rome, qui régna de 715 à 672 avant J.-C.

la **Numidie** ▪ Anc. royaume d'Afrique du Nord vaincu par Rome au Ier s. avant J.-C.

le **Nunavut** ▪ Territoire autonome du Canada (1999), de plus de 2 millions de km², peuplé surtout d'Inuits (35 944 habitants). Capitale : Iqaluit.

Nuremberg, en allemand *Nürnberg* ▪ Ville d'Allemagne (Bavière). 499 200 habitants. ► le procès de **Nuremberg** eut lieu pour juger les criminels de guerre nazis (1945-1946).

Paavo **Nurmi** ▪ Athlète finlandais (1897-1973). Il domina la course de fond et demi-fond dans les années 1920.

Julius **Nyerere** ▪ Homme d'État tanzanien (1922-1999). Président de la République de 1962 à 1985, il fut le promoteur d'un socialisme à l'africaine, fondé sur la solidarité et la responsabilité.

Les **Nymphéas** ▪ Série de tableaux de Claude Monet.

Nyon ▪ Ville de Suisse (canton de Vaud), au bord du lac Léman. 20 272 habitants. Ville ancienne. Château.

Nyons ▪ Chef-lieu d'arrondissement de la Drôme. 6 737 habitants.

Kristoffer **Nyrop** ▪ Linguiste danois (1858-1931). *Grammaire historique de la langue française* (en français).

Nysse ▪ Ancienne ville d'Asie Mineure, près d'Éphèse. Ruines romaines.

O

l'**OAS** ■ «Organisation armée secrète», constituée en 1961 sous l'autorité des généraux Salan et Jouhaud pour s'opposer à la politique algérienne de De Gaulle, y compris par le terrorisme.

Joyce Carol **Oates** ■ Écrivaine américaine (née en 1938). Œuvre romanesque abondante dont l'un des thèmes est la condition féminine. *Blonde.*

Oaxaca ■ Ville du sud du Mexique, capitale d'État. 255 000 habitants. Monuments anciens. Site de Monte Alban à proximité.

l'**Ob** n. m. ■ Fleuve de Russie (Sibérie). 3 650 km.

René de **Obaldia** ■ Écrivain français (1918-2022). Son œuvre poétique, romanesque et scénique témoigne d'une grande inventivité verbale et d'une ironie décapante. *Le Satyre de la Villette ; Du vent dans les branches de sassafras* (pièces).

Barack Hussein **Obama** ■ Homme d'État américain (né en 1961). 44e président (démocrate) des États-Unis, de 2009 à 2013. Fils d'une Américaine blanche et d'un Kényan, il fut le premier président afro-américain du pays. Prix Nobel de la paix 2009.

El **Obeid** ■ Site archéologique d'Irak, près d'Ur. Civilisation du IVe millénaire avant J.-C.

Christophe Philippe **Oberkampf** ■ Industriel français d'origine bavaroise (1738-1815). Il créa la première fabrique de toiles peintes (toiles de Jouy) et la première filature de coton en France.

l'**Oberland bernois** ■ Région montagneuse de Suisse.

Obernai ■ Commune du Bas-Rhin. 12 015 habitants.

Obéron ■ Nain et roi des elfes, qui apparaît dans *Le Songe d'une nuit d'été* de Shakespeare.

Obrénovitch ■ Dynastie serbe, rivale des Karageorgévitch, qui régna de 1817 à 1903 (sauf de 1842 à 1858).

Observatoire de Paris ■ Établissement d'observations astronomiques et météorologiques fondé en 1667 par Louis XIV.

Obwald → **Unterwald**

Victoria **Ocampo** ■ Essayiste argentine (1890-1979). Elle créa la revue et maison d'édition *Sur,* avec Borges. Vaste correspondance littéraire. ► Sa sœur, Silvina **Ocampo** (1903-1993), «l'un des plus grands écrivains de langue espagnole», selon Borges.

Sean **O'Casey** ■ Auteur dramatique irlandais (1880-1964). *La Charrue et les Étoiles.*

Guillaume d'**Occam** → **Guillaume d'Occam**

l'Empire romain d'**Occident** ■ État issu du partage de l'Empire romain (395-476).

l'**Occitanie** n. f. ■ Ensemble des régions du sud de la France où l'on parle ou parlait la langue d'oc.

Occitanie ■ Région administrative de la France. Treize départements : Ariège, Aude, Aveyron, Gard, Gers, Haute-Garonne, Hautes-Pyrénées, Hérault, Lot, Lozère, Pyrénées-Orientales, Tarn, Tarn-et-Garonne. 72 724 km². 5,97 millions d'habitants. Chef-lieu : Toulouse.

l'**OCDE** ■ «Organisation de coopération et de développement économiques», créée en 1961.

l'**Océanie** n. f. ■ Un des six continents (8 970 000 km² ; 45 millions d'habitants), comprenant l'Australie et les îles du Pacifique.

Johannes **Ockeghem** ■ Compositeur franco-flamand (v. 1420-v. 1495).

Daniel **O'Connell** ■ Homme politique irlandais (1775-1847). Avocat, il milita pour l'indépendance de l'Irlande et obtint de Wellington le *bill* d'émancipation des catholiques (1829).

Octave ■ Nom d'Auguste*, avant son adoption par César.

Octavie ■ Épouse de Néron qui la contraignit au suicide (v. 42-62).

Octavien → **Auguste**

la révolution d'**Octobre** → **révolution russe de 1917**

Eiichirō **Oda** ▪ Scénariste et auteur japonais du manga *One Piece* (né en 1975).

Odense ▪ Port du Danemark (Fionie). 152 000 habitants.

théâtre de l'**Odéon** ▪ Théâtre parisien inauguré en 1782.

l'**Oder** n. m. ▪ Fleuve qui forme avec son affluent la Neisse la frontière entre la Pologne et l'Allemagne. 854 km.

Odessa ▪ Port d'Ukraine. 1,1 million d'habitants.

Clifford **Odets** ▪ Auteur dramatique américain (1906-1963). Théâtre prolétarien d'inspiration marxiste.

sainte **Odile** ▪ Religieuse alsacienne (v. 660-v. 720).

Odin, en allemand *Wotan* ▪ mythol. scandinave Dieu de la Guerre, de l'Écriture et de la Poésie.

Odoacre ▪ Roi barbare (Hérules) (v. 433-493). Il se révolta contre l'empereur romain Romulus Augustule, mettant fin à l'Empire romain d'Occident. Théodoric l'assiégea dans Ravenne et le tua.

L'**Odyssée** ▪ Épopée grecque attribuée à Homère, qui raconte le retour d'Ulysse après la guerre de Troie.

Kenzaburô **Ôe** ▪ Romancier japonais (1935-2023). Critique sociale, peintre de marginaux. Prix Nobel 1994.

l'**OEA** (Organisation des États américains) ▪ Fondée en 1948 pour maintenir des relations pacifiques sous l'égide des États-Unis et combattre les influences communistes (exclusion de Cuba) ; 35 États membres.

Œdipe ▪ mythol. grecque Personnage qui, ignorant leur identité, tue son père et épouse sa mère. Il se crève les yeux lorsqu'il découvre la vérité.

Oersted → **Ørsted**

Jacques **Offenbach** ▪ Compositeur français d'origine allemande (1819-1880). Opérettes pastichant la société parisienne du Second Empire. *La Vie parisienne ; La Belle Hélène.*

le musée des **Offices** (en italien *Palazzo degli Uffizi*) ▪ Musée d'art de Florence, dans le palais des Offices construit par Vasari.

l'**Ogaden** n. m. ▪ Région steppique de l'est de l'Éthiopie.

Kyûsaku **Ogino** ▪ Médecin japonais (1882-1975). Recherches sur le cycle d'ovulation ; méthode de prévision théorique des périodes de fécondité.

l'**Ogooué** n. m. ▪ Fleuve d'Afrique équatoriale. 1 200 km.

William Sydney Porter, dit **O. Henry** ▪ Écrivain américain (1862-1910). Auteur de nombreuses nouvelles humoristiques.

l'**Ohio** n. m. ▪ Rivière des États-Unis, affluent du Mississippi. 1 580 km. ► **l'Ohio.** État de l'est des États-Unis. 106 289 km^2. 11,5 millions d'habitants. Capitale : Columbus. Ville principale : Cleveland.

Oh les beaux jours ▪ Pièce de Samuel Beckett (1961).

Georg **Ohm** ▪ Physicien allemand (1789-1854). *Loi d'Ohm* : loi fondamentale des courants électriques, à la base de la notion de « résistance ».

l'**Oisans** n. m. ▪ Région des Alpes au sud-est de Grenoble. Point culminant : Les Écrins, 4 102 m.

l'**Oise** n. f. ▪ Rivière, affluent de la Seine. 302 km. ► **l'Oise** [60]. Département français de la Région Hauts-de-France. 5 574 km^2. 829 699 habitants. Chef-lieu : Beauvais. Chefs-lieux d'arrondissement : Clermont, Compiègne, Senlis.

Les **Oiseaux** ▪ Comédie d'Aristophane (414 avant J.-C.). Film d'Alfred Hitchcock (1963).

David Fedorovitch **Oïstrakh** ▪ Violoniste russe (1908-1974). Concertiste et chef d'orchestre.

l'**OIT** (Organisation internationale du travail) ▪ Créée en 1919, rattachée à l'ONU (1946). Elle siège à Genève ; son secrétariat est le Bureau international du travail (BIT).

Okinawa ▪ Île du Japon, la principale de l'archipel des Ryūkyū. 1,43 million d'habitants.

l'**Oklahoma** n. m. ▪ État du centre des États-Unis. 181 090 km^2. 3,8 millions d'habitants. ► **Oklahoma City,** sa capitale. 580 000 habitants.

l'**Oldenbourg** n. m. ▪ Ancien État d'Allemagne, en bordure de la mer du Nord, gouverné par les *comtes d'Oldenbourg* (XIe s.-1667), puis par le roi du Danemark. Duché du Saint Empire germanique, de 1773 à 1918. Aujourd'hui, la région est intégrée au land de Basse-Saxe. ► **Oldenbourg.** Ville d'Allemagne, ancienne capitale de l'Oldenbourg. 159 000 habitants.

Claes **Oldenburg** ▪ Artiste américain d'origine suédoise (1929-2022). Pop art.

l'île d'**Oléron** ▪ Île de la Charente-Maritime. 175 km^2. 21 889 habitants.

Jean-Jacques **Olier** ▪ Prêtre catholique français (1608-1657). Curé de Saint-Sulpice, il y créa un séminaire. Des sulpiciens émigrèrent au Canada (société Notre-Dame de Montréal).

Gaspar de Guzmán, duc d'**Olivares** ▪ Homme politique espagnol (1587-1645). Il exerça le pouvoir sous le règne de Philippe IV. Conquérant, protecteur des arts, il échoua par une politique oppressive, et fut banni par le roi.

Manoel Pinto de **Oliveira** ▪ Cinéaste portugais (1908-2015). Films exigeants, souvent ironiques. *Le Soulier de satin.*

Oliver Twist ▪ Roman de Charles Dickens (1837-1838).

Olivet ▪ Ville du Loiret, banlieue d'Orléans. 22 503 habitants.

Pierre Robert, dit **Olivétan** ▪ Érudit français (1506-1538). Il adhéra à la Réforme et traduisit la Bible.

sir Laurence **Olivier** ▪ Acteur et metteur en scène anglais (1907-1989). *Hamlet.*

le mont des **Oliviers** ▪ Colline à l'est de Jérusalem, où le Christ fut arrêté, selon les Évangiles.

Claude **Ollier** ▪ Écrivain français (1922-2014). Œuvre narrative rattachée au «nouveau roman». Critique du récit traditionnel.

les **Olmèques** ▪ Civilisation précolombienne du Mexique.

Ehud **Olmert** ▪ Homme politique israélien (né en 1945). Premier ministre (2006-2009) et président du parti Kadima (2006-2008). Condamné pour corruption en 2014.

Ermanno **Olmi** ▪ Cinéaste italien (1931-2018). *L'Arbre aux sabots; La Légende du saint buveur.*

Oloron-Sainte-Marie ▪ Chef-lieu d'arrondissement des Pyrénées-Atlantiques. 10 653 habitants.

l'**OLP,** Organisation de libération de la Palestine ▪ Mouvement créé en 1964 dans le but d'obtenir la création d'un État palestinien, présidé jusqu'en 2004 par Yasser Arafat, puis par Mahmoud Abbas.

l'**Olt** n. m. ▪ Rivière de Roumanie, affluent du Danube. 736 km.

l'**Olympe** n. m. ▪ Montagne du nord de la Grèce. 2 911 m. ► mythol. grecque Séjour des dieux.

l'**Olympia** ▪ Salle de spectacles parisienne créée en 1893.

Olympie ▪ Ville de la Grèce antique, dans le Péloponnèse, où étaient célébrés les jeux Olympiques.

l'**Om** n. m. ▪ Rivière de Russie (Sibérie occidentale). 1 091 km.

Omaha ▪ Ville des États-Unis (Nebraska), sur le Missouri. 409 000 habitants.

le sultanat d'**Oman** ▪ État de la péninsule Arabique, sur la *mer d'Oman.* 212 460 km^2. 4,8 millions d'habitants. Capitale : Mascate.

l'**Ombrie** n. f. ▪ Région administrative du centre de l'Italie. 8 456 km^2. 825 800 habitants. Chef-lieu : Pérouse.

l'**OMC** (Organisation mondiale du commerce) ▪ Fondée en 1994. Son siège est à Genève.

Omdourman ▪ Ville du Soudan. 1 271 000 habitants.

les **Omeyades** ▪ Dynastie de califes arabes qui régna à Damas de 650 à 750, puis à Cordoue de 756 à 1030.

l'**OMS** ▪ «Organisation mondiale de la santé», créée en 1948 dans le cadre de l'ONU. Siège à Genève.

Omsk ▪ Ville de Russie (Sibérie occidentale). 1,1 million d'habitants.

Oncle Vania ▪ Pièce de Tchekhov (1897).

le lac **Onega** ▪ Lac de Russie. 9 700 km^2.

O'Neill ▪ Famille royale irlandaise, dont une branche régna sur l'Ulster, maintenant l'indépendance de l'Irlande jusqu'au XVIe s.

Eugene **O'Neill** ▪ Auteur dramatique américain (1888-1953). Théâtre d'un symbolisme pessimiste, tourné vers l'autobiographie. *Le deuil sied à Electre.*

Michel **Onfray** ▪ Philosophe français (né en 1959). Partisan d'un athéisme militant et antilibéral. Il a créé une université populaire. *Contre-histoire de la philosophie.*

On ne badine pas avec l'amour ▪ Pièce d'Alfred de Musset (1834).

l'**Ontario** n. m. ▪ Province du Canada. 1 076 395 km^2. 13,44 millions d'habitants. Capitale : Toronto. ► le lac **Ontario.** Grand Lac d'Amérique du Nord. 18 000 km^2. Il sépare le Canada des États-Unis.

l'**ONU,** Organisation des Nations unies ▪ Créée en 1945, l'ONU a pour but de maintenir la paix et la sécurité dans le monde. Siège à New York.

Aleksandr Ivanovitch **Oparine** ▪ Chimiste et biologiste russe (1894-1920).

l'**OPEP,** Organisation des pays exportateurs de pétrole ▪ Elle fut créée en 1960 pour fixer les prix du pétrole.

le théâtre de l'**Opéra** ▪ Monument parisien, construit par Charles Garnier (1862 à 1875). Aujourd'hui on y donne essentiellement des spectacles de danse. On l'appelle aussi *le Palais Garnier.* ► l'**Opéra Bastille,** théâtre lyrique parisien construit par Carlos Ott sur la place de la Bastille (1989).

le théâtre de l'**Opéra-Comique** ■ Théâtre lyrique parisien, construit en 1898 sur l'emplacement de *la salle Favart*.

L'**Opéra de quat'sous** ■ «Drame avec musique» de Bertolt Brecht, musique de Kurt Weill (1928).

Ophélie ■ Personnage de *Hamlet* de Shakespeare.

Max **Ophuls** ■ Cinéaste français d'origine allemande (1902-1957). Films dont l'élégance et la vivacité ne cachent pas la mélancolie. *La Ronde ; Madame de ; Lola Montès.* ► Marcel **Ophuls,** son fils (né en 1927). Documentariste. *Le Chagrin et la Pitié.*

Robert **Oppenheimer** ■ Physicien américain (1904-1967). Un des pères de la bombe atomique.

l'**Opus Dei** n. m. ■ Organisation catholique fondée en 1928 (par Josemaría Escrivá de Balaguer, 1902-1975), et placée sous l'autorité du pape. Elle est destinée à la formation des élites catholiques, y compris dans les activités séculières.

Oradour-sur-Glane ■ Commune de la Haute-Vienne où les Allemands massacrèrent la population en juin 1944. 2 478 habitants.

Oraisons funèbres ■ Ensemble de 12 éloges funèbres que Bossuet prononça entre 1656 et 1687.

Oran ■ Ville et port d'Algérie. 760 000 habitants.

l'**Orange** n. m. ■ Fleuve d'Afrique australe. 1 860 km.

l'État libre d'**Orange** ■ Province d'Afrique du Sud.

Orange ■ Commune du Vaucluse. 28 454 habitants. Théâtre romain antique.

Orange mécanique ■ Film de Stanley Kubrick (1971).

musée de l'**Orangerie** ■ Musée installé dans l'ancienne orangerie du palais des Tuileries. *Nymphéas* de Monet.

Oranienburg ■ Ville d'Allemagne (Brandebourg). 27 700 habitants. Un camp de concentration nazi y fut établi en 1933.

l'**Orb** n. m. ■ Fleuve du sud de la France. 145 km.

Viktor **Orbán** ■ Homme d'État hongrois (né en 1963). Premier ministre de 1998 à 2002 et depuis 2010. Politique anti-immigration et autoritarisme.

Orcades (en angl. *Orkney Islands*) ■ Iles d'un archipel au nord de l'Écosse. 19 000 habitants. 70 îles, 30 sont habitées. Pétrole offshore.

Andrea di Cione Arcangelo, dit **Orcagna** ■ Peintre, sculpteur, architecte florentin (XIVe s. : œuvre de 1343 à 1368).

l'**Oregon** n. m. ■ État du nord-ouest des États-Unis. 249 281 km². 3,8 millions d'habitants. Capitale : Salem.

Orenbourg ■ Ville de Russie. 548 800 habitants.

l'**Orénoque** n. m., en espagnol *Orínoco* ■ Fleuve du Venezuela. 3 000 km.

Oreste ■ mythol. grecque Poussé par sa sœur Électre, il tue sa mère pour venger le meurtre de son père, Agamemnon.

L'**Orestie** ■ Trilogie d'Eschyle (458 avant J.-C.) comprenant *Agamemnon, Les Choéphores* et *Les Euménides.*

Orfeo ■ Opéra de Monteverdi (1607).

Carl **Orff** ■ Compositeur allemand (1895-1982). *Carmina burana.*

l'**Orge** ■ Affluent de la Seine. 50 km.

Oribase ■ Médecin grec du IVe s. (325-403). Auteur d'une encyclopédie médicale.

l'Empire romain d'**Orient** → **Byzance**

Origène ■ Théologien chrétien de langue grecque (v. 185-v. 254). *Homélies.*

Orion ■ Géant de la mythologie grecque, transformé en constellation, en même temps que le Scorpion qui cause sa mort.

l'**Orissa** n. m. ■ État du nord-est de l'Inde. 155 722 km². 43,6 millions d'habitants. Capitale : Bhubaneshwar.

Orlando ■ Ville des États-Unis (Floride). 238 300 habitants. Parc d'attractions *Disney World* («monde de Disney»).

l'**Orléanais** n. m. ■ Ancienne province de France. Capitale : Orléans.

la maison d'**Orléans** ■ Nom de quatre familles princières françaises. Principaux représentants. ► Charles d'**Orléans** (1394-1465), fils de Louis d'Orléans (le frère de Charles VI), grand seigneur et poète lyrique, père de Louis XII. ► Gaston d'**Orléans** (1608-1660), frère de Louis XIII. ► Philippe d'**Orléans,** dit **Monsieur** (1640-1701), frère de Louis XIV. ► **Philippe,** dit **le Régent,** son fils (1674-1723), exerça le pouvoir pendant la minorité de Louis XV. ► **Louis Philippe Joseph,** dit **Philippe Égalité** (1747-1793), guillotiné ; père de Louis-Philippe.

Orléans ■ Chef-lieu du Loiret et de la Région Centre-Val de Loire, sur la Loire. 117 026 habitants. Cathédrale de style gothique (XVIIe s.).

Orly ■ Commune du Val-de-Marne, au sud de Paris. 24 361 habitants. Aéroport, l'un des aéroports de Paris.

Jean Lefèvre, comte d'**Ormesson** ▪ Écrivain français (1925-2017). Directeur du *Figaro* de 1974 à 1977 et auteur d'essais et de romans.

le détroit d'**Ormuz** ▪ Passage entre le golfe Persique et la mer d'Oman.

Ornans ▪ Commune du Doubs. 4 422 habitants. Maison natale de Courbet (musée).

l'**Orne** n. f. ▪ Fleuve de Normandie. 169 km. ► l'**Orne** [61]. Département français de la Région Normandie. 6 144 km². 278 475 habitants. Chef-lieu : Alençon. Chefs-lieux d'arrondissement : Argentan, Mortagne-au-Perche.

José Clemente **Orozco** ▪ Peintre mexicain (1883-1949). Peinture réaliste forte et schématisée, d'esprit révolutionnaire. Œuvres murales.

Orphée ▪ mythol. grecque Poète musicien descendu aux Enfers pour y chercher son épouse Eurydice.

Eugenio d'**Ors y Rovira** ▪ Essayiste et critique d'art espagnol (catalan) (1882-1954). Essais de philosophie de l'histoire. En art, théoricien du baroque.

Orsay ▪ Commune de l'Essone. 15 554 habitants. Université (Paris-Saclay) et laboratoires scientifiques. ► la gare d'**Orsay,** ancienne gare parisienne. ► le musée d'**Orsay,** installé en 1986 dans l'ancienne gare. Art européen de la seconde moitié du XIXe s.

Erik **Orsenna** ▪ Écrivain français (né en 1947). Romans principalement historiques. *L'Exposition coloniale ; L'Entreprise des Indes.*

Orsini ▪ Famille romaine, rivale des Colonna, qui fournit aux XIIIe et XIVe s. un dirigeant de Rome, un pape (Nicolas III), un cardinal, un condottiere, Virginio.

Felice **Orsini** ▪ Révolutionnaire italien (1819-1859). Il combattit avec Garibaldi contre les Français, fut condamné à mort, s'évada, organisa un attentat contre Napoléon III (1858), fut alors condamné et exécuté.

Hans Christian **Ørsted** ▪ Physicien danois (1777-1851). Il découvrit l'électromagnétisme.

José **Ortega y Gasset** ▪ Écrivain et philosophe espagnol (1883-1955). Sa réflexion humaniste et critique est au service des valeurs de la démocratie.

Orthez ▪ Commune des Pyrénées-Atlantiques. 10 466 habitants.

Orvault ▪ Ville de la Loire-Atlantique, banlieue de Nantes. 27 438 habitants.

Orvieto ▪ Ville d'Italie (Ombrie). 20 700 habitants. Cathédrale possédant des fresques de Signorelli et de Fra Angelico.

Eric Arthur Blair, dit George **Orwell** ▪ Écrivain anglais (1903-1950). Son roman d'anticipation (publié en 1949) dont le titre est *1984* est une puissante satire des régimes totalitaires, thème repris dans une fable, *La Ferme des animaux,* critique du communisme. Ses inventions («Big Brother», la «novlangue») ont été souvent reprises.

Ōsaka ▪ Ville du Japon (Honshū). 2,69 millions d'habitants. Deuxième ville du Japon, et port important.

John **Osborne** ▪ Auteur dramatique anglais (1929-1994). Représentant des «jeunes gens en colère». Son théâtre dénonce l'inutilité de l'anticonformisme et de la révolte.

l'**OSCE** (Organisation pour la sécurité et la coopération en Europe) ▪ Créée à l'origine (1973) pour instaurer un dialogue entre les pays de l'OTAN et ceux du pacte de Varsovie* (57 membres en 2023).

Nagisa **Oshima** ▪ Cinéaste japonais (1932-2013). Violence subversive et érotisme. *L'Empire des sens ; Furyo.*

Osiris ▪ mythol. égyptienne Dieu de la Végétation et du Bien.

Oslo ▪ Capitale de la Norvège. 699 000 habitants.

Osman Ier Gazi ▪ Sultan turc (1259-1326). Fondateur de la dynastie ottomane.

Osnabrück ▪ Ville d'Allemagne (Basse-Saxe). 163 000 habitants. Monuments anciens.

l'**Ossétie du Nord-Alanie** n. f. ▪ République de Russie, dans le Caucase. 8 000 km². 712 000 habitants. Capitale : Vladikavkaz. ► l'**Ossétie du Sud,** région de Géorgie (reconnue comme république indépendante par la Russie en 2008). 3 900 km². 54 000 habitants. Capitale : Tskhinvali.

Ossian ▪ Barde écossais légendaire du IIIe s. dont l'œuvre, en réalité écrite par le poète écossais James Macpherson*, eut une immense influence sur le romantisme européen.

Ostende, en néerlandais *Oostende* ▪ Ville de Belgique (Flandre-Occidentale), port sur la mer du Nord. 71 647 habitants.

Ostie ▪ Port de Rome dans l'Antiquité. Vestiges antiques.

Ostrava ▪ Ville de la République tchèque (Moravie). 282 000 habitants.

les **Ostrogoths** ▪ Ancien peuple germanique qui fonda un royaume en Italie (Ve-VIe s.).

Aleksandr Nikolaïevitch **Ostrovski** ▪ Auteur dramatique et metteur en scène russe (1823-1886). Il exalte la lutte pour le triomphe de la révolution. *Et l'acier fut trempé.*

Wilhelm **Ostwald** ▪ Chimiste allemand (1853-1932). Études sur la catalyse.

l'**OTAN,** Organisation du traité de l'Atlantique Nord ▪ Structure militaire commune aux États-Unis et à leurs alliés occidentaux, créée en 1949. Composée de 30 États.

Othello ▪ Personnage de la pièce éponyme de Shakespeare (1604), général maure au service de Venise. Abusé par son officier Iago, il tue sa femme, Desdémone, sur de faux soupçons. La pièce a inspiré des opéras à Rossini et à Verdi, et a été adaptée au cinéma par Orson Welles.

Othon ou **Otton Ier le Grand** ▪ Fondateur et premier empereur du Saint Empire romain germanique (912-973).

Jean-Michel **Othoniel** ▪ Artiste français (né en 1964). Sculptures en verre coloré.

le canal d'**Otrante** ▪ Détroit séparant l'Adriatique de la mer Ionienne. 70 km.

Ottawa ▪ Capitale fédérale du Canada. 934 243 habitants (zone urbaine Ottawa-Gatineau 1 323 783 habitants). ▶ la conférence d'**Ottawa,** entre la Grande-Bretagne et ses dominions (1932), aboutit à des accords sur la préférence donnée par le Royaume-Uni aux produits du Commonwealth.

l'Empire **ottoman** ▪ Une des plus grandes puissances d'Europe et du Proche-Orient, de 1453 à 1923. → **Turquie.**

l'**OUA,** Organisation de l'unité africaine ▪ Organisme fondé en 1963, regroupant les États africains, auquel succéda l'Union africaine en 2002.

Ouagadougou ▪ Capitale du Burkina Faso. 2,4 millions d'habitants.

Ouargla ▪ Oasis du Sahara algérien, formant une wilaya. 287 000 habitants. Vaste palmeraie. Au sud-est, gisements pétroliers d'Hassi Messaoud.

Ouarzazate ▪ Ville du sud du Maroc, entre l'Atlas et l'Anti-Atlas. 71 000 habitants. Palmeraie. Studios de cinéma.

Alassane Dramane **Ouattara** ▪ Homme politique ivoirien (né en 1942). Élu président de la République en 2010.

l'**Oubangui** n. m. ▪ Rivière d'Afrique équatoriale. 1 100 km.

le pays d'**Ouche** ▪ Région de Normandie (Eure, Orne).

l'**Oudmourtie** n. f. ▪ République autonome de Russie. 42 100 km^2. 1,6 million d'habitants. Capitale : Ijevsk.

Jean-Baptiste **Oudry** ▪ Peintre animalier français (1686-1755).

l'**Ouellé** n. m. ▪ Rivière d'Afrique centrale, affluent de l'Oubangui. 1 300 km.

l'île d'**Ouessant** ▪ Île de Bretagne (Finistère). 15 km^2. 832 habitants.

Oufa ▪ Ville de Russie, capitale de la Bachkirie. 1,04 million d'habitants.

l'**Ouganda** n. m. ▪ État d'Afrique de l'Est. 241 038 km^2. 41,5 millions d'habitants. Capitale : Kampala.

Ougarit → **Ugarit**

les **Ouïgours** ▪ Peuple d'origine turque établi en Asie centrale.

Ouistreham ▪ Commune du Calvados. 9 438 habitants. Musée du Débarquement. Station balnéaire (Riva-Bella).

Oujda ▪ Ville du Maroc. 494 000 habitants.

Oulan-Bator ▪ Capitale de la Mongolie. 1,4 million d'habitants.

Oulianovsk, anciennement *Simbirsk* ▪ Ville de Russie, sur la Volga. 635 600 habitants.

l'**Oulipo** *(ouvroir de littérature potentielle)* ▪ Groupe d'expérimentation littéraire créé en 1960 par François Le Lionnais et Raymond Queneau, fondé sur l'introduction de contraintes formelles et les jeux de langage. Italo Calvino, Perec, Queneau, Roubaud en firent partie.

Oullins ▪ Commune du Rhône, banlieue de Lyon. 26 994 habitants.

Fatima Ibrahim, dite **Oum Kalsoum** ou **Umm Kulthum** ▪ Chanteuse égyptienne (1898-1975).

les **Ouolofs** → les **Wolofs**

Our → **Ur**

l'**Oural** n. m. ▪ Chaîne de montagnes de Russie qui sépare l'Europe de l'Asie. Montagne Narodnaïa (1 895 m). ▶ l'**Oural** n. m. Fleuve qui se jette dans la mer Caspienne. 2 428 km.

Ouranos ▪ mythol. grecque Personnification du Ciel, l'*Uranus* des Romains.

Ourartou → **Urartu**

Ouro Preto ▪ Ville du Brésil (Minas Gerais). 61 000 habitants. Cité du XVIIIe s., datant de l'exploitation des mines d'or.

Ourouk → **Uruk**

Ouroumtsi → **Urumqi**

Kitagawa **Outamaro** → Kitagawa **Utamaro**

l'**Outaouais** n. m. (nom français, correspondant à l'anglais *Ottawa(s)*, de l'algonquin) ▪ Région du Canada correspondant au territoire des Indiens Outaouais, le long de la rivière qui porte ce nom.

Outremont ▪ Ville du Canada (Québec), dans l'île de Montréal, aujourd'hui quartier de Montréal.

l'**Ouzbékistan** n. m. ■ État d'Asie centrale. 447 400 km². 33,2 millions d'habitants. Capitale : Tachkent.

Overijssel ■ Province des Pays-Bas, arrosée par la rivière Ijssel. 1,12 million d'habitants.

Publius Ovidius Naso, en franç. **Ovide** ■ Poète latin (43 avant J.-C. - mort en 17 ou 18). Poète élégiaque et érotique *(L'Art d'aimer)*. Auteur, après son exil pour «immoralité», de vers évoquant sa triste situation *(Les Tristes)*, il doit l'essentiel de sa renommée aux *Métamorphoses*, où la mythologie alimente une imagination fantastique.

Oviedo ■ Ville d'Espagne (Asturies). 225 005 habitants.

Robert **Owen** ■ Théoricien socialiste britannique (1771-1858).

Wilfred **Owen** ■ Poète anglais (1893-1918). Tué trois jours avant l'armistice, en 1918. Poèmes de guerre, certains mis en musique par Benjamin Britten *(War Requiem)*.

James Cleveland, dit Jesse **Owens** ■ Athlète américain (1914-1980). Champion du monde, il remporta quatre médailles d'or aux Jeux olympiques de Berlin, en 1936 (vitesse et saut).

Oxford ■ Ville du sud de l'Angleterre (Oxfordshire). 134 200 habitants. Université.

l'**Oyashio** n. m. ■ Courant froid qui baigne les côtes du Japon.

Oyonnax ■ Ville de l'Ain, dans le massif du Jura. 22 271 habitants.

Amos Klausner, dit Amos **Oz** ■ Écrivain israélien (1939-2018). Militant de gauche, partisan d'un accord de paix avec les Palestiniens, il se fit connaître dans le monde entier par ses romans *(Mon Michaël, La Colline du mauvais conseil, La Troisième Sphère...)*.

les monts **Ozark** ■ Région montagneuse des États-Unis, s'étendant du Missouri à l'Arkansas. Forêts.

Seiji **Ozawa** ■ Chef d'orchestre japonais (1935-2024). Musique japonaise contemporaine ; musique européenne.

Ozoir-la-Ferrière ■ Ville de Seine-et-Marne. 20 712 habitants.

François **Ozon** ■ Réalisateur français (né en 1967). *Huit femmes.*

Mona **Ozouf** ■ Historienne française (née en 1931). Spécialiste des questions d'éducation et de la Révolution française. *L'École, l'Église et la République, 1871-1914 ; La Fête révolutionnaire, 1789-1799.*

Yasujiro **Ozu** ■ Cinéaste japonais (1903-1963). Dans ses films, un style sobre et lent produit une forte tension au sein de situations banales. *Voyage à Tokyo ; Le Goût du saké.*

P

Georg Wilhelm **Pabst** ▪ Cinéaste expressionniste allemand (1885-1967). *Loulou.*

la **PAC,** *Politique agricole commune* ▪ Ensemble des dispositions de l'Union européenne en matière agricole mises en place en 1962.

PACA → Provence-Alpes-Côte d'Azur

Johann **Pachelbel** ▪ Compositeur allemand (v. 1653-1706). Œuvres pour orgue, musique religieuse et musique de chambre. Il influença J.-S. Bach.

les **Pachtouns** ou **Pashtouns** ▪ Populations de langue iranienne (le pachtou ou pashtou), de religion musulmane sunnite, qui vivent dans l'ouest du Pakistan (les Pathans, forme britannique de leur nom) et dans une large partie est de l'Afghanistan (où ils sont majoritaires).

l'océan **Pacifique** ▪ Le plus grand océan de la Terre (180 millions de km^2). Il s'étend entre l'Amérique, l'Antarctique, l'Asie et l'Australie. ► la guerre du **Pacifique.** Conflit qui opposa le Japon et les États-Unis de 1941 à 1945.

Alfredo, dit Al **Pacino** ▪ Comédien américain (né en 1940). Formé à l'Actors Studio, révélé par *Le Parrain* de Coppola, il s'illustra dans tous les genres du cinéma américain.

Francisco Sánchez Gómez, dit **Paco de Lucia** ▪ Guitariste de flamenco espagnol (1947-2014). Doué d'une technique et d'une musicalité exceptionnelles, il fit évoluer le flamenco vers de nouvelles formes.

Pactole ▪ mythol. Fleuve de Lydie dans lequel le roi Midas se lave pour se débarrasser du don de transformer en or tout ce qu'il touche ; après cette opération, le fleuve charrie des paillettes d'or.

Padang ▪ Ville d'Indonésie, capitale de la province de Sumatra-Ouest. 800 000 habitants.

Ignacy **Paderewski** ▪ Homme politique et pianiste polonais (1860-1941). Virtuose de notoriété mondiale, il fut notamment président du Conseil, puis, après 1939, chef du gouvernement polonais en exil.

le gouffre de **Padirac** ▪ Gouffre du Lot.

Padoue, en italien *Padova* ▪ Ville d'Italie, en Vénétie. 204 900 habitants.

Paestum ▪ Ville de l'Italie ancienne, au sud de Naples. Temples grecs.

Pagan ou **Bagan** ▪ Ville de Birmanie centrale, important site bouddhique (2 000 monuments).

Niccoló **Paganini** ▪ Violoniste et compositeur italien (1782-1840). Le plus grand virtuose du violon de son temps, par ailleurs grand guitariste. Il composa des *Caprices* pour violon. Généreux, il aida Berlioz.

Marcel **Pagnol** ▪ Écrivain et cinéaste français (1895-1974). Auteur d'une comédie critique, *Topaze,* de deux célèbres évocations de Marseille, *Marius* et *Fanny*. Il réalisa plusieurs films d'après ses pièces et sur des œuvres de Giono *(Regain, La Femme du boulanger)*. Il publia ensuite ses souvenirs d'enfance et de jeunesse (trois ouvrages, dont *La Gloire de mon père*).

les **Pahlavī** ▪ Dynastie fondée par Rizāh* Chāh, qui régna sur l'Iran de 1925 à 1979.

Nam June **Paik** ▪ Artiste américain et sud-coréen (1932-2006). Précurseur de l'art vidéo.

Paillasse ▪ Personnage de la commedia dell'arte, valet de Pantalon.

Paimpol ▪ Chef-lieu de canton des Côtes-d'Armor, près de Saint-Brieuc. 7 142 habitants.

Paimpont ▪ Commune d'Ille-et-Vilaine. 1 784 habitants. La forêt de Paimpont a été identifiée au XIXe s. avec celle de Brocéliande.

le **Pain de sucre** (en portugais *Pão de açúcar*) ▪ Relief granitique, à l'entrée de la baie de Guanabara, à Rio de Janeiro. 395 m.

Thomas **Paine** ▪ Homme politique et écrivain anglais, émigré en Amérique (1737-1809). Ami de Franklin, auteur d'ouvrages politiques antimonarchiques, il joua son rôle dans l'indépendance des États-Unis et dans la Révolution française.

Paul **Painlevé** ▪ Mathématicien et homme d'État français (1863-1933).

Ian **Paisley** ▪ Pasteur et homme d'État d'Irlande du Nord (1926-2014). Violemment hostile aux catholiques et aux indépendantistes, il fut Premier ministre d'un gouvernement biconfessionnel de 2007 à 2008.

Pa Kin → **Ba Jin**

le **Pakistan** ▪ État d'Asie du Sud. 796 095 km². 207 millions d'habitants. Capitale : Islamabad.

le Grand **Palais** ▪ Édifice parisien construit pour l'Exposition universelle de 1900. Il accueille aujourd'hui des expositions, des salons et des spectacles. ► le Petit **Palais** a été construit en face du Grand Palais en 1900. Décoré par Maurice Denis et Albert Besnard, il abrite aujourd'hui des expositions temporaires.

Palaiseau ▪ Chef-lieu d'arrondissement de l'Essonne. 34 750 habitants.

le **Palais-Royal** ▪ Ensemble de bâtiments (XVIIᵉ-XIXᵉ s.) à Paris, bâti pour Richelieu. Il abrite le Conseil d'État, le Conseil constitutionnel et le ministère de la Culture. Les colonnes de Buren sont installées dans la cour d'honneur.

la république des **Palaos,** ou de **Belau** ▪ État insulaire du Pacifique occidental. 488 km². 17 600 habitants. Capitale : Melekeok.

le mont **Palatin** ▪ Une des sept collines de Rome.

le **Palatinat** ▪ Région historique d'Allemagne, sur la rive gauche du Rhin.

Palavas-les-Flots ▪ Commune de l'Hérault. 5 748 habitants. Station balnéaire.

Palembang ▪ Port d'Indonésie. 1,4 million d'habitants.

Palenque ▪ Ancienne cité maya du Mexique. Site archéologique.

les **Paléologues** ▪ Famille byzantine qui régna sur Constantinople de 1261 à 1453. → **Byzance.**

Palerme, en italien *Palermo* ▪ Ville d'Italie (Sicile). 686 700 habitants.

la **Palestine** ▪ Région historique du Proche-Orient. Terre promise des Hébreux, elle englobe aujourd'hui les territoires de l'État d'Israël, de Cisjordanie et la bande de Gaza. En novembre 1988, Yasser Arafat, chef de l'OLP, proclama la création d'un État palestinien, qui est devenu un État observateur non-membre à l'ONU en 2012. Depuis 2006, la bande de Gaza est sous contrôle du Hamas, la Cisjordanie reste dirigée part l'Autorité palestinienne dominée par le Fatah.

Giovanni Pierluigi da **Palestrina** ▪ Compositeur italien de musique sacrée (v. 1525-1594).

Bernard **Palissy** ▪ Céramiste et savant français (v. 1510-v. 1589). Travail des émaux.

Andrea **Palladio** ▪ Architecte italien (1508-1580). Il travailla surtout à Vicence (villa Rotonda ; théâtre olympique) et à Venise. Il fut le fondateur de l'architecture néo-classique.

Pallas ▪ mythol. grecque Surnom de la déesse Athéna.

Palma de Majorque, en espagnol *Palma de Mallorca* ▪ Ville d'Espagne (Baléares). 402 044 habitants. Monuments gothiques.

Jacopo Negretti, dit **Palma il Vecchio,** en français *Palma le Vieux* ▪ Peintre italien (v. 1480-1528). Il acheva des œuvres de Giorgione, peignit des scènes religieuses et des portraits. ► **Palma il Giovanni,** en français *Palma le Jeune,* son petit-neveu (1544-1628). Il est l'auteur de grandes compositions religieuses et un représentant du maniérisme à Venise.

Las **Palmas** ▪ Ville d'Espagne (Canaries). 377 200 habitants.

Olof **Palme** ▪ Homme d'État (social-démocrate) suédois (1927-1986). Premier ministre de 1969 à 1976 et de 1982 à sa mort (il fut assassiné).

lord **Palmerston** ▪ Homme politique britannique (1784-1865).

Palmyre ▪ Oasis du désert de Syrie. Vestiges de l'anc. ville détruite en 273.

Palo Alto ▪ Ville des États-Unis (Californie), au sud de la baie de San Francisco. 58 600 habitants. Université de Stanford, à l'origine de la Silicon Valley.

le mont **Palomar** ▪ Montagne de Californie, au nord-est de San Diego. 1 871 m. Observatoire astronomique dont le plus grand télescope (celui de Hale) possède un objectif de 5 m de diamètre.

Palos ou **Palos de Moguer** ▪ Port d'Espagne, au fond du golfe de Cadix, d'où Christophe Colomb s'embarqua pour les Indes (occidentales), c'est-à-dire l'Amérique (1492).

Pamiers ▪ Chef-lieu d'arrondissement de l'Ariège. 15 938 habitants.

le **Pamir** ▪ Région montagneuse d'Asie centrale. 7 719 m au Kongur Tagh.

la **Pampa** ▪ Vaste plaine au centre de l'Argentine.

Pampelune, en espagnol *Pamplona* ▪ Ville d'Espagne (Navarre). 195 943 habitants.

Ohran **Pamuk** ▪ Écrivain turc (né en 1952). Il évoque les déchirements de la société turque *(Le Livre noir)* et ses rapports à l'Occident, notamment à travers un retour sur le passé ottoman *(Le Château blanc ; Mon nom est Rouge)*. Prix Nobel 2006.

Pan ▪ mythol. grecque Dieu des Bergers et des Troupeaux.

le **Panamá** ▪ État d'Amérique centrale. 75 517 km². 4 millions d'habitants. Capitale : Panamá (430 000 habitants). ► le canal de **Panamá** perce l'isthme du même nom, entre l'Atlantique et le Pacifique.

Paname ▪ Nom populaire de Paris.

Pandore ▪ mythol. grecque Première femme de l'humanité, qui ouvre la boîte contenant les misères humaines qui se répandent sur la Terre.

la **Pangée** ▪ Continent unique formé de la quasi-totalité des continents actuels il y a 200 à 300 millions d'années, qui a donné naissance au Gondwana et à la Laurasie.

le **Pangée** ▪ Massif montagneux de Grèce, en Macédoine, 1 956 m.

René **Panhard** ▪ Ingénieur français (1841-1908). Il fonda avec Émile Levassor (1844-1897) la société Panhard et Levassor, en 1886, pour exploiter les brevets de Daimler : ils construisirent la première automobile à essence.

Panjab ou **Pendjab** ▪ Région partagée entre le Pakistan et l'Inde. ► **Province du Pakistan.** 205 345 km². 110 millions d'habitants. Capitale : Lahore. ► **État du N. de l'Inde.** 50 300 km². 30 millions d'habitants. Capitale : Chandigarh.

Emmeline Goulden, Mrs **Pankhurst** ▪ Féministe britannique (1858-1928). Elle milita pour le droit de vote des femmes dans son pays (obtenu en 1918).

Erwin **Panofsky** ▪ Historien et théoricien de l'art américain d'origine allemande (1892-1968). Il élabora une théorie de la représentation artistique, faisant revivre la science des «icones» (signes fondés sur la ressemblance). *Essais d'iconologie.*

Pantagruel ▪ Héros de Rabelais, fils du géant Gargantua.

Pantalon ▪ Personnage de la commedia dell'arte, type de vieillard avare et grivois.

le **Panthéon** ▪ Temple de Rome construit en 27 avant J.-C. ► le **Panthéon.** Église de Paris construite par Soufflot, lieu de sépulture de grandes personnalités.

les **Panthères noires,** en anglais *Black Panthers* ▪ Organisation de protection et de libération des communautés noires des États-Unis (1966-1973).

Pantin ▪ Chef-lieu de canton de Seine-Saint-Denis, près de Bobigny. 60 419 habitants.

Panurge ▪ Personnage de Rabelais.

Pasquale (ou Pascal) **Paoli** ▪ Militaire et homme politique corse (1725-1807). Il fut général de l'armée corse et vainquit les Génois, organisant et développant ensuite son pays. Quand la France acquit la Corse (1768), il combattit les Français, dut s'exiler, revint en Corse en 1790, puis s'opposa à la Convention (1793), s'alliant à l'Angleterre, qui l'évinça.

Georgios **Papandréou** ▪ Homme politique (social-démocrate) grec (1888-1968). ► Andréas **Papandréou,** son fils (1919-1996). Premier ministre (socialiste) de 1981 à 1989 et de 1993 à 1996.

Papeete ▪ Chef-lieu de la Polynésie française, dans l'île de Tahiti. 26 926 habitants.

Franz von **Papen** ▪ Officier allemand (1879-1969). Ambassadeur en Autriche, il prépara l'Anschluss.

Denis **Papin** ▪ Physicien français (1647-1714). Il inventa la machine à vapeur.

les **Papous** ▪ Population de Nouvelle-Guinée et des îles voisines. ► la **Papouasie-Nouvelle-Guinée.** État d'Océanie (est de la Nouvelle-Guinée). 462 840 km². 7,2 millions d'habitants. Capitale : Port Moresby. ► la **Papouasie occidentale.** Partie occidentale de la Nouvelle-Guinée, qui forme une province de l'Indonésie. 442 000 km². 3,2 millions d'habitants. Capitale : Jayapura.

l'île de **Pâques** ▪ Île du Pacifique, à l'ouest du Chili, dont elle dépend. 118 km². 6 300 habitants. Statues géantes d'une civilisation ancienne.

Theophrast Bombast von Hohenheim, dit en latin Paracelsus, en français **Paracelse** ▪ Médecin et alchimiste suisse (v. 1493-1541). Il appliqua à la médecine la théorie alchimique des correspondances entre microcosme (l'homme) et macrocosme (l'univers), critiquant Galien et Avicenne, et contribua à la naissance de la chimie.

Le **Paraclet** ▪ Abbaye fondée en 1129 par Abélard.

Les **Paradis artificiels** ▪ Œuvre de Baudelaire (1860).

Sarkis Iossifovitch Paradjanian, dit Sergueï **Paradjanov** ▪ Cinéaste géorgien d'origine arménienne (1924-1990). *Sayat Nova.*

Paradoxe sur le comédien ▪ Essai de Diderot (v. 1773, remanié en 1778).

le **Paraguay** ▪ Rivière d'Amérique du Sud, affluent du Paraná. 2 200 km. ► le **Paraguay.** État d'Amérique du Sud. 406 752 km². 7 millions d'habitants. Capitale : Asunción.

Brice **Parain** ▪ Philosophe français (1897-1971). Son œuvre explore les paradoxes du langage.

Paramaribo ▪ Capitale du Suriname. 242 900 habitants.

le **Paraná** ▪ Fleuve d'Amérique du Sud qui rejoint le río de la Plata. 3 300 km. ► État du Brésil, dans le sud du pays. Près de 200 000 km². 10,4 millions d'habitants. Capitale : Curitiba.

Les **Parapluies de Cherbourg** ▪ Film musical français de Jacques Demy (1964), musique de Michel Legrand, avec Catherine Deneuve.

Paray-le-Monial ▪ Ville de Saône-et-Loire. 9 218 habitants. Basilique romane.

le **Parc des Princes** ▪ Stade parisien (XVIe arrondissement). Construit sur le site d'un vélodrome (1897), le stade a été inauguré en 1972.

Par-delà le bien et le mal ▪ Ouvrage philosophique de Nietzsche (1886).

Ambroise **Paré** ▪ Chirurgien français (v. 1509-1590). Père de la chirurgie moderne.

Les **Parents terribles** ▪ Drame de Jean Cocteau (1938).

Vilfredo **Pareto** ▪ Économiste et sociologue italien (1848-1923). Il a travaillé sur la division hiérarchique de la société.

Paris ▪ Capitale de la France, sur la Seine, chef-lieu de la Région Île-de-France et département [75]. 105 km². 2,15 millions d'habitants (agglomération 10,86 millions). ► le **Grand Paris.** Métropole constituée en 2016 qui réunit 131 communes. ► les conférences de **Paris.** Conférence (18 janvier 1919-10 août 1920) qui élabora le pacte de la SDN. Conférence (25 avril-12 juillet 1946) qui fixa les frontières de la Bulgarie, de la Hongrie et de la Roumanie. Conférence (29 juillet-15 octobre 1946) qui prépara les traités de Paris. ► les traités de **Paris.** Traité signé en 1229 entre Louis IX et Raymond VII de Toulouse, qui mit fin à la croisade des Albigeois. Traité signé en 1763 par la France, la Grande-Bretagne et le Portugal, qui mit fin à la guerre de Sept Ans. Traité signé en 1814, qui permit à la France de retrouver ses frontières de 1792. Traité signé en 1856, qui marqua la fin de la guerre de Crimée. Traités signés en 1947, qui contraignirent l'Italie, la Roumanie, la Bulgarie, la Hongrie et la Finlande à verser des indemnités aux puissances victorieuses et à leur céder les territoires conquis. ► les accords de **Paris** sur le climat → **Kyoto.**

Pâris ▪ mythol. grecque Fils de Priam. En enlevant Hélène, il provoqua la guerre de Troie.

le Bassin **parisien** ▪ Vaste région sédimentaire française.

Charlie **Parker** ▪ Saxophoniste alto et compositeur de jazz américain (1920-1955). Il forma un quintette avec Dizzy Gillespie, puis joua avec Miles Davis. Il fut surnommé *Bird* («l'oiseau»). Tant sur le plan mélodique et harmonique que du phrasé, son style a renouvelé le jazz.

Rosa Louise **Parks** ▪ Couturière américaine (1913-2005). En 1955, elle refusa de céder sa place à un Blanc dans un bus ; elle devint un emblème de la lutte contre la ségrégation raciale aux États-Unis.

le **Parlement européen** ▪ Institution, créée en 1967, qui partage le pouvoir législatif de l'Union européenne avec le Conseil de l'Union, dont les députés sont élus au suffrage universel direct. Le nombre de députés nationaux est proportionnel à la population de chacun des pays membres.

Parme, en italien *Parma* ▪ Ville d'Italie (Émilie-Romagne). 163 500 habitants. Cathédrale et baptistère romano-gothiques.

Parménide ▪ Penseur grec (v. 544-v. 450 avant J.-C.). Le père de l'ontologie.

Antoine Augustin **Parmentier** ▪ Savant français qui répandit la culture de la pomme de terre (1737-1813).

le **Parmesan** ▪ Peintre italien (1503-1540). Le maître du maniérisme.

le **Parnasse** ▪ Montagne de Grèce. 2 457 m. mythol. grecque Séjour favori des Muses. ► le **Parnasse.** Groupe littéraire français de la fin du XIXe s., affirmant la gratuité de l'art. → **Leconte de Lisle, Heredia.**

Charles Stewart **Parnell** ▪ Homme politique autonomiste irlandais (1846-1891).

Paros ▪ Île grecque (Cyclades). Marbre.

les trois **Parques** ▪ mythol. romaine Divinités du Destin. Elles filent et coupent le fil de la vie des humains.

Martin **Parr** ▪ Photographe britannique (né en 1952). Il s'est attaché à rendre le banal digne d'intérêt.

Parsifal ▪ Héros de la mythologie germanique qui, par le courage et la chasteté, parvient à reconquérir le Saint Graal. On le nomme aussi Perceval. ► **Parsifal.** Opéra de Wagner(1882).

Partage de midi ▪ Drame de Paul Claudel (1905).

Parthenay ▪ Chef-lieu d'arrondissement des Deux-Sèvres. 10 108 habitants.

le **Parthénon** ▪ Temple d'Athéna bâti au Ve s. avant J.-C. sur l'Acropole à Athènes.

les **Parthes** ▪ Ancien peuple d'Iran qui constitua un empire (v. 250 avant J.-C.-224 apr. J.-C.).

Les **Particules élémentaires** ▪ Roman de Michel Houellebecq (1998).

Blaise **Pascal** ▪ Physicien, mathématicien, philosophe et écrivain français (1623-1662). Nombreux et importants travaux concernant notamment l'hydrostatique, la géométrie et le calcul infinitésimal. *Les Provinciales.* Il écrivit un chef-d'œuvre de réflexion psychologique et religieuse, dans un style libéré des contraintes du classicisme, les *Pensées.*

Giovanni **Pascoli** ▪ Poète italien (1855-1912). Poèmes lyriques d'inspiration bucolique et antique.

le **Pas-de-Calais** [62] ▪ Département français de la Région Hauts-de-France. 6 672 km². 1,46 million d'habitants. Chef-lieu : Arras. Chefs-lieux d'arrondissement : Béthune, Boulogne-sur-Mer, Calais, Lens, Montreuil-sur-Mer, Saint-Omer.

les **Pashtouns** → **Pachtouns**

Pasiphaé ▪ mythol. grecque Épouse de Minos.

Pier Paolo **Pasolini** ▪ Cinéaste et écrivain italien (1922-1975). *Œdipe roi, Théorème, Saló ou les Cent Vingt Journées de Sodome* sont des films à la fois lyriques et provocateurs. Son œuvre littéraire comprend des poèmes, des récits, des essais.

Étienne **Pasquier** ▪ Humaniste et historien français (1529-1615). *Recherches de la France.*

Passion selon saint Jean ▪ Œuvre de J.-S. Bach (composée en 1724).

Passion selon saint Matthieu ▪ Œuvre de J.-S. Bach (composée en 1727).

Passy ▪ Ancienne commune de la Seine, absorbée par la ville de Paris (XVIe arrondissement) en 1860.

Boris Leonidovitch **Pasternak** ▪ Écrivain russe de l'époque soviétique (1890-1960). Poète en vers et en prose, ami de Maïakovski, il célébra la révolution *(L'Année 1905).* Dans les années 1930, il revint à une inspiration personnelle et publia ses souvenirs *(Sauf-conduit).* Il fut mis à l'écart par le régime, et son grand roman, *Le Docteur Jivago* (1957), fut interdit en URSS. Prix Nobel 1958.

Louis **Pasteur** ▪ Savant français, un des créateurs de la microbiologie (1822-1895). Il mit au point le vaccin contre la rage. ► l'institut **Pasteur.** Établissement scientifique fondé en 1888.

Michel **Pastoureau** ▪ Historien de l'art français (né en 1947). Il a étudié les animaux, en tant que mythes, et les couleurs.

la **Patagonie** ▪ Région du sud de l'Argentine.

Joachim **Patenier** ou **Patinir** ▪ Peintre flamand (v. 1480-1524). Élève de Quentin Metsys, il intégra ses compositions religieuses dans de vastes paysages. Il peut être considéré comme le premier paysagiste européen.

Émile **Pathé** (1860-1937) et Charles **Pathé** (1863-1957) ▪ Ingénieurs français qui fondèrent en France l'industrie du disque et fabriquèrent les premières pellicules pour le cinéma.

maître Pierre **Pathelin** ▪ Personnage principal d'une comédie du Moyen Âge, composée entre 1456 et 1469.

Patmos ▪ Île grecque au sud de Samos (Dodécanèse). Selon la tradition, saint Jean y aurait écrit l'Apocalypse.

Patna ▪ Ville d'Inde (Bihar). 2 millions d'habitants.

Patras ▪ Port de Grèce (Péloponnèse). 195 000 habitants.

saint **Patrick** ou **Patrice** ▪ Évangélisateur et patron de l'Irlande (v. 389-461).

Patrocle ▪ Héros de *L'Iliade*. Compagnon d'Achille, tué par Hector.

George **Patton** ▪ Général américain, spécialiste des chars (1885-1945). Il débarqua au Maroc (1942), puis commanda la IIIe armée américaine après le débarquement en Normandie (1944).

Pau ▪ Chef-lieu des Pyrénées-Atlantiques. 75 665 habitants. Anc. capitale du Béarn. Château. ► le gave de **Pau,** rivière des Pyrénées occidentales. 120 km.

saint **Paul** ▪ Apôtre du christianisme (v. 10-v. 62). Auteur d'*Épîtres*.

Paul ▪ Nom de six papes. ► **Alexandre Farnèse,** dit **Paul III.** Pape de 1534 à sa mort (1468-1549). Il fut à l'origine de la Contre-Réforme. ► **Paul VI.** Pape de 1963 à sa mort (1897-1978). Canonisé en 2018.

Paul Ier ▪ (1754-1801) Empereur de Russie de 1796 à son assassinat.

Paul et Virginie ▪ Roman de Bernardin de Saint-Pierre (1788).

Jean **Paulhan** ▪ Écrivain français (1884-1968). Théoricien de la littérature, éditeur, il fut un personnage important des lettres françaises. *Les Fleurs de Tarbes.*

Wolfgang **Pauli** ▪ Physicien suisse d'origine autrichienne (1900-1958). Il fut l'un des fondateurs de la physique quantique.

la chapelle **Pauline** ▪ Chapelle vaticane (XVIe s.) dont les murs ont été peints par Michel-Ange.

Linus **Pauling** ▪ Chimiste américain (1901-1994).

Pausanias ▪ Voyageur et géographe grec, auteur d'une *Description de la Grèce* en dix livres (IIe s.).

Luciano **Pavarotti** ▪ Ténor italien (1935-2007). Il interpréta l'opéra italien du XIXe s.

Cesare **Pavese** ▪ Écrivain italien (1908-1950). Romans d'un style sobre et grave. *La Plage ; Le Métier de vivre ; Le Bel Été.*

Pavie ▪ Ville d'Italie (Lombardie). 71 200 habitants. Monuments anc. François Ier y fut vaincu par Charles Quint en 1525.

Ivan **Pavlov** ▪ Physiologiste russe (1849-1936). Découverte du réflexe conditionné.

Le **Paysan de Paris** ▪ Récit de Louis Aragon (1926).

les **Pays-Bas,** en néerlandais *Nederland* ▪ État d'Europe, sur la mer du Nord. 41 500 km² (dont 7 637 km² de plans d'eau). 17,5 millions d'habitants. Capitale : Amsterdam, La Haye étant le siège du gouvernement.

les **Pays de la Loire** → **Loire**

Octavio **Paz** ▪ Poète mexicain (1914-1998). D'ascendance amérindienne, il recherche dans les deux cultures, aztèque et espagnole, «l'essentiel mexicain». Son inspiration est lyrique, privilégiant l'amour et la liberté, dans «le cauchemar de l'histoire». *Pierre de soleil ; L'Arc et la Lyre ; Le Labyrinthe de la solitude.* Prix Nobel 1990.

La **Paz** ▪ Capitale de la Bolivie. 760 000 habitants.

le **PCF** (Parti communiste français) ▪ Créé en 1920.

Giuseppe **Peano** ▪ Logicien et mathématicien italien (1858-1932). Il présenta l'ensemble des domaines mathématiques dans un langage formalisé.

Pearl Harbor ▪ Base navale américaine des îles Hawaii. L'attaque surprise des Japonais (7 déc. 1941) provoqua l'entrée en guerre des États-Unis.

Lester Bowles **Pearson** ▪ Homme politique (libéral) canadien (1897-1972).

Robert **Peary** ▪ Explorateur américain (1856-1920). Il atteignit, le premier, le pôle Nord (1909).

Peau d'Âne ▪ Conte en vers de Charles Perrault (1694).

La **Peau de chagrin** ▪ Roman de Balzac (1831).

Pêcheur d'Islande ▪ Roman de Pierre Loti (1886).

Pech Merle ▪ Colline de la commune de Cabrerets (Lot) où fut découverte, en 1922, une grotte ornée de peintures préhistoriques.

Sam **Peckinpah** ▪ Cinéaste américain (1926-1984). Westerns d'un réalisme violent, démythifiant la figure du héros. *La Horde sauvage ; Les Chiens de paille ; Pat Garrett et Billy le Kid.*

sir Robert **Peel** ▪ Homme politique (conservateur) britannique (1788-1850).

Pégase ▪ mythol. grecque Cheval ailé, symbole de l'inspiration poétique.

Charles **Péguy** ▪ Écrivain français (1873-1914). Socialiste, patriote et mystique, il est l'auteur d'une œuvre politique et sociale dans une prose scandée et répétitive. En vers, sa poésie conserve ce caractère de litanie, dans les versets puissants du *Mystère de la charité de Jeanne d'Arc*, de la *Tapisserie de Notre-Dame*, d'*Ève* et d'autres grands poèmes.

Ieoh Ming **Pei** ▪ Architecte américain d'origine chinoise (1917-2019). Pyramide du Louvre, à Paris, Bank of China à Hong Kong et musée d'Art islamique de Doha (avec Wilmotte).

Charles Sanders **Peirce** ▪ Logicien, philosophe et épistémologue américain (1839-1914).Il est le fondateur de la sémiotique.

Pékin ou **Beijing** ▪ Capitale de la République populaire de Chine. 16,44 millions d'habitants (municipalité autonome : 16 800 km^2 ; 19,6 millions d'habitants). La Cité interdite.

les **Pélasges** ▪ Habitants primitifs de la Grèce.

Edison di Nascimento, dit **Pelé** ▪ Footballeur brésilien (1940-2022). Surnommé le «roi Pelé», considéré comme le meilleur joueur de tous les temps. Il fut ministre des Sports (1994-1998).

la montagne **Pelée** ▪ Volcan de la Martinique. 1 397 m. Éruption en 1902.

Pelléas ▪ Héros de légende, demi-frère du vieux Golaud, tombé amoureux de Mélisande, la jeune femme de Golaud, et tué par ce dernier. ► **Pelléas et Mélisande :** pièce de Maeterlinck, drame musical de Debussy (1902).

Silvio **Pellico** ▪ Écrivain italien (1789-1854). Libéral, patriote, il fut condamné à mort comme carbonaro par les Autrichiens, emprisonné puis gracié. Il devint, en Italie, le symbole du patriote martyrisé par les despotes étrangers. *Francesca da Rimini* (tragédie) ; *Mes prisons* (Mémoires).

le **Péloponnèse** ▪ Presqu'île du sud de la Grèce. ► la guerre du **Péloponnèse,** de 431 à 404 avant J.-C., opposa Sparte à Athènes, qui fut vaincue.

le **Pelvoux** ▪ Massif des Alpes, dans l'Oisans. 4 102 m à la barre des Écrins.

Krzysztof **Penderecki** ▪ Compositeur polonais (1933-2020). *Psaumes de David.*

le **Pendjab** → **Panjab**

Pénélope ▪ Femme d'Ulysse, dans *L'Odyssée*. Symbole de fidélité conjugale.

Daniel **Pennac** ▪ Écrivain français (né en 1944). Saga policière burlesque : *La Fée Carabine, La Petite Marchande de prose, Monsieur Malaussène.*

la chaîne **Pennine** ▪ Monts du nord de l'Angleterre. 893 m au Cross Fell.

la **Pennsylvanie** ▪ État du nord-est des États-Unis. 117 413 km^2. 12,3 millions d'habitants. Capitale : Harrisburg. Villes principales : Philadelphie, Pittsburgh.

Giuseppe **Penone** ▪ Sculpteur italien (né en 1947). Représentant de l'Arte povera («art pauvre»).

Roger **Penrose** ▪ Physicien britannique (né en 1931). Recherches sur les trous noirs. Prix Nobel 2020.

Les **Pensées** ▪ Notes de Pascal, recueillies après sa mort (1670).

Le **Penseur** ▪ Bronze de Rodin (1904).

le **Pentagone** ▪ Édifice en forme de pentagone abritant le secrétariat d'État à la Défense et l'état-major des forces armées des États-Unis, à Washington.

le **Pentateuque** ▪ Nom grec donné aux cinq premiers Livres de la Bible.

Penthésilée ▪ mythol. grecque Reine des Amazones, tuée par Achille à la guerre de Troie.

Penza ▪ Ville de Russie. 518 200 habitants.

Pépin le Bref ▪ (714-768) Roi des Francs de 751 à sa mort. Fils de Charles Martel et père de Charlemagne, il fonda la dynastie des Carolingiens.

Perceval → **Parsifal**

le **Perche** ▪ Région de l'ouest du Bassin parisien.

Charles **Percier** ▪ Architecte français (1764-1838). Auteur avec Fontaine des principales œuvres du premier Empire.

Georges **Perec** ▪ Romancier et poète français (1936-1982). Inventaire de la vie contemporaine *(Les Choses)* et recherches formelles (*La Disparition*, écrit sans la lettre *e*). *La Vie mode d'emploi ; Je me souviens.*

Le **Père Goriot** ▪ Roman d'Honoré de Balzac (1834-1835).

les frères **Pereire** ▪ Jacob Émile (1800-1875) et Isaac (1806-1880) : hommes d'affaires français. Ils favorisèrent l'essor des transports et des finances sous le second Empire.

le cimetière du **Père-Lachaise** ▪ Cimetière parisien (quartier de Ménilmontant), aménagé en 1804 sur le site d'un domaine où résida le Père de La Chaize, confesseur de Louis XIV de 1675 à 1709.

Shimon **Peres** ▪ Homme d'État (travailliste) israélien (1923-2016). Président de l'État d'Israël de 2007 à 2014.

Javier **Pérez de Cuellar** ▪ Homme politique et diplomate péruvien (1920-2020). Il fut secrétaire général de l'ONU de 1982 à 1992.

Benito **Pérez Galdós** ▪ Écrivain espagnol (1843-1920). *Épisodes nationaux.*

Pergame, aujourd'hui **Bergama** ▪ Ancienne ville d'Asie Mineure, capitale d'un royaume hellénistique (IIIe-IIe s. avant J.-C.). 59 400 habitants.

Louis **Pergaud** ▪ Écrivain français (1882-1915). Auteur de récits pleins d'émotion sur le monde rural *(La Guerre des boutons).*

Jean-Baptiste **Pergolèse,** en italien *Giovanni* (ou *Giovan*) *Battista Pergolesi* ▪ Compositeur italien (1710-1736). Il a composé des opéras *(La Servante maîtresse)*, de la musique religieuse (dont un *Stabat Mater*), des sonates et des concertos. Son style est inventif et très expressif.

Jacopo Peri ▪ Compositeur italien (1561-1633). Il a composé le premier opéra complet de l'histoire de la musique, *Euridice* (1600), pour le mariage de Marie de Médicis et d'Henri IV.

Gabriel **Péri** ▪ Homme politique français (1902-1941). Député communiste, fusillé par les Allemands.

Périclès ▪ Homme politique athénien, auteur de grandes réformes démocratiques (v. 495-429 avant J.-C.).

Casimir **Perier** ▪ Banquier français, ministre de Louis-Philippe (1777-1832).

dom Pierre **Pérignon** ▪ Bénédictin français (1638-1715). Il perfectionna la fabrication du champagne.

le **Périgord** ▪ Région historique du sud-ouest de la France (qui fait aujourd'hui partie du département de la Dordogne).

Périgueux ▪ Chef-lieu de la Dordogne. 29 255 habitants. Vestiges gallo-romains. Cathédrale restaurée au XIXe s.

Perm ▪ Ville de Russie. 1 million d'habitants.

Constant **Permeke** ▪ Peintre et sculpteur belge (1886-1952). Les formes puissantes de ses tableaux, peints dans les ocres et les bruns, ont une force expressive exceptionnelle.

Pernambouc ▪ État du Brésil, dans le Nordeste. 8,8 millions d'habitants. Un des premiers établissements portugais, en 1534.

Juan Domingo **Perón** ▪ (1895-1974) Président de la République argentine de 1946 à 1955 et de 1973 à sa mort.

Péronne ▪ Chef-lieu d'arrondissement de la Somme. 7 444 habitants.

Pérotin ▪ Compositeur français (XIIIe s.). Musique polyphonique.

le **Pérou** ▪ État d'Amérique du Sud. 1 285 215 km². 32,6 millions d'habitants. Capitale : Lima.

Pérouse, en italien *Perugia* ▪ Ville d'Italie (Ombrie). 149 100 habitants. Monuments anciens.

Perpignan ▪ Chef-lieu des Pyrénées-Orientales. 118 032 habitants. Palais des rois de Majorque (XIIIe-XIVe s.). Cathédrale gothique.

Charles **Perrault** ▪ Écrivain français (1628-1703). Auteur des *Contes de ma mère l'Oye.* ▸ Claude **Perrault,** son frère (1613-1688), architecte. On lui attribue la colonnade du Louvre.

Dominique **Perrault** ▪ Architecte français (né en 1953). Bibliothèque nationale de France, site François-Mitterrand, à Paris.

Auguste **Perret** ▪ Architecte français (1874-1954). Théâtre des Champs-Élysées.

Le **Perreux-sur-Marne** ▪ Ville du Val-de-Marne. 33 697 habitants.

Charlotte **Perriand** ▪ Architecte d'intérieur et designer française (1903-1999). Elle s'est intéressée au logement collectif et aux nécessités fonctionnelles de l'habitat.

Jean **Perrin** ▪ Physicien français (1870-1942). Théorie atomique.

Georges Poulot, dit Georges **Perros** ▪ Écrivain français (1923-1978). Auteur de poèmes, d'aphorismes d'une grande originalité. *Papiers collés.*

Perros-Guirec ▪ Ville des Côtes-d'Armor. 7 149 habitants. Station balnéaire.

François **Perroux** ▪ Économiste français (1903-1987). Théoricien de l'équilibre entre capitalisme privé et secteur étatisé. *Théorie générale du progrès.*

la **Perse** ▪ Ancien nom de l'Iran. Deux grands empires sont issus de la Perse → **Achéménides, Sassanides.**

Persée ▪ mythol. grecque Héros vainqueur de la Méduse.

Perséphone ▪ mythol. grecque Divinité enlevée par Hadès qui en fit la reine des Enfers, la *Proserpine* des Romains.

Persépolis ▪ Anc. capitale de l'Empire perse. Ruines du palais de Darios le Grand.

John **Pershing** ▪ Général américain (1860-1948).

le golfe **Persique** ou **Arabo-Persique** ▪ Bras de mer entre l'Iran et l'Arabie. Pétrole.

Perth ▪ Ville d'Australie (Australie-Occidentale). 1,5 million d'habitants.

le col du **Perthus** ▪ Passage des Pyrénées-Orientales. 290 m.

le **Pérugin** ▪ Peintre italien (v. 1445-1523). Maître de Raphaël.

Pesaro ▪ Ville d'Italie, dans les Marches, sur l'Adriatique. 91 000 habitants.

Peshawar ▪ Ville du nord-ouest du Pakistan. 1,9 million d'habitants.

Thomas **Pesquet** ▪ Spationaute français (né en 1978).

Pessac ▪ Ville de la Gironde, banlieue de Bordeaux. 65 866 habitants. Viticulture. Aérospatiale.

Fernando **Pessoa** ▪ Poète portugais (1888-1935). *Poemas de Alberto Caeiro ; Odes de Ricardo Reis.* Son œuvre poétique est répartie entre les personnalités fictives, mais affirmées, de plusieurs signataires, ses «hétéronymes» : Alberto Cairo, Alvaro de Campos, Ricardo Reis.

La **Peste** ▪ Roman d'Albert Camus (1947).

Philippe **Pétain** ▪ Maréchal de France et homme d'État français (1856-1951). Vainqueur de Verdun en 1916, chef de l'État français de 1940 à 1944 (→ gouvernement de **Vichy).** Condamné à mort en 1945 (peine commuée en détention à perpétuité).

la **Petchora** ▪ Fleuve de Russie. 1 809 km.

Peter Pan ▪ Personnage créé par James Barrie, qui incarne la permanence de l'enfant dans l'adulte.

Anne Alexandre Sabès, dit **Pétion** ▪ (1770-1818) Premier président et fondateur de la république d'Haïti de 1807 à sa mort.

Marius **Petipa** ▪ Danseur et chorégraphe français (1818-1910).

Roland **Petit** ▪ Danseur et chorégraphe français (1924-2011). Directeur de plusieurs compagnies de ballets.

Petit-Bourg ▪ Ville de la Guadeloupe sur l'île de Basse-Terre. 24 412 habitants.

Le **Petit Chaperon rouge** ▪ Conte de Charles Perrault (1697).

Le **Petit Chose** ▪ Roman d'Alphonse Daudet (1868).

La **Petite Fadette** ▪ Roman de George Sand (1849).

Le **Petit Poucet** ▪ Conte de Charles Perrault (1697).

Le **Petit Prince** ▪ Conte d'Antoine de Saint-Exupéry (1943).

Sándor **Petőfi** ▪ Poète et patriote hongrois (1823-1849). D'origine populaire, il écrivit des poèmes romantiques, amoureux et patriotiques dans une langue simple et belle. Il joua un grand rôle dans la révolution de 1848, s'engagea dans l'armée hongroise et fut tué au combat.

Pétra, auj. **al-Baṭrā** ▪ Anc. capitale des Nabatéens, en Jordanie. Tombeaux.

Pétrarque ▪ Poète et humaniste italien (1304-1374). Il pensait que l'immortalité lui viendrait de son œuvre en latin, mais ce sont les poèmes amoureux du *Canzoniere* (suscités par sa passion pour Laure de Noves) qui lui valurent, outre la postérité, une influence durable sur la poésie lyrique européenne (le «pétrarquisme», par exemple chez Ronsard).

Petrograd → **Saint-Pétersbourg**

Pétrone ▪ Romancier latin (mort en 65). Auteur présumé du *Satiricon.*

Pétrouchka ▪ Ballet, musique et livret de Stravinski, chorégraphie de Fokine (1911).

Armand **Peugeot** ▪ Industriel français de l'automobile (1849-1915).

les **Peuls** ▪ Peuple de pasteurs musulmans d'Afrique de l'Ouest.

la Grande **Peur** ▪ Révolte des paysans français en juillet-août 1789.

Antoine **Pevsner** ▪ Sculpteur français d'origine russe, frère de Naum Gabo (1886-1962). *Manifeste réaliste.*

Pierre Culliford, dit **Peyo** ▪ Auteur belge de bandes dessinées (1928-1992). Il créa plusieurs personnages, et notamment les Schtroumpfs (1958).

Roger **Peyrefitte** ▪ Écrivain français (1907-2000). Auteur remarqué du roman *Les Amitiés particulières*, il écrivit des satires de la diplomatie, du Vatican, de la franc-maçonnerie.

Pézenas ▪ Ville de l'Hérault. 7 857 habitants.

Phaéton ▪ mythol. grecque Fils d'Hélios, foudroyé par Zeus en conduisant le char de son père.

Phaïstos ▪ Ancienne ville de Crète, site minoen détruit vers 1 400 avant J.-C. En 1908, on y a découvert un disque d'argile recouvert d'une écriture inconnue.

Pharos ▪ Île de l'Égypte ancienne, près d'Alexandrie, où était érigé un phare.

Pharsale ▪ Ville de Grèce (Thessalie). Pompée y fut vaincu par César en 48 avant J.-C.

les **Phéaciens** ▪ mythol. grecque Dans *L'Odyssée*, peuple de navigateurs (habitant l'île de Skeria, peut-être Corfou) chez lequel Ulysse est recueilli, après un naufrage, par Nausicaa, la fille du roi.

Phébus → **Apollon**

Phèdre ▪ mythol. grecque Épouse de Thésée dont l'histoire a inspiré Euripide (-431), Sénèque (v. 61) et Corneille (1665).

Phèdre ▪ Fabuliste latin (15 avant J.-C.-50).

Michael **Phelps** ▪ Nageur américain (né en 1985). 28 médailles olympiques (6 médailles d'or à Athènes en 2004, le nombre record de 8 aux Jeux de Pékin, en 2008, 4 à Londres en 2012 et 5 à Rio en 2016).

la **Phénicie** ▪ Contrée de l'Antiquité, sur le littoral syro-palestinien.

Les **Phéniciennes** ▪ Tragédie d'Euripide (410 avant J.-C.).

le **Phénix** ▪ mythol. égyptienne Oiseau qui se brûle sur un bûcher et renaît de ses cendres.

Phidias ▪ Le plus célèbre sculpteur de l'art classique grec (v. 490-430 avant J.-C.).

Philadelphie ▪ Port de la côte est des États-Unis (Pennsylvanie). 1,5 million d'habitants (agglomération 6,2 millions).

Philémon et Baucis ▪ mythol. grecque Couple légendaire. À leur mort, ils furent transformés par Zeus en arbres.

Gérard **Philipe** ▪ Comédien français (1922-1959). Il triompha au théâtre *(Le Cid ; Le Prince de Hombourg)* et au cinéma *(Le Diable au corps ; Fanfan la Tulipe)*.

saint **Philippe** ▪ Apôtre de Jésus qui aurait été crucifié vers 80.

Philippe ▪ Nom de plusieurs souverains européens.
1 ROI DES BELGES ► **Philippe Ier** (né en 1960). A succédé à son père Albert II, en 2013.
2 DUCS DE BOURGOGNE ► **Philippe II le Hardi** (1342-1404). Duc de 1363 à sa mort. ► **Philippe III le Bon** (1396-1467). Duc de 1419 à sa mort. Il constitua un État puissant.
3 SOUVERAINS D'ESPAGNE ► **Philippe Ier le Beau** (1478-1506). Souverain des Pays-Bas de 1482 à sa mort, roi de Castille à partir de 1504. ► **Philippe II** (1527-1598). Fils de Charles Quint, roi d'Espagne de 1556 à sa mort et roi du Portugal à partir de 1580. Il s'efforça de faire triompher le catholicisme. ► **Philippe V** (1683-1746). Roi d'Espagne de 1700 à sa mort, petit-fils de Louis XIV. ► **Philippe VI** → **Felipe VI.**
4 ROIS DE FRANCE ► **Philippe Ier** (1052-1108). Roi de 1060 à sa mort. ► **Philippe II Auguste** (1165-1223). Roi de 1180 à sa mort. Il agrandit le domaine royal. ► **Philippe III le Hardi** (1245-1285). Roi de 1270 à sa mort. ► **Philippe IV le Bel** (1268-1314). Roi de 1285 à sa mort. Il renforça l'appareil d'État et lutta contre le pape Boniface VIII. ► **Philippe V le Long** (v. 1294-1322). Roi de 1316 à sa mort. ► **Philippe VI de Valois** (1294-1350). Roi de 1328 à sa mort. Son règne fut marqué par le début de la guerre de Cent Ans.
5 SOUVERAIN DES PAYS-BAS ► **Philippe Ier le Beau** → 2. souverains d'Espagne, **Philippe Ier.**

Philippe II ▪ (v. 382-336 avant J.-C.) Roi de Macédoine de 359 à sa mort. Père d'Alexandre le Grand.

Édouard **Philippe** ▪ Homme d'État français (né en 1970). Premier ministre d'Emmanuel Macron de 2017 à 2020.

Philippe de Vitry ▪ Compositeur français (1291-1361). *Ars nova musicae.*

Philippe Égalité → maison d'**Orléans**

les **Philippines** ▪ Archipel et État d'Asie du Sud-Est. 300 000 km². 108 millions d'habitants. Capitale : Manille.

les **Philistins** ▪ Anc. peuple de Palestine.

Philoctète ▪ Tragédie de Sophocle (409 avant J.-C.).

Philon d'Alexandrie ▪ Philosophe juif de langue grecque (v. 20 avant J.-C.-50).

Phnom Penh ▪ Capitale du Cambodge sur le Mékong. 2 millions d'habitants.

Phocée ▪ Ancienne ville d'Asie Mineure (Ionie). Les Phocéens fondèrent Marseille.

Phoenix ▪ Ville des États-Unis (Arizona). 1,4 million d'habitants.

Photios ou **Photius** ▪ Patriarche de Constantinople qui lutta contre le pape (v. 820-895).

la **Phrygie** ▪ Ancienne région d'Asie Mineure.

Phuket ▪ Petite île de Thaïlande, centre touristique important sur la côte de la péninsule malaise (tsunami en décembre 2004).

Édith Giovanna Gassion, dite Édith **Piaf** ▪ Chanteuse française (1915-1963). Découverte par un directeur de music-hall, alors qu'elle chantait dans les rues, elle devint célèbre grâce à sa personnalité et à son style vocal envoûtant.

Jean **Piaget** ■ Philosophe des sciences et psychologue suisse (1896-1980). Étudiant le développement de l'intelligence chez l'enfant, il créa une théorie génétique de la connaissance (l'épistémologie) et écrivit de nombreux livres sur ce thème, fondant une école influente.

Maurice **Pialat** ■ Cinéaste français (1925-2003). Films souvent autobiographiques consacrés notamment à l'enfance et aux difficultés des relations humaines. *Sous le soleil de Satan* (Palme d'or à Cannes) ; *Van Gogh*.

Renzo **Piano** ■ Architecte italien (né en 1937). Auteur avec R. Rogers du Centre Georges-Pompidou, à Paris. Nombreux musées et tours (tour Shard à Londres).

Francis **Picabia** ■ Peintre français (1879-1953). Collages dadaïstes.

la **Picardie** ■ Anc. province de France et anc. région administrative française → **Hauts-de-France.**

Pablo **Picasso** ■ Peintre, graveur et sculpteur espagnol (1881-1973). Par la succession déconcertante de styles très différents et également inventifs, son influence sur l'art moderne est capitale. Il fut l'un des créateurs du cubisme. *Les Demoiselles d'Avignon ; Guernica.*

Auguste **Piccard** ■ Physicien suisse (1884-1962). Inventeur du bathyscaphe.

Giovanni **Pic de La Mirandole** ■ Humaniste italien (1463-1494). Grand érudit.

Charles **Pichegru** ■ Général français (1761-1804).

les **Pictes** ■ Peuple de l'Écosse ancienne.

Pie ■ Nom de douze papes. ► saint **Pie V** (1504-1572), pape de 1566 à sa mort. Il continua la Contre-Réforme. ► **Pie VII** (1742-1823), pape de 1800 à sa mort, en lutte avec Napoléon. ► **Pie IX** (1792-1878), pape de 1846 à sa mort. Il promulgua les dogmes de l'Immaculée Conception et de l'infaillibilité pontificale. ► saint **Pie X** (1835-1914), pape de 1903 à sa mort. Il condamna le modernisme. ► **Pie XI** (1857-1939), pape de 1922 à sa mort. Il signa les accords du Latran. ► **Pie XII** (1876-1958), pape de 1939 à sa mort.

Les **Pieds Nickelés** ■ Héros de bandes dessinées créés en 1908 par Louis Forton.

le **Piémont,** en italien *Piemonte* ■ Région administrative de l'Italie du Nord. 25 400 km². 4,21 millions d'habitants. Chef-lieu : Turin.

Piero de' Franceschi, dit **Piero della Francesca** ■ Peintre italien (v. 1416-1492). Dans ses fresques et ses tableaux, il fait la synthèse des recherches sur la perspective de l'école florentine et de la construction spatiale par la couleur et les valeurs plastiques (plus que par le trait) inaugurée par Masaccio, Mantegna et les peintres flamands. *L'Histoire de la vraie croix,* fresques d'Arezzo.

saint **Pierre** ■ Le premier des douze apôtres. Premier évêque de Rome, il fut martyrisé en 64.

Pierre ■ Nom de plusieurs souverains.
1 EMPEREURS DU BRÉSIL ► **Pierre Ier** (1798-1834). Il proclama l'indépendance du pays et en devint l'empereur de 1822 à 1831. Il fut roi de Portugal (sous le nom de Pierre IV) de 1826 à 1834. ► **Pierre II** (1825-1891). Empereur de 1831 à 1889. Il abolit l'esclavage en 1888.
2 ROI DE CASTILLE ► **Pierre le Cruel** (1334-1369), roi de 1350 à sa mort.
3 ROIS DE PORTUGAL ► **Pierre Ier le Justicier** (1320-1367). Roi de 1357 à sa mort. Époux d'Inès de Castro. ► **Pierre II** (1648-1706). Roi de 1683 à sa mort. Il fit reconnaître l'indépendance du Portugal par l'Espagne.
4 TSARS DE RUSSIE ► **Pierre Ier,** dit **Pierre le Grand** (1672-1725). Empereur de 1682 à sa mort. Il modernisa son pays et fonda Saint-Pétersbourg. ► **Pierre III** (1728-1762). Il fut empereur en 1762, assassiné à l'instigation de sa femme Catherine II.
5 ROI DE SERBIE ► **Pierre Ier Karageorgévitch** (1844-1921). Roi de Serbie de 1903 à 1918, puis de Yougoslavie de 1918 à sa mort.

Henri Grouès, dit l'abbé **Pierre** ■ Prêtre français (1912-2007). Résistant pendant la Seconde Guerre mondiale, un temps député (1945-1951), il fonda la communauté des chiffonniers d'Emmaüs en 1949. Il consacra sa vie à la lutte contre la pauvreté et l'injustice sociale.

Pierre-Bénite ■ Ville du Rhône, banlieue de Lyon. 10 508 habitants.

Pierre et Gilles ■ Artistes français (nés en 1950 et 1953). Photographies, retouchées à la peinture, kitsch et provocatrices.

Pierre et le Loup ■ Conte musical de Serge Prokofiev (1936).

Pierre l'Ermite ■ Religieux français, un des chefs de la première croisade (v. 1050-1115).

le gouffre de la **Pierre-Saint-Martin** ■ Profond gouffre (1 358 m) des Pyrénées-Atlantiques.

Pierrot ■ Personnage de la commedia dell'arte. Rêveur, il est habillé de blanc et a la tête enfarinée.

Pierrot le Fou ■ Film français de Jean-Luc Godard (1965), avec Jean-Paul Belmondo.

André **Pieyre de Mandiargues** ■ Écrivain français (1909-1991). Après des poèmes en prose d'inspiration surréaliste, il écrivit des récits où un érotisme cruel se mêle au fantastique.

Jean-Baptiste **Pigalle** ■ Sculpteur français (1714-1785). Mausolée du maréchal de Saxe à Strasbourg.

Édouard **Pignon** ▪ Peintre français (1905-1993). Ses œuvres d'inspiration sociale unissent des couleurs proches de celles de Matisse à un graphisme inspiré par le cubisme.

Ernest **Pignon-Ernest** ▪ Artiste de street art français (né en 1942). Il colle sur les murs des figures à taille humaine affirmant son engagement politique.

Thomas **Piketty** ▪ Économiste français (né en 1971). Il conduit des recherches sur la question des inégalités liées à la naissance, à l'héritage, au patrimoine et aux revenus dans les pays développés à économie de marché. *L'Économie des inégalités ; Le Capital au* XXI*e siècle*.

dune du **Pilat** ▪ Plus haute dune d'Europe (environ 105 m), sur le bassin d'Arcachon.

Ponce **Pilate** ▪ Préfet romain de la Judée (Ier s.). Il abandonna Jésus aux juifs, qui voulaient sa mort.

François **Pilâtre de Rozier** ▪ Aéronaute français (1754-1785). Il réalisa le premier vol en montgolfière (1783).

La déclaration de **Pillnitz** ▪ Déclaration rédigée en 1791 par Léopold II et Frédéric-Guillaume, invitant les souverains d'Europe à soutenir la royauté française.

Germain **Pilon** ▪ Sculpteur français de la Renaissance (v. 1537-1590).

Pilsen → Plzeň

Józef **Piłsudski** ▪ (1867-1935) Homme politique et maréchal polonais au pouvoir de 1918 à sa mort.

Pincevent ▪ Site préhistorique sur la Seine (époque magdalénienne), près de Montereau (Seine-et-Marne).

Michel **Pinçon** et Monique **Pinçon-Charlot** ▪ Sociologues français. Michel (1942-2022) et Monique (née en 1946). Leurs recherches portent sur la transmission du patrimoine dans la haute bourgeoisie.

Pindare ▪ Poète grec (518-v. 438 avant J.-C.). *Les Épinicies* sont des odes triomphantes.

le **Pinde** ▪ Massif montagneux de Grèce. 2 637 m au Smolikas.

Philippe **Pinel** ▪ Médecin français (1745-1826). Fondateur de la psychiatrie.

Robert **Pinget** ▪ Écrivain et dramaturge français d'origine suisse (1919-1997). Il évoque par le langage un univers instable et dérisoire, rappelant parfois Beckett.

Pinocchio ▪ Personnage de marionnette désobéissant et menteur créé par Carlo Collodi (1826-1890), en 1878. ► Dessin animé de W. Disney (1940).

Augusto **Pinochet** ▪ Général et homme d'État chilien (1915-2006). À la tête de la junte militaire qui renversa S. Allende en 1973, il instaura un régime dictatorial et se maintint au pouvoir jusqu'en 1990.

Harold **Pinter** ▪ Auteur dramatique anglais (1930-2008). Son réalisme laconique, d'une apparente banalité, révèle l'ambiguïté cruelle des rapports humains. *Le Gardien ; L'Anniversaire ; L'Amant ; Le Retour*. Scénario du film *The Servant*, de Joseph Losey. Prix Nobel 2005.

Bernardino di Betto, dit il **Pinturicchio** ▪ Peintre italien (v. 1454-1513). Son œuvre est abondante, ornée et fastueuse ; il décora les appartements Borgia au Vatican.

Luigi **Pirandello** ▪ Écrivain et auteur dramatique italien (1867-1936). Un des grands novateurs du théâtre moderne, notamment par le système du «théâtre dans le théâtre». *Six personnages en quête d'auteur*. Un de ses thèmes favoris est la relativité du rapport au réel *(Chacun sa vérité)*. Il écrivit des poèmes, des essais, des romans et plus de deux cents nouvelles, beaucoup décrivant les réalités siciliennes. Prix Nobel 1934.

Piranèse ▪ Graveur italien (1720-1778). Sa vision très personnelle de l'architecture antique est grandiose, alors que ses *Prisons* imaginaires annoncent le romantisme.

Le **Pirée** ▪ Port d'Athènes. 200 000 habitants.

Antonio Pisano, dit **Pisanello** ▪ Peintre et graveur de médailles italien (v. 1395-1455). Il peignit des portraits d'une extrême élégance graphique.

Andrea da Pontedera, dit Andrea **Pisano** ▪ Sculpteur, orfèvre et architecte italien (v. 1290-v. 1349).

Giunta Capitini, dit Giunta **Pisano** ▪ Peintre italien (première moitié du XIIIe s.).

Nicola **Pisano** ▪ Sculpteur et architecte italien (v. 1220-v. 1283). ► Giovanni **Pisano,** son fils, fut également sculpteur et architecte (v. 1248-après 1314).

Pise, en italien *Pisa* ▪ Ville d'Italie, en Toscane. 89 700 habitants. Monuments de style *pisan* : «tour penchée», cathédrale, baptistère.

Pisistrate ▪ Tyran d'Athènes (v. 600-v. 528 avant J.-C.). Son gouvernement marqua une période de prospérité.

Camille **Pissarro** ▪ Peintre français (1830-1903). L'un des maîtres de l'impressionnisme.

Pithiviers ▪ Chef-lieu d'arrondissement du Loiret. 9 067 habitants.

Georges **Pitoëff** ▪ Acteur et animateur de théâtre, français d'origine russe (1884-1939). Il mit en scène de nombreux auteurs modernes.

William Pitt, dit le Premier **Pitt** ▪ Homme politique britannique (1708-1778). ► William Pitt, dit le Second **Pitt,** son fils (1759-1806), lutta contre la France révolutionnaire.

Pittsburgh ▪ Ville des États-Unis (Pennsylvanie). 306 000 habitants (agglomération 2,36 millions).

Francisco **Pizarro** ▪ Conquistador espagnol (v. 1475-1541). Il conquit le Pérou en 1533 et soumit l'Empire inca.

La **Plagne** ▪ Station de sports d'hiver (Savoie), dans la commune de La Plagne Tarentaise.

la **Plaine** ou le **Marais** ▪ Nom donné à la faction modérée de la Convention.

Plaisance, en italien *Piacenza* ▪ Ville d'Italie, en Émilie-Romagne. 95 600 habitants. Nombreux monuments anciens.

Plaisir ▪ Ville des Yvelines. 30 897 habitants.

Roger **Planchon** ▪ Homme de théâtre français (1931-2009). Il dirigea le Théâtre national populaire de Villeurbanne, mit en scène des pièces classiques et ses propres œuvres.

Max **Planck** ▪ Physicien allemand (1858-1947). Créateur de la théorie des quanta.

les **Plantagenêts** ▪ Dynastie angevine qui régna sur l'Angleterre de 1154 à 1485.

Christophe **Plantin** ▪ Imprimeur et éditeur français (1520-1589). Il publia de nombreux ouvrages, dont la troisième des grandes Bibles polyglottes (dite d'Anvers ou de Plantin, 1569-1572). En 1876, son atelier d'Anvers devint le *musée Plantin-Moretus* (nom de son successeur).

Jean Plantureux, dit **Plantu** ▪ Dessinateur et caricaturiste français (né en 1951).

le río de La **Plata** ▪ Estuaire commun de l'Uruguay et du Paraná, entre l'Argentine et l'Uruguay. ► **La Plata.** Ville d'Argentine. 705 000 habitants.

Platée ou **Platées** ▪ Anc. ville de Grèce (Béotie). Victoire des Grecs sur les Perses en 479 avant J.-C.

Michel **Platini** ▪ Footballeur français (né en 1955), il fut l'un des meilleurs joueurs mondiaux, trois fois ballon d'or.

Platon ▪ Philosophe grec (428-348 avant J.-C.). Disciple de Socrate qu'il met en scène dans ses dialogues. Système philosophique fondé sur la seule réalité des idées. Le *Banquet* ; la *République*. Son influence reste immense sur toute la philosophie occidentale.

Plaute ▪ Auteur latin de comédies (v. 254-184 avant J.-C.). *Amphitryon* ; *Les Ménechmes*.

la **Pléiade** ▪ Groupe de sept poètes français du XVIe s., autour de Ronsard et du Bellay.

Pleumeur-Bodou ▪ Commune de Bretagne (Côtes-d'Armor). 3 837 habitants. Centre de télécommunications spatiales jusqu'en 2003.

Ignaz **Pleyel** ▪ Compositeur autrichien (1757-1831). Il se fixa à Paris, où il fonda une fabrique de pianos.

Pline l'Ancien ▪ Écrivain et naturaliste latin (23-79). Il mourut lors de l'éruption du Vésuve. *Histoire naturelle.* ► **Pline le Jeune,** son neveu (61-v. 114). *Lettres.*

Ploërmel ▪ Ville du Morbihan. 9 785 habitants. Église (XVe s.).

Plombières-les-Bains ▪ Chef-lieu de canton des Vosges. 1 566 habitants. Station thermale.

Plomeur ▪ Ville du Finistère. 3 855 habitants.

Plotin ▪ Philosophe grec (v. 205-270). Néoplatonicien. Il s'installa à Rome où il ouvrit une école philosophique. *Ennéades.*

Plougastel-Daoulas ▪ Commune du Finistère, sur une presqu'île de la rade de Brest. 13 277 habitants. La ville possède l'un des plus importants calvaires de Bretagne (plus de 180 statues). Amédée Frézier y acclimata la fraise d'Amérique du Sud à son retour du Brésil (1714).

Ploutos ▪ mythol. grecque Fils de Déméter et Iasion, personnification de la richesse, représenté aveugle.

Plovdiv ▪ Ville de Bulgarie. 338 200 habitants. Vestiges archéologiques.

Plutarque ▪ Historien et moraliste grec (v. 49-v. 125). *Vies parallèles,* admirées par Machiavel, Érasme, traduites en français par Jacques Amyot.

Pluton ▪ Nom latin du dieu grec des Enfers, Hadès, devenu le dieu des Morts dans la religion romaine. ► **Pluton.** Planète naine, qui fut considérée jusqu'en 2006 comme la neuvième planète du système solaire. Diamètre : 2 370 km.

Plymouth ▪ Ville d'Angleterre (Devon). 234 900 habitants. Port militaire.

Plymouth ▪ Ville des États-Unis (Massachusetts). 7 500 habitants. Fondée par les pèlerins anglais du *Mayflower* qui accostèrent en 1620.

Plzeň, en allemand *Pilsen* ▪ Ville de la République tchèque, en Bohême. 173 000 habitants. Brasseries.

le **Pô** ▪ Fleuve d'Italie du Nord. 652 km.

Podgorica, anciennement *Titograd* ▪ Capitale du Monténégro. 186 000 habitants.

Edgar Allan **Poe** ▪ Écrivain américain (1809-1849). Maître du conte fantastique et du récit à énigme. *Les Aventures d'Arthur Gordon Pym* ; *Histoires extraordinaires.* Il fut traduit en français par Baudelaire et par Mallarmé (pour ses poèmes).

Gian Francesco Poggio Bracciolini, dit **Pogge** ▪ Écrivain italien (1380-1459). Humaniste, il rechercha et découvrit des manuscrits d'œuvres classiques et écrivit en latin un recueil d'histoires légères, les *Facéties.*

Poil de Carotte ▪ Nouvelle de Jules Renard (1894).

Henri **Poincaré** ▪ Mathématicien français (1854-1912). Physique mathématique et topologie algébrique.

Raymond **Poincaré** ▪ Cousin du précédent (1860-1934), président de la République française de 1913 à 1920, président du Conseil entre 1922-1924 et 1926-1929.

Pointe-à-Pitre ▪ Chef-lieu d'arrondissement et port de la Guadeloupe. 14 498 habitants.

Pointe-Noire ▪ Port du Congo. 715 334 habitants.

Paul **Poiret** ▪ Couturier français (1879-1944).

Poissy ▪ Ville des Yvelines. 39 731 habitants. Collégiale (XIIe s., restaurée au XIXe s. par Viollet-le-Duc).

Sidney **Poitier** ▪ Acteur et réalisateur américain (1927-2022). Militant pour les droits civiques, premier acteur noir à recevoir un Oscar (1964).

Poitiers ▪ Chef-lieu de la Vienne. 90 033 habitants. Baptistère Saint-Jean (IVe s.). Églises romanes. Cathédrale gothique. Charles Martel y arrêta l'invasion arabe en 732.

le **Poitou** ▪ Anc. province de France. ► **Poitou-Charentes.** Anc. région administrative française.

Roman **Polanski** ▪ Cinéaste français d'origine polonaise (né en 1933). Ses films ont longtemps évoqué un univers clos et angoissant, avec des éléments d'étrangeté et d'humour. *Le Bal des vampires ; Le Pianiste.*

Pôle emploi ▪ Organisme public français chargé de l'emploi (issu de la fusion de l'ANPE et d'organismes d'assurance chomâge en 2008).

Serge **Poliakoff** ▪ Peintre abstrait français d'origine russe (1906-1969). Ses tableaux sont faits de formes planes, simples, asymétriques et d'un riche chromatisme.

Léon **Poliakov** ▪ Historien français du racisme et de l'antisémitisme, d'origine russe (1910-1997).

Polichinelle ▪ Personnage de théâtre comique qui a repris le nom du *Pulcinella* italien, représenté comme un bossu au nez crochu, en habit rouge.

Front **Polisario** *(Front populaire pour la libération de la Saguia el-Hamra et du Río de Oro)* ▪ Mouvement nationaliste sahraoui. Créé en 1943, il conteste le partage du Sahara-Occidental entre Maroc et Mauritanie (1976). Le Front est en lutte contre le Maroc.

le **Politien** ou Ange **Politien,** en italien *Agnolo Ambrogini,* dit *il Poliziano* ▪ Poète italien. Il fut appelé «le prince des humanistes» (1454-1494). Il traduisit en latin les classiques grecs, composa des poèmes en grec, en latin et en italien *(Rimes, Stances).* Auteur du premier drame profane en italien, *La Fable d'Orphée.*

Anna **Politkovskaïa** ▪ Journaliste russe (1958-2006). Elle dénonça les exactions russes pendant et après la guerre en Tchétchénie *(Voyage en enfer : journal de Tchétchénie)* et fut assassinée à Moscou.

Sigmar **Polke** ▪ Peintre et photographe allemand (1941-2010). Œuvre hétéroclite critique du matérialisme et de la société de consommation.

Sydney **Pollack** ▪ Cinéaste et acteur américain (1934-2008). Ton romantique teinté de pessimisme. *On achève bien les chevaux.*

Antonio di Jacopo Benci, dit Antonio del **Pollaiolo** ou **Pollaiuolo** ▪ Orfèvre, sculpteur, peintre et graveur italien (v. 1431-1498). Son thème favori est la représentation du corps humain dans l'effort, au moyen d'un dessin précis et puissant.

Maurizio **Pollini** ▪ Pianiste italien (né en 1942). Il s'illustre dans le répertoire romantique et contemporain.

Jackson **Pollock** ▪ Peintre abstrait américain (1912-1956). Chef de file de l'«action painting» (peinture gestuelle).

Pollux ▪ Frère jumeau de Castor*.

Marco **Polo** ▪ Négociant italien qui voyagea de Venise jusqu'en Chine (v. 1254-1324).

la **Pologne** ▪ État d'Europe centrale. 312 683 km^{2}. 38,1 millions d'habitants. Capitale : Varsovie.

Saloth Sar, dit **Pol Pot** ▪ Homme politique cambodgien (1928-1998). Secrétaire général du Parti communiste khmer (1962), il fut le principal responsable du génocide commis par les «Khmers rouges» envers le peuple khmer.

Poltava ▪ Ville d'Ukraine. 317 000 habitants. Défaite de Charles XII de Suède face à Pierre le Grand en 1709.

Polybe ▪ Historien grec (v. 202-v. 120 avant J.-C.). *Histoires.*

Polyclète ▪ Sculpteur grec (Ve s. avant J.-C.).

Polymnie ou **Polhymnie** ▪ mythol. grecque Une des neuf Muses, protectrice de la pantomime, et à laquelle on attribuait l'invention de la lyre.

la **Polynésie** ▪ Ensemble d'îles du Pacifique à l'est de l'Australie. ► la **Polynésie française.** Pays d'outre-mer français. 3 265 km^{2}. 268 207 habitants. Capitale : Papeete.

Polyphème ▪ mythol. grecque L'un des Cyclopes, fils de Poséidon. Dans *L'Odyssée* d'Homère, il enferme Ulysse et ses compagnons dans sa grotte pour les dévorer. Ulysse le rend aveugle puis tous s'enfuient par ruse.

l'École **Polytechnique** ▪ Établissement public français d'enseignement supérieur et de recherche, créé à Paris en 1794, transféré à Palaiseau en 1976. De vocation scientifique, l'école a été dotée d'un statut militaire par Napoléon en 1804.

Pomaré ▪ Dynastie qui régna à Tahiti de 1762 à 1880. La reine Pomaré (Pomaré IV, 1813-1877) dut accepter en 1843 le protectorat de la France.

le marquis de **Pombal** ▪ (1699-1782) Homme d'État portugais, au pouvoir de 1755 à 1777. Il appliqua un régime de despotisme éclairé.

la **Poméranie** ▪ Région d'Allemagne et de Pologne, sur la Baltique.

Pomerol ▪ Commune de la Gironde, arrondissement de Libourne. 589 habitants. Grands vins rouges (bordeaux).

Pommard ▪ Village de la Côte-d'Or, au sud de Beaune. Grands vins rouges (bourgognes).

Arnaldo **Pomodoro** ▪ Sculpteur italien (né en 1926). Sculptures en bronze, notamment des sphères.

Pomone ▪ mythol. romaine Nymphe protectrice des fruits.

Antoinette Poisson, marquise de **Pompadour** ▪ Favorite de Louis XV (1721-1764). Elle soutint Choiseul et protégea les artistes.

Pompée ▪ Général et homme d'État romain (106-48 avant J.-C.). Il forma avec César et Crassus le premier triumvirat et fut vaincu par César à Pharsale en 48 avant J.-C.

Pompéi ▪ Ville de Campanie détruite par une éruption du Vésuve en 79.

Georges **Pompidou** ▪ (1911-1974) Président de la République française de 1969 à sa mort.

François **Pompon** ▪ Sculpteur français (1855-1933). Sculptures animalières. *L'Ours blanc.*

Pondichéry ou **Pondicherry** ▪ Ville d'Inde. 1,4 million d'habitants. Ancien comptoir français.

Francis **Ponge** ▪ Écrivain français (1899-1988). Ses textes poétiques en prose, descriptions minutieuses et objectives, tentent d'élaborer un langage «enragé d'expression», dans lequel les mots sont la chose, tout en révélant l'élaboration du texte. *Le Parti pris des choses ; Proêmes ; La Fabrique du pré.*

le prince Józef **Poniatowski** ▪ Général polonais et maréchal de France (1763-1813).

Pierre Alexis **Ponson du Terrail** ▪ Écrivain français (1829-1871). Auteur de romans-feuilletons aux intrigues extravagantes, «rocambolesques». *Les Exploits de Rocambole.*

le **Pont** ▪ Ancien royaume d'Asie Mineure, sur le Pont-Euxin.

Pont-à-Mousson ▪ Ville de Meurthe-et-Moselle. 14 357 habitants. Ancienne abbaye des Prémontrés (XVIIIe s.).

Pontarlier ▪ Chef-lieu d'arrondissement du Doubs. 17 738 habitants.

Pontault-Combault ▪ Ville de Seine-et-Marne. 37 579 habitants.

Pont-Aven ▪ Ville du Finistère. 2 831 habitants. ► l'école de **Pont-Aven** réunit des peintres autour de Gauguin, Sérusier, à la fin du XIXe s.

le **Pont-Euxin** ▪ Nom de la mer Noire, dans l'Antiquité grecque.

Pontivy ▪ Chef-lieu d'arrondissement du Morbihan. 15 092 habitants.

Pont-l'Abbé ▪ Ville du Finistère. 8 392 habitants. Ancien château des barons du Pont (XIVe-XVIIIe s.).

Pont-Neuf ▪ Construit entre 1578 et 1607, c'est le plus ancien pont de Paris.

Pontoise ▪ Chef-lieu d'arrondissement du Val-d'Oise, dans l'agglomération de Cergy-Pontoise. 31 973 habitants.

le **Pontormo** ▪ Peintre maniériste italien (1494-1557).

Poona → **Pune**

Alexander **Pope** ▪ Écrivain anglais (1688-1744). Théoricien du classicisme. *Essai sur la critique.*

Popeye ▪ Personnage comique de marin, créé en 1929 par Elzie Segar (1894-1938).

le **Popocatépetl** ▪ Le plus grand volcan du Mexique. 5 393 m.

Aleksandr **Popov** ▪ Ingénieur russe (1859-1906). Pionnier de la radiodiffusion.

sir Karl **Popper** ▪ Philosophe autrichien naturalisé britannique (1902-1994). Sa *Logique de la découverte scientifique* conduit à abandonner les preuves de vérité au profit de la possibilité de réfutation (ce qui n'est pas réfutable n'est pas scientifique). Il est aussi l'auteur de textes de philosophie politique.

Pornic ▪ Ville de la Loire-Atlantique. 16 886 habitants. Station balnéaire.

Pornichet ▪ Ville de la Loire-Atlantique. 11 828 habitants. Station balnéaire.

Porphyre ▪ Philosophe grec d'origine syrienne (234-305). Il fut le disciple de Plotin.

Porquerolles ▪ Une des îles d'Hyères (France), en Méditerranée.

Le **Port** ▪ Ville de la Réunion. 32 619 habitants. Principal port de l'île.

Michel **Portal** ▪ Clarinettiste et compositeur français (né en 1935). Interprète de musique classique et de jazz (free-jazz).

Port-au-Prince ▪ Capitale et port d'Haïti. 2,47 millions d'habitants.

l'île de **Port-Cros** ▪ Une des îles d'Hyères, en Méditerranée.

Port Elizabeth → **Nelson Mandela City**

Cole **Porter** ▪ Auteur-compositeur américain de comédies musicales (1891-1964). *Night and Day, Begin the Beguine.*

les **Portes de fer** n. f. pl. ▪ Défilé du Danube, entre la Serbie et la Roumanie.

Port-Gentil ■ Port du Gabon. 79 200 habitants.

Port Harcourt ■ Port du Nigeria. 703 400 habitants.

Porthos ■ Personnage d'Alexandre Dumas. Il est l'un des trois mousquetaires.

Portland ■ Port des États-Unis (Oregon). 583 800 habitants.

Port Louis ■ Capitale de l'île Maurice. 148 600 habitants.

Port Moresby ■ Capitale de la Papouasie-Nouvelle-Guinée. 364 100 habitants.

Porto ■ Port du Portugal, sur l'estuaire du Douro. 127 500 habitants (zone urbaine 739 200). Vins réputés.

Porto Alegre ■ Ville et port du sud du Brésil (Rio Grande do Sul). 1,4 million d'habitants.

Port of Spain ou **Port d'Espagne** ■ Capitale de Trinité-et-Tobago. 58 000 habitants (agglomération 300 000).

Porto-Novo ■ Capitale du Bénin. 264 300 habitants.

Porto Rico, en espagnol *Puerto Rico* ■ Île des Antilles et État associé aux États-Unis. 8 897 km². 3,7 millions d'habitants. Capitale : San Juan.

Porto-Vecchio ■ Ville de la Corse-du-Sud. 11 040 habitants. Station balnéaire.

Le **Portrait de Dorian Gray** ■ Roman d'Oscar Wilde (1891).

l'abbaye de **Port-Royal-des-Champs** ■ Abbaye de femmes près de Chevreuse, qui fut le siège du jansénisme. Détruite sur ordre de Louis XIV (1710).

Port-Saïd ■ Port d'Égypte, sur la Méditerranée à l'entrée du canal de Suez. 751 000 habitants.

Portsmouth ■ Port du sud de l'Angleterre (Hampshire). 238 000 habitants.

Port-Soudan ■ Port du Soudan, sur la mer Rouge. 308 200 habitants.

le **Portugal** ■ État d'Europe dans le sud-ouest de la péninsule Ibérique. 92 072 km². 13,3 millions d'habitants. Capitale : Lisbonne.

Port-Vendres ■ Ville des Pyrénées-Orientales. 3 995 habitants. Station balnéaire.

Christian Urvoy de **Portzamparc** ■ Architecte français (né en 1944). Cité de la Musique à Paris.

Poséidon ■ mythol. grecque Dieu de la Mer, le *Neptune* des Romains.

La **Possession** ■ Ville de la Réunion. 33 370 habitants.

le **Potala** ■ Résidence d'hiver du dalaï-lama, sur la Colline rouge à Lhassa, au Tibet, depuis le VIIe siècle. Reconstruit au XVIIe s., c'est aujourd'hui un musée.

Grigori **Potemkine** ■ Feld-maréchal et homme politique russe, favori de Catherine II (1739-1791).

le cuirassé **Potemkine** ■ Cuirassé russe où une mutinerie éclata en 1905 (sujet d'un film d'Eisenstein).

Jan **Potocki** ■ Historien et écrivain polonais de langue française (1761-1815). Il est l'auteur d'un récit fantastique, *Manuscrit trouvé à Saragosse*.

le **Potomac** ■ Fleuve des États-Unis qui arrose Washington. 640 km.

Potsdam ■ Ville d'Allemagne (Brandebourg). 147 700 habitants. Palais de Sans-Souci élevé pour Frédéric II.

Beatrix **Potter** ■ Écrivaine et dessinatrice britannique (1866-1943). Créatrice de l'espiègle petit lapin Peter Rabbit (Pierre Lapin), de l'oie Sophie Canétang et de leurs amis.

Alexandre **Pouchkine** ■ Écrivain russe (1799-1837). Considéré comme le plus grand poète classique russe. *Eugène Onéguine*.

Iemelian **Pougatchev** ■ Chef cosaque (v. 1742-1775). Il leva une armée de paysans contre Catherine II (1773-1774).

les **Pouilles** n. f. pl. ■ Région administrative du sud de l'Italie. 19 347 km². 4,02 millions d'habitants. Chef-lieu : Bari.

Pierre **Poujade** ■ Homme politique français (1920-2003). Sa position antifiscale et nationaliste étroite a suscité le mot *poujadisme*.

Francis **Poulenc** ■ Compositeur français du groupe des Six (1899-1963). Sa première manière, élégante et subtile, est illustrée par une œuvre variée (piano, mélodies, concertos...). Il élabora ensuite une œuvre plus concentrée, surtout religieuse, avec des motets, des cantates, un *Stabat Mater*, l'opéra *Dialogue des carmélites*, d'après Bernanos.

Raymond **Poulidor** ■ Coureur cycliste français (1936-2019). Vainqueur de courses importantes, il fut plusieurs fois deuxième du Tour de France, entraînant la sympathie générale pour son courage dans la malchance.

Le **Pouliguen** ■ Ville de la Loire-Atlantique. 4 024 habitants. Station balnéaire.

Ezra **Pound** ■ Poète et critique américain (1885-1972). Outre des poèmes et une œuvre politique fascisante, il a laissé un ensemble de pièces expérimentales, les *Cantos*, qui sont un des sommets de la poésie du XXe s.

Pour qui sonne le glas ■ Roman d'Ernest Hemingway (1940).

Henri **Pourrat** ■ Écrivain français (1887-1959). Il évoqua l'Auvergne dans ses romans *(Gaspard des montagnes)* et en fut le folkloriste (*Le Trésor des contes*, 13 vol.).

le col du **Pourtalet** ■ Col des Pyrénées-Atlantiques. 1 794 m.

Nicolas **Poussin** ▪ Peintre français (1594-1665). Le sens du mythe, l'harmonie des compositions, la beauté des couleurs, en font l'un des plus grands peintres classiques européens.

Vladimir **Poutine** ▪ Homme d'État russe (né en 1952). Président (2000-2008), Premier ministre et à nouveau président de Russie depuis 2012. Il déclencha une guerre contre l'Ukraine en 2022.

P'ou-yi → **Puyi**

Earl Rudolph, dit Bud **Powell** ▪ Pianiste et compositeur de jazz américain (1924-1966). Son inventivité en fait le pianiste le plus influent de sa génération, avec Thelonious Monk.

John Cowper **Powys** ▪ Écrivain britannique (1872-1963). Son œuvre manifeste un symbolisme visionnaire et une vision panthéiste du monde.

Poznań ▪ Ville de Pologne. 565 000 habitants.

Prades ▪ Chef-lieu d'arrondissement des Pyrénées-Orientales. 6 081 habitants. Festival de musique créé par Pablo Casals en 1950.

le **Prado** ▪ Musée de peinture situé à Madrid.

Prague ▪ Capitale de la République tchèque (Bohême). 1,3 million d'habitants. Monuments gothiques et baroques : Hradčany, cathédrale Saint-Guy, pont Charles, palais.

Praia ▪ Capitale des îles du Cap-Vert. 64 000 habitants.

Prato ▪ Ville d'Italie, en Toscane. 172 500 habitants. Monuments et œuvres d'art.

Hugo **Pratt** ▪ Auteur de bande dessinée italien (1927-1995). *Corto Maltese.*

Praxitèle ▪ Sculpteur athénien (IVe s. avant J.-C.). Il est considéré comme le modèle de la perfection classique. *Aphrodite.*

les **Préalpes** n. f. pl. ▪ Montagnes calcaires qui bordent les Alpes.

Les **Précieuses ridicules** ▪ Comédie de Molière (1659).

Angelin **Preljocaj** ▪ Danseur et chorégraphe français d'origine albanaise (né en 1957). Chorégraphies rigoureuses et athlétiques.

Otto **Preminger** ▪ Cinéaste américain d'origine autrichienne (1906-1986). Une réalisation précise et l'importance des dialogues donnent à ses films un caractère classique.

Presbourg → **Bratislava**

le traité de **Presbourg** ▪ Traité signé le 26 décembre 1805 entre l'Autriche et la France après la bataille d'Austerlitz.

Elvis **Presley** ▪ Chanteur de rock américain (1935-1977). Il fut considéré comme le « roi » *(the King)* du genre musical et suscita un véritable culte.

Pretoria ▪ Capitale de l'Afrique du Sud. 3 millions d'habitants (conurbation de Tshwane).

Jacques **Prévert** ▪ Poète français (1900-1977). *Paroles ; Spectacle.* Grâce et ironie, jeux de langage et émotion animent une poésie faite pour tous. Ses dialogues et scénarios de films, réalisés par Marcel Carné, sont mémorables.

l'abbé **Prévost** ▪ Écrivain français (1697-1763). Romancier prolifique, il est l'auteur d'un long roman, *Mémoires et Aventures d'un homme de qualité,* qui contient *L'Histoire du chevalier Des Grieux et de Manon Lescaut.*

Priam ▪ mythol. grecque Dernier roi de Troie.

Priape ▪ mythol. grecque Dieu de la Fécondité, adopté par les Romains.

Joseph **Priestley** ▪ Chimiste anglais (1733-1804). Découverte du rôle de l'oxygène.

Ilya **Prigogine** ▪ Chimiste belge d'origine russe (1917-2003). Thermodynamique.

le **Primatice** ▪ Peintre et décorateur italien (1504-1570).

Miguel **Primo de Rivera** ▪ (1870-1930) Général et homme politique espagnol. Il prit le pouvoir en 1923 et instaura une dictature (1923-1930).

Le **Prince** ▪ Traité de philosophie politique de Machiavel (1513).

l'île du **Prince-Édouard** ▪ Île et province du Canada. 5 660 km². 142 907 habitants. Capitale : Charlottetown.

le **Prince Noir** → **Édouard d'Angleterre**

La **Princesse de Clèves** ▪ Roman de Madame de La Fayette (1678).

Princeton ▪ Ville des États-Unis, dans le New Jersey. 12 300 habitants. Université.

Le **Printemps** ▪ Tableau de Botticelli (v. 1478).

Priština ou **Pristina** ▪ Capitale du Kosovo. 490 000 habitants.

Privas ▪ Chef-lieu de l'Ardèche. 8 567 habitants.

Le **Procès** ▪ Roman de Franz Kafka (1914, publié en 1925).

le **Proche-Orient** ou **Moyen-Orient** ▪ Région de la Méditerranée orientale, appelée aussi Levant.

Proclus ou **Proclos** ▪ Philosophe grec néoplatonicien (412-485). Adversaire des chrétiens, il est l'auteur de commentaires philosophiques (Platon, Euclide), littéraires et théologiques.

Procuste ▪ mythol. grecque Brigand qui torturait les voyageurs.

Romano **Prodi** ▪ Homme d'État italien (né en 1939). Président du Conseil (centre gauche) de 1996 à 1998 et de 2006 à 2008. Président de la Commission européenne de 1999 à 2004.

Sergueï **Prokofiev** ▪ Compositeur russe (1891-1953). Il est l'auteur de ballets *(Roméo et Juliette)*, d'opéras *(L'Amour des trois oranges)*, de symphonies *(Symphonie classique)*, de concertos pour piano et d'un conte musical *(Pierre et le loup)*.

Prométhée ▪ mythol. grecque Titan qui déroba le feu du ciel afin de le donner aux hommes. Il fut puni par Zeus.

Prométhée enchaîné ▪ Tragédie d'Eschyle (après 467 avant J.-C.).

Properce ▪ Poète latin (v. 47-15 avant J.-C.).

Vladimir Iakovlevitch **Propp** ▪ Folkloriste russe (1895-1970). Il analysa la structure des contes populaires, dégageant des fonctions narratives élémentaires.

les **Propylées** n. m. pl. ▪ Entrée monumentale de l'Acropole d'Athènes, composée d'un corps central et de deux ailes (437-431 avant J.-C.).

Proserpine ▪ mythol. romaine Divinité des Enfers, la *Perséphone* des Grecs.

Protagoras ▪ Sophiste grec (Ve s. avant J.-C.). On lui doit la maxime : «L'homme est la mesure de toute chose.» Platon l'oppose à Socrate dans le dialogue qui porte son nom.

Protée ▪ mythol. grecque Fils de Poséidon. Il avait le don de changer de forme.

Pierre Joseph **Proudhon** ▪ Théoricien socialiste français, précurseur de l'anarchisme (1809-1865).

Marcel **Proust** ▪ Écrivain français (1871-1922). Après un récit autobiographique qui ne sera publié que longtemps après sa mort, *Jean Santeuil*, il entreprit un grand roman dont les diverses parties forment *À la recherche du temps perdu*. Dans cette œuvre, la réflexion sur la littérature et la création artistique fait partie de la fiction et de l'acte narratif même, nourri d'une pénétration psychologique admirable.

la **Provence** ▪ Anc. province du sud-est de la France. ► la Région **Provence-Alpes-Côte d'Azur.** Région administrative du sud-est de la France. Six départements : Alpes-de-Haute-Provence, Alpes-Maritimes, Bouches-du-Rhône, Hautes-Alpes, Var et Vaucluse. 31 400 km^2. 5,10 millions d'habitants. Chef-lieu : Marseille. La Région emploie également la dénomination «Région Sud».

le Livre des **Proverbes** ▪ Livre de la Bible, recueil de maximes attribuées au roi Salomon.

la république des **Provinces-Unies** ▪ Anc. État du nord des Pays-Bas espagnols, à l'origine des Pays-Bas actuels.

Provins ▪ Chef-lieu d'arrondissement de Seine-et-Marne. 12 115 habitants. Remparts et monuments médiévaux.

Prudence, en latin *Aurelius Prudentius Clemens* ▪ Poète latin chrétien (348-v. 415). Il est l'auteur d'une *Psychomachie* («Combat des âmes» allégorique) qui eut beaucoup de succès au Moyen Âge.

Monsieur Joseph **Prudhomme** ▪ Personnage créé par Henri Monnier en 1830 pour caricaturer les bourgeois français.

Pierre-Paul **Prud'hon** ▪ Peintre français (1758-1823). *Vénus et Adonis*.

la **Prusse** ▪ Anc. État d'Allemagne du Nord.

le **PS** → parti **socialiste**

le Livre des **Psaumes** ▪ Livre de la Bible, recueil de poèmes attribués au roi David.

Michel **Psellos** ▪ Écrivain et homme politique grec (1018-1078). Conseiller de plusieurs empereurs byzantins, il traita de théologie, de philosophie, de sciences, de droit et de grammaire. Il écrivit une chronique de 976 à 1077, la *Chronographie*.

Pskov ▪ Ville de Russie, dans le nord-ouest du pays. 203 000 habitants. L'une des plus anciennes cités de Russie ; monuments (Kremlin) et musées.

Psyché ▪ mythol. grecque Jeune fille aimée par Éros. Symbole de l'âme en quête d'idéal.

Psychose ▪ Film américain d'Alfred Hitchcock (1960).

Ptah ▪ Dieu égyptien de la ville de Memphis, représenté sous forme humaine. Il a donné son nom à l'Égypte antique.

Claude **Ptolémée** ▪ Astronome, mathématicien et géographe grec d'Alexandrie (v. 90-v. 168).

la dynastie des **Ptolémées** ou des **Lagides** ▪ Famille de 15 rois macédoniens qui régna en Égypte de 323 à 30 avant J.-C.

Giacomo **Puccini** ▪ Compositeur italien d'opéras (1858-1924). *La Bohème ; Tosca*.

Puebla ▪ Ville du Mexique, au sud de Mexico. 1,4 million d'habitants.

les **Pueblos** ▪ Indiens du sud-ouest des États-Unis (Hopis, Zuñis).

Puerto Rico → Porto Rico

Samuel, baron von **Pufendorf** ▪ Historien, juriste et philosophe allemand (1632-1694). Son traité, *Du droit de la nature et des gens*, est une théorie du contrat social.

Pierre **Puget** ▪ Sculpteur français, architecte et peintre (1620-1694). *Milon de Crotone*.

le **Puget Sound** ▪ Détroit et fjord sur la côte Pacifique du Canada (Colombie-Britannique) et du nord des États-Unis (État du Washington). Il sépare l'île de Vancouver du continent, face à la ville de Vancouver, puis s'enfonce entre les montagnes. La ville de Seattle se situe sur ses rives.

Luigi **Pulci** ▪ Poète italien (1432-1484). Il est l'auteur d'une épopée burlesque, *Morgant le Géant*.

Joseph **Pulitzer** ▪ Journaliste américain d'origine hongroise (1847-1911). En 1904, il institua le prix qui porte son nom : attribué annuellement depuis 1917, ce prix récompense des œuvres journalistiques, littéraires ou artistiques.

George Mortimer **Pullmann** ▪ Industriel américain (1831-1897). Il fut le premier à fabriquer des «wagons-lits» et des «wagons» (voitures) de luxe, dans les années 1860.

Pune ou **Poona** ▪ Ville d'Inde (Maharashtra). 5 millions d'habitants.

les guerres **puniques** ▪ Guerres qui opposèrent Rome et Carthage (264-146 avant J.-C.).

Punta Arenas ▪ Ville du Chili, capitale de région, dans le sud du pays. 116 000 habitants.

Punta del Este («pointe de l'Est») ▪ Ville et station balnéaire d'Uruguay, jumelée à Maldonado. 133 000 habitants. Plages. Lieu de conférences internationales. Festival de cinéma.

le **Puntland** ▪ Région du nord de la Somalie. 150 000 km². 2 500 000 habitants. Capitale : Garoé. Autonomie déclarée en 1998.

Henry **Purcell** ▪ Compositeur anglais (1659-1695). Son œuvre, très abondante, est marquée par la tradition anglaise, par l'opéra français et la sonate italienne. Des opéras comme *King Arthur* et surtout *Didon et Énée* illustrent une profondeur dramatique exceptionnelle.

Pusan ▪ Port de la Corée du Sud. 3,4 millions d'habitants.

Puteaux ▪ Ville des Hauts-de-Seine. 44 009 habitants.

Putiphar ▪ Dans la Bible, officier du pharaon dont la femme tente de séduire Joseph, alors à son service, puis le fait accuser injustement.

Pierre **Puvis de Chavannes** ▪ Peintre symboliste français (1824-1898).

le **Puy-de-Dôme** [63] ▪ Département français de la Région Auvergne-Rhône-Alpes. 7 954 km². 661 852 habitants. Chef-lieu : Clermont-Ferrand. Chefs-lieux d'arrondissement : Ambert, Issoire, Riom, Thiers.

Le **Puy-en-Velay** ▪ Chef-lieu de la Haute-Loire. 18 947 habitants. Cathédrale romane.

Puyi ou **P'ou-yi** ▪ Dernier empereur de Chine (1906-1967). Il abdiqua en 1912.

le col de **Puymorens** ▪ Passage dans les Pyrénées-Orientales. 1 920 m.

Pygmalion ▪ mythol. grecque Roi légendaire de Chypre. Il épousa une statue (Galatée) qu'il avait sculptée et à laquelle Aphrodite avait donné la vie.

les **Pygmées** ▪ Peuple de petite taille, vivant dans la forêt équatoriale africaine.

Pyla-sur-Mer ▪ Station balnéaire de la Gironde, au sud d'Arcachon (commune de La Teste).

Pylos → **Navarin**

Pyongyang ▪ Capitale de la Corée du Nord. 2,6 millions d'habitants.

les **Pyrénées** n. f. pl. ▪ Chaîne de montagnes qui sépare la France et l'Espagne. Point culminant : le pic d'Aneto, 3 404 m. ► **le traité des Pyrénées** entre la France et l'Espagne, en 1659, attribua le Roussillon à la France. ► **les Pyrénées-Atlantiques** [64]. Département français de la Région Nouvelle-Aquitaine. 7 644 km². 687 240 habitants. Chef-lieu : Pau. Chefs-lieux d'arrondissement : Bayonne, Oloron-Sainte-Marie. ► **les Hautes-Pyrénées** [65]. Département français de la Région Occitanie. 4 504 km². 229 788 habitants. Chef-lieu : Tarbes. Chefs-lieux d'arrondissement : Argelès-Gazost, Bagnères-de-Bigorre. ► **les Pyrénées-Orientales** [66]. Département français de la Région Occitanie. 4 145 km². 482 765 habitants. Chef-lieu : Perpignan. Chefs-lieux d'arrondissement : Céret, Prades.

Pyrrha ▪ mythol. grecque Fille d'Épiméthée et de Pandore, elle épousa Deucalion et repeupla la terre après le Déluge, donnant naissance aux femmes.

Pyrrhon ▪ Philosophe grec (v. 365-275 avant J.-C.). Fondateur du scepticisme.

Pyrrhus ou **Pyrrhos** ▪ Roi d'Épire (v. 319-272 avant J.-C.). Vaincu par les Romains.

Pythagore ▪ Penseur et mathématicien grec (VIe s. avant J.-C.). Il ne reste rien de ses écrits, mais son école fonda la réflexion, à la fois formelle et mystique, sur les nombres et l'espace, qui devint les mathématiques.

Pythéas ▪ Explorateur grec qui, au IVe s. avant J.-C., aurait navigué à l'ouest de l'Europe jusqu'à l'Islande (Thulé).

la **Pythie** ▪ mythol. grecque Prêtresse d'Apollon Python, à Delphes, censée transmettre les oracles du dieu.

Python ▪ mythol. grecque Grand serpent, fils de Gaïa, la Terre, que tue Apollon quand il se rend à Delphes pour fonder un oracle. De là le surnom d'*Apollon Python* (ou *pythien*), les jeux *Pythiques* et la *Pythie*.

Q

les **Qādjārs** ■ Dynastie perse qui régna de 1794 à 1925.

al-**Qaida** (arabe «la base») ■ Organisation créée en 1988 par Oussama Ben Laden pour former des volontaires dans la lutte antisoviétique en Afghanistan, devenue en 1996 un système terroriste international se réclamant de la guerre sainte (djihad) contre l'Occident. En 2007, création de l'AQMI (al-Qaida au Maghreb islamique) et en 2009, de l'AQPA (al-Qaida en péninsule Arabique).

Qaraghandy ■ Ville du Kazakhstan. 497 000 habitants.

l'État du **Qatar** ■ État d'Arabie, sur le golfe Persique. 11 437 km². 2,7 millions d'habitants. Capitale : Doha.

Qianlong ou **K'ien-Long** ■ Empereur de Chine de la dynastie mandchoue (1711-1799), empereur en 1736. Mécène, érudit, son imprévoyance politique le conduisit à abdiquer en 1790.

les **Qing** ou **Ts'ing** ■ Dynastie mandchoue d'empereurs de Chine qui régna de 1644 à 1911.

Qingdao ■ Port de Chine (Shangdong). 3,5 millions d'habitants.

Qin Shi Huangdi → **Shi Huangdi**

Qiqihar ■ Ville de Chine (Heilongjiang). 1,3 million d'habitants.

Qom ou **Qum** ■ Ville d'Iran. 1,2 million d'habitants. Ville sainte du chiisme. Pèlerinage.

le musée du **quai Branly-Jacques-Chirac** ■ Musée de Paris, ouvert en 2006, consacré aux arts et civilisations d'Afrique, d'Asie, d'Océanie et des Amériques (arts non occidentaux, dits aussi arts «premiers»).

le **Quai des brumes** ■ Film de Marcel Carné (1938), d'après le roman de Pierre Mac Orlan, avec Jean Gabin et Michèle Morgan.

le **Quartier latin** ■ Un des plus anciens quartiers de Paris.

Enguerrand **Quarton** ou **Charreton** ■ Peintre français d'origine picarde, actif en Provence de 1444 à 1466.

Quasimodo ■ Personnage de *Notre-Dame de Paris* de Victor Hugo, bossu épris d'Esméralda.

Salvatore **Quasimodo** ■ Poète italien (1901-1968). *La Terre incomparable.*

le lac des **Quatre-Cantons** ■ Lac de Suisse. 114 km².

Étienne Marc **Quatremère** ■ Orientaliste français (1782-1857). Il étudia l'hébreu, le syriaque et surtout le copte.

Les **Quatre Saisons** ■ Ensemble de concertos de Vivaldi (1725).

Quatrevingt-treize ■ Roman de Victor Hugo (1874).

le **Quattrocento** (italien : «quatre cents») ■ Le XVe siècle italien, en art.

le **Québec** ■ Province du Canada. 1 542 056 km². 8,1 millions d'habitants. Capitale : Québec. Ville principale : Montréal. ► **Québec.** Capitale de la province du Québec, fondée en 1608 par le Français Champlain. 531 902 habitants (zone urbaine 715 500).

les **Quechuas** ■ Indiens d'Amérique du Sud.

le **Queens** ■ District de New York.

le **Queensland** ■ État du nord-est de l'Australie. 1 727 200 km². 5 millions d'habitants. Capitale : Brisbane.

Henri **Queffélec** ■ Romancier français, breton (1910-1992). *Un recteur de l'île de Sein* ► Son fils Yann **Queffélec** (né en 1949), romancier au réalisme social souvent sombre. *Les Noces barbares.*

Didier **Queloz** ■ Astrophysicien suisse (né en 1966). En collaboration avec Michel Mayor, il découvrit en 1995 la première exoplanète en orbite autour d'une étoile de type solaire. Prix Nobel de physique 2019.

Raymond **Queneau** ■ Écrivain français (1903-1976). Son œuvre mêle la poésie, l'humour et les jeux de langage (*Zazie dans le métro ; Exercices de style*).

le **Quercy** ■ Région du sud-ouest de la France (Lot, Tarn-et-Garonne).

Querétaro ▪ Ville du Mexique, capitale d'État, au nord-ouest de Mexico. 800 000 habitants. Monuments baroques.

François **Quesnay** ▪ Économiste français (1694-1774). Chef de file des physiocrates.

Adolphe **Quételet** ▪ Mathématicien, astronome et statisticien belge (1796-1874).

Quetzalcóatl ▪ Divinité précolombienne du Mexique représentée comme un serpent à plumes.

Francisco Gómez de **Quevedo** y Villegas ▪ Écrivain espagnol (1580-1645). Poèmes baroques, satires, romans picaresques (*El Buscón* «le filou» ; *Les Songes*).

le **Queyras** ▪ Région des Alpes françaises (Hautes-Alpes). Point culminant : pics de la Font Sancte, 3 385 m.

Quezon City ▪ Ville et anc. capitale des Philippines. 2,9 millions d'habitants.

Quiberon ▪ Commune du Morbihan, dans le sud de la *presqu'île de Quiberon*. 4 659 habitants.

Pascal **Quignard** ▪ Écrivain français (né en 1948). Essais érudits, «*Petits traités*», récits (*Tous les matins du monde*).

Quimper ▪ Chef-lieu du Finistère. 63 473 habitants. Cathédrale gothique.

Quimperlé ▪ Ville du Finistère, sur la Laïta. 12 077 habitants.

Philippe **Quinault** ▪ Auteur dramatique français (1635-1688). Il a écrit les livrets d'opéra de Lully.

Willard Van Orman, dit Willard **Quine** ▪ Logicien américain (1908-2000). Étude logique du langage naturel.

Edgar **Quinet** ▪ Historien français (1803-1875). Il illustra, comme Michelet, une philosophie de l'histoire démocratique et laïque.

Quinte-Curce (en latin *Quintus Curcius Rufus*) ▪ Historien latin (Ier s.), auteur d'une *Histoire d'Alexandre*.

Quintilien ▪ Rhéteur latin (v. 30-v. 100). *Institution oratoire*.

le **Quirinal** ▪ Une des sept collines de Rome. ► le palais du **Quirinal** (XVIe s.), résidence du président de la République.

Quito ▪ Capitale de l'Équateur. 1,6 million d'habitants. Édifices de l'époque coloniale.

Qum → **Qom**

Qumrān ▪ Site archéologique de Cisjordanie où l'on découvrit, entre 1947 et 1956, les *Manuscrits de la mer Morte*.

R

Râ → Rê

Rabat ■ Capitale du Maroc. 573 895 habitants.

Jean Rabe, dit Jean-Joseph **Rabearivelo** ■ Poète malgache (1901-1937). Poèmes en malgache, en français et en espagnol, d'inspiration surréaliste. *Traduit de la nuit.*

François **Rabelais** ■ Écrivain et humaniste français (v. 1483-1553). Humaniste, médecin, pacifiste, admirateur de l'Antiquité et d'une morale naturelle, il a illustré ses idées par des fictions comiques dans une langue incomparable de richesse et d'inventivité, qui enrichit le français et le libéra. *Pantagruel ; Gargantua ; Tiers Livre ; Quart Livre.*

Benjamin **Rabier** ■ Dessinateur français (1864-1939). Histoires d'animaux en images.

Yitzhak **Rabin** ■ Homme d'État israélien (1922-1995). Premier ministre (travailliste) de 1974 à 1977 et de 1992 à sa mort, assassiné par un extrémiste juif opposé à un processus de paix avec l'OLP.

Honorat de Bueil, seigneur de **Racan** ■ Poète français (1589-1670). Pastorales.

Rachel ■ Bible Épouse de Jacob.

Rachi → Rashi

Sergueï **Rachmaninov** ■ Compositeur et pianiste romantique russe (1873-1943).

Jean **Racine** ■ Poète dramatique français, le maître de la tragédie classique française (1639-1699). *Andromaque ; Britannicus ; Bérénice ; Bajazet ; Iphigénie en Aulide ; Phèdre ; Esther ; Athalie.* Ses tragédies montrent la passion comme instrument d'une fatalité divine.

Ann **Radcliffe** ■ Romancière anglaise (1764-1823). L'un des modèles du « roman noir ». *Les Mystères d'Udolphe.*

Alfred Reginald **Radcliffe-Brown** ■ Anthropologue anglais (1881-1955). Études sur les populations des îles Andaman, de Polynésie et d'Australie. Fonctionnaliste, précurseur du structuralisme.

Le **Radeau de la Méduse** ■ Tableau de Géricault (1819).

Stjepan **Radič** [raditʃ] ■ Homme politique croate (1871-1928). Militant nationaliste.

le parti **radical et radical-socialiste** ■ Parti politique français qui domina la vie publique sous la IIIe République.

Raymond **Radiguet** ■ Écrivain français (1903-1923). Très précoce, il écrivit deux romans d'une élégance adolescente et d'une grande maîtrise du récit, *Le Diable au corps* et *Le Bal du comte d'Orgel*, publié après sa mort, à vingt ans.

Radio France ■ Société française d'État de programmes radiodiffusés, créée en 1974, comprenant *France Inter, France Culture, France Musique, France Info,* les stations régionales de *France Bleu, FIP* et le *Mouv'*.

Radio France Internationale (RFI) ■ Société française de radiodiffusion, qui émet dans le monde entier, créée en 1975. Elle est une filiale du groupe France Médias Monde.

sir Henry **Raeburn** ■ Peintre britannique (écossais) (1756-1823). Portraitiste au style plus libre que Reynolds.

la **RAF** (en anglais *Royal Air Force*) ■ Aviation de combat de l'armée de terre et de la marine britanniques, créée en 1918.

Jean-Pierre **Raffarin** ■ Homme d'État français (né en 1948). Premier ministre (UMP) de 2002 à 2005.

Hachemi **Rafsanjani** ou **Rafsandjani** ■ Religieux et homme politique iranien (1934-2017). Président de la République islamique d'Iran de 1989 à 1997. Président du Conseil de discernement et de l'Assemblée des experts de 2007 à 2011.

Raguse → Dubrovnik

La **Raie** ■ Tableau de Chardin (avant 1728).

Raimond → Raymond

Ruggero **Raimondi** ▪ Chanteur (baryton-basse) italien (né en 1941).

Jules Muraire, dit **Raimu** ▪ Acteur français (1883-1946). Interprète de Pagnol. Il a marqué ses rôles de son naturel et de sa faconde.

Le **Raincy** ▪ Chef-lieu d'arrondissement de la Seine-Saint-Denis. 14 753 habitants.

le mont **Rainier** ▪ Volcan des États-Unis, au nord-ouest (État de Washington). 4 391 m. Parc national.

Rainier III ▪ (1923-2005) Prince de Monaco de 1949 à sa mort.

Gilles de **Rais** ou **Retz** ▪ Maréchal de France (1404-1440). Lieutenant de Jeanne d'Arc. Coupable de crimes sur des enfants, il fut exécuté.

Les **Raisins de la colère** ▪ Roman de John Steinbeck (1939), adapté au cinéma par John Ford (1940), avec Henry Fonda.

le **Rajasthan** ▪ État du nord-ouest de l'Inde. 342 214 km². 81 millions d'habitants. Capitale : Jaipur.

László **Rajk** ▪ Homme politique hongrois (1909-1949). Militant communiste, mis en camp de concentration par les nazis, il fut ministre d'Imre Nagy (1946), puis fut accusé de «titisme» par Rákosi et exécuté.

Mariano **Rajoy** ▪ Homme d'État espagnol (né en 1955). Premier ministre (droite populaire) de 2011 à 2018.

Rakka → **Raqqa**

Mátyás **Rákosi** ▪ Homme d'État hongrois (1892-1971). Représentant du stalinisme en Hongrie de 1945 à la mort de Staline (1953). En 1956, il se réfugia en URSS.

sir Walter **Raleigh** ▪ Explorateur anglais (v. 1552-1618).

Rama ou **Rāma** ▪ Personnage de la mythologie hindoue, héros du *Rāmāyana*.

Ramakrishna ▪ Mystique hindou (1834-1886), promoteur du védantisme.

Ramallah ▪ Ville de Cisjordanie. 27 500 habitants. Elle abrita le quartier général de Yasser Arafat. Elle est le siège de nombreuses instances palestiniennes.

sir Chandrasekhara Venkata **Raman** ▪ Physicien indien (1888-1970).

le **Rāmāyana** n. m. ▪ Poème épique sanskrit, racontant les aventures héroïques de Rama à la recherche de son épouse Sitā, enlevée par le démon Rāvana.

Rambouillet ▪ Chef-lieu d'arrondissement des Yvelines. 27 043 habitants. Forêt. Château.

Jean-Philippe **Rameau** ▪ Compositeur français (1683-1764). Théoricien de l'harmonie, il est l'auteur de *Pièces de clavecin en concert*, de tragédies lyriques *(Castor et Pollux)* et d'opéras-ballets *(Les Indes galantes)*, au style novateur.

Pierre de la **Ramée**, dit en latin *Ramus* [ʀamys] ▪ Humaniste français (1515-1572). Mathématicien, philosophe, grammairien, il lutta contre la tradition scolastique.

Santiago **Ramón y Cajal** ▪ Biologiste espagnol (1852-1934). Il établit la nature du neurone et étudia ses connexions dans le cerveau.

sir William **Ramsay** ▪ Chimiste anglais (1852-1916). Il découvrit l'ensemble des gaz rares, dont l'hélium.

Ramsès ▪ Nom de 11 pharaons d'Égypte. ► **Ramsès II**, pharaon de 1304 à sa mort en 1235 avant J.-C. Il combattit les Hittites. ► **Ramsès III** régna de 1198 à 1168 avant J.-C. Il défendit l'Empire contre plusieurs invasions.

Charles Ferdinand **Ramuz** ▪ Écrivain suisse d'expression française (1878-1947). Prônant un «retour à l'élémentaire [...], à l'essentiel», il écrivit des essais et des romans illustrant une morale spiritualiste et un accord visionnaire avec la nature. *La Grande Peur dans la montagne ; Derborence ; La Beauté sur la terre.*

Ranavalona III ▪ Reine de Madagascar (1862-1917). Elle succéda à Ranavalona II en 1883, puis fut déposée par Gallieni (1897) et déportée à la Réunion, puis en Algérie.

la **Rance** ▪ Fleuve de Bretagne. 100 km.

Armand Jean Le Bouthillier de **Rancé** ▪ Religieux français (1626-1700). Réformateur de l'abbaye de la Trappe où il imposa une vie rigoureuse.

Ranchi ▪ Ville d'Inde (Jharkhand). 1,1 million d'habitants.

Rangoun ou **Rangoon**, nom officiel *Yangon* ▪ Capitale commerciale et port de la Birmanie (remplacée en 2006 comme capitale politique par Nay Pyi Taw). 4,7 millions d'habitants. Pagode dorée de Schwedagon.

Otto **Rank** ▪ Psychiatre autrichien (1884-1939). L'un des premiers grands psychanalystes.

Raoul ou **Rodolphe de Bourgogne** ▪ Roi de France de 923 à sa mort en 936.

Rapallo ▪ Ville et port d'Italie, sur la Riviera du Levant. 29 200 habitants. Deux traités y furent signés, le traité de 1920 entre l'Italie et la Yougoslavie, et le traité d'avril 1922 entre l'Allemagne et la Russie.

Raphaël ▪ Bible Archange.

Raffaello Sanzio, dit **Raphaël** ▪ Peintre italien de la Renaissance (1483-1520). Il est la référence suprême de l'art classique. *Chambres* et *loges* du Vatican.

Rapid City ▪ Ville des États-Unis (Dakota du Sud). 68 000 habitants. → mont **Rushmore.**

Raqqa ou **Rakka** ▪ Ville du nord de la Syrie. 260 000 habitants. Elle fut la capitale autoproclamée de Daech de janvier 2014 à octobre 2017.

Salomon ben Isaac, dit **Rashi** ou **Rachi** ▪ Savant juif de Troyes, commentateur du Talmud (1040-1105).

Rasmus Kristian **Rask** ▪ Linguiste danois (1787-1832). Fondateur de la philologie des langues nordiques, il établit la réalité d'une grande famille de langues indoeuropéennes.

François-Vincent **Raspail** ▪ Chimiste et homme politique français (1794-1878).

Grigori **Raspoutine** ▪ Aventurier russe (v. 1872-1916). Il fut assassiné.

le **Rassemblement pour la République** → **RPR**

Rastatt, anc. *Rastadt* ▪ Ville d'Allemagne (Bade-Wurtemberg). 47 700 habitants. ► le traité de **Rastadt** mit fin à la guerre de Succession d'Espagne (1714).

Eugène de **Rastignac** ▪ Personnage arriviste de *La Comédie humaine* de Balzac.

Walther **Rathenau** ▪ Homme politique allemand (1867-1922). Chargé d'organiser l'économie de guerre de l'Allemagne en 1915, il devint ministre des Affaires étrangères en 1922. Partisan des accords entre nations, il signa le traité de Rapallo. Il fut assassiné par un groupe de nationalistes allemands fascisants.

Ratisbonne, en allemand *Regensburg* ▪ Ville d'Allemagne (Bavière). 125 700 habitants.

sir Simon **Rattle** ▪ Chef d'orchestre britannique (né en 1955). Il a dirigé plusieurs orchestres symphoniques (Birmingham, Berlin, Londres).

Robert **Rauschenberg** ▪ Peintre américain (1925-2008). Précurseur du pop art.

Ravachol ▪ Anarchiste français (1859-1892). Il fut exécuté.

François **Ravaillac** ▪ Assassin d'Henri IV (1578-1610).

Maurice **Ravel** ▪ Compositeur français (1875-1937). Outre son célèbre *Boléro*, il a écrit des pièces pour piano *(Miroirs ; Concerto pour la main gauche)*, pour orchestre *(La Valse)*, des opéras *(L'Enfant et les Sortilèges)* et un ballet *(Daphnis et Chloé)*.

Ravenne, en italien *Ravenna* ▪ Ville d'Italie (Émilie-Romagne). 134 600 habitants. Mosaïques byzantines ; tombeau de Galla Placidia.

Ravensbrück ▪ Village d'Allemagne, au nord de Berlin. Camp de concentration nazi (dès 1934), essentiellement réservé aux femmes, où plus de 90 000 déportées moururent.

Rawalpindi ▪ Ville du Pakistan. 1,4 million d'habitants.

John **Rawls** ▪ Philosophe américain (1921-2002). *Théorie de la justice.*

Raymond de Kremer, dit Jean **Ray** ▪ Romancier belge de langue française (1887-1964). Romans et contes fantastiques et d'épouvante.

Man **Ray** → **Man Ray**

Nicholas **Ray** ▪ Cinéaste américain (1911-1979). *Johnny Guitare ; La Fureur de vivre.*

Satyajit **Ray** ▪ Cinéaste indien (1921-1992). *Pather Panchali ; Le Salon de musique.*

John William Strutt, lord **Rayleigh** ▪ Physicien anglais (1842-1919). Découverte des gaz rares, avec Ramsay. Travaux sur la diffusion de la lumière. Sa loi de répartition spectrale est à l'origine de l'hypothèse des quanta par Max Planck.

Raymond ou **Raimond** ▪ Nom de sept comtes de Toulouse, du XIe au XIIIe s. ► **Raymond VI** fut excommunié par le pape Innocent III, qui déclencha contre lui la croisade des albigeois en 1208. Il se rangea du côté de la papauté, changea de camp, fut battu, implora le pardon du pape et fut rétabli dans ses pouvoirs.

abbé Guillaume **Raynal** ▪ Historien et philosophe français (1713-1796). Son «*Histoire philosophique et politique*» des conquêtes des Européens est un réquisitoire anticolonialiste.

Martial **Raysse** ▪ Peintre français (né en 1936). «Nouveau réalisme» et pop art.

la pointe du **Raz** ▪ Cap breton à l'extrémité ouest du Finistère.

Stepan Timofeïevitch, dit Stenka **Razine** ▪ Chef cosaque (v. 1630-1671). Sa révolte contre le pouvoir tsariste reste légendaire.

la **RDA** ▪ La République démocratique allemande → la République fédérale d'**Allemagne.**

la **RDC** → la République démocratique du **Congo**

l'île de **Ré** ▪ Île de Charente-Maritime.

Rê ou **Râ** ▪ mythol. égyptienne Dieu du Soleil.

Reading ▪ Ville d'Angleterre, chef-lieu du comté de Berkshire. 142 000 habitants.

Ronald **Reagan** ▪ (1911-2004) Président (républicain) des États-Unis, de 1981 à 1989.

René Antoine Ferchault de **Réaumur** ▪ Savant français, physicien et naturaliste (1683-1757). Il s'intéressa aux métaux et réalisa un thermomètre à alcool gradué de 0 à 80°.

Rébecca ▪ Bible Épouse d'Isaac.

Paul **Rebeyrolle** ▪ Peintre et sculpteur français (1926-2005). Œuvres figuratives. Utilisation de matériaux variés (cailloux...).

Madame **Récamier** ▪ Femme de lettres qui tint un salon littéraire sous la Restauration (1777-1849).

Recherche du temps perdu (À la) → **À la recherche du temps perdu**

Recife ▪ Port du Brésil (Pernambouc). 1,5 million d'habitants.

Élisée **Reclus** ▪ Géographe français et théoricien de l'anarchisme (1830-1905).

la **Reconquista** ▪ «Reconquête» menée en Espagne par les chrétiens contre les musulmans (VIIIe s.-1492).

Charles Robert Redford Jr., dit Robert **Redford** ▪ Acteur et cinéaste américain (né en 1937). *Jeremiah Johnson ; Les Trois Jours du condor.* Réalisateur engagé ; créateur du festival du film indépendant de Sundance.

Odilon **Redon** ▪ Peintre français (1840-1916). Imagination fantastique et visionnaire.

Redon ▪ Chef-lieu d'arrondissement de l'Ille-et-Vilaine. 9 315 habitants.

John **Reed** ▪ Journaliste américain (1887-1920). Communiste, il assista à la révolution de 1917. Il écrivit *Dix jours qui ébranlèrent le monde.*

sir Carol **Reed** ▪ Cinéaste britannique (1906-1976). *Le Troisième Homme.*

Hubert **Reeves** ▪ Astrophysicien canadien, québécois (1932-2023). *Poussières d'étoiles.*

la **Réforme** ▪ Mouvement de réforme de l'Église catholique, qui aboutit v. 1530 au protestantisme (→ **Luther, Calvin**) et provoqua la réaction de la Contre-Réforme.

la **Régence** ▪ Période correspondant au gouvernement de Philippe d'Orléans pendant la minorité de Louis XV (1715-1723).

Max **Reger** ▪ Compositeur allemand (1873-1916). Musique de chambre, concertos.

Serge **Reggiani** ▪ Comédien et chanteur français d'origine italienne (1922-2004).

Reggio di Calabria ▪ Ville d'Italie, en Calabre, sur le détroit de Messine. 180 400 habitants.

Reggio nell'Emilia ▪ Ville d'Italie, en Émilie-Romagne. 131 000 habitants. Marché agricole.

Regina ▪ Ville du Canada, capitale de la province de Saskatchewan. 215 106 habitants.

Jean-François **Regnard** ▪ Écrivain et auteur dramatique français (1655-1709). *Le Légataire universel.*

Mathurin **Régnier** ▪ Poète français (1573-1613). *Satires.*

Henri de **Régnier** ▪ Poète et romancier français (1864-1936).

Les **Regrets** ▪ Recueil de poèmes de Joachim du Bellay (1558).

Reich n. m. ▪ Mot allemand signifiant «empire» et qui désigne les régimes impériaux de l'Allemagne. **Ier Reich** → **Saint Empire romain germanique** (962-1806). Le **IIe Reich** est l'empire fondé par Bismarck (1871-1918). L'Allemagne nazie de Hitler (1933-1945) s'est intitulée **IIIe Reich.**

Wilhelm **Reich** ▪ Psychiatre et psychanalyste américain d'origine autrichienne (1897-1957). Théorie de la sexualité. *La Psychologie de masse du fascisme.*

Steve **Reich** ▪ Compositeur américain (né en 1936). L'un des inventeurs de la «musique répétitive».

Reichshoffen ▪ Commune d'Alsace (Bas-Rhin). 5 416 habitants. En 1870, une division de cuirassiers y fut anéantie.

le **Reichsrat** n. m. ▪ Nom allemand du Conseil d'Empire (1848-1861), puis du Parlement autrichien (1861-1918).

le **Reichstag** n. m. ▪ Nom d'une des deux Assemblées législatives de la Confédération d'Allemagne du Nord (1866-1871), de l'Empire allemand (1871-1918) et de la république de Weimar (1919-1933). L'incendie du Reichstag, le 25 février 1933, fut exploité par les nazis contre les communistes, qui furent accusés de complot et mis hors la loi. Depuis 1999, le monument accueille le Bundestag (Assemblée législative).

Reims ▪ Chef-lieu d'arrondissement de la Marne. 180 318 habitants. Cathédrale gothique. Vins de Champagne.

Salomon **Reinach** ▪ Philologue et archéologue français (1858-1932). ► Théodore **Reinach,** son frère, historien (1860-1928).

Maximilien Goldmann, dit Max **Reinhardt** ▪ Metteur en scène autrichien de théâtre (1873-1943). Il renouvela la scénographie en Allemagne, puis émigra aux États-Unis (1933).

Jean-Baptiste, dit Django **Reinhardt** ▪ Guitariste de jazz français d'origine gitane (1910-1953).

Jean-Marc **Reiser** ▪ Dessinateur français, auteur de bandes dessinées (1941-1983).

La **Religieuse** ▪ Roman de Diderot (posthume, 1796).

les guerres de **Religion** ▪ Guerre civile qui opposa en France catholiques et protestants (1562-1598).

Erich Maria **Remarque** ▪ Romancier allemand naturalisé américain (1898-1970). *À l'ouest rien de nouveau.*

Rembrandt Harmenszoon van Rijn, dit **Rembrandt** ▪ Peintre et graveur hollandais (1606-1669). Il interprète le clair-obscur de manière très nouvelle, en fondant l'ombre et la lumière, se servant de celle-ci à des fins expressives et spirituelles. Tableaux religieux, portraits individuels et collectifs *(La Ronde de nuit)*, scènes réalistes *(Le Bœuf écorché, La Leçon d'anatomie)*, toujours avec une part de mystère. L'œuvre gravée est immense et magistrale.

saint **Remi** ▪ Évêque de Reims qui convertit Clovis (v. 437-v. 530).

Philo **Remington** ▪ Industriel américain (1816-1889). Il perfectionna la machine à écrire.

Remiremont ▪ Commune des Vosges. 7 711 habitants (agglomération 21 367).

la Grande **Remontrance** ▪ Liste des actes illégaux reprochés à Charles Ier par le Parlement anglais (1641).

Remus ▪ Dans la légende romaine, frère de Romulus qui le tua.

Abel **Rémusat** ▪ Sinologue français (1788-1832).

la **Renaissance** ▪ Vaste mouvement scientifique et culturel en Italie puis en Europe aux XVe et XVIe s., marqué, notamment, par un retour aux valeurs de l'Antiquité.

Ernest **Renan** ▪ Écrivain et philologue français (1823-1892). Spécialiste des langues sémitiques, il étudia les origines du christianisme, refléchit au statut de la science *(l'Avenir de la science)* et publia des souvenirs. La *Vie de Jésus ; Souvenirs d'enfance et de jeunesse.*

Jules **Renard** ▪ Écrivain français (1864-1910). Auteur de récits, de scènes pour le théâtre et d'un journal rempli de notations brèves et caustiques. *Poil de carotte.*

Madeleine **Renaud** ▪ Actrice française (1900-1994).

Théophraste **Renaudot** ▪ Médecin français (1586-1653). Il créa le premier journal français, *La Gazette de France* (1631).

Louis **Renault** ▪ Industriel français de l'automobile (1877-1944).

René ▪ Roman de Chateaubriand (1802).

René Ier le Bon, dit **le bon roi René** ▪ Duc d'Anjou, comte de Provence, roi de Naples (1409-1480).

Guido **Reni,** dit **le Guide** ▪ Peintre italien de l'école bolonaise (1575-1642).

Rennes ▪ Chef-lieu du département d'Ille-et-Vilaine et de la Région Bretagne. 222 485 habitants. Édifices des XVIIe-XVIIIe s.

Reno ▪ Ville des États-Unis (Nevada). 225 000 habitants. Célèbre par sa législation permettant mariages et divorces rapides.

Auguste **Renoir** ▪ Peintre français (1841-1919). L'un des grands maîtres de l'impressionnisme. Il peignit de nombreux nus féminins, d'une facture très souple et sensuelle. ► Jean **Renoir** (1894-1979), son fils. Cinéaste français. Style mêlant le réalisme et la poésie, l'humanisme et la critique sociale. Il est le maître de très nombreux cinéastes. *La Règle du jeu ; La Grande Illusion.*

Ilia Iefimovitch **Repine** ▪ Peintre russe (1844-1930). Art réaliste, parfois social. Portraits.

Reporters sans frontières ▪ ONG fondée en 1985 à Montpellier qui vise à soutenir et protéger les journalistes en zones difficiles et à lutter contre la censure.

Les **Républicains** ▪ Parti politique français de droite issu de l'UMP en 2015.

La **République** ▪ Dialogue de Platon (v. 315 avant J.-C.).

La **République En marche !** ▪ Parti politique français fondé par E. Macron en 2016.

la **République française** ▪ Régime politique de la France. ► la **Première République** (1792-1804). → **Révolution française** et **Consulat.** ► la **Deuxième République** (1848-1852). ► la **Troisième République** (1870-1940). ► la **Quatrième République** (1944-1958). ► la **Cinquième République** (depuis 1958).

Alain **Resnais** ▪ Cinéaste français (1922-2014). Œuvre d'une grande hardiesse de forme qui a évolué vers la comédie de mœurs. *Hiroshima mon amour ; L'Année dernière à Marienbad ; Providence ; On connaît la chanson.*

Ottorino **Respighi** ▪ Compositeur italien (1879-1936). Œuvre orchestrale impressionniste.

la **Restauration** ▪ Période de l'histoire de France qui correspond aux règnes de Louis XVIII (1814-1824) et de Charles X (1824-1830).

Restif de la Bretonne ▪ Écrivain français (1734-1806). *Le Paysan perverti ou les Dangers de la ville.* Sa liberté de pensée et de langage en fait un observateur exceptionnel des mœurs et des vices, à la fin du XVIIIe s.

Rethel ▪ Chef-lieu d'arrondissement des Ardennes. 7 445 habitants.

Rethondes ▪ Commune de l'Oise où furent signés les armistices de 1918 et de 1940. 636 habitants.

Gilles de **Retz** → **Rais**

Paul de Gondi, cardinal de **Retz** ▪ Prélat, homme politique et écrivain français (1613-1679). Un des principaux personnages de la Fronde. *Mémoires.*

l'île de la **Réunion,** anc. *île Bourbon* [974] ▪ Région et département français d'outre-mer de l'océan Indien. 2 512 km². 863 083 habitants. Chef-lieu : Saint-Denis. Chefs-lieux d'arrondissement : Saint-Benoît, Saint-Paul, Saint-Pierre.

Agence **Reuters** ▪ Agence de presse britannique créée en 1851 par Julius Reuter.

Pierre **Reverdy** ▪ Poète français (1889-1960). Sa poésie forte et retenue est une méditation sur l'absolu et la vanité des apparences. *Étoiles peintes ; Plupart du temps ; Le Chant des morts.*

Les **Rêveries du promeneur solitaire** ▪ Œuvre autobiographique de Rousseau (posthume, 1782).

Le **Revizor** ou **L'Inspecteur général** ▪ Comédie de Gogol (1836).

la **Révolution française** ▪ Période de l'histoire de France allant de la réunion des états généraux par Louis XVI au Consulat (1789-1799). Elle mit fin à la monarchie et à l'Ancien Régime.

la **révolution française de 1830** ▪ Insurrection des 27, 28 et 29 juillet 1830 à Paris («les Trois Glorieuses»). Elle provoqua l'abdication de Charles X et permit l'avènement de Louis-Philippe.

la **révolution française de 1848** ▪ Insurrection des 22, 23 et 24 février 1848. Elle mit fin à la monarchie de Juillet et marqua le début de la IIe République. ► les **Révolutions de 1848,** mouvements libéraux et nationalistes qui éclatèrent en Europe en 1848.

la **révolution russe de 1905** ▪ Première révolution «démocratique bourgeoise» en Russie, qui échoua.

la **révolution russe de 1917** ▪ Mouvement révolutionnaire qui conduisit à l'abdication du tsar Nicolas II puis à la prise du pouvoir par les bolcheviks.

Les **révolutions d'Angleterre** ▪ Guerres civiles au XVIIe s. La première (1642-1649) aboutit à la victoire de Cromwell et à l'exécution du roi Charles Ier. La seconde (1688-1689) entraîna la chute de Jacques II et l'avènement d'une monarchie constitutionnelle (Guillaume III).

Reykjavík ▪ Capitale de l'Islande. 228 415 habitants.

Paul **Reynaud** ▪ Homme d'État français (1878-1966). Président du Conseil, il démissionna en juin 1940, laissant la place à Pétain ; il fut déporté en Allemagne (1941-1945).

sir Joshua **Reynolds** ▪ Peintre anglais (1723-1792). Portraitiste.

Yasmina **Reza** ▪ Écrivaine française (née en 1959). Ses pièces, souvent ironiques, parfois violentes, dénoncent l'hypocrisie des relations humaines. *Art ; Le Dieu du carnage.*

Rezé ▪ Ville de la Loire-Atlantique, construite sur les plans de Le Corbusier (1953-1955). Banlieue de Nantes. 42 993 habitants.

la **RFA** → la république fédérale d'**Allemagne**

Rhadamante ▪ Héros crétois de la mythologie, devenu l'un des trois juges des Enfers.

Syngman **Rhee** → **Syngman Rhee**

la **Rhénanie** ▪ Région d'Allemagne située le long du Rhin. ► la **Rhénanie-du-Nord-Westphalie.** Land d'Allemagne. 34 072 km². 17,9 millions d'habitants. Capitale : Düsseldorf. ► la **Rhénanie-Palatinat.** Land d'Allemagne. 19 848 km². 6,1 millions d'habitants. Capitale : Mayence.

la **Rhétie** ▪ Ancienne région des Alpes, comprenant en Suisse les Grisons, en Autriche le Tyrol et les Alpes de Lombardie. ► **les Alpes rhétiques.**

Konstantinos, dit Vélestinlis **Rhigas** ▪ Patriote et poète grec (1757-1798).

le **Rhin** ▪ Fleuve d'Europe. Né dans les Alpes suisses, il se jette dans la mer du Nord. 1 320 km. ► le **Bas-Rhin** [67]. Département français de la Région Grand Est. 4 786 km². 1,15 million d'habitants. Chef-lieu : Strasbourg. Chef-lieu d'arrondissement : Haguenau, Molsheim, Saverne, Sélestat. ► le **Haut-Rhin** [68]. Département français de la Région Grand Est. 3 522 km². 767 842 habitants. Chef-lieu : Colmar. Chefs-lieux d'arrondissement : Altkirch, Mulhouse, Thann.

le **Rhode Island** ▪ État du nord-est des États-Unis. 3 233 km². 1 million d'habitants. Capitale : Providence.

Cecil **Rhodes** ▪ Administrateur colonial et homme d'affaires britannique (1853-1902). Il laissa son nom à la *Rhodésie.*

Rhodes ▪ Île grecque de la mer Égée (Dodécanèse). 1 398 km². 100 000 habitants. Le *colosse de Rhodes* était une des Sept Merveilles du monde.

la **Rhodésie** ▪ Région de l'Afrique orientale, dans le bassin du Zambèze. Après la période coloniale, elle fut divisée en États indépendants. → **Malawi, Zambie, Zimbabwe.**

le **Rhône** ▪ Fleuve de France et de Suisse. 812 km. Il se jette dans la Méditerranée. Vignobles sur les coteaux de la vallée : les *côtes du Rhône*. ► le **Rhône** [69]. Département français de la Région Auvergne-Rhône-Alpes. 3 303 km². 1,88 million d'habitants. Chef-lieu : Lyon. Chef-lieu d'arrondissement : Villefranche-sur-Saône. ► **Rhône-Alpes.** Anc. région administrative du sud-est de la France → **Auvergne-Rhône-Alpes.**

Ella Gwendoleen Rees Williams, dite Jean **Rhys** ▪ Romancière britannique originaire de la Dominique, aux Antilles (1894-1979). Nouvelles féministes et cosmopolites.

le pont du **Rialto** ▪ Pont de Venise sur le Grand Canal (XVIe s.).

Riazan ▪ Ville de Russie. 522 000 habitants. Ville historique, nombreux monuments, du XVe au XVIIIe s.

Joachim von **Ribbentrop** ▪ Homme politique allemand (1893-1946). Ministre des Affaires étrangères de Hitler, il fit signer le pacte germano-soviétique d'août 1939. Condamné à mort par le tribunal de Nuremberg.

Ribeauvillé ▪ Chef-lieu d'arrondissement du Haut-Rhin. 4 670 habitants.

José de **Ribera** ▪ Peintre espagnol (1591-1652). Tableaux d'un puissant style réaliste. *Le Pied bot.* Grandes compositions religieuses.

David **Ricardo** ▪ Financier et économiste anglais (1772-1823).

Matteo **Ricci** ▪ Jésuite italien (1552-1610). Missionnaire en Chine, il devint le premier spécialiste européen de la langue et de la civilisation chinoises.

Rudy **Ricciotti** ▪ Architecte français (né en 1952). Mucem à Marseille.

Richard ▪ Nom de trois rois d'Angleterre. ► **Richard Ier Cœur de Lion.** Roi de 1189 à sa mort (1157-1199). Il se distingua à la troisième croisade et combattit contre Philippe Auguste. ► **Richard II.** Roi de 1377 à 1399 (1367-1400). ► **Richard III.** Roi de 1483 à sa mort (1452-1485). Vaincu et tué par Henri VII Tudor. Sa vie criminelle inspira Shakespeare (1591).

Samuel **Richardson** ▪ Écrivain anglais (1689-1761). Romans sentimentaux et pathétiques. *Clarisse Harlowe.*

Tony **Richardson** ▪ Cinéaste anglais (1928-1991). *La Solitude du coureur de fond ; Tom Jones.*

César Pierre **Richelet** ▪ Lexicographe français (v. 1631-1698). Auteur d'un *Dictionnaire français* (1680).

Armand Jean du Plessis, cardinal de **Richelieu** ▪ Prélat et homme d'État français (1585-1642). Ministre de Louis XIII de 1624 à sa mort. Il réduisit les oppositions au pouvoir royal (protestants, grande noblesse) et mena une politique extérieure offensive (guerre de Trente Ans). Il créa l'Académie française en 1634.

Jean **Richepin** ▪ Écrivain français (1849-1926). Bohème, poète de *la Chanson des gueux*, romancier populaire.

Ligier **Richier** ▪ Sculpteur français (v. 1500-1567). Son inspiration réaliste et mystique le conduit parfois à des sujets macabres, d'une grande perfection formelle.

Germaine **Richier** ▪ Sculptrice française (1904-1959). Ses œuvres métamorphosent animaux et humains par des altérations effrayantes, leur faisant parfois symboliser des forces obscures : *L'Orage, L'Ouragan, L'Ogre, Le Griffu...*

Jeremias Benjamin **Richter** ▪ Chimiste allemand (1762-1807).

Johann Paul Friedrich **Richter,** dit Jean Paul ▪ Romancier allemand (1763-1825). Instaurateur du romantisme dans le roman.

Hans **Richter** ▪ Chef d'orchestre allemand d'origine hongroise (1843-1916). Interprète privilégié de Wagner, de Liszt, Brahms, Brückner.

Hans **Richter** ▪ Peintre et cinéaste américain d'origine allemande (1888-1976). Peintre dada, cinéaste abstrait et surréaliste. Il collabora avec Marcel Duchamp, Max Ernst.

Charles Francis **Richter** ▪ Sismologue américain (1900-1985). *L'échelle de Richter* mesure la magnitude des séismes.

Sviatoslav Teofilovitch **Richter** ▪ Pianiste russe (1915-1997). Interprète exceptionnel de Schumann, Bach, Haydn, Beethoven.

Gerhard **Richter** ▪ Peintre allemand (né en 1932). Il s'est intéressé à toutes les formes de représentation picturales (figurative, abstraite, géométrique, réaliste).

Paul **Ricœur** ▪ Philosophe français (1913-2005). Penseur chrétien, il propose une philosophie de l'interprétation, attentive aux problèmes moraux, sociaux et politiques.

Louis **Riel** ▪ Révolutionnaire canadien (1844-1885). Organisateur des révoltes des métis dans l'Ouest.

Bernhard **Riemann** ▪ Mathématicien allemand (1826-1866). Il a fondé une géométrie non euclidienne.

Tilman **Riemenschneider** ▪ Sculpteur allemand (v. 1460-1531). Œuvre du gothique tardif germanique (retables) et statuaire dans l'esprit de la Renaissance.

le **Rif** ▪ Montagne du Maroc.

la **Rift Valley** ▪ Longue dépression de 9 500 km constituée de fossés d'effondrement traversant l'Afrique orientale. La grande épaisseur des dépôts sédimentaires entaillés par l'érosion a permis la découverte de fossiles d'hominidés.

Riga ▪ Capitale et port de la Lettonie, sur la Baltique. 764 300 habitants.

Hyacinthe **Rigaud** ▪ Peintre français (1659-1743). Portraits de cour.

le **Rigi** ou **Righi** ▪ Massif montagneux de Suisse centrale. Il culmine au *Rigi Kulm*, à 1798 m.

Rigoletto ▪ Opéra de Verdi (1851).

Rijeka, en italien *Fiume* ▪ Port de Croatie. 128 624 habitants.

Rijswijk ou **Ryswick** ▪ Ville des Pays-Bas. 57 000 habitants. Le *traité de Rijswijk* mit fin à la guerre de la ligue d'Augsbourg (1697).

Rainer Maria **Rilke** ▪ Écrivain autrichien (1875-1926). Poète de l'angoisse et de l'effort sur soi-même, il a publié *Les Cahiers de Malte Laurids Brigge*, les *Élégies de Duino* et des *Sonnets à Orphée*. Il traduisit Valéry en allemand, et écrivit des poèmes en français.

Rillieux-la-Pape ▪ Ville du Rhône, banlieue de Lyon. 30 887 habitants.

Arthur **Rimbaud** ▪ Poète français (1854-1891). Génie précoce, adolescent révolté et visionnaire, il écrivit des poèmes en vers (tel *Le Bateau ivre*) et en prose (*Une saison en enfer ; Les Illuminations* — jeu sur le sens anglais, «enluminure», et français du mot). Pour lui, le poète est un «voyant». Après 19 ans, il cessa d'écrire, pour mener une vie d'aventurier.

Rimini ▪ Ville d'Italie (Émilie-Romagne). 128 700 habitants. Station balnéaire.

Nikolaï **Rimski-Korsakov** ▪ Compositeur russe (1844-1908). Grand maître de l'orchestration, il a composé des œuvres symphoniques *(Schéhérazade ; La Grande Pâque russe)*, et des opéras *(La Fiancée du tsar)*.

Teddy **Riner** ▪ Judoka français (né en 1989). Dix titres mondiaux de 2007 à 2017 dans la catégorie poids lourds, médaille d'or aux J. O. de 2012 et de 2016.

Rio de Janeiro ▪ Port du Brésil. 10,7 millions d'habitants. Site exceptionnel de baie et de montagnes (Corcovado, Pain de Sucre). Célèbre carnaval.

le **Rio Grande** ou **Río Bravo** ▪ Fleuve d'Amérique du Nord qui forme la frontière entre les États-Unis et le Mexique. 2 896 km.

La **Rioja** ▪ Région et communauté autonome d'Espagne. 321 171 habitants. Viticulture.

Riom ▪ Chef-lieu d'arrondissement du Puy-de-Dôme. 18 733 habitants.

Jean Paul **Riopelle** ▪ Peintre et sculpteur québécois (1923-2002). Abstraction lyrique.

Riquewihr ▪ Commune d'Alsace (Haut-Rhin). 1 061 habitants. Village ancien (tourisme). Vins.

Ris-Orangis ▪ Ville de l'Essonne. 29 643 habitants. Châteaux (XVIIe s. et XIXe s.).

le **Risorgimento** ▪ Mouvement patriotique d'indépendance et d'unification de l'Italie au XIXe s.

Yannis **Ritsos** ▪ Poète grec (1909-1990).

Le **Rivage des Syrtes** ▪ Roman de Julien Gracq (1951).

le comte de **Rivarol** ▪ Écrivain français, polémiste royaliste (1753-1801).

Diego **Rivera** ▪ Peintre mexicain (1886-1957). Grandes décorations murales.

Rivesaltes ▪ Ville des Pyrénées-Orientales. 9 020 habitants. Viticulture.

Jacques **Rivette** ▪ Cinéaste français (1928-2016). En marge de la Nouvelle Vague. Recherche très personnelle sur le rapport entre les arts, sur le travail du comédien... *Céline et Julie vont en bateau ; La Belle Noiseuse.*

la **Riviera** ▪ Littoral italien du golfe de Gênes, de San Remo à La Spezia.

Jacques **Rivière** ▪ Écrivain français (1886-1925). Animateur de la *Nouvelle Revue française*. Correspondances avec Alain-Fournier, Claudel, Gide.

Rivoli ▪ Localité d'Italie. Bonaparte y battit les Autrichiens en 1797.

Riyad ▪ Capitale de l'Arabie saoudite, dans une oasis. 5,1 millions d'habitants.

Rizā Chāh ▪ Souverain (chah) d'Iran (1878-1944). Militaire (cosaque), il prit le pouvoir à la suite d'un coup d'État (1921), se faisant couronner en 1925. Son fils, Muḥammad* Rizā Chāh, lui succéda.

Roanne ▪ Chef-lieu d'arrondissement de la Loire. 34 415 habitants.

Alain **Robbe-Grillet** ▪ Écrivain et cinéaste français (1922-2008). Chef de file du nouveau roman. *Le Voyeur ; La Jalousie ; La Reprise.*

Robert ▪ Nom de plusieurs rois d'Écosse, aux XIVe et XVe s. ► **Robert Ier Bruce,** roi d'Écosse de 1306 à 1329.

Robert ▪ Nom de plusieurs rois de France. ► **Robert Ier** (mort en 923). ► **Robert II le Pieux** (v. 972-1031) Fils d'Hugues Capet, roi de France de 996 à sa mort.

Hubert **Robert** ▪ Peintre français qui mit à la mode la peinture de ruines (1733-1808).

saint **Robert Bellarmin** ▪ Cardinal italien (1542-1621), champion de la Contre-Réforme.

Jean Eugène **Robert-Houdin** ▪ Prestidigitateur français (1805-1871). Il créa des automates.

Gilles Personne de **Roberval** ▪ Mathématicien et physicien français (1602-1675). Il mit au point une balance.

Maximilien de **Robespierre** ▪ Révolutionnaire français (1758-1794). Chef des Montagnards, membre du Comité de salut public, il imposa la Terreur. Renversé le 9 Thermidor, il fut guillotiné.

Albert **Robida** ▪ Dessinateur et écrivain français (1848-1926). Caricaturiste, auteur de science-fiction *(Le Vingtième Siècle).*

Robin des Bois ▪ Héros légendaire saxon fondé sur un personnage historique (v. 1160-v. 1247).

Emmanuel Goldenberg, dit Edward G. **Robinson** ▪ Acteur américain de cinéma (1893-1973). Il incarna avec puissance des gangsters.

Walter Smith, dit Ray Sugar **Robinson** ▪ Champion de boxe américain (1920-1989).

Robinson Crusoé ▪ Roman de Daniel De Foe (1719).

Emmanuel **Roblès** [ʀɔblɛs] ▪ Écrivain français (1914-1995). Romans, pièces de théâtre.

Rocamadour ▪ Village du Lot. Pèlerinage à la Vierge noire.

Rocambole ▪ Héros aux aventures extravagantes, créé par Ponson du Terrail en 1857.

Michel **Rocard** ▪ Homme d'État (socialiste) français (1930-2016). Premier ministre de 1988 à 1991.

le comte de **Rochambeau** ▪ Maréchal de France (1725-1807). Commandant des troupes françaises durant la guerre d'Indépendance américaine.

Rochechouart ▪ Chef-lieu d'arrondissement de la Haute-Vienne. 3 725 habitants.

Rochefort ▪ Chef-lieu d'arrondissement de la Charente-Maritime. 23 410 habitants.

La **Rochelle** ▪ Chef-lieu et port de la Charente-Maritime. 77 210 habitants.

le dôme du **Rocher** ▪ Sanctuaire de Jérusalem (687-691) situé autour du rocher du mont Horiah.

La **Roche-sur-Yon** ▪ Chef-lieu de la Vendée. 55 213 habitants.

les montagnes **Rocheuses** ▪ Chaîne montagneuse de l'ouest de l'Amérique du Nord.

John Davison **Rockefeller** ▪ Industriel américain (1839-1937).

Rocroi ▪ Commune des Ardennes. Condé y écrasa les Espagnols en 1643. 2 266 habitants.

Georges **Rodenbach** ▪ Poète belge d'expression française (1855-1898). Établi à Paris en 1887, il publia des recueils de vers rêveurs *(Le Règne du silence ; Les Vies encloses)* et deux romans : *Bruges-la-Morte* et *Le Carillonneur.*

Rodez ▪ Chef-lieu de l'Aveyron. 24 397 habitants. Musée Soulages.

Auguste **Rodin** ▪ Sculpteur français (1840-1917). Il donna aux figures humaines une expressivité d'une grande vigueur. *Les Bourgeois de Calais ; Balzac ; Le Penseur.*

le lac **Rodolphe** → **Turkana**

Rodolphe Ier de Habsbourg ▪ Empereur germanique de 1273 à sa mort (1218-1291). Fondateur de la puissance des Habsbourg.

Rodomont ▪ Héros sarrasin des poèmes de Boiardo et de l'Arioste.

Tiago **Rodrigues** ▪ Metteur en scène portugais (né en 1977). Directeur du Théâtre national de Lisbonne puis du Festival d'Avignon à partir de 2023.

Aleksandr Mikhaïlovitch **Rodtchenko** ▪ Peintre et sculpteur russe (1891-1957). Représentant du constructivisme. Il dut se plier aux normes de l'art soviétique et se consacrer aux arts appliqués.

David **Roentgen** ▪ Ébéniste allemand (1743-1807).

Wilhelm **Roentgen** → **Röntgen**

Roger ▪ Nom de plusieurs comtes de Sicile, aux XIe et XIIe s. ► **Roger II** (mort en 1164). Il donna à la Sicile, agrandie de la Calabre et des Pouilles, une prospérité accrue.

Virginia McMath, dite Ginger **Rogers** ▪ Actrice de cinéma américaine (1911-1995). Danseuse, partenaire de Fred Astaire.

lord Richard **Rogers** ▪ Architecte britannique (1933-2021). Centre Georges-Pompidou (avec R. Piano) à Paris.

Édouard, prince de **Rohan** ▪ Cardinal français (1734-1803), compromis dans l'affaire du Collier de la reine (1785-1786).

Géza **Róheim** ▪ Anthropologue et psychanalyste américain d'origine hongroise (1891-1953). Anthropologie culturelle. Il étudia notamment le *Totémisme australien*.

les **Rohingyas** n. m. pl. ▪ Peuple musulman de l'ouest de la Birmanie. Minoritaires dans un pays à majorité bouddhiste, ils firent l'objet de persécutions qui prirent un tour génocidaire en 2017.

Jean-Marie Schérer, dit Éric **Rohmer** ▪ Cinéaste et critique français (1920-2010). Films intellectuels et élégants, souvent en séries : «contes moraux» (six films), «comédies et proverbes», etc.

Le **Roi des aulnes** ▪ Ballade de Goethe (1782), lied de Schubert (1815) et roman de Michel Tournier (1970).

Le **Roi Lear** ▪ Drame de Shakespeare (v. 1606).

Roissy-en-Brie ▪ Ville de Seine-et-Marne. 22 643 habitants.

Roissy-en-France ▪ Commune du Val-d'Oise. Aéroport Paris-Charles-de-Gaulle. 2 793 habitants.

Fernando de **Rojas** ▪ Écrivain espagnol (v. 1465-v. 1541). Il fut gouverneur de Salamanque. On lui attribue le roman dialogué *La Célestine*.

Roland ▪ Compagnon légendaire de Charlemagne, et son neveu ; héros de *La Chanson de Roland* (XIe s.).

le stade **Roland-Garros** ▪ Stade de Paris où se déroule chaque année un tournoi de tennis sur terre battue, les Internationaux de France.

Romain **Rolland** ▪ Écrivain français (1866-1944). Pacifiste *(Au-dessus de la mêlée)*, il exprima son humanisme et son amour de la musique dans deux cycles de romans, *Jean-Christophe* et *L'Âme enchantée*. Prix Nobel 1915.

les **Rolling Stones** ▪ Groupe britannique de musique pop, formé en 1962, avec le chanteur Mick Jagger.

la **Romagne** → **Émilie**

Jules **Romain** → **Jules Romain**

l'Épître aux **Romains** ▪ Livre du Nouveau Testament, attribué à saint Paul.

Louis Farigoule, dit Jules **Romains** ▪ Écrivain français (1885-1972). Poète unanimiste, conteur romancier, auteur dramatique *(Knock)*. *Les Hommes de bonne volonté* ; grand cycle de romans réalistes.

Romainville ▪ Ville de la Seine-Saint-Denis. 31 469 habitants.

les **Romanches** ▪ Population de Suisse (Grisons) parlant le *romanche*.

Le **Roman comique** ▪ Roman inachevé de Scarron (1651-1657).

Le **Roman de la Rose** ▪ Roman allégorique français (XIIIe s.), en deux parties. La première est de Guillaume de Lorris ; la seconde est de Jean de Meung.

Roman de Renart ▪ Œuvre héroïcomique écrite par des clercs anonymes (v. 1170-1250).

les **Romanov** ▪ Famille qui régna sur la Russie de 1613 à 1917.

Romans-sur-Isère ▪ Ville de la Drôme. 32 818 habitants. Collégiale (XIe-XIVe s.).

Rome ▪ Capitale de l'Italie sur le Tibre, capitale spirituelle de l'Église catholique avec la résidence du pape au Vatican. 2,55 millions d'habitants. Fondée selon la légende par Romulus en 753 avant J.-C., Rome fut la capitale de l'Empire romain qui disparut en 476. Nombreux monuments antiques (Colisée, Forum, colonne Trajane), de la Renaissance et baroques. ► le traité de **Rome,** signé le 25 mars 1957, est l'acte de naissance de la CEE.

Roméo et Juliette ▪ Couple d'amoureux légendaire qui a inspiré Shakespeare (1594) et Gounod (1867).

Erwin **Rommel** ▪ Maréchal allemand (1891-1944). Commandant de l'Afrikakorps, il fut contraint par Hitler de se suicider.

Romorantin-Lanthenay ▪ Chef-lieu d'arrondissement de Loir-et-Cher. 18 206 habitants.

Romulus ▪ Fondateur légendaire et premier roi de Rome (VIIIe s. avant J.-C.).

le col de **Roncevaux** ▪ Col des Pyrénées espagnoles où Roland fut tué par des montagnards basques en 778.

Ronchamp ▪ Commune de Haute-Saône. 2 747 habitants. Chapelle construite par Le Corbusier.

Luca **Ronconi** ▪ Metteur en scène italien de théâtre et d'opéras (1933-2015). Éclatement de l'espace scénique, dans le *Roland furieux*, d'après l'Arioste.

Ronda ▪ Ville d'Espagne (Andalousie). 36 473 habitants. Ville ancienne, dans un site montagneux. Célèbres arènes du XVIIIe s.

La **Ronde de nuit** ou **La Compagnie du capitaine Frans Banning Cocq** ▪ Tableau de Rembrandt (1642).

Willy **Ronis** ▪ Photographe français (1910-2009). D'abord reporter, il fut l'un des photographes du Paris pittoresque, dans des images très construites.

Pierre de **Ronsard** ▪ Poète français (1524-1585). Chef de file de la Pléiade, considéré en son temps comme le «prince des poètes». *Odes ;* les *Amours ; Hymnes ; Discours ; La Franciade.* Sa musicalité et son pouvoir de suggestion en font un des plus grands poètes français.

Wilhelm Conrad **Röntgen** ▪ Physicien allemand (1845-1923). Il découvrit les rayons X en 1895.

Theodore **Roosevelt** ▪ (1858-1919) Président (républicain) des États-Unis de 1901 à 1909. Prix Nobel de la paix 1906.

Franklin Delano **Roosevelt** ▪ (1882-1945) Président (démocrate) des États-Unis de 1933 à sa mort. → **New Deal.**

Félicien **Rops** ▪ Peintre et graveur belge (1833-1898).

Roquebrune-Cap-Martin ▪ Ville des Alpes-Maritimes. 12 966 habitants. Station balnéaire.

Roquefort-sur-Soulzon ▪ Village de l'Aveyron. Fromages de brebis affinés dans les caves calcaires du causse (le *roquefort*).

Hermann **Rorschach** ▪ Neurologue et psychiatre suisse (1884-1922). Il imagina un test d'interprétation de taches symétriques irrégulières et distingua des types de caractères (notamment : extraverti-introverti).

Salvator **Rosa** ▪ Peintre italien (1615-1673). Sujets religieux, scènes de bataille d'un style nerveux, paysages orageux et mystérieux, précurseurs du romantisme.

Rosario ▪ Port d'Argentine sur le Paraná. 1,1 million d'habitants.

Roscoff ▪ Commune de Bretagne (Finistère). 3 362 habitants.

le Mont-**Rose** ▪ Massif des Alpes. 4 634 m.

la **Rose-Croix** ▪ Société secrète connue du XVIIe au XIXe s., restaurée par Stanislas de Guaita (1861-1897) et par Joséphin Péladan (1858-1918).

Alfred **Rosenberg** ▪ Théoricien allemand du nazisme et du racisme (1893-1946). Condamné à mort par le tribunal de Nuremberg et pendu.

la pierre de **Rosette** ▪ Pierre gravée en égyptien et en grec qui permit à Champollion de déchiffrer les hiéroglyphes.

Francesco **Rosi** ▪ Cinéaste italien (1922-2015). Films de critique sociale en forme d'enquêtes. *Main basse sur la ville ; L'Affaire Mattei ; Chronique d'une mort annoncée.*

Rosny [ʀoni] ▪ Nom de deux écrivains français, frères, Joseph Henri dit **Rosny aîné** (1856-1940) et Séraphin Justin dit **Rosny jeune** (1859-1948), auteurs de romans sociaux et de *La Guerre du feu,* évocation préhistorique.

Rosny-sous-Bois ▪ Ville de la Seine-Saint-Denis. 45 442 habitants.

Scott **Ross** ▪ Claveciniste américain (1951-1989). Interprète de Rameau, Couperin, Scarlatti.

Roberto **Rossellini** ▪ Cinéaste italien (1906-1977). Maître du néoréalisme, auquel il joint une spiritualité et un humanisme sensibles. *Rome, ville ouverte ; Païsa.*

Dante Gabriel **Rossetti** ▪ Peintre et poète préraphaélite anglais (1828-1882).

Gioacchino **Rossini** ▪ Compositeur italien (1792-1868). Il est l'auteur d'opéras alertes et spirituels, dont certains furent d'immenses succès *(Le Barbier de Séville ; Guillaume Tell).*

le **Rosso** ou **Rosso Fiorentino** ▪ Peintre italien de la Renaissance (1494-1540).

Edmond **Rostand** ▪ Auteur dramatique français (1868-1918). Virtuose de l'alexandrin, notamment dans sa «comédie héroïque», *Cyrano de Bergerac.*

Jean **Rostand** ▪ Biologiste et essayiste français, fils d'Edmond (1894-1977). Chercheur (parthénogenèse), vulgarisateur. Philosophie matérialiste.

Rostock ▪ Port d'Allemagne (Mecklembourg-Poméranie-Antérieure), près de la Baltique. 200 500 habitants.

Rostov ▪ Ville de Russie, au nord-est de Moscou. 35 000 habitants. Une des plus anciennes villes de Russie. Kremlin ; églises.

Rostov-sur-le-Don ▪ Ville de Russie sur le Don. 1 million d'habitants.

Mstislav **Rostropovitch** ▪ Violoncelliste russe naturalisé suisse (1927-2007).

Joseph **Roth** ▪ Écrivain autrichien (1894-1939). *La Marche de Radetzky.*

Philip **Roth** ▪ Romancier américain (1933-2018). Il est l'auteur de romans satiriques des préjugés américains, et de la famille juive américaine. *Portnoy et son complexe ; La Tache ; Un homme.*

Mark **Rothko** ▪ Peintre abstrait américain d'origine russe (1903-1970). Aplats chromatiques aux contours indécis.

les **Rothschild** ▪ Famille de banquiers européens (France, Allemagne, Angleterre).

Jean de **Rotrou** ▪ Dramaturge français (1609-1650). Comédies *(Les Sosies)* et tragédies (dont *Saint Genest).*

Rotterdam ▪ Ville des Pays-Bas (Hollande-Méridionale). Premier port européen. 624 700 habitants.

Georges **Rouault** ▪ Peintre français (1871-1958). Œuvres puissantes, influencées par Rembrandt et l'expressionnisme, transmettant par des figures douloureuses un message humain religieux. *Miserere ; La Sainte Face.*

Roubaix ▪ Ville du Nord. 98 066 habitants.

Jacques **Roubaud** ▪ Écrivain français (né en 1932). Mathématicien de formation, membre de l'Oulipo, il est l'auteur de jeux poétiques formels, de romans et de récits «à bifurcations». Traduction des troubadours.

Andreï **Roublev** ▪ Peintre et moine orthodoxe russe (v.1360-v.1430). Auteur d'icônes. La *Trinité.*

Jean **Rouch** ▪ Ethnologue et cinéaste français (1917-2004). Films sur l'Afrique.

Rouen ▪ Chef-lieu de la Seine-Maritime et de la Région Normandie. 114 187 habitants. Nombreux monuments gothiques.

le **Rouergue** ▪ Région du sud de la France (Aveyron).

la mer **Rouge** ▪ Mer du Proche-Orient entre l'Arabie et l'Afrique.

la place **Rouge** (en russe *Krasnaïa Plochtchad* : la «place rouge» et la «belle place») ▪ Vaste esplanade de Moscou, contre le Kremlin.

Le **Rouge et le Noir** ▪ Roman de Stendhal (1830).

Denis de **Rougemont** ▪ Écrivain suisse de langue française (1906-1985). Cofondateur de la revue *Esprit.* Essais sur la culture et l'histoire européennes. *L'Amour et l'Occident.*

Claude **Rouget de Lisle** ▪ Officier français (1760-1836). Auteur de *La Marseillaise.*

Les **Rougon-Macquart** ▪ Cycle de vingt romans d'Émile Zola (1871-1893).

Jacques **Roumain** ▪ Écrivain de langue française et homme politique haïtien (1907-1944). Militant nationaliste et marxiste. Romancier. *Gouverneurs de la rosée.*

la **Roumanie** ▪ État du sud-est de l'Europe. 237 500 km^2. 20 millions d'habitants. Capitale : Bucarest.

Jean-Jacques **Rousseau** ▪ Écrivain et philosophe, citoyen de Genève (1712-1778). Comme penseur de la société, sa doctrine du «contrat social» eut une grande influence ; en pédagogie l'*Émile* est un texte essentiel. Mais c'est l'écrivain sensible et sincère des *Confessions,* des *Rêveries d'un promeneur solitaire* qui domine dans sa réputation.

Henri Rousseau, dit le Douanier **Rousseau** ▪ Peintre français (1844-1910). Classé parmi les «naïfs», ce fut un inventeur d'images poétiques et mythiques, servis par une composition solide et de grands dons de coloriste : «Jungles» ; portraits ; *La Guerre,* allégorie.

Dilma **Rousseff** ▪ Économiste et femme d'État brésilienne (née en 1947). Élue présidente de la République en 2010 avec le soutien de Lula*, elle fut destituée en 2016.

Ker Xavier **Roussel** ▪ Peintre français (1867-1944). Il fut proche de Vuillard.

Albert **Roussel** ▪ Compositeur français (1869-1937). Alliant la modernité rythmique et harmonique aux influences du contrepoint, il atteint dans ses symphonies, ses ballets *(Le Festin de l'araignée, Bacchus et Ariane),* sa musique de chambre, une force expressive et un dynamisme puissant.

Raymond **Roussel** ▪ Écrivain français (1877-1933). Ses récits exploitent systématiquement les identités et les ressemblances formelles entre mots. *Impressions d'Afrique. Comment j'ai écrit certains de mes livres* expose ces procédés.

le **Roussillon** ▪ Anc. province du sud de la France (correspond en partie au département des Pyrénées-Orientales).

Chota **Roustaveli** ▪ Poète géorgien du XIIe s. Fondateur de la langue littéraire géorgienne dans un poème épique, *Le Chevalier à la peau de tigre.*

Jacques **Roux** ▪ Révolutionnaire français (1752-1794). Extrémiste *(Manifeste des enragés),* il était proche de Marat. Condamné par le tribunal révolutionnaire, il se suicida.

Émile **Roux** ▪ Bactériologiste français (1853-1933). Vaccin antidiphtérique.

Henry Augustus **Rowland** ▪ Physicien américain (1848-1901). Travaux sur l'électromagnétisme et la diffraction.

Joanne Kathleen **Rowling** ▪ Romancière britannique (née en 1965). Elle obtint un succès mondial avec les sept volumes des aventures du jeune Harry Potter (1997-2007).

Roxane ▪ Héroïne de *Bajazet,* de Racine (1672). Héroïne de *Cyrano de Bergerac,* d'Edmond Rostand (1897).

Gabrielle **Roy** ▪ Romancière canadienne d'expression française (1909-1983). Récits soucieux de réalisme social. *Bonheur d'occasion ; La Rivière sans repos.*

Claude **Roy** ▪ Écrivain français (1915-1997). Poèmes, chroniques, essais, ouvrages autobiographiques.

Ségolène **Royal** ▪ Femme politique (socialiste) française (née en 1953). Plusieurs fois ministre, présidente de Région. Présente au second tour de l'élection présidentielle de 2007.

Royan ▪ Ville de la Charente-Maritime. 18 638 habitants. Station balnéaire.

Royat ▪ Commune du Puy-de-Dôme, banlieue de Clermont-Ferrand. 4 395 habitants. Station thermale.

le **Royaume-Uni,** en anglais *United Kingdom* → **Grande-Bretagne**

Royaumont ▪ Ancienne abbaye cistercienne, dans le Val-d'Oise, abritant une fondation culturelle.

le **RPR,** Rassemblement pour la République ▪ Parti politique français, principal parti de droite, fondé en 1976, qui a fusionné avec d'autres partis pour former l'UMP en 2002. Jacques Chirac en fut le président de 1976 à 1994.

le **Ruanda** → **Rwanda**

Carlo **Rubbia** ▪ Physicien italien (né en 1934). Physique des particules. Prix Nobel (avec Simon van der Meer).

Pierre Paul **Rubens** ▪ Peintre flamand (1577-1640). Derrière l'opulence des formes, des chairs féminines, son art s'exprime par le dynamisme et la force des compositions, parfois plus lisibles dans les esquisses que dans les œuvres achevées.

le **Rubicon** ▪ Rivière séparant l'Italie de la Gaule cisalpine, que César franchit (50 avant J.-C.) malgré l'interdiction du Sénat.

Anton Grigorievitch **Rubinstein** ▪ Pianiste et compositeur russe (1829-1894). Aussi célèbre que Liszt comme pianiste, il écrivit des concertos, des symphonies, des opéras et des oratorios.

Artur **Rubinstein** ▪ Pianiste polonais, puis américain (1887-1982). Grand virtuose, il interpréta notamment Chopin.

la **Ruche** ▪ Cité d'artistes fondée en 1902 à Paris.

François **Rude** ▪ Sculpteur français (1784-1855). Compositions mouvementées et expressives, notamment le bas-relief de l'Arc de Triomphe appelé *La Marseillaise*.

La **Ruée vers l'or** ▪ Film américain de Charlie Chaplin (1925).

Rueil-Malmaison ▪ Ville des Hauts-de-Seine. 78 265 habitants. Château où séjournèrent Bonaparte et Joséphine.

la **Ruhr** ▪ Région d'Allemagne (Rhénanie-du-Nord-Westphalie), qui doit son nom à la rivière qui la traverse. Grand bassin houiller et industriel.

Jacob Van **Ruisdael** ou **Ruysdael** ▪ Peintre paysagiste hollandais (v. 1628-1682).

Raul **Ruiz** ▪ Cinéaste franco-chilien (1941-2011). Œuvre foisonnante, nourrie de multiples références. *L'Hypothèse du tableau volé ; Le Temps retrouvé.*

Benjamin Thompson, comte **Rumford** ▪ Physicien américain (1753-1814). Il établit la correspondance entre chaleur et travail mécanique.

Rungis ▪ Ville du Val-de-Marne. Marché qui remplaça les Halles de Paris en 1969. 5 625 habitants.

Gerd von **Runstedt** ▪ Maréchal allemand (1875-1953). Malgré ses réticences à l'égard du régime nazi, il exerça d'importants commandements de 1939 à 1944.

Salman **Rushdie** ▪ Écrivain britannique (d'abord pakistanais) d'origine indienne (né en 1947). Musulman non conformiste, il a vécu sous la menace d'une fatwa lancée par les chiites iraniens en 1989, après les *Versets sataniques,* qui a donné lieu à une tentative d'assassinat en 2022.

le mont **Rushmore** ▪ Site des États-Unis, près de Rapid City (Dakota du Sud). Les visages de Washington, Jefferson, Lincoln et Theodore Roosevelt y sont sculptés (par G. Borglum) sur 18 m de hauteur.

Ernest August Friedrich **Ruska** ▪ Physicien allemand (1906-1988). Inventeur du microscope électronique.

John **Ruskin** ▪ Critique d'art et sociologue anglais (1819-1900). *Les Sept Lampes de l'architecture ; L'Économie politique de l'art.*

George **Russell** ▪ Poète irlandais (1867-1935). Éditeur de journaux. Poèmes mystiques, signés Æ (du grec *aeôn* «éternité»).

Bertrand **Russell** ▪ Mathématicien, logicien et philosophe britannique (1872-1970). *Principia Mathematica,* rédigés avec Whitehead. Auteur de travaux sur la logique, le langage et la sémantique, la psychologie. Antireligieux, antimilitariste, démocrate, il créa et dirigea, en 1961, un «tribunal révolutionnaire» pour juger la politique guerrière des États-Unis au Viêtnam. Prix Nobel 1950.

Henry Norris **Russell** ▪ Astronome américain (1877-1957). Travaux sur les étoiles, d'abord indépendamment de ceux de E. Hertzsprung* *(diagramme d'Hertzsprung-Russell).*

Ken **Russell** ■ Cinéaste anglais (1927-2011). Biographies filmées de musiciens ; films baroques de sorcellerie et de science-fiction. *Les Diables.*

la **Russie** ■ État fédéral d'Europe et d'Asie. 17 075 400 km². 146,8 millions d'habitants. Capitale : Moscou.

Rutebeuf ■ Trouvère français (XIIIe s.). Un des premiers poètes, en France, à pratiquer une poésie personnelle sincère, dans un langage riche et sensible. *La Pauvreté Rutebeuf.*

Ruth ■ Bible Épouse de Booz.

lord **Rutherford** ■ Physicien anglais (1871-1937). Pionnier de la physique nucléaire.

Ruy Blas ■ Drame de Victor Hugo (1838).

Jan Van **Ruysbroek** ■ Théologien et mystique brabançon (1293-1381).

Ruysdael → **Ruisdael**

Michael Adriaanszoon De **Ruyter** ■ Amiral hollandais (1607-1676). Battu par Duquesne.

le **Rwanda** ou **Ruanda** ■ État d'Afrique centrale. 26 338 km². 12,2 millions d'habitants. Capitale : Kigali.

Ryswick → **Rijswijk**

les îles **Ryūkyū** ■ Archipel japonais, à l'extrême sud du pays, comprenant Okinawa. 2 246 km². Environ 1,5 million d'habitants.

S

SA (allemand *Sturmabteilung* « section d'assaut ») ■ Formation paramilitaire du parti nazi (1921), dont les chefs furent éliminés en 1934 (« Nuit des longs couteaux ») par Hitler.

Eero **Saarinen** ■ Architecte américain, d'origine finlandaise (1910-1961).

Saba ■ Royaume de l'Antiquité, situé en Arabie. ► la reine de **Saba,** personnage de la Bible qui vient rendre visite à Salomon.

Umberto Poli, dit Umberto **Saba** ■ Poète italien (1883-1957). *Canzoniere* (recueil de « chansons »).

le **Sabah,** anciennement *Bornéo septentrional* ■ État de Malaisie. 73 620 km^2. 2,45 millions d'habitants. Capitale : Kota Kinabalu.

Paul **Sabatier** ■ Chimiste français (1834-1941). Synthèse d'hydrocarbures.

Ernesto **Sábato** ■ Romancier et essayiste argentin (1911-2011). *L'Ange des ténèbres.*

les **Sabins** ■ Ancien peuple de l'Italie centrale.

Les **Sables-d'Olonne** ■ Chef-lieu d'arrondissement de la Vendée. 46 941 habitants. Station balnéaire.

Sabra ■ Camp de réfugiés palestiniens, près de Beyrouth. En septembre 1982, il fut attaqué, ainsi que le camp de Chatila, par les milices chrétiennes libanaises qui y commirent des massacres, sans intervention de l'armée israélienne.

Nicolas **Sacco** et Bartolomeo **Vanzetti** ■ Militants anarchistes condamnés et exécutés par la justice des États-Unis (en 1927) pour un crime dont ils étaient innocents.

Leopold von **Sacher-Masoch** ■ Écrivain autrichien (1836-1895). Son œuvre décrit une forme cruelle et perverse de l'amour, dominée par la volupté et la souffrance *(La Vénus à la fourrure).*

Hans **Sachs** ■ Poète et auteur dramatique allemand (1494-1576).

Saclay ■ Commune de l'Essonne. 4 261 habitants. Centre d'études nucléaires. Pôle universitaire Paris-Saclay.

Sacramento ■ Ville des États-Unis (Californie). 466 500 habitants.

Sacré-Cœur ■ Église de Paris, sur la butte Montmartre, construite par Abadie (1876-1910).

Le **Sacre du printemps** ■ Ballet de Stravinski (1913).

Anouar al-**Sadate** ■ (1918-1981) Président de la République égyptienne de 1970 à son assassinat.

Donatien Alphonse François, comte de Sade, dit le marquis de **Sade** ■ Écrivain français (1740-1814). Menant une vie tumultueuse qui le conduisit à la prison, il est l'auteur d'œuvres à la fois philosophiques, exprimant un matérialisme absolu, et d'un érotisme cruel (d'où le mot de *sadisme*). *Justine et les Malheurs de la vertu ; Juliette ou les Prospérités du vice ; La Philosophie dans le boudoir ; Les Cent vingt journées de Sodome.* Longtemps interdite ou ignorée, cette œuvre va au-delà de l'obscénité et pose des questions brûlantes à la sensibilité moderne.

Sa'di ou **Saadi** ■ Poète persan (v. 1200-v. 1291).

Sadowa ou **Sadová** ■ Localité de Bohême. Victoire remportée par les Prussiens sur les Autrichiens (1866).

les **Safavides** ou **Séfévides** ■ Dynastie arabe qui régna sur la Perse de 1501 à 1736.

Safi ■ Port du Maroc. 284 800 habitants.

Françoise Quoirez, dite Françoise **Sagan** ■ Romancière française (1935-2004). *Bonjour tristesse,* écrit à 19 ans. *La Chamade.* Pièces de théâtre.

le Livre de la **Sagesse** ■ Livre de la Bible, écrit en grec au Ier s. avant J.-C.

Saguenay ■ Rivière du Québec, 200 km du lac Saint-Jean au Saint-Laurent.

Saguenay ▪ Ville du Canada (Québec), sur la rivière du même nom, près du lac Saint-Jean. 145 949 habitants. Hydroélectricité, aluminium.

le **Sahara** ▪ Le plus vaste désert du monde, situé dans le nord de l'Afrique. 8 millions de km². ► le **Sahara occidental,** anc. province espagnole annexée par le Maroc.

le **Sahel** ▪ Bordure sud du Sahara.

Saïda → Sidon

Saigon → Hồ Chí Minh-Ville

Saint-Affrique ▪ Ville de l'Aveyron. 8 018 habitants.

Saint-Amand-les-Eaux ▪ Ville du Nord. 15 997 habitants. Station thermale.

Saint-Amand-Montrond ▪ Chef-lieu d'arrondissement du Cher. 9 490 habitants.

Marc-Antoine Girard de **Saint-Amant** ▪ Poète baroque français (1594-1661).

Saint-André ▪ Ville de La Réunion. 56 857 habitants.

le château **Saint-Ange** ▪ Monument de Rome, ancien mausolée construit à partir de 135.

Saint-Avold ▪ Ville de la Moselle. 15 171 habitants.

la **Saint-Barthélemy** ▪ Massacre des protestants sur l'ordre de Charles IX (1572).

Saint-Barthélemy ▪ Île des Antilles françaises constituant une collectivité d'outre-mer. 10 457 habitants.

Saint-Benoît ▪ Chef-lieu d'arrondissement de La Réunion. 36 994 habitants.

Saint-Benoît-sur-Loire ▪ Commune du Loiret. 2 004 habitants. Abbaye bénédictine fondée vers 650.

le Grand-**Saint-Bernard** ▪ Col des Alpes, entre la Suisse et l'Italie. 2 473 m. Il fut franchi par Bonaparte en 1800. ► le **Petit-Saint-Bernard,** col des Alpes, entre la France et l'Italie. 2 188 m.

Saint-Bertrand-de-Comminges ▪ Commune de la Haute-Garonne. Ancienne cathédrale romane du XIIᵉ s. (cloître). 237 habitants.

Saint-Brevin-les-Pins ▪ Ville de la Loire-Altantique. 14 473 habitants. Station balnéaire.

Saint-Brieuc ▪ Chef-lieu des Côtes-d'Armor. 44 166 habitants.

Saint-Chamond ▪ Ville de la Loire. 35 309 habitants.

Saint Christopher and Nevis → Saint-Kitts-et-Nevis

Saint-Claude ▪ Ville de la Guadeloupe. 10 506 habitants. Station climatique.

Saint-Claude ▪ Chef-lieu d'arrondissement du Jura. 8 895 habitants. Fabrication de pipes.

Saint-Cloud ▪ Ville des Hauts-de-Seine. 29 560 habitants. Parc dessiné par Le Nôtre.

Saint-Cyprien ▪ Ville des Pyrénées-Orientales, sur la Méditerranée. 11 048 habitants.

l'abbé de **Saint-Cyran** ▪ Théologien janséniste français (1581-1643).

Saint-Cyr-l'École ▪ Ville des Yvelines. 20 611 habitants. Ancienne école militaire, qui se trouve aujourd'hui à Coëtquidan, en Bretagne.

Saint-Denis ▪ Chef-lieu de La Réunion. 153 001 habitants.

Saint-Denis ▪ Chef-lieu d'arrondissement de la Seine-Saint-Denis. 113 116 habitants. Basilique du XIIᵉ s. (tombeau royal). Stade de France.

Saint-Dié ▪ Chef-lieu d'arrondissement des Vosges. 22 600 habitants.

Saint-Dizier ▪ Chef-lieu d'arrondissement de la Haute-Marne. 23 085 habitants.

Saint-Domingue ▪ Capitale de la République dominicaine. 2 170 000 habitants.

Sainte-Adresse ▪ Ville de la Seine-Maritime, sur la Manche. 7 216 habitants. Siège du gouvernement belge pendant la Première Guerre mondiale.

Sainte-Anne ▪ Ville de la Guadeloupe. 24 430 habitants.

Charles Augustin **Sainte-Beuve** ▪ Écrivain et critique français (1804-1869). Auteur de poésies intimistes et d'un roman, *Volupté,* il se consacra ensuite à la critique et à l'histoire littéraire (*Port-Royal ; Chateaubriand et son groupe littéraire* ; articles réunis dans les *Causeries du lundi* et les *Nouveaux lundis*). Sa méthode, surtout biographique, fut contestée par Marcel Proust.

Sainte-Chapelle du Palais ▪ Église de Paris située dans l'enceinte actuelle du Palais de Justice. Entreprise par Saint Louis en 1242, elle fut consacrée en 1248. Vitraux remarquables.

Henri **Sainte-Claire-Deville** ▪ Chimiste français (1818-1881). Préparation industrielle de l'aluminium.

Sainte-Foy-lès-Lyon ▪ Ville du Rhône. 22 077 habitants. Vestiges d'aqueducs romains.

la bibliothèque **Sainte-Geneviève** ▪ Bibliothèque située place du Panthéon à Paris.

Sainte-Geneviève-des-Bois ▪ Ville de l'Essonne. 35 879 habitants. Fontaine et grotte Sainte-Geneviève, ancien lieu de pèlerinage.

Sainte-Hélène, en anglais *Saint Helena* ■ Île britannique de l'Atlantique. Napoléon Ier y fut déporté par les Anglais de 1815 à sa mort.

Sainte-Lucie, en anglais *Saint Lucia* ■ Île et État des Antilles. 616 km². 165 500 habitants. Capitale : Castries.

Sainte-Marie ■ Ville de la Martinique. 14 843 habitants.

Sainte-Maxime ■ Ville du Var. 14 750 habitants. Station balnéaire.

Sainte-Menehould ■ Chef-lieu d'arrondissement de la Marne. 4 166 habitants.

Saint-Émilion ■ Commune de la Gironde. 1 844 habitants. Monuments anciens. Vins réputés (bordeaux).

le **Saint Empire romain germanique** ■ Empire fondé par Othon Ier en 962. Il fut dissous en 1806 par Napoléon Ier.

Saintes ■ Chef-lieu d'arrondissement de la Charente-Maritime. 25 412 habitants.

les (ou les îles des) **Saintes** ■ Îles des Antilles, entre la Guadeloupe et la Dominique. 3 000 habitants.

Saintes-Maries-de-la-Mer ■ Commune des Bouches-du-Rhône, en Camargue. Lieu de pèlerinage pour les gitans. 2 123 habitants.

Sainte-Sophie ■ Ancienne basilique de Constantinople érigée au VIe s., transformée en mosquée (1453), puis en musée (1935), et de nouveau en mosquée (2020).

Sainte-Suzanne ■ Ville de la Réunion. 24 086 habitants.

Saint-Étienne ■ Chef-lieu de la Loire. 174 082 habitants.

Saint-Étienne-du-Rouvray ■ Ville de la Seine-Maritime, banlieue de Rouen. 28 331 habitants.

Saint-Eustache ■ Église de Paris (1532-1637), près des Halles.

la montagne de la **Sainte-Victoire** ■ Massif à l'est d'Aix-en-Provence, que Cézanne aimait peindre. 1 010 m.

Charles de **Saint-Évremond** ■ Moraliste et critique français (v. 1615-1703).

Antoine de **Saint-Exupéry** ■ Écrivain français (1900-1944). Il évoque avec force et justesse, dans un style simple, son expérience d'aviateur *(Courrier Sud; Vol de nuit; Pilote de guerre)*. Il est l'auteur d'un texte pour l'enfance qu'il illustra, *Le Petit Prince* (1943). Il disparut au cours d'une mission aérienne, au large de la Corse.

Saint-Flour ■ Chef-lieu d'arrondissement du Cantal. 6 451 habitants.

Saint-François ■ Ville de la Guadeloupe. 12 184 habitants.

Saint-Gall ■ Ville de Suisse. 75 522 habitants. Abbaye baroque. ► le canton de **Saint-Gall.** 2 026 km². 502 522 habitants. Chef-lieu : Saint-Gall.

Saint-Gaudens ■ Chef-lieu d'arrondissement de la Haute-Garonne. 11 664 habitants.

Saint-Genis-Laval ■ Ville du Rhône. 20 971 habitants.

Saint-Germain-des-Prés ■ Quartier de Paris, sur la rive gauche de la Seine. ► l'abbaye de **Saint-Germain-des-Prés** a été fondée par Childebert vers 550.

Saint-Germain-en-Laye ■ Chef-lieu d'arrondissement des Yvelines. 44 410 habitants. Château. ► la paix de **Saint-Germain,** signée par Catherine de Médicis en 1570, accordait la liberté de culte aux protestants. ► le traité de **Saint-Germain,** signé en 1919 entre l'Autriche et les Alliés, imposait à l'Autriche de nouvelles frontières et restreignait ses forces militaires.

Saint-Gervais-les-Bains ■ Ville de la Haute-Savoie. 5 606 habitants. Station de sports d'hiver. Station thermale.

Saint-Gilles ■ Commune du Gard. 14 197 habitants. Ancien monastère bénédictin.

Saint-Gilles-Croix-de-Vie ■ Ville de la Vendée, sur l'Atlantique. 7 922 habitants. Marais salants.

Saint-Girons ■ Chef-lieu d'arrondissement de l'Ariège. 6 415 habitants.

le **Saint-Gothard** ou **Gothard** ■ Massif des Alpes suisses, percé par un tunnel. Culmine au Pizzo-Rotondo, 3 192 m.

Saint-Gratien ■ Ville du Val-d'Oise. 20 914 habitants.

Saint-Herblain ■ Ville de la Loire-Atlantique, près de Nantes. 49 067 habitants.

Saint-Hilaire-de-Riez ■ Ville de la Vendée. 12 137 habitants.

Saint-Jacques-de-Compostelle, en espagnol *Santiago de Compostela* ■ Ville d'Espagne (Galice). 95 397 habitants. Pèlerinage à saint Jacques.

Saint-Jacques-de-la-Lande ■ Commune d'Ille-et-Vilaine. 12 917 habitants. Aéroport de Rennes-Bretagne.

Saint-Jean-d'Angély ■ Chef-lieu d'arrondissement de la Charente-Maritime. 6 744 habitants.

Saint-Jean-de-Luz ■ Ville des Pyrénées-Atlantiques. 14 282 habitants. Station balnéaire.

Saint-Jean-de-Maurienne ▪ Chef-lieu d'arrondissement de la Savoie. 7 560 habitants.

Saint-Jean-de-Monts ▪ Ville de la Vendée. 8 725 habitants. Station balnéaire.

Alexis Leger dit **Saint-John Perse** ▪ Poète français, diplomate (1887-1975). Poésie ample et solennelle, s'élevant autour de l'épopée. *Anabase ; Vents ; Amers ; Chronique.*

Saint-Joseph ▪ Ville de la Réunion. 38 465 habitants.

Saint-Julien-en-Genevois ▪ Chef-lieu d'arrondissement de la Haute-Savoie. 15 739 habitants.

Saint-Junien ▪ Ville de la Haute-Vienne. 11 295 habitants.

Louis de **Saint-Just** ▪ Révolutionnaire français (1767-1794). Membre du Comité de salut public, proche de Robespierre avec lequel il fut guillotiné.

Saint-Kitts-et-Nevis, Saint Christopher and Nevis ou **Saint-Christophe-et-Niévès** ▪ Archipel et État des Antilles. 269 km². 49 300 habitants. Capitale : Basseterre.

Yves **Saint-Laurent** ▪ Couturier français (1936-2008). Il modernisa la garde-robe féminine, notamment par la veste saharienne et le smoking.

le **Saint-Laurent** ▪ Fleuve d'Amérique du Nord qui relie les Grands Lacs à l'Atlantique. 1 197 km. Il traverse la province du Québec.

Saint-Laurent-du-Maroni ▪ Chef-lieu d'arrondissement de la Guyane française. 49 173 habitants.

Saint-Laurent-du-Var ▪ Ville des Alpes-Maritimes, sur la Côte d'Azur. 30 141 habitants.

Saint-Leu ▪ Ville de la Réunion. 34 740 habitants.

Saint-Lô ▪ Chef-lieu de la Manche. 19 206 habitants.

Saint Louis → **Louis IX,** roi de France

Saint Louis ▪ Ville des États-Unis (Missouri). 320 000 habitants (agglomération 2,6 millions).

Saint-Louis ▪ Ville de la Réunion. 53 744 habitants.

Saint-Louis ▪ Port du Sénégal. 100 000 habitants.

Saint-Maixent-l'École ▪ Commune des Deux-Sèvres. 7 243 habitants. École militaire.

Saint-Malo ▪ Chef-lieu d'arrondissement d'Ille-et-Vilaine, entouré de remparts. 46 995 habitants.

Saint-Mandé ▪ Ville du Val-de-Marne. 21 991 habitants.

la place **Saint-Marc** [-maʀ] ▪ Principale place de Venise, bordée par plusieurs monuments remarquables dont la basilique Saint-Marc (XIe s.) et le palais des Doges*.

Saint-Marcellin ▪ Commune de l'Isère. 7 731 habitants. Fromages.

Saint-Marin, en italien *San Marino* ▪ État de l'Europe, enclavé en Italie. 61 km². 30 000 habitants. Capitale : Saint-Marin.

Saint-Martin ▪ Île des Petites Antilles, partagée entre la France (collectivité d'outre-mer) et les Pays-Bas. 31 801 habitants.

Saint-Martin-d'Hères ▪ Ville de l'Isère, banlieue de Grenoble. 38 188 habitants. Campus universitaire.

Saint-Maur-des-Fossés ▪ Ville du Val-de-Marne. 74 520 habitants. Centre universitaire. Observatoire météorologique.

Saint-Médard-en-Jalles ▪ Ville de la Gironde. 32 357 habitants. Viticulture. Aéronautique.

Saint-Michel-sur-Orge ▪ Ville de l'Essonne. 21 298 habitants.

Saint-Moritz ▪ Ville de Suisse (Grisons). 5 600 habitants. Station de sports d'hiver.

Saint-Nazaire ▪ Chef-lieu d'arrondissement de la Loire-Atlantique, avant-port de Nantes. 71 887 habitants.

Saint-Nectaire ▪ Village du Puy-de-Dôme. Fromage réputé.

Saint-Nicolas, en néerlandais *Sint-Niklaas* ▪ Ville de Belgique (Flandre-Orientale). 80 000 habitants.

Saint-Omer ▪ Chef-lieu d'arrondissement du Pas-de-Calais. 14 782 habitants.

la **Saintonge** ▪ Anc. province de France. Capitale : Saintes.

Saint-Ouen ▪ Commune de la Seine-Saint-Denis. 51 547 habitants.

Saint-Ouen-l'Aumône ▪ Ville du Val-d'Oise. 24 743 habitants. Ruines de l'abbaye cistercienne de Maubuisson.

Saint Paul → **Minneapolis**

Saint-Paul ▪ Chef-lieu d'arrondissement de la Réunion. 104 301 habitants.

Saint-Paul ou **Saint-Paul-de-Vence** ▪ Commune des Alpes-Maritimes. 3 179 habitants. Centre artistique.

Saint-Paul-hors-les-Murs ▪ Basilique de Rome (IVe s.), possession de l'État du Vatican.

Saint-Pétersbourg, de 1914 à 1924 *Petrograd,* de 1924 à 1991 *Leningrad* ▪ Ville de Russie, sur la Neva. 4,4 millions d'habitants. Fondée en

1703, par Pierre le Grand, capitale de la Russie de 1715 à 1917. Ville d'art. Musée de l'Ermitage.

Marie-Agnès Fal de Saint Phalle, dite Niki de **Saint Phalle** ▪ Sculptrice française (1930-2002). Maisons-sculptures ; *Nanas* de couleur vive. Fontaines décoratives, avec Jean Tinguely.

Henri Bernardin de **Saint-Pierre** → **Bernardin de Saint-Pierre**

Saint-Pierre ▪ Chef-lieu d'arrondissement de la Réunion. 83 930 habitants.

Saint-Pierre de Rome ▪ Basilique pontificale, construite au Vatican sur le tombeau présumé de saint Pierre (XVIe-XVIIe s.).

Saint-Pierre et Miquelon ▪ Archipel français au sud de Terre-Neuve. Collectivité territoriale d'outre-mer. 242 km^2. 5 925 habitants. Chef-lieu : Saint-Pierre.

Saint-Pol-de-Léon ▪ Ville du Finistère. 6 743 habitants.

Saint-Priest [-pʀiɛst] ▪ Ville du Rhône, banlieue de Lyon. 48 318 habitants. Industrie automobile.

Saint-Quay-Portrieux ▪ Ville des Côtes-d'Armor, sur la baie de Saint-Brieuc. 3 159 habitants.

Saint-Quentin ▪ Chef-lieu d'arrondissement de l'Aisne. 53 100 habitants.

Saint-Quentin-en-Yvelines ▪ Communauté d'agglomération des Yvelines. 146 760 habitants.

Saint-Raphaël ▪ Ville du Var. 35 881 habitants. Station balnéaire.

Saint-Rémy-de-Provence ▪ Ville des Bouches-du-Rhône. 9 692 habitants. Site antique de Glanum. Centre agricole et touristique.

Camille **Saint-Saëns** ▪ Compositeur français (1835-1921). Musicien d'une grande rigueur formelle, virtuose et chef d'orchestre, il est l'auteur d'opéras (dont *Samson et Dalila*), d'œuvres religieuses, de compositions chorales et symphoniques, de musique de chambre et pour piano, et de fantaisies (*Le Carnaval des animaux*).

Saint-Savin ▪ Village de la Vienne, sur la Gartempe. Abbatiale et fresques romanes.

Saint-Sébastien, en espagnol *San Sebastián* en basque *Donostia* ▪ Port d'Espagne (Guipúzcoa). 185 512 habitants.

Saint-Sébastien-sur-Loire ▪ Ville de la Loire-Atlantique. 27 958 habitants.

le **Saint-Sépulcre** ▪ Sanctuaire chrétien de Jérusalem, sur le tombeau du Christ.

le **Saint-Siège** ▪ Gouvernement de l'Église catholique.

Louis, duc de **Saint-Simon** ▪ Mémorialiste français (1675-1755). Ses *Mémoires* peignent avec esprit critique la vie de cour entre 1691 et 1749. Le style, baroque ou elliptique, a une force d'évocation et un pouvoir narratif.

Claude Henri, comte de **Saint-Simon** ▪ Philosophe et économiste français (1760-1825). Sa doctrine annonce le socialisme.

Saint-Sulpice ▪ Compagnie de prêtres fondée en 1641 à Vaugirard (*Sulpiciens*).

l'église **Saint-Sulpice** ▪ Église de Paris, en partie construite par l'architecte Giovanni Servandoni. Peintures murales de Delacroix.

Saint-Thégonnec ▪ Commune de Bretagne (Finistère). 3 059 habitants. Grand enclos paroissial.

Saint-Tropez ▪ Ville du Var. 3 600 habitants. Station balnéaire.

Saint-Vaast-la-Hougue [-valaug] ▪ Commune de la Manche. 1 700 habitants. Pêche, ostréiculture.

Saint-Valery-en-Caux ▪ Ville de la Seine-Maritime, sur la Manche. 3 906 habitants.

le cap **Saint-Vincent,** en portugais *São Vicente* ▪ Cap du sud-ouest du Portugal.

Saint-Vincent-et-les-Grenadines ▪ État des Antilles. 388 km^2. 118 400 habitants. Capitale : Kingstown.

Saïs ▪ Ville ancienne d'Égypte, dans le delta du Nil. Site archéologique.

Une **saison en enfer** ▪ Recueil poétique de Rimbaud (1873).

la république de **Sakha,** anciennement *Iakoutie* ▪ République autonome de Russie. 3 103 200 km^2. 958 500 habitants. Capitale : Iakoutsk.

Sakhaline ▪ Île russe au nord du Japon. 76 400 km^2. 498 000 habitants.

Andreï **Sakharov** ▪ Physicien soviétique (1921-1989). Il participa à l'élaboration de la bombe H soviétique et lutta pour les droits de l'homme. Prix Nobel de la paix 1975.

Sakkara → **Saqqara**

Armand **Salacrou** ▪ Auteur dramatique français (1899-1989). Théâtre d'avant-garde et comédie classique.

Saladin ▪ (1138-1193) Sultan ayyubide d'Égypte et de Syrie, de 1171 à sa mort. Il reprit Jérusalem aux croisés (1187).

Salamanque, en espagnol *Salamanca* ▪ Ville d'Espagne (Castille-et-León). 151 658 habitants. Université (XIIIe s.). Monuments (XIIe-XVIIIe s.).

Salamine ■ Île de Grèce. Victoire navale des Grecs sur les Perses en 480 avant J.-C.

Salammbô ■ Roman de Flaubert (1862).

António de Oliveira **Salazar** ■ (1889-1970) Homme politique portugais au pouvoir de 1932 à 1968.

Salé ■ Ville du Maroc. 890 000 habitants.

Salem ■ Ville et port des États-Unis (Massachusetts). 41 300 habitants. Fondée au XVIIe s., la ville fut le théâtre de procès de sorcellerie (*Les Sorcières de Salem*, d'Arthur Miller).

Salerne ■ Ville d'Italie (Campanie), au sud de Naples. 138 200 habitants. Monuments anciens. Débarquement allié en 1943.

Sebastião **Salgado** ■ Photographe brésilien (né en 1944). Témoignages de la guerre et de la famine. Wim Wenders lui a consacré un documentaire, *Le Sel de la Terre*.

Antonio **Salieri** ■ Compositeur italien (1750-1825). Rival malheureux de Mozart.

Jerome David **Salinger** ■ Romancier américain (1919-2010). Son roman *l'Attrape-cœurs* connut un très grand succès, par sa sensibilité dans la peinture de l'adolescence. Après trois autres romans, il cessa de publier en 1963.

lord **Salisbury** ■ Homme politique (conservateur) britannique (1830-1903).

Salisbury ■ Ville d'Angleterre (Wiltshire). 44 700 habitants. Cathédrale du XIIIe s.

les **Saljuqides** → les **Seldjoukides**

Macky **Sall** ■ Homme d'État sénégalais (né en 1961). Président de la République depuis 2012.

Salluste ■ Historien latin (v. 86-35 avant J.-C.). *La Conjuration de Catilina*.

Mohammed ben **Salmane** ■ Prince d'Arabie saoudite (né en 1985). Il fut placé sur le trône en 2015 et nommé Premier ministre en 2022.

André **Salmon** ■ Écrivain français (1881-1968). Poèmes, romans, critiques d'art, mémoires. Il fut proche d'Apollinaire et de Max Jacob.

Salomé ■ Princesse juive, fille d'Hérodiade (morte v. 72). D'après l'Évangile, elle obtint la tête de saint Jean-Baptiste.

Salomon ■ Bible Roi d'Israël (v. 972-v. 932 avant J.-C.). Fils et successeur de David.

Ernst von **Salomon** ■ Écrivain allemand (1902-1972). Militant nationaliste fascisant, il fut emprisonné pour avoir participé à l'assassinat de W. Rathenau. Dans le cadre de la dénazification, *Le Questionnaire* manifeste son hostilité pour la démocratie à l'américaine, comme pour la démagogie hitlérienne.

les îles **Salomon** ■ Archipel et État de la Mélanésie. 27 556 km². 721 400 habitants. Capitale : Honiara.

Salon-de-Provence ■ Ville des Bouches-du-Rhône. 45 009 habitants. Château des XIIe-XIIIe et XVIe s. Base aérienne.

Salonique ou **Thessalonique** ■ Port de Grèce (Macédoine). 322 000 habitants.

le (ou la) **Salouen** ■ Fleuve de Chine, de Thaïlande et de Birmanie. 2 600 km.

la **Salpêtrière** ■ Hôpital parisien construit au XVIIe s. Il est aujourd'hui rattaché à l'hôpital de La Pitié.

les accords **SALT** (sigle anglais de *Strategic Arms Limitation Talks* «pourparlers de limitation des armes stratégiques») ■ Négociations entre l'URSS et les États-Unis sur la limitation des armements stratégiques (1969-1979). → aussi **START.**

Salt Lake City (anglais «ville du lac Salé») ■ Ville des États-Unis, capitale de l'Utah. 186 500 habitants. Capitale des mormons, fondée par Brigham Young en 1847.

Mikhaïl Saltykov, dit **Saltykov-Chtchedrine** ■ Écrivain russe (1826-1889). Journaliste satirique. Son seul roman, *La Famille Golovliev*, est aussi une satire sociale.

l'Armée du **Salut** ■ Organisation religieuse (protestante) créée en 1865 par William Booth.

Salvador, anciennement *Bahia* ■ Port du Brésil (Bahia). 2,68 millions d'habitants. Églises baroques.

le **Salvador** ■ État d'Amérique centrale. 21 041 km². 6,7 millions d'habitants. Capitale : San Salvador.

Salzbourg ■ Ville d'Autriche. 148 521 habitants. Festival de musique. Patrie de Mozart.

Samara, anciennement *Kouibychev* ■ Ville de Russie, sur la Volga. 1,1 million d'habitants.

la **Samarie** ■ Province centrale de la Palestine. Ses habitants, les *Samaritains*, ont un rôle important dans les Évangiles.

Samarkand ■ Ville d'Ouzbékistan. 362 300 habitants. Capitale de l'empire de Tamerlan. Cité d'art islamique.

la **Sambre** ■ Rivière, affluent de la Meuse. 190 km.

les îles **Samoa** ■ Archipel de la Polynésie partagé en deux groupes. ► les **Samoa américaines.** 197 km². 55 500 habitants. ► l'État indépendant des **Samoa.** 2 830 km². 187 800 habitants. Capitale : Apia.

Samos ■ Île grecque de la mer Égée. 476 km². 33 000 habitants.

Samothrace ■ Île grecque de la mer Égée où fut découverte la statue dite *Victoire de Samothrace* en 1863.

les **Samoyèdes** ■ Peuples de Sibérie d'origine mongole.

Samson ▪ Bible Juge d'Israël. Sa chevelure est le siège de sa force. Dalila le rase et le livre aux Philistins. Il inspira un drame lyrique à Saint-Saëns (*Samson et Dalila*, 1877).

Samuel ▪ Bible Prophète et juge d'Israël (XIe s. avant J.-C.).

Paul Anthony **Samuelson** ▪ Économiste américain (1915-2009). Économétrie mathématique.

Sanaa ▪ Capitale du Yémen. 1,71 million d'habitants.

la **Sanaga** ▪ Fleuve du Cameroun. 520 km.

la faille de **San Andreas** ▪ Fracture géologique allant du nord de San Francisco au golfe de Californie ; zone sismique.

San Antonio ▪ Ville des États-Unis (Texas). 1,33 million d'habitants. Base militaire. Aéronautique.

San-Antonio ▪ Personnage principal et narrateur d'une série de romans de Frédéric Dard*.

Sanary-sur-Mer ▪ Ville du Var, sur la baie de Sanary. 17 173 habitants.

Sancerre ▪ Commune du Cher. 1 340 habitants. Monuments anciens. Vins réputés.

Sancho Pança ▪ Personnage de Cervantes, écuyer et compagnon de Don Quichotte. Il est son antithèse physique (la «panse») et morale.

le puy de **Sancy** ▪ Point culminant du Massif central. 1 885 m.

Aurore Dupin, dite George **Sand** ▪ Romancière française (1804-1876). Après avoir milité pour une régénération sociale, elle adopta, la révolution de 1848 ayant échoué, «un idéal de calme, d'innocence et de rêverie». Elle écrivit de nombreux romans *(Indiana ; Lélia ; Les Maîtres sonneurs)*, des récits champêtres devenus célèbres *(François le Champi ; La Petite Fadette)*, une autobiographie *(Histoire de ma vie)*. Par ses amours (Musset, Chopin) et ses amitiés (Flaubert), elle fut au centre de la vie artistique française.

Carl **Sandburg** ▪ Poète américain (1878-1967). Sa poésie se réclame de Walt Whitman ; comme lui il était démocrate, de tendance socialiste, et patriote. Ses *Poèmes de Chicago* d'un style simple et puissant, exaltent le travail.

San Diego ▪ Port des États-Unis (Californie). 1,38 million d'habitants. Base navale. Aéronautique et aérospatiale.

Augusto **Sandino** ▪ Héros populaire nicaraguayen (1895-1934).

le **Sandjak** (turc «préfecture») ▪ Région historique de Serbie et du nord du Monténégro.

Sandwich ▪ Nom de deux amiraux anglais. ► John Montaigu, 4e comte de **Sandwich** (1718-1792), donna son nom aux îles Sandwich.

les îles **Sandwich** → îles **Hawaii**

San Francisco ▪ Port des États-Unis (Californie), sur la côte pacifique. 805 200 habitants. ► la **conférence de San Francisco,** en 1945, élabora la charte des Nations unies.

les **Sangallo** ▪ Famille d'architectes florentins de la Renaissance (XVe-XVIe s.). Giuliano (1445-1516) et Antonio dit le Jeune (1483-1546), son neveu.

Sangatte ▪ Ville du Pas-de-Calais. 4 840 habitants. Entrée du tunnel sous la Manche. Centre d'accueil des migrants étrangers en situation irrégulière de 1999 à 2002.

San Gimignano ▪ Ville d'Italie (Toscane). 7 100 habitants. Cité médiévale.

les îles **Sanguinaires** ▪ Îles de Corse à l'entrée du golfe d'Ajaccio.

San Jose ▪ Ville des États-Unis (Californie). 946 000 habitants (agglomération 7 millions).

San José ▪ Capitale du Costa Rica. 310 000 habitants.

San Juan ▪ Ville d'Argentine. 414 000 habitants.

San Juan ▪ Capitale de Porto Rico. 425 000 habitants.

San Luis Potosí ▪ Ville du Mexique septentrional (723 000 habitants).

José de **San Martín** ▪ Général et homme politique argentin (1778-1850). Héros de l'indépendance de l'Amérique latine.

San Miniato al Monte ▪ Église romane de Florence (XIe-XIIIe s.).

Iacopo **Sannazaro** ▪ Poète et humaniste italien (1456-1530). *L'Arcadie.*

Sannois ▪ Ville du Val d'Oise. 26 524 habitants.

San Remo ou **Sanremo** ▪ Ville d'Italie (Ligurie). 50 600 habitants. Station balnéaire. ► la conférence de **San Remo** s'est tenue du 19 au 26 avril 1920. La France, l'Italie et la Grande-Bretagne y discutèrent de l'exécution du traité de Versailles et préparèrent le traité de Sèvres.

San Salvador ▪ Capitale du Salvador. 209 600 habitants.

les **Sanson** ▪ Famille qui assuma en France, de père en fils, la fonction de bourreau. ► Charles Henri **Sanson** (1740-1806) exécuta Louis XVI. Il se démit de ses fonctions au profit d'Henri **Sanson,** son fils (1767-1840), exécuteur de Marie-Antoinette.

Andrea Contucci, dit il **Sansovino** ▪ Sculpteur et architecte italien (v. 1467-1529). ► Jacopo Tatti, dit il **Sansovino** son disciple, sculpteur et architecte (1486-1570). Nombreuses constructions à Venise.

le château de **Sans-Souci** ▪ Palais de style rococo, près de Potsdam, commandé par Frédéric II et achevé en 1747.

le traité de **San Stefano** ▪ Traité signé en 1878 par la Russie et la Turquie et qui mit fin à la guerre russo-turque.

Antonio López de **Santa Anna** ▪ Homme d'État mexicain (1794-1876).

Santa Barbara ▪ Ville des États-Unis (Californie). 88 400 habitants.

Santa Cruz ▪ Ville de Bolivie. 1,4 million d'habitants.

Santa Cruz de Tenerife ▪ Une des deux capitales des îles Canaries (Espagne). 204 476 habitants.

Santa Fe ▪ Ville des États-Unis, capitale du Nouveau-Mexique. 68 000 habitants. Ville historique, en style colonial espagnol.

Santa Monica ▪ Ville des États-Unis (Californie), dans l'agglomération de Los Angeles, près d'Hollywood. 90 000 habitants.

Santander ▪ Port d'Espagne (Cantabrie). 178 095 habitants.

Santiago ▪ Capitale du Chili. 5,2 millions d'habitants.

Santiago de Cuba ▪ Port de Cuba. 494 400 habitants.

Santorin ou **Théra** ▪ Île grecque de la mer Égée (Cyclades). Volcan actif.

Santos ▪ Port du Brésil (État de São Paulo). 419 000 habitants.

Alberto **Santos-Dumont** ▪ Pionnier brésilien de l'aviation, établi en France (1873-1932).

le **São Francisco** ▪ Fleuve du Brésil. 3 161 km.

la **Saône** ▪ Rivière, affluent du Rhône. 480 km. ► la **Haute-Saône** [70]. Département français de la Région Bourgogne-Franche-Comté. 5 360 km². 234 601 habitants. Chef-lieu : Vesoul. Chef-lieu d'arrondissement : Lure. ► la **Saône-et-Loire** [71]. Département français de la Région Bourgogne-Franche-Comté. 8 627 km². 551 063 habitants. Chef-lieu : Mâcon. Chefs-lieux d'arrondissement : Autun, Chalon-sur-Saône, Charolles, Louhans.

São Paulo ▪ Ville du Brésil. 11 millions d'habitants (agglomération 19 millions). Capitale de l'*État de São Paulo* (247 898 km² ; 41 millions d'habitants).

São Tomé e Príncipe ou **Sao Tomé-et-Principe** ▪ Archipel et État du golfe de Guinée. 1 001 km². 179 200 habitants. Capitale : São Tomé.

Edward **Sapir** ▪ Linguiste et anthropologue américain d'origine allemande (1884-1930). Étude des langues et civilisations amérindiennes. Linguistique générale à la fois fonctionnelle et sociale.

Sappho ou **Sapho** ▪ Poète grecque, créatrice du lyrisme érotique (v. 600 avant J.-C.).

Sapporo ▪ Ville du Japon (Hokkaidō). 1,88 million d'habitants.

Ṣaqqara ou **Sakkara** ▪ Site archéologique d'Égypte. Nécropole de l'anc. ville de Memphis, où se trouve la pyramide à degrés.

Saragosse, en espagnol *Zaragoza* ▪ Ville d'Espagne, sur l'Èbre (Aragon). 678 115 habitants. Ville d'art.

Sarah ou **Sara** ▪ Bible Épouse d'Abraham.

Sarajevo ▪ Capitale de la Bosnie-Herzégovine. 380 000 habitants. L'assassinat de l'archiduc François-Ferdinand à Sarajevo, en juin 1914, déclencha la Première Guerre mondiale.

José **Saramago** ▪ Romancier portugais (1922-2010). *L'Évangile selon Jésus-Christ ; Le Voyage de l'éléphant.* Prix Nobel 1998.

Saratoga Springs ▪ Ville des États-Unis (New York). 25 600 habitants. Victoire décisive des Américains sur les Anglais au cours de la guerre d'Indépendance (1777).

Saratov ▪ Ville de Russie. 873 500 habitants.

Sarawak ▪ État de la Malaisie orientale. 123 983 km². 2 millions d'habitants. Capitale : Kuching.

Sarcelles ▪ Chef-lieu d'arrondissement du Val-d'Oise. 58 483 habitants.

la **Sardaigne,** en italien *Sardegna* ▪ Île et région italienne, au sud de la Corse. 24 090 km². 1,63 million d'habitants. Chef-lieu : Cagliari.

Sardanapale ▪ Roi légendaire d'Assyrie.

Sardes ▪ Ancienne ville d'Asie Mineure.

la mer des **Sargasses** ▪ Zone de l'Atlantique Nord, près des Bermudes.

Thomas **Sargent** ▪ Économiste américain (né en 1943). Il a développé la théorie de l'anticipation rationnelle. Prix Nobel 2011.

Sargon II ▪ Roi d'Assyrie (de 721 à 705 avant J.-C.). Durant son règne, l'Assyrie fut à son apogée.

Sarh, anciennement *Fort-Archambault* ▪ Ville du Tchad. 115 000 habitants.

Nicolas **Sarkozy,** né Sarközy de Nagy-Bocsa ▪ Homme d'État français (né en 1955). Plusieurs fois ministre (notamment de l'Intérieur). Il a été président de la République (UMP) de 2007 à 2012.

Sarlat-la-Canéda ▪ Chef-lieu d'arrondissement de la Dordogne. 8 788 habitants. Ville d'art.

William **Saroyan** ▪ Romancier et auteur dramatique américain d'une famille d'origine arménienne (1908-1981). Ses nouvelles et romans manifestent un optimisme sentimental qu'on retrouve dans ses pièces de théâtre.

Nathalie **Sarraute** ▪ Écrivaine française d'origine russe (1900-1999). Ses romans *(Tropismes ; Le Planétarium ; Martereau)*, son théâtre, ses pièces radiophoniques illustrent une psychologie de l'instant et de l'impalpable, puis un recul des réalités vers les mots.

Albertine **Sarrazin** ▪ Romancière française (1937-1967). Condamnée à la prison, elle évoque la vie carcérale dans un style très personnel. *La Cavale ; L'Astragale.*

la **Sarre** ▪ Rivière de France et d'Allemagne, affluent de la Moselle. 240 km. ► la **Sarre.** Land d'Allemagne. 2 570 km². 1,02 million d'habitants. Capitale : Sarrebruck. Bassin houiller.

Sarrebourg ▪ Chef-lieu d'arrondissement de la Moselle. 12 278 habitants.

Sarrebruck ▪ Ville d'Allemagne, capitale de la Sarre. 191 000 habitants.

Sarreguemines ▪ Chef-lieu d'arrondissement de la Moselle. 20 555 habitants.

Sartène ▪ Chef-lieu d'arrondissement de la Corse-du-Sud. 3 408 habitants.

la **Sarthe** ▪ Rivière, affluent de la Maine. 285 km. ► la **Sarthe** [72]. Département français de la Région Pays de la Loire. 6 206 km². 566 993 habitants. Chef-lieu : Le Mans. Chefs lieux d'arrondissement : La Flèche, Mamers.

Jean-Paul **Sartre** ▪ Écrivain et penseur français (1905-1980). Son œuvre philosophique relève de l'existentialisme athée et de la phénoménologie : *L'Être et le Néant* (1943) ; *La Critique de la raison dialectique* (1960). Écrivain, il s'illustra dans la nouvelle *(Le Mur)*, le roman *(La Nausée, Les Chemins de la liberté)*, le théâtre (*Les Mouches, Huis clos* [«l'enfer c'est les autres»], *Le Diable et le Bon Dieu*...), l'essai *(Situations)*, la critique, la biographie (*L'Idiot de la famille*, sur Flaubert), les mémoires *(Les Mots)*. Par cette œuvre immense et variée, par ses positions politiques d'extrême gauche et ses polémiques (avec R. Aron, Camus...), par son action révolutionnaire militante, Sartre fut l'intellectuel français le plus influent de son temps.

Sartrouville ▪ Ville des Yvelines. 51 746 habitants.

Sarzeau ▪ Ville du Morbihan, sur la presqu'île de Rhuys. 8 866 habitants. Château de Suscinio (XIIIe-XVe s.).

la **Saskatchewan** ▪ Province du Canada, dans la Prairie. 651 036 km². 1 million d'habitants. Capitale : Regina.

Saskatoon ▪ Ville du Canada (Saskatchewan). 246 376 habitants.

les **Sassanides** ▪ Dynastie perse qui renversa les Parthes et régna de 226 à 651.

Sassari ▪ Ville d'Italie (Sardaigne). 119 700 habitants.

Satan ▪ Bible Le diable, chef des démons.

Erik **Satie** ▪ Compositeur français (1866-1925). Mal comprises de son vivant, ses pièces pour piano *(Gymnopédies ; Trois Gnossiennes)*, parfois désignées de manière cocasse, ont été redécouvertes et sont devenues célèbres. Leur émouvante simplicité est un défi à la musique de son temps. *Parade.*

Satires ▪ Recueil de satires de Boileau (1666-1716).

Satiricon ▪ Roman attribué à Pétrone et dont il ne reste que des fragments.

Marjane **Satrapi** ▪ Dessinatrice, scénariste et réalisatrice française (née en 1969). Ses bandes dessinées font écho à son enfance en Iran, au moment de la révolution islamique (*Persepolis*, adapté au cinéma).

Riad **Sattouf** ▪ Auteur et dessinateur de bande dessinée franco-syrien (né en 1978). *L'Arabe du futur ; Les Cahiers d'Esther.*

Saturne ▪ mythol. romaine Dieu des Semailles identifié au *Cronos* grec, dieu du Temps. ► **Saturne.** Planète du système solaire, entourée d'anneaux et de nombreux satellites. Diamètre : 120 660 km.

Henri **Sauguet** ▪ Compositeur français (1901-1989). Opéras bouffes, ballets, mélodies. *Les Forains*, ballet.

Saül ▪ Bible Premier roi des Hébreux (de 1020 à 1000 avant J.-C.).

Saulieu ▪ Ville de Bourgogne (Côte-d'Or). 2 346 habitants. Basilique romane.

Saumur ▪ Chef-lieu d'arrondissement de Maine-et-Loire. 26 154 habitants. Château (XVe-XVIe s.). École militaire de cavalerie.

Antonio **Saura** ▪ Peintre espagnol (1930-1998). Expressionnisme abstrait, éclatement des formes. ► Carlos **Saura,** son frère (1932-2023). Cinéaste espagnol. Peintre critique de la société espagnole. *Cría cuervos.*

Horace Benedict de **Saussure** ▪ Voyageur, géologue et météorologue suisse (1740-1799), fils de l'agronome Nicolas de Saussure (1709-1790). ► Nicolas Théodore de **Saussure,** son fils (1785-1845), chimiste et naturaliste. ► Henri de **Saussure,** fils du précédent (1829-1905), entomologiste.

Ferdinand de **Saussure** ▪ Linguiste suisse (1857-1913), fils d'Henri. Il publia des travaux de linguistique historique. Son *Cours de linguistique générale,* reconstitué et publié par ses élèves en 1916, pose les bases d'une théorie structurale du sens, et amorce le projet d'une science générale du signe (sémiologie). Son influence fut essentielle à partir du milieu du XXe s.

Sauternes ▪ Village de la Gironde, arrondissement de Langon. Vins blancs moelleux.

Claude **Sautet** ▪ Cinéaste français (1924-2000). *Les Choses de la vie ; César et Rosalie ; Un cœur en hiver.*

Jean-Pierre **Sauvage** ▪ Chimiste français (né en 1944). Spécialiste des machines moléculaires. Prix Nobel.

Alfred **Sauvy** ▪ Démographe et économiste français (1898-1990). *Théorie générale de la population.*

Jordi **Savall** ▪ Violiste et chef d'orchestre espagnol, catalan (né en 1941). Il redécouvre et fait connaître des musiques anciennes, notamment espagnoles. Comme soliste, il a sublimé le répertoire français (Couperin, Marin Marais...).

Savannah ▪ Ville des États-Unis (Géorgie), à l'embouchure de la rivière Savannah. 131 000 habitants. Ville historique.

la **Save** ▪ Rivière d'Europe, affluent du Danube. 940 km.

Saverne ▪ Chef-lieu d'arrondissement du Bas-Rhin. 11 303 habitants.

Roberto **Saviano** ▪ Écrivain et journaliste italien (né en 1979). *Gomorra* (2006), vaste enquête sur la Camorra napolitaine (mafia), l'a contraint à quitter l'Italie et à vivre sous protection policière.

Savigny-le-Temple ▪ Ville de Seine-et-Marne. 30 169 habitants.

Savigny-sur-Orge ▪ Ville de l'Essonne. 37 190 habitants.

la **Savoie** ▪ Anc. province du Piémont rattachée à la France (1860). Elle correspond aujourd'hui à deux départements. ► la **Savoie** [73]. Département français de la Région Auvergne-Rhône-Alpes. 6 273 km^2. 439 750 habitants. Chef-lieu : Chambéry. Chefs-lieux d'arrondissement : Albertville, Saint-Jean-de-Maurienne. ► la **Haute-Savoie** [74]. Département français de la Région Auvergne-Rhône-Alpes. 4 391 km^2. 835 206 habitants. Chef-lieu : Annecy. Chefs-lieux d'arrondissement : Bonneville, Saint-Julien-en-Genevois, Thonon-les-Bains.

Jérôme **Savonarole** ▪ Dominicain florentin (1452-1498). Excommunié et condamné au bûcher.

la **Savonnerie** ▪ Manufacture royale de tapis fondée en 1604 à Chaillot dans une ancienne savonnerie. Elle fut réunie à la manufacture des Gobelins en 1826.

Maurice, comte de Saxe, dit le Maréchal de **Saxe** ▪ Maréchal de France (1696-1750). Vainqueur à Fontenoy.

la **Saxe** ▪ Région et Land d'Allemagne. 18 408 km^2. 4,2 millions d'habitants. Capitale : Dresde. Industries. ► la **Basse-Saxe.** Land d'Allemagne. 47 348 km^2. 8 millions d'habitants. Capitale : Hanovre. ► la **Saxe-Anhalt.** Land d'Allemagne. 20 443 km^2. 2,3 millions d'habitants. Capitale : Magdebourg. ► les **Saxons.** Peuple germanique qui s'établit en Angleterre v. 450 (avant les Angles).

Jean-Baptiste **Say** ▪ Économiste libéral et industriel français (1767-1832).

la **Scala** ▪ Célèbre théâtre de Milan, construit en 1778.

Jules César **Scaliger,** en italien *Giulio Cesare Scaligero* ▪ Médecin et humaniste italien (1484-1558). Travaux sur Hippocrate, Aristote. *Poétique.* ► Joseph Juste **Scaliger,** son fils (1540-1609). Humaniste, protestant, établi à Genève.

la **Scandinavie** ▪ Région de l'Europe du Nord comprenant le Danemark, la Suède et la Norvège.

la **Scanie** ▪ Province du sud de la Suède. Ville principale Malmö. Région agricole, qui appartint au Danemark jusqu'en 1658.

Scapin ▪ Personnage de la comédie italienne, valet fourbe et rusé.

Scaramouche ▪ Personnage de la commedia dell'arte, hâbleur vêtu de noir.

Alessandro **Scarlatti** ▪ Compositeur italien (1660-1725). Il écrivit un très grand nombre d'opéras et des œuvres de musique religieuse. ► Domenico **Scarlatti** (1685-1757), son fils, claveciniste, composa de nombreuses courtes sonates pour cet instrument.

Paul **Scarron** ▪ Écrivain français (1610-1660). Auteur de poésies burlesques *(Le Virgile travesti),* de comédies bouffonnes et du truculent *Roman comique.* Ses œuvres font preuve d'un génie verbal dans le comique.

Sceaux ▪ Ville des Hauts-de-Seine. 20 359 habitants. Parc de Le Nôtre.

Maurice **Scève** ▪ Poète français de la Renaissance (1501-v. 1564). Confidences amoureuses lyriques et symboles mystiques sont exprimés en décasyllabes dans *Délie, objet de la plus haute vertu*. *Microcosme* est une épopée biblique.

Horace **Schacht** ▪ Financier et homme politique allemand (1877-1970). Il fut ministre de l'Économie du régime nazi, mais s'opposa à Goering, démissionna, devint résistant au régime et fut déporté à Dachau. Acquitté à Nuremberg.

Pierre **Schaeffer** ▪ Ingénieur et compositeur français (1910-1995). Inventeur, avec Pierre Henry, de la «musique concrète». Expériences électroacoustiques.

André **Schaeffner** ▪ Musicologue et ethnologue français (1895-1980).

Schaerbeek, en néerlandais *Schaarbeek* ▪ Ville de Belgique (Bruxelles-Capitale). 132 799 habitants.

Schaffhouse ▪ Ville de Suisse. 33 500 habitants (zone urbaine 61 600). ► le canton de **Schaffhouse.** 298 km². 73 900 habitants. Chef-lieu : Schaffhouse.

Carl Wilhelm **Scheele** ▪ Chimiste suédois (1743-1786). Il isola un gaz, identifié plus tard comme l'oxygène, découvrit plusieurs corps, notamment des acides.

Georges **Schehadé** ▪ Poète et auteur dramatique libanais d'expression française (1910-1989). *Monsieur Bob'le.*

Schéhérazade ▪ Conteuse, dans les *Mille et Une Nuits,* qui échappe à une mise à mort programmée en captivant le roi perse Chāhriyār par ses récits, chaque nuit.

Max **Scheler** ▪ Philosophe allemand (1874-1928). Phénoménologue de l'émotion. Études sur la souffrance, la sympathie.

Friedrich Wilhelm Joseph von **Schelling** ▪ Philosophe idéaliste allemand (1775-1854).

Schengen ▪ Localité du Luxembourg (350 habitants) où furent signés les accords (1985, 1990) sur la libre circulation des personnes dans la plupart des pays de l'UE et d'États associés.

Hermann **Scherchen** ▪ Chef d'orchestre allemand (1891-1966). Il dirigea la plupart des grands compositeurs contemporains.

Egon **Schiele** ▪ Peintre autrichien (1890-1918). Dessins et peintures au graphisme torturé et magnifique, d'un érotisme provocant.

Friedrich von **Schiller** ▪ Écrivain allemand et grand réformateur du théâtre allemand (1759-1805). *Don Carlos ; Marie Stuart ; Guillaume Tell.*

Schiltigheim ▪ Ville du Bas-Rhin, banlieue de Strasbourg. 33 993 habitants.

le grand **schisme d'Occident** ▪ Période pendant laquelle il y eut plusieurs papes à la fois (de 1378 à 1417).

le **schisme d'Orient** ▪ Rupture en 1054 entre l'Église de Rome et l'Église de Byzance (qui devint l'Église orthodoxe).

August Wilhelm von **Schlegel** ▪ Critique littéraire allemand (1767-1854). Conférences sur *La Littérature et l'art,* théoricien du romantisme européen. ► Friedrich von **Schlegel,** son frère (1772-1829). Philologue et écrivain. Philosophe du langage : *Sur la langue et la sagesse des Indiens.*

Kurt von **Schleicher** ▪ Militaire allemand (1882-1934). Chancelier auquel succéda Hitler, il fut assassiné lors de la Nuit des longs couteaux.

le **Schleswig-Holstein** ▪ Land d'Allemagne, limitrophe du Danemark. 15 732 km². 2,8 millions d'habitants. Capitale : Kiel.

Moritz **Schlick** ▪ Philosophe néopositiviste allemand (1882-1936).

Heinrich **Schliemann** ▪ Archéologue allemand (1822-1890). Il mena plusieurs fouilles en Grèce et découvrit les sites de Troie et de Mycènes.

Bernard **Schlink** ▪ Écrivain allemand (né en 1944). *Le Liseur* interroge sur la difficulté de juger le passé.

le col de la **Schlucht** [ʃluʀt] ▪ Col des Vosges. 1 139 m.

Florent **Schmitt** ▪ Compositeur français (1870-1958). *La Tragédie de Salomé.*

Éric-Emmanuel **Schmitt** ▪ Écrivain et réalisateur belge d'origine française (né en 1960). Il aborde de nombreux sujets philosophiques, l'amour, la mort, la foi, sans pathos ni désespoir (*Monsieur Ibrahim et les fleurs du Coran,* sur le soufisme ; *Oscar et la dame rose,* sur le catholicisme). Film : *Odette Toulemonde.*

Artur **Schnabel** ▪ Pianiste autrichien (1882-1951). Interprète de Beethoven et des romantiques allemands. Œuvres dodécaphoniques.

Schneider [ʃnɛdʀ] ou [ʃnɛdɛʀ] ▪ Famille d'industriels français. Eugène (1805-1875) et Adolphe (1802-1845) reprirent les usines métallurgiques du Creusot, industrie fondée par Ignace de Wendel.

Rosemarie Magdalena Albach, dite Romy **Schneider** ▪ Actrice autrichienne (1938-1982). Après la série des *Sissi*, elle eut en France une carrière plus dramatique (notamment dans les films de Sautet).

Arthur **Schnitzler** ▪ Écrivain autrichien (1882-1931). Son style est simple et clair, exprimant une vision désenchantée, parfois désespérée, d'une société en déclin. *Mademoiselle Else* (roman) ; pièces de théâtre (*Liebelei* et *La Ronde*, adaptées au cinéma par Max Ophuls).

Victor **Schoelcher** ▪ Homme politique français (1804-1893). Il fit voter le décret sur l'abolition de l'esclavage (1848).

Schoelcher ▪ Ville de la Martinique, agglomération de Fort-de-France. 19 467 habitants. Campus de l'université des Antilles.

Arnold **Schoenberg** ▪ Compositeur autrichien, naturalisé américain (1874-1951). Il élabora un nouveau système musical, dégagé de la tonalité, mais soumis à la «série» de douze sons, le dodécaphonisme. *Pierrot lunaire*.

Olaf **Scholz** ▪ Homme d'État allemand (né en 1958). Membre du SPD, il est chancelier depuis 2021.

Schönbrunn ▪ Château impérial du XVIIIe s. dans la banlieue de Vienne.

Martin **Schongauer** ▪ Artiste alsacien (v. 1445-1491). Gravures.

Arthur **Schopenhauer** ▪ Philosophe allemand (1788-1860). Sa philosophie pessimiste influença Nietzsche.

Gerhard **Schröder** ▪ Homme politique (social-démocrate) allemand (né en 1944). Chancelier de 1998 à 2005.

Erwin **Schrödinger** ▪ Physicien autrichien (1887-1961). Il a donné notamment l'équation fondamentale de la mécanique ondulatoire. Travaux épistémologiques et philosophiques.

Franz **Schubert** ▪ Compositeur romantique autrichien (1797-1828). Plus encore que dans les œuvres symphoniques, c'est dans la musique de chambre, les compositions pour piano et les lieder (plus de 600) que s'expriment le génie mélodique, le sens de la nuance harmonique et rythmique et l'expressivité de Schubert.

Charles Monroe **Schulz** ▪ Dessinateur américain (1922-2000). Auteur de la bande dessinée *Peanuts* (Charlie Brown, le chien Snoopy...).

Michael **Schumacher** ▪ Coureur automobile allemand (né en 1969). Sept fois champion du monde.

Robert **Schuman** ▪ Homme politique français (1886-1963). Démocrate-chrétien, il fut l'un des pères de la CEE.

Robert **Schumann** ▪ Compositeur romantique allemand (1810-1856). Il a composé des œuvres pour piano (Carnaval, Kreisleriana) et de la musique symphonique d'un caractère expressif, souvent tragique. Ses lieder, à l'expressivité retenue, sont admirables.

Joseph Alois **Schumpeter** ▪ Économiste autrichien émigré aux États-Unis (1883-1950).

Kurt von **Schuschnigg** ▪ Homme politique autrichien (1897-1977). Chancelier après l'assassinat de Dollfuss (1934), il dut composer avec Hitler, mais démissionna en 1938 avant l'invasion par l'Allemagne.

Heinrich **Schütz** ▪ Compositeur allemand (1585-1672). Son œuvre religieuse, où la polyphonie et la monodie d'influence italienne se combinent, laisse présager celle de J.-S. Bach. *Psaumes de David ; Histoire de la Résurrection ; Petits concerts spirituels.*

Laurent **Schwartz** ▪ Mathématicien français (1915-2002). Théorie des «distributions», élargissant le concept de fonction.

Elisabeth **Schwarzkopf** ▪ Chanteuse britannique d'origine allemande (1915-2006). Soprano lyrique, interprète privilégiée de Mozart, de Richard Strauss.

Albert **Schweitzer** ▪ Théologien protestant et médecin français (1875-1965).

Kurt **Schwitters** ▪ Peintre et sculpteur allemand (1887-1948). Collages dada. Il participa à la révolution artistique de son temps par des collages et assemblages qui annoncent bien des styles à venir.

le canton de **Schwyz** ▪ Canton de Suisse. 908 km^2. 157 301 habitants. Chef-lieu : Schwyz.

Leonardo **Sciascia** ▪ Écrivain italien (1921-1989). *Le Conseil d'Égypte ; L'Affaire Moro.*

Scipion l'Africain ▪ Général romain (v. 235-183 avant J.-C.). Il vainquit Hannibal à Zama (202 avant J.-C.).

Scipion Émilien ▪ Général romain (v. 185-129 avant J.-C.). Il détruisit Carthage.

Ettore **Scola** ▪ Cinéaste italien (1931-2016). Comédies et critique sociale.

Martin **Scorsese** ▪ Cinéaste américain (né en 1942). Il évoque le conflit entre une réalité sordide et une quête de spiritualité. *Taxi Driver ; Les Infiltrés ; Shutter Island.*

Jean Duns **Scot** → **Duns Scot**

Jean **Scot Érigène** ▪ Théologien et philosophe écossais ou irlandais (IXe s.).

Scotland Yard ▪ Siège de la police de Londres.

les **Scots** ▪ Peuple irlandais de l'Antiquité qui envahit l'Écosse (Ve s.).

sir Walter **Scott** ▪ Écrivain écossais (1771-1832). Auteur de poèmes*(La Dame du lac)*, de romans historiques sur l'Écosse *(Waverley ; Quentin Durward)* et d'*Ivanhoé* qui met en scène Richard Cœur de Lion et Robin des Bois.

Robert **Scott** ▪ Explorateur anglais de l'Antarctique (1868-1912).

Ridley **Scott** ▪ Réalisateur britannique (né en 1937). *Alien ; Thelma et Louise ; Gladiator ; Hannibal.*

Vincent **Scotto** ▪ Compositeur français de chansons et d'opérettes populaires (1870-1952). Il composa plus de 4 000 chansons.

Aleksandr **Scriabine** → **Skriabine**

Madeleine de **Scudéry** ▪ Romancière française (1607-1701). Auteur de romans galants et précieux. *Clélie, histoire romaine.*

Jean, dit Louis **Scutenaire** ▪ Écrivain belge en langue française (1905-1987). Inspiration surréaliste très personnelle. *Mes inscriptions.*

Scylla → **Charybde et Scylla**

les **Scythes** ▪ Tribus d'origine iranienne vivant au nord de la mer Noire qui disparurent au IIe s.

la **SDN,** *Société des Nations* ▪ Organisation internationale créée en 1920, remplacée en 1946 par l'ONU.

Seattle ▪ Port des États-Unis (Washington). 608 700 habitants (conurbation avec Tacoma et Bremerton 3,6 millions).

Sebastiano Luciani, dit **Sebastiano del Piombo** ▪ Peintre italien (v. 1485-1547). Issu de la peinture vénitienne (Giorgione), il subit à Rome l'influence de Raphaël et de Michel-Ange.

Sébastopol ▪ Port situé au sud-ouest de l'Ukraine. 361 000 habitants. Enjeu de la guerre de Crimée (1855).

la guerre de **Sécession** ▪ Guerre civile aux États-Unis qui opposa les États du sud et ceux du nord à propos de l'esclavage, de 1861 à 1865.

Sedan ▪ Chef-lieu d'arrondissement des Ardennes. 16 376 habitants. Capitulation de Napoléon III face aux Prussiens le 2 septembre 1870.

Sefer ha-Zohar → **Zohar**

les **Séfévides** → les **Safavides**

George **Segal** ▪ Artiste américain (1924-2000). Figures en plâtre, hyperréalistes et figées, dégageant une étrangeté angoissante.

Victor **Segalen** ▪ Écrivain français (1878-1919). Se dressant contre tout exotisme superficiel, il évoque l'Océanie, sur les traces de Gauguin, et l'Asie, notamment la Chine, par des récits *(René Leys)* et des poèmes *(Stèles)*.

Ségeste ▪ Site de Sicile, entre Palerme et Trapani. Grand temple dorique.

Hercules Pieterszoon **Seghers** ▪ Peintre et graveur hollandais (v. 1590-entre 1633 et 1638). Paysages fantastiques.

Pierre **Seghers** ▪ Poète et éditeur français (1906-1987). Éditions de poésie.

Ségou ▪ Ville du Mali, sur le fleuve Niger. 133 500 habitants. Centre d'un ancien royaume bambara.

Ségovie, en espagnol *Segovia* ▪ Ville d'Espagne (Castille-et-León). 54 945 habitants. Aqueduc romain. Monuments médiévaux.

Segré-en-Anjou Bleu ▪ Chef-lieu d'arrondissement de Maine-et-Loire. 17 660 habitants.

la comtesse de **Ségur,** née Sophie Rostopchine ▪ Romancière française d'origine russe (1799-1874). Elle écrivit pour la jeunesse. *Les Petites Filles modèles ; Les Malheurs de Sophie.*

Jaroslav **Seifert** ▪ Poète tchécoslovaque (1901-1986).

Le **Seigneur des anneaux** ▪ Roman de science-fiction en 3 volumes de J. R. R. Tolkien (1954-1955).

l'île de **Sein** ▪ Île de l'Atlantique (Finistère).

la **Seine** ▪ Fleuve français qui traverse Paris et se jette dans la Manche. 776 km. ► la **Seine-et-Marne** [77]. Département français de la Région Île-de-France. 5 916 km². 1,43 million d'habitants. Chef-lieu : Melun. Chefs-lieux d'arrondissement : Meaux, Provins, Fontainebleau, Torcy. ► la **Seine-Maritime** [76]. Département français de la Région Normandie. 6 342 km². 1,25 million d'habitants. Chef-lieu : Rouen. Chefs-lieux d'arrondissement : Dieppe, Le Havre. ► la **Seine-Saint-Denis** [93]. Département français de la Région Île-de-France. 235 km². 1,66 million d'habitants. Chef-lieu : Bobigny. Chefs-lieux d'arrondissement : Le Raincy, Saint-Denis. ► les **Hauts-de-Seine** → **Hauts-de-Seine.**

Selam (langue amharique «paix») ▪ Nom donné à un australopithèque de sexe féminin, âgé de 3,3 millions d'années, découvert en Éthiopie en 2000.

les **Seldjoukides** ou **Saljuqides** ▪ Dynastie turque sunnite qui fonda un empire en Asie Mineure (Xe-XIIIe s.).

Sélestat ▪ Chef-lieu d'arrondissement du Bas-Rhin. 19 279 habitants.

les **Séleucides** ▪ Dynastie hellénistique qui régna sur un empire allant de l'Indus à la Méditerranée (305-64 avant J.-C.).

Sélim Ier ▪ (1467-1520) Sultan ottoman de 1512 à sa mort.

Sélinonte ▪ Site archéologique grec de la Sicile.

Peter **Sellars** ▪ Metteur en scène américain d'opéra (né en 1957).

Hans **Selye** ▪ Physiologiste canadien d'origine autrichienne (1907-1982). Il découvrit la notion de stress et le syndrome d'adaptation dit *de Selye*.

Sem ▪ Bible Fils de Noé. Ancêtre des peuples sémitiques.

Semarang ▪ Port d'Indonésie (Java). 1,3 million d'habitants.

Ousmane **Sembène** ▪ Écrivain et cinéaste sénégalais (1923-2007). Romans en français ; films en wolof.

Sémiramis ▪ Reine et fondatrice légendaire de Babylone.

Ignac Fulop **Semmelweis** ▪ Médecin hongrois (1818-1865). Il fut l'un des premiers à militer pour l'asepsie. Le docteur Destouches (Céline) lui consacra sa thèse.

Jean-Jacques **Sempé** ▪ Dessinateur français (1932-2022). *Le Petit Nicolas*, avec Goscinny.

Jorge **Semprún** ▪ Écrivain espagnol (1923-2011). Œuvre en français en partie autobiographique, sur l'exil, l'engagement politique ; méditation sur l'histoire. Scénarios de films (*Z* ; *L'Aveu*). Il fut ministre de la Culture en Espagne (1988-1991).

Semur-en-Auxois ▪ Commune de Bourgogne (Côte-d'Or). 4 114 habitants. Site pittoresque, monuments anciens.

Amartya **Sen** ▪ Économiste indien (né en 1933). Il a contribué à mettre au point l'indice de développement humain (IDH).

Jean **Sénac** ▪ Écrivain algérien (1926-1973). Poète de l'amour et de la révolution. Militant de l'indépendance algérienne, au FLN. Il fut assassiné.

Gabriel **Sénac de Meilhan** ▪ Écrivain français (1736-1803). Essais politiques et historiques. Émigré en 1791, il écrivit un roman, *L'Émigré* (1797).

Étienne Pivert de **Senancour** ▪ Écrivain français (1770-1846). Disciple de Rousseau, agnostique dans ses ouvrages sur la religion, il est surtout l'auteur d'un roman autobiographique, *Oberman*, de style préromantique.

l'abbaye de **Sénanque** ▪ Abbaye cistercienne du Vaucluse, fondée en 1148.

le **Sénat** ▪ En France, assemblée législative qui constitue, avec l'Assemblée nationale, le Parlement.

le **Sénégal** ▪ Fleuve d'Afrique. 1 700 km. ► le **Sénégal.** État d'Afrique occidentale, situé au sud du fleuve Sénégal. 196 200 km². 15,8 millions d'habitants. Capitale : Dakar.

Sénèque ▪ Philosophe stoïcien, écrivain et homme politique romain (4 avant J.-C.-65), précepteur de Néron. *Médée.*

Léopold Sédar **Senghor** ▪ Homme d'État sénégalais et poète de langue française (1906-2001). Il fut président de la république du Sénégal de 1960 à 1980. Ses œuvres imposent au français les rythmes et les thèmes de l'Afrique. *Éthiopiques* ; *Lettres d'hivernage.*

Senlis ▪ Chef-lieu d'arrondissement de l'Oise. 15 128 habitants.

Ayrton **Senna** ▪ Coureur automobile brésilien (1960-1994). Trois fois champion du monde. Mort à la suite d'un accident survenu en compétition.

Mack **Sennett** ▪ Cinéaste burlesque américain de films muets (1884-1960).

Sens ▪ Chef-lieu d'arrondissement de l'Yonne. 26 854 habitants. Cathédrale gothique.

l'hôtel de **Sens** ▪ Demeure parisienne, dans le Marais, l'un des plus anciens monuments de l'architecture civile du Moyen Âge.

Séoul ▪ Capitale de la Corée du Sud. 10 millions d'habitants. Musée national de Corée.

la guerre de **Sept Ans** ▪ Guerre qui opposa la Grande-Bretagne et la Prusse à la France et à l'Autriche de 1756 à 1763.

Sept contre Thèbes ▪ Tragédie d'Eschyle (467 avant J.-C.).

les massacres de **septembre 1792** ▪ Exécutions sommaires, dans les prisons parisiennes, de personnes supposées être des ennemis de la Révolution.

Septime Sévère ▪ (146-211) Empereur romain de 193 à sa mort.

les **Sept Merveilles du monde** ▪ Nom donné dans l'Antiquité à une liste de monuments célèbres comprenant les pyramides d'Égypte, les jardins suspendus de Babylone, la statue de Zeus à Olympie, le temple d'Artémis à Éphèse, le tombeau de Mausole à Halicarnasse, le phare d'Alexandrie et le colosse de Rhodes.

les **Séquanes** ▪ Peuple gaulois établi entre les sources de la Seine et le Jura.

Seraing ▪ Ville de Belgique (Liège). 64 192 habitants.

Sérapis ▪ Divinité gréco-égyptienne dont le culte était célébré à Memphis.

la **Serbie** ▪ État de l'Europe du Sud-Est. 77 474 km². 7 millions d'habitants. Capitale : Belgrade. ► l'Union de **Serbie-et-Monténégro,** ancienne république fédérale de l'ex-Yougoslavie, formée en 2003 et dissoute en 2006.

les **Sérères** ▪ Peuple du Sénégal, vivant au sud de la presqu'île du Cap-Vert.

Le **Serment des Horaces** ▪ Tableau de David (1784).

Serments de Strasbourg ▪ Premier texte connu écrit en langue romane (842).

Richard **Serra** ▪ Sculpteur américain (né en 1939). Sculptures en métal monumentales en forme de labyrinthe.

Olivier de **Serres** ▪ Agronome français, pionnier de l'industrie de la soie (v. 1539-1619).

Michel **Serres** ▪ Philosophe et essayiste français (1930-2019). Ouvrages d'histoire des sciences et des idées, textes sur l'art, essais philosophiques.

le **Sertaõ** ▪ Région sèche du Nordeste brésilien.

Paul **Sérusier** ▪ Peintre et théoricien français (1864-1927). Groupe des nabis.

Michel **Servet** ▪ Théologien espagnol (v. 1509-1553). Il fut brûlé vif à l'instigation de Calvin.

Sésostris ▪ Nom de plusieurs pharaons du Moyen Empire égyptien (XIIe dynastie, de 1970 à 1983 avant J.-C.).

Sestrières ▪ Ville d'Italie (Piémont). 800 habitants. Station de sports d'hiver.

Sète ▪ Port de l'Hérault. 44 576 habitants.

Seth ▪ Dieu du Mal dans l'ancienne Égypte. Il a un corps de lévrier.

Sétif, en arabe *Sṭīf* ▪ Ville d'Algérie. 252 000 habitants.

Setúbal ▪ Port du Portugal, en Estrémadure. 122 000 habitants.

Georges **Seurat** ▪ Peintre et dessinateur français (1859-1891). Théoricien du *divisionnisme* ou *pointillisme*, il appliqua ses principes avec un génie de la composition et un art raffiné de la couleur. *La Grande Jatte ; Le Cirque.*

le lac **Sevan** ▪ Lac d'Arménie. 1 240 km².

Gino **Severini** ▪ Peintre italien installé à Paris (1883-1966). La recherche du dynamisme par le rythme l'a conduit d'une figuration rompue à une quasi abstraction.

la marquise de **Sévigné** ▪ Femme de lettres française (1626-1696). Auteur d'une vaste correspondance, adressée surtout à sa fille, d'un style spontané et naturel. *Lettres.*

Séville, en espagnol *Sevilla* ▪ Ville d'Espagne (Andalousie). 698 042 habitants. Cité d'art (cathédrale, avec la tour-minaret de la Giralda, palais, Alcázar).

Sevran ▪ Ville de la Seine-Saint-Denis. 51 778 habitants.

Sèvres ▪ Ville des Hauts-de-Seine. 23 108 habitants. Manufacture nationale de porcelaine. ► le traité de **Sèvres,** signé le 10 août 1920 entre la Turquie et les puissances alliées, consacrait le démembrement de l'Empire ottoman.

les Deux-**Sèvres** → les **Deux-Sèvres**

les **Seychelles** n. f. pl. ▪ État formé par un archipel de l'océan Indien au nord-est de Madagascar. 453 km². 97 620 habitants. Capitale : Victoria.

La **Seyne-sur-Mer** ▪ Ville du Var. 62 232 habitants.

Joann **Sfar** ▪ Dessinateur, scénariste de bande dessinée et réalisateur français (né en 1971). *Le Chat du Rabbin ; Gainsbourg, vie héroïque.*

Sfax ▪ Port de Tunisie. 265 100 habitants.

la **SFIO,** *Section française de l'Internationale ouvrière* ▪ Parti politique créé en 1905 et remplacé en 1969 par le Parti socialiste.

les **Sforza** ▪ Famille italienne, ducs de Milan de 1450 à 1535.

Sganarelle ▪ Personnage de comédie créé par Molière. Il apparaît notamment en valet dans *Dom Juan.*

Shaanxi ▪ Province du nord-ouest de la Chine. 205 600 km². 37,3 millions d'habitants. Capitale : Xian.

Shaba, anciennement *Katanga* ▪ Province du Zaïre. Riche région minière.

William **Shakespeare** ▪ Poète dramatique anglais (1564-1616). Auteur de tragédies *(Roméo et Juliette ; Hamlet ; Macbeth ; Le Roi Lear ; Othello),* de drames historiques *(Richard III ; Henri V)* et de comédies *(La Mégère apprivoisée).* Dans le grand théâtre de l'époque élizabéthaine, Shakespeare domine en figure majeure du théâtre mondial. Son style varié, éblouissant, son aisance à passer du grotesque au tragique, sa profondeur de pensée, son sens de l'intrigue et des personnages, la pertinence de ses réflexions sociales et politiques n'ont jamais été égalés. Il fut aussi un poète majeur *(Sonnets).*

Yitzhak **Shamir** ▪ Homme politique israélien (1915-2012). Premier ministre en 1983-1984, puis en 1986. Il céda la place à Yitzhak Rabin en 1992.

Shandong ▪ Province de l'est de la Chine. 153 300 km². 95,7 millions d'habitants. Capitale : Jinan.

Shanghai ou **Chang-hai** ▪ Port de Chine sur l'estuaire du Chang jiang. 24 millions d'habitants.

le **Shannon** ▪ Fleuve d'Irlande. 368 km.

Claude Elwood **Shannon** ▪ Mathématicien américain (1916-2001). Fondateur, avec Weaver, de la théorie de l'information, avec les notions de «bruit» et d'unité («bit»).

le **Shanxi** ▪ Province du nord-ouest de la Chine. 156 300 km². 32,47 millions d'habitants. Capitale : Taiyuan.

Sharaku, dit aussi Tōshūsai ▪ Peintre japonais actif de 1790 à 1795. Portrait d'acteurs de kabuki.

Ariel Sheinermann, dit Ariel **Sharon** ▪ Général et homme politique israélien (1928-2014). Premier ministre de 2001 à 2006.

George Bernard **Shaw** ▪ Écrivain et dramaturge irlandais (1856-1950). Son humour caustique, satirique en fit un polémiste redoutable, de conviction socialiste. Il a renouvelé le théâtre anglais. *Le Héros et le Soldat ; César et Cléopâtre ; Androclès et le Lion ; Pygmalion* (sa pièce la plus célèbre) ; *Sainte Jeanne.* Prix Nobel 1925.

les **Shebab** ▪ Membres d'une organisation terroriste islamiste liée à al-Qaida apparue dans les années 2000 en Somalie.

Sheffield ▪ Ville d'Angleterre (Yorkshire du Sud). 518 000 habitants.

Percy Bysshe **Shelley** ▪ Poète romantique anglais (1792-1822). *Prométhée délivré* (drame en vers) ; *Ode au vent d'ouest* (poèmes). ► Mary **Shelley,** sa femme, née Mary Godwin (1797-1851). Romancière anglaise. Dans *Frankenstein ou le Prométhée moderne,* elle crée le mythe du démiurge qui fabrique une créature semi-humaine qu'il ne maîtrise plus. Elle a aussi écrit *Le Dernier Homme.*

Shenyang, anciennement *Moukden* ▪ Ville de Chine (Liaoning). 5,7 millions d'habitants.

Shenzhen ▪ Ville de Chine, près de Hong Kong. 10 millions d'habitants.

Sherbrooke ▪ Ville du Canada (Québec). 161 323 habitants.

Richard **Sheridan** ▪ Auteur dramatique anglais (1751-1816).

Sherlock Holmes ▪ Personnage de détective amateur, esprit logique et scientifique, mais artiste et adonné à la drogue, dans les romans de Conan Doyle. Il forme un couple avec son ami, le naïf docteur Watson.

Cindy **Sherman** ▪ Photographe américaine (née en 1954). Elle travaille sur l'image de la femme dans la société américaine.

les îles **Shetland** ▪ Archipel britannique du nord de l'Écosse. 1 427 km². 22 000 habitants. Chef-lieu : Lerwick.

Shi Huangdi, ou **Qin Shi** Huangdi ▪ Premier empereur de Chine (v. 259-210 avant J.-C.). Il fonda la dynastie des Qin et fit construire la Grande Muraille.

Shijiazhuang ▪ Ville de Chine (Hebei). 2,77 millions d'habitants.

Shikoku ▪ Une des îles du Japon. 19 000 km². 4,1 millions d'habitants.

Shiva ou **Śiva** ou **Çiva** ▪ Une des trois principales divinités hindoues.

Abraham **Shlonsky** ▪ Poète israélien (1900-1973).

la **Shoah** ▪ Génocide juif perpétré par les nazis.

Shrinagar ou **Srinagar** ▪ Ville du nord de l'Inde, à 1 500 m d'altitude. 1,2 million d'habitants. Monuments anciens.

le **Siam** → **Thaïlande**

Jean **Sibelius** ▪ Compositeur finlandais (1865-1957). *Finlandia ; Tapiola.*

la **Sibérie** ▪ Région de Russie qui s'étend de l'Oural à l'océan Pacifique. 12 765 900 km². 38 millions d'habitants.

Sichuan ▪ Province du centre de la Chine. 570 000 km². 80 millions d'habitants. Capitale : Chengdu.

la **Sicile** ▪ Île italienne de la Méditerranée formant une région administrative. 25 708 km². 4,97 millions d'habitants. Chef-lieu : Palerme.

Sidi Bel-Abbès ▪ Ville d'Algérie. 210 000 habitants.

sir Philip **Sidney** ▪ Écrivain anglais de la Renaissance (1554-1586). Sonnets, roman pastoral, en prose et en vers *(L'Arcadie),* art poétique.

Sidon ▪ Ancienne cité phénicienne. Aujourd'hui Saïda, au Liban.

Siegfried ▪ Héros de la mythologie germanique, correspondant pour l'Allemagne au Sigurd des Scandinaves. Personnage principal de l'opéra de Wagner qui porte ce nom.

Werner von **Siemens** ▪ Ingénieur et industriel allemand (1816-1892). Inventions sur le télégraphe, la dynamo. Il mit au point la première locomotive électrique (1879).

Henryk **Sienkiewicz** ▪ Romancier polonais (1846-1916). *Quo Vadis ?*

Sienne, en italien *Siena* ▪ Ville d'Italie (Toscane). 52 600 habitants. Nombreux monuments médiévaux.

la **Sierra Leone** ▪ État d'Afrique de l'Ouest. 73 326 km². 7,5 millions d'habitants. Capitale : Freetown.

Emmanuel Joseph Sieyès, dit l'abbé **Sieyès** ▪ Homme politique français (1748-1826). Acquis aux idées de 1789, il publia alors *Qu'est-ce que le tiers état ?*, et fut député. Après la Terreur, il prépara avec Bonaparte le coup d'État du 18 brumaire an VIII.

Sigebert ▪ Nom de trois rois d'Austrasie, aux VIᵉ et VIIᵉ s.

Sigismond ▪ Nom de trois rois de Pologne.

Sigismond de Luxembourg ▪ (1368-1437) Empereur germanique de 1433 à sa mort.

Paul **Signac** ▪ Peintre français et théoricien néo-impressionniste (1863-1935). Rythmes décoratifs et luminosité sont obtenus par les petites touches divisées de couleur pure.

Luca **Signorelli** ▪ Peintre italien (v. 1450-1523). Le sens décoratif et le dynamisme des corps humains le conduisent à une sorte d'humanisme charnel précurseur de Michel-Ange.

Sigurd ▪ Héros d'épopées scandinaves correspondant au Siegfried germanique.

Norodom **Sihanouk** → **Norodom Sihanouk**

Angelos **Sikelianos** ▪ Poète grec (1884-1951). *Le Discours delphique.*

le **Sikkim** ▪ État d'Inde, dans l'Himalaya. 7 096 km². 690 300 habitants. Capitale : Gangtok.

Silène ▪ Personnage mythologique, vieillard obèse et ivre de la suite de Dionysos (Bacchus).

la **Silésie** ▪ Région d'Europe centrale partagée entre la République tchèque et la Pologne.

la **Silicon Valley** («vallée de la silicone») ▪ Agglomération d'entreprises de haute technologie, autour de l'université Stanford, en Californie, à l'est de San Francisco.

Frans Eemil **Sillanpää** ▪ Écrivain finlandais (1888-1964). Romans et nouvelles d'un humanisme mystique. Prix Nobel 1939.

Silo ▪ Principal sanctuaire d'Israël à l'époque des Juges. Samuel y passa sa jeunesse.

l'abbaye de **Silvacane** ▪ Abbaye cistercienne fondée en 1144 sur la Durance, près de La Roque-d'Anthéron.

Israël **Silvestre** ▪ Dessinateur et graveur français (1621-1691).

Antoine Isaac **Silvestre de Sacy** ▪ Arabisant français (1758-1839).

Simbirsk → **Oulianovsk**

Georges **Simenon** ▪ Écrivain belge d'expression française (1903-1989). Arrivé à Paris en 1922, il y publia des romans populaires et aborda le genre policier en 1930, créant le personnage du commissaire Maigret *(Pietr-le-Letton)*. Ses nombreux romans, à la psychologie sûre, construisent une atmosphère réaliste et illustrent des thèmes forts (le départ, la solitude).

Siméon Iᵉʳ le Grand ▪ Tsar des Bulgares (mort en 927). ► **Siméon II,** né en 1937, fut tsar de Bulgarie de 1943 à 1946 avant l'occupation soviétique. Premier ministre de la Bulgarie de 2001 à 2005.

Jules Simon Susse, dit Jules **Simon** ▪ Homme politique français (1814-1896). Républicain, hostile au Second Empire, il fut ministre, puis chef du gouvernement (1870-1876).

Michel **Simon** ▪ Comédien français d'origine suisse (1895-1975). Il s'imposa au cinéma *(L'Atalante ; Boudu sauvé des eaux)*.

Claude **Simon** ▪ Écrivain français (1913-2005). Ses textes jouent avec le temps et la mémoire, utilisant une phrase sinueuse et faite de reprises. *Le Vent, La Route des Flandres, La Bataille de Pharsale* et ses autres romans, mettent en scène la discontinuité des phénomènes, par une réflexion sur les mots et leur arrangement. Prix Nobel 1985.

Eunice Waymon, dite Nina **Simone** ▪ Pianiste et chanteuse américaine (1933-2003). Répertoire varié, de jazz, gospels et chants africains.

Albert **Simonin** ▪ Écrivain français (1905-1980). Romans policiers argotiques. Souvenirs.

saint **Simon le Zélote** ▪ Apôtre de Jésus.

Simplicius Simplicissimus ▪ Personnage picaresque du romancier allemand Grimmelshausen, dans le récit portant ce titre (1668-1669).

le **Simplon** ▪ Passage des Alpes faisant communiquer la Suisse (Valais) et l'Italie (Piémont).

le **Sinaï** ▪ Péninsule d'Égypte, à l'est du canal de Suez, où se trouve le *mont Sinaï* qui vit, selon la Bible, Moïse recevoir les dix commandements de Yahvé.

Mimar **Sinan** ▪ Architecte turc (1489-1588).

Frank **Sinatra** ▪ Chanteur («crooner») et acteur américain (1915-1998).

Upton **Sinclair** ▪ Romancier américain (1878-1968). Critique sociale, polémique anticapitaliste.

le **Sind** ▪ Province du Pakistan, basse vallée et delta de l'Indus. 24 millions d'habitants. Capitale : Karachi.

Sindbad ou **Sinbad** ▪ Personnage de marin, dans les *Mille et Une Nuits*. Il vit des aventures fantastiques.

Maurice Sinet dit **Siné** ▪ Dessinateur français (1928-2016). Anti-libéral et anti-clérical, il a publié ses caricatures dans de nombreux journaux *(Charlie Hebdo, Hara-Kiri)*.

Singapour ▪ État insulaire d'Asie du Sud-Est. 647 km². 5 millions d'habitants. Capitale : Singapour.

Isaac Bashevis **Singer** ▪ Écrivain américain d'expression yiddish (1904-1991).

Sinn Féin (gaélique «nous seuls») ▪ Mouvement nationaliste irlandais, fondé en 1902. Il devint après la Seconde Guerre mondiale la branche politique de l'IRA.

Sintra ou **Cintra** ▪ Ville du Portugal, à l'ouest de Lisbonne. 428 500 habitants. Monuments anciens.

Sion ▪ Colline de Jérusalem.

Sion ▪ Ville de Suisse (Valais). 34 353 habitants.

la **Sioule** ▪ Rivière, affluent de l'Allier. 150 km.

les **Sioux** ou **Dakotas** ▪ Indiens d'Amérique du Nord.

David Alfaro **Siqueiros** ▪ Peintre expressionniste mexicain (1896-1974).

Sirènes n. f. pl. ▪ mythol. grecque Démons marins représentés par des femmes ailées ou des oiseaux à tête de femme, qui attirent par leurs chants les navigateurs afin de les dévorer.

Alfred **Sisley** ▪ Peintre anglais de l'école impressionniste française (1839-1899).

Sisteron ▪ Ville des Alpes-de-Haute-Provence. 7 669 habitants. Cathédrale du XIIe s. et citadelle du XIVe s.

Sisyphe ▪ mythol. grecque Roi légendaire de Corinthe. Aux Enfers, il est condamné à rouler éternellement, sur le versant d'une montagne, un rocher qui retombe sans cesse.

le groupe des **Six** ▪ Compositeurs français du XXe s. : Auric, Honegger, Milhaud, Poulenc, Germaine Tailleferre et Louis Durey.

Six-Fours-les-Plages ▪ Ville du Var. 35 339 habitants. Fortifications.

la guerre des **Six Jours** → guerres **israélo-arabes**

Sixte ▪ Nom de cinq papes. ► **Sixte IV** (1414-1484), pape de 1471 à sa mort, adversaire des Médicis, fit construire la *chapelle Sixtine*. ► **Sixte V,** dit **Sixte Quint** (1520-1590), pape de 1585 à sa mort, poursuivit l'œuvre de la Contre-Réforme.

la chapelle **Sixtine** ▪ Chapelle du palais du Vatican qui tire son nom du pape Sixte IV qui la fit bâtir (1473-1481). Michel-Ange en peignit la voûte et le mur de l'autel.

Sjælland ▪ Principale île du Danemark. 9 834 km². 2,4 millions d'habitants.

Victor **Sjöström** ▪ Cinéaste suédois (1879-1960). L'un des grands créateurs du cinéma muet. *Ingeborg Holm ; La Charrette fantôme. La Lettre écarlate* et *Le Vent* furent tournés aux États-Unis.

Skanderbeg ou **Scanderbeg** (pour *Iskander bey* «le prince Alexandre») ▪ Chef de guerre albanais (v. 1403-1468). Il lutta contre les Turcs, et devint le héros national albanais.

Skikda, anc. *Philippeville* ▪ Port d'Algérie. 175 000 habitants.

Skopje ou **Skoplje** ▪ Capitale de la Macédoine du Nord. 506 900 habitants.

Aleksandr **Skriabine** ou **Scriabine** ▪ Compositeur russe (1872-1915). Œuvres symphoniques, parfois avec chœurs *(Prométhée)* et pour piano, d'esprit post-romantique.

les **Slaves** ▪ Groupe de peuples d'Europe centrale et orientale, de souche indo-européenne, parlant russe, ukrainien, polonais, bulgare, serbe...

la **Slavonie** ▪ Région géographique de Croatie, dans l'est du pays.

la **Slovaquie** ▪ État d'Europe centrale. 49 036 km². 5,38 millions d'habitants. Capitale : Bratislava.

la **Slovénie** ▪ État d'Europe méridionale. 20 251 km². 2 millions d'habitants. Capitale : Ljubljana.

Claus **Sluter** ▪ Sculpteur hollandais au service des ducs de Bourgogne (v. 1350-1406). Le *Puits de Moïse* (chartreuse de Champmol).

Bedřich **Smetana** ▪ Compositeur tchèque (1824-1884). Affecté dans son patriotisme par l'écrasement de la révolte tchèque contre l'Empire autrichien, en 1848, il composa des opéras aux thèmes nationaux, dont *La Fiancée vendue*, des poèmes symphoniques *(Ma Patrie)*, de la musique de chambre. Son style original dépasse de loin le cadre du folklore.

Adam **Smith** ▪ Économiste (libéral) écossais (1723-1790).

Joseph **Smith** ▪ Fondateur de la secte des mormons (1805-1845).

Vernon **Smith** ▪ Économiste américain (né en 1927). Il a posé les bases de l'économie expérimentale. Prix Nobel 2002.

Smolensk ▪ Ville de Russie, sur le haut Dniepr. 325 000 habitants. Chef-lieu de région ; ville historique, fondée au IXe s.

Smyrne → **İzmir**

Snorri Sturluson ▪ Écrivain islandais du Moyen Âge (v. 1178-1241). Grand seigneur, homme politique, considéré comme l'auteur de l'*Edda* en prose et de la *Saga d'Egill*.

Edward **Snowden** ▪ Informaticien américain (né en 1983). Il a rendu publics des documents secrets obtenus alors qu'il travaillait pour les services de renseignement américains. Il fut inculpé pour espionnage en 2013 et se réfugia en Russie.

le **Snowdon** ▪ Massif du nord-ouest du pays de Galles. 1 085 m au Moel-y-Wyddfa.

Frans **Snyders** ou **Snijders** ▪ Peintre baroque flamand (1579-1657).

Mario **Soares** ▪ Homme politique portugais (1924-2017). Président (socialiste) de la République portugaise de 1986 à 1996. Député européen de 1999 à 2004.

Sochaux ▪ Ville du Doubs. 3 820 habitants. Construc. automobile.

le Parti **socialiste** ▪ Parti politique français créé en 1969 et issu de la SFIO Rénové lors du congrès d'Épinay (1971), il parvint au pouvoir en 1981, sous l'impulsion de F. Mitterrand, grâce à la stratégie de l'Union de la gauche. Il revint au pouvoir pendant la période de cohabitation de 1997 à 2002, avec L. Jospin comme Premier ministre de J. Chirac, puis avec le président F. Hollande de 2012 à 2017.

les îles de la **Société** ▪ Archipel de la Polynésie française. 1 747 km². 242 726 habitants. Île principale : Tahiti.

Socrate ▪ Philosophe grec (470-399 avant J.-C.). Connu par son disciple Platon, il est le père de la dialectique et par là de toute la philosophie. Il fut condamné à boire la ciguë.

Steven **Soderbergh** ▪ Réalisateur américain (né en 1963). *Ocean's Eleven*.

Giovanni Antonio Bazzi, dit le **Sodoma** ▪ Peintre italien de l'école lombarde (1477-1549). Actif à Milan (aux côtés de Léonard de Vinci), puis à Rome et à Sienne, il peignit des œuvres d'une esthétique raffinée, parfois morbide, d'esprit maniériste.

Sodome ▪ Bible Cité détruite, avec Gomorrhe, par Dieu, à cause de la dépravation de ses habitants.

Soekarno → **Sukarno**

Sofia ▪ Capitale de la Bulgarie. 1,2 million d'habitants.

la TNS **Sofres** ▪ Société française de sondages et d'études de marché (1968).

la **Sogdiane** ▪ Région historique d'Asie centrale (Ouzbékistan actuel). Elle appartint aux Perses, à Alexandre le Grand, aux Séleucides, etc.

Soho ▪ Quartier du centre de Londres.

Soissons ▪ Chef-lieu d'arrondissement de l'Aisne. 28 888 habitants. Cathédrale gothique.

le **Soleil** ▪ Astre autour duquel gravitent les planètes du système solaire. Diamètre : 1,39 million de km.

Antonio Soler y Ramos, dit le Padre **Soler** ▪ Compositeur espagnol (1729-1783). Musique religieuse et instrumentale, sonates. Il écrivit un traité sur la modulation. *Fandango* pour clavecin.

l'abbaye de **Solesmes** ▪ Abbaye bénédictine, dans la Sarthe, fondée au XIe s.

le canton de **Soleure** ▪ Canton de Suisse. 791 km². 269 441 habitants. Chef-lieu : Soleure.

Solférino ▪ Village de Lombardie. Victoire des Français sur les Autrichiens, en 1859.

Solidarność ▪ Syndicat polonais créé en 1980, opposé au régime communiste. Présidé par Lech Wałęsa jusqu'en 1990.

Soliman le Magnifique ▪ Sultan ottoman de 1520 à sa mort (v. 1494-1566). Grand conquérant, bâtisseur et législateur.

Alexandre **Soljenitsyne** ▪ Écrivain russe (1918-2008). Son œuvre dénonce le système soviétique *(Une journée d'Ivan Denissovitch ; L'Archipel du Goulag)*.

Philippe Joyaux dit Philippe **Sollers** ▪ Écrivain français (1936-2023). Récits classiques *(Une curieuse solitude ; Le Parc)*, puis expérimentaux *(Nombres, Lois)*. Il revint ensuite à une narration plus traditionnelle *(Femmes ; Le Secret)* et écrivit de nombreux textes sur l'art et la littérature.

la **Sologne** ▪ Région du sud du Bassin parisien.

Solon ▪ Législateur athénien, père de la démocratie (v. 640-v. 558 avant J.-C.).

Grégoire **Solotareff** ▪ Écrivain et illustrateur français (né en 1953). Il a créé pour la jeunesse des albums aux dessins épurés (aplats de couleur pure). *Loulou ; Mathieu*.

Vladimir Sergueïevitch **Soloviev** ▪ Philosophe et poète russe (1853-1900). Moraliste, théologien, philosophe de l'histoire.

Robert Merton **Solow** ▪ Économiste américain (1924-2023). Étude de la croissance.

sir Georg **Solti** ▪ Chef d'orchestre britannique d'origine hongroise (1912-1997).

Solutré-Pouilly ▪ Village de Saône-et-Loire. Au pied de la roche de Solutré, site préhistorique *(Solutréen)*.

Ernest **Solvay** ▪ Industriel belge (1838-1922). Innovations en chimie industrielle (soude Solvay). Il finança les *conseils Solvay*, réunions scientifiques sur la physique.

la **Somalie** ▪ État du nord-est de l'Afrique. 637 657 km². 16,3 millions d'habitants. Capitale : Mogadiscio.

le **Somaliland** ▪ Région du nord de la Somalie qui fit sécession en 1991. 137 600 km². 3 500 000 habitants. Capitale : Hargeisa. État non reconnu par la communauté internationale.

Werner **Sombart** [zɔmbaʀt] ▪ Économiste et sociologue allemand (1863-1941). Études sur le capitalisme, le socialisme.

le **Somerset** ▪ Comté du sud-ouest de l'Angleterre. 3 458 km². 538 000 habitants. Chef-lieu : Taunton.

la **Somme** ▪ Fleuve côtier de Picardie. 245 km. ► la **Somme** [80]. Département français de la Région Hauts-de-France. 6 163 km². 568 748 habitants. Chef-lieu : Amiens. Chefs-lieux d'arrondissement : Abbeville, Montdidier, Péronne. ► les batailles de la **Somme** (1916, 1940).

le col du **Somport** ▪ Col des Pyrénées-Atlantiques. 1 632 m. Tunnel routier.

les îles de la **Sonde** ▪ Une partie des îles formant l'Indonésie.

les **Song** ▪ Dynastie chinoise qui régna de 960 à 1279.

Le **Songe d'une nuit d'été** ▪ Pièce de Shakespeare (1595).

les **Songhaïs** ou **Sonrhaïs** ▪ Peuple d'Afrique occidentale.

le **Sonora** ▪ État du nord du Mexique. 2,6 millions d'habitants.

Susan **Sontag** ▪ Écrivaine féministe américaine (1933-2004). Essais sur l'art, le langage, la littérature.

Sony *(Sony Corporation)* ▪ Entreprise japonaise d'électronique d'importance mondiale, fondée en 1946.

Sophocle ▪ Poète tragique grec (496-406 avant J.-C.). *Antigone ; Œdipe Roi ; Électre.*

la **Sorbonne** ▪ Établissement public d'enseignement supérieur, à Paris.

Agnès **Sorel** ▪ Dame française (v. 1422-1450). Favorite de Charles VII, modèle de beauté et de patriotisme.

Charles **Sorel** ▪ Écrivain français (v. 1600-1674). *La Vraye Histoire comique de Francion*, récit pittoresque, burlesque et imaginatif.

Cécile Seurre, dite Cécile **Sorel** ▪ Actrice française de théâtre et de music-hall (1873-1966).

Georges **Sorel** ▪ Penseur politique français (1887-1922). Théoricien du socialisme et du syndicalisme. *Réflexions sur la violence.*

Sorrente ▪ Ville d'Italie, en Campanie. 16 600 habitants.

Sosie ▪ Personnage de Plaute, esclave d'Amphitryon, dont Jupiter prend l'apparence pour séduire son épouse (de son nom vient le mot *sosie*). Repris par Molière, dans *Amphitryon*.

Sotchi ▪ Ville de Russie, sur la mer Noire. 443 000 habitants. Grande station balnéaire. Elle a accueilli les Jeux olympiques en 2014.

Sotheby's ▪ Entreprise de vente aux enchères créée en 1733 à Londres. Œuvres d'art.

Sotteville-lès-Rouen ▪ Ville de la Seine-Maritime. 29 071 habitants.

Ettore **Sottsass** ▪ Architecte et designer italien (1917-2007). Il mit une poésie nouvelle dans les rapports avec les objets du quotidien (machine à écrire *Valentine*).

la **Souabe** ▪ Région historique d'Allemagne.

Charles de Rohan, prince de **Soubise** ▪ Maréchal de France (1715-1787).

Alain Kienast, dit Alain **Souchon** ▪ Chanteur et auteur-compositeur français (né en 1944).

le **Soudan** ▪ État du nord-est de l'Afrique. 1 886 068 km². 40,5 millions d'habitants. Capitale : Khartoum.

le **Soudan du Sud** ▪ État d'Afrique orientale, issu de la sécession avec le Soudan en 2011. 619 745 km². 12,2 millions d'habitants. Capitale : Juba.

le **Soudan français** → **Mali**

Germain **Soufflot** ▪ Architecte français (1713-1780). Le Panthéon.

la **Soufrière** ▪ Volcan de la Guadeloupe. 1 484 m.

Souillac ▪ Commune du Lot. 3 203 habitants. Église et sculpture romanes.

Soukhoumi ▪ Ville de Géorgie, capitale de la république autonome d'Abkhazie. 63 000 habitants.

Pierre **Soulages** ▪ Peintre français (1919-2022). Compositions abstraites où de larges formes noires s'enlèvent sur un fond clair, structurant la surface.

Le **Soulier de satin** ▪ Drame de Paul Claudel (1929).

Nicolas Jean de Dieu **Soult,** duc de Dalmatie ▪ Maréchal de France (1769-1851). Il s'illustra à Austerlitz. Président du Conseil sous la monarchie de Juillet.

Philippe **Soupault** ▪ Écrivain français (1897-1990). Ancien compagnon des mouvements dada et surréaliste, il écrivit des romans, des poèmes, des essais sur tous les arts, des textes pour la radio.

Sous le soleil de Satan ▪ Roman de Bernanos (1926).

les îles **Sous-le-Vent** ▪ Ensemble d'îles des Petites Antilles au nord du Venezuela.

les îles **Sous-le-Vent** [Polynésie] → îles de la **Société**

Sousse ▪ Port de Tunisie. 173 000 habitants.

Jacques **Soustelle** ▪ Ethnologue et homme politique français (1912-1990). Spécialiste du Mexique précolombien, il prit part à la fondation du mouvement gaulliste. Plusieurs fois ministre, partisan inconditionnel de l'Algérie française, il s'opposa à de Gaulle. Il s'exila en 1961, fut amnistié en 1968.

Southampton ▪ Port d'Angleterre (Hampshire), sur la Manche. 253 600 habitants.

Chaïm **Soutine** ▪ Peintre expressionniste français d'origine lituanienne (1894-1943).

Aleksandr **Souvorov** ▪ Maréchal russe (1729-1800). Vainqueur des Français en Italie (1799).

Souzdal ▪ Ville historique de Russie, près de Moscou. 10 000 habitants.

Soweto ▪ Township de Johannesburg. 2 millions d'habitants.

Wole **Soyinka** ▪ Écrivain nigérian d'expression anglaise (né en 1934).

Soyouz ▪ Programme spatial soviétique, puis russe, de vols habités, mis en œuvre à la fin des années 1960.

Spa ▪ Commune de Belgique (Liège). 10 149 habitants. Station thermale.

Paul Henri **Spaak** ▪ Homme politique (socialiste) belge (1899-1972).

Spartacus ▪ Chef de la grande révolte d'esclaves contre Rome (mort en 71 avant J.-C.).

Spartakus ▪ Groupe de socialistes révolutionnaires allemands (K. Liebknecht, R. Luxemburg...) qui tenta, en 1919, une insurrection à Berlin, durement réprimée.

Sparte ou **Lacédémone** ▪ Ville de la Grèce antique (Péloponnèse), rivale d'Athènes.

le **SPD** *(Sozialdemokratische Partei Deutchslands)* ▪ Parti politique (social-démocrate), l'un des deux principaux partis d'Allemagne, avec la CDU.

Herbert **Spencer** ▪ Philosophe évolutionniste anglais (1820-1903).

Oswald **Spengler** ▪ Philosophe et penseur politique allemand (1880-1936). Conception cyclique de l'histoire. *Le Déclin de l'Occident* (1916).

Edmund **Spenser** ▪ Poète anglais (1552-1599). Œuvres lyriques et allégoriques, témoignant d'une inventivité extrême. *La Reine des fées.*

La **Spezia** ▪ Ville et port militaire d'Italie (Ligurie). 91 400 habitants. Port militaire.

le **Sphinx** ▪ Monstre fabuleux à corps de lion et tête humaine. La plus ancienne de ses statues est celle de Gizeh, en Égypte.

Spiderman ▪ Héros de bandes dessinées, «homme-araignée» créé par Stan Lee en 1962.

Art **Spiegelman** ▪ Dessinateur, auteur américain de bandes dessinées (né en 1948). *Maus* (allemand «souris») évoque le génocide des Juifs par les nazis.

Steven **Spielberg** ▪ Cinéaste et producteur américain (né en 1946). Il réalisa, avec de gros budgets, des films d'aventure, de science-fiction et aborda des faits historiques. *Indiana Jones ; E. T. l'extraterrestre ; La Liste de Schindler ; Il faut sauver le soldat Ryan.*

Spielberg ou **Špilberk** ▪ Forteresse tchèque située à Brno, en Moravie.

Baruch **Spinoza** ▪ Philosophe rationaliste hollandais (1632-1677). Admirateur de Descartes, il confère à la philosophie un caractère à la fois rationnel et panthéiste. Penseur politique *(Tractatus theologico-politicus)*, il tenta aussi de rationaliser le monde des sentiments, dans *L'Éthique.*

Spire ▪ Ville d'Allemagne (Rhénanie-Palatinat). 50 500 habitants. Ville historique. Cathédrale romane. ► les **diètes de Spire.** Mesures prises par Charles Quint, accordant aux princes allemands la liberté de choix de religion (1526), puis leur refusant (1529), d'où la «protestation» des princes (et le mot *protestant*).

le **Spitzberg** ▪ Archipel norvégien.

Le **Spleen de Paris** ▪ Recueil de poèmes en prose de Baudelaire (1869).

Split, en italien *Spalato* ▪ Port de Croatie, en Dalmatie. 167 100 habitants.

Daniel Isaac Feinstein, dit Daniel **Spoerri** ▪ Artiste suisse d'origine roumaine (né en 1930). Compositions et «installations» formées d'objets de rebut, d'animaux, etc.

Jean de **Sponde** ▪ Humaniste et poète français (1557-1595). Poèmes religieux et amoureux de style baroque.

les **Sporades** n. f. pl. ▪ Îles d'un archipel grec de la mer Égée.

Spot («Satellite pour l'observation de la Terre» ; en anglais «point désigné») ■ Système français de satellites d'observation, créé en 1986.

Bruce **Springsteen** ■ Chanteur et musicien de rock américain (né en 1949). Chanteur engagé, il s'inspire notamment du folk américain. *Born to Run ; Born in the U.S.A. ; Devils and Dust.*

Srebrenica [-nitsa] ■ Ville de Bosnie. 5 700 habitants. Placée par l'ONU en zone de sécurité, elle fut prise par l'armée serbe qui y massacra des milliers de Bosniaques musulmans.

Sri Lanka, anciennement *Ceylan* ■ État insulaire d'Asie du Sud. 66 000 km^2. 21,4 millions d'habitants. Capitale : Colombo (capitale administrative : Sri Jayewardenepura).

Srinagar → **Shrinagar**

la **SS** *(SchutzStaffel)* ■ Police militarisée du parti nazi, créée en 1926.

le **Stade de France** ■ Stade situé à Saint-Denis, au nord de Paris. Le plus grand stade français, avec plus de 81 000 places. Inauguré en 1998.

Germaine Necker, baronne de Staël-Holstein, dite Madame de **Staël** ■ Écrivaine française, fille de Necker (1766-1817). Esprit européen, elle introduisit en France les messages culturels allemand *(De l'Allemagne)* et italien *(Corinne ou l'Italie)*, élaborant en français les concepts modernes d'«art» et de «littérature».

Nicolas de **Staël** ■ Peintre abstrait français d'origine russe (1914-1955). Compositions équilibrées, de couleurs chaudes, dans une pâte riche et travaillée.

Stains ■ Ville de la Seine-Saint-Denis. 39 193 habitants.

Iossif (Joseph) Vissarionovitch Djougachvili, dit **Staline** ■ Homme politique soviétique (1879-1953). Successeur de Lénine (1924). Responsable d'innombrables crimes (exécution de ses adversaires, massacres, déportations), il fit de l'État soviétique une tyrannie absolue. Objet d'un culte dans la terreur qui fut dénoncé peu après sa mort par Khrouchtchev (début de la «déstalinisation»).

Stalingrad → **Volgograd** ■ ► la bataille de **Stalingrad** (1942-1943) marqua le début des victoires soviétiques sur l'Allemagne.

Jan Vaclav **Stamitz** ou **Stamić** ■ Compositeur tchèque (1717-1757). ► Carl Philip **Stamitz,** son fils (1745-1801). Ils contribuèrent à fixer la forme de la symphonie.

La **Stampa** («la presse») ■ Quotidien italien fondé en 1866.

Standard & Poor's ■ Agence de notation financière fondée en 1941 par Henri Varnum Poor.

Stanislas Ier Leszczyński ■ (1677-1766) Roi de Pologne de 1704 à 1709 et de 1733 à 1736. Il abdiqua et reçut les duchés de Bar et de Lorraine en 1738.

Konstantin **Stanislavski** ■ Homme de théâtre russe (1863-1938). *La Formation de l'acteur.*

sir Henry Morton **Stanley** ■ Explorateur britannique du Congo (1841-1904).

Stanleyville → **Kisangani**

Olaf **Stapledon** ■ Romancier britannique (1886-1950). Romans de science-fiction à prolongements philosophiques.

Philippe **Starck** ■ Designer français (né en 1949). Design industriel (mobilier, accessoires).

Jean **Starobinski** ■ Critique littéraire suisse (1920-2019). Travaux sur Rousseau, Montesquieu, Montaigne, et en général sur l'interprétation des textes.

START (sigle anglais de *Strategic Arms Reduction Talks*) ■ Négociations entre les États-Unis et l'URSS, puis la Russie, à partir de 1982, sur la réduction des armements stratégiques. → aussi **SALT.**

Staten Island ■ Île des États-Unis (New York).

Serge Alexandre **Stavisky** ■ Homme d'affaires français d'origine russe (1888-1934). Responsable frauduleux d'un scandale financier à prolongements politiques (1933 : *l'affaire Stavisky*).

sir Richard **Steele** ■ Journaliste, écrivain et homme politique irlandais (1672-1729).

Gertrude **Stein** ■ Écrivaine américaine (1874-1946).

Peter **Stein** ■ Metteur en scène allemand de théâtre et d'opéra (né en 1937).

John **Steinbeck** ■ Romancier américain (1902-1968). Un amour sincère du peuple, des exploités et des exclus est le moteur de ses premières œuvres, truculentes *(Tortilla Flat)* ou plus idéologiques, mais toujours puissantes *(Les Raisins de la colère ; Des souris et des hommes).*

Saul **Steinberg** ■ Dessinateur américain d'origine roumaine (1914-1990). Dessins humoristiques et critiques au graphisme baroque. Peintures et décors.

Rudolf **Steiner** ■ Penseur et pédagogue autrichien (1881-1925). Sous l'influence de Goethe, qu'il édita, il fonda une société «anthroposophique». Œuvres spiritualistes.

Théophile Alexandre **Steinlen** ■ Dessinateur et affichiste français d'origine suisse (1859-1923). Auteur de dessins de presse et d'illustrations, sensible à l'invention graphique de Toulouse-Lautrec, il manifeste une sûreté d'observation, un graphisme souple et sûr et un sens de la composition remarquables.

Steinway ▪ Famille de fabricants de pianos allemands. ► Heinrich **Steinweg** (1797-1871) fonda aux États-Unis la firme *Steinway and Sons* (1853).

Frank **Stella** ▪ Peintre américain (1936-2024). Peinture abstraite, «minimaliste» ; collages.

Henri Beyle dit **Stendhal** ▪ Écrivain français (1783-1842). *Le Rouge et le Noir ; La Chartreuse de Parme ; Lucien Leuwen.* Ces grands romans, d'énergie personnelle et de critique sociale (et politique), sont écrits dans un style concis et dynamique, en leçon pour l'avenir de genre. Il écrivit aussi des nouvelles, des essais (sur l'Italie, sur la musique), un abondant journal, des correspondances et des souvenirs *(Vie de Henry Brulard ; Souvenirs d'égotisme).*

Stentor ▪ Personnage de *L'Iliade*, qui criait aussi fort que cinquante guerriers.

George **Stephenson** ▪ Ingénieur anglais (1781-1848). Pionnier des chemins de fer.

Sterkfontein ▪ Site archéologique situé en Afrique du Sud. Découverte d'hominidés d'environ 3 millions d'années.

Daniel **Stern** → Marie d'**Agoult**

Isaac **Stern** ▪ Violoniste américain d'origine russe (1920-2001).

le groupe **Stern** ▪ Organisation extrémiste juive, avant la naissance de l'État d'Israël.

Josef von **Sternberg** ▪ Cinéaste américain, d'origine autrichienne (1894-1969). *L'Ange bleu ; Shanghaï Express.*

Laurence **Sterne** ▪ Romancier anglais (1713-1768). *Vie et Opinions de Tristram Shandy*, «roman» sans intrigue rempli d'innovations qui annonce la littérature du XXe s., et suscite une nouvelle idée de la lecture.

Salah **Stétié** ▪ Poète libanais d'expression française (1929-2020). Diplomate, il publia de nombreux recueils d'une poésie épurée, des essais, des traductions de poésie arabe.

Stettin → **Szczecin**

Robert Louis Balfour dit **Stevenson** ▪ Écrivain britannique (1850-1894). Il est l'auteur d'un chef-d'œuvre du récit fantastique d'épouvante, *Dr Jekyll et Mr Hyde*, ainsi que du roman d'aventure poétique *L'Île au Trésor.*

Simon **Stevin** ▪ Mathématicien et physicien flamand (1548-1620). Travaux d'algèbre et d'arithmétique. En physique, statique et hydrostatique (traités).

James **Stewart** ▪ Acteur américain de cinéma (1908-1997). A travaillé avec Capra, Lubitsch, Cukor, Hitchcock, Wilder, Ford...

Alfred **Stieglitz** ▪ Photographe américain (1864-1946).

Sṭīf → **Sétif**

Joseph **Stiglitz** ▪ Économiste américain (né en 1943). Critique du système financier international et de la théorie capitaliste libérale classique. Prix Nobel 2001.

Stilicon ▪ Général et homme politique romain d'origine vandale (v. 360-408). Régent de l'Empire, il repoussa les Wisigoths, puis les Ostrogoths en Italie. L'empereur Honorius le fit assassiner.

Mauritz **Stiller** ▪ Cinéaste suédois (1883-1928). Films muets à la fois réalistes et fantastiques. *Le Trésor d'Arne. La Légende de Gösta Berling* révéla Greta Garbo.

Johann Kaspar Schmidt, dit Max **Stirner** ▪ Philosophe allemand (1806-1856). Individualiste extrême et anarchisant. *L'Unique et sa propriété.*

Karlheinz **Stockhausen** ▪ Compositeur allemand (1928-2007). Influencé par Webern, Messiaen, Boulez, Schaeffer, il travailla les timbres et les intensités sonores, composant des œuvres de plus en plus ambitieuses qui culminent avec *Licht* («lumière»), composition dont l'exécution intégrale devrait durer une semaine.

Stockholm ▪ Capitale de la Suède. 978 770 habitants (zone urbaine 2,3 millions). Port sur la Baltique.

Stoke-on-Trent ▪ Ville d'Angleterre (Staffordshire). 240 600 habitants.

Bram **Stoker** ▪ Écrivain irlandais (1847-1912). *Dracula.*

sir George **Stokes** ▪ Mathématicien et physicien irlandais (1819-1903). Nombreux travaux en physique, en géodésie.

Oliver **Stone** ▪ Réalisateur américain (né en 1946). *Platoon ; Midnight Express ; Wall Street.*

Stonehenge ▪ Site mégalithique du sud de l'Angleterre.

Strabon ▪ Géographe grec (v. 58 avant J.-C.-v. 25).

La **Strada** ▪ Film de Federico Fellini (1954).

Alessandro **Stradella** ▪ Musicien italien (v. 1645-1682). Chanteur, violoniste, compositeur. Arias, cantates, oratorios, opéras, motets.

Antonio Stradivari, dit **Stradivarius** ▪ Luthier italien (v. 1644-1737). Les violons de sa fabrication conservent une réputation inégalée ; on en connaît encore environ 400.

Strasbourg ▪ Chef-lieu du Bas-Rhin et de la Région Grand Est. 290 576 habitants. Ville d'art (cathédrale des XIe-XIVe s., château des Rohan, quartier pittoresque de la Petite France). Siège du Conseil de l'Europe et du Parlement européen.

Johann **Strauss** ▪ Compositeur autrichien célèbre pour ses valses (1825-1899).

Richard **Strauss** ▪ Compositeur allemand (1864-1949). La richesse mélodique, la maîtrise orchestrale, la puissance d'inspiration en font le dernier des grands romantiques. Poèmes symphoniques. *Le Chevalier à la rose ; Salomé* (opéras).

Igor **Stravinski** ▪ Compositeur russe, naturalisé américain (1882-1971). Sa trajectoire musicale conduit de l'originalité et de la puissance orchestrales de grands ballets *(L'Oiseau de feu ; Petrouchka ; Le Sacre du printemps)* à des œuvres marquées par le folklore russe, puis à des références multiples aux grands musiciens du passé, à un néo-classicisme exigeant et à des expérimentations dans tous les genres. Stravinski, loin de toute référence psychologique, veut que la musique soit une architecture du temps.

Giorgio **Strehler** ▪ Metteur en scène italien de théâtre (1921-1997). Cofondateur du *Piccolo Teatro* de Milan (1947).

Gustav **Stresemann** ▪ Homme politique allemand (1878-1929).

August **Strindberg** ▪ Auteur dramatique suédois (1849-1912). Les thèmes de son théâtre concernent la tragédie de l'individu dans une société cruelle. *Mademoiselle Julie*. Il fut aussi un photographe et un peintre de grand talent.

Erich von **Stroheim** ▪ Réalisateur et acteur autrichien naturalisé américain (1885-1957). Il réalisa *Les Rapaces* et joua dans *La Grande Illusion* de Renoir.

Stromboli ▪ Une des îles Éoliennes. Volcan en activité.

les **Strozzi** ▪ Famille de Florence qui s'opposa aux Médicis, au XVe s., avant de se rallier (Filippo II Strozzi épousa la petite-fille de Laurent de Médicis).

Struthof ▪ Camp de concentration nazi dans le Bas-Rhin (1941-1944).

Stuart ▪ Nom d'une famille qui régna sur l'Écosse de 1371 à 1714 et sur l'Angleterre de 1603 à 1714.

Snorri **Sturluson** → **Snorri Sturluson**

le **Sturm und Drang** ▪ Mouvement littéraire allemand (1770-1790), précurseur du romantisme.

Stuttgart ▪ Ville d'Allemagne (Bade-Wurtemberg), sur le Neckar. 591 000 habitants.

Peter **Stuyvesant** ▪ Colonisateur hollandais (1592-1672). Gouverneur despotique de Nieuwe Amsterdam (future New York), il rendit la ville prospère.

la **Styrie** ▪ État d'Autriche. 16 392 km². 1,21 million d'habitants. Capitale : Graz.

le **Styx** ▪ mythol. grecque Un des fleuves des Enfers.

André **Suarès** ▪ Écrivain français (1868-1948). Il développa une mystique du héros. *Le Voyage du condottiere*.

la guerre de **Succession d'Autriche** ▪ Conflit qui opposa une coalition de pays européens, dont la France, à l'Autriche et à l'Angleterre (1740-1748).

la guerre de **Succession d'Espagne** ▪ Conflit qui opposa la France et l'Espagne à une coalition européenne (1701-1714). Il fut provoqué par l'avènement au trône d'Espagne de Philippe V, petit-fils de Louis XIV.

Antonio José de **Sucre** ▪ Patriote vénézuélien, lieutenant de Bolívar (1795-1830).

Sucre ▪ Capitale constitutionnelle de la Bolivie. 261 600 habitants.

Sucy-en-Brie ▪ Ville du Val-de-Marne. 27 040 habitants.

les Allemands des **Sudètes** ▪ Nom donné entre les deux guerres mondiales à la minorité de langue allemande en Tchécoslovaquie.

Eugène **Sue** ▪ Romancier français (1804-1857). Auteur de romans-feuilletons imaginatifs et réalistes, d'une grande force de suggestion. *Les Mystères de Paris*.

la **Suède** ▪ État (royaume) d'Europe du Nord (Scandinavie). 449 964 km². 9,11 millions d'habitants. Capitale : Stockholm.

Suétone ▪ Historien latin (v. 70-apr. 128). *Vies des douze Césars*.

Suez ▪ Port d'Égypte, sur la mer Rouge. 600 000 habitants. ► le canal de **Suez** (162 km) relie la Méditerranée à la mer Rouge. ► l'**isthme de Suez** sépare l'Afrique de l'Asie.

le **Suffolk** ▪ Comté du sud-est de l'Angleterre. 3 800 km². 761 300 habitants. Chef-lieu : Ipswich.

Pierre André de **Suffren** ▪ Marin français (1729-1788). Il combattit au Maroc et aux Indes.

Suger ▪ Abbé de Saint-Denis, conseiller de Louis VI et de Louis VII (v. 1081-1151).

Hiroshi **Sugimoto** ▪ Photographe japonais (né en 1948). Il célèbre la nature et s'interroge avec pessimisme sur l'évolution de l'humanité *(Seascapes)*.

le général **Suharto** ▪ (1921-2008). Président de la République indonésienne de 1968 à 1998.

la **Suisse** ou **Confédération suisse,** en allemand *Schweiz*, en italien *Svizzera* ▪ État d'Europe centrale. 41 285 km². 8,4 millions d'habitants. Capitale : Berne.

Sukarno ou **Soekarno** ▪ (1901-1970) Héros de l'indépendance de l'Indonésie et premier président de son pays de 1945 à 1968.

Sukhothaï ▪ Ville du nord-ouest de la Thaïlande. 37 700 habitants. Ancienne capitale du *royaume de Sukhothaï*.

Sulawesi, en français *les Célèbes* ▪ Île de l'Indonésie. 189 216 km². 14,4 millions d'habitants.

Sulla → Sylla

Louis Henry **Sullivan** ▪ Architecte américain (1856-1924). Il éleva des immeubles-tours innovants à armature métallique (à Chicago, Saint Louis).

Maximilien de Béthune, baron de Rosny, duc de **Sully** ▪ (1560-1641) Ministre d'Henri IV, il rétablit les finances de l'État.

l'hôtel de **Sully** ▪ Demeure située à Paris, dans le Marais (1624), acquise par Sully en 1634. Elle abrite aujourd'hui la Caisse des monuments historiques et des sites.

Sully Prudhomme ▪ Poète français (1839-1907). *Les Solitudes*.

Sumatra ▪ Île d'Indonésie. 473 481 km². 47,72 millions d'habitants.

les **Sumériens** ▪ Peuple asiatique établi en Basse-Mésopotamie au IVᵉ millénaire avant J.-C. Ils fondèrent les premières cités (Ur, Eridu, Uruk...).

Sun Yat-sen ou **Sun** Wen ▪ (1866-1925) Président de la République chinoise en 1911-1912, puis de 1921 à sa mort.

le **Sundgau** ▪ Région du sud de l'Alsace.

le lac **Supérieur** ▪ Grand Lac des États-Unis. 82 380 km².

Superman ▪ Personnage de bandes dessinées créé en 1938 par Siegel et Shuster. Histoire de superhéros dissimulé sous les apparences d'un employé timide.

Jules **Supervielle** ▪ Écrivain français (1884-1960). *Le Voleur d'enfants ; L'Enfant de la haute mer*. Le caractère poétique et sincère de ses œuvres tend à rendre naturelles les manifestations du surnaturel même.

l'acte de **suprématie** ▪ Loi (1534) par laquelle Henri VIII devenait «chef unique et suprême de l'Église d'Angleterre».

Surabaya ▪ Port d'Indonésie (Java). 2,7 millions d'habitants.

Surat ▪ Port d'Inde (Gujarat). 4,5 millions d'habitants.

Robert **Surcouf** ▪ Corsaire français (1773-1827).

Suresnes [syʀɛn] ▪ Commune des Hauts-de-Seine à l'ouest de Paris. 49 482 habitants. Mont Valérien.

la loi de **Sûreté générale** ▪ Loi en vigueur en France de 1858 à 1870, qui donnait au gouvernement le droit d'interner ou de déporter tous les condamnés politiques.

le **Suriname** ou **Surinam** ▪ État d'Amérique du Sud. 163 000 km². 534 000 habitants. Capitale : Paramaribo. C'est l'ancienne Guyane hollandaise.

La **Surprise de l'amour** ▪ Comédie de Marivaux (1722).

le **Surrey** ▪ Comté du sud de l'Angleterre. 1,1 million d'habitants.

Suse ▪ Ancienne capitale de l'Élam. Darios en fit la capitale de l'Empire perse.

Susiane → Élam

Patrick **Süskind** ▪ Écrivain allemand (né en 1949). Son roman *Le Parfum* décrit le parcours d'un anti-héros mi-monstre mi-génie doté d'un odorat exceptionnel.

la loi des **Suspects** ▪ Loi en vigueur de 1793 à 1795, qui déclarait suspectes les personnes supposées hostiles à la Révolution et servit de base à la Terreur.

le **Sussex** ▪ Région du sud de l'Angleterre.

dame Joan **Sutherland** ▪ Cantatrice australienne (1926-2010). Soprano dramatique colorature.

Suva ▪ Capitale des îles Fidji. 71 600 habitants.

Suzhou ou **Sou-Tcheou** ▪ Ville de Chine (Jiangsu). 1,8 million d'habitants. Monuments anciens, jardins, canaux.

Marc-Aurèle de Foy **Suzor-Coté** ▪ Peintre et sculpteur canadien (1869-1937).

le **Svalbard** ▪ Archipel norvégien de l'Arctique. 62 050 km². 2 500 habitants.

Sverdlovsk → Iekaterinbourg

Ettore Schmitz, dit Italo **Svevo** ▪ Romancier italien (1861-1928). Polyglotte, de culture européenne (allemande, française, anglaise, italienne), il traduisit Freud. *La Conscience de Zeno* est un monologue intérieur d'un style novateur et d'un ton ironique et pénétrant.

Swansea ▪ Port du pays de Galles. 228 000 habitants.

le royaume du **Swaziland → Eswatini**

Emanuel **Swedenborg** ▪ Savant et théosophe suédois (1688-1772).

Jonathan **Swift** ▪ Écrivain irlandais (1667-1745). Toute son œuvre est marquée par la lucidité critique et la verve mordante du pamphlétaire politique qu'il fut d'abord. *Les Voyages de Lemuel Gulliver* sont une utopie pessimiste violemment critique de la société anglaise.

Algernon Charles **Swinburne** ▪ Poète, auteur dramatique et critique anglais (1837-1909). On l'a comparé à «un satyre lâché dans un salon victorien». Il dénonce la religion et Dieu.

Sybaris ▪ Ancienne ville d'Italie, célèbre pour son luxe.

Sydney ▪ Port d'Australie (Nouvelle-Galles du Sud), sur l'océan Pacifique. 4,9 millions d'habitants.

Sylla ou **Sulla** ▪ Général et homme d'État romain (138-78 avant J.-C.). Rival de Marius, maître de Rome en 82 avant J.-C., il se retira en 79 avant J.-C.

La **Symphonie pastorale** ▪ Symphonie de Beethoven (1808).

John Millington **Synge** ▪ Auteur dramatique irlandais (1871-1909). Son théâtre mêle le réalisme social d'un milieu de marins et un imaginaire mystérieux. *À cheval vers la mer*; *Le Baladin du monde occidental* (le «western world» irlandais); *Deirdre des douleurs*.

Syngman Rhee ▪ Homme politique coréen (1875-1965). Militant pour l'indépendance de la Corée. Président de la République sud-coréenne (1945), il gouverna en dictateur et dut démissionner (1960).

Syra ou **Syros** ▪ Île grecque de la mer Égée (Cyclades).

Syracuse ▪ Port d'Italie, en Sicile. 123 700 habitants. Nombreux vestiges antiques.

le **Syr-Daria** ▪ Fleuve d'Asie centrale qui se jette dans la mer d'Aral. 2 212 km.

la **Syrie** ▪ État du Proche-Orient. 185 180 km^2. 22,9 millions d'habitants. Capitale : Damas.

la Grande **Syrte** (en latin *Syrta major*) ▪ Golfe de Libye (Tripolitaine et Cyrénaïque).

Szczecin, en allemand *Stettin* ▪ Port de Pologne. 409 000 habitants.

Szeged ▪ Ville de Hongrie, au sud-est. 168 200 habitants. Ville historique.

George **Szell** ▪ Chef d'orchestre américain d'origine hongroise (1897-1970).

T

Antoine Girard, dit **Tabarin** ▪ Bateleur français (1584-1626). Il est l'auteur de dialogues burlesques, qui eurent un grand succès.

Éric **Tabarly** ▪ Navigateur français (1931-1998). Vainqueur de plusieurs courses transatlantiques, il rendit célèbre la série de ses voiliers *Pen Duick*. Il mourut en mer.

la **Table ronde** ▪ Table magique créée par Merlin pour Uterpandragon, père du roi Arthur*. Elle symbolise l'égalité entre le roi et les chevaliers. ► Le *cycle* ou les *Romans de la Table ronde* : les récits du cycle arthurien.

Tabrīz ▪ Ville d'Iran. 1,5 million d'habitants.

Antonio **Tabucchi** ▪ Écrivain italien (1943-2012). *Nocturne indien*.

Tachkent ▪ Capitale de l'Ouzbékistan. 2,7 millions d'habitants.

Tacite, en latin *Publius Cornelius Tacitus* ▪ Historien latin (v. 55-v. 120). Orateur, il déplorait la décadence de la rhétorique *(Dialogue des orateurs)*. Il est l'auteur des *Annales*, récit de l'histoire de Rome de la mort d'Auguste à celle de Néron, et des *Histoires*, qui vont jusqu'à Domitien. Une partie des connaissances sur la Gaule repose sur ses textes.

le **Tadjikistan** ▪ État d'Asie centrale. 143 100 km². 9,1 millions d'habitants. Capitale : Douchanbé.

Taegu ou **Daegu** ▪ Ville de Corée du Sud formant une province. 2 446 418 habitants. Industries ; université.

Sophie **Taeuber-Arp** ▪ Peintre et sculptrice suisse (1889-1943). Avec Hans Arp, elle s'associa au mouvement «Abstraction-Création», produisant des tableaux et objets colorés aux géométries raffinées.

traité de la **Tafna** ▪ Traité par lequel la France reconnaissait la souveraineté de l'émir Abd el-Kader sur près des deux tiers de l'Algérie (1837).

le **Tage** ▪ Fleuve de la péninsule Ibérique. 1 006 km.

Rabindranāth **Tagore** ▪ Écrivain indien (1861-1941). *L'Offrande lyrique*. Prix Nobel.

Tahiti ▪ Île de la Polynésie française (archipel de la Société). 1 042 km². 183 480 habitants. Chef-lieu : Papeete.

Germaine **Tailleferre** ▪ Compositrice française du groupe des Six (1892-1983).

Hippolyte **Taine** ▪ Philosophe, historien et critique français (1828-1893). *Essais de critique et d'histoire*.

Tain-l'Hermitage ▪ Chef-lieu de canton de la Drôme, près de Valence, sur le Rhône. 6 025 habitants. Vins des Côtes du Rhône.

Taipei ou **Taibei** ▪ Capitale de Taiwan. 2,7 millions d'habitants.

Taiwan ou **Formose** ▪ Île et État d'Asie. 35 966 km². 23 millions d'habitants. Capitale : Taipei.

Taiyuan ▪ Ville de Chine (Shanxi). 3,1 millions d'habitants.

le **Tāj Mahal** ▪ Mausolée de marbre blanc construit à Agra (Inde) au XVIIe s.

Talence ▪ Chef-lieu de canton de la Gironde, banlieue sud-ouest de Bordeaux. 44 359 habitants.

Talibans ▪ Membres d'un mouvement militaire et religieux afghan créé en 1994 et prônant un islam très rigoureux. Lors de la guerre civile qui suivit le retrait des Soviétiques d'Afghanistan (1989), les talibans conquirent la quasi-totalité du pays, imposèrent un régime fondamentaliste islamique et s'efforcèrent de faire disparaître toute trace du passé antérieur à l'arrivée de l'islam (destruction des Bouddhas de Bāmyān). En 2001, les talibans refusant d'extrader Ben Laden, les États-Unis et l'OTAN intervinrent militairement, avec l'appui des forces de l'opposition afghane anti-talibanes. Les forces de l'OTAN quittèrent le pays fin 2014. Depuis, l'organisation s'est redéployée et pratique des attaques meurtrières.

Gédéon **Tallemant des Réaux** ▪ Mémorialiste français (1619-1692). Ses *Historiettes* (publiées au XIXe s.) constituent un recueil de vivantes anecdotes sur son époque.

Charles Maurice de **Talleyrand-Périgord** ▪ Homme d'État français (1754-1838). Il dirigea les Relations extérieures de 1797 (Directoire) à 1807, puis représenta Louis XVIII au congrès de Vienne.

Tallinn ▪ Capitale de l'Estonie. 400 400 habitants.

François Joseph **Talma** ▪ Tragédien français (1763-1826).

le **Talmud** ▪ Livre du judaïsme qui fixe les règles de la vie civile et religieuse.

Jean **Talon** ▪ Administrateur français (1625-1694). Intendant de la Nouvelle-France (Canada) de 1665 à 1668, puis de 1670 à 1672.

Tamanrasset ▪ Oasis du Sahara algérien.

Tamatave → **Toamasina**

Rufino **Tamayo** ▪ Peintre mexicain (1899-1991). L'un des grands «muralistes», mêlant les influences précolombiennes et occidentales (cubisme, surréalisme).

Le **Tambour** ▪ Roman de Günter Grass (1959).

Tamerlan ▪ Conquérant turco-mongol d'Asie centrale (1336-1405).

Tamil Nadu ▪ État du sud-est de l'Inde. 130 069 km². 77,8 millions d'habitants. Capitale : Chennaï, anc. Madras.

la **Tamise,** en anglais *Thames* ▪ Fleuve anglais qui traverse Londres. 338 km.

Tammuz ▪ Dieu babylonien de la Fertilité, hellénisé sous le nom d'Adonis. Époux de la déesse Ishtar, il meurt et doit séjourner aux enfers avant de ressusciter.

les **Tamouls** ▪ Groupe ethnique du sud de l'Inde et du Sri Lanka.

Tampere ▪ Ville de Finlande. 207 900 habitants.

Le **Tampon** ▪ Ville de la Réunion. 80 778 habitants.

Tanagra ▪ Anc. ville de Grèce (Béotie), célèbre pour ses statuettes *(tanagras)*.

Tananarive → **Antananarivo**

Tancarville ▪ Commune de la Seine-Maritime. 1 233 habitants. Pont suspendu sur la Seine (1 410 m).

Tancrède ▪ Prince normand de Sicile (mort en 1112). Pendant les croisades, il fut prince de Galilée (1099) et gouverna Antioche.

les **Tang** ou **T'ang** ▪ Dynastie chinoise qui régna de 618 à 907.

le lac **Tanganyika** ▪ Grand lac de l'Afrique orientale. 31 900 km².

Tanger ▪ Port du Maroc. 947 900 habitants.

Tangshan ▪ Ville de Chine (Hebei). 2,1 millions d'habitants.

Yves **Tanguy** ▪ Peintre français naturalisé américain (1900-1955). Amené à la peinture par les tableaux de De Chirico, il élabora une œuvre surréaliste, où des «êtres-objets» imaginaires peuplent un espace faussement réaliste, composant des paysages mentaux oniriques.

Tanis ▪ Ancienne ville d'Égypte, dans le delta, entre Damiette et Port-Saïd. Elle fut la capitale de la XXIe dynastie (1075-945 avant J.-C.).

Tanit ou **Tinnit** ▪ Déesse suprême de Carthage, compagne de Baal Hammon, assimilée à la Junon céleste des Romains.

Junichirō **Tanizaki** ▪ Écrivain japonais (1886-1965). Après des nouvelles marquées par le romantisme occidental, ses œuvres se réfèrent à la tradition japonaise *(Récit d'un aveugle, Éloge de l'ombre)*. Par la suite, il écrivit des récits nostalgiques et troublants, parfois érotiques *(La Confession impudique, Journal d'un vieux fou)*.

Tannhäuser ▪ Poète allemand (v. 1205-v. 1270). Héros d'un opéra de Wagner.

Tantale ▪ mythol. grecque Roi condamné à subir une faim et une soif perpétuelles.

la **Tanzanie** ▪ État d'Afrique de l'Est. 945 037 km². 57,3 millions d'habitants. Capitale : Dodoma.

Taormine, en italien *Taormina* ▪ Ville de Sicile. 10 800 habitants. Ruines antiques.

Taos ▪ Village indien du Nouveau-Mexique (États-Unis), près de Santa Fe. Site et architecture remarquables, attirant artistes et touristes.

Antoni **Tàpies** ▪ Peintre espagnol (1923-2012). Ses œuvres sont surtout des surfaces, des «murs» construits par un travail très riche de la matière picturale.

Taranis ▪ Dieu gaulois de la Foudre et du Tonnerre, identifié à Jupiter par les Romains.

Quentin **Tarantino** ▪ Cinéaste et scénariste américain (né en 1963). Il réinterpréta le genre du polar, du film noir et du film de guerre avec humour et inventivité. *Reservoir Dogs ; Pulp Fiction ; Kill Bill ; Inglorious Basterds.*

Tarascon ▪ Ville des Bouches-du-Rhône. 15 508 habitants. Château des comtes de Provence.

Tarass Boulba ▪ Personnage de chef cosaque, truculent et cruel, créé par Gogol. Il tue son fils coupable de trahison.

Tarbes ▪ Chef-lieu des Hautes-Pyrénées. 42 925 habitants.

Gabriel de **Tarde** ▪ Sociologue français (1843-1904). Travaux sur la criminalité ; psychologie sociale. *Les Lois de l'imitation.*

Jacques **Tardi** ▪ Dessinateur de bande dessinée français (né en 1946). Créateur de la série *Adèle Blanc-Sec* et d'albums sur la Première Guerre mondiale.

Jean **Tardieu** ▪ Poète et auteur dramatique français (1903-1995). Son inquiétude face à l'existence se dissimule sous l'humour de jeux verbaux hilarants *(Un mot pour un autre).* Œuvre dramatique et poèmes *(Formeries).*

la **Tarentaise** ▪ Région de Savoie.

Tarente ▪ Port du sud de l'Italie (Pouilles). 202 000 habitants.

Arseni Alexandrovitch **Tarkovski** ▪ Poète russe (1907-1989). L'un des grands lyriques de sa génération, parfois proche de Pasternak *(Les Montagnes enchantées).*

Andreï **Tarkovski** ▪ Cinéaste russe (1932-1986). Fils du poète, créateur d'une exigence esthétique et morale intransigeante, il dut s'exiler d'URSS. *Andreï Roublev ; Solaris ; Le Sacrifice.*

le **Tarn** ▪ Rivière, affluent de la Garonne. 375 km. ► le **Tarn** [81]. Département français de la Région Occitanie. 5 780 km². 391 066 habitants. Chef-lieu : Albi. Chef-lieu d'arrondissement : Castres. ► le **Tarn-et-Garonne** [82]. Département français de la Région Occitanie. 3 718 km². 262 316 habitants. Chef-lieu : Montauban. Chef-lieu d'arrondissement : Castelsarrasin.

la roche **Tarpéienne** ▪ Crête depuis laquelle on précipitait les criminels, à Rome.

Tarquinia ▪ Ville d'Italie (Latium). Nécropole, fresques (VIe-Ier s. avant J.-C.).

Tarquin l'Ancien ▪ Cinquième roi de Rome, de 616 à 578 avant J.-C. ► **Tarquin le Superbe,** septième et dernier roi de Rome, de 534 à 509 avant J.-C.

Tarragone, en espagnol *Tarragona* ▪ Ville d'Espagne, chef-lieu de province de Catalogne. 133 223 habitants. Premier port d'Espagne sur la Méditerranée.

Alfred **Tarski** ▪ Mathématicien et logicien polonais naturalisé américain (1902-1983). Avec Łukasiewicz, il élabora des systèmes logiques nouveaux, enrichit la sémantique et la distinction entre logique et métalogique.

le **Tartare** ▪ mythol. grecque Région des Enfers où sont châtiés les grands criminels.

les **Tartares** ▪ Nom donné en Occident aux envahisseurs mongols. Déformation du nom des Tatars.

Tartarin de Tarascon ▪ Personnage créé par Alphonse Daudet, type de Méridional hâbleur.

Giuseppe **Tartini** ▪ Compositeur et violoniste italien (1692-1770). Il écrivit plusieurs ouvrages théoriques sur le violon.

Tartuffe ▪ Type de l'hypocrite, utilisant sa fausse dévotion pour exploiter les naïfs, créé par Molière dans la comédie portant ce titre.

Tarzan ▪ Personnage créé dans un feuilleton d'Edgar Rice Burroughs (1912), repris et popularisé par la bande dessinée (1928) et le cinéma. Jeune aristocrate anglais perdu dans la jungle, il est élevé par une guenon et devient l'ami des bêtes sauvages, réapprenant par l'amour les relations humaines.

la **Tasmanie** ▪ Île au sud de l'Australie dont elle constitue le plus petit État fédéré. 68 332 km². 500 000 habitants. Capitale : Hobart.

l'agence **Tass** (initiales russes de « Agence de presse de l'Union soviétique ») ▪ Principale agence de presse soviétique puis russe, créée en 1904 sous le nom d'Agence télégraphique de Saint-Pétersbourg.

Torquato Tasso, en français le **Tasse** ▪ Poète italien (1544-1595). Auteur de poèmes amoureux et chevaleresques, il écrivit *La Jérusalem délivrée* qui cherche, au-delà de l'histoire objective, à trouver une vérité humaniste légendaire.

la république des **Tatars** ou **Tatarstan** ▪ République autonome de Russie. 68 000 km². 3,78 millions d'habitants. Capitale : Kazan. ► les **Tatars.** Peuple nomade d'origine turco-mongole.

la **Tate Gallery** ▪ Musée de peinture de Londres fondé en 1897 par le collectionneur Henry Tate. Aujourd'hui ses collections sont réparties entre la « Tate Britain » (la plus grande collection d'art britannique du monde) et la « Tate Modern » (art moderne international).

Jacques Tatischeff, dit Jacques **Tati** ▪ Cinéaste français (1907-1982). Après des courts-métrages burlesques, il élabora une œuvre originale, d'une poésie insolite et d'un comique critique de la société française, rurale *(Jour de fête),* petite bourgeoise *(Les Vacances de M. Hulot,* créant un personnage tendrement ridicule), avant de dénoncer la tyrannie du modernisme machinique et automobile *(Mon oncle, Playtime, Trafic).*

la **Tauride** ▪ Anc. nom de la Crimée.

le **Taurus** ▪ Montagnes de Turquie.

Tautavel ▪ Commune des Pyrénées-Orientales, dans les Corbières. 854 habitants. En 1971, on y découvrit dans une grotte le crâne d'un *Homo erectus*, ancêtre de l'homme de Neandertal (vieux de 450 000 ans).

Tavant ▪ Village d'Indre-et-Loire, près de Chinon. L'église du XIIe s. possède un ensemble exceptionnel de peintures murales de style roman.

Bertrand **Tavernier** ▪ Cinéaste et critique français (1941-2021). Œuvre chaleureuse et critique (du colonialisme : *Coup de torchon*, de la guerre), évocations historiques *(Que la fête commence)*. Passionné de jazz *(Autour de minuit)* et de cinéma américain.

Taverny ▪ Chef-lieu de canton du Val-d'Oise, près de Pontoise. 26 607 habitants. Centre opérationnel de la Défense aérienne française depuis 1957-1963.

les frères **Taviani** ▪ Vittorio (1929-2018) et Paolo (né en 1931), cinéastes italiens qui firent œuvre commune. *Padre padrone*.

Frederick Winslow **Taylor** ▪ Ingénieur et économiste américain (1856-1915). Initiateur du *taylorisme*.

Elizabeth Rosemonde Taylor, dite Liz **Taylor** ▪ Actrice américaine (1932-2011). *La Chatte sur un toit brûlant ; Qui a peur de Virginia Woolf ?* Elle incarna *Cléopâtre* pour Mankiewicz.

Haroun **Tazieff** ▪ Géologue français (1914-1998). Il se spécialisa en volcanologie et produisit de nombreux films et ouvrages sur les volcans.

Tbilissi, anc. *Tiflis* ▪ Capitale de la Géorgie. 1,10 million d'habitants.

le **Tchad** ▪ État d'Afrique centrale. 1 284 000 km². 15,4 millions d'habitants. Capitale : N'Djamena. ► le lac **Tchad,** lac d'Afrique centrale, en voie d'assèchement.

Piotr Ilitch **Tchaïkovski** ▪ Compositeur russe (1840-1893). Son style marie l'influence du symphonisme allemand et de l'inspiration russe. Ses œuvres, extrêmement populaires, sont appréciées par les musiciens professionnels (tel Stravinski). Opéras (*Eugène Onéguine, La Dame de pique*, d'après Pouchkine), ballets *(Le Lac des cygnes, Casse-noisette)*, six symphonies, concertos, musique de chambre, mélodies.

Tchang Kaï-chek → **Jiang Jieshi**

la **Tchécoslovaquie** ▪ Anc. État fédéral de l'Europe centrale (1918-1992), divisé auj. en deux États indépendants : la Slovaquie et la République tchèque.

Anton **Tchekhov** ▪ Écrivain et auteur dramatique russe (1860-1904). *La Mouette ; Oncle Vania ; La Cerisaie*. Ses récits, et surtout son œuvre dramatique, en donnant à l'image d'une société décadente, à la veille de bouleversements, une valeur humaine profonde et une émotion lucide, en font un écrivain universel.

Tcheliabinsk ▪ Ville de Russie dans l'Oural. 1,13 million d'habitants.

la République **tchèque** ou **Tchéquie** ▪ État de l'Europe centrale. 78 864 km². 10,23 millions d'habitants. Capitale : Prague.

Tchernobyl ▪ Ville d'Ukraine. Grave accident nucléaire en 1986.

la **Tchétchénie** ▪ République autonome de Russie, dans le Caucase. 19 300 km². 1,2 million d'habitants. Capitale : Groznyï. De 1994 à 2009, la Russie y mena une guerre sanglante afin de réduire par la force le nationalisme tchétchène.

Tchouang-Tseu → **Zhuangzi**

la **Tchouvachie** ▪ République autonome de Russie, sur la Volga. 18 300 km². 1,2 million d'habitants. Capitale : Tcheboksary.

André **Téchiné** ▪ Cinéaste français (né en 1943). Films d'un esthétisme raffiné. *Les Sœurs Brontë ; Le Lieu du crime ; Les Roseaux sauvages ; Les Témoins.*

Tegucigalpa ▪ Capitale du Honduras. 1 million d'habitants.

Téhéran ▪ Capitale de l'Iran. 8,7 millions d'habitants.

Pierre **Teilhard de Chardin** ▪ Religieux, philosophe et paléontologue français (1881-1955). Jésuite, il exerça une activité scientifique en Asie, prenant l'évolution qui conduit du primate à l'homme comme point de départ d'une réflexion philosophique sur la spiritualisation de la matière et conduisant à l'esprit humain et, pour lui, au «point oméga» (Dieu). Ces thèses furent critiquées par la hiérarchie catholique. *Le Phénomène humain ; L'Avenir de l'homme.*

dame Kiri **Te Kanawa** ▪ Cantatrice (soprano) néo-zélandaise (née en 1944).

Telangana ▪ État du sud-est de l'Inde. 114 840 km². 39,3 millions d'habitants. Capitale : Hyderabad.

Tel-Aviv-Jaffa ▪ Ville d'Israël. 384 000 habitants (zone urbaine 3,1 millions).

Georg Philipp **Telemann** ▪ Compositeur allemand (1681-1767). Il composa dans tous les genres, conciliant les styles français, italien et allemand. Quarante opéras allemands *(Sings-*

piel), six cents ouvertures «à la française», immense œuvre religieuse.

Télémaque ▪ mythol. grecque Fils d'Ulysse et de Pénélope.

Guillaume **Tell** → **Guillaume Tell**

Tell el-Amarna ▪ Site archéologique d'Égypte. Akhenaton y fonda sa nouvelle capitale (v. 1362 avant J.-C.).

Le **Temple** ▪ Prieuré fortifié de l'ordre du Temple, établi à Paris au XIIe s.

les **Templiers** n. m. pl. ▪ Ordre de moines-soldats (1119-1312).

Les **Temps modernes** ▪ Film de Charlie Chaplin (1936).

Temüjin → **Gengis Khān**

La **Tène** ▪ Site archéologique de Suisse, au nord-est du lac de Neuchâtel. Il a donné son nom à la civilisation celte du second âge du fer.

le **Ténéré** ▪ Région du Sahara nigérien.

Tenerife ▪ La plus grande île de l'archipel des Canaries. 2 053 km². 908 555 habitants.

David **Teniers le Jeune** ▪ Peintre flamand (1610-1690). Scènes populaires.

le **Tennessee** ▪ État du sud-est des États-Unis. 109 412 km². 6,3 millions d'habitants. Capitale : Nashville.

Alfred, lord **Tennyson** ▪ Poète et dramaturge anglais (1809-1892). Poète national, il écrivit des pièces évoquant l'histoire britannique. Une de ses œuvres les plus célèbres est *Enoch Arden*.

Tenochtitlán ▪ Ancienne capitale des Aztèques, à l'emplacement de Mexico.

Tenzing Norgay → **Hillary**

Tenzin Gyatso ▪ Religieux tibétain, quatorzième dalaï-lama, intronisé en 1940 (né en 1935). En exil (en Inde) depuis 1958, il incarne la volonté d'autonomie du Tibet annexé par la Chine. Prix Nobel de la paix 1989.

Teotihuacán ▪ Site archéologique du Mexique. Immenses pyramides.

Térence ▪ Auteur latin de comédies (v. 190-159 avant J.-C.). *L'Hécyre*.

mère **Teresa** ▪ Religieuse indienne d'origine albanaise (1910-1997). Canonisée en 2016.

Terpsichore ▪ L'une des neuf Muses, protectrice de la danse. On en fit parfois la mère des Sirènes.

la **Terre** ▪ Une des planètes du système solaire. Diamètre : 12 756 km.

La **Terre** ▪ Roman de Zola (1887).

la **Terre de Feu** ▪ Archipel situé au sud de l'Amérique latine.

Terre-Neuve ▪ Île du Canada. Avec une partie du Labrador, elle forme la province de *Terre-Neuve-et-Labrador*. 405 212 km². 519 700 habitants. Capitale : Saint John's.

la **Terreur** ▪ Période de la Révolution française qui débuta en 1793 et prit fin avec la chute de Robespierre.

les **Territoires du Nord-Ouest** → **Nord-Ouest**

Septimus Florens Tertullianus, en français **Tertullien** ▪ Écrivain et théologien latin chrétien (v. 155-v. 225). Il tenta une synthèse entre la tradition du stoïcisme et la nouvelle morale chrétienne.

Laurent **Terzieff** ▪ Acteur et metteur en scène français (1935-2010). Homme de théâtre, il a aussi joué pour de grands réalisateurs de cinéma (Rossellini, Buñuel, Pasolini, Godard).

le canton du **Tessin** ▪ Canton de Suisse. 2 812 km². 354 375 habitants. Chef-lieu : Bellinzona.

Test Act ▪ Loi anglaise votée en 1673 et abolie en 1829, qui interdisait aux catholiques toute charge dans l'administration ou dans l'armée.

l'Ancien et le Nouveau **Testament** → **Bible**

Jacques **Testart** ▪ Biologiste français (né en 1939). Travaux sur la procréation naturelle et artificielle. Nombreuses publications concernant l'éthique médicale et les barrières à mettre à la manipulation du vivant.

La **Teste-de-Buch** ▪ Ville de la Gironde. 26 269 habitants.

Tête d'or ▪ Drame de Paul Claudel (1889).

Téthys ▪ mythol. grecque Déesse de la Mer.

Tétouan ▪ Ville du Maroc. 380 700 habitants.

la **Tétralogie** → **Wagner**

Teutatès ou **Toutatis** ▪ Dieu protecteur celte, que les Romains semblent avoir identifié à Mars ou à Mercure.

les chevaliers **Teutoniques** ▪ Ordre religieux et militaire allemand fondé à Jérusalem en 1128.

les **Teutons** ▪ Peuple de Germanie vaincu par Marius à Aix-en-Provence en 102 avant J.-C.

le **Texas** ▪ État du sud des États-Unis. 692 408 km². 25 millions d'habitants. Capitale : Austin. Villes principales : Houston, Dallas.

Osamu **Tezuka** ▪ Créateur de mangas et de dessins animés japonais (1928-1989). Il puisa d'abord dans la littérature populaire, abordant tous les styles. Il a créé un graphisme moderne, utilisant dans ses mangas des découpages inspirés du cinéma. *Le Roi Léo ; Astro Boy ; Kirihito.*

William Makepeace **Thackeray** ▪ Journaliste et romancier anglais (1811-1863). Il est l'auteur d'un «roman sans héros» qui marqua son époque, *La Foire aux vanités,* puis d'un recueil de satires parues dans la revue *Punch, Le Livre des snobs,* où il crée la notion de «snobisme».

Thaddée → saint **Jude**

le royaume de **Thaïlande** ▪ État d'Asie du Sud-Est. 513 115 km². 69 millions d'habitants. Capitale : Bangkok.

les **Thaïs** ▪ Peuples de l'Asie du Sud-Est.

Thalès de Milet ▪ Penseur, astronome et mathématicien grec (v. 625-v. 546 avant J.-C.).

Thanatos ▪ mythol. grecque Dieu de la Mort.

Thann ▪ Chef-lieu d'arrondissement du Haut-Rhin. 7 784 habitants.

Margaret **Thatcher** ▪ Femme politique britannique (1925-2013). Première ministre (conservateur) de 1979 à 1990.

l'étang de **Thau** ▪ Étang du Languedoc.

Théâtre national populaire ou **TNP** ▪ Théâtre subventionné créé en 1920 à Paris par Firmin Gémier, et situé à Villeurbanne depuis 1972.

la **Thébaïde** ▪ Ancien nom de la partie méridionale de la Haute-Égypte, dont la capitale était Thèbes (près de l'actuelle Louxor). Au IIIe s., des ascètes chrétiens s'y réfugièrent.

Thèbes ▪ Ville de l'Égypte ancienne. Temples de Louksor et de Karnak.

Thèbes ▪ Ville de Grèce (Béotie). Détruite par Alexandre le Grand (336 avant J.-C.).

Thémis ▪ mythol. Fille d'Ouranos et de Gaïa, l'une des six sœurs des Titans (Titanides). Personnification de la Loi ou de la Justice, elle engendre avec Zeus les Parques et les Heures.

Thémistocle ▪ Homme d'État athénien (v. 525-v. 460 avant J.-C.). Vainqueur à Salamine.

Théocrite ▪ Poète bucolique grec (v. 315-v. 250 avant J.-C.). *Idylles.*

Théodora ▪ Impératrice byzantine (morte en 548). Épouse de Justinien Ier.

Mikis **Theodorakis** ▪ Compositeur grec (1925-2021). Militant antifasciste, après avoir été résistant antinazi. Chansons inspirées du folklore grec, musiques de film *(Zorba le Grec ; Z).*

Théodoric le Grand ▪ Roi des Ostrogoths (v. 455-526). En 488, il fonda un royaume en Italie.

Théodose Ier le Grand ▪ (v. 346-395) Empereur romain de 379 à sa mort. Il fit du christianisme une religion d'État.

Théophile → Théophile de **Viau**

Théophraste ▪ Philosophe grec (v. 370-v. 287 avant J.-C.). Il succéda à Aristote à la tête du Lycée et laissa de nombreux ouvrages. Il est l'auteur de *Caractères,* que traduisit La Bruyère.

Théra → **Santorin**

sainte **Thérèse d'Ávila** ▪ Religieuse espagnole (1515-1582). Écrits mystiques. Elle réforma l'ordre du Carmel.

sainte **Thérèse de l'Enfant-Jésus** ▪ Religieuse française (1873-1897). Pèlerinage sur sa tombe à Lisieux.

Thérèse Desqueyroux ▪ Roman de François Mauriac (1927).

Thérèse Raquin ▪ Roman de Zola (1867).

Yves **Thériault** ▪ Écrivain canadien, québécois (1915-1983). Romans, souvent consacrés aux minorités ethniques du Canada, Inuits *(Agaguk),* Amérindiens *(Ashini).*

la journée du 9 **Thermidor an II** ▪ Journée révolutionnaire (27 juillet 1794) qui entraîna la chute de Robespierre.

les **Thermopyles** ▪ Défilé de la Grèce où Léonidas Ier et ses Spartiates résistèrent aux Perses (480 avant J.-C.).

Anne Josèphe Therwagne, dite **Théroigne de Méricourt** ▪ Révolutionnaire française (1762-1817). Surnommée l'«Amazone de la liberté», elle fut flagellée en public comme Girondine, en juin 1793, et sombra dans la folie.

Thésée ▪ mythol. grecque Il tua le Minotaure et devint roi d'Athènes.

la **Thessalie** ▪ Région du nord de la Grèce.

Thessalonique ou **Salonique** ▪ Port de Grèce (Macédoine). 322 000 habitants.

Thétis ▪ mythol. grecque Déesse marine, fille de Nérée (Néréide), épouse du roi des Myrmidons, Pélée, et mère d'Achille.

Thiais ▪ Ville du Val-de-Marne. 30 788 habitants. Grand cimetière parisien.

Thibaud ou **Thibaut de Champagne** ▪ Trouvère français, comte de Champagne sous le nom de Thibaut IV. Grand poète lyrique, dont sont restées 71 chansons.

Augustin **Thierry** ▪ Historien français (1795-1856). Sa narration vivante, en partie imaginaire, de la Gaule du VIe s., souvent d'après Grégoire de Tours, les *Récits des temps mérovingiens,* remporta un grand succès.

Adolphe **Thiers** ▪ Homme d'État et historien français (1797-1877). Il réprima la Commune et devint président de la IIIe République de 1871 à 1873.

Thiers ▪ Chef-lieu d'arrondissement du Puy-de-Dôme. 11 470 habitants.

Barthélemy **Thimonnier** ▪ Tailleur et inventeur français (1793-1857). Il inventa en 1830 la première machine à coudre.

Thionville ▪ Chef-lieu d'arrondissement de la Moselle. 41 383 habitants.

René **Thom** ▪ Mathématicien français (1923-2002). «Théorie des catastrophes».

saint **Thomas** ▪ Apôtre de Jésus.

Dylan **Thomas** ▪ Écrivain britannique, gallois (1914-1953). Sa poésie, tragique, obsessionnelle, traduit une profonde angoisse. *Portrait de l'artiste en jeune chien.*

Chantal **Thomas** ▪ Écrivaine et historienne française (née en 1945). *Les Adieux à la reine ; L'Échange des princesses.*

saint **Thomas Becket** ▪ Archevêque anglais de Canterbury (v. 1118-1170). Il s'opposa au roi Henri II qui le fit tuer.

saint **Thomas d'Aquin** ▪ Théologien italien (1228-1274). *Somme théologique,* s'efforçant de concilier raison et foi.

saint **Thomas More** → saint Thomas **More**

sir William **Thomson,** lord Kelvin ▪ Physicien anglais (1824-1907). Travaux en thermodynamique.

sir Joseph John **Thomson** ▪ Physicien anglais (1856-1940). Il prouva l'existence de l'électron et en étudia les propriétés. ► Son fils, sir George Paget **Thomson,** confirma la théorie ondulatoire de l'électron due à Louis de Broglie.

Thonon-les-Bains ▪ Chef-lieu d'arrondissement de la Haute-Savoie. 36 626 habitants.

Thor ou **Tor** ▪ mythol. scandinave Dieu guerrier, maître du tonnerre.

Henry **Thoreau** ▪ Écrivain américain (1817-1862). *La Désobéissance civile.*

Maurice **Thorez** ▪ Homme politique français (1900-1964). Militant socialiste, puis communiste (Congrès de Tours, 1920) secrétaire général du parti, député, il contribua au Front populaire. Mobilisé en 1939, il déserta pour l'URSS. En 1945, de Gaulle le nomma ministre d'État ; il quitta le gouvernement en 1947. Il écrivit *Fils du peuple,* ses souvenirs.

Thot ▪ mythol. égyptienne Dieu du Savoir.

Thouars ▪ Commune des Deux-Sèvres. 13 917 habitants.

Thoune ▪ Ville de Suisse (Berne). 43 743 habitants.

Thoutmôsis ▪ Nom de quatre pharaons du Nouvel Empire (XVIIIe dynastie). ► **Thoutmôsis III** (1504-1450 avant J.-C.) dut épouser sa tante, Hatchepsout, pour accéder au trône après la mort de cette reine. Grand conquérant, il porta l'Empire à son apogée.

la **Thrace** ▪ Région partagée entre la Grèce, la Bulgarie et la Turquie.

Thucydide ▪ Historien grec (v. 470-v. 395 avant J.-C.). *Histoire de la guerre du Péloponnèse.*

Thulé ▪ Terre fabuleuse, la limite nord du monde connu dans l'Antiquité.

Thulé ▪ Ancien comptoir polaire du nord-ouest du Groenland fondé en 1910, base d'expéditions (Rasmussen ; Jean Malaurie, qui étudia les Inuits). Base aérienne américaine depuis 1945.

Greta **Thunberg** ▪ Militante écologiste suédoise (née en 2003).

le canton de **Thurgovie** ▪ Canton suisse. 991 km². 270 709 habitants. Chef-lieu : Frauenfeld.

la **Thuringe** ▪ Land d'Allemagne. 16 176 km². 2,2 millions d'habitants. Capitale : Erfurt.

Thyssen ▪ Famille d'industriels allemands. ► August **Thyssen** (1842-1926) fonda la firme sidérurgique Thyssen. ► Son fils, Fritz **Thyssen** (1873-1951), finança la propagande nazie, avant de rompre avec Hitler et d'être déporté à Dachau. ► Heinrich **Thyssen-Bornemisza** (1875-1947), frère de Fritz, réunit avec son fils une collection d'œuvres d'art exceptionnelle.

Tiananmen («place de la Paix céleste») ▪ Vaste place aménagée à Pékin en 1959 devant une porte de la Cité impériale. Elle abrite le mausolée de Mao Zedong, et fut en 1989 le théâtre de la violente répression des manifestations étudiantes.

Tianjin ou **T'ien-tsin** ▪ Port de Chine. 7,2 millions d'habitants.

le **Tian shan** ▪ Chaîne montagneuse de l'Asie centrale. 7 439 m au pic Pobedy.

Tibéhirine ▪ Village d'Algérie, dans l'Atlas. Sept moines français y furent enlevés et assassinés par des islamistes en 1996. Le film *Des hommes et des dieux* relate ce drame.

Tibère ▪ (42 avant J.-C.-37) Empereur romain de 14 à sa mort.

le lac de **Tibériade** ▪ Lac d'Israël. 200 km².

le **Tibesti** ▪ Massif montagneux du Sahara, dans le nord du Tchad (3 415 m).

le **Tibet** ▪ Région autonome de Chine, dans l'Himalaya. 1 228 400 km². 3 millions d'habitants. Capitale : Lhassa.

le **Tibre** ▪ Fleuve d'Italie qui traverse Rome. 396 km.

Ludwig **Tieck** ▪ Écrivain romantique allemand (1773-1853). Lyrisme et ironie marquent ses contes populaires à thèmes médiévaux et ses romans.

Giambattista **Tiepolo** ▪ Peintre italien (1696-1770). Fantaisie, légèreté, virtuosité des formes et des couleurs caractérisent ses grandes compositions baroques ; ses décorations animent et font s'envoler les architectures.

Charles Lewis **Tiffany** ▪ Orfèvre et joaillier américain (1812-1902). ► Son fils, Louis Comfort **Tiffany** (1848-1933), fut décorateur et verrier.

Tiflis → **Tbilissi**

Tignes ▪ Commune de la Savoie. 2 016 habitants. Station de sports d'hiver.

le **Tigre** ▪ Fleuve d'Asie occidentale qui forme, avec l'Euphrate, le Chatt al-Arab. 1 718 km.

le **Tigré** ▪ Province du nord de l'Éthiopie. 65 900 km². 6,5 millions d'habitants.

Tijuana ▪ Ville du Mexique. 1,3 million d'habitants.

Tikal ▪ Site archéologique maya, au Guatemala.

Till Eulenspiegel ou **Uilenspiegel,** en français *Till l'Espiègle* ▪ Héros d'une légende germanique du XVe s., paysan jouant des tours aux nobles ou aux clercs. Son surnom est à l'origine du français «espiègle».

Germaine **Tillion** ▪ Ethnologue française (1907-2008). Spécialiste de l'Afrique du Nord et du Moyen-Orient. Résistante, déportée en 1943, féministe, militante des droits de l'homme et contre la torture.

le traité de **Tilsit** ▪ Traité entre Napoléon Ier et le tsar Alexandre Ier (1807).

Le (en anglais *The*) **Times** ▪ Quotidien britannique conservateur fondé en 1785.

Timgad ▪ Ville d'Algérie. Importants restes de la ville romaine de Thamugadi (patrimoine mondial).

Timişoara ▪ Ville de Roumanie. 307 300 habitants.

Timor ▪ Île de l'est de l'archipel indonésien. 33 615 km². 3 millions d'habitants. ► **Timor oriental,** république indépendante depuis 2002. 14 874 km². 1,1 million d'habitants. Capitale : Dili.

Tīmūr-i Lang → **Tamerlan**

Jean **Tinguely** ▪ Sculpteur suisse (1925-1991). Il construisit des machines dont le seul effet est le mouvement et le rythme de formes métalliques. *La Fontaine Stravinski,* à Paris, avec Niki de Saint Phalle.

Tintin ▪ Personnage de bandes dessinées créé en 1929 par Hergé. Jeune reporter redresseur de torts, accompagné du chien Milou et de personnages récurrents.

le **Tintoret** ▪ Peintre vénitien (1518-1594). Doué d'une extrême rapidité d'exécution. Ses tableaux et compositions murales (par exemple à San Rocco) sont caractérisés par le dynamisme et les contrastes des formes.

Tipasa ▪ Ville d'Algérie, chef-lieu de wilaya sur la côte, près de Cherchell. 15 200 habitants. Classée au patrimoine de l'Unesco pour les vestiges de la ville antique, dont le «tombeau de la chrétienne», vaste mausolée circulaire.

Tirana ▪ Capitale de l'Albanie. 421 286 habitants.

Tirésias ▪ mythol. Devin grec. Après avoir vécu sept ans changé en femme, il est frappé de cécité par Héra ; en compensation, Zeus lui accorde le don de prophétie.

Jean **Tirole** ▪ Économiste français (né en 1953). Ses recherches portent sur la finance, l'économie industrielle et la régulation des marchés. Prix Nobel 2014.

Tirso de Molina ▪ Religieux et auteur dramatique espagnol (v. 1583-1648). Il a écrit de nombreuses comédies d'intrigue et des comédies dramatiques, dont *Le Trompeur de Séville,* première apparition de Don Juan au théâtre.

Tirynthe ▪ Ancienne ville de Grèce, en Argolide.

le **Titanic** ▪ Paquebot britannique qui coula au large de Terre-Neuve, la nuit du 14 avril 1912.

Titanides n. f. pl. ▪ mythol. Nom des six filles d'Ouranos et de Gaïa, sœurs et épouses des Titans.

les **Titans** n. m. pl. ▪ mythol. Les six fils de la Terre vaincus par Zeus.

Tite-Live ▪ Historien latin (v. 59 avant J.-C.-v. 10). *Histoire de Rome.*

le lac **Titicaca** ▪ Lac des Andes à 3 800 m d'altitude. 8 340 km².

Titien ▪ Peintre vénitien (v. 1490-1576). *L'Amour sacré et l'Amour profane.* L'art de la figure (portraits, scènes symboliques), de la composition et de la couleur en fait le centre de rayonnement de la peinture vénitienne.

Josip Broz, dit **Tito** ▪ Maréchal et homme d'État (communiste) yougoslave (1892-1980). Au pouvoir de 1945 à sa mort, il incarna l'unité yougoslave, qui se défit après sa mort, et le non-alignement avec l'URSS. Il avait rompu avec Staline dès 1948, normalisant les relations de la Yougoslavie avec la Chine et le Vatican (1971). Il était partisan de l'autogestion. ► **Titograd → Podgorica.**

Titus ▪ (v. 40-81) Empereur romain de 79 à sa mort.

Tivoli, anc. *Tibur* ▪ Ville d'Italie près de Rome. 49 300 habitants. Jardins de la villa d'Este.

Tizi Ouzou ▪ Ville d'Algérie, chef-lieu de wilaya dans la Grande Kabylie. 104 300 habitants.

Tlaloc ▪ Dieu de la Pluie et de la Végétation dans le Mexique précolombien.

Tlemcen ou **Tilimsen** ▪ Ville d'Algérie. 173 500 habitants.

TNP → Théâtre national populaire

Toamasina ou **Tamatave** ▪ Port de Madagascar. 362 280 habitants.

Tobago → Trinité-et-Tobago

Mark **Tobey** ▪ Peintre américain (1890-1976). D'abord dessinateur et journaliste à la mode, il pratiqua une «écriture blanche» faite de signes abstraits multiples, en réseaux indéterminés se référant aux calligraphies orientales.

Tobie ▪ Personnage de la Bible, héros du livre qui porte son nom.

James **Tobin** ▪ Économiste américain (1918-2002). Spécialiste des problèmes monétaires et financiers, il a proposé de taxer les transactions à court terme sur les devises *(taxe Tobin)*. Prix Nobel 1981.

Charles Alexis Clérel de **Tocqueville** ▪ Historien et penseur politique français (1805-1859). Son étude pénétrante *De la démocratie en Amérique* le rendit célèbre. Député, ministre des Affaires étrangères (1849), il renonça à la politique après le coup d'État du prince Napoléon. Un second chef-d'œuvre, *L'Ancien Régime et la Révolution*, montre, à travers les ruptures, la continuité de la politique de la France.

Tzvetan **Todorov** ▪ Écrivain français d'origine bulgare (1939-2017). Théoricien de la littérature et historien des idées.

Rodolphe **Toepffer → Töpffer**

Palmiro **Togliatti** ▪ Homme politique italien (1893-1964). L'un des fondateurs du parti communiste italien ; il participa à la guerre civile espagnole. En 1956, il se détacha du stalinisme, retournant au marxisme-léninisme.

le **Togo** ▪ État d'Afrique de l'Ouest. 56 785 km². 7,6 millions d'habitants. Capitale : Lomé.

la **Toison d'or** ▪ mythol. grecque Toison d'un bélier ailé, volée par Jason et les Argonautes.

Olga **Tokarczuk** ▪ Écrivaine polonaise (née en 1962). *Les Livres de Jakób*. Prix Nobel 2018.

les **Tokugawa** ▪ Dynastie de shoguns, fondée par Tokugawa Ieyasu (1542-1616), qui domina le Japon de 1603 à 1868.

Tokyo ou **Tōkyō** ▪ Capitale du Japon (Honshū). 12,58 millions d'habitants (zone urbaine 35,3). La ville, ancienne Edo, succéda à Kyoto comme capitale (1603). Plusieurs fois incendiée, détruite par des tremblements de terre, par les bombardements, elle fut sans cesse reconstruite. L'une des plus grandes agglomérations du monde, elle compte de nombreux quartiers très variés.

le Palais de **Tokyo** ▪ Bâtiment construit à Paris en 1937 pour l'Exposition internationale des techniques. Il a abrité notamment le Musée national d'art moderne et le Fonds national d'art contemporain. Depuis 2002, lieu interdisciplinaire consacré à la création artistique.

Tolbiac ▪ Anc. nom de Zülpich, petite ville allemande. Clovis y vainquit les Alamans en 496 ou 506.

Tolède, en espagnol *Toledo* ▪ Ville d'Espagne, capitale de Castille-La Manche. 83 872 habitants. Monuments mauresques. Alcázar.

John Ronald **Tolkien** ▪ Romancier britannique d'origine sud-africaine (1892-1973). Historien de la littérature médiévale anglaise, il créa dans *Le Seigneur des anneaux* (1954-1955) un univers imaginaire, nourri d'emprunts aux mythologies germanique et celtique.

Lev Nikolaïevitch, en français Léon **Tolstoï** ▪ Écrivain russe (1828-1910). De son œuvre romanesque se détachent au moins deux chefs-d'œuvre, l'un épique et complexe, *La Guerre et la Paix*, l'autre psychologique et moralisant, *Anna Karénine*. Il est aussi l'auteur de récits plus brefs, comme *La Mort d'Ivan Ilitch* ou *Le Père Serge*.

Alexis **Tolstoï** ▪ Écrivain soviétique (1883-1945). *Le Chemin des tourments*.

les **Toltèques** ▪ Indiens du Mexique précolombien.

Giuseppe **Tomasi di Lampedusa → Lampedusa**

Tombouctou ▪ Ville du Mali. 60 000 habitants. Aux confins du Sahara, ce fut le point de départ des caravanes, à partir du XIe siècle.

Tomsk ▪ Ville de Russie. 524 700 habitants.

les îles **Tonga** ▪ Archipel et État de Polynésie. 675 km². 103 000 habitants. Capitale : Nuku'alofa.

Tongres ▪ Ville de Belgique, dans le Limbourg. 31 142 habitants. La ville remonte à un camp romain où les troupes de César furent massacrées par le chef gaulois Ambiorix, en 59 avant J.-C.

le **Tonkin** ▪ Région du nord du Viêtnam.

Rodolphe **Töpffer** ou **Toepffer** ▪ Écrivain et dessinateur suisse d'expression française (1799-1846). Ses volumes illustrés *(Les Amours de monsieur Vieux-Bois)* annoncent la bande dessinée moderne.

le palais de **Topkapı** ▪ Ancienne résidence des sultans de l'Empire ottoman, à Istanbul. Musée d'art islamique et ottoman depuis 1924.

Roland **Topor** ▪ Dessinateur et écrivain français (1938-1997). Il fut l'un des fondateurs, avec Arrabal, du groupe «Panique».

la **Torah** ▪ Nom hébreu des cinq premiers livres de la Bible, ou *Pentateuque*. Elle comprend les textes de la Loi.

Torcello ▪ Île de la lagune de Venise. Cathédrale des IXᵉ-XIᵉ s.

Torcy ▪ Ville de Seine-et-Marne. 22 500 habitants.

le traité de **Tordesillas** ▪ Traité qui, en 1494, fixait la ligne de partage des colonies entre l'Espagne et le Portugal.

Giuseppe **Torelli** ▪ Violoniste et compositeur italien (1658-1709).

Toronto ▪ Ville du Canada (Ontario). 2,7 millions d'habitants (zone urbaine 5,4).

Tomás de **Torquemada** ▪ Dominicain espagnol et grand inquisiteur (1420-1498).

Evangelista **Torricelli** ▪ Physicien italien (1608-1647). Il mit en évidence l'existence de la pression atmosphérique.

île de la **Tortue** ▪ Petite île au nord d'Haïti. Française de 1665 à 1804, elle fut au XVIIᵉ s. un repaire de flibustiers.

la **Toscane,** en italien *Toscana* ▪ Région administrative du nord-ouest de l'Italie. 22 992 km^2. 3,5 millions d'habitants. Chef-lieu : Florence.

Arturo **Toscanini** ▪ Chef d'orchestre italien (1867-1957).

les **Touareg(s)** ▪ Population nomade du Sahara, d'origine berbère.

le djebel **Toubkal** ▪ Somment du Haut Atlas (Maroc). Point culminant de l'Afrique du Nord. 4 167 m.

les **Toucouleurs** ▪ Peuple (musulman) du Sénégal constitué en un royaume au Xᵉ s.

Toul ▪ Chef-lieu d'arrondissement de Meurthe-et-Moselle. 15 857 habitants. Toul fit partie des Trois-Évêchés.

Toulon ▪ Chef-lieu du Var. Port militaire. 179 659 habitants.

Toulouse ▪ Chef-lieu de la Haute-Garonne et de la Région Occitanie. 498 003 habitants. Basilique romane Saint-Sernin, cathédrale gothique, Capitole.

Henri de **Toulouse-Lautrec** ▪ Peintre, affichiste et lithographe français (1864-1901). La force de son graphisme suffit à produire un effet puissant d'évocation, évident aussi dans son œuvre d'affichiste ; le rôle de la couleur, pour être plus discret, le fit admirer par les impressionnistes. *Le Bal du Moulin-Rouge.*

Toumaï (dans la langue africaine locale, «espoir de vie») ▪ Nom donné à un hominidé âgé de 7 millions d'années, découvert au Tchad en 2001.

les **Toungouzes** ou **Tunguz** ▪ Groupe de tribus de Sibérie orientale.

Le **Touquet-Paris-Plage** ▪ Commune du Pas-de-Calais. 4 226 habitants. Station balnéaire.

la **Touraine** ▪ Région du sud-ouest du Bassin parisien. Ville principale : Tours.

Tourcoing ▪ Ville du Nord. 99 165 habitants.

le **Tour de France** ▪ Compétition annuelle de cyclisme, créée en 1903 par Henri Desgrange, et considérée comme la plus importante course cycliste mondiale.

Le **Tour du monde en 80 jours** ▪ Roman de Jules Verne (1873).

La **Tour-du-Pin** ▪ Chef-lieu d'arrondissement de l'Isère. 8 148 habitants.

Sékou **Touré** ▪ (1922-1984) Président de la république de Guinée de 1958 à sa mort.

Ivan **Tourgueniev** ▪ Écrivain russe (1818-1883). Récits, pièces de théâtre, romans qui célèbrent l'âme russe et critiquent la société et le servage. *Récits d'un chasseur.*

le col du **Tourmalet** ▪ Col des Hautes-Pyrénées. 2 115 m.

Tournai ▪ Ville de Belgique (Hainaut), sur l'Escaut. 69 083 habitants. Cathédrale et églises médiévales.

Tournefeuille ▪ Ville de la Haute-Garonne, banlieue de Toulouse. 28 763 habitants.

Les **Tournesols** ▪ Série de tableaux de Van Gogh (1887-1889).

Cyril **Tourneur** ▪ Dramaturge anglais (v. 1575-1626). *La Tragédie du vengeur.*

Maurice **Tourneur** ▪ Cinéaste français (1876-1961). Il tourna à Hollywood des films muets, puis en France des films parlants. ► **Jacques Tourneur,** son fils (1904-1977), naturalisé américain, réalisa des films aux États-Unis. *La Féline.*

Michel **Tournier** ▪ Écrivain français (1924-2016). *Vendredi ou les Limbes du Pacifique ; Le Roi des aulnes ; Les Météores ; La Goutte d'or.* Son œuvre mêle réalisme et symbole, témoignant d'un souci de la langue et d'une fascination pour les thèmes de l'enfance et du double.

Tournon-sur-Rhône ▪ Chef-lieu d'arrondissement de l'Ardèche. 10 835 habitants.

Tournus ▪ Ville de Saône-et-Loire. 5 552 habitants. Église abbatiale romane.

Tours ▪ Chef-lieu du département d'Indre-et-Loire, sur la Loire. 137 850 habitants.

Anne de Cotentin, comte de **Tourville** ▪ Amiral français (1642-1701). Il combattit la flotte anglaise, au service de Louis XIV.

François Dominique **Toussaint,** dit **Toussaint-Louverture** ▪ Homme politique de Saint-Domingue (1746-1803). Héros de l'indépendance d'Haïti.

Toutankhamon ▪ Pharaon égyptien de v. 1354 à 1343 avant J.-C.

Toutatis → Teutatès

Tout est bien qui finit bien ▪ Comédie de Shakespeare (v. 1602).

la république de **Touva** ▪ République autonome de Russie (Sibérie). 170 500 km². 305 500 habitants. Capitale : Kyzyl.

Toyota ▪ Ville du Japon, près de Nagoya. 422 000 habitants. Anc. Koromo, elle prit en 1959 le nom de l'entreprise de construction automobile Toyota créée en 1933.

Trabzon, anciennement *Trébizonde* ▪ Port de Turquie sur la mer Noire. 234 000 habitants. Capitale d'un Empire grec (XIIIe-XVe s.).

Spencer **Tracy** ▪ Acteur américain (1900-1967). Comédies de Cukor (avec K. Hepburn).

le cap **Trafalgar** ▪ Cap d'Espagne où l'amiral Nelson vainquit la flotte franco-espagnole en 1805. ► **Trafalgar Square** Place du centre de Londres, nommée d'après la victoire de Nelson.

Les **Tragiques** ▪ Poème épique d'Agrippa d'Aubigné (1616).

Trajan ▪ (53-117) Empereur romain de 98 à sa mort. Grand conquérant.

Georg **Trakl** ▪ Poète autrichien (1887-1914). L'un des plus grands poètes lyriques de langue allemande, marqué par le désespoir. Poèmes tragiques et violents, d'une extrême sensibilité, pleins d'un sentiment de culpabilité, et visant à une impersonnalité humaine où seuls les mots s'expriment.

Un **tramway nommé Désir** ▪ Drame de Tennessee Williams (1947).

la **Transoxiane** ▪ Région antique située au-delà du fleuve Oxus (l'Amou-Daria), et correspondant en partie à l'Ouzbékistan actuel.

le **Transsibérien** ▪ Voie ferrée qui relie Tcheliabinsk à Vladivostok. 7 500 km.

Tomas **Tranströmer** ▪ Poète suédois (1931-2015). Une écriture imagée et métaphorique, très exacte, pour décrire les rêves, les mystères de l'existence et la beauté de la nature. *Baltiques.* Prix Nobel 2011.

le **Transvaal** ▪ Région du nord-est de l'Afrique du Sud. Ville principale : Pretoria.

la **Transylvanie** ▪ Région de Roumanie.

la **Trappe** ▪ Abbaye cistercienne fondée dans l'Orne en 1140.

Trappes ▪ Ville des Yvelines. 33 419 habitants.

Trasimène ▪ Lac d'Italie (Ombrie). Victoire d'Hannibal sur les Romains en 217 avant J.-C.

Les **Travailleurs de la mer** ▪ Roman de Victor Hugo (1866).

La **Traviata** ▪ Opéra de Verdi (1853), inspiré de *La Dame aux camélias* d'Alexandre Dumas fils.

Trébeurden [-dɛ̃] ▪ Commune des Côtes-d'Armor. 3 701 habitants.

Trébizonde → Trabzon

Treblinka ▪ Camp d'extermination nazi (1942-1945), près de Varsovie.

Trégastel ▪ Commune des Côtes-d'Armor. 2 549 habitants. Station balnéaire.

le **Trégorrois** ▪ Région du nord de la Bretagne.

Michel **Tremblay** ▪ Écrivain canadien d'expression française (né en 1942). Ses pièces de théâtre, qui recourent au langage parlé montréalais (le joual), ont renouvelé le genre. *Les Belles-sœurs.*

Tremblay-en-France ▪ Ville de la Seine-Saint-Denis. 36 477 habitants.

Charles **Trenet** ▪ Chanteur, auteur et compositeur français (1913-2001). *La Mer ; Y'a d'la joie.*

Trente ▪ Ville d'Italie (Trentin-Haut-Adige). 104 900 habitants. ► le concile de **Trente,** s'y tint de 1545 à 1563 et fonda la Contre-Réforme.

la guerre de **Trente Ans** ▪ Conflit entre protestants et catholiques qui déchira l'Allemagne (1618-1648).

le **Trentin-Haut-Adige** ▪ Région administrative du nord de l'Italie. 13 613 km². 940 000 habitants. Chef-lieu : Trente.

Le **Tréport** ▪ Commune de la Seine-Maritime. 4 441 habitants. Station balnéaire.

Trèves ▪ Ville d'Allemagne (Rhénanie-Palatinat). 99 800 habitants. Nombreux vestiges romains.

fontaine de **Trevi** ▪ Fontaine monumentale de Rome achevée en 1762.

Trévise ▪ Ville d'Italie, en Vénétie. 80 100 habitants. Nombreux monuments du XIIIe au XVIe s.

Trévoux ▪ Chef-lieu de canton de l'Ain, près de Bourg-en-Bresse, sur la Saône. 6 945 habitants. À partir de 1701, les jésuites y publièrent un *Journal*, puis un *Dictionnaire* encyclopédique, enrichissement du dictionnaire de Furetière, destinés à lutter contre les jansénistes, puis les encyclopédistes.

Trianon ▪ Nom d'un village sur l'emplacement duquel deux châteaux furent construits dans le parc de Versailles. Le «Trianon de marbre», dû à Hardouin-Mansart, devint le *Grand Trianon*. Le *Petit Trianon*, construit par Gabriel en 1768 pour Louis XV, fut offert à Marie-Antoinette à l'avènement de Louis XVI. ► le traité de **Trianon** fixa les frontières de la Hongrie à l'issue de la Première Guerre mondiale (1920).

Févrial ou Le Feurial, dit **Triboulet** ▪ Bouffon des rois Louis XII et François Ier à la cour de Blois (v. 1479-v. 1536).

le **Tricastin** ▪ Ancien pays du Dauphiné, à cheval sur la Drôme (Saint-Paul-Trois-Châteaux, Pierrelatte) et le Vaucluse (Bollène).

Lars von **Trier** ▪ Cinéaste danois (né en 1956). Il signa avec d'autres auteurs danois un manifeste où ils renoncent aux artifices techniques. *Europa ; Breaking the Waves ; Dancer in the Dark ; Dogville ; Melancholia.*

Trieste ▪ Port d'Italie (Frioul-Vénétie-Julienne), sur l'Adriatique. 211 200 habitants.

La **Trinité** ▪ Chef-lieu d'arrondissement de Martinique. 11 860 habitants.

Trinité-et-Tobago, en anglais *Trinidad and Tobago* ▪ État des Antilles, formé de deux îles, l'île de Trinité et l'île (plus petite) de Tobago. 5 128 km². 1,31 million d'habitants. Capitale : Port of Spain.

Jean-Louis **Trintignant** ▪ Comédien français (1930-2022). Il a joué dans de nombreux films (Rohmer, Costa-Gavras, Bertolucci, Truffaut, Lelouch, Haneke).

Elsa **Triolet** ▪ Écrivaine française d'origine russe, femme d'Aragon. (1896-1970). *Le Cheval blanc.*

Le **Triomphe de l'Amour** ▪ Ballet de Lully (1681).

Tripoli ▪ Port du Liban. 350 000 habitants.

Tripoli ▪ Capitale de la Libye. 1,8 million d'habitants. ► la **Tripolitaine,** province du nord-ouest de la Libye.

Flora **Tristan** ▪ Femme politique française (1803-1844). Socialiste et féministe, elle lutta pour le divorce et l'amour libre. C'est la grand-mère de Gauguin.

Tristan da Cunha ▪ Archipel britannique des terres Australes, découvert par le navigateur portugais Tristão da Cunha*. 300 habitants. Station météorologique.

Tristan et Iseult ▪ Légende du Moyen Âge sur le thème de l'amour malheureux, qui a inspiré un opéra à Wagner.

François, dit **Tristan l'Hermite** ▪ Écrivain français (v. 1601-1665). Poèmes lyriques d'inspiration variée *(Les Amours de Tristan)* ; roman *(Le Page disgracié)*. Sa tragédie, *Marianne*, eut autant de succès que *Le Cid*.

Trivelin ▪ Personnage de valet de la commedia dell'arte. Il inspira des personnages à Marivaux.

Jiří **Trnka** ▪ Cinéaste tchèque de films de marionnettes (1912-1969). Il renouvela le cinéma d'animation européen. *Le Rossignol de l'empereur de Chine ; Le Brave Soldat Švejk.*

Trocadéro ▪ Ville d'Espagne, proche de Cadix, où les Français remportèrent, en 1823, une victoire.

le **Trocadéro** ▪ Édifice parisien (1878), plus tard remplacé par le palais de Chaillot*, place et jardins, nommés d'après la victoire de Trocadéro.

Troie ou **Ilion** ▪ Anc. ville d'Asie Mineure dont le siège, par les Grecs, dura dix ans *(L'Iliade)*.

les **Trois-Évêchés** ▪ Verdun, Metz et Toul, villes qui eurent un statut particulier de 1552 à 1648.

le barrage des **Trois-Gorges** ▪ Grand barrage de Chine, sur le Chang jiang (2011). Le plus grand du monde.

Les **Trois Mousquetaires** ▪ Roman d'Alexandre Dumas (1844).

Trois-Rivières ▪ Ville du Canada (Québec), sur le Saint-Laurent, entre Montréal et Québec. 134 413 habitants. Fabrication de pâte à papier.

Tromsø ▪ Ville et port de Norvège sur la côte ouest, au nord du pays. 55 500 habitants.

Trondheim ▪ Ville et port de Norvège, sur la côte ouest. 155 000 habitants.

Tropique du Cancer ▪ Œuvre d'Henry Miller (1934).

Tropismes ▪ Œuvre de Nathalie Sarraute (1939).

Léon **Trotski** ▪ Révolutionnaire russe (1879-1940). Opposé à Staline, il fut contraint de s'exiler au Mexique, où il fut plus tard assassiné. Organisateur de l'Armée rouge (1918-1920), il était plus radical que Lénine, préconisant la «révolution permanente».

Nikolaï **Troubetskoï** ▪ Linguiste russe (1890-1938). Il fut avec Roman Jakobson le fondateur de la phonologie, à Prague.

Trouville-sur-Mer ▪ Ville du Calvados, sur la Manche. 4 603 habitants. Station balnéaire.

Lev Tarassov, dit Henri **Troyat** ▪ Écrivain français d'origine russe (1911-2007). Auteur de nombreux romans, ainsi que de biographies consacrées à des écrivains ou des souverains russes.

Les **Troyennes** ▪ Tragédie d'Euripide (415 avant J.-C.).

Troyes ▪ Chef-lieu de l'Aube. 62 597 habitants. ► le traité de **Troyes**, signé en 1420 par le roi d'Angleterre Henri V et le roi de France Charles VI, déshéritait le Dauphin (le futur Charles VII) au profit d'Henri V, héritier du royaume de France.

Pierre Elliott **Trudeau** ▪ Homme d'État (libéral) canadien (québécois) (1919-2000). Premier ministre (1968-1979 et 1980-1984).

Justin **Trudeau** ▪ Homme d'État canadien (québécois) (né en 1971). Fils de P. E. Trudeau. Chef du Parti libéral depuis 2013 et Premier ministre depuis 2015.

François **Truffaut** ▪ Cinéaste français (1932-1984). Critique de cinéma, il réalisa, à partir des *Quatre Cents Coups*, des films poétiques, ironiques et nostalgiques, notamment sur l'adolescence et l'enfance. Il est l'un des représentants de la Nouvelle Vague.

Harry S. **Truman** ▪ (1884-1972) Président (démocrate) des États-Unis, de 1945 à 1953.

Donald **Trump** ▪ Homme d'État américain (né en 1946). Homme d'affaires républicain, il fut le 45e président des États-Unis (2017-2021) et le 47e, à partir de 2025.

Tsahal (sigle de «Armée de Défense d'Israël», en hébreu) ▪ Nom de l'armée de l'État d'Israël.

Ts'eu-hi → **Cixi**

Tshwane ▪ Agglomération d'Afrique du Sud au sein de laquelle se trouve la capitale Pretoria.

les **Tsiganes** ou **Tziganes** ▪ Nomades originaires d'Inde (XIe s.), auj. dispersés à travers l'Europe.

Konstantin **Tsiolkovski** ▪ Ingénieur russe (1857-1935). Pionnier de l'astronautique, il imagina les fusées à étages.

Alexis **Tsipras** ▪ Homme d'État grec (né en 1974). Leader du parti anti-austérité et antilibéral Syriza et Premier ministre de 2015 à 2019. Il négocia un aménagement de la dette de la Grèce avec ses créanciers (zone euro, FMI, BCE).

Philibert **Tsiranana** ▪ Homme d'État malgache (1912-1978). Président de la République de 1959 à 1972.

Marina Ivanovna **Tsvetaïeva** ▪ Poète russe (1892-1941). Poèmes d'un souffle puissant et d'une forme hardie ; essais critiques et autobiographiques. Elle accompagna son mari en exil de 1922 à 1939 et se suicida peu après son retour en Russie.

les îles **Tuamotu** ▪ Archipel de la Polynésie française.

Tübingen ▪ Ville d'Allemagne (Bade-Wurtemberg), sur le Neckar. 81 900 habitants. Célèbre université.

Tucson ▪ Ville des États-Unis (Arizona). 520 000 habitants.

les **Tudors** ▪ Famille qui régna sur l'Angleterre de 1485 à 1603.

le palais des **Tuileries** ▪ Anc. résidence des rois de France, à Paris, incendiée en 1871. Le jardin abrite l'Orangerie et le Jeu de paume.

Tulle ▪ Chef-lieu de la Corrèze. 14 314 habitants.

Tullianum ou **prison Mamertine** ▪ Prison de la Rome antique, creusée au flanc du Capitole (VIIe s. avant J.-C.).

Tunis ▪ Capitale de la Tunisie. 728 500 habitants. Mosquée al-Zaytuna. Musée du Bardo.

la **Tunisie** ▪ État d'Afrique du Nord. 163 610 km^2. 17,7 millions d'habitants. Capitale : Tunis.

Andreï Nikolaïevitch **Tupolev** ▪ Ingénieur soviétique (1888-1972). Il construisit de nombreux types d'avions.

Turandot ▪ Opéra de Puccini (1926).

La **Turballe** ▪ Commune de la Loire-Atlantique. 4 889 habitants.

Henri de La Tour d'Auvergne, vicomte de **Turenne** ▪ Maréchal de France (1611-1675).

Anne Robert Jacques **Turgot** ▪ Homme politique et économiste français (1727-1781). Il fut ministre de Louis XVI. Il est l'auteur de *Réflexions sur la formation et la distribution des richesses*. Son réformisme dans la France pré-révolutionnaire le fit disgracier.

Turin ▪ Ville d'Italie (Piémont), sur le Pô. 865 300 habitants.

Alan Mathison **Turing** ▪ Mathématicien et logicien britannique (1912-1954). Il imagina en 1936 la *machine de Turing*, ancêtre de l'ordinateur.

le lac **Turkana,** anciennement *lac Rodolphe* ▪ Lac du Kenya. 8 600 km^2.

le **Turkestan** ▪ Région de l'Asie centrale.

le **Turkménistan** ▪ État d'Asie centrale. 488 100 km^2. 5,7 millions d'habitants. Capitale : Achgabat.

Turku ▪ Ville et port du sud de la Finlande. 175 000 habitants. La plus ancienne ville de Finlande. Monuments ; université.

Henri Le Grand, dit **Turlupin** ▪ Comédien français (1587-1637). Il joua des farces au Pont-Neuf, à Paris, puis fit partie de la troupe de l'Hôtel de Bourgogne.

William **Turner** ▪ Peintre anglais (1775-1851). D'abord graveur et paysagiste romantique, il fut influencé par Claude Lorrain, et, après un voyage à Venise, adopta un style où les formes sont dissoutes dans les jeux colorés de lumière. Précurseur des écoles du XIXe et du XXe siècle (l'abstraction lyrique), il a créé des visions oniriques admirables où ciel, eau, brume et soleil composent un monde inconnu (*Pluie, vapeur et vitesse* ; *Coucher de soleil avec monstres marins*).

la **Turquie** ▪ État du Proche-Orient. 779 452 km^2. 84,6 millions d'habitants. Capitale : Ankara.

les **Tutsis** ▪ Populations africaines vivant au Rwanda, au Burundi et en partie au Congo. Éleveurs, ils occupent les mêmes territoires que les Hutus. Des conflits ont opposé les deux communautés depuis 1050, et la minorité tutsie a été victime d'un génocide au Rwanda, en 1994.

Desmond **Tutu** ▪ Prélat anglican sud-africain (1931-2021). Il soutint la lutte non violente contre l'apartheid. Prix Nobel de la paix 1984.

les **Tuvalu,** anc. *îles Ellice* ▪ Archipel de la Micronésie. 26 km^2. 9 600 habitants. Capitale : Vaiaku (atoll de Funafuti).

Alexandre **Tvardoski** ▪ Poète russe (1910-1971). Ses poèmes célèbrent le peuple russe. Il critiqua le culte de Staline.

Mark **Twain** ▪ Écrivain américain (1835-1910). Humoriste, doué d'une verve critique, il célèbre néanmoins les vertus des États-Unis dans ses récits, appréciés par la jeunesse. *Les Aventures de Tom Sawyer ; Les Aventures de Huckleberry Finn.*

Twickenham ▪ Banlieue résidentielle de Londres, où se trouve un célèbre stade de rugby.

Twitter (n. déposé) ▪ Service qui permet à ses abonnés de publier de courts messages et de suivre l'actualité en temps réel.

Cy **Twombly** ▪ Peintre et sculpteur américain (1928-2011). Expressionnisme abstrait.

sir Edward Burnett **Tylor** ▪ Ethnologue britannique (1832-1917). Il considère l'animisme comme la forme initiale de toute religion.

Typhon ▪ mythol. grecque Monstre, né de Gaïa, la Terre, et de Tartare, dieu des Enfers. Il attaque l'Olympe, combat Zeus qui finit par le vaincre.

Tyr ▪ Ancienne cité phénicienne. Un des principaux ports de la Méditerranée, dans l'Antiquité, détruit par Alexandre le Grand en 332 avant J.-C.

le **Tyrol** ▪ État d'Autriche. 12 648 km^2. 712 077 habitants. Capitale : Innsbruck.

la mer **Tyrrhénienne** ▪ Partie de la Méditerranée comprise entre l'Italie, la Sicile, la Sardaigne et la Corse.

Tristan **Tzara** ▪ Écrivain français d'origine roumaine (1896-1963). Fondateur du dadaïsme.

U

Raoul **Ubac** ▪ Peintre et sculpteur belge (1910-1985). Lié au groupe surréaliste, il travailla d'abord la photographie, avant de s'orienter vers l'abstraction après 1945.

le père **Ubu** ▪ Personnage créé par Alfred Jarry *(Ubu roi ; Ubu enchaîné...)*, incarnant le pouvoir absolu avide, imbécile et lâche.

Paolo di Dono, dit Paolo **Uccello** («l'oiseau») ▪ Peintre italien (1397-1475). Artiste complet, mosaïste, graveur, décorateur, peintre, il travailla surtout à Florence. Il sut concilier science et poésie, créant l'illusion optique et suggérant le merveilleux, par le dessin et la géométrie spatiale.

Uccle, en néerlandais *Ukkel* ▪ Ville de Belgique (Bruxelles-Capitale). 76 600 habitants.

Albert **Uderzo** ▪ Dessinateur français (1927-2020). Il créa avec René Goscinny* la série des *Astérix* (1959).

l'**UDF** (Union pour la démocratie française) ▪ Parti politique français créé en 1978, rassemblant des partis centristes. Il fut remplacé par le Nouveau Centre et le MoDem en 2007.

Ueda Akinari ▪ Romancier japonais (1734-1809). *Contes de jadis et de naguère.*

Ugarit ou **Ougarit** ▪ Ancienne cité cananéenne établie sur le site de Ras Shamra, sur le littoral syrien, au nord de Lattaquié. Occupé du VIIIe au IVe millénaire, puis au IIe millénaire avant J.-C., le territoire a connu son apogée aux XIVe-XIIIe s., avant sa destruction par des envahisseurs («Peuples de la Mer»). On y a retrouvé un alphabet cunéiforme, antérieur à l'alphabet «phénicien».

le pic **Uhuru** → **Kilimandjaro**

Till **Uilenspiegel** → **Till Eulenspiegel**

Ujungpandang → **Makassar**

l'**Ukraine** n. f. ▪ État d'Europe orientale. 603 700 km^2. 44,5 millions d'habitants. Capitale : Kiev.

Walter **Ulbricht** ▪ Homme d'État allemand (1893-1973). L'un des fondateurs du Parti communiste allemand, en 1918. Il aida à instaurer le pouvoir communiste prosoviétique dans la République démocratique d'Allemagne, dont il fut le chef.

Les **Ulis** ▪ Ville de l'Essonne. 25 165 habitants.

Liv **Ullmann** ▪ Actrice norvégienne (née en 1938). Interprète de théâtre, elle vint au cinéma après sa rencontre avec Ingmar Bergman *(Cris et Chuchotements ; Sonate d'automne)*.

Ulm ▪ Ville d'Allemagne (Bade-Wurtemberg). 117 200 habitants. Cathédrale gothique.

l'**Ulster** n. m. ▪ Province d'Irlande partagée entre la république d'Irlande et le Royaume-Uni. ► l'**Ulster** ou **Irlande du Nord** (nom officiel). 14 121 km^2. 1,68 million d'habitants. Capitale : Belfast.

Ulysse, en grec *Odusseus* ▪ Roi légendaire d'Ithaque, époux de Pénélope et père de Télémaque. Homère raconte ses aventures dans *L'Iliade* et *L'Odyssée*.

Ulysse ▪ Roman de James Joyce (1922).

les **Umayyades** → les **Omeyades**

Umm Kulthum → **Oum Kalsoum**

l'**UMP,** *Union pour un mouvement populaire* ▪ Parti politique français fondé en 2002, composé de diverses forces de la droite (RPR) et du centre droit, rebaptisé Les Républicains en 2015.

Miguel de **Unamuno** ▪ Philosophe et écrivain espagnol (1864-1936). Républicain, individualiste, il écrivit des essais pessimistes *(Le Sentiment tragique de la vie ; L'Agonie du christianisme)*, des romans, des contes, des poèmes.

l'**Unasur** ▪ Union des nations sud-américaines créée en 2008. Elle ne rassemble plus que cinq pays sur les douze initiaux.

Sigrid **Undset** ▪ Écrivaine norvégienne (1882-1949). *Kristin Lavransdotter.*

l'**Unesco** *(United Nations Educational, Scientific and Cultural Organization)* ▪ «Organisation des Nations unies pour l'éducation, la science et la culture», créée en 1946 et dont le siège est à Paris.

Giuseppe **Ungaretti** ■ Poète italien (1888-1970). Sa poésie recherche le dépouillement, pour une méditation lyrique sur le destin. *Vie d'un homme* réunit ses poèmes, ses proses, des traductions de Racine, Shakespeare, Góngora, Mallarmé.

Jean-Thomas, dit Tomi **Ungerer** ■ Dessinateur français (Alsacien) (1931-2019). Dessins de presse, dessins pour enfants, affiches d'un graphisme clair et expressif, souvent d'une gaieté cruelle. Récits pour enfants *(Les Trois Brigands ; Le Géant de Zéralda)*.

l'**Unicef** *(United Nations International Children's Emergency Fund)* ■ Organisation internationale, créée en 1946 dans le cadre des Nations unies, pour améliorer la condition de l'enfance dans les pays en voie de développement.

Unigenitus Dei Filius ■ Bulle de Clément XI (1713) qui condamnait le jansénisme. Elle fut érigée en loi française en 1730.

Actes d'**union** ■ Lois par lesquelles fut prononcée l'union du pays de Galles (1536), de l'Écosse (1707) et de l'Irlande (1800) à l'Angleterre.

l'**Union africaine** (UA) ■ Union de l'ensemble des pays d'Afrique, entrée en vigueur en 2002, qui a remplacé l'OUA (Organisation de l'unité africaine).

l'**Union européenne** ■ Union politique, économique et monétaire entrée en vigueur en 1993, succédant à la CEE et à laquelle ont adhéré la Suède, la Finlande et l'Autriche (1995), la Pologne, la Hongrie, la République tchèque, la Slovaquie, la Slovénie, la Lituanie, la Lettonie, l'Estonie, Chypre et Malte (2004), la Bulgarie et la Roumanie (2007), puis la Croatie (2013), portant le nombre de membres à 28. En 2016, les Britanniques se sont prononcés par référendum pour une sortie de l'UE, effective en 2020. Prix Nobel de la paix 2012.

l'**Union Jack** ■ Drapeau du Royaume-Uni. Né en 1606 de la réunion des emblèmes en croix d'Angleterre et d'Écosse, officialisé en 1707, le «drapeau de l'Union» (parfois *Union Flag*) a pris sa forme actuelle en 1801, avec l'ajout de l'emblème d'Irlande.

l'**Union pour la démocratie française** → **UDF**

l'**Union pour un mouvement populaire** → **UMP**

Union sud-africaine → **Afrique du Sud**

L'**Unità** ■ Quotidien italien (1924-2014) fondé par Gramsci, organe du Parti communiste italien, puis du Parti démocratique de la gauche.

Unter den Linden ■ Grande avenue «sous les tilleuls», tracée en 1647, joignant la vieille ville de Berlin à la porte de Brandebourg.

l'**Unterwald,** en allemand *Unterwalden* ■ Ancien canton de Suisse, divisé en deux cantons : **Nidwald** (276 km^2 ; 42 969 habitants ; chef-lieu : Stans) et **Obwald** (491 km^2 ; 37 575 habitants ; chef-lieu : Sarnen).

les **Upanishad** n. m. pl. ■ Textes spéculatifs sanskrits qui fixent la théologie de l'hindouisme. Postérieurs aux Védas, ils théorisent les différentes écoles, yoga, tantrisme, vishnouïsme, shivaïsme.

John Hoyer **Updike** ■ Écrivain américain (1932-2009). Ses romans, d'un style précieux et spirituel, évoquent l'ambiguïté de la psychologie morale et sexuelle dans un univers incohérent. Son anti-héros, «Rabbit» (le lapin), est aussi son double. *Rabbit est riche* (prix Pulitzer).

Uppsala ■ Ville de Suède. 185 200 habitants. Université.

Ur ou **Our** ■ Ancienne cité de Mésopotamie, fondée au IIIe millénaire avant J.-C.

Uranus ■ Planète du système solaire. Diamètre : 51 120 km.

Urbain ■ Nom de huit papes. ► **Urbain II** (v. 1042-1099), pape de 1088 à sa mort. Il annonça la première croisade. ► **Urbain VIII** (1568-1644), pape de 1623 à sa mort. Il condamna Galilée et le jansénisme.

Urbino ■ Ville d'Italie (Marches). 15 300 habitants. Nombreux monuments.

Honoré d'**Urfé** ■ Écrivain français (1567-1625). *L'Astrée* renouvela la prose française, malgré l'artifice du sujet.

Uri ■ Canton de Suisse. 1 077 km^2. 36 299 habitants. Chef-lieu : Altdorf.

Álvaro **Uribe** ■ Homme d'État colombien (né en 1952). Président de la République de 2002 à 2010.

l'**URSS** «*Union des républiques socialistes soviétiques*» ■ Ancien État fédéral situé en Asie et en Europe (1922-1991). Il était formé de 15 républiques. 22 402 200 km^2. Capitale : Moscou.

l'**Uruguay** n. m. ■ État d'Amérique du Sud. 176 220 km^2. 3,5 millions d'habitants. Capitale : Montevideo.

Uruk ou **Ourouk** ■ Localité de Mésopotamie, sur la rive gauche de l'Euphrate. Ce site a révélé la *civilisation d'Uruk* (IVe millénaire avant J.-C.). C'est la patrie du héros Gilgamesh*.

Urumqi ou **Ouroumtsi** ■ Ville de Chine (Xinjiang). 2,8 millions d'habitants.

Urundi → **Burundi**

USA («United States of America») → **États-Unis d'Amérique**

Ushuaia ▪ Ville d'Argentine. 45 000 habitants. La ville la plus australe du monde.

Ussel ▪ Chef-lieu d'arrondissement de la Corrèze. 9 162 habitants.

l'**Utah** n. m. ▪ État de l'ouest des États-Unis. 219 932 km^2. 2,8 millions d'habitants. Capitale : Salt Lake City.

Kitagawa **Utamaro** ou **Outamaro** ▪ Peintre japonais d'estampes (1753-1806). Son style gracieux, aux lignes souples, dans le portrait féminin, le paysage, les représentations animales ou végétales, en fait l'un des artistes les plus populaires au Japon et en Occident.

Utique ▪ Ancienne ville d'Afrique (Tunisie).

Utopie ▪ Roman de Thomas More (1516).

Utrecht ▪ Ville des Pays-Bas. 362 000 habitants. Les *traités d'Utrecht* (1713-1715) mirent fin à la guerre de Succession d'Espagne.

Maurice **Utrillo** ▪ Peintre français (1883-1955). Fils de Suzanne Valadon*, autodidacte, il fut poussé à peindre par sa mère. Ses premiers tableaux, réalistes et sombres, cédèrent la place à une peinture lumineuse (influence de Pissarro, Sisley), évoquant poétiquement la ville, et notamment Montmartre.

l'**Uttar Pradesh** n. m. ▪ État du nord de l'Inde. 294 411 km^2. 237,8 millions d'habitants. Capitale : Lucknow.

Uzès ▪ Ville du Gard. 8 390 habitants. Château.

V

l'étang de **Vaccarès** ■ Étang de la Camargue.

Vaduz ■ Capitale du Liechtenstein, sur la rive droite du Rhin. 5 400 habitants.

Roger **Vailland** ■ Écrivain français (1907-1965). Journaliste, résistant, il adhéra au Parti communiste français. Il écrivit des romans sociaux *(325 000 francs)* et illustra le thème du libertinage *(Les Mauvais Coups ; Éloge du Cardinal de Bernis)*.

Vaison-la-Romaine ■ Ville du Vaucluse. 5 892 habitants. Ruines romaines.

la **Valachie** ■ Région de Roumanie.

Marie, dite Suzanne **Valadon** ■ Peintre française (1865-1938). Enfant de prolétaires, elle fut acrobate, puis modèle, avant de pratiquer la peinture, encouragée par Degas. Ses compositions fermes, aux lignes fortes, évoquant parfois Matisse, sont à la fois réalistes et proches des disciples de Gauguin. Mère de Maurice, nommé Utrillo*.

le **Valais** ■ Canton de Suisse. 5 224 km². 341 463 habitants. Chef-lieu : Sion.

le **Val-d'Aoste** → le val d'**Aoste**

le **Val-de-Grâce** ■ Ancienne abbaye de Paris (XVIIe s.), devenue hôpital (de 1795 à 2016) et école de santé (1850) militaires. L'église fut édifiée de 1645 à 1665 sur les plans de Mansart, repris par Lemercier, Le Muet et Le Duc.

le **Val-de-Marne** [94] ■ Département français de la Région Île-de-France. 244 km². 1,41 million d'habitants. Chef-lieu : Créteil. Chefs-lieux d'arrondissement : L'Haÿ-les-Roses, Nogent-sur-Marne.

Zoé **Valdés** ■ Écrivaine cubaine (née en 1959). *La Douleur du dollar.*

Val-d'Isère ■ Commune de la Savoie. 1 589 habitants. Station de sports d'hiver.

le **Val-d'Oise** [95] ■ Département français de la Région Île-de-France. 1 252 km². 1,25 million d'habitants. Chef-lieu : Cergy. Chefs-lieux d'arrondissement : Argenteuil, Pontoise, Sarcelles.

Valençay ■ Chef-lieu de canton de l'Indre. 2 303 habitants. Château des XVIe et XVIIe s.

Valence, en espagnol *Valencia* ■ Port d'Espagne sur la Méditerranée. 792 054 habitants. Capitale de la communauté autonome de Valence (23 305 km² ; 4,9 millions d'habitants).

Valence ■ Chef-lieu de la Drôme. 64 431 habitants.

Valencia ■ Ville du Venezuela. 1,2 million d'habitants.

Valenciennes ■ Chef-lieu d'arrondissement du Nord. 42 738 habitants.

saint **Valentin** ■ Prêtre romain martyr à Rome au IIIe s. Il devint au Moyen Âge le patron des amoureux.

Valentinien ■ Nom de trois empereurs romains des IVe et Ve s.

Valérien ■ Empereur romain de 253 à sa mort (260) en captivité en Perse.

le mont **Valérien** ■ Colline dans la banlieue ouest de Paris. Mémorial de la Résistance.

Paul **Valéry** ■ Écrivain français (1871-1945). L'œuvre a deux aspects : création (poésie : *La Jeune Parque ; Charmes*...) et réflexion. Depuis *Monsieur Teste* jusqu'à *Tel Quel* et *Mauvaises Pensées*, en passant par les *Regards sur le monde actuel* et les quatre recueils titrés *Variétés*, les textes développés et les aphorismes expriment une sagesse lucide et amère. Les *Cahiers*, tenus au jour le jour, font de Valéry un véritable philosophe.

La **Valette** → **La Valette**

les **Valkyries** → **Walkyries**

Lorenzo **Valla** ou **della Valle** ■ Humaniste italien (1407-1457). Philologue, auteur d'ouvrages moraux en latin.

Valladolid ■ Ville d'Espagne (Castille-et-León). 316 600 habitants.

Vallauris ■ Ville des Alpes-Maritimes. 27 970 habitants. Chapelle de Lérins décorée par Picasso.

la **Vallée des Rois** ■ Site archéologique d'Égypte, près de l'ancienne Thèbes, où furent découvertes de nombreuses nécropoles de pharaons (Toutankhamon, etc.).

Ramón María del **Valle-Inclán** ▪ Écrivain espagnol de Galice (1869-1936). Poète, il est l'auteur de romans et des *Comédies barbares* (1906), d'un réalisme poétique et violent, mêlant le macabre et le comique.

Jules **Vallès** ▪ Écrivain et journaliste français (1832-1885). Auteur d'articles polémiques défendant le prolétariat (*Les Réfractaires, La Rue*, recueils), il fut membre de la Commune de Paris, qu'il soutint par son journal, *Le Cri du peuple*. Condamné à mort, il s'exila à Londres. Trois romans d'un style vif et passionné évoquent sa vie, sous le nom de Jacques Vingtras : *L'Enfant* (1879), *Le Bachelier* (1881), *L'Insurgé* (1886, posthume).

Félix **Vallotton** ▪ Peintre et graveur français d'origine suisse (1865-1925).

Manuel **Valls** ▪ Homme d'État français (né en 1962). Premier ministre de 2014 à 2016.

Vālmīki ▪ Sage indien à qui la tradition attribue la paternité du *Rāmāyana**.

Valmy ▪ Commune de la Marne. 282 habitants. Victoire des Français sur les Prussiens (1792).

la maison de **Valois** ▪ Branche cadette des Capétiens, qui régna sur la France de l'avènement de Philippe VI (1328) à celui du Bourbon Henri IV (1589).

Valparaíso ▪ Port du Chili. 901 500 habitants.

la **Valpolicella** [valpɔlitʃella] ▪ Région d'Italie en Vénétie, connue pour ses vins.

Valras-Plage ▪ Ville de l'Hérault. 4 188 habitants.

la **Valteline** ▪ Vallée glaciaire des Alpes italiennes, entre les Grisons et les Alpes de Bergame. Elle fut dans l'histoire un enjeu stratégique.

Val-Thorens ▪ Station de sports d'hiver de la Savoie, située dans la commune Les Belleville.

le lac de **Van** ▪ Lac de Turquie orientale. 3 740 km².

James Alfred **Van Allen** ▪ Astrophysicien américain (1914-2006). Il découvrit en 1958 des zones de rayonnement de particules autour de la Terre, appelées *ceintures de Van Allen*.

Joos **Van Cleve** ou **Van der Beke** ▪ Peintre flamand (1485-1540). Son modelé, dans les figures et les paysages, trahit l'influence italienne (le «sfumato»).

George **Vancouver** ▪ Navigateur britannique (1757-1798). Il explora, après avoir navigué avec Cook, la côte nord-ouest de l'Amérique et le Pacifique.

Vancouver ▪ Port du Canada (Colombie-Britannique) sur le Pacifique. 631 486 habitants (zone urbaine 2 264 823).

les **Vandales** ▪ Anc. peuple germanique qui envahit la Gaule, l'Espagne et l'Afrique du Nord (Vᵉ-VIᵉ s.).

Joseph Van Damme, dit José **Van Dam** ▪ Chanteur (baryton) belge (né en 1940). Créateur du *Saint François d'Assise* de Messiaen en 1983.

Robert Jemison **Van de Graaff** ▪ Physicien américain (1901-1967). Il inventa en 1931 le premier accélérateur de particules, appelé *accélérateur de Van de Graaff.*

Hugo **Van der Goes** ▪ Peintre et miniaturiste flamand (v. 1440-1482). *L'Adoration des bergers.*

Rogier **Van der Weyden** ou Roger de **La Pasture** ▪ Peintre flamand (v. 1399-1464). Sans doute le plus grand après Van Eyck, il exprime un sens religieux intense et pathétique.

Van de Velde ▪ Famille de peintres et graveurs hollandais du XVIIᵉ s.

Henry **Van de Velde** ▪ Architecte, peintre et théoricien belge (1863-1957). Maître de l'Art nouveau et du fonctionnalisme.

Karel **Van de Woestijne** ▪ Écrivain belge d'expression flamande (1878-1929).

Vandœuvre-lès-Nancy ▪ Ville de Meurthe-et-Moselle, banlieue de Nancy. 29 723 habitants.

Cornelis Theodorus, dit Kees **Van Dongen** ▪ Peintre français d'origine néerlandaise (1877-1968). Précocement doué, il fréquenta les fauves et fut proche de l'expressionnisme allemand. Son œuvre originale, élégante et expressive par la couleur, en fit après 1913 le portraitiste mondain de la femme parisienne, ses œuvres devenant stéréotypées.

Antoon Van Dijk, sir Antony **Van Dyck** ▪ Peintre flamand (1599-1641). Disciple et admirateur de Rubens, il est l'auteur d'une œuvre peinte et gravée très importante, réalisée en Angleterre, puis en Italie, où il fut influencé notamment par Titien, à Anvers et de nouveau en Angleterre. Portraits d'une grande maîtrise.

Charles **Vanel** ▪ Acteur français (1892-1989). *Le Salaire de la peur ; L'Aîné des Ferchaux.*

Jan **Van Eyck** ▪ Peintre flamand (v. 1390-1441). Le fondateur de l'école flamande, d'une perfection formelle totale. *L'Agneau mystique.*

Vincent Willem **Van Gogh** ▪ Peintre néerlandais (1853-1890). Il s'initia au dessin sous l'influence de Millet, puis à la peinture. Après de sombres scènes réalistes, rejoignant à Paris son frère Théo (1857-1891) avec lequel il entretint une importante correspondance, il éclaircit sa palette et adopta une touche fragmentée *(Tournesols)*. En 1888, installé à Arles, il développa un style entièrement personnel, axé sur la recherche de l'expressivité par la couleur. Interné après des crises d'hallucination et de délire, il ne cessa pas de peindre. Établi à Auvers-sur-Oise en mai 1890, il s'y suicida 70 jours plus tard.

Jan **Van Goyen** ▪ Peintre hollandais (1596-1656). Paysagiste.

Jean **Van Hamme** ▪ Écrivain et auteur de BD belge (né en 1939). *Thorgal ; XIII ; Largo Winch.*

Jan Baptist **Van Helmont** ▪ Médecin et chimiste flamand (1577-1644). Il découvrit la nature des gaz (qu'il fut le premier à nommer ainsi) et mit en évidence le rôle du suc gastrique dans la digestion.

Antonie **Van Leeuwenhoek** → Van **Leeuwenhoek**

Carle **Van Loo** ▪ Peintre officiel à la cour de Louis XV, français (1705-1765).

Vannes ▪ Chef-lieu du Morbihan. 54 017 habitants.

le massif de la **Vanoise** ▪ Massif des Alpes de Savoie. 3 855 m à la Grande Casse.

Bernard **Van Orley** ▪ Peintre flamand (1488-1541). Portraits réalistes ; décors et peintures religieuses de style italien.

Adriaen **Van Ostade** ▪ Peintre et graveur hollandais (1610-1685). Scènes pittoresques «de genre» chargées d'intentions satiriques.

Herman **Van Rompuy** ▪ Homme politique belge (né en 1947). Premier ministre (2008-2009). Il fut le premier président du Conseil européen (2010-2014).

Gus **Van Sant** ▪ Réalisateur américain (né en 1952). Films sur la jeunesse et la mort avec une vision quasi documentaire. *Elephant.*

Jacobus Henricus **Van't Hoff** ▪ Chimiste hollandais (1852-1911). L'un des créateurs de la stéréochimie, qui étudie l'organisation moléculaire dans l'espace.

Vanuatu, anciennement *les Nouvelles-Hébrides* ▪ Archipel et État de Mélanésie. 14 763 km². 300 000 habitants. Capitale : Port-Vila.

Abraham, dit Bram **Van Velde** ▪ Peintre néerlandais (1895-1981). Son style, d'abord proche de l'expressionnisme, a évolué vers une abstraction très personnelle, d'une grande force expressive.

Vanves ▪ Ville des Hauts-de-Seine. 27 871 habitants.

Alfred Elton **Van Vogt** ▪ Écrivain américain de science-fiction (1912-2000). *Le Monde des Ã* fut traduit en français par Boris Vian.

Vanzetti → **Sacco** et Vanzetti

le **Var** ▪ Fleuve du sud de la France. 120 km. ► le **Var** [83]. Département français de la Région Provence-Alpes-Côte d'Azur. 5 995 km². 1,09 million d'habitants. Chef-lieu : Toulon. Chefs-lieux d'arrondissement : Brignoles, Draguignan.

Varanasi → **Bénarès**

Agnès **Varda** ▪ Cinéaste française (1928-2019). *Cléo de cinq à sept ; L'une chante, l'autre pas ; Les Plages d'Agnès ; Jacquot de Nantes,* en hommage à son compagnon Jacques Demy.

les **Varègues** ▪ Vikings qui s'installèrent en Russie (IXe s.).

Varennes-en-Argonne ▪ Commune de la Meuse où Louis XVI fut arrêté lors de sa fuite vers l'étranger (1791). 635 habitants.

Edgar ou Edgard **Varèse** ▪ Compositeur américain d'origine française (1883-1965). Son œuvre révolutionnaire recourt aux percussions, seules *(Ionisations)* ou avec instruments *(Hyperprism),* et à la musique électronique *(Déserts).* La richesse rythmique et la force de ses œuvres mettent en valeur des sonorités nouvelles.

Getúlio **Vargas** ▪ Homme d'État brésilien (1883-1954). Président de la république de 1930 à 1945 et de 1951 à sa mort (par suicide).

Frédérique Audoin-Rouzeau, dite Fred **Vargas** ▪ Écrivaine et paléontologue française (née en 1957). Romans policiers. *Pars vite et reviens tard.*

Mario **Vargas Llosa** ▪ Écrivain espagnol d'origine péruvienne (né en 1936). Il a composé une vaste fresque de la société péruvienne. Il fut candidat à la présidence de la république du Pérou. Prix Nobel 2010.

Varron ▪ Érudit latin (116-27 avant J.-C.).

Varsovie, en polonais *Warszawa* ▪ Capitale de la Pologne, sur la Vistule. 1,70 million d'habitants. ► le pacte de **Varsovie.** Pacte de défense réciproque signé entre l'URSS et plusieurs pays d'Europe de l'Est (1955-1991).

Varuna ▪ Dieu créateur dans le Veda, garant de la justice, il devient dans le brahmanisme le dieu des Mers et des Fleuves.

Vasa → **Gustave Ier Vasa**

Victor **Vasarely** ▪ Peintre français d'origine hongroise (1906-1997). Il mit au point un style abstrait par répétition d'un thème géométrique simple, soulignant les possibilités d'un art techno-industriel pour tous.

Giorgio **Vasari** ▪ Historien d'art, peintre et architecte italien (1511-1574).

Vatel ▪ Maître d'hôtel de Nicolas Fouquet, puis du Grand Condé (v. 1625-1671). Il se suicida en apprenant que la marée sur laquelle il comptait pour un banquet n'était pas arrivée.

le **Vatican** ▪ Résidence des papes à Rome. Chapelle Sixtine. ► l'État du **Vatican,** dont le pape est le souverain, a été créé par les accords du Latran en 1929. Basilique Saint-Pierre où eurent lieu deux conciles. ► **Vatican I** (1869 à 1870) affirma le dogme de l'infaillibilité pontificale. ► **Vatican II** fut réuni de 1962 à 1965 pour moderniser l'Église.

la Bibliothèque **vaticane** ▪ Fondée au Vatican en 1450, elle conserve plus de 500 000 volumes.

Sébastien Le Prestre de **Vauban** ▪ Ingénieur militaire, maréchal de France (1633-1707). Responsable des fortifications sous Louis XIV.

Jacques de **Vaucanson** ▪ Ingénieur français (1709-1782). Automates.

le **Vaucluse** [84] ▪ Département français de la Région Provence-Alpes-Côte d'Azur. 3 742 km². 561 941 habitants. Chef-lieu : Avignon. Chefs-lieux d'arrondissement : Apt, Carpentras.

le canton de **Vaud,** en allemand *Waadt* ▪ Canton de Suisse. 3 211 km². 805 100 habitants. Chef-lieu : Lausanne.

Claude Favre, seigneur de **Vaugelas** ▪ Grammairien français (1585-1650). Il prôna le «bon usage», basé sur celui de la Cour.

Sarah **Vaughan** ▪ Chanteuse de jazz américaine (1924-1990).

Ralph **Vaughan Williams** ▪ Compositeur britannique (1872-1958). Musicologue, il étudia le folklore et la musique élisabéthaine. Œuvres symphoniques, chorales ; opéras *(The Pilgrim's Progress)*.

Vaulx-en-Velin ▪ Ville du Rhône, banlieue de Lyon. 51 761 habitants.

Vautrin ▪ Personnage de *La Comédie humaine* de Balzac. Figure de forçat évadé, il vit en marge de la société.

Luc de Clapiers, marquis de **Vauvenargues** ▪ Moraliste français (1715-1747). *Maximes et Réflexions.*

Vaux-le-Vicomte ▪ Château près de Melun, construit par Le Vau pour Fouquet de 1657 à 1661.

Ivan **Vazov** ▪ Écrivain bulgare (1850-1921).

Manuel **Vázquez Montalbán** ▪ Écrivain et journaliste espagnol (1939-2003). Il publia des recueils de poèmes et des romans policiers, caractérisés par l'humour.

le **Veau d'or** ▪ Dans la Bible, idole adorée, en l'absence de Moïse, par les Hébreux sortis d'Égypte ; image de l'idolâtrie et des fausses valeurs.

les **Veda** ▪ Textes sacrés de l'hindouisme.

Simone **Veil** ▪ Femme politique française (1927-2017). Déportée à Auschwitz (1944-1945). Ministre de la Santé, elle fit voter en 1975 la loi autorisant en France l'interruption volontaire de grossesse. Elle présida le Parlement européen de 1979 à 1982. Académie française. Ses cendres sont au Panthéon.

Diego **Vélasquez,** en espagnol *Velázquez* ▪ Peintre espagnol (1599-1660). S'écartant des schémas conventionnels, il renouvela la composition des scènes religieuses, rompit avec l'austérité des portraits royaux, simplifia le portrait équestre, donna de la légèreté aux représentations mythologiques. *La Reddition de Breda ; Les Ménines.*

le **Velay** ▪ Région volcanique du Massif central.

Vél d'Hiv, «*Vélodrome d'hiver*» ▪ Vélodrome construit en 1909 sur le site de l'Exposition universelle de 1900, détruit en 1959. Les 16 et 17 juillet 1942, la police française y enferma plusieurs milliers de juifs, ensuite transférés à Drancy et déportés *(rafle du Vél d'Hiv)*.

le Comtat **venaissin** → le **Comtat venaissin**

Vence ▪ Ville des Alpes-Maritimes. 19 315 habitants. Chapelle décorée par Matisse.

Venceslas → **Wenceslas**

la **Vendée** [85] ▪ Département français de la Région Pays de la Loire. 6 719 km². 692 705 habitants. Chef-lieu : La Roche-sur-Yon. Chefs-lieux d'arrondissement : Fontenay-le-Comte, Les Sables-d'Olonne. ► la guerre de **Vendée.** Insurrection contre-révolutionnaire de Vendée et d'Anjou (1793-1796).

Vendôme ▪ Chef-lieu d'arrondissement de Loir-et-Cher. 15 680 habitants.

les **Vénètes** ▪ Peuple indo-européen qui s'établit en Armorique et sur l'Adriatique, au Ier millénaire avant J.-C.

la **Vénétie** ▪ Région du nord-est de l'Italie. ► la **Vénétie.** Région administrative de l'Italie. 18 364 km². 4,53 millions d'habitants. Chef-lieu : Venise.

le **Venezuela** ou **Vénézuéla** ▪ État d'Amérique du Sud. 912 050 km². 27,5 millions d'habitants. Capitale : Caracas.

Venise, en italien *Venezia* ▪ Ville d'Italie (Vénétie), bâtie sur un groupe de 118 îlots, séparés par 200 canaux, dans la lagune de Venise. Port sur l'Adriatique. 271 000 habitants. Palais des Doges, basilique Saint-Marc ; nombreux édifices religieux et civils de styles gothique, Renaissance et baroque.

Vénissieux ▪ Ville du Rhône, banlieue de Lyon. 66 765 habitants.

Éleuthérios **Venizélos** ▪ Homme politique grec (1864-1936). Il modernisa l'État.

les îles du **Vent** ▪ Partie orientale des Petites Antilles (Guadeloupe, Martinique, Grenade, Barbade, Trinité-et-Tobago).

les îles Sous-le-**Vent** → îles **Sous-le-Vent**

le mont **Ventoux** ▪ Montagne des Préalpes du Sud. 1 910 m.

Le **Ventre de Paris** ▪ Roman d'Émile Zola (1873), troisième volume du cycle des *Rougon-Macquart.*

Vénus ▪ mythol. romaine Déesse de la Beauté et de l'Amour, l'*Aphrodite* grecque. ► **Vénus.** Planète du système solaire. Diamètre : 12 104 km.

Veracruz ▪ Port du Mexique. 444 400 habitants. Station balnéaire.

Vercingétorix ▪ Chef des Arvernes (v. 72-46 avant J.-C.). Il mena la révolte des peuples gaulois contre César, en 52 avant J.-C.

Jean Bruller, dit **Vercors** ▪ Écrivain et résistant français (1902-1991). *Le Silence de la mer.*

le **Vercors** ▪ Massif des Préalpes françaises. Maquis de la Résistance en 1944.

Giuseppe **Verdi** ▪ Compositeur italien (1813-1901). Auteur d'opéras, célèbre depuis *Nabucco* (Nabuchodonosor, 1842). Sa popularité fut immense, comme musicien et en tant que champion de l'unité italienne. Outre des opéras *(Rigoletto, La Traviata, Don Carlos, Aïda, Falstaff)*, il composa de la musique religieuse *(Requiem)*. Il renouvela l'opéra italien, et représenta l'idéal européen du romantisme, humaniste et généreux.

le **Verdon** ▪ Rivière, affluent de la Durance. 200 km.

Verdun ▪ Chef-lieu d'arrondissement de la Meuse, sur la Meuse. 16 877 habitants. ► le traité de **Verdun** (843) partagea l'Empire carolingien. ► la bataille de **Verdun,** la plus meurtrière de la Première Guerre mondiale (1916).

Giovanni **Verga** ▪ Romancier italien (1840-1922). Son style réaliste est au service de récits épiques et pessimistes. *Les Vaincus ; Mastro don Gesualdo.*

Charles Gravier, comte de **Vergennes** ▪ Diplomate français (1719-1787).

Vergèze ▪ Ville du Gard, près de Nîmes. 5 465 habitants. Sources d'eau minérale gazeuse (Perrier).

Émile **Verhaeren** [vɛʀaʀɛn] ▪ Poète belge d'expression française (1855-1916). Après des poèmes célébrant la Flandre, il pratiqua un lyrisme de la modernité et de ses symboles : *Les Campagnes hallucinées, Les Villes tentaculaires, La Multiple Splendeur.* Poète de l'énergie vitale, à l'image de Hugo ou de Whitman, au langage à la fois fruste et visionnaire.

Guy **Verhofstadt** ▪ Homme d'État belge (né en 1953). Premier ministre (libéral) de 1999 à 2008.

Paul **Verlaine** ▪ Poète français (1844-1896). *Poèmes saturniens ; Les Fêtes galantes.* Sa poésie joue sur les rapports entre sensations et symboles, avec un sens musical rare, par transpositions et instabilités, utilisant les ressources des divers registres du langage.

Jan Vermeer, dit **Vermeer de Delft** ▪ Peintre hollandais (1632-1675). Oublié après sa mort, il fut redécouvert en 1866 et devint l'un des maîtres les plus admirés, par sa rigueur formelle, la richesse et la subtilité de ses couleurs, son sens de la lumière et l'émotion discrète et intense que ses sujets transmettent. Il peignit des scènes d'intérieur (sauf *Vue de Delft*) : *La Laitière ; La Dentellière ; L'Astronome ; La Jeune Fille à la perle.*

le **Vermont** ▪ État du nord-est des États-Unis. 24 887 km². 626 000 habitants. Capitale : Montpelier.

Jean-Pierre **Vernant** ▪ Helléniste et historien français (1914-2007). *Mythe et religion en Grèce ancienne.*

Jules **Verne** ▪ Écrivain français (1828-1905). Il trouva la réussite en 1862 avec *Cinq semaines en ballon,* écrit pour l'éditeur Hetzel, avec lequel il poursuivit une carrière brillante. Ses récits dispensent des connaissances systématiques en science et en technique, les animant par le sens des personnages, des situations et des lieux étranges, avec une intuition de l'anticipation. *De la Terre à la Lune, Voyage au centre de la Terre, Vingt mille lieues sous les mers,* avec le Nautilus du capitaine Nemo, des récits comme *Michel Strogoff* ont été traduits dans le monde entier et adaptés par le cinéma. J. Verne joignit à l'optimisme positiviste du progrès le sens du fantastique.

Vernon ▪ Ville de l'Eure. 24 056 habitants. Collégiale Notre-Dame.

Vernon Subutex ▪ Trilogie de Virginie Despentes (2015-2017).

Vérone, en italien *Verona* ▪ Ville d'Italie, en Vénétie. 253 200 habitants. Arènes romaines. Édifices gothiques et Renaissance. ► le congrès de **Vérone** (oct.-déc. 1822) décida d'envoyer une expédition française en Espagne pour rétablir la monarchie absolue de Ferdinand VII.

Paolo Caliari, dit Veronese («de Vérone»), en français **Véronèse** ▪ Peintre italien de l'école vénitienne (1528-1588). Sous l'influence de Titien et de Raphaël, il devint à Venise le grand peintre de scènes décoratives où l'équilibre des compositions et la richesse des couleurs (le fameux «vert Véronèse») n'excluent pas l'énergie expressive. *Les Noces de Cana,* les décors de palais et de villas, *Le Triomphe de Venise* ne doivent pas éclipser de petites œuvres poétiques *(Lucrèce).*

Jean de **Verrazane,** en italien *Giovanni da Verrazzano* ▪ Explorateur d'origine italienne au service de François Iᵉʳ (1485-1528).

Andrea di Cione, dit il **Verrocchio** ▪ Sculpteur, peintre et orfèvre italien (1435-1488). Statue du *Colleone* à Venise.

Versailles ▪ Chef-lieu des Yvelines. 83 583 habitants. ► le château de **Versailles** construit à partir de 1661, sur ordre de Louis XIV, est, par son architecture, ses jardins et ses Trianons, le prototype de l'art classique français. ► le traité de **Versailles** (1919) mit fin à la Première Guerre mondiale.

le cap **Vert** ▪ Promontoire le plus occidental d'Afrique, sur l'Atlantique (Sénégal).

Vertou ▪ Ville de la Loire-Atlantique. 25 879 habitants.

Denis Kaoufman, dit Dziga **Vertov** ▪ Cinéaste russe (1896-1934). Il illustra sa théorie du « ciné-œil » *(Kinoglaz)* par un magazine filmé, la *Kino-Pravda* (« cinéma-vérité »).

les **Verts** ▪ Parti politique écologiste français, issu du mouvement écologiste né dans les années 1970, avec René Dumont, et ancré à gauche depuis 1994. Devenu Europe Écologie-Les Verts, en 2010.

Verviers ▪ Ville de Belgique, dans la province de Liège. 55 290 habitants.

Vervins ▪ Chef-lieu d'arrondissement de l'Aisne. 2 600 habitants.

Pierre **Véry** ▪ Écrivain et scénariste français (1900-1960). *L'Assassinat du père Noël ; Les Disparus de Saint-Agil ; Goupi Mains Rouges*, tous adaptés au cinéma.

André **Vésale** ▪ Anatomiste flamand (1514-1564).

Vesoul ▪ Chef-lieu de la Haute-Saône. 14 866 habitants.

Vespasien ▪ (9-79) Empereur romain de 69 à sa mort.

Amerigo **Vespucci,** parfois, en français Améric **Vespuce** ▪ Navigateur italien (1454-1512). Il fit quatre voyages dans le Nouveau Monde, qui fut baptisé *Amérique* en son honneur (1507).

Vesta ▪ mythol. romaine Déesse du Foyer.

Gaétan **Vestris** ▪ Danseur italien (1729-1808). Il s'imposa à Paris, à Stuttgart, grâce à la perfection de son style.

le **Vésuve** ▪ Volcan actif de l'Italie (Campanie). En 79 une éruption ensevelit Pompéi.

La **Veuve joyeuse** ▪ Opérette de Franz Lehár (1905).

Vevey ▪ Ville de Suisse (Vaud). 19 780 habitants.

le **Vexin** ▪ Région française aux confins de la Normandie et de l'Île-de-France.

Vézelay ▪ Village de l'Yonne. Basilique romane du XIIe s.

Alexandre **Vialatte** ▪ Écrivain et chroniqueur français (1901-1971). Il fut aussi traducteur de l'allemand (Kafka). Ses chroniques sont un modèle d'humour et de poésie. *Dernières Nouvelles de l'homme.*

Boris **Vian** ▪ Écrivain français (1920-1959). L'un des témoins les plus aigus de la sensibilité contemporaine, ironiste, critique, touchant ou féroce. Poèmes, proses, chansons. *L'Écume des jours ; L'Arrache-Cœur.*

Théophile de **Viau,** dit aussi Théophile ▪ Poète français (1590-1626). Pièces de théâtre *(Pyrame et Thisbé)*, poèmes satiriques et libertins, élégies, odes lyriques *(La Solitude)* que leur sensibilité et leur perfection formelle firent apprécier par les lecteurs modernes, à partir des romantiques et de Mallarmé.

le **Vic-Bilh** ▪ Petite région au nord-est du Béarn (Pyrénées-Atlantiques), aux confins des Landes et du Gers. Territoire viticole (vin rouge de Madiran, blanc pacherenc).

Vicence ▪ Ville d'Italie, en Vénétie. 107 200 habitants. Nombreux monuments anciens, certains de Palladio.

Gil **Vicente** ▪ Poète dramatique portugais (v. 1470-v. 1537). Il écrivit en portugais ou en espagnol des pièces religieuses aussi bien que comiques. *L'Acte de la sibylle Cassandre.*

Vichy ▪ Chef-lieu d'arrondissement de l'Allier, sur l'Allier. 25 372 habitants. Station thermale. ► le gouvernement de **Vichy.** Gouvernement de l'État français dirigé par le maréchal Pétain, de 1940 à 1944, et établi à Vichy.

Giambattista **Vico** ▪ Historien et philosophe italien (1668-1744). L'un des précurseurs de la philosophie de l'Histoire, il a exposé une théorie cyclique selon laquelle les hommes passent de la barbarie à la civilisation. *Principes de la philosophie de l'histoire.*

Paul-Émile **Victor** ▪ Explorateur français des régions polaires (1907-1995).

Victor-Emmanuel II ▪ (1820-1878) Roi d'Italie de 1861 à sa mort. Un des artisans de l'unité italienne avec Cavour.

Victor-Emmanuel III ▪ (1869-1947) Dernier roi d'Italie de 1900 à 1946.

Tomás Luis de **Victoria** ▪ Compositeur espagnol (v. 1549-1611). Musique religieuse, où il se montre un maître du contrepoint.

Victoria ▪ (1819-1901) Reine du Royaume-Uni de Grande-Bretagne et d'Irlande de 1837 à sa mort. Elle fut couronnée impératrice des Indes en 1876.

Victoria ▪ Port du Canada (Colombie-Britannique), dans l'île de Vancouver. 85 792 habitants.

le **Victoria** ▪ État du sud-est de l'Australie. 227 618 km². 5,1 millions d'habitants. Capitale : Melbourne.

le lac **Victoria** ▪ Lac d'Afrique, en amont duquel le Nil prend sa source. 68 100 km².

Victoria and Albert Museum ▪ Musée de Londres.

Paul **Vidal de La Blache** ▪ Géographe français (1845-1918).

François **Vidocq** ▪ Aventurier français (1775-1857). Il inspira Balzac.

King **Vidor** ▪ Cinéaste américain (1894-1982). Films lyriques, souvent violents.

La **Vie de Marianne** ▪ Roman de Marivaux (publié de 1731 à 1741).

La **Vie devant soi** ▪ Roman d'Émile Ajar (Romain Gary) (1975).

La **vie est un songe** ▪ Drame profane de Calderón (v. 1633).

Le **Vieil Homme et la Mer** ▪ Roman d'Ernest Hemingway (1952).

Maria Elena **Vieira da Silva** ▪ Peintre français d'origine portugaise (1908-1992). Œuvre abstraite construisant des espaces par le graphisme.

Vienne, en allemand *Wien* ▪ Capitale de l'Autriche, sur le Danube. 1,7 million d'habitants. Ville d'art aux nombreux monuments (cathédrale, Belvédères, Hofburg, château de Schönbrunn). ► le traité de **Vienne** (oct. 1809) fut signé par la France et l'Autriche pour mettre fin à la campagne napoléonienne de 1809. ► le congrès de **Vienne** (1814-1815) redéfinit les frontières européennes après la défaite de Napoléon Ier.

le cercle de **Vienne** ▪ École philosophique qui regroupa de 1922 à 1936, autour de son fondateur Moritz Schlick*, des philosophes, logiciens et scientifiques allemands et autrichiens néopositivistes.

Vienne ▪ Chef-lieu d'arrondissement de l'Isère. 30 059 habitants.

la **Vienne** ▪ Rivière, affluent de la Loire. 372 km. ► la **Vienne** [86]. Département français de la Région Nouvelle-Aquitaine. 7 044 km^2. 439 332 habitants. Chef-lieu : Poitiers. Chefs-lieux d'arrondissement : Châtellerault, Montmorillon. ► la **Haute-Vienne** [87]. Département français de la Région Nouvelle-Aquitaine. 5 520 km^2. 372 123 habitants. Chef-lieu : Limoges. Chefs-lieux d'arrondissement : Bellac, Rochechouart.

Vientiane ▪ Capitale du Laos, sur le Mékong. 570 000 habitants.

la **Vierge Marie** → sainte **Marie**

les îles **Vierges** ▪ Archipel des Petites Antilles.

Vierzon ▪ Chef-lieu d'arrondissement du Cher. 25 045 habitants.

le **Viêt-công** ▪ Nom donné en 1959 au Front national (communiste) de libération du Viêtnam du Sud, puis à l'ensemble de l'opposition armée, alliée au Viêtnam du Nord, pendant la guerre du Viêtnam.

François **Viète** ▪ Mathématicien français (1540-1603). Véritable fondateur de l'algèbre.

le **Viêt-minh** («Front d'indépendance du Viêtnam») ▪ Organisation politico-militaire constituée en 1941 par Hô Chi Minh. Devenu «Front de la patrie» en 1951, il combattit les forces françaises sous la direction du général Giáp et fut vainqueur à Diên Biên Phu (1954).

le **Viêtnam** ou **Vietnam** ▪ État d'Asie du Sud-Est. 329 566 km^2. 96,2 millions d'habitants. Capitale : Hanoi.

la guerre du **Viêtnam** ▪ Conflit qui opposa le Viêtnam du Nord, soutenu par l'URSS et la Chine, et le Viêtnam du Sud, soutenu par les États-Unis (1954-1975). Elle aboutit à l'unification des deux États, en 1976, sous le nom de république socialiste du Viêtnam.

le théâtre du **Vieux-Colombier** ▪ Fondé par J. Copeau (1913), il dépend de la Comédie-Française depuis 1993.

Le **Vigan** ▪ Chef-lieu d'arrondissement du Gard. 3 708 habitants.

Élisabeth **Vigée-Lebrun** ▪ Peintre français (1755-1842). Portraits.

Gilles **Vigneault** ▪ Chanteur-compositeur canadien d'expression française (né en 1928). À la fois lyriques et pleines d'humour, ses chansons célèbrent le Québec, ses habitants et leurs traditions.

Vigneux-sur-Seine ▪ Ville de l'Essonne. 31 495 habitants.

le **Vignole** ▪ Architecte italien (1507-1573). Église du Gesù (Rome).

Alfred de **Vigny** ▪ Écrivain, poète français (1797-1863). Pessimiste, exprimant une grande exigence morale, il publia des *Poèmes antiques et modernes* et un roman historique, *Cinq Mars*, avant *Servitude et grandeur militaires* et un drame romantique, *Chatterton*, qui évoque la solitude du génie. Les poèmes philosophiques des *Destinées* et *Journal d'un poète* furent publiés après sa mort.

Vigo ▪ Port d'Espagne (Galice), sur l'Atlantique. 295 623 habitants.

Jean **Vigo** ▪ Cinéaste français (1905-1934). Critique sociale *(À propos de Nice)* et poésie *(Zéro de conduite ; L'Atalante)* se conjuguent dans cette œuvre trop tôt interrompue.

les **Vikings** ▪ Peuples scandinaves qui connurent, du VIIIe au XIe s., une grande expansion maritime. Vers l'est, ils envahirent le monde slave **(→ Varègues).** Vers le sud, ils s'implantèrent en Angleterre et dans la future Normandie, puis descendirent jusqu'en Méditerranée.

la **Vilaine** ▪ Fleuve de Bretagne qui passe à Rennes. 225 km.

Jean **Vilar** ▪ Homme de théâtre français (1912-1971). Directeur du TNP et créateur du Festival d'Avignon.

Charles Messager, dit Charles **Vildrac** ▪ Écrivain français (1882-1971). Poète, dramaturge et auteur d'ouvrages pour la jeunesse.

Pancho **Villa** ▪ Révolutionnaire mexicain (1878-1923).

Heitor **Villa-Lobos** ▪ Compositeur brésilien (1887-1959).

Cédric **Villani** ▪ Mathématicien français (né en 1973). Recherches sur l'analyse, les probabilités, la physique statistique et la géométrie différentielle. Médaille Fields 2010.

Villard de Honnecourt ▪ Architecte et maître d'œuvre français (XIIIe s.) Son album de croquis et d'ébauches est un témoignage précieux sur l'art des ingénieurs du Moyen Âge et l'esthétique gothique.

Claude Louis Hector, duc de **Villars** ▪ Maréchal de France (1653-1734).

Villedieu-les-Poêles-Rouffigny ▪ Ville de la Manche. 3 849 habitants. Dinanderie, fonderie de cloches.

Villefranche-de-Rouergue ▪ Chef-lieu d'arrondissement de l'Aveyron. 11 681 habitants.

Villefranche-sur-Mer ▪ Chef-lieu de canton des Alpes-Maritimes, près de Nice. 5 002 habitants. Port.

Villefranche-sur-Saône ▪ Chef-lieu d'arrondissement du Rhône. 36 009 habitants.

Geoffroi de **Villehardouin** ▪ Chroniqueur français (v. 1150-v. 1213).

Villejuif ▪ Ville du Val-de-Marne. 56 349 habitants. Centres hospitaliers.

Jean-Baptiste de **Villèle** ▪ Homme politique français (1773-1854). Chef des ultras.

Villemomble ▪ Ville de la Seine-Saint-Denis. 30 583 habitants.

Villenave-d'Ornon ▪ Ville de la Gironde. 38 444 habitants.

Denis **Villeneuve** ▪ Réalisateur canadien, québécois (né en 1967). *Incendies ; Prisoners ; Dune.*

Villeneuve-d'Ascq ▪ Ville du Nord, arrondissement de Lille. 61 258 habitants. Centre universitaire. Musée d'art moderne.

Villeneuve-la-Garenne ▪ Ville des Hauts-de-Seine. 24 592 habitants.

Villeneuve-lès-Avignon ▪ Chef-lieu de canton du Gard, sur le Rhône, face à Avignon. 12 848 habitants. Résidence d'été des prélats avignonnais au XIVe s.

Villeneuve-Loubet ▪ Ville des Alpes-Maritimes. 16 329 habitants. Château médiéval.

Villeneuve-Saint-Georges ▪ Ville du Val-de-Marne. 34 845 habitants. Gare de triage. Centre hospitalier.

Villeneuve-sur-Lot ▪ Chef-lieu d'arrondissement de Lot-et-Garonne. 21 690 habitants.

Villeparisis ▪ Ville de Seine-et-Marne. 26 700 habitants.

Villepinte ▪ Ville de la Seine-Saint-Denis. 38 204 habitants.

Villers-Cotterêts ▪ Commune de l'Aisne. 10 392 habitants. ► l'ordonnance de **Villers-Cotterêts** imposait le français au lieu du latin pour les textes officiels et juridiques (1539).

la **Villette** ▪ Ancienne commune, rattachée à Paris en 1861. Ses abattoirs furent abandonnés en 1974. ► le parc de la **Villette.** Ensemble architectural aménagé dans les années 1980, comprenant la Cité des sciences et de l'industrie, la Cité de la musique, la Grande Halle, le Conservatoire national supérieur de musique.

Villeurbanne ▪ Ville du Rhône, dans la banlieue de Lyon. 154 781 habitants.

Auguste, comte de **Villiers de L'Isle-Adam** ▪ Écrivain français (1838-1889). Il chercha à fonder le mystère et le rêve dans le récit sur une logique rigoureuse, critiquant le monde moderne, les illusions de la science *(L'Ève future)*, les opinions intellectuelles *(Tribulat Bonhomet)*. Les *Contes cruels* caricaturent la bourgeoisie provinciale.

Villiers-le-Bel ▪ Ville du Val-d'Oise. 28 636 habitants.

Villiers-sur-Marne ▪ Ville du Val-de-Marne. 29 672 habitants.

François **Villon** ▪ Poète français (v. 1431-apr. 1463). Sensualité et pessimisme, foi profonde et plaisir de la transgression, dans un langage qui mêle le lyrique au trivial, en font un précurseur de la sensibilité moderne. *Le Testament* (avec la «*Ballade des pendus*»).

Gaston Duchamp, dit Jacques **Villon** ▪ Peintre français (1875-1963). Frère de Marcel et Raymond Duchamp*. Influencé par l'impressionnisme, puis par le fauvisme, il élabora une œuvre abstraite ou d'un réalisme allusif au-delà du cubisme, élégante, souplement géométrique, dans des coloris clairs et subtils.

Vilnius, anciennement *Vilna* ▪ Capitale de la Lituanie. 542 800 habitants.

Michel Grinberg, dit Michel **Vinaver** ▪ Auteur dramatique français (1927-2022). Ses pièces, inspirées notamment par le monde de l'entreprise, sont basées sur des dialogues ambigus, fragmentaires.

Vincennes ▪ Ville du Val-de-Marne. 49 697 habitants. Château.

Vincent de Beauvais ▪ Dominicain français (mort en 1264). Auteur d'une vaste encyclopédie, le *Speculum majus* («Grand Miroir»).

saint **Vincent de Paul** ▪ Prêtre français (1581-1660). Aumônier des galères, il fonda plusieurs congrégations, dont les Filles de la Charité.

Léonard de **Vinci** → **Léonard de Vinci**

Vingt mille lieues sous les mers ▪ Roman de Jules Verne (1870).

Ivan **Vinogradov** ▪ Mathématicien soviétique (1891-1983). Théorie des nombres.

le mont **Vinson** ▪ Point culminant de l'Antarctique. 4 892 m.

Thomas **Vinterberg** ▪ Réalisateur danois (né en 1969). Cofondateur du « Dogme » en réaction aux modèles esthétiques. *Festen ; Drunk.*

Vintimille, en italien *Ventimiglia* ▪ Ville d'Italie, en Ligurie, sur le golfe de Gênes (province d'Imperia). 24 700 habitants.

Bill **Viola** ▪ Artiste américain (1951-2024). Ses vidéos montrent des personnages emportés par les éléments (le feu dans *Fire Woman ;* l'eau dans *Tritan's Ascension*) et rendent compte de ses interrogations mystiques.

Eugène **Viollet-le-Duc** ▪ Architecte français (1814-1879). Il restaura plusieurs monuments du Moyen Âge.

Rudolf **Virchow** ▪ Médecin et anthropologue prussien (1821-1902). Il fut le fondateur de la pathologie cellulaire (1858).

Vire Normandie ▪ Chef-lieu d'arrondissement du Calvados. 16 935 habitants.

Virgile ▪ Poète latin (70-19 avant J.-C.). Célébrant avec lyrisme la nature et la vie rustique, de manière épicurienne, il trouva pour évoquer les origines de Rome un ton épique et une religiosité héritée de Platon. *L'Énéide ;* les *Bucoliques ;* les *Géorgiques.*

la **Virginie** ▪ État de l'est des États-Unis. 107 711 km². 8 millions d'habitants. Capitale : Richmond. ► la **Virginie-Occidentale.** État voisin du précédent. 62 600 km². 1,8 million d'habitants. Capitale : Charleston.

Viry-Châtillon ▪ Ville de l'Essonne. 31 098 habitants. Église (XIIe s.).

les **Visconti** ▪ Famille italienne qui régna à Milan de 1277 à 1447.

Luchino **Visconti** ▪ Cinéaste italien (1906-1976). Un des plus puissants et raffinés créateurs de toute l'histoire du cinéma. *Senso ; Le Guépard ; Mort à Venise.*

Vishnou ou **Viṣṇu** ▪ Divinité de l'hindouisme.

les **Visigoths** → **Wisigoths**

la **Vistule** ▪ Fleuve de Pologne. 1 092 km.

Vitebsk ▪ Ville de Biélorussie. 350 000 habitants. Cité ancienne, créée au XIe s.

Viterbe, en italien *Viterbo* ▪ Ville d'Italie, dans le Latium. 59 300 habitants. Cité médiévale.

Antoine **Vitez** ▪ Acteur et metteur en scène de théâtre français (1930-1990). Il conçoit la mise en scène comme une écriture spécifique, en relation avec le texte.

Roger **Vitrac** ▪ Poète et auteur dramatique français (1899-1952). Satire de la société bourgeoise et parodie du langage. *Victor ou les enfants au pouvoir.*

Vitré ▪ Ville d'Ille-et-Vilaine. 18 603 habitants. Château (XIe, XIVe et XVe s.), château Marie (XVIIe s.).

Vitrolles ▪ Ville des Bouches-du-Rhône. 34 418 habitants.

Vitruve ▪ Architecte romain (Ier s. avant J.-C.). *De architectura.*

Vitry-le-François ▪ Chef-lieu d'arrondissement de la Marne. 11 458 habitants.

Vitry-sur-Seine ▪ Ville du Val-de-Marne. 95 649 habitants.

Vittel ▪ Ville des Vosges. 4 805 habitants. Station thermale.

Antonio **Vivaldi** ▪ Compositeur italien de Venise (1678-1741). Violoniste virtuose et chef d'orchestre, auteur de musique sacrée et d'opéras, il apparaît comme le véritable créateur du concerto. *Les Quatre Saisons.*

le **Vivarais** ▪ Région du sud-est de la France, en bordure du Massif central.

Viviane ▪ Personnage fabuleux du *cycle breton,* devenue fée grâce à Merlin l'Enchanteur.

Viviers ▪ Chef-lieu de canton de l'Ardèche, près de Privas. 3 667 habitants.

Vix ▪ Village de la Côte-d'Or, près de Montbard. On y découvrit en 1953 la sépulture d'une princesse celte du VIe s. avant J.-C., contenant du mobilier précieux.

Vladimir Ier le Saint ou **le Grand** ▪ (v. 956-1015) Prince de Novgorod, grand-prince de Kiev de 980 à sa mort.

Vladivostok ▪ Port de Russie, sur la mer du Japon. 591 800 habitants.

Maurice de **Vlaminck** ▪ Peintre fauve français (1876-1958). *Les Arbres rouges.*

la **Vltava,** en allemand *Moldau* ▪ Rivière de la République tchèque, affluent de l'Elbe qui arrose Prague. 430 km.

Voiron ▪ Ville de l'Isère. 20 332 habitants.

Vincent **Voiture** ▪ Poète et épistolier français (1597-1648). Il donna à la prose française sa norme de « bel usage », au XVIIe s.

la **Voïvodine** ou la **Vojvodine** ▪ Province de Serbie. 21 506 km². 2 millions d'habitants. Capitale : Novi Sad.

les **Volces** → **Volques**

la **Volga** ▪ Fleuve de Russie, le plus long d'Europe. 3 530 km. Il se jette dans la mer Caspienne.

Volgograd, de 1925 à 1961 *Stalingrad* ▪ Ville de Russie, sur la Volga. 1 million d'habitants.

Vsevolod Mikhaïlovitch Eïchenbaum, dit **Voline** ▪ Anarchiste russe (1882-1945). Déporté par le tsar (1905), puis par les bolcheviks (1920), il s'exila en France. *La Révolution inconnue.*

Ambroise **Vollard** ▪ Marchand de tableaux et écrivain français (1868-1939). Il fit connaître Manet, Cézanne, Van Gogh, Picasso, Matisse..., alors refusés dans les Salons.

Volnay ▪ Village de la Côte-d'Or, arrondissement de Beaune. Grands vins (bourgognes).

Constantin François de Chassebœuf, comte de **Volney** ▪ Écrivain, philosophe et homme politique français (1757-1820). Après son *Voyage en Égypte et en Syrie*, il participa à la Révolution et écrivit *Les Ruines ou Méditations sur les révolutions des empires.*

Volpone ▪ Personnage de riche et vieux Vénitien, qui se joue de ceux qui briguent son héritage. Créé par Ben Jonson, repris par Stefan Zweig et Jules Romains.

les **Volques** ou **Volces** ▪ Populations celtiques établies au IIIᵉ s. avant J.-C. dans le sud de la France (Hérault et Gard) et en Asie Mineure.

les **Volsques** ▪ Peuple italique qui envahit le Latium au VIᵉ s. avant notre ère. Les Romains (notamment Coriolan) les combattirent, puis les assimilèrent (IVᵉ s.).

Alessandro **Volta** ▪ Physicien italien (1745-1827). Inventeur de la pile électrique.

la **Volta** ▪ Fleuve du Ghana. ► le lac **Volta.** Lac artificiel (8 500 km^2), formé par un barrage sur la Volta.

François Marie Arouet, dit **Voltaire** ▪ Écrivain français des Lumières (1694-1778). Son œuvre est multiple : théâtre, pamphlets, essais philosophiques, contes *(Zadig ; Candide).* Célèbre de son vivant pour ses tragédies, il est surtout pour la postérité un témoin critique irremplaçable de son temps, un prosateur d'une intelligence aiguë, un conteur d'une ironie stimulante.

Volubilis ▪ Site archéologique du Maroc, cité romaine de Maurétanie.

Volvic ▪ Commune du Puy-de-Dôme. 4 702 habitants. Carrières de lave. Eaux minérales.

Ursula **von der Leyen** ▪ Femme politique allemande (née en 1958). Issue de la CDU (Union chrétienne-démocrate). Présidente de la Commission européenne à partir de 2019.

Võ Nguyên Giáp ▪ Général vietnamien (1912-2013). Il battit les Français à Điện Biên Phủ en 1954.

Anne Sofie **Von Otter** ▪ Cantatrice suédoise (née en 1955). Dotée d'une voix de mezzo-soprano d'une grande pureté, polyglotte, elle s'illustre aussi bien dans l'opéra, classique (Mozart) comme baroque (Monteverdi, Haendel), que dans le lied.

le **Vorarlberg** ▪ État fédéral d'Autriche. 2 601 km^2. 371 192 habitants. Capitale : Bregenz.

Voronej ▪ Ville de Russie. 848 700 habitants.

les **Vosges** n. f. pl. ▪ Massif montagneux du nord-est de la France. 1 424 m au ballon de Guebwiller. ► les **Vosges** [88]. Département français de la Région Grand Est. 5 903 km^2. 362 397 habitants. Chef-lieu : Épinal. Chefs-lieux d'arrondissement : Neufchâteau, Saint-Dié.

Vosne Romanée ▪ Village de la Côte-d'Or, près de Beaune. Vin rouge (côte de Nuits).

Simon **Vouet** ▪ Peintre français (1590-1649). Premier peintre de Louis XIII.

Vouziers ▪ Chef-lieu d'arrondissement des Ardennes. 4 169 habitants.

Vouvray ▪ Chef-lieu de canton d'Indre-et-Loire, près de Tours. 3 294 habitants. Vins blancs.

Voyage au bout de la nuit ▪ Roman de Louis-Ferdinand Céline (1932).

Voyage au centre de la Terre ▪ Roman de Jules Verne (1864).

Le **Voyage dans la Lune** ▪ Film français de Georges Méliès (1902).

Édouard Jean **Vuillard** ▪ Peintre français (1868-1940). Membre des nabis, il peignit surtout des scènes intimistes et bourgeoises dans des tons assourdis.

Vulcain ▪ mythol. romaine Dieu du Feu et des Forgerons, l'*Héphaïstos* des Grecs.

la **Vulgate** ▪ Traduction latine de la Bible, faite par saint Jérôme.

Alfred **Vulpian** ▪ Médecin et physiologiste français (1826-1887). Étudiant le système nerveux et ses maladies, il identifia la sclérose en plaques. Il fit progresser la connaissance des sécrétions hormonales.

W

Abdoulaye **Wade** ▪ Homme politique sénégalais (né en 1926). Président de la République de 2000 à 2012.

Richard **Wagner** ▪ Compositeur allemand (1813-1883). D'abord attiré par la musique et par la philosophie, il fut chef d'orchestre et connut l'échec comme compositeur. *Le Vaisseau fantôme* (1841) inaugure l'emploi du *leitmotiv*. La théorie de son œuvre repose sur la collaboration de l'artiste et de l'esprit du peuple. Puisant ses sujets dans la légende celte *(Tristan et Isolde)* et germanique, écrivant lui-même ses livrets, il élabora, soutenu par le jeune souverain de Bavière, Louis II, une œuvre immense, puissante, novatrice par la mélodie, les harmonies, l'orchestration. *La Tétralogie : L'Or du Rhin, La Walkyrie, Siegfried, Le Crépuscule des dieux*. Festival à Bayreuth.

Otto **Wagner** ▪ Architecte et théoricien autrichien (1841-1918). Art nouveau viennois.

Wagram ▪ Village d'Autriche où Napoléon vainquit les Autrichiens, en 1809.

Andrzej **Wajda** ▪ Cinéaste polonais (1926-2016). *Cendres et Diamant ; Le Bois de bouleaux ; L'Homme de marbre ; L'Homme de fer ; Katyn.*

sainte **Walburge** ▪ Religieuse bénédictine anglaise (v. 710-779). Elle s'installa en Allemagne. → **Walpurgis.**

George **Wald** ▪ Biologiste américain (1906-1997). Il étudia le mécanisme photochimique de la vision. Prix Nobel de médecine 1967.

Pierre **Waldeck-Rousseau** ▪ Homme d'État français (1846-1904). Président du Conseil en 1899, il fit adopter une loi qui aboutit à la séparation de l'Église et de l'État.

Lech **Wałęsa** ▪ Homme d'État polonais (né en 1943). Président du syndicat indépendant Solidarność de 1981 à 1990, il a été président de la République de 1990 à 1995.

le **Walhalla** ou **Val-Hall** ▪ Dans la mythologie germanique, séjour des guerriers morts au combat. Reçus par les Walkyries, ils y attendent, autour d'Odin (Wotan), le combat final contre les démons (Le Ragnarök).

les **Walkyries** ▪ Dans la mythologie germanique, divinités féminines messagères d'Odin.

Edgar **Wallace** ▪ Romancier américain d'origine britannique (1875-1932). Auteur de romans policiers («thrillers»), il fut le scénariste du film *King Kong*, de Cooper et Schoedsack.

Albrecht von **Wallenstein** ▪ Général d'origine tchèque au service de Ferdinand II durant la guerre de Trente Ans (1583-1634).

Thomas, dit Fats **Waller** ▪ Pianiste, compositeur et chanteur de jazz américain (1904-1943).

Wallis et Futuna ▪ Collectivité française d'outre-mer formée de deux archipels de la Polynésie. 274 km². 11 558 habitants. Capitale : Mata Utu.

Henri **Wallon** ▪ Psychologue et pédagogue français (1879-1962).

la **Wallonie** ▪ Région francophone de la Belgique.

la Région **wallonne** ▪ Région administrative francophone de Belgique, située dans le sud du pays. 16 844 km². 3,64 millions d'habitants. Capitale : Namur. Elle englobe à l'est la Communauté germanophone (853 km² ; 73 120 habitants).

Wall Street («rue du Mur») ▪ Rue de New York, au sud de Manhattan, où se trouve la Bourse de New York, première place financière du monde.

Robert **Walpole** ▪ Homme politique anglais (1676-1745). Chef des whigs. ► Horace **Walpole,** son fils (1717-1797). Écrivain anglais. *Le Château d'Otrante.*

Walpurgis ▪ Nuit précédant le jour de sainte *Walburge**, le 1er mai, dont la légende fit une nuit de sabbat, peuplée de sorcières.

Raoul **Walsh** ▪ Acteur et cinéaste américain (1887-1980). Films d'action et d'aventures. *La Vallée de la peur.*

Mika **Waltari** ■ Romancier et auteur dramatique finlandais (1908-1979). Auteur de romans policiers et d'aventures, il connut le succès avec ses romans historiques. *Sinouhé l'Égyptien.*

Bruno **Walter** ■ Chef d'orchestre allemand, naturalisé américain (1876-1962). Un des très grands interprètes de Mozart et de Mahler.

Andy **Warhol** ■ Peintre et cinéaste américain (1930-1987). Artiste du pop art.

Robert Penn **Warren** ■ Écrivain américain (1905-1989). Il prit la défense des valeurs rurales du sud des États-Unis contre la démagogie politique, dans un roman, *All the King's Men* («tous les hommes du roi»).

Walther von **Wartburg** ■ Linguiste suisse (1888-1972). Romaniste et étymologiste, il mit en chantier et dirigea un monumental *Französisches Etymologisches Wörterbuch.*

le château de la **Wartburg** ■ Château situé près d'Eisenach (XIe s.).

George **Washington** ■ Homme d'État américain (1732-1799). Il fut le héros de la guerre d'Indépendance, puis le premier président des États-Unis, de 1789 à 1797.

Washington ■ Capitale fédérale des États-Unis, située sur la côte est. 601 800 habitants. ► Conférence et traité de **Washington :** conférence de 1991-1992 sur la réduction des armements navals dans le Pacifique ; traité qui en résulta.

le **Washington** ■ État des États-Unis, sur la côte Pacifique. 176 617 km². 6,7 millions d'habitants. Capitale : Olympia. Ville principale : Seattle.

Wassy ■ Chef-lieu de canton de la Haute-Marne. 2 780 habitants. Un massacre des protestants, en 1562, y déclencha les guerres de Religion en France.

l'affaire du **Watergate** ■ Scandale politique d'espionnage du parti démocrate qui contraignit le président des États-Unis (républicain) Richard Nixon à la démission (1974).

Waterloo ■ Ville de Belgique. Défaite de Napoléon Ier devant les Anglais et les Prussiens (1815) qui mit fin aux Cent-Jours.

John Broadus **Watson** ■ Psychologue américain du comportement (1878-1958).

James Dewey **Watson** ■ Biologiste américain (né en 1928). Découverte de la structure de l'ADN.

Sir Robert Alexander **Watson-Watt** ■ Physicien britannique (1892-1973). Ses travaux permirent l'invention du radar.

James **Watt** ■ Ingénieur et mécanicien écossais (1736-1819). Il perfectionna la machine à vapeur.

Antoine **Watteau** ■ Peintre et dessinateur français (1684-1721). Son dessin vif et subtil, ses couleurs délicates suscitent des compositions où le rêve et la suggestion l'emportent sur la représentation sensible. *L'Embarquement pour Cythère.*

Wattignies-la-Victoire ■ Village du Nord, près d'Avesnes-sur-Helpe. Jourdan et Carnot y repoussèrent en 1793 les Autrichiens.

Wattrelos ■ Ville du Nord, à la frontière belge. 41 015 habitants.

Evelyn Arthur St. John **Waugh,** dit Evelyn **Waugh** ■ Romancier anglais (1903-1966). Romans humoristes, satiriques, sur des sujets parfois pathétiques. *Une poignée de cendres ; Le Cher Disparu, Officiers et Gentlemen.*

Wawel n. m. ■ Lieu de résidence et de sépulture des rois de Pologne, à Cracovie.

Marion Morrison, dit John **Wayne** ■ Acteur américain, type de héros viril et généreux (1907-1979). *La Chevauchée fantastique ; Rio Bravo.*

Warren **Weaver** ■ Mathématicien américain (1894-1978). → **Shannon**

Carl Maria von **Weber** ■ Compositeur allemand (1786-1826). Également pianiste, chef d'orchestre et écrivain, il est aux origines de l'opéra romantique allemand. *Der Freischütz ; Oberon ; Euryanthe.*

Max **Weber** ■ Sociologue allemand (1864-1920). *Économie et Société.*

Anton von **Webern** ■ Compositeur autrichien (1883-1945). Un des pionniers de la musique sérielle, disciple de Schoenberg, mais affranchi de son influence dans des œuvres d'une concision extrême et d'une absolue rigueur formelle.

John **Webster** ■ Auteur dramatique anglais (v. 1580-v. 1624). *La Duchesse d'Amalfi.*

Frank **Wedekind** ■ Auteur dramatique allemand (1864-1918). *La Danse de mort.*

Alfred Lothar **Wegener** ■ Géophysicien allemand (1880-1930). Théorie de la dérive des continents.

la **Wehrmacht** ■ Nom de l'armée allemande à l'époque du nazisme, de 1935 à 1945.

Karl **Weierstrass** ■ Mathématicien allemand (1815-1897). Fondateur de l'analyse moderne. Travaux sur les fonctions elliptiques.

Simone **Weil** ■ Philosophe française (1909-1943). Elle exprime dans ses œuvres une générosité passionnée et une spiritualité exigeante. *La Pesanteur et la Grâce.*

Kurt **Weill** ■ Compositeur allemand, naturalisé américain (1900-1950). Il collabora avec Brecht. *L'Opéra de quat'sous.*

Weimar ▪ Ville d'Allemagne (Thuringe). 64 000 habitants. ► la **république de Weimar.** Nom donné au gouvernement de l'Allemagne (1918-1933), qui fut renversé par Hitler.

August **Weismann** ▪ Biologiste allemand (1834-1914). Études sur l'hérédité.

Louise **Weiss** ▪ Écrivaine et femme politique française (1893-1983). Fondatrice de *L'Europe nouvelle* (1918) et de l'Institut de polémologie (1945, avec Gaston Bouthoul), elle milita pour les droits de la femme et l'idée européenne.

Pierre **Weiss** ▪ Physicien français (1865-1940). Il formula la théorie du ferromagnétisme.

Peter John, dit Johnny **Weissmuller** ▪ Nageur et acteur américain d'origine roumaine (1904-1984). Champion olympique au physique athlétique, il incarna Tarzan.

Chaïm **Weizmann** ▪ Homme d'État israélien (1874-1952). Sioniste, il contribua à la «déclaration Balfour», reconnaissance du projet sioniste par le gouvernement britannique (1917), et fut le premier président du nouvel État d'Israël (1949-1952).

Orson **Welles** ▪ Cinéaste et acteur américain (1915-1985). Il révolutionna la technique du film. *Citizen Kane ; La Soif du mal.* Il transposa avec puissance Shakespeare au cinéma *(Macbeth, Othello, Falstaff)*.

le duc de **Wellington** ▪ Général britannique et homme politique (1769-1852). Vainqueur de Napoléon Ier à Waterloo.

Wellington ▪ Capitale de la Nouvelle-Zélande. 200 000 habitants.

Herbert George **Wells** ▪ Écrivain anglais (1866-1946). Autodidacte, journaliste, il s'illustra dans le roman d'anticipation *(L'Homme invisible ; La Guerre des mondes)*. D'autres romans *(Kipps)* et une autobiographie en font un témoin critique de son époque, dans l'espoir d'une république mondiale.

Wembley ▪ Faubourg résidentiel au nord-ouest de Londres. On y construisit en 1923 un grand stade qui fut le stade national anglais, démoli et reconstruit entre 2000 et 2007 (par Norman Foster).

la famille de **Wendel** ▪ Famille d'industriels français, originaire de Bruges, établie à Coblence au XVIe s., puis à Hayange au début du XVIIIe s. ► Ignace de **Wendel** (1741-1795) fonda les forges du Creusot.

Wilhelm, dit Wim **Wenders** ▪ Cinéaste allemand (né en 1945). Œuvre de méditation sur l'identité, fascinée par le thème de l'errance. *L'Ami américain ; Paris Texas ; Les Ailes du désir.*

Abraham Gottlob **Werner** ▪ Minéralogiste et géologue allemand (1750-1817). Un des créateurs de la géologie moderne.

Carl **Wernicke** ▪ Psychiatre et neurologue allemand (1848-1905). Il étudia les localisations cérébrales et définit une forme d'aphasie.

Max **Wertheimer** ▪ Psychologue américain d'origine allemande (1880-1943). L'un des fondateurs de la «psychologie de la forme».

Les Souffrances du jeune **Werther** ▪ Roman de Goethe (1774).

la **Weser** ▪ Fleuve d'Allemagne centrale. 440 km.

John **Wesley** ▪ Réformateur religieux anglais (1703-1791). Fondateur du méthodisme.

le **Wessex** ▪ Royaume saxon (Ve-IXe s.).

Morris **West** ▪ Écrivain australien (1916-1999). Romans à succès sur fond historique. *Les Souliers de saint Pierre ; L'Ambassadeur.*

George **Westinghouse** ▪ Inventeur et industriel américain (1846-1914). Il inventa notamment le frein à air comprimé.

Westminster ▪ Quartier du centre de Londres. ► **Westminster Abbey,** abbaye de Westminster, où sont couronnés les rois d'Angleterre.

la **Westphalie** ▪ Anc. région d'Allemagne. Les *traités de Westphalie* mirent fin à la guerre de Trente Ans (1648).

West Side Story ▪ Comédie musicale américaine de Robert Wise, musique de Leonard Bernstein, chorégraphie de Jerome Robbins (1961).

Maxime **Weygand** ▪ Général français (1867-1965).

Edith **Wharton,** née Jones ▪ Écrivaine américaine (1862-1937). Elle dépeint en moraliste dans ses romans la haute société des États-Unis, menacée par le monde des affaires.

James Abbott McNeill **Whistler** ▪ Peintre américain (1834-1903). Influencé par les peintres hollandais et par Courbet, il est l'auteur d'une œuvre peinte et gravée, faite surtout de portraits et de paysages aux tons raffinés. À la fin de sa vie, ses compositions tendent à un jeu géométrique et coloré qui annonce l'abstraction.

Alfred North **Whitehead** ▪ Mathématicien, logicien et philosophe anglais (1861-1947). Il publia avec Bertrand Russell les *Principia mathematica*. Autres œuvres, parmi lesquelles *Le Concept de nature ; Le Devenir de la religion.*

Walt **Whitman** ▪ Poète américain (1819-1892). Le plus grand auteur lyrique des États-Unis au XIXe s., au souffle puissant, à l'optimisme humaniste et sensible. Les *Feuilles d'herbe.*

le mont **Whitney** ▪ Montagne des États-Unis (Californie). 4 418 m.

William Dwight **Whitney** ▪ Linguiste américain (1827-1894). Spécialiste du sanskrit, lexicographe de l'anglais, il publia deux ouvrages de synthèse sur le langage et son étude, qui annoncent le fonctionnalisme du XXe s.

Benjamin Lee **Whorf** ▪ Linguiste américain (1897-1941). Spécialiste des langues amérindiennes, il formula avec E. Sapir l'hypothèse selon laquelle les langues modèlent les cultures et les modes de pensée.

Charles Marie **Widor** [vidɔʀ] ▪ Organiste et compositeur français (1844-1937). Symphonies pour orgue et pour orchestre.

Christoph Martin **Wieland** ▪ Écrivain allemand (1733-1813). *Oberon*, poème.

Norbert **Wiener** ▪ Mathématicien américain (1894-1964). Fondateur de la cybernétique.

Wiesbaden ▪ Ville d'Allemagne (Hesse). 270 100 habitants.

Elie **Wiesel** ▪ Écrivain juif américain d'expression française et anglaise (1928-2016). *Le Testament du poète juif assassiné*. Prix Nobel de la paix 1986.

Simon **Wiesenthal** ▪ Activiste et militant autrichien (1908-2005). Architecte de formation, rescapé des camps de concentration, il consacra sa vie à la recherche des criminels nazis.

l'île de **Wight** ▪ Île britannique de la Manche. 381 km². 132 700 habitants. Chef-lieu : Newport.

le château de **Wilanów** ▪ Château situé près de Varsovie, chef-d'œuvre de l'architecture baroque polonaise (XVIIe s., remanié au XIXe s.).

Oscar **Wilde** ▪ Écrivain irlandais (1854-1900). Prosateur et dramaturge raffiné, esthète et humoriste, il critiqua avec esprit la haute société britannique. Il est l'auteur d'un récit fantastique, *Le Portrait de Dorian Gray*, et fut persécuté pour ses mœurs homosexuelles.

Billy **Wilder** ▪ Cinéaste américain d'origine autrichienne (1906-2002). *Certains l'aiment chaud. Boulevard du crépuscule.*

Wilhelmine ▪ (1880-1962) Reine des Pays-Bas de 1890 à 1948.

Jonny **Wilkinson** ▪ Rugbyman britannique (né en 1979). Buteur exceptionnel.

Willem-Alexander ▪ Roi des Pays-Bas (né en 1967). Il a succédé à sa mère, Béatrix Ire, en 2013.

William Carlos **Williams** ▪ Écrivain américain (1883-1963). Il est l'auteur d'un grand poème *(Paterson)*, d'un cycle de romans, de nouvelles, d'essais et d'une *Autobiographie*.

Thomas Lanier **Williams,** dit Tennessee **Williams** ▪ Auteur dramatique américain (1911-1983). Il évoque avec force les conflits psychologiques et sociaux dans son théâtre, qui met en scène la décadence de la société sudiste des États-Unis. Nombreux scénarios de films. *La Ménagerie de verre ; Un tramway nommé Désir ; La Chatte sur un toit brûlant.*

John **Williams** ▪ Compositeur de musique de film américain (né en 1932). *Les Dents de la mer ; ET ; Star Wars.*

Serena **Williams** ▪ Joueuse de tennis américaine (née en 1981). Première mondiale en 2002, 2009 et de 2013 à 2015.

Albert Carel **Willink** ▪ Peintre néerlandais (1900-1983). Il passa de l'abstraction à un réalisme fantastique, pratiquant une peinture d'idées qui fait songer à Chirico et aux surréalistes belges.

Richard **Wilson** ▪ Peintre britannique (gallois) (1714-1782). Paysages poétiques, d'une facture précise.

Thomas Woodrow **Wilson** ▪ (1856-1924) Président (démocrate) des États-Unis de 1913 à 1921.

sir Frank Johnstone, dit Angus **Wilson** ▪ Auteur dramatique et romancier anglais (1913-1991). Ses nouvelles et romans critiquent la bourgeoisie intellectuelle britannique, n'épargnant que l'héroïne du roman *Les Quarante Ans de Mrs Eliot.*

Robert, dit Bob **Wilson** ▪ Metteur en scène de théâtre américain (né en 1941). Ses spectacles mettent en évidence ce qui échappe au langage, le corps, les attitudes, la musique.

Wimbledon ▪ Banlieue dans le sud-ouest de Londres où se déroule chaque année un tournoi de tennis sur gazon.

Wimereux ▪ Ville du Pas-de-Calais. 6 311 habitants. Station balnéaire.

Winchester ▪ Ville d'Angleterre (Hampshire). 118 270 habitants. Cathédrale.

Johann **Winckelmann** ▪ Archéologue et historien d'art allemand (1717-1768).

Windhoek ▪ Capitale de la Namibie. 234 000 habitants.

Windsor ▪ Ville d'Angleterre (Berkshire). Château (XIIe-XIXe s.), résidence royale.

Donald Woods **Winnicott** ▪ Pédiatre et psychanalyste anglais (1896-1971). Il étudia le développement du jeune enfant et promut les idées d'« espace » et d'« objets transitionnels ». *Jeu et réalité : l'espace potentiel.*

Winnipeg ▪ Ville du Canada (Manitoba), sur le lac *Winnipeg* (24 650 km²). 705 244 habitants.

Franz Xaver **Winterhalter** ▪ Peintre allemand (1805-1873). Tableaux de groupes et portraits d'une grande élégance, pour l'aristocratie et les cours (de France : Louis-Philippe, Napoléon III ; d'Angleterre ; d'Autriche).

Winterthur ▪ Ville de Suisse (Zurich). 109 775 habitants.

le **Wisconsin** ▪ État du nord des États-Unis. 145 439 km^2. 5,7 millions d'habitants. Capitale : Madison.

les **Wisigoths** ou **Visigoths** ▪ Anc. peuple germanique qui envahit l'Italie puis la Gaule et fonda un royaume en Espagne (Ve s.).

Wissembourg ▪ Commune du Bas-Rhin. 7 492 habitants.

Johan ou Jan de **Witt** ▪ Homme d'État hollandais (1625-1672).

Wittelsbach ▪ Famille royale de Bavière, du XIIe s. jusqu'en 1918.

Ludwig **Wittgenstein** ▪ Philosophe et logicien autrichien naturalisé britannique (1889-1951). *Tractatus logico-philosophicus.*

la **Woëvre** ▪ Plaine fertile de l'est de la France.

Hugo **Wolf** ▪ Compositeur autrichien (1860-1903). Auteur de lieder.

Thomas, dit Tom **Wolfe** ▪ Écrivain américain (1931-2018). Son roman *Le Bûcher des vanités* est centré sur la toute puissante sphère financière.

Georges **Wolinski** ▪ Dessinateur français (1934-2015). Collaborateur de *Pif*, de *L'Humanité*, de *Hara-Kiri*. Il fut assassiné par des terroristes islamistes dans les locaux de *Charlie Hebdo*.

les **Wolofs** ou **Ouolofs** ▪ Peuple du Sénégal. Société d'éleveurs, organisée en castes. Adeptes d'une confrérie musulmane fondée à la fin du XIXe s.

Wolfgang Schulze, dit **Wols** ▪ Peintre allemand (1913-1951). Précurseur de l'art informel. Ses œuvres furent comparées à des «délires organisés» (M. Seuphor).

Steveland Morris, dit Stevie **Wonder** ▪ Musicien et chanteur américain (né en 1950). Musique «soul», avec accompagnements électroniques.

Wong Kar-Wai ▪ Cinéaste chinois de Hong Kong (né en 1958). Films d'un esthétisme raffiné, marqué par la nostalgie du Hong Kong des années 1960. *Chungking Express ; In the Mood for Love.*

Eldrick, dit Tiger **Woods** ▪ Joueur de golf américain (né en 1975). Il devint professionnel dès vingt ans et numéro un mondial moins d'un an après. Il accumula ensuite victoires et titres.

Woodstock ▪ Localité située entre New York et Albany, où eut lieu en août 1969 le premier grand rassemblement de la pop music (40 groupes ; 400 000 participants).

Virginia **Woolf** ▪ Romancière anglaise (1882-1941). Ses récits explorent avec sensibilité les «courants de conscience» et leurs évolutions les plus fines, inaugurant l'un des courants essentiels du roman moderne. *Mrs Dalloway ; Les Vagues.*

William **Wordsworth** ▪ Poète romantique anglais (1770-1850). *Ballades lyriques* (avec Coleridge).

Worms ▪ Ville d'Allemagne (Rhénanie-Palatinat). 80 000 habitants. ► le **concordat de Worms** (1122) mit fin à la querelle des Investitures.

Wotan → **Odin**

sir Christopher **Wren** ▪ Architecte britannique (1632-1723). Cathédrale Saint-Paul à Londres.

Frank Lloyd **Wright** ▪ Architecte et théoricien américain (1867-1959). Musée Guggenheim à New York.

les frères **Wright** ▪ Pionniers américains de l'aviation. Wilbur Wright (1867-1912) et Orville Wright (1871-1948) mirent au point le premier aéroplane.

Richard **Wright** ▪ Romancier américain (1908-1960). Il dénonça la condition des Noirs en Amérique.

Wrocław, en allemand *Breslau* ▪ Ville de Pologne, en basse Silésie. 634 600 habitants.

Wuhan ▪ Ville de Chine (Hubei). 9 millions d'habitants.

Wuppertal ▪ Ville d'Allemagne (Rhénanie-du-Nord-Westphalie). 366 000 habitants.

Wurtemberg ▪ Anc. État de l'Allemagne du Sud-Ouest. → **Bade-Wurtemberg.**

Würzburg ▪ Ville d'Allemagne (Bavière). 131 300 habitants. Monuments baroques.

le **WWF** *(World Wide Fund for Nature)* ▪ Organisation mondiale de protection de la nature, fondée en 1961 par l'ornithologiste Max Nicholson sur une initiative de Julian Huxley. Elle est implantée dans 100 pays (en France depuis 1973).

John **Wyclif** ou **Wycliffe** ▪ Théologien anglais, précurseur de la Réforme (1320-1384).

William **Wyler** ▪ Cinéaste américain d'origine suisse (1902-1981). *L'Insoumise ; La Vipère.*

le **Wyoming** ▪ État de l'ouest des États-Unis. 253 597 km^2. 563 600 habitants. Capitale : Cheyenne.

Stanisław **Wyspiański** ▪ Auteur dramatique polonais (1869-1907). *Les Noces.*

X Y

Xanthippe ▪ Épouse de Socrate (Ve s. avant J.-C.). Selon Platon, femme acariâtre, épousée par le sage pour exercer sa patience.

Yannis **Xenakis** ▪ Compositeur grec naturalisé français (1922-2001). Il utilisa des modèles mathématiques pour renouveler l'organisation du temps par les sons, dans des œuvres puissantes et structurées.

Xénophane ▪ Philosophe grec d'Asie Mineure (VIe s. avant J.-C.). Il dénonça l'anthropomorphisme de la religion grecque et son image des dieux, immorale à ses yeux.

Xénophon ▪ Écrivain et chef militaire grec (v. 430-v. 352 avant J.-C.). *Mémorables ; L'Anabase.*

Xeres → **Jerez de la Frontera**

Xerxès Ier ▪ (v. 519-465 avant J.-C.) Roi de Perse de 486 à sa mort. Il battit les Spartiates de Léonidas aux Thermopyles en 480 avant J.-C. mais fut vaincu à Salamine.

Xian ou **Si-ngan** ▪ Ville de Chine (Shaanxi). 3,87 millions d'habitants. Anc. capitale des Han et des Tang.

Xi Jinping ▪ Homme d'État chinois (né en 1953). Président de la République depuis 2013.

le **Xinjiang** ou **Sin-kiang** ▪ Région autonome de l'ouest de la Chine. 1 653 000 km². 22 millions d'habitants. Capitale : Urumqi.

Xochimilco ▪ Ville du Mexique, aujourd'hui intégrée dans la banlieue de Mexico. Bourg ancien, célèbre par ses jardins flottants.

Y

Kateb **Yacine** → **Kateb Yacine**

Yahvé ▪ Bible Nom du Dieu d'Israël.

Université **Yale** ▪ Université américaine située à New Haven (Connecticut). Fondée en 1701 à Killingworth, transférée en 1716 à New Haven, c'est l'une des plus prestigieuses universités privées des États-Unis.

Yalta ▪ Ville d'Ukraine, en Crimée. 89 000 habitants. ► la conférence de **Yalta** réunit Roosevelt, Churchill et Staline pour établir les nouvelles frontières politiques de l'Europe (1945).

Yamoussoukro ▪ Capitale de la Côte d'Ivoire depuis 1983. 300 000 habitants.

Yangon → **Rangoun**

le **Yangzi jiang** ou **Yang-tseu-kiang** → **Chang jiang**

Yaoundé ▪ Capitale du Cameroun. 4 millions d'habitants.

William Butler **Yeats** ▪ Auteur dramatique et conteur irlandais (1865-1939). Marqué par des expériences médiumniques *(Vision)*, il exploita dans sa poésie un monde d'images.

Yellowknife (anglais «couteau jaune») ▪ Capitale des Territoires du Nord-Ouest, au Canada. 19 569 habitants.

Yellowstone ▪ Parc national américain (Wyoming), traversé par la rivière *Yellowstone*, affluent du Missouri (1 600 km).

le **Yémen** ▪ État de la péninsule Arabique. 536 869 km². 28 millions d'habitants. Capitale : Sanaa. Réunion des anciens Yémen du Nord et Yémen du Sud (république démocratique et populaire).

Narciso **Yepes** ▪ Guitariste espagnol (1927-1997). Il composa et joua la musique du film *Jeux interdits* (René Clément).

Yerres ▪ Ville de l'Essonne. 29 097 habitants.

Alexandre **Yersin** ▪ Biologiste français d'origine suisse (1863-1943). Il découvrit en 1894, en même temps que le Japonais Shibasaburo Kitasato le bacille de la peste.

l'île d'**Yeu** ▪ Île de la Vendée.

Yezd ou **Yazd** ▪ Ville d'Iran, en bordure du désert du Kavir. 600 000 habitants. Mausolée des Douze Imams.

Yijing ou **Yi-King** («livre des mutations») ▪ Traité de divination, un des plus anciens textes chinois (Ier millénaire avant J.-C.). Il se présente comme le commentaire des 64 hexagrammes obtenus en maniant 50 tiges d'une plante, l'achillée.

Yogyakarta → **Jogjakarta**

Yokohama ■ Port du Japon (Honshū). 3,6 millions d'habitants.

l'**Yonne** n. f. ■ Rivière, affluent de la Seine. 293 km. ► l'**Yonne** [89]. Département français de la Région Bourgogne-Franche-Comté. 7 424 km². 334 156 habitants. Chef-lieu : Auxerre. Chefs-lieux d'arrondissement : Avallon, Sens.

la maison d'**York** ■ Famille noble anglaise qui s'opposa à la maison des Lancastre lors de la guerre des Deux-Roses.

York ■ Ville d'Angleterre (Yorkshire du Nord). 152 800 habitants. Cathédrale (XIIIe-XVe s.). ► le **Yorkshire.** Région du nord-est de l'Angleterre.

les **Yoroubas** ■ Peuple d'Afrique de l'Ouest (Nigeria, Bénin, Togo).

Yosemite National Park ■ Parc national des États-Unis (Californie), dans la Sierra Nevada, autour de la vallée de Yosemite.

Yoshida Shigeru ■ Homme politique japonais (1878-1967). Président du Conseil entre 1946 et 1954, il œuvra à la réintégration du Japon dans le monde occidental.

la **Yougoslavie** ■ Anc. État des Balkans, formé de 1946 à 1991 par six républiques fédérées : la Bosnie-Herzégovine, la Croatie, la Macédoine, le Monténégro, la Serbie, la Slovénie. ► la république fédérale de **Yougoslavie,** fondée en 1992, devint l'Union de Serbie-et-Monténégro en 2003 et fut dissoute en 2006.

Edward **Young** ■ Poète anglais (1683-1765). *Les Nuits.*

Brigham **Young** ■ Chef religieux américain (1801-1877). Il conduisit la secte des mormons en Utah, à Salt Lake City, en 1847.

Lester **Young** ■ Saxophoniste de jazz américain, surnommé Prez «président» (1909-1959). Il fit évoluer le style de son instrument, le saxophone ténor, préfigurant le jazz «cool».

le plan **Young** ■ Plan concernant le paiement par l'Allemagne des réparations exigées par le traité de Versailles (1919). Il fut établi en 1929 grâce à Owen D. Young, expert financier américain.

Marguerite de Crayencour, dite Marguerite **Yourcenar** ■ Romancière française (1903-1987). Romans philosophiques à arrière-plan historique *(Mémoires d'Hadrien)* et Mémoires *(Souvenirs pieux).* Première femme élue à l'Académie française.

YouTube ■ Site d'hébergement créé en 2005 permettant de mettre en ligne et de regarder des contenus vidéos.

Ypres, en néerlandais *Ieper* ■ Ville de Belgique (Flandre-Occidentale). 34 900 habitants.

Ys ■ Cité légendaire bretonne qui aurait été submergée par les flots (au IVe ou Ve s.).

Eugène **Ysaye** [izai] ■ Violoniste, chef d'orchestre et compositeur belge (1858-1931). Virtuose, il composa surtout des pièces pour violon.

Ysengrin ou **Isengrin** ■ Nom du loup dans la littérature médiévale.

Yser, en néerlandais *Ijser* ■ Fleuve côtier franco-belge. 78 km du département du Nord à la mer du Nord. Théâtre d'une importante bataille en 1914.

Yssingeaux ■ Chef-lieu d'arrondissement de la Haute-Loire. 7 320 habitants.

les **Yuan** ■ Dynastie mongole qui régna sur la Chine de 1279 à 1368.

le **Yucatán** ■ Vaste péninsule du Mexique, dans le sud-est du pays. Ruines de la civilisation maya. Tourisme. ► l'État du **Yucatán** État du Mexique, correspondant à cette région. 62 000 km². 1,9 million d'habitants. Capitale : Merida.

Hideki **Yukawa** ■ Physicien japonais (1907-1981). Il postula en 1935 l'existence du méson. Prix Nobel 1949.

le **Yukon** ■ Fleuve du Canada et de l'Alaska. 3 185 km. ► le **Yukon.** Territoire du nord-ouest du Canada. 482 443 km². 35 874 habitants. Capitale : Whitehorse.

le **Yunnan** ■ Province du sud-ouest de la Chine. 394 000 km². 45,9 millions d'habitants. Capitale : Kunming.

Muhammad **Yunus** ■ Économiste bangladais (né en 1940). Il a développé le système du microcrédit en créant une banque spécialisée (la Grameen Bank) pour aider les pauvres des zones rurales. Prix Nobel de la paix 2006.

Yunus Emre ■ Poète mystique turc (XIVe s.). Il illustre une philosophie panthéiste.

le monastère de **Yuste** ■ Monastère d'Espagne (Estrémadure), où Charles Quint se retira et mourut.

les **Yvelines** [78] ■ Département français de la Région Île-de-France. 2 284 km². 1,45 million d'habitants. Chef-lieu : Versailles. Chefs-lieux d'arrondissement : Mantes-la-Jolie, Rambouillet, Saint-Germain-en-Laye.

Yverdon-les-Bains ■ Ville de Suisse (canton de Vaud), station thermale à l'extrémité sud du lac de Neuchâtel. 29 977 habitants. Le premier parc technologique de la Suisse (Y-Parc) y a été inauguré en 1986.

Yvetot ■ Chef-lieu de canton de Seine-Maritime, près de Rouen. 11 280 habitants. Fief indépendant au Moyen Âge, la capitale du pays de Caux fut une principauté jusqu'en 1789.

Z

Zadig ou la Destinée ▪ Conte de Voltaire (1747).

Ossip **Zadkine** ▪ Sculpteur russe naturalisé français (1890-1967). Œuvre d'une expressivité puissante, où la construction des volumes produit une impression sur la sensibilité.

Zagreb ▪ Capitale de la Croatie. 688 160 habitants.

Mohammed **Zāher Shāh** ▪ (1914-2007) Roi d'Afghanistan. Il succéda à son père en 1933 et fut renversé en 1973. Après un exil en Italie, il revint en Afghanistan à la chute du régime des talibans.

le **Zaïre,** anciennement *Congo belge* → République démocratique du **Congo** ▪ ► le **Zaïre** ou **Congo,** fleuve de 4 700 km de long, deuxième du monde par son débit.

Zama ▪ Localité, dans le nord de la Tunisie actuelle, où Scipion, par sa victoire sur Hannibal, mit fin à la deuxième guerre punique, en 202 avant J.-C.

le **Zambèze** ▪ Fleuve du sud de l'Afrique. 2 740 km. Chutes Victoria.

la **Zambie** ▪ État du sud de l'Afrique. 752 614 km². 17 millions d'habitants. Capitale : Lusaka. Ancienne Rhodésie du Nord.

Lejzer Ludwik **Zamenhof** ▪ Médecin et linguiste polonais (1859-1917). Il créa l'espéranto en 1887.

Ievgueni Ivanovitch **Zamiatine** ▪ Conteur et romancier russe (1884-1937). *Nous autres* (1924).

Zanzibar ▪ Île de Tanzanie, dans l'océan Indien. 1 660 km². 1,3 million d'habitants.

Zao Wou-ki ▪ Peintre français d'origine chinoise (1921-2013). Œuvres abstraites d'un raffinement extrême, évoquant un espace indécis traversé de graphismes vifs.

Emiliano **Zapata** ▪ Révolutionnaire mexicain (1879-1919). Il fut assassiné.

José Luis Rodríguez **Zapatero** ▪ Homme politique espagnol (né en 1960). Premier ministre (socialiste) de 2004 à 2011.

Zaporijjia ▪ Ville d'Ukraine. 891 000 habitants. Centrale nucléaire.

les **Zaporogues** ▪ Cosaques qui vivaient sur le Dniepr.

les **Zapotèques** ▪ Peuple indien du Mexique précolombien.

Zarathoustra ou **Zoroastre** ▪ Prophète et réformateur religieux de Perse (VIe s. avant J.-C.).

Emil **Zátopek** ▪ Athlète tchécoslovaque (1922-2000). Il obtint, en 1952, trois médailles d'or aux Jeux olympiques d'Helsinki (marathon, 5 000 et 10 000 m).

Achille **Zavatta** ▪ Artiste de cirque français (1915-1993). Acrobate, clown, directeur de cirque.

Jean **Zay** ▪ Homme politique français (1904-1944). Ministre de l'Éducation nationale (1936-1939). Il fut arrêté en 1940 et assassiné par des miliciens.

Zazie dans le métro ▪ Roman de Raymond Queneau (1959), film français de Louis Malle (1960).

Zeami Motokiyo ▪ Créateur japonais du théâtre nô dans sa forme actuelle (1363-1443).

Zeebrugge ▪ Port de Belgique, relié à Bruges.

Pieter **Zeeman** ▪ Physicien néerlandais (1865-1943). Spectrographie des atomes. Prix Nobel en 1902.

la **Zélande** ▪ Province des Pays-Bas. 1 791 km². 380 500 habitants. Chef-lieu : Middelburg.

Volodymyr **Zelensky** ▪ Homme d'État ukrainien (né en 1978). Président depuis 2019, son mandat est marqué par l'invasion de la Russie en 2022.

Florian **Zeller** ▪ Dramaturge et écrivain français (né en 1979). Romancier reconnu *(La Fascination du pire)*, il écrit également des comédies à la problématique et aux rebondissements hérités d'un théâtre classique bourgeois (*Le Mensonge*) et des pièces dramatiques (*La Mère ; Le Père*).

Zénobie ▪ Reine de Palmyre de 266 à 272. À la mort de son époux Odenath, elle s'affranchit du protectorat romain, conquit l'Égypte et l'Asie Mineure. Elle fut battue par Aurélien.

Zénon d'Élée ▪ Philosophe grec (Vᵉ s.), disciple de Parménide.

Ferdinand von **Zeppelin** ▪ Industriel allemand (1838-1917). Il construisit des ballons dirigeables.

Zermatt ▪ Ville de Suisse, au pied du Cervin. 6 600 habitants. Station de sports d'hiver.

Ernst **Zermelo** ▪ Mathématicien et logicien allemand (1871-1953). Axiomatisation de la théorie des ensembles.

Zeus ▪ Dieu suprême du Panthéon grec. Il fut identifié au *Jupiter* des Romains.

Michel **Zévaco** ▪ Romancier français (1860-1918). Il créa en 1902 le personnage du chevalier de Pardaillan, qui apparaît dans de nombreux romans-feuilletons.

Zhāngjiajie ▪ Ville de Chine (Hunan). 250 489 habitants. Parc forestier national. Pont piéton en verre.

Zhang Yimou ▪ Cinéaste chinois (né en 1951). *Le Sorgho rouge ; Épouses et concubines.*

le **Zhejiang** ▪ Province côtière de l'est de la Chine. 101 800 km². 54,7 millions d'habitants. Capitale : Hangzhou.

Zhengzhou ▪ Ville de Chine (Henan). 3,6 millions d'habitants.

Zhou Enlai ou **Chou En-lai** ▪ Premier ministre de la Chine de 1949 à sa mort (1898-1976).

Zhuangzi ou **Tchouang-Tseu** ▪ Philosophe taoïste chinois (entre 350 et 275 avant J.-C.).

Zibo ▪ Ville de Chine (Shandong). 2,2 millions d'habitants.

Zinedine **Zidane** ▪ Footballeur français (né en 1972). Il est considéré comme l'un des meilleurs meneurs de jeu du monde.

Ziguinchor ▪ Ville du Sénégal, au sud du pays (Casamance). 206 000 habitants.

le **Zimbabwe** ▪ État d'Afrique subtropicale. 390 308 km². 16,5 millions d'habitants. Capitale : Harare. Ancienne Rhodésie du Sud.

Bernd Alois **Zimmermann** ▪ Compositeur allemand (1918-1970). Il pratique un art musical «pluralistique», par montage de «couches sonores» et de citations. *Die Soldaten* (opéra). Il a écrit de la musique pour orchestre, violoncelle, instruments électroniques.

Zinder ▪ Ville du Niger. 325 000 habitants.

Fred **Zinnemann** ▪ Cinéaste américain d'origine autrichienne (1907-1997). *Le train sifflera trois fois ; Tant qu'il y aura des hommes.*

Grigori Ievseïevitch Radomyslski, dit **Zinoviev** ▪ Révolutionnaire russe (1883-1936). Membre de la «troïka» avec Kamenev et Staline, il contribua à l'éviction de Trotski. Exclu du parti (1934), il fut accusé et exécuté. Réhabilité en 1988.

Aleksandr Aleksandrovitch **Zinoviev** ▪ Écrivain russe (1922-2006). Professeur de logique, il dénonce le totalitarisme dans des œuvres satiriques. *Les Hauteurs béantes ; L'Avenir radieux.*

Jan **Žižka** ▪ Gentilhomme et chef de guerre tchèque (1375-1424). Il prit la tête de la révolte hussite après l'exécution de Jan Hus (1415).

le **Zohar** ou **Sefer ha-Zohar** («livre de la splendeur») ▪ Commentaire ésotérique de la Torah, attribué à Siméon bar Yohai (IIᵉ s.) mais sans doute dû à Moïse de León (XIIIᵉ s.). C'est le texte majeur de la kabbale juive.

Zoïle ▪ Sophiste grec du IVᵉ s. avant J.-C. Critique acharné du texte homérique.

Émile **Zola** ▪ Écrivain français (1840-1902). Chef de file du naturalisme, auteur des *Rougon-Macquart* (20 vol.). Voulant faire du roman le compte rendu exact d'une observation scientifique, il transcenda ce programme par son souffle épique et un humanisme social lucide. *L'Assommoir ; Nana ; Germinal ; la Terre ; la Débâcle*... Il dénonça le scandale de l'affaire Dreyfus (*J'accuse*).

le Deutscher **Zollverein** ▪ Union douanière des États allemands sous l'égide de la Prusse au cours du XIXᵉ s. Étendu à toute l'Allemagne, il en fit une puissance économique majeure.

Zoroastre → Zarathoustra

Zorro (espagnol «le Renard») ▪ Personnage créé par le feuilletoniste américain Johnston McCullay (*Le Fléau de Capistrano*, 1919). Justicier masqué agissant au Mexique en redresseur de torts.

le canton de **Zoug,** en allemand *Zug* ▪ Canton de Suisse. 239 km². 123 948 habitants. Chef-lieu : Zoug.

les **Zoulous** ▪ Peuple de l'Afrique australe, parlant une langue bantoue.

Richard **Zsigmondy** ▪ Chimiste autrichien (1865-1929). Auteur de travaux sur la chimie des colloïdes. Prix Nobel 1925.

Mark **Zuckerberg** ▪ Informaticien américain (né en 1984). Étudiant à Harvard, il y créa un réseau social interne sur Internet, *Facebook*.

le **Zuiderzee** ▪ Ancienne mer intérieure des Pays-Bas, endiguée en 1932.

Jacob **Zuma** ▪ Homme d'État sud-africain (né en 1942). Issu de l'ethnie zouloue, activiste anti-apartheid, il fut emprisonné puis exilé. Revenu en Afrique du Sud en 1990, il fut président de la République de 2009 à 2018.

Paul **Zumthor** ▪ Écrivain et médiéviste suisse d'expression française (1915-1995). Importants écrits sur l'histoire culturelle du Moyen Âge. *Essai de poétique médiévale ; Parler du Moyen Âge.*

les **Zuñis** → **Pueblos**

Francisco de **Zurbarán** ▪ Peintre espagnol (1598-1664). Un des grands maîtres de la peinture espagnole, que caractérisent la force de la construction plastique, le traitement de la lumière, l'expressivité de la couleur.

Zurich ▪ Ville de Suisse. 409 240 habitants. ► le canton de **Zurich.** 1 729 km². 1,5 million d'habitants. Chef-lieu : Zurich.

Stefan **Zweig** ▪ Écrivain autrichien (1881-1942). Ses nouvelles explorent la psychologie d'une société en déclin jusque dans ses dérèglements intimes. *La Confusion des sentiments ; La Pitié dangereuse.*

Ulrich **Zwingli** ▪ Réformateur religieux suisse (1484-1531).

TABLE DES MATIÈRES

Cet ouvrage a été composé
avec CALLIGRAM PAGINATION conçu par X-MEDIA
F75010 Paris (www.x-media.fr)

Ce livre est imprimé sur du papier
issu de forêts gérées durablement.

Imprimé en Italie en Février 2025 par Rotolito S.p.A.

N° d'éditeur: 10307724 / 19397725 - Dèp̂ot légal : Juin 2021